57

中国现代文学期刊目录汇编（第一卷）

ZHONGGUO XIANDAI WENXUE QIKAN MULU HUIBIAN

唐沅 韩之友 封世辉
舒欣 孙庆升 顾盈丰 编

中国社会科学院
文学研究所 总纂

中国文学史资料全编

现代卷

知识产权出版社

内容提要

本书汇编了我国现代文学史上创刊于1915—1948年间的，有影响、有代表性的期刊目录276种（另有附录4种），其中绝大部分是文学期刊，也酌情选收了一部分与中国现代文学关系密切的综合性文化刊物。

责任编辑：马　岳　　**责任校对**：韩秀天
执行编辑：牛洁颖　　**责任出版**：卢运霞

图书在版编目（CIP）数据

中国现代文学期刊目录汇编 / 唐沅等　编．—北京：知识产权出版社，2010.3
（中国文学史资料全编·现代卷）
ISBN 978-7-80247-677-6
Ⅰ．①中…　Ⅱ．①唐…　Ⅲ．①现代文学—期刊目录—中国
Ⅳ．①Z88：I206.6

中国版本图书馆CIP数据核字（2010）第007847号

中国文学史资料全编·现代卷
中国现代文学期刊目录汇编（第一卷）
唐　沅　韩之友　封世辉　舒　欣　孙庆升　顾盈丰　编

出版发行：知识产权出版社

社　址：北京市海淀区马甸南村1号	邮　编：100088
网　址：http://www.ipph.cn	邮　箱：bjb@cnipr.com
发行电话：010-82000860转8101/8102	传　真：010-82005070/82000893
责编电话：010-82000860转8171	责编邮箱：mayue@cnipr.com
印　刷：北京市凯鑫印刷有限公司	经　销：新华书店及相关销售网点
开　本：720mm×960mm　1/16	印　张：303
版　次：2010年3月第一版	印　次：2010年3月第一次印刷
字　数：4653千字	定　价：616.00元（全七卷）

ISBN 978-7-80247-677-6/Z·454（2796）

汇纂工作小组
名单

（按姓氏笔画排列）

王润贵　刘跃进　刘福春　严　平

张大明　杨　义　欧　剑　段红梅

编辑说明

中国社会科学院文学研究所向来重视文学史料的系统整理与深入研究，建所50多年来，组织编纂了很多资料丛书，包括《古本戏曲丛刊》、《古本小说丛刊》、《中国现代文学史资料汇编》、《近代文学史料汇编》、《当代文学史料汇编》以及《文艺理论译丛》、《现代文艺理论译丛》、《古典文艺理论译丛》等。其中，介绍国外文艺理论的3套丛书，已经汇编为《文学研究所学术汇刊》9种30册，交由知识产权出版社出版。该书出版后，国内一些重要媒体刊发评介文章，给予充分肯定。为满足学术研究的需要，2007年初，中国社会科学院文学研究所与知识产权出版社商定继续合作，编辑出版《中国文学史资料全编》，将以往出版的史料著作汇为一编，统一装帧，集中出版。

这里推出的《中国文学史资料全编·现代卷》就是其中的一种。本卷主要以《中国现代文学史资料汇编》为基础而又有所扩展。《中国现代文学史资料汇编》的编纂工作启动于1979年，稍后列入国家第六个五年计划社科重点项目。该编分为《中国现代文学运动、论争、社团资料丛书》、《中国现代作家作品研究资料丛书》、《中国现代文学书刊资料丛书》即甲乙丙3种，总主编陈荒煤，副主编许觉民、马良春，编委有丁景唐、马良春、王景山、王瑶、方铭、许觉民、刘增杰、孙中田、孙玉石、沈承宽、芮和师、张大明、张晓翠、杨占陞、陈荒煤、唐弢、贾植芳、徐迺翔、常君实、鄂基瑞、薛绥之、魏绍昌，具体组织主要由徐迺翔、张大明负责。此项目计划出书约200种。至 20世纪末，前后20多年间，这套书由数家出版社陆陆续续出版了80余种，还有数十种虽然已经编就，由于种种原因，迄今尚未出版。“现代卷”包括上述已经出版的图书和若干种当时已经编好而尚未出版的图书。

这项工作得到了中国社会科学院文学研究所和知识产权出版社的高度重视，为此成立了汇纂工作小组。杨义、刘跃进、严平、张大明、刘福春等具体负责学术协调工作，于2007年11月，向著作权人发出《征求〈中国文学史资料全编·现代卷〉版权的一封信》，很快得到了绝大多数编者的授权，使这项工作得以如期顺利开展。为此，我们向原书的编者表示由衷的谢意。为尽快将这套书推向社会，满足学界和社会的急需，除原版少量排印错误外，此次重印一律不作任何修改，保留原书原貌，待全部出齐，视市场情况出版修订本。为此，我们也诚挚地希望广大读者能给予充分谅解。

《中国文学史资料全编·现代卷》出版后，我们将尽快启动“古代卷”、“近代卷”和“当代卷”的编纂工作，希望能继续得到专家学者的大力支持和热心参与。

现代卷汇纂工作组

总 目 录

第一卷

期刊目录汇编

1 新青年（青年杂志）…………3
2 每周评论…………52
3 新潮…………70
4 国民…………80
5 少年中国…………88
6 解放与改造（改造）……111
7 曙光…………130
8 新社会…………137
9 人道…………144
10 小说月报…………146
11 文学周报（文学旬刊、文学）……297
12 戏剧…………374
13 诗…………382
14 学衡…………392
15 创造…………447
16 努力周报…………454
17 读书杂志…………472
18 歌谣周刊（歌谣）……476

第二卷

期刊目录汇编（续）

19 小说世界…………574
19 附录一　民众文学……751
19 附录二　侦探号…………756
20 浅草…………758
21 弥洒…………762
22 创造周报…………766
23 文艺周刊（文艺旬刊）……775
24 洪水（周刊、半月刊）…787
25 语丝…………799
26 现代评论…………861
27 支那二月…………934
28 猛进…………937
29 莽原（周刊、半月刊）…954
30 大江（季刊）……971
31 甲寅（周刊）……973

32 清华文艺……1001
33 狂飚……1007
34 创造月刊……1016
35 沉钟（半月刊）……1026
36 北新……1034
37 一般……1093
38 幻洲……1112
39 泰东……1127
40 真美善……1138
41 民间文艺……1165
42 太阳月刊……1169
43 未名……1174
44 文化批判……1179
45 现代小说……1183
附 五一特刊……1191
46 新月……1193
47 流沙……1217
48 我们……1221
49 畸形……1224
50 奔流……1227
51 开明……1234
52 山雨……1265
53 思想……1269
54 无轨列车……1272
55 大众文艺……1275
56 乐群……1282
57 大江（月刊）……1291
58 白华……1297
59 春潮……1299
60 熔炉……1304
61 朝花（周刊、旬刊）……1306
62 海风周报……1313

第三卷

期刊目录汇编（续）

63 金屋月刊……1318
64 红黑……1324
65 人间……1327
66 华严……1329
67 新流月报……1333
68 戏剧与文艺……1336
69 南国月刊……1342
70 引擎……1347
71 戏剧……1349
72 戏剧的园地……1355
73 南国周刊……1357
74 新文艺……1363
75 萌芽（新地）……1370
76 拓荒者……1377
77 艺术……1384
78 文艺讲座……1386
79 巴尔底山……1388
80 骆驼草……1391
81 沙仑……1397
82 前锋周报……1399
83 现代文学……1406
84 开展……1412
85 文艺月刊……1418
86 世界文化……1496
87 前锋月刊……1498
88 读书月刊……1505

89　当代文艺……………………1517
90　诗刊…………………………1524
91　文学生活……………………1528
92　文艺新闻……………………1530
93　青年界………………………1579
94　现代文学评论………………1679
95　前哨（文学导报）……1687
96　文艺杂志……………………1690
97　创作…………………………1694
98　新时代………………………1698
99　涛声…………………………1731
100　北斗………………………1756
101　十字街头…………………1761
102　文化评论…………………1763
103　絜茜………………………1766
104　矛盾………………………1769
105　文学………………………1781
106　现代………………………1783
107　文学月报…………………1827
108　文艺茶话…………………1832
109　论语………………………1845
110　小说月刊…………………1999
111　文化月报
（世界文化）…………2002
112　无名文艺…………………2005
113　新诗歌……………………2007
114　艺术新闻…………………2014
115　文学杂志…………………2017
116　文艺月报…………………2021
117　文学………………………2025

第四卷

期刊目录汇编（续）

118　文艺春秋…………………2080
119　戏…………………………2085
120　文艺………………………2088
121　文化列车…………………2091
122　文学季刊…………………2096
123　中国文学…………………2106
124　新诗歌……………………2114
125　春光………………………2116
126　诗歌月报…………………2121
127　人间世……………………2126
128　小说
（月刊、半月刊）……2153
129　文艺风景…………………2162
130　当代文学…………………2165
131　东流………………………2170
132　文学评论…………………2179
133　译文………………………2182
134　太白………………………2206
135　文学新地…………………2226
136　水星………………………2228
137　当代诗刊…………………2233
138　文饭小品…………………2236
139　新小说……………………2242
140　芒种………………………2247
141　文艺………………………2255
142　中学生文艺季刊………2276
143　杂文（质文）…………2291

144 创作……2300
145 宇宙风……2303
145 附 宇宙风·逸经·西风非常时期联合旬刊……2392
146 海燕……2397
147 夜莺……2400
148 诗歌生活……2404
149 逸经……2407
150 东方文艺……2446
151 文学丛报（人民文学）……2452
152 作家……2458
153 文季月刊……2463
154 文学界……2470
155 光明……2475
156 现实文学……2494
157 今代文艺……2497
158 中流……2501
159 诗歌杂志……2514
160 新诗……2520
161 电影戏剧……2527
162 小说家……2530
163 热风……2533
164 希望……2536
165 文丛……2539
166 文艺科学……2544
167 文学杂志……2547
168 戏剧时代……2559
169 中国文艺……2562
170 新演剧……2566
171 烽火（呐喊）……2571
172 七月……2578
173 抗战戏剧……2596
174 抗到底……2603
175 战地……2612
176 自由中国……2617
177 文艺阵地……2624
178 抗战文艺……2658
179 戏剧新闻……2686
180 文艺……2690
181 文艺突击……2698
182 文艺新潮……2702
183 鲁迅风……2714
184 文艺战线……2721
185 笔阵……2725
186 宇宙风乙刊……2737
187 戏剧岗位……2758
188 新中国文艺丛刊……2765

第五卷

期刊目录汇编（续）

189 西线文艺……2769
190 通俗文艺……2773
191 文艺新闻……2784
192 文学月报……2790
193 戏剧与文学……2799
194 中国文化……2802
195 黄河……2808
196 战国策（附《战国》副刊）……2828
197 大众文艺……2835

198 现代文艺……………………2841
199 野草……………………………2857
200 新诗歌…………………………2877
201 戏剧春秋………………………2880
202 文艺月报………………………2887
203 奔流文艺丛刊 …………………2893
204 中国文艺………………………2897
205 五十年代………………………2899
206 华北文艺………………………2902
207 时代文学………………………2906
208 诗创作…………………………2911
209 万象……………………………2924
210 笔谈……………………………2963
211 文艺生活………………………2970
212 文讯……………………………3001
213 草叶……………………………3021
214 谷雨……………………………3024
215 奔流新集………………………3027
216 战时文艺………………………3030
217 文艺杂志………………………3035
218 文坛……………………………3045
219 文学批评………………………3050
220 文学创作………………………3053
221 文艺先锋………………………3060
222 青年文艺………………………3097
223 人世间…………………………3104
224 天下文章………………………3118
225 时与潮文艺 ……………………3128
226 风雨谈…………………………3142
227 艺丛……………………………3154
228 中原……………………………3157
229 艺文杂志………………………3161
230 民族文学………………………3174
231 新文学…………………………3178
232 戏剧时代………………………3181
233 当代文艺………………………3185
234 微波……………………………3189
235 文艺春秋………………………3191
236 高原……………………………3214
237 文学新报………………………3218
238 希望……………………………3222
239 诗文学…………………………3230
240 文哨……………………………3233
241 文艺大众………………………3237
242 新群众…………………………3243
243 文联……………………………3250
244 文艺复兴………………………3255
245 文章……………………………3269
246 文坛月报………………………3274
247 人民文艺………………………3277
248 中原、文艺杂志、希望、文哨 联合特刊………3281
249 白山……………………………3285
250 鲁迅文艺………………………3290
251 文艺杂志………………………3293
252 北方文化………………………3304
253 清明……………………………3311
254 热潮……………………………3316
255 北方杂志………………………3318
256 萌芽……………………………3324
257 长城……………………………3327
258 文艺丛刊………………………3329

259 东北文化……………………3332
260 呼吸………………………3338
261 东北文艺……………………3342
262 平原文艺……………………3349
263 文艺知识连丛 ………………3356
264 诗创造………………………3360
265 胶东文艺……………………3371
266 中国作家……………………3377
267 大众文艺丛刊 ………………3380
268 蚂蚁小集……………………3384
269 文艺工作……………………3388
270 小说………………………3390
271 文学战线……………………3405
272 群众文艺……………………3412
273 文艺月报……………………3419
274 平原………………………3423
275 文艺丛刊……………………3446
276 华北文艺……………………3450

第六卷

期刊作者索引

作者署名首字笔画检索表 ····3457
作者索引…………………………3477

第七卷

作者索引（续）………………4137

期刊馆藏索引

期刊馆藏索引……………………4629
期刊基本情况一览表…………4801

第一卷

期刊目录汇编

1 新青年（青年杂志）

简 介

《新青年》，月刊，综合性刊物。第一卷名《青年杂志》，一九一五年九月十五日创刊于上海，陈独秀编辑，上海群益书社发行，十六开本。一九一六年二月出至第一卷第六号，休刊半年，同年九月一日复刊，出第二卷第一号，改名《新青年》，并宣布成立“新青年杂志社”，封面上标出“陈独秀主撰”字样。一九一六年年底，陈独秀至北京大学任教，杂志社于一九一七年正式迁到北京，同年八月出至第三卷第六号，休刊四个月。一九一八年一月复刊，出第四卷第一号，开始实行编辑集议制，陈独秀、胡适、钱玄同、沈尹默、李大钊、鲁迅、吴虞等参与编辑会议。一九一九年一月，改行轮流主编制，从第六卷起由陈独秀、钱玄同、高一涵、胡适、李大钊、沈尹默轮流编辑。一九二〇年夏，陈独秀到上海筹建共产主义组织，杂志社也随之迁回上海，从同年九月出第八卷第一号起，成为上海共产主义小组的机关刊物，仍由陈独秀编辑，一九二二年七月出至第九卷第六期休刊。一九二三年六月改出季刊，成为中国共产党中央委员会主办的理论刊物，迁广州出版，卷期号另起，出四期后休刊。一九二五年四月起出不定期刊，一九二六年七月二十五日出至第五期终刊。月刊、季刊、不定期刊总计出版六十三期。

创刊号发表的陈独秀的《敬告青年》一文，是《新青年》实际上的发刊辞，在历数当时中国社会黑暗之后，宣布了六点政治和文化主张：“（一）自主的而非奴隶的，（二）进步的而非保守的，（三）进取的而非退隐的，（四）世界的而非锁国的，（五）实利的而非虚文的，（六）科学的而非想象的。”并且明确指出：“国人欲脱蒙昧时代……当以科学与人权并重”，提出了“民主”与“科学”两方面的要求，号召“思想革命”。因而，它也是由《新青年》的创刊而兴起的思想启蒙运动的一篇有力的宣言。

《新青年》创刊以后，大力宣传新思想，提倡新道德，发表了一系列论述青年问题、妇女问题、人生问题、教育问题以及婚姻、家庭、贞操等问题的文章，鼓吹资产阶级的自由平等学说、个性解放思想和社会进化观点，同时又针对袁世凯复辟时期掀起的复古潮流，猛烈地批判了以“孔子之道”为核心的封建主义文化思想，特别是封建伦理道德观点，引导和鼓舞青年冲破封建礼教的束缚。这就是被称为“打倒孔家店”的意义深远的斗争。十月革命以后，以李大钊、陈独秀为代表的《新青年》的思想家们由学习西方转而学习苏俄，开始传播马克思列宁主义学说，一九一九年五月第六卷第五期，被称为“马克思主义专号”，一九二〇年五月又出版了“劳动节纪念号”（第七卷六期），从第八卷起，更成为当时宣传社会革命和共产主义思想的重要阵地。

《新青年》在推动思想革命的同时，又发起文学革命。经过一九一五、一九一六年的准备，到一九一七年一月胡适发表了《文学改良刍议》，二月，陈独秀发表了《文学革命论》。一九一八年在发表了胡适、沈尹默、刘半农等人的一批白话新诗之后，五月，鲁迅的著名小说《狂人日记》揭载于第四卷五期，作为一个历史标志，它宣告了中国现代文学的产生。接着又有鲁迅的《孔乙已》、《药》、《风波》、《故乡》和陈衡哲的早期小说；在发表新文学创作的同时，还译载了屠格涅夫、王尔德、莫泊桑、契诃夫等外国作家的作品，一九一八年六月出了“易卜生专号”（第四卷六期）。《新青年》在发动“文学革命”的大讨论之后，又组织了对国粹派的批判和文言与白话之争，进行了旧剧改革的理论探讨，一九一八年十月出了“戏剧改良专号”（第五卷四期）。

《新青年》是“五四”新文化运动中成绩卓著、影响巨大的刊物，它反映了当时思想战线的复杂性。“新青年社”成员之间，一开始就存在着主张“革命”和主张“改良”的分野，因而，一九一九年在胡适与李大钊之间发生过“问题与主义”之争，一九二〇、一九二一年在胡适和陈独秀、李大钊、鲁迅之间又发生过关于刊物方面的几次争论之后，胡适终于在一九二二年退出“新青年社”，另办《努力周报》，提倡“好政府主义”和“联省自治”，鼓吹“整理国故”，宣告了原先的“《新青年》团体”的解散。但是，《新青年》杂志却在中国共产党中央委员会的主持下成了专门宣传马克思主义的理论刊物。

目　录

青年杂志（月刊）

第 1 卷　第 1 号
1915 年 9 月 15 日发行

敬告青年　陈独秀

法兰西人与近代文明　陈独秀
共和国家与青年之自觉　高一涵
新旧问题　汪叔潜
妇人观　陈独秀

小　说

春潮　〔俄〕屠尔格涅甫著*　陈　嘏译

现代文明史　〔法〕薛纽伯著　陈独秀译
青年论　〔美〕马克威博士，斯密士学士同著　中国一青年译
艰苦力行之成功者卡内基传　彭德尊

国外大事记

日本大隈内阁之改造　记　者
匈国政变　记　者
倭尔斯特之今昔　记　者
华沙之役　记　者

国内大事记

国体问题　记　者
青岛税关交涉之结果　记　者
宪法起草之进行　记　者

通　信

致记者　王庸工
复王庸工　记　者
致记者　章文治
复章文治　记　者

世界说苑

德意志皇帝（威廉第二）　李亦民
柏林之宫殿　李亦民
柏林之情景　李亦民
德意志之国民性　李亦民
德国之交通机关　李亦民
柏林之公园及娱乐场　李亦民
柏林之除夕　李亦民
德人关于决斗之取缔　李亦民
德意志之军人　李亦民

第 1 卷　第 2 号
1915 年 10 月 15 日发行

今日之教育方针　陈独秀
共和国家与青年之自觉（续一）　高一涵
人生唯一之目的　李亦民

剧

意中人（爱情喜剧）　〔英〕王尔德著　薛琪瑛女士译

* 以后各期均译为“屠格涅夫”。

诗　歌

赞歌
〔印度〕达噶尔著　陈独秀译
亚美利加（美国国歌）
〔美〕Samuei F.Smith 著
陈独秀译

小　说

春潮（续一）
〔俄〕屠尔格涅甫著　陈　嘏译
述墨　易沙白
第一章　墨学之起源
近世国家观念与古相异之概略
高一涵
托尔斯泰之逃亡　汝　非

国外大事记

巴尔干半岛之风云　记　者
北欧两半岛之倾向　记　者
德意志近邻两中立国之态度
记　者
日本全国之青年团　记　者

国内大事记

国体问题　记　者
宪法起草之停顿　记　者
中俄之交涉种种　记　者
中日新约施行后之间岛交涉
记　者

通　信

致记者　李　平
复李平　记　者
致记者　王　珏
复王珏　记　者

世界说苑

德国之社会党　李亦民
柏林之战捷纪念塔　李亦民

第1卷　第3号
1915年11月15日发行

抵抗力　陈独秀
民约与邦本　高一涵
共和国家与青年之自觉　高一涵

剧

意中人（爱情喜剧）（续一）
〔英〕王尔德著　薛琪瑛女士译

诗

寄会稽山人八十四韵　谢无量
现代欧洲文艺史谭　陈独秀

小　说

春潮（续二）
〔俄〕屠格涅夫著　陈　嘏译
青年论（续一）
〔美〕马克威·斯密士著
中国一青年译
德国青年团　谢　鸿
欧洲七女杰　陈独秀
近世思想中之科学精神
〔英〕赫胥黎著　刘叔雅译

国外大事记

墨西哥之国事粗定　记　者
葡萄牙新总统之经历　记　者
波斯排除英法势力之风潮
记　者

国内大事记

国体问题 记 者

日本组织中日银行之政策 记 者

中英藏会议 记 者

侨美华商之航业公司成立 记 者

通 信

致记者 吴 勤

复吴勤 记 者

致记者 李 平

复李平 记 者

致记者 李大魁

复大魁 记 者

世界说苑

比利时国情 李亦民

比利时王宫与审判厅 李亦民

滑铁卢古战场 李亦民

巴黎情景 李亦民

法兰西人之特性（一） 李亦民

第1卷 第4号

1915年12月15日发行

东西民族根本思想之差异 陈独秀

国家非人生之归宿论 高一涵

读梁任公革命相续之原理论 高一涵

安全论 李亦民

剧

意中人（爱情喜剧）（续二）

〔英〕王尔德著 薛琪瑛女士译

诗

潮州杂咏 方 澍

春日寄怀马一浮 谢无量

现代欧洲文艺史谭（续） 陈独秀

小 说

春潮（续三）

〔俄〕屠格涅夫著 陈 嘏译

铁与血 汝 非译

叔本华自我意志说 刘叔雅

女性与科学（人生科学一） 孟 明

德国军神兴登堡元帅 潘 赞

国外大事记

法国之新政潮 记 者

英法阁员之军事会商 记 者

那威之女子选举权 记 者

希腊之危局 记 者

国内大事记

引入协约问题 记 者

恰克图会议后之库仑与海拉尔 记 者

中英藏事会议 记 者

航空事业前途之希望 记 者

通 信

致记者 穗

复穗 记 者

致记者 沈 伟

复沈伟 记 者

致记者 张永言

复张永言 记 者

世界说苑

法兰西人之特性（二） 李亦民
巴黎之公园 李亦民
巴黎之凯旋门 李亦民
卢布尔博物馆 李亦民
英雄墓 李亦民
巴黎之寺院 李亦民

第1卷　第5号
1916年1月15日发行

一九一六年 陈独秀
我 易白沙
自治与自由 高一涵
青年与国家之前途 高语罕

小　说

初恋 〔俄〕屠格涅夫著 陈　嘏译
佛兰克林自传 刘叔雅译
述墨 易白沙
　第二章　墨子历史
法国名将霞飞将军 潘　赞
英国少年团规律 李　穆译
青年与性欲（人生科学二） 孟　明
大力士霍元甲传 肖汝霖
述精武体育会事 肖汝霖

国外大事记

塞尔维亚之破灭 记　者
希腊之危局 记　者
协约国军事上之新结合 记　者
英国创行强迫军役制 记　者
德意志战后之教育计画 记　者

国内大事记

国体问题 记　者
五年度豫算 记　者
又是两批外债 记　者
引入协约问题 记　者
教育部创办注音字母传习所 记　者
我国航空事业之发展 记　者

世界说苑

法兰西人之决斗 李亦民
罗兰夫人 李亦民
法国革命时代之军人 李亦民
费尔塞尤王宫 李亦民
法兰西之政党 李亦民
摩纳科大赌场 李亦民

第1卷　第6号
1916年2月15日发行

吾人最后之觉悟 陈独秀
战云中之青年 易白沙
孔子平议（上） 易白沙
青年之敌 高语罕

剧

意中人（爱情喜剧）（续三）
〔英〕王尔德著　薛琪瑛女士译

小　说

初恋（续一）
〔俄〕屠格涅夫著　陈　嘏译

英国言论自由之权利论
〔英〕戴雪著　高一涵译
美国人之自由精神
〔英〕Eohnund Burke 著
刘叔雅译
人口问题与医学
〔日本〕小酒井光次著　孟明译
大飞行家谭根　记　者
英国少年团　谢　鸿
巡视美国少年团记
〔英〕波爱尔著　澍　生译
德国骁将麦刚森将军　李亦民
国外大事记
美国继任总统问题　记　者
孟的内哥之全境陷落　记　者
加里波里半岛撤兵　记　者
国内大事记
贺日之使命中止　记　者
滇警声中之贵州　记　者
帝制延期通告　记　者
古巴对待华侨之苛例取消　记　者
通　信
致记者　张永言
复张永言　记　者
致记者　姚孟宽
复姚孟宽　记　者
致记者　辉　暹
复辉暹　记　者
世界说苑
七月十四日之巴黎　李亦民
巴黎之赛马　李亦民
英吉利帝国之构造　李亦民

新青年（月刊）

第2卷　第1号
1916年9月1日发行

新青年　陈独秀
青春　李大钊
On Education　温宗尧
孔子平议（下）　易白沙
乐利主义与人生　高一涵
小　说
决斗　〔俄〕泰来夏甫著　胡　适译
初恋（续二）
〔俄〕屠格涅夫著　陈　嘏译
剧
弗罗连斯（悲剧）
〔英〕王尔德著　陈　嘏译
述墨　易白沙
第三章　墨经
当代二大科学家之思想（一）
陈独秀
梅特尼廓甫
国外大事记
俄议会开会　记　者
法国之政局　记　者
葡德奥宣战　记　者
墨西哥内乱　记　者
日俄协约成立　记　者

国内大事记
黎大总统继任　记　者
国会开幕　记　者
新内阁成立　记　者
俄使抗议外蒙议员问题　记　者
通　信
致陈独秀　汪叔潜
复汪叔潜　独　秀
致记者　贵阳爱读贵志之一青年
致记者　何世侠
复何世侠　记　者
致记者　沈慎乃
复沈慎乃　记　者
致记者　舒新城
复舒新城　记　者
致记者　毕云程
复毕云程　记　者
致记者　陈恨我
复陈恨我　记　者
致记者　程师葛
寄 J.A.Jackson　记　者
读者论坛
时局对于青年之教训　王　涅
青年与欲望　陈圣任

第2卷　第2号
1916年10月1日发行

我之爱国主义　陈独秀
青年与工具　吴稚晖
欧洲战争与青年之觉悟　刘叔雅
驳康有为致总统总理书　陈独秀
剧
意中人（爱情喜剧）（续四）
〔英〕王尔德著　薛琪瑛女士译
小　说
初恋（续三）
〔俄〕屠格涅夫著　陈　嘏译
灵霞馆笔记（一）　刘半农
爱尔兰爱国诗人
赫克尔之一元哲学　马君武
现代文明史　〔法〕薛纽伯著
陈独秀译
法国青年团　谢　鸿
国外大事记
凡尔登（Verdun）之役　记　者
罗马尼亚与德奥宣战　记　者
希腊之内讧　记　者
爱尔兰自治问题　记　者
国内大事记
段内阁正式成立　记　者
宪法会议　记　者
郑宗屯案之交涉情形　记　者
苏教育会提倡少年团　记　者
通　信
致独秀　胡　适
复胡适　独　秀
致记者　王庸工
复王庸工　记　者
致独秀　王醒侬
致独秀　毕云程

复毕云程　独　秀
致记者　李　平
复李平　记　者
读者论坛
论生活上之协力与倚赖　罗佩宜
新青年之家庭　李　平
世界说苑
大英帝国之构造（二）　李亦民

第2卷　第3号
1916年11月1日发行

宪法与孔教　陈独秀
军国主义　刘权雅
小　说
碎簪记　苏曼殊
欧洲花园　〔葡〕席尔洼著　刘半农译
剧　本
弗罗连斯（悲剧，续一）
〔英〕王尔德著　陈　嘏译
赫克尔一元哲学（续二）　马君武
当代二大科学家之思想（二）　陈独秀
阿斯特瓦尔特
欧洲飞机阵中之中国青年　记　者
再论工具　吴稚晖
青岛茹痛记　淮阴钓叟
国外大事记
日俄新协约之秘密　记　者
日本三政党之合并与内阁更迭　记　者
德意志潜航艇横断大西洋　记　者
国内大事记
借款交涉　记　者
徐州会议之始末　记　者
政党之今昔　记　者
通　信
致记者　一　民
复一民　记　者
致记者　T.M.Cheng
复 T.M.Cheng　记　者
致独秀　毕云程
复毕云程　独　秀
致独秀　莫芙卿
复莫芙卿　独　秀
致独秀　李　平
复李平　独　秀
致《新青年》记者　陈蓬心
复陈蓬心　记　者
致独秀　潘赞化

北京清华学校参观记　程宗泗
世界说苑
英国人之游戏运动狂　李亦民
伦敦之交际社会　李亦民
英人统治印度之成迹　李亦民

第2卷　第4号
1916年12月1日出版

孔子之道与现代生活　陈独秀

治生篇　杨昌济
袁世凯复活　陈独秀
灵霞馆笔记（二）　刘半农
　拜伦遗事
小　说
碎簪记（续一）　苏曼殊
寺钟　〔法〕路梅脱著　汪中明译
藏晖室札记　胡　适
赫克尔一元哲学（续三）　马君武
西文译音私议　陈独秀
青岛茹痛记（续一）　淮阴钓叟
国外大事记
美国大总统之选举竞争　记　者
美丹两国间之领土买卖案　记　者
美国沿岸之德人潜艇战　记　者
国内大事记
第二次副总统选举　记　者
宪法讨论之经过　记　者
老西开事件　记　者
通　信
致独秀　毕云程
复毕云程　独　秀
致独秀　常乃德
复常乃德　独　秀
致记者　王统照
复王统照　记　者
致独秀　孔昭铭
复孔昭铭　独　秀
世界说苑
欧美人种改良问题　李亦民

第2卷　第5号

1917年1月1日出版

再论孔教问题　陈独秀
治生篇　杨昌济
一九一七年豫想之革命　高一涵
文学改良刍议　胡　适
磁狗　〔英〕麦道克著　刘半农译
人类文化之起源　陶履恭
蔡孑民先生在信教之自由会之演说　记　者
蔡孑民先生之欧战观　记　者
藏晖室札记（续一）　胡　适
赫克尔一元哲学（续四）　马君武
中国童子军　康　普
童子军会报告　康　普
青岛茹痛记（续二）　淮阴钓叟
国外大事记
欧战之新局面　记　者
国内大事记
省制入宪之波澜　记　者
美国实业借款　记　者
政潮种种　记　者
通　信
致独秀　毕云程
致独秀　李　平
复李平　独　秀
致独秀　晔
致独秀　吴　虞
复吴虞　独　秀
致记者　褚葆衡

复褚葆衡　记　者
致《新青年》执事　孙　斌
致独秀　顾克刚
复顾克刚　独　秀
致记者　T.M.Cheng
复 T.M.Cheng　记　者
致独秀　孔昭铭
复孔昭铭　独　秀

第 2 卷　第 6 号
1917 年 2 月 1 日发行

文学革命论　陈独秀
家族制度为专制主义之根据论　吴　虞
中国国民性及其弱点　光　升

白话诗八首　胡　适
朋友
赠朱经侬
月三首
他
江上
孔丘

小　说

基尔米里　〔法〕龚枯尔兄弟著　陈　嘏译
灵霞馆笔记（三）　刘半农
阿尔萨斯之重光
马赛曲
听蔡孑民先生演辞感言　陈其鹿
人类文化之起源（续一）　陶履恭
藏晖室札记（续二）　胡　适
北京航空学校参观记　曾孟鸣

国外大事记

续记欧洲战局之波澜　记　者
日本政局之波动　记　者

国内大事记

交通内国公债之提案　记　者
交通银行日本借款　记　者
郑家屯案解决　记　者
厦门日人设警事件　记　者
宪法审议完结　记　者
政潮种种　记　者

通　信

致独秀　程演生
复程演生　独　秀
致记者　叶　挺
复叶挺　记　者
致《新青年》记者　程振基
致独秀　常乃德
复常乃德　独　秀
致独秀　陈丹崖
复陈丹崖　独　秀
致独秀　钱玄同
复钱玄同　独　秀

女子问题

哀青年　李张绍南
贤母氏与中国前途之关系　陈钱爱琛

第3卷　第1号

1917年3月1日发行

对德外交　陈独秀
读《荀子》书后　吴　虞
物质实在论　恽代英

小　说

二渔夫　〔法〕莫伯桑著　胡　适译
人类文化之起源（续二）　陶履恭
藏晖室札记（续三）　胡　适
天才与勤勉
〔美〕By H.W.Beecher 著
程师葛译
少年共和国　李次山

读者论坛

青年之生死关头　李次山
伤时篇　何天爵
我之孔道观　常乃德

国外大事记

大战局之新发展　记　者

国内大事记

对德抗议事件　记　者
副总统收买烟土　记　者
国语研究会讨论进行　记　者
工校自设工厂之部文　记　者

通　信

致陈独秀　钱玄同
复钱玄同　独　秀
致《新青年》记者　蔡元培
复蔡元培　独　秀
致陈独秀　傅桂馨
复傅桂馨　独　秀
致陈独秀　汪启疆
复汪启疆　独　秀
致陈独秀　陈乃德
复常乃德　独　秀
致记者　淮山逸民
复淮山逸民　记　者
致陈独秀　莫芙卿
复莫芙卿　独　秀
致陈独秀　俞颂华
复俞颂华　独　秀

女子问题

女子问题　梁华兰

中华民国国语研究会暂定简章

第3卷　第2号

1917年4月1日发行

俄罗斯革命与我国民之觉悟
陈独秀
消极革命之老庄　吴　虞
社会　陶履恭
青年与老人　李大钊

小　说

梅吕哀〔法〕莫伯桑著　胡　适译
灵霞馆笔记（四）　刘半农
咏花诗
经济学之总原则　章士钊
体育之研究　二十八画生
金钱之功用及罪恶

〔英〕斯迈斯尔著 何先槎译
藏晖室札记（续四） 胡 适
国外大事记
俄罗斯大革命 记 者
国内大事记
对德断绝邦交 记 者
通 信
致独秀 常乃德
复常乃德 独 秀
致记者 张嵩年
复张嵩年 记 者
致陈独秀 曾 毅
复曾毅 独 秀
致记者 I.T.M
复 I.T.M 记 者
致胡先生（胡适） 李濂镗
读者论坛
活动与人生 朱如一
我之改良文学观 方孝岳
附：陈独秀白
书报介绍
《社会学及社会问题》
（美国，爱尔乌德著）记 者
北京留法俭学会简章

第3卷 第3号
1917年5月1日发行

旧思想与国体问题 陈独秀
礼论 吴 虞
我之文学改良观 刘半农
历史的文学观念论 胡 适
生存竞争与道德 高砚石
中国学研究者之任务 J.H.C
记陈独秀君演说词 常乃德
读者论坛
偏激与中庸 胡哲谋
读胡适先生《文学改良刍议》
余元浚
国外大事记
美德宣战 记 者
和议消息之再见 记 者
俄罗斯新政府之设施 记 者
德国政潮之萌动 记 者
国内大事记
宪法二读之经过 记 者
对德事件与军事会议 记 者
通 信
致记者 程 某
致陈独秀 胡 适
复胡适 独 秀
致陈独秀 刘竞夫
复刘竞夫 独 秀
致陈独秀 余元浚
复余元浚 独 秀
致陈独秀 叶新民
致陈独秀 俞颂华
复俞颂华 独 秀
致陈独秀 钱玄同
复钱玄同 独 秀
致记者 李亨嘉

复李亨嘉　记者
致陈独秀　胡晋接
复胡晋接　独秀
致陈独秀　佚名氏
复佚名氏　独秀
致陈独秀　张护兰
复张护兰　独秀
致记者　毛义
复毛义　独秀
致陈独秀　李杰
复李杰　独秀
致记者　蔡元培

女子问题

女子问题之大解决　高素素
论中国女子婚姻与育儿问题　陈华珍

书报介绍

《国语学草创》（胡以鲁著）　记者
《旅欧教育运动》（华法教育会著）　记者

读音统一会进行程序　吴敬恒

第3卷　第4号

1917年6月1日发行

时局杂感　陈独秀
儒家主张阶级制度之害　吴虞
Our Outlook（吾人求学之方针）　李寅恭

剧　本

琴魂（一人独演短剧）　〔英〕梅理尔著　刘半农译

灵霞馆笔记（五）　刘半农
缝衣曲（英国，虎特著）
白话词　胡适
采桑子·江上雪
生查子
沁园春·生日自寿
沁园春·新俄万岁并序
藏晖室札记（续五）　胡适
余之病院中经验　李张绍南
罗斯福国防演说　李权时译
托尔斯泰之平生及其著作　凌霜
基督教徒当为士卒否　〔英〕裴尔特著　何源来译

读者论坛

青年之自己教育　朱如一
论迷信鬼神　徐长统

国外大事记

社会党与媾和运动　记者
俄国新政府之改组　记者
全英帝国会议　记者

国内大事记

宣战案与政潮　记者

通　信

致陈独秀　钱玄同
复钱玄同　独秀
致陈独秀　胡适
复胡适　独秀

女子问题

女权平议　吴曾兰
改良家庭与国家有密切之关系　孙鸣琪

书报介绍

《欧洲政体辑要》（美国，欧哥著）　记者
《社会政治学报》（北京，中国政治学会著）　记者

北京大学同学俭学会启示及简章

第 3 卷　第 5 号
1917 年 7 月 1 日发行

近代西洋教育　陈独秀
诗与小说精神上之革新　刘半农
儒家大同之义本于老子说　吴虞
论信抑　恽代英

小说

基尔米里（续）〔法〕龚枯尔兄弟作　陈嘏译
藏晖室札记（续六）　胡适
智乐篇　Sydney Smith 作　胡善恒译
比利时之森林　李寅恭
结婚与恋爱〔美〕高曼女士著　震瀛译

读者论坛

改良文学之第一步　易明
说青年早婚之害　郑佩昂

通信

致陈独秀　李寅恭
复李寅恭　独秀
致记者　《新青年》爱读者
复《新青年》爱读者　记者
致陈独秀　吴虞
复吴虞　独秀
致陈独秀　顾克刚
复顾克刚　独秀
致陈独秀　卓鲁
复卓鲁　独秀
致记者　沈藻墀
复沈藻墀　记者
致陈独秀　钱玄同
复钱玄同　独秀

书报介绍

《十九世纪文学之主要潮流》（丹麦，白兰兑著）　记者
《世界风云》（民声社著）　记者
《伏虎集》（师复君著）　记者
《宋元戏曲史》（王国维著）　记者
《顾曲尘谈》（吴梅著）　记者

论中国卫生之近况及促进改良方法　吴葆光

第 3 卷　第 6 号
1917 年 8 月 1 日发行

复辟与尊孔　陈独秀
以美育代宗教说　蔡孑民

婚姻之过去现在未来　刘延陵
灵霞馆笔记（六）
　倍那儿　刘半农
藏晖室札记（续七）　胡　适
说竹　李寅恭
科学与基督教　陈独秀
夏克通探南极记　李张绍南
英国游学指南　程振基

国外大事记

希腊国王被逐　记　者
俄国骚乱与内阁更迭　记　者
德奥社会党之媾和条件　记　者

国内大事记

督军称兵与复辟　记　者

通　信

致陈独秀　陶履恭
复陶履恭　独　秀
致陈独秀　钱玄同
复钱玄同　独　秀
致陈独秀　冯维钧
复冯维钧　独　秀
致胡适　钱玄同
大学改制之事实及理由

第4卷　第1号
1918年1月15日发行

近世三大政治思想之变迁　高一涵
论注音字母　钱玄同
女子问题　陶履恭
归国杂感　胡　适
应用文之教授　刘半农

诗

鸽子　胡　适
鸽子　沈尹默
人力车夫　沈尹默
人力车夫　胡　适
相隔一层纸　刘半农
月夜　沈尹默
题女儿小惠周岁日造像　刘半农
一念　胡　适
景不徙　胡　适

陀思妥夫斯奇之小说
　〔英〕W.B.Trites 著　周作人译
科学与基督教（续）　陈独秀

读者论坛

文学革新申义　傅斯年
青年学生　罗家伦

通　信

论小说及白话韵文
　致钱玄同　胡　适
　复胡适　钱玄同
新文学与今韵问题
　致刘半农　钱玄同
　复钱玄同　刘半农
自由恋爱
　致陈独秀　刘延陵
　复刘延陵　独　秀

书报介绍

《密勒评论报》（商务印书馆出版）　记　者

《字林西报周刊》
（上海字林西报馆出版） 记 者
《满洲日日新闻》
（大连满洲日日新闻社出版）
记 者

第4卷 第2号

1918年2月15日发行

人生真义 陈独秀
新青年之新道德 陶履恭
柏格森之哲学 刘叔雅

诗

宰羊 沈尹默
落叶 沈尹默
车毯 刘半农
老鸦 胡 适
游香山纪事诗 刘半农
大雪 沈尹默

剧 本

天明（悲剧）
〔英〕P.L.Wilde 著 刘半农译
古诗今译（古希腊诗“Thcokritos
牧歌第十”） 周作人译
汉字索引制说明 林玉堂
《尝试集》序 钱玄同
藏晖室札记（续八） 胡 适
论旅欧俭学之情形及移家
就学之生活 吴敬恒

通 信

Esperanto
致陶履恭 钱玄同
新文学与新字典
致钱玄同 沈兼士
复沈兼士 钱玄同
四声
致钱玄同 李锡余
复李锡余 钱玄同
句号符读
致记者 钱玄同

读者论坛

文言合一草议 傅斯年

第4卷 第3号

1918年3月15日发行

驳康有为共和平议 陈独秀
读弥尔的自由论 高一涵
百斯脱漫谈 吴祥凤

社会调查

导言 陶履恭
震泽之农民 张祖荫

诗 歌

除夕 沈尹默
除夕 胡 适
丁巳除夕歌 陈独秀
除夕 刘半农

小 说

童子Lin之奇迹
〔俄〕Sologud 著 周作人译

论注音字母（续一） 钱玄同
旅京杂记 胡 适
通 信
注音字母
致玄同 吴敬恒
复吴稚晖（吴敬恒） 钱玄同
新文学之运用
致刘半农 俞慧殊
复俞慧殊 刘半农
文学革命之反响
给《新青年》编者的信 王敬轩
复王敬轩的信 刘半农
北京大学征集全国近世歌谣简章

第4卷 第4号
1918年4月15日发行

建设的文学革命论 胡 适
“今” 李大钊
诗 歌
新婚杂诗（五首） 胡 适
雪 沈尹默
苦——乐——美——丑 林 损
灵魂 刘半农
学徒苦 刘半农
小 说
皇帝之公园
〔俄〕Aleksandr Jvanoviteh Kuprin 著 周作人译
译 诗
老洛伯
〔英〕Lady A.Lindsay 著 胡 适译
中国学术思想界之基本误谬 傅斯年
未有生物以前之地球 王星拱
随 感 录
（一）（二）（三） 陈独秀
（四）（五）（六） 陶履恭
（七） 刘半农
通 信
中国今后之文字问题
致陈独秀 钱玄同
复钱玄同 独 秀
跋 胡 适
论 Esperanto
致记者 孙国璋
复孙国璋 钱玄同
复孙国璋 陶履恭
按语 胡 适
论“汉字索引制”及西洋文学
致钱玄同 林玉堂
复林玉堂 钱玄同
日本之文学兴趣
致胡适 T.F.C 生

第4卷 第5号
1918年5月15日发行

辟“灵学” 陈大齐
贞操论 〔日〕与谢野晶子著 周作人译

论短篇小说　胡　适
有鬼论质疑　陈独秀

诗　歌

梦　唐　俟
爱之神　唐　俟
桃花　唐　俟
卖萝卜人　刘半农
“赫贞旦”　胡　适
春水　俞平伯
三月廿四夜听雨　刘半农

小　说

狂人日记　鲁　迅

读武者小路君所作《一个青年的梦》　周作人
法比二大文豪之片影　陶履恭
　梅特林之“死者”观
　福禄特尔 Voltaire 之讽语
我行雪中〔印度〕Paramahansa 著　刘半农译
德意志哲学家尼采的宗教　凌　霜
社会调查参内乡　叶　渊
新的！旧的！　李大钊
读周春岳君《大学改制之商榷》　蔡元培

随 感 录

（八）斥《灵学丛志》　钱玄同
（九）斥《灵学丛志》　刘半农

致钱玄同先生论注音字母书　吴敬恒

通　信

“三焦”——“丹田”
　致独秀　汤尔和
　复汤尔和　独　秀
论文学改革的进行程序
　致胡适　盛兆熊
　复盛兆熊　胡　适

第 4 卷　第 6 号

易卜生号

1918 年 6 月 15 日发行

易卜生主义　胡　适

剧　本

娜拉（A Doll’s House）
　〔挪〕易卜生著
　第一幕　罗家伦译
　第二幕　罗家伦译
　第三幕　胡　适译
国民之敌（An Enemy of the people）
　〔挪〕易卜生著　陶履恭译
小爱友夫（Little Eyoff）
　〔挪〕易卜生著　吴弱男译
易卜生传　袁振英

通　信

新文学及中国旧戏
　致记者　张厚载
　答张厚载　胡　适
　答张厚载　钱玄同
　答张厚载　刘半农
　答张厚载　独　秀

文字改革及宗教信抑
致陈独秀　悔
复悔　钱玄同
复悔　独　秀
讨论学理之自由权
致陈独秀　崇拜王敬轩者
复崇拜王敬轩者　独　秀

第5卷　第1号
1918年7月15日发行

今日中国之政治问题　陈独秀
贞操问题　胡　适
诸子无鬼论　易白沙
日本近三十年小说之发达　周作人
动的新教授论　邓萃英
新教育与旧教育之歧点　蔡元培
剧
国民之敌（续一）
〔挪〕易卜生著　陶履恭译
诗　歌
他们的花园　唐　俟
人与时　唐　俟
四月二十五夜　胡　适
戏孟和　胡　适
窗纸　刘半农
无聊　刘半农
月　沈尹默
公园里的“二月蓝”　沈尹默
耕牛　沈尹默
藏晖室札记（续九）　胡　适
随 感 录
（十）（十一）（十二）（十三）（十四）
陈独秀
（十五）　刘半农
（十六）（十七）（十八）　钱玄同
通　信
文学革新与青年救济
致钱玄同　邓萃英
复邓萃英　钱玄同
读新青年
致《新青年》　汪懋祖
复汪懋祖　胡　适
驳王敬轩君信之反动
致《新青年》诸君　戴主一
复戴主一　钱玄同
读者论坛
告青年　郭仁林

第5卷　第2号
1918年8月15日发行

偶像破坏论　陈独秀
我之节烈观　唐　俟
诗　歌
三弦　沈尹默
晓　刘半农
游丝　常　惠
恶邮差（The Wicked Postman）
〔印度〕泰戈尔著　刘半农译
著作资格（The Authorship）
〔印度〕泰戈尔著　刘半农译

不自然淘汰

〔瑞典〕A.Strindberg 著

周作人译

改革　〔瑞典〕A.Strindberg 著

周作人译

南归杂话　刘半农

答陈独秀先生《有鬼质疑论》

易乙玄

难易乙玄君　刘叔雅

剧　本

国民之敌（续三）

〔挪〕易卜生著　陶履恭译

随感录

（十九）（二十）（二一）（二二）

（二三）　陈独秀

机器促进大同说　吴敬恒

社会与妇女解放问题　华　林

通　信

新文学问题之讨论

致胡适　朱经农

复朱经农　胡　适

新文学问题之讨论

致胡适　任鸿隽

复任鸿隽　胡　适

附：复朱经农、任鸿隽信

钱玄同

革新文学及改良文字

致胡适　朱我农

致朱梅荪　胡　适

复朱我农　钱玄同

论 Esperanto

致陶履恭　区声白

复区声白　陶履恭

附言　钱玄同

附言　独　秀

论 Esperanto

致陈独秀　孙国璋

复孙国璋　独　秀

附言　胡　适

附言　钱玄同

今之所谓“评剧家”

致钱玄同　刘半农

复刘半农　钱玄同

第 5 卷　第 3 号

1918 年 9 月 15 日发行

结婚论　〔芬兰〕威斯达马克著

杨昌济译

质问《东方杂志》记者　陈独秀

美国的妇人　胡　适

诗　歌

“人家说我发了痴”　陈衡哲

“你莫忘记……”　胡　适

真　沈兼士

山中即景　李大钊

海滨五首

〔印度〕R.Tagore 作　刘半农译

同情二首

〔印度〕R.Tagore 作　刘半农译

村歌二首
〔印度〕S.Naidu 作　刘半农译
海德辣跋市五首
〔印度〕S.Naidll 作　刘半农译
倚楼三首
〔印度〕S.Naidu 作　刘半农译
狗一首
〔俄〕I.Turgencv 作　刘半农译
访员一首
〔俄〕I.Turgencv 作　刘半农译
小　说
扬奴拉媪复仇的故事
〔希腊〕A.Ephtaliotis 著
周作人译
扬尼思老爹和他驴子的故事
〔希腊〕A.Ephtaliotis 著
周作人译
剧　本
国民之敌（续三）
〔挪〕易卜生著　陶履恭译
小爱友夫（续一）
〔挪〕易卜生著　吴弱男译
蔗渣谈　冰　弦
藏晖室札记（续一〇）　胡　适
动的新教授（续一）　邓萃英
随感录
（二四）　周作人
（二五）　唐　俟
（二六）（二七）　陶履恭
（二八）（二九）（三〇）（三一）
（三二）　钱玄同
通　信
论句读符号
致胡适　慕　楼
复慕楼　胡　适
附：答黄觉僧君《折衷的文学
革新论》　胡　适
对于《新青年》之意见种种
致记者　Y.Z
复 Y.Z　刘半农

第 5 卷　第 4 号
1918 年 10 月 15 日发行

文学进化观念与戏剧改良　胡　适
戏剧改良各面观　傅斯年
附录一　予之戏剧改良观
欧阳予倩
附录二　我的中国旧剧观
张厚载
再论戏剧改良　傅斯年
近世名戏百种目　宋春舫
诗　歌
香山早起作，寄城里的朋友们
沈兼士
三溪路上大雪里一个红叶　胡　适
湖南小儿的话　李剑农
如梦令（两首）　胡　适
小　说
酋长　〔波兰〕H.Seinkiewicz 著
周作人译
老夫妻　陈衡哲

剧　本

国民之敌（续完）

〔挪〕易卜生著　陶履恭译

散　文

皖江见闻记　高一涵

随感录

（三三）　唐　俟

（三四）　周作人

通　信

反对注音字母致胡适　朱有畇

反对“世界语”致胡适　朱有畇

答朱有畇　胡　适

对于朱我农（朱有畇）君

两信的意见　钱玄同

“脸谱”——“打把子”致记者

张厚载

答张厚载　钱玄同

论《新青年》之主张致陈独秀、胡适　易宗夔

答易宗夔　胡　适　独　秀

劝读杂志致记者　张崧年

什么话　胡　适

第5卷　第5号

1918年11月15日发行

关于欧战的演说三篇

庶民的胜利　李大钊

劳工神圣　蔡元培

欧战以后的政治　陶履恭

Bolshevism的胜利　李大钊

克林德碑　陈独秀

欧战与哲学　蔡元培

协约国与普鲁士政治思想之对抗

〔美〕韦罗贝著　陈达材译

空大鼓

〔俄〕L.Tolstoy著　周作人译

补救中国文字之方法若何　吴敬恒

德国分科中学之说明　蔡元培

随感录

（三五）（三六）　唐　俟

（三七）（三八）　鲁　迅

“作揖主义”　刘半农

通　信

渡河与引路

致钱玄同　唐　俟

复唐俟　钱玄同

论中国旧戏之应废

致钱玄同　周作人

复周作人　钱玄同

文学上之疑问三则

致钱玄同　张效敏

复张效敏　吴敬恒

复张效敏　钱玄同

复张效敏　胡　适

汉文改革之讨论

致《新青年》诸君　张月镰

复张月镰　钱玄同

中国文字与Esperanto

致新青年记者　姚寄人

复姚寄人　钱玄同

致钱玄同　胡天月
复胡天月　钱玄同
平民生计社宣言及简章

第5卷　第6号
1918年12月15日发行

非君师主义　高一涵
我们政治的生命　陶履恭
去兵　王星拱
武力解决与解决武力　胡　适
人的文学　周作人
诗　歌
山中杂诗（二首）　沈兼士
刘三来矣·子谷死矣　沈尹默
悼曼殊　刘半农
恋爱　Y.Z
小　说
小小的一个人
〔日〕江马修著　周作人译
剧　本
遗扇记
〔英〕Oscar Wilde著　沈性仁译
通　信
文学改良与孔教
致记者　张寿朋
复张寿朋　周作人
复张寿朋　刘叔雅
复张寿朋　陈独秀
鬼相之研究
致陈独秀　莫　等
复莫等　王星拱
复莫等　陈大齐
复莫等　独　秀
保护眼珠与换回人眼
致钱玄同　陈大齐
复陈大齐　钱玄同
五毒
致陈独秀　爱　真
复爱真　独　秀
文字改革与国语报纸
致陈独秀、胡适、钱玄同　朱　墉
复朱墉　独　秀
罗马字与《新青年》
致钱玄同　孙少荆
复孙少荆　钱玄同
答Y.Z.君　刘半农
读者论坛
论吾国父母之专横　张耀翔
对于今日学校之批评　缉　斋
假面具揭开论　胡景翻

第6卷　第1号
1919年1月15日发行

“恭贺新禧”　陈大齐
和平会议的根本错误　高一涵
本志罪案之答辨书　陈独秀
论自杀　陶履恭
对于梁巨川先生自杀之感想　陈独秀

近代文学上戏剧之位置　知　非
小　说
卖火柴的女儿
〔丹麦〕H.C.Andersen 著
周作人译
铁圈〔俄〕F.Sologub 著　周作人译
剧　本
遗扇记（续一）
〔英〕Oscar Wilde 著　沈性仁译

未有人类以前之生物　王星拱
游丹麦杂记　国　药
随 感 录
（三九）（四〇）（四一）　唐　俟
（四二）（四三）　鲁　迅
（四四）（四五）　钱玄同
通　信
横行与标点
致《新青年》诸子　陈望道
复陈望道　钱玄同
“黑幕”书
致钱玄同　宋云彬
复宋云彬　钱玄同
中国文字与 Esperanto
致钱玄同　区声白
复区声白　钱玄同
新文体
致钱玄同　查钊忠
复查钊忠　钱玄同
摆脱奴隶性
致陈独秀　王禽雪
复王禽雪　陈独秀
修辞学的题目
致陈独秀　黄介石
复黄介石　陈独秀
美术革命
致记者　吕　澄
复吕澄　陈独秀
读者论坛
对于革新文学之意见　张寿镛
什么话（二）　刘半农、钱玄同辑

第 6 卷　第 2 号

1919 年 2 月 15 日发行

《新青年》编辑部启事（为本刊与北京大学不相干事）　编　者
诗
小河　周作人

不朽　胡　适
灵异论〔德〕赫克尔著　刘叔雅译
小　说
可爱的人　〔俄〕A.Tshekhov 著
周作人译
附：Ljov Toistoj 对于《可爱的人》的批评　周作人译

战后之妇人问题　李大钊
再问《东方杂志》记者　陈独秀
论“黑幕”（录《每周评论》第四号）
仲　密

附：对于教育部通俗教育研究会劝告勿再编黑幕小说之意见　杨亦曾
再论“黑幕”　仲　密
近代戏剧论
〔美〕E.Goldman 著　震瀛译
世界语问题　凌　霜
真正永久和平之根本问题　李次九
随 感 录
（四六）（四七）（四八）（四九）　唐　俟
（五〇）（五一）（五二）　钱玄同
通　信
拳术与拳匪
难鲁迅　陈铁生
复陈铁生　鲁　迅
姚叔节之孔经谈
致记者　S.F
复 S.F　钱玄同
文学革命与文法
致钱玄同　周　祜
复周祜　钱玄同
Esperanto
致钱玄同　周　祜
复周祜　钱玄同
Esperanto 与现代思潮
致钱玄同　凌　霜
复凌霜　钱玄同
英文“She”字译法之商榷
致周作人　钱玄同
复钱玄同　周作人
复周作人　钱玄同
对于文学改革之意见二则
致《新青年》记者　彝铭氏
复彝铭氏　钱玄同
江苏省教育会、北京大学、南京高等师范学校、暨南学校、中华职业教育社组合“新教育共进社”编译丛书月刊启
什么话（三）
鲁　迅　钱玄同　冰弦辑

第 6 卷　第 3 号

1919 年 3 月 15 日发行

何为科学家　任鸿隽
斯宾塞尔的政治哲学　高一涵
日本的新村　周作人
诗
两个扫雪的人　周作人
微明　周作人
路上所见　周作人
北风　周作人
关不住了
〔美〕Sara Teadafe 著　胡　适译
小　说
白璞田太太
〔法〕莫泊三著　张　黄译
剧　本
遗扇记（续二）
〔英〕Oscar Wilde 著　沈性仁译
终身大事（游戏的喜剧）　胡　适

男女问题　张崧年

随感录

（五三）　鲁　迅
（五四）　唐　俟
（五五）　玄　同

通　信

白话诗的三大条件
致记者　俞平伯
复俞平伯　胡　适
论译戏剧
致胡适　T.F.C
复 T.F.C　胡　适
改良文学与更换文字
致胡适　张　耘
复张耘　胡　适
日本留学生与日本文学
致胡适　傅彦长
欢迎《新声》
致编辑
武昌中华大学中学部“新声社”
复“新声社”　胡　适

读者论坛

古迷　彭啸殊

第 6 卷　第 4 号

1919 年 4 月 15 日发行

实验主义　胡　适
白话文的价值　朱希祖
俄国革命之哲学的基础（上）
〔英〕Angelo.S.Rapport 著　起明译

诗

生机　沈尹默
应该　胡　适
他　唐　俟
一涵　胡　适
赤裸裸　沈尹默
德国农歌　苏菲重译
希望
〔古波斯〕Omar Khayyam 著
胡适重译

小　说

孔乙己　鲁　迅
工作与人生　王光祈
非“折中派”的文学　朱希祖
选举权理论上的根据
〔日〕吉野作造著　高一涵译
生物之起源　周建人
思想革命（录《每周评论》第十一号）　仲　密

讨　论

贞操问题·拼音文字问题·革新家态度问题
致蓝志先书　胡　适
答胡适书　蓝志先
答蓝志先书　周作人
答周作人书　蓝志先
答蓝志先书　胡　适

通　信

梁巨川先生的自杀
致陈独秀　梁漱溟
复梁漱溟　胡　适

鬼相与他心通
致记者　王抚五
答王抚五　陈大齐
读者论坛
男女社交公开　杨潮声
中国家庭制度改革谈　夏道漳
什么话
江苏省长公署训令第一千四百一号
附　录
我们应该怎样　陈独秀

第 6 卷　第 5 号
1919 年 5 月出版

马克思学说　顾兆熊
马克思学说批评　凌　霜
俄国革命之哲学的基础（下）
〔英〕Angelo S.Rapport 著　起明译
小　说
药　鲁　迅
诗
一棵星儿　胡　适
送任叔永回四川　胡　适
鸟　陈衡哲
散伍归来的“吉普色”　陈衡哲
我为什么要做白话诗（《尝试集》自序）　胡　适
马克思研究
马克思的唯物史观与贞操问题　陈启修
马克思奋斗生涯　渊　泉
马克思的唯物史观
〔日〕河上肇著　渊泉译
马克思传略　刘秉麟
我的马克思主义观（上）　李大钊

巴枯宁传略　克　水
老子的政治哲学　高一涵
随 感 录
（五六）来了　唐　俟
（五七）现在的屠杀者　唐　俟
（五八）人心很古　唐　俟
（五九）圣武　唐　俟
（六〇）“危险思想”　张　赤

第 6 卷　第 6 号
1919 年 11 月 1 日发行

我们现在怎样做父亲　唐　俟
儿童公育　沈兼士
我对于丧礼的改革　胡　适
吃人与礼教　吴　虞
文艺的进化　〔日〕厨川白村著　朱希祖译
诗
D——!　刘半农
威权　胡　适
他们的天平　刘半农
欢迎独秀出狱　李大钊
乐观　胡　适
小妹　沈尹默

“有趣”和“怕” 沈兼士
春意 沈兼士
画家 周作人

东京炮兵工厂同盟罢工 周作人
寄生虫 沈兼士
烟 刘半农
奏乐的小孩 A Dobson 著 沈钰毅译
奏乐的小孩 A Dobson 著 天 风译

小　说

沙漠间的三个梦
〔南非〕O.Scheriner 著 周作人译

启发托尔斯泰的两个农夫
〔日〕升曙梦著 郇 诩译
游日本杂感 周作人
我的马克思主义观（下） 李大钊
论中国当用世界公历纪年 钱玄同

随 感 录

（六一）不满 唐 俟
（六二）恨恨而死 唐 俟
（六三）“与幼者” 唐 俟
（六四）有无相通 唐 俟
（六五）暴君的臣民 唐 俟
（六六）生命的路 唐 俟
（六七）中国狗与中国人 孟 真

通　信

关于新文学的三件要事
致记者 潘公展
复潘公展 钱玄同
同音字之当改与白话文之经济
致胡适 陈懋治
复陈懋治 胡 适
复陈懋治 钱玄同
写白话与用国音
致钱玄同 郭惜黔
复郭惜黔 钱玄同
中文改用横行的讨论
致陈大齐 钱玄同
复钱玄同 陈大齐
请看姚明辉的《三从义》和《妇顺说》
致钱玄同 不 平
复不平 钱玄同
附:《三从义》、《妇顺说》
答袁浚昌君 周作人
什么话

第 7 卷　第 1 号
1919 年 12 月 1 日发行

本志宣言
“新思潮”的意义 胡 适
实行民治的基础 陈独秀
科学的起源和效果 王星拱
精神独立宣言 张崧年
游欧之感想 陶履恭

诗　剧

路旁 〔挪〕Gibson 易卜生著 任鸿隽译

小　说

齿痛　〔俄〕L.Andrejev 著
周作人译

短　剧

一个村正的妇人　杨宝三

新银行团问题

（一）我之新银行团观　杜国库

（二）新银行团与日本　程振基

（三）中国与新旧银行团
耿　丹

（四）论日本要求满蒙除外之结果　彭一湖

社会调查

长江社会面面观　报纸摘辑

论新旧　潘力山

随感录

（六八）"笼统"与"以耳代目"
陈独秀

（六九）法律与言论自由　陈独秀

（七〇）过激派与世界和平
陈独秀

（七一）调和论与旧道德　陈独秀

（七二）留学生　陈独秀

（七三）段派·曹陆·安福系俱乐部
陈独秀

杜威演讲录（附引言）　高一涵记

第7卷　第2号

1920年1月1日发行

自杀论　陈独秀

对于"治安警察条例"的批评
高一涵

美国城市自治的约章制度
张慰慈

欧美劳动问题　陶履恭

由经济上解释中国近代思想变动的原因
李大钊

诗　歌

答半农《D——！》诗　陈独秀

冬天晚上　陈子诚

爱与憎　周作人

白杨树　沈尹默

小湖　刘半农

桂　刘半农

秋　沈尹默

草里的石头和赑屃　俞平伯

一个睡着过度的人　沈兼士

一九一八年旧历中秋夜热海泛舟看月　斋　庵

瓦匠底孩子　斋　庵

剧　本

一个青年的梦

〔日〕武者小路实笃著　鲁　迅译

小　说

摩诃末的家族
〔俄〕V·Dantshenko 著
周作人译

一个贞烈的女孩子　斋　庵

罗丹　张崧年

新村的精神（讲演会讲稿）
周作人
戈登格雷的傀儡剧场　宋春舫
社会调查
山东底一部分的农民状况大略记
孟　真
随感录
（七四）《浙江新潮》——《少年》
独　秀
（七五）新出版物　独　秀
（七六）保守主义与侵略主义
独　秀
（七七）裁兵？发财？　独　秀
（七八）学生界应该排斥底日货
独　秀
（七九）阔处办　独　秀
（八〇）青年体育问题　独　秀
（八一）约法底罪恶　独　秀
（八二）男系制与遗产制　独　秀
（八三）解放　独　秀
杜威演讲录（续一）　高一涵记
附　录
新刊一览　记　者
社会调查表　记　者
北京攻读互助团消息　记　者

第7卷　第3号

1920年2月1日发行

国语的进化　胡　适
基督教与中国人　陈独秀
美国委员式的和经理式的城市政府
张慰慈
“洛书”是什么　高　铦
与支那未知的友人
〔日〕武者小路实笃著
周作人译
附：周作人、蔡元培、陈独秀
按语
剧　本
一个青年的梦（续一）
〔日〕武者小路实笃著
鲁迅译
小　说
诱惑　〔波兰〕Stefan Zeromski 著
周作人译
黄昏　〔波兰〕Stefan Zeromski 著
周作人译
近代心理学　张崧年
敬告新的青年　朱希祖
组织农民银行驱逐“重利盘剥者”
李四杰
减省汉字笔画底提议　钱玄同
杜威演讲录（续二）　高一涵记
经济界之危险预防法　马寅初
通　信
教育问题
致记者　虞杏村
复虞杏村　独　秀
林纾与育德中学
致陈独秀　臧玉海
复臧玉海　独　秀

妇女选举权

致记者 明慧

复明慧 独秀

附录

新刊一览 记者

北京工读互助团消息 记者

第7卷 第4号

人口问题号

1920年3月1日发行

人口问题，社会问题的锁钥 顾孟余

贫穷与人口问题 陶孟和

马尔塞斯人口论与中国人口问题 陈独秀

人口论底学说变迁 T.S

计算人口的数学 马寅初

罗素与人口问题 张崧年

数要多，质要好 严智钟

论人口有增加于生活资料以上的恒常倾向 彭一湖

书籍批评

《中国人口论》（陈长衡著） 顾孟余

剧本

一个青年人的梦（续二）

〔日〕武者小路实笃著 鲁迅译

杜威讲演录（续三） 孙伏园记

第7卷 第5期

1920年4月1日发行

洪水与猛兽 蔡元培

新文化运动是什么 陈独秀

罗素的社会哲学 高一涵

什么是科学方法 王星拱

奋斗主义底一个解释 王星拱

诗歌

敲冰 刘复

树与石 陈建雷

快起来 陈绵

剧本

人力车夫 陈绵

新闻记者

〔挪〕卡尔生著 沈性仁译

一个青年的梦

〔日〕武者小路实笃著 鲁迅译

小说

晚间的来客

〔俄〕A.Kuprin著 周作人译

工读互助团结问题

（一）工读主义试行的观察 胡适

（二）工读互助团与资本家的生产制 季陶

（三）都市上工读团底缺点 李守常

（四）为什么不能实行工读互助主义 王光祈

（五）工读互助团失败底原因在那里　陈独秀

社会调查

（一）山西的正西一部分的社会状况　肖　澄

（二）绍兴的结婚风俗　周建人

通　信

（一）就基督教问题致陈独秀　包世杰

（二）就丧礼的改革致胡适　任右民

（三）就美国底社会近况致胡适　任鸿隽

第 7 卷　第 6 号

劳动节纪念号

1920 年 5 月 1 日发行

照片三十三幅

题词十六幅

五一运动史　李大钊

一九一九年巴黎“五一”运动　T.C.I

职工同盟论　〔俄〕S.A.P 著　C.S 生译

劳动问题是些什么　刘秉麟

劳动者底觉悟　陈独秀

美国劳动运动及组织　张慰慈

日本近代劳动组织及运动　高一涵

英国劳动组合及其最近的趋势　程振基

英国劳动党底新势力（录北京《晨报》）　北京《晨报》记者

俄罗斯苏维埃联邦共和国劳动法典　李泽彰

上海厚生纱厂湖南女工问题　陈独秀

香港罢工纪略　记　者

巴黎华工会　记　者

南京劳动状况　莫　如

唐山劳动状况（一）　无　我

唐山劳动状况（二）　许元启

山西劳动状况　高君宇

江苏江都劳动调查表　铁　民

长沙劳动状况　野

芜湖劳动状况　高语罕

无锡各工厂劳动调查表　李　昆

北京劳动状况　李幽影

上海劳动状况　李次山

皖豫鄂浙冶铁工人状况　李少穆

天津造币总厂底工人状况　杨赓陶

通　信

（一）工人底时间工资问题

　致陈独秀　知　耻

　复知耻　独　秀

（二）工人教育与工作时间

　致陈独秀　章积和

　复章积和　独　秀

附　录

对于俄罗斯劳农政府通告的舆论

　通告译文

　各团体答复文

(一)全国报界联合会
(二)全国各界联合会
(三)全国学生联合会
(四)上海各界联合会
(五)宁波同乡会
(六)上海各马路商界总联合会
(七)国会议员
(八)杭州学生联合会
(九)商界救国总会
(十)中华劳动公会
(十一)学生联合会等十七团体
(十二)中华救国十人团联合会
(十三)中华实业界协会
(十四)旅沪四川同乡会
(十五)四川旅沪联合会
各报的言论
(一)天津《益世报》
(二)上海《时事新报》
(三)上海《救国日报》
(四)上海《学生联合会日刊》
(五)上海《星期评论》(一)
(六)上海《星期评论》(二)
(七)上海《正报》
(八)上海《民国日报》(一)
(九)上海《民国日报》(二)
(十)北京《晨报》

第8卷 第1号
1920年9月1日发行

谈政治 陈独秀
《社会主义史》序 蔡元培
中学国文的教授 胡 适
新历史 陶履恭
对于时局的我见 陈独秀

诗 歌

一个农夫 双 明
泥菩萨 双 明
紫踯躅花之侧 康白情
唐山纪游 康白情
斗虎五解 康白情

剧 本

新闻记者(续一)
〔挪威〕卡尔生著 沈性仁译

小 说

风波 鲁 迅
小雨点 陈衡哲
女子将来的地位
〔德〕伯伯尔著 汉 俊译

俄罗斯研究

(一)俄罗斯苏维埃政府
〔美〕洛史与伯尔曼合著
张慰慈译
(二)俄罗斯同业组合运动
〔英〕伦敦俄罗斯人民通信社著
汉 俊译
(三)我在新俄罗斯的生活
Wilfred-K.Humphries 著
汉 俊译

社会调查

(一)湖北河南间底风俗 马伯援
(二)汉口苦力状况 刘云生

（三）武昌五局工人状况表
文华大学学生
香港罢工风潮始末记　记　者
随感录
（八四）虚无主义　陈独秀
（八五）俄国的精神　陈独秀
（八六）男女同学与议员　陈独秀
（八七）上海社会　陈独秀
（八八）比较上更实际的效果
陈独秀
杜威讲演录（续四）　孙伏园记
社会哲学与政治学
（十三）（十四）（十五）（十六）
通　信
（一）儿童公育
致记者　杨钟健
（二）妇女、青年、劳动三个问题
致陈独秀　费哲民
复费哲民　独　秀
（三）工作时间与工资
致陈独秀　章积和
（四）基督教
致陈独秀　悠　我
（五）南洋华侨底近况
致陈独秀　梁绍文
（六）哲学思想与化学工业
致陈独秀　高　铦
复高铦　独　秀
（七）挽联·寿联·喜联
致记者　杨重熙
复杨重熙　独　秀
（八）劳动问题
致陈独秀　知　耻
复知耻　独　秀

第 8 卷　第 2 号

1920 年 10 月 1 日发行

罗素　张崧年
梦与事实
〔英〕罗素著　张崧年译
工作与报酬
〔英〕罗素著　凌　霜译
民主与革命
〔英〕罗素著　张崧年译
游俄感想
〔英〕罗素著　雁　冰译
哲学里的科学法
〔英〕罗素著　张崧年译
六时间之劳动　陶履恭
生存竞争与互助　周建人
小　说
玛加尔的梦——基督降生节的故事
〔俄〕科罗连珂著　周作人译
波儿　陈衡哲
诗
追悼许怡荪　胡　适
牧羊儿的悲哀　刘　复
地中海　刘　复
登香港太平山　刘　复

俄罗斯研究（续一）
（四）苏维埃共和国底妇和婴儿及科学家 Lincoln Eyre 著
汉 俊译
（五）关于苏维埃俄罗斯的一个报告
中俄通信社
（六）苏维埃的平民教育
〔俄〕《年历公报》杨明斋译
文学与现在的俄罗斯
〔俄〕高尔基著 郑振铎译
哥尔基在莫斯科万国大会演说
李少穆译
随 感 录
（八九）再论上海社会 陈独秀
（九〇）学说与装饰品 陈独秀
（九一）懒惰的心理 陈独秀
通 信
（一）男女同校问题
致陈独秀 人 社
复人社 独 秀
（二）大学教授问题
致陈独秀 赵仁铸
复赵仁铸 独 秀
（三）工人教育问题
致陈独秀 知 耻
复赵仁铸 独 秀

第8卷 第3号

1920年11月1日发行

试编罗素既刊著作目录 张崧年
罗素的逻辑和宇宙观之概说
王星拱
能够造成的世界
〔英〕罗 素著 李 季译
自叙 〔英〕罗 素著 郑振铎译
民主与革命（续一）
〔英〕罗 素著 张崧年译
附：民族自决
〔俄〕列 宁著 震 瀛译
罗素论苏维埃俄罗斯 雁冰译
国庆纪念的价值 陈独秀
诗
题在绍兴柯岩照的照片 俞平伯
绍兴西郭门的半夜 俞平伯
送缉斋 俞平伯
《尝试集》集外诗五首 胡 适
我的三个朋友
湖上
译张籍的《节妇吟》
艺术
例外
杂译诗二十三首 周作人译
剧 本
被幸福忘却的人们
〔犹太〕宾斯奇著 周作人译
我们要从那里做起
〔俄〕杜洛斯基著 震 瀛译
俄罗斯研究（续二）
（七）俄国职工联合会发达史
〔俄〕托穆斯基著 震 瀛译
（八）全俄职工联合大会

〔美〕Soviet Russia 周报　震　瀛译
（九）劳农协社
〔美〕Soviet Russia 周报　震　瀛译
（十）俄罗斯的我观
〔英〕R.Will-iams 著　震　瀛译
（十一）列宁
〔英〕George Lans-burg 著
震　瀛译
（十二）克鲁巴特金告英国工人（译自英国《自由》月刊）　震　瀛译
随感录
（九三）社会的工业及有良心的学者
陈独秀
（九四）劳动者的知识从那里来
陈独秀
（九五）三论上海社会　陈独秀
通信
（一）国家·政治·法律
致陈独秀　郑贤宗
复郑贤宗　独　秀
（二）劳动专政
致陈独秀　柯庆施
复柯庆施　独　秀

第 8 卷　第 4 号
1920 年 12 月 1 日发行

关于社会主义的讨论　陈独秀
唯物史观在现代历史学上的价值
李大钊
最近德国政治变迁　张慰慈
劳工神圣颂　H.M
儿童的文学　周作人
做诗的一点经验　俞平伯
诗歌
秋夜　玄　庐
失眠　玄　庐
儿歌　周作人
慈姑的盆　周作人
秋风　周作人
小说
幸福　〔俄〕阿尔支拔绥夫著
鲁　迅译
深夜的喇叭
〔日〕千家元堃著　周作人译
反动力怎样帮忙
〔美〕杜威著　震　瀛译
法国“劳动总联合会”会章
汉　俊译
试编罗素既刊著作目录（续一）
张崧年
批评罗素论苏维埃俄罗斯　震　瀛译
罗素——一个失望的游客　袁振英译
俄罗斯研究（续三）
（一三）苏维埃的教育　震　瀛译
（一四）彼得格拉的写真　震　瀛译
（一五）苏维埃俄罗斯的劳动组织
震　瀛译
（一六）革命的俄罗斯的学校和学生
震　瀛译

（一七）苏维埃俄罗斯的经济政策 震 瀛译
（一八）文艺与布尔塞维克 震 瀛译
（一九）赤军教育 震 瀛译
（二〇）中立派大会 震 瀛译
（二一）俄罗斯的实业问题 震 瀛译
（二二）苏维埃俄罗斯的社会改造 震 瀛译
（二三）劳动政府召集经过情形 震 瀛译
（二四）过渡时代的经济 震 瀛译
随 感 录
（九五）华工 陈独秀
（九六）四论上海社会 陈独秀
（九七）劳工神圣与罢工 陈独秀
（九八）主义与努力 陈独秀
（九九）革命与作乱 陈独秀
（一〇〇）虚无的个人主义与自然主义 陈独秀
（一〇一）民主党与共产党 陈独秀
（一〇二）提高与普及 陈独秀
（一〇三）无意识的举动 陈独秀

什么话 记 者
编辑室杂记 记 者

第8卷 第5号

1921年1月1日发行

达尔文主义 周建人
实行社会主义与发展实业 周佛海
文学上的俄国与中国 周作人
到工团主义的路 〔英〕哈 列著 李 季译
马克思还原 李 达
诗 歌
潮歌 俞平伯
乐观 俞平伯
梦与诗 胡 适
礼 胡 适
十一月二十四日夜 胡 适
小 说
少年的悲哀 〔日〕国木田独步著 周作人译
罗素与哥尔基 译自 Soriet Russia 震 瀛译
苏维埃政府的保存艺术 A.lunacharsky 著 震 瀛译
俄罗斯研究（续四）
（二五）俄国与女子 震 瀛译
（1）苏维埃俄罗斯的劳动女子
（2）家庭和雇佣的女工
（3）苏维埃俄罗斯的女工
（4）俄国“布尔塞维克主义”和劳动女子
（5）俄国赤军中的女子
（6）俄国女工的状况
（二六）劳动俄国底劳动联合 陈望道译
（二七）俄国的社会教育 震 瀛译

（二八）劳农俄国底农业制度
周佛海译
社会调查
海属社会面面观　朱仲琴
随感录
（一〇四）旧约与恋爱诗　仲　密
（一〇五）野蛮民族的礼法
仲　密
（一〇六）个性的文学　仲　密

什么话　记　者
编辑室杂记　记　者
文学研究会宣言　文学研究会

第8卷　第6号

1921年4月1日发行

新教育是什么　陈独秀
社会主义与中国　李　季
最近德国政治变迁（续一）
张慰慈
性之生物学　高　铦
诗　歌
小孩和小鸽　沈兼士
脑海花　玄　庐
浣沙女　玄　庐
小　说
愿你有福了
〔波〕显克微支著　周作人译
世界的徽
〔波〕普路斯著　周作人译
一滴的牛乳
〔阿美尼亚〕阿伽洛年著
周作人译

一封公开的信给《自由人》（月刊）
记者　勃拉克女士著　雁冰译
废止工钱制度
〔英〕柯尔著　高一涵译
俄罗斯研究（续五）
（二九）俄国农民阶级斗争史
李　达译
（三〇）劳农俄国底结婚制度
李　达译
（三一）俄罗斯　震　瀛译
（三二）列宁与俄国进步　震　瀛译
随感录
（一〇七）性美　陈望道
（一〇八）女人压迫男人的运动
陈望道
（一〇九）从政治的运动向社会的运动　陈望道

什么话　记　者

本刊特别启事（为迁移广州事）
本　刊

第9卷　第1号

1921年5月1日发行

从科学的社会主义到行动的社会

主义 〔日〕山川均著 李达译
讨论社会主义并质梁任公 李 达
近代文明底下的一种怪现象
周佛海
我所起草的三法案 戴季陶
广东省商会法草案及理由书
戴季陶
产业协作社法草案及理由书
戴季陶
广东省工会法草案及理由书
戴季陶
关于广东工会法草案底讨论
玄 庐 公 博
哈姆生和斯劈脱尔 雁 冰
文章底美质 陈望道
诗 歌
莺儿吹醒的 俞平伯
伦敦 刘半农
看牡丹底唐花 大 白
小 说
故乡 鲁 迅
西门底爸爸
〔法〕莫泊三著 雁冰译
神 话
快乐 〔俄〕古卜林著 沈泽民译
随 感 录
(一一〇)跑到内地才睁开眼睛么?
汉 俊
(一一一)社会主义是教人穷的么?
汉 俊
(一一二)进了步了! 汉 俊
(一一三)日本人尽管放心就是了!
汉 俊
(一一四)文化运动与社会运动
汉 俊
(一一五)中国式的无政府主义
汉 俊

什么话 记 者
编辑室杂记 记 者

第9卷 第2号
1921年6月1日发行

从资本主义组织到社会主义组织
底两条路——进化与革命 周佛海
共产主义史上的变迁 高一涵
马克思派社会主义 李 达
十九世纪及其后的匈牙利文学
沈雁冰
诗 歌
四烈士冢上的没字碑歌 胡 适
死者 胡 适
儿啼 涂景元
剧 本
新闻记者(续二)
〔挪〕卡尔生著 沈性仁译

新剧底讨论
(一) 苏熊瑞
(二) 陈公博
(三) 苏熊瑞

（四）　亚　魂
注音字母底讨论
（一）致吴稚晖　罗国杰
（二）复罗国杰　吴稚晖
（三）再致吴稚晖　罗国杰
（四）注音字母的五声问题　施见三
（五）致《群报》记者　吴稚晖

社会主义国家与劳动组合　〔日〕山川均著　周佛海译
无产阶级政治　〔俄〕列宁著　成舍我译
列宁底妇人解放论
（列宁《劳农俄罗斯中劳动底研究》之一节）　李　达译

随 感 录
（一一六）下品的无政府党　陈独秀
（一一七）青年的误会　陈独秀
（一一八）反抗舆论的勇气　陈独秀
通　信
广东之科学思想
致陈独秀　皆　平
复皆平　独　秀

第9卷　第3号

1921年7月1日发行

国语文法的研究法　胡　适
社会主义批评　陈独秀
生物进化与球面沿革之概说　王星拱
十九世纪及其后的匈牙利文学（续一）　沈雁冰
答《君广韵注音字母的疑问》　吴敬恒
附：广韵注音字母的疑问巜ㄨㄜㄗㄅ
三浦右卫门的最后　〔日〕菊池宽著　鲁迅译
湖南煤矿水工惨状　吴　桢
十日旅行中的春申浦　陈公博
俄罗斯研究
（三三）俄罗斯革命的过去及现在　李守常
（三四）劳农俄国的妇女解放　〔日〕山川菊荣著　李　达译
（三五）劳农俄国的电气化　〔俄〕克尔柴诺夫斯基著　邓　生译
随 感 录
（一一九）说实话　张崧年
（一二〇）社会　张崧年
（一二一）过渡与造桥　陈独秀
（一二二）卑之无甚高论　陈独秀
（一二三）革命与制度　陈独秀
（一二四）政治改造与政党改造　陈独秀
通 信
英法共产党——中国改造
致陈独秀　张崧年

复张崧年　独　秀
开明专制
致陈独秀　朱谦之
复朱谦之　独　秀

第9卷　第4号
1921年8月1日发行

国语文法的研究法（续一）
胡　适
讨论无政府主义
（一）致陈独秀书　区声白
（二）答区声白书　陈独秀
（三）答陈独秀书　区声白
（四）再答区声白书　陈独秀
（五）再答陈独秀书　区声白
（六）三答区声白书　陈独秀
性之生理学　高　铦
马克思底共产主义　存　统
诗
奶娘　刘　复
一个小农家的暮　刘　复
稻棚　刘　复
回声　刘　复
夏天的黎明
Wilfvid Wileon Gibson 作
刘　复译
狭的笼（散文诗）
〔俄〕埃罗先珂作　鲁　迅译
一队骑马的人（散文诗）
〔挪威〕包以尔作　沈雁冰译
杂译日本诗三十首
〔日〕石川啄木等作
周作人译
华文横行的商榷　张东民
通　信
同善社
致记者　何谦生
答何谦生　独　秀
马克思学说与中国无产阶级
致陈独秀　蔡和森
复蔡和森　独　秀
附　录
衙前农民协会宣言
衙前农民协会章程
衙前农村小学校宣言
附：玄庐附记
*索引编者按：衙前在浙江省萧山县

第9卷　第5号
1921年9月1日发行

太平洋会议与太平洋弱小民族
陈独秀
对于华盛顿太平洋会议　张椿年
对于太平洋会议的我见
〔日〕山川均作
太平洋会议　〔日〕堺利彦作
“是什么”和“为什么”　高　铦
第四阶级解放呢？全人类解放呢？
存　统

中国古代文学上的社会心理
朱希祖
省宪法中的民权问题　高一涵
对于交易所的我见　陈公博
农民自决——在肖山山北演说
玄　庐
结群性与奴隶性
〔英〕戈尔敦著　周建人译
诗
病中的诗（八首）　周作人
山居杂诗（七首）　周作人
剧　本
海青赫佛（Hyacinth Halvey）
〔爱〕葛雷古夫人著
沈雁冰译
小　说
颠狗病
〔西〕伊巴涅支著　周作人译
燃犀录
浙江省议员提议惩罚贿买议长案
记　者
江苏省议员攻击贿买议长通电
记　者
高语罕致《民国日报》函
记　者
上海十二工团宣言——国是会议排工之反响，准备召集“工人的国是会议”　记　者
随感录
（一二五）难道这也是听天由命的教义吗？　佛　海
（一二六）狄克推多制与农民
佛　海
（一二七）革命定要大多数人来干吗？　佛　海
人民出版社通告（广州）
人民出版社
“马克思全书”
“列宁全书”
“康民尼斯特丛书”
其他（有关马克思主义的书籍）
选　录
共产主义与基尔特社会主义（录《觉悟》）　新　凯
附　录
中华女界联合会改造宣言

第9卷　第6号
1922年7月1日发行

马克思学说　陈独秀
马克思学说之两节
〔德〕贝贝尔著　赭　译
评第四国际　李　达
读新凯先生的〈共产主义与基尔特社会主义〉　存　统
再论共产主义与基尔特社会主义
——答张东荪与徐六几
新　凯
平民政治与工人政治　李守常
自由和强制——平等和独裁
周佛海

我国的新经济政策（讲话）
〔俄〕布哈林著　雁　冰译
诗
平民学校校歌　胡　适
希望　胡　适
悲哀的青年　汪静之
竹叶　汪静之
随感录
（一二八）切实试行　赤
（一二九）个人不负罪恶责任　赤
（一三〇）“社会问题”　赤
（一三一）“完人”　赤
（一三二）“研究问题”　赤
（一三三）共产主义之界说　赤
通　信
巴黎通信
致陈独秀　张崧年
无产阶级专政
致陈独秀　凌　霜
复凌霜　独　秀
选　录
今日中国社会究竟怎样的改造（录《觉悟》）　新　凯

俄罗斯革命和唯物史观（录《觉悟》）
〔日〕河上肇著　C.T 译
马克思主义上所谓“过渡期”（录《觉悟》）
〔日〕河上肇著　光　亮译
什么话　记　者
编辑室杂记（张崧年退出“少年中国学会”声明）　记　者
中国社会主义青年团第一次全国大会纪略　记　者
（一）纲领
（二）中国社会主义青年团章程
（三）青年工人农人生活状况改良议决案
（四）政治宣传运动的议决案
（五）关于教育的议决案
（六）中国社会主义青年团与中国各团体的关系之议决案

新青年（季刊）

第 1 期
共产国际号
1923 年 6 月 15 日出版

《新青年》之新宣言　编　者

国际歌歌词
〔法〕柏第埃作　秋白译
赤潮曲歌词　秋　蕖*
世界的社会改造与共产国际
——共产国际之党纲问题
瞿秋白

* 原刊“目录”中署“秋白”，正文中署“秋蕖”。

一、共产国际诞生以来的世界经济现象

二、共产国际现今在世界政治中之位置

三、共产国际党纲之学理根据及其大纲

现代劳资战争与革命

——共产国际之策略问题

一、欧战后劳资势力之消长——法西派之反革命

二、共产派策略之总原则及其运用

三、共产国际最近之革命战术

俄罗斯革命之五年*

〔苏〕列宁著

东方文化与世界革命　屈维它

东方问题之题要

——共产国际第四次大会之决议案　一　鸿译

共产主义之于劳工运动（节录）*

〔苏〕洛若夫斯基著

殖民地及半殖民地职工运动之题要

——赤色联工国际第二次大会之决议案　陈独秀译

世界革命中之农民问题（华尔嘉之说）　亦农编译

共产主义之文化运动

溪鼾女士译

一、项莱之演说

二、克鲁朴斯嘉女士之演说

世界社会运动中共产主义派之发展史　瞿秋白

一、第三国际

二、赤色职工国际

共产国际第四次大会统观

永　钊

评　坛

评罗素之社会主义观　秋　白

歌谱二阙

第 2 期

1923 年 12 月 20 日出版

阶下囚　郑韦之

——一个审判的记实

诗

革命（VON HEINE）　文　虎译

颈上血　（工人）某

赤军进行曲　文　虎译

过去　巨　绿

天语　双　莫

知心　瞿景白

飞来峰和冷泉亭　瞿秋白

出狱　刘拜农

剧

狗熊（独幕趣剧）

〔俄〕柴霍甫著　曹靖华译

文学评论

荒漠里　陶畏巨

* 原刊此两篇漏署译者。

《科学与人生观》序　陈独秀
自由世界与必然世界　瞿秋白
经济形式与社会关系之变迁
　　蒋光赤
社会之现在及将来　周佛海
列宁论　腊狄客著　张秋人译
马克思之资本论（读书录）
　　周佛海
自民主主义至社会主义　屈维它
俄国新经济政策
　　〔日〕山川均著　王国源译
法国工人史略　史黎雯
共产国际一九二三年大执行委员会纪要　施陶文辑
俄罗斯无政府党宣言　张国焘译

第3期

1924年8月1日出版

答张君劢及梁任公　陈独秀
实验主义与革命哲学　瞿秋白
无产阶级革命与文化　蒋侠僧
唯物史观对于人类社会历史发展的解释　蒋侠僧
辩证法与逻辑
　　〔苏〕蒲列哈诺夫著
　　郑超麟译
马克思主义辩证法底几个规律（节录）　〔苏〕阿多那斯基著
　　石　夫译
生产方法之历史的观察　周佛海
马克思与俄罗斯共产党
　　〔苏〕梨亚荫诺夫著
　　罗　忍译
社会主义的社会之基本条件和新经济政策
　　〔苏〕布哈林著　尹　宽译
现在的力量
　　〔苏〕罗诺夫斯基著　赵世炎译
社会主义苏维埃共和国联邦条约及宣言
《马克斯传及其学说》自序
　　李　季
附：《马克思传及其学说》上编目次

第4期

国民革命号

1924年12月20日出版

谁是中国国民革命之领导者
　　彭述之
二十七年以来国民运动中所得教训
　　陈独秀
广东政府与国民革命　卫　金
苏维埃制度下民族问题之解决
　　郑超麟
国民革命之土耳其　瞿秋白
列宁主义之民族问题的原理
　　〔苏〕斯大林著　蒋光赤译

民族与殖民地问题
〔苏〕列宁著　蒋光赤译
第三国际第二次大会关于民族与殖民地问题的议案　光　赤译
中国战争〔苏〕列宁著　弼　时译
革命后的中国
〔苏〕列宁著　仲　武译
亚洲的醒悟
〔苏〕列宁著　仲　武译
落后的欧洲与先进的亚洲
〔苏〕列宁著　仲　武译
东方革命之意义与东方大学的职任（演说）〔苏〕托洛茨基著　郑超麟译
黎明的台湾　沫　云
伦敦会议之面面观（巴黎通信）　任卓宣
本社启事（为改回月刊与出列宁专号事）　编　者

新青年（不定期刊）

第1期
1925年4月22日出版

中国共产党第四次大会对于列宁逝世一周年纪念宣言
列宁逝世的第一周
列宁〔苏〕腊狄客作　华　林译
列宁主义概论　瞿秋白
列宁主义与中国民族运动　陈独秀
专政问题的历史观
〔苏〕列宁著　郑超麟译
第三国际及其在历史上的位置
〔苏〕列宁著　郑超麟译
社会主义国际的地位和责任
〔苏〕列宁著　陈乔年译
列宁主义与杜洛茨基主义
瞿秋白
列宁、殖民地民族与帝国主义
魏　琴
列宁与联工运动　郑超麟
列宁与农民　谢文锦
列宁与青年　任弼时
在伟大的墓之前　蒋光赤
列宁年谱　蒋光赤

第2期
1925年6月1日出版

孙中山与中国国民革命运动
瞿秋白
"二七"前后工会运动史略
张特立
托洛茨基主义或列宁主义
〔苏〕斯大林著　郑超麟译
西欧农民运动的前途
〔苏〕马丁诺夫著　郑超麟译
一九二四年之世界形势　任卓宣
苏维埃社会主义共和国之研究
萧子萄
道威斯计划与世界帝国主义
瞿秋白

第3期

1926年3月25日出版

国民会议与“五·卅”运动　瞿秋白
——中国革命史上的一九二五年
国民革命运动中之阶级分化　瞿秋白
——国民党右派与国家主义派之分析
从凡尔塞到洛迦诺　郑超麟
马克思主义者的列宁　〔苏〕布哈林著　郑超麟译
印度民族革命运动与工人阶级的奋斗　〔印度〕梳罗达古
马克思《通俗资本论》序言　李季
战壕断语　屈维它
——中国革命者的杂记（一）
一、摩洛哥和叙利亚
二、摩塞尔问题、土耳其、蒙古、爪哇
三、危机中的波兰
四、德国的革命新潮
五、寡头政治的美国
六、所谓大英帝国主义
并非闲话（一至二）　蒋光赤
一、先从反共产说说——反共产与吊膀子
二、谁个主张在现在中国就共起产来?
革命日志（一）　编者
（一九二六年一月一日至三十一日）

第4期

1926年5月25日出版

北京屠杀与国民革命之前途　瞿秋白
孙中山三民主义中之民族主义是不是国家主义　陈独秀
中国革命中之武装斗争问题　瞿秋白
从洛迦诺到日内瓦　任卓宣
新经济政策之第五年与苏维埃政权底下的农民问题　郑超麟
今日的美国　觉奴
马克思主义者的列宁（续）　〔苏〕布哈林著　郑超麟译
马克思的家庭教育　季子
马克思主义的历史研究观　〔苏〕卜克洛夫斯基著　王伊维译
战壕断语　屈维它
——中国革命者的杂记（二）
一、印度的革命工人
二、蒙古的国民革命党
三、意大利法西斯蒂的侵略政策
四、帝国主义的裁兵和世界武装

五、法国共产党反对洛迦诺条约
六、德国无产阶级眼中的洛迦诺精神
七、瑞典的共产主义运动
八、新经济下的商业和社会主义
并非闲话（二） 蒋光赤
三、过去的人
四、诗哲、新中国与打倒帝国主义
五、马克思主义逃出文庙
革命日志（二）
（一九二六年二月一日至三月二十九日）

第 5 期
世界革命号
1926 年 7 月 25 日出版

世界革命与中国民族解放运动 陈独秀
世界的及中国的赤化与反赤化之斗争 瞿秋白
国际共产主义运动之目前的问题
〔苏〕季诺维埃夫著 郑超麟译
世界职工运动之现状与共产党之职任
〔苏〕洛诺夫斯基著 瞿秋白译
世界的农民政党及农民协会 瞿秋白
世界革命与世界经济 刘仁静
苏联政治经济概况
〔苏〕斯大林著 蒋光赤译
英国帝国主义之崩溃与世界革命 尹 宽
英国大罢工的原因及其经过
〔日〕剑持太平著 耳 俅译
摩洛哥的革命战争* 颜斐周
历史上的第一次无产阶级革命——巴黎公社 任卓宣
战壕断语（三）——世界革命年表 屈维它
一、古代各国奴隶平民之暴动
二、中世纪之农奴暴动及农民战争
三、十七世纪之英国革命
四、十八世纪之法国大革命
五、世界各国革命及无产阶级运动
革命日志（三） 编 者
（一九二六年四月一日至五月三十日）

* 本刊“目录”作“摩洛哥的问题及其革命战争”，正文作“摩洛哥的革命战争”。

2 每周评论

简 介

《每周评论》，周刊，综合性刊物。一九一八年十二月二十二日创刊于北京，一九一九年八月三十一日被北洋军阀政府查封，共出版三十六期（第三十七期仅有第一版残校样），每期四开四版，第一至二十五期由陈独秀主编，以后各期由胡适主编，主要撰稿者有陈独秀、胡适、李大钊、周作人、高一涵、张申府、王光祈等，由每周评论社出版发行。

《每周评论》是《新青年》社同人创办的，《发刊词》明白宣布刊物的宗旨“就是‘主张公理，反对强权’八个大字”，表现了鲜明的反帝反封建的民主主义倾向。该刊以发表时事述评和文学创作、文艺批评为主。在“五四”运动前以抨击中国军阀政治与报道欧亚两洲的社会主义革命、民族革命为重点，在“五四”高潮中出了“山东问题”、“对于北京学生运动的舆论”等专号。“五四”运动以后，又陆续介绍了苏俄政府颁布的新宪法、土地法、婚姻法等。

《每周评论》在“新文艺”栏中发表了一些白话新诗、新小说和外国文学译文，在“文艺时评”栏中刊登了一些关于文学与戏剧改革的文章，在“通讯”栏与“对于新旧思潮的舆论”的特别附录专号中批判了林纾攻击新文化运动的小说《荆生》。

一九一九年六月，由于陈独秀被北洋军阀政府拘捕，李大钊被迫离京，从第二十六期起由胡适接编。他篡改了刊物的方向，取消了革命的政治内容，连续刊登美国唯心主义哲学家杜威的演讲录，宣扬实验主义哲学思想。一九一九年七月，为抵制马克思主义的传播，胡适发表了《多研究些问题，少谈些主义》一文，鼓吹作一点一滴的社会改良，反对从根本上进行社会革命。八月，李大钊从昌黎五峰山寄了一封致胡适的题为《再论问题与主义》的公开信，批驳了胡适的改良主义观点，阐述了马克思主义革命变革的思想。在《每周评论》上展开的这场“问题与主义”之争，反映了“五四”以后新文化运动中马克思主义者与改良主义者思想上政治上的分化。

目　录

第1号

1918年12月22日发行

发刊词

本报简章

国外大事评述

平和会议

德国政状

英国总选举

国内大事述评

和平会议的代表

和平会议的地点

和平会议的阻碍一

和平会议的阻碍二

社　论

国际社会之改造　若　愚

有饭大家吃　有工大家做　质　心

随感录

两团政治　只　眼

义和拳征服了洋人　只　眼

战争的责任者　只　眼

公仆变了家长　只　眼

新文艺

他们的儿子（法国战争的故事）　仁　译

奔丧到家　适

选　论

劳工神圣（录七年七月二十七日《北京大学日刊》）　蔡元培

欧战结局之教训（录七年十二月一日《国民公报》）　梁启超

第2号

1918年12月29日发行

国外大事述评

德国内政之纷扰

和平会议须公开

威尔逊总统在苏尔朋大学之演说

吗啡与日本

国内大事述评

各方面对于和平会议的意见

社　论

欧战后东洋民族之觉悟及要求　只　眼

问救世军　赤

文艺时评

涵庐剧评：《一念差》

随感录

大红顶子红缨帽　只　眼

土匪　一　针

俄国皇族枪毙了　一　针

嘴上的道德　一　针

威信！统一！　一　针

狗争食　赤

打仗的　赤

异哉搭现问题　只　眼

野心　只　眼

倒军阀　只　眼

新文艺

他们的儿子（续）　仁　译

"雪"(诗)　志　希

新刊批评

《美术杂志》第一期　庚　言

第3号

1919年1月5日发行

国外大事述评

俄罗斯之混沌状态

柏林之骚动

德意志之新宪法

多忙之威尔逊总统

国内大事述评

北京政府对于和平会议的方针

和平会议的仲裁机关

北方代表口中的和平意见

社　论

新纪元　李大钊

国防军问题(告四国银行团)

只　眼

去兵后之"内乱外患问题"　寄　生

随感录

又要制造民意了　只　眼

军民分治　只　眼

到底是那一团利害?　只　眼

得众养民　只　眼

谁是匪　只　眼

国内劳动状况

北京之男女佣工　植

读者论坛

国民!苦朋友!!你们何不起来!!

第4号

1919年1月12日发行

国外大事述评

英国总选举之结果

波兰之奋发

俄国包围过激派之运动

国内大事述评

参战军改为国防军

北京中西新闻记者对于时局的意见

社　论

什么叫"国民制宪"(辟国民制宪倡导会的主张)　涵　庐

文艺时评

论黑幕　仲　密

随感录

国防军　只　眼

军人与官僚　只　眼

武治与文治　只　眼

尊孔与复辟　只　眼

安徽小鬼　只　眼

新文艺

水圳　胡　觉

国内劳动状况

修武煤厂之工头制　善　根

评论之评论

无职业的人不得干预政治　若　愚

通　讯

南京通讯　止　戈

选　论

国防军(录本月十日《顺天时报》)

第5号
1919年1月19日发行

国外大事述评
平和会议及国际大同盟
不靖之柏林
英国军人与解兵
英国内阁成立
新国家之消息
国内大事述评
和平会议的各种消息
焚土的消息
社 论
除三害 只 眼
悼美前总统罗斯福
文艺时评
平民文学 仲 密
随 感 录
国民大会
鸦片与纸票 只 眼
北京的“华严” 明 明
新自杀季节 明 明
面包问题 明 明
快人快语 涵 庐
新 文 艺
出门 胡 觉
卖馒头 谋
父亲 伯恩荪著 涵 庐译
国内劳动状况
北京剃头房与理发店之今昔
通 讯
黎明会 吉野博士

第6号
1919年1月26日发行

国外大事述评
平和会议之消息一束
德国之消息
国内大事述评
南方的和平意见
积极进行之国防军
社 论
真真费解的“国民大会” 涵 庐
烧烟土 只 眼
请问蒋观云先生 只 眼
新 文 艺
弑父之儿 〔法〕de maupassant 作 适 译
随 感 录
政客 明 明
国民仲裁 明 明
平民独裁政治 明 明
过激乎？过惰乎？ 明 明
乡愿与大盗 明 明
放弃特殊地位 明 明
革新 赤
兴三利 赤
中国的教育 赤
文字与思想 赤
镖客 一 针
统一 一 针
国内劳动状况
北京剃头房与理发店之今昔（续）

评论之评论

鬼学　赤

通　讯

某省的土匪和兵　缉

读者论坛

孔子弟子宣言　李述先

第7号

1919年2月2日发行

国外大事述评

爱尔兰之独立

俄国与平和会议

平和会议与国际联盟

小国家之抗议

德意志选举之成绩

和平会议与远东

日本政治思想的新潮流

国内大事述评

消息离奇的国防军

社　论

我的国内和平意见　只眼

结婚与妇人　赤

文艺时评

中国小说里的男女问题　仲密

文学的考据　适

随感录

呜呼别国情　只眼

公理战胜强权　只眼

揭开假面　只眼

谁的罪恶?　只眼

东德意志果然实现　赵鄗生

爱国　赤

新文艺

弑父之儿（续）　适译

选　录

可笑的贺电（录《国民公报》）　唯刚

第8号

1919年2月9日发行

国外大事述评

德国殖民地处置问题

国际联盟之进行

国内大事述评

专岛问题之波澜

和平会议协商会议规则

国防军的各种消息

社　论

我的国内和平意见（续）　只眼

嫁娶有理据吗?　赤子

文艺时评

杀儿的母　仲密

随感录

威大炮　只眼

公理何在　只眼

光明与黑暗　只眼

特别国情　只眼

看看今日的日本　金

新文艺

出气　程生

国内劳动状况
人力车夫问题 善　根
读者言论
新时代之根本思想 一　湖

第9号
1919年2月16日发行

国外大事述评
社会党国际大会
英国国会开会
国际劳动立法委员会
德意志之新政府
国内大事述评
中外注目的国防军
和平会议近来的消息
社　论
我的国内和平意见（续二） 只　眼
法律和事实 元
祝黎明会 明　明
新 文 艺
可怜的若格
Pauyre Jacoues 著 赵祖欣译
随 感 录
秘密外交 明　明
罪恶之守护者 明　明
通　讯
黎明日本之曙光 TC 生
和平会议的近情 止　戈
读者言论
万恶之"治" 汪伊真
选　录
劳动教育问题（录《晨报》） 守　常

第10号
1919年2月23日发行

国外大事述评
鲁意乔治之宣言
战费之推测
比利时之要求
德意志外交总长宣言
日本劳动者之自觉
国内大事述评
中外反对的国防军
和平会议开幕的消息
社　论
我的国内和平意见（续三） 只　眼
祖先崇拜 仲　密
国际的革命 若　愚
文艺时评
我的戏剧革命观 涵　庐
随 感 录
死动 明　明
普通选举 明　明
司令部士多 只　眼
信实通商 只　眼
理想家那里去了 只　眼
第一次警告 只　眼
不准百姓点灯 只　眼
评论之评论
破坏与建设 世　纪

第11号

1919年3月2日发行

国外大事述评

波兰的国会

克里孟梭遇刺

克里孟梭遇刺后的世界和平会议

巴哇利亚的革命

世界和平会的重要时期

国内大事述评

铁路统一问题

和平会议中两大问题

社 论

我的国内和平意见(续四) 只眼

思想革命 仲密

"数之哲理" 赤

今日之梅特涅 若愚

随感录

政党的罪恶 只眼

中日亲善 只眼

亡国与卖国 只眼

铁道管理问题 只眼

光明与黑暗 明明

读者言论

过激振的引线 冥冥

译 论

中国国防军与日本的关系(译大阪《每日新闻》)

通 讯

"上海的一个同业"致记者

第12期

1919年3月9日发行

国外大事述评

欧战赔款问题

处置德国战舰问题

俄国问题

废除潜水艇的提议

限制德国军备问题

国内大事述评

和议停顿后的消息

社 论

人种差别待遇问题 只眼

随感录

亡国与亲善 只眼

欢迎英美舰队 只眼

陕西问题 只眼

不忘日本的大恩 只眼

日本人的信用 只眼

日本人与曹汝霖 只眼

国际管理与日本管理 只眼

国内劳动状况

唐山煤厂的工人生活 明明

欧游记者特别通讯

旅中杂感 明生

通 讯

"元首" 北京一记者

杂 录

记者按语——想用强权压倒公理的表示示荆生(录上海《新申报》) 林琴南

选　论

新旧思想之激战（录《晨报》）　守　常

国民之仇敌（录《兴华报》）

第 13 号

1919 年 3 月 16 日发行

国外大事述评

英国的劳工大会

巴黎和平会议的消息

朝鲜独立的消息

国内大事述评

和平会议应该先决的问题

社　论

兑现　若　愚

新 文 艺

背枪的人　仲　密

随 感 录

东局千零十三号　只　眼

参战军　只　眼

亚洲的德意志　只　眼

爱尔兰与朝鲜　只　眼

强国主义　明　明

小国主义　明　明

国内劳动状况

上海人力车夫罢工　植

评论之评论

关于北京大学的谣言　只　眼

通　讯

评林猬庐最近所撰《荆生》短篇小说　二　古

第 14 号

1919 年 3 月 23 日发行

国外大事述评

朝鲜独立活动的情状

奥国新政府的主张

国内大事述评

不死不活的和议消息

社　论

朝鲜独立运动之感想　只　眼

为什么要南北分立？　只　眼

新 文 艺

当兵（小说）　程　生

随 感 录

你护的什么法？　只　眼

和平的根本障碍　只　眼

中国的李完用宋秉竣是谁？　只　眼

希望各国干涉　只　眼

莫做傀儡　只　眼

何人的命令？　只　眼

停止纳税　只　眼

欧游记者特别通讯

旅中杂感（续一）　明　生

通　讯

曼殊致本刊编辑部诸君

第 15 号

1919 年 3 月 30 日发行

国外大事述评

克里孟梭辞职的原因

日本修改选举法和要求

普通选举的示威运动之经过
埃及的革命

国内大事述评

蒙古独立的消息

名　著

近代社会主义与乌托邦社会主义的区别

新文艺

逃兵　　涵　庐

随感录

更加肉麻　　只　眼
林纾的留声机器　　只　眼
日本人可以在中国随便拿人吗?　　只　眼
敬告遗老　　庚　言
孔教与皇帝　　庚　言
旧戏的威力　　庚　言

欧游记者特别通讯

旅中杂感(续二)　　明　生

通　讯

林纾就本刊登二古评批《荆生》给本刊主笔的信
就《荆生》问题贵兼给本刊记者的信
就《荆生》问题郑遂平给本刊记者的信

第16号

1919年4月6日发行

本报特别启事(为刊附录“对于新旧思潮的舆论”事)

国外大事述评

匈牙利的情形
意大利力争富姆海港
对德媾和条件的大概

国内大事述评

中外反对的八年公债

名　著

共产党的宣言(摘译)　　舍

新文艺

名节　　程　生

随感录

冤哉洪述祖　　只　眼
南北一致　　只　眼
纲常名教　　只　眼
中国和平的障碍　　只　眼
太监与缠足　　只　眼
安徽省议会的笑话　　只　眼
婢学夫人　　只　眼
倪嗣冲的儿子　　只　眼
统一癖　　常
白人阀　　常
混充牌号　　常

通　讯

日本国家社会党开始运动

新刊批评

教育周报(浙江教育会出版)　　赤

读者言论

中日军事协约　　梁和钧

第17号

1919年4月13日发行

国外大事述评

匈牙利新政府的消息

国际劳动委员会的草案

国内大事述评

上海和议的情形

名 著

我们所能作的（罗素演讲词） 赤

新文艺

京奉车中 仲密

随感录

衍圣公和张天师同声一哭 只眼

不可思议的新旧思潮 只眼

林琴南很可佩服 只眼

关门会议 只眼

国民参与政治外交的资格 只眼

文治主义原来如此 只眼

美国也有军械借款吗？ 只眼

形式的教育 只眼

议长串通卖矿 只眼

怪哉插径班 只眼

预定的计画 只眼

威尔逊 赤

翻译三害 赤

解放后的人人 常

文艺时评

《是可忍》——孰不可忍？ 涵庐

欧游记者特别通讯

旅中杂感（续） 明生

读者言论

《孝友泪》 渔村

选 录

真正民意之表示（录《兴华报》）

特别附录

对于新旧思潮的舆论（一）

警告守旧党（录《晨报》） 渊泉

最近新旧思潮冲突之杂感（录《国民公报》） 毋忘

最近之学述新潮（录《北京新报》） 遗生

新旧思潮（录《顺天时报》） 太上余生

酝酿中之教育总长弹劾案（录《顺天时报》）

新思想不宜遏抑（录《顺天时报》） 冷眼

新旧思想冲突平议（一）（录《民治日报》） 隐尘

新旧思潮评议（二）（录《民治日报》） 住

林蔡评议（录《民福报》） 仪湖

新旧之争（录北京《益世报》） 蕴巢

论大学教员被摈事（录《民国日报》）

为驱逐大学教员事鸣不平（录《时事新报》） 匡僧

大学教员无恙（录《时事新报》） 匡僧

威武不能屈（录《时事新报》） 匡僧

新旧思潮之开始决斗（录《神州日报》） 裴　山
北京大学暗潮之感想（录浙江《教育周报》第七年第五号） 平　平

第 18 号
1919 年 4 月 20 日发行

本报特别启事（为刊附录“对于新旧思潮的舆论”事）
国外大事述评
各国劳农界的势力
国内大事述评
上海和议的情形
社　论
我的国内和平意见（续） 只　眼
无政府共产主义与国家社会主义 若　愚
名　著
我们所能做的（罗素演讲词）（续） 赤　记
新 文 艺
爱情与面包（瑞典 Strind berg） 适　译
随 感 录
二十世纪俄罗斯的革命 只　眼
多谢倪嗣冲张作霖 只　眼
伤寒病与杨梅毒 只　眼
土匪世界 只　眼
却没有了自己 只　眼
四大金刚 只　眼
世界第一恶人 只　眼
毕竟南方军人有良心 只　眼
宰猪场式的政治 常
汽车与邮片 常
国内劳动状况
山东东平县的佃户 渔　村
通　讯
上海通讯 汝　愚

第 19 号
1919 年 4 月 27 日发行

本报特别启事（同前号）
国外大事述评
各国国会里的女议员
暹罗华侨问题
国内大事述评
外交上种种的恶耗
社　论
贫民的哭声 只　眼
废娼问题 常
新 文 艺
爱情与面包（续） 适　译
随 感 录
苦了章宗祥的夫人 只　眼
怎么商团又要“骂曹”？ 只　眼
陆宗舆到底是那国的人？ 只　眼
再看江庸的戏 只　眼
法律是什么东西？ 只　眼
干政的军人反对军人干路 只　眼
破坏约法的人拥护约法 只　眼
克伦斯基与列宁 只　眼

南北代表有什么用处？　只　眼
云南的进德会　律　白

欧游记者特别通讯

旅中杂感（续）　明　生

通　讯

铁路的弊病　汝　愚
废止公娼的运动　汝　愚

特别附录

对于新旧思潮的舆论（二）

辟北京大学新旧思潮之说（录北平《国民公报》）　佚　名
社会的醒觉之曙光（录北京《顺天时报》）
学界新思想之潮流（录北京《唯一日报》）　鲁　逊
时势潮流中之新文学（录北京《新报》）　遗　生
规劝林琴南先生（录北京《新报》）　遗　生
再论新旧之争（录北京《益世报》）　蕴　巢
学术与政治（录北京《益世报》）　翰　芳
思想革命中的北京大学（录上海《中华新报》）　志　拯
谁的耻辱？（录上海《中华新报》）　志　拯
遏止新思潮（录上海《民国日报》）　际　安
对北京大学的愤言（录成都《川报》）　因　明

第20号

1919年5月4日发行

国外大事述评

菲律宾独立运动

国内大事述评

山东问题

社　论

中国士大夫阶级的罪恶　一　湖

名　著

我们所能作的（续）　赤　记

新文艺

爱情与面包（续）　适　译

随感录

护法？丑！套狗索　只　眼
护法吗？要钱！　只　眼
发财的机会又到了！国民怎么了　只　眼
公同管理　只　眼
我国　只　眼
两个和会都无用　只　眼
何若瞎打通电　只　眼
梅兰芳　只　眼
好一个博学的议长　涵　庐
步军统领衙门　涵　庐
求雨　天　风
法律与神权　舍
汽车与人力车　舍

评论之评论

孔教研究　只　眼

游欧记者特别通讯

旅中杂感（续）　明　生

第21号
山东问题专号（一）
1919年5月11日发行

一周中北京的公民大活动　亿　万
青岛交涉失败史　涵　庐
为青岛问题敬告协约各国　若　愚
对日外交的根本罪恶　只　眼
时事杂感　亿　万
国民外交协会宣言

第22号
山东问题专号（二）
1919年5月18日发行

青岛问题在欧会中经过的情形　涵　庐
为山东问题敬告各方面　只　眼
秘密外交与强盗世界　常
签字不签字的害处　涵　庐
山东问题与上海商会　只　眼
中日真正的亲善　舍　我

特别附录

对于北京学生运动的舆论（三）

一九一九年五月四日北京学生之示威运动与国民之精神的潮流（录北京《晨报》）　顾兆熊
论学生事件（录北京《国民公报》）　梁漱溟
评梁漱溟君之学生事件论（录北京《国民公报》）　知　非
市民运动的研究（录北京《晨报》）
学生事件和国家法律的问题（录北京《晨报》）
学生无罪（录北京《民国公报》）　陆才甫
学生示威感言（录北京《益世报》）　天　侔
大总统果欲置学生于法耶（录北京《益世报》）　竹　宣
活法律与死法律（录北京《新民报》）　少　少

第23号
山东问题专号（三）
1919年5月26日发行

五四运动的精神　毅
山东问题与国民觉悟　只　眼
外交失败声中的怪现象　秀
哀哉小百姓　一　湖

新文艺

白旗子（小说）　程　生

随感录

黑暗的东方　常
太上政府　常
第五师军人　常
卖国都有凭据吗?　只　眼
对外园满对内统一　只　眼
只有叹气!　只　眼
自家不及外国人　只　眼

游欧记者特别通讯

旅中杂感（续）　明　生

译　件

《解放》宣言

日本劳动同盟大会议

第 24 号

1919 年 6 月 1 日发行

国外大事述评

新银行团与日本

国内大事述评

查禁“妨害治安”的集会出版之经过

社　论

关于谬州和约的修正意见　涵　庐

对于日使照会及段督办通电的感言　只　眼

危险思想与言论自由　常

随感录

冤哉益世报　只　眼

本是同根生，相煎何太急　只　眼

同盟会与无政府党　只　眼

日本人那有这种斗胆？　只　眼

日本参谋部与谢米诺夫　只　眼

别得罪亲日派　只　眼

北京十大特色　只　眼

通　信

任鸿隽致记者　任鸿隽

第 25 号

1919 年 6 月 8 日发行

国外大事述评

巴黎和会议定的劳工待遇条例

国内大事述评

军警压迫中的学生运动

社　论

我们究竟应当不应当爱国　只　眼

新文艺

偶成（诗）　仲　密

门前遇马队记　仲　密

随感录

立宪政治与政党　只　眼

六月三日的北京　只　眼

吃饭问题　只　眼

爱情与痛苦　只　眼

护法总裁的名誉　只　眼

南北一致　只　眼

象煞有介事的纽永建　只　眼

到底还是伍老头子有良心　只　眼

研究室与监狱　只　眼

章宗祥还不算顶坏的人　只　眼

可怜大折其本　只　眼

政学会与桂系　只　眼

西南简直是反叛　只　眼

丑学生丑教育界　只　眼

游欧记者特别通讯

旅中杂记（续）　明　生

第 26 号

1919 年 6 月 15 日发行

杜威讲演录（一）

美国之民治的发展　涵　庐记

第 27 号

1919 年 6 月 22 日发行

杜威讲演录（二）

现代教育的趋势　涵　庐记

第 28 号

1919 年 6 月 29 日发行

本报特别启事（转载注明事）

欢迎我们的兄弟——《星期评论》　适

俄国的新宪法　慰　慈

名　著

我们所能作的（续）（罗素演讲词）　赤　译

新 文 艺

欢乐的花园〔南非〕　须莱纳夫人作　仲 密译

威权（诗）　适

随 感 录

爱情与痛苦　适

研究室与监狱　适

他也配　适

北京大学与青鸟　天　风

数目作怪　天　风

牢狱的生活　常

不要再说吉祥话　常

新华门前的血泪　常

改造　常

哭的笑的　常

威先生感慨何如？　常

选　录

《星期评论》关于民国建设的方针主张

第 29 期

1919 年 7 月 6 日发行

俄国的土地法　慰　慈

阶级竞争与互助　守　常

名　著

我们所能作的（续）　赤　译

新 文 艺

一封未寄的信

〔意〕Custclnucvc 作　天　风译

“爱情与痛苦”诗　适

动（诗）　辛　白

随 感 录

崭新的共和国家　涵　庐

赤色的世界　守　常

最危险的东西　守　常

光明权　守　常

我与世界　守　常

怪不得他　适

七千个电报　适

方还与杜威夫人　天　风

第30期
1919年7月13日发行

俄国的婚姻制度　慰　慈
自由与秩序　赤
新文艺
一封未寄的信（续）
〔意〕Custcinucvc作　天　风译
云（诗，仿儿歌体）　寒　星
怀陈独秀　辛　白
女丐　辛　白
随感录
“互殴”还是体面的事　涵　庐
龚心湛沾染外国人的习气　涵　庐
组阁问题　涵　庐
实在令人骇怕　涵　庐
入狱——革新　赤
忠告黎明会　守　常
黑暗与光明　守　常
真正的解放　守　常
战栗　守　常
万恶之原　守　常
灰色的中国　守　常
是谁夺了我们的光明?　守　常
欧游记者特别通讯
美国新教育思潮　明　星
通信
儿生致记者　儿　生
记者附识　记　者

第31号
1919年7月20日发行

本报特别启事（投函定报寄址事）
多研究些问题，少谈些“主义”
胡　适
俄国遗产制度之废止　慰　慈
克鲁泡特金学说的要点　涵　庐
新文艺
羊肉店（诗，仿儿歌体用江阴方言）
寒　星
人生的礼物
〔南非〕须莱那夫人作　仲密译
书评
孙文学说（卷一）　适
欧游记者特别通信
旅行杂感（续）　明　生
随感录
合肥是谁?　天　风
孔教精义?　天　风
俄罗斯　赤
日本人听着　守　常
只是吃饭要紧　涵　庐
这也是社会主义吗　涵　庐
知识阶级　赤
为什么而什么　赤

第32号
1919年7月27日发行

本报特别启事（同前号）
科学的思想　思想的科学　寄

俄国的新银行法　心
自由与秩序（续三十号）　赤
新文艺
一个问题　适
随感录
山西的教育真可怕　涵庐
北京城里的边务吃紧　涵庐
变相的瓜分　涵庐
安闲之福　可人
赎路　涵庐
武人的下场　涵庐
日本的军阀也应该觉悟　涵庐
名著
我们所能作的（续）　赤译
欧游记者特别通信
旅行杂感（续）　明生
通信
FC致本报并附友人信

第33号
1919年8月3日发行

本报特别启事（同前号）
问题与主义（附胡适按语）　知非
民众运动的目的　涵庐
新文艺
我的儿子（诗）　适
随感录
微妙之言　天风
辜鸿铭　天风
辟谬与息邪　天风
犹可为　涵庐
入狱　涵庐
实在有趣　涵庐
政客　佚名
真算得南北统一　涵庐
西南自治　涵庐
警保局长的感想如何？　涵庐
谁能当起这样骂　涵庐
欧游记者特别通讯
旅行杂感（续）　明生

第34号
1919年8月10日发行

本报特别启事（同前号）
女子解放与家庭改组（附胡适按语）　慰慈
司法独立与教育独立　若愚
新文艺
一颗星儿（诗）　适
欧游记者特别通信
旅行杂感（续）　明生
通信
汪长禄致胡适
胡适复汪长禄
随感录
警察与卫生　涵庐
高士傧真不做脸　涵庐
非卖品的报纸　涵庐
赌咒　涵庐
都欢喜私下讲和　涵庐
日本人应该觉悟的　涵庐
胡适启事　胡适

第35号

1919年8月17日发行

论 说

再论问题与主义 守 常
欢迎中山先生脱离军政府 涵 庐
评徐佛苏的《西南自治与和平》 涵 庐

新文艺

一片哭声（附胡适按语） 胡思聪

通 信

再论《我的儿子》——汪长禄致胡适
胡适复汪长禄

随感录

老鼠 赤
看西南代表面皮有多厚 涵 庐

第36号

1919年8月24日发行

三论问题与主义 胡 适
武者小路理想的新村 涵 庐

名 著

我们所能作的（续三十二号） 赤 译

随感录

两个同业 天 风
又一个同业 天 风
辜鸿铭 天 风
阴谋家 涵 庐
囚犯政府 涵 庐
恐怕人忘怀了 涵 庐

介绍新出版物

《建设》第一卷第一号 适
《湘江评论》 适
《星期日》 适
京师警察厅卫生处启事

第37号*

1919年8月31日发行

中日怎样才能够亲善 涵 庐
四论问题与主义 胡 适

* 此号系被查封的第二天发现的残校样

3 新 潮

简 介

《新潮》，月刊，综合性刊物，是北京大学新潮社的社刊。一九一九年一月一日创刊，一九二二年三月一日出至第三卷第二期终刊，共出版十二期。第一卷与第二卷第一期由傅斯年主编，罗家伦助编，第二卷第二至四期由罗家伦编辑，第二卷第五期至终刊号名义上由周作人主编，实际上是毛子水、顾颉刚、陈达材、孙伏园等编辑。该刊由北京大学出版部出版，十六开本。原定一年出两卷十期，但从第二卷起即不能按时出版，从第二卷第二期起刊物标示出版日期与实际出版时间不符，有的晚半年乃至更长的时间。

新潮社是北京大学文学院学生傅斯年、罗家伦、徐彦之要效法《新青年》来骂倒该院的国粹派而发起组织的北大学生社团（后也吸收个别外校学生），一九一八年十一月十九日正式成立，社员四十余人，聘请胡适为顾问。起初以办《新潮》月刊为主要活动，“五四”运动后改称新潮学会，又出版“新潮丛书”、“文艺丛书”。它一出现就以鲜明的倾向加入了新文化统一战线。“五四”运动后在胡适的影响下该社逐渐转向带有“专心致志”研究西方思想学说的“读书会”性质的团体，终因人事变迁、经费无着与组织涣散而解体。

《新潮》的创刊，得到了陈独秀、李大钊和蔡元培的支持。与《新青年》的倾向大体一致，内容以反封建为主，文字以“白话新体为限”。作为综合性刊物，《新潮》比《新青年》更侧重发表中国新文学作品和译介西方文学名著，在鲁迅等人之后，《新潮》上出现了又一批新文学作家，如汪敬熙、叶绍钧、欧阳予倩、傅斯年、罗加伦、康白情、俞平伯、杨振声、朱自清等。他们有一个共同的趋向：主张文学是为人生的。鲁迅说：“他们每作一篇，都是‘有所为’而发，是在用改革社会的器械，——虽然也没有说定终极的目标”。该刊还发表了潘家洵翻译的易卜生的《群鬼》，萧伯纳的《华伦夫人之职业》等名著。

目　录

第1卷　第1号

1919年1月1日发行

《新潮》发刊旨趣书　新潮社
人生问题发端　傅斯年
今日之世界新潮　罗家伦
去兵！　傅斯年
“新”　陈家蔼
哲学对于科学宗教之关系论　谭鸣谦

小　说

雪夜　汪敬熙
谁使为之　汪敬熙

逻辑者哲学之精　〔英〕罗思鲁著　徐彦之译
对于小学作文教授之意见　叶绍钧、王钟麒

评　坛

（一）今日中国之小说界　志　希
（二）今日中国之新闻界　志　希
（三）万恶之源　孟　真
（四）社会革命——俄国式的革命　孟　真

出版界评

（一）王国维之《宋元戏曲史》　孟　真
（二）马叙伦之《庄子札记》　孟　真
（三）蒋维乔之《论理学讲义》　孟　真

故书新评

（一）清梁玉绳之《史记志疑》　孟　真
（二）宋郭茂倩之《乐府诗集》　孟　真
（三）英国耶方斯之《科学原理》　孟　真

附　录

蔡孑民先生在“国际研究社”演讲《大战与哲学》之原稿）　蔡元培

第1卷　第2号

1919年2月1日发行

联治主义与世界组织　李大钊
对于旧家庭的感想　顾诚吾
怎样做白话文？　傅斯年
什么是文学？　罗家伦
论中国之民族气质　康白情

小　说

一个勤学的学生　汪敬熙
断手　欧阳予倩
一课　汪敬熙

女子人格问题　叶绍钧
法理与伦理之本质区分论　谭鸣谦

诗

十二月一日到家　胡　适
春雨　叶绍钧
雪　罗家伦

悼亡妻 顾诚吾
冬夜之公园 俞平伯
深秋永定门城上晚景 傅斯年
嘲非有君 无 是

剧

推霞 〔德〕苏特曼著 宋春舫译

砾厂掇拾

哲学数学关系史论引 张崧年

逻辑漫谈

哲学概论（第二编节录）
Jerusalem著 徐彦之译
中国文学史分期之研究 傅斯年
论吾国今日道德之根本问题
吴 康
行为概论 〔英〕斯宾塞著
吴 康译

评 坛

评新剧本《新村正》 宋春舫
心气薄弱之中国人 孟 真
中国文艺界之病根 孟 真
自知与终身之事业 孟 真
社会——群众 孟 真
社会的信条 孟 真
破坏 孟 真

附 录

劳工神圣——蔡孑民先生在天安门外露天演说会演词 蔡元培

书报介绍

《新青年》杂志 记 者
《每周评论》 记 者

第1卷 第3号

1919年3月1日发行

难"思想律" 康白情
经济学上之新学说 刘秉麟
物质文明 陈达材
汉语改用拚音文字的初步谈 傅斯年
因明浅说 陈嘉蔼

诗

雪后 康白情
棒子面 康白情
朱先生和听差 康白情
"除夕"入香山 罗家伦
老头子和小孩子 傅斯年
爱的神 裴庆彪

小 说

渔家 杨振声
是爱情还是苦痛？ 罗家伦
这也是一个人！ 叶绍钧
一个病的城里
〔俄〕高尔基著 沈性仁译
私刑 〔俄〕高尔基著 沈性仁译

剧

扇误 〔英〕王尔德著 潘家洵译

答《时事新报记者》 傅斯年

评 坛

译书感言 傅斯年
打破中国神怪思想之一种主张
俞平伯

书报介绍

《国民公报》 记　者

《晨报》 记　者

失勒的形式逻辑 孟　真

通　信

致同社同学 傅斯年

致孟真 诚　吾

致傅斯年 余裴山

答余裴山 傅斯年

致记者 史志元

答史志元 傅斯年

第1卷　第4号

1919年4月1日发行

什么是思想？ 汪敬熙

关不住了（译诗） 胡　适译

诗

牛 康白情

春水船 俞平伯

风里的蜘蛛 康白情

梦境 康白情

窗外 康白情

杂诗两首 顾诚吾

山中 顾诚吾

小　说

一个兵的家 杨振声

花匠 俞平伯

怪我不是

分配问题 刘秉麟

劳动问题之解决（日本《太阳》文） 谭鸣谦译

今日中国的小学教育 叶绍钧

今日中国之杂志界 罗家伦

思想的真意 何思源

文学之性质 陈达材

砾厂掇拾（续一）

数之哲理 张崧年

哲学问题 〔英〕罗素著　徐彦之译

生活独立 张厚载

非秘密主义 高　元

评　坛

“太极图”与 Phallicism 康白情

“出世”？ 罗家伦

一段疯话 傅斯年

朝鲜独立运动之新教训 傅斯年

朝鲜独立运动感言 陈兆畴

故书新评

宋朱熹的《诗经集传》和《诗序辩》 傅斯年

清代学问的门径书几种 傅斯年

通　信

致孟真（傅斯年） 诚　吾

答诚吾（顾颉刚） 傅斯年

致记者 君　左

答君左 罗家伦

附　录

蔡校长致《公言报》函并附答

林琴南君函

第1卷　第5号
1919年5月1日发行

对于中国今日谈哲学者之感念　傅斯年
国故和科学的精神　毛子水
最近代基督教义　江绍原
驳胡先骕君的《中国文学改良论》　罗家伦
诗
背枪的人　仲　密
京奉车中　仲　密
前倨后恭　傅斯年
咱们一伙儿　傅斯年
鸡鸣　康白情
车行郊外　康白情
爱情　骆启荣
秋千歌　程裕清
也算是一生　施涌华
小　说
新婚前后七日记　任　钎
春游　叶绍钧
洋债　郭弼藩

男女关系的进化　〔日〕堺利彦著　郭须静译
"德谟克拉西"之四面谈　谭鸣谦
戏　剧
群鬼　〔挪〕易卜生著　潘家洵译

我之道德谈　俞平伯
真理（《宇宙之谜》之一章）　〔德〕赫克尔著　吴康译
白话文学与心理的改换　傅斯年
随感录　傅斯年
读者论坛
平等谈　吴景超
通　信
因明答诤
致陈嘉蔼　梁漱溟
答梁漱溟　陈嘉蔼
答梁漱溟　傅斯年
答冯友兰　陈家蔼
对于《新潮》一部分的意见
致孟真（傅斯年）　鲁　迅
答鲁迅　傅斯年
汉语改用拼音文字办法的商榷
致记者　余裴山
答余裴山　傅斯年
对于《新潮》之评论
致记者　杨钟健
答杨钟健　志希（罗家伦）
答杨钟健　傅斯年
答太虚和尚　陈嘉蔼
附　录
民国八年北京大学招考简章

第2卷　第1号
1919年10月30日发行

妇女解放　罗家伦
社会改制问题　陈达材

近世哲学的新方法 何思源
“驳《新潮》〈国故和科学的精神〉篇”订误 毛子水
新村研究 郭绍虞
访日本新村记 周作人

诗

桑园道中 康白情
送客黄浦 康白情
天安门前的冬夜 罗家伦
老牛 寒 星
E弦 寒 星
铁匠 寒 星
“他们又来了” 俞平伯
我的伴侣 叶绍钧

小 说

明天 鲁 迅
砍柴的女儿 K S
炉景 俞平伯
写给Mr.Willaws的一封短信 寒 星

剧

华伦夫人之职业 〔英〕肖伯纳著 潘家洵译
社会上对于新诗的各种心理观 俞平伯
拟编高等小学史地教材的大纲 王钟麒

评 坛

欢迎我们的兄弟——牛津大学的新潮 志 希
古今中外派的学说 志 希

书报评论

杜威博士的《学校与社会》 志 希
杜威博士的《德育原理》 志 希
《少年中国》月刊 志 希

附 录

《新潮》之回顾与前瞻 傅斯年

第2卷 第2号

1919年12月1日发行

物质变动与道德变动 李大钊
科学的真实是客观的不是? 王星拱
近代西洋思想自由的进化 罗家伦
思想的派别（美国杜威在北大的演讲记录） 吴康 罗家伦记

诗

上山 胡 适
心悸 傅斯年
心不悸了! 傅斯年
送金甫到纽约 俞平伯
菊 俞平伯
芦 俞平伯
方入水的船 汪敬熙
日观峰看浴日 康白情
石头和竹子 康白情

李超传　胡　适

小　说

死与生　汪敬熙

炉火光里

〔美〕Margaret Thomson 著　潘家洵译

一个好百姓　杨钟健

一回希有的经验　江绍原

剧

哑妻

Anatole Trance 著　沈性仁译

小学教育的改造　叶绍钧

民主政治与伦常主义　高　元

人生问题　吴　康

评　坛

学术界的骗局　志　希

是青年自杀还是社会杀青年?　志　希

北大学生林德扬君的自杀　梦　邨

青年厌世自杀问题　守　常

书报评论

《心灵现象论》　徐彦之

《解放与改造》　志　希

通　信

致《新潮》诸君　张　继

答张溥泉（张继）　罗家伦

致《新潮》诸君　施存统

答施存统　罗家伦

致徐子俊（徐彦之）　潘介泉

答潘介泉　徐彦之

附　录

精神独立宣言

世界文化名人罗曼罗兰、巴比赛、罗素等作　张崧年译

工学互助团启事

新潮社纪事　徐彦之

第2卷　第3号

1920年4月1日发行

耶稣以前的基督　江绍原

“无强权主义的根据”及“无强权的社会”略说　叶　邨

非个人主义的新生活　胡　适

思想的派别（续一）

〔美〕杜威讲　吴康　罗家伦记

诗

阴历九月十五夜登东昌城　傅斯年

自然　傅斯年

风的话　俞平伯

别她　俞平伯

疑问　康白情

往东车站送楚僧赴法　罗家伦

小　说

狗和褒章　俞平伯

格兰莫尔的火

Robert Herrick 著　潘家洵译

剧

白黎爱和梅立桑

梅德林著　赵承易译

心理学的范围

Mc Dougall 著　朱自清译

我的白话文学研究　吴　康

职业与生计　叶绍钧

女权与法律　朱　洪

现代民治主义的精神　谭鸣谦

大学与舆论（杜威在北大二十二周年纪念日的讲话）　高尚德译

舆论的建设　罗家伦

评　坛

一星期在上海的感想　俞平伯

批评的研究　罗家伦

海外中国大学为什么不成舆论?

孙伏园

书报评论

《社会学方法论》　汪敬熙

《美术与美育》*　孙福熙

附　录

一九二〇年北京大学招考简章

第2卷　第4号

1920年5月1日出版

美术的起源　蔡元培

社会学中的科学方法　何思源

耶稣以前的基督（续）　江绍原

对于旧家庭的感想（续）　顾诚吾

从艺术上企图社会的改造　郭绍虞

思想的派别（续二）

〔美〕杜威讲　吴康　罗家伦记

诗

和你撒手　俞平伯

去来辞　俞平伯

仅有的伴侣　俞平伯

小　说

两封回信　叶绍钧

高加索之囚人

〔俄〕托尔斯泰著　孙伏园译

剧

陋巷　〔英〕肖伯纳著　潘家洵译

书报评论

本能与无意识　汪敬熙

通　信

致志希（罗家伦）并附熊子真致蔡元培书　蔡元培

答熊子真　罗家伦

致徐子俊（徐彦之）与志希（罗家伦）　何思源

答何仙槎（何思源）

罗家伦（志希）

致社中同人　傅斯年

致社中同人　俞平伯

附　录

一年来我们学生运动底成功失败和将来应取的方针　罗家伦

第2卷　第5号

1920年9月1日发行

近代中国文学思想之变迁　罗家伦

* 印时撤去此文。

心理学之最近的趋势　汪敬熙
对于旧家庭的感想（续二）
顾诚吾
思想的派别（续三）
〔美〕杜威讲　吴康　罗家伦记
诗
天亮了　康白情
鸭绿江以东　康白情
从连山关到祁家堡　康白情
庐山纪游　康白情

察拉图斯忒拉的序言
〔德〕尼采著　唐　俟译
古佛教
〔英〕达微思著　江绍原译
小　说
老乳母
〔俄〕弥里珍那著　周作人译
呆子伊凡的故事
〔俄〕托尔斯泰著　孙伏园译
伊和他　叶绍钧
贞女　杨振声
独幕剧
福利慈欣
Sudhermann著　潘家洵译
评　坛
哲学与常识　何思源
个人创造　何思源
附　录
本社纪事　孟寿椿

第3卷　第1号
1921年10月1日发行

物和我　王星拱
柏格森的哲学方法　冯友兰
从思想改造到社会改造　吴　康
古佛教（续）
〔英〕达微思著　江绍原译
诗底自由和普遍　俞平伯
诗
屡梦孟真醒来长叹作此寄之
俞平伯
无名的哀诗　俞平伯
黄鹄　俞平伯
小草　朱自清
海滨　汪静之
星　汪静之
小　说
“不快之感”　叶绍钧
磨面的老王　杨振声
贵生与他的牛　潘垂统
自私的巨人（童话）
〔英〕王尔德著　穆敬熙译
蔷薇花
〔日〕千家元麿著　周作人译
独幕剧
热狂的小孩们
〔日〕千家元麿著　周作人译
暗中
〔犹太〕西尔雪般著　孙伏园译
与印度泰谷尔谈话（东西文明之比

较观）　冯友兰
赴法途中漫画　孙福熙

评　坛

社会共同化　何思源
现行婚制的片面批评　俞平伯

第3卷　第2号
一九二〇年世界名著介绍特号
1922年3月1日发行

相对原理
爱因斯坦著　饶疏泰介绍
世界史大纲　威尔斯著　朱经介绍
哲学改造　杜威著　罗家伦介绍
心力　柏格森著　冯友兰介绍
行为主义的心理学
华特生著　汪敬熙介绍
新心理学
谭嗣锐著　杨振声介绍
布尔塞维克主义
罗　素著　何思源介绍
大不列颠社会民主国宪法
韦　勃著　刘光一介绍
美国人的品性与意见
桑戴延纳著　冯友兰介绍
社会学原理
劳　斯著　何思源介绍
社会通论　柯　耳著　金岳霖介绍
行团主义家之历史观
攀　铁著　金岳霖介绍
印度宗教书籍大纲
华克海著　江绍原介绍
宗教杂志　芝加哥大学出版
江绍原介绍
一九二〇年重要书籍表
袁同礼介绍

4 国　民

简　介

《国民》，月刊，综合性刊物，一九一九年一月十日创刊于北京，署国民杂志社编辑、出版、发行，实际第一卷四期由黄建中、周长宪主编，许德珩、邓中夏、黄日葵、陈钟凡等十八人参与编辑。第二卷四期由周长宪、孟寿椿、周炳林、常乃德、黄日葵编辑。十六开本。自第二卷起即不能按时出版，刊物上的出版发行时间也只署年代月份，不署具体日期。一九二一年五月出版第二卷第四期后终刊，共出版八期。

国民杂志社于一九一八年十月二十日成立，是这年在反对《中日共同防敌军事协定》的学生运动中出现的全国学生救国会委托北京大学该会成员创办的，由北大教授陈独秀、李大钊、杨昌济任顾问，并受到北京大学校长蔡元培的支持，因而被视为北京大学的社团。国民杂志社以“增进国民人格，灌输国民知识，研究学术，提倡国货”为宗旨，申明“无党无偏，一唯真理是尚”，但社员思想信仰很不一致——邓中夏、高尚德、黄日葵等信仰科学社会主义，吴载盛等信仰基尔特社会主义，易家钺等信仰无政府主义，曾琦等信仰国家主义。尔后，它在陈独秀、李大钊等人的帮助引导下逐渐克服了前期思想信仰模糊，对新旧文化与新旧文学态度不甚分明的弱点，逐渐左倾。

《国民》第一卷的思想倾向不甚分明，第二卷开始歌颂“劳工神圣”，宣传马克思主义，介绍俄国十月革命；第一卷采用文言文，“专著”与“译述”栏里刊登的多是传统的国学论著，“艺林”栏里刊登的多是旧式小说、诗词、散文，第二卷采用白话文，时事述评性的文章之外，多刊登介绍新学说的文章与新文艺作品，明确表示拥护新文化与新文学。

目　录

第 1 卷　第 1 号
1919 年 1 月 10 日发行

祝　词

国民杂志出版祝辞　黄　侃
祝国民杂志发刊　彬　彬
国民杂志颂辞　顾名君谊
序　蔡元培

通　论

吾所望于今后之国民者　许德珩
列强新旧均势之过渡与远东和平　陈宝锷
收回领事裁判权问题　周长宪
欧化枝谭　吴敬恒
破除锢蔽思想之偶像　蓝公武
自了派之误谬与罪恶　孟寿椿
告学生　杨昌济

专　著

中国哲学之宇宙论　黄建中
老子学说略　陈钟凡
历史上战争之研究　梦　非

译　述

近东与大战　梅　僧
原微　顾翊群译
名学发微　庚　麓

调　查

农商部权度制造所调查报告　本　社
中日制造品在欧销售之调查　京　报

艺　林

文录
与弟子吴承仕论学札六则　章炳麟
许沈梅村古文　章实斋遗文
逸礼考　刘师培
秋日泛舟大通河序　黄　侃
桂华赋　黄　侃

诗录
缃华室诗草　黄　侃
杂诗四首录二　汪　东
杀贼行（为烈士赵仲铭作即题其遗集有序）　周长宪
征夫别二首　〔英〕伯吾思著　庚　麓译
抚今追昔行四首　〔英〕何德著　庚　麓译

诗余
八声甘州·戊午季秋客京师步屯田韵　吴瞿安
霓裳中序第一·酬路金波并寄仇涞之金陵　吴瞿安

词余
陶然亭晚眺　顾名君谊

笔记
宋六斋先生论文
石屋余沈

小说
悟园说华　朱義胄
铁血英雄　无　心

通　讯

致记者　邵振青
致记者　卧　佛
致记者　孤　鸿
致记者　张书箴

记　载

国内大事记　周邦式
和平问题
内阁问题
新国会延长会期两月
外交团之劝告及其结果
阪谷顾问之聘定
电话借款成立
陆外长已起程赴欧
焚毁烟土之进行
鲁省日民政署之撤废
天津电车公司之风潮
湖南人民之浩劫
国外大事记　周邦式
德国屈服与休战条件
捷克族之建国及其制宪要点
全俄政府之政变
欧战议和问题
英国总选举与各党
美国总选举之结果
欧洲革命之风潮

附　录

记张君劢先生谈话　易克嶷
议和代表茶话会演说　邵飘萍
本社成立会纪事　本　社
本社组织大纲并附杂志例言、社员规约　本　社
本社第一期职员录　本　社
本社社员录　本　社

第1卷　第2号

1919年2月10日发行

通　论

国民思想与世界潮流　许德珩
大亚细亚主义与新亚细亚主义　李大钊
亚东永久和平之基础　黄日葵
争回海关税率国定问题　梅　僧
外力与内治　梦　非
劳工神圣　陈宝锷

专　著

中国哲学之宇宙论（续一）　黄建中
老子学说略（续一）　陈钟凡

译　述

柏格森之智慧论　张东荪
中国问题　刘正经
原微（续一）　顾翊群
中国建筑　戴　岳

调　查

财政部印刷局调查报告　本　社
中国对外贸易之物产　本　社

艺　林

文录
与邵二云论文　章实斋遗文
与弟子吴承仕论学札（续一）　章炳麟

逸礼考（续一） 刘师培
毛诗正韵赞 黄 侃
宫沟秋莲赋 黄 侃
诗录
海外杂诗十首 章炳麟
缃华室诗草（续一） 黄 侃
题画三首 汪 东
词录
西平乐 黄 侃
踏莎行 汪 东
浣溪纱 汪 东
霜花腴 吴 梅
湘春夜月 吴 梅
浣溪纱 顾 名
笔记
宋六斋先生论文（续）
石屋余沈（续）
小说
铁血英雄（续一） 无 心
丛 录
国民浅说 梅 僧
学校组合制之商榷 朱一鹗
中国之小说 杨亦曾译
赠别同学留日书 宋振寰
通 讯
民气与民德 赵万壁
裁兵废督问题 非 我
记 载
国内外大事记 大 壑
平和问题
国防军之成立
内阁问题
欧洲和议吾国委员之派遣
国外大事记 周邦式
欧战媾和大会开幕
英国选举之结果及新内阁之成立
德国革命之纷扰
巴维利亚宣言共和
德国选举之结果及其宪法草案之要点
附 录
本社社员录（续）
补登本社特别编辑员姓名录
本社京外经理员姓名录

第1卷 第3号

1919年3月20日发行

中日新交涉与国际联盟之前途 陈宝锷
国民之自觉与自勉 撄 宁
外交与民气 许德珩
大战争之回想 瞿宣颖
西藏与中英 黄日葵
建设论 常乃德
德意志之败北与吾国所得之教训 晨 钟
论近世经济学说之趋势及中国所有权制度之宜改良 李四杰
论纳妾之害 胡 致

原知 黄建中
老子学说略（续一） 陈钟凡
评 论
假 楚 僧
亲善就是这么说吗？ 楚 僧
我国不怕了 剑 缤
艺 林
译周永清书其妇孙孺人事 章实斋遗文
与弟子吴承仕论学札（续二） 章炳麟
自序 黄 侃
先师陈君哀词 陈钟凡
宋六斋先生论文（续二）
石屋余沈（续二）
海外杂诗十首（续一） 章炳麟
缃华室诗草（续二） 黄 侃
行县至毛湾 汪 东
小 说
五月七日 杨亦曾
通 信
致记者 庞天籁
丛 录
游欧琐谭 子 升
天津工商业参观记 朱一鹗
记 载
国内大事记 大 壑
中日新交涉
国防军与日军
国外大事记 一 觉
和平会议近闻一束
威总统回美
欧和会议长被刺
国际联盟会之盟约
日本代表之宣言书
英国罢工大风潮略纪
西比利亚铁道消息
德国近状
朝鲜人之血泪
韩国略史
日本吞并韩国后之恶政
附 录
新闻纸之社论 徐宝璜
统一路债办法说帖 蒋智由
余日章先生在北京社会实进会演讲纪略 许广武

第 1 卷　第 4 号

1919 年 4 月 20 日发行

国家思想与中国 周长宪
人道与和平 许德珩
人格与我 撄 宁
辟偶像的道德 正 祥
英雄与民治主义 孟寿椿
结婚之真意义 易家钺
原知（续一） 黄建中
庄子学说略 陈钟凡
中国女界之进步 胡 致
原微（续二） 顾翊群
名学发微（续一） 庚 麓

评　论
改革之手段　邦　式
可敬可佩的朝鲜人　楚　僧
慈善事业　剑　缤
金钱　楚　僧
“兵…非裁不可”　远　斋
对于蒙古独立的感想　邦　式
卖　楚　僧
击毙韩人之交涉　林冠英
南北的武人煞是都爱国　楚　僧
艺　林
与史余村论文　章实斋遗文
与弟子吴承仕论学札（续三）　章炳麟
朱母涂太夫人诔　黄　侃
六人殉难记　刘国藩
宋六斋先生论文（续三）
石屋余沈（续三）
缃华室诗草　黄　侃
挽宋平子徵君　孙诒棫
抱冰堂雅集　江人度
小　说
伺讐　Thomas T.Topping 著　乙　阁译
从军热　Red Beach 著　乙　阁译
通　信
夏敬观致本社
张纪致本社
丛　录
西游杂记　子　升
记　载
国内大事记　大　壑
平和会议之经过
铁路统一问题
国外大事记　一　觉
和平会议近闻片片
欧美琐闻
朝鲜独立运动记
附　录
人类和平之根本观　郑阳和

第 2 卷　第 1 号
1919 年 11 月发行

再论新亚细亚主义　李大钊
五四运动与青年的觉悟　许德珩
社会为什么要改造？　杨亦尊
女子之作战及其备战之步骤　黄绍谷
新 文 艺
墙头　俞平伯
小件　俞平伯
我们的生命　伊　真
难道这是应该的么？（小说）
〔俄〕托尔斯泰著　耿匡　顾文萃译
世界的国家主义　费觉天
马克思和昂格斯共产党宣言　李泽彰译
鲍尔锡维克主义底研究　周炳琳
新村之说明　黄日葵

爱国——为什么? 常乃德
妇女问题评论 黄日葵

本社成立周年大会纪事 一 觉

第2卷 第2号
1920年6月发行

劳工之意义及价值 周长宪
社会主义在中国应该怎么样运动 周炳琳
谁说这不是地狱 李树峻
一个月的监狱试验 S.T

新 文 艺

自嘲 罗家伦
一个骆驼 孟寿椿
送楚僧剑翛往巴黎 孟寿椿
往前门车站送楚僧 罗家伦

谁的罪恶 潘景让

小 说

梨丽的大难 O.Gabrili
四种之妇女运动 〔日〕山川菊乐著 黄日葵译*

太平洋问题呵!
布尔雪维克问题呵! 费觉天
经济界之危险预防法 马寅初讲 李泽彰记
马克思历史的唯物主义 常乃德

通 讯

致记者 阮有秋
答阮有秋 记 者
答阮有秋 日 葵**
复薛世纶 长 宪

第2卷 第3号
1920年10月发行

东方文明与西方文明 常乃德
社会改造的意义 易家钺
罗素底将来世界改造观 陈国榘
罗素对于教育底批评 陈国榘
劳动的艺术化与艺术的劳动化 罗敦伟
社会主义方法 ML生
马克斯资本论自叙 费觉天
新银行团与势力范围 鄢祥俍
我不满意“法律” M.L
马克斯历史的唯物主义(续) 常乃德
怎么样做人? 周长宪
新旧国会合并制宪问题和今后制宪权应该归谁行使底拟议 陈顾远

新 文 艺

春朝 黄日葵
夜半 常乃德
京奉道中 常乃德

* 正文署黄一葵译。

** 正文署日葵。

睡起对月　黄日葵
欧游随笔　行　侯

第2卷　第4号

1921年5月发行

社会根本改造运动　周长宪
日本之文明与中国　鲁　安
现在的教育应养成何种青年　杨连科

新　诗

怎样上得去？　新　光
哀之夜　新　光
大街上的一辆车　阿　瑜
热泪　阿　瑜

小　说

冷风里的悲哀　阿　瑜
命该如此　金　鉴

苏维埃俄国底经济组织　陈国椝译
苏维埃俄国底新农制度　陈国椝译
斯多奈夫人之教育法　常乃德译
随便说说　S　R

5 少年中国

简 介

《少年中国》，月刊，综合性刊物，少年中国学会会刊。一九一九年七月十五日创刊于北京，署“少年中国编委会”编，第一卷编辑主任李大钊，副主任康白情（实际前八期由王光祈编辑），第二卷编辑主任苏甲荣（后由左舜生代理），第三卷及第四卷一至五期编辑人员待考，第四卷的第六至八期编辑人员有恽震（恽代英），第四卷第九至十二期编辑主任黄仲苏。前八期由上海中华书局印行，此后由上海亚东图书馆印行。十六开本。该刊时有延期出版的情况，第四卷各期出版发行时间只署年代月份，不署具体日期。一九二四年五月出版第四卷第十二期后终刊，共出版四十八期。

少年中国学会由王光祈发起，一九一九年七月一日在北京正式成立，一九二五年七月解散，会员达一百二十多人，遍及十多个省市和海外中国留学生中。他的成员大多是大专以上文化程度的知识分子，并按会章要求从事一门以上的学科研究，因而它是一个有“网罗天下之材”声誉的群众社团。它以“奋斗”、“实践”、“坚忍”、“俭朴”为信条，以“本科学的精神，为社会的活动，以创造‘少年中国’为宗旨，但由于所“本”之“科学精神”与所要“创造”的“少年中国”概念欠明，因而会员之间一开始就在政治思想上存在着分歧，其主要成员李大钊、恽代英、邓中夏、沈泽民等信仰社会主义，曾琦、李璜、左舜生等主张国家主义，王光祈等倾向改良主义，彼此思想矛盾和斗争日趋尖锐，终于导致了该会的分裂和解体。

《少年中国》“注重文化运动，阐发科学，纯粹科学”，从科学研究中来探索创造新中国的道路是其最突出的思想特色。它较多地介绍了近代西方各种社会学说，对中国宜于采用那一种社会学说进行了认真而激烈的争论，它经常报道由学会发起的工读互助团的活动和留法勤工俭学学生的情况以及学会其它方面活动的情况。

作为综合性刊物，该刊大力支持“五四”新文化运动和文学革命，以很多篇幅发表新文学作品，其中有康白情、田汉、李大钊、黄仲苏、宗白华、修人、郭沫若、王独清、朱自清、周无、周太玄、沈泽民等人的新诗，并编发了两期“诗学研究”专号，讨论新诗的发展方向和道路。此外，还发表了田汉、张闻天等人的早期剧作和李劼人的早期小说。该刊也十分重视译介外国著名作品，其中有莎士比亚的《哈姆雷德》、《罗密欧与朱丽叶》，王尔德的《沙乐美》，菊池宽的《父之回家》，以及莫泊桑、太戈尔、哥伯等人的作品。

目　录

第1卷　第1期
1919年7月15日发行

说人生观　宗之櫆
平民诗人惠特曼的百年祭　田　汉
人类进化的各面观　魏嗣銮
野犬呼声　Jack London作　易家钺译
中国家庭对于子女教育的根本错误　左学训

少年中国学会消息

会务纪闻
会员通讯
致北京本会同志　上海本会同人
答上海本会同志　北京本会同人
致王光祈　李劼人
致曾琦　周　无
致周无、李璜　曾　琦
致左学训　李　璜
致王光祈、曾琦　黄日葵
致许德珩、黄日葵　曾　琦
致成都分会同人　北京本会同人
本会通告

第1卷　第2期
1919年8月15日发行

少年中国之创造　王光祈
科学之宗旨　魏嗣銮
优美愉快的家庭　左学训
哲学杂述　宗白华

诗

哭眉生并序　王光祈
送客黄浦　康白情
梅雨　田　汉
朦胧的月亮　田　汉
过印度洋　周　无
园中看花　易家钺
古战场　苏翠作　田汉译

卖国的童子　〔法〕阿耳风司多怠著　黄仲苏译
野犬呼声（续）　易家钺译
秘密恋爱与公开恋爱　田　汉

讨论小组织问题

小组织的提倡　左舜生
与左舜生书　王光祈
答若愚　左舜生
致黄蔼女士书　王光祈
致冰先生书　王光祈
致斐山先生　王光祈
致夏汝诚先生书　王光祈
致李贵诚先生书　王光祈
答黄仲苏先生书　王光祈
我的创造少年中国的办法　宗之櫆

少年中国学会消息

会务纪闻
会员通讯
致会中诸同志 宗白华
致王光祈、曾琦 孟寿椿
致王光祈、曾琦 刘正江
致田汉、易家钺 宗白华
答刘正江 王光祈
致王光祈、曾琦 徐彦之
致曾琦 周 无
答周无 曾 琦
致王光祈、曾琦 康白情
致王光祈、曾琦 李大钊

第 1 卷 第 3 期
1919 年 9 月 15 日发行

“少年中国”的“少年运动” 李大钊
科学之宗旨（续一） 魏嗣銮
说唯物派解释精神现象之谬误 宗白华
人类进化的各面观 魏嗣銮
美的现实 仲 苏译
说尼采的“悲剧之发生” 田 汉译

诗

岭上的羊 李大钊
山峰 李大钊
山中落雨 李大钊
问祖国 宗白华
送慕韩往巴黎 康白情
狱中杂诗 孟寿椿
爱是什么
〔美〕Wilcox Ella 著 仲 苏译
社会 康白情
野犬呼声（续二） 易家钺译

少年中国学会消息

会务纪闻
会员通讯
致编者 宗白华
致王光祈 魏嗣銮
答宗白华、魏嗣銮 王光祈
致会中同人 曾 琦
致魏嗣銮 康白情
致康白情 陈宝锷、黄日葵、周炳琳 宗白华
致曾琦 孟寿椿
致曾琦 许德珩

第 1 卷 第 4 期
1920 年 4 月 15 日发行

妇 女 号

大学开女禁的问题 胡 适
论中国家庭应该改组 吴弱男女士
中国妇女问题—圈套—解放 王会吾女士
我的妇女解放之计划同我个人进行之方法 邓春兰女士
模范家庭为社会进步的中心 黄霭女士

“少年中国”的女子应该怎样 潘韧秋女士
妇女问题杂谈
妇女解放与 Democracy 李大钊
第四阶级的妇人运动 田　汉
绝对的男女同校 康白情
理想中少年中国之妇女 宗之櫆
开放大学与妇女解放 周炳琳
男女共公生活之精神的互助 陈宝锷
对于妇女解放实行上的意见 苏甲荣
何故不许女子平等？ 黄日葵
叔本华之论妇女 宗白华
人权之贼 康白情
女界之打破 康白情
“女子解放”大不当 张崧年

一个秋夜〔俄〕高尔基著 黄仲苏译

通　信

致诸会员 M R
答 MR 王光祈
少年中国学会消息
会务纪闻并附与“新中学会”信件往来

第1卷　第5期

1919年11月15日发行

中国青年的奋斗生活与创造生活 宗之櫆
自然科学上思想的法则 魏嗣銮
自我的问题〔印〕泰戈尔著 黄玄译
社会之历程及改进 黄忏华

诗

暮登泰山西望 康白情
日观峰看浴日 康白情
有希望么？ 黄　玄
愿意 左学训

野犬呼声（续三） 易家钺译

少年中国学会消息

会员通讯
致王光祈 李　璜
致康白情 魏嗣銮
答魏嗣銮 康白情
致曾琦 康白情
致王光祈 周　无

商　榷

对于少年中国学会信条的意见 恽　震
答恽震君对于学会信条的意见 社　员

第1卷　第6期

1919年12月15日发行

少年中国学会之精神及其进行计划 王光祈
自然科学上思想的法则（续） 魏嗣銮

科学的唯物宇宙观　宗白华
国语问题的我见　李思纯
诗
再见　康白情
去年八月十五　周无
团体生活　王光祈
旅欧随感录　李璜
一个社交问题——八分钟的闲谈　康白情
野犬呼声（续四）　易家钺译
通信
答志希君　魏嗣銮
与本月刊记者论妇女问题书　AYG 女士
答 AYG 女士　王光祈
少年中国学会消息
会务纪闻
会员通信
致北京诸同志　南京分会同人
答南京分会诸同志　北京总会同人
致南京分会诸同志　上海分会同人
致王光祈　李璜
致王光祈　李璜
致周无、李璜、曾琦、段子燮　王光祈
致康白情　左学训
复左学训　康白情
致康白情　余家菊

第 1 卷　第 7 期

1920 年 1 月 15 日发行

工学互助团的大希望　蔡元培
柏格森“生之哲学　方珣
生物互助论　Need Ham 著　唐启宇译
空时释体　魏嗣銮
恢复哲学的必要　〔美〕杜威著　查谦译述
国　〔英〕罗素著　张赤译
工读互助团
并附该团募款启示及简章　王光祈
田犬呼声（续五）　易家钺译
少年中国学会消息
会务纪闻
会员通讯
致会中诸同志　左学训、宗白华
致北京本会诸同志　巴黎分会同人
致京沪本会诸同志　巴黎分会同人
致王光祈　曾琦
致曾琦、周无、李璜　左学训

第 1 卷　第 8 期

诗学研究号　（一）

1920 年 2 月 15 日发行

诗人与劳动问题　田汉

诗的将来 周 无
英国诗人勃来克的思想 周作人
太戈尔的诗十七首 黄仲苏译
难道这也应该学父亲吗? 易家钺

诗

疑问 康白情
问心 仲 苏

新诗略谈 宗白华

少年中国学会消息

会务纪闻
留别少年中国学会同人 王光祈

第1卷 第9期

诗学研究号(二)

1920年3月15日发行

新诗底我见 康白情
诗人与劳动问题(续) 田 汉
近代法比六大诗人 吴弱男女士
俄国诗豪朴思径传 西 曼
太戈尔传 黄 玄
太戈尔的诗六首 黄仲苏译
歌德诗中所表现的思想
Shokama著 田 汉译

诗

江南 康白情
雪的三部曲 易漱瑜
朝气 康白情
黄蜂儿 周 无
乾燥 康白情
春又来了! 黄仲苏
黄昏 左舜生
竹叶 田 汉
"不加了" 康白情
南京 左舜生
送许德珩杨树浦 康白情
别后 郑伯奇
送会友魏时珍、王若愚、陈剑修、许楚僧赴欧留学 黄仲苏

会员通讯

复黄玄 田 汉
致左舜生 黄 玄
致宗白华 郭沫若
致宗白华 郭沫若

第1卷 第10期

1920年4月15日发行

怀疑论 恽代英
中国妇女问题 周 无
诗人梅德林 易家钺
近代心理学在社会问题上的关系(Ellwood的《社会学和近代社会问题》第三章) 苏甲荣
个人与社会 George H.Bitts著 李 诚译
教育的目的:它的来历和功用
Betls著 岳 庐译
我对于"孝"的观念 易家钺

诗

一个黄昏 黄仲苏

你究竟怎样　黄仲苏
一只飞雁　黄仲苏
中秋夜复成桥上望月　黄仲苏
统统交给伊　黄日葵

少年中国学会消息

会务纪闻
会员通讯
　致王光祈　李　璜

第1卷　第11期

新唯实主义号

1920年5月15日发行

新唯实主义发凡　刘国钧
唯实主义的生之哲学　方　珣
新唯实主义
　Ralph Barton perry著　查　谦译
新唯实主义的认识论
　Ralph Barton Perry著　查　谦译
新实在论的哲学　郑伯奇

诗

妇人　康白情
去国辞　王光祈
送王光祈、魏嗣銮往德意志　陈宝锷
往法兰西　康白情
影和光
　〔日〕掘口大学著　郑伯奇译
许多人　修　人
新柳　修　人
落梅　伯　奇
海船　守　拙
宝贵　修　人
他　湛志笃

少年中国学会消息

会务报告
会员通讯
　致王光祈　曾　琦
　致陈淯　左舜生
　致康白情　罗元恺
　答罗元恺　康白情
　致李璜　郑伯奇
　致学会同人　恽代英
　致全体同志　恽代英

第1卷　第12期

1920年6月15日发行

汉字与今后的中国文学　李思纯
补充白话文的方法　郑伯奇
中学的国文问题　陈启天
学生运动的根本研究　恽　震
新罗曼主义及其他（复黄日葵兄一封长信）　田　汉

诗

从连山关到祁家堡　康白情
夜　田　汉

少年中国学会消息

会员通讯
　致陈淯　曾　琦
　致王光祈　李思纯
　致赵曾涛　曾　琦
　致黄玄　黄日葵

致夏敬隆　恽代英
会务报告

第2卷　第1期
1920年7月15日发行

怎样创造少年中国？（上）　恽代英
罗素之当初和现在　Sarah Unna著　刘国钧译
什么是革命的最好方法？　余家菊
中学的国文问题（续1卷12期）　陈启天
当如何批评？（与王光祈、刘宝锷舟中一席谈）　魏嗣銮记

少年中国学会消息

会务报告
会员通讯
致评议部诸同志　曾　琦
致会中诸同志　王光祈
致黄玄　郑伯奇
致曾琦　郑伯奇
致恽代英　郑伯奇

第2卷　第2期
1920年8月15日发行

亚细亚青年的光明运动　李大钊
什么是新文化的真精神　陈启天
庄子哲学　苏甲荣
保守之心理　刘衡如
女子解放与改造的商榷　向警予

诗

一个日本劳动家　田　汉
黄昏　田　汉
看海　M　R
赠台湾的朋友　东　山
题须磨子Sumako像　黄日葵

少年中国学会消息

北京方面的报告
南京方面的报告
上海方面的报告
会员通讯
致张尚龄、宗白华、左学训沈怡（一）　魏嗣銮
致张尚龄、宗白华、左学训、沈怡（二）　魏嗣銮
致张尚龄、宗白华、左学训、沈怡（三）　魏嗣銮
致李璜、周无、李劼人、何鲁之　王光祈
致曾琦、胡助、李思纯、陈启天、左学训　王光祈

第2卷　第3期
1920年9月15日发行

怎样创造少年中国？（下）　恽代英
国（续第1卷第7期）　〔英〕罗素著　张　赤译
教师和学生间的交际问题　余家菊

自托尔斯泰学说上的俄罗斯解释
Durant Drake 著　李小缘译
世界科学史大纲　王崇植

诗

庐山纪游　康白情
天亮了　康白情
海的黄昏　李思纯译
爱的春　李鹤龄译
速写　修　人

少年中国学会消息

北京方面的报告
上海方面的报告
欧洲方面的报告
会员通讯
致宗白华　李思纯
致张尚龄、左学训、黄玄、孟寿椿、黄日葵、康白情
宗白华、周炳琳　许德珩
致左学训　李　璜
致左学训（一）　曾　琦
致左学训（二）　曾　琦
致左学训　余家菊

第 2 卷　第 4 期
法兰西号
1920 年 10 月 15 日发行

法兰西一个学者的“进化”观（亚尔伯尔谈话）　李　璜记
法兰西近代群学　李　璜
法兰西近世文学的趋势　周　无
十九世纪法国之美术　华　林
法兰西近世数学大家噶司同达布
段子燮

诗

幸福
〔法〕爱米尔·德司巴克斯著
周　无译
法兰西国际社会学者若赫斯
何鲁之
鲁渥的画　李劼人
法兰西文明特点的一斑　曾　琦

小　说

林中　莫泊三著　何鲁之译
旅法的断片思想　李思纯
我住的 Pension　胡　助

少年中国学会消息

会务报告
评议部纪事
会员通讯
致会中同人
周　无　魏嗣銮　宗白华　王光祈

第 2 卷　第 5 期
1920 年 11 月 15 日发行

论社会主义　恽代英
化学的改革同物质的新生活
罗世嶷
今后的文化运动—教育扩张
苏甲荣
世界科学史大纲（续）　王崇植

旅欧杂感　王光祈

诗

艺术　宗白华
“谁理呢!”　王独清
夜雨　周太玄
小歌　周太玄

剧

瓌珴璘与蔷微(上)　田　汉

少年中国学会消息

会务报告
会员通讯
致彭举　曾　琦
致雷国能　曾　琦

附　录

觉悟社、曙光社、青年互助团、人道社、少年中国学会之改造联合宣言与约章

第2卷　第6期

1920年12月15日发行

留学评议　李　璜
旅法两周的感想　张梦九
诗体革新之形式及我的意见　李思纯

小　说

失路之儿　〔法〕哥伯著　何鲁之译

诗

胜利的死　郭沫若
末尾　Tagore著　王独清译

剧

瓌珴璘与蔷薇(下)　田　汉

少年中国学会消息

会员消息
本会通告
会员通讯
致左学训　李　璜
致左学训　田　汉
致诸会员　郑伯奇

第2卷　第7期

1921年1月15日发行

自由与秩序　李大钊
分工与互助　王光祈
少年中国学会的问题　恽代英
恩司坦的新世界观　D.Archenhold著　沈　怡译
美国急进的共产主义　瓦特金著　谢循初译
艺术生活　宗白华

小　说

月光　〔法〕毛泊桑著　恽　震译
月光　Maupassant著　袁　弼译

诗

云与波　〔印〕戴歌尔著　王独清译
“那时候”与“为什么”　〔印〕戴歌尔著　王独清译
南洋问题与吾华民族　朱镜宙

少年中国学会消息
评议部纪事
北京方面的报告
会员消息
执行部收入报告
会员通讯
致康白情　李思纯
致田汉　曾　琦
中美书报代售处缘起
附：新书介绍
编辑余谭

第2卷　第8期
宗教问题号（上）
1921年2月15日发行

编者的话　苏甲荣
王星拱先生的讲演
梁漱溟先生的讲演
屠孝实先生的讲演
李煜瀛先生的讲演
罗素先生的讲演　章廷谦记
我的宗教观　恽代英
少年中国与宗教问题
一致曾琦信　田　汉
诗
太平洋上飓风　康白情

旅欧杂感　王光祈
少年中国学会消息
北京总会的报告
南京分会的报告
会员消息
执行部收入报告
邓仲澥经手收支报告
会员通讯
致左学训　杨效春

第2卷　第9期
1921年3月15日发行

纯洁内心生活　周太玄
看了罗丹雕刻以后　宗白华
空间时间的今昔比较观　魏嗣銮
剧
沙乐美
〔英〕王尔德著　田汉译
附：郭沫若呈作者、译者诗
《“密桑索罗普”之夜歌》
诗
秋歌
〔法〕凡尔勒仑著　周太玄译
他歌在我心里
〔法〕凡尔勒仑著　周太玄译
小　说
小酒桶
〔法〕毛泊桑著　恽　震译
少年中国学会消息
总会会务报告
会员消息
会员通讯
致恽代英　刘仁静

复刘仁静　恽代英

第2卷　第10期
1921年4月15日发行

法兰西哲学思潮　李　璜
平民画家米勒传　李思纯
自然科学的进步与数学的将来　魏嗣銮

诗

游工人之窟　邓仲澥

英国劳动运动之实况　黄仲苏

小　说

爱情　〔法〕毛泊桑著　恽震译
愁城生活录——游粤杂记之一　杨贤江

少年中国学会消息

北京、巴黎、南京、上海诸地会务报告
会员通讯
致左学训、王崇植　魏嗣銮
致魏嗣銮、王光祈、张尚龄、宗白华　黄　玄

附　录

本会会员最近通讯地址调查表

第2卷　第11期
宗教问题号（中）
1921年1月5日发行

宗教哲学　刘伯明
宗教问题　周作人
宗教与科学　陆志韦
詹姆士底宗教哲学　方东美
海甫定宗教经验观　刘国钧
唯物史的宗教观　Hermann Gorter著　李达译
罗曼罗兰的宗教观　雁　冰
时代观之宗教　太　朴

少年中国学会消息

会务报告
会员通讯
致恽代英（一）　王光祈
致恽代英（二）　王光祈

第2卷　第12期
1921年6月15日发行

法兰西诗之格律及其解放　李　璜
抒情小诗的性德及作用　李思纯
白梅之园的内外　田　汉

诗

庐山纪游　康白情
五月　沈泽民
羞啊！我　沈泽民

剧

哈孟雷德　〔英〕莎士比亚著　田　汉译
附：译叙、代序

小　说

一簇葡萄　〔法〕阿拉多耳　法兰西著　何鲁之译

比爱情还重大 〔英〕伊文斯著
恽震译

少年中国学会消息

会务报告
会员通讯
致王光祈 恽代英

第3卷 第1期
宗教问题号（下）
1921年8月1日发行

宗教与人类的将来 周太玄
宗教与中国之将来 周太玄
法兰西学者的通信 李璜译
该当要一个宗教为平民么？
〔法〕补克列著 李璜译
社会主义与宗教 李 璜
社会学与宗教 李 璜
宗教与科学 李润章
宗教与进化原理 周太玄
信仰与宗教 李思纯
宗教问题杂评 李思纯
蔡孑民先生关于宗教问题之谈话
周太玄记
我从未见过上帝
〔法〕罢尔比斯《光明》片断
汪颂鲁译

少年中国学会消息

会务报告
会员消息
会员通讯
致左学训 周 无
致田汉 曾 琦

第3卷 第2期
少年中国学会问题号
1921年9月1日发行

刘衡如意见
邰爽秋意见
张闻天意见
余家菊意见
杨贤江意见
沈泽民意见
陈启天意见
王光祈意见
郑伯奇、沈懋德意见
李璜意见
沈怡意见
左舜生意见
郑伯奇意见
巴黎分会提案
成都分会提案
南京大会纪略
少年中国学会规约修正案
少年中国学会消息
会务报告
会员通讯
致南京大会出席诸公
苏甲荣
致学会诸同志 康白情

附　录

留德学生"中德文化研究会"

第 3 卷　第 3 期

1921 年 10 月 1 日发行

智识界的责任　李　璜

一八二〇年以来法国抒情诗之一斑　黄仲苏

剧

父之回家〔日〕菊池宽著　方光焘译

少年学会消息

少年中国学会教育研究会简约草案

会员消息

会员通讯

致李璜　康白情

第 3 卷　第 4 期

1921 年 11 月 1 日发行

恶魔诗人波陀雷尔的百年祭　田　汉

古动物学上的物种原始和变迁　周太玄

原人心理（一）　Folk—Lore 循　初译

科学杂俎　沈　怡译

旅德日记　魏时珍

诗

一个太平洋上底梦　康白情

初秋的巴黎　周太玄

少年中国学会消息

总会通告

会员通信

致康白情　李　璜

致诸会员　杨钟健

致梁空　康白情

选　录

人生教育学　〔美〕密勒·伊尔文著　陈启天译

第 3 卷　第 5 期

1921 年 12 月 1 日发行

教育学是科学了！　余家菊

教育上注意的研究　杨效春

恶魔诗人波陀雷尔的百年祭（续）　田　汉

演进中的心（一）　J.H.Robinson 著　刘国钧译

横渡太平洋的经过及杂感　孟寿椿

参观法国第四十三次全国运动会记　胡　助

北游初恋　恽　震

少年中国学会消息

会务报告

会员通讯

致会友　佚　名

致恽代英　杨效春

致杨效春　恽代英

第3卷　第6期

1922年1月1日发行

法兰西近代历史学　李　璜
评莫泊桑的小说　李　璜
动的心理学　刘国钧
科学的教育与教育统计　Rugg著　陈启天译
乡村教育的实际问题　余家菊
诗
赠贺川丰彦先生　黄日葵
小诗二首　野　葵
挽歌　朱自清

从一奥国监狱寄出来的信　〔捷〕爱梨史著　刘慎德译
北游初恋（续）　恽　震
少年中国学会消息
会务报告
会员通讯
致左学训　沈　怡
致杨效春、左学训　李　璜
复李璜　杨效春

第3卷　第7期

相对论号

1922年2月1日发行

相对论　魏嗣銮
读国内相对论著述以后的批评　魏嗣銮
我所知道的安斯坦　王光祈
少年中国学会消息
本会丛书合同
会员近况
附　录
教育独立议　蔡元培

第3卷　第8期

1922年3月1日发行

政治活动与社会活动　王光祈
政治运动之前车与社会活动之先导　曾　琦
学会的四种特性　周太玄
破坏与建设及其预备工夫　李　璜
再谈对于少年中国的预备功夫　李　璜
彻底主义与妥协主义　曾　琦
“社会的政治改革”与“社会的社会改革”　王光祈
主义问题与活动问题　张梦九
学会问题杂谈　曾　琦
中国少年歌　曾　琦
会员通讯
致本会诸同志　魏嗣銮
致王光祈　宗白华
致王光祈　沈　怡

第3卷　第9期

1922年4月1日发行

团结论　康白情
傅立叶的理想组织　王光祈

日本学者对“非宗教运动”的批评　田　汉
我们不该反对耶教与其运动吗？　陈启天

剧

薛亚萝的鬼　田　汉

读书录　沈　怡
旅德日记　魏时珍
北游初恋（续第6期）　恽　震
会员通讯
致左学训　杨效春
致会中同志　王崇植

第3卷　第10期
1922年5月1日发行

社会主义与社会　李　璜
社会学与社会的科学
E Durk hiem 作　许德珩译
总同盟罢工　寿　椿
记巴尔比斯与罗曼罗兰的笔战　李　璜
世界产业工人总会宣言　刘英士译
日本学者对“非宗教运动”的批评　田　汉
法兰西自然主义以后的小说　李劼人

小　说

瞎子
〔法〕Michel Prouins 著　胡蜀英译

少年中国学会消息

会务报告

第3卷　第11期
1922年6月1日发行

基督教与感情生活　余家菊
科学的产儿　恽　震
为少年中国学会同人进一解　恽代英
战后德国之真相　沈　怡
旅美工学杂谈　恽　震

剧

海之勇者〔日〕菊池宽著　田　汉译

小　说

我的叔父虚勒
〔法〕莫伯桑著　陈　生译

学会消息

一九二二年杭州大会纪略提案　郑伯奇等
提案　康白情　孟寿椿等
北京同人提案　邓仲解　李大钊等
略谈学会问题　杨仲健

第3卷　第12期
1922年7月1日发行

摄力学　魏嗣銮
德模克拉西的由来
——一个社会学上的看法　李　璜

剧

屋上的狂人

〔日〕菊池宽著　田　汉译

大规模之无线电总站及其理论

〔美〕E.F.Alekanderson 亚历克生陀孙演讲　恽　震译

旅德日记

会员通讯

致左舜生　王崇植

致恽震、王崇植、方珣　康白情

致左舜生　刘国钧

第4卷　第1期

1922年3月发行

社会主义与个人　李　璜

我们的工作　王光祈

法兰西民族之天才与其前途　周太玄

诗人微尼评传　黄仲苏

诗

江户之春　田　汉

黄昏

浴场的舞踏

七夕

初冬之夜

银座闻尺八

咖啡店之一角

剧

罗密欧与朱丽叶

〔英〕莎士比亚著　田汉译

会员通讯

致左学训、陈启天、王克仁、郘爽秋、李贵诚　方　珣

致杨效春、左学训　李　璜

致周无等　李　璜

附　录

会员最近通讯地址一览

第4卷　第2期

1923年4月发行

民主主义的革命与社会主义的革命　李　璜

心理研究备忘录　余家菊

心理学是什么干什么

〔美〕R.S.Wood Worth 著　谢循初译

诗

江户之春（续）　田　汉

珊瑚之泪

东都春雨曲

落花

秋风里的白蔷薇

月下的细雨

落叶二首

秋之朝

暴风雨后的春朝

秋叶庵饮水

屈利斯坦与懿苏尔特

〔英〕Matthew Arnold 著

剧

罗密欧与朱丽叶（续一）

〔英〕莎士比亚著 田 汉译

会员通讯

致左学训（左舜生） 王光祈

致诸会友 王光祈

致李贵诚 赵崇实

致赵崇实 左舜生

致左学训（左舜生）、田汉 宗白华

附 录

一、二十一条与日本问题（一）（二） 虚 舟

法国内部最近之暗潮 愚 公

法国占领德国鲁尔区三年之经过 介 石

二、本会会员最近通讯地址一览

三、本会执行部通告

本会评议部启事

第4卷 第3期

1923年5月发行

工厂的学校化 左舜生

收拾时局的一个提议 恽代英

心理研究备忘录（续） 余家菊

反动 〔美〕R.S.Wood Worth著 谢循初译

诗

一 效 春

晨雾 效 春

优劣 效 春

三月三十一日黎明以前的月和我 效 春

影子 效 春

梦底恋歌 儒 勉

赠小朋友 儒 勉

剧

罗密欧与朱丽叶（续二）

〔英〕莎士比亚著 田 汉译

小 说

忠荩

〔法〕卜勒浮斯特著 李劼人译

恩惠

〔法〕卜勒浮斯特著 李劼人译

会员通讯

致王克仁 余家菊

致左学训 余家菊

致左学训、杨贤泓、沈泽民 王崇植

附 录

一、全欧各国财政概观 王光祈

全欧各国债务概观 王光祈

全欧各国金融概观 王光祈

全欧各国商业概观 王光祈

二十一条问题与日本（三） 虚 舟

排日声中之日本对华政策 虚 舟

日本国际地位及其与列国之关系 虚 舟

二、评议部通告

执行部通告

新加入会员

会员通信地址补遗
帐目报告

第4卷 第4期
1923年6月发行

编纂文哲各科专门辞典问题 李 璜
科路伦科评传 张闻天
心理研究备忘录（续） 余家菊
小 说
同情—为吾妻作 李劼人
剧
罗密欧与朱丽叶（续） 田 汉译
烦恼 〔法〕纳魏党著 李劼人译
会员通讯
致宗白华 田 汉
附 录
一、全欧各国农业概观 王光祈
全欧各国工业概观 王光祈
中国高等教育的充实问题 周太玄
二、执行部通告
新加入会员

第4卷 第5期
1923年7月发行

我们应该怎样运动 王光祈
日常生活与思想学术 周太玄
德意志青年运动 王光祈
蜜尔敦与中国 田 汉
罗密欧与朱丽叶（续） 田汉译
同情（续） 李劼人
会员通讯
致李璜 余家菊
致左学训 赵崇鼎
致左学训 王崇植
附 录
日本政府对社会主义者之高压 虚 舟
日俄交涉之序幕（一） 虚 舟
日俄交涉之序幕（二） 虚 舟

第4卷 第6期
1923年8月发行

世界文化与民族特性 周光煦
学记通义 陈启天
分量论的数学基础 魏嗣銮
学者气质 〔日〕小酒井著 田 汉译
同情（续完） 李劼人
火（《妇人书简》之一） 〔法〕Marcel Prévost 卜勒浮斯特著 李劼人译
会员通讯
致左舜生 沈 怡
致左舜生 刘国钧
附 录
旅法华人“反对国际共管中国铁路大会”发起之经过 愚 公

柏林来比锡德兰斯登游记　王光祈

第4卷　第7期
1923年9月发行

教会教育问题　余家菊
生命的跳跃
——对于中国现文坛的感想
张闻天
哲学与科学　耶方斯著
李儒勉译
法国经济学史略
〔法〕查理季特著　李璜译
地震与人类的安全　杨钟健
对学会的一个建议　刘仁静
重庆公学始末记　杨效春
小　说
酒馆中
〔法〕卜勒浮斯特著　李劼人译
会员通讯
致左学训、田汉、邓康、常道直、恽代英、杨贤江、恽震、梁空、刘仁静、曹刍、李儒勉、沈昌、蒋锡昌、倪文宙、杨效春、杨钟健、陈启天
致南京诸会友　左学训　田　汉
致苏甲荣、李大钊、陈政
恽代英　邓　康　左学训　陈启天
附　录
柏林来比锡德兰斯登游记（续）
王光祈

会员最近通讯地址一览

第4卷　第8期
1923年12月发行

少年中国学会苏州大会宣言
德国人之音乐生活　王光祈
原始人类　周光煦
心理研究法
〔法〕雷鲍著　余家菊译
数学逻辑的产生　汪奠基
小　说
家贼
Anatole France 著　何鲁之译
多马先生
Anatole France 著　何鲁之译
本会建筑会所创办学校计划书
舒新城等
会员通讯
致余家菊、李璜　杨效春
附　录
一、本会近事记
学会紧急通告
二、旅法华人反对列强
共管中国铁路纪事
旅法各团体敬告国人书

第4卷　第9期
1924年1月发行

新国家主义与中国前途

（原名“何谓新国家主义？”）
陈启天
读《国家主义的教育》
——致余家菊、李璜的信
恽代英
法兰西文学批评与文学史之概略
巨斯大佛·郎宋 G.Lanson 著
黄仲苏译
德国人之音乐生活（续） 王光祈
心理研究备忘录 余家菊
戏谑（La Blague）
——妇人书简之一
〔法〕蒲莱浮斯德 Marcel Prévost 著
李劼人译
新春（Nouveau Printemps
——妇人书简之一
〔法〕蒲莱浮斯德 Marcel Prévost 著
李劼人译
附 录
一、我国教育之集中、统一与独立（录《教育杂志》） 周太玄
二、本会会员最近通讯地址一览

第 4 卷 第 10 期
1924 年 2 月发行

社会活动的真义 王光祈
伦理的社会性 李 璜
国家主义的教育之进展及其评论
吴俊升
学生与社会
——有觉于今日的学校教育而发 杨效春
就职分类的工程教育
〔美〕惠斯康新大学机科教授
Edward Bennett 著
（见 1923 年 11 月 A.I.E.F 月刊）
恽震译述
欧洲音乐进化论自序 王光祈
文学史方法
〔美〕巨斯大佛·郎宋 G.Lanson 著
黄仲苏译
悼陈愚生 周太玄
悼陈愚生君并勗少年中国学会同志
曾 琦
一件听不厌的老故事 黄仲苏
附 录
关于国家主义的讨论种种 编 者
非和平主义的教育
——读万国教育会议决议案
余家菊
世界主义与国家主义 研 因
我国现时需要世界主义的教育吗？
导 之
现在的新教育家有主义吗？ 舜 生
国家主义的提倡 萨孟武
国家主义
——新岁之唯一贡献 行 叔
从什么地方看出国家主义的教育之需要 导 之
新希望 导 之
民族争斗及国家主义 萨孟武

第4卷　第11期
1924年3月发行

宗教之依——教堂
Dr.H.Stadel Mann著　沈　怡译
论国家主义　谢循初
中华民族独立与国民大学　张梦九
甘地是怎样一个人　恽　震
中国国防问题之飞潛政策　曾　琦
中华航空歌　曾　琦
介绍德国水利学大家恩格司博士　沈　怡
文学史方法（续上期）
〔美〕G.Lanson巨斯大佛·郎宋著　黄仲苏译

戏　剧

《琪珴康陶》译序　张闻天
琪珴康陶
〔意〕Gabriele d'Annunzio唐努遒著　张闻天译

诗

感事书怀偶成七绝　曾　琦
闻国内政变欲归不能慨然赋此　曾　琦
续杂感三首　曾　琦
由德返法留别柏林诸友　曾　琦
重游德国得斯登之那当山顶归途感赋一律　曾　琦
游中德意志阿尔慈山顶口号一绝仿定菴体　曾　琦
巴黎遗失书籍日记感赋　曾　琦
残冬穷居自遣二绝　曾　琦
观巴黎影戏演膜外风光一剧感赋　曾　琦
一九一九年十月带病出国抵巴黎车站口号一绝寄国内友人　曾　琦
巴黎寄妹书　曾　琦

少年中国学会消息（七则）

附　录

旅法各团体联合会解决国内时局意见书

第4卷　第12期
1924年5月发行

从梅雨时期到暴风雨时期　张闻天
讨论《国家主义的教育》的一封信——致恽代英　肖楚女
维廉·欧诗阀　Wilhelm Ostwald　沈　怡
《生物学纲要》译序　周太玄
文学史方法（续）
〔美〕G.Lanson巨斯大佛·郎宋著　黄仲苏译

剧

青春的梦（三幕剧）　张闻天

会员通讯

王光祈致苏州会议参加者诸会友　王光祈

6 解放与改造
（改 造）

简 介

《解放与改造》，半月刊，综合性刊物。一九一九年九月一日创刊于北京，张东荪、俞颂华编辑，先后由上海文明书局与上海中华书局出版印刷，《解放与改造》杂志社和上海中华书局发行，三十二开本。从一九二〇年九月十五日出版的第三卷第一期起，更名《改造》，改为月刊，十六开本，由梁启超、蒋百里编辑，卷期号续前。一九二二年六月十五日出版第四卷第十期后终刊，共出版四十六期。

《解放与改造》是北京新学会的会刊。新学会是一个资产阶级改良派社团，其主要成员如张东荪、梁启超、张君劢、俞颂华等都是由清末立宪派和民初进步党演变而来的研究系重要分子。他们在该刊创刊宣言中声明："我们当首先从事于解放：就是使现在的自我完全从以前的自我解放了出来；同时使现在的世界也从以前的世界完全解放了出来。"又说："应该把人类全体做一个目标去求全人类均衡的幸福，不应该把一个阶级一个民族做目标去求他们的幸福。"他们强调的是社会改良而反对革命变革。但是，该刊的撰稿人除新学会成员之外，还有李大钊、瞿秋白、沈雁冰、恽代英、郑振铎、周佛海、潘公展、胡适、胡先骕、郭绍虞、刘延陵、舒新城、陈友琴等人，他们代表了当时思想界各种不同的倾向，因而该刊所发稿件在内容上也呈现出相当的复杂性：在广泛介绍西方"新潮"时也介绍了包括布尔什维克主义在内的各种社会主义学说；在发表大量研究社会政治问题的文章的同时，也发表了一些支持"五四"新文化运动和文学革命的文章，如沈雁冰的《为新文学研究者进一解》等。此外，还有郑振铎介绍俄国文学的文章，沈雁冰介绍巴比塞、托尔斯泰，蒋百里介绍莫泊桑等外国文学和作家作品的文章，以及瞿秋白翻译的伯伯尔等人论述无产阶级文化思想的文章。

目　录

解放与改造（半月刊）

第1卷　第1号
1919年9月1日出版

宣言

社　论

第三种文明　东　荪

论　说

工团主义之研究　南　陔

读书录

罗塞尔的《政治理想》　东　荪

思　潮

我为什么要做白话诗?（《尝试集》自序）　胡　适

旧社会　筑山醉翁

社会实况

体面的商人　纵　园

译　述

鲍尔雪维克之排斥与要求
〔俄〕李宁作　金侣琴译

评论之评论

日本的研究与中国的前途　东　荪

附　录

共同生活及寄生生活　筑山醉翁译

纪　事

新学会宣言书

第1卷　第2号
1919年9月15日出版

论　说

指导竞争与运动　东　荪

说工会　虞　裳

读书录

社会主义之批判　颂　华

生物学上之自爱主义他爱主义与种爱主义　颂　华

社会实况

商店学徒教育　纵　园

译　述

劳动运动之伦理的指导
〔日〕佐野学作　寿　凡译

中国的建设计划
（译自美国《亚西亚》杂志）
公　展译

列宁与脱洛斯基之人物及其主义之实现　〔日〕令井政吉作
超　然　空　空译

杂　载

社会主义之定义　颂华译述

附　录

平和会议中威尔逊之成功与失败（欧游随笔）　君　劢

第1卷　第3号
1919年10月1日出版

评　坛

中国知识阶级的解放与改造　东　荪

论 说
基尔特（Guild）社会主义
虞 裳
读书录
奥斯氏社会主义与庶民主义
东 荪
思 潮
妇女解放论 李鹤鸣
社会实况
无事可做 慕 管
译 述
现代智识阶级运动与社会问题
〔日〕米田庄太郎著 寿 凡译
福利耶之社会主义
（节译《社会主义研究》）
祝枕江译
附 录
英国劳动联合会之组织 程振基

第1卷 第4号
1919年10月15日出版

评 坛
从个人本位到社会本位
从利己主义到利他主义
颂 华
论 说
世界那里就能和平？ 纵 园
英国之将来 君 劢
社会实况
顽固的守旧 赵紫宸
译 述
欧美近代妇女解放运动（一）
蔼 庐
俄国广义派之建设
〔日〕堺利彦作 寿 凡译
文 艺
丁泰琪的死
〔比〕Maurice Maerterlinck 作
雁 冰译
附 录
脱尔斯泰之泛劳动主义 晨 曦

第1卷 第5号
1919年11月1日出版

评 坛
头目制度与包办制度之打破 东 荪
论 说
劳动问题与新结合主义 南 陔
读书录
康氏之《社会的遗传与社会进化论》
颂 华
世界观
英国政党现状及将来 君 劢
思 潮
女子教育之革新 陈友琴
译 述
教育上适应之意义及其要素
Miller 著 邵爽秋译
欧美近代妇女解放运动（二）
蔼 庐

杂　载

劳动问题谈片　　品　今

附　录

新旧与调和　　梦　麟

第1卷　第6号

1919年11月15日出版

评　坛

废兵运动　　虞　裳

论　说

甚么叫解放？甚么叫自由？

匡　僧

读书录

克鲁泡特金的道德观　　兼　生

世界观

俄罗斯苏维埃联邦共和国宪法全文

君　劢译

社会实况

妾婢制度的因果和铲除的方法

赵紫宸

译　述

无产阶级论　　Prof.W.Sombart著

〔日〕河田嗣郎译　苏一峰重译

文　艺

新偶像

F.Nietzsche's著　雁冰节译

杂　载

社会革命之原因与历史的观察

品　今

财产是赃物的解释　　孔襄我

附　录

无政府主义之由来及无政府党各家之传略及学说　　南　陔

第1卷　第7号

1919年12月1日出版

评　坛

对待中国不劳而食的阶级的办法

纵　园

论　说

我们为甚么要讲社会主义？

东　荪

中国的阶级斗争　　周佛海

读书录

罗塞尔《到自由的几条拟径》

雁　冰

译　述

广义派与世界和平

Trotzky著　舍　我译

俄罗斯之新法令三种　　公　展译

文　艺

市场之蝇

F.Nietzsche's著　雁　冰译

杂　载

随感录四则　　品　今

附　录

为什么要爱国　　白　华

日本最近的社会运动与文化运动

渊　泉

第1卷　第8号

1919年12月15日出版

评　坛

妇女问题杂评　东　荪

论　说

近代的合作运动　延　陵

中国租税问题之研究　南　陔

译　述

社会主义下的科学与艺术（《到自由的几条拟径》第七章）　罗塞尔著　雁　冰译

英国大学与劳工（译自美国《新大西洋》杂志）　献　书译

妇女选举权之效果（节录）　〔法〕杜凡尔著　纵　园译

文　艺

死人（短篇讯语）　〔英〕该利思渥赛作　C·S生译

杂　载

失业救济管见　一　峰

附　录

我国妇人问题　潜　龙

青年之烦闷　东　荪

第2卷　第1号

1920年1月1日出版

评　坛

学者的态度与精神　白　华

论　说

物质生活上改造的方针　周佛海

读书录

社会主义简明史　筑山醉翁

思　潮

自我的研究　舒新城

社会实况

上海的劳工问题　宗　一

译　述

俄国土地法　公　展译

广义派政府下的教育（伦敦《太晤士报》之教育周刊）　雁　冰译

杂　载

消费方面的社会改造　超　然

第2卷　第2号

1920年1月15日出版

评　坛

职业自由的要求　东　荪

论　说

社会主义的误解　公　展

读书录

读罗塞尔的《社会改造原理》首末两节　颂　华

思　潮

坟墓制度的改造　延　陵

渥温的学说　侣　琴

世界观

国际劳工立法委员会　纵　园

译　述

社会学之科学态度

〔美〕O.J.Bushnell 作　宋　介译

杂　载

人种改良　唐松园

附　录

由纵的组织向横的组织　守　常

第 2 卷　第 3 号

1920 年 2 月 1 日出版

评　坛

评资本主义的办事方法　东　荪

评工读主义　筑山醉翁

论　说

德国革命论　君　劢

读 书 录

罗塞尔论国家权力范围之标准

熊正理

思　潮

伦理改造论　陈真伯

世 界 观

美国教员组合　寿　凡

译　述

再建俄国的主动力

〔美〕J.V.Bubnoff 作

公　展译

法国原始的社会主义

（法国圣西门学说）　陈开懋

人类不平等之原由与基础论

〔法〕卢　梭作　献　书译

文　艺

拖欠租谷的农人　一　岑

附　录

利害冲突背后的人性观冲突

东　荪

第 2 卷　第 4 号

1920 年 2 月 15 日出版

评　坛

评女子参政运动　雁　冰

论　说

德国革命论（续）　君　劢

读 书 录

柯蕾的《社会的历程》　颂　华

思　潮

教育的解放　周佛海

世 界 观

英国劳动运动与三角同盟　寿　凡

译　述

科学与德谟克拉西

〔美〕拍　里作

松　涛译

人类不平等之原因与基础论（续一）

〔法〕卢　梭作

献　书译

文　艺

忏悔时幻觉的呻吟语　一　岑

杂　载

盲人问题　苏一峰

第2卷　第5号
1920年3月1日出版

评　坛
改造要全体谐和　东　荪
论　说
农民解放与平民银行　侣　琴
读书录
述爱尔和特氏论社会常态的与变态的改革之大意　颂　华
思　潮
斯宾塞尔的女权论　陈友琴
社会实况
我国劳农问题的研究　袁锡瑀
译　述
告妇女
〔俄〕托尔斯泰著　瞿秋白译
答论驳《告妇女》书之节录
瞿秋白译
人类不平等之原由与基础论（续二）
〔法〕卢梭著　献书译
附　录
新文化运动和教育　姜　琦

第2卷　第6号
1920年3月15日出版

评　坛
误会与彻底的研究　南　陔
论　说
颉德氏的社会哲学论述　延　陵
读书录
建设中的苏维埃　侣　琴
译　述
社会主义与劳动组合
〔日〕室伏高信作　周佛海译
社会制度之经过与其将来
Edward Carpenter 著　何培心译
杂　载
言论自由与国家　澹　庐
苏维埃共和国各方面的观察
李霁初
附　录
青年烦闷的解救法　白　华

第2卷　第7号
1920年4月1日出版

评　坛
予之爱的协合观　品　今
论　说
精神生活的改造　佛　海
读书录
I.W.W 的研究　雁　冰
思　潮
胎儿与财产　品　今
我们现在怎样做儿子？　缪金源
译　述
国家之新意义
〔日〕杉森孝次作　明　权译
评论之评论
爱国与国粹　恽　震

杂 载

克鲁泡特金致丹麦新闻记者乔其勃伦特书　枕　江译

通 讯

论日本言论出版之不自由　枕　江

附 录

社会化的教育　杨效春

第2卷　第8号

1920年4月15日出版

评 坛

科学的平民化与学校的工厂化　东　荪

论 说

颉德氏能力科学论述　颂　华

读书录

I.W.W的研究（续一）　雁　冰

世界观

德意志国宪法　君　劢译

思 潮

怎样去改造武人思想？　新　城

第2卷　第9号

1920年5月1日出版

评 坛

个人对于旧势力的单独实现与对于新组织的社会化　颂　华

论 说

德国新共和宪法评（上篇）君　劢

读书录

I.W.W的研究（续完）　雁　冰

世界观

记法国总选举及总统选举　君　劢

思 潮

社会改造家传略　绍　虞

译 述

佃户的解放（一）

〔日〕河田嗣郎作　明　权译

克鲁泡特金之社会思想研究

〔日〕森户辰男作　枕　江译

第2卷　第10号

1920年5月15日出版

评 坛

从觉悟到自觉　颂　华

论 说

社会主义的性质　佛　海

读书录

廓尔的《实业界的自治》　延　陵

思 潮

社会改造家传略（续一）　绍　虞

译 述

物质文明与精神文明论

〔印度〕泰莪尔著　沈　江译

工行社会主义之国家观

〔日〕室伏高信著　佛　海译

克鲁泡特金之社会思想研究（续一）

〔日〕森户辰男著　枕　江译

新军队之创建

〔美〕Leon Trolzky 著
献　书译

佃户的解放（二）

〔日〕河田嗣郎著　明　权译

第 2 卷　第 11 号

1920 年 6 月 1 日出版

评　坛

组织劳动运动团体的我见
雁　冰译

论　说

德国新共和宪法评（中篇）
君　劢

广义派学校的批评　陈友琴

读 书 录

廓尔的《实业界的自治》（续完）
延　陵

思　潮

社会改造家传略（续二）　绍　虞

学校和家庭　许文锵

译　述

俄国之新教育制　福　同

劳动全酬权论

〔日〕贺川丰彦作　明　权译

克鲁泡特金之社会思想研究（续二）

〔日〕森户辰男作　枕　江译

文　艺

异样的人

Fanny Kemble Johnson 作
伯　香译

附　录

实际生活与理想主义　陈　敔

第 2 卷　第 12 号

1920 年 6 月 15 日出版

评　坛

农村运动　侣　琴

论　说

德国新共和宪法评（下篇）
君　劢

读 书 录

德夫芝的《协作的伦理》
陈开懋

思　潮

社会改造家传略（续三）
绍　虞

译　述

国家于农业上的扶助

T.S.Dymond 作　献　书译

克鲁泡特金之社会思想研究（续三）

〔日〕森户辰男作

枕　江译

文　艺

求婚（短剧）

〔俄〕柴霍甫作　耿济之译

社会实况

常熟的农民和地主　沈思岐

杂　载

俄国产业组合法　明　权译

第2卷 第13号
1920年7月1日出版

评 坛

主义之科学的研究与集化分化之调和 颂 华

论 说

政治的魔梦 延 陵

读书录

福来德的《新国家》 延 陵

思 潮

社会改造家传略（续四） 绍 虞

译 述

基尔特主义的哲学原理 G.R.Thomson作 献 书译

由集权向分权 〔日〕安部矶雄作 明 权译

社会理想之无治主义与国家 〔日〕阿部次郎作 明 权译

克鲁泡特金之社会思想研究（续四） 〔日〕森户辰男作 枕 江译

文 艺

巴比塞的小说《名誉十字架》 雁 冰

附 录

社会主义最近之派别 鲲

近代科学与现今社会 鲲

第2卷 第14号
1920年7月15日出版

论 说

中国之前途德国乎俄国乎？（通信） 君 劢 东 荪

读书录

福来德的《新国家》（续完） 延 陵

思 潮

社会改造家传略（续五） 绍 虞

译 述

苏维埃俄罗斯之文化事业与教育（译SovietRussia杂志） 献 书译

社会主义之改造 〔日〕室伏高信作 明 权译

基尔特组合员的社会 玛理士列克作 明 权译

文 艺

巴比塞的小说《复仇》 雁 冰

杂 载

战后德国保护妊产妇之设施 〔日〕樫田五原作 明 权译

附 录

怎样使我们生活丰富？ 白 华

戏曲在文艺上的地位 白 华

第2卷 第15号
1920年8月1日出版

评 坛

评儿童公育 雁 冰

儿童公育问题的我见　　颂　华
论　说
欧美新文学最近之趋势　胡先骕
思　潮
社会改造家传略（续六）　绍　虞
译　述
苏维埃俄国之妇女与儿童
福　同译
无治主义略说
〔俄〕克鲁泡特金作　延　陵译
克鲁泡特金之社会思想研究（续五）
〔日〕森户辰男作　枕　江译
附　录
“儿童公育”的辩论（第一次的辩论）
（一）非“儿童公育”　杨效春
（二）驳杨效春君〈非“儿童公育”〉　恽代英
（转录自《学灯》）

第 2 卷　第 16 号

1920 年 8 月 15 日出版

评　坛
创造的教育——教育的社会化
时　中
论　说
天才的发挥与工作的效率在社会主义下果然都要减退吗？　郑贤宗
社会和学校　葛承训
读 书 录
布尔塞维克的批判　绍　虞
思　潮
社会改造家传略（续完）　绍　虞
世 界 观
俄罗斯的政党
〔日〕板仓卓造著　蔼　庐译
译　述
苏维埃劳工是否失却自由之正反两种意见　福　同译
克鲁泡特金之社会思想研究（续完）
〔日〕森户辰男著　枕　江译
文　艺
三年前后的父亲　一　岑
杂　载
日人德富苏峰访托尔斯泰记
〔日〕德富苏峰著　枕　江　节译
附　录
“儿童公育”的辩论（第二次的辩论）
（一）再论“儿童公育”　杨效春
（二）驳杨效春君《非“儿童公育”》　恽代英
（三）答恽代英君再驳非儿童公育　杨效春
（转・录自《学灯》）

改造（月刊）

第 3 卷　第 1 号

1920 年 9 月 15 日出版

铜器时代——本志表装图案的解说批评　大　泉

发刊词　本社同人
政治运动之意义及价值　梁启超
军国主义之衰亡与中国　百　里
可爱的将来　筑　山

新思潮研究

新思潮我观　寓　公
新思潮之来源与背景　百　里
社会改造与新思潮　君　左
现代思潮之伦理基础　刘耀黎

读《六星期之俄国》　君　劢
"宝雪维几"的研究　一　湖
老农说战记　献　曝
谈外国文学之先决条件　罗　易
为新文学研究者进一解　雁　冰

通　讯

致张东荪　恽　震
复百里　张东荪

译名附录

附　图

孟纳利萨　〔意〕文　西
椅子之圣母　〔意〕拉飞耳

补　白

浪漫谈
　无题（一）　西　豁
　无题（二）　西　豁
　流行语指谬　笨　伯
　文化运动　品　今
　旅行与人生（一）　品　今
　旅行与人生（二）　品　今

第3卷　第2号

1920年10月15日出版

历史上中华国民事业之成败及今后革进之机运　梁启超
中国之新生命　蒋方震

罗素介绍

罗素著的《政治理想》摘要　程铸新
罗素之《向自由之路》摘要　傅　铜　程振基
一九二〇年之俄国苏维埃政府　〔英〕罗素著　刘麟生译

读《六星期之俄国》（续）　君　劢
捷克斯拉夫共和国宪法全文　一　岑译
红花　〔俄〕高尔逊著　济　之译
译名附录

附　图

罗素肖像　刘海粟
摩西像　〔意〕米格安治
赌之欺　〔意〕米格安治

补　白

浪漫谈
　流行语指谬　笨　伯

第3卷　第3号

1920年11月15日出版

前清一代中国思想界之蜕变　梁启超

代军阀而兴者谁　蒋方震

废兵研究

废兵论　蓝公武
废兵之研究　志公
中国的废兵与国际的废兵　谢楚桢
再论裁兵　彭一湖
社会主义的特质和趋向　澹庐
近代女社会改造家顾路蛮女士传及其思想　天放
一个灾民的谈话　SY生
西洋画派　〔英〕茵氏作　大泉译
译名附录

附图

疯人　〔荷〕佛兰司哈尔
夜巡　〔荷〕仑白兰

补白

父亲死后（一）（二）（三）（四）　家钺
浪漫谈　笨伯
浪漫谈——流行语指谬　笨伯

第3卷　第4号

1920年12月15日出版

前清一代中国思想界之蜕变（续一）　梁启超
现在与将来　东荪
哲嗣学与谱牒　丁文江
自觉之真意义　霍俪白

自治问题研究

同一湖谈自治的一封信　百里
自治运动的目的与方法　振铎
自治运动与中国改造　济之
自治问题具体的研究　谢楚桢

社会之社会化　〔德〕伯伯尔著　瞿秋白译
俄国文学发达的原因与影响　郑振铎
托尔斯泰的文学　沈雁冰
迷梦（小说）　晨曦
通讯　君劢

附图

圣母像　〔荷〕鲁彭
鲁彭夫妇自画像　〔荷〕鲁彭

补白

浪漫谈（二则）　榘
浪漫谈——睡不着（二则）　西谿
师友录（通信一）　君劢
浪漫谈——睡不着（一则）　西谿
浪漫谈——睡不着（二则）　西谿
浪漫谈　笨伯

第3卷　第5号

1921年1月15日出版

前清一代中国思想界之蜕变（续二）

梁启超
哲嗣学与谱牒（续一） 丁文江
联邦研究
我的联邦论 蓝公武
造邦 章士钊
德国新宪法中的联邦制度 张慰慈
自治运动与联邦 孙几伊

柯思基所著《无产阶级之狄克推多制》述要 刘麟生
社会之社会化（续一）
〔德〕伯伯尔作 瞿秋白译
国际劳动问题与中国之劳动状况
〔日〕伊吹山德司作 三 无译
西洋画派（续一） 大 泉译
附 图
牧羊女 〔法〕弥 爱
拾穗 〔法〕弥 爱

第3卷 第6号
1921年2月15日出版

政治活动果足以救中国耶
君 劢
哲嗣学与谱牒（续完） 丁文江
社会主义研究
复张东荪书论社会主义运动
梁启超
社会主义与中国 蓝公武
我的社会主义讨论 蒋百里
我对于张东荪和陈独秀两先生所争论的意见 彭一湖
对于社会主义争论问题提出两大关键 费觉天
社会主义与资本制度 蓝公彦
一个申说 东 荪
基尔特解决法
G.D.H.Cole作 延 陵译
劳动与权利
G.D.H.Cole作 赤 笑译

社会之社会化（续二）
〔德〕伯伯尔作 瞿秋白译
西洋画派（续二） 大 泉译
附 录
倭伊铿氏复张君劢书
张君劢致讲学社书
行箧中两封信 百 里
罗素学说研究会英文部纪事
质 厂
附 图
玛利亚的结婚 拉飞耳
玛利亚入庙 拉飞耳

第3卷 第7号
1921年3月15日出版

倭伊铿精神生活哲学大概（上篇）
君 劢
教育问题研究
今日之教育状态与人格 蒋方震
自由讲座制之教育 梁启超

全民教育论　　　　　　　　愁　苏

读都介尔之《集合心理》　延　陵
基尔特社会主义研究　　　六　几
共产主义与文化
〔俄〕凯仁赤夫作　瞿秋白译
私产之种类与其道德价值
〔日〕井上哲次郎作　傅　岩译
社会之社会化（续三）
〔德〕伯伯尔作　瞿秋白译
乌托邦丛谈（《优托庇亚物语》）
〔日〕井箆节三作　大泉译
发端
补　白
答人论研究历史
事实与理想之速度

第3卷　第8号
相对论号
1921年4月15日出版

安斯坦相对论浅释
〔德〕安斯坦作　夏文琛译
安斯坦相对主义（物理界大革命）
徐志摩
相对律上之物质观及自然律
〔英〕哀庭顿作　王崇植译
相对律　　于律奥忒作　王崇植译

读都介尔之《集合心理》（续）
延　陵

乌托邦丛谈（续三）*
〔日〕井箆节三作　大　泉译
《利古尔古斯传》（希腊，普鲁答克著）
补　白
一得录　　　　　　　　　百　里
一、杜威罗素同"致远"、"定远"的联想
二、圣经同糟粕
三、思想同物质
列宁之电气事业

第3卷　第9号
1921年5月15日出版

和平主义失败之真因　　　吴统续
德国工务会议法之成立及其施行情况　　　　　　　　　　君　劢
改造罪言　　　　　　　　李三无
军事问题研究
国民防御与国际和平　　　刘文岛
新军法律草案释义　　　　蒋方震
世界军事大势与中国国情
百　里
论军民分治　　　　　　　百　里

人民主权论
拉斯克作　陆鼎揆译
社会学的心理学论　　成小泉译述

* 编者按：本文（续三）发排在续二前。

法兰西十九世纪自然派画家哥罗传　悊　荪

通　信

致梁启超　吴统续

第3卷　第10号
1921年6月15日出版

一个理想——告教员及大众　百　里
消费协社之研究　李三无
德国工务会议法法律译文　君　劢
罗素游俄记书后　志　摩
评韦尔思之游俄记　志　摩
直接民治的要素——创议权复议权罢官权　陈霆锐
对于谈新文学者之意见　智　荪
墨子讲义摘要　梁启超

附　录

关于社会主义运动问题致蓝志先先生书　费觉天

附　白

一得录　百　里
一个附白　百　里

附　图

风景画二帧　〔法〕哥　洛

第3卷　第11号
1921年7月15日出版

再论社会主义　蓝公武
社会所有之意义及德国煤矿社会所有法草案　君　劢
德国工务会议法法律译文（续）　君　劢

翻译事业之研究

中国古代之翻译事业（翻译文学与佛教）　梁任公
欧洲文艺复兴时代翻译事业之先例　百　里
俄国文学史中的翻译家　郑振铎

乌托邦丛谈（续二）　〔日〕井箆节三作　大　泉译
《理想国》（希腊，柏拉图著）
清代思想之评判　李悊荪
墨子讲义摘要（续）　梁启超

通　信

致蒋百里、张东荪　吴品今

第3卷　第12号
1921年8月15日出版

评山川均《从科学的社会主义到行动的社会主义》　六　几
法国哲学家柏格森谈话记　君　劢
制定省宪意见书　蓝公武
美人榆下建新村记（阿伯伦记）　陈筑山
佛教之初输入（《中国佛教史》节录）　梁启超
论中国文明之特色　周宏业

乌托邦丛谈（续四）

〔日〕井箆节三作 大 泉译

《乌托邦》（英国，莫尔著）

莫泊三文学上之地位略谈 百 里

锡兰岛漫游记 吴品今

补 白

忏悔之辞 百 里

一得录 百 里

退化的教育制度

藏书与宫怨

囫囵看囫囵干

附 图

阿伯仑纪念树（摄影）

阿伯仑图书馆（摄影）

阿伯仑大学之一部（摄影）

阿伯仑美术馆（摄影）

第4卷 第1号

1921年9月15日出版

千五百年前之留学生 梁启超

欧战后世界外交大势及中国之方针 君 劢

国际现状破毁论 吴品今

是不是奢侈的装饰品？ 百 里

校外教育及无产阶级文化运动

〔俄〕V.Kergenceff著 瞿秋白译

乌托邦丛谈（续五）

〔日〕井箆节三著 大 泉译

《太阳国》（康伯讷拉著）

克鲁泡特金经济思想的研究 胡善恒

补 白

浪漫谈 西 谿

第4卷 第2号

1921年10月15日出版

国民政治品格之提高 君 劢

社会主义怎样宣传 百 里

罗素批评进化主义的哲学

（《Scientific Method in Philosophy》节录） 小 航译

托尔斯泰的哲学 济 之

后天性质遗传乎抑不遗传乎 陈兼善

精神生活杂谈 品 今

柴霍甫传

〔俄〕歇斯妥甫著 刘凤生译

补 白

一得录 百 里

浪费一

浪费二

一知录 正 华

牺牲现在努力将来

第4卷 第3号

1921年11月15日出版

悬拟之社会改造同志意见书 君 劢

如何是义务民兵制 蒋方震

自治诤议　阎一生
中国文化史纲　梁启超
行为派心理学之概略及其批评　朱光潜
卡本德之现代文明观　D.S 译述
补　白
一得录　百　里
穷
无钱乎
抑无能乎
否定

第 4 卷　第 4 号
1921 年 12 月 15 日出版

裁兵计划书　蒋方震
论近世实业发达与工人之关系　〔英〕韦柏著　竞　仁译
农业社会主义　〔日〕河田嗣郎著　于树德译
我们应该取何种方针？　阎一士
过去之中国史学界　梁启超
后天性质遗传乎抑不遗传乎（续）　陈兼善

第 4 卷　第 5 号
1922 年 1 月 15 日出版

裁兵计划书（续一）　蒋方震
学术方法上之管见　君　劢
倭伊铿谈话记　宰　平
卓莱氏之阶级互助观　蒋方震
参观地曲洛寒罪犯改良所记　陈　萱
科学及其研究之机关　夏元瑮
十字街头的中国　易家钺
货币废止论　李三无
希腊文学研究　瞿世英
补　白
一得录　百　里
赛先生与人类
相对论与中国
宪法与股票

第 4 卷　第 6 号
1922 年 2 月 15 日出版

德国哲学家杜里舒氏东来之报告及其学说大略　君　劢
中国韵文里头所表现的情感　梁启超
裁兵计划书（续二）　蒋方震
国民努力之方向　蓝公武
法律的基本概念　吴继熊
蓝宁小传（列宁小传）　阎桐华撮译
不死之梦（致蒋百里）　品　今

第 4 卷　第 7 号
1922 年 3 月 15 日出版

对于当代政治家之总弹劾与希望　吴统续

英德美三国市制及广州市制上之观察 君 劢
中国军备与世界和平（一名《社会主义的民军论》） 刘文岛
敬告欧罗巴之知识阶级
〔英〕罗 素著 傅 岩译
五千年史势鸟瞰 梁启超
言语学方法论
法兰西学院教授 A.Meillet 著
李思纯译
附译者《译余小言》 李思纯

第 4 卷 第 8 号
1922 年 4 月 15 日出版

中国韵文里头所表现的情感（续）
梁启超
安斯坦相对论及安斯坦传 夏元瑮
先秦政治思想（北京政法界专门学校讲演稿） 梁启超
法国的社会党（一）
Orth 著 秩 彝译
外斯蛮的生殖质论（Weisman，The Theory of Germ—Plasm）
高卓译述
宗教与道德（经验派的道德之矛盾）
〔俄〕托尔斯泰著 瞿秋白译
通 讯
致梁启超 孔繁霱

第 4 卷 第 9 号
1922 年 5 月 15 日出版

社会学之成功与失败 张原絜
物价腾贵与中流阶级问题
李三无
法国的社会党（二）
Orth 著 秩 彝译
中学以上作文教学法 梁启超
中国军备与世界和平（一名《社会主义的民军论》）（续一） 刘文岛
今之所谓社会 金 灿

第 4 卷 第 10 号
1922 年 6 月 15 日出版

联省自治制辨惑 蒋百里
妇女参政运动研究 李三无
第三种民主政治——瑞士之联省制
陈国榘
中国军备与世界和平（一名《社会主义的民军论》）（续二） 刘文岛
今之所谓社会（续） 金 灿
无政府主义之批评
〔日〕室伏高信著 伯 隽译
乌托邦丛谈（续六）
新亚脱阑氏斯
〔日〕井箆节三作 大 泉译
《新亚脱阑氏斯》（法国，昔司倍根著）

7 曙光

简介

《曙光》，月刊，综合性刊物，一九一九年十一月一日创刊于北京，曙光杂志社编辑发行，十六开本。一九二一年终刊（最后两期未注出版时间），共出八期。

“曙光杂志社”的成员多是北京的中国大学等校的青年学生，由王统照、宋介、王晴霓、祁大朋等九人发起立社，以后又有耿匡、郑振铎、瞿世英等加入。一九二〇年一月，该社骨干分子王统照、郑振铎、瞿世英、耿匡与社外一些人员组织了“文学研究会”，该社其他成员陆续在学校毕业，因各自谋求出路，使该社活动日趋减少，维持到一九二一年下半年解体。

《曙光》的主要编辑人是宋介、王统照，宗旨是“本科学的研究以促进社会改革”，“唤醒国人的彻底的觉悟，鼓舞国人的运动”（《宣言》），在思想上以及栏目设置、版面安排等方面都明显地受《新青年》的影响，但是前几期在宣传个性解放与提倡抽象美育上，有改良主义思想色彩。自第一卷第六期起，突出了对苏俄情况的介绍，展开了对胡适、尼采思想的批判，显示了更为激进的革命倾向。

《曙光》热情地支持了文学革命，以大量篇幅刊登讨论新文艺建设问题的文章和通讯，发表新文学作品，如王统照、晴霓等人的新诗和小说，滕若渠的剧本。该刊也重视译介外国文学特别是俄国和苏俄文学，主要译者有瞿秋白、耿济之、宋介、郑振铎等。

目　录

第1卷　第1号
1919年11月1日出版

宣言　本　社
科学与社会　宋　介
美之解剖　王统照

诗

曙光　晴　霓
望月　晴　霓
人力车夫　晴　霓
秋夜对月　王统照
山居
By Helen Underwood Hoyt 作
王统照重译
荫　Translated Bh Thomes Wolsh
from The Spanish of Serofin
Alvareg Quentero　王统照重译
工学主义　范煜瑾
人　李树峻

小　说

真爱　王统照
优生学　C.B.Davenport 著　宋　介译
哲学上之品性观
Feletcher 著　王统照译
祀孔　王晴霓
北京之小报
上　宋　介
下　王统照

乱　谈

看不惯七则　宋　介
如是我闻五则　晴　霓

通　信

致王统照　路汝悌
复路汝悌　王统照
致木鸡　段茂淇
致佩鞴、子刚　王统照
致王统照　范煜瑾　李树峻
复范煜瑾、李树峻　王统照

附　录

全欧知识界之宣言　巴黎通讯社稿

第1卷　第2号
1919年12月出版

社会的自由　宋　介
美育的目的　王统照

诗

镜　晴　霓
津浦路上　晴　霓
中秋的月　李鲁航
初冬京奉道中　王统照
鹁鸪　王统照
梦　王统照

自杀　宋　介
剧后　〔俄〕A.Tcshehoff 作
（柴霍甫）耿　匡译
英国十六世纪之戏剧　段　澜
她为什么死？　王统照

女学生的现在　　刘静君女士
优生学（续）
C.B.Davenport 著　宋　介译
战与爱　　王统照
恋爱的牺牲　　宋　介
乱　谈
新思想的俘虏与诈降　　晴　霓
文化运动的障碍物　　晴　霓
中国报纸的广告　　晴　霓
杨梅第三期的中学生　　晴　霓
这是什么教育　　范煜燧
我看小报的感想　　范煜燧
咳……开放了吧　　晴　霓
还是不死好　　晴　霓
大嫂！这苦还在后边哪　　晴　霓
通　信
致刘静君　　王晴霓
致宋介（缀宋介附言）　　小　雅
致本刊编者（节录）　　施存统
附　录
美国之新式学校

第 1 卷　第 3 号
1920 年 1 月出版

家庭与社会　　宋　介
最初的回忆
〔俄〕托尔斯泰著　耿　匡译
诗
往前 〔俄〕Plestcheff 作　耿　匡译
我的道路黑暗，真黑暗
〔俄〕Sourikoff 作　耿　匡译
汽炉　　晴　霓
雪　　晴　霓
赠木鸡　　晴　霓
八年的末日　　王统照
铁道边的孩子　　王统照
蛛丝　　王统照

恋爱　　宋　介
一百五十天　　晴　霓
优生学（续）
C.B.Devcuport 著　宋　介译
教育的罪恶　　范煜燧
女子剪发问题　　刘静君女士
读东荪《妇女问题杂评》的意见
谢世豪
乱　谈
一个拉车的幼童　　宋　介
纸片也可作衣服　　宋　介
他两抱脖颈出游　　宋　介
他肯挨洋人嘴巴　　宋　介
肥奴你为何卧在地下？　　宋　介
胡适和大学女禁问题　　光　典
宗教的教育　　光　典
插　画
俄国革命之祖母

第 1 卷　第 4 号
1920 年 2 月出版

完成与文明　　宋　介

新文学的问答　晴　霓
天才与社会　宋　介

诗

乞儿哭　晴　霓
画个圈儿　晴　霓
?　晴　霓
折花　〔印〕搭果尔著　段　澜译
无耻　劬　鬋
马德志尼 Joseph Wadsinie 论《不死》书　瞿秋白译
美性的表现　王统照
谗谤　〔俄〕柴霍甫著　耿　匡译
应酬　晴　霓
忏悔　王统照
仆御室（独幕剧）
〔俄〕Gogoe（鄂歌黎）著
瞿秋白译

通信

致宋介　YCS
复 YCS　宋　介
致本刊　何今亮
复何今亮　宋　介
致宋介　曹靖华
复曹靖华　宋　介

第 1 卷　第 5 号
两性问题号
1920 年 3 月出版

两性与社会　宋　介
家庭中之两性　王晴霓
自由恋爱
〔德〕IWAN BLONS 著　宋　介译
两性的教育观　王统照

诗

燕子　晴　霓
我与你　刘静君
紫藤花下　王统照

两性的道德　王晴霓
美与两性　王统照
诗与两性　王晴霓

附录

欢迎朝鲜的《曙光》　宋　介

第 1 卷　第 6 号
1920 年出版*

贫民救济问题　宋　介
新俄罗斯之建设　宋　介
黑面包与茶
〔美〕Mehricle 著　段　澜译
彼得·克罗泡特金与苏维埃
"Soviet Russia" 稿　郑振铎译
克鲁泡特金之安那其的社会学
宋　介
"是艺术杀了她!"（小说）
王统照

* 此期原刊无出版年月日，从各文所注写作日期看来，大约于一九二〇年冬出版。此后各期，原刊均无出版月日，仅知出版于一九二一年。

康尼老人之秘密（Le Secret de Maitre Comiclè）
〔法〕Alphouse Dauder 著
段　澜译

旧治更新
〔苏〕N.Lenin 著　王统照译
俄国革命周年纪念
〔苏〕Tom 著　瞿秋白译
近代俄罗斯小说
"Living age"稿　瞿世英译
我们从什么着手呢？
〔苏〕托罗斯基著　郑振铎译
俄罗斯之农业的社会化　王统照译
母亲与婴儿　宋　介译
红色军队（"The Bed Army"）
By Lazar Shatskin 著　郑振铎译
劳农大学　王统照译

第2卷　第1号
1921年出版

照　片
俄国文学家柴霍夫（封面）
新俄儿童状况四幅（插页）
自治运动　宋　介
中国的艺术革命　王统照
社会现象之研究与社会改造
宋　介
印度诗人万拜耳的略传与其诗之表象　王统照

鬼火（五幕短剧）
〔德〕W.L.Schmlle 著　段叔泉译

哲学家的一段笔记　王统照
诗
秋天的一夜　王统照
前与后　By Katharine Tynon
王统照译
人依何为主
〔俄〕托尔斯泰著　济　之译
过渡时代之经济
By N.Lenin 著　WPK 译
俄罗斯之女劳动家　宋　介译
全俄经济委员会第三次大会蓝宁之演说　WPK 译
彼得格勒之食粮的分配　宋　介译
新俄罗斯艺术之谈屑　王统照译
罗素游俄感想之批评　王统照

片段的感想　剑　三
由沪赴德行程略记　陈作纪

第2卷　第2号
1921年出版

照　片
列宁像（封面）
第三国际大会主席 Zinovieff（插页）
Trotzky 像（插页）
劳动家与专利者　宋　介
发展中国的实业究竟要采用甚么

办法？ 梦 雄

诗

冬日出京前一日示惟民 王统照

柏格森的世界观与人生观 瞿世英
社会的观测与社会学 宋 介
意大利文学的最近趋势 王统照译

不平鸣（独幕滑稽戏曲）
Godsmith 著 王统照译
齐偕林的一个半面写真
（Chicherin Sovet Russia）
WPK 译
赞 Lenin〔苏〕高尔基著 宋 介译
苏维埃俄罗斯的现在 晴 霓译
新纪元之第三年 WPK 译
俄国工市之组织 WPK 译
群众运动 炳 文译
人依何为生（续）
〔俄〕托尔斯泰著 济 之译
雪后 王统照
歌女 王统照

乱 谈

团体的训练与革新的事业 S C
在社会主义下之实业 S C
暴打小儿 刘静君
愚孝有何足风 刘静君

通 信

致王统照 滕 固
复滕固 王统照
再致王统照 滕 固
再复滕固 王统照
致宋介（唯民） 王统照

附 录

社会主义批评（陈独秀在广东公立法政学校演讲）
陈肇燊 沈澡修笔记
致陈独秀先生书 区声白
答区声白先生书 陈独秀

第 2 卷 第 3 号

1921 年出版

城市与农村 宋 介
俄罗斯文学的片面 王统照

诗

太戈尔（R · TagoRe）诗
郑振铎译

一、唤回（原名“Recall”）
二、榕树（原名“The Banyan Tree”）
三、祝福（原名“Benediction”）
四、赠品（原名“The Giff”）
五、天使（原名“The Child-Angle”）
爱之循环 滕 固
中国的新剧还没有迎合群众心理吗
陈大悲
彼得克鲁泡特金（译自 Soviet Russia）
宋 介译
莫斯科马克思大学
By W.Molaine 等著 WPK 译

欧洲市镇与乡村的对抗（译自）
Socialist Review　晴霓译

文艺的讨论
三月三日给王统照的信
滕　固
三月十三日复滕固的信
王统照
三月二十五日给王统照的信
滕　固
四月五日复滕固的信　王统照
四月十二日给王统照的信
滕　固
四月十六日给王统照的信
滕　固
四月三十日复滕固的信
王统照
五月二月给王统照的信
滕　固
五月十日复滕固的信　王统照

断片（译自日本《改造杂志》）
李茂斋译

红灵（两场剧）　滕若渠

梦　王统照
宛可（Vankd）
〔俄〕柴霍甫著　刘英译
鞭痕　王统照

两周中之山东　宋　介
通　讯
致宋介　施存统
复施存统　宋　介
复某女士　王统照
致宋介　崔万秋
语体文欧化的商榷　王统照

8 新 社 会

简 介

《新社会》，旬刊，综合性刊物。一九一九年十一月一日创刊于北京，北京社会实进社编辑、出版、发行，主要编撰者有瞿秋白、郑振铎、耿济之、许地山、瞿世英等人。原为四开小报，一九二〇年起改为十六开薄册。一九二〇年五月一日出至第十九期，被北洋军阀政府查封。

北京社会实进社于一九一三年十一月正式成立，是北京基督教青年会所属的以办社会福利和社会服务事业为目的的组织，其主要成员是北京中等以上学校的部分师生。创办《新社会》旬刊是该社的一项社会服务事业。

《新社会》旬刊的宗旨，是“尽力于社会改造的事业”，“创造德谟克拉西的新社会——自由平等，没有一切阶级、一切战争的和平幸福的新社会”。该刊着重研究、论讨了社会改造、妇女解放、知识分子前途、劳动等问题，也介绍外国的社会运动。所发稿件在思想上比较复杂，社会主义、改良主义等兼而有之。

该刊还刊登书籍介绍，创作和外国作品翻译。它积极支持新文学运动，主要撰稿者当中，除瞿秋白之外，还有郑振铎、许地山、王统照、耿济之（耿匡）、瞿世英等，稍后，他们都加入了“文学研究会”。

目 录

第1号
1919年11月1日发行

发刊词　振 铎

中国人的劣点
——中国社会不进步的原因　瞿世英

社会调查问题　〔俄〕托尔斯泰著　耿 匡译

欧洲大战与国民自解　瞿秋白

社会实况

北京的女佣　郑振铎

新文艺

我是少年　郑振铎

笛　〔美〕法兰克林著　张 晋译

记 载

"北京社会实进会"的沿革和组织（续）　济

第2号
1919年11月11日发行

中国智识阶级的家庭　瞿秋白

妇女解放的第一步　瞿世英

社会调查问题（续）　〔俄〕托尔斯泰著　耿 匡译

新文艺

灯光　郑振铎

一样的人　张 晋

记 载

"北京社会实进会"的沿革和组织（续）　济

第3号
1919年11月21日发行

我们今后的社会改造运动　郑振铎

革新的时机到了！　瞿秋白

妇女解放的第一步（续）　瞿世英

名 著

我们要怎么办呢（一）　〔俄〕托尔斯泰著　耿 匡译

记 载

"北京社会实进会"本年夏令工作报告　陈长蘅

第4号
1919年12月1日发行

中国的劳动问题，世界的劳动问题　瞿秋白

社会事情　郑振铎记

　国际劳动会议纪事

　英国铁路底共同管理

　美国煤矿罢工底解决难

名 著

我们要怎么办呢（二）　〔俄〕托尔斯泰著　耿 匡译

结婚与离婚 Towne 著 瞿世英撮译

首善第九工艺厂调查记 林斯陶
“没有教育的警察” 任 讷

随 感 录

人是那样做的么? 张 晋
是谁的责任? 张 晋
咳，教育! 昀 白
什么话? 昀 白
万恶的社会 振 铎

附 录

东三省旅行杂记 徐宝谦

第5号

1919年12月11日发行

自杀
　其一 宋 介
　其二 耿 匡
　其三 郑振铎

名 著

我们要怎么办呢（三）
〔俄〕托尔斯泰著 耿 匡译
结婚与离婚（续） Towne 著 瞿世英撮译

随 感 录

自杀 秋 白
唉! 还不如…… 秋 白
这样算爱民么? 张 晋
纲常名教 张 晋

附 录

东三省旅行杂记（续） 徐宝谦

第6号

1919年12月21日发行

智识是赃物 瞿秋白
贫底研究 瞿世英

名 著

我们要怎么办呢（四）
〔俄〕托尔斯泰著 耿 匡译

新 文 艺

航海 〔俄〕杜权纳甫著 耿济之译

随 感 录

这就是中国的兵! 张 晋
面子! 振 铎
他们为什么要反对! 木 欢

纪 载

“社会实进会”现在的职员与各部工作的现状

附 录

东三省旅行杂记（续） 徐宝谦

第7号

1920年1月1日发行

社会服务 Social Service 著 郑振铎译

名 著

社会的性质和目的（《社会学原理》

末章）　　（Giddings）吉丁斯著
郑振铎译
小小一个问题
——妇女解放的问题　瞿秋白
这就算婚姻自由？　吴炳文
一九一九年的中国出版界
郑振铎
附　录
北京社会实进会消息
十二月六日的职员会
十二月十四日的委办
募捐会

第8号
1920年1月11日发行

社会运动的牺牲者　瞿秋白
社会的过去和未来（一）　瞿世英
女子底服饰　许地山
诗
往前〔俄〕Pilesteheet著　耿　匡译
名　著
我们要怎么办呢（五）
〔俄〕托尔斯泰著　耿　匡译
随感录
黑幕与嫌疑　郑振铎
纸上的改造事业　郑振铎
虚伪　郑振铎
报纸的休息　郑振铎

调查贫民收养所的报告　瞿世英
附　录
"北京社会实进会"消息

第9号
1920年1月21日发行

再论我们今后的社会改造运动
郑振铎
社会的过去和未来（二）　瞿世英
读《美利坚之宗教新村运动》
瞿秋白
名　著
我们要怎么办呢（六）
〔俄〕托尔斯泰著　耿　匡译
唉，众人！（小说）
〔俄〕柴霍甫著　耿济之译
随 感 录
不能办与不办　世　英
劝你们赶早离婚　世　英
附　录
"北京社会实进会"消息

第10号
（1920年2月1日发行）

怎样服务社会？　郑振铎
社会的过去和未来（三）　瞿世英
"罪的研究"　郑振铎
强奸　许地山
名　著
唉，众人！（小说）（续）

〔俄〕柴霍甫著　耿　匡译

附　录

“北京社会实进会”消息

第 11 号

1920 年 2 月 11 日发行

现代的社会改造运动　郑振铎

ㄆㄌㄚㄊㄨ的“共和国”　许地山

“罪的研究”（续）　郑振铎

名　著

唉，众人！（小说）（续）耿　匡译

书报介绍

白拉克麦氏的《社会学要义》

郑振铎

附　录

“北京社会实进会”消息

第 12 号

1920 年 2 月 21 日发行

学生的根本上的运动　郑振铎

婚姻问题　瞿世英

社会学略史　郑振铎

名　著

唉，众人！（小说）（续）

〔俄〕柴霍甫著　耿　匡译

我对于译名为什么要用注音字母

许地山

书报介绍

海士氏的《社会学》　郑振铎

附　录

“北京社会实进会”消息

第 13 号

1920 年 3 月 1 日发行

社会与罪恶　瞿秋白

社会学略史（续）　郑振铎

社会上各种活动的分析

（Hayes《社会学》片段）

瞿世英译

新 文 艺

卖饼人（小说）　王统照

随 感 录

爱与牺牲　济

空话不如少说　济

书报介绍

吉丁斯氏的《社会学原理》

郑振铎

附　录

“北京社会实进会”消息

第 14 号

1920 年 3 月 11 日发行

动的社会观　徐其湘

社会科学底研究法（一）

许地山

托尔斯泰的教育观——一封给他

近亲某夫人的信 郑振铎

社会主义与教育

Ira W.Howerth，Ph D 著

瞿世英译

译名问题 济 之

随 感 录

奋斗? 济

中国城市卫生论

第 15 号

1920 年 3 月 21 日发行

文化运动＝新社会 瞿秋白

天才与社会 宋 介

社会力的区分 瞿世英

社会科学底研究法（二）

许地山

新 文 艺

心的声音（诗） 瞿秋白

书刊介绍

爱尔和特的《社会学与近代社会问题》 郑振铎

附 录

“北京社会实进会”消息

第 16 号

1920 年 4 月 1 日发行

将来的社会与现在的逆势

瞿秋白

学生运动与社会改良 瞿世英

新生活的意义 朱谦之

十九世纪两大社会学家底女子观

许地山

社会科学的研究法（三）

许地山

第 17 号

劳动号（一）

1920 年 4 月 11 日发行

什么是劳动问题? 郑振铎

劳动底究竟 许地山

中国劳动界之将来 梅祖芬

谁的利器? 瞿秋白

中国劳动问题杂谈 郑振铎

付过工钱之后（小说）

（法）都德著 瞿秋白译

第 18 号

劳动号（二）

1920 年 4 月 21 日发行

劳动底福音 瞿秋白

劳动底威仪 许地山

劳动与工作的本能 宋 介

劳动的要求与安逸的要求

郑振铎

伯伯尔之泛劳动主义观 瞿秋白

罗素的“工作与给资” 梅思平

理想社会里的人类工作　郑振铎
社会科学底研究法（四）　许地山

心的声音（诗）　瞿秋白

第 19 号
1920 年 5 月 1 日发行

“五一”的纪念　郑振铎
劳动节的教训　朱谦之
世界底新劳动节……
中国底新劳动节　瞿秋白

名　著

美国劳动团体略史（摘译）
Towne 著　瞿世英
吾国劳动者教育的问题　高兴伟
“五一”与“五四”　许地山
我们应该注意的一件事　郑振铎

心的声音（诗，续）　瞿秋白

郑振铎启事　郑振铎

9 人 道

简 介

《人道》，旬刊，综合性刊物，一九二〇年八月十五日创刊于北京。它实际上是《新社会》的续刊，仍以北京社会实进会的名义出版、发行，三十二开本。郑振铎、许地山编辑，一些稿件接《新社会》继续刊登，仅止一期。第二期“新村研究号”编好后，虽在刊物上登出了目录预告，但北京基督教青年会慑于北洋军阀政府的压力，停止了对该刊的经费供应，因而未能出版。

《人道》在其《宣言》中说，它的发行有三个因素：“发挥民主主义的真精神”；对富人进行“批评或风劝”；调查劳苦人民的“生活状况和介绍等等安置他们底方法”。《人道》继承了《新社会》的改造现实社会的精神，但资产阶级人道主义思想和改良主义思想也比《新社会》有所发展。

《人道》也刊登了一些文学作品，如高尔基的散文，泰戈尔的诗和接《新社会》连载的瞿秋白的《心的声音》等。

目　录

第 1 号
1920 年 8 月 5 日发行

宣言　本社同人
人道主义　郑振铎
零碎的社会事业与新文化运动　陈其田
社会化之研究　瞿世英
诗　选
《偈檀伽利》　〔印度〕泰戈尔著　郑振铎译
创卧四日记　〔俄〕高尔基著　C·Z 译
“堕落阶级”　缪金源
优生学与社会进步　H.S.Galt 讲　许地山记
言论自由与盲目的言论取缔　宋　介
思想革新的原因　庐　隐
我对于压迫思想的意见　孔嘉彰
短了一个社会界！　陈其田
随感录
（一）中国人与人道　振　铎
（二）将来怎么样？　菊　农
（三）“政客的”、“学桶的”新文化运动　C·T
（四）实行？！做去？！　C·T
（五）这是什么声音？　菊　农
（六）同情！在那里？　菊　农
（七）天地人　振　铎
新文艺
心的声音（续二）　瞿秋白
附　录
“北京社会实进会”纪事　振　铎
讲演会的发起
本届的职员部与董事部
新董事欢迎会
我们的新计划
把本会扩充成一个北京全体市民的社会服务机关

10 小说月报

简　介

《小说月报》，大型文学月刊。一九一〇年八月二十九日创刊于上海，商务印书馆出版发行，十六开本，一九三一年十二月十日出至第二十二卷第十二期终刊，历时二十一年有余，共出二百五十八期，又号外三册。

《小说月报》的发展分为前后两个时期，自创刊至一九二〇年末即一至十一卷是它的前期。这个时期，该刊实际上为“鸳鸯蝴蝶派”所控制，其中第一、二、九、十、十一卷由王蕴章主编，第三至第八卷由恽铁樵主编，共出一百二十六期。一九一九年十一月，王蕴章请沈雁冰主持该刊自第十一卷第一期起所增的“小说新潮”栏，发表了《小说新潮栏宣言》，提倡新文学，实行了局部革新，在“鸳鸯蝴蝶派”的旧堡垒上打开了一个缺口。一九二〇年十一月下旬沈雁冰接任《小说月报》主编，从一九二一年一月十日出版的第十二卷第一期起，进行了全面革新，清除了“鸳鸯蝴蝶派”的影响，使它成为“五四”以后从事新文学建设的第一个大型专门文学刊物。自此，该刊进入其发展的后期，直到终刊，共出一百三十二期，又号外三册。本书只辑录该刊后期的全部目录。

《小说月报》的后期，仍然是商务印书馆出版的刊物，不是同人刊物，在名义上也不是文学研究会的会刊。但是，它的主编始终是文学研究会的主要成员担任，第十二、十三卷由沈雁冰主编，第十四卷至终刊由郑振铎主编。一九二七年六月至一九二八年底，郑振铎旅欧期间，第十八卷第六期至第十九卷第十二期，由叶绍钧代编。它所揭载的稿件大部分也是文学研究会成员所撰译，因而，革新以后的《小说月报》，实际上是文学研究会所掌握的刊物。在革新号上发表了沈雁冰写的《改革宣言》，认为“一国文艺为一国国民性之反映，亦惟能表见国民性之文艺能有真价值，能在世界的文学中占一席地位”，规定该刊的任务是，“将于译述西洋名家小说而外，兼介绍世界文学界潮流之趋向，讨论中国文学革进之方法”，强调“就国外文学界情形言之……写实主义在今日尚有切实介绍之必要”，表示“对于为艺术的艺术与为人生的艺术，两无所袒”。但是，实际上以沈雁冰为代表的文学研究会大部分成员是主张“为人生的艺术”的，在革新号上同时发表的《文学研究会宣言》就指出“将文艺当作高兴时的游戏或失意的消遣的时候，现在已过去了，我们相信文学是一种工作，而且又是于人生很切要的一种工作”。《小说月报》反映了这种“为人生的艺术”和坚持“写实主义”的倾向。

《小说月报》对“五四”以后中国新文学的建设作出了多方面卓越的贡献。首先是推动了小说创作的发展，发表了许多在我国现代文学史上有影响的作品，如鲁迅的《社戏》、《在酒楼上》，冰心的《超人》，许地山的《缀网劳蛛》，卢隐的《海滨故人》，王统照的《沉船》，叶圣陶的《潘先生在难中》等。在支持老作家的同时，又大力扶持新起的作家，他们当中不少人的处女作或成名作都首先揭载于该刊，如丁玲的《梦珂》、《莎菲女士的日记》，施蛰存的《绢子》、《将军的头》，穆时英的《南北极》以及胡也频、沈从文、彭家煌、黎锦明、靳以等人的作品。《小说月报》对我国中长篇小说在二十年代后期走向繁荣作出了努力，茅盾的中篇《幻灭》、《动摇》、《追求》，长篇《虹》，老舍的长篇《老张的哲学》、《赵子曰》、《二马》和巴金的中篇《灭亡》等都连载于该刊。小说之外也发表了大量新诗创作，其中有朱自清、闻一多、王统照、梁宗岱、徐雉、朱湘、汪静之以及徐志摩、李金发等人的作品。《小说月报》重视文学评论和文学研究，发表了大量关于文艺思潮和作家作品的评论，尤其是沈雁冰早期的文论，对当时的文艺运动和创作产生过重要的影响。此外，还刊登了郑振铎、谢六逸等人研究中外文学的学术专著，以号外的形式出了《中国文学研究专号》。《小说月报》大规模地翻译介绍外国文学思潮和世界著名作家作品，除了《俄国文学研究专号》、《法国文学研究专号》两册号外，该刊还陆续编辑了太戈尔专号，摆伦专号，安徒生专号，芥川龙之介专号以及陀思妥耶夫斯基、契诃夫、莫泊桑、罗曼·罗兰、法朗士、霍甫德曼、包以尔等研究特辑。还刊登了大量翻译作品，其中有果戈理的《疯人日记》，屠格涅夫的《罗亭》，莫里哀的《悭吝人》，梅里美的《嘉尔曼》等。

目 录

第12卷　第1号

1921年1月10日发行

改革宣言　沈雁冰

圣书与中国文学　周作人

文学与人的关系及中国古来对于文学者身份的误认　沈雁冰

创 作

笑　冰心女士

母　叶绍钧

命命鸟　许地山

不幸的人　慕 之

一个确实的消息　潘垂统

荷瓣　瞿世英

沉思　王统照

译 丛

（一）小说

疯人日记

〔俄〕郭克里著　耿济之译

乡愁

〔日〕加滕武雄著　周作人译

熊猎

〔俄〕托尔斯泰著　孙伏园译

农夫

〔波〕高米里克基著　王剑三译

忍人

〔爱尔兰〕夏芝著　王剑三译

（二）剧本

新结婚的一对（第一幕）

〔挪〕般生著　冬芬译

邻人之爱

〔俄〕安德列夫著　沈泽民译

（三）杂译太戈尔诗（一）　郑振铎译

云与波

对岸

同情

脑威写实主义前驱般生　沈雁冰

书报介绍

莫尔顿的《文学的近代研究》　郑振铎

海外文坛消息

（一）脑威文豪哈姆生获得一九二〇年诺贝尔文学奖金　沈雁冰

（二）安得列夫（Ahdreyev）最后的著作　沈雁冰

（三）研究犹太新文学的三种　沈雁冰

新出英译本

（四）惠尔斯（H.G.Wells）的人类史要　沈雁冰

（五）罗兰（Romain Rolland）的近作　沈雁冰

（六）劳农俄国治下的文艺生活　沈雁冰

补 白

文艺丛谭*

一、三、四、六　振 铎

二、　雁 冰

* “文艺丛谈”缺其五。

附　录

文学研究会宣言　编　者

文学研究会简章　编　者

插　图

跳舞（三色版）

〔法〕印象派名家德加作

浴女　〔法〕印象派名家德加作

洗衣人（精制铜版）

〔法〕印象派名家德加作

第12卷　第1号

1921年2月10日发行

新文学研究者的责任与努力

郎　损

新文学与创作　愈　之

谚语的研究（一至三）　郭绍虞

创　作

一个朋友　叶绍钧

低能儿　叶绍钧

一个著作家　庐隐女士

译　丛

（一）小说

侯爵夫人

〔俄〕柴霍甫著　济　之译

木筏之上

〔俄〕高尔该著　郑振铎译

审判〔波兰〕莱芒著　仲　持译

名节保全了

F'rancois Coppe'e（考贝）著

真　常译

（二）剧本

妇人镇（剧本）

〔西班牙〕阿尔伐崑戴罗斯兄弟著

沈泽民译

波兰近代文学泰斗显克微支

沈雁冰

附：附白　记　者

海外文坛消息

（七）又是一个斯干的那维亚的文学家得了诺贝尔文学奖金

沈雁冰

（八）文学家与社会问题　沈雁冰

（九）肖伯纳最近的著作　沈雁冰

（一〇）巴西文学家的一本小说

沈雁冰

（一一）波兰剧场与 Kobiety

沈雁冰

（一二）克勒满沙的文学著作

沈雁冰

（一三）脑威文学家将到美演讲

沈雁冰

（一四）美国著名女著作家的新作

沈雁冰

（一五）哈姆生生平的余闻

沈雁冰

（一六）哈姆生的《饿者》

沈雁冰

（一七）哈姆生的《Pan》

沈雁冰

（一八）再志劳农俄国的文艺生活

沈雁冰

通　讯
翻译文学的讨论
致沈雁冰　周作人
复周作人　沈雁冰
创作的讨论
致郑振铎　沈雁冰
附　录
文学研究会读书会简章
插　画
跳舞女的头的研究　德　加
浴盆之中　德　加
浴后　德　加

第12卷　第3号
1921年3月10日发行

译文学书的三个问题　郑振铎
谚语的研究（四）　郭绍虞
创　作
恐怖的夜　叶绍钧
遗音　王统照
萌芽　叶绍钧
新诗　叶绍钧
感觉
成功的喜悦
锁闲的生活
译　丛
（一）小说
猎人的日记（一）
〔俄〕屠格涅夫著　耿济之译
一个英雄的死
〔匈牙利〕拉兹古著　沈雁冰译
（二）剧本
婀拉亭与巴罗米德（一）
〔比利时〕梅德林著
伦　叟译
新结婚的一对（第二幕）
〔挪〕般生著　冬　芬译
西班牙写实文学的代表者伊木讷兹
沈雁冰
史蒂芬孙评传　郑振铎
海外文坛消息
（一九）再考瑞士诗人斯劈脱尔
沈雁冰
（二〇）英文学家威尔士在美的行踪
沈雁冰
（二一）印尼文学家太戈尔的行踪
沈雁冰
（二二）巴比塞的社会主义谈
沈雁冰
（二三）俄国文豪高尔该被逐的消息
沈雁冰
（二四）侨美波兰女著作家的近况
沈雁冰
（二五）丹麦作家奈苏的一本英译
沈雁冰
（二六）美国文艺协会的新会员
沈雁冰
（二七）最近在伦敦举行的文学辩论会　沈雁冰
（二八）脑威现代作家鲍具尔
沈雁冰

（二九）将有关研究诗的月刊出版 沈雁冰
（三〇）奥国文学家梅勒的剧本 沈雁冰
（三一）惠特曼在法国 沈雁冰
（三二）日本文学家之赴法热 沈雁冰
文艺丛谈
一、二、 百 里
三、 振 铎
本号内插画的说明 许敦谷
插 图
欢乐之岛 〔法〕Besnard 作
黄泉之岛 〔德〕BÖckklin 作
附 录
本月刊特别启事（为俄国文学专号要目事）

第 12 卷 第 4 号
1921 年 4 月 10 日发行

译文学书方法的讨论 沈雁冰
日本文坛之现状 李 达译
谚语的研究（五至七） 郭绍虞
创 作
超人 冰心女士
附注 冬 芬
烟突 易家钺
苦菜 叶圣陶
商人妇 落华生
春季创作坛漫评 郎 损
译 丛
（一）小说、散文
到纲走去
〔日〕志贺直哉著 周作人译
猎人日记（二）
〔俄〕屠格涅夫著 耿济之译
代替者〔法〕考贝著 子 缨译
附注 冬 芬
祈祷
〔俄〕托尔斯泰著 邓演存译
人间世历史之一片
〔瑞典〕史特林褒格著
沈雁冰译
在加尔各答途中
〔印度〕太戈尔著 许地山译
（二）剧本
婀拉亭与巴罗米德
〔比〕格德林著 伦 叟译
印度短剧
〔印度〕Mcricchatika 著
许光迪译
（三）杂译太戈尔诗（二）
郑振铎译
"Gresent Moon"
"The Gardener" 29
"The Gardener" 40
"The Gardener" 57
"The Gardener" 78
"Lover's Gift and Crossing" 71
"Lover's Gift and Crossing" 74

脑威现存的大文豪鲍具尔 沈雁冰

海外文坛消息

（三三）研究斯干的那维亚文学的一本自修书 沈雁冰
（三四）神秘剧的热心试验者 沈雁冰
（三五）罗兰的最近著作 沈雁冰
（三六）阿真廷文（Argentine）的剧本 沈雁冰
（三七）英文学家威尔士的剧本 沈雁冰
（三八）倍奈德的新作 沈雁冰
（三九）法人的史蒂芬孙评 沈雁冰
（四〇）俄国文学出版界在国外之活跃 沈雁冰
（四一）文学家对于劳农俄国的论调一束 沈雁冰
（四二）邓南遮将军劳乎 沈雁冰
（四三）梅莱（Murrg）的文学批评 沈雁冰
（四四）美国的研究脑威文学热 沈雁冰
（四五）爱尔兰文学家唐珊南被捕的消息 沈雁冰
（四六）一本详论劳农俄国国内艺术的书 沈雁冰
（四七）高尔该被逐的消息不确 沈雁冰
（四八）西班牙诗选 沈雁冰

文艺杂谈

一、 百 里
二、 冰心女士
三、 （无署名）

插 图

晚祷（三色版） 〔法〕弥 爱著
附：说明 敦 谷
饲 〔法〕弥 爱作
附：说明 雁 冰

第12卷 第5号

1921年5月10日发行

卷头辞
百年纪念祭的济慈 沈雁冰
日本的诗歌 周作人
译文学书三问题的讨论 沈泽民

创 作

换巢鸾凤 落华生
第一次恋爱 胡怀琛
站长 王荣桂

译 丛

（一）小说
微笑
〔俄〕梭罗古勃著 周建人译
猎人日记（三）
〔俄〕屠格涅夫著 耿济之译
泞泥
〔俄〕柴霍甫著 耿式之译
豢豹人的一个故事
〔美〕贾克伦敦著 理 白译

附：小识　理　白
只要一句话！
〔德〕L.E.Meier 著　胡天月译
附：小注　胡天月
一诺
〔法〕Frederic Boutet 著
一　樵译
（二）剧本
一个不重要的妇人（第一幕）
〔英〕王尔德著　耿式之译
附：按语　耿式之
齐德拉
〔印度〕太戈尔著　瞿世英译
王尔德评传　沈泽民
海外文坛消息
（四九）爱尔兰文学现状之一斑
沈雁冰
（五〇）瑞典大诗人佛罗亭的十年忌
沈雁冰
（五一）到日本讲学的英国文学家之西洋文化批评　沈雁冰
（五二）征求威尔士大著人类史要的批评　沈雁冰
（五三）霍夫曼柴尔的裴多芬评
沈雁冰
（五四）梅德林旧情人的行踪和言论
沈雁冰
（五五）捷克斯拉夫对于脑贝尔奖金之热心　沈雁冰
（五六）哈姆生最近作的井旁妇人
沈雁冰
（五七）俄文豪古卜林的近作苏罗芒的星　沈雁冰
（五八）美国科学艺术协会给予一九二〇年份最好的短篇小说的奖金
沈雁冰
（五九）阿失西蒙思近刊的戏曲集
沈雁冰
（六〇）变态《性格》研究的剧本
沈雁冰
本社第一次特别征文　本　社
插　图
左拉夫人像　〔法〕莫　耐作
Maximilien 乱党的枪毙
〔法〕莫　耐作
Kunt Hamsun（哈姆生）像
（无署名）
Cari Skitteler（斯劈脱勒）像
（无署名）

第 12 卷　第 6 号

1921 年 6 月 10 日发行

呼吁？咒诅？（卷头语）
雾飙运动
〔日〕黑田礼二著　海　镜译
审定文学上名辞的提议　郑振铎
附：附注　沈雁冰
特　载
幻呢真　直　民
完卵　普　生
这是怎么一回事　天　石

人间地狱 陶雪峰
救命呀 缩飞
一个士兵底忏悔 范鸿劭

创作

春雨之夜 王统照
一封信 庐隐女士
暗淡底秋夜 绮琴女士
堕落 洪白苹
幸事 伯颜

译丛

（一）小说
一个冬天的晚上
〔法〕美而暴著 六珈译
淑拉克和波拉泥
〔新犹太〕范尔道孚著
沈泽民译
我们二十六个和一个女的
〔俄〕高尔基著 孙伏园译
弃妇
〔匈〕亚丹尔摩范男爵夫人著
胡天月译
（二）剧本
悭吝人（第一幕）
〔法〕毛里哀著 真常译
一个不重要的妇人（第一幕）
〔英〕王尔德著 耿式之译
（三）杂译太戈尔诗（三）
郑振铎译
"Gitanjali" 2
"Gitanjali" 57
"Gitanjali" 78
"Gitanjali" 84
"Gitanjali" 90
现代的斯干底那维亚文学
〔日〕生田春月著 李达译
十九世纪末丹麦大文豪约柯伯生
沈雁冰

海外文坛消息

（六一）神仙故事集汇志——捷克斯拉夫、波兰、印度、爱尔兰等处的神话 沈雁冰
（六二）西班牙的诗与散文 沈雁冰
（六三）哈姆生的土之生长 沈雁冰
（六四）肖伯讷又有新作 沈雁冰
（六五）西班牙文学家方布纳的作品
沈雁冰
（六六）德国文学家
加尔霍德曼逝世的消息
沈雁冰
（六七）推敲的第一期 沈雁冰
（六八）伦敦举行纪念济慈
百年纪念展览会的盛况
沈雁冰
（六九）一九二〇年最好的短篇小说
沈雁冰
（七〇）英国三大文豪的一九二一年希望 沈雁冰
（七一）新爱尔兰文坛上失一明星
沈雁冰
（七二）捷克斯拉夫短篇小说集
沈雁冰
（七三）英译的五六花 沈雁冰

（七四）安得列夫的最后剧本
沈雁冰
（七五）法国的无产阶级诗与剧本
沈雁冰
书报介绍
美国的一个文学杂志“The Dial”
郑振铎

附 录

文学研究会会务报告

最后一页　编者

文艺丛谈
一、语体文欧化之我观（一）
雁 冰
二、语体文欧化之我观（二）
振 铎

插 图

母与子　〔英〕曼任斯奇 作
母与子　〔美〕加萨脱 作

第12卷 第7号
1921年7月10日发行

创作讨论

创作与哲学　瞿世英
创作的要素　叶绍钧
社会背景与创作　郎 损
创作的我见　庐隐女士
平凡与纤巧　郑振铎
怎样去创作　王世英女士
创作底“三宝”和鉴赏底“四依”
许地山
我对于创作家的希望　说 难
创作的前途　沈雁冰

创 作

（一）小说
爱的实现　冰心女士
月影　王统照
周　朱自清
快乐之神　孙梦雷
死后二十日　孙梦雷
黄昏后　落华生
红玖瑰　庐隐女士
（二）剧本
恳亲会（独幕剧）　叶绍钧

译 丛

（一）短篇小说
禁食节
〔新犹太〕潘莱士著
沈雁冰译
附：后记　沈雁冰
印第安墨水画
〔瑞典〕苏特尔褒格著
沈雁冰译
鹫巢　〔脑威〕般 生著
蒋百里译
猎人日记（四）
〔俄〕屠格涅夫著　耿济之译
生欤死欤?
〔美〕马托温著　一 樵译

（二）长篇小说
工人绥惠略夫（一至三）
〔俄〕阿尔志跋绥夫著
鲁　迅译
附：译了《工人绥惠略夫》之后
鲁　迅
（三）剧本
悭吝人（第二幕）
〔法〕毛里哀著　真　常译
（四）诗歌
阿富汗的恋爱歌　冯虚女士译
杂译太戈尔诗（四）　郑振铎译
“Fruit——Gathering” 2
“Fruit——Gathering” 4
“Fruit——Gathering” 15
屠格涅夫散文诗　海　峰译
叫化子
工人和白手的人
二年以后

犹太文学与宾斯奇
〔日〕千叶龟雄著　厂晶译
附：按语　雁　冰
后期印象派与表现派
〔日〕梅泽和轩著　海镜译述
海外文坛消息
（七六）两本研究罗曼罗兰的书
沈雁冰
（七七）新希腊诗人的新希腊主义
沈雁冰
（七八）爱尔兰的葛雷古夫人的新著
沈雁冰
（七九）战后德国文学的第一部杰作
沈雁冰
（八〇）俄国批评家对于威尔士的俄事观的批评　沈雁冰
（八一）波兰文学家莱芒的沉痛话
沈雁冰
（八二）丹麦和奥国的两个文学家的英译　沈雁冰
（八三）罗马尼亚短篇小说集
沈雁冰
（八四）意大利戏曲家唐南遮的近作
沈雁冰
（八五）阿尔克斯·托尔斯泰的近作
沈雁冰
（八六）卡西尔的新作　沈雁冰

最后一页　编　者
插　图
荒弃的濠沟（三色版精印）
〔英〕涅文孙作
讲演　〔意〕塞佛立尼作
自然的型　〔法〕海尔滨作

第12卷　第8号
1921年8月10日发行

创　作
两个小学生（小说）　庐隐女士
两个乞丐（小说）　刘　纲
死亡天使（诗）　沈松泉

天亮了（小说）　洪白苹
儿时的恐怖（小说）　赵崇鼎
旅路（诗）　朱自清
人间（诗）　朱自清
慰死者（诗）　梦　雷
附：附志　梦　雷
印象（诗）　光　典
爱情（诗）　沈松泉
离别（诗）　鸟　群
评四五六月的创作　郎　损
德国文学研究
近代德国文学的主潮
〔日〕山岸光宣著　海　镜译
“最年青的德意志”的艺术运动
〔日〕金子筑水著　厂　晶译
大战与德国国民性及其文化文艺
〔日〕片山孤村著　李　达译
德国表现主义的戏曲
〔日〕山岸光宣著　程裕青译
译　丛
(一) 短篇小说
红蛋
〔法〕法郎士著　六　珈译
附：附志　记　者
猎人日记（五）
〔俄〕屠格涅夫著　耿济之译
燕子与蝴蝶
〔波〕戈木列支奇著　周作人译
影　〔波〕普路斯著　周作人译
愚笨的裘纳
〔捷〕波希米亚·南罗达著
沈雁冰译
(二) 剧本
美尼（独幕剧）
〔犹太〕宾斯奇著　冬　芬译
附：附注　雁　冰
一个不重要的妇人（第二幕）
〔英〕王尔德著　耿济之译
(三) 长篇小说
工人绥惠略夫（四至六）
〔俄〕阿尔志跋绥夫著　鲁　迅译

罗曼罗兰评传
Anna Nussbaum 著　孔　常译
海外文坛消息
(八七) 荷兰文坛之现状　沈雁冰
(八八) 德国文坛之现状　沈雁冰
(八九) 劳农俄国的诗坛之现状
沈雁冰
(九〇) 爱尔兰文坛之现状　沈雁冰
通　迅
订正四号内《印度短剧》上的错误
许光迪
最近的法文学界
致沈雁冰　崧　年
按语　雁　冰
安那其主义者的声明
上海安那其主义者
附：按语　雁　冰
批评创作
致郎损　张维琪
按语　郎　损

附 录

文学研究会丛书编例 编 者

文学研究会丛书目录 编 者

最后一页 编 者

插 图

惹斯之风景 〔法〕谢萨诺作

水浴 〔法〕谢萨诺作

第12卷 第9号

1921年9月10日发行

创 作

一个不重要的伴侣 徐玉诺

被幸福忘却的人们 子 耕

征文当选

风雨之下 高 歌

风雨之下 王思玷

檀德六百周年纪念

《神曲》一脔 钱稻孙译诠

译 丛

(一)短篇小说

二草原

〔波〕显克微支著 周作人译

犹太人

〔波〕式曼斯奇著 周建人译

附:附记 周建人

旅行到别一世界

〔匈〕弥克柴斯著 沈雁冰译

安琪立加

〔新希腊〕蔼夫达利阿谛思著

孔 常译

(二)剧本

冬(独幕剧)

〔犹太〕阿胥著 沈雁冰译

附:后记 沈雁冰

悭吝人(第三幕)

〔法〕毛里哀著 真 常译

(三)长篇小说

工人绥惠略夫(七至九)

〔俄〕阿尔志跋绥夫著

鲁 迅译

海外文坛消息

(九一)第一期的《罗斯卡夷克倪茄》 沈雁冰

(九二)几本斯干底那维亚的英译 沈雁冰

(九三)瑞士文坛近况之一斑 沈雁冰

(九四)德国女文学家中最有名的两个 沈雁冰

(九五)匈牙利戏曲家莫奈尔的新作 沈雁冰

通 信

语体文欧化讨论

(一)致记者 周作人

(二)致记者 李宗武

(三)答问 记 者

本刊第一次征文当选者名单(十二人)

插 图

檀德像 〔法〕勃拉格作

自然的型　　［法］勃拉格作

第 12 卷　第 10 号
被损害民族的文学号
1921 年 10 月 10 日发行

乌克兰的民谣（卷头语）
（无署名）
引言　　记　者
被损害民族的文学背景的缩图
记　者
近代波兰文学概观
［波］诃勒温斯奇著　周作人译
附记　　周作人
近代捷克文学概观
［捷］微拉绥克著　唐　俟译
附记　　唐　俟
塞而维亚文学概观
［塞尔维亚］Chedo Mijatovich 著
沈泽民译
附记　　沈泽民
芬兰的文学
Hermione Ramsden 著
沈雁冰译
附记　　沈雁冰
新犹太文学概观　　沈雁冰
附注　　沈雁冰
小俄罗斯文学略说
［德］凯尔沛来斯著　唐　俟译
附记　　唐　俟
新兴小国文学述略
——立陶宛、莱多尼亚、爱莎尼亚、乔治亚、阿美尼亚五小国的文学　　胡天月译述

译　丛

（一）小说
我的姑母
［波］科诺布涅支加著
周作人译
附记　　周作人
伊伯拉亭
［新希腊］蔼夫达利阿谛思著
周作人译
附记　　周作人
在希腊诸岛
［英］劳斯著　周作人译
附记　　周作人
父亲拿洋灯回来的时候
［芬］哀禾著　周作人译
附记　　周作人
疯姑娘
［芬］明那·亢德著　鲁　迅译
附记　　鲁　迅
战争中的威尔珂
［勃拉格利亚］跋佐夫著
鲁　迅译
附记　　鲁　迅
贝诺思亥尔思来的人
［新犹太］拉比诺维奇著
沈雁冰译
附：后记　　沈雁冰
茄具客

〔克罗西亚〕森陀卡尔斯基著
沈雁冰译
附：后记　沈雁冰
旅程
〔捷〕波西米亚贝克著
冬　芬译
附注　雁　冰
强盗
〔塞尔维亚〕Lazarevic 著
沈泽民重译
附记　沈泽民
巴比伦的俘虏
〔乌克兰〕L.Vkraink 著
沈雁冰译
附志　沈雁冰
（二）杂译小民族诗　沈雁冰译
与死有关的
〔阿美尼亚〕士尔苛兰支著
沈雁冰译
无题
〔阿美尼亚〕伊萨诃庚著
沈雁冰译
春
〔乔具亚〕夏芙夏伐支著
沈雁冰译
亡命者之歌
〔乌克兰〕洛顿斯奇著
沈雁冰译
狱中感想
〔乌克兰〕西芙支钦科著
沈雁冰译
最大的喜悦
〔塞尔维亚〕斯坦芳诺维支著
沈雁冰译
梦
〔捷〕散尔复维支著　沈雁冰译
坑中做的工人
〔捷〕白鲁支著　沈雁冰译
今王……
〔波〕柯诺普尼斯卡著　沈雁冰译
无限
〔波〕阿斯尼克著　沈雁冰译

插　图

茄蒲列岛（三色版印）
〔波〕齐伦尼滑斯基作
"不曾结婚的母亲"
〔波希米亚〕丝勃令格作
"在不合味的爱情的雕栏之后"
〔波希米亚〕丝勃令格作
人首（雕刻）〔波〕娜特尔曼作
犹太现代文学家宾斯奇
Zie Ieurpewshi 自画像

第 12 卷　第 11 号
1921 年 11 月 10 日发行

创　作

最后的使者　冰心女士
离家的一年　冰心女士
附：附记　菊　农
灵魂可以卖么　庐隐女士
看禾　佷　工

命运　易家钺
一瞥　沈松泉

征文当选

风雨之下　孙梦雷

对于《超人》《命命鸟》《低能儿》的批评　潘垂统
新希腊文学的近况
〔法〕Astèriotis 著　汉　俊译
日本文坛最近状况　晓　风
民众艺术底理论和实际
平林初之辅著　海　晶译

译　丛

（一）小说
女王玛勃的面网
〔尼加拉瓜〕达利哇著　冯　虚译
附：小识　雁　冰
美术家的神密
〔南非〕须林娜著　张镜轩译
附：注　张镜轩
娱他的妻
〔英〕哈提著　理　白译
附：小识　理　白
工人绥惠略夫（一〇至一二）
〔俄〕阿尔志跋绥夫著　鲁　迅译
（二）剧本
悭吝人（第四幕）
〔法〕毛里哀著　真　常译
（三）王尔德的散文诗五首
刘　复译
美术家
为善者
传道者
主
公判室
日本诗人一茶的诗　周作人
附记　周作人

海外文坛消息

（九六）塞尔维亚文学批评家拉夫令的陀斯妥以夫斯基评
沈雁冰
（九七）澳洲的四个现代诗人
沈雁冰
（九八）介绍美国女作家辛格拉的新作《威克的惠林顿先生》
沈雁冰
（九九）俄国文坛现状一斑　沈雁冰
——寓言小说之风行
（一〇〇）略志匈牙利戏曲家莫尔纳的生平及其著作
沈雁冰
（一〇一）高尔该的《童年生活》
沈雁冰

插　图

草样　〔英〕奥格斯脱·琼作
鄂荷克的货车
〔英〕奥格斯脱·琼作

第 12 卷　第 12 号
1921 年 12 月 10 日发行

纪念佛罗贝尔的百年生日　沈雁冰

文艺上的自然主义
〔日〕岛村抱月著　晓　风译
附志　记　者
创　作
云翳（小说）　叶绍钧
思潮（小说）　庐隐女士
和平的死（小说）　负　生
招牌（小说）　梁存仁
半小时的痴（小说）　吴江冷
征文当选
风雨之下（小说）　褐之甫
风雷之下（小说）　俞文元
风雷之下（小说）　周志伊
译　丛
归来（小说）
〔法〕莫泊三著　沈泽民译
附：小识　沈泽民
女难（小说）
〔日〕国木田独步著　丏　尊译
附记　丏　尊
注　晓　风
工人绥惠略夫（一三至一五）（小说）
〔俄〕阿尔志跋绥夫著
鲁　迅译
一个不重要的妇人（第四幕）（剧本）
〔英〕王尔德著　耿式之译

一年来的感想与明年的计划
记　者
意国文学家邓南遮
〔日〕村松正俊著　海　镜译
海外文坛消息
（一〇二）俄国诗人布洛克死耗
沈雁冰
（一〇三）意大利文坛近状　沈雁冰
（一〇四）德国文坛近讯　沈雁冰
（一〇五）“雾飚”诗人勃伦纳尔的“绝对诗”　沈雁冰
（一〇六）华波尔与高士华绥的同方面的新作　沈雁冰
（一〇七）从来没有英译本的易卜生的三篇戏曲　沈雁冰
通　讯
语体文欧化的讨论
致记者　胡天月
复胡天月　记　者
致记者　王砥之
复王砥之　记　者
致记者　何霭人
插　图
佛罗贝尔像
鲍芙兰夫人原稿
法国 Renois 作画

第 12 卷　号外
俄国文学研究
1921 年 9 月初版

论　文
俄国文学的启源时代　郑振铎
十九世纪俄国文学的背景
〔俄〕沙洛维甫著　耿济之译

近代俄罗斯文学底主潮
〔日〕升曙梦著　陈望道译
俄国四大文学家合传　耿济之
郭克里
托尔斯泰
屠格涅夫
道司托也夫司基
近代俄国文学家三十人合传
沈雁冰
莱芒托夫（Mikhail Yurievitch Lermontof）
格列鲍依杜夫（A.S.Griboyedov）
阔尔脱曹夫（A.V.Koltzov）
西芙脱钦科（T.G.Shevtchenko）
海尔岑（A.L.Herzen）
耐克拉莎夫（N.A.Nekrasov）
龚察洛夫（I.A.Gontcharov）
加尔洵（V.L.Garshin）
那特森（S.J.Nadson）
薛特林（Schedrin）
列斯考夫（N.S.Lyeskov）
乌斯潘斯基（G.I.Uspensky）
鲍蒲列金（P.D.Boborykin）
安得烈夫（Leonid Andreyev）
古卜林（A.Kuprin）
蒲英（I.Bunin）
塞尔齐夏夫兹那斯基（O.G.Sergeyev-Tzensky）
瞿列科夫（Evgeny Chirikov）
莱弥淑夫（Alexey Remizov）
茅夷士赫尔（V.V.Mujzhel）
犹希克维基（Semyon Yushkevitch）
格奢夫·哇伦勃格斯基（S.I.GusevOrenburgsky）
勒底善孚（Boris Zaitzev）
罗不金（Ropshin）
弥里士考夫斯基（K.D.Merezhkovsky）
柔娜达·黑比丝（Zinaida NicolayevnaHippius）
巴尔芒（K.D.Balmont）
布列乌沙夫（Valery Briusov）
布洛克（Alexander Blok）
伊凡诺夫（Viacheslar Ivanov）
俄国乡村文学家伯得洛柏夫洛斯基（N.E.petropavlovsky）　济之
阿里鲍甫（M.N.Alibov）略传
耿济之
兹腊托夫拉斯基（Nicolas Nicolaevish Zlatovratsky）略传　静观
菲陀尔·梭罗古勃（Feodor Sologub）
〔英〕约翰·科尔诺斯（John Cournos）著　周建人译
阿尔志跋绥夫　鲁迅
俄国美论与其文艺　郭绍虞
俄国的批评文学
〔俄〕克鲁泡特金著　沈泽民译
托尔斯泰的艺术观　张闻天
俄国的叙事诗歌　沈泽民
俄国的农民歌

〔英〕拉袁脱著　沈泽民译

俄国的诗坛

〔日〕白鸟省吾著　夏丏尊译

俄国的童话文学

〔日〕西川勉著　夏丏尊译

俄罗斯的美术——绘画怎样发达

胡根天

俄罗斯文学里托尔斯泰底地位

〔日〕升曙梦著　灵　光译

阿蒲罗摩夫主义

〔俄〕克鲁泡特金著

夏丏尊重译

译　丛

帕拉什卡人（小说）

〔俄〕伯得洛柏夫洛斯基著

鹤　徵译

外套（小说）

〔俄〕郭克里著　毕庶敏译

旷野的秋夜（小说）

〔俄〕列维　托甫著　叶　毅译

活骸（小说）

〔俄〕杜介涅夫著　王统照译

高原夜话（小说）

〔俄〕高尔基著　沈泽民译

异邦（小说）

〔俄〕柴霍甫著　王统照译

一夕谈（小说）

〔俄〕柴霍甫著　邓演存译

鹫（小说）

〔俄〕高尔基著　胡根天译

一椿事件（小说）

〔俄〕安得列夫著　耿济之译

痴子（小说）

〔俄〕兹拉托夫拉斯基著

瞿秋白译

可怕的字（小说）

〔俄〕阿里鲍甫著　瞿秋白译

尺素书（小说）

〔俄〕屠格涅夫著　耿济之译

贼（小说）

〔俄〕杜思退益夫斯基著

陈大悲译

医生（小说）

〔俄〕阿尔志跋绥夫著

鲁　迅译

白母亲（小说）

〔俄〕梭罗古勃著　周建人译

旧金山来的绅士（小说）

〔俄〕蒲　英著　沈泽民译

林语（小说）

〔俄〕克洛林科著　郑振铎译

压碎的花（小说）

〔俄〕安德列夫著　叔　衡译

失去的良心（小说）

〔俄〕薛特林著　冬　芬译

看新娘（小说）

〔俄〕乌斯潘斯基著　冬　芬译

蠢人（小说）

〔俄〕列斯考夫著　冬　芬译

杀人者（小说）

〔俄〕库普林著　冬　芬译

莫萨特与沙莱里（剧本）

〔俄〕普斯金著　郑振铎译

伏尔加与村人的儿子米苦拉（诗歌）

冬　芬译

孟罗的农民英雄以利亚和英雄斯维亚多哥尔（诗歌）　冬　芬译

赤色的诗歌（诗歌）

C.Z、C.T.同译

附注　C.T.

赤俄小说三篇

盖屋的人

M.Michels 著　振　亚译

四人的故事

Gregory Sannikoff 著　振　亚译

死的救星

Arkady Averchenko 著

小　柳译

附　录

文学上的俄国与中国（转录《新青年》）　周作人

克鲁泡特金的俄国文学论

沈泽民

布兰兑斯的俄国印象记　沈泽民

俄罗斯文艺家录　明　心

插　图

斜日余晖（三色版精印）

〔俄〕莱维顿作

科萨克人作书与土耳其苏丹（铜版精印）　〔俄〕列　平作

“生命无处不在”（铜版画）

〔俄〕夏洛辛科作

耶稣受缚图（铜版画）

〔俄〕思托科尔斯基雕刻

俄国文学家艺术家摄影

屠格涅甫

陀斯妥以夫斯基

柴霍甫

高尔该

布洛克

莱米淑夫

斯克利亚宾

末琐尔斯基

斯坦尼斯拉夫斯基

达维度夫

康米莎尔善芙斯卡伊婀

第 13 卷　第 1 号

1922 年 1 月 10 日发行

专　著

世界的火灾（童话）

〔俄〕爱罗先珂著

鲁　迅译

附记　记　者

西洋小说发达史（一）　谢六逸

一、绪言

短篇及长篇小说

（一）创作

烦闷　冰心女士

乐园　叶绍钧

（二）译文

猎人日记（六）

〔俄〕屠格涅夫著　耿济之译

拉比阿契巴的诱惑
〔犹太〕宾斯奇著 希 真译
简单的心(一)
〔法〕佛罗贝尔著 沈泽民译
海洋(一至二)
〔俄〕安特列夫著 耿式之译

诗歌及戏剧

(一)剧本
马兰公主(一)
〔比利时〕梅德林著
徐炳昶 乔曾劬译
(二)散文诗
祈祷者
〔阿美尼亚〕西曼佗著
沈雁冰译
少妇的梦
〔阿美尼亚〕西曼佗著
沈雁冰译
(三)诗歌创作
湖上 朱自清
狱中的人 徐蔚南
失望 梁宗岱
废园 朱 湘
心头的月光 沈松泉
D字样的月光 汪静之
孤苦的小和尚 汪静之
(四)译诗
永久
〔瑞典〕泰伊纳著 希 真译
季候鸟
〔瑞典〕泰伊纳著 希 真译
辞别我的七弦竖琴
〔瑞典〕泰伊纳著 希 真译
杂译太戈尔诗(五)
郑振铎译
《采果集》二十三
《采果集》二十四
《采果集》二十五
"假如我是个诗人"
〔瑞典〕巴士著 冯 虚译

文学家研究

陀思妥以夫斯基的思想 沈雁冰
陀思妥以夫斯基传略 小 航
陀思妥以夫斯基的地位 郎 损
关于陀思妥以夫斯基的英文书
记 者

海外文坛消息

(一〇八)最近俄国文坛的各方面
沈雁冰
(一〇九)再志布洛克 沈雁冰
(一一〇)最近德国文坛杂讯
沈雁冰

读者文坛

一个瀑布(诗) 何霭人
黑夜(小说) 李鸿梁
穷汉日记(一)(小说) 黄厚生
一句没说出的话(散文) 陆尚功
阿爹(小说) 勒 生
邮差(诗) 誓 清
伊的我 誓 清
艺术的目的(散文) 洪白苹
旱雨(小说) 凯 士

通　信

语体文欧化问题
　致记者　梁绳袆
　复梁绳袆　雁　冰
　致雁冰　赵若耶
　复赵若耶　雁　冰
英文译的俄文学书
　致雁冰　朱　湘
　复朱湘　雁　冰
　致记者　陈静观
　复陈静观　雁　冰

最后一页

插　图

在马格司岛上（三色版精印）
〔法〕果庚作
台支岛之女（三色版精印）
〔法〕果庚作
陀思妥以夫斯基小影手迹十一幅

第13卷　第2号
1922年2月10日发行

短篇及长篇小说

（一）创作
西山小品（散文）　周作人
　一个乡民的死
　卖汽水的人
缀网劳蛛（小说）　落华生
一栏之隔（小说）　王统照
（二）译文
猎人日记（七）（小说）
〔俄〕屠格涅夫著　耿济之译
简单的心（二）（小说）
〔法〕佛罗贝尔著　沈泽民译
汤原通信（小说）
〔日〕国木田独步著　美　子译
树林中的圣诞夜（小说）
〔波〕善辛齐尔著　耿式之译
海洋（三至五）（小说）
〔俄〕安特列夫著　耿式之译
锁钥（寓言）
〔俄〕Sologub 著　郑振铎译
独立之树叶
〔俄〕Sologub 著　郑振铎译
西洋小说发达史（二）　谢六逸
二、小说发达之经过

诗歌及戏剧

（一）剧本
马兰公主（二）
〔比〕梅德林著
徐炳昶　乔曾劬译
（二）诗歌创作
勃来克　徐蔚南
微笑　徐蔚南
夜静了　王统照
心上的箭痕　王统照
伊和他　佩　蘅
荷叶　朱　湘
星　汪静之
自制　郃光典
（三）译诗

平等
〔俄〕梭罗古勃著 郑振铎译
东方的梦
〔葡〕特·琨台尔著 希 真译
什么东西的眼泪
〔葡〕特·琨台尔著 希 真译
在上帝的手里
〔葡〕特·琨台尔著 希 真译
浴的孩子
〔瑞典〕廖特倍格著 希 真译
你的忧悒是你自己的
〔瑞典〕廖特倍格著 希 真译
天鹅梭鱼与螃蟹
〔俄〕克鲁洛夫著 郑振铎译
箱子
〔俄〕克鲁洛夫著 郑振铎译

文学家研究

太戈尔传 郑振铎
太戈尔的人生观与世界观 瞿世英
太戈尔的艺术观 郑振铎
太戈尔之《诗与哲学》观 张闻天
太戈尔的妇女观 张闻天
太戈尔对于印度和世界的使命
张闻天

海外文坛消息

(一一一)哥萨克作家克拉斯诺夫
沈雁冰
(一一二)保加利亚大诗人跛佐夫逝世的消息 沈雁冰
(一一三)去年(一九二一)诺贝尔奖金的获得者 沈雁冰

通 信

语体文欧化问题
致记者 吕冕韶
复吕冕韶 雁 冰
文学作品中有主义与无主义的讨论
致雁冰 周赞襄
复周赞襄 雁 冰
致编者 蒓 蘅
复蒓蘅 雁 冰
致记者 谭国棠
复谭国棠 雁 冰

最后一页 编 者

插 图

女巫之夜 〔捷克〕Alfons Mucha 作
水嬉 〔法〕Renois 作
太戈尔最近小影及其手迹

第13卷 第3号
1922年3月10日发先

短篇及长篇小说

(一)创作
旅途的伴侣 叶绍钧
冷冰冰的心 刘 纲
埂子上的一夜 李开光
(二)译文
你是谁
〔俄〕梭罗古勃著 郑振铎译
幸福
〔俄〕契诃夫著 耿勉之译

简单的心（三）
〔法〕佛罗贝尔著　沈泽民译
古埃及的传说
〔波〕普洛士著　耿式之译
西洋小说发达史（三）　谢六逸
三、罗曼主义时代
诗歌及戏剧
（一）剧本
马兰公主（三）
〔比〕梅德林著
徐炳昶　乔曾劬译
（二）散文诗
记事二则
〔瑞典〕赫滕斯顿著　沈泽民译
窗〔法〕波特来耳著　仲　密译
（三）诗歌创作
星火　朱自清
丐者　徐玉诺
小诗　郭绍虞
期待
坠落
淘汰
倦怠
咒诅
心意
休息
温存
烦闷　梁宗岱
（四）译诗
无名与不朽
〔瑞典〕赫滕斯顿著　沈泽民译
孤寂时的思想
〔瑞典〕赫滕斯顿著　沈泽民译
火星
荣誉
服从
牢笼
一个男子临终语
〔瑞典〕赫滕斯顿著　沈泽民译
睡着的姊姊
〔瑞典〕赫滕斯顿著　沈泽民译
最难行的路
〔瑞典〕赫滕斯顿著　沈泽民译
孤独地在湖边
〔瑞典〕赫滕斯顿著　沈泽民译
月光
〔瑞典〕赫滕斯顿著　沈泽民译
我的生命
〔瑞典〕赫滕斯顿著　沈泽民译
翻船遇难的人
〔瑞典〕赫滕斯顿著　沈泽民译
在火的围绕中祷告
〔瑞典〕赫滕斯顿著　沈泽民译
珍宝
〔瑞典〕赫滕斯顿著　沈泽民译
骡子与夜莺
〔俄〕克鲁洛夫著　郑振铎译
瑞典大诗人赫滕斯顿　沈泽民
文学家研究
屠格涅甫传略　谢六逸

《猎人日记》研究　耿济之

海外文坛消息

（一一四）俄国戏院的近状　沈雁冰
（一一五）瑞典诗人卡尔佛脱与诺贝尔文学奖金　沈雁冰
（一一六）意大利文坛最近之面面观　沈雁冰
（一一七）波兰的戏剧　沈雁冰
（一一八）斯罗伐克大诗人奥斯柴支之死　沈雁冰

通　信

为什么中国今日没有好小说出现
致记者　汪敬熙
复汪敬熙　雁　冰
语体文欧化讨论
致记者　吕一鸣
复吕一鸣　雁　冰
致雁冰　黄祖䜣欣
复黄祖䜣　雁　冰
《小说月报》的名称
致记者　姚天寅
复姚天寅　雁　冰
"反动力怎样帮忙？"
致主笔　管毅甫
复管毅甫　雁　冰
附:《评尝试集》匡谬　式　芬
致编辑　冯蕴平
复冯蕴平　雁　冰

最后一页

插　图

斗牌（三色版）　〔法〕Bannard 作
俄国大文豪屠格涅甫像
屠格涅甫手迹——散文诗之一《玛沙》（原稿）

第 13 卷　第 4 号

1922 年 4 月 10 日发行

短篇及长篇小说

（一）译文
卡列曼森在天上（小说）
〔脑威〕包以尔著　冬　芬译
附记　冬　芬
争自由的波浪（小说）
〔俄〕高尔该著　董秋芬译
猎人日记（八）（小说）
〔俄〕屠格涅夫著　耿济之译
海洋（六）（小说）
〔俄〕安特列夫著　耿式之译
（二）创作
空山灵雨（一）（小说）　落华生
疯人笔记（小说）　冰心女士
被残的萌芽（小说）　汪静之

诗歌及戏剧

（一）剧本
一日里的一休和尚
〔日〕武者小路实笃著　周作人译
马兰公主（四）　〔比〕梅德林著
徐炳昶　乔曾劬译

（二）散文诗
没有恒心的人（散文诗）
〔瑞典〕赫滕斯顿著 沈泽民译
（三）诗歌创作
冷淡 朱自清
台州杂诗 朱自清
笑声
灯光
歧路 仲 密
忧闷 郑振铎
一蓝花 徐 雉
跛足的狗 徐 雉
七月的风 汪静之
荒港风雪 徐蔚南
荒芜了的花园 郑振铎
（四）译诗
十二个
〔俄〕布洛克著 饶了一译
“十二个”
〔英〕史罗康伯著 饶了一译
附识 饶了一
唯一的念头
〔匈〕裴都菲著 沈泽民译

文学家研究

包以尔传
〔脑威〕卡特著 沈泽民译
包以尔著作中的人物
〔脑威〕卡特著 沈泽民译
包以尔的人生观 沈雁冰
附：包以尔著作英译已出版者一览表

海外文坛消息

（一一九）比利时文坛近况 沈雁冰
（一二〇）最近的冰地文学家 沈雁冰
（一二一）新犹太戏剧之发展 沈雁冰
（一二二）荷兰诗坛近状 沈雁冰

读者文坛

一碗虾仁（小说） 徐施蘅
黑暗（诗） 赵荣鼎
烛光（诗） 王晋鑫
穷汉日记（二）（小说） 黄厚生
贼——不幸的人（小说） 勒 生
必然之夜（诗） 阮有秋
风夜车啼（诗） 阮有秋
落月（诗） 阮有秋

通　信

语体文欧化问题和文学主义问题的讨论
致记者 徐秋冲
复徐秋冲 雁 冰
致雁冰郎损 王晋鑫
复王晋鑫 雁 冰
致雁冰 王强男
复王强男 雁 冰
最后一页 编 者

插　图

花园中 〔法〕Bannard 作
伏尔加河上之纤夫〔俄〕列 平作
包以尔画像

现代文豪小影一：北欧之部
脑威大小说家哈姆生
丹麦女小说家米哈列司
瑞典女小说家拉绮尔洛孚

第13卷 第5号
1922年5月10日发行

短篇及长篇小说

(一) 创作
医院里的故事（小说） 孙俍工
空山灵雨（二） 落华生
(二) 译文
莫斯科处女街的风俗（小说）
〔俄〕列维托夫著 济之译
东方圣人的礼物（小说）
〔美〕欧亨利著 郑振铎译
海洋（七）（小说）
〔俄〕安特列夫著 耿式之译

西洋小说发达史（四） 谢六逸
四、自然主义时代（上）

诗歌及戏剧

(一) 剧本
马兰公主（剧本）
〔比〕梅德林著
徐炳昶 乔曾劬译
附：译后记 徐炳昶 乔曾劬
(二) 散文诗
门槛
〔俄〕屠格涅甫著 沈性仁译
附：小识 沈性仁
(三) 诗歌创作
滴滴的流泉 孙守拙
诗人的心 宇 众
帐顶 宇 众
红叶 高仰愈
忘情 野 技
拒绝 张维祺
醉 张维祺
高兴 梁宗岱
夜鹧 梁宗岱
(四) 译诗
英雄包尔
〔匈〕亚拉奈著 冬 芬译
附记 冬 芬
鸟与雏
〔匈〕桐柏著 沈泽民译
附记 沈泽民
我那亲爱的将军
〔匈〕荀莱著 沈泽民译
附记 沈泽民

文学家研究

法朗士传 陈小航
布兰兑斯的法朗士论 陈小航译
法朗士著作编目 陈小航

海外文坛消息

(一二三) 黑族小说家得了一九二一年龚古尔奖金 沈雁冰
(一二四) 美国文坛近状 沈雁冰
(一二五) 近代马来文学之一斑
沈雁冰

读者文坛

一个……底模型（小说） 之 愧
晚上十点钟的时候（小说） 周志伊
批评落华生的三篇创作 吴守中
肉神的启示（诗） （失名）
魔力诗——小说（诗） C S

通 信

自然主义的论战
致雁冰 周赞襄
复周赞襄 雁 冰
致雁冰 长 虹
致雁冰 汤在新
复汤在新 雁 冰
致雁冰 徐绳祖
复徐绳祖 雁 冰
致记者 郭国勋
复郭国勋 谢六逸
致雁冰 黄祖䜣
复黄祖䜣 雁 冰
致雁冰 史子芬
复史子芬 雁 冰
致雁冰 朱畏轩
复朱畏轩 雁 冰
致雁冰 周子光
复周子光 雁 冰
致雁冰 刘晋云
复刘晋云 雁 冰

最后一页 编 者

插 图

“静物”（三色版精印）
H.Petrascheck——Lange 作
“靠在桌上的妇人”
〔西班牙〕Pablo Picasso 作
法朗士最近摄影
法朗士最近画像
初在法国文坛显名时的法朗士（Anatole France）
得一九二一年龚古尔奖金之黑人玛伦（Rene Maran）

第 13 卷 第 6 号
1922 年 6 月 10 日发行

短篇及长篇小说

（一）创作
遗书（小说） 冰心女士
前途（小说） 佷 工
余泪（小说） 庐隐女士
三天劳工底自述（小说） 利 民
空山灵雨（三）（小说） 落花生
（二）译文
一阵狂病（小说） 〔俄〕柴霍甫著 耿式之译

西洋小说发达史（五） 谢六逸
五、自然主义时代（中）

诗歌及戏剧

（一）剧本
死之胜利 王统照
（二）散文诗

游子　〔法〕波特莱耳著　仲密译
被污了灵魂　徐雉
（三）诗歌创作
自白　朱自清
春之歌　李文常
蝶　徐玉诺
无言　郑振铎
工作之后　郑振铎
蚁之争　郑振铎
感觉　郑振铎
湖边　郑振铎
暮气　郭绍虞
调和　郭绍虞
森严的夜　梁宗岱
盘门路上　刘廷藩
回忆的惆怅　刘廷藩
残废者　徐雉
瞎子
跛足者
哑子
聋子
青年的悲哀　徐雉

文学家研究

霍甫德曼传　希真
霍甫德曼的自然主义作品　希真
霍甫德曼的象征主义作品　希真
霍甫德曼与尼采哲学（选自“Anton Hellmann”）　希真译

海外文坛消息

（一二六）捷克文坛最近状况　沈雁冰
（一二七）法国艺术的新运动　沈雁冰
（一二八）西班牙文坛近况　沈雁冰
（一二九）芬兰的一个新近作家　沈雁冰
（一三〇）纪念意大利的自然派作家浮尔茄　沈雁冰

通　信

译名统一与整理旧籍
致雁冰　陈德征
复陈德征　雁冰
自然主义的怀疑与解答
致记者　周志伊
复周志伊　雁冰
致记者　王锴鸣
复王锴鸣　谢六逸
附志　雁冰
致记者　吕芾南
复吕芾南　雁冰
批评创作的三封信
致雁冰　黄绍衡
复黄绍衡　雁冰
致雁冰　陈友荀
复陈友荀　雁冰
致记者　许美埙
复许美埙　雁冰

希望与建议

致记者　李秀贞
复李秀贞　雁冰
致记者　徐雉

复徐雉 雁 冰
致雁冰 谢立民
复谢立民 雁 冰

最后一页 编 者

插 图

夏日海景（三色版）
Charles Shannon 作
霍普德曼像
“斯勒耶斯的村街”（德国表现派绘画之一） Paul Baum 作

第 13 卷　第 7 号

1922 年 7 月 10 日发行

评 论

自然主义与中国现代小说 沈雁冰

短篇小说

祖母的心 叶绍钧
横笛
〔捷〕符耳赫列支奇著 周建人译
附记 周建人
乡心 潘 训

论 文

小说的研究（上篇） 瞿世英

长篇小说

《灰色马》译者引言 郑振铎
灰色马（一）
〔俄〕路卜询著 郑振铎译

古书新译

后三十四回的《红楼梦》 俞平伯

诗歌及戏剧

盛筵（独幕剧）
〔匈〕莫尔奈著 冬 芬译
附记 冬 芬
死后之胜利（剧本·续完）*
王统照
战栗之夜（诗） 李之常
死（诗） 朱 湘
地丁（诗） 朱 湘
烛光（诗） 丁 容
枕上（诗） 黄洁如
离情（诗） 黄洁如
微笑（诗） 黄洁如
小诗（诗） 侍鸥女士
长途的倦容（诗） 潘漠华
雨后的蚯蚓（诗） 伴 耕
可羡的小儿（诗） 刘先隼

西洋小说发达史（六） 谢六逸
六、自然主义时代（下）

专 论

波兰文学的特性
〔日〕千叶龟雄著 海 镜译

海外文坛消息

（一三一）脑威现代文学的精神
沈雁冰
（一三二）意大利的女小说家
沈雁冰

* 此剧在本刊第十三卷第六号发表题为《死之胜利》。

（一三三）捷克三个作家的新著 沈雁冰
（一三四）伊芙莱诺夫的新作 沈雁冰
欧美最近出版文学书籍表 编 者

通 信

关于“为人生的艺术”
致雁冰 汪敬熙
复汪敬熙 雁 冰
致雁冰 万良濬
复万良濬 雁 冰
致雁冰 齐志仁
复鲁桐（齐志仁） 雁 冰
致记者 阅 者
复阅者 雁 冰
致雁冰 啸 云
复啸云 雁 冰
致雁冰 吴 溥
复吴溥 雁 冰
致雁冰 汤在新
复汤在新 雁 冰

补 白

《飞鸟集》诗选译
［印度］太戈尔著 郑振铎译
二六八
二六九
二七九
二八〇
三一七

最后一页 编 者

插 图

海景（三色版精印） Gogh 作
玻璃样的白昼（德国表现派绘画之二） E.Heckel 作
冬景 （德国表现派绘画之三） L.Corinth 作

第 13 卷 第 8 号
1922 年 8 月 10 日发行

社 评

青年的疲倦 雁 冰
“文学批评”管见一 郎 损
“直译”与“死译” 雁 冰

评 论

文学的统一观 郑振铎

短篇小说

自然（小说） 王统照
雪后（小说） 李开光
甘死（小说）
［法］考贝著 李劼人译
秋天（小说）
［波兰］西洛什夫斯基著
李开先译
空山灵雨（四）（小说） 落花生

创作批评

评冰心女士的三篇小说（《超人》《爱的实现》《最后的使者》）
佩 蘅
读冰心底作品志感 直 民

读了冰心女士的《离家的一年》以后 张友仁

论 文

小说的研究（中篇） 瞿世英

诗歌及戏剧

路意斯（独幕剧）
［荷］斯宾霍夫著 冬 芬译
附记 冬 芬
良夜歌（诗） 王统照
夜（诗） 侍鸥女士
晚眺（诗） 侍鸥女士
小溪（诗） 梁宗岱
泪（诗） 徐 雉
旁观者（诗） 徐 雉
哭（诗） 徐 雉
春（诗） 朱 湘

故书新释

高作《红楼梦》后四十回底批评* 俞平伯

长篇小说

灰色马（二）
［俄］路卜询著 郑振铎译
猎人日记（九）
［俄］屠格涅甫著 耿济之译

战后文艺新潮

新德国文学 A.Filppov 著 希 真译
新俄艺术的趋势
［法］Jacques mesnil 著 泽 民译

海外文坛消息

（一三五）希伯来文译本的世界文学名著 沈雁冰
（一三六）陀思妥以夫斯基的新研究 沈雁冰
（一三七）英国文坛近况 沈雁冰
（一三八）卡斯胡善在丹麦的言论 沈雁冰
欧美最近出版文学书籍表（续一） 编 者

通 信

怎样提高民众的文学鉴赏力
致雁冰 张 侃
复张侃 雁 冰
致雁冰 王砥之
复王砥之 雁 冰
致雁冰 王桂荣
复王桂荣** 雁 冰
对于本刊的名称及体例的讨论
致雁冰 谷新农
致雁冰 张载华
致雁冰 蒋用宏
致雁冰 周尚文
答语 雁 冰
创作质疑
致雁冰 禹 平
致雁冰 程代新
复禹平、程代新 雁 冰

补 白

纯文学定期出版物与民众 雁 冰

---

* 原刊“目录”作“高作红楼梦后四十回底批评”正文题目漏“红楼梦”三字。

** 原刊这两个名字不一致，分辨不出哪一个是误排，故保持原样。

最后一页　编　者
插　图
贩奴者（三色版）
〔英〕Brangwyn 作

第 13 卷　第 9 号
1922 年 9 月 10 日发行

社　评
文学与政治社会　雁　冰
自由创作与尊重个性　雁　冰
主义……　雁　冰
评　论
什么是作文学家必须的条件
〔俄〕万雷萨夫著　耿济之译
智利的诗（节录）
Willisk.Jones 著　万良濬译
短篇小说
端午节（小说）　鲁　迅
寂寞（小说）　冰心女士
却绮（Chai）（小说）
〔亚美尼亚〕阿哈洛垠著
沈雁冰译
微笑（小说）　王统照
穿白衣的人
〔法〕法朗士著　匀锐译
人道主义的失败　高　歌
创作批评
论冰心的《超人》与《疯人笔记》
剑　三
评冰心女士的《遗书》　蕲　厓
《商人妇》与《缀网劳蛛》的批评
方　兴
小说的研究（下篇）　瞿世英
战后文艺思潮
法兰西文学之新趋势
Georges Lechartier 著　济　溦译
不规则的诗派
〔日〕川路柳虹著　馥泉译
诗歌及戏剧
波兰——一九一九年（独幕剧）
〔犹太〕宾斯奇著　希真译
附志　希　真
小舱中的现代（诗）　朱自清
酬答（诗）　王统照
不眠（诗）　王统照
一切都不是她的（诗）　徐　雉
长篇小说
猎人日记（一〇、一一）
〔俄〕屠格涅甫著　耿济之译
海外文坛消息
（一三九）保加利亚杂讯　沈雁冰
（一四〇）英文坛与美文坛　沈雁冰
（一四一）法国的“文学奖金”风潮
沈雁冰
欧美最近出版文学书籍表（续二）
编　者
通　信
关于新诗
致雁冰　邵立人

复邵立人 雁冰
关于小说
致雁冰 吴溥
复吴溥 雁冰
关于本刊的名称及体例的讨论
致雁冰 顾效梁
复顾效梁 雁冰
最后一页 编者
插 图
“黎明”
〔俄〕Vassili Vassilievich Verestchagin 作

第 13 卷 第 10 号
1922 年 10 月 10 日发行

评 论
旧书中的新诗 唐钺
译 论
圣经之文学的研究
〔英〕Prof.W.H.Hudson 著
汤澄波 叶启芳译
短篇小说
往事 冰心女士
安乐村 刘纲
月下的回忆 庐隐女士
偷煤贼 〔匈〕英尔纳著 沈泽民译
几篇不重要的演说词 俍工
战后文艺新潮
未来派文学之现势 雁冰
现代捷克文学概略 佩韦
诗歌及戏剧
常恋（独幕剧）
〔英〕汉更著 沈性仁译
英国戏曲家汉更（绍介）
记者
路玛尼亚民歌（诗） 朱湘译
疯
月亮
漫漫的长夜（诗） 晋芳
乡下的媳妇（诗） 胡文
永久的青年（诗） 高仰愈
风篁（诗） 鲁侗
小雨后（诗） 张文昌
人间（诗） 馥清女士
礼物（诗） 罗青留
爱（诗） 张廷灏
长篇小说
灰色马（三）
〔俄〕路卜洵著 郑振铎译
读者文坛
觉悟 朱畏轩
离婚的好机会 陈钧
怀疑 之槐
“热呵” 黄驾白
星星 黄驾白
山峰 葛有华
小星 葛有华
海外文坛消息
（一四二）古巴现代文学的一斑
沈雁冰

（一四三）捷贝克的虫豸的生活　沈雁冰
（一四四）荷兰作家蔼丹的宗教观　沈雁冰
（一四五）日本未来派诗人逝世　沈雁冰

通　信

致雁冰　朱畏轩
复朱畏轩　雁　冰
致雁冰　查士骥
复查士骥　雁　冰
致记者　允　明
复允明　雁　冰
致雁冰　李抡元
致雁冰　冯　瑾
复冯瑾　雁　冰
致雁冰　汤逸庐
复汤逸庐　雁　冰
致雁冰　张友鹤
复张友鹤　雁　冰

最后一页

插　图

破的绣架
〔法〕Pierre Carrier Belleuce 作

第 13 卷　第 11 号
1922 年 11 月 10 日发行

社　评

文学家的环境　雁　冰
真有代表旧文化旧文艺的作品么？　雁　冰
反动？　雁　冰

短篇小说

冥土旅行
〔古希腊〕路吉亚诺思著　周作人译
他死了　刘　纲
伤痕　陈无我
茜佳
〔荷〕漠尔泰都里著　沈泽民译
偏枯　王思玷
两孝子　朴　园

创作批评

评叶绍钧的《祖母的心》　超　常
读冰心女士作品的感想　赤　子
读《最后的使者》后之推测　式　岑
对于《寂寞》的观察　敦　易

诗歌及戏剧

爸爸和妈妈（独幕剧）
〔智利〕巴僚斯著　冬　芬译
飞（三幕剧）　王成组
附志　王成组
同情的寻觅（诗）　王统照
三月二十四和小佛游城南公园（诗）　李渺世
石路（诗）　徐　雉
少女的烦闷（诗）　（失名）
孤独（诗）　周得寿
诗意（诗）　前　人

夜（诗） 殷　钺
小诗（诗） C P
微痕（诗） C P
琴声（诗） 刘以炎
战后文艺新潮
欧战给与匈牙利文学的影响
Bèla Zolnai 著　元　枚译
附注 元　枚
脑威现代文学
Johan Bojer 著　佩　韦译
附记 佩　韦
赤俄的诗坛
D.C.Mirski 著　玄　瑛译
附记 玄　瑛
西洋小说发达史（七）（续完）
谢六逸
七、自然主义以后
长篇小说
灰色马（四）
〔俄〕路卜洵著　郑振铎译
海外文坛消息
（一四六）英文坛与美文坛（二）
沈雁冰
（一四七）南美杂讯 沈雁冰
（一四八）罗马尼亚的两大作家
沈雁冰
（一四九）犹太文学家逝世 沈雁冰
欧美最近出版文学书籍表（续三）
编　者
通　信
致记者 陈介侯
复陈介侯 雁　冰
致雁冰 吕兆棠
复吕兆棠 雁　冰
致雁冰 郭锡光
致雁冰 毛邦达
致雁冰 谢采江
复谢采江 雁　冰
致雁冰 周芷萍
复周芷萍 雁　冰
致雁冰 王志刚
复王志刚 雁　冰
致雁冰 黄绍衡
复黄绍衡 雁　冰
致记者 马静观
复马静观 雁　冰
致雁冰 马鸿轩
复马鸿轩 雁　冰
致雁冰 洪振周
致雁冰 张蓬洲
复张蓬洲 雁　冰
致雁冰 姚天寅
复姚天寅 雁　冰
致雁冰 胡鉴伦
复胡鉴伦 雁　冰
致雁冰 徐爱蝶
复徐爱蝶 雁　冰
最后一页 编　者

插　图

祈祷的童贞女　Sassoferrato 作

第 13 卷　第 12 号

1922 年 12 月 10 日发行

短篇小说

社戏　鲁　迅

或人的悲哀　庐隐女士

命运　佷　工

钟声　王统照

我的旅伴

〔芬〕批太里·配伐林泰著

泽　民译

暑假中　文化震

创作批评

附记　记　者

读《小说汇刊》　陈炜谟

诗歌及批评

上帝的手指（独幕剧）

〔美〕淮尔特著　沈性仁译

斜阳人语（独幕剧）

〔法〕鲁意士著　李劼人译

附志　李劼人

Gwyns Fall Park 山中志感（诗）

汪敬熙

路玛尼亚民歌（诗）　朱湘译

干姊妹的和歌

干姊姊的歌

干妹妹的歌

沙上（诗）　孙　謇

新生（诗）　梁宗岱

感受（小诗）　梁宗岱

战后文艺新潮

欧战与意大利文学　洪　丹

新德国文学的新倾向

Gerhart Hauptmann 著　元枚译

巴西文坛最近的趋势

〔美〕Issac Goldberg 著　佩韦译

保加利亚诗里的乡村生活

N.Dontcheff 著　方易译

今年纪念的几个文学家　佩　韦

莫利哀

雪莱

霍夫曼

格利古洛维支

大龚古尔

安诺尔特

长篇小说

灰色马（五）

〔俄〕路卜洵著　郑振铎译

读者文坛

回忆（小说）　焕　斗

绿波（小说）　严敦易

父亲的狂怒（小说）　何慧心

忆（小说）　篟　莳

海外文坛消息

（一五〇）意大利杂讯　沈雁冰

（一五一）一九二二年的诺贝尔文学奖金　沈雁冰

（一五二）智利的小说　沈雁冰

来　件
南通文艺共进社通信
（南通）文艺共进社宣言
（南通）文艺共进社社章
晨光社简章
附：致沈雁冰信　潘　训
通　信
致雁冰　许美埙
致记者　陈哲君
致雁冰　林文渊
复林仙渟（林文渊）　雁　冰
致雁冰　衍　孔
致雁冰　C.M.C
复 C.M.C　雁　冰

本刊特别启事一　编　者
本刊特别启事二　编　者
最后一页　编　者
插　图
雪莱像
雪莱纪念碑
莫利哀像
“城里的跳舞”　〔法〕勒诺埃作
“乡间的跳舞”　〔法〕勒诺埃作

第 14 卷　第 1 号
1923 年 1 月 10 日发行

卷头语　圣　陶
读《毛诗序》　郑振铎
火灾（小说）　叶绍钧
失去的晚间（小说）
〔保〕跛佐夫作　胡愈之译
彷徨（小说）　庐隐女士
故乡（小说）　李勖刚
一封信（小说）　蕴　是
酥碎之岩（小说）　王任叔
原是死了（小说）　王任叔
王四嫂（小说）　王任叔
自杀（小说）　王任叔
密意（小说）　钱江春

研究文学的方法（一）
〔英〕W.H.Hudson 著　邓演存译
政变的一幕（小说）
〔法〕莫柏桑著　李青崖译
经理处（《猎人日记》之十二）（小说）〔俄〕屠格涅夫著　耿济之译
一个医生的出诊（小说）
〔俄〕柴霍甫著　耿勉之译

匈牙利爱国诗人裴都菲百年纪念
沈雁冰
黄昏（一）（长篇小说）　王统照
整理国故与新文学运动
发端　西　谛
新文学之建设与国故之新研究
郑振铎
我们对于国故应取的态度　顾颉刚
国故的地位　王伯祥
整理国故与新文学运动　余祥森

韵文及诗歌之整理　严既澄
心理上的障碍　玄　珠
诗　歌
山居杂诗（六首）　王任叔
火灾（诗）　徐玉诺
小诗（诗）　张应彪
途遇（诗）　梁宗岱
诗情（诗）　黄驾白
心之回来（诗）　刘绍先
月夜（诗）　黄驾白
小诗（四首）　黄驾白
洪水世界（诗）　仲　言
泪湖（诗七首）　仲　言
从早晨到夜半（剧本）
〔德〕G.Kaiser（开塞）著
陈小航译
海外文坛消息
（一五三）北欧杂讯　沈雁冰
（一五四）法国文坛杂讯　沈雁冰
（一五五）奥国的女青年作家乌尔本涅支格　沈雁冰
关于文学原理的重要书籍介绍
西　谛
选　录
到青龙桥去（小说）　冰心女士
时光老人（小说）
〔俄〕爱罗先珂著　鲁迅译
石川啄木的短歌（诗）　周作人
波斯诗人我默伽亚谟（诗）　郭沫若
读书杂记（补白）
《孔雀东南飞》　西　谛
李后主词　西　谛
读书杂记　颉　刚
札记一则　予　同
诗考　颉　刚
曲录二则　西　谛
《葬花词》　西　谛
纳兰容若　西　谛
步韵诗　西　谛
碧鸡漫志　西　谛
读诗随笔　颉　刚
诗声　颉　刚
通　讯
致记者　施　章
复施章　振　铎
致雁冰　旭　光
复旭光　振　铎
致雁冰　史本直
复史本直　振　铎

最后一页　编　者
插　图
愿望（三色版）　Hans Thomson 作
绿荫　许敦谷作
得一九二二年诺贝尔文学奖金者倍那文德像

第 14 卷　第 2 号

1923 年 2 月 10 日发行

卷头语　圣　陶

何谓古典主义？ 郑振铎

两样（小说） 叶绍钧
归宿（小说） 叶绍钧
搬后（小说） 李渺世
鸿鹃（小说） 鸣 唐
好先生（小说） 伍介石
落伍（小说） 张维祺
刘并（小说） 王思玷

研究文学的方法（二）
〔英〕W.H.Hudson 著 邓演存译

教父（小说）
〔新希腊〕G.Drosines 著 潘家洵译
附记 西 谛
绿林好汉包旭（小说）
〔罗马尼亚〕V.Eftimin 著 沈泽民译
床边的协定（小说）
〔法〕莫伯桑著 李青崖译
两田主（《猎人日记》之十三）（小说）
〔俄〕屠格涅夫著 耿济之译

文学上名辞译法的讨论

附记 西 谛
标准译名问题 沈雁冰
翻译名词
——一个无办法的办法
愈 之
文学上名词的英译问题 郑振铎
关于诗歌名词的译例 吴致觉
附：附记 西 谛

太子的旅行
〔西班牙〕倍那文德著 冬芬译
倍那文德的作风 沈雁冰

诗 歌

呓语（一至三） 俞平伯
昨夜（九首） 王统照
河边的笑话儿（四首） 刘廷蔚
烦恼的夜里 张鹤群
处女的烦闷（八首） 徐 雉

黄昏（二）（小说） 王统照

海外文坛消息

（一五六）芬兰近讯 沈雁冰
（一五七）阿真廷现代的大诗人
沈雁冰
（一五八）比利时文坛近状 沈雁冰
（一五九）新死的两个法国小说家
沈雁冰
（一六〇）爱尔文的近作《船》
沈雁冰

国内文坛消息

文学研究会 记 者
曦社 记 者

欧美主要文学杂志介绍 沈雁冰

读书杂记

唐诗 西 谛
全本戏 颉 刚
渔父 予 同
诗渖 颉 刚
庄暗香 颉 刚

《周易》 予同
郑厚 西谛
王若虚的文学评论 西谛
韩退之与卫退之 予同
通信
致雁冰 陈宽
复陈宽 振铎
致本刊 鹃外女士
复鹃外女士 振铎
致贵志 润生
复润生 振铎

最后一页
插图
乳（扉画） 许敦谷作
“向未来的光明世界进行”（三色版）《Mandoline》 陈抱一作
阿史特洛夫斯基像

第14卷 第3号
1923年3月10日发行

卷头语（诗） 圣陶

“爱”字的疮（小说）
爱罗先珂著 鲁迅译
《诗经》的厄运与幸运 顾颉刚
毁灭 朱自清
不吉的小月亮（小说）
〔法〕巴比塞著 刘延陵译
雪人（小说）
〔匈牙利〕莫尔纳著 沈泽民译
孤独（小说） 叶绍钧
一夕（小说） 柳建
信之魔力（小说） 鸣唐
海的渴慕者（小说） 俍工
孤鸿（剧本） 顾一樵
研究文学的方法（三）
〔英〕W.H.Hudson 著 邓演存译
莱北强（《猎人日记》之十四）（小说）
〔俄〕屠格涅夫著 耿济之译
诗歌
呓语（四至七） 俞平伯
恐怖 梁宗岱
你真迷惑了 张鹤群
钟声 张鹤群
日出 孟雄
感 渺世
母爱围中 渺世
桂 李少白
受了伤的野草和野花 陈建雷
落花与洞箫 赤话
破寨之后 周仿溪
谢辞 黄驾白
那里去寻（诗） 史子芬
树下（诗） 张鹤
黄昏（三）（小说） 王统照
选录
“联绵字”在文学上的价值
吴文祺
国内文坛消息
国内文坛近讯（二） 记者

读后感

叶绍钧君的《火灾》　周仿溪
叶绍钧君的《火灾》　徐调孚
王统照君的《黄昏》　张子倬
王成祖君的《飞》　许　杰
徐玉诺君的《火灾》　周仿溪
庐隐女士的《彷徨》　方　卓

读书杂记

几部词集　西　谛
刘晖吉女戏　颉　刚
李清照　西　谛
及时雨　颉　刚
刺诗　颉　刚
铁冠图　颉　刚
钱镠的歌　颉　刚

海外文坛消息

（一六一）斯干底那维亚文坛杂讯　沈雁冰
（一六二）德国近讯　沈雁冰
（一六三）英国文坛杂讯　沈雁冰
（一六四）最近法国文学奖金的消息　沈雁冰

关于《诗经》研究的重要书籍介绍　郑振铎

通　信

致郑振铎　吴文祺
复吴文祺　振　铎
致郑振铎　陈宜福
复陈宜福　振　铎
致沈雁冰　彭新民
复彭新民　振　铎
致沈雁冰　杨鸿杰
复杨鸿杰　振　铎
致郑振铎　咏　琼

最后一页

插　图

中夜　许敦谷作
夏天　Alfred Schmidt（徐米德）作
歌德像（德国的文人一）
席勒像（德国的文人二）
海涅像（德国的文人三）
赫卜特曼像（德国的文人四）

第 14 卷　第 4 号

1923 年 4 月 10 日发行

卷头语（朱自清《毁灭》诗句）　记者录

无法投递之邮件（小说）　落花生
文艺杂论　俞平伯
小铜匠（小说）　叶绍钧
旧痕（小说）　梁宗岱
肉色的沙塔（散文诗）　王任叔
淡漠（小说）　西　谛
梅脱灵与《青鸟》——《青鸟》的译序　傅东华
《诗经》的厄运与幸运（续一）　顾颉刚
爱与憎（小说）　兰烂生

毕业后（小说） 孙梦雷

选 录

梦（小说） 冰心女士

奥国的现代文学

John E.Jacoby 作 韦兴译

南斯拉夫的近代文学

Milivoy.S.Stanoyevich 作 佩 韦译

丹麦现代批评家勃兰特传 郑振铎

诗 歌

银灰色的月 王任叔

诗人的心 陈开铭

淡霞 杨鸿杰

泪之祈祷 徐 雉

中夜 陈叔扉

冬天 陈叔扉

英雄 周仿溪

小诗 王学通

心理 渺 世

落花 葛有华

野外 葛有华

交易（小说）

〔波西米亚〕捷克著 沈泽民译

星期日（小说） 刘师仪

初恋（小说）

〔法〕巴比塞著 CF 女士译

达姬娜与其侄（《猎人日记》之十五）（小说）

〔俄〕屠格涅夫著 耿济之译

黄昏（四）（长篇小说） 王统照

国内文坛消息

国内文坛近讯（三） 记 者

遗失物 有 纯

读后感

叶绍钧君的《归宿》 顾钧正

顾一樵君的《孤鸿》 张鹤群

顾一樵君的《孤鸿》 梁俊青

鸣唐君的《信之魔力》 龚登阳

海外文坛消息

（一六五）曼殊斐儿 沈雁冰

（一六六）西班牙文坛近况 沈雁冰

（一六七）爱尔兰文学的新机运 沈雁冰

（一六八）捷克杂讯 沈雁冰

读书杂记

“何”与“底” 予 同

合生 颉 刚

玉函山房辑佚书 西 谛

乐府 颉 刚

硕人 颉 刚

《史记·南越尉佗传·赞》 予 同

中国的戏曲集 西 谛

道情诗 颉 刚

诗序 调 孚

通 信

致顾颉刚 胡 适

致郑振铎 宋春舫

致记者 顾泽培

最后一页 编 者

插 图

“一道光线”（三色版）

Th.Von Cederström 作

雨之苏堤 陈抱一作
"犊" P.Potter 作
德国诗人及小说家史托姆像
英国现代批评家乞斯脱顿像

第 14 卷 第 5 号

1923 年 5 月 10 日发行

卷头语（摘录 W.H.Hudson 语录） 西谛录
曼殊斐儿 徐志摩
附记 西谛
一个理想的家庭（小说） 〔英〕曼殊斐儿著 徐志摩译
在摇蓝里（其一）（小说） 徐玉诺
平常的故事（小说） 叶绍钧
无法投递之邮件（小说） 落花生
《诗经》的厄运与幸运（续二） 顾颉刚
隔绝的世界（小说） 佷工
最后一掷（小说） 〔巴西〕阿赛凡度著 沈雁冰译
死（《猎人日记》之十六）（小说） 〔俄〕屠格涅夫著 耿济之译
现代的希伯来诗 Joseph.T.Shipley 著 赤诚译
归来（小说） 王思玷
死（小说） 陈中舫
研究文学的方法（四） W.H.Hudson 著 邓演存译
西班牙现代小说家巴洛伽 沈雁冰
附：附注 雁冰

国内文坛消息

国内文坛近讯（四） 记者
缝针（小说） 〔丹麦〕安徒生著 高君箴译
呓语（八至九）（诗） 俞平伯
黄昏（五）（小说） 王统照
热烈的想（诗） 听雨
俄国文学史略（二） 郑振铎

诗 歌

我的诗歌 徐玉诺
假如我不是一个弱者 徐玉诺
兄去后十日 陈宽
春夜 陈宽
过去 陈宽
燕子 陈宽
小溪 陈宽
迟疑的心 陈宽
清明的早晨 陈宽
我要死了 张鹤群
快乐之日 王宝民
还是 朱枕薪

读 后 感

叶绍钧君的《两样》 潘家洵
朱自清君的《毁灭》 陈中舫
孙佷工君的《海的渴慕者》 田晓天

海外文坛消息

（一六九）南欧杂讯 沈雁冰
（一七〇）斯干的那维亚杂讯 沈雁冰

（一七一）哈立生 沈雁冰
（一七二）威尔斯的新作 沈雁冰

通　信

致顾颉刚 钱玄同
　附：按语 顾颉刚
致郑振铎 陈胜标
致郑振铎 蔡觉心
复陈胜标、蔡觉心 振　铎
致郑振铎 W.C.Ching
复 W.C.Ching 振　铎

读书杂记

《文赋》 西　谛
金圣叹的势力 颉　刚
诗与对仗 圣　陶
中国的诗歌总集 西　谛

最后一页 编　者

插　图

歌女（三色版） Gabriel Max 作
安徒生像
曼殊斐儿像

第 14 卷　第 6 号

1923 年 6 月 10 日发行

卷头语（摘自爱罗先珂《“爱”字的疮》） 记　者录

一只破鞋（小说） 徐玉诺
丽石的日记（小说） 庐隐女士
Asparagus（喜剧）
　〔日〕秋田雨雀著　杨敬慈译
　附记 杨敬慈
葡萄牙的近代文学
　A.F.G.Bell 著　玄　珠译
寒会之后（小说） 王统照
寂寞（小说） 徐玉诺
别后（诗） 徐玉诺
歌者（《猎人日记》之十七）（小说）
　〔俄〕屠格涅夫著　耿济之译
怀念（诗） 苏宗武
恋爱（诗） 甘乃光
十字勋章（小说）
　〔法〕巴比塞著　刘延陵译
祈祷（小说） 许　杰
研究文学的方法（五）
　〔英〕W.H.Hudson 著
　邓演存译
小坟（小说） 王希曾
一个失业的人（小说）
　〔法〕莫泊桑著　李青崖译

鸡鸣（读书杂记） 王伯祥

黄昏（六） 王统照
灰色人（小说） 徐玉诺
笑的历史（小说） 朱自清

国内文坛消息

国内文坛近讯（五） 记　者

诗　歌

小诗（二首） 徐玉诺
蝇 庐景楷

梦的人生 庐景楷
忆 俞平伯
挽歌 刘燧元
狗的哭声 崔真吾
我要 朱仲琴
名誉 肖 思
落花 肖 思
山行 李玉瑶
小诗（二首） 唐守谦
小孩子 唐守谦
俄国文学史略（二） 郑振铎

读后感

爱罗先珂君的《“爱”字的疮》 刘莽稻
爱罗先珂君的《“爱”字的疮》 赵保光
孙俍工君的《海的渴慕者》 华 开
张维祺君的《落伍》 余虞廷
朱自清君的《毁灭》 周志伊

海外文坛消息

（一七三）俄国革命的小说 沈雁冰
（一七四）两部美国小说 沈雁冰
（一七五）一九二二年最好的短篇小说 沈雁冰

通 信

致郑振铎 严既澄
致郑振铎 石 泉
复石泉 振 铎
致西谛 陈 震
复陈震 振 铎
致郑振铎 寒 冰
复寒冰 振 铎
致郑振铎 陈 宽
复陈宽 周建人

最后一页 编 者

插 图

“爱神胜了”
J.Aubert（奥倍尔德）作
“室内” 关良作
女孩 许敦谷作
丹麦大批评家勃兰特像

第14卷 第7号
1923年7月10日发行

卷头语（录自 Lowell:“Commemoration Ode”） 记者录

红的花
——致北京大学的学生
〔俄〕爱罗先珂著 鲁 迅译
在摇篮里（其一〇）（小说） 徐玉诺
技艺（小说） 王统照
红肿的手（小说） 赵景深
俄国诗坛的昨日今日和明日
——革命后五年来（一九一七年至一九二二年）的俄国诗坛略况
〔德〕布利乌沙夫著 耿济之译

太好的一个梦（小说）
〔法〕巴比塞著　刘延陵译
附：附注　刘延陵
卡拉泰也夫（《猎人日记》之十八）（小说）
〔俄〕屠格涅夫著　耿济之译
失恋后（小说）　徐　雉
热情之花（剧本）
〔西班牙〕倍那文德著
张闻天译
附：按语一　张闻天
按语二　郑振铎
农家（独幕剧）（剧本）　朴　园
失去的小羊（小说）　玉薇女士
上海不可以久留（诗）　浑　沌
明日（小说）　趾　青
奥文满垒狄斯的诗（诗）徐志摩译

诗　歌

梦归　梁宗岱
永在的真实　徐玉诺
杂译太戈尔的诗（六）郑振铎译
无题一
无题二
为什么　徐玉诺
小诗（三首）　徐玉诺
池旁　顾彭年
致Y（二首）　H
接吻　朱枕薪
深夜的烦闷（三首）　顾仲起

海外文坛消息

（一七六）法国杂讯　沈雁冰
（一七七）美国的短篇小说
沈雁冰
（一七八）西班牙戏曲家 Sierra
沈雁冰

读 后 感

叶绍钧君的《两样》　褚保时
西谛君的《淡漠》　志　点
俞平伯君的《文艺杂论》　步　洲
柳建君的《一夕》　H　C
孙梦雷君的《毕业后》　余虞廷

俄国文学史略（三）　郑振铎

通　信

致郑振铎　刘真如
复刘真如　振　铎
致郑振铎　郭子雄
复郭子雄　振　铎
致郑振铎　舒焦女士
复舒焦女士　振　铎
致郑振铎　李炘延
复李炘延　振　铎

读书杂记

举子与才子　颉　刚
关于中国戏曲研究的书籍
西　谛
最后一页　编　者

插　图

朗诵（三色版）　Albert Moorc 作
爱神的假日　Jean Aubert 作
桥　关　良作

第14卷 第8号

1923年8月10日发行

卷头语（太戈尔《飞鸟集》诗句） 记 者录

到何处去(《在摇篮里》之三)(小说) 徐玉诺

人间（小说） 潘 训

最后的一封信（小说） 顾仲起

附记 西 谛

猫鸣声中（小说） 吴立模

游泳（小说） 叶绍钧

读《毁灭》 俞平伯

门茄洛斯（小说）

［新希腊］才那卜洛司著 潘家洵译

拇指林娜（小说）

［丹麦］安徒生著 CE女士译

著作家（诗）

［印度］太戈尔著 郑振铎译

近代的丹麦文学

亨利·哥达·侣赤著 沈泽民译

读书杂记

古诗与乐歌 颉 刚

元曲演奏的形式 颉 刚

恋爱戏 颉 刚

旦儿 颉 刚

诗 歌

她 张耀南

冷光 郭云奇

杂诗 郭云奇

杂感 李圣华

失去的光明 刘真如

春的漫画 张人权

晨风里的人儿 王幼虞女士

最甜蜜的一瞬 欧阳兰

爱 欧阳兰

眷顾 周仿溪

可恨明亮亮的月 周仿溪

衙前之别 李宗武

热情之花（续）(剧本)

［西班牙］倍那文德著 张闻天译

会晤(《猎人日记》之十九)(小说)

［俄］屠格涅夫著 耿济之译

《园丁集》选译（诗）

［印度］太戈尔著 陈竹影译

三一

三四

四六

俄国文学史略（四） 郑振铎

读后感

朱自清君的《笑的历史》 渭 川

徐玉诺君的《在摇蓝里》 张树德

徐玉诺君的《一只破鞋》 施 讷

叶绍钧君的《平常的故事》 余虞廷

徐志摩君的《曼殊斐儿》 胡 文

李勖刚君的《故乡》 渺 世

孙梦雷君的《毕业后》 建 中

关于俄国文学研究的重要书籍介绍

西 谛

国内文坛消息

国内文坛近讯（六） 记 者

通 信

致郑振铎 耿济之
致郑振铎 宗 岱
复耿济之、梁宗岱 振 铎
致郑振铎 周毓英
复周毓英 振 铎
致记者 子 芾
致郑振铎 何玉龠
复何玉龠 振 铎
致西谛 丁鱼裳
复丁鱼裳 振 铎
致郑振铎 王嘉权
复王嘉权 振 铎

本报本期撰稿者住址及其他
介绍文学研究会出版之《文学》
编 者

最后一页 编 者

插图

搜查（三色版）
William H.Weatherhead 作
心的警觉 W.A.Bouguereau 作
音 万籁鸣作

第14卷 第9号
太戈尔号（上）
1923年9月10日发行

卷头语 记 者录
太戈尔《飞鸟集》诗句
夏芝（W.B.Yeals）的《〈吉檀迦利〉序》
摘句
太戈尔《新月集》诗句

太戈尔专辑（上）

欢迎太戈尔来华
欢迎太戈尔 郑振铎
泰山日出 徐志摩
太戈尔来华 徐志摩
太戈尔研究
太戈尔传 郑振铎
太戈尔的思想及其诗歌的表象
王统照
太戈尔和托尔斯泰
〔日〕宫岛新三郎著 仲 云译
夏芝的太戈尔观
——太戈儿
《吉檀迦利集》序
夏芝著 高 滋译
附：后注 高 滋
太戈尔的戏剧和舞台
〔日〕武田丰四郎著 仲 云译
太戈尔与音乐教育
〔日〕吉田弦二郎著 仲 云译
“给我力量……” 周越然
关于太戈尔研究的四部书
西 谛
太戈尔的重要著作介绍
徐调孚
太戈尔著作选译
微思（诗） 振 铎

幻想（诗） 徐志摩
《歧路》选译
一〇、 沈雁冰
一一、 沈雁冰
一四、 沈雁冰
三一、 沈雁冰
三三、 沈雁冰
三四、 沈雁冰
四五、 沈雁冰
四六、 沈雁冰
四九、 沈雁冰
六八、 沈雁冰
六九、 沈雁冰
七〇、 沈雁冰
七五、 沈雁冰
七六、 沈雁冰
六二、 沈雁冰
一二、 郑振铎
一六、 郑振铎
二〇、 郑振铎
七七、 郑振铎
《吉檀迦利》选译 郑振铎
六、
七、
八、
一〇、
二三、
二五、
七六、
九二、
九四、
一〇一、
一〇二、
《爱者之赠遗》选译 郑振铎
四、
五、
九、
二三、
三六、
《新月集》选译（诗） 郑振铎
偷睡眠者
审判官
玩具
金色花
雨天
花的学校
职业
恶邮差
榕树
告别
孩童之道（诗） 西谛
《园丁集》选译（诗） 徐培德
四八
五〇
二〇
五一
隐迷（小说） 邓演存译
幻想（小说） 褚保时译
拉加和拉妮（小说） 如音译
我的美邻（小说） 白序之译
卖果人（小说） 朱枕新译
马丽妮（剧本） 高滋译

诗人的宗教（论文） 愈之

文学研究会出版之《文学》介绍 （编者）

创 作

桥上（小说） 叶绍君
三天（小说） 刘师仪
认清我们的敌人（小说） 徐玉诺
光流（小说） 梁宗岱
小诗（诗） 徐玉诺
秋声（诗） 赵吟秋
家风（小说） 佷 工
归来（小说） 顾仲起

其 他

齐格洛夫县的汉姆烈(《猎人日记》之二十)(小说)
〔俄〕屠格涅夫著 耿济之译

读 后 感

顾仲起君的《最后的一封信》 褚保时
顾仲起君的《最后的一封信》 昌 英
徐玉诺君的《到何处去》 学 斌
庐隐女士的《丽石的日记》 音 奇
庐隐女士的《丽石的日记》 浣 尘
王统照君的《黄昏》 补 碎

俄国文学史略（五） 郑振铎
俄国文学年表 西 谛
关于俄国文学的两则札记 西 谛

国内文坛消息

国内文坛近讯（七） 记 者

海外文坛消息

（一七八）希腊文坛近状* 沈雁冰
（一七九）英国近讯 沈雁冰
（一八〇）捷克剧坛近讯 沈雁冰
（一八一）法德杂讯 沈雁冰

通 信

致西谛 南 屏
致记者 陈修工
复陈修工 振 铎
致郑振铎 史子芬
复史子芬 振 铎
致郑振铎 毓 良
复毓良 振 铎
致郑振铎 吴 作
复吴作 记 者
致郑振铎 王涤生
复王涤生 振 铎
致记者 朴 园
致记者 金毅夫
复金毅夫 振 铎
致记者 吕振群
致西谛 沈兆瀛
复吕振群、沈兆瀛 记 者
致郑振铎 王仲鲁
复王仲鲁 振 铎

* 原刊第14卷第7期和此期“海外文坛消息”均有（一七八），重号。

致郑振铎　文　倩
复文倩　振　铎
致郑振铎　陈　斌
致郑振铎　施文星
复陈斌、施文星　振　铎
致记者　中　豪

最后一页　编　者

插　图

太戈尔像（三色版）
一八七七年时的太戈尔
中年时的太戈尔
幼年时的太戈尔对他父亲唱诗
太戈尔的手迹
在美国时代的太戈尔

第 14 卷　第 10 号

太戈尔号（下）

1923 年 10 月 10 日发行

卷头语（摘太戈尔《跟随着光明》句）　记者录

太戈尔专辑（下）

欢迎太戈尔来华
太戈尔来华的确期　徐志摩
太戈尔研究
太戈尔传（续）　郑振铎
太戈尔的家乘　得　一
音乐家的太戈尔　樊仲云
太戈尔著作选译
西方的国家主义（论文）　陈建民
欧行通信（杂文）　樊仲云
《爱者之贻》选译（诗）　郑振铎
二五、
二八、
二九、
四二、
四八、
五一、
五七、
三八、
四三、
四五、
五〇、
一三、
三一、
三二、
《采果集》选译（诗）　赵景深
二、
三、
四、
六、
七、
八、
一五、
二〇、
二三、
三二、
五〇、
五八、

七〇、
七一、
七四、
七五、
七八、
七九、
八二、
世纪末日（诗） 郑振铎译
《园丁集》选译 郑振铎译
五三、
五四、
五五、
五七、
五八、
六三、
六五、
六八、
牺牲（剧本） 高 滋译

创 作

校长 叶绍钧
哭与笑 陈 箸
懞懂 孙梦雷
一个月的前后 严既澄
海滨故人 庐隐女士

读书杂记

经与文的隔绝 颉 刚
炉花歌的译文 颉 刚

诗 歌

血泊里的心 黄运初
永久的赠品（散文诗） 徐 雉
微风 谭正璧
散步之影 李宗武

其 他

跋（中译本）《灰色马》（论述）
俞平伯
小说创作与作者（论文） 俍 工
呓语（一一至一四）（诗） 俞平伯
太阳与月亮（小说）
〔英〕曼殊斐儿著 西滢译
柴尔道布哈诺夫和涅道蒲司金（《猎人日记》之二〇）（小说）
〔俄〕屠格涅夫著 耿济之译

读 后 感

朱自清君的《笑的历史》 翳 蒲
朱自清君的《笑的历史》 镜 如
赵景深君的《红肿的手》 如 苗
顾仲起君的《最后的一封信》
翰 苓
徐玉诺君的《到何处去》 阜 邑
徐玉诺君的《到何处去》 何植三
玉薇女士的《失去的小羊》 L P
叶绍钧君的《归宿》 洪振周

海外文坛消息

（一八二）西班牙近讯 沈雁冰
（一八三）奥国现代作家 沈雁冰
（一八四）巴必尼的《野蛮人的字典》
沈雁冰
（一八五）Josè Mdel Hogar 沈雁冰
（一八六）两本英国书 沈雁冰
（一八七）新死的南北欧两文学家
沈雁冰
国内文坛消息（八） 记 者

通　信

致郑振铎　鸣　涛
复鸣涛　雁　冰
致西谛　朱立人
复朱立人　雁　冰
致郑振铎　张　锦
复张锦　记　者
致编辑先生　思　顺
复思顺　记　者
致郑振铎　孙一影
复孙一影　记　者
致郑振铎　吴守中
复吴守中　振　铎
致郑振铎　凄　损
复凄损　振　铎

《文学》第八十一期至九十四期要目

最后一页　编　者

插　图

五十岁时的太戈尔
太戈尔的祖父特瓦拉甘那斯王
太戈尔的父亲特平特拉那斯
太戈尔和他的儿子及儿媳
到日本时的太戈尔
太戈尔的“和平之院”

第14卷　第11号

1923年11月10日发行

卷头语（摘克那诗句）　记者录
某夫妇（小说）
〔日〕武者小路实笃著　周作人译
附记　周作人
两姊妹（小说）　徐志摩
郑樵对于歌词与故事的见解（读书杂记）　颉　刚
近代日本文学（上）　谢六逸
海啸（诗）　梁实秋
乡愁——示H.H女士（诗）
冰心女士
海世间（小说）　落花生
海鸟（诗）　梁实秋
别泪（小说）　一　樵
梦（诗）　梁实秋
海角的孤星（小说）　落花生
惆怅（诗）　冰心女士
醍醐天女（小说）　落花生
纸船——寄母亲（诗）　冰心女士
女人我很爱你（诗）　落花生
约翰我对不起你（诗）
C.G.Rossetti 作　梁实秋译
你说你爱（诗）
J.Keate 作　CHL 译
什么是爱？（“Victoria”节译）
Knut Hamsus 著　一樵译
《灰色马》与俄国社会运动（论文）
瞿秋白
蝴蝶（小说）　〔丹麦〕安徒生著
顾均正　徐名骥译
兄弟（小说）
〔法〕巴比塞著　刘延陵译

阿史德洛夫斯基评传
Ovsianiko—Kulikovsky 撰
耿济之译
阿史德洛夫斯基生平及著作年表
耿济之

诗　歌

沪杭道中　徐志摩
她的名字
〔英〕哈代作　徐志摩译
窥镜　〔英〕哈代作　徐志摩译
恶花　徐玉诺
在我们家里的中秋月　刘永安
《园丁集》选
〔印度〕太戈尔著　郑振铎译
一九、
二一、
埋葬的“爱”　鹤　群
游某花园（梦中作）　徐曼华
小诗二首　胡柯夫
呓语（续完）　平　伯
月夜游湖　顾彭年
回去吧　刘虎如

论翻译的文学书（论文）
〔美〕Royal Case Nemian 著
希　和译
《红楼梦》杂记（读书杂记）
严敦易

读后感

叶绍钧君的《桥上》　赵　容
徐玉诺君的《到何处去》　国　章
徐玉诺君的《到何处去》
鸣　珂*
吴立模君的《猫鸣声中》　梦　兰

海外文坛消息

（一八八）美国的小说　沈雁冰
（一八九）法国的 Pacifism（反对侵略式的战争）文学　沈雁冰
（一九〇）斯拉夫族新失两个文人
沈雁冰

国内文坛消息

国内文坛近讯（九）　记　者

《文学》第八十一期至九十六期要目

通　信

致郑振铎　朱鸿寿
复朱鸿寿　顾颉刚
致郑振铎　严敦易
复严敦易　振　铎
致郑振铎　儿　匡
复儿匡　振　铎
致郑振铎　孙百吉
复孙百吉　振　铎
致郑振铎　徐文台
复徐文台　振　铎
致郑振铎　刘觉我
致西谛　胡凤翔
复胡凤翔　振　铎

最后一页　编　者

* 原刊正文署“鸣波”，“目录”作“鸣珂”。

插　图
读书者（三色版）
Jean Jaques Henner 作
爱之箭　W.H.Bouguereau 作
莫斯科举行建立俄文学家阿史德洛夫斯基纪念碑礼时之盛况

第 14 卷　第 12 号
1923 年 12 月 10 日发行

卷头语（威廉·夏芝语录）　记　者录

现代德奥两国的文学
〔日〕生田春月著　无　明译
祖父的故事（《在摇篮里》之二）（小说）　徐玉诺
赌博（小说）　张维祺
引弟（小说）　曹元杰
近代日本文学（下）　谢六逸
瘟疫（小说）　王思玷
风波之一片（小说）　顾仲起
套中人（小说）
〔俄〕柴霍甫著　赵熙章译
侄儿（小说）　王任叔
诗　歌
伤痕　T.Hardy 作　徐志摩译
分离　T.Hardy 作　徐志摩译
伤逝
P.Ronsard（龙沙）作　侯佩尹译
恋歌 A.Muset（宓遂）作　侯佩尹译
山中杂诗　李渺世
你的灵魂呵　甘乃光
四月　赤　话
湖上秋晓　顾彭年
海滨故人（续完）（小说）
庐隐女士
热情之花（续完）（剧本）
〔西班牙〕倍那文德著
张闻天译
读书杂记
赠诗　颉　刚
崔述硕人诗解　颉　刚

一九二三年得诺贝尔奖金者夏芝评传　郑振铎
夏芝著作年表　C N*
夏芝的传记及关于他的批评论文
记　者
读 后 感
庐隐女士的《丽石日记》　天　锡
顾仲起君的《归来》　昌　英
徐玉诺君的《到何处去》　振　光
吴立模君的《猫鸣声中》　盛　和
叶绍钧君的《游泳》　迅　波
朱自清君的《笑的历史》　善　行
海外文坛消息
（一九一）苏俄的三个小说家
沈雁冰
（一九二）泛系主义与意大利现代

* 原刊正文署“CM”，“目录”署“CN”。

文学　沈雁冰
国内文坛消息
国内文坛近讯（一〇）　记　者
介绍新文化辞书　记　者
《小说月报》第十四卷总目录
编　者
通　信
致郑振铎　趾　青
复趾青　振　铎
致记者　王兴刚
复王兴刚　记　者
致西谛　崔维炳
复崔维炳　振　铎
致振铎　金毅夫
复金毅夫　振　铎
致郑振铎　吴　健
复吴健　振　铎
致郑振铎　海　鳌
复海鳌　振　铎
致郑振铎　陈炎南
复陈炎南　振　铎
致西谛　施　纳
复施纳　振　铎
致编辑　王子剑
复王子剑　振　铎
最后一页　编　者
插　图
牧羊（三色版）
Charles Emile Jacque 作
双星　Luis Falero 作
一九二三年得诺贝尔奖金者夏芝像

第 15 卷　第 1 号

1924 年 1 月 10 日发行

卷头语　西　谛
文艺的真实性　佩　弦
附注　佩　弦
诚实的、自己的话　叶圣陶
文学大纲（一）　郑振铎
叙言
第一章　世界的古籍
第二章　荷马
老李的惨史（小说）　徐志摩
生与死的一行列（小说）　王统照
三个死的客人　长　虹
肖伯纳的“生而上学”——评《回到麦素西腊》的中心思想　江绍原
中秋夜（小说）　高　歌
邻居（小说）　严既澄
碧海青天（小说）　顾仲起
群盲（剧本）
［比］梅脱灵著　六　珈译
杨惠之的塑像（杂文）　顾颉刚
诗的原理（论文）
［英］阿兰坡著　林　孖译
儿童文学
牧羊儿　叶绍钧
灯蛾的胜利　严既澄

虫之乐队（童话剧） 许敦谷
燕儿曲（诗）
〔德〕Theodor Storm（史托姆）著
伴 君译
读《近代文学》（读书录） 仲 云
附：附记 记 者
往事一闪（小说） 徐玉诺
磨坊主人（小说） 梦 雷
晚晴（散文诗） 刘燧元
苦水（诗歌） 梁宗岱
现代世界文学者略传（一）
沈雁冰 郑振铎
现代的法国文学者：
法郎士（1844——）传略
拉夫丹（1859——）传略
白利欧（1858——）传略
伯 桑（1853——）传略
克罗但尔（1868——）传略
波儿希（1852——）传略
莱尼蔼（1864——）传略
雪里芳（1864——）传略
梅列尔（1868——）传略
福 尔（1872——）传略
戛 姆（1868——）传略
巴 兰（1862——）传略
好人（小说）
〔俄〕柴霍甫著 瞿秋白译
失意的等待——为小朋友连诗（诗歌） 肖 思
我的父亲（诗歌） 徐善行
絮语（诗歌） 梁宗岱
圣诞节的礼物（小说）
〔美〕克洛甫顿著 胡哲谋译
柴尔道布哈诺夫的末途（《狂人日记》之二十二）（小说）
〔俄〕屠格涅夫著 耿济之译
亚美尼亚诗选
菩兰葛薇儿女士英译 陈 镈重译
我们都是兄弟
Beeshlienkshian 作
亚美尼亚的飘流者和云语
K.N.B.de Lucignan 作
何时 Hovhannes Toumanian 作
少妻之梦 K.Kontchariain 作
亚美尼亚的少女
Raphael Patkanian 作
致爱人 Krikor Kontcharian 作
孤儿的睡歌 Djivan 作
亚美尼亚的少女
M.Portonkallan 作
忏悔 Redro Dourian 作
中国文学者生卒考（附传略）（一）
郑振铎
自序
贾谊生卒年及传略
公孙宏生卒年及传略
晁错生卒年及传略
枚乘生卒年及传略
主父偃生卒年及传略
司马相如生卒年及传略

刘安生卒年及传略
刘彻生卒年及传略
李陵生卒年及传略
苏武生卒年及传略
刘向生卒年及传略
刘歆生卒年及传略
杨雄生卒年及传略
桓谭生卒年及传略
班彪生卒年及传略
贾逵生卒年及传略
杜笃生卒年及传略
崔骃生卒年及传略
班固生卒年及传略
王充生卒年及传略
班昭生卒年及传略
崔瑗生卒年及传略
张衡生卒年及传略
马融生卒年及传略
朱穆生卒年及传略
郑玄生卒年及传略
何林生卒年及传略
李尤生卒年及传略
王延寿生卒年及传略
荀爽生卒年及传略
蔡邕生卒年及传略
赵岐生卒年及传略
荀悦生卒年及传略
郦炎生卒年及传略
孔融生卒年及传略
曹操生卒年及传略
荀彧生卒年及传略
虞翻生卒年及传略
潘勗卒年及传略
祢衡生卒年及传略
阮瑀生卒年及传略
路粹生卒年及传略
刘桢生卒年及传略
陈琳生卒年及传略
应瑒生卒年及传略
徐干生卒年及传略
朝影（上）（小说）
〔俄〕阿巴绥夫著　沈泽民译

海外文坛消息

（一九三）最近的儿童文学　沈雁冰
（一九四）德国近讯　沈雁冰
（一九五）考泼洛斯的绝笔　沈雁冰
（一九六）现代四个冰地的作家　沈雁冰

中国文学研究的重要书籍介绍　子　汶

国内文坛消息

国内文坛近讯（一一）　记　者
小说月报社特别启事一
小说月报社特别启事二

最后一页　编　者

插　图

荷马像（封面）
荷马像（三色版）

仙岛之音　C.Von Bodenhansen 作
现存一千二百年前的杨惠之的塑像（四幅）
现代法国文学者像
法郎士像
欧利白像
福尔像
莱尼蔼像
巴兰像
克罗但丁像

第 15 卷　第 2 号
1924 年 2 月 10 日发行

卷头语　西　谛
一个青年（小说）　叶绍钧
旅舍夜话（小说）　王统照
早晨（小说）　柳　建
午梦（小说）　王希曾
兵士的妻（小说）　荒　生
逃（诗歌）　周仿溪
炸裂（散文诗）　许　杰
莫泊桑研究（论文）　谢位鼎
莫泊桑逸事　雁　冰
离婚（小说）
〔法〕莫泊桑作　李青崖译
母亲（小说）
〔法〕莫泊桑作　高真常译
决斗（小说）
〔法〕莫泊桑作　陈　嘏译
文学大纲（二）　郑振铎
第三章　圣经的故事
一个不知名的战士（小说）
〔美〕波乎作　胡哲谋译
自然与人生（诗歌）　徐志摩
寻常的泪（小说）　济　明
讨债（小说）　潘垂统
白瓷的大土像（小说）　白　采
小诗（诗歌）　燕志儁
读《文艺思潮论》（读书录）
诵　虞
眷回（诗歌）　严敦易
梦里的姑娘（诗歌）　张耀南
儿童文学
白雪女郎　高君箴
蜘蛛与草花
〔日〕小川未明著　晓　天译
现代世界文学者传略（二）
沈雁冰　郑振铎
现代的法国文学者
罗曼·罗兰（1866—）
巴比塞（1874—）
杜哈默尔（1882—）
鲁意斯（1870—）
梅脱灵（1862—）
玛伦（1889—）
小诗（诗歌）　燕志儁
东山小曲（诗歌）　徐志摩
梦（诗歌）　唐守谦
小诗（诗歌）　苏宗武

关于《中国文学者生卒考》的两封通信 郑振铎
致王鑑
致北京 K 先生 郑振铎
中国文学者生卒考附传略（二） 郑振铎
杨修生卒年及传略
王粲生卒年及传略
繁钦生卒年及传略
仲长统生卒年及传略
刘廙生卒年及传略
诸葛亮生卒年及传略
荀纬生卒年及传略
缪袭生卒年及传略
曹丕生卒年及传略
应璩生卒年及传略
曹植生卒年及传略
王肃生卒年及传略
何曾生卒年及传略
谯周生卒年及传略
薛综生卒年及传略
韦曜生卒年及传略
薛莹生卒年及传略
山涛生卒年及传略
阮籍生卒年及传略
皇甫谧生卒年及传略
傅玄生卒年及传略
羊祜生卒年及传略
杜预生卒年及传略
嵇康生卒年及传略
钟会生卒年及传略
王弼生卒年及传略
应贞生卒年及传略
成公绥生卒年及传略
赵至生卒年及传略
荀勖生卒年及传略
孙楚生卒年及传略
张华生卒年及传略
陈寿生卒年及传略
傅咸生卒年及传略
索靖生卒年及传略
夏侯湛生卒年及传略
王湛生卒年及传略
石崇生卒年及传略
潘岳生卒年及传略
何劭生卒年及传略
贺循生卒年及传略
陆机生卒年及传略
陆云生卒年及传略
枣据生卒年及传略
褚陶生卒年及传略
江统生卒年及传略
张翰生卒年及传略
孔衍生卒年及传略
刘琨生卒年及传略
孙绰生卒年及传略
郭璞生卒年及传略
卢谌生卒年及传略
庾亮生卒年及传略
葛洪生卒年及传略
谢安生卒年及传略
王羲之生卒年及传略

朝影（二）（小说）
〔俄〕阿志巴绥夫著　沈泽民译
海外文坛消息
（一九七）斯干底那维亚近讯　沈雁冰
（一九八）三个德国小说家　沈雁冰
看我（诗歌）　落花生
国内文坛消息
国内文坛近讯（一二）　记　者
最后一页　编　者
插　图
莫泊桑像（封面）
希望（三色版）　G.F.Watts 作
“爱情轻于蝴蝶”　H.Picon 作
秋之午后　王道源作

第 15 卷　第 3 号
1924 年 3 月 10 日发行

卷头语　西　谛
悟（小说）　冰心女士
我自己的歌（诗歌）
〔美〕惠特曼著　徐志摩译
枯杨生花（小说）　落花生
相识者（小说）　王统照
优婆尼沙县之哲学及其在文学上之地位（上）（论文）　瞿世英
桃源过客（小说）
〔美〕欧亨利著　傅东华译
附记　傅东华
《老残游记》之作者（读书杂记）　颉　刚
采桑娘（读书杂记）　颉　刚
迟疑（小说）　C　K
三柏院（小说）　钦　文
一封信（诗歌）　徐志摩
批评与批评家（文配画）（录《泰晤士报》）　M 译录
堕塔的温雅（小说）　白　采
暴风雨里（小说）
〔犹太〕宾斯奇作　陈　嘏译
文学大纲（三）　郑振铎
第四章　希腊的神话
儿童文学
兄妹（小说）　高君箴
熊与鹿（小说）　高君箴
停着呀，停着呀，可爱的水（诗）
Mrs.Eiiza Lee Fellen 著　西　谛译
现代世界文学者传略（三）
沈雁冰　郑振铎
现代犹太文学者：
宾斯奇（1872—）
海雪屏（1882—）
考白林（1872—）
阿胥（1880—）
现代匈牙利文学者：
莫尔奈（1878—）传略
海尔齐格（1863—）传略
征译诗启（杂文）　徐志摩
情书（诗）　落花生

邮筒（诗） 落花生
中国文学者生卒考（附略传）（三） 郑振铎
束皙生卒年及传略
庾阐生卒年及传略
袁宏生卒年及传略
韩伯生卒年及传略
范宁生卒年及传略
王献之生卒年及传略
罗含生卒年及传略
顾恺之生卒年及传略
徐邈生卒年及传略
殷仲文生卒年及传略
徐广生卒年及传略
傅亮生卒年及传略
周续之生卒年及传略
郑鲜之生卒年及传略
陶潜生卒年及传略
何承天生卒年及传略
裴松之生卒年及传略
宗炳生卒年及传略
颜延之生卒年及传略
谢瞻生卒年及传略
谢灵运生卒年及传略
许谦生卒年及传略
崔宏生卒年及传略
高允生卒年及传略
崔浩生卒年及传略
游雅生卒年及传略
谢惠连生卒年及传略
范晔生卒年及传略
刘义庆生卒年及传略
袁淑生卒年及传略
颜峻生卒年及传略
沈怀文生卒年及传略
鲍照生卒年及传略
臧荣绪生卒年及传略
伏曼容生卒年及传略
谢庄生卒年及传略
陆澄生卒年及传略
褚渊生卒年及传略
高间生卒年及传略
谢朏生卒年及传略
沈约生卒年及传略
江淹生卒年及传略
张融生卒年及传略
何胤生卒年及传略
孔稚珪生卒年及传略
刘祥生卒年及传略
刘沼生卒年及传略
范云生卒年及传略
王俭生卒年及传略
诸葛璩生卒年及传略
陶弘景生卒年及传略
谢朓生卒年及传略
何思澄生卒年及传略
何朗生卒年及传略
严植之生卒年及传略
任昉生卒年及传略
刘峻生卒年及传略
邱迟生卒年及传略
肖衍生卒年及传略
王增儒生卒年及传略
王融生卒年及传略

吴均生卒年及传略
周兴嗣生卒年及传略
做诗（诗歌） 落花生
朝影（下）（小说）
〔俄〕阿志巴绥夫著 沈泽民译
海外文坛消息
（一九九）波兰文坛近况 沈雁冰
（二〇〇）奥国文坛近况 沈雁冰
（二〇一）法国的得奖小说
沈雁冰
关于《中国文学者生卒考》的几则怀疑的解答（杂论） 西谛
一、读滏女士的《陶沙》
二、复王鑑君的信
三、复蒯遂如、刘承休诸君的信
国内文坛消息
国内文坛近讯（一三） 记者
最后一页 编者
插图
狄娜像（封面）
卜赛芳的归来（三色版）
Lord Leighton 作
青春之花 Preydour 作
黄浦滩 关良作

第15卷 第4号

1924年4月10日发行

卷头语 西谛
拜伦专辑
诗人拜伦的百年祭 西谛
拜伦与 Pietro Gamba C M
诗人拜伦的百年纪念 樊仲云
Song from Corsair（诗）
〔英〕拜伦作 徐志摩译
拜伦的时代及拜伦的作品 汤澄波
颂忧（诗歌）
〔英〕拜伦作 黄正铭译
拜伦及其作品 希和
我见你哭泣（诗歌）
〔英〕拜伦作 顾彭年译
勃兰兑斯的拜伦论 张闻天译
拜伦的思想及其诗歌的评论
王统照
拜伦在诗坛上的位置
R.H.Bowles 著 顾彭年译
曼弗雷特（剧本）
〔英〕拜伦作 傅东华译
致某妇（诗歌）
〔英〕拜伦作 傅东华译
评拜伦〔日〕小泉八云作 陈铸译
拜伦的个性
R.H.Bowles 顾彭年译
拜伦的浪漫性 甘乃光
日记中的拜伦 子贻
唉，当为他们流涕（诗歌）
〔英〕拜伦作 顾彭年译
拜伦对于俄国文学的影响 耿济之
拜伦的快乐主义
〔日〕本村鹰太郎著 仲云译

别雅典女郎（诗歌）
〔英〕拜　伦著　赵景深译
拜伦评传　Long 著　赵景深译
拜伦（选录）　徐志摩
拜伦百年纪念（选录）　沈雁冰
拜伦年谱　诵　虞
没有一个美神的女儿（诗歌）
〔英〕拜　伦著　赵景深译
赠渥盖斯泰（诗歌）
〔英〕拜　伦著　顾彭年译
拜伦名著述略　诵　虞
关于拜伦的重要著作介绍
蒲　梢
一切为爱（诗歌）
〔英〕拜　伦著　徐调孚译

文学大纲（四）　郑振铎
第五章　东方的圣经
沦落（小说）　庐隐女士
诗（一首）（诗歌）　徐志摩
夜的舞蹈（诗歌）　焦菊隐
现代世界文学者略传（四）
沈雁冰　郑振铎
现代南斯拉夫文学者
柯苏尔（1879—）
科洛维支（1875—）
现代波兰文学者
布什比绥夫斯基
（1868—）
莱蒙脱（1868—）
推忒玛耶尔（1865—）
修辞随录　陈望道
主妇——马兰孟德（小说）
〔美〕法里曼著　胡哲谋译
中国文学者生卒考（附传略）（四）
郑振铎
贺瑒生卒年及传略
裴子野生卒年及传略
陆倕生卒年及传略
陆厥生卒年及传略
张率生卒年及传略
庾仲容生卒年及传略
到溉生卒年及传略
到洽生卒年及传略
到沆生卒年及传略
刘之遴生卒年及传略
阮孝绪生卒年及传略
刘显生卒年及传略
刘孝绰生卒年及传略
王筠生卒年及传略
刘苞生卒年及传略
刘孺生卒年及传略
刘潜生卒年及传略
刘孝盛生卒年及传略
刘杳生卒年及传略
皇侃生卒年及传略
肖子范生卒年及传略
肖子显生卒年及传略
肖子云生卒年及传略
张缅生卒年及传略
江革生卒年及传略
刘遵生卒年及传略

孔子袪生卒年及传略
颜协生卒年及传略
苏绰生卒年及传略
张缆生卒年及传略
沈重生卒年及传略
谢征生卒年及传略
肖统生卒年及传略
肖纲生卒年及传略
魏收生卒年及传略
徐陵生卒年及传略
颜晃生卒年及传略
杜之伟生卒年及传略
庾持生卒年及传略
肖绎生卒年及传略
江德藻生卒年及传略
陆云公生卒年及传略
庾信生卒年及传略
王褒生卒年及传略
郑灼生卒年及传略
徐伯阳生卒年及传略
许亨生卒年及传略
沈洙生卒年及传略
沈不害生卒年及传略
戚衮生卒年及传略
岑之敬生卒年及传略
顾野王生卒年及传略
江息生卒年及传略
刘臻生卒年及传略
褚玠生卒年及传略
颜之推生卒年及传略
颜之仪生卒年及传略
何之元生卒年及传略
姚察生卒年及传略
陆琼生卒年及传略
傅縡生卒年及传略
陆琰生卒年及传略
陆玠生卒年及传略

海外文坛消息

（二〇二）希腊新文学　沈雁冰
（二〇三）俄国的新写实主义及其他　沈雁冰
（二〇四）意大利小说家亚伯泰齐　沈雁冰
诗与史（读书杂记）　颉　刚

欢迎太戈尔（临时增刊）

欢迎太戈尔先生　记　者
太戈尔略传　诵　虞
太戈尔来华的记事　记　者
研究太戈尔的书籍提要　调　孚

国内文坛消息

国内文坛近讯（一四）　记　者
最后一页　编　者

插　图

拜伦像（封面）　Saunders 作
为希腊军司令时的拜伦（三色版）　T.Philips 作
一八一八年在威尼斯时的拜伦　G.H.Horlow 作
拜伦像　R.Wastall 作
拜伦的手绩
Newstead Abbey（拜伦家族的古屋）

第15卷 第5号
1924年5月10日发行

卷头语 西谛
在酒楼上（小说） 鲁迅
读《芝兰与茉莉》因而想及我底祖母（小说） 落花生
秦腔（读书杂记） 颉刚
火灾（小说）
〔瑞士〕TÖpffer 著 徽州人译
旧稿（小说） 庐隐女士
论诗的根本概念与功能 希和
附：小识 希和
《感伤之春》选译（诗歌）
〔日〕生田春月著 谢位鼎译
少女之梦
小年之爱
我是流着的水
幸福流去
从忧愁中
悲叹而步行的人呵
读者的告白
永远之叹息
过去的人
送青春之歌
爱运命
无恶意的眼呵
附：附记 谢位鼎
月泪（诗歌） 落花生
悼陆蒂（P.Loti）文
〔法〕波儿蒂著 吴山 冯璘译
伤痕（小说） 涉世
一日（诗歌） 玉薇女士
梦中（诗歌） 玉薇女士
孤坟（小说） 许志行
文学大纲（五） 郑振铎
第六章 印度的史诗
三次的访问
——致T女士 徐雉
修辞随录（二） 陈望道
关于莫泊桑卒年的一封通讯
谢位鼎
影（小说） 张维祺
急变（剧本）
Dana Burnet 著 思还译
附注 思还
旅途（一）（小说） 张闻天
阿志巴绥夫与《沙宁》 西谛
现代世界文学者略传（五）
郑振铎 沈雁冰
现代捷克文学者
白士洛支（1867— ）
白息那（1868— ）
斯拉梅克（1877— ）
马哈（1864— ）
齐拉散克（1851— ）
沙伐（1864— ）
捷贝克（1894— ）
主妇——马兰孟德（续）（小说）
〔美〕法里曼作 胡哲谋译
中国文学者生卒考（附略传）（五）
郑振铎

陆瑜生卒年及传略
李德林生卒年及传略
诸葛颖生卒年及传略
明克让生卒年及传略
魏澹生卒年及传略
陆爽生卒年及传略
薛道衡生卒年及传略
卢思道生卒年及传略
柳䛒生卒年及传略
刘焯生卒年及传略
刘炫生卒年及传略
陈叔宝生卒年及传略
牛弘生卒年及传略
杨素生卒年及传略
傅奕生卒年及传略
欧阳询生卒年及传略
许善心生卒年及传略
褚亮生卒年及传略
贺德仁生卒年及传略
王胄生卒年及传略
肖德言生卒年及传略
虞世基生卒年及传略
姚思廉生卒年及传略
虞世南生卒年及传略
虞绰生卒年及传略
李百荣生卒年及传略
杨广生卒年及传略
陈叔达生卒年及传略
孔颖达生卒年及传略
温彦博生卒年及传略
房玄龄生卒年及传略
魏征生卒年及传略
杜正伦生卒年及传略
颜师古生卒年及传略
令孤德棻年及传略
王通生卒年及传略
于志宁生卒年及传略
许敬宗生卒年及传略
薛收生卒年及传略
岑文本生卒年及传略
褚遂良生卒年及传略
刘洎生卒年及传略
马周生卒年及传略
来济生卒年及传略
李义府生卒年及传略
上官仪生卒年及传略
庾抱生卒年及传略
蔡允恭生卒年及传略
袁朗生卒年及传略
谢偃生卒年及传略
王绩生卒年及传略
李敬玄生卒年及传略
张昌龄生卒年及传略
裴行检生卒年及传略
崔行功生卒年及传略
蔡元超生卒年及传略
孟利贞生卒年及传略
刘祎之生卒年及传略
郭正一生卒年及传略
苏瓌生卒年及传略
李峤生卒年及传略
卢照邻生卒年及传略

骆宾王生卒年及传略
杨炯生卒年及传略
魏知古生卒年及传略
王勃生卒年及传略

国内文坛消息

国内文坛近讯（一五） 记 者

最后一页 编 者

插 图

苏堤春晓（三色版） 陈抱一作
夜 A.De Courteu 作
杨惠之的塑像（二幅） 陈万里摄

第 15 卷 第 6 号

1924 年 6 月 10 日发行

卷头语 西 谛

一个文学革命家的供状
〔印度〕太戈尔著 徐志摩译
今年纪念的几个文学家 调 孚
可交的蝙蝠与伶俐的金丝鸟（带音乐的故事） 落花生译
楚词（读书杂记） 颉 刚
明清戏价（读书杂记） 颉 刚
六一姊（小说） 冰心女士
前尘（小说） 庐隐女士
沙宁（一）（小说）
〔俄〕阿志巴绥夫著 西 谛译
别后（诗歌） 朱自清
赤俄新文艺时代的第一燕 瞿秋白
桃色女郎（剧本）
〔日〕武者小路实笃著
樊仲云译
《官场现形记》之作者（读书杂记）
颉 刚
买死的（小说） 渺 世
春意（诗歌） 玉薇女士
小诗（诗歌） 玉薇女士
梦中（诗歌） 玉薇女士
春雨（诗歌） 玉薇女士
春潮（诗歌） 玉薇女士
夜淡的回忆（诗歌） 玉薇女士

儿童文学

种种的花（童话）
〔日〕小川未明著 晓 天译
懒惰老人的来世（童话）
〔日〕小川未明著 晓 天译
修辞随录（三）（论述） 陈望道
陌生的游客（诗歌） 梁宗岱
主妇——马兰孟德（续完）
〔美〕法里曼著 胡哲谋译
中国文学者生卒考（附传略）（六）
郑振铎
杜审言生卒年及传略
宋之问生卒年及传略
阎朝隐生卒年及传略
沈佺期生卒年及传略
苏味道生卒年及传略
姚崇生卒年及传略
李贤生生卒年及传略
王无竞生卒年及传略

崔融生卒年及传略
李善生卒年及传略
陈子昂生卒年及传略
元行冲生卒年及传略
贺知章生卒年及传略
徐坚生卒年及传略
刘子玄生卒年及传略
李适生卒年及传略
宋璟生卒年及传略
上官婉儿生卒年及传略
刘宪生卒年及传略
卢藏用生卒年及传略
徐彦伯生卒年及传略
员半千生卒年及传略
许景先生卒年及传略
张说生卒年及传略
吴竞生卒年及传略
崔湜生卒年及传略
崔液生卒年及传略
苏颋生卒年及传略
贾曾生卒年及传略
张九龄生卒年及传略
李邕生卒年及传略
孟浩然生卒年及传略
元德秀生卒年及传略
王昌龄生卒年及传略
崔灏生卒年及传略
房琯生卒年及传略
王维生卒年及传略
李白生卒年及传略
孙逖生卒年及传略
高适生卒年及传略
吴筠生卒年及传略
徐浩生卒年及传略
肖颖士生卒年及传略
李华生卒年及传略
陆据生卒年及传略
颜真卿生卒年及传略
杜甫生卒年及传略
贾至生卒年及传略
刘太真生卒年及传略
柳浑生卒年及传略
李泌生卒年及传略
顾况生卒年及传略
元结生卒年及传略
韩滉生卒年及传略
常兖生卒年及传略
贾耽生卒年及传略
思想（诗歌） 燕志儁
旅途（二）（小说） 张闻天
愚丐（诗歌） 鹤　群
文学大纲（六） 郑振铎
第七章　《诗经》与楚辞
第八章　最初的历史家与哲学家

海外文坛消息

（二〇五）匈牙利小说 沈雁冰
（二〇六）加拿大文学 沈雁冰

国内文坛消息

国内文坛近讯（一六） 记　者

最后一页 编　者

插　图

屈原像（封面）

夏甲与以实玛利（三色版）

太戈尔先生与幸鸿铭先生

"爱神被水打湿了"

W.A.Bouguereau 作

金星　Luis Falers 作

情书　Georg H.M.作

阿志巴绥夫像

第15卷　第7号

1924年7月10日发行

卷头语　西　谛

虚惊（小说）　钦　文

投军（小说）　渺　世

枪声（小说）　赵景深

红笑（小说）

〔俄〕安特列夫著　郑振铎译

佛陀的战争（小说）

〔日〕秋田雨雀著　晓　天译

凶恶的国王（童话）

〔丹麦〕安徒生著　顾均正译

踯躅中之一幕（诗歌）　张维琪

淮军义冢（诗歌）　焦菊隐

一粒子弹（小说）　王思玷

不安静的匪人（小说）　燕志儁

胆怯的人（小说）

〔俄〕迦尔洵著　耿济之译

战争（诗歌）

Chief Joseph 著　调　孚译

几本谈大战的法国小说　李青崖

战争（诗歌）　周仿溪

战栗（小说）

〔法〕莫泊桑著　李青崖译

一个农夫的话（小说）　叶伯和

某画家与村长（剧本）

〔日〕武者小路实笃著　陈　嘏译

给九寸口径的一尊炮（诗歌）

P.F.Mcdarthy 著　调　孚译

兵匪蹂躏后的乡土（《旅途》末页的补白，诗）　张耀南

往事（二）（小说）　冰心女士

附注　冰　心

文学大纲（七）　郑振铎

第九章　希腊与罗马

被抚恤者（小说）

〔英〕William Caine 著　胡哲谋译

旅途（三）（小说）　张闻天

国内文坛消息

国内文坛近讯（一七）　记　者

悟悟社（来函）

最后一页　编　者

插　图

默尔录的四骑士（木雕，封面）

Albert Durer 作

战后（三色版）　鲁杜洛夫作

行军（一）　纳文逊作

行军（二）　纳文逊作

俄国小说家迦尔洵像

俄国小说家及戏曲家安特列夫像

第15卷　第8号

1924年8月10日发行

卷头语（摘李白《战城南》、杜甫《兵车行》诗句）　记　者录

欧洲大战与文学（一）（二）　沈雁冰

——为欧战十年纪念而作

睁眼看罢（释画）　孚

欧战中的牺牲者（杂文）　孚

《忒罗亚的妇女》（介绍）　周作人

非战文学碎锦（介绍）　傅东华

几封用S署名的信（小说）　王思玷

途中（小说）　静　农

人类的命运书（小说）

〔德〕摩　桑著　胡愈之译

谁哭（小说）　渺　世

一个逃兵（小说）　佷　工

惨雾（小说）　许　杰

龟头桥上（小说）　王任叔

梅岭上的云烟（小说）　蒋用宏

流弹（诗歌）　郝笃祜

廊门（小说）

〔法〕巴比塞著　李青崖译

风（诗歌）　张耀南

太平景象——江南即景（诗歌）　徐志摩

虎去狼来——两幕悲惨的喜剧（剧本）　大　悲

一个兵士（诗歌）　张耀南

伊本纳兹的《默尔录的四骑士》（介绍）　从　予

得胜了（小说）

〔法〕朵尔慈雷司著　李青崖译

战争的一幕（小说）　冯西冷

某日的事（剧本）

〔日〕武者小路实笃著　仲　云译

四骑士（杂文）　从　予

将收服的匪（诗歌）　王郁青

炮火之花（组诗）　周仿溪

破城之夜

战后

战场的鬼歌

炮火之花

夜的女王

大兵过境时的饮泣声

归家

反对战争的文学（论述）　徐调孚

兵士的梦（诗歌）　汪延高译

告别辞（五月二十二日讲）

〔印度〕太戈尔讲　徐志摩译

第一次的谈话（选录）（四月十三日讲）

〔印度〕太戈尔讲　徐志摩译

插　图

从Arras到Bapaume的路上（三色版）　纳文逊作

一群兵士　纳文逊作

日出　保罗纳希作

睁眼看罢（讽刺画）　孚　作

思家

袭击的计划
毁灭
战之结局
太戈尔在中国
太戈尔在日本

第 15 卷　第 9 号
1924 年 9 月 10 日发行

小赌婆儿的大话　徐志摩
小仲马百岁纪念（1824—1895）
吴　山
别后（小说）　冰心女士
牺牲（小说）　希　华
窃（小说）　严敦易
金鱼（小说）　曹元杰
真的傀儡之家——和易卜生的娜拉本人的一段谈话（杂文）
Xiane 著　褚保时译
沉檀之燃（诗歌）　敦　易
目的达了？（小说）　白　采
葬曲（小说）
〔法〕巴比塞著　刘延陵译
牺牲（小说）
〔俄〕柴霍甫著　陈　嘏译
活骸（《猎人日记》之二十三）（小说）
〔俄〕屠格涅夫著　耿济之译
《红楼梦》杂记　敦　易
“老爷”的称谓　敦　易
旅途（四）　张闻天
文学大纲（八）　郑振铎
第十章　汉之赋家、历史家及论文家
第十一章　曹植与陶潜
诗　选
春雪后的早晨　朱　湘
北地早春雨霁　朱　湘
杂诗　〔英〕雪　莱著　顾彭年译
夕阳　葛有华
寄西谛　慎　抱
破寨之夜　周仿溪

修辞随录　陈望道
关于《修辞随录》的通信
致陈望道　施江淹
致郑振铎　陈望道
现代世界文学者略传（六）
沈雁冰　郑振铎
乌拉圭文学者
左列拉·特·圣·马丁（1857—　）
潘莱支·配蒂特（1871—　）
秘鲁文学者
旭卡诺（1875—　）
甘　波（1864—　）
TÖpffer 生平的大略　季志仁
中国文学者生卒考（附略传）（七）
郑振铎
杜佑生卒年及传略
独孤及生卒年及传略
郑余庆生卒年及传略
孟郊生卒年及传略

陆贽生卒年及传略
权德舆生卒年及传略
令狐楚生卒年及传略
李观生卒年及传略
韩愈生卒年及传略
李益生卒年及传略
刘禹锡生卒年及传略
白居易生卒年及传略
柳宗元生卒年及传略
王仲舒生卒年及传略
崔咸生卒年及传略
韦处厚生卒年及传略
段文昌生卒年及传略
柳公权生卒年及传略
元稹生卒年及传略
李德裕生卒年及传略
贾岛生卒年及传略
皇甫镛生卒年及传略
李贺生卒年及传略
杜牧生卒年及传略
李商隐生卒年及传略
陆龟蒙生卒年及传略
罗隐生卒年及传略
司空图生卒年及传略
李晔生卒年及传略
杨凝式生卒年及传略
王仁裕生卒年及传略
冯道生卒年及传略
李存勗生卒年及传略
张僖生卒年及传略
王衍生卒年及传略
刘昫生卒年及传略

国内文坛消息

国内文坛近讯（一八） 记 者

最后一页 编 者

插 图

“圣母”（封面画） Botticelli 作
爱神把弓折断了（扉页画） A.J.Chantron 作
圣母（三色版） Botticelli 作
小仲马半身像 加尔波作
小仲马读《佛朗西雄》剧本
小仲马在剧场
法国文学家法朗士八十岁生辰纪念

第 15 卷 第 10 号
1924 年 10 月 10 日发行

康拉特评传 樊仲云
洛绮思的问题（小说） 陈衡哲
清华讲演（五月一日讲） ［印度］太戈尔讲 徐志摩译
逃亡者（小说） 张闻天
初别（小说） 褚东郊
牧生和他的笛（小说） 潘 训
柚子（小说） 鲁 彦
宣传与创作 ［日］厨川白村著 任白涛译
附：附记 任白涛
卫推克君的退役（小说） ［英］怀特著 朱 湘译

补不了的过（小说） 严既澄
旅途（五）（小说） 张闻天
莱森的寓言（选）
〔德〕莱森著 西 谛译
驴与赛跑的马
夜莺与孔雀
狼在死榻上
狮与驴
二狗与羊
狐
荆棘
夜莺与百灵鸟
梭罗门的鬼魂
伊索与驴
弓手
有益的东西
象棋中的武士
盲鸡
铜像
群兽争长

诗 选

柳堤夜步 张耀南
凝视 张耀南
她 徐玉诺
夏夜（Summr Night）
〔英〕谈尼斯著 朱 湘译
异域思乡（Home—thoughts from Abroad）〔英〕白郎宁著 朱 湘译
云 〔英〕雪 莱著 顾彭年译
文学大纲（九） 郑振铎
第十二章 中世纪的欧洲文学

儿童文学

天鹅
〔丹麦〕安徒生著 高君箴译
山中杂记——寄小朋友（选录）
冰心女士

法朗士逝矣 沈雁冰
附：中文的论法朗士的著作、中译的法朗士著作、英译的法朗士的著作摘要 沈雁冰
击着呢（《猎人日记》之二十四）（小说）〔俄〕屠格涅夫著 耿济之译

国内文坛消息

国内文坛近讯（一九） 记 者

最后一页 编 者

插 图

琴课（封面） J.A.Muenier 作
高地的狄爱娜（三色版）
C.W.Furse 作
教圣经 Hans Thoma 作
瀑布 Hans Thoma 作
最近逝世的英国文学者康拉特（Joseph Conrad）
书室中的康拉特
康拉特的手迹（二幅）

·

第 15 卷 第 11 号
1924 年 11 月 10 日发行

印度寓言（选录）（上） 西 谛译

猴与镜
群兽的大宴
蓝狐
蛇与鹦鹉
井中的盲龟
剑与剃刀及皮磨
二愚人与鼓
体质好的与体质坏的
狐与蟹
象与猴
麻雀与鹰
鼓与兵士
狐与熊
聪明人与他的两个学生
猫头鹰与乌鸦
乌鸦与牛群
孔雀、鹅与火鸡
铁店
虎与兔
隐士与他的一块布
孔雀与狐狸
附记　西　谛
林琴南先生　郑振铎
浏河战场（诗歌）　叶绍钧
河沿的秋夜（小说）　王统照
雨云（寓言）
〔俄〕克鲁洛夫著　西　谛译
杜鹃鸟与鹰（寓言）
〔俄〕克鲁洛夫著　西　谛译
神游病者（小说）　王以仁
祖母之死（小说）　顾一樵
失眠（诗歌）　玉薇女士
思亲（诗歌）　玉薇女士
夜行（诗歌）　玉薇女士
沉醉（诗歌）　玉薇女士
世界漂泊者（诗歌）
Percy.B.Shelley 著　顾彭年译
古英文民歌概说　汤澄波
漠视的悲哀——一篇笔记（小说）
渺　世
牧神与羊群（童话剧）
〔日〕秋田雨雀著　张晓天译
文学大纲（一〇）　郑振铎
第十三章　中世纪的中国诗人（上）泉边（小说）
〔波兰〕显克微支著
鲁　彦译
附记　鲁　彦
树林与矿野（《猎人日记》之二十五）（小说）
〔俄〕屠格涅夫著　耿济之译
双卿（读书杂记）　颉　刚
旅途（六）（小说）　张闻天
你何必啼呢（诗歌）　朱　湘
我怎样告诉她（诗歌）　徐玉诺
除夕（诗歌）　严敦易

米兰士与他的名画《慈悲》——封面插图说明　孚
最后一页　编　者

插　图

慈悲（封面）　Sir J.E.Millais 作

但丁与皮特丽丝的相遇（三色版）
Henrg Holidag 作
最近逝世的英法二大文学家康拉特、法朗士像
最近逝世的中国老文学家林纾像
林纾的笔迹
林纾的画
浏阳战场（三幅） 丁晓先摄
意大利的农家子（扉画）
Eugene De Bloas 作

第 15 卷 第 12 号

1924 年 12 月 10 日发行

金耳环（小说） 叶绍钧
“纪梦”（小说） 王统照
孤雁（小说） 王以仁
莹姊（两幕剧） 翼女士
本年诺贝尔文学奖金的得者莱芝氏 乎
这里的世界——一篇笔记（小说） 李渺世
卜留沙夫（评述） 从予
戏剧概论（论述） 汪馥泉
不遇（小说） 严既澄
马克汉（小说）
［英］史蒂文生著 朱湘译
诗选
秋晨（诗歌） 燕志儁
秋晚（诗歌） 燕志儁
秋（诗歌） 朱湘
雨（诗歌） 朱湘
卧浸会操场坟旁（诗歌） 王任叔
悲哀（诗歌） 周仿溪
文学大纲（一一） 郑振铎
第十四章 中世纪的中国诗人（下）修辞随录（五）
陈望道
印度寓言（选录）（下） 西谛译
富人与乐师
聪明的首相
幸运仙与不幸仙
猫头鹰与他的学校
虫与太阳
鸢与乌鸦及狐狸
猫头鹰与回声
骡与看门狗
海与狐狸及狼
狮与少狮
群猪与圣者
四只猫头鹰
狮及说故事的狐狸
国王与滑稽者
伐树人与树林
狼与山羊
主人与轿夫
公羊与母羊及狼
圣者与禽兽
乌鸦与蛇
兽与鱼
农夫与狐狸
幸运的人与努力的人

鹭鸶与蟹及鱼
愚人与热病
莲花与蜜蜂及蛙
狮与象
林琴南一生所译的字数 M
旅途（七）（小说） 张闻天
叶曼与他的名画《王子亚塔尔和黑伯特》（封面插图说明） 孚
选 录
苍蝇（杂文） 周作人
祭日致辞（杂文） 魏金枝
国内文坛消息
国内文坛近讯（二〇） 记 者

最后一页 编 者
插 图
王子亚塔尔和黑伯特（封面） W.F.Yeames（叶曼）作
美翼（三色版） Warwick Goble 作
雪后 Reginald Brundrit 作
制糖果的妇人们 Max Liebermann 作
新死的俄国诗人卜留沙夫像
俄国诗人卜留沙夫手迹一
俄国诗人卜留沙夫手迹二
俄国诗人卜留沙夫手迹三
风 J.Hodgson 作
耕耘者 N.H.J.Baird 作
默喜 Joseph Lieck 作

第 15 卷 号外
法国文学研究
1924 年 4 月发行

法国文学对于欧洲文学的影响 郑振铎 沈雁冰
中产阶级胜利时代的法国文学 佛利柴著 耿济之译
附志 耿济之
法文之起源与法国文学之发展 胡梦华
法国战时的几个文学家 王 靖
十九世纪法国文学概观 刘延陵
法兰西近代文学（译自日本《近代文艺十二讲》） 谢六逸译
附注 谢六逸
法国的浪漫运动 G.L.Stracheg 著 希 孟译
法国的自然主义文艺 〔日〕相马御风著 汪馥泉译
近代法国写实派戏剧 L.Lewislon 著 胡愈之译
大战前与大战中的法国戏剧 王统照
法国近代诗概观 君 彦
巴尔扎克底作风 佩 蘅
波特来耳研究 Sturm（史笃姆）著 闻 天译
罗曼·罗兰传 刺外西原著 沈泽民译述
文学批评家圣佩韦评传 俊 仁

佛罗贝尔　雁　冰
四个人的故事（小说）
巴比塞著　CF女士译
比勃里斯（小说）
鲁　意著　周建人译
马丹埃七果里野的非常奇遇（小说）
鲁　意著　李颉人译
斯摩伦的日记（小说）
蒲勒浮斯特著　李颉人译
信箱里的鸟（小说）
伯　盛著　鲍志惠译
三个播种者（小说）
孟　代著　CF女士译
生命是为别人的（小说）
包尔都著　徐蔚南译
归来（小说）菲利普著　仲　持译
附记　仲　持
旅行（小说）莫泊桑著　润　余译
刽子手（小说）
巴尔扎克著　仲　持译
侯爵夫人（小说）
乔治·桑著　泽　民译
柯华西斯（小说）
缪　塞著　展　和译
穿面包鞋的小孩子（小说）
哥　底著　斐　成译
永世（剧本）
拉夫丹著　雷晋笙译
哑妻（剧本）　法朗士著
〔英〕C.H.Page译　沈性仁重译
附记　沈性仁
法国文艺家录　明　心
插　图
艺术家与其女（三色版）
E.L.Vigee Lebrun 作
“爱神解除武装了”　E.Munier 作
“邀请”　P.Dupuis 作
法国文艺家像（三〇人）
B.Pascal（诗人）
Molière（戏曲家）
D.Diderot（批评家）
J.Racine（戏曲家）
J.Rousseau（小说家）
J.de la Fontaine（寓言家）
Voltaire（思想家）
Madame de Stael（小说家）
Alexandre Dumas Pere（小说家）
Alexandre Dumas Fils（小说家·戏曲家）
T.Gautier（诗人）
V.Hugo（小说家）
Sainte—Beuve（批评家）
George Sand（小说家）
Flaubert（小说家）
Maupassant（小说家）
E.Zola（小说家）
H.Balzac（小说家）
Gyp（小说家）
A.Daudet（诗人、小说家）
Countess de Noailies（小说家）
M.Barrès（小说家）
R.Rolland（小说家）

P.Claudel（小说家）
M.Rostand（戏曲家·诗人）
Mme.J.Granier（演剧家）
M.Bonnat（画家）
M.A.Rodin（雕刻家）
M.J.Massenet（音乐家）
M.Detaille（画家）
Mme.Réjane（演剧家）

第 16 卷 第 1 号
1925 年 1 月 10 日发行

天上最美丽的鸟（三色版） Warwick Goble 作
小主妇 A.Tobias 作
清晨 Luigi.Mion 作
歌里的慰安（扉页画） Caspar Ritter 作

卷头语（摘莫泊桑 “pierreet Jeau” 序） 记 者录

幽亭秀水 汪 朴作
洛神 沈宗骞作

中国神话的研究 沈雁冰

亚里斯多德像（一幅）

诗学（上）
〔希腊〕亚里斯多德著 傅东华译
亚里斯多德 调 孚
潘先生在难中（小说） 叶绍钧
致辞 梁宗岱
丹麦民歌——弗萝英姬丽的女儿们 郑振铎译
附：插图六幅 August Jerndorff 绘
古董的自杀（小说） 滕 固
小鸟说些什么（诗） 〔英〕丁尼生著 调 孚译
父亲（小说） 庐隐女士
太戈尔书简零拾（《彭加尔一瞥》摘录）（杂文） 顾均正译
前途（小说） 李勖刚
石川啄木底的歌（选自《悲哀的玩具》《一握的泥沙》）（诗歌） 汪馥泉译
文艺的研究和鉴尝 任白涛
附注 任白涛
旧痕（诗） 蹇先艾

雷峰塔（单色画）
宝箧印经图（五幅）

记西湖雷峰塔发见的塔砖与藏经 俞平伯
黄妃辨 陈乃乾
感伤之梦（诗） 梁宗岱
吉诃德先生的斗牛（三色版） F.M.B.Blarkie 作
西万提斯评传 傅东华

魔侠传（选录） 周作人
西班牙剧坛的将星
〔日〕厨川白村著 鲁 迅译
附：小识 鲁 迅
最近的西班牙剧坛 从 予
幸运（小说） 严敦易
病中夜起登楼（诗） 燕志儁
落魄（小说） 王以仁
小泉八云论诗（摘自“In Ghostly Japan”）
〔日〕小泉八云著 以 予译
醉人的湖风（小说） 许 杰
麻雀（诗）
〔俄〕屠格涅甫著 西 谛译
伯奶特保姆（小说）
〔法〕巴 赞著 金满成译
无情的女郎（诗）
〔英〕济 慈著 朱 湘译
李俐特的女儿（小说）
〔法〕法朗士著 敬隐渔译
虫（小说）
〔法〕马尔格利特著 李劼人译
小仲马的祖宗 从 予
小孩们（小说）
〔俄〕柴霍甫著 陈 嘏译
啼（诗） 黄运初

小泉八云像（单色画）
小泉八云与他的日本妻子（单色画）

小泉八云 樊仲云
小泉八云逸闻 从 予

儿童文学
纺纱者 Mlle Diana Coomans 作
蜗牛与蔷薇丛
〔丹麦〕安徒生著 桂 裕译
奇异的礼物——北欧的神话
高君箴译
教师与儿童
〔日〕小川未明著 晓 天译
春天的归去 严既澄
现代德奥文学者传略——现代世界文学者略传之一部 沈雁冰
霍普德曼（1862— ）传略
苏德曼（1857— ）传略
往日之歌（诗）
〔英〕费兹基洛著 朱 湘译
罗曼·罗兰给敬隐渔书手绩
罗曼·罗兰给敬隐渔书译文
敬隐渔译
各国文学史介绍 郑振铎
文学大纲（一二） 郑振铎
第十五章 中国戏曲的第一期
文坛杂讯（一） 记 者
期刊出版情况三则
书籍出版情况三则

最后一页 编 者
《小说月报》第十五卷总目录

第 16 卷 第 2 号

1925 年 2 月 10 日发行

天真的沙珊（三色版） O.A.作

彭倍的卖花女郎

Mlle Heva Coomans 作

忧思 W.Amberg 作

邱比特与赛契 W.A.Bouguereau 作

卷头语（摘陆机《文赋》句）

记 者录

一个饿人的故事（小说）

〔犹太〕宾斯奇著 陈 嘏译

附志 陈 嘏

济慈的《夜莺歌》（论述） 徐志摩

济慈像

《夜莺歌》原文 〔英〕济 慈

“前穿后补”（小说） 王统照

“你为什么不在这里呢”（杂文）

顾德隆

台下的喜剧（小说） 许 杰

到河西去（小说） 严敦易

灰芙蓉（小说） E.C.

斯尉夫特的劝仆奇文 顾德隆

未寄的一信（小说） 含 星

游伴（小说） 梁宗岱

诗学（下）〔希腊〕亚里斯多德著

傅东华译

读诗学旁杂目录

松筠并茂图 王 翚作

波兰小学家莱芒像

播种人（小说）

〔波兰〕莱芒著 顾德隆译

附记 编 者

梦（小说）

〔日〕夏目漱石著 陈 箸译

薤露之歌（小说） 黄 中

文学大纲（一三） 郑振铎

第十五章 中国小说的第一期

民国十四年的《妇女杂志》

天真的沙珊

〔英〕爱特加华士著 高君箴译

第一章 五月后

文坛杂讯（二） 记 者

最后一页 编 者

第 16 卷 第 3 号

1925 年 3 月 10 日发行

本社特别启事

一、

二、

潘杜拉与她的箱（三色版）

Warwick Goble 作

爱与愚 Lionel Royer 作

夜 Otto Lingner 作

闽江诗意 僧石涛作

钟馗击磬图 查继尹作

蝴蝶（扉画） L.V.Durangel 作

卷头语 西 谛

甯娜（小说）
〔俄〕阿志巴绥夫著　沈泽民译
渔阳曲（诗）　闻一多
夜深时（小说）
〔英〕曼殊斐儿著　徐志摩译
再说一说曼殊斐儿　徐志摩
《园丁集》选译（诗）
〔印度〕太戈尔著　西谛译
第二〇首
第二一首
第二二首
人物的研究（小说研究之一）（论文）
沈雁冰
读《诗学》旁札（上）　傅东华
伊本纳兹雕像被毁了（杂文）
以　予
四季（小说）　黎锦明
介绍文学家明信片（第二辑）
记　者
许是不至于罢（小说）　鲁　彦
莱芽与小牛（小说）　许　杰
小泉八云逸闻　以　予
秋天（诗）　蹇先艾
玫君（小说）　杨袁昌英
儿童文学
天真的沙珊（二）
〔英〕爱特加华士著　高君箴译
第二章　恶耗
第三章　沙珊的火鸡
莱森的寓言（四则）　西　谛译
马与牛
鸭
麻雀与驼鸟
驴与狼
前途（小说）　叶绍钧
白薇曲——A Anna Za wadzka（诗）
梁宗岱
文学大纲（一三）　郑振铎
第十七章　欧洲文艺复兴时代的文学文坛杂讯（三）
记　者
最后一页　编　者

第 16 卷　第 4 号

1925 年 4 月 10 日发行

彼得守夜（三色版）
Mabel Lucie Attwell 作
河滨　Edward Stott 作
“虚荣”　Harry Morley 作
“乡村”　Hans Thoma 作
“跳舞”　Hans Thoma 作
“母与子”　Pablo Picasso 作
卷头语　西　谛
我的旅伴（小说）
〔俄〕高尔基著　耿济之译
高尔基像　Oylik 作

小说之评论
〔法〕莫泊桑著　金满成译
在别一世界里（小说）
〔保〕Elin Pelin 著　胡愈之译
邮局长的信（小说）
〔匈〕Julio Krudg 著　胡愈之译
宙斯的裁判（小说）
〔波兰〕显克微支著　鲁　彦译
和平之国（小说）
〔德〕卡门・栖尔法著
余祥森译
海的坟墓（小说）
〔荷〕H.Blokhuizen 著　胡愈之译
暗淡（小说）
〔捷〕Vikova-Kuneticka 著
胡伯恳译
为什么熊是短尾巴的（挪威民间故事）
〔挪威〕柯司般生和摩伊收集
徐调孚译
哑的神判（小说）
〔英〕加涅忒著　朱　湘译
十字路（小说）
〔冰岛〕阿那森著　徐调孚译
飞箱（小说）
〔丹麦〕安徒生著　顾均正译
莱森的寓言（选）
莱　森著　西　谛译
狮与虎
周比特与马
凤鸟
夜莺与鹰
麻雀
猫头鹰与觅宝者
米洛甫士
赫克里士
驴与狮
羊
仙人的赠品
天真的沙珊（三）
〔英〕爱特加华士著　高君箴译
第四章　沙珊到礼拜堂去

现代德国文学者像一：赫卜特曼像
现代德国文学者像二：苏特曼像

日出之前（五幕剧）
〔德〕赫卜特曼著　耿济之译
文学大纲（一四）　郑振铎
第十八章　十七世纪的英国文学
第十九章　十七世纪的法国文学
文坛杂讯（四）　记　者

最后一页　编　者

第16卷　第5号
1925年5月10日发行

汤姆与蜻蜓（三色版）
Warwick Goble 作

"黄昏星和其爱人"
Sir J.N.Paton 作
"狄爱娜之浴" Hans Von Marèes 作
"谷中牧羊者" Hans Thoma 作
"莱茵河瀑布" Hans Thoma 作
"河滨"（扉画） Georges Seurat 作
卷头语（摘录厨川白村的《苦闷的象征》） 记 者录

葬礼（小说） 腾 固
"善跳的少年" Eugen Zak 作

恋爱了（小说） 张闻天

素描 Carl Sprinchorn 作

病的性欲与文学
〔日〕雁川白村著 仲云译
流露（诗） 李渺世
无题（诗） 李渺世
苦的期想（诗） 李渺世
离婚之后（小说）
〔法〕马尔格利特著 李劼人译
蔡老普底烟袋（小说） 李勖刚
斜阳（诗） 燕志儁
秋夜（诗） 燕志儁
梨花与海棠（小说） 赵景深
在酒窖中 Eugen Zak 作
金哥（小说） 浑 沌
法国文学界对于巴兰的评论
冯 璘 吴 山
《招魂》与《大招》（读书杂记）
颉 刚
读诗学旁札（下） 傅东华
诗与史
希腊戏剧启源考略
诗学引例考略
幽弦（小说） 卢隐女士
介绍《鉴赏》周刊 记 者
介绍《文学周报》 记 者
日出之前（续一）（剧本）
〔德〕赫卜特曼著 耿济之译
园居爽醒（诗） 燕志儁
不睡（诗） 燕志儁
文学大纲（一五） 郑振铎
第二十章 十八世纪的英国文学
儿童文学
天真的沙珊（四）
〔英〕爱特加华士著 高君箴译
第五章 沙珊的爱羊
月歌 马利缦造著 落花生译
假若（安南民歌） 黄运初译
睡思（诗） 燕志儁
文坛杂讯（五） 记 者

最后一页 编 者

第16卷 第6号
1925年6月10日发行

"渔父与摩鬼"（三色版）

Maxfield Parrish 作
工程师　Frans Masereel 作
拳术家　Frans Masereel 作
在意大利　A.B.Brewster 作

卷头语（摘宗岱译 Journal Intime：Henri—Frédéric Amiel）　记　者录

蝴蝶的文学　西　谛
社会的文学批评论（一）　〔美〕蒲克著　傅东华译
胜利之后（小说）　庐隐女士
青松之下（小说）　王统照
日出之前（续二）（剧本）　〔德〕赫卜特曼著　耿济之译
论劳动文学　〔日〕厨川白村著　仲　云译
介绍两种周报——《文学周报》《鉴赏》周刊　记　者
小草（小说）　许　杰
春风（小说）　严敦易
乌林侯的女儿（诗歌）　〔英〕T.Campell 著　傅东华译
D 君（小说）　何植三
接吻（诗）　燕志儁
泪痕的狼藉（小说）　王以仁
马额的羽饰（剧本）　〔匈〕莫尔奈作　沈雁冰译
爱恋，信仰与愿望（小说）　〔俄〕安特列夫著　耿济之译
悽悽的心魂（诗）　燕志儁

儿童文学

夜莺（寓言）　燕志儁
乌雅与天鹅（寓言）　燕志儁
印度寓言　西　谛译
　雇请陶器匠
　斫树取果
　治秃
　氈与驼皮
　仆人守门
　五人共使一婢
　乐工
高加索寓言　西　谛译
　（一）被骗的狐
　（二）狐与鹭鸶
天真的沙珊（节译）（五）　〔英〕爱特加华士著　高君箴译
　第六章　盲琴师

文坛杂讯（六）　记　者

最后一页　编　者

第 16 卷　第 7 号

1925 年 7 月 10 日发行

“红字”（三色版）　Hugh Thomson 作
“夏夜”　Albert Pinkham Ryder 作
赛契与南风　W.Kray 作
夏　E.Benner 作

卷头语　西谛
血歌　朱自清
——为五卅惨剧作（诗）
为中国（诗）　西谛
街血流去后　西谛
五月卅一日急雨中　叶圣陶
介绍《文学周报》　记者
墙角的创痕（诗）　西谛
枪口的故事　燕志儁
我们的中国（诗）　西谛
泥泽（诗）　西谛
我的祖国（诗）　焦菊隐
被枪射的人（诗）　燕志儁
我的哭悼诗
我只哭着他们的痛苦
人类史上的惨杀案　何炳松
嬝娜（小说）　敬隐渔
摩托车的鬼（小说）　滕固
社会的文学批评论（二）
〔美〕蒲克著　傅东华译
中国文学所受的印度伊兰文学底影响　许地山
文艺与性欲（论文）
〔日〕厨川白村著　仲云译
湖中旧画（小说）　李劼人
校长（小说）　蓼南
日出之前（续三）（剧本）
〔德〕赫卜特曼著　耿济之译
无聊（诗）　周仿溪
落花时节（小说）　卢冀野
现代德奥文学者略传（二）　沈雁冰
法兰生（1863—　）
维也贝（1860—　）
汤麦士漫（1875—　）
炮战
——火线之下二十四篇之一
〔法〕巴比塞著　罗黑芷李青崖译
附识　青崖

“睡”（蚀刻）
Margery Whittington 作
巴比塞像

文坛杂讯　记者

最后一页　编者

第 16 卷　第 8 号
安徒生号（上）
1925 年 8 月 10 日发行

插　图

她向田鼠求一粒谷（三色版）
W.Heath Robinson 作
安徒生像
立于丹麦奥顿瑟之安徒生铜像
安徒生童话里的人物
安徒生与他的父亲
安徒生的剪纸（三幅）
安徒生童话的插图（四幅）
安徒生的生地
安徒生的死地

卷头语　西　谛

安徒生传　顾均正
我作童话的来源和经过
〔丹〕安徒生著　赵景深译
安徒生逸事（四则）　赵景深译
安徒生评传
〔丹〕博益生著　张友松译
火绒箱〔丹〕安徒生著　徐调孚译
幸福的套鞋
〔丹〕安徒生著　傅东华译
豌豆上的公主
〔丹〕安徒生著　赵景深译
牧豕人〔丹〕安徒生著　徐调孚译
牧羊女郎和打扫烟囱者
〔丹〕安徒生著　赵景深译
锁眼阿来
〔丹〕安徒生著　赵景深译
孩子们的闲谈
〔丹〕安徒生著　西　谛译
小绿虫〔丹〕安徒生著　岑麒祥译
老人做的总不错
〔丹〕安徒生著　顾均正译
烛　〔丹〕安徒生著　赵景深译
安徒生的作品及关于安徒生的参考书籍　西　谛
天鹅（童话剧）
〔丹〕安徒生原著　赵景深改译
附记　赵景深
列那狐的历史（一）（童话）
文　基译述
文坛杂讯（八）　记　者
最后一页　编　者

第 16 卷　第 9 号
安徒生号（下）
1925 年 9 月 10 日发行

插　画

“乐园”（三色版）Edmund Dulac 作
安徒生铜像
安徒生图书馆的外景
安徒生图书馆的内部
安徒生童话的插图（一七幅）
安徒生的剪纸（六幅）
安徒生半身影像

卷头语　西　谛

安徒生及其出生地奥顿瑟
〔丹〕C.M.R.Petersen 著　后　觉译
安徒生的童年（《我的一生的童话》第一章）
〔丹〕安徒生著　焦菊隐译
安徒生童话的艺术（《安徒生论》第一章）〔丹〕勃兰特著　赵景深译
“即兴诗人”　顾均正
安徒生童话的来源和系统
〔丹〕安徒生著　张友松译
践踏在面包上的女孩子
〔丹〕安徒生著　胡愈之译
茶壶　〔丹〕安徒生著　樊仲云译

乐园　〔丹〕安徒生著　顾均正译
扑满　〔丹〕安徒生著　西　谛译
千年之后〔丹〕安徒生著　西　谛译
七曜日　〔丹〕安徒生著　顾均正译
一个大悲哀
〔丹〕安徒生著　顾均正译
雪人　〔丹〕安徒生著　沈志坚译
红鞋　〔丹〕安徒生著　梁指南译
妖山　〔丹〕安徒生著　季赞育译
安徒生年谱　顾均正　徐调孚
凤鸟　〔丹〕安徒生著　西　谛译
列那狐的历史（二）（童话）
文　基译述

文坛杂讯　记　者

最后一页　编　者

第16卷　第10号
1925年10月10日发行

插　图
李丽斯贵妇（三色版）
D.G.Rossetti 作
小孩（雕像）〔法〕Traverse 作
初醒　〔法〕Glaize 作
秋　E.Benner 作
陶孙画像

卷头语　西　谛
参情梦（歌剧剧本）　傅东华译
附记　傅东华
鬼影（小说）　王统照
秦教授的失败（小说）　庐隐女士
星儿在右边（诗）　李金发
猫诰（诗）　朱　湘
社会的文学批评论（三）
〔美〕埔克著　傅东华译
《茶花女》本事　樊仲云
雪夜（诗）　欧阳兰
归家（上）（小说）　孙俍工

儿童文学

循环争斗（四幕童话剧）
〔日〕益田甫著　苏仪贞译
印度寓言　西　谛译
愚人与牛乳
愚人食盐
蛇郎　徐蔚南
附：附记　徐蔚南
妖精的恋歌　燕志儁
列那狐的历史（三）（童话）
文　基译述

文坛杂讯（一〇）　记　者

最后一页　编　者

第16卷　第11号
1925年11月10日发行

插　画
克丽旦尼斯特拉（三色版）

John Collier 作
临死的战士（雕刻）〔法〕Julieu 作
诗人奈克弱索夫像
时间夫人在读“生之序幕”（扉页画）
F.Carter 作

卷头语 西 谛

一个白衣素冠之客——奈克弱索夫和他的诗 刘延陵
消夏杂记（小说） 翼女士
阿龙索与伊木真（诗）
〔英〕M.G.Lewis 著 傅东华译
疲惫者（小说） 王任叔
我想到你（诗） 李金发
儿时回忆（小说） 金满成
打鸠的祷祝（诗） 燕志儁
社会的文学批评论（四）
〔美〕浦 克著 傅东华译
与夜莺（诗）
〔英〕密尔顿著 傅东华译
漫画浅说 丰子恺
附：丰子恺的漫画：饭后、惜别、学步《子恺漫画集》序
郑振铎
附：丰子恺的漫画：“野渡无人舟自横”、病车、灯前归家
（下）（小说） 孙俍工
你闭了你的眼（诗） 燕志儁
文学大纲 郑振铎
第二十一章 十八世纪的法国
文学花卉已无人理（诗） 于赓虞
蝴蝶的家 燕志儁

儿童文学

兔的衣服（童话）
〔日〕小川未明著 秋 云译
小的红花（童话）
〔日〕小川未明著 张晓天译
列那狐的历史（四）（童话）
文基译述

文坛杂讯（一一） 记 者

最后一页 编 者

第16卷 第12号
1925年12月10日发行

插 画

金谷园宴游图（四色版） 仇 英作
石器时代 〔法〕Daillon 作
Leda 与鹅 〔法〕Maillard 作
庋藏“四库全书”的文渊阁
文渊阁中之“四库全书”
“黄昏”（蚀雕）
Cyrie Spackman 作
习作 Pabls Picasso 作
看护妇（镂雕） Icart 作
卷头语 西 谛

“四库全书”述略 王伯祥
隐匿（小说） 许 杰

两封信（小说） 谢位鼎
诱（小说） 含 星
危机（小说） 庐隐女士
犹太文学与考白林
L.Blumenfeld 著 海 镜译
狐狸和葡萄（寓言）
La Fontaine 著 调 孚译
鱼与天鹅（寓言）
〔日〕小川未明著 晓 天译
日出之前（五）（剧本）
〔德〕赫卜特曼著 耿济之译
文艺界的国际联盟 从 予

秋曲（诗）〔英〕济慈著 朱 湘译
有一座坟墓（诗） 朱 湘
歌（诗） 朱 湘
答梦（诗） 朱 湘
多妼（诗）
〔英〕丁尼生著 傅东华译
珠儿的祖母（小说） 胡云翼
素书（小说） 伥 工
文学大纲（一七） 郑振铎
第二十二章 十八世纪的德国
文学列那狐的历史（童话）
文基译述
文坛杂讯（一二） 记 者

最后一页 编 者
《小说月报》第十六卷总目录
编 者

第17卷 第1号
1926年1月10日发行

拉奥孔（封面）
荷马史诗的朗诵（三色版）
Lawrence Alma—Tadema 作
阿罗汉图（三色版） 林庭珪作
学编物 J.F.Millet 作
石工 J.F.Millet 作
着衣 Vineent Van Gogh 作
咖啡馆之夜 Vineent Van Gogh 作
扉画 丰子恺作

卷头语 西 谛

文学之近代研究（一）
莫尔顿著 傅东华译

罗曼罗兰像 Granie 作
罗曼罗兰塑像 F.Voulot 作
罗曼罗兰的住宅
《若望·克利司朵夫》向中国的弟兄们宣言（罗曼罗兰手迹，附译文）

若望·克利司朵夫（一）（小说）
〔法〕罗曼罗兰著 敬隐渔译
蕾芒湖畔 敬隐渔
奥德赛（一）（诗） 傅东华译

《奥德赛》插图三幅
法朗士之始末 李金发

法朗士像　Guth 画
镂雕　M.Kirmse 作
剧后（小说）　冰心女士
失去的兔（小说）　西　谛
罪恶（小说）
〔俄〕柴霍甫著　赵景深译
岩石（诗）
〔俄〕烈尔蒙托甫著　陆秋人译
打弹子（小说）　朱　湘
嘉尔曼（一）（小说）
〔法〕梅里美著　樊仲云译

冬之趣　丰子恺作

魔术（小说）　滕　固
一束红笺（小说）　周仿溪
评徐君志摩的诗　朱　湘
世界是如此其小（小说）　李金发
列宁与俄皇的故事
〔苏〕赛甫里娜著　胡愈之译
Essex 的船场　M.Mardie 作
浮士德（小说）
〔俄〕契利加夫著　郁　之译
"爸爸耳朵里一支铅笔!"
丰子恺作
苏斐（剧本）　素如女士
孤哭的鸠（诗）　燕志儁
歌（诗）　朱　湘
秋夜（诗）　朱　湘
赌牌（诗）
〔英〕黎理著　朱　湘译
歌（诗）　朱　湘
恳求（诗）〔英〕薛惺著　朱湘译
文学大纲（一八）（论文）
郑振铎
第二十三章　十八世纪的南欧与北欧
儿童文学
拉风歹纳寓言（一）　张若谷译
二友人
雄鸡与愚人
讲道　顾德隆
皇太子　敬隐渔
玫瑰与麻雀
〔丹〕安徒生著　樊仲云译
寓言二则　燕志儁
二位批评家
猪与羊
乞丐——高加索民间故事之一
西　谛译
恶汉乐斯和三个火堆（印度的神仙故事）　M.H.Wade 著　纫秋女士译
世界童话名著介绍　顾均正
（一）《莽丛集》
（英国　吉卜林 R.Kipling 著）
（二）《镜里世界》
（英国　加乐尔 L.Caroll 著）

文坛杂讯（一三）　记　者

最后一页　编　者

第17卷　第2号

1926年2月10日发行

投盘者（封面）
浮士德与魔鬼（三色版）
A.Jacomin 作
陶渊明抚松图　（相传）赵子昂作
掘土　V.V.Gogh 作
播种人（扉画）　V.V.Gogh 作

卷头语　西　谛

晨（小说）　叶绍钧
双十节（小说）　章克标
寓言的寓言（小说）
〔俄〕Vlas Dorošević 著　胡愈之译
好心肠（小说）
〔英〕高斯华绥著　顾德隆译

高斯华绥像

巴黎之夜景（诗歌）
〔法〕Paul Verlaine 著　李金发译
生命与国家（剧本）　玉薇女士
文学之近代研究（二）
莫尔顿著　傅东华译
第二章　文体元素的混杂
嘉尔曼（二）（小说）
〔法〕梅里美著　樊仲云译
诗神（诗）　李金发
奥德赛（二）（诗）　傅东华译
《奥德赛》插图二幅

若望·克利司朵夫（二）
〔法〕罗曼罗兰著　敬隐渔译
行乐——欧洲中古时代诗某君英译
朱　湘译
摇篮歌（诗）　朱　湘
文学大纲（一九）　郑振铎
第二十四章　中国小说的第二期（上）

儿童文学

拉风歹纳寓言（二）　张若谷译
猫与黄狼及野兔
狼变成牧童
牧童与羊群
渔夫的儿子（高加索民间故事之一）
西　谛译
世界童话名著介绍（续）　顾均正
（三）《彼得班恩》（英国　巴莱 SirJ.M.Barrie 著）
（四）《狼及其他》（英国　伊温夫人　Ewing 著）

文坛杂讯（一四）　记　者

最后一页　编　者

第17卷　第3号

1926年3月10日发行

慈悲（封面）　Michelangelo 作

吉诃德先生与马利姐（三色版）
Rowlad Wheelwright 作
荷兰女孩 Th.Grust 作
打 J.F.Millet 作
跳舞（扉画） 子 恺作
卷头语 西 谛
微波（小说） 叶绍钧
将这个献给我的妻房（小说）
罗黑芷
辛八先生（小说） 罗黑芷
从前有一位瞎眼的先生（小说）
焦菊隐
还乡（小说） 王以仁
絮语散文（杂文） 胡梦华
文学之近代研究（三）
莫尔顿著 傅东华译
第三章 文体是解释文学的锁钥
首领的威信（小说）
〔西班牙〕伐尔音克兰著
沈雁冰译
若望·克利司朵夫（三）（小说）
〔法〕罗曼罗兰著 敬隐渔译
残灰（诗） 朱 湘
微思（诗） 西 谛
嘉尔曼（三）（小说）
〔法〕梅里美著 樊仲云译
自立（小说） 鲁 彦
文学大纲（二〇） 郑振铎
第二十五章 中国戏曲的第二期（下）

儿童文学

朝露 西 谛
喜鹊教造窠 褚东郊
世界童话名著介绍（续） 顾均正
（五）《钟为什么响》
（英国 阿尔登 R.M.Alden 著）
（六）《匹诺契奥的奇遇》
（意大利 科罗狄 C.Collodi 著）
拉风歹纳寓言（三） 张若谷译
山生子
苏格拉底的话
牧牛与蛙
文坛杂讯（一五） 记 者

最后一页 编 者

第 17 卷 第 4 号

1926 年 4 月 10 日发行

Ercole 及 Lica（封面） Canova 作
吊伊卡洛士（三色版）
H.James Draper 作
鳕鱼 Vincent Van Gogh 作
Vincent 的寝室
Vincent Van Gogh 作
扉画 子 恺作

卷头语 西 谛

芥川龙之介氏的中国观
夏丏尊译述

第一瞥
上海城内
戏台
章炳麟氏
郑孝胥氏
南国的美人
沪杭车中
西湖
苏州
南京
芜湖
北京雍和宫
辜鸿铭先生
什刹海
胡胖子请客（小说） 罗黑芷
海的图画（小说） 罗黑芷
悒郁（小说）
〔俄〕柴霍甫著 赵景深译
玉箫明月（诗） 易家钺
嘉尔曼（四）（小说）
〔法〕梅礼美著 樊仲云译
赫三怎样落下了裤子（小说）
〔俄〕Vlas Doroŝeviĉ 著
胡愈之译
文学者与世界语（杂文）（无署名）
破晓（小说） 于成泽
生命的伤痕（小说） 佷 工
暴风雨的夜
“把他倒挂在树上吧”!
雪里
孪生
“更向何处去逃生吧!”
生命的伤痕
文学大纲（二一） 郑振铎
第二十六章 十八世纪的中国文学
儿童文学
拉风歹纳寓言 张若谷译
狮出征
死神与穷汉
用功 顾德隆
七星 西 谛

文坛杂讯 记 者

最后一页

第 17 卷 第 5 号
1926 年 5 月 10 日发行

战败之 Gladiatore（封面）
骚西的酒（三色版）
Sir Edward Burne Jones 作
披雅娜旁的少女 Renoir 作
小艇 Renoir 作
“Arles 城的女人” V.V.Gogn 作
扉画 子 恺作

卷头语 西 谛

二男（小说） 罗黑芷
灵感（小说） 罗黑芷

怯弱者（小说） 夏丏尊
还乡（诗歌） 朱 湘
夜猫（小说） 饶孟侃
毛线袜 钦 文
沉绉 王以仁
评闻君一多的诗 朱 湘
五言诗发生时期之疑问
〔日〕铃木虎雄著 陈延杰译
文学之近代研究（四）
莫尔顿著 傅东华译
第四章 文学领域的统一与世界文学的概念
奥德赛（三） 傅东华译
嘉尔曼（五）
〔法〕梅礼美著 樊仲云译
文学大纲（二二） 郑振铎
第二十七章 十九世纪的英国诗歌

儿童文学

拉风歹纳寓言（五） 张若谷译
鸢与黄莺
狂与爱
溪流与河水
世界童话名著介绍（续） 顾均正
（七）《空想的故事》（美国托斯克顿 F.R.Stocton 著）

文坛杂讯（一七） 记 者

最后一页 编 者

第17卷 第6号

1926年6月10日发行

酒神之童（封面）Braccio Nuovo 作
狮（三色版） 徐悲鸿作
在师范学校时代之罗曼罗兰著《若望·克利司朵夫》时代的罗曼罗兰
罗曼罗兰的母亲
托尔斯泰给罗曼罗兰的信
扉画 子 恺作

卷头语（摘罗曼罗兰的《贝多芬传》）
徐蔚南译 西 谛录

罗曼罗兰传略 马宗融
音乐方面的罗曼罗兰 张若谷
彼得与露西（上）（小说）
〔法〕罗曼罗兰著 李劼人译
罗曼罗兰著作目录
华工的信（小说） 李金发
复仇者（小说）
〔俄〕柴霍甫著 赵景深译
医生（小说） 罗黑芷
归来的儿子（小说） 曲 秋
在伊尔蒂希（Irtysh）河岸上（小说）
蓼 南
师弟（小说） 许志行
文学大纲（二三） 郑振铎
第二十八章 十九世纪的英国小说

诗　选

夏夜　朱　湘
雨前　朱　湘
诀别　朱　湘
美　朱　湘
多西　〔英〕朗德尔著　朱　湘译
终　〔英〕朗德尔著　朱　湘译
归来　〔英〕夏士陂著　朱　湘译
海挽歌〔英〕夏士陂著　朱　湘译
爱　〔英〕薛　悝著　朱　湘译

儿童文学

拉风歹纳寓言（六）　张若谷译
　牡狗与她同伴
　约诺与孔雀
　兔与鹧鸪
　雏鸡与猫及幼鼠
世界童话名著介绍　顾均正
　（八）《仙女莫泊萨》（英国印泽罗 Jean Ingelow 著）
介绍《列那狐的历史》　记　者

文坛杂讯（一八）　记　者

最后一页　编　者

第17卷　第7号
1926年7月10日发行

委娜丝像（封面）
芬兰风景　Seherres 作
山上　Chanes H.Davis 作
耕田　Georges Gobo 作
扉画　子　恺作

卷头语　西　谛

老张的哲学（一）（小说）　舒庆春
王娇　朱　湘
访雯（剧本）　白薇女士
茉莉曲（诗）　滕　固
烟袋（小说）
　〔苏〕爱伦堡著　曹靖华译
　附记　曹靖华
彼得与露西（下）（小说）
　〔法〕罗曼罗兰著　李劼人译
文学大纲（二四）
　第二十九章　十九世纪的英国批评家及其他
　第三十章　十九世纪的法国小说

儿童文学

拉风歹纳寓言（七）　张若谷译
　遣往亚历山大的兽群
　橡树与荻芦
世界童话名著介绍（六）　顾均正
　（九）《自然的喻言》（英国盖替夫人著）

介绍《城中》　记　者
文坛杂讯（二〇）　记　者

最后一页　编　者

第 17 卷　第 8 号
1926 年 8 月 10 日发行

孩与狗　F.P.Troubetzkoy 作
小红骑巾　F.Hibberman 作
圣母与圣童　G.Kouthorst 作
扉画　子　恺作
海船　M.Hardie 作
爱伦坡像及其签字
圣・皮韦像

卷头语　西　谛

低低地弯下身去（小说）　罗黑芷
无题（诗）　刘梦苇
龙华道上（小说）　滕　固
谷润　徐蔚南
文学之近代研究（五）
莫尔顿著　傅东华译
第五章　文学之外面的及里面的研究
丽西・爱尔米・爱丽沙白（小说）
〔匈〕F.Herczeg 著　鲁　彦译
神话与民间故事
〔英〕哈特兰德著　赵景深译
奇事的天使（小说）
〔美〕爱伦坡著　傅东华译
震动的一环（小说）　长　虹
炉边（小说）　岳　焕
老张的哲学（二）（小说）　老　舍
文学大纲（二五）　郑振铎
第三十一章　十九世纪的法国诗歌
第三十二章　十九世纪的法国戏剧与批评

儿童文学

拉风歹纳寓言（八）　张若谷译
狮子老了
狼狐聚讼于猴前
象与周比特的猴子
世界童话名著介绍（七）　顾均正
（一〇）鹅母亲的故事（法国贝洛尔著）

文坛杂讯（二〇）　记　者

最后一页　编　者

第 17 卷　第 9 号
1926 年 9 月 10 日发行

Niobe Madre（封面）
Galleriadegli Vffizi 作
夏　张道藩作
死雁　高乐宜作
扉画　子　恺作

卷头语　圣　陶

狐仙（剧本）　落华生
夏夜（小说）　叶绍钧
北海记游（散文）　朱　湘

哭城（诗） 朱 湘
末路（小说） 许 杰
一个神秘的悲剧（剧本） 长 虹
小泉八云的文学讲义 滕 固译
一、关于文学的读书
二、文章论略
三、文学与舆论
草书纪年 长 虹
一次胜利
平凡的普遍
蒙昧
夜的占领
从它的叶到它的根
一个艺术家
古训
被压迫者的心理
传统
民间的损失
红的分类
调和
等待
生与死
老张的哲学（三）（小说） 老 舍
文学大纲（二六） 郑振铎
第三十三章 十九世纪的德国文学
第三十四章 十九世纪的俄国文学

儿童文学

拉风歹纳寓言（九） 张若谷译
死神与临死人
大言不惭的游历家
世界童话名著介绍（续） 顾均正
（一一）《美人与野兽》（法国微拉绥夫人著）
文坛杂讯（二一） 记 者
最后一页 编 者

第 17 卷 第 10 号
1926 年 10 月 10 日发行

Der Dornausgieher（封面） G.Eberlein
七十岁的萧伯纳
柴霍甫
克鲁泡特金
蒲宁
扉画 子 恺作
卷头语 西 谛
克鲁泡特金的《柴霍甫论》 陈 著译
柴霍甫（论述） ［俄］蒲 宁著 赵景深译
笛声（小说） ［俄］柴霍甫著 张友松译
爱（小说） ［俄］柴霍甫著 张友松译
表现的鉴尝论（克罗伊兼的学说）（论文） 胡梦华

柴霍甫的零简　志　摩译
——给高尔基
香槟酒——一个旅客的自述(小说)
〔俄〕柴霍甫著　赵景深译
牛津大学公园早行（诗）　落花生
一篇没有题目的故事（小说）
〔俄〕柴霍甫著　效　洵译
暧昧的性情（小说）
〔俄〕柴霍甫著　效　洵译
老张的哲学（四）（小说）　老　舍
剩洛大伯（小说）　许钦文
草书纪年　长　虹
现实的现实
老战士和他的老马
历史的势力
爱的沉默
艺术与悲哀
儿童文学
拉风歹纳寓言（一〇）　张若谷译
蝉与蚁
妇女与秘密
二鸽
给——（诗）　长　虹
寄天涯一孤鸿（小说）　庐隐女士
文学大纲（二七）　郑振铎
第三十五章　十九世纪的波兰文学
第三十六章　十九世纪的斯坎德那维亚文学
文坛杂讯（二二）　记　者
最后一页　编　者

第17卷　第11号
1926年11月10日发行

鹅女（封面）　Paul Nisse
少女（素描，中华艺术大学展览会出品之一）　陈抱一作
读书（素描，中华艺术大学展览会出品之二）　丁衍镛作
花鸟（中华艺术大学展览会出品之三）　洪　野作
新近逝世之犹太作家善格威尔及其住宅（二幅）
扉画　子　恺作

卷头语　西　谛

车中（小说）　王统照
灵海潮汐致梅姊（小说）　庐隐女士
不忠实的受托人（拉风歹纳寓言）　张若谷译
扫墓（小说）　林守庄
四月（诗歌）　燕志儁
落日愁（小说）　涉　世
阿圆和尚（小说）　浑　沌
给——（续）（诗）　长　虹
一个小小的牺牲者
——哭亡女绢（小说）黄　中
母亲（小说）
〔日〕人见克著　苏仪贞译
老张的哲学（五）（小说）　老　舍
爱情（诗歌）　燕志儁

文学大纲（二八） 郑振铎
第三十七章 十九世纪的南欧文学
第三十八章 十九世纪的荷兰与比利时
第三十九章 爱尔兰的文艺复兴
答周仿溪君 郑振铎
儿童文学
拉风歹纳寓言（一一） 张若谷译
不忠实的受托人
世界童话名著介绍（续）
（一二）挪威民间故事（挪威阿斯皮尔孙、摩伊合著）
文坛杂讯（二三） 记 者
最后一页 编 者

第17卷 第12号
1926年12月10日发行

歌德像（三色版） I.Stieler作
皮泰·皮特里克士 罗赛底作
菲阿米泰的幻像 罗赛底作
扉画 子 恺作
卷头语 西 谛
寂寞（小说） 庐隐女士
死之胜利
——为杨子惠作（诗歌）
朱 湘
上帝保佑下的一员（小说） 章克标
两个头颅的摇动（小说） 王统照
殂落（小说） 王以仁
爱与愁（小说） 胡云翼
老张的哲学（六，续完）（小说）
老 舍
奥德赛（四）（诗歌） 傅东华译
文学大纲（二九） 郑振铎
第四十章 美国的文学
第四十一章 十九世纪的中国
文学文坛杂讯 记 者
最后一页 编 者
《小说月报》第十七卷总目录
编 者

第17卷 号外
中国文学研究
1927年6月出版

上 册
鸣鹤图（四色版） 文 正笔
孔子行教像（刻石） 吴道子笔
李白行吟 梁 楷笔
少陵昌黎二公合像 罗 聘笔
李德裕见客图 顾大昌笔
溪山深远图 黄公望笔
仿元人画马 瞿琴峰笔
风雨山水图（影写版） 传宋徽宗笔

观瀑图（影写版） 夏 珪笔
牧羊图（影写版） 李 迪笔
龙图（影写版） 陈所翁笔
雪中柳鹭图（影写版） 传赵仲穆笔
达摩像 徐 渭笔
兰竹 马湘兰笔
白居易像（刻石）
姜夔像（刻石）
杨慎像（刻石）
黄遵宪像
严复像
雪景山水（扉画） 傅 山笔

卷头语 西 谛

研究中国文学的新途径 郑振铎
中国文学演进之趋势 郭绍虞
诗与诗体 唐 钺
从学理上论中国诗 潘力山
赋在中国文学史上的位置 郭绍虞
三百篇中的私情诗 朱 湘
释“四诗”名义 梁启超
读诗札记 俞平伯
宋玉评传 陆侃如
武松与其妻贾氏 西 谛
宋玉赋辨伪 刘大白
中山狼故事之变异 西 谛
李笠翁十种曲 朱 湘
魏晋诗研究 陈延杰
中世人的苦闷与游仙的文学 滕 固
谢朓年谱 伍叔傥
古代的民歌 朱 湘
五绝中的女子 朱 湘
颓废派之文人李白 徐嘉瑞
王维 朱 湘
王昌龄的诗 施 章
岑参 徐嘉瑞
宋诗之派别 陈延杰
宋初词人 台静农
螺壳中之女郎 西 谛
论北宋慢词 张友仁
纳兰容若 滕 固
中国旧诗篇中的声调问题 刘大白
论中国诗篇中的次第律——外形律之一 刘大白
中国民众文艺之一斑——歌谣 刘经菴
童谣三则 C M
　采花
　青萍儿
　雪
民歌研究的片面* 汪馥泉
宋人词话* 西 谛
中国儿歌的研究 褚东郊
鲁智深的家庭 西 谛

下 册

梵剧体例及其在汉剧上底点点滴滴 许地山
元剧略说 吴瞿安

* 此四篇见于本号初版，以后各再版本均删除。

郑氏影印之杂剧传奇 （无署名）
《救风尘》 朱湘
西厢的批评与考证 张友鸾
《吟风阁》 朱湘
《西厢记》的考证问题 谢康
明代之短篇平话小说 西谛
《目莲救母行孝戏文》研究
〔日〕仓石武四郎著 汪馥泉译
蒋士铨 朱湘
谈二黄戏 欧阳予倩
中国戏曲的选本 郑振铎
中国小说概论
〔日〕盐谷温著 君左译
《古今奇观》之来源 记者
明清小说论 谢无量
《水浒传》之研究 潘力山
《宣和遗事》考证 汪仲贤
韵文与骈体文 严既澄
散体文正名 陈衍
歌德与中国文化 卫礼贤
十四世纪南俄人之汉文学 陈垣
金源的文囿 许文玉
肖统评传 谢康
文学批评家刘彦和评传 梁绳袆
文学批评家李笠翁 胡梦华
《徐霞客游记》 丁文江
文学革命的先驱者——王静奄先生 吴文祺
中国文学内的性欲描写* 沈雁冰
佛曲叙录 郑振铎
西谛所藏弹词目录 西谛
中国民众文艺一斑——滩簧 徐传霖
日本最近发现之中国小说* 西谛
中国蛋民文学一脔 钟敬文
中国文学年表 郑振铎
周邦彦的《大辅》 朱湘
童谣三则 M

第 18 卷 第 1 号

1927 年 1 月 10 日发行

封面（五色版） 陈之佛作
小锡兵（三色版） K.Nielsen 作
老年木刻家 A.Lewis 作
三潭印月（康熙版《西湖佳话》插图之一）
灰色的早晨 A.E.Law 作
政客 W.Conor 作
扉画 丰子恺作

卷头语 西谛

音乐与文学的握手 丰子恺
插图之话 郑振铎
词选序 胡适
醫命（小说） 汪静之
一包东西（小说） 叶绍钧
蓝天的忏悔录（小说） 庐隐女士
雪风（小说）

* 此四篇见于本号初版，以后各再版本均删除。

〔俄〕皮涅克著　向培良译
龚枯儿兄弟（文坛逸话）　宏　徒
两封遗书（小说）　行　余
文豪所得的稿费（文坛逸话）
宏　徒
泪影（小说）　刘大杰
几段无系统的思想（小说）
李金发
老仆人（小说）
〔波兰〕显克微支著　鲁　彦译
附记　鲁　彦
小坟屋
〔英〕G.Caldron 著　沈性仁译

儿童文学

拉风歹纳寓言（一二）
张若谷译
百头龙与百尾龙
木偶的奇遇（童话）
〔意〕科洛提著　徐调孚译
附记　徐调孚

现代文坛杂话

文明与野蛮　樊仲云
威尔斯痛骂大学教育　樊仲云
左拉与法朗士　樊仲云
勃兰特的《杜斯传》　樊仲云
关于诺贝尔文艺奖的诸家意见
樊仲云

近代名著百种述略

一、《沉钟》
（霍普特曼著）谢六逸
二、《伊凡泽林》
（美国　朗弗罗著）徐调孚

正月文艺家生卒表　西　谛
文学大纲（三〇）　郑振铎
第四十二章　新世纪的文学

上月份收到之刊物

最后一页　编　者

第 18 卷　第 2 号
1927 年 2 月 10 日发行

封面（五色版）　陈子佛作
火绒盒（三色版）　K.Nielsen 作
上囟煎盐（敖波图之一）
芥川龙之介及其墨迹（三幅）
皮涅克像　朱应鹏作
扉画　丰子恺作

卷头语　西　谛

文学进化论
莫尔顿著　傅东华译
《敖波图》　佩　弦
普希金的决斗（文坛逸话）　宏　徒
山鸭（小说）〔日〕芥川龙之介著
汤鹤逸译
附识　汤鹤逸
临谷（小说）
〔俄〕皮涅克著　向培良译

皮涅克像（绘画）　朱应鹏作
改嫁（小说）　许　杰
《司令》（小说）　王统照
友谊（小说）　李金发
托尔斯泰与二十八（文坛逸话）
宏　徒
何处是归程（小说）　庐隐女士
颦命（续完）（小说）　汪静之
马克·吐温的领带（文坛逸话）
宏　徒
死的舞曲（诗）　长　虹
小儿的啼声（文坛逸话）
宏　徒
我底病人（诗）　落花生
木偶的奇遇（二）（童话）
〔意〕科洛提著　徐调孚译
近代名著百种述略
三、《复活》
（俄国　托尔斯泰著）　谢六逸
二月文艺家生卒表　西　谛

最后半页

第18卷　第3号
1927年3月10日发行

封面（三色版）　陈之佛作
梵哑铃弹奏者（三色版）
许敦谷作
裴德芬所用听音器（一幅）
裴德芬画像　C.Jäger作
裴德芬自笔乐谱（一幅）
扉画　丰子恺作

卷头语　西　谛

乐圣裴德芬底生涯及其艺术
丰子恺
裴德芬谈话三则　子　恺
阿那托尔·法郎士不受人拍（文坛逸话）　宏　徒
赵子曰（一）（小说）　老　舍
金丸药与纸丸药（文坛逸话）
宏　徒
小点缀（小说）　渺　世
纪念碑的奠礼（小说）　许　杰
以诺阿登（诗）
丁尼生著　傅东华译
兰勃兄妹的苦运（文坛逸话）
宏　徒
离婚（一）（剧本）　向培良
木偶的奇遇（三）（童话）
〔意〕科洛提著　徐调孚译
近代名著百种述略
四、《红与黑》
（斯当达尔著）　马宗融
五、《约婚夫妇》
（意大利　曼苏尼著）　徐调孚
三月文艺家生卒表
西　谛　调　孚
诗人雪莱（文坛逸话）　宏　徒
《艺术界周刊》介绍　（无署名）

第18卷　第4号
1927年4月10日发行

封面（四色版）　陈之佛作
史希罕拉才得（三色版）
E.Dulac作
饮马　R.C.Peter作
取乳　R.C.Peter作
扉画　丰子恺作

卷头语

日本传说十种（附解说）　谢六逸
文学进化论（二）
莫尔顿著　傅东华译
十四夜间（小说）　焕　乎
赵子曰（二）　老　舍
希腊人之哀歌　张水淇
暴虐狂与受虐狂（文坛逸话）
宏　徒
群众（小说）
〔法〕米尔博著　修勺译
雪人（小说）　林守庄
农夫马尔来（小说）
〔俄〕杜思退益夫斯基著
杨彦劬译
死刑台上的杜思退益夫斯基（文坛逸话）　宏　徒
十一封信（小说）　潘垂统
离婚（二）（剧本）　向培良
贫穷问答歌（选自《万叶集》）（诗）
谢六逸译
附记　谢六逸
Mars的恩惠（诗）　赵景深
献给自然的女儿（之一）（诗）
长　虹
流泪（诗）　林守庄
木偶的奇遇（三）（童话）
〔意〕科洛提著　徐调孚译
四月文艺家生卒表　西　谛　调　孚
十返舍·一九之滑稽（文坛逸话）
宏　徒

第18卷　第5号
1927年5月10日发行

封面（三色版）　陈之佛作
春晨之山（三色版）　陈抱一作
素描　常玉作
裸女　G.Dorignac作
扉画　丰子恺作

卷头语（蒲宁述柴霍夫语）
记　者录

怀柴霍甫（散文）
〔俄〕科布林著　赵景深译
“安娜套在颈子上”（小说）
〔俄〕柴霍甫著　赵景深译
头等搭客（小说）
〔俄〕柴霍甫著　云　裳译
鲍特莱尔的奇癖（文坛逸话）

宏　徒

不幸（小说）

〔俄〕柴霍甫著　露　明译

小病（小说）　桂　山

苦闷的灵魂（小说）　含　星

屠格涅夫轶事（文坛逸话）

宏　徒

赵子曰（三）（小说）　老　舍

南方熊楠这人（文坛逸话）

宏　徒

日本狂言

自杀（剧本）　谢六逸译

鬼的义儿（剧本）　谢六逸译

诗　选

放翁的老年　赵景深

午时的乡野　渺　世

献给自然的女儿（之二）长　虹

寂寥　蹇先艾

离婚（三）（剧本）　向培良

木偶的奇遇（四）（童话）

〔意〕科洛提著　徐调孚译

五月文艺家生卒表　西　谛　调　孚

第18卷　第6号

1927年6月10日发行

封面（三色版）　陈之佛作

静物（三色版）（立达学园第一次西洋画展会出品）　黄涵秋作

谛听（铅笔画）　W.Reynold作

读报（铅笔画）　W.Reynold作

扉画　丰子恺作

卷头语（摘鲁迅译厨川白村《苦闷的象征》语）　记　者录

出嫁的前夜（小说）　许　杰

勃兰特（文坛逸话）　宏　徒

小妹妹（小说）　孟　言

贼（小说）　彭家煌

痛骂男女关系者（文坛逸话）

宏　徒

罗马人的行迹选译　谢六逸译

迭更司唱"莲花落"（文坛逸话）

宏　徒

小品　丰子恺

忆儿诗

华瞻的日记

文学进化论（三）

莫尔顿著　傅东华译

史特林堡与妇人（文坛逸话）

宏　徒

赵子曰（四）（小说）　老　舍

十一封信（续完）（小说）潘垂统

醉汉（小说）

〔法〕莫泊桑著　董家溁译

婴孩（小说）

〔法〕米尔博著　马宗融译

哀与愁（诗）　蹇先艾

给——（诗）　霜　华

暴风的一夜（诗） 土 人
最后的心愿（诗） 土 人
飘流者的梦（诗） 冉崇实
现代文坛杂话
须莱纳尔的遗著 景 深
老当益壮的补尔惹 景 深
《纽约时报》痛骂宾那脱 景 深
罗曼罗兰的《摇荡的灵魂》景 深
宰律勒己的新研究 景 深
现代名著百种述略
六、《世界游记》（英国 达尔文著）
周建人
七、《童话全集》（丹麦 安徒生著）
徐调孚
文坛消息
法国浪漫主义运动百周（年）纪念
徐霞村
保罗哇莱希进法兰西学院 徐霞村
介绍《文学周报》“王国维先生追悼专号”六月文艺家生卒表
西 谛 调 孚
最后半页 编 者

第 18 卷 第 7 号
1927 年 7 月 10 日发行

封面 陈之佛作
扉画 丰子恺作
卷头语 记 者
小 说
黄金 鲁 彦
牧场上 胡也频
烟灯旁的故事 徐元度
斗 刘一梦
王榆 西 谛
葡萄 何 燕
栀子花球 赵景深
三姑燕娟与三姑丈 西 谛
春天的消息 高 歌
幸福真谛 锦 明
赵子曰（五） 老 舍
小 品
闲居 子 恺
从孩子得到的启示 子 恺
天的文学 子 恺
东京某晚的事 子 恺
楼板 子 恺
姓 子 恺
荷塘月色 佩 弦
海塘上 戴菊农
诗
喝酒 梁 州
我是一只镂金的陶瓶 刘 枝
微吟 刘 枝
雁声中 刘 枝
一个乞丐的死 刘 枝
灵魂 蹇先艾
我愿 观 云
献给自然的女儿（之三）
长 虹

随 笔

读《柚子》 秉 丞
完成 秉 丞
爽然 梁 州
毫不 秉 丞
法度 秉 丞

七月文艺家生卒表 西 谛 调 孚

最后一页 编 者

第18卷 第8号
1927年8月10日发行

封面 陈之佛作
勃莱克像
扉画 丰子恺作

卷头语 F.Hebbel

子卿先生（小说） 许 杰
华盛顿·欧文的家（文坛逸话）
宏 徒
失名的故事（小说） 黎君亮
巴尔札克的想象力（文坛逸话）
宏 徒
柴玛萨斯评传 沈 余
他们的儿子（小说）
〔西班牙〕柴玛萨斯著 沈余译
一女侍（小说）
〔英〕乔其·麻亚著 郁达夫译
哥德的晚年（文坛逸话） 宏 徒
被弃的（小说） 志 行
五老爹（小说） 西 谛
巴尔札克的收入计划（文坛逸话）
宏 徒
英国大诗人勃莱克百年纪念
赵景深
关于勃莱克的研究书目（无署名）
文学进化论（四）
莫尔顿著 傅东华译
随 笔
眠月——呈未曾见面的亡友白采君
俞平伯
雪晚归船 俞平伯
附记 俞平伯
我的邻 懋 琳
艺术三昧 丰子恺

介绍新月书店新书 （无署名）
赵子曰（六）（小说） 老 舍
诗人与小鸟（文坛逸话） 宏 徒
木偶的奇遇（六）（童话）
〔意〕科洛提著 徐调孚译
现代文艺杂话
一个神秘的诗人的百年祭 徐霞村
爱伦坡交了好运 景 深
肖伯纳重视女性 景 深
第五福音 景 深
别开生面的嘉尔曼新序 景 深
法郎士与阿曼夫人 景 深
英国人与犯罪文学 霞 村

今年的霍桑奖金 霞 村
西班牙的小说家米罗 霞 村
国家文学奖金 霞 村
巴比塞替法郎士辩护 霞 村
八月文艺家生卒表 西 谛 调 孚

最后一页 （无署名）

第 18 卷 第 9 号
1927 年 9 月 10 日发行

封面 陈之佛作
芥川龙之介像
芥川龙之介家庭
芥川龙之介遗墨
扉画 丰子恺作
幻灭（小说） 茅 盾
毒药（小说） 鲁 彦
春兰与秋菊（小说） 西 谛

芥川龙之介 郑心南
芥川龙之介年表介绍《芥川龙之介集》（补白） （无署名）

芥川氏创作十篇

地狱变相 江铼百译
开化的杀人 郑心南 梁希杰译
影 顾寿白译
阿富的贞操 谢六逸译
龙 胡可章译
开通的丈夫 周颂久译
奇潭 夏韫玉译
湖南的扇子 夏丏尊译
南京的基督 郑心南译
河童 黎烈文译

芥川氏小品四种

尾生的信 谢六逸译
女体 谢六逸译
英雄之器 谢六逸译
黄粱梦 谢六逸译

芥川氏杂著两种

《小说作法十则》 讱 生译
《隽语集》 宏 徒译

九月文艺家生卒表 西 谛 调 孚

第 18 卷 第 10 号
1927 年 10 月 10 日发行

封面 陈之佛作
“水车”（木刻） H.Pullinger 作
“闲倚”（针雕） Warren Davis 作
“森林之女”（针雕） Warren Davis 作
“遇”（木雕） E.Warwick 作
扉画 丰子恺画

夜（小说） 桂 山
一个危险的人物（小说） 鲁 彦
病室（小说） 西 谛
幻灭（续完）（小说） 茅 盾
赵子曰（七）（小说） 老 舍
他们的儿子（续完）（小说）

〔西班牙〕柴玛萨斯著　沈　余译

河童（续完）（小说）

〔日〕芥川龙之介著　黎烈文译

近代名著百种述略

八、《陶林格莱之肖像画》（英国王尔德著）　赵家璧

九、《莎乐美》（英国　王尔德著）　徐调孚

现代文坛杂话

最详细的康拉特传　赵景深

罗伟尔最后的遗著　赵景深

韦尔斯世界史纲之劲敌　赵景深

伊本纳斯的贫民　赵景深

巴尔扎克创作的豪兴　赵景深

八十五岁的诗人哈代　赵景深

木偶的奇遇（七）（童话）

〔意〕科洛提著　徐调孚译

十月文艺家生卒表　西　谛　调　孚

第18卷　第11期

1927年11月10日发行

封面　陈之佛作

鲁迅像

扉画　丰子恺作

巴黎国家图书馆中之中国小说与戏曲　郑振铎

沉船（小说）　王统照

箱子（小说）　顾仲起

鲁迅论（论文）　方　璧

小岔儿的世界（小说）　锦　明

九叔（小说）　西　谛

随　笔

诸葛莱　一　萼

月下老人祠下　俞平伯

阿难　子　恺

晨梦　子　恺

嗅妻房的男人

薄田泣堇著　谢六逸译

附记　谢六逸

一条狗的死（小说）

〔法〕米尔博著　马宗融译

春天的一个晚响（小说）

〔法〕莫泊桑著　董家溁译

赵子曰（三）　老　舍

现代文坛杂话

哈登论德国文坛　徐霞村

肖伯纳的谈话　徐霞村

克尔渥得逝世

三本比利时的新书　徐霞村

佛兰德文坛近讯　徐霞村

法国学者对于小说式的传记的意见　徐霞村

木偶的奇遇（八）

〔意〕科洛提著　徐调孚译

十一月文艺家生卒表

西　谛　调　孚

第18卷　第12号
1927年12月10日发行

封面　陈之佛作
江帆　刘海粟作
扉画　丰子恺作

纯粹的诗（论文）
詹姆生著　佩弦译
梦珂（小说）　丁　玲
接吻（小说）　〔日〕加藤武雄著
谢六逸译
二诗人（小说）　郁达夫
两男一女（小说）
〔意〕戴丽黛著　赵景深译
戴丽黛——一九二六年诺贝尔奖金的得者　肯那特著　赵景深译
英雄（小说）　徐元度
世界语文学（为世界语产生四十周年纪念而作）　愈　之
世界语在中国（补白）　鲁
柏心哥夫（小说）
〔俄〕屠格涅夫著　张迪虚译
近代名著百种述略
一〇、《巴黎圣母院》（法国雨果著）
马宗融

木偶的奇遇（九）（童话）
〔意〕科洛提著　徐调孚译
十二月文艺家生卒表
西　谛　调　孚

附　录
《小说月报》第十八卷总目录
编　者

第19卷　第1号
1928年1月10日发行

落红（水彩）　陶元庆画
新年（扉画）　丰子恺画
动摇（一至五）（小说）　茅　盾
修佩尔德像
"歌曲之王"修佩尔德
——为他的百年纪念祭而作
丰子恺
爱犬故事（小说）
加藤武雄著　谢六逸译
烦躁（小说）　罗黑芷
绢子（小说）　施蛰存
卢勃克和伊里纳的后来（散文）
有岛武郎著　鲁　迅译
古尔达（小说）普鲁士著　鲁　彦译
在私塾（小说）　沈从文

屠格涅甫像

罗亭（一至三）（小说）
〔俄〕屠格涅甫著　赵景深译
中国文学批评史上之"神""气"说
郭绍虞
桃园（小说）　废　名
葺芷缭衡室读诗杂说　俞平伯
——邶风、谷风

奔丧（小说） 彭家煌
骑卫兵曲韦里（小说）
杜哈美尔著 济 之译
王鲁彦论（论文） 方 璧
归后（剧本） 景 廉

塞外（摄影） 陈万里摄
菊影（摄影） 陈万里摄

雨前（随笔） 罗黑芷
猫的墓（随笔）
夏目漱石著 谢六逸译
火钵（随笔）
夏目漱石著 谢六逸译
俄罗斯文学漫评（批评） 钱杏邨
普希金的《情盗》
阿志巴绥夫的《朝影》
期刊介绍 （无署名）
《贡献》旬刊
《太阳》月刊

现代文坛杂话

曼殊斐尔日记 赵景深
丹农雪乌全集 赵景深
雪莱不是美丽的天使 赵景深
“海涅那个人” 赵景深
自然的骄子莎留 赵景深

第19卷 第2号
1928年2月10日发行

封面 陈子佛作
卖轻气球者（水彩） 陶元庆作
春望（扉画） 丰子恺作

莎菲女士的日记（小说）
丁 玲
文学之艺术之技术的革命（论文）
平林初之辅著 陈望道译
动摇（六至九）（小说） 茅 盾
谈中国小说（在燕京大学讲）
俞平伯
烟纹（小说） 林守庄
罗亭（四至六）（小说）
〔俄〕屠格涅甫著 赵景深译
小五放牛（小说） 废 名
我也不知道（剧本）
〔日〕武者小路实笃著 谢六逸译

现代文坛杂话

再谈谈戴尔黛 赵景深
杜哈美尔的俄国观 赵景深
显尼志劳的《破晓》 赵景深
哈代、伊本纳兹相继逝世 赵景深
肖伯纳不慌不忙 赵景深
介绍《摘花》恋爱歌曲集
（无署名）

第19卷 第3号
1928年3月10日发行

封面 陈子佛作
青春（油画） 徐悲鸿作
柳燕（扉画） 丰子恺作

或人的太太（小说） 甲 辰

易卜生像

海得加勃勒（第一幕）（剧本）
〔丹〕易卜生著 潘家洵译
动摇（十至十二）（小说） 茅 盾
《人间词话》未刊稿及其他
王国维著 赵万里辑
罗亭（七至十）（小说）
〔俄〕屠格涅夫著 赵景深译
到家（小说） 许 杰
富美子的脚（小说）
〔日〕谷崎润一郎著 沈端先译
希腊罗马神话传说中的恋爱故事（一） 西 谛
德国文学漫评 钱杏邨
《劳动儿童故事》
《强盗》及《尼拔龙琪歌》

现代文坛杂话

巴蕾家乡的访问 赵景深
巴林的《补锅匠的箔叶》 赵景深
新译《波特莱耳书简》 赵景深
哈代的葬仪 赵景深
哈代逝世后的怀念与评论 赵景深
琵亚词侣是个胆怯者 赵景深
奥奈尔的近作 赵景深
巴比塞的《耶苏论》 赵景深
包一得调侃古今文人 赵景深

哈代的葬仪（摄影）
哈代的心在故乡 哈代的身在伦敦（摄影）

介绍《当代》 （无署名）
介绍《真善美》第九号
（无署名）

第 19 卷 第 4 号

1928 年 4 月 10 日发行

封面 陈子佛作
瓶花（油画） 江小鹣作
落花（扉画） 丰子恺作

批评家泰纳 布轮退耳著 陈鸿译
泰纳重要著作梗概 陈 鸿

诗 歌

三个时代 浑 沌
不要来在这样的冬夜呵我爱
鹤 西
泛泛 鹤 西
Serenade 鹤 西
琵琶引 鹤 西
孤独者的歌 蹇先艾
我如今参透了生命的奥微 蹇先艾
泪 蹇先艾
想 甲 辰
咫尺 白 晖
假如我的头儿悬挂在街头 霜 华
睡眠 符竹英

人肉（小说） 汪静之
海得加勃勒（第二幕）
易卜生著 潘家洵译
论《水浒传》七十回古本之有无
俞平伯
玛珊（小说） 锦 明
罗亭（十一至十四）（小说）
〔俄〕屠格涅甫著 赵景深译
布雨多阿（小说）
法郎士著 马宗融译
希腊罗马神话传说中的恋爱故事（二） 西 谛
现代文坛杂话
科学小说之父百年纪念 赵景深
德国诗人列尔克 赵景深
唐珊南美丽的文笔 赵景深
挪威女作家新讯 赵景深
法兰西诗坛近况 赵景深

介绍《真美善》第一卷第十号
（无署名）
介绍《贡献》旬刊第二卷第四号
（无署名）

第19卷 第5号
1928年5月10日发行

封面 陈子佛作
秋（油画） 朱应鹏作
书信（扉画） 丰子恺画
暑假中（小说） 丁 玲
弱者（小说） 日 生
伊木纳兹（绍介） 孙春霆
良夜幽情曲（小说）
伊木纳兹著 杜 衡译
唱（小说） 徐元度
海得加勃勒（第三、四幕）
〔丹〕易卜生著 潘家洵译
自画像 罗赛谛
“天女斜倚在天国的金栏杆上”
罗赛谛
诗人罗赛谛百年纪念 赵景深
赴戏园途中（小说）
爱佛钦古著 汪倜然译
意外之事（小说）
爱佛钦古著 汪倜然译
希腊罗马神话传说中的恋爱故事（三） 西 谛
英国文学漫评 钱杏邨
高斯华绥与劳动问题
萧伯纳与职业问题
介绍《新月》第一卷第三期
（无署名）

第19卷 第6号
1928年6月10日发行

封面 陈子佛作
柏林咖啡店（油画） 林风眠作
蕉窗（扉画） 丰子恺作
帕拉玛兹像

高尔基像

追求（一至二）（小说） 茅 盾
帕拉玛兹评传 沈 余
一个人的死（一至二）（小说）
帕拉玛兹著 沈 余译
还魂草（小说） 杜 衡
拉·巴尔纳斯·阿姆菩兰（一）（小说） 森鸥外著 S.F 译

诗 歌

致骏祥 鹤 西
一个牧童的故事 鹤 西
别离之曲 刘 枝
秋感 刘 枝
矛盾 滕沁华
乞丐的哀歌（为舜华作） 玉 华
大自然与灵魂的对话（随笔）
李奥柏特著 丰子恺译
附：序言 丰子恺
大地与月的对话（随笔）
李奥柏特著 丰子恺译
“曾经为人的动物”（为高尔基创作三十五周年纪念作） 钱杏邨
附记
希腊罗马神话传说中的恋爱故事（四） 西 谛
介绍《真美善》第一卷第十二号
（无署名）

现代文坛杂话

最难读的书有趣味的征求 赵景深
又是显尼支劳 赵景深
一盘甜菜 赵景深
爱尔兰文坛近讯 赵景深
哥德以后的大诗人 赵景深
戏剧式的哈代访问记 赵景深
马克吐温的母亲 赵景深

第 19 卷 第 7 号
1928 年 7 月 10 日发行

封面 陈子佛作
村（水彩画） 陶元庆画
秋千（扉画） 丰子恺画
阿毛姑娘（小说） 丁 玲
浪漫派的红丰臂 戈恬著 虚白译
附记 虚 白
追求（三至四） 茅 盾
一个人的死（三至四）（小说）
帕拉玛兹著 沈 余译
艺术家（剧本） 熊佛西
过去（小说）
斯泰马托夫著 钟宪民译

诗 歌

你莫再爱我 浑 沌
我们等到冬天看 鹤 西
我的眠歌 鹤 西
她的眠歌 鹤 西
歇司底里亚 露 明
拿起钢刀在手 程少怀
海沦葛瑞
〔英〕罗赛谛女士著 鹤 西译
在林中

〔瑞士〕奥立佛著　戴望舒译

百鸟述（随笔）

李奥柏特著　丰子恺译

希腊罗马神话传说中的恋爱故事（五）　西　谛

现代文坛杂话

拉绮尔洛孚的将军指环　赵景深

诗人 A.E 的事情　赵景深

约翰沁孤之死　赵景深

夏芝的《塔》　赵景深

新的加茶诺华　赵景深

报刊介绍　（无署名）

《贡献》旬刊第二卷第八期（目录）

《长夜》第三期

《生路》第五期

《当代》第二编（目录）

第19卷　第8期

1928年8月10日发行

封面　陈子佛作

民间（油画）　林风眠作

生之欲（水彩画）　林风眠作

星夜（扉画）　丰子恺画

绿蒂画像及其签字

菊子夫人（一至一〇）（小说）

绿　谛著

徐霞村译

附记　徐霞村

最近之高尔基

〔日〕升曙梦著　李可译

柏子（小说）　甲　辰

苦恼（小说）　侍　桁

希腊神话与北欧神话（论述）

沈玄英

追求（五至六）（小说）　茅　盾

诗　戴望舒

雨巷

残花的泪

静夜

自家伤感

夕阳下

Fragments

只是一个人（一至三）（小说）

尤利勃海著　钟宪民译

希腊罗马神话传说中的恋爱故事（六）　西　谛

《牢狱的五月祭》（批评）　钱杏邨

现代文坛杂话

霍普特曼的新史诗　赵景深

霍威尔投稿被拒　赵景深

南斯拉夫文坛新讯　赵景深

第19卷　第9号

1928年9月10日发行

封面　陈子佛作

沙和沫（油画）　司徒乔作

琴夜（扉画）　丰子恺画

某城记事（小说）　桂　山

自杀（小说） 茅 盾
大小雅研究——《中国诗史》
第三篇第三章初稿 陆侃如
爱人（小说） 徐元度
雨后（小说） 甲 辰
追求（七至八）（小说） 茅 盾
菊子夫人（一一至三〇）（小说）
绿 谛著 徐霞村译
只是一个人（四至五）（小说）
尤利勃海著 钟宪民译
希腊罗马神话传说中的恋爱故事（七） 西 谛
《饥饿》（批评） 钱杏邨

现代文坛杂话

有名的显克微支传 赵景深
莱美莎夫独创作风 赵景深
十五卷的小说巨制 赵景深
柴霍甫想做长篇小说 赵景深

期刊介绍
《新月》月刊第一卷第五号
《真美善》第二卷第三号
《当代》第三编

第 19 卷　第 10 号

1928 年 10 月 10 日发行

封面 陈子佛作
月舞（嵌磁） 刘既漂作
菊花（扉画） 丰子恺画
从牯岭到东京 茅 盾
诱拒（小说） 甲 辰
巴札洛夫与沙宁
——关于两种虚无主义
伏洛夫司基著 雪 峰译
儿女（随笔）
一 自 清
二 子 恺

诗

幽灵 鹤 西
最后 鹤 西
飘洋船 钱君匋
与少女们 海立克著 鹤 西译
附记 鹤 西
菊子夫人（三一至四五）（小说）
绿谛著 徐霞村译
消磨（小说） 胡也频
“悲多芬”先生（小说） 徐元度
往哪儿去呢（小说） 黎君亮
住居二楼的人（剧本）
辛克莱著 顾均正译
附：附识 顾均正
希腊罗马神话传说中的恋爱故事（八） 西 谛

现代文坛杂话

戈斯逝世 赵景深
德国的巴比塞温鲁 赵景深
路柴诺夫的宗教观 赵景深
托尔斯泰的秘密日记 赵景深
瑞典文坛新讯 赵景深
威尔斯的新小说 赵景深

介绍《爱的系念》　水　仙

期刊介绍　（无署名）

《新月》月刊第一卷第六号

《秋野》第二卷第三期

《贡献》旬刊第三卷第九期

第19卷　第11号

1928年11月10日发行

封面　陈子佛作

盘山之松（摄影）　陈万里作

雪夜（扉画）　丰子恺画

一个女性（小说）　茅　盾

在费总理底客厅里（小说）　落花生

第一次作男人的那个人（小说）　甲　辰

一个青年（小说）　志　行

实验室（小说）　有岛武郎著　金溟若译

欧美名人底恋爱生活（一）

卢梭　许地山辑译

一条雨中的小狗（随笔）　蔚　真

菊子夫人（四六至五六）（小说）　绿　谛著　徐霞村译

希腊罗马神话传说中的恋爱故事（九）　西　谛

阿志巴绥夫的短篇小说评　钱杏邨

《宁娜》

《血痕》

现代文坛杂话

散芝葆理论戈斯　赵景深

今年的霍桑奖金　赵景深

黑人的诗　赵景深

瑞典文坛续志　赵景深

倪可师的神秘小说　赵景深

期刊介绍　（无署名）

《新月》月刊第一卷第七号

《秋野》第二卷第四期

第19卷　第12号

1928年12月10日发行

封面　陈子佛作

炉边（扉画）　丰子恺画

托尔斯泰像　龟井实氏画

托尔斯泰诞辰百年纪念（摄影七幅）

八十岁诞辰纪念日摄

托尔斯泰耕田

托尔斯泰和他同时的文豪

Yasnayapolyana——托尔斯泰的生地

Astapovo——托尔斯泰的死地

临终之托尔斯泰

托尔斯泰临终之卧室

一个男人和一个女人（小说）丁　玲

夜雨（小说）　庐　隐

张妈（小说）　米星如

胡子阿五（小说）　姚方仁

伊（小说）　同　行

托尔斯泰（诞辰）百年纪念

托尔斯泰论

劳伯慈著　赵景深译

阿尔背特（小说）

托尔斯泰著　王春埜译

托尔斯泰的情史——几封致女友的书简　济　之

附志　济　之

欧美名人底恋爱生活（二）

济慈　许地山辑译

希腊罗马神话传说中的恋爱故事（一〇）　西　谛

《织工》（批评）　钱杏邨

附志　钱杏邨

现代文坛杂话

伦敦纪念托尔斯泰　赵景深

悲惨的西班牙人　赵景深

高尔斯华绥大著完成　赵景深

巴比尼著米西盎则罗　赵景深

辅尔惹又有小说问世　赵景深

显尼支劳写灰色小说　赵景深

期刊介绍

《新月》第一卷第八号目录

（无署名）

《镕炉》第一期目录

《秋野》第二卷第五期

《小说月报》第十九卷总目录

编　者

第20卷　第1号

1929年1月10日发行

封面　钱君匋作

邱比特与蒲赛克（三色铜版）

Gerard作

论所谓"国学"　何炳松

且慢谈所谓"国学"　郑振铎

治学的方法与材料（选录）　胡　适

附记　郑振铎

保罗哇莱荔像及其签字

保罗哇莱荔评传　梁宗岱

水仙辞（诗）

〔法〕哇莱荔著　梁宗岱译

通过了十字街头——今后文艺思想的进路（论文）　仲　云

读书杂记

特洛哀的陷落　西　谛

荷马系的小史诗

《警世通言》

丛书书目汇编

弘治本《三国老演义》的发现

关汉卿《绯衣梦》的发现

《西游记》杂剧

挂枝儿

文气的辨析（论文）　郭绍虞

关于三宝太监下西洋的几种资料

觉　明

附注　觉　明

汉唐间外国音乐的输入　贺昌群

苏俄革命在戏剧上的反应

〔俄〕白克许著　刘　穆译

随　笔

随笔　孙福熙

艺术家　孙福熙

坐关　孙福熙

自然颂　丰子恺

趣味　包罗多

装饰　包罗多

西方人所见的东方　西　谛

讲谈　谢六逸

洋务职业指南　穆罗茶

“乡地”闻异音有感　茀　君

叩门　M　D

竖琴（小说）

〔俄〕理定原著　鲁迅重译

附记　鲁　迅

肖伯纳像及其签字

英雄与美人（剧本）

〔英〕肖伯纳著　中　暇译

黄昏的故事（小说）

〔德〕支魏格著　耿济之译

红的笑（小说）

〔俄〕安特列夫著　梅　川译

诗话丛话（一至九）　郭绍虞

阿志巴绥夫与《沙宁》　西　谛

沙宁（小说）

〔俄〕阿志巴绥夫著　西　谛译

涡旋（小说）　章克标

云萝姑娘（小说）　庐　隐

“搅天风雪梦牢骚”（小说）　王统照

勃豀（小说）　彭家煌

灭亡（一至六）（小说）　巴　金

现代文坛杂话

柴霍甫与高尔基　赵景深

俄国工人与俄国文学　赵景深

高尔基论谋杀　赵景深

农民诗人与俄国　赵景深

匈牙利的女小说家梅丽　赵景深

又是威尔斯　赵景深

现代澳大利亚文学　赵景深

德俄文学家相继逝世　蒲　梢

苏俄文人的职业组合　樊仲云

诺贝尔奖金消息一束　彭补拙

柏格逊像

安达西像

介绍《家庭的故事》　（无署名）

介绍《中国名歌选》　（无署名）

最后一页　编　者

第20卷　第2号

1929年2月10日发行

封面　钱君匋作

一九二八年欧洲文坛失去的巨星（五幅）

一九二九年欧洲文坛失去的巨星

（一幅）
梁任公先生遗像（三幅）
梁任公先生　郑振铎
附：梁任公先生年表　郑振铎
《长恨歌》及《长恨歌传》的质疑　俞平伯
诗话丛话（一〇至一八）　郭绍虞

随　笔

一月不见　孙福熙
小姐少爷们　孙福熙
卖豆腐的哨子　M　D
雾　M　D
三等车（A Sketch）　谢六逸
颜面　子　恺
海葬　穆罗茶
交响曲　穆罗茶
自己笑的笑话　穆罗茶

资本家（小说）　〔美〕李特著　傅东华译
安达西像及其家（三幅）
贫之初遇（小说）　〔意〕安达西著　王了一译
说故事人的故事（小说）　沈从文
山口喜美子（小说）　尹　希
少年孟德的失眠（小说）　胡也频
黑暗中的红光（剧本）　向培良
沙宁（三至五）（小说）　〔俄〕阿志巴绥夫著　西　谛译
灭亡（七至一〇）（小说）　巴　金

现代文坛杂话

小说家的爱因斯坦　赵景深
哈姆生与哈代　赵景深
吉百龄开倒车　赵景深
美国文学家的信念　赵景深
罗兰斯翻译魏尔嘉　赵景深
肖伯纳沟通英瑞文学　赵景深
自相矛盾的海涅　赵景深
赫克胥黎的针锋相对　赵景深
琼斯死了　蒲　梢
杜哈美儿完成三部曲　赵景深
辛克莱的《波士顿》出版　赵景深
新俄小说家吴礼甫　赵景深
奥尼尔的奇怪的插曲　赵景深

读书杂记

榨牛奶的女郎　西　谛
元代的动物虐待禁例
元刊本《琵琶记》
秦桧之功

《新生命》一月号至三月号要目
《文学周报》第八卷第一号至第四号
《大江》月刊第三期
《一般》第六卷第四号
《新女性》第四卷新年号
《红黑》第二期
《人间》月刊第二期
《新月》第一卷第一一号
《真美善》第三卷第三号

最后一页　编　者

第20卷　第3号

1929年3月10日发行

巴蕾像及其签名

七十岁的拉绮洛孚

在马伯加宅邸前的拉绮洛孚

敦煌的俗文学（论文）　郑振铎

苏俄十年间的文学论研究（论文）

〔日〕冈泽秀虎著　陈雪帆译

一、"普罗列特卡尔特"底普罗列答利亚精神文化论

二、"普罗列特卡尔特"底普罗列答利亚文学论

可敬的克莱登（第一幕）（剧本）

〔英〕巴蕾著　熊适逸译

随　笔

虹　M　D

红叶　M　D

身边杂事　章克标

去戴顶子的人　穆罗茶

热辣辣的政治　孙福熙

故国与故乡　孙福熙

夜航船中　孙福熙

惆吓（小说）

〔西班牙〕皮　康著　傅东华译

拉绮洛孚七十岁纪念　赵景深

他走后（小说）　丁　玲

在一个晚上（小说）　胡也频

第三夜（小说）　穆罗茶

沙宁（六至一〇）（小说）

〔俄〕阿志巴绥夫著　西　谛译

灭亡（一一至一六）（小说）

巴　金

现代文坛杂话

同性恋爱小说的查禁　赵景深

倍那文德的幸运与厄运　赵景深

诺霭伊夫人传　赵景深

哇莱荔论诗的艺术　赵景深

安达西续出历史小说　赵景深

琼斯的遗书与遗憾　赵景深

巴比塞写军人生活　赵景深

马洛伊士的两本新书　赵景深

龚古尔奖给与维叶　赵景深

来因赫特的花园剧场　赵景深

水门汀译成英文　赵景深

意大利文坛杂讯　赵景深

读书杂记

佛曲与俗文变文　西　谛

书目长编

蔚蓝的城

最后一页　记　者

第20卷　第4号

1929年4月10日发行

盘　Herry A.Pegram 作

词的启源（论文）　郑振铎

诗的唯物解释（论文）

〔俄〕波格达诺夫著　刘　穆译

附识 刘穆
泥泞（小说） 丙生
人形灾（小说） 章克标
女人（小说） 叔华
书记晓岩（小说） 祝秀侠
随笔
速写一 M D
速写二 M D
黄昏的观前街 西谛
男女勾搭 孙福熙
油盐糖醋 孙福熙
身边杂事——教师生涯 章克标

诗话丛话（一九至二七） 郭绍虞

菊池宽像及签名

谣言的发生（小说）
〔日〕菊池宽著 侍桁译
乞援泉（小说）
〔俄〕伊凡诺夫著 耿济之译
可敬的克莱登（第二幕）
〔英〕巴蕾著 熊适逸译
沙宁（一一至一四）（小说）
〔俄〕阿志巴绥夫著 西谛译
灭亡（一七至二二）（小说）
巴金
现代文坛杂话
霍普特曼创造魔女 赵景深
孟代与爱伦坡 赵景深
新俄大学生日记 赵景深
全世界文学产品统计 补拙
全世界图书数目统计 补拙
亚洲北部的平民文学 补拙
德国美术家受罚 补拙
乌克兰的文学 补拙
读书杂记
投笔记 西谛
幻影
买胭脂
韩湘子

最后一页 记者

第20卷 第5号
1929年5月10日发行

贵妇与侍女（三色版）

二马（第一至二段）（小说）
老舍
婚前（残稿）（小说） 蹇先艾
社会的定货问题（俄国通讯之一）
蒙生
五代文学（论文） 郑振铎
随笔
大帐簿 丰子恺
身边杂事 章克标
春暮
两个 Thema
所感
没落之前 俞平伯

苏俄十年间的文学论研究（续）
〔日〕冈泽秀虎著　陈雪帆译
三、“普罗列特卡尔特”底普罗列答利亚文学论（续）
可敬的克莱登（第三幕）
〔英〕巴蕾著　熊适逸译
沙宁（一五至一八）
〔俄〕阿志巴绥夫著　西　谛译
现代文坛杂话
哈姆生大发脾气　赵景深
穆杭的蛮荒描写　赵景深
英国两个老翁的消息　赵景深
威尔斯也编电影本　赵景深
以华垒斯说到英国出版界　赵景深
奥奈尔开始三部曲　赵景深
爱尔兰小说家奥弗拉赫德　赵景深
读书杂记
老虎婆婆　西　谛

最后一页　记　者

第20卷　第6号
1929年6月10日发行

虹（一至二）（小说）　茅　盾
二马（第三段一至六）（小说）　老　舍
冷泉岩（小说）　田　言
在堤上（小说）　向培良
火焰（小说）　黎锦明
京本通俗小说与清平山堂（论文）
〔日〕长泽规矩也著　东　生译
随　笔
说话　佩　弦
寄安娜　霞　村
南京通讯　宓汝卓
缘　丰子恺
苏俄十年间的文学论研究（续）
〔日〕冈泽秀虎著　陈雪帆译
四、“库士尼札”底文学论
五、普罗列答利亚文学团体“十月”底思想的艺术的倾向
可敬的克莱登（第四幕）
〔英〕巴蕾著　熊适逸译
沙宁（二〇至二四）
〔俄〕阿志巴绥夫著　西　谛译
巴蕾及其彼得潘
玛丽卫勃遗像
现代文坛杂话
最近的俄国的文学批评　赵景深
再谈巴蕾　赵景深
玛丽卫勃的诗　赵景深
英国文坛杂讯　赵景深
托尔斯泰的《活尸》一剧摄成电影　彭补拙
德国剧院统计　彭补拙

最后一页　记　者

第20卷　第7号
现代世界文学号（上）
1929年7月10日发行

现代俄国作家像

勃洛克
叶贤宁
伊凡诺夫
皮涅克
爱莲堡
赛甫琳娜
卢那卡尔斯基
渥洛涅夫
现代英国诗人像
布立泽兹
哈代
夏芝
陶提
曼斯斐尔
A.E
窝忒特勒迈尔
坎贝尔
现代意大利作家像
丹农雪乌
皮兰得娄
现代西班牙作家像
阿左林
乌纳木诺
巴罗哈
现代日本作家像
坪内逍遥
夏目漱石
正冈子规
规谷崎阔一郎
永井荷风
菊池宽
芥川龙之介
武者小路实笃
藤森成吉
佐藤春夫

现代世界文学

新俄的文学
〔俄〕A.Lesjnev 著　蒙　生译
二十年来的英国诗坛　傅东华
二十年来的波兰文学　沈　余
二十年来的意大利文学　徐霞村
二十年来的西班牙文学　徐霞村
二十年来的日本文学　谢六逸
现代欧洲文学的革命与反动
〔英〕Calverton 著　刘　穆译

现代文坛杂话

现代保加利亚文坛　赵景深
现代波兰文坛　赵景深
现代坎拿大文坛　赵景深
最近的丹麦文坛　赵景深
最近的挪威文坛　赵景深
最近的德意志文坛　赵景深
现代美国诗坛　赵景深

虹（三）（小说）　茅　盾
二马（第三段之七至一一）（小说）
老　舍
沙宁（二五至二七）（小说）
〔俄〕阿志巴绥夫著　西　谛译

最后一页　记　者

第20卷 第8号
现代世界文学号（下）
1929年8月10日发行

现代法国诗人与戏剧家像
P.Verlaine
E.Verhaeren
A.Bimbaud
Noailles
C.Courteline
E.Rostand
现代英国小说家像
A.Huxiey
W.L.George
R.West
S.Maugham
F.Swinnerton
J.Joyce
C.Mackenzie
A.S.M.Hutchinson
H.Walpole
May Sinclair
S.Benson
C.E.Montague
V.Woolf
现代美国小说家像
H.Garland
J.London
T.Dreiser
J,Hergesheimer
W.Catber
S.Anderson
S.Lewis
U.Sinclair
现代德国作家像
A.Schnitzler
Thomas Mann
F.Nietzsche
E.G.Keyserling
H.Hofmannsthal
G.Hauptmann
W.Schmidtbonn
R.Dehmel
W.Hasenclever
E.Stucken
Heinrich Mann
K.Edschmid
现代斯堪德那维亚作家像
H.Drachmann
G.Brandes
S.LagerlÖf
A.Strindberg
A.Kielland
Jonas Lie
J.Bojer
K.Hamsun
B.Bjornson

现代世界文学

现代法国文坛的鸟瞰 李青崖
二十年来的英国小说 赵景深
二十年来的美国小说 赵景深
二十年来的德意志文学 余祥森

现代的斯堪德那维亚文学
西　谛
现代斯罗伐克文学　赵景深
海外文学者会见记　画室译
同高尔基谈话
〔日〕升曙梦著
肖底席谈　〔日〕市川又彦著
访巴罗哈翁于村花
〔日〕笠井镇夫著
和伊凡诺夫会面
〔日〕米川正夫著

现代文坛杂话

保加利亚文坛续志　赵景深
最近德国的小说界　赵景深
英吉利的德国小说热　赵景深
英国文坛杂讯　赵景深
最近的瑞士文坛　赵景深
斯堪德那维亚文坛杂讯　赵景深
最近法国的诗坛　赵景深
法国戏剧家顾尔特林逝世　赵景深
支魏格的三本传记　赵景深
夜的艺术　赵景深

苏俄十年间的文学论研究（续）
〔日〕冈泽秀虎著　陈雪帆译
四、"库士尼札"底文学论（续）
二马（第三段之第一二至一五）
老　舍
沙宁（二八至三一）（小说）
〔俄〕阿志巴绥夫著　西　谛译
最后一页　记　者

介绍叶绍钧新作两种（《未厌集》《倪焕之》）

第 20 卷　第 9 号

1929 年 9 月 10 日发行

风景（木刻）　史可塞拉斯作
三农妇（木刻）　史可塞拉斯作
St.Sebastian（木刻）
史可塞拉斯作
St.Christopher（木刻）
史可塞拉斯作
《水浒传》的演化　郑振铎
《水浒传》新考——百二十回
《忠义水浒全传》序　胡　适
妻（小说）　小　铃
会明（小说）　沈从文
康斯坦丹·维叶（法国通讯）
补　拙
苏俄十年间的文学论研究（续）
〔日〕冈泽秀虎著　陈雪帆译
六、革命初头
二马（第四段一至四）（小说）
老　舍
沙宁（三二至三四）（小说）
〔俄〕阿志巴绥夫著　西　谛译

现代文坛杂话

爱尔兰文学与朱士　赵景深
刘易士及其多池威士　赵景深

康拉特的后继者纪得　赵景深
卜勒浮斯特的新作　赵景深
乔治桑的秘密日记　赵景深
托勒的画像　赵景深
奥国和夫曼兹塔尔逝世　赵景深
意大利潘基尼的新作　赵景深

最后一页　记　者

第20卷　第10号
1929年10月10日发行

《〈三国志演义〉的演化》插图（八幅）
《三国志演义》的演化　郑振铎
论唐代佛曲　觉　明
附记　觉　明
苏俄的文学杂志（俄国通讯之二）　蒙　生
我们死人再醒时（第一幕）（剧本）　〔挪威〕易卜生著　潘家洵译
菜园（小说）　沈从文
火和铁的世界（小说）　孙席珍
地狱的佟玄（剧本）　〔日〕菊池宽著　罗江译
附：序言　罗　江

随　笔

秋　丰子恺
书相国寺摄景后甲　安　华
书相国寺摄景后乙　安　华
剪头发　岂　凡
洗澡　岂　凡

二马（第四段五至七）（小说）　老　舍
沙宁（三五至三七）（小说）　〔俄〕阿志巴绥夫著　西　谛译

现代文坛杂话

新俄剧作家想到五十年后　赵景深
法雷耳写三角恋爱　赵景深
新的夫人学堂　赵景深
纸上的人变成活人　赵景深
邦坦贝利的新作　赵景深
德国最近出版的两部欧战小说　张威廉

介绍《上元灯》

最后一页　记　者

第20卷　第11号
1929年11月10日发行

北宋词人（论述）　郑振铎
童年的悲哀（小说）　鲁　彦
夫妇（小说）　沈从文

美赛日像

美赛日（论述）　季志仁
到思想——文化之路的暗号（小说）　〔美〕高尔特著　刘　穆译

一个“伊达哥”（小说）
〔西班牙〕阿左林著　徐霞村译
苏俄艺术运动片谈（论文）　王西徵
随　笔
伯豪之死　子　恺
叫卖　挺　岫
海天闷　孙福熙
中国的纸老虎　孙福熙
新嘉坡的茶点　孙福熙
是不是一个贼　孙福熙
闹嘴　孙福熙
古文明的消失　孙福熙

《莱茵河黄金》之插图（二幅）
莱茵河黄金（童话）　高君箴
我们死人再醒时（第二幕）
〔挪威〕易卜生著　潘家洵译
二马（第四段八至一一）　老　舍
沙宁（第三八至四〇）
〔俄〕阿志巴绥夫著　西　谛译
现代文坛杂话
小托尔斯泰与皮涅克　赵景深
霍普特曼自己的话　赵景深
英国文人在意大利　赵景深
捷克的诗　赵景深
亨利曼的讽刺　赵景深
夫蓝克的喜剧　赵景深
毕尔邦画像　赵景深
再谈挪威作家杜恩　赵景深
奥弗拉赫德的短篇　赵景深
再谈谈顾尔特林　彭补拙
法国文学批评家苏德作古　彭补拙
托尔斯泰全集　寿　丁

最后一页　记　者

第20卷　第12号
1929年12月10日发行

南宋词人（论述）　郑振铎
小说与唯物史观（论文）
〔法〕M.Ichowicz著　戴望舒译
同志的烟斗故事（小说）　沈从文
妹妹（小说）　紫　燕
哈姆生像
柴霍甫像

哈姆生七十岁纪念　赵景深
柴霍甫的革命性
——柴霍甫逝世二十五周（年）
纪念〔俄〕乾尔孟著　洛　生译
托马斯·曼
——一九二九年诺贝尔奖金的
得者　赵景深
托马斯·曼像
对镜
——托马斯·曼的自传
〔德〕托马斯·曼著　江　思译
衣橱（小说）
〔德〕托马斯·曼著　段白莼译
皮蓝得娄像
《嘴上生着花的人》（剧本）

〔意大利〕皮蓝得娄著　徐霞村译
我们死人再醒时（第三幕）
〔挪威〕易卜生著　潘家洵译
二马（第五段，完）（小说）老　舍
沙宁（四一至四七）（小说）
〔俄〕阿志巴绥夫著　西　谛译

现代文坛杂话

柴霍甫逝世二十五周年　彭补拙
皮蓝得娄创造有声电影　赵景深
冰洲诗人先驱逝世　赵景深
高尔基新作三部曲　赵景深
英国文坛杂讯　赵景深
五个德国新作家　赵景深
法国文坛杂讯　赵景深
德国诗人何尔兹逝世　孙传铭
黑人的新诗　张威廉

最后一页　记　者
《小说月报》第二十卷总目录
编　者

第21卷　第1号

1930年1月10日发行

封面　钱君匋作
郁金香（三色铜版）
R.A.Maynard 作
木刻四幅　Asa Cheffetz 作
正午的日影
街
晚霞
破屋

杂剧的转变（论文）　郑振铎
政治底价值与艺术底价值
——马克斯主义文艺理论之商榷
〔日〕平林初之辅著　胡秋原译
苏俄文艺概论（第一至第四章）
〔苏〕凡伊斯白罗特著　洛生译
韦护（第一章）（小说）　丁　玲
幸福的哀歌（小说）　鲁　彦
三年（小说）　冰　心
丽琳（小说）　若　渠
房东太太（小说）　巴　金
萧萧（小说）　沈从文
从蛟桥到乐化（小说）　孙席珍
友人之妻（小说）　金满成

赛甫琳娜像
史蒂文生像
贾克伦敦像
亚米契斯像
菊池宽像

黑色马（小说）
〔俄〕路卜洵著　映　波译
袭击（小说）
〔苏〕赛甫琳娜著　蒙　生译
附：附志　蒙　生
自杀俱乐部（小说）
〔英〕史蒂文生著　丰子恺译

失了面子（小说）
〔美〕贾克伦敦著 张梦麟译
可怜的衬衣匠（小说）
〔法〕拉 鲍著 徐霞村译
过客之花（剧本）
〔意大利〕亚米契斯著 巴 金译
相反的灵魂（小说）
〔西班牙〕皮 康著 徐调孚译
火烧的城（小说）
〔瑞典〕苏特堡著 徐调孚译
当沙尔堡回家时（小说）
〔挪〕伊 格著 徐调孚译
附：附记 徐调孚
新年（小说）
〔波〕普鲁士著 鲁 彦译
伊丽耐（小说）
〔罗〕迭莱夫郎西著 杨彦劬译
消夜会（小说）
〔保〕伐拉夷柯夫著 鲁 彦译
附：附记 鲁 彦
沉默的人（小说）
〔新犹太〕潘莱士著 汪倜然译
恩仇之外（小说）
〔日〕菊池宽著 郑心南译

Pandora H.Bates 作
Prometheus and the Eagle
Chim aera（希腊雕刻）

希腊罗马神话与传说中的英雄传说（一） 西 谛
前言 人类的创造
第一部 底赛莱的传说
一、发端
二、爱洛依士的二子
三、沙尔莫尼斯
四、西西发士
五、皮里洛芳
六、亚沙玛士
七、克里西士
元曲叙录 宾 芬
关汉卿作品全目
《钱大尹智宠谢天香杂剧》
《温太真玉镜台杂剧》
《赵盼儿风月救风尘杂剧》
《包待制三勘蝴蝶梦杂剧》
《包待制智斩鲁斋郎杂剧》
《杜蕊娘智赏金钱池杂剧》
《感天动地窦娥冤杂剧》
《望江亭中秋切鲙杂剧》
《关大王单刀会杂剧》
《关张双赴西蜀梦杂剧》
《闺怨佳人拜月亭杂剧》
《钱大尹智勘绯衣梦杂剧》

现代文坛杂话

最近的俄国文坛 赵景深
最近的德国文坛 赵景深
最近的斯干的那维亚文坛 赵景深
最近的捷克文坛 赵景深
最近的美国文坛 赵景深
最近的西班牙文坛 赵景深
最近的英国文坛 赵景深

现代南非洲文学　赵景深
现代爱沙尼亚文学　补　拙
邓南遮的面相　寿　丁

第21卷　第2号
1930年2月10日发行

封面
建筑（木刻）　C.Leighton 作
冬（木刻）　C.Millett 作
陀螺（小说）　未　名
祝福（小说）　鲁　彦
血（小说）　沈从文
韦护（第二章一至九）（小说）
丁　玲
文学及艺术底意义
——车勒芮绥夫司基底文学观
〔苏〕蒲力汗诺夫著　雪　峰译
苏俄文艺概论（第五章至第七章）（完）
〔苏〕凡伊斯白罗特著
洛　生译
附记　洛　生
尼克·加特的死（小说）
〔法〕苏保著　徐霞村译
附记　徐霞村
一个结局（小说）
〔日〕片岗铁兵著　章克标译
黑色马（二）
〔苏〕路卜洵著　映　波译

约逊与美狄亚（插图）
雅西娜（插图）
希腊罗马神话传说中的英雄传说（二）　西　谛
第一部　底赛莱的传说
八、金羊毛（上）
元曲叙录　宾　芬
《诈妮子调风月杂剧》
《破幽梦孤雁汉宫秋杂剧》
《半夜雷轰荐福碑杂剧》
《吕洞宾三醉岳阳楼杂剧》
《西华山陈抟高卧杂剧》
《邯郸道省悟黄粱梦杂剧》

现代文坛杂话

德国的普罗诗人　赵景深
两本德国小说的英译　赵景深
显尼志劳的短篇小说集　赵景深
安达西的《在旷野中》　赵景深
哈姆生的《最后一章》　赵景深
挪威伊格描写农家女　赵景深
史蒂芬士的《诗歌杀人》　赵景深
舞台剧社的今昔　赵景深
魏丝特的怪小说　赵景深
杜哈美尔的新小说　赵景深
梅特林克在尼斯　赵景深
意大利现代文学史　赵景深
皮蓝得娄的厄运　赵景深
屠格涅夫趣味的转换　赵景深

第21卷　第3号
1930年3月10日发行

高唐梦（从明刊本汪道昆大雅堂

杂剧）
洛水悲（从明刊本汪道昆大雅堂杂剧）
现代文学中的性的解放
　　〔美〕开尔浮登著　刘　穆译
二百年来西洋乐坛之盛况　丰子恺
春天坐了马车（小说）
　　〔日〕横光利一著　章克标译
佐藤春夫及其手迹
指纹（小说）
　　〔日〕佐藤春夫著　金溟若译
黑色马（三）（完）（小说）
　　〔俄〕路卜洵著　映　波译
韦护（第二章一〇至一四）（小说）
　　丁　玲
楼居（小说）　沈从文
偕奔（小说）　靳　以
希腊罗马神话与传说中的英雄传说（三）　西　谛
　第一部　底赛莱的传说
　　八、金羊毛（下）
元曲叙录　宾　芬
　《江州司马青衫泪杂剧》
　《马丹阳三度任风子杂剧》

现代文坛杂话

瑞典诗人佛罗亭新传　赵景深
柯洛支搜集席赛尔遗著　赵景深
意大利斯维福派的小说　赵景深
意大利青年作家的兴趣　赵景深
巴尔丁尼的新作　赵景深
荷兰女小说家白露琴　赵景深
艾尔丝及其《银河》　赵景深
英国两种著名刊物停刊　赵景深
英国的三本新小说　赵景深
奥尼尔与得利赛　赵景深
花尔藤写穷作家　赵景深
霍普特曼写三角恋爱　赵景深
安达西描写现代生活　赵景深
一个兵士诗人的回忆　赵景深

第21卷　第4号

1930年4月10日发行

渔阳弄（从盛明杂剧）
昆仑奴（从明王伯良刊本）
传奇的繁兴（上）（论述）　郑振铎
唯物史观与文艺（论文）　仲　云

诗　选

篬雷　刘延陵
雨声中　邵冠华
旅程　邵冠华
悒郁　邵冠华
寄给我死了的儿女　霜　华
随便什么时候都是我可以死的时辰
　　陈伯吹
骑士的死　郑振铎译
　附记　郑振铎
丈夫（小说）　沈从文
魔障（小说）　黎叔翊
韦护（第三章一至四）（小说）
　　丁　玲
火（小说）

〔苏〕卡泰也夫著　胡愈之译
彩色鸟（小说）
〔德〕哈尔特列本著　段白莼译
克利士陶佛生（小说）
〔英〕基星著　侍　桁译
百合子的幸运（小说）
〔日〕林房雄著　适　夷译
希腊罗马神话与传说中的英雄传说（四）　西　谛
第二部　安哥斯系的传说
一、狄尼士的女儿们
现代文坛杂话
最近的新俄小说　赵景深
爱莲堡的恋爱小说　赵景深
俄国的通俗文学　赵景深
库卜林写卖淫妇　赵景深
斯干底那维亚文坛杂讯　赵景深
格莱赛尔在巴黎　赵景深
士图垦和叔尔次　赵景深
龚古尔奖金赠与阿兰德　赵景深
匈牙利三本新小说　赵景深
辛克莱的《山城》　赵景深
英国小说家罗兰斯逝世　赵景深
佛罗贝尔的信　寿　丁
一位历史家的雕像　寿　丁
非洲语源的发见　寿　丁
“轻捷兔儿”——巴黎文艺家的摇篮　补　拙
元曲叙录　宾　芬
《张君瑞闹道场》（《西厢记》第一本）
《崔莺莺夜听琴》（《西厢记》第二本）
《张君瑞害相思》（《西厢记》第三本）
《草桥店梦莺莺》（《西厢记》第四本）
《张君瑞庆团圞》（《西厢记》第五本）
《四丞相高会丽春堂杂剧》

第21卷　第5号
1930年5月10日发行

九月之晨　Paul Chabas 作

波尔西底恶梦（小说）　西　徵
现代法国文学鸟瞰　李青崖
现代美国诗概论　朱　复
珠江上（小说）　祝秀侠
《水浒传》诸本
〔日〕神山闰次著　张梓生译
韦护（第三章五至八）（小说）　丁　玲
波修士（一）　Canova 作
波修士（二）　B.Cellini 作
美杜莎（二幅）（古希腊浮雕）

希腊罗马神话与传说中的英雄传说（五）　西　谛
第二部　安哥斯系的传说
二、杀果甘者波修士
三、米兰甫士

现代文坛杂话

玛耶阔夫司基自杀　赵景深
柴霍甫未刊的戏剧　赵景深
法国文坛杂讯　赵景深
美国文坛在俄国　赵景深
威甫尔改变作风　赵景深
最近的托马斯曼　赵景深
意大利文坛杂讯　赵景深
斯维福写老作家　赵景深
元曲叙录　宾　芬
《裴少俊墙头马上杂剧》
《唐明皇秋夜梧桐雨杂剧》

第21卷　第6号
1930年6月10日发行

在竞技场上　C.Dumont 作
文学研究法
——最近德国文艺学的诸倾向
〔日〕高桥祯二著　张我军译
附记　张我军
荡（小说）　金　魁
年前的一天（小说）　丁　玲
微波（小说）　沈从文

诗　选

一个秋晨　刘延陵
黄浦滩边的一个和平神像　刘延陵
八重子　戴望舒
我的素描　戴望舒
雨里的歌声在一起一落　邵冠华
在寂寥　蕙　叶

托马斯曼像（二幅）
脱列思丹（小说）
〔德〕托马斯曼著　施蛰存译
附记　施蛰存
神童（小说）
〔德〕托马斯曼著　段白莼译
到坟园之路（小说）
〔德〕托马斯曼著　段白莼译
希腊罗马神话与传说中的英雄传说（六）　西　谛
第三部　战神爱莱士系的英雄
一、亚斯克里辟士
二、忘恩的依克西安
三、玛披莎的结婚
四、马里格的行猎

现代文坛杂话

皮蓝得娄新剧本上演　赵景深
现代南斯拉夫文学　赵景深
现代西班牙文学　赵景深
现代新西兰文学　赵景深
佛罗贝尔未刊的情书　赵景深
厄特斯密写拜伦　赵景深
德国青年作家的一群　赵景深
奥弗拉赫德的新著　赵景深
穆杭与哇莱荔　赵景深
拉绮洛夫与有声电影　赵景深
元曲叙录　宾　芬
《黑旋风双献功杂剧》
《须贾大夫谇范叔杂剧》

第21卷　第7号
1930年7月10日发行

《古代艺术之社会的意义》插图
埃及勒米色斯大帝像
埃及 Ptah-Hetep 墓刻
Niobe 和她的幼女
希腊风时代的瓶饰
临死的高卢人
Parthenon 雕刻带之一部分
Cnidian Aphrodite
夏目漱石像及其手迹
田山花袋近影
生田春月之死

古代艺术之社会的意义（论文）
〔美〕开尔浮登著　傅东华译
哥儿（一至四）（小说）
〔日〕夏目漱石著　章克标译
关于夏目漱石　章克标
没有樱花（小说）
〔苏〕罗曼诺夫著　闻佀鹤译
附志　编者
那个问题（小说）〔法〕项伯著
李青崖　吴且罔译
附记　青崖
间米米吉氏底铜像
〔日〕林房雄作　赵冷译
介绍世界语汉译小丛书（无署名）
逃的前一天（小说）　沈从文
洛伯尔先生（小说）　巴金
音乐之泪（小说）　黄仲苏
巴黎捞针（随笔）　春苔
巴黎地下的别一世界
凡尔塞的喷水与烟火
地狱与天堂
希腊罗马神话与传说中的英雄传说（七）　西谛
第四部　底比斯的建立者
一、卡特莫士
二、奥摩菲安与谢助士
三、国王奥狄甫士
现代文坛杂话
意大利的青年作家　赵景深
法兑耶夫的《十九个》　赵景深
高尔基的《旁观者》　赵景深
北欧小说的两种英译　赵景深
罗马尼亚的新文豪　赵景深
桂冠诗人白礼齐士逝世　赵景深
最近朱士的生涯　赵景深
最近刊布的乔治桑遗札　式微
日本文坛又弱两个　宏徒
元曲叙录　宾芬
《包龙图智勘后庭花杂剧》
《楚昭公疏者下船杂剧》

第21卷　第8号
1930年8月10日发行

雕刻家（Aquatint）　C.H.Lacey 作
谛听（Dry Point）
Middleton Todd 作

"你能容忍吗"？（Etching）
J.S.de Martelly 作
怒云（Mezzotint）
Sir Frank Short 作

豹子头林冲（小说） 蒲　牢
自由的意味（小说） 万　曼
丝绵被头（小说） 钱公侠
血（上）（小说） 黄仲苏
什么是亚浦洛摩夫式的生活
〔俄〕杜布柔留薄夫著　程鹤西译
附记 程鹤西
苏俄十年间的文学论研究
〔日〕冈泽秀虎著　陈雪帆译
七、"那巴斯图"底极左文学论
八、"那巴斯图"底极左文学论（续）
愚劣的中学校（小说）
〔日〕村山知义著　秦　觉译
幸运（小说）
〔苏〕高尔基著　周久荣译
哥儿（五至八）（小说）
〔日〕夏目漱石著　章克标译
写完后再定题目（随笔） 孙福熙
希腊罗马神话与传说中的英雄传说（八） 西　谛
第四部　底比斯的建立者
四、奥狄甫士在科洛纳斯
白礼齐士像
麦斯斐尔像

现代文坛杂话
瑞典三个文学家 赵景深
桂冠诗人麦斯斐尔 赵景深
英国文坛杂讯 赵景深
美国文坛杂讯 赵景深
元曲叙录 宾　芬
《布袋和尚忍字记杂剧》

第21卷　第9号
1930年9月10日发行

Femme Nue（By M.Berthen）

石碣（小说） 蒲　牢
一九三〇年春上海（之一）（小说） 丁　玲
薄寒（小说） 沈从文
沉落（小说） 靳　以

罗兰斯像及手迹

罗兰斯 杜　衡
薏赛儿（小说）
〔英〕罗兰斯著　施蛰存译
自巴黎西行（随笔） 伏　园
哥儿（九至一一）
〔日〕夏目漱石著　章克标译
希腊罗马神话与传说中的英雄传说（九） 西　谛
第四部　底比斯的建立者
五、七雄攻打底比斯

现代文坛杂话

最近的爱尔兰文坛　赵景深
王尔德未写的戏剧　赵景深
法国青年作家洛瑟尔　赵景深
德国人眼中的哈姆生　赵景深
二百五十卷的德国文学史　赵景深
挪威小说的英译　赵景深
西班牙作家赛尔纳　赵景深
现代土耳其文学　赵景深
享利曼与雅宁斯　赵景深
元曲叙录　宾芬
《看钱奴买冤家债主杂剧》
《崔府君断冤家债主杂剧》
《张天师断风花雪月杂剧》
《花间四友东坡梦杂剧》
《西游记杂剧》
《汉高祖濯足气英布杂剧》

第21卷　第10号
1930年10月10日发行

Marguerite au Sabbat
By Daynan—Bouveret 作
大泽乡（小说）　蒲牢
将军底头（小说）　施蛰存
猫（小说）　何家槐
艺术底起源
〔德〕格劳赛著　武思茂译
附记　武思茂
正宗白鸟像及其手迹
向那里去（小说）
〔英〕正宗白鸟著　方光焘译
巴蕾像
半个钟头（剧本）
〔英〕巴蕾著　熊式弌译
七位女客（剧本）
〔英〕巴蕾著　熊式弌译
谈谈《三湖游记》（随笔）　曾仲鸣
希腊罗马神话与传说中的英雄传说（一〇）　西谛
第四部　底比斯的建立者
六、安蒂歌妮

现代文坛杂话

我们歌唱的力量　赵景深
新群众及其作家　赵景深
美国作家怀尔道　赵景深
哥尔德与库尼茨的论战　赵景深
元曲叙录　宾芬
《尉迟恭单鞭夺槊杂剧》
《洞庭湖柳毅传书杂剧》
《散家财天锡老生儿杂剧》
《李素兰工月玉壶春杂剧》
《包待制智赚生金阁杂剧》

第21卷　第11号
1930年11月10日发行

魏琪尔诞生二千年纪念　插图（十一幅）
魏琪尔像　O.Ruotolo 作
魏琪尔塑像
魏琪尔石膏像

魏琪尔之真面目
魏琪尔画像
魏琪尔纪念碑
魏琪尔把《伊泥易德》
读给奥古士丁大帝听
二千年后之魏琪尔生地——
曼都阿城（Mantua）
暴风
伊尼阿和阿揆提兹游迦太基城
维那使她的儿子邱比德
装作爱攸拉斯模样
富有近代精神的诗人魏琪尔（论文）
欧斯根著　傅东华译
魏琪尔与《伊泥易德》（论文）
加德耳著　叶启芳译
魏琪尔之牧歌（论文）　施蛰存
魏琪尔之田功歌（论文）　施蛰存
第四牧歌（诗）
魏琪尔著　傅东华译
伊泥易德（诗）
魏琪尔著　傅东华译
卷一
一九三〇年春上海（之二）（一至五）（小说）　丁　玲
太阳不注意的故事（小说）　万　曼
裸体（剧本）　熊佛西
旅途随笔　缪崇群
新兵
夜车
江船上
摇机的
向那里去（六至一〇）（小说）
〔日〕正宗白鸟著　方光焘译
希腊罗马神话与传说中的英雄传说（一一）　西　谛
第五部　赫克里士的生与死
一、赫克里士的出生
二、十二件工作
三、赫克里士的选择
现代文坛杂话
巴比塞与俄国　赵景深
曼殊斐尔的文学批评　赵景深
小评论编者的自传　赵景深
托马斯曼近讯　赵景深
三本德国小说　赵景深
新犹太作家那底尔　赵景深
犹太阿胥的三幕悲剧　赵景深
摩尔赛里及其遗著　赵景深
意大利文坛杂讯　赵景深
法国文坛杂讯　赵景深
英国文坛杂讯　赵景深
今年法国学术院的大奖金　式　徽
元曲叙录　宾　芬
《梁山泊李逵负荆杂剧》
《同乐院燕青博鱼杂剧》

第 21 卷　第 12 号
1930 年 12 月 10 日发行

爱的摧残（小说）　巴　金
变（小说）　靳　以
山道中（小说）　沈从文

牺牲（小说）　胡一平
一九三〇年春上海（之二）（六至一〇）（小说）　丁玲
玛耶阔夫司基像（五幅）
玛耶阔夫司基评传
特拉克著　赵景深译
诗人玛耶阔夫司基的死　戴望舒
玛耶阔夫司基　曼吉尔著　余能译
圣诞节夜（小说）
禾达娄著　鲁彦译
在镜中（小说）
勃留骚夫著　由稚吾译
向那里去（一一至一四）（小说）
正宗白鸟著　方光焘译
希腊罗马神话与传说中的英雄传说（一二）　西谛
第五部：赫克里士的生与死
四、亚尔克丝蒂丝的被救
五、漫游的英雄
六、赫克里士的死
现代文坛杂话
美国文学论战的结束　赵景深
邦坦贝利又有新作
墨西哥诗人涅尔服
女诗人席瓌尔（Sitwell）
嘲笑欧美的爱莲堡
波兰小说家阿尔堪逝世
捷克小说家吉拉塞克逝世
英国文坛杂讯
屠格涅甫新作的发现
一九三〇年的诺贝尔奖金
元曲叙录　宾芬
《赵氏孤儿大报仇杂剧》
《小说月报》第二十一卷总目录
编者

第22卷　第1号
1931年1月10日发行

巴那修斯山（三色版）
A.Mantegna 作
镂雕与木刻
from the "Carceri"（一）（二）
Piranesi 作
Etching　P.H.W.Bachelor 作
Lion cut　R.Reeve 作
风格论　傅东华
最近法国文坛对美国的批判（近来批评美国的文学作家　谢康
小坡的生日（一至六）（小说）
老舍
祸水（小说）　溜子
水仙辞（诗）
〔法〕梵乐希著　梁宗岱译
诗选
秋天的梦　戴望舒
老之将至　戴望舒
海宁潮　李金发
北风　毕桓武
旧都之春　毕桓武

夜之荒野　蕙　叶
空虚　蕙叶
明知　章　依
——寄芙娜
红色的夏天　邵冠华
旧日的美目　青　主
最后的呈献
——在舜华姑娘足下　霜　华
你莫要有　陈伯吹
病中　李同愈
会见　李同愈
何忍别去　李同愈
主人，把我的琵琶拿去吧！
〔印度〕泰戈尔著　落花生译
嫉妒〔法〕Géraldy 著　式　微译
供认〔法〕Géraldy 著　式　微译
二元论〔法〕Géraldy 著　式　微译
南北极（小说）　穆时英
父亲（小说）　陈　涓
骚动（小说）　张稚庐
离合（小说）　陈建民
模特儿（小说）　熊佛西
我们上太太们那儿去吗？
——一出未完成的戏之一幕（剧本）
〔英〕巴雷著　熊式弌译
哑了的三弦琴（小说）　巴　金
半天玩儿（小说）
〔英〕赫胥黎著　徐志摩译
在狱中（小说）
〔俄〕契里珂夫著　鲁　彦译
信（小说）
〔俄〕佐理契著　建　南译
汽笛（小说）
〔日〕平林タイ子著　秦　觉译
托尔斯泰孙女回忆录
〔俄〕安娜·托尔斯泰著　耿济之译
乐圣裴德芬的恋爱故事（一）
（“不朽的宠人”）　梦　印
乐圣裴德芬的恋爱故事（二）
（“欧美名人底恋爱生活”之一）
许地山
希腊罗马神话与传说中的英雄传说（一三）　西　谛
第六部　雅典系的传说
一、雅西娜与普赛顿的比赛
附：普赛顿与雅西娜
二、雅典的诸王
附：法松驱日车
三、柏绿克妮与斐绿美啦
国外文坛消息
四本俄国小说的英译　赵景深
斯干底那维亚文坛短讯　赵景深
英国文坛短讯　赵景深
美国文坛短讯　赵景深
奥费拉赫德的《两年》　赵景深
西姬薇克与《父女错综》　赵景深
马撒列克总统论文学　赵景深
巴罗哈的海洋小说　赵景深
皮蓝得娄离欧赴美　赵景深
戴丽黛女士的新著　赵景深

法兰西诗话　王维克
拉马丁初出茅庐
一个梦
七盏灯
大作家是多方面的
恶魔诗人波特莱尔
诗人的坟墓
唯美派的标语和口号
诗人气概
诗人的谦逊
海滨独坐
有此母有此子
伏尔太自比于蛇
元曲叙录　宾　芬
《说鳟诸伍员吹箫杂剧》
《月明和尚度柳翠杂剧》
《沙门岛张生煮海杂剧》
《临江驿潇湘秋夜雨杂剧》
《郑孔目风雪酷寒亭杂剧》
《救孝子贤母不认尸杂剧》

第22卷　第2号

1931年2月10日发行

露珠（摄影）　W.Zielke 作
静物（摄影）　M.Yaginuma 作
面网（摄影）　J.N.Doolittle 作
水草（摄影）　H.Kira 作
石秀（小说）　施蛰存
小坡的生日（七至一〇）（小说）　老　舍

诗选

单恋者　戴望舒
秋雨　蕙　叶
中夏的风　甘永柏
夜之烦扰　王剑三
无题　毕桓武
当我爬上悲哀的最高峰时　邵冠华
半年　李同愈
嘱托　李同愈
翘首（隔别以后）　李同愈
神经〔法〕Géraldy 著　式　微译
疑问〔法〕Géraldy 著　式　微译
试验〔法〕Géraldy 著　式　微译

异国里的悲哀（小说）　李同愈
给那五位先生
——一篇《潘彼得》的献词
〔英〕巴蕾著　熊式弌译
潘彼得（第一幕）（剧本）
〔英〕巴蕾著　熊式弌译
丑的美（小说）　青　主
苏拉德的咖啡店（小说）
〔俄〕托尔斯泰著　祝枕江译
母亲〔俄〕左祝里著　高　滔译
希腊罗马神话与传说中的英雄传说（一四）　西　谛
第六部　雅典系的传说
四、依安与他的母亲
附：米诺士的身世与子孙
五、狄达洛士与其子依卡洛士

国外文坛消息

最近的巴勒英克朗　赵景深
刘易士得诺贝尔奖的舆论　赵景深
新群众作家近讯　赵景深
两本儿童诗集　赵景深
安达西的《复仇的儿子》　赵景深
俄国的儿童文学　赵景深
高尔斯华绥续写大著　赵景深
元曲叙录　宾　芬
《谢金莲诗洒红梨花杂剧》
《便宜行事虎头牌杂剧》
《秦修然竹坞听琴杂剧》
《陶学士醉写风光好杂剧》

第22卷　第3号
1931年3月10日发行

浴后的狄爱娜及其同伴（三色版）
F.Boucher作
希腊古瓶图（四幅）
一九三〇年的法国文坛
〔法〕第波德著　颜　歆译
戏剧之基本原理　向培良
在黄昏里（诗）　鹤　西
所见（诗）　黄运初
在医院里（小说）　柳　月
重逢之夜（小说）　陈白尘
钱（剧本）
〔美〕高尔特著　周起应译
翦头发（小说）　杨润余
小坡的生日（一一至一四）（小说）
老　舍
约佐祖父在望着（小说）
〔保〕跛佐夫著　北　冈译
寂寞（小说）
〔德〕爱斯特著　段白莼译
拉拉的利益（小说）
〔俄〕英培尔著　建　南译
老人（小说）
〔日〕志贺直哉著　冯厚生译
潘彼得（第二幕）
〔英〕巴蕾著　熊式弌译
希腊罗马神话与传说中的英雄传说（一五）　西　谛
第六部　雅典系的传说
六、时修士

国外文坛消息

四卷未刊的柴霍甫底作品
卢世延
新俄文坛消息一束　张铁弦
苏博尔的异象　赵景深
王尔德未刊的书简　赵景深
夫蓝克写兄妹错综　赵景深
元曲叙录　宾　芬
《张孔目智勘魔合罗杂剧》
《吕洞宾渡铁拐李岳杂剧》

第22卷　第4号
1931年4月10日发行

小小的心（小说）　鲁　彦
主仆（小说）　沈　樱

汾河湾（剧本） 陈白尘
医院里的丧偶诗人（小说）
李青崖
别（小说） 谢冰季
小坡的生日（一五至一八）（小说）
老 舍
关于杜思退益夫斯基的插图
杜思退益夫斯基画像
Y.Perov 作
杜思退益夫斯基画像
Stuart Davis 作
老年时代之杜思退益夫斯基
一八六三年的杜思退益夫斯基
在兵工学校时之杜思退益夫斯基
“六十年代”时代之杜思退益夫斯基
杜思退益夫斯基之兄
杜思退益夫斯基之母
杜思退益夫斯基之父
杜思退益夫斯基殓前之影
杜思退益夫斯基死后之石膏面型
杜思退益夫斯基出世之屋
杜思退益夫斯基之墓
杜思退益夫斯基手稿及签名

杜思退益夫斯基的五十年纪念
〔俄〕普时纳著 许德佑译
杜思退益夫斯基论
〔俄〕罗迦乞夫斯基著 建 南译
彼得堡之梦（小说）
〔俄〕杜思退益夫斯基著 许德佑译
潘彼得（第三幕）
〔英〕巴蕾著 熊式弌译
窗边（小说）
〔德〕霍尔茶梦著 段白莼译
希腊罗马神话与传说中的英雄传说（一六） 西 谛
第七部 辟洛甫士系的传说
一、依菲琪妮亚在奥里斯
国外文坛消息
最近的匈牙利文坛 赵景深
最近的意大利文坛 赵景深
最近的挪威小说 赵景深
德奥的五种戏剧 赵景深
龚古尔奖金的得者 赵景深
元曲叙录 宾 芬
《河南府张鼎勘头巾杂剧》

第22卷 第5号

1931年5月10日发行

安特奥卜 Allegri 作
《敦煌取经记》插图
敦煌巷子（一）（二）
敦煌绢画幢幡三帧
敦煌丝织物图案之一
敦煌取经记（随笔）
〔匈〕斯坦因著 贺昌群译
一个人底死（小说） 蓬 子
苹果烂了（小说） 庐 隐

当男女懊悔的时候（小说）
李金发
一个男人给他妻子的信（小说）
王家棫
弱者（小说） 钱公侠
家庭教师（小说）
〔匈〕拉可西著 沈来秋译
草原的狼人（小说）
〔俄〕卜里西文著 高 滔译
家具（小说）
〔英〕高尔娜著 叶启芳译
潘彼得（第四幕）
〔英〕巴蕾著 熊式弌译
书谈 周越然
一、抄本——愧郯录等
希腊罗马神话与传说中的英雄传说（一七） 西 谛
第七部 辟洛甫士系的传说
二、亚加米农的死
三、奥莱斯托士的归来
国外文坛消息
荷兰女作家的家庭小说 赵景深
土耳其最后的行吟诗人 赵景深
法兑耶夫与欧德白格 赵景深
受歧视的瑞士文人 赵景深
斯干底那维亚文坛杂讯 赵景深
元曲叙录 宾 芬
《死生交范张鸡黍杂剧》
《李亚仙花酒曲江池杂剧》
《鲁大夫秋胡戏妻杂剧》

第22卷 第6号
1931年6月10日发行

美丽（三色版） E.Hastain 作
象牙戒指（一至三）（小说）庐 隐
归途（小说） 落花生
母亲（小说） 迅 鸠
终究要到这条路（小说） 黄萍荪
格列姆兄弟传
——论童话及童话之研究
〔德〕倭尔加斯特著 魏以新译
雪的皇冠（剧本）
〔美〕来斯著 顾仲彝译
小偷（小说）
〔俄〕契列珂夫著 紫 薇译
齿痛（小说）
〔捷〕凯贝克著 孙 用译
潘彼得（第五幕）
〔英〕巴蕾著 熊式弌译
书谈 周越然
二、稿本——螟巢日记等
希腊罗马神话与传说中的英雄传说（一八） 西 谛
第七部 辟洛甫士系的传说
四、奥莱斯托士的被释
五、依菲琪妮亚在杜林斯（Tauris）
格列姆兄弟像
宾那脱像及其署名
国外文坛消息
英国小说家宾那脱逝世 赵景深

威甫尔赞美阿胥　赵景深
民众主义与席莱夫　赵景深
最近的意大利文坛　赵景深
元曲叙录　宾　芬
《相国寺公孙合汗衫杂剧》
《薛仁贵荣归故里杂剧》

第22卷　第7号
1931年7月10日发行

田家冲（小说）　丁　玲
窭羹（小说）　施蛰存
元荫嫂的墓前（小说）　西　谛
象牙戒指（四至七）（小说）庐　隐
倍尔纳与沉默派戏剧　黎烈文
亚尔维的秘密（剧本）
〔法〕倍尔纳著　黎烈文译
明清二代的平话集（上）　郑振铎
一、引言
附：明清平话集系统表
二、清平山堂话本集
三、京本通俗小说
附：万历版话本四种
附：绣谷春容
四、古今小说（《喻世明言》）
附：别本《喻世明言》
五、《警世通言》
六、《醒世恒言》
刘易士速写像　Leo Katz 作
刘易士像（一）
刘易士夫妇像（一）
刘易士夫妇像（二）
刘易士的小说（论述）
〔英〕阿尔特著　赵景深译
新娘之梦（小说）
〔英〕费尔坡兹著　叶启芳译
“克罗波摩尔”（小说）
〔俄〕英倍尔著　建　南译
书谈（论述）　周越然
三、套印书

国外文坛消息

现代西南部美洲文学　赵景深
根那生与冰洲文学　赵景深
包以尔的永久的挣扎　赵景深
巴比尼的讽刺　赵景深
大战后的德国青年作家　赵景深
托勒的自叙传　赵景深
苏俄刊行日本古典文学集　谢宏徒
元曲叙录　宾　芬
《陈季卿误上竹叶舟杂剧》
《包待制智赚灰阑记杂剧》

第22卷　第8号
1931年8月10日发行

法人纪念莫泊桑（二幅）
谢洛随斯基像及其签字

小小生命的始终（小说）　章克标
他们恋爱了（小说）　鲁　彦
在巴黎大戏院（小说）　施蛰存
医生（小说）　沈从文

象牙戒指（八至九）（小说） 庐　隐

诗歌及音乐底起源

布吓尔著　武思茂译

明清二代的平话集（下） 郑振铎

七、《拍案惊奇》

八、《拍案惊奇二刻》

九、《今古奇观》

附:《觉世雅言》

《燕居笔记》

一〇、《石点头》

一一、《西湖二集》

一二、《醉醒石》

一三、《拍案惊奇三刻》

附:《二刻拍案惊奇》别本

一四、《二刻醒世恒言》

一五、《觉世明言》(《十二楼》)

一六、《豆棚闲话》

一七、《欢喜奇观》

一八、《照世杯》

一九、《西湖佳话》

二〇、《误目醒心编》

二一、《西湖拾遗》

二二、《二奇合传》

二三、《今古奇闻》

二四、其他伪本

跋

又跋

橡树（小说）

〔俄〕格台新斯基著　宁　英译

一个人的出生（小说）

〔俄〕高尔基著　建　南译

中国的苦力 〔波〕谢洛随斯基著

许念曾　徐　位译

外国文坛消息

波兰文学家沛顺斯奇逝世 赵景深

文学批评家维尔西克逝世 赵景深

宾那脱之死及其祭礼 赵景深

高尔基续作三部曲 赵景深

西班牙阿亚拉全集出版 赵景深

俄国文坛零讯 张铁弦

第22卷　第9号

1931年9月10日发行

狗（小说） 巴　金

一篇抄袭的恋爱故事（小说）

鲁　彦

一天（小说） 丁　玲

魔道（小说） 施蛰存

侏儒（小说） 何家槐

象牙戒指（一〇至一一）（小说）

庐　隐

博克门（第一幕）（剧本）

〔挪〕易卜生著　潘家洵译

葛劳德像及其签字

葛劳德逝世

〔英〕海登著　赵景深译

附：葛劳德著作年表

宋乐与朝鲜乐之关系

〔日〕内藤虎次郎著　林大椿译

裴多菲诗七篇 孙 用译
九月末日
这夜我做着奇怪的梦
风
园里有朵朵的花儿
狗之歌
狼之歌
保罗先生
波里史·柴采夫评传 适 夷
静寂的黎明（小说）
〔俄〕柴采夫著 适 夷译
一件不要人相信的故事（小说）
〔德〕克洛格尔著 段可情译
一个坏女人（小说）
〔美〕贾克伦敦著 陈虎生译
老茶房（小说）
〔日〕村山知义著 秦 觉译
国外文坛消息
托尔斯泰未刊的作品 赵景深
未来主义的菜 赵景深
巴比尼最近的态度 赵景深
最近的德国小说 赵景深
高歌脱的随笔 赵景深
穆杭的两部著作 赵景深
新群众作家续讯 赵景深
宾那脱逝世后的怀念 赵景深
撒克偎儿偎丝特的新作 赵景深
高尔斯华绥自述创作过程 赵景深
元曲叙录 宾 芬
《王月英元夜留鞋记杂剧》
《杜牧之诗酒杨州梦杂剧》
《玉箫女两世姻缘杂剧》
《㑇梅香骗翰林风月杂剧》
《醉思乡王粲登楼杂剧》

第22卷 第10号
1931年10月10日发行

高尔基回国了
西班牙作家出任公使
阿亚拉
阿左林
乌纳木诺
虎雏（小说） 沈从文
小彼得（小说） 张天翼
好人（小说） 巴 金
诗六篇 戴望舒
村里的姑娘
三顶礼
二月
我的恋人
款步
小病
我也只好伴你消灭于这
一切的黑暗中了（小说）
袁昌英
战线
——呈给还活在髑髅塔下跳
跃的人们（一至五）（小说）
黑 炎
比利时一百年来的法语文学
式 微译

（一）一世纪来的诗（Gaston Pulings 原著）
（二）小说家与短篇小说家（Leon Chenov 原著）
当我是一个托钵僧时（小说）
〔俄〕伊凡诺夫著　高　滔译
雏（小说）
〔罗马尼亚〕勃拉太斯古著
孙　用译
磨房旁（小说）
〔保〕伊林潘林著　北　冈译
博克门（第二幕）
〔挪〕易卜生著　潘家洵译
国外文坛消息
吉洛杜写个人主义者　赵景深
穆杭最近的言论　赵景深
郁斯特的新作　赵景深
爱尔兰奥顿涅尔的新作　赵景深
四本英国新小说　赵景深
西班牙作家与革命　赵景深
瑞典卡尔弗尔特逝世　赵景深
最近俄国诗人侧面剪影　赵景深
元曲叙录　宾　芬
《罗李郎大闹相国寺杂剧》

第22卷　第11号
1931年11月10日发行

希腊古器图
雅哥船之建筑（希腊陶器上之浮雕）
约逊雅西娜及一海怪（希腊古瓶）
太洛之死（希腊古酒器）
雅哥船上之英雄们（希腊古瓶）

血腥的风（诗）　蓬　子
我说这是最后一次的眼泪了（诗）
巴　金
我们（小说）　巴　金
新西班牙的新兴作家　许德佑
往日的作家和新兴作家
巴勒英克朗
阿左林底反抗狄克推多
从虚无主义到希望
新兴文学的趋势
十二镑的尊容（剧本）
〔英〕巴蕾著　熊式弌译
也许是这样的（小说）　李青崖
清算（小说）　冰　莹
晨课（小说）　何　平
《五女兴唐传》　朴　园
象牙戒指（一二至一三）（小说）
庐　隐
战线（六至一〇）（小说）　黑　炎
安琪玲（小说）
〔法〕左拉著　李青崖译
诗和散文（小说）
〔捷〕符尔克力次基著　孙　用译
博克门（第三幕）
〔挪〕易卜生著　潘家洵译
国外文坛消息
现代蒙大拿文学　赵景深
新希腊文坛一瞥　赵景深

一九三〇年的霍桑屯奖金　赵景深
曼氏兄弟与父子　赵景深
塞意斯完成四部曲　赵景深
瑞典的小说与文评　赵景深
挪威文坛杂讯　赵景深
罗曼诺夫的《三只丝袜子》　赵景深
莱渥诺夫的《贼》　赵景深

第22卷　第12号

1931年12月10日发行

时间与空间（小说）　沈　樱
奴隶底心（小说）　巴　金
遗嘱
——一景三幕悲的喜剧（剧本）
〔英〕巴蕾著　熊式弌译
今日的法兰西戏剧运动　许德佑
　战后剧场概况
　戏剧艺术的商业化
　人生观的改变
　反写实主义
　新兴戏剧艺术的三战马——
　世纪病，双重人格，潜意识
　观众心理
　古典剧和新浪漫主义
　战争与戏剧文学
　有声电影和戏剧运动
　法兰西戏剧运动的危机
一封最初亦即最后的信（小说）
冰　莹
战线（一一至一四）（完）（小说）
黑　炎
Sommertanz（诗）
〔瑞典〕卡尔弗尔特著　梅川译
病后对话（剧本）
〔意〕邓南遮著　颜歆译
第七号地窖（小说）
〔法〕盖塞尔著　李青谷译
博克门（第四幕）
〔挪〕易卜生著　潘家洵译
象牙戒指（十四至十七）（小说）
庐　隐

国外文坛消息

一九三一年的诺贝尔文学奖金
赵景深
捷克诗人第克逝世　赵景深
杜思退益夫斯基与新俄　赵景深
德国文坛新讯　赵景深
格雷哥莱夫人的新作　赵景深
俄国文坛新讯　赵景深
显尼支劳逝世　卢　罗
泰友表的般生的剧本　梅　川
网（摄影）　桥本好文作
锯（摄影）　中冈健治作

《小说月报》第二十二卷总目录
编　者

11 文学周报（文学旬刊、文学）

简 介

《文学周报》，文学研究会主办的刊物。一九二一年五月一日创刊于上海。初名《文学旬刊》，以文艺副刊的形式附上海《时事新报》出版、发行；自第八十一期起更名《文学》，改为周刊；自第一百七十二期起，又更名《文学周报》，脱离《时事新报》，出三十二开本，独立发行至二百五十期；以后改由开明书店代理发行；自第三百五十一期（第八卷第一号）起又改由远东图书公司印行。一九二九年十二月二十二日出至第三百八十期（第九卷第五号）终刊。该刊自创刊至二百五十期，不分卷，第二百五十一期注明为第四卷第一期，自此以后每二十五期为一卷，卷期号与总期号并用。

《文学周报》的编者有多次变动。初由郑振铎、沈雁冰主编，自第五十六期起由谢六逸主编，自七十三期起由王伯祥、余伯祥、沈雁冰、周予同、俞平伯、胡哲谋、胡愈之、叶绍钧、郑振铎、谢六逸、严既澄、顾颉刚十二人轮流主编，自第一百零二期起主要由叶圣陶主编，自第二百七十六、七期合刊号起由赵景深主编，自第三百二十六期起由谢六逸、耿济之、赵景深、郑振铎、徐调孚、傅东华、樊仲云八人主编。

经过改革的《小说月报》虽然实际上为文学研究会所掌握，但是仍然是商务印书馆的商办刊物，而《文学周报》则是文学研究会独立创办的刊物，因此，具有机关杂志的性质。该刊的创刊《宣言》规定自己的任务是“为中国文学的再生而奋斗，一面努力介绍世界文学到中国，一面努力创造中国的文学，以贡献于世界的文学界中”。第八十一期上发表的《本刊改革宣言》更明确地表述了该刊的基本倾向：“以文艺为消遣品，以卑劣的思想与游戏态度来侮蔑文艺，熏染青年的头脑的，我们则认他们为‘敌’，以我们的力量，努力把他们扫出文艺界以外，抱传统的文艺观，想闭塞我们文艺界前进之路的，或想向后退去的，我们则认他们为‘敌’，以我们的力量，努力与他们奋斗。至于其他和我们在同路上走的人，即使他们的主张与态度和我们不同，我们还是认他们为‘友’的”

该刊注重文艺批评，先后同“礼拜六派”、“学衡派”展开过激烈的论战，同时也发表了许多倡导新文学的文章和对作家作品的批评。其中沈雁冰以郎损、玄珠等笔名发表的评论，曾经产生过广泛的影响，他的重要论文《论无产阶级艺术》就揭载于该刊。除了文艺批评之外，也刊登了大量作品，如徐玉诺、汪静之、焦菊隐、黄远初、徐雉、李金发、刘延陵、倪贻德等人的新诗，王统照、庐隐、叶圣陶、严敦易、彭家煌等人的小说，朱自清、瞿秋白、王以仁等人的散文小品，以及熊佛西、顾德隆等人的剧本，此外，还发表了李青崖、瞿秋白、王统照、赵景深等人的大量译作。

目录

文学旬刊

第 1 期
1921 年 5 月 10 日出版

宣言
体例
文学的定义 西谛
中国文学不发达的因原 玄珠
小病 谌陶
仁善的小孩
〔意〕阿美村司著 张晋译
文学界消息

第 2 期
1921 年 5 月 20 日出版

读晨报小说第一集 静观
离情 李之常
上帝（诗） 绍虞
西喇叙事诗 性天
审判（喜剧）
〔匈〕瞿西著 胡天月译
杂谈 西谛
文艺界消息 玄珠
通讯 玄珠 西谛

第 3 期
1921 年 5 月 29 日出版

文学的特质 世晨
杂谈 来红 蠢才 西谛
春梦的灵魂（诗） 剑
西喇叙事诗（续一） 性天
影 〔波兰〕薛洛士著
妃白译
小说的经验 隐
书报评论 西谛
巡按（戏曲）
雷雨（戏曲）

第 4 期
1921 年 6 月 10 日出版

世界文学中的德国文学 唐性天
杂谈 西谛 蠢才
心境 王世瑛
下午十点钟（剧）
〔美〕Mary Aldis 著 汪仲贤译
西喇叙事诗（续二） 性天
文学界消息 玄珠
通信 西谛 玄珠

第 5 期
1921 年 6 月 20 日出版

文学的使命 西谛
杂谈 圣陶 西谛 鸿声
不快之感 叶圣陶
情曲 〔德〕海涅著 朱之常译
生命的谜 柳钟文
答西谛君 沈雁冰
通讯 罗迪光

第6期

1921年6月30日出版

现在中国创作界的两件病　世　晨
杂谈
一个病人　庐　隐
情曲（续一）
〔德〕海　涅著　朱之常译
书报评论
海鸥　鸿　声

第7期

1921年7月10日出版

语体文欧化的讨论　雁　冰
语体文欧化的讨论　振　铎
语体文欧化的讨论　剑　三
语体文欧化的讨论　傅冻药
杂谈
归程　品　澂
伴死人的一夜　剑　三
近代文学　伊达源一郎著　赵光荣译
情曲（续二）
〔德〕海涅著　朱之常译
通讯　田　汉　玄　珠

第8期

1921年7月20日出版

文学家的责任　李开中
不全则无　王世瑛女士
生命的火燃了（诗）　王剑三
情曲（续三）
〔德〕海　涅著　朱之常译
近代文学（续一）
〔日〕伊达源一郎著　赵光荣译

第9期

1921年7月30日出版

文学与革命　西　谛
杂谈　玄　西　庐　隐
儿和影子（诗）　叶圣陶
拜菩萨（诗）　叶圣陶
冲动（诗）　徐玉诺
月夜里箫声　庐　隐
情曲（续四）
〔德〕海　涅著　朱之常译
近代文学（续二）
〔日〕伊达源一郎著　赵光荣译

第10期

1921年8月10日出版

中国文人（？）对于文学的根本误解
西　谛
杂谈
二百元　王世瑛
“作甚么？”　庐　隐
斫柴的女儿（诗）　隐
一个问题（剧）　陈逖先
近代文学（续三）

〔日〕伊达源一郎著　赵光荣译
致文学研究会书　宋春舫
答宋春舫信　文学研究会

第 11 期
1921 年 8 月 20 日出版

儿童文学的翻译问题　春
答女儿　王世瑛
一个问题（剧）（续一）　陈逖先
寂寞的城
R.Cha Dehmsl 著　蒋复璁译
情曲（续五）
〔德〕海涅著　李之常译
近代文学（续四）
〔日〕伊达源一郎著　赵光荣译
通讯　孙祖基

第 12 期
1921 年 8 月 30 日出版

遗民　玉　诺
出洋热　一星女士
微光（诗）　郑振铎
生命（诗）　玉　诺
秋晚（诗）　玉　诺
一个问题（续二）　陈逖先
京汉车中杂吟（诗）　李之常
近代文学（续五）
（日）伊达源一郎著　赵光荣译
通讯

第 13 期
1921 年 9 月 10 日出版

故事　周作人译
夜　沈松泉
哀音　庐　隐
玛丽亥耐　王统照译
近代文学（续六）
〔日〕伊达源一郎著
赵光荣译
通信

第 14 期
1921 年 9 月 20 日出版

高尔士委士的
短篇小说《觉悟》的评赏
王　静
失望（诗）　斯　提
烦恼（诗）　李之常
秋心（诗）　沈松泉

第 15 期
1921 年 10 月 1 日出版

《茵梦湖》的序引　郁达夫
《情曲》的引词　李之常译
蛋
〔法〕Gug de Maupassant 著
妃　白译

第 16 期
1921 年 10 月 11 日出版

小说作法　六　逸
王裁缝底“三十节”（剧）　陈大悲
琴声（诗）　刘延陵
归　V. L 译
杂谈

第 17 期
1921 年 10 月 21 日出版

小说作法　六　逸
三浦石卫门的最后　菊池宽著　鲁　迅译
琴声（诗）（续一）　刘延陵
近代文学（续七）　〔日〕伊达源一郎著　赵光荣译

第 18 期
1921 年 11 月 1 日出版

杂谈　斯　提
义儿　叶绍钧
对月（诗）　歌德著　性天译
游客夜歌（诗）　歌德著　性天译
所得（诗）　歌德著　许震寰译
琴声（诗）（续二）　刘延陵
近代文学（续八）　〔日〕伊达源一郎著　赵光荣译

第 19 期
1921 年 11 月 12 日出版

陀思妥以夫斯基的百年纪念　西　谛
陀思妥以夫斯基年谱　愈　之
陀思妥以夫斯基带了些什么东西给俄国？　冰
与佩弦讨论“民众文学”　俞平伯
杂谈
骸骨之迷恋　斯　提
文学与呻吟　严慎予
二十年后　〔美〕阿亨利著　一　樵译
琴声（诗）（续三）　刘延陵

第 20 期
1921 年 11 月 21 日出版

爱尔兰诗人夏芝　滕　固
陀思妥以夫斯基作品一览　C
破袜　汝　卓
双十节悲歌（诗）　李之常
对于鹦鹉的箴言　斯　提

第 21 期
1921 年 12 月 1 日出版

对于《一条疯狗》的答辩　守　廷
一条疯狗！　薛鸿猷

诗坛的逆流　卜　向
看南京日刊里的“七言时文”　东
由《一条疯狗》而来的感想　赤
骆驼家　玉　诺

第 22 期
1921 年 12 月 11 日出版

旁观者言　缪凤林
狨猕　胡天月译
骆驼家（续）　玉　诺
通讯　欧阳翥　守　廷

第 23 期
1921 年 12 月 21 日出版

论散文诗　V. L
尸　玉　诺
小试（诗）　郭绍虞
世界与人类（诗）　梦　雷
读《旁观者言》　台静农
最后的尝试（诗）　梦　雷
对于旧体诗的我见　吴文祺
为新诗家进一言　王警涛
丧钟（诗）　采弗司著　王剑三译
天使与神秘（诗）
采弗司著　王剑三译
近代文学（续九）
伊达源一郎著　赵光荣译
通讯　薛鸿猷等

第 24 期
1922 年 1 月 1 日出版

论散文诗　西　谛
葛拜耳诗杂译　王剑三
黑暗的人　王剑三译
观与察幻想　汝　卓
没什么（诗）　信
又一旁观者言　幼　南

第 25 期
1922 年 1 月 11 日出版

驳《旁观者言》　吴文祺
我的诗说　郑重民
读了《论散文诗》以后　王平陵
近代文学（续一〇）
任达源一郎著　赵光荣译
通讯　敷　德　西　谛
本刊特别启事

第 26 期
1922 年 1 月 21 日出版

民众文学的讨论
小引
一　俞平伯
二　许昂若
三　叶圣陶
四　朱自清

第 27 期

1922 年 2 月 1 日出版

论散文诗 滕 固
民众文学底讨论 朱自清
更正 俞平伯
古希伯来诗底特质 地 山

第 28 期

1922 年 2 月 11 日出版

《又一旁观者言》的批评 吴文祺
平民诗人惠特曼 六 逸
文学上的贵族与民众 许昂若
野中之风（诗） 剑 三
少年的梦（诗） 剑 三

第 29 期

1922 年 2 月 21 日出版

评梅光迪之所评 郎 损
文学与民众 路 易
一个女教员 庐 隐
杂谈 伭 西 谛 东 荪 小 森

第 30 期

1922 年 3 月 1 日出版

近代文明与近代文学 郎 损
一个女教员（续） 庐 隐
泪（诗） 惠特曼著 东 莱译
毁谤（诗） 太戈尔著 徐培德译
太戈尔诗 偶 译
杂谈 劳 人
近代文学（续一一）
任达源一郎著 赵光荣译
文豪纪念录 三 月

第 31 期

1922 年 3 月 12 日出版

驳反对白话诗者 郎 损
寻求者 R M
战争罪恶史之一页 孙梦雷
打不断的念头（诗） 徐玉诺
病子院的一角（诗） 徐玉诺
无题（诗） 千家元磨著 东 策译
幸福（散文诗）
百鸟省吾著 劳 人译
自由（小曲） 劳 人
火车里一个乡下佬 耿式之
哈姆生传 海 峰

第 32 期

1922 年 3 月 21 日出版

我为什么创作呢?
〔日〕长兴善郎著 谢六逸译
朵思退益夫斯基与其作品 C P
山道之侧 王统照
山（诗） 徐玉诺
母亲（诗） 徐玉诺

第 33 期

1922 年 4 月 1 日出版

创作坛杂评
一般的倾向　玄珠
驳郎损君《驳反对白话诗者》　钱鹅湖
答钱鹅湖君　郎损
朵思退益夫斯基与其作品　C P
题《影鸾草》（诗）　俞平伯
题《影鸾草》（诗并引）　郑振铎
火车里一个乡下佬　耿式之
懊恼（诗）　修人
晓（诗）　修人
或者（诗）　修人
小诗　演存
杂谈
　一、大路　P T
　二、假学者　P T

第 34 期

1922 年 4 月 11 日出版

创作坛杂评
　二、致读《女神》者　资平
匆匆　朱自清
一条路（诗）　司省之
火车里一个乡下佬（续）　耿式之
雪天的咒诅（诗）　李之常
山洪、卓刀泉记游　李之常
朵思退益夫斯基与其作品　C P

第 35 期

1922 年 4 月 21 日出版

支配社会底文学论　之常
隔膜集书后　佚名
他的现在（诗）　徐玉诺
生活与性灵（诗）　徐玉诺
人生的现实（诗）　徐玉诺
独唱六首（诗）　滕固
异端者之忏悔（诗）　滕固
朵思退益夫斯基与其作品（续）　C P
醉　素
杂谈
　一、什么话　C P
　二、复辟派的反动　玉
　三、投机派的提倡文言者　玉
新刊介绍
　《父与子》
（〔俄〕屠格涅夫著　耿济之译）
　《冲积期化石》　（张资平著）
　《冬夜》　（俞平伯著）
　《草儿》　（康白情著）
　《隔膜》　（叶绍钧著）
　《复活》
（〔俄〕托尔斯泰著　耿济之译）

第 36 期

1922 年 5 月 1 日出版

今后之本刊

教育与文艺的争斗　邹　谦
悲鸣之鸟（诗）　西　谛
复活（诗）　朱自清
哀慧真　梁宗岱
杂谈
　一、文学与常识　玄
　二、悲观　西
新刊介绍　C
出版预告
　《小说汇刊》
　《雪朝》

第37期
1922年5月11日出版

新文学观的建设　西　谛
对于一个散文诗作者表一些敬意！　王任叔
文学之要素（上）　路　易
微笑（诗）　俞平伯
梦（诗）　俞平伯
《创造》给我的印象　损
最近的出产
　本栏的旨趣和态度
杂谈
　一、对于新诗诤言　C　P
　二、他们的理想　C　P
文学研究会特别启事

第38期
1922年5月21日出版

最近的出产
　隔膜　化　鲁
邵雍的自由诗　郭绍虞
《创造》给我的印象（续一）　损
读了一种小诗集以后（诗）　西　谛
静境（诗）　王剑三
俄顷（诗）　王剑三
泪之流（诗）　西　谛
小诗　造　我
杂谈
　一、著作的态度　C　P
　二、私怨与贿赂　C　P
　三、丑恶描写　C　P
　四、白话文与作恶者　C　P
通讯　汝　卓　振　铎
文学研究会启事

第39期
1922年6月1日出版

玉诺的诗　圣　陶
《创造》给我的印象（续二）　损
亡友胡天月传　愈　之
杂谈

第40期
1922年6月11日出版

最近的出产
　一、读《湖畔》诗集　自　清

二、读《小说月报》第13卷第6号　真
胡天月传（续）　愈之
遣闷　王任叔
杂谈（四则）　西谛　冰　C P
通讯　西谛
文学研究会启事
特别启事一
特别启事二

第41期
1922年6月21日出版

评读诗底进化的还原论　苹初
一个中国的田野化底诗人——范成大　王统照
杂诗　王任叔
杂谈（四则）　西谛
通讯　张厌如　西谛

第42期
1922年7月1日出版

最近的出产
《戏剧》第四号　玄
小说的"做"的问题　宓汝卓
如环的——以书为序　俞平伯
给歌者（诗）　西谛
寒夜的啼声（诗）　剑三
是？（诗）　剑三
杂谈（五则）　化鲁　西谛
通讯　中华书局丛书编辑部　王任叔

第43期
1922年7月11日出版

最近的出产
评《小说汇刊》　玄
小说的"做"的问题（续）　宓汝卓
战夜的谈话　剑三
泥墙之下　周辅仁
杂谈　玄
文学研究会记事
文学研究会特别启事

第44期
1922年7月21日出版

中国的报纸文学　化鲁
《灰色马》的引言　郑振铎
微笑　宓汝卓
杂谈（七则）　西谛
文艺界小新闻　玄
被虐者底哭声（诗）　佩苇
本刊特别启事

第45期
1922年8月1日出版

论短诗　滕固
介绍外国文学作品的目的　雁冰

三爱　耿式之
《阿那托尔》序言　郑振铎
杂谈（三则）　化　鲁

第46期
1922年8月11日出版

中国的报纸文学（续一）　化　鲁
自然主义的今日文学论　李之常
三爱（续）　耿式之
灵魂的伤痕　庐　隐
小诗　演　存
杂谈　西　谛
本刊特别启事

第47期
1922年8月21日出版

中国的报纸文学（续二）　化　鲁
自然主义的中国文学论　李之常
母亲　王任叔
悠悠的心　庐　隐
祈祷（诗）　慎　吾
我（诗）　慎　吾
杂谈　西　谛
通讯　玄

第48期
1922年9月1日出版

译诗的一个意见——
《太戈尔诗选》的叙言　西　谛
读工人绥惠略夫后　孔　生
呈某友（诗）　剑　三
街头的片影（诗）　剑　三
东游得来的礼物　庐　隐
早晨　谢传茂
《半斤》VS《八两》　损
杂谈　之　常
通讯　雁　冰　西　谛

第49期
1922年9月11日出版

我的一个要求　西　谛
与现代的基督徒　徐玉诺
华严泷下　庐　隐
十五年后　王统照
路上所见（诗）　佩　竿
杂诗　曾广勋
杂谈（五则）
C　P　西　谛　C　S　S　西　谛
通讯　李芾甘　记者

第50期
1922年9月21日出版

评H.A.Giles的《中国文学史》
西　谛
"曹拉主义"的危险性　郎　损
海边上的谈话　庐　隐
十五年后（续一）　王统照

杂诗 谢传茂
杂谈（八则） 西 谛 鲁
文学研究会启事
正更

第 51 期
1922 年 10 月 1 日出版

整理中国文学的提议 西 谛
“文艺批评”杂说 佩 苇
十五年后（续二） 王统照
他们期望的太平 庆 夫
杂谈（三则） 玄
什么话！

第 52 期
1922 年 10 月 10 日出版

翻译问题 玄 珠
我的最后 徐玉诺
吃惊的心 王任叔
给英国人
〔英〕Shellry 著 西 谛译
一夕话
——谈日本文学 太 郎
最后的光荣 庐 隐
小诗 西 谛
形式和实质 化 鲁
圣皮韦（Sainte Beuye）的自然主义批评论 西 谛
读《工人绥惠略夫》 仲 持
大树 王任叔
偶然记下来的 玄 珠
十月中文学家生卒表（上）
杂谈（六则） 西 谛 鸿 声

第 53 期
1922 年 10 月 21 日出版

整理中国古代诗歌的意见及其他
馥 泉
十五年后（续四） 王统照
杂谈（七则） CP、M、冰

第 54 期
1922 年 11 月 1 日出版

写实小说之流弊？ 冰
种植园里的小诗 赵景深
十五年后（续五） 王统照
可爱的人 佩 竿
中秋月夜八首（诗） 馥
杂谈（三则） CP 冰
十月中文学家生卒表（下）
十一月中文学家生卒表
通讯 馥 泉

第 55 期
1922 年 11 月 11 日出版

诗人与非诗人之区别
Bliss 著 傅东华译

月下（诗） 庐隐
圣水（诗） 徐玉诺
命运的猴子（诗） 徐玉诺
夜（诗） 徐玉诺
“中国文学史研究会”底提议 馥泉
杂谈（五则） 西谛
通讯 雁冰

第56期

1922年11月21日出版

本刊特别启事
诗与诗人 M.T.
荣归 鸿杰
山花（诗） 赤波
诗意（诗） 赤波
落花（诗） 赤波
无聊 陈震
东京行（诗） 一星女士
梦（诗） 佩竿
疯人（诗） 佩竿
惭愧（诗） 佩竿
丧家的小孩 佩竿
杂谈（二则） 西谛
我们的启事
路易 化鲁 玄珠 西谛

第57期

1922年12月1日出版

本刊启事
乐观的文学 玄珠
研究资料
精神分析学与文艺（一）
〔日〕松村武雄
贵人底侍者与磨坊女
〔德〕歌德著 耿式之译
秋（诗）
〔日〕泽柳健作著 谭槐译
别离（诗）
〔日〕泽柳健作著 谭槐译
一个恳挚的主妇
〔英〕Heleng Mullins著
黄希纯译
损失 〔英〕Heleng Mullins著
黄希纯译
东京行（续） 一星女士
无聊（续） 陈震
兔唇的男子 苏兆骧
杂谈（二则） 西谛

第58期

1922年12月11日出版

韩愈的诗 王任叔
游西湖泊舟于丁家山下（诗）
剑三
夜泛舟平湖秋月（诗） 剑三
虚伪（诗） 剑三
研究资料
精神分析学与文艺（二）
仲云

未来（诗） 洪瑞钊
在什么地方他失了他自己？ P Y
微笑 陆鸟敏著 谭 槐译
少女底梦 生田春月著 谭 槐译
误排 生田春月著 谭 槐译
双蝶底别离 北村透谷著 谭 槐译
文学家生卒表（十二月）

第59期

1922年12月21日出版

韩愈的诗（续前） 王任叔
研究资料
精神分析学与文艺（三）
仲 云
复活给我的印象 梅 生
杂谈（二则） 许秀湖
西谛启事

第60期

1923年1月1日出版

唐六如与林黛玉 俞平伯
韩愈的诗 王任叔
研究资料
精神分析学与文艺（四）
仲 云
小诗 馥 泉
洗巾 馥 泉
燕底一群 谭 槐译
读《长子》之后 张汉林

第61期

1923年1月11日出版

文学之分类 路 易
寂寞的心 陈 震
悲哀的起源 鸿 杰
研究资料
精神分析学与文艺（五）
仲 云
春的使命 陈无我
暮春（诗） 金 枝
诗 黄希纯
杂谈
最可怕的 Y D
真正的敌人 Y D
卑劣作品 何宏图
文豪纪念录
通讯 严刚中 六 逸

第62期

1923年1月21日出版

关于《小说世界》的话 华秉丞
秋的心（诗） 倪贻德
告聪明人（诗） 弱 者
秋风（诗） 倪贻德
梦里 倪贻德
研究资料
精神分析学与文艺（六）仲 云
悲哀之网 朱畏轩
通信 严敦易 六 逸

第63期

1923年2月1日出版

评《毛诗复古录》 王统照
评《寂寞的心》与《春的使命》 咏琼
送给上帝的礼物 徐雉
别后 太郎
欢乐之晨 倪贻德
悲哀之网（下） 朱畏轩
杂谈
现在需要的小说杂志 谢路易
对于文艺上新说应取的态度 冰
介绍新刊
《乐园》（赵景深编译）
《飞鸟集》（〔印〕太戈尔著 郑振铎译）
通信 振铎 六逸

第64期

1923年2月11日出版

读《毛诗复古录》（续） 王统照
怅惘（诗） 西谛
小诗 西谛
毒龙之国（诗） 西谛
研究资料
精神分析学与文艺（七） 仲云
寒钟（诗） 沈震寰
杂谈
读《心潮》里底五篇小说 许秀湖
二月文豪纪念录
介绍新刊
《小说月报》
《心潮》

第65期

1923年2月21日出版

读《毛诗复古录》（续） 王统照
普希金评传 K.H.
凤鸟不至（诗） 鸿杰
杂谈 冰
通讯 W.T. 六逸
介绍新刊
《虹纹》
《阳光》
《朝霞》

第66期

1923年3月1日出版

读《毛诗复古录》（续） 王统照
北京文学研究会总会启事
雉的心 徐雉
研究资料
精神分析学与文艺（八）
相思（诗） 旦如

小姑娘（诗） 迅 波
恋（诗） 旦 如
普希金评传（续） K.H.
游子的心（诗） 迅 波
杂谈（二则） 路 易
屈原生年志疑 鸿 杰

第 67 期
1923 年 3 月 11 日出版

战争与文学 路 易译
歌德五首 孙铭传译
读《毛诗复古录》（续） 王统照
娄蒙妥夫评传 K.H.
归去（诗） 倪贻德
回忆（诗） 倪贻德
文坛消息

第 68 期
1923 年 3 月 21 日出版

屈原生年考证 陆侃如
研究资料
精神分析学与文艺（九） 仲 云
离开东京的前一天 庐 隐女士
我的人格诗 赵景深
娄蒙妥夫评传（续） K.H.
声明 刘延陵
通信 严敦易 马静沉

第 69 期
1923 年 4 月 2 日出版

最近英国诗坛人物 S 生
两样（小说） 叶绍钧
余波（诗） 王任叔
读《心潮》后
通讯 崔樵笙 六 逸
文坛消息
《诗》二卷一号出版预告
小说月报社启事
浅草社消息

第 70 期
1923 年 4 月 12 日出版

杂感 雁 冰
雨后的小雀
余波 王任叔
两样 叶绍钧
杂谈 六 逸
文坛消息

第 71 期
1923 年 4 月 22 日出版

批评家《卡莱尔》 六 逸
明太祖的白话诗 顾颉刚
研究资料
精神分析学与文艺（十） 仲 云

文坛消息

文学艺术大纲　路

第72期

1923年5月2日出版

自动文艺刊物的需要　雁冰

Clittnn Pack 中的话（诗）　俞平伯

竹箫声里的西湖（诗）　俞平伯

幻想的装饰（诗）

〔英〕王尔德著　赵景深译

兵　余祥森

一个解甲归来者（诗）　苏宗武

歧途（诗）　陈开铭

两样（续）　叶绍钧

我们的杂忆（四则）　西谛

预告

《小说月报》

第73期

1923年5月12日出版

给读者　西谛

本刊的负责编辑人

元曲选叙录　顾颉刚

《世界文学》　西谛

知识之神　波云

小诗三首　苏宗武

最近的出产

评繁星　化鲁

兵（续）　余祥森

杂谈　雁冰

我们的杂记（续）　西谛

星汉瑞（诗）　孙守拙

本刊特别启事

第74期

1923年5月22日出版

元曲选叙录　顾颉刚

《各国文学史》　雁冰

与胡适之先生谈谈

文学史上的《大》和《小》

既澄

亭居笔记　圣陶

兵（诗）　余祥森

杂感　雁冰

《诗》二卷二号出版预告

第75期

1923年6月2日出版

文学和人生　子贻

亭居笔记　圣陶

黎明馆旅客底话　平伯

春日小品　爱罗先珂著　愈之译

兵（续）　余祥森

元曲选叙录　王伯祥

杂感（四则）　雁冰　何宏图

诗三首　子贻

我们的杂记　西谛

第 76 期
1923 年 6 月 12 日出版

文艺上的魔道　既　澄
无画的画帖
〔丹〕安德生著　余祥森译
春日小品（续）
爱罗先珂著　愈　之译
论孙君铭傅译歌德诗的谬误
梁俊青
元曲选叙录　王伯祥
兵（续）　余祥森
杂感　雁　冰　子　贻
我们的杂记　西　谛

第 77 期
1923 年 6 月 22 日出版

自然与神秘　既　澄
文学的艺术的表现论　赵景深
无画的画帖（续）
〔丹〕安德生著　余祥森译
最近的出产
评《华伦夫人之职业》
雁　冰
醒后的歌吟（诗）　丁炯培
小诗（诗）　赵荫棠
兵（续）　余祥森
杂感（三则）　K.H.　讱　生
我们的杂记　西　谛
通讯　雁　冰　谷凤田

第 78 期
1923 年 7 月 2 日出版

翻译与创作　西　谛
给一个妇人的书（小说）　任　重
一瞥（独幕剧）　讱　生
元曲选叙录　顾颉刚
烦闷（轮船中生活之一片断）
菱湖生
一段的回忆（诗）　李承谷
落花·蜉蝣·妻之肖像（诗）
刘虎如
我们的杂记　西　谛
《无画的画帖》译误更正　祥　森
出版预告

第 79 期
1923 年 7 月 12 日出版

评《飞鸟集》　赵荫棠
论《飞鸟集》译文　西　谛
最近之出产（共二篇）
（一）屈原　澄
（二）西洋小说的发达史
化　鲁
佛罗杭司的日光　华　林
白云（诗）　泽　民
杂感　Y　P
通讯　文学旬刊社
新刊介绍
风片

草堂
又有一个研究文学的团体出世了！

第 80 期
1923 年 7 月 22 日出版

再论《飞鸟集》译文　西　谛
波花　孙铭传
美（诗）　稗　云
烦恼（诗）　稗　云
忘了罢（诗）　索　非
相思（诗）　邓镜寰
苇芷缭衡室杂记之一　平　伯

文　学
第 81 期
1923 年 7 月 30 日出版

本刊改革宣言　西　谛
如其我是一个作者　圣　陶
文学批评
〔美〕EHe E · Clippinger 著
贺自昭译
一个诗人的死　徐玉诺
太戈尔诗一首　郑振铎译
欣赏力的培养　道　明
暮蔼　黄运初
研究近代剧的一个简略书目
沈雁冰
不过是自己的声音（诗）　丁炯培
狼的国　西　谛
苇芷缭衡室杂记之一（续）
平　伯
本刊特约撰稿者
本刊特别启事

第 82 期
1923 年 8 月 6 日出版

语体文之提高与普及　严既澄
读者的话　叶圣陶
文学的分类　西　谛
石虎胡同七号　徐志摩
我并不寂寞　徐玉诺
太戈尔诗三首　郑振铎译
研究近代剧的一个书目　沈雁冰
新刊介绍
爱罗先珂的新著二种　化　鲁
本刊特别启事

第 83 期
1923 年 8 月 13 日出版

诗歌之力　西　谛
读乐府诗集　王伯祥
太戈尔诗三首　郑振铎译
人生之迷　祥　抽
小百姓（剧）　胡子贻
谈戏剧　路　易
东与西的两个消息　化　鲁
（一）法国名小说家鲁第死了

（二）太谷尔的国际大学

第 84 期
1923 年 8 月 20 日出版

何谓诗　西　谛
第一口蜜　圣　陶
涴漫的狱中日记　瞿秋白
新秋的一夜　严既澄
小百姓　胡子贻
杂感　梁宗岱
几个消息　玄

第 85 期
1923 年 8 月 27 日出版

诗歌的分类　西　谛
夜的诗人（诗）　徐玉诺
新的宇宙　瞿秋白
时钟
〔德〕里涟克伦作　愈之译
两个西班牙文人　雁　冰
小百姓（再续）　胡子贻
太戈尔新月集译序　郑振铎

第 86 期
1923 年 9 月 3 日出版

抒情诗　西　谛
没有秋虫的地方　圣　陶
文艺界的联合战线　化　鲁
H 与其友人　路　易
圣的愚者
〔阿拉伯〕Kahlil Gibran 著
雁冰译
小百姓（续 84 期）　胡子贻
曹雪芹与恶劣文学　严敦易
通讯　西　谛　大　勋　化　鲁
文学研究会会员消息　记　者

第 87 期
1923 年 9 月 10 日出版

诗一首　刘延陵
文学的环境　王伯祥
史诗　西　谛
藕与莼菜　圣　陶
沉默的恋爱
〔英〕王尔德作　赵景深译
盛衰　讱　生
地球母亲的颤动　济　诚

第 88 期
1923 年 9 月 17 日出版

阿刺伯 K.Gibran 的小品文字
雁冰译
将离　王　钧
H 与其友人（续）　路　易
人之一生　西　谛
盛衰（续）　讱　生
小百姓（续 86 期）　胡子贻

通讯　熊仲笙　振　铎

第89期
1923年9月24日出版

文学与地域　王伯祥
春狗怕老婆的故事　任　重
血的记忆　严既澄
改革文字的必要　讱　生
乌克兰的结婚歌　雁　冰译
小百姓（续）　胡子贻
通讯　徐　奎　玄　珠

第90期
1923年10月1日出版

亚谷和人类的故事
〔俄〕E.ZCGNLま著*蠢　才译
读《音乐界》　王伯祥
元曲选叙录　顾颉刚
小百姓（续）　胡子贻
杂感（四则）　玄　珠
通讯　鑫　龄　玄　珠

第91期
1923年10月8日出版

客语　王　钧
读《呐喊》　雁　冰
读华尔脱配德的名著两种（上）　子　贻
亚谷和人类的故事（续）
〔俄〕E.ZOZULA著　愈　之译
野心　既　澄

第92期
1923年10月15日出版

《稻草人》序　郑振铎
茸芷缭蘅室杂记　俞平伯
亚谷和人类的故事（续）
〔俄〕E.ZOZULA著　蠢　才译
铁花（诗）　瞿秋白
诗二首　徐蔚南
劳动的汗〔俄〕郭里奇著　瞿秋白译
文学刊物介绍
《音乐界》

第93期
1923年10月22日出版

《火灾》序　顾颉刚
太戈尔诗选译　郑振铎
十页《卷耳集》的赞词　小　民
亚谷和人类的故事
〔俄〕E.ZOIULA著　蠢　才译
朋友是我的小灯
〔美〕伊丽沙白·费特莫著　贺自昭译

* 《亚谷和人类的故事》从本期起刊载，至95期载完，原作者署名不一致，本书按原刊照录。

真正的文学家与真正的文学作品 讱 生
一夕话 王统照
茸芷缭蘅室杂记 俞平伯
通讯 谷凤田 沈雁冰

第 94 期
1923 年 10 月 29 日出版

太戈尔来华的确期 徐志摩
太戈尔诗选译 郑振铎
近代批评丛话
〔美〕柳威生著 佩 弦译
拟重印浮生六记序 平 伯
亚谷和人类的故事（续）
E.ZOIULA 著 蠢 才译
千里红 行 云
杂谈 路 译
小说月报第十五卷号外中国文学研究号征文启事

第 95 期
1923 年 11 月 5 日出版

郑译《灰色马》序 沈雁冰
杂谈太戈尔诗 郑振铎
读雪莱诗后 S
亚谷和人类的故事（译完）
〔俄〕E.ZOIULA 著 蠢 才译
五更调与五更转 吴立模
千里红（续） 行 云
文学编辑部特别启事一
文学编辑部特别启事二

第 96 期
1923 年 11 月 12 日出版

俄国文学与革命 沈雁冰译
芳年 严既澄
慰安的哲学
〔意〕Carlo Dossi 著 讱 生译
杂译太戈尔诗 郑振铎
与春 巴来克作 王统照译
外化的句和新用的字 C P
茸芷缭蘅室杂记 环
文学研究会丛书介绍 记 者
《青鸟》
《太戈尔戏曲集》(一)
《新月集》
通讯 胡愈之

第 97 期
1923 年 11 月 19 日出版

得 1923 年诺贝尔奖金者夏芝 西 谛
评渡河 黄景柏
文艺作品的分类法 仲 云
弟弟的信 瞿秋白
会 王统照译
通信 慈 谿 记 者
本刊编辑部特别启事

第98期

1923年11月26日出版

二百四十五年前的平民文学家贾凫西 王伯祥
祈求 杨幸人
评渡河（续） 黄景柏
外化的句和新用的字（续） C.P.
通讯 刘政同 振铎

第99期

1923年12月3日出版

夏芝和爱尔兰的文艺复兴运动 仲云
祝故乡的花 既澄
泰果尔批评 闻一多
醒后 吴立模
读华尔脱配德的名著两种（下） 子贻
小品三则 王思玷
　树下
　家乡与宿站
　希望
杂感
小说月报十四卷第十一号要目

第100期

1923年12月10日出版

本刊的回顾与我们今后的希望 西谛
星火
　〔俄〕V.Korolenko作 愈之译
谈猎 王任叔
童谣二首 谢六逸译
乌鸦 〔美〕亚伦坡作 子岩译
小羊（诗） 徐玉诺
染了嗜好的人 讱生
专制魔王
　Stephen Southwold著 仲云译
韵节及自由诗 金兆梓 傅东华译
怀弟 徐玉诺
苹华室诗见 施蛰存
我于《卷耳》的肊说 胡浩川
再论卷耳 俞平伯
杂感 雁冰
《星海》发刊缘起 西谛
星海要目预告
通讯 宋海如 郑文南 记者
文学第八十一期至一百期总目录

第101期

1923年12月17日出版

中国文学者生卒考序 西谛
雪光的反映 赵景深
一局的抬球 严敦易
人生底旅路 张维祺
发薪 讱生
杂感 雁冰
平湖歌谣录 调孚

小说月报第十四卷第十二号要目

第 102 期
1923 年 12 月 24 日出版

文艺思潮论
〔日〕厨川白村著　樊仲云译
我也来谈《卷耳》　蒋钟译
无题（诗）　陈校方
人生底旅路（续）　张维祺
一个银币　白　采
平湖歌谣（续）　调　孚
新刊介绍　公
第十五卷的小说月报预告
通讯　贺自昭
郑振铎特别启事

第 103 期
1923 年 12 月 31 日出版

《大转变时期》何时来呢?
雁　冰
文艺思潮论（二）
〔日〕厨川白村著　樊仲云译
《雪》之小引　平　伯
小品六章　孙俍工
红叶
桂树底祈祷
劳工之神
钢靶
疯妇（一）
疯妇（二）
献给可爱的妈妈们　李健吾
重担（小品）　王佐才
战争（剧）　刘虎如
平湖歌谣录（三）　调　孚

第 104 期
1924 年 1 月 7 日出版

文艺思潮论（三）
〔日〕厨川白村著　樊仲云译
杂感　六　逸
病夫　郢
老园丁（诗）　赵景深
死丐（诗）　刘如虎
生命（诗）
〔英〕高尔斯华绥著　仲　云译
恋爱的悲哀（诗）
〔爱尔兰〕夏芝著　仲　云译
苦痛（诗）　A.E. 著　仲　云译
落伍者（诗）　王一沙
文学经理部启事

第 105 期
1924 年 1 月 14 日出版

途遇（诗）　王任叔
夏芝小品　王统照译
三个奥薄伦人与邪魔
古镇
声音

文艺思潮论（续）

厨川白村著　樊仲云译

乡梦（诗）　葛有华

愚虔者

〔阿刺伯〕K.Gilran 著　泽民译

美和幻想（诗）　王任叔

坐北门草地上（诗）　王任叔

女人鱼（童话）

〔丹麦〕安徒生著

徐名骥　顾均正合译

美不美（杂感）　雁　冰

新刊介绍

一、《爝火》（曦社旬刊）

二、《火灾》（叶绍钧创作集）

三、《芝兰与茉莉》（顾一樵作）

四、《诗之研究》（Blies Peny 著　金兆梓　傅东华译）

五、《人之一生》（安德列夫著　耿济之译）

六、《遗产》（莫泊桑著　耿济之译）

七、《梅脱灵戏剧集》（汤澄波等译）

第 106 期

1924 年 1 月 24 日出版

文艺思潮论（五）

厨川白村著　樊仲云译

到纽约后初次西寄（诗）　平

梦（诗）　平

给怀疑无韵诗的人们　赵景深

女人鱼（续）

〔丹〕安徒生著

徐名骥　顾均正译

第 107 期

1924 年 1 月 28 日出版

文艺思潮论（六）

〔日〕厨川白村著　樊仲云译

一天　C.H.

零残者（诗）　杨幸人

一夜（诗）　杨幸人

女人鱼（续）

〔丹〕安徒生著

徐名骥　顾均正译

文学经理部启事

第 108 期

1924 年 2 月 11 日出版

文艺思潮论（七）

〔日〕厨川白村著　樊仲云译

一件老故事

〔俄〕阿尔志拔绥夫著　P　译

研究童话的途径　赵景深

孤人杂记　金溟若译

女人鱼（三续）

徐名骥　顾均正译

致吴立模书　刘　复

第 109 期

1924 年 2 月 18 日出版

研究文学的青年与古文　赵景深
文艺思潮论（八）
〔日〕厨川白村著　樊仲云译
太湖放歌（诗）　平
小船中（诗）　林　憾
老妈妈的歌（诗）
〔爱尔兰〕夏芝著　赵景深译
一件老故事（续）
〔俄〕阿尔志拔绥夫著　P　译
夜莺之巢
〔法〕Theo Phile Gansier 著
C　F 译
心影　严敦易
引　严敦易
残莲　严敦易
杂感　雁　冰

第 110 期

1924 年 2 月 25 日出版

文艺思潮论（九）
〔日〕厨川白村著　樊仲云译
机会（小说）　素　我
一件老故事（续）
〔俄〕阿尔志拔绥夫著　P　译
夜莺之巢（续）
〔法〕Theo Phile Gansier 著
C　F 译
短诗二首　王佐才
蜂与蔷薇
萤火
从狭的笼中逃出来的囚人（诗）
王任叔
告研究红楼梦者　朱　项
答刘复书　吴立模
——五更调研究

第 111 期

1924 年 3 月 3 日出版

文艺思潮论（十）
〔日〕厨川白村著　仲　云译
读《火灾》　赵景深
血痕　刘虎如
孤人杂记　金溟若
石人　〔法〕巴比塞著　赵景深译
从狭的笼中逃出来的囚人（诗）（续）
王任叔

第 112 期

1924 年 3 月 10 日出版

别托尔斯泰
The Cdore Von Hofferbevg 著
林幽译
文艺思潮论（十一）
〔日〕厨川白村著　仲云译
蜃气里的婚礼　赵景深
山路上骡车中（诗）　霭　人

第一遍的春风来了（诗） 严敦易
我爱的那个人 白　采
答雁冰先生 赵景深

第 113 期
1924 年 3 月 17 日出版

阿波罗与妩芬（希腊神话之一）
西　谛
文艺思潮论（十二）
〔日〕厨川白村著 樊仲云译
译太戈尔采果集两首 赵景深
一件老故事（续三）
〔俄〕阿尔志拔绥夫著 P　译
天津文学界 赵景深
文学经理部启事

第 114 期
1924 年 3 月 24 日出版

策问式的国故 H
文艺思潮论（一三）
〔日〕厨川白村著 仲　云译
有死者 溟　若译
杂诗 杨幸人
诗三首 黄运初
一件老故事（续）
〔俄〕阿尔志拔绥夫著 P
天津的文学界（续） 赵景深
通讯
日本不二社来信

第 115 期
1924 年 3 月 30 日出版

中国今后的韵文 傅东华
文艺思潮论（十四）
〔日〕厨川白村著 仲　云译
恐怖之夜 张圣才
国故大家应负的责任 李茂生
杂谈
尊孔读经 仲　侯
尊经校长 栋　文
国故 栋　文
笑话 史　凯

第 116 期
1924 年 4 月 7 日出版

《梅花》的序 朱自清
瞑目 东　郊
红楼梦水浒儒林外史的奇辱
沈雁冰
天津的文学界（续） 赵景深
石人（续）
〔法〕巴比塞著 赵景深译
杂谈（三则） 栋　文

第 117 期
1924 年 4 月 14 日出版

中国今后韵文讨论答崔鸿雁
傅东华

国故与人生 严既澄
诗四首 刘复
我竟想不起来了！
劫
赤裸裸的话
等着
瞑目（续） 东郊
杂谈 毅
一、很妙的《短篇小说之研究》

第118期

1924年4月21日出版

东方文明的危机
〔印度〕太戈尔讲 记者译录
诗六首 刘复
在墨蓝的海洋深处
梦
七月六日
夜
病中与病后
尽管是……
太戈尔的我观 诵虞
太戈尔的新著介绍——《春之降临》 诵虞
太戈尔过缅甸时的演说 缅甸华侨
天津的文学界（续） 赵景深
杂感
太戈尔来华 澄
日本文学家的恋爱狂 毅
严既澄启事

第119期

1924年4月28日出版

国故与人生（续） 严既澄
泰因的拜伦论 诵虞译
中国今后韵文问题最后答崔鸿雁君 傅东华
莱多尼亚的民歌二首 鲁彦译
立陶宛民歌 鲁彦译
文艺思潮论（续）
〔日〕厨川白村著 樊仲云
匈牙利文学史略 玄珠
天津的文学界（续） 赵景深

第120期

1924年5月5日出版

文艺思潮论（十六）
〔日〕厨川白村著 仲云译
梦父归（诗） 冻葯
长沙的市街（诗） 赵景深
匈牙利文学史略（续） 玄珠
自哥德至现代
加藤美仑著 溟若译
跳舞（诗） 冻葯
湖上赠S（诗） 周乐山
快乐的家庭
〔丹〕安徒生著 岑麟祥译
杭州的文学界 凤云

第121期

1924年5月12日出版

文学界的反动运动　雁　冰

诗二首

是谁？　黄运初

在客舍里　黄运初

评郭沫若译《少年维特之烦恼》　梁俊青

治古文之意义与价值　佚　名

诗二首

春画的梅庵　胡伯玄

长途的旅客　王佐才

匈牙利文学史略（续）　玄　珠

一个小钱的战争（戏剧）　潘垂统

第122期

1924年5月19日出版

进一步退两步　雁　冰

到吴淞　郢

伯爵的裤子

〔匈牙利〕Fngen Heltar著　愈　之译

风筝（小品）　严敦易

自歌德至现代（续）

加藤美仑著　渠　若

一个小钱的战争（续）　潘垂统

中夜（诗）　严敦易

从狭的笼中逃出来的囚人（诗）（续）　王任叔

杂谈

《梅孽》　芳　谷

中国太戈尔　芳　谷

辜鸿铭　芳　谷

通信　梁俊青　雁　冰

第123期

1924年5月26日出版

五月雨的诗趣

〔日〕近松秋江著　六　逸译

批评文艺的标准是什么？　卢自杰

小品两首　张维祺

小妹妹

圆环

田鼠的牺牲（戏剧）　味　辛

情书（小说）　赵景深

孤人杂记　渠　若

宁波的文学界　张天一

第124期

1924年6月2日出版

一种研究文学史的新方法　仲　云

太戈尔　徐志摩

金鱼（小品）　张维祺

夜哭（诗）　焦菊隐

一、夜哭

二、母亲的病

三、早晨的愁云

田鼠的牺牲（戏剧）（续）　何味辛

侮辱（小说） 白　采
诗三首 黄运初
　　雨
　　淹没
　　中夜
忆念 V　G
杂感 玄　珠
　　有许多青年

第 125 期
1924 年 6 月 9 日出版

一种研究文学史的新方法（续）
　　仲　云
《春水》（诗） 鱼　常
烦念辞（诗） 严敦易
田鼠的牺牲（戏剧）（续） 何味辛
我们的杂记 调　孚
　　真的娜拉
　　《一九二四年文学家周年纪念日》
　　《一个文学革命家的供状》
通信
　　与梁俊青 郭沫若
　　与郑振铎 成仿吾
　　编者跋

第 126 期
1924 年 6 月 16 日出版

虹的桥（童话） 何味辛
田鼠的牺牲（续） 何味辛
杂感三则
　　一、一九二四年的“王敬轩”！
　　既　澄
　　二、《平贵文学》 诵　虞
　　三、妙文一脔 宏　图
通信 梁俊青
　　一、与郑振铎书
　　二、与郭沫若书
　　三、与成仿吾书

第 127 期
1924 年 6 月 23 日出版

《文与文学》？ 栋　文
虹的桥（续） 何味辛
田鼠的牺牲（戏剧）（续） 何味辛
酒后（小品） 张维祺
威尔士的新著《梦》 均　正
杂感
　　一、四面八方的反对白话声
　　玄　珠
　　二、一九二四年之“王敬轩”？
　　既　澄
通信
　　答梁俊青君 成仿吾

第 128 期
1924 年 6 月 30 日出版

文艺创作论（一）

〔日〕厨川白村著　仲云译
醉鬼（小说）　庐隐女士
散步　〔法〕莫泊桑著　雷晋笙译
孤寂的小星　王任叔
人的秋深间　王任叔
田鼠的牺牲（戏剧）（续）
何味辛
我们的杂记　蒲　梢
法郎士八十岁诞日
近代最好的十本书
小说月报丛刊
《星海》的消息

第129期
1924年7月7日出版

文艺创作论（二）
〔日〕厨川白村著　仲　云译
介绍一部讲革命故事的书
化　鲁
神底玩意儿　唐珊南著　顾均正译
散步（续）
〔法〕莫泊桑著　雷晋笙译
诗人和芙蓉（诗）　王任叔
赤脚的儿童（诗）
John Greenleaf Whittier 著
鱼　常译
田鼠的牺牲（戏剧）（续）
何味辛
杂谈
一、《革命文学》　秉　丞
二、开倒车与准游魂　H
通信　梁俊青

第130期
1924年7月14日出版

苏维埃俄罗斯的革命诗人玛霞考夫斯基　玄　珠
毒皇后
〔俄〕普希金著　冯省三译
隔阂（小说）　敦　易
夜哭（续124期）　焦菊隐
四、小朋友
五、昨夜
六、死的美丽
七、时之罪恶
八、犬吠
九、幻想的波澜
喷泉（诗）
J.R.Loweli 著　鱼　常译
枭（诗）
Alfred Tennyson 著　鱼　常译
旅行杂记　P　S
本社启事

第131期
1924年7月21日出版

顽童（小说）　行　云
月夜（诗）　从　予
丛墓的人间（小品）　郢

通信　郭沫若　编者

第132期
1924年7月28日出版

修辞学在中国的使命　陈望道
文学批评论
〔日〕本间久雄著　章锡琛译
解脱（诗）　陈醉云
毒皇后（续）
〔俄〕普希金著　冯省三译
丛墓的人间（续）　郢

第133期
1924年8月4日出版

欧战十年纪念　雁冰
文学批评论（续）
〔日〕本间久雄著　章锡琛译
残喘（诗）　陈醉云
过去残影的片片（小品）　H
毒皇后（续）
〔俄〕普希金著　冯省三译
我对于郭沫若致《文学》
编辑一封信的意见　梁俊青

第134期
1924年8月11日出版

新近去世的海洋文学家——康拉特
诵虞
文学批评论（续）
〔日〕本间久雄著　章锡琛译
纤手（小品）
Franeis Bickley著
仲云译
小诗五首　程苑
月夜底一幕
山楼微感（四首）
毒皇后（续）
〔俄〕普希金著　冯省三译
旅行杂记（续）　P S

第135期
1924年8月18日出版

文学批评论（续）
〔日〕本间久雄著　章锡琛译
浮生六记新序　俞平伯
毒皇后（续）
〔俄〕普希金著　冯省三译
幸福（犹太民间故事）　化鲁译
雏菊（童话）
〔丹〕安徒生著　调孚译
骨牌声（感想）　郢

第136期
1924年8月25日出版

新与旧　西谛
文学批评论（续）　章锡琛译
幸福（续）　化鲁译

雏菊（续） 徐调孚译
非战文学杂谈（一） 雁冰
卖白果（感想） 郢

第137期
1924年9月1日出版

孟姜女 西谛
《十日谭》 六逸
爱情（诗） Easton著 调孚译
苍蝇（感想） 郢
深夜的食品（感想） 郢
非战文学杂谈（二） 雁冰

第138期
1924年9月8日出版

文学批评论（续）
〔日〕本间久雄著 章锡琛译
认清你们的敌人（诗） 罗明
文艺创作论（续）
〔日〕厨川白村著 仲云译
小雨（小说） 严敦易
两串的人（感想） 郢

第139期
1924年9月14日出版

《义战》 一公
迥现（诗） 陈开铭
小雨（续） 严敦易
恐怖的空气与麻痹症（感想） H

第140期
1924年9月22日出版

拾回来了（诗） 郢
文学批评论（续）
〔日〕本间久雄著 章锡琛译
《我打死的他》
〔英〕哈代著 志摩译
聊寞（瞑想文） 严敦易
落叶（诗） 黄运初
白云（诗） 黄运初

第141期
1924年9月29日出版

在战争中（诗） 蒋光赤
文学批评论（续）
〔日〕本间久雄著 章锡琛译
苦力（通讯） 蠢才译
两个卖花人（小说） 查士骥

第142期
1924年10月6日出版

桌语 天用
一、哑牌
二、《统一行》
三、文艺批评
惆怅（诗） 黄运初

弱柳（诗） 黄运初
爱人的赠品（诗） 黄运初
夜思（诗） 黄运初
我好象要作什么工作似的（诗）
张耀南
文学批评论（续）
〔日〕本间久雄著 章锡琛译

第 143 期
1924 年 10 月 13 日出版

法郎士逝了！ 雁 冰
白旗（诗） 郢
波特莱耳的散文诗 苏兆龙译
一、月亮眷属
二、那一个是真的？
小法人和他水下底土地（续）
〔美〕莫利斯著 顾均正译

第 144 期
1924 年 10 月 20 日出版

桌话（续） 天 用
四、《红烛》
五、《小溪》
地依的沙滩（诗）
〔英〕金斯雷著 朱 湘译
亭子楼下 管容德
小法人和他水下底土地（续）
〔美〕莫利斯著 顾均正译
介绍《大风集》

第 145 期
1924 年 10 月 27 日出版

“死的蕴藉”（诗） 徐玉诺
州月（散文） 严敦易
桌语 天 用
六、《呐喊》
小法人和他水下底土地（续）
〔美〕莫利斯著 顾均正译
亭子楼下（续） 管容德

第 146 期
1924 年 11 月 3 日出版

光明（散文） 严敦易
苦力（续） 蠢 才译
燐火的向导（小说）
Gatty 著 苏兆骥译
亭子楼下（续） 管容德

第 147 期
1924 年 11 月 10 日出版

童心 谢六逸
不响的笛子
〔日〕水谷胜著 逸 译
光明（散文）（续） 严敦易

第 148 期
1924 年 11 月 17 日出版

大战后德国的新诗 梁俊青

读曲漫录　敦　易
亭子楼下（续）　管容德
迷幻（诗）　严敦易

第149期
1924年11月24日出版

残梦（小品）　王以仁
引言（小品）　王以仁
星光（小品）　王以仁
园中的茉莉（诗）　王以仁
倚装之顷（小说）　陈休白

第150期
1924年12月1日出版

桌话　天　用
七、《流云》
倚装之顷（续）　陈开铭
天鹅序　叶绍钧
贼崽　石　青

第151期
1924年12月8日出版

回家（独幕剧）　顾德隆
贼崽（续）　石　青

第152期
1924年12月15日出版

戏剧协社的三出独幕剧　雪
剑鞘序　俞平伯
贼崽（续）　石　青
不敢透露的心曲　潘垂统

第153期
1924年12月22日出版

家（感想）　郢
童心（诗）　王统照
密尔敦二百五十年纪念　梁指南
不敢透露的心曲（续）　潘垂统

第154期
1924年12月29日出版

密尔敦二百五十年纪念（续）
梁指南
不敢透露的心曲（续）　潘垂统

第155期
1925年1月5日出版

波兰小说家莱芒忒　雁　冰
生活的艺术　仲　云
《万方多难欲何之》　郢
印度寓言　西　谛译
杂感
上海小说家　仲　明
《小说世界》　雍　文
增刊　蒲　梢
关于《欧洲文学入门》的通信

曹　谦　郑振铎

第 156 期
1925 年 1 月 12 日出版

记车站所见
〔日〕小泉八云著　仲　云译
再谈谈波兰小说家莱芒忒的作品
化　鲁
守不住的秘密　调　孚
印度寓言　西　谛
不敢透露的心曲（续）　潘垂统

第 157 期
1925 年 1 月 19 日出版

加尔曼的爱（上）　谢六逸
印度寓言　西　谛
树叶　Beecher 著　徐调孚译
州月　严敦易
文艺瞭望台　沈　鸿
杂谈　Z
关于创作

第 158 期
1925 年 2 月 2 日出版

中国的家族主义与社会　王伯祥
加尔曼的爱（续）　谢六逸
太戈尔诗杂译　西　谛译

第 159 期
1925 年 2 月 9 日出版

卜鲁沙夫的诗　化　鲁译
加尔曼的爱（续）　六　逸
太戈尔诗杂译（续）　西　谛译
热病后的炉边（小说）　辟　玉
文艺瞭望台（续）　沈　鸿

第 160 期
1925 年 2 月 16 日出版

希望（感想）　郢
诗人之思（小说）　王统照
太戈尔诗杂译（续）　西　谛译
文艺瞭望台（续）　沈　鸿
陈醉云启事

第 161 期
1925 年 2 月 23 日出版

最近法兰西的战争文学　玄　珠
无谓的界线（感想）　郢
太戈尔诗杂译　西　谛译

第 162 期
1925 年 3 月 2 日出版

论科学哲学与文艺　从　予
读书（感想）　郢
异哉所谓《小说学》者　蒲　君
无谓的界线（续）　郢

第 163 期

1925 年 3 月 9 日出版

民谣《打弹弓》 玄 珠
太戈尔诗杂译（续） 西 谛译
民国官吏可以向人家称臣吗 H
诗人之思（小说）（续） 王统照

第 164 期

1925 年 3 月 16 日出版

现成的希望 玄 珠
园丁集选译
〔印〕太戈尔著 西 谛译
画猫的孩子
〔日〕小泉八云著 徐调孚译
诗人之思（小说）（续） 王统照
文艺瞭望台 沈 鸿

第 165 期

1925 年 3 月 23 日出版

双双的脚步（感想） 郢
一个青年的信札 玄 珠
明人浪漫风气的一斑 H
马芝瑞给《小说世界》编者的信

第 166 期

1925 年 3 月 30 日出版

文学的美 佩 弦
纯乎其纯 郢
"何处是人间" 调 孚
明人浪漫风气的一斑（续） H

第 167 期

1925 年 4 月 6 日出版

现代生活的艺术价值 近 藤
赤鱼与小孩 〔日〕小川未明著
姜景苔译
"何处是人间"（续） 调 孚

第 168 期

1925 年 4 月 13 日出版

我与你……（小品） 绿 藻
赤鱼与小孩（续）
〔日〕小川未明著
姜景苔译
《中国文词学研究》 鲁
变心（独幕剧）
洛宾孙著 顾德隆译
琴碎了（小说） 李圣华

第 169 期

1925 年 4 月 20 日出版

克司台凯莱的盲女（诗）
郎弗楼著 王统照译
诗二首 施江淹

第 170 期
1925 年 4 月 27 日出版

玛鲁森珈的婚礼 玄珠译
恐怖的夜（小说） 章焕文
病中（诗） 焦菊隐
变心（独幕剧）（续）
洛宾孙著 顾德隆译

第 171 期
1925 年 5 月 4 日出版

《文学周报》独立出版预告
结婚之夜 谭达斯著 路易译
死的故事（散文） 燕志儁
恐怖的夜（续） 章焕文
诗四首
旅伴（续） 顾均正译
杂感 施江淹

文学周报
第 172 期
1925 年 5 月 11 日出版

今后的本刊
论无产阶级艺术 沈雁冰
古希腊菲洛狄摩士的恋歌
西 谛译
燕归人未归（漫画） 子 恺
记在清宫所见朱元璋的谕旨
平 伯
一件烂棉衣 郢 生
安分 C K
短话 西 谛

第 173 期
1925 年 5 月 17 日出版

论无产阶级艺术（二） 沈雁冰
风化的伤痕等于零 Y P
指冷玉笙寒（漫画） 子 恺
八病订误 刘大白
短话 西 谛

第 174 期
1925 年 5 月 24 日出版

圣林 A.Francn 作 朱佩弦译
花冠——乌克兰结婚歌 雁 冰译
魔法 圣 陶
软性读物与硬性读物 沈雁冰
折骨行（德国古情歌） 梁俊青译
官 调 孚
毛诗底用纽 刘大白

第 175 期
1925 年 5 月 31 日出版

x 市的狗 愈 之
论无产阶级艺术（三） 沈雁冰
翠拂行人首（漫画） 子 恺
心钟 大 白

文体杂话　王任叔

第176期
1925年6月7日出版

《谴责小说》　西谛
万叶集　谢六逸
买粽子（漫画）　子恺
太平之歌　圣陶
谭谭《傀儡之家》　沈雁冰

第177期
1925年6月14日出版

上海学术团体对外联合会宣言
五月三十日的下午　沈雁冰
五月三十日（诗）　圣陶
我底恸哭　大白
"谨防利用"　大白

第178期
1925年6月21日出版

可悲的中国文学界　仲云
晚境　敬隐渔
演讲　圣陶

第179期
1925年6月28日出版

给死者　佩弦
五月卅一日急雨中　圣陶
街血洗去后　西谛
编辑室的风波　李劼人
印度抒情小诗　东华

第180期
1925年7月5日出版

暴风雨——五月三十一日　沈雁冰
迂缓与麻木　西谛
《认清敌人》　圣陶
白种人——上帝的骄子　佩弦
杂谭　西谛

第181期
1925年7月12日出版

论寓言　西谛
六月一日　西谛
毛诗以后的停身韵　刘大白

第182期
1925年7月19日出版

街角的一幕　沈雁冰
表决（漫画）　子恺
在消夏别墅　赵景深译
万叶集选译　谢六逸译
印度抒情小诗　东华
杂谭　郢生　西谛　得一

第 183 期

1925 年 7 月 26 日出版

为中国　西　谛
诸相　郢　生
寓言的复兴　西　谛
路卜洵坠楼自杀　仲　云
矛盾的古诗音节论　大　白
杂谭　守　中　惠　之

第 184 期

1925 年 8 月 2 日出版

文学与政治及舆论　仲　云
我所闻见的徐文长故事　刘大白
无言独上西楼月如钩（漫画）　子　恺

第 185 期

1925 年 8 月 9 日出版

叙拳乱的两部传奇　西　谛
三位一体　W　生
立陶宛的民歌　褚东郊
乌克兰结婚歌（续）　沈雁冰译
摘花高处赌身轻（漫画）　子　恺
半身小像　〔法〕高贝著　徐蔚南译

第 186 期

1925 年 8 月 16 日出版

“哥哥，安徒生是谁？”　徐调孚
安徒生的恋爱故事　顾均正
安徒生童话里的思想　赵景深
安徒生的处女作　徐调孚
文艺的新生命——布兰特斯《安徒生论》第一节的大意　沈雁冰译
插图七幅

第 187 期

1925 年 8 月 24 日出版

“太平”洋
　特米扬·勃特尼作　愈　之译
起兴（《吴歌甲集》写歌杂记之八）　顾颉刚
盛夏漫笔　谢六逸
批评《羸疾者的爱》的一封信　平　伯

第 188 期

1925 年 8 月 31 日出版

评《天方诗经》　张若谷
《吴歌甲集》自序　顾颉刚
作品与作家　仲　云
现代的一位诗人　刘延陵
杂谭　得　一
荷马墓里的一朵玫瑰花
　〔丹〕安徒生著　顾均正译

第 189 期

1925 年 9 月 27 日出版

止水的下层　西　谛

杀恋歌（德国古情歌） 梁俊青译
三老太的一生 顾一樵
马首山无数（漫画） 子 恺
慵懒（二首） 焦菊隐
扭捏 晏 始

第 190 期
1925 年 9 月 14 日出版

文学者的新使命 沈雁冰
龙山梦痕序 刘大白
跳舞非我所喜（法国著名的民歌） 李劼人译
万叶集选译 谢六逸
荷花 赵景深
病中 焦菊隐
篇末 XYZ

第 191 期
1925 年 9 月 21 日出版

黑暗时代法庭之一幕 希 圣
法国著名的民歌 李劼人译
疲倦 沈雁冰

第 192 期
1925 年 9 月 29 日出版

小说的创作 鲍罗耶著 仲 云译
复活后的土拨鼠 沈雁冰
与佩弦 圣 陶
红鞋人——在 Cate 所见（诗） 李金发
死狗文论 望 道

第 193 期
1925 年 10 月 4 日出版

他们又用那绞棒了 〔犹太〕I.L.Pereec 作 化 鲁译
高原夜话（诗） 李金发
几人相忆在江楼（漫画） 子 恺
小说的创作（续） 鲍罗耶著 仲 云译
宛转（诗） 敦 易

第 194 期
1925 年 10 月 11 日出版

大时代中一个无名小卒的杂记 沈雁冰
诗二首 李金发
楼上黄昏马上黄昏（漫画） 子 恺
《吴稚晖先生文存》 佩 弦
一封讨论《天方诗经》的信 傅彦长

第 195 期
1925 年 10 月 18 日出版

关于“烈夫”的 沈雁冰

小桥 刘延陵
浣纱（漫画） 子 恺
论《吠陀》经 张若谷
别人的话 郢 生

第196期
1925年10月24日出版

秋晨（剧） 西 谛
论无产阶级艺术（四） 沈雁冰
枕上听雨（诗） 敦 易
英国恋歌 褚东郊
杂记《储秀宫》 一 公

第197期
1925年10月31日出版

《茂娜凡娜》 西 谛
介绍苏联女作家赛甫里娜 愈 之
昨夜——挪威恋歌 东郊译
幸亏得 圣 陶
栏干私欹处遥见月华生（漫画）
子 恺
花与少年
〔日〕小川未明著 姜景苕译

第198期
1925年11月8日出版

序子恺的漫画集 丏 尊
归元寺中的一席闲谈 李青崖
诗人凝视（诗） 李金发
《陀螺》 无 逸
朝露 顾一樵

第199期
1925年11月15日出版

猫 西 谛
敦煌发见佛曲俗文时代之推定
徐嘉瑞
古代埃及的《幻异记》 沈雁冰
秋夜（漫画） 子 恺
土匪走后——暴破后之一幕
李景阳

第200期
1925年11月22日出版

背影 佩 弦
霓裳羽衣曲与扬子江 徐嘉瑞
童话的分系 赵景深
双影 圣 陶
亚里士多芬的和平运动 仲 云
创作的意义 金满成
堵色爱斯迭儿 李劼人译
太阳姑娘和月亮嫂子 刘大白
插图五幅 金 发 子 恺

第201期
1925年11月29日出版

我友之书

〔法〕法郎士著　徐蔚南译

做一桩买卖吧（波兰恋歌）

褚东郊译

抛书人对一枝秋（漫画）　子　恺

古代埃及的《幻异记》（续199期）

沈雁冰

我所闻见的徐文长故事（续184期）

大　白

篇末　守　文

第202期

1925年12月6日出版

白衣妇人

〔法〕法郎士著　徐蔚南译

牛鉴　志　伊

公祭郭君梦良

第203期

1925年12月13日出版

《同胞》的枪弹　圣　陶

谈《马哥孛罗游记》　张若谷

月上柳梢头（漫画）　子　恺

我给您这朵蔷薇花

〔法〕法郎士作　徐蔚南译

第204期

1925年12月20日出版

恋爱——一个恋人的日记

〔丹〕维特作　沈雁冰译

失名者——浮世漫画之一　罗黑芷

花瓣（诗）　三　味

黄昏（诗）　罗黑芷

爱多亚的孩子们

〔法〕法郎士著　徐蔚南译

第205期

1925年12月27日出版

风波　西　谛

一串葡萄

〔法〕法郎士著　徐蔚南译

莫斯科通信　泽　民

旅中（诗）　西　谛

第206期

1926年1月3日出版

书之幸运　西　谛

胡适之流毒无穷　大　白

雨夜悠思（诗）　周乐山

第207期

1926年1月10日出版

拉风歹纳寓言序　张若谷

国庆日　金满成

工愁的诗人（诗）　李金发

我怎能离乡——德国恋歌

褚东郊译

天寒翠袖薄（漫画）　子　恺
仙牛　Clement Shovter 夫人作
　徐蔚南译
花的故事　静　闻
篇末　守　文

第 208 期
1926 年 1 月 17 日出版

童话的印度来源说　赵景深
北方（诗）　李金发
我家之冬（漫画）　子　恺
金眼睛的马山勒
　〔法〕法郎士著　徐蔚南译
曙光里写就的附注
　〔法〕法郎士著　徐蔚南译
忆（第二十）　平　伯
通讯　李青崖

第 209 期
1926 年 1 月 24 日出版

挪威文坛的新星　仲　云
错投了胎
　〔匈〕莫列兹琼伽著　仲　持译
万古愁底作者问题　大　白
在故乡（诗）　景　苕

第 210 期
1926 年 1 月 31 日出版

《文学之近代研究》译序　傅东华
村舍　〔俄〕紫霍甫作　赵景深译
寄 Y　云　裳
南行通信（一）　玄　珠
病里听隔院的佛号　于威泽

第 211 期
1926 年 2 月 7 日出版

从酒楼里出来　罗黑芷
妻子死后　章焕文
遗嘱（诗）　李金发
马滑霜浓（漫画）　子　恺
结婚　燕志儁
你已变了心么？爱友！
　ㄗ-ㄍㄨㄣ
小鸟报恩的故事（民间故事）
　敬　文
许獬童年的故事　施江淹

第 212 期
1926 年 2 月 14 日出版

耶稣的吩咐　汪静之
恋歌　刘延陵
我的供状　王以仁

第 213、214 期合刊
1926 年 2 月 28 日出版

男友　叶鼎洛
耶稣的吩咐（续）　汪静之

拉绮洛孚的《雪地》 赵景深

第 215 期
1926 年 3 月 7 日出版

耶稣的吩咐（续） 汪静之

第 216 期
1926 年 3 月 14 日出版

论无产阶级的文化与艺术
〔俄〕脱洛斯基著 仲 云译
给母亲（诗） 李金发
可恶的话 李劼人

第 217 期
1926 年 3 月 21 日出版

论无产阶级的文化与艺术（续）
〔俄〕脱洛斯基著 仲 云译
黄鹤楼上（诗） 汪静之
我若是一片火石（诗） 汪静之
乡愁 罗黑芷

第 218 期
1926 年 3 月 28 日出版

致死伤的同胞 圣 陶
谁是凶手? W 生
春的中国 西 谛
生命的火焰——哀悼三月十八日为救国而牺牲的男女英雄 徐蔚南
篇末 得 文

第 219 期
1926 年 4 月 4 日出版

论无产阶级的文化与艺术（续）
〔俄〕脱洛斯基著 仲云译
女丝工曲（诗） 赵景深
灰色马（诗） 汪静之
圆脸 罗黑芷
杂感 西 谛

第 220 期
1926 年 4 月 11 日出版

甲子第一天（三幕悲剧） 熊佛西
妹妹 赵景深
杂感 仲 云
（一）归队
（二）左右
（三）赤化

第 221 期
1926 年 4 月 18 日出版

甲子第一天（三幕悲剧）（续）
熊佛西
关于参情梦的翻译 傅东华
奇文欣赏录 一 君

第 222 期

1926 年 4 月 25 日出版

青年的自杀　西　谛
这是梦么（诗）　赵景深
甲子第一天（三幕悲剧）（续）
熊佛西

第 223 期

1926 年 5 月 2 日出版

自己动手　愈　之
甲子第一天（三幕悲剧）（续）
熊佛西
杂感　仲　云
街头随笔　施蛰存

第 224 期

1926 年 5 月 9 日出版

五月（诗）　圣　陶
现代生活的学术价值　佩　弦
历史的《中国文学批评论著》
王伯祥
斯脱刺斯蒲尔的宣誓——法兰西古代文残简　张若谷
猥谈　谢六逸
死的对付　志　偶
夕　秦宗尧
月夜　王以仁
我亦来谈谈徐文长的故事　楚　狂
土地祠里　王任叔
狐与玫瑰　西　谛

第 225 期

1926 年 5 月 16 日出版

《谜的书》选译
〔保加利亚〕籁诺甫著　愈　之译
《耶稣的吩咐》自序　汪静之
天鸿的泪　弱　苇
诗二首　汪静之
我只有憎恶
生之矿
印象　李金发

第 226 期

1926 年 5 月 23 日出版

国故与现代生活——和佩弦先生谈谈　曹聚仁
《西特》与《皮奥伏尔夫》　西　谛
醉里　罗黑芷
诗两首
〔法〕范伦纳著　李金发译
哀中国　醉　云

第 227 期

1926 年 5 月 30 日出版

向光明走去　西　谛
深夜的血　许　杰

安纳克郎短歌四首　蛰　存译
月圆人未圆（漫画）　秦宗尧
失散　赵景深

第 228 期
1926 年 6 月 6 日出版

国故研究者　圣　陶
小语春风弄剪刀（漫画）　子　恺
关于《女儿国》的考证　张若谷
失散（续）　赵景深

第 229 期
1926 年 6 月 13 日出版

梅子——S 君初恋的谈话　徐蔚南
我的歌（诗）　燕志儁
南京路上——目击今年的"五卅"　许　杰
失散（续）　赵景深

第 230 期
1926 年 6 月 20 日出版

《波纳尔之罪》的汉译本的引言　李青崖
白日的梦　许　杰
致妻　燕志儁
悼生胡子——致友人　燕志儁
诗两首　燕志儁
失散（续完）　赵景深

第 231 期
1926 年 6 月 27 日出版

中国戏剧起源之我观　刘大白
阿姐　穆罗茶
节制　燕志儁
太戈尔诗杂译　郑振铎
杂感　伊　凡

第 232 期
1926 年 7 月 4 日出版

介绍来华游历之苏俄文学家皮涅克　蒋光赤
死的故事（诗）　燕志儁
决绝　罗黑芷
读《飘浮》　王任叔
杂感　守　文

第 233 期
1926 年 7 月 11 日出版

顾著古史辨的读后感　周予同
中国旧画家赴日与日本新剧家来华　伏　园

第 234 期
1926 年 7 月 18 日出版

老牛　〔保〕潘　林作　沈雁冰译
游山　燕志儁

奉歌集序　静　闻
一个艺术家的供状　若　谷
无聊　守　庄
我所闻的徐文长故事　大　白
介绍《威廉退尔》　西　谛

第 235 期
1926 年 7 月 25 日出版

艺术三家言序　徐蔚南
哑爱　〔苏〕左祝梨著　曹靖华译
定阅本报诸君公鉴

第 236 期
1926 年 8 月 1 日出版

飘零　佩　弦
武者小路实笃氏的话　丏　尊译
山中通信　西　谛
忆（诗）　罗黑芷
握足——故乡杂谈之一　志　儁

第 237 期
1926 年 8 月 8 日出版

小木匠　穆罗荣
再论国故与现代生活——兼致意
圣陶　曹聚仁
夏芝的民间故事分类法　赵景深
《一般》的诞生（对话）

第 238 期
1926 年 8 月 15 日出版

记白采　赵景深
哭白采　周乐山
甚么叫做艺术　金满成
忆我的梦田　燕志儁

第 239 期
1926 年 8 月 29 日出版

序《青年李兰亭》　黎锦明
甚么叫做艺术（续）　金满成
给母亲（诗）　燕志儁
兄弟五个（诗）　燕志儁
胡诌　燕志儁
恭维
偷会的趣味
土匪小政府
生活的希望

第 240 期
1926 年 9 月 5 日出版

避暑会——山中杂记之一　西　谛
异地的来客　葛有华
忘余录　秉　丞
一、二等车
大风之夜　子　恺

第241期

1926年9月12日出版

三死——山中杂记之二　西　谛
爱之神　李金发
马赛歌　若　谷
她的话　燕志儁
女人吃苦　燕志儁
忘余录　秉　丞
　二、《怎么能……》
　三、同归

第242期

1926年9月19日出版

月夜之话——山中杂记之三　西　谛
冯九先生的壳　黎锦明
　"不合作主义"
　"非暴力主义"
　"晓霞山上的幽囚"
铁路之旁　子　恺
介绍我自己　志　儁
景　志　儁

第243期

1926年9月26日出版

山中的历日——山中杂记之四　西　谛
Painter　子　恺
雨　〔俄〕Vlas Dorochevitz著　胡愈之译
冯九先生的壳（续）　黎锦明
　"重返故乡"
寄畅园　赵景深

第244期

1926年10月3日出版

秋虫诗　仲云译
塔山公园——山中杂记之五　西　谛
哀刘梦苇君　黎锦明
诗人遗像　景　深
忆意坚　燕志儁

第245、246期合刊

1926年10月17日出版

《移鼠》　穆罗茶
国手　顾一樵
伤心的祈祷　汪静之
万县惨案周　玄　珠
杂感　德　懿

第247、248期合刊

1926年10月31日出版

一种悲哀　罗黑芷
暮霞　汪静之
丽拉　徐嘉瑞

小龙报恩和狗猫鼠仇杀的故事
静　闻

第249、250期合刊
1926年11月14日出版

记肖伯纳七十岁　独　逸
邮局里的邂逅　汪静之
恋爱逢春季　东　郊
我守夜的时候　东　郊
天伦之乐　稺　望
小龙报恩和狗猫鼠仇杀的故事（续）
静　闻
《自己动手》的最后一次　西　谛

第251期
（第4卷　第1期）
1926年11月21日出版

中国文学不能健全发展的原因
雁　冰
心是分别不开的　圣　陶
蝉与纺织娘　西　谛
畸零人日记（一）
〔俄〕屠格涅夫著　仲　云译
骑士杰珊明和公主爱格兰丁（三幕傀儡剧）
〔法〕保尔缪塞著　顾均正译
喜马拉雅民间故事　调　孚译
闲谈
一、呐喊　西　谛

第252期
（第4卷　第2期）
1926年11月28日出版

在淡霭里　罗黑芷
苦鸦子——山中杂记之七
西　谛
畸零人日记（二）
〔俄〕屠格涅夫著　仲　云译
喜马拉雅民间故事　调　孚译
闲谈
二、夸大狂　西　谛
我的日记　志　儁

第253期
（第4卷　第3期）
1926年12月5日出版

新文艺的建设　仲　云
两个跋　佩　弦
萍因遗稿跋
子恺画集跋
吁我把她杀了（诗）　金　发
畸零人日记（三）
〔俄〕屠格涅夫著　仲云译
反常的妇人——挪威民间故事
均　正译
《缀白裘》索引　西　谛
闲谈
三、江绍原的工作　秉　丞

第254期
（第4卷　第4期）
1926年12月12日出版

给志摩书　胡适之
不速之客——山中杂记之八　西谛
小小的乡愁　葛有华
《缀白裘》索引（续）　西谛
你将知我底爱情这样真（德国民间恋歌）　东郊译
闲谈
四、文学大纲　调孚

第255期
（第4卷　第5期）
1926年12月17日出版

中国文学在世界上的地位　傅彦长
山市——山中杂记之九　西谛
畸零人日记（四）
〔俄〕屠格涅夫著　仲云译
一个广告——“世界少年文学丛刊”　调孚
重编粤风引言　钟敬文

第256期
（第4卷　第6期）
1926年12月25日出版

给我的孩子们　子恺
货贩　罗黑芷
畸零人日记（五）
〔俄〕屠格涅夫著　仲云译
龚果尔的《女郎沙爱里沙》原序　李劼人译
巴巴拉阿来（英国民间恋歌）　东郊译
秋夜怀以仁　许杰
通信
割头的错误　燕志儁

第257期
（第4卷　第7期）
1927年1月9日出版

回家　穆罗茶
守夜人　燕志儁
无聊　罗黑芷
闲谈
五、疲倦　希良
正月文学家生卒表　西谛
本志特别启事

第258期
（第4卷　第8期）
1927年1月16日出版

宴之趣　西谛
上海话应该是文学之用语的说明　傅彦长
元明杂剧传奇与京戏本事的比较

贺昌群
古希腊恋歌引言　金　发
残荷　许　杰
《风先生和雨太太》序　均　正译
诗人之恋爱（威尔士民间恋歌）
东　郊译

第259期
（第4卷　第9期）
1927年1月23日出版

童话与想象　均　正
元明杂剧传奇与京剧本事的比较（续）　贺昌群
一个老女主和一个少年乡女的故事
何小旭译
《鸭绿江上》　钱杏邨
母亲的遗迹　守　庄
我底露茜（瑞士民间恋歌）
东　郊译

第260期
（第4卷　第10期）
1927年1月30日出版

童话的起源　均　正
孩子（剧）
Wiltrid Wilson Gibson 著
苏兆龙译
势力范围　彭家煌
闲谈

六、"良辰人奇怀"　秉　丞
伤风的狐（荷兰故事）
何小旭译

第261期
（第4卷　第11期）
1927年2月6日出版

民间故事的探讨
威国麦苟劳歌著　赵景深译
《万古愁》底作者问题　太　白
向死神请求（诗）　符竹英
纵酒　燕志儁

第262、263期合刊
（第4卷　第12、13期合刊）
1927年2月20日出版

上海的居宅问题　郑振铎
上海照相半打　孙福熙
上海之公园问题　郑振铎
所谓中国影片　陈君清
影戏院与"舞台"　西　谛
杂感　宏　徒　东　柳　觉
行路难　赵景深
狐狸做牧童　均正译
闲谈
七、厉鹗续作红楼的新发现
露　明
给林守庄先生　黎锦明
上海著作人公会缘起

第264期
（第4卷　第14期）
1927年3月6日出版

《文学之近代研究》原序　傅东华译
洗澡　〔法〕左　拉著　徐霞村译
永久的睡床（诗）　符竹英
烧饼　刘　明
写于《烈火》出版之后　黎锦明

第265期
（第4卷　第15期）
1927年3月13日出版

皮粤胡尔夫　西　谛
《岳东恋歌》序　李金发
地球上的砖　汪静之
黯然魂消　锦　江
葡萄牙的短歌　万曼译
闲谈
八、《回家》　调　孚

第266期
（第4卷　第16期）
1927年3月20日出版

戏剧庸言
高尔斯　华绥著　傅东华译
怀以仁（诗）　王任叔
太早了　〔俄〕柴霍甫著　赵景深译
生与死　汪静之
夜之艰难　燕志儁
先生与他的学生（高加索民间故事）
西　谛

第267期
（第4卷　第17期）
1927年3月27日出版

“诚”与文学　傅东华译
今昔　彭家煌
劳工歌（诗）　汪静之
自己的女子最美丽　均正译
通信　王任叔

第268期
（第4卷　第18期）
1927年4月3日出版

文学的新精神
〔英〕萧伯纳著　傅东华译
秋风歌（诗）　汪静之
居特龙　西　谛
天鹅的哀歌（诗）　徐霞村
《荔枝小品》题记　钟敬文
附录
我们的海涛社

第269期
（第4卷　第19期）
1927年5月13日出版

保护的秘密
〔法〕法郎士著　傅东华译

尼泊龙淇歌　西　谛
诗人情歌　钟敬文　刘潜初合译

第 270 期
（第 4 卷　第 20 期）
1927 年 5 月 22 日出版

形式与实质
〔法〕古尔芒著　傅东华译
尼泊龙淇歌（续）　西　谛
普希金诗三首　孙衣我译
给诗人
无题
一朵花
一朵美丽的青花　何定生

第 271 期
（第 4 卷　第 21 期）
1927 年 6 月 12 日出版

我们在 Athos 上　西　谛
法行杂简　学　昭
游子之音　兆淇魏
离别　西　谛
船上的小朋友　徐霞村
启事　郑振铎
封面及插图　表中道

第 272 期
（第 4 卷　第 22 期）
1927 年 6 月 18 日出版

批评家的职务
〔美〕门　肯著　傅东华译
压迫　罗黑芷
忆北京　学　昭
尼泊龙淇歌（续）　西　谛

第 273 期
（第 4 卷　第 23 期）
1927 年 6 月 26 日出版

海燕　西　谛
"英国人的乐园"　徐元度
寄吾母（诗）　学　昭
法行杂简（续）　学　昭
游子之音　卓　治
九龙风景（画）　袁中道
香港风景（画）　袁中道
插图（画）　袁中道

第 274 期
（第 4 卷　第 24 期）
1927 年 7 月 3 日出版

《A La Mev!》　西　谛
赶马车的老人　徐元度
法行杂简（续）　学　昭
一个午餐　元　度
游子之音　卓　治
安南人休矣　袁中道

第 275 期
（第 4 卷　第 25 期）
1927 年 7 月 11 日出版

理想主义之根源
萧伯纳著　傅东华译

郎歌巴系传说　西　谛
闲谈
　　九、鲁迅的《祝福》　景　深
夕阳之下　黎烈文
缥渺的心灵（诗）　梅　谷

第276、277期合刊
（第5卷　第1、2期合刊）
1927年8月7日出版

悼王静安先生　顾颉刚
静安先生与古文字学　徐中舒
追忆王静安先生　徐中舒
追悼一个文学的革命者——王静安先生　周予同
王国维先生整理中国戏曲的成绩及其文艺批评　贺昌群
关于王静安先生逝世的史料　陈乃乾
王静安先生致死的真因　史　达
关于王静安先生的死　陆侃如

第278期
（第5卷　第3期）
1927年8月21日出版

关于国木田独步——国木田独步小说集代序　夏丏尊
扰乱　柴霍甫作　赵景深译
论体裁描写与中国新文艺　锦　明
教学话　林守庄
悦子的心　黎烈文
恋歌两首　燕志儁
海上哀音——闻芥川龙之介之死　黎烈文
蜘蛛之丝　〔日〕介川龙之介作　黎烈文译
山径　许　杰
阿米林人　西　谛
吉伯兰寓言选译　景　深译
　　别的海
　　价值
若是你来了（诗）　燕志儁

第279期
（第5卷　第4期）
1927年8月28日出版

大佛寺　西　谛
一个兜风　徐元度
法行杂简（续）　学　昭
游子之音　卓　治
阿多斯号上的人物　徐元度
印度洋的浪（诗配画）　中　道
杨梅　〔法〕左　拉著　徐霞村译
大米修　〔法〕左　拉著　徐霞村译

第280期
（第5卷　第5期）
1927年9月5日出版

阿剌伯人　西　谛
法行杂简（续）　学　昭

亚丁的上岸　徐元度
游子之音　卓　治
红海月（诗）　学　昭
我的邻人雅各
〔法〕左　拉著　徐霞村译

第 281 期
（第 5 卷　第 6 期）
1927 年 9 月 12 日出版

同舟者　西　谛
别同行的军官　徐元度
要到马赛了（“游子之音”中之一）
卓　治
法行杂简（续）　学　昭
铁匠　〔法〕左　拉著　徐霞村译

第 282 期
（第 5 卷　第 7 期）
1927 年 9 月 19 日出版

本书编者按：此刊第五卷六至八期的刊号错乱，我们现在见到的各版次的本子均不一致——有的将上面抄录的第五卷第六期作为第五卷第七期；有的将下面抄录的第五卷第八期作为第五卷第七期；按月出版的合订本则是在上面抄录的第五卷第六期的内容后，紧接着就是下面抄录的第五卷第八期的内容。错乱原因待考。此处抄录取其中一种版本。

第 283 期
（第 5 卷　第 8 期）
1927 年 9 月 25 日出版

短篇小说的结构
——在新华艺术大学讲演
赵景深
《古代的人》序　郁达夫
论文艺上的夸大性　黎锦明
寂静的古刹（诗）　汤　铭
教训　彭家煌
谈谈兴诗　钟敬文
旗（诗）　周乐山

第 284 期
（第 5 卷　第 9 期）
1927 年 10 月 2 日出版

关于文学大纲　谢六逸
打错了屁股
〔俄〕陀罗雪维支作　胡愈之译
林中　黎烈文
挣扎朵帖　万　曼
给瑟妮亚姑娘（诗）
〔英〕琼斯作　赵景深译

第 285 期
（第 5 卷　第 10 期）
1927 年 10 月 9 日出版

介绍苏俄诗人叶赛宁　孙衣我

泛海（诗） 朱湘
弄笛者之争讼
〔法〕法郎士著 傅东华译
给儿童
〔日〕岛崎藤村著 黎烈文译
我失却了一件宝贝（诗） 索非
桃色的香粉——钩沉之一
钱君匋
关于《诗经》中章段复叠之诗篇的一点意见 钟敬文

第286、287期合刊
（第5卷 第11、12期合刊）
1927年10月23日出版

五六年来创作生活的回顾
郁达夫
两条血痕后记 周作人
侯爵夫人的肩膀
〔法〕左拉著 徐霞村译
死美人（幽会，梦中的拜访，女人的坟墓，情人的哀悼者）（组诗）
刘枝
喜期 彭家煌
沙漠之雨
〔日〕国木田独步作 黎烈文译
乡亲 黄汉瑞
烦愁之歌（诗） 左天锡
一个好吃的人登龙山（诗）
赵景深

第288期
（第5卷 第13期）
1927年10月30日出版

英国诗人勃莱克百年纪念
——介绍叙事诗《彭威廉》
赵景深
各民族的神话何以多相似
玄珠
蔷薇——钩沉之二 钱君匋
冷眼与热汗 许杰

第289期
（第5卷 第14期）
1927年11月6日出版

民间故事专家哈特兰德逝世——呈江绍原先生 赵景深
看了《真善美·创刊号》以后
方璧
诗歌与想象 汪静之
布衫行 〔英〕Thomas Hood作
傅东华译
关于《烈火》 黎锦明

第290期
（第5卷 第15期）
1927年11月13日出版

畸零人日记（六）
〔俄〕屠格涅夫著 樊仲云译

说译诗 朱 湘
洋（诗） 朱 湘
中西童话的比较——广东民间故事集付印题记 赵景深
夏夜 许 杰
老鸦狐狸与蛇（印度披尔派寓言） 顾均正译
雨中 陶哲盦

第 291 期
（第 5 卷　第 16 期）
1927 年 11 月 20 日出版

《谈龙集》序 周作人
理发店前的囚禁——钩沉之三 钱君匋
歌 索 非
畸零人日记（七） 〔俄〕屠格涅夫著　樊仲云译
初雪 〔美〕罗伟尔（J.R.Lower）作　傅东华译
焦急（诗） 金 岛

第 292 期
（第 5 卷　第 17 期）
1927 年 11 月 27 日出版

文网与文学——《东方寓言集》序 胡愈之
惨雾的描写方法及其作风 李圣悦
篮 成 朴
法行杂简 陈学昭

第 293 期
（第 5 卷　第 18 期）
1927 年 12 月 4 日出版

春桃 周乐山
暑假 哲 夫
我们在月光底下缓步（诗） 玄 珠

第 294 期
（第 5 卷　第 19 期）
1927 年 12 月 11 日出版

罗马尼亚实事 〔法〕巴比塞作　万 灭译
安家的果品——钩沉之五 钱君匋
畸零人日记（八） 〔俄〕屠格涅夫著　樊仲云译
在海上 Antcni Wyslouch 著　钟宪民译
放歌 万 曼

第 295 期
（第 5 卷　第 20 期）
1927 年 11 月 18 日出版

马旦氏的中国童话集 赵景深
报酬 吴立模

明月的哀愁
〔法〕波特来耳作　徐蔚南译
畸零人日记（九，续完）
〔俄〕屠格涅夫作　樊仲云译
四季（诗）　索　非

第 296 期
（第 5 卷　第 21 期）
1927 年 12 月 25 日出版

今年得诺贝尔奖金的戴丽黛
赵景深
父子也　成　朴
禁食　〔俄〕左拉著　徐霞村译
记得（诗）　索　非
朋友的死　而　化
软语（诗）　常　健

第 297 期
（第 5 卷　第 22 期）
1928 年 1 月 1 日出版

中国现代两诗人对于“穷”
颜　如
自己经验与自画像　言　返
《尘影》　鲁　迅
太阳神话研究　赵景深
文艺与社会　许　杰
诗人李长吉　万　曼
宋代民歌一斑——读《京本通俗小说》　钟敬文

号声　王统照
别——钩沉之五　钱君匋
故国　陈学昭
桃树下——肉的颂歌之一　汪静之
小妹　赵景深
古井（诗）　常　健

第 298 期
（第 5 卷　第 23 期）
1928 年 1 月 8 日出版

欢迎《太阳》　方　壁
实验主义者的理想　均　量
读《出阁》　周煦良
归来　黎烈文
无题　万　曼
小村子〔法〕左　拉著　徐霞村译
“Allez!”　库普森著　杜　衡译
关于《草莽集》　朱　湘
研究文学的途径（对话）

第 299 期
（第 5 卷　第 24 期）
世界民间故事专号
1928 年 1 月 15 日出版

白璧尔的儿子（喜马拉雅民间故事）
徐调孚译
巴古齐汗（高加索民间故事）
西　谛译
盖留梭（意大利民间故事）

赵景深译
富农的妻子（挪威民间故事）
顾均正译
神奇的头发（塞尔维亚民间故事）
徐蔚南译
青岛（法国南部民间故事）
徐蔚南译
狐医生（俄罗斯民间故事）
黎烈文译
最后半页　赵景深

第 300 期
（第 5 卷　第 25 期）
1928 年 1 月 23 日出版

介绍歧路灯　郭绍虞
愁春
〔西班牙〕伊本纳兹著　戴望舒译
小树胶园至　饶百迎
沉思　〔法〕勃莱克作　孙昆泉译

第 301 期
（第 6 卷　第 1 期）
罗黑芷追悼号
1928 年 1 月 29 日出版

罗黑芷死了　黄　醒
予所知于罗君黑芷者　李青崖
罗黑芷的小说　黎锦明
罗黑芷的散文小品　赵景深
遁逃——献给这篇内的主人翁
罗黑芷
或人的日记　罗黑芷
四月十三日
歌呜呜　罗黑芷

第 302 期
（第 6 卷　第 2 期）
1928 年 2 月 5 日出版

哈代逝世以后　赵景深
诗歌与情感　汪静之
留香（诗）　傅东华
严霜下的梦　茅　盾
两根洋火
〔英〕史提文生著　方光焘译
天使在流云　于赓虞
永无衰老之日（诗）　钱君匋
在校订《莫泊桑短篇小说集·一》
以后　李青崖

第 303 期
（第 6 卷　第 3 期）
1928 年 2 月 12 日出版

文学作品与人生观察
宾那脱作　赵景深译
鞋匠变成星命家（阿拉伯民间故事）
唐锡光译
海角雁音　何竞业
啊——女郎（诗）　索　非
奇罐（丹麦民间故事）　姜书丹译

第304期
（第6卷　第4期）
1928年2月19日出版

芥川龙之介集不用的序　章锡琛
陈四爹的牛　彭家煌
飘荡的衣裙　周乐山
新声（诗）　程少怀

第305期
（第6卷　第5期）
1928年2月16日出版

读《最后的幸福》　李诵邺
读春水　燕志儁
别字先生黄药眠　博　董
关于出嫁的前夜及其作者　了　因
春日　罗黑芷
秋途（诗）　于赓虞
烦闷　而　化
没有隐秘的斯芬克斯
〔英〕王尔德著　杜　衡译

第306期
（第6卷　第6期）
1928年3月4日出版

江西山歌与倒青山风格　王礼锡
同居　陶哲盦
诀世之歌〔俄〕柴霍甫著　万　曼译
质问（诗）　黄运初
怅触（诗）　滕沁华
喜剧的悲剧（诗）　顾均正

第307期
（第6卷　第7期）
1928年3月11日出版

中国印欧民间故事之相似
钟敬文
街之底
〔日〕横光利一著　梁希杰译
龙灯　罗懋德
在坟墓里
〔保〕斯泰马托夫著　钟宪民译
勃莱克是象征主义者么　博　董

第308期
（第6卷　第8期）
1928年3月18日出版

楚辞与中国神话　玄　珠
谈谈《茶花女》剧本　林汉达
完了　〔法〕莫泊桑著　介如译
墓上歌（诗）　顾诗灵

第309期
（第6卷　第9期）
1928年3月25日出版

李清照词的标点　施蛰存
一天——钩沉之六　钱君匋

马路上的沙尘　黄运初
寺钟（诗）　刘　枝
告读者　顾仲起
——《生活的血迹》自序

第 310 期
（第 6 卷　第 10 期）
1928 年 4 月 1 日出版

追忆罗黑芷先生　陈子展
不相识者
〔意〕Matilde Seyao 女士著
戴望舒译
“常有好容颜”　滕沁华
死之榻　〔英〕勃莱克著　孙昆泉译
给一个老鼠
〔英〕彭思（R.Bayns）著
李健吾译
山居读诗　李建新
读《耶稣的吩咐》　楚　狂
向郁达夫先生声明　言　返

第 311 期
（第 6 卷　第 11 期）
1928 年 4 月 8 日出版

最近文艺偶笔　博　董
浅薄得可笑的哈娜　博　董
译了《三公主》以后　顾均正
关于掘著《中国文学小史》——奉答唐圭璋先生　赵景深

孤松　戴菊农

第 312 期
（第 6 卷　第 12 期）
1928 年 4 月 15 日出版

诗歌与真理　汪静之
发的革命与头的革命　V　生
驴马似的人　〔日〕吉田弦二郎著
黎烈文译
离京　贺玉波
感旧（诗）　万　曼

第 313 期
（第 6 卷　第 13 期）
1928 年 4 月 22 日出版

皮短褐
〔俄〕皮涅克（Boyis Pilnyak）著
傅东华译
中国神话的美丽想象　朱　湘
翻云复雨
〔俄〕柴霍甫著　李青崖译
赌红宝　念　生
梦魂中的金陵　徐实君
民间文艺的分类　叶德均

第 314 期
（第 6 卷　第 14 期）
1928 年 4 月 29 日出版

哈代死后琐记　朗　山

村戏 〔苏〕Vyacheslav Shishkov 作 傅东华译
我的两个朋友 滕沁华
杜鹃（诗） Michael Byuce 作 钟敬文译
小说史中谈到诗人 赵景深
吻痕（诗） 霜 华
题画 万 曼

第 315、316 期合刊
（第 6 卷 第 15、16 期合刊）
1928 年 5 月 13 日出版

中国神话的保存 玄 珠
村戏（续完） 〔苏〕Vyacheslav Shishkov 著 傅东华译
丽丽 〔法〕左拉著 徐霞村译
下乡（诗） 万 曼
不规则三角形 焦菊隐
生命被孤寂的霉菌侵蚀了（诗） 于赓虞

第 317 期
（第 6 卷 第 17 期）
1928 年 5 月 20 日出版

飞腿儿奥西普 〔苏〕Ivan Kasatkin 作 傅东华译
缅想到中世纪的行吟诗人 施蛰存
——《屋卡珊和尼谷莱特》译本序
养鸟 念 生
糊涂浆子冷水君 博 董

第 318 期
（第 6 卷 第 18 期）
1928 年 5 月 27 日出版

给江绍原先生 钟敬文
黄药眠的译诗 博 董
小说与艺术 暗 天
岭上（诗） 钱君匋
童话与短篇小说——就小说的观点论童话 顾均正

第 319 期
（第 6 卷 第 19 期）
1928 年 6 月 3 日出版

人类学派神话起源的解释 玄 珠
海滨别墅 〔保〕斯泰马托夫著 钟宪民译
改革 彭家煌
誓辞 程少怀

第 320 期
（第 6 卷 第 20 期）
1928 年 6 月 10 日出版

最近的法国小说界 徐霞村
评《寂寞的国》 朱 湘
小梅尺牍 小 梅

第一号

疤　爱弟

寂寞之地狱（诗）　于赓虞

第 321 期
（第 6 卷　第 21 期）
1928 年 6 月 17 日出版

罗亭型与俄国思想家　赵景深

文学与宣传
〔美〕Isaac Goldberg 作　莫索译

祈望（诗）　滕沁华

特制曲尺　王任叔

暴风急雨里狂歌（诗）　程少怀

小梅尺牍（续一）　小梅

第二号

恐怖之夜（诗）　汤铭

中国需要怎样的创作　戴行轺

第 322 期
（第 6 卷　第 22 期）
1928 年 6 月 24 日出版

神话的意义与类别　玄珠

夏之夜（诗）　万曼

三论勃莱克　博董

牛形里的故事　丙化

第 323 期
（第 6 卷　第 23 期）
1928 年 7 月 1 日出版

芥川龙之介氏与河童
〔日〕永里德太郎著　黎烈文译

越南之游——献给黄运初先生及在越南的友人们　胡愈之

不知为什么（诗）　傅东华

艺者之家　陈学昭

柴霍甫与安徒生　赵景深

爱——呈先艾健吾二兄　滕沁华

第 324 期
（第 6 卷　第 24 期）
1928 年 7 月 8 日出版

文学家之富兰克林
〔美〕Long 著　露明译

哈娜的译诗　博董

秋雨　王家棫

银鸽与诗人　张源

再抄一点书赠给哈娜　博董

绍兴的帝王传说　薛英

关于从民间来　阎心铭

第 325 期
（第 6 卷　第 25 期）
1928 年 7 月 15 日出版

勃莱克确是浪漫主义者——示可怜的哈娜　博董

苍山夜望（诗）　于赓虞

小梅尺牍（续二）　小梅

第三号

第四号

第五号

第六号

记得（诗） 索 非

"平凡的死" 石 英

文坛近讯 编 者

第 326 期

（第 7 卷 第 1 期）

1928 年 7 月 22 日出版

第七卷的开始 赵景深

最近的俄国的小说界 赵景深

北欧神话的保存 玄 珠

无隅之死 朱自清

梦狱（诗） 于赓虞

关于唤名收魂的传说

——致《文学周报》记者

贺昌群

不幸的躯体

〔爱尔兰〕唐珊南作 戴望舒译

凄咽的夜宴（诗） 周乐山

无题（诗）〔英〕济慈作 梁指南译

雨天（诗）

〔美〕朗弗洛作 滕沁华译

第 327 期

（第 7 卷 第 2 期）

1928 年 7 月 29 日出版

评《广州儿歌·甲集》 招勉之

哭泣

——《笑与死》的序 顾仲起

圣者与酒徒（诗） 于赓虞

红的鱼 张 源

顾实文学史的估价 博 董

文坛近讯 编 者

第 328 期

（第 7 卷 第 3 期）

1928 年 8 月 5 日出版

小泉八云谈中国鬼 赵景深

关于维特剧本 卢剑波

《铁塔篇》的时间错误 张眠月

春冢（诗） 于赓虞

为生活 周乐山

第 329 期

（第 7 卷 第 4 期）

1928 年 8 月 12 日出版

戴万叶的翻译小说 博 董

《发须爪》（评论） 赵景深

我写诗的经过

——《海滨的二月》自叙

钟敬文

印度半蛮族的神话 孙席珍

一、光明与黑暗的起始

二、酵素的发明

三、人们开始吃米

四、现代的猴种的祖宗

五、灰猴的起源

七、那伽民族的祖先

八、杀头的开始
骚动 魏友琴
小梅尺牍（续三） 小 梅
第七号
沙滩上的鲤鱼 张 源
绍兴的鹦哥戏宣卷等 薛 英

第 330 期
（第 7 卷 第 5 期）
1928 年 8 月 19 日出版

小品 江绍原
二三一、用天灵盖制药有报应
二三二、死人身上或身边的东西能治病之说
二三三、白菜王
二三四、欧洲女子用咖啡渣占卜
二三五、“过病”“移病”
小小的田鸡（诗） 李健吾
别离 葛有华
小梅尺牍（续四） 小 梅
第八号
文学随笔 赵景深
安徒生的玻璃鞋
长虹的真面目
宋代的民间趣事集 万 蔓

第 331 期
（第 7 卷 第 6 期）
1928 年 8 月 26 日出版

读《荷花》 孙席珍
银影 王家棫
小梅尺牍（续五） 小 梅
第九号
文学随笔 赵景深
谁都免不了有错
文坛近讯 编 者

第 332 期
（第 7 卷 第 7 期）
1928 年 9 月 2 日出版

革命文学运动的观察 李作宾
我也有创作集么
——《栀子花球》序 赵景深
剪发的故事 洪北平
家教 孙席珍
阿达兰达底竞赛
〔美〕汤姆生作 梁指南译
小梅尺牍（续六） 小 梅
第一〇号

第 333、334 合期
（第 7 卷 第 8、9 期）
托尔斯泰百年纪念特号
1928 年 9 月 9 月出版

论 文

怀托尔斯泰
〔俄〕蒲 宁著 徐霞村译
托尔斯泰论
〔俄〕尼古拉涅灵著 故 剑译
托尔斯泰小说论

〔美〕费尔普司著
赵景深译
托尔斯泰童话论　顾均正
读托尔斯泰的《复活》　司　君

介　绍

纪梦
〔俄〕托尔斯泰著　耿济之译
工作死亡与疾病
〔俄〕托尔斯泰著　雪　君译
托尔斯泰的短篇代表作
杜　衡译
托尔斯泰日　托我斯泰编

感　想

杂谈托尔斯泰　老　汪
汉译托尔斯泰著作编目　赵景深
缠不清的托尔斯泰　博　董

第335期
（第7卷　第10期）
1928年9月16日出版

暂且题一个"自剖"罢　黎锦明
刘梦苇与新诗形式运动　朱　湘
瞌睡来了
〔俄〕柴霍夫作　赵景深译
醉汉笔记　洪北平
文学随笔　赵景深
答《狮吼》半月刊评《荷花》
《栀子花球》不才的序
英国通信　朱　湘

第336期
（第7卷　第11期）
1928年9月23日出版

希腊罗马神话的保存　玄　珠
文学漫谈　罗黑芷（遗著）
住持捉奸〔意〕鲍嘉学著　罗皑岚译
仅存的阴加人（诗）
〔科隆比亚〕嘉　罗作　朱　湘重译
四八头脑　孙席珍
文坛近讯　编　者

第337期
（第7卷　第12期）
1928年9月30日出版

埃及印度神话的保存　玄　珠
论地方传说
——《两广地方传说》序
顾颉刚
凄暗的时间（诗）
〔比〕梅特林克作　戴望舒译
小梅尺牍（续七）　小　梅
第一一号
老大的喜期　张直觉
文学随笔　赵景深
济慈的《夜莺歌》
俄国民间故事研究
西洋文学的汉译
《中国宝贝》的回声之回声　李金发
文坛近讯　编　者

第 338 期
（第 7 卷　第 13 期）
1928 年 10 月 7 日出版

民间医药卫生学若干条
　山东泰安的画疮画病法　燕志儁
　移狐臭　叶德均　江绍原
　煎药、端药、斢药
　　叶德均　江绍原
　移痣、移瘤　叶德均
　治疯病法　叶德均　江绍原
　松江后冈镇的医俗　华泽之
　偷针病　樊　缜
　俄罗斯的民间医学　樊　缜
诗三首　蓬　子
　在你面上
　新丧
　雪夜
女人的急智
　〔意〕鲍嘉学著　罗皑岚译
小梅尺牍（续八）　小　梅
　第一二号
　第一三号
逃学　孙学询
关于几个中国鬼　戈宝权
钱君匋装帧画例　钱君匋

第 339 期
（第 7 卷　第 14 期）
1928 年 10 月 14 日出版

少年主人公的文学
　〔日〕小川未明作　高　明译
《花束》（书评）　钟敬文
《白痴》（书评）　赵景深
文艺与时代　姚方仁
读了《中国宝贝》之后　拔　毛
易卜生语录抄　潘修桐译
九月份新出文学书目录　编　者

第 340、341 合期
（第 7 卷　第 15、16 期）
1928 年 10 月 28 日出版

骗钱的《小说学大纲》　博　董
《高加索民间故事》（书评）　赵景深
《荷花》（书评）　周乐山
命名的信仰　清　水
牧童坡　〔法〕莫泊桑作　李青崖译
打鱼　念　生
照抄的文章　彭家煌
男性的悲哀　左干臣
某胖子　周乐山

第 342 期
（第 7 卷　第 17 期）
1928 年 11 月 4 日出版

某殖民地某日发生的事变
　〔日〕麻生久著　谢六逸译
质陈钟凡先生　汪静之
刘半农译品的一斑　全　农
《史记》中的人物描写　周乐山
文坛近讯　编　者

第 343 期
（第 7 卷　第 18 期）
1928 年 11 月 11 日出版

关于书籍与读书的杂感
〔英〕兰姆作　梁遇春译
黎锦明的《雹》（书评）　赵景深
冬日的希望（诗）
〔比〕梅特林克作　戴望舒译
断片
一、卓文君与莎乐美　露　明
二、基督徒的误会　邹士英
三、《幻灭》中的强推力
云　裳
局外人　孙席珍
海行日述　钟敬文

第 344 期
（第 7 卷　第 19 期）
林和靖九百年纪念号
1928 年 11 月 18 日出版

林和靖先生像
林处士墓石上的钟敬文
林和靖的诗　陆侃如
假隐士林逋　刘大白
变态性欲的林和靖　孙席珍
怀林和靖　钟敬文
梅和鹤　许钦文
编后　赵景深

第 345 期
（第 7 卷　第 20 期）
1928 年 11 月 25 日出版

论现代中国的小品散文　朱自清
野鸭与野鸡　博　董
公文程式化的大著作　开　脱
《杂拌儿》（书评）　钟敬文
林处士的人生观　李宝琛
《草莽集》的音调与形式　朱　湘
文坛近讯　编　者

第 346 期
（第 7 卷　第 21 期）
1928 年 12 月 2 日出版

传奇杂剧排体例改革议
断片
四、陈钟凡抄书都错　冷　眼
五、郭沫若与王实甫　露　明
六、《文艺辞典》的小错误
王小维
七、专家与资格　赵景深
海行日述（续一）　钟敬文
文坛近讯　编　者

第 347 期
（第 7 卷　第 22 期）
1928 年 12 月 9 日出版

对于文学的三种态度　谢位鼎

《翡冷翠的一夜》（书评）
朱　湘
《花之寺》（书评）　弋　灵
高尔基著作年表　博　董
海行日述（续二）　钟敬文

第 348 期
（第 7 卷　第 23 期）
1928 年 12 月 16 日出版

驴背诗人李长吉　王礼锡
《巧舌妇》的故事（书评）
樊　缜
《绍兴歌谣》（书评）　叶德均
就这样放开手罢（诗）　钟敬文
英国恋歌两首　邱文藻译
一、你和我
二、假如爱人是蔷薇
寄北平岂明老人
——西湖零拾之一　钟敬文
海行日述（续三）　钟敬文
十月份新出的文学书目录
编　者
文坛近讯　编　者
三卷新的创作　滕沁华
一、蹇先艾君的《朝雾》
二、李健吾君的《西山之云》
三、赵景深君的《荷花》
本报编者赵景深先生著译书目
编　者

第 349 期
（第 7 卷　第 24 期）
1928 年 12 月 23 日出版

两种作家　黎锦明
试谈小品文　钟敬文
茅盾的“三部曲”　复　三
《安徒生传》（书评）　钟敬文
《绍兴歌谣》（书评）　孙席珍
吻
〔犹太〕沙比若著　康嗣群重译
无题（诗）　钟敬文
目莲戏中小丑的自白　娄子匡
指甲上的星　王任叔
昏绝　陈翰仪
太戈尔最近的小诗　余世鹏
海行日述（续三、完）　钟敬文

第 350 期*
（第 7 卷　第 25 期）
王以仁失踪两周年纪念号
1928 年 12 月 30 日出版

“文学周报社”紧要启事一（为改印行单位事）
“文学周报社”紧要启事二（为下卷更编者事）
王以仁的幻灭　许　杰
枇杷　王以仁

* 原刊误印成“第三二五号”。

暮春时节　王以仁
楚渔　王以仁
《雨后》（沈从文著　春潮书局版）
季　叔**
处女的疯（诗）　钱君匋
滁州西涧　朱锦江
《荷马史诗》里的罗托斯
　　一、致赵景深　朱　湘
　　二、复朱湘　赵景深
关于民间医药卫生学
　　一、致江绍原　仲兆槐
　　二、致赵景深　严仲年
　　三、致江绍原　苦　水
十一月份新出文学书目录
编　者

第351期
（第8卷　第1期）
1929年1月1日出版

经书的效用　郑振铎
一九二八年世界文坛大事记
徐调孚
一九二八年的日本文学界　谢六逸
断片
　　一、学做唐诗的黄华诗社
雨　谷
二、《女作家专号》　静　因

第352期
（第8卷　第2期）
1929年1月6日出版

关于《游仙窟》　郑振铎
《游仙窟》题解
　　〔日〕山田孝雄作　谢六逸译
安达西造像
挪威女作家安达西　赵景深
日本文艺家协会对于各杂志社提出最低稿费的要求　宏　徒
断片
　　三、《复活》的狮吼　东　生
东邻消息　宏　徒

第353期
（第8卷　第3期）
梅兰芳号
1929年1月13日出版

小引
打倒男扮女装的旦角——打倒旦角的代表人梅兰芳　西　源
反常社会的产物　影　忆
梅兰芳扬名海外之一考察　岂　凡
断片
　　四、救救国际上的名誉吧
蒲　水
　　五、梅讯　白　云
　　六、除日有怀梅兰芳　九　芝
　　七、男扮女装的梅兰芳　雨　谷

** 原刊正文题下署“季叔”，封面“目录”署“孙席珍”。

八、工具　倒　霉
九、倒梅运动之先决问题
掘　根
一〇、没落中的皮黄剧
西　源
一一、梅兰芳的分析　佩　英
一二、神秘的艺术　韫　松

第 354 期
（第 8 卷　第 4 期）
1929 年 1 月 20 日出版

托尔斯泰未刊行的作品　耿济之
现代英美小说的趋势
John Cawuthevs 著　赵景深译
马尔德茵　莫泊桑著　李青崖译

第 355 期
（第 8 卷　第 5 期）
1929 年 1 月 27 日出版

美国的书评事业（现代文艺论丛之一）　甘　培著　傅东华译
英国戏剧家琼斯死了　西　谛
苏德曼逝世　赵景深
朝诣
〔日〕葛西善芷著　谢六逸译
亚当氏的中国童话集　赵景深
断片
一三、告申报的瑋君　静　因
一四、《梅××专号》静　因

第 356 期
（第 8 卷　第 6 期）
1929 年 2 月 3 日出版

一篇由银幕上说到笔底下的闲话
李青崖
——由《儿女英雄》说到《启示录的四骑士》
忏悔（诗）　璧　儿
英国文学界两场笔墨官司　赵景深
没落中的苏州　东　生
断片
一五、陈恭禄君的日本全史
毅　纯
关于自杀的顾仲起　张钦珮

第 357 期
（第 8 卷　第 7 期）
1929 年 2 月 10 日出版

墨子与穆勒是否中国人的问题
静　因
挂枝儿　西　谛
读《宗教学 ABC》　江绍原
白朗的中国童话集　赵景深
容旁观者说几句公道话么　季　通
断片
一六、香喷喷的玩意儿
景　深
一七、介绍东西小说发达史
景　深

第358期
（第8卷　第8期）
1929年2月17日出版

封建势力在报纸上　东　生
严东关的进化　璧　儿
郑振铎的《家庭的故事》
孙席珍
断片
一八、胡寄尘为印度人辨
墨　翟
一九、对申报本埠增刊的声明
编　者
时贤言行录　启蒙生

第359期
（第8卷　第9期）
1929年2月24日出版

一篇稿子　加藤武雄著　宏　徒译
狂飚下的落叶——写给亡友罗黑芷君的信　素　丝
《父与女》序　（答陈钟凡之流）
汪静之
读了季通先生的公道话以后
章铁民
断片
二〇、哈代信托的翻译
芗　叔
关于《兴之》　胡浩川

第360期
（第8卷　第10期）
茅盾三部曲批评号
1929年3月3日出版

关于《幻灭》　罗　美
《幻灭》的时代描写　张眠月
《动摇》和《追求》　林　樾
《追求》中的章秋柳　辛　夷

第361期
（第8卷　第11期）
1929年3月10日出版

小品而已　江绍原　高　植
小品补遗——给江绍源先生
清　水
广东求雨的风俗与歌谣　林　樾
《再和我接个吻》（菊池宽著，鸬鹚子译）　瘦　柏
断片
二一、著作界的吸血鬼　毅　纯
二二、胡适之的一个错误
澹果孙
关于中国韵文通论　段庵旋
吃米的起源　邹长庚

第362期
（第8卷　第12期）
1929年3月17日出版

研究民歌的两条大路——《岭东情

歌集》序　郑振铎
爱丝苔尔
〔法〕斐息尔兄弟著　徐霞村译
四游记杂识　赵景深
短笔头　系子
断片
二三、介绍世界名著提要
墨翟
新坟（诗）　万曼
幻景低迷里的小河（诗）　万曼
关于胡寄尘是印度人问题的一封通信

第 363 期
（第 8 卷　第 13 期）
1929 年 3 月 24 日出版

评上海各日报的编辑法　西源
柴霍甫作品的来源
Michael P Chehov 著　赵景深译
上海与南京　东生

第 364 期——第 368 期
（第 8 卷　第 14—18 期）
苏俄小说专号
1929 年 4 月 28 日出版

新俄文坛最近的趋势
Joshna Kunitz 著　刘穆译
信　白倍尔著　徐调孚译
马利亚　捏维洛夫著　叶绍均译
大家庭　罗曼诺夫著　映波译
老太婆　赛甫琳娜著　郑振铎译
三架织布机　谢景琳著　赵景深译
鹤　谢西珂夫著　刘穆译
奇迹　弗尔可夫著　樊仲云译
爱情　曹西钦珂著　耿济之译
不过一点儿小事　左祝梨著　傅东华译
苏俄的教育人民委员长——阿拉德里·鲁纳却尔斯基　谢六逸
本号苏俄小说作者传略　编者甲
中译苏俄小说编目　编者乙
编校后记　编者丙

第 369 期
（第 8 卷　第 19 期）
1929 年 5 月 5 日出版

鲁迅与柴霍甫（在复旦大学讲演）
赵景深
关于哈代的翻译——并致《人生小讽刺》的译者虚白君　钱歌川
胡大人及其他
叶德铭　叶德均　江绍原
出版界的黑幕——关于《世界名著提要》的声明　查士骥　查士元

第 370 期
（第 8 卷　第 20 期）
1929 年 5 月 12 日出版

读《倪焕之》　茅盾

《文学中的性表现》　刘　穆
支小品——呈江绍原先生　樊　缜

第 371 期
（第 8 卷　第 21 期）
1929 年 5 月 19 日出版

中西民间故事的进化——序刘万章的《广州民间故事》　赵景深
街头　万　曼
一夜　〔比利时〕卫哈林著　徐霞村译
访问　〔法〕腓力普著　钱歌川译

第 372 期
（第 8 卷　第 22 期）
1929 年 5 月 26 日出版

三位朋友　〔比利时〕卫哈林著　徐霞村译
炉边小品（诗）　刘　穆
上海各报社会栏记者养成所学则　宏　徒
《西哈诺》译文商酌（法国 Edmond Rostand 著，方于女士译）　戴望舒
我听过二万元的数目么　班起莱作　赵景深译
人话文与鬼话文　刘大白
献辞　周乐山

第 373 期
（第 8 卷　第 23 期）
1929 年 6 月 2 日出版

《一亿二千万》（美国哥尔德著）　刘　穆
死牢里的樊赛蒂　〔美〕哥尔德著　刘　穆译
奥普多普的马市　〔比利时〕卫哈林著　徐霞村译
《龙王的女儿》序　赵景深

第 374 期
（第 8 卷　第 24 期）
1929 年 6 月 9 日出版

清教徒的女性观　傅东华
《痴人之爱》　祝秀侠
《银铃》　保　尔
《草莽原》　念　生
断片
二四、复师鸠先生　澹果孙

第 375 期
（第 8 卷　第 25 期）
1929 年 6 月 16 日出版

某兄弟（剧）　〔日〕菊池宽著　陈庆雄译
红死之假面　〔美〕爱伦坡著　钱歌川译

第 376 期
（第 9 卷　第 1 期）
1929 年 11 月 24 日出版

岳传的演化　郑振铎
《古国的人们》　赵景深
《人生鉴》译本的卷头语　傅东华
民间故事杂抄　赵景深
《文学周报》社优待定户特别启事　文学周报社

第 377 期
（第 9 卷　第 2 期）
1929 年 12 月 1 日出版

再论封建势力在报纸上　东　生
巴比塞的檄文　刘　穆译
托马斯曼画像
今年得诺贝尔文学奖金的德国小说家托马斯曼　赵景深
《文学周报》社优待定户特别启事　文学周报社

第 378 期
（第 9 卷　第 3 期）
1929 年 12 月 8 日出版

《水浒传》的续书　郑振铎
猥谈　XYZ
俄国艺术学者传理契之死　汪馥泉
曾仲鸣译的《法郎士》　金满成
百年以后的英国小说家　赵景深
《文学周报》社优待定户启事　文学周报社

第 379 期
（第 9 卷　第 4 期）
1929 年 12 月 15 日出版

《万花楼》　郑振铎
菲利克司先生　顾尔特林著　黎烈文译
断片
二五、诺贝尔奖金　陈庆雄
《文学周报》社优待定户启事　文学周报社

第 380 期
（第 9 卷　第 5 期）
1929 年 12 月 22 日出版

浪漫主义与基督教　赵景深
毛贼　圣　陶
巴尔扎克的结婚　葛尔孟著　金满成译
《文学周报》社优待定户启事　文学周报社

12 戏 剧

简 介

《戏剧》，月刊。一九二一年五月三十一日创刊于上海，“民众戏剧社”编辑，中华书局发行，十六开本。一九二二年一月第二卷起改由“新中华戏剧协社”编辑，北京《晨报》社发行。主要撰稿人有陈大悲、徐半梅、汪仲贤、蒲伯英、沈冰血、陆明悔和欧阳予倩等。一九二二年四月三十日出版至第二卷第四号终刊。共出版十期。

《戏剧》是新文学第一个戏剧团体——民众戏剧社的机关刊物，也是现代文学史上最早出现的专门性戏剧刊物。它“以建设真的新戏为宗旨”，主要致力于戏剧理论的研究和宣传，曾开展“爱美的戏剧”与“职业性戏剧”的讨论，并大力介绍欧美和日本的话剧运动与流派，以及表演技巧、舞台美术等经验，同时也译介了部分西洋戏剧作品。《戏剧》对于了解新文学初期的戏剧运动很有参考价值。

目　录

第1卷　第1号
1921年5月31日出版

民众戏剧社社员题名录
民众戏院的意义和目的　沈泽民
演剧人的责任是什么　陈大悲
过去的戏剧和将来的戏剧　公　彦
与创造新剧诸君商榷　明　悔
英国近代剧之消长
舟桥雄作　周学溥译
西洋歌剧谈　欧阳予倩译编
无形剧场　徐半梅
古拉英的独立剧场　徐半梅
最近剧界的趋势　滕若渠
演剧协会　徐半梅
银盒（世界名剧）
〔英〕高士倭绥著　陈大悲译
高士倭绥略传　王统照
英国名优菲尔泼士事略
〔英〕彭尼士著　汪仲贤译
西洋的剧场轶闻　汪仲贤译
化妆术的一得　汪仲贤
演剧初程　沈冰血
诗：
欢祝《戏剧》出世　大　白
吊破镜　一个演剧人
随意谈
剧本的"伊"和"她"
大　悲
最甜的时候　大　悲
"梅花运"是只许一个人交的
六〇六
附录
民众戏剧社宣言
民众戏剧社简章

第1卷　第2号
1921年6月30日出版

本刊启事一
本刊启事二
本刊启事三
本社筹备实行部的提议　仲　贤
戏剧之近代的意义　蒲伯英
现在的戏剧翻译界　郑振铎
戏剧指导社会与社会指导戏剧
大　悲
一封谈"无形剧场"的信
小山内薰著　徐半梅译
法兰西的歌剧　欧阳予倩译述
英国爱白二氏的合同演剧　徐半梅
工厂主（四幕剧）　半　梅
美国最近组织的小剧场
〔美〕爱登 Horace A · Eaton 著
汪仲贤译
西洋的剧场轶闻　汪仲贤译
梅德林的《青鸟》及其他
滕若渠
演剧初程（续）　沈冰血
一九二一年的海外剧场消息

敬告上海的伶界联合会　明　悔
附录
爱美的 AMATEVR 戏剧（即非职业的戏剧）　大　悲
绍介这一部创见的戏剧书　观　场
编述的大意　大　悲

第 1 卷　第 3 号
1921 年 7 月 30 日出版

光明运动的开始　郑振铎
上海的戏剧界　陆明悔
筹备实行部的讨论
本社筹备实行部的我见　半　梅
我对于筹备实行部的意见　沈冰血
银盒（续一）
〔英〕高士倭绥著　陈大悲译
工厂主（四幕剧，续）　半　梅
剧场总理剧本主任和舞台监督　徐半梅译
德国的歌剧　欧阳予倩译述
与一位读者谈话　陈大悲
西洋的剧场轶闻　仲　贤
假须的研究　冰　血
一九二一年的海外剧场消息
随便谈
（一）谁说旧剧不能表现中国人的特性　仲　贤
（二）要想法子使剧本普遍　仲　贤
（三）上海看客的程度　仲　贤
（四）一个很重要的小问题　仲　贤
（五）"游山玩景"——"金兀术"　仲　贤
（六）昆曲——京调——魔术派戏剧——纯粹新剧　仲　贤
（七）耳聋和吐血　仲　贤
（八）提高不如普遍　仲　贤
（九）灌输戏剧常识的必要　仲　贤
（十）我编译《西洋剧场轶闻》的旨趣　仲　贤
（十一）戏剧事业是有幸福的事业　大　悲
（十二）"电报先生"与"白板先生"　东　野
（十三）一个决心入新剧界的少年　冰　血

第 1 卷　第 4 号
1921 年 8 月 31 日出版

戏剧要如何适应国情　蒲伯英
中国戏剧改良我见　雁　冰
两种态度　徐半梅
美国的剧场公会
〔美〕Dudley Digges 著

汪仲贤译
英国名优亨利欧文事略
〔英〕彭尼士著　汪仲贤译
西洋的剧场轶闻　汪仲贤
德国的自由剧场　徐半梅
密嘉尔和他失却的安琪儿
〔英〕琼斯著　俞梅初译
十年来的回忆　冰　血
答问　大　悲

第 1 卷　第 5 号
1921 年 9 月 30 日出版

我主张要提倡职业的戏剧
蒲伯英
艺术的生活（剧本）　叶绍钧
早已过去了（未来派剧本）
Bruno Corra Settimelli 合著
宋春舫译
枪声（未来派剧本）　宋春舫
银盒（续二）
〔英〕高士倭绥著　陈大悲译
英吉利之歌剧　欧阳予倩译编
莎翁剧之疑问　徐半梅译
一个演剧家的登台履历
Edmund Breese 自述
汪仲贤译
日本自由剧场第一次试演谈
〔日〕小山内薰著　徐半梅译
大久保荣一封调查名剧的信
徐半梅译
英国名优麦须士事略
〔英〕彭尼士著　汪仲贤译
西洋的剧场轶闻　汪仲贤译
随便谈
（九）*真是英雄所见略同吗?
仲　贤
（十）跑到嫂嫂卧房里去吵家的石秀　明　悔
（十一）舞台艺术与时代
仲　贤
（十二）看戏的“白看”与“被看”　明　悔
（十三）我们自己的真诚
冰　血
（十四）“幕”有什么用处
半　梅
（十五）新剧领袖问题
半　梅
（十六）舞台上的第三重要人物
半　梅
通讯
致记者　蒋春木
致春木　记　者
致记者　幼哀予影
致幼哀予影　记　者
致记者　冀　野
致冀野　记　者
致大悲　杨明辉
致明辉　陈大悲

* 此顺序号为原刊所排，有误。

第1卷 第6号

1921年10月30日出版

戏剧为什么不要写实? 蒲伯英
演完太戈尔的《齐得拉》之后 瞿世英
剧本剧作的商榷 王统照
译《黑暗之势力》以后 济 之
好儿子(独幕剧) 汪仲贤
说不出(独幕哑剧) 陈大悲
俄罗斯之歌剧 欧阳予倩译编
剧作家的耶支 周学普译述
随便谈
(十八)说跌 仲 贤
(十九)说长道短 明 悔
(二十)连台戏也是问题剧 明 悔
(二十一)呒啥希奇 明 悔
(二十二)演的剧本与看的剧本 明 悔
(二十三)戏剧上的方言问题 明 悔
(二十四)人而不如木偶乎 半 梅
(二十五)台上剧与纸上剧 半 梅
近代剧研参考书 周学普
通讯
对于写实戏的意见 简慕瑜
独白的讨论 秦宝鑫 半梅 记者 陈翔鹤
附录:
一个旧戏辩护者的诬枉 陈大悲

第2卷 第1号

1922年1月31日出版

本杂志的宗旨
新中华戏剧协社简章
今年的《戏剧》 蒲伯英
为什么我没有提倡职业的戏剧 陈大悲
舞台监督术的本质 徐半梅
编剧的技术 陈大悲
近代剧大观(〔日〕宫森麻太郎著)
易卜生·约翰·亨利克传略 周建侯译
易卜生名剧之一:《傀儡家庭》 周建侯译
易卜生名剧之二:《群鬼》 龚湫沧译
爱国贼(创作) 陈大悲
西洋编剧和布景关系的小史 汪仲贤
苏格兰国家剧人协会的最近报告 惠尔生著 汪仲贤译
先得新土地 徐半梅译
随便谈
我们希望的内行 大 悲
我们为什么不该进旧戏院去? 大 悲

何谓残忍的鉴赏 大 悲
怎么弄清楚新戏旧戏？
观 场
通讯
剧本布景说白化装上的几个问题 姚宗贤 仲 贤
编剧和绍介社员的商量
卢冀野 仲 贤
附录
评高师新年游艺会的新剧
孙景章
清华童子军演的《金银岛》
止 水
四黄昏的绿室生活 大 悲

第2卷 第2号

1922年2月28日出版

本杂志的宗旨
中国剧天然革命的趋势 蒲伯英
近代剧和世界思潮
〔日〕宫森麻太郎著
周建侯译
舞台监督术的本质
〔德〕哈葛孟著 徐半梅译
近代剧大观
〔日〕宫森麻太郎著 周建侯译
易卜生名剧之一：《傀儡家庭》（续）
近代剧大观
〔日〕宫森麻太郎著 龚湫沧译
易卜生名剧之二：《群鬼》（续）
孔雀东南飞（创作）
北京女子高等师范学校国文部四年级学生合编
评五出上海时髦戏 陆明悔
病床中的冥想 蒋百里
纽约观剧第一记 汉 波
美国剧人瓦斐尔自传 陈大悲
随便谈
保秩序要改造环境 止 水
儿戏的兵和出丑的戏
观 场
通讯
直隶省立第九中学演《谁的罪》
杨慧修 大 悲
附录（均转录《晨报》）
松江景贤女子中学校游艺会演剧的经过 侯绍裘
评高师剧团演的《幽兰女士》
偈 若
阴历新年高师新剧社之《良心》
胡 毅
关于剧评的我见 陈大悲
北京女高师游艺会新剧说明
周 莹

第2卷 第3号

1922年3月31日出版

本杂志的宗旨
对于戏剧的两条意见 周作人

为学生新剧团进一解　张正藩
南通西安两处戏剧教育的比较观
蒲伯英
怎样演习剧本　汪仲贤
编剧的技术　陈大悲
近代剧大观
〔日〕宫森麻太郎著　龚湫沧译
易卜生名剧之三:《民众之敌》
近代剧大观
〔日〕宫森麻太郎著　陶铁梅译
易卜生名剧之四:《建筑师》
一点虚荣（创作）　刘蘅静女士
黑人演黑人编的黑人戏
拉曾著　谢星朗译
随便谈
司马懿才冤吗?　观　场
衙门和戏园子的风水　观　场
秽亵的平等　观　场
通讯
广东高师小学演的《说不出》
朴生　大悲
附录
我对于戏剧一点意见
一　岑
对于戏剧家的希望　路　易
利用历史故事描写现代人生的剧作家　仲　贤
看了二十五晚《孔雀东南飞》以后　朔　水
我对于《孔雀东南飞》的提议
许地山
对于高师所演《可怜闺里月》的我见　曹惇颐
杀的问题
——对于编新剧剧本的商榷
孙几伊

第2卷　第4号

1922年4月30日出版

本杂志的宗旨
戏剧学校的必要及其办法
治　策
我希望学生新剧团实行男女合演
熊佛西
上海戏剧界的春季漫评　陆明悔
编剧的技术　陈大悲
近代剧大观
〔日〕宫森麻太郎著
龚湫沧译
易卜生名剧之五:《海之夫人》
近代剧大观
〔日〕宫森麻太郎著　陶铁梅译
易卜生名剧之六:《社会的柱石》
孤独者（创作）　韵　裳
随便谈
我尝试过了的戏杂志
观　场
戏园子的人和知识阶级
止　水
不战不和的怪现相　观　场
通讯

山东一中新剧社演剧的报告

王乐侃　大　悲

武昌官厅又禁止学生演剧了！

刘厚镕　大　悲

报告育德中学新剧团第一次游艺会情形　刘恩溥　大　悲

附录

为俄国歌剧团　鲁　迅

介绍俄罗斯的歌舞剧

新中华戏剧协社

看俄罗斯歌舞剧的杂感

陈大悲

第一舞台观俄国歌剧有感

曙　青

13 诗

简 介

《诗》，月刊。一九二二年一月十五日创刊于上海，是我国现代第一个新诗诗刊。由刘延陵、朱自清、俞平伯、叶绍钧创办，刘延陵、叶绍钧负责编辑，中华书局印行，十六开本。一九二三年五月十五日出版第二卷第二号后终刊。共出七期。

《诗》的第一卷前三期，署“编辑兼发行者，中国新诗社”，编者在第一卷第四号《读者赐览》中宣布：“现因本刊创办人都是文学研究会底会员，故大家协议，将本刊作为文学研究会定期出版物之一。”并从这一期起，改署文学研究会编辑发行，贴上了文学研究会的版权印花，在第一卷第五号的封面上，还印上了“文学研究会定期出版物之一”的字样。但到第二卷的第一号、第二号，在版权页上又恢复了“编辑兼发行者，中国新诗社”。

《诗》的撰稿者绝大多数是文学研究会的成员，除几位创办者外，还有王统照、郑振铎、徐玉诺、刘梦苇、汪静之、潘训、冯雪峰、冯文炳（废名）等六十余人。

《诗》的创办，“主要目的在于替时下较好的新诗作发表的场所，而不在讨论诗底问题与介绍外国的诗人与诗篇”（第一卷第五号《编辑余谈》），因而该刊以发表新诗创作为主，兼及译诗和诗论，先后发表了近四百首新诗，一百几十首译诗，二十余篇诗歌评论，在早期的文学刊物中显得很有生气，它吸引并扶掖了一批新诗人，推动了新诗的发展，比起“五四”前后白话新诗倡导时期的作品，该刊发表的许多新诗进一步摆脱了旧格律的束缚，虽然《诗》存在的时间不长，但是作为我国现代文学史上最早的诗刊，它尽了探索和开拓道路的责任。

目　录

第 1 卷　第 1 号
1922 年 1 月 15 日出版

诗十六首　俞平伯
　小劫
　归路
　忆游杂诗
一、山阴三日篇（八首）
　柯岩
　兰亭
　快阁
　会稽山香炉峰
　绕门山东湖
　南宋六陵
　狗山
　水石荡
二、京口三山篇（六首）
　金山江天寺
　金山塔顶
　焦山远望
　焦山夕阳楼
　北固山甘露寺顶
　甘露寺绝壁下
诗七首　刘　复
　无题
　小诗
　母的心
　小诗
　巴黎的秋夜
　小诗
　我们俩
诗三首　徐玉诺
　农村的歌
　跟随者
　泪膜
诗二首　王统照
　落英
　未来的阴影
诗四首　朱自清
　转眼
　杂诗三首（有序）
冬天（跋　自清）　佚　名
诗七首　汪静之
　追回春罢（《春的西湖》十首之一）
　蕙的风
　疑问
　杂诗二首
　祷告
　蝴蝶哥哥（儿歌）
小诗六首　潘　四
　一、"脚下的小草呵"
　二、"七叶树呵"
　三、"停匀的残雨"
　四、"在不可见之故乡的母亲呵"
　五、"我叫了一声母亲"
　六、"小溪的水呵"
诗二首　陈南士
　诗人的欢喜
　走路

诗一首　V G
感谢
诗一首　健　鹏
雨后
静默（诗）　郭绍虞
绍兴城外底夜色（诗）　程　憬
路（诗）　叶绍钧
温柔之光（诗）　西　谛
诗三首　刘延陵
姊弟之歌
夕阳与蔷薇
水手

诗底进化的还原论　俞平伯
儿童的世界（论童谣）
〔日〕柳泽健原著　周作人译
荫思飞林的住持（一个吉兰奈的传说）
微光之声
池中的四鸭
〔爱尔兰〕威廉爱灵亥姆著
王统照译
二部曲（诗）
〔乌克兰〕繁特科微支著　沈雁冰译
一、神圣的前夕
二、在教堂里

第1卷　第2号

1922年2月15日出版

诗七首　郑振铎
柳
雁荡山之顶
死了的小弟弟
夜游三潭印月
成人之哭
J君的话
赤子之心——赠圣陶
诗六首　俞平伯
一勺水啊
打铁
引诱
将别
山东底晓
两年之后
日本俗歌四十首　周作人译
我们的双生日　胡　适
晨星篇（送叔永、莎菲往南京）
胡　适
诗四首　徐玉诺
诗兴
人生之秘密
谜
黑色斑点
诗三首　朱自清
自从
睁眼
除夜
美国的新诗运动　刘延陵
春雨之夜（诗）　顾颉刚
旧迹（诗）　王统照
诗三首　郭绍虞

希望
健跃
心田的雪
梦歌（诗） 陈南士
杂译诗二十首 陈南士译
爱之哲理 〔英〕雪 莉著
小诗 〔英〕雪 莉著
黄昏 〔美〕郎法罗著
歌 〔美〕罗威尔夫人作
痛苦是一个铁匠
〔德〕O.J.Bierbaum 作
圣母画像 〔德〕A.Geiger 作
黍田中的死
〔德〕Liliencron 作
请愿 〔德〕A.Mombert 作
睡的生命 〔德〕Stern 作
忧郁的小鸟
〔德〕Morgenstern 作
泪珠的布
〔德〕Wertheimer 作
我们的眼睛这样绝望
〔德〕Dauthendey 作
忠心到他的死
〔德〕Lachmann 作
罪过 〔德〕Flaischlen 作
《园丁集》第九首
〔印度〕太谷尔作
《园丁集》第六十六首
〔印度〕太谷尔作
《偈檀伽利》第三首
〔印度〕太谷尔作
《偈檀伽利》第十一首
〔印度〕太谷尔作
《偈檀伽利》第三十一首
〔印度〕太谷尔作
《偈檀伽利》第三十五首
〔印度〕太谷尔作
诗五首 陈学乾
他有了个我了
影子
一顾
无聊
送平伯
诗五首 汪静之
末路
谢绝
杂诗（二首）
竹影
诗二首 冯雪峰
小诗
桃树下
诗二首 叶绍钧
不眠
黑夜

国内诗坛消息
将出版的三部诗集
《冬夜》（俞平伯著）
《雪朝》（朱自清、周作人等八人著）
《蕙底风》（汪静之著）

第1卷　第3号

1922年3月15日出版

投稿诸君鉴　记　者
小评坛　云　菱
一、去向民间
二、诗与诗的
三、论译诗
四、小诗的流行
法国的俳谐诗　周作人
现代的平民诗人买丝翡耳　刘延陵
对于诗坛批评者的我见　王统照
诗泉灌溉的花　刘延陵

诗三首　王统照
烦激的心啊
我不醉又将如何
记忆的边缘
心悸（诗）　朱自清
诗五首　郑振铎
痛苦
漂泊者
无酬报的工作
自由
空虚之心
旧历年的最后一夜（诗）　侠　隐
秋雨（诗）　孑　耕
希望（诗）　孑　耕
诗七首　俞平伯
春寒
夜雨（六首）
诗二首　王统照
盆中的蒲花
也值得？
大风和玉兰花（诗）　V.V
意外（诗）　程　憬
风——竹（诗）　陈学乾
伊远了（诗）　陈学乾
归家（诗）　漠　华
杂诗（二首）　潘　训
一点（诗）　陈乃棠
落花（诗）　冯雪峰
独自（诗）　朱自清
母亲（诗）　汪静之
游子（诗）　潘漠华
黑狗（诗）　维　祺
归家（诗）　程　憬
定情花（诗）　汪静之
诗四首　刘延陵
牛
梅雨之夜
等她回来
竹
杂诗（十五首）　徐玉诺
小诗（三首）　徐玉诺
小诗　徐玉诺
妹嫁（诗）　馥　泉

通讯　平　伯　金　甫

第1卷　第4号
1922年4月15日出版

投稿诸君鉴　记　者

诗的泉源　叶绍钧
法国诗之象征主义与自由诗　刘延陵

小诗二十三首
狂　叶善枝
小诗　陈开铭
一瞬的印象　张拾遗
归来　陈乃棠
诗意　周得寿
雨后　郭绍虞
矛盾　郭绍虞
江边　郭绍虞
撒下的种子　张近芳
拾取　修　人
春寒　陈学乾
牧童　汪静之
小树　许誉鸾
小诗　许誉鸾
小诗　崔真吾
小诗　维　祺
小诗　红　舟
家居（四首）　魏金枝
小诗（二首）　张拾遗

宴罢　朱自清
受洗　李之常
一样　王统照
一个小小的消息　王统照
童心　王统照
花影　王统照
分离　王统照
同情的寻觅　王统照
静境　王统照
俄顷　王统照
生所遇着的　俞平伯
银痕　俞平伯
盛年　俞平伯
枫叶　郑振铎
同了E君　郑振铎
下午的园林　郑振铎
智者的成绩　郑振铎
辛苦　郑振铎
读者　徐玉诺
小诗　徐玉诺
杂诗（三首）　徐玉诺
杂诗（二首）　徐玉诺
走路　徐玉诺
瘦削的小孩子　徐玉诺
摇撼着　徐玉诺
小鼠　徐玉诺
蝶（六首）　徐玉诺
梦中　顾颉刚

译诗一首
玛德密露
John Grenleaf Whittier 著
C.F 女士译

短诗与长诗　　佩　弦
前期与后期　　延　陵

接到一件浪漫事底尾声之后　　刘延陵
旧梦　　刘延陵
海客底故事　　刘延陵
立在街头吹箫的浪子　　漢　华
鸟儿叫着　　冯雪峰

通信　　周作人　俞平伯

编辑余谈　　编　者
读者赐览

第1卷　第5号

1922年5月15日出版

伴侣　　陈南士
一映　　陈昌标
杂诗　　张守白
流浪者之歌　　朱以善
铜像底冷静　　刘延陵
现代的恋歌　　刘延陵
石川啄木的短歌　　周作人

小学教师的叹息　　何植三
旧迹（五首）　　周得寿
小诗　　施　章
偶成　　王梓音
无心　　吴俊升
我的心　　葛有华
沉思后　　葛有华
无题　　张拾遗
笑　　蘅　魂
父亲　　陈乃棠
蚊子　　陈乃棠
为何　　陈乃棠
杂诗　　陈斯白
　风雨之夜
　无题
　“床啊！你是烦恼之窟么？”
　僵蚕
　琵琶
　昏夜的萤火
　蚊子
　丐语
　质上帝
一笑　　叶善枝
假若　　（佚　名）
死者　　郑振铎
思　　郑振铎
往事　　郑振铎
小诗　　徐玉诺

编辑余谈　　V.L

第2卷　第1号

1923年4月15日出版

赠棠棠的《明月》　　芳　信
祈祷　　潘　训
将别　　潘　训

爱神的矢　冯西冷
熄了的心灵之微光　徐　雉
黄金和石头　徐　雉
失恋　徐　雉
痛苦　张鹤群
爱的伤痕　王佐才

迷途底鸟的赞颂　俞平伯
日本的小诗　周作人

晴　王怡庵
春意　王怡庵
天使　王怡庵
夜雨的舟中　王怡庵
天河　王怡庵
江边夜步　王怡庵
秋的小诗　王怡庵
春来了　王怡庵
泊大佛岩　王怡庵
短诗二首　周得寿
小诗　崔真吾
我的心　郭理同
落叶　何植三
在百官埠头所见　何植三
短诗　周得名
海水　崔真吾
灯蛾　崔小立
小诗　崔小立
你是有望的人儿呵　崔小立
洋烛　王　祺
小诗二首　夏爱白

杂诗二首　冯文炳

醉着罢
〔法〕Baudelaive 作　平　伯译
无论那儿出这世界之外罢
〔法〕Charles Baudelaire 作
平　伯译
在湿地 Jm Bruch
Frich Muesam 著　李宝梁译
湖歌
〔美〕Jean Starr Unterneyer 作
张鹤群译
多雨之日
Longfellow 著　C.F 女士译
虹
Wordsworth 著　C.F 女士译
鸟儿
〔英〕勃莱克著　C.F 女士译

没有我底分儿　俞平伯
招引　王统照
人家　王统照
眼光的流痛　王统照
人生的领受　王统照
秋晨之风　玉　薇
秋夜　玉　薇
杂诗　陈南士
星之赞美者　陈南士
秋意　赵景深
一片红叶——答谢亚蘅的寄赠
赵景深

心乐篇　叶伯和
新晴
骤雨
早浴
晚歌
泪之想象　张拾遗
寄一朵秋花来了　张拾遗
致悲哀的朋友　康白情
苦闷　徐玉诺
哀求　徐玉诺
去年的今日　徐玉诺
呵，父亲！　徐玉诺

编辑余谈　编者
文艺杂志介绍　编者
《小说月报》
《创造》季刊
《虹纹》季刊
《文学旬刊》
《草堂》
《弥洒》

第2卷　第2号
1923年5月15日出版

诗　徐玉诺
日落之后
老年人
美人的微笑
偶像
我的世界
黑暗
别
《忆》序（散文诗）　俞平伯
有夫之（诗）　徐雉
自你死了之后（诗）　张鹤群
译南斯拉夫民间恋歌四首　雁冰
一、离别
二、新妹花
三、织女
四、幽会
译诗二首
〔德〕Heinrich Heine著　俞平伯译
乞丐（散文诗）　徐雉
春的大自然（诗）　冯西冷
野渡书所见
一瞥
笑
的香气
静
夏芝的诗　王统照
大风之夜　周得寿
小诗　林文
山居杂诗　孙
小诗二首　柳野青
深夜　成绍宗
不　成绍宗
小诗二首　潘振武
你想想我的前途吧　张渭泾
知己　倪文亚

相思	何植三	愿	张鹤群
折花	朱枕新	草地上	张鹤群
深林之梦	陈南士	花间的蝶——赠钢弟	程宪剑
晚步	陈南士	在柔和的风里睡了	查士元
小诗	陈南士	自慰	梦　苇
寂寞	陈南士	小诗四首	王剑三
赠未知的朋友	陈南士	赠玉诺	王剑三
鸟声	葛有华	小诗	徐玉诺
窗下	葛有华	杂诗	冯文炳
慈母	葛有华	磨面的儿子	冯文炳
山中去	葛有华	洋车夫的儿子	冯文炳
寂寞	葛有华	投落	罗青留
心琴	曹世森		
激刺	曹世森	编辑余谈	编　者
无聊	曹世森	文艺杂志介绍	编　者
期待的心	曹世森	《小说月报》	
赠然子	甘乃光	《创造》季刊	
爱	西　谛	《虹纹》季刊	
云与月	西　谛	《文学旬刊》	
一笑	刘碧溪	《草堂》	
清明底思念	潘　训	《弥洒》	
假使	潘　训	《思潮周报》	

14 学 衡

简 介

《学衡》，综合性刊物。一九二二年一月创刊于南京，十六开本，学衡杂志社主办并发行，初由吴宓主编，上海中华书局出版，后增补缪凤林为副主编，改由南京钟山书局出版。第一至六十期为月刊，出版第六十期后停刊一年。复刊后自六十一期起改为双月刊，出版第七十二期后又停刊一年，出版第七十五期后第三次停刊一年。在第七十五期以前出刊时间内所出的各期，除其中第四十一、七十五期提前出版一个月外，各期出版时间正常。到第三次复刊后所出的最后四期，已成为不定期刊，拖延到一九三三年七月终刊。前后历时十一年半，共出版七十九期，各期出版时间只注年月，不署具体日期。

该刊的主要编撰者即学衡杂志社的主要成员，如吴宓、梅光迪、胡先骕、肖纯锦、缪凤林等，多为南京东南大学教员，大都曾留学欧美，接触过西方文化，以“学贯中西”“博通古今”自诩，实际上他们的思想远不及清末的改良派激进，其固步自封却与民初的国粹派一脉相承。他们在《学衡杂志简章》第一条说明了该刊的宗旨和态度：“研究学术，阐求真理，昌明国粹，融化新知，以中正之眼光，行批评之职事，无偏无党，不激不随。”其实这种态度仍然不过是“中学为体，西学为用”而已。《学衡》一问世即掀起一股复古之风，创刊号上发表了梅光迪的《评提倡新文化者》，肖纯锦的《中国提倡社会主义之商榷》，胡先骕的《评〈尝试集〉》，第四期又发表了吴宓的《论新文化运动》等文章，肆意诋毁马克思主义，反对一切根本性的社会改革，攻击新文化运动和文学革命，反对以白话代文言，反对语文合一，尤其反对用白话作新诗，主张文学上的模仿，因而《学衡》成为当时复古派在南方的主要堡垒。早期共产党人和鲁迅以及文学研究会、创造社成员曾针对此刊展开一场批判复古思潮的斗争。

《学衡》从创刊到终刊，坚持使用文言文，设有“通论”、“述学”、“文苑”等专栏。“通论”主要刊登阐述他们的社会政治观点和文化思想的文章，也发表了许多研讨中外古代哲学、史学、文学以及其文化问题的著述。“述学”多为对中外古代典籍的考订、铨释的文字和外国文化问题述评、学术专著的译文以及国学研究论文，其中有些文章不乏资料价值和学术价值，如王国维、柳诒徵、刘永济、陈寅恪、汤用彤、瞿方梅、向达等人的译著。“文苑”除发表大量旧体诗词文赋之外，还刊登外国文学作品的译文，如沙克雷、福楼拜、雨果、阿伦波、波德莱尔、济慈、彭士、葛德、莎士比亚等人的诗歌、小说、剧本等。

目 录

第 1 期

1922 年 1 月出版

插 画

孔子像

苏格拉底像

名胜古物照片八幅

弁言

通 论

学者之精神 刘伯明

评提倡新文化者 梅光迪

中国提倡社会主义之商榷 肖纯锦

述 学

国学摭谈 马承堃

论艺文部署 张文澍

汉官议史 柳诒徵

老子旧说 钟 歆

近今西洋史学之发展 徐则陵

文 苑

文录

自莲花洞登黄龙寺记 邵祖平

记黄龙寺双宝树 邵祖平

嘲黄龙寺僧 邵祖平

记白鹿洞谈虎 邵祖平

名家小说

钮康氏家传

〔英〕沙克雷作 吴 宓译

第一回 鸟萃鳞集寓言讽世 涤腥荡秽壮士叱奸

诗录

怀简盦然父昆季 华 焯

与钓徒夜坐沙上 华 焯

观获稻 华 焯

于人家田畔见老松殆百万年物 华 焯

枯根 华 焯

得胡步曾卡利咈尼亚书却寄 汪国垣

晓起信笔示晓湘练湖 汪国垣

秋兴三首 王 易

清明思哀山 王 易

坐曹一首示步曾 王 浩

袁山 王 浩

过蓼天一庐未遇 王 浩

元夜不寐得句 王 浩

还东林柬杨苏更 胡先骕

冬日寄饶树人美洲三首 胡先骕

渔丈人行 邵祖平

杂 缀

浙江采集植物游记 胡先骕

书 评

评《尝试集》 胡先骕

第 2 期

1922 年 2 月出版

插 画

泰西名画其一（“School of Ath-

ens" Raphael）
泰西名画其二（"Mona Lisa" Leonardo Da Vinci）
通 论
再论学者之精神 刘伯明
评今人提倡学术之方法 梅光迪
文学研究法 吴 宓
述 学
国学摭谈（续一） 马承堃
许书述微 张文澍
四书所启示之人生观 缪凤林
马克思学说及其批评 肖纯锦
文 艺
诗录
癸丑五月十四日同散原觚斋宿焦山枟蓼阁 王 瀣
思斋一日夜书事八首 王 浩
酒余晚眺 王 易
夜中 王 易
寒夜潭秋见过 王 易
立春鸣雷有怀瘦弟 王 易
江上偶成 胡先骕
江上望庐山 胡先骕
一廛 胡先骕
壬癸杂诗 汪国垣
冷曹 王 浩
春日杂诗 胡先骕
后湖绝句四首 邵祖平
名家小说
钮康氏家传
〔英〕沙克雷作 吴宓译
第二回 织素缘恩深完好梦
芦花孽情误走天涯
杂 缀
无尽藏斋诗话 邵祖平
浙江采集植物游记（续一） 胡先骕
书 评
梁氏佛教史评 柳诒徵
评《尝试集》（续） 胡先骕

第 3 期
1922 年 3 月出版

插 画
莎士比亚像
弥儿顿像
通 论
白璧德中西人文教育谈（原名 Humanistic Educatian in China and the West） 胡先骕译
论中国近世之病源 柳诒徵
文德篇 缪凤林
论批评家之责任 胡先骕
述 学
国学摭谭（续二） 马承堃
苏格拉底自辨文 景昌极
文 苑
诗录一
登泰山作 柳诒徵
九月二十四日同织春陈八石军仲懋客归江西 王 浩

自灵隐登韬光　邵祖平
除夕怀瘦弟　王　易
北雁荡　胡先骕
宿外家感赋　柳诒徵
仲通归自美由沪往燕道出金陵语半日怅然赋此　胡先骕
岁暮奉怀然父兼呈简庵　胡先骕
隔舍与忏安　胡先骕
诗录二
庚子之乱曾刚父比部携眷辟于平谷其友林君实夫偕往予亦丐装后至相处月余曾林俱作者时有唱和予亦奉答五律　张　铣
感秋八首　陈　涛
新秋杂咏　陈　涛
秋日从家君渡江登玉峰护国寺诗十六首　吴芳吉
词录
一萼红　周岸登
名家小说
钮康氏家传
〔英〕沙克雷作　吴　宓译
第三回　青鸟传书金钱骨肉
白头话旧风雨沧桑

杂　缀

浙江采集植物游记（续二）
胡先骕

书　评

评梁漱溟著东西文化及其哲学
刘伯明

第 4 期

1922 年 4 月出版

插　画

英国十九世纪大小说家迭更司像
英国十九世纪大小说家沙克雷像

通　论

论今日吾国学术界之需要　梅光迪
说今日教育之危机　胡先骕
论戏曲与社会改良　华桂馨
论新文化运动　吴　宓

述　学

选举阐徵　柳诒徵

文　苑

文录
送梅君光迪归康桥序　汪懋祖
诗录一
岁寒休暇　王　易
庚申夏六月游天台作　胡先骕
印佛自都以书讯近状寄此答之俾知故人襟怀澹落生事殊不寂寞非有意招隐也　胡先骕
坐曹得句示内子　王　浩
庸安约游万寿山饮于三贝子花园即席赋此　王　浩
腊日诗庐招饮新居归灯赋简
王　浩
金陵秋望　邵祖平
春日三绝句　邵祖平
诗录二
圆明园遗石歌　柳诒徵

颐和园诗　张鹏一
清华园词　吴　宓
石鼓歌　吴　宓
南岳诗　吴芳吉
词录
台城路重过金陵　周岸登
高阳台过达官故居感赋
王　易
名家小说
钮康氏家传
〔英〕沙克雷作　吴　宓译
第四回　陋室德馨英雄训子
谈言微中壮士衡文
杂　缀
浙江采集植物游记（续三）
胡先骕
书　评
评胡氏诸子不出于王官论
缪凤林
评赵尧生香宋词　胡先骕

第 5 期

1922 年 5 月出版

插　画
泰西名画　La Disputa　by Raphael
泰西名画　The Last Supper
by Leonqrdo Vinci
通　论
杜威论中国思想　刘伯明
平等真诠　肖纯锦
述　学
顾氏学述　柳诒徵
附陈第毛诗古音考序
刘知几与章实斋之史学　张其昀
克利陀（Crito）篇（柏拉图语录之二）
景昌极译
文　苑
诗录一
西山道中二首　蔡可权
公园晓望　王　浩
自松阳县至岱头　胡先骕
朝发白岩　胡先骕
高亭投宿问处士霁光家
胡先骕
招方子　杨增荦
大梅寺　杨增荦
四叔父蜕存诗稿　熊家璧
与镜湖澄刚清话　蔡可权
小窗雨霁　蔡可权
中秋　杨赫坤
二月哭仲兄再湘生忌　王　浩
东天目　胡先骕
西天目　胡先骕
开岁二日同人游扫叶楼
邵祖平
江南春日　邵祖平
示内　王　浩
诗录二
秋怀八首　邱逢甲
秋兴次张六士韵八首　邱逢甲
乙未偶题四首　邱逢甲

城西纪游八十韵　柳诒徵
词录
台城路·报忏安　王　易
鹧鸪天·江行杂兴　刘永济

第6期
1922年6月出版

插　画
释迦牟尼像
泰西名画耶稣基督像
Giorgione da Castelfraneo
通　论
葛兰坚论新（Sundrg Papers 节译）
〔美〕葛兰坚著
吴　宓　陈训慈译
非宗教运动平议　刘伯明
论学生拥护宗教之必要　景昌极
再论宗教问题（录《中华新报》）
一　苇
论大学生之责任　柳诒徵
述　学
国学摭谈（续三）　马承堃
旧德意志独裁政治发展之基础
陈茹玄
西洋文学精要书目　吴　宓
文　苑
文录
严几道与熊纯如书札节钞
诗录一
寄从之　柳诒徵
秀野草堂小集呈石遗　林学衡
简诗庐三首　王　浩
同忏庵游灵谷寺待王泊沆先生不至　邵祖平
应潮湖　杨增荦
山中同尧公作　杨增荦
独往灵谷寺　柳诒徵
虎跑寺　梁公约
玉泉寺赠宏一上人　梁公约
寄秦湘温　毛乃庸
与高大话都中旧事　汪国垣
山行答同人　杨增荦
江亭瞑眺和亮奇韵　林学衡
白门舟中　林学衡
门司口号　柳诒徵
南雁荡杂诗即赠陈少文先生
胡先骕
诗录二
辛亥杂诗　谭寿堃
前题和作　陈　涛
秋怀八首次覃孝方韵　邱逢甲
杂　缀
无尽藏斋诗话　邵祖平
书　评
读阮大铖咏怀堂诗集　胡先骕

第7期
1922年7月出版

插　画
威至威斯像

辜律己像
通　论
论新旧道德与文艺　邵祖平
文情篇　缪凤林
述　学
华化渐被史　柳诒徵
西洋文学精要书目（续）　吴　宓
文　苑
文录
严几道与熊纯如书札节钞（续）
诗录一
戊申别家诗有躬耕先世事归隐十年期之句今果符此语怆怀今昔遂成小诗即以十字为韵　华　烨
乱后由彰门返彭泽　汪国垣
庚申三月三日程窳庵招同陈彬原胡蘧安冒疚斋苍崖和尚集秦淮舟中仇赘叟复携歌者至谈晏甚欢苍崖作图记之　梁么约
先公九周忌日　王　易
涧苹偕游迎江寺长句　徐天闵
春雨过镜天闲谈长句　徐天闵
发夔州　毛乃庸
宜昌　毛乃庸
重晤梅斐漪京师数日而去不及言别也　王　浩
京邸赋呈欧阳仲涛文　王　浩
印佛家京师久矣无因为招用此致概　王　浩
永嘉偶题　胡先骕
青田舟次口占时洪水初退　胡先骕
宿小九华山九华禅院　胡先骕
诗录二
读史二首　李　佳
读史五首　李　佳
己庚之间新乐府五首　李　佳
春寒有感　周燮煊
词录
寿楼春　周岸登
祝英台近　王　易
齐天乐　胡先骕
名家小说
钮康氏家传
〔英〕沙克雷作　吴　宓译
第五回　慕荣华至亲成陌路
娱晚景老父抱痴心
杂　缀
浙江采集植物游记（续四）　胡先骕
书　评
读郑子尹《巢经巢诗集》　胡先骕

第 8 期
1922 年 8 月出版

插　画
希腊著名建筑：圣女祠
希腊著名雕刻：僧人遇蛇像

述　学

论周代婚制　王焕镳
华化渐被史（续）　柳诒徵
中国心理学大纲　景昌极
现今西洋人文主义（第一章　序言）　梅光迪
希腊之精神　缪凤林

文　苑

文录
严几道与熊纯如书札节钞（续）
陕西文献徵辑启　张鹏一
汉书律历志补注订误自序　周正权

诗录一
清明萧寺展令容榇　王　易
寿萧无畏　梁公约
孟贤妇　熊家璧
开岁小集晏宅送瘦湘　汪国垣
吴温叟归自奥以柳庄耦耕卷子嘱题未报今温叟死矣书此哭之　梁公约
上元夕泊忠县　毛乃庸
花朝　毛乃庸
汤山行宫即事　曹经沅
三月二十二日同季略金坡游畿辅先哲祠观海棠　熊　冰
狮子窝看红叶晚宿大悲寺同纕蘅作　王　浩
香港登挂旗山饮于香江楼同饶使君作　王　浩
地中海中寄内　王　浩
江南　邵祖平
同陈伯严梁慕韩柳翼谋诸前辈太平门外观桃花　胡先骕

诗录二
海雨四绝　覃寿堃
病起　覃寿堃

词录
木兰花慢　周正权

名家小说
钮康氏家传　〔英〕沙克雷　吴　宓译
第六回　薰莸冰炭两弟薄情　腹剑唇枪一姪构怨

书　评

评金亚匏《蟪吟馆诗》　胡先骕

第 9 期

1922 年 9 月出版

插　画

英国大诗人摆伦像
英国大诗人薛雷像

通　论

论今之办学者　柳诒徵
诗学总论　吴　宓

述　学

中国文学通论　刘永济
明代复古派与唐宋文派之潮流　夏崇璞
英诗浅释　吴　宓

文　苑

名家文

梦中儿女

〔英〕蓝　姆　陈　钧译

诗录一

秋日同尧公侍御仙峤舍人铁华民部师仲大理游西山宿戒坛　杨增荦

雨后至潭柘　杨增荦

程生丧母为赋一诗　柳诒徵

第一楼同炎南兄　林学衡

雨雪送别瘦弟　王　易

答寰老　杨赫坤

诵潭秋见示诸作　吴　著

西校酒阑赠刘王二故人即答刘见示之作　胡元轼

佛手崖观云　王　易

九日同大兄辟疆䌹菴游青云谱　王　浩

思斋雨坐　王　浩

苏云卿圃　胡元轼

自龙泉至江山杂诗　胡先骕

诗录二

柏林杂诗中四首　李思纯

避乱山居答友人函询近况　龙植三

吊张君竹铭　龙植三

杂　缀

无尽藏斋诗话（续第6期）　邵祖平

第10期

1922年10月出版

插　画

柏拉图像

苏封克里像

通　论

共和国民之精神　刘伯明

述　学

国学摭谭（续第6期）　马承堃

华化渐被史（续第8期）　柳诒徵

斐都篇（柏拉图语录之三）　景昌极译

文　苑

文录

严几道与熊纯如书札节钞（续第8期）

唾余集序　吴恭亨

诗录一

感遇十章三十初度作　王　易

三月念六日同伯沆翼谋孟彝三先生宿摄山棲霞寺翌日盘游而归　邵祖平

病足方割治喜刘伯远至与并舍居中夜奉似　王　浩

日观峰观初日　柳诒徵

重来章门晤简安然父道旧感叹辄成长句　汪国垣

送聚菴归永新　汪国垣

吴东村孝廉宝田见题诗草次韵奉酬　张　球

梅关五绝　胡先骕
诗录二
壬戌暑假修学成都六先生
祠即景　陶世杰
词录
望海潮　周岸登
宝鼎现　胡先骕
八声甘州　向迪琮
买陂塘　郭　延
浣溪纱　刘麟生
祝英台近　刘永济
杂　缀
浙江采集植物游记（续第7期）
胡先骕
书　评
评朱古微《疆邨乐府》　胡先骕
评杜威《平民与教育》　缪凤林

第11期
1922年11月出版

插　画
英国大诗人丁尼生像
英国大诗人白朗宁像
通　论
文义篇　缪凤林
述　学
中国学术要略（录《亚洲学术》杂志）
孙德谦
李二曲学述　王　庸
华化渐被史（续第10期）　柳诒徵
西洋文学精要书目（续第7期）
吴　宓
文　苑
文录
与刘弘度书（录《湘君季刊》）
刘　璞
诗录一
后石坞　柳诒徵
读江都李振青之太夫人
家训即以为寿　梁公约
思阿牛　王　浩
安福道中　胡先骕
至日用后山韵三首　邵祖平
送梦庐　王　易
羊儿诞生　王　易
足疾扶杖过法源寺欲卜居
焉偶成一律　王　浩
倚杖一首　王　浩
柏庐赏予间吟绝句谓可作画
更杂占数章索之　王　易
九月二十六日梦赋别意
三首起而忆之以为
似秦少游矣　王　浩
梅树潭　胡先骕
诗录二
哭杨锐　吴之英
颐和园颂　吴之英
上峡　周正权
滁县杂咏　柳诒徵
词录
内家娇　周岸登

解连环　向迪琮
探春慢　郭　延
临江仙　王　易
江神子　刘永济

书　评

评俞恪士《觚庵诗存》　胡先骕

第 12 期
1922 年 12 月出版

插　画

约翰生像
安诺德像

通　论

读墨微言　柳诒徵
评近人之文化研究（录《中华新报》）　汤用彤
社会主义平议　邹卓立

述　学

说周官媒氏奔者不禁　刘善泽
诗说　陈　柱
诗之修辞　程俊英
唐诗通论　邵祖平
英诗浅释（续第 9 期）　吴　宓

文　苑

文录
严几道与熊纯如书札节钞（续第 10 期）
诗录
初夏三首　王　浩
感讽四首　邵祖平
武功山　胡先骕
江上闲眺　胡先骕
公园丁香花下作　熊　冰
别三弟　王　易
赠伯远　王　易
词录
齐天乐　王　瀣
忆瑶姬　周岸登
法曲献仙音　郭　延
氐州第一　向迪琮

杂　缀

浙江采集植物游记（续第 10 期）

第 13 期
1923 年 1 月出版

插　画

泰西名画
荷马像
〔法〕Francois Pascal Gerard
海克多别妻出战图
〔法〕Maignan

通　论

广乐利主义　景昌极

述　学

五百年前南京之国立大学　柳诒徵
希腊文学史
第一章　荷马之史诗
吴　宓
亚里士多德伦理学卷一
向　达译

文苑

文录

严几道与熊纯如书札节钞（续第12期）

诗录

白云诗 杨增荦

观华严泷 杨赫坤

山行杂咏 陈涛伯

雨中与撷华话乡中事感而有作时同客京师 王浩

武夷山歌 胡先骕

秋深与瘦弟三贝子花园眺坐 王易

城南园葭蓼苍然秋意酣倦赋示三弟 王易

自六月十二日卧病七旬至是甫能作竟日坐喜呈大兄兼简艾畦庸安 王浩

闻诗庐遗草刻成感书一律 王浩

壬戌重九作 邵祖平

秋晚过后湖 邵祖平

词录

满庭芳·寄哲生 赵熙

水调歌头·呈尧师 李思纯

高阳台·柏林西郊感纪 李思纯

虞美人·夜步色仑河岸 李思纯

齐天乐·游天平山 刘麟生

杂缀

无尽藏斋诗话（续第9期） 邵祖平

第14期

1923年2月出版

插画

亚里士多德像

西塞罗像

通论

安诺德之文化论 梅光迪

述学

中国人之佛教耶教观 缪凤林

五百年前南京之国立大学（续第13期） 柳诒徵

希腊文学史（续第13期）

第二章 希霄德之训诗 吴宓

亚里士多德伦理学卷二 夏崇璞

英诗浅释（续第12期） 吴宓

文苑

诗录一

雨晴过田舍 陈延杰

送易庐 王易

哭沈乙庵师 胡先骕

七月念九日游焦山作 邵祖平

灯下对菊作 柳诒徵

除日书怀次公燕韵时将入浙 桂赤

结习 桂赤

积痗半载读哲维病中诗

感书奉讯　王　浩

哭皮君晦堂　王闻涛

送别　黄元直

策杖　黄元直

散原先生　寿日以大集

见贻赋此奉呈　姚锡钧

九日与植支寻山寺　陈衡恪

诗录二

欧行旅程杂诗十七首　李思纯

巴黎杂诗十三首　李思纯

词录

绿盖舞风轻　周岸登

书　评

读张文襄《广雅堂诗》　胡先骕

附　录

文坛消息四则

第 15 期

1923 年 3 月出版

插　画

英国诗人兼批评家杜来登像

法国大批评家兼诗人巴鲁像

通　论

论今日文学创造之正法　吴　宓

论文学中相反相成之义（录《湘君季刊》）　刘永济

述　学

中国人之佛教耶教观（续第 14 期）　缪凤林

西塞罗说老（Cicero “De Senectute”）　Cicero 原作　钱堃新译

文　苑

文录

严几道与熊纯如书札节钞（续第 13 期）

诗录

于日本商店见瓦盆中栽松竹梅梅花盛开颇得高逸之趣因赋　陈延杰

挽赵仲宣文　王　浩

与复苏游陶然亭　杨赫坤

玉石洞　胡先骕

觙公餽仁寿蟹　赵　熙

病起示几园兼怀姜五　姚锡钧

奉寄步曾同学　熊家璧

庸安招同香山游览竟日　王　易

先农坛与三弟索句　王　易

雪夜过王癸门　邵祖平

庚申二月赴成都纪行杂诗　赵　熙

蚕背梁　向　楚

宋玉宅　向　楚

过金陵　向　楚

驷马桥　郭　延

薛涛井　郭　延

桂湖　郭　延

词录

酬江月・泛舟百花潭　赵　熙

惜红衣·何雨辰赠拓片 周岸登
临江仙·巴县道中 向迪琮
鹧鸪天·呈知己 刘永济
临江仙·纪梦 刘永济
南乡子·游卢森堡园 李思纯
浣溪纱·巴黎圣加陀邻节 李思纯
采桑子·兴感 李思纯
高阳台·初冬之雪 刘麟生

附 录

文坛消息二则

第 16 期
1923 年 4 月出版

插 画

散氏盘铭楚风麐释文

通 论

论学风 刘伯明
我之人生观 吴 宓

述 学

散氏盘铭楚风麐释文 周正权
华化渐被史（续第 11 期） 柳诒徵
中国人之佛教耶教观（续第 15 期） 缪凤林
亚里士多德伦理学（续第 14 期）卷三 向 达译
欧洲封建制度与武士教育之概观 吴家镇

文 苑

文录

严几道与熊纯如书札钞（续第 15 期）

诗录

花市醉归次卷石韵戏贻 庞 俊
刘荫余为家父母制裘二具自陇寄赠报以涵芬楼文钞一书并縢此诗 邵祖平
岁暮杂感 杨赫坤
题桂少襄无所住斋 庞 俊
九日丞相祠堂作 庞 俊
似闻一首寄所思 王 浩
次哲维壬戌中秋韵奉简 王 浩
游奈良公园 柳诒徵
长崎作 柳诒徵
题李树人西冷载酒图 柳诒徵
安远首中 胡先骕
雩都道中 胡先骕
广昌县 胡先骕
南城道中 胡先骕
贵溪道中 胡先骕

词录

鹧鸪天 刘永济
南乡子 刘永济
采桑子 李思纯
菩萨蛮 李思纯
南乡子 李思纯

第17期
1923年5月出版

插　画
玄奘法师像附欧阳竟无像赞
窥基法师像附欧阳竟无像赞
通　论
大乘非佛说辨　王恩洋
中学生研究国文之方法　陈　柱
述　学
大乘起信论料简　王恩洋
中国乡治之尚德主义　柳诒徵
亚里士多德哲学大纲　汤用彤译
文　苑
诗录一
范之以画舫斋姚江学会图属题欧阳公旧有此斋名范之用以题榜于道署东厅　方守彝
五月二十八日送客作　王　浩
壬戌上巳次日邀张孝生程绥予苏艺叔同出郭至洪园看桃花千树如霞青山城阙菜黄竹绿远近明媚如画暮色归来艺叔有诗即事次韵　方守敦
遣意一首和韵天闵见投自题三十三岁照相之作　方守彝
次韵答慎思天津见怀　方守敦
辛酉正月十二日偕张仲书马贡芳诸子游焦山作　柳诒徵
草堂人日作　庞　俊
月当头夜怀母示三弟　王　易
送梦庐南归　王　易
江上呈简庵　邵祖平
诗录二
十一年双十节感兴次邱公仓海秋怀原韵　刘泗英
游华山诗　张鹏一
桃李曲　陈　寂
词录
风入松　赵　熙
木兰花慢　周岸登
鹧鸪天　刘永济
南楼令　刘永济
南乡子　陈　寂

第18期
1923年6月出版

插　画
福禄特尔像
卢梭像
述　学
见相别种辨　景昌极
福禄特尔记阮讷与柯兰事　陈　钧译
圣伯甫释正宗　徐震堮译
圣伯甫评卢梭《忏悔录》　徐震堮译
文　苑
文录
严几道与熊纯如书札节钞（续第16期）

诗录

十月十五日还家作　姚锡钧

寒夜书感　邵祖平

通天岩　胡先骕

示徐氏甥女　柳诒徵

寄题高孝慜传后　赵　熙

移居　赵　熙

读东芻遗诗　王　易

令容诞日　王　易

壬戌秋大兄来京师视予疾时病少间辄引小车偕游三贝子花园忆庚戌过此今十二年矣怆然有怀归灯书兴　王　浩

九日足病未已使健走背负登江亭同大兄作　王　浩

北行　杨赫坤

喜静庵至　杨赫坤

词录

梁园春夜　赵　熙

木兰花慢　王　易

木兰花慢　胡先骕

虞美人　陈　寂

书　评

评胡适《五十年来中国之文学》　胡先骕

第19期

1923年7月出版

插　画

白璧德像

美国哈佛大学西华堂

通　论

白璧德之人文主义　〔法〕马西尔作　吴宓译

述　学

唯识今释　缪凤林

老子古微卷首　缪　篆

亚里士多德哲学大纲（续第17期）　汤用彤译

文　苑

文录

刘古愚先生传　陈三立

送陶景山入都序　王焕镳

与友论新诗书　李思纯

诗录一

哭王然父　胡先骕

杜陵　黄元直

落日　黄元直

两三　黄元直

近市　黄元直

屑屑　黄元直

直叩　黄元直

早起　郭　延

望青城山　郭　延

新居奉答山腴见贺　赵　熙

野行　赵　熙

正月初二日作　林思进

海棠谢后作　黄懋谦

咏梅　邹树文

人日雨中　庞　俊

上元次山公韵　庞　俊

夏历三月二十日淮徐道中三十初度　林学衡
诗录二
墨西哥国给勒达罗地方掘出两千年前汉字碑文感而赋比　周正权
读渊师易述感而有作录以呈政兼呈近谙先生　董镇藩
合肥刘君朗轩以敦艮吉斋诗文集见赠诗以报之　董镇藩
得黄劫灰书哀其丧妇　董镇藩
赠刘寄凡　董镇藩
柏林杂诗十首　李思纯
以欧人中古冠服摄一小影戏题四诗　李思纯
词录
南浦　陈衡恪
木兰花慢　王　易
译诗
布勒林之战　〔英〕苏西作　俞之柏译

第 20 期

1923 年 8 月出版

插　画
严几道书札真迹
通　论
今日中等教育界之紧急问题　刘永济
述　学
斐都篇（柏拉图语录之三）（续第10期）　景昌极译
亚里士多德伦理学（续第 16 期）
卷四　夏崇璞译
卷五　向达译
文　苑
文录
严几道与熊纯如书札节钞（续第 18 期）
清政资政大夫海军协都统严君墓志铭　陈宝琛
与妹书　陈寅恪
诗录
苦蚊　王　浩
祖堂山幽栖寺　邵祖平
自祖堂登牛首　邵祖平
寄潭秋世兄　熊家璧
春日杂诗　胡先骕
移居　赵　熙
移居戏寄舣公　赵　熙
壬戌除夕　林思进
癸亥元日　林思进
除夕呈山公　庞　俊
春夜闻箫鼓声偶感　庞　俊
奉怀步曾金陵　王　易
读海藏楼诗　陈衡恪
浦口待车　陈衡恪
题李苹孙看玉兰花诗后　王　瀣

第21期

1923年9月出版

插　画

泰西名画

拾谷图　米　勒

李维亚夫人像　安　格

通　论

柯克斯论古学之精神

〔美〕柯克斯作　徐震堮译

再论吾人眼中之新旧文学观（录《湘君季刊》）　吴芳吉

述　学

中国人之佛教耶教观（续第16期）　缪凤林

中国之乡治尚德主义（续第17期）　柳诒徵

老子生后孔子百余年之说质疑　张荫麟

定本墨子闲诂补叙　李　笠

文　苑

诗录

题朱方蜕农丹徒张贞妇传略后　方守彝

予病怔忡翼谋邀游鸡鸣寺归赋一诗并示步曾梦炎　叶玉森

打鱼词　叶玉森

癸亥正月三日次东坡癸亥三日韵　赵　熙

上元　赵　熙

上元次山公韵寄怀香宋先生荣州　庞　俊

雨中读清寂堂诗赋呈林山公　庞　俊

登牯岭　王　浩

庐山旅居其盛夏似袁山秋日末语因忆及之　王　浩

牯岭卧病襟尘宛然时庸安约游京师愧未能从之也作诗寄之　王　浩

春日小病书遣　邵祖平

春昼赋遣　邵祖平

感书　邵祖平

大庾旅次遇上犹钟君柏森纵谈南中故实形胜极为博洽赠以长句　胡先骕

龙南县　胡先骕

定南下历墟　胡先骕

诗录二

东归杂诗三十八首　李思纯

词录

一萼红　陈衡恪

鹧鸪天　陈　寂

采桑子　陈　寂

杂　缀

无尽藏斋诗话（续第13期）　邵祖平

第22期

1923年10月出版

插　画

康乃像

毛里哀像

通　论

沃姆中国教育谈　吴宓述
现时我国教育上之弊病与其救治之方略　汪懋祖
论文化　李思纯

述　学

朱子传经史略　吴其昌
西洋文学入门必读书目　吴　宓

文　苑

诗录一
寄公约　李　详
钟鼓楼　胡先骕
雨余见道士策蹇驴从一小童径行市中类有道者还山服食意业已微何为灵甄以求自恣　王　浩
庚申四月十日游牛首山作　柳诒徵
读山谷诗三首　方守彝
得季吾书却寄　赵　熙
香宗先生堂成遥贺二首　庞　俊
壬戌除夜　王　易
和二兄海巢诗　方令孺
春归日作　邵祖平
诗录二
答黄湘琳　罗骏声
自柏林归巴黎道出比利时初闻法语喜而有作　李思纯
柏林留别陈寅恪　李思纯
重至巴黎时将东归　李思纯
词录
玉漏迟　赵　熙
卖花声　赵　熙
鹧鸪天　陈　寂
踏莎行　毛乃庸
寿楼春　刘永济
哲理小说
坦白少年　〔法〕福禄特尔作　陈钧译

第23期
1923年11月出版

插　画

法国大戏剧家拉辛像
法国宗教哲学家兼数学家巴斯喀尔像
法国寓言作者兼诗人拉丰旦像

通　论

评今之治国学者　孙德谦
敬告我国学术界　胡稷咸
柯克斯论美术家及公众　〔美〕柯克斯作　徐震堮译

述　学

希腊对于世界将来之价值　〔英〕穆莱作　吴宓译
历史之意义与研究　缪凤林
中国人之佛教耶教观（续第21期）　缪凤林
大乘起信论料简驳议　常　惺

大乘起信论料简驳议答辨　王恩洋

文　苑

文录

六朝丽指序　孙德谦

与王静安论治公羊学书　张尔田

与王静安论今文家学书　张尔田

与欧阳竟无书　张尔田

答王君恩洋书　张尔田

诗录

滁游偶成　柳诒徵

然弟之丧坚父自京师来吊感书赠别　王　易

夏夜检三弟遗札援笔泄哀　王　易

自醉翁亭登琅琊寺是夕大雨同叔䌹留宿　邵祖平

甘露寺断崖下览江色绝佳兼有所怀　邵祖平

题兰田叔高崖僻寺秋树孤松书幅　方守彝

金家沟拜墓作　庞　俊

寒食书感　庞　俊

次韵赠天闵　方孝彻

久不得何子翔书复寄一律　方守敦

癸亥初夏闻李光炯归湖上赋此寄之　方守敦

大明湖夜泛　杨　铨

词录

鹧鸪天·和诵帚　徐桢立

鹧鸪天·再和原韵　徐桢立

杂　缀

无尽藏斋诗话（续第21期）　邵祖平

第24期

1923年12月出版

插　画

法国文人兼博物学家白芬像

法国文人兼哲学家狄德罗像

通　论

说习　柳诒徵

述　学

殷契钩沉　叶玉森

申章实斋六经皆史说　孙德谦

希腊之宗教　〔英〕尹吉作　汤用彤译

希腊之哲学　〔英〕J.庞乃德　胡稷咸译

文　苑

文录

刘向校仇学纂微序　张尔田

沅陵刘翁直卿寿序　刘　朴

关中刘古愚先生墓表　陈淡然

耆献史公清德之碑　张尔田

诗录一

九日偕潘季野登中校爱景亭时季野以移家之故见厄匪人慨斯贤偃蹇为赋此诗　方守敦

有买婢者婢恋母哭作哀婢吟　蔡可权
次韵和无住约饮少城之作　庞　俊
游滁州醉翁亭同二客饮　邵祖平
春日东城登望作　庞　俊
背郭　庞　俊
寿张今颇　杨增荦
长夏怀简安　华　焯
夜坐贳巢读天闵近诗题其卷稿　方守彝
即事戏次马冀平投句原韵　方守彝
游荫园　程时煃
奉别柏庐步曾游学美洲　王　易
七月初九日同客泛舟后湖　邵祖平
饮仙人泉望江流　王　浩
望小孤　王　浩
别匡山旅舍　王　浩
题嶷雨集　王　浩
诗录二
柯凤荪蓼园诗草题词二首　廉　泉
西湖杂诗十二首　李思纯
感事六首　李　赓
词录
摸鱼儿　况周颐
蝶恋花　陈衡恪
疏影　徐桢立
虞美人　陈　寂
浣溪纱　陈　寂

第 25 期

1924 年 1 月出版

插　画
屈原像　徐桢立
但丁像
述　学
释墨经说辨义　孙德谦
跋三体石经残文　周正权
唯识今释补义　景昌极
哲学之研究　缪凤林
文　苑
文录
骈体文林序　孙德谦
绍兴县重修文庙记　马　浮
再答友人论文书　李　赓
诗录
癸亥立秋寄予玉使君洛阳　廉　泉
三十初度言志八章　胡先骕
吾友晏君弼群丧其良匹作此唁之　王　易
韬光　柳诒徵
张化臣先生挽诗　汪兆铭
中秋孤坐　王　易
张文襄祠　柳诒徵
鹿川阁中次韵和十发喜绍周至

徐桢立
得香宋先生诗次韵赋寄
庞　俊
山丘偶语题词　廉　泉
南郭　谭　毅
扬州绝句十五首　邵祖平
词录
满庭芳　赵　熙
鹧鸪天　陈　寂
鹧鸪天　陈　寂
鹧鸪天　陈　寂
鹧鸪天　刘永济
哲理小说
坦白少年（续第22期）
［法］福禄特尔作　陈　钧译
书　评
评陈仁先苍虬阁诗存　胡先骕

第26期
1924年2月出版

插　画
社员刘君伯明遗像
英伦博物院之阅书室
英国牛津大学图书馆
通　论
明伦　柳诒徵
述　学
永乐大典考　袁同礼
转注正义　李　翊
佛教上座部九心轮略释　汤用彤
阐性——从孟荀之唯识　缪凤林
书缪凤林君阐性篇后　王恩洋
读汪荣宝君歌戈鱼虞模古读考书后
李思纯
文　苑
文录
论六朝骈文　孙谦德
传经室文集序　张尔田
复张孟劬书　黎养正
复徐中舒书　方守彝
诗录一
秋日杂诗　庞　俊
同宰如游南村　黄镇藩
散帙　庞　俊
湖口晚眺　柳诒徵
游烟霞洞作　柳诒徵
小汤山龙王阁　何　雯
寄答明德十七班诸君
吴芳吉
梦侯自津门来书诙奇玩世得句却寄　王　易
南归过北园玺斋置酒话旧留题
黄　节
湖神庙万顷堂看湖上诸山赋呈馔叔　方孝彻
次韵和十发九日阁会　徐桢立
霞光寺睡起　何　雯
诗录二
癸亥重九书怀　李　赓
蔷薇曲　陈　寂
词录

拜星月慢　徐桢立
霓裳中序第一　徐桢立

附　录

刘伯明先生事略　郭秉文述

第 27 期

1924 年 3 月出版

插画

《希腊美术之特色》篇附图十三幅

通　论

中国文化西被之商榷　柳诒徵
戒纵侈以救乱亡论　杨成能
（录东北文化月报）
柯克斯论进步之幻梦（Kengon Cox：“TheIllusion of Progress”）
徐震堮译

述　学

希腊之历史
［英］童璧作　邓斌龢译
希腊美术之特色
［英］嘉德纳作　朱　复译

文　苑

文录

樊谏议集书后　孙德谦
黄晦闻鲍参军诗注序　张尔田
王鹏运传　况周颐

诗录

游岳麓山　柳诒徵
雪夜得舍弟书却寄　邵祖平
咏雪用王介甫韵　邵祖平
小雪后九日郊行同高晴川诸君
庄　羲
归自青羊宫作　庞　俊
驿馆　陈　寂
南通祝外姑姚太夫人六十寿而外姑先日之杭遂追陪于杭者两日赋呈五章　陈衡恪
天池寺　何　雯
春暖　黄　节
水观音亭栏望　王　易
城南春晚作　庞　俊
中秋望月有怀程演生海外
胡远濬
题黄玉陵蓑衣小照　庞　俊

词录

凄凉犯　向迪琮
曲游春　郭　延
渡江云　王　易

书　评

评文芸阁云起轩词钞王幼遐半塘定稿誊稿　胡先骕

第 28 期

1924 年 4 月出版

插　画

福禄特尔像
坦白少年游程图　何东保绘

通　论

迂阔之言　刘永济
教育之最高权　柳诒徵

述　学

哲学通论（序言第一章）　缪凤林

世界文学史

〔美〕李查生·渥温作

吴　宓译

文　苑

文录

九十者一孑不事八十者二算不事答问　张尔田

庆节母张孺人传　柳诒徵

诗录

谷山晚归　吴芳吉

偶成　柳诒徵

江行杂诗　邵祖平

校东楼灾诗以吊之　柳诒徵

雪夜偕杨吴二君饮酒肆　柳诒徵

市楼夜饮奉和翼谋先生　杨　铨

过仲詹小斋闲话　王　易

病目久不愈慨然赋此　庞　俊

西湖寄怀陈寅恪柏林登恪巴黎　李思纯

出都二首　方守敦

寒厓集题词代芝瑛二首　廉　泉

岁晚绝句　李思纯

词录

鹧鸪天

浣溪纱

哲理小说

坦白少年（续）

〔法〕福禄特尔作　陈　钧译

杂　缀

旅程杂述（一）（二）　胡先骕

附　录

介绍文学评论之原理

第29期

1924年5月出版

插　画

罗摩武勇谭附图

罗摩与婆罗多兄弟会于林中之图

魔王逻伐拏劫去私多公主之图

通　论

学校考试与教育前途　向绍轩

今日吾国教育界之责任　向绍轩

（录太平洋杂志）

述　学

由读庄子而考得之孔子与老子　范　祎

佛法浅释导言　景昌极

八识本体即真如义　唐大园

世界文学史（续第28期）

〔美〕李查生·渥温作

吴宓译补

文　苑

诗录

晚泛湘江

持安丈自临川东视尊兄再云先生赋怀奉简　王　易

菊叹　庞　俊
璪子　庞　俊
新岁过简庵灯下见瘦湘子阿牛感而有作　邵祖平
东湖观旱渔作　王　易
峨嵋绝顶观日出　赵　熙
峨嵋绝顶观日入　赵　熙
江行续赋四首　邵祖平
赵伽德寄示新诗喜赠　林思进
人日行西城还小饮作　林思进
五月十四日夜大雨明日槃弟将返勺园赋和一首　方守彝
梅泉先生有重印弢叔诗集之议诗以促之　庄　羲
江仲方生子赋贺　庞　俊
田家镇口号　柳诒徵
旅程杂诗三十八首　胡先骕

词录

卜算子　叶玉森
菩萨蛮　叶玉森
踏莎行　叶玉森
鹧鸪天　刘永济
喜迁骂　刘永济

书　评

评陆懋德周秦哲学史　柳诒徵

第 30 期
1924 年 6 月出版

插　画

双树圣母像
耶苏以钥授彼得图

通　论

励耻　柳诒徵

述　学

秦记图籍考　孙德谦
治经杂语　刘离明
印度哲学之起源　汤用彤
世界文学史（第三章）
〔美〕李查生·渥温作
吴宓译补
亚里士多德伦理学（续第 20 期）卷六　夏崇璞译

文　苑

文录

左传汉初出张苍家说　孙德谦

诗录

喜得樱杏移植园中　夏敬观
游东京植物园　胡先骕
游东京护园　胡先骕
赠子光　邵祖平
少襄赠诗讯石帚号意缀此奉报　庞　俊
纥干山歌　曾广钧
游公园花树下忽然坐睡　庞　俊
腊中卜地青云谱葬妇及然弟　王　易
辟疆书然弟病中语览之泫然　王　易
武昌渡江　柳诒徵
偕石遗拔可梦旦雨中游皋亭

山诸君谓似闽中鼓山松林闽方搆兵石遗老矣不得安于乡里徘徊林下相与叹息久之　夏敬观
潭秋归自湖上小饮市楼即送赴宁　庄　義
和魏斋同游江亭　黄　节
春尽日出游　黄　节
水仙三绝句　邵祖平
词录
沁园春　况周颐
水调歌头　朱祖谋
小重山　叶玉森
太常引　叶玉森
霜天晓角　叶玉森
更漏子　叶玉森
附　录
介绍柯风孙先生新元史　王桐龄

第 31 期
1924 年 7 月出版

插　画
法国诗人小说家兼批评家高迪耶像
法国小说家毛柏桑像
通　论
文鉴篇　刘永济
文学之标准　胡先骕
三论吾人眼中之新旧文学观（预录湘君季刊）　吴芳吉
消遣问题——礼乐教育之真谛　景昌极
述　学
说契　叶玉森
揅契枝谭　叶玉森
文　苑
诗录
偕散原闲止真长南生达甫游灵隐寺作兼寄倦知海上　夏敬观
妇弟安窆告墓作　王　易
岁暮索居感念然父漫成二解　胡先骕
理安寺　邵祖平
送人往天彭山中　庞　俊
雪霁过孝寓斋因怀槃君五丈　徐天闵
甲子春暮病起寒匡先生为编劣诗曰南湖集者四卷赋此陈谢即题卷首诗芝瑛与劭儿砚女先后南归余将往汤山浴温泉　廉　泉
还家　徐桢立
甲子生朝　黄　节
寿山公　庞　俊
寒食后八日过龙华寺　庄　義
词录
浣溪纱　况周颐
鹧鸪天　刘永济

第 32 期
1924 年 8 月出版

插　画
英国大诗人乔塞像

英国大诗人斯宾塞像

通　论

白璧德论民治与领袖（Irring Babbitt: "Dcmocrgcy ond Leadership"）　吴　宓译

东洋文化与西洋文化　太　虚

辟文学分贵族平民之讹（录湘君季刊）　刘　朴

论文学无新旧之异（节录智识旬报）　曹慕管

述　学

评快乐论上　缪凤林

亚里士多德伦理学（续第30期）卷七　向　达译

文　苑

环天室诗外集　曾广钧

无价宝杂剧　吴　梅

第33期

1924年9月出版

插　画

法国大文学家夏土布良像

法国大文学家嚣俄像

通　论

学者之术　柳诒徵

述　学

汉隋间之史学　郑鹤声

谢灵运文学　叶　瑛

见相别种未释之疑　景昌极

文　苑

文录

送吴雨僧之奉天序　柳诒徵

诗录

甲子六月六日偕吴雨僧吴碧柳观龙膊子湘军轰城处作　柳诒徵

天运篇　曾广钧

游吴山　邵祖平

拔可书报云曹园桃花尚在梦寐期而不至至已零落过半矣未为盛也诗以戏之　夏敬观

疾见瘳口占一首命劭儿写呈寒厓先生　廉　泉

折荷　黄　节

东坡生日集何园分得来字　庞　俊

黄佐之尊人菊秋先生览揆到今百年述德徵诗　徐桢立

读陈石遗先生所辑近代诗钞率成论诗绝句四十首诸家颇有未经见录者　胡先骕

词录

浣溪纱　张尔田

浣溪纱　陈　寂

临江仙　叶玉森

相见欢　叶玉森

点绛唇　叶玉森

杂剧

枯井泪　赵祥瑗原稿　吴梅润辞

第34期
1924年10月出版

插　画
福禄特尔半身雕像
福禄特尔书札真迹
通　论
白璧德释人文主义（Irving Babbitt：“What is Humanism？”） 徐震堮译
述　学
汉隋间之史学（续第33期） 郑鹤声
文　苑
诗录
癸亥冬日小集霜甘阁酒后感时作歌呈廖季平师张式翁及同座诸子兼柬宋问琴东山 林思进
烟台杂诗二十首 吴芳吉
赴湘舟中作 柳诒徵
乱中元日感赋二首 庞　俊
得柏庐美洲书兼寄步曾 王　易
重游烟水亭 邵祖平
春思 胡先骕
理想小说
查德熙傅 〔法〕福禄特儿作 陈钧译
书　评
评刘裴春介白堂诗集 胡先骕

第35期
1924年11月出版

插　画
三姊妹像 巴马维雀
酒神与阿吕德尼成婚之图 丁脱雷脱
述　学
汉隋间之史学（续第34期） 郑鹤声
评快乐论下 缪凤林
文　苑
环天室诗支集 曾广钧
书　评
评郭任远人类的行为 景昌极

第36期
1924年12月出版

插　画
法郎士像 〔德〕杜雷尔
忧患图
述　学
中国乡治之尚德主义（续第21期） 柳诒徵
汉隋间之史学（续第35期） 郑鹤声
文　苑
诗录
说市 胡先骕
李花篇 曾　朴
仲涛丈寄示闻歌诗感书奉怀 王　易

癸亥除夕 邵祖平
发汉上 徐桢立
社日北郭展亡姊绣清墓丧乱以来人事牵率盖两岁不至矣 庞 俊
凉雨偶感即寄吴雨生奉天 庞 俊
寄赵伽德荣州 庞 俊
词录
箇侬 向迪琮
绮罗香 刘永济
踏莎行 陈 寂
理想小说
新旧姻缘 王志雄
第一回 溯溸源明稗官要旨寓理想撰新旧姻缘
名家戏剧
吕伯兰（Buy Blas）第一折、第二折 〔法〕嚣俄作 曾 朴译

第 37 期
1925 年 1 月出版

插 画
罗马大戏园
罗马喀拉克拉帝之浴场
述 学
中国民族西来辨 缪凤林
罗马之家庭及社会生活 〔英〕赖斯德作 吴 宓译
文 苑
诗录
湖楼晓起 柳诒徵
与邑子孙师郑丁秉衡张隐南胡复秋同题名于黄祖平石上大书深刻盖欲继郑道昭之云峰山之芳躅也为纪一时幽绪辄赋短章 曾 朴
开岁十二日同舅家诸表弟妹及诸女友游百花洲冠鼇亭赋诗用除夕韵 邵祖平
辛夷树下口占 胡先骕
南楼 邵 森
慈摄因缘图为悟初和尚作 徐桢立
石帚招饮先去赋此为谢 李思纯
九日游故藩宫土山次韵奉答哲生 庞 俊
上峡绝句十二首 李思纯
词录
鹧鸪天 陈 寂
浣溪纱 毛乃庸
名家戏剧
吕伯兰（续第 36 期） 〔法〕嚣俄作 曾 朴译

第 38 期
1925 年 2 月出版

插 画
柏格森像

达尔文像

通　论

白璧德论欧亚两洲文化（Irving Babbitt：“Chapt Europe and Asia”）　吴　宓译

论循规蹈矩之益与纵性任情之害　吉罗德夫人作　吴　宓译

佛法浅释之一

评进化论——生命及道德之真诠　景昌极

文　苑

诗录

九月九日南郊作示同游　庞　俊

偕友人游白云寺归赋　曾　朴

梦侯来书以尊人定省谢弼群之招感赋即寄　王　易

无题二首　曾　朴

书感　邵　森

离家　邵祖平

墓场闲步　胡光骕

秋日偶摄小影因题寄香宋先生荣州　庞　俊

壬戌京口扬州杂咏　刘　堪

词录

蝶恋花　徐桢立

虞美人　徐桢立

鹧鸪天　刘永济

书　评

评胡适《红楼梦考证》　黄乃秋

第 39 期

1925 年 3 月出版

插　画

但丁像　乔　陀绘

但丁裴雅德合像　谢　飞绘

通　论

德报

述　学

答福田问墨学　孙德谦

再答福田问墨学——论儒墨之异同　孙德谦

史传文研究法　第一至四章　张尔田

读李翘君转注正义篇书后　方　竑

王玄策事辑　柳诒徵

释伽时代之外道（录内学第一辑）　汤用彤

文　苑

文录

谢康乐诗注序　黄　节

文章流别新编序　方　乘

与人论治国故书　罗运贤

诗录

雨夜检箧中得亡友周巨卿遗札泫然书此　庞　俊

傅公祠题宝贤堂刻石　赵炳麟

友或劝学佛作诗谢之　王　易

赠宗仰上人二首　曾　朴

侵晓过燕子矶　曾　朴

七月十六日夜园中偶成

黄　节
中秋　黄　节
哭瘿公　黄　节
寿凌鉴园六十　徐桢立
雨过　胡光骕
除夕简潭秋　王　易
晓发嘉陵江小三峡　李思纯
海行杂诗　柳诒徵
王补安有天晴看梅虎邱之约口占　刘　堪
词录
浣溪纱　陈　寂
虞美人　陈　寂
采桑子　陈　寂
菩萨蛮　谷家儒
人月圆　刘永济
译诗
安诺德罗壁礼拜堂诗（Matthew Arnold："Rughy Chapel"）　张荫麟　陈铨　顾谦吉　李惟果译
威至威斯佳人处幽僻（Words Warth："She Dwelt Among the Untrodden Way"）　贺　麟　张荫麟　陈　铨　顾谦吉　杨葆昌　杨昌龄　张敷荣　董承显译
杂剧
但丁梦　钱稻孙
书　评
评杨振声《玉君》　吴　宓

第40期
1925年4月出版

插　画
康德像
叔本华像
通　论
罪言　柳诒徵
述　学
高宗肜日说　王国维
陈宝说　王国维
书顾命同瑁说　王国维
说部流别　刘永济
张衡别传　张荫麟
史记三家注补正　瞿方梅遗著
哲学问题之研究
第一章、第二章、第三章　胡稷咸
文　苑
文录
郭筠迁与龙皞臣书（未刊遗稿）
大戴礼记训纂序　姚永璞
双钩书赋　姚　华
诗录
感兴诗　姚　华
续感兴诗　姚　华
梦得东轩老人书醒而有作　王国维
旧题一首　吴芳吉
送五弟之沪　王　易
中元前夕河上　王　易

唐天如妻挽诗 黄节
十一月十四日登园山怀唐天如 黄节
罗掞东挽诗 林思进
哭周巨卿 庞俊
词录
花木兰慢 张尔田
凤栖梧 陈寂
蝶恋花 陈寂
浪淘沙 陈寂
浣溪纱 刘永济
书评
评近人对于中国古史之讨论（古史决疑录之一） 张荫麟

第41期
1925年4月出版

插画
但丁之墓二幅
述学
肃霜涤场说 王国维
释天 王国维
莽京考 王国维
中国文化史 第一章、第二章 陆懋德
中国与中道 张其昀
但丁神曲通论 〔美〕葛兰坚作 吴宓译
文苑
文录
王闿运致龙芝生论小学书（未刊稿）
汉魏乐府风笺序 黄节
殇画赋 姚华
湖南史地学会宣言 刘璞
诗录
读持庵诗 王易
次韵答简庵惠题拙集 华焯
赠画师李竹瑞兼示张霞村 林思进
正月乡行 赵熙
泊嘉州 赵熙
并州杂诗十八首 朱还
病起自寿诗 沈曾植
寓斋雨中 黄节
断续 胡光骕
刘生心显邀游昭山 吴芳吉
题贡王朵颜卫景卷 王国维
题陈子励学使内直时画卷 王国维
蛩语 胡光骕
词录
减字木兰花 邓翊
点绛唇 邓翊
虞美人 邓翊
鹧鸪天 徐桢立
鹧鸪天 刘永济
译诗
安诺德鲛人歌（Matthew Aruold：“The Forsaken Mermon”） 李惟果译

我唱樱桃熟（Robert Herrick：《Cherry-Ripe》） 顾谦吾译
下谷牧童歌（John Bungan：《The Shepherd Boy Singing in the Valley of Humiliation》） 顾谦吾译
角声回音（Tennyson：《Blow Bugle，Blow》）

第 42 期
1925 年 6 月出版

插 画
德国诗人兼戏剧家许雷像
法国小说家都德像
通 论
四论吾人眼中之新旧文学观 吴芳吉
葛兰坚论学校与教育（Charles Hall Grandgent：“School and Educate”） 张荫麟译
述 学
学潮徵故 柳诒徵
史记三家注补正卷二（续第 40 期） 瞿方梅
文 苑
文录
说文古籀补补叙 姚 华
诗录
寿姚茫文五十 梁启超
乙丑四月五十初度依韵答饮冰兼呈同座诸公 姚 华
秋雨独游江上作 庞 俊
郸城行 王 易
种桃 赵 熙
灵岩寺 赵 熙
端阳日汤定之过谈因述旧事为诗 黄 节
新年阅刺作 林思进
闻西湖雷铎塔圮感赋 李思纯
驰汽车万山中赠车夫阿宝 吴芳吉
新晴独游黑石坡玩景 吴芳吉
三十自寿 刘泗英
初见菊花 庞 俊
贺刘宏度新婚 吴 宓
词录
清平乐 程颂万
轮台子 徐桢立
减兰 陈 寂

第 43 期
1925 年 7 月出版

插 画
一七三四年班禅喇嘛告谕
通 论
自立与他立 柳诒徵
罪言录 邢 琮
述 学
適敦跋 王国维
论阿字长短音答太炎 汪荣宝

尚书尧典篇时代之研究 陆懋德
诗古义 姜忠奎
史记三家注补正卷三 瞿方梅
一七三四年班禅喇嘛告谕译释
〔俄〕钢和泰作 吴宓译
筵话篇（柏拉图语录之四）（Symposium） 邓斌龢译
文苑
名家文
古磁篇
〔英〕蓝姆作 陈钧译
文录
清史后妃传序 张尔田
诗录
悯灾诗三十二韵 王易
赠别稻田第九班女生 吴芳吉
蛛网 赵熙
四月二十五日西山会葬瘿公 黄节
赠张鹏翘 黄节
七夕遣兴 王易
过图书馆感旧偶题 林思进
清明日作 李思纯
新历元日同社会饮有作 庞俊
甲子岁暮杂诗 华焯
登西山二绝句 胡先骕
坑口旅宿夜谈赠郑君熙文 胡先骕
信江归舟口号 胡先骕
词录
浣溪纱 张尔田
浣溪纱 陈寂
水龙吟 刘永济
书评
书辜汤生英译中庸后 王国维

第 44 期
1925 年 8 月出版

插画
罗斯当像
品纳罗像
通论
正政 柳诒徵
葛兰坚黑暗时代说（C.H.Grandget:“The Dark Ages”） 张荫麟译
述学
庚嬴卣跋 王国维
郘公钫钟跋 王国维
史记三家注补正（卷四） 瞿方梅
《玉篇》误字考 鲍鼎
戏剧原理（Clayton Hamilton:“The Theory of The Theatre”）第一章、第二章 〔美〕韩米顿作 陆祖鼎译
文苑
文录
答谢祖尧书 刘璞
诗录
中秋夜送王蘧 黄节
仓皇篇用皮陆平仄体 王易
南门行 吴芳吉

重阳出游偕子厚淡园明日戏呈　庞　俊
北城　赵　熙
去华阳学校日诸生以鼓吹送归赋此鬋别　林思进
题程瀛石小像　徐桢立
出门　邵　森
休浴日兀坐森木院林中偶成　胡先骕
词录
踏莎行　陈　寂
临江仙　陈　寂
忆旧游　徐震堮
锁寒窗　徐震堮

第45期
1925年9月出版

插　画

西夏文地藏菩萨本愿经刻本断简　〔俄〕聂斯克　〔日〕石滨纯太郎共译

通　论

六害篇　刘永济
说酒　柳诒徵
政始（政理古微一）　林　损
述古（政理古微二）　林　损
道德教育说　陈黻宸

述　学

最近二三十年中中国新发现之学问　王国维
唐初兵数考　柳诒徵
诗古义（卷一）　姜忠奎
史记三家注补正（卷五）　瞿方梅
中国戏剧略说（What is the Chinese drama）　洪深用英文撰　张志超译

文　苑

文录
疆邨语业序　张尔田
诗录
七夕　黄　节
招友　吴芳吉
故宫杂诗十八首　朱　还
九月三十日江上送秋寻去年醉处不可得惘然有作　庞　俊
立秋日呈柳翼谋汤锡予并怀川中向仙桥陶闿士诸先生　邱　仲
呈魏潜园　汪国垣
乱后一首赠癸叔　王　易
淮上放舟杂书所感得十八绝句以示同游　诸宗元
词录
鹧鸪天　徐震堮
六幺令　徐震堮
浣溪纱　陈　寂
浣溪纱　陈　寂
祝英台近　刘永济
译诗
阿伦波鹏鸟吟（E.A.Poc:“The Raven”）　〔美〕阿伦波作

第46期
1925年10月出版

插　画

梅特林像
肖伯纳像

通　论

反本　林诒徵
制法（政理古徵三）　林　损
爱民（政理古徵四）　林　损
文诵篇　刘　朴

述　学

中国文化史（绪论　第一篇第一至第六章）　林诒徵
齐国差罏跋　王国维
王子婴次卢跋　王国维
尔雅岁阳岁名出于颛项考　鲍　鼎
人道论发凡　缪凤林

文　苑

文录
　与学衡编者书　庞　俊
诗录
　园夜　黄　节
　寄答陈鼎芬君南京慰其升学之失意也　吴芳吉
　冬夜次韵酬玉麟　庞　俊
　中宵偶成　王　易
　奉怀吴雨生奉天　李思纯
　感怀　吴　宓
　江楼留别二十八首　赵　熙
词录
　菩萨蛮　徐震堮
　六幺令　徐震堮
　菩萨蛮　胡士莹
　鹧鸪天　赵万里
　浣溪纱　陆维剑

杂　缀

旧诗话　刘永济

第47期
1925年11月出版

插　画

费尼像
弥瑟像

通　论

致知　林诒徵
伦理正名论　林　损
信与疑（真伪善恶美丑之关系）　景昌极

述　学

攻吴王大差鑑跋　王国维
汉王保卿买地券跋　王国维

文　苑

仙河集（法国诗选）　李思纯选译
　查尔奥里昂（Charles d’Oreans）一首
　菲农（Francois Villon）一首
　龙萨尔（Pierre de Ronsard）一首
　马勒尔白（Trancois de Malherbe）一首

拉芳丹（Jean de La Fontaine）九首
波哇罗（Nicolas Boileau- Despreaux）一首
佛罗里央（Jean-Pierre Claris de Florian）一首
解尼埃（Andre Chenier）一首
柏朗惹（Pierre-Jean de Beranger）一首
沙多伯里昂（Francois-Rene Vicomte de Chatcaubriand）一首
拉马丁（Alphonse de Lamartint）四首
嚣俄（Victor Hugo）五题
费尼（Alfred de Vigny）一题
弥瑟（Alfred de Musset）四题
哥体野（Theophile Gauihior）八首
黎苗（Leconte de Lisde）三首
邦斐耳（Theodore de Banville）一首
蒲鲁东（Sully Prudhomme）五首
波德莱尔（Charles Baudelaire）十首
都德（Alphonse Daudet）一首
赫累帝亚（Jose-Maria de Heredia）三首
哥贝（Francois Coppee）一首
凡莱恩（Paul Verlaine）四首
布惹（Paul Bourget）二首

第 48 期
1925 年 12 月出版

插　画

拉马丁像
黎留像

通　论

伦理正名论　林　损
养性（政理古微五）　林　损

述　学

中国文化史（第七至十二章）（续第 43 期）　林诒徵
筵话篇（柏拉图语录之四）（Symposium）　郭斌龢

文　苑

文录
　文蛇赋　姚　华
　家书摘录　方　亮
诗录
　楼居杂诗　胡先骕
　乙丑重阳过骊山谒秦始皇墓作　吴芳吉
　十四日也园观盂兰盆会　柳诒徵
　横舍　柳诒徵
　次韵酬尤健行并呈李光炯　方守敦
　退庐侍御逝二年矣近闻潜园丈道在日憾不常见感成遥奠兼呈潜园　王　易
　移居　庞　俊
　藤花盛开赋此赏之　林思进

词录

玲珑四犯　王　瀣

大酺　王　瀣

浪淘沙慢　刘永济

译诗

薛雷云吟（Shelley：《The Cloud》）　陈　铨译

死别（Tickoll:《Ballad of Colin and Lucy》）　吴　宓译

杂　缀

旧诗话（续第46期）　刘永济

第49期

1926年1月出版

插　画

蒲鲁东像

赫累帝亚像

通　论

文诣篇　刘永济

解蔽　柳诒徵

伦理正名论（续第18期）　林　损

述　学

中国文化史　第一编（第十三至第十八章）　柳诒徵

蒙文元朝秘史跋　王国维

释工　刘盼遂

文　苑

文录

清史后妃传序　陈敬第

管子校释叙录　郭大痴

诗录

古诗一章伤李生相钰即寄其尊人光炯先生　方守敦

贺缪生凤林新婚　柳诒徵

浴华清宫故池作　吴芳吉

皇寺看松作　柳诒徵

岁晚寄雪抱　王　易

腊不尽六日雪中偕煦中过少城公园　庞　俊

云间　胡先骕

乙丑中秋夕重至南京感赋　李思纯

新翻杨柳枝　张尔田

南唐武义中童谣云不似杨花无了期复为演成二绝　林思进

词录

烛影摇红　徐震堮

烛影摇红　胡士莹

菩萨蛮　赵万里

译诗

罗色蒂女士《愿君常忆我》（Christina Rossetti："Remember"）　吴　宓　陈　铨　张荫麟　贺　麟　杨昌龄译

第50期

1926年2月出版

插　画

马勒尔白像

器俄雕像

通　论

劝学（上下）（政理古微六）　林　损

学识与技能　杨成能

述　学

中国文化史（第一编第十九章）　柳诒徵

亚里士多德伦理学卷八（续第32期）　向　达译

文　苑

诗录

韩波诗二十韵　王　易

铜人歌　方世立

新历除夕　胡先骕

调默菴　庞　俊

赋答孝谷石扫两君送别之作　李思纯

萍乡乘舆至上埠　吴芳吉

阻雨生铁铺次　雨　霁

至罗山　汪国垣

词录

醉翁操　徐震堮

绮寮怨　徐震堮

徵招　陆维钊

虞美人　陆维钊

第51期

1926年3月出版

插　画

陶斋旧藏古酒器父乙盉

陶斋旧藏古酒器牺形爵

通　论

墨化　柳诒徵

尊隐（政理古微七）　林　损

述　学

中国文化史（第一编　第二十至第二十六章）　柳诒徵

中国认识论史（导言）　黄建中

陶斋旧藏古酒器考　〔美〕福开森

文　苑

文录

先姊事略　柳诒徵

诗录

华持安先生挽辞　王　易

访未央宫故址作　吴芳吉

甲子除夕风雪范之遗使示诗有追念亡兄句感怀次韵　方守敦

关颖人新筑稊园时予有旧题今十一年矣近复重葺园亭招饮作诗拈得监韵　黄　节

哭傥夫姨丈　林　损

卧病雨中陈周二兄日夕过存赋谢　庞　俊

中国植物志属书成漫题　胡先骕

榊丸口号　柳诒徵

词录

梦芙蓉　徐震堮

菩萨蛮　徐震堮

莺啼序　胡士莹

菩萨蛮　胡士莹

书　评

评亡友王然父《思斋遗稿》　胡先骕

学衡杂志社启事（为柳诒徵《中国文化史》版权事）

第 52 期
1926 年 4 月出版

插　画

苏德曼像

霍特曼像

通　论

欲救中国当速养成悃愊无华埋头执务之人才说　杨成能

论教有意方　聂其杰

述　学

中国文化史（第一编 第二十七至三十三章）　柳诒徵

文　苑

诗录

书烟霞万古楼集后　林　损

丙寅正月五日雪后邀台源法师教微居士及梁鹤铨李杏南同游北海感赋　姜忠奎

园望一首　王　易

和贞壮中秋前一夕同过坛园韵　黄　节

汉口　李思纯

韦曲过老杜旧宅　吴芳吉

答宋慈抱　陈闳慧

以旧课史微赠野侯媵之以诗　张尔田

无日过少城　庞　俊

词录

少年游　姚　华

西江月　姚　华

菩萨蛮　姚　华

杂　缀

近代诗评　钱萼孙

学衡杂志社启事（同上期）

第 53 期
1926 年 5 月出版

插　画

德国文学批评大家兼戏剧家雷兴像

德国大诗人兼文学家葛德像

述　学

中国文化史（第二编第一至七章）　柳诒徵

辽金时代蒙古考　王国维

物质生命心神论（现代思想之趋势）（R.H.A.Hoernle："Matter Life Miad and God"）　〔英〕亨勒作　吴　宓译

文　苑

文录

上高先生书　林　损

祭姊文　柳诒徵

诗录一

送诸贞壮南归　黄　节

曾孝谷大兄枉诗见投时曾方有买臣负薪之感因作奉答并示哲生　庞　俊
读耐安言志第二集诗即题寄耐安翁　吴芳吉
濮一乘约游小河沿也园下车倾跌伤右髌甚痛强起行至茶社小坐旋至明湖春晚饭归而僵卧得诗二首　柳诒徵
雨夜　王　易
小病累日憩森林院松林下有作　胡先骕
月夜望小孤山　李思纯
题红薇馆主廉卷海棠图　林　损
诗录二
清华园荷花池畔行吟　吴　宓
词录
鹧鸪天　朱祖谋
鹧鸪天　胡士莹

第 54 期

1926 年 6 月出版

插　画

老子像

托尔斯泰像

通　论

孔子老子学说对于德国青年之影响　〔德〕雷赫完作　吴　宓译
苦与乐（佛法浅释之一）　景昌极
答诸生问中国可否共产　刘　朴

述　学

述社　柳诒徵
墨子书分经辩论三部考辨　黄建中
龟兹苏祇婆琵琶七调考原　向　达
中国文化史（第二编　第八至十章）　柳诒徵

文　苑

文录
与人论天台宗性具善恶书　张尔田
再论天台宗性具善恶书答余居士　张尔田
思斋遗集跋　王　易
诗录一
游中央公园示哲生　柳诒徵
赋答翼谋先生中央公园同游之作　李思纯
题碧湖诗社图　刘善泽
玉姜曲　吴芳吉
雅叙楼小饮赠予由　林　损
人群　林　损
客舍　林　损
酬容九读思斋遗集兼简伯远　王　易
陈仲骞属题先德玉堂补竹图　熊　冰
湘州八咏　谷家儒
弹指一首　吴　宓
题余樾园画　黄　节

诗录二
丙寅三月二十日偕李哲生吴雨僧叶企孙崇效寺看牡丹 柳诒徵
游崇效寺奉和翼谋先生 李思纯
前题和作 吴宓
词录
题歹道人京俗画册十七阕 姚华
译诗
无情女（Keats:《La Belle Dame Sans Merci》） 〔法〕Alain Chartier 作 陈铨译

第 55 期
1926 年 7 月出版

插画
英国肯特公园中之中国式建筑
佛塔
孔子庙
通论
新文学家之痼疾
述学
中国欧洲文化交通史略（Reichwein:《Chinaand Europe》） 〔德〕雷赫完作 吴宓撮译
中国文化史（第三章 第四章）（续第 41 期） 陆懋德
史记三家注补正卷六（续第 45 期） 瞿方梅遗著
文苑
文录
毛云程寿序 林损
答陈生书 刘璞
与黄处士书 刘璞
诗录
岁暮示李沧萍 黄节
寄怀朱孟实爱丁堡 郭斌龢
乙丑元日喜伯远至时方新被福建监运之命迂道归南昌省亲冒雪见过长歌赠行 王易
怀旧十二首 林损
清华园谒梁任公先生夜话 李思纯
颐和园排云殿远眺作 李思纯
丞相祠堂腊梅盛开过而赋之 庞俊
阿虎十岁生日 王易
词录
高阳台 朱祖谋
齐天乐 朱祖谋
名家小说
名利场（Vanity Fair） 〔英〕沙克雷 W.M.Thackeray 作 吴宓译
楔子
第一回 媚高门校长送尺牍 泄奇忿学生掷字典

第 56 期
1926 年 8 月出版

插　画

圆明园遗迹摄影十六幅

通　论

芬诺罗萨论中国文字之优点（Ernest Francisco Fenollos："The Chinese Written Character as a mediun for Poetry"）　张荫麟译

论事之标准　吴　宓

述　学

中国文化史（第二编　第十一至第十四章）　柳诒徵

定本墨子间诂补正自叙　陈　柱

文　苑

文录

顺德张凤篪先生行状　刘复礼

双桐书屋诗賸序　王典章

答龙君问性具善恶疑义书　张尔田

诗录

胡夔文挽诗　黄　节

跃龙桥　王　易

休浴郊游感兴即寄程柏庐王简安吴雨僧梅迪生　胡先骕

自讼篇赋答北萱　钱基博

王静安先生写诗幅见贻赋呈一律句　李思纯

阴历正月十五夜宿陈宅感赋并怀伯澜姑丈　吴　宓

三月二十七日三过崇效寺看牡丹盛开者皆残矣独石绿一种甫开娬媚绝世赋示邵潭秋伉俪及贡禾　柳诒徵

乙丑杂诗十四首　郭文珍

词录

谒金门　陈　寂

临江仙　陈　寂

采桑子　陈　寂

生查子　陈　寂

鹧鸪天　刘永济

译诗

罗色蒂女士上山诗（Chrlsina Rossetti："Up-hiu"）　崔钟秀译

杂　缀

旧诗话（续第 48 期）　刘永济

第 57 期
1926 年 9 月出版

插　画

英国大诗人彭士像

鬼王图

〔德〕Moritz Von Schwind 绘

通　论

薛尔曼现代文学论序（Stuart P.Sherman："Introduction to Contempcnary Literature"）　浦江清译

实践与玄谈　景昌极

述学

中国历代之尺度　王国维
词曲史（第一至四篇）　王　易
史记三家注补正卷七　瞿方梅遗稿

文苑

文录
报叶君长卿书　张尔田
阮步兵咏怀诗注序　诸宗元
阮步兵咏怀诗注自序　黄　节
诗录
秋怀杂诗　黄　节
读渔洋送戴务旃游华山诗洛阳货畚无人识五月骑驴入华山爱其气象不凡为作二图　陈曾寿
过乙安诗人故宅　陈曾寿
和绿嵡韵　朱祖谋
新刊宋刘行简先生苕溪集成绿嵡序之次韵报谢时绿嵡病新愈　张尔田
和绿嵡韵同古微丈作　胡先骕
海风　林　损
大风　林　损
短歌　柳诒徵
题达摩面壁图　王　易
词录
鹧鸪天　刘永济
鹧鸪天　刘永济
西江月　刘永济
译诗
彭士（R.Burns）诗十二篇　吴芳吉　刘璞　陈铨译
附彭士列传　吴芳吉
葛德（Goethe）诗二篇　陈铨译

第58期
1926年10月出版

插画

朱子像
陆子像

通论

因与果（神学玄学科学之异趣）　景昌极

述学

莽量考　王国维
中国文化史（第二编　第十五至十九章）　柳诒徵
中国印刷术发明述略　〔荷〕戴文达作　张荫麟译
史记三家注补正卷八　瞿方梅遗著

文苑

文录
上陈石遗先生书　张尔田
与学衡编者书　李　翅
诗录
雨后园中报陈树人广州　黄　节
泛舟西溪芦中望法华山　马　浮
奉和晦闻先生池荷报谢之作　张尔田

落叶二首和闻宾门　陈曾寿
永夜　胡先骕
寄慰艾畦　王　易
重检得旅欧时小影怆然有作　李思纯
觙公移居奉贺　庞　俊
癸亥中秋　吴　宓
睡起　朱祖谋
寓居春晚花卉蔬果盛敷荣欣然有作　曾习经

词录

生查子　姚　华
醉太平　姚　华
菩萨蛮　姚　华
南柯子　姚　华
如梦令　姚　华

第59期
1926年11月出版

插　画

西安围城中之文艺（上）
西京游踪图草
端午联句（用柏梁台体）

述　学

亚里士多德伦理学卷九至卷十　向　达译

文　苑

文录

祭康南海先生文　梁启超
曾刚父诗集序　梁启超
与学衡编者书　缪　钺
西安围城诗录序　吴　宓

诗录

西安围城诗录一　吴芳吉
西安围城诗录二　胡文豹
西安围城诗录三　胡步川
西征杂诗一百零五首　吴　宓

第60期
1926年12月出版

插　画

王静庵（国维）先生遗像
颐和园鱼藻轩（王静庵先生自沉处）
巴黎仙河之景

通　论

正名论　李思纯

述　学

黑车子室韦考　王国维遗著

文　苑

文录

人境庐诗草自序　黄遵宪
说文转注考叙　姜忠奎
与黄晦闻书　张尔田

诗录

哭静安　张尔田
五月初三日王静庵自沉颐和园昆明湖中毕命越五日余偕桥川子雍小平绥方出西郊访其故居为诗吊之　黄　节
挽王静庵先生　陈寅恪
王静庵徵君挽诗　刘善泽
晦闻丙寅诗（十四题）　黄　节

哲理小说
查德熙传（续第34期）
〔法〕福禄特尔作　陈　钧译
慧华小传（小说）　胡　徵
书　评
评王桐龄新著东洋史　缪凤林
学衡杂志社、中华书局启事（为《学衡》自下期起改双月刊事）

第61期
1928年1月出版

插　画
英国小说家兼诗人哈第像
马哥博罗像
通　论
斯宾格勒之文化论
〔美〕葛达德　吉朋斯合撰
张荫麟译
述　学
中国文化史（第二编　第二〇至二十三章）　柳诒徵
文　苑
晦闻丁卯诗（二十二题）　黄　节

第62期
1928年3月出版

插　画
王阳明像
陈白沙像
通　论
韦拉里论理智之危机（Paul Valery：“La Crise de I Esprit”）
吴　宓译
论心与论事　景昌极
论历史学之过去与未来　张荫麟
说文字符号（录晓光周刊）
谢宗陶
述　学
中国文化史（第二编　第二十四至二十六章）　柳诒徵
文　苑
赴成都（二十四首及附录）
吴芳吉
弗堂丙寅词十首　姚　华

第63期
1928年5月出版

插　画
现今美国文人滑稽画像
大秦景教流行中国碑
通　论
韦拉里说诗中韵律之功用（Paul Valery：“Adonis”）　吴　宓译
穆尔论现今之新文学（Paul E.More：“The Moderm Current in Amekican Litereture”）　吴　宓译
文学与玄学（序论　第一节真善美与存　第二节一与多）　景昌极

述　学

中国文化史
（第三编　第一至五章）　柳诒徵

文　苑

还黑石山诗（三十一首）　吴芳吉
弗堂丁卯词（十八题二十九阕）
姚　华

第 64 期
1928 年 7 月出版

插　画

黄梨洲像
王船山像
顾亭林像
颜习斋像

述　学

王静庵先生逝世周年纪念
（录大公报文学副刊）
中国文化史
（第三编　第六至十一章）
柳诒徵

文　苑

文录
春秋谷梁传序　何劭忞
黄晦闻诗集序　张尔田
咏怀堂诗跋　柳诒徵
诗录
王观堂先生挽词并序　陈寅恪
落花诗八首　吴　宓
六月二日作落花诗成复赋此律时为王静庵先生投身昆明湖一周年之期也　吴　宓
落花感王静庵先生师练日作
刘盼遂

译诗
罗色蒂女士古决绝辞（Ckrislna Rossetti：“Abengotion”）
吴　宓　张荫麟　贺　麟译

组诗
东征杂诗（一〇四首）
胡步川
南游杂诗九十六首　吴　宓

第 65 期
1928 年 9 月出版

插　画

罗色蒂像
幸福女郎图　〔英〕罗色蒂

述　学

中国文学史纲要　刘永济
（卷首　叙论）
一九二八年西洋文学名人纪念汇编
（一）哈代逝世
（二）易班乃士逝世
（三）麦雷迭斯诞生百年纪念
（四）易卜生诞生百年纪念
（五）但因诞生百年纪念
（六）罗色蒂诞生百年纪念
（七）福禄特尔逝世百五十年纪念

（八）卢梭逝世百五十年纪念
（九）托尔斯泰诞生百年纪念
（十）马勒尔白逝世三百年纪念
（十一）戈斯密诞生二百年纪念
（十二）彭衍诞生三百年纪念
（录天津《大公报·文学副刊》各期）

文　苑

昔游诗三十三首　李思纯

第 66 期
1928 年 11 月出版

插　画

天主教哲学之集大成者圣亚规那像
重兴天主教者圣罗郁拉像

通　论

斯宾格勒之文化论（续 61 期）
〔美〕葛达德　吉朋斯合撰
张荫麟译

文　苑

文录
与大公报文学副刊编者书
张尔田
与友述家中情形书　吴芳吉

诗录
寿熊纯如丈六十　胡先骕
戊辰中秋　吴　宓
无题　张尔田
丙寅生日　李思纯
咏史二十首　王国维遗稿

第 67 期
1929 年 1 月出版

插　画

梁任公先生（启超）遗像
威廉希雷格尔像
弗列得力希雷格尔像
希雷马哈像

通　论

近代中国学术史上之梁任公先生（录天津《大公报·文学副刊》）
素　痴
悼梁卓如先生（录《史学杂志》）
缪凤林
性与命（自然与自由）　景昌极
白屋吴生诗稿自叙　吴芳吉

述　学

中国文化史（第三编　第十二至十三章）　柳诒徵
弗列得力希雷格尔逝世百年纪念（录天津《大公报·文学副刊》）
王得卿传　张荫麟

文　苑

弗堂戊辰词（四五阙）　姚　华

第 68 期
1929 年 3 月出版

插　画

摆伦历年像
拿破仑像

通　论

罗素东西幸福观念论

《怀疑论丛》第八章（Bertrand Rusell：“Western and Eastern Ideals of Happiness”）

傅选丰译

罗素未来世界观

《怀疑论丛》第十七章（Bertrand Rusell：“Some ProsPeds：Cheerful and Other Wise”）

傅举丰译

述　学

中国文学史纲要卷一　刘永济

英国大批评家兼戏剧家雷兴诞生二百年纪念

（录天津《大公报·文学副刊》）

文　苑

王孙哈鲁纪游诗一百零八首

第三集

（Byron's：“Chitde Harold's Pllgrimage”——Canto III）

杨葆昌译

第 69 期

1929 年 5 月出版

插　画

加斯蒂辽尼像二幅

乌尔比诺公爵夫人像

乌尔比诺宫中之庭院

科罗那侯爵夫人像

拉飞叶像

班博像

通　论

德效骞论中国语言之足用及中国无系统哲学之故（H.H.Dub's：“The failure of the Chinese to Produce Philosophic of Systems”）

张荫麟译

德效骞论古代中国伦理学上权力与自由之冲突（H.H.Dub's：“The Conflict of Authority and Freedom in Ancient Chinese Ethics”）

梁敬剑译

罗素论机械与情绪《怀疑论丛》第六章（Bertrand Russll：“Machines and the Emotions”）　傅举丰译

人生哲学序论　景昌极

述　学

诠诗　缪　钺

读荀三论　吴光韶

斐德罗篇（柏拉图语录之五）

（Phdaedrus）　郭斌龢译

加斯蒂辽尼逝世四百年纪念

水天同

文　苑

晦闻戊辰诗（九首）　黄　节

晦闻已巳诗（十五首）　黄　节

第 70 期

1929 年 7 月出版

插　画

从颐和园望玉泉山之风景

惠山贯华阁图

述　学

纳兰成德传　张荫麟
中国文化史
（第三编　第十四至十六章）
柳诒徵

文　苑

文录
瘿菴诗集序　黄　节
瘿菴诗集序　叶恭绰
吴孝女传　林　纾
邢君瑞生家传　李岳瑞
诗录
献骂我者　吴芳吉
病目　吴　宓
三圣聚会图题诗　陈光焘
清华园访雨生　缪　钺
和雨生先生落花诗　张友栋
奉谢雨生先生　张友栋
游桂湖杂诗　庞　俊
词录
八声甘州　顾　随

杂　缀

读阮嗣宗诗札记　肖涤非
读曹子建诗札记　肖涤非
古拉塞作事格言七段（Bernard Grasset：“Des Remar ques Sur L’Action”）
吴　宓译
佛斯特小说杂论八章（E.M.Borster：“Aspects of the Novel”）　吴　宓译

第71期
1929年9月出版

插　画

英国新任桂冠诗人梅丝斐尔像
近顷逝世之英国小说家洛克像

述　学

中国文学史纲要
卷二　汉至隋　刘永济

文　苑

文录
文道希先生遗诗序　陈三立
文道希先生遗诗叙　叶恭绰
曹子建诗注自序　黄　节
与大公报文学副刊编者书
张尔田
曾敬诒先生六秩寿颂　瞿宣颖
诗录
三十五岁春日作　吴　宓
曾重伯先生挽诗四十韵
瞿宣颖
哭马通伯先生　王式通
题文学士读韦端已集诗　陈寅恪
芜词　徐　英
乙卯南归杂诗　张尔田

第72期
1929年11月出版

插　画

但丁像

但丁《地狱·渡河图》

通 论

白璧德论今后诗之趋势 吴 宓译

穆尔论自然主义与人文主义之文学 吴 宓译

述 学

四部通讲 卷一 经部流别 郭倬莹

中国文化史 第三编 第十七至十九章 柳诒徵

但丁《神曲·地狱·曲一至五》 钱稻孙译

第 73 期

1931 年 1 月出版

插 画

但丁与裴雅德遇于人间之图 〔英〕罗色蒂绘

但丁与裴雅德会于天上之图 〔英〕罗色蒂绘

通 论

薛尔曼评传（“Life & Letters of P.Sherman”） 〔美〕Jacob Zeitlin 与 Homer Woodbridge 撰 吴 宓译

论近人讲诸子之学者之失（录《史地学报》） 柳诒徵

述 学

《论语》杂说 钱 理

现代箴言（“Aphorisme du temps Presente”） 〔法〕Gustave Lebon（勒朋）作 冯承钧译

文 苑

文录

审安斋诗集序 康有为

审安斋诗集序 覃寿堃

人海微澜序 吴 宓

姚茫文先生五秩双寿序 宗 盛

姚重光夫子五十寿序 俞士镇

诗录

车人叹 闵尔昌

傭妇叹 闵尔昌

归途赁车感作 李景堃

皷史行 覃寿堃

赠唐倜风之川北 庞 俊

蹉跎 朱自清

端居偶成 吴 宓

十七年五月九日感事作 吴 宓

籍亮侪先生寄示任公挽诗感赋 缪 钺

酬撷华 王 易

庐山夜坐二首 陈曾寿

山居读仁先和章感题 陈三立

仙河集补六首（补第 47 期） 徐震堮

第74期
1931年3月出版

插　画
最近逝世之英国小说家劳伦斯像
最近逝世之英国小说家柯南道尔像
通　论
布朗乃尔与美国之新野蛮主义（“W.C.Brownell and cur Neo-Barbarism”）　〔法〕Louis J.A.Mercier（马西尔）作　乔友忠译
班达论智识阶级之罪恶（Montgomery Belgicn：“A Man of Ideas”）　〔美〕贝尔江作　吴　宓译
白璧德论班达与法国思想（Irving Babbitt：“Benda and French Ideas”）　张荫麟译
拉塞尔论柏格森之哲学（Pierce Lasserre：“Le deslin de Bergson”）　吴　宓译
路易斯论治术　吴　宓述
路易斯论西人与时间之观念　吴　宓述
述　学
四部通讲卷二　郭倬莹
文　苑
文录
与大公报文学副刊编者书　张尔田
培风楼诗存自序　邵祖平
敦煌劫余录序　陈寅恪
冯著中国哲学史审查报告　陈寅恪
诗录
庚午上巳日水榭禊集分韵得花字　李景堃
旧历岁除感赋　叶恭绰
浣花曲（十二解）　吴芳吉
送培德中学第三班诸生卒业　缪　钺
春感　覃寿堃
感怀二首　吴　宓
题陆丹林《红树室时贤书画集》　陈三立
译诗
莎士比亚招隐词（Shakes peare：“Under the Green Wood Tree”）　徐震堮译
摆伦挽歌曲（Byron：“O Snatchid away in beautys bloom”）　徐震堮译
摩雅感旧（Thomas Moore：“The Light of Other Days”）　徐震堮译

第75期
1931年3月出版

插　画
武侠小说中女主角图
怒——摹拟莎士比亚悲剧中之主角
通　论
自由教学法　柳诒徵
批评态度的精神改造运动

胡稷咸

述　学

唐太宗与佛教　汤用彤

知识哲学　景昌极

文　苑

端虚堂诗稿（七六题）　梁公约

附　录

中国文化史总目

第 76 期

1932 年 5 月出版

插　画

亚圣孟子像

英国写实派小说家班乃德像

述　学

孟子大义　唐迪风遗著

斐德罗篇（柏拉图语录之五）（续第 69 期）　郭斌龢译

我执实相观　李翊灼

文　苑

蒹葭楼诗（庚午、辛未）　黄　节

南冠集二四题　潘　式

附　录

因沪战延期出刊启事

第 77 期

1932 年 12 月出版

插　图

曾文正公（国藩）像

诗人陈伯严先生（三立）八十寿像

述　学

天问通笺　刘永济

读敖士英关于研究古音的一个商榷　曾运乾

柏拉图之埃提论　郭斌龢

文　苑

辛未旅燕杂感　彭　举

风沙集二二首　王　越

新甲词十九题　刘永济

第 78 期

1933 年 5 月出版

插　画

牛津大学全景

葛德在罗马城外苍茫吊古图

文　苑

欧游杂诗四六首　吴　宓

留美漫记　琴慧女士

悼亡杂忆　景昌极

附　录

海伦曲　吴　宓

第 79 期

1933 年 7 月出版

插　画

本社社员白屋诗人吴芳吉君遗像

廖季平先生遗像

廖季平先生墨迹

通 论

评文学革命与文学专制 易 峻

与刘文典教授论国文试题书 陈寅恪

述 学

原道字与彝字之哲学意义 顾立雅

墨学分期研究 杨 宽

开研廖季平师与近代今文学 蒙文通

柏拉图五大语录导言 郭斌龢

文 苑

沈变纪事诗六三首 王荫南

槐居唱和二七首 张尔田

邓之诚

15 创　造

简　介

《创造》，季刊，是创造社主办的第一个文学刊物。一九二二年五月一日创刊于上海，郁达夫、郭沫若、成仿吾轮流编辑，泰东书局印行，十六开本，横排（创刊号初版是竖排，重印时亦改为横排）。该刊很少能按时出版，并且除第一卷第三期之外，其余各期均未注明出版日期。本书所注出版时间，多由季刊编者在《学灯》、《文学旬刊》、《时事新报》上所登的出版预告或广告推算而来。由于人事变迁，季刊于一九二四年二月下旬出版了第二卷第二期之后即停刊，共出版六期。此刊各期重印次数较多，最多者重印过七次。停刊后曾出版过布面精装和纸面平装两种汇刊本。

郁达夫在此刊的出版预告中说："自文化运动发生后，我国新文艺为一、二偶像所垄断，以至艺术之新兴气运，澌失将尽，创造社同人奋然兴起，打破社会因袭，主张艺术独立，愿与天下之无名作家，共兴起而造成中国未来之国民文学。"这就是此刊编者的指导思想与办刊宗旨了。

《创造》季刊以登载创作为主，兼有文学评论和外国名著的翻译。撰稿人多为创造社成员，除编者之外，还有郑伯奇、田汉、张资平、陶晶孙、王怡庵、洪为法、邓均吾、何畏、淦女士和王独清等人，同时也发表了一些属于其他文学社团的作家的作品，如闻一多、梁实秋、冯至、徐志摩等人的诗文。揭载于该刊的郭沫若的新诗、郁达夫的小说和成仿吾的评论，引起了文艺界和读者的注意，使此刊产生了广大的影响，人们把创造社的出现看成是新文学一支异军的突起。

目　录

第 1 卷　第 1 期
1922 年 3 月 15 日出版

创造者（诗）　郭沫若
棠棣之花第二幕（戏剧）　郭沫若
她怅望着祖国的天野（小说）　张资平
咖啡店之一夜（戏剧）　田　汉
诗六首　王怡庵
　秋兴
　沉醉之春
　晚泛
　一朵玫瑰
　愿
　秋夜小诗
最初之课（小说）　东　山
诗一首　何　畏
　夏夜
茫茫夜（小说）　郁达夫
诗十六首　成仿吾
　海上吟
　房州寄沫若
　归东京时车上
　梦一般的
　静夜
　我想
　秋暮
　白云
　哦！我的灵魂
　疲倦了的行路
　故乡
　冬天
　残雪
　冬的别辞
　春树
　一刻
上帝的儿女们（小说）　张资平
一个流浪人的新年（小说）　成仿吾
诗五首　郭沫若
　南风
　白云
　新月
　雨后
　天上的市街
《少年维特之烦恼》序引　郭沫若
艺文私见　郁达夫
出版物道德　张资平
"创作"　张资平
淮尔特著杜莲格来序文　达夫译
海外归鸿（三封信）　郭沫若
写给谁的信　张资平
编辑余谈　郁达夫

第 1 卷　第 2 期
1922 年 9 月上旬出版

湘累的歌六曲（曲谱）　陶晶孙
　——赠郭夫人安娜
广寒宫（童话剧）　郭沫若

风铃（小说） 郁达夫
诗二首 成仿吾
长沙寄沫若
岁暮长沙城晚眺
附：沫若跋曲
午饭之前（戏剧） 田 汉
木马（小说） 张资平
诗五首 洪为法
雪（三首）
落叶
读《女神》
恋爱初期之失败者（小说）
黄业初
心潮篇（诗三十首） 邓均吾
黑衣人（戏曲） 陶晶孙
残春（小说） 郭沫若
星空（诗） 郭沫若
可怜的侣离雁（评论） 田 汉
—Pauvre Lelian—
读了《女神》以后 谢 康
批判《意门湖》译本及其他
郭沫若
夕阳楼日记 郁达夫
今津纪游 郭沫若
一双鲤鱼 王独清
编辑余谈 郭沫若

第 1 卷 第 3 期

1922 年 10 月上旬出版

未央（小说） 郭沫若
复活日（散文诗） 穆木天
一班冗员的生活（小说） 张资平
壁画（小说） 滕 固
傍徨（诗十首） 郭沫若
黄河中的哀歌
仰望
江湾即景
吴松堤上
赠友
夜别
海上
灯台
拘留在检疫所中
归来
木犀（小说） 陶晶孙
秋江（剧诗） 袁家骅
疟疾（小说） 方光焘
孤独的悲哀（戏剧） 郁达夫
诗选
诗境 王怡庵
过洞庭湖 王怡庵
溪边 王怡庵
夏午 王怡庵
Beethoven 赞赠郭沫若兄
何 畏
梅雨 郑伯奇
拜月词 郑伯奇
断章 郑伯奇
无题 郑伯奇
蝴蝶儿和百合 郑伯奇
问月 郑伯奇

隔阂　洪为法
知心　洪为法
投向自然　洪为法
静夜　洪为法
最后的赠与　洪为法
天地为炉　洪为法
归舟　洪为法
我愿　赵邦杰
人的欢喜　赵邦杰
假若　赵邦杰
我买一朵蔷薇花　成仿吾
啊！笨重的乌云呀　成仿吾
读 Rubaiyat 之后　成仿吾
黄昏（小说）　何畏
春潮（长篇小说）　郁达夫
灰色的鸟（小说）　成仿吾
反响之反响（评论）　郭沫若
学者的态度（评论）　成仿吾
——评胡适之先生的“骂人”的批评——
波斯诗人莪默伽亚谟（译诗一百首）　郭沫若
歧路　成仿吾
通信　伯奇　仿吾　李苦　沫若
编辑余谈　成仿吾

第 1 卷　第 4 期
雪莱纪念号
1923 年 2 月上旬出版

孤竹君之二子（戏剧）　郭沫若
爱之焦点（小说）　张资平
上海幻想曲（诗）　何畏
——1922 年正月的印象
采石矶（小说）　郁达夫
可怜的少女（小说）　赵邦杰
诗抄
寄怀实秋　闻一多
答一多　梁实秋
荷花池畔　梁实秋
怀——　梁实秋
答赠丝帕的女郎　梁实秋
赠——　梁实秋
琴音　冷玲女士
母亲　冷玲女士
和暖　冷玲女士
冬郊　冷玲女士
我不能忘记　冷玲女士
沪宁道中　冷玲女士
沪宁道中见送客者　冷玲女士
月下　冷玲女士
尼庵（戏剧）　陶晶孙
路上（小说）　张定璜
好象是但丁来了（诗十首）　郭沫若
好象是但丁来了
暗夜
冬景
夕暮
春潮
新芽
大鹫

地震
两个大星
石佛
坟墓（小说） 张友鸾
上帝的儿女们（小说 续创刊号） 张资平
Oshibana（诗八首） 徐祖正
汤田川村
京都北郊
灯光
血·泪·心
我那能忘你
凉夜
细雨
站在热海海岸上
石像的复活（小说） 滕 固
《沉沦》的评论 成仿吾
《残春》的批评 成仿吾
评冰心女士的《超人》 成仿吾
Shelley 张定璜
英国浪漫派三诗人 徐祖正
—拜伦、雪莱、箕次
雪莱的诗 郭沫若
雪莱年谱 郭沫若
Chanson de fleur morte（法文诗） 王独清
俄罗斯文学便览（选译）
Moissaye J.Olgin 著 何畏译
创造社与文学研究会 成仿吾
通信 凤 举 闻 天
编辑纵谈 成仿吾

第2卷 第1号

1923年5月上旬出版

我们的花园 郭沫若
卓文君（戏剧） 郭沫若
双曲线与渐近线（小说） 张资平
曼衍言 郭沫若
海上的悲歌（诗） 成仿吾
诗人的恋歌 成仿吾
二人之间（小说） 滕 固
李白之死（诗） 闻一多
他（小说） 黄慎之
欢迎会（戏剧） 成仿吾
归乡（诗八首） 冯 至
归乡
满天星辰
初春暮雨
畅观楼顶
初春之歌
绿衣人
问
我这样的歌唱
曼蓝之死（小说） 方光焘
诗选
吻之三部曲 刘梦苇
一夜 刘梦苇
最后之梦 刘梦苇
踏春 王环心
他是一个瞎子 洪为法
杂诗三首 洪为法
江边 王怡庵

初春　王怡庵
上帝的儿女们（小说，再续）　张资平
白鸥（诗十七首）　邓均吾
　白鸥
　我愿
　长画
　疲惫的心
　幻灭
　自题照片
　倦游者
　偶成
　幽默之景
　月
　簷溜
　海滨
　河之哀歌
　秋风
　读耶苏传
　春晨
　病里
茑萝行（小说）　郁达夫
批评与梦　郭沫若
我默伽亚谟之绝句　闻一多
《命命鸟》的批评　成仿吾
《一叶》的评论　成仿吾
艺术与人生（英文讲演）　徐志摩
《雅典主义》　成仿吾
喜剧与手势戏　成仿吾
　——读张东荪译的《物质与记忆》
讨论注译运动及其它　郭沫若
编辑杂谈　成仿吾

第2卷　第2号
（1924年11月下旬出版）

王昭君（戏剧）　郭沫若
回归线上（小说）　张资平
圣母像前（诗）　王独清
花影（小说）　倪贻德
军用票（戏剧）　张资平
隔绝（小说）　淦女士
迷途的小羊（诗）　全　平
上帝的儿女们（小说，续三）　张资平
春风沉醉的晚上（小说）　郁达夫
诗选
　破晓　敬隐渔
　面包　邓均吾
　泊黄山港外　王　珏
　淞沪车上　邓均吾
　愿望　洪为法
　想　王怡庵
　所见　邓均吾
　故乡　倪贻德
　湖上　倪贻德
　龙山顶上放歌　楼建南
　晚步　顾　庆
　舜江晨　楼建南
　我的伴侣　施若皇

日出之晨　叶宗泰
白玫瑰　郭沫若
火之洗礼　朱公垂
白云　成仿吾
对酒　邓均吾
林中（小说）　周全平
《呐喊》的评论　成仿吾
批评的建设　成仿吾
批评之拥护　郑伯奇
La Forteresse de Han Ko　敬隐渔
（郭沫若著《幽谷关》之法译）
英国诗人葛雷的《墓畔哀歌》　郭沫若
中途（散文）　郁达夫
南欧消息（通信）　王独清
编辑余谈　郭沫若

16 努力周报

简 介

《努力周报》，四开四版周刊，是胡适退出《新青年》编辑部之后创办的综合性刊物。一九二二年五月七日创刊于北京，胡适主编（一九二二年底至二三年初胡适生病期间由高一涵等代编），努力周报社出版发行。一九二三年十月三十一日终刊，共出版七十五期，又增刊一期。

《努力周报》的内容侧重于国内政治和文学艺术两方面，政治方面，在“这一周”、“记载”、“调查”等栏里着重报导北洋军阀政府的施政动态，军事、财政状况，和地方政局的变动，主要帝国主义国家对中国问题的态度等；在“社论”、“讨论”等栏里开展了以“我们的政治主张”为题的讨论和对制宪问题的讨论，宣扬了“好政府主义”、“废督立宪”、“联省自治”等政治主张。在文艺方面，发表了胡思永、徐志摩、陈衡哲等人的新诗，陈衡哲、冯文炳、叶圣陶等人的小说。还出版了“玄学与科学论讨”专号，对张君劢唯心主义玄学论进行了批判；此外发表了胡适的《红楼考证》、《中国最早的一部讨论妇女问题的书——镜花缘》等著作，把他的实验主义运用到文学研究上来，在学术界散节了唯心主义影响。

目　录

第 1 期
1922 年 5 月 7 日出版

论　著

基督教在欧洲历史上的位置　陈衡哲

军事调查

中国北方军队的概略

奉直两军的形势

文　艺

跋《红楼梦考证》　适

第 2 期
1922 年 5 月 14 日出版

我们的政治主张

蔡元培　王宠惠　罗文干　汤尔和
陶知行　王伯秋　梁漱溟　李大钊
陶孟和　朱经农　张慰慈　高一涵
徐宝璜　王　徵　丁文江　胡　适

论　著

近六十年间美国新闻纸的趋向　天　农

基督教在欧洲历史上的位置（续）　陈衡哲

军事调查

中国北方军队的概略（续）

文　艺

跋《红楼梦考证》（续）　适

第 3 期
1922 年 5 月 21 日出版

本刊启事（为“我们的政治主张”增刊事）

社　论

大家起来监督财政　适

记　载

直奉战争的真相　宗　淹

讨　论

政治与社会
——答《晨报》、《益世报》记者　高一涵

制宪问题　张慰慈

我们的政治主张的赞成人

第 4 期
1922 年 5 月 28 日出版

关于《我们的政治主张》的讨论

一、王振钧、郑振夏、殷钺、许孝炎、李俊、林之棠、董秋芳、陈凯的意见
　附：胡适答词

二、梅祖芬的意见
　附：胡适答词

三、黄炎培的意见

四、秋的意见

五、罗正纬的意见
　附胡适答词

六、董秋芳的意见

七、韩补青的意见
八、何思枢的意见
九、程振基的意见
附胡适答词
十、MTW 的意见
附胡适答词
十一、马昌民的意见
十二、胡光炜的意见
十三、李庆芳的意见
十四、殷钺的意见
附胡适答词
十五、文学成的意见
对本报的批评
一、伯秋的批评
二、傅斯棱的批评
附：胡适答词
诗
后努力歌 适
本报启事
（为不发表只是赞同者文章事）

第 5 期
1922 年 6 月 4 日出版

社 论
政治家再政党 适
评 论
董康氏的财政条陈
调 查
广东军队的概略 宗 淹
文 艺
石川啄木的歌（十七首）
附：对石川啄木简介

第 6 期
1922 年 6 月 11 日出版

特 载
天津保定间的捣鬼
论 著
财政问题 M.T.W
讨 论
省制的讨论 高一涵
关于《我们的政治主张》的讨论 宗 淹

第 7 期
1922 年 6 月 18 日出版

这一周
政治与计划 Q V
讨 论
关于《我们的政治主张》的讨论（续） 宗 淹
通 讯
我的歧路
《学衡》杂志社梅光迪君来信
《晨报副刊》孙伏卢君来信
常乃德君来信
我的自述 适
文 艺
南来诗钞 胡思永
津浦车中杂诗

第 8 期
1922 年 6 月 25 日出版

这一周
一、 Q
二、 慰
三、 适
中国财政的出路 R.T
直奉战后政变之教训 君劢
禁止兼差方法的意见 M.T.W
什么是预算 慰慈

第 9 期
1922 年 7 月 2 日出版

这一周
一、 适
二、 H
中国财政的出路（续） R.T
忠告旧国会议员 宗淹
市政问题（一） 慰慈

增刊
专件

中华民国宪法草案
八团体国是会议国宪草议委员会拟

第 10 期
1922 年 7 月 9 日出版

这一周 适
九六公债 Y R
关于“立法”“行政”两部一个根本的主张 青松
四川军队概况 永
市政问题（一）（续） 慰慈

来函

致胡适 我农
复我农 胡适

第 11 期
1922 年 7 月 16 日出版

这一周 适
中国铁路的险象 一个铁路学者
民国统一问题 李剑农
关于“立法”“行政”两部一个根本的主张（续） 青松
京师警察厅布告第七十号

第 12 期
1922 年 7 月 23 日出版

这一周
一、 适
二、 青松
市政问题（二） 慰慈
四川为什么糟到这个地步 衡哲
民国统一问题（续） 李剑农
编辑余谈 胡适
宣统与胡适
胡适启事

第 13 期

1922 年 7 月 30 日出版

这一周 适
统一与川局 永
废督裁兵的办法 叔衡
蒙事说略 林长民
上谕式命令的批评 M.T.W

第 14 期

1922 年 8 月 6 日出版

这一周
一、 适
二、 慰
裁兵计划的讨论 宗淹
蒙事说略（续） 林长民

第 15 期

1922 年 8 月 13 日出版

这一周
吴佩孚与联省自治 适
黎元洪的补辞职 适
对王内阁的要求 适
裁兵计划的讨论——答宗淹 百里
巫峡里的女子（小说） 衡哲

讨 论

关于《努力》本身的一个问题
（一）致胡适 衡哲
（二）致胡适 修人
章洪熙 党家钺 胡冠英
曹诚英 胡思永 程憬

第 16 期

1922 年 8 月 20 日出版

这一周 适
记孙（中山）陈（竞存）之争 襟涤
编辑余谈 适
一篇绝妙的平民文学
诗中丑的字句

第 17 期

1922 年 8 月 27 日出版

本报特别启事（为出附刊“读书杂志”事）

这一周 适
完成宪法手续上之商榷 卫挺生
再述孙陈之争 林生

第 18 期

1922 年 9 月 2 日出版

这一周 适
山西政治的演变 牟震西
我国的联邦问题 陈达材
对于现在中国政治问题的我见 陈独秀

附：按语　胡　适

第 19 期

1922 年 9 月 10 日出版

这一周　Q
联省自治与军阀割据——答陈独秀　胡　适
联邦救国的我见——并质陈独秀先生　陈国榘
战后的川局　永
湖南军队概略　宗　淹
多元的主权论　慰　慈

第 20 期

1922 年 9 月 17 日出版

这一周　适
假使我们做了今日的国务总理　W.G.T
日本俗歌二十首　仲密译
武化运动　I.H
编辑余谈
骂人（评郁达夫批评余家菊译文）　适

第 21 期

1922 年 9 月 24 日出版

增刊《读书杂志》二期要目预告
这一周
一、　适
二、　慰　慈
三、　Q
四、　H
教育基金条议　陈锦涛
批评八团体国是会议所拟的宪法草案　莲　士
《蕙的风》　适

第 22 期

1922 年 10 月 1 日出版

这一周
一、　适
二、　Q
国际的中国　适
职业参政刍议　卫挺生
说“省”与“邦”解造邦之惑　深　甫

第 23 期

1922 年 10 月 8 日出版

这一周　涵
存疑主义　适
邦与地方团体　潘大道
“不开帐来，不出钱！　T.S
北京教育界的问题　叔　永

诗

农家杂诗二首　何植三

小诗二首 曹元杰
忆 TY 曹元杰
冬夜 冯文炳
小孩 冯文炳

编辑余谈
——浅薄无聊的创作 适

第 24 期
1922 年 10 月 15 日出版

本报启事（为重印一、二、三及二二期事）

这一周 涵
“除非” 胡 适
孟哥哥（小说） 哲
答深甫君《说省与邦解造邦之惑》书 朱希祖

第 25 期
1922 年 10 月 22 日出版

这一周 适
记第八届全国教育联合会讨论新学制的经过（附学校系统草案） 适
答深甫君《说省与邦解造邦之惑》书（续） 朱希祖
诗
大明湖 适
回向 适

第 26 期
1922 年 10 月 29 日出版

特别启事（为零售加价事）

这一周
一 涵
二 J.H
国宪上权之配置 卫挺生
专 件
学校系统案（第八届全国教育会议决案）
长日 冯文炳

第 27 期
1922 年 11 月 5 日出版

这一周 适
国宪上军权之配置（续） 卫挺生
从英国最近的政党状况上说明这次内阁改组的原因 慰
谈北京的歌谣 常 惠
诗
途中的悲哀 洪 熙

第 28 期
1922 年 11 月 12 日出版

这一周 适

我们还主张召集各省会议　适
山海关外旅行见闻录　宗 淹
广西兵匪世界的调查　文 光

讨 论

卫深甫复朱希祖君书

通 信

任叔永来信

诗

祷告　胡思永
乌龙潭中的小船　家 斌

编辑余谈　哈

第 29 期

1922 年 11 月 19 日出版

这一周　适
什么叫近东问题　慰 慈
划分国税省税意见书　叔 衡
谁是中国今日的十二个大人物　适

诗

傍徨　思 永
二次的祷告　思 永

第 30 期

1922 年 11 月 26 日出版

这一周　适、淹、Q
国法何在　涵
新唯实主义述略　适

诗

三峡中的扬子江　衡 哲

讨 论

再答卫深君书　朱希祖

第 31 期

1922 年 12 月 3 日出版

这一周　涵
德国的经济议会　慰 慈
歌谣的比较的研究法的一个例　Q

附 录

吴敬梓年谱　适

第 32 期

1922 年 12 月 10 日出版

这一周
一、　Y
二、　T
三、　S
国库收入那里去了　R T
德国的经济议会（续第 31 期）　慰 慈
请国人注意片马问题　王龙章
辩论家应该熟读的两种名著　一 涵

诗

梦与希望　衡 哲

本报特别启事（为高一涵代胡适主编等事）

第 33 期
1922 年 12 月 17 日出版

这一周
一、 I.H
二、 涵
三、 慰
请国人注意片马问题（续 32 期）
王龙章
辩论家应该熟读的两种名著（续第 32 期） 一 涵
归国杂题（诗）
马赛 徐志摩
附 录
吴敬梓年谱（续 31 期） 适

编辑余谈（答读者疑问事） 一 涵

本报特别启事（为昨日预告章士钊之“农村立国论”暂不能成稿事）

第 34 期
1922 年 12 月 24 日出版

胡适启事（为告病离北大事）

这一周 涵
学风 高一涵
欧洲的新国家 慰 慈
小 说
猎夫 〔南非〕薛乃纳作 叔永译
诗
归国杂题
地中海 徐志摩
一拳 章洪熙
附 录
吴敬梓年谱（续第 33 期）
胡 适

第 35 期
1922 年 12 月 31 日出版

这一周 涵
欧洲的新国家 慰 慈
新年的旧话 适
特别记载
安徽裁兵运动的经过和停顿 J.H
小 说
猎夫（续第 34 期）
〔南非〕薛乃纳作 叔永译

第 36 期
1923 年 1 月 7 日出版

这一周 涵
希望“宪法会议”修改“宪法草案”中的“大总统选举法” 高一涵
欧洲的新国家（续第三五期）
慰 慈
专 著
中国社会紊乱的原因及挽救的办法
陶 因

小 说

猎夫（续第三五期）

〔南非〕薛乃纳著　叔永译

杂 感

“胡适先生到底怎样？”　胡　适

胡适启事（谢友贺年及向友补谢事）

第 37 期

1923 年 1 月 14 日出版

这一周　涵

希望反对联邦论者注意最近的国家性质新论　高一涵

欧洲的新国家（续第三六期）　慰　慈

专 著

中国社会紊乱的原因及挽救的办法（续第三六期）　陶　因

诗

冻雀　杨鸿烈

杂感　涵

关于薛乃纳女士的一句话　周作人

第 38 期

1923 年 1 月 21 日出版

这一周

高凌霨证明贿买国会是实　适

蔡元培以辞职为抗议　适

评 论

关于罗案的批评　I.H

欧洲的新国家（续第三七期）　慰　慈

专 著

中国社会紊乱的原因及挽救的办法（续第三七期）　陶　因

诗

“别赋”　Q

附 录

吴敬梓年谱　胡　适

第 39 期

1923 年 1 月 28 日出版

本报特别启事（本报与北大无关事）

这一周

贿买国会的问题　适

今日之事　适

蔡元培的“不合作主义”　适

“就是打破了头，也还要保持我灵魂的自由”　徐志摩

国民应该起来制裁这制造革命的国会！　高一涵

蔡元培与北京教育界　适

诗

“希望的埋葬”　徐志摩

“北方的冬天是冬天”　徐志摩

附　录

蔡元培的宣言

吴敬梓年谱（续第三八期）　胡　适

第40期

1923年2月4日出版

启事（为一至二六期合订本装成告读者事）

这一周

彭允彝代表什么　适

蔡元培是消极吗　适

到民间去　天　农

普鲁士的新宪法　慰　慈

广西割据下之财政状况　文　光

诗

情死　徐志摩

第41期

1923年2月11日出版

本报特别启事

（为春节期间不出版等事）

这一周

这个国会配制宪吗　适

京汉铁路的大罢工　C

心理上的革命准备　孟　和

小　说

一个不很重要的回想　徐志摩

第42期

1923年3月4日出版

这一周

上海罢市的取消　适

司法独立之后　适

四川的战争　永

一个外国朋友对于一个留学生的忠告　宗　淹

小　说

吃先生的日记（选录）　衡　哲

第43期

1923年3月11日出版

这一周

张绍曾的内阁早就该走了　适

德国的赔款帐　慰　慈

历史人物与地理的关系　丁文江

小　说

楼梯上〔英〕莫理孙作　藏　晖译

诗

我的心（Sara Teasdale）

叔　永　莎　非译

第44期

1923年3月18日出版

这一周

武力统一之梦　Q

国会又出丑了　Q
湖南的财政　R.T
历史人物与地理的关系（续）　丁文江

小　说

讲究的信封　冯文炳

诗

哀曼殊斐儿　志　摩

第 45 期

1923 年 3 月 25 日出版

这一周
解嘲　Q
四川的省宪草案　Q
湖南的财政（续前期）　R.T
罗尔问题　慰　慈

讨　论

关于《一个很不重要的回想》的讨论　徐志摩

附　录

吴敬梓年谱（续三九期）　适

第 46 期

1923 年 4 月 1 日出版

这一周
外交与内政　适
告日本国民　适
法国人的耻辱　适
三权分立与我国　邹德高

小　说

我的心　冯文炳

诗

深林中的大雨　志　希
“友呵敌呵”　志　希

编辑余谈（译书问题）　适

第 47 期

1923 年 4 月 8 日出版

这一周
关于旅大租界的条约　涵
宗淹君论罗尔问题　Q
兰因河畔的悲剧　宗　淹

附　录

吴敬梓年谱（续 45 期）　胡　适

第 48 期

1923 年 4 月 15 日出版

玄学与科学　丁文江
总统制与中国　萧一山

小　说

“吹胰子泡”　徐志摩

第 49 期

1923 年 4 月 22 日出版

这一周
不信任内阁问题　涵

黎元洪的"鬼治主义" I.H
卖身议员的供状 涵
玄学与科学（续） 丁文江
杂记 徐志摩
胡思永遗诗 胡 适

第 50 期

1923 年 4 月 29 日出版

这一周
代议制的讨论 适
再论人生观与科学并答丁在君 君 劢
学校风潮中的董事会问题 永
前期勘误

第 51 期

1923 年 5 月 6 日出版

这一周
"中国根本的社会问题" 涵
再论人生观与科学并答丁在君（续） 君 劢
杂记 徐志摩

第 52 期

1923 年 5 月 13 日出版

这一周
"新文化运动的批评" 涵
新旧国家立法部与行政部关系的比较 慰 慈

杂 感

"完全不是那么一回事" 哲
诗 徐志摩

附 录

吴敬梓年谱（续完） 胡 适
前期正误

第 53 期

1923 年 5 月 20 日出版

这一周
反对省宪同志会宣言 涵
孙行者与张君劢 适 之
人生观的科学或科学的人生观 叔 永
一年了 适
中国最近罢工问题之分析与补救 杨 铨

诗

悲思 徐志摩
西湖 胡 适

第 54 期

1923 年 5 月 27 日出版

这一周
到底谁是匪？ 涵
玄学与科学——答张君劢 丁文江

中国最近罢工问题之分析与补救（续） 杨 铨

第 55 期
1923 年 6 月 3 日出版

本报特别启事
（为出玄学与科学讨论专号事）

这一周
骑墙政策与殖兵政策 涵
张君劢主张的人生观对科学的五个异点 章演存
读张君劢论人生观与科学的两篇文章后所发生的疑问 朱经农
心理现象与因果律 唐 钺
玄学与科学——答张君劢（续） 丁文江

第 56 期
1923 年 6 月 14 日出版

这一周
介绍《制宪特刊》 涵
心理现象与因果律（续） 唐 钺
中国的病 青 松
现役军人到底有无被选为总统的资格 陈正漠
玄学与科学讨论的余兴 丁文江

第 57 期
1923 年 6 月 17 日出版

这一周
黎元洪为什么逃走 涵
一个紧急动议 涵
一个痴人的说梦——感情真是超科学的吗 唐 钺
“玄学与科学”论争的所给的暗示 唐 钺
阿拉伯的小品文学 雁冰译辑
诗人
全知与半知
追悔
福建军队现势之调查 华 魂

第 58 期
1923 年 6 月 24 日出版

启事（为二七至五二期合订本装成事）

这一周
一片“依法解决”声 O
时局杂感 王伯祥
科学与人生观 王星拱
童话一则 徐志摩
诗
晚上的西湖 衡 哲

第59期

1923年7月1日出版

这一周

上海总商会的决议案　永

想解决时局应该先停止北京国会的职权　涵

科学的范围　唐钺

记杨惠之塑罗汉像　顾颉刚

小说

柚子　冯文炳

诗

铁柝歌　徐志摩

第60期

1923年7月8日出版

这一周

开南北和平会议的条件　涵

中国最早的一部讨论妇女问题的书——《镜花缘》　胡适

小说

柚子（续）　冯文炳

诗

胡思永遗诗

时事讨论

一个救济中国的妙法——实行委员制　萧一山

前期小说《柚子》的正误表　编者

第61期

1923年7月15日出版

这一周

北京教育界的歧路　涵

阴阳五行说之来历　梁启超

“事实政府”究竟做了些甚么事　H.C

中国最早的一部讨论妇女问题的书

——《镜花缘》（续）　胡适

第62期

1923年7月22日出版

这一周

解决政局纠纷的一种办法　K.C

国会南迁的第一幕　叔永

阴阳五行之来历（续）　梁启超

小说

错过了　叶圣陶

第63期

1923年7月29日出版

这一周

顾维钧到底替谁看大门　涵

曹锟通电表示要做总统　涵

答KC君　涵

政治改革的目标　慰慈

小　说

在一个很远的世界里面
〔南非〕薛乃纳作　彭基相译

近来日本社会的不安和社会思想的发展　张家辅

诗

题风景册　衡　哲
晚景一则　衡　哲
落梅　枫湖女士
爱　枫湖女士

编辑余谈
考试和情面　涵

第 64 期
1923 年 8 月 5 日出版

这一周
我们最后的希望　涵
明日之学校译稿的弁言　经　农
革命和政治改革　慰　慈

小　说

洛斯奇尔的提琴
〔俄〕契诃夫作　胡适译

政治思想的研究

法国一部有名的反抗君政论　涵

第 65 期
1923 年 8 月 12 日出版

中国的泰勒兰　顾　实
怎样解决中国的问题　孟　和
四年来贵州政治变迁的真相　靖

诗

南高峰上看日出　胡　适

小　说

少年阮仁的失踪　冯文炳

第 66 期
1923 年 8 月 19 日出版

我对于国民党的态度　涵
教师的修养　叶圣陶
革命和政治改革（续）　慰　慈
洛斯奇尔的提琴（续）
〔俄〕契诃夫作　胡适译

诗

"我要去了"并序　衡　哲

杂　感

到内地去　青　松

第 67 期
1923 年 8 月 26 日出版

"走江湖"的江亢虎　老　万
读了一涵先生《我对于国民党的态度》以后　邹德高
少数人的责任　宗　淹
教育界的危机——江苏省教育会的年选风潮　王伯祥

第 68 期

1923 年 9 月 2 日出版

今日之域中 Y.J
中国的人民的分析 A.B
城市在文化史上所占的地位
慰 慈
读了青松先生的《到内地去!》之感想 马鹤令
一夜不安静 〔美〕Mark Twaiu 著
性仁译
索薪歌 W

第 69 期

1923 年 9 月 9 日出版

日本的地震 Y
大选费 Y
士的阶级的厄运 A.B
城市在文化史上所占的地位(续)
慰 慈
一夜不安静(续)
〔美〕Mark Twaiu 著
性仁译

第 70 期

1923 年 9 月 16 日出版

大选预备会 Y
"大国民"的外交 S.C
新贫民 A.B
欧洲中世纪的武士与都市 性仁译
(房龙:《人类的故事》节录)
社会进化史序 孟 和

第 71 期

1922 年 9 月 23 日出版

中国的大地震 S.S
宋舜水学说之梗概 黄递之

小 说

病人 冯文炳

政治思想的研究

宗教改革 涵

第 72 期

1923 年 9 月 30 日出版

评章行严的元首寄生论 K.C
读了《评所谓"科学与玄学之争"以后》 唐 钺
日本震灾和精神上的损失 叔 永
对于今后日本的一个希望
衡 哲
地震谈 沈懋德

政治思想的研究

宗教改革(续) 涵

第 73 期

1923 年 10 月 7 日出版

我对于邓初民君与高一涵君讨论

国民党的讨论　周　明
近作《西洋史》序言　陈衡哲
小　说
浣衣母　冯文炳
政治思想的研究
宗教改革（续）　涵

第 74 期

1923 年 10 月 14 日出版

这一周
不值批评的批评　涵
保存古物最好的办法　深
讨论“对于国民党的讨论”　余惟一
贵州人民现在的惨痛情形　FCS
政治思想的研究
宗教改革（续）　涵
杂　感
宪法与制宪者　涵
在变态的时代我们应持如何的态度　朱世龙

第 75 期

1923 年 10 月 31 日出版

胡适启事（关于周报停刊事）
一年半的回顾　胡　适
批评的“伦理”　擘　黄
答周明君对我提出之关于国民党的讨论　邓初民
小　说
半年　冯文炳
诗
灰色的人生　徐志摩
胡适之的来信（致高一涵、陶孟和、张慰慈、沈性仁）
政治思想的研究
宗教改革（续）　涵

17 读书杂志

简 介

《读书杂志》，月刊，综合性刊物。一九二二年九月三日创刊于北京，胡适编辑，努力周报社出版，并附《努力周报》发行。《努力周报》停刊后，由《读书杂志》社单独发行。一九二四年二月二十二日终刊，共出版十八期，每期四开二版。

胡适在编辑《努力周报》的同时又创办《读书杂志》，宗旨是引导青年埋头读书和鼓吹国学研究。该刊发表了不少对古籍的考订、铨释，对今人学术专著的述评和古史研究、古代哲学研究的文章，也刊登了一些考证、评介《诗经》、楚辞、元曲、《西游记》等古典文学作品的文章，涉及到现代文学的有胡适对康白情诗集《草儿》、俞平伯诗集《冬夜》的评论。该刊与《国学季刊》相配合，鼓吹“整理国故”，特别是发表了胡适的《一个最低限度的国学书目》，开列了近二百部达数千册的古书，其中包括《三侠五义》和多种佛经，当时在知识青年中产生了较大影响。当爱国运动走向高涨的时候，实际上起了引导青年走进书斋脱离现实斗争的作用。

目 录

第 1 期
1922 年 9 月 3 日出版

发起《读书杂志》的缘起　适
一千九百年前的一个社会主义者——王莽　适
读楚辞　适
评新诗集（一）
　康白情的《草儿》　适

第 2 期
1922 年 10 月 1 日出版

《大招》、《招魂》、《远游》的著者问题（《屈原评传·余论》之一）　陆侃如
北京的平民文学　胡　适
评新诗集（二）
　俞平伯的《冬夜》　适
读书漫录三则　虚　生

第 3 期
1922 年 11 月 5 日出版

记李觏的学说　胡　适
研究《诗经》的参考书

第 4 期
1922 年 12 月 3 日出版

《天问》释疑　徐旭生
读《读楚辞》　陆侃如
元人的曲子　适

第 5 期
1923 年 1 月 7 日出版

重印《天工开物》始末记　丁文江
荀子之政治论　吴　虞

第 6 期
1923 年 2 月 4 日出版

《西游记》考证　胡　适

第 7 期
1923 年 3 月 4 日出版

一个最低限度的国学书目　适
读《西游记考证》　董作宾
读王国维先生的《曲录》　适

第 8 期
1923 年 4 月 1 日出版

读梁漱溟先生的《东西文化及其哲学》　胡　适

第 9 期
1923 年 5 月 6 日出版

黄梨洲朱舜水乞师日本辨　梁启超

评汤姆生的《科学大纲》　叔　永
与钱玄同先生论古史书　顾颉刚

第10期
1923年6月10日出版

答顾颉刚先生书　钱玄同
研究历史应具的常识　衡　哲
读书随笔　衡　哲

第11期
1923年7月1日出版

读顾颉刚君《与钱玄同先生论古史书》的疑问　刘掞藜
读顾颉刚先生论古史书以后　胡堇人
答刘胡两先生书　顾颉刚

第12期
1923年8月5日出版

研究国学首先应该知道的事　钱玄同
讨论古史答刘胡二先生　顾颉刚

第13期
1923年9月2日出版

讨论古史再质顾先生　刘掞藜

第14期
1923年10月7日出版

讨论古史答刘胡二先生（一续）　顾颉刚
讨论古史再质顾先生（一续）　刘掞藜

第15期
1923年11月4日出版

讨论古史答刘胡二先生（二续）　顾颉刚
讨论古史再质顾先生（二续）　刘掞藜

第16期
1923年12月2日出版

讨论古史答刘胡二先生（三续）　顾颉刚
讨论古史再质顾先生（三续）　刘掞藜

第17期
1924年1月6日出版

顾颉刚启事（讨论古史因无暇而暂停事）

努力月刊出版预告
戴东原在中国哲学史上的地位　胡　适
附：与梁任公先生书
宋玉赋考　陆侃如
《水浒后传》的作者陈忱　顾颉刚

第18期

1924年2月22日出版

本报特别启事（为本杂志停刊事）
古史讨论的读后感　胡　适
荀卿考　游国恩

18 歌谣周刊（歌谣）

简 介

《歌谣周刊》（第一卷第四十九期以前，刊名只署“歌谣”两字）是北京大学文学院国学研究所歌谣研究会的会刊，从第二卷第九期起又是风谣学会的会刊。一九二二年十二月十七日创刊，北京大学出版部出版，初随《北京大学日刊》发送，后单独发行，署“北京大学歌谣研究会”编，实际第一卷先后由常惠、顾颉刚、魏建功、董作宾编辑。一九二五年六月底因北大国学研究所调整而休刊，一九三六年四月四日复刊后出第二卷，初由徐芳、李素英编辑，后由徐芳一人编辑。一九三七年六月二十六日出至第四卷第一期终刊，共出版一百五十一期，十六开本，每期八版。第一卷的第一至四十九期为直排版，以后各期改为横排版。

歌谣研究会于一九二二年成立，是我国第一个致力于搜集、研究歌谣的专业团体，主要成员有顾颉刚、魏建功、常惠、沈兼士、刘复、周作人、董作宾等。风谣学会于一九三六年四月成立，是风谣爱好者的同人组织。这两个团体都附带搜集研究歌谣之外的其他民间文学作品，基本上是一套人马两个招牌——一个校方招牌，一个同人招牌，都随《歌谣周刊》终刊而解体。

《歌谣周刊》是中国第一个刊登民歌和民间儿歌及其研究文章的专刊。据不完全统计，该刊发表的歌谣多达三千余首，研究文章多达一百余篇。它刊登的歌谣以中国的为主，兼有日本俳歌与欧洲情歌，刊登的中国歌谣以近代为主，近代歌谣又以汉族的为主，兼有少数民族的民歌，以内地的为主，兼有边疆省份（地域广达二十一省）的民歌。

《歌谣周刊》还刊登了一些谚语、故事谜语、民间传说、童话、鼓词、小调以及与歌谣有关的方言，地方风俗介绍文章等等。

目　录

第1号

1922年12月17日出版

刊启事二则（为告出版日期及稿约事）
歌谣周刊缘起　沈兼士
发刊词　编　者
对于投稿诸君进一解　常　惠
民歌选录
广西
妹哑妹（通行象县）　刘策奇
麻雀（通行象县）　刘策奇
广东
拍大髀（通行广州）　凌　霜
打千秋（通行雷州）　黄　欣
浙江
落拓姑娘（通行江山）　毛　常
小媳妇（通行江山）　毛　常
儿歌选录
广东
麻雀仔（通行南海）　余富夏
采篮姊（通行梅县）　丘在人
挠塘挠（通行顺德）　梁绍文
浙江
小姑娘（通行余杭）　蔡　堡
月亮晃晃（通行诸暨）　杨则明
江苏
天上有个月（通行镇江）　平和子
四川
背时媒人（通行川北南充）　熊天祉
斑竹桠（通行成都）　康心口
本会征集全国近世歌谣简章
来件（十件）

第2号

1922年12月24日出版

本刊启事二则（同上期）
我们为什么要研究歌谣（一）　常　惠
民歌选录
江苏
一只橘子抛上天（通行吴江）　孙本文
安徽
蝶螺叫（通行青阳贵池）　汤炳荣
湖北
白纸扇（通行黄梅）　李逢时
天上星（通行武昌）　李四杰
天上大星（通行黄冈）　李逢时
儿歌选录
江苏
喔团团（通行吴江）　孙本文
一个星（通行吴江）　孙本文

安徽

大月亮（通行定远） 王增鸿

张打铁（通行青阳） 汤炳荣

张打铁（通行安庆） 程嗣廷

湖北

地老鼠（通行襄河） 常　惠

亮晃虫（通行保康歇马河）

黄绍谷

大老鼠（通行房陵） 李逢时

三岁籽（通行黄陂） 李逢时

来件（十件）

投稿诸君注意

第3号

1922年12月31日出版

本刊启事二则（同前期）

我们为什么要研究歌谣（二）

常　惠

民歌选录

河南

五月里（通行河北） 李在谦

格臂草（通行河北） 李在谦

直隶

小蚂蚱（通行冀县） 刘重光

葫芦花（通行深泽） 劝学所

唧唧唧（通行滦县） 刘世昌

南运河舟人歌

（通行天津胜芳一带）

张仲述

山东

两老婆（通行招远） 李芳华

小大姐（通行济南）

省立二中

儿歌选录

河南

月奶奶（通行卫辉） 徐家骧

骨突开花（通行荥泽）

郭凡今

小驴儿（通行郿县） 杨宝三

直隶

小枣树（通行完县） 张　苹

拉大锯（通行滦县） 刘世昌

山东

小孩儿睡（通行文登荣城）

梁国常

张官老（通行文登荣城）

梁国常

来件（十三件）

投稿诸君注意（同上期）

第4号

1923年1月7日出版

本刊启事二则（同上期）

讨　论

几首可作比较研究的歌谣

致常惠 白启明

复白启明 常　惠

致常惠 蔚　文

复蔚文 常　惠

译　述

歌谣的起源（节译法国的《儿童诗歌的研究》）　为　君

歌谣集录

下雨下雪（通行河南濬县）　孙至诚

夹雨夹雪（通行浙江杭州）　《天籁》卷一

下大雪（通行山东威海卫）　谷源瑞

下雨下雪（通行直隶沙河）　宗锡钧

小鸡嘎嘎（通行河南项城）　顾文山

下雨下雪（通行直隶深泽）　劝学所

加雨加雪（通行陕西）　王焕猷

小鸡嘎嘎（通行河南上蔡商水）　许时行

鸡架高（通行地点佚）（录者佚）

更　正

直隶

　嘟嘟嘟（通行滦县）　刘世昌

山东

　两老婆（通行招远）　李芳华

通　讯

致记者　周作人

　附：记者附言

致记者　李芳华

　附：记者附言

本会征集全国近世歌谣简章（同第一号）

来件（十九件）

第 5 号

1923 年 1 月 14 日出版

本刊启事三则（前二同上期，三为读者索要《征集歌谣简章》事）

研究与讨论

致常惠　张四维

复张四维　常　惠

民歌选录

江西

　童生应试歌（通行九江德安）　胡祖树

　燕子（通行安福）　张国威

湖南

　鬼贵阳（通行龙山永顺保靖桑植等县）　肖逢蔚

　裹脚呀（通行华容）　高　风

贵州

　采茶（通行鳛水）　傅朝臣

　灯草花（通行鳛水）　傅朝臣

　山歌（通行鳛水）　傅朝臣

　贵贵阳（通行鳛水）　傅朝臣

儿歌选录

江西

　瓦雀儿（通行安福北乡）　张国威

　送姐姐（通行安福北乡等地）　张国威

夜鹄仔（通行安福西北二乡）
张国威
唱个耶（通行兴国北隅枫边区）
杨溥荃
麻雀子（通行兴国北隅枫边区）
杨溥荃

陕西

渠渠水（通行全省东南尤盛）
王焕猷
石榴花（通行全省东南尤盛）
王焕猷

来件（十六件）

第6号

1923年1月21日出版

本刊启事三则（同上期）

研究

几首不完全的歌谣　　编者

民歌选录

陕西

青石头（通行全省东南尤盛）
王焕猷
炭锨把（通行全省东南尤盛）
王焕猷
白菜扑地叶叶黄（通行全省东南尤盛）　王焕猷

湖北

半边下雨半边晴（通行武昌）
曹胜之

山东

牡丹花（通行济南）
省立二中

儿歌选录

陕西

麻野雀（通行全省东南尤盛）
王焕猷
曲儿长（通行全省东南尤盛）
王焕猷
红樱桃（通行全省东南尤盛）
王焕猷
我爸烧锅（通行渭南河北一隅）
蔡瞪贤

京兆

蝴蝶（通行安次）　陈文华
蚂蛱（通行安次）　陈文华
桃花开（通行安次）　陈文华
咄咄咄（通行安次）　陈文华

转录

中国民歌的价值
（刘半农编《江阴船歌·序》）
周作人
（录《学艺》杂志一卷二号）

来件（九件）

第7号

1923年1月28日出版

本刊启事（同上期）

研究

再比较一下　　腥胨

民歌选录

安徽

灯盏花（通行绩溪） 曹胜之

红云嫁黑云（通行绩溪） 曹胜之

儿歌选录

湖北

骑马（通行武昌） 曹胜之

蚱蚂（通行武昌） 曹胜之

麻雀（通行武昌） 曹胜之

山西

拉大锯（通行阳曲） 《怪话》卷二

张古老（通行阳曲） 《怪话》卷二

狼打柴（通行阳曲） 《怪话》卷二

来件（七件）

转　录

歌谣讨论（一） 刚

（录《晨报》，一九二一年一月）

第 8 号

1923 年 3 月 4 日出版

本刊启事三则（同上期）

研　究

歌谣中的家庭问题 常　惠

民歌选录

奉天

车镳辘菜（通行奉天） 吴振铎

货郎哥（通行奉天） 吴振铎

一棵树（通行沈阳） 高逢泰

清晨起（通行沈阳） 高逢泰

山西

天吓天（通行岢岚） 邓鸿业

牛啼啼（通行静乐） 邓鸿业

纺织娘（通行岚县） 邓鸿业

葫芦花（通行岚县） 邓鸿业

双核桃（通行兴县） 邓鸿业

鸡叫明（通行兴县） 邓鸿业

冬来了（通行太原） 邓鸿业

推煤汉（通行太原） 邓鸿业

做草纸（通行太原） 邓鸿业

死了男儿（通行襄陵） 邓鸿业

线把儿线（通行襄陵） 邓鸿业

儿歌选录

山西

狮狮帽（通行静乐） 邓鸿业

娇儿娇（通行襄陵） 邓鸿业

一背背（通行太原） 邓鸿业

鸦雀啧（通行太原） 邓鸿业

公布（七则）

来件（二一件）

转　录

歌谣讨论（二） 刚

（录《晨报》，一九二一年一月）

第 9 号

1923 年 3 月 11 日出版

本刊启事（同上期）

选　录

台湾的歌谣序

民歌选录

（选自平泽清七《台湾的歌谣》）

台湾民歌三十首

童谣选录

（选自平泽清七《台湾的歌谣》）

月光光
草螟公
打汝天
挨劳挨
指甲花
龙眼干
一只鸟
阿艺官
抉米糕
打铁哥
火金姑
天乌乌
雷公鸣
白鸽丝
挨垄挨
唏咐挨
搾门扇
子仔子
一放鸡

转　录

歌谣讨论（三）　刚

（录《晨报》，一九二一年一月）

第10号

1923年3月18日出版

研　究

读《童谣大观》　周作人

民歌选录

云南
小板凳（通行昆明）　孙少仙
碗豆菜（通行弥渡）　刘显奎
白手巾（通行宣威）　张四维
菊花开（通行昆明）　张四维

贵州
骑牯牛（通行黔北）　赵寄萍
滚觔斛（通行黔北）　赵寄萍

四川
一根树（通行川北）　蓝梦九
一张纸（通行蓬安）　蓝梦九

广西
芭蕉叶　莫耀南
嗡嗡叫　莫耀南
白榄仔（通行广州）　冯　梁
盖菜仔（通行广州）　冯　梁

儿歌选录

云南
小姑娘（通行普洱）　何　瑭
萤火虫（通行景东）　刘显奎
花红花（通行宣威）　张四维
诺诺睡（通行蒙化）　张四维

贵州
斑斑点点（通行黔北）　赵寄萍
中指拇（通行黔北）　赵寄萍

丫头丫（通行镇远） 彭廷镛
烟子烟（通行镇远） 彭廷镛
四川
丁丁猫（通行成都） 孙元良
花蛾蛾（通行成都） 孙元良
铜杆车车（通行成都） 史绍芬
山喳尾巴长（通行成都） 史绍芬
广东
双蝴蝶（通行广州） 冯　梁
寄针扱花带（通行高要） 冯　梁
广西
月亮巴巴 莫耀南
纺棉纱 莫耀南
本会征集全国近世歌谣简章
来件（十则）

第11号
1923年3月25日出版

讨　论
致常惠 戴般若
复戴般若 常　惠
民歌选录
云南
昆明山歌四首 孙少仙
四川
酉阳四首 郑宾于
成都一首 史绍芬
川北一首 蓝梦九
蓬安一首 蓝梦九
湖南
晃县一首 舒大桢
郝县一首 邓益三
广东
潮州一首 林醉陶
南海一首 陈希夏
平远山歌十二首 蓝孕欧
平远情歌八首 蓝孕欧
歌谣集录
麻野雀（通行直隶完县） 张　苹
麻尾雀（通行直隶安平） 张赞勋
麻野雀（通行直隶隆平） 赵赓麟
麻野雀（通行直隶束鹿） 潘紫池
麻野雀（通行直隶西陵） 陈云阶
麻野鹊（通行直隶完县） 藏玉海
麻野鹊（通行直隶完县） 张　苹
麻野雀（通行直隶威县） 刘重修
小老鸹（通行京兆武清） 夏芗圃
大公鸡（通行直隶天津） 天　一

麻衣鹊（通行直隶冀县）
王文灿
麻野鹊（通行直隶枣强）
王文灿
花野鹊（通行直隶广宗）
卫景周
麻尾雀（通行直隶清宛）
庸　受
麻野雀（通行直隶饶阳）
刘绍白
麻野雀（通行直隶赵县）
张达夫
麻野鹊（通行直隶沙河）
孔襄我
麻野鹊（通行直隶完县）
张　苹
山老鸹（通行山东潍县）
郭德勋
山老鸹（通行山东恩县）
朱鉴堂
白眼狼（通行山东历城）
省立二中
山老呱（通行河南武陟）
魏玉璜
麻衣雀（通行河南邓县）
丁肇清
花喜鹊（通行江苏铜山）
盛维元
小麻雀（通行安徽涡阳）
刘成山
麻雀子（通行江西南昌）　胡祖树
红公鸡（通行广西）　莫耀南

通　信

致常惠　张四维
复张四维　常　惠

来件（七件）

第12号

1923年4月1日出版

研　究

吕坤的《演小儿语》　周作人
演小儿语（四六首，附序及书后）
〔明〕吕　坤

附　录

盘腿盘（通行京兆）　为　君
东屋点灯西屋明（通行山西长治）
杨　劼
打箩儿筛（通行京兆）　为　君
雨来了　《帝城景物略》
烟子烟儿莫烟我（通行川北）
蓝梦九
丫头片（通行京兆）　陈炳华

儿童选录

安徽
捉蛇蚤（通行合肥三河镇）
汪元起
呸呸锸（通行合肥三河镇）
汪元起
卖花狗（通行合肥三河镇）
汪元起

小大姐（通行合肥三河镇） 汪元起
旱螺（通行合肥三河镇） 汪元起
想丫头（通行合肥三河镇） 汪元起
赶兔子（通行合肥三河镇） 汪元起
装风（通行合肥三河镇） 汪元起
押莲子（通行祁门） 汪　波
拖磨门（通行祁门） 汪　波
燕子（通行舒城） 张震涛
绛小孩（通行舒城） 张震涛
船（通行舒庐） 张震涛
打锣（通行舒庐） 张震涛
老几（通行舒庐） 张震涛
踢菱角（通行舒庐） 张震涛
浙江
蜻蜓（一）（通行余姚） 邵纯熙
蜻蜓（二）（通行余姚南乡） 徐宗衍
蟋蟀（通行余姚） 邵纯熙
蚂蚁（通行余姚） 邵纯熙
劈拍（通行德清） 邵诵熙
转　录
村歌俚谣在文艺上的地位　绍　虞（录一九二〇年八月二十一日《晨报·艺术谈》三一）

来件（八件）

第 13 号

1923 年 4 月 8 日出版

研　究
我对于研究歌谣发表一点意见 邵纯熙
民歌选录
京兆
怕老婆（通行武清） 夏芗圃
满天星（通行武清） 夏芗圃
直隶
小闺妮（通行深泽） 子　明
小二姐（通行高邑） 郭凡今
小枣树（通行安平） 张赞勋
小轿车（通行枣强） 吕永坤
河南
童养媳（通行新乡） 杨世清
寻老婆（通行新乡） 杨世清
新妇思宁歌（通行新乡） 杨世清
新妇回门歌（通行新乡） 杨世清
山东
黄金锁（通行济南） 省立二中
白莲花（通行济南） 省立二中
豆芽菜（通行诸城） 宗　耀
虾虾叫（通行莱阳） 程一钊
菠菜根（通行莱阳） 程一钊
扁豆叶（通行莱阳） 程一钊

儿歌选录

直隶

苜蓿花（通行枣强） 吕永坤

苇子叶（通行枣强） 吕永坤

河南

曲曲（通行新乡） 杨世清

柳絮（通行新乡） 杨世清

板凳歪歪（通行新乡） 杨世清

红头绳（通行新乡） 杨世清

豆楼叶（通行利津） 崔振化

小白人（通行利津） 崔振化

歌谣集录

姑娘吊孝（其一）（通行完县城西） 藏玉海

姑娘吊孝（其二）（通行完县城北） 藏玉海

第 14 号

1923 年 4 月 15 日出版

研　究

一首歌谣整理的经过 杨世清

讨　论

对《我对于研究歌谣发表一点意见》的商榷 白启明

民歌选录

江西

兴国枫边区一首 杨溥荃

湖南

晃县三首 舒　大

郧县三首 邓益三

酉阳四首 郑宾于

广东

嘉应樵歌三首 辉　星

平远山歌二十首 蓝孕欧

平远情歌十首 蓝孕欧

广西

象县（乡风）四首 刘策奇

转　录

歌谣谚语注释引言 李　皜

（录一九二三年八月三十一日《光报》）

来件（十七件）

第 15 号

1923 年 4 月 22 日出版

讨　论

歌谣分类问题 邵纯熙

民歌选录

江苏

挑荠菜（通行常熟） 俞钱云辉

吃吃粥（通行常熟） 俞钱云辉

看烟囱（通行常熟） 俞钱云辉

作冬衣（通行常熟） 俞钱云辉

唱山歌（通行常熟） 俞钱云辉

学摇船（通行常熟） 俞钱云辉

蚕豆花（通行常熟） 俞钱云辉

种牡丹（通行常熟） 俞钱云辉

儿歌选录

江苏

小大姐（通行南京） 党家斌
小板凳（通行南京） 党家斌
江西
俏姑娘（通行新建） 党家斌
一块板（通行新建） 党家斌
浙江
倭倭来（通行宁波） 崔真吾
癞头三首（通行宁波） 崔真吾
笃笃笃三首（通行鄞县章村） 崔真吾
背猡猡（通行鄞县章村） 崔真吾
火萤头（通行鄞县章村） 崔真吾
舅舅（通行鄞县章村） 崔真吾
鹅（通行鄞县） 崔真吾
嘎喵（通行鄞县） 崔真吾
阿哥弟（通行鄞县） 崔真吾
斗斗撞撞飞（通行鄞县） 崔真吾
来稿照登
就四川酉阳民歌给编者的信 郑宾于
闽南妇女在民歌中的地位 道 始
转 录
《吴歈集录》的序 刚
（录一九二〇年十一月三日《晨报》）
更正（九则）

第16号
1923年4月29日出版

译 述
英国搜集歌谣的运动
Frank Kidson and Mary Neal: English Folk-Song and Dance（P.40-P.47） 家斌译
再论歌谣分类问题 刘文林
民歌选录
湖南
星（通行芷江辰谿） 熊天厄
大雪（通行芷江） 熊天厄
大风（通行芷江） 熊天厄
喜鹊（通行芷江） 熊天厄
绉绸帕（通行辰谿） 熊天厄
高岩坎（通行辰谿） 熊天厄
麻雀窠（通行辰谿） 熊天厄
湖北
雅鹊尾巴（通行汉川） 黄 璞
半边落雨半边晴（通行汉川） 黄 璞
天上的星（通行汉阳） 黄 璞
汉菜梗（通行汉阳） 黄 璞
儿童选录
湖南
扇（通行芷江） 熊天厄
麻子麻（通行芷江） 熊天厄
排排坐（通行芷江） 熊天厄
张打铁（通行芷江） 熊天厄
麻雀仔（通行芷江） 熊天厄

喜鹊娘（通行辰谿）　熊天厄
苋菜红（通行辰谿）　熊天厄
田菜花（通行辰谿）　熊天厄
湖北
半边落雨半边晴（通行黄安黄陵）　韩　薰
月亮走（通行黄陂）　冯家勋
柑子树（通行沙市）　肖承慎
来件（十二件）
转　录
自己的园地　仲　密
十一　歌谣（录一九二二年四月十三日《晨报》）

第17号
1923年5月6日出版

讨　论
歌谣分类问题　邵纯熙　常　惠
民歌选录
河南
命薄歌（通行邓县）　尹淑敏
小杆杖（通行邓县）　尹淑敏
懒婆娘（通行邓县）　尹淑敏
嫁女歌（通行邓县）　尹淑敏
大麦穗（通行邓县）　尹淑敏
长长台（通行邓县）　尹淑敏
麻野雀（通行邓县）　尹淑敏
光身汉（通行邓县）　尹淑敏
回娘家（通行邓县）　尹淑敏
恨婆家（通行邓县）　尹淑敏
山西
羊尿蛋（通行晋城）　焦士亨
青竹竿（通行晋城）　焦士亨
清茶（通行晋城）　焦士亨
核桃瓣（通行晋城）　焦士亨
高高山（通行晋城）　焦士亨
小锅拍（通行晋城）　焦士亨
花椒树（通行晋城）　焦士亨
豆芽菜（通行晋城）　焦士亨
一根草（通行晋城）　焦士亨
花椒树（通行晋城）　焦士亨
小南瓜（通行晋城）　焦士亨
大麦穗（通行晋城）　焦士亨
儿歌选录
河南
红格当（通行邓县）　尹淑敏
小老鼠（通行邓县）　尹淑敏
上南坡（通行邓县）　尹淑敏
瞎子瞎（通行邓县）　尹淑敏
拨灯棍（通行邓县）　尹淑敏
芝麻杆（通行邓县）　尹淑敏
怕舅母（通行邓县）　尹淑敏
老鸹窝（通行邓县）　尹淑敏
胖大姐（通行邓县）　尹淑敏
灰灰菜（通行邓县）　尹淑敏
麻野雀（通行邓县）　尹淑敏
小枣树（通行邓县）　尹淑敏
小姑娘（通行邓县）　尹淑敏
一棵桑（通行邓县）　尹淑敏
烟子烟（通行邓县）　尹淑敏
山西

羊马（通行晋城） 焦士亨
小白鸡（通行晋城） 焦士亨
棘针树（通行晋城） 焦士亨
扳床操操（通行晋城） 焦士亨
太阳（通行晋城） 焦士亨
一股烟（通行晋城） 焦士亨
小锅拍（通行晋城） 焦士亨
风葫芦（通行晋城） 焦士亨
十五口猪（通行晋城） 焦士亨
鞑谷叶（通行晋城） 焦士亨
棘针里（通行晋城） 焦士亨
上鼓上鼓（通行晋城） 焦士亨
羊羔（通行晋城） 焦士亨
一根干草（通行晋城） 焦士亨

来件（三十五件）
勘误

第 18 号
1923 年 5 月 13 日出版

译 述

民歌（Ballad）（一）
Andrew Lang 著 家 斌译

民歌选录

京兆
大丫头（通行武清） 夏芗圃
太阳出来（通行武清） 夏芗圃
小媳妇（通行武清） 夏芗圃
高高山上一颗蒿（通行武清） 夏芗圃
小轿车（通行武清） 夏芗圃
瓜打板（通行武清） 夏芗圃
大公鸡（通行武清） 夏芗圃

直隶
小麻鸡（通行邢台） 张 琮 张孚先
嫁读书郎（通行邢台） 张 琮 张孚先
嫁庄稼汉（通行邢台） 张 琮 张孚先
一钱金（通行邢台） 张 琮 张孚先
高秫稭（通行邢台） 张 琮 张孚先
小蜜蜂（通行邢台） 张 琮 张孚先
担杖钩（通行邢台） 张 琮 张孚先
花椒叶（通行邢台） 张 琮 张孚先
十二忙（通行邢台） 张 琮 张孚先

陕西
今日七（通行泾阳三原） 焦毓英
旱烟袋（通行泾阳三原） 焦毓英
想娘家（通行泾阳三原） 焦毓英
红豆豆（通行泾阳三原） 焦毓英

月光光（通行泾阳三原）
焦毓英

儿歌选录

京兆

小柳树（通行武清） 夏芗圃
小耗子（通行武清） 夏芗圃
小桃树（通行武清） 夏芗圃
小秃子（通行武清） 夏芗圃
小大姐（二）（通行武清）
夏芗圃
小大姐（二）（通行武清）
夏芗圃
磕打 夏芗圃

直隶

扯啰啰（通行邢台）
张孚先 张 琮
鸡不鸡（通行邢台）
张孚先 张 琮
轧不轧（通行邢台）
张孚先 张 琮
小桃树（通行邢台）
张孚先 张 琮
饿老鹏（通行邢台）
张孚先 张 琮
日头上来一点红（通行邢台）
张孚先 张 琮
小西瓜（通行邢台）
张孚先 张 琮
小老鼠（通行邢台）
张孚先 张 琮
小小子（通行邢台）
张孚先 张 琮
小包袱（通行邢台）
张孚先 张 琮
拍豆角（通行邢台）
张孚先 张 琮
板凳（通行邢台）
张孚先 张 琮

转 录

邦助研究近世歌谣的朋友 常 惠
《北京的歌谣》序
〔意〕Guido Vitale 男爵

来件（四件）

第 19 号
1923 年 5 月 20 日出版

译 述

民歌（Ballad）（二）
Andrew Lang 著 家 斌译

民歌选录

山东

喇叭响（通行即墨） 李卜五
女大男小（通行泰安） 葛毓桂
山老鸹（通行临清） 张元亨
小枣树（一）（通行临清）
张元亨
小枣树（二）（通行临清）
张元亨
好吃的媳妇（通行临清）
张元亨

抽大烟（通行临淄） 徐廉垣
小黄盆（通行临淄） 徐廉垣
小狗旺旺咬（通行临淄） 徐廉垣
杜栗子树（通行临淄） 徐廉垣
小兀踏（通行临淄） 徐廉垣
推磨（通行临淄） 徐廉垣
一棵白菜（通行临淄） 徐廉垣

儿歌选录

山东

小白鸭（通行临清） 张元亨
小大姐（通行临清） 张元亨
小狗（通行临清） 张元亨
大年初一（通行临清） 张元亨
小大姐（通行临清） 张元亨
月老娘（通行临清） 张元亨
小金姐（通行临清） 张元亨
小白菜（通行临清） 张元亨
打罗盹（通行临淄） 徐廉垣
小老鼠（三首）（通行临淄） 徐廉垣
又待哭（通行临淄） 徐廉垣
黑老哥（二首）（通行临淄） 徐廉垣
肚子疼（通行临淄） 徐廉垣
打罗筛（通行临淄） 徐廉垣
打罗了（通行临淄） 徐廉垣
小兀踏（通行临淄） 徐廉垣
小八狗儿（通行恩县） 朱鉴堂
扁豆角儿（通行恩县） 朱鉴堂
松牌枝（通行恩县） 朱鉴堂
格当亭子（通行莱芜） 卢逮曹

陕西

秃光光（通行泾阳三原） 焦毓瑛
咪咪猫（通行泾阳三原） 焦毓瑛
月亮爷（通行泾阳三原） 焦毓瑛
棒槌歌（通行泾阳三原） 焦毓瑛

第20号

1923年5月27日出版

歌谣研究室启事（为索要本刊及征求歌谣事）

研　究

读《各省童谣集》 周作人
读《各省童谣集》第一集 青　柳

民歌汇录

广西

柳州情歌百〇八首 白扬熙

来件（九件）

转　录

《北京的歌谣》序 〔意〕Guido Vitale 男爵 周作人校

第21号

1923年6月3日出版

歌谣研究室启事（同上期）

讨　论

儿谣中“儿”音的问题　白启明

民歌选录

湖北

天上星（一）（通行武昌）　曹胜之

天上星（二）（通行武昌）　曹胜之

青竹竿（通行武昌）　曹胜之

半边下雨半边晴（通行武昌）　曹胜之

杨柳树（通行武昌）　曹胜之

马齿菜　杨重熙

涨大水　杨重熙

江西

苋菜红（一）（通行萍乡）　黄锄日

苋菜红（二）（通行萍乡）　黄锄日

绿鸟仔（通行萍乡）　黄锄日

湖南

茉莉花（通行辰州）　许孝炎　邓文辉

儿歌选录

湖北

交交辫（通行武昌）　曹胜之

么么弟弟（通行武昌）　曹胜之

桔子皮（通行武昌）　曹胜之

天上四颗星（通行武昌）　曹胜之

上楼台（通行武昌）　曹胜之

苋菜红（通行武昌）　曹胜之

月亮光光　杨重熙

苋菜红　杨重熙

江西

两姊妹（通行永丰）　宋大勋

打米饼（一）（通行永丰）　宋大勋

打米饼（二）（通行永丰）　宋大勋

铜剪刀（通行永丰）　宋大勋

奸鸟仔（一）（通行永丰）　宋大勋

奸鸟仔（二）（通行永丰）　宋大勋

湖南

点点凹凹（通行龙山）　李丙炎

金摆摆（通行龙山）　李丙炎

鬼贵阳（通行龙山）　李丙炎

脚踩班班（通行龙山）　李丙炎

扯谎歌（通行龙山）　李丙炎

月亮光光（通行龙山）　李丙炎

虫虫飞（通行龙山）　李丙炎

中指姆（通行龙山）　李丙炎

大丫头（通行龙山）　李丙炎

讲我扯白（通行龙山）　李丙炎

转　录

《中国的儿歌》序　〔阿德兰〕Isaac Taylor Headland 作　周作人校

第22号
1923年6月10日出版

讨　论
“子”和“儿”的问题　为　君
民歌选录
浙江
竹西长（通行黄岩）　王恭睦
长尾巴鸟（通行黄岩）　王恭睦
天磨竹（通行黄岩）　王恭睦
讲新妇（通行黄岩）　王恭睦
光棍头老受苦辛（通行诸暨）　陈腥脓
江苏
开开箱（通行涟水）　康寿康
手扶柜（通行涟水）　康寿康
一根头发（通行涟水）　康寿康
卖货郎（通行涟水）　康寿康
节节草（通行涟水）　康寿康
小葫芦（通行涟水）　康寿康
安徽
月老娘（通行涡阳）　刘真如
小绿盆（通行涡阳）　刘真如
一棵树（一）（二）（通行涡阳）　刘真如
儿歌选录
浙江
雅雀（通行鄞县）　崔真吾
老公（通行鄞县）　崔真吾
瘦狗（通行鄞县）　崔真吾
蜻蜓（通行鄞县）　崔真吾
过桥（通行鄞县）　崔真吾
摇橹（通行鄞县）　崔真吾
癞头（通行鄞县）　崔真吾
大脚婆（通行诸暨）　陈腥脓
排排坐（通行诸暨）　陈腥脓
又讨媳妇又嫁妹（通行诸暨）　陈腥脓
外床壁（通行诸暨）　陈腥脓
江苏
麻雀蛋（通行涟水）　康寿康
小兔子（通行涟水）　康寿康
新斗蓬（通行涟水）　康寿康
新草鞋（通行涟水）　康寿康
小大姊（通行涟水）　康寿康
尖尖山（通行涟水）　康寿康
小板凳（通行涟水）　康寿康
安徽
催睡歌（通行涡阳）　刘真如
月老娘（通行涡阳）　刘真如
拉拉扯扯（通行涡阳）　刘真如
拉个锯（通行涡阳）　刘真如
转　录
安福歌谣的研究（一）　王礼锡
（录《心声》第二号）

第23号
1923年6月17日出版

研　究
歌谣的特质　家斌译述

民歌选录
京兆
女婿媳妇（通行昌平） 刘醒民
小鸡（通行昌平） 刘醒民
光棍（通行昌平） 刘醒民
破毛窝（通行昌平） 刘醒民
黄豆芽（通行昌平） 刘醒民
奉天
江豆角（通行铁岭） 曹国卿
儿歌选录
京兆
花椒树（通行昌平） 刘醒民
姐姐问话（通行昌平） 刘醒民
打花棍（一）（通行昌平） 刘醒民
打花棍（二）（通行昌平） 刘醒民
镰刀把（通行昌平） 刘醒民
直隶
野雀（通行唐县） 贾　午
一只羊（通行唐县） 贾　午
羊尾巴（通行唐县） 贾　午
羊粪弹（通行唐县） 贾　午
麻雀唽唽（通行唐县） 贾　午
星星（通行唐县） 臧玉海
拨灯棍儿（通行唐县） 臧玉海
七岁的女儿要出嫁（通行唐县） 臧玉海
奉天
柯花棍（通行铁岭） 曹国卿
歌谣集录
姑娘吊孝（通行京南） 为　君
姑娘吊孝（通行京西） 为　君
转　录
安福歌谣的研究（二） 王礼锡
（录《心声》第二号）

第24号
1923年6月24日出版

歌谣研究室启事（同前）
记　载
我们将来的希望 编　者
江阴船歌（二十首） 刘半农
附：常惠附记
湖南山歌（十九首）（通行龙山） 李丙炎
本会收到歌谣数目（自一九二二年十二月至一九二三年六月止）

第25号
1923年9月23日出版

诗歌研究会启事（为本刊改为零售等事）
研　究
海外的中国民歌 刘　复
民歌选录
广西
妹呀妹（通行桂林） 刘善尹
红公鸡（通行桂林） 刘善尹

下雨下雪（一）（通行桂林） 刘善尹
下雨下雪（二）（通行桂林） 刘善尹
晚姑姑（通行象县） 刘策奇
雷公叫（通行象县） 刘策奇
长江水（通行象县） 刘策奇
茉莉花（通行象县） 刘策奇
姑嫂问答（通行象县） 刘策奇
羊呀羊（通行象县） 刘策奇
嫁女歌（通行象县） 刘策奇
鸡冠花（通行象县） 刘策奇
牛仔牛（通行象县） 刘策奇
椀豆菜（通行象县） 刘策奇
轧梹榔（通行象县） 刘策奇

儿歌选录

广西
红公鸡（通行桂林） 刘善尹
点指窝窝（通行桂林） 刘善尹
月亮（通行桂林） 刘善尹
癞子癞（通行桂林） 刘善尹
蚂蚁（通行桂林） 刘善尹
红公鸡（通行桂林） 刘善尹
叮叮当当（通行桂林） 刘善尹
日头出来（一）（通行桂林） 刘善尹
日头出来（二）（通行桂林） 刘善尹
摇摇摇（通行桂林） 刘善尹
卖龙（通行桂林） 刘善尹
高楼高（通行桂林） 刘善尹
大月亮（通行桂林） 刘善尹
鸡毛毛（通行桂林） 刘善尹
张打铁（通行桂林） 刘善尹
小公鸡（通行象县） 刘策奇
黄毛鸡仔（通行象县） 刘策奇
卖米堂（通行象县） 刘策奇
燕子鸟（通行象县） 刘策奇
韭菜花（通行象县） 刘策奇
下广东（通行象县） 刘策奇
大姑娘（通行象县） 刘策奇
麻雀鸟（通行象县） 刘策奇
大月亮（通行象县） 刘策奇
滚子滚（通行象县） 刘策奇
来件（十九件）

第26号
1923年9月30日出版

歌谣研究会启事（同上期）

讨　论

致北大歌谣研究会信 〔俄〕伊风阁
复伊风阁信 北大歌谣研究会

民歌选录

湖南
亏也亏 郎擎宵
山楂花 郎擎宵
日头 郎擎宵
九嶷山 郎擎宵
哭 郎擎宵
竹节 郎擎宵
新姑娘 郎擎宵
小菜贩 郎擎宵

梅花开　　郎擎宵
三尺白布　　郎擎宵
章子围　　郎擎宵
好啊好　　郎擎宵
萝卜　　郎擎宵
命啊命　　郎擎宵
一枝花　　郎擎宵
颠倒歌　　郎擎宵
高山雪　　郎擎宵
唱歌　　郎擎宵
喜老人（通行长沙）　　顾兆鸿
骆驼（通行长沙）　　顾兆鸿
广西
背背驼驼　　莫耀南
月月红　　莫耀南
鸡公仔　　莫耀南
萤火虫　　莫耀南
鸡仔　　莫耀南

儿歌选录

湖南
花花朵朵　　郎擎宵
摇橹　　郎擎宵
洗青菜　　郎擎宵
牛来了　　郎擎宵
没月轮　　郎擎宵
鱼公鸟　　郎擎宵
老鸹子　　郎擎宵
摇呀摇　　郎擎宵
爷十三　　郎擎宵
一砌　　郎擎宵
萤火虫　　郎擎宵
豆芽菜　　郎擎宵
老鸦子　　郎擎宵
斑鸠叫　　郎擎宵
阿爷生日　　郎擎宵
不要慌　　郎擎宵
萤火虫（通行龙山）　　李丙炎
烟子烟（通行龙山）　　李丙炎
十儿（通行长沙）　　顾兆鸿
广西
月亮　　莫耀南
叉子叉　　莫耀南
来件（二十件）
本会征集全国近世歌谣简章

第27号
1923年10月7日出版

歌谣研究会启事（同上期）

讨　论

歌谣分类的商榷　　何植三
附常惠附记

民歌选录

云南
丁香花（通行昆明）　　孙少仙
珠珠桥（通行昆明）　　孙少仙
老猓猡（通行蒙自）
葛元初　马仲商
小二婼（通行蒙自）
葛元初　马仲商
老濮猁（通行蒙自）
葛元初　马仲商

大雨（通行蒙自）
葛元初　马仲商
偏偏偏（通行蒙自）
葛元初　马仲商
哆哆哆（通行蒙自）
葛元初　马仲商
豌豆菜（通行蒙自）
葛元初　马仲商
小小葫芦（通行蒙自）
葛元初　马仲商
火火虫（通行蒙自）
葛元初　马仲商
乡大姒（通行昆明）　张四维
小白菜（通行昆明）　张四维
黄果树（通行昆明）　张四维
大后娘（通行祥云弥渡）
张四维
黄果芽（通行祥云弥渡）
张四维
赃官（通行蒙化）　张四维
孤处处（通行蒙化）　张四维
燕子（通行蒙化）　张四维
月儿（通行蒙化）　张四维
风吹杨柳（通行蒙化）张四维
青莱特（通行蒙化）　张四维
庙祝（通行蒙化）　张四维
下扬州（通行宣威）　张四维
儿歌选录
云南
太阳（通行昆明）　张四维
乖乖睡（通行昆明）　张四维
打铁（通行昆明）　张四维
城门（通行昆明）　张四维
城门（通行广南）　张四维
月亮光光（通行澂江）张四维
大月亮（通行祥云弥渡）
张四维
光光头（通行蒙化）　张四维
蒙蒙苍苍（通行蒙化）张四维
喜鹊（通行蒙化）　张四维
点豆点（通行蒙化）　张四维
木兰打打（通行蒙化）张四维
上学堂（通行蒙化）　张四维
张打铁（通行宣威）　张四维
月亮汤汤（通行宣威）张四维
城门（通行宣威）　张四维

来件（八件）

第28号
1923年10月10日出版

研　究
福建龙岩县的风俗调查　温寿链
民歌选录
安徽
月亮起（通行绩溪）　胡　适
韭菜花（通行旌德）　江冬秀
芝麻秸（通行庐江）　宛敏好
十八岁（通行庐江）　李寿彭
天上星（通行庐江）　李寿彭
小大姐（通行庐江）　李寿彭

我的爹（通行和县） 章臣瑜
荞麦面（通行舒城） 张振翮
一粒稻（通行舒城） 张振翮
东西大路（通行涡阳）刘成山
月亮芽（通行涡阳） 刘真如
小针查（通行涡阳） 刘真如
小菜叶（通行涡阳） 刘真如

儿歌选录

安徽

车车河 吴霖生
小小鸡（通行庐江） 李寿彭
亚亚葫芦（通行合肥）平 甫
小樱桃（通行霍山） 汪凌汉
正月正（通行无为） 王辉明
东边来了一个小学生（通行旌德） 江冬秀
和尚头（通行舒城） 张振翮
亚亚葫芦（通行舒城）张振翮
小妍妍（通行舒城） 张振翮
大姊子（通行和县） 章臣瑜
小学生（通行和县） 章臣瑜
小板凳（通行和县） 章臣瑜
田鸡（通行和县） 章臣瑜
翻纲（通行六安渒河）王彝常
牵拉拉（通行六安渒河） 王彝常
老鼠（通行六安渒河）王彝常
月亮巴巴（通行六安渒河） 王彝常
好大月亮（通行六安渒河） 王彝常
小老鼠（通行涡阳） 刘成山
小花鸡（通行涡阳） 刘成山
月朗朗（通行涡阳） 刘成山
一个星（通行涡阳） 刘成山
小针查（通行涡阳） 刘成山
蝙蚭要娶妻（通行涡阳） 刘成山
拉个锯（通行涡阳） 刘成山
小老鼠（通行涡阳） 刘成山
小板头（通行涡阳） 刘成山
月老娘（通行涡阳） 刘成山
小花鸡（通行涡阳） 刘成山

来件（七件）

第29号

1923年10月21日出版

研 究

搜集歌谣的困难 何植三

民歌选录

湖北

尖嘴老 黄绍谷
三岁的妍（通行汉阳）黄 朴
打偏偏（通行沔东汉南） 黄 朴
大雪纷纷（通行黄安） 李逢时
棠李树（通行黄安） 李逢时
峨眉荳（通行黄陂） 李逢时
喜鹊叫过河（通行黄陂） 李逢时

四川
高粱杆（通行重庆） 刘伊凡
哥哥来接妹（通行重庆） 刘伊凡
天上无月亮（通行重庆） 刘伊凡
一根棍儿（通行重庆） 刘伊凡
鸦雀喳喳（通行重庆） 刘伊凡
大媳妇（通行南充） 任 旭
新嫂嫂（通行南充） 赖伏鸿
小么妹（通行南充） 赖伏鸿
十二月（通行南充） 赖伏鸿
爬豆山（通行合江） 刘朝选
叫鸡（通行合江） 刘朝选
枇杷叶子（通行梁山） 李芳灿
一群麻雀（通行梁山） 李芳灿
新媳妇（通行梁山） 李芳灿
乡里大娘（通行梁山） 李芳灿
一颗豆子（通行酉阳） 郑宾于
柑子皮（通行酉阳） 郑宾于
儿歌选录
湖北
懒婆娘 黄绍谷
痴家婆（通行鄂中） 黄 文
先生我 李逢时
大月亮（通行汉川汉阳） 黄 朴
月亮哥（通行汉川汉阳） 黄 朴
大月亮（通行汉川汉阳） 黄 朴
三岁的娇（通行汉川汉阳） 黄 朴
四川
红萝卜（通行重庆） 刘伊凡
红金鸡（通行重庆） 刘伊凡
张打铁（通行南充） 任 旭
鸡母鸡大哥（通行南充） 任 旭
推磨（通行南充） 任 旭
癞子癞（通行南充） 任 旭
坐排排（通行南充） 任 旭
大月亮（通行南充） 任 旭
斗虫虫（通行成都） 史绍芬
巴狗你看家（通行成都） 史绍芬
月亮光光（通行酉阳） 郑宾于
一把菜子（通行酉阳） 郑宾于
八八骑牯牛（通行合江） 刘朝选
八八捡干柴（通行合江） 刘朝选
扇儿（通行梁山） 李芳灿
蹁儿蹁（通行梁山） 李芳灿
张打铁（通行梁山） 李芳灿
大月亮（通行梁山） 李芳灿
月亮走（通行梁山） 李芳灿
来件（十二件）
本会征集全国近世歌谣简章

第30号
1923年10月28日出版

研　究
歌谣与妇女　刘经菴
讨　论
致歌谣研究会　舒丹鹤
复舒丹鹤　歌谣研究会
民歌选录
山东
光棍（通行西部）　黄继文
五色旗（通行恩县）朱鉴堂
小老鸹（通行恩县）朱鉴堂
月亮奶奶（通行恩县）朱鉴堂
山老鸹（通行恩县）朱鉴堂
月亮奶奶（通行恩县）朱鉴堂
括打板　崔振化
金簪子花　崔振化
大麦秸　崔振化
光光花　崔振化
儿歌选录
山东
小小子（通行利津）　崔振化
小巴狗（通行利津）　崔振化
大滚轮钱（通行西部）黄继文
月老娘（通行西部）　黄继文
板凳子（通行西部）　黄继文
小蛤（通行恩县）　朱鉴堂
小老鼠（通行恩县）　朱鉴堂
小公鸡（通行恩县）　朱鉴堂
小八狗（通行恩县）　朱鉴堂
三岁的小孩儿（通行恩县）
朱鉴堂
小二月儿（通行恩县）朱鉴堂
小老鼠（通行恩县）　朱鉴堂
韭菜根（通行恩县）　朱鉴堂
小针凿小针（通行恩县）
朱鉴堂
大秃子得病（通行恩县）
朱鉴堂
小枣树（通行恩县）　朱鉴堂
来件（八件）

第31号
1923年11月4日出版

本会特别启事（为出周年纪念刊事）
讨　论
歌谣与方言调查　周作人
民歌选录
山东
番瓜花（通行威海卫）谷源瑞
有了鱼（通行威海卫）谷源瑞
生吃蟹子（通行威海卫）
谷源瑞
东洋鬼儿（通行威海卫）
谷源瑞
没有娘的孩儿（通行威海卫）
谷源瑞
小烟袋儿（通行威海卫）
谷源瑞
时兴人（通行威海卫）谷源瑞

齿割（通行威海卫） 谷源瑞
牛耳根（通行威海卫） 谷源瑞
大红鸡（通行威海卫） 谷源瑞
勾勾鸡（通行威海卫） 谷源瑞
西方路上一张床（通行泰安） 张永善
小小虫（通行泰安） 张永善
铁棒棰（通行泰安） 张永善
小二傻（通行泰安） 张永善
大米（通行临清） 张元亨
新女婿（通行临清） 张元亨
辞皂（通行临清） 张元亨
月老娘（通行临清） 张元亨
你是兄弟（通行临清） 顾宝隋
大雪（通行威海卫） 谷健之
龙生龙（通行文登） 曲云皋

儿童选录

山东

狼打柴（通行威海卫） 谷源瑞
烟袋锅儿（通行威海卫） 谷源瑞
小巴狗儿（通行威海卫） 谷源瑞
刺溜溜（通行威海卫） 谷源瑞
割大锯（通行威海卫） 谷源瑞
老王看羊（通行威海卫） 谷源瑞
哨儿哨儿（通行威海卫） 谷源瑞
巴狗儿巴（通行威海卫） 谷源瑞
金棒（通行威海卫） 谷源瑞
响响鸡（通行威海卫） 谷健之
打罗罗（通行泰安） 张永善
扫帚棍（通行泰安） 张永善
小蛤蚂（通行泰安） 张永善
板凳里（通行泰安） 张永善
打罗罗（通行泰安） 张永善
甜秫秸（通行泰安） 张永善
打罗罗（通行泰安） 张永善
苦叶子花（通行泰安） 张永善

来件（十件）

第 32 号

1923 年 11 月 11 日出版

本会特别启事（同上期）

讨 论

歌谣与方音问题 董作宾

民歌选录

山西

天上下的毛毛片（通行静乐） 邓鸿业
春天街上游（通行岚县） 邓鸿业
掌柜的（通行兴县） 邓鸿业
老汉三年不在家（通行太原） 周敏仲
亲家亲家请上炕（通行太原） 周敏仲

一疙瘩瘩铁（通行太原） 邓鸿业
古古寨（通行太原） 邓鸿业
早些起（通行太原） 邓鸿业
羊角葱（通行晋城） 焦士亨
高高山上（通行晋城） 焦士亨
荞豆花（通行晋城） 焦士亨
吃娘奶（通行襄陵） 邓鸿业
天爷爷（通行襄陵） 邓鸿业
光绪三年遭荒旱（通行襄陵） 邓鸿业
七里咕同（通行襄陵） 邓鸿业

儿歌选录

山西

公鸡累窝窝（通行岚县） 邓鸿业
雁雁摆溜溜（通行兴县） 邓鸿业
烟囱儿烟（通行兴县） 邓鸿业
麻子麻（通行太原） 周敏仲
月明出来照四方（通行太原） 邓鸿业
顺门一盏灯（通行太原） 邓鸿业
小女念经（通行晋城） 焦士亨
三叶三（一）（通行晋城） 焦士亨
三叶三（二）（通行晋城） 焦士亨
郎尿床（通行晋城） 焦士亨
狼拾柴（通行襄陵） 邓鸿业
曲儿长（通行襄陵） 邓鸿业
红裤裤（通行襄陵） 邓鸿业
蹬脚儿蹬（通行襄陵） 邓鸿业
仔纽纽（通行襄陵） 邓鸿业
沙盆儿沙（通行襄陵） 邓鸿业
黄狗儿黄（通行襄陵） 邓鸿业
金刚（通行襄陵） 邓鸿业
爷爷奶奶（通行襄陵） 邓鸿业

来件（七件）

第 33 号

1923 年 11 月 18 日出版

本会特别启事（同上期）

研　究

歌谣谈 黄　朴

民歌选录

直隶

大米饭（通行保定） 恕　人
你是兄弟（通行饶阳） 刘绍白
小鞭梢（通行枣强） 吕永坤
老母亮（通行高阳） 李名园
这几年时气正（通行高阳） 李名园
雪白鸡（通行景县） 张文成
桑叶树（通行景县） 张文成
新媳妇儿（通行清河） 老　总
小枣树（通行清河） 老　总
溜溜针儿（通行清河） 老　总
担掌钩（通行新河） 傅振伦

金瓦罐（通行新河） 傅振伦
大麦芒（通行新河） 傅振伦
孩子他爹（通行蠡县） 宁玉彬
傻小子（通行蠡县） 宁玉彬
孩子他娘（通行蠡县） 宁玉彬
身穿一身瘦（通行蠡县） 宁玉彬

儿歌选录

直隶

小丫头（通行清河） 老 总
小胖小儿（通行清河） 老 总
老猫（通行新河） 傅振伦
满天星（通行新河） 傅振伦
卖糖的（通行新河） 傅振伦
明了（通行保定） 庸 受
开庙门儿（通行保定） 庸 受
拜四方（通行保定） 庸 受
柳树柳（通行景县） 张文成
你十七（通行景县） 张文成
小大姐（通行景县） 张文成
小妮（通行饶阳） 刘绍白
小老鼠（通行饶阳） 刘绍白
傻小子（通行饶阳） 刘绍白
明啦（通行饶阳） 刘绍白
小白鸡（通行枣强） 吕永坤
小枣树（通行枣强） 吕永坤
秃子秃（通行枣强） 吕永坤
柳树柳（通行枣强） 吕永坤
支星星儿（通行蠡县） 宁玉彬
小小子儿（通行蠡县） 宁玉彬
小小子（通行蠡县） 宁玉彬
小小子（通行蠡县） 宁玉彬
星星（通行蠡县） 宁玉彬
扁豆角（通行蠡县） 宁玉彬
小小子（通行束鹿） 潘紫池
小妮子（通行束鹿） 潘紫池
小板凳（通行束鹿） 潘紫池
风来咧（通行束鹿） 潘紫池

转 录

儿歌之研究（一） 周作人

第 34 号

1923 年 11 月 25 日出版

本会特别启事（同上期）

研 究

采辑歌谣的一个经济方法 白启明

讨 论

周作人致董作宾 周作人
附：编者附记

民 歌

直隶

呀呜呀呜通（通行新乐） 赵钟路
小小鸡（通行新乐） 赵钟路
鼕鼕咍（通行新乐） 赵钟路
巡警狗（通行新乐） 赵钟路
一进村（通行束鹿） 梁钦魁
六月里（通行束鹿） 马 桢
一杯酒（通行束鹿） 王济川
懒妇人（通行束鹿） 王济川
小学生（通行赞皇） 朱玉柱

月季花（通行赞皇） 朱玉柱
大鸡哽哽（通行赞皇） 朱玉柱
石榴花（通行赞皇） 朱玉柱
井里开花（通行赞皇） 朱玉柱
儿　歌
直隶
白果果（通行新乐） 赵钟路
日头出来红缸缸（通行新乐） 赵钟路
高高山顶有一家（通行新乐） 赵钟路
小牛犊（通行束鹿） 边　恒
小甝子（通行束鹿） 边　恒
板凳牀（通行束鹿） 邓炳伦
木底子鞋（通行赞皇） 朱玉柱
弹花棰（通行赞皇） 朱玉柱
挂拉板（通行赞皇） 朱玉柱
沙壶沙（通行赞皇） 朱玉柱
花椒叶（通行赞皇） 朱玉柱
小面梨（通行枣强） 蒋桂芳
哼哼（通行枣强） 蒋桂芳
小大姐（通行枣强） 蒋桂芳
棠梨树（通行枣强） 蒋桂芳
拜拜（通行枣强） 蒋桂芳
转　录
儿歌之研究（二） 周作人

第35号
1923年12月2日出版

本会特别启事（为催周年纪念文稿事）
讨　论
征集方言的我见 容肇祖
民　歌
江苏
怕婆婆（通行苏州） 为　君
宝塔高（通行如皋） 潘昌试
亮月亮（通行常熟） 沈钰毅
洋伞头上挂小篮（通行太仓） 张醒吾
油菜花（通行无锡） 丁绪贤
大姐长得竹竿样（通行无锡） 丁绪贤
瞎子瞎连牵（通行吴江） 丁绪贤
月亮闪闪（通行吴江）丁绪贤
红公鸡（通行镇江） 平和子
火萤虫（通行镇江） 平和子
小板凳（通行镇江） 平和子
白果树开白花（通行镇江） 平和子
一条马路两条边（通行上海） 顾兆鸿
油火虫（通行上海） 顾兆鸿
梁山头上一只篮（通行上海） 顾兆鸿
屋簷头上一只篮（通行上海） 顾兆鸿
咿哑咿哑踏水车（通行上海） 顾兆鸿
一部轧车四脚泡（通行上海）

顾兆鸿

儿 歌

江苏

小白鸡（通行徐州） 周绳先
把根草（通行徐州） 单兴义
小巴狗（通行徐川） 周兴文
小槐树（通行徐川） 周开幕
胡把扯（通行徐川） 李青周
红小豆（通行徐川） 王万福
小红孩（通行铜山） 段士荣
元麦青（通行上海） 顾兆鸿
蟋蟀旷旷叫（通行吴江） 孙本文
小姑娘惹厌（通行吴江） 孙本文
栀子花靠墙栽（通行镇江） 平和子
蚕豆儿（通行镇江） 平和子
板凳板凳歪歪（通行镇江） 平和子
长烟袋（通行镇江） 平和子

来件（二十三件）

第36号

1923年12月9日出版

本会特别启事（同上期）

讨 论

搜集歌谣的附带收获 何植三
我对于歌谣研究会的一点希望 何以庄

民 歌

浙江

正月糖蔗节节长（通行遂昌） 王 绛
正月瑞香香芬芬（通行遂昌） 王 绛
正月出兵百花香（通行遂昌） 王 绛
歪戴帽（通行德清） 邵诵熙
萤火虫（通行德清） 邵诵熙
阿婆亮亮（通行德清） 邵诵熙
大脚嫂（通行余姚） 徐宗衍
一只虫（通行余姚） 白 凉
竹鞭担（通行余姚） 邵文伯
哑子对聋彭（通行余姚） 邵诵熙
歪戴帽（通行余姚） 邵诵熙
公公卜卦做郎中（通行余姚） 邵诵熙
老鸦（通行余姚） 邵诵熙
大块头（通行余姚） 邵纯熙
银银银（通行余姚） 邵纯熙
黄子花（通行余姚） 邵纯熙
月亮湾湾滴滴拜（通行余姚） 邵纯熙
癞头皮（通行鄞县） 崔真吾
运气来（通行诸暨） 陈腥腊
喜鹊窠（通行诸暨） 陈腥腊
七月半（通行诸暨） 陈腥腊
燕子修旧窠（通行诸暨）

陈腥腊

儿　歌

浙江

聋子聋彭彭（通行德清）　邵诵熙

一个星（通行德清）　邵诵熙

青线白线（通行余姚）　徐宗衍

点点倭罗（通行余姚）　徐宗衍

爬树爬得高（通行余姚）　邵诵熙

挪挪抄抄（通行余姚）　邵诵熙

新新妇（通行余姚）　邵纯熙

捽咳磨（通行余姚）　邵纯熙

天里白洋洋（通行余姚）　邵纯熙

小老官（通行余姚）　邵纯熙

喜雀尾巴长（通行黄岩）　王显谟

摇摇橹（通行黄岩）　王显谟

萤火哥（通行黄岩）　王显谟

阵共（通行鄞县）　崔真吾

立立板板（通行鄞县）　崔真吾

松松起（通行鄞县）　崔真吾

立立板板（通行鄞县）　崔真吾

娘出屁（通行鄞县）　崔真吾

阿狗阿猫（通行鄞县）　崔真吾

小娘婢（通行鄞县）　崔真吾

立立阿阿（通行鄞县）　崔真吾

火萤头（通行鄞县）　崔真吾

割树郎（通行鄞县）　崔真吾

第一裙（通行鄞县）　崔真吾

猫哥狗弟（通行浙东）　顾三庐

月亮亮（通行东阳）　金平森

瞎子瞎（通行诸暨）　陈腥脓

燕子燕（通行诸暨）　杨则明

磨磨麦（通行诸暨）　杨则明

郭公郭婆（通行诸暨）　章廷骥

小大姑娘（通行诸暨）　章廷骥

来件（二十七件）

第37号

1923年12月16日出版

本会特别启事（为周年纪念稿件处理事）

月歌集录

直隶

月奶奶（通行永年）　贺鸿绍

老母儿爷　吴仁祺

老母儿爷（通行清苑）　杨庆祥

月亮地（通行束鹿）　邓炳伦

老母爷（通行清苑）　荆绳铮

老姥亮（通行高阳）　王宗汉

月亮月亮光光（通行深泽）　杜化南

月亮地（通行宁晋）　张　芊

月亮帝（通行深泽）　李振华

月亮地（通先栾城）　邓子侨

奉天

月亮爷（通行铁岭）　曹国卿

山东

月亮奶奶明晃晃（通行恩县） 朱鉴堂
月亮奶奶明晃晃（通行恩县） 朱鉴堂
河南
月奶奶（通行西华） 杜同力
山西
月奶奶（通行高平） 杨 劼
月亮儿 韩克温
月明光光姥姥（通行晋城） 焦士亨
江苏
亮月亮（通行宜兴） 潘梓年
安徽
月老娘（通行涡阳） 刘真如
月亮巴巴（通行和县） 章臣瑜
月老娘（通行涡阳） 刘真如
月老娘（通行涡阳） 刘真如
江西
月光公公（通行吉安） 张国威
月光董董（通行瑞金） 顾兆鸿
月光光（通行玉山） 傅 正
福建
月光光（通行永定） 苏仰如
月出过门户（通行福州） 周 田
浙江
月亮月（通行诸暨） 陈腥脓
大月亮 清 平
湖北
月亮哥（通行汉阳） 黄 朴
月亮走（通行黄陂） 冯家勋
湖南
月光光（通行浏阳） 苏仰如
月亮堂堂（通行辰州） 许孝炎 邓文辉
月亮光光（通行江华） 李安和
月亮光光（通行麻阳） 熊宴秋
陕西
月亮爷儿光光 王焕猷
四川
月亮光光（通行荣威） 陈自能
月亮光光（通行成都） 李惟宁
月亮光光（通行合江） 刘朝选
月亮走（通行重庆） 刘伊凡
广东
月光光（通行广州） 白径天
月光光（通行潮州） 刘声绎
月月光（通行兴宁） 胡幼番
月公公（通行香山） 刘兆熊
月光光（通行大埔） 田 杰
月光光（通行平远） 蓝孕欧
月光光（通行南海） 梁绍文
月娘月光光（通行潮州） 刘声绎
月光光（通行番禺） 余富夏
月光光 陈兆彬
月光华华 辉 星
月光光 辉 星
广西
月亮光光（通行桂林） 白径天
月亮光光（通行象县） 刘策奇

云南
月亮亮汤汤　万元初　马仲商
月亮公公（通行景东）　刘显奎
月亮光光（通行澂江）　张四维
贵州
月亮光光（通行镇远施秉）　彭廷镛

周年纪念增刊
1923年12月17日出版

歌谣音标私议　钱玄同
研究方言应有的几个语言学观察点　林玉堂
搜录歌谣应全注音并标语调之提议　魏建功
歌谣调查根本谈　黎锦熙
今后研究方言之新趋势　沈兼士
怎样研究歌谣　杨世清
猥亵的歌谣　周作人
中国的情歌　章洪熙
云南山歌与猓猡歌谣　张四维
从采集歌谣得来的经验和佛偈子的介绍　刘达九
一首古代歌谣（弹歌）的研究　白启明
歌谣在诗中的地位　卫景周
歌谣与新诗　何植三
歌谣与政治　黄　朴
我的歌谣研究　何　尤
我之采集歌谣的兴趣与经过及对本刊将来的希望　邵纯熙
一年的回顾　常　惠
本刊启事（为纪念增刊文字多一时不能出齐，另行成册零售事）

第38期
1923年12月23日出版

本刊特别启事（同“纪念增刊”）
讨　论
我对于研究歌谣的一点小小意见　舒大桢
附：顾颉刚复舒大桢书
民　歌
广东
龙山打大醮（通行广州）　白径天
鸡公仔（通行顺德龙山）　白径天
家姊亚（通行顺德龙山）　白径天
峚歌（通行潮州）　刘声绎
天顶一点红（通行潮州）　刘声绎
红花红花红（通行潮州）　刘声绎
东边落雨白渍渍（通行潮州）　刘声绎
饲鸡会当更（通行潮州）　刘声绎
苦瓜苦苦也好醃（通行潮州）

刘声绎
白鹭鸶（通行潮州） 刘声绎
雨仔尨尨（通行潮州）
刘声绎
客哥哥（一）（通行潮州）
刘声绎
客哥哥（二）（通行潮州）
刘声绎
天顶一条云（通行潮州）
刘声绎
来年嫁娶多（通行东莞）
顾兆鸿
打掌仔（通行东莞） 容肇祖
打髀仔（通行东莞） 容肇祖
大姊嫁（通行东莞） 容肇祖
较剪仔（通行东莞） 容肇祖
摇摇摇（通行东莞） 容肇祖
峨眉月仔两头弯（通行东莞）
容肇祖
鸡公仔（通行东莞） 容肇祖
月厚厚（通行东莞） 容肇祖
和掾仔（通行东莞） 容肇祖
一岁爹爹手上抱（通行东莞）
容肇祖
麻雀仔 陈兆彬
睇牛仔 陈兆彬
鸡公仔（通行香山） 刘兆熊
一岁得婆爱（通行香山）
刘兆熊

儿　歌

广东

麻雀仔（通行广州） 白径天
一粒星（通行广州） 白径天
鸦鹊鹊（通行顺德龙山）
白径天
摇摇摇（通行顺德龙山）
白径天
南磨罗（通行南海） 梁　衍
解莲子（通行南海） 容肇祖
阿鹊鹊（通行平远） 蓝露森
哑哑睡（通行平远） 蓝露森
着件红袍去买鸡（通行东莞）
顾兆鸿
丫哥哥（通行东莞） 容肇祖
摇括梳（通行东莞） 容肇祖
耍碌仔（通行东莞） 容肇祖
较剪仔（通行东莞） 容肇祖
排排坐（通行东莞） 容肇祖
麻鹊仔（一）（通行东莞）
容肇祖
麻鹊仔（二）（通行东莞）
容肇祖
摇括橹（通行东莞） 容肇祖
水滴滴（通行东莞） 容肇祖
门前一丛柑（通行潮州）
刘声绎
门前一丛梨（通行潮州）
刘声绎
跛脚抵（通行兴宁） 胡幼番
禾鹁抵（通行兴宁） 胡幼番
菱角抵（通行兴宁） 胡幼番
鸭仔蕊蕊挛水氹 陈兆彬

禾雀仔　陈兆彬
嗳嗳嗳　陈兆彬
泵泵转　陈兆彬

来件（十九件）

第39号
1923年12月30日出版

研　究

从《诗经》中整理出歌谣的意见　顾颉刚
我采录歌谣的说明　刘策奇

民　歌

广东
平远山歌八十二首　蓝孕欧辑
平远情歌三十八首　王信我辑
澄海情歌九首　李痴郎辑
五华情歌三十首　谢　琪辑
（以上诸民歌皆四句一首，无标题，故不录其诸首名称）

本会特别启事（为延期出版周年纪念增刊事）

第40号
1924年1月6日出版

本会特别启事（同上期）
一九二四年应作的事　编　者

研　究

论云南的歌谣　孙少仙

民　歌

云南歌谣
弥渡山歌二十六首　赵宗邦辑
个旧山歌七十五首　张四维辑
（以上两种民歌皆情歌，四句一首，无标题，故不录诸首之名）
来件（四十七件）

第41号
1924年1月13日出版

本会特别启事（同上期）

讨　论

歌谣表现法之最要紧者——重奏复沓　魏建功

民　歌

河南
纺花车（通行安阳）　张鸿瑞
咳咳咳（通行安阳）　张鸿瑞
小白蛾（通行沁阳）　韩世清
新媳妇（通行沁阳）　韩世清
十月一（通行確山）　刘　枝
波浪鼓（通行確山）　刘　枝
毛搽子树（通行確山）　刘　枝
小老鸹（通行確山）　刘　枝
吃袋烟（通行邓县）　孙　碌
木掀板（通行邓县）　孙　碌
铮铮打钉子（通行邓县）　孙　碌

小杆杖（通行邓县） 孙 禄
湓滩街（通行邓县） 孙 禄
湓滩街（通行邓县） 孙 禄

儿 歌

河南

小鞭杆（通行確山） 刘 枝
大哥哥（通行確山） 刘 枝
小白鸡（通行沁阳） 韩世清
小闺女（通行沁阳） 韩世清
板凳磊磊（通行沁阳） 韩世清
六尺六尺道（通行沁阳） 韩世清
麻子麻（通行邓县） 孙 禄
鸭子毬（通行邓县） 孙 禄
老头老（通行邓县） 孙 禄
小老鼠（通行邓县） 孙 禄
芝麻叶（通行邓县） 孙 禄
打郎窥（通行邓县） 孙 禄
盘脚盘（通行邓县） 孙 禄
筛箩箩（通行邓县） 孙 禄
猫密密（通行邓县） 孙 禄
萝葡干（通行邓县） 孙 禄
哈叭狗（通行邓县） 孙 禄
小兔儿（通行安阳） 张鸿儒
指甲草（通行安阳） 张鸿儒
小猫儿（通行安阳） 张鸿儒
小布袋（通行安阳） 张鸿儒

来件（十二件）

第42号

1924年1月20日出版

本会特别启事（同上期）

研 究

我今后研究歌谣的方法 许竹贞
看歌谣后的一点感想 许竹贞

民 歌

河南

六月里（通行开封） 舒丹鹤
今也雨（通行开封） 舒丹鹤
小学生（通行信阳） 李曼岑
三字经（通行信阳） 李曼岑
太阳一出红似火（通行信阳） 李曼岑

儿 歌

河南

小老鼠（通行信阳） 李曼岑
韭菜林里地菜花（通行信阳） 李曼岑
小老鸹（通行信阳） 李曼岑
小老鼠（通行封邱） 舒泽青
老伙计（通行通许） 舒泽青
小老鸹（通行沁阳） 韩世清
小白鸡（通行沁阳） 韩世清
娃们娃们都来玩（通行新野） 韩世清
梆子梆（通行新野） 韩世清
老奶奶（通行安阳） 张鸿瑞
小老鼠儿（通行安阳） 张鸿瑞
槐树槐（通行安阳） 张鸿瑞

小斧子（通行安阳） 张鸿瑞
徽徽菜（通行安阳） 张鸿瑞
东南地里（通行安阳） 张鸿瑞
班鸠儿班（通先安阳） 张鸿瑞
小板凳儿（通行安阳） 张鸿瑞
小三姐（通行安阳） 张鸿瑞
小小雀（通行確山） 刘 枝

来信（十七件）

转 录

谈北京的歌谣（一） 常 惠

第43号

1924年1月27日出版

研 究

研究歌谣应该打破的几个观念 孙少仙
我采集迷信歌后的一点感想 许竹贞

民 歌

江西

大雪飞飞（通行奉新） 甘登俊
天色发黄（通行新建） 党家斌
萝葡辣似姜（通行九江） 谭 澄
黄鸟儿（通行九江） 谭 澄
媳是一面锣（通行九江） 胡祖植
虾蟆子叫（通行萍乡） 肖棘父
乾隆乾（通行萍乡） 肖棘父
懒婆娘（通行萍乡） 肖棘父
单身汉（通行清平） 黄 坚
碎梅花（通行清平） 黄 坚
鲫鱼仔（通行永丰） 宋小勋
细格王 NonNon（通行金谿） 叔 农

儿 歌

江西

打掌掌（通行九江） 郭潞华
红毛鸡公尾巴拖（通行九江） 贺经海
蜡里蜡（通行九江） 胡祖树
亲家母（通行萍乡） 肖棘父
月光光（通行萍乡） 肖棘父
麻雀子（通行南昌）
小蜘蛛（通行南昌）
豆芽菜（通行新建） 党家斌
人之书（通行瑞金） 顾兆鸿
铜瓢杓（通行瑞金） 顾兆鸿
白老鸦（通行瑞金） 顾兆鸿
疸瘇子（通行瑞金） 顾兆鸿
簷婆子（通行瑞金） 顾兆鸿
烂眼眩（通行寻邬） 张祖基
禾雀尾（通行金谿） 叔 农

转 录

谈北京的歌谣（二） 常 惠
（录《努力》第二七期）

来件（七件）
更正

第44号

1924年2月24日出版

本会启事（为扩大研究范围事）

研　究

采辑歌谣所宜兼收的——歇后语　白启明

讨　论

读歌谣周刊后所采集的几种歌谣　杨德瑞

民　歌

陕西

快快吃（通行渭北）　陈顾远

回回回（通行渭北）　陈顾远

扁担（通行东部）　杨钟健

我娃乖（通行西安）　沈兼士

古今古代儿　邓春霖

烟袋哨儿（通行泾阳）　焦毓英

石榴叶（通行泾阳）　焦毓英

门上来了个喜虫虫（通行东南部）　王焕猷

燕雀燕（通行东南部）　王焕猷

儿　歌

陕西

咪咪猫（通行淳化）　陈顾远

一秃子害病（通行三原）　陈顾远

苏大妈苏　邓春霖

上毂辘台（通行泾阳）　焦毓瑛

第45号

1924年3月2日出版

本会启事（同上期）

讨　论

怎样去研究和整理歌谣　王肇鼎

民　歌

湖北

白纸扇（通行汉川）　张书绅

芝麻叶（通行汉阳）　黄　朴

新姑娘（通行汉阳）　黄　朴

南边来了一只鹅（通行汉阳）　黄　朴

一科葫芦开白花（通行汉阳）　黄　朴

儿　歌

湖北

一拍拍掌（通行汉阳）

一拍拍掌（通行汉阳）

点点脚（通行汉阳）　黄　朴

点点盘盘（通行蒲泽）　周敏仲

脚点班班（通行汉阳）　周敏仲

点点脚（通行汉阳）　周敏仲

点点班班（通行汉阳）　周敏仲

脚点班班（通行汉阳）　周敏仲

打片片（通行汉川）　张书绅

纪　事

本会常会并欢迎新会员纪事

来件（十五件）

第46号

1924年3月9日出版

本会启事（同上期）

研　究

歌谣中的舅母与继母
——妇女的教育与儿童的文学　刘继菴

民　歌

四川

鸦雀雀（通行南充）　陈威伯
新嫂嫂（通行南充）　赖伏鸿
小么妹（通行南充）　赖伏鸿
正月来把龙灯耍（通行南充）　赖伏鸿
一章手帕二面花（通行绵竹）　周敏仲
旧衣脱了穿新裳（通行荣威）　陈自能

儿　歌

四川

天老爷（通行成都）　李惟宁
巴巴掌（通行成都）　李惟宁
干螳哥（通行成都）　李惟宁
丁丁咍（通行成都）　冯富康
大脚板（通行成都）　冯富康
斗虫虫（通行成都）　冯富康

转　录

歌谣的比较的研究法的一个例　Q
（录《努力》周报）

第47号

1924年3月16日出版

本会启事（同上期）

特　载

北大研究所国学门方言调查会宣言书

研　究

几首关于政治的歌谣　杨德瑞

民　歌

京兆

花狐狸（通行北京）　常　惠
好不好（通行宛平）　杨德瑞
小媳妇（通行宛平）　杨德瑞
鬖鬖鬖（通行宛平）　杨德瑞
开了花（通行宛平）　杨德瑞
小三小三（通行宛平）　杨德瑞

儿　歌

京兆

小三儿（通行宛平）　杨德瑞
小三儿（通行宛平）　杨德瑞
小孩儿（通行宛平）　杨德瑞
秃子秃（通行宛平）　杨德瑞
羊羊（通行宛平）　杨德瑞
大姑娘大（通行宛平）　杨德瑞
扯扯（通行宛平）　杨德瑞
镰刀把（通行宛平）　杨德瑞
丫头丫（通行昌平）　刘醒民
大白菜（通行昌平）　刘醒民
小三（通行昌平）　刘醒民

太阳出来一点红（通行昌平）
刘醒民
黄茅草（通行昌平） 刘醒民
小二姐（通行昌平） 刘醒民
转 录
歌谣谜语谈 白启明讲 段家骧记
（录河南一师周刊）

第48号
1924年3月23日出版

本会启事（同上期）
研 究
从歌谣看我国妇女的地位 杨世清
民 歌
山东
小麻鸷（通行菏泽） 丁锦如
小小虫（通行菏泽） 丁锦如
小缠梢（通行菏泽） 段次颜
白杨树（通行高唐） 朱鉴堂
捶布石（通行高唐） 朱鉴堂
赶饼轴（通行高唐） 朱鉴堂
儿 歌
山东
东家孩（通行菏泽） 丁锦如
小老鼠（通行菏泽） 丁锦如
月老娘（通行菏泽） 丁锦如
点点盆（通行菏泽） 丁锦如
小花孩（通行菏泽） 丁锦如
小小虫（通行菏泽） 段次颜
小板凳（通行高唐） 朱鉴堂
一个小孩（通行高唐） 朱鉴堂
蓆蓆迷（通行高唐） 朱鉴堂
小大姐（通行高唐） 朱鉴堂
通 讯
致沈兼士、周作人、常 惠 刘 复
复刘复 沈兼士 周作人 常 惠

第49号
1924年4月6日出版

研 究
为方言进一解 董作宾
论云南民歌 许竹贞
山 歌
江苏四十四首（通行南通县）
刘丽南辑

第50号
1924年4月13日出版

研 究
东岳庙的七十二司 顾颉刚
“研究婴孩发音”的提议 董作宾
民 歌
安徽
江水下来（通行桐城） 胡百昌
小大姊（通行舒城） 胡百昌
小大姊（通行舒城） 胡百昌
小小大姐二首（通行舒城）
胡百昌
妈妈妈妈不要哭（通行舒城）

胡百昌
红绣鞋（通行舒城） 胡百昌
头戴一枝花（通行旌德）
胡祖望
倒唱歌（通行旌德） 胡祖望
红娘子（通行旌德） 胡祖望
铜灯盏（通行青阳） 谢舞霞

儿 歌

安徽
歪辫子歪（通行舒城） 胡百昌
花奶奶（通行舒城） 胡百昌
小公鸡（通行舒城） 胡百昌
圆亮巴巴（通行舒城） 胡百昌
小花鸡（通行舒城） 胡百昌
小孩子（通行舒城） 胡百昌
小板凳（通行旌德） 胡祖望
火萤虫虫来（通行青阳石埭）
谢舞霞
癞痢癞（通行青阳石埭）
谢舞霞
井井叫（通行青阳石埭）
谢舞霞

来件（二十三件）

第51号
1924年4月20日出版

研 究

拗语的地方性 魏建功

民 歌

福建
一只白马挂白鞍（通行澄海）
陈溥霖
一只白马生白须（通行澄海）
陈溥霖
一把红箸廿四双（一）（通行澄海）
陈溥霖
一把红箸廿四双（二）（通行澄海）
陈溥霖
长荚长荚长（一）（通行澄海）
陈溥霖
长荚长荚长（二）（通行澄海）
陈溥霖
阿公要食韭菜汤（通行澄海）
陈溥霖
阿公要食韭菜羹（通行澄海）
陈溥霖
长梯叠短梯（通行澄海）
陈溥霖
长栏接短栏（通行澄海）
陈溥霖
一片长苧长攸攸（通行澄海）
陈溥霖
一片长苧长啰啰（通行澄海）
陈溥霖
晋江一块校桌（通行闽泉）
王盛治
挨劳挨（通行闽泉） 王盛治
竹仔枝（通行闽泉） 王盛治
山歌（通行德化） 苏石甫

儿　歌

福建

蜂臬（通行闽泉）　王盛治

乌鸦白颔（通行闽泉）　王盛治

呜呜困（通行闽泉）　王盛治

风来（通行闽泉）　王盛治

月娘刀钝（通行闽泉）　王盛治

猫鼠仔官（通行闽泉）　王盛治

熚糟饲猪（通行德化）　苏石甫

鸡公子（通行德化）　苏石甫

月子光烨烨（通行德化）　苏石甫

转　录

五更调与五更转　吴立模

致吴立模书　刘　复

答刘复书　吴立模

（均录自《文学》周刊）

本会启事（为周年纪念增刊印纥及发售赠送事）

第52号

1924年4月27日出版

研　究

反切的秘密语　容肇祖

两个出殡的导子帐　顾颉刚

民　歌

四川

黄桶树儿黄桶桠（通行江律）　予　止

一张桌子四方方（通行广安岳池）　宋佛心

一张桌子四个角（通行广安岳池）　宋佛心

大河涨水小河昏（通行合江）　刘朝选

大河涨水淹小河（通行合江）　刘朝选

高山头上种高粱（通行合江）　刘朝选

月亮出来（通行宜宾）　梁玉清

月亮光光（通行宜宾）　梁玉清

麻雀子（通行宜宾）　梁玉清

正月里（通行宜宾）　梁玉清

烟烟烟（通行宜宾）　梁玉清

杨柳开花吊吊长（通行宜宾）　梁玉清

一根扁担（通行宜宾）　梁玉清

鸭儿下田打哈哈（通行宜宾）　梁玉清

西方路上有一家（通行宜宾）　梁玉清

红叫鸡（通行宜宾）　梁玉清

儿　歌

四川

鸦鹊窠（通行江律）　予　止

叫化子（通行江律）　予　止

点水雀（通行合江）　刘朝选

鸦雀尾巴长（通行合江）　刘朝选

鼕鼕鼓（通行宜宾） 梁玉清
小小马儿郎（通行宜宾） 梁玉清
白鹤（通行宜宾） 梁玉清
锣梭梭（通行宜宾） 梁玉清
月亮光光（一）（通行广安岳池） 宋佛心
月亮光光（二）（通行广安岳池） 宋佛心

第53号
1924年5月4日出版

本会启事（为方言调查会籍本刊发表文字事）

研 究

苏州的嘲笑咀骂的歌谣 吴立模
河南民众文艺之一（谜语）的例举及其类目 白启明

民 歌

奉天
小大姐（一）（通行铁岭） 曹国卿
小大姐（二）（通行铁岭） 曹国卿
小大姐（三）（通行铁岭） 曹国卿
黄瓜架（通行铁岭） 曹国卿

儿 歌

奉天
三儿（通行绥中） 谷源瑞
高高山上一棵麻（通行绥中） 谷源瑞
扯大锯（通行绥中） 谷源瑞

第54号
1924年5月11日出版

研 究

獞话的我见 刘策奇
獞人情歌二则 刘策奇
故事中的歌谣 刘策奇
对于搜集民间故事的一点小小意见 刘 枝

民 歌

奉天
黄狗（通行铁岭） 曹国卿
高高山上一堆灰（通行绥中） 谷源瑞
狗儿喀（通行奉天城东） 吴郁文
小狗（通行奉天城东） 吴郁文
一心奔到千金寨（通行奉天城东） 吴郁文
车毂辘菜（通行奉天城东） 吴郁文
小狗汪汪咬（通行绥中） 谷源瑞
日头出来照西陂（通行绥中） 谷源瑞
张大嫂（通行绥中） 谷源瑞
王老三（通行绥中） 谷源瑞

儿歌

奉天

定金桥（通行铁岭） 曹国卿
急令令（通行绥中） 谷源瑞
豁牙子（通行绥中） 谷源瑞
小小子（通行绥中） 谷源瑞
红绫被（通行绥中） 谷源瑞
迷楞迷楞歌（通行辽河沿岸各县） 钟瑞
咍（通行辽河沿岸各县） 钟瑞
滤（通行辽河沿岸各县） 钟瑞
咱两玩（通行辽河沿岸各县） 钟瑞
两小孩（通行辽河沿岸各县） 钟瑞
葫芦头（通行奉天城东） 吴郁文
山老瓜（鸹）（通行奉天城东） 吴郁文
小傻子（通行奉天城东） 吴郁文
急急聆（通行奉天城东） 吴郁文
咱们俩玩（通行奉天城东） 吴郁文
毛姑都花（通行奉天城东） 吴郁文
泥蛋（通行奉天城东） 吴郁文
瓜达板（通行奉天城东） 吴郁文

通讯

致顾颉刚 黄朴
来件（十八件）
更正

第55号
方言标音专号
1924年5月18日出版

方言调查会方音字母草案 林玉堂
各种方言标音实例
北京音 发音者林玉堂 标音者林玉堂
苏州音 发音者顾颉刚 标音者林玉堂
绍兴音 发音者周作人 标音者林玉堂
绩溪音 发音者胡适之 标音者林玉堂
南阳音 发音者董作宾 标音者董作宾
黄冈音 发音者万濮城 标音者董作宾
湘潭音 发音者汤琪真 标音者汤琪真
昆明音 发音者孙少仙 标音者董作宾
广州音 发音者容庚 标音者林玉堂
潮州音 发音者刘声绎 标音者刘声绎
厦门音 发音者林玉堂 标音

者林玉堂
成都音 发音者毛 坤 标音者毛 坤
福州音 发音者梁遇春 标音者林玉堂
客家音 发音者温晋韩 标音者林玉堂
方言研究会简章及第二次常会纪事

第 56 号
婚姻专号之一
1924 年 5 月 25 日出版

记 载
一对歌谣家的婚仪 董作宾
北京的旧式结婚 杨德瑞
一个"全金六礼"的总礼单 顾颉刚
歌谣选录
新打的茶壶（通行直隶天津） 杨中伟
回娘家（通行河南南阳） 白启明
不图田（通行河南南阳） 白启明
薅薅脸（通行河南南阳） 白启明
红秫秸（通行河南南阳） 白启明
葫芦（通行山西岚县） 杨 劼
本刊启事（一）（为继续出婚姻专号征稿事）
本刊启事（二）（为继续方言标音专号事）

第 57 号
婚姻专号之二
1924 年 6 月 1 日出版

研 究
歌谣中的婚姻观 郑宾于
几首北京的婚姻的歌谣 宁 淑
云南关于婚姻的歌谣 孙少仙
猺人的婚姻 刘策奇
歌谣选录
满天星（通行直隶新河） 傅振伦
月光光（通行广东梅县） 张祖基
白果果（通行江苏太仓） 熊宴秋
新媳妇 万元初 马仲商
新姑爷 万元初 马仲商
新娘子（通行浙江诸暨） 何植三
新人新眠床（通行浙江诸暨） 何植三

第 58 号
婚姻专号之三
1924 年 6 月 8 日出版

研 究
一个光绪十五年的"奁目" 顾颉刚
云南旧式婚仪之一斑 孙少仙
读书人之妻的婚姻观 黄 朴
歌谣选录
绿豆孃（通行云南蒙自） 万元初
油炸巴巴（通行云南个旧） 张四维

青菜头（通行云南个旧） 张四维
火火虫（通行云南个旧） 张四维
月婆婆（通行云南个旧） 张四维

纪 事

研究所国学门风俗调查会开会纪事 记 者

风俗调查会简章
来件（三十三件）

第59号
婚姻专号之四
1924年6月15日出版

研 究

河南婚姻歌谣的一斑 白启明
附记 董作宾

第60号
1924年6月22日出版

特 载

我为什么要作介绍人？ 乐均士
陇县闹洞房的歌谣 张安人

研 究

苏州的唱本 重 九
獞人情歌六十首（通行广西象县） 刘策奇
（首四句，句七字，每首无名称）

歌谣选录

摇货郎（通行河北） 刘经菴

第61号
1924年6月29日出版

为暑假期内休刊告读者

记 载

东狱庙游记 顾颉刚

研 究

搜集歌谣所应兼收之又一部分——截尾语 黄 朴

转 载

童谣底艺术的价值 嘉 白
（录《艺术评论》第十五期）

来件（十二件）

本会收到各省歌谣数目总表
（一九二三年七月至一九二四年六月，共七六六七首）

第62号
专号一：《看见她》（一）
1924年10月5日出版

本刊的今后

歌谣部分

流传地 辑录人
陕西三原 张安人
陕西东南部 王焕猷
山西晋城（甲） 焦士亨
山西晋城（乙） 焦士亨
河南河北（甲） 刘经菴

河南河北（乙） 刘 枝
河南南阳（甲） 白启明
河南南阳（乙） 白启明
直隶南宫 梁昆林
直隶唐县 贾 午
直隶完县（甲） 臧玉海
直隶完县（乙） 臧玉海
直隶高阳 齐淑容女士
直隶赵县 宋建邦
直隶宁晋 张 苹
直隶束鹿 崔徙之
山东威海卫（甲） 孙万年
山东莱阳 刘一钊
山东泰安 张永善
山东莱芜 卢逮曾
山东长山 朱通孝
直鲁豫 何德兰
京兆武清 夏荺圃
京兆北京（甲） 常 惠
京兆北京（乙） 韦大列
四川成都 孙元良
湖北汉阳（甲） 周敏仲
湖北汉阳（乙） 周敏仲
湖南沅陵 许孝荧 邓文辉
湖南芷江 熊宴秋
湖北夏口 李逢时
湖南江华 李安和
山东威海卫（乙） 苗延年
江苏南京 胡适之
安徽和县 章臣瑜
江苏丹徒 平和子
江苏南通 刘丽南
江苏南京（乙） 胡诚之
安徽霍山 汪淩汉
安徽合肥 吴霖生
江苏淮阴 鹿笃花桐女士
江苏涟水 康寿康
江西丰城 沈兼士
江西铜山 盛继元
安徽绩溪 胡适之

第63号

专号一:《看见她》(二)

1924年10月12日出版

论文部分

一首歌谣整理研究的尝试（一） 董作宾

第64号

1924年10月19日出版

研 究

一首歌谣整理研究的尝试（二） 董作宾

讨 论

关于《看见她》的通讯（一）

刘经菴致董作宾

董作宾复刘经菴

专 集

《吴歌甲集》目录

上卷 儿歌五十首

下卷 民歌五十首

《吴歌甲集》卷上（一） 顾颉刚辑

一、鸡鸡斗

二、喔喔啼

三、摇摇船（一）

四、搀长长

五、精精阁

六、小人小山歌

七、策挡挡

八、和尚和尚

九、摇摇船（二）

十、排排坐

十一、康铃康铃马来哉

十二、月亮亮

十三、天上星

征 题

征集关于“孟姜女”的故事、古迹、歌谣、唱本、戏剧

来件（二十件）

第 65 号

1924 年 10 月 26 日出版

研 究

医事用的歌谣 魏建功

附：董作宾附言

讨 论

再论歌谣采集的方法 Tsertshii Lieu

专 集

《吴歌甲集》卷上（二） 顾颉刚辑

十四、开开户

十五、老鸦哑哑叫

十六、老鸦叫得早

十七、摇大船

十八、萤火虫（一）

十九、萤火虫（二）

二〇、萤火虫（三）

二一、三岁小干学走桥

二二、一个小娘三寸长

二三、春二三月天气暖阳阳

二四、婴阿婴阿踏水车

二五、一爿小酒店

二六、一家人家

二七、天上七簇星

二八、碰碰门

传 说

一般关于歌谣的传说（流行吴县）

沈安贫

征 题

本刊征题三：医事用的歌谣

第 66 号

1924 年 11 月 2 日出版

研 究

各种方言标音实例（补 55 号）

如皋音 发音者魏建功 标音者魏建功

专 集

《吴歌甲集》卷上（三）

顾颉刚辑

二九、倷姓啥

三〇、头头利市

三一、一个驼子
三二、踢踢脚背
三三、赖学坯
三四、先生先
三五、先生教我读《神童》
三六、先生教我《大学》
三七、"天子重英豪"
三八、梁惠王
三九、"赵钱孙李"
四〇、唉出哉
四一、阿大阿二挑荠菜
四二、阿二阿二
四三、阿三阿三（一）
四四、阿三阿三（二）
四五、阿六阿六
四六、大眼睛
四七、摇船扎绷
四八、小辫子
四九、小麻子
五〇、一翻翻生病

传　说

"耘青草"歌谣的传说（通行江苏海门）　魏建功

征　题

征刊征题四：关于歌谣的传说

第67号
1924年11月9日出版

研　究

民俗文学中的"鸦片烟"　董作宾

专　集

《吴歌甲集》卷下（一）
顾颉刚辑

五一、蚕豆花开乌乌油
五二、西方路上一甏油
五三、南瓜棚
五四、一荚毛豆碧波青
五五、月亮圆圆
五六、七岁小娘学拔秧
五七、十八岁小娘半夜里哭
五八、一朝迷露间朝霜
五九、太太长

歌谣杂谈

读《粤东笔记》　钟敬文

征　题

本刊征题五：关于"鸦片烟"的民间作品
方言研究会启事（为索发方言地图调查表事）

第68号
1924年11月16日出版

研　究

歌谣杂说　傅振伦
谜谚歇后语研究之一斑　傅振伦

专　集

《吴歌甲集》卷下（二）
顾颉刚辑

六〇、媒婆到我家中坐
六一、阳山头上竹叶青

六二、阳山头上花小篮
六三、七岁姑娘坐矮凳
六四、姐拉田里摘菜心
六五、睏懒迷迷吃简烟
六六、结识私情东海东
六七、结识私情结识恩对恩
六八、结识私情结识隔条浜
六九、六月天气吃雷斋

歌谣杂谈

读《粤东笔记》（续一） 钟敬文

征 题

本刊征题六：“娶了媳妇忘了娘”
歌谣周刊编辑部启事：
（为移至下期发“孟姜女”专号事）
方言研究会启事（同上期）

第 69 号
专号二：“孟姜女”（一）
1924 年 11 月 23 日出版

孟姜女故事的转变 顾颉刚

第 70 号
1924 年 11 月 30 日出版

研 究

北京城里方言化的地名 董作宾

讨 论

关于《看见她》的通讯（二）
胡适致董作宾
许原道致董作宾
附董作宾就胡许信附记

专 集

《吴歌甲集》卷下（三）
顾颉刚辑
七〇、贫君自欺被人欺
七一、堂上一对小夫妻
七二、小春天气放芙蓉
七三、桃红柳绿春景天
七四、茅舍萧萧傍竹篱

歌谣杂谈

南洋的歌谣 钟敬文

第 71 号
1924 年 12 月 7 日出版

研 究

歌曲之辞语及调谱 C·K
江南风俗一零 郑孝观
附庄严附言
魏建功附言
顾颉刚附言

专 集

《吴歌甲集》卷下（四） 顾颉刚辑
七五、恩爱夫妻不久长

歌谣杂谈

山歌 钟敬文

征 题

本刊征题七：雷峰塔与白蛇娘娘

广 告

歌谣小丛书第一编

《看见她》出版了

第72号

1924年12月14日出版

研　究

“嘏辞”　魏建功

讨　论

关于山歌问题

给钟敬文的信　王嗣顺

专　集

《吴歌甲集》卷下（五）　顾颉刚辑

七六、金风玉露动秋凉

歌谣杂谈

潮州婚姻的俗诗　钟敬文

来件（二十六件）

征　题

本刊征题八：腊八粥

第73号

专号二：“孟姜女”（二）

1924年12月21日出版

“孟姜女”故事的转变（续）

顾颉刚

附录一　孟姜女寻夫（鼓词）

附录二　孟姜女十二月花名（唱春调）

附录三　最新孟姜女十二月花名（南京唱本）

第74号

1924年12月28日出版

研　究

迷信的术语？　刘策奇

读《医事用的歌谣》的杂感　杨德瑞

专　集

《吴歌甲集》卷下（六）　顾颉刚辑

七七、秋天明月桂花香

七八、姐妮有病在香房

七九、俏佳人临镜把头梳

歌谣杂谈

海丰人表现于歌谣中之婚姻观

钟敬文

猥亵的歌谣　钟敬文

征　题

本刊征题九：蓝靛厂哭五更（代叹清水河）

第75号

专号三：“腊八粥”

1925年1月4日出版

北京的“腊八粥”　乐均士

南阳的“腊八粥”　董作宾

山西的“腊八粥”　程蕙生

（灵邱、崞县、忻县、潞安）

束鹿县的“腊八粥”　刘登青

崇明的“腊八粥”　陶　模

调　查

各地吃“腊粥”的风俗简况：

直隶平山　郗秉昌
直隶栾县　张麟武
直隶高阳　韩金城
直隶无极　杨新玉
直隶易县　张　憨
直隶赵县　张锡辰
直隶固安　吴光庆
山西大同　梁振文
河南开封　潘傅霖
四川成都　祝逢辰
河南济源　陈聘之
四川彭水　王季和
四川峨眉　金满成
江苏苏州　殷履安　顾颉刚
江苏江阴　李小峰
江苏碭山　李召贻
江苏太兴　王公辅
安徽绩溪　胡　适
安徽绩溪　衣　萍
安徽庐江　万冠群
浙江鄞县　马隅卿
陕西　常　惠

无吃“腊八粥”风俗的地方及证明人：

浙江绍兴　孙伏园
浙江江山　王　风
四川酉阳　郑孝观
湖北应城　胡文玉
安徽黟县　欧阳邦华
云南阿迷　王有德
福建兴化　蓝　锵
广东东莞　容希白

第76号

专号二：孟姜女（三）

1925年1月11日出版

顾颉刚启事（为搜集孟姜女故事资料及辑而成书事）　顾颉刚
孟姜女故事的转变　附录（续）　顾颉刚
附录二　补工尺谱
附录四　孟姜女十二月歌（通行广西象县）
附录五　孟姜女四季歌（采自北京）
附录六　孟姜女哭长城（河南唱本）（宛南万兴堂刻本）
附录七　孟姜仙女宝卷（云山风月主人编辑，瑯琊松堂氏评订，民国乙卯年岭南永裕谦刊本）

第77号

1925年1月18日出版

研　究

由坤宁宫得到的几种满人旧风俗（一）　尚　严
川东通行的医事歌谣　李　璞
奶母经　刘策奇

讨　论

关于《看见她》的通讯

致董作宾　　张苹
复张苹　　董作宾

专　集

《吴歌甲集》卷下（七）　顾颉刚辑
八〇、牡丹开放在庭前
八一、佳人房内缠金莲
八二、夏日炎天日正长
八三、彩云片片好良宵

歌谣杂谈

故事之俚谚　　钟敬文
从古诗窜改出来的歌谣　　钟敬文

征　题

本刊征题十：监狱五更（代打朝审）

第78号

1925年2月15日出版

研　究

由坤宁宫得到的几种满人旧风俗（二）　　尚严

讨　论

关于山歌问题
钟敬文答王嗣顺
关于《看见她》的通讯
刘策奇致编者

专　集

《吴歌甲集》卷下（八）　顾颉刚辑
八四、忽然想起绉眉头
八五、佳人姐妮锁眉头
八六、金风玉露正骄秋
八七、杨柳那得青青

歌谣杂谈

附会的歌谣　　钟敬文

征　题

本刊征题十一："一个小娘三寸长"

第79号

专号二："孟姜女"（四）

1925年2月22日出版

关于孟姜女故事的通讯
I、广东海军的孟姜女传说
——致顾颉刚　　钟敬文
II、李白诗中的崩山之说
——致顾颉刚　　钟敬文
附：顾颉刚按语
III、《小浮梅闲话》中之孟姜女与范夫人
——致顾颉刚　　钟敬文
附：顾颉刚按语
IV、《曹娥碑》中之哀姜
——致顾颉刚　　刘策奇
附：顾颉刚按语
V、文人的兴会与传说
——致顾颉刚　　郭绍虞
VI、临澧与澧县的孟姜女古迹
——致顾颉刚　　伍家宥
VII、诸暨与上虞的孟姜女歌曲
——致顾颉刚　　何植三
附：顾颉刚按语
VIII、平湖的孟姜女歌曲
——致顾颉刚　　徐光熙

IX、吴中《唱春调》的孟姜女哭夫

——致顾颉刚 学生界一分子

附：顾颉刚按语

孟姜女故事的转变 附录（续二） 顾颉刚

附录七 孟姜仙女宝卷（续七六号）

第80号

1925年3月1日出版

研 究

由坤宁宫得到的几种满人旧风俗（三） 尚 严

读《医事用的歌谣》 何植三

通讯（一）

太平天国时代的民歌

附刘复致常惠的信

五哥放羊

附陈万里致常惠的信

专 集

《吴歌甲集》卷下（九） 顾颉刚辑

八八、苏州城里氽一只荡湖舟

八九、杨花场中出一位女裙

九〇、自从一别到今朝

歌谣杂谈

歌谣之一种表现法——双观语 钟敬文

第81号

1925年3月8日出版

研 究

广西语言概论 刘策奇

关于完婚的几首歌谣 王文彬

通 讯

关于《看见她》

致常惠 张四维

专 集

《吴歌甲集》卷下（一〇）

九一、五月端午天气好

九二、栀子开花心里黄

九三、一事无成实可怜

九四、一母所生九个儿

九五、西方路上一笼鸡

九六、西方路上一只牛

歌谣杂谈

海丰的邪歌 钟敬文

来件（五三件）

转 录

无线电传达歌谣

（录三月四日《晨报》）

第82号

1925年3月15日出版

特 载

甘肃的歌谣——“话儿” 袁复礼

歌 谣

甘肃歌谣

一、生个相公应官马

二、凉州不凉米凉川

三、唐汪有个只船呢

四、台上扣的就是宁河街

五、樱桃好吃树难栽

六、韩湘子出家在终南山

七、焦赞孟梁火葫芦

八、大公公鸡双冠子

(以上凉州左近河州十四岁回童述)

九、上山的鹁鸽下山来

十、阴山里长的是李子树

十一、高高山上栽牡丹

(以上狄道学生述)

十二、官修下衙门客修店

十三、你拿上升子我拿上斗

十四、兰州的大人出门来

十五、黄河沿上水白菜

十六、黄河沿上绿结子

十七、白牡丹开着扰人著咪

十八、西宁的骡子下来了

(以上秦安脚夫述)

十九、巴陵桥上饯行是曹操

二〇、冰冻三尺口自开

二一、八仙的桌子上吃酒呢

二二、东吴招亲的皇帝

二三、花开葫芦树搭架

(以上河州学生——现为马兵——述)

二四、头邦的骡子走开了

二五、远看日头落尽了

二六、大山跟前的清泉水

(以上兰州左近脚夫述)

二七、胡核开花人不见

(榆中幼童述)

二八、西宁的大路我走过

二九、高高山上一座庙

(以上狄道学生述)

三〇、十八条骡子下泾阳

(秦安脚夫述)

附:“秧歌”四首(狄道人述)

一、织手巾

二、买线

三、放风筝

四、绣荷包

陕西歌谣

半墙一朵花(通行临潼)　张安人

豆芽菜(通行三原)　张安人

红头绳(通行三原)　张安人

过年(通行三原)　张安人

上头歌(通行榆林)　王森然

粉壁墙上一枝花(通行榆林)　王森然

莞豆开花(通行榆林)　王森然

《×头×雁(通行陇县)　张安人

骆驼(通行陇县)　张安人

热头爷(通行陇县)　张安人

黄褂鹿(通行陇县)　张安人

娃娃乖(通行陇县)　张安人

打花棍(通行陇县)　张安人

二月二（通行陇县） 张安人
渠渠水（通行陇右） 王焕猷
这山更比那山高（通行陇右）
王焕猷
麻野雀（通行陇右） 王焕猷
传　说
刘三姐 刘策奇

第 83 号
专号二：“孟姜女”（五）
1925 年 3 月 22 日出版

启事（为整理“孟姜女”故事事）
顾颉刚

关于孟姜女故事的通讯
X、敦煌写本中之孟姜女
刘　复
小唱
——致顾颉刚
附：顾颉刚按语
XI、《情史》及《戏曲大全》
中之孟姜女 钟敬文
——致顾颉刚
附：顾颉刚按语
孟姜女故事的转变　附录（续三）
附录七　孟姜仙女宝卷（续七九号） 云山风月主人（顾颉刚）
图画
宋本列女传中之齐杞梁妻
顾凯之
宋本列女传杞梁妻图说明
顾颉刚

第 84 号
1925 年 3 月 29 日出版

特　载
征求关于方言的文章 林玉堂
研　究
歌谣分类问题的我见 傅振伦
专　集
《吴歌甲集》卷下（十一） 顾颉刚辑
九七、西方路上一只船
九八、啥人数得清天上星
九九、啥个鸟飞来节节高
一〇〇、山歌好唱口难开
勘　误
本刊 82 号“甘肃歌谣”更正三处

第 85 号
1925 年 4 月 5 日出版

方音字母表 林玉堂
研　究
明贤遗歌 刘策奇
通　讯
关于《看见她》的通信
——致董作宾 钟敬文
（关于“换茶”与“咸茶”）
专　集
《淮南民歌》第一集（一） 台静农

一、郎有心，姐有心
二、郎比天上一条龙
三、金银花，靠墙栽
四、金银花那这么香
五、枝子花，靠墙栽
六、郎唱山歌要好声
七、俺跟乖姐隔之河
八、清早起来唱山歌
九、清早起来唱一声
一〇、清早起来从南来
一一、眼望乖姐大路遥
一二、远望乖姐站门厅
一三、乖姐生得那这么缥
一四、日头渐渐往下悠
一五、日头渐渐往西游
一六、枝子花来六瓣子开
一七、金银花来那这么香
一八、日头落了万里黄（一）
一九、日头落了万里黄（二）
二〇、日头落了万里黄（三）
二一、日头落了万里黄（四）
二二、日头落了万里黄（五）
二三、天上星多不成行
二四、眼望乖姐靠门厅
二五、俺跟乖姐隔道沟
二六、送郎送到半山坡
二七、心肝肉来小姣妻
二八、心肝肉来小娇娇
二九、郎在山上锄棉花
三〇、郎变绿翠登树梢
三一、练树开花嫩油油
三二、三个乖姐一阵行
三三、眼望乖姐站门旁
三四、三个乖姐一般齐
三五、清早起来往南来
三六、巳时已过午时中
三七、小乖姐生得白如银

歌谣杂谈

故事的歌谣　钟敬文
再谈海丰医事用的歌谣　钟敬文
偏韵语　钟敬文
叠韵语　钟敬文

勘　误

第 84 号《歌谣分类问题之我见》更正三则

第 86 号

专号二："孟姜女"（六）

1925 年 4 月 12 日出版

杞梁妻的哭崩梁山　顾颉刚
关于孟姜女故事的通信
　杞梁姓名的递变与哭崩之城的递变
　——致顾颉刚信　魏建功
图画
　《孟姜仙女宝卷》中之万里侯喜良与孟姜仙女（广东刻本）
　附：顾颉刚说明

志谢（为谢赠有关孟姜女故事资料论文事）　编　者

第 87 号
1925 年 4 日 19 日出版

研　究

歌谣的起源　傅振伦

通　讯

致刘策奇（关于《击筑遗音》事）　鲁　迅

致常惠（关于搜集歌谣事）　王森然

辑　录

曲周几首歌谣　王儒臣

一、青石头
二、小纺车
三、槐树槐
四、黑豆皮儿
五、上火炉台
六、红各旦儿
七、红小鞋儿
八、红石头
九、打斤酒

专　集

《淮南民歌》第一集（二）　台静农

三八、日头落了黑了天
三九、日头渐渐往下丢
四〇、白连鸡子叫唤苦嗷嗷
四一、眼望乖姐顺路来
四二、秧鸡子叫唤把头钩
四三、栽花还栽枝子花苞
四四、栽花还栽芝子兰
四五、吃桃子还吃掉枝白
四六、十七八岁大丫头
四七、栽花还栽刺玫瑰
四八、刺丛里栽花要手尖
四九、郎十七来姐十八
五〇、想姐想的心里慌
五一、想起来乖姐小姣样
五二、俺给乖姐撬天秧
五三、小小田埂二面光
五四、乖姐门口一棵栗

第 88 号
1925 年 4 月 26 日出版

研　究

福州民歌的第一章　董作宾

辑　录

黔北一带的佛偈子　段翰荪

一、枝子花儿瓣瓣白
二、一个桃子半边红
三、一个白鹤飞过江
四、高山顶上一树茶
五、高山顶上一根焦
六、苋菜开花一片红
七、高山顶上一群鸡
八、一棵珠子两头空
九、一把扇子二面尖
一〇、针筒装针针挤针
一一、木鱼妈
一二、观音菩萨坐桥头（一）
一三、观音菩萨坐桥头（二）
一四、灶神菩萨身穿青
一五、一个蒲团圆又圆

一六、观音菩萨身穿青

专 集

《淮南民歌》第一集（三） 台静农

五五、日头落来黑乌乌

五六、新打牙床槁子稀

五七、眼望乖姐靠门旁

五八、乖姐生得桃子形

五九、东风不刮西风衰

六〇、俺跟乖姐隔子沟

六一、半夜起来观小星

六二、日头看看往下丢

六三、日头看看往西扬

六四、日头落来黑了天

六五、栽花还栽钻竹莲

六六、送郎送到清水河

六七、桑树板子柳树梢

六八、想郎想的掉了魂

六九、想姐想得无心肝（一）

七〇、想姐想得无心肝（二）

杂 记

《吴歌甲集》附录（一） 顾颉刚

写歌杂记

第 89 号

方言研究号

1925 年 5 月 3 日出版

对于征求方言一点意见 易秋声

现行中国之异族语及中国方言之分类

马伦笃夫（P.Gvon.MÖllendorff）著

毛 坤译

（录自 China Mission Year Book 1596）

关于中国方言的洋文论著目录

林语堂

方言研究之一零 傅振伦

第 90 号

专号二："孟姜女"（七）

1925 年 5 月 11 日出版

《孟姜女十二月歌》与《放羊调》

顾颉刚

黄世康《秦孟姜碑文考》 钱肇基

关于孟姜女故事的通信

XIII、《南曲谱》及民众艺术中之孟姜女

——致顾颉刚 钱肇基

附：顾颉刚按语

XVI、送寒衣的传说与俗歌

钟敬文

孟姜女故事的转变 附录（续四）

附录七：孟姜仙女宝卷（续 83 号）

云山风月主人（顾颉刚）

图画

"哀情小说"《孟姜女》的封面

"哀情小说"《孟姜女》的封面说明 顾颉刚

收件志谢 编 者

第 91 号

1925 年 5 月 17 日出版

研 究

在保定刘守真庙会中得的一首唱歌 郑宾于

谈谈海丰医事用的歌谣 钟敬文

通 讯

泉州的民众艺术

——致顾颉刚 徐玉诺

附：顾颉刚按语

辑 录

口北歌谣 藕丹女士辑

一、大豆

二、一垎塔炭

三、散淡淡花

四、拉大锯

五、大头宝

六、豆芽菜

七、倒坐门闩

八、拉锯扯锯

九、拉拉ㄓ×ㄞㄓ×ㄞ

一〇、小老鼠（一）

一一、小老鼠（二）

一二、羊巴巴蛋

一三、蒲稜儿车

一四、豆芽菜

一五、说瞎话

专 集

《淮南民歌》第一集（四） 台静农辑

七一、心肝肉来小乖嘴

七二、眼望乖姐靠柳根

七三、清早起来挪几挪

七四、清早起来去瞧乖

七五、送郎送到清水河

七六、俺跟乖姐隔之江

七七、栽花不如栽石榴

七八、心肝肉来小姣游

七九、眼望小乖姐靠门怀

八〇、小乖姐生得白如霜

八一、石榴开花头对头

八二、咱跟乖姐住在一溜边

八三、大路不走小路抄

八四、大路上塘灰扫不干

八五、带花还带枝子莲

八六、送郎送到半山坡

八七、眼望乖姐站门厅

杂 记

《吴歌甲集》附录一 顾颉刚

写歌杂记（续一）

补 白

电车十怕（最近流行北京） 仲 瓯

启 事

（为今日补送 90 号的九版至十六版事）

第 92 号

1925 年 5 月 24 日出版

研 究

混号 敬 文

读歌札记 建 功

辑　录

口北歌谣（二）　藕丹女士

一六、哩喽哩

一七、高粱穗儿

一八、天上无云

一九、柳树柳

二〇、一个姑娘

二一、麻野雀

二二、小小子（一）

二三、小小子（二）

二四、大麻子秸

二五、该得该

二六、星星

专　集

《淮南民歌》第一集（五）台静农辑

八八、小乖姐门前一座窑

八九、郎十三，姐十三

九〇、山歌不唱枉学多

九一、小乖姐门前一棵柳

九二、小乖姐门前一棵槐

九三、小乖姐门前一棵椿

九四、小乖姐住在蜜蜂林

九五、又想姐，又想乖

九六、竹棍过埂不过沟

九七、端起来饭碗叹一声

九八、一枝藕莲在江边

九九、想姐想得没奈何

一〇〇、新打锄头四面光

一〇一、新打锄头口又厚

一〇二、新打洋船下江河

一〇三、吃了饭来懒烧茶

一〇四、清早起来去瞧乖（一）

一〇五、清早起来去瞧乖（二）

一〇六、清早起来去瞧乖（三）

一〇七、日头落了黄里黄（一）

一〇八、日头落了黄里黄（二）

一〇九、日头落了黄里黄（三）

一一〇、日头落了黑了天

一一一、日头临东又临西

一一二、栽秧还要秧有根

一一三、十七八岁不唱歌

杂　记

《吴歌甲集》附录一　顾颉刚

写歌杂记（续二）

第 93 号

专号二：“孟姜女”（八）

1925 年 5 月 31 日出版

杞梁妻哭崩的城　顾颉刚

关于孟姜女故事的通讯

XV3、《孟姜女》鼓词与《听稗》鼓词

——致顾颉刚　钱肇基

附：顾颉刚按语

XVI4、《畿辅通志》中的孟姜女

——致顾颉刚　郑孝观

附：顾颉刚按语

XVII5、山海关孟姜女墓

——致顾颉刚　周作人

附：顾颉刚按语

图画

王羲之书《曹娥碑》
王羲之书《曹娥碑》说明 顾颉刚
孟姜女故事的转变 附录（续五）
附录七：孟姜仙女宝卷（续90号） 云山风月主人（顾颉刚）
志谢（为收到有关孟姜女故事资料事） 本 社

第94号
1925年6月7日出版

研 究
"诸娘"衣饰 锡 襄
"俗谜"溯记 钱肇基
读歌札记（续一） 建 功
杂 记
《吴歌甲集》附录一
写歌杂记（续三） 顾颉刚

第95号
1925年6月14日出版

研 究
我与童谣的过去和将来 江鼎伊
读歌札记（续二） 建 功
杂 记
《吴歌甲集》附录一 顾颉刚
写歌杂记（续四）

第96号
专号二："孟姜女"（九）
1925年6月21日出版

启事（"孟姜女专号"的小结束事） 顾颉刚
征求中有关"孟姜女"事十则 顾颉刚
关于孟姜女故事的通讯
VI、《筑城曲》与贯休诗——致顾颉刚 钟敬文
附：顾颉刚按语
VI、《南曲谱》一词两见之理由——致顾颉刚 钱肇基
VII、《万卷堂书目》中之《孟姜女集》——致顾颉刚 郭绍虞
附：顾颉刚按语
VIII、《曹娥碑》之真迹与拓本的问题——致顾颉刚 容 庚
附：顾颉刚按语
孟姜女故事的转变 附录（续六）
附录七：孟姜仙女宝卷（续93号） 云山风月老人（顾颉刚）
附录八：孟姜女四季歌（通行浙江）
志谢（为收到有关孟姜女故事资料事） 本 社

"孟姜女专号"总目（一号至九号）
本　社

第 97 号
1925 年 6 月 28 日出版

启　事
为北大国学研究所调整而暂时休刊事　本　社
论　文
《吴歌甲集》自序　顾颉刚
致《淮南民歌》的读者　台静农
"俗谜"溯源补　钱肇基
转　录
山歌原始之传说　台静农
（录《语丝》周刊第十期）

来件（四十件）
介绍新著
《南通方言疏证》　孙锦标著
《通俗常言疏证》　孙锦标著

本会收到各省歌谣数目总表
（1924 年 7 月至 1925 年 6 月，共二一〇三首）
（索引编者按：至此发表歌谣二二二六首）

第 2 卷　第 1 期
1936 年 4 月 4 日出版

复刊词　胡　适
儿歌的唱法　徐　芳
歌　谣
湖南情歌
郎好比蜜蜂子飞上天（通行长沙）　阎幼甫
郎住在螺多螺历历螺山（通行长沙）　阎幼甫
湖南歌谣
讨婆娘（通行鄜县）　邓益三
长竹竿（通行醴陵）　张余德
麻雀子（通行鄜县）　邓益三
浙江歌谣
青萍儿（通行杭州）　邵纯熙
大姑娘（通行余姚）　邵纯熙
山里山　邵纯熙
广东儿歌
鸡公仔（通行广州）　陈慕洁
白榄仔（通行广州）　陈慕洁
安徽歌谣
姊妹二人进桑园（通行涡阳）
刘真如
蝙蚨要娶妻（通行涡阳）
刘真如
江苏歌谣
癞痢癞（通行苏州）　孙有莱

编印新国风丛书计划
本刊启事（为稿约事）

第 2 卷　第 2 期
1936 年 4 月 11 日出版

从研究歌谣后我对于诗的形式问

题意见的变迁　朱光潜
吴歌的特质　李素英

贵州歌谣
背时调（通行黔北）　寿生记录
河北歌谣
瞎子狠（通行北平）　卢逮曾记
小桃树（通行藁城、宁晋）
卢逮曾记
新媳妇（通行任邱）　卢逮曾记
葫萝芭尖（通行北平）
江绍原记

本刊启事（同上期）

第2卷　第3期
1936年4月18日出版

绍兴儿童述略序　周作人
说山歌的起源　容肇祖
卖解的歌　顾颉刚

江苏渔歌
可正是风微雨过晚凉天
（通行常熟）　邵纯熙记
湖边莲莲自田田
（通行常熟）　邵纯熙记
渔竿涣网收拾全
（通行常熟）　邵纯熙记
山东歌谣
磕棍（通行荣城）　张居本记
不回家（通行莱阳）
程一钊记
安徽山歌　（漏署记者）
二十岁哥哥去了妻
（通行合肥）
栀子花开瓣瓣香
（通行合肥）
灯胆无油渐渐昏
（通行合肥）
郎有心，姐有心
（通行合肥）
十指尖尖奉一杯
（通行合肥）
广西采茶歌
蝴蝶花开蝴蝶飞
（通行藤县）　李一生记
与郎相期月上来
（通行藤县）　李一生记
湖南歌谣
吃了饭来饭闷闲
（通行长沙）　叶克强记
栀子花伴墙栽
（通行长沙）　叶克强记
山歌不打工不行
（通行长沙）　叶克强记
太阳落水岭背黄
（通行长沙）　叶克强记
太阳出山统波流
（通行长沙）　叶克强记
太阳落山四色黄
（通行长沙）　叶克强记

太阳一出三十六丈高
（通行长沙） 叶克强记
这山望见那山高
（通行长沙） 叶克强记

客家山歌
新买花砵种海棠
（通行广东东南）
高亚伟记
半夜拍门拍唔开
（通行广东东南）
高亚伟记
食尽果子唔当梨
（通行广东东南）
高亚伟记
话里爱嫖就爱嫖
（通行广东东南）
高亚伟记
睡目爱睡乳姑下
（通行广东东南）
高亚伟记
河唇洗脚沙对沙
（通行广东东南）
高亚伟记
山中山谷起山坡
（通行广东东南）
高亚伟记
想日想夜想到夜
（通行广东东南）
高亚伟记
同县同村同乡里
（通行广东东南）
高亚伟记
风流头上逞英雄
（通行广东东南）
高亚伟记
杨梅点醋酸对酸
（通行广东东南）
高亚伟记
食里饭来嬲月光
（通行广东东南）
高亚伟记

福建情歌
大桥流水流清清
（通行福州） 唐 涛记
一粒橄榄扔过溪
（通行福州） 唐 涛记

河北儿歌
月亮爷，穿花鞋
（通行丰润） 杨向奎记
月亮爷，本姓张
（通行丰润） 杨向奎记
谁来哩？爷来哩
（通行丰润） 杨向奎记
洋取灯，嗡嗡嗡
（通行丰润） 杨向奎记
货郎货郎金子摇
（通行丰润） 杨向奎记
大麦节，小麦节
（通行丰润） 杨向奎记

通　信

关山《儿童的唱法》 孙揆百

第2卷 第4期

1936年4月25日出版

打趣的歌谣 吴世昌

广州的民歌 孔 藏

歌 谣

四川歌谣

十二月（通行南充） 伏 鸿记

月亮走 伏 鸿记

一对鹅 伏 鸿记

四川民歌

么妹乖（通行成都）

爬江豆（通行成都）

月亮走（通行成都） 钟凌茹记

月亮光光（通行成都） 钟凌茹记

贵州歌谣

星宿出来排对排（通行贵阳） 王树芬记

一抹金（通行贵阳） 王树芬记

今天我打大爷门口过（通行贵阳） 王树芬记

广东山歌

黄蜂采花因为糖（通行梅县） 长 戈记

打也唔怕骂唔愁（通行梅县） 长 戈记

生爱恋来死爱恋（通行梅县） 长 戈记

竹头磨节两头空（通行梅县） 长 戈记

日头一出正对东（通行梅县） 长 戈记

十七十八正当时（通行梅县） 长 戈记

郎今同妹路头长（通行梅县） 长 戈记

新打剪刀唔使磨（通行梅县） 长 戈记

湖北歌谣

倒唱歌（通行襄樊） 张天存记

天上星（通行武昌、汉阳） 李四杰记

湖南情歌

太阳一出照高楼（通行长沙乡下） 肖敏庆记

青皮树，青皮芽（通行长沙乡下） 肖敏庆记

茅屋高高晒紫姜（通行长沙乡下） 肖敏庆记

三股辫子背上拖（通行长沙乡下） 肖敏庆记

郎行三转不进来（通行长沙乡下） 肖敏庆记

启事（国语周刊社征求《歌谣》出让事） 国语周刊社

第2卷 第5期

1936年5月2日出版

从如皋山歌与冯梦龙山歌见到采录

歌谣应该注意的事　魏建功

民　歌

河南民歌

未婚妻的怨歌（通行洛阳）　品　青记

一、想侬的郎

二、想侬公婆

三、想侬爹娘

四、想侬的哥

五、想侬的嫂

六、想侬的妹

七、想说媒人

八、想侬的房

九、想侬的床

十、想侬的命

河北民歌

小大姐（通行北平）　郭挪叶记

小秃儿（通行北平）　郭挪叶记

星星月亮（通行保定）　王宗汉记

秃子得病（通行沙河）　高安福记

小女儿（通行沙河）　高安福记

第2卷　第6期

1936年5月9日出版

歌谣是什么　李长之

歌谣中的姑嫂　杨向奎

歌　谣

云南儿歌

小板凳　万灿文记

红皮树　万灿文记

天有多高　万灿文记

月婆婆　万灿文记

豌豆菜

河北儿歌

数花名（通行北平）　寿　生记

高粱树（通行清苑，南乡）　李传禧记

老母爷（通行清苑，南乡）

山东儿歌

你拿钱，我拿钱（通行济南）　吴　永记

儿吃馍馍娘提壶（通行济南）　吴　永记

山东民歌

柳条青青桃枝红　吴　永记

露濛濛，雨洪洪（通行济南）　吴　永记

编者的话（希读者指教与约稿）

第2卷　第7期

1936年5月16日出版

歌谣的衬字与泛声　罗　庸

一千年前的一首吴音山歌　容肇祖

《民间世说》序　罗香林

歌　谣

贵州山歌
十七十八花正开（通行贵定）　郎世俊记
太阳出来正当中（通行贵定）　郎世俊记
三根竹子一样高（通行贵定）　郎世俊记
红旗挠挠要开差（通行贵定）　郎世俊记
广东小调
白牡丹（通行梅县）　高亚伟记
湖南情歌
五更鸡，叫喹喹　阎幼甫记
三间茅屋共阶基　阎幼甫记
客家山歌（男女对唱）
因为妹子激到狂（通行梅县）　高亚伟记
阿哥好比树下桃（通行梅县）　高亚伟记
妹也唔使假正经（通行梅县）　高亚伟记
七月七日银溪河（通行梅县）　高亚伟记
江苏歌谣
南头姐姐往北跑（通行常熟、江阴）　袁家骅记
没盐没油没吃冬瓜（通行江阴、常熟）　袁家骅记
江苏船歌
洗白纱来汏白纱（男女对唱）（通行无锡）　徐　芳记

第2卷　第8期
1936年5月23日出版

广东潮阳的儿歌　刘万章

歌　谣

广东山歌
龙船开花珠珠红（通行潮州）　林培庐记
贞节女子孟姜娘（通行潮州）　林培庐记
初九夜昏月照窗（通行潮州）　林培庐记
（上皆为关于孟姜女的山歌）
广西山歌
孟姜女（通行三江县）
河北歌谣
大柿子（通行北平）　孟植德记
要说九（通行北平）　孟植德记
人咬狗（通行北平）　孟植德记
安徽歌谣
游火虫（通行绩溪）　罗常培记
巧姐姐（通行绩溪）　罗常培记
小皮球（通行绩溪）　罗常培记
吉祥草（通行绩溪）　罗常培记
吃点奶再来（通行绩溪）　罗常培记
小大姐（通行绩溪）　罗常培记
鸡冠花（通行绩溪）　罗常培记
新打茶壶（通行绩溪）

罗常培记
张三姐（通行绩溪） 罗常培记
亲家（通行绩溪） 罗常培记
山东歌谣
大哥好（通行济南） 涂鼎华记

记 事

北京大学歌谣研究会之风谣学会成立
风谣学会组织大纲

第2卷 第9期
1936年5月30日出版

歌谣与新诗 梁实秋
莫把活人抬在死人坑 寿 生

歌 谣

江苏歌谣
阳伞头上一根藤（通行太仓） 君 勉记
阳伞头上挂绿葱（通行太仓） 君 勉记
阳伞头上挂板棕（通行太仓） 君 勉记
阳伞头上一根绳（通行太仓） 君 勉记
阳伞头上一棵桃（通行太仓） 君 勉记
阳伞头上一蓬烟（通行太仓） 君 勉记
阳伞头上挂板棕（通行太仓） 君 勉记
阳伞头上挂木棕（通行太仓） 君 勉记
阳伞头上一部车（通行太仓） 君 勉记
阳伞头上竹叶青（通行太仓） 君 勉记
阳伞头上竹叶黄（通行太仓） 君 勉记
阳伞头上挂彩蓝（通行太仓） 君 勉记
阳伞头上挂剪刀（通行太仓） 君 勉记
福建歌谣
相哝歌（通行泉州） 叶子科记

第2卷 第10期
1936年6月6日出版

唱山歌之清史料 孟 森
宋明集录歌谣的两种书 容肇祖
写给《歌谣是什么》的作者 卓 循

歌 谣

浙江歌谣
月亮白光光 罗式刚记
癞痢病（通行杭州） 罗式刚记
嘲性缓 吴世昌记
广东儿歌
黑狗仔（通行东莞） 袁洪铭记
水浸大（通行东莞） 袁洪铭记

水滴滴（通行东莞） 袁洪铭记
鸡公仔（一）（通行东莞） 袁洪铭记
鸡公仔（二）（通行东莞） 袁洪铭记
月光光（通行东莞） 袁洪铭记
亚妹妹（通行东莞） 袁洪铭记
潮南歌谣
麻子麻（一）（通行凤凰县） 錟 浦记
麻子麻（二）（通行凤凰县） 錟 浦记
沙螺壳（通行凤凰县） 錟 浦记
月亮光光（通行凤凰县） 錟 浦记
躲妹崽（通行凤凰县） 錟 浦记
亮火巴巴（通行凤凰县） 錟 浦记
通 信
致编者 顾颉刚
附记 徐 芳

第2卷 第11期

1936年6月13日出版

歌谣不是乐府亦不是诗 林 庚
三宗宝 李家瑞
歌 谣
四川儿歌
栀子花儿朵朵开（通行成都） 明 记
金银花，顺墙爬（通行成都） 明 记
正月采花无花采（通行成都） 明 记
豌豆尖，掐掐须（通行成都） 明 记

第2卷 第12期

1936年6月20日出版

论歌谣仍是个人的创作
——答寿生、卓循二先生文 李长之
为《歌谣》作文有感 林 庚
摩些情歌 闻 宥
附言 膺 中
歌 谣
安徽歌谣
数花名（通行合肥）
十二个月打铁（通行望江） 董 凝记
河北儿歌
鸡鸡翎 徐文珊记
小秃子 徐文珊记
蝴蝶飞 徐文珊记
小耗子儿 徐文珊记
小小子 徐文珊记

鹞鹰鹞鹰转三遭 徐文珊记
家走咧 徐文珊记
丫头妈 徐文珊记
湖南儿歌
长竹篙（通行长沙）
盘古歌（对唱歌） 叶克强记
山东歌谣
拍巴掌（通行荣城） 张居本记
磕一咧（通行荣城） 张居本记

第2卷 第13期
1936年6月27日出版

答李长之先生 寿 生
晋省中部的秧歌 郝瑞恒
歌 谣
江苏歌谣
丝瓜子（通行上海） 邵纯熙记
红老鸦（通行无锡） 孙有莱记
江苏儿歌
游火虫（一）（通行无锡） 徐 芳记
游火虫（二）（通行无锡） 徐 芳记
福建歌谣
柴夫斧头歌（通行建瓯） 郑政谋记
新嫁娘歌（通行建瓯） 郑政谋记
和尚头（通行建瓯） 郑政谋记
广东儿歌
真好笑（通行南海） 陈慕洁记
摇船（通行广州） 陈慕洁记
山东歌谣
小花鸡（通行荣城） 张居本记
小黄狗（通行荣城） 张居本记

启事（为暑假暂休刊及不再赠送事） 本 刊

第2卷 第14期
1936年9月5日出版

粤讴及其作者 容肇祖
汉代崔寔的《农家谚》 林培庐
歌 谣
山东儿歌
骑马到学堂（通行荣城） 张居本记
处处菜（通行荣城） 张居本记
城里的光景（通行荣城） 张居本记
新先生（通行荣城） 张居本记
消消气（通行荣城） 张居本记
干哭没有泪（通行荣城） 张居本记
小花鸡（通行荣城） 张居本记
婆造饭（通行荣城） 张居本记
一儿一女一枝花（通行荣城） 张居本记
翻饼（通行荣城） 张居本记

想亲娘（通行梁南乡）
鞠振海记
不讲要（通行荣城）张居本记
浙江民歌
十忙歌（通行余城）邵纯熙记
长毛花（通行永康）程　铉记
河北歌谣
矮子（通行北平）孙有莱记
张三（通行北平）孙有莱记
月亮爷（通行北平）二　令记
广东儿歌
月光光（通行汕头）朱克邦记
赤梗子（通行汕头）朱克邦记
菱角子（通行汕头）朱克邦记
河南民歌
石梳叶（通行豫西）张　帆记
桃黍花（通行豫西）张　帆记
大月亮（通行豫西）张　帆记
七女织布（通行豫西）
张　帆记

编者的话（为扩大研究范围及将刊印顾颉刚“吴歌专号”等事）徐　芳

第2卷　第15期
1936年9月12日出版

儿歌中的教训与希望　苏子涵
歌　谣
浙江歌谣
正月嬉戏过（通行富阳）
叶镜铭记
稻割进末戤啊是谷（通行富阳）
叶镜铭记
吃个冷饭头（通行富阳）
叶镜铭记
龙灯蛇肚段（通行富阳）
叶镜铭记
小白菜（通行富阳）叶镜铭记
洋袜吊带纱灯裤（通行富阳）
叶镜铭记
文明洋伞小包裹（通行富阳）
叶镜铭记
前世勿修（通行富阳）
叶镜铭记
早更做做露水多（通行富阳）
叶镜铭记
阿大阿二割芥菜（通行富阳）
叶镜铭记
太阳上山一点红（通行乐清）
王　明记
大茄乌乌在山头（通行乐清）
王　明记
江苏歌谣
十拜观音（通行上海近郊）
顾　良记
月亮亮（通行上海近郊）
顾　良记
河北省谚语类辑（一）王国栋辑
写在前面
一、疾病与医药（七十八条）
二、卫生与健康（三十六条）

三、饮食与衣饰（三十五条）
四、语言（三十六条）

苏州方音注音符号与宽式国际音标对照表　赵元任
附记　周达甫

第2卷　第16期
1936年9月19日出版

从“杵歌”说到歌谣的起源（一）　台静农
歌　谣
河南歌谣
我说一谁对一（通行豫西）　张　帆记
小白鸡（通行豫西）　张　帆记
塞北歌谣
豆皮皮　宗丕风记
九龙碑　宗丕风记
摺花　宗丕风记
你一我一　宗丕风记
哭丈夫　宗丕风记
土匪进城　宗丕风记
数九　宗丕风记
羊羔　宗丕风记
倒宝瓶　宗丕风记
枪决匪人歌　宗丕风记

河北省谚语类辑（二）　王国栋辑
五、个人修养（百三四条）

第2卷　第17期
1936年9月26日出版

北平的喜歌　徐　芳
歌　谣
贵州儿歌
一张白纸飞过街（通行贵阳）　寿　生记
恶鸡婆（通行贵阳）　寿　生记
小板凳（通行贵阳）　寿　生记
烟子烟（通行贵阳）　寿　生记
小板凳（通行贵阳）　寿　生记
广东儿歌
月光光（通行翁源）　清　水记
平平坐（通行翁源）　清　水记
神前下（通行翁源）　清　水记
打开山门检燥柴（通行翁源）　清　水记
安徽歌谣
货郎儿（通行合肥）　朱淑贞记
筷子姑（通行合肥）　朱淑贞记
浙江歌谣
十八岁个姐姐洗菜心（通行富阳）　叶镜铭记
大姊嫁来高台郎（通行富阳）　叶镜铭记
懒惰嫂（通行富阳）　叶镜铭记
正月初一去望郎（通行富阳）　叶镜铭记
硬要硬到底（通行富阳）　叶镜铭记

缺牙老（通行富阳）何植三记
十八岁姑娘洗菜心（通行富阳）
何植三记

第2卷　第18期
1936年10月3日出版

法兰西古代的恋歌　郭麟阁
歌　谣
河北歌谣
鸡冠红红（通行北平）
吴　永记
月亮东（通行北平）吴　永记
月亮斜（通行北平）吴　永记
月亮空空（通行北平）
吴　永记
九月九（通行北平）吴　永记
湖北歌谣
燕儿燕儿来作窠（通行罗田）
叶　君记
梁山伯儿祝英台（通行罗田）
叶　君记
一生没唱个拆白歌（通行罗田）
叶　君记
掌掌儿拍（一）（通行罗田）
叶　君记
掌掌儿拍（二）（通行罗田）
叶　君记
对面山上一缸油（通行罗田）
叶　君记
山鸦鹊（通行罗田）叶　君记
毛栀树儿矮梭梭（通行罗田）
叶　君记

河北省谚语类辑（三）　王国栋辑
五、个人修养（百三四条）（续）
六、生理（三十九条）
七、旅行（五十五条）
八、嗜好（八十七条）

第2卷　第19期
1936年10月10日出版

论杵歌　冯沅君
宁波的歌谣　赵景深
歌　谣
浙江歌谣
青翠飞过青又青（通行乐清）
王　明记
石将军训练不教创（通行乐清）
王　明记
蟢网蜘蛛挂布帐（通行乐清）
王　明记
云南歌谣
太阳出来一盆花（通行昆明）
维　馨记
湖南歌谣
丁丁雀（通行凤凰县）
皲　浦记
外公外婆（通行凤凰县）
皲　浦记
枳枝花（通行凤凰县）

郯　浦记
客家山歌
南山鸡子北山啼（通行梅县）　高亚伟记
山歌爱唱妹爱连（通行梅县）　高亚伟记
白马落河水浸尾（通行梅县）　高亚伟记
燕子衔泥过九江（通行梅县）　高亚伟记
人生有命唔怕穷（通行梅县）　高亚伟记
大路来哩小路归（通行梅县）　高亚伟记
人才又好又相当（通行梅县）　高亚伟记
好花易谢月难圆（通行梅县）　高亚伟记
愁也唔得几多宗（通行梅县）　高亚伟记
细妹送郎到门前（通行梅县）　高亚伟记
一朵红花路边生（通行梅县）　高亚伟记
嘱三嘱四嘱情哥（通行梅县）　高亚伟记
河北儿歌
黄豆粒儿（通行北平）　范岱青记
我的儿（通行北平）　范岱青记
小二哥（通行北平）　范岱青记

书　评
《梅县童歌》　张清水
（张乾昌辑　民俗学会出版）
通　信
关于《北平的喜歌》
致徐芳　李永侒
复李永侒　徐　芳

第2卷　第20期
1936年10月17日出版

无锡方音宽式音标草案　赵元任
附：按语　记　者（徐　芳）
夯歌　佟晶心
富阳故事谜（四则）
金兆荣辑　叶镜铭辑
歌　谣
青海蕃族情歌
贵族们的姑娘（通行青海各地）　吴藻溪记
鲜花开过了（通行青海各地）　吴藻溪记
浅水边的情雁（通行青海各地）　吴藻溪记
将美丽的鲜衣（通行青海各地）　吴藻溪记
无上的佛像（通行青海各地）　吴藻溪记
对你真诚恳挚的心（通行青海各地）　吴藻溪记

亲爱的人儿（通行青海各地）
吴藻溪记
珠宝在我家时（通行青海各地）
吴藻溪记
心坎上的爱人（通行青海各地）
吴藻溪记
满腔愁绪（通行青海各地）
吴藻溪记
由海上下凡（通行青海各地）
吴藻溪记
依着她的心理（通行青海各地）
吴藻溪记

塞北儿歌

小板凳（通行塞北各地）
宗丕风记
哭上走（通行塞北各地）
宗丕风记
天上（通行塞北各地）
宗丕风记
半斤莜面（通行塞北各地）
宗丕风记
老天爷（通行塞北各地）
宗丕风记
作新人（通行塞北各地）
宗丕风记
打头（通行塞北各地）
宗丕风记
牡丹花（通行塞北各地）
宗丕风记
小板床（通行塞北各地）
宗丕风记
小猫（通行塞北各地）
宗丕风记
天上一个星（通行塞北各地）
宗丕风记
夜蝙蝠（通行塞北各地）
宗丕风记
白老鸦（通行塞北各地）
宗丕风记
小猫猫（通行塞北各地）
宗丕风记
鸡鸡翎（通行塞北各地）
宗丕风记
小板凳（通行塞北各地）
宗丕风记

河北歌谣

沙土地里跑白马　王国栋记
江边来了一只船　王国栋记
满天雪　王国栋记
小小子　王国栋记
小蚂蚱　王国栋记
杨柳树　王国栋记
杨树叶儿哗啦啦　王国栋记
萤火虫　王国栋记
天又冷　王国栋记
大杨树叶　王国栋记
小老鼠　王国栋记

第 2 卷　第 21 期
1936 年 10 月 24 日出版

歌谣论（La Kataluna Popolkantoj）
卡塔鲁尼亚·卡萨司作

于道源译

农村里对于物质文明的观感

所产生的歌谣 屈翼鹏

贵州民间故事

围腰（通行婺州） 寿 生记

歌 谣

浙江歌谣

梅香（通行南浔） 顾 良记

养媳妇（通行南浔）顾 良记

“看见她”（通行南浔）

顾 良记

家家亮（通行南浔）顾 良记

和尚（通行南浔） 顾 良记

聋子（通行南浔） 顾 良记

大脚（通行南浔） 顾 良记

西北风（通行南浔）顾 良记

广东歌谣

梳光髻（通行广州）陈慕洁记

鸡公仔（通行广州）陈慕洁记

河南儿歌

颠倒话（通行汝南）谢䲹翔记

打金鼓（通行汝南）谢䲹翔记

四川歌谣

亮火虫（通行叙、泸一带）

张天授记

叮叮猫（通行重庆） 张天授记

福建歌谣

日头落山落西洋（通行福州）

唐 涛记

一朵好花栽落溪（通行福州）

唐 涛记

福建儿歌

月光光（通行福州乡间）

唐 涛记

四川情歌

上崖采花下崖栽（通行雅安）

苏子涵记

一把扇子九条槽（通行雅安）

苏子涵记

五月黄瓜冷冰冰（通行雅安）

苏子涵记

编者的话（告《民风周刊》创刊等事）

第 2 卷 第 22 期

1936 年 10 月 31 日出版

歌谣论（原名 La Kataluna Popolkantoj）（续）

卡塔鲁尼亚·卡萨司作

于道源译

定州塔的故事（七则） 傅志蠡记

歌 谣

浙江歌谣

正月正（通行杭州）钱 澄记

大娘儿清早起（通行杭州）

钱 澄记

咪咪猫（通行杭州）钱 澄记

宝塔尖（通行杭州）钱 澄记

湖南歌谣

剥莲子（通行沅陵）周孝铨记

张打铁（通行沅陵）周孝铨记

河南歌谣

小槐树（通行豫西） 张 帆记

哽哽哽（通行豫西） 张 帆记

想儿（通行豫西） 张 帆记

小麻雀（通行豫西） 张 帆记

一个秃子（通行豫西） 张 帆记

湖南情歌

天上起云云起花（通行凤凰县） 锬 浦记

小妹生得白又白（通行凤凰县） 锬 浦记

郎在高山唱山歌（通行凤凰县） 锬 浦记

河北省谚语类辑（四） 王国栋辑

八、嗜好（八十七条）*

第2卷 第23期

吴歌专号

1936年11月7日出版

吴歌小史 顾颉刚

第2卷 第24期

1936年11月14日出版

“乡土童谣”与“乡土民谣” 野口雨情原作 周丰一译

童话型式表（一） 翟孟生 R.D.Jameson 原著

忠心的约翰型 于道源译

北平故事谜（一则） 永 炭

歌 谣

陕西歌谣**

走西口（通行山西北部） 温崇祯记

下关南（通行山西北部） 温崇祯记

兵大哥（通行山西北部） 温崇祯记

河北歌谣

石榴树（通行定县） 傅志蠢记

井里的花（通行定县） 傅志蠢记

天上的星（通行定县） 傅志蠢记

苇子叶（通行定县） 傅志蠢记

拜什么拜（通行定县） 傅志蠢记

四川儿歌

爬地草（通行成都） 钟凌如记

丁丁猫儿（通行成都） 钟凌如记

福建歌谣

金鸟仔（一）（通行长乐）

---

* 此部分应为“嗜好”的三〇至五八，原刊误作“嗜好”的二九至五七。

** 原刊误作“陕西歌谣”，今据正文内容改为“山西歌谣”。

卢成林记

金鸟仔（二）（通行长乐）

卢成林记

金鸟仔（三）（通行长乐）

卢成林记

金鸟仔（四）（通行长乐）

卢成林记

金鸟仔（五）（通行长乐）

卢成林记

第2卷　第25期

1936年11月21日出版

谈嫁娶喜歌　李家瑞

童话型式表（二）

翟孟生（R.D.Jameson）著

灰女（Cinderlla）型　于道源译

（《格林童话》第二十一）

汉塞尔和格莱泰尔型

（《格林童话》第十五）

歌　谣

湖南情歌

郎十三，姐十三（通行醴陵）

肖敏庆记

南风冒得北风凉（通行醴陵）

肖敏庆记

大雨不落毛雨稀（通行醴陵）

肖敏庆记

吃饱饭来饭胀腰（通行醴陵）

肖敏庆记

河北歌谣

小枣树（通行藁城）程筱冰记

娘啊娘啊好狠心（通行藁城）

程筱冰记

小板凳（通行藁城）程筱冰记

葫芦蔓（通行藁城）程筱冰记

看见她（通行藁城）程筱冰记

荞麦皮（通行藁城）程筱冰记

小二姐（通行藁城）程筱冰记

指甲花（通行藁城）程筱冰记

小纺车（通行藁城）程筱冰记

塞北歌谣

喔喔喔　宗丕风记

五月天　宗丕风记

挤破甕　宗丕风记

四季歌　宗丕风记

种田　宗丕风记

齐动手　宗丕风记

老牛　宗丕风记

河北省谚语类辑（五）　王国栋辑

八、嗜好（八十七条）*

九、父子（十二条）

第2卷　第26期

1936年11月28日出版

性欲“母题”在原始诗歌中的位置

朱光潜

* 此部分应为“嗜好”的五九至八七，本刊编者误作为“嗜好”的三八至六六。

童话型式表（三）
翟孟生（R.D.Jameson）著
三蛇叶型　于道源译
（《格林童话》第十六）
勇敢的小缝衣匠型
（《格林童话》第二十）
回忆中的两首沈县儿歌　熊海平
歌　谣
浙江歌谣
蔷薇花（通行南浔）　顾　良记
摇摇摇（通行南浔）　顾　良记
盲子（通行南浔）　顾　良记
蓬拍（通行南浔）　顾　良记
天地元黄（通行南浔）
顾　良记
三哥四哥（通行南浔）
顾　良记
喜鹊叫（一）（通行南浔）
顾　良记
喜鹊叫（二）（通行南浔）
顾　良记
阿嫂（通行南浔）　顾　良记
花喜鹊（通行南浔）　顾　良记
阿伯（通行南浔）　顾　良记
绿鸟（通行南浔）　顾　良记
洞庭山（通行南浔）　顾　良记
朝饭早（通行南浔）　顾　良记
安徽采茶歌
采茶连日上高岗（通行徽州）
阿侬家住北村幽（通行徽州）
茶花细白得人怜（通行徽州）
欲采深山云雾茶（通行徽州）
昨日采茶茶花香（通行徽州）
东家采茶姊与妹（通行徽州）
雁荡出茶名雀舌（通行徽州）
采茶用剪桑用钩（通行徽州）
名山处处出名茶（通行徽州）
高山斗绝石嵯峨（通行徽州）
（以上录自本年四月十七日南京《朝报》）
河北歌谣
黑丫头（通行定县）　张天存记
二姑娘二（通行北平）
张天存记

编者的话（请惠稿者寄址及更正）

第 2 卷　第 27 期

1936 年 12 月 5 日出版

谭训导故事
——序娄子伦编译《小老鼠的冒险》　娄子匡

鬼修城的故事　傅志鏊记
（通行河北定县）

童话型式表（四）
翟孟生（R.D.Jameson）著
七只老鸦型　于道源译
（《格林童话》第二五）
长着三根金头发的魔鬼型

（《格林童话》第二六）
没有手的女郎型
（《格林童话》第三一）
歌　谣
浙江歌谣
红咯咯（通行金华汤溪）
叶镜铭记
东风凉（通行金华汤溪）
叶镜铭记
田嫂嫂（通行金华汤溪）
叶镜铭记
一螺穷（通行金华汤溪）
叶镜铭记
一儿哭（通行金华汤溪）
叶镜铭记
天亮光（通行金华汤溪）
叶镜铭记
虫虫飞（通行金华汤溪）
叶镜铭记
客家山歌（男女对唱）
妹子嘱郎唱山歌（通行梅县）
高亚伟记
讲起妹子想唔开（通行梅县）
高亚伟记
亲哥得病系相思（通行梅县）
高亚伟记
讲也闲来笑也闲（通行梅县）
高亚伟记
贵州山歌
大河涨水沙浪沙（通行贵阳）
寿　生记
说声开差就开差（通行贵阳）
和　生记
老远望妹穿身绿（通行贵阳）
和　生记
书报介绍
《巫术科学宗教与神话》　徐　芳
〔英〕Bronislaw Malinowshi 著
李安宅译

第 2 卷　第 28 期
1936 年 12 月 12 日出版

读《吴歌小吏》　陆侃如
蒙古的歌谣　吉村忠三著　杨向奎译
童话型式表（五）
翟孟生（R.D.Jameson）著
睡美人型　于道源译
（《格林童话》第五十）
豫西民间小曲
放风筝（剪靛花调）　张　帆记
歌　谣
广东歌谣
一鹏穷（通行南雄）　清　水记
八月十五（通行南雄）
清　水记
天皇皇（通行南雄）　清　水记
日头一出上高楼（通行南雄）
清　水记
浙江歌谣（问答体）

多少同胞志要坚？（通行乐清）
王　明记
什么东西爬树爬最高？（通院乐清）　王　明记

河北儿歌

麻子麻（通行北平）　徐　芳记
小二哥（通行北平）　徐　芳记

通　信

致顾颉刚　赵万里
致顾颉刚　李家瑞

第2卷　第29期
1936年12月19日出版

儿歌里的萤火
——北原秋白著《日本童谣讲话》之一章　知　堂译
童话型式表（六）
翟孟生（R.D.Jameson）著
汤姆指型　于道源译
（《格林童话》第四十五）
雪白女型
（《格林童话》第五十三）
北平故事谜（三则）　李永侒记

歌　谣

塞北歌谣

望望日头　宗丕风记
种田好　宗丕风记
带种田　宗丕风记
清早下地　宗丕风记
当老农　宗丕风记
庄家活　宗丕风记
人忙天不忙　宗丕风记

江西儿歌

月光走（通行南昌）张为纲记
月光光（通行南昌）张为纲记
奸雀子（一）（通行南昌）
张为纲记
奸雀子（二）（通行南昌）
张为纲记
萤火虫（通行南昌）张为纲记
点头莫点尾（通行南昌）
张为纲记
一升豆子一升糠（通行南昌）
张为纲记
哭鬼哭（通行南昌）张为纲记

陕西歌谣

一葫芦干豇豆（通行岐山）
资　迟记
一个娃娃爱耍土（通行岐山）
资　迟记
干豌豆（通行岐山）资　迟记
傻婆爱吃烟（通行岐山）
资　迟记

通　信

致编者　侯　力
复侯力　周作人

第2卷　第30期
1936年12月26日出版

山东省民间流行的《水浒传》

顾　随
俄国之民俗文学
克鲁泡特金著　方纪生译
江西南昌的长工歌　张为纲记
歌　谣
河南儿歌
东风扬（通行豫西）　张　帆记
菊花开（通行豫西）　张　帆记
羊哶哶（通行豫西）　张　帆记
小老鼠（通行豫西）　张　帆记
桃黍花（通行豫西）
张　帆记
小白鸡（通行豫西）
张　帆记
河北歌谣
大麦黄（通行藁城）　程筱冰记
闺女看娘（通行藁城）
程筱冰记
哥哥哥哥生的狂（通行藁城）
程筱冰记
小喜小喜生的俏（通行藁城）
程筱冰记
红高粱叶（一）（通行藁城）
程筱冰记
红高粱叶（二）（通行藁城）
程筱冰记
红高粱叶（三）（通行藁城）
程筱冰记
长芝麻秸（通行藁城）
程筱冰记

第2卷　第31期
1937年1月2日出版

粤讴之作者招子庸传　容肇祖
歌谣中的联响跟联想　张为纲
四川情歌（男女对唱）
十七十八下江西　仲　侯记
此山望见那山遥　仲　侯记
金沙江上湾复湾　仲　侯记
我住江之南　仲　侯记
昨夜谯楼月三更　仲　侯记
叹我日每喜吟哦　仲　侯记
堪叹人情入情关　仲　侯记
堂前燕　仲　侯记
巴山豆　仲　侯记
（以上均通行金沙江一带）

第2卷　第32期
1937年1月9日出版

我所知的山歌的分类　寿　生
歌　谣
江苏歌谣
要吃菜心　顾　良记
麻雀（通行上海三林塘）
顾　良记
河北歌谣
看见她（通行北平）　周孝铨记
四川情歌（男女对唱）（续）
青杠叶儿皮皮薄　仲　侯记

长江水 仲 侯记
新鸟啾啾 仲 侯记
（以上通行金沙江一带）

第 2 卷 第 33 期

1937 年 1 月 16 日出版

补《吴歌小史》 顾廷龙
察北蒙人礼俗 宗丕风
十二只花鼓（通行上海一带） 顾 良记

歌 谣

河南歌谣
十亩二十亩太平年（通行内黄） 刘经菴记
快炮六轮子（通行内黄） 刘经菴记
磨杆椽（通行内黄） 刘经菴记
一簸箕灰（通行内黄） 刘经菴记
新媳妇（通行内黄） 刘经菴记
小小雀（通行内黄） 刘经菴记
屎蝌螂（通行内黄） 刘经菴记
老天爷（通行内黄） 刘经菴记
黑布衫（通行内黄） 刘经菴记
小小雀（通行内黄） 刘经菴记
湖南歌谣
花花轿（通行凤凰县） 焰 浦记
数星星（通行凤凰县） 焰 浦记
一腡穷（通行凤凰县） 焰 浦记
烟子烟（通行凤凰县） 焰 浦记
打铁（通行凤凰县） 焰 浦记
想亲娘（通行凤凰县） 焰 浦记

通 信

致编者 张为纲

第 2 卷 第 34 期

1937 年 1 月 23 日出版

言语的禁忌 於 菟
歌谣中底瘦词 刘万章

歌 谣

贵州山歌
大河涨水沙浪沙（通行贵阳） 杜韵泉记
五月里来是端阳（通行贵阳） 杜韵泉记
同娘坐条板凳尖（通行贵阳） 杜韵泉记
掐妹一爪试妹心（通行贵阳） 杜韵泉记
牛不吃水不按头（通行贵阳） 杜韵泉记
哥们不跟就不跟（通行贵阳） 杜韵泉记

叫你栽花你不栽（通行贵阳）

杜韵泉记

小妹下河洗瓜瓢（通行贵阳）

杜韵泉记

烧火不燃要火燃（通行贵阳）

杜韵泉记

月亮出来象个钱（通行贵阳）

杜韵泉记

月亮出来两个钩（通行贵阳）

杜韵泉记

清早起来爬大山（通行贵阳）

杜韵泉记

大河涨水冲白崖（通行贵阳）

杜韵泉记

鸭嘴不得鸡嘴尖（通行贵阳）

杜韵泉记

隔河望见菜子黄（通行贵阳）

杜韵泉记

太阳当顶又当中（通行贵阳）

杜韵泉记

太阳当顶当中来（通行贵阳）

杜韵泉记

隔河看见花一林（通行贵阳）

杜韵泉记

石榴打花枝对枝（通行贵阳）

杜韵泉记

十七十八正风流（通行贵阳）

杜韵泉记

高上庙门大大开（通行贵阳）

杜韵泉记

睡到半夜去爬墙（通行贵阳）

杜韵泉记

天晴下雨又下沙（通行贵阳）

杜韵泉记

小哥哥来小哥哥（通行贵阳）

杜韵泉记

老远望妹白胖胖（通行贵阳）

杜韵泉记

娘在后园讨菜苔（通行贵阳）

杜韵泉记

姐家门口挂纱灯（通行贵阳）

杜韵泉记

六月桃子半边红（通行贵阳）

杜韵泉记

郎骑白马上高坡（通行贵阳）

杜韵泉记

姐家门口有棵槐（通行贵阳）

杜韵泉记

大河涨水小河翻（通行贵阳）

杜韵泉记

针简装针针插针（通行贵阳）

杜韵泉记

河北歌谣

平则门（通行北平）周孝铨记

第2卷　第35期

1937年1月30日出版

萤火虫

——一个歌谣母题的比较

於　菟

天壶书札　马诒统遗著

——抄自写给他一个朋友的信

潮州民间传说　林培庐

歌　谣

河南歌谣

一忙忙（通行豫西）张　帆记

小麻雀（通行豫西）张　帆记

石榴花（通行豫西）张　帆记

江苏儿歌

风凉簌簌（通行江阴）澄　江记

癞子癞（通行江阴）澄　江记

躲学精（通行江阴）澄　江记

虫虫斗（通行江阴）澄　江记

湖南情歌

别人唱歌自个儿寻开心（通行凤凰县）焰　浦记

三月春风暖洋洋（通行凤凰县）焰　浦记

一年去了一年来（通行凤凰县）焰　浦记

河北歌谣

老百姓（通行新民）谢子美记

租也重（通行新民）谢子美记

没好心（通行新民）谢子美记

塞北歌谣

石榴花　宗丕风记

小小西瓜　宗丕风记

大雪　宗丕风记

半截瓮　宗丕风记

吃老农　宗丕风记

豆芽菜　宗丕风记

义和团　宗丕风记

天上星　宗丕风记

明年好　宗丕风记

荞麦花　宗丕风记

那几年　宗丕风记

糕软些　宗丕风记

唱支曲　宗丕风记

启　事

为寒假期间暂时停刊事

第2卷　第36期

1937年2月27日出版

略谈德国民歌　李长之

第2卷　第37期

1937年3月6日出版

探论“宝卷”在俗文学上的地位　佟晶心

歌　谣

河北歌谣

糖瓜粘（通行北平）吴　永记

金磬响（通行北平）吴　永记

三十夜（通行北平）吴　永记

寂寞天（通行北平）吴　永记

跑竹马（通行北平）吴　永记

步步噔（通行北平）吴　永记

神仙齐（通行北平） 吴　永记
太平鼓（通行北平） 吴　永记
牛犄灯（通行北平） 吴　永记
月亮爷（通行北平） 吴　永记
塞北歌谣
正月里 宗丕风记
新年到 宗丕风记
张大嫂 宗丕风记
腊月一过 宗丕风记
新年喜 宗丕风记
笑笑笑 宗丕风记
新年乐 宗丕风记
一扫金 宗丕风记
新年过 宗丕风记
正月正 宗丕风记

旧历新年广州人的风俗 清　水
紫姑在三林塘
——记邀请“坑三姑娘”
顾　良

编者的话
（编旧历年歌谣、出周年纪念号等事）

第2卷　第38期
1937年3月13日出版

广西南部民间情歌 王祥珩
歌　谣
江苏歌谣
东天日出火烧来（通行昆山）
陶　炜记
东天日出火烧来（通行昆山）
陶　炜记
东天日出火烧来（通行昆山）
陶　炜记
东天日出火烧来（通行昆山）
陶　炜记
东天日出火烧来（通行昆山）
陶　炜记
察哈尔歌谣
见饭饥（通行察哈尔全省）
罗　昱记
葫芦粗（通行察哈尔全省）
罗　昱记
人多乱（通行察哈尔全省）
罗　昱记
穿的烂（通行察哈尔全省）
罗　昱记
羊粪蛋（通行察哈尔全省）
罗　昱记
正月里肥（通行察哈尔全省）
罗　昱记
门洞里的风（通行察哈尔全省）
罗　昱记
河北歌谣
高高山上一棵槐（通行天津）
林玉福记
小槐树（通行天津） 林玉福记
河北儿歌
上箍辘台（通行北平）

寿　生记

占我的窝儿（通行北平）

二　令记

安徽民间俗曲

十杯酒（通行寿县）仁　者记

通　信

致本周刊社　於　菟

第 2 卷　第 39 期

1937 年 3 月 20 日出版

广西民间情歌（续）　王祥珩

童话型式表（七）

翟孟生（R.D.Jameson）著

聪明的艾耳赛　于道源译

（《格林童话》第三十四）

死神乾爹

（《格林童话》第四十四）

蓝胡子

（《格林童话》第四十六）

寻得鸟（Der Fundvogel）

（《格林童话》第五十一）

歌　谣

潮州梁祝故事的歌谣

——呈钱南扬先生　林培庐记

（一）氵歌

（二）氵歌

（三）氵歌

（四）百鸟名歌

（五）百花名歌

（六）十二月歌

（七）三十夜歌

江苏儿歌

矮矮童（通行上海市）

顾　良记

丝瓜子（通行上海市）

顾　良记

琅琅琅（通行上海市）

顾　良记

“侬姓啥”？（通行上海市）

顾　良记

河北歌谣

白灵儿树（通行定县）

张天授记

江苏歌谣

一扫金（通行无锡）岱　青记

丝瓜儿（通行无锡）岱　青记

梳子凿扁担（通行无锡）

岱　青记

第 2 卷　第 40 期

1937 年 3 月 27 日出版

关于“影戏”与“宝卷”及“滦州影戏”的名称　吴晓铃

答吴晓铃先生关于“影戏”与“宝卷”的问题　佟晶心

童话型式表（八）

翟孟生（R.D.Jameson）著

两兄弟　于道源译

（《格林童话》第六十）

铁罕斯（Eisenhans）
（《格林童话》第一三六）

歌　谣

安徽情歌
姐在房中想私情（通行合肥）　李德然记
一根扁担红溜溜（通行合肥）　李德然记
新打小船两头尖（通行合肥）　李德然记
五月五日是端阳（通行合肥）　李德然记
塞北歌谣
忘记多　宗丕风记
太阳上来　宗丕风记
正忙了　宗丕风记
老百姓　宗丕风记
滚深沟　宗丕风记
念下书　宗丕风记
夜睡早　宗丕风记
人是衣裳　宗丕风记
桃花开　宗丕风记
山歌多　宗丕风记
河北歌谣
小柏树（通行藁城）　程筱冰记
拐棍（通行藁城）　程筱冰记
棉花桃（通行藁城）　程筱冰记

编者的话
（本卷分类目录及周年纪念号出版等事）

本刊“歌谣选录”所载各省歌谣数目统计表
（凡二十省，共六三八首）

第3卷　第1期
周年纪念号
1937年4月3日出版

全国歌谣调查的建议　胡　适
歌谣与名物　周作人
歌谣与诗　朱自清
苏州近代乐歌　顾颉刚
谈童话　葛孚英
母歌实验谈　熊海平
“数来宝”里的“溜口辙”　徐　芳
“张打铁”的研究　张为纲
歌谣采辑十五年的回顾　魏建功

本刊刊布歌谣通行的地域

编者的话
（为周年纪念号无力全刊来稿事）

第3卷　第2期
周年纪念号（续一）
1937年4月10日出版

“看见她”之回顾　董作宾
除了“这里”“那里”　吴世昌
关于大鼓　赵景深

略谈我搜集歌谣的经过　宗丕风

来件（六件）

第3卷　第3期
周年纪念号　（续二）
1937年4月17日出版

“绣荷包”考　傅惜华
读歌谣后所得的一知半解　李素英
由灯歌想到秧歌　佟晶心
谈喇嘛之谣
——序仓洋的情歌　娄子匡
通　信
关于“影戏”
——致佟晶心　叶德均

来件（八件）

第3卷　第4期
周年纪念号　（续三）
1937年4月24日出版

十盃酒　李家瑞

第3卷　第5期
周年纪念号（续四）
1937年5月1日出版

歌谣汇录
张打铁
（一）通行江苏南京的（一）
詹　詹记
（二）通行江苏南京的（二）
吴增涛记
（三）通行江苏溧阳的
潘信昌记
（四）通行安徽繁昌的
（五）通行安徽泾县的
（六）通行安徽怀宁的（一）
（七）通行安徽怀宁的（二）
（以上后四种均录自《安徽民间歌谣》）
（八）通行河南商邱的（一）
王碧书记
（九）通行河南商邱的（二）
王碧书记
（十）通行河北通县的
齐礼华记
（十一）通行江西九江的
（十二）通行湖北汉阳城内的
周仲敏记
（十三）通行湖北汉阳乡间的
周仲敏记
（十四）通行湖北汉阳鹦鹉洲
周仲敏记
（十五）通行湖北汉阳滩头的
周仲敏记
（十六）通行湖北汉口的
孙有莱记
（十七）通行湖北孝感的
周仲敏记
（十八）通行湖南沅陵的

许孝炎　邓文辉记

（十九）通行四川巴县的

刘伊凡记

（二〇）通行四川重庆的

刘伊凡记

（二一）通行四川广安岳池的

刘伊凡记

（二二）通行四川成都的

刘伊凡记

（二三）通行云南昆明的

孙少仙记

（二四）通行云南个旧的

张四维记

附：本刊已发表的有：

通行地域	卷期数
（一）江苏南京	三卷一期
（二）江苏南京	三卷五期
（三）江苏南京	三卷五期
（四）江苏溧水	三卷一期
（五）江苏宜兴	三卷一期
（六）安徽繁昌	三卷五期
（七）安徽泾县	三卷五期
（八）安徽青阳	一卷二期
（九）安徽怀宁（安庆）	一卷二期
（一〇）安徽怀宁（安庆）	三卷五期
（一一）安徽怀宁（安庆）	三卷五期
（一二）安徽望江	一卷一二期
（一三）河南商邱	三卷五期
（一四）河南商邱	三卷五期
（一五）河北通县	三卷五期
（一六）江西九江	三卷五期
（一七）江西南昌	三卷一期
（一八）江西丰城	三卷一期
（一九）江西临川	三卷一期
（二〇）湖北	三卷一期
（二一）湖北汉阳	三卷一期
（二二）湖北汉阳	三卷五期
（二三）湖北汉阳	三卷五期
（二四）湖北汉阳	三卷五期
（二五）湖北汉阳	三卷五期
（二六）湖北汉口	三卷五期
（二七）湖北孝感	三卷五期
（二八）湖北罗田	二卷一八期
（二九）湖南长沙	三卷一期
（三〇）湖南沅陵（辰州）	二卷二二期
（三一）湖南沅陵（辰州）	三卷五期
（三二）湖南凤凰	二卷三三期
（三三）四川梁山	一卷二九期
（三四）四川巴县（重庆）	三卷五期
（三五）四川巴县（重庆）	三卷五期
（三六）四川广安岳池一带	

三卷五期
（三七）四川南充 一卷二九期
（三八）四川成都 三卷五期
（三九）云南宣威
一卷二七期
（四〇）云南昆明 一卷二七期
（四一）云南昆明 三卷五期
（四二）云南个旧 三卷五期
（四三）云南蒙化 三卷一期
（四四）云南腾冲 三卷一期
（四五）广西桂林
一卷二五期
（四六）广西桂林 三卷一期
（四七）地域不明 三卷一期
（四八）江苏溧阳 三卷一期
（四九）江苏溧阳 三卷五期
来件（十二件）

第3卷 第6期
周年纪念号（续五）
1937年5月8日出版

踏歌 张寿林
军歌 佟晶心
歌谣集录
水仙花 翁国梁辑
（一）水仙花开中心黄
（通行福建漳州）
（二）水仙开花中央黄
（通行福建漳州）
（三）水仙开花花蕊黄
（通行福建漳州）
（四）水仙开花白参黄
（通行福建漳州）
（五）水仙开花中心黄
（通行福建漳州）
（六）水仙开花中心黄
（通行福建漳州）
（七）水仙开花好排坛
（通行福建漳州）
（八）水仙开花好排坛
（通行福建漳州）
（九）水仙开花好排坛
（通行福建漳州）
（一〇）水仙开花好排坛
（通行福建漳州）
（一一）水仙开花象酒盏
（通行福建漳州）
（一二）水仙开花象酒盏
（通行福建漳州）
（一三）水仙开花结酒盏
（通行福建漳州）
（一四）水仙开花结酒盏
（通行福建漳州）
（一五）水仙开花象酒盅
（通行福建漳州）
（一六）水仙开花满香
（通行福建漳州）
（一七）水仙开花水兼香
（通行福建漳州）
（一八）水仙开花上等香
（通行福建漳州）

（一九）水仙开花在溪埔
（通行福建漳州）
（二〇）头插一蕊水仙花
（通行福建漳州）
（二一）头插一蕊水仙花
（通行福建漳州）
（二二）头插一蕊水仙花
（通行福建漳州）
（二三）头插一蕊水仙花
（通行福建漳州）
（二四）头插一蕊水仙花
（通行福建漳州）
（二五）头插一蕊是水仙
（通行福建漳州）
（二六）水仙上多是新塘
（通行福建漳州）
（二七）一蕊好花是水仙
（通行福建漳州）
（二八）园山出有水仙花
（通行福建漳州）
（二九）水仙开花中央黄
（通行福建漳州）
（三〇）正月一到梅花香
（通行福建福州）
（三一）八条罗裙绣水仙
（通行福建福州）
（三二）九朵好花绣水仙
（通行福建泉州）
（三三）水仙开花不结子
（通行福建泉州）
附：江苏关于水仙花歌谣一首
（见2卷9期）

通　信

关于“影戏”
——复叶德均信　佟晶心

来件（五件）

第3卷　第7期
婚俗歌谣专号
1937年5月15日出版

撒帐词　吴晓铃
明代撒帐歌钞　叶德均
江西南昌的贺郎歌　张为纲

婚俗歌谣

塞北的新婚令
贺词令六首　宗丕风　罗　昱记
试口才十二首
宗丕风　罗　昱记
说喜令十三首
宗丕风　罗　昱记
江苏喜歌
逃之夭夭进香房（通行淮安）
陈　力记
一看新娘喜连连（通行淮安）
陈　力记
一见新娘房又高又大（通行淮安）　陈　力记
手提银壶入洞房（通行淮安）
陈　力记
一看新人头（通行怵阳）

陈　力记

来件（五件）

第3卷　第8期

1937年5月22日出版

再论踏歌　张寿林
《踏歌》书后　佟晶心
儿　歌
江苏儿歌
橄榄（通行无锡）　孙有莱记
游火虫（通行无锡）　孙有莱记
浙江儿歌
石榴花（通行浙东）
冯慰慈记
月亮弯弯照到前坑（通行浙东）
冯慰慈记
七姊妹（通行浙东）
冯慰慈记
白果果（通行浙东）
冯慰慈记
八岁奶（通行浙东）
冯慰慈记
喜鹊叫（通行浙东）
冯慰慈记
扇来的风（通行浙东）
冯慰慈记
月亮公公（通行浙东）
冯慰慈记
大姊二姊来看娘（通行浙东）
冯慰慈记
鸡冠花（通行浙东）
冯慰慈记
月儿弯弯照明堂（通行浙东）
冯慰慈记
河南儿歌
咪咪猫（通行豫西）张　帆记
瓜子皮（通行豫西）张　帆记
排排坐（通行豫西）张　帆记
喜鹊叫（通行豫西）张　帆记
月亮爷（通行豫西）张　帆记
懒大嫂（通行豫西）张　帆记
喜鹊窝（通行豫西）张　帆记
小孩小孩你别哭（通行豫西）
张　帆记
喜鹊哥哥尾巴长（通行豫西）
张　帆记
白菜叶（通行豫西）张　帆记
东古经（通行豫西）
张　帆记
一个老人他姓顾（通行豫西）
张　帆记
山东儿歌
小老鼠（通行广饶）张先祺记
十八的大姐九岁的郎（通行广饶）　张先祺记
脚大好（通行临朐）张先祺记
我也谈谈搜集歌谣的经过　叶镜铭
通　信
关于“看见她”
——致董作宾　刘经菴

来件（六件）

第3卷　第9期

1937年5月29日出版

杂论“影戏”

——兼答佟晶心先生　吴晓铃

山　歌

广西山歌　卢野夫记

担鸭过桥跌落水
石板搭桥水浸过
灯草搭桥水催断
灯草围圈牛杠断
灯草入油两点头
打扫路旁栽灯草
灯草烧窑有过线
藕芽拖到井边种
十字路头栽种藕
期期去去心有去
蜘蛛攀网床里边
路边井水千年浊
行过高桥照水影
蝴蝶为花岭过岭
黄蜂采花遇蝴蝶
观音翳排罗汉位
有紧去
我情去
实难舍
上路见娘上路等
（以上通行永淳）

贵州山歌　寿　生记

吃得少午无处消
乱草窝来乱草窝
大路不平石板薄
远看晴妹穿白绸
八月十五是中秋
这山看去那山高
过上过下少唱些
大田大地栽糯谷
吃得饭来把碗抬
远望老妹身穿红
（以上通行贵阳）

湖南山歌　张欣歌记

太阳出来晒粉墙
太阳出来万丈高
太阳落山滚绣球
远望娇娘穿身青
红嘴绿毛是鹦哥
芝子花儿茎对茎
姐屋门前一丘秧
（以上通行湖南中部）

介绍《北平音系十三辙》（张洵如编　魏建功校　中华书局版）　固　子

编者的话（为读者答一卷事及稿约）

来件（八件）

第3卷　第10期

1937年6月5日出版

新民谣与古民谣

［日］白鸟省吾作　周丰一译

安徽山歌

日头出来呵照楼台

金银花你哪这么香?

干妹生的一枝花

这山看着那山尖

端起碗来想情人

远看乾妹穿身青

我在上风唱山歌

十七八岁大丫头

干妹站在大门里

远看干妹穿身白

小小大路三尺宽

芝子开花月月青

三尺白绫搭姐肩

（以上通行寿县）

关于俗曲的传流演变

——读俗曲小记　叶德均

“风谣学会”第一次年会纪事

来件（十二件）

第3卷　第11期

1937年6月12日出版

四川歌谣

四川儿歌　苏子涵记

雁鹅雁（一）

雁鹅雁（二）

雁鹅雁鹅扯长

大指姆哥

羞羞羞

太阳出来红东东

太阳出来照东方

大脚板

马桶盖

淘青菜

金银花（一）

金银花（二）

带带脱

斗斗虫

耗子翻墙过

咪咪羊

鸦鹊窝

巴巴掌

丁丁猫（一）

丁丁猫（二）

癞毛癞

天老爷

星宿星宿排打排

灯盏窝

巴山豆

麻杆麻杆车车

黄鳝死了一筒柴

铁门坎

大姐粉白

红缎鞋

对门有个徐三娘

哑子开口唱儿歌

荞荞花

小板凳

扯锯

张相公
斑竹椏
我走家婆门口过
花蛾儿
月亮光光
点脚班班
（以上通行成都）
四川谜歌　婉　记
小小一株稻（凤仙花）
小小一株花（浮萍）
空心树（竹）
紫红树（茄子）
弯弯床（菱）
白油纸扇白绿边（白菜）
白白如藕（豆芽菜）
一株竹（稻）
爹麻（花生）
两头乌大门（瓜子）
小生本姓卢（鸬鹚）
（以上通行成都）

广州的禁忌语　刘万章

第3卷　第12期
1937年6月19日出版

谈北平歌谣中的“儿”字
赵焕鋕
谈“儿”赘说　魏建功
“风”“谣”释名
——附论“国风”为风谣
陈梦家
歌　谣
湖南儿歌　徐树敏记
月光光
喜鹊叫得好
鸭婆子嘎嘎
伢子伢
（以上通行长沙）
湖北儿歌　徐树敏记
丫头丫
新姑娘
麻子麻
伢伢
（以上通行汉口）
四川谜歌（续一）　婉　记
我在深山溪里溪（龟）
一朵芙蓉顶山开（雄鸡）
大哥山上蹲蹲坐（虎、蛇黄鼠狼、鼠）
大姐白白壮壮(藕、荷叶荷花、莲蓬）
在家三百日（婴孩）
身穿荔枝袍（癞蛤蟆）
四角玲珑巧（时计）
头象琵琶身象弓（茶匙）
身穿红袄绿衣裳（烛）

征题（十则）
来件（十七件）

第3卷　第13期
1937年6月26日出版

歌谣和民意　陶元珍
表达民意的歌谣　徐　芳

歌谣选录

“五四”罢课谣
（曾经通行北大）　文　狸记
北平车夫谣
（曾经通行北大附近）文　狸记
来件（十一件）
启事（为暑假期间暂时休刊事）
编　者

57

中国现代文学期刊目录汇编（第二卷）

ZHONGGUO XIANDAI WENXUE QIKAN MULU HUIBIAN

唐沅　韩之友　封世辉
舒欣　孙庆升　顾盈丰　编

中国文学史资料全编

现代卷

中国社会科学院
文学研究所　总纂

知识产权出版社

内容提要

本书汇编了我国现代文学史上创刊于1915—1948年间的，有影响、有代表性的期刊目录276种（另有附录4种），其中绝大部分是文学期刊，也酌情选收了一部分与中国现代文学关系密切的综合性文化刊物。

责任编辑：马　岳　　　责任校对：董志英
执行编辑：牛洁颖　　　责任出版：卢运霞

图书在版编目（CIP）数据
中国现代文学期刊目录汇编／唐沅等　编．—北京：知识产权出版社，2010.3
（中国文学史资料全编·现代卷）
ISBN 978-7-80247-677-6
Ⅰ．①中…　Ⅱ．①唐…　Ⅲ．①现代文学—期刊目录—中国
Ⅳ．①Z88：I206.6
中国版本图书馆CIP数据核字（2010）第007847号

中国文学史资料全编·现代卷

中国现代文学期刊目录汇编（第二卷）

唐　沅　韩之友　封世辉　舒　欣　孙庆升　顾盈丰　编

出版发行：知识产权出版社

社　　址：北京市海淀区马甸南村1号　　邮　　编：100088
网　　址：http://www.ipph.cn　　邮　　箱：bjb@cnipr.com
发行电话：010-82000860转8101/8102　　传　　真：010-82005070/82000893
责编电话：010-82000860转8171　　责编邮箱：mayue@cnipr.com
印　　刷：北京市凯鑫印刷有限公司　　经　　销：新华书店及相关销售网点
开　　本：720mm×960mm　1/16　　印　　张：303
版　　次：2010年3月第一版　　印　　次：2010年3月第一次印刷
字　　数：4653千字　　定　　价：616.00元（全七卷）

ISBN 978-7-80247-677-6/Z·454（2796）

总目录

第一卷

期刊目录汇编

1 新青年（青年杂志）……3
2 每周评论……52
3 新潮……70
4 国民……80
5 少年中国……88
6 解放与改造（改造）……111
7 曙光……130
8 新社会……137
9 人道……144
10 小说月报……146
11 文学周报（文学旬刊、文学）……297
12 戏剧……374
13 诗……382
14 学衡……392
15 创造……447
16 努力周报……454
17 读书杂志……472
18 歌谣周刊（歌谣）……476

第二卷

期刊目录汇编（续）

19 小说世界……574
19 附录一 民众文学……751
19 附录二 侦探号……756
20 浅草……758
21 弥洒……762
22 创造周报……766
23 文艺周刊（文艺旬刊）……775
24 洪水（周刊、半月刊）……787
25 语丝……799
26 现代评论……861
27 支那二月……934
28 猛进……937
29 莽原（周刊、半月刊）……954
30 大江（季刊）……971
31 甲寅（周刊）……973

32 清华文艺……………………1001
33 狂飚……………………………1007
34 创造月刊……………………1016
35 沉钟（半月刊）…………1026
36 北新……………………………1034
37 一般……………………………1093
38 幻洲……………………………1112
39 泰东……………………………1127
40 真美善…………………………1138
41 民间文艺……………………1165
42 太阳月刊……………………1169
43 未名……………………………1174
44 文化批判……………………1179
45 现代小说……………………1183
附 五一特刊……………………1191
46 新月……………………………1193
47 流沙……………………………1217
48 我们……………………………1221
49 畸形……………………………1224
50 奔流……………………………1227
51 开明……………………………1234
52 山雨……………………………1265
53 思想……………………………1269
54 无轨列车……………………1272
55 大众文艺……………………1275
56 乐群……………………………1282
57 大江（月刊）…………1291
58 白华……………………………1297
59 春潮……………………………1299
60 熔炉……………………………1304
61 朝花（周刊、旬刊）……1306
62 海风周报……………………1313

第三卷

期刊目录汇编（续）

63 金屋月刊……………………1318
64 红黑……………………………1324
65 人间……………………………1327
66 华严……………………………1329
67 新流月报……………………1333
68 戏剧与文艺………………1336
69 南国月刊……………………1342
70 引擎……………………………1347
71 戏剧……………………………1349
72 戏剧的园地………………1355
73 南国周刊……………………1357
74 新文艺…………………………1363
75 萌芽（新地）…………1370
76 拓荒者…………………………1377
77 艺术……………………………1384
78 文艺讲座……………………1386
79 巴尔底山……………………1388
80 骆驼草…………………………1391
81 沙仑……………………………1397
82 前锋周报……………………1399
83 现代文学……………………1406
84 开展……………………………1412
85 文艺月刊……………………1418
86 世界文化……………………1496
87 前锋月刊……………………1498
88 读书月刊……………………1505

89 当代文艺……1517
90 诗刊……1524
91 文学生活……1528
92 文艺新闻……1530
93 青年界……1579
94 现代文学评论……1679
95 前哨（文学导报）……1687
96 文艺杂志……1690
97 创作……1694
98 新时代……1698
99 涛声……1731
100 北斗……1756
101 十字街头……1761
102 文化评论……1763
103 絮茜……1766
104 矛盾……1769
105 文学……1781
106 现代……1783
107 文学月报……1827
108 文艺茶话……1832
109 论语……1845
110 小说月刊……1999
111 文化月报（世界文化）……2002
112 无名文艺……2005
113 新诗歌……2007
114 艺术新闻……2014
115 文学杂志……2017
116 文艺月报……2021
117 文学……2025

第四卷

期刊目录汇编（续）

118 文艺春秋……2080
119 戏……2085
120 文艺……2088
121 文化列车……2091
122 文学季刊……2096
123 中国文学……2106
124 新诗歌……2114
125 春光……2116
126 诗歌月报……2121
127 人间世……2126
128 小说（月刊、半月刊）……2153
129 文艺风景……2162
130 当代文学……2165
131 东流……2170
132 文学评论……2179
133 译文……2182
134 太白……2206
135 文学新地……2226
136 水星……2228
137 当代诗刊……2233
138 文饭小品……2236
139 新小说……2242
140 芒种……2247
141 文艺……2255
142 中学生文艺季刊……2276
143 杂文（质文）……2291

144 创作……………………2300
145 宇宙风……………………2303
145 附 宇宙风·逸经·西风
非常时期联合旬刊……2392
146 海燕……………………2397
147 夜莺……………………2400
148 诗歌生活……………………2404
149 逸经……………………2407
150 东方文艺……………………2446
151 文学丛报
（人民文学）……………2452
152 作家……………………2458
153 文季月刊……………………2463
154 文学界……………………2470
155 光明……………………2475
156 现实文学……………………2494
157 今代文艺……………………2497
158 中流……………………2501
159 诗歌杂志……………………2514
160 新诗……………………2520
161 电影戏剧……………………2527
162 小说家……………………2530
163 热风……………………2533
164 希望……………………2536
165 文丛……………………2539
166 文艺科学……………………2544
167 文学杂志……………………2547
168 戏剧时代……………………2559
169 中国文艺……………………2562
170 新演剧……………………2566
171 烽火（呐喊）……………2571
172 七月……………………2578
173 抗战戏剧……………………2596
174 抗到底……………………2603
175 战地……………………2612
176 自由中国……………………2617
177 文艺阵地……………………2624
178 抗战文艺……………………2658
179 戏剧新闻……………………2686
180 文艺……………………2690
181 文艺突击……………………2698
182 文艺新潮……………………2702
183 鲁迅风……………………2714
184 文艺战线……………………2721
185 笔阵……………………2725
186 宇宙风乙刊……………………2737
187 戏剧岗位……………………2758
188 新中国文艺丛刊 ………2765

第五卷

期刊目录汇编（续）

189 西线文艺……………………2769
190 通俗文艺……………………2773
191 文艺新闻……………………2784
192 文学月报……………………2790
193 戏剧与文学……………………2799
194 中国文化……………………2802
195 黄河……………………2808
196 战国策
（附《战国》副刊）…………2828
197 大众文艺……………………2835

198 现代文艺……………………2841
199 野草……………………2857
200 新诗歌……………………2877
201 戏剧春秋……………………2880
202 文艺月报……………………2887
203 奔流文艺丛刊……………………2893
204 中国文艺……………………2897
205 五十年代……………………2899
206 华北文艺……………………2902
207 时代文学……………………2906
208 诗创作……………………2911
209 万象……………………2924
210 笔谈……………………2963
211 文艺生活……………………2970
212 文讯……………………3001
213 草叶……………………3021
214 谷雨……………………3024
215 奔流新集……………………3027
216 战时文艺……………………3030
217 文艺杂志……………………3035
218 文坛……………………3045
219 文学批评……………………3050
220 文学创作……………………3053
221 文艺先锋……………………3060
222 青年文艺……………………3097
223 人世间……………………3104
224 天下文章……………………3118
225 时与潮文艺……………………3128
226 风雨谈……………………3142
227 艺丛……………………3154
228 中原……………………3157
229 艺文杂志……………………3161
230 民族文学……………………3174
231 新文学……………………3178
232 戏剧时代……………………3181
233 当代文艺……………………3185
234 微波……………………3189
235 文艺春秋……………………3191
236 高原……………………3214
237 文学新报……………………3218
238 希望……………………3222
239 诗文学……………………3230
240 文哨……………………3233
241 文艺大众……………………3237
242 新群众……………………3243
243 文联……………………3250
244 文艺复兴……………………3255
245 文章……………………3269
246 文坛月报……………………3274
247 人民文艺……………………3277
248 中原、文艺杂志、希望、文哨 联合特刊……………………3281
249 白山……………………3285
250 鲁迅文艺……………………3290
251 文艺杂志……………………3293
252 北方文化……………………3304
253 清明……………………3311
254 热潮……………………3316
255 北方杂志……………………3318
256 萌芽……………………3324
257 长城……………………3327
258 文艺丛刊……………………3329

259 东北文化……………………3332
260 呼吸……………………………3338
261 东北文艺……………………3342
262 平原文艺……………………3349
263 文艺知识连丛 …………3356
264 诗创造………………………3360
265 胶东文艺……………………3371
266 中国作家……………………3377
267 大众文艺丛刊 …………3380
268 蚂蚁小集……………………3384
269 文艺工作……………………3388
270 小说…………………………3390
271 文学战线……………………3405
272 群众文艺……………………3412
273 文艺月报……………………3419
274 平原……………………………3423
275 文艺丛刊……………………3446
276 华北文艺……………………3450

第六卷

期刊作者索引

作者署名首字笔画检索表 …3457
作者索引………………………………3477

第七卷

作者索引（续）………………4137

期刊馆藏索引

期刊馆藏索引…………………………4629
期刊基本情况一览表…………4801

第二卷

期刊目录汇编（续）

19 小说世界

简　介

《小说世界》，文艺周刊。一九二三年一月十日创刊于上海，商务印书馆出版、发行。第一卷至第十二卷由叶劲风编辑，十六开本，第十三卷至第十八卷由胡寄尘编辑，大三十二开本，其中第十七、十八两卷为季刊，只署出版年度月份。周刊每季为一卷，季刊每年为一卷，至一九二九年十二月出满第十八卷后终刊。共出版二百六十四期。

《小说世界》是《小说月报》改组革新之后，在商务印书馆编译所所长王云五支持下创办的，它的主要编撰者如叶劲风、包天笑、李涵秋、胡寄尘、赵苕狂、张舍我、程小青、徐卓呆、何海鸣、范烟桥、闻野鹤、恽铁樵等，多是民初以来被称为“鸳鸯蝴蝶派”的文人。该刊发表了大量反映并迎合小市民的心理与欣赏习惯的作品。它名为“小说世界”，实际除刊登小说外，还登有散文、论文、剧本、趣闻、风俗记、漫画、游戏，乃至少量的自然常识。该刊也比较重视刊登外国文学译作，所刊登的契诃夫、莫泊桑的短篇小说，小仲马的剧本《茶花女》，福尔摩斯的侦探记，是比较有价值的文学作品。此外，还有对电影的介绍，影照与文字相配合，在社会上有较大的影响。

《小说世界》将其连载的长文汇印成册，出版了一套“小说世界丛刊”，还先后出版了四种附刊：《民众文学》、《侦探号》、《童话》、《闺阁词选》。本书选收《民众文学》、《侦探号》两种，其目录附于《小说世界》目录之后。

目　录

第1卷　第1期

1923年1月10日发行

中国第一运动家杜荣棠（照片）
孙曹鏖兵处（赤壁）（照片）
山水（国画）　〔南宋〕马　远画

十年后的中国　劲　风
小说家的修养（补白）　寄　尘
读诗十二诀（补白）　寄　尘

一星期的新闻记者　天　笑
驴子尾巴呢？（社交游戏）
暮境痛语　涵　秋
钱（讽刺画文配）
马　登作　劲　风译意
社会主义者　求幸福斋主
自由之代价　胡寄尘
夜谈　王统照
洋人的儿子（补白）
世界最勇的童子（补白）　Y
私奔
〔匈〕斐都菲著　沈雁冰重译
埃及古俗之尊猫（风俗琐录）（补白）
美洲伟人秘史　风
？（磋磋派小说）　劲　风
利用（连环漫画六幅）
斗室秘密　啸　庐
盘旋机（科学浅谈）（附图三幅）
风
没有事（笑话）（补白）
拘魂使者（笑剧）　卓　呆
伤心　静　影女士
读五千卷书室丛话　瘴　蝯
台湾民主国旗
帝王树
茶匙　茗　狂
升降机（附插图五幅）
科南道尔著　Y.L译
化学师的妻子（一至三）
Tcheboy　著　哭　厂译
怪老人（谜画）　Y
懦人　叶劲风
绅士与跑堂（谐语配画）（补白）
父与子（名家小说节本）　风
世界瞭望语（珍闻琐录）（附图四幅）
眼光之力　Y
无机飞艇　Y
P·E·N会　冰
侦探小说家与鬼神的关系
冰
世界最老的人　Y
壬戌夏四月游天目之作（一）（诗）（补白）　左念垣
天目山游记（散文）　庄　俞
游天目山杂作（一）（诗）（补白）
百　俞
无题（三首）
火柴断了又还原（戏法）　Y
未雨绸缪　邱子澄

情天补恨录　林　纾　毛文钟译

第1卷　第2期

1923年1月12日发行

少女戏水（封面画）
西冷桥（照片）
西藏妇女平装图（照片）

咴咔西游记（附插图四幅）　Y　Z
怪人演说（社交游戏）（附图二幅）
文王神课的代价　胡寄尘
沁香阁笔记（一）　李涵秋
　孙瓦匠
清风明月庐谈荟（补白）　许廑父
　奇异之葬品
狱吏生涯　毕倚虹*
秋夜与风雨表（常识谈话）
两个心　卓　呆
游天目山杂作（二）（诗）（补白）　百　俞
　昭明寺失窾纪事
疯欤　赵苕狂
桥上　严芙孙
世界瞭望塔（附插图三幅）
　发光之照像镜　Y
　单人乐队
　捞取海底沉船之新计划　Y
　奇妙的渡船　培
情天补恨录（一续）　林　纾译**
西藏女俗（风俗志异）（补白）　培
你还要活在世上吗　叶劲风
死的哲学　张舍我
黑人分果（数谜）（补白）　硕
镜　〔俄〕乞呵夫著　静影女士译
技击余闻（一）（补白）　智　轩
　胡芝寿
有备无患（又名《蚁与蝉》）（独幕歌剧）　金桂荪
懦人（续，完）　叶劲风
荒服飞鸿记　天游达愔

第1卷　第3期

1923年1月19日发行

风景照片（封面画）
黎明林中（彩画）〔德〕海　音画
原人时代以前之大动物（照片二幅）

诈欺取材的哲学家　求幸福斋主
人生一梦（歌曲）　风
征求音乐（补白）　本　刊
狼　〔法〕莫泊三著　苏　梅女士译
世界瞭望塔（附图六幅）
　世界最大速度的东西　Y
　美国无线电受音器的进步

* 原刊署“毕倚虬”，据一卷四期“勘误”订正。

** 原刊“目录”署“林抒”，正文署“林琴南”。

上下　胡寄尘
古代巴比伦之婚俗（风俗志异）（补白）　培
沁香阁笔记（二）　李涵秋
张文襄轶事
记清初阿里吗事
赵贞女
无家村　卓呆
塔歌美人的祭祀（风俗考）（补白）
桔子变苹果（简易魔术）（附图）　影
墟集　沈禹钟
游天目山杂作（三）（诗）（补白）　百俞
西天目观大树
皇帝的衣服　〔匈〕密克柴斯著　沈雁冰重译
情天补恨录（二续）　林纾　毛文钟译
游天目山杂作（四）（诗）（补白）　百俞
西天目禅源寺
银蛋（科学游戏）（附图）　培
魂游　叶劲风
钱声（滑稽连环画四幅）（补白）
冰天雪地的学童　青
荒服鸿飞记（一续）　天游
电灯泡防贼（益智琐谈）（补白）　守一
技击余闻（二）　智轩
店主人
侠隐记（名家小说节本）　刘培风
两个探病者　公策

第1卷　第4期

1923年1月26日发行

林中少女（封面彩画）
芜湖李公园风景（照片）
佐婀（画）

一夹钞票　涵秋
奴财（讽刺文配画）　马登原作　劲风意译
古代奇病　卓呆
猜物（社交游戏）（补白）　Y
野外飞弹案（附插图四幅）　YL译
癞蛙蟆之日记　胡寄尘
摇头与点头（常识谈话）（附图一幅）　一
酒后　程小青
勘误（补白）　编者
福寿姻缘　夏淡人
深闺梦里　劲风
法国奇女（佐婀）小传（名人小传）　静轩　静影译
冤狱　L.N.Tolstoy作　静轩主人译
劣画（笑话）（补白）
世界瞭望塔（附插图三幅）
世界最幼的探险家　Y
能操英语百二十二岁的鹦鹉　培
一根生两树　Y

最新式的脚踏车 Y
一个灵魂的价值 叶劲风
羊的兄弟（玩物制造）（附图一幅） 刘培风

第1卷 第5期
1923年2月2日发行

风景（塔照片）（封面）
断桥残雪（西湖白沙堤照片）
小猫的工作（画） ［荷］罗勒尔画
罪痕 叶劲风
笑与哭（常识谈话，附笑哭两解画）
伤心之美术品 胡寄尘
仲马的滑稽（补白）
情天补恨录（三续） 林 纾、毛文钟译
背道而驰的心 卓 呆
人类的表现（解画）（补白） 风
老妇人苏瓦 ［法］莫泊三著 高达观译
实逼处此 Tchehov著 静 影女士译
迷路求答（图谜）（补白）
第一、二期谜语答案（补白）
小说家之烦恼 烟 桥
找头（笑话）（补白）
顽皮的小孩 ［俄］乞柯夫著 胡寄尘、陈学佳译
游天目山杂作（四）（诗）（补白） 百 俞
昭明禅院老僧圆觉索书界以二十八字
一场烦恼 卉 材
壬戌夏四月同游天目之作（二）（诗） 左念恒
荒服鸿飞记（二续） 天 游
块肉余生述（节本） 刘培风
悼方孟晋（诗）（补白） 百 俞
奇怪鸡（玩物制造）
祛愁良法 哲 卿

第1卷 第6期
1923年2月9日发行

冬猎（封面画）
歌舞（彩画）
太古时之飞禽（画）
微生虫之世界 胡寄尘
衡州婚夕闹房（地方风俗）（补白） 培
磁气（科学浅谈） 硕
恋爱与义务（附插图八幅） ［波兰］罗琛女士*
骰子代珠算法（补白） 尘 梦
午夜角声 叶劲风
沁香阁笔记（三）（补白） 涵 秋
鸡眼钱

* 罗琛，又名华罗琛，本文及她在本刊发表的其他作品，均用汉文所写。

同学少年　茗　狂
小说家之座右铭（补白）　灵　芬
情天补恨录（四续）　林　纾译
世界瞭望塔（附插图三幅）
　埃以的警察的新防卫器　Y
　（纽约）狗的薪资　Y
　（美国）无手的枪手　Y
上下两对（一幕三场喜剧）
　卓　呆
歌女
　［俄］乞可夫原著　守　一译
世界名画家小传（一）（附插图一幅）
　周香民
　特勒
"恐怕它失落了"*（笑话）（补白）
第五人（附插图三幅）　YL 译
无母之儿　张碧梧
梅语　泽　珍女士
聪明的汤姆（滑稽连环画三幅）
（补白）
荒服飞鸿记（三续）　天　游
撒克逊刦后英雄略（名家小说节本）
　培

第1卷　第7期

1923年2月16日发行

喷泉雕饰（童子戏蟾，封面画）
湖北汉阳晴川阁（照片）
世界第一大佛（照片）

壬之面与癸之面　胡寄尘
恋爱与义务（附插图七幅）（一续）
　［波兰］罗　琛女士
缅甸人之生肖（风俗志异）（补白）
　培
吴市箫声录　指　严
白等一场（滑稽连环画四幅）
结婚难　张舍我
游天目山杂作（五）（诗）（补白）
　百　俞
　月夜登东天目钟楼峰远望
沁香阁笔记（四）　李涵秋
　袁项城轶事
情天补恨录（五续）
　林　纾、毛文钟译
诱惑　叶劲风
手影术（一）（图八幅）（补白）
　丘悼兰**
世界第一大佛像（世界奇迹）
　刘培风
乞丐　静　影女士
一截小绳子
　［法］莫泊三著　高达观译
拿破仑的讥嘲（补白）
黑衣女郎　张碧梧

* 原刊此笑话无标题，此篇目系本书编者所拟。

** 此篇原刊漏署名，此署名据后面续篇第七、八卷"手影术"（四）至（一七）补。

滑稽偶像（玩物制造）（附图）
刘培风
殉情记　更　生译
波斯人休妻与休夫（风俗志异）
最后的希望　郑子江
荒服鸿飞记（四续）　天　游
读五千书室丛话（一）（补白）
瘫　蝯
胁生儿
脐生儿
欧战名人小传（一）　谷　芳
霞飞将军（附像）
小说无题录　卓　呆
慧劫（名家小说节本）　培
（本期附赠《民众文学》一本）

第 1 卷　第 8 期
1923 年 2 月 23 日发行

冬天鸟栖枝（封面画）
武昌黄鹤楼（照片）
尼可拉岛驱邪木人（照片）
哈歪岛战神（木人，二幅）

间接结婚（一幕四场笑剧）
卓　呆
崔广文（秋窗塍笔）（补白）
西　云
恋爱与义务（二续）（附插图四幅）
〔波兰〕罗琛女士
缅甸人姓名之怪异（风俗志异）
（补白）　培
缅甸塾师之奇罚（风俗志异）（补白）
可怜一个小学教员　涵　秋
黄金偶象　张毅汉译
禁锢　静轩主人
量高奇法（风俗志异）（补白）　Y
罗兰夫人（附象）（名人小传）
静影女士
星期消遣录
〔法〕莫泊三著　赵　开译
母亲的心　叶劲风
游天目山之作（三）　左念恒
观瀑亭（诗）（补白）
洗眼池（诗）（补白）
成功与堕落（讽刺文配画）
劲风译意
热情　张舍我
蒙拿哥国的罪犯
〔法〕莫泊三著　陈岳生译
血戏（古罗马风俗志异）（补白）
培
数迷求答（图谜）（附第五期图谜答案）
孝　刘培风
效率　范烟桥
世界瞭望塔（珍闻琐录，附图四幅）
骑龟　Y
爱尔兰之将来　Y
基诺瓦会议　Y
飞机归港的导引机　Y
解款　孙作民

荒服鸿飞记（五续） 天 游
小说谈话 胡寄尘
手指跳舞（简易魔术，附图）（补白） Y
（本期附赠《童话》一本）

第1卷 第9期
1923年3月2日发行

崖腰居房（照片）
花丛中（彩画） 特莱普画
天目山风景（照片）

人生 苕 狂
恋爱与义务（附插图七幅）（三续） 〔波兰〕罗琛女士
爱者（歌曲） 〔美〕波拉（Polla）作 风译
栗子香 何海鸣
怪人跳舞（社交游戏，附图）
以前种种（附插图一二幅） 若 愚
耳鸣（笑话）（补白） 卓 呆
日本相法（风俗志异） 培
雁帛书传奇（杂剧） 许鸿磐
空气泉（科学游戏） 培
情天补恨录（七续）* 林纾、毛文钟译
画家趣事谈 宾 虹

* 原刊《情天补恨录》（六续）漏登，补在第一卷第一期。

指着我的手 叶劲风
世界瞭望塔（附图三幅）
防雀法 Y
飞行界之将来 Y
世界轮船最小之模型 Y
婚夕 杨小仲
谁的错 达 观
欧战名人小传（二） 谷 芳**
威尔逊总统（附像）
不是我的（笑话） 卓 呆
我的娇邻 〔印〕太戈尔著 少英女士译
身后 沈禹钟
笛子 夏天民女士
爱之树（讽刺文配画） 马 登作 劲 风译意
荒服鸿飞记（六续） 天 游
汤姆森的写真箱（讽刺连环画四幅）

第1卷 第10期
1923年3月9日发行

林中珍兽（封面画）
浦口韩信点将台（照片）
颓塔（画） 〔德〕特尔司登画

死后 杨小仲
恋爱与义务（附插图六幅）（四续） 〔波兰〕罗琛女士

** 原刊漏署名，此署名据第一卷第七期补。

什么时候（笑话）（补白）
心上的影片　胡寄尘
革命
M·P·Artzybashev 作
静轩主人译
鱼怎么生长（常识谈话，附插图四幅）　Y
十六行眼泪（附插图五幅）　卓　呆
星期消遣录（一续）
〔法〕莫泊三作　赵　开译
亲切的医生（笑话）（补白）
世界名画家小传（二）（附插图一幅）
周香民
麦且来及路
时间即金钱（笑话）（补白）
卓　呆
亚来细女
〔法〕都德作　达　观译
读五千卷书宝丛话（二）（补白）
瘫　蝯
拳乱中之赵二宝
雁帛书传奇（杂剧，续一）
许鸿磐
一封不合时宜的信　叶劲风
自动螺旋（科学游戏，附图）　培
银钱游戏（科学游戏，附图）　培
摄帝　郁　生
荒服鸿飞记（七续）　天　游
日本相法（风俗志异，续一）　培
快活老人　沈禹钟
秋夜哀音　君　哲
穿黑色衣服果然比穿白的热么（常识问答）（补白）　守　一
死后（续）　杨小仲
（本期附赠《民众文学》一本）

第 1 卷　第 11 期

1923 年 3 月 16 日发行

古塔（照片，封面）
镇江金山寺（照片）
亲爱之友（画）　〔德〕耸布司画
轻重　卓　呆
矮人演说（社交游戏，附图二幅）Y
恋爱与义务（附插图四幅）（五续）
〔波兰〕罗琛女士
医生　I.S.Turgener.作　静轩主人译
日本相法（风俗志异，续二）　培
迷梦初醒　云
一篇无题目的故事　静　影女士
技击余闻（三）（补白）　智　轩
李三娘
情天补恨录（八续）
林纾、毛文钟译
情天补恨录（六续）
林纾、毛文钟译
诸葛武侯逸事（附插图四幅）　培
头等国民　吟　秋
画谜求题
答八期数谜答案
贫贱夫妻　汪芸馨女士

复活（名家小说节本）
〔俄〕托尔斯泰原著　风述要
呵呵录三则
炸药案　痴　灵
纸轮上板（科学游戏，附图）　培
荒服鸿飞记（八续）　天　游
中国小说考源　胡寄尘
悼亡联（补白）　灵　芬
（本期附赠《民众文学》一本）

第1卷　第12期
1923年3月23日发行

飞鸟（封面彩画）
天真（彩画）
天目山风景（照片）

钱太贵了　何海鸣*
诗四首（补白）　徐哲身
病起
五里店
对桥
清风岭
欧战名人小传（三）　谷　芳**
福煦元帅（附像）
二响枪（笑话）（补白）　卓　呆
恋爱与义务（附插图四幅）（六续）
〔波兰〕罗琛女士
勋章（独幕剧）　叶劲风
滑稽画（连环画四幅）　Y
鸥侣闻歌记　胡寄尘
吃饭　卓　呆
吃了饭再死（笑话）（补白）
日本相法（风俗志异，续三）　培
星期消遣录（二续）
〔法〕莫泊三作　赵　开译
情海茫茫（讽刺文配画）　劲　风
猜疑　茗　狂
防花瓶倾扑法（小知识）（补白）
尘　梦
得救　太谷尔著　守　一译
归田　烟　桥
小雀子怎么学飞（常识谈话，附图二幅）　Y
高尔利师父的秘密
都　德著　高达观译
野人记（泰山历险记）（附插图七幅）
〔美〕E.R.Burroughs著
胡宪生译
特别启事（陶图一幅）（补白）
编　者
旧宅　陈又琴
热的理由（笑话）（补白）
最后的一瞥　张碧梧
食豆之鸠（玩物制造）
这是我的外府　郑子江
荒服鸿飞记（九续）　天　游

* 原刊“目录”署“何海鸣”、正文篇下署“求幸福斋主”。

** 原刊漏署名，此署名据第一卷第七期补。

五分钟会见费（笑话）（补白）
（本期附赠《童话》一本）

第1卷　第13期
1923年3月30日发行

骷髅人像（封面画）
苏东坡舟游遗迹——黄州赤壁（照片）
儿童时代（画）　〔德〕皋布司画

马尾（笑剧）　卓　呆
危崖（讽刺文配画）　劲　风
恋爱与义务（七续）
〔波兰〕罗　琛女士
雁帛书传奇（续二）　许鸿碧
技击余谈（四）（补白）　山　宗
无题
号旗
V·M·Garshin著　静轩主人译
邮局（谐谈）（补白）
间接熄烛法（科学游戏，附图）
培
飞环（科学游戏，附图）　培
情天补恨录（九续）　林纾译
沁香阁笔记（五）（补白）　涵　秋
改葬之害*
苦女自述　泽　珍女士

小音乐家　夏华青**　天民女士译
野人记（附插图一〇幅）（续一）
〔美〕E.R.Burroughs著
胡宪生译
恩仇（附插图三幅）　徐哲身
技击琐谈（补白）
泪痕　静轩、静影女士
世界名画家小传（三）（附图一幅）
周香民
佛路奶司
诉讼人（笑话）（补白）　卓　呆
荒服飞鸿记（一〇续）　天　游
耘人记　禹　钟
仁术　叶劲风
曾左捷对（紫残砚沈）（补白）
智　轩
能够咬杀大牛的小鱼***（常识谈话）
刘培风
诗意（并序）　胡怀琛
社会柱石（名家小说节本）　培
印度早婚轻女之陋俗（风俗志异）
（补白）　培

第2卷　第1期
特刊号
1923年4月16日发行

我们的国旗　叶劲风

* 原刊“目录”作“沁香阁笔记”正文篇名作“改葬之害”，实际上“改葬之害”是子目，属“沁香阁笔记”中之一篇。

** 原刊正文署“夏华青”，“目录”署“华青”。

*** 原刊正文篇名为“能够咬杀大牛的小鱼”，“目录”篇名为“怪鱼”。

海神之女（彩色画）〔德〕奈　森
回国学生（附插图十二幅）
〔波兰〕罗琛女士
技击锁谈（补白）　山　宗
花村仙眷　西　神
阳关三叠（第一叠）（歌曲）
林履彬
笑祸
Honore de Balzac 作　铁　樵译
飞来的痛哭　兰　畦女士
未来之自杀的人　胡寄尘
进步（讽刺画）　劲　风
情天补恨录（一〇续）　林　纾译
四弟来（诗）（补白）　百　俞
蛇女士（肩下无骨少女像四幅）
雏鸡记　何海鸣
伤心人语　屏嫣女士
迷信（讽刺连环画一二幅）　Y
在南京　杨小仲
璁玉串（大限斯探案之一）
程小青译
小辩学（文坛掌故）（补白）
胡寄尘
五色酒（科学游戏）　培
死活鱼（科学游戏）　培
宴会后（并幕三场喜剧）（附插图四幅）　卓　呆
世界瞭望塔（附照片九幅）　Y
乌形汽车
龙柱
避火皮
三个制造真空管的大家
纯良百姓（附插图三幅）　达　观
小辩学（笑话）（补白）　寄　尘
野人记（续二）（附插图一〇幅）
〔美〕E.R.Burroughs 作　胡宪生译
斐列滨人的大宗食品——山蜥（照片）（补白）
日本相法（续四）　培
典当（附插图四幅）　茗　狂
沁香阁笔记（六）（补白）　涵　秋
飓风
阶级的超升　禹　钟
欧战名人小传（四）　谷　芳*
吉青纳爵士
笑话二则（补白）　卓　呆
新兵问答
脚踏车与牛
红薇记传奇（杂剧）　姚鹓刍
诗二首（补白）　徐哲身
偶题
新柳
苦儿流浪记（节本）　培述要
荒服鸿飞记（十一续）　天　游
高丽女俗（风俗志异）（补白）　培
雏鸡记（续）　何海鸣
诗三首（补白）　徐哲身
泊吴江
送友
花朝后一日

* 原刊漏署名，此署名据第一卷第七期补。

（本期附赠《民众文学》一本）

第 2 卷　第 2 期

1923 年 4 月 13 日发行

祈祷女孩（封面雕塑）
瑞资乡人（照片）　聂绍经摄
波平如境（照片）　丁惠康摄
云翳（照片）　丁惠康摄
夜色（照片）　丁惠康摄

编辑琐话　编　者
家庭之一幕　叶劲风
巴尔斯的神柱（照片）（补白）
画家趣事谈　宾　虹
示威　卓　呆
桃花鳜（诗）（补白）　徐哲身
胡四嫂　李劼夫
塞干先生的山羊
〔法〕都德著　达　观译
天然鸟巢（小常识）（补白）
尘　梦
演义之解释　胡寄尘
星期消遣录（三续）
〔法〕莫泊三著　赵　开译
沁香阁笔记（七）（补白）
涵　秋*
于清端公夫人之节俭
三迁　张舍我
教父（希腊故事）
George Drosines 作　思　严译
笑话二则（补白）
没有胡须
不是孩子
世界名画家小传（四）　周香民
翟逊
文学与环境（补白）　寄　尘
人类的将来　范佩萸
野人记（续三）（附插图一〇幅）
〔美〕E.R.Burroughs 著
胡宪生译
仆人
S.T.Semyonov 著　静轩主人译
生活压死的劳动者（附插图三幅）
张碧梧
半子　孙作民
钢笔头跳舞（科学游戏）　培
蜜柑喷水法（科学游戏）　培
荒服鸿飞记（续十二）　天　游
笑话二则（补白）　卓　呆
滋养物
显微镜
技击余闻（五）　智　轩
某妓
（本期附增《闺阁词选》一本）

第 2 卷　第 3 期

1923 年 4 月 20 日发行

风景画（封面彩画）

* 原刊正文题下署“涵秩”，误。

画页两页*

窗内和窗外（附插图二幅） 赵苕狂
顽童卖国
〔法〕都德（A.Daudet）著
达 观译
随感录（补白） 悔 初
欧战名人小传（五）（附插图一幅）
谷 芳**
普信将军
远祖正名（补白） 涵 秋
雁帛书传奇（续二） 许鸿磬
两个逃战的士兵 慕 石
我若是个男人（笑谈）（补白）
画相记（滑稽连环画六幅） Y
情天补恨录（十一续） 林 纾译
枕上 沈禹钟
沁香阁笔记（八）（补白） 涵 秋
大胆将军
租（二幕短剧） 翟秀峰
野人记（续四）（附插图一一幅）
〔美〕E.R.Burroughs 著
胡宪生译
殉爱（附插图一幅） 徐哲身
病的教训 孙作民
骷髅美人 太戈尔著 行 简译
救火人最是愚笨（西方笑话）（补白）

* 本书编者所见各单位藏的此期插画均被撕去，不能得知画的名称，只好暂时阙如。

** 原刊漏署名，此署名据第一卷第七期补。

菊 高
荒服鸿飞记（续一三） 天 游
中国地方文学的一斑 胡怀琛
诗三首（补白） 徐哲身
泊吴城登望湖亭
吴门桥遇雨
醉后题壁
（本期附赠《民众文学》一本）

第 2 卷 第 4 期

1923 年 4 月 27 日发行

峡流帆影（封面照片）
北非洲新妇（照片，二幅）
太古神像（照片，二幅）

白头处女 达 观
华盛顿（补白）
世界名画家小传（五） 周香民***
乔图
父亲的义务（一幕三场笑剧）
卓 呆
星期消遣录（四续）
〔法〕莫泊三著 赵 开译
跟在后面（西方笑话）（补白）
菊 高
思潮 翟秀峰
火柴干（科学游戏）（补白） 培

*** 原刊漏署名，此署名据第一卷第六、十、十三期与第二卷第二期补。

贼之储蓄　茗　狂
风俗志异三则　培
波斯新婚之奇趣
波斯人工作之歌
回俗葬礼
乐人　夏　时
野人记（续五）（附插图九幅）
〔美〕E.R.Burroughs 著
胡宪生译
男女的节操（风俗志异）（补白）
张碧梧
锡兰之怪法律（风俗志异）
自私自利的大汉（附插图三则）
〔英〕王尔德（Oscar Wilde）著
徐名骥译
沁香阁笔记（九）（补白）　涵　秋
树异
恩物　严芙孙
荒服鸿飞记（续·四）　天　游
父亲之墓　叶劲风
东施　李劼夫
中国民间文学之一斑　胡寄尘
最懒惰者（笑话）（补白）
离恨天（名家小说节本）　培述要
（本期附赠《民众文学》一本）

第 2 卷　第 5 期
1923 年 5 月 4 日发行

野外羚羊（封面彩画）
鸟语（彩画）　〔德〕奈森作
美洲中部的大焦叶（照片）
海底的现象（照片）

耻（文配画）　劲　风
低足　胡寄尘
女教师（希腊故事）
Argyres Eftaliotes 著　行　简译
星期消遣录（五续）
〔法〕莫泊三著　赵　开译
小国人的跳舞（社交游戏）（补白）
静物语　烟　桥
喇叭　裘维琳
汽车下之鬼语　徐哲身
笑话二则（补白）
哥仑布
聋子
欧战名人小传（六）（附插图一幅）
谷　芳*
海格元帅
火遁术（补白）

牛的悲哀（寓言）　慧　心
千万人与一人　张舍我
蛋鸟（玩物制造）（补白）
野人记（续六）（附插图七幅）
〔美〕E.R.Burroughs 著　胡宪生译
呵呵录（补白）
倒生之胃
无齿之鸡

* 原刊漏署名，此署名据第一卷第七期补。

吾夫之著作
James Mathew Barril 著　劲　风译
埃及苏丹的战士（照片）（补白）
如此家庭　洛无涯
小辩学（补白）　寄　尘
金钱飞去又还原（简易魔术）（附插图三幅）　Y
有备无患　马礼和
红叶道上　张庆霖
技击琐录（补白）
荒服鸿飞记（续十五）　天　游
（本期附赠《民众文学》一本）

第 2 卷　第 6 期
1923 年 5 月 11 日发行

Bruxelles（照片）　M.Leopold 摄
疏影（照片）　丁惠康摄
眉语（照片）
无虑（照片）

编辑琐话　编　者
特别启事　编　者
婚后　烟　桥
归来　杨小仲
世界名画家小传（六）（附插图一幅）　周香民*
利奥拿图
爱做老鼠（笑话）（补白）　卓　呆
星期消遣录（续六）
〔法〕莫泊三著　赵　开译
三十年前巴陵之大盗窟　不肖生
烛光自灭法（科学游戏）（补白）　培
死尸　Chechov 作　健　华译
爱情与生命（上）
Thyra Samter Wlnslow 著
张碧梧译
可惊之心算天才（补白）　培
野人记（续七）（附插图六幅）
〔美〕E.R.Burroughs 著　胡宪生译
渊隔　太戈儿著　邦　杰译
画家趣事谈（补白）　宾　虹
生荣死　云
学费的来源　杨世海
第一篇　王锦南
羊城客话（补白）　许廑父
粤之风土病
荒服鸿飞记（续一六）　天　游
（本期附赠《童话》一本）

第 2 卷　第 7 期
1923 年 5 月 18 日发行

武士塑像（封面画）
插画二页**

* 原刊漏署名，此署名据第一卷第六、十、十三期及第二卷第二期补。

** 本书编者所见到的各单位收藏的此期，插画均被撕去，不能得知画的名称，只好暂付阙如。

呆子彼得　M.Komroff（甘洛夫）著
沙草女士译
东湖岩洞记（补白）　陈石遗
奋斗以后　胡寄尘
春闺花月词（一）（回文诗）（补白）
春咏独酌小窗幽　曹蕴玺
影对寒灯一结愁
邻女倩妆停绣彩
星期消遣录（七续）
〔法〕莫泊三著　赵　开译
还没有吃完（西方笑话）（补白）
菊　高译
可靠的产业　泰戈尔著　夏　时译
急景凋年　指　严
冬天的蝉（寓言）　慧　心
野人记（续八）（附插图九幅）
E.R.Burroughs 著　胡宪生译
一只疑惑的小燕　张枕绿
名医的诊断（笑话）（补白）
世界名画家小传（七）（附插图二幅）
周香民
拉法尔
一个神秘的青年　顾佛影
改造　小　谢
捧腹谈（一）（补白）　忆秋生
邦助
回嗔作喜　张碧梧
生儿之夜　严芙孙
荒服鸿飞记（续一七）　天　游
研究与创作　胡寄尘
（本期附赠《民众文学》一本）

第2卷　第8期

1923年5月25日发行

虾蟆岭（封面照片）
美国影戏名家四杰之一 Douglas Fairbank（照片三幅）
Robin Hood 之一幕（剧照）
三侠士之一（剧照）

影戏的刺激　广　今
欧战名人小传（七）（附插图一幅）
谷　芳*
排梯大将
如此收场　兰　畦女士
见异思迁（短篇小说举范）
Emest Thompson Seton 作
静　轩译
捧腹谈（二）（补白）　忆秋生
小心谨慎
团圆镜（弹词）　朱君庸女士
妖髡缳首记（一）
〔英〕巴　文著　林　纾
毛文钟译
古香室谚语考（一）　章梅魂
道德破产　毕倚虹
春闺花月词（二）（回文诗）（补白）
曹蕴玺
管弦新学见人羞
节按曲声金滴滴

* 原刊漏署名。此署名据第一卷第七期补。

遗书　秀　峰
笑话二则（补白）
　明天早晨
　剃须
财产与爱情（上）　江红蕉
机会（讽刺文配画）　劲　风
野人记（续九）（附插图六幅）
　〔美〕E.R.Burroughs 著
　胡宪生译
消磨　钱唐邨
诗三首（补白）　陈石遗
　清明日后至兰亭
　登快阁
　吼山
世界瞭望塔三则（附照片四幅）
洋水仙谱（花谱）　西　神
春闺花月词（回文诗）（三）
　曹蕴玺
　愁深长听人吹笛
　亭间竹玩自题诗
爱情与生命（下）
　Thyra Samter Wlnslow 著
　张碧梧译
神仙老头（社交游戏）（补白）　Y
将来　律　西
蟹与灯光（寓言）　慧　心
荒服鸿飞记（续十八）　天　游
诗歌杂忆　胡寄尘
预防法（笑话）（补白）
（本期附赠《民众文学》一册）

第 2 卷　第 9 期

1923 年 6 月 1 日发行

风景（封面彩画）
插画两页*

编辑与读者
　编辑琐话　编　者
　世界文坛杂讯　编　者
　交换　王文瑞　黄秀珍
　特别启示　编　者
北京的石头　劲　风
旅行日记之一节　胡寄尘
失去的小儿
　〔法〕Frangois Eoppe'e
　（高白）著　达　观译
津浦路劫案之有办法与无办法（小论坛）　无我女士
星期消遣录（八续）
　〔法〕莫泊三著　赵　开译
红叶秋痕　西　神
春闺花月词（四）（回文诗）（补白）
　曹蕴玺
　影弄花阴月伴痴
　青青踏去闲游骑
睹彩
　〔俄〕乞呵夫著　静轩主人译
新村　沈禹钟

* 本书编者所见各单位藏的此期插画均被撕去，不能得知画的名称，只好暂付阙如。

自鸣钟　陆律西
学诗试笔（一）（补白）　何太痴女士
野人记（续一〇）（附插图八幅）　E.R.Burroughs 著　胡宪生译
一个学徒的私帐　张枕绿
一树百获　实　茵
名不虚传　杨世海
游邓尉山圣恩寺记　石碧厂
荒服鸿飞记（续十九）　天　游
（本期附赠《童话》一本）

第 2 卷　第 10 期

1923 年 6 月 8 日发行

牛肝马肺峡（封面画）
王正廷赴法会议（照片）
法国华工青年会之职员（照片）
战壕（照片）
法国华工之墓（照片）

编者与读者
　编辑琐话　编　者
　世界文坛杂讯　编　者
　交换　夏士贡　刘小翠
穷人的钱　何海鸣*
（古香室）谚语考（二）（七则）（补白）　章梅魂
阳关三叠曲（第二叠）　林履彬
失恋　淑　玉女士
捧腹谈（三）（补白）　忆秋生
　特征
　针锋相对
海（一至三）（希腊故事）　〔希腊〕A.Kankaritsas 作　夏　时译
关于音乐上的我见（补白）　肖杞材
妖髡镮首记（二）　〔英〕巴　文著　林　纾　毛文钟译
（古香室）谚语考（三）（四则）（补白）　章梅魂
街忏记　禹　钟
古香室谚语考（四）（五则）（补白）　章梅魂
西国计诗戏考　秦翰才
起八谜存（补白）　钱起八
星期消遣录（九续）　〔法〕莫泊三著　赵　开译
捧腹谈（四）（补白）　忆秋生
　亚力山大为什么哭了
歧路上的华（诗，待续）　钱起八
财产与爱情（下）　江红蕉
典妻（补白）　培
最后的问题　巽　观
溺者　莫泊桑著　克文从译
学诗试笔（二）（补白）　何太痴女士

* 原刊正文署“求幸福斋主”，“目录”署“何海鸣”。

荒服鸿飞记（续二〇） 天 游
海（四）（希腊故事）
〔希腊〕A.Karkaritsas 著 夏 时译
（本期附赠《民众文学》一本）

第2卷 第11期
1923年6月15日发行

灯节（封面彩画）
插画两页*

编者与读者
编辑琐话 编 者
交换 悔 初
思乡（一至二）（希腊故事）
A.Papadiomonty 著 行 简译
新屋 沈禹钟
歧路上的华（诗，续一） 钱起八
凄凉时期
〔美〕柴利文著 谷 芳译
妖髡缳首记（三）
〔英〕巴 文著 林 纾 毛文钟译
捧腹谈（五）（补白） 忆秋生
一对好夫妇
一个疯魔的艺术家 西巫瘦铁
笑话二则（补白） 翰
教鱼游泳

* 本书编者所见到各单位所藏的此期，插画均被撕去，不能得知画的名称，只好暂付阙如。

助儿拾齿
随便谈谈短篇小说的历史
秀丽女士
水上 Guyde Manpassant 著
（飞达轩主）江显之译
谚语考（五） 章梅魂
野人记（续一一）（附插图五幅）
〔美〕E.R.Burroughs 著 胡宪生译
世界瞭望塔（附插图四幅）
康士坦丁的乞丐
巴拿马森林中之奇蝶
黑人的祈祷
埃及京城中之小贩
这真是顾念他生死的好朋友
胡沧波
一个悔改的罪人（短篇小说举范）
托尔斯泰著 劲 风译
夺妻恨 琼奴女士
春闺花月词（五）（回文诗）（补白）
水临花槛半欹霞 曹蕴玺
花落帐深琴寄恨 曹蕴玺
荒服鸿飞记（续二十一） 天 游
思乡（二）（希腊故事）
A.Papadiomonty 著 行 简译
（本期附赠《民众文学》一本）

第2卷 第12期
1923年6月22日发行

约伯之祈祷（封面画）
战后余生（照片）

救英人之何君（照片）
法国华工娱乐游戏（照片，三幅）

编者与读者
编辑琐话 编 者
世界文坛杂讯 编 者
交换 何学初
为你牺牲 胡寄尘
舞衣（上）
I.N.Potapenko 著 静轩主人译
总统的早餐 何海鸣*
阳关三叠曲（第三叠） 林履彬
青年之觉悟
〔美〕杰班莱著
厉南溪 任君嵋译
排泰音将军（附插图一幅）
谷 芳
四头蚕价值一千二百元（瀛谈）
（补白） 刘培风
妖髡缳首记（四）
〔英〕巴文著 林纾 毛文钟译
巡夜人 杨小仲
歧路上的华（诗，续二） 钱起八
天上的圣诞树 梅南岭译
野人记（续一二）（附插图六幅）
〔美〕E.R.Burroughs 著
胡宪生译
游南浔刘氏觉园纪事（补白）
邱淑贞女士
黑奴式的僧侣 毕倚虹
古香室谚语考（六）（补白）
章梅魂
败子之救星 率 真
游子 屏嫣女士
捧腹谈（六）（补白） 忆秋生
同狮子做一块
实际的慈善
荒服鸿飞记（续二二） 天 游
（本期附赠《民众文学》一本）

第2卷 第13期

1923年6月29日发行

花中仙（封面彩画）
插画两页**

编者与读者
编辑琐话 编 者
本社杂讯 编 者
交换 凌乃仙 李定一 劲 风
伤心的俏皮话 胡寄尘
静轩杂话三则（补白）
一个抛失的银元 钱起八
权威 何海鸣***
中国的神话 忆秋生

* 原刊“目录”署“何海鸣”，正文署“求幸福斋主”。

** 本书编者所见各单位收藏的此期，插画均被撕去，不能得知画的名称，只好暂付阙如。

*** 原刊正文署“求幸福斋主”，“目录”署“何海鸣”。

海外隽语（补白）
黄正铭　严雅惠译
终局　卓　呆
妖髡缳首记（五）
〔英〕巴文著　林纾　毛文钟译
难言（独幕剧）　杨小仲
静轩杂话
母校　梅南岭
考试是怎么一回事　吴燮臣
苏格拉底之死（短篇小说举范）
Plato 著　劲　风译
野人记（续一三）（附插图五幅）
〔美〕E.R.Burroughs 著　胡宪生译
将要毕业的学生　栗玉铉
画谜　岳尚增
舞衣（下，完）
I.N.Potapenko 著　静轩主人译
游京口名胜记　何毓昌
荒服鸿飞记（续二三）　天　游
（本期附赠《民众文学》一本）

第 3 卷　第 1 期
特刊号
1923 年 7 月 6 日发行

荷池中（封面画）
〔德〕J.Faquhason 作
镇江碧山庵远眺（照片）
杨锡畴摄
栖霞山之纱帽峰（照片）
杨锡畴摄
贝康（Lord Bacon）像（照片）
约翰生（Samuel Johnson）像（照片）
莎士比亚（Shakespeare）像（照片）

编者与读者
编辑琐话　编　者
交换　刘梨倩　冠南　马学樅
王道悲　朱循若　米斐然　杜远程
大西洋冬夜被难记
〔美〕弗老哀及朋著　铁　樵译
为人作嫁　天虚我生
困庐笔记（补白）　李心良
疫　何海鸣*
行刺　钱起八
奢华的背影（小小说）（补白）
陈于德
江天小阁　西　神
凤求凰（歌曲）　履　彬
妖髡缳首记（六）
〔英〕巴文著　林纾　毛文钟译
爱情的代价　无我女士
西冷拾翠记　指　严
爬虫（讽刺文配画）（补白）劲　风
泥泞　杨小仲
拳术家陈雅田之轶事　不肖生
古香室谚语考（七）（补白）
章梅魂
爱情的酬报　郑言女士

* 原刊“目录”署“何海鸣”，正文署“求幸福斋主”。

火警（滑稽连环画六幅） C C
野人记（续一四）（附插图八幅）
〔美〕E.R.Burroughs 著 胡宪生译
空针（一）
〔法〕莫荔士勒伯朗著 冯 六译
世界瞭望塔（附插图四幅） C C
海底照相机
奇树
传声机
美国总统的运动
结婚后第三星期日（喜剧） 卓 呆
起八谜存（二）（补白） 钱起八
归期 沈禹钟
捧腹谈（七）（补白） 忆秋生
斜视的裁判官
碎纸还原（简易魔术）（补白） C C
真确的职业观 茗 狂
牙科医生 John Baer 著 张碧梧译
君山游记 罗元燮
新坟 劲 风
静轩琐话（二）（补白） 静 轩*
荒服鸿飞记（续二四） 天 游
归有光的小说文学** 胡怀琛
方师付（技击余闻）（补白） 智 轩

* 原刊漏署。

** 原刊“目录”漏“学”字。

（本期附赠《民众文学》一本）

第3卷 第2期

1923年7月13日发行

天真（封面照片）
野牧（彩画） 〔英〕司卑登画
云茫茫松苍苍（国画） 〔清〕乾隆皇帝画
编者与读者
编辑琐话 编 者
世界文坛杂讯 编 者
交换 济 吾 徐碎玉 马湇如 D G 许伯厚
四等车 天 笑
园丁 史 越
婴儿 沈禹钟
春闺花月词（六）（回文诗）（补白） 曹蕴玺
袖敛轻歌赠别离
惨惨歌音箫赠答
自由神和爱神的结合 倬
猫眼祟（附插图一幅） 程小青
妖髡缳首记（七）
〔英〕巴文著 林纾 毛文钟译
歧路上的华（诗，续三） 钱起八
死人面孔之美 卓 呆
买路钱 王蜷庐
沙士比亚（笑话）（补白）
女子自杀的我见（小论坛）

幻影女士
空针（二）
〔法〕莫荔士勒伯朗著　冯　六译
故乡　烟　桥
人世慈航　何善恒
心病　赵赤羽
衣带中之毒蝎　涵秋（遗稿）
荒服鸿飞记（续二十五）　天　游
杀虫剂（西方笑话）　高　菊
（本期附赠《民众文学》一本）

第 3 卷　第 3 期

1923 年 7 月 20 日发行

美人与名犬（封面画）
麦西哥之第一大庙（照片）
非洲野人奏乐图（照片）
法国乡村美人（照片）
瑞资乡村美人（照片）

编者与读者
编辑琐话　编　者
世界文坛杂讯　秉
交换　负创　碎玉　梁肇鲦
谢恩良　祈臻　喻怿康
牺牲者谁　叶劲风
柯南道尔勋爵传（附插图五幅）
忆秋生
歧路上的华（诗，续四）　钱起八
影戏馆里的一点钟　胡寄尘
时髦男子择妻之条件（补白）
灵　芬
妖髡缳首记（八）
〔英〕巴文著　林纾　毛文钟译
古香室谚语考（八）（补白）
章梅魂
一幕悲剧的回忆　绿　岑
秋风辞（歌曲）　E.D.Johnson
有奖当票　卓　呆
手影术（二）（补白）　丘悼兰*
世界名画家小传（八）（附插图一幅）
周香民
特尔勒
海战（笑话）（补白）　卓　呆
贾雁月的善后策　段嘉谷
空针（三）
〔法〕莫荔士勒伯朗著
冯　六译
（古香室）谚语考（九）　章梅魂
野人记（续一五）（附插图六幅）
〔美〕E.R.Burroughs 著
胡宪生译
破产记　禹　钟
小说家的真知己　茗　狂
简易煮粥法（补白）　尘　梦
荒服鸿飞记（续二六）　天　游
谐语妙联（寒夜琐记之一）　云
（本期附赠《民众文学》一本）

* 原刊漏署名，此署名据续篇（四）至（一七）补。

第3卷　第4期

1923年6月27日发行

龙华宝塔（照片）

春之魂（彩色画）

银幕上的艺术（一）（附插图　幅）　劲　风选辑*

编者与读者

编辑琐话　编　者

交换　碎玉　梁肇鉌　逸庐

亲爱的朋友　胡寄尘

野鸡　〔法〕法朗士著　达　观译

啼声（故事诗）　静　轩

长短（小说）　卓　呆

秋窗賸笔（一）（补白）　西　云　陈容民

奇妙之旅客　H.D.Polo著　忆秋生译

海外隽语（二）（补白）　严雅惠　黄正铭选译

妖髡缳首记（九）　〔英〕巴文著　林纾　毛文钟译

手影术（三）　丘悼兰**

发誓（滑稽文配画六幅）　胡亚光画　国　贤女士文

春酒　指　严

西方择妻相法（上）　C　C

冰人　Chekhov作　静影女士译

歧路上的华（诗）（续五）　钱起八

车站　沈禹钟

西方释梦录（一）　蒋木春***

野人记（续一六）（附插图八幅）　〔美〕E.R.Burroughs著　胡宪生译

为伊　大　真

琴菴漫载（一）（补白）　欧东谷

人生应吃的苦　陆律西

施和史的解释（补白）　芝　岩

从匪巢中逃脱的军人　林科棠

（古香室）谚语考（同上期九）　章梅魂

荒服鸿飞记（续二七）　天　游

重生（西方笑话）（补白）　莉　高

（本期附赠《民众文学》一本）

第3卷　第5期

1923年8月3日发行

市上归来（封面彩画）　〔法〕Constant Troyen作

合肥文昌阁风景（照片）

* 原刊正文署“劲风选辑”，“目录”署“编者”。

** 原刊漏署名，此署名据续篇（四）至（一七）补。

*** 《西方释梦录》一文，从本期起至三卷4期原刊署名蒋木春，三卷十一期以后均署蒋春木。

江上琵琶（国画）
花下小息（国画）　鸨　珪画
希腊之巨石神像（照片）
世界最高之国王丹麦王（照片）

银幕上的艺术（二）　劲风选辑*
编者与读者
　编辑琐话　编　者
　交换　碎玉　刘惠兰　翠莲
　别有世界（致叶劲风）　梦　仙
　复梦仙（诗）　劲　风
鹦鹉楼头　西　神
琴葊漫载（二）（补白）　欧东谷
我的　达　观
诗人（故事诗）（附插图五幅）
　静　轩
慈母之心　苕　狂
妖髡缳首记（一〇）
　〔英〕巴文著　林纾　毛文钟译
暗示　叶劲风
残酷　无我女士
难易（讽刺文配画）
　胡亚光画　国贤女士文
一个十九世纪式的教员　林宪章
家　梁杏如女士
歧路上的华（诗，续六）　钱起八
救火钟　顾明道
变了么　梦　熊

* 原刊“目录”署“编者”，正文署“劲风选辑”。

西方释梦录（二）　蒋木春
野人记（续一七）（附插图四幅）
　〔美〕E.R.Burroughs 著
　胡宪生译
球　张枕绿
西方择妻相法（中）　C C
寂寞的一座建筑物　鸣　九
情敌　小　谢
（古香室）谚语考（一〇）　章梅魂
荒服鸿飞记（续二八）　天　游
编者与读者
　编辑琐话　编　者
　交换
　一　悔　初
　二　悔　初
　三　唐祖明
　四　张定一
（本期附赠《民众文学》一本）

第 3 卷　第 6 期

1923 年 8 月 17 日发行

吻（封面照片）　周雨青摄
单色插图二张**

银幕上的艺术（三）（附照片四幅）
　劲风选辑***

** 本书编者所见各单位藏的此期，插画均被撕去，不能得知插画名称，只好暂付阙如。

*** 原刊目录署编者，正文署“劲风选辑”

归国 沈禹钟
女仆白若蒂
〔法〕柏生著 高达观译
听琴（故事诗） 胡寄尘
阿菊的死 卓呆
旧鞋底用利法（小常识）（补白）
尘梦
妖髡缳首记（一一）
〔英〕巴文著 林纾 毛文钟译
四个铜元 钱起八
跪（滑稽文配画）
胡亚光画 国贤女士文
一点美术的侦探谭（附图示三幅）
范治禹
西瓜小谱 春梦
疑误 Chekhov 著 静影女士译
自杀 张舍我
突厥人之迷信（风俗志异）（补白）
西方释梦录（三） 蒋木春
疑问 章仲
野人记（续一八）（附插图八幅）
〔美〕E.R.Burroughs 著
胡宪生译
金钱伉俪 陆律西
傀儡式的主笔 松庐
琴谱说明（一） 林履彬
情急智生
George W.Breuker 著 张碧梧译
荒服鸿飞记（续二九） 天游
（本期附赠《民众文学》一本）

第 3 卷 第 7 期
1923 年 8 月 17 日发行

情天使者（封面画）
巢湖牛拖滩（照片） 戴寄桐
陆放翁像
秦淮海像
世界最大的骷髅（照片）
马上聚餐（照片）
银幕上的艺术（四）（附照片一三幅）
劲风选辑*
玩物 胡寄尘
俄国酒室（故事诗）（附插图四幅）
静轩
从上海来的客人 杨小仲
堕落的青年 颜景云
西方择妻相法（下） C C
妖髡缳首记（一二）
〔英〕巴文著 林纾 毛文钟译
二等车中的总理先生 卓呆
醉后豪情（讽刺文配画）
胡亚光画 国贤女士文
一个美术的侦探（下） 范治禹
雪夜 秀峰
野人记（续一九）（附插图六幅）
〔美〕E.R.Burroughs 著
胡宪生译
画意（一至一〇） 厉南溪

* 原刊“目录”署“编者”，正文署“劲风选辑”。

使人们永隔的河（寓言） 慧　心
西方释梦录（四） 蒋木春
军人之觉悟 徐冷波
琴谱说明（二） 林履彬
荒服鸿飞记（续三〇） 天　游
编者与读者
　编辑琐话 编　者
　世界文坛杂讯 忆秋生
　交换 劲风　朱循若　鲍
　胡齐桂　淞铨　林梓春
　俞千芳　周稺芝
（本期附赠《民众文学》一本）

第3卷　第8期
1923年8月24日发行

呱呱（封面画）
人猿进食图（彩画）
凤草延棋（扇画）〔清〕慈禧皇后

银幕上的艺术（五）（附照片九幅）
劲风选辑*
黄钻石（大限斯探案之二）（附插图一幅） 程小青
画意（十一至十四） 厉南溪
中世纪稗史
〔美〕Mark Twain 著　林邃译
迷信的心理 伊　凉
环祷 沈禹钟
歧路上的华（诗，续七） 钱起八
妖髡缳首记（一三）
〔英〕巴文著　林纾　毛文钟译
一分钟也忘不了 无我女士
遗产 周雨青
川畔 鸣　九
西方释梦录（五） 蒋木春
野人记（续二〇）（附插图四幅）
〔美〕E.R.Burroughs 著
胡宪生译
巧配（四幕短剧） 林从周
琴谱说明（三） 林履彬
笼中鸟
〔法〕Eugenie DeGuerin 著
梦韶译
荒服鸿飞记（续三一） 天　游
民间诗人 胡寄尘
编者与读者
　编辑琐话 编　者
　世界文坛杂讯 编　者
　交换 即我　陈史
　陈怀一　志浩
（本期附赠《民众文学》一本）

第3卷　第9期
1923年8月31日发行

猫（封面彩照）
灵龟峰冬景（照片） 曹屯民摄
沧桑老人（照片）

* 原刊“目录”署“编者”，正文署“劲风选辑”。

银幕上的艺术（六）（附照片十六幅）
劲风选辑*
两弟兄　杨小仲
陋室铭（歌曲）　履　彬
钱的去处　苕　狂
海外隽语（三）（补白）
严雅惠　黄正络译
叔奴腊的一段逸事
H.Hawthorne（霍桑希特革）著
唐鸣时译
妾与儿（故事诗）　胡寄尘
半夜里的月亮　禹　钟
歧路上的华（诗，续八）　钱起八
斜阳人语　松　溪
妖髡缳首记（一四）
〔英〕巴文著　林纾
毛文钟译
特别启事（补白）　编　者
受惊的灵魂（希腊故事）
行简译
西方释梦录（六）　蒋木春
恶人墓　徐哲身
画意（十五至十九）　厉南溪
耐翁别传　程君哲
血书　John Baer 著　张碧梧译
琴谱说明（四）　林履彬
（本期附赠《民众文学》一本）

* 原刊“目录”署“编者”，正文署“劲风选辑”。

第3卷　第10期

1923年9月7日发行

杭州风景之一（照片封面）
池中（插画）

银幕上的艺术（七）（附插图一二幅）
叶劲风选辑*
转机　烟　桥
新理了发　钱起八
诗人的悲哀（故事诗）（附插图二幅）
静　轩
湖边　心　冷
画意（二十至二十四）　厉南溪
父母之心（独幕剧）　潘予且
琉球神话　胡寄尘
西方释梦录（七）　蒋木春
弄瓦　余空我
金圈脱缚（简易魔术）（附图一幅）（补白）
女伴
A.G.Gaeenwood 著　范唯萫译
捧腹谈（八）（补白）　忆秋生
接续词
热之原理
报恩塔　坚　芳
姜颖生（画话）　黄宾虹
游子梦（小小说）　冯　六

* 原刊“目录”署“编者”，正文署“叶劲风选辑”。

弦琴　〔俄〕柴霍甫著
张枕绿　朱维基译
琴谱说明（五）　林履彬
阿香　沈炳魁
海外隽语（三）（补白）
严雅惠　黄正铭译
奇形宝石　Lloyd Lonergan 著
张碧梧译
野人记（续二十一）（附插图七幅）
〔美〕E.R.Burroughs 著　胡宪生译
（本期附赠《民众文学》一本）

第 3 卷　第 11 期
1923 年 9 月 14 日发行

日暑之舞（封面彩画）
寒塘惊鹭（插画）　徐熙画

银幕上的艺术（八）（附照片一三幅）
叶劲风选辑*
长安少年　双　双
希腊奇士（故事谈）　胡寄尘
一场奇梦　老　桐
画意（二十五至二十八）　厉南溪
偿债　枯　枝
困庐笔记（补白）　李心良
饶恕（希腊故事）　志贤译
西方释梦录（八）　蒋春木
百年后　唐振常
世界名画家小传（九）（附插图一幅）
周香民
迈来
笑话二则（补白）　卓　呆
大声
窗
弱女复仇记　叶丽荪
薄维利的王
〔美〕威廉怀特著　子明译
苏锡常宜的一瞥（上）　韵　绿
野人记（续二十二）（附插图五幅）
〔美〕E.R.Burroughs 著　胡宪生译
（本期附赠《民众文学》一本）

第 3 卷　第 12 期
1923 年 9 月 21 日发行

杭州风景之一（封面画）
焦急（彩画）　〔德〕老司画

银幕上的艺术（九）（附插图一〇幅）
叶劲风选辑*
劫余灰　陆律西
画意（二十九至三十四）　厉南溪
一篇波兰的故事
Weakystar St.Regmont 著　邹征骥译
栖霞山游记　杨锡畴
兄长　弢　夫
西方释梦录（九）　蒋春木
旦夕祸福　Chekhov 著　静影女士译

* 原刊“目录”署“编者”，正文署“叶劲风选辑”。

怪客 Henry Wood 著
陈国衡译
史谈（补白） 智 轩
兄弟文豪 张枕绿
（古香室）谚语考（一一）
章梅魂
离燕 王柔坚
苏锡常宜的一瞥（下，续完）
韵 绿
旧仇新恨 J.J.Stass 著 张碧梧译
野人记（续二三）（附插图四幅）
〔美〕E.R.Burroughs 著
胡宪生译
（本期附赠《民众文学》一本）

第 3 卷 第 13 期
1923 年 9 月 28 日发行

幼稚的心（封面彩画）
铜壶（古物照片） 卓 豪
广州花埭（照片） 卓 豪
爱俪园之藏经阁（照片） 杨锡畴
栖云山全景（照片） 杨锡畴
银幕上的艺术（一〇）（附照片一幅）
叶劲风选辑*
不肖 烟 桥
读五千卷书宝丛话（三）（补白）
瘫 蝯
记关中侠伶事
拜太阳 钱起八
病人
〔法〕Sully—Prudhomme 著
吴韵清译
爱情与苦痛（小论坛） 陈 复
最妥当的方法 卓 呆
两个春天的记事 远
新器物铭（滑稽文） 春 梦
偷马贼（待续）
乞呵夫著 学元译
沁香阁笔记（一〇）（补白）
涵 秋
天后
明天 Gilbert Parker 著 张碧梧译
西方释梦录（一〇） 蒋春木
吴木匠 一 厂
偷马贼（续完）
乞呵夫著 学元译
野人记（续二四）（附插图八幅）
〔美〕E.R.Burroughs 著
胡宪生译
（本期附赠《民众文学》一本）

第 4 卷 第 1 期
特刊号
1923 年 10 月 5 日发行

希望（封面画）
仕女（插画） 费小楼画

* 原刊“目录”署“编者”，正文署“叶劲风选辑”。

秋江撒网（彩画）　〔明〕吴伟画

银幕上的艺术（一一）（附插图二幅，照片二六幅）　叶劲风选辑
不劳而获　指　严
海门隽语（四）
黄正铭　严雅惠译
侨民　史　越
落叶　西　神
归去来辞（前三段）（歌曲）
〔晋〕陶潜词　林履彬曲
凄凉的夜（童话）　杨小仲
两桩大事　碎　玉
俘虏　〔法〕莫泊桑著　达观译
最后的安慰（诗）　何心冷
风雨之中　顾训贤
二个崇拜小说家者　张舍我
祖国　钱唐郜
万能术（附插图六幅）　卓　呆
吴石仙（画话）　黄宾虹
快乐人　静影女士
快乐之敌　无我女士
险的循环（附插图二幅）　程小青
误（滑稽独幕剧）
Victor E.Francois 著　江显之译
神之魔力　李伊凉
！　沁　兰
遗民　伯　玄
究竟怎样才能补救这个缺点（小论坛）　韩鲜仙
狗的阶段　少　芹
十五年　Gregorios Xenopoulos 著
夏时译
受教育的青年的一日　龚楚书
西方释梦录（一一）　蒋春木
化为乌有　George Bruce Marquis 著
张碧梧译
春闺花月词（七）（回文诗）（补白）
曹蕴玺
娇语鲜花春寂寂
琴谱说明（六）　林履彬
租界　劲　风
古香室谚语考（一二）　章梅魂
野人记（续二五）（附插图六幅）
〔美〕E.R.Burroughs 著
胡宪生译
柳宗元的小说文学　胡寄尘
十五年（续）
Gregorios Xenopoulos 著
夏时译
编者与读者
交换　严隽襄　任维元
朱古斋　刘剑侯　C·C
李家声　杨鉴清　逍遥子
聂文卿　吴泽坤　凌乃仙
（本期附赠《民众文学》一本）

第 4 卷　第 2 期

1923 年 10 月 12 日发行

孔子墓（封面画）
对镜（插画）

看护妇　杨小仲
职业问题　茗　狂
情网余生（故事诗）　胡寄尘
初日之城市（诗）　召　伯
残炭　德　晖
桑麻共话　姚效先
海外隽语　正铭　雅惠译
结婚年令的商榷　WKT
万能术（续一）（附插图四幅）　卓　呆
西方释梦录（一二）　蒋春木
歧视（独幕剧）　张枕绿译
可怜的人（独幕剧）　Victor E.Francois 著　江显之译
琴谱说明（七）　林履彬
慈爱与恋爱　CarrollJohn Daly 著　张碧梧译
古香室谚语考（一三）　章梅魂
云台山记游　蒋维乔
野人记（续二六）（附插图四幅）　〔美〕E.R.Burroughs 著　胡宪生译
（本期附赠《民众文学》一本）

第 4 卷　第 3 期
1923 年 10 月 19 日出版

月夜帆影（封面彩画）
（地震）灾后之东京（照片二幅）

春者相音　西　神
归去来辞（第四段）（歌曲）　〔晋〕陶潜词　林履彬曲
突如特过节　李党白锐著　达观译
一幕悲剧　胡寄尘
后悔的交易泪　无我女士
万能术（续二）（附插图三幅）　卓　呆
恋爱的真义（小小说）（补白）　周寿农
西方释梦录（一三）　蒋春木
疏忽的结果　〔法〕勃朗时夫人著　碎玉译
以后　空　我
古香室谚语考（一四）　章梅魂
官之朋友（笑剧）　李伊凉
琴谱说明（八）　林履彬
冷笑　侯樵仲
乡人梅悦　梅南岭
休妻　映　亭
聋子问答（笑话）（补白）
不可解的问题“求教”（小论坛）　蘭　生
野人记（续二七）（附插图七幅）　〔美〕E.R.Burroughs 著　胡宪生译
（本期附赠《（民众文学）一本》

第 4 卷　第 4 期
1923 年 10 月 26 日发行

庐山瀑布（封面画）
海滨（插画）
恐慌　胡寄尘

故乡　杨小仲
世界名画家小传（一〇）（附插图一幅）　周香民*
　克路特
笑话二则（补白）　卓　呆
　不贴邮票
　二年前
博场妇　无我女士
母亲　钱起八
巴忒南律师（独幕剧）
　Victor E.Francois 著　江显之译
心上的创痕　敦　父
海外隽语（五）（补白）
　正铭　雅惠译
西方释梦录（一四）　蒋春木
万能术（续三）（附插图五幅）
　卓　呆
密伦尊长〔法〕莫泊桑著　余子长译
金钱教育　张碧梧
校印《诗庐诗少钞》既竟漫题一律（补白）　庄　俞
古香室谚语考（一五）　章梅魂
五优城　石　农
司茄与帮克的谈话（对话）
　〔法〕Molieie（麦利爱）著
　吴韵清译
老厌物　张枕绿
不堪回首　文　炎
紫砚残沈（一）（补白）　智　轩

* 原刊漏署名，此署据第一卷第七期补。

　文人意气
空针（四）
　〔法〕莫荔士勒伯朗著　冯六译
　附：特别启事　编　者
（本期附赠《民众文学》一本）

第 4 卷　第 5 期

1923 年 11 月 2 日发行

幼稚的美（封面画）
晴豁渡马（国画）〔元〕赵松涛画

小斯奇梦记　何海鸣**
怨耦的感化力　吴魏沁兰
亚美利加是中国人发现的（常识谈话）　忆秋生
自裁记　沈刍鹤
罚二毛　玉　虹
珠还　烟　桥
古香室谚语考（一六）（补白）
　章梅魂
空针（五）
　〔法〕莫荔士勒伯朗著　冯　六译
旅哈闻见随录　孙曼君
静默（寓言）
　爱伦波著　余子长译
西方释梦录（一五）　蒋春木
青年的重要问题（三幕短剧）

** 原刊正文署“求幸福斋主”，“目录”署“何海鸣”

陈　复
誓　张枕绿
零凑（诗）　阎东魁
放赏——送礼（独幕剧）
Victor E.Francois 著　江显之译
万能术（续四）（附插图四幅）
卓　呆
编者与读者
交换　胡明体　朱紫盦　吴惕
李家琪　卢逸范　朱独明　无瑕
（本期附赠《民众文学》一本）

第 4 卷　第 6 期

1923 年 11 月 9 日发行

孤竹山夷齐庙之盘松（封面画）
仕女（画）　费晓梅画
幸运与欲望　指严（遗稿）
兵变的一夜　何其宽
人们何以会面红（常识谈话）
忆秋生
霍特莱女人与鲁斑娜女人（风俗异录）（补白）
半世烦恼　烟　桥
海外隽语（六）（补白）
雅惠　正铭译
西方释梦录（一六）　蒋春木
死的——心
〔法〕华斯甫乔治巴司卡著
碎玉　德辉译
琴庵漫载（三）（补白）　欧东谷
福劳贝尔小传　忆秋生
难决　雷润梅
捧腹谈（八）（补白）　忆秋生
水管
假病人之谈话（对话）
〔法〕Moliere 著　吴韵清译
旅哈闻见随录　孙曼君
爱与良心　侯樵仲
古香室谚语考（一七）　章梅魂
兄妹（喜剧）　李伊凉
一个可怜的小孩　东　山
困庐笔记　李心良
万能术（续五）（附插图五幅）
卓　呆
琴庵漫载（三）（补白）　欧东谷
空针（六）
〔法〕莫荔士勒伯朗著　冯　六译
编者与读者
交换　静波　陈农畇　志浩
味辛　杨训贤　胡同光　蔡瑞之
林梓春　宓恂　张竹君　沈亚仑
（本期附赠《民众文学》一本）

第 4 卷　第 7 期

1923 年 11 月 16 日发行

野人图（封面彩色画）
浙江潮（照片）　王海林摄
《娇啼》剧照（六幅）

银幕上的艺术（一二）（附照片一〇幅） 叶劲风选辑*
时代之花 叶劲风
老幼可由皮肤判断（常识谈话） 忆秋生
访友归来 胡寄尘
一元国币（剧本） 蒋用宏
风簷灯夕 烟　桥
行使职权 玉　虹
空针（七）
〔法〕莫荔士勒伯朗著 冯六译
一个军人临死的忏悔 赵淳如
西方释梦录（一七） 蒋春木
鬼影 徐文郁
棋逢对手 E.W.Hornung 著 张松涛译
夜月孤舟（诗） 郑君平
万能术（续六）（附插图四幅） 卓　呆
古香室谚语考（一八） 章梅魂
编辑与读者
交换 江圣一 胡志水
薛伯堂 溥泉 潘慰祖
王道悲 道悲 梅丽南
李育培 梁泽光 魏联芳
（本期附赠《民众文学》一本）

第 4 卷　第 8 期

1923 年 11 月 23 日发行

奉天忽必烈纪念塔（封面画）
自然之舞（画页）
银幕上的艺术（一三）（附照片一一幅） 叶劲风选辑*
最初的忧患 何海鸣**
吻谐（补白） 翰
著名的杜班塞（独幕剧）
Victor E.Francis 著 江显之译
梦醒而哭（诗）（附：风按语） 静　轩
杀人行善 卓　呆
夜光表（常识谈话） 忆秋生
时代之花 叶劲风
西方释梦录（一八） 蒋春木
空针（八）
〔法〕莫荔士勒伯朗著 冯六译
九江的一夜 蒋用宏
夜深里的哭声 王柔坚
静轩杂话一则（补白） 静　轩
古香室谚语考（一九） 章梅魂
清世祖神位被窃计
〔美〕Asia 杂志文 吴景琛译
勋章……铜象…… 汪沚江
万能术（续七）（附插图四幅） 卓　呆

---

* 原刊“目录”署“编者”，正文署“叶劲风选辑”。

** 原刊正文署“求幸福斋主”，目录署“何海鸣”。

紫砚残沉（二）（补白） 智 轩
无题
交换（来信）
沈守正 胡齐桂 谢恩良 笑面
跛武 介泉 墨琴 洪赞贤
钟学恒 杨世海 马澹知 陈文林
（本期附赠《民众文学》一本）

第4卷 第9期
1923年11月30日发行

猿进食（封面照画）
渔舟晚笛（古画） 〔明〕戴进

银幕上的艺术（十四）（附照片十三幅） 叶劲风选辑*
一个艺术家 杨小仲
未来神（大限斯探案之四）
（附插图一幅） 程小青译
伊人思 双 双
假面具圣人（讽刺文配画）
劲 风
什么是客观的态度 忆秋生
殉爱的月季（诗） 何心冷
空针（九）
〔法〕莫荔士勒伯朗著
冯六译
四年 蒋用宏
失恋的兵士 后 彫
万能术（续八）（附插图五幅）
卓 呆
海外隽语（七）（补白）
正铭 雅惠译
别有世界
《不可解的问题（“求援”）》的回声（一） 绂 生
《不可解的问题（“求援”）》的回声（二） 晓 岚
编者与读者
编辑琐语 编 者
世界文坛杂讯 忆秋生
交换 蔡秉枢
（本期附赠《民众文学》一本）

第4卷 第10期
1923年12月7日发行

御帐坪（古迹照片封面画）
决斗（名画）

编者与读者
明年的内容 编 者
交换 周亦陶 寿农 蒋用宏
银幕上的艺术（一五）（附照片八幅）
叶劲风选辑*
后门口的舆论 何海鸣**
鸡卵的雌雄（常识谈话） 忆秋生
莲房褪粉录 西 神

* 原刊“目录”署“编者”，正文署“叶劲风选辑”。

** 原刊“目录”署“何海鸣”，正文署“求幸福斋主”。

死神之座下（附插图二幅）
西巫瘦铁
西方释梦录（一九） 蒋春木
卖妻 〔法〕莫泊桑著 后凋译
恐怖 莫泊桑著* 江显之译
古香室谚语考（二〇） 章梅魂
明陵游记 六 洲
老教员 顾明道
闺情（歌曲） 邱文菉
地道（附插图七幅）
J.B.Hawley 著 张碧梧译
趣味与人生 蒋用宏
抚州的一夜 叶劲风
——为纪念小友乐月而作
万能术（续九）（附插图四幅）
卓 呆
（本期附赠《民众文学》一本）

第 4 卷 第 11 期

1923 年 12 月 14 日发行

儿时之泪（封面画）
广州第一公园喷水池（照片）
刍形家庭（照片六幅）

银幕上的艺术（一六）
叶劲风选辑**
呜呼！教育前途！ 小 圃
X 光线与古书画（常识谈话）
忆秋生
冷酷的我 胡寄尘
灯光（故事诗） 禹 钟
断手 杨小仲
不要跑得太快了（讽刺文配画）
劲 风
自新（附插图七幅） 茗 狂
西方释梦录（二〇） 蒋春木
茧（附插图三幅） 西巫瘦铁
恐怖之夜（附插图五幅） 退 厂
私生女 蒋用宏
似曾相识 张枕绿
社会小说（补白） 寄 尘
雄心（附插图四幅）
《世界小说》载文 悠悠译
古香室谚语考（二一） 章梅魂
万能术（续一〇）（附插图七幅）
卓 呆
空针（一〇）
〔法〕莫荔士勒伯朗著 冯六译
别有世界（通信）
致劲风 之 英
复之英 劲 风
致劲风 J·R·S
复 J·R·S 劲 风
编者与读者
明年的内容（续） 编 者
要求读者尽一份义务 编 者
交换 蔺生 汪植之
（本期附赠《民众文学》一本）

* 原刊作“莫泊桑著”，误。

** 原刊“目录”署“编者”，正文署“叶劲风选辑”。

第4卷　第12期
1923年12月21日发行

风凰山（封面，风景画）
仕女　费晓楼画

资格　何海鸣*
琴菴漫载（四）（补白）　欧东谷
哭耶笑耶
〔日〕国木田独步著　小圃译
天真之恋爱（故事诗）　胡寄尘
独立门户以后（附插图三幅）
吴魏沁兰
西方释梦录（二一）　蒋春木
迷路　静　影
读《时代之花》后（诗）　叶伯平
声价　顾明道
情海归槎记　屏　嫣
地球的年令（常识谈话）　忆秋生
不满意（附插图三幅）　徐哲身
古香室谚语考（二〇）　章梅魂
游东陵记　石　农
坚忍之成功
International Correspondence Schools Staff 著　汪德昭译
蝉与蚁（诗）（补白）
〔法〕La Fontaine　吴韵清
作法自毙　J.B.Hawley 著　张碧梧译

万能术（续一一）（附国三幅）
卓　呆
编者与读者
编辑琐话　编　者
交换　高肿信　劲风
蝶　卢逸范　章耀燦
（本期附赠《民众文学》一本）

第4卷　第13期
1923年12月28日发行

"潜遁"（封面彩画）
湖滨塔影（画片）　吉　厂作
花坞小亭（画片）　吉　厂作
意大利牧人（照片）
匈牙利牧人（照片）

摄影者　沈禹钟**
紫砚残沈（三）（补白）　智　轩
无题
最后的一句话　杨小仲
穷出头（附插图三幅）　茗　狂
尸变（讽刺文配画）　劲　风
意志薄弱　李伊凉
失望后的慰安（诗）　曹少痴
一个病愈的小说家　小　圃
麻醉剂　黄忏华
民间诗人续录　胡寄尘

* 原刊正文署"求幸福斋主""目录"署"何海鸣"。

** 原刊"目录"署"沈禹钟"，正文署"禹钟"。

一本古书　顾佛影
西方释梦录（二二）　蒋春木
参观之后　许瘦鹤
古香室谚语考（二三）　章梅魂
憎……爱*　蒋用宏
伊给我的七封信　马浦知
万能术（续一二）（附插图四幅）
卓　呆
侯方域的小说文学　胡寄尘
编者与读者
编辑琐语　编　者
交换　吴　复
（本期附赠《民众文学》一本）

第5卷　第1期
特刊号
1924年1月4日发行

努力（封面彩画）
梦醒（彩画）　〔法〕李得画
世界第一女运动家（照片）
亚勒班利女子时装（照片）
黄河风景之一（照片）　王海林摄
溪山渔艇（国画）　〔南宋〕刘松年
银幕上的艺术（一七）**（附照片九幅）　叶劲风选辑**

* 原刊"目录"作"憎爱"，正文作"憎……爱"。

** 原刊"目录"漏此篇目及署名。

三种死法　Tolstoy作　林琴南译
平沙落雁（第一段）（歌曲）林履彬
缩诗游戏　广　今
三角形的生命　何海鸣***
捧腹谈（一〇）（补白）　忆秋生
补拜五
金钱之价值（故事诗）　胡寄尘
拾遗　杨小仲
近视眼无需眼镜的必要（常识谈话）
忆秋生
闷在胸中的喜气
〔日〕久米正雄著　小圃译
一段哀史　无　我
双珠艳影　西　神
牧原之王
〔西班牙〕伊巴烈池著　冯六译
猩红火漆封好的信（附插图五幅）
双　双
《红楼梦》之误字（补白）　吴轩丞
眼科医生　禹　钟
恩爱与恋爱　国　贤
哭（笑话）（补白）　呆
孝是什么？（小论坛）　蒋用宏
好意（补白）　呆
漏点（附插图三幅）　程小青
将来的城市（画配文）　C
俄罗斯游记　王扬远述
周辑瑞记

*** 原刊正文署"求幸福斋主"，"目录"署"何海鸣"。

世界瞭望塔（附插图四幅） C
新奇的决斗法
数千年前的古物
女子习剑
西欧的妇工
投机与偷鸡 玉 虹
复仇（附插图四幅） 茗 狂
磨石（讽刺文配画） 劲 风
一句要紧的话
〔法〕Potos Claude 著 德 辉译述
父亲的福（补白） 采
到饿死的时候（独幕悲剧） 李伊凉
微细的生命（附插图五幅）
西巫瘦铁
墨水变糖（简易魔术） C
牧师之前（附插图五幅） 张碧梧
紫砚残沈（四）（补白） 智 轩
无题
机心 叶劲风
万能术（续一三）（附插图八幅）
卓 采
编者与读者
编辑琐话 编 者
交换 王醒民 吴泽坤
严成基 蔡文斐 劲风
特别启示 编 者

第5卷 第2期

1924年1月11日发行

玉泉山小琉璃塔（封面照片）
麦西哥古装（照片）
赠花（照片五幅）

银幕上的艺术（一八）（附插图一三幅） 叶劲风选辑*
可怖的魔神（附插图三幅）
小 青
卖饧（故事诗） 禹 钟
登高一呼
〔日〕江原小弥太著 小圃译
来回票（补白） 采
平沙落雁（第二段）（歌曲）
履 彬
父亲的爱（附插图三幅）
西巫瘦铁
马软船软（附插图二幅） 茗 狂
欧战名人小传（八）（附插图一幅）
谷 芳**
劳合乔治首相
笑话二则（补白） 卓 采
人类的种类
兄弟的理由
嫁后的悲哀 何其宽
赴喜筵的苦趣 顾佛影
大鸟（常识谈话） 忆秋生
一张神秘的画 松 庐
滋味 张枕绿

* 原刊"目录"署"编者"，正文署"叶劲风选辑"。

** 原刊漏署名。此署名据第一卷第七期补。

池阳游记 S T
琴庵漫载（五）（补白） 欧东谷
恩怨 张碧梧
啽述庭殇女（诗）（补白） 百 俞
万能术（续一四）（附插图三幅） 卓 呆
编者与读者
编辑琐语 编 者
交换 仲 齐

第 5 卷 第 3 期
1924 年 1 月 18 日发行

美人阅读（封面画）
大士像（国画） 〔宋〕马和之

银幕上的艺术（一九）（附照片八幅） 叶劲风选辑*
爱的黄昏 亿 珑
世界名画家小传（一一） 周香民
赫勃文爱克邪文爱克合传（附插图二幅）
三等车的速度（补白） 卓 呆
新点金术 胡寄尘
殡仪 李伊凉
平沙落雁（第三段） 履 彬
沉闷的人 顾明道
思想的变迁 敦 父
脚愈少愈好（笑话）（补白） 呆
摄影（讽刺文配画） 蒋望宪
离奇的变爱 贡少芹
天真 徐冷波
谁尸其咎（附插图七幅） 张碧梧
夫妇怎样称呼？（小论坛） 蒋用宏
万能术（续一五）（附插图六幅） 卓 呆
编者与读者
编辑琐话 编 者
交换 仲凤阶 俞炽臣 寿能浩 梁擎天

第 5 卷 第 4 期
1924 年 1 月 25 日发行

家在何处（封面画）

银幕上的艺术（二〇）（附插图一〇幅） 叶劲风选辑*
家在何处（附插图三幅） 〔美〕Peyton Wertenbaker 著 超 杰译
附按语 劲 风
适意的不适意（附插图六幅） 茗 狂
女英雄（故事诗） 胡寄尘
平沙落雁（第四段，歌曲） 履 彬

* 原刊“目录”署“编者”，正文署“叶劲风选辑”。

朋友　何海鸣*
秋窗媵笔（二）　西云
　医侠
欧洲最近文艺思潮　忆秋生译
五百镑的代价（附插图二幅）
　小青
灵魂给她的一封信　吟秋
春闺花月词（八）（回文格）（补白）
　曹蕴玺
　兴幽适癖成花友
双生子是遗传（常识谈话）
　忆秋生
水手　〔英〕J.S.David 著
　德辉译
汽车下　贡少芹
万能术（续一六，完）（附插图四幅）
　卓呆
编者与读者
　编辑琐话　编者
　交换　范积生　王介泉

第 5 卷　第 5 期
1924 年 2 月 1 日发行

向火（封面画）
汀丁土人（照片）
飞阁流丹（照片）　丁惠康摄
银幕上的艺术（二一）（附插图一九幅）　叶劲风选辑**
职业　西神
平沙落雁（第五段）（歌曲）
　履彬
银幕失影记（附插图一幅）
　超杰
欧洲最近文艺思潮（续一）
　忆秋生译
一颗不可了解的心　无我
弗鲁亚尔家庭记（附插图一八幅）
　〔法〕Christophe 著　江显之译
中西格言之类似（一）（补白）
　贯一
世界瞭望塔（附插图四幅）　C C
　土耳其亚拉伯人
　南非土人
社会的罪恶（附插图三幅）　吴田伧
时事讽刺画（二幅）　兆名
一个被开除的小学生　L·C
那更不要（讽刺文配画）（补白）
　呆
滑稽连环画（八幅）　W·L
旧洋伞　卓呆
春闺花月词（九）（回文诗）（补白）
　曹蕴玺
　图画展愁闲倚榻
　斜月当窗夜煮茶

* 原刊“目录”署“何海鸣”，正文署“求幸福斋主”。

** 原刊“目录”署“编者”，正文署“叶劲风选辑”。

父亲的真爱（附插图三幅）
Emily Calvin Blake 著
张碧梧译
爱（讽刺文配画）（补白） 呆
中国文人结社考源 胡寄尘
编者与读者
编辑琐语 编 者
交换 欧东谷 爱葵 梅溪

第 5 卷 第 6 期
1924 年 2 月 8 日发行

怪首（封面画）
长夏江寺 〔南宋〕李 唐画
银幕上的艺术（二二）（附照片九幅）
叶劲风选辑*
食单（附插图三幅） 禹 钟
春闺花月词（一〇）（回文格）（补白）
曹蕴玺
淡浓情味细尝诗
跛阿爹 〔法〕莫泊桑著 双双译
傍晚（诗）（补白） 蒋鹤寿
平沙落雁（第六段）歌曲） 履 彬
一封遗失的信 小 青
笑梅轩趣谈（补白） 唐来东
世界瞭望塔（附插图四幅） C C
麦西哥人养蛇
麦西哥——西班牙人洗面
土耳其东境关口戒严
美国无人售票电车
爱情与潮水（讽刺连环画四幅）
W and W
欧洲最近文艺思潮（续二）
忆秋生译
春闺花月词（一一）（回文诗）（补白）
曹蕴玺
裾曳闲游过小园
弗鲁亚尔家庭记（续一）（附插图一八幅）
〔法〕Christophe 著 江显之译
考考眼力（家庭游戏）（图五幅）
C · L
冬之一夜 劲 风
劳人 烟 桥
世界名画家小传（一二）（附插图一幅） 周香民
罗滨斯
伤风的留声机片（补白） 卓 呆
逼死 徐冷波
一个饿死的官僚（附插图五幅）
徐哲身
编者与读者
编辑琐话 编 者
交换 骆 寅

第 5 卷 第 7 期
1924 年 2 月 15 日发行

颐和园佛香阁（封面画）

* 原刊“目录”署“编者”，正文无署名。

银幕上的艺术（二三）（附照片一一幅） 叶劲风选辑*
前世纪的母亲 何海鸣**
关门（诗配画） 卓 呆
恐怖之夜 敦 父
人们为什么要犯罪?（讽刺文配画） 劲 风
面的问题 茗 狂
我的贺年改革（小论坛） 梦 芳
欧洲最近文艺思潮（续三） 忆秋生译
爱情的代价（心弦的余音）（诗）（补白） 罗元亮
狂笑 〔法〕J.S.Toque 著 德辉译
那个便宜 陆律西
两个洞（短剧） 蒋寒雁
一个研究文学的儿子 赵吟秋
衣袋内（讽刺文配画）（补白） 呆
多言之心 爱伦波著 余子长译
欧战名人小传（九）（附图一幅） 谷 芳***
克勒满沙总理
史绳之先生轶事（笔记）（补白） 涵 秋
逼杀（附插图七幅） John Baer 著 张碧梧译
跷脚（讽刺文配画）（补白） 呆
弗鲁亚尔家庭记（续二）（附插图一四幅） 〔法〕Christophe 著 江显之译
后天夜里（讽刺文配画）（补白） 呆
编者与读者
编辑琐语 编 者
交换 刘麟昌 雅存

第 5 卷 第 8 期

1924 年 6 月 22 日发行

黄昏（封面彩画）
小保姆（剧照六幅）
湖滨塔影（照片） 丁惠康摄
苏堤春晓（照片） 丁惠康摄
银幕上的艺术（二四）（附照片与插图九幅） 叶劲风选辑*
宴会之后 胡寄尘
幕开（诗）（补白） Edith Z
因果 小 青
文王（百字小小说）（补白） 冯 六
过墟小志 西 神
世界瞭望塔（附插图四幅） C C
法奥贫民售物
首次试验的火车
古巴美人
舞台下雪机

* 原刊“目录”署“编者”，正文无署名。

** 原刊“目录”署“何海鸣”，正文署“求幸福斋主”。

*** 原刊漏署名，此署名据第一卷第七期补。

回生术（科学小说）（附插图一幅）
Jack Huekels 著　守训译
帽子里的麻雀（短剧）　寒　雁
高尚的职业（附插图二幅）
卓　呆
学宫可改公园的我见（小论坛）
欧东谷
欧洲最近文艺思潮（续四）
忆秋生译
被弃　徐公仁
影　Home Tournal 著　香圃译
摇篮时代（诗配画）　卓　呆
弗鲁亚尔家庭记（续三）（附插图一八幅）
〔法〕Christophe 著　江显之译
编者与读者
编辑琐话　编　者
交换　琢卢　紫薇园主
朱子惠

第 5 卷　第 9 期
1924 年 2 月 29 日发行

爱之神（封面画）
减笔山水（国画）　〔宋〕梁楷

银幕上的艺术（二五）（附照片六幅）
（叶）劲风选辑*
蜡人（附插图三幅）**　禹　钟
香水（笑话）（补白）　呆
马弁　〔法〕莫泊桑著　双双译
买历本（诗配画）　卓　呆
欧洲最近文艺思潮（续五）
忆秋生译
科学大盗（科学小说）（附插图二幅）
守　训
小言（补白）　悼　兰
失了魄的青年　赵吟秋
一封信（诗）（补白）　滕孟雄
极端（附插图六幅）　沁　兰
罪人　陈信盦
公子（笑话）（补白）　呆
南浔小行记　徐碧波
虾蟆毒（附插图六幅）
Paul Everman 著　张碧梧译
哭声　王锦南
世界名画家小传（一三）　周香民
墨林路（附插图二幅）
弗鲁亚尔家庭记（续四）（附插图一八幅）
〔法〕Christophe 著　江显之译
编者与读者
编辑琐语　编　者
世界文坛杂讯　邱悼兰
交换　朱嵩寿

* 原刊正文题下署“劲风选辑”，“目录”署“编者”。

** 原刊“蜡”误作“猎”，据五卷十一期《编辑琐话》订正。

第5卷　第10期
1924年3月7日发行

颐和园文昌阁（封面画）

银幕上的艺术（二六）（附照片一三幅）　叶劲风选辑*
为父的第一天　杨小仲
小诗（补白）　唐病愁
头衔（讽刺文配画）　劲　风
爱的变迁　小　青
三尺鸦　［法］杜德著　达译
苦瓜（诗）（补白）　滕孟雄
游半淞园记　钱味辛
互助　烟　桥
欧洲最近文艺思潮（续六）　忆秋生译
殉夫　史　越
缺点（讽刺文配画）（补白）　呆
心的倾向　绮　吾
宣讲少年　茗　狂
偕仙华大赉登莲花石座（诗）（补白）　百　俞
世界名画家小传（一四）（附插图一幅）　周香民
　芬拉斯开司
身体轻（笑话）（补白）　卓　呆
爱恋式的离婚　俞慕古
大减价（笑话）（补白）　芝　岩
大小月底（诗配画）　卓　呆
弗鲁亚尔家庭记（续五）（附插图二〇幅）
　［法］Christophe著　江显之译
中西格言之类似（补白）　贯　一
编者与读者
编辑琐话　编　者
　世界文坛杂讯　邱悼兰
　交换　王庆春　左溥文

第5卷　第11期
1924年3月14日发行

幸运（封面画）
分食（照片三幅）
土耳其音乐家（照片）

夜之醉乱（附插图五幅）　禹　钟
春闺花月词（一二）（补白）　曹蕴玺**
　春惜花阴竹绕亭
最强的显微镜（常识谈话）　忆秋生
嫁后同学录（附插图四幅）　卓　呆
欧战名人小传（一〇）（附插图一幅）　谷　芳***
　西姆士大将

* 原刊“目录”无此篇，正文题下无署名。

** 原刊署“曹蕴灵”，误。

*** 原刊漏署名，此署名据第一卷第七期补。

亡国鸟（补白） 涵　秋
祭文 烟　桥
欧洲最近文艺思潮（续七）
忆秋生译
浙江风俗志奇 朱子惠
千载名 陆律西
高低相等（幽默文配画）（补白）
呆
爱的误点（附插图四幅） 马友楠
肖子（幽默文配画）（补白） 呆
最后的忏悔（附插图五幅） 蔡竹屏
弗鲁亚尔家庭记（续六）（附插图一四幅）
〔法〕Christophe 著　江显之译
世界瞭望塔（附插图四幅）
西班牙乡下舞风
司不利华风俗
纽约舞蹈脚下发火光
荷兰拉车之狗
爱情测验 陈悲尘
穷途泪 山　宗
编者与读者
编辑琐语 编　者
世界文坛杂讯
交换 陆树忠

第5卷　第12期

1924年3月21日发行

对镜（封面画）
镇江甘露寺后山麓（照片）
王海林摄
我国被掳过的天文仪器（照片）
红雪春痕 西　神
欧洲最近文艺思潮（续八）
忆秋生译
舆论（短剧剧本） 卓　呆
世界名画家小传（一五）（附插图二幅）
路斯打尔 周香民
丫头 泽珍女士
春闺花月词（一三）（回文诗）（补白）
曹蕴玺
永夜怀人感岁华
书枕自眠春倦酒
声望 马湉知
婴儿象谁？（常识谈话） 忆秋生
雪夜人语 章　仲
青色的眼球 角　庐
本刊篇目对（补白） 朱季安
设计教授法 谭季勋
弗鲁亚尔家庭记（续七）（附插图一九幅）
〔法〕Christophe 著　江显之译
茉莉别墅 张枕绿
做小说卖钱（补白） 蓬　壶
夜半箫声（附插图一幅） 叶丽荪
一念之差 许廑文
秋窗塍笔（三）（补白） 西　云
杨太史外传
编者与读者

世界文坛杂讯

第5卷 第13期
1924年3月28日发行

万寿山詹宿舍（封面画）
落湖（彩画） 〔德〕乌 勒作
银幕上的艺术（二七）（附插图一四幅）* 叶劲风选辑*
痛创的一天（附插图三幅）
禹 钟
欧洲最近文艺思潮（续九）
忆秋生译
评章行严选《名家小说》 寄 尘
秋窗塍笔（四）（补白） 西 云
松大令
谁是奸细（附插一幅） 程小青
枫江笔记（补白） 金枫江
清名画家轶事（一）
到吴淞去 杨小仲
止庐笔记（一） （无署名）
亡友之妻 贡少芹
笑话二则（补白）
加价
二次付账
世界名画家小传（一六） 周香民
好尔坪（附插图一幅）
风回去了（笑话）（补白）
卓 呆
无钱旅行的女子 卓 呆
一样的笨（笑话）（补白）
泪痕 赵吟秋
弗鲁亚尔家庭记（续八）（附插图一八幅）
〔法〕Christophe 著 江显之译
黄昏悲语 张 平
捧腹谈（一一）（补白） 忆秋生
狮子
编者与读者
编辑琐话 编 者
世界文坛杂讯 邱悼兰
交换 黄钧池 周书炳

第6卷 第1期
特刊号
1924年4月4日发行

葫芦（封面彩画）
袁世凯与各国公使（照片）
花奴（照片四幅）

银幕上的艺术（二八）（附插图一〇幅）* 叶劲风选辑*
野人记（二编，续二八）（附插图八幅） 〔美〕E.R.Burroughs 著
曹梁厦译
两个假面具 胡寄尘
心潮录（补白） 厉南溪
欧洲最近文艺思潮（续一〇）

---

* 原刊“目录”本篇漏篇名，正文漏署名。

忆秋生译
不速客（附插图一幅） 程小青
世界名画家小传（一七） 周香民
芬玳克（附插图一幅）
子弹的表（补白） 卓 呆
白乐姐的故事 达 观译
虎之犯罪 何海鸣*
止庐笔记（一则）（补白）
（无署名）
悬赏新问题 邹克儒
红钻石（弁言） 冯 六
致劲风先生与读者（诗） 冯 六
红钻石（法国剧盗樊德摩斯奇案）
（一） ［法］苏霏德霭南同著
冯 六译
螽斯 劲 风
我是……（诗）（补白） 寂 弘
睡梦式的人生 禹 钟
无法试验了（鬼话）（补白）
邹克儒
小孩子们的好奇心 李伊凉
一双长袜（西方笑话，附插图）
（补白） 胡文炜
第二十六世纪 华 开
皇帝（讽刺文配画） 龙游丘
父亲（短剧剧本） 徐卓呆
末路 赵吟秋
心潮录（补白） 厉南溪

* 原刊“目录”署“何海鸣”，正文署“求幸福斋主”。

出汗之理（常识谈话） 忆秋生
起八谜存（一〇则）** 钱起八
罪恶制造所 茗 狂
忆旧 欧亨利著 桀九译
横滨被灾情形 冯鸣鹤
斤龠谈虎（补白） 龙游丘
市竹弃竹 钱起八
弗鲁亚尔家庭记（续九）（附插图一八幅） ［法］Christophe 著
江显之译
编者与读者
编辑琐话 编 者
通信栏（致顾竹轩、蒋鉴清、朱慕湘、峻泉） 编 者
世界文坛杂讯 邱悼兰
交换 左谷清
（本期附赠《民众文学》一本）

第 6 卷 第 2 期
1924 年 4 月 11 日发行

放亭桥（封面画）
杨小仲像（照片）
农安古塔（照片）

安息日 杨小仲
起八谜存（一〇则）（补白）
钱起八
珍珠的种类 忆秋生

** 原刊作“八起谜存”，误。

题《小说世界》(诗)(补白) 顾福清
红钻石(二)
〔法〕苏霏德霭南同著 冯 六译
微声 无愧我心
欧洲最近文艺思潮(续一一)
忆秋生译
脚底下的方针(诗)(补白)
孟 雄
悲惨的故事 弋 红
在梦里(讽刺文配画)(补白)
起 八
战祸 〔法〕毛泊桑著 莳荷女士译
伊的生和死 谭抱月
世界名画家小传(一八) 周香民
考拉乔(附插图一幅)
小诗(补白) 汪一勺
女与媳 少 芹
技击余闻(六)(补白) 智 轩
卖糊翁
野人记(续二九)(附插图六幅)
〔美〕E.R.Burroughs 著
曹梁厦译
编者与读者
编辑琐话 编 者
通信栏(致本之、曹照孟、周忌锐、徐诗鹤、沈宾秦与程品良、朱子惠) 编 者
世界文坛杂讯 邱悼兰
交换 卢铄百 诸慕真

第6卷 第3期

1924年4月18日发行

万寿山旧址(封面画)
插画二页*

黑窖中(附插图一幅) 程小青
牧童之觉悟 胡寄尘
红钻石(三)
〔法〕苏霏德霭南同著 冯 六译
饥饿的珍珠(常识谈话) 忆秋生
海绵(西方笑话,附图)(补白)
胡文炜
潜势力底下的呼声(附插图五幅)
西巫瘦铁
指(笑话,附图)(补白)
雨天 如 荣
儿戏(附插图四幅) 茗 狂
山林的悲哀(诗)(补白)
罗元亮
欧洲最近文艺思潮(续一二)
忆秋生译
慈父的苦心 沁 兰
闭着眼睛(笑话,附图) 呆
战夜 赵吟秋
野人记(续三〇)(附插图四幅)
〔美〕E.R.Burroughs 著
曹梁厦译

* 本书编者所见几个单位藏的此期插画均被撕去,无法得知插画名称,只好暂付阙如。

编者与读者
编辑琐话　编　者
通讯栏（致伊相成、陈峻德）　编　者
交换　李素兰、宋赞襄、安寿颐、朱璞
刊误　编　者

第6卷　第4期
1924年4月25日发行

北京万牲园（封面画）
鹳鸽古松（国画）
钻镯　无　我
金矿似的大楼　小　圃
欧洲最近文艺思潮（续一三）　忆秋生译
老教师　夏孟刚
父亲的职业（笑话，附图）　卓　呆
红钻石（四）
〔法〕苏霏德霭南同著　冯六译
朋友　蒋用宏
海外隽语（八）（补白）　严雅惠　黄正铭
哭友（诗）　劲　风
犯罪的起因　石　泓
银元之奇迹（简易魔术，附图二幅）（补白）
阶级（讽刺文配画）　丘剑庐
盲人（附插图一幅）　小　谢
困庐笔记（一则）（补白）　李心艮
航空的治疗作用　忆秋生
起八谜存（七则）（补白）　钱起八*
野人记（续三一）（附插图五幅）
E.R.Burroughs 著　曹梁厦译
穿得顶旧（西方笑话，附图）（补白）　胡文炜
编者与读者
编刊琐话　编　者
通讯栏（致尹坚白、冯鸣鹤）　编　者
世界文坛杂讯　悼　兰
交换　陈峻德　李迪于
刊误　编　者

第6卷　第5期
1924年5月2日发行

金陵船舫（封面画）
胡寄尘像（照片，三幅）
弱妹（照片三幅）
侮辱
〔日〕国木田独步著　唐小圃译
春闺花月词（一四）（回文诗）（补白）　曹蕴玺

---

* 原刊漏署名，此署名据前面《起八谜存》补。

醉花留月映波清
补救（故事诗） 胡寄尘
春闺花月词（一五）（回文诗）（补白） 曹蕴玺
月轮斜照合欢情
欧洲最近文艺思潮（续一五） 忆秋生译
游戏与工作（小言论）（补白）
镜之罪 羼提
两个绳圈（西方笑话，附圈）（补白） 胡文炜
红钻石（五）
〔法〕苏菲德霭南同著 冯六译
读了《浙西风俗志奇》 徐宝山
小孩子的问答 秋风
枫江笔记（补白） 金枫江
清名画家轶事（二）
恋爱问题（讽刺文配画） 龙游丘
野人记（续三二）（附插图五幅）
〔美〕E.R.Burroughs 著 曹梁厦译
纯飞馆笔记（一） 仲可徐珂*
人生的归宿 钱唐邨
弗鲁亚尔家庭记（续一〇）（附插图二五幅）
〔法〕Christophe 著 江显之译
编者与读者

* 《纯飞馆笔记》一文前后有仲可徐珂、珂徐可仲、徐珂、徐仲可、仲可、徐仲珂等多种署名。本书依原刊照录。

编辑琐话 编者
通讯栏（致王恩洽、祝省三、钱味辛、建梁、崔之梁） 编者
交换 陈玄父 Poe ohu
刊误 编者

第 6 卷 第 6 期
国耻特刊号
1924 年 5 月 9 日发行

耻（封面画）
观音大士像（国画）
摹〔唐〕吴道子画
《小说世界》第二次纪念国耻（编者与读者） 编者
银幕上的艺术（二九）（附照片七幅） 叶劲风选辑**
课外的一课 劲风
阵雨（诗） 蒋用宏
国耻零话（两则，前后两处载）（补白） 𠂉盦
蛇妖之石像 望月轩
纯飞馆笔记（二） 仲可徐珂
国耻罪言（小论坛） 培
断指 邹克儒
百孔千疮的大国民（讽刺文配画） 劲风

** 原刊“目录”漏此篇，正文漏署名。

不敢说的国耻　龙游丘
我的爱者　蒋用宏
——纪念“五·九”
学生的家庭（短剧剧本）　培
红钻石（六）
〔法〕苏菲德霭南同著　冯六译
欧洲最近文艺思潮（续一六）
忆秋生译
歇洛克福尔摩斯（节译）（附插图五幅）　奥塞·科南道尔著　小青译
野人记（续三三）（附插图五幅）
〔美〕E.R.Burroughs 著
曹梁厦译
归到哪里去？（诗）（补白）
寂　弘

第 6 卷　第 7 期

1924 年 5 月 16 日发行

北京北海（封面画）
伊的游戏（彩画，三幅）
银幕上的艺术（三〇）（附照片八幅）
叶劲风选辑*
天然的证据　小　青
独眼人看戏（笑话，附图）（补白）
寄　尘
爱的循环　胡寄尘
自然的美（诗）（补白）　爱　吾
欧洲最近文艺思潮（续一六）
忆秋生译
父母之心　禹　钟
渔樵问答（第一段）歌曲）
履　彬
红钻石（七）
〔法〕苏菲德霭南同著　冯六译
离奇之情史（附插图七幅）
茗　狂
圣贤的进步＝伟人（讽刺文配画）
邹克儒
突如其来的一个军人　吟　秋
家庭之累（小论坛）　松　庐
园中　钱唐邨
春闺花月词（一六）（回文诗）（补白）
曹蕴玺
酣睡半惊春梦远
野人记（续三四）（附插图五幅）
〔美〕E.R.Burroughs 著　曹梁厦译
奇怪魔术（社交游戏）（补白）　邨
编者与读者
编辑琐话　编　者
通讯栏（致朱子惠、曾之屏、肖石父）　编　者
交换　杨鉴清　朱子惠　佩珠
刊误　编　者

第 6 卷　第 8 期

1924 年 5 月 23 日发行

莫愁湖（封面画）

* 原刊“目录”漏此篇，正文无署名。

无我女士及其侄女像（照片二幅）
四川省绳桥（照片）

黄昏　禹　钟
堕落的青年（附插图三幅）
羽　白
钟声（补白）　祥　余
红钻石（八）
〔法〕苏菲德霭南同著　冯　六译
犬和猪（小小说）（补白）陈于德
犯罪与科刑　茗　狂
情死（诗）　仲　子
世界瞭望塔（附插图二幅）
世界最大之锯　肖青山
升月车　卐　盦
女子生须的确实消息（世界珍闻）
刘忠俊
欧洲最近文艺思潮（续一八）
忆秋生译
吊英诗人 Shelley（诗）（补白）
蒋鹤寿
傍晚的一幕　祖　堂
保住友谊（讽刺文配画）（补白）
呆
成见（小论坛）　用　宏
野人记（续三五）（附插图五幅）
〔美〕E.R.Burroughs 著　曹梁厦译
纯飞馆笔记（三）　仲可徐珂
编者与读者
编辑琐话　编　者
通信栏（致慕贞、田绍英、孙祜、鄷宗义）　小　青
交换　鄷宗义、魏联芳、爱吾、寿能浩
刊物　编　者

第 6 卷　第 9 期

1924 年 5 月 30 日发行

万寿山景（封面画）
水竹（国画）　〔元〕一　山画

窦里司　达　观译
在钞票的后面（笑话，附图）（补白）
胡文炜
敌国（故事诗）　胡寄尘
枫江笔记（补白）　金枫江
清名画家轶事（三）
疯教师　西巫瘦铁
价值（独幕剧）　蒋用宏
红钻石（九）
〔法〕苏菲德霭南同著　冯六译
身后　秋　凤
春闺花月词（一七）（回文诗）（补白）
曹蕴玺
锦笺书句赠归人
媚如晚烟春倚翠
欧洲最近文艺思潮（续一九）
忆秋生译
小诗（补白）　云　岛
箸述　钱起八
琴话（一）　林履彬

野人记（续三六）（附插图五幅）
〔美〕E.R.Burroughs 著　曹梁厦译
第二次悬赏题目　本　刊
第一次悬赏揭晓　本　刊
编者与读者
编辑琐话　编　者
交换
致叶劲风　谢铁云
复谢铁云　编　者
致编者　晴　帆
复晴帆　卞　璞
致叶劲风　李席珍
复李席珍　编　者

第 6 卷　第 10 期
1924 年 6 月 6 日发行

五龙亭（封面画）
唐小圃之女公子静宜（乐山）
遗象（照片）

梦中人　唐小圃
小全　乐山女士
欧洲最近文艺思潮（续二〇）
忆秋生译
红钻石（一〇）
〔法〕苏菲德霭南同著　冯　六译
财主的痛苦　何海鸣*

* 原刊“目录”署“何海鸣”，正文署“求幸福斋主”。

琴话（二）　林履彬
因果（讽刺文配画）　洪沛三
野人记（续三七）（附插图五幅）
〔美〕E.R.Burroughs 著
曹梁厦译
编者与读者
编辑琐话　编　者
通讯栏（致薛华汉、张石元、严琪琨、沈子民、任清寰）
编　者
交换
致编者　刘可泉
复刘可泉　编　者
致编者　崔之梁
复崔之梁　编　者
致编者　顾葆钧
复顾葆钧　编　者
刊误　编　者

第 6 卷　第 11 期
1924 年 6 月 13 日发行

夜（封面画）
何海鸣像（照片）
上海欧战纪念碑落成（照片）
许　镤赠

文与文学　胡寄尘
神秘的报复（附插图一幅）
小　青
世界寓言（一）（补白）　寄　尘

骑兵撒谎
镜框的故事　西　万
渔樵问答（第三段）（歌曲）履　彬
红钻石（一一）
〔法〕苏菲德霭南同著　冯　六译
父母与儿女（四幕短剧）　李伊凉
欧洲最近文艺思潮（续二一）
忆秋生译
方秀筠（梦霞阁笔记）（补白）
伯　厂
呕吐（新诗）　钱起八
飞剑　卓　呆
毕竟谁胜（讽刺文配画）　胡亚光
琴话（三）（附图二幅）　林履彬
野人记（续三八）（附插图五幅）
〔美〕E.R.Burroughs 著　曹梁厦译
编者与读者
编辑琐话　编　者
通讯栏（致卢介蕃、张耀林、建梁）　编　者
世界文坛杂讯　忆秋生
刊误　编　者

第6卷　第12期

1924年6月20日发行

直隶黄寺（封面画）
水鸟沙石（国画）〔宋〕徐熙善画
负骨还乡日记（附译者附记）
〔日〕国木田独步著　稼　夫译
呕吐（新诗）（续一）　钱起八
长胜将军　张松涛译
欧洲最近文艺思潮（续二二）
忆秋生译
心潮录（八则）（补白）　厉南溪
还我清白　顾明道
纯飞馆笔记（一则）（补白）
仲　可
豢养的狗　陈济芸
纯飞馆笔记（四则）（补白）
仲可徐琦
渔樵问答（第四段）（歌曲）履　彬
我的新村　素　英
琴话（四）（附插图一〇幅）
林履彬
红钻石（一二）
〔法〕苏菲德霭南同著　冯　六译
编者与读者
编辑琐话　编　者
通讯栏（致戴寄桐）　编　者
交换
致编者　张之维
复张之维　编　者
致编者　蔡文斐
致 Poe V.Chu　玫

第6卷　第13期

1924年6月27日发行

母女（封面画）
海滨微波（彩画）〔英〕慕　尔画

玫瑰别墅　西　神*
犬（笑话）（补白）　周逸侯
红钻石（一三）
〔法〕苏菲德霭南同著
冯　六译
青果　何海鸣**
纯飞馆笔记（五）　仲　可***
暑假　蒋用宏
他俩　C T
枫江笔记　金枫江
清名画家轶事（四）（三则）
野人记（续三九）
〔美〕E.R.Burroughs 著　曹梁厦译
编者与读者
编辑琐话　编　者
交换
致编者　唐硕儒
复唐硕儒　编　者
致编者　黎荫久

第7卷　第1期
特刊号
1924年7月4日发行

希望（封面彩画）
插画****
木板门　唐小圃改作
日历可作日记本（补白）　亮
春光　西　神
冰冻的树（笑话，附图）（补白）
胡文炜
长相思　L'Attente 著　达　观译
方言翻译（社交游戏）（补白）
T·H·C
儿女　何海鸣**
十字刀　双　双
断崖
〔日〕德富健次郎著　稼夫译
两个疑问　程小青
白骨黄金（一）（《樊德摩斯奇案》第六集）
〔法〕苏菲德霭南同著　冯六译
小别（附插图三幅）　蒋用宏
三十年前故人（附插图三幅）
E.Orezy 著　南摩老人译
孪生者　禹　钟
一个当差的　湘　妹译
手影术（四）（附插图三幅）（补白）
丘悼兰
红耳朵
Murray Leinster 著　张碧梧译
中国货与外国货（讽刺文配画）

* 原刊正文署“西神”，“目录”署“王西神”。

** 原刊“目录”署“何海鸣”，正文署“求幸福斋主”。

*** 原刊“目录”署“仲可”，正文叠署“仲可徐珂”。

**** 本书编者所见到的几个单位所藏的此期，插图均被撕去，插画名称暂付阙如。

（补白） 剑 庐
世界瞭望塔（附插图一幅）
蒋竹农
死光
欧洲最近文艺思潮（续二三）
忆秋生译
琴庵漫载（六） 欧东谷
呕吐（新诗）（续二） 钱起八
小铅狗 苏跃云
琴话（五）（附插图六幅）
林履彬
猿虎记（附插图四幅）（《野人记》第三集）
〔美〕E.R.Burroughs 著* 天游译
编者与读者
编辑琐话 编 者
交换
致编者 朱仲伟
复朱仲伟 编 者
致编者 张耀卿
复承先 悼兰代复
（本期附赠《民众文学》第四期一本）

第 7 卷 第 2 期

1924 年 7 月 14 日发行

春之晨（封面画）
唐小圃讲童话给儿童时情形（诗题照片） 旁听客
樱桃（画）
幸福 La Bonheur 著 达 观译
枫江笔记（补白） 金枫江
清名画家轶事（五）（四则）
好模范 陆律西
白骨黄金（二）
〔法〕苏菲德霭南同著 冯六译
呕吐（新诗）（续三） 钱起八
搬场 西巫瘦铁
纯飞馆笔记（六）（补白）
可仲徐珂**
世界瞭望塔***
（无题）
忠实（小论坛） 用 宏
欧洲最近文艺思潮（续二四）
忆秋生译
心潮录（五则）（补白） 厉南溪
钻石商（附插图一幅）
E.Orczy 著 南摩老人译
离别日 何其宽
枫江笔记（补白） 金枫江
清名画家轶事（六）（二则）
渔樵问答（四）（第九、一〇段）（歌曲） 履 彬

* 原刊《猿虎记》分载的各期均未署作者，此作者名字据前刊《野人记》补。

** 原刊篇误倒署为“珂徐可仲”。

*** 原刊此期“世界瞭望塔”无子目与署名。

一百元支票　吴羽白
手影术（五）（附插图三幅）
丘悼兰
猿虎记（续一）（附插图三幅）
〔美〕E.R.Burroughs 著　天　游译
编者与读者
编辑琐话　编　者
通讯栏（复戴履绥、王稚清、
徐善诚）　编　者
交换
致编者　虞介蕃
复虞介蕃　编　者
刊误　编　者

第7卷　第3期

1924年7月18日发行

夏（封面画）
水碓（照片）
月下（照片六幅）
银幕上的艺术（三一）（附照片九幅）
叶劲风选辑*
薄命　王西神
……与人生（附插图二幅）
蒋用宏
纯飞馆笔记（七）（一则）（补白）
仲　可
势利的眼光　胡寄尘

* 原刊"目录"漏此篇篇名及署名。

自然的离异　杨不平
白骨黄金（三）
〔法〕苏菲德霭南同著　冯　六译
胭脂虎　闻　诚译
他也是一个人　屏嫣女士
在月台上（笑话，附图）　起　八
冰字　Joseph Addison 著　龙兆佛译
金刚石之谈话（补白）　悔　初
猿虎记（续二）（附插图四幅）
〔美〕E.R.Burroughs 著　天游译
纯飞馆笔记（八）（补白）
徐　珂**
思想的变迁　烟　桥
琴语（八）（附插图二幅）　林履彬
世界瞭望塔（附插图三幅）
龙游丘
石中生长的树木
坚固的寝室
再醮妇的奇俗
欧洲最近文艺思潮（续二五）
忆秋生译
手影术（六）（附插图一二幅）
丘悼兰
编者与读者
请注意本期的悬赏　编　者
通信栏（致李少子）　编　者
交换
致编者　言　如

** 原刊"目录"署"徐仲可"，正文署"徐珂"。

复言如　编　者
致叶劲风　崔之梁
复崔之梁　编　者
暑假悬赏征文　本　刊

第7卷　第4期

1924年7月25日发行

凝思（封面画）

银幕上的艺术（三一）（附照片九幅）　叶劲风选辑*
热情之泪　绿　芷
纯飞馆笔记（九）（补白）　仲　可
第二生命　胡寄尘
一个畸零人　杨小仲
呕吐（新诗）（续四）　钱起八
儿子的钱　厉南溪
她（小小说）（补白）　爱　吾
侦探谈（一）E.Orczy著　吴　山译
毒戒指
白骨黄金（四）
［法］苏菲德霭南同著　冯　六译
琴话（七）　林履彬
欧洲最近文艺思潮（续二六）　忆秋生译
枫江笔记　金枫江
清名画家轶事（七）（四则）
手影术（七）（附图五幅）　丘悼兰
猿虎记（续三）（附插图五幅）
［美］E.R.Burroughs著　天　游译
编者与读者
编辑琐话　编　者
交换
复黎荫久　冯　六
致编者　徐西庚
复徐西庚　编　者

第7卷　第5期

1924年8月1日发行

老女（封面画）
余屏嫣女士（照片）
晨之村（照片）

银幕上的艺术（三二）（附照片一〇幅）　叶劲风选辑**
逃犯的一封信　双　双
死　西　神
纯飞馆笔记（一〇）（补白）　仲　可
孤雏　杨小仲
纯飞馆笔记（一一）（补白）　仲　可
世界瞭望塔（附插图四幅）　汪剑嵩
“小的父亲”（墨西哥少女）

* 此篇与七卷三期“银幕上的艺术”相重复，八卷二期编者声明是误装。

** 原刊“目录”漏此篇，正文无署名。

荷兰狗车
德意志农妇
乌拉尼的小妇人
白骨黄金（五）
〔法〕苏菲德霭南同著　冯　六译
敛钱术　叶劲风
纯飞馆笔记（一二）（补白）
仲可徐珂
手影术（八）（图四幅）　丘悼兰
侦探谈（二）　E.Orczy 著　吴山译
暗室星火
自杀俱乐部　西巫瘦铁
猿虎记（续四）（附插图四幅）
〔美〕E.R.Burroughs 著　天　游译
编者与读者
编者琐话　编　者
通讯栏（夏徐超魂）　编　者
交换
致编者　吴石桥
致编者　张竹君
复张竹君　编　者
刊误　编　者

第 7 卷　第 6 期

1924 年 8 月 8 日发行

月夜之湖（封面画）
仿高房山山水（国画）
（明）蓝　瑛画
银幕上的艺术（三三）（附照片一幅）　叶劲风选辑*
天刑（附插图一幅）　程小青
因循　陆律西
顾须　钱起八
跟在后面（西方笑话，附图）（补白）
胡文炜
白骨黄金（六）
〔法〕苏菲德霭南同著　冯　六译
纯飞馆笔记（一三）（补白）
仲　可
情死（附插图二幅）　奇　呆
望江南词·留别红石磊（词）（补白）
胡伯宽
侦探谈（三）　E.Orczy 著　吴山译
画里真真
卐盦谈虎　阿　友
可惜　烟　桥
在北固山　雨　棠
酒店老板（笑话）（补白）　寄
手影术（九）（图四幅）　丘悼兰
猿虎记（续五）（附插图三幅）
〔美〕E.R.Burroughs 著　天　游译
编者与读者
编辑琐话　编　者
通讯栏（复高维勋、孙福五、夏冬生、傅权明、虞介蕃）
编　者
交换
致编者　巫汉林

* 原刊“目录”漏此篇，正文无署名。

复巫汉林　编者

第7卷　第7期
1924年8月15日发行

诸葛武侯子孙殉难处（封面画）
倩兮欲语（彩照三幅）

犬族解放　唐小圃
中国女皇崩驾记
〔西班牙〕Ruben Daris 著
郑雅如女士
电扇（笑话）（补白）　胡文炜
谈艺之友　禹钟
复她的一封信（诗）　蒋用宏
白骨黄金（七）
〔法〕苏菲德霭南同著　冯六译
纯飞馆笔记（一四）（补白）
仲可
秋的旁晚　建梁
处置金钱的妙法（补白）　寄尘
平等　西巫瘦铁
纯飞馆笔记（一五）（补白）
仲可徐珂
侦探谈（四）E.Orczy 著　吴山译
雾夜行尸
手影术（一〇）（图五幅）　丘悼兰
猿虎记（续六）（附图三幅）
〔美〕E.R.Burroughs 著　天游译
编者与读者
编辑琐话　编者
通讯栏（致任靖寰）　编者
交换
致编者　陈少云
复陈少云　编者
致编者　朱紫盦
复朱紫盦　编者

第7卷　第8期
1924年8月22日发行

降架之耶稣（封面画）
招呼（照片）
徐卓呆先生像（照片）

梦魂中的香港　劲风
文学奖金　西巫瘦铁
纯飞馆笔记（一六）　徐仲可
世界寓言（二）（补白）　寄尘*
痴呆的鸽子
往事　程小青
忳盦笔记（补白）　龙游丘
白骨黄金（八）
〔法〕苏菲德霭南同著　冯六译
渔樵问答（第五——八段）（歌曲）
履彬
侦探谈（五）　E.Orczy 著　吴山译
妾心碎矣
祖母的愤慨　莳竹农
南游闻见志奇　忆兰生

* 原刊漏署“尘”字。

手影术（一一）（图四幅） 丘悼兰
猿虎记（续七）（附插图三幅）
〔美〕E.R.Burroughs 著 天 游译
纯飞馆笔记（一七）（补白）
仲可徐珂
编者与读者
编辑琐话 编 者
通讯栏（致尹任厂、徐树邦、范养志、张竹君） 编 者
交换
致编者 张竹君
复张竹君 编 者
致叶劲风 虞介蕃
复虞介蕃 编 者

第 7 卷 第 9 期
1924 年 8 月 30 日发行

孤舟（封面画）
刘海戏蟾（古画）

银幕上的艺术（三四）（附照片八幅）
叶劲风选辑*
成功的悲哀 西巫瘦铁
文学家（补白） 起 八
一件寻常事（附插图三幅） 鼎
白骨黄金（九）
〔法〕苏菲德霭南同著 冯 六译
奔妇吟·过溪流（潮州调）（歌曲）
Dzung Zung Wu
临死前的灵光（附插图四幅）
张碧梧
祸水（附插图三幅） 吴绮缘
侦探谈（六）E.Orczy 著 吴 山译
妻祟
一饭缘 罗伯诗著 湘君
世界寓言（三）（补白） 胡寄尘
夫妇赌赛不开口
手影术（一二）（图四幅） 丘悼兰
猿虎记（续八）
〔美〕E.R.Burroughs 著 天 游译
编者与读者
关于现金悬赏征文的紧要消息
编 者
交换
致编者 国爱葵
致编者 俞炽臣
致编者 张末士
复张末士 编 者
致编者 曹仲芳
（本期附赠《民众文学》第六期一本）

第 7 卷 第 10 期
1924 年 9 月 5 日发行

娇艳（封面画）

银幕上的艺术（三五）（附照片六幅）
叶劲风选辑*
风雨之夜（附插图六幅） 禹 钟

* 原刊“目录”漏此篇，正文无署名。

枫江笔记（补白） 金枫江
清名画家轶事（八）
自作孽 程小青
命运定了 西巫瘦铁
母亲的心 幽人女士
弗鲁亚尔家庭记（续一一）（附插图二二幅）
〔法〕Christophe 著 江显之译
妻之友（讽刺文配画）（补白）
仲 可*
惜阴歌（歌曲） 吕烈卿
真君子 闻 诚译
侦探谈（七）E.Orczy 著 吴 山译
假遗嘱
手影术（一三）（图五幅）
丘悼兰
猿虎记（续九）
〔美〕E.R.Burroughs 著 天 游译
编者与读者
编辑琐话 编 者
交换
致编者 杨树汶 朱景舒
复朱景舒 编 者

第 7 卷 第 11 期
1924 年 9 月 12 日发行

回顾（封面画）
赠果（照片四幅）

* 原刊“目录”署“仲可”，正文无署名。

赵苕狂像（照片）
奇货可居（多幕短剧） 王西神**
纯飞馆笔记（一八）（补白）
仲 可
阿叔玉楼
Mon Oncle Jules 著 达 观译
古琴吟（歌曲） 履 彬
弗鲁亚尔家庭记（续一二）（附插图一八幅）
〔法〕Christophe 著 江显之译
超绝（诗）（补白） 杨如珍
析产 禹 钟
侦探谈（八）E.Orczy 著 吴 山译
雪窗殭骸
侠情记 奇 呆
手影术（一四）（图二幅） 丘悼兰
猿虎记（续一〇）
〔美〕E.R.Burroughs 著 天 游译
明湖帆影（照片）（补白）
编者与读者
编辑琐话 编 者
通讯栏（致陶鹤、黄永棠）
编 者
交换
致编者 邵象伊
复邵象伊 编 者
致编者 施威克

** 原刊“目录”署“王西神”，正文署“西神”。

复施威克　编者
代请赐教　T·H·C
刊误　编者

第7卷　第12期
1924年9月19日发行

归途（封面画）
野僧（宋元古画，二幅）

缠绵　夏孟刚
顾脸（谐语）（补白）
热血奋斗（诗）　蒋用宏
纯飞馆笔记（一九）（补白）　仲可徐珂*
一杯惠司格酒（附插图二幅）　小青译
纯飞馆笔记（二〇）　徐仲可
弗鲁亚尔家庭记（续三）（附插图三八幅）　〔法〕Christophe 著　江显之译
纯飞馆笔记（二一）（补白）　仲可徐珂*
解职　禹钟
春夜宴桃李园序（歌曲）　〔唐〕李白词**　吕烈卿作调
还不清的债　劲风
世界瞭望塔（附插图二幅）　龙游丘
澳洲奇人
狗的头领
猿虎记（续一一）　〔美〕E.R.Burroughs 著　天游译
编者与读者
暑期现金悬赏征文事再告读者　编者
通讯栏（复严琪琨）　编者
交换
致编者　〔日〕榎并繁雄
复榎并繁雄　编者
致叶劲风　杨君远
复杨君远　编者
致编者　王延庆

第7卷　第13期
1924年9月26日发行

大观楼（封面照片）
东望虎丘（彩画）

轩轾戏　程小青
纯飞馆笔记（二二）　徐仲可
弗鲁亚尔家庭记（续一四）（附插图二九幅）　〔法〕Christophe 著　江显之译
背后的手　西亚瘦铁
笑的骷髅　Gwyn Evans 著　张碧梧译
富人的冬天（谐语，附图）（补白）

* 原刊“目录”署“仲可”，正文叠署“仲可徐珂”。

** 〔唐〕李白词”为本书编者补。

寄*
谲智　蒋用宏
呀先生死了（诗）（补白）　宏
世界瞭望塔（附插图四幅）　龙游丘
　皇帝的行乐
　不成文理的标志
　大渔船桅帆
　海底自身发光的鱼
明码　Burton Kline 著　华　开译
崇楼再劫　烟　桥
六减二为八（谐语，附图）（补白）
寄　尘
手影术（一五）（图二幅）　丘悼兰
猿虎记（续一二）
〔美〕E.R.Burroughs 著　天游译
编者与读者
　编辑琐话　编　者
　交换
　　致编者　张问心
　　复张问心　编　者
　　致编者　程嗣清
　　复程嗣清　编　者
　　致忆秋生　奚振经

第 8 卷　第 1 期
特刊号
1924 年 10 月 3 日发行

断垣夕照（画）
〔德〕柯地苏西作
银幕上的艺术（三六）（附照片七幅）
叶劲风选辑**
先烈祠前　求幸福斋主
羞（附插图六幅）　西巫瘦铁
大同胞（附作者、编者附言）
胡寄尘
茶楼　禹　钟
白骨黄金（一〇）
〔法〕苏菲德霭南同著　冯　六译
谚语考（一）（六则）（补白）
彭保钦
国庆的隔夜　杨小仲
七粒红丸　程小青译
北京距上海一英吋（谐语，附图）（补白）
刘剑侯
闹鬼　闻　诚译
六个荐人　慧　剑
恩怨了了　G.A.Wells 著　张碧梧译
漱霞盦笔记（一）（补白）
陈寒玉
　琴台志疑
手影术（一六）（图三幅）　丘悼兰
弗鲁亚尔家庭记（续一五）（附插图三〇幅）
〔法〕Christophe 著　江显之译
《小说世界》小说篇名新酒令（补白）
阿母……国旗　劲　风

* 此署名原刊正文中漏署。

** 原刊“目录”漏此篇，正文无署名。

月夜 赵吟秋
世界瞭望塔（阿图二幅） 龙游丘
快乐的（开荣）人民
阿拉伯的骆驼
猿虎记（续一三）
〔美〕E.R.Burroughs 著 天 游译
编者与读者
编辑琐话 编 者
通讯栏（复张准训、毛矣）
编 者
交换
致南摩 季 痕
复季痕 南 摩
复达斋、肇之 冯宅启
复胜辉 冯 六
（本期附赠《民众文学》第七期一本）

第 8 卷 第 2 期

草舍女郎（封面画）
〔英〕T.Gainsborough 作
意大利 Toblino 湖风景（照片）
蒋用宏像（照片）
出发 〔日〕加藤武雄著 小圃改译
第六号 程小青
湖滨杂诗（一至七） 胡怀琛
成人之美 张碧梧
死亡的原因（补白）
白骨黄金（一一）
〔法〕苏菲德霭南同著 冯 六译
谚语考（二）（七则） 彭保钦
接腺法 禹 钟
清洁的灵魂（小小说）（补白）
蒋用宏
吴特之轶闻
Hugh Miller 著 陈国衡译
漱霞盦笔记（二） 陈寒玉
白鹤溪
秋窗賸笔（五） 西 云
无题
世界寓言（四）（补白） 胡寄尘
痴人娶两妻
手影术（一七）（图三幅） 丘悼兰
莽侦探 吴 山
世界瞭望塔 黎瑞焜
智利之戏水节人（附插图八幅）
猿虎记（续一四）
〔美〕E.R.Burroughs 著 天 游译
编者与读者
编辑琐话 编 者
通讯栏（复李福源） 编 者
交换
致编者 守 廉
答 T·H·C 君的问题（附编者案语） 光 霁

第 8 卷 第 3 期

1924 年 10 月 17 日发行

Beatrice Cenci 肖象（封面画）
〔意〕Guido Beni 画

赦罪之文（西方油彩画）

可怜儿（附译者附记）
〔日〕德富健次郎著 小圃译
弟之生活 禹 钟
白骨黄金（一二）
〔法〕苏菲德霭南同著 冯 六译
湖滨杂诗（八至一四） 胡怀琛
思想的变迁 曹梦鱼
奇妙的报复（附插图一四幅）
Lloyd Lonergar 著 张碧梧译
纯飞馆笔记（二三）（补白）
仲 可
北游鸿雪记（上） 庸 伯
十元 裘维琳
任孝子记（补白） 民
婢与女 贡少芹
古人隽语（老莱子语录）（补白）
寒 玉
世界瞭望塔 龙游丘
有辫子的人民
行杖的出产地
四桅船
猿虎记（续一五）
〔美〕E.R.Burroughs 著 天 游译
编者与读者
编辑琐话 编 者
征文消息 编 者
通讯栏（复黄馨甫、洪共盦、徐善湖、鲁子久） 编 者
交换
致编者 徐善湖
复徐善湖 编 者
致编者 吴恩溥
复吴恩溥 编 者

第 8 卷 第 4 期
1924 年 10 月 24 日发行

爱情之神（封面彩画）
仕女（国画） 费小楼画

银幕上的艺术（三七）（附照片四幅）
叶劲风选辑*
租屋 胡寄尘
湘江之湄 蒋用宏
枫江笔记（补白）
清名画家轶事（九）（三则）
金枫江
白骨黄金（一三）
〔法〕苏菲德霭南同著 冯 六译
呕吐（新诗）（续五） 钱起八
比邻窗下 云
深宵奇遇
〔英〕Stacy Aumonier 著
蔡受百译
爱情丸（小品） 寄
文学上之假古董 翰 才
归途 雨 棠
大人物（讽刺文配画） 双 木

* 原刊“目录”漏此篇，正文无署名。

谚语考（三）（六则）（补白）
彭保钦
怪买办　吴山
民间诗人（补白）　张汉农
女欤媳欤　张碧梧
编者与读者
编辑琐话　编者
通讯栏（复杨君远）　编者
交换
致编者　柯隆
复柯隆　编者

第8卷　第5期
1924年10月24日发行

处女（封面画）
徐瘦铁像（照片）
无锡张睢阳庙之贺兰进明双足（照片）　周雨青摄
一个童话作家　唐小圃
湖滨杂诗（一五至一九）　胡怀琛
白骨黄金（一四）
〔法〕苏菲德霭南同著　冯六译
谚语考（六则）（补白）　彭保钦
赛特的狗
〔法〕马革利著　达观译
常胜将军
Charles Kingston 著　唐仲陶译
谚语考（四）（七则）（补白）
彭保钦
一本原有的平民文学　胡寄尘
少年的悲哀　雨棠
纯飞馆笔记（二四）（补白）
仲可*
黑母鸡　吴山
一种装电铃的方法（日用小常识）
双木
不相关的夫妻　张碧梧
阿母嫁了　贡少芹
编者与读者
编辑琐话　编者
征文消息　编者
通讯栏（复袁仲燕、陈六有）
编者
交换
致叶劲风　木公
复木公　编者
（本期附赠《民众文学》第八期一册）

第8卷　第6期
1924年10月31日发行

佛鲁伦的钟塔（封面画）
孤塔斜阳（插画）
银幕上的艺术（三八）（附照片八幅）
叶劲风选辑**

* 原刊“目录”署“仲可”，正文叠署“仲可徐珂”。

** 原刊“目录”漏此篇，正文无署名。

政治犯 卓呆
湖滨杂诗（二〇至二四） 胡怀琛
绝地逃生 张松涛译
人力车夫（附插图一幅） 少芹
缅甸夫人之弄孩（风俗志异） 培
一念之差（附插图五幅） 张碧梧
《红楼》谜屑（补白） 萱城
平等观 铁崖
纯飞馆笔记（二五）（补白） 仲可
小说的略史与历代史家的观念 舒啸
史屑（补白） 明焘
般生 王謦涛
我字典中没有的（笑话，附图）（补白） 刘剑侯
囚人马车 鸣九
白骨黄金（一五）
〔法〕苏菲德霭南同著 冯六译
编者与读者
编辑琐话 编者
通讯栏（复余屏嫣、张鸿鑫、德荣） 编者
交换
致叶劲风 任维之
复任维之 编者

第8卷 第7期

1924年11月7日发行

从军（西方彩画，封面）
金陵风景（彩画） 涧频画
衣冠禽兽 小圃
呕吐（新诗）（续六） 钱起八
婚期 禹钟
神手 J.J.Stagg著 张松涛译
枫江笔记（补白） 金枫江
清名画家轶事（一〇，四则）
马迹 涤尘
报复（谐语，附图）（补白） 起八
自家兄弟（附插图五幅） 张碧梧
海外隽语（九，五则）（补白） 黄正铭、严雅慧选译
《二孤女》影片在艺术上究竟有甚么价值? 礼恪
“验光”（西方笑话）（补白） 胡文炜
小脚式的文字（小论坛） 用宏
白骨黄金（一六）
〔法〕苏菲德霭南同著 冯六译
编者与读者
通讯栏（复丁文渊、祝感秋、张友鹤、徐圃青） 编者
交换
致编者 黄永昌
复黄永昌 编者

第8卷 第8期

1924年11月21日发行

Le Brvn 自画象（封面） Le Brvn 画

张之洞墨迹（二幅） 张之洞
银幕上的艺术（三九）（附照片九幅）
叶劲风选辑*
堕落 蒋用宏
小室（附插图五幅） 沈禹钟
十九吊二 吴田伧
死后 俞景瑞
纯飞馆笔记（二六）（补白）
徐仲珂
白骨黄金（一七）
〔法〕苏菲德霭南同著
冯六译
一发千钧 张碧梧
谐语（补白）
二等
大勿欺小
北游鸿雪记（下） 庸 伯
讨一文钱（笑话）（补白） 寄
简便印刷器（日用小智识，附图）
双 木
呕吐（新诗）（续七） 钱起八
求名的牺牲
Sir Basil Thomson 著
张松涛译
纯飞馆笔记（二七） 徐仲可**
文艺杂谈——说说小说 王警涛
编者与读者
通讯（复吴宗伯、吴三友）
编 者
交换
致叶劲风 王稺明
复王稺明 编 者
复耀卿 俞慕古
致叶劲风 沈果哉
复沈果哉 编 者
致叶劲风 鲁子久
复鲁子久 编 者

第 8 卷 第 9 期

1924 年 11 月 28 日发行

优昙花（封面画）
自然之春（彩色画）
怪夫妇（喜剧） 卓 呆
狱中天地（一）（附插图一幅）
Alexandre Dumas 著
南摩老人译
纯飞馆笔记（二八） 徐仲可**
切蔬果的妙法（日用小智识）
双 木
恶果 张碧梧
呕吐（新诗）（续八） 钱起八
天空中的字
Ellis Parker Butler 著
张小波译

* 原刊“目录”漏此篇，正文无署名。

** 原刊“目录”署“徐仲可”，正文叠署“仲可徐珂”。

纯飞馆笔记（二九） 徐仲珂
洞房 厉南溪
绿窗隽语（补白） 爱 吾
志愿与恋爱
Hyatt Freeman 著 琼圭译
纯飞馆笔记（三〇） 徐仲珂
白骨黄金（一八）
〔法〕苏菲德霭南同著 冯 六译
编者与读者
通讯（复吴恤再、Lzz）
编 者
交换
致叶劲风 徐一余
复徐一余 编 者
致叶劲风 严媿盦
复严媿盦 编 者
致编者 俞觉菴
复俞觉菴 编 者
（本期附赠《民众文学》第九期一册）

第8卷 第10期

1924年12月5日发行

希望（封面画）
但以理狮洞中画
慈善之妻 双 双
世界第一（补白） 爱 博
呕吐（新诗）（续九） 钱起八
狱中天地（续一）
Alexandre Dumas 著
南摩老人译
妻……子 张碧梧
体面人 西巫瘦铁
谚语考（五）（补白） 彭保钦
烂漫女士 赵吟秋
疯人别传 草 琴
颠倒昼夜 黄霜华
两度谈话 俞千芳
纯正小说与读者 禹 钟
白骨黄金（一九）
〔法〕苏菲德霭南同著 冯 六译
编者与读者
编辑琐话 编 者
交换
致叶劲风 叶 榛
复叶榛 编 者

第8卷 第11期

1924年12月12日发行

军团之狗（封面画）
回忆（摄影）
崴海卫晚景（画）
死后 茗 狂
潮来潮去 侠 龙译
治脚麻法（小智囊） 慎微之
我心中的女皇
Lloyd Williams 著 张子波译
纯飞馆笔记（三一） 徐仲可
遗产 张碧梧

狱中天地（续二）
Alexandre Dumas 著
南摩老人译
吃饭　何其宽
懦怯误她　友　楠
化子们　颜景云
纯飞馆笔记（三二）　徐仲珂*
呕吐（新诗）（续一〇）　钱起八
枕戈楼漫话（一）　莳竹农
十四两的秤（笑话）　寄
编者与读者
编辑琐话　编　者
交换（复丁笑华）　编　者

第 8 卷　第 12 期
1924 年 12 月 19 日发行

一群歌唱的天使（封面画）
插画**
输捐　胡寄尘
前后两人
〔西班牙〕Jacinto Octavio Tieon 著
郑雅如译
狱中天地（续三）
Alexandre Dumas 著
南摩老人译
枫江笔记（补白）　金枫江***
清名画家轶事（一一）
爱的真价　张碧梧
孝子复仇记　君　哲
支硎游记　许云樵
纯飞馆笔记（三三）（补白）徐仲珂
两难　许廑父
炮弹下的残废者　侯樵仲
乐律浅释（一）　王省斋
小说家之梦　郑醉玉
马　Davison Poste 著　忆秋译
编者与读者
编辑琐话　编　者
通讯（复邢塞新、张友鹤、笑华、醒醐月报社）　编　者
交换
致编者　赵炳权
复赵炳权　编　者

第 8 卷　第 13 期
1924 年 12 月 26 日发行

归来（封面彩画）
孤礁（彩画）
绯绯小姐　达　观译
不意的旅行　蒓　茵****

* 原刊"目录"署"徐仲可"，正文署"徐仲珂"。

** 本书编者所见各单位所藏的此期，插画均被撕去，不能得知画的名称，只好暂付阙如。

*** 原刊漏署名。

**** 原刊正文篇目下署"蒓茵"，"目录"署"蒓园"。

狱中天地（续四）
Alexandre Dumas 著
南摩老人译
冬夜　何心冷
平克敦传略
Hugh Derriek 著　松涛译
梦里追悔　奇　釆
谚语考（六）　彭保钦
审美性　小　谢
著作的心理　廷　松
闯关　E.W.Hornung 著　张碧梧译
编者与读者
编辑琐话　编　者
交换
致编者　杜远迟
复杜远迟　编　者
复虞介蕃　编　者
（本期附赠《民众文学》第一〇期一册）

第 9 卷　第 1 期

1925 年 1 月 2 日发行

英属非洲九卞族小孩（封面画）
万寿山十七孔桥（照片）
田炳章摄
张桓侯八蒙碑（照片）
编者与读者　编　者
信托公司
〔英〕亨利著　林琴南译
唐静宜女士诗存（唐小圃编）
唐静宜女士
夕雨
病花
寒鸦
小孤儿
童歌
雨后所见
夏雨初晴（三首）
读白氏《长庆集》（三首）
伊的日记　胡寄尘
俄国寓言选（译自日本升曙梦《俄国童话集》）
铎米利耶夫著　唐小圃译
狗与乞丐
人与马
猎枪与小兔
双马车
鸽子的悲哀
鹫与蛇
白云鸟与麻鸭
医生之言
怜悯
老孤讲道
谚语考（七）（一一则）　彭保钦
斗（讽刺文配画）（补白）　劲　风
乐律浅释（二）　王省斋
木箱　〔西班牙〕Ruben Dario 著
郑雅如译
英伦缢尸记（樊德摩斯奇案第七集）（一）

〔法〕苏菲德霭南同著　冯　六译
酒变四色（科学游戏）（补白）
洛　梦
英属非洲——非洲人与其土地之考察（附插图八幅）　秦亚光译述
火　起　八
秘密博士（一）（附插图五幅）
Clement Fezandie 著　敏芝译
猜物（社交游戏）　书　丹
湘行一瞥　蒋用宏
枫江笔记　枫　江
清名画家轶事（一二）
母——子　无　我
浪子昌险记　小　青
纯飞馆笔记（三四）　徐仲可
春之神　谭抱月
暮游　徐冷波
归燕记　莫秉志
春　〔法〕罗狄著　达　观译
蜡烛自熄（家庭常识）（附图）
小　溪
三年半后　赵吟秋
秋窗賸笔（六）（补白）　西　云
保宫鸡
扑克牌
Haughtou Howll 著　张碧梧译
人面来去（小幻术，附图）
洛　梦
勋章　剑　心
止雹笔记（二）（补白）
填字（家庭游戏）　时仪女士
没有父亲的孩子　奇　呆
怪物　劲　风
？（谐语）（补白）　济　芸
弱岁投荒录（一名《太山之子》《野人记》第四集）（一）
（附插图六幅）
〔美〕E.R.Burroughe 著* 天　游译
通讯（致 CCW、房文翰）　编　者
交换
致编者　吴稚川
复吴稚川　编　者

第 9 卷　第 2 期
1925 年 1 月 9 日发行

布加利亚乡村的美人（封面画）
遭劫之雷峰塔（照片，三幅）
附：遭劫之雷峰塔（文）　陈济芸
一封无首尾的信　小　圃
小诗（二十四首）　胡寄尘
文人与蚕
车声
人生的一幕
钟声
知心的人
倘然
上帝（二首）

* 原刊《弱岁投荒录》分载各期均未署作者名字，此作者署名据《野人记》补。

二千里外的炮弹
秃笔
赠花瓶
杂感（一〇首）
不能解决的问题
婚姻薄
冬夜的一瞥
盲人绘画（家庭游戏） 书 丹
杏核 〔英〕亨利著 林琴南译
英伦缢尸记（二）
〔法〕苏菲德霭南同著 冯 六译
秘密博士（二）（附插图五幅）
Clement Fezandie 著 敏 芝译
旧衣 张碧梧
读五千卷书室丛话（补白）
瘫 蝯
拳乱中之八股文
秋窗媵笔（七） 西 云
谒陵盛景
记电影中之《罪的工价》 蔡念慈
拊掌新录（附图）（补白） 周逸侯
球术（小幻术，附图） 洛 梦
黑籍中人 许廑父
西窗愁梦 听雨生
布加利亚——好装饰的人民和其国家现象（附照片五幅）
秦亚光译述
世界第一（二）（补白） 爱 博
纯飞馆笔记（三五） 徐仲可
简便的捕鼠方法（家庭常识）
小 溪
琴庵漫载（七） 欧东谷
遗书 马浦知
弱岁投荒录（二续）（附插图五幅）
〔美〕E.R.Burroughs 著
天游译
编者与读者
编辑琐话 编 者
交换
致叶劲风 刘述扬
致编者 志 良
复志良 双 木
致函询樊案诸君 冯 六

第 9 卷 第 3 期
1925 年 1 月 16 日发行

埃及之三角尖塔（封面画）
古高句丽赫太王陵（照片）
古高句丽赫太王纪念碑（照片）
仕女（画） 费晓楼画
克鲁伊洛夫寓言（一）
唐小圃转译
猪
猪与松树
驴与莺
帕鲁那斯山
狐与驴
世界大学
〔英〕亨利著 林琴南译
枯涸的心泉（诗） 殷佩斯
浮翳 烟 桥

秋窗媵笔（八） 西 云
无题
秘密博士（三）（附插图五幅）
Clement Fezandie 著 敏 芝译
枕戈楼漫话（二） 莳竹农
胎教的实例
人身之电（小幻术，附图）
洛 梦
雪夜 佟少棠
世界寓言（五）（补白） 胡寄尘
大家不利（附图）
记忆（社交游戏） 书 丹
征文揭晓
第一号：希望
第二号：强盗

枕戈楼漫话（三） 莳竹农
自杀之内的原因
纯飞馆笔记（三六） 徐仲可
弱岁投荒录（二续）（附插图四幅）
〔美〕E.R.Burroughs 著
天 游译
笑笑（补白） 大 我
防贼电铃（科学应用，附图）
小 溪
车中 寒 玉
埃及——三角洲及沙漠地的人民
（附照片五幅） 秦亚光译述
英伦缢尸记（三）
〔法〕苏菲德霭南同著 冯 六译
编者与读者
编辑琐话 编 者
交换
致读者朋友 何定盦
致叶劲风 何定盦
复何定盦 编 者

第 9 卷 第 4 期

1925 年 1 月 23 日发行

印度之舞妓（封面画）
扬州塔湾风景（照片） 王海林摄
牧人（西方画）

克鲁伊洛夫寓言（一续）
唐小圃转译
狮子的末路
狼与鹤
狼与小羊
狼与猫
中国近代两小说家传 尘 梦
通信（社交游戏，附图） 洛 梦
回生丸 〔英〕亨利著 林琴南译
母亲 陈寒玉
枕戈楼漫话（四）（补白） 莳竹农
暑热与昼寝
秘密博士（四）（附插图五幅）
Clement Fezandie 著 敏 芝译
弱岁投荒录（三续）（附插图五幅）
〔美〕E.R.Burroughs 著 天 游译
整理辅币的人才（补白） 李 冰
纯飞馆笔记（三七） 徐仲可

印度——科摩林角附近一瞥（附照片一五幅） 秦亚光译述
征文揭晓
第三号：午夜啼声
第四号：苦境余生

枕戈楼漫话（五） 莳竹农
蚊子喜欢的颜色
灵之试验（小幻术，附图） 洛梦
捕盗记 Captain George Ash 著 张碧梧译
蜡鱼吞饵（科学游戏） 小溪
英伦缢尸记（四）
〔法〕苏菲德霭南同著 冯六译
编者与读者
交换
致编者 蔡心箝
复蔡心箝 编者
致编者 谭道华
复谭道华 编者

第9卷 第5期

1925年1月30日发行

澳洲人风土记（封面画）
清白（彩画） Joshua Beynolds 作
无锡公园风景（照片） 周雨青摄

棉衣 胡寄尘
克鲁伊洛夫寓言（二续） 唐小圃转译
狗圈里的狼
狼与杜鹃
狼与牧羊人
仙人与熊
谚语考（八）（七则）（补白） 彭保钦
缀字（社交游戏） 寒玉
检察长 〔英〕亨利著 林琴南译
奖品 夏孟刚
大题小做（一） 劲风
摧残教育（第一回）
弱岁投荒录（四续）（附插图五幅）
〔美〕E.R.Burroughs 著 天游译
秘密博士（五）（附插图五幅）
Clement Fezandie 著 敏芝译
征文揭晓
第五号：仁道之病
第六号：沧桑

复仇的种子
Sewell Peaslee Wright 宝康译
吸力（幻术，附图） 洛梦
澳洲略说（附插图一〇幅） 秦亚光译述
英伦缢尸记（五）
〔法〕苏菲德霭南同著 冯六译
挂画架的研究（家庭常识，附图） 榕客
编者与读者
交换

致叶劲风　熊振云
复熊振云　双 双
通讯（致熊振云、张友鹤、陆凤来、蒋用宏、梅　痕）　济 芸

第9卷　第6号
1925年2月6日发行

瑞士之少女（封面彩画）
苏城南园风景（彩画）　涧　频作
江显之像（照片）

克鲁伊洛夫寓言（三续）　唐小圃转译
好奇的熊
守蜜蜂的熊
猿与眼镜
猿学人
猿
中国小说界之异人　尘 梦
美人局　〔英〕亨利著　林琴南译
秋窗媵笔（八）
智女休婚　西 云
弱岁投荒录（五续）（附插图五幅）　〔美〕E.R.Burroughs 著　天 游译
秘密博士（六）（附插图六幅）　Clement Fezandie 著　敏 芝译
征文揭晓
第七号：慈云
第八号：哑谜
唐静宜女士诗选（唐小圃编）（下）　唐静宜女士
农歌四首
即景
中央公园水榭所见
七千镑的钻石（附插图二幅）　程小青
脱戒指（家庭常识，附图）　古 田
杯瓶易位（幻术，附图）　陈洛梦
瑞士——环山的民主国与其人民（附照片五幅）　秦亚光译述
妾之女　张碧梧
英伦缢尸记（六）　〔法〕苏霏德霭南同著　冯　六译
夜猎（社交游记）　寒 玉
编者与读者
编辑琐话　编 者
交换
致编者　虞介蕃
复虞介蕃　陈寒玉、编　者
致编者　吴荔邨
复吴荔邨　编 者

第9卷　第7期
1925年2月13日发行

苏格兰人之奏乐者（封面彩照）
春（画）　J.B.Corot 作

北京城外之运粮骆驼（照片）
田炳章摄

克鲁伊洛夫寓言（四续）
唐小圃转译
镜与猿
狼与狐
乌鸦与狐
狐与野鼠
狐
一个指印　程小青
纸梯（家庭游戏，附图）　寒　玉
破术　〔英〕亨利著　林琴南译
秘密博士（七）（附插图四幅）
Clement Fezandie 著　敏芝译
世界小话（一）（补白）　寒　玉
到虞山去　赵吟秋
剪发（笑话）（补白）　云　根
弱岁投荒录（六续）（附插图五幅）
〔美〕E.R.Burroughs 著　天游译
征文揭晓
第九号：断雁
第一〇号：纳凉人语

怀疑的信仰　俞慕古
苏格兰——苏格兰人生活的一斑
（附插图一〇幅）秦亚光译述
一种装窗布的法子（家庭常识，附图）
榕　客
明天再买（笑话）（补白）　云　根
英伦缢尸记（七）
〔法〕苏霏德霭南同著　冯六译
编者与读者
编辑琐话
通讯（致胡景溪、王天可、钱懿明、许云樵、经昌濂、汪启孝、田悼之、肖爽、吴景岳、郭德浩、余贤俊、杨不平）
编　者
交换
致编者　吕山吾
复吕山吾　编　者

第 9 卷　第 8 期
1925 年 2 月 20 日发行

阿尔及利亚之好以珠玉装之卡拜尔民族（封面画）
人之初（彩照三幅）
兰亭（照片）　陈于德摄
鹅池（照片）　陈于德摄

疯人院中　劲　风
世界小话（二）（补白）　寒　玉

克鲁伊洛夫寓言（五续）
唐小圃转译
狮子与狐
狐与葡萄
狮子与狐和羚羊
慈善的狐
纯飞馆笔记（三八）　徐仲可

伪币　〔英〕亨利著　林琴南译
世界小话（三）（补白）　寒　玉
啮脐　蒋用宏
枕戈楼漫画（六）（补白）　莳竹农
换置脑袋
秘密博士（八）（附插图四幅）
Clement Fezardie 著　敏　芝译
世界小话（三）（补白）　寒　玉
征文揭晓
第一一号：大家庭——小家族
第一二号：疯软

世界小话（四）（补白）　寒　玉
阿尔及利亚（附插图一四幅）
秦亚光译述
世界小话（五）（补白）　寒　玉
简便电气温燰器（科学应用，附图）
双　木
可怜的雅各！
Alphonse Daudet 著　吴韵清译
醒睡法（谐语）（补白）　渊
死光（附插图三幅）
Russ Simonton 著　阿　弥译
弱岁投荒录（七续）（附插图六幅）
〔美〕E.R.Burroughs 著　天　游译
编者与读者
编辑琐记　编　者
通讯（致黄亚中、许厚基、唐崇基、朱缫夷）
编　者
交换
致编者　凌露深
复凌露深　编　者
致编者　徐善诚
复徐善诚　编　者

第 9 卷　第 9 期

1925 年 2 月 27 日发行

塞尔维亚人之时装（封面画）
黄昏（画）
北京三大宫殿（照片）　田炳章摄

克鲁伊洛夫寓言（六续）
唐小圃转译
巴勃孛斯与爵加
下山的列车
猛鱼与猫
象牙荷花
〔英〕亨利原著　林琴南译
秘密博士（九）（附插图五幅）
Clement Fezandie 著　敏芝译
塞尔维亚——塞尔布人的民族生活（附照片六幅）　秦亚光译述
征文揭晓
第一三号：最终的目的
第一四号：失去的天使

人格　俞慕古
腰圆式的像片
〔美〕爱伦波著　子　长译
七点三分钟

Fredenik C.Dars 著　仲陶译
爱之限制　张碧梧
捕虫灯（家庭常识，附图）　小　溪
弱岁投荒录（八续）（附插图五幅）
〔美〕E.R.Burroughs 著　天游译

第 9 卷　第 10 期
1925 年 3 月 6 日发行

亚利桑那之技工（封面画）
仕女（画）　费晓楼画
小学生（画）　Drouais 作

疯了　西　神
世界小话（六）（补白）　寒　玉
克鲁伊洛夫寓言（七续）
唐小圃转译
白头翁
蛙与牛
海燕
鹅群
金矿股票
〔英〕亨利原著　林琴南译
秘密博士（一〇）（附插图四幅）
Clement Fezandie 著　敏　芝译
盗贼与文学家
〔法〕Champfoyt 著　吴韵清译
道尔敦制（笑话）（补白）
云　根

征文揭晓

第一五号：今后的我
第一六号：摸锅

美利坚略说（附照片六幅）
陈寒玉
玻璃上刻花纹的方法（科学常识）
森　林
对照的梦　茗　狂
世界小话（七）（补白）　寒　玉
英伦缢尸记（八）
〔法〕苏霏德霭南同著　冯六译

第 9 卷　第 11 期
1925 年 3 月 13 日发行

罗马尼亚农家少女艳丽之服饰（封面彩画）
榨乳妇（画）　J.B.Greuge 作
泰山圣母庙（照片）　庄溪荪摄

克鲁伊洛夫寓言（八续）
唐小圃转译
大炮与船帆
狗与马
瀑布与泉水
树
蚂蚁
绑票　〔英〕亨利原著　林南琴译
一个伦理问题（附插图一幅）
程子青译
秋窗賸笔（九）　西　云
红巾余闻

长寿新法（笑话）（补白） 胡寄尘
征文揭晓
第一七号：小亭夫人
第一八号：母的
第一九号：不幸之幸

买卖式的婚姻（附插图五幅）
Emma Lindsay Squier 著
唐仲陶译
罗马尼亚（附照片八幅） 陈寒玉
世界之最（补白） 爱　博
铜铁上的雕刻（科学常识）
文　琳
英伦缢尸记（九）
〔法〕苏菲德霭南同著　冯　六译
编者与读者
编辑琐话 编　者
交换
致编者 黄婪狂

第9卷　第12期
1925年3月20日发行

苏人之领袖与其妻（封面彩画）
老驴（画） Jock.B.Gedts 作
绍兴东湖景（照片二幅）

克鲁伊洛夫寓言（九续）
唐小圃转译
樫树与芦苇
鹛与鼹鼠
狮子与老鼠
访员　〔英〕亨利著　林琴南译
从军梦（附插图三幅） u·B
征文揭晓
第二〇号：一个青年的失败
第二一号：一个时髦的江湖客
第二二号：另一世界

生死 俞慕古
美国城市生活之一斑（附插图八幅）
陈寒玉
月夜　毛伯桑著　徐澹仙译
世界小话（八）（补白） 寒　玉
焊接简法（日用常识）（附图）
林　三
英伦缢尸记（一〇）
〔法〕苏菲德霭南同著　冯　六译

第9卷　第13期
1925年3月27日发行

斐律宾之少女（封面彩画）
少年之丐（画）
万寿山大戏台（照片） 王海林摄

克鲁伊洛夫寓言（一〇续）
唐小圃转译
鹛与蜜蜂
食物之分配
狮子与狼
猫与黄莺

狮子与蚊子
一家五千 〔英〕亨利著 林琴南译
唐棣之华 蒋用宏
中西格言之类似（二）（补白）
贯 一

征文揭晓

第二三号：无聊的生命图
第二四号：旧影重映
第二五号：应征者

斐律宾群岛一瞥（附插图八幅）
寒 香
我是谁？ 茗 狂
密窟埋金记（附插图三幅）
Robert C.Parker 著 望骞译
枕戈楼漫话（七）（补白） 蒋竹农
夏瘦与铁分
简便幻灯（日用小智识）（附图）
小 溪
一串葡萄〔法〕法朗士著 T·K 译
英伦缢尸记（一一）
〔法〕苏菲德霭南同著 冯 六译

第 10 卷 第 1 期
1925 年 4 月 3 日发行

西班牙之美人（封面画）
雨后（彩画）
朝鲜市街风景（照片二幅）
王海林摄
乡党之光 求幸福斋主
克鲁伊洛夫寓言（一一续）
唐小圃转译
黄鼠狼与老鼠
行路的人与狗
螽斯与蚂蚁
狗的交谊
世界小话（九）（补白） 寒 玉
世界瞭望塔（附插图五幅）
户内足球
女子游泳的成绩 隐 滨
铣线教育聋童 隐 滨
世界最小之照相机 唐希贤
世界最小之字典 唐希贤
红梨记亭会·桂枝香（歌曲）
唐燮如
旅社度年记 胡寄尘
鸡粪医懒（世界笑话，附图）（补白）
胡寄尘
西班牙略说（附照片五幅）
寒 香
自来墨水笔 陈寒玉
秘密博士（一一）（附插图六幅）
Clement Fezandie 著敏芝译
钥匙孔（笑话）（补白） 李济明
我的手 涵 秋遗稿
小扬州 吴 山
在帮打哥尼
〔法〕Henry de La Vaulx 著
吴韵清译
小犬（笑话，附图）（补白） 渊
二十年后 茗 狂

征文揭晓

第二六号：自由

第二七号：泪

第二八号：生还

母亲教的（笑话） 李济明

洗除衣服上的油迹（家庭常识） 小　溪

支票 程小青

作弊难（世界笑话，附图）（补白） 胡寄尘

弱岁投荒录（一〇续）

E.R.Burroughs 著　天游译

非人生之一幕（短剧） 汪剑余

离合记

世界小话（一〇）（补白） 寒　玉

九五折 劲　风

英伦缢尸记（一二）

〔法〕苏菲德霭南同著　冯六译

编者与读者

编辑琐话 编　者

第 10 卷　第 2 期

1925 年 4 月 10 日发行

挪威农家之美女（封面彩画）

池鹅（画）

苏洲沧浪亭（照片） 王宗贤摄

虎帐莺声 西　神

克鲁伊洛夫寓言（一二续）

唐小圃转译

蝶米央请客

两个木桶

特别西喀的外套

说谎的人

秘密博士（一二）（附插图六幅）

Clement Frezandie 著　敏芝译

世界寓言（六）（补白） 胡寄尘

乡人种甘蔗

琵琶记·赏荷·懒画眉（歌曲） 唐燮如

行伍生涯 羽　白

弱岁投荒录（一一续）

〔美〕E.R.Burroughs 著　天游译

征文揭晓

第二九号：机器面

第三〇号：傭妇

暮景 俞慕古

读《嫁后的悲哀》后（补白） 懦弱的嫁后女子

挪威略说（附插图九幅） 寒　香

改造电池（科学常识） 古　田

笔 严芙孙

两个美玉 闻诚译

英伦缢尸记（一三）

〔法〕苏霏德霭南同著　冯六译

第 10 卷　第 3 期

1925 年 4 月 17 日发行

日本之僧人（封面彩画）

静物写生（彩画） 林履彬作
宁波镇口（照片） 王海林摄
上海江湾魁星阁（照片）
罗文锦摄

克鲁伊洛夫寓言（一三续）
唐小圃转译
好奇者
猫与厨役
三个车夫
被盗的农人
分配利益
寒花晚节 指严遗稿
阿宝的脚 陈寒玉
秘密博士（一三）（附插图六幅）
Clement Frezandie 著 敏 芝译
世界瞭望塔（附插图五幅）
世界最小之飞机 隐 滨
马乘飞机 隐 滨
旧报纸造成的房屋
黑暗之域
二千张照片制成的咸海图
弱岁投荒录（一二续）（附插图四幅）
〔美〕E.R.Burroughs 著 天 游译
女主人的打算（世界笑话）（补白）
胡寄尘
牡丹亭·学堂·一江风（歌曲）
唐燮如
征文揭晓
第三一号：惨
第三二号：少女之心
日本略说（附插图一二幅）
寒玉 国衡
随侯斋丛谈（一）（补白） 诸鹏飞
吴门四才子
肥博士 严芙孙
诗谜考源 胡寄尘
英伦缢尸记（一四）
〔法〕苏霏德霭南同著 冯 六译
编者与读者
编辑琐话 编 者
通讯（致莼楼、王继沧、封定、陆江亭） 编 者

第 10 卷 第 4 期

1925 年 4 月 24 日发行

阿克拉之美人（封面彩画）
俯视（画） 涧 苹
香港风景（照片二幅）

克鲁伊洛夫寓言（一四续）
唐小圃转译
白鸟猛鱼与龙虾
四部合奏
象与小狗
松鼠与白头鸟
手箱
能吏 烟 桥
秘密博士（一四）（附插图六幅）
Clement Frezandie 著 敏 芝译
世界寓言（七）（附图）（补白）

尘　梦
为小失大
西厢记·上京·步步娇（歌曲）
唐燮如

征文揭晓

第三三号：金钱万能
第三四号：死灰
鸡公山见闻录　卢愿三
世界寓言（八）（补白）　尘　梦
自己刺瞎眼睛（附图）
非洲杂述（附照片九幅）　陈国衡
弱岁投荒录（一三续）（附插图六幅）
〔美〕E.R.Burroughs著　天　游译
一封旧书　昭　斯
世界寓言（九）（补白）　尘　梦
怕强欺弱
意外之祸　澹溪女士
毒马案（怪叟侦探谈第一集）
〔法〕J.Joseph—Renaud著
吴　山译
松龕笔记（补白）　王实明
奇对
编者与读者
编辑琐话　编　者
冯六启事　冯　六

第10卷　第5期

1925年5月1日发行

突尼斯人之母与子（封面彩画）
无锡天下第二泉（照片二幅）
周雨青摄
无锡惠泉山鱼池（照片）
周雨青摄
克鲁伊洛夫寓言（一五续）
唐小圃转译
雨云
金钱
贵人
松鼠
乡农与仆人
两个小学生
跛　陈寒玉
毗陵古迹志疑（补白）　济　芸
恩物　烟　桥
秘密博士（一五）（附插图六幅）
Clement Frezandie著　敏　芝译
世界小话（一一）（补白）　寒　玉
突尼斯略说（附插图九幅）
仲　和国　衡

征文揭晓

第三五号：黄鸟的呼声
第三六号：忏悔

撍蒱之妻（怪叟侦探谈第四案）
〔法〕J.Joseph—Renaud著
吴　山译
兄弟　丁仲欧
平地青云
Agatha Murray著　瞻　昊译
世界瞭望塔（附插图七幅）

虚空可怖之大孽火　寒　玉
英国海军之壮观　寒　玉
美国航空母舰劳葛来号之雄姿　陈寒玉
环游全球之飞机　隐　滨
弱岁投荒记（一四续）（附插图五幅）
〔美〕E.R.Burroughs 著　天　游译
西方笑话汇录（附图）　胡文炜

第 10 卷　第 6 期
1925 年 5 月 8 日发行

埃及之卖水者（封面画）
将去之春（彩画）　涧　苹画
湖山一角
万寿山长廊

克鲁伊洛夫寓言（一六续）　唐小圃转译
磨面翁
狩猎的小兔
乡农与蛇
金翅雀与鸽子
杜鹃与鸡
杜鹃与鸽子
元告者　一　郎
世界小话（一二）（补白）　寒　玉
佣媪　禹　钟
秘密博士（一六）（附插图五幅）
Clement Frezandie 著　敏　芝译
容斋笔记（一）（补白）　容　斋

松花江白鱼
征文揭晓
第三七号：失踪
第三八号：故乡
深林残皆（怪叟侦探谈第五案）
〔法〕J.Joseph—Renaud 著　吴山译
世界寓言（一〇）（补白）　尘　梦
痴汉守门（附图）
埃及略说之二（附照片六幅）　陈国衡
世界小话（一三）（补白）　寒　玉
变　君　达
三方面　严芙孙
弱岁投荒录（一五续）（附插图四幅）
〔美〕E.R.Burroughs 著　天　游译

第 10 卷　第 7 期
1925 年 4 月 15 日发行

萨摩亚之战士（封面画）
静物写生
林中之鹿（画）
北戴河风景之一（照片）　王海林摄

克鲁伊洛夫寓言（一七续）　唐小圃转译
池与河
鱼之舞蹈
柳条鱼
蛙王

弱点　烟　桥
自杀　西巫瘦铁
秘密博士（一七）（附插图六幅）
Clement Frezandie 著　敏　芝译
枕戈楼漫话（六）　莳竹农
比利时人情的一斑
萨摩亚略说（附照片七幅）
国　衡　德　渊
续《南洋见闻志奇》之后　鲁左山
容斋笔记（二）（补白）　容　斋
无题
黑钻石（怪叟侦探谈第一八案）
〔法〕J.Joseph—Renaud 著
吴　山译
诗丐二则（松盦笔记）（补白）
王实明
大题小做（二）　劲　风
卖国求荣（第二回）
世界寓言（一一）（补白）　尘　梦
空快乐
弱岁投荒录（一六续）（附插图七幅）
〔美〕E.R.Burroughs 著
天　游译
世界笑话（附图）（补白）　胡寄尘

第 10 卷　第 8 期
1925 年 5 月 22 日发行

在巴勒士敦之犹太人（封面彩画）
静物写生
胡伯宽先生肖像（照片，附介绍）
克鲁伊洛夫寓言（一八续）
唐小圃转译
鸽子旅行
贪心人与母鸡
鸡与真珠
迟了　烟　桥
世界寓言（一二）（补白）　尘　梦
枉怪他人（附图）
无辜之罪人（剧本）　汪剑余
雨夜怪客（怪叟侦探谈第六案）
〔法〕J.Joseph—Renaud 著
吴　山译
世界寓言（一三）（补白）
尘　梦
老妇捉熊（附图）
巴勒士敦（附照片七幅）
寒　玉　国　衡
枕戈楼漫话（七）
拉的阿无线电的将来　莳竹农
秘密博士（一八）（附插图四幅）
Clement Frezandie 著　敏　芝译
世界寓言（一四）（补白）　尘　梦
术士杀子（附图）
摧残　胡伯宽
造梦院与梦院　严芙孙
那是什么（笑话）（补白）
李济明
弱岁投荒录（一七续）（附插图六幅）
〔美〕E.R.Burroughs 著　天　游译
世界寓言（一五）（补白）　尘　梦
自抛家产（附图）

第10卷　第9期

1925年5月29日发行

荷兰之美人（封面彩画）

天津市街风景之一（照片）　　王海林摄

新妆（画）　　冯　六画

剪发　　劲　风

克鲁伊洛夫寓言（一九续）　　唐小圃转译

乌鸦与鸡

狐建筑家

老鼠会议

预言者

归田三日记　　李澹村

西方笑话汇录（二）（附图）（补白）　　胡文炜

秘密博士（一九）（附插图四幅）

Clement Frezandie 著　敏　芝译

《孟子》书中之小说　　严雅惠

左手字（怪叟侦探谈第七案）

〔法〕J.Joseph—Renaud 著　吴　山译

滑稽裁缝（世界笑话，附图）（补白）　　胡寄尘

枕戈楼漫话（八）　　莳竹农

渴睡病

荷兰（附照片六幅）　　国　衡　寒　玉

盗作之合　　闻　诚

西方笑话汇录（三）（附图）（补白）　　胡文炜

弱岁投荒录（一八续）（附插图五幅）

〔美〕E.R.Burroughs 著　天游译

第10卷　第10期

1925年6月5日发行

德意志山林处女礼拜日之服饰（封面画）

静物写生

无锡惠泉山下之御碑亭（照片）　　周雨青摄

无锡芙蓉湖中之小金山（照片）　　周雨青摄

盒子炮　　求幸福斋主

克鲁伊洛夫寓言（二〇续）　　唐小圃转译

兽疫

小溪

人生之谜　　礼　恪

秘密博士（二〇）（附插图四幅）

Clement Frezandie 著　敏　芝译

容斋笔记（三）　　容　斋

沈阳岁事

一个痕迹　　程小青

西方笑话汇录（附图）（补白）　　胡文炜

欢送的牌楼（写实小说）　无　咎

海港航线图（怪叟侦探谈第一九案）

〔法〕J.Joseph—Renaud 著
吴　山译
世界寓言（一六）（补白）尘　梦
二子分财（附图）
谁无子女　张碧梧
那一家邮局（笑话）（补白）
快车（笑话）（补白）
弱岁投荒录（一九续）（附插图五幅）
〔美〕E.R.Burroughs 著　天游译

第 10 卷　第 11 期

1925 年 6 月 12 日发行

东阿非利加之情人歌舞状（封面彩画）
凝笑（画）
顾涧苹君肖像（照片）
（缺题）（悬赏征题）　劲　风
容斋笔记（四）　容　斋
鹿胎牛黄（补白）
克鲁伊洛夫寓言（二一续）
唐小圃转译
小乌鸦
音乐家
草花
森林与火
秘密博士（二一）（附插图四幅）
Clement Frezandie 著　敏　芝译
徭役　禹　钟
外国票子（世界笑话，附图）（补白）
胡寄尘

偷波罗蜜
〔法〕Andre' Theuriet 著
吴韵清译
蓝大善士　严芙孙
河干艳尸（怪叟侦探谈第一一案）
〔法〕J.Joseph—Renaud 著
吴　山译
容斋笔记（五）　容　斋
貂橼
春鸟
〔日〕国木田独步著　唐小圃译
容斋笔记（六）
赴日携带烟草砂糖之制限
容　斋
弱岁投荒录（二〇续）（附插图六幅）
〔美〕E.R.Burroughs 著　天　游译
西方笑话汇录（附图）（补白）
胡文炜

第 10 卷　第 12 期

1925 年 6 月 19 日发行

日本之富士山（封面彩画）
湖光（彩画）　涧　苹画
万里长城（照片）　田炳章摄

克鲁伊洛夫寓言（二二续）
唐小圃转译
多妻者
木桶
裸体跳舞　杨小仲

秘密博士（二二）（附插图四幅）
Clement Frezandie 著　敏　芝译
容斋笔记（七）
沈阳之八门八关　容　斋
冰儿　胡寄尘
十点钟（附插图三幅）
Goodwin Sands 著　宝　康译
西方笑话汇录（附图）（补白）
胡文炜
忧乐　俞慕古
夜马车（怪叟侦探谈第一二案）
〔法〕J.Joseph—Renaud 著
吴　山译
容斋笔记（八）（补白）　容　斋
科甲
富贼　尹芙孙
世界寓言（一七）（补白）　尘　梦
小儿杀龟（附图）
容斋迻译（一）
铁路大王活动的家
日本《铁道新闻》文　容　斋译
弱岁投荒录（二一续）（附插图七幅）
〔美〕E.R.Burroughs 著　天　游译

第 10 卷　第 13 期

1925 年 6 月 26 日发行

意大利乡村中之美女（封面彩画）
无锡公园（照片二幅）　周雨青摄
矛有罪　指严遗稿
世界寓言（一八）（补白）　尘　梦
穷人拾金（附图）
克鲁伊洛夫寓言（二三续）
唐小圃转译
商人与老鼠
狼父子
母鹿与修行人
狗
风筝
驴
秘密博士（二三）（附插图六幅）
Clement Frezandie 著　敏　芝译
慈爱之障　禹　钟
学问（西方笑话）（补白）　李济明
猩猩复仇记（附插图四幅）
Courtney Ryley Cooper 著
洛　翁译
牢笼之人生　俞慕古
中西格言之类似（三）（补白）
贯　一
容斋笔记（一九）　容　斋
沈阳八景
自误（附插图二幅）
J.D.Makgill And E.Winch 著
宝　康译
世界寓言（一九）（补白）　尘　梦
捉雄驴取乳（附图）
弱岁投荒录（二二续）（附插图五幅）
〔美〕E.R.Burroughs 著　天　游译
西方笑话汇录（附图）（补白）
胡文炜

第 11 卷　第 1 期
爱国运动纪念专刊
1925 年 7 月 3 日发行

爱国世界　天　笑
祝先我而去者（诗，附插图）（补白）　寒　玉
爱儿　程小青
两兄弟　胡寄尘
“五卅事件”之经过　寒玉辑
一页新史　劲　风
知更会歌（有序）　唐小圃
最后的安慰（独幕剧）　陈寒玉
光荣的牺牲（诗，附图）（补白）　济　芸
踯躅故国之侧　蒋用宏
自由之花（诗）（补白）　寒　玉
不痴不聋　烟　桥
疯谣（歌谣）（补白）
懦怯者　禹　钟
X（未来小说）　卓　呆
痛言（俾斯麦语录）（补白）
五月辍舞记　红　蕉
鸿毛（诗）　蒋用宏
惨怖之日　吴　山
世界亡国表（补白）
泪花血果　顾明道
呐喊（诗，附图）（补白）　寒　玉
烈士之墓　学　莹
血的教训（诗）　陈寒玉
哭弟虞钦　陈锦煌
大题小做（三）　劲　风
　强权？公理？（第三回）
血衣　张碧梧
我愿（诗，附图）（补白）　寒　玉
中国最近国耻小记
编者与读者
　（“五·卅”）流血纪念，永矢
　无忘　编　者
我们的国旗　叶劲风

第 11 卷　第 2 期
1925 年 7 月 10 日发行

中国庄严宏伟之寺宇（封面彩画）
暹逻佛统埠之古刹（照片）
　殷齐常摄
暹逻人对奕图　殷齐常摄

消暑杂话　西　神
世界寓言（二〇）（补白）　尘　梦
　病人食雉（附图）
伊资迈洛夫寓言　唐小圃转译
　象与狗
　猫与鼠
　虾父虾子
心上的痕迹　杨小仲
世界寓言（二一）（补白）
　容易发怒（附图）　尘　梦
秘密博士（二四）（附插图六幅）
　Clement Frezandie 著　敏　芝译
西方笑话汇录（附图）（补白）

胡文炜
征文名次揭晓　编　者
茶楼一瞥　胡寄尘
童年事迹之搜括　左　山
容斋笔记（一〇）　容　斋
　虎骨熊油
花瑰世界（怪叟侦探谈第二〇案）
〔法〕J.Joseph—Renaud 著
吴　山译
心狱（附插图四幅）
Octavus Roy Cohen 著　宝　康译
世界笑话（附图）（补白）　胡寄尘
弱岁投荒录（三三续）（附插图六幅）
〔美〕E.R.Burroughs 著　天游译

第 11 卷　第 3 期
1925 年 7 月 17 日发行

印度乌浦尔人之马戏（封面彩画）
广州城下六榕寺之塔（照片）
严子宽摄
六榕寺塔下一瞥（照片）　严子宽摄
济南西门外之小青河　夏东生摄
斗诗小记　胡寄尘
伊资迈洛夫寓言（续一）
唐小圃转译
　农人与云
　地窖里的猫
　教师和农夫
尘世　寒　玉
老友　烟　桥
秘密博士（二五）（附插图五幅）
Clement Frezandie 著　敏芝译
世界瞭望塔（附照片四幅）
　铜制的小救火车
　三轮救火车　隐　滨
　母子飞机　隐　滨
　简易之家庭新浴器　隐　滨
舟中　俞慕古
窗中怪影（附插图六幅）
Frederick C.Davis 著　仲陶译
世界寓言（二二）（补白）尘　梦
　秃子求医（附图）
容斋笔记（一一）　容　斋
　人葠
世界寓言（二三）　胡寄尘
　痴人学鸳鸯鸣（附图）
弱岁投荒录（二四续）（附插图六幅）
〔美〕E.R.Burroughs 著　天　游译
世界寓言（二四）（补白）　尘　梦
　空口说话（附图）

第 11 卷　第 4 期
1925 年 7 月 24 日发行

布丹国佛教教主（封面彩画，内附介绍文）
华不注山（照片）　夏东生摄
黄台桥（照片）　夏东生摄
车中一瞥　胡寄尘

伊资迈洛夫寓言（续二）
唐小圃转译
痴傻的希拉都喀
女朋友
登徒子（短剧） 汪剑余
中国格言之类似（四）（补白）
贯　一
秘密博士（二六）（附插图六幅）
Clement Frezandie 著　敏　芝译
容斋笔记（一二） 容　斋
日韩侨民族居东省确实数目
圈套 程小青
欧战实地侦探录（一）
〔美〕Major C.E.Russell 著
九高译
漱霞盦笔记（三）（补白） 济　芸
十六离宫
纯飞馆笔记（三九） 徐仲可
枫江笔记
清名画家轶事（一三） 金枫江
屋形飞机（附插图三幅）
Clelland J.Ball 著　罗　楞译
枕戈楼漫话（八） 莳竹农
医药的相互作用
弱岁投荒录（二五续）（附插图七幅）
〔美〕E.R.Rurronghs 著　天　游译

第 11 卷　第 5 期
1925 年 7 月 31 日发行

希腊富室之美人（封面彩画，内附介绍文）
湖州山景（照片）
福建泉州筍江桥（照片）
周志兴摄
小说的读法 尘　梦
海木尼节鲁寓言（一）
唐小圃转译
时辰表的指针
魔鬼
狼与狗
纯飞馆笔记（四〇） 徐仲可
母亲何以不嫁（笑话，附图）（补白）
刘剑侯
青春之歌 红　蕉
选举会 禹　钟
四狗八鼈（世界笑话，附图）（补白）
胡寄尘
夜误（五幕剧，第一幕）
顾仲彝译
秘密博士（二七）（附图六幅）
Clement Frezandie 著　敏芝译
西方笑话汇录（附图）（补白）
胡文炜
猪毛人石 钱起八
世界瞭望塔（附插图一四幅）
起重机 隐　滨
架空卸货车
世界上古怪的桥
热带之幼虫
古城得宝录（卷上，一）（附插图五幅） 天　游译

第11卷　第6期
1925年8月7日发行

葡萄牙富女之装束（封面彩色照，内附介绍文）
碧浪湖（照片）　周志兴摄
荻塘（照片）　周志兴摄
唉，如意！　一　翁
体育场一瞥　胡寄尘
海木尼节鲁寓言（二）　唐小圃转译
哲学家
黄莺与乌鸦
被缚的狗
秘密博士（二八）（附插图六幅）
Clement Frezandie 著　敏　芝译
夜误（五幕剧，第二幕）　顾仲彝译
这个我不知道（笑话，附图）（补白）　寄　尘
欧战实地侦探录（一续）
Major C.E.Rusell 著　静　波译
容斋迻译（二）　容　斋译
家鸡之起源（日本《动物界》文）
世界寓言（二五）（补白）　尘　梦
痴人挑眼（附图）
古城得宝录（卷上，二）（附插图四幅）　天　游译
西方笑话汇录（附图）（补白）　胡文炜

第11卷　第7期
1925年8月14日发行

加拿大古时之大盗装束（封面彩照，内附介绍文）
上海闸北村景（照片）　林履彬摄
福州西湖飞虹桥（照片）　陈振明摄
陷阱　求幸福斋主
海木尼节鲁寓言（三）　唐小圃转译
莺与金翅雀
蠕虫
二邻人
老人与死神
恩惠　范烟桥
车遁记（一至二）　无　聊译
秘密博士（二九）（附插图六幅）
Clement Frezandie 著　敏　芝译
翻案录　尘　梦
欧战实地侦探录（二续）
〔美〕Major C.E.Rusell 著　静　波译
漱霞盦笔记（四）　济　芸
东坡洗砚池（补白）
夜误（五幕剧，第三幕）　顾仲彝译
古城得宝录（卷上，三）（附插图六幅）　天　游译

第11卷　第8期
1925年8月21日发行

法兰西亚尔萨斯之美人（封面，彩色画）
华山之紫气台（照片）　周雨青摄
华山之飞雨岭（照片）　周雨青摄

儿子的命运　胡寄尘
电影界之大发明（补白）　唐希贤
古今事比　尘　梦
反光望远镜（附插图四幅）
Charles C.Winn 著　小　波译
白雪红泪　蒋用宏
捧腹谈（一二）（补白）　忆秋生
电灯
秘密博士（三〇）（附插图六幅）
Clement Frezandie 著　敏　芝译
西方笑话汇录（附图）（补白）
胡文炜
西方民族在结婚上的迷信
谢颂羔、米星如译
车遁记（三）　无　聊译
夜误（五幕剧，第四幕）
顾仲彝译
西方释梦录（二三）　蒋春木
游梁溪梅园记　金培真
纯飞馆笔记（四一）　徐仲可*

* 原刊“目录”署“徐仲可”，正文署“仲可”。

平民（附插图三幅）　禹　钟
春闺花月词（回文诗）（一七）
曹蕴灵
夜深闻瑟奏湘灵
人归待夜虚衾枕
古城得宝录（卷上，四）（附插图四幅）　天　游译
西方笑话汇录（附图）（补白）
胡文炜

第11卷　第9期
1925年8月28日发行

安南王昔日之威仪（封面，彩画）
华山上之日月岩（照片）
周雨青摄
华山上之斧劈石（照片）
周雨青摄

何处?　西　神
施与　George Moore 著　忆秋生译
世界谈屑（一）（补白）　剑影女士
情奔　陈寒玉
春郊小品（一）　蒋用宜
芳郇唱晚
夜误（五幕剧，第五幕）
顾仲彝译
秘密博士（三一）（附插图六幅）
Clement Frezandie 著　敏　芝译
发财……麦柴（笑话）（补白）
唐希贤

折花小语　含　源
随侯斋丛谈（二）（补白）　诸鹏飞
　买东西
西方释梦录（二四）　蒋春木
睡眠教授（附插图三幅）　Nellie E.Gardner 著　慕石译
无有什么（笑话）（补白）　李　冰
应接室（独幕剧）　烟　桥
古城得宝录（卷上，五）（附插图七幅）　天　游译
西方笑话汇录（附图）（补白）　胡文炜

第 11 卷　第 10 期
1925 年 9 月 4 日发行

法兰西诺尔曼民族之花（封面，彩照）
华山上果亲王之墨迹（石）（照片）　周雨青摄
华山上之莲花洞（照片）　周雨青摄

舟上　小　圃
世界寓言（二六）（补白）　胡寄尘
　水中金影（附图）
别后　月　侣
欧战实地侦探录（三续）　〔美〕Major.C.E.Rusell 著　静　波译
纯飞馆笔记（四二）　徐仲可
春郊小品（二）　蒋用宜
　白头一梦
菊园（诗剧）　汪剑余
世界谈屑（二）（补白）　剑　影
秘密金矿（附插图三幅）　绿　玉
西方笑话汇录（附图，补白）　胡文炜
哭　Sam Hellman 著　V　C 译
黄白的爱情　谢颂羔　米星如
图厂联话（一）　张缓图
古城得宝录（卷上，六）（附插图七幅）　天　游译

第 11 卷　第 11 期
1925 年 9 月 11 日发行

匈牙利农人新婚时之艳装（封面彩照）
华山上之圣母祠（照片）　周雨青摄
华山上之苍龙岭（照片）　周雨青摄

雪夜　M.R.Rinehart 著　忆秋生译
月蚀之夜　陈寒玉
欧战实地侦探录（四续）　〔美〕Major.C.E.Rusell 著　何隅译
病（小小说）（补白）　周寿农
紫檀桌子　吴　山
行军夜过红石磊（诗）（补白）　胡伯宽

一纸万金
George Dilnot 著　张碧梧译
图厂联话（二）　张缓图
桃花源（三幕短剧）　汪剑余
谚语考（一）　余康龄
画像记　六　桥
清洁的水（家庭常识，附图）
青　岩
政客的面孔　贡少芹
古城得宝录（卷上，七）（附插图七幅）　天　游译
世界谈屑（三）（补白）　剑　影

第 11 卷　第 12 期
1925 年 9 月 18 日发行

利支敦士登农家之少女（封面彩照）
华山上之南天门（照片）
周雨青摄
华山上之老君炼丹炉（照片）
周雨青摄

黄金之林（上）　唐小圃
纯飞馆笔记（四三）　徐仲可
图厂联话（三）　张缓图
疲于奔命　烟　桥
蓝钻石（森迪克探案之一）
〔美〕弗里门著　程小青译
随偀斋丛谈（三）（补白）　诸鹏飞
贴福字
娥皇女英（短剧）　汪剑余
欧战实地侦探录（五续）
〔美〕Major.C.E.Rusell 著
向　隅译
中国格言之类似（五）（补白）
贯　一
迟到的孩子　王省斋
谚语考（二）　余康龄
漂流的烟盒
Douglas Newton 著　张碧梧译
子房山下　廖国芳
古城得宝录（卷上，八）（附插图四幅）　天游译
喷水器（家庭常识，附图）
文　山

第 11 卷　第 13 期
1925 年 9 月 25 日发行

印度孟加拉人祭日之主祭者（封面彩照）
淞江风景五幅
飚轮初逝　佩莹女士摄
绿荫密语　佩莹女士摄
春郊塔影　佩莹女士摄
黑桥老树　鸣时君摄
西城矮堞　鸣时君摄

编者与读者　编　者
编辑琐话
更正
黄金之林（下）　唐小圃

破胆录 胡丹冰
鬼窟鸳鸯 西 神译
世界谈屑（四）（补白） 剑影女士
谚语考（三） 余康龄
一元银币 学 莹
图奩琐话（一）（补白） 张缓图
　龟卜
　学使传题
欧战实地侦探录（六续）
　〔美〕Major.C.E.Rusell 著
　向 隅译
三度码头上 月 侣
变色的花（科学游戏，附图）
　静 闲
她是谁 紫 薇
堕落 范香谷
捧腹谈（一二）（补白） 秋
　生蛋
蓝钻石（续一）
　〔英〕弗里门著 程小青译
古城得宝录（卷上，九）（附插图七幅） 天 游译
世界谈屑（五）（补白） 剑 影

第 12 卷　第 1 期

（电影）特刊号

1925 年 10 月 2 日发行

爱沙尼亚新妇之装束（封面彩照）

银幕世界

图片（附说明）
　哥思妮之静婉
　罗伯阿纽，佩琪夏，马刊与答格拉士，加龚玲，诸大明星之肖像
　丽琳甘熙最近摄演 Romola 之一片《军阀末路》，《垃圾老人》，《塞中邮件》，《迷阵》，《暗中一吻》五大名片之一片
　新片《侠奴併虎》之六景
文字（附插图）
　影戏热（附影照四幅）
　唐仲陶译
　影海回忆录（附插图一幅）
　记 者

编者与读者
　编辑琐话 编 者
有声电影的研究（附插图五幅）
　冯 六
坠欧重拾（附插图五幅）
　Frances Harmer 著 笑仙译
世界谈屑（六）（补白） 剑 影
什么东西？ 劲 风
制片咀华 Harry Carr 著 祖 贤译
罗克对摄制笑片之自述（附插图一幅）
　Dorothy Donnell Calhoum 著
　笑 吾译
我所贡献于国产影片界的一些意见
　程小青
悲苦的试验（附插图五幅）

Dorothy Donnell 著　滴　翠译
影戏名星成功小史（附插图九幅）
Charles J.Mcguirk 著　其　源译
捧腹谈（一四）　忆秋生
无题
影戏名星对于爱情的意见（附照片九幅）　自　我
银幕滥觞小记　远　志
世界第一（补白）　剑　影
痴情的妄想（附插图四幅）
Margaret Barrett Brady 著　佛　痴译
世界谈屑（七）（补白）　剑　影
银幕上的幻术（附插图一九幅）　吴　山
各明星对于一九二五年所决定的新志向（附照片一二幅）　源　源
第一千万辆（补白）　唐希贤
贾克哥根赴欧散赈记（附插图二幅）
贾克哥根著　明　英译
意外姻缘（附插图四幅）
Gordon Malherbe Hillman 著　留　久译

第 12 卷　第 2 期
1925 年 10 月 9 日发行

亚美利亚噢其排之处女（封面彩照）
常熟静园风景（照片二幅）　李济明摄
常熟虞山风景（照片二幅）　李济明摄
黄毅先生墨迹（照片二幅）
编者与读者（编辑琐话）　寒　玉
贼学博士（上）　劲　风
蛟河立秋（诗）（补白）　胡伯宽
金斗宫晓望（诗）（补白）　胡伯宽
未嫁　春　野
画蝶妙法（补白）
早了　卓　呆
越做越不通（补白）　冼凤楼
莫等闲斋滑稽画　悲　天
离乡　拜轮作　学　敏译
吴樾（短剧）　汪剑余
我还能够自安吗（西方笑话）（补白）　霁　虹
夜哭　谢绿岑
心潮录　厉南溪
英伦缢尸记（一五）
〔法〕苏菲德霭南同著　冯　六译
那末性命吧（笑话）（补白）唐希贤
至死不悟　淡　仙
止雹笔记（三）（补白）
古城得宝录（卷上，一〇）（附插图四幅）　天　游译

第 12 卷　第 3 期
1925 年 10 月 16 日发行

荷兰印狄兹之女伶（封面彩照）
程小青先生肖像（照片）

浑城佛塔　夏东生摄
编者与读者（编辑琐话）　编　者
孝的买卖　张枕绿
西方笑话（补白）　霁　虹
评话家柳敬亭　烟　桥
唐人之滑稽诗　胡寄尘
古道　匡润之
捧腹谈（五）（补白）　秋
看戏的人
扒手　谢　仪译
捧腹谈（补白）　秋
八的一半
莫等闲斋滑稽画　悲　天
英伦缢尸记（一六）
〔法〕苏菲德霭南同著　冯　六译
西方笑话汇录（附图）（补白）
胡文炜
新式的恋爱　洪振周
心潮录　厉南溪
纯飞馆笔记（四四）　徐仲可
Good Night　三　星
牧场艳迹　欧亨利著　丝环译
世界第一（补白）　爱　博
谚语考（四）　余康龄
贼学博士（中）　劲　风
图龕漫话（二）（补白）　张缓图
名士之子
古城得宝录（卷上，一一）（附插图九幅）　天　游译
世界淡屑（八）（补白）　剑　影

第12卷　第4期
1925年10月23日发行

英吉利逸乐之女子（封面彩照）
明湖归棹（照片）　吴友声摄
嘉定学宫内魁星阁（照片）
吴益昌摄

银幕世界

图片
恼门汤媚之“怅望”
明星华雷锐、惟尔拉结、利玬满、吉求蒂，照片各一幅
卓别灵最近所摄 Chilkoot Pass 之一片
新片 Romda 影照四幅
影片导演、演员工余生活照片六幅
《赎罪》影照一幅
《虚荣之梦》影照一幅
《骑探英雄》影照一幅
《媚妇镜》影照一幅
文字
苦爱（附影照五幅）
唐仲陶译
编者与读者（编辑琐话）　寒　玉
运命论者
〔日〕国木田独步著　唐小圃译
负暄絮语（一）　王小隐
民间诗人续录　胡寄尘
止雹笔记（四）（补白）
樱花下　无　我

图奩琐话（三）（补白） 张缓图
铁索棺
忆兰馆联话 徐宝山
路过 学 莹
西方笑话（补白） 冯霁虹
英伦缢尸记（一七）
〔法〕苏霏德霭南同著 冯 六译
世界谈屑（九）（补白） 剑 影
圈戒 西巫瘦铁
谚语考（五） 余康龄
贼学博士（下） 劲 风
捧腹谈（一六）（补白） 秋
无题
破胆录 胡丹冰
古城得宝录（卷上，一二）（附插图三幅） 天 游译
隐语（补白） 渊 若

第 12 卷 第 5 期
1925 年 10 月 30 日发行

俄国拉多亚人美丽之装束（封面彩照）
直隶赵州大石桥（照片）
福建尊经阁（照片）

编者与读者（编者琐话） 寒 玉
运命论者
〔日〕国木田独步著 唐小圃译
附：译者后记
《庄子》、《史记》中之诗句 胡怀琛
投机家 茗 狂
姜桂题轶事（补白） 梅影盦主
国庆 陆律西
负暄絮语（二） 王小隐
生日 魂 影
我们何不送他一张图（笑话，附图）（补白） 刘剑侯
今非昔比（三幕短剧） 杨任桐
忆兰馆联话 徐宝山
小说作法之一得（小讲台） 劲 风
英伦缢尸记（一八）
〔法〕苏霏德霭南同著 冯 六译
世界未来之大建筑（补白） 唐希贤
谚语考（六） 余康龄
罪恶与惩罚
J.A.R.Gairns 著 清 尘译
捧腹谈（一七）（补白） 忆 秋
游泳
鉋花的用途（废物利用，附图） 鸥 子
古城得宝录（卷上，一三）（附插图五幅） 天 游译

第 12 卷 第 6 期
1925 年 11 月 6 日发行

英国威尔斯妇女之装束（封面彩照）
北京天安门之旁望（照片）
余康龄摄

仇十洲仕女真迹（一）（古画照片）
编者与读者（编辑琐话） 寒 玉
国庆日（二场十二幕短剧）
双 双
将来的人类 胡寄尘
祝枝山考 烟 桥
西方笑话（补白） 霁 虹
一怪客 陈信盦
英伦缢尸记（一九）
〔法〕苏霏德霭南同著 冯 六译
世界第一（补白） 剑 影
跛子福元 六 桥
捧腹谈（一八）（补白） 忆 秋
无题
侦探小说作法之一得（小讲台）
程小青
真假汇票
T.W.Wilkinson 著 清 尘译
负疚的心 陈寒玉
古城得宝录（卷上，一四）（附插图二幅） 天 游译
桦树林晚景（诗）（补白） 胡伯宽
漂河口晚眺（诗）（补白） 胡伯宽

第 12 卷 第 7 期
1925 年 11 月 13 日发行

英国威尔斯妇女之装束（封面彩照）
北京社稷坛之大殿（照片）
余康龄摄
仇十洲仕女真迹（二）（古画照片）
编者与读者（编辑琐话） 编 者
大同时代的国旗 唐小圃
姊之友 杨小仲
永不泯灭的印象（一） 寒 玉
一个汽球 学 莹
图盦琐话（四）（补白） 张缦图
孝孺有嗣
纯飞馆笔记（四五）
徐仲可
温梦记 西巫瘦铁
小说作法之一得（小讲台）
劲 风
英伦缢尸记（二〇）
〔法〕苏霏德霭南同著 冯六译
世界瞭望塔
跳豆奇闻 小 青
瞽者谁欤？ 魂 影
嫁像记 禹 钟
西方笑话（补白） 霁 虹
古城得宝录（卷下，一）（附插图六幅） 天 游译
止雹笔记（五）

第 12 卷 第 8 期
1925 年 11 月 20 日发行

印度妇人之舞蹈（封面彩照）
北京正阳门前之观音庙（照片）
余康龄摄
仇十洲仕女真迹（三）（古画照片）

编者与读者（编辑琐话） 编 者
上海人的人生问题 胡寄尘
负暄絮语（三） 王小隐
天台采药（三折剧，第一折）
汪剑余
止霍笑记（六）（补白）
谚语考（七） 余康龄
永不泯灭的印象（二） 寒 玉
西方笑话（补白） 冯霁虹
友谊与爱情 茗 狂
英伦缢尸记（二一）
［法］苏霏德霭南同著 冯 六译
一团和气的家庭（小小说）
鸠伊阿氏著 绩 荪译
沁香阁笔记（一一） 李涵秋遗稿
得奖 林振德
捧腹谈（一九）（补白） 秋
无题
谚语考（八） 余康龄
我之短篇小说经验谈 胡寄尘
心病 朱 戕
纯飞馆笔记（四六） 徐仲可
灯灭钱飞 A.B.Monroe 著 小 波译
忆兰馆联话 徐宝山
古城得宝录（卷下，二）（附插图七幅） 天 游译
纯飞馆笔记（四六） 徐仲可
灯灭钱飞
A.B.Monroe 著 小 波译
忆兰馆联话 徐宝山
古城得宝录（卷下，二）（附插图七幅） 天 游译
纯飞馆笔记（四六） 徐仲可

第 12 卷 第 9 期

1925 年 11 月 27 日发行

丹麦斯特勒麦斯岛之女子（封面彩照）
北京正阳门之内望（照片）
余康龄摄
仇十洲仕女真迹（三）（古画照片）

银幕世界

图片
柏蒂不利思之“情思”
明星却雷尔、约克、荷姆同、阿伦，照片各一幅
柏蒂白朗生之 Peter Pan 影照一幅
笑料影照三幅
文字
真情的报酬（附影照六幅）
丁宝康译
穷荒涉险记（附影照八幅）

编者与读者（编辑琐话） 编 者
亨利第五记 林琴南译
虫天室摭谈（一）（补白） 钱无咎
刘忠诚逸事
自然的儿子（诗） 胡寄尘
永不泯灭的印象（三） 寒 玉
捧腹谈（二〇）（补白） 忆 秋

无题
勇的问题 胡伯宽
英伦缢尸记（二二）
〔法〕苏霏德霭南同著 冯 六译
世界第一（补白） 剑 影
沁香阁笔记（一二） 李涵秋遗稿
王常轩
神卜
恋爱之谜 西巫瘦铁
好主顾（笑话）（补白） 王省斋
世界瞭望塔
美总统之拱卫 蕃 翁
小说作法之一得 禹 钟
伊人何处 李 瓖
天台采药（三折幕，第二折，第三折） 汪剑余
纯飞馆笔记（四八） 徐仲可
古城得宝录（卷下，三）（附插图四幅） 天 游译
骊珠录（补白） 张穆堂

第 12 卷 第 10 期

1925 年 12 月 4 日发行

英国人之劳工精神（封面彩照）
北京北海塔前古（树）干（照片） 余康龄摄
仇十洲仕女真迹（四）（古画照片）
在别墅中 陈寒玉
说海一勺 王无为
河干柳
亨利第五记（续） 林琴南译
虫天室摭谈（二）（补白）
钱无咎
洪秀全起事异闻
慈母之魂 郑醉玉
浮萍般底人生 齐 澧
快乐之途 怡 然
纯飞馆笔记（四九）（补白）
徐仲可
英伦缢尸记（二三）
〔法〕苏霏德霭南同著 冯 六译
谚语考（九） 余康龄
沁香阁笔记（一三） 李涵秋遗稿
某甲
王孝女
棋癖
鹰武将军
孽尤为灾
滑稽小说之要素（小讲坛）
卓 呆
西方笑话（补白） 霁 虹
绿玉练
Holloway Horn 著 张小波译
忆兰馆联话 徐宝山
慈善的人 蒋用宏
谚语考（一〇） 余康龄
此中甘苦 严芙孙
冷心（笑话）（补白）
乌拉现相 嵇 鹤
古城得宝录（卷下，四）（附插图

七幅） 天　游译

第12卷　第11期

1925年12月11日发行

所罗门群岛中之马来人首颂（封面彩照）

北京新华宫（门）（照片） 余康龄摄

仇十洲仕女真迹（五）（古画照片）

非凡的人

〔日〕国木田独步著　唐小圃译

说海一勺 王无为

独角龙

东越神蛇诗 胡寄尘

永不泯灭的印象（四） 寒　玉

抽象名词（笑话）（补白） 忆　秋

客泪 魂　影

假皇帝（补白） C

沁香阁笔记（一四） 李涵秋遗稿

过去世界

Ernest.K.Chapin著　空　我译

捧腹谈（二一）（补白） 忆　秋

白头发

动摇 卓　呆

寄怀雨人（诗）（补白） 徐哲身

夜泊闻笛（诗）（补白） 徐哲身

英伦缢尸记（二四）

〔法〕苏霏德霭南同著　冯　六译

纯飞馆笔记（五〇） 徐仲可

残废的军官　莫巴桑著　季　达译

瘸子 嵇　鹤

西方笑话（补白） 冯霁虹

钻石别针

Mervyn Thompson著　张小波译

随侯斋丛谈（四） 诸鹏飞

棋别

古城得宝录（卷下，五）（附插图四幅） 天　游译

西方笑话（补白） 冯霁虹

第12卷　第12期

1925年12月18日发行

捷克斯拉夫妇女之装束（封面彩照）

北京湖边疏柳（照片） 余康龄摄

禹之鼎人物真迹（古画照片）

谈话会 杨小仲

永不泯灭的印象（五） 寒　玉

那一个？（笑话）（补白） 王省斋

英伦缢尸记（二五）

〔法〕苏霏德霭南同著　冯　六译

诗（补白） 胡伯宽

拉法层云

拉法站晚发赴金斗宫途中

贼运 奇　呆

有目者的不自由（补白） 培

猫眼汽车（附插图八幅）

Sewell Peaslee Wright著

宝　康译

小黄雀　蒋用宏　蒋用寰
双尸案　张讷盦
谚语考（一一）　余康龄
失去的遗嘱（森迪克探案之二）
〔英〕茀利门著　程小青译
捧腹谈（二二）（补白）　忆　秋
三百元的女子
古城得宝录（卷下，六）（附插图六幅）　天　游译
捧腹谈（二三）（补白）　忆　秋
无题

第 12 卷　第 13 期

1925 年 12 月 25 日发行

蒙古之贵妇（封面彩照）
北京太和殿前景（照片）
余康龄摄
禹之鼎人物真迹（二幅，古画照片）
银幕世界
图片
玛丽阿司脱之"端凝"
娜曼喜尔在 He Who Gets Siapped 中影照
保莲与梅爱福在《三妇人》中影照
雷门罗法若在《侠奴併虎》中影照
逗笑新录影照一二幅
今日明星今日导演影照六幅
文字
催眠歌（附影照六幅）
P.C.Dugun 著
编者与读者（编辑琐话）　寒　玉
战后　叶劲风
世界谈屑（一〇）（补白）
剑　影
加木林　林琴南遗稿
中国宜以菊为国花议（补白）
胡怀琛
小别（诗）　劲　风
泰西名小说家传略（补白）
王宪煦
《花月痕》作者之思想　刘欧波
泰西名小说家传略　王宪煦
弗鲁亚尔家庭记（续一六，完）（附插图一四幅）
〔法〕Christophe 著　江显之译
《牡丹亭·游园·步步娇》（歌曲）
唐燮如
英伦缢尸记（二六）
〔法〕苏霏德霭南同著
冯　六译
永远不别（诗）　寒　玉
可怕的光点　程小青
虫天室摭谈（三）（补白）
钱无咎
李文忠之笑柄
古城得宝录（卷下，七）（附插图六幅）　天游译

第 13 卷　第 1 期

1926 年 1 月 2 日发行*

封　面**

“好鸟枝头亦朋友，落花水面皆文章”（底色画）　宗亮寰画

小说世界（刊名题字）　李石岑书

插　图

题诗（墨迹）　胡适题书

题字（墨迹）　许世英题书

不伦不类图之一（最优美之贺年片四种）

（一）恭贺新禧　梅兰芳贺

（二）恭贺新禧　（画家）丁慕琴贺

（三）岁福　（画家）洪禹仇贺

（四）新禧并颂福慧无量　（世界佛教居士）林之贺

贺新年诗　本社同人

唐诗人韩致尧墓（照片）

燕子矶风景（照片）

文　字

编者的报告　编　者

百舌的生活　胡寄尘

和平之神的裁判　天　笑

徒手兵　何海鸣

洋团团　闻野鹤

儿时的回忆　漪湖女士

无师传授的贼　卓　呆

B 城纪事（上篇）　小　圃

颐和园玉泉山游记　胡朴安

和诗辨　胡怀琛

隐语诗考　胡怀琛

另外一栏

涵秋遗稿　李涵秋

卞得禄

孤友

女鬼

补　白

小诗　月

（一）二首

（二）二首

螺屋杂记（一）　螺屋主人

餐花

徐念慈与汪维甫

二十回后之《孽海花》

第 13 卷　第 2 期

1926 年 1 月 9 日发行***

封　面

焦山一览（照片）

插　图

手提一剑追长风（彩色）

山西阳高关帝庙关公铜像

不伦不类图之二（阴阳合璧之通行

---

* 原刊封面标明“民国十五年一月二日出版”，封底标为“民国十五年一月一日初版发行”。

** 本卷各期封面底色画及刊名题字均相同，以下本卷各期此两项均从略不录。

*** 原刊封面标为“民国十五年一月九日”，封底标为“民国十五年一月八日”初版发行。

证二种）

文　字

编者的报告　编　者
丈夫的担负　胡寄尘
一个可怜的妇人（附作者编者往来函件）　冷　血
金盾　张枕绿
永不泯灭的印象（六）　寒　玉
镜台里的五封书　陈琴庐
B城纪事（下篇）　唐小圃
西湖我的姊姊　漪湖女士
骰子牙牌之来历　尘　梦
再辨和诗　胡怀琛

补　白

螺屋杂记（二）　螺屋主人
　“三国”、“水浒”之势力
　《三国演义》中之人名
　男子簪花
　陶渊明之小说癖
　翻译与创作
小诗（二首）　道　静

第13卷　第3期
1926年1月16日发行*

封　面

莫愁湖（照片）

插　图

仙人卖字诗（墨迹）　重谪仙人
不论不类图之二（今之废人）
　前清军谘大臣载涛像（照片）
　前清农商大臣溥伦像（照片）
　前清民臣大臣善耆像（照片）
　前清海军大臣载洵像（照片）

文　字

编者的报告　编　者
可怜的慈善家　胡寄尘
五分钟健忘病　包天笑
关心　闻野鹤
病媒　陈琴庐
烦恼箱　胡寄尘
湖州之游　烟　桥
茶花女（剧本，一）　卓　呆译**
古城得宝录（卷下，八）　天　游译

补　白

雨中别金陵（诗，二首）　天　笑
螺室杂记（三）　螺屋主人
　绣像
　《黑奴吁天录》
　神话
冷巢集定盦词（一）　淮海楼词客
　浪淘沙
　唐多令（为某君作）

* 原刊封面标为“民国十五年一月十六日出版”，封底标为“民国十五年一月十五日初版发行”。

** 原刊“目录”署“徐卓呆”，正文署“卓呆”。

第 13 卷　第 4 期

1926 年 1 月 23 日发行*

封　面

天童访上（照片）

插　图

薛梅云传（墨迹）　庞壁子

茶花女及亚猛小影（《茶花女遗事》插图）及题诗按语　严又陵题诗　胡寄尘按语

文　字

编者的报告　编　者

弟弟的尚武精神　胡寄尘

救火（L' incendie）　TÖpffer 著　秋　蓼译

莱都冷了　张枕绿

重逢　赵苕狂

辨竹枝词非咏风俗　胡怀琛

古书中之诗句　胡寄尘

《宣和遗事》中之“水浒”资料　含　凉

茶花女（剧本，二）　卓　呆译**

古城得宝录（卷下，九）　天　游译

补　白

螺屋杂记（四）　螺屋主人

谚语讹传之可笑

林琴南之长篇创作

小诗　月　子

读啸虹生诗钞　编　者

旧历新年诗　尚

小说无作法　尚

野鹤之小说　尘

第 13 卷　第 5 期

1926 年 1 月 30 日发行***

封　面

西湖冷泉亭（照片）

插　图

活泼泼的狗与活泼泼的球（彩画）

迦因小像（《迦因小传》插图）

郑延平王及金针夫人画像（福建安南郑氏宗祠藏）

文　字

编者的报告　编　者

赠券　胡寄尘

红纬帽　包天笑

舞衫　红　蕉****

情与礼　春　梦

明州游记　胡朴安

新送郎歌　筱　波

林琴南未刊译本之调查

---

* 原刊封面标为“民国十五年二十三日”出版，封底标为“民国十五年一月廿二日初版发行”。

** 原刊“目录”署“徐卓呆”，正文署“卓呆”。

*** 原刊封面标为“民国十五年一月三十日”出版，封底标为“民国十五年一月廿九日初版发行”。

**** 原刊“目录”署“江红蕉”，正文署“红蕉”。

寄　尘*
两宋小说史略　含　凉
茶花女（剧本，三）　卓　呆译**
古城得宝录（卷下，一〇）
天　游译

补　白

螺屋杂记（五）　螺屋主人
木兰
小说中之零星文字
桃花（小诗）　赵吟秋
池水浴（小诗）　苏兆骧
冷巢集定盦词（二）　淮海楼词客
蝶恋花（咏某君事）其一
蝶恋花（咏某君事）其二

第 13 卷　第 6 期

1926 年 2 月 6 日发行***

封　面

绍兴七星岩风景之一（照片）

插　图

六百年前之侵掠中国者
（一）成吉斯汗像
（二）帖木尔郎像

文　字

编者的报告　编　者
哭　胡寄尘
小汽车　闻野鹤
寒夜　苏兆骧
小工人的金戒指　张枕绿
明州游记（续，完）　胡朴安
隐语与神话　胡寄尘
养菊说　方德醇
茶花女（剧本，四）　卓　呆译**
英伦缢尸记（二七）
〔法〕苏霏德霭南同著
冯　六译

补　白

小诗　赵吟秋
螺屋杂记（六）　螺屋主人
餐秋菊之落英
冷巢集定盦词（三）　曹民父****
玉坏环影（题意园画梅横幅）

第 13 卷　第 7 期

1926 年 2 月 12 日发行

封　面

绍兴七星岩风景之二（照片）

插　图

藤萝之影（画）
不伦不类图之四（可爱与可怕）

* 原刊“目录”署“胡寄尘”，正文署“寄尘”。

** 原刊“目录”署“徐卓呆”，正文署“卓呆”。

*** 原刊封面标为“民国十五年二月六日”出版，封底标为“民国十五年二月五日初版发行”。

**** 原刊署名如此，与“冷巢集定盦词”（一）（二）署名不同。

西方美人（画像）

京剧花脸脸谱

文　字

编者的报告　编　者

黄太太的赏金　胡寄尘

一件制服　闻野鹤

复活的良心　赵吟秋

贼客　程小青

松江田家月令诗　吕克孝

《宋史》中之小说人物考证　含　凉

茶花女（剧本，五）　卓　呆译*

英伦缢尸记（二八）　〔法〕苏霏德霭南同著　冯　六译

补　白

我佛山人遗诗二首　（吴趼人）

之杭州

无事

小诗（一）（两首）　月　子

小诗（二）（两首）　月　子

小诗　赵吟秋

第13卷　第8期

1926年2月19日发行

封　面

宁波阿育王庙塔（照片）

插　图

万缕晴丝（照片）

雪后（照片）

屈贾遗迹（照片）

屈原曾栖之石帆山及曾濯缨之屈潭

长沙之贾谊故宅

文　字

编者的报告　编　者

晚餐　胡寄尘

嫉妒心理的实验　何海鸣

村塾　闻野鹤

情笛　〔美〕Burton Khne 著　胡嫣红译

曹孟德诗派　何海鸣

——王船山先生古诗评选整理之一

《三国演义》人名问题（一）　朱张静芳

付之此录　秋　山

茶花女（剧本，六）　卓　呆译*

英伦缢尸记（二九）　〔法〕苏霏德霭南同著　冯　六译

补　白

螺屋杂记（七）　螺屋主人

汪伦

水西

隐语诗（二首）　尘　梦

“油菜开花”

“荷叶出水”

* 原刊“目录”署“徐卓呆”，正文署“卓呆”。

第13卷　第9期

1926年2月26日发行

封　面

金山一览

插　图

愿你双栖（彩色）　Tsui Wen 作

餐后（西洋摄影名作）

汉阳西城外鲁山下之三国时鲁肃墓（照片）

文　字

编者的报告　编　者

骄傲者　胡寄尘

新年日记　闻野鹤

心之蠢动　沈禹钟

画的价值　烟　桥

严嵩的诗　何海鸣

《三国演义》人名问题（二）　胡道彦

给读者的一封信　编　者

鲁易十五的烟草匣　〔德〕播鲁洛建哈音著　唐小圃译

茶花女（剧本，七）　卓　呆译*

补　白

咏蝶（诗）　姚石子

迎春曲　寄　尘

打稻场上（小诗）　苏兆骧

* 原刊“目录”署“徐卓呆”，正文署“卓呆”。

第13卷　第10期

1926年3月5日发行

封　面

天童（风景照片）

插　图

《断鸿零雁记》之主人兼作者苏元瑛（照片）

《孽海花》之主人赛金花（画）

塞外春光（长春店花村）（照片）**

文　字

编者的报告　编　者

神交的夫妇　天　笑***

他的将来　〔美〕Ben Ames Williams 著　胡嫣红译

阿虎的胜利　苏兆骧

张先生的秘密（小说迷）　胡寄尘

明清以来文学家之创见　胡寄尘

鲁易十五的烟草匣（续，完）　〔德〕播鲁洛建哈音著　唐小圃译

茶花女（剧本，八）　卓　呆译*

另外一栏

小说杂论存稿　叶楚伧

** 原刊“目录”漏此篇目。

*** 原刊“目录”署“包天笑”，正文署“天笑”。

补　白

小诗（二首）　鲍成旺

第13卷　第11期

1926年3月12日发行

封　面

南京鼓楼（照片）

插　图

落潮（西洋摄影名作）

北极之冰船

文　字

编者的报告　编　者

黑眼镜会　胡寄尘

睡人之旁　沈禹钟

谁之罪

Kenneth Dyer 著　张碧梧译

白兰花案

〔德〕播鲁洛建哈因著

唐小圃译

园居杂感（诗）　楚　伧*

宋江与方腊　烟　桥**

茶花女（剧本，九）　卓　呆译***

另外一栏

小说杂论存稿（二）　叶楚伧

补　白

普通食品内之毒质　寒　玉

* 原刊“目录”署“叶楚伧”，正文署“楚伧”。

** 原刊“目录”署“范烟桥”，正文署“烟桥”。

第13卷　第12期

1926年3月19日发行

封　面

灵峰道上（照片）

插　图

我之故乡（照片二幅，附寄尘《思故乡歌》）

唐小说中“柳毅传书”之故迹（岳阳西君山照片，附寄尘说明）

文　字

编者的报告　编　者

情禅　胡寄尘

惆怅　胡静美女士

一个失踪的疯子　黄　叶

白兰花案（续一）

〔德〕播音洛建哈因著

唐小圃译

“国风”入乐辨　胡怀琛

说界评论之一斑　编者辑

《红纬帽》与《舞衫》　倚　红

茶花女（剧本，一〇）

卓　呆译***

另外一栏

小说杂论存稿（三）　叶楚伧

补　白

给（《一个失踪的疯子》之）作者的一封信　编　者

*** 原刊“目录”署“徐卓呆”，正文署“卓呆”。

螺屋杂记（八） 螺屋主人
蒋智由之十说论
浣纱溪（乙丑清明病中） 黄 叶

第13卷 第13期
1926年3月26日发行

封 面
南京北极阁（照片）
插 图
晚泊（彩画）
荷兰之风磨（照片）
嘉兴鸳鸯湖（南湖）中之烟雨楼（照片）

文 字
编者的报告 编 者
乡村画师
Geza Gardong著 退翁译
神秘的画像 黄 叶
红星 烟 桥*
猎人一夕谈 胡寄尘
白兰花案（续二）
〔德〕播鲁洛建哈因著
唐小圃译
"国风"非民歌本来面目辨
胡怀琛
说梅 石予布衣
茶花女（剧本，一一） 卓呆译**

* 原刊"目录"署"范烟桥"，正文署"烟桥"。

** 原刊"目录"署"徐卓呆"，正文署"卓呆"

另外一栏
古梅记 石 予
大通桥银杏记 石 予
补 白
读《侠客谈》 尘
虞美人（词，二阙） 黄 叶
青玉案（词，二阙） 黄 叶
大陆之变迁 寒 玉
文学家之创作力 寒 玉
诗人用字法 尘
螺屋杂记（九） 螺屋主人
洪秀全时代之服饰及称呼

第13卷 第14期
1926年4月2日发行

封 面
威海卫海景（照片）
插 图
色空之色图上（不伦不类图之五，少女像）
色空之色图下（不伦不类图之六，印章四方） 朱尊一刻
文 字
编者的报告 编 者
钻戒 何海鸣***
老张的滑稽 胡寄尘
一瞬 王玉坚

*** 原刊"目录"署"何海鸣"，正文署"求幸福斋主"。

幸福　钱释云
白兰花案（续四，完）
〔德〕播鲁洛建哈因著
唐小圃译
诗歌与感情　胡寄尘
茶花女（剧本，一二）　卓　呆译*
答胡适之诗　寄　尘**
劳苦世界（长篇小说）
Charles Dickens（狄金生）著
伍光建译

补　白

头之改造　寒　玉
流血疗病　寒　玉
清宫中之字纸簏
溥仪早餐之膳单
异俗种种　寒　玉
小诗（二首）　鲍成旺

第13卷　第15期

1926年4月9日发行

封　面

曹娥江（照片）

插　图

天津公园之一角（照片）　寄尘摄
又两种通行证（照片两幅，《通行证考》插图）

文　字

编者的报告　编　者
钟声　唐小圃
铁笼中的一夜　胡寄尘
电气小工　沈禹钟
一个战地的剩人　张碧梧
民歌之竹枝词与绝诗　何海鸣***
——王船山古近体诗评选整理之三
通行证考　胡寄尘
几个民间诗人（一）　编　者
薙发者陈文藻
卖饼者张炎
狱卒朱铎
粗粝腐儒
茶花女（剧本，一三）
卓　呆译****
劳苦世界（长篇小说）（续一）
Charles Dickens（狄金生）著
伍光建译

补　白

说界评林之一斑（原载《时报》）
慧
清宫中之字纸簏
溥仪晚餐之食单
著作人的严罚　茧　翁
隐语诗（二首）（无题）　尘　梦

* 原刊“目录”署“徐卓呆”，正文署“卓呆”。

** 原刊“目录”署“编者”，正文署“寄尘”。

*** 原刊“目录”署“何海鸣”，正文署“求幸福斋主”。

**** 原刊“目录”署“徐卓呆”，正文署“寄呆”

诗人小故事

第 13 卷　第 16 期
1926 年 4 月 16 日发行

封　面
曹娥庙（照片）
插　图
荷兰滨海村镇潮来时之帆影（照片）
古希腊女诗人沙浮听琴图（画）
文　字
编者的报告　编　者
真愉快　小　圃*
蛮人之恋爱
Prince William of Sweden 著
橄榄生译
旧书店的主人　苏兆骧
小律师（儿童故事）　叔　异
种月季花之一得　安　命
茶花女（剧本，一四）　卓呆译**
劳苦世界（长篇小说）（续二）
Charles Dickens（狄金生）著
伍光建译
补　白
嗜毒之人种***　寒　玉
世界三大怪物　寒　玉

* 原刊“目录”署“唐小圃”，正文署“小圃”。

** 原刊“目录”署“徐卓呆”，正文署“卓呆”。

小诗（二首）　赵吟秋
玉楼春·秋日见花树有萎谢者（词）
野　鹤***
鹧鸪天·赠别（词）　野　鹤
风入松·送人南行（词）　野　鹤

第 13 卷　第 17 期
1926 年 4 月 23 日发行

封　面
象山（照片）
插　图
荷丛一鹭鸶（彩色寓意画）
海滨别墅（《金蜜月》小说插图，照片）
帆（西洋摄影名作）
文　字
编者的报告　编　者
爱情尺度　天　笑****
微笑　黄　叶
金蜜月　〔美〕Ring W.Lardner 著
胡哲谋　苏兆龙译
龙王考　胡怀琛
几个民间诗人（二）　编　者
箍桶匠
通州诗丐
杨州李祥

*** 原刊“目录”漏此下三篇。

**** 原刊“目录”与正文篇名下均无署名，此署名系本书编者所补。

杭州某裁缝
巧对录　秋　山
敲诗小记　编　者
劳苦世界（长篇小说）（续三）
Charles Dickens（狄金生）著
伍光建译

补　白

海滨之晚（小诗）　赵吟秋
金缕曲（词）　黄　叶
浣溪沙·滕固赴日（词）　黄　叶
纯飞馆笔记（五一）　徐仲可*
清初之物价
纯飞馆笔记（五二）　徐仲可*
仿制之墨银
纯飞馆笔记（五三）　徐仲可*
水宋火宋
临江仙·夜步郊垧（词）　野　鹤

第 13 卷　第 18 期
1926 年 4 月 30 日发行

封　面

柯岩云骨（照片）

插　图

花犯（手写词稿）　徐树铮书
日光古诗（日本名胜，照片）
胡伯翔摄

文　字

编者的报告　编　者
无那　沈家骧
落星村杂记　陈琴庐
金蜜月（续完）
〔美〕Ring W.Landner 著
胡哲谋　苏兆龙译
“国风”不能确切代表各国风俗辨
胡怀琛
牡丹栽培法　徐国勋
青年创作集（一）
幻想中的棠棣　海　华
别离的滋味　CGS
几颗闪星　汉　斯
劳苦世界（长篇小说）（续四）
Charles Dickens（狄金生）著
伍光建译

补　白

纯飞馆笔记（五四）　徐仲可*
中国之文艺团体
小诗（四首）　陈公度
鹧鸪天·夜半闻筝声（词）
野　鹤
浣溪沙（词）　野　鹤
纯飞馆笔记（五五）　徐仲可*
一字至七字词
纯飞馆记（五六）　徐仲可*
扬州
小通信　编　者
螺屋杂记（一〇）　螺屋主人
四川苗歌
小诗（二首）　鲍成旺

* 原刊“目录”与正文均无署名，此署名系本书编者所补。

第13卷　第19期
1926年5月7日发行

封　面

宁波月湖（照片）

插　图

六醜（手写词稿）　徐树铮书

湖光塔影（中国摄影名作）　胡伯翔摄

文　字

编者的报告　编　者

释放后　程小青

犁牛之子　茗　狂

切面　朱振霄

初雪　〔法〕莫泊桑著　朱瘦桐译

谈社会小说（一）（杂文）　秋　山

灿烂者不尽是黄金（剧本）　谦译

劳苦世界（长篇小说）（续五）　Charles Dickens（狄金生）著　伍光建译

另外一栏

名人撰故小说家传（一）

李伯元传　吴沃尧

冷红生传　林　纾

苏玄英传（其一）　柳亚子

苏玄英传（其二）　章太炎

补　白

鹧鸪天（词）　野　鹤

鸟夜啼（词）　野　鹤

清宫中习语之一斑

黑夜的灯光（诗）　辅　偕

星（诗）　辅　偕

犬吠（小诗）　张慰华

桃花（小诗）　饶荣春

婴儿的微笑（诗）　云　石

小诗（二首）　辅　偕

第13卷　第20期
1926年5月14日发行

封　面

北京北海五龙亭（照片）

插　图

白香山诗歌中之古迹（照片）

（一）琵琶亭（汉阳）

（二）华清池（陕西）

文　字

编者的报告　编　者

他来了么?　布加厘著　退　翁译

失业后　张碧梧

小姑之友　陈琴庐

青年创作集（二）

葫芦岛游记　章　熊

月夜　秋　滢

安慰　徐宝君

记程江两君　胡寄尘

谈社会小说（二）　秋　山

兄妹（剧本，待续）　〔德〕歌　德著

俞敦培·谢维耀译
劳苦世界（长篇小说）（续）
Charles Dickens（狄金生）著
伍光建译

另外一栏

名人撰故小说家传（二）
我佛山人传（吴沃尧传） 李葭荣

补 白

二只惨死的小鸟 汤增敭
冰屋 寒 玉
玉楼春·对雪（词） 野 鹤
玉楼春·旅夜闻雨声有寄（词） 野 鹤
鹧鸪天（词） 野 鹤
旧游一首（诗） 石 予
纯飞馆笔记（五七） 徐仲可
古今米价

第 13 卷 第 21 期
1926 年 5 月 21 日发行

封 面

流觞亭（照片）

插 图

明月在深涧（彩画）
鹅（照片）（附寄尘题录宋人诗） 胡伯翔摄
顾少川夫人小影

文 字

编者的报告 编 者
笨孩子 胡寄尘
一夜 张碧梧
诱人眼泪的儿女 陈琴庐
伤心的故事 胡静美女士
枉恋 廖国芳
宣纸说 胡朴安
骰子补考 胡寄尘
人世难逢录 秋 山
兄妹（剧本，续，完）
〔德〕歌德著
俞敦培 谢维耀译
劳苦世界（长篇小说）（续七）
Charles Dickens（狄金生）著
伍光建译

补 白

怎容易（小诗） 一 声
冷巢集羽词（七首） 曹昌麟
致小说世界社 陈零生
记断鸿零雁
纯飞馆笔记（五八） 徐仲可
休沐日
纯飞馆笔记（五九） 徐仲可
杭州狮子峰之茶
纯飞馆笔记（六〇） 徐仲可
集句诗

第 13 卷 第 22 期
1926 年 5 月 28 日发行

封 面

禹庙（照片）

插　图

静听（中国摄影名作）
丁慕琴摄

早餐（西洋摄影名作）

雪后（西洋摄影名作）

文　字

编者的报告　编　者

理想病　何海鸣

沉默　黄　叶

第二次握笔　张碧梧

离婚之后　朱振霄

青年创作集（三）

　为谁牺牲　吴兆钺

　弟弟的洋囡囡　江辅偕

　马的枪毙　因　心

说杏　布　衣

浪游杂记（一）　阮毅成

劳苦世界（长篇小说）（续八）

　Charles Dickens（狄金生）著

伍光建译

补　白

葡萄酒（小诗）　宝　琴

祷告（小诗）　宝　琴

纯飞馆笔记（六一）　徐仲可*

　旅馆价目今昔之变迁

纯飞馆笔记（六二）　徐仲可*

　粤人食蛇之俗

说界评林之一斑

（一）　阿　絜

（二）　懋

小诗（一）　陈公度

夜莺　饶荣春

小诗（二）　朱振霄

第13卷　第23期

1926年6月4日发行

封　面

北京北海濠濮涧（照片）

插　图

三宝太监之遗迹（爪哇风光，照片）（一）　杨映梅摄

三宝太监之遗迹（爪哇风光，照片）（二）　杨映梅摄

文　字

编者的报告　编　者

石塔　黄　叶

儿子的心　胡嫣红

星星之火　张碧梧

两幕新戏　小　圃**

浪游杂记（二）　阮毅成

谈社会小说（三）　秋　山

说薗　布　衣

劳苦世界（长篇小说）（续九）

　Charles Dickens（狄金生）著

伍光建译

* 原刊“目录”与正文均无署名，此署名系本书编者补。

** 原刊“目录”署“唐小圃”，正文署“小圃”。

补　白

春思（诗）　野　鹤
春郊行（诗）　野　鹤
送人归乡（诗）　野　鹤
小诗（一首）　陈公度
鸟类之寿命　漱　霞

第 13 卷　第 24 期
1926 年 6 月 11 日发行

封　面

北京北海画舫斋（照片）

插　图

寄查子穆（墨迹，附编者案语）
梅曾亮书
对镜——“卿须怜我我怜卿”（荀慧生近日戏照）

文　字

编者的报告　编　者
安慰　沈家骧
死后的情愫　陈琴庐
老同学　苏兆骧
两幕新戏（续，完）　小　圃*
诗歌声律辨　胡怀琛
说海棠　布　衣
敲诗小集（第二次）　编　者
劳苦世界（长篇小说）（续一〇）
Charles Dickens（狄金生）著
伍光建译

另外一栏

天竺寓言　胡寄尘

补　白

别后（小诗）　宝　琴
小诗一首　小　松
旧诗共七首
和陶归田园居（有序）
野　鹤
冬日漫兴用陶《和刘柴桑》韵
野　鹤
索居用陶《读山海经》韵
野　鹤
首夏徐园观剧　寄　尘
初夏半淞园　寄　尘
东郊　野　鹤
书愤　野　鹤

第 13 卷　第 25 期
1926 年 6 月 18 日发行

封　面

嘉定孔子庙（照片）

插　图

三千五百年前之美术品（埃及古器，彩画）
枯树（西洋摄影名作）
黎黄陂之家庭（照片）
顽石点头（照片，附记者案语）
虎邱之鸳鸯墓（明末倪士义夫妇墓，照片）

* 原刊“目录”署“唐小圃”，正文署“小圃”。

文　字

编者的报告　编　者
银杯　唐小圃
卖箫人　苏兆骧
好女儿
〔丹麦〕Johannes V.Jensen 著
退　翁译
青年创作集（四）
补鞋匠　林亮曾
贞女　徐宝君
集邮偶记　朱朴庐
敲诗小集（第三次）　编　者
说竹　布　衣
劳苦世界（长篇小说，续——）
Charles Dickens（狄金生）著
伍光建译

另外一栏

天竺寓言（二）　胡寄尘

补　白

故乡之路（诗）　宝　琴
笔的愿望（小诗）　张泽厚
雾（小诗）　吴显仁
一片枯叶（小诗）　吴显仁
无谓（小诗）　吴显仁
柳隄倒影（诗）　吴显仁
溪边（小诗）　苏兆骧
愁（小诗）　苏兆骧
父亲的墓（诗）　苏兆骧
谈印度寓言　寄　尘

第 14 卷　第 1 期

特 刊 号

1926 年 7 月 2 日发行*

图　画

西方之薛萝山鬼（彩画）
杨州五亭桥（照片）　杨清磬摄
磁瓶春信（摄影名作）　黄梅生摄
迷藏（摄影名作）　胡亚光摄
虎邱真娘墓（附胡寄尘诗）
冲波　胡伯翔摄

文　字

编者的报告　编　者
头奖　胡寄尘
画友　〔日〕国木田独步作
小圃译**
第一吻　江红蕉
再到南京　杨小仲
真美的实现　清癯女士
韩小窗之鼓词　何海鸣
文坛秘录（一）　编者辑
王安石选唐诗之谬误
傅芸子
《孽海花》发起者为金松岑
蒋瑞藻

* 原刊封面标为“民国十五年七月二日”出版，封底标为“民国十五年六月廿五日初版发行”。

** 原刊“目录”署“唐小圃”，正文署“小圃”。

十刹海为“大观园”说辨误
蒋瑞藻
小说枝谈　蒋瑞藻
《董西厢》
《虎头牌》
《汉宫秋》
劳苦世界（长篇小说）（续一二）
Charles Dickens（狄金生）著
伍光建译

补　白

杂诗（小诗四首）　吕伯信
归家（小诗）　宝　琴
烙瘢　志　海
塑錔梳　志　海
海棠瓣语　徐宝君
玫瑰花架下
孩儿（小诗）　祝　良
影儿（小诗）　祝　良
小诗（三首）　月　子
杂诗（四首）　吕伯攸
野客丛话（一）　蒋瑞藻

第 14 卷　第 2 期

1926 年 7 月 9 日发行*

图　画

“四库全书”库藏处（北海庆霄楼，照片）　吴甘侯摄
浙江昆虫局之工作（照片二幅）
胡亚光摄

文　字

编者的报告　编　者
父子星　小　圃**
夜行　闻野鹤
自造之泥娃　达　哉***
屋顶上　苏兆骧
生活调和的心影　陈琴庐
幽居（小诗一〇首）　吴伯攸
天津落子馆记　何海鸣****
小说枝谈（续一）　蒋瑞藻*****
《㑳梅香》
《梧桐雨》
劳苦世界（长篇小说）（续一三）
Charles Dickens（狄金生）作
伍光建译

另外一栏

休庵影语（一）　盛此公
宜秋图小影
泪史自叙
宫词小序
落花诗小序
薄少君诗小叙

* 原刊封面标为“民国十五年七月九日”出版，封底标为“民国十五年七月二日初版发行。

** 原刊“目录”署“唐小圃”，正文署“小圃”。

*** 原刊“目录”署“陈达哉”，正文署“达哉”。

**** 原刊“目录”署“何海鸣”，正文署“求幸福斋主”。

***** 原刊“目录”署“蒋瑞藻”，正文署“蒋孟洁”。

总批《水浒传》

补　白

中西作家属稿之异　傅芸子*

杂诗（四首）　吕伯攸

饼井小话　剑　影**

唐诗中之鸟与僧　傅芸子

野客丛话（二）　蒋瑞藻

第 14 卷　第 3 期

1926 年 7 月 16 日发行***

图　画

幽默（摄影名作）　黄梅生摄

温州之飞霞洞及卧村楼　冷　曹摄

文　字

编者的报告　编　者

替人民打仗　胡寄尘

迷梦　黄　叶

塔上

〔美〕Charles Wordsworth Cdamp 作

胡嫣红译

文学家之妻　张碧梧

几个民间诗人（三）　编　者

长洲老妪

某长工

月季花栽法　吴灵园

劳苦世界（长篇小说）（续一四）

Charles Dickens（狄金生）作

伍光建译

另外一栏

休庵影语（二）　盛此公

《西游记》谈

弁《牡丹亭》

《牡丹亭》跋

晋人风流

疗言补（有影）

一枝小言（有引）

可怜娘沈孺人墓阴碑

补　白

唐代两个穷诗人（孟郊、贾岛）

傅芸子

文艺谈屑（一）　范烟桥

野客丛话（三）　蒋瑞藻

第 14 卷　第 4 期

1926 年 7 月 23 日发行

图　画

七律诗稿（墨迹）　宋古微书

春郊雨后（摄影名作）　胡亚光摄

文　字

编者的报告　编　者

疑惑　唐小圃

风雨之夜　沈家骧

夹缝中的生活　张碧梧

订婚的一日　苏兆骧

文坛秘录（二）　编者辑

* 原刊“目录”署“傅芸子”，正文署“芸子”。

** 原刊“目录”署“沈剑影女士”，正文署“剑影”。

*** 原刊封面标为“民国十五年七月十六日”出版，封底标为“民国十五年七月九日初版发行”。

向季郭象两家注《庄子》
秋　山
韩退之鬼怪谈　寄　尘
小说枝谈（续二）　蒋瑞藻*
《西厢记》
劳苦世界（长篇小说）（续一五）
Charles Dickens（狄金生）作
伍光建译
另外一栏
休庵影语（三）　盛此公
休庵春暮功课
记遗
秋半自课
补　白
海棠瓣语　徐实君
恐怖
春来了（小诗）　祝　良
春宵（小诗）　祝　良
爱神（小诗）　祝　良

第 14 卷　第 5 期

1926 年 7 月 30 日发行

图　画
锦衣（彩画）
扬州小金山（照片）　杨清磬摄
七言诗稿（墨迹）　何海鸣书
文　字
编者的报告　编　者
薪水　何海鸣
三角形和直线　吕伯攸
母亲　沈家骧
青年创作集（五）
脑中的一幕　徐实君
离家的一夜　江辅偕
文坛秘录（三）　编者辑
章太炎为苏曼殊译诗
秋　山
小说枝谈（续三）　蒋瑞藻
《西厢记》（续一）
劳苦世界（长篇小说）（续一六）
Charles Dickens（狄金生）作
伍光建译
补　白
文艺谈屑（二，二则）　范烟桥

第 14 卷　第 6 期

1926 年 8 月 6 日发行

图　画
宁波天一阁（中国著名之藏书处，照片）
小车夫之早餐**　丁慕琴摄
文　字
编者的报告　编　者
帽结子的变化　吕伯攸
疑问　黄　叶
四等客　王玉坚

* 原刊“目录”署“蒋瑞藻”，正文署“蒋孟洁”。

** 原刊“目录”作“小车夫之家庭”，正文篇名作“小车夫之早餐”。

葵子 小 圃*
拳术缀言 胡朴安
劳苦世界（长篇小说）（续一七）
Charles Dickens（狄金生）作
伍光建译
另外一栏
毕倚虹遗诗并跋 编 者录
湖上词
题湖上春痕摄影
补 白
文艺谈屑（三，二则） 范烟桥
流露（小诗，二首） 凤 高
柳（诗意画） 斐 说诗 胡同光画
野客丛谈（三） 蒋瑞藻

第 14 卷 第 7 期

1926 年 8 月 13 日发行

图 画
瓯江江岸之灯塔（照片） 曹民文摄
作如是观（演戏摄影） 郭叔良摄
文 字
编者的报告 编 者
爱 素 兰
希望 苏兆骧
葵子（续） 小 圃*
文笔辨 胡怀琛
文坛秘录（四） 编 者辑
太戈尔作品之初次介绍至中国

* 原刊“目录”署“唐小圃”，正文署“小圃”。

秋 山
林琴南译圣经之所闻 秋 山
《小说丛考》正误 雪
敲诗小集（四） 编 者
劳苦世界（长篇小说）（续一八）
Charles Dickens（狄金生）著
伍光建译
芳草渡（诗意画）
〔唐〕皮日休诗 胡同光画
文人冒牌 傅芸子**
频迦 傅芸子**

第 14 卷 第 8 期

1926 年 8 月 20 日发行

图 画
曼殊上人墓（照片） 黄梅生摄
江楼感旧（诗意画）
〔唐〕赵 嘏诗 胡同光画
文 字
编者的报告 编 者
烟斗 程小青
狗 黄 叶
认识（独幕剧） 黎秋萍
忠厚的失败者（一）
沈家骧 江红蕉***
敲诗小集（第二次揭晓） 编 者

** 原刊“目录”署“傅芸子”，正文署“芸子”。

*** 原刊“目录”署“沈家骧、江红蕉”，正文署“家骧、红蕉”。

文坛秘录（五） 编者辑

包慎伯轶事 惠 生

徐电发之《枫江渔父图》 秋 山

小说枝谈（续四） 蒋瑞藻*

《西厢记》（续二）

《芙蓉亭》

《玉镜台》

《扬州梦》

劳苦世界（长篇小说）（续一九） Charles Dickens（狄金生）著 伍光建译

补 白

文艺谈屑（四） 范烟桥

小诗（四首） 饶荣春

夜雨 曾剑云

小诗（二首） 岳凤高

孙供奉与碧云霞 心 吾**

第 14 卷 第 9 期

1926 年 8 月 27 日发行

图 画

法国名小说家毛柏霜肖像

树影波光（摄影名作） 张雅云摄

文 字

编者的报告 编 者

借 黄 叶

生活史中之断片 陈琴庐

几页破裂的日记 张碧梧

忠厚的失败者（二，完） 沈家骧 江红蕉***

赋辨 胡怀琛

食物别名录 徐心吾

几个民间诗人（四） 编 者

冰丐

孙次青

贩米者黄藻

刘铁匠

阍人顾骑龙

小说枝谈（续五） 蒋瑞藻****

《幽闺记》

《渔家乐》

《东坡梦》

《琵琶记》

劳苦世界（长篇小说）（续二〇） Charles Dickens（狄金生）著 伍光建译

补 白

文艺谈屑（五） 烟 桥

诗人趣事 徐心吾*****

雨过（诗意画） 黄庚诗 胡同光画

洪杨时的新年 心 吾*****

---

* 原刊“目录”署“蒋瑞藻”，正文叠署“蒋瑞藻孟洁”。以后各期本文署名均如此。

** 原刊“目录”署“徐心吾”，正文署“心吾”。

*** 原刊“目录”署“沈家骧、江红蕉”，正文署“家骧、红蕉”。

**** 原刊“目录”署“蒋瑞藻”，正文署“蒋瑞藻孟洁”。

***** 原刊“目录”署“徐心吾”，正文署“吾心”。

小诗（二首） 饶荣春

第 14 卷 第 10 期

女子文艺专号—

1926 年 9 月 3 日发行

图　画

蝴蝶（彩画） 徐苕苕女士画

高丽女子之舞剑（照片，附寄尘诗）

舞（照片） 王锡华摄

文　字

编者的报告 编　者

堕落 萍倩女士*

等 月　侣

他的爱 钱萍倩女士

遗影 吴克勤女士

好兄妹 唐静宜女士遗稿

世界文艺谈丛 沈剑影

文学家协会

诺贝尔奖金

稿费

世界新闻事业

地理谈片 剑影女士**

亚美利加之友见者

世界小国

另外一栏

《静好阁诗草》选 〔日〕兰畹女士

秋夜

春日偶成寄外

偶成

消夏吟

次韵夫君重阳见寄

题夫君画梅花

春送夫君赴荏土

偶成

初秋偶成

秋叶

夜坐

春日偶成

上巳

丁女琼翘十有三周年忌辰赋此

夜坐

捣练子·冬景

劳苦世界（长篇小说）（续二一）

Charles Dickens（狄金生）著

伍光建译

补　白

刺血诗（诗） 李芳树

冷光 沈剑影

春月（诗） 王元振

死光 沈剑影

小诗（三首） 月　子

第 14 卷 第 11 期

1926 年 9 月 10 日出版

图　画

毛柏露之家族合影（照片）

---

* 原刊“目录”署“钱萍倩”，正文署“萍倩女士”。

** 原刊“目录”署“沈剑影”，正文署“剑影女士”。

和平（荷瓶） 黄梅生摄

文 字

编者的报告 编 者
刘老伯 吕伯攸
黄娟幼妇 张枕绿
到深山里去（一） 陈琴庐
阔气的讣文 黄 叶
文坛秘录（六） 编 者辑
故台湾总统与韩荷生 秋 山
马君武之新文学 秋 山
兰花栽培法 童君乐
小说枝谈（续六） 蒋瑞藻*
《琵琶记》（续一）
劳苦世界（长篇小说）（续二二）
Charles Dickens（狄金生）著
伍光建译

补 白

中秋看月（俗语诗）（附篇者按语）
（失 名）
童心（诗） 吕伯攸
春的漫歌（一） 许伴山
春的漫歌（二） 许伴山
纸田 心 吾**
诗人趣事*** 心 吾**
东关（诗意画）
〔宋〕陆 游诗 胡同光画

* 原刊“目录”署“蒋瑞藻”，正文署“蒋瑞藻孟洁”。

** 原刊“目录”署“徐心吾”，正文署“心吾”。

*** 原刊“目录”漏此篇目。

第 14 卷 第 12 期

1926 年 9 月 17 日发行

图 画

道士（照片）
扬州之瘦西湖（照片，附寄尘按语）

文 字

编者的报告 编 者
谜 黄 叶
微笑 陈道希
邂逅（两幕剧） 黎秋萍
马上之友
〔日〕国木田独步作 唐小圃译
记李叔同先生 吕伯攸
补记李叔同先生 编 者
西洋草花小谱（一） 童君乐
劳苦世界（长篇小说）（续二三）
Charles Dickens（狄金生）著
伍光建译

补 白

鸟声（小诗） 饶荣春
双鹭（补白画） 胡亚光
猫（小诗） 月 子
泊秦淮（诗意画）
〔唐〕杜 牧诗 胡同光画

第 14 卷 第 13 期

1926 年 9 月 24 日发行

图 画

玉琢观音像（两色板）

密树小桥流水（摄影名作）
苏门答腊之淡水湖

文 字

编者的报告 编 者
弟弟的风景照片 胡寄尘
公事 黄 叶
幽弦 朱振霄
青年创作集（六）
风雪哀鸿 徐实君
小探险家 庄建章
马上之友（续，完）
［日］国木田独步作 唐小圃译
文坛秘录（七） 编 者辑
金圣叹之子孙 秋 山
辜鸿铭之嫉俗诗 秋 山
印度人之幻术 胡寄尘
敲诗小集（二次揭晓补录五次题目）
编 者
小说枝谈（续七） 蒋瑞藻*
《琵琶记》（续二）
劳苦世界（长篇小说）（续二四）
Charles Dickens（狄金生）著
伍光建译

补 白

离耳国 胡寄尘
小诗（二首） 荣 春**
扁舟 胡亚光

* 原刊“目录”署“蒋瑞藻”，正文署“蒋瑞藻孟实”。

** 原刊“目录”署“饶荣春”，正文署“荣春”。

第 14 卷 第 14 期

1926 年 10 月 1 日发行

图 画

高丽之美人（照片） 旭 亭摄
蒙古之美人（照片） 旭 亭摄

文 字

编者的报告 编 者
迟暮 陈道希
女学生 红 蕉***
十年前的老朋友 黄 叶
酒祟 苏兆骧
几个民间诗人（五） 编 者辑
张彬
某石工
关中规
隶卒长脚王
月季花谱（一） 吴灵园
小说枝谈（续八） 蒋瑞藻*
《琵琶记》（续三）
劳苦世界（长篇小说）（续二五）
Charles Dickens（狄金生）著
伍光建译

另外一栏

异伶传 陈澹然

补 白

题《小说世界》（集定庵句赠寄尘）
曹冷巢

*** 原刊“目录”署“江红蕉”，正文署“红蕉”。

春的漫歌（小诗） 许伴山
杂感（诗） 曾剑云
谈节假 剑 影*

第14卷 第15期
1926年10月8日发行

图 画
湖心亭畔月（画） 胡同光画
骆驼（照片） 旭 亭摄
文 字
编者的报告 编 者
好结果 〔俄〕柴霍夫作
白澍田 唐小圃译
痛苦的结合 张枕绿
到深山里去（二） 陈琴庐
青年创作集（七）
一幅难描写的图画 江文定
学者之失败 俞若冰
伊已经去得远了 月 侣
世界各国国歌译意 编 者录
美哉哥伦布（美国国歌之一）
星耀之旗（美国国歌之二）
马赛耶司（今译作“马赛曲”，法国国歌之一）
出阵之歌（法国国歌之二）
天命我君（英国国歌之一）
不列颠为宰（英国国歌之二）
德意志祖国（德国国歌之一）
德意志来因河（德国国歌之二）
奥国国歌
俄国国民赞美歌（俄国国歌之一）
荣誉（俄国国歌之二）
世界各国国歌补歌 编 者录
卿云歌（中国现时通用之国歌）
中国雄立宇宙间（袁项时由教育部公布为国歌今已取消）
中华民国国歌（章太炎拟）
亚东开化中华早（清华学校拟，美国留学生曾取代国歌）
这个自由的标帜（俞子夷、吴研因合拟）
尽力中华（赵元任拟）
我的中华（吴研因拟）
麦须儿诗（即法国“马赛曲”，王韬译）
马赛曲（刘半农译）
普鲁士爱国歌（即“德意志祖国”，王韬译）
芬兰国歌
文坛秘录（八） 编 者译
唐诗人贾岛墓 秋 山
颠不剌之注解 秋 山
另外一栏
异伶传（二） 陈澹然
补 白
爱的交易（诗） 黄 叶
小通信（致季楚书、致西门永怡）

* 原刊“目录”署“剑影女士”，正文署“剑云”。

编　者
海外诗简
思兄　孙文椿
即景　筱　盦
古人的健忘病　心　吾

第 14 卷　第 16 期
1926 年 10 月 15 日发行

图画
西泠桥上柳（画）　胡同光画
蒙古之骆驼（照片）　旭　亭摄
文　字
编者的报告　编　者
到深山去（三）　陈琴庐
老聋新聋　张枕绿
被牺牲的人们　吕伯攸
垂危　朱振霄
中国戏是什么　胡寄尘
月季花谱（二）　吴灵园
小说枝谈（续九）　蒋瑞藻*
《三国志演义》
劳苦世界（长篇小说）（续二六）
Charles Dickens（狄金生）著
伍光建译
另外一栏
遗稿之一页　李涵秋
柳二皮

* 原刊"目录"署"蒋瑞藻"，正文署"蒋瑞藻孟洁"。

补　白
小诗（二首）　饶荣春

第 14 卷　第 17 期
第二次女子文艺专号
1926 年 10 月 22 日发行

图　画
树与人（两色版，照片）
黄梅生摄
优秀舞（两江女子体育师范舞蹈之一）　黄梅生摄
梅花舞（两江女子体育师范舞蹈之二）　黄梅生摄
文　字
编者的报告　编　者
上帝保佑你
〔波〕显克微支作　CN 女士译
杨五婶子　苏芳洲女士**
余先生
〔法〕保罗莫项作　芳洲女士译
重重的疑云　吴克勤女士
新的生路（独幕剧）　吴克勤女士
梦欤（抒情散文）　CY 女士
乌鸦的故事（儿童文学）
唐静宜女士遗稿
记尼格拉瀑布　剑影女士***

** 原刊"目录"署"苏芳洲女士"，正文署"芳洲女士"。

*** 原刊"目录"署"沈剑影女士，正文署"剑影女士"。

另外一栏

黎明晖女士所唱之寒衣曲　编　者

慈母念子之曲

游子念亲之曲

劳苦世界（长篇小说）（续二七）

Charles Dickens（狄金生）著

伍光建译

补　白

李女士诗（附编者按语）　编　者

高丽女子诗（附编者按语）

吴少坡

湖滨口号（诗）　细

自题西湖泛雨图　胡沛平女士*

第 14 卷　第 18 期

1926 年 10 月 29 日发行

图　画

密宗大悲观音像（西藏名画）

东方塑像（《无双谱》画）

文　字

编者的报告　编　者

窗隙　野　鹤**

死人的笑　黄　叶

满意国　汤德明

乩仙始末　胡寄尘

月季花谱（三）　吴灵园

杜鹃花栽培法　童君乐

文坛秘录（九）　编者辑

蒙古人之军歌　秋　山

子弟书有东城调西城调之分

徐心吾

小说枝谈（续一〇）　蒋瑞藻***

《三国志演义》

《水浒传》

《续水浒（传）》

劳苦世界（长篇小说）（续二八）

Charles Dickens（狄金生）著

伍光建译

补　白

赵葵之婢女　心　吾****

来函　黄永棠

第 14 卷　第 19 期

1926 年 11 月 5 日发行

图　画

辽河之流水（满蒙一瞥之一）

旭　亭摄

蒙古人之畜牧生活（满蒙一瞥之二）

旭　亭摄

文　字

编者的报告　编　者

求学者之目的　胡寄尘

* 原刊“目录”署“胡沛正文署“胡浉”。

** 原刊“目录”署“闻野鹤”，正文署“野鹤”。

*** 原刊“目录”署“蒋瑞藻”，正文署“蒋瑞藻、孟洁”。

**** 原刊“目录”署“徐心吾”，正文署“心吾”。

忠悫的琴妮
Eleanor Fajcon 作　橄榄生译
故乡　赵吟秋
阿火的故事　吕伯攸
月季花谱（四）　吴灵园
作文莫用典　秋　山
文坛秘录（一〇）　编　者辑
《史记》之法文译本　秋　山
所谓上海之诗妓　秋　山
敲诗小集（第三次揭晓）　编　者
补　白
蜾屋杂记（八）　螺屋主人
汪精卫诗
琴鱼
小儿催眠歌
徐淡庐赠联
大泷道中　黄　叶
上野观樱　黄　叶

第14卷　第20期
1926年11月12日发行

图　画
兴安岭之森林（满蒙一瞥之三）
金刚山之一角（满蒙一瞥之四）
文　字
编者的报告　编　者
里巷中的故事　陈令庄
忠悫的琴妮（续，完）
Eleanor Fajcon 作　橄榄生译
名人的照相　黄　叶
园丁的儿子　陈琴庐
月季花谱（五，完）　吴灵园
论说出于纵横辨　胡怀琛
秋灯小记　编　者
小说枝谈（续一一）　蒋瑞藻*
《荆钗记》
《还魂记》（一）
劳苦世界（长篇小说）（续二九）
Charles Dickens（狄金生）著
伍光建译
补　白
梁山泊　徐心吾
春潮（诗）　独茧生
浣溪纱（词）　黄　叶
题皮箧　伧　父

第14卷　第21期
1926年11月19日发行

图　画
雪后（彩色）
鸭绿江之筏（满蒙一瞥之五）
旭　亭摄
兴安岭之雪（满蒙一瞥之六）
旭　亭摄
文　字
编者的报告　编　者
琳　陈道希

* 原刊“目录”署“蒋瑞藻”，正文署“蒋瑞藻孟洁”。

春农　Liam Flaherty 作　橄榄生译
失败　〔俄〕霍柴甫著
白澍田　唐小圃译
一张支票的酬谢　黎秋萍
记两种隐僻之宋史选本　闻野鹤
《宋诗啜醨集》
《宋诗略》
书呆子语录　书呆子
小说枝谈（续一二）　蒋瑞藻
《还魂记》（二）
《邯郸梦》
劳苦世界（长篇小说）（续三〇）
Charles Dickens（狄金生）著
伍光建译

补　白

螺屋杂记（九）　螺屋主人
记猫
山水名画作（无题）　胡亚光
灯谜记事　编　者
诗意画（无题）
〔唐〕钱　翊诗　胡同光画
横塘（诗意画）
〔宋〕范成大诗　胡同光画

第 14 卷　第 22 期

1926 年 11 月 26 日发行

图　画

大连之帆船（满蒙一瞥之七）
旭　亭摄
蒙古之沙丘（满蒙一瞥之八）
旭　亭摄

文　字

编者的报告　编　者
演说家　〔俄〕霍柴甫著
白澍田　唐小圃译
刈麦的竞赛
Liam O' Flaherty 著　橄榄生译
依心　姚赓夔
青年创作集（八）
最后一餐　辅　偕
雨夕　徐实君
痕泪　张跃渊
火灾　徐实君
敲诗小集（第四次揭晓）　编　者
洋水仙栽培法　童君乐
辨“国风”中之巫诗　胡怀琛
小说枝谈（续一三）　蒋瑞藻*
《邯郸梦》
《紫钗记》
《绣补记》
《玉块记》
劳苦世界（长篇小说）（续三一）
Charles Dickens（狄金生）著
伍光建译

补　白

默认的理会　苏兆骧
来函（致胡寄尘）　黎秋萍
归舟（画）　胡同光

* 原刊“目录”署“蒋瑞藻”，正文署“蒋瑞藻孟洁”。

春潮　独茧生
又一个消息　编　者

第 14 卷　第 23 期

1926 年 12 月 3 日发行

图　画

牧龙图（《柳毅传》插图）
法国约瑟林之风景（画）

文　字

编者的报告　编　者
灰烬　黄　叶
被雇的偷儿　程小青
镜中人言（一）　王西神
我软化了　吕伯攸
记李涵秋先生　张碧梧
女诗豪薄少君　胡寄尘
小说枝谈（续一四）　蒋瑞藻*
《金雀记》
《金瓶梅》
《浣纱记》
《红拂记》
《祝发记》
劳苦世界（长篇小说）（续三二）
Charles Dickens（狄金生）著
伍光建译

补　白

村中（诗）　苏兆骧
扁舟（五言诗）　胡谪凡
过何家村（五言诗）　胡谪凡
山水名画作　胡亚光

第 14 卷　第 24 期

1926 年 12 月 10 日发行

图　画

法国亚望之急湍（画）
六和塔畔（画）　胡同光画

文　字

编者的报告　编　者
女佣　吕伯攸
双子河边　张慧剑
镜中人言（二，完）　王西神
父亲之病　张碧梧
推敲余谈　编　者
井栏月上（叙事诗）　吕伯攸
课兰秘诀　张芳玉女士
劳苦世界（长篇小说）（续三三）
Charles Dickens（狄金生）著
伍光建译

补　白

山水名画作（二幅）　胡同光
偶感（集句诗）　紫薇花偶

第 14 卷　第 25 期

1926 年 12 月 17 日发行

图　画

天真（彩画）

* 原刊“目录”署“蒋瑞藻”，正文署“蒋瑞藻孟洁”。

北极雪景之奇观（其一）（照片）
北极雪景之奇观（其二）（照片）
上海半淞园之雪景（照片）
雪树槎枒（画） 胡同光画

文 字

编者的报告 编 者
杨柳树上髑髅 吕伯攸
父亲 〔俄〕柴霍甫著
白澍田 唐小圃译
夏天的听觉（附编者按）
闻野鹤
匿名信 戴景素
苦笑 赵吟秋
潭底遗尸
W.Teignmouth Share 著
守 静译
敲诗小集（第五次揭晓） 编 者
西洋花草谱（二） 童君乐
小说枝谈（续一五） 蒋瑞藻*
《玉合记》
《题红记》
《红蕖记》
《四声猿》
《琴心记》
劳苦世界（长篇小说）（续三四）
Charles Dickens（狄金生）著
伍光建译

补 白

虞山艳景诗 许伴山录
介绍汪穰乡笔记 编 者

第15卷 第1期
1927年1月1日发行

图 画

日本戏剧中之浔阳商妇（彩画）
新馆鹃声（日本伊香保之千明亭，照片）
风正一帆悬（摄影名作）
哺刍（摄影名作）
歌剧《三蝴蝶》之摄影（一）
胡惠生摄
歌剧《三蝴蝶》之摄影（二）
胡惠生摄

文 字

编者的报告 编 者
灰色的袍子 黄 叶
杜师母 江红蕉
母性 〔日〕加藤武雄作
唐小圃译
失去的黄昏 杨小仲
胜利
〔美〕Owen Oliver 作 胡嫣红译
少奶奶的死 吴克勤女士
凿头案（民间传说故事） 胡道静
康纳新栽培法 童君乐
给读者的第二封信 编 者
小说枝谈（续一六） 蒋瑞藻*
《寻亲记》

* 原刊“目录”署“蒋瑞藻”，正文署“蒋瑞藻孟洁”。

《东郭记》(一)
爱尔兰的野蔷薇(影剧本)
葛雷汉具格作 陈大悲译
多九公环游全世界(今镜花缘之一)
胡寄尘

补 白

小诗(四首) 戴光甫
小诗 汤增敭
小诗二首 莫餐英
波呀
思弟
螺屋杂记(一〇) 螺屋主人
油煎蚱蝠
木鱼书
小诗四首 莫餐英
夜归
落叶
期待
蜻蜓

第15卷 第2期

1927年1月7日发行

图 画

拿破仑夫人约瑟芬所居之离宫(照片)
日本侠客崎寅藏小像

文 字

编者的报告 编 者
媚眼儿 黄 叶
新征的兵
〔俄〕托尔斯泰著 朱瘦桐译
假的生活 张碧梧
分飞(上) 马鹃魂
文坛秘录(一一) 编者辑
刘铁云之后裔及其藏龟 夏 云
蒋观云(智由)之书债 夏 云
银蛙蟆(民间传说的故事) 秋 山
爱尔兰的野蔷薇(影剧本)(续一)
葛雷汉贝格作 陈大悲译
儿童国(今镜花缘之二) 胡寄尘

补 白

小诗(二首) 饶荣春
湖上杂诗(四首) 胡良成
东三省之土语 于䄃赓
吉林之哈士蟆* 于䄃赓

第15卷 第3期

1927年1月14日发行

图 画

沙士比亚之墓志(照片)
老人头?(复形画)

文 字

编者的报告 编 者
赝物
〔日〕加藤武雄作 唐小圃译
一个不重要的妇人 杨小仲
咫尺之间 黄 叶
分飞(下) 马鹃魂

* 此篇目原刊“目录”漏，据正文补。

小说枝谈（续一七） 蒋瑞藻[*]

《东郭记》（二）

《南西厢》（一）

爱尔兰的野蔷薇（影剧本）（续二）

葛雷汉贝格作 陈大悲译

无历国（今镜花缘之三）

胡寄尘

补 白

相思（民歌） 周敬盦录

第 15 卷 第 4 期

1927 年 1 月 21 日发行

图 画

巴黎之雪（一）（照片）

巴黎之雪（二）（照片）

文 字

编者的报告 编 者

古钱 吕伯攸

倒霉的音乐家 〔俄〕霍柴甫著

白澍田 唐小圃译

旧梦（一） 寒 玉[**]

蜜蜂

青年创作集（九）

秋意 陶哲盦

回忆的一幕 傅 雷

别离之夜 郭兰馨

欲望 俞若冰

敲诗小集（四五次揭晓，补录第六次题目） 编 者

小说枝谈（续一八） 蒋瑞藻[*]

南西厢（二）

爱尔兰的野蔷薇（影剧本）（续三）

葛雷汉贝格作 陈大悲译

四面国（今镜花缘之四）

胡寄尘

补 白

吉林风俗之一斑 于昶赓

家庭之良友（照片）

第 15 卷 第 5 期

1927 年 1 月 29 日发行[***]

图 画

书赵秋后诗赠寄尘（手迹）

李叔同书

李叔同先生将修梵行时之摄影

李叔同先生演新剧扮茶花女之摄影

李叔同先生在大慈山断食时之摄影

文 字

编者的报告 编 者

汽车中的妇人 黄 叶

* 原刊“目录”署“蒋瑞藻”，正文署“蒋瑞藻孟洁”。

** 原刊“目录”署“陈寒玉”，正文署“寒玉”。

*** 原刊封面署“一九二七年一月二十九日”出版发行，封底署“一九二七年一月二十八日初版发行”。

旧来的小猫　吕伯攸
不合时宜　红　蕉*
旧梦（二）　寒　玉***
水藻
再记李叔同先生　吕伯攸
又是一段关于李叔同的记载
孟忆菊
文学赏鉴法　编　者
爱尔兰的野蔷薇（影剧本）（续四）
葛雷汉贝格作　陈大悲译
补　白
请三姑　施醒狮
白蜂蜜　于昶赓
浣溪纱（词）　野　鹤**
谢寄尘赠诗稿　野　鹤**
游黄花岗忆母（诗）***
伍玉英女士
风景画　胡同光

第 15 卷　第 6 期
1927 年 2 月 5 日发行****

图　画
李叔同先生着时髦洋装时之摄影
李叔同先生与印度人合摄之影
李叔同先生第一次所作之木炭画
文　字
编者的报告　编　者
劫灰　黄　叶
端方门第　吕伯攸
穷同学　张慧剑
旧梦（三）　寒　玉*****
一枝紫藤花
爱神的忧愁（寓言）　徐阿腻
文坛秘录（一二）　编　者辑
况夔笙之旧书肆　夏　云
缪荃荪李莼客之藏书　夏　云
小说枝谈（续一九）　蒋瑞藻******
《南西厢》（三）
爱尔兰的野蔷薇（影剧本）（续五）
葛雷汉贝格作　陈大悲译
戏装国（今镜花缘之五）
胡寄尘
补　白
二郎爷　于昶赓
黑龙江之鱼及鞑子***　于昶赓
吉林之胡三太爷　于昶赓
小启事　编　者
花朝生笔记　蒋瑞藻
文如

* 原刊“目录”署“江红蕉”，正文署“红蕉”。

** 原刊“目录”署“闻野鹤”，正文署“野鹤”。

*** 原刊“目录”漏此篇。

**** 原刊封面署“一九二七年二月五日”出版发行，封底署“一九二七年二月四日初版发行”。

***** 原刊“目录”署“陈寒玉”，正文署“寒玉”。

****** 原刊“目录”署“蒋瑞藻”，正文署“蒋瑞藻孟洁”。

第 15 卷　第 7 期[*]
1927 年 2 月 12 日发行[**]

图　画
李叔同先生扮茶花女又一摄影
李叔同先生戴平天冠之摄影
文　字
编者的报告　编　者
韦先生在悼亡中　吕伯攸
惶恐的一夜　张碧梧
旧梦（四）　寒　玉[***]
辫子的故事
青年创作集（一〇）
别　陶哲盦
月夜　徐一波
姐弟　月　侣
鼠之嫁女（日本童话）　查士元
狭路（剧本）　查士元
小说枝谈（续二〇）　蒋瑞藻[****]
《南西厢》（四）
爱尔兰的野蔷薇（影剧本）（续六）
葛雷汉贝格作　陈大悲译

* 原刊“目录”漏列《新人》、《最后的祈求》、《骑马的人》三诗，而“目录”中所列的胡同光的画《征帆》，正文中却没有。编者在下一期《编者的报告》中对这些错误作了更正。

** 原刊封面署“一九二七年二月十二日”出版发行，封底署“一九二七年二月十一日初版发行”。

*** 原刊“目录”署“陈寒玉”，正文署“寒玉”。

补　白
答寄尘先生惠诗稿（七言诗）
王元振
狂歌　杨紫美
新人（诗）　吴克勤女士
最后的祈求（诗）　吴克勤女士
骑马的人（诗）
〔英〕某诗人作　吴克勤女士译

第 15 卷　第 8 期
1927 年 2 月 19 日发行

图　画
李叔同未出家时所写诗词手卷之一
李叔同未出家时所写诗词手卷之二
文　字
编者的报告　编　者
一夜　杨小仲
奇计　〔俄〕霍柴甫著
白澍田　唐小圃译
爱之雾　朱振霄
轻烟（一——二）　吕伯攸
替人浇菜（教育小说）　村学士
大丽花栽培法　童君乐
小说枝谈（续二一）
《南厢记》（五）　蒋瑞藻[****]
爱尔兰的野蔷薇（影剧本）（续七）
葛雷汉贝格作　陈大悲译

**** 原刊“目录”署“蒋瑞藻”，正文署“蒋瑞藻孟洁”。

补　白

花朝生笔记　蒋瑞藻

张非文

韦应真

小诗（二首）　独茧生

小诗（二首）　饶荣春

白石清泉相激鸣（画）　胡同光

第15卷　第9期

1927年2月26日发行

图　画

贾岛敲诗图（彩画）　张荻寒画

李叔同未出家时所写诗词手卷之三

李叔同未出家时所写诗词手卷之四

文　字

编者的报告　编　者

足迹　黄　叶

文官考试　〔俄〕霍柴甫著

白澍田　唐小圃译

一个新来的疯妇　张碧梧

轻烟（三——四）　吕伯攸

陀佛与战争（日本著名童话）

秋日雨省作　查士元译

说牡丹　布　衣

小说枝谈（续二二）　蒋瑞藻*

《南西厢》（六）

* 原刊“目录”署“蒋瑞藻”，正文署“蒋瑞藻孟洁”。

爱尔兰的野蔷薇（影剧本）（续八）

葛雷汉贝格作　陈大悲译

补　白

小诗　独茧生

寄若（诗）　前　人

花朝生笔记　蒋瑞藻

苗沛霖诗

吉林之高丽果　于昶赓

夏晓（诗）　胡谪凡

哭金鱼（小品文）　吴克勤

江亭送别（画）**　胡同光

第15卷　第10期

1927年3月5日发行

图　画

李叔同未出家时所写诗词手卷之五

李叔同未出家时所写诗词手卷之六

文　字

编者的报告　编　者

穴处　张慧剑

报复　黄　叶

轻烟（五——六）　吕伯攸

疑　赵苕狂

雄鹿占梦（日本著名童话）

查士元译

说芍药　布　衣

爱尔兰的野蔷薇（影剧本）（续九）

葛雷汉贝格作　陈大悲译

** 原刊“目录”漏此篇。

另外一栏

法味　丰子恺*

补　白

绝对**　徐实君
断桥落日（画）　胡同光
过小竹园（七言诗）　胡谪凡
幽静（小诗）**　胡谪凡
秋草（小诗）**　胡谪凡
花朝生笔记**　蒋瑞藻
　王冕

第15卷　第11期
1927年3月12日发行

图　画

李叔同未出家时所写诗词手卷之七
李叔同未出家时所写诗词手卷之八

文　字

编者的报告　编　者
邻婢　陈琴庐
轻烟（七——八）　吕伯攸
朋友　张慧剑
一寸法师（日本民间传说）
　查士元译
文坛秘录（一三）　编者辑
　建立诗人祠堂之提议　秋　山
　天南遯叟创办之循环报　秋　山

* 原刊“目录”署“丰子恺”，正文误署“子丰恺”。

** 原刊“目录”漏此四篇。

说桃　布　衣
他与她（长篇小说）
　〔波兰〕华罗琛女士***
劣偶国（今镜花缘之六）　胡寄尘

补　白

小诗　戴光圃
新秋（诗）　李问贫
《三笑姻缘》中之唐伯虎小像
　编　者
向女婿撒糠之风俗　吴卓运
朗吟（七言绝句）　秋　山

第15卷　第12期
1927年3月19日发行

图　画

李叔同未出家时所写诗词手卷之九
李叔同未出家时所写诗词手卷之一〇

文　字

编者的报告　编　者
木头阿连　吕伯攸
家庭教育　〔俄〕霍柴甫著
　白澍田　唐小圃译
飘泊后的归宿　陈琴庐
有意味之俗语　秋　山
哑谜（民间传说故事）　吕伯攸
日本伊吕波歌　查士元

*** 原刊“目录”署“罗琛女士”，正文署“华罗琛女士”。

他与她（续一）
〔波兰〕华罗琛女士*
阶级国（今镜花缘之七） 胡寄尘
补 白
中秋白马湖望月 王元振女士
花朝生笔记（一） 蒋瑞藻
羽素兰
新秋（诗） 李问贫
小通信（致投稿诸君） 编 者

第 15 卷 第 13 期
1927 年 3 月 26 日发行

图 画
鸥波万里谁能驯（彩画）**
崔莺莺小像（画） 〔宋〕陈居中画
芍药（照片） 君 儒摄
文 字
编者的报告 编 者
我是一只指环 吕伯攸
慈爱与恋爱 张碧梧
清明志感（一） 唐小圃
怨偶 苏兆骧
道士洞（民间传说的故事）
徐实君***
文坛秘录（一四） 编 者辑
石钟山记之又一说 心 吾
明名儒李卓吾墓碑之发见
心 吾
小说枝谈（续二三） 蒋瑞藻****
《南西厢》（七）
他与她（续二）
〔波兰〕华罗琛女士*
补 白
留佳客（集羽涔句题海藏楼）
冷 巢
破衣 吕伯攸
蜡梅（诗） 实 君

第 15 卷 第 14 期
1927 年 4 月 2 日发行

图 画
致朴庵（墨迹） 黄 兴书
儿葵（日本奇卉，照片）
查士元摄
文 字
编者的报告 编 者
血 吕伯攸
三种感觉 张枕绿
清明志感（二，完） 唐小圃
金先生的赐与 吴克勤女士
文坛秘录之秘录 编 者
春山秋山（日本著名童话） 查士元
小说枝谈（续二四） 蒋瑞藻****

* 原刊“目录”署“罗琛女士”，正文署“华罗琛女士”。

** 原刊正文误作“欧波万里谁能训”。

*** 原刊“目录”误作“徐宝君”。

**** 原刊“目录”署“蒋瑞藻”，正文署“蒋瑞藻孟洁”。

《南西厢》（八）
《太和记》
《跃鲤记》
《麒麟记》
他与她（续三）
〔波兰〕华罗琛女士*

另外一栏

文乎艺乎　华罗琛女士*

补　白

小诗　饶荣春
小诗（二首）　饶荣春
秋怀寄胡寄尘（诗，手迹）　庞柏子
海拉白蘑　于昶赓
故乡何处（小诗）　实　君**

第15卷　第15期
1927年4月9日发行

图　画

唐人小说中红线之小像（国画）
明柳如是画（国画）

文　字

编者的报告　编　者
归来　黄　叶
我的生日　吕伯攸
老僧　杨小仲
清天霹雳　程小青
十八罗汉（民间传说的故事）
秋　山
欧亨利小说　丝　环
小说枝谈（续二四）　蒋瑞藻***
《函髻记》
《玉簪记》
《疗妒羹》
《西楼记》
“石巢五种”
《燕子笺》
他与她（续四）
〔波兰〕华罗琛女士*

补　白

蜜蜂的合群性　茧
燕子的翅力　茧
春天（诗）　张泽厚
花朝生笔记（二）　蒋瑞藻
田家诗

第15卷　第16期
1927年4月15日发行

图　画

唐人小说中聂隐娘之小像（国画）
江苏彭城县之废塔（一）黄佐臣摄
江苏彭城县之废塔（二）黄佐臣摄

文　字

编者的报告　编　者

---

* 原刊“目录”署“罗探女士”正文署“华罗探女士”。

** 原刊“目录”署“徐实君”，正文署“实君”。

*** 原刊“目录”署“蒋瑞藻”，正文叠署“蒋瑞藻孟洁”。

失业　吕伯攸
同情泪
〔日〕岩下小叶作　唐小圃译
昨夜　陈琴庐
清天霹雳（续，完）　程小青
桃太郎（日本五大传说之一）
查士元译
小说枝谈（续二六）　蒋瑞藻*
《西游记》
《辽东传》
《今古奇观》
《渔简记》
《桃花扇》（一）
韩柳欧苏文之渊源　胡怀琛
他与她（续五）
〔波兰〕华罗琛女士**
补　白
小通信　编　者
春朝（小诗四首）　独茧生
朱买臣休妻年岁　张味苹
名家书牍　张味苹
隔壁（小诗）　胡谪凡

第 15 卷　第 17 期
1927 年 4 月 22 日发行

图　画
虎邱冷香阁（照片）
虎邱千人石（照片）
虎邱塔（照片）
文　字
编者的话　编　者
酝酿　唐小圃
兄弟　吕伯攸
旧礼服　程小青
切舌鸟（日本五大传说之二）
查士元译
郭四麻子的故事（民间传说的故事）
径　草
他与她（续六）
〔波兰〕华罗琛女士**
伉俪国（今镜花缘之八）
胡寄尘
另外一栏
一梦　露　存女士
补　白
卖猫契　蒋瑞藻
小诗　戴光甫
山馆（五言诗）　胡谪凡
白云寺（五言诗）　胡谪凡
入山（五言诗）　胡谪凡
风和雨（小诗）　实　君
怀人（小诗）　实　君
北海倩影（诗，附编者按语）***
徐则林

* 原刊“目录”署“蒋瑞藻”，正文叠署“蒋瑞藻孟洁”。

** 原刊“目录”署“罗琛女士”，正文署“华罗琛女士”。

*** 原刊“目录”漏此篇。

第 15 卷　第 18 期
1927 年 4 月 29 日发行

图　画

槟榔之海口（照片）　庐映绿摄
槟榔屿之中国宫殿（照片）
庐映绿摄

文　字

编者的报告　编　者
老哥哥　唐小圃
待遇　张碧涧
新日　天　游*
猴蟹之战（日本五大传说之三）
查士元译
敲诗小集（第六次揭晓）　编　者
说榴　布　衣
他与她（续七）
〔波兰〕华罗琛女士**
大鼠国（今镜花缘之九）　胡寄尘

补　白

小诗　叶疏影
说界评林之一斑　编　者录
陈道希君的《琳》(原载《时报》)
苏东坡小像（国画）***　慧　剑
孤舟（五绝）　胡谪凡
寒天（五绝）　胡谪凡

* 原刊“目录”署“俞天游遗稿”，正文署“天游”。

** 原刊“目录”署“罗琛女士”，正文署“华罗琛女士”。

小诗（五首）***　莫餐英

第 15 卷　第 19 期
1927 年 5 月 6 日发行

图　画

美人（日本名画）　五渡亭国贞画
山海关孟姜女祠（照片）

文　字

编者的报告　编　者
微波　吕伯攸
镜　〔法〕Catlle Mender 作
陈道希重译
新日（续完）　天　游****
活鬼　彭家煌
开花老祖（日本五大传说之四）
查士元译
说莲　布　衣
读《西青散记》(史振林著)
张慧剑
他与她（续八）
〔波兰〕华罗琛女士**

补　白

长跪　陶哲盦
小诗（二首）　叶疏影
振衣仞岗跃足万里流（诗意画）
〔晋〕左　思诗　胡同光画

*** 原刊“目录”漏这两篇目。

**** 原刊“目录”署“俞天游遗稿”，正文著“天游”。

小诗（三首） 夏病梅
友人招饮寓斋感赋（七言诗） 笠 云

第15卷 第20期
1927年5月13日发行

图 画

鉴湖女侠秋瑾写真（照片，附吴芝瑛挽联）
苏曼殊与佛诞生处碑（照片）

文 字

编者的报告 编 者
生命之源 黄 叶
别了十年后的故乡 张碧梧
囚 〔英〕John Walsworthy 作 陈道希译
溺死 张慧剑
乖媳妇（民间传说的故事） 吕伯攸
记叶楚伧先生 秋 山
噼啦山（日本五大传说之五） 查士元译
一叶诗话 螺屋主人
日本女子谈汉诗
日本首相清浦子爵诗
桥本关雪诗
纪事诗一
纪事诗二
莲叶何田田
虞山山歌
通俗诗文选本忘改成文
补 白
小诗（二首） 夏病梅
梨花月底两眉攒，敲遍阑干（诗意画） 丰子恺
哭与笑（小诗） 徐实君
说部中之官名 徐心吾
《上海花列传》（云间花也怜侬著）中之赵朴斋 徐心吾

第15卷 第21期
1927年5月20日发行

图 画

小孩子的微笑（彩画）
"可怜刘碧玉，高高嫁人时"（国画） 高剑文画
鸽之家庭（日本摄影名作）

文 字

编者的报告 编 者
可怜的妈妈（一） 杨小仲
竹节翁 张慧剑
一千镑的指环 程小青
救火队（两幕剧） 〔俄〕柴霍甫著 白澍田 唐小圃译
郑板桥的田家诗 胡寄尘
小说枝谈（续二七） 蒋瑞藻*

* 原刊"目录"署"蒋瑞藻"正文叠署"蒋瑞藻孟洁"。

《桃花扇》（二）
西洋花草小谱（三） 童君乐
他与她（续九）
〔波兰〕华罗琛女士*
小诗 夏病梅
小诗（二首） 夏病梅

第15卷 第22期
1927年5月27日发行

图 画
名古屋之城楼（日本摄影名作）
“湖心月上明如昼，树杪风生冷逼秋”（摄影名作）
文 字
编者的报告 编 者
可怜的妈妈（二） 杨小仲
石头和粘土 吕伯攸
那是他 〔俄〕柴霍甫作
白澍田 唐小圃译
美的究竟（剧本） 张慧剑
读《搜神记》（晋，于宝著）
胡寄尘
敲诗小集（第五六次揭晓补录）
编 者
他与她（续一〇）
〔波兰〕华罗琛女士*

* 原刊“目录”署“罗琛女士”，正文署“华罗琛女士”。

补 白
不是谜语 秋 山
宋太祖之白话诗 徐心吾
《苏曼殊诗集》 编 者
画（无题）** 胡同光

第15卷 第23期
1927年6月3日发行

图 画
鸽（画） 蒋南沙画
《他与她·自序》原稿（墨迹）
〔波兰〕华罗琛书
文 字
编者的报告 编 者
偶像（一）
〔日〕加藤武雄作 唐小圃译
傀儡 吕伯攸
邮箱里的小鸟
〔法〕Rene Bazin 作
道 希重译***
青年创作集（一一）
风雨之夕 窦 彬
星光闪闪的秋夜 江辅偕
海边之夜 伯 宁
文坛秘录（一五） 编 者辑
柳敬之世系 钱啸秋

** 原刊“目录”漏此篇。

*** 原刊“目录”署“陈道希”，正文署“道希”。

书篴诗（梦痕斋杂缀之一）
梦　侨
什么最宝贵（民间传说的故事）
吕伯攸
他与她（续一一）
〔波兰〕华罗琛女士*
补　白
双树临流（画）　胡同光
醉了（小诗）　夏诚预**
夏夜独坐（小诗）　夏诚预**
织女化蜘蛛（希蜡神话中插图之一）
编　者

第 15 卷　第 24 期

1927 年 6 月 10 日发行

图　画
鹰（画）　蒋南沙画
陈大悲演影戏《侠骨痴心》之一幕（照片）
文　字
编者的报告　编　者
偶像（二）
〔日〕加藤武雄作　唐小圃译
幸与不幸　吕伯攸
女孩儿家　姚赓夔
舟中　朱振霄
西洋草花小谱（四）　童君乐
槐篮（梦痕斋杂缀之二）　梦　侨
贫贱夫妻（独幕趣剧）　黎烈文
补　白
一转瞬间（小诗）　夏病梅
书《女孩儿家后》　编　者
阿德归来（荷马史诗中插图之一）
编　者

第 15 卷　第 25 期

（第 231 号）

1927 年 6 月 17 日发行

图　画
刺绣（彩色）
鸭　蒋南沙
雁　蒋南沙
李叔同最近墨迹（一）（二）（三）
李叔同
编者的报告　编　者
一颗泪
〔土〕Ahmed Bey 著　陈道希译
金钱转运公司　徐卓呆
旅途　叶疏影
二童子　〔俄〕霍柴甫著
唐小圃　白澍田译
皇皇
——苏锋给他姊姊的信
橄榄生
十八出（梦痕斋杂缀之三）　梦　侨
打板子（梦痕斋杂缀之四）

* 原刊“目录”署“罗琛女士”，正文署“华罗琛女士”。

** 原刊“目录”此两诗合题为“小诗”，署名“夏病梅”。此处篇名、署名俱从正文。

梦　侨
小说枝谈（续二八）　蒋瑞藻*
《长生殿》
《曲波园》
《扬州梦》
西洋草花小谱（五）　童君乐
贫贱夫妻（独幕趣剧）（续完）
黎烈文

补　白

伊文字寓言　秋　山
小诗（二首）　夏病梅
和调（诗）　夏病梅
蛙声（诗）　魏风江
只怕（诗）　魏风江
蛙声（诗）　夏病梅
落伍者的蜂蝶（诗）　夏病梅
夏天的早晨（教文诗）　汤增敭

第16卷　第1期
特刊号
1927年7月1日发行**

图　画

“燕子不知愁，啣花故绕楼”（彩画）
丰子恺画
天南遁叟（王韬）遗像（照片）
江建霞（江标）先生遗像（照片）
幻塔山人嘱书诗稿（手迹）
王　韬书
本杂志撰述吕伯攸及其夫人
刘克勤像（照片）
本杂志撰述人黄叶及其夫人
顾周瑜像（照片）

文　字

编者的报告　编　者
老招牌　戴光甫
旧事　姚赓夔
磨坊边
〔罗〕Eline Peline 作　道希译***
光明的两夜　张碧梧
玻璃国（今镜花缘之一〇）
胡寄尘
青年创作集（一二）　编　者辑
新创　陶哲盦
我的“人生断片”　郭兰馨
佣妇之泪　林亮曾
雨后　徐一波
日本的伊吕波歌　心　因****
说烟　童君乐
小说枝谈（续二九）　蒋瑞藻*
“十种曲”（李渔）
《意中缘》
“九种曲”（蒋心余）

* 原刊“目录”署“蒋瑞藻”，正文叠署“蒋瑞藻孟洁”。

** 原刊封面署“民国十六年七月一日”发行，封底署“民国十六年六月廿四日初版发行”。

*** 原刊“目录”署“陈道希”，正文署“道希”。

**** 原刊“目录”署“陈心因”，正文署“心因”。

《雪中人》
《桂林霜》
《桃花梦》
《六如亭》
《鸣凤记》
《鹦鹉媒》
换巢鸾凤记（长篇小说）（一） 天 游
补 白
画师（小诗） 戴光甫
小孩子（小诗） 戴光甫
古人名谜（选绝妙集） 杨春农*
西厢谜语（选绝妙集）（一）（二） 杨春农*
小诗 夏病梅
老疙瘩 于衵赓

第 16 卷 第 2 期
1927 年 7 月 8 日发行

图 画
城南草堂藏李叔同书法之一（墨迹）
城南草堂藏李叔同书法之二（墨迹）
文 字
编者的报告 编 者
醉 张慧剑
某将军与王槐树 陈大悲
云翳 朱振霄
葫芦国（今镜花缘之一一） 胡寄尘
文坛秘录（一六） 编 者辑
推潭仆远 夏 云
木鱼书 秋 山
英美小说杂志的一瞥（上） 程小青
小说枝谈（续三〇） 蒋瑞藻**
《万人敌》
《青霞锦》
《石头记》
换巢鸾凤记（二） 天 游
补 白
慈爱的母亲（小诗） 施成裕
我的责任（小诗） 施成裕
情绪（小诗） 施成裕
亲爱的小鸟（小诗） 施成裕
花朝生笔记（三） 蒋瑞藻
明名将戚继光诗
明名妓王琐小简

第 16 卷 第 3 期
1927 年 7 月 15 日发行

图 画
城南草堂藏李叔同书法之三（墨迹）
城南草堂藏李叔同书法之四（墨迹）
文 字
编者的报告 编 者

* 原刊正文漏署。

** 原刊“目录”署“蒋瑞藻”，正文叠署“蒋瑞藻孟洁”。

恐怖之夜　〔俄〕霍柴甫作　白澍田　唐小圃译
老虎皮　吕伯攸
偷儿的伙伴（附编者按语）　程小青
恋爱之胜利　胡嫣红
记平民诗人　编　者
　某轿夫
　王十四郎·王念四郎
　冯庚
　罗三
　伊半檐
　杨某
　汤宽文
　赵原仁
　洪月亭
　烧香山农人
英美小说杂志的一瞥（下）　程小青
小说枝谈（续三一）　蒋瑞藻*
　《聊斋志异》
　“阅微草堂五种”
　《旗亭记》
　《鹃红记》
　《谐铎》
换巢鸾凤记（三）　天　游

补　白

小诗　施成裕
评青年创作　编　者

* 原刊“目录”署“蒋瑞藻”，正文叠署“蒋瑞藻孟洁”。

剑侠之一（画）　任渭长
王献之像（画）　任渭长
阮姓渔人（珊瑚雕舌谈）　斐可勤
刘姓渔人（珊瑚雕舌谈）　斐可勤
春风　叶蔬影
会面　杭炎甫

第 16 卷　第 4 期

第三次女子文艺专号

1927 年 7 月 22 日发行

图　画

名画家庄虁诗女士写词稿
名画家吴杏芬女士手写诗稿

文　字

编者的报告　编　者
永远不忘的一日　梁冰如女士
飞絮　胡静美女士
迟暮　吴克勤女士
两个长夜　华韫辉女士
龙山片羽（书信）　徐璞汝女士**
一个冬天的早晨（散记）　波　影女士***
十个兄弟（民间传说的故事）　剑影女士****

** 原刊“目录”署“徐汝璞女士”，正文署“徐璞汝女士”。

*** 原刊“目录”署“仇波影女士”，正文署“波影女士”。

**** 原刊“目录”署“剑影女史”，正文署“剑影女士”。

关于薄少君的话 编 者
换巢鸾凤记（四） 天 游
补 白
太白楼上嬉春 史纪法女士
鉴湖女侠秋瑾遗诗（附编者按语） 秋瑾女士
赤壁怀古
秋山感别
送别
登采石矶翠螺山（七绝） 啸 笙女士
雪（七绝） 啸 笙女士
月饼的来历* 杨 凤女士
梁才女诗（附编者按语） 王士良

第16卷 第5期
1927年7月29日发行

图 画
桃花园（实地摄影）
文 字
编者的报告 编 者
银纸锞 吕伯攸
金钱万能 〔俄〕柴霍甫作 白澍田 唐小圃译
单恋者的安慰 张慧剑
梦人 张碧梧
宝华山纪游 蒋维乔**
小说枝谈（续三二） 蒋瑞藻***
《镜花缘》
《石榴记》
“拥艳三种”
《分绿窗》
《双鸳词》
《怀沙记》
《玉狮坠》
《南阳乐》
《丁壬烟语》
《夜谈随录》
《青湘楼》
换巢鸾凤记（五） 天 游
另外一栏
苏曼殊年谱 柳无忌
补 白
集句及集对 仲兆槐
书《梦人》后 编 者
陆放翁像 任渭长

第16卷 第6期
1927年8月5日发行

图 画
南浔张园之一角（张静江家园，照片） 褚民谊摄
城南草堂藏李叔同书法之五（书日本摺扇）

* 原刊“目录”漏此篇目。

** 原刊“目录”署“蒋竹庄”，正文署“蒋维乔”。

*** 原刊“目录”署“蒋瑞藻”，正文叠署“蒋瑞藻孟洁”。

文　字

编者的报告　编　者

太太们　〔俄〕柴霍甫作　白澍田　唐小圃译

深夜　范菊高

被委屈的署吏　Vassitza Momchilo Miloshlcvitch 作　退　翁译

螟蛉国（今镜花缘之一二）　胡寄尘

青年创作集（一三）

　龙华道士　王铁华

　芳邻　陶哲盦

　遗痕　郭兰馨

　江城夜笛　徐实君

　夏夜　病　梅

茅开的故事（民间传说的故事）　施文锦

换巢鸾凤记（六）　天　游

另外一栏

苏曼殊年谱（续完）　柳无忌

补　白

秦韬玉诗之可笑　仲兆槐

唐诗中之俗语　仲兆槐

第 16 卷　第 7 期

1927 年 8 月 12 日发行

图　画

八岁女书家邓梅孙小影（照片）

城南草堂藏李叔同书法之六（集经语联）

文　字

编者的报告　编　者

靴子　〔俄〕柴霍甫著　白澍田　唐小圃译

对子书主人的观察　张慧剑

放纵的妻子　张碧梧

青年创作集（一四）

　暮游　陶哲盦

　做人的滋味　亮　曾

　他的归宿　郭兰馨

文坛秘录（一七）　编　者辑

杨庆和诗正误　夏　云

刘申叔之考篮及其身后　夏　云

浙江潮原委质疑　杭辛斋遗稿

双清相士（民间传说的故事）　徐实君

小说枝谈（续三三）　蒋瑞藻*

　《红楼梦传奇》

　《鹤归来》

　《芝龛记》

　《翻西厢》

换巢鸾凤记（七）　天　游

补　白

哲夫社掌书来（五言长诗）**　野　鹤

凤兴（五言诗）**　野　鹤

* 原刊“目录”署“蒋瑞藻”，正文叠署“蒋瑞藻孟洁”。

** 原刊“目录”将此三诗合题“诗三首”，署“闻野鹤”；此处篇名、署名从正文。

选合（五言诗）* 野　鹤
《换巢鸾凤记》题词 俞陛云

第16卷　第8期
1927年8月19日发行

图　画

海天一览（摄影名作）
城南草堂藏李叔同书法之七（小简）

文　字

编者的报告 编　者
小牛生日的礼物 江　石
秋的启示（附编者按语）
恶作剧的童子 〔俄〕柴霍甫著
白澍田　唐小圃译
谁来救你 张碧梧
江宁县江乘乡汴梁碑记 蒋维乔**
栖霞山纪游 蒋维乔**
短简 编　者
关于鱼的话 吕伯攸
换巢鸾凤记（八） 天　游

补　白

窗外 郑绿影
口吃者的笑话 南　村
和潭石屏作（七言诗，手迹）***
黄　兴
二年元旦祝民国日报（七言诗，手迹）*** 黄　兴
屈灵均像（画） 陈洪绶****

第16卷　第9期
1927年8月26日发行

图　画

“长亭外年去岁来应折桑条过千尺”（彩画） 丰子恺画
城南草堂藏李叔同书法之八（诗稿）
城南草堂藏李叔同书法之九（诗稿）

文　字

编者的报告 编　者
秦淮河的灯与月 张慧剑
盲人
〔法〕莫泊三著　唐小圃重译
老廪生 陈琴庐
长眠国（今镜花缘之一三）
胡寄尘
文坛秘录（一八） 编　者辑
唐诗别字辨 寄　尘
记太平天国之新历 编　者
小说枝谈（续三四） 蒋瑞藻
《续琵琶记》
《苏香记》
《荔枝记》

* 原刊“目录”将此三诗合题“诗三首”，署“闻野鹤”；此处篇名、署名从正文。

** 原刊“目录”署“蒋竹庄”，正文署“蒋维乔”。

*** 原刊“目录”此二诗合题为“黄克强先生遗诗之一”。署“编者录”；此处据正文录。

**** 原刊“目录”署“陈洪绶”，正文署“陈洪绶”。

《笏山记》

《活世生机》

《列国志》(一)

换巢鸾凤记（九） 天 游

补 白

太平天国之历 含凉生

鸡（小诗） 魏风江*

期待着的星儿（小诗） 魏风江*

娇美的小花儿（小诗） 魏风江*

“鹦鹉会”与“蝴蝶会” 编 者

蝴蝶（小诗） 莫餐英

精卫（小诗） 莫餐英

第 16 卷 第 10 期

民间文艺专号

1927 年 9 月 2 日发行

图 画

明版《烈女传》中之孟姜女哭夫图 〔晋〕顾恺之画

《四游记》插图之一（附编者按语）

文 字

编者的报告 编 者

搬运神 朱紫盦

吝啬的富翁（中国民间传说的故事） 施文锦

田主与长工（中国民间传说的故事） 胡道静

草鞋桥（民间传说的故事） 仲兆槐

毛道士贩棉花（民间传说的故事，附编者按） 张逸之

呆女婿拜寿（民间传说的故事） 心 因**

舶趠风之神话与考证 含凉生

吹笛人（童话） 杨 凤女士

民间文艺书笈的调查 编 者

中外思想之接近 吕伯攸

换巢鸾凤记（一〇） 天 游

补 白

麻雀子（广东民歌） 刘万章录

民间流传的谜语（一） 编 者

民间流传的谜语（二） 编 者

第 16 卷 第 11 期

1927 年 9 月 9 日发行

图 画

本杂志撰述人吕伯攸先生小影

八岁女书家邓梅孙所书屏（其一）

文 字

编者的报告 编 者

画皮 芳 洲女士

一个副会计员的日记 〔俄〕柴霍甫著 白澍田 唐小圃译

---

* 原刊“目录”署“魏风冈”，正文署“魏风江”。

** 原刊“目录”署“杨心因”，正文署“心因”。

邻家的丧筵　张碧梧
讼师国（今镜花缘之一四）　胡寄尘
文坛秘录（一九）　编　者辑
　隐晦之小说家　烟　桥
山楼上（散文）　张慧剑
伯攸自述　吕伯攸
换巢鸾凤记（一一）　天　游

补　白

暑夜雨后　徐实君
小诗　魏风江*
毛诗谜　（选众妙集）
谒寄尘师兼读诗歌丛稿（五言诗）**
　苏兆骧

第16卷　第12期
1927年9月16日发行

图　画

李叔同先生所作水彩画
八岁女书家邓桃孙所书屏（其二）

文　字

编者的报告　编　者
王瞎子　侨　梦
约期取件　张慧剑
母亲的生辰　张碧梧
难言之隐　朱振霄
天财（民间传说的故事）　吕伯攸

* 原刊“目录”署“魏风冈”，正文署“魏风江”。

** 原刊“目录”漏此篇。

再书柳敬亭说书事　烟　桥***
小说枝谈（续三四）　蒋瑞藻****
　《列国志》（二）
　《封神传》
　《包公案》
　《杨家将》（一）
换巢鸾凤记（一二）　天　游

补　白

国字之各种写法　编　者
俗语谜　（选众妙集）
露卿返乡扫墓（七绝）　张枕缘
江边（五言诗）　胡谪凡
小诗二首　胡谪凡
落伍者（小诗）　徐实君
《儿女英雄传》中之道情　陈琴庐

第16卷　第13期
1927年9月23日发行

图　画

猫之嫉妒（彩画）
本杂志撰述人陈大悲先生化装小影（共三幅，附信函）
本杂志撰述人张慧剑先生小影

文　字

编者的报告　编　者
铁蒲托的眼镜（上）

*** 原刊“目录”署“范烟桥”，正文署“烟桥”。

**** 原刊“目录”署“蒋瑞藻”，正文叠署“蒋瑞藻孟洁”。

〔美〕刻替斯著　周瘦鹃译
偶像　张慧剑
喜剧　姚广夔
青年创作集（一五）
　求医　哲　盦*
　林间　陈征鸿
　遗孤　暮泊叠著　董家溁译**
　寒衣　哲　盦*
中国小说研究（一）　胡怀琛
女说书之源流　烟　桥***
换巢鸾凤记（一三）　天　游

补　白

河岸上（诗）　君　南
再记太平天国之历　烟　桥***

第16卷　第14期
中国神话研究专号
1927年9月30日发行

图　画

杭州进香（画）　丰子恺画
鹅笼中的书生（画，本期小说研究第二十六页插图之一）

文　字

编者的报告　编　者
识宝回子和江西人（阿刺伯化的中国神话）　胡寄尘

天妃娘娘　含凉生****
中日神话之比较　查士元
中国小说研究（二）*****　胡怀琛
编辑完了以后的话　编　者
换巢鸾凤记（一四）　天　游

补　白

神话的诗　秋　山
　目的克
春之神（小诗）　张　埨

第16卷　第15期
1927年10月7日发行

图　画

南浔庞园（照片）　褚民谊摄
南浔适园（照片）　褚民谊摄

文　字

编者的报告　编　者
旅客与提灯
　〔日〕秋田雨雀著　唐小圃译
铁蒲托的眼镜（中）
　〔美〕刻替斯著　周瘦鹃译
歌姬　徐国桢
画的赏鉴　道　希******
中国小说研究（三）　胡怀琛

---

* 原刊“目录”署“陶哲盦”，正文署“哲盦”。

** 原刊正文署“董家溁”，误。

*** 原刊“目录”署“范烟桥”，正文署“烟桥”。

**** 原刊“目录”署“范烟桥”，正文署“含凉生”。

***** 原刊“目录”作“中国神话之派别”，此处从正文。

****** 原刊“目录”署“陈道希”，正文署“道希”。

文坛秘录（一九）* 编者辑

记《神童诗》 寄尘

换巢鸾凤记（一五） 天游

补白

后园感事（诗） 徐实君

莺儿（小诗） 秋雯

落花（小诗） 秋雯

第16卷 第16期

1927年10月14日发行

图画

江楼秋病图（国画） 蔡哲夫画

虬髯客像（国画） 任渭长画

文字

编者的报告 编者

备审的前一夜 〔俄〕柴霍甫著 白澍田 唐小圃译

铁蒲托的眼镜（下） 〔美〕刻替斯著 周瘦鹃译

怕死的步兵 〔法〕杜德著 董家溁译

迷途者 张碧梧

堪舆家之祖（民间传说的故事） 郭兰馨

关于书籍的话 梦侨

小说枝谈（续三六） 蒋瑞藻**

《杨家将》（二）

换巢鸾凤记（一六） 天游

补白

钟声（小诗） 王宗炎

萤（小诗） 王宗炎

蛙声（小诗） 郑绿影

小诗（小诗二首） 徐实君

母性的爱（日本摄影名作）***

第16卷 第17期

1927年10月21日发行

图画

牧人（彩画）

弘一大师所写佛号（其一）

本杂志撰述人徐璞汝女士遗像

文字

编者的报告 编者

一个疯人 黎秋萍

别 张慧剑

车夫（一） 唐小圃

仙人洞（民间传说的故事） 王维藻

弹词话（一） 烟桥****

中国小说研究（四） 胡怀琛

另外一栏

徐璞汝女士传略 凌宛芙女士

---

* 原刊本期与十六卷十一期之“文坛秘录”均为“一九”。

** 原刊“目录”署“蒋瑞藻”，正文叠署“蒋瑞藻孟洁”。

*** 原刊“目录”漏此篇。

**** 原刊“目录”署“范烟桥”，正文署“烟桥”。

补　白

李太白像（录自《无双谱》）

小说和饮料（附编者按语）

夕　阳

第 16 卷　第 18 期

1927 年 10 月 28 日发行

图　画

弘一大师所写佛号（其二）

三十年前上海名妓朱慧百所写扇面（照片）

文　字

编者的报告　编　者

炮台之袭取

〔法〕梅礼美作　斐　儿女士译

母亲的爱　胡静美女士*

车夫（二）　唐小圃

羽子的梦（日本狂言）

〔日〕武者小路实笃作　查士元译

羊不逃（民间传说的故事）

吴家盛

弹词话（二）　烟　桥**

小说枝谈（续三七）　蒋瑞藻***

梁山伯

《三笑姻缘》

孟姜女

换巢鸾凤记（一七）　天　游

弟弟的哭声****　哲　盦

补　白

小通信　编　者

白云（其一）（诗）　郑绿影

白云（其二）（诗）　郑绿影

答寄尘寄赠诗稿　徐笠云

第 16 卷　第 19 期

1927 年 11 月 4 日发行

图　画

前尘影事卷子之一（墨迹照片）

前尘影事卷子之二（扇面照片）

文　字

编者的报告　编　者

外祖母出殡那天　吕伯攸

熊　〔法〕大仲马著　碧漪女士译

金钱耶恋爱耶　〔俄〕柴霍甫著

白澍田　唐小圃译

唐风国（今镜花缘之一五）

胡寄尘

人熊奶奶（民间传说的故事）

唐田玺

换巢鸾凤记（一八）　天　游

另外一栏

励俭会　〔波兰〕华罗琛女士

---

* 原刊“目录”署“胡静美女士”，正文署“胡静美女史”。

** 原刊“目录”署“范烟桥”，正文署“烟桥”。

*** 原刊“目录”署“蒋瑞藻”，正文叠署“蒋瑞藻孟洁”。

**** 原刊“目录”漏此篇。

补 白
文人小故事（两处，凡七则） 编 者
徐文长屡试辄蹶之原因 张子海
题林烈士奎贵诗（手迹） 黄 兴书
元年十月二十五夜有感（诗，手迹） 黄 兴书

第16卷 第20期
1927年11月11日发行

图 画
前尘影事卷子之三（扇面）
前尘影事卷子之四（词稿手迹）
文 字
编者的报告 编 者
药房的女主人 〔俄〕柴霍甫著 白澍田 唐小圃译
仇复 〔法〕莫伯桑作 碧 漪女士译
情侣 红 蕉*
青年创作集（一六） 编者辑
母亲的流泪 郭兰馨
疯 〔法〕莫泊桑作 董家滢译
不应公开的十封信 赵林少
文坛秘录（二〇） 编 者辑
侨装的中国小说 寄 尘
小说枝谈（续三七，完） 蒋瑞藻**
《老残游记》
《天方夜谈》
《婀娜小史》
杂记
换巢鸾凤记（卷下）（一二） 天 游
补 白
文人小故事（四则） 编 者
小诗（四首） 郑绿影***

第16卷 第21期
1927年11月18日发行

图 画
苏东坡（所咏）赤壁夜游图（彩画） 张荻寒
前尘影事卷子之五（手迹，词）
前尘影事卷子之六（手迹，词唐多令）
文 字
编者的报告 编 者
闹花灯 吕伯攸
最后的一朵秋海棠 胡嫣红
青年创作集（一七） 编 者辑
到城里去 马鹃魂
春晓 叶疏影
终要来的 徐实君
失败的买卖（民间传说的故事）

* 原刊“目录”署“江红蕉”，正文署“红蕉”。

** 原刊“目录”署“蒋瑞藻”，正文叠署“蒋瑞藻孟洁”。

*** 原刊正文漏署名，“目录”署“郑绿影”。

吴家盛
文坛秘录（二一） 编 者
口占口号
市招上的考古学 秋 山
中国小说研究（五） 胡怀琛
补 白
文人小故事（四则） 编 者
小诗 郑绿影
小通信（欢迎写粤桂滇川等省民间故事） 编 者

第16卷 第22期

1927年11月25日发行

图 画
前尘影事卷子之七（手迹，词石州慢）
前尘影事卷子之八（手迹，词高阳台）
文 字
编者的报告 编 者
弦边 张慧剑
杯中物 〔法〕莫泊三作 唐小圃译
巴维耶游记*（一）
〔法〕杜德作 董家潆译
美髯国（今镜花缘之一六） 胡寄尘
中国小说研究（六） 胡怀琛
换巢鸾凤记（二〇） 天 游
补 白
太平天国新历补记 编 者
深夜读书（小诗） 君 南
文人小故事（二则） 编 者
槟榔 张味苹

第16卷 第23期

1927年12月2日发行

图 画
前尘影事卷子之九（手迹，词满庭芳）
前尘影事卷子之一〇（手迹，七言诗四首）
文 字
编者的报告 编 者
骑马 〔法〕莫泊三作 碧漪女士译
秋影先生 张慧剑
巴维耶游记（二）*
〔法〕杜德作 董家潆译
神秘的家庭（一） 张碧梧
诗人国（今镜花缘之一七）
胡寄尘
中国小说研究（七） 胡怀琛
换巢鸾凤记（二一） 天 游
补 白
落叶（小诗） 朱秋雯
小诗（小诗） 朱秋雯
文人小故事（七则） 编 者

第16卷 第24期

1927年12月9日发行

图 画
美人读诗（日本名画之一）

* 原刊“目录”题作“巴维亚游记”，正文题作“巴维耶游记”。

石桥和训氏作
陶渊明像（据《无双谱》影印）

文 字

编者的报告 编 者
在理发馆里 〔俄〕柴霍甫著
白澍田 唐小圃译
笑 Bella Cohen 作 退 翁译
还击 张慧剑
神秘的家庭（二） 张碧梧
聋公国（今镜花缘之一八）
胡寄尘
中国小说研究（八） 胡怀琛
换巢鸾凤记（二二） 天 游

补 白

小诗（二首） 仇复欤
爱情面包（诗） 仇复欤
青苗 朱闲云*
杜少陵像（画） 张荻寒摹
艺术家之秘诀 秋 山

第16卷 第25期
特刊号
1927年12月16日发行

图 画

孔雀（日本名画之二）
荒木宽亩氏画
清道人手写文稿之一

* 原刊“目录”署“朱间云”，正文署“朱闲云”。

清道人手写文稿之二
“舐破纸窓客易补，损人阴骘最难修”（劝世画） 王一亭画

文 字

编者的报告 编 者
一仙 江 石
阴谋 〔俄〕柴霍甫著
白澍田 唐小圃译
忆琴（附编者按语）
卜来他斯古·福伊诺斯底著
退 翁译
水行车 张慧剑
数学国（今镜花缘之一九）
胡寄尘
多九公回国（今镜花缘之二〇）
胡寄尘
中国小说研究（九） 胡怀琛
古今诗歌变迁小史（上）（下）
胡怀琛**
换巢鸾凤记（二三） 天 游

补 白

最后一次的征求 编 者
关于国字的考证 烟 桥***
不尽（小诗） 仇复欤
小诗 魏维熊
金陵（小诗） 魏维熊
小诗 戴光甫

** 原刊正文篇名下署“胡怀琛”，“目录”误署“编者”。

*** 原刊“目录”署“范烟桥”，正文署“烟桥”。

繁星（小诗） 郑绿影
蝉（小诗） 郑绿影
读书之经验* 南 村

第 17 卷 第 1 期
1928 年 3 月发行**

图 画
"相蓬意气为君饮，系马高楼垂柳边"（封面彩色漫画） 丰子恺画
天真烂漫的女孩子（彩画）
桃花源之又一摄影（照片，《记桃源洞》插图）
大休上人画山水长卷之一（国画《大休上人传略》插图）
大休上人画山水长卷之二（国画《大休上人传略》插图）
孩子（日本摄影名作之一）
静竿（日本摄影名作之二）
法国电影名片《冰岛渔夫》之一幕（影片）
杨州瘦西湖之五亭桥（照片）
欧印伯写《兰亭序》墨迹之一
欧印伯写《兰亭序》墨迹之二
文 字
编者的报告 编 者
温泉 〔日〕久米正雄作 唐小圃译
死的结婚 〔美〕Hawthorne 著 周瘦鹃译
师恩与酒害 唐小圃
父亲的忏悔 苏兆骧
昙花 吕伯攸
——致殇儿倍倍
四姑母 江 石
奇怪的犯人 黄 叶
湖上 张秋虫
金师母 顾志筠女士
稗官辨 胡怀琛
瞽者唱诗辨 胡怀琛
河伯娶妇志疑 胡怀琛
天南遯叟 烟 桥
换巢鸾凤记（二四） 天 游
换巢鸾凤记（二五） 天 游
另外一栏
大休上人传略 方镇华
记桃源洞（录天津《益世报》） 恨 木
补 白
复范烟桥书 编 者
月亮爷（奉天金川儿歌） 百愁生录
小诗（二首） 郑绿影
黄鹤楼诗案 烟 桥
《今镜花缘》序 胡寄尘
老疙瘩 马宗伏
北方金厂工人的"行话" 吕瑞甫

* 原刊"目录"漏此篇，此据刊物正文补。

** 本刊从第十七卷改周刊为季刊起，各期出版发行时间均只署年份、月份、不署日期，所以以下各期发行时间只有年份、月份。

第17卷　第2期

1928年6月发行

插　图

"提笼忘采叶，昨夜梦渔阳"（封面彩色漫画）　丰子恺画

郊野（彩色）　洪　野画

诗稿两首（手迹）　许静仁书

饮酒和尚图（漫画）　大休上人画

大乘经书稿（手迹）　大休上人画

叶楚伧近影（照片）

北京万牲园之一瞥（照片）　冯竹虚摄

日本中禅寺畔之风景　查士元摄

摹兰亭序之三（墨迹）　顾印伯书

摹兰亭序之四（墨迹）　顾印伯书

编者曰　编　者

短篇小说

黑面幕　〔美〕Hawthone著　周瘦鹃译

已往的仆妇们　吕伯攸

舒先生的怪梦　黄　叶

法律的威严　江红蕉

乍见　张秋虫

绿野　苏兆骧

聪明的小厮　〔俄〕柴霍甫著　白澍田　唐小圃译

社会一瞥

茶舍　徐孟安

统舱中的生活　江　毁

归期　魏维熊

呻吟　徐实君

思量　郭兰馨

青年创作集（一八）

秋舲秋　徐弘道

鹧鸪的恐惊　〔法〕杜德著　董家潆译*

《世说新语》选译（一八则）胡道静

微笑　陈征鸿

雪夜杂诗　沈剑影女士

杂　文

南社掌故　秋　山辑

南社君

南社第四次修改条例

新南社发起宣言

新南社组织大纲

《南社丛选》汪（兆铭）序

《南社丛选》傅（能湘）序

《南社丛选》柳（弃疾）序

《南社丛选》（胡韬玉）自序

罗隐秀才的讦语　范烟桥

民间文学琪谈　吕伯攸

世界各国国花谈　仲兆槐

长篇小说

换巢鸾凤记（二六、二七）　天　游遗稿

补　白

李苹香书扇诗之窃案　鹤　巢

* 原刊正文署"董家荣"，"目录"署"董家潆"。

苏雪林女士诗
物以人名　徐心吾
蛇岭　雪林女士
松岭　雪林女士
父亲的遗像　张冻麦
树影（一）（小诗）　张冻麦
树影（二）（小诗）　张冻麦
文人小故事　编　者
　俗耳针砭诗肠鼓吹
　水松牌
　换茶醒酒
　虞永兴书
饮野亭得长句（七律）　雪林女士

第 17 卷　第 3 期
1928 年 9 月发行

插　图
“荷苙带斜阳，青山独归远”（封面彩色漫画）　丰子恺画
李伯元遗像（照片）
长江帆影（照片）　徐实君摄
明末说书者柳敬亭像（画）　小　某画
《督督推事》插图（画）
《酒与瘦马》插图（画）
《先生之墓》插图（画）
梅雨初霁
摹兰亭序墨迹之五　顾印伯书
摹兰亭序墨迹之六　顾印伯书
编者曰　编　者

短篇小说
饭的指挥　吕伯攸
热度　胡寄尘
一个法兰西的侠妓　〔法〕莫伯桑著　惠　生译
酒与瘦马　〔日〕秋田雨雀著　唐小圃译
先生之墓　〔日〕秋田雨雀著　唐小圃译
监督推事　〔日〕秋田雨雀著　唐小圃译
恕　Lizette Wood Worth Rcese 著　退　翁译

社会一瞥
十日局长　江　石
她的生活　寒　玉
一件恋爱的故事　张舍我

青年创作集（一九）
车上　李希贤
哭弟　夏病梅
误会　月　侣
失去的晚间　徐实君

杂　文
日本印象记　查士元
西洋人之日本观　查士元*
文艺谈屑　范烟桥

另外一栏
江门节物诗

* 原刊“目录”署“查土元”，正文署“士元”。

〔日〕藤森大雅著　编者辑*
门礼
道中双大
宝图船
七种菜粥
唱杨花
雏偶
花瓮
假兵仗
开河
过夏
筱笺
茄牛瓜马
月圆
略历
促节季
扫煤
春饼
年市
撒豆
讨帐鬼
春秋宫词　李步青**
鲁（一七首）
王朝（六首）
齐（一五首）
晋（一七首）
宋（五首）
卫（一四首）
郑（九首）
陈（四首）
蔡（一首）
楚（八首）
秦（一首）
纪（一首）
芮（一首）
郝（一首）
营（一首）
祀（二首）
鄫（一首）
鄗（一首）
祁（一首）
许（一首）
长篇小说
换巢鸾凤记（二八）　天　游
补　白
花（诗）　张冻麦
光（诗）
F.W.Bourdillon 作　苏兆龙译
机上女　Orrick Johns 作　苏兆龙译
惣字　秋　山
表（小诗）　孙寅郊
《老柳游记》柳氏藏书新证
鹤　巢
长荚写月诗　秋　山
雨后（五言诗）　胡谪凡
落日（五言诗）　胡谪凡
《春秋宫词》跋　李步青***

* 原刊“目录”署“编者辑”，正文署“日本藤森大雅”，漏注译者。

** 原刊“目录”署“编者辑”，正文篇名下署“李步青”。

*** 原刊“目录”与正文篇名下均无署名，此署名据《春秋宫词》作者补。

第 17 卷　第 4 期
1928 年 12 月发行

图　画
“湖落夜江斜月里，两三星火是瓜洲”（封面彩色漫画）　丰子恺画
雪夜访戴图（彩色）　张荻寒画
湖光塔影（二色）

编者曰　编　者
短篇小说*
芑茶的故事　K.Bercouici 著　吕伯攸译
一件商品〔法〕莫泊桑著　惠　生译
读书　〔俄〕柴霍甫著　唐小圃　白澍田译
乡女的姻缘　G.G.Acquainted 著　退　翁译
一个农家女的故事　Gay de Maupassant 著　徐守一重译
处女的烦恼　〔俄〕柴霍甫著　薇娜女士译
社会一瞥
米米舍拉米　江　石
旅途中　陶哲盦**

谁之恋人　月　侣
一段告白　刘一鸣
青年创作集（二〇）
离愁　赵吟秋
新年的一幕（独幕剧）　徐实君
长恨　月　侣
杂　文
天目山游记　蒋维乔
汉译柴霍甫的小说调查　张慧剑
另外一栏
群芳别传　蒋瑞藻辑
梅华传（梅）　〔元〕王　冕
梅伯华传（梅）〔明〕何乔新
白知春传（梅）〔明〕洪　璐
君子传（荷）　〔明〕叶　受
姚黄传（牡丹）〔明〕李　珮
兰馨传（兰）　〔明〕方　宇
黄华传（菊）　〔元〕杨维桢
洪离传（荔支）〔明〕王　褒
江妃传（荔支）〔明〕谢肇淛
绛囊生传（荔支）　〔明〕徐　通
十八娘传（荔支）　〔明〕黄履康
黄甘陆吉传（柑）　〔宋〕苏　轼
木公传（松）　〔明〕洪　璐
楮待制传（楮）〔明〕闵文振
此君传（竹）　〔宋〕刘子翚
清虚居士传（竹）〔明〕方　清
管若虚传（竹）〔明〕洪　璐

* 原刊“目录”此栏均未署作者而只署译者，译者名字后面无“译”字，此处译、作者均据正文补。

** 原刊“目录”署“陶哲盦”，正文署“哲盦”。

昌阳传（菖蒲） 无名氏
温陶君传（麦）〔宋〕苏 轼
丰本传（韭）〔明〕王 肃
疏介夫传（芥）〔明〕沈 周
罗伯英传〔萝蔔〕〔明〕高应经
叶嘉传（茶）〔宋〕苏 轼

补 白

水 Hilda Conkling 作 苏兆龙译
剧中短剧*
Scudder Middleton 作 苏兆龙译
奢望 John Farrar 作 苏兆龙译
暴雨 雪林女士
论合刊 秋 山
征求*

第 18 卷 第 1 期

1929 年 3 月发行

图 画

“波上马嘶看棹去，柳边人歇待船归”（封面彩画） 丰子恺画
桄榔屿山顶铁道（照片，两幅）孤艇（国画） 马 远画
中国小说家冷血肖影（照片）
江妃二女神图（湘君、湘夫人像）（国画，据《图书集成》影印）
顾印伯写兰亭墨迹之七（墨迹）

编者曰 编 者

短篇小说

困阨
——秋侬的日记 芳 洲女士
情证 沂 孙
五平翁的失策
〔日〕加藤武雄著 唐小圃译
俘囚 〔法〕莫泊三著 碧漪女士译
澡堂琐谈 〔俄〕柴霍甫著
唐小圃 白澍田译
情场的败北者
〔法〕贾克佛尔著 董家溁译

杂 文

南社掌故续录 秋 山辑
南社雅集小启 南 社
民国十七年十一月十四日《新闻报》记事 记 者
南社纪念雅集小记（见十七年十一月十五日《晶报》）
钏 影
南社二十周年纪念虎邱雅集呈同社诸子（调寄桂枝香）（见《新闻报》） 郭成爽
南社虎邱之会（见《新闻报》）
赵赤羽
南社二十周年纪念冒雨集于虎邱（见《东方文化》）
胡怀琛
九华山纪游 蒋维乔**

* 原刊“目录”漏，据正文补。

** 原刊“目录”署“蒋竹庄”，正文署“蒋维乔”。

黄山纪游　蒋维乔*
文学中的桃花和桃实　吕伯攸

剧　本

隐瞒（独幕剧）　张舍我

长篇小说

换巢鸾凤记（二九）　天　游**
换巢鸾凤记（三〇，完）天　游**

另外一栏

黄山僧　雪林女士

补　白

雪花（小诗）　郑绿影
卖菜佣（又是一个民间诗人）　松　盦
寂寞　胡谪凡
买菊（七律）　寄　尘
守岁（五律）　秋　山
早春郊行（五律）　秋　山
中国最早之国文教科书　秋　山
蚌埠的金龙四大王　杨叔和

第 18 卷　第 2 期

1929 年 6 月发行

图　画

"折得荷花浑忘却，只将荷叶盖头归"（封面画，彩画）　丰子恺画
竹林七贤图（彩画）
槟榔屿升旗山风景（《南游杂记》插图，照片）
槟榔屿极乐寺前之新路（《南游杂记》插图，照片）
槟榔屿蛇庙前风景（《南游杂记》插图照片）
暹罗皇之镇国象（《南游杂记》插图，照片）
到三宝洞必经之路（《南游杂记》插图，照片）
河伯像（据《山海经》影印，国画）
顾印伯写兰亭序墨迹之八
顾印伯写兰亭序墨迹之九
编者曰　编　者

短篇小说

贵重的狗　〔俄〕柴霍甫著　唐小圃　白澍田译
斜面镜　〔俄〕柴霍甫著　唐小圃　白澍田译
恶风　〔美〕Robert Robinson 著　吴衡之译***
惨笑　A.B.Shiffrin 著　退　翁译
天上地下　赵苕狂****

剧　本

伴侣（一幕剧）　〔奥〕A·Schnitzler 著　周伯涵译

* 原刊"目录"署"蒋竹庄"，正文署"蒋维乔"。

** 原刊"目录"署"俞天游"，正文署"天游"。

*** 原刊"目录"署"退翁"，正文叠署"退翁吴衡之"。

**** 原刊"目录"署"苕狂"，正文署"赵苕狂"。

游　记

白岳纪游　蒋维乔*

严子陵钓台纪游　蒋维乔*

南游杂记　张屏翰

文学论文

文学杂论　编　者

记《全相平话三国志》　〔日〕盐谷温著　夏　云译

文学考证

诗社考　胡寄尘

道斯托耶夫斯基年表　梦　乔

河伯事迹丛录（《九歌》神名考之一）　胡道静辑

《石壕吏》考证　汪剑余

补　白

《标点宫词》第二序　编　者

月和松（小诗）　郑绿影

题《苏曼殊（全）集》后　秋　山

小床上（小诗）　郑绿影

为朱子馨谷题秋山无尽图（调寄离亭怨）　郭成爽

小通考　编　者

三二家宫词新序（即《标点宫词》第一序）　编　者

小麻雀（小诗）　绿　影

见落梨花（七绝）　王宗炎

闻蟋蟀（七绝）　王宗炎

* 原刊“目录”署“蒋竹庄”，正文署“蒋维乔”。

第18卷　第3期

1929年9月发行

图　画

“百尺梧桐画阁齐，箫声吹落彩云低”（彩画）**　丰子恺画**

南洋槟榔屿之山顶铁道（照片，二幅）

托尔斯泰及其夫人（照片）

唐代女诗人、女道士鱼玄机小影（国画）　秋　室画

日本名胜本愿寺之全景（照片）

日本名胜本愿寺之大师堂（照片）

邓石如先生之石像（照片）　鲍庆甲摄

丁敬身先生之石像（照片）　鲍庆甲摄

西湖黄龙寺大门（照片）　鲍庆甲摄

西湖黄龙寺殿前（照片）　鲍庆甲摄

编者曰　编　者

短篇小说

靴匠与魔鬼　〔俄〕柴霍甫著　唐小圃　白澍田同译

官僚与产婆　〔俄〕柴霍甫著　唐小圃　白澍田同译

诚必灵

** 原刊“目录”漏封面题目、作者，此画名与作者据《编者曰》补。

Morgan Burke 著　退　翁译*
家庭隐恨
Rupert Hughes 著　退　翁译*
海底理想国（著者佚名）卓　呆译
局外的判断　卓　呆
杂　文
汲古阁主人小传　龚寅斗
铁网珊瑚纪略　龚寅斗
几则小说史料　胡寄尘
（一）《警世通言》失传之年代及失传之故
（二）《狸猫换太子》之小考证
（三）《今古奇观》中之国际贸易情形
（四）"老虎外婆"传说之小考证
（五）《百家书》钩沉
词集别称考　胡道静
长篇小说
流星过客（未完，待续）
（著者佚名）过　客译
另外一栏
我佛山人遗诗（据《月月小说》选录）　编　者辑
清明日寻先兄墓韵（七绝八首）　吴趼人
刘吉甫婚（七绝二首）　吴趼人
七月十九夜接家季文电（五律二首）　吴趼人
阻舟汉上（七绝）　吴趼人
眺黄鹤楼故址（七律）　吴趼人
舟过晴川阁（七绝）　吴趼人
鹦鹉洲吊弥正平（七律）
吴趼人
虎牙滩（五排）　吴趼人
后庭宴·惜别（词）　绿　刍
点绛唇·榴花（词）　红　刍
春夜闲琴（七绝）　红　刍
夏日杂咏（七绝四首）　红　刍
春游杂诗（七言古风）　红　刍
寒月（小诗）　郑绿影
早春杂诗（七绝三首）　红　雏
早春杂诗（七绝三首）　绿　雏
示大风社诸君（五律）　秋　雪
雪人（小诗）　绿　影
题画（七绝）　秋　雪
逸珊的筑百花坟诗（七绝）
史济行录
次韵答寄尘（附胡寄尘按语）
柳亚子
倾盃令·烹茶　绿　刍
一剪梅·咏梅子　绿　刍

第 18 卷　第 4 期
1929 年 12 月发行

图　画
"家住水西东·浣纱明月下"（封面彩画）　丰子恺画
西湖灵峰寺补庵前之梅园（照片）
鲍庆甲摄

* 原刊"目录"署"退翁"，正文叠署"退翁吴衡之"。

老鼠嫁女图（画，补白《老鼠嫁女》插图） 〔日〕刚本归一画
乡人崇拜野神之偶像（照片）
元刻本古今杂剧之一页（照片）

短篇小说

布烈小传 Zone Gale 著 退 翁译
藏僧闲话
Harry Hervey 著 退 翁译
林中 Glenway Wescott 著 退 翁译
吕西盎致梅斯妮书
〔法〕卜尔忍、杜微勒、朱维老、贝老四人同著 董家潆译
深夜 杜少山

文学论文

柳翠传说考
〔日〕青木正儿著 郑师许译
《搜神记》的研究 胡怀琛
——标点搜神记序 胡怀琛

杂 文

一个民间故事 吕伯攸
西洋名诗译意 苏兆龙译
人生（Amory Hare 作）
晚鹦鸣声（William Ernest Henley 作）
航海熟（John Masefeld 作）
风琴（David Herbert Lawrence 作）
哲学（David P.Sentner 作）
慎勿采野花（John.V.A.Weaver 作）
星（Grace Hazard Conkling 作）
箜篌（Aline Kilmer 作）
礼拜堂（Mercedes De Acosta 作）
从彝器文字里所见的先民文学思想 野 鹤*
八卦与数目字的关系 编 者
民间文艺书籍的调查（二） 秋 山
金刚石 梦 侨

长篇小说

流星过客（续，完）
（著者佚名） 过 客译

补 白

移居即事（七绝二首） 秋 山
问蜡梅（五言诗） 编 者
代蜡梅苓（五言诗） 编 者
纳凉（五绝） 红 刍
苦热（五绝） 红 刍
一剪梅·梅子 绿 刍
小诗（三首） 一 航
书信（小诗） 张子金
吻（小诗） 张子金
老鼠嫁女（本期插图《老鼠嫁女》的说明） 编 者
春郊（小诗） 彭霞园
介绍《少年哥德》（柳无忌编） 秋 山
咏长烟筒诗（文） 编 者
杂诗（五排） 孔 芥
杂诗（五言六句） 孔 芥
关于《玉娇梨》 编 者

* 原刊“目录”署“闻野鹤”，正文署“野鹤”。

19 附录一 民众文学

简 介

《民众文学》是《小说世界》附刊中出版期数最多的一种，由《小说世界》社编辑并出版，随《小说世界》赠送，六十四开袖珍本， 已见第一至十期。

《民众文学》的思想倾向和《小说世界》在迎合小市民心理、趣味上是一致的，所不同的是以儿童为读者对象，因而以刊登童话、故事、笑话、漫画、小常识为主，大部分是用现代白话文所写的通俗作品，也有一些适合儿童背诵的古代诗歌，带有鲜明的儿童文学的特点。

《民众文学》原刊各期未注明出版发行时间，从《小说世界》有关各期注明的赠送情况中也不能确切断定它各期的出版发行日期，因而下面的“目录”中均不署发行时间。

目 录

第 1 期

发刊时的几句话 编 者
挥扬大地（画） 龚寿鹤
大家来看（画）
田园千家诗（诗歌）（一） 胡寄尘选
棉花 马苏臣
野牧园 张孝祥
中华民国（常识谈话） 惟 一
神槌记（童话） 夏华青
岳飞（小模范） 剑 庐
森美的祷告（小说）
〔美〕Elizabeth Harrison（哈里生）女士著 守 一译
欢迎小作品 编 者

第 2 期

救（滑稽连环画四幅） 龙游丘
田园千家诗（二） 胡寄尘选
古风（一） 聂夷中
古风（二） 聂夷中
寻菊花潭主人不遇 孟浩然
秋兴 陆 游
山行杂诗 叶玉森
山林杂诗（一） 俞庆肇
山林杂诗（二） 俞庆肇
中华民国（二） 惟 一
水晶宫（童话） 夏华青
山的故事（笑话） 胡文炜
小模范文天祥 剑 庐
逃学（二）（小说）
〔美〕Elizabeth Harrison（哈里生）女士著 守 一译
笑话 胡文炜
无母之儿 龙游丘

第 3 期

编辑的人说 编 者
大面孔（滑稽连环画四幅） 龙游丘
田园千家诗（三）（诗歌） 胡寄尘选
山村杂诗（一） 俞庆肇
山村杂诗（二） 俞庆肇
田家乐 汪 绎
吴兴杂诗 阮 元
乡村四月 翁 卷
暮田 刘子翚
中华民国（三）（常识谈话） 惟 一
犹莱姑娘（童话） 夏华青
红颜（童话） 华 清
班超（小模范） 剑 庐
猜信（小戏法） 红 红女士
月（小诗） 陈元芳
两个人字（笑话） 寄 尘
小家庭（小说） 胡寄尘

第 4 期

报仇（滑稽连环画并附说明） 龙游丘
田园千家诗（四） 胡寄尘选
喜雨 范成大
春日田园杂兴 范成大
夏日田园杂兴 范成大
秋日田园杂兴 范成大
冬日田园杂兴 范成大
冬日杂言 薛 嵎
王阳明（小模范） 剑 庐
以德报怨（童话） 何其宽
中华民国（四）（常识谈话） 惟 一
无花果（附图）（笑话） 靳 麟
燕瘦环肥（趣剧）（附插图一幅） 魂影女士
滑稽游记（小说）（附插图四幅） 寄 尘

第 5 期

鱼（滑稽连环画四幅） 龙游丘
田园千家诗（五） 胡寄尘选
夜闻邻家治稻 陆 游
咏蚕 蒋诒恭
农家 颜仁郁
社日 王 驾
采桑词（一、二） 无名氏
诸葛亮（小模范） 丘剑庐
魔杯（童话）（附插图一幅） 于定勋
公鸡和狐狸（童话） 靳 麟
牧童（短剧）（附插图一幅） 复星寿
小马利（小说）（附插图一幅） 〔美〕哈里生女士著 守 一译

第 6 期

鱼变（滑稽连环画四幅） 龙游丘
田园千家诗（六） 胡寄尘选
采桑词（三、四） 无名氏
志愿（笑话）（附图） 刘剑侯
张赛（小模范） 寒 玉
甚么使得我们觉着饿（常识谈话） 守 一
月仙（童话）（附插图二幅） 夏华青
奇异的金杯（童话）（附插图二幅） 何其宽
黄金国（小说）（附插图二幅） 胡寄尘

第 7 期

自然之舞（封面画） 畅 情
题《民众文字》（诗） 刘秩升
蜗喻（故事） 季诵廉
胖大姐的幸运（滑稽连环画四幅） 龙游丘

田园千家诗（七） 胡寄尘选
采桑词（五至一〇） 无名氏
雀子斑（笑话） 胡文炜
什么使得我们觉得渴（常识谈话）
守 一
世界寓言·第一集 胡寄尘
印度寓言（上）
偷衣之贼
鹰救主人（短剧）（附插画二幅）
何其宽
镜误（童话）（附插画二幅）
夏天民女士
舌头与心（笑话） 靳 麟
妖茶壶（童话）（附插图二幅）
夏天民女士

第 8 期

普及（封面画） 畅 情
暴风（歌曲） 齐雅斡词谱
拔洋伞（滑稽连环画四幅） 龙游丘
我们走路时为什么要将两手摆动
（常识谈话） 守 一
汽车（笑话） 胡文炜
奇异的算术 彭 直
考记忆力（游戏） 陈退思
不假思索的答案（笑话） 青
世界寓言·第一集 胡寄尘
印度寓言（上）
痴人食盐
三层楼
聪明的牧童（童话）（附插图三幅）
何其宽
食欲的惩罚（附插图二幅）
余则永煦
国王与囚犯（附插图二幅）
余则永煦
水母鱼（附插图二幅）
夏天民女士

第 9 期

安慰（封面画） 畅 情
揩油（滑稽连环画四幅） 陈济云
新道情 胡寄尘
除面皱法（笑话，附图） 林
伤风时为甚么闻不见气味 守 一
世界寓言·第一集 胡寄尘
印度寓言（上）
痴人卖炭
割肉还肉
有什么用 刘 宏
猫鼠朋友 By Grimm 著 安 愚译
致富术（童话）（附插图二幅）
夏华青
不要让老鼠听见了 （失名）
真是没出息的吗？（附插图二幅）
剑心女士

第 10 期

和平之音（封面画） 畅 情

拍照（滑稽连环画四幅）　陈济芸
木马（歌曲）　刘宏词曲
无线电（笑话，附图）　（失名）
为什么我们在黑暗中看不见东西　守　一
世界寓言·第一集　胡寄尘
印度寓言（上）
痴人种胡麻子（附插图一幅）
截树摘果（附插图一幅）
农夫思想王女（附插图一幅）
病（诗）（附插图一幅）　梦　侬
心术（童话）（附插图二幅）　夏华青
贫富平等（谐谈）　寄
拍照（二）（滑稽连环画四幅）　蒋仲和
小弟弟（童话）（附插图二幅）　胡采微
不诚实的结果（寓言）　诵　廉
游花园（诗底小说）（附插图一幅）　陈视泽
太阳与风（附插图一幅）　靳　麟
新道情（续）　胡寄尘
茅屋里的宝贝　戆　降

19 附录二 侦探号

简 介

《侦探号》，一九二四年十二月（原刊没署具体日期）发行，仅出一期，由《小说世界》社编辑、出版、发行，在《小说世界》之外单独征订·出售。十六开本，一百四十二页。编者曾在刊物上对它进行鼓吹与宣传，是编者最为重视的《小说世界》附刊。

《侦探号》的思想倾向和《小说世界》在迎合小市民心理、趣味上是一致的，所不同的是它刊登的全部都是情节较为曲折的小说。这些作品在故事惊险离奇这一共同特点之下，分别带有黑幕小说、公案小说、侠义小说、艳情小说的特色。

目　录

奸商卖国记　啸　庐
侠士箴　天虚我生
赌场母女　求幸福斋主
毒笔　Jack J.Gottieb 著　清　苑译
珠还记　张碧梧译
情海血潮　小　青
猜疑公案
Lcoyd Lonergan 著　龙　吟译
拾种竹翁事　指　严（遗稿）
X 无线电报局
G.M.温沙亚作　卓　呆译
孤岛三年记　范烟桥
五百磅　范唯荅
雨夜呼声　Christofher.B.Booth 著
张松涛译
无名飞盗　张庆霖
古屋藏奸记
Francis　James 著　碧梧桐馆译
银蟾医弩　坚　芳
海程的回忆　SS 译
子欤？　严芙孙
显魂节　陈国衡
复仇记　John Baer 著　张　林译
间谍骇闻
麦斯威尔著　少　芹　剑　舒译

20 浅　草

简　介

《浅草》文学季刊，“浅草社”自费出版的同人刊物，一九二三年三月二十五日创刊于上海，林如稷、陈炜谟编辑，泰东图书局发行，十六开本，横排。第二期后便不能如期出版，一九二五年二月二十五日终刊，共出四期。

“浅草社”是中国现代文学早期有影响的社团之一，一九二二年成立于上海，主要成员有林如稷、陈炜谟、陈翔鹤、冯至等。浅草社比较接近初期的“创造社”，受“为艺术而艺术”思潮的影响，倾向于真挚坦率地表现自我。《浅草》季刊是他们创办的第一个文学刊物，在第一卷第一期《卷首小语》中，编者陈述了刊物的宗旨：要在“荒土一般的苦闷的世界里来耕耘出一片新绿的浅草”，使它“每一枝叶都充满伟大使命”。并且表明“不高谈文学上的任何主义”，“不批评国内任何人的作品”，也“概不理论别人的批评”。因此，《浅草》不发表评论文章，只登诗歌、小说、剧本，还有一些只有几行字的颇有特色的随感录和散文诗。撰稿人除上述“浅草社”主要成员之外，还有罗青留、马静沉、党家斌、李开先、赵景深、陈竹影、胡絮若、高世华、韩君格（莎子）等。鲁迅在《中国新文学大系，小说二集序》中说：“他们的季刊，每一期都显示着努力：向外，在摄取异域的营养，向内，在挖掘自己的灵魂，要发见心里的眼睛和喉舌，来凝视这世界，将真和美歌唱给寂寞的人们。”

目　录

第 1 卷　第 1 期

1923 年 3 月 25 日出版

卷头小语

小　说

轻雾　陈炜谟

止水　林如稷

惆怅　罗青留

茫然　陈翔鹤

沉影　马静沉

诚之　党家斌

狂奔　林如稷

爱与恐怖　李开先

童心　白　星

婴孩　林如稷

诗

浣花溪的女郎　胡倾白

梨味（四首）　赵景深

流星（七首）　默　声

琴声（六首）　王怡庵

幽林（二首）　党家斌

无聊（四首）　马静沉

痛苦　章铁民

狂奔（十二首）　林如稷

月光（三首）　陈竹影

小星的舟群（五首）　罗青留

戏　剧

浔阳江　陈竹影

新婚者　罗青留

圣诞节夜　陈翔鹤

祖母的心　李开先

杂　录

曼言　石　君

茵音　白　星

编辑缀话　林如稷

第 1 卷　第 2 期

1923 年 7 月 5 日出版

小　说

流霰　林如稷

烽火燎唳　陈炜谟

孑孑　马静沉

回波　李开先

幸运　陈翔鹤

诗

枕上（四首）　胡絮若

诗意（六首）　冷玲女士

黄昏（四首）　默　声

杨花下的摇篮（六首）　王怡庵

诗　汇

海波　鹭　影

归宿　壮芸女士

游百花潭　李晓芸

别友　党家斌

盒心　赵景深

死神的微笑　胡倾白

吴淞江口望海　陈翔鹤

童话剧
嘉会 罗青留
童　话
莺之国的故事 韩君格
戏　剧
落花 陈翔鹤
散文诗
踽踽 白　星
散　文
醉 林如稷

编辑缀话 编　者

第1卷　第3期
1923年12月出版*

社友汤君懋芳遗影
小　说
甜水 陈炜谟
沉自己的船 高世华
意念 孔襄我
伊的心 竹影女士
葵堇 林如稷
青春的残迹 胡絮若
狰狞 君　培
绿纸 亚　士
诗
残余的酒（十四首） 冯　至
残钟 陈承荫
孤独的呻吟 李开先
可爱的秋（六首） 王怡庵
在爱泉里 马静沉
甜水歌 陈炜谟
诗　汇
初秋 查士骥
沪宁车中之夜 查士骥
游法国公园 季志仁
旋转的心 季志仁
诱惑 季志仁
傲慢的绝望 季志仁
夜钟 季志仁
望月 顾　园
指环 罗青留
黄昏的寺院 浑　沌
鬼头 浑　沌
杂诗 壮芸女士
爱泉 冷玲女士
将醒觉时 冷玲女士
月波 白　星
园丁的变像 赵景深
散文诗
月的市场 韩君格
蝉与晚祷 冯　至
交织 冯　至
散　文
与友人J.T 冯文炳
独幕剧
雪霄 陈翔鹤
狂飚之夜 陈翔鹤

* 此期出版时间原刊只注年月，无日期。

杂 录

掇珠 白 星
编辑缀话 编 者

第1卷 第4期
1925年2月25日出版

小 说

居蔡 韩君格
故乡的唱道情者 林如稷
断筝 陈翔鹤
赤脚 莎 子
失踪 顾 随
慈母 徐丹歌
浣衣女郎 吕一鸣
将过去 林如稷
狼筅将军 陈炜谟

诗

河上 冯 至
寻梦（四首） 默 声
吹箫人的故事 冯 至
春风（八首） 王怡庵
心鸟之歌（六首） 李开先
乡居杂句（三首） 君 格
宴席后 白 星
长啸篇（十四首） 白 星

剧

沾泥飞絮（四幕剧） 陈翔鹤

编辑缀话 陈炜谟

21 弥 洒

简 介

《弥洒》，文学月刊，一九二三年三月创刊于上海，“弥洒社”主办，胡山源、钱江春、陈德征编辑，义利印刷公司印刷，古今图书公司发行，十六开本。一九二三年八月停刊。共出版六期。

“弥洒社”接受了当时流行的“为艺术而艺术”思潮的影响。成员除月刊编者外，还有赵祖康、唐鸣时、赵景沄、张企留、曹贵新、方时旭、顾敦鍒等，他们也是月刊的主要撰稿人。

刊名“弥洒”由拉丁文Musa音译而来，通译缪斯，希腊神话中的文艺女神。创刊号上发表的胡山源写的宣言《弥洒临凡曲》中说：“我们乃是艺文之神；我们不知自己何自而生，也不知何为而生”，“我们一切作为只知顺着我们的灵感”。在第二期扉页上更标明这是“无目的、无艺术观、不讨论、不批评而只发表顺灵感所创造的文艺作品的月刊”。“弥洒社”不满于当时文学研究会和创造社之间的笔战，主张埋头创作，因此月刊只登作品，以新诗和小说为主。鲁迅对他们的创作曾有过这样的评论：“一切作品，诚然大抵很致力于优美，要舞得‘翩跹回翔’，唱得‘宛转抑扬’，然而所感觉的范围却颇为狭窄。不免咀嚼着身边的小小的悲欢，而且就看这小悲欢为全世界”。

《弥洒》停刊以后，商务印书馆还出版过两册《弥洒社创作集》。一九二八年，胡山源曾筹备《弥洒》月刊的复刊，终因人事变迁未能实现。从此，“弥洒社”的活动就完全停止。

目　录

第 1 期
1923 年 3 月出版*

宣言（弥洒临凡曲）　胡山源
腊梦　钱江春
诗两首　唐鸣时
诗八首　赵祖康
月影　唐鸣时
残痕　曹贵新
诗一首　槿　庐
长夜　钱江春
诗二首　心
诗一首　赵景瀛
阿美　陈德征
青年同盟　张企留
小孩子的爱　书　林
生命底微波　陈德征
妹妹　允　中
睡　胡山源
三年　胡山源

第 2 期
1923 年 4 月出版

电影　胡山源
诗一首　赵　康
儿时片影　唐鸣时
天涯　钱江春
残痕（续）　曹贵新
诗六首　心　心
三年　胡山源
诗三首　顾敦鍒
生命底微波（续）　德　征
心瓣　德　征
迷惘　曹贵新
天真　李涤尘
诗一首　胡山源
失去的灯泡　钱江春
亚伯拉汉林肯的求婚书　心　心
梦　赵　康
怎样他哄伊的丈夫　方仁麒
诗六首　景　瀛
微笑　士　武

第 3 期
1923 年 5 月出版

碧桃花下　胡山源
龙头集　顾敦鍒
残痕（续）　曹贵新
诗五首　德　征
遗恨　张企留
永久的母亲　方时旭
诗三首　钱江春
王小二　钱江春
诗四首　心　心
恋爱漫谈　心　心

* 此期各期的出版时间，都只署年月，不注日期。

三年　胡山源
诗二首　来　稿
童话集　唐鸣时
诗三首　唐鸣时
生命底微波（续）　陈德征
心瓣（续）　德　征
南归杂诗　赵　康
她的信　常书林

第4期
1923年6月出版

奏本　胡山源
冲突　曹贵新
郊游杂诗　槿　庐
荒园　胡山源
隐痛　唐鸣时
龙头集（续）　顾敦鍒
爱底污点　方时旭
诗三首　方时旭
童话集（续）　唐鸣时
诗十首　曹世森
怎样伊哄他的丈夫（续第二期）　方仁麒
和春杂时（选）　Y
三年　胡山源
诗五首　心　心
生命底微波（续）　德　征
诗五首　德　征
一对社会主义者的五一节　赵　康
西子湖纪游　黄主心
娜拉前一幕　方仁麒
诗六首（来稿）　陶老鹤
附录　编　者

第5期
1923年7月出版

弱小的心　钱江春
诗四首　赵景瀛
童话集（续）　唐鸣时译
龙头集（续）　顾敦鍒
月下　心　心
忆诗三首　允　中
薄雾　黄主心
路　士　武
诗五首　（来稿）
怎样他哄伊的丈夫（续）　方仁麒
三年（续）　胡山源
饥饿者　德　征
生命底微波（续）　德　征
爱苗　陶老鹤

第6期
1923年8月出版

旧案　赵景沄
龙头集（续）　顾敦鍒
疑惧集　唐鸣时
小诗　陈　寂
心影　稻　心
诗四首　萨士武

三年（续）　胡山源
未归　钱江春
相慰　吴江冷
孩子浑出乐园　浑　沌
诗九首　浑　沌
生命底微波（续）　德　征
灵感　曹贵新
点滴　胡山源

22 创造周报

简 介

《创造周报》是创造社继《创造》季刊之后主办的又一种文学刊物，一九二三年五月十三日创刊于上海，由成仿吾、郭沫若、郁达夫等轮流编辑，上海泰东书局出版发行，十六开本横排。一九二四年五月十九日终刊。共出五十二期。

《创造周报》是为了便于迅速灵活地发表意见，以适应论战的需要而创办的，仍依《创造》季刊的样式，而内容则更注重翻译与批评。该刊经常发表针对文艺现状的论战性的评论文章，如创刊号上成仿吾的《诗之防御战》，猛烈抨击新诗创作中的不良倾向，激起了广泛的论争。重要的文学论文和作品评论还有：郁达夫的《文学上的阶级斗争》，郭沫若的《我们的文学新运动》以及闻一多评论《女神》的文章等。翻译方面，连载了郭沫若译的尼采《查拉图司屈拉》，此外，还发表了成仿吾、敬隐渔、张闻天等人的译作。该刊也发表了许多文学作品，有郭沫若、邓均吾、袁家骅、王以仁、王独清等人的新诗，郭沫若、郁达夫、周全平、倪贻德、白采、淦女士、敬隐渔等人的小说。由于发表了不少富有战斗性的评论和优秀的作品，使《创造周报》产生了很大的影响。一九二三年十一月二十三日《时事新报》刊登的关于周报汇刊本出版的消息中曾说：该刊“风行一世，尤为南北文人推重，尝有人评之曰：文学之鹄，评论之主。每期出版三万，顷刻已罄”。这在一定程度上反映了当时的实际情况。

由于经济拮据和政治上的压迫，也由于成仿吾的南下广州，郭沫若重赴日本，郁达夫到北京任教，周报在出版一年届满时停刊。

目 录

第1号

1923年5月13日出版

创世工程之第七日（发刊词） 郭沫若

诗之防御战（评论） 成仿吾

查拉图司屈拉之狮子吼 尼 采著 郭沫若译

迷娘歌（诗）歌 德著 郭沫若译

第2号

1923年5月20日出版

新文学之使命（论说） 成仿吾

上海的清晨（诗） 郭沫若

道德之讲坛 尼 采著 郭沫若译

——《查拉图司屈拉》第一部第二节——

中国文化之传统精神（论说） 郭沫若

第3号

1923年5月27日出版

文学上的阶级斗争（论说） 郁达夫

致青年的一封信（论说） 灵 光

励失业的友人 郭沫若

遁世者流 尼 采著 郭沫若译

——《查拉图司屈拉》第一部第三节——

我们的文学新运动（论说） 郭沫若

第4号

1923年6月3日出版

士气的提倡（论说） 成仿吾

《女神》之时代精神（批评） 闻一多

Beethoven传序文 罗曼·罗兰著 成仿吾译

肉体的侮蔑者 尼采著 郭沫若译

——《查拉图司屈拉》第一部第四节——

力的追求者（诗） 郭沫若

通信四则 徐志摩 洪为法 成仿吾

第5号

1923年6月10日出版

写实主义与庸俗主义（论说） 成仿吾

《女神》之地方色彩（批评） 闻一多

快乐与热狂 尼 采著 郭沫若译

——《查拉图司屈拉》第一部第五节——

论中德文化书（信札） 郭沫若

第6号

1923年6月16日出版

新的修养（论说） 成仿吾
致青年的第二信 林灵光
Max Stirner 的生涯及其哲学（介绍）
郁达夫
苍白的犯罪者
尼 采著 郭沫若译
——《查拉图司屈拉》第一部第六节——
黑魆魆的文学窟中（诗） 郭沫若

第7号

1923年6月23日出版

艺术与国家（论说） 郁达夫
读梁任公《墨子新社会之组织法》（评论） 郭沫若
暗无天日的世界（答辩） 郭沫若
——答复王从周

第8号

1923年6月30日出版

青烟（幻想） 郁达夫
致青年的第三信（论说） 灵 光
东方艺术研究会（批评） 成仿吾
——春季习作展览会印象记
朋友们怆聚在囚牢里（诗）
郭沫若

第9号

1923年7月7日出版

鹓鸰（创作） 郭沫若
读郑振铎译的《飞鸟集》（批评）
梁实秋
评《创造二卷一号创作评》（评议）
成仿吾
关于各列果良历之计算（勘误）
张资平
论道德与良心（答辩） 郭沫若

第10号

1923年7月14日出版

批评与道德（论说） 郁达夫
致青年的第四信（论说） 灵 光
一群鹅（创作） 张资平
寄生树与细草（寓言） 郭沫若
论翻译的标准（杂志） 郭沫若

第11号

1923年7月22日出版

《科学之价值》的序论
Poincare 著 成仿吾译
Charles Louis Philippe（介绍）
何 畏
读书与著作 尼 采著 郭沫若译
——《查拉图司屈拉》第一部第七节——

第 12 号
1923 年 7 月 29 日出版

争斗观（论说） 何 畏
《繁星》与《春水》（批评） 梁实秋
魔鬼的夜歌（诗） 周赞襄
山上树 尼采著 郭沫若译
——《查拉图司屈拉》第一部第八节——

第 13 号
1923 年 8 月 5 日出版

批评与同情（论说） 成仿吾
呆子和俊杰（创作） 全 平
死之说教育 尼 采著 郭沫若译
——《查拉图司屈拉》第一部第九节——
海滨之夜 邓均吾
通信二则 梁实秋 成仿吾

第 14 号
1923 年 8 月 12 日出版

文艺赏鉴上之偏爱价值（论说） 郁达夫
下弦月（小说） 倪贻德
战争与战士 尼 采著 郭沫若译
——《查拉图司屈拉》第一部第十节——
诗二首 郭沫若
作者与批评家（杂感） 成仿吾

第 15 号
1923 年 8 月 19 日出版

函谷关 郭沫若
苦雨凄风 梁实秋
秋河 郁达夫

第 16 号
1923 年 8 月 26 日出版

自然与艺术（论说） 郭沫若
烦恼的网（童话） 全 平
新偶像 尼 采著 郭沫若译
——《查拉图司屈拉》第一部第十一节——
赫尔惨（介绍） 郁达夫
译诗一首 敬隐渔

第 17 号
1923 年 9 月 2 日出版

未来派的诗约及其批评（评论） 郭沫若
牧夫（小说） 成仿吾
市蝇 尼 采著 郭沫若译
——《查拉图司屈拉》第一部第十二节——
月蚀（杂记） 郭沫若

第 18 号

1923 年 9 月 9 日出版

艺术家与革命家（论说） 郭沫若

论译诗（评论） 成仿吾

贞操 尼 采著 郭沫若译

——《查拉图司屈拉》第一部

第十三节——

月蚀（续） 郭沫若

第 19 号

1929 年 9 月 16 日出版

文艺上的节产（论说） 郭沫若

落日（小说） 郁达夫

朋友 尼 采著 郭沫若译

——《查拉图司屈拉》第一部

第十四节——

通信一则 王独清

第 20 号

1923 年 9 月 23 日出版

The yellow book 及其他（评论） 郁达夫

诗一首 敬隐渔

白滨的灯塔（感想） 资 平

第 21 号

1923 年 9 月 30 日出版

The yellow book 及其他（下） 郁达夫

秋的诗歌（介绍） 成仿吾

千有一个的目标 尼 采著 郭沫若译

——《查拉图司屈拉》第一部

第十五节——

昧爽（杂记） 郭沫若

第 22 号

1923 年 10 月 7 日出版

天才与教育（论说） 郭沫若

圣诞之夜（小说） 全 平

邻人爱 尼 采著 郭沫若译

——《查拉图司屈拉》第一部

第十六节——

中华全国艺术协会宣言

第 23 号

1923 年 10 月 14 日出版

太戈儿来华的我见（感想） 郭沫若

艺术与社会（论说） 田 汉

创造者之路 尼 采著 郭沫若译

——《查拉图司屈拉》第一部

第十七节——

东京（杂记） 成仿吾

第 24 号

1923 年 10 月 20 日出版

国家的与超国家的（论说） 郭沫若

业障（小说） 方光焘

老妇与少女 尼 采著 郭沫若译

——《查拉图司屈拉》第一部

第十八节——

海上通信　郁达夫

第25号
1923年10月28日出版

批评——欣赏——检察（评论）　郭沫若
波斯新诗人Gibran的散文诗　张闻天译
蝮蛇之誓　尼　采著　郭沫若译
——《查拉图司屈拉》第一部第十九节——
乡愁（小说）　滕　固

第26号
1923年11月4日出版

瓦特裴德的批评论（介绍）　郭沫若
儿女与结婚　尼　采著　郭沫若译
——《查拉图司屈拉》第一部第二十节——
乡愁（小说）　滕　固
创造日停刊布告及感言　成仿吾

第27号
1923年11月11日出版

真的艺术家（论说）　成仿吾
神话的世界（介绍）　郭沫若
自由的死　尼　采著　郭沫若译
——《查拉图司屈拉》第一部第二十一节——
秋祭（杂记）　滕　固

第28号
1923年11月18日出版

国学运动的我见（评论）　成仿吾
被摈弃者（小说）　白　采
赠贻的道德　尼　采著　郭沫若译
——《查拉图司屈拉》第一部第二十二节——

第29号
1923年11月25日出版

艺术的评价（评论）　郭沫若
最后的安慰（小说）　严良才
诗画家Dante G.Rossetti（介绍）　滕　固
新鲜的呼声（批评）　张非怯
——读《小说月报·太戈尔号》内高滋君译的夏芝的《太戈尔观讨论》

第30号
1923年12月2日出版

雅言与自力（感想）　郭沫若
——告我爱读《查拉图司屈拉》的友人——
最后的安慰（小说）　严良才
郑译《新月集》正误　成仿吾
百合与蕃茄（杂记）　郭沫若

第31号

1923年12月9日出版

新文学之警钟（论说） 郑伯奇
玄武湖之秋（小说） 倪贻德
持镜的小孩 尼 采著 郭沫若译
——《查拉图司屈拉》第二部第一节——
百合与蕃茄（杂记） 郭沫若

第32号

1923年12月16日出版

惠施的性格与思想（研究） 郭沫若
玄武湖之秋（小说） 倪贻德
百合与蕃茄（杂记） 郭沫若
通信一则 梁实秋

第33号

1923年12月23日出版

国民文学论（论说） 郑伯奇
梦与现实 郭沫若
幸福的岛上 尼 采著 郭沫若译
——《查拉图司屈拉》第二部第二节——
哭父（杂记） 洪为法

第34号

1923年12月30日出版

国民文学论（论说） 郑伯奇
博爱家 尼 采著 郭沫若译
——《查拉图司屈拉》第二部第三节——
莪默伽亚谟新研究（介绍）
Edward S.Holden 著 成仿吾译

第35号

1924年1月6日出版

国民文学论（论说） 郑伯奇
真（素描） 刘海粟
微眚（小说） 白 采
梅特林的戏剧（介绍） 黄仲苏

第36号

1924年1月13日出版

整理国故的评价（评论） 郭沫若
梅特林的戏剧（介绍） 黄仲苏
瞰视（素描） 刘海粟
《乌鸦》译诗的刍言 张伯符

第37号

1924年1月20日出版

法国最近五十年来文学之趋势（介绍） 黄仲苏
古书今译的问题（评论） 郭沫若
《乌鸦》译诗的刍言（批评） 张伯符
归乡（小说） 倪贻德

第 38 号

1924 年 1 月 27 日出版

法国最近五十年来文学之趋势 黄仲苏

人体习作（素描） 关　良

太阳没了（诗） 郭沫若

——闻列宁死耗作此——

归乡（小说） 倪贻德

第 39 号

1924 年 2 月 13 日出版

法国最近五十年来文学之趋势 黄仲苏

病狂者（小说） 白　采

忙人（杂记） 郑伯奇

静物（水彩） 倪贻德

僧侣 尼　采著 郭沫若译

——《查拉图司屈拉》第二部第四节——

第 40 号

1924 年 2 月 23 日出版

艺术与科学（论说） 滕　固

黄昏（小说） 倪贻德

读都德的《小物件》（读书录） 洪为法

第 41 号

1924 年 3 月初旬出版

艺术之社会的意义（论说） 成仿吾

歧路（小说） 郭沫若

读都德的《小物件》 洪为法

第 42 号

1924 年 3 月 2 日出版

圣者（小说） 郭沫若

感恩节的生活纪实（随笔） 梁实秋

评郭沫若《女神》以后的诗（批评）

——《星空》和周报汇刊第一集中的诗——

第 43 号

1924 年 3 月 9 日出版

建设的批评论（论说） 成仿吾

《小物件》译文商榷（批评） 敬隐渔

秦淮暮雨（杂记） 倪贻德

第 44 号

1924 年 3 月 16 日出版

炼狱（小说） 郭沫若

太湖落日（对话） 倪贻德

晨起（诗） 袁家骅

第 45 号

1924 年 3 月 24 日出版

旅行（小说） 淦女士

太湖纪游（游纪） 成仿吾
《乌鸦》译诗的讨论（通信）
露明女士 郭沫若

第46号
1924年3月28日出版

北国的微音（随笔） 郁达夫
——寄给沫若与仿吾——
慈母（小说） 淦女士
读王靖译的《泰谷儿小说》后之质疑（批评） 华 清
林中早行（诗） 王以仁

第47号
1924年4月5日出版

民众艺术（评论） 成仿吾
十字架（小说） 郭沫若
雪莱译诗之商榷（批评）
田楚侨

第48号
1924年4月13日出版

嫩笋（小说） 全 平
赛因河边之冬夜（诗） 王独清
江南的春讯（通信） 成仿吾
矮丑的说道者 成仿吾
读《星空》后片断的回想（读书录）
焦尹孚

第49号
1924年4月19日出版

隔绝之后（小说） 淦女士
澄清村（杂记） 张资平
瞿译《春之循环》的一瞥（批评）
唐汉森

第50号
1924年4月27日出版

文学界的现形（评论） 成仿吾
初恋（小说） 倪贻德
瞿译《春之循环》的一瞥（批评）
唐汉森

第51号
1924年5月5日出版

苍茫的烦恼（小说） 敬隐渔
春游（杂记） 成仿吾
初恋（小说） 倪贻德

第52号
1924年5月19日出版

玛丽（小说） 敬隐渔
人体习作（素描） 鲁少飞
批评与批评家（论说） 成仿吾
一年的回顾（杂记） 成仿吾
通信一则 郭沫若

23　文艺周刊（文艺旬刊）

简　介

《文艺周刊》，浅草社主办，王怡庵编辑。原名《文艺旬刊》，为《民国日报》副刊乙种之一，十六开，四页，一九二三年七月五日创刊于上海，从第十九期起改为周刊，从第二十一期开始作为独立刊物单独发行，并正式更名为《文艺周刊》，仍由《民国日报》社印刷。一九二四年九月十六日终刊，共出五十一期，又增刊一期。

《文艺周刊》主张在文艺理论上“不徒尚高谈阔论”，在文艺创作上要“严肃”、“忠实”，在文艺批评上要“平心静气”、有善意，反映出了浅草社的文艺观点和扎实的作风。

《文艺周刊》主要刊登创作，也刊登少量外国文学作品的译作和文艺论文。主要撰稿者，有林如稷、陈翔鹤、冯至、李开先、查士骥、赵景深、季志仁等。

目　录

文艺旬刊

第 1 期

1923 年 7 月 5 日出版

本刊特别启事（中缝外广告）
前置语　石　君
非审美的文学批评（论文）　楚　茨
兰花（小说）　樊达克作　赵景深译
爱情的奴隶（诗）　胡倾白
晨（初游西湖时画）（散文）　白　星
《西游记》在民俗学上的价值　赵景深
爱人的蔷薇花园（诗）　〔日〕河田润作　尾畸行雄夫人英译　马静沉重译
回忆的激动
听我底爱人
改变
命运

第 2 期

1923 年 7 月 5 日出版

初民的诗歌（论文）　汤懋芳
恶花（散文诗）　徐玉诺
阿儿勒城的女子（L，Arlesieune）（小说）　〔法〕多德（A.Daudet）著　汪德耀译
游法国公园（诗）　王怡庵
竹影漫录（一）（二）（随笔）　竹　影

第 3 期

1923 年 7 月 26 日出版

论曹子建诗（上）（中）（论文）　李开先
一件小事（小品）　韩君格
老园丁的故事（小说）　〔俄〕柴霍甫著　高世华译
夏夜（诗）　王怡庵
竹影漫录（三）（随笔）　竹　影
读《浅草》创刊号后（一至四）　高梦濂
通讯
致浑沌、SS　编　者

第 4 期

1923 年 8 月 5 日出版

论曹子建诗（下）（论文）　李开先
儿时（诗）　竹　影
白理顺先生的游历（Le Voyage Pe Monsienr derrichor）（法国趣剧）　〔法〕腊皮虚（Lapiche）作

潘傅霖译
读《浅草》创刊号后（五至六）
高梦濂
附编者按语

第 5 期
1923 年 8 月 16 日出版

叙事诗之在中国（一至四）（论文）
李开先
马国丽姑娘（诗） 赵景深
金和的《兰陵女儿行》（点评）
石 君

第 6 期
1923 年 8 月 26 日出版

叙事诗之在中国（五至六，完）
（论文） 李开先
父之嘉礼（小说） 莎 子
故乡（诗） 朱旭光
读《浅草》后（随笔）
——读〈回波〉以后的感想
学 昭

第 7 期
1923 年 9 月 6 日出版

懋芳的死后 林如稷
编辑缀话（为社友汤漱六出追悼专号事） 记 者
迷途之鸟（诗）
〔法〕Louis Mercier 著
徐志仁译
太平镇（小说） 白 星
艺文杂感 孔襄我

第 8 期
1923 年 9 月 16 日出版

小说的使命（论文） 楚 茨
乱杂的梦（诗） 查士骥
初秋的雨夜*（小说） 林如稷
绿萤（散文） 混 沌
黄海上的夜（诗） 天 底
我的蔷微花
（译自德国 Lenaus Werko）（诗）
张近澂女士译
白理顺先生的游历（一续）（趣剧）
〔法〕腊皮虚著 潘傅霖译
竹影漫录（四）（随笔） 竹 影

第 9 期
1923 年 9 月 25 日出版

诗人 WHITE（介绍） 野 萍
供研究《西游记》者参考（随笔）
活 川
遗爱（小说） 陈翔鹤**

* 原刊正文题作“初秋的夜雨”，误。

** 原刊正文署“陈鹤翔”，误。

酒人（散文诗） 万 曼
夏晚（诗） 冯文炳
小诗（诗） S S
中国古代音乐之世界的价值（论文）
〔日〕田边尚雄讲 李开先记
更正 记 者

第 10 期
1923 年 10 月 5 日出版

诗人 WHITE（续）（介绍） 野 萍
质铺门前（小说） 冯 至
晚餐席上（诗） 胡絮若
离别之夜 黄振武
附致振武信 记 者
无名作家（杂感） 郁 周
涓细之流（诗） 余维一
中国古代音乐之世界的价值（一续）（论文）
〔日〕田边尚雄讲 李开先记

国庆日增刊
1923 年 10 月 10 日出版
无名诗人董嚼辛介绍（上）

弁言 白 星
回声 嚼 辛遗稿
嚼辛事略 冷 玲
哭嚼辛（诗） 怡 庵
题无名诗人董嚼辛遗稿（诗）
如 稷
嚼辛君的八封信（上）

无名诗人董嚼辛介绍（下）
很零碎的忆语 蓝 叶
晚云（诗） 嚼 辛遗稿
悼亡友嚼辛 怡 庵
嚼辛君的八封信（下）

第 11 期*
1923 年 10 月 16 日出版

艺术（论文）
John Galswariny 作 默 声译
哀歌——悼嚼辛（诗） 竹 影
蜗牛和玫瑰（童话）
〔丹〕安徒生作 赵景深译
我与你们留别（诗） 林如稷
末日（小说） 马静沉
送如稷赴法（诗） 查士骥
中国古代音乐之世界的价值（二续）（论文）
〔日〕田边尚雄讲 李开先记
本社的消息 本 社
代邮
致朋友 林如稷

第 12 期
1923 年 10 月 25 日出版

宴席上（诗） 冯 至
——呈如稷、翔鹤并示 C 君
蛱蝶（童话）

* 本期原刊标明是第十期，误。

〔丹〕安徒生作　马静沉译
一梦（散文）　周乐山
求爱（诗）
〔英〕王尔德作　赵景深译
主人（剧本）　罗青留
海外的最近消息（Dapris Les Naurelles Litteraite）　季志仁*
通信
致怡庵（编者）　竹　影

第 13 期
1923 年 11 月 15 日出版

司马相如评传（论文）　游国恩
歌场（诗）　王怡庵
黑夜（小说）　王以仁
SOUPIR——寄 J（诗）　学　昭
竹影漫录（五）（随笔）　竹　影
秋夜与承荫漫步（诗）　陈翔鹤
——并呈至兄
海外归鸿
——致王怡庵　林如稷
致王以仁　怡　庵
本社消息　本　社

第 14 期
1923 年 11 月 25 日出版

司马相如评传（一续）（论文）

* 原刊“目录”作“李志仁”，误。

游国恩
填鸭诗选（一〇首，均无题）
莎　子
诗人（小说）　何心冷
老太太的祈祷（诗）
〔德〕Jchan Rictus 作
季志仁译

第 15 期
1923 年 12 月 6 日出版

司马相如评传（二续）（论文）
游国恩
别后（诗）　王怡庵
两个诗人（小说）
〔俄〕屠格涅夫著　马静沉译
空间的坐位（小说）　顾
求婚（独幕剧）
〔俄〕柴霍甫著　高世华译
通信
致怡厂　志　仁
《浅草》季刊第一卷第三期目录预告

第 16 期
1923 年 12 月 6 日出版

司马相如评传（三续）　游国恩
森林（诗）　石　君**

** 原刊“目录”署“罗石君”，正文署“石君”。

我磨坊里的信（Lettles de mon Dou-lin）（散文）［法］都德著　不　留译
雪意　王怡庵
干陆之上（"On the Dry Land"）
By Lerd Dunsuy 著　默　声译
再寄（诗）　S　E
碎感（杂论）　林如稷
《浅草》季刊第一卷第三期目录预告

第 17 期
1923 年 12 月 25 日出版

司马相如评传（四续）（论文）
游国恩
听琴（诗）　王怡庵
——听司徒梦岩奏娓娥铃
关于阿三的疑问（散文）　克　盾
小诗二首（诗）　刘六如
——代一个朋友作
桔檀（The Gitanjali）杂译（诗）
［印度］太戈儿作　季志仁译*
求婚（独幕剧，续一）
［俄］柴霍夫著　高世华译

第 18 期
1924 年 1 月 6 日出版

今年的浅草社（散文）　李开先
箜篌引（Harfeos，ieler）（诗）
Hoetbe 作　冯　至译
一件小事（小说）
［俄］柴霍甫作　赵景深译
湖边（诗）　周必大
附其兄乐山注
求婚（独幕剧，续二）
［俄］柴霍甫作　高世华译
泪的新年（诗）　李开先
迷娘（migron）
Goethe 作　冯　至译
通信
复高孤雁　冯　至

第 19 期
1924 年 1 月 18 日出版

读《儒林外史》（论文，待续）
游国恩
残年（诗四首**）　冯　至
赠 C·S 君
金色的发
一朵憔悴的花
一个阔朋友（小说）
［俄］柴霍甫作　赵景深译
惆怅（诗）　李蒨芸
忆别（诗）　李蒨芸
夜雨（诗）　李蒨芸
附怡庵附言（为发表其妹诗事）

* 正文作"李志仁译"，误，此从本期目录。

** 原刊标明"诗四首"，实际只有三首。

求婚（独幕剧，续完）
〔俄〕柴霍甫作　高世华译
恩娜倍李（Annabel Lie）
〔美〕亚伦波作　席　均译
通讯
致怡庵　默　声、冯　至
致怡庵　默　声

第20期

1924年1月25日出版

读《儒林外史》（一续）（论文）
游国恩
伊的影儿（诗）　胡倾白
生活病（Le mae de vivre）（小说）
〔法〕葸穆思（Jammes）著
潘傅霖译
西贡公园中（诗）　林如稷
出奔（独幕剧）　查士骥
与梦幻的恋人（诗）　吕一鸣
碎感（杂论，二）　林如稷
代邮（致张锦、秋心、环心与东山信）　怡　庵

文艺周刊

第21期

1924年2月19日出版

浅草篇（诗）　王怡庵
奇迹（小说）
〔法〕巴比塞作　赵景深译
寂寞的深夜（诗）　李开先
凤兮凤兮（剧本）　王克维
《Lyrisches Intermezzo》选译*
H.Heine作　均　培译
通讯
致编者　周国维
复周国维　怡　庵

第22期

1924年2月26日出版

诗的修辞（论文）　吕一鸣
俄国民歌选译（诗）　高世华译
南雁（散文）　学　昭
致诚恳的妻（诗）　周乐山
玻璃画师（诗）　赵景深
读《儒林外史》（一续）（论文）
游国恩**
《Lyrisches Intermezzo》选译（续）
H.Heine作　均　培译
译诗二首　爱　堤
本社消息

第23期

1924年3月4日出版

南雁（一续）（散文）　学　昭
一朵刍菊（诗）
——赠景深　黄振武
日暮的倦鸟（诗剧）　王秋心

* 原刊“目录”漏此篇。

** 原刊“目录”作“尤国恩”，误。

读《儒林外史》（二续）（论文） 游国恩
专门术语与文艺
——修辞上的一个问题（论文）* 澄 泽

第24期
1924年3月11日出版

春野（诗） 王怡庵
弱者（戏剧） 亚 士
小诗（诗） 章铁民
南雁（二续）（散文） 学 昭
东下杂忆（一）（散文） 王怡庵

第25期
1924年3月18日出版

春风与晚霞（散文） 淑 章
微波的荡漾（诗） 周得寿
幸运（小说） 查士骥
《园丁集》选译（诗）
〔印〕泰戈尔著 马静沉译
几封不曾付邮的信（书简） 学 昭

第26期
1924年3月25日出版

诗人之路（小说）
Ernest Lowson 作 陈承荫译
我磨坊里的信（小说）
〔法〕都德著 不 留译
愁云（诗） 冯 至
寄海上的朋友们（散文）（上）
陈翔鹤
松汭河上（诗） 林如稷
东下杂忆（二）（散文） 王怡庵
代邮（书简） 蒨 芸

第27期
1924年4月1日出版

蛇之草原（散文诗） 顾 随
白衣观者（小说） 张 歧
见伊难（诗） 吕一鸣
泜河孤影（诗） 吕一鸣
春之曲（诗） 周乐山
洞庭波（剧本） 王克维
寄上海的朋友们（散文）（下）
陈翔鹤

第28期
1924年4月8日出版

春泛（散文） 学 昭
不拘什么（诗） 冷 玲
浅笑（小说） 查士骥
洞庭波（续完）（戏剧）
王克维

* 原刊“目录”漏此篇。

第 29 期
1924 年 4 月 15 日出版

近代戏剧中的家庭研究（论文）
楚　茨
浅笑（续完）（小说）　查士骥
秋千架上（诗）　冯　至
乐园（小说）陈翔鹤

第 30 期
1924 年 4 月 22 日出版

近代戏剧中的家庭研究（一续）（论文）　楚　茨
要是没有你　青　草
无题诗一首（诗）　青　草
我的生日　开　先
海涅 Heine《归乡集》选（诗）
冯　至译
人心（独幕剧）　学　昭
幸福圈　王维克
狂狗
——欲望的象征　王维克
梧桐叶　王维克

第 31 期
1924 年 4 月 29 日出版

晓游（诗）　王怡庵
湖上赠 SSB（诗）　周乐山
我磨坊里的信（一续）（小说）
〔法〕都　德著　不　留译
Erkoenig（诗）
Goethe 作　冯　至译
离居（散文）　学　昭
寄承荫（诗）　徐丹歌
弃妇词（散文诗）　王秋心

第 32 期
1924 年 5 月 6 日出版

乡思二章　王怡庵
登碧云寺石塔　李开先
撕稿　查士骥
慰友二者（诗）　周乐山
从自然世界中寄来的　学　昭
杂诗（诗）　查士骥
《民国日报》附刊部特别启事

第 33 期
1924 年 5 月 13 日出版

梦（诗）　陈翔鹤
凄然（诗）　林如稷
愁眠　学　昭
把你
——赠给我的 WS　周乐山
两重室（散文诗）
〔法〕La Chambre Doudle 著
王维克译
雨中（诗）　仿　溪
倚间曲（诗）　秋　萍
愁人杂记（散文）　周乐山
杂诗（续）　查士骥

第 34 期

1924 年 5 月 20 日出版

留别上海的朋友　王怡庵
遐思（诗）　周乐山
愿你忘了罢（小说）　学　昭
《绮梦》序诗　汪静之
秋虫的注血（小说）　林如稷
荷花的一生（诗）　周必大
生活的痕迹（杂记）　王维克
社闻（消息）　记　者

第 35 期

1924 年 5 月 27 日出版

近代戏剧中的家庭研究（二续）（论文）　楚　茨
夜饮（诗）　楚　茨
春霄（小说）　陈翔鹤
我的（诗歌）　冯　至译
短诗二首（诗）　WS 女士
赠　冯　至
菜花群宣言
两封牧者寄给小绵羊的信（小说）　龚钦榆
送怡庵回蜀（杂记）　乐　山

第 36 期

1924 年 6 月 3 日出版

读诗杂记　陆侃如
陶醉之夜　周乐山
纺车　浑　沌
秣陵通信　王怡庵

第 37 期

1924 年 6 月 10 日出版

好花开放在最寂寞的园里　冯　至
榴火（诗）　乐　山
梦及梦之前后——与羡季哥的一封信　冯　至
吐血（诗）　乐　山
一件怪事　陈翔鹤
拜月词　冯　至
海梦（诗）　顾泽培
编辑余话　记　者

第 38 期

1924 年 6 月 17 日出版

恋爱·文学·革命　王维克
愿望　乐　山
一件怪事（续）　翔　鹤
偕翔鹤夜步（诗）　冯　至
寄《纺轮的故事》　冯　至
家乡　凌梦痕
哭父（《愁人杂记》之四）（散文）　乐　山
别　周泰京

第 39 期
1924 年 6 月 24 日出版

近代戏剧中的家庭研究（三续）（论文） 楚 茨
散后 陈承荫
湖畔诗草 周乐山
西归泣血 王怡庵
茵席（诗） 顾泽培
独行（诗） 林如稷
钱塘忆惠（诗） 学 昭
从黄昏到夜半（诗） 周乐山

第 40 期
1924 年 7 月 1 日出版

沫若的戏剧（论文） 王以仁
遐思（诗） 顾泽培
近代戏剧中的家庭研究（四续）（论文） 楚 茨
吊魂（诗） 学 昭
遇见（诗） 顾泽培

第 41 期
1924 年 7 月 8 日出版

本刊启事
给读者 炜 谟
婚筵 陈翔鹤
暮蔼——给友人君培 炜 谟
水仙花（诗） Wordsworth 作 维 克译

第 42 期
1924 年 7 月 15 日出版

片片的红叶——呈翔鹤 陈承荫
沫若的戏剧（一续）（论文） 王以仁
婚筵（续） 陈翔鹤
呓语 萩 桦
如果（诗） 黄运初

第 43 期
1924 年 7 月 22 日出版

一人 莎 子
下去 索 以
沫若的戏剧（二续）（论文） 王以仁
鼻烟盒 Sedilot 作 吕 修译

第 44 期
1924 年 7 月 29 日出版

沫若的戏剧（三续）（论文） 王以仁
夜游（诗） 吕 修
海滨 冯 至
痛饮（诗） 顾泽培
无题 莎 子
头的照片（蛇之草原集之二） 顾 随
酒的诱惑之后 索 以
惊寂 学 昭

历下通信　冯　至

第45期
1924年8月5日出版

读《春的歌集》　冯　至
墓旁（诗）　冯　至
街上（蛇之草原集之三）　顾　随
我磨坊里的信（二续）（小说）
〔法〕都　德著　不　留译
堤边　学　昭
水灾（感想）　开　先
复垂问季刊的读者们　荫

第46期
1924年8月20日出版

故园　君　培
雨夜（诗）　冯　至
再见（诗）　周泰京
桃林的小故事　赵景深
明天（独幕剧）　孔襄我

第47期
1924年8月19日出版

微呻　陈承荫
《立水淹》　顾　随
重见　王怡庵
忆某夜　吕一鸣
明天（续）（独幕剧）　孔襄我

音乐上的一知半解　季志仁

第48期
1924年8月26日出版

樊川诗话　游国恩
一束花朵（诗）　顾泽培
我磨坊里的信（三续）（小说）
〔法〕都　德著　不　留译
有感（诗）　陈承荫
纠缠　学　昭

第49期
1924年9月2日出版

樊川诗话（一续）　游国恩
碧霞愿你留个柔波在我心里（诗）
顾泽培
深沉的悠恨　周泰京
音乐上的一知半解（续四十七期）
季志仁

第50期
1924年9月9日出版

樊川诗话（二续）　游国恩
赠 Leua　学　昭
《海梦》序诗（一）　CF 女士
《海梦》序诗（二）　顾泽培
我磨坊里的信（四续）（小说）
〔法〕都　德著　不　留译

24　洪水（周刊、半月刊）

简　介

《洪水》，创造社主办的文艺性刊物。初为周刊，一九二四年八月二十日创刊于上海，主持者是周全平、敬隐渔、倪贻德诸人，由上海泰东书局发行，十六开本，只出一期即停刊。一九二五年九月一日复刊，改出半月刊，共出三卷凡三十六期，又增刊一期，第一、二卷由周全平、洪为法、叶灵凤等人编辑，第三卷迁广州出版，主要由郁达夫负责编辑，第一卷十六开本，由上海光华书局发行，第二、三卷三十二开本，由创造社出版部发行。半月刊时有脱期现象，实际出版日期不符。一九二七年十二月十五日终刊。

《洪水》是在《创造》季刊、《创造周报》停刊以后发刊的，编者在周刊第一期发表的《撒但的工程》一文中说："不先破坏，创造的工程是无效的。彻底的破坏，一切固有势力的破坏，一切丑恶的创造的破坏，恰是美善的创造的第一步工程！"《洪水复活宣言》也贯穿了这种精神。《洪水》在这种精神指导下显示出更带现实性的战斗锋芒。

该刊发表了郭沫若、郁达夫、洪为法、漆树芬、何畏、霆声等人的许多杂文和社会评论，"都迫切地接触到现实"（郑伯奇《中国新文学大系、小说三集、导言》），同时刊登了大量其它形式的文学作品，其中有成仿吾、裘柱常、袁家骅、王独清、柯仲平、洪为法、王以仁、梅绍农、黄药眠以及几十位青年诗人的新诗，洪为法、楼建南、曹石清、顾仁铸等人的短篇小说和翟秀锋的剧本，不少作品"放弃了一已的主观"（出处同上），增强了社会性成分。

目 录

《洪水》周刊

第1期
1924年8月20日出版

撤但的工程 全 平
盲肠炎与资本主义 沫 若
迷离的幻影 倪贻德
对于梁俊青君的意见 全 平
通信一则 仿 吾

《洪水》半月刊

第1卷 第1期
1925年9月1日出版

《洪水》复活宣言
论是非 霆 声
漆黑一团 为 法
努力国民革命中的重要工作 陈尚友
五卅悲歌 K·T
魂灵的壳子 全 平
劫灰 为 法
拒绝 静 之
中秋月 全 平

第1卷 第2期
1925年10月1日出版

盲肠炎与资本主义 沫 若
真的艺术家 为 法
夜祷（插图） L·F
我有长剑在 徐绍烈
主义与主义者 霆 声
中国的言论界 陈尚友
我们同声叫喊 全 平
足迹 严良才
姊嫁之夜 叶灵凤
编辑余话 编 者

第1卷 第3期
1925年10月16日出版

今后的觉悟 成仿吾
评胡适之《爱国运动与求学》 未 艾
毁灭 李伯昌
立方主义 倪贻德
秋的晨曦 蒋傍川
漆黑一团的出版 霆 声
鹗鸟与鸣蝉 为 法
旧梦 L·F
落花时节 汪茂遂
寄—— 陈尚友
植树节 赵其文
弹琴者之歌 Goethe著 沫 若节译
编完了再添上 编 者

第1卷 第4期
1925年11月1日出版

穷汉的穷谈 沫 若

"胡译" 顾仁铸
写在"胡译"之后 为 法
梦罢 裘柱常
"漆黑一团"的应声 谷风田
——呈为法先生——
附：复谷风田 洪为法
苦闷的追寻 L·F
告青年 木 天
秋意 叶灵凤
——《白叶杂记》之一
七月四日 全 平
自杀 〔日〕江马修作 张资平译
废话二则 全 平

第1卷 第5期
1925年11月16日出版

共产与共管 沫 若
希求与崇拜 灵 凤
怎样去清理出版界 霆 声
拆穿西洋镜 冥 冥
——撒但工程的一部分——
"让世人把我们投入硫黄湖去"
以 仁 全 平
与旅人——在武藏野的道上 木 天
呈李白华兄——
小坐 成仿吾
迷途之鸟底祈祷 钱慰华
雾 叶灵凤
——白叶杂记之二
自杀（续）
〔日〕江马修作 张资平译

第1卷 第6期
1925年12月1日出版

读章氏《评新文学运动》 成仿吾
精神的洪水 何 畏
——致沫若、仿吾的一封信
友人与敌人 为 法
缺陷的美 倪贻德
——画室杂感之一
腐尸的赞美 安淇生
饮器 滕小燕
啊！这双鱼！ 灵 凤
你的心曲 张子三
理学士 陶晶孙
报告两个动听的消息 编 者
又是两则废话 编 者

第1卷 第7期
1925年12月16日出版

赤化与军阀 漆树芬
《文艺论集》序 沫 若
《林中》的序 为 法
可咒诅的一幕 灵 凤
Lament 〔英〕雪莱作
仿 吾、焦尹孚、沈家骏译
致梦里的友人 全 平
我也来说几句闲话 玫 友
烟雨楼头 曹钧石

凄然望着溪中　灵　凤
缅甸的民歌　K·T
马克斯进文庙　沫　若
打疑古玄同一棒　钟　隐
一条恶狗及其他　行健　袁子和
末了的几句话　编　者

第1卷　第8期

1926年1月1日出版

新国家的创造　沫　若
过去的春天　安淇生
为日本出兵东三省警告国人　漆树芬
破影　滕小燕
牢骚五种　郁达夫
答尚且先生　编　者
评易家钺著《社会学史要》　李剑华
共产不可不反对　光　赤
病了的玫瑰　安淇生
哥哥的一掌　编　者
寒囚　杨正宗
——致黄均源君之灵
老人们的沉默　全　平
长笛一声人倚楼　严良才
牧女的期待　裘柱常
木兰歌，革命文学及其它　为　法
火山口　张子三
雨后　木　天
——呈伯奇兄及其爱人
残秋　倪贻德
昙花庵的春风　叶灵凤
禅味　叶烟着

第1卷　第9期

1926年1月16日出版

共产问题的我见　漆树芬
春天　潘修桐
评田汉君的莎译——《罗密欧与朱丽叶》　焦尹孚
桑雪尔佛　钱蔚华
萤光中的灵隐　许　杰
红流（独幕剧）　翟秀峰
讨论《马克斯进文庙》　沫　若
附：陶其情信

第1卷　第10、11期合刊

1926年2月5日出版

社会革命的时机　沫　若
人的尸　汪静之
万雷白（Ch.van Lerberghe）的两首诗　穆木天译
自杀　文子慧
静晚　袁家骅
评田汉君的莎译《罗密欧与朱丽叶》（续）　焦尹孚
红流（续）　翟秀峰
国家资本主义　民　治
送朋友之广东从军　梓　人
轭下的悲歌　玲

无题　曹钧石
且哭且骂且咒且狂歌　周毓英
我对于《忆》　谷凤田
不平衡的偶力　张资平
卷末　编　者

第1卷　第12期
1926年3月1日出版

无抵抗主义者（对话）　郭沫若
斥《国家主义与新文艺》　为　法
哀歌　王独清
到底谁共谁的产　洪衡石
心灵的安慰　叶灵凤
——《白叶杂记》之三——
我的生命流　杨正宗
姊姊的死　夏伯训
梅岭纪游　梅玉龙
不死的爱情　C·T
让咱们来说几句和平话　黎锦明
“几句和平话”的回声　全　平
卷末　编　者

第2卷　第13期
1926年3月16日出版

上海滩上　仿　吾
自序《圣母像前》　王独清
小说论及其他　郁达夫
游罢　曹钧石
杀敌　钟　隐
长征　柯仲平
钱之可贵　周毓英
担负　为　法
芳邻　叶灵凤
——《白叶杂记》之四——
活尸　胡孟平
关于《忆》　以　仁　全　平
卷末　编　者

第2卷　第14期
1926年4月1日出版

悼北京十八日的死者　编　者
卖淫妇的饶舌　沫　若
可怜的上海报纸　柳克述
孙中山周年祭　齐　南
爆烈的思想　长　弓
制驯鸽标本之前　朱则赤
仙镜　全　平
《光明之路》的序引　全　平
街路里〔日〕小川未明作　张资平译
弱的幻境　倪懋芬
马克斯到底不能进文庙　陶其情
附：沫若复信
废话二则　霆　声
卷末　编　者

第2卷　第15期
1926年4月16日出版

新的教训　霆　声

光明之路 全　平
在黑夜里 光　赤
——致刘华同志之灵
写在《法国安那其党人的故事》的前面 全　平
法国安那其党人的故事 芾　甘
迁居 叶灵凤
——《白叶杂记》之五——
长虹 裘柱常
大庆里之一夜 叶鼎洛
向自己挑战 为　法
哀求 马士瑛
对于《忆》的公道话 钧　石　全　平
洗一洗不白之冤 李芾甘　全　平

第2卷　第16期
1926年5月1日出版

文艺家的觉悟 沫　若
“五一”给我们的教训 为　法
藤椅 倪贻德
绝望 胡开瑜
三月十八 柳克述
群星之鼓噪 曹钧石
夜之颂歌 丘韵铎
懊恼曲 陈翔冰
黑影 许　杰
绝句四首 陈尚友
共产瞎谈 先　愚
自己制造自己享乐 周毓英
凄颤之声 乃　骅
特选留学生 陶晶孙
夜雨不寐 佚　名
法国安那其党人的故事（续） 芾　甘
惜别 叶灵凤
——《白叶杂记》之六——
人去后 叶灵凤
——《白叶杂记》之七——
五一歌　加寥也夫著　光　赤译
五一节与中国劳动运动 民　治
五一节与中国农民运动 欧阳华汉
劳动艺术运动 何　畏
六尾小鲤鱼 何　畏　全　平　景　云　郑鹤翔
卷末 编　者

第2卷　第17期
1926年5月16日出版

光明之路（续） 全　平
读了《罗曼罗兰评鲁迅》以后 敬隐渔
航海者之悲吟 楚　鸣
我要喝加料的白干酒与红葡萄 柯仲屏
模糊 凤　田
偷生 叶灵凤
——《白叶杂记》之八——
失了心的人 安淇生
足迹 顾仁铸

在法的华人消息　苏　侨
无定着的夜天　刘绍先
大革命快要来了　悟　真
——给全平

第2卷　第18期
1926年6月1日出版

红瓜　郭沫若
不朽的人豪　成仿吾
——纪念孙中山先生
道上的话　木　天
哀歌　以　仁
“反赤”的“救国”　徐活萤
忆葡萄　丘韵铎
“当”的滋味　文子慧
五卅快到的呻吟　长　弓
废话一串　霆　声　全　平
归来　叶灵凤
——《白叶杂记》之九——
光明之路（续）　全　平

第2卷　第19期
1926年6月16日出版

伟大的批评者　为　法
自由再生　杨正宗
反赤救国论　霆　声
自慰歌　梓　人
今日之北京　胜　华
此图书馆大约以蟋蟀多而著名
舵　岚
——王统照的胡译
春蚕　叶灵凤
——《白叶杂记》之十——
血　叶灵凤
——《白叶杂记》之十一——
谢忱　叶灵凤
——《白叶杂记》之十二——
今后的生涯　叶灵凤
——《白叶杂记》之十三——
夹袍　周毓英
工作之余　柯仲平
——别曲中之一——
我要拒绝一切　全　平
从日本来的消息　沈宰白、全　平
又要谈自己的事情了　编　者

第2卷　第20期
1926年7月1日出版

创造社戏剧部成立通告
《少年维特之烦恼》增订本后序
沫　若
五卅节的上海　陆定一
哀飘萍之死　李剑华
乌鸦的埋藏　洪为法
中国式的·科学的·无抵抗主义
霆　声
毕业者的日记　景　云
无题　叶灵凤
——《白叶杂记》之十四——

圣诞歌　裘柱常
兰顺之死　曹石清
夜　冯乃超
卷末　编　者

第2卷　第21期
1926年7月16日出版

长跪　为　法
——哭父之后
爸爸你为谁做工?　张家辅
自我的觉悟　史伯允
灵魂的归来　叶灵凤
——《白叶杂记》之十五——
生离　叶灵凤
——《白叶杂记》之十六——
微光　萍　心
拟拟曲　苏鹤田
小诗　胡开瑜
落叶一束　张耀南
她是依旧在我的身边　翰　哥
澡堂里的悲哀　张学武
爱兰　建　南
收梢几句废活　编　者
《幻洲》周刊展期出版申明

第2卷　第22期
1926年8月1日出版

读罢了《兰顺之死》　鉴　泉
谈谈《自己制造自己享乐》　景　云
请柬　斯　曛
送施建中同志赴广东军官学校　王宇春
不能忘记　绍　宗
乡愁　叶灵凤
——《白叶杂记》之十七——
离群孤雁　尽　平
你应该留在这里　周鉴之
——读尽平君的《离群孤雁》
慈爱毁灭后　窈　窈
——一个从事社会改造运动的青年的零碎日记
诤言（通信一则）　秦邦宪
只有两次了　编　者

第2卷　第23、24期合刊
1926年9月1日出版

革命的经济基础　熊　锐
诗之鉴赏的态度　邹成熙
革命者的自省和恕道　周毓英
评朱湘的《还乡》　青　民
没资格·利用·专门人才　刘汉清
关于我就要出版的《海夜歌声》　柯仲平
诗一首　吴本琼
墓畔哀歌　鋆　钊
孤坟坛上的徘徊　则　民
我那能舍你　胡铸侬
读《祈祷》后的祈祷　王以仁
逃兵　王苇艇

《完成我们的文学革命》的回声
苏觉先

第3卷　第29期
1927年3月16日出版

在方向转换的途中　郁达夫
炭坑里的炸弹　龚冰庐
我咒诅　土　人
诗两首　饶超华
《鸭绿江上》读后感　达　夫
第三者
〔日〕国木田独步作　许幸之译

第3卷　第30期
1927年4月1日出版

中国文学家对于英国智识阶级及一般民众宣言
成仿吾、鲁　迅、王独清、何　畏等
公开状答日本山口君　郁达夫
春夜　仲　殊
梦摆仑　孟　超
要汇钱去　林微音
留别　王独清
——献给同情于我的广州诸青年同志
《完成我们的文学革命》的回声
远中逊
答诗人　青　民

第3卷　第31期
1927年4月15日出版

致法国友人摩南书　王独清
寒宵　李昌金
——在步哨线上——
杂评曼殊的作品　郁达夫
艺术断片感想　倪贻德
——看了丁衍镛个人展览会以后
诗三首　曼　华
变卖了　赵　丏
你竟不明白地去了　倪贻德
海滨　洪学琛
要汇钱去（续）　林微音

第3卷　第32期
1927年5月1日出版

日记文学　郁达夫
《圣母像前》底感想　郑伯奇
菩提树下　梅绍农
梦的创造　药　眠
晚风　药　眠
——呈Miss L.之灵
嫁期　洪家琛

第3卷　第33期
1927年5月16日出版

文学革命与趣味　仿　吾

——复远中逊君

《寒灰集》批评　郑伯奇
微微的叹息（散文诗）　石兆棠
新生　龚福春
邻居　许　杰

第3卷　第34期
1927年9月16日出版

文学家与个人主义　仿　吾
平凡与反抗　王独清
Tuber Culosis　庄汀依
诗三首　鉴　泉
芥川龙之介与有岛武郎　郑伯奇
——文人自杀心理的一考察——
毕竟是奴隶罢了（木人戏）
〔日〕村山知义作
陶晶孙译
寄故友　星　河
文学革命的商榷　王少船
小消息　编　者

第3卷　第35期
1927年11月1日出版

街头与案头　王独清
黄浦滩上的中秋　药　眠
我死之夜　药　眠
毕竟是奴隶罢了（续）
〔日〕村山知义作　陶晶孙译
飘泊者之墓　首　认
别意　郑佳烈
文明的法律　乐鹏举
《完成文明革命》的回声　徐克家
小消息　编　者

第3卷　第36期
1927年12月15日出版

《洪水》终刊感言　仿　吾
老人星　梁希杰
一位歌舞的天魔之女　李东旭
文明人的法律（续）　乐鹏举
通信一则　仲　殊

25 语 丝

简 介

《语丝》，一九二四年十一月十七日创刊于北京，语丝社主办，孙伏园编辑，先后由北京大学新潮社和北新书局出版发行，十六开本，最初每期十六页，在北京出至第一百五十四期，于一九二七年十月二十二日被奉系军阀查禁，北新书局也同时被封，在北京编好的第一五五、一五六两期，于同年十一月由迁往上海的北新书局印行。从一九二七年十二月十七日出版的第四卷第一期开始，鲁迅接编，改为二十四开本，仍由上海北新书局印行。一九二八年年底鲁迅编完第四卷后，推荐柔石接编。一九二九年九月柔石编完第五卷前半卷（一至二十六期）后交李小峰编辑。一九三〇年三月十日出至第五卷第五十二期终刊。京沪两地总计共出版二百六十期。

编者在《发刊辞》中声明“这个周刊的主张是提倡自由思想，独立判断，和美的生活”，“想冲破一点中国的生活和思想界的昏浊停滞的空气”，“周刊上的文字大抵以简短的感想和批评为主”，并在编辑中注意了贯彻这一宗旨，结果就如鲁迅所说的，“这刊物本无所谓一定的目标，统一的战线；那十六个投稿者，意见态度也各不相同”，但“也在不意中显了一种特色，是：任意而谈，无所顾忌，要催促新的产生，对于有害于新的旧物，则竭力加以排击——但应该产生怎样的‘新’，却并无明白的表示，而一到觉得有些危急之标，也还是故意隐约其词”。后期战斗性逐渐削弱，特别是第五卷之后“几乎不谈时事，且多登中篇作品”（《我和〈语丝〉的始终》）。

《语丝》周刊发表了大量文艺性短评和随笔体散文，注重社会批评和文化批评，主要撰稿人有鲁迅、周作人、林语堂、顾颉刚、川岛、章衣萍等。鲁迅的《碰壁之余》、《纪念刘和珍君》、《无花的蔷薇之二》等重要文章和《野草》集中的大部分散文诗都是在《语丝》上首先发表的。在鲁迅的支持和影响下，《语丝》前期显示了较强的战斗性，在“五卅”运动前后的思想战线和文学战线上产生过很大的影响，而风格幽默泼辣的“语丝文体”，对以后我国散文特别是三十年代战斗的小品文的发展起了开拓道路的历史作用。但是《语丝》也有周作人代表的另一倾向，思想上从早期对黑暗现实隐含愤懑变而为妥协调和，以至于攻击苏俄，反对左翼文艺运动；风格上提倡冲淡，追求闲适，以至于走向迷恋骸骨，摩挲古董，影响所及，就是三十年代以《论语》为代表的幽默小品的泛滥。《语丝》也发表了一些短篇小说，除鲁迅的《高老夫子》、《离婚》之外，还有冯文炳、许钦文等人的作品。

目　录

第 1 期
1924 年 11 月 17 日出版

发刊辞
生活之艺术　开　明
记顾仲雍　伏　园
论雷峰塔的倒掉　鲁　迅
恭贺爱新觉罗溥仪君迁升之喜并祝进步　钱玄同
清朝的玉玺　开　明
夜里的荒唐　川　岛
译自骆驼文　绍　原
月老和爱神　衣　萍
“说不出”　鲁　迅

第 2 期
1924 年 11 月 24 日出版

记杨树达君的袭来　鲁　迅
古史杂论（一）　顾颉刚
——纣恶七十事的发生次第
译诗一第
Thomas Hardy 作　胡　适译
随感录　玄　同
不通的外行话
“清室溥仪”
“清君侧”
《尚书》和《易经》为崇
“持中”底真相之说明
烽话五则　鲁　迅
希腊讽刺小诗　开　明

第 3 期
1924 年 12 月 1 日出版

狗抓地毯　开　明
论土气与思想界之关系　林语堂
秋夜　鲁　迅
——《野草》之一
林琴南与罗振玉　开　明
死尸　徐志摩
附：菩特莱尔原诗译文
礼的问题　江绍原　周作人
关于杨君袭来事件的辩正　鲁　迅
读了《记〈杨树达君的袭来〉》　李遇安
给孙伏园的信　鲁　迅

第 4 期
1924 年 12 月 8 日出版

难波大助事件　张定璜
告遗老　钱玄同
致溥仪君书　周作人
三博士之老实　开　明
李佳白之不解　开　明
胡说乱道　徐旭生
欠缺点缀的中国人　川　岛
影的告别
——《野草》之二　鲁　迅

求乞者
——《野草》之三 鲁 迅
我的失恋
——《野草》之四 鲁 迅

第5期
1924年12月15日出版

笠翁与兼好法师 开 明
说胡须 鲁 迅
“又上了胡适之的当” 川 岛
“音乐”? 鲁 迅
田园诗 〔法〕果尔蒙作 开明译
垂发
冬青
雪
死叶
河
果树园
“不行” 衣 萍
我来说“持中”的真相 鲁 迅
女裤心理之研究 绍原 作人
通信一 周作人

第6期
1924年12月22日出版

死之默想 开 明
散氏盘的说明 何 康
几首孟加拉的宗教诗 江绍原
古史杂论(二)
——宋王偃的绍述先德
顾颉刚
“为病呻吟” 沅 君
殉情诗抄
〔日〕佐藤春夫作 张定璜译
海边的恋爱
断章
我们的敌人 开 明
再斟一杯酸酒 李遇安

第7期
1924年12月29日出版

读法兰西氏的小说《达旖丝》
江绍原
喝茶 开 明
黑痕 萍 霞
复仇(一)
——《野草》之五 鲁 迅
复仇(二)
——《野草》之六 鲁 迅
又是三首孟加拉的宗教诗 江绍原
家兄的几篇日记 川 岛

第8期
1925年1月5日出版

三十年来我对于满清的态度底变迁
钱玄同
宰羊
——给M君的信 品 青

墨痕（二） 萍霞
种树 衣萍
滑稽似不多（通信） 周作人

第9期

1925年1月12日出版

论照相之类 鲁迅
《古事记》中的恋爱故事
〔日〕安万侣编 周作人译
忆之第三十五 俞平伯
两首四千年前的埃及诗 江绍原译
A.Petofi的诗 L.S译
元旦试笔 开明

第10期

1925年1月19日出版

鬼的叫卖 开明
“药” 川岛
希腊陶器画两幅（附说明）
周作人
希望
——《野草》之七 鲁迅
《婢仆须知》抄 周作人译
进化呢？退化呢？ 虚生
不著名的文人的作品 沅君
闪烁的小星 衣萍
积水潭前 张友鸾
对于文学应有的理解 沅君
山歌原始之传说 台静农

第11期

1925年1月26日出版

古史杂论之三
——《盘庚》中篇的今译
顾颉刚
密谈
——古希腊拟曲之一
〔希腊〕海罗达思著 作人译
雪
——《野草》之八 鲁迅
修正《红楼梦辨》的一个楔子
平伯
日本的人情美 开明
A.Petofi的诗 L.S译
太阳酷热照临
坟墓休息着
我的爱——并不是
海呐除夕歌 林语堂译
永乐的圣旨 开明

第12期

1925年2月2日出版

立春 作人译
——日本狂言之一
风筝
——《野草》之九 鲁迅
抱犊谷通信 子荣
过年 夏葵如
上下身 开明

萍水曲　同　心
亲送《语丝》记　伏　园

第 13 期
1925 年 2 月 9 日出版

蔼理斯感想录抄　周作人译
进步
晦涩与明白
女子的羞耻
雅歌与传道书
宗教
自己中心
胡说乱道　虚　生
好的故事
——《野草》之十　鲁　迅
诗两首　穆木天
小诗
泪滴
一个小动物之诞生　川　岛
从你走后　衣　萍
鬼的货色　开　明

第 14 期
1925 年 2 月 16 日出版

扎尔斯泰的事情　开　明
译欧洲中古基督教高僧圣芳济的一首颂歌　江绍原
竹林的故事　冯文炳
理想中的教师　善　悟
弃妇　李叔良

第 15 期
1925 年 2 月 23 日出版

再论雷峰塔的倒掉　鲁　迅
Bandelare 散文诗钞　张定璜译
镜子
窗子
月儿的恩惠
狗和罐子
谈"目莲戏"　开　明
晚道上
——访俄诗人特列捷阔夫以后
素　园
"净观"　子　荣
幼小者的死　幽　石
十字街头的塔　开　明
给蜂鸣　李淑良

第 16 期
1925 年 3 月 2 日出版

花姑娘
——日本狂言之一　作　人译
看镜有感　鲁　迅
天才与伶俐　夏葵如
两个朋友〔俄〕契诃夫作　公愚译
徐志摩先生的耳朵　刘　复
抱犊谷的传说　开　明
霭理斯的生年（通信）一个也喜欢霭理斯的人

第 17 期
1925 年 3 月 9 日出版

日记与尺牍 开 明
《两条腿》序 作 人
过客
——《野草》之十一 鲁 迅
在一家饭店里 徐志摩
看井 半 农
一个求仙者的笔记钞 子 荣
论辩的魂灵 鲁 迅
人的叫卖
——呈开明先生 川 岛
回信 开 明

第 18 期
1925 年 3 月 16 日出版

日本的海贼 开 明
班禅喇嘛来京感言 汪绍原
火神庙的和尚 冯文炳
别后的恋 刘廷芳
牺牲谟
——鬼画符失敬失敬章第十三 鲁 迅
启事 周作人

第 19 期
1925 年 3 月 23 日出版

孙中山先生 开 明
孙中山先生最早的政治主张 顾颉刚
快乐 刘廷芳
古文秘诀 开 明
怪异的印象 一 公
道学艺术家的两派 子 荣
董道士的传说 雍 也
批评家李笠翁（通信） 朱 湘

第 20 期
1925 年 3 月 30 日出版

巴黎通信 刘 复
写在半农给启明的信底后面 钱玄同
再说林琴南 开 明
未完的信 刘廷芳
赠所欢 〔希腊〕萨福作 开明译
岂非头等文明也哉 川 岛

第 21 期
1925 年 4 月 6 日出版

答问 张定璜
鸟声 开 明
别有天（平民短剧） 柯 幽

第 22 期
1925 年 4 月 13 日出版

中山先生与“国民之敌” 钱玄同
示众 鲁 迅

《徒然草》抄
〔日〕兼好法师作　作人译
闲暇与文艺　沅　君
别离　刘廷芳
破经运动　王益年

第23期
1925年4月20日出版

中国人和日本人　张定璜
给玄同的信　林语堂
回语堂的信　钱玄同
愁　沅　君
歌王　钟敬文
——读了台静农君《山歌原始的传说》所引起的几句话

第24期
1925年4月27日出版

回国　孙福熙
希腊牧歌之一
——私语——　开　明
中山与其老黄狗　遇　安
鸟的故事　肖保璜
拒婚　林村述

第25期
1925年5月4日出版

介绍载季陶先生底《孙中山先生著作及讲演记录要目》　钱玄同
若子的病　开　明
死火
——《野草》之十二　鲁　迅
狗的驳诘
——《野草》之十三　鲁　迅
文法之趣味　开　明
贾宁的故事　刘大杰
五官搬家　品　青

第26期
1925年5月11日出版

高老夫子　鲁　迅
与友人论性道德书　开　明
译诗四首　韦素园译
一、无题　白斯金作
二、我怕说　茗思奇作
三、幸福　解特玛尔作
四、玫瑰　屠格涅夫作
蔼理斯与福来尔　顺　风
附记　开　明

第27期
1925年5月18日出版

李恩谭与叶爱萝　箕茨作　韦素园译
春雨　韦素园
屎菩萨　傅书迈
我们不是遇见了么　李遇安
通信　废　然　周作人

第 28 期
1925 年 5 月 25 日出版

朝鲜的传说　开　明
碎瓦　孔　炤
一、我卖矛兼卖盾
二、老与少
海外民歌译　刘复译
一、巴黎有一位老太太
二、约翰赫诺
生活！　霁　野
杜鹃的故事　颜黎明

第 29 期
1925 年 6 月 1 日出版

“碰壁”之后　鲁　迅
希腊人名的译音　凯　明
文章正宗一瞥　止　水
深葬　衣　萍
给——　长　虹
戆仪老丈的秘密
〔法〕都德作　雪林译

第 30 期
1925 年 6 月 8 日出版

话　语　堂
文训——新洗冤章第六十六
平　伯
匆匆（上）
中夜（中）
手民（下）
晒开鹅肉　川　岛
良心　〔法〕罽俄作　雪林译
论性道德的一封回信　雨　村
《春雨》的主人公（通信）
静贞　周作人

第 31 期
1925 年 6 月 15 日出版

关于反抗帝国主义
俄文译本《阿 Q 正传》序及著者自序传略　鲁　迅
汉代方音考一　林语堂
古史杂论之四
——虞初小说回目考释　顾颉刚
黑背心　凯　明
劝文豪歌　语　堂
伟大是“能死”　仲　平
漫语　衣　萍
哭　川　岛
塔的故事　同　力
《野有死麕》之讨论
颉刚、适之、平伯

第 32 期
1925 年 6 月 22 日出版

赴敌　冰　心
雪耻与御侮　平　伯
失掉的好地狱
——《野草》之十四　鲁　迅

墓碣文
——《野草》之十五 鲁 迅
爱国 川 岛
《陀螺》序 周作人
上场与预备 春 台

第33期
1925年6月29日出版

柿头陀
——日本狂言之一——
凯 明
福生 沈从文
诗篇第八章 江绍原译
——译自《圣经旧约全书》
道听途说 杨雪竹
关于《野有死麕》底卒章 钱玄同

第34期
1925年7月6日出版

寄启明 穆木天
答木天 周作人
寄木天 张定璜
敬答穆木天先生 钱玄同
宽容之难（通信）孟 和、作 人

第35期
1925年7月13日出版

帝国主义等 张申府
美人画砖拓本（附说明） 俞平伯
颓败线的颤动
——《野草》之十六 鲁 迅
立论
——《野草》之十七 鲁 迅
心愿 李淑良
野花 王森然
苦哇鸟的故事（附通信）
潘汉年、周作人
川岛启事两则

第36期
1925年7月20日出版

恋女的情歌 凯 明
死后
——《野草》之十八 鲁 迅
《深誓》自序 衣 萍
学问与习技 春 台
质西谛君 平 伯
一部英国文选 子 荣

第37期
1925年7月27日出版

记所遇 衣 萍
论“他妈的”! 鲁 迅
随笔两则 钟敬文
伯劳的故事 颉 刚
谁能宽容（通信）
舒新城 周作人

自荐　如　粒

第 38 期
1925 年 8 月 7 日出版

论睁了眼看　鲁　迅
吃烈士　子　荣
去乡　冯文炳
——S 的遗稿
礼部文件（通信）江绍原、凯　明

第 39 期
1925 年 8 月 10 日出版

答平伯君　西　谛
答西谛君　平　伯
代快邮　凯　明
寄给——　曙　天
骄纵的妇人（民间故事）　钟敬文

第 40 期
1925 年 8 月 17 日出版

《今縢篇》今译　顾颉刚
废话　疑古玄同
苦哇鸟的故事　君　韶

第 41 期
1925 年 8 月 24 日出版

访问〔法〕查理波都安作　凯　明译
懊悔　静　农
捕萤　向　辰
时之表现　李金发

第 42 期
1925 年 8 月 31 日出版

论鬼脸〔英〕哈利孙作　凯　明译
缘法　沅　君
忆花鼓戏　汤钟瑶
诀绝辞　灵　均
仿近人体骂章川岛　绍　原
狗尾巴　川　岛
不宽容问题（通信）
屈　武、周作人
菜瓜蛇的故事　雪　林

第 43 期
1925 年 9 月 7 日出版

留给青年艺术家们的几句话
〔法〕罗　丹作　祖　正译
未雨绸缪　大　琦
礼部文件之六　绍　原
——周官媒氏
鸟的故事二则　雪　林

第 44 期
1925 年 9 月 14 日出版

萨满教的礼教思想　凯　明

悼寄南　弱者
在海船上　杜若
关于菜瓜蛇的通信　雪林、周作人
康圣人的故事　吴敬轩

第45期
1925年9月21日出版

希腊的朝山和奇迹地　〔法〕查理斯·拉姆贝尔作　鲁彦译
东城旧侣　衣萍
——寄给湖上漂泊的C
"碰壁"之余　鲁迅
诗　川岛
别十与天罡（通信）　凯明、少全

第46期
1925年9月28日出版

拟拟曲　刘复
希腊的朝山和奇迹地（二）　〔法〕查理斯·拉姆贝尔作　鲁彦译
守旧与逐流　炤
茄楠香　汤钟瑶
雨夕　蹇先艾
关于波都安　张崧年
关于天罡的声明　岂明

第47期
1925年10月5日出版

我最　岂明
希腊的朝山和奇迹地（三）　〔法〕查理斯·拉姆贝尔作　鲁彦译
第一个恋人　衣萍

第48期
1925年10月12日出版

《竹林的故事》序　周作人
归途　杜若
我的南方　佩弦
茶话　子荣
一、保越录
二、芳町
随感录　林语堂
一、论名流之加多
二、名流与心理分析
三、政治与心理分析
四、激进派与守旧派
征求猥亵的歌谣启

第49期
1925年10月19日出版

论小说的浏览和选择（上）　〔德〕开培尔作　鲁迅译
茶话　子荣

三、明译《伊索寓言》
走了　大　锜
猫的悲剧　杜　若
小诗五首　半　农
说“茶灯”　汤钟瑶
伟大的画家　采　真
传说中的鼓楼后的巨钟　于成泽

第 50 期

1925 年 10 月 26 日出版

论小说的浏览和选择（下）
〔德〕开培尔作　鲁　迅译
杭州城站　平　伯
茶话　子　荣
四、遵主圣范
花炮　冯文炳
故事　李金发
蛇郎精　张　荷
高尔基及其他　风　光
礼部额外文件　卜效廉、岂明

第 51 期

1925 年 11 月 2 日出版

日本浪人与《顺天时报》
周作人
明天的运动　傅书迈
一席话　品　青
乡谈（通信）　桑洛卿、岂　明

第 52 期

1925 年 11 月 9 日出版

从胡须说到牙齿　鲁　迅
谬论的谬论　林语堂
一、什么叫做“勿谈政治”？
二、闭口读书谬论之由来
三、中华官国的政治学
四、政客官僚谈得了政治吗？
五、政治与精神欧化
花炮（续）　冯文炳
大黑狼的消息（通信）
谷万川、周作人
《语丝》的文体　伏　园

第 53 期

1925 年 11 月 16 日出版

礼部文件之七　江绍原
——读经救国发凡
再论《遵主圣范》译本　陈　垣
初恋　冯三昧
妓馆　冯文炳
萤火　春　台
“小”五哥的故事　一·X、岂　明

第 54 期

1925 年 11 月 23 日出版

让我吃主义　岂　明
离婚　鲁　迅

生日的礼物　徐祖正
《镜花缘》与中国神话　沅　君
废话　玄　同
小猫　春　台
我想　平　伯
爱丽　衣　萍
假头发　川　岛
《子恺漫画》代序　佩　弦
通品　品　青
我似乎又想笑了　寿明斋
吴声恋歌　顾颉刚
醉酒歌　衣　萍
答伏园论《语丝》的文体（通信）
岂　明
论国民文学书（通信）　王独清
《语丝》的体裁（通信）
林语堂、周作人
咏名流（附歌谱）　林语堂

第 55 期
1925 年 11 月 30 日出版

Zarathustra 语录　语　堂
《雨天的书》序　周作人
去年的快乐　春　台
关于“市本”　岂　明
答雪花社张孟闻先生　川　岛
代信　学　昭
“搭题”的回响　贺扬灵

第 56 期
1925 年 12 月 7 日出版

并非闲话　鲁　迅
失题　岂　明
蓝纸花篮　玉　麟
浪费的课
〔俄〕契诃夫作　夏葵如译
犹太一个癞者的哀歌　苘又文

第 57 期
1925 年 12 月 14 日出版

《出了象牙之塔》译本后记
鲁　迅
插论《语丝》的文体——稳健、骂人及费厄泼赖　语　堂
一、斥文妖
二、诃鱷鱼
三、《语丝》文体之二大条件
四、我们应否骂人？
五、费厄泼赖
茶话　子　荣
五、塞文狄斯
诃色欲法　日　明

第 58 期
1925 年 12 月 21 日出版

圣书作文学读的建议　董绍明译述
这样的战士

——《野草》之十九 鲁 迅
同情 春 台
三论《遵主圣范》 张若谷
《语丝》与教育家 衣萍、岂明

第 59 期

1925 年 12 月 28 日出版

神户通信 张定璜、周作人
国语罗马字 嵩山、钱玄同
论骂人之难 语 堂

第 60 期

1926 年 1 月 4 日出版

劫灰 沅 君
聪明人和傻子和奴才
——《野草》之二十 鲁 迅
腊叶
——《野草》之二十一
鲁 迅
跋《情书一束》 衣 萍
巴黎君的梦 春 台
不重要的话 学 昭
司徒乔君所作画展览会的小引
周作人

第 61 期

1926 年 1 月 11 日出版

悼“快绝一世的徐树铮将军”
刘 复
桥上 川 岛
阿河 白 晖
小诗 冯文炳
狐外婆的故事 曹鸣奇
关于《狐外婆》 岂 明

第 62 期

1926 年 1 月 18 日出版

杂论管闲事，做学问、灰色等
鲁 迅
表姊 丘玉麟
谈谈村名谜 杨荫深
观音的净瓶 汪静之
滴铃子 守 庄
“我原是有两个鼻孔的” 川 岛

第 63 期

1926 年 1 月 25 日出版

骂瞎了眼的文学史家 刘 复
刘博士订正现代文学史冤狱图表
爱管闲事
写在刘博士文章及“爱管闲事”图表的后面 林语堂
茶话乙 岂 明
梦游 平 伯
救救孩子 春 台
果赢与麻蜂 张 文
命运是一个屠户 汪静之

我所爱的几首儿歌 黄 明

第 64 期

1926 年 2 月 1 日出版

学界的三魂 鲁 迅
奉答陈通伯先生 刘 复
什锦独白 大 闲
物质野蛮与精神野蛮 孙福熙
丢了三个 衣 萍
陈源先生的来信 岂 明

第 65 期

1926 年 2 月 8 日出版

不是信 鲁 迅
汉译《古事记》神代卷
〔日〕安万侣作 岂明
红枪会与八挂教 张 久
假哭 丘玉麟
挑夫 林 憾

第 66 期

1926 年 6 月 15 日出版

饿 刘 复
译莪默五首 林语堂
你教我怎么办呢 衣 萍
吠声 川 岛
代邮 刘 复

第 67 期

1926 年 2 月 22 日出版

汉译《古事记》神代卷（一）
岂 明
几首道光年间的小曲的开场 刘 复
太平天国文学的麟爪 简又文
我的生命像 李遇安
“国骂”之研究 张同光

第 68 期

1926 年 3 月 1 日出版

茶语丙 岂 明
旧体诗二首 刘 复
反周事件答问 王子欣 川岛
戏译柏拉图诗 岂 明
新年的痕迹 彭基相
不识时务的几句话 王化周
对于译莪默诗底商榷（通信）
采 真、语 堂

第 69 期

1926 年 3 月 8 日出版

无花的蔷薇 鲁 迅
汉译《古事记》神代卷（二）
岂 明
马建忠上李鸿章书 刘 复
茶话丁 岂 明
啊！大家忘记 林 憾

致川岛　岂　明

第 70 期

1926 年 3 月 15 日出版

译诗一首　雪莱作　祖正译
《扬鞭集》自序　刘　复
茶话戊　岂　明
通信　胡廷玉
附刊代序　川　岛
西滢的"吃咀巴"　川　岛

第 71 期

1926 年 3 月 22 日出版

檄告国民军　张定璜
两首小诗　祖　正
正阳门
影
我们的闲话（一、二）　岂　明
窑子与堂子　张　久
汉译《古事记》神代卷（三）　岂　明
我的惭愧　采　真
整顿学风文件　岂　明

第 72 期

1926 年 3 月 29 日出版

悼刘和珍杨德群女士　林语堂
无花的蔷薇之二　鲁　迅
关于三月十八日的死者　岂　明
执政府大屠杀记　自　清
我们的闲话　效　廉

第 73 期

1926 年 4 月 5 日出版

重印《何典》序　刘半农
新中国的女子　岂　明
废话　夷　罟
无题　冯文炳
再谈村名谜　负
关于整顿学风文件的通信　董绍明

第 74 期

1926 年 4 月 12 日出版

记念刘和珍君　鲁　迅
茶话己　岂　明
一人能有几天活　刘复译
——法国民歌
笑与哭　祖　正
我们的女旗手　丘玉麟
《英语备考》之荒谬　语　堂
《邶风·静女》篇的讨论（通信）　刘大白、顾颉刚

第 75 期

1926 年 4 月 19 日出版

《瓦釜集》代自序　刘　复

论并非睚眦之仇　岂　明
淡淡的血痕中
——《野草》之二十二
鲁　迅
一觉
——《野草》之二十三
鲁　迅
哀悼与忆念　祖　正
我们的闲话　川　岛、岂　明
寄——　守　庄
是谁?　石　民
结婚与死　顺　风、岂　明

第 76 期

1926 年 4 月 16 日出版

图书索引之新法　林语堂
《新生》的译稿与底本　徐祖正
莪默诗八首　刘　复译
无题之二　冯文炳
寄 S 兄妹　基　相
汉译《韦氏大学字典》　彭基相
我们的闲话　岂　明

第 77 期

1926 年 5 月 3 日出版

婴儿屠杀中的一小事件
〔日〕武者小路实笃作　周作人译
国外民歌二首　刘　复译
一、高丽民歌
二、鞑靼民歌
一本书　W.Mathews 作　采真译
忆语之一　刘锡愈
我们的闲话　大　闲

第 78 期

1926 年 5 月 10 日出版

别北京　孙福熙
汉译《古事记》神代卷（四）
岂　明
运命是一个犷悍怪兽　汪静之
一个极笨极笨的索引法　刘　复
后局大院江宅的家人叩禀
江宅家人

第 79 期

1926 年 5 月 17 日出版

无花的蔷薇之三　鲁　迅
茶话庚　岂　明
为的是我要上巴黎去（法国民歌）
F.Arnaudin 记　刘　复译
离母亲的第一夜　守　庄
归宿　川　岛
萌芽了　茨　荪
僵尸　谷万川、岂　明

第 80 期

1926 年 5 月 24 日出版

鸦片之战与甲午之战　张　久
别泡子河畔旧校　丘玉麟

别绪　学　昭
打油联句十六绝　钱琴甫
捧场　衣　萍
我们的闲话　岂明、大闲

第 81 期
1926 年 5 月 31 日出版

山中杂记　祖　正
新的蔷薇　鲁　迅
死法　岂　明
今希腊的民歌二首　刘　复译
私语　周灵均
梦　沁　民
我们的闲话　岂　明
据宋本复校太平行营规矩记　白鹿彝水
大同大学的王孝子　陈但一
同济大学的誓约书　孙自一

第 82 期
1926 年 6 月 7 日出版

《扬鞭集》序　周作人
为半农题记《何典》后作　鲁　迅
太真实——法国古歌　刘　复译
淡的伤痕　企　霞
秋声　黄运初
我们的闲话　岂　明、大　闲
读《邶风·静女》的讨论　郭全和
陈源教授的报复　董秋芳

第 83 期
1926 年 6 月 14 日出版

《穷人》小引　鲁　迅
关于《炭画》　岂　明
《茶花女》第一幕第八场的颂酒歌　刘　复译
《邶风·静女》的讨论　建　功
小诗四首　姚自若
　读了《鲁拜集》以后
　月夜
　乡村的夜
　夏夜的幽会
我们的闲话　岂　明

第 84 期
1926 年 6 月 21 日出版

工东哃——日本狂言之一——　岂　明译
山中杂记　祖　正
东抄西袭之三　刘　复
扑的一声倒地　守　庄
我们的闲话　大　闲
“何以颂之”？　侯齐贤

第 85 期

1926 年 6 月 27 日出版

行其所无事也　采　真
谈酒　岂　明
关于《何典》里的方方方及其他　半　农
我们的闲话　岂　明
关于一千元　川　岛、岂　明
疑古玄同与刘半农抬杠　疑古玄同、刘　复

第 86 期

1926 年 7 月 5 日出版

贞妇　沅　君
我们的闲话　大　闲、岂　明
《〈现代评论〉主角唐有壬致〈晶报〉书》书后　岂　明
罪过　秉　璧、衣　萍
不倒翁　林守庄

第 87 期

1926 年 7 月 12 日出版

茶话辛　岂　明
马上支日记　鲁　迅
《浑如篇》题记　刘　复
从《何典》想到《平鬼传》　止　水
秋歌　蓬　子
我们的闲话　岂　明
关于大同大学的王孝子　陈但一、岂明
上海当局压迫学生　牟万宗
抄袭与谣言　Y·H

第 88 期

1926 年 7 月 6 日出版

译《茶花女》剧本序　刘　复
嫁资　钦　文
又是关于校勘《何典》的话　刘　复
我们的闲话　岂　明
反说难　董秋芳
谁的信?　岂　明

第 89 期

1926 年 7 月 26 日出版

马上支日记（二）　鲁　迅
“三·一八”受伤回忆　戎之桐
阿尔萨斯的《鸣儿歌》　刘　复
无题之三　废　名
诗二首　蓬　子
我们的闲话　岂　明
贡献几个地名谜　张慰华
代表《骆驼》　周作人
两个圈儿　刘　复

第 90 期

1926 年 8 月 20 日出版

马上支日记（三）　鲁　迅

不妥协　采　真
露茴日记抄　茨　荪
怎么叫“读书毋忘救国，救国毋忘读书”？　潘梓年
我们的闲话　岂　明
致陈望道先生书　周作人
读了《关于〈炭画〉》以后的感想　杨　禧

第 91 期

1926 年 8 月 9 日出版

酒后主语　岂　明
校点《香奁集》后记　刘　复
朱敦儒小传　胡　适
露茴日记抄　茨　荪
密情　刘大杰
大家的闲话
一、心里仿佛没有那么一会事似的　励　吾
二、猴戏　介　如
古代好　阿　囊
关于刘校《何典》的几个靠得住的正误　守　庄、刘　复

第 92 期

1926 年 8 月 16 日出版

茶话壬　岂　明
马上支日记（四）　鲁　迅
《燉煌掇琐》序　蔡元培
露茴日记抄　茨　荪
天鹅的歌
〔保〕安娜·卡吕玛作　鲁　彦译
祝福　守　庄
酒后主语　岂　明
关于“僵尸”　沈时宣、岂　明
澄衷学校之国学文　东　峦

第 93 期

1926 年 8 月 23 日出版

《艺术与生活》序　岂　明
酒后主语　岂　明
无题之四　废　名
小亚细亚的情歌　刘　复译
饶我　康　昭
故乡的回忆　李顺亮
不与刘大白先生拌嘴　刘　复
大家的闲话
三、半洋人　农　人
四、南开与《性史》　天　良

第 94 期

1926 年 8 月 28 日出版

《希腊神话》引言
〔英〕哈利孙作　岂　明译
记鲁迅先生的谈话　培　良
柬埔寨的民歌　刘　复译
金枪　黄运初
“谢本师”　周作人

大家的闲话
六、亚州民族大会　白鹿彝水
七、"犯接吻"　抒　真
《平鬼传》与《捉鬼传》　西　谛

第95期
1926年9月4日出版

山中杂记　祖　正
《杂纂四种》序言　川　岛
平安之接吻　岂　明
露茴日记抄　茨　荪
大家的闲话
八、《情书一束》的两篇　瑞　华
九、读书难　无　天
《互助论》之误解（通信）　毛一波、岂　明

第96期
1926年9月11日出版

茶话癸　岂　明
《樵歌》后记　衣　萍
俾路芝斯坦的民歌　刘　复译
到书店去　吻　月
眼波〔保〕遏林沛林作　鲁　彦译
女师大的运命　岂　明
我也贡献几个地名谜　刘桂舲
大家的闲话
十、南开的性教育　鉴　芳
东南大学的怪剧　素　坚、岂　明
澄衷中学的国文会考题　德　诚

第97期
1926年9月18日出版

中山杂记　祖　正
小品　江绍原
东抄西袭之四至七　刘　复
投壶以后　孝　予

第98期
1926年9月25日出版

酒后主语　岂　明
小品　江绍原
无题之五　废　名
《回家》自序　钦　文
大家的闲话
十、无题　木　郎
十一、章任优劣论　山　叔
南开中学的性教育　吴鸿举、岂　明
山东大学公署　白鹿彝水

第99期
1926年10月2日出版

酒后主语　岂　明
山中杂记　祖　正
小品　江绍原

东抄西袭之八　刘　复
上海通信　鲁　迅
关于《茶花女》译本的校勘
徐玚本　刘　复

第100期
1926年10月9日出版

酒后主语　岂　明
小品　江绍原
东抄西袭之九　刘　复
"与女偕亡"　川　岛
关于契诃夫的几句话
〔俄〕契诃夫夫人 Olga knipper 作
张定钊译
鼓浪屿竹枝词十首　林　憾
南开与淫书　王华甫、岂　明
仲民来　衣　萍
曾国藩到底是什么？　陈　芹

第101期
1926年10月16日出版

送南行的爱而君　祖　正
小品　江绍原
苦雨斋尺牍　岂　明
《玉田朋辈考》初稿　沅　君
关于段庵旋《燕子山僧集》的我见种种　柳亚子
书报批评　李宗武
一、孟世杰著的中国最近世史
二、商务印书馆发行人文地理学
来函照登　曹慕管

第102期
1926年10月23日出版

给黎劭西的信　疑古玄同
——《樵歌》的跋
苦雨斋尺牍　岂　明
进献之辞　徐祖正
小品　江绍原
关于《狂言》及其他　沈宰白
闲话集成
一、序言　右　拉
二、谨论清宫宝物　安山叔
砂粒　祖　正

第103期
1926年10月30日出版

《初夜权》序言
〔日〕废姓外骨作　岂明译
山中杂记　祖　正
元正的死　钦　文
怀那古怪的圈子　天　行
闲话集成
三、今昔之感　岂　明
四、包子税　岂　明
《玉田朋辈考》勘误

第 104 期

1926 年 11 月 6 日出版

苦雨斋尺牍　岂　明
《华盖集续编》小引　鲁　迅
山中杂记　祖　正
再读《兰生弟的日记》　评　梅
钓鱼　学　昭
闲话集成
　五、人间赞美　季　谷
　六、宋二的照相　岂　明
读《语丝》　农　人

第 105 期

1926 年 11 月 13 日出版

《发须爪》序　周作人
山中杂记　祖　正
小品　江绍原
西班牙的短民歌二十二首　刘复译
纪事二阕　壁
褰帘　郡
无题之六　废　名
怀人　简　兮
闲话集成
　七、生财有大道论　心　心
　八、拜发狂　岂　明
　九、发之魔力　山　叔
关于假道学　岂　明
批评家之鉴戒　雨　村、岂　明
关于曼殊大师　赵景深
补柳亚子先生之遗　葛克信

第 106 期

1926 年 11 月 20 日出版

读王世杰君《中国妾制与法律》书后　杨　禧
《坟》的题记　鲁　迅
山中杂记　祖　正
西班牙民歌六首　刘复译
朝朝一阕　衣
闲话集成
　十、丁文江的罪　岂　明
　十一、林素园的功迹　季　谷
　十二、劫数　黄昌元
不喜吃鱼之辩解　品　青、岂　明

第 107 期

1926 年 11 月 27 日出版

战争与性的问题
　〔英〕蔼理斯作　秋　士译
苦雨斋尺牍　岂　明
厦门通讯　鲁　迅
西班牙民歌八首　刘　复译
小品　江绍原
觭零的梦　天　行
闲话集成
　十三、古文观止　翔　男
　十四、什么之感　青　民
书报批评的反响

一、读了李宗武君批评孟世杰著的《中国近世史》　王乐民
二、我的答复　李宗武
再论南北　杨大原

第 108 期
1926 年 12 月 4 日出版

写在《坟》后面　鲁　迅
苏曼殊之我观　柳亚子
大家的小品　别　士、绍　原
阶级与鲁迅　一　萼
闲话集成
十五、讲演　驭　聪
十六、女子学院的火　岂　明
十七、女师大灾祸的由来　董昌元
关于《无理心中》　周湘萍、周作人
又讲到澄衷的国学文　东
谢惠《国贼孙文》书　岂　明
所谓“思想界先驱者”鲁迅启事

第 109 期
1926 年 12 月 11 日出版

教育界的羞耻　祖　正
英人对于书籍底轻视　罗金斯作　采　真译
日本僧飞锡《潮音跋》及其考证　柳无忌
对于飞锡《潮音跋》的意见　柳亚子
西班牙民歌九首　刘　复译
大家的小品　刘晓浦、江绍原
《赵先生的烦恼》前记　许钦文
印度洋中的双十节　彭基相
从刘和珍君说到女子学院　品　清
闲话集成
十八、剪发　志　俊
十九、男装　岂　明
答杨禧先生论废妾　王世杰
润格汇登　佟右拉
一、卜效廉先生鬻字鬻文润格
二、问星处择日代润格

第 110 期
1926 年 12 月 18 日出版

《陶庵梦忆》序　岂　明
现代人生的苦闷　潘梓年
凄清的冬夜　了　了
竖碑与红遮眼　天　行
小品　江绍原
闲话集成
二十、再论剪发　山　叔
二十一、胡扯一出　励　吾
二十二、关于任可澄的好消息　季　谷
二十三、尊孔的新意义　钟　武
书报批评

三、陈衡哲女士的西洋史 李宗武
贺鼻头文 卜效廉

第111期
1926年12月25日出版

关于白话小说《三言》·《二拍》 马　廉
小品 江绍原
关于避难的教训 天　行
闲话集成
二十四、支那与倭 岂　明
二十五、捐款的控诉 山　叔
二十六、方便 三　辛
"家书"与"情书" 汪静之
书报批评的回声 孟世杰
拟古诗《上山采蘼芜》 敦甲老人

第112期
1927年1月1日出版

《争自由的波浪》小引 鲁　迅
小品 绍　原
苏曼殊《绛纱记》之考证 柳亚子
"绿屋" 晶　清
从死老鼠说到日本的路政 沈宰白
现在我们的歧途 余文伟
闲话集成
二十七、国旗颂 岂　明
二十八、上海气 岂　明
二十九、好计划 黄昌元
三十、道统之重光 冰　川
三十一、尊师论 晓　岩
三十二、闲话三十一 王不遐
检查过的私信 C·Y、岂　明
消息 李遇安
贺年的公函 语丝社

第113期
1927年1月8日出版

游地狱记
〔法〕弗洛贝尔作　刘　复译
家书 大　锜
小品 江绍原
《情书一束》三版序 衣　萍
为曼青的缘故 丘玉麟
闲话集成
三十三、《沉默》书后 易　释
三十四、妙文 岂　明
三十五、国旗之拥护 岂　明
三十六、又是"索隐" 岂　明
教育界之好消息 刘道玄
新娘的装束 寥南冠
五古呈宇文尚书 敦甲老人
《走到出版界》的"战略" 鲁　迅

第 114 期

1927 年 1 月 15 日出版

雪　肖炳贤
厦门通信　鲁迅
闲话集成
　三十七、研究系之功　不逿
　三十八、护旗运动万岁　尔忘
　三十九、论无报可看　山叔
　四十、孰为苦辛？　山叔
　四十一、南北释义　岂明
新的世故　鲁迅
贺年公函之复示　一读者
再谈《无理心中》　周湘萍　周作人
我独在垃圾堆上看不见旁人　狗屁

第 115 期

1927 年 1 月 22 日出版

“乡愚仇视”　天行
会集　果尽言
西印度 Pueble 族的民歌　刘复译
寻找的心　王馥琴
骨头　王馥琴
莎翁的《As you 1：ke it》　采真
闲话集成
　四十二、老人的苦运　岂明
　四十三、《东南论衡》的苦运　岂明
　四十四、颂吉林一师校长　晓天
素朴一下子
　——呈常燕生君　岂明
广州通信　梓年

第 116 期

1927 年 1 月 29 日出版

关于过去的她　天行
大家的小品　陈瑞华、别士、江绍原
哥哥底的寂寞　钦文
西印度 Pueble 族的民歌　刘复译
雪夜　评梅
同治时长友诗之翻译　玉麟
闲话集成
　四十五、徒劳的传单　岂明
　四十六、腊丁文　岂明
　四十七、鬼脸　晶清
上海通信　文师杜
《挽狂飚》书后　燕生、岂明
关于“羯磨”的订正　肖炳贤

第 117 期

1927 年 2 月 5 日出版

春来呈 S　念予
影　江绍原
做梦　天行
关于非宗教　岂明
西瓜　林守庄
厦门与厦大　卓治

闲话集成
　　四十八、铲雪出园的问题　白　林
　　四十九、现在青年　杨登纲
　　五十、卧薪尝胆　山　叔
　　五十一、革命党之妻　山　叔
　　五十二、新四维　山　叔
连花落　谷万川、岂　明

第 118 期
1927 年 2 月 12 日出版

客音的山歌　敬　文
一年来所作诗　刘　复
访教父去
　　〔保加利亚〕遇林沛林作　鲁　彦译
"书灯"　茨　荪
《鼻涕阿二》前记　许钦文
海上通信　鲁　迅
闲话集成
　　五十三、"何必"　岂　明
　　五十四、"爱民"　岂　明
清高问题　洪　棲、岂　明
皇娘或皇仁　吴蓬尊

第 119 期
1927 年 2 月 19 日出版

送汉萱南行　刘道玄
大家的小品　凌　霄、绍　原
"救救城市的狗"　茨　荪
曼殊大师遗牍（三通）
六言杂字　农　人
婆婆和媳妇的话　曾鉴泉
闲话集成
　　五十六、马太神甫　岂　明
　　五十七、（原文无题）岂　明
　　五十八、吉林大学之我闻　晓　天
　　五十九、谈谈"乡愚仇视"　尹　能
　　六十、后路　听　涛
文学与主义　静　渊、岂　明
拆毁东岳庙　岂　明

第 120 期
1927 年 2 月 26 日出版

骆驼草　祖　正
　　——莫泊桑的母亲
爱情的小蓝外套的故事
　　〔法〕左拉作　刘　复译
小品　江绍原
失恋者　钦　文
闲话集成
　　六十一、东大的试题　雨　春
　　六十二、男子的婆婆　杨鸿钧
　　六十三、再论无报可看　山　叔
　　六十四、北京的好思想　岂　明

谈“闹房”
大名道人、季 遐、岂 明
“皇娘” 刘 复

第 121 期
1927 年 3 月 5 日出版

骆驼草 祖 正
——莫泊桑的修养时代
《少女日记》的原序和小记
衣 萍
遇仙别纪八则 刘 复
——东抄西袭之十
小品 江绍原
人的生命
〔苏〕戈里基作 董秋芳译
胡子 废 名
寒夜 晶 清
论麻雀及扑克 梁遇春
木马歌
〔法〕Paul Verline 作 小 惠译
半农校改
闲话拾遗
一、“半春” 岂 明

第 122 期
1927 年 3 月 12 日出版

吐沫（通信）
后局大院江宅家人李德标
《先生之道》序言 潘梓年
无题之七 废 名
因我没有娘了 王馥琴
闲话拾遗
二、我偏好看空白 无 抗
三、勉我爱国同志 马尔德
四、邹鲁之风 晓 梦
五、谈《顺天时报》 罗汝兰
“以身试法” 侯石年

第 123 期
1927 年 3 月 19 日出版

《苦雨斋小书》序 周作人
吐沫（通信） 李德标
阴势及其它 刘 复
东抄西袭之十一
祭献之词 评 梅
咏皇娘 Y·H
闲话拾遗
六、宣传与广告 山 叔
七、天安门 岂 明
八、和平门 岂 明
九、谈《孟子》 陶 然
校对之难 衣 萍

第 124 期
1927 年 3 月 25 日出版

《孔德小丛书》卷头语 刘 复
张先生与张太太 废 名
纪念碑旁 蔡德诚

——致三·一八死者
给哥萨克的同胞 志 君
闲话拾遗
十、传单抄本 山 叔
十一、拈阄 岂 明
十二、读本拔萃 熊 明
《新文化》上的广告 叶正亚
关于曼殊大师的卒年 学 昭

第125期
1927年4月1日出版

八巴贝克与法奇咏
〔法〕服尔德作 刘 复译
猫捕鼠喻 天 行
小品 绍 原
石勒的杀人 废 名
应该伸出头来看看啦! 刘道玄
写在《烈火》后面 黎锦明
粤歌 闻国新
闲话拾遗
十四、拆墙 岂 明
十五"曳白" 岂 明
十六、恋爱偈 岂 明
圣道会的消息 冰 川

第126期
1927年4月9日出版

两种歌谣集的序 岂 明
一、海外民歌选集
二、潮州奉歌集序
记 Mrs.Lorskaya 衣 萍
无题之八 天 行
广州的茶点 王文元
闲话拾遗
十七、王与术士 岂 明
十八、命运 山 叔
十九、一个微小的提议
纹 回
再谈莲花落 赵景深

第127期
1927年4月16日出版

是小说 病 火
海外民歌序 刘 复
文学者 废 名
无聊杂记 衣
闲话拾遗
二十、撒种子说村话
如 病
二十一、旧诗呈政 山 叔
二十二、蔼理斯的诗 岂 明
穿红鞋的故事 王森然

第128期
1927年4月23日出版

一段记载 废 名
醉中梦话 梁遇春
"Hospital is my Home" 蓝 子

闲话拾遗
　二十三、巡礼行记　岂　明
　二十四、裸体游行考订　岂　明
大家的小品　赵华煦、江绍原
忘记了的日记　废　明

第129期
1927年4月30日出版

浪子的笔记　废　名
寂寞札记　志　俊
猓猓民歌四首　刘　复
　新嫁娘的怨歌
　伤旧域歌三首
闲话拾遗
　二十五、诗一首　岂　明
　二十六、诗二首　岂　明
　二十七、香园　岂　明
地名谜汇录　杨异卂、伯　淳、慰　华
毛边装订的理由　方传宗

第130期
1927年5月7日出版

无题之九　废　名
追悼会　病　火
此游　学　昭
大家的小品　李荆石、江绍原
闲话拾遗
　二十八、改门名　仍　生
　二十九、皮带与恋爱　经　庵

第131期
1927年5月14日出版

无题之十　废　名
诗两首　石　民
　良夜
　饮酒之歌
钉匠歌　〔法〕柏里欧作　小蕙译、半农校改
侨韩锁谈（一）　天　行
闲话拾遗
　三十、偶感　岂　明
　三十一、日本人的好意　岂　明
苏曼殊及其友人　柳无忌

第132期
1927年5月21日出版

猓猓人的创世纪　刘　复
无题之十一　废　名
寂寞札纪　志　俊
撒园荽　贺昌群
闲话拾遗
　三十二、愚见　岂　明
　三十三、逆输入　山　叔
苏曼殊及其友人（续）　柳无感
来函照登　华　林、岂　明

第133期
1927年5月28出版

说梦 废名
寂寞 燕燕
暮春 衣萍
闲话拾遗
三十四、古诗 岂明
三十五、"觑破补捋搕" 农人
三十六、擦背与贞操 岂明
三十七、不知道吴又陵 服媚
关于《燕子山僧集》 段庵旋

第134期
1927年6月4日出版

《Wi lliam Shakespeare》的卷首
〔丹麦〕G.Brandes作 废名译
苏莱曼东游记 刘复
——关于中国和印度的消息
侨韩琐谈（三） 天行
无题之十二 废名
暮春 衣萍
闲话拾遗
三十八、新名词 岂明
三十九、"嫁亦恒情" 少珊
胡进士的传单 陈善

第135期
1927年6月11日出版

Balzac的一叶 废名
最后的救助 石民
祖父的歌 〔法〕嚣俄作
小蕙译、半农校改
等明年元宵过才回去吧 丘玉麟
闲话拾遗
四十、偶感之二 岂明
四十一、求雨 岂明
苏曼殊及其友人 柳无忌
答芸深先生 岂明

第136期
1927年6月18日出版

《契诃夫随笔》抄 衣萍
苏莱曼东游记 刘复
晌午 废名
无题 石民
黄昏 石民
悼王静安先生 刘复
无题之十三 废名
由纯谨到阴狂之后 天行
闲话拾遗
四十二、诺贝尔奖金 山叔
四十三、悖逆字样 岂明
四十四、幻梦 山叔
四十五、我们的国文教员 众芬

三谈莲花落　周醉平

第 137 期

1927 年 6 月 25 日出版

《小约翰》序　鲁　迅
苏莱曼东游记（四）　刘　复
两首山歌　曲继皋
侨韩琐谈（四）　天　行
关于"姑恶"及其它的鸟　连筱痴
介绍牛圣人　后　圣
闲话拾遗
　四十六、猫脚爪　岂　明
谈皇仁书院　辰　江

第 138 期

1927 年 7 月 2 日出版

《野草》题辞　鲁　迅
苏莱曼东游记（五）　刘　复
《契诃夫随笔》抄　衣　萍
小恒德的痛苦
　〔法〕莫泊桑作　昭　民译
花落水流　天　行
我的饮酒歌
　〔德〕Richard Dehmel 作
　刘　复译
自然美论　苏　郎
闲话拾遗
　四十七、文学谈　岂　明
　四十八、史鉴真　山　叔
帝制的追求　何霭人

第 139 期

1927 年 7 月 9 日出版

关于译诗的一点意见　刘　复
感想　祖　正
　——生活的升华与艺术的还原
遗憾　天　行
《契诃夫随笔》抄　衣　萍
教我如何睡去　徐玉诺
偶然想起了这时的家里　经　立
侨韩琐谈（五、六）　天　行
闲话拾遗
　四十九、排日平议　岂　明
　五十、关于擦背　岂　明

第 140 期

1927 年 7 月 16 日出版

感想（续）　祖　正
　——生活的升华与艺术的还原
简字举例　陈光垚
同情之归宿　天　行
苏莱曼东游记　刘　复
乡谈　农　人
地名谜补遗　杨异凡
闲话拾遗
　五十二、种花椒　解　民
　五十三、再求雨　山　叔
　五十四、偶感之三　岂　明

五十五、人力车与斩决 岂明
关于曼殊大师的几句话 何世玲
关于《焚剑记》等 柳无忌
消息 祖正

第141期
1927年7月23日出版

骆驼草 祖正
——莫泊桑的作风与态度
土耳其民歌五首 刘复译
说病 球球
摔破近视眼镜 丘玉麟
盛会 梁綖武
侨韩琐谈（七） 天行
几种较不常见的谜语 陈光尧
随感录
一、小引 右拉
二、王淮是谁? 曹绥卿
三、吴公何如? 荣甫、岂明
四、感谢 杞民
又关于毛边装订 黄汝翼

第142期
1927年7月30日出版

专门以外的工作
——《山水·思想·人物》之一
〔日〕鹤见祐辅作 鲁迅译
"理智建筑在感情上" 天行
土耳其民歌 刘复译
耶稣圣诞之夜
〔法〕莫泊桑作 昭民译
莲花落与洋扫地 洛卿
侨韩琐谈（八） 天行
随感录
五、穿裙与不穿裙 起明
六、追沙鸟 燕燕
七、不是《顺天时报》 徐步
整顿学风令汇编 斯文生

第143期
1927年8月6日出版

支那通之不通 起明
专门以外的工作（续）
——《山水·思想·人物》之一
〔日〕鹤见祐辅作 鲁迅译
文明脑子万古 天行
颠倒梦想 天行
潮州的拳歌 林培庐
写给F的一封信 曹聚仁
随感录
八、怎样"做"? 长风
九、论自然美论 燕燕
十、求雨与脚 长友
十一、上《顺天时报》书 梅露
十二、党纲举例 梅露
十三、可怕也 山叔

第 144 期

1927 年 8 月 13 日出版

芥川龙之介之死　祖　正
苏莱曼东游记　刘　复
略谈香港　鲁　迅
教育曼谈　祖　正
随感录
十四、有识者与狂徒　冰　川
十五、换汤与讨饭　农　人
十六、遗书抄　起　明
十七、再谈《香园》　岂　明

第 145 期

1927 年 8 月 20 日出版

骆驼草　祖　正
——莫泊桑的病与死
苏莱曼东游记　刘　复
乡愁　天　行
论抓与咬　斯文生
小品　江绍原
教育漫语　祖　正
随感录
十八、《泽泻集》序　起　明
十九、好女教育家　山　叔
二十、好主任与日本　冰　川
二十一、好洋奴　陈志英
二十二、关于《希腊人之哀歌》　起　明
《简字举例》答客难　陈光垚

第 146 期

1927 年 8 月 27 日出版

祖父　王文元
花瓣　吴　思
“还我头来”及其他　梁遇春
秋歌　〔法〕Theophiel Gantier 作　小蕙译、半农校改
关于小说目录两件　鲁　迅
随感录
二十三、再是《顺天时报》　起　明
二十四、头发名誉和程度　起　明
二十五、象牙与羊脚骨　起　明
二十六、官帖的象征　阿　囊

第 147 期

1927 年 9 月 3 日出版

侨韩琐谈（九）　天　行
苏莱曼东游记　刘　复
怎样听与怎样信　纹　回
关于小说目录两件（续）　鲁　迅
随感录
二十七、读《性的崇拜》　岂　明
二十八、光荣　岂　明
二十九、九校改组与听差　紫　蔷
三十、好南开校长　同　伯

三十一、好男医与好女医
“漆黑一团”
三十二、好雨与好诗 山　叔
三十三、布告第三号 右　拉
“免用活牛” 仍　生
妙不可言 斯文生

第 148 期

1927 年 9 月 10 日出版

骆驼草 祖　正
——纪念英国神秘诗人白雷克
第一天到黎黎 徐元度
诗三首 燕志俊
侨韩琐谈 天　行
小品 江绍原
小品补遗 江绍原
随感录
三十四、摆伦句 岂　明
三十五、尚可再进一步 文　藻
三十六、火山之上 山　叔
匪笔三篇 鲁迅辑
送面人儿 梅　露
台湾的礼教 洪　槱
妙不可言 斯文生

第 149 期

1927 年 9 月 17 日出版

近来 仲　殊
别后 大　孚
随感录
三十七、整顿学风之系统 右　拉
三十八、老朽的世界
三十九、看报须知 紫　蔷
四十、偶感之四 岂　明
四十一、刘富槐亦上条陈 房　密
四十二、胡适罪状 亚　立
四十三、穿号衣运动 京兆布衣　冰　川
同善社的心理学 言　善
毛边装订余论 原石民
随看录 刑　颠

第 150 期

1927 年 9 月 24 日出版

变物的情歌 天　行
骆驼草（续） 祖　正
——纪念英国神秘诗人白雷克
给一个失恋人的信一束 梁遇春
梦 吴　芬
这一本《语丝》 刘肖愚
夜谈 徐元度
随感录
四十四、考囚徒 岂　明
四十五、艺术界消息 晨　星
四十六、好学生会 紫　蔷
四十七、野恋民族的礼法 房　密
绥远的闹房 杨会德

幼妇云雀录　斯文生

第151期
1927年10月1日出版

影　李健吾
苏莱曼东游记　刘　复
撒帐歌　天　行
随感录
四十八、南北之礼教运动　岂　明
四十九、怎么说才好　岂　明
五十、京大之法统　右　拉
五十一、死者马良材　废　名
五十二、艺术界消息二　晨　星
五十三、辞"大义"　鲁　迅
巴黎的神童与小脚　叔　辅
小品补遗　曹德庸
通信　鲁　迅
随看录（二）　斯文生

第152期
1927年10月8日出版

谈"激烈"　鲁　迅
随感录
五十四、酋长思想与捧　叶正亚
五十五、反"漫谈"　鲁　迅
五十六、忧"天乳"　鲁　迅
五十七、陈延年该死的理由　负　生
五十八、艺术界消息（三）　晨　星
五十九、五色旗新鲜　紫　蔷
六十、新新鲜　右　拉
六十一、公寓戒严　易　释
六十二、诅咒　子　荣
两封信　少　先等
关于京师大学的开学盛典　冰　川

第153期
1927年10月15日出版

骆驼草
——纪念英国神秘诗人白雷克　祖　正
苏莱曼东游记　刘　复
简玉白　大　一
随感录
六十四、革首领　鲁　迅
六十四、再醮问题　长　友
六十五、功臣　子　荣
六十六、祀孔典礼　洛　卿

第154期
1927年10月22日出版

唱新诗等等　佩　弦
扣丝杂感　鲁　迅
读巴黎通信　天　行

随感录
六十七、"公理"之所在 鲁 迅
六十八、可恶罪 鲁 迅
六十九、"意表之外" 鲁 迅
七十、新时代的避债法 鲁 迅
七十一、旅汉杂感 哑 水
七十二、好对联 卢子青
七十三、《蒙氏教育法》序 岂 明
幼妇云雀录 斯文生

第155期
1927年11月20日出版

再谈香港 鲁 迅
小品 江绍原
在湖滨 钦 文
浪漫的与写实的 风 闻
随感录
七十四、进士应试 秋 生
七十五、禁止青年出口 易 释
七十六、二十元的膏火 朴 庵
来信照登 梅 川

第156期
1927年11月26日出版

人死观 梁遇春
——献给《说病》的作者
侨韩琐谈(十一) 天 行
大家的小品 江绍原、郑泗水、陈翔冰
苏莱曼东游记 刘 复
深夜 晓 松
某笔两篇 鲁 迅
实行分座理发 李流萤
来函照登 华约瑟
随看录(三) 斯文生

第4卷 第1期
1927年12月17日出版

在钟楼上 鲁 迅
中秋一 天 行
哈提翁之意见零拾 郁达夫译
小品 江绍原
杨秋音 许钦文
海滨的秋霄 陈醉云
小杂感 鲁 迅
姑恶与姑啊 秀 水
海上通信 衣 萍

第4卷 第2期
1927年12月24日出版

信州杂记 〔苏〕毕勒涅克作 鲁 迅译
中秋二 天 行
我们的秋天 绿 漪

小品　江绍原
奥尼尔的新作　大杰
随感录
七十八、雅片祭灶考　岂明
七十九、"这是怎么样的一个世界"　野人
关于"无常"　风光
关于《樵歌》　孟诗根
来信　镜如

第4卷　第3期
1927年12月31日出版

《花束》序　周作人
东抄西袭之十二、十三　刘复
哈提翁为什么不写戏剧　郁达夫译
过年　衣萍
我们的秋天　绿漪
随感录
八十三、吊与贺　鲁迅
八十四、无题　金钟芸
八十五、丙和甲　季廉
补救世道文件四种　招勉之

第4卷　第4期
1928年1月7日出版

关于知识阶级
〔日〕青野季吉作　鲁迅译
深院　秉璧
过年　衣萍
卢梭和胃口　鲁迅
随感录
八十六、什么主义能祸中国呢？　建人
小杂感补遗　川岛
蜀东民歌　埜人

第4卷　第5期
1928年1月14日出版

关于失恋　岂明
杂览之十四、十五　刘复
伟大的微笑　朱霞
吊品青　衣萍
一封信　人中
随感录
八十七、文学和出汗　鲁迅
"三一八"的死者　周作人

第4卷　第6期
1928年1月21日出版

论求婚　周建人
过年　衣萍
伟大的微笑　朱霞
鸭　徐鹤林
利各的思想
〔法〕法郎士作　徐霞村译
去年今年和明年　野人
随感录
八十八、发之一考察　岂明

八十九、圣教大会 张介
某报剪注 痍莲

第4卷 第7期
1928年1月27日出版

谈所谓"大内档案" 鲁迅
侨韩琐谈（十二） 天行
伟大的微笑 朱霞
读《谈虎集》 冬芬
随感录
九十、麻痹与刺激 周建人
九十一、文艺和革命 鲁迅
九十二、禁止标点符号 钱泽民
九十三、拟预言 楮冠
行路难（通信） 陈仙泉
一分邮票的用法（通信） 萍江

第4卷 第8期
1928年2月4日出版

万物之生与诗人 ［日］北村透谷作 侍桁译
桥韩琐谈（十三） 天行
牛诗一首——拟第五阶级诗 衣萍
伟大的微笑 朱霞
随感录
九十四、"是的、沙漠在这里！" 真人
新年通信 岂明
关于"睡庙求医" 潘达仁

第4卷 第9期
1928年2月27日出版

陀斯妥夫司基致兄米格尔书 陈道希译
林则徐照会暎咭唎国王公文 刘复
无题之十四 废名
南居印象三则 沈美镇
一、椰子树
二、橡皮园里的野猪
三、采薪迷途
《幻象的残象》前记 许钦文
随感录
九十五、罪人 岂明
九十六、女子的文学 岂明
九十七、爆竹 岂明

第4卷 第10期
1928年3月5日出版

民众主义与天才 ［日］金子筑水作 Y·S译
桥韩琐谈（十四） 天行
无题之十五 废名
疯妇 高明
旧书新序——《情书一束》五版自序

衣　萍
随感录
　　九十八、奇文集　白　木
　　九十九、天国考　白　木
南京去　洛　卿
通信　寿　子

第4卷　第11期
1928年3月12日出版

王品青画象
"醉眼"中的朦胧　鲁　迅
哈第论死生与上帝　林语堂
民族的衰颓　周健人
祖宗积弱　天　行
拷问　翟永坤
《回家》三版后记　钦　文
随感录
　　一〇一、女革命　岂　明
　　一〇二、说北京　某青年
　　一〇三、这里的世界　芳　草

第4卷　第12期
1928年3月19日出版

动摇中的宇宙（画）　司徒乔
再生以后　亦　光
萨天师语录　语　堂
上花红山　废　名
革命神的受难　白　薇
通信　季　廉

第4卷　第13期
1928年3月20日出版

灭吧！残烛（画）　司徒乔
论静思与空谈
　　——《艺术的批评家》节译之一
　〔英〕Oscar Wilde作　语　堂译
阻滞进步的旧习惯堆积之为害
　周建人
鬼白　钦　文
十日糊记　杨　骚
病中随笔　衣　萍
随感录
　　一〇四、这里的世界　芳　草
　　一〇五、一样的肉麻　溢
　　一〇六、民众的娱乐是什么
　梅　川

第4卷　第14期
1928年4月2日出版

厌世诗人与女性
　〔日〕北村透谷作　侍　桁译
十日糊记　杨　骚
看司徒乔君的画　鲁　迅
北京·我的爱人！　仇华年
通信三则
　　一、被遗忘的"二三一"
　周氏子
　　二、无一人党和全体人党
　虎　生

三、叶林更正 洛 卿
本刊小信
在上海的鲁迅启事

第4卷 第15期
1928年4月9日出版

萨天师语录（三） 语 堂
龙潭之役 徐鹤林
未完 废 名
乡学期中的回想五篇和一条不相干的长尾巴 经 立
随感录
一〇七、否定的否定 白 木
一〇八、考证法 白 木
一〇九、两位革文家 白 木
一一〇、这里的世界（三） 芳 草
一一一、“Chinoiseries” 载 琼

第4卷 第16期
1928年4月16日出版

文学与人生
〔日〕高山樗牛作 侍 桁译
美丽的樱桃啊 徐鹤林
俄译《阿莲》自序及我的自传 衣 萍
示众 育 熙
随感录
一一二、愚夫与英雄 岂 明
一一三、爱的艺术之不良 岂 明
一一四、“建设”的教育 今 非
文艺与革命 冬 芬、鲁 迅

第4卷 第17期
1928年4月23日出版

朵思退夫斯基与屠格涅夫
——关于他们间的争端之信件 纬 森译
漫话 心 感
偶象与奴才 西 屏
通信 张孟闻、鲁 迅
随感录
一一五、扁 鲁 迅
一一六、路 鲁 迅
一一七、头 鲁 迅
通信 Y、鲁 迅

第4卷 第18期
1928年4月30日出版

论创造与批评
——《艺术的批评家》节译之二
〔英〕Oscar Wilde作 语 堂译
朵思退夫斯基与屠格涅夫
——朵思退夫斯基致屠格涅夫的信 纬 森译

小品两篇 阿 囊
牛歌 招勉之
随感录
一一八、太平歌诀 鲁 迅
一一九、铲共大观 鲁 迅
一二〇、文人手淫 郁达夫
一二一、这回是第三次 文 辉
一二二、鸡犬不宁与颜色 匠 伯
关于“睡庙求医”的故事 安 平
通信 王是敌

第4卷 第19期

1928年5月7日出版

评《从文学革命到革命文学》（上） 侍 珩
上花红山 废 名
“新的” 钦 文
随感录
一二三、我的态度气量和年纪 鲁 迅
一二四、避雷针 湘 楼
一二五、花盆捧到办公室里来了 君 望
一二六、空的世界和世界的空 A·D
一二七、祈祷 A·D
一二八、三寸金莲与白璧德的高足 鱼 常
通信 S·F

第4卷 第20期

1928年5月14日出版

评《从文学革命到革命文学》（下） 侍 桁
“我那比国的女孩” 衣 萍
漫话（续） 心 感
《樱花集》跋 衣 萍
随感录
一二九、博士之“英文学” 口 爵
一三〇、《疯了的诗人》 家 械
一三一、杂念 绍 文
一三二、又是一样的肉麻 老 德

第4卷 第21期

1928年5月21日出版

进行曲
——呈献与少男少女 芳 草
五毒酒及其他 石 民
汉口给我的印象 李宗武
疑冢 姚 振
随感录
一三三、里面的话 何 志
一三四、捷报 招勉之
一三五、“欢迎”、“准”和“抗

议” 陆
周岸登“反日”艳体游仙诗 金德嘉
通信 寿子

第4卷 第22期
1928年5月28日出版

个人主义的文学及其他 侍桁
溪边漫笔（一） 川岛
迷惘之梦 翟永坤
谎 西伯
关于《思想山水人物》 鲁迅
随感录
一三六、人通与残杀 建人
一三七、霉和火药 修养

第4卷 第23期
1928年6月4日出版

从革命说到教育再扯到白话碰壁和饭碗打碎 少仙
昏夜里的独幕剧 钦文
漫话 心感
可怕的夜 冬芬
忆“黑室”中的友人 素园
随感录
一三八、一个读者对于无产文学家的要求 少仙
一三九、罢课期中 文天
一四〇、“吃教”与“吃党” 流浪者
一四一、发现 肖愚
通信 尸一

第4卷 第24期
1928年6月11日出版

萨天师语录（四） 语堂
项羽的辩白 琴川
漫话 心感
荒土几片 零之
随感录
一四二、闺媛的话 岂明
一四三、自由 自家
一四四、“阿Q时代没有死” 青见
一四五、面包师与面包师 高岚
广州通信 金工

第4卷 第25期
1928年6月18日出版

虚无主义的解说 侍桁
嗡嗡的蜂 琴川
漫话 心感
随感录
一四六、莲花与莲花底 岂明
一四七、食莲花的 岂明
一四八、娼妓式的年令

酒　囊
非浅薄的人道主义的实践（画）
通信
一、关于 Max Stirner
楚　狂、达　夫
二、救月声中之礼部文件
招勉之

第 4 卷　第 26 期
1928 年 6 月 25 日出版

运命与悲剧
〔日〕高山樗牛作　侍　桁译
春天　芳　草
漫话　心　感
诗三首　石　民
东方日出
是耶非耶
真恼杀我
随感录
一四九、滇事杂感　倬　云
一五〇、宁波一瞥　盈　昂
通信　支　凡

第 4 卷　第 27 期
1928 年 7 月 2 日出版

《左传》真伪与上古方音（上）
语　堂
漫话　心　感
我们还是及时相爱吧　康嗣群
通信　余　曜
——答 SF 先生

第 4 卷　第 28 期
1928 年 7 月 9 日出版

《左传》真伪与上古方音（下）
语　堂
漫话　心　感
译 Bandelaire 散文诗二首　石　民
一、国光之失却
二、Any Where out of the world
长汀河田底牧童歌
随感录
一五一、此之谓革命　永　成
一五二、“驱逐劣子”　雪　明
一五三、唯物与唯心　白　木
一五四、洋人与杨君　白　木
北京通信　岂　明
为一四四事答青见老兄　修　善

第 4 卷　第 29 期
1928 年 7 月 16 日出版

文学上之个人性与阶级性
〔日〕林癸未夫作　侍　桁译
花园底一角　钦　文
溪边漫笔（二）　川　岛
漫谈一束　李宗武
译 Bande laire 诗一首　石　民
——愉快的死者

随感录
一五五、怯与残　白　木
一五六、偶象与“打倒”偶象的人　林　幽
一五七、我要买新道德，也有旧道德出卖　林　幽
一五八、文艺漫笔　定　鲁
一五九、从伤兵想到革命文学家　风　芭
一六〇、国杀　W·V·B
通信　岂　明、周　伯

第4卷　第30期
1928年7月23日出版

雀鸟在英文诗歌上的地位
〔日〕小泉八云作　梁指南译
刑场　一　前
孙中山和香港医校　梁　式
随感录
一六一、革命过了以后　青　见
一六二、日报的消息二则　整　狂
一六三、我想做官的原因　家　棫
通信　达　夫

第4卷　第31期
1928年7月30日出版

雀鸟在英文诗歌上的地位（二）
〔日〕小泉八云作　梁指南译
石留花下　钦　文
小污点　徐鹤林
伏罪　企　霞
随感录
一六四、北京与北平　北　斗
一六五、干政与干教　北　斗
一六六、现在的时代　狷
一六七、自杀之前　永　坤
信件摘要
一、十条罪状　晓真、鲁迅
二、反对相爱　康嗣群、旅沪记者

第4卷　第32期
1928年8月6日出版

雀鸟在英文诗歌上的地位（三）
〔日〕小泉八云作　梁指南译
劫后　吴元韶
向前去　翟永坤
在电车上　丛　芜
谈谈复旦大学　冯　珧
随感录
一六八、革命策原地整顿学风之消息　小　D

第4卷　第33期
1928年8月13日出版

雀鸟在英文诗歌上的地位（四）

〔日〕小泉八云作　梁指南译
萨天师语录（五）　语　堂
榛子店养闲的　天　行
你到底流落到什么地方去了　翟永坤
随感录
　一七〇、山东之破坏孔孟庙　岂　明
　一七一、关于革命文学　青　见
　一七二、革命广告　郁达夫　鲁　迅

第4卷　第34期
1928年8月20日出版

雀鸟在英文诗歌上的地位（五）
〔日〕小泉八云作　梁指南译
张委员　家　棫
青春怨　康嗣群
随感录
　一七三、杂记一则　无名氏
　一七四、写给死了的阿Q　昌　派
通信
　其一　徐　匀、鲁　迅
　其二　恺　良、鲁　迅

第4卷　第35期
1928年8月27日出版

雀鸟在英文诗歌上的地位（六）
〔日〕小泉八云作　梁指南译
故乡的闲天　少　仙
从吃甘蔗说起　白　石
从时代说到无产文学再扯到言论自由　高　明
零碎话　介　如

第4卷　第36期
1928年9月3日出版

因诗必烈孙　杨　骚
漫谈　振　飞
《燕知草》序　佩　弦
随感录
　一七五、讨钱称臣考　达　夫
并非闲话　楚　狂
学我来吧　若　狂
广州通讯　没　名

第4卷　第37期
1928年9月10日出版

因诗必烈孙（续）　杨　骚
风麟寺行　曾　成
我也来谈谈复旦大学　潘楚基
随感录
　一七六、无产阶级的咖啡店　世　安
　一七七、呜呼首都之最高学府　三　郎
　一七八、在革命的气氛中

青　见
剪报一斑　盈　昂

第4卷　第38期
1928年9月17日出版

《婴儿杀害》引言　岂　明
给孔祥熙部长的一封公开信　语　堂
随感录
　一七九、人口问题　北　斗
　一八〇、历史　北　斗
我也来谈谈复旦大学　宏　芬
通信　章达生

第4卷　第39期
1928年9月24日出版

咀　杨　骚
死后之受苦　琴　川
暑窗随笔　匠　伯
我需要一个爱人　东　山
死灰　坎　轲
随感录
　一八一、封建思想　北　斗
　一八二、从北京到北平　欲　樵
　一八三、裁兵与招兵　欲　樵
饥饿者　若　狂

第4卷　第40期
1928年10月1日出版

艺术与阶级
〔苏〕卢那卡尔斯基作　鲁　迅译
　——《艺术论》第三章
审判　白勉哉
槛之中
　〔日〕中村吉藏作　杨　骚译
夜夜曲　衣　萍
随感录
　一八四、青年脆　北　斗
　一八五、科学的人生观　北　斗
　一八六、新颖而有价值之谈　才　辰
　一八七、牧歌　招勉之

第4卷　第41期
1928年10月22日出版

国庆日颂　岂　明
死骸的哄笑
　〔日〕长田秀雄作　杨　骚译
渔　经　立
秋风起了　窒　暗
给天上的月　采　石
《翦拂集》序　语　堂
随感录
　一八八、历史癖　北　斗
　一八九、老人政治　北　斗

一九〇、摘报　镜　铭
一九一、螽斯博士　露　沙
一九二、客气与自饰　少　珍

第4卷　第42期
1928年10月29日出版

古音中已遗失之声母　语　堂
夜巡　少　仙
究竟忘不掉底“三三一”　一年青
游港杂记　泽　川
随感录
一九三、国医　北　斗
一九四、他也要吃胙肉吗　黄　九
一九五、新旧同志　若　狂
通信　落伍少年

第4卷　第43期
1928年11月5日出版

两篇演说　石　民绎
——莎士比亚的《Tulins Caesar》第三幕第二场
马挂　室　暗
海　心　感
忆巴黎　野　渠
黎明之前　杨　骚
关于革命文学　冬　芬
随感录
一九六、革命文学与裨将　杨　骚
一九七、一笔旧帐　佣
一九八、介绍广告二则　李宗武

第4卷　第44期
1928年11月12日出版

无题之十八　废　名
一件小生命　冯　珧
忆巴黎　野　渠
渐渐消残了　东　山
离去　野　囚
漫谈　振　飞
续酒后主语　梦　梅
解颐录　石　民

第4卷　第45期
1928年11月19日出版

洗衣老板与诗人　〔日〕金子洋文作　杨　骚译
夜半的燃烧　少　仙
东京通信　壶　君

第4卷　第46期
1928年11月26日出版

北国之夜　〔日〕秋田雨雀作　倪贻德改译
亡国奴与圣人　马静沉

花儿都已枯萎　湘　楼
明天啊明天！　章　依
随感录
一九九、欧洲整顿风化　北　斗
二○○、神州天子国　北　斗
二○一、吃人　独　夫
关于《婴儿杂害》　锷　予
通信　虎　生

第4卷　第47期
1928年12月3日出版

幻灭的爱　冬　芬
进高小去　岩　野
忆巴黎　野　渠
一封招领的信　马静沉
献给战后遗留下的同胞　益　元
随感录
二○二、连上帝都不能懂　侍　桁
二○三、挂牌的大家　血　呢
二○四、经济学　血　呢
二○五、查禁之书报　佣
二○六、闲谈　羽衣客
二○七、琐语五则　N·T

第4卷　第48期
1928年12月10日出版

海彦山彦
〔日〕山本有三作　侍　桁译
趣致　盈　昂
太迟了　琴　川
蚊子的摇篮歌　立　之
自慰　东　山
给M　少　仙
随感
二○八、杀奸　北斗

第4卷　第49期
1928年12月17日出版

卜居　废　名
赌徒日记　川　岛
忆巴黎　野　渠
逃开　罥　索
爱　Thomas Lodge作　嘉　辛译
囚心　浪　人
断想　宏　芬
随感录
二○九、介绍收人证据一则　云　庵
二一○、关于校对　废　名

第4卷　第50期
1928年12月24日出版

Erasmus Darwin
〔日〕小泉八云作　侍　桁译
李教授　废　名
忆巴黎　野　渠

流水集　杨　骚
随感录
二一一、关于文艺作品的派　疑　今

第4卷　第51期
1928年12月31日出版

小说中神异事物之价值
〔日〕小泉八云作　石　民译
残酒　黄　九
小孩的哭声
Elizabeth B.Browning 作
许天虹译
雪的话　罥　索

第4卷　第52期
1929年1月7日出版

中国俗文学史研究底材料
〔日〕狩野直喜作　汪馥泉译
日暮　倪贻德
夜半电车上　疑　今
送给失业的友人　疑　今
黑人诗歌选译　姜书阁
送学昭再赶法国　景　宋
《汪静之如是说》的纠正
汪静之
致蒋梦麟书　钱玄同、黎锦熙
——论北京译音
关于残夜
倪贻德
随感录
二一二、《关于文艺作品的派》的订正　达　夫

第5卷　第1期
1929年3月11日出版

帝国主义的偏见和中国人的恭顺
建　人
号声　冬　芳
无题　野　囚
全白的毛绒手套　许钦文
一封信　子　钟
枕上随笔　衣　萍
孩子们与老人
〔南斯拉夫〕伊凡·开卡作
爱　涛译
雪的飘飞　江昌绪
难懂的诗　愤　世
在我们的省里　川　人
“陈钟凡”与“田铜盘”　汪静之
国外文坛消息　峰
一、文艺百科辞典的刊行
二、日本无产阶级美术展览会
三、辛克莱的信
剪报一条
——黄节幽复孙光庭：对废孔祀抗议书抒述所见
编辑后记

第5卷　第2期

1929年3月18日出版

我们今日所需要的是什么？　建　人
Bernard De Mandeville
〔日〕小泉八云作　侍　桁译
秋愁与忆病　少　仙
衰残　一　粟
镜的悲哀　石　民
“革命军马前卒”与“落伍者”
鲁　迅
邻舍
〔南斯拉夫〕安东·格斯推夫·麦士斯作　爱　涛译
丁尼荪译诗两首　冬　芬
万物不死
万物皆有死
死人的复活　孙　虞
中国留学生的待遇一则　瞿　然
疯人小儿和电光君　章铁民
国外文坛消息　峰
一、苏俄的新著作权法
二、全苏联新文纸编辑主任的会议
三、莫斯科艺术剧院六十年纪念祭

第5卷　第3期

1929年3月25日出版

私信　徐玉诺
我独立在这阒无人烟的荒岛上
陈子野
卧车中　少　化
杀人的艺术　虞　孙
随便讲讲卖为娼妓及死刑之类
建　人
井边
〔南斯拉夫〕L.K.拉柴力维基作
爱涛译
枕上随笔　衣　萍
帆　〔俄〕莱蒙托夫作　逢汉译
年夜　杨晋豪
老农　叶苍岑
老党员与白头宫女　杨藻章
别人的话　石　民

第5卷　第4期

1929年4月1日出版

回家　冬　芬
忆巴黎　野　渠
无题　无　名
井边
〔南斯拉夫〕L·K·拉柴力维基作
爱　涛译
墓中的呼声
Jose Rizal作　真　吾译
死的意味　伏　尸
解颐录四则　杜　宇
偶然看报　索　然
建议撤销广告　未　署

第5卷　第5期
1929年4月8日出版

谈“流浪汉”　梁遇春
园丁之妻
〔瑞典〕潘·哈尔斯忒罗姆作
真　吾译
想——　芷　子
回家（续）　冬　芬
忆巴黎　野　渠
枕上随笔　衣　萍
烟后乱说　铜　君

第5卷　第6期
1929年4月15日出版

评张资平先生的写实小说　侍　桁
谈“流浪汉”（续）　梁遇春
一个青年的惨梦　曹乃斌
忆巴黎（续）　野　渠
伊孛生语录　李建新译
乌黑的甜蜜　少　仙
我知道　Elsa Barher 作　衣萍译
悲歌　戚维翰
随感录
最新的编辑法　白　浪
随笔　春　楼

第5卷　第7期
1929年4月22日出版

William Beckford
〔日〕小泉八云作　侍　桁译
飏红节　少　仙
青鸟的象征　素　元
农人
〔丹麦〕凯儿·拉杉作　柔石译
忆巴黎（续）　野　渠
苦儿吟　弓　长
伊孛生语录　李建新译
随感录
国技　日　新

第5卷　第8期
1929年4月29日出版

与人论方音之由来　天　行
飏红节（续）　少　仙
夜雨　江　梅
忆巴黎（续）　野　渠
南行杂记　崇　群
伊孛生语录　李建新译
关于《关于〈红笑〉》　鲁　迅

第5卷　第9期
1929年5月6日出版

乌达珊　L.Aas 作　梅　川译
劝婚与劝不婚　微　霉
忆巴黎　野　渠
南行杂记　崇　群
从“重伤风出卖”里看人生
建　人
枕上随笔　衣　萍

胡“老大哥”谈“粗人”
胡　适、铁　民
报告歙县的情形　阿　采

第5卷　第10期
1929年5月13日出版

谋生存是颇不容易的工作　建　人
宴会〔瑞典〕潘·哈尔斯忒罗姆作
真　吾译
忆巴黎　野　渠
春　〔俄〕普希金作　均　风译
第一次琴课　式　微
东京的最后几页　无　痕
南行杂记　崇　群
鬼叫　吕甘心
随感录
中国人底信用　镜　蓉
可怜的扒手　镜　蓉

第5卷　第11期
1929年5月20日出版

在女子学院被囚记　岂　明
拾来的一封信　冬　芬
希望　未　人
忆巴黎　野　渠
苏联文坛近事　不　文
——马克思派与非马克思派的文学论争
随感录
新刑律　施笔斧

第5卷　第12期
1929年5月27日出版

“春朝”一刻值千金　梁遇春
友人马君的遗书　石沉海
慈悲
〔犹太〕唆隆亚来咁作　难　明译
忆巴黎（续）　野　渠
温泽《赤恋》底糟糕　有名氏
中国人的待遇又一则　桐　华

第5卷　第13期
1929年6月3日出版

村里的逾越节
〔犹太〕唆隆亚来咁作　难　明译
春之初　杨　骚
摘刺
〔美〕M.J.Mencken作　石　民译
——一点翻译
血的祭日　暴　生
忆巴黎（续）　野　渠
什么话　兆　以
灰城通信　冬　芬

第5卷　第14期
1929年6月10日出版

论迭更斯〔德〕梅林格作　画　室译

凡尔培的牧师
〔丹麦〕勃力川作　柔　石译
小车底下的幽囚　杨晋豪
忆巴黎（续）　野　渠
长汀的爱情山歌　严光汉
新鲜话　兆　以
随感录
人肉还包含着特有的滋味
瞻　浩
最近不舒服事件之一　光　仪
朦胧　代　残

第5卷　第15期
1929年6月17日出版

泪和笑　梁遇春
《红的笑》引言　梅　川
凡尔培的牧师（续）
〔丹麦〕勃力川作　柔　石译
十一尔囚犯　玉　诺
忆巴黎（续）　野　渠
新兴艺术论的文献
〔日〕藏原惟人作　不　文译
再答胡适之先生　铁　民
"黑旋风砍腿止神行"　虞　孙

第5卷　第16期
1929年6月24日出版

词源
〔日〕铃木虎雄作　汪馥泉译
凡尔培的牧师（续）
〔丹麦〕勃力川作　柔　石译
忆巴黎（续）　野　渠
《绍兴节诗集》序　章廷骥
努力现在　勉　士
随感录
坦白　代　残

第5卷　第17期
1929年7月1日出版

词源
〔日〕铃木虎雄作　王馥泉译
民团　虞　孙
吉卜西之歌
F.D.Sherman作　吴束几译
我们在命运的星光底下蹀躞着
马萧萧
忆巴黎（续）　野　渠
散文诗二首
〔俄〕屠格涅夫作　均　风译
春天的树林
乞丐
烟后乱说　铜　君
随感录
关于上海通信团书馆　光　仪

第5卷　第18期
1929年7月8日出版

文学天才与经济条件

Marc Ickowicz 作　江　思译
希望　柔　石
忆巴黎（续）　野　渠
忆巴黎代序（诗一首）　野　渠
口技　岛　古
评石民的《良夜与恶梦》　张文亮
杂感
　纪念云乎哉　剑　芒
　令人不可思议　万迪鹤

第5卷　第19期
1929年7月15日出版

关于词格的长短句发达的原因
　〔日〕青木正儿作　江馥泉译
女盾牌手
　〔瑞典〕罕特斯丹作　真　吾译
宴罢　式　微
烟后乱说　铜　君
三"Que"　野　渠
杂感
　"戒烟药膏"　勉　士
　马洪焕还神　勉　士
　委员与女伶　勉　士

第5卷　第20期
1929年7月22日出版

我对于国语罗马字拼音的意见
　建　人
野花与蔓草（一至三）　式　微
快要离家的晚上　三　三
活着　蒙　苍
男性的占有与女性的占有　野　渠
杂感
　"热辣辣的政治"　学　濂
　什么话　陈四民

第5卷　第21期
1929年7月29日出版

薛蒙孙
　〔瑙威〕乌达珊作　梅　川译
野花与蔓草（四至五）　式　微
送影子　采　芬
在另一个世界里　王宗城
蔓草　马萧萧

第5卷　第22期
1929年8月5日出版

Christophev Smart
　〔日〕小泉八云作　侍　桁译
薛蒙孙（续）
　〔瑙威〕乌达珊作　梅　川译
野花与蔓草（五）　式　微
碎影　蓟　子
蔓草（续）　马萧萧
杂感
　《皇汉医学》　鲁　迅
　《吾国征俄战史之一页》
　鲁　迅

第5卷　第23期

1929年8月12日出版

叶赛宁倾向底清算

茂森唯士作　不　文译

——苏联文坛底一问题

漩涡中　侍　桁

童年断片的回忆　魏中天

鸡鸣时刻　崇　群

野花与蔓草（六至七）　式　微

杂感

买名　虞　孙

第5卷　第24期

1929年8月19日出版

大战在文学上的结果

〔英〕戈　斯作　冬　芬译

船舱里的风波　王家棫

野花与蔓草（八）　式　微

僧院生活回忆录　章廷骥

关于《子见南子》　鲁　迅

第5卷　第25期

1929年8月26日出版

囚旅　少　仙

质物　南　生

童年片断的回忆　魏中天

野花与蔓草（九）　式　微

贺仪　崇　群

祖与孙　翟永坤

杂感

标语　勉　士

国术之"拳"　勉　士

第5卷　第26期

1929年9月2日出版

囚旅（续）　少　仙

成功者　杜　宇

雷雨　张逢汉

打靶　钟中立

可怜人的调儿　谢影心

女大王　何　如

且慢谈走长安　小　石

第5卷　第27期

1929年9月16日出版

哑钟的破碎　李守章

客人的恋歌　辛　木

桥

〔匈牙利〕缪莲女士作　晴　嵋译

西风吹来的话　少　仙

窗下随笔　衣　萍

第5卷　第28期

1929年9月23日出版

绝句溯源

〔日〕铃木虎雄作　汪馥泉译

洋灰桶里的一封信
〔日〕叶山嘉树作　张我军译
漫谈　振　飞
写在耀海的像上　经　立
月下歌　杜　宇
狂吠与批评
——答刍尼　杨　骚
关于"不舒服事件"　长　空
云南省城七一一震实　溪
关于《子见南子》的话答赵誉船先生　语　堂

第5卷　第29期
1929年9月30日出版

多情女　杨　骚
载着废兵的最后列车
〔日〕金子洋文作　端　先译
西风吹来的话（二）　少　仙
东京的最后几页（三）　无　痕
吃了西瓜以后　冬　芬
沪宁车中作代画诗　刘　复
《日本文学史》序　六　逸
读张振之的《革命与宗教》
江绍原

第5卷　第30期
1929年10月7日出版

《新的文评》序言　林语堂
格利薄哀杜夫百年纪念
〔俄〕米尔斯基作　赵景深译
大梦一场　杨　骚
西风吹来的话（三）　少　仙
窗下随笔　衣　萍
屠介涅夫散文诗两首　白棣泽
呆子
你该听傻瓜的审判
略论识字运动　陈光尧

第5卷　第31期
1929年10月14日出版

天真与经验　梁遇春
致被弃者　逸　鸥
译诗一首
〔法〕Bandelare作　石　民译
——恶之花第四十三
帚　〔匈〕缪莲女士作　晴　嵋译
诗两首　章　依
旅途中　虞　孙
伊孛生语录（续）　李建新
穷城通信
——也是不舒服的一件事
明　心

第5卷　第32期
1929年10月27日出版

对于五言诗发生时期的疑问
〔日〕铃木虎雄作　汪馥泉译
歌女　〔俄〕契和夫作　杨　骚译

《散文小说》选译
〔法〕Bandelare 作　石　民译
关于日本逮捕留学生的事件　君　隐

第 5 卷　第 33 期
1929 年 10 月 28 日出版

最近的苏联文学
〔日〕米川正夫作　索　原译
George Barrow
〔日〕小泉八云作　侍　桁译
冷酒　少　仙
译诗两首
John Masefield 作　杨　骚译
风雨亭　王宗城
戏　朴　碌

第 5 卷　第 34 期
1929 年 11 月 4 日出版

日本无产阶级文学过去与现在
胡秋原
亚纽塔
〔俄〕契诃夫作　金溟若译
诗一首　东　山
《西方前线平静无事》　赵景深

第 5 卷　第 35 期
1929 年 11 月 11 日出版

路易斯僧及恐怖与神秘派
〔日〕小泉八云作　侍　桁译
捷克大诗人勃累什那逝世
赵景深
Ennvi　林徽音
途中　梁遇春
五月之晚　式　微
读了《初夜权》之后　郑师许

第 5 卷　第 36 期
1929 年 11 月 18 日出版

美学：表现的科学
〔意〕Benedetto Croce 作
林语堂译
O.Henry 的短篇小说　大　杰
芷姬之死　匋　画
夜的幻
〔匈牙利〕缪塞女士作　晴　嵋译
风雨　晋　豪

第 5 卷　第 37 期
1929 年 11 月 25 日出版

美学：表现的科学
〔意〕Benedetto Croce 作
林语堂译
眼　〔日〕金子洋文作　沈端先译
五月的梦　式　微
读林译《西部前线平静无事》以后
周伯涵
随感录

一、老大家的“炮声” 冰　禅
二、又是关于男女理发 兮

第5卷　第38期
1929年12月2日出版

Thomas Lovell Beddoes
〔日〕小泉八云作 侍　桁译
笑 〔保〕耐米罗夫作 鲁　彦译
论智识贩卖的伙计 梁遇春
饱话半打（有序） 终　一

第5卷　第39期
1929年12月9日出版

英美的左倾文学
〔日〕北春喜人作 士　骥译
泥泞 适　夷
济慈的三封信 石　民译
海涅诗一首 若　斯译
两杯咖啡 林微音
随感录
三、“独逸” 无　名

第5卷　第40期
1929年12月16日出版

绝句探源 天　功
春宵〔日〕藤井真澄作 野　如译
杂货补 魏中天

第5卷　第41期
1929年12月23日出版

中国学术研究的成绩 汪馥泉
怪壁
〔匈牙利〕缪莲女士作 晴　嵋译
逍遥游 林微音
观火 梁遇春
《樵歌》新跋 林语堂
随感录
四、《穷愁的自传》中的“新兴”的色彩 青　见
五、新的启示 木　天
六、古巴的复古运动 刘　刺

第5卷　第42期
1929年12月30日出版

Thomas Love Peacock
〔日〕小泉八云作 侍　桁译
蓝先生的情人们 少　仙
病室杂记 无　痕
天真的孩子 青　见
随感录
七、抄靶子 培　仁
八、理发匠与照相师 培　仁

第5卷　第43期
1930年1月6日出版

王尔德入狱记

〔日〕本间久雄作　士　骥译
老浪人及其他
〔法〕Bandelare 作　石　民译
寄　章　依
贺柬　伯　琴

第 5 卷　第 44 期
1930 年 1 月 13 日出版

苏俄普罗文学发达史
〔日〕冈泽秀虎作　杨　浩译
三个朋友
〔匈牙利〕缪莲女士作　晴　嵋译
两首关于社会问题的民歌　辛　木
一九二九年的欧美文艺界　人　岚
读曾家父子合译的《肉与死》
乖　乖

第 5 卷　第 45 期
1930 年 1 月 20 日出版

唐堇寄秦珊　少　仙
译 Henri De Regnier 诗二首
石　民
忆——　章　依
病中杂记　无　痕
随感录
七、三等车中的西装先生和中山装同志　曾今可
通讯　柳无忌、鲁　迅

第 5 卷　第 46 期
1930 年 1 月 27 日出版

William Blake
〔日〕小泉八云作　侍　桁译
故乡的杀人讯　少　仙
新年旧想　式　徽
一九二九年的日本文艺界　人　岚
自杀的方法　王　苏

第 5 卷　第 47 期
1930 年 2 月 3 日出版

戏剧的唯物史观的解释
Marc Ickowich
谎　〔日〕谷崎精二作　侍　桁译
心琴的葬曲　戚维翰
太湖游记　钟敬文
一九二九的——一本伟大的战争剧
彦　祥
随感录
十、裹脚与包脚　陈光尧

第 5 卷　第 48 期
1930 年 2 月 10 日出版

革命十年间苏俄的诗的轮廓
〔日〕黑田辰男作
杨　骚译
树下　叶苍岑
盛年　契　芝

随感录

十一、"从沙漠中搜掘清泉" 日 山

第5卷 第49期

1930年2月17日出版

Blake——第一个英国神秘书
〔日〕小泉八云作 侍 桁译
江流 林徽音
人性的
〔德〕保尔爱伦斯特作 周伯涵译
七月的回忆 式 微
随感录
十三、大学教授的聚餐会 黑干山头
十四、亚细亚珠 鲁报应
十五、美人的赞美 陈光尧

第5卷 第50期

1930年2月24日出版

维特 〔丹麦〕乔治·伯兰德斯作 侯 朴译
冬夜 野 如
毛毛雨里的故乡 经 立
牺牲者 李同愈
随感录
十四、上京求名 杨藻章
十五、国语罗马字的语气和字声 陈光尧

第5卷 第51期

1930年3月3日出版

妻 陶 画
萨布哈
〔埃及〕Mahmound Teymour 作 迦 辛译
童年的回忆（续） 魏中天

第5卷 第52期

1930年3月10日出版

劳动者 马拉喜金作 杨 骚译
童年断片的回忆（续） 中 天
出走 林徽音
喜酒 刘 虚

26 现代评论

简　介

《现代评论》周刊，综合性刊物。一九二四年十二月十三日创刊于北京，是一部分曾经留学欧美的大学教授创办的同人刊物，署“现代评论社”编，实际由陈源、徐志摩等编辑，现代评论社出版发行，主要撰稿人有王士杰、高一涵、胡适、陈源、徐志摩、唐有壬等。出至一九二八年十二月二十九日终刊，共出版二百零九期，又增刊三期。第一至一三八期由北京大学出版部印刷，此后各期由上海印刷。十六开本。

《现代评论》，主要刊登政论、时评，同时也发表文学作品和文艺评论。该刊“时事短评”栏以及其它一些文章，广泛述评国际局势和中国现实的政治、军事、经济状况。在文学方面，所刊登的某些理论文章宣传了资产阶级文艺观，其中有些文章直接反对“革命文学”的倡导，该刊发表的文学作品占很大比重，有郁达夫、凌叔华、冯文炳、王向辰、沈从文、蹇先艾、汪敬熙、张资平、杨振声、胡也频、刘大杰以及其他几十位作者的短篇小说，有闻一多、徐志摩、胡适、朱大枏、王独清、刘梦苇、饶孟侃以及其他几十位诗人的新诗。还有少量的剧本，其中“新月派”作家早期作品占突出地位。

目　录

第1卷　第1期
1924年12月13日出版

本刊启示（刊物宗旨）

时事短评

中山北上　松
军阀末运　涵
贿选问题　涵
意西政局的不安　皓
英国威逼埃及　皓
英德通商条纳　皓

法统与革命　燕树棠
时局之关键　王世杰
清室优待条件　周鲠生

小　说

叫化子　西　林
十一月初三日　郁达夫

翻译之难　胡　适
"非利第思"（Philistines）　西　滢

第1卷　第2期
1924年12月20日出版

本刊启事（同上期）

时事短评

国会当然消灭　光　一
奉军南征　雪
金佛郎案　雪
英国新政府的反动政策　皓
德国的总选举　皓

我们所要的一个善后会议　周鲠生
国会问题　高一涵
清室优待条件的法律性质　王世杰
怎么办呢　稚　晖
这回连面子都不要了　志　摩

小　说

十一月初三日（续）　郁达夫
批评与骂人　西　林

乐　评

在北大第二院的一回音乐会　素　秉　曙　光

剧　评

民众的戏剧　西　滢

通　信

读章行严先生的〈关于贿选案之谈话〉　Y.M

第1卷　第3期
1924年12月27日出版

本刊启事（同上期）

时事短评

善后会议条件的疑点　涵
东南问题　雪
法军撤出德境问题　皓
意国政局的新趋势　皓

约法问题的新解决　周鲠生
外国承认执政政府问题　燕树棠
何不澈底的解决　润　章
开铺子主义　西　滢

小　说

十一月初三日（续）　郁达夫

古史问题的唯一解决办法　李玄伯
“不合逻辑”　勉　旃
北京的电车真开了　西　林

通　信

给国党党员的一封公开信　李寿雍

第 1 卷　第 4 期

1925 年 1 月 3 日出版

本刊启事（同上期）
本刊特别启事（为每页增行数事）

时事短评

执政府的地盘分配　召　亭
南开大学风潮　松
外国人干涉我们的言论　文
日俄继续交涉　皓
日本教育界的一问题　皓

国民会议的基本地盘　王世杰
苦矣　稚　晖
劳动阶级政党组织上之二种见解　国　痒

小　说

十一月初三日（续三）　郁达夫
“春风吹又生”——张韵海先生《人生观论战余评》的魔力　擘　黄
南宋初年的军费　胡　适
“杂碎”　鹤

通　信

“批评与骂人”　张歆海

第 1 卷　第 5 期

1925 年 1 月 10 日出版

时事短评

善后会议的形势　雪
非常国会的消息　雪
教育消息　召
巴黎的各国财长会议　皓

善后会议议员的出席问题　高一涵
中国财政是怎样紊乱的　唐有壬
贿选罪与检察官的责任　徐　谟
谈理想教育　林玉堂

小　说

酒后　叔　华

通　信

废督裁兵的第一步　熊十力

第 1 卷　第 6 期

1925 年 1 月 17 日出版

时事短评

东南问题的办法　雪
北京的言论自由　雪

英美赔款的用途和委员 光 一
意国政局的危机 皓

善后会议是否应当参加 周鲠生
战祸如何得了！ 燕树棠
何谓“伪工业国之文明” 润 章

小 说

苦恼 〔俄〕契诃夫作 胡适译

破落户 炳 父

诗

雪花的快乐 志 摩

洋天师 曙 光

通 信

“轮回教育” 庄泽宣
善后会议之推测 方善徵

第1卷 第7期

1925年1月24日出版

时事短评

中山与善后会议 雪
愚弄人民的废督令 涵
交通当局的责任 光 一
德国的新政府 皓

段政府的政策如此 周鲠生
中央财政困难的程度 唐有壬
提出国民会议议案之商榷 王星拱

小 说

苦恼（续）
〔俄〕契诃夫作 胡 适译

鲁迅先生（上） 张定璜

诗

“有那一天”（by James Elroy Fiecker） 徐志摩译

中国地质学会开会纪略 仲 揆

通 信

英国退还赔款用途问题 胡勤业
教育家呢？讼棍呢？ 黜 邪

第1卷 第8期

1925年1月31日出版

时事短评

中山的主张不能容纳吗 荫 松
江南战祸蔓延的危机 光 一
美使对于撤废领事裁判权的意见 雪 艇
日俄条约 皓 白

执政府的过年 唐有壬
我也来试一试看 稚 晖

小 说

亭子间的文士 郭沫若

鲁迅先生（下） 张定璜
礼教与艺术 杨振声

通　信

此路不通的现行教育　陈东原

第 1 卷　第 9 期

1925 年 2 月 7 日出版

时事短评

奉谕开会　一　涵

西北问题　召　亭

招商局歇业与政府的责任　光　一

北京的学潮　西　滢

我们对于军事善后的主张　王世杰

狗化的教育　秦　鉴

小　说

寒天　陈尚友

《红楼梦辨》的修正　俞平伯

通　信

溥仪的私产问题　许　斋

觉悟与时机　杨袁昌英

大算帐　晨　鸡

本刊特别启事（为本期增页事）

“现代丛书”出版预告

第 1 卷　第 10 期

1925 年 2 月 14 日出版

时事短评

政府毕竟没有废督裁兵的决心　光　一

教会学校的教育　荫　松

中美两国与鸦片会议　皓　白

我们对于国民会议法的主张　高一涵

法统问题之我见　张真如

小　说

鹧鸪　冯文炳

论古史研究答李玄伯先生　顾颉刚

译古希腊人怀疑宗教和解释宗教的几段话　江绍原

独身主义的萧士比亚兄妹　西　滢

通　信

关于庚款用途的几个疑点　治　熙

本刊特别启事（同上期）

“现代丛书”出版预告（同上期）

第 1 卷　第 11 期

1925 年 2 月 21 日出版

时事短评

太上国民与国民太上　一　涵

胡憨之争　召　亭

上海自治市问题　光　一

鸦片与军械　皓　白

我们对于财政善后的主张　唐有壬

上海特别市　杨端六

上海日本纱厂的工潮　皮皓白

小　说

晚歌　白　蒲

中国报纸的外闻　西　滢

第1卷　第12期
1925年2月26日出版

时事短评

段政府的军事善后就是这样么？　荫　松

执政府的生死关头　一　涵

十四年新公债　有　壬

矛盾的日本政治　皓　白

评政府提出的国民代表会议条例　王世杰

金佛郎问题　马寅初

在上海的几个印象　陶孟和

小　说

骷髅　李翔梧

生命素 Vitamins 之略说　王星拱

第1卷　第13期
1925年3月7日出版

时事短评

现政府存在的理由还在那里？　光　一

执政府的提案如此　有　壬

溥仪出京　一　涵

悼德国总统　皓　白

时局的危机　周鲠生

谈谈理想教育　胡寄南

戏　剧

酒后（独草剧据叔华同名小说编）　西　林

小戏院的试验　西　滢

通　信

北京市政的几个小问题　许　斋　亦　庄

《玉君》已出版告示

第1卷　第14期
1925年3月14日出版

悼孙中山先生

时事短评

段政府专靠会议来支撑门面吗　荫　松

东大风潮与教育独立　雪　艇

美国对外政策的新趋势　皓　白

今后之时局　刘光一

试验过的善后会议　吴稚晖

一夫多妻的新护符　陈百年

小　说

一个清清的早上　徐志摩

狸猫换太子故事的演变　胡　适

书　评

翻译之易　张定璜

通　信

二种中国现状乐观说　李春涛

第 1 卷　第 15 期

1925 年 3 月 21 日出版

时事短评

又是教育风潮！　松

大郝与邮典　雪

外人还要供给政府大量军火吗　松

“和平”“奋斗”“救中国”　汪精卫

那里配做“狄克推多”　张奚若

新嘉坡军港与远东政局　梁云松

小　说

绣枕　叔　华

狸猫换太子故事的演变（续）　胡　适

书　评

绍介房龙著的《人类的故事》　朱经农

通　信

上海报纸真有自任为舆论机关之诚意否?　叶元龙

女师大的学潮　一个女读者

第 1 卷　第 16 期

1925 年 3 月 28 日出版

本刊特别紧要启事（为警厅没收第十五期事）

时事短评

执政府的高压手段　雪

刘镇华引咎辞职　光

德国总统的选举　松

哀感　郭沫若

哀思　西　滢

东大暴动　陶孟和

小　说

这可安稳了！　介　泉

人生观一打零两个　唐擘黄

书　评

国粹里面整理不出的东西　西　林

《阿丽思漫游奇境记》 Lewis Carroii 著　赵元任译

通　信

被抢一次　孙宝墀

第 1 卷　第 17 期

1925 年 4 月 3 日出版

本刊紧要启事（为警厅妨害发行事）

时事短评

善后会议的最后十二天　松

何谓联治　光

金佛郎案解决了吗　有　壬

德国总统的初选结果　皓　白

庚子俄款的用途　皓　白

党化教育与东南大学　张奚若
澄清吏治的根本方法　裴复恒
小　说
初恋　冯文炳

文渊阁《四库全书》缺本之发见
陈仲益
书　评
《太戈尔戏曲集》第二集　江绍原
通　信
时局的反照与《现代评论》的回音
罗家伦

第1卷　第18期
1925年4月11日出版

本刊紧要启事（同上期）
时事短评
好一个临时参政院　松
法国的政潮　雪
苏俄公认资本制度　皓

中山先生大殡给我的感想　西　滢
二十年回顾　寄　蜉
对于庚款用途的意见　郭树勳
小　说
船上　徐志摩
诗
未奏了的大曲（纪念孙中山先生）
仲
书　评
"四之五"的生涯　张定璜
《欧洲文学入门》（钟钟序译）
通　信
中国经济赤化问题　朱彬元
《时事新报》也配谈 Fair Play 吗
谢行晖

第1卷　第19期
1925年4月18日出版

本刊紧要启事（为补寄警厅截留之期数事）
时事短评
联治运动与政局　壬
熊赵之争　壬
再志法国的政潮　雪

言论自由　陶孟和
对内问题与对外问题　燕树棠
闲话　奚　若
小　说
春风吹来的消息　许君远

古物陈列所书画忆录　顾颉刚
通　信
批评家与文学批评　罗家伦

第1卷　第20期
1925年4月25日出版

本刊紧要启事（同上期）
时事短评
中法协定原来如此　壬

全国商会联合会　光
法国新内阁人物　松

从善后会议到国民代表会议　周鲠生
关于“机械与人生”的声明　擘黄
“女学生”与“留学生”　西林
闲话　奚若

小　说

吃茶　叔华

明生杂谈
　孟德尔性质的遗传　明生
古物陈列所书画忆录（续一）　顾颉刚

通　信

吴稚晖与王尔德　罗家伦

第1卷　第21期
1925年5月2日出版

本刊紧要启事（同上期）

时事短评

奉天募集公债　壬
青岛日本纱厂的工潮　皓

中法新协定　唐有壬
警治与法治　王世杰
闲话　奚若

散文诗

十三·双十　林憾

洋钱与艺术　西滢
　——批《空门遗恨》The White Sisters 和《巴黎繁华梦》A Woman of Paris 两种影片
胡说（一）（批王统照译诗）适之
古物陈列所书画忆录（续二）　顾颉刚

通　信

一个四川人的通信　仲瑚

第1卷　第22期
1925年5月9日出版

时事短评

“五四”和“五七”纪念　皓
战争的残澹　壬
日本纱厂的工潮也算是外交问题吗　皓

青年学生的政治运动　周鲠生
北京国立人校合并问题　张奚若
答周章二先生一夫多妻　百年
闲话（三则）　西滢

小　说

生命　I.Gurevitth著　西滢译

诗

碎的春心　张伯根

书　评

谁的责任？

C.A.Ellwood:《An Introduction to Social Psychology》(社会心理学)　金本基、解寿缙译

通　信

新性道德与多妻——答陈百年先生　章锡琛

恋爱自由与一夫多妻——答陈百年先生　周建人

附志　章锡琛

第 1 卷　第 23 期

1925 年 5 月 16 日出版

时事短评

现政府在财政上的地位　壬

战争的谣言　召

上海禁烟与当局责任　光

意大利的宪法修改　皓

五七事件感言　陶孟和

重心在外的中心人物　裴复恒

怎么办现在中国的大学　冯友兰

闲话（三则）　西　滢

小　说

癞子王二的驴　汪敬熙

诗

河边草——Ballad　杨振声

书　评

《董西厢》上面的错误——告重编者陶君乐勤　刘大杰

古物陈列所书画忆录（续三）　顾颉刚

本刊启事（为二二期装订偶有缺页事）

第 1 卷　第 24 期

1925 年 5 月 23 日出版

时事短评

上海烟土案与外国租界　壬

军费增加的恶现象　壬

日本政友会的新生　皓

民众势力的组织　周鲠生

关税会议　唐有壬

闲话（三则）　西　滢

小　说

癞子王二的驴（续）　汪敬熙

西湖的六月十八夜　平　伯

书　评

难释≠必译不好

评《莎翁杰作集》第一种《哈孟雷特》(Shakespeare 原著田汉译)　江绍原

古物陈列所书画忆录（续四）　顾颉刚

通　信

二十一条后又来八条　江署生

第1卷　第25期
1925年5月30日出版

时事短评
金款那里去了　壬
海军的存废问题　壬
还要添上俄国兵！　松

庚款委员的工作方法　王世杰
我们为什么意见不同　陶孟和
“市场上的偶象”　檗　黄
闲话（四则）　西　滢
小　说
鞑子口里的北京人　王森然

缁译　苏
书　评
出版界的怪事　李民治
通　信
广州政局现状之解剖及其将来之推测　岫　云
私立大学与庚子赔款　植　初

第1卷　第26期
1925年6月6日出版

时事短评
上海租界的杀气　松
物价腾贵　壬
法政府的新预算案　皓
上海租界的残剧　王世杰
教育界与金佛郎　燕树棠
闲话（三则）　西　滢
小　说
放牛去　尚　钺

送仿吾的行　郁达夫
内府书画之介绍　刘大杰
通　信
关于《意志自由与道德》的声明　范寿康
“东大风潮”的辨正　张奚若

第2卷　第27期
1925年6月13日出版

时事短评
慷慨激昂的北京国民大会　光
销声匿迹的军阀　皓
沪案后援会的组织　壬

上海租界的性质及组织　周鲠生
沪案进行应采之途径　燕树棠
论上海英捕枪杀中国学生及工商人事　檗　黄
中山先生革命的两大基础　吴稚晖
　一曰“兴中会”
　一曰“同盟会”
闲话（六则）　西　滢
文艺家思想精神底背影　王中君

文渊阁《四库全书》缺本发现续记　陈仲益

书　评

罗素《算理哲学》(共学社丛书，傅种孙、张邦铭译)　孙宝墀

第2卷　第28期
1925年6月20日出版

时事短评

对日单独交涉　皓
汉口事件的责任问题　雪
政府竟敢不顾民意吗　光
对爱国运动的谣言　召

政府对沪案的外交　周鲠生
对英经济绝交　唐有壬
沪案筹款方法及其支配机关　张奚若
总罢市总罢工之足以自杀　马寅初
闲话(三则)　西　滢

书　评

罗素《算理哲学》(共学社丛书，傅种孙、张邦铭译)(续)　孙宝墀

通　信

读《私立大学与庚子赔款》后　贾宗周
"觉得的自由"与"由于自己本性的自由"　唐擘黄

第2卷　第29期
1925年6月27日出版

时事短评

要求政府对英日单独交涉　壬
监督政府外交的有效方法　光
英人竟在簸弄中国内乱了　光

沪汉案件的解决条件　王世杰
持久的爱国运动　孟　和
虐杀中上海所见　藏玉淦
闲话(四则)　西　滢

小　说

怎么办呢？　汪敬熙

诗

醒呀！　闻一多

书　评

罗素《算理哲学》(共学社丛书傅种孙　张邦铭译(续二)　孙宝墀

第2卷　第30期
1925年7月4日出版

时事短评

要纠正政府的外交步骤　松
沙面事件的责任问题　光
英国产业界的大问题　皓

英国侵略中国的概况　燕树棠
排货的意义与利益　唐有壬
中山先生革命的两大基础(续一)

吴稚晖
一曰“兴中会”
一曰“同盟会”
闲话（一则） 西滢
斐伦翠山居闲话 徐志摩
黄狗与青年作者 江绍原

诗

七子之歌 闻一多

通信

关于沪案的上海通信 周佛海
论翻译答江绍原先生 田汉

第2卷 第31期
1925年7月1日出版

本刊启示（第一卷目录索引已印出事）

时事短评

广东政局的新形势 雪
政府的三个外交机关 召
沪案与关税会议 壬

沪案交涉的步骤 周鲠生
谈经济绝交 王星拱
中山先生革命的两大基础（续二） 吴稚晖
一曰“兴中会”
一曰“同盟会”

小说

月下 汪敬熙

诗

洗衣曲 闻一多
爱国的心 闻一多

对于现代出版界之批评 赵幼龙

通信

经济绝交的可能性 擘黄

第2卷 第32期
1925年7月18日出版

时事短评

还是向使团交涉吗 雪
上海工部局断绝华工厂电力 壬
对英交涉的手段和决心 皓

谈经济绝交（续） 王星拱
宣传（一） 陶孟和
对于清室善后委员会的希望 俞同奎
论先秦无所谓“别墨” 唐钺

独幕诗剧

诗人与月 飞来客

书评

英文《中国民法纲要》（R.T.Bryan博良著） 公毅

第2卷 第33期
1925年7月25日出版

时事短评

国民现在要注意的两件事 松

奉浙真要再战吗　壬
拉杂的政闻　雪

上海的租界　张慰慈
排货问题　杨端六
中山先生革命的两大基础（续三）　吴稚晖
　一曰“兴中会”
　一曰“同盟会”
沪案杂谈　斐复恒
小　说
车上的英雄
　——雨夜坐车记　朱大枏
诗
我是中国人　闻一多
通　信
数理逻辑　张松年
关于沪案的伦敦通信　胡善恒

第2卷　第34期
1925年8月1日出版

时事短评
内乱与民主　壬
江苏学阀与东大　文
日本在华的纱厂　壬
英国的工潮　皓

经济抵抗的意义范围及手段　刘光一
太古时代的中国　寄　蜉
小　说
“再见”　叔　华
明生杂谈（二）
　种痘之传来　明　生
通　信
英人侵略云南的实况　杨立贤

第2卷　第35期
1925年8月8日出版

本刊特别启事（为在上海设代理处事）
时事短评
沪案的外交　松
九省联盟　壬
谢谢英国人　壬
日本的政变　皓

上海罢工的真相及其影响　杨端六
中国与国际劳工会议　慰　慈
“不务正业”的留学生　擘　黄
闲话（二则）　西　滢
小　说
二人　张资平
通　信
排货问题答杨端六先生　丁文江

第2卷　第36期
1925年8月15日出版

时事短评
沪案杂评　松

上海英日纱厂复工问题　壬
倪道烺的赏罚　壬
解决上海会审公廨问题之捷径　燕树棠
中国与国际劳工会议（续）　慰慈
抵制英货和中英贸易的关系　刘大钧
闲话（二则）　西滢
追悼我的彼得　徐志摩
答孙宝墀君《罗素〈算理哲学〉》书评　傅仲孙

通　信

陕西问题　晨鸡

第 2 卷　第 37 期
1925 年 8 月 22 日出版

时事短评

爱国运动与劳动运动　壬
军阀压迫爱国运动　召
盐余公债　壬
女师大风潮与教育界　松
救国与求学　陶孟和
抵制英货与中英贸易的关系（续）　刘大钧
在北京女师大观剧的经验　仲揆
闲话（二则）　西滢
答孙宝墀君《罗素〈算理哲学〉》书评　傅仲孙

通　信

魏文侯与魏文帝　梁公毅
数理逻辑——答张松年先生　孙宝墀

第 2 卷　第 38 期
1925 年 8 月 29 日出版

时事短评

因循的沪案交涉　松
爱国运动与学潮　召
最近的财政问题　壬
裁兵呢？招兵呢？　文
高等教育谈（一）　宇文
不平等律　裴复恒
闲话（四则）　西滢

小　说

榆园　许君远
一个译诗的问题　徐志摩
无穷小　西林
怯步者笔记——鸡声　沈从文
盎格鲁萨人种族之成见　鲁继曾
一个学生对于爱国的见解　张昌炘
四川人呼吁之声　胡善权
译事商榷　汤苍园

第2卷　第39期
1925年9月5日出版

时事短评
军阀的均势主义　松
沪案真快要开议了吗　松
人权的保障在那里　文
谁配整饬学风　文
摩洛哥问题　乔　年

爱国运动与求学　胡　适
关税会议　唐有壬
一个改良大学教育的提议　任鸿隽　陈衡哲
小　说
租界里　焦菊隐
诗
"起造一座墙"　徐志摩

唐人曹绍夔所知道的"同情震动"　杨肇燫
通　信
排货问题答丁文江先生　杨端六
附唐有壬劝丁杨止争附言
结社出书与书报评论　裴复恒

第2卷　第40期
1925年9月25日出版

悼刘光一先生

时事短评
自卫呢？侵略呢？　壬
列强拒绝修约　召
民三劣币　壬
政府与北京大学　召

工会条例问题　王世杰
高等教育谈（二）　宇　文
中国经济发展之趋势　刘大钧
闲话（二则）　西　滢
对于国民剧院设立之意见　邓以蛰
通　信
关于沪案谋最后胜利的方法　章警秋

第2卷　第41期
1925年9月19日出版

时事短评
沪案还要司法调查吗　松
山西问题　召

甚么是反革命　唐有壬
罗素眼中的英国对华政策　文
教员与学风　燕树棠
中国经济发展之趋势　刘大钧
诗
闻一多先生的书桌　闻一多

出版界的根本问题　壮　学

戆仪老丈驮着驴儿走 赵少侯
同情震动”的知识 孽 黄

通 信

河南学生之爱国运动与考试问题 西
“先救出自己来” 陆海防
再论不平等律 裴复恒

第2卷 第42期

1925年9月26日出版

时事短评

不安的大局 壬
意比两国的金案解决了 壬
河南人思念吴佩孚 召

沙基惨杀案与我国统一问题 梁云松
军阀统治下的省银行纸币 曲殿元
刘叔和 西 滢

小 说

冲突 何植三

诗

记言 胡 适

通 信

读了任陈二教授的改良大学刍议以后 樊 弘
爱国运动与求学 刘治熙
附胡适答白
教授耶抑流氓耶 剑 公

第2卷 第43期

1925年10月3日出版

时事短评

奥款也解决了吗 壬
国际联盟理事会中国又落选 召
美法的债务问题 皓

国民经济的独立 陶孟和
无线电台问题 燕树棠
文言文的优胜 孽 黄
“国骂” 冯友兰
闲话（二则） 西 滢

小 说

朱颜与白发 綦 雯

关于一个译诗问题的批评 朱家骅

通 信

创作的翻译 闲 闲
上海的华民 章士骥

第2卷 第44期

1925年10月14日出版

时事短评

沪案休矣 壬
法院要究办金佛郎案 召
还起草什么宪法 万
双十节 壬

广东国民政府的形势 唐有壬

那里配称得起“反动” 高一涵
何谓别墨 伍非百
小 说
星夜 白 蒲
玉兰的酬谢 刘大杰
诗
题凌叔华女士画的雨后西湖 胡 适
通 信
“给我点新鲜空气” 顾昂若
又一个四川人呼吁之声 郑元瑞
洛阳人呼吁之声 陈云青

第2卷 第45期
1925年10月17日出版

时事短评
国定税则条例 壬
中央银行 壬
再志金案 雪
安全保障条约 皓

爱国运动 周鲠生
一个月在苏俄的所见所闻 仲 揆
苏联事情与苏联政策之研究 陈启修
中国学术的最大病根 唐擘黄
闲话（二则） 西 滢
小 说
副官 沈从文
诗
红蓼花 于成泽

通 信
一封辨正的信 邓平严
一个字的更正 有 壬

第2卷 第46期
1925年10月24日出版

时事短评
中日文化事业 蘅
俄船运械事件 召
鲁卡诺会议成功 皓

战争的责任 王世杰
高等教育谈（三） 宇 文
教育失败的根本原因 陈东原
闲话（二则） 西 滢
小 说
一幅小照 蹇先艾
诗
八月四夜 胡 适

著述的稀少 裴复恒
通 信
说几句话 郁达夫
办教育之苦 张惕修

特别增刊第1号
1925年10月28日出版
——关税会议特别增刊——

关税自主与关税会议 周鲠生

关税会议与国民经济 陈启修
中国关税自主权的丧失 燕树棠
关税问题概观 杨端六
海关用人行政权收回之步骤 卫深甫
关款存放问题 唐有壬
改订马凯条件出厂税之必要 盛 俊
倒霉的关税"特别会议" 章渊若
各国现行关税制度概论 皮皓白

第2卷 第47期
1925年10月31日出版

时事短评

关税会议第一幕 雪
二十六日的北京示威游行 松
无抵押的债务 壬
北京的人口 壬
德法两国内阁的危机 皓

大局的前途 唐有壬
咒《甲寅》十四号的评新文学运动 郁达夫
闲话（二则） 西 滢

小 说

归来 贺扬灵

火星早有人居住么 〔法〕保罗古达作 林乔年译

通 信

白话不毁，孰为文章 自署譬黄者
"国民经济的独立" 董时进
附陶孟和附言
读《广东国民政府的形势》之后 张民权

第2卷 第48期
1925年11月7日出版

时事短评

关税自主将变成一句空话 涵
又是军阀均势的战争 文
外国银行团又来了 召
法国的政变 皓
波斯的革命 和

关税自主与裁厘 唐有壬
莫索尔与国际联盟会 林乔年
先秦"还是"无所谓别墨 唐擘黄
闲话（二则） 西 滢

小 说

花之寺 叔 华

《弹竖琴者》的翻译 成仿吾

通 信

爱国运动——致周鲠生先生的一封信 叶含章

第2卷 第49期
1925年11月14日出版

时事短评

折台的先兆吗 文
国务会议荣封河神 召

法国政局的不安　皓

开幕以来的关税会议　唐有壬
中国应施行制欲政策　曲殿元
闲话（三则）　西滢

小说

驰马　堃（坤）灵

诗

瓶花　胡适

书评

读梁启超的《中国历史研究法》
〔日〕桑原骘藏著　天行译

通信

劳动阶级与国民革命　刘治熙
学风之负责者　张友仁

第2卷　第50期
1925年11月25日出版

时事短评

关税会议前途的凶险　雪
苏俄也知道讲法律　召
冯张果能合作吗　涵
苏俄的修正结婚法案　皓
关税会议第二委员会　唐有壬
武力统一　叶含章
闲话（二则）　西滢

小说

绣花绢　王向辰

关于歌德四行诗问题的商榷
李竞何

书评

读梁启超的《中国历史研究法》（续）
〔日〕桑原骘藏作　天行译

通信

中国的阀化　云客

第2卷　第51期
1925年11月28日出版

时事短评

时局的曙光　壬
上一周的关税会议　壬
示威运动与警察　松
别要忘记了沪案　文
菲律宾人的东方民族谈　召
法国新内阁又辞职　皓

高等教育谈（四）　宇文
评关税会议内美英日三国的提案
唐有壬
闲话（一则）　西滢

小说

阿菊　翰哥

诗

海边的梦　周灵均
海边的梦　徐志摩

通信

无穷小　西林
糊涂？党见？　王日新

第2卷 第52期
1925年12月5日出版

时事短评
首都的革命运动 文
要赶急研究金佛郎案 皓
沪案的司法调查便如此吗 松

时局前途的推测 唐有壬
爱国运动与暴民运动 燕树棠
评关税会议内英美日三国的提案（续） 唐有壬
清华学校 钱端升
闲话（二则） 西滢
小说
一椿笑话 酸狼
书评
一部风行一时的地理教科书 舒楷文
通信
“国骂”的另一解 徐文台
是李频底渡汉江吗 长弓
输出原料问题 饶强生

第3卷 第53期
1925年12月12日出版

时事短评
金融风潮 文
内乱与外国 召
蒲立央内阁和他的财政计划 皓

平民革命的目的与手段 高一涵
日本的政府及政党 松子
法国帝国主义的前途 林乔年
闲话（二则） 西滢
小说
母性 性仁
诗
白河之畔的恋歌 宗树男

临时抱佛脚 陈翰笙
通信
武昌师大国文系的真象 蒋鉴璋

第3卷 第54期
1925年12月15日出版

时事短评
战争热 壬
扰乱的教育界 召
日本政府的高压手段 皓

民众运动与领袖 王世杰
告恐怖白话的人们 擘黄
闲话（二则） 西滢
小说
潇湘暮雨 胡云翼
通信
海关行政实状 林久都
制欲主义只有消极的效力么 曲殿元

第 3 卷　第 55 期
1925 年 12 月 26 日出版

时事短评

时局的变化　壬
内乱与外患　召
军阀与言论集会的自由　涵
国际联盟会的裁兵计划　皓
一笔亏本帐　翰

东北战争与日本出兵南州　周鲠生
英国帝国主义的前途　陈翰笙
私人经济与社会经济的关系　曲殿元
闲话（四则）　西　滢

小　说

古瓶　焦菊隐

诗

归不得　王独清
前哨　于成泽

“这自然难免叫人受骗”了　焦尹孚

第一周年增刊
1926 年 1 月 1 日出版

卷头语　记　者
对于中国报纸罪言　王世杰
罗卡诺保障协约与国际政局　周鲠生
中华民国之将来　杨端六
领事裁判权与司法行政　徐　谟
我们所请愿于章先生者　吴稚晖
现代教育的特色　陶孟和
《杨朱考》再补　唐擘黄
生命的研究　李仲揆
智识主观说　杨袁昌英
谈政治生活　裴复恒
南京与北京　陈衡哲
做学问的工具　西　滢

译　诗

清晨的分别（Browning’s Parting at Morning）　胡　适译
薛莱的小诗（Music, when Soft Voices die）　胡　适译
月光里（Thomas Hardy’s In the Moonlight）　胡　适译
图下的老江（D.G.Rossetti：John of Tours）　徐志摩译

小　说

有福气的人　叔　华
端麦　杨振声
毒药（曼殊裴儿“Something Childish”末篇）　徐志摩译

独 幕 剧

“压迫”——纪念刘叔和　西　林

第 3 卷　第 56 期
1926 年 1 月 2 日出版

时事短评

调查法权会议　召

郭松龄的战死　　壬
苏联的共产党大会　　翰

对于委员制的意见　　高一涵
高等教育谈（五）　　宇文
英国能独吞莫索尔的煤油吗？　　陈翰笙
闲话（二则）　　西滢

小说

房先生的壮举　　霍为德

诗

翡冷翠的一夜　　志摩

书评

一部有权威的地理参考书　　王庸

爱可将军与肩膊上的负担　　D·S

通信

关于《咒甲寅》　　梁明致
奉告东省同胞　　杨汝楫

第3卷　第57期
1926年1月9日出版

时事短评

十一国箝制中国的协约　　翰
一片下野之声　　壬
冯玉祥下野　　松
日本最近的政情　　皓

沪案重查的报告　　王世杰
裁厘及抵补　　唐有壬
闲话（一则）　　西滢

小说

今昔　　许君远

歌

这年头儿，我劝你将就些儿罢（村歌体）　　杨振声

通信

说几句反革命的话（小百姓呼吁之一）　　湘君
东三省人民真无反日反张的举动么？　　于成泽

第3卷　第58期
1926年1月16日出版

时事短评

内乱和法统　　文
广东大学的风潮　　文
裁兵声中的美国预算案　　翰

裁厘及抵补（续上期）　　唐有壬
日本的对外贸易　　皮皓白
国际间资本的大团结　　陈翰笙
闲话（一则）　　西滢

小说

余痕　　刘大杰

诗

夏云　　孙子潜

通信

东三省的人民　　苏汝梅
秦代币制问题　　杨文渲

第3卷　第59期
1926年1月23日出版

时事短评
政府改造与时局改造　雪
日俄与东三省　召
苏土盟约　翰
西班牙战摩洛哥的成绩　皓

法权会议与收回法权　周鲠生
高等教育谈（六）　宇　文
闲话（一则）　西　滢
小　说
水葬　蹇先艾
通　信
关于译尼采　姜　超
杨朱考再补勘误　孽　黄

第3卷　第60期
1926年1月30日出版

时事短评
中东路事件的解决　松
教育经费与赔款　文
劳资调节的失败　翰

开玩笑与打巴掌　高一涵
黄人还有生存的余地么　李仲揆
闲话（一则）　西　滢
小　说
我们的信　〔法〕莫伯桑作　莫亢译
什刹海边　杨晶华
再论“国骂”　冯友兰
通　信
是非　叶含章
骂出一段故事来　吉　人

第3卷　第61期
1926年2月6日出版

时事短评
沪案就算完了么　松
外侨纳税问题　雪
教育特税　清
军阀的违法杀人　翰
加藤去世后之日本政局　皓

这几种法令还不废止吗　王世杰
种族问题　陶孟和
诗
“佛佛”的悲哀　从　文
京汉车上　志　如
书　评
读了《人心》的前十页　赵少侯
通　信
日本侵略东三省情况　郝景盛
致谢DS先生　新　城

第3卷　第62期
1926年2月13日出版

时事短评
吴冯的胜负　涵

教育特税与教育经费　文
清华学校的风潮　和
回民的大联合　翰

直鲁豫的民主　燕树棠
北京拉车的苦工　李景汉
军阀问题答一涵先生　吴稚晖
闲话（一则）　西滢

译　诗

旅行　〔法〕嚣俄作　彭浩徐译

三碗高汤面　王森然
民国历史过去未来之形势　徐文台

通　信

关于中山先生论中国人口问题之我见　谢元范

第3卷　第63期

1926年2月20日出版

时事短评

庚款与教育　雪
关税会议前途的危险　皓
梯罗尔南部的问题　翰

鲁卡诺协约与国际联盟　松子
种族问题（二）　陶孟和
民众思想与社会科学　杨幼炯
闲话（一则）　西滢

小　说

摩拿哥的囚犯　〔法〕莫泊桑作　莫亢译
瞎子断篇的一例——静女　顾颉刚

通　信

英美烟公司与山东烟叶　韩叔信

第3卷　第64期

1926年2月27日出版

时事短评

安格联又压迫广东　雪
上海会审公廨还不能收回吗　松
法权会议的将来　云
又一个人权问题　文
苏俄政府与华侨　文
英俄与言论自由　召

革命军与言论自由　高一涵
军阀问题答一涵先生（续）　吴稚晖
闲话（一则）　西滢

小　说

棚匠　王向辰

诗

回想中的故乡　蹇先艾

隐态绘声　擘黄

通　信

清华学校的改革　朱敏章

第3卷　第65期

1926年3月6日出版

时事短评

外交团与粤海关事件　松

北京九校的停顿　雪
我们所希望于冯焕章者　文
俄法会议的前途　翰

吴先生还是磨墨罢　高一涵
北京人力车夫问题　方善徵
统一方法的讨论　蒋廷黻
闲话（一则）　西滢

小　说

寒风之夜　张资平

几段法郎士的 Je Jardin D'E, Picure　苏
从红毛洋鬼子说到北大国学周刊　杨振声

通　信

节欲说　梁明致
再读《关于译尼采》　谢李香宾

第 3 卷　第 66 期
1926 年 3 月 13 日出版

时事短评

俄款到底做什么用　文
竟有人帮苏俄行凶　召
急转直下的法国政局　翰

中央财政的末路　唐有壬
科学之新分类法　许仕廉
为洋车夫的统计答西滢先生　李景汉
闲话（一则）　西滢

小　说

爱情　〔法〕莫泊桑著　莫亢译

诗

密士失必河晚步——眷念祖国　孙伯謇
"臭绅士"与"臭架子"　西林

通　信

军阀问题的讨论　颜虚心

第 3 卷　第 67 期
1926 年 3 月 20 日出版

时事短评

八国通牒与军阀　召
俄款问题的责任者　文
德国与国际联盟　翰

时局的教训　唐有壬
关于庚款退还部分的说明　雪艇
利用水利问题　李耕砚
闲话（一则）　西滢

诗

可怜的花　〔法〕嚣俄作　彭学沛译

从林风眠的画论到中西画的区别　邓以蛰
大人物之分析　冯友兰

通　信

中日关税互惠条约　文屈轶

第3卷　第68期
1926年3月27日出版

悼三月十八日的牺牲者　记　者
时事短评
国民军的撤退　文
可耻的法院　雪
国际裁兵会议的前途　翰

论三月十八日惨剧　王世杰
三月十八日的惨案目击记　陈翰笙
农化解　陈宰钧
闲话　西　滢
小　说
阿兰的母亲　杨振声

三月十八日　及　泉
书　评
《史特林堡戏剧集》（文研会丛书，张毓桂译）　焦尹孚
通　信
首都流血与军学阶级冲突　许仕廉
中国货反被日本抵制住了　公　宇

第3卷　第69期
1926年4月3日出版

时事短评
惨案前途的黑暗　涵
北京人的生活　文
日本政党的离合　皓
中波间的通商条约　翰

漆黑一团的时局　唐有壬
国际联盟理事问题　陈登皞
植树节　许仕廉
闲话　西　滢
小　说
安陵的死　雷　熙
诗
无题　沈从文

莫泊桑非战论　赵少侯
通　信
中国货反被日本抵制住了（续）　公　宇
美款退还的数目（来信）　中华教育文化基金董事会
附言　雪　艇

第3卷　第70期
1926年4月10日出版

时事短评
吴冯议和　文
奉军飞机的暴举　壬
无可奈何的财政　文
进行俄款的步骤　召
英美两国煤油的休战　皓
美国资本的势力　翰

京师地检厅与三一八惨案　王世杰
列国在华治外法权的范围　梁云松

小 说

等 叔 华

诗

病中送客回南 刘梦苇

通 信

汕头人力车夫工会概况 方宜孙
英人谋我的计划 沅怡豁
杨德群女士事件 西 滢
附女师大杨德群之五位同学驳陈西滢在本刊六八期《闲话》中诬蔑杨德群的信

第3卷 第71期
1926年4月17日出版

时事短评

不可乐观的时局 文
还欢迎“英庚款委员团”么 云
美国与塔克那——阿卡问题 翰

政局的前途 高一涵
京兆农村的状况 李景汉
闲话（一则） 西 滢

小 说

广安寺 王向辰

诗

“儿归” 王希仁

书 评

《自然界》 张资拱

通 信

中国政局之趋势 梁明致
美款退还的数目（续）
中华教育文化基金董事会

第3卷 第72期
1926年4月24日出版

时事短评

无关轻重的政变 文
段祺瑞出逃 雪
奉方对俄使加拉罕问题 文
美国航空军备的扩充 翰

军用票问题 唐有壬
政治犯与公使馆 燕树棠
英国之工党和自由党 彭学沛
闲话（一则） 西 滢

小 说

小姑娘（The Iitle Girl）
曼殊斐儿著 叔华译
在别一个国度里
——关于八蛮山落草的大王娶讨太太与宋家来住的一束信件
从 文

诗

水晶坟曲 朱大枏

通 信

中山先生论人口问题之讨论 罗齐南

第3卷 第73期
1926年5月1日出版

时事短评

北京的恐慌 文

金佛郎案的新发展　　壬
变态的北京　　文
俄德协纳　　翰

我们小民的希望　　陶孟和
公民教育运动　　陈宝锷
再论各国在华治外法权的范围　　陈云松
闲话（一则）　　西滢

小说

留学生的回国后　　浩徐
在别一个国度里（续一）　　从文

诗

失去的欢笑　　顾仁铸

通信

“五九”和“五七”　　孙百急

第3卷　第74期

1926年5月8日出版

时事短评

护宪与护法　　涵
“五·七”纪念　　文
湖南局面的剧变　　纯
北京城内的外国旗　　召

英国煤业的大罢工　　皮皓白
各省截留监税与中央财政的影响　　董蒙正
闲话（一则）　　西滢

小说

在别一个国度里（续二）　　从文

北方平民读物的研究　　庄泽宣

诗

思妇底春　　刘梦苇

通信

广东大学与人才供求问题　　梁明致

第3卷　第75期

1926年5月15日出版

时事短评

临时治安会　　壬
教育经费与俄国庚款　　文
英国罢工的扩大　　皓
日本与汉冶萍公司　　召

内乱与外论　　王世杰
英国产业上的伤口　　彭学沛
闲话（一则）　　西滢

小说

在别一个国度里（续三）　　从文

孟姜女故事之历史的系统　　顾颉刚

诗

一封家信　　胡桂孙

通信

自由之真谛　　陈泽恩

第3卷　第76期

1926年5月22日出版

时事短评

愿国人毋忘五卅惨案　文
颜惠庆内阁　文
军用票问题的难点　壬
英国的罢工问题　皓
波兰的革命　翰

高等教育谈（七）　宇　文
二十五年来北京生活费的比较　李景汉
闲话（一则）　西　滢

小　说

何必当初　仲　芳

孟姜女故事之历史系统（续一）　顾颉刚

诗

囚人　沈从文

通　信

人口问题答罗齐南君　谢元范

第3卷　第77期

1926年5月29日出版

时事短评

五卅惨案的周年　召
战争的损失　文
长沙的仇学举动　纯
属地政策的新发展　翰

护宪与卫戍司令部　高一涵
教育经费的治标方法　唐有壬
波兰动乱的原因　彭学沛
闲话（一则）　西　滢

小　说

参观　王向辰

孟姜女故事之历史系统（续二）　顾颉刚

书　评

无益的容貌　冀桂馥
莫泊桑《短篇小说集》（李青崖译）

通　信

救济难民　陈治安
最近湖南学生的痛苦　陆海平

第3卷　第78期

1926年6月5日出版

时事短评

北京的五卅纪念　纯
教育部与教育经费　文
湖南问题的今后　纯
葡萄牙的革命　翰

国民外交与群众运动　燕树棠
人类起源于中亚么　仲　揆
再论监务稽核所存废问题　童蒙正

小 说

情死者传（原名“亡妻”） 〔日〕艾室四郎

诗

锦带桥边
——寄C姊 刘大杰

“开倒车” 牛荣声

通 信

挂外国旗的问题 王慎明

一个小小的声明
附陈志潜致陈西滢的信 西 滢

第4卷 第79期
1926年6月12日出版

时事短评

密云不雨的局面 文

英庚款与五卅案 召

西班牙的专政 翰

沪公廨案的交涉 松 子

自然科学上的基础观念（一）——时间 西 林

小 说

春天 叔 华

诗

桥上 朱仲琴

紫玫瑰 朱仲琴

诗泪 朱仲琴

交换 朱仲琴

露珠 朱仲琴

游滑铁炉 彭学沛

通 信

战争期内的铁道状况 陈昌发

第4卷 第80期
1926年6月19日出版

时事短评

从何说起 万

北京的军用票 壬

金佛郎案就算了吗？ 纯

国际联盟的前途 皓

社会科学的否运 陶孟和

数十年来北京工资的比较 李景汉

亚美利亚王朝之隆盛及其危机 彭学沛

小 说

一个问题 慈 僧

月圆之夜 刘大杰

诗

离别之前 刘梦苇

观醉 刘梦苇

“麻糊”考 孽 黄

通 信

利用中国水力问题 徐文台

* 原刊无译者名。

第4卷　第81期
1926年6月26日出版

时事短评
北京政府与恐怖状态　纯
沪公廨交涉的前途　松
北京国立教育破产吗　文
法国新内阁的计划　松
英日俄的经济手段　召

这算什么局面　唐有壬
学校与政治　王世杰
关会解决二五附加税的问题了事吗　童蒙正

小　说
晚饭　易　安
往昔之梦　木　铃

通　信
人口问题的讨论　西　滢
广州的近状　剑　脩

第4卷　第82期
1926年7月3日出版

时事短评
吴张会见　纯
上海的大抢案　文
工会与海关　召
法国蒲立央新内阁成立　松
美国资本的威权　翰

再论沪公廨的交涉　松　子
哀山西　涵　庐
犯罪的原因　陈宝锷

小　说
放浪　浩　徐

杨惠之塑象续记　顾颉刚

诗
赠花（Je Vons envoie un bouguet）　龙沙 Ronsard 作　侯佩尹译
夜歌（Serenade）　格尼尔 E.Grenier 作　侯佩尹译

通　信
专家与外行的问题　陈　衡
教会学校之注册运动　王艮仲

第4卷　第83期
1926年7月5日出版

时事短评
杜代摄阁　文
沪廨案为什么还不公开　纯
上海罢工风潮　壬
摩洛哥革命军失败　召
匈牙利的亲英政策　翰

我们对于西洋近代文明的态度　胡　适
平民公民教育最低限度　许仕廉
闲话（一则）　曹　随

小　说
她们的蚕　王向辰

诗

冬之夜　宗树男

通　信

请教刘瑞恒先生　陈方之

第4卷　第84期

1926年7月17日出版

时事短评

关税会议早就应该闭会　纯

还要杀！　雪

熊案与沪廨的管辖权　召

美国政府与农民　翰

五卅运动的成绩　唐有壬

求雨　征　蓬

墨学与社会主义　朱　楔

闲话（一则）　曹　随

戏　剧

鸭子（拟狂言）　懋　林

诗

黄昏驱车过东长安街　彭学沛

书　评

答冀桂馥君的书评　李青崖

通　信

东三省的报纸　杜吉仁

第4卷　第85期

1926年7月24日出版

时事短评

旧课重温　沛

清室图谋复活　雪

俄款用途的争执　文

评收回沪廨协定　燕树棠

黄河问题（上）　沈　怡

各省财政的穷状　童蒙正

闲话（一则）　象　山

小　说

云儿　子　约

《邶风·静女》篇“荑”的讨论

董作宾

通　信

英人封锁梧州记　梁明致

第4卷　第86期

1926年7月31日出版

时事短评

原来也如此　文

欢送关税会议　沛

回民联合的大进步　翰

种族的差别　陶孟和

黄河问题（中）　沈　怡

北京闲话

〔日〕小畑董良作　彭浩徐译

小　说

“理想的配偶”　许君远

诗

灯蛾　饶孟侃

欺骗

——为W君作　　塞先艾
通　信
福公司治下之河南人民　　恶　英
“香港政府无诚意解决罢工”　　羽必　高商

第4卷　第87期
1926年8月7日出版

时事短评
乐声与炮声　　召
复宫运动还未打消吗　　文
唐生智再入长沙　　纯
英国还要占据威海卫吗　　皓
英国总罢工的失败　　翰

三论沪公廨案交涉　　松　子
黄河问题（下）　　沈　怡
法国内阁为什么象走马灯
——论法国的败政　　彭学沛
闲话（一则）　　象　山
小　说
到家那天　　为　容
装傻　　张鸣琦
诗
无力的残喘　　张鸣琦
通　信
南满铁路的作用　　孙百急

第4卷　第88期
1926年8月14日出版

时事短评
教育经费到底怎么样?　　文
可怜的言论界　　云
投壶志感　　沛
大亚洲民族会议　　召
印度币制改革的影响　　皓

科学的流弊和中国　　彭学沛
粤港交涉　　唐有壬
内战中铁路的状况　　章　勃
戏　剧
羊羔　　懋　琳
没有用处　　张鸣琦
唯物论的警钟响了　　弄　潮
通　信
这就算是“中日亲善”吗　金宗武

第4卷　第89期
1926年8月21日出版

时事短评
一片战争之声　　文
孙传芳制礼作乐　　纯
日本政局的近状　　皓
哀哉法兰西　　翰

科学的流弊和中国（续）　彭学沛
山西庶政谈　　吕　箸

闲话（一则） 涵 庐

小 说

肉声 顾建中

艺术的新运动 刘开渠
唯物论的警钟响了（续） 弄 潮

通 信

驳广州近状谭 梁明致
闲话惹出的正经话 离 尘

第 4 卷 第 90 期
1926 年 8 月 28 日出版

时事短评

吊新战墟 文
司法外交两部与沪廨协定 召
大元丸失慎案 壬
国际联盟的难关 皓

中比商约改订运动 松 子
欲望的基本性质和它在经济发展上的真价值 曲殿元
山西庶政谈（续一） 吕 箸

小 说

手套 古建业

书 评

读《兰生弟的日记》 郁达夫
东西文化问题质胡适之先生——读《我们对于西洋近代文明的态度》 常燕生

通 信

读了七十三期的《现代评论》 张显元

第 4 卷 第 91 期
1926 年 9 月 4 日出版

时事短评

中比商约争议可以交海牙法庭吗 松
安格联与中央财政 壬
俄国是怎样进行的 文
菲列宾独立的问题 翰

中国妾制与法律 王世杰
关于"试行与错误"的解释 陈宝锷
闲话（一则） 浩 徐

小 说

手套（续） 古建业

书 评

介绍几种新出版的史学书 胡 适
一、陈垣《二十四史朔闰表》
东西文明问题质胡适之先生——读《我们对于西洋近代文明的态度》（续） 常燕生

通 信

一个应有的经验 征 蓬

第4卷　第92期

1926年9月11日出版

时事短评

时局与言论界　纯

首都教育的危机　文

英军舰在广州侵犯我领土　松

何以德国能进国际联盟　翰

自然科学上的基础观念（二）时刻与同时　西林

数十年来北京生活程度的比较　李景汉

山西庶政谈（续二）　吕箸

闲话（一则）　浩徐

小说

母嫁之夜　孙寓人

诗

琴怨　杨熙时

书评

介绍几部新出版的史学书（续）　胡适

二、顾颉刚《古史辨》

三、陈衡哲《西洋史》

通信

《唯物主义警钟响了》一文改正　刘弄潮

第4卷　第93期

1926年9月18日出版

时事短评

武汉风云　万

英海军对华作战吗　松

改组后的国际联盟　皓

法西斯政治的危机　翰

从战争到政治　陶孟和

广州的现状　端六

小说家与治河

——两部论及治河问题的小说《镜花缘》与《老残游记》　沈怡

势力之分析　冯友兰

闲话（一则）　浩徐

小说

秋雨　宇庐

诗

燕子——他所看见的东西

LH'irondelle——cegu'elleavu

Mlle Montgolfier

（无作者）　宇文译

书评

介绍几种比较满意的平民读物（总述）　孙百急

第4卷　第94期

1926年9月25日出版

时事短评

中英冲突　雪

已濒绝境的中央财政　文

中国当选联盟理事　松

布尔希维克党内的风潮　翰

民众运动与官僚外交 松 子
地史的纪元 仲 揆
山西庶政谈（续三） 吕 箸
闲话（一则） 涵 庐

小 说

北京的空气 宇 文

书 评

介绍几种比较满意的平民读物（续一） 孙百急
一、培养政治观念的：《共和魂》《爱国热》

通 信

一个声明 李景汉

第 4 卷 第 95 期

1926 年 10 月 2 日出版

时事短评

国立九校的生死 文
沪廨协定正式发表了 召
法国与中东铁路 纯
叙里亚革命的挫折 翰

国内战争中的对外问题 松 子
万县案的法律性质 周鲠生
女子的装饰 孟 和
石涛的画论 刘开渠
闲话（一则） 浩 徐

小 说

小英 文 川

书 评

介绍几种比较满意的平民读物（续二） 孙百急
二、改良社会风俗的：《老朽棒》

第 4 卷 第 96 期

1926 年 10 月 9 日出版

时事短评

抗英声中之媚英内阁 纯
国立九校到底怎样办呢? 文
日本政局的新趋势 皓
美国和巴西的关系 翰

不平等条约与内河航权 燕树棠
国际联盟组织的变更 松 子
移民的向外发展与榨取的向外发展 彭学沛
山西庶政谈（续四） 吕 箸

小 说

是那样漆黑漆黑的一个夜晚 宇 文
摩西叔叔的数鸡旦 益砂克作 静 恒译
开刀 牛荣声

书 评

介绍几种比较满意的平民读物（续四）
二、改良社会风格的：《破迷信——钵前一棒》 孙百急

第4卷　第97期

1926年10月16日出版

时事短评

好人政府与对外内阁　纯

双十节　文

修约运动　松

日本劳农界的左右两派　皓

英国总理演说对华政策　召

德国的旧经济政策　翰

中国人的政治能力　陶孟和

华俄道胜银行　唐有壬

谁是美的判断者　擘　黄

小　说

乌先生的荣誉　霍为德

不完全的帐目　孙绍裘

通　信

广州一弊　龙冠海

法权会议的秘密　李思诚

第4卷　第98期

1926年10月23日出版

时事短评

中日商约修改照会　松

美人主张抛弃在华特权　纯

无可奈何的国立各校　文

伦敦的帝国会议　翰

以武力的胜负到政治的胜负　涵　庐

华俄道胜银行（续）　唐有壬

食物选择的标准　薛培元

小　说

真冤死了　志　如

诗

悔

雪花　李　彤

雏凤　李　彤

冰溪　李　彤

书　评

对于 Haney 经济思想史译本的指谬（原书臧启芳译）　杨劼弦

通　信

国民政府对外两大勇敢举动　梁明致

第4卷　第99期

1926年10月30日出版

时事短评

战争中的政治计划　纯

修约的前提　文

北京的警饷　壬

布尔希维克的会议　翰

抗英运动的影响　雪　艇

法权会议的结果　燕树棠

国人不可不醒的大迷梦　擘　黄

小　说

幻灭的悲哀　王文元

圆明园之黄昏　杨振声

新诗和读诗　浩　徐

科学"詹言"（一）　自　得

通　信

一封信　江百老

对于《食物选择》一文的校正　薛培元

第4卷　第100期
1926年11月6日出版

时事短评

对外内阁的外交　纯

万县惨案以抗议了事　松

首都的无教育状态　文

基督教徒的醒悟　翰

修约问题　燕树棠

苏俄的第九周年　陈翰笙

上海银行调查记　杨端六

闲话（一则）　涵　庐

小　说

离弃之后　周开庆

飘泊的记录（一个片断）
蒲口和南京　胡也频

通　信

四项加一捐和学生界的痛苦　高城生

第4卷　第101期
1926年11月13日出版

时事短评

北京解严　文

内乱外交的新局面　纯

京师的国立学校　召

英国煤矿罢工成败的关键　翰

论中国对比宣告废约事　松　子

一个英国工党的中国观　陶孟和

苏联理论和国际法（上）　浩　徐

小　说

卖书　西　岩

阿青　许君远

科学"詹言"（二）　自　得

通　信

两个月来在南昌目睹的惨象　剑　脩

第4卷　第102期
1926年11月20日出版

时事短评

美国对华态度的矛盾　松

广东政府与英国　文

中日间修约的公文　召

时局发展与外论　皓

孙中山与中国解放运动　松　子

苏联理论和国际法（下）　浩　徐

治理潜江县水患之商榷
——答黄让之先生（附黄君来信）　沈　怡

小　说

小妹妹的纳闷　杨振声

二麻子　开　庆
通　信
南北局势剧变后中外人士的态度　王日新

第4卷　第103期
1926年11月27日出版

时事短评
孙传芳北上后的大局　纯
北京国立几校的前途　林
吉海铁路的问题　翰
孙中山与中国解放运动（续）　松　子
司法部与收回法权　山　木
中国人的普通毛病　李景汉
小　说
茶话会　王向辰
律师　胡也频
通　信
怎样解决我们的读书问题　谢承平

第4卷　第104期
1926年12月4日出版

时事短评
北京内阁总辞职　纯
法权会议的报告书　召
英人对华手段　文
新旧英使之迎送　皓
欧美银行家的宣言　翰
论关于中比争议的外交步骤　松　子
评收回会审公廨暂行章程　杨鸿楷
文章与货物　西　林
闲话（一则）　小　巫
小　说
征婚　王国铨
蛮姑娘　许跻青

科学"詹言"（三）　自　得
通　信
松口战争　梁明致

第5卷　第105期
1926年12月11日出版

时事短评
胜利的条件　文
天津英国租界引渡党员　文
学生界有幸有不幸　巫
日本明年度的预算　皓
美国的贫富问题　翰

政治工作　孟　和
关于大陆变动的两个学说　沧　生
可惜太聪明了　擘　黄
社会考据　杨幼炯
闲话（一则）　浩　徐
小　说
岚生同岚生太太　从　文

第5卷 第106期

1926年12月18日出版

时事短评

浙江自治 万

比约案与中国法庭 松

日本人的满洲金融改良计划 皓

汉冶萍借款的提议 翰

法权调查报告 松子

社会考据（续） 杨幼炯

主客答问 浩徐

小说

一支扣针的故事 莎菲

晚周诸子书中之宋人 杨遇夫

通信

新银辅币 方宗鳌

第5卷 第107期

1926年12月25日出版

时事短评

武汉消息 文

英国对华外交新活动 纯

政局大变动和外国承认问题 浩徐

泛太平洋科学会议的回顾 任鸿隽

外侨在华租购土地问题 梁明致

附王世杰附识

小说

孤女 王向辰

诗

忆梦苇 胡也频

通信

北京社会运动与基督教徒 许仕廉

日本的文化侵略 执无

第二周年增刊

1927年1月1日出版

卷头语 记者

共管呢，解放呢 周鲠生

军治与党治 高一涵

什么是国家 彭学沛

中国的外交 燕树棠

什么是帝国主义 陈翰笙

货币关系论 杨端六

人口与土地 陶孟和

妇女与职业——妇女问题之一 陈衡哲

北京的穷相 李景汉

离婚问题 王世杰

中国今日之所谓智识阶级 张奚若

中国之西字报纸 王伯衡

国际新闻通信事业的组织 皮皓白

农业与工业 王星拱

欧美各国的女议员 张慰慈

劳资解放的方法 刘大钧

精神特质之遗传 陈宝锷

Sphinx爪下的我们 薛培元

再论入声演化　唐擘黄
孟姜女故事研究（《古史辨》自序中删去之一部分）　顾颉刚
《诗经》里面的描写　杨振声
各教之分析　冯友兰

小　说

My Better Haif　张资平
入伍后　沈从文
弟弟　叔　华
一只手　Georges—Eugens Bertin 作　袁昌英译
粉红衣服的洋娃娃　梅之克 Leonard Merrick 作　西　滢译

诗

曙　甲　辰

剧　本

蒙恩的孩子　懋　琳
瞎了一只眼！　西　林
——一幕喜剧——献给：
瞎了眼的先生
伤心的太太
耽心的朋友——和
两个没有良心的旁观者

第 5 卷　第 108 期

1927 年 1 月 1 日出版

时事短评

国民政府与司法改革　雪
海牙法庭与比约案　松
地中海的战云弥漫　翰

新年　涵　庐
中国史的新页　擘　黄
司马尔 A.W.Small 的社会学说　杨幼炯

小　说

少年哥德之烦恼（Les Suffrances du Tewne Werther）（一）　Andre Maurois 作　西　滢译

书　评

读王独青君《诗人谬塞之爱的生活》　杨袁昌英

第 5 卷　第 109 期

1927 年 1 月 8 日出版

时事短评

元旦收回沪廨　松
美使召还　文
阿尔彭尼亚问题　翰

英国对华政策新提案　燕树棠
主义与他的限制　孟　和

小　说

少年哥德之烦恼（Les Suffrances du Tewne Werther）（二）　André Maurois 作　西　滢译

文学底诵读与赏鉴　采　真
教育闲话　文

烟灰碟之前　浩　徐

第5卷　第110期
1927年1月15日出版

时事短评
美国要自动的取消不平等条约吗　召
日本政府与野党的政战　皓

我们对于汉案的观察　雪　艇
南方的财政　唐有壬
（此篇被删去，“开天窗”）
读英国庚款咨询委员会的报告　任鸿隽
小　说
少年哥德之创造（原“少年哥德之烦恼”）（Les Suffrances du Tewne Werther）（三）　André Maurois 作　西　滢译
诗
骆驼的末路　割　紫

星期日　开　渠
烟灰碟之前（续一）　浩　徐

第5卷　第111期
1927年1月22日出版

时事短评
比国交还天津租界　沛
顾内阁复活　文
汉案的外交问题　召
二五附加税　纯
民族解放的大运动　皓
尼加拉瓜的战云　翰

租界地问题　周鲠生
英帝国的前途　雪　艇
教育方针　陈宝锷
小　说
少年哥德之创造（Les Suffrances du Tewne Werther）（四）　André Maurois 作　西　滢译
北海的雪月　西　岩

烟灰碟之前（续二）　浩　徐

第5卷　第112期
1927年1月29日出版

时事短评
汉案与上海　召
仇教排外与民众运动　召
美日对我的态度　皓
日本政战忽然停止　皓
白沙拉比亚的问题　翰

民国十五年的海关税收　唐有壬
英帝国的前途（续）　雪　艇
《韩非子·初见秦》篇之管见　雷金波
小　说
柳家坟的杨柳　王向辰

元旦日的晚餐

梅立克 Leonard Merrick 作

西　滢译

孔子能推翻现代心理吗　汪　震

第5卷　第113期

1927年2月5日出版

时事短评

修约问题　文

印度反对遣兵来华　翰

英国派兵来华的目的和影响

张奚若

美国对华的外交　钱端升

德意志最后的政况　皓　白

小　说

盲妇　许跻清

元旦日的晚餐（续）

梅立克 Leonard Merrick 作

西　滢译

通　信

《诗人谬塞之爱的生活》　王独清

附记者附识

第5卷　第114期

1927年2月12日出版

时事短评

上海中立案　文

安格联免职　纯

英国人的头脑与此次出兵　张奚若

张伯伦的种族说　孟　和

可能的世界　擘　黄

小　说

药　胡也频

少年哥德之创造（Les Suffrances du Tewne Werther）（五）

André Maurois 作　西　滢译

通　信

中医与西医　牛荣声

第5卷　第115期

1927年2月19日出版

时事短评

南北妥协　召

风雨满楼的河南　壬

日本政局的推测　皓

美国海军裁减提议　梁从云

过去一年北京经济的哀颓

曲殿元

生活革命　张镜予

小　说

少年哥德之创造（Les Suffrances du Tewne Werther）（六）

André Maurois 作　西　滢译

小兵　李翰周

还是妻好　许君远

通　信

为英兵来华事敬告国人　吴振珠

第 5 卷　第 116 期
1927 年 2 月 26 日出版

时事短评

上海的大屠杀　文
汉案解决　召

劳动问题声浪中的注意点　如　松
日本无产政党的分析　皓　白
“打倒智识阶级”　字　文

小　说

少年哥德之创造(Les Suffrances du Tewne Werther)(七)
André Maurois 作　西　滢译
械斗　胡也频
农夫　〔法〕莫泊桑作　莫　亢译

第 5 卷　第 117 期
1927 年 3 月 5 日出版

时事短评

汉浔协定全案公布　召
奉直再战　文
日本大阪资本家对华会议　纯
美国众院通过单独对华修约案　召
日本政治的新局面　皓

科学研究——立国的基础　孟　和
语言对于思想的反映　擘　黄
一个战时的和平家　衡　哲

诗

巴黎之别　杨振声

小　说

少年哥德之创造(Les Suffrances du Tewne Werther)(八)
André Maurois 作　西　滢译

通　信

社会科学与出版界　杨幼炯

第 5 卷　第 118 期
1927 年 3 月 11 日出版

时事短评

顾内阁山穷水尽　文
左右派的分裂　纯
凋敝的北京　召

南北可以妥协吗　张奚若
中国的科学　沧　生

小　说

少年哥德之创造(Les Suffrances du Tewne Werther)(九)
André Maurois 作　西　滢译
校长的失败　项定荣

通　信

外侨在货租购土地问题　梁明致

第 5 卷　第 119 期
1927 年 3 月 19 日出版

时事短评

汉浔英租界正式收回了　皓
二五附加税保管委员会　文

所望于学校经费略有着落以后　叔　永
再论科学研究　孟　和
社会调查工作的困难　曲殿元

小　说

少年哥德创造（Les Suffrances du Tewne Werther）（十）　André Maurois 作　西滢译

通　信

“整理国故”与“打鬼”
致彭浩徐　胡　适
附：附言　陈　源
英国出兵和上海问题　云　松

第 5 卷　第 120 期
1927 年 3 月 26 日出版

时事短评

东南的新局面　文
军阀的主义化　万
学生狱　文
内务部的破坏热　纯
（编者按：前三条临时抽去，故无正文）

汉案的解决　松　子
财政的基础问题　唐有壬
对日修约与最惠国待遇　燕树棠
取消学术上的不平等　竺可桢
吃饭与文化　拾　闻

小　说

瞎林之死　王向辰

剧　评

武器与武士
——评三月十九日燕京大学外国教职员所演的 Bernard Shaws Arms and The Man　西　滢

徐枋的画
——吴山最胜图之一　刘开渠

第 5 卷　第 121 期
1927 年 4 月 2 日出版

时事短评

白种人的生命　滢
兵匪压迫下的老百姓　召
租界的命运　皓

南京事件与不平等条约　张奚若
财政的基础问题（续）　唐有壬
英美宣传赤化与他们自身的痴化　征　蓬
停滞的社会同文化　苏芗雨

小　说
病　叔　华
柠檬　明　生

第5卷　第122期
1927年4月9日出版

时事短评
日本邮船会社厨司罢工　纯
南满铁路举行二十周年纪念了　皓
克伯尼和他的徒弟　云

外国人应该知道的几件事　张奚若
收回上海租界的逼切　钱端升
心理学与政治(Psychology and politics)〔英〕罗素(The Diai)作　西　滢译
中国劳动运动的事实观察　陈治安
小　说
圣徒　胡也频
诗
原始之梦　倪炯声

第5卷　第123期
1927年4月16日出版

时事短评
北京的寒气　召
印度军费案否决了　皓
南方政潮的观察　寄　公
宁案与五国通牒　张奚若
俄使馆党案　乙　青
心理学与政治(Psychology and politics)续
〔英〕罗　素作　西　滢译
小　说
手表　顾建平
诗
疯妇之歌　甲　辰
书　评
介绍《统计汇刊》(广东农工厅刊行)　纯
通　信
《中国的科学》　王崇植

第5卷　第124期
1927年4月23日出版

时事短评
五国通牒的答复　皓
汉口的停兑令　纯
收回天津英租界　召
日本内阁的更迭　皓

撤消领事裁判权的第一步　松　子
梦想与希望　擘　黄
国际情形与国民自助　樊　弘
小　说
她的第一次爱　杨振声

诗

归乡道上
——给赞育　启煦

通　信

民众运动与秩序　骆美轮

第5卷　第125期
1927年4月30日出版

时事短评

宁案与五强　召
南京政府　序平
中国与英俄　陶孟和
日本新内阁的对华政策　皓白

小　说

摆蒲博士　西岩
她的第一次爱（续）　杨振声

诗

抚摩我自己的伤痕　育熙

通　信

《南方政潮的观察》的反响　尔忘
附寄公附言

第5卷　第126期
1927年5月7日出版

时事短评

党狱和领事裁判权　文
（编者按：此文发排而又抽去）
五一劳动节　召
日本各政党和临时国会　皓
清党运动　寄公
封建思想　浩文

小　说

晨　从文

诗

深夜里的战士　启煦

明生杂谈　明生
“产翁”的风俗

通　信

反响的反响　镜铭
关于南方政潮的内幕　罗任公
附记者附言

第5卷　第127期
1927年5月14日出版

时事短评

五七国耻纪念　召
荷退庚款与黄河　怡
美国水灾　怡
南方两政府　寄公
内地杂居问题　松子
中国政局的鸟瞰　辅仁

小　说

哭的方法　文翰

诗

素斐　胡适

今天 人中

通 信

《关于南方政潮内幕》的反响 松心

梅兰芳与中国艺术 北鲁

第5卷 第128期
1927年5月21日出版

时事短评

英蓝使赴沪何为 皓

英国会讨论工团法 召

不要杀了 英子

邓文藻事件 唐有壬

名词与事实 无文

小 说

看爱人去 为琳

来客 罗皑岚

通 信

重庆三月三十一事件 明彝

共国之争 熊保丰

第5卷 第129期
1927年5月28日出版

时事短评

英俄关系 皓

京师官员设坛祈雨 文

军事时期中的故事 陶孟和

科学研究——如何才能使他实现 叔永

反革命与列宁 无文

小 说

蜜柑 从文

昆明湖上的一夜 卫萍叔

论打鬼运动答适之先生 浩徐

诗

"一时懵懂"了的爱尔西 唐孙

第5卷 第130期
1927年6月4日出版

时事短评

日本出兵 云

慎重宁案交涉 皓

上海公共租界及其解决 山木

经济社会中的中饱阶级 如松

中国的科学研究问题 坦父

小 说

幸福的樊笼 西徵

国剧与旧剧 熊佛西

通 信

路透社的声明

第6卷 第131期
1927年6月11日出版

时事短评

中国人的弹性 纯

埃及的厄运 云

英俄绝交与日本出兵 华　声
从南北到东西 无　名
民众的艺术
——为北京艺术大会作 邓以蛰
濬浦局的历史及其性质 君　怡
小　说
圣浩的牺牲者 周开庆
诗
哀嘶 育　熙

第6卷　第132期
1927年6月18日出版

时事短评
北方当局的新精神 纯
意尤的冲突 云

直鲁移民与满洲经济 执　无
日本政党的演化 皓　白
八股及自由诗 太　微
小　说
初八那日 为　琳
最后的微笑 许君可
通　讯
科学研究问题 叔　永

第6卷　第133期
1927年6月25日出版

时事短评
日本出兵与山东 召
苏俄驻波公使的被刺 云

读书的习惯 孟　和
直鲁移民与满洲经济（续）
执　无
英国退还威海卫之黑幕 张汇文
小　说
猎野猪的人 从　文
通　信
国际妇女和平自由联盟会寄给中国女子的一封信 陈衡哲

第6卷　第134期
1927年7月2日出版

时事短评
上海市民拒绝租界增捐 召
外人对华的言论 白

党治与民治 华　声
世界革命与民族自决 樊　弘
给西洋留学生算帐 周钟歧
小　说
童时的伙伴 许君远

章实斋的文论 李振东
书　评
《小物件》(“Le petit Chose”，李劼人译) 周名瑄

第 6 卷　第 135 期
1927 年 7 月 9 日出版

时事短评
日本又在山东增兵　华
苏俄的两大首领将被除名　召

科学的研究与生产的效率　沧　生
墨经光说三条试解　太　微
《歧路灯》序　冯友兰
花的颂歌　吴伯箫
诗
悼瑶华　反　璞
通　信
上海问题　陶孟和

第 6 卷　第 136 期
1927 年 7 月 16 日出版

时事短评
三国海军会议　召
北京国立九校的前途　文

日本的东方会议与满蒙　燕树棠
中国所需要的——政治家　信　公
裁厘加税以后的海关收入　执　无
青年革命家的使命　樊　弘
小　说
山鬼　为　琳

翟大坤的作风　刘开渠
通　信
欧洲的最近局势　彭基相

第 6 卷　第 137 期
1927 年 7 月 23 日出版

时事短评
法院与鲍案　华
清华学校的风潮　元
奥京暴动已渐平静　召

国民党与共产党　征　蓬
社会的不宁　采　石
小　说
碧舫　胡也频
山鬼（续）　为　琳
诗
祭　育　熙
最后一信　李健吾
通　信
《工业与农业》的质疑　袁家海

第 6 卷　第 138 期
1927 年 7 月 30 日出版

时事短评
上海租界的加捐风潮　松
造谣与止谣　文

国民革命论　松　子
又来了　稚　晖

烦闷和觉悟　杏　佛
裁厘加税问题　唐有壬
设立中央计划委员会刍议　钱端升
宣布关税自主的大决心和以后的准备　彭学沛
上海临时法院问题　云　樵

小　说

绮霞　叔　华

通　信

乌烟瘴气的清华学校　笔　公

第6卷　第139期
1927年8月6日出版

时事短评

关税自主与帝国主义者　纯
抗捐运动就算完事了么　云
孔继荣案件　文

国民革命论（续）　松　子
由守势的外交到攻势的外交　彭学沛
党治与舆论　钱端升
闲话　西　滢
物质文明的上海

小　说

绮霞（续）　叔　华

诗

给璇君　菌

通　信

劳资调节会的弱点　周钟岐

第6卷　第140期
1927年8月13日出版

本刊移沪出版启事（从一三八期始）

时事短评

鄂赣风云　成
上海公共租界工部局的不法行为　云
萨各樊才第事件　朋

革命的外交　松　子
为关税自主问题告芳泽代表　彭学沛
中国国际贸易的危险　杨端六
漫游的感想（一）　胡　适
闲话　西　滢
官僚

小　说

专车　浩　徐

剧　评

中央的两晚　筱　瑛

通　信

关于清华学校的几封信　王季高等

第6卷　第141期
1927年8月20日出版

时事短评

蒋介石氏辞职　文
宁汉合并与革命进行　朋
英军割断沪杭铁路　朋

论最近的大政治变动　若　瑟
日内瓦海军会议　钱端升
苏俄的经济法　南　陔
漫游的感想（二）　胡　适
小　说
冷落　于在春
霍斯曼（Alfred Edward Housman）的情诗　梁实秋
诗
赠 E.G·　莎　菲
明灯照地　施蛰存

第 6 卷　第 142 期
1927 年 8 月 27 日出版

时事短评
国民党重新组织的机会　沛
宁汉应即诚挚合作起来　朋
大连会议　云

几句不必说的话　余　子
改两为元　唐有壬
国剧运动　余上沅
小　说
僵骸　胡也频
诗
牺牲或堕落　杏　佛

太平洋国交会议记略　陈衡哲

第 6 卷　第 143 期
1927 年 9 月 3 日出版

时事短评
政治部的恢复和整顿　沛
裁厘加税延期　纯
满蒙风云日急　云
船钞附税停顿　壬

战时财政　杨端六
发行钞票与挤兑　南　陔
萨各与樊才第的案件　张慰慈
附胡适之《附记》
小　说
撕掉的一页　许君远
僵骸（续）　胡也频
诗
追不上　饶孟侃

第 6 卷　第 144 期
1927 年 9 月 10 日出版

时事短评
监察委员会应先召集　文
食盐问题　端

国民党目下的机会　叔　平
欧美最近的关税政策（上）　彭学沛
相互主义和最惠国民条款
真正的日历——自然　熊永先
悼胡明复　任鸿隽

小　说

撕掉的一页（续）　许君远

诗

干着急　徐志摩

诗三首　蹇先艾

听啄木鸟作歌

谢绝辞

蛮爱的象征

第6卷　第145期

1927年9月17日出版

时事短评

国民革命政府与满蒙　文

东省排日运动　云

再谈谈食盐问题　端

南京会议后的政治　松　子

几件必须作的事　余　子

欧美最近的关税政策（下）　彭学沛

市财政与市银行　绮　山

漫游的感想（三）　胡　适

小　说

他俩的一日　叔　华

诗

俘虏赞　徐志摩

第6卷　第146期

1927年9月24日出版

时事短评

最近国民政府财政状况　端

国民党的自动性　文

蒋胡汪三氏的出处问题　文

李济深氏宣言及蒋汪合作　明

领袖的态度　沛

党治与用人　钱端升

老报的老把戏　杨端六

消费合作社　陈登皞

小　说

他俩的一日　叔　华

傅山及其艺术　刘开渠

通　信

我的共产嫌疑的证据　高一涵

第6卷　第147期

1927年10月1日出版

时事短评

政治分会　文

全国挽蒋的呼声　沛

江苏匪患与时局　端

国际联盟与裁减军备　云

失望与努力　松　子

目前的财政　南　陔

整理汉冶萍的意见　胡庶华

剧　本

模仿（一幕三场剧）

〔日〕菊池宽作　侍　桁译

诗

给爱　胡也频

第6卷　第148期
1927年10月8日出版

时事短评

奉晋开战与北伐　敢
退伍军人养老金制　沛
反动中的湖南　文
西洋梁山泊的新组织　沛
最近欧洲国际情势　云

党治的铁律　山木
从经济上观察中国的社会政治（一）　杨端六
国际禁烟问题　陈登皞

小　说

积翠湖滨　周开庆
毁火的精神（一）　实味

诗

古翁仲对话　施蛰存

通　信

国民党统治下的学术　张知言

第6卷　第149期
1927年10月15日出版

时事短评

双十节国民党宣言　敢
外交空气的今昔　文

双十国庆的感慨　彭学沛
奴才与人才　宇文
从经济上观察中国的社会政治（二）　杨端六
《孔雀东南飞》的年代　胡适

小　说

毁灭的精神（二）　实味

第6卷　第150期
1927年10月22日出版

时事短评

第四届执监会议　文
汉口英侨决议与汉案协定　松
汉口英人的决议　云
国民政府和禁烟　沛

向北方去　彭学沛
集权与分职　遁公
道威斯实行后之第三年　南陔
北京与上海　章渊若
再写圆明园之黄昏　杨振声

小　说

毁灭的精神（三）　实味

第6卷　第151期
1927年10月29日出版

时事短评

讨唐与统一党国　文
北伐西讨　华
全国执监会议的召集　朋
此后的财政如何　壬

东方图书馆的复活　实

党纪问题　钱端升
法律与民众（一）　王世杰
南游的感想　华　声
论农村银行　陈登皞
听过上海市厅大乐音乐会后的感想　肖友梅

小　说

毁灭的精神（四）　实　味

第6卷　第152期
1927年11月5日出版

时事短评

速开执监会议　文
日本对满蒙着着进行　华
整理财政金融的先决问题　实

事实与责任心　松　子
政治上的目的与手段　张奚若
法律与民众（二）　王世杰
法国无产阶级的政治运动　皓　白

小　说

钟八老爷的洋狗　米西一
毁灭的精神（五）　实　味

第6卷　第153期
1927年11月12日出版

时事短评

防止军阀借用比款　文
日本伪造印花税票案　松
军事胜利了，政务党务呢？　皓
上海民房倒塌的惨剧　南

只有开全体执监会议　彭学沛
上海临时法院的存废问题　钱端升
唐儿儿问题　梁云松
国际经济会议　杨端六
闲话（一则）　德

诗

未栖的雁　志　希
沙拉煞斯查的夜歌
〔德〕尼采作　志希译

通　信

关于东方图书馆的声明
一、上海特别市教育局来函
二、东方图书馆来函

第6卷　第154期
1927年11月19日出版

时事短评

善鄂的善后　实
日本明年的预算案　皓

缩短军事时期　彭学沛
国际联盟第八次大会成绩　松　子
中外财政的比较　南　陔
闲话（一则）　遁　公

诗

卖狗头罐子的同他隔邻的少女
藏迹遽

通　信

新贵州　忿　忿

第 6 卷　第 155 期
1927 年 11 月 26 日出版

时事短评

广州事变与执监大会　纯
广州事变的处置　升
日美与满铁外债　松
英国对华新举动　文
国际贸易障碍公约　云

致全党领袖们一封公开的信　记　者
禁烟问题　燕召亭
机械的政治观　铁　岩

小　说

离家　滕　固

诗

忘掉她　闻一多
荷兰道中　志　希
普林斯顿的秋夜　志　希

通　信

对于执监会议各方领袖应有的态度　桐　孙

第 6 卷　第 156 期
1927 年 12 月 3 日出版

时事短评

悼一一二二的伤亡　文
巴尔干的新风云　皓

时局与执监大会　松　子
南京惨案的善后办法　一　峰
亚细亚民族大同盟　燕召亭
各国劳工运动小史　皓　白
闲话（一则）　遁　公
白话诗人王梵志　胡　适
所以（Les Cahiers nouveaux 第三一编 Done）　亨利·德列聂（Henri de Regnier）作　浩徐译

诗

不复返　文　静
歌声　金　发

第 7 卷　第 157 期
1927 年 12 月 10 日出版

时事短评

执监委员会功罪的关系　沛
收复北京的机会又来了　华
波兰和立陶宛的国际问题　皓

我们的希望　山　木
塘吉尔问题之历史的背景　松　子
全美会议与美国　武堉干

小　说

土地庙　胡也频

诗

中秋之夜　金　发

书　评

王世杰氏的《比较宪法》 钱端升

订　误

《不复返》一诗（载一五六期）更正

第 7 卷　第 158 期

1927 年 12 月 17 日出版

时事短评

广州暴乱与中央政府 纯

执监预备会议的成绩 文

上海电车罢工问题 实

忧患中的中国国民 彭学沛

北方战局中山西的地位 一　止

元代的红枪会 明　生

闲话（一则） 德

高谛蔼　A.Symons 作　邵洵美译

诗

别曲 村　生

小诗（八首） 查定世

第 7 卷　第 159 期

1927 年 12 月 24 日出版

时事短评

一航期望中之蒋氏复职 文

徐州克复与日本出兵 松

中国国际贸易的衰颓 实

党园里的荆棘 彭学沛

目前的对俄问题 召　亭

欧美经济界的趋势 欧阳执无

波德莱（Charles Baudelaire）之悲剧 文　铮

小　说

惨白的湖光 刘开渠

通　信

读了《新贵州》以后

——致忿忿先生 平　平

第 7 卷　第 160 期

1927 年 12 月 31 日出版

时事短评

民国十六年的回顾 实

东京政界的问题 皓

国民革命的前途 松　子

国民政府之立法与立法机关 志　贞

黑特林（MaeterIinek）的静默论 袁昌英

小　说

珠儿 王向辰

诗

妙龄女囚（La Jenue Captire）

谢凝野（A.Chenier）作

白　蒲译

书　评

共产主义的批评

——评 Harold.J.Laski 的《Communism》 张奚若

第 7 卷　第 161 期
1928 年 1 月 7 日出版

时事短评
蒋氏复职与党国前途 实
日本制造的高丽人排华风潮 召
安定的政府 山　木
聪明与老实 西　林
闲话（一则） 华　声
小　说
天国的秘密 张志澄
剧　本
渭水河滨（拟狂言） 王向辰
诗
我孤坐矗岩之旁 孟诗根
通　信
国民革命与民众心理 前　锋
附记者附言

第 7 卷　第 162 期
1928 年 1 月 14 日出版

时事短评
中央执行委员会的正式会议 志
英国劳资联合会议 皓
日本移转视线的外交把戏 华
国民革命与外交 松　子
孙科氏辞职与浙江财政 南　陔
再论汉冶萍公司的整理 胡庶华
经济学的一个新释义 叶元龙
小　说
诗稿 胡也频
通　信
第一幕完场了 周钟岐

第 6 卷　第 163 期
1928 年 1 月 21 日出版

时事短评
湘鄂和平的消息 实
德商供给军阀大批军火 文
日本积极政策要实现了 文
美国的弭兵提议 云
苏联联邦制度的特征 彭学沛
日本去年的国际贸易 皓　白
都市与乡村人口的消长 孟　和
经济学的一个新释义（续） 叶元龙
闲话（一则） 韬　公
小　说
悔之补救 王向辰
诗
杜灵根林中纪游 志　希

第7卷　第164期
1928年1月28日出版

时事短评

南北外交妥协问题　华
东京政界的杂观　皓
俄国政府放逐叛党者　文

国民政府与外交（二）　松子
日本的文化侵略　叔永
东三省的朝鲜农民问题　执无
向心力与离心力　西林
闲话（一则）　德

小　说

幻梦　米西一

第7卷　第165期
1928年2月4日出版

时事短评

中央全体会议　文
日本议会的总选举　皓

国民党的劳工政策　王世杰
图书馆事业的进行步骤　刘国钧
论《孔雀东南飞》
——致胡适先生　张为骐
跋张为骐《论〈孔雀东南飞〉》
胡适

小　说

神话里的王子（一）
梅立克作　西滢译
《老实人》序　沈从文

第7卷　第166期
1928年2月11日出版

时事短评

第四届会议以后　纯
这才是千载一时的机会　文
奉张末路快到了　实
日本反对接管大冶铁矿　庶

回顾与希望　征蓬
国民政府与易纨士的关税提案
松子
又一个关税会议　召亭
经济组织的进化　周佛海

小　说

神话里的王子（二）
梅立克作　西滢译

通　信

读《北方战局中山西的地位》
萧朗晃

第7卷　第167期
1928年2月18日出版

时事短评

英国和南北的关税忙　召
英自由党首领爱士蔡逝世　端

苏俄的司法制度　燕树棠
日本的第一次普通选举　皓　白
用作证据方法的当事人宣誓制（一）
罗重民
帝国主义新论　方元民
离心力与世界改造　辅　仁
小　说
神话里的王子（三）
梅立克作　西滢译
通　信
瞿趣林的戏法　彭基相

第 7 卷　第 168 期
1928 年 2 月 25 日出版

时事短评
赶快肃清军阀和土匪　召
印度的排英运动　皓

国民革命与外交（三）　松　子
英外相演说与国民革命　山　木
铁矿国有的建议　胡庶华
关于中国人口问题——答潘光旦
陈长蘅
小　说
旧梦（一）　懋　琳
——到世界上之一——
诗
统一中国梦
〔美〕尼登 Dr.J.G.Neednam 作
叔永译
附英文诗原文
通　信
今后之外交　梁明致

第 7 卷　第 169 期
1928 年 3 月 3 日出版

时事短评
北伐军事的新局面　纯
日本总选举的结果　皓

蒙古的政治　燕树棠
日本无产政党合并后的感想
刘南陔
用作证据方法的当事人宣誓制（二）
罗重民
离心力与世界的改造（二）
辅　仁
小　说
旧梦（二）　懋　琳
——到世界上之一——
菊子　西　滢
他的失败　王向辰

第 7 卷　第 170 期
1928 年 3 月 10 日出版

时事短评
大餐与外交　召
普选后的日本政府　皓

国民革命与外交（四）　松　子
水的问题　征　蓬
福建省政府废除台伏　杨端六

小　说

旧梦（三）　懋　琳
——到世界上之一——
北风里　胡也频

通　信

考试　赵凤喈

第 7 卷　第 171 期
1928 年 3 月 17 日出版

时事短评

中山先生逝世后的第三周年　文
三·一八的两周年　纯
军阀的残局　华
日俄密约　皓

建设的开始问题　云　松
中国的监税与外国的稽核　南　陔
纽约伦敦两大市场在国际金融界的竞争　重　民
妥玛斯·哈底　袁昌英

小　说

旧梦（四）　懋　琳
——到世界上之一——

通　信

粤汉广九铁路接轨问题　梁明致

第 7 卷　第 172 期
1928 年 3 月 24 日出版

时事短评

南京克复后的回顾　皓
统一的空气　文
内蒙古与国民党　召
中央对内对外的仪节　华

党治与国民会议　山　木
学问和事业　德
自然科学上的基础观念——质量　西　林
日本闲话（一）　西　滢
普选

小　说

旧梦（五）　懋　琳
——到世界上之一——

书　评

《帝国主义与世界政治》（模恩著）（By.P.T.Moon：《Imperialism and World politics》）　张维桢

通　信

“京师大学”的写真　余　生

第 7 卷　第 173 期
1928 年 3 月 31 日出版

时事短评

北伐中后方的预备　文
不可乐观的日本政局　皓

厦门对日问题　召　亭
厦门日警问题　陈登皞
外交的体统　一　鸣
燃料的问题　仲　揆
皮兰得罗　袁昌英

小　说

旧梦（六）　懋　琳
——到世界上之一——

第7卷　第174期
1928年4月7日出版

时事短评

中美间宁案的解决　皓
民用飞机　文

国民党与国民会议　松　子
都市区域与都市计划　方逖生
跳舞的哲理观　袁昌英
日本闲话（二）　西　滢
汤屋

小　说

旧梦（七）　懋　琳
——到世界上之一——

通　信

最近的云南　刘钟明

第7卷　第175期
1928年4月14日出版

时事短评

上海纳税华人与租界当局的妥协　文
纳税华人会选举董委的方式　纯
日本大检举共产党　文

宁案的外交　松　子
关于劳资争议处理法草案之商榷　胡养恒
自然科学的基础观念——物质　西　林
批评的批评　前　锋
日本闲话（三）　西　滢
警治

小　说

旧梦（八）　懋　琳
——到世界上之一——

第7卷　第176期
1928年4月21日出版

时事短评

全国应一致奋起反抗日本出兵　实
北伐胜利中后方的义务　文
现在是严重的时候　华

关于国民党的批评的批评　前　锋
中美日无线电交涉问题　陈登皞
游新都的感想　袁昌英

小　说

旧梦（九）　懋　琳
——到世界上之一——

通　信

河南的见闻　以　义

废除台伏问题　王愫维

第7卷　第177期
1928年4月28日出版

时事短评
北伐的胜利　华
关于劳资争议处理法　沛

日本出兵与我们的抵制手段
松　子
怎样才能增进社会对于法官的信抑
罗重民
物质之本原　德

小　说
旧梦（十）　懋　琳
——到世界上之一——
往何处去（一）　胡也频
书　评
《国际关系》（勃尔著）　张维桢
通　信
关于《新贵州》的一个辨白
王守衡

第7卷　第178期
1928年5月5日出版

时事短评
日本出兵与国耻纪念　华
五月初的纪念日　纯

今后的外交　松　子
中国兵工厂的现状　胡庶华
小　说
旧梦（十一）　懋　琳
——到世界上之一——
往何处去（一）　胡也频
书　评
《公众和他的问题》（美、杜威著）
刘国钧
通　信
越南华侨的困苦
——致《现代评论》记者
林仲平

第7卷　第179期
1928年5月12日出版

时事短评
北伐即反日　华
田中内阁的寿命延长　文
法国总选举　皓

应付济南事变的方针　山　木
财政上的防腐方法　杨端六
戏　剧
前方战士（独幕剧）　袁昌英
小　说
旧梦（十二）　懋　琳
——到世界上之一——
往何处去（二）　胡也频

第7卷　第180期
1928年5月19日出版

时事短评
今日对日的方略　纯
全国教育会议　文

济案的观察和应付的方法　一　鸣
中日间的人口问题　陈登皞
再论《孔雀东南飞》
——致胡适先生　张为骐
小　说
旧梦（十三）　懋　琳
——到世界上之一——
往何处去（三）　胡也频
通　信
关于《新贵州》的又一封信　黄齐生

第7卷　第181期
1928年5月26日出版

时事短评
对日行动的反正面　实
英国弭战公约　云

山东事件（一）　周鲠生
日本检举共产党事件　王铸时
闲话　涵　庐
小　说
旧梦（十四）　懋　琳
——到世界上之一——
那个大学生（一）　胡也频
诗
战歌　育　熙

第7卷　第182期
1928年6月2日出版

时事短评
中国对日本觉书的答复　华
上海法租界内的自由　松

革命外交的航线　梁鋆立
美国的司法行政和法院编制　罗重民
论《孔雀东南飞》　伍受真
小　说
旧梦（十五）　懋　琳
——到世界上之一——
那个大学生（二）　胡也频
通　信
现在的对日问题　叶健行

第8卷　第183期
1928年6月9日出版

时事短评
京津的善后问题　华
张作霖的死　实

山东事件的外交　松　子
对日（一）　陆昌龄
日本之国名与族名考　琛　甫

闲话　南　陔
官僚化的中国政治
时间同人开的玩笑（一）
梅立克著　西　滢译
小　说
旧梦（十六）　懋　琳
——到世界上之一——
诗
自理曲　育　熙

第7卷　第184期
1928年6月16日出版

时事短评
北京的公使团与国民政府　召
张作霖真死了吗　仲

北京克复后的外交问题　梁鋆立
日本对满洲的阴谋　孙　芳
对日（二）　陆昌龄
小　说
济南城上　杨振声
诗
断魂零语　杨熙时
通　信
敬告山东人　周钟岐

第3周年增刊
1928年6月16至23日出版

论　述
国民政府的国际地位　周鲠生
贤明政府的立脚点　平　心
婚姻的制度问题　燕树棠
关于宫厅会计的几个问题　杨端六
中国劳动运动　樊　弘
废止中国字，用拼音文字　彭学沛
中国的新教育　庄泽宣
广州大火下的日记　振　声
菩提达摩　胡　适
——中国中古哲学的一章——
文　艺
法国近十年的戏剧新运动　袁昌英
中国音乐与日本音乐之关系
欧阳予倩
戏　剧
她们的他　凌叔华
小　说
巴黎的判决　梅立克著　西　滢译
诗
絮絮　甲　辰
文亚峡　哈底著　徐志摩译
心灵象芦苇　金　发

第7卷　第185期
1928年6月23日出版

时事短评
西南各省的建设事业　端
大学名称与大学区制　实

北京下了以后（一）　松　子
一个外交系统上的问题　梁鋆立
对日（三）　陆昌龄

日本海员空前的大罢工　仲　常
时间同人开的玩笑（二）
梅立克著　西　滢译

诗

流水的旁边　王佐才

第8卷　第186期
1928年6月30日出版

时事短评

目前的两大问题　文
经济会议　实

北京下了以后（二）　松　子
物质建设中的广西　前　锋
日本的对满政策与中国统一的前途
杨云竹

小　说

河花池头（一）　刘开渠

时间同人开的玩笑（三）
梅立克著　西　滢译

通　信

上海临时法院的易长问题
梁鋆立

第8卷　第187期
1928年7月7日出版

时事短评

财政会议　实
英国对华的顽固政策　仲
美国的总统选举运动　云

粮食问题　征　蓬
目的与方法　孟　和

小　说

“拿破仑将军”　范　澍
旧梦（十七）　懋　琳
——到世界上之一——
荷花池头（二）　刘开渠

夏夜　王佐才

第8卷　第188期
1928年7月14日出版

时事短评

外部废约宣言与中日商约　云
教育经费独立的保障　端

财政会议的经过　杨端六
裁兵容易裁官难　平　心

戏　剧

绅士的请客（二幕剧）
胡也频

小　说

旧梦（十八）　懋　琳
——到世界上之一——
玫瑰　王佐才

第8卷　第189期
1928年7月21日出版

时事短评

杨增新的死　实
国货银行　端

中日商约的问题　云　松
暹罗废除不平等条约的经过　松　子
威尔士的新民治主义论（一）　王慎明
闲话（一则）　东　施

戏　剧

绅士的请客（二）　胡也频

小　说

旧梦（十九）　懋　琳
——到世界上之一——

第8卷　第190期
1928年7月28日出版

时事短评

对日交涉与对日贸易　端

对于第五次执监大会的希望　吾　言
私生子待遇改良的最近立法例　罗重民
威尔士的新民治主义论（二）　王慎明

小　说

海岸边　胡也频
旧梦（二十）　懋　琳
——到世界上之一——

第8卷　第191期
1928年8月3日出版

时事短评

第五次中央全会开幕　文
五中会议的议场秩序　核
英日对废约态度　松

中美签订关税新约的意义　梁鋆立
军人失业问题　胡铁岩
闲话（一则）　平　心

小　说

这个故事可不成　梅立克著　西　滢译
旧梦（二一）　懋　琳
——到世界上之一——

通　信

学生军问题　曾纪桐

第8卷　第192期
1928年8月11日出版

时事短评

第五次全会的工作　文
五次全会与财政整理案　端
日本的政党与对华政策　纯

国防与北防　仲揆
日本压迫社会运动之严厉（一）　仲常
大学的考试问题　孙宝墀
小　说
旧梦（二二）　懋琳
——到世界上之一
危城之别　杨熙时
诗
甲板上　育熙
通　信
解决四川问题的一个办法　周开庆

第8卷　第193期
1928年8月18日出版

时事短评
首都的民生问题　召
关税自主与总税务司　实
中央宁案协定　松子
日本压迫社会运动之严厉（二）　仲常
物质之本原（二）（续第一七七期）　德
闲话（一则）　东施
游　记
登富士山　凌淑华
小　说
旧梦（二三）　懋琳
——到世界上之一——
诗
水车之前　育熙

第8卷　第194期
1928年8月25日出版

时事短评
日本阴谋与外蒙内犯　召
伦敦的社会科学奖励设备　文
改革汉字的一个提议　杨端六
诗的实质与形式　孟实
物质之本原（三）　德
游　记
登富士山（二）　凌淑华
小　说
旧梦（二四）　懋琳
——到世界上之一——

第8卷　第195期
1928年9月1日出版

时事短评
对日废约的第二次照会　云
对外关系的新纪元（一）　松子
物质之本原（四）　德
诗的实质与形式（二）　孟实
小　说
一件事
〔俄〕契诃夫著　凌淑华译

诗

也不知是那一位画师的杰作 育 熙

第 8 卷 第 196 期
1928 年 9 月 8 日出版

时事短评

时局与领袖的团结 文

上海临时法院改革问题 卧 白
法国的新国籍法 梁鋆立
商业式的学校 象 山

小 说

一件事（二） 凌叔华
旧梦（二五） 懋 琳
——到世界上之一——

第 8 卷 第 197 期
1928 年 9 月 15 日出版

时事短评

现在还不是一个可以乐观的局面 实

中国在国际联盟之理事地位 松
法国外长掀起风波 云

对外关系的新纪元（二） 松 子
司法院和司法行政的统属问题 罗重民
中国铁矿问题 一 止

小 说

生命 宛 约
旧梦（二六） 懋 琳
——到世界上之一——

第 8 卷 第 198 期
1928 年 9 月 22 日出版

时事短评

莱茵撤兵谈判 松

实行分工合作的具体办法 杨端六
中美中德新约中的内国待遇条款 彭学沛
我国在联盟落选的意义 云 松

小 说

避难 岑麒祥
旧梦（二七） 懋 琳
——到世界上之一——

通 信

交通大学的改组问题 孙宝墀

第 8 卷 第 199 期
1928 年 9 月 29 日出版

时事短评

国民政府的组织问题 纯
中德新约不批准吗？ 松
中意宁案解决 文
日本把满蒙当殖民地 纯

立法权的行使与立法院 钱端升

非战公约（上） 周鲠生

戏 剧

时间是梦幻

H.R.Lenormand 著 袁昌英译

小 说

毁灭 胡也频

旧梦（二八） 懋 琳

——到世界上之一——

第 8 卷 第 200 期

1928 年 10 月 6 日出版

时事短评

上海邮局罢工 实

国术运动 于

建设的开始问题（二） 梁云松

非战公约（下） 周鲠生

英国实业团对华投资吗 云 松

戏 剧

时间是梦幻（二）

H.R.Lenormand 著 袁昌英译

特 载

中华民国国民政府组织法

训政纲领

第 8 卷 第 201 期

1928 年 10 月 13 日出版

时事短评

中日交涉的方针 文

所望于新国民政府者 松 子

国府的承认问题 梁云松

戏 剧

时间是梦幻（三）

H.R.Lenormand 著

袁昌英译

诗

译诗二首 林文铮译

（一）妖魔（波德莱尔作）

（二）肖象（波德莱尔作）

（均译自《恶之华》集）

第 8 卷 第 202 期

1928 年 10 月 20 日出版

时事短评

兼差兼薪和舞弊中饱 发

外交代表的任用问题 云 松

最近十年中外贸易变迁的大势

杨端六

非战公约的实效 松 子

戏 剧

时间是幻梦（四）

H.R.Lenormand 著

袁昌英译

诗

西精娜（SiSina）

波德莱尔作 林文铮译

（选自《亚之华》集）

第8卷　第203期
1928年10月27日出版

时事短评

中日谈判开始　云

英法海军协定　松　子
中央银行的使命　资耀华
化学之应用　德

戏　剧

时间是幻梦（五）
H.R.Lenormand著　袁昌英译

第8卷　第204期
1928年11月4日出版

时事短评

白崇禧军移驻新疆说　文

全国代表大会选举问题　彭学沛
塘吉尔问题与四国协定　松　子
《楚辞·九歌》与中国古代河神祭典的关系　雪林女士

第8卷　第205期
1928年11月11日出版

时事短评

中日谈判停顿　卧
中那关税条约　樵
上海烟土案的责任问题　实
平均地权的方法　王世杰
修约的外交方针　一　松
塘吉尔的混合裁判所　松　子
《楚辞·九歌》与古代河神祭典（二）　雪林女士

诗

寄——　育　熙

通　信

希望改景山为北大学校园　悯　仁

第8卷　第206期
第207期第208期合期
1928年12月22日出版

时事短评

英国同盟说　文

党治与法制　彭学沛
监务稽核制度的变更与善后五厘金币借款　白　一
日本无产政党合同运动的进展　王铸时
文以载道的问题　雪　林
《楚辞·九歌》与古代河神祭典（三）　雪林女士

诗

镇静剂
〔法〕玛利·罗兰（Marie Laurencin）作　马特译

第 9 卷　第 209 期
1928 年 12 月 29 日出版

时事短评

关税交涉与日债　纯
对于中比中义两约之商榷　周鲠生
经济界变动的预知法　资耀华

戏　剧

结婚前的一吻（独幕剧）　袁昌英

诗

小诗三篇　马　特
一、诀别
二、罗列
三、旗

特　载

中比通商条约全文
——尚未经国府批准——

27 支那二月

简 介

《支那二月》，文学月刊，一九二五年雨水节（二月十八日）创于上海，应修人主编，湖畔诗社出版发行，十六开本，横排，每期八至十二页。一九二五年五月出至第一卷第四期终刊。

《支那二月》是湖畔诗社创办的同人刊物，但编者在创刊号上就表示欢迎其他青年作者投稿，而对“很红很红的‘名人’”却声明“毋劳枉驾”，因而它实际上是一群文学青年的创作园地。

该刊主要发表新诗，也有少量小说和散文。诗歌多是歌咏爱情和歌唱大自然的小诗。主要撰稿者有应修人、潘训（谟华）、汪静之、冯雪峰、谢旦如、魏金枝等。他们被朱自清称为“五四”以来“真正专心致志做情诗的”年轻诗人，他们的作品在大胆真诚地表现青年爱情心理上显示了共同的特色，但风格又自不同，例如冯雪峰的明快，汪静之的天真，潘漠华“最是凄苦，不胜掩抑之致”（《中国新文学大系·诗集导言》），应修人在对爱情的咏唱当中常常带出一点愤激之音。

目 录

第 1 卷 第 1 期
1925 年雨水节出版*

虚无（诗） 若 伽
灰色的手帕（诗） 修 人
初春（诗） 且 如
无题曲（诗） 汪静之
一段难堪的归程（诗） 若 伽
九月（诗） 马萧萧
听泪（诗） 汪静之
原火（诗） 雪 峰
那时候（诗） 修 人
金华府南一个草湖内（诗） 若 伽
不曾用过（诗） 汪静之
问卜（诗） 且 如
归后（诗） 漠 华
一间（诗） 且 如
殒星（诗） 修 人
白鸥的哀声（散文） 田 言
除夕通信（散文） 训
致读者 本社同人

第 1 卷 第 2 期
1925 年 3 月春分日出版**

淡淡的名字（诗） 山 半
桃林歌（诗） 绿
祭六弟（诗） 公 垂
志梦（诗） 若 伽
村野的花（诗） 且 如
松林里（诗） 山 半
小妹妹（诗） 沐赓祚
摘梅子（诗） 绿
一对乞丐的死（诗） 汪静之
吴淞夜游（诗） 且 如
若情（诗） 且 如
遗坟（诗） 若 伽
湖上的夜（诗） 漠 华
雪夜（诗） 修 人
逝了（诗） 若 伽
茶时候（诗） 修 人
湖水和小鱼（诗） 汪静之
沉郁的乡思（小说） 魏金枝
爱的破灭（散文） 建 南
三月十二夜（散文） 修 人

第 1 卷 第 3 期
1925 年 4 月谷雨日出版***

裴君遗函（书信摘录） 智
赠歌者阿环（诗） 笑 山
做人家的妻了（诗） 何植三
梦醒（诗） 智
不如饮酒（诗） 尼 庸
在我这巷里（小说） 潘 训

* 即一九二五年二月十八日出版。

** 即一九二五年三月二十日出版。

*** 即一九二五年四月九日出版。

东浦摄养杂诗（诗） 魏金枝
“也是个这样暮春落日的时光”
“前江远远地隐隐地流过的布帆”
“因为梅子似酒”
“远远地有农夫叱牛之声”
“听到阿苍关门的声音”
“从狭狭的垅上走过”
“匆匆的归程”
“削光田边的草”
狱中诗（诗） 魏金枝
清明日（诗） 魏金枝

第1卷 第4期

1925年5月出版*

柳影（小说） 画室
海滨夜步（诗） 马萧萧
离杭之次夕
——呈川君（诗） 马萧萧
酒后（诗） 且如
黄浦江边（诗） 修人
小狗的问题（小说） 魏金枝
不留名字的爱我者（杂文） Siujen

* 原刊没标明具体出版日期。

28 猛　进

简　介

《猛进》，周刊。北京大学师生创办的综合性刊物。一九二五年三月六日创刊，一九二六年三月十九日终刊，共出版五十三期。刊物未署编者和出版者，实际第一至二十五期由哲学系教授徐炳昶（笔名虚生）主编，第二十六至五十三期由法文系教授李宗桐（李玄伯）主编，以“猛进社”名义出版，十六开本。

《猛进》周刊以抨击时政为主，兼及文学创作和文学研究。主要撰稿人多为北京大学师生，有徐炳昶、李玄伯、张定璜、张奚若、许斋、润章、健攻等。该刊明确反对只谈艺术、不问政治的错误倾向，一九二五年六月份，连续编出三期“沪案特刊”，并发表《猛进社同人对于英日惨杀同胞案特别宣言》，报道并坚决声援上海的“五卅”运动，同年，还发表《猛进社对于现在时局的主张》，要求解散段祺瑞政府。《猛进》在反帝反封建斗争中的勇敢态度，在当时的社会上很有影响，鲁迅曾对它评价说：“《猛进》很勇，而论一时的现象的文字太多。”（《两地书·第一集北京之八》）

《猛进》周刊每期都有少量文艺作品，也发表一些考证铨释古典文学作品的学术性文章。《猛进》周刊得到革命和进步人士的撰稿支持，鲁迅曾为它多次撰稿，如《并非闲话》、《十四年的读经》等，蒋光慈也曾为它写过不少诗歌和短评。此外，还有沈考研、欧阳兰、王森然、朱湘、冯沅君、刘半农、晦鸣、董彦唐、谷凤田、习习等人的新诗和小说。

目　录

第 1 期
1925 年 3 月 6 日出版

难道这就是革命的平民政府么？ 徐炳昶
善后会议与河南问题 玄
以各省士民自居的遗老 许　斋
上海日商纱厂的罢工 玄
这有什么办法呢 徐炳昶
北京的市政 许　斋
Enthousiasme 应该译成什么字呢 虚　生
无题 张定璜
老生常谈（一） 虚　生

第 2 期
1925 年 3 月 13 日出版

哭孙中山先生
善后会议中的海外奇谈 润　章
我国谈政治者必须认清的几件事 徐炳昶
中国现今之国际地位及其应采之外交方针 毅　夫
老生常谈（二、三、四） 虚　生
微辞 霆

第 3 期
1925 年 3 月 20 日出版

时事短评
一、执政府粉饰太平 润　章
二、废督裁兵的前途 润　章
三、我们应该怎样对付王九龄？ 虚　生
四、行政机关是为何而设的？ 许　斋
五、善后会议 李玄伯
六、是谁之过欤？ 李玄伯

我亦一讲中山先生 稚　晖
驳宝道 G.Padoux 主张金佛郎之五种理由 毅　夫
自卫团与新国民军的组织 徐炳昶
纪念中山先生和革命 李玄伯

通讯 鲁　迅　徐炳昶

第 4 期
1925 年 3 月 27 日出版

时事短评
一、中山先生及中央公园 海　帆
二、闷葫芦里的人几个猜想 炳　父
三、善后会议的前途 润
四、教授？无赖？ 禾　玉
五、古国的古物 李玄伯

我意中的孙中山先生 徐炳昶
波多尼先生故事 张定璜
读吴承恩《射阳文存》 胡适
驳宝道 G.Padoux 主张金佛郎之五种理由（续） 毅夫
自卫团与新国民军的组织（续） 徐炳昶

通讯 冯文炳 徐炳昶

第 5 期
1925 年 4 月 3 日出版

时事短评
一、你们急着解决金佛郎案是为什么的？ 徐炳昶
二、真快图穷而匕首见么？ 虚生
三、言论自由与记者责任 伯轩

孙中山 林玉堂
驳宝道 G.Padoux 主张金佛郎之五种理由（续） 毅夫
绕室旅行记
Xaviarde Maister 作 宋春舫译
老生常谈（五） 虚生

通讯 鲁迅 徐炳昶

第 6 期
1925 年 4 月 10 日出版

时事短评
一、袁世凯的遗策 许斋
二、日本对于中国的文化侵略 润章
三、虚生再谈谈北京的市政 许斋
四、陵和殡宫 仲益

执政府与刘镇华到底有什么特别关系？ 张奚若
平政院与遗老院 子昇
绕室旅行记（续）
Xaviarde Maister 作 宋春舫译
莎士比亚问题之一个解决 虚生

通讯 P.H.

第 7 期
1925 年 4 月 17 日出版

时事短评
一、国民太不觉悟了！ 李玄伯
二、对于东南大学风潮的预测 虚生
三、留学生竟能这样的请愿 润章

告溥仪 炳父
通俗小日报者所应注意的几件事情

徐炳昶

葛德略传　杨丙辰

嚣俄的童年　李玄伯

通讯　刘奇　徐炳昶

第 8 期

1925 年 4 月 25 日出版

时事短评

一、临时参政院！　许　斋

二、东大校长问题　润　章

三、这真是中国人的公园　虚　生

论命运　徐炳昶

法国阁潮的里面　谷源增

《红楼梦》的地点问题　李玄伯

微辞（二）　霆

通讯　韵　石　徐炳昶　K.W

第 9 期

1925 年 5 月 1 日出版

时事短评

一、是不是应该想另外的一个法子呢？　虚　生

二、人民之意与政府之意　润　章

三、国外的宣传太缺少了！　许　斋

庚于赔款的中法新协定　毅　夫

我们应当欢迎蒙古人　坚　铭

与胡适之先生论《三侠五义》书　李玄泊

瞎说　子昇

Gentleman 和 Gentil 的分别——兼致钱玄同先生　徐炳昶

通讯　翟韶武

第 10 期

1925 年 5 月 8 日出版

时事短评

一、五四的热狂哪里去　李玄伯

二、筹设中山图书室之提议　虚　生

三、德国总统选举的结果　李玄伯

乱谈几句　稚　晖

中国何之？　仲　瑚

陆谟克的少年时代　肖子昇

通讯　周作人　胡崇轩　徐炳昶

第 11 期

1925 年 5 月 15 日出版

时事短评

一、对于今年“五七”学潮的感想　虚　生

二、形形色色　水　音
三、不恤我后的市政　玄　伯

答尉代一先生　李玄伯
中国何之？（续）　仲　瑚
瞎说（续）　子　昇
郑塘的故事　燕　堂

通讯　无　如　毅　尉代一

第 12 期
1925 年 5 月 22 日出版

时事短评
一、学潮后的感言　虚　生
二、雅片风潮　炳　父
三、中华民国到底有多少国民？　许　斋

日本的识者和浪人　张定璜
中国何之？（续二）　仲　瑚
翁方纲与墨子　胡　适
再论《红楼梦》及其地点　李玄伯

通讯　李渭滨　徐炳昶

第 13 期
1925 年 5 月 29 日出版

时事短评
一、这真是中国人的政府　虚　生
二、对于女师大风潮的感想　虚　生
三、单牌楼与“陈师傅”　许　斋

中国何之？（续完）　仲　瑚
老生常谈（六、七）　虚　生

通讯
“五七”学潮之我见　张奚若

书后　徐炳昶

第 14 期
1925 年 6 月 5 日出版

时事短评
一、国人对于此次上海工学界大风潮所应取底态度　虚　生
二、难道说又要复辟么　许　斋
三、阔人的市政　群

大学教授的责任　彭基相*
中国贫困之几原因　刘文显
法国现代戏曲的派别　宋春舫
葛特（J.W.V.Goethe）和德国的文学　杨丙辰
通讯
到军队去　一　峰

* 原刊目录作“价”，正文作“相”，从正文。

第 15 期
1925 年 6 月 12 日出版

本社记事　本　社
猛进社同人对于英日惨杀同胞案特别宣言　本社同人
国人对于英日惨杀同胞案所急应该知道的两件事　徐炳昶
关于沪案亟应猛进的两点　肖子昇
诗
血花缤纷
——悲悼沪案牺牲者　欧阳兰
中国贫困之几原因（续）　刘文显
葛特（J.W.V.Goethe）和德国的文学（续一）　杨丙辰

沪案特刊第 1 号
1925 年 6 月 15 日出版

猛进社同人对于英日惨杀同胞案第二次宣言　本社同人
告日本人　徐炳昶
两个复文与两个宣言　润　章
打倒帝国主义的欧美同学会　方　寸
通讯　蔡　震　肖子昇

第 16 期
1925 年 6 月 19 日出版

本社记事　本　社
时事短评
一、国民当如何惩戒梁启超顾维钧等呢？　李玄伯
二、经济绝交之一重要方面　季　芳
今后救国急应采取的四大方针　林语堂
筹款援助上海罢工同胞应注意之几点　徐宝璜
In Memoriam C 一　张定璜
葛特（J.W.V.Goethe）和德国的文学（续二）　杨丙辰

沪案特刊第 2 号
1925 年 6 月 23 日出版

驳梁丁两先生“会审”或“会查”的主张　仲　瑚
随感录（四则）　虚　生
各将领复本社电

第 17 期
1925 年 6 月 27 日出版

时事短评
一、我们所应守的态度

虚　生
二、全国人要注意政治对于沪案的举动　润　章

葛特（J.W.V.Goethe）和德国的文学（续完）　杨丙辰
郑唐的故事的改正和补充
白头书生
郑塘的故事　燕　堂
来件：
究竟怎么样？？？　苏爱吾

书后　徐炳昶

沪案特刊第3号
1925年6月30日出版

沪汉事变之交涉方法　戴修骏
辟梁启超等之惑众妖言　叶风虎
随感录（四则）　虚　生

各将领复本社电

第18期
1925年7月3日出版

时事短评

一、对外耶？对内耶？　李玄伯
二、袁许呢？徐赵呢？　徐炳昶
三、见缝就钻　虚　生
排英！排英！经济绝交!!战!!!战!!!　徐炳昶
惩戒英日暴行的大概办法
云　心
推论上海事变之结果　天　倪
老太太的生活费　燕　堂

第19期
1925年7月10日出版

时事短评

一、国民现在急应认清的一点
徐炳昶
二、打！　李玄伯
三、我们应该有正眼看各方面的勇气　虚　生

现在的外交当局能实行民意么
李玄伯
一致对外　炳　父
读书漫录一则　虚　生
郑塘的故事　狂　生

诗

无定河的悲歌　王森然
心儿何时暴裂？　王森然
炸弹的魂　王森然

通　讯

再说儿句废话　尉代一
再找缝钻　孜　研

第 20 期
1925 年 7 月 17 日出版

时事短评

一、我国的知识阶级真太不负责任了！　徐炳昶
二、呜呼，外交委员会的主张　李玄伯
三、广东对英日的态度　李玄伯

开会！全城大讲演！　虚生
三段故事　长虹

诗

归来　王森然
明日的早晨　王森然
杀！杀！杀！　王森然
赤血铸成的炮弹　王森然
还是不逃走哟　王森然

社会学法文重要书籍　肖子昇

通讯　少亮　徐炳昶

第 21 期
1925 年 7 月 24 日出版

时事短评

一、对于十八日天安门国民大会的感言　徐炳昶
二、行若无事，若无事行！　沈孜研

国民应该怎样去监督外交当局呢？　毅夫
老生常谈（八、九）　虚生
请愿　品青

社会学法文重要书籍（续一）　肖子昇

第 22 期
1925 年 7 月 31 日出版

时事短评

一、国民将何以自处呢？　虚生
二、我国外交当局是死的呢？还是活的呢？　虚生

五卅案的结束，到底专对英乎？抑或兼对英日乎？　褚民谊
《儿女英雄传》作者文康的家世　李玄伯
一段小校勘　建功

通讯　陈文　徐炳昶

第 23 期
1925 年 8 月 7 日出版

时事短评

一、交涉不能抛开日本　李玄伯
二、政客式的教育家　虚生
三、今后国民应取的步骤　沈孜研
四、警察厅又想卖房子么　许斋

实行新学制后我国中等教育的观察 彭基相
老生常谈（十） 虚 生
游惰的灵魂 劣 者
孙先生悼词 朱 湘

社会学法文重要书籍（续二） 肖子昇

第 24 期
1925 年 8 月 14 日出版

时事短评
一、呜呼！中华民国之第一次驻俄全权大使！ 兼 士
二、清华招生揭晓的通启 润 章
三、我们应该怎样对付章士钊呢? 旭 生

答一峰君书并比较自卫团与民兵的利弊 徐炳昶
礼部文件：催生 江绍原
方腊始末考 李玄伯

第 25 期
1925 年 8 月 21 日出版

时事短评
一、对于章士钊及其党徒的感言 虚 生
二、他们是我们的同胞么? 哀 兮

答一峰君书并比较自卫团与民兵的利弊（续） 徐炳昶
方腊始末考（续） 李玄伯
贺鲁迅先生 魏建功
欠通 公 苌
可爱 公 苌

通讯
追悼一个大学——河北大学 梦 狼

第 26 期
1925 年 8 月 28 日出版

时事短评
一、原来如此！ 沈孜研
二、号称论理家之新伦理 炳 父
三、所谓“学校转入政潮” 金 源
四、这就是政府的政略！ 沈孜研
五、北大的评议员 金 源
六、胡适与感情 金 源

再论礼教问题 徐炳昶
中元甲子与正阳门前两个小庙的一个截搭题 兼 士
一切都黑暗了 尚 钺
生活与希望 尚 钺

社会学法文重要书籍（续三） 肖子昇

通讯　　疑古　玄同　徐炳昶

来　件

上海总商会对内之功绩　雁　阵

第27期

1925年9月4日出版

时事短评

一、复辟与贿选　健　攻

二、学术救国　健　攻

一个总长的周报　水　音

再论礼教问题（续一）　徐炳昶

奉军逮捕民报记者事件　晦

社会学法文重要书目　肖子昇

通讯　光　人

第28期

1925年9月11日出版

时事短评

一、我们能坐待宰割么？　虚　生

二、狐祟　公　苌

再论孔教问题（续二）　徐炳昶

乡村琐语　彭基相

诗

北京　蒋光慈

水浒故事的演变　李玄伯

社会学法文重要书籍（续四）　肖子昇

通讯

论北京　李翔梧

第29期

1925年9月18日出版

时事短评

一、可怪！可怕！　虚　生

二、枪声又起了　潘

三、威风与学风　哲　刚

忙话　晦　鸣

水浒故事的演变（续）　李玄伯

我要回到上海去　蒋光赤

通讯　曾　琦　怀　英

第30期

1925年9月25日出版

时事短评

一、国人对于关税会议所应持的态度　虚　生

二、呜呼这就是政府的袖里机关！　沈孜研

并非闲话　鲁　迅

糊涂帐　公　苌

再论理教问题（续三） 徐炳昶
直挺挺的 尚 钱

社会学法文重要书籍（续五）
肖子昇

第31期
1925年10月2日出版

时事短评

这算什么手段? 沈孜研

答燕召亭先生书 徐炳昶
书旭生答燕召亭先生书后兼答蔚麟先生 李玄伯
无聊的话 水 音
追匪失踪 沈孜研
静夜的虚惊 金仲芸

通讯 燕召亭 蔚 麟

第32期
1925年10月9日出版

时事短评

一、对于沪案的痛言 虚 生
二、金佛郎案 水 音

一鼻孔的人有两张嘴 稚 晖
再论孔教问题（续完） 徐炳昶
道德问题 王耘庄

诗

秋日的玫瑰 沅 君
海上秋风歌 蒋光赤

通讯 刘 平

第33期
1925年10月16日出版

时事短评

一、章士钊的气概果能用到末日才完么? 虚 生
二、花样翻新的陈军文告 雄 剑

政府对于教育之不职与教育界之责任 仲 逵
道德问题 王耘庄
《水浒传》七十回古本问题 文 华
京官的统计 晦 鸣

第34期
1925年10月23日出版

时事短评

一、钱玄同先生所提的第二个国庆日 润 章
二、谬论 水 音
三、对于此次战争我们所应该知道的事和应该守的态度 虚 生

什么是文化的进步 陈启修
《水浒传》七十回古本问题（续）

文　华
无病之病　黄鹏基

第35期
1925年10月30日出版

时事短评
一、关税会议　玄　伯
二、"十月二十六"的真义　许　斋

道德问题（续一）　王耘庄
理性与本能之比较　肖　拔
一个紧急的动议　张目寒
通讯
孙中山、哥德与费希特　民　治

第36期
1925年11月6日出版

时事短评
读经！　李玄伯

对于时局的希望——战争？和平？　沈孜研
道德问题（续二）　王耘庄
诗
一、地中海　半　农
二、苏彝士运河　半　农
三、Minikoi岛　半　农
四、哥伦坡港中　半　农
五、西贡　半　农

手臂上的鹰　黄鹏基

第37期
1925年11月13日出版

时事短评
一、卑经　虚　生
二、军阀万岁！军阀皇恩无极　沈孜研
三、读经与封神　润　章

道德问题（续三）　王耘庄
走去　尚　钺
将战　谷凤田
猛进队中小卒的自由　雄　剑

通讯
豫民生活的一斑　沈孜研

第38期
1925年11月20日出版

时事短评
一、还不解散关税会议！　李玄伯
二、考古与外人　李玄伯

道德问题（续四）　王耘庄
王瞎子的妻　朋　其
诗
我们所爱者一定在那里！　光　赤

京官的统计（续）　晦　明

通讯
谈谈故乡的异闻　雄　剑

第39期
1925年11月27日出版

时事短评
一、将来是我们的　虚　生
二、段祺瑞与曹锟　霆

十四年的读经　鲁　迅
道德问题（续五）　王耘庄
天国与地狱　朋　其

第40期
1925年12月4日出版

猛进社对于现在时间的主张　本　社
时事短评
一、注意日人在奉的行动　李玄伯
二、郭松龄还痛快　沈孜研

道德问题（续六）　王耘庄
朋友　谷凤田
一条曲线　朋　其

第41期
1925年12月11日出版

时事短评
一、速组织国民裁判法庭　李玄伯
二、恋栈的段祺瑞　卓　勋
三、促成真正的国民会议！　雄　剑

道德问题（续七）　王耘庄

战线下　谷凤田

北河沿泥泞的道上（诗）　沈孜研

通讯
《晨报》的被毁　周杰人
讨论　杜占真

第42期
1925年12月18日出版

时事短评
一、国民应该力争三海的开放　林语堂
二、北京市政的改良　李玄伯

道德问题（续八）　王耘庄

蛮花娘的故事　沈孜研
七马路上　谷凤田

第43期
1925年12月25日出版

时事短评
一、所谓不助内乱者知此！

李玄伯
二、王正廷可休矣 卓 勋

道德问题（续九） 王耘庄
溃兵 凤 田

我对于道尔顿制的意见 彭基相

小诗三首 半 农
假使我是一颗炸弹 谷凤田

第44期
1926年1月8日出版

时事短评

一、政府还不把日本公使送出境外么？ 虚 生
二、实行对日绝交！ 李玄伯
三、再论组织国民要犯法庭审判 徐炳昶
四、对于郭松龄的感想 虚 生
五、法律的圈套 健 攻
六、民国十四年的回顾 徐炳昶
七、“闲话” 今 刚
八、民众与武力 健 攻

碎话 鲁 迅
释勒略传（Friedrith Schiller） 杨炳辰

第45期
1926年1月15日出版

时事短评

一、问言法统者 徐炳昶
二、左右 今 刚
三、关的什么 今 刚

左拉……原来住在吉祥胡同 祝明三
道德问题（续完） 王耘庄

社会学法文书目（续六） 肖子昇

短兵 霆
两样的心 谷凤田

第46期
1926年1月22日出版

时事短评

一、学术的治外法权 今 刚
二、国人怎样对付胡子呢？ 沈孜研

老生常谈（十一） 虚 生
《强盗》的译者自序 杨丙辰

诗

过瑞士殊丽泽湖 晦 鸣
教堂 晦 鸣
怀沙 晦 鸣

谈谈对内对外与民族思想　张目寒
灵与肉　谷风田

第 47 期
1926 年 1 月 29 日出版

时事短评
一、何不速驱走段祺瑞呢？　李玄伯
二、无聊的话　水　音

社会哲学与教育学　肖子昇
老生常谈（十二）　虚　生
小诗（七首）　董彦唐
捷报　谷风田
读了《穷江的穷谈》之闲话　蒋光赤
——致郭沫若先生的一封信

第 48 期
1926 年 2 月 5 日出版

时事短评
这还算有是非之心ㄇㄛ（么）？　虚　生
一件小事　今　刚
“国骂”　健　攻
论　文
社会哲学与教育学（一续）　肖子昇
小　说
疤
——良心之一一　谷风田
剧　本
ㄛ—ㄉ—ㄆ×ㄙ王（Oedipe roi）
Sophocies 著　Lonis Humbere 译
虚生转译
散　文
西山纪游　彭基相

第 49 期
1926 年 2 月 10 日出版

时事短评
是否应该打倒帝国主义？　虚　生
我们怎样应付这样的实局广一（呢）？　虚　生
新闻营业的新条例　水　音
日报的放假　润　章
剧　本
ㄛ—ㄉ—ㄆ×ㄙ王（Oedipe roi）（续一）
Sophocies 著　Louis Humbert 译
虚生转译
诗　歌
军歌新拟　沈孜研
小　说
疯人的疯话
——良心之一二　谷风田
散　文
西山纪游（续）　彭基相

第50期
1926年2月26日出版

时事短评

还不赶紧收回海关管理权吗？ 仲逵
对于税务司封锁广州港口的几句话 虚生
"对待判断" 今刚
离奇的优恤令 润章
党和公道 今刚

杂文

老生常谈（一三） 虚生
肖耀南的死 健攻

剧本

ㄛ—ㄉ—ㄆ×ㄙ王（Oedipe roi）（续二）
Sophocies著 Louis Humbert译
虚生转译

小杂感（四则） 李玄伯

写给朋友们 低能儿寄南

第51期
1926年3月5日出版

时事短评

建国的意志 虚生
伸直你的腰来！ 今刚
对于国民党中左派右派的几句批评 虚生
不可解 许斋

小说

飞动的白巾 春芝

剧本

ㄛ—ㄉ—ㄆ×ㄙ王（Oedipe roi）（续三）
Sophocies著 Louis Humbert译
虚生转译

少女的惨曲
——良心之一三 习习

第52期
1926年3月12日出版

时事短评

要注意关税会议 润章
现在尚讲孔教！ 李玄伯

杂文

老生常谈（一四） 虚生
疑古玄同：就几何与论理学书致徐炳昶
徐炳昶：答疑古玄同书

剧本

ㄛ—ㄉ—ㄆ×ㄙ王（oedipe roi）（续四）
Sophocies著 Louis Humbert译
虚生转译

招兵 习习

诗　歌

我背着手儿在大马路上慢踱　蒋光赤

孙中山先生周年纪念　王森然

自己的事　王森然

第53期

1926年3月19日出版

时事短评

无理取闹之八国通牒　仲　逵

张之江也晓得礼教是什么东西ㄇㄛ（么）?　虚　生

军人与学风　水　音

对于国民军一将领的几句话　虚　生

反串　炳　父

英国部分之庚款问题　谭熙鸿

剧　本

ㄛ一ㄉ一ㄆ×ㄙ王（Oedipe roi）（续五）

Sophocies 著　Louis Humbert 译　虚生转译

小　说

悔

——L.S之一五　习　习

29 莽原（周刊、半月刊）

简 介

《莽原》，文学刊物，初为周刊，后为半月刊。周刊于一九二五年四月二十四日创刊于北京，由鲁迅编辑，附《京报》刊行。同年十一月二十七日停刊，共出版三十二期；一九二六年一月十日复刊，改出半月刊，由北京未名社印行，刊物上署“未名社编辑部”编，实际上初由鲁迅编辑，一九二六年八月鲁迅离京赴厦门，由韦素园接编，未名社出版部印行，一九二七年十二月二十五日出至第二卷第二十三、二十四期合刊号终刊。出版两卷，凡四十八期。周刊、半月刊均为三十二开本。

鲁迅曾说过，“我早就很希望中国的青年站出来，对于中国的社会，文明，都毫无忌惮地加以批评，因此曾编印《莽原》周刊，作为发言之地”（《华盖集·题记》），“中国现今文坛（？）的状况，实在不佳，但究竟做诗及小说者尚有人。最缺少的是‘文明批评’和‘社会批评’，我之以《莽原》起哄，大半也就为了想由此引些新的这一种批评者来，……继续撕去旧社会的假面”（《两地书·第一集·北京之一七》）。鲁迅的这些话既说明了《莽原》的宗旨与编辑方针，也反映了《莽原》注重‘文明批评’与‘社会批评’、注意提携青年作者的特点。

《莽原》主要撰稿人除编者之外，韦丛芜、台静农、李霁野、许钦文、尚钺、景宋等，该刊发表了不少“撕去旧社会的假面”的杂文，鲁迅的《灯下漫笔》、《春末闲谈》、《论‘费厄泼辣’应该缓行》等是其中的优秀代表，收入《朝花夕拾》的回忆散文，均曾以“旧事重提”为总题发表于该刊。在翻译方面，《莽原》着重介绍苏联和日本的文艺理论与作品。在文学创作和评论方面，则如他们在《出版预告》上所说的“率性而言，凭心主论，忠于现实，望彼将来”。

目 录

《莽原》周刊

第1期
1925年4月24日出版

马赛曲
〔俄〕安特莱夫作 霁 野译
绵袍里的世界 长 虹
春末闲谈 冥 昭
门槛 〔俄〕都个涅夫作 素园译
槟榔集 培 良
走向十字街头 有 麟
杂语 鲁 迅

第2期
1925年5月1日出版

赞美和攻击 长 虹
阿列伊
〔俄〕陀斯妥夫斯奇作 丛 芜译
无名的希望 李遇安
什么? C.H
胡景翼先生的遗念（一） 燕 生
灯下漫笔 鲁 迅
绅士与狐 张目寒

第3期
1925年5月8日出版

河上柳 冯文炳
死者 静 农
爱国 上 遂
昨日和明日 有 麟
留学生与专家 兀 君
乱七八糟 非 心
国耻琐谈 张觉民
杂感 鲁 迅

第4期
1925年5月15日出版

永久 长 虹
巨人 〔俄〕安特莱夫作 韦素园译
小小的一个梦 尚 钺
老妇和少年 钦 文
胡景翼先生的遗念（二） 燕 生
答《一夫多妻的新护符》 周建人
驳陈百年教授《一夫多妻的新护符》
章锡琛
忆推士先生 衣 萍
昨晚独步 钟 吾
乐观主义 霁 野
编完写起 鲁 迅
启事 有 麟

第5期
1925年5月22日出版

新文学的希望 长 虹
未婚时 小 铭
灯下漫笔（二） 鲁 迅

那儿是国？ 李遇安
五四的象征 韵笙
怀疑 景宋
槟榔集 向培良
无聊的画 黎锦明

第6期

1925年5月29日出版

声的历史 高成均
冰块 韦丛芜
胡景翼先生的遗念（三） 燕生
中国与文学 长虹
乐观与悲观 引名
忠诚的奴隶 尚钺
读“大报” 目寒
巴尔札克和缝衣匠 鲁彦译
给周章二先生的一封短信 陈伯年
关于“民众文艺”的话 荆有麟

第7期

1925年6月5日出版

血的言语 H.F
什么叫做东方文化？ 燕生
与陈百年教授谈梦 章锡琛
再答陈百年先生 周建人
到处是高厚的石墙 李霁野
我的“籍”和“系” 鲁迅
夜的杂忆 荆有麟
考试之前 鲁彦译
给—— 长虹

第8期

1925年6月12日出版

一个心的解剖 长虹
鬼话 姜华
有名的希望 于丰
讲演之后 李遇安
“碎瓦”外的残片 尚钺
杂感 许钦文
田园思想（通信） 白波 鲁迅
敏捷的译者 鲁彦译

第9期

1925年6月19日出版

弦上 长虹
恶梦 石民
秋之暮 前人
老人生涯 高成均
酒瘾 景宋
杂忆 鲁迅
再谈救国 有麟

第10期

1925年6月23日出版

弦上（二—四） 长虹
铁栅之外 静农

长夜 黄鹏基
死女人的秘密
〔法〕莫伯桑作 尚 钺译
去年六月的闲话 李遇安
补白 鲁 迅

第 11 期

1925 年 7 月 3 日出版

微笑〔俄〕安特莱夫作 霁 野译
给——（续一） 长 虹
恶梦 野 青
我们两人回答陈先生的一封短信
章锡琛 周建人
内幕之一部 景 宋
救国凉语 有 麟
补白（二） 鲁 迅

第 12 期

1925 年 7 月 10 日出版

海莺歌
〔俄〕戈里奇作 韦素园译
弦上（五—七） 长 虹
八哥儿 尚 钺
“不仆碑”文 高成均
一死一生 景 宋
病狗 于 丰
创作与摹仿 自 觉
补白（三） 鲁 迅

第 13 期

1925 年 7 月 17 日出版

异床同梦 成 均
弦上（八） 长 虹
埃黛钓丝
〔俄〕戈里奇作 韦素园译
竹林深处 刘梦苇
妻的故事 小 酩
是生还是死 朱云沁
艺术与商术 金仲芸
听说——想起（一—二） 朱大枏
瞎扯 景 宋

第 14 期

1925 年 7 月 24 日出版

小小的火
〔俄〕科罗连柯作 韦素园译
新时代与文艺
〔日〕金子筑水作 鲁迅译
梦幻的路 尚 钺
成功 劣 者
弦上（九—十） 长 虹
听说——想起（三—四） 朱大枏
退还庚子赔款 有 麟

第 15 期

1925 年 7 月 31 日出版

我和我的魂 韦丛芜

沉默 劣者
天上、人间 长虹
论思想 燕生
争面子 上遂
过时的话 景宋
听说——想起（五—七） 朱大枏
国民精神养成所 有麟

第16期

1925年8月7日出版

我已在爱神前犯罪了 沅君
厄运 〔俄〕米耶夫作 韦素园译
平常的梦 金仲芸
我和我的魂（二） 韦丛芜
给——（续二） 长虹
听说——想起（八—十） 朱大枏
可悲的女儿教育 效痴
流言和谎话 鲁迅

第17期

1925年8月14日出版

力的缺乏 高成均
美丽的甲虫 李霁野
鹤 〔波兰〕解特玛尔作 韦素园译
梦的林 燕志俊
“反感” 亚侠
弦上（十一—十三） 长虹
听说——想起（八） 朱大枏

第18期

1925年8月21日出版

败退之下 高成钧
眼睛 黄鹏基
给——（续三） 长虹
搀论雪耻与御侮 燕生
脚趾是向前的 金仲芸
心的狂笑（一—二） 尚钺
“有功文律”？ 上遂

第19期

1925年8月28日出版

墚上的一朵小花 （俄）契里珂夫作 韦素园译
ASR的一页 长虹
我和我的魂（三） 韦丛芜
不知为什么 李遇安
心的狂笑（三） 尚钺
听说——想起（九） 朱大枏
践踏与下种 逐鸦
答KS君 鲁迅

第20期

1925年9月4日出版

城头 劣者
征服我了吗？ 焘之

打手 黄鹏基
数理文学之一班 朱大柟
读完，想起（一—二） 渔 汀
心的狂笑（四） 尚 钺
通信 霉 江 鲁 迅

第21期
1925年9月11日出版

病人与医生 高成均
倚门的女郎 刘梦苇
嫩黄瓜 李霁野
学生的梦（一—三） 尚 钺
听说——想起（一〇） 朱大柟
弦外余音 长 虹
即兴 有 麟
反抗下去 景 宋

第22期
1925年9月18日出版

我和我的魂（四） 韦丛芜
创作之前 长 虹
死道儿与其左右 李遇安
你去了 白 波
跳下床来 劣 者
佢们的悲哀 朱大柟
孝不如顺 钦 文
心的狂笑（五—六） 尚 钺
读“每下愈况” 上 遂

第23期
1925年9月25日

黑的条纹 长 虹
牧牛 李遇安
心的狂笑（七—八） 尚 钺
议论 朱大柟
《内感篇》的书后 招勉之
“胡说” 上 遂

第24期
1925年10月2日

寄醒者 朱大柟
冲喜 尚 钺
力的缺乏 景 宋
他自以为是诗人 黄鹏基
难怪了 招勉之
弦上（十四） 长 虹
名不符实 有 麟
“心理”与“目力” 金仲芸

第25期
1925年10月9日出版

火腿先生在人海里奔走 黄鹏基
一场小小的悲剧 朱大柟
枉然 戴敦智
吹毛求疵中的疵 招勉之
弦上（十五） 长 虹

第 26 期

1925 年 10 月 16 日出版

A.A.A　C
一块白布　尚钺
记——　青曲
被雨湿了的　长虹
奇异的歌唱　金仲芸
珠联璧合赋　招勉之
脸子　沄沁

第 27 期

1925 年 10 月 23 日出版

社会的反优生趋势　乔峰
在小火车站上
〔俄〕安特莱夫作　培良译
噫，我友　长虹
守门人的小史　劣者
一个梦　招勉之
心的狂笑（九—十）　尚钺

第 28 期

1925 年 10 月 30 日

刺的文学　黄鹏基
给——（续四）　长虹
思索的堕性
〔日〕片山正雄作　鲁迅译
巷中　劣者
门的辩解　朱大枏
其赤化矣乎　招勉之
白费了　有麟
“一本通书看到老”　刘策奇

第 29 期

1925 年 11 月 6 日出版

街头　姜华
老祖母　金仲芸
寄行路者　朱大枏
槟榔集　培良
读安特列夫《七个绞死的人》
梁叔莹

第 30 期

1925 年 11 月 13 日出版

一对鸽子飞去?　尚钺
在十字架上　朱大枏
常识和文艺　黄鹏基
槟榔集　培良
消化的谈　招勉之

第 31 期

1925 年 11 月 20 日出版

我的情人　黄鹏基
幻境　劣者
一块小黑炭的自述　金仲芸
复颓唐　招勉之
矛盾园（一—二）　长虹

心的狂笑（十一） 尚 钺

第32期
1925年11月27日出版

我赞美着秋天 劣 者
狂言 黄鹏基
三个真天子 青 尔
血的嘴唇的歌 朱大枬
评心雕龙 鲁 迅
伪的求曙光的人 朋 其
可耻三声——呼吁 王星华

《莽原》半月刊

第1期
1926年1月10日出版

祝土匪 林语堂
论“费厄泼赖”应该缓行 鲁 迅
叶遂宁的画像
——为一九二五年十二月二十八日叶遂宁自杀而作
（无署名）
微笑的脸面 李霁野
君山（一—三） 韦丛芜
无题（一—六） 向培良

第2期
1926年1月25日出版

华盖集题记 鲁 迅
东西之自然诗观
〔日〕厨川白村作 鲁 迅译
半神
〔俄〕色尔柯夫作 韦素园译
君山（四—六） 韦丛芜
沙滩上 黄鹏基
——屈原的梦
无题（七—一一） 向培良
实行者 高成钧
反表现主义 李霁野

第3期
1926年2月10日出版

海纳像
——逝世七十周年纪念
亨利·海纳评传 杨丙辰
弟兄 鲁 迅
森林的故事
〔俄〕阿陀诺夫斯奇作 韦素园译
是那里来的声音？ 戴敦智
“生命的研究”之难 上 遂

第4期
1926年2月25日出版

邂逅〔俄〕梭罗古勃作 韦素园译
附：作者像
一点比喻 鲁 迅
生的留恋与死的诱惑 向培良
君山（七—九） 韦丛芜

莫六弟　静　农

第5期
1926年3月10日出版

绿绿的火　韦丛芜
狗·猫·鼠　鲁　迅
——《旧事重提》之一
诗人　长　虹
夜谈　李霁野
君山（一〇——二）　韦丛芜
梦的记言　静　农
光荣的死
返于野蛮
明天
预告

第6期
1926年3月25日出版

我披着血衣爬过寥阔的街心
韦丛芜
——记三月十八日国务院前大屠杀
叶遂宁绝命辞　自　成译
《穷人》译本引言
Thomas Seltzer　韦丛芜译
此千起万伏的银河　柯仲平
表弟的花园　钦　文
君山（一三——五）　韦丛芜
阿长与山海经　鲁　迅
——《旧事重提》之二

第7、8期
1926年4月25日出版

罗曼罗兰的照像
读《超战篇》同《先驱》　张定璜
罗兰的真勇主义
〔日〕中泽临川、生田长江作
鲁　迅译
罗曼罗兰的画像
罗曼罗兰评传　赵少侯
附：罗曼罗兰著作年表
罗曼罗兰的手迹
——一九零九年七月的一封信
致蔼普特曼书
罗曼·罗兰作　常　惠译
混乱之上　罗曼·罗兰作　金满城译
答诬我者书
罗曼·罗兰作　常　惠译

第9期
1926年5月10日出版

生艺术的胎
〔日〕有岛武郎作　鲁　迅译
幻影　于　若
极乐世界　韦素园
君山（一六——九）　韦丛芜
街头　秋　芳
To——　By——

第 10 期

1926 年 5 月 25 日出版

安特列夫像
序《往星中》 韦素园
二十四孝图 鲁 迅
——《旧事重提》之三
奇谈 〔丹麦〕哈谟生作 白 莱译
春日的消息〔德〕海纳作 杨丙辰译
少奶奶的病 朋 其
君山（二〇—二二） 韦丛芜
花炮 武 杰

第 11 期

1926 年 6 月 10 日出版

花子 〔日〕森鸥外作 画 室译
五猖会 鲁 迅
——《旧事重提》之四
黎明 长 虹
你是如同一朵鲜花一般的
〔德〕海纳作 杨丙辰译
母亲新年晚上的梦 白 莱
君山（二三—二六） 韦丛芜
再来一次 鲁 迅

第 12 期

1926 年 6 月 25 日出版

小儿的睡相
〔日〕有岛武郎作 鲁 迅译
林先生的信 大 琦
论诗
〔日〕武者小路实笃作 鲁 迅译
留下镇上的黄昏 魏金枝
君山（二七—三〇） 韦丛芜
怪物及其他 石 民
赠礼 赤 坪
读《往星中》 李笛晨
通信 未 名 鲁 迅

第 13 期

1926 年 7 月 10 日出版

两个朋友
〔苏〕赛甫林娜作 曹靖华译
无常 鲁 迅
——《旧事重提》之五
石宕 钦 文
君山（三一—三二） 韦丛芜
草书纪年 长 虹

第 14 期

1926 年 7 月 25 日出版

所谓怀疑主义者
〔日〕鹤见祐辅作 鲁 迅译
小小的白花
〔俄〕梭罗古勃作 韦素园译
勾勾 〔法〕莫伯桑作 长 慧译
夜游 于赓虞
野火 高成钧

君山（三四—三七） 韦丛芜
给影子 戴敦智

第 15 期
1926 年 8 月 10 日出版

洛莱神女 〔德〕海纳作 杨丙辰译
记“发薪” 鲁 迅
结婚以后
〔美〕杜拉雪作 寿恒女士译
君山（三七—四〇） 韦丛芜
死尸 高 歌

第 16 期
1926 年 8 月 25 日出版

《外套》的序 韦素园
在一切艺术
〔日〕武者小路实笃作 鲁 迅译
荒坡上的歌者 韦丛芜
结婚以后（续）
〔美〕杜拉雪作 寿 恒译
肉底触 培 良
流放的人
〔法〕Lamennais 作 朋 其译
雨声 蓬 子

第 17 期
1926 年 9 月 10 日出版

凡有艺术品
〔日〕武者小路实笃作 鲁 迅译
野花之歌
〔英〕Willam Blake 作 石 民译
两封信 G 线
小诗二首 石 民
湖畔
无题
巴么庚之死
〔俄〕阿尔志跋绥夫作 鲁 迅译
雨后的湖边 渭 华
母亲的衬衣 高 歌
——清晨起来之一
给—— 戴敦智

第 18 期
1926 年 9 月 25 日出版

花房 〔法〕莫巴桑作 赵少侯译
天二哥 静 农
昆明湖边独步 李遇安
往绮玛忤斯去的路
〔俄〕梭罗古勃作 韦素园译
燃烧与生命 沸 声
以生命写成的文章
〔日〕有岛武郎作 鲁 迅译

第 19 期
1926 年 10 月 10 日出版

Romain Rolland
Stefan Zweig 作 张定璜译

从百草园到三味书　鲁　迅
——《旧事重提》之六
乐人扬珂
〔波〕显克维支作　曹靖华译
诗人的心　韦丛芜
——为《兰生弟日记》主人公作
看晓月已是西沉　罗吟圃
今宵的雨声我不怕听　罗吟圃
归途杂记　李霁野

第20期
1926年10月25日出版

近代的诗人
Richard Moritz Meyer作　于　若译
可怜的哥哥　南　冠
Romain Rolland（续一）
Stefan Zweig作　张定璜译
归来　卫萍菽
给战神　戴敦智
病中漫语　静　农
小诗三首
〔俄〕梭罗古勒作　韦素园译

第21期
1926年11月10日出版

无产阶级诗人和农民诗人
〔日〕昇曙梦作　鲁　迅译
父亲的病　鲁　迅
——《旧事重提》之七
Romain Rolland（续二）
Stefan Zweiy作　张定璜译
踝躞　蓬　子
校了稿后　韦漱园

第22期
1926年11月25日出版

献花的女神
〔俄〕契里珂夫作　韦漱园译
——回忆契可夫写于母亲走后
大　琦
Romain Rolland（续三）
Stefan Zweig作　张定璜译
琐记　鲁　迅
——《旧事重提》之八

第23期
1926年12月10日出版

猫的天堂　刘　复
——献给打猫打狗的鲁迅翁
藤野先生　鲁　迅
——《旧事重提》之九
致母　饶超华
Romain Rolland（续四）
Stefan Zweig作　张定璜译
今晚　蓬　子
悼　蓬　子
所谓“思想界先驱者”鲁迅启事
鲁　迅

第24期

1926年12月25日出版

夜　〔法〕莫巴桑作　长　慧译

——噩梦——

范爱农　鲁　迅

——《旧事重提》之十

无题　漱　园

Romain Rolland（续五）

Stefan Zweig 作　张定璜译

第2卷　第1期

1927年1月10日出版

新俄文坛的现势漫画（解说）

画　室译

现代俄国文学底共通性

〔俄〕普洛特尼珂夫作

韦漱园译

红灯　台静农

说幽默

〔日〕鹤见祐辅作　鲁　迅译

我踟躅，踟躅，有如幽魂　韦丛芜

序《黑假面人》　李霁野

第2卷　第2期

1927年1月25日出版

艺术

〔英〕J.Galsworthy 作　李霁野译

一颗明星　韦丛芜

奔月　鲁　迅

黑珠　〔法〕丹梭作　刘复译

恋歌　〔德〕海纳作　胡庭芳译

因为我是爱你　静　农

请你　静　农

第2卷　第3期

1927年2月10日出版

文学者的一生

〔日〕武者小路实笃作　鲁　迅译

新坟　台静农

燃火的人　韦丛芜

《强盗》初版原序

〔德〕释勒作　杨丙辰译

我不忘记　廷　蔚

这是很久了

〔俄〕撒浮诺夫作　韦素园译

荒岛漫记　季　异

伟大的海

梦如人生

第2卷　第4期

1927年2月25日出版

生活中的创造艺术

Richard Mueller Freienfels 作

李霁野译

烛焰　台静农

夜车上　钦　文

密封的素简　W

运用口语的填词
〔日〕铃木虎雄作　鲁　迅译
荒岛漫记　季　异
她的影子
梦见了我的母亲

第2卷　第5期
1927年3月10日出版

失业　〔法〕左　拉作　刘　复译
月灾　F.S
苏俄的二种跳舞剧
〔日〕昇曙梦作　画　室译
诗三首　石　民
在公园里
灯已熄了
你照彻
昼梦　霁　野
愿他向我一击
〔德〕海纳作　胡庭芳译
给希望　戴敦智

第2卷　第6期
1927年3月25日出版

无产阶级的文化与无产阶级的艺术
附：特洛斯基画像
〔苏〕特洛斯基作
李霁野　韦漱园译
弃婴　台静农
寄——　海　兰
圣诞节夜
〔法〕莫伯桑作　王　燊译
给我一个美的青春　罗吟圃
有照着鲜花的暖日　罗吟圃
月下的梦　李靖华

第2卷　第7期
1927年4月10日出版

无产阶级的文化与无产阶级的艺术（续一）　〔苏〕特洛斯基作
李霁野　韦漱园译
苦杯　台静农
瞎子　〔法〕莫伯桑作　长慧译
宣示　Y.I
理想〔法〕波特莱耳作　邓　琳译
美　〔法〕波特莱耳作　邓　琳译

第2卷　第8期
1927年4月25日出版

文学中的肥胖
〔法〕高　节作　赵少侯译
眉间尺　鲁　迅
——新编故事之一
无产阶级的文化与无产阶级的艺术（续二）　〔苏〕特洛斯基作
李霁野　韦漱园译
释滔穆的几首抒情诗
Storm作　杨丙辰译

第2卷　第9期

1927年5月10日出版

未来主义　〔苏〕特洛斯基作
李霁野、韦漱园译

眉间尺（续）　鲁　迅
——新编故事之一

倘若能达底也罢　韦丛芜

恍忽中　钦　文

第2卷　第10期

1927年5月25日出版

爱与认识的出路
——失了恋的人的道路——
〔日〕仓田百三作　徐祖正译

儿子　台静农

《朝花夕拾》小引　鲁　迅

从春天到冬天〔英〕淮尔特 W 译

第2卷　第11期

1927年6月10日出版

《克洛特格欧》的后序
〔法〕罢　俄作　刘　复译

致——　铁　逊

未来主义（续一）
〔苏〕特洛斯基作
李霁野、韦漱园译

拜堂　台静农

第2卷　第12期

1927年6月25日出版

书斋生活与其危险
〔日〕鹤见祐辅作　鲁　迅译

惠特曼诗二首　韦丛芜译

1．敲！敲！敲！

2．从田里来呀，父亲。

未来主义（续二）
〔苏〕特洛斯基作
李霁野　韦漱园译

孩子，睡吧！
〔法〕Marie Nodies 作　小　蕙译

第2卷　第13期

1927年7月10日出版

《文学与革命》引言
〔苏〕特洛斯基作
李霁野　韦漱园译

梦之梢（一—六）　饶超华

宝藏　〔苏〕高尔该作　高　滔译

读的文章和听的文章
〔日〕鹤见祐辅作　鲁　迅译

第2卷　第14期

1927年7月25日出版

经验与创造
Wilhelm Dilthey 作　李霁野译

吴老爹　台静农

梦之梢（七——二）　饶超华

昂得来的病

〔法〕莫巴桑作　王　燊译

艺术箴言〔法〕莫巴桑作　C　译

第2卷　第15期

1927年8月10日出版

《朝华夕拾》后记　鲁　迅

美利坚人

乌希和洛德·伊凡诺夫作

高　滔译

乌希和洛德·伊凡诺夫

〔苏〕特洛茨基作

李霁野　韦漱园译

梦之梢（一三——四）　饶超华

第2卷　第16期

1927年8月25日出版

艺术箴言

Friedrich Hebbel作　C　译

为彼祈求　台静农

梦之梢（一五—二〇）　饶超华

马上　〔法〕莫伯桑作　王　燊译

第2卷　第17期

1927年9月10日出版

比打哥儿

〔法〕服尔德作　刘　复译

深葬　赵池萍

谷债　刘一梦

梦之梢（完）　饶超华

人类的历史　叶润臬

第2卷　第18、19期

1927年10月10日出版

怎样写　鲁　迅

——夜记之一

批评中的人格

Lemaitre作　霁　野译

《海呐歌集》的三版诗序

〔德〕海呐作　胡大森译

一个草稿　木　荳

马韬　〔德〕Hebbel作　杨丙辰译

西山随笔　韦丛芜

译品两章　S.J

玛利安纳杂（西班牙Kataluna民歌）

困难（德国短歌）

幽会　雪　莹

一道阳光

〔美〕Lony Fellow作　丛　芜译

第2卷　第20期

1927年10月25日出版

传统与爱好　Lemaitre作　霁　野译

报仇者　Anatolo Vasiljev作　S.J译

蚯蚓们　台静农

市政长官　法郎士作　少　侯译
诗三首　戴望舒
十四行
不要这样盈盈地相看
回了心儿吧
西山随笔　丛　芜
梦影　〔德〕海　呐作　胡大森译
两面　高　滔

第2卷　第21、22期
1927年11月25日出版

略论中国人的脸　鲁　迅
文学的影响
Remy de Gourmont 作　霁　野译
墓碑铭〔日〕石川啄夫作　S.F.译
工人的儿子　刘一梦
兵　〔苏〕阿洛塞夫作　高　滔译
西山随笔　丛　芜
——《荒坡上的歌者》序——
水上　〔法〕莫伯桑作　王　燊译
诗人祭　S.F.
关于《莽原》的结束与《未名》的开始

第2卷　第23、24期
1927年12月25日出版

《民众戏曲》底序论：平民与剧
〔法〕罗曼·罗兰作　画　室译
我的朋友叶素　华　芎
视觉与情绪
Remy de Gourmont 作　霁　野译
描在青空
〔日〕小川未明作　呐　鸥译
1. 将军
2. 她答的时候
负伤者　台静农
朋友的信　S.F.
西山随笔　丛　芜
——十四行诗与结婚歌——
我的影儿　高　滔

30 大江（季刊）

简　介

《大江》，季刊，综合性刊物。一九二五年七月十五日创刊于上海，大江社编，实际编辑是何浩若、梁实秋等人，由上海泰东图书局发行，三十二开本。一九二五年十一月十五日出版至第二期停刊。

该刊是当时部分信仰国家主义的留美学生组织的团体——大江学会的机关刊物。编者在《发刊辞》中说："大江会同人谨于发行本刊之始，正告国人：我们是一个绝对信仰国家主义的一个结合，发行本刊的主旨在图谋国家主义在我中国之宣传与实施"

该刊是综合性刊物，但文学创作和论述文艺问题的文章占显著地位，其中有闻一多的新诗，顾一樵的剧本，以及梁实秋的小说和文学论文。国家主义从本质上说是一股民族沙文主义的反动思潮，但是在早期信仰国主义的人们当中，有些人并不认识它的本质，例如《大江》季刊时期的闻一多，他就是怀着真诚爱国之心去接受大江学会的国家主义主张的，他在季刊上发表的《长城下之哀歌》、《我是中国人》、《七子之歌》和《南海之神》等诗篇，抒发了强烈而深挚的爱国主义思想感情，被人们称为"惊心动魄的爱国诗"。

目 录

第1卷 第1期
1925年7月15日出版

发刊辞 本 刊

中国之歧途与末路 何浩若
长城下之哀歌(诗) 闻一多
理性的国家主义 浦薛风
国家心理略说 沈有乾
诗人与国家主义 梁实秋
土耳其复兴史 陈石孚
爱尔兰新芬运动与国家主义 翟毅夫
我是中国人(诗) 闻一多
荆柯(剧) 顾一樵
公理(小说) 梁实秋
文学里的爱国精神 Driuk Water 著 梁实秋译
浣衣曲

编辑余谈 编 者

第1卷 第2期
1925年11月15日出版

大江会宣言 大江会

七子之歌(诗) 闻一多
近代种族主义史略 潘光旦
北美排华略史 胡 毅
南海之神(诗) 闻一多
只要此心不死我们终有一日 何浩若
项羽(剧本) 顾一樵
近年来美国哲学之趋势(通信) 菊 农
文学里的爱国精神(译著) 梁实秋
一个初试的国民性研究之分类书目 吴文藻

附录 大江会
大江会章程及细则
大江会会员名单
编辑余谈 编 者

31 甲寅（周刊）

简　介

《甲寅》周刊，综合性刊物。一九二五年七月十八日于北京发刊，章士钊主办，甲寅周刊社出版，天成印字馆印刷，十六开道林纸本。从第十四期开始出现不能按时出版的情况，从第三十七期起迁天津编辑出版，一九二七年三月五日终刊，共出版四十五期。

《甲寅》周刊是章士钊在一九一四年至一九一五年所办的《甲寅》月刊的复活和延续。周刊发刊时，章士钊任北洋军阀政府的司法总长兼教育总长，他借助行政力量来支持刊物。该刊刊登了不少当时北洋军阀政府执政段祺瑞的文章，段祺瑞命题的征文，章士钊向段祺瑞的呈文，反映段祺瑞政府意旨的“时评”。章士钊的文字每期都占相当多的篇幅，因此，该刊被人们称之为“广告性的半官报”。

《甲寅》周刊发刊时即宣布“惟文字须求雅训，白话恕不刊布”。该刊所发表的学术性文章，多是古籍与古人言论、学说的考证、铨释、阐发，所发表的文学作品，都是奉答唱和、咏物述怀和序、跋、书信等旧式的诗文，全部采用文言。章士钊在该刊发表旧作《评新文化运动》和新作《评新文学运动》，反对新文化运动和文学革命。

《甲寅》周刊与当时南方的《学衡》杂志，遥相呼应，成为复古派的主要阵地。但是，随着北洋军阀政府垮台，《甲寅》周刊也为新思潮所卷没。

目　录

第1卷　第1期
1925年7月18日出版

本社特别启事二则（为出刊集股等事）　（封里）
本社启事四则（为明旨、约稿等事）　（封里）
本社启事一则（为明编辑发行事宜）　（封里）

时　评

外交问题　孤　桐
近传美国政府　孤　桐
此次沪案　孤　桐
沪案中之收回会审公廨　孤　桐
罢工罢市及经济绝交　孤　桐
外交多事　孤　桐
合肥出山　孤　桐
迩日内阁制之声　孤　桐
日来北京昏沉之政局　孤　桐
俄国有飞架四架　孤　桐
东南大学问题　孤　桐

字说　孤　桐
大愚记　孤　桐
毁法辨　孤　桐
收回会审公廨平议　梁敬錞

通　讯

教育问题　蔡元培
　附：复蔡元培　孤　桐
怪事　吴敬恒
　附：复吴稚晖　孤　桐
两事　胡契宁
　附：案语　孤　桐
三子　胡善恒
　附：案语　孤　桐
耶佛　马晋羲
　附：案语　孤　桐

杂记（一）　孤　桐
　引语
　执政考

第1卷　第2期
1925年7月23日出版

本刊特别征文启事　（封里）
本社启事（五则，同上期后五则启事）　（封里）

特　载

为会审公廨事致英名家电

时　评*

一周以来外交形势　（未署作者）
国民第三军　（未署作者）
奉张驻津　（未署作者）
沪案之起　（未署作者）
十八日北京学生后援会　（未署作者）

---

* 原刊“时评”栏均没细目标题，此栏细目标题为本书编者拟。

国宪起草事　（未署作者）

太炎题词记　孤　桐
代议非易案　孤　桐
科举议　瞿宣颖
通　讯
毁法　潘大道
附：案语　孤　桐
东南大学　庄蕴宽
附：案语　孤　桐
争金款　江亢虎
附：案语　孤　桐
吾人所有事　梁　龙
附：案语　孤　桐
农国　石克士
附：案语　孤　桐

杂记（二）　孤　桐

第1卷　第3期
1925年8月1日发行

时　评
修改不平等条约　（无署名）
近日外侮日迫　（无署名）
陕事仍停顿如一周前　（无署名）
外交消息　（无署名）
农商总长杨庶堪　（无署名）

说铁饭碗　孤　桐
行宪半十论寿林宗孟　孤　桐
今四维论　孤　桐
论吾国财政之现状　杨汝梅
上海会审公廨纪实　庄　杰
通　讯
东西文化及其哲学　梁漱溟
附：案语　孤　桐
王莽传　林大闾
附：案语　孤　桐
孔传考　吴承仕
附：案语　孤　桐
流毒　夏元瑮
附：案语　孤　桐
家庭问题　沈钧儒
附：按语　孤　桐
东南大学　沈恩孚
附：按语　记　者
外兵　曲同丰
附：按语　孤　桐

杂记（三）　孤　桐

第1卷　第4期
1925年8月8日出版

本刊启事（为除孤桐外署名悉用本名事）　（封里）
停办北京女子师范大学呈文　章士钊
时　评
沪案自英国方面　孤　桐
关税　孤　桐
迩来中俄国交　孤　桐

卢君永祥迭请辞职　孤　桐
执行重视修改不平等条约　孤　桐
新法长杨君庶堪　孤　桐
日本之加藤内阁　孤　桐

迹府　孤　桐
与李君石曾谈话记　孤　桐
国民失业问题　金体乾

通　讯

代议非易案（其一）　朱得森
附：按语　孤　桐
代议非易案（其二）　杨定襄
附：按语　孤　桐
时风　张　孤
附：按语　孤　桐
思无邪　黄　复
附：按语　孤　桐
伤弓之鸟　汤　中
附：按语　孤　桐
校试　汤济沧
附：按语　孤　桐
南中教育　吴契宁
附：按语

杂记（三）　孤　桐

第1卷　第5期

1925年8月15日出版

特　载

创办国立编译馆呈文　章士钊

时　评

日来报章记述　（无署名）
迩来疆吏力图振作　（无署名）
教育部　（无署名）
北京女子师范大学　（无署名）

农治翼　孤　桐
为沪案重行调事查敬告使团及友邦政府　梁敬錞
与太炎论音之争　汪荣宝

通　讯

女师大　马叙伦
附：按语　孤　桐
大同大学　胡敬复
附：按语　孤　桐
时可　王树柟
附：按语　孤　桐
字说　伍剑禅
附：按语　孤　桐
今四维　赵郎安
附：按语　孤　桐
白话与科学　汪吟龙
附：按语　孤　桐
科举（其一）　罗敦伟
附：按语　孤　桐
科举（其二）　范育士
附：按语　宣　颖

光宣诗坛点将录（一）　汪国垣

第1卷　第6期

1925年8月22日出版

特　载

创设国立女子大学呈文　章士钊

时　评

本刊之兴　（无署名）

近日北京学界　（无署名）

卫玠云　（无署名）

女师大事久成僵局　（无署名）

释言　孤　桐

马学杂反　孤　桐

文体说　瞿宣颖

广科举议　杨定襄

通　讯

代议非易案　郁　嶷

　　附：按语　孤　桐

考试　李步青

　　附：按语　孤　桐

奇论　刘　异

　　附：按语　孤　桐

大愚　王荟生

　　附：按语　孤　桐

教育　陈东原

　　附：按语　孤　桐

绝笔　彭　禹

　　附：按语　孤　桐

杂记（四）　孤　桐

光宣诗坛点将录（二）　汪国垣

第1卷　第7期

1925年8月29日出版

时　评

八月二十二日阁议席上　（无署名）

日来解散北大之谣　（无署名）

女师大留校之二十余生　（无署名）

八月二十五日国宪起草委员会开会　（无署名）

广东　（无署名）

说辖　孤　桐

月生于雨释义　汪荣宝

代议非易案书后　瞿宣颖

通　讯

内学　欧阳渐

　　附：按语　孤　桐

　　附：附言　刘　异

两院分职　汪馥炎

　　附：按语　孤　桐

起解　陈宗蕃

　　附：按语　孤　桐

李石曾　向绍轩

　　附：按语　孤　桐

杂记（五）　孤　桐

光宣诗坛点将录（三） 汪国垣

甲寅消息（缘起，五则） 彭 毅

第1卷 第8期
1925年9月5日出版

时 评

临时政府 （无署名）
北京学潮 （无署名）
教育部 （无署名）
广东之共产军 （无署名）

答适之 孤 桐
新旧 孤 桐
国民失业问题续论 金林乾

通 讯

立法与监政 李祚辉
附：按语 孤 桐
白话不通 陈小豪
附：按语 孤 桐
导之以学 朱心木
附：按语 孤 桐
学问 张 中
附：按语 孤 桐
字说 公羊寿
附：按语 孤 桐

杂记（六） 孤 桐
光宣诗坛点将录（四） 汪国垣

第1卷 第9期
1925年9月12日出版

时 评

上海工会及学生联合会开会 （无署名）
国宪起草委员会开会 （无署名）
朝阳民国五私立大学 （无署名）
关税会议 （无署名）

二虫 孤 桐
评新文化运动 孤 桐
科学平议 杨定襄

通 讯

尘俗 林奄方
附：按语 孤 桐
法 董维键
附：按语 孤 桐
读经救国 孙师郑
附：按语 孤 桐
疑义 张客公
附：按语 孤 桐
代议 吴恭亨
附：按语 孤 桐
译书 顾 澄
附：按语 孤 桐

光宣诗坛点将录（五） 汪国垣

第1卷 第10期
1925年9月19日出版

时 评
民国 质
英美日司法调查沪案之照会 蕙
本刊 民
东大问题 民
北大学生 蕙
四库全书付印之议 兑

说分 孤 桐
纲说 王 照
代议非易案书后 梁大肃
论学制 金兆銮

通 讯
质正 高仲和
　附：按语 孤 桐
者何 曹典球
　附：按语 孤 桐
民极 黄 复
　附：按语 孤 桐
三游 林大闾
　附：按语 孤 桐
可忧 邵祖平
　附：按语 孤 桐
四人 唐铁风
　附：按语 孤 桐
张子晋 周维屏
　附：按语 孤 桐
文律 叶 蓁
　附：按语 孤 桐

书林丛讯
励堂文集（会稽顾家相、顾燮光撰） 宣 颖

梦碧斋石言（会稽顾家相、顾燮光撰） 宣 颖

说 林*
缘起 章 华
时代李卓吾 章 华
庚子之变 章 华
广西王鹏运 章 华
南皮张子青 章 华
杜诗宛马总肥春苜蓿 章 华

第1卷 第11期
1925年9月26日出版

本社征文揭晓 （封里）

时 评
一月以来外间谣传 通
重查沪案之驳覆照会 蕙
京城又开国民大会 蕙
教厅回避本籍之策 民

疏解辑义 孤 桐
沪案诤词 郁 嶷
取消不平等条约之法律根据 苏希洵

---

* 原刊此栏中没细目，此栏细目系本书编者拟。

通　讯

毁人　黄　侃

　附：按语　孤　桐

监狱　陶　镛

　附：按语　孤　桐

国故　陈莞枢

　附：按语　孤　桐

论无教　李　濂

　附：按语　孤　桐

士　孙至诚

　附：按语　孤　桐

白话文　刘孝存

　附：按语　孤　桐

说　林

肃顺当国　章　华

顺德李仲约侍郎　章　华

李仲约侍郎　章　华

昌黎南山诗　章　华

第1卷　第12期

1925年10月3日出版

本社第二次征文启事　（封里）

时　评

甘督冯玉祥近上执政书　蕙

近日粃政无过于用人之无标准　民

各省电报局　蕙

原化　孤　桐

征　文

代议不易辨　潘大道

通　讯

害马　陈国遗

　附：按语　孤　桐

头脑　杨鸿烈

　附：按语　孤　桐

胡思敬　黄维翰

　附：按语　孤　桐

编译　龚张斧

　附：按语　孤　桐

说　林

顺德李文成　章　华

第1卷　第13期

1925年10月10日出版

时　评

双十节　民

沪案重查　蕙

国之政治　蕙

前法长章君　质

文俚评议　孤　桐

征　文

科道制与代议论之利害得失如何

立法与弹劾二权之分合利弊安在

此项条文应如何规定其各分别论之

文天倪

通　讯

违复　陈朝爵

　附：按语　孤　桐

士表　黄际遇

附：按语　孤　桐
乙卯　陆凡夫
附：按语　孤　桐
晚近　孙至成
附：按语　孤　桐
说　林
承平之世京朝官多不乐外转　孙师香
翁文恭　孙师香

第 1 卷　第 14 期

1925 年 10 月 17 日出版

时　评
日来江浙战谣　质
检举金佛郎案　苏
执政命章士钊为湖南帐务筹备专员　蕙
评新文化运动　孤　桐
新旧质疑　陈朝爵
师范大学制平议　胡先骕
释农国　董时进
通　讯
墨学　陈伯朓
附：按语　孤　桐
修辞学　施　畸
附：按语　孤　桐
治法　陈鼎忠
附：按语　孤　桐
农治　王　璋
附：按语　孤　桐
论音　尹桐阳
附：按语　孤　桐
书林丛讯
墨子经济思想　孤　桐
说　林
曾忠襄督两江　章　华
曾重伯太史　章　华
沈文定（桂芬）当国时　章　华
戊戌政变后　章　华
祭於光绪戊戌散馆　孙师郑
尚书祝公庆蕃　孙师郑
琴坞先生　孙师郑

第 1 卷　第 15 期

1925 年 10 月 24 日出版

时　评
本刊初布于世　苏
据报浙军已占领南京　苏
孙君电劝四川将领　苏
反动辨　孤　桐
进化与调和　孤　桐
国故　陈莞枢
国立编译馆应负之职责　龚张斧
工化与农业　董时进
论语体文　陈　拔
通　讯
科学　任鸿隽
附：按语　孤　桐

修辞学　施　畸
附：按语　孤　桐
遗书　梁漱溟
附：按语　孤　桐
章氏墨学（一）　孤　桐

书林丛讯

影宋本李明仲营造□式（紫江朱启钤核印）　宣　颖

说　林

阳湖张啸圃　孙师郑
南通范肯堂　孙师郑

第1卷　第16期

1925年10月31日出版

时　评

此一周间孙吴军事　民
关税会议　蕙
此次办理民会选举　苏
合法辨　孤　桐
慨言　孤　桐
新解蔽篇　叶　蓁

通　讯

藉甚　马其昶
附：按语　孤　桐
顷读　张崧年
附：按语　孤　桐
闻兄　魏宸祖
附：按语　孤　桐
群言　贺有年
附：按语　孤　桐
顷自　施　畸
附：按语　孤　桐
前以　李濂堂
附：按语　孤　桐
甲寅　张　中
附：按语　孤　桐
章民墨学（二）　孤　桐

书林丛讯

六艺之一录六百四卷（清钱塘倪涛撰）　宣　颖

说　林

梁巨川先生　孙师郑
严又陵先生　英　华
仆之白话文　英　华

第1卷　第17期

1925年11月7日出版

时　评

关税自主案　民
日来大局沉闷　介
自来国内大乱　通
再疏解辖义　孤　桐
超国论　汤　松
附：按语　孤　桐
明学　吴　康

通　讯

读甲　陆鼎揆
附：按语　孤　桐

去冬　陈　垣
　附：按语　孤　桐
前岁　凌之尼
　附：按语　孤　桐
月来　张崧年
　附：按语　孤　桐
久违　吴　康
　附：按语　孤　桐
国人　蒋贞金
　附：按语　孤　桐
吾友　李法章
　附：按语　孤　桐
八月　石克士
　附：按语　孤　桐
执事　杨宗翰
　附：按语　孤　桐

杂记（七）*　孤　桐

章氏墨学（三）　孤　桐

说　林

余家　孙师郑
吴县潘文劝尚书　孙师郑
夜间与谭督军组安坐谈　曹孟其

第 1 卷　第 18 期

1925 年 11 月 14 日出版

特　载

二感篇　段祺瑞

* 原刊此文从此期起名为“孤桐杂记”。

　内感
　外感
　附：按语　孤　桐

时　评

近日大局骤形紧张　蕙
战事　介
公理战胜纪念日　介
王亮畴　蕙

答志摩　孤　桐

通　讯

沪滨　郑贞文
　附：按语　孤　桐
闲来　刘秉麟
　附：按语　孤　桐
乐事　龙泽厚
　奉诵　龙泽厚
　附：按语　孤　桐
日前　熊　梦
　附：按语　孤　桐

章氏墨学（四）　孤　桐

说　林

潘文劝公　孙师郑
崇明施雨农　孙师郑
谭督军组菴　曹孟其

第 1 卷　第 19 期

1925 年 11 月 21 日出版

时　评

引满待友之箭　惠

关税会议自第二委员会以来　菱
王君宠惠　介

创设教授院议　孤桐
无穷小　张崧年
农化蠡测　龚张斧

通　讯

按语　孤桐
湖南　钱维骥
　附：按语　孤桐
日前　邵瑞彭
　附：按语　孤桐
周刊　陆俊
顷读　吴恭享
十二　陈鼎忠
早岁　唐铁风
连阅　周方

章氏墨学（五）　孤桐

书林丛讯

西域人华化考（陈垣著）　李思纯

第1卷　第20期

1925年11月28日出版

时　评

奉军军长郭松龄率师回奉　蕙
国民会议　菱
关税会议自通过关税自主条文后　介

特定学区议　孤桐
评新文化运动书后　陈莞枢
无物论　郑阙古
兼爱辨　章用

通　讯

十年　钱基博
　附：按语　孤桐
宗稷　杨宗稷
　附：按语　孤桐
孟其　曹孟其
　附：按语　孤桐
师曾　张焌
　附：按语　孤桐
睽违　李濂镗
　附：按语　孤桐
窃以　王文炳
　附：按语　孤桐
张氏墨学（六）　孤桐

书林丛讯

文心雕龙讲疏提要（范文澜著）　章用

说　林

长沙徐寿蘅尚书　孙师郑

第1卷　第21期

1925年12月5日出版

时　评

本刊　桐
群众示威运动　蕙
国民会议　介

寒家再毁记　孤　桐
名墨方行辨　孤　桐
议蜀学　蒙文通

通　讯

昇上　邵瑞彭
　附：按语　孤　桐
前辱　秦树声
　附：按语　孤　桐
自阅　邢子述
　附：按语　孤　桐
在昔　蒙文通
　附：按语　孤　桐
读甲　孙至成
　附：按语　孤　桐
甲寅　程中行
　附：按语　孤　桐
常读　侯树彤
生幼　李宝仁
　附：按语　孤　桐

章氏墨学（七）　孤　桐

说　林

联语　孙师郑
长乐林锡三师天龄　孙师郑

第 1 卷　第 22 期
1925 年 12 月 13 日出版

时　评

吾国自有新式政治以来　通
人之恒情　蕙
政变以来　爰
有女子自缢于天安门前　敏

答吴稚晖先生　孤　桐
委员制残论　孤　桐

通　讯

美国　刘　箴
　附：按语　孤　桐
欲培　周秉清
　附：按语　孤　桐
瞿君　郁　嶷
　附：按语　孤　桐
小豪　陈小豪
　附：按语　孤　桐
顷於　易大德
丰求　熊保丰
惟是　杨芝轩

揣籥录（一）　孤　桐
章氏墨学（八）　孤　桐

杂记（八）　孤　桐

说　林

毓贤死状　曹孟其
看《日知录》　曹孟其

第 1 卷　第 23 期
1925 年 12 月 19 日出版

时　评

一月以来　蕙

历年以来中央财政　　　麦
司法部　　　平

论败律　　　孤　桐
与陈澜生论金佛郎书　　　孤　桐
往事　　　孤　桐

通　讯

夙於　　　唐　兰
　附：按语　　　孤　桐
不幸　　　张崧年
鄙人　　　无　名
　附：按语　　　孤　桐
鄙髻　　　余戴海
　附：按语　　　孤　桐
曩岁　　　蔡　寒
　附：按语　　　孤　桐
卓赋　　　杨卓新
　附：按语　　　孤　桐
各国　　　邓秉钧
读大　　　邓赞标
周刊　　　黄家琨

揣籥录（二）　　　孤　桐
章氏墨学（九）　　　孤　桐

杂记（九）　　　孤　桐

说　林

顺德李仲约待郎　　　孙师郑
谭组庵督军谈及作书之道　　　曹孟其
余于新小说唯爱《孽海花》　　　曹孟其

第1卷　第24期

1925年12月26日出版

时　评

一国民众　　　蕙
近日时事　　　蕙
许君世英奉命组阁　　　通
金融风潮　　　麦
上海商务印书馆　　　介

达旨　　　孤　桐
评评　　　孤　桐
记两君　　　孤　桐
辨漏雍　　　陈无咎
论注音字母　　　陈绍舜

通　讯

奉读　　　吴　康
　附：按语　　　孤　桐
顷读　　　无　名
　附：按语　　　孤　桐
读再　　　易徵尘
　附：按语　　　孤　桐
邪说　　　唐　园
自民　　　宓充藏
　附：按语　　　孤　桐

逻辑（一）　　　孤　桐

杂记（一〇）　　　孤　桐

说　林
与谭组菴督军黎九闲话　曹孟其*
组菴谓家藏李西涯遗像二帧
组菴谈

第1卷　第25期
1926年1月2日出版

时　评
耶苏圣诞　通
临时法制院长姚震　质
考察欧美日本政治专使徐树铮　平
许阁酝酿　通

再论败律　孤　桐
书郭松龄　孤　桐
赵伯先事略　孤　桐
论武力统一　吴祖沅
通　讯
易学　梁家义
　附：按语　孤　桐
偶阅　张效敏
　附：按语　孤　桐
僕年　陈　超
曩读　庄泽宣
章氏墨学（一〇）　孤　桐
说　林
组菴谓余　曹孟其
遂生告余　曹孟其
组菴告余闻之曾履初　曹孟其
组菴告余文劝公微时　曹孟其

第1卷　第26期
1926年1月9日出版

特　载
圣贤与英雄异同论　孤　桐
时　评
一年以前讨代贿选　同
许阁居然成立矣　质
冯玉祥近忽决意下野　通

论难　孤　桐
农国辨　孤　桐
克己复礼为仁荀故　钱基博
民治二字解故　钱基博
通　讯
前上　钱基博
　附：按语　孤　桐
搭浆　江亢虎
　附：按语　孤　桐
教育　唐大圆
　附：按语　孤　桐
斯文　张元文
　附：按语　孤　桐
甲寅　缪　钺

逻辑（二）　孤　桐
揣籥录（三）　孤　桐

* 原刊此期未署名，第25期补正。

说　林
续后汉书　曹孟其
明史以乐书为最丑　曹孟其
阅读古文辞类纂书牍类　曹孟其

第1卷　第27期
1926年1月16日出版

本社特别启事（为执政指派人阅第二次征文之卷并捐俸为奖事）（封里）
时　评
本刊上期　通
现政府之基础　质
孙君传芳　通

释言　孤　桐
再答吴稚晖先生　孤　桐
吾人所请愿于吴稚晖先生者　梁家义
通　讯
批评　梁家义
附：按语　孤　桐
曩在　石克士
附：按语　孤　桐
不佞　重　世
附：按语　孤　桐
曩者　郑　琬
附：按语　孤　桐

章氏墨学（一一）　孤　桐
书林丛讯
琴学丛书（九嶷山人杨宗稷著）　刘　异
说　林
近日盛行同善社之道　曹孟其

第1卷　第28期
1926年1月25日出版

本社特别启事（为刊奉执政旨意评阅第二次征文者评讫呈文事）（封里）
时　评
奉军　通
陈君锦涛财政总长　平
今之时局　（未署名）

论约法答负仓子　孤　桐
与徐志摩书　孤　桐
读毁法辨质疑　负　仓
论解决时局方案　梁家义
通　讯
周刊　王树枏
附：按语　孤　桐
壬子　钱端升
附：按语　孤　桐
易学　梁家义
前函　陈莞枢
附：按语　孤　桐
尊刊　邛堉柏
附：按语　孤　桐
吾校　刘文清

附：按语　孤　桐
人事　公羊寿
附：按语　孤　桐
慨自　丁家光
附：按语　孤　桐

揣籥录（四）　孤　桐

杂记（一一）　孤　桐
说　林
记花牌楼之狱　曹孟其

第 1 卷　第 29 期
1926 年 1 月 30 日出版

本社第二次征文揭晓　（封里）
时　评
近日时局似有潜变　通
近日南北政治之象征　质
近来北京政迹　群
日本内阁总理加藤高明　同

三答稚晖先生　孤　桐
原用　孤　桐
工化与农化　陈宰钧
通　讯
予何　董世祚
附：按语　孤　桐
比闻　蔡文镛
附：按语　孤　桐
今后　王选之
附：按语　孤　桐
昨读　郑阅古
附：按语　孤　桐

章氏墨学（一二）　孤　桐
揣籥篇（五）　孤　桐

杂记（一二）
说　林
沈仲复巡抚署两江总督时　曹孟其
程德全因庆邸得迻江巡抚　曹孟其
故零陵镇守使刘君建藩　曹孟其
德人占据胶州事　曹孟其
黔阳黄总兵忠浩　曹孟其

第 1 卷　第 30 期
1926 年 2 月 6 日出版

时　评
法统之论　群
法统之在今日　通
中东路问题　质

告罪　孤　桐
吴敬恒——梁启超——陈独秀
　孤　桐
白话文学驳义　梁家义
八字辨　林治南
通　讯
曩读　王恒智
附：按语　孤　桐

前涵　王恒智
迩来　魏怀芳
　附：按语　孤　桐
久切　张　曦
　附：按语　孤　桐
杂记（一三）　孤　桐

说　林

翁文恭师日记　孙师郑
翁文恭与袁项城康南海二公交际　孙师郑

第1卷　第31期
1926年2月27日出版

特　载

产猴记　段祺瑞

时　评

丙寅春节　群
乙丑一年间政治　通
丙寅者四战之年也　质
共弃论　孤　桐
答曹君慕管　孤　桐
墨子之渊源　彭国栋

征　文

圣贤与英雄异同论　唐　兰

通　讯

甲寅　孙毓坦
　附：按语　孤　桐
仆一　曾文虞
　附：按语　孤　桐
元迂　李　元
　附：按语　孤　桐
读大　邓孟襄
　附：按语　孤　桐
数年　彭国栋
　附：按语　孤　桐
章氏墨学（一三）　孤　桐
杂记（一四）　孤　桐

说　林

六朝人手书左氏传　曹孟其
欧阳硐东诗话　曹孟其
两朝剥复录一书　曹孟其

第1卷　第32期
1926年3月6日出版

时　评

自有执政以来　平
三十年前　群
教育总长易培基　遂
原法　王荣宝
同异义问　孤　桐
书徐子热遗稿后　孤　桐
论废督裁兵与联省自治　彭景林
读吴章两先生近读所感　廖竞天
论六书次序质顾惕先生　陈德基

通　讯
读梁　钱基博
附：按语　孤　桐
尊刊　王雨桐
附：按语　孤　桐
前呈　庄　谦
附：按语　孤　桐
仆维　张熙侯
附：按语　孤　桐
梁君　龚冰麋
附：按语　孤　桐

揣籥录（六）　孤　桐
说　林
小嵩为言蟠蟀数则　曹孟其

第 1 卷　第 33 期
1926 年 3 月 13 日出版

特　载
困雪记　段祺瑞
时　评
自去冬北京政变以还　群
附：按语　编　者

随感　孤　桐
与杨怀中书　孤　桐
天论　张贞敏
痛言　唐铁风
通　讯
甲寅　阳叔葆
附：按语　孤　桐
士林　罗能康
附：按语　孤　桐
民气　唐铁风
附：按语　孤　桐
近二　唐　兰
附：按语　孤　桐

清华园解题记（一）　钱基博
说　林
文劝公为河北按察时　曹孟其
晋人陶淡遗脱　曹孟其
长沙遗蜕存者　曹孟其
七月初八登万石山望河灯　曹孟其
清宣统中毁湖南贡院为学校　曹孟其
夜不能寐　曹孟其

第 1 卷　第 34 期
1926 年 3 月 20 日出版

时　评
三月十八日　平
奉直议和　坦
兵连数月　芨

猜意　孤　桐
论价格标准　孤　桐
铜官感旧图记　孤　桐
论清华研究院　陈　拔

新文化运动平议　唐庆增
文体平议　陈德基
通　讯
读贵　杨　训
附：按语　孤　桐
先生　郑　琬
附：按语　孤　桐

逻辑（三）　孤　桐

杂记（一五）　孤　桐

清华园解题记（二）　钱基博
说　林
贻将军谷　曹孟其
甲午湖南乡试　曹孟其
湘绮少时　曹孟其
湘绮吊某氏　曹孟其
襄勤所部　曹孟其
潘文勤长刑部　曹孟其
荣相　曹孟其

第1卷　第35期
1926年3月27日出版

曳白记　孤　桐
论政府宣言抛弃出口税及复进口半税事　茂　名
论大沽事件　张翼枢
我与群　彭国栋
文话平议　王　力
解惑　江廷松
通　讯
去冬　陈　超
附：按语　孤　桐
甲寅　金　永
附：按语　孤　桐
自日　费师洪
附：按语　孤　桐
余深　孙　炎
附：按语　孤　桐
拙作　彭国栋
附：按语　孤　桐
一日　陈小豪
附：按语　孤　桐
愚性　汪廷松
附：按语　孤　桐
久未　郑阙古
大刊　蒋大椿

清华园题记（三）　钱基博
说　林
吴勤惠擅相人术　郑阙古
文肃公轶事　郑阙古
张文毅巡江西　郑阙古
庆王奕劻　郑阙古
嵩文恪　郑阙古
湘绮先生谈四书　郑阙古
湘绮语易　郑阙古
湘绮寿辰　郑阙古
谐湘绮问　郑阙古

第1卷　第36期
1926年12月28日出版

时　评
自本刊辍笔　（无署名）
吴军之对南　（无署名）
俄将加仑　（无署名）
孙军之败　（无署名）
内阁　（无署名）

党治驳议　章士钊
对作篇　章士钊
救济粮荒之标策　赵　淦

通　讯
诚与识　孙光庭
　附：按语　士　钊
宁静　钱基博
　附：按语　士　钊
文学　王基乾
　附：按语　士　钊
文中子考信　王吟龙
　附：按语　士　钊
文德　李普年
　附：按语　士　钊

诗　录
九日李园登高　苏　戡
九日李园登高　弢　庵
海藏出示九日登高之作即席奉和并柬弢老愔中行严次公纕蘅诸君　逸　塘
叠韵再柬海藏楼主并示同人　逸　塘
九日海藏老人见示李园登高之作次韵奉酬　次　公
十六日李国秋禊叠韵　次　公
次韵答海藏主九日登高之作　纕　
次海藏楼九日韵答旅尘　叔　海
读纕蘅和章并闻叶月舫淡汉事有感因复次原韵答之　孤　桐

附　录
晶报后题　章士钊

第1卷　第37期
1926年12月25日出版

时　评
政治　（无署名）
近日外交南倾　（无署名）
年来事实　（无署名）
为汉云汉　（无署名）
长沙市民　（无署名）
上海　（无署名）
近日党人举动　（无署名）

何故农村立国　章士钊
说党　章士钊
农村合作　董时进

通　讯
在野党　徐佛苏
　附：按语　士　钊
盲从苏俄之过　梁家义
　附：按语　士　钊
政本篇　张古直
　附：按语　士　钊

毁谤　徐树墉
　附：按语　士　钊
同情　王耘庄
　附：按语　士　钊
文　录
文中子考信录序　王树枏
诗　录
孤桐狂诗再答适甲寅重张有日率赋即寄仍叠前韵　湘　蘅
重九后七日海藏招集李园即用九日均再叠奉酬并柬同园诸公　湘　蘅
重九后七日海藏招集李园即用九日韵再叠奉酬并柬同游诸公　孤　桐
李园晚眺　苏　戡
次海藏先生李园晚眺　孤　桐
八里台舟泛　苏　戡
丙寅孟陬张君玉裁见示腊不尽津廨感怀诗即次其韵　范　孙
揖公赠诗久欲奉答因鞭韵最难是以迟迟今赋一律遂不依韵还请吟政　范　孙
春暮酒集江亭　晦　闻
今传是楼诗话（一）　王揖唐
杂记（一六）　孤　桐

第1卷　第38期
1927年1月1日出版

时　评
英国驻京代办　（无署名）
改造政府　（无署名）
奉张向外交团表示　（无署名）
自来军事不竞病在内讧　（无署名）
赣人心理之变　（无署名）
近自长沙来者　（无署名）
论业治　章士钊
林白水案与出庭状　章士钊
豫章变乱纪事本末　彭粹中
论斯密斯四大税纲　唐庆增
通　讯
救荒策　董时进
　附：按语　士　钊
海滨书院　江亢虎
　附：按语　士　钊
风气　计　照
　附：按语　士　钊
政论家　励　平
　附：按语　士　钊
曼殊大师　苏无忌
　附：按语　士　钊
报赀　曹雪帆
　附：按语　士　钊
文　录
翯字启　章士钊
诗　录
去沪有感　苏　戡
和苏戡　正　道
弱男四十书怀　孤　桐
孤桐嘱作弱男贤侄四十生日诗　苏　戡
老友孤桐设宴为其夫人弱男女士

四十寿征诗勉拈四截句报命愧不能为泛泛祝祠也　逸　塘
呈严范老　醇　壬

今传是楼诗话（二）　王揖唐

杂记（一七）　孤　桐

第 1 卷　第 39 期
1927 年 1 月 8 日出版

时　评
新年第一号之报纸　（无署名）
大公报　（无署名）
支那　（无署名）
江西方面之军事　（无署名）
汉口民众突发空前交涉事件　（无署名）
上海会审公堂　（无署名）
主义屑　章士钊
文论　章士钊
论法与礼　陈　拔
通　讯
党治　董亨久
　附：按语　士　钊
晶报后题　黄　复
　附：按语　士　钊
东方文化　唐大园
　附：按语　士　钊
文典　殷自泰
　附：按语　士　钊
汪容甫　俞　逸
　附：按语　士　钊
盈朒　李若愚
　附：按语　士　钊
文　录
觚庵诗序　陈立三
诗　录
元日赋呈伯兄太炎先生　孤　桐
答行严元日寄诗　太　炎
归视王庵竹树无恙赋示家人　贞　壮
立春日挚儿女看梅灵峰寺　贞　壮
和逸塘行严次公缫蘅枉和之作　苏　戡
次均答海藏先生并呈正道君主　逸　塘
次均答海藏楼主　缫　蘅
冬日登江亭　娄　生
季刚乱后北来喜投一诗　娄　性
今传是楼雅集分均得情字赋呈逸老并柬同社君子　缫　蘅
次今传是楼雅集均柬缫蘅并示同社诸君　孤　桐
孤桐自历下归枉和今传是楼雅集之作次均奉酬并柬同社诸公　缫　蘅
和缫蘅今传楼雅集之作　次　公
缫蘅诗齿甲寅重张事夜不成寐次均答之　孤　桐

今传是楼诗话（三）　王揖唐

杂记（一八） 孤桐

第1卷 第40期
1927年1月15日出版

时 评

汉案 （无署名）
对外 （无署名）
累月嚣然之内阁问题 （无署名）
关税附加税 （无署名）
南方军事 （无署名）
党政府 （无署名）

国民党周刊后题 章士钊
英案解剖敬告国民及南北当局（一） 梁敬錞
读论衡 唐兰

通 讯

亚父 章炳麟
附：按语 士钊
诤友 孙光庭
附：按语 士钊
文化 陈嘉异
附：按语 士钊
俄将 陈守愚
附：按语 士钊
论衡二事 杨树达
附：按语 士钊
对作 陈朝爵
附：按语 士钊

诗 录

有感次范孙和王仁安均 正道
正道居主和余小寒节诗悲悯恻恻发人省赋此志感 范孙
奉酬醇士见赠原韵 范孙
醇士赠诗依韵答之 地山
长沙章嫂吴夫人四十寿诗 师郑
奉怀孤桐津门 师郑
晓起看日出 筱秋

今传是楼诗话（四） 王揖唐

章氏墨学（一四） 孤桐

杂记（一九） 孤桐

第1卷 第41期
1927年1月22日出版

时 评

二五附加税 （无署名）
难解之瘕结 （无署名）
中原逐鹿 （无署名）
南局之意见 （无署名）
孙传芳在上海取缔党人 （无署名）
汉案貌若沉寂 （无署名）

苏法比论 章士钊
英案解剖敬告国民及南北当局（二） 梁敬錞

通　讯
丘墓　汤　砼
附：按语　士　钊
诗征　叶德辉
附：按语　士　钊
论衡　张九如
附：按语　士　钊
历史观　曾士先
附：按语　士　钊
困学斋文存　张霁虹
附：按语　士　钊
二问　储　祎
附：按语　士　钊
寄赠　吴行余
附：按语　士　钊
订报　陈筠仙
附：按语　士　钊
诗　录
简纕蘅并呈逸塘行严　苏　戡
拳匪一首　苏　戡
寿诗史阁主六十　书　衡
挽曾刚甫　弢　厂
次韵海藏李园九日登高　地　山
寄怀印泉苏州　孤　桐
孤桐以寄太炎印泉诗并太炎和作写示赋答一首即怀太炎海上印泉苏州　逸　塘
游大明湖示哲子　孤　桐
观音寺杂诗四首　纕　蘅
次海藏先生去沪有感韵　君　寒
今传是楼诗话（五）　王揖唐

杂记（二〇）　孤　桐

第1卷　第42期
1927年2月12日出版

时　评
本邦惯习　（无署名）
安格联代赫德　（无署名）
有可论者　（无署名）
英使蓝博森突访外长顾维钧　（无署名）
撤消领事裁判权　（无署名）
河南之局　（无署名）
南方施行党治　（无署名）

论吴淞政治大学　章士钊
陈兰甫先生公孙龙子注后题　章士钊
籀乱　彭粹中
通　讯
忠言　吴其昌
附：按语　士　钊
农国　董时进
附：按语　士　钊
诚与识　张元群
附：按语　士　钊
“烟土波里纯”　徐志摩
附：按语　士　钊
便佳簃杂钞　沈宗畸

附：按语　士　钊
约翰大学　王德钧
附：按语　士　钊
读甲寅难　钱履周
附：按语　士　钊

太炎集外文　章炳麟
庚子拳变与粤督书

诗　录

东坡生日侗伯召集寒碧簃分韵得游字　苏　戡
东坡生日侗伯召集寒碧簃分韵得孤字　弢　庵
逸公岁暮薄游海滨赋此奉柬　纕　蘅
岁暮　樊　山
辽东杂记　逸　塘
次韵答海藏楼主　纕　蘅
吴母六十寿记与北山先生盛年游晏及弱男夫人柬瀛过从之雅感怀成诗　任　公
次海藏先生韵　孤　桐
读孤桐自辨文有感奉寄　君　洁
惆怅　醇　士
城南　醇　士
双栝行并序　和　钧

章氏墨学（一五）　孤　桐

杂记（二一）　孤　桐

第1卷　第43期
1927年2月19日出版

时　评

调和
北京晨报渊泉论南北妥协　（无署名）
二报之言　（无署名）
美国近提议　（无署名）
出廷状　（无署名）
驻湘西常德之黔军　（无署名）
党政府明助佣工张目　（无署名）

论共产教　章士钊
原指　章士钊
陆贾新语提要辨证　余嘉锡

通　讯

周刊之职　荆嗣佐
附：按语　士　钊
国民党　方篑农
附：按语　士　钊
东方文化　唐大园
附：按语　士　钊
忧患　张　觉
附：按语　士　钊
巽言　吕美荪
附：按语　士　钊
吊柳州诗　李根原
附：按语　士　钊
存稿　王瑞灵
附：按语　士　钊

太炎集外文　章炳麟
　狱中与吴君遂张伯统书又致吴君遂

诗　录

觉迷吟　正　道
归途寄柬纕蘅即次其钧　逸　塘
除夕喜得逸老和诗赋答仍以前韵　纕　蘅
二十年前桂辛出先尊君梓皋先生湘江红叶图为题愚不能诗逡巡未就今披图仍是曩题者数首桂辛曰吾不敢滥诗人加墨也愚重其意且感湘剧剧变赋此旧之　孤　桐
题湘江红叶图　子　大
寿弱男夫人四十兼呈行严先生即用其书怀韵　君　洁
和胡君稼胎秋怀原均三首　养素女士

今传是楼诗话（六）　王揖唐

杂记（二二）　孤　桐

第1卷　第44期
1927年2月26日出版

时　评

浙江之战　（无署名）
杭州失守　（无署名）
上海罢工之后　（无署名）
自一月三日汉口发生惨案　（无署名）
欧战以还　（无署名）
辛亥以还　（无署名）
唐继尧　（无署名）

工潮与余值　章士钊
性诠　姚　震
人口过庶后论　郁　嶷

通　讯

是非　林思进
　附：按语　士　钊
商君书　王时润
　附：按语　士　钊
女子　孟勋瑞
　附：按语　士　钊
泰州学案　金天翮
　附：按语　士　钊
双栝庐　梁敬錞
　附：按语　士　钊
驳业治　寓　庸
　附：按语　士　钊
论衡　缪　钺
　附：按语　士　钊

诗　录

恭题先王女中丞公手抄十三经后　匏　庵
答周梅泉　苏　戡
寄太夷丈天津　梅　泉
寿庐江吴太君　式　之
丙寅冬罢杭县答旅京乡老并简行严　在　冬
奉怀二章（太炎行严）　在　冬

秋望怀友　君　寒
天津道上所见　孤　桐
珍珠泉　孤　桐
金线泉　孤　桐
象耕　孤　桐

今传是楼诗话（七）　王揖唐
杂记（二三）　孤　桐

第 1 卷　第 45 期
1927 年 3 月 5 日出版

时　评

伦敦某报　（无署名）
上海既失　（无署名）
今之论政者　（无署名）
北方责政何在　（无署名）
中国之幅员至大　（无署名）
党政府左右派之哄争　（无署名）
河南军事　（无署名）
孙中山逝世二周年　（无署名）

赤化录　章士钊
与杨邻葛书　章士钊
第三国际与中国（上篇）　梁敬錞

通　讯

论衡　积　微
　附：按语　士　钊
泰州教　丁洽明
　附：按语　士　钊
墨学　王时润
　附：按语　士　钊
经师授受　曹家澍
三事　张丙生

书林丛讯

苏俄 Bolshevist Rusia
〔瑞典〕贾格林 Auna Barwell 著　章士钊述

诗　录

弱弟哀　正　道
潜夫写示寄怀海外友人之作语极悲壮再叠奉答　逸　塘
惊蛰日有怀醇士天津再叠前韵　　 纕　蘅
青松樱公园三首　松　岭
秋兴八首之四　在　东

杂记（二四）　孤　桐
记冯玉香杀盗事

说　林

华国录巧对　曹孟其
读毛诗不必以为经　曹孟其
诗之有风赋比兴颂　曹孟其
前日　曹孟其
翻砻溪诗话　曹孟其
甲寅周刊二十号　曹孟其
甲寅时评论某军阀事　曹孟其
李申耆家藏书　曹孟其
文子之真伪　曹孟其
虞书　曹孟其
愈绶丞赠觚庵诗　曹孟其

32 清华文艺

简 介

《清华文艺》的前身是《清华周刊》的文艺增刊，一九二五年九月《清华文艺》单独出版之后，仍标明是“清华周刊副刊之一”，由陈铨等编辑，清华周刊社经理部发行。一九二五年出版四期，月刊；一九二六年只出一期，无卷期号；一九二七年改为不定期刊，出版五期，除一九二六年出版的一期是二十四开本之外，其余各期均为三十二开本。一九二七年十二月二十三日终刊，共出版十期。

编者在第一卷第一期上发表的《导言》中说：“本刊为清华全体刊物”，“注重中国旧文学的整理”，“西洋文艺的翻译和介绍”，“时下作品的批评”和“清华生活的描写”，同时“登载有趣的笔记笑谈”。《清华文艺》主要发表清华大学师生和校友的文章与作品，也适当揭载“校外之批评讨论通讯”。主要撰稿人有涛每、勉君、风汉、李健吾、朱湘、何一公、白杨、罗皑岚等。

《清华文艺》一九二五年所出版的四期月刊，各期出版时间均只署年度月份，不署具体日期。

目录

清华文艺（月刊）

第1卷　第1号
1925年9月出版

秋声　涛每
导言　记者

批评与介绍

但丁的生平及其著作　杨宗翰讲　贺麟笔记
评《女神》　记者
严复林纾所译的诗　自昭

诗歌

沁园春　梁启超
浣溪沙　梁启超
虞美人　李寿先
少年之歌　冠海
母亲　涛每
寄——（二首）　涛每
月光之下　勉君
月夜泛舟游西子湖　勉君
海滨　念生
第一次的祈祷　涛每
中夜蟾蜍　涛每

小说

自从你走后　K N
她回去了　成素
野马　イルち

戏剧

林大人　风汉

涛每丛谭

古书里面的三个清华学生——黄中、王国桢、杨昌龄　涛每
临丧笑贺　涛每
焦山似羲之　涛每
良臣与民贼　涛每
强词夺理的妙文　涛每
新古诗　涛每

编辑之后　记者

第1卷　第2号
1925年10月出版

恨不得　涛每
编辑者言　记者

批评与介绍

读王国维先生《红楼梦评论》之后　涛每

诗歌

亡妻李夫人葬毕告墓文　梁启超
游西山卧佛寺　李寿先
踏莎行·秋思　高亨
踏莎行·秋思（和高君晋生）　汪吟龙
静默之情郎　自昭
哀希腊　啸霞
春之别（校外来稿）　宋泽民
初恋　勉君

去了 伯劳
安眠 惠之
无题 孤特
月夜机杼声 涛每
失眠之夜 涛每

小说

什么是爱情的酬报？ 孤特
创世纪略 惠之
诱惑 KN

清华鳞爪

回顾 谢文炳
痛苦 武三多
写真 张荫麟
换菜 流
萦扰 大铨
中秋月夜的一封信 汪家曾

戏剧

孔雀东南飞 风汉

涛每丛谭

斑竹杈——四川歌谣 涛每
诗人的想像 涛每
寿亭侯与汉钟离 涛每
康有为的譬谕 涛每
谐著中华民国现行宪法 涛每

编辑之后 记者

第1卷 第3号
1925年11月出版

歌童 涛每

短评

中国之“君子人” 记者
孤桐君的误解 记者

批评与介绍

诗人雪莱的心理 涛每

诗歌

死别 吴宓
愿君常忆我 吴宓
浣溪沙·月夜 我痴
踏莎行·暮秋 我痴
祝英台·雨窗秋思 我痴
清平乐 余戴海
河满子·离情 余戴海
乙丑秋读杜诗有感赋呈孟宪承先生三十二韵 钱基博
荷花池即景 吴宓
水龙吟 吴宓
一丛花·夏游西湖 HC
临江仙·海上 HC
少年 周光午
太平洋观日出 顾谦吉
醉花阴 闻钧天
苏幕遮 闻钧天
逃婚 涛每

小说

电影场中 KN
贼 川针

编辑之后 记者

第 1 卷　第 4 号

1925 年 12 月出版

祖国　涛　每
编辑罪言　记　者
批　评
接吻诗人　记　者
文艺与清华　子　正
诗　歌
你曾再三告诉我　涛　每
故琴　涛　每
月静　涛　每
兵祸　余戴海
旅京感怀　王　竞
还长沙后游岳麓山　灵　泉
经友人旧居　灵　泉
南楼令·晚窗　我　痴
祝英台·孤雁　我　痴
满江红·寄怀　我　痴
小　说
离国前一日　惠　之
老博士　K　N
代表　欣　欣
张二爷的文明　刘淦芝
一瞥　青　山
慈母　雁　芦
戏　剧
爸爸的儿子　何一公

编辑之后　记　者

清华文艺（无期号刊）*

1926 年 6 月 5 日出版

塑我自己的像　佩　弦
放　鸽　朱　湘
春风　朱　湘
梦　朱　湘
你我　一　公
心影　一　公
秋景　一　公
爱的疮伤　一　公
祭奠南山下　阿　历
鳏夫与孀妇　阿　历
一缕哀思　阿　历
雪梅与月亮　兹　非
西湖纪游　兹　非
家居闻吟　兹　非
别——　勉　君
春雨　金
寄我敬爱的 P.Y.　爱名生
天人　念　人
蜜蜂　无名氏
“多娜”　光　军
惜取青春时　宋士衍
北游途上　宋泽民
“曙”　沤
苏曼殊《潮音集》英文自叙　啸　霞

* 这一册原刊上无卷期号。

哥德文艺思想的断片　唐得源
一位妇人的堕落　李健吾
漱成　涛　每
谁知道　罗皑岚
自然的事　不　娶
井底声　风　汉
桃花梦　欣　欣
清心寡欲　倩　谁
巧儿传记　锵　锵
翠子的将来　李健吾
三月十八　一　公

清华文艺（不定期刊）

第 1 期
1927 年 9 月 23 日出版

前望　记　者
我的笛　天　仙
中秋　辉
杜康格瑞　Burns 著　李健吾译
春底甜蜜　罗　罗译
乘驴　川　针
严寒中的春意　秀　茵
黄太太的钻戒　林　率

第 2 期
1927 年 10 月 14 日出版

悼杨子惠刘梦苇　白　杨
狞望友人渡北海　白　杨
美丽的海兰　李健吾译
一封信　白　晖
一个极小极小的老鼠　李健吾
例外的中国人　冠　海
芙蓉城　念　生
爱比勾勒的园圃
法郎士作　木译
小诗　白　杨

第 3 期
1927 年 11 月 4 日出版

泛海　朱　湘
舟中寄母　冷　君
悲哀　衣　替
墓碑　金　人
过巴沟桥西行　川　针
海龙王的眼睛　冠　海
心田　罗皑风
打猎　念　生
笑声　逸　生
或人之闲话（上）　秦国木

第 4 期
1927 年 11 月 25 日出版

Lullaby　朱　湘
摇篮歌　朱　湘
她的父亲　T.Hardy 作　林译
小诗　白　杨
蹇先艾先生的朝雾　李健吾

灯蛾　谢文炳
法雷寺的戏　罗皑风
第一次出洋　冠　海
湖中　轩
或人之闲话（下）　秦国木
杂记　毕树棠
落叶　德　光

第 5 期

1927 年 12 月 23 日出版

洋　朱　湘
解释　频　仍
安葬　白　杨
玉笙和鲜花　董承显
早雪　金　人
长恨　马文珍
Gefunden　（未署作者）林　率译
花神　（未署作者）罗　罗译
迎春　春　神
黑眼苏三　涛　每译
可可糖弁言　涛　每
家居漫画　罗皑岚
钓鱼　念　生
湖中　轩
一个兵和他的老婆　李健吾
致记者　马文珍
回顾　记　者

33 狂 飚

简 介

《狂飚》，有月刊，不定期刊和周刊三种，均为狂飚社创办的文学刊物。《狂飚》月刊，一九二四年九月一日创刊于北京，编辑者署“平民艺术团”，实际上是由高长虹、高歌等人编辑，发行者署“太原桥头街少年书社”，十六开本，每期八页，共出三期；《狂飚》不定期刊，一九二五年十二月（原刊没署具体日期）在北京出版第一期，署狂飚社编辑发行，实际编撰者是高长虹、高歌、尚钺、向培良等人。间隔将近三年，到一九二八年九月二十日又在上海出版第二期，高长虹编辑，狂飚社出版部发行，此后没有继续刊行，不定期刊两期均为十六开本；《狂飚》周刊，一九二六年十月十日创刊于上海，狂飚社编辑，上海光华书店出版发行，主要撰稿人有长虹、尚钺、培良、仲平、朋其、效洵、沐鸿、高歌、沸声、鲁彦等，十六开本，一九二七年一月三十日终刊，共出版十七期。《狂飚》月刊今已散失，本书只收录不定期刊和周刊的目录。

“狂飚社”的名字出现于一九二五年，而它的活动则开始于一九二四年秋，其主要代表高长虹从山西到北京从事“狂飚运动”。他们效法十八世纪七、八十年代德国资产阶级反封建的文学运动——“狂飚运动”，同时接受了尼采、罗曼·罗兰和罗素等人思想影响，起初，倡导“强的文艺”和“思想上的德谟克拉西精神”，高长虹在《狂飚周刊的开始》一文中宣称：“我们尊崇科学、尊崇艺术，我们以为艺术表现人类的行为，科学指导人类的行动。……我们以为中国只有两条路可走：有科学与艺术便生存，没有科学艺术便灭亡。我们以为人类只有两条路可走：有新的科学艺术便和平，没有新的科学艺术便战争。我们倾向和平，然而我们也尊崇战争，我们要为科学艺术而作战！”他们的宣言里表现了反封建的民主主义倾向，同时也包涵着浓厚的主观唯心主义、个人奋斗和艺术至上的色彩，一九二五年四月，应鲁迅之邀，高长虹等人参加“莽原社”，出《莽原》周刊，发表了不少文章，反对帝国主义，北洋军阀政府，批判研究系政客和胡适、陈西滢等“现代评论社”文人。稍后，高长虹、向培良等人极端个人主义思想膨胀起来．怀疑一切，反对一切，终于从《莽原》分裂出去，另办《狂飚》周刊，回过头来攻击鲁迅，结果走向了自己的反面。“狂飚社”成员的思想并不一致，后来的发展表明，有人堕落，更有不少人则成了真正的革命者。

《狂飚》不定期刊、周刊，以发表创作为主，同时重视对当前文艺问题和作品的评论，在创作上，有高长虹、柯仲平、高沐鸿等人的新诗和朋其、尚钺、向培良等人的小说。他们的作品特别是小说创作，常常带着不满黑暗现实的声音，朋其明确地提倡过“刺的文学”，鲁迅说他的小说“用流畅诙谐的言语，暴露、描画、讽刺着各式人物，尤其是知识层”，尚钺的创作，“也是意在讥刺，而且暴露，搏击的”，甚至向培良的作品里也有反抗黑暗的“响亮的战”。但是朋其终于“徘徊”起来，不再有“刺的文学”，而向培良其实仅止于无政府主义式的“虚无的反抗”；周刊上多期连载的长虹的《走到出版界》和培良的《中国戏剧概评》等，述评了不少作品和现代期刊以及其它文艺现象；此外，还有郑效洵、尚钺、培良和鲁彦等人的翻译。

目 录

狂飚（不定期刊）

第 1 期
1925 年 12 月出版

在死人之侧　莫伯桑著　尚　钺译
堕落（诗）　成　均
生的跃动　长　虹
春之消息　雨　晨
丁大王爷　尚　钺
水平线下
——评前半年《现代评论》上所登载之小说　培　良
五天　高　歌
失意的英雄　欲　擒
文化的横展与竖进　燕　生
六封信　培　良

第 2 期*
1928 年 9 月 21 日出版

出版部的消息
协社是经济的新运动
小书局加入协社
协社贷金
世界周刊社股金移交狂飚出版部
批评与感想
春痕
战士冰淇淋
艺术超越政治
关于出版界
狂飚出版部与各书局（出版界的总评）　长　虹
通讯
申府与罗素
新刊介绍
《荒岛》
新书预告
再版中的书

狂飚（周刊）

第 1 期
1926 年 10 月 10 日出版

《狂飚》周刊的开始　长　虹
论人类的行为　长　虹
献与狱中的一位英雄　仲　平
灵魂的乞讨者　尚　钺
一、狭室里的呻吟
二、阳光下
三、途中
Don Juan　朋　其
从《终身大事》说到胡适之，从胡适之说到现在的戏剧　培　良
走到出版界　长　虹

* 此期除《狂飚出版部与各书局》外，均无署名。

文化讨论与文化有什么关系
不装腔作态
革革革命及其他
莫伯三及其不幸
再读《兰生弟的日记》
希望科学出现于中国
写给《徬徨》
与春台讲讲《语丝》
通讯
答国民大学X君　长　虹

第2期

1926年10月17日出版

人类与禽兽
Waston作　陈德荣译
灵魂的乞讨者（续完）　尚　钺
四、猴戏中的失望
五、跛与瞎
六、大的影
论杂交　长　虹
最后的凭依　沐　鸿
走到出版界　长　虹
书的销路与读者
未名社的翻译广告及其他
关于性
旧事重提
通讯
给鲁迅先生　长　虹
给韦素园先生　长　虹

第3期

1926年10月24日出版

暗嫩
——一个圣经故事的悲剧
培　良
清晨起来　高　歌
一、爱之沫
二、苍蝇的世界
三、爱力
一线绿色的光　沸　声
一、严肃之夜
二、爱字的痕
三、一线绿色的光
译犹太作品两篇　鲁　彦译
一、和尔木斯与阿利曼
I.L.Perce作
二、宝　Salom-Alehem作
评胡适《中国哲学史大纲》　长　虹
走到出版界　长　虹
评《情书一束》
没有几种好的定期刊物
忠告一般的记者
虚伪非作品，真实且说话
从校对说到女作者
《响导》与《醒狮》
读《马丹波娃利》
略读广州文学
学点主观吧
关于闪光的黑暗与光明
莫伯三的诗与欧儿拉

第 4 期

1926 年 10 月 31 日出版

被羡慕的人　尚　钺
清晨起来（续）　高　歌
　四、最初的接吻
　五、父亲的像
　六、人鸟
在隧道中　沐　鸿
艺术杂论两则　长　虹
　一、天才破坏论
　二、韦痴珠与韩荷生
家庭之下　长　虹
走到出版界　长　虹
　关于郭任远及其著作
　北新书局的好消息还不是最好的消息
　为投稿本刊者略进数言
　题郭沫若《文艺论集》
　舆论不死
　我之考古谈
　送全平

第 5 期

1926 年 11 月 7 日出版

贞姐　尚　钺
白马与宝剑（诗）　仲　平
译波兰民歌四首
　（未署作者）鲁　彦译
　把我给了杨珂罢
　请你填平了山和谷
　呵，流水旁的荚莲儿
　哥萨克人
论孤独者　培　良
走到出版界　长　虹
　一九二五，北京出版界形势指掌图
　《狂飚》周刊计划中的新花样
　《现代评论》的又一希望

第 6 期

1926 年 11 月 14 日出版

漩涡（诗）　高　歌
批评工作的开始　长　虹
警钟　Androyev 作　培　良译
短歌（诗）　沸　声
飘泊者之放吟（诗）　沐　鸿
生活　远　征
给——（诗）　长　虹
走到出版界　长　虹
　谨防冷箭
　咄！商务印书馆乃敢威赫言论界吗？
　再谈广州文学及其他
　“模仿”与“创作”
　德国狂飚运动的代表作物
　又来凑一次热闹
　关于《沉钟》
　《语丝》果真要静默了吗？
　南京的青年朋友们起来吧！

杭州与我无缘
怀田汉

第7期
1926年11月21日出版

清晨起来（续） 高歌
七、摇床之上
八、剃刀
九、走回了家里
一〇、蒙蔽底下的声音
一一、活尸
劣情（诗） 仲平
一个灵魂的供诉 沐鸿
山中茶话 尚钺
给——（诗，续） 长虹
寄死者 亦我
走到出版界 长虹
谈谈翻译
中国与俄国
关于《论人类的行为》
访鸣者
通讯二则
致长虹 杰克
给杰克 长虹

第8期
1926年11月28日出版

什么是行为主义？
Watson著 效洵译
我的少年人你在那里？（诗）
仲平
清晨起来（续） 高歌
一二、征途
一三、来客
病 尚钺
三个朋友的死 培良
挣扎 张敬
有话大家说
论论广东的中山大学 白虹
走到出版界 长虹
关于本刊
张竞生可以休矣

第9期
1926年12月5日出版

狭的囚笼 沐鸿
中国戏剧概评 培良
在我手造的摇床中 高歌
给——（诗，续） 长虹
走到出版界 长虹
思想上的新青年时期
介绍中华第一诗人
靳云鹏先生的说话

第10期
1926年12月12日出版

洗衣妇 尚钺
红日 沐鸿

写给一个失踪的朋友　沸　声
中国戏剧概评（续一）　培　良
给——（诗，续）　长　虹
走到出版界　长　虹
　《吴歌·甲集》及其它
　时代的命运
　琐记两则
　呜呼《现代评论》化的《莽原》
　半月刊的灰色态度
　晴天的话
　《语丝》索隐
　公理与正义的谈话
　请大家认清界限
通讯二则
　致长虹　王培义
　致王培义　长　虹

第 11 期
1926 年 12 月 19 日出版

取消社会心理学
　（未署作者）德　荣译
艺术与时代　长　虹
挽她来那儿住家？（诗）　仲　平
狭的囚笼（续一）　沐　鸿
走到出版界　长　虹
　与岂明谈道
　如何提倡世界语
　父与子
　历史即神话
　“长虹给他母亲的一封信”
　与评梅论悲剧
　领袖主义
　《十字街头》答萍水
　《少年维特的烦恼》与《强盗》的比较及其它
　饭颗山头逢杜甫
　我在十字街头贴招子
通讯
　给——　武新宇
　周作人先生的附识为什么在漫云中　瀛　沁
　“为什么”即“无必要”　长　虹
　放屁逻辑与无逻辑　张谅辅

第 12 期
1926 年 12 月 26 日出版

科学与时代　长　虹
取消社会心理学（续完）
　（未署作者）德　荣译
给——（诗，续）　长　虹
提奥克虏
　〔波兰〕显克微克作　鲁　彦译
残灯之下　沸　声
冰心胡说些什么？　培　良
谁知道？　尚　钺
走到出版界　长　虹
　一个二十九岁的青年同一个三十岁的青年攀谈
　自画自赞自广告
　新时代的消息

由太戈尔而《雨天的书》
青年作者将是世界作者
我们的性生活

第13期
1927年1月2日出版

大刀李七　朋　其
几个新死的阴魂（诗）　仲　平
天使
〔波兰〕显克微克作　鲁　彦译
中国戏剧概评（续二）　培　良

第14期
1927年1月9日出版

中国戏剧概评（续三）　培　良
从民间来　长　虹
新的时代　尚　钺
狭的囚笼（续二）　沐　鸿
赠答　仲　平、长　虹
临死的夫妻　尚　钺
我走出了化石的世界
——答鲁迅　长　虹

第15期
1927年1月16日出版

伟大的灵魂　尚　钺
中国戏剧概评（续四）　培　良
“沙野冬夜”会风曲　仲　平
环境　高　歌
在骸骨中　沸　声
猫眼睛　长　虹
老时代　长　虹
垂发　培　良
有话大家说
名字的退化或进化　长　虹
《猛进》第五十四期目录预告
长　虹
Gogol启事　长　虹
胡适考　培　良
模仿　尚　钺
打我的眼睛看出去和由我的耳朵听进来　朋　其

第16期
1927年1月23日出版

怎样研究人类的行为
Watson作　效　洵译
中国戏剧概评（续完）　培　良
黄叶
〔拉脱维亚〕J.Gulbis作　鲁　彦译
乳母　尚　钺
大家的语丝
这样的等号　朋　其
挽周作人先生　尚　钺
急说与直说　勳　子
也是诗　土地老
青年与老人　高　歌
赠小老头及其傻瓜　埃及人

呜呼岂明　　培　良

第 17 期

1927 年 1 月 30 日出版

善人之恶运　　朋　其
新的时代　　尚　钺
走到地狱下　　仲　平
一件杀案　　尚　钺
孤零的斑鸠　　尚形声
走到出版界　　长　虹
　断续之声
　特别声明
　寄到八道湾
　人类的脊背
　请疑古玄同先生自己声明
　疑威将军其亦鲁迅乎
　一鼻孔出气的人有两张嘴
　我原来是天才
　两面等于一面？曰：所谓一面之辞也
　大鱼与小鱼
　鲁迅梦为皇太子
　写给《少年歌德之创造》
　再寄八道湾
　所谓自由批评家启事
　女士与文学家的心
有话大家说
　关于性欲及几部关于性欲的书　　培　良
随笔之一　　尚　钺
致《城中》的作者　　培　良
“为什么同鲁迅闹得这样凶”？　　培　良

34 创造月刊

简　介

《创造月刊》，是创造社继《创造周报》之后创办的重要文艺刊物，一九二六年三月十六日创刊于上海，由郁达夫、成仿吾、王独清轮流主编。一九二八年七月，创造社文学部成立，改署创造社文学部编辑，并由创造社出版部发行，二十四开本。一九二九年一月十日出版至第二卷第六期，由于创造社出版部被国民党政府查封，遂停刊。

《创造月刊》形式类似《创造》季刊，创刊号《卷首语》中说明了该刊的宗旨，“我们的志不在大，消极的就想以我们无力的同情，来安慰安慰那些正直的惨败的人生的战士，积极的就想以我们的微弱的呼声，来促进改革这不合理的目下的社会的组成”。一九二八年八月十日出第二卷第一期，在《编辑后记》中说：该刊经过改革，从所谓“纯文艺刊物”转变为“战斗的阵营”，其实这种“转变”应该说从一九二八年一月一日出版第一卷第八期起，就明显的开始了，主要标志是创造社经过整顿，以月刊为主要阵地之一，大力倡导无产阶级革命文学。

《创造月刊》专门发表文学创作和文学评论。在创作上新诗仍然占显著地位，其次是小说、戏剧和散文。新诗除郭沫若的《瓶》之外，王独清、穆木天、冯乃超发表了大量作品，成为月刊的主要诗歌作者。他们都取法象征派，但王独清豪显，穆木天幽远，冯乃超感伤，此外还有段可情、许幸之等人的诗作；小说有郁达夫的《过去》，蒋光慈的《鸭绿江上》以及张资平、郭沫若、龚冰如、华汉等人的作品；还有郑伯奇、李初梨等人的剧本和郁达夫等人的散文小品。从第一卷第八期起，文学评论逐渐增多，发表了一系列倡导无产阶级革命文学的重要文章，如郭沫若的《英雄树》，成仿吾的《从文学革命到革命文学》等，

《创造月刊》是当时在白色恐怖之中大张旗鼓宣传革命文学主张，为马克思主义文艺理论建设作出贡献的刊物之一，但是有些文章也表述了某些不正确的观点，以至于在批判新月派的同时，也错误地批判了鲁迅、茅盾等人，反映了文章的作者们思想认识上的毛病，以及所受国际国内“左”倾思潮的影响。

目 录

第1卷 第1期
1926年3月16日出版

卷头语 郁达夫
文艺批评杂论 成仿吾
论节奏 郭沫若
Curacoa（小说） 张资平
吊罗马（诗） 王独清
诗选 穆木天
乞丐之歌
北山坡上
落花
苏武
薄暮的乡林
山村
心响
雨丝
薄光
不忍池上
水声
幻想的窗（诗选） 冯乃超
我愿看你的苍白的花开
月光下
泪零零的幸福昇华尽了
蛱蝶的乱影
阴影里的花
消沉的古伽蓝
幻影
谭诗 穆木天
——寄沫若的一封信
再谭诗 王独清
——寄给木天、伯奇
海洋作家比野陆蒂（介绍） 陈南耀
密约（小说） 张资平
寒宵（小说） 郁达夫
街灯（小说） 郁达夫
给沫若的旧信 郁达夫
尾声 达 夫

第1卷 第2期
1926年4月16日出版

历史的小说论 郁达夫
瓶（诗） 郭沫若
鸭绿江上（小说） 蒋光赤
寒流（小说） 张资平
楼头的烦恼（小说） 周全平
怀乡病者 郁达夫
十月革命与俄罗斯文学 蒋光赤
醇酒与妇人（画） 叶灵凤
失望的哀歌（诗） 王独清
野庙及其它（诗） 穆木天
野庙
水飘
江雪
雨后
与旅人——在武藏野的道上
我愿
烟雨中

孤鸿（通信） 郭沫若
编辑者言 郁达夫

第 1 卷 第 3 期
1926 年 5 月 16 日出版

革命与文学 郭沫若
个人主义艺术的灭亡 何 畏
文艺批评杂论 成仿吾
畸人（小说） 赵伯颜
十月革命与俄国文学（续一） 蒋光赤
埃及人（诗） 王独清
植树节（小说） 张资平
拜论与浪漫主义 梁实秋
南行杂记（记行） 郁达夫
编辑后话 成仿吾

第 1 卷 第 4 期
1926 年 6 月 1 日出版

写真（创造社同人像）
革命文学与他的永远性 成仿吾
写实文学论 穆木天
杨贵妃之死 王独清
曼陀罗华 郭沫若
死的摇篮曲 冯乃超
十月革命与俄国文学（续完） 蒋光赤
蜃楼 郁达夫
玫瑰花（诗） 王独清
深林的月夜 成仿吾
拜轮的精神 徐祖正
拜轮的浪漫主义 梁实秋
诗人谬塞之爱的生活 摩 南
通信 段可情
编辑余话 成仿吾

第 1 卷 第 5 期
1926 年 7 月 1 日出版

文学与情绪 方光焘
旅心（诗） 穆木天
雨后的井之头
伊东的川上
朝之埠头——寄乃超
羶红色灰黯里——与乃超
鸡鸣声——与独清
弦上——赠仿吾
沉默——寄初梨
苔莉（小说） 张资平
《达夫全集》自序 郁达夫
生命的哀歌（诗） 冯乃超
维尼及其诗歌（介绍） 穆木天
一个人在途上（杂感） 郁达夫
非编辑者言 郁达夫

第 1 卷 第 6 期
1927 年 2 月 1 日出版

法国文学的特质 穆木天
后悔（小说） 郭沫若

红纱灯（诗）　冯乃超
　悲哀
　梦
　乡愁
　约束
　红纱灯
　古瓶赋
　叹
　默
苔莉（小说）（续）　张资平
爱的掠夺（三幕剧）　李初梨
诗选
　陶前坝　李白华
　船哟　李白华
　送君珠海之边　周灵均
过去（小说）　郁达夫
关于编辑、介绍以及私事等等　郁达夫

第1卷　第7期

1927年7月15日出版

音乐会小曲　陶晶孙
旅行列宁格勒（诗）　段可情
　叙诗
　冬宫之前
　炮台与监狱
　登绮纱克教堂之顶
　沙皇避暑山庄
　离别之夜
危机（独幕剧）　郑伯奇
牧歌（诗）　许幸之
　Prologue
　初语
　晚钟
　归舟
　归校
　赠花
　索画
　喜鹊
　江岸
　别日
　长思
维尼及其诗歌（续）　穆木天
伤离（剧）　倪贻德
十月革命与罗国斯文学（续）　蒋光赤
两姑娘（小说）　陶晶孙
劳生日记　郁达夫
死前（诗）　王独清
三年以后（小说）　王独清
去雁（通信）　王独清
编辑后　王独清

第1卷　第8期

1928年1月1日出版

英雄树　麦克昂
抗争（剧）　郑伯奇
一封退回的信（小说）　段可情
青春（小说）　张资平
凋残的蔷薇（诗）　冯乃超

凋残的蔷薇恼病了我
绝望
残烛
涌上来的小波
短音阶的秋情
苍黄的古月
没有睡眠的夜
十二月
阑夜曲
牛（小说） 赵伯颜
十月革命与俄罗斯文学（续） 蒋光赤
维尼及其诗歌（续） 穆木天
石膏习作（插图） 许幸之
弹琴者（插图） 方君璧
貂蝉（剧） 王独清
余谈 王独清

第 1 卷　第 9 期
1928 年 2 月 1 日出版

从文学革命到革命文学（论文） 成仿吾
一只手（小说） 麦克昂
——献给新时代的小朋友们——
牺牲（剧） 郑伯奇
铁汁（小说） 段可情
维尼及其诗歌（续） 穆木天
菊芬（小说） 蒋光慈
我归来了，我底故国！（诗） 王独清
今后的本刊 王独清

第 1 卷　第 10 期
1928 年 3 月 1 日出版

全部的批判之必要 成仿吾
——如何才能转换方向的考察——
兵荒（小说） 张资平
一只手（小说，续一） 麦克昂
牺牲（剧，续） 郑伯奇
维勒得拉克（介绍） 穆木天
查票员（小说） 段可情
诗 沈起予
无题
丧得漫颓之夕
菊芬（小说，续） 蒋光慈
编辑事项及其他 王独清

第 1 卷　第 11 期
1928 年 5 月 1 日出版

桌子的跳舞（论说） 麦克昂
为什么褒姒哈哈地大笑（小说） 冯乃超
——一篇木头戏脚本的草案——
一只手（小说，续完） 麦克昂
牺牲（续） 郑伯奇
波浪 潘怀素
诗三首 李果青
寄上学的朋友

小宣言

给诗人

黎明之前（小说） 龚冰庐

诺托的左页（杂记） 沈起予

毕竟是“醉眼陶然”罢了（答辩） 石厚生

编辑后记 石厚生

第1卷 第12期

1928年7月10日出版

什么是“健康”与“尊严”（论文） 彭康

——“新月的态度”底批评——

慧珍（小说） 赵伯颜

黎明之前（小说） 龚冰庐

五月歌（诗） 黄药眠

火光中的死（小说） 羽农

女囚（小说） 华汉

INCIPiT ViTA NOVA（诗） 王独清

献诗

改变

伟大之死

Terreur blanche

帝国主义杀人

我再也不能平静了

壮伟的离别

东京观剧印象记（杂记） 郑伯奇

留声机器本事（杂记） 冯乃超

编辑后记 文学部

文化运动联盟缘起（来件）

第2卷 第1期

1928年8月10日出版

新的开场（卷头语） 王独清

冷静的头脑 冯乃超

——评驳梁实秋的《文学与革命》

演剧运动之意义 沈起予

帝国的荣光（小说） 郑伯奇

勘太和熊治（木头戏脚本） 陶晶孙

乳娘（戏剧） 龚冰庐

外白渡桥（诗） 冯乃超

伟大的时代（诗） 君淦

——一九二八年五一节狱中歌——

火山下的上海（随笔） 段可情

王七豹的出路（小品） 陈极

文坛的五月 何大白

高尔基论（论文） 倭罗夫斯基著 嘉生译

高尔基是同我们一道的吗?（论文） 塞拉菲莫维奇著 李初梨译

矿坑姑娘（小说） 松田鲜子著 张资平译

不拍手的人（小品） 藤森成吉著 李初梨译

文艺战线上的封建余孽 杜荃

——批评鲁迅的《我的态度气

量和年纪》——
文艺界的反动势力（通讯）
梁自强
编辑后记　文学部

第 2 卷　第 2 期

1928 年 9 月 10 日出版

怎样地克服艺术的危机（卷头语）
冯乃超
中国戏剧运动的苦闷（论文）
冯乃超
演剧改革的几个基本问题（论文）
毛文麟
沙锅（戏剧）　赵伯颜
炭矿夫（小说）　龚冰庐
一封英兵遗落的信　段可情
穷人的妻（小说）　汪锡鹏
汽笛鸣了（诗）　龚冰庐
快走（诗）　冯乃超
高尔基论（续）
倭罗夫斯基著　嘉　生译
群众＝人（译剧）
Ernst Toller 作
李铁生译
评驳甘人的《拉杂一篇》（批判）
克　兴
——革命文学底根本问题底
考察——
编辑后记　文学部

第 2 卷　第 3 期

1928 年 10 月 10 日出版

艺术运动的根本观念（论文）
沈起予
炭矿夫（小说，续一）　龚冰庐
火山下的上海（随笔，续一）
段可情
意识的进化（小说）　陈　极
三色旗与桑茶西（小说）　泣　零
今日的歌（诗）　冯乃超
诗栏
火焰般的生命　少　怀
三月十八　菀　尔
给——　孤　凤
吊亡魂　浮　沫
革命戏剧家梅叶荷特的足迹
冯乃超
资本主义对于劳动文学的新攻势
（近讯）　编辑委员
悬赏征文审查报告　征文委员会
托尔斯泰——俄罗斯革命明镜
伊理支著　嘉　生译
资产阶级的小丑——肖伯讷
魏特和格著　克　兴译
群众＝人（戏剧，续）
Ernst Toller 著　李铁生译
读壁报的人们（译诗）
上野壮夫著　N.C.译
编辑后记　文学部

第2卷 第4期
创作号
1928年11月10日出版

国庆前一日（戏剧） 王独清
轨道（戏剧） 郑伯奇
炭矿夫（小说，续完） 龚冰庐
老大（小说） 陈 芳
趸船上的一夜（小说） 华 汉
县长（戏剧） 冯乃超
火山下的上海（随笔，续完） 段可情
Fête Nafionale 王独清
从工厂里走出来的少年 宛 尔
冬天的早晨 黄药眠
新时代的展望 少 怀
革命文艺与大众文艺 彭 康
文化问题与月刊（通信） R.T
关于“看书自由” 文 氓
编辑后记 文学部

第2卷 第5期
1928年12月10日出版

小资产阶级文艺理论之谬误——评茅盾君的《从牯岭到东京》 克 兴
巷战（小说） 王洁予
轨道（戏剧） 郑伯奇
飞花楼（小品） 龚冰庐
绑票匪的供状（小说） 段可情
火焰（诗） 程少怀
铁囚车里（诗） 云 弟
上海——将来？（诗） 殷尔逊
低下去！（诗） 邱韵铎
逃亡者 威特福格尔著 李初梨译
真理的城（童话） 〔匈〕缪莲女士著 晴 嵋译
河（译诗） 〔日〕森山启作 N.C.译
绘画的马克思主义的考察（译文） 傅利采作 镜 我译
编辑后记 文艺部

第2卷 第6期
1929年1月10日出版

对于所谓“小资产阶级革命文学”底抬头，普罗列塔利亚文学应该怎防卫自己？ 李初梨
——文学运动底新阶段——
演剧运动的检讨 沈一沉
子畏于匡 王独清
佳期（一幕剧） 郑伯奇
矿山祭 龚冰庐
血战 华 汉
资本轮下的分娩 李白英
绑票匪的供状（续） 段可情
母亲的千金 汪锡鹏
陈老四的故事 实 味
红色的爱 弱 萍
慰恤金 冯乃超

最大方向　柯　南
忧愁的中国　冯乃超
H.Barbusse（巴比塞）的思想及其文艺　沈起予
德布士的梦
贾克·伦敦著　芮　生译
关于马克思主义文艺批评的任务之大纲
卢那卡尔斯基著　朱镜我译
编辑后记　文艺部

35 沉钟（半月刊）

简 介

《沉钟》半月刊，是沉钟社继《沉钟》周刊之后创办的又一文学刊物。一九二六年八月十一日创刊于北京，北新书局出版发行，小三十二开本。一九二七年一月二十六日出至第十二期休刊，同年七月十日出一期关于爱仑坡和霍夫曼的“特刊”之后，间隔五年，一九三二年十月十五日复刊，期号续前，一九三三年三月三十日出至第二十四期又休刊半年，同年十月十五日继续刊行。一九三四年二月十八日出至第三十四期终刊，共出三十四期，又特刊一期。

“沉钟社”一九二五年秋发祥于北京，主要成员除原“浅草社”的陈炜谟、陈翔鹤、冯至、罗石君之外，又加入了杨晦、蔡仪、修古藩、左浴兰等人。他们除了编辑《沉钟》周刊和半月刊，还出版了两种丛书，第一种一九二七年由北新书局出版，有冯至的《昨日之歌》，陈炜谟的《炉边》，陈翔鹤的《不安定的灵魂》和杨晦翻译的《悲多汶传》四本；一九二九年——一九三〇年自费出版了第二种，有杨晦的《除夕及其他》，冯至的《北游及其他》和郝荫潭的《逸如》三本。沉钟社活动了将近十年之久，老老实实地从事创作，为新文学的发展作出了贡献，因而鲁迅在《中国新文学大系，小说二集导言》中说：“事实上，沉钟社却确是中国的最坚韧、最诚实、挣扎得最久的团体。”

《沉钟》半月刊类似《浅草》季刊，专登创作和翻译而很少发表评论。作品有冯至的幽婉动人的抒情诗，如《风夜》、《迟迟》等；有陈炜谟、陈翔鹤、修古藩的小说，如《寻梦的人》、《寨堡》、《悼——》、《西风吹到枕边》、《孤独》等；有杨晦的剧本，如独幕剧《庆满月》、《除夕》和五幕历史剧《楚灵王》等；还有鹤西、缪崇群等人的散文。这些作品除杨晦之作常取材于下层人民的生活之外，多半以知识青年生活为题材，表达对黑暗现实的不满，热烈而悲凉，许多作品如鲁迅所说“往往‘春非我春，秋非我秋’，玄发朱颜，低唱着饱经忧患的不欲明言的断肠之曲”。该刊还发表了冯至、杨晦、林如稷、左浴兰等人的许多译文，侧重于译介东欧被压迫民族文学和德国文学。

目 录

第 1 期

1926 年 8 月 11 日出版

启事

射击 罗石君

寻梦的人 陈炜谟

笑的泪 杨 晦

大城 安然烈夫著 有 熊译

寺门之前 冯 至

魔鬼的俘虏 楣

第 2 期

1926 年 8 月 25 日出版

“最后之歌” 冯 至

悼—— 陈翔鹤

Petofi Sandor 冯 至

尸 莎 子

夜（独幕剧）

Sholom Asch 作 杨 晦译

第 3 期

1926 年 9 月 11 日出版

《文艺复兴时代研究》的结论 张定璜

夜 陈炜谟

海上寄 H 流 沙

旧时代中的几幅新画像 陈炜谟

《兰生弟日记》 有 熊

祭坛 罗石君

鲛人 琲 琲

第 4 期

1926 年 9 月 25 日出版

“无聊事”——答创造社的周全平

陈炜谟

庆满月 杨 晦

高尔该自叙的三部作 有 熊

遗言 罗石君

西风吹到了枕边 陈翔鹤

佐治桑德与艺术上的理想主义

Anatole France 作 陈炜谟译

默 冯 至

第 5 期

1926 年 10 月 10 日出版

掘宝者 J.W.Gocthe 作 冯 至译

眼睛 陈翔鹤

孔子的自白 葛 茅

野店 罗石君

永远地，永远地（独幕剧）

H.Lavedan 作 流 沙译

“晚报” 琲 琲

火 冯 至

预兆 S.Zeroneki 作 有 熊译

第 6 期

1926 年 10 月 25 日出版

莹子 陈翔鹤

高等卫生顾问官的夫人
E.Hebbel 作 杨丙辰译
在阴影中 冯至
死后 正冈子规作 张定璜译
呼声 罗石君
出了地狱之后
Lord Dunsany 作 陈炜谟译
磨镜 杨晦

第 7 期

1926 年 11 月 10 日出版

风夜 冯君培
只眼挑夫 张定璜
姑母 陈翔鹤
雾 蓬子
夜渔 南冠
乌鸦 冯至

第 8 期

1926 年 11 月 26 日出版

老树的荫凉下面 杨晦
母亲 葛茅
发痴 蓬子
Cassiopeja 冯至
佩剑—项圈 罗石君
亨利·雷可诺夫的随笔 陈炜谟

第 9 期

1926 年 12 月 11 日出版

夜 杨晦
望 冯至
MARCUSAURELIUS 的冥想录抄
陈炜谟
迟迟 冯至
H 先生 君培

第 10 期

1926 年 12 月 26 日出版

除夕 杨晦
芦苇的歌 冯至
不要 陈炜谟
《北上杂笔》 冯至
废墟 葛茅

第 11 期

1927 年 1 月 11 日出版

寨堡 陈炜谟
《拉敷康》的原序 杨丙辰
浓荫之下 罗石君
在另一世界里（上） 陈翔鹤
餐室 蓬子

第 12 期

1927 年 1 月 26 日出版

Prometheus & Job（上） 杨晦
强者 陈炜谟译
冬天的人 冯至
在另一世界里（下） 陈翔鹤

特　刊

1927年7月10日出版

论坡（Edgar Allan Poe）的小说　陈炜谟
钟　E.Allan Poe作　杨　晦译
Ligeia　E.Allan Poe作　陈炜谟译
Eleonora　E.Allan Poe作　陈炜谟译
黑猫　E.Allan Poe作　陈炜谟译
谈E.H.A.Moffmann　冯　至
Artus厅堂　E.H.A.Hoffmann作　冯　至译
乌鸦　E.Allan Poe作　杨　晦译

第13期
（复刊号）

1932年10月15日出版

家庭　陈翔鹤
《鲁公马加尔丛书》之产生　B .De Jouvenel著　林如稷译
赛因河畔的无名少女　冯　至
弥尔敦　M.Arnold著　梅　晦译
附记　晦

第14期

1932年10月30日出版

布里格随笔　R.M.Rilke著　冯　至译
一个偶遇的故事　陈翔鹤
灰色的灵光　D.Kosztolonyi著　林如稷译
附记　晦

第15期

1932年11月15日出版

L，Allegro（快活的人）　J.Milton著　杨　晦译
鸽的悲哀　陈翔鹤
豹　R.M.Rilke著　冯　至译
幽灵界　缪崇群
附记　晦

第16期

1932年11月30日出版

II Penseroso　J.Miltor著　杨　晦译
散文两篇　缪崇群
　一、一对石球
　二、夜过御河桥
未名的故事　L.Nakos著　林如稷译
附记　晦

第17期

1932年12月15日出版

般·琼生谈“文”　杨　晦译
洛迦法师　陈翔鹤
海及一个可怜人的故事

〔匈〕D.Kosztolanyi 作　林如稷译
归来杂感　稷
附记　晦

第 18 期
1932 年 12 月 30 日出版

论山水　R.M.Rilke 著　冯　至译
洛迦法师（续）　陈翔鹤
系鱼川　岂　明
附记　晦

第 19 期
1933 年 1 月 15 日出版

朗该诺斯《庄严论》（1—5）
杨　晦译
是谁　蔡　仪
七个铜子
〔匈〕Z.Moricz 著　林如稷译
看火　修古藩
Mark Rutherford 随笔两篇
左浴兰译
一、坚忍
二、信仰
附记　晦

第 20 期
1933 年 1 月 30 日出版

朗该诺斯《庄严论》（6—9）
杨　晦译
一个故事
D.Szomory 著　林如稷译
《晞露集》序　杨　晦
蛇　修古藩
附记　晦

第 21 期
1933 年 2 月 15 日出版

Söoren Kievkegaard 语录 冯　至译
转变（上）　陈翔鹤
小咖啡馆　I.Strem 著　林如稷译
清明　修古藩

第 22 期
1933 年 2 月 28 日出版

论恋爱　Stevenson 著　左浴兰译
十三号　P.Mille 著　林如稷译
转变（下）　陈翔鹤
附记　晦

第 23 期
1933 年 3 月 15 日出版

牧场杂感
R.Jefferies 著　顾绶昌译
打赌　修古藩
哥比里夫的还乡（上）
L.Leonov 著　林如稷译

《周作人书信》序　　作　人

附记　　晦

第 24 期
1933 年 3 月 30 日出版

哥比里夫的还乡（下）
L.Leonov 著　林如稷译

孤独　　修古藩

疲乏　　陈翔鹤

附记　　晦

第 25 期
1933 年 10 月 15 日出版

楚灵王（第一幕）　　杨　晦

恶作剧　　修古藩

绿翘之死　　蔡　仪

我只要——
D.H.Lawrence 著　陈　逵译

狗　　林如稷

附记　　晦

第 26 期
1933 年 10 月 30 日出版

独身者（一）　　陈翔鹤

玛勒揆若亚爵爷的门
R.L.Stevenson 著　左浴兰译

山鬼　　修古藩

随笔一则　　林如稷

房子　　鹤　西

楚灵王（第二幕）　　杨　晦

第 27 期
1933 年 11 月 15 日出版

潘润之　　修古藩

玛勒揆若亚爵爷的门（续）
R.L.Stevenson 著　左浴兰译

独身者（二）　　陈翔鹤

楚灵王（第三幕）　　杨　晦

第 28 期
1933 年 11 月 30 日出版

龙王镜　　修古藩

独身者（三、四）　　陈翔鹤

调和　　林如稷

玛勒揆若亚爵爷的门（续完）
R.L.Stevenson 作　左浴兰译

被辗压的母鹿
P.Mille 作　林如稷泽

第 29 期
1933 年 12 月 15 日出版

解脱
R.B.Cunninghame Graham 作
左浴兰译

独身者（五、六）　　陈翔鹤

钟家坝上　　修古藩

小红风帽　J.Heltai 作　林如稷译
楚灵王（第四幕）　杨　晦

第 30 期

1933 年 12 月 30 日出版

旅人芭蕉　蔡南冠
采拾 Samphire 的人
W.Hudson 作　左浴兰译
"忆云斋"　林如稷
悼朱湘君　陈翔鹤
楚灵王（第五幕）　杨　晦

第 31 期

1934 年 1 月 15 日出版

无名之乡　H.Belloc 作　左浴兰译
情歌　冯　至
过年　林如稷
画家 Van Gogh 与弟书　冯　至译
危源远　修古藩
埃昂（柏拉图的一篇问答）
杨　晦译

第 32 期

1934 年 1 月 30 日出版

英国 E.V.Lucas 随笔两篇
左浴兰译
一、秋果
二、会议
办公室内　林如稷
审判　修古藩
马尔特·劳利特·布里格随笔
冯　至译
写在冬空　陈翔鹤

第 33 期

1934 年 2 月 15 日出版

英国散文两篇
一、友谊
A.C.Brock 作　左浴兰译
二、St.Francis 兄弟
Grace Rhys 作　左浴兰译
混合物的写生　蔡南冠
角笛　维　尼作　穆木天译
写在冬空（续）　陈翔鹤

第 34 期

1934 年 2 月 18 日出版

论消闲　Priestley 作　左浴兰译
诗四首　冯　至
夜（一）
夜（二）
海歌
雪后
沉淀　修古藩
写在冬空（续完）　陈翔鹤

36 北 新

简 介

《北新》，综合性刊物。一九二六年八月二十一日创刊于上海，北新书局出版发行，第一卷为周刊，小三十二开本，由孙福熙编辑，从第二卷起改为半月刊，大三十二开本，由潘梓年、石民等编辑。一九三〇年十二月一日出满第四卷后终刊，共出一百二十四期。

《北新》是北新书局办的刊物，为适应书局出版业务的需要，刊物内容涉及广泛领域，包括政治、经济、文化诸方面，有关政治方面的内容，多是时事报道性的短文，经济、文化方面，则时有带学术性的较长的文章，而书刊评介和序跋文始终是大宗，构成了该刊的一个重要特色。但是，《北新》的大部分篇幅是发表文学创作、翻译作品和文学评论，撰稿人数以百计，多数是倾向进步的作者，有不少著名作家为它写稿，如鲁迅的《〈阿Q正传〉的成因》、《答有恒先生》、《魏晋风度及文章与药及酒之关系》（改定稿）等文章，郁达夫的《杨梅晓酒》、《迷羊》等作品，均首先揭载于该刊。还有白薇、光人、陈学昭、李金发、叶苍岑等人的新诗，许钦文、李劼人、冯文炳、彭家煌、倪贻德等人的小说，周作人、钟敬文、绿漪、春台、王任叔等人的散文，春晖、颂梅、一骚等人的剧本，以及黎锦明、朱大枏、赵景深、高长虹、苏雪林等人的评论，此外，还发表了许多外国著名作家作品的译文。

目　录

第 1 卷　第 1 期
1926 年 8 月 21 日出版

新发展　本刊编辑同人
《古史辨》第一册（顾颉刚著）　孙福熙
《白采的诗》（散文）　学　昭
暑假中渴望早日奉读佳作　记　者
学术近闻*　记　者
张嘉煊的书面装璜
将招音乐暑期班
开明书店出版《城中》（叶绍钧著）
水产学校联合会成立
《中国音乐谱》
商务、中华、世界、开明书限期廉价

第 1 卷　第 2 期
1926 年 8 月 28 日出版

论中西文化寄春台　何　济
——等待中的一本书
"清心长有虑，幽事更无涯"（散文）　孙福熙
中国之花——荷（散文）　春　苔

* "学术近闻"栏细目系本书编者据内容拟，下同。

学术近闻　伏
罗志希将出版史学丛书
大东书局精印《西厢记》
中华书局将印《油画之基础》（陈抱一编）
《新女性》第八期出版
白采死了
《小语》双周刊在京出版

第 1 卷　第 3 期
1926 年 9 月 4 日出版

巴黎我见（散文）　唐　劳
我的批评（一至二）　黎锦明
中元夜（散文）　学　昭
学术近闻　记　者
我想译的书　（陈　尘）
《一般》杂志的主旨
开明新出《城中》（叶绍钧著）与《归航》（孙福熙著）
北新出版《炭画》（波兰，显克微支著）
《钢琴教科书》（肖友梅编）商务将出版
《坟》（鲁迅著）将出版
《歧途》（徐公美著）商务将出版

第 1 卷　第 4 期
1926 年 9 月 11 日出版

秃笔浓墨写在破烂的茅纸上　孙福熙

译 Verlaine 的诗一首　胡　然
我的道德观　田　间
我的批评（三）——《前梦》（叶鼎洛著）　黎锦明
申报新闻报的本埠附刊　寿明斋
走到出版界（一）　长　虹

第 1 卷　第 5 期
1926 年 9 月 18 日出版

论艺术运动　淑　章
走到出版界（二）　长　虹
中国的建筑（李明仲的“营造法式”）　孙福熙
说“平民的”并评先艾的诗　朱大枏
学术近闻　记　者
《共鸣月刊》创刊号在编辑中
《妇女装饰学》（李寓一者）脱稿
《二十世纪之母》（梁冰弦著）出版
《金字塔》将出刊
德奥瑞留学的同学会成立
“美艺鉴尝社”征求儿童画

第 1 卷　第 6 期*
1926 年 9 月 25 日出版

秋（画）　（外国作者，佚名）
秋的描写（散文）　学　昭
讲讲《语丝》　春　台
《兰生弟的日记》　石　兰
元刊本小说之发现**　平
看潮（散文）　菊　农
莫辜负了秋光（散文）　熙

第 1 卷　第 7 期
1926 年 10 月 2 日出版

Maupassant 像（封面画）
《真假兄弟》（莫泊桑著）　旅　翁
小说论　莫泊桑作　旅　翁译
发见李卓吾墓　平　平
秋光（散文）　赵瑞生
出版之声*
山格夫人的《结婚的快乐》《生育节制法》　朱学安
《生物学与哲学》（日，永井潜著）
《强盗》（德，康勒著）
“海音社”出版的书六种　张秀中
复旦校刊
《一般》杂志十月号
“狂飚丛书”
《历史哲学》（朱谦之著）
《心群月刊》第二期

* 原刊“目录”中有“上海书局一览表”一文，查刊内无此篇。

** 原刊正文题“元刊本小说之发见”。

* “出版之声”栏细目系本书编者据内容拟，下同。

第 1 卷　第 8 期

1926 年 10 月 9 日出版

国庆日论出版事业　更　之
林语堂氏的检字新法　记　者
小说论（续）莫泊桑作　旅　翁译
走到出版界（三）　长　虹
出版之声　记　者
《读史指导》与《苏俄现状》（陈翰笙著）
《耶苏的吩咐》（汪静之长篇小说）
《努力青年》月刊（清华、燕京学生月刊）
《新女性》十月号
《趣味》半月刊第二期

第 1 卷　第 9 期

1926 年 10 月 16 日出版

女画家研香老人（附图二幅）　学　昭
我的批评（四）　黎锦明
读《瓦釜集》以后捧半农先生　渠　门
国庆增刊一大堆　孙福熙

第 1 卷　第 10 期

1926 年 10 月 23 日出版

编者的话
附：莫泊桑作品汉译　赵景深
介绍青年的战友——《狂飚》　鸣　着
读了《倦旅》后的感想　温仲良
和平与战争　王友声
最薄的书　松　斋
关于李卓吾的墓碑　岂　明
读了《幼稚园的研究》（张雪门著）　稚　望
《屠苏》（散文）　柴树铎
一番秋雨一番凉　葛有华
江边的铁牛　菊　农
出版之声　记　者
《艺术界》刊物两种
《寄小读者》（冰心著）
《新生》（日，岛崎藤村著）
《书笈的装订和印刷》（慎夫作，载《申报》本埠增刊）

第 1 卷　第 11 期

1926 年 10 月 30 日出版

油墨上的血迹　龙拂照
巴尔扎克的房子　唐　劳
附：Ant.Court 作巴尔扎克像
《吴歌甲集》（顾颉刚编）　叔　庄
夜进环龙公园（诗）　学　昭
通信
就日本所存之元明本小说戏曲致编者　长泽规矩也

复长泽　记者

第1卷　第12期
1926年11月6日出版

读《子恺漫画》　龚珏
两位名人（小说）
莫泊桑作　展模译
饮酒歌（诗）　夏芝作　钟云译
纪念我们的友爱　学昭

第1卷　第13期
1926年11月13日出版

闲语与草画（散文）　春苔
出版事业的艺术　静思
《吕洞宾故事二集》（林兰编）
赵景深
关于校对　云裳
钱塘江边　菊农
梦中　傅雷
一、母亲的欢喜
出版之声　记者
《性的知识》（美，鲁滨逊著）
《双解标准英文成语辞典》
《昆虫的奇事》（法布尔著）
《中国报学史》（戈公振著）
《商业市价日刊》
《商业杂志》
《曲海提要》
《大伟人威立特》（显理斐勒J著）
《战后世界教育新趋势》
《世界大战全史》（张乃燕著）再版
《儿童史诗》（刘如虎编）
《卷葹》（淦女士著）
《进化概论》（美，郭儿探著）
《爱的教育》（意，亚米契斯著，夏丐尊译）
《市制新论》
《自然之神秘》（白尔顿著，李小峰译）
《白露》半月刊创刊号

第1卷　第14期
1926年11月20日出版

纳兰的悼亡词　杜鹂
梦中　傅雷
二、她们
我的批评（六）　黎锦明
秋深了　春苔
出版之声
新出佛学书　万蕾
《晚祷》（梁宗岱著）与《夏天》（朱湘著）　万蕾
《火山月刊》第一期　万蕾
《科学》（杨荫深著）　万蕾
《莎乐美》译本　万蕾
在《北新》里评《北新》
万蕾

《荒山野唱》（谢采江著）
北京海音社
《化学全部名词》与《植物学术语分类科目名词》
《短棒》周报
《孙中山特刊》（良友出版）
《樵歌》（宋，朱敦儒著）
《新文化》月刊
《独立青年》第八期
《沉钟》合订本
《玄背》周刊

第 1 卷　第 15 期
1926 年 11 月 27 日出版

小学教科书　孙福熙
《扬鞭集·上卷》（刘半农著）　赵景深
读了《纪念我们的友爱》（陈学昭作）　陈明中
出版之声　记　者
人体构造（《自然界》第八期）
《波艇》月刊
《阿 Q 正传》（鲁迅著）译为英文
《中国教育指南》（舒新城编）
《甲寅》续刊
肖伯纳的诺贝尔奖金
（《文学周报》《小说月报》《艺术界》）
《人生底悲哀》（谭正璧著）

第 1 卷　第 16 期
1926 年 12 月 4 日出版

米价贵，学问更贵（散文）　秦　图
介绍一本使你下泪的书*　傅　雷
一生（散文）　毛信翰
出版之声
我们的镜子　熙
《伏园游记·第一集》　叶正唐
《性教育》（佚名）
《孔德月刊》　壮
新装的《文学周报》　筹
《努力青年》
“尚志学会”出版的书
“民智书局”所出的新书
《火山》月刊第二期
《新锋》半月刊
《代邮》杂志
《沉钟》第八期

第 1 卷　第 17 期
1926 年 12 月 11 日出版

画页
封面画
罗丹博物院外景
工作室中的罗丹
地狱的门

* 指《爱的教育》，意大利作家亚米契斯著，夏丏尊译，商务出版。

加刊的义民

罗丹博物院　　唐　劳
读《扬鞭集》后的感想　　李荐侬
不能生利的科学（巴黎通信）
　　静　斋
出版之声
　　民族学的研究（《一般》十二月号）
　　《妇女之友》（第五期）
　　考古学专号（《北京大学国学周刊》）
　　《武汉见闻》（张君劢著）
　　《白露》（第三期）
　　大发明年表（《科学》周刊三二期）
　　生物学书两种（《生物学纲要》《古生物学通论》）
　　《人鬼交通奇观》

第1卷　第18期
1926年12月18日出版

《阿Q正传》的成因　　鲁　迅
漂亮的脸儿（散文）　　吴凯文
文艺自私论　　万　蕾
十八年前的征文赠品　　雪里姑
出版之声
　　永不厌倦永不脱掉的精神
　　薇　薇
　　此后的胡适之先生　　宋　涛
　　国语声调研究　　卓砚斋
　　介绍《文学大纲》（郑振铎著）　　独　逸
　　南洋教育之光　　梅　归

第1卷　第19期
1926年12月25日出版

聪明灵敏的小孩们（散文）
　　春　苔
读许钦文的《回家》　　静　闻
都会之晚　　陈醉云
万蕾的文学常识　　露　明
《西青散记》中的贺双卿词
　　杜　鹂

第1卷　第20期
特大号
1927年1月1日出版

"关关雎鸠"与"窈窕淑女"
　　孙福熙
《狂言十番》读后记　　云　裳
味儿
　　——烹饪研究引　　春　苔
圣诞节的回忆　　学　昭
礼物（散文）　　松　烟
法兰西的几个动物之友　　寿明斋
画页
　　Buffon著作封面画
　　M.Pompon肖像
　　鸡（雕刻）　　M.Pompon作
　　冢（雕刻）　　M.pompon作

第 1 卷　第 21 期
1927 年 1 月 25 日出版

一位印象派大画家逝世　孙福熙
关于三藏取经记等　鲁　迅
谈平常的吃　徐葆洪
《情书一束》三版自序　衣　萍
急景凋年　徐　匀
出版之声
《电传照相》将出版
"世界学会"欲出周刊
《国际联盟概况》出版
《美乐之家》出版
《泛报》周刊出版
《耒耜集》（林培庐著）出版
《圣母像前》（王独清著）出版
《我离开十字街头》（向培良著）出版
《华侨努力周报》经续出版

第 1 卷　第 22 期
1927 年 1 月 22 日出版

怀以仁（散文）　王任叔
李金发的《微雨》　博　董
腊月（散文）　陈醉云

第 1 卷　第 23 期
1927 年 1 月 29 日出版

诗画家王维　赵景深
怀以仁（续）　王任叔
红炉畔　晶　清
鲁迅先生是这样走的　卓　治

第 1 卷　第 24 期
1927 年 2 月 5 日出版

听觉的文艺　赵景深
睡眠与死　邵冰如
忆"社戏"　钟敬文
说说"北新"家出版的书籍　农　人
关于狗的回忆　傅　雷
儿子失踪后　菊　农
出版之声
未名社将出版《黑假面人》《白茶》《爱妻的逃亡》
出版合作社将出版《天上人间》《秋蝉》《吴稚晖学术论著续编》

第 1 卷　第 25 期
1927 年 2 月 12 日出版

本期的封面　本局同人
元旦日的日记　亚　青
除夕夜别蕴姊登车（诗）　学　昭
下关道中（诗）*　学　昭
梅花的伴侣　李曼青
我也谈谈纳兰的悼亡词　赵景深

* 此篇原刊"目录"漏，据正文补。

心的深处　　秋　华
元旦（散文）　　招桂熙

第1卷　第26期
本刊批评特号
1927年2月12日出版

评《沉钟》《语丝》《北新》并述改良《北新》之我见　　采　人
对于《北新》周刊的希望　　陈其一
谈谈杂志　　鲍　清
《北新》第一期　　梅鹤唳
关于《结婚的爱》的几句话　　鹏　举
半年来的《北新》周刊　　旭　初
《北新》的封面　　金咨甫
本刊半年来的总帐　　孙福熙

第1卷　第27期
1927年2月26日出版

关于生物学教科书　　建　人
神弓手　Amy Cruse述　　赵景深译
荞麦　　安徒生作　徐调孚译
到上海以后　　徐霞村
出版之声
《新闻学作品编目》（徐彬彬主编）
《吴稚晖近著》（北新版）
《民众图书馆书目》
《心理学论文集》（高觉敷著）
《民铎》杂志八卷三号
《旅心》（穆木天著*）诗集
《青年进步》月刊十年纪念号
《性与人生》（周建人著）

第28期
1927年3月5日出版

于赓虞及其诗　　赵景深
性与人生**　　学　昭
趣味与批评　　万　蕾
心灵象芦苇（诗）　　金　发
漂泊南洋中的鸿爪　　何采菽

第29期
1927年3月12日出版

文艺的鉴赏与批评　　陈醉云
《巴黎圣母庙》中之爱　　徐霞村
许钦文底《故乡》　　傅　雷
度岁　　苐　侯
炊锅（科技）　　张本元

第30期
1927年3月19日出版

最近民歌的来源——《白雪遗音》　　云　裳

* 原刊误作“穆天木著”。

** 本篇实际是一广告诗，误上“目录”。

茶花女的剧本和小说*
——未必如此杂记之二　徐霞村
讲讲《回家》及其他　劳伯脱
败兵　戴菊农
“怀以仁”　傅　雷

第31期
1927年3月26日出版

康健的廉售　戴菊农
读《友人之书》的中译本　吕仰山
新宗教的创世纪　许　杰

第1卷　第32期
1927年4月2日出版

我对于现出的三民主义教科书的一点意见　潘梓年
纳兰的边塞词　赵景深
烟霞伴侣（杂记）　徐霞村
蜀商公所　戴菊农
花谢以后　常书鸿
游山　敬　文
春风吹绉了游子的心波　汪宝瑄

第1卷　第33期
1927年4月9日出版

从《瓦釜集》读到《扬鞭集》　心　见
谈雨　敬　文
一幕惨剧的回忆　沈美镇
谈谈“北新”的出版物　杨德恩
《无酒的酒杯》序　魏建功
无酒的酒杯（诗）　张其深

第1卷　第34期
1927年4月16日出版

在鸣鸠声里　陈醉云
沈从文的《鸭子》　徐霞村
评《客音情歌集》　黄诏年
印刷与文学　万　蕾
山歌与蛋歌　马云心
必复仇　招桂熙
偶像和玩物的世界　招桂熙

第1卷　第35期
1927年4月23日出版

纳兰性德及其词　胡云翼
关于《民间趣事》　敬　文
四月二十一日　管容德
——写在陈中舫遗稿前
送别（诗）　兆　汝
西河沿的春意　徐　匀

第1卷　第36期
1927年6月5日出版

中国文学的婉约与豪放　赵景深
读《情歌》　敬　文

* 此篇原刊“目录”漏，据正文补。

绿罈　王衡
摔掉一杆枪（诗）　聂畸
蛴蹭　林兰
《寄小读者》四版自序　冰心女士
《性之崇拜》序　任广

第1卷　第37期
1927年6月12日出版

近代植物园在教育上的价值
乔治摩尔作　李小峰译
诗人日记　庄汀依
墨西哥的神话
Amy Cruse 述　萧元璋译
题《沙基血迹图》（诗）　敬文
夏（诗）　有恒
《国外民歌译》（刘半农著）
敬文
谈性　T.M
一、兽交与上帝
二、恋爱糕
三、初夜权

第1卷　第38期
1927年6月17日出版

论赋——中国文学杂论之一
胡云翼
舆论（独幕剧）
〔日〕菊池宽作　刘大杰译
谈性（续）　T.M
四、性的教育谈
五、波斯达礼褐土王轶事
六、慈母之爱与乳房
七、香料与性蛊惑
为《客音情歌集》答《评》
钟敬文

第1卷　第39、40期*
1927年7月15日出版

善政和恶政
〔日〕鹤见祐辅作　鲁迅译
论文学史上的"正统派"　胡云翼
——中国文学杂论之一**
向害虫进攻
〔美〕霍瓦特作　李小峰译
两种道德在文艺上的辨别　黎锦明
妻（剧）
〔日〕菊池宽作　刘大杰译
鲁迅的《弟兄》　赵景深
徒然的决心（诗）
Frnest Dowson 作　袁嘉华译
吴声歌曲天行标点本跋　罗恕
谈性（续）　T.M
八、不是神仙便是痴
九、贞节带
一〇、星期五之由来

* 此期"目录"中标明有宰木所作"时局与青年"一文，但原刊正文无此篇。

** 这里"之一"应作"之二"。

一一、乳峰美
一二、法王路易之死
一三、新妇的奇妙供状
一四、印度的物种原始论
一五、所罗门的情歌
钦文来信（致李小峰） 许钦文

第1卷 第41、42期
1927年8月1日出版

人生的转向
〔日〕鹤见祐辅作 鲁 迅译
艺术论 潘梓年
论苦吟 胡云翼
——中国文学杂论之三
白石山人 黎锦明
克鲁特霍潘
〔丹〕安徒生作 林 兰译
归途 志 凯
炸 胡云翼
请勿忘我，女郎！（诗） 陈翔冰
关于月蚀的话 沈美镇

第1卷 第43、44期
1927年8月16日出版

资本主义的发展
〔英〕杜 白作 晓 风译
一、家庭工业
二、资本主义之发生
三、纺织业资本主义与政治
够了
〔俄〕屠格涅夫作 袁嘉华译
闲谈〔日〕鹤见祐辅作 鲁 迅译
我的猫〔法〕法布耳作 林 兰译
昆虫故事英译本小序 衣 萍
胡适译小说的经济手段——删节
云 裳
这时节 有 恒

第1卷 第45、46期
1927年9月1日出版

断想〔日〕鹤见祐辅作 鲁 迅译
资本主义的发展
〔英〕杜 白著* 晓 风译**
四、第二次工业革命
五、德国的资本主义
六、法国的资本主义
王荆公的诗 雪 林女士
——历代名家诗论之一
新诗三首 雪
一、夜半的醒来
二、向不可知的道路走去
三、银灰翅的蝙蝠
孤雁 朱企霞
书苑折枝（一） 褚 冠
《日记九种》后叙 郁达夫

* 原刊译作“杜勃著”，此从上期同篇译文。

** 原刊“目录”署“常风译”，正文作“常峰译”。

第1卷　第47、48期
1927年9月16日出版

读书杂谈
——鲁迅在广州知用中学演讲　黄易安笔记
《契诃夫随笔》抄　衣　萍
论无名作家
——中国文学论之四　胡云翼
月桂　〔俄〕库卜林作　鲁　彦译
看讲演去　钦　文
亡友钱玄同先生成仁周年纪念歌（诗）　胡　适
附章衣萍“附记”
《阿Q正传》的英译本　甘　人
读《玛加尔的梦》　静　闻
书苑折枝（二）　楮　冠
病中的信　戴菊农
文学家　庄汀依

第1卷　第49、50期
1927年10月1日出版

资本主义的发展
〔英〕杜　白作　晓　风译
七、美国的资本主义
八、资本帝国主义
九、现代资本主义的几种特色
贞操问题新论　任　厂*
答有恒先生　鲁　迅
萨樊案的真相　〔美〕理察·伊文思
捷三营长（散文诗）　钦　文
玫瑰与春（剧）　绿　漪女士
杂评
此之谓无独有偶　宰　木
看重事实的胡博士　甘　人
“革命是渐进的”　宰　木
本刊的新消息　记　者

第1卷　第51、52期
1927年10月16日出版

资本主义的发展
〔英〕杜　白作　晓　风译
十、现代资本主义的几种特色（续）
十一、资本生产的学说
论文人之沦落　胡云翼
——中国文学杂论之五
小羊　蹇先艾
——一封信
帘外　陈醉云
读《老残游记》　郁达夫
《唐宋传奇集》序例　鲁　迅
脱利斯登与以沙尔德　万　蕾
关于纳兰词　赵景深
《山歌选》序　钟敬文
书苑折枝（三）　楮　冠
新诗两首　何品珪
为爱
桥边

---

* 原刊正文题下署“任厂”，“目录”署“宰木”。

心灵照相片　宰　木
《钦文来信》所引起底（致李小峰）
静　闻

第 2 卷　第 1 期
1927 年 11 月 1 日出版

插　图

水边　丁衍镛
睡莲　叶灵凤
罗伯特・亨利像
小孩与虹　罗伯特・亨利
忍苦的小孩　罗伯特・亨利
吉伯色女孩　罗伯特・亨利
他自己　罗伯特・亨利

编者致词

断想（八至十一）
〔日〕鹤见祐辅作　鲁　迅译
青年的烦闷（未完，待续）　宰　木
心理学的过去与将来　潘　菽

中国新文学的将来与其自己的认识
甘　人

论档案的售出　蒋彝潜

罗伯特・亨利的画* 　曙天女士

* 原刊“目录”为“记罗伯特・亨利的画”，正文作“罗伯特・亨利的画”。

鸽儿的通信（小说）　绿漪女士
莲馨花（诗）
Robert Herrick 作　鹤　西译
迷羊（一）（小说）　郁达夫

杂　评

论翻译　悚　凝
怀疑与冷热　悚　凝
颓废的欧罗巴　启　三
莫测高深　宰　木
广大的同情　宰　木

编完以后　编　者

第 2 卷　第 2 期
1927 年 11 月 16 日出版

插　图

悲哀的微笑　蕗谷虹儿
孤寂　蕗谷虹儿

时　论

青年的烦闷（续）　宰　木
教育家与文学　舒新城
美国帝国主义与中国　梁秉三

魏晋风度及文章与药及酒之关系
鲁　迅
英国大诗人勃莱克百年纪念
〔英〕John Freeman 作
赵景深译

论自然现象　潘　菽

约会（幻象的残象之五）（小说） 许钦文
迷羊（二）（小说） 郁达夫
介绍与批评
《文艺新论》（日本，藤森成吉著，张资平译，创造社出版） 梓 年
纠正《银画》的谬误 周紫英

东京之夜（诗） 刘大杰
东京之夜
离人之心
秋神
怨语
乡愁
蔷薇
雨宵（散文） 龚家珍
短 评
小人国 悚 凝
欢迎胡博士回“国” 宰 木
“请免续募库券” 宰 木
党务纠纷 贯 之
心灵照相片（续） 宰 木

编完以后 编 者

第2卷 第3期
1927年12月1日出版

插 图
圣眷（木刻） 〔德〕罗比瑟
桥（木刻） 〔英〕费丝女士
夜游（木刻） 叶灵凤
宗法社会崩溃的结果 庚 白
资本集中与世界和平 梁秉三
科学的将来
〔英〕罗素著 李 元译

中国文学里的模拟，影响与创造 胡云翼
服尔德文抄 刘 复译
断想（十二——十六）
〔日〕鹤见祐辅作 鲁 迅译
小小银翅蝴蝶的故事（电话故事） 绿漪女士
迷羊（三）（小说） 郁达夫
湖滨 龚家珍
短 评
《论自相矛盾》（金岳霖作） 悚 凝
老年与少年 宰 木
工具 宰 木
农民的利益 宰 木
车上* 宰 木
公园的孤独者 宰 木
减租 宰 木
自由问答
致《北新》记者 卢求恋
复卢求恋 编 者
致编者 朱 华
复朱华 编 者
复沃怀 编 者

* 原刊“目录”作“车上”，正文作“火车”。

补　白
月上时（江苏民歌）
一条虹（潮州民歌）
挂念郎（潮州民歌）

编完以后　编　者

第 2 卷　第 4 期
1927 年 12 月 16 日出版

插　图
启示　郎代儿
净罪　失　名

断想（一七—二一）
〔日〕鹤见祐辅作
鲁　迅译
青年应当烦闷吗？*　宰　木
中国革新与农民　钟　员
日本的移民问题
卜克洛夫斯基著　顾淑型译
性的搏斗史一页　天　庐
廿五年来之宗教史研究
黑　顿作　绍　原译

簪缨……（小说）　于在春
迷羊（四）（小说）　郁达夫
请愿（小说）　李劫人

* 原刊“目录”作“青年应该烦闷吗”，正文作“青年应当烦闷吗”。

法郎士从阴间给我的第一信　廿　人

《美学概论》（陈望道著）的批评
潘　菽
短　评
教育协会和教育会　宰　木
请狮子入山　宰　木
国旗的幸运　宰　木
和平　宰　木
一席话**　紫　冈
人是生物　悚　凝
开化与野蛮　悚　凝
自由问答
致《北新》编者　章苑敳
复章苑敳　编　者
致李小峰　鲁　迅
附案语　编　者
补　白
送郎（民间情歌）
两人（民间情歌）
石（诗）　蒋彝潜
你是这镇上的一个小精灵（诗）
黄芸文
易卜生百年纪念
口难言（两广民歌）
大河水（柳州民歌）
长长炭（两广民歌）
编完以后　编　者

** 原刊“目录”作“一夕话”，正文作“一席话”。

第2卷　第5期

1928年1月1日出版

插　图

服尔德像　乌　敦*

神山　曼格司

亚加逊亚的牧人　善　珊

女　迈约尔

近代美术史潮论（一）

〔日〕板垣鹰穗作　鲁　迅译

今后国民的新希望　记　者

什么是资本主义的社会？**　梁秉三

最近的东三省问题之研究　范苑声

鄞南的堕民　德　恩

论山母〔英〕哈利孙作　岂　明译***

断想（二二—二七）

〔日〕鹤见祐辅作　鲁　迅译

迷羊（五）（小说）　郁达夫

小猫（小说）　绿　漪女士

秋望（散文）　董秋芳

玫瑰花（散文）　龚家珍

读者的园地

脑波的残痕　小　菁

雾****　沃　若

短　评

解放运动　爱　弟

谢谢　黄沃壤

手段的不同　旨　言

杀头　宰　木

民心　宰　木

刊物　宰　木

长足与长手　宰　木

投机事业　宰　木

牙须　宰　木

自由问答

致编者　岂　明

致编者　俞绍麟

按语　编　者

致编者　邱英儒

答邱先生　编　者

补　白

哀罗西（诗）

Wordsworth作　葛克信译

德曼尔的遗物出售　刘大杰

盲人（诗）　符竹英

编完以后　编　者

* 原刊“目录”作“乌敦”，正文作“鸟敦”。

** 原刊“目录”漏此篇。

*** 原刊“目录”作“周作人”，正文作“岂明”。

**** 原刊“目录”作“露”，正文作“雾”。

第2卷　第6期

1928年1月16日出版

插　图

伦敦议事堂　伯　黎

爱神　蒲　先

沛尔修斯　凯诺伐

女　弗拉戈那尔

新妇　格莱士
时代的结婚　荷概斯
风景　陶元庆
车窗外　陶元庆

近代美术史潮论（二）
板垣鹰穗作　鲁　迅译

日本资本主义的今日
E.V作　刘　穆译
心理学的取材　潘　菽
廿五年来之宗教史研究（续）
黑　顿作　江绍原译
我们的食品　周建人
卢骚传　郁达夫

小　说

旧妻新婚　许钦文*
活埋　王余杞**

散　文

《谈虎集》后记　周作人
看了三个展览会以后　荷　郎***

散文诗

将来　绿　漪女士****

读者园地

芸兰　龚家珍
河沿上的歌女　燕　辛

短　评

一个展览会所留的印象　菽
希望吴稚晖先生的“物质文明小唱本“赶快出世”　养　明
大学与洋书　陈倚琴
黑影底颤动　翟永坤
一知半解　悚　凝
清明政治　悚　凝
对话　益　夏
太阳月刊出版　宰　木

自由问答

发问　苏仰如
解答苏仰如问　李霁野
致记者　陈爱先
答陈爱先问　编　者
致编者　谢明山
答谢明山问　编　者
致记者　郝培年
答郝培年问　编　者

补　白

H.Eulenbery 的光荣　大　杰
赠苦蜜（诗）　符竹英
今昔（诗）　T.Hood 著　翟永坤译

编完以后　编　者

第2卷　第7期

1928年2月1日出版

插　图

船渡　域　多
羽纱　域　多

---

* 原刊“目录”署“许钦文”，正文署“钦文”。

** 原刊“目录”作“王余圮”，正文作“王余杞”。

*** 原刊“目录”署“荷郎”，正文署“荷”。

**** 原刊“目录”署“绿漪女士”，正文署“漪”。

兰迪斐朗　域　多
肖像　拉图尔
静物　夏尔檀

近代美术史潮论（三）
板垣鹰穗作　鲁　迅译

中国宗法社会的将来　潘　菽
宗法社会构成和崩溃的自然因果
川　孤
卢骚的思想和他的创作　郁达夫

小　说

丽达（吉祥的黑暗底颂歌）
〔法〕彼得鲁易作　梁宗岱译
革命家　乃　立
小孩子阿铉　田　雨

诗

莪默伽亚漠绝句选（一）　潘修桐译
挽歌
——悼 S.U　公　超

评　论

《〈美学概论〉的批评》底批评
陈望道

读者的园地

惨别（小说）　冯逸樵*
当夹衫（小说）　姜毓彭

短　评

心海里的浮讴　春　晖

* 原刊“目录”署“马逸樵”，正文署“冯逸樵”。

忠实的对象　憾　庸
拜金主义　悚　凝
世界时代思潮　悚　凝
总理遗嘱　宰　木

自由问答

致编者　（失名）
答问　编　者

补　白

辛弃疾故事　云　翼

编完以后　编　者

第 2 卷　第 8 期
1928 年 2 月 16 日出版

插　图

马拉　大辟特
宣誓式　大辟特
萨昆尼的女人　大辟特
拿破仑加冕式　大辟特
莱凯密埃夫人　大辟特
比喻　凯思典斯
近代美术史潮论（四）
板垣鹰穗作　鲁　迅译

帝国主义下的中国经济　贾颂铭
中国的农村经济与农民**　罗　溥
翻译说明就算答辩　郁达夫

** 原刊作“中国的农民经济与农民”，正文作“中国的农村政策与农民”。

中国文艺上的食与性 王任叔
小 说
恐怖
——我的朋友的故事
〔俄〕柴霍甫作 赵景深译
菱荡（小说） 冯文炳*
短 剧
Yellow 一 骚
散 文
关于《管他呢》 芳 草
评 论
批评陈望道君给我的答复 潘 菽
读者的园地
贱话 小 菁
光明（童话短剧） 陶光汉
深夜的祈祷 陶光汉
短 评
好清闲呵！ 可 夫
实习 玉
禁烟局 鲍 清
首都的威严 凤 苞
“当然的” 少 珍
大人与小人 宰 木
啜茗 宰 木
请财神 宰 木
自由问答
答俞韶麟先生 郁可夫
答俞韶麟先生 徐冷玉
附郁、徐二文按语 编 者
问伦理学讲否“动机” 李励志
答李励志 编 者
致编者 李致敬
答李致敬 编 者
致编者 赵尊复
答赵尊复 编 者
致编者 （失名）
答问 编 者
致编者 史 一
答史一 编 者
补 白
凝视（诗） 蘊 蓤
晚景（诗） 蘊 蓤
月下（诗） 蘊 蓤
致一个问他会爱她多久的妇人
G.Etherege 作 鹤 西译
情歌 Keats 作 介 如译
徽州的童谣 胡荣萱
寻恋（诗） 陈名竹
秋夜（诗） 陈名竹
编完没后 编 者

第2卷 第9期
1928年2月16日出版

插 图
勃吕舍勒法院 丕垒尔
巴黎歌剧馆 喀尔涅
土耳其宫人 安格尔
肖像 安格尔

* 原刊“目录”署“冯文炳”，正文署“废名”。

基督 梭尔跋勒特生

近代美术史潮论（五）
板垣鹰穗作 鲁 迅译

国际近况 梁秉三*
再和陈百年先生论判断二成分说
潘梓年

小说家哈代的八大著作 赵景深
安特卢亮评论哈代 语 堂
Blasco Ibanez 死了！ 启 三

小 说

暴民 刘一梦
病人〔俄〕Michael Zoshchenko 作
毕树棠译
夜读抄（一） 岂 明
关于《粤讴》及其作者 招勉之

读者的园地

服务（小说） 方文均
爱神庙前（诗） 宋琴心

短 评

宗法社会思想的教育 菽
中国人的"官"欲 介 如
心海里的浮沤（续） 春 晖
胶脑汁 锡 五
雪？ 宰 木
达观 宰 木
胡闹 宰 木

自由问答

致《北新》记者 士 晦
答士晦 编 者
致编者 陈益寿
答陈益寿 编 者
致编者 苏 欧
答苏欧 编 者
答俞先生 爱 弟

补 白

矿山中的 Caliban（诗）
Louis Untermeyer 作 艺钟译
晨歌（诗） 介 如
怕是黑暗（诗） 也 仁
爱（诗）
Thomas Ladge 作 潘修桐译
我默伽亚谟绝句选（二） 潘修桐译

编完以后 编 者

第 2 卷 第 10 期
1928 年 4 月 1 日出版

插 图

茄法的黑疫病人 恪 罗
美杜萨之筏 藉里珂
但丁的小船 陀拉克罗亚
希阿的屠杀 陀拉克罗亚**
骑士 藉里珂
亚尔藉利亚的女人 陀拉克罗亚

* 原刊正文署"梁秉之"，误。

** 原刊图片上署"藉里琦"，误。

近代美术史潮论（六）
板垣鹰穗作　鲁　迅译

家族制度与宗法社会*　川　孤**
美国人一年的费用***　梁秉三
娼妓问题　黎作梁

拜金艺术　〔美〕Upton Sinclair 作
郁达夫译
关于本书的作者
第一章　"阿嶷，阿葛的儿子"
小　说
到街头　郁达夫
皮带　吴光韶

少女之追求红蔷薇（童话）****
杨晋豪

夜读抄（二）　岂　明
读者的园地
午夜（小说）　潘如树*****
悲哀的青年（诗）　翁国梁
短　评
仲丹的死　宰　木

* 原刊"目录"作"家族制度和宗法社会"，正文作"民族制度与宗法社会"

** 原刊"目录"作"孤川"，误。

*** 原刊"目录"漏此篇目，此据正文补。

**** 原刊"目录"作"少女的追求红玫瑰"，正文作"少女之追求红玫瑰"。

***** 原刊"目录"署"潘如澍"，正文署"潘如树"。

潮流的指导和追逐　宰　木
弹力性和反抗性　寒　光
受压逼者的心理　寒　光
总理三周年纪念　宰　木
自由问答
致《北新》编者　（失名）
答问　编　者
致主笔先生　黄非我
答黄非我　编　者
致编者　高淑贞
答高淑贞　编　者
致编者　慕　文
答慕文　编　者
致编者　柴绍武
答柴绍武　编　者
补　白
迷离的人生（诗）　邬孟晖
一九二四年世界各国出版的文学书
大　杰
辛弃疾故事（续）　胡云翼
莪默伽亚谟绝句选（三）潘修桐译
我矗立在命运崎岖的山头　吕　逸

编完以后　编　者

第 2 卷　第 11 期
1928 年 4 月 16 日出版

插　图
十字军入康士坦丁堡　陀拉克罗亚
一八三〇年　陀拉克罗亚

山上的十字架 弗里特力
波通克拉礼拜堂 阿跋尔勃克
最后的审判 阿内留斯
鹰猎 弗罗曼坦

近代美术史潮论（七）
板垣鹰穗作 鲁 迅译
现代文化论
〔日〕平林初之辅作 希 圣译

关于草履虫的生死问题 陈劳薪*

拜金艺术 〔美〕Upton Sinclair 作
郁达夫译
第二章 艺术家是谁之所有?

小 说

惠生叔 陈望绅
十九元 童经立

人生真奇妙（小品）
〔俄〕柴霍甫作 汪倜然译
庚子年的故事 药 匣
关于《太阳》月刊种种 钟贡勋

读者的园地

风潮 潘达仁
五老爹 钱文晋

自由问答

致编者 柴绍武
“自由问答”的答 张联沛
编者按问答 宰 木

来 件

文化运动联盟缘起

补 白

心浪（诗） 也 仁
问青年（诗） 蘊 菱

第2卷 第12期
1928年5月1日出版

插 图

巴多尔兑的壁画 珂内留斯
爱德华四世的两王子 陀拉罗修
默示录的骑士 珂内留斯
蔼司台尔 襄绥里阿
竞唱 勗温特

近代美术史潮论（八）
板垣鹰穗作 鲁 迅译

贫乏问题及其救济 希 博
国际新闻**
欧洲国际贸易的状况 梁秉三
石油时代的鸟瞰 胡川如
英文简字草案 陈光尧

拜金艺术 〔美〕Upton Sinclair 作

* 原刊正文署“劳薪”，“目录”署“陈劳薪”。

** 原刊“目录”作“国际近况”，正文为“国际新闻”。

郁达夫译
第三章　艺术与个人性
散文与韵文　〔美〕J.E.Spingarn 著
李濂　李振东译
关于卢骚　郁达夫

小　说

春宵　周光熙
惘　满　红

论《本能论》（赵演著）　潘　菽

读者的园地

革命文学问题　李冰禅

自由问答

致编者问插图问题　陈德明
答陈德明问　鲁　迅

补　白

黑夜（诗）　蒋维儒
箴言　李建新
闷极（诗）　也　零
花开（诗）　勃莱克作　李曼青译

第 2 卷　第 13 期
1928 年 5 月 16 日出版

插　图

班尼拔尔　莱台勒
在凯尔大帝墓中的渥多二世
莱台勒
作为朋友的“死”　莱台勒
曙神　莱　尼
曙神的摹本　莱台勒

近代美术史潮论（九）
板垣鹰穗作　鲁　迅译
丹麦在东亚和中国的经济活动（译自丹麦商业电报）　刘　穆译

拜金艺术　〔美〕Upton Sinclair 作
郁达夫译
第四章　劳动者和他的报酬

拉杂一篇答李初梨君　甘　人

法国的农妇　顾来苏
小牛的失望（《若有其事》之七）
钦　文
谣言　翟永坤
布洛克及其名作——《十二个》
储安平
《蝉之曲》（王佐才著）序　雪林女士

读者的园地

今日中国大学生之厄运　陈道彦
生之战歌　赖新生

自由问答

答黄非我君　江嘉炎

通　信

致《北新》编者　汪扬时
复汪扬时　编　者
致《北新》编者　高　特
复高特　编　者
致李小峰　禹　亭

补　白

小诗（三首）　可　立

牛溲马勃　李建新

第2卷　第14期
1928年6月1日出版

插　图
马尔赛斯　柳　特
路易斯皇后之墓　劳　孚
弗里特力纪念像　劳　孚
巴黎凯旋门　霞勒格兰
马特伦寺（外面）　韦　秾
近代美术史潮论（一〇）
板垣鹰穗作　鲁迅译

最近苏联之人口统计　民　养
社会问题下的我国妇女拜佛的讨论
川　孤

不幸的预言
Louis Pujol 作　李伟森译
国际近事
英埃间之新危机　松
"泛亚美利加会议"之回顾　松
英国妇女选举权之增长　松
英国工业之近况　松

拜金艺术　〔美〕Upton Sinclair 作
郁达夫译
第五章　沐神恩的人们
英文圣经之文学的价值
〔日〕小泉八云作　梁指南译
Vita Sexualis
〔日〕森林太郎作　岂　明译
独身　公　侠
母亲的南旋（《棘心》之一）
绿漪女士
凄凉味　诗　荃

论帝王出身传说　赵景深
考古家还不是史学家（书评）
梁秉三

耶的卜司错综与文艺　契可亲
读者的园地
春假的喜剧　诗　荃
雨夜　王圣扬
杂　谈
乐观　木　公
不成问题的问题　木　公
玩世　家　棫
急恋　新　川
自由问答
致编辑　杨峙庵
复杨峙庵　编　者
致编者　金　带
复金带　编　者
补　白
秋蝉（诗）　王佐才
幻想（诗）　王佐才
致——（诗）　王佐才
海勃尔的纪念碑　大　主
慕　每　戡

拉伯同志会的新刊　大　杰
克利克莱司特的新传　大　杰
柏林杨包尔研究会支部成立　大　杰
晓起（诗）　宋琴心

第 2 卷　第 15 期
1928 年 6 月 16 日出版

插　图
马特伦寺（内）　韦　稌
集灵宫　司苇罗
罗马的郊外　力锡泰尔
石版画　洵开勒
圣芳济寺壁画　觉　多
家族　若耳治纳

近代美术史潮论（一一）
板垣鹰穗作　鲁　迅译

日本的国际问题及其国内窘状
〔美〕麦迪森作　友　松译
民治主义的成败问题　亦　波
国际近事
意大利政教权限之争又起　友　松
英国失去垄断橡皮业之势力　友　松

拜金艺术　〔美〕Upton Sinclair 作　郁达夫译
第六章　虚饰的幼稚时代

小　说
爸爸的神秘　公　侠
牛头山　钦　文
戏　剧
情人眼里的人格
Frank Harris 作　意　之译

赴法（《棘心》之二）　绿漪女士
李健吾君的《西山之云》　徐霞村
读者的园地
消息　少　南
杂　谈
又是一个 Don Quixote 的乱舞　侍　桁
补　白
“残忍”　王佐才
致少女（诗）　汪蔚云
不寂（诗）　松
假若（诗）　王佐才
又是一出小悲剧（诗）　王佐才
坟　王佐才
——看司徒乔君的画

第 2 卷　第 16 期
1928 年 7 月 1 日出版

插　图
波尼发鸠斯会堂外景　济勃兰将
波尼发鸠斯会堂内景　济勃兰将
绘画馆（特来式甸）　闪沛尔
正门（绵兴）　克伦支

风景　　河贝玛
风景　　莱阿那尔陀
风景（铜版）　　仑勃兰特

近代美术史潮论（一二）
板垣鹰穗作　鲁　迅译

法国移民问题
〔法〕郎　倍作　民　养译

上帝造剩下来的女人　　杨人梗*

国际近事

法国今年的选举　　松
英国缓和印度抗英运动的失败　松
美国最近之对俄态度　　亦　波
德美间之公断条约　　亦　波

拜金艺术　〔美〕Upton Sinclair 作
郁达夫译
第七章　阿嶷夫人出现

最高底艺术之问题
〔日〕小泉八云作　侍　桁译

事业　　缪崇群
顺先生　　孙席珍
光荣的胜仗（《棘心》之三）
绿漪女士

* 原刊“目录”署“杨人楩”，正文署“杨人梗”。

杂谈

孔子又做了亡国奴　　妤　雯
革命的恋爱　　乃　气
艺术的战术　　妤　雯
只怪上帝造人的时候太大意
木　公
中国的庙宇只嫌太少了　木　公

补白

想起（诗）　　英　梵
樵翁（诗）　　王佐才

编完以后　　编　者

第2卷　第17期

1928年7月16日出版

插　图

拾落穗者　　密　莱
风景　　托罗蔼雍
风景　　康斯台不勒
风景　　卢　梭
风景　　珂　罗
陶韦之街　　珂　罗

近代美术史潮论（一三）
板垣鹰穗作　鲁　迅译

意大利的移民问题　　梁秉三
印度农村底高利贷和农民银行底组织
迦沙华·伊燕嘉尔作　刘　穆译

最近的美日俄煤油问题　刘　穆

拜金艺术　〔美〕Upton Sinclair 作
郁达夫译
第八章　马的买卖

爱之伤痕　石　呈
秋　云　鹤
噩音（《棘心》之四）　绿漪女士
杂　谈
新广州的学生们　M.T
补　白
箫声（诗）　多浪涛
自由问答
致记者　目迷生

第 2 卷　第 18 期
1928 年 8 月 1 日出版

插　图
死岛　勃克林
意大利的风景　勃克林
草堆　穆　讷
威尼斯　穆　讷
卢安大寺　穆　讷
卢安大寺　穆　讷
卢安大寺　穆　讷

近代美术史潮论（一四）
板垣鹰穗作　鲁　迅译

巴尔干诸国国家思想勃兴之原因
〔保〕安吉洛夫作　张友松译
论革命与新旧道德　林　幽

拜金艺术
〔美〕Upton Sinclair 作
郁达夫译
第九章　阶级的虚言

酒后　缪崇群
——献给亡母的
残叶　川　孤
莱梦湖上的养疴（《棘心》之五）
绿漪女士

几片故乡的零乱话　开　因
杂　谈
搬字过纸　老　公
无产文学家的气概　振　扬
新鲜空气和冰淇淩　石　泉
党权高于一切?　石　泉
投机　石　泉
怯弱　石　泉
病　（佚名）
补　白
深夜的诗人（诗）　家　骥
无题（诗）　潘小漫
诗人——画家（诗）　家　骥
人间——天上（诗）　家　骥
朝雾　宋琴心

第2卷　第19期
1928年8月16日出版

插　图
帆船　希涅克
阿耳难的下葬　果尔培
石匠　果尔培
村童　力锡泰尔
不相称的夫妇　赉不勒

近代美术史潮论（一五）
板垣鹰穗作　鲁　迅译

法国新国会当前的问题　亦　波
英国自治属地的新地位
〔美〕Hayden作　张友松译
生物科学的研究方法　夏康农
对于社会的态度　达　夫

诗人与批评家
高山樗牛作　侍　桁译

胜利　满　红
一个笔客子　罗皑岚
手　杨　骚

乔其桑之生平　孙席珍
中国的吉诃德先生　赵景深
补　白
葬仪（诗）　陶光汉
离愁（诗）　宋琴心
编完以后　编　者

第2卷　第20期
1928年9月1日出版

插　图
吉诃德先生　陀密埃
法官　陀密埃
子夜歌　斯辟支惠锡
乌俄里诺　凯尔波

近代美术史潮论（一六）
板垣鹰穗作　鲁　迅译

二十五年美国农村经济的发展
顾来苏
德国政局的新变化　博
新兴阿富汗的国际关系　圣

都会生活与现代文学
〔日〕片上伸作　侍　桁译
厌倦　王家棫
她忘记告诉他一件事　公　侠
家书（《棘心》之六）　绿漪女士

契可夫小说的新认识
米尔斯基作　赵景深译
波斯民间故事研究　赵景深
读者的园地
同志　翟永坤

补　白

梧叶　王佐才
——寄刘涤非（诗）
跪请（诗）　陈尔康
绮怀（诗）　陈尔康

第 2 卷　第 21 期
1928 年 9 月 16 日出版

插　图

花神　凯尔波
舞跳　凯尔波
D 夫人的胸像　凯尔波
联军纪念碑（利俾瑟）
谒马努罗纪念像（罗马）

近代美术史潮论（一七）
板垣鹰穗作　鲁　迅译

法兰西政党政治之现在与将来
龚　彬
凯洛格弭战公约与英法海军协定
龚　彬
日本政党最近的分化　彰

生之要求与艺术
（佚著者）侍　桁译
Vita Sexualis
〔日〕森林太郎作　岂　明译
螺旋菌　王家棫
花环（三幕短剧）　孙席珍
丹乡（《棘心》之七）　绿漪女士

杂　谈

从男女分校说到尊孔　老　尧*
自动停刊　振　扬

来　件

春潮书局创办旨趣

补　白

小诗（六首）　卜英梵

第 2 卷　第 22 期
1928 年 10 月 1 日出版

插　图

工人　绵　尼
黄铜时代　罗　丹
巴尔札克之首　罗　丹
贝多芬　克林该尔

近代美术史潮论（一八）
板垣鹰穗作　鲁　迅译

经济稳定中的国际新危机　圣
妇女参政权的扩张与英国政局的变化　王权中

告白与批评与创造　侍　桁

文艺起源论　秋　原

* 原刊正文题下署“老尧”，“目录”署“老公”。

梳子　雷百违
长武车中　诗　荃
船上的烦恼（一）　侍　桁
无名的悲哀　侍　桁
Destitution
L.L.An-nun 作（佚译者）

介绍影印元刻《古今杂剧三十种》
陈光尧
杂　谈
当代要人之平民化　老　尧
新时代的人物与新时代的团体
老　尧*
补　白
无题诗　卜英梵
Eurydice to Orpheus
R.Browning 作　琅　琳译

第 2 卷　第 23 期
1928 年 10 月 16 日出版

插　图
梭尔蓬的壁画　沙　樊
夏　沙　樊
女　迈约尔
女　卢诺亚尔
行步的人　罗　丹
男子立像　希勃兑勒兰特

* 原刊正文题下署"老秦"，"目录"署"老尧"。

德国产业合理化的效果　郭　真
最近美国大总统的选举战　彰
方法学绪论　林　幽

关于绥蒙诺夫及其代表作《饥饿》
〔日〕黑田辰男作　鲁　迅译

最后的一个哈姆雷德
Maurice Hindus 作　伟　森译
惹祸的心
〔美〕Edgar Allen Poe 作　石　民译
读者的园地
后悔　陈眠竹
老狗　何　伦
通　信
关于《粤讴》辑者招子庸（致记者）
张钦珮
补　白
小诗（四首）　郭廉波
情话（小诗）　陈尔康
雨里残荷（诗）　戚维翰
你为什么温柔（诗）
Arthur Symous 作　方纪生译

第 2 卷　第 24 期
1928 年 11 月 16 日出版

插　图
赫思沛理台斯　玛来斯
沙乐美　穆　罗
跪的女子　莱谟勃陆克

樵采　玛赉特
那波里的渔人　玛来斯

美国最近的产业政策　郭　真
第九届国际联盟大会之内幕
龚　彬
姓与社会组织之关系　行　之

拜金艺术　〔美〕Upton Sinclair 作
郁达夫译
第一〇章　阿嶷夫人说要“及时”舞乐

二个思想家　张佐文

Taxicab 的悲哀（三场剧）
〔日〕小山内薰作　杨　骚译
屠格涅夫散文诗抄
英译者 C.Garnett　右　民译
祷告
明天呀！明天呀！
最后的会语
小丑
一个得意的人
访员
是多么美艳，多么清新呵！这些蔷薇
去乡　流　鸿

杂　谈

兄弟夜话　S　F
从看报纸广告说起　瞿　然
“门市小伙计”启事的回音
振　扬
——答春野书店

自由问答

致《北新》编者　影
复影　编　者
致编者　王慕文
复王慕文　编　者
编者附白　编　者

补　白

饮酒歌（诗）
〔美〕William Butler Yeats 作
黄野清译
在会场中（诗）　沈　海

第 3 卷　第 1 期*

1929 年 1 月 1 日出版

插　图

静物　绥　珊
博徒　绥　珊
风景　绥　珊
风景　陀　兰
圣晚餐　陀　兰
蹲着的人　陀　兰
女的半身　陀　兰
拭足的女　毕克梭

* 此期中的〈密约〉、〈死之胜利〉等诗，原刊“目录”中漏，而原刊“目录”中有的“自由问答”一栏，实际刊物中却没有，为衍文。

静物　陀　兰

恭贺新喜　北新编辑部

世界工业的新倾向　刘　穆
最近各国政治关系的推移　李宗武
日本政治组织及其现势　郭　真
日耳曼民族的复兴与德奥合并运动　龚　彬
德国的新经济组织
王惠平讲* 陶镕成记
心理学的主体　潘　菽

论新诗
利奥那·武尔夫作　梁遇春译
鲁迅　林语堂作　光　落译
事实之于文学
〔英〕A.Symons 作　石　民译
拜金艺术　〔美〕Upton Sinclair 作
郁达夫译
第十一章　甘萨斯与犹大

高尔基评传　赵景深
罗素的自叙
〔英〕罗素作　梁遇春译

小　说

在沙漠上　〔苏〕莱阿夫·伦支作
鲁迅重译

* 原刊“目录”作“黄惠平”，此从正文署名。

吹小喇叭的　钦　文
毛儿的爸爸　废　名

诗

密约　湘　灵
死之胜利
〔英〕莎士比亚作　沈麦生译
海涅的诗三首　石　民译
“我愿我能倾吐我一切的悲苦”
“我的歌儿满含剧毒”
“亲爱的，试把你的手儿放在我这颗心上”
春风与午梦　陈尔康
古院秋心　陈尔康
绿酒　心　见
琴声泪影　白　薇

戏　剧

接生院
〔日〕长田秀雄作　杨　骚译
变　春　晖

散　文

感伤的行旅　郁达夫
白朗女士　绿漪女士
钱塘江的夜潮　钟敬文
南归　绿　藤
一、出亡

两个幼儿
〔日〕谷崎润一郎作　侍　桁译

《苏曼殊年谱》后记　亚　子

杂　谈

午前随笔　锦　明
兄弟夜话（续）　S　F
读屠格涅夫的《春潮》　志　儁

读者的园地

弱者　陆豫初
同志（短剧）　颂　梅
在梦里　少　南
世态　韦飞女

补　白

安得（诗）　沈　海
我默伽亚谟绝句选译（诗）　潘修桐译
漂泊者的夜曲（诗）　〔德〕哥德著　张新嫦译
赠——（诗）　心　见

编者的话　编　者

第 3 卷　第 2 期*

1929 年 1 月 16 日出版

插　图

女　罗兰姗**
寺院的内部　陀罗内***
朝餐　莱　什

* 此期原刊“目录”中亦有“自由问答”一栏，而实际是衍文，刊物中并没有此栏。

** 原刊“目录”栏作“罗兰纳”，误。

*** 原刊目录栏作“陀罗由”，正文题下署“陀罗内”。

静物　勃拉克

英帝国统治下之印度现状　戴行轺
同性爱的问题　杨忧天
人造日光之价值　胡川如

英国的“谣曲”　小泉八云作　石　民译

拜金艺术　〔美〕Upton Sincair 作　郁达夫译
第十二章　英雄崇拜的时代

支那的蔷薇　倪昭德
俞先生（一）　〔法〕穆朗作　李青崖译
法官前的供状　程启槃

编者的话　编　者

第 3 卷　第 3 期

1929 年 2 月 1 日出版

插　图

斑衣小丑　毕克梭
女　玛替斯
两场　毕克梭
女的身段　亚尔细本珂
比爱罗　毕克梭

最近法兰西之政海波澜　龚　彬

关于耕地分配问题的讨论　非　英
化学与中国　培　元
拜金艺术　〔美〕Upton Sinclair 作　郁达夫译
第十三章　百分之百的雅典人
辛克来的杰作《林莽》　起　应
小　说
厌世的幼童　〔俄〕阿开柢艾菲成柯作　芳　草译
荷先生的小说　素　川
南归　绿　藤
二、鸭绿江之月
读者的园地
服从（小说）　落　曙

第 3 卷　第 4 期
1929 年 2 月 16 日出版

插　图
屋宇　法宁骇尔
风景　望诃霍
自画像　珂珂勗加
病娃　蒙　克
智识劳动者组合运动最近之发展　I.L. Review 作　张佐文译
俄国的都市计划　继　郇
泥佛和西装领结　钱鑫鑫
中国俗文学三种底研究　〔日〕青木正儿著　汪馥泉译
拜金艺术　〔美〕Upton Sinclair 作　郁达夫译
第十四章　反动的滑稽家
小　说
失之一笑　〔法〕巴尔札克作　蚚　冰译
野心　雷百违
芳邻　孙席珍
南归　绿　藤
三、苏家屯
几本小说的几个作者　林汉达
巴特纳的杂录　Samuel Butler 著　梁遇春译
读者的园地
海与诗人（诗）　汪蔚明
瓦斯灯下（诗）　晓　川
监狱和病院（小说）　拜　言
世界上最文明的国家（小说）　静峰女士
卖蛋老妇（小说）　陆豫初
通　信
复稚郎先生　编　者
编者的话　编　者
谨启　鲁　迅

第3卷　第5期
1929年3月1日出版

插　图
（失题）　诺勒台
自画像　勗密特罗德路夫
木雕　丕锡斯坦因
马　马尔克
白色的中心　康定斯奇

欧洲各国政局的新酝酿　李宗武
总选举前之英国　增　麟
法兰西人口问题之解决策　龚　彬
肖伯纳谈国际联盟真相（“The Manchester guardian”19卷16号文）　秋景明译
原子与能量　刘朝阳

一九二八年的日本文艺界　杨忱天
小　说
七叔公　孟　斯
过去的革命两时代及与之有关的一时代　企　霞
书　评
从《奔波》（徐蔚南著，北新书局出版）讲到小说的结构　赵景深
《未亡人》（叶鼎洛著，新宇宙书店出版）　孙席珍
通　讯
致《近代美术史潮论》的读者诸君　鲁　迅
补　白
威尔斯底女作家观　（无署名）
罗曼罗兰向奥国政府抗议（无署名）
（《真美善》）“女作家号”底消息　（无署名）
日本几个杂志的额角低头（无署名）

编者的话　编　者

“新进作家特号”征稿启事　本　刊

第3卷　第6期
1929年4月1日出版

插　图
斑斑舞蹈　舍佛里尼
静物　舍佛里尼
祈祷的犹太人　哈盖勒
永远的流亡者　绥盖勒
埋葬　诺勒台

美国的将来与新海军政策　圣
德国经济概观　真
日本统治下之朝鲜现状　真
斗争组织的社会形态与战争　〔日〕长谷川如是闲著　锷　予译
“他不”（Taboo）之物　黄　石

拜金艺术　〔美〕Upton Sinclair 作　郁达夫译

第十五章　基督教的革命

小　说

求妻的欢心〔英〕哈代作　木　野译
粉蝶与红蔷（童话小说）　杨　骚
两行列　王　坟

戏　剧

体面　方　文

诗

你仿佛要把我舍弃　燕志儁
心潮　燕志儁

论　文

将来……？　介　六

投稿到北新去！　经　立

读者的园地

冯家老二　祝秀侠
函　马子华

补　白

剽窃作家杜拉萨　馥
托尔斯泰与新俄的劳动者　馥
华士华斯《争斗》底原稿　馥
日本文艺家协会底职业结合化　馥
爱罗先轲逝世　馥
杂儿格伦敦　馥

编者的话　编　者

第3卷　第7期

1929年4月16日出版

最近英国的国外贸易与工业问题　刘　穆
国际联盟本届行政会议与少数民族问题　龚　彬
印度国民大会参观记　云　山
心理学的主体之我见　姚宏文

文学与民意　小泉八云讲　张文亮译
拜金艺术　〔美〕Upton Sinclair 作　郁达夫译
第十六章　支配阶级和被治阶级

小　说

同谋　〔法〕保禄·布尔惹作　青　谷译
殆喀顿者的夜游　金溟若

西牢七日记　杨人楩
关于温先生的《赤恋》译本　开　泰

补　白

意大利未来派底“发展”　馥
西班牙剧作家伊格莱西亚斯逝世　馥

编后的话　编　者

第3卷　第8期

1929年5月1日出版

英美对于中国的利害关系和最近

对于中国政治上的态度之解剖　融　成
国际经济中间的矛盾　白郎斯坦作　张行天译
生存竞争之世相　若　宾
日本在山东之所谓条约权利　佃瀏痕

剧作家友琴·沃尼尔（英国 T.K. Whipples 著《Spokesmen》之一章）　查士骥译
——介绍灰布尔教授的沃尼尔论

小　说
梧桐树下　舟　子
小阿明的失踪　W　Y

戏　剧
憬憧　桐　荫

诗
安慰　〔英〕莎士比亚作　沈麦生译
春的心　梅　子
芳时　卜英梵
地丁花　叶苍岑
出卖青春　陈伯吹

杂　谈
无意义的有意义　潘　菽
午后随笔（四—七）　锦　明

书　评
许钦文的《若有其事》（北新书局出版）　孙席珍
再介绍黄哲人“译述”《东西小说发达史》　汪馥泉
——兼介绍郑次川“著”《欧美近代小说史》

编者的话　编　者

第 3 卷　第 9 期
1929 年 5 月 16 日出版

最近国际两大会议　彬
——迁延未了的赔偿专家会议与正式开幕的裁军预备会议
妇女与宗教　圣
中国过去教育的批判　杨东莼

英国花鸟作家 W.H.Hudson　刘大杰

小　说
再显　〔英〕萨霸德尼作　张佐文译
夜间的调情　〔俄〕柴霍甫作　沈　默译
陌生的声音　无　名

诗
寒夜　光　人
闷　光　人

拉靴带　〔美〕辛克作　爱　侬译

读者的园地
清晨　康嗣群
学校生活的一片　庆　云
愤怒　W　Y

杂谈两则　米　西

赛甘先生的山羊

白话文的消灭

第 3 卷　第 10 期

1929 年 6 月 1 日出版

法国最近的产业状态与劳动组织　真

日本最近的文化政策　绚

俄罗斯正宗教会与社会革命　〔美〕Julius F.Hecker 著　江绍原译

创作家的态度　〔日〕丰岛与志雄著　张我军译

——附莫泊三小论

拜金艺术　〔美〕Upton Sinclair 作　郁达夫译

第十七章　娴雅的天堂

接江（小说）　白　薇

生的时刻（戏剧）　〔奥〕斯尼支勒尔著　林惠元译

散 文 诗

废墟上的春天　光　人

野火　光　人

月落时之钟声　禹　玄

论"极端"　月　如

午后随笔（一〇——一四）　锦　明

果尔蒙的短句　迦　辛译

读者的园地

冬夜　蛰　钟

瑞姑婆婆　T　M

第 3 卷　第 11 期

1929 年 6 月 16 日出版

新德意志的领袖人物　Henry Rittredge Norton 著　姜书阁译

中国近代汉回的冲突和融和"种族成见"的办法　凡　隐

请看这个时代！　〔日〕室伏高信著　陈庆雄译*

最近的英国文坛　〔日〕本间久雄作　查士骥译

论雪莱　Robert Lynd 著　梁遇春译

职业上的理智　Paul Bourget 著　方　于译

小　说

求婚　〔法〕罗贝特著　徐霞村译

——附译者简介罗贝特及其作品

出路　彭家煌

李香云　F　L

归家底路上　垂　云

* 原刊"目录"署"陈庆荣"，正文署"陈庆雄"。

诗

心儿病了　光　人
旅途　光　人
哦，你把我忘记吧　一　粟
忧愁与快乐　卜英梵

诬害忠良（儿童小喜剧）　健　飞

第 3 卷　第 12 期
1929 年 7 月 1 日出版

美国对外投资政策的新趋势　张伯箴
斯堪狄纳维亚半岛的新局面——瑞典挪威两国新关系之确立　彬
国际经济近况　刘　穆
苏联的国民教育　〔苏〕卢纳卡尔斯基著　王纯一译*

七种艺术七种谬见　J.E.Spingarn 著　林语堂译

小　说

基梅的那个歌者　法郎士作　李青崖、吴且冈合译**
迷乱　〔马来〕Kommer 著　余云义译

*　原刊“目录”作者作“刘穆”，误。

**　原刊“目录”“译者”漏吴且冈。

故事班　姚立之
未完成的杰作　倪贻德

诗

乡村雨景　湘　灵
冬之三部曲　光　人
致　卜英梵
失去　卜英梵

新书介绍

《招姐》（罗皑岚短篇小说集，光华书局出版）　赵景深
《到大连去》（孙席珍短篇小说集春潮书店出版）　赵景深
温生民译的《恋爱之道》（柯伦泰原著）***　校对员

一个声明（为张若谷编《真善美》“女作家号”事）　雪　林

编者的话　编　者
更正　汪馥泉

第 3 卷　第 13 期
1929 年 7 月 16 日出版

国际资本主义现势之一瞥　方　文
英国总选举的结果　高乔平
俄国的前途　〔苏〕托洛斯基作　刘　穆译

***　原刊“目录”作“温生民译的赤恋之道”，正文作“温生民译的《恋爱之道》”。

日本新闻事业之现势　若　宾
为什么要学化学呢?
〔美〕E.E.Slosson 著　胡川如译
最近德国的剧坛
(《伦敦时报，文学副刊》四月文)　赵景深译
拜金艺术　〔美〕Upton Sinclair 作　郁达夫译
第十八章　邪恶揭发的地狱
小　说
她的复仇
〔英〕高尔斯瓦斯作　侍　桁译
青柳〔日〕小泉八云作　刘大杰译
初恋　拜　言
逃　W　Y
诗
致其爱
〔英〕莎士比亚著　沈　默译
追忆〔英〕莎士比亚著　沈　默译
嫉妬的利刃　马子华
秋晚河边独步　叶苍岑
一个秘诀　叶苍岑
北极底国度（童话诗剧）　展　青
墓地（散文）
〔法〕E.Zola（佐拉）作　沈　默译
读者的园地
公理（小说）　瑜　堃

第 3 卷　第 14 期
1929 年 8 月 1 日出版

英国劳动运动之史的发展　高希圣
苏联的图书事业　若　宾
良心的本原
〔英〕Robetr Blatchford 著　大　新译
附录：译者致编者短函
拜金艺术　〔美〕Upton Sinclair 作　郁达夫译
第十九章　信神的毒药谋害者之群
论雪莱（续）
Robert Lynd 著　梁遇春译
嫩治阆录　〔日〕佐藤春夫作　张佐文　肖保德译
小　说
毕老师　共　天
隐刑　赵启雍
诗
“亲爱的！在你面前如站在圣母前一样”　陈伯吹
“我今天到过我爱人的家”　陈伯吹
肖伯纳语录　潘修桐译
读者的园地
邂逅（小说）　逃亡者

兵变（散文） 鸣 夏

追悼陶元庆氏启事
陈抱一等四十人

第 3 卷 第 15 期
1929 年 8 月 16 日出版

欧洲政局的新变化 龚 彬
日本政局的新变化 郭 真
反日运动与中外贸易 龚 彬
新故的卡本特 秋 原

小 说

欲 沈 樱
革命者的女儿
〔美〕雷德作 朝 露译
我们的犯罪 彭家煌

散 文 诗

生死曲 L.L.An-nun
我彳亍在空虚里 光 人
古碑的命运 张直觉

书 评

读陈豹隐译的河上肇《经济学大纲》
黄自平
波格达诺夫底《社会意识学》
方元造

第 3 卷 第 16 号
1929 年 9 月 1 日出版

反帝国主义同盟之过去与现在
希 圣
苏俄对外贸易之特征 龚 彬
今日的美国 郇孟晖

现代美国社会学（《大思想家丛书》文） 张我军译
家族，私有财产及国家的起源
〔日〕堺利彦作 宋斐如译

近代的社会剧
C.Hamilton 作 如 琳译

小 说

樱花时节
〔日〕叶山嘉树作 张我军译
韵� 雷百违

诗

高举杯儿 岑梅女士
花影 戚维翰
奴隶
James Oppenheim 作 潘修桐译

杂 谈

息灯之后 万迪鹤
随笔 朱 旭

散 文

济南之游 舟 子

第 3 卷 第 17 期
1929 年 9 月 16 日出版

非战公约能值几文钱? 许兴凯
中国资本市场之考察 刘静庵

最近苏联经济状况　刘　穆
井田制研究引论　潘渭年
现代的东洋思想
〔日〕土田杏林作　王璧如译

俄罗斯文学之最顶点的要素
〔日〕藏原惟人作　方炎武译

小　说

克拉拉
〔法〕戴库布哈著　徐霞村译
善终旅店〔比〕巴哈林著　高　达译
红沙漠之热病与烧梦　少　仙
从感化院里　畅　霖
平凡的故事　安　平

回乡杂记（散文）　叶鼎洛
两性关系的新纠葛　丘润章
性教育的《示儿篇》序　周作人

第3卷　第18期
1929年10月1日出版

中东路问题与世界和平　郭　真
阿富汗的反革命　高希圣
日本财阀政治的解剖　陈庆雄
现代经济组织之基础
〔日〕高桥龟吉著　何孝怡译

现代美国的文学
〔日〕北村喜八、汤浅辉夫、
清水晖吉作　方天白译

印象主义的批评
〔英〕王尔德作　林语堂译
艺术与商人〔美〕辛克莱作　王煦译

小　说

战斗　〔美〕杰克伦敦　夏莱蒂译
村中　〔比〕卫哈林作　高　达译
孩子的梦　舟　子
紫竹林中的烦闷　若　斯
史君　筱　逗
矛盾　柳屺生*

散　文

埃及故事一臠
英伦博物院《埃及古物指南》文
苏　拯译
无聊的旅行　苏读余

第3卷　第19期
1929年10月16日出版

最近世界经济的倾向　何孝怡译
主要资本主义国家的对外贸易观
郭　真
英俄关系的变迁**　高希圣
从文化心理学观点研究教师心理***
郭一岑

* 原刊"目录"署"柳杞生"，正文署"柳屺生"。

** 原刊"目录"作"英俄国际的变迁"，误。此从正文。

*** 原刊"目录"误漏"心理"二字，此从正文。

英国文坛之渐进主义*
〔日〕本间久雄著　方炎武译
安达西　Hanna astrup Larsen 作
赵景深译
小　说
阿金的泪
〔美〕杰克伦敦著　张铁民译
一个新闻记者　牡　英
小　品
醉　查士元
寄——　若　斯
诗
流浪者的悲哀　章　依
你莫要有——有个疑窦　陈伯吹
“我伫立在高山顶上”**
〔德〕海　涅作　若　斯译
读者的园地
午睡　安　思
压迫　龙冠海***

第 3 卷　第 20 期
新进作家特号
1929 年 11 月 1 日出版

本刊启事（为近来脱期而编合期事）
本　社
弁言　编　者
小　说
老太　满　红
“伏尔加船夫”　侣　伦
遇合　岑梅女士
在饭厅里　李同愈
一个病人　陆豫初
对母亲说　辛　未
仲篪先生　陶　然
觉悟　白云飞
在黑暗中　白启荣****
夜奔　江生纪*****
冯七　式　微
选举　贺玉波
失窃　曹晓风
黑影　邵宗汉
讨论会　彝　天
诗
晨　露
无题　露
低语　叶苍岑
我的心　叶苍岑
筵席上的鬼　卢心斋
双塔　楚　云
南高峰展望　楚　云
月光中　汪蔚明
春风摇摆着腰肢　汪蔚明

* 原刊“目录”作“美国文坛之渐近主义”，误。此从正文。

** 原刊“目录”漏此诗，今从正文补。

*** 原刊“目录”作“龙海冠”，此从正文署名。

**** 原刊“目录”署“白启云”，正文署“白启荣”。

***** 原刊“目录”署“江纪生”，正文署“江生纪”。

小　品

灰迹　陈　适

夜的澳门　张知子

世界的沉默　李白英

我归来了　吴伴云

手帕自述　王振秀

戏　剧

两年之后　君　羊

随　笔

所谓教育　汤　英

训育　汤　英

通　信

致编者　伯　琳

附言　编　者

第 3 卷　第 22 期

1929 年 11 月 16 日出版

日本去年农村问题概观

日本《社会政策时报》二月号文

朱联晋译

苏俄劳动者的生活

〔日〕秋田雨雀作　杨浴泉译

唯物论者的文化观

〔俄〕卢那卡斯基作　化　青译

日本无产文坛零话　肖崇素

批评家的要德

（"The Critic as Artist" 节译之四）

语　堂译

小　说

杀人者

〔俄〕库卜林作*　何公超译

冬夜　君　健

重逢　绍　益

诗

"每晨起来的时候"

〔德〕海　涅作　若　斯译**

"我独自在园中闲步"

〔德〕海　涅作　若　斯译**

法朗士语录

一、十七则　潘修桐译

二、在则　露　译

关于《两性关系的新纠葛》

稜　岩

第 3 卷　第 23 期

1929 年 12 月 1 日出版

日本人口过剩问题

《东省杂志》第七、八期文

胡　恒译

苏俄的教育及文化机关

〔日〕秋天雨雀作　杨浴泉译

犯罪与刑罚

〔英〕R.Blatchford 著　安　人译

* 原刊"目录"作"库普林"，此从正文署名。

** 原刊正文署"若"，误，此从原刊"目录"。

裸体与性
〔德〕W.Balsche 作　启　三译
批评之功用（“The Critic as Artist”节译之五）　林语堂译

小　说

羔羊　孙席珍
狗儿之死　君　健
王大肚　海　底

诗

醉曲　咖　啡
夜里的征人　秋　魂
小诗一首　若　斯

所谓随笔　肖　燕

通　信

为《国际经济近况》请问刘穆先生　徐敬仔

第 3 卷　第 24 期
1929 年 12 月 16 日出版

内战国对外侨果负损害赔偿之责任乎？　方　瑜
苏俄的民众教育问题
〔美〕孟禄作　历　可译
中国的人力车
《密勒氏评论报》五十卷第八号文　金　城译
商品的拜物教的性质及其秘密　刘埜平
图腾制的宗教方面　黄　石
文学与国民性　赵景深
——在上海女子文学专门学校演讲

小　说

牧童的过失　彭家煌
欠费　万迪鹤

戏　剧

一个党人　章崇义

杂　感

“Money Writes”　阮如虹*

散　文

文字狱　苏蕾生

通　信

答徐敬仔先生　刘　穆
关于本刊　苏雷声
复苏雷声　编　者

第 4 卷　第 1、2 期
特大号

插　图

失题　塞　尚作
失题　梵谷克作
失题　马谛斯作
失题　僻迦索作

英日美帝国主义在太平洋上　钱鑫鑫

* 原刊“目录”署“阮如红”，正文署“阮如虹”。

二十世纪之独裁政治　儒　海
中国工业化的几种考察　刘　穆
日本金解禁的意义及其影响　袁文彰
由上海的黯淡面反映出来　郭子坚
显微镜术和健康　周建人
历史的艺术　Hirn（希伦）作　汪馥泉译
伴侣结婚　Marcet Haldeman Julins 著　若　狂译
辛克莱的美国教育观　〔日〕北泽新次郎作　小　竹译
俄罗斯知识阶级的悲哀*　Willian Henry Chamberlin 作　陈清晨译

革命后十二年来之苏俄文字　〔日〕茂森唯士著　秋　原译
苏联的集团主义的音乐　Bene FÜlÖp-Miller 作　何公超译

论　文

塞尚及其以后　倪贻德
论创作（一至二）　〔日〕小泉八云讲　石　民译

小　说

变节者　〔美〕杰克伦敦著　天　虹译
蜘蛛网之家　〔英〕George Gissing（乔治吉新）作　侍　桁译
实录　废　名

杰克伦敦的小说　〔日〕厨川白村著　刘大杰译
恶魔　〔俄〕高尔基作**　鲁　迅译

戏　剧

错演的戏剧　〔日〕藤井真澄作　杨　骚译

诗

黛丝戴儿的情诗抄　〔美〕Sara Teasdale 作　衣　萍译
　赠品（Gift）
　私逃（The Flight）
　旅客（The Ways aver）
　阿曼尔菲夜歌（Night Song at Amalfei）
　灯（The Lamp）
　凝视（The Look）
幻灭之歌　光　人
狱中歌　行　健
　囚人之夜
　燃火的土匪
　大风雨

除夕

* 原刊“目录”作“俄国知识阶级的悲哀”，正文作“俄罗斯知识阶级的悲哀”。

** 原刊“目录”作“英国高尔基作”，误；正文题下署“玛克辛·戈理基作”。

〔英〕Charles Lamb（查理斯兰姆）作　梁遇春译
三礼赞　周作人
北归　刘半农
超人的一面
——尼采给 Madame O.Luise 的七封信　郁达夫译
苏杰生年表　柳亚子

通　信

致编者　孙光祖
复孙光祖　编　者

编者的话　编　者

第 4 卷　第 3 期*

1930 年 2 月 1 日出版

伦敦会议的重要问题　袁文彰
太平洋沿岸列强投资的角逐
〔日〕小岛精一著　丘曙光译
莫索里尼独裁之七年
〔美〕Carletonbeals 著　陈清晨译

高尔基的出头**
Rose Lee 著　古有成译
文艺批评的新基准
〔日〕岛宫新三郎作　钱歌川译
论创作（三——五）
〔日〕小泉八云讲　石　民译

悲剧中的喜剧（小说）
〔俄〕希什克夫作　高　滔译
矿穴里（独幕剧）
〔美〕钮门作　何公超译

小　品

海棠叶之哀歌　公　侠
怀　若　斯

谈谈“独自赔偿国债”的巴士德　胡川如

征集方言启事　本　刊

第 4 卷　第 4 期

1930 年 2 月 16 日出版

插　图

创法律之腹　杜弥爱
歌与酒　杜弥爱
革命的战士　杜弥爱
许被告发言　杜弥爱
将来谁有战斗的勇气　杜弥爱

印度革命运动的发展　袁文彰
帝国主义现阶段之“第三期”　秋　原

* 原刊“目录”中有“弟弟”一篇（伍畅霖作），实际正文无此篇。

** 原刊“目录”为“高尔基的出头”，正文为“哥尔基的出头”。

中国农村经济关系之研究　刘　越
人是机器吗?
Forum杂志一九二九年十一月号文　陈清晨译

苏联的宣传剧场
〔德〕Rene Fulop-Miller 著
何公超译
革命艺术家杜弥爱的生涯及其艺术
黄人岚
小　说
猫与爱神
〔英〕A.Bennett 作　侍　桁译
火城
〔瑞典〕H.Soderberg 作　稚　吾译
一浮先生　伏　刃
小　品
俘虏们　竹　居
看戏之后　竹　居
热气与寒光　竹　居
前途　竹　居

第4卷　第5期
1930年3月1日出版

插　图
剧场的市民　（无署名）
洗衣妇人　（无署名）

日本总选举的结果和今后政局的推测　袁文彰
死刑之阶级性
〔日〕奈良正路作　侍　桁译*
说思想　若　宾

苏联的宣传剧场（续完）
〔德〕Rene Fulop-Miller 著
何公超译
革命艺术家杜弥爱的生涯及其艺术（续完）　黄人岚

戈萨克之今昔（游记）
Maurice Hindus 作　李伟森译
贼（独幕剧）
〔日〕前田河广一郎作
钱歌川译
小　说
多事的一夜　舟　子
弟弟　伍畅霖

第4卷　第6期
1930年3月16日出版

英美德三国之失业情势　郑　伯
布尔乔亚汜及其文明
〔德〕Wilhelm Liebknecht 著
钱鑫鑫译
结婚论　〔俄〕阿尔志巴绥夫作
〔日〕内山贤次译　杨　骚重译

* 原刊“目录”署“侍桁译”，正文误作“待行译”。

初夜权的起源 黄 石

日本无产阶级作家论

〔日〕石滨知行作 胡行之译

小 说

海生的经历

〔意〕Bruno Corra（哥拉）作

储元熹译

两个朋友 方 前

书笈介绍

《资本主义最后的阶段的帝国主义》（列宁著） 汪馥泉

自由论坛

"仁"，"义"，"烈士" 光 落

嫌疑 光 落

否认古典派的题目 何公超

通 信

致编辑先生 郑则性

第 4 卷 第 7 期

1930 年 4 月 1 日出版

最近美国的经济情形和国际地位

何孝怡

英美冲突的根本原因

R.Paline Dutt 作 杜光埙译

唯物史观的要领

〔日〕河上肇作 粟剑超译

蒙古的贵族及其婚姻

Frans August Larson 作 侯 朴译

近代英国文学的主潮及其背景

〔日〕矢野峰人著 赵世铭译

小 说

塞尔维亚之夜 〔西〕伊巴枭兹作

吴且冈 李青崖译*

一条裤带 侣 伦

白蛇与许仙（传说的独幕剧）

向培良

科学杂谈 寿 椿

科学改良食料之实效

空气湿度与人生健康

将来战争可用无线电递送地图

将来之燃料问题

五十年后

关于《屠格涅夫散文诗》 石 民

第 4 卷 第 8 期

1930 年 4 月 16 日出版

苏俄货币制度及通货政策的现状

漆圻笙

帝国主义底基本特征 刘 曼

女性社会史考

〔日〕石滨知行著 汪馥泉译

生物的进化

〔英〕麦克勃赖特著 周建人译

* 原刊"目录"漏署"吴且冈"。

哥德的《浮士德》(介绍)
〔日〕山崖光宣著　史俊宣译

希凡台的磨坊(小说)
〔比〕Horace Van Offel 著
林汉达译
枫叶(散文)　亦　栩

诗

水程　卜英梵
云影　田　鹜

书笈介绍

《第四十一》概略　安　平

科学杂谈(续)　寿　椿
科学界之英雄
美国全国电力之半系消耗于家庭
航行中可与别船通电话
聋者亦可听戏矣
美国测绘全国地图之大计划

第4卷　第9期
1930年5月1日出版

插　图

构图　Friesz
村　Vlamink
头　Derain
素描　Matisse
素描　Dufy

大事和小事

伦敦海军会议结束以后　志
美国失业问题的解决难　志
印度反英运动之再接再厉　志
印度总督的薪俸　志
一月来帝国主义侵略之种种
荣　福
米价飞涨中抢米潮　荣　福
一月来江浙难民之骚扰　荣　福

外人在华之投资　扶　云
现代文化的发展　薛文蔚
生物的进化(续)
麦勃拉特著　周建人译

艺术是怎样产生的
〔苏〕卢那尔斯基著　钱歌川译
野兽派的绘画　华　实
《惊动全球的十日》的作者约翰·里德　A.R.Williams 著　士　璋译

小　说

芳斯夫人
〔丹〕J.P.雅各生著　柔　石译
小桃　君　健

自由论坛

读书以来　汤　英
全武行　王梴星
好消息　独　悲

编者的话　编　者

郁达夫启事（为上海、杭州青年冒名事） 郁达夫

第 4 卷 第 10 期
1930 年 5 月 16 日出版

大事和小事
海军会议以后各国内部的政潮 小 白
英日失业问题日趋严重 小 白
安南人民解放运动 小 白
麦克唐纳尔政府之暴力镇压印度革命 小 白
战争影响与全国的交通情形 荣 福
一月来匪之破城陷镇记 荣 福

世界的恐慌时代之来临 袁文彰
苏俄对于科学家的待遇
〔美〕W.Horsley Gantt 著 侯 朴译
生物的进化（续完）
〔英〕麦克勃赖特著 周建人译
观念形态论
〔日〕藏原惟人著 钱歌川译

关于高尔基 畏 之*

老莫的故家 少 仙

* 原刊“目录”栏作“行之”，此从正文题下署名。

职业 Konrad Bercovici 著 君 羊译
济慈致荫丽的信
John Keats 著 李建新译
海外通信
德国底社会结构 次 敏
法国社会党对于裁减军备之新论调 次 敏
安南革命运动 次 敏
印度独立声中两个诗人之比较 次 敏

第 4 卷 第 11 期
1930 年 6 月 1 日出版

插 图
生田春月肖像及其笔迹
大事和小事
继涨增高的印度革命 小 白
印度革命浪潮中，日英美在印的经济冲突 小 白
安南民族革命运动之蔓延 小 白
德国发生严重罢工 小 白
金价暴涨与世界经济的关系 小 白
帝国主义诸国的备战 小 白
一月来国内灾民之流亡 荣 福

欧洲合众国与对美关系 袁文彰
革命的第三幕
〔美〕William Heary Chamberlin 著 清 晨译

印度采用金汇兑本位制度的沿革
漆琪生*
关于性的迷信与风俗（二）
（续《新女性》三卷十号）
黄　石
日本诗人生田春月底自杀　光　人
一个叛逆者（随笔）
〔日〕生田春月著　光　人译
生田川（独幕剧）
〔日〕森鸥外著　侍　桁译

小　说

围城以后　孙席珍
犹豫　李同愈
疑惑的心（诗）
Adelaide Anne Procter 著
焦　尾译

第4卷　第12期
1930年6月16日出版

大事和小事**

美国股票狂跌之严重的意义
小　白
意大利产业界的现状　小　白
印度革命，仍在发展　小　白
金银潮与商业　王　书
欧洲联盟与意法冲突　李建新译
日本经济底飞跃的发展与日美对立
〔日〕大崎厚夫著　陈克山译
土耳其的改造
Owen Tweedy 作　陈清晨译
克鲁泡特金的《法国大革命史》
译序　杨人楩
论音乐艺术的阶级性
兼常清佐著　穆天树译

小　说

纸币的跳跃　郁达夫
自杀　沈　樱

诗

我踽踽在黄昏里　丛　埜
鸮底声诉　叶苍岑
林中　叶苍岑
遗恨　戚维翰
建立出版界的水平　伟　森
——为低能的穷苦读者请愿

第4卷　第13期
1930年7月1日出版

美国新税则之实行及其反响　小　白
德国的经济恐慌及其社会的结果
袁文彰

* 原刊“目录”署“漆琪笙”，正文署“漆琪生”。

** 原刊“目录”漏此栏。

苏联废教运动之过去及其现在
杨昌溪
托洛斯基的生平
Alexander Bakshy 著 陈清晨译
为什么要避讳 黄 石

杨梅烧酒 郁达夫

天空中的骑兵（小说）
〔美〕皮尔斯著 夏莱蒂译
心善的人（小说） 缪崇群
母亲利巴的哀歌 向培良
乡居三首 叶苍岑
“金色的晨曦揭开了夜幕”
“乡下的光阴不是闲里过”
“粗粝与藜糕吃得饱足”

介绍辛克莱氏新著《山城》
山风大郎

编者的话 编 者

第4卷 第14期

1930年7月16日出版

插 图

马耶珂夫斯基（木刻）〔俄〕白留克

世界的恐慌声中之法国经济状态
袁文彰
五年计划实施后苏俄之贸易政策
及其贸易现状 漆琪生
殖民地民族运动与英帝国的将来
矢内原忠雄著 徐碧晖译
都会对农村关系之辩证法的发展
〔日〕西河太一郎著 季 尺译

艺术的起源 Calverton 著 刘 穆译
马耶珂夫斯基
A.B.Magil 著 光 人译

我们的进行曲（诗）
〔俄〕马耶诃夫斯基著 沈 海译
凯夫剧场的暗杀（小说）
〔日〕林房雄著 肖崇素译
农奴的故事（小说）
〔俄〕克鲁泡特金著 侯 朴译
猫（小说） 缪崇群
日本小品
羊 铃木三重作 终 一译
朝之庭院
高滨虚子作 终 一译
旅途 吉田弦次郎作 终 一译

第4卷 第15期

1930年8月1日出版

插 画

最后的晚餐 N.N.Gay 作
什么是真理 N.N.Gay 作
从工作归来 N.orlov 作
专卖 N.orlov 作

战后欧洲东南各小国之政治经济状况　清　晨
中国农业上的资本主义底发展样式
〔日〕田中忠夫著　汪馥泉译
苏俄的性道德
〔日〕秋田雨雀著　蓬　洲译
未来的化学战　郑卓群

托尔斯泰的讲画
〔英〕Aylmer Maude作　侍桁译

传　记

《洋鬼》底作者吉母·朵耳
叶母·希叶作
叶奴·门·希怯寥柯夫译
光　人重译

小　说

一个饥饿的人底故事
〔犹太〕宾斯奇著　钱公侠译
肉团　白　石
乾鱼　张宗植

诗

我们于钢铁中生长出来
〔苏俄〕喀斯特夫著　石　民译
夕阳之歌　光　人

杂　评

李达编《中国产业革命概观》的一个错误　拙　生
《黑龙江流域的农民与地主》
（陈翰笙、王寅生著）路　生

转　载

中国农村经济研究之发轫
——国立中央研究院社会科学研究所社会学组一九二九年至一九三〇年工作报告

第4卷　第16期
1930年8月16日出版

现代各种中立问题　张佐文
苏俄的建设事业
Boris E.Shvirsky著　意平译
以一九二九年为中心的中国经济概况　〔日〕佚名氏作　张时进译

月的神话与传说　黄　石
商品化的近代小说
〔日〕平林初之辅著　钱歌川译

关于鲁迅先生　柳静文

小　说

没孩子的夫妻
〔捷〕郝尔曼著　吕淑湘译
我们狗和人　金　枝

诗

滚吧，今天　白启荣

海外通信

美国加洲中的日人势力　溜　子

第4卷　第17期
1930年10月1日出版

最近世界农业的趋势

振　清*
资本主义之根本的特征
山川均著　江伯玉译

艺术底研究
〔德〕李卜克纳希著　雪峰译
一个新奇的断片
〔美〕贾克伦敦著　蒯斯曛译

小　说

悠闲的城
〔英〕丹沙尼著　旭　之译
十三夜　郁达夫
影　满　红

常识百话　漆琪生

书　评

《唯物史观与社会学》
（Boukharine 著，许楚生译）
子　真
《新时代伦理学》（考茨基著，叶星译）　振　青

读者的园地

凶年　王云开
儿子底信　硕　君

第 4 卷　第 18 期
1930 年 10 月 16 日出版

德国新选举的揭晓与欧洲各国舆情的一瞥　向鸿儒
英美冲突与世界大战　白　莽
世界各国政治组织概观　袁文彰
图腾制的社会组织　黄　石

艺术的研究（续完）
〔德〕李卜克纳希著　雪　峰译

与萧伯纳谈话记**
Sewell Stokes 著　山风大郎译

他如何对她的丈夫撒谎（短剧）
〔英〕肖伯纳著　彭道真译
梦魇（小说）　张佐文

关于斯伟夫特与格里佛　韦丛芜

读者的园地

早晨　杜　庸
张百万同志　孤　雁

第 4 卷　第 19 期
1930 年 10 月 16 日出版

法意纷争的重要问题　袁文彰
美国资本家怎样侵入了欧洲市场
清　晨
中国经济发展过程之根本问题
〔日〕田中忠夫著　陈克山译

* 原刊“目录”署“振青”，正文署“振清”。

** 原刊“目录”作“与伯纳萧谈话记”，正文作“与萧伯纳谈话记”。

美国新兴文学之起衅
Calverton 著　周绍仪译

两个医生的故事（小说）
〔美〕哥尔德著　杨昌溪译

《吉屋》——新俄法庭纪实
〔美〕W.Duranty 著　伟森译

从“天下无如吃饭难”谈到“人生好比一瓶墨水”　杨人楩

书　评

《政治经济学大纲》（史威特罗夫、伯尔德尼罗夫著　高希圣、郭真译）
子　真

《世界经济与帝国主义》
（N.Boukharine 著，杨伯恺译）
振　清

读者的园地

水仙花　陈明丁
最后的胜利　范世勤

第 4 卷　第 20 期
1930 年 11 月 1 日出版

插　画

人世的喜剧　A.J.Alexandrovitch 作
过去与将来　A.J.Alexandrovitch 作

国际时事记述

巴西阿根廷的革命潮　彰
奥国罗马尼亚的政变　彰
五年计划与教育问题　适

普遍世界的农业恐慌　袁文彰
现代婚姻之破产
〔美〕雕兰特著　子琴译

遗诗三首　无　名
“我的年龄已有这么多”
“这大马路的堂皇的东亚旅馆”
“你的人在你背后哀诉”
死神和士兵
A.阿凡纳塞夫作　钱国光译

海外通信

参观巴黎普罗艺展　毛　史

秋季征文选录

事业与职业　豪
挣扎　马　虎
青年的性问题　尊　文
大学毕业之后　王三战
社会事业中对劣绅的一个问题
共　天
小学教员职业问题　陈定才
诉于读者之前　蜀　冈
“饿呵”　黄警栟

第 4 卷　第 21、22 期
1930 年 11 月 1 日出版

插　图

托尔斯泰像

书斋中的托尔斯泰
托尔斯泰和他底孙儿们说话
农事收割时的托尔斯泰
国际时事记述
印度圆桌会议开幕　彰
德国国防军的内容和新预算　彰
苏俄实业破坏案为俄土意邦交　晨
日本滨口首相被刺　彰
真茹国际无线电台成立　晨

美国资本和中国　乔　平
德意志的失业问题与失业保险　漆琪生
卖淫问题
——D.斯芮济珂底报告　林适文译
学潮与苦闷中的学生　杨东莼
关于读史与做人
——在苏女中学生自治会学术股　杨人楩
史地组讲稿
评托尔斯泰主义　傅立策著　杨东莼译
学生与艺术　Aylmer Mande 作　罗　姗译
自杀之研究　Cavan 著　梅　隽译
——一个早期厌倦的青年
小　说
杜子春　〔日〕芥川龙之介著　程鼎鑫译
冰川　〔苏俄〕斐定著　淡　秋译
友人C君　岭　梅
曼青姑娘　缪崇群

看云楼词　衣　萍
浪淘沙·莫干山独步夕阳下
蝶恋花·深秋上海迁居有怀
菩萨蛮·公园池畔信步
临江仙·忆家
自由论坛
郭著《中国社会之历史的发展阶段》的一点质疑　严振乾
名人讲演记略　疾　公
国民性　陈之泰
买米　声

第 4 卷　第 23、24 期
1930 年 12 月 1 日出版

国际时事记述
英帝国会议的结果　彰
美国短期会议之经济报告　彰
军缩予备会议　彰
法兰西难产内阁成立　彰

新气象的农村　〔美〕Anna Louise Strong 著　陈清晨译

吟诵诗人外奈耳特　〔日〕藤森成吉著　谷　非译

小 说

牧童所见

〔英〕妥玛斯哈地著　侍　桁译

虾蟆　E.A.Poe 著　朱企霞译

李赛伦脱

〔英〕A.玛丽荪著　储元熹译

那个流氓　李同愈

倚枕日记　衣　萍

小 品

家畜〔日〕岛崎藤村著　侍　桁译

秦玛　缪崇群

小 说

嫁妆　钱歌川

朝露　少　仙

编者的话（为终刊与《现代文学》合并另出期刊事）　编　者

37 一　　般

简　介

《一般》，月刊，上海立达学会创办的综合性刊物，三十二开本，由开明书店发行。一九二六年九月五日出版“诞生号”，一九二九年十二月五日出至第九卷第四号终刊，共出版三十六期。第一、二卷由夏丏尊主编，第三卷起由方光焘主编。

立达学会是主持立达学园的教育团体，宗旨是“修养人格，研究学术，发展教育，改造社会”，主要成员有夏丏尊、匡互生、刘重宇、丰子恺等。他们在一则《启事》中申明：“《一般》杂志虽由立达学会同人负责撰稿，但同时却为公开的超然的民众化的出版物”。创刊号上发表的《〈一般〉的诞生》一文，实际上是该刊的发刊词，表述了刊物的编辑方针，“对于各种主义，都用平心比较研究，给一般人作指导，救济思想界混沌的现状”；“要想以一般人的实生活为出发点，介绍学术，努力学术的生活化”；“注重趣味，文学作品不必说，一切都用清新的文体，力避平板的陈套，替杂志界开个新生面”。

《一般》月刊内容广泛，文学作品、文学评论、书报评介占显著地位，同时刊登谈一般社会问题，特别是青年问题和教育问题的文章。立达学会同人之外，还有不少著名作家为它撰稿，如叶绍钧、郑振铎、朱自清、朱光潜、沈端先、胡愈之、钟敬文等。

目 录

第1卷 第1号
诞生号
1926年9月5日出版

《一般》的诞生
一般与特殊 叔 琴
中国的国家秩序与社会秩序
〔日〕长谷川如是闲著 丏 尊译
青年底生活问题 薰 宇
读胡适《我们对于西洋近代文明的态度》 范寿康
一般的错误 李未农
趣味丰富的秋的天象 匡互生
旅英杂谈 孟 实
不死（小说） 孙福熙
遗腹子（小说） 圣 陶
长闲（小说） 丏 尊
书报评林
张资平氏的恋爱小说 默 之
读《经今古文学》和《古史辨》 王伯祥
关于《性史》的几句话 周建人
评商务印书馆的《学生杂志》 沈本权
介绍与批评
中国伦理学史 石 岑
教育哲学 心 如
国故论丛 予 同
世界大战全史 费 劳
东西药制之研究 钦 子
温德米尔夫人的扇子 郢 生
列那孤的历史 调 孚
与谢晶子论文集 晏 始
少年百科全书 珊 梵

寄赠及交换
时事摘要
立达学会及其事业（附录）
编辑后记
补 白
《荆州亭》元夕杭州 白 采
诗集副刊自题卷端 白 采
绝俗楼我辈语（一） 白 采

第1卷 第2号
1926年10月5日出版

迎双十节 记 者
美神与酒神 李石岑
中国的国家秩序与社会秩序 薰 宇
僵尸的出祟 周予同
上海的新闻界 仲 持
趣味丰富的秋的天象（续） 互 生
中世纪的波斯诗人 西 谛
悼白采：一 薰 宇
二 佩 弦
三 丏 尊
四 克 标
五 圣 陶

六　子　恺
七　互　生
八　周为群
九　光　焘
旅英杂谈　孟　实
法味（小说）　丰子恺
疲劳　〔日〕国木田独步作　丏尊译

书报评林

白采的诗　自　清
读白采小说偶识　赵景深
评中华书局《出级生物学》　田秉祥
评妇女杂志《爱之专号》　文　铠

介绍与批评

文章学初编　默　之
世界文学家列传　调　孚
社会的文学批评论　景　深
章句论　心　如
归航　光　焘

寄赠及交换
时事摘要
编辑后记

补　白

孤树（一）（二）（三）　大　白

第1卷　第3号
1926年11月5日出版

我们的时代　胡愈之
再论青年生活问题　周为群
所谓"兽性问题"　高　卓
谈读书　朱孟实
红叶　陈兼善
人类维持健康的本能　张克成
中世纪的波斯诗人　西　谛
爱欲　方光焘
猫（小说）　丏　尊
失工
〔法〕曹拉作　脩　勺　宅　桴译
绝俗楼我辈语（二）　白采遗著

读者与作者

谈《青年的生活问题》　陆定一
我底答复　薰　宇
读《关于性史的几句话》　张竞生
答张竞生先生　周建人
复肖恩承博士　薰　宇

书报评林

《雨天的书》　明　石
《旧事重提》质商务印书馆　心　如

介绍与批评

哲学辞典　丏　尊
西行日记　郢　生
炭画　化　鲁
外套　调　孚
诗学　调　孚
十二个　从　予
彷徨　独　逸
狂言十番　南　风

寄赠及交换
时事摘要
编辑后记

补　白

秋吟　信　翰
立达 Paradox　默
立达 Paradox　光
立达 Paradox　薰

第 1 卷　第 4 号
1926 年 12 月 5 日出版

说民族学　蔡孑民
舆论　亦　乐
中国的白祸　罗素著　一　真译
谈动　朱孟实
谈静　朱孟实
我们应当为社会牺牲自己吗　薰　宇
青年底一种烦闷　周为群
说三　未　农
工艺实用品与美感　丰子恺
古国游记——珊瑚国　张觉任
平级错均底一斑　刘大白
从上海到日本西京　绶　百
阿门独语（一）　张水淇
苦辛　圣　陶
姊妹的日记（一）　哈提著　方光焘译
绝俗楼我辈语（三）　白采遗著

书报评林

读中国历史的上帝观　丏　尊
两部天书　默　之
李金发底诗　钟敬文

介绍与批评

中国科学史料号　G
人生哲学　丏　尊
国际社会运动小史　费　劳
中国绘画史　钦　子
水彩画概论　钦　子
名理探　费　劳
俄德西冒险记　调　孚
性的知识　成　达
伏园游记　杜　维

寄赠与交换
时事摘要
编辑后记

补　白

夜雨（一）（二）（三）（四）（五）　李瑞轩
尝试　子　恺

第 2 卷　第 1 号
新年号
1927 年 1 月 5 日出版

一九二七年　梅　父
中华民国的统一问题　亦　乐
新伦理观与旧伦理观　李石岑
一九二六年的国际问题　胡愈之
一年来的国产影片　谷剑尘
茶话　觉　农
新年新历　章克标
我们读报应注意的几点　朱秉国

艺术与现实　丏尊
国画漫谈　同光
阿门独语（二）　张水淇
绝俗楼我辈语（四）　白采遗著
一点旧事　孙福熙
姊妹的日记（二）　哈提著　方光焘译

第2卷　第2号
1927年2月5日出版

中国现在有没有政党　亦乐
爱的无抵抗主义　天怡
对于李石岑先生《旧伦理观与新伦理观》的疑义和感想　杜亚泉
中国画与西洋画　丰子恺
新诗（上）　佩弦
文艺上的内容与表现　方光焘
形数检字法　张凤
南游（一）　薰宇
绝俗楼我辈语（五）　白采遗著
阿门独语（三）　张水淇
珊瑚　徐蔚南
姊妹的日记（三）　哈提著　方光焘译

书报评林

评英语模范读本　翼臣
谈梅县山歌至黄五娘传说的写成诗　田湘灵

介绍与批评

各国国歌评述　钦子
近代恋爱名论　尹穆
犹太小说集　珊梵
白雪遗音选　珊梵
马克司——其平生其著作及其学说　威特
寄赠及交换
时事摘要
编辑后记

补遗

子恺随笔（一）（二）（三）（四）（五）　子恺
办公室　子恺

第2卷　第3号
1927年3月5日出版

英国的帝国主义与中国的国民运动　玉深
谈中学与社会运动　朱孟实
谈十字街头　朱孟实
再说三　周为群
女性与音乐　丰子恺
从“凡人皆有死”到“苏格拉底有死”　孟实
美术的照相　丰子恺
伍子胥与伍云召　郑振铎
男与女　李宗武
南游（二）　薰宇
阿门独语（四）　张水淇
银梅的姊妹　蓏衡

姊妹的日记（三）

哈提著　方光焘译

书报评林

评《中国文学变迁考》　徐中舒

张竞生博士最近的工作　周建人

介绍与批评

经子解题　异　之

艺术界周刊　锺　毓

性与人生　友　华

二十世纪之母　一　波

寄赠与交换

时事摘要

编辑后记

补　白

杂碎（一〇则）　明　石

第2卷　第4号

1927年4月5日出版

告失望的朋友们　薰　宇

谈多元宇宙　孟　实

谈升学与选课　孟　实

现代西洋绘画的主潮　丰子恺

文学之社会的研究　方光焘

心理学最近四分季　倪文宙

中国革命及其指导势力

A.Martynov著　竞　白译

韦庄《秦妇吟》写定本　明　石

南游（三）　薰　宇

阿门独语（五）　张水淇

怯弱者　俞守身

不安定的心　黎锦明

花仙　赵景深

第三者　丏　尊

评乐府古词考　潮

读两部民歌集　钟敬文

寄赠及交换

时事摘要

补　白

春歌　燕志儁

小河　燕志儁

吊孤独者　燕志儁

结婚之海　燕志儁

编辑后记

第3卷　第1号

1927年9月5日出版

英俄冲突与二次世界大战　愈　之

孝与生殖器崇拜　周予同

从打倒知识阶级口号所认识的

心　如

谭现下学风及其他（对话）　章克标

烦闷　觉　敷

文学的社会学的研究　方光焘

秋的星座及其传说　丰子恺

芥川龙之介的绝笔　端　先译

六朝恋歌　徐中舒

谈作文　朱孟实
第三者　夏丏尊
镜　赵景深
评混合算术　周为群
达夫的三时代　锦　明
补　白
四位改革家
〔英〕史提文生著　焜译
病人与救火夫
〔英〕史提文生著　焜译
忏悔的人〔英〕史提文生著　焜译
蝌斗与蛙〔英〕史提文生著　焜译
住民和旅客
〔英〕史提文生著　焜译
她的午睡　燕志儁

编辑后记

第3卷　第2号
1927年10月5日出版

一年一度双十节　心　如
谈情与理　朱孟实
何谓庶民的诗歌　魏肇基
美的世界　丰子恺
美术（造型）底社会的考察（一）
刘叔琴
实物与其模型　周伯棣
香的化学　绶　百
关于真空　夏承法
南游（四）　薰　宇
广州风物杂忆　钟敬文
马来诗歌选译　警　民
我悔了　先　安
芥川龙之介的死　章克标
听说芥川龙之介自杀了　滕　固
南京的基督　丏　尊
手巾　方光焘
补　白
《点心》选译之一
〔日〕芥川龙之介作　绶　百译
无题　赵景深
《点心》选译之二
〔日〕芥川龙之介作　焜译

第3卷　第3号
1927年11月5日出版

十月革命的十年　胡愈之
缺陷论　李石岑
词的起源和发展　方欣菴
为诗而诗（一）　李健吾　朱佩弦
诗与散文的境界　端　先
美术（造型）底社会的考察（二）
刘叔琴
忆　圣　陶
非非室考古秘言　张　凤
供状　心　如
实验室窗外　程绶百
南游（五）　刘薰宇
九呼　张　望
关于译注本《姊姊的日记》的意见

马鹏云
我的答复　方光焘
关于《情与理》的辩论　杜亚泉
《近代欧洲外交史》　史　惪
糟糕的《天堂与五月》　赵景深
读完了《烈火》　钟敬文
补　白
小诗　陈乾女士
碎锦　先　安
五卅沪耗中送半农东归　张　凤
圣母像前的韵脚　赵景深
露西姑娘　赵景深
小诗　马　凤
珠儿怨　张　凤
三个世界（一、二）　绶　百

编辑后记

第3卷　第4号
1927年12月5日出版

明年的本刊　记　者
悲观道德的价值　丘景尼
友谊和辩难　章克标
考古学与旧约　江绍原
西洋画的看法　丰子恺
宗教家与精神病者　觉　敷
知识的确实性　丘景尼
美术（造型）底社会的考察（三）　刘淑琴
托尔斯泰思想的断片　仲　持
评蒋宋结婚的仪式　章克标
南游（六）　薰　宇
订正鸽与轻梦的误译　方光焘
磨贫人之面　史　惪
湖上仙子　杨彦敏
致某某　张　望
病　适　夷

寄赠及交换
补　白
标点与音节　露　明
作家种种　K　S
恋歌　翰　哥
翻译小说杂谈　露　明
从迷恋的梦里归来　钟敬文

编辑后记

第4卷　第1号
1928年1月5日出版

脆弱的余音　黄列娜
蓢网　子　恺
一个索稿费的口供　黎锦明
朦胧的思路　章克标
魇　钦　文
老酒香烟女人　岂　凡
花一般的罪恶　邵洵美
诗三首　西　枲
见
忆

黄梅时节
两首赠妓的诗　夏莱蒂
枕边问一妓
赠一患梅毒病的夏姬
文艺随笔　丏尊
为小小者　滕固
岁暮　章克标
爱的开脱
〔日〕林房雄作　郁达夫译
雏菊　〔丹〕安徒生作　徐调孚译
A 的梦
〔日〕武者小路实笃作　章克标译
葛都良的肖像画
〔英〕王尔德作　张望译
威廉勃来克的百年忌　魏肇基
艺术制作的心理　韦充栋
艺术漫想　方光焘
中国新文艺与变态性欲　赵景深
自然界的神话　玄珠

补　白

贡献之辞　周乐山
笑歌　赵景深
作家种种　K S
想会见的　K S
读燕筑信　钟敬文
小诗　M F
赴法别东京诸友　黎烈文
作家种种（一）　K S
旧梦　钟敬文
作家种种（二）　K S
笨与恶　琴
作家种种（三）　K S
最好的与最恶的　琴

编辑后记

第 4 卷　第 2 号

1928 年 2 月 5 日出版

苏俄共产党内讧　从予
天才的意识　魏肇基
化学战争　化鲁
克鲁论特金的伦理学　贺为群
现代西洋画诸流派　丰子恺
谈摆脱　孟实
谈谈现代的进化论　刘叔琴
作文的哲学　石樵
安特列奥　鲁彦
南游（七）　薰宇
葛都良的肖像画（一）
〔英〕王尔德作　张望译
鸽与轻梦译者答方光焘先生
尘庆
一般的话　岂凡

编辑后记

第 4 卷　第 3 号

1928 年 3 月 5 日出版

那里走　自清
谈在露浮尔宫所得的一个感想

孟　实
谈人生与我　孟　实
易卜生底四大社会剧
高德曼著　李芾甘译
现实主义的绘画　丰子恺
南满铁道社会的经济侵略
杨浩然
关于《初恋》　白
也来谈谈“中国宝贝”　豫　堂
岁暮　章克标
葛都良的肖像画（二）
王尔德作　张　望译
补　白
心焦　黄诏年
不丢　黄诏年
风流　黄诏年
唔难　黄诏年
跟　黄诏年
共条心　黄诏年

第4卷　第4号
1928年4月5日出版

世界经济稳定之问题　陶　父
上海　伯　瀛
中国戏剧之起源　方欣庵
为诗而诗（二）　李健吾　朱自清
说翻译之难　端　先
艺术的科学主义化　丰子恺
读革命文学论诸作　岂　凡
读郭译《争斗》后底几点商榷
魏肇基
拆庙　子　钦
一般的话　薰　宇
补　白
爱拣酣　黄诏年
艰难　黄诏年
急死里　黄诏年

第5卷　第1号
五月号
1928年5月5日出版

“五月一日”　叔　琴
习得性（Acquired Charater）真不遗传吗　均　式
谈谈指纹　夏承法
难当　黄诏年
印象派的画风和画家　丰子恺
夏娃的四个儿子　杜　衡
一般人的音乐　丰子恺
想妹　黄诏年
马尔萨斯和他底人口论　叔　琴
知识阶级的运命　夏丏尊
恋爱病　小　江
投水　方光焘
飞心　黄诏年
公论　章克标
花对花　黄诏年
太阳　魏肇基
一般的话　薰　宇

绘　画
浴女　Renoir 作
风景　Sisley 作
风景素描　Leonardo 作

第 5 卷　第 2 号
六月号
1928 年 6 月 5 日出版

关于济南事件日本论客的言论二则　丏　尊
中国现代教育杂论　天　行
归去　黄诏年
谈谈弗洛伊特　觉　敷
热与激越性　毂　人
进花园　黄诏年
自我的发展　魏肇基
开言　黄诏年
点彩派的绘画　丰子恺
紫外光线　夏丏尊
渐　婴　行
发达诸阶段里的社会底全体性　钟子岩
英法留学的情形　潜
长情　黄诏年
飞　钦　文
一般的话　岂　凡
家寒　黄诏年
绘　画
船　Signac 作
舞女　Degas 作

第 5 卷　第 3 号
七月号
1928 年 7 月 5 日出版

崇拜知识的迷信和知识阶级　章克标
社会学的国家观　李宗武
会插花　黄诏年
美化的情绪　雨　苍
也甘心　黄诏年
美术工艺的本质和范围　陈之绋
能　夏承法
主观主义化的西洋画　丰子恺
由上海到巴黎（一）　黎烈文
错栽　黄诏年
心声　谢晨光
一般的话　薰　宇
莫呕气　黄诏年
绘　画
静物　Ce' zanne 作
风景　Gogh 作

第 5 卷　第 4 号
八月号
1928 年 8 月 5 日出版

站在十字街头的一个问题　章克标
从人口统计上观察法国的社会状况　希　圣
客音情歌　陈濂观
笑话论　陈登元

现代四大画家　丰子恺
客属情歌（一）　喆　生
关于雁　贾祖璋
下遮花　黄诏年
少男少女须知（一）
R.L.S 著　魏肇基译
思想妹　黄诏年
卖猪　陈道希
客属情歌（二）　喆　生
野站里　赵　冷
会插花　黄诏年
由上海到巴黎（二）　黎烈文
绘　画
TaHiti 岛上　Gaugin 作
街　Rousseau 作

第 6 卷　第 1 号

九月号

1928 年 9 月 5 日出版

第四期之前夜　天　行
由一个日本底经济学者眼中所见到的中日经济关系和日本底武断政策　刘叔琴
酒——少喝一点的好　章克标
客属情歌（三）　喆　生
关于托尔斯泰　芝　葳
客属情歌（四）　喆　生
民间文艺的分类　黄诏年
英文学史上应有的一章——英国人　雨　苍
野兽派的画家　子　恺
客属情歌（五）　喆　生
古今物质观底变迁　毂　人
少男少女须知（二）　魏肇基译
由上海到巴黎（三）　黎烈文
客属情歌（六）　喆　生
一般的话　岂　凡
挑拨歌　黄诏年、华秀霞
绘　画
青年水夫　Mathisse 作
夏日　Othmann 作

第 6 卷　第 2 号

十月号

1928 年 10 月 5 日出版

建设时代的建设计划　程祥荣
影像　陈之佛
少男少女须知（三）
R.L.S 著　魏肇基译
弱者　采
客属情歌（七）　喆　生
悲累阿士和梅丽桑（一）　飘　蓬
欧行随笔（一）　薰　宇
诗人　施少素
由上海到巴黎（四）　黎烈文
客属情歌（八）　喆　生
一般的话　岂　凡
自叹　黄诏年
绘　画
洋台楼中的静物　Picasso 毕加索作

静物　Peger 作

第 6 卷　第 3 号

十一月号

1928 年 11 月 5 日出版

俄国经济发展的前途　希　圣
生命与时代　陈登元
废道　黄诏年
从生殖生活的解放到女子独裁　竹　衣
立体派·未来派·抽象派　丰子恺
客属情歌（九）　喆　生
修裴尔德百年祭过后　丰子恺
黄叶小谈　钟敬文
述怀　黄诏年
读胡适之白话文学史　杨次道
黑点　杜　衡
悲累阿士和梅丽桑（二）　飘　蓬
一般的话　岂　凡
惜青春　黄诏年

绘　画

风景　Severini 作
木版　Kandinsky 作

第 6 卷　第 4 号

十二月号

1928 年 12 月 5 日出版

美国的新局面与世界政潮　李宗武
读戴季陶先生近著《日本论》以后　绶　百
问讯　华秀霞　黄诏年
民众主义与天才的相反及交错　章克标
迷信的治病法　江绍原
科学的胜利　竹　依
托尔斯泰在俄国文学上的地位　罗　翟
歧路灯　自　清
“再和我接个吻”的翻译　子　恺
产业　陈道希
吉祥山上　子　野
欧行随笔（二）　薰　宇
悲累阿士和梅丽桑（三）　飘　蓬
一般的话　萧　哀

绘　画

漕人　Pechstein 作
坐女　Archipenko 作

第 7 卷　第 1 号

一月号

1929 年 1 月 5 日出版

绘　画

音乐的神童莫札尔德
世界最古的壁画

中国经济发展之国际的意义　郭　真
大战前夜的世界经济　希　圣
音乐的神童莫札尔德及其名曲

丰子恺
为墨翟国籍质胡怀琛君　陈登元
群众心理及自我的分析　夏斧心
圣经的 ABC　颂　羔
先生的坟　孙百刚
某夜之星话　孙百刚
漂泊的人们　杨彦劬
命丑　黄诏年
一般的话
中国社会相的新展开（一）　岂　凡
中国社会相的新展开（二）
肖　哀
中国前途的曙光　肖　哀
恭贺新年　肖　哀
珍事一则　肖　哀
无题　肖　哀
岛崎藤村的老年新婚　肖　哀
中国人性情的反面　岂　凡

第7卷　第2号
二月号
1929年2月5日出版

绘　画
裴德芬像
世界最古的图画

国际新风云与未来危险的酝酿
李宗武
弱小民族解决运动现势　从　予
日本之哲学界　魏肇基
音乐的英雄裴德芬及其名曲
丰子恺
群众心理及自我的分析　夏斧心
《背影》　钟敬文
"女作家号"　春　妩
灰色者（一）　饮　水
诞生日　钱歌川
一个伟人的故事　金溟若
欧游随笔（三）　薰　宇
一般的话　岂　凡

补　白
怨家　黄诏年
獞人情歌　黄诏年
命歪　黄诏年
花与蝶　黄诏年　华秀霞

第7卷　第3号
三月号
1929年3月5日出版

绘　画
修裴尔德像
埃及古代雕刻的杰作

产业合理化下的各国工资　君　壬
对于全国美术展览会的希望
丰子恺
日本之哲学界　魏肇基
英吉利动植矿物的谣俗和鬼怪
江绍原
一些现代英吉利谣俗　江绍原

歌曲之王修裴尔德及其名曲
丰子恺
群众心理及自我的分析 夏斧心
灰色者（二） 饮 水

一般的话

翻译复兴 岂 凡
好书不出 岂 凡
身边杂事 章克标

补 白

探花病 黄诏年

第7卷 第4号
四月号
1929年4月5日出版

绘 画

幸福的乐人孟特尔仲像
妇人奏乐图（埃及古代壁画）

目前世界经济概况 补 拙
英美帝国主义对于非洲的争霸
高希望
进化论在美国的厄运 陈登元
现代英吉利时令 江绍原
幸福的乐人孟特尔仲及其名曲
丰子恺
《水浒》及其作者 观 云
明日 金溟若
欧行随笔（四） 薰 宇
呜呼叶录君 薰 宇

补 白

有妹 黄诏年
弟相思 黄诏年
治装 黄诏年
鸣蛙 朱普怡

第8卷 第1号
五月号
社会科学专号
1929年5月5日出版

社会科学是什么 希 圣
论文化科学 梅 子
五一劳动节之史的发展 郭 真
现代社会意识的探讨 君 壬
国家崇拜 落 叶
苏联的教育情况 天 人
俄国政治组织一瞥 继 郇
自由通商运动和资本的苦闷 安 之
现代经济解剖之一面 敼 人
英帝国主义前途之一面观 先 之
中国革命的经济的要因 增 麟

一般的话

保存古物 岂 凡
五月放假月 岂 凡
全国美术展览会 岂 凡
禁止研究社会科学者的头脑
岂 凡
人类中最初的叛逆者 安 之
无智与危险 安 之
“Flapper” 安 之

补　白

感伤　黄诏年

武汉轮中　黄诏年

第8卷　第2号

六月号

1929年6月5日出版

绘　画

哀愁音乐家晓邦像

妇人供膳图

领袖论　牟永锡

最近的西洋画派　丰子恺

母亲的泪　定　生

现代英吉利习惯法和各业谣俗　江绍原

木棉　刘万章

哀愁音乐家晓邦及其名曲　丰子恺

为墨翟国籍问题答陈登元君　胡怀琛

为墨子国籍事再质胡怀琛君　陈登元

一夜　章克标

一般的话

关于学校演剧等等　岂　凡

印度人底致命伤　安　之

补　白

广西情歌（二则）　黄诏年

翁源情歌　黄诏年

劝妹声　三　郎

牵妹衣　三　郎

第8卷　第3号

七月号

1929年7月5日出版

绘　画

洋琴大王李斯德像

马利斯像

礼拜之天使

圣保罗像

SARASA

韦尔斯与基督教　陈登元

洋琴大王李斯德及其名曲　丰子恺

美术工艺之实际运动者马利斯　陈之佛

印度的古代文化　刘叔琴

对《美育》杂志李主干的回声的叱咤　豫　堂

同命鸟　贺玉波

稣达的泉　舒　夷

欧行随笔（五）　薰　宇

一般的话

疑问（一、二）　岂　凡

革命与性生活　岂　凡

补　白

广西情歌　黄诏年

第8卷　第4号

八月号

1929年8月5日出版

绘　画

交响诗人裴辽士像

Tile　马利斯

世界各国数学教育的改造运动　章克标

教育的性质与中国目前的教育问题（一）　傅冰然

两种美　朱光潜

贫乏哲学　周　容

圈腾主义　愈　之

交响诗人裴辽士及其名曲　丰子恺

又来"骂"胡适之先生　定　生

牢狱生活　索　郎

出版家　王任叔

屠介涅夫的地位特质及其影响　罗　翟

牧童与羊群　孙百刚

英国总选举之前夜　化　鲁

向左转之英国政局　化　鲁

一般的话

英雄死　岂　凡

文人忙　岂　凡

投机心　岂　凡

装修门石　岂　凡

补　白

洁光　黄诏年

人间天上　A　A

第9卷　第1号

九月号

1929年9月5日出版

绘　画

华葛纳尔像

绒氈（马利斯图案）

数的启事　刘薰宇

乐剧建设者华葛纳尔及其名曲　丰子恺

笑的作用和起源　胡文传

优生学浅说　诘　由

苏联的著名学者　王惠良

陀思退夫斯基的地位特质及影响　罗　翟

义务校订　S　F

为墨翟国籍问题再答陈登元君　胡怀琛

牢狱生活　索　郎

城隍殿里的故事　Y　Y

罢饭　宁　是

一般的话

兴奋剂　岂　凡

西湖博览会杂感　岂　凡

第9卷　第2号

十月号

1929年10月5日出版

绘　画

关于陶元庆氏的摄影五帧
却伊可夫斯基像

中俄交涉声中之满洲与日本　孙岫人
教育的性质与中国目前的教育问题（二）　傅冰然
阶级社会的算术　胡秋原
悲观音乐家却伊可夫斯基及其名曲　丰子恺
金陵记游　钟敬文
蜘蛛之丝　孙百刚
德芬的姑娘　定　生

追悼陶元庆氏

关于陶元庆的死　许钦文
陶元庆氏轶事　许钦文
陶元庆氏言行录　许钦文
回忆陶元庆君　陈抱一
追念陶先生　叶绍钧
回忆和幻想中的陶元庆　章克标
悼陶元庆先生　沈秉廉
知道陶元庆先生死耗之后　艾　叶
归来呀元庆　陈啸空
哀陶元庆先生　赵景深
陶元庆先生　钟敬文
忆画家陶元庆先生　贺玉波
新兴美术家陶元庆先生　梁耀南
纪念我的教师陶元庆先生　王昭乾
怀陶元庆先生　孙席珍
陶元庆论　钱君匋
本期插图的说明　泉　安
陶元庆氏遗作目录　许钦文
陶元庆先生挽歌　钱君匋
陶元庆遗著　许钦文（辑）

第9卷　第3号

十一月号

1929年11月5日出版

绘　画

希得洛斯像
柔皮镂金的书籍装帧（一）　马利斯

南满铁路之今日　桑洛卿
德意志伊特沃罗儿和马克斯社会学　安　之
列强资本之中国市场竞争　秋　原
象征的解释　石　樵
音诗人希得洛斯及其名曲　丰子恺
论翻译之易　先　之
安部矶雄著经济学新论译文底商榷　穀　人
除人　薰　宇
牢狱生活　索　郎
重游苏州　钟敬文
告春鸟　孙百刚

一般的话

答岂凡先生的“疑问” 谢剑文

敬谢指教 岂 凡

交友须知 岂 凡

都是生意经 岂 凡

补 白

答友人 黄诏年

爱与诗 微 明

第 9 卷 第 4 号

十二月号

1929 年 12 月 5 日出版

绘 画

杜褒西像

柔皮镂金的书籍装帧（二） 马利斯

启蒙文学论 柳梅影

澳洲土人的图腾主义 愈 之

苏俄生产近况 重

新时代音乐家杜褒西及其名曲 子 恺

狂热音乐家修芒及其名曲 子 恺

个人主义伊特沃罗儿时代底过渡形态 安 之

为墨子国籍致胡怀琛君 陈登元

李培天译近世社会学成立史纠缪举例 慧 子

不能死的人 巴 金

一般的话

大减价与军乐声 岂 凡

礼义之邦 岂 凡

国字辈太来争气 岂 凡

绑匪横行 岂 凡

再会再会 岂 凡

38 幻　洲

简　介

《幻洲》，文艺半月刊，一九二六年十月一日创刊于上海，创刊社出版，先后由创刊社与上海光华书局发行，四十八开横排特型本，一九二八年一月十六日出版第二卷第八期后终刊，共出版二十期。《幻洲》名为“半月刊”，但实际出版时间常延期。

《幻洲》的编排形式与一般刊物不同，每期分上、下两部：上部名“象牙之塔”，刊登小说、诗歌、散文与美术作品，由叶灵凤编辑，态度较为严肃，作者多署常用名，经常撰稿人有周全平、滕刚、洪为法、亚灵、宰木、周毓英等人；下部名“十字街头”，刊登文坛与社会现象的述评、杂感，由潘汉年编辑，所刊文字多嘲讽之笔，作者多署“下流人”、“无聊人”、“泼皮”、“小流氓”、“店小二”之类假名，文风热情、泼辣而有时不免失之油滑，文笔直率、流畅而有时显得粗糙，其中的“灵肉号”（第一卷第四期）与“灵肉续号”（第一卷第七期）曾引起了不同的社会反响。

目　录

创刊号
1926年10月1日出版

上部：象牙之塔
象牙塔中　叶灵凤
迷梦（散文）　全　平
怨女（诗）　滕　刚
昳衣（插图）　灵　凤
夜哭（散文）　绍　宗
浪淘沙（创作）　叶灵凤
编后随笔　编　者
下部：十字街头
徘徊十字街头　潘汉年
新流氓主义　亚　灵
　第一章
溥仪与破旧的月经带　汉　年
洋翰林刘复“复古”　装华女士
介绍《艺术三家言序》（徐蔚南著）　裘　痴
水番三郎日记（一）　潘汉年
街谈巷议*
　（一）山东大学行跪拜礼　泼　皮
　（二）张伯苓的新新时代观　养　慎
　（三）传令嘉奖的国家主义者　迪　可
　（四）劝陈望道勿再丑表功　泼　皮
街稍闲谈　汉　年**

第1卷　第2期
1926年10月16日出版

上部：象牙之塔
幔　灵　凤***
红灯小撷（小品）　叶灵凤
散后的歌场（诗）　滕　刚
苦笑后的冷笑（散文）　全　平
　——《苦笑》代序（给凤）
落霞（创作）　全　平
漂泊的话　金　牛
尾缀　编　者
　——兼告《《沉钟》同人
下部：十字街头
新流氓主义　亚　灵
　好管闲事章
从上海到柏林　长　虹
把广州比上海　骆　驼
　附：泼皮男士附笔
钉梢《洋翰林刘复复古》　潘汉年
蒋光赤休要臭得意　长　虹
为《小说通论》指歪　樱岛女士
水番三郎日记（二）　潘汉年

* 原刊“目录”题的“街谈巷议四篇”，无细目。

** 原刊“目录”署“编者”，正文下署“汉年”。

*** 原刊“目录”署“叶灵凤”，正文署“灵凤”。

街谈巷议
（五）少谈国家大事 迪 可
（六）程艳秋的戏与朱湘的诗 泼 皮
（七）《北新》周刊太小气 马 文
（八）苏周之辩
潘汉年 苏绯华
答苏绯华 周毓英
第三者的话 汉 年

第1卷 第3期
1926年11月1日出版

上部：象牙之塔

音乐会小曲（创作） 陶晶孙
做父亲去（散文） 为 法
The Death of the Last Centaur（画） 亚丝勃歇夫
The Madman's Funeral（画） 亚丝勃歇夫
漂泊的话（续一） 金 牛
禁地（创作） 灵 凤
导言
编后随笔 编 者

下部：十字街头

新流氓主义 亚 灵
骂人章
拥护国旗干么 下流人
信手写来 汉 年
（一）敬告批评者
（二）记庆日的所感
（三）冤哉，诗人！
（四）我走进通信图书馆
（五）新出的《狂飚》周刊
鬼说话之康有为的诸天讲 长 虹
上海女人野鸡化问题争辩
引言 汉 年
骆驼和泼皮说话太"火"了* 樱岛女士
为上海女人野鸡化而答樱岛女士* 泼 皮
答樱岛再谈上海的女子 骆 驼
水番三郎日记（三） 汉 年
街谈巷议
（九）辩明事实"一个周君（不是周全平）* 周毓英
（一〇）还是请老年人少滑些吧 下流人
（一一）电话局长的礼教 泼 皮
谈了许多天（对话）** W

第1卷 第4期
灵肉号
1926年11月16日出版

上部：象牙之塔

Overture 编 者

---

* 这三篇原刊"目录"中题目文字从简，此依正文题目。

** 原刊"目录"漏此篇目录。

口红（创作） 叶灵凤
Kiss（插图） B.A.Rodin
初次的邂逅（诗） 邱韵铎
谜（诗） 邱韵铎
处女羞（诗） 邱韵铎
处女般的（诗） 邱韵铎
圣醇（诗） 邱韵铎
菊子夫人（创作） 灵 凤
幻象（画） 灵 凤
漂泊的话（续二） 金 牛

下部：十字街头

写在“灵肉号”前面 汉 年
新流氓主义 亚 灵
　　我们的性爱观念章
性爱漫谈 潘汉年
　　序言
　　（一）我的新性道德观
　　（二）性爱与结婚
　　（三）女子解放的真义
　　（四）灵与肉的误解
人生与性爱 周毓英
罪归何人？ 静华女士
　　附：又是一条尾巴 汉 年
性爱问题的彻底解决 唐运剑
　　——就是废除夫妇制度
真正的性爱在那里？ 潘汉年
　　——由上海女子野鸡化问题
　　而想到女子的贞操
与骆驼别后第一通 泼皮男士
骆驼与泼皮男士 骆 驼
街谈巷议
　　（一二）传闻商务印书馆将控
　　告章锡琛 迪 可
　　附言 汉 年
　　（一三）为长虹痛骂蒋光赤而
　　抱不平 萍 水

第1卷　第5期

1926年12月1日出版

上部：象牙之塔

编者叶灵凤肖像
禁地（小说） 灵 凤
　　第一卷　秋（一）
仰望着伟大的十字架 全 平
　　——读了《长跪》以后
悲哀的安哥儿 绍 宗
人体（插图） B.C.Iarsson
拥衾（散文诗） 滕 刚
自挽 曼女士
漂泊的话（续三） 金 牛

下部：十字街头

编者潘汉年肖像
全平肖像
樱岛女士画像
巴黎通信 楚 狂
北行道上 全 平
读《张资平氏的恋爱小说》（默之） 赵汉涅
冷风吹不散热气 为 法
再生於梧桐深院里的黑力克 樱岛女士

街谈巷议
（一四）名人与广告　冰　如
（一五）社会讲义　赵铭彝
（一六）写在张伯苓的新新时代观后边　清　澄
（一七）关于“罪归何人”？　刘运权

第1卷　第6期
1926年12月16日出版

上部：象牙之塔
王尔德肖像（插图）
沙漠的梦（小品）　骆　驼
花雕，给——（诗）　杨正宗
清寂的冬晨（通信）　全　平
失败后（画）　Artzybasheff
病榻呓言（散记）　叶灵凤
漂泊的话（续四）　全　牛
下部：十字街头
新流氓主义　亚　灵
女读者与下部“十字街头”
我的灵肉观　骆　驼
为朱湘的诗告泼皮男士　山风大郎
附答山风大郎　泼皮男士
天尼苏第三　小　燕
信手写来（三则）　汉　年
（一）毁誉与本刊
（二）从《语丝》讲到江绍原与刘博士
（三）极刑问题
水番三郎日记（四）　潘汉年
街谈巷议
（一八）告诉你两个翻译者的秘决　L　Y
（一九）墙壁上的话　厂　人
（二〇）下部注册簿　无聊人
街梢闲谈　编　者
补白
Reflections
〔德〕歌　德作　韵　铎转抄

第1卷　第7期
灵肉续号
1927年1月1日出版

上部：象牙之塔
插图
光荣的胜利者　Alb.Hahn
工人听见大战也害怕　Alb.Hahn
进行曲　Alb.Hahn
兵士同猩猩比较　Alb.Hahn
二十世纪的新建筑　Alb.Hahn
血污了手的瞻圣者　Alb.Hahn
璎缀　叶灵凤
银妹　叶在荣
欧弗拉底河的夕阳　绍　宗
哀音　艾　藜
下部：十字街头
“灵肉号续”小言　汉　年*
如是我解的灵肉问题　任　厂

* 原刊“目录”署“编者”，正文题下署“汉年”。

谈性爱　剑　波
爱情不能为旁的问题牺牲　蒋镜青
对于“情爱问题的彻底解决”的抗议　T　L
　附：案语　汉　年
抗议之抗议　汉　年
我眼孔中的上海女人　兵　予
　附：看完写起　泼　皮
不平　白冰女士
　附：答复　骆驼、泼皮
与张竞生博士谈谈“新文化（？）”　潘汉年

第1卷　第8期

1927年1月16日出版

上部：象牙之塔

南薰　全　平
幻影船（画）　虹　儿
褪了色的伤心　滕　刚
小憩（画）　虹　儿
露西的恋歌（诗）　绍　宗
绒织物之习作（画）　虹　儿
贺柬（散文诗）　叶灵凤

下部：十字街头

这一期　潘汉年
妖冶漂亮的女子便“野鸡化”吗？　钧　石
　附：附尾几句　汉　年
　　　越界筑路一则　叶灵凤
不得已答复长虹几句话　光　赤
张竞生袒护小马甲　梁志纲
　附：论小衫之必要　竞　生
　　　论女子小衫与张竞生　亚　灵
敬告批评《新文化》者　汉　年*
《新文化》月刊对于妇女承继权的鼓吹　剑　波
评《新文化》半部　长　风
介绍中国最新的新思想　君　素
美人的私处与洋翰林张竞生　敏　唏
“新思想”与“新文化”（诗）　泼　皮

第1卷　第9期

1926年2月16日出版

上部：象牙之塔

煤　叶灵凤
Isabella（创作）　叶灵凤
夜的顶礼（画）　Dold
六十七串（创作）　屿　禾
蛾（画）　Dold
俪安（创作）　曼女士
诗三首**　梅绍农
　死心
　告别辞
　　——致秋影
　鬼影

* 原刊正文署名“汉年”，“目录”作“编者”。

** 原刊“目录”只写“死心”，漏后二诗。

下部：十字街头
质《汛报》 亚 灵
刘半农之流可以休矣 迪 可
附：我也来说几句 汉 年
病的泄泻 幼 葭
信手写来 潘汉年
（一）胡适之还是住在外国好
（二）爱国的先生们到那里去了
（三）又是投壶
（四）仍恐有伤风化
（五）所谓艺术家之态度
对空炉谈空话 汉 年
博士的胜利（过去派怪剧）
——纪念我家博士而作
泼皮男士
街谈巷议
（二一）贴对子问题
白鹿彝水*
（二二）昏哉岂明老人 垠 良
（二三）骂刘半侬劝“北新”**
山风太郎

第1卷 第10期
1927年3月16日出版

上部：象牙之塔
桃色的恐怖 叶灵凤
小诗——呈灵凤 穆木天
神秘的对象（画） Dold
灯市 滕 刚
催死曲（诗） 肖廉勤
哀诉（诗） 肖廉勤
幽冏的相思 王任叔
挣扎（画） Dold
猩红的断片 何菊文
补白一则（节录“Dorian G ray”）
王尔德著 灵凤译
下部：十字街头
编辑的话 （潘汉年）
离经叛道 戚维翰
一夫一妻制 王应培
夫妻底关系应是这样的
松 之
巴黎男女的野鸡化 苏 侨
为吾们女子叫屈 L.W 女士
同居纪念 鸿 儒
驳“如是我解的灵肉问题”
沄 仙
快些找“门经去” 任 厂
街谈巷议***
（二六）罪归“陈腐的思想”
马缉熙
（二七）新女性的名人解答
善 言
（二八）关于《性的知识》的

* 原刊“目录”作“白萍麟水”，此从正文下署名。

** 原刊正文题作“骂半侬劝‘北新’”此从“目录”

*** 原刊“街谈巷议”序号错乱，缺其（二四）（二五）。

装订　哲　甫
（二九）《小说月报》的编辑健忘欤？诈骗欤　鸣　俊
（三〇）言行不符　佩　贞
（三一）未免太小气　憨　子
（三二）大减价二十天　憨　子
（三三）不愧为识时务的俊杰　憨　子

第1卷　第11期
1927年5月1日出版

上部：象牙之塔

禁地（创作）　叶灵凤
第一卷　秋（二至七）
逃避（画）　Dold
红灯憔悴后（诗）　蓬　子
荒村（诗）*　蓬　子
无题（诗）*　罗吟圃
旅客的怨歌（诗）*　吴　那
一封情书　Flaubert著　灵凤译
加藤洋食店（创作）　谢晨光
恳求（画）*　Dold
一个俄国式的爱的试验*
［俄］屠格涅夫著　灵　凤译

下部：十字街头

本刊迟延出版的声明　严　陵
——并纪念失踪的汉年
生命之源泉　定　一**
谈谈陶晶孙和李金发　谢晨光
说明白些　任　厂
告T.L先生　剑　运
灰色的蠕动　骆　驼
街谈巷议
（三四）张竞生与美的书店的女店员　依　依
（三五）诗哲夫人Mrs陆　依　依
（三六）满脸的油汗　慧　光
（三七）中山原配卢夫人　匹　梅
（三八）通讯现购处竟如此　大　春
附志*　代编者
补白*
致上海读者　校对者
致电车公司及水电厂的经理　小流氓

第1卷　第12期
1927年9月出版***

上部：象牙之塔

奠仪（创作）　叶灵凤
舞（画）　Dold
黄梅（杂记）　严良才

---

* 这些篇目原刊“目录”漏。

** 原刊“目录”为“D·Y”，此从正文下署名。

*** 此期原刊未署具体出版日期。

致我的女朋友们　金满成
——代序
呈献（画）　Dold
剧场里（创作）　谢晨光
下部：十字街头
随便谈谈　建　行
（一）不准随便
（二）腐化问题
（三）英国兵将认上海为第二故乡
（四）唯物与唯心
（五）孔夫子游街
（六）不谈国事
（七）帝国主义者为何事惊慌
（八）苦战《现代评论》诸公
（九）胡适之的美国脾气
（一〇）萨樊案判决后之中国
送金牛二次北上后　铁　马
刘斌同志被杀后　吴辅仁
卓宾鞋和田汉的翻译　山风大郎
向五皮主义者讨债　泼皮男士
侮辱女性　淑　兰
附编者附言
街谈巷议
（三九）可怜田汉到不了民间　青　萍
（四〇）张若谷思想之艺术社　山　人
附编者案
（四一）难乎其为民生女学的校牌　迪　可
（四二）静默三分钟表示什么呢　下流人
本刊紧要启事（为暂停刊事）*　本　刊

第2卷　第1期
1927年10月1日出版

上部：象牙之塔
北游漫笔　叶灵凤
酸酒　滕　刚
冥想（画）　灵　凤
诗三章　裘柱常
习习的山风
晨风里的牧童
未嫁的母亲
结婚了　严良才
禁地　叶灵凤
第一卷　秋（八至一〇）
下部：十字街头
我再回上海　潘汉年
胡说博士可以休矣　憨　子
信手写来　汉　年
（一）原来如是清党
（二）吴稚晖先生奈何一言不发
（三）读苏省市两党部对时局表示之感言
（四）汪先生悔不当初
（五）吴稚晖先生真有先见之明

* 此启事在内封面上，原刊“目录”无。

（六）禁止白话文与切切毋违此令

北国生活之一页 骆驼

萨樊案与胡适的美国绅士态度 潘汉年

街谈巷议

（四三）复古的党化教育 泼皮

（四四）顾孟余先生无微不至 周起元*

（四五）打倒投机派《现代评论》 陈德珩**

（四六）介绍革命才子杨杏佛 下流人

（四七）模特儿与男女戏剧的关系 泼皮

（四八）居然有人提议通缉杨虎、陈群 迪可

（四九）重礼聘请党八股老师启示 卜尧连***

第2卷 第2期

1927年10月16日出版

上部：象牙之塔

苦杯（创作） 亚灵

进酒曲（诗） 梅绍农

残夜（画） 叶灵凤

吸血鬼

〔捷〕Tan Neruda 作 效询译

红烧（创作） 杨慕人

禁地（创作） 叶灵凤

第一卷 秋（一一、一二）

下部：十字街头

时间与青年 宰木

信手写来 潘汉年

（一）吴老先生有如此之威信乎

（二）请蔡元培老先生留一点过去的光荣

（三）鲁迅也是赤化暴徒之流吧

（四）《时事新报》之对英外交

（五）惜哉康有为

（六）创造社的文学奖金

（七）郭沫若辈姓名的不幸

（八）复有恒先生

关于《哈孟雷特》与《到民间去》 田汉

——致《幻洲》杂志记者

附：复田汉先生 汉年

通令重视文言废弃白话（四言韵文） 南方 斯文生

北国生活之一页（续一） 骆驼

如有"狮子报"大可发洋财 钱好用

附：附笔 泼皮男士

附笔的附笔 下流人

听车楼随笔 亚灵

* 原刊"目录"作"起之"，此从正文题下署名。

** 原刊"目录"作"德衡"，此从正文题下署名。

*** 原刊"目录"作"卜效连"，此从正文题下署名。

街谈巷议
（五〇）我为徐谦忧　迪　可
（五一）公妻乎　泼　皮
（五二）张博士与流氓　小流氓
（五三）反共是个好材料　王光斗
（五四）代张若谷先生更正　契可妻
（五五）党八股参考一则　廉琵劳
几句不必说的话　汉　年

第2卷　第3期
1927年11月1日出版

上部：象牙之塔
她们（小品）　叶灵凤
诗二首　蓬　子
重来
岁暮
曼丽（创作）　艾　藜
苦杯（画）　叶灵凤
致一个少女（小品）　沈松泉
劫（创作）　彭家煌
下部：十字街头
文化运动与政治革命　汉　年
信手写来　汉　年
（一）今年的双十节
（二）普天共庆
（三）不要希望民众吧
（四）《时事新报》是英国驻华之机关报
（五）亚细亚主义二次光顾大中国
北国生活之一页（续二）　骆　驼
关于吴稚晖
致潘汉年　赵新之
复赵新之　汉　年
孤独的悲哀·古典主义　亚　灵
今年的上海　泼皮男士
街谈巷议
（五六）“醒狮派”又来摇尾乞怜　黄韶年
（五七）赵景深不怕赤化乎　契可妻
（五八）马格思拜倒郭任远　羊格思
（五九）张竞生拍马屁反受辱　小流氓
（六〇）F大学的社交规则　思　演
（六一）更正一点　山风大郎
（六二）昌明儒化天尊挽留蒋总司令之妙文　琵　劳
（六三）党八股参考文之三　卜效廉

第2卷　第4期
1927年11月16日出版

上部：象牙之塔
酒后（创作）　严良才

囚（画） 灵 凤
轨道上
〔新俄〕Vsevolod Ivanov 著
秘 生译
求爱（对话） 亚 灵
下部：十字街头
革命闲谈 宰 木
唤起民众
国民革命与英雄革命
革命不是改良
信手写来 汉 年
（一）刀砧上的青年
（二）一篇糊涂帐
（三）释国家主义者的新口号
（四）古城中之国灵丹
（五）滑头一下
截成两片不同的染色 闻 涛
——介绍狗屁不通的宋词研究家胡云翼
北国生活之一页（续三） 骆 驼
两个青年 憨 子
"大来"经济学博士与中国资本家
佑 嘉
寄到长沙 顾仲起
街谈巷议
（六四）闲话先生陈西滢之革命
口 天
（六五）致钱有用君 老 侔
（六六）岂有此理的刘复
失 名
（六七）北京三四方面的宣传员
种 付
（六八）义务校对 吴心彩
（六九）自打嘴巴 腐 化

第2卷 第5期

1927年12月1日出版

上部：象牙之塔
天书（小品） 叶灵凤
狱中哀歌（诗） 逝 波
昨夜的梦（画） 叶灵凤
再会（随笔） 洪为法
最后的一幕（散文） 谢晨光
禁地（创作） 叶灵凤
第一卷 秋（一三至一五）
下部：十字街头
似关重要的声明 编 者
信手写来 汉 年
（一）血淋淋的头
（二）革命必可成功与鸦片烟老爷
（三）反赤声中的出版界
（四）张竞生之迁怒周作人
（五）不伦不类的标语
（六）女侦探
（七）宜兴共产党暴动后
革命闲谈（续） 宰 木
北国生活之一页（续四）
骆 驼
关于"诲淫"与"符号"
菊 文

街谈巷议
（七〇）张博士向申报馆丢脸 小流氓
（七一）狗屁不通，速眼国灵丹 老病夫
（七二）林美珩死里逃生 闲 人
（七三）赵景深真的大胆 契可妻
（七四）所谓言论自由 淇 园
（七五）苏学联的此令 C.L
（七六）F 大学社交规则产生之历史 L.M
（七七）读了社交规则以后 仇 乱
（七八）命运与革命 柳锡五
（七九）西北风 可 尔
（八〇）告《幻洲》编者 浩

第2卷 第6期

1927年12月16日出版

上部：象牙之塔

天竹 叶灵凤
幽谷之声（诗） 逝 波
无名的病（画） 叶灵凤
嫁后 伟 南
夹裤 严良才
禁地（创作） 灵 凤
第一卷 秋（一六、一七）

下部：十字街头

现在要怎样? 潘汉年
评文化运动与政治革命 甘 人
甘人后头的尾巴 憨 子
信手写来 潘汉年
（一）大龙登基
（二）又多了一种党伐
（三）李右曾的分治合作说
（四）南京事件
（五）共产余毒与吴稚晖
编完写起 汉 年

第2卷 第7期

1928年1月2日出版

上部：象牙之塔

磁石 严良才
她坠落了 洪为法
婚姻吟 正 宗
——给L君（诗）
忏（诗） 孟 超
被灾害者 滕 刚

下部：十字街头

今年的第一天 风 人
元旦书红（四言韵句） 泼皮男士
春鸟的呼吁 毁 尊
信奉国家主义的讨论
致汉年 D.Z
复D.Z 汉 年
好一只哈巴狗 潘汉年
吴稚晖与被杀青年 黎君亮

和梁实秋先生谈谈《卢梭论女子教育》 振 球
附案语 编 者
乡音 December
附案语 汉 年
骂一声山风大郎（韵曲） 斯文公子
水番三郎日记（五） 潘汉年
介绍《战线周报》* 编 者
街谈巷议
（八一）新月书店（附汉年案语） 楚 狂
（八二）论枭首 浩
（八三）贴标语者注意 L.M
（八四）这也是共产嫌疑 舜 芳
（八五）名流与雅兴 称 愚
（八六）红色犯禁 称 愚
（八七）蔡元培竟断错了 溯 源
（八八）改用卷筒机 L M
（八九）打倒与拥护 醉 平
（九〇）蒋宋婚礼中之名文一束 约 翰

第 2 卷 第 8 期

1928 年 1 月 16 日出版

上部：象牙之塔

天召（诗） 李守章

* 原刊“目录”作“介绍《战线周刊》”，正文题作“介绍《战线周报》”。

纪念《洪水》终刊 汉 年
下流人的辩护者 全 平
伤别 洪学琛
附志 汉 年
——纪念《洪水》终刊**

下部：十字街头

信手写来 潘汉年
割奶，塞阴户
爱国先生真革命
徐志摩告状
不敢下笔
烧灰祭天
文化运动与唤起民众
致潘汉年 逸 耕
复逸耕 汉 年
分歧与一致** 伯 一
中国新文字问题 Tornglih
蒋介石的婚姻革命 伯 一
耶苏基督从此得了一个有力信徒** 店小二
不打落水狗与其他 泼皮男士
《滑头》书后
《滑头》书后 爱 光
滑法 适 夷
感谢之余 汉 年
街谈巷议
（九一）论杀 秦末帝
（九二）秋郎不愧好胆量 契可妻

** 这三篇原刊“目录”漏。

（九三）五色旗又来了 卜尧连
（九四）领袖们的拌嘴 H.H
（九五）为文装同志请命
晚 霞女士
（九六）何民魂先生要注意
晚 霞女士
（九七）民生主义之第一步
文 英女士
（九八）能不能打倒帝国主义
刘锡五
（九九）季陶先生真大胆
爱 光
（一〇〇）爱民之好长官也
柳能姑

39 泰　　东

简　　介

《泰东》，月刊，文艺性刊物。一九二七年九月一日创刊于上海，泰东书店编辑、出版、发行，实际由范香谷等人负责编辑，大三十二开本。一九二九年八月一日出至第二卷第十二期终刊，共出版二十四期。

该刊除发表少量介绍马克思主义基本原理和苏联情况以及其它国际问题的文章外，主要是刊登文学创作、翻译作品和文学评论，有范香谷、梓艺、绍虞、祝秀侠、李一它等人的小说，邬孟晖、冯润章、胡开瑜、左明等人的剧本和冯宪章、戚维翰、卢森堡等人的新诗。该刊不仅多发表进步作家的作品，而且积极响应和支持了无产阶级革命文学的倡导，范香谷、芳孤、钱杏邨等人先后发表文章，展开讨论和宣传。此外，还有何公超、林伯修、画室等人翻译的俄、日等国的文学作品。

目 录

创刊号

1927年9月1日出版

卷头语　梓 艺

论 述

革命的人生观与文艺　芳 孤

小 说

暑天的正午　梓 艺
海角哀鸿　绍 虞
"情书一捆"　谷 香

诗 歌

流水到山头　梓 艺
墓　绍 虞
斜阳　香 谷

翻译作品

瑞圃万文克尔
〔美〕爱尔文著　志 于译

通 信

致F.C.　S.L.
复S.L.　F.C.
致F.C.等　C.H.
复C.H.　F.C.

尾声　编 者
编辑部启事一　编 者
编辑部启事二　编 者
投稿简章　编 者

第1卷 第2期

1927年10月1日出版

卷头语　梓 艺
新青年应当怎样的做人　绍 虞
何为?　梓 艺
海涅诗选　公 超译
　一、小手放在我的胸上
　二、宣言
戒指　香 谷
一片苦心（未完）　梓 艺
未央柳　绍 虞
凄清的秋雨　藻 雪
醒后（未完）　雪 松
随感录　香 谷
　一、隔 膜
　二、激烈与和平
通信　凤 城
编辑以后　编 者

第1卷 第3期

1927年11月1日出版

卷头语
文艺批评与批评家　芳 孤
追寻（未完）　凝 秋
失恋底哀声　绍 虞
"恨之纲网"　绍 虞
红豆　陈宀竹
天已晚了　丁 丁
一片苦心（续完）　梓 艺

爱人呀睡吧　茜茜女士
醒后（续，未完）　雪　松
朦胧原野的徘徊　汤增扬
小诗　汤增扬

通讯　陈宀竹

编辑室杂话　编　者

第1卷　第4期
1927年12月1日出版

卷头语
文艺与社会改造　丁　丁
致失意的青年同志　梓　艺
追寻（续完）　凝　秋
关于“革命文学”的几句话　香　谷
恋爱与革命　邬孟晖
“不如归去”！　绍　虞
荒原里　梓　艺
长征　眠　雪
白鹭洲（未完）　香　谷
琴心　梓　艺
中秋日记　周自有
流浪　绍　虞
醒后（续完）　雪　松
快乐之神　薛伯贤
“垃圾箱”宣言　辛　云
辑余琐记　编　者

第1卷　第5期
元旦纪念号
1928年1月1日出版

卷头语　梓　艺
插　图
石膏画像　青　介作
柳亭春影　青　介作

革命的文学家！到民间去！　香　谷
一九二八的青年　梓　艺
读了马君武译的《威廉退尔》以后　仲　民

梦醒　绍　虞
狱中　凝　秋
诅咒　剑　余
母亲的一件夏布衫　Z　E
静夜　香　谷
白鹭洲（续一）　香　谷
荒冢之旁　眠　雪
最后的贻赠　眠　雪
生活的烦恼　周自有
血潮社成立纪念（摄影）
血潮飞溅之音　藻　雪
无名　梓　艺
钟声　陈宀竹
游魂夜舞　李曼青
在秋风里　吴其敏
残秋　梓　艺
我们的海　戴行軺

幽暗吞噬了霞光　汤增扬
心波　戚维翰
心潮　戚维翰
烦恼　戚维翰
孤鸿　儆知女士
永生　冰庐
心灵的漂泊　冰庐
画家　白蕉
沦落　雪松
武装签字　养愚女士
垃圾箱
"C.P."新鲜　辛云
还要算旧帐吗？　杇骨
"恋爱尚未成功，同志不须努力"　杇骨
狗头蛇尾　杇骨
"青天白日"底下的教育家*　辛云
大禹的父亲是上帝　杇骨

血潮社章程
编者的话　编者

第1卷　第6期
1928年2月1日出版

卷头语　梓艺
文学的永远性　梓艺
玛尔特与时钟　〔德〕Storm著　魏仲民译
细雨迷濛的秋之夜　绍虞
流浪　凝秋
没祖父的孙儿　梓艺
我在写着合葬之曲　吴其敏
酒醒后　凤城
诗人底哀吟　丁丁
清晨的扬子江上　孟晖
酒后　宀竹**
一个牺牲者的逃亡　庄心在
送别（未完）　田海舫
武装签字　养·愚女士
《短裤党》评　钱杏邨
垃圾箱
"老而不死是为贼"　辛云
著者与广告部主任　辛云
大皇帝，大元帅，总司令！　辛云

第1卷　第7期
1928年3月1日出版

卷头语
文学与时代　顾凤城
批评
白兰特底批评（未完）　袁振英

沉默　眠雪

* 原刊正文作"清天白日底下的教育家，此从"目录"。

** 原刊"目录"署"宀竹"，正文署"陈眠竹"。

写在枫叶上的日记　凝　秋
深谷（未完）　宀　竹

诗

冒险　戚维翰
空气之牢　戚维翰
抑郁　戚维翰
小草的哀号　戚维翰
安慰　戚维翰
寒夜曲　张茗生
我愿化做一缕青烟　张茗生
南风　周逸农

爱的悲哀　孟　晖
时代的落伍者　陈雪江
送别（续）　海　舫

垃圾箱

掷炸弹　狂　歌
短命的《短裤党》　奇　工
停止民众运动　狂　歌

通信

读《致失意的青年同志》
际　亨　芳　孤

辑稿之后　编　者

第1卷　第8期

1928年4月1日出版

卷头语　芳　孤

论文

暗面描写的狭隘　萍　人

批评

白兰特底批评（续）　袁振英

小说

心声　雪　枝
深谷（续）　宀　竹
创痕　露　凝

诗歌

归来　凝　秋
“白骨起诉秋风凉”　藻　雪
我凄然惘然的　陈影玲

垃圾箱

请愿的报告　丁　丁
行路难　T.T.
来！来！来！杀一个你死我活！
奇　工
等到革命成功，再来还帐　狂　歌

编后语　编　者

第1卷　第9期

1928年5月1日出版

卷头语　藻　雪

论文

现代社会问题与社会科学　尧　伯
价值革命　剑　波

小说

矛盾　芳　孤
病后　童　铸
外套　钱杏邨
尸燃（未完）　藻　雪

土匪　宇　庐
穷人的教育　王　溢
血泊中　勉　予*
亚娜　迅　雷
期待　凤　城

诗　歌

一片汪洋的血海　藻　雪
饿者的哀歌　芳　孤
喊叫　李宗文
创造主　凤　城

剧　本

“天哪，鸡”!　蒋学楷
血肉的筵席　孟　晖

垃圾箱

“革命的文学家，到小姐的绣房去!”　铜　丸
读《评所谓反革命治罪法》　赤　心
国家主义者白费了气力　铜　丸
“夹攻”与“再造”　狂　歌
冯总司令万岁!　芸　夫**
暴徒欤? 忠实同志欤?　死　灰

编后　编　者

第1卷　第10期
1928年6月1日出版

卷头语　藻　雪

论　文

革命文学与自然主义　芳　孤

小　说

创伤　顾仲起
失业　达　仁
红霞女士　李一它
体面　伍纯武

诗　歌

“妈……妈妈……我饿了! 我要吃饭!”　藻　雪
手指　一　村
他们　一　村
给 L.S.　违　忌
天将黎明了　违　忌

剧　本

中秋　左　明

编辑以后　编　者

第1卷　第11期
1928年7月1日出版

卷头语

批　评

读郭沫若的《卷耳集》以后　陈梦韶

诗　歌

不要回还　冯宪章
姑娘，请你不要绝望　瑜　堃
叛徒的意志　冯宪章
给游绳的少女　冯宪章

* 原刊“目录”署“逸予”，正文署“勉予”。

** 原刊“目录”署“门夫”，正文署“芸夫”。

小　说

雕塑　岛　田

黄妈　白　焦

母亲　纪　元

尸燃（续第九期）　藻　雪

戏　剧

纪念节（独幕剧）　洁海女士

桂芳（三幕剧）　孟　晖

杂　感

巨兽　仲　越

编辑以后　编　者

第1卷　第12期

1928年8月1日出版

卷头语　芳　孤

论　文

议会制度之今日（未完）　刘剑横

小　说

人生　志　华

丰盛的节宴　白　蕉

朱校长　平　万

诱惑　杨介眉

白鹭洲（续第五期）　香　谷

诗　歌

野火　藻　雪

醉呵！醉呵！我未曾相识的朋友！　芳　孤

剧　本

鲜血与红桃　荷　拂

一年来的结算（编辑以后）　编　者

第2卷　第1期

1928年9月1日出版

卷头语　藻　雪

论　文

议会制度之今日（续一）　刘剑横

Moscow的五月祭　〔日〕藏原惟人著　画　室译

小　说

清晨的喊声　孑　黎

觉悟　蛟　川

喝酒去　林二重

强盗　宀　竹

黑暗中的路　符　号

黎明　鲍　风

诗　歌

风绞雪　符　号

沸腾　水　谷　冰　天

编辑以后　编　者

第2卷　第2期

1928年10月1日出版

卷头语　藻　雪

论　文

议会制度之今日（续完）　刘剑横

易卜生百年祭　袁振英

批　评

《苏兰殊》与《地狱》　钱杏邨

小　说

探狱　李一它

弟弟，你是不知道哟！　寒　芳

白鹭洲（续完）　香　谷

造物主（未完）　雪　夙

诗　歌

姑娘啊，我曾经追求着迷恋的梦境　芳　孤

棒喝　卢森堡

编辑以后　编　者

投稿简章　编　者

第2卷　第3期

1928年11月1日出版

卷头语　藻　雪

论　文

家族私有财产及国家之起源　堺利彦著　左寿昌译

易卜生的女性主义　袁振英

小　说

“谁的过错？！”　黄日新

甲板船客　〔日〕江马修作　林伯修译

造物主（续一）　泣　零

诗　歌

人尽是死了的　张泽厚

剧　本

民间　邬孟晖

编辑以后　编　者

第2卷　第4期

1928年12月1日出版

卷头语　香　谷

论　文

相对的人生　刘剑横

批　评

“伯尔根”（Peer Ggnt）底批评　袁振英

小　说

斗争中的憧憬　洁　梅

造物主（续完）　黄泣零

时代的悲哀　琴　海

小军人　〔法〕Mauice Level作　何公超译

诗　歌

哦，梦里的人们　香　谷

剧　本

报酬（第一幕）　胡开瑜

书　评

《追求》　钱杏邨

编辑以后　编　者

第2卷　第5期
新年特大号
1929年1月1日出版

论　文
倍倍尔的妇女论
山川菊荣作　高希圣译
小　说
交械　S.P.
沙葬者　阿　森
房东太太
杜斯退益夫斯基著　何公超译
血诉　吴　江
时代的悲哀（续）　琴　海
诗　歌
别了　孤　峰
朋友！不要再让夜霭独占我们明日的光辉　汤增敭
散　文
现代日本文艺印象记　钱杏邨
剧　本
艺术的破灭　洁　梅
报酬（第二幕）　胡开瑜

编辑以后　编　者
投稿简章　编　者

第2卷　第6期
1929年2月1日出版

论　文
古代希腊的经济思想
北泽新次郎著　王南坡译
印度与英国　石滨知行
小　说
丰年　冯润璋
房东太太（续一）
杜斯退益夫斯基著　何公超译
明天　谢　曼
——钳心之一
手巾　欧阳淦
暗室　琴　海
诗　歌
狂风！暴雨！　刘永言
奴隶的衣裳　卢森堡
剧　本
监狱之前（独幕剧）　邬孟晖
报酬（第三幕）　胡开瑜
随　笔
文艺随笔　钱杏邨

编辑以后　编　者
投稿简章　编　者

第2卷　第7期
1929年3月1日出版

论　文
国际的基础知识　高希圣
意识的营垒与革命的知识分子
刘剑横
小　说
系　洁　梅
火铲下　张说实

房东太太（续完）
杜斯退益夫斯基著　何公超译
暗室（续一）　琴　海
诗　歌
夜歌　江昌绪
剧　本
自由花　冯润璋

Song of the Shirt 译文正误　公　超

编辑以后　编　者

第 2 卷　第 8 期

1929 年 4 月 1 日出版

论　文
社会进化中的淘汰与选择作用
刘剑横
剩余价值的基础智识　高希圣
艺术论　左寿昌
小　说
炎日之下　张涉津
铁　介　湄
暗室（续二）　琴　海
诗　歌
黄浦滩头　孟　冬
剧　本
自由花（未完）　冯润璋
报酬（续完）　胡开瑜

编辑以后　编　者

第 2 卷　第 9 期

1929 年 5 月 1 日出版

论　文
一九二五至一九二六年的俄罗斯文学　巴　克
科学的经济思想与马克斯
北泽新次郎著　王南坡译
唯物论的哲学观　左寿昌
关于农业的发展是向那方面推进底问题的讨论　邬孟晖
谈一谈政治经济学　刘剑横
小　说
失去安慰的人　祝秀侠
暗室（续完）　琴　海
诗　歌
新生的歌吟　江昌绪
剧　本
自由花（续完）　冯润璋
散　文
中秋节前　孟　超

编辑以后　编　者

第 2 卷　第 10 期

1929 年 6 月 1 日出版

论　文
中国的反动文化和革命文化
〔日〕藤枝丈夫著　振　清译
民族问题的概念　刘剑横

现在俄国的妇女
Dreiser 著　开　仁译

小　说

一个人类的产生
高尔基著　公　超译
反抗　彦　英

诗　歌

浅沙滩上回旋的浪沫　藻　雪

剧　本

穷人的儿女　胡霄狱
雪夜　冯润璋

第 2 卷　第 11 期
1929 年 7 月 1 日出版

论　文

新妇女观　高希圣
资本主义社会之末期与理论经济学
住谷悦治著　寿　昌译
研究中国社会的趋向*　王仁斋

小　说

W 底死　阿　骨

诗　歌

假使我被捆绑到刑场　东　山
春天　周伯勋**

剧　本

苦笑　陈　歧
爱者的仇人　曹雪松

第 2 卷　第 12 期
1929 年 8 月 1 日出版

卡佛氏的《资本论》的论评
刘剑横
二次大战前夜的各国军备　高希圣
苏维埃联邦的国民军事化
隆宗赞
苏联女工与农妇的状况
阿尔秋新娜著　张　敏译
我的生命观
Jack London 作　邝光沫译
白云与红日　卢森堡
烟云弥漫的咸阳（二幕剧）
冯润璋
毛袋里的血尸　冯润璋
梅子　刘本文

本刊停刊启事　编　者

* 原刊“目录”为“中国社会变革的趋向”，正文为“研究中国社会的趋向”。

** 原刊“目录”署“周伯勋”，正文署“柏薰”。

40 真 美 善

简 介

《真美善》杂志，一九二七年十一月一日创刊于上海，三十二开本，编者署“真美善杂志编辑所”，实际上是曾孟朴、曾虚白父子主编，真美善书店发行。初为半月刊，自一九二八年五月十六日开始出版的第二卷起改为月刊，卷期续前；一九三一年四月改为季刊，内容衔接，卷期另起。一九三一年七月出版季刊第一卷第二号后终刊。共出四十七期，又《女作家专号》一期。季刊各期出版时间只署年度月份，不署具体日期。

创刊号上发表了东亚病夫即曾孟朴所写的《编者的一点小意见》一文，实际上是发刊辞，阐述了编者的态度和编辑方针：“主张改革文学，不是替旧文学操选政或宣传的”。“主张把外潮的汹涌，来冲激自己的创造力，不愿沉没在潮流里，自取灭顶之祸；愿意唱新乡调，不愿唱双簧；不那葫芦来依样画”。主张语言文学的革新。但是实际上，编者的社会政治观点仍然停留在资产阶级改良主义的水平上，在新的历史条件下，显露出保守的特征，而在艺术上一方面继续保持了晚清谴责小说的特色，另一方面，有些作品在西方文艺思潮的影响下又表现出唯美主义，甚至颓废主义的色彩。

该刊以发表创作为主，同时重视翻译介绍外国文学。创作方面，长篇小说占很大比重，长期连载曾孟朴的《孽海花》、《鲁男子》，翻译方面，以十九世纪法国、俄国和英国文学占比较突出的地位，经常有法国的莫泊桑、梅里曼（梅里美）、佐拉（左拉）、嚣俄（雨果），俄国的陶斯屠夫斯奇（陀思妥耶夫斯基）、托尔斯泰和英国的哈代等人作品的译载。改为季刊之后，更“删除了一切短篇杂稿”，专门刊登创作和翻译的长篇小说。一九二九年二月还出版了约请张若谷主编的《〈真美善〉杂志一周年纪念号外——女作家专号》，发表了冰心、卢隐、陈学昭、苏雪林等二十几位女作家的作品和文章。该刊自第六卷起还增辟了“社会政治论丛”专栏，但所占比重不大，有见地的文章很少。

目 录

真美善（半月刊、月刊）

创刊号
1927年11月1日出版

编者的一点小意见 东亚病夫
作
鲁男子 病 夫
恋（一）（长篇小说）
孽海花（一）（长篇小说）
东亚病夫
夜宿翁司农第小诗两绝句
籀 斋
希腊碧莉娣牧歌 病 夫
爱的历劫（短篇小说） 虚 白
论法兰西悲剧源流
——希腊悲剧原始 病 夫
陶斯屠夫斯奇的第一知己 虚 白
述
炼狱魂（一）（小说）
〔法〕梅里曼著 虚 白译
鸦片烟管（短篇小说）
〔法〕戈 恬著 病 夫译
女性的交情（短剧）
〔法〕顾岱林著 病 夫译
读者论坛
无题 虚 白
巴尔萨克付车钱的妙法 虚 白

第1卷 第2号
1927年11月16日出版

编者小言 病 夫
作
鲁男子 病 夫
恋（二）
原来如此 虚 白
孽海花（二） 东亚病夫
巴尔萨克主张文学的卫生法
虚 白
躲避（短篇小说） 虚 白
论法兰西悲剧源流
——希腊悲剧原始（续一）
病 夫
希腊碧莉娣牧歌（续一） 病 夫译
述
色（一）〔法〕葛尔孟著 虚 白译
炼狱魂（二）
〔法〕梅里曼著 虚 白译
读者论坛
无题 新 民

第1卷 第3号
1927年12月1日出版

编者小言 病 夫
作
鲁男子 病 夫
恋（三）
孽海花（三） 东亚病夫

将至上海，过开鉴草堂，留别周湛伯兄　顾服媚
再嫁（独幕剧）　虚　白
论法兰西悲剧源流
——希腊悲剧原始（续二）
病　夫
希腊碧莉娣牧歌（续二）　病　夫译
燕（Pierre De RoNsarD 选诗）
病　夫译

述

炼狱魂（三）
〔法〕梅里曼著　虚　白译
赠宗仰上人二首　籀　斋
寄怀沈北山　籀　斋
穆理哀的女儿（文坛小史）
病　夫
意灵娜拉（短篇小说）
〔美〕濮爱伦著　虚　白译
色（二）〔法〕葛尔孟著　虚　白译
隽语　虚　白
哥德的绿蛇（文艺杂俎）　病　夫

读者论坛

编辑的商榷　虚　白

第1卷　第4号
1927年12月15日出版

卷头语　病　夫
编者一个忠实的答复　病　夫
听他道来　虚　白

作

鲁男子　病　夫
恋（四）
孽海花（四）　东亚病夫
题江建霞标东邻巧笑图　籀　斋
回家（短篇小说）　虚　白
民间歌谣　鲁毓泰搜集　虚白编注
高耐一的女儿　病　夫
窗　〔法〕薄台莱作　虚　白译

述

一个末日裁判的梦幻（短篇小说）
〔英〕威尔斯著　虚　白译
呈李丕师伯　籀　斋
山塘晚步　籀　斋
戈雄特曼大（短剧）
〔法〕顾岱林著　病　夫译
试卷被墨污投笔慨然题二律　籀　斋
炼狱魂（四）
〔法〕梅里曼著　虚白译

第1卷　第5号
1928年1月1日出版

卷头语　病　夫

作

鲁男子　病　夫
恋（五）
佛朗士也会说笑话　虚　白
孽海花（五）　病　夫
西笑（一）　虚　白
法网（短篇小说）　虚　白

述

走失的斐贝

〔美〕德兰散著　虚　白译

西笑（二）　虚　白

欧美名人书简：　虚　白辑译

一、法国赛维妍侯爵夫人致柯仑树侯爵书

二、爱尔兰史帝尔的一封情书

三、英国济慈给他妹子的信

四、英国约翰孙与却斯脱飞特侯爵书

美国文学家海纳的格言　虚　白

第1卷　第6号

1928年1月16日出版

作

翻译的困难（短论）　虚　白

孽海花（六）　病　夫

托尔斯泰的名言　虚　白

被劫（短篇小说）　虚　白

希腊碧莉娣牧歌（续三）　病　夫译

吹词考证表　虚　白制

论法兰西悲剧源流　病　夫

西笑（三）　虚　白

民间歌谣　鲁毓泰搜集　虚白编注

述

色（三）〔法〕葛尔孟著　虚　白译

内助　〔俄〕柴霍夫著　万　孚译

书感　巢　人

种菊　巢　人

第1卷　第7号

1928年2月1日出版

作

鲁男子　病　夫

恋（六）

无题四首次巢人韵　籀　斋

偶像的神秘（短篇小说）　虚　白

微笑（短篇小说）　陈孟端女士

述

母与子（长篇小说，一）

〔日〕武者小路实笃著　崔万秋译

莎兰绮（短篇小说）

〔法〕大仲马著　夏莱蒂译

次韵答费韦斋　巢　人

考戴惹，再见！

〔西班牙〕阿拉斯著　虚　白译

王尔德的散文诗　虚　白

第1卷　第8号

1928年2月16日出版

作

孽海花（七）　病　夫

紫胡琴的悲哀（短篇）　俞牖云

戴莱达女士得诺贝尔文学赏金

崔万秋

礼拜之夜（独幕剧）　吴铁声

希腊碧莉娣牧歌（续四）

病　夫译

心灵一瞥（小品）　虚　白

述

母与子（二）

〔日〕武者小路实笃著　崔万秋译

都门感怀四首　籀　斋

马笃法谷（短篇）

〔法〕弗劳贝著　病　夫译

看不见的伤痕

〔匈〕稽斯法吕提著　虚　白译

大除夕的忏悔

〔德〕苏特门著　虚　白译

读者论坛

致编者　戴望舒

复戴望舒　病　夫

第1卷　第9号

1928年3月1日出版

编者小言　病　夫

作

鲁男子　病　夫

恋（七）

两张纸（短篇小说）　虚　白

绿了芭蕉（短篇小说）　俞牗云

坟边嫠妇（独幕诗剧）　锦　遐

心灵一瞥（小品）　虚　白

犬之恋史（小品）　孟　侠

师父（王尔德散文诗）　虚　白译

述

母与子（三）

〔日〕武者小路实笃著

崔万秋译

亲妮集（诗）

〔法〕李显宾著　病　夫译

色（四）〔法〕葛尔孟著　虚　白译

游南沧归途口占　籀　斋

被弃者

〔新犹太〕阿虚著　虚　白译

名言片断　虚　白辑

镇上有一家酒店（小品）

〔爱尔兰〕司蒂芬司著　虚　白译

读者论坛

致编者　陈遐锦

复陈遐锦　病　夫

第1卷　第10号

1928年3月16日出版

作

读张凤《用各体诗译外国诗的实验》（批评）　病　夫

孽海花（八）　病　夫

茶亭里的故事（短篇小说）

慧　剑

述

桔子（短篇小说）

〔日〕芥川龙之介著　行　泽译

别一个人（短篇小说）

〔法〕浦莱乎斯德著　病　夫译

母与子（四）

〔日〕武者小路实笃著　崔万秋译

马笃法谷（短篇小说）

〔法〕梅里曼著　虚　白译

第1卷　第11号
1928年4月1日出版

作
模仿与文学（论文）　虚　白
读张凤《用各体诗译外国诗的实验》（续）　病　夫
鲁男子　病　夫
恋（八）
擦果（神话小说）　虚　白
跳舞厅前（短篇小说）　卢梦殊
述
母与子（五）
〔日〕武者小路实笃著　崔万秋译
梦耶（短篇小说）
〔法〕莫泊桑著　小　瑟译
沼地（短篇小说）
〔日〕芥川龙之介著　行　泽译
读者论坛
复王石樵、黄序庞、愿羲的信　病　夫

第1卷　第12号
1928年4月16日出版

作
孽海花（九）　病　夫
傀儡（神话小说）　虚　白
对《少女日记》译本的商榷（批评）　耀　仲
大房山纪游（游记）　小　瑟
述
挽歌（诗）〔英〕葛莱著　虚　白译
马奇的礼物（短篇小说）
〔美〕奥亨利著　虚　白译
读者论坛
复胡适的信　病　夫

第2卷　第1号
1928年5月16日出版

给全国新文艺作者一封公开的信　虚　白
孽海花（十）　病　夫
鲁男子　病　夫
恋（九）
雨天的税　剑　华
鬼子　虚　白
穆里哀的恋史　病　夫
这一角文字中的谜　牖　云
色（五，桔黄）
〔法〕Remy De Gourmon作　虚　白译
李显宾乞儿歌的鸟瞰　病　夫
乞儿歌
〔法〕JeaN RichepiN作　病　夫译
巴尔萨克的婚姻史　病　夫
取媚他的妻子
〔英〕Thomas HarDy作　虚　白译
沉默　〔俄〕LeaoiD Andreyev作　虚　白译

包底隆的美女儿戏弄审判官

〔法〕Balzac 作　虚　白译

读者论坛

复黎锦明君的信　虚　白

末一页　虚　白

第2卷　第2号

1928年6月16日出版

神秘的恋神的叙文　虚　白

现代中国画坛的状况　俞剑华

孽海花（一一）　病　夫

鲁男子　病　夫

恋（一〇）

运动会　徐蔚南

德妹　虚　白

荒唐的梦　未　之

洋行小鬼　穆罗茶

读物展览馆　陈季同作　病　夫译

西路巡审〔英〕哈　代作　虚　白译

妻的忏悔〔法〕莫泊桑作　小　瑟译

读者的贡献

王三姑娘　金兰裕女士

回来　绍　文

春夜　孙　六

第2卷　第3号

1928年7月16日出版

国画通论　俞剑华

孽海花（一二）　病　夫

鲁男子　病　夫

恋（一一）

桑特夫人生活的一段　包罗多

嚣俄的结婚　虚　白

沙明五之死　叶鼎洛

某姊妹　徐蔚南

为良心故〔英〕哈　代作　虚　白译

第2卷　第4号

1928年8月16日出版

鲁男子　病　夫

恋（一二）

都市的男女　徐蔚南

徐福的下落　虚　白

乔治桑的诉讼　病　夫

残柳　小　河

法国女诗人与散文家

〔法〕娄·曼德作　张若谷译

诗

池畔访梅有感　张慧观

秋　张慧观

德国队里郁闷的骑兵

〔英〕哈　代作　虚　白译

报复（独幕剧）

〔法〕莫泊桑作　沈小瑟译

色（血牙）

〔法〕葛尔孟作　虚　白译

读者的贡献

出阁　陈孟端女士

读者论坛
复马仲殊论本刊抽去《孽海花》的理由　虚　白
编者告白　病　夫

第2卷　第5号
1928年9月16日出版

复刘舞心女士书　病　夫
英国文学的鸟瞰　虚　白
鲁男子　病　夫
　恋（一三）
阿弗洛狄德的考索　病　夫
活该　马仲殊
苦闷的尊严　虚　白
法国的女诗人与散文家（续）
　〔法〕娄·曼德作　张若谷译
葛尔孟《色》的原叙　虚　白译
一个诚实的贼
　陶斯屠夫斯奇作　古　鲁译
珍珠小姐
　〔法〕莫泊桑作　杜芳女士译
读者的贡献
写给慈母的一封信　P.C
读物杂碎
文人遗物的价值　虚　白
一书数译　史济行
《何典》与《平鬼传》　史济行
读者论坛
从办杂志说到办日报复林樵民　虚　白

第2卷　第6号
1928年10月16日出版

谈谈法国骑士文学　病　夫
鲁男子　病　夫
　恋（一四）
拜伦的浪漫史　汪嘉炎
中秋黄昏曲　张若谷
孝子　虚　白
颠簸之夜　台　生
冬之夜　倩洪女士
九封信里的小说
　Fyod Qr Dostoevsky 著　古鲁译
叫化子
　Guy De Maupassant 著　子京译
中国翻译欧美作品的成绩　虚　白
俄国文学汉译编目　赵景深
书报映象
《日记九种》　师　鸠
《花之寺》　师　鸠
《女人的天国》　师　鸠
读物杂碎
茶花女故居　陈逸如
清宫里的法后珍宝　陈逸如
尼罗金屋　陈逸如
中华书院　陈逸如
木星古庙　陈逸如
华人最先到美洲的凭证　陈逸如
儿古连奴古迹　陈逸如
与绿丝女士论画　陈逸如
读者论坛
一个窃盗问题复周承惠　编　者

一周年纪念号外*

女作家专号

1929年2月2日出版

封面 朱应鹏

诗 歌

赞美所见 冰 心

附：冰心女士来信两通

征者的恋歌 露 丝

胜利者的泪歌 露 丝

古今体诗：

天风 吕碧城

雁阵 红 雏

夜坐即事 红 雏

秋燕 红 雏

檀香溪上 苏 梅

枕上怀罗芳女士 苏 梅

琼楼 吕碧城

崇效寺探牡丹已谢 吕碧城

登庐山作 吕碧城

夜静时在法国里昂土山上作 苏 梅

邓尉探梅二首 吕碧城

北京新春竹枝词 苏 梅

秋燕 红 雏

怀灵芬女士 红 雏

新月 红 雏

虞美人草 红 雏

双十节夜游天安门 苏 梅

回檀乡芳玉国材送至车站 苏 梅

秋色杂咏雁来红 苏 梅

暑假归程 苏 梅

题苏梅女士诗集 病 夫

秋江夜月 郭昌鹤

小 品

烦闷的时候 绿 漪

前途 小 璐

路程 左大璋

意外 余季美

小 说

畸侣先生 庐 隐

血迹 露 丝

最后的信 学 昭

疯了的父亲 吴曙天

安慰 刘舞心

给哥的一封信 绮 潇

且慢喝得醉醺醺的 娜 嬛

一个同性爱的失恋者 郭佳玲

不知为你洒了多少眼泪 金光楣

故家 顾志筠

戏 曲

蔷薇酒 白 薇

究竟谁是扫帚星 袁昌英

贤良的母亲 〔法〕佛罗利盎著 续 新译

重逢 赵慧深

传 记

莱加米儿夫人

* 此期出版时间拖期，依组稿、发排时间应置此。

圣德伴物著　方　于译
希腊女诗圣莎茀　邵洵美
诺亚伊夫人　病　夫
才媛九条武子夫子　崔万秋

忆　语

因风想　徐蔚南
女诗人评梅　孙席珍

评　论

梅脱灵克的青鸟　雪　林
创作与批评
与谢野晶子夫人著　张　娴译
孔德实证哲学原理　林实权
以女性为中心的笔生花　傅彦长
虞山女作家　病　夫
中国现代女作家　若　谷

插　图

水仙　关紫兰
静物　翁元春
黑女　潘玉良
李女士像　方君璧
人像　方　于
清影　唐蕴如
出帆　杜寿环

编者讲话　若　谷

第3卷　第1号

1928年11月16日出版

封面画　卢世侯
我的美国文学观　虚　白
鲁男子　病　夫
恋（一五）
一个顽抗的强徒　萧　牧
“啊！原来是他啊！”　马仲殊
徐大少　顾仲彝
寂寞独奏曲　虚　白
贡献　张若谷
香水精　俞长源
灰色的一幕　荷　拂
法郎士的恋爱　虚　白
悲哀的幻影　W.C.

诗

夜曲　未　之
我祈求你们　仲　殊
这是一杯葡萄浆酒　仲　殊
唉！那是曾经照我在幸福时的明月
仲　殊

乐园　〔法〕法朗士著　仲　彝译
葬礼进行曲
〔法〕巴比塞著　虚　白译

第3卷　第2号

1928年12月16日出版

文学的新路
——读了茅盾的《从牯岭到东京》之后　虚　白
鲁男子　病　夫
恋（一六）

一个顽抗的强徒　萧　牧
解雇　徐蔚南
墓碑　万　秋
洞箫　孙席珍
银谷　蒋学楷
魃诉　虚　白
一双眼睛　台　生
诗
雷雨　谢　康
街头的歌者　谢　康

南国佳人〔法〕亚甘当著　若　谷译
百老汇之夜
〔美〕约翰里德著　林微音译
巡警与圣歌
〔美〕奥亨利著　毓　溥译
抒情回想曲
〔俄〕屠格涅夫著　若　谷译
书报映象
色的热情　赵景深
恋爱游戏　师　鸠
叶鼎洛的大胖女儿　师　鸠
读者论坛
回信　刘舞心

编者小言　编　者

第3卷　第3号
1929年1月16日出版

女诗人薛涛　姜　华
鲁男子　病　夫
恋（一七）
衬衫　徐蔚南
月光奏鸣曲　张若谷
嫁后的她　程应春
死飓　虚　白
离婚以后　郁懿新
宝宝　王家棫
孤塔　胡嫣红
赛维妍夫人　韩奎章
妇德　高斯华绥作　竟文·芪蔬合译
苹果树
〔英〕曼殊菲尔著　汪倜然译
意外事　亚甘当著　张若谷译
乐园　〔法〕法朗士著　顾仲彝译
爱　莫泊三著　杜　芳译
书报映象
病态的文艺批评　电　光
创造社现在之所有　何　辰
文艺的邮船
致《新月》的陈淑先生　虚　白
健康问答　耀　仲

编者小言　编　者

第3卷　第4号
1929年2月16日出版

中国女作家的秋天　鹤　君
法国浪漫运动的女先驱　虚　白
《留沪外史》序　张若谷
鲁男子　病　夫
恋（一八）

戏剧　徐蔚南
睡汉　崔万秋
文君之出　学　昭
红烧肉　虚　白
阿六姐　何　恬
诺亚伊夫人的诗（四首）
　月问　病　夫译
　童儿蔼洛斯　病　夫译
　青年　病　夫译
　仁慈　怀　瑾译
斯芬克思　哀伦坡作　林微音译
匆促的再嫁
　哈　代著　苳　蔬、竟文合译
乐园　〔法〕法郎士著　顾仲彝译

书报映象

奔波　师　鸠

文艺的邮船

日本来的谈话　崔万秋

第3卷　第5号

1929年3月16日出版

印度女诗人　谢　落
鲁男子　病　夫
　恋（一九）
莫愁之愁　邵洵美
和彳的谈话　绿　漪
念二万四千　徐蔚南
未名的故事　王　坟
邂逅　崔万秋
原谅　穆罗茶
赎罪　虚　白
雨夜　王家棫
幻影　黄振球
谁揉碎了的　台　生
述万爵士
　〔暹罗〕猜越特著　陈毓泰译

诗

浪子吟　湄南柳子
秋夜　王　坟
莫再手把葡萄酒杯　谢　康

文艺的邮船

南洋来的谈话　醒　侬
致陈淑先生最后的几句话　虚　白
关于《留沪外史·译者序》的话
　景　深
健康问答　耀　仲
编者小言　编　者

第3卷　第6号

1929年4月16日出版

恋男子　病　夫
　恋（二〇）
静夜思　徐蔚南
三十岁的妇人　邵洵美
《潜炽的心》自序　虚　白
失却的丈夫　刘席珍
遁逃　王　坟
他的新年　万　秋

归乡录　邵宗汉
十字架　穆罗茶
玩偶少年　阿　茅
普扬漫笔（六则）　褒
感触　鹤　君

诗

相思（英吉利恋歌）　赵景深译
深夜独奏曲　王　坟
你是我　病　夫

乐园　〔法〕法郎士著　顾仲彝译
时下女学生
飞利浦原作　竟　文、苳　蔬译
敬爱你的
〔英〕玛丽卫勃作　虚　白译
有四十八颗星的房间
〔匈〕育珂摩耳著　汪倜然译

书报映象

《有律现代诗》　王一波

文艺的邮船

从“红烧肉”说到文字再胡牵乱扯
复虚白先生　朱　雯
写给《留沪外史》的作者莫朗先生
（译文）　若　谷译

读物杂碎

得诺贝尔奖金的翁德珊　师　鸠
陶斯杜益夫斯荃的赌癖　师　鸠
穆苏里尼的自传　师　鸠

文艺零讯*

无题十九则　师　鸠

* 原刊此栏下均无细目。

健康问答　耀　仲

编者小言　编　者

第4卷　第1号

1929年5月16日出版

目睹的新城
〔美〕德兰散著　虚　白译
鲁男子　病　夫
恋（二一）
巴黎的春天　邵洵美
他乡人语　叶洛鼎
关于“女作家号”　张若谷
美与丑　虚　白
黑玫瑰
〔保〕伊林潘林著　赵景深译
日本近代两大女作家　崔万秋
南京人万岁　付彦长
复活　叶秋原
雪莱的初恋　孙席珍
小泉八云　鹤　君
介绍新俄无产阶级的两位伟大作家
病　夫、虚　白
五月　崔万秋
都会交响曲前奏曲　张若谷
残梦　蘩　露
最后的胜利　鞭　影
感伤　佳　玲
母爱　阿　茅
乐园　〔法〕法郎士著　顾仲彝译
清道之晨　周承慧

诗
诗人的歌 TennysoN 著 王 坟译
当你遇见她的时候 谢 康
思想的花园
病呓（三则） 肖 牧
闲话断片（二则） 华 汉
读物杂碎
佛吉尔生后二千周的纪念节 师 鸠
人类的现在与将来 师 鸠
梅脱灵克解释爱因斯坦 师 鸠
书报映象
汪静之与北老儿 电 光
读《他乡》后 增 扬
文艺的邮船
质问金屋里的浩文 师 鸠
文艺零讯
无题十一则 师 鸠

编者小言 编 者

第 4 卷 第 2 号

1929 年 6 月 19 日出版

孽海花（一三） 病 夫
力与惰 虚 白
这一次的相逢 崔万秋
我的妹妹 顾仲彝
Joseqhine 邵洵美
盐包 穆罗茶
常务委员 王 坟
苏俄今日的妇女
德兰散著 虚 白译
四婆婆 钱台生
湘君 朱云影
一个女性 蘩 露
牢狱颂 周承慧
蔷薇与血 鹤 君
缭绕的幽魂 汤增扬
秋 史特林堡著 杨毓溥译
诗
鞑靼人的坟 黄震遐
死骆驼的长呼 黄震遐
只请你 谢 康
思想的花园
病呓 肖 牧
闲话断片 华 汉
痴人日记 周 章
读物杂碎
嚣俄的两个爱人 师 鸠
史德林堡一生的怪史 师 鸠
书报映象
《如梦》 汤增扬
《澹果孙》希望胡适之先生更正一个错误的错误 师 鸠
文艺的邮船
应该更正的零讯 赵景深
文艺零讯
无题九则 师 鸠

真美善俱乐部 编 者

编者小言 编 者

第4卷　第3号

1929年7月16日出版

鲁男子　病　夫
恋（二二）
忆柴霍甫〔俄〕高尔基著　王　坟译
最难熬的今宵　邵宗汉
结婚之夜　莎　楠
松影　虚　白
小泉八云廿五年忌　鹤　君
柳二嫂子　李赞华
托尔斯泰派的素食馆
〔美〕德兰散著　虚　白译
爱的宗教　朱云影
影子　拂

诗

髑髅歌舞之夜　王　坟
乌鸦　欧伦濮著　黄龙译

书报映象

“骂人的艺术”——中国文章的价值
浩　然
《栀子花球》　李赞华
《战场上》　司　君
《苦酒》　毛一波
《罗亭》　钟敬文

思想的花园

新绿（三则）　鹤　君
东居漫话（二则）　崔万秋
痴人日记（五日）　周　章

读物杂碎

关于爱的杂碎　师　鸠
史高德的疯书记　师　鸠

文艺的邮船

悲哀的号哭　王　坟、虚　白

文艺零讯

无题　师　鸠

真美善俱乐部　编　者

编者小言　编　者

第4卷　第4号

1929年8月16日出版

孽海花（一四）　病　夫
爬山　邵洵美
上江行——
南京的第一瞥　叶鼎洛
现代诗的我见——
写在陈勺水君的有律现代诗
之后　林梦幻
旅俄杂感〔德〕德兰散著　虚　白译
信的叹息　吕长春
烦闷时候的回忆　邵宗汉
过年关　陶　然
祖母之灵　于在春
云台浪迹　孙佳讯
创痛·一封信　陈剑横
恭士丹瞿那
〔法〕李显宾作　虚　白译
再次的改善
〔美〕奥亨利作　高建华译

思想的花园

新绿（二则）　鹤　君

一只蛙

鱼

东居漫话（一则）　崔万秋

凭窗

痴人日记　周　章

读物杂碎

婉娱丝失掉的膀子　师　鸠

米尔敦的恋史　师　鸠

阔眉毛、高眉毛和低眉毛　茉　莉

勒南白湛的纪念会　叔　懋

顾岱林临终时的潇洒　叔　懋

肖伯讷与奥歌斯拉夫的记者　叔　懋

书报映象

几部小说的介绍和批评　毛一波

《南风的梦》

《狱中记》和《苦囚杂记》

《天问》

读了阿茅君的《玩偶少年》的感想　何　如

文艺零讯

无题十六则　叔　懋

真美善俱乐部　编　者

编者小言　编　者

第4卷　第5号

1929年9月16日出版

知难行易辨　虚　白

法国文豪乔治顾岱林诔颂　病　夫

鲁男子　病　夫

恋（二三）

忆安特列夫

〔苏〕高尔基著　王坟译

诗人的梦　王家棫

我追求伟大去了　邵宗汉

试探　周宗颐

到东京来　崔万秋

东嶽庙　钱国成

她的忧郁　琪　瑶

云台浪迹（续）　孙佳讯

夏的黄昏　紫　曼

梦里晓色　拂

诗

王坟宣战三部曲　王　坟

绿水中的荷渠　袁　琦

昨夜　南　生

思想的花园

想到就说（十则）　王　坟

东居漫话（二则）　崔万秋

草枕之模特儿

三年以后之今夜

新绿（三则）　鹤　君

荳腐哨子

脚的恋爱

云萝姑娘

痴人日记　周　章

读物杂碎

毒药与哲学家　师　鸠

妇人的情书　师　鸠

得奖的英国作家　师　鸠

书报映象

几部小说的介绍与批评（续）

毛一波
《子卿先生》
《离婚》和《菊子夫人》
《灭亡》
文艺零讯
无题 叔懋
真美善俱乐部 编者
编者小言 编者

第4卷 第6号
1929年10月16日出版

武者小路实笃访问记 崔万秋
鲁男子 病夫
婚（一）
一个黑人的死
Wichael Gold 作 叶秋原译
像在呻吟的像儿 邵宗汉
桃花坞的女侍 周承慧
倒垃圾 虚白
宛春女士 西禾
君 王坟
青春的沉闷 朱云影
初秋之一夜 崔万秋
到西湖去 袁琦
歌声 洛孚
诗
昨日 何鸿泉
谒墓 佳讯
黑夜中的歌者 佳讯
思想的花园
想到就说（九则） 王坟
东居漫话 崔万秋
“东京进行曲”
新绿 鹤君
雨中巡礼
绿色的心
野中月色
痴人日记（六则） 周章
读物杂碎
以文学著名的医生——显尼支劳
师鸠
《英国的喜剧》 师鸠
书报映象
《少女之梦》 王坟
文艺的邮船
从本刊说到面包问题
林墨农 虚白
文艺零讯
无题十则 师鸠
真美善俱乐部 编者
编者小言 编者

第5卷 第1号
1929年11月16日出版

朱霭士像（铜版）
法国文豪乔治顾岱林诔颂（续四卷

五号）　病　夫
翻译中的神韵与达——西滢先生
论翻译的补充　虚　白
征帆杂记　竹　影
肉的巡礼　雪　裳
鞋匠葛式拉　高尔华绥著　顾仲彝译
悲剧之一幕——情人书札之一　静　沉
占领地的纪事　赵子曰
儿子的教训　黄　梁
孽海花（一五）　病　夫

诗

秋风秋雨　邵宗汉
有一个晚上　王天休
风风雨雨的秋夜　素　常

思想的花园

新绿（二则）　鹤　君
蔓草一束（十则）　冥　灵
梦中呓语（二则）　燕　燕

书报映象

郭沫若的《反正前后》　傅润华
读《母与子》　明　若
现代作家　毛一波
苦笑　毛一波
支那女儿　毛一波

读物杂碎

肖伯纳最新剧本《苹果车》之公演　师　鸠
朱霭士与其作风　师　鸠

文艺零讯

无题　师　鸠
文艺的游船　虚　白
苏州文艺的曙光　王　坟
真美善俱乐部　编　者
编者小言　编　者

第5卷　第2号

1929年12月16日出版

铜 版 画

神示的贞德
戎装的贞德
祈祷的贞德
法国女英雄贞德评传　虚　白
诗律的新路　傅润华
一次火车的险遇　〔德〕汤麦司曼作　虚　白译
杏花楼　万　曼
知县下乡〔法〕都　德著　炎　德译
懒在凉亭里　邵宗汉
成吉思汉的马　〔法〕保尔穆抗作　虚　白译
最后的一封信　静　沉
阿玉嫂　庄弱夷
鲁男子　病　夫
婚（二）

诗

烦闷的呼声　许绮禅

眼前已不见了姑娘　王　坟
贫该怜悯　邵宗汉
雨的秋夜　袁　琦

思想的花园

晨（《桂花时节》之四）　王　坟
客中杂记——敬献给亲爱的小朋友　君　勉
东居漫话　崔万秋
　盆踊
　月见
新绿（二则）　鹤　君

书报映象

《热情摧毁的姑娘》　王　坟
《我离开十字街头》　毛一波
《竹林的故事》和《桂园》　毛一波
《入伍后》　毛一波
《流浪》　毛一波

文艺零讯

无题十则　师　鸠
真美善俱乐部　编　者
编者小言　编　者

第5卷　第3号
1930年1月16日出版

铜版莫泊桑最后遗书的手迹（附译文）
民众派小说
〔法〕勒穆彦作　病　夫译
最近的苏俄普鲁文学
〔日〕米川正夫著　查士骥译
诗人与英雄
〔英〕盖莱尔作　虚　白译
新兴文艺学　付润华
鱼儿跳　朱庆疆
恋爱与感伤　鹤　君
口供　储安平
丑小鸭　〔挪〕安特孙作　文益重译
睡吧宝宝　朱楚祺
男朋友　〔俄〕契柯夫作　王家棫译
给爱好音乐者　孟　德作　潇　雨译
屠格涅夫散文诗选
沈　默、潘修桐译
野兽　〔德〕瓦塞门作　虚　白译

诗

夜莺的供状　王佐才
战　王佐才
梦画　王佐才

思想的花园

新绿　鹤　君
　美音虫
　慈雨
　“摩登狗儿”
游晚　纬　行
银座之夜　朱云影
那一夜的杂声　朱云影
人间瘴气（十则）　邵宗汉

书报映象

评《复活》　士　馨

《蝉之曲》　逸　菲

文学家林

梅德林克　陈雪清

文艺零讯

无题九则　师　鸠

真美善俱乐部　编　者

编者小言　编　者

第5卷　第4号

1930年2月16日出版

柏拉图与共产主义

〔法〕苏尔培、克洛斯合作　虚　白译

她的亡魂（独幕诗剧）　王　坟

孤儿　陈亠竹

绝斗的姑娘

〔法〕Pierre Louys作　成孟雪译

王老头子的一生　士　馨

松琳的日记　温　甫

畸爱——独幕剧　雪　裳

黑猫〔新犹太〕宾斯基作　虚　白译

鱼儿跳（续前，完）　朱庆疆

被引起来的一点感想　叶鼎洛

诗

钟　〔美〕爱伦坡作　黄　龙译

思想的花园

新绿　鹤　君

蝉的故事

搬家

人间瘴气（二〇则）　邵宗江

书报映象

雷麦克《西部前线平静无事》的法国批评　病　夫

文学家林

哈代　陈雪清

文坛近讯

意大利举行佛吉尔二千年纪念

德兰散与女人

伟大战争剧“路的尽头”

莫洛华的摆伦生活

马利斯罢的雷记阿尔封斯社岱的死

文艺的邮船

戴望舒批评徐译《女优泰倚思》

王　声、虚　白

真美善俱乐部　编　者

编者小言　编　者

第5卷　第5号

1930年3月16日出版

中国旧时代文学观念之剖析

虚　白

日本的农民文学论　毛一波

王老太太　公　木

渡海　〔意〕魏尔嘉作　王　坟译

下雪了　庞执中

沙雾　王佐才

船泊南摩湾

〔法〕边勒鲁意作　成孟雪译

自杀之前夜　莫　子
抓紧了的心　胡静屏
文疯的张阿嫂　王云开
妹妹的情人（戏剧）　诗　灵

思想的花园

神云罗散　蔚　天
童时的回想　纬　行

真美善俱乐部　编　者

编者小言　编　者

第5卷　第6号
1930年4月16日出版

孽海花（一六）　病　夫
三稜（一）　虚　白
最近文坛底Nonsense的倾向及其他　查士骥
还家　公　木
二表姊　仲　禾
夕阳　〔西〕伊本纳兹著　沈默译
十年　陈宀竹
爱情与面包　〔瑞典〕史特林堡著　陆贞明译

诗

哭断了凄怆的心弦　许绮禅
化石　柴伯祥
相思　森
信　森
春日晚晴　森
幽鸣　森
无聊　森
胜利之歌　森

名著一脔

三十岁妇人的迷媚　〔英〕乔治摩阿著　虚　白译

思想的花园

新绿　鹤　君
　几片红叶
　秋之月夜
　思仇之彼方

文学家林

肖伯纳　陈雪清

书报映象

读衣萍《种树集·序》以后　王树勋
胡适博士米格尔译文的商榷　符　生

文艺的邮船

文学的讨论　虚　白、仲　禾

真美善俱乐部　编　者

编者小言　编　者

第6卷　第1号
特大号
1930年5月16日出版

插　图

休憩时的甘地

游行时的甘地
托马斯·曼夫妇
法国现代作家恩特来奚达
法国名作家马赛尔伯罗斯德
法国现代作家却尔斯西威士德
社会政治论丛
甘地的无暴力主义
安德烈著　虚　白译
中国政治的出路　叶秋原
德谟克拉西科学之价值
姜蕴刚　黎昌卓
变相的革命　德洛斯基著　肖　牧译
法国今日的小说　拉鲁著　病　夫译
美国黑人文学底启源
姜伯伦著　汪倜然译
托马斯曼的生平与作品　沈来秋
长篇小说
三棱（二、三）　虚　白
短篇小说
牡蛎　柴霍甫著　赵景深译
没有壳的胡桃　王　坟
冷与热　杨晋豪
秋夜　Gorky 作　陈宀竹译
哭与笑　朱庆疆
李二和丈母娘　马仲殊
我周围的人们　邵宗汉
病中裁判　毛一波
随　笔
新村巡礼　崔万秋
西风中的飘泊者　王佐才
在无聊的时候　罗　洪
转机　王佐才
再会，南京　王佐才
浪子不动　鹤　君
疑问　王佐才
诗
雪夜　王佐才
雾里的飞鹰　王佐才
酒店中的侍女　集　霜
抚慰　集　霜
寄媛　集　霜
牧羊者的求爱　马罗作　龙　朱译
而今　荫　薇
名著拔萃
暮蔼中海边的幻梦
丹农雪乌著　虚　白译
文学家林
契诃夫　陈雪清
文艺的邮船
关于三稜的题名　仲　禾、虚　白
真美善俱乐部　编　者
编者小言　编　者

第 6 卷　第 2 号
1930 年 6 月 16 日出版

插　图
联军占领北京时赛二爷时代的赛金花
钟楼怪人：卡西穆陶援救霭史曼拉

丹的一幕

政治论丛

莫索里尼之政治思想

〔日〕高桥清吾著　姜蕴刚译

国家主义与自由

〔意〕尼　蒂著　虚　白译

文学论丛

雷翁杜岱四部奇著的批评

〔法〕栾奈鲁拉著　病　夫译

中国文艺学的创建　付润华

哥德的生活艺术

〔德〕卜　德著　沈来秋译

长篇小说

三稜（四）　虚　白

短篇小说

恋人的自杀　王云开

什么都完了　王家棫

旗手　〔法〕都　德著　卢世延译

爱神之箭

〔英〕吉百林著　怀　瑾译

随　笔

小花猫的死　晴　光

灵魂的讴歌　诗　灵

浅克拉先生与蚊子　陈普扬

月下老人　温　甫

名著拔萃

好利害的妹子

〔法〕梅丽曼著　虚　白译

书报映象

读子恺先生小品　莫企痕

真善美俱乐部　编　者

编者小言　编　者

第 6 卷　第 3 号

法国浪漫运动百年纪念号

1930 年 7 月 16 日出版

插　图

嚣俄与其子法郎沙怀像

二十八岁的嚣俄

嚣俄夫人阿坠尔

嚣俄死后的遗容

嚣俄手雕花版

大仲马青年时代

巴尔札克

拉马丁

维尼

史当达

乔治桑

戈恬

散　文

欧那尼出幕的自述

嚣　俄作　病　夫译

欧那尼研究　格拉孙奈作　虚　白译

诺洁的炮厂里的客厅记

大仲马作　李青崖译

雷利亚叙文　乔治桑作　虚　白译

恋书的发端　嚣　俄作　病　夫译

诗　歌

我的恋书　嚣　俄作　病　夫译

愤激　　罴　俄作　病　夫译
童　　罴　俄作　病　夫译
良心　　罴　俄作　虚　白译
孤寂　　拉马丁作　邵洵美译
狼之死　　维　尼作　虚　白译
春之初笑　　戈　恬作　病　夫译
十二月之夜　　缪　塞作　虚　白译
小　说
刽子手　　巴尔札克作　虚白译
翁梵利——一篇旧货堆的故事
戈　恬作　虚　白译
一只白鹦的历史
缪　塞作　成孟雪译
方形堡之役　　梅丽曼作　卢世延译
白里丝盖的狗　　诺　洁作　楠莱晏译
随　笔
母亲讲的故事
拉马丁作　徐蔚南译
硬壳虫　　米显莱作　徐蔚南译
燕子　　米显莱作　徐蔚南译

编者小言　　编　者

第6卷　第4号
1930年8月16日出版

德谟格拉西在中国　　虚　白
法国语言的原始　　病　夫
欧洲各国文学的观念（上）　　虚　白
三稜（五）　　虚　白
昨日游记上　　叶鼎洛
郊游　〔德〕凯西林著　沈来秋译
叛逆者
〔俄〕阿尔志跋绥夫著　张璇铭译
摆脱　　绿　匀
期待　　微　霞
钻营　　王　坟
诗　剧
爱的除夕　　转　篷
诗　歌
浔阳江上　　一　粟
倘若你　　青　见

介绍一个新诗坛上的杜甫——王文川君　　陈鸿仪　茅含露
新绿　　鹤　君
初夏之夜
田山花袋之死

真美善俱乐部　　编　者

第6卷　第5号
1930年9月16日出版

新生的土耳其　　虚　白
德洛斯基与同志书　　肖　牧
欧洲各国文学的观念（下）　　虚　白
三稜（六）　　虚　白
天赐与人赐　　蒋学楷
黄胡子　　朱雨尊
另一个人〔英〕吉百林著　怀　瑾译
故事　　卢世延

父　〔挪威〕般孙著　章石承译
不等边　罗　洪
遣嫁之前夜（一幕悲剧）　郭侣桐
灰衣执事〔美〕怀尔特著　王　坟译
盛夏小品　崔万秋
新绿　鹤　君
阿拉伯之歌
铁马

诗　歌

失踪诗人黄震遐残稿　黄震遐
青白战士的前进
香妃
怪梦

真美善俱乐部　编　者

第6卷　第6号

1930年10月16日出版

印度独立运动的根本意义　虚　白
拉丁亚美利加的文学　周子亚
三稜（七）　虚　白
酒徒阿胡　佃潮痕
爱人　史蒂芬斯著　王家棫译
一个书记的死　江界俗
革命者的下午　葛曼菲
"这是她命中注定的啊"　笠　生
平行线　罗　洪
公园中的札记　傅红蓼
唏嘘（诗的散文）　傅红蓼
小病　储安平
残花　储安平
忆的幻灭　陈宀竹

诗　歌

当我死了　罗萨蒂著　王家棫译
寄远　孙佳讯
几夜的梦中　孙佳讯
绿野中的追逐（散文诗）　王佐才
塘　王佐才

真美善俱乐部　编　者

邮箱　编　者

第7卷　第1号

1930年11月16日出版

英国弥而恩像　味　真作

民族主义文艺运动的检讨　虚　白
墨子之社会思想　郑独步
艺术家的地位
〔英〕弥而恩著　季　肃译
三稜（八）　虚　白
你在何处　应　瑛
滚石　〔俄〕高尔基著　陈宀竹译
灭迹　赵钲权
归宿　庄心在
牛　周静生
魔王的吩咐　陈晋遐
母亲　储安平
做了一次送丧的人　付红蓼

破梦　付红蓼

诗

许是我醉了　王家棫
树下　孙佳讯
禅心　许绮禅
舞女　许绮禅

真美善俱乐部　编　者

邮箱　编　者

编者小言　编　者

第7卷　第2号
1930年12月16日出版

再论民族文学　虚　白
机器与情感　〔英〕罗素著　虚　白译
三稜（九）　虚　白
克拉荔芒　〔法〕戈恬著　王家棫译
残缺的日记　赵钲权
变　味　真
和解　葛曼菲
滚石（续上）　〔俄〕高尔基著　陈宀竹译
夜　弱　水
漂鸟　曾　铮
肥马，白俄，国术等等　严元章
废历新年在新都　严元章
哭诉　白　玉
深悔　冷　落
马尸　晴　光
江北阿二　晴　光

诗歌

更残　赵钲权
牧唱　孙佳讯
牧人小唱　孙佳讯
玫瑰之路的尽头　王一心

邮箱

我的一些同情　陶一芬

真美善俱乐部　编　者

（小说演习大会）名作推选揭晓　编　者

第7卷　第3号
1931年1月16日出版

做人和读书　虚　白
一年来日本政界之展望　万　秋
俄国革命后的初期文坛　拉夫林作　储安平译
三稜（十）　虚　白
死？　季　肃
小牛　孙佳讯
热情　塚　寒
情夫与情妇　转　蓬
变（续一）　味　真
克拉荔芒（续）　〔法〕戈恬著　王家棫译
悼亮　隽　冬
热　付红蓼

诗　歌

宝宝　冷　落
淞沪车中　王一心
我不爱的　刘　宇
哭　刘　宇

《誓言》(陈伯吹著诗集)
王树勋　张运时

真美善俱乐部　编　者
(小说演习大会)名作推选揭晓
编　者

编者小言　编　者

真美善(季刊)

第1卷　第1号
1931年4月出版

编者弁言　编　者
插　图
竹笥　武者小路实笃
马　徐悲鸿

鲁男子　曾　朴
　战
玖德〔英〕哈　代著　季　肃译
三稜(一一)　虚　白
战争与和平
〔俄〕托尔斯泰著　崔万秋译
慕邦姑娘〔法〕戈恬著　味　真译
娜娜〔法〕佐　拉著　虚　白译
笑的人〔法〕嚣　俄著　曾　朴译
蕙姨　王家棫
高龙巴〔法〕梅丽曼著　虚　白译
变(续二)　味　真

第1卷　第2号
1931年7月出版

插　图
泰山南天门
孔庙大成殿
回马岭
曲阜途中

鲁男子　曾　朴
　战(续一)
偕金女大同学泰山春游五日记
虚　白
玖德(续)
〔英〕哈　代著　季　肃译
三稜(一一)　虚　白
慕邦姑娘(续)
〔法〕戈　恬著　味　真译
娜娜(续)
〔法〕佐　拉著　虚　白译
战争与和平(续)
〔俄〕托尔斯泰著　崔万秋译
笑的人(续)
〔法〕嚣　俄著　曾　朴译
高龙巴(续)
〔法〕梅丽曼著　虚　白译

41 民间文艺

简 介

《民间文艺》，周刊，一九二七年十一月一日创刊于广州，国立第一中山大学语言历史研究所主办，董作宾、静君编辑，国立第一中山大学出版部发行，三十二开本。一九二八年一月十日出版了第十一、十二期合刊号之后终刊。

创刊号发表的《为〈民间文艺〉敬告读者》一文，陈述了出版该刊的三种目的：第一是学术的，搜集材料供各方面专门家去研究；第二是文艺的，精选编印民间文艺作品，供人们欣赏和借鉴；第三是教育的，审查作品的内容，保留精华，去除糟粕，纠正民众谬误观念，指导民众以行为的标准，以有益于改良社会。该刊每期都发表一定数量的流行于闽、浙、粤、桂、苏、豫各省的民歌和民间故事以及有关的研究文章，主要撰稿人除编者之外，还有容肇祖、白启明、王翼之、夏廷域等。该刊虽然篇幅不多，但它是当时南方从事民间文艺搜集整理研究的值得注意的刊物。

目 录

创刊号

1927年11月1日出版

为《民间文艺》敬告读者 董作宾
广州巫歌 容肇祖
《狼獞谣歌》译序 静 闻
桂林民间恋歌 老 拜
梅县山歌 人镜卢主人
《吴歌乙集》 王翼之
椤椗与松柏换居的故事 金 粟
潮州传说 章雄剑
河南谜语类编 白启明
关于“封神傅”通信 胡 适

第2期

1927年11月8日出版

中国古代几个鸟底传说 静 闻
《吴歌乙集》自序 王翼之
越秀山麓客民唱山歌的风俗 许厚基
我所闻的灶神故事 金 粟
东莞歌谣十首 容肇祖
河南谜语类编（续一） 白启明
闽谣篇 董作宾
关于《粤讴》辑者通信 汪宗衍

第3期

1927年11月15日出版

清源山上的戍卒诗 莘 田
关于相同神话解释的学说 Charles Mills Gayley 著杨成志译
《吴歌乙集》（续） 王翼之
闽谣篇（续一） 董作宾
梅县童歌 张乾昌
蛋户恋歌 鸲 君
河南谜语类编（续二） 白启明
民间文学 静 闻

第4期

1927年11月22日出版

几首农谚——九九——的比较研究 董作宾
羊石传说 刘万章
林大钦的故事 郭笃士
象县儿歌 覃 翰
梅县山歌 何如见
河南谜语类编（续三） 白启明

第5期

1927年11月29日出版

歌仙刘三妹故事 静 闻
想念儿子的老人 黎光明

鸟的故事　格　林著　庄　喆译
闽谣集（续二）　董作宾
狼人情歌　潜　初　静　文译
河南谜语类编（续四）　白启明

第6期
1927年12月6日出版

马头娘传说辨　静　闻
古人中的故事　容肇祖
濡须农歌　胡铸侬　倪懋芬
闽谣篇（续三）　董作宾
富春民谚　夏廷棫
河南谜语类编（续五）　白启明

第7期
1927年12月13日出版

《歌谣论集》序　静　君

吕蒙正的传说　文　心
惠州歌谣　景　苏
民间的三句半歌　放　人
顺德歌谣十二首　容肇祖
闽谣篇（续四）　董作宾
象县恋歌　覃　翰
河南谜语类编（续六）　白启明
关于《粤讴》辑者通信　汪宗衍

编余致话　记　者

第8期
1927年12月20日出版

端州的古迹和民歌　周鼎培
英台山伯与南一士子之故事
周柏芬

英语儿歌四首　静　闻
广州童歌　鸿　钧
闽谣篇（续五）　董作宾
合浦谜语五则　陈年达

第9、10期
1928年1月3日出版

两首禽言诗的取材　静　闻
《伏虎宝卷》合玄坛爷故事的异同
灰　灵

两个民间传说　霍壁奇
浙江诸暨传说　姚国桢
雷州民间传说　吴伟民
涟水塔的神话　马树礼
惠州塔的神话　裘尚中
我所闻的故事　梁槐崇
潮州传说　郑德能
白鹅潭传说　许德明
人心不足蛇吞象的传说　马玉麟
罗隐子做天子的传说　侯宽昭
呆女婿的故事　张恩骏
夏侯来的故事　谢修人

关于陈梦吉的传说　黄宗潮
林大钦的故事　谢修敬
台湾民间的趣话　静　君

编后　记　者

第 11、12 期
1928 年 1 月 10 日出版

儿童游戏的歌谣　静　闻
合浦民间恋歌掇拾　冯道先
吴歌丙集　顾颉刚
台湾番歌四首　容肇祖
英语童歌一首　金　粟
濡须农歌　倪懋芬　胡铸侬
盼情郎　四明洞天主人
富春民谚　夏廷域
江山童歌　张兆瑾

编辑余谈　静　君

42 太阳月刊

简 介

《太阳月刊》，太阳社主办的文学刊物，一九二八年一月一日创刊于上海，署太阳社编辑，实际编者是蒋光慈、钱杏邨，由上海春野书店发行，三十二开本，横排。一九二八年七月一日出至第七期，由于国民党政府的查禁，被迫终刊，共出七期。

太阳社出现在一九二八年初，是大革命失败以后在中国共产党领导下建立的革命文艺社团之一。主要成员有蒋光慈、钱杏邨、沈端先（夏衍）、孟超、林伯修（杜国庠）、洪灵菲、戴平万、刘一梦、殷夫、冯宪章、森堡（任钧）和杨邨人等，除《太阳月刊》之外，先后编辑出版了《时代文艺》、《新流月报》、《拓荒者》、《海风周报》等刊物，在白色恐怖之中，与创造社相互配合，为大力倡导无产阶级革命文学作出了重要贡献。

《太阳月刊》是太阳社创办最早的刊物，蒋光慈用诗歌体写的创刊号《卷首语》中说：

弟兄们！向太阳，向着光明走！
我们也不要悲观，也不要徘徊，也不要落后。
我们相信黑夜终有黎明的时候，正义也将不终屈服于恶魔手。

倘若我们是勇敢的，那我们也要如太阳一样，将我们的光辉照遍全宇宙。

该刊先后发表了蒋光慈的《现代中国文学与社会生活》、《关于革命文学》等文章和钱杏邨的评论，阐述文学与时代与生活的关系，转变文学的方向以及创作问题等，宣传无产阶级革命文学，对左翼文艺运动的兴起，产生了积极的推动作用，同时也表现出理论上的不成熟、方法上的片面性的弱点以及所受国内外左倾思潮的影响。该刊还以大量篇幅发表创作，有冯宪章、任夫（殷夫）、迅雷等人的新诗，蒋光慈、洪灵菲、刘一梦、戴平万等人的小说以及孟起的剧本。此外，还有林伯修、王艺钟等人的外国作品翻译。

目 录

第 1 期

1928 年 1 月 1 日出版

卷头语　光 慈
现代中国文学与社会生活（论文）　蒋光慈
女俘虏（小说）　杨邨人
冲突（小说）　孟 超
努力之源（画）　迅 雷
灵魂的叫减（画）　迅 雷
《英兰的一生》（书评）　钱杏邨
诗 选
渡河　周灵均
奔　周灵均
致　冯宪章

田子明之死（小说）　杨邨人
蚁斗（《罪人》第一章）（小说）　蒋光慈
沉醉的一夜（小说）　刘一梦
玫瑰花〔德〕Nuhlen（米伦女士）著　王艺钟译
编后　编 者

第 2 期

1928 年 2 月 1 日出版

关于革命文学（论文）　蒋光慈
车厂内（小说）　刘一梦
烟（小说）　建 南
叛乱的幽灵（一——五）（诗）　迅 雷
茶女（小说）　孟 超
吻（画）　迅 雷
血与泪交流（画）　迅 雷
《野祭》（书评）　钱杏邨
三妹（小说）　杨邨人
往事（《罪人》第二章）（小说）　蒋光慈
关于《评〈短裤党〉》（评论）　钱杏邨
编后　杨邨人

第 3 期

1928 年 3 月 1 日出版

死去了的阿 Q 时代（评论）　钱杏邨
雪朝（小说）　刘一梦
巴里亚的胜利（小说）　圣 悦
叛乱的幽灵（六——九）（诗）　迅 雷
闪电与狂风（画）　迅 雷
凭吊（画）　林 林
《幻灭》（书评）　钱杏邨
蒙达珂的夜（小说）　建 南
达怒蒲的秘密（散文）〔保加利亚〕St.Liljanov 作　绍 川译
寨主〔苏〕Sobole 作　蒋光慈译
诗 选
绅士（诗）〔英〕W.N.Ewer 作　艺 钟译
战歌（诗）　冯宪章

铁蹄下（独幕剧） 孟　超
红灯（随笔） 杨邨人
关于《现代中国文学》（通信） 钱杏邨
编后 编　者

第4期
1928年4月1日出版

论新旧作家与革命文学（评论）
——读了《文学周报》的〈欢迎《太阳》以后〉 华希理
离开我的爸爸（小说） 顾仲起
革命的Y先生（小说） 建　南
黑暗（小说） 绍川译
这时代（画） 迅　雷
兵过之后（画） 运　勤
批评与抄书（评论） 钱杏邨
藤鞭下（小说） 杨邨人
火酒（小说） 迅　雷
在死神未到之前（长诗） 任　夫
唔（小说） 赵　冷
读成仿吾的《全部批判之必要》（札记） 杨邨人
编后 编　者

第5期
特大号
1928年5月1日出版

牢狱的五月祭
〔日〕林房雄作　林伯修译
小丰（小说） 平　万
批评的建设*（评论） 钱杏邨
警钟（诗三首） 冯宪章
血钟响了（画） 迅　雷
觉醒（画） 一　榴
苏联的戏剧（介绍） 申东造
盐务局长（小说） 孟　超
失业之后（小说） 刘一梦
在货车上（长诗） 洪灵菲
出路（小说） 赵　冷
冬天的春笑（《冉娜的爱》第二章）（小说） 〔苏〕爱莲堡著
华希理译

诗　选

血与火 杜力夫
快苏醒哟 再　华
编后 编　者

第6期
1928年6月1日出版

废人（小说）
〔苏〕塞甫林娜作　林伯修译
屎坑老鼠（小说） 甘　茶
艺术与经济（评论） 钱杏邨
沉思（画） 冯　健
路上（小说） 洪灵菲
恐怖（小说） 平　万
争自由的波浪（诗） 絮　絮

* 目录作《批评与建设》，此从正文标题。

死神在拉着丧钟（画） 迅 雷
小小事情（小说） 祝秀侠
晨光在望（诗） 龚冰庐
夜话（《罪人》第三章） 蒋光慈
黄莺与秋蝉的传说（童话） 谷万川
编后 编 者

第 7 期
停刊号
1928 年 7 月 1 日出版

停刊宣言 编辑部
到新写实主义之路 〔日〕藏原惟人著 林伯修译
梦醒后（小说） 孟 超
欢迎（小说） 甘 茶
《动摇》（评论） 钱杏邨
前进（画） 布柯作
伤逝（诗） 沈音明
一尺天（小说） 杨邨人
匪徒的呐喊（诗） 冯宪章
诱惑（《罪人》第四章）（小说） 蒋光慈
编后 编 者

43 未 名

简 介

《未名》，文学半月刊，未名社主办，一九二八年一月十日创刊于北京，署未名半月刊社编，实际编者是李霁野等，由未名社出版部印行，三十二开本，一九三〇年四月三十日出至第二卷九——十二期合刊号终刊，共出版两卷，凡二十四期。该刊时有延期出版现象。

未名社成立于一九二五年夏，鲁迅参与发起并给予许多指导，主要成员除鲁迅外，还有韦素园、曹靖华、李霁野、台静农以及韦丛芜等。实际社务主持者初为韦素园，一九二七年以后是李霁野。开始与狂飙社成员合编《莽原》半月刊，未名社还发行了“未名丛刊”、“乌合丛书”和“未名新集”，《莽原》停刊之后，又单独创办了《未名》半月刊。未名社的主要活动，是切切切实实地从事外国文学的译述，同时在创作上也作出了成绩。鲁迅充分肯定未名社的进步作用，他在一九二七年九月二十五日致李霁野的信中说：“看现在文艺方面用力的，仍只有创造、未名、沉钟三社，别的没有，这三社若沉默，中国全国真成了沙漠了。”一九三一年五月，未名社因为人事变迁终于解体，但是到一九三四年鲁迅在《忆韦素园君》一文中指出：“未名社现在是几乎消灭了……然而未名社的译作，在文苑里却至今没有枯死的。”

出版《未名》半月刊，是未名社后期的重要活动之一。该刊虽发刊于一九二八年，但早有酝酿，一九二六年十月，高长虹等从莽原社分裂出去，十一月鲁迅在致韦素园的信中就谈到：“如出期刊，当名《未名》，系另出，而非《莽园》改名，但稿子是一问题，当有在京之新进作者中坚，否则靠不住。”该刊以发表译文为主，创作次之，主要撰稿人多为未名社成员，有曹靖华、韦素园、李霁野、韦丛芜和戴望舒等人的译文，多译介俄苏和英、美等国的文学作品；创作上有李霁野、台静农等人的小说。

目　录

第 1 卷　第 1 期

1928 年 1 月 10 日出版

乡下老的故事
〔苏〕赛甫琳娜作　曹靖华译
附作者传略及作者像
《烈夫》及其诗人　李霁野
建塔者　台静农
请求　韦丛芜
家　〔日〕石川啄木作　S.F 译
西山随笔　韦丛芜
通信　韦素园

第 1 卷　第 2 期

1928 年 1 月 25 日出版

《文学与革命》后记　李霁野
赠 S.L　池　萍
蛊妇的女儿
〔西班牙〕V.Blasco Ibanez 作
戴望舒译
开玛的花园　L.Hope 作　韦丛芜译

第 1 卷　第 3 期

1928 年 2 月 10 日出版

昨夜　台静农
寄 Dianeme　H.Herrick 作　里予译
第三线　饶超华
吹笛者的争辩
A.France 作　李霁野译

第 1 卷　第 4 期

1928 年 2 月 25 日出版

第三线（续完）　饶超华
清教徒与美国文学
H.L.Mencken 作　李霁野译
春夜的幽灵　台静农
伟大的冒险者　无名氏作　里　予译
幸福
〔法〕Paul Fort 作　戴望舒译

第 1 卷　第 5 期

1928 年 3 月 10 日出版

艺术家和他的听众
A.Clutton-Brock 作　李霁野译
人彘　青　曲
象许多处子一样
H.Coleridge 作　里　予译
在青春时爱　无名氏作　里　予译
饮茶如酒　许钦文
——若有其事之五——
夜之颂歌　Paul Fort 作　戴望舒译

第 1 卷　第 6 期

1928 年 9 月 1 日出版

珂克莱派与航特

〔英〕Edmund Gosse 作
韦丛芜译
乡人与山雀 韦素园
昨夜 George Darley 作 子君译
预兆 〔波兰〕Stefan Zeromski 作
李霁野译
在电车上 韦丛芜
陀思妥夫斯基的忌妒
Anna G.Dostoevsky 作
韦丛芜译
生底漫画 霁 野
——三幅遗容，祖母——

第 1 卷 第 7 期
1928 年 10 月 1 日出版

荣光之手 岂 明
十八世纪末叶美国文学略论
E.Gosse 作 韦丛芜译
忆亡友愈 韦素园
生底漫画 李霁野
——三幅遗容，外祖母
我底新妇 饶超华
诗 L.Hope 作 丛芜译

第 1 卷 第 8、9 期
1928 年 11 月 30 日出版

渥兹渥斯与珂莱锐吉
E.Gosse 作 韦丛芜译
猎人家内的一宿
Hobbel 作 杨丙辰译
独自的时候 戴望舒
生底漫画 李霁野
——三幅遗容，母亲
归国 Madame Dostoevsky 作
韦丛芜译

第 1 卷 第 10、11 期
1928 年 12 月 20 日出版

英国小说中的性表现
V.F.Calverton 作 李霁野译
睡时 韦素园
池边 建 平
祈祷 L.Hope 作 韦丛芜译

第 1 卷 第 12 期
1928 年 12 月 31 日出版

诗人榜思传
E.Gosse 作 韦丛芜译
雪夜 建 平
波克尔夫列特底被逐者
F.B.Harte 作 李霁野译

第 2 卷 第 1 期
1929 年 1 月 10 日出版

英国十九世纪初叶的小说家
〔英〕Edmund Gosse 作
韦丛芜译

我的记忆　戴望舒
寄给或人　李霁野
阁伯斯的歌　L.Hope 作　韦丛芜译
——自 Indiás Love Lyrics

第 2 卷　第 2 期
1929 年 1 月 25 日出版

托尔斯泰的死与少年欧罗巴
〔俄〕卢那卡尔斯基作
韦素园译
秋天　戴望舒
寄给或人（续）　李霁野
星光　L.Hope
——自 Indiás Love Lyries
韦丛芜译

第 2 卷　第 3 期
1929 年 2 月 10 日出版

英国十九世纪四十年代的诗人
〔英〕Edmund Gosse 作
韦丛芜译
春的前夜　孙　荃
艺术家的故事　李霁野
深晢　W.B.Yeats 作　霁野译

第 2 卷　第 4 期
1929 年 2 月 25 日出版

你就这样无情吗？
Douglas Hyde 作　L.L 重译
罗曼主义与革命
V.F.Calverton 作　李霁野译
时常，在静的夜里
Thomas moore 作　霁　野译
荒坟　刘重修

第 2 卷　第 5 期
1929 年 3 月 10 日出版

狱中见落花　静　农
罗曼主义与革命（续完）
V.F.Calverton 作　李霁野译
范翁自传歌
——江苏如皋鼓词体
范显扬名标先生遗稿
天行注录
到我醒时
〔英〕L.Hope 作　韦丛芜译
当爱情过去了
〔英〕L.Hope 作　韦丛芜译

第 2 卷　第 6 期
1929 年 3 月 25 日出版

娼女礼赞　难　明
英国复政时代文学中的性表现
V.F.Calverton 作　李霁野译
狱中草　静　农
“在晴朗的早晨”
〔英〕L.Hope 作　韦丛芜译

范翁自传歌（续一）

范显扬名标先生遗稿

天行注录

第2卷 第7期

1929年4月10日出版

为《第四十一》中译本所写的序及自传

〔俄〕鲍里斯·拉普列涅夫作

曹靖华译

白色的丁香　韦素园

英国复政时代文学中的性表现（续完）

V.F.Calverfon作　李霁野译

几乎忘记了　王月波

范翁自传歌（续二）

范显扬名标先生遗稿

天行注录

第2卷 第8期

1929年4月25日出版

现今新文学的概观

——五月二十日在燕京大学国文学会讲

鲁迅讲　吴士昌笔记

清教徒美学中的性

V.F.Calverton作　李霁野译

年青的爱

W.Shakespeare作　C　译

范翁自传歌（续三）

范显扬名标先生遗稿　天行注录

第2卷 第9、10、11、12期

1930年4月30日出版

虱子　岂　叨

巴克评传　葛斯作　韦丛芜译

痕六篇　韦素园

一、影的辞行

二、窄狭

三、端午节的邀请

四、小猫的拜访

五、蜘蛛网

六、焚花

清教徒美学中的性（续）

V.F.Calverton作　李霁野译

忆江南　戴南冠

狱前　李曦晨

——入狱周年纪并呈献给新的友人

论居丧

〔希腊〕路吉亚诺斯作　岂明译

带露的花　霁　原

葬龛前　野　囚

黄鹤楼的清晨　一　勺

——寄一林

舍弃　寒　秋

范翁自传歌（续四）

范显扬名标先生遗稿　天行注录

收场白

44 文化批判

简 介

《文化批判》，月刊，综合性刊物，创造社主办。一九二八年一月十五日创刊于上海，署丁葸主编，创造社出版部出版发行，三十二开本，主要撰稿人有成仿吾、冯乃超、彭康、朱镜吾、李铁声、李初梨等。该刊共出五期，一九二八年四月十五日出版第四期，续出的第五期刊名署《文化》，未注出版日期。

《文化批判》是后期创造社的重要理论刊物，成仿吾在创刊《祝词》中引用列宁的名言“没有革命的理论，就不会有革命的运动”，强调学习、宣传革命理论的重要性，指出《文化批判》的任务就是“贡献全部的革命的理论”，“从事资本主义社会的合理的批判”，进行马克思主义“伟大的启蒙”。该刊发表了彭康、朱镜吾、李铁声等人一系列文章，比较系统地介绍了马克思主义哲学、社会政治和文化问题的基本观点。在成仿吾、冯乃超、李初梨和郭沫若等人的文章中，宣传了马克思社会主义文艺理论，大力倡导无产阶级革命文学，冯乃超的《艺术与社会生活》，李初梨的《怎样建设革命文学》等就是其中有影响有代表性的重要论文。该刊在进行理论宣传的同时，以不少篇幅刊登创作，其中有冯乃超的诗和剧本，以及龚冰如、君淦、白石、菀尔等人的作品。

《文化批判》在宣传革命理论，倡导革命文学，推进左翼文艺运动的发展上作出了积极的贡献，但是也受到了国内外“左”倾思潮的影响，特别是把鲁迅作为小有产者的代表进行指责乃至于攻击。

目 录

创刊号

1928年1月15日出版

祝词 成仿吾
交通阻碍二件 访员甲
艺术与社会生活 冯乃超
哲学底任务是什么? 彭 康
理论与实践 李 磐
这也是文化的输入么(短评) 失神子
科学的社会观 朱镜我
宗教批判 李铁声
吃什么人家的饭，朝什么人家的天(短评) 失神子
满蒙侵略底社会的根据 朱镜我
诗两首 冯乃超
唯心论者(短评) 失神子
伟大的创造主(童话) 〔日〕林房雄作 李初梨译
同在黑暗的路上走(戏剧) 冯乃超
新辞源(一—九) 同 人
编辑初记 编 者

第2号

1928年2月15日出版

打发他们去 成仿吾
怎样地建设革命文学 李初梨
费尔巴哈论纲(一——一一)
科学与人生观——近几年来中国思想界的总结算 彭 康
科学的社会观(续) 朱镜我
目的性与因果性 李铁声
拜金艺术——艺术之经济学的研究 Upton Sinclair 著 冯乃超译
告反军国主义的青年 〔法〕巴比塞著 李初梨译
裁判 龚冰庐
流血的纪念日 冯乃超
Demonstration 冯乃超
读者的回声 锡 五 汉 恝
新辞源 同 人
编者杂记 编 者

第3号

1928年3月15日出版

维持我们对于时代的信仰 石厚生
留声机器的回音——文艺青年应取的态度的考察 麦克昂
思维与存在——辩证法的唯物论 彭 康
辩证法的唯物观 李铁声译
政治一般的社会的基础——国家的起源及死灭

朱镜我
国际政治的最近形势　马公越译
裁判（续）　龚冰庐
支那人自杀了（戏剧）　冯乃超
一封公开信的回答　李初梨
读者的回声（三则）
一、　杨而慨
二、　徐文雄
三、　钟　员
新辞源　同　人
编辑后记　编　者

第 4 号

1928 年 4 月 15 日出版

知识阶级的革命分子团结起来
石厚生
请看中国的 Don Quixote 底乱舞
——答鲁迅〈醉眼中的朦胧〉
李初梨
关于精神的生产底一考察　朱镜我
辩证法的唯物论（续）　李铁声译
人道主义者怎样地防卫着自己
冯乃超
“除掉”鲁迅的“除掉”　彭　康
最近国际政治形势（续）
马公越译
什么是“辩证法的唯物论”？
洪　涛译
狱中诗两首　君　淦
弟兄！这回儿不许优容（诗）
白　石
趋上前（诗）　菀　尔
悲剧的武士（散文）　龚冰庐
支那人自杀了（剧.续）　冯乃超

读者的战垒

文学的历史任务——建设多数文学
另　境
俄国希腊教的今昔观　周　隐
二十生辰　方玮德
这不是我们的世界　吴乃立
鲁迅的闲趣　龙　秀

读者的回声

几点意见（一）　何家槐
几点意见（二）　吴　健
生活与思想　孤　凤
新辞源　同　人
编辑后记　编　者

第 5 期*

1928 年

谁能打倒帝国主义？　初　梨
唯物史观底构成过程　彭　康
德模克拉西论　朱镜我
国际政治之最近形势（续）
马公越译
唯物辩证法精要　李初梨译
日本帝国主义的研究　吕　析
中国农民问题的出路　韵　英

* 此期封面为《文化》，未注明出版日期。

支那人自杀了（剧，续完） 冯乃超
民众哟，民众!（诗）
——为五三济南事件送民众
冯乃超
诗人们（诗）
——送给时代的诗人 冯乃超
浪漫主义的变革（小说）
巴尔特尔著 李铁声译
读者底战垒
时代作家的修养 另 境
港粤亲善（？）之由来 潘明秋
琐事感言 周 隐
初到上海 孤 凤
牺牲 爱 光
我们的恐怖 章瑞元
惊呼？狂歌 张飞瀑
读者底回声
多些肃清废物 吴耀南
拥护真理 会 赤

新辞源 同 人
编辑余谈 编 者

45 现代小说

简 介

《现代小说》，月刊，一九二八年一月创刊于上海*，叶灵凤、潘汉年编辑，上海现代书局发行，三十二开本，横排。一九三〇年三月终刊*，共出版三卷，凡十七期。

《现代小说》月刊在刊登小说创作之外，也登载法、俄等国文学作品的译作，后期还发表戏剧和散文作品。

《现代小说》月刊的主要撰稿者，有叶灵凤、潘汉年、向培良、金满城、严良才、楼建南、罗皑风、叶鼎洛等人，所载作品多写小资产阶级青年的生活、爱情和苦闷。在革命文学运动的影响下，从第三卷开始有所变化，编者不仅在《编辑随笔》中表示要努力介绍国内外新兴文学，而且增加了理论批评文学，报道了左翼文艺运动的动态，发表了郭沫若、沈端先、钱杏邨、冯乃超等左翼作家的作品和译文。

---

* 我们见到的该刊一、二卷都是汇刊本，未注每期出版日期。——编者

目　录

第1卷　第1期
1928年1月出版*

肺病初期患者　叶灵凤
她和她　潘汉年
爱之旨　严良才
报复　楼建南
温雅的呼吸
〔俄〕布　宁作　灵　凤译
离婚　潘汉年
浴　叶灵凤
绿的猫儿
〔俄〕高尔基作　效　洵译

第1卷　第2期
1928年出版

明天　叶灵凤
情人　潘汉年
鱼与熊掌　严良才
领袖
〔俄〕爱罗索夫作　灵　凤译
浑沌中　潘汉年
露瑞夫人
〔法〕法郎士作　灵　凤译
鸠绿媚　叶灵凤

第1卷　第3期
1928年出版

爱的讲座　叶灵凤
花鼓戏　罗皑风
小叙　潘汉年
塞比安的夜
〔西班牙〕伊本纳兹作　灵凤译
盗马者　〔俄〕柴霍甫作　效　洵译
罪状　叶灵凤
法律与面包　潘汉年
前程　叶鼎洛

第1卷　第4期
1928年出版

妻的恩惠　叶灵凤
末夜　饶超华
深夜的一吻
〔法〕雷佳遂作　灵　凤译
跳舞　谢晨光
角力　徐活萤
嫉妒　〔法〕波　地作　灵　凤译
招姐　罗皑风

第1卷　第5期
1928年出版

摩伽的试探　叶灵凤

* 第一卷未见原刊分期本，仅录一九三三年二月重印的汇订本，因之本卷各期不能标明每期具体出版时间，仅能标明所知的年份或月份。

微笑　　玲　琳
骄傲的眼睛
〔英〕道生作　维　基译
压　　达　仁
春节　〔俄〕库布林作　灵　凤译
红死的面具
〔美〕哀伦坡作　微　音译
角力（续一）　　徐活萤

第1卷　第6期
1928年出版

含酸素的爱　　金满成
象　〔俄〕库布林作　灵　凤译
阿银哥　　罗皑风
七十六岁的祥福　　张子三
跋佐夫的哲学
〔俄〕高尔基作　灵　凤译
失望　　杨荫深
角力（续完）　　徐活萤

第2卷　第1期
1929年出版*

得救了　〔法〕莫泊三著　昙　华译
以丽莎白　　李　霖
兽　〔德〕华苏曼著　张润卿译

* 第二卷未见原刊分期本，仅录一九三三年二月重印的汇订本，因之本卷各期不能标明具体出版时间，仅能标明所知的年份。

破灭　　南碧女士
把戏　　郭文骥
花　〔德〕舍里斯勒著　叶灵凤译
父亲　　陈明哲
国仇　　叶灵凤

第2卷　第2期
1929年出版

墓前　　严良才
胜利者的悲哀　　谢晨光
归入海者　　李逸山
神父阿历克舍的故事
〔俄〕都介涅夫著　效　洵译
中秋节　　罗　西

第2卷　第3期
1929年出版

中山装　　罗皑风
凄伤的故事　　向培良
投票　〔日〕菊池宽著　胡仲持译
和尚与尼姑　　金满成
秘密　　关　纾
樱桃　　焦尹孚

第2卷　第4期
1929年出版

落雁　　叶灵凤
最后的一吻　　郭文骥

菲叶姑娘的恋爱哲学　徐　雉
邮差　〔俄〕柴霍甫著　效　洵译
爱之幻　杨荫深
烟　李　霖
深夜　冰　血
弱者　陈明哲

第2卷　第5期
1929年出版

李老爷的悲哀　金　平
鄱阳湖中　杨正宗
药　王乡庸
归来
Marcelle Tinayre 作　绍　宗译
倦飞的征鸟　徐苏灵
出路　霍屿禾
卖　李建华

第2卷　第6期
1929年出版

一个雨夜　子　黎
贺柬　亢　德
夜局　郭文骥
别离　叶山嘉树著　沈端先译
残烬　金宇塔
程子姑娘　冬　采
女人　亚　灵
皮鞋　刁知惑

第3卷　第1期
1929年10月出版*

卷头插图

红的天使

现代外国作家画像

辛克莱像
高尔基像
吕费诺斯像

现代中国作家画像

郭沫若
周全平
金满成

编者随笔　编　者

创作小说

黑猫　郭沫若
参考书　金满成
一个卑微的故事　向培良
信　洪灵菲
例外　潘汉年
神迹　叶灵凤

翻译小说

我的童年
〔俄〕高尔基作　佐木华译
马舍巨克
〔法〕吕费诺夫作　摩　耶译

---

* 此期未见到原刊分期本，仅见到一九三〇年四月二十五日重印的与第三卷其他各期合在一起的汇订本，因此不能标明其具体出版日期。

牧人之笛

〔奥〕显尼志勒作　施蛰存译

戏　剧

姨娘（独幕剧）　白　薇

小品随笔

断片　冯乃超

太阳夜记　叶灵凤

诗人与舞女　华　瑞

论文杂著

文学批评底观点

波里耶斯基作　朱镜我译

俄国剧场的变革　R

法郎士的事情

鲁纳却尔斯基作　M.C 译

现代美国文坛概况　克　修

波士顿之行　辛克莱作　佐木华译

现代文艺名著介绍

辛克莱的《油！》　叶灵凤

文艺通讯

普罗文学题材问题　汉　年

新书一瞥（十则）　记　者

文艺闲话（三则）　记　者

现代文坛（十六则）　记　者

第 3 卷　第 2 期

1929 年 11 月 15 日出版

卷头插图

现代外国作家画像

霍普特曼像

显尼志勒像

现代中国作家画像

白薇像

编者随笔

创作小说

荣归　周全平

莎乐美的烦脑　郭文骥

黑猫　郭沫若

穷愁的自传　叶灵凤

翻译小说

爱特蒙

〔法〕Tristan Bernard 作　成绍宗译

牧人之笛

〔奥〕显尼志勒作　施蛰存

需要一次惊人的举动

〔美〕果尔德作　伯　符译

插　图

木雕六幅　Benjamin Miller

小品随笔

太阳夜记　叶灵凤

莫斯科之秋　Anna Porter 作　沈浩译

房东那女人　杨邨人

论文杂著

左拉·考内斯·嚣俄　钱杏邨

霍普特曼谈话记

Joseph Chapiro 作　张　骏译

二重观点

〔美〕辛克莱作　佐木华译

文艺通讯

苏联文坛近状

Louis Fischer 作　沈　浩译

文艺闲话（一则） 邱韵铎
新书一瞥（八则） 记 者
现代文坛（十三则） 记 者
特 载
今年诺贝尔文学奖金的得奖者
木 华

第3卷 第3期
1929年12月15日出版

卷头插图
比涅克像
巴比塞像

编者随笔 编 者
创作小说
梁实秋 叶灵凤
血蛇 汪锡鹏
海上中秋 倪贻德
演讲队 祝秀侠
翻译小说
金融资本的一断面
〔日〕桥本英吉作 沈端先译
暴风雨 〔法〕巴比塞作 成绍宗译
父亲 黑罗亚作 严 淮译
胃癌 〔苏〕比涅克作 灵 凤译
插 图
木刻二帧 Rockwll Kent
小品随笔
乞丐及其他
〔俄〕屠格涅夫作 张人俊译
执鞭琐记 周全平
论文杂著
霍甫特曼的戏剧 钱杏邨
读《战场上》 冯乃超
文艺通信
日本第二次普罗列塔利亚美术展览会 林 南
文艺闲话（一则） 由稚吾
新书一瞥（二则） 记 者
特 载
一九二九年中国文坛的回顾
刚果伦
一九二九年世界文坛的回顾
克 俭

第3卷 第4期
一月特大号
1930年1月15日出版

插 图
日本第二次普通美展出品
一、回去吧 古原义彦
二、劳恸葬 矢部友卫
三、“工厂包围” 周本唐贵
四、警备队 市村三男三
五、“罢工宣言” 喜入岩
我要呼喊：斗争！革命！（剧照）
美国果尔德象（照片）
《西线无战事》午台面二帧
机械群众

编者随笔
未来的日出
唯物史观光下文学
Mare Ickowi 易可维茨作
沈起予译
一、现代法国文坛思想的对立
二、文学上之唯物史观的应用
——小说
文学创作的机构
Mare Ickowi 易可维茨著 江思译
海外文坛
美国：罢工（群众朗读剧）
〔美〕M.Gold 著 周起应译
朝鲜：黑手（小说）
金永八著 深吟枯脑译
苏联：海面掠夺（小说）
A.Vesely 华西里著 成绍宗译
日本：特别快车（剧本）
藤森成吉著 沈端先译
果尔德自传 起应译
研究·介绍·批评
关于日本新兴文学 钱杏邨
几个美国的无名作家
U.Sinelair 辛克莱著 佐木华译
小林多喜工的《蟹工船》 王任叔
本志十月号、十一月号作品批评
冯乃超
诗选
谁使你…… 少怀
春笑 少怀
铁路工人 潮如
小品·随笔
泥泞杂记 适夷
枉生女士 许杰
蛋壳 洪灵菲
圣诞树 杨邨人
创作
初雪纪事 叶灵凤
观火 段可情
平姑娘 孙席珍
归来 华汉
文坛消息
日本新筑地剧场《西线无战事》之演出 适夷
内奸与周毓英 汉年
国内文坛消息一则（四川解放社）
介夫
国外日德苏文坛消息十则 竹坡

第 3 卷 第 5、6 期
1930 年 3 月 15 日出版

关于处女作征文 灵凤
本届当选处女作评 灵凤
当选处女作披露
第四工厂 李愈
未完的斗争 普济
阿保 王邻泗
逃走 雪梅
一个茶房的女儿 林枝女士
这不过是头一个小实习而已
儁闻

往那儿去　石川荒渠
抗租　殷作桢

唯物史观光下之文学（续）
伊可维茨著　沈起予译
一、鲁滨孙漂流记
二、浪漫主义革命与巴尔札克
三、弗洛贝尔
四、左拉

小　说

熔矿炉　〔朝〕宋影著　白　斌译
意外相逢　亚寇洛夫著　灵　凤译
黑死病（表演派电影剧）
〔德〕哈森克雷维著　适　夷译

译　诗

刑讯
〔美〕M.Gold果德尔著　伯　符译

通信文艺

本志十二月号创作月评　冯乃超
鼓午百万大众的巨著　林　南

特辑读物

Katorga——革命纪念馆　米华译
关于巴黎公社的文献

插　图

准备
军事会议的背影（漫画）
〔日〕柳濑正梦
言论自由（漫画）〔日〕柳濑正梦
戒严令下之神户市（漫画）
〔日〕柳濑正梦
这个的威力（漫画）
〔日〕柳濑正梦

编者随笔

这一期　编　者
关于号外——武器的艺术　编　者
第四卷的内容　编　者

文坛消息

日本文坛杂讯五则　竹　坡

附 五一特刊

简 介

《五一特刊》是由《现代小说》、《文艺讲座》、《拓荒者》、《萌芽》、《新文艺》、《社会科学讲座》、《新思潮》、《环球旬刊》、《巴尔底山》、《南国》月刊、《艺术》月刊、《大众文艺》、《新妇女》杂志十三种刊物于一九三〇年五月一日在上海联合发行的临时性附刊，三十六开本，随这十三种刊物赠送。

《五一特刊》刊登了“左联”就这一年“五一”国际劳动节发表的宣言，以及其它有关“五一”国际劳动节的文章，此外还有揭露王独清与梁实秋面目的文章，反对国民党当局统治的政治色彩比较鲜明。

目 录

1930年5月1日出版

左翼作家联盟"五一"纪念宣言
无产阶级的五月节
〔俄〕列宁著 ZEN译
今年五一国际的意义 彭 康
今年的五一 冯乃超
拥护苏维埃区域代表大会 洪灵菲
由五一想起四一二 陈 涛
五一纪念中两只"狗的跳舞"
——王独清与梁实秋 灵 声
用我们全民众的力（漫画） XYZ
全劳劬农民团结起来（漫画） XYZ

46 新 月

简 介

《新月》，文艺月刊，新月社主办，一九二八年三月十日创刊于上海，为十八厘米见方的异型本。一九三三年六月一日出版第四卷第七期后终刊，共出版四十三期。该刊的编者、发行者经常变动：创刊号至二卷一期由徐志摩、闻一多、饶孟侃编辑，二卷二至五期由梁实秋、潘光旦、叶公超、饶孟侃、徐志摩编辑，二卷六、七期合刊号至三卷一期由梁实秋编辑，三卷二期至四卷一期由罗隆基编辑，四卷二期、三期由叶公超编辑，四卷至七期由叶公超、潘光旦、梁实秋、邵洵美、余上沅、罗隆基编辑；创刊号至四卷一期由上海新月书店出版发行，四卷二期至终刊号由北平新月书店出版发行；从第三卷开始就不能按期出版，三卷和四卷一期均不署出版时间，四卷二期到终刊，虽又注明出版时间，但与实际发刊时间常不一致。

《新月》月刊是新月派的机关刊物。新月派是一个成分复杂的政治、学术和文艺团体。一九二三年以“新月社”的名义成立于北京，主要成员有徐志摩、胡适、梁实秋、陈西滢、闻一多等。一九二六年徐志摩在《晨报副刊》上所办的周刊《诗刊》和《剧刊》是其重要言论阵地。这时是新月派的前期，其基本倾向是：一方面不满意封建官僚的统治，一方面又害怕工农革命运动的高潮。一九二七年“新月书店”的创办到《新月》月刊的创刊，标志着新月派后期的开始，多数成员站在自由资产阶级立场上，鼓吹资产阶级民主政治，标榜超脱于国共两党之外，但有的人逐渐投靠国民党；在文艺思想上其成员反对正在兴起的无产阶级革命文学运动。宣扬超级的人性论等资产阶级观点，遭到左翼文艺界的批评和驳斥。

《新月》月刊发表了一些谈社会政治问题和哲学、史学、语言学方面的学术性论文，但绝大部分篇幅是刊登文艺作品和评论以及外国文学的翻译。该刊发表许多作品流露出感伤、颓废、消极绝望的情绪并显示唯美主义、形式主义的倾向。其所刊创作以新诗成就较为突出，形成了以讲究格律、追求意境、注重技巧为特点的“新月诗派”，徐志摩、闻一多、饶孟侃、陈梦家是主要代表，在现代文学史上产生了很大的影响。此外，沈从文的小说，陈楚雄的剧本，也较有特色。

《新月》月刊撰稿者多达一百七十人左右，不全属新月派，政治与文学倾向也不尽一致；在新月派作家中，政治与文学倾向也不尽相同。但从总的倾向上看，《新月》是作为一个资产阶级文学流派的代表刊物在中国现代文学史上发生影响的。

目 录

创 刊 号

1928 年 3 月 10 日出版

哈代画像 徐悲鸿

“新月”的态度
文学的纪律 梁实秋
阿丽思中国游记 沈从文
汤麦士哈代 徐志摩
谒见哈代的一个下午 志 摩

诗

汤麦士哈代 志 摩
对月 哈 代
一个星期 哈 代
只要你说一句话 王味辛
谢绝 闻家驷
“我不知道风是在那一个方向吹” 志 摩
秋虫 志 摩

一个懂得女子心理的人 Leonard Merrick 著 西 滢译
考证《红楼梦》的新材料 胡 适
白郎宁夫人的情诗（一） 闻一多译
白郎宁夫人的情诗（二） 徐志摩译
写实小说的命运 叶公超
最年青的戏剧 余上沅

第 1 卷 第 2 号

1928 年 4 月 10 日出版

罗马（塑像） 达文謇

文人有行 梁实秋
元稹白居易的文学主张 胡 适

小 说

疯了的诗人 凌叔华
成功 西 滢
微小的生物 王鲁彦

诗

有一只老马 饶孟侃
答辩 闻一多
幽舍的麋鹿 哈代著 闻一多译

雅典酒神剧场遗迹（照片） 小鹣藏

德日民族性相肖说 潘光旦
白郎宁夫人的情诗（三） 闻一多译
阿丽思中国游记 沈从文
今后的历史剧 顾仲彝

戏 剧

卞昆冈（五幕剧） 徐志摩 陆小曼

西京通信（一）（谷崎润一郎氏） 西 滢

第 1 卷 第 3 号

1928 年 5 月 10 日出版

伊卜生画像 江小鹣

一个行乞的诗人 徐志摩
伊卜生的艺术 余上沅

"罗斯麦的家庭"之一景（照片）
戈登克雷

伊卜生的思想 张嘉铸

游 记

庐山游记 胡 适
阿丽思中国游记（续） 沈从文

德日民族性相肖说 潘光旦

戏 剧

卞昆冈（五幕剧，续）
徐志摩 陆小曼
哈代塑像 优力味齐
见哈代的四十分钟 郭有守

诗

八十六岁诞日自述
哈代作 徐志摩译
回来 闻一多
残春 徐志摩
云雀曲 雪梨作 李惟建译
塑像 梅 乐

西京通信（二）（几种并不科学的统计） 西 滢

第1卷 第4号
1928年6月10日出版

罗刹蒂画像（一） 刘海粟
罗刹蒂画像（二） 刘海粟
画像 罗刹蒂

先拉飞主义 闻一多
曼殊斐儿 西 滢
文学与革命 梁实秋

话 剧

潘金莲 欧阳予倩

万牲园里的一个人 徐志摩译
夏拉瓦极 方 重
商民族经济生活之推测 程 憬

诗

情愿 郝斯曼著 闻一多译
春来了 谢炳炎
自招 台薇士著 饶孟侃译
歌
冠列士丁娜·罗塞蒂著 徐志摩译
西窗 仙 鹤
同胞姊妹 顾仲彝

游 记

阿丽思中国游记（第一卷续完）
沈从文

西京通信（三）（杂志和图本）
西 滢

第1卷 第5号
1928年7月10日出版

希腊祭神典礼（浮雕）

格里勃托忒作

名教　胡　适
梧桐雨（元曲本事）　饶孟侃
娃娃屋　曼苏斐儿著　西滢译

白佛洛华的舞姿（一）
叶公超藏

诗

犯人　郝斯曼著　饶孟侃译
微笑　苕微士著　饶孟侃译
追寻快乐　苕微士著　饶孟侃译
南京古赜　闻一多藏

戏　剧

金丝笼（三幕剧）　陈楚淮

阿丽思中国游记（第二卷）　沈从文

白佛洛华的舞姿（二）　叶公超藏

论山海经的著作时代　陆侃如

第1卷　第6号
1928年8月10日出版

箫声（画）　徐悲鸿

传　记

杜甫　闻一多

禅学古史考　胡　适
自然淘汰与中华民族性
Ellsworth Huntington 著　潘光旦译
梧桐雨（元曲本事）　饶孟侃

读书（画）　徐悲鸿

诗

呼唤　饶孟侃
旧梦　胡　适
夜游第一公园　王伯祥
丢不掉　俞艺香

戏　剧

药（独幕剧）　陈楚雄

理想中的佳人　哈代著　顾仲彝译

游　记

阿丽思中国游记（续）　沈从文

蜜月（画）　徐悲鸿

现代诗人（一）（二）　费鉴照
巴黎通信　彭基相

第1卷　第7号
1928年9月10日出版

春　〔英〕瓦刺作　徐悲鸿藏

法国十八世纪的哲学　彭基相
牛津字典的贡献　叶公超
戒酒　哦亨利著　适　之译

小　说

溜冰　许君远

梧桐雨（元曲本事，续） 饶孟侃
模特儿的休息 徐悲鸿
诗
"从十二方的风穴里"
郝士曼著 闻一多译
海上歌 子 潜
夜莺歌 济慈著 李惟建译
不要害怕 胡不归

自然淘汰与中华民族性（一续）
Ellsworth Huntington 著 潘光旦译
游 记
阿丽思中国游记（续） 沈从文

论《左传》与《国语》的异点
冯沅君
乡间 曾一橹
《明季之欧化美术及罗马字注音》
考释 徐景贤
大卫（犹太民族伟人事略之一）
方 重
现代诗人（三） 费鉴照
我们的朋友（评林语堂先生的《左传真伪与上古方音》 卫聚贤

编辑余话 编 者

第1卷 第8号
1928年10月10日出版

美国未行考试制度以前之吏治
罗隆基
论散文 梁实秋
戏 剧
塑像（四幕剧） 余上沅

维也纳雷多登索剧伤之新舞台
上沅藏
石像 〔法〕罗帛作 张禹九藏
石像 〔法〕阿洛夫作 张禹九藏
诗
长途 郝斯曼著 饶孟侃译
老马 闻家驷
爱的秘密 布勒克著 李惟建译
不 陆 垚

徐光启著述考略 徐景贤

徐文定公集的一鳞半爪 徐景贤藏

法国十八世纪的道德观念 彭基相
阿拉伯与哀绿绮思的情书 梁实秋译
游 记
阿丽思中国游记（第二卷续完）
沈从文
书报春秋
评三出创作的剧本 顾仲彝
研究社会学的态度 彭基相
零 星
绅士 实 秋
纽约的旧书铺 实 秋
灯蛾 谢文炳

海外出版界
《伦敦爱佛黛娣》的出现　叶公超
哀特门戈斯（Edmund Gosse）遗书的拍卖　叶公超
两个（英国）学者政治家（郝尔顿、乔治）的死　叶公超
《列宁与甘地》（孚勒埔米拉著，美国出版）　叶公超
《妇女的社会主义资本主义指南》（萧伯纳著）　叶公超
《患忧郁病者》（包土卫尔著，斯坦福大学印刷部出版）　叶公超
《天鹅的歌》（高尔士华绥著，伦敦海纳门出版）　叶公超
编辑余话　编　者

第1卷　第9号
1928年11月10日出版

日浴（画）　王国华
治学的方法与材料　胡　适
小　说
雨　沈从文

莎士比亚时代之英国与伦敦　梁实秋译
戏　剧
塑像（第二幕）　余上沅

五件头的布景（照片）　上沅藏

哲学的值价　彭基相
自然淘汰与中华民族性（二续）（Ellsworth Huntington著）　潘光旦译
诗
宇宙的回音　李惟建
颂　甲　辰
我不愿　陈　铨

美国未行考试制度以前之吏治（二）　罗隆基
读《论〈左传〉与〈国语〉异点》以后　卫聚贤
西京通信（四）（我们也可以试试吗？）　西　滢

牛鬼蛇神（画）　王国华
我们的朋友
可杀的张凤与臭虫王云五　徐敦甫
书报春秋
《优生学与婚姻》　潘光旦
亚里士多德的“诗学”　陈　淑
零　星
文人之行　实　秋
亚里士多克拉西　实　秋
海外出版界
高鲁斯密斯的二百周年纪念　春
《俄国之真相》（托洛斯基著，伊斯特门译英）　（无署名）
《十八世纪的妇女》（英国龚枯尔兄弟著，刻尔可与庐得译英）　超

坡（Edgar Poe）的《乌雅》和其他诗稿　超
《茄力克的日记》（牛津大学出版部出版）　春
《怀疑主义的论文集》（罗素著，美国出版）　超

第1卷　第10号
1928年12月10日出版

维纳斯（像）

中国移民之趋势　吴景超
浓得化不开　徐志摩
小　说
米格儿　〔美〕哈特著　胡适试译

欧洲近代哲学概观　彭基相
诗
再别康桥　徐志摩
“他眼里有你”　徐志摩
枉然　徐志摩
戏　剧
韦菲君（四幕剧）　陈楚淮

自然淘汰与中华民族性（三续）
Ellswortn Huntington著　潘光旦译
美国未行考试制度以前之吏治　罗隆基
书报春秋
英国文学ABC　陈　淑
评四本长篇小说　顾仲彝
林宗孟遗墨　志摩藏
零　星
一篇“自序”　实　秋
冬天　实　秋
谲译　实　秋
海外出版界
《人之趋向——近代文明面面观》（英国郎门土出版）　叶公超
《冬日的话》（诗，哈代作，英国麦米伦出版）　叶公超
《再论五位当代的诗人》（库鲁逊柯拉罕著，英国出版）　梁遇春

第1卷　第11号
1929年1月10日出版

惠德曼像
入声考　胡　适
死城（北京的一晚）　徐志摩
阿金　沈从文

沃尼尔先生近像

沃尼尔　张嘉铸

古希浅刻（一）（照片）
诗
怨得　志　摩
深夜　志　摩

莎士比亚传略　梁实秋译

戏　剧

韦菲君（四幕剧，续）　陈楚淮

古希浅刻（二）（照片）

零　星

论翻译　适　之

谈谈蒲伯　实　秋

罗素论思想自由　实　秋

所谓“蓝袜子”　实　秋

海外出版界

《曼殊斐尔的信札》（墨累编，英国康士泰坡出版）　叶公超

《金室诗集》（吉卜生著　英国出版）　春

我们的朋友

致《真美善》的虚白先生　陈　淑

第1卷　第12号

1929年2月10日出版

裸（绘画）　常　玉

小　说

家德　徐志摩

一个没有性气的人　曼殊斐儿原著　西　滢译

小刘　凌叔华

旅店　沈从文

荷池的昏晓（照片）　〔法〕蒙　勒

诗

拜献　志　摩

别　郝斯曼作　饶孟侃译

真与假　彭基相

戏　剧

韦菲君（四幕剧，续完）　陈楚淮

古希浅刻（三）（照片）

书报春秋

岛崎藤村和他的《新生》　查士元

零　星

成对　韦

海外出版界

《叔伯特个人和他的朋友》（劳佛尔著，英国出版）　超

《斯宾诺沙的往来书札》（吴鲁夫译著，英国出版）　春

第2卷　第1号

1929年3月10日出版

泰谷尔先生钢笔漫画　志　摩藏

杜威论革命（游俄印象之一）　志　摩译

戏　剧

艺术家（独幕剧）　〔英〕A.A.Milne著　皮　西译

小蛤蟆（小说）　凌叔华

观音花（小说） 冷 西
结婚以前（阿黑小史之七） 沈从文
贴身女仆 曼殊非儿著 西 滢译
昆漾斐拉德尔家的姊妹
［德］歌 德著 肖石君译

浓得化不开（二） 徐志摩
香港

法兰先生画稿（之一） 志 摩藏
法兰先生画稿（之二） 志 摩藏

美国的吏治法与吏治院 罗隆基
自然淘汰与中华民族性（续完）
Ellswortn Huntington 著 光旦译

书报春秋

《最近世界各国政党》（顾树森译编）
刘英士
《社会主义史》（赵兰评著） 刘英士
《西洋史 ABC》（傅彦长著） 刘英士

海外出版界

施推茜·奥蒙纳（Stley Aumoniee）
逝世 超
《东方诗选》（提真斯编，美国克乐夫出版） 春
《近代小说选》（布庐士脱编注，美国麦米伦出版） 超
《近代代表短篇小说》（泽苏布编，美国麦米伦出版） 超
《现代短篇小说选》
（A Book of Modern Short Stonies, edified by Dorothy Brewster Macmillah Company） 超

第 2 卷 第 2 号
1929 年 4 月 10 日出版

油画 ［瑞士］霍德拉

人权与约法 胡 适
专家政治 罗隆基
小哥儿俩 凌叔华

素描 博克林

爱国尚武诗人的陆放翁 雪林女士
南京月蚀 葛
共产主义的历史的研究
拉斯基教授原著 黄肇年译
某女之幻想
佐藤春夫作 查士元译

素描（画） 佛来特力希

哲学与“不知” 彭基相
照 X 光室 李 祈
由反切推求史前中国语 潘尊行
勇敢 高尔华绥原著 顾仲彝译
由寒假说到三学期制 西 滢

书报春秋

帝国主义与文化 英 士
说“曲译” 摩

海外出版界

《美国诗钞（1671——1928）》（康拿德亚琴编，纽约现代书局出版） 摩

《现代英美代表诗人选》（山德氏、赖尔生编，纽约麦米伦出版） 超

《红楼梦》的英译本（王际真译，美国突般尔陶伦书店出版） 彝

《人生艺术》（蔼力斯作品精华）（英国坎斯塔布尔公司出版） 春

《多池威士》（小说）（沁克尔刘易士著，伦敦朱内生开普出版） 超

《变态心理学大纲》（伽尼墨费编，现代丛书社出版） 春

编辑后言

第 2 卷　第 3 号

1929 年 5 月 10 日出版

论思想统一 梁实秋

论译俄国小说

〔英〕Semion Rapoport 作

毕树棠译

小　说

送车 凌叔华

说旅行

William Hazlitt 作　李　祁译

诗

生活 志　摩

杜鹃 志　摩

爱国尚武的诗人陆放翁（续）

雪林女士

一百二十五两银子的面孔（独幕剧，据蓓雷“Potnds Look”改译）

顾仲彝改译

落伍 沈从文

小言两段 叶公超

书报春秋

《社会主义之基础知识》（熊得山著）

刘英士

《历史学与社会科学》（李璜著）

刘英士

海外出版界

新传记文学谭

科学的世界观

新发现的拿破仑的小说

编辑后言 编　者

第 2 卷　第 4 号

1929 年 6 月 10 日出版

我们什么时候才可有宪法？

胡　适

论翻译 西　滢

杨妈 叔　华

惟物论与物质 菊　农

秋天的梦 谢冰季

说“才丁两旺” 光旦
知难，行亦不易（转载） 胡适
“人权与约法”的讨论 胡适

书报春秋

许仕廉《国内几个社会问题讨论》 刘英士
孙本文《文化与社会》 刘英士
张乃燕《罗马史》 刘英士

第2卷 第5号
1929年7月10日出版

论人权 罗隆基

小说

一个母亲 沈从文
浅湖 Joseph C.Nrad著 李祁译

资产与法律 梁实秋译

诗

藏起我底琴 罗曼思
今昔 郝斯曼作 饶孟侃译
诗 郝斯曼作 饶孟侃译

论批评的态度 梁实秋

书报春秋

《美国文学ABC》（曾虚白著） 陈淑
《西洋哲学ABC》（谢颂羔著） 基相
《新珠》（菊池宽著，周白棣译） 敬远

第2卷 第6、7号
1929年9月10日出版

新文化运动与国民党 胡适
告压迫言论自由者 罗隆基

小说

第一次宴会 冰心
搬家 叔华
我的教育 沈从文
牛 沈从文
完成 高尔华绥著 顾仲彝译
出嫁 蔓君
苏俄统治下之国民自由 黄肇年译
文学是有阶级性的吗？ 梁实秋
现代诗人（四） 费鉴照

诗

汤姆欧珊特 Ropert Burns著 梁实秋译
我老实！我规矩，我一点儿不奸险 平野青
百里墩山 郝斯曼作 饶孟侃译
过兵 郝斯曼作 饶孟侃译

论鲁迅先生的硬译 梁实秋

书报春秋

两种《造谣学校》译本的比较 浩然
《白屋文话》（刘大白著） 敬远
《野蔷薇》（茅盾著） 顾仲彝
《西线无战事》（洪深、马彦祥译） 实秋

《〈资本论〉解说》（法国 Kan Kautsky 著） 张 嘈
《英国宪政论》（屠景山编） 罗隆基
《开明英文读本》（林语堂编） 顾仲彝
海外出版界
《亚俪司·美纳尔传》（外奥拉·美纳尔著，英国出版） 梁遇春
《蒙但的旅行日记》（特勒舒门译，纽约出版） 梁遇春
《雪莱·威志威士及其他》（蔡普门著，牛津大学出版） 梁遇春
《从孔子到门肯》（普力查编，美国哈派斯出版） 梁遇春

第 2 卷 第 8 号
1929 年 10 月 10 日出版

我对党务的“尽情批评” 罗隆基
关于女子
——苏州女中讲稿 徐志摩
诗
我等候你 徐志摩
恋歌 阙 名
给阿梦的诗 陆 垚
赠别阿梦 绿 莎
那一晚 陈梦家
译 Burns 诗（四首） 梁实秋译
小 说
扑克坦赶出的人
〔美〕哈 特著 胡 适译
削发 曼殊斐儿著 西滢译
梦里的小孩
Charles Lamb 著 梁遇春译
小长儿与罐头荔枝 实 微

法国支那学者格拉勒的治学方法 幼 春
勃莱克（上） 邢鹏举
零 星
“不满于现状”，便怎样呢？ 实 秋
歌德与中国小说 实 秋
文学与道德 实 秋
书报春秋
《鲁男子——恋》（病夫译） 实 秋
海外出版界
奥布伦摩夫 梁遇春
俄国短篇小说杰作集 梁遇春

第 2 卷 第 9 号
1929 年 11 月 10 日出版

孙中山先生论自由 梁实秋
庄子 闻一多
一个星期六的下午 秋 声
法国支那学小史 幼 椿译
诗
械斗 刘 宇
活该 徐志摩

一朵野花　陈漫哉
为了你　陈漫哉
你尽管　陈漫哉
迟疑　陈漫哉
一个信条　刘　宇
这主张总得由我　刘　宇
德国古民歌　梁　镇译
山花　郝士曼著　闻一多　饶孟侃译

诗人吴均　朱东润
勃莱克（中）　邢鹏举

零　星

答鲁迅先生　实　秋
"资本家的走狗"　实　秋
"无产阶级文学　实　秋

第2卷　第10号
1929年12月10日出版

我们走那条路　胡　适
波特莱的散文诗　徐志摩

戏　剧

桐子落（独幕剧）　陈楚淮

黄景仁及其恋爱诗歌　邱竹师

小品文

一、桂花盛开的那个晚上　何家槐
二、"假使你也是女人——"　何家槐

诗

春的投生　徐志摩
奇人及其朋友　查士元
莎士比亚的观众　梁实秋
勃莱克（下）　邢鹏举

书报春秋

《唯物史观的文学论》（樊仲云重译）　梁实秋
《英国文学史》（林惠元译）　梁实秋
《政治制度浅说》（张慰慈著）　刘英士

第2卷　第11号
1930年1月10日出版

姓，婚姻，家庭的存废问题　潘光旦
冤枉花的钱　Stuart Chase与F.J.Schlink合著　中暇采译
一夜之梦　陈梦家

戏　剧

密司徧士（独幕剧）　Harold Brighouse著　熊正瑾译

小　说

除夕　高　植
被打靶的人　茅以思
朝会　受　天

诗

要是我的心将永远的像死水　刘　宇
假如我要来　刘　宇
想到　刘　宇

重奏　胡不归
礼品　胡不归
在外国公墓　沈祖牟
摆脱　沈祖牟

现代英国桂冠诗人——白理基士　费鉴照

零　星

鲁迅与牛　梁实秋
“普罗文学”一斑　梁实秋
思想自由　梁实秋
是非与批评　刘公任

第2卷　第12号
1930年2月10日出版

我们要什么样的政治制度　罗隆基
政治气象学　〔日〕高桥清吾著　刘杰敖译
制度与民性　郑放翁

戏　剧

浦口之悲剧（独幕剧）　陈楚淮

小　说

灯（小说）　沈从文
五月　陈梦家

诗

季候　徐志摩
黄鹂　徐志摩
朝山　饶孟侃
露水的早晨　陈梦家
答志摩先生　陈梦家
寄万里洞的亲人　陈梦家

梦醒的时候　何家槐

零　星

汪精卫论思想统一　罗隆基
造谣的艺术　梁实秋
文学与大众　梁实秋

第3卷　第1期
特大号
1930年3月10日出版

我的母亲的订婚（《四十自述》的一章）　胡　适
论共产主义　罗隆基
怎样解决中国的财政问题　青　松
关于中国人口问题的一篇外论　〔美〕汤柏森著　刘英士译
大学的学术自由　董任坚

诗

东眺随笔　徐志摩

戏　剧

北京的空气（独幕剧）　丁西林
骷髅的迷恋者（独幕剧）　陈楚淮

传　奇

螺蛳谷　饶孟侃

小　说

绅士的太太　沈从文
凤凰　凌叔华
摸秋　禾　止

社会标准与控制　陈翊林
罗伯斯庇尔　余楠秋
新任桂冠诗人——梅士斐尔特　费鉴照
读书杂记　胡　适

零　星

郁达夫张资平及其影响　甲　辰
闲话　王　荣

通　讯

关于《我们走那条路》一文的讨论，敬以请教胡适之先生　梁漱溟

第3卷　第2期
1930年4月10日出版

人文选择与中华民族　潘光旦
我们要财政管理权　罗隆基

小　说

蜿蜒　A.E.Coppard作　徐志摩译
　一只小鼠
精神的伴侣　秋　声
落花　受　天
鞭策　谢冰季
女人的背影
　〔日〕片冈铁兵著　刘大杰译

诗

歌九首　陈梦家
海上的声音　方玮德
灵迹　方玮德
"世界，我要撑一张冷脸做人"　方玮德
偈　方玮德
论闻一多的《死水》　沈从文
我的教育
　——何君自传的一章　沈有乾
礬石纪游　唐锡如
英国内阁制成立的研究　钱九威

零　星

两句不通的格言　子　季
胡汉民先生的和平论　子　季

书报春秋

《思想革命》(卢晋侯著)　徐显士
《汪精卫先生最近言论集》　罗隆基
《行政学总论》(蜡山政道著，罗超彦译)　罗隆基
《漱冥州后文录》　罗隆基
《政治思想之变迁》(高桥清吾著，姜蕴刚译)　罗隆基

第3卷　第3期
(具体出版时间不详)

九年的家乡教育(《四十自述》的一章)(续)　胡　适
宗教与革命　全增嘏
我的被捕的经过与反感　罗隆基
中国农民的生活程度与农场　吴景超
莎士比亚恋爱的面面观　邢鹏举

信　陈梦家　方令孺
小　说
娴君　靳　以
诗
都市的颂歌　陈梦家
不知一阵什么风　胡不归
重来南京作　胡不归
零　星
所谓“文艺政策”者　梁实秋
主与奴　梁实秋
资本家与艺术品　梁实秋

在波兰（笔会记事）　郭子雄

第3卷　第4期
（具体出版时间不详）

从拜神到无神（《四十自述》的第三章）　胡　适
中国问题的物质背景　王造时
自传小记
D.H.Lawrence 作　徐志摩译
教育社会学专论　郑若谷
恋爱的过去与将来
Andre Maurois 著　觉之译
诗
再看见你　陈梦家
只是轻烟　陈梦家
一只燕子　方玮德

诗的进化　鲁格恩著　王　苏译
英国内阁制成立的研究（续）
钱九威
介绍我自己的思想　胡　适
零　星
文学的严重性　梁实秋

第3卷　第5、6期
（具体出版时间不详）

一本有趣的年谱　潘光旦
中国社会原来如此　王造时
服从的危险
H.J.Laski 著　罗隆基译
翻译莎士比亚　余上沅
关于心理学和不关心理学的杂记
沈有乾
地上的乐园　庐　隐
求婚者（独幕剧）
、〔法〕贝尔纳尔著　青　崖译
牧童的经历
〔英〕哈　代著　李惟建译
文化精神　彭基相
丹塘　余楠秋
讨　论
论“悔与回”　闻一多
评《梦家诗集》　胡　适
谈商籁体　闻一多
零　星
约法与宪法　鲁　参
政治家的态度　鲁　参

第3卷 第7期

（具体出版时间不详）

在上海（《四十自述》的第四章）

胡 适

平等的呼籲

拉斯荃著 罗隆基译

长方箱

〔美〕爱伦·坡作 吾 庐译

险恶 服 初

湖上 何家槐

奇人史文明

John Macy 作 周骄子译

墙 储安平

诗

供 陈梦家

赖 方玮德

一只野歌 方玮德

我有 方玮德

莺莺 荻 荻*

告诉你 葆 华

零 星

人权不能留在约法里 努 生

总统问题 努 生

上海民会选举 努 生

书报春秋

脑筋和智慧 沈有乾

道德哲学 全增嘏

* 原刊“目录”为“荻荻”，正文为“萩萩”。

第3卷 第8期

（具体出版时间不详）

对训政时期约法的批评 罗隆基

中国的传统思想 王造时

谈自传 A.Maurois 著 邵洵美译

道德与智慧 沈从文

美国官吏的分级 罗隆基

辛弃疾（传记） 吴世昌

诗

卑微 徐志摩

问 惟 建

有一晚 葆 华

自语 储安平

零 星

国民会议的开幕词 努 生

我们不主张天赋人权 努 生

书报春秋

小说与故事——读郁达夫的《薇蕨集》 浩 文

《实验演说纲要》（阿尔教授著）

余楠秋

《现代国家的文官制度》

（美国 Leonard D.White 著） 卤

《现代文明里的世界政治》

（Harry E.Barnes 著） 卤

第3卷 第9期

（具体出版时间不详）

优生婚姻与法律 潘光旦

昨日中国的政治　王造时
窘　林徽音女士
世界十大思想家
Will Durant 著　阮子蔚译

诗

泰山　徐志摩
林子　何子聪
铁路上　陈梦家
往日的女人（译魏龙诗）
梁　镇

单恋的幻灭　谢冰季
女店主　徐转蓬

小品文

中年　俞平伯
白莲藕粉　何家槐

传记

辛弃疾（续）　吴世昌
马拉　余楠秋

讨　论

佛法与科学　胡　适

书报春秋

《崔东壁年谱》（刘汝霖编订）
光　旦
《爱的人生观》（林众可著）
光　旦

第 3 卷　第 10 期
（具体出版时间不详）

论中国的共产——为共产问题忠告国民党　罗隆基

中年　沈从文
唱随　胡山源
花　高　植

在上海（二）（《四十自述》的第五章）　胡　适
三千年来一大变局　王造时
美国官吏的考试　罗隆基

还乡　欧尼尔著　马彦祥译

诗

鲤跳　徐志摩
渺小　徐志摩
一支芦笛　孙大雨
死诀　曹葆华
我为的是谁　肖　蛮

讨　论

论诗的大小长短　梁实秋
“人权”释疑　努　生

零　星

答复叶秋原教授　罗隆基

书报春秋

《逃走了的雄鸡》
（D.H.Lawrence 著）浩　文
《中国哲学史》
（冯友兰著）全增嘏
《八大派人生哲学》
（姚璋著）　全增嘏

通信　葛祖兰

第3卷　第11期
（具体出版时间不详）

什么是法治　罗隆基
由“真命天子”到“流氓皇帝”　王造时
珰女士　徐志摩
分　冰心女士
牙痛　何家槐
白与黑　〔法〕伏尔戴尔作　李青崖译
“人与超人”中的梦境　肖伯纳作　熊式弌译
诗
我是谁　陈梦家
我望着你来　陈梦家
港口的黄昏　沈祖牟
泪湿透了的银蜡　程鼎鑫
无题*　E.S.Morton 作
零　星
什么是“诗人的生活”　梁实秋

第3卷　第12期
（具体出版时间不详）

告日本国民和中国当局　罗隆基
政党的分析　王造时
教师与学生　拉斯基著　胡毅译
一条河流般的忧郁　储安平
打酒　徐转蓬
兰袜弗朗朔　诺洁作　李青崖译
“人与超人”中的梦境（续）　肖伯纳作　熊式弌译
诗
焦山晚眺　陈梦家
祷告　方玮德
夜寻　程鼎鑫
爱　曹葆华
交替　胡让之
战士的爱人　胡让之
书报春秋
《孔雀东南飞及其他》（袁昌英著）　浩文

第三卷总目录　编　者

第4卷　第1期
志摩纪念号
（具体出版时间不详）

志摩遗像（照片）

优生的出路　潘光旦
艺术与宗教仪式　Harrison 作　梁实秋译
发明的天才——爱迪生　任鸿隽

* 原刊漏署译者。

辨伪举例　胡　适*

志摩遗稿
罗米欧与朱丽叶
莎士比亚著　徐志摩译
醒世姻缘序　徐志摩
墙上一点痕迹
吴尔芙夫人作　叶公超译
一个卡司第人的意见
马玑丽德后作　李青崖译
诗
爱　饶孟侃
兰庄十号　陈梦家
怨　方玮德
想到　吴文珊
声音和眼睛
Henri de Rignier 著　梁镇译

大学精神　余楠秋
中国新剧运动的命运　顾仲彝
一段军行散记　储安平
在荷兰　郭子雄
志摩纪念
哭摩　小　曼
追悼志摩　胡适之
志摩纪念　周作人
志摩在回忆里　郁达夫
谈志摩的散文　梁实秋
与志摩最后的一别　杨振声
志摩最后的一夜　韩湘眉
“志摩是人人的朋友”　方令孺
悼志摩先生　储安平
怀志摩先生　何家槐
志摩师哀悼　赵景深
送志摩升天　张若谷

第4卷　第2期

1932年9月1日出版

现代法学的趋势　梅汝璈
离婚问题
Ⅰ、离婚是一种必要之事
Rebecca West 著　刘英士译
Ⅱ、离婚是不近人情的
H.G.Wells 著　潘光旦译
Ⅲ、结婚与耐性
Warwick Deeping 著　潘光旦译
一生　叶苍芩
白舅舅　何家槐
诗
秋夜荡歌　方玮德
譬如　程鼎鑫
觉悟　曹葆华
螺州道中　沈祖牟
诉　Paul Verlaine 著　梁镇译

上海　李青崖
罕普公爵夫人
Thomas Hardg 作　刘大杰译

* 原刊“目录”作“胡适”，正文作“任叔永”

西施（剧本） 顾一樵
书报春秋
介绍关于东北问题的好书 造 时

第4卷 第3期
1932年10月1日出版

历史剧的语言
Ciles Lgtton Stracheg（1880-1932）（附像一） 秋 心
若墨医生 沈从文
戒坛琐记 俞平伯
诗
酸梅汤 卞之琳
小别 卞之琳
别 吴廷璆
祈求 曹葆华
狱中 曹葆华

十七世纪的法国沙龙 赵小侯
西施（续完） 顾一樵
书报春秋
《独立评论》《时代公论》《鞭策周刊》 李敬远
“现代”的“评传” 白 苧
小品文研究 棠 臣
海外出版界
《亚密尼尔的飞莱茵》（Amiel著） 秋 心
《苏东坡集选评》 吴世昌
《一种哲学的纲要》（卞纳特著） 中华君
《英勇的新世界》（赫胥黎著） 公 超
《施望尼评论四十周年》 公 超

第4卷 第4期
1932年11月1日出版

我怎样到外国去（《四十自述》的第六章） 胡 适
又是一年春草绿 秋心遗稿
爱 巴 金
自咒 吴世昌
诗
西山 陈梦家
夜里 孙洵候
一夜 孙洵候
船 孙毓棠
灯 孙毓棠

关于“诗人歌德的死” 方玮德
纪念司高脱 费鉴照
魏尔伦与象征主义 哈罗德尼柯孙著 卞之琳译
巷景 高 植
天边外（剧本） Eugene Óneill原著 顾仲彝改译
书报春秋
评陆侃如冯沅君的《中国诗史》 浦江清
评周作人的《中国新文学的源流》

中书君

海外出版界

奥尼尔的三部曲　上　沅
纪念亚辟亚专号　上　沅

第 4 卷　第 5 期
1932 年 11 月 1 日出版*

纪念志摩　陈梦家
春雨　秋心遗稿
穷袴　周作人
桥　废　名

诗

我爱赤道　方玮德
白云　莫　辰
异乡人底黄昏　莫　辰
象粒砂　臧克家
失眠　臧克家
工作底笑　卞之琳
三天　卞之琳

医生　沈从文
松尾芭蕉俳句译评　傅仲涛
我们为何和如何写小说　李辰冬译
论翻译的一封信　梁实秋

书报春秋

评冯（友兰）著《中国哲学史》　张岱年
评废名著《桥》　灌　婴

* 原刊所署时间如此，与上一期同

海外出版界

《美的生理学》（西惠儿著）　中书君
《浦利斯特利散文自选集》　白　宁
《美国诗刊之呼籲》（孟罗女士编）　公超

第 4 卷　第 6 期
1933 年 3 月 1 日出版

诗

莲灯　林微音
中夜钟声　林微音
鸡鸣寺的野路　陈梦家
东风　孙毓棠
地之子　李广田

猎人故事　沈从文
那朦朦胧胧的一团　常　风
守望者　徐转蓬
纺纸记　废　名
恶之花零拾　波特莱尔作　卞之琳译
论翻译与文字的改造　叶公超

书报春秋

评郑（振铎）著《中国文学史》　吴世昌
评《中国印刷术之发明及其西渐》（嘉德著）　张德昌
评曹（葆华）著《落日颂》　中书君

海外出版界

《法译贾泰兰夫人的情夫及其辩护》（劳伦斯著） 李辰冬
利威斯的三本书 苏 波

第4卷 第7期
1933年6月1日出版

诗 选

山中一个夏夜 林徽音
天是兰的 曦 晨
难民 臧克家
塞上杂诗 陈梦家

桥（续四卷五期） 废 名
磨坊 徐转蓬
豁蒙楼暮色 储安平
灰晕 靳 以
月 高 植
拳头 William Hoglitt 著 石璞译
天边外（续四卷四期） 顾仲彝译

共产主义是不可避免的么
F.S.marvin 著 杨季康译
郑振铎先生来函 郑振铎
李辰冬先生来函 李辰冬

书报春秋

《近代散文钞》（沈启无编，周作人序） 中书君
《歌德之认识》（宗白华等著）
李长之

海外出版界

家庭及其他 李辰冬
歌德之生平及其作品 苏 波

47 流　沙

简　介

《流沙》，半月刊，综合性刊物，创造社主办，一九二八年三月十五日创刊于上海，三十二开本，创造社出版部发行，主要撰稿者有华汉（阳翰笙）、彭康、李一氓、朱镜我、黄药眠、龚冰庐等，一九二八年五月三十日终刊，共出六期。

编者在创刊号编辑《后语》中表示："我们只想一方面紧紧的把捉着无产阶级的意识和精神来否定这趣味十足和风光满纸的文坛另辟一片荒土。一方面也想帮助我们一般的青年多多少少得些正确而且必要的社会科学的知识。"李一氓、彭康、朱镜我、高振青、唐仁等在该刊发表了一系列文章，力图用马克思主义的基本观点阐述有关哲学、社会主义以及中国革命问题和某些国际问题，同时编者在创刊号《前言》中号召："来，我们大家一齐举起鹤嘴斧打倒那些小资产阶级的学士和老爷们的文学，转换方向来，开辟这文艺的荒土！"黄药眠、华汉、忻启介等发表了多篇论文，宣传无产阶级革命文学的理论和主张，该刊还辟"游击"专栏，刊登短评，参加革命文学论争，但是不少短评把批判和抨击的矛头错误地指向鲁迅。

该刊在发表理论性文章和短评之外，也用了许多篇幅发表文学作品，有黄药眠、丘韵铎、杜力夫和王独清等人的诗歌，龚冰如、华汉等人的小说，以及安平的剧本和顾凤城的散文。

目 录

第1期

1928年3月15日出版

前言 同 人

知道你的时代! 独 清

改良主义是不是在中国行得通? 李一氓

新帝国主义战争的危机与中国 高振青

我们的态度(游击) 氓

非个人主义的文学 黄药眠

凤凰(小说) Strinaberg's 作 韵 铎译

争权和夺利(游击) 心 光

血笑(散文) 龚冰庐

拉车曲(诗) 黄药眠

马林英(小说) 华 汉

后语 编 者

第2期

1928年4月1日出版

文艺思潮的社会背景 华 汉

社会科学与社会科学名词 一 氓

中国革命之预图 唐 仁

矛盾(游击) 氓

倚锄的人(诗) Eowin Mark ban 作 仿 吾译

马林英(小说,一续) 华 汉

"提倡农民文学"(游击) 氓

握手(诗) 黄药眠

解放的囚徒(画) 许幸之

联想的进程(游击) 氓

毒焰(小说) 药 眠

公夫主义(游击) 心 光

贼 龚冰庐

后语 编 者

蚍蜉撼大树,可叹不自量 氓

第3期

1928年4月15日出版

中国革命与世界资本主义 高振青

"拖住"—Sinc lair 传 李一氓

游击 氓

我怎洋成为社会主义者 贾克·伦敦作 韵 铎译

译革命与文学(游击) 氓

两条路 纪 秀

崇明岛之黎明(诗) 韵 铎

革命文学(游击) 氓

春之奠(诗)—献给亡友纪君 L

引车卖浆者流(游击) 氓

A教授的家庭(小说) 药 眠

现代(游击) 氓

夜(诗) 失 名

马林英(小说)(二续) 华 汉

圣人与思想家(游击) 氓

进化（散文） 龚冰庐
反动与正动（游击） 氓
后语 编 者
鲁迅在上海（游击） 心 光

第 4 期

1928 年 5 月 1 日出版

血轮（插图） 许幸之
工厂门口（插图）
施德儿 Rob · Steri
太阳似的五月（献词） L
“五一”底小史及其意义 铁 声
自知之明（游击） 氓
五一节谈农民问题 华 汉
五四运动与今后的文化运动
彭 康
美国没有社会主义？（游击） 氓
“五七”与日本对华政策之变迁
镜 我
五卅事件 谷 音
唯物史观原文
K.Merx 著 一 眠译
终竟没落 氓
社会运动家与社会思想家
振 青 唐 仁
学生用，普通用（游击） 氓
纪念我们的纪念日（诗） N · C ·
五卅哟（诗） 独 清
赠报贩（诗） 弱 苇
流血（诗） 雪
文学的纪律（游击） 氓
一九二五年的血（小说）
——关于“五卅”的传闻
龚冰庐
我对于历史剧的主张 氓
价值之一般 一 氓
“厂开了玩儿”（游击） 氓
无产阶级艺术论 忻启介
中国劳动运动之史的发展 振 青
马林英（小说，续完） 华 汉
归途中（散文） 顾凤城
不配与配（游击） 氓
争斗（散文） 冰 庐
不忍池上（散文） 鹿 子
吃肉艺术（游击） 氓
火花 顾凤城
后语 编 者

第 5 期

1928 年 5 月 15 日出版

科学社会主义的哲学渊源
一 氓译
论语抄（游击） 氓
文艺作家应当为谁而战 药 眠
无聊（游击） 二 流
社会思想家及社会运动家（续）
振 青 唐 仁
马车（小说）
藤森成吉作 资 平译
历史剧与近代剧（游击） 氓

红花岗（诗） L
妄人（游击） 氓
三一八（诗） 孤 凤
战壕呓语（诗） 力 夫
你听（诗） 药 眠
“二流”（游击） 二 流
活力（小说） 华 汉
朋友（散文） 冰 庐
“Ignorant”（游击） 二 流
头山满与山东出兵 克 兴
在畜生道上走（游击） 心 光
后语 华 民

第 6 期

1928 年 5 月 30 日出版

打倒日本帝国主义 钱 翰
鲁迅投降我了（游击） 氓
政治制度简说 一 氓
过早（游击） 莎
泛太平洋殖民地运动的发展
公 越译
历史剧的对话（游击） 氓
社会思想家与社会运动家（续）
振 青 唐 仁
血之沸腾（剧本） 安 平
夺回我们的武器（诗） N·C·
哈哈！真难兄难弟也！（游击）
氓
纪念碑（诗） L
死人（散文）
高尔斯华绥著 锡 如译
承不承认的可怜！（游击） 莎
我的答复
——给新评论社 一 氓
后语 华 民

48 我　　们

简　介

《我们》，文学月刊，是“我们社”编辑出版的刊物。一九二八年五月二十日创刊于上海，由晓山书店发行，三十二开本，横排。一九二八年八月二十日出至第三期停刊。

我们社是太阳社成员洪灵菲、林伯修（杜国庠）、戴平万等为出版《我们》月刊而组织的文艺社团，成立于一九二八年五月。他们与创造社有相当密切的联系，因而《我们》月刊除发表太阳社成员的文章和作品之外，也发表了不少创造社成员如石厚生（成仿吾）、李初梨、黄药眠和王独清等人的文章和作品。鲁迅在《文坛的掌故》一文中所以提到“王独清领头的《我们》”，就是因为《我们》月刊创刊号第一篇文章是王独清写的《祝词》，王独清在《祝词》中宣扬了不承认有同路人的宗派主义、关门主义理论，说：“在这第一步的工程中，不能和我们联和战线的就是我们底敌人！当然，我们须先把这些敌人打倒！”创刊号上还发表了钱杏邨的《朦胧以后——三论鲁迅》一文，说鲁迅是彻头彻尾的小资产阶级个人主义者，这些都反映了“左倾”思潮的影响。但是，《我们》月刊在推进革命文学运动上作出了积极贡献，发表了一批革命作家的作品，如洪灵菲、戴万叶等的小说，冯宪章、殷夫的诗歌，同时还翻译介绍了当时苏联、日本的革命文学理论和创作。

目　录

创刊号

1928年5月20日出版

祝词　王独清
卷头语（诗）　编　者
革命文学的展望（论文）　石厚生
丁雄（小说）　罗　澜
降贼（剧本）　林少吾
前线（长篇小说）　洪灵菲
朦胧以后（杂评）　钱杏邨
激怒（小说）　戴万叶
躺在黄浦滩头（诗）　洪灵菲
新时代的开幕（插画）　迅　雷
食（小说）　李一它
一束古典的情书（翻译）
〔日〕林房雄著　林伯修译
诗选　罗　澜　礼　逊
去家（小说）　罗　澜
如飞的奥式（翻译）
加式金著　戴万叶译
编后　编　者

第2期

1928年6月20日出版

普罗列搭利亚文艺批评底标准（论文）　李初梨
在火中（译诗）
亚历山大洛夫斯基著　蒋光慈译
波支翁金·搭布利车斯基（译剧）
藤田满雄作　林伯修译
波支翁金·搭布利车斯基（批评）
钱杏邨
树胶园（小说）　戴万叶
降贼（剧本，续）　林少吾
暴风雨之夜（诗）　罗　澜
一个秋夜（译小说）
马森·高尔基作　洪灵菲译
穷孩子（小说）　李一它
美国人（译小说）
Ivenov作　戴万叶译
立契之后（小说）　罗克典
樱花前后（杂记）　孟　超
诗选
三一八　冯宪章
马路上　陈礼逊
女孩（小说）　洪灵菲
编后　编　者

第3期

1928年8月20日出刊

日本艺术运动底指导理论的发展
〔日〕田口宪一著　林伯修译
交给伟大的革命事业　戴万叶
血之潜流　罗　澜
《流亡》（批评）　钱杏邨
高尔基（肖像）
沉郁（《我的童年》第六章）
〔俄〕高尔基著　洪灵菲译

决心　克　典
月亮般圆的脸
　　Jack London 著　黄药眠译
诗选
　　我经既经死了的 S.T.　森　堡
　　重来　藏　人
　　啊，我们踟蹰于黑暗的丛林里
　　　　任　夫
　　拖缆夫之哥　孤　凤
　　血花　陈礼逊
降贼（剧本，续）　林少吾
最后的一页　编　者

49 畸 形

简 介

《畸形》，文艺半月刊。一九二八年五月三十日创刊于上海，编辑者署“畸形编辑部”，实际是由潘汉年编辑，上海现代书局出版发行，六十四开本。一九二八年六月十五日终刊，只出版了两期。

《畸形》创刊号的《发排后记》中说，“畸形没有什么主义”，但是谈到它的命名时说，当时是新文学发展中的“转换时期”，在刊物中刊登的是这转换途中“非旧非新、亦旧亦新”的“畸形”之作，因以命名为《畸形》，表明了它是适应革命文学兴起的新形势而创办的刊物。该刊撰稿人大都是创造社、太阳社的成员，如何大白（郑伯奇）、冯乃超、钱杏邨、黄药眠、龚冰如、丘韵铎和王独清等人。何大白、谷斯等人的文学论文和浅原等人的短评，宣传了革命文学的主张，批判了柳絮散布的攻击无产阶级专政理论的无政府主义思想。该刊大部分篇幅是发表左翼作家的创作，也有高尔基、辛克莱尔等外国作家作品的译文。

目　录

创 刊 号

1928 年 5 月 30 日出版

The Educated Dog（画）　敦　庆
吸血鬼（画）　Lilien

致《畸形》同人书　独　清

我在沙基路畔低徊　药　眠
情绪　冰　庐
海水　梅　川
酒醒时（诗）　韵　铎
试车　冰　庐

农民之歌（画）　Meheut
伤心人（画）　Biesbroeck

海滨　冰　庐
恋底运命　韵　铎
五月与文艺　弱　苇
红——白　龚冰庐

肥 皂 箱

美国新诗人底介绍
〔美〕辛克莱尔著　丘韵铎译

文学家与乌托邦
Henri Barbusse 作　绍　宗译
意大利饭店
〔英〕W.I.George 作　柱　常译

苦 口

博懂先生不懂　冷　水
抄安那琪者的“艺术论”　浅　原

朋友，你是死了！（诗）　启　煦

礼品一束（补白十一则）　敦　庆译

发排后记　编　者

第 2 号

1928 年 6 月 15 日出版

幻灭（画）
——梦与眼泪三部曲饰画之一
一　榴
炭矿夫（画）
——对停业之应付　Ellin

另一种被压迫者
〔日〕山田平作　张资平译
革命文学的战野　何大白
红灯（诗）　冯乃超
艺术家当前的任务
——检讨《检讨马克斯主义的阶级艺术论》
谷　斯
生与死　龚冰庐
运货车（诗）　韵　铎
她的情人
〔俄〕高尔基原著　赞　月译

肥皂箱

美国新诗人底介绍（续前）
〔美〕辛克莱尔著　丘韵铎译

血笑
——冰庐的短篇创作杂评
钱杏邨

苦口

杀头的研究　话线

补白

不平之鸣（九则）　一　榴译
Emile Vandervelde
Ecclesiate 摘录
列夫·托尔斯泰语录
Ernile Patand Emile pouget
Max Mordoau
Ferderic Harrison
Charles Maurice de Telleyrand
Thomas Jefferson
G.Bernard Shaw
James Anthony Froude

发排后记　编者

50 奔　流

简　介

《奔流》，文艺月刊。一九二八年六月二十日创刊于上海，鲁迅、郁达夫编辑，北新书局发行，二十四开本。一九二九年十二月二十日出至第二卷第五期终刊，共出两卷，凡十五期。

鲁迅为该刊的编校工作花费了大量心血，曾亲自撰写了《凡例五则》和《编校后记》十二篇。《凡例五则》确定“本刊揭载关于文艺的著作，翻译，以及绍介”，提出“凡有出自心裁，非奉命执笔，如明清八股者，极望惠寄”。该刊以发表译文为主，大量译介外国作品，特别是俄国和东欧、北欧诸国的作家作品，还先后出了《伊孛生诞生一百年纪念增刊》、《莱夫·托尔斯泰诞生百年纪念增刊》和《译文专号》。该刊连载了鲁迅翻译的《苏俄的文艺政策》，这是鲁迅计划有系统地介绍无产阶级革命文艺理论的开始。译文之外，该刊也发表了不少创作，其中有杨骚、裘柱常、陈翔冰、白莽（殷夫）等人的诗歌，许钦文、黎锦明、柔石、张天翼等人的小说，白薇、林语堂等人的剧本和梁遇春的散文。

目 录

第1卷 第1期
1928年6月20日出版

Hamlet和Don Quichotte（讲演）
〔俄〕I.Turgenjew作 郁达夫译
批评家与少年美国（论文）
〔美〕Van Wyck Brooks作 语 堂译
大旱的消失（随笔）
〔英〕W.H.White作 克 士译
赠——（诗六首） 杨 骚
打出幽灵塔（社会悲剧三幕之一） 白 薇
跋司珂族的人们（小说）
〔西班牙〕P.Ba oja作 鲁 迅译
扁额（拟狂言） 琴 川
苏俄的文艺政策
关于文艺政策评议会速记录（一） 鲁 迅译
编校后记 鲁 迅

第1卷 第2期
1928年7月20日出版

生活和性格之与文学的关系（讲演）
〔日〕小泉八云作 侍 桁译
苏维埃联邦从Maxim Gorky期待着什么？（短文）
N.Bukharin作 鲁 迅译
一个秋夜（小说）
〔俄〕M.Gorky作 梅 川译
蔷薇（Essay）
〔美〕L.P.Smith作 克 士译
打出幽灵塔（社会悲剧三幕之二） 白 薇
错乱（诗） 杨 骚
幸福的摆（上）（小说）
〔德〕Rudolf Lindau作 郁达夫译
生活的演剧化（《演剧杂感》之一）
〔俄〕N.Evreinov作 葛何德译
苏俄的文艺政策
——关于文艺政策评议会速记录（二） 鲁 迅译
编校后记 鲁 迅

第1卷 第3期
H.伊孛生诞生一百年纪念增刊
1928年8月20日出版

伊孛生的事迹
〔挪威〕L.Aas作 梅 川译
伊孛生论
〔英〕Havelosk Ellis作 郁达夫译
伊孛生的工作态度
〔日〕有岛武郎作 鲁 迅译
Henrik Ibsen
〔丹麦〕Georg Brandes作 林语堂译

Henrik Ibsen
〔英〕R.Ellis Roberts 作　梅　川译
这样的时节及其他（诗三篇）
裘柱常
空舞台（现代剧一幕）　杨　骚
幸福的摆（小说）（下）
〔德〕Ludolf Lindau 作
郁达夫译
一握泥土（童话）　汉　君
苏俄的文艺政策
——关于文艺政策评议会速
记录（三）　鲁　迅译
编校后记　鲁　迅

第 1 卷　第 4 期
1928 年 9 月 20 日出版

新的批评（论文）
〔美〕J.E.Spingarn 作　林语堂译
叛逆者（论文）
〔日〕有岛武郎作　金溟若译
给我一个春天的人生（诗）肖　愚
夜的上海（诗）　杨　骚
打出幽灵塔（社会悲剧三幕之三）
白　薇
花圈（散文诗）　侍　桁
灯蛾埋葬之夜（Essay）　达　夫
早晨（小说）　许钦文
苏俄的文艺政策
——关于文艺政策评议会速记
录（四）　鲁　迅译
编校后记　鲁　迅

第 1 卷　第 5 期
1928 年 10 月 30 日出版

春笋的歌（诗）　白　薇
飘落（诗五篇）　杨　骚
草之叶（论文）
〔日〕有岛武郎作　金溟若译
她的故乡（随笔）
〔英〕W.H.Hudson 作　荒　野译
绿荫（诗）　陈翔冰
月亮（一幕剧）
〔日〕里见弴作　侍　桁译
运命（小说）　黎锦明
人鬼与他的妻的故事（小说）
柔　石
苏俄的文艺政策
——关于文艺政策评议会速记
录（完）　鲁　迅译
编校后记　鲁　迅

第 1 卷　第 6 期
1928 年 11 月 30 日出版

诗（三首并译 A.Symons 一首）
石　民
子见南子（独幕悲喜剧）　语　堂
儿童的将来（诗）
〔英〕A.Swinburne 作　梅　川译
盖默尔斯呵护村（小说）

〔德〕Fr.Gestaecker 作　达　夫译
跳蚤（诗）
〔法〕G.Apollinaire 作　封　余译
人鬼和他的妻的故事（小说，续完）
柔　石
坦波林之歌
〔日〕蕗谷虹儿作　鲁迅译
炸弹与征鸟（小说，一—五）
白　薇
关于剧本的考察（杂感）
〔俄〕N.Evreinov 作　葛何德译
编辑后记　鲁　迅

第 1 卷　第 7 期
莱夫·N·托尔斯太
诞生百年纪念增刊
1928 年 12 月 30 日出版

托尔斯太
Lvov——Rogachevski 作
鲁　迅译
小泉八云论托尔斯太　侍　桁译
（一）托尔斯太的艺术论
（二）托尔斯太的《复活》
（三）托尔斯太的求道心
托尔斯太回忆杂记
Maxim Gorki 作　达　夫译
托尔斯太自己的事情
L.L.Tolstoi 作　赵景深译
托尔斯太和马克斯（讲演）
A.Lunacharski 作　鲁　迅译
托尔斯太（讲演）
Maiski 作　鲁　迅译
访革命后的托尔斯太故乡记
〔日〕藏原惟人作　许　霞译
过江（诗）　杨　骚
炸弹与征鸟（小说，六—八）
白　薇
卖歌的老者（诗）　裘柱常
乌鸦（故事）　陈翔冰
苏俄的文艺政策
——观念形态战线和文艺
鲁　迅译
编校后记　鲁　迅

第 1 卷　第 8 期
1929 年 1 月 30 日出版

十九前半世纪英国的小说（讲演，一）
〔日〕小泉八云作　侍　桁译
初次的约会及其他
〔法〕Paul Fort 作　石　民译
番女夜曲（诗）　陈翔冰
没有人听完她的故事（小说）
柔　石
饥饿的光芒（小说）
〔俄〕F.Sologub 作　蓬　子译
最后的心（诗）　杨　骚
炸弹与征鸟（小说，九—十）
白　薇
托尔斯太与马克斯（完）（讲演）

〔俄〕A.Lunacharski 作　鲁　迅译
编校后记　鲁　迅

第 1 卷　第 9 期
1929 年 3 月 20 日出版

十九后半世纪英国的小说（讲演，二）
〔日〕小泉八云作　侍　桁译
译诗（四篇）
〔俄〕M.G.Lermontov 作　孙　用译
密莱礼赞（论文）
〔日〕有岛武郎作　金溟若译
诗（两篇）　东　山
炸弹与征鸟（小说，十三—十五）
白　薇
诗（三篇）　卜英梵
鱼与表（随笔）
〔西班牙〕亚佐林作　梅　川译
浮浪者（小说）
〔爱尔兰〕奥弗拉赫德作
郁达夫译
通讯（两则）
来信　清　霜
复信　达　夫

第 1 卷　第 10 期
1929 年 4 月 20 日出版

十九后半世纪英国的小说（讲演，三）
〔日〕小泉八云作　侍　桁译
有岛武郎年谱（《叛逆者》的附录）
金溟若
S-H-A-N-G-H-A-I（诗）　林　憾
三天半的梦（小说）　张天翼
盗船中（独幕剧）　柔　石
炸弹与征鸟（小说）（十六—十七）
白　薇
叶曼良·披略延（小说）
〔俄〕戈理基作　梨　子译
醉中梦话（随笔五则）　梁遇春
关于文艺领域上的党的政策
——俄国 × × 党中央委员会
的决议　鲁　迅译
编校后记　鲁　迅
第一卷总目录

第 2 卷　第 1 期
1929 年 5 月 20 日出版

法国文评
〔英〕E.Dowden 讲　语　堂译
海的诱惑（随笔）　侍　桁
密子吉维支诗二篇　孙用译
三个布德力斯
一个斯拉夫王
归客与鸟（小说）　缪崇群
世上有你（诗）　企　霞
一位纽英格兰的尼姑（小说）
〔美〕Mary E Willkns 作
郁达夫译
革命家之妻（独幕剧）　柔　石
蠢（小说）　杨　骚

文艺政策附录（一）
——苏维埃国家与艺术
A.Lunacharski 作　鲁　迅译

第 2 卷　第 2 期
1929 年 6 月 20 日出版

爱尔兰文学之回顾
〔日〕野口米次郎作　鲁　迅译
法国文评
〔英〕E.Dowden 作　语　堂译
最后之夜（诗）　吕　逸
父子（小说）　魏金枝
同情学校（随笔）
〔英〕E.V.Lucas 作　梁遇春译
玄武湖里的亡友（诗）　芾　浪
飞堕的流星（小说）　迹　余
炸弹与征鸟（小说，十八—二十）
白　薇
木刻的历史
〔英〕John Nash 作　真　吾译
编辑后记　鲁　迅

第 2 卷　第 3 期
1929 年 7 月 20 日出版

现代英国文学的新影响与倾向
〔英〕H.Williams 作　侍　桁译
"失掉了悲哀"的悲哀（随笔）
梁遇春
安和她底牝牛（小说）
〔丹麦〕J.V.Jensen 作　柔　石译
秋之汐（小说）　李守章
西班牙老歌女及其他（诗三）
陈翔冰
马拉敦之战（小说）
〔匈牙利〕F.Herczeg 作　孙　用译
炸弹与征鸟（小说）（二一—二三）
白　薇
关于莱芒托夫诗的翻译的通讯
来信　张逢汉
复信　鲁　迅

第 2 卷　第 4 期
1929 年 8 月 20 日出版

青春的颂赞（诗）
〔波兰〕Adam Mickiewicz 作
石　心译
现代欧洲艺术及文学底诸流派（论文）〔匈牙利〕I.Matsa 作　雪　峰译
他底美丽的妻（小说）
〔奥〕Hermann Bahr 作　柔　石译
诗（三篇）　李白英
死尸（小说）　罗　西
走快点，美利坚，走快点！
〔美〕Michael Gold 作　刘　穆译
诗（四篇）　白　莽
蚊市（独幕剧）　杨　骚
炸弹与征鸟（小说，二四—二六）
白　薇
编辑后记　鲁　迅

第2卷　第5期
译文专号
1929年12月20日出版

彼得斐·山陀尔行状
〔奥〕Alfred Teniers 作　白　莽译
黑面包及其他（诗八篇）
〔匈牙利〕Ptofi Sándor 作
白　莽译
契诃夫与新时代（随笔）
〔俄〕Lvov Rogaich Vski 作
鲁　迅译
爱（小说）
〔俄〕Anton Chekhov 作
王余杞译
熊（独幕喜剧）
〔俄〕Anton Chekhov 作　杨　骚译
阿河的艺术（论文）
〔德〕Felix Poppenberg 作
郁达夫译
一个败残的废人（小说）
〔芬兰〕Juhaonni Aho 作
郁达夫译
玛克辛·戈里基论
〔苏〕P.S.Kogan 作　洛　扬译
给苏联的“机械的市民们”（公开信）
〔苏〕Maxim Gorky 作　雪　峰译
苻拉迪弥尔·理定自传（并著作目录）　鲁　迅译
青春（小说）
〔苏〕Vladimir Lidin 作　蓬　子译
丹麦的思想潮流
〔丹麦〕Julius Clausen 作　友　松译
母亲之歌及其他（诗二篇）
〔丹麦〕J.V.Jensen 作　梅　川译
失去的森林（小说）
〔丹麦〕J.V.Jensen 作　柔　石译
裸麦田边（诗）
〔丹麦〕Jeppe Aakjaer 作　柔　石译
过岭记（回忆文）
〔保加利亚〕I.M.Vazov 作
孙　用译
青湖记游（遗稿）
〔苏〕Nikolai Temnii 作　鲁　迅译
现代欧洲艺术及文学底诸流派（论文）
〔匈牙利〕I.Matsa 作　雪　峰译
文艺政策附录（完）　鲁　迅译
编辑后记　鲁　迅

51 开 明

简 介

《开明》，文艺性月刊。上海开明书店编译所主办，一九二八年七月十日创刊于上海，开明书店出版、发行，三十二开本，前二十期署："编辑者，开明书店编译所"，"主宰，A.A.Sofio"。以后各期，或不署编辑、出版、发行者，或署"编辑人，索非"，"发行人，杜海生""印刷人，章锡琛"，"发行所，开明书店"。一九三一年十二月一日出版第二卷第二十六期（总第三十八期）后停刊。一九四七年七月七日复刊，改为双月刊，只署出版年、月，不署日期，期号另起。一九四八年九月出版新七号后终刊，月刊、双月刊共计出版四十五期。

《开明》在出版月刊之前，曾出版了两期试刊。试刊和月刊的第二卷第十五期（总第二十七期）、第二卷第二十期（总第三十二期）未见，"目录"暂缺。

《开明》是开明书店商办刊物，比较重视书籍广告，是个"半广告半文艺刊物"（月刊创刊号《致读者》）。它除了与其它刊物相同的例行广告专页外，前七期多用每页上部五分之二的篇幅来介绍开明书店所出版的各部书籍的作者、内容与特色，它刊登了大量的书评文章，有些书评且带有一定的书籍广告色彩。它的书籍广告在一定程度上反映了当时一些书籍的出版情况和社会影响。《开明》还刊登了不少短小的文艺作品，并出版了艺术、儿童读物、音乐、诗歌批评等专号。

目　录

创 刊 号

第1卷　第1期

1928年7月10日出版

致读者　编　者
论翻译　岂　凡
书本的装饰　百　合
我写诗的经过（《荷花》诗集序）　赵景深
人类的母亲
——读了《工女马得兰》（法国米尔波著　岳瑛译）后　梅　子
周作人先生　晋　豪
读《爱的教育》（亚米契斯著，夏丏尊译）　得　心
读《达夫全集》以后　欧阳竞文

短　评

《过去集》（郁达夫著）
一、　戚凌云
二、　沫　萍
三、　董星南
四、　韩叔信
五、　哲　云
《谈龙集》（周作人著）
一、　何瑞耀
二、　王鸿图
三、　梁永福
《两条血痕》（日本四作家选集，周作人译）
一、　谭镇祥
二、　尼　真
《东方寓言集》（陀罗雪维支著，胡愈之译）
一、　高九香
二、　陆仲陶

读者的意见

关于装订
一、　林　翼
二、　谭　镇译
三、　徐伯纯

补　白

《开明》的读者（一——四）　编　者
开水　湄
书籍广告九十种*　编　者
编校完了　编　者

第1卷　第2号

1928年8月10日出版

生之露（一）

---

* 原刊“目录”没有“书籍广告”一项，但本刊第一卷的一至七期多数篇页上方占五分之二的地方为书籍广告，成为本刊一大特色。为反映这一特色，据原刊正文补上此项。一卷二至七各期情况相同，均不再一一注明；一卷七期后虽仍有书籍广告，但与一般刊物登广告情形相同，故不予再录。

——名人名言* 莫　索
革命文学家争首功 冷　眼
——我也来一出《丑表功》
大树 Apel Les Mestres 作 煤重译
谈章法（给朋友信中的一段）
张光楷
莫藏起了你的青春（歌曲） 六　平
读《自由的女性》（美国富德曼女士著，卢剑浓译） 鉴　赏
读了周作人的《谈龙集》 何　如
对于《两条血痕》（日本四作家选集，周作人译）之批评 右　人
对于《性的故事》（赫郭脱夫人著，松涛译）内容批评 王禾辰
关于《芥川龙之介集》（夏丏尊译）
王　玟

短　评

《妇人与社会》（德国倍倍尔著，沈端先译）
一、 杨静岑
《（开明）活页本文选》（开明书店编）
一、 柯仲平
二、 张遥青
《爱的教育》（亚米契斯著　夏丏尊译）
一、 王祥孙
二、 王绍恭
《从民间来》（陈百岘著）
一、 阎心铭
二、 王家誉
三、 玉　书
四、 林雪香
《姊姊的日记》（哈代著　方光寿译）
一、 邱维鸿
《奇零集》（郁达夫著）
一、 王一鸣
二、 董南星
三、 陈绍勋
四、 陈齐星

读者的意见

关于纸张
一、 王祥孙
关于装订
四、 陈绍勋
五、 王　玟

补　白

《开明》的读者（五——九）
编　者
某氏 湄
书籍广告八十八种 编　者
编校完了 编　者

第1卷　第3号
1928年9月10日出版

生之露（二）

---

* 原刊本文共分四次登完，本期副题为“名家名言”，而（三）（四）副题均为“名人名言”，为名称统一，以更清楚地显示各期所登的是同一文章，改为“名人名言”。

——名人名言* 莫　索
从写稿到出书（上） 水　仙
《洗澡》（Nouveax Contes a Ninon，左拉著，徐霞村译）的序
徐霞村
关于《开明》 陈泽川
我与《开明》 莫美人
读《亡姊梠兰略传》（载《新女性》三卷二号）后感 田舜华
世界各国出版图书统计表 编　者
读了达夫的《过去集》后 蔓　影
对于《工女马得兰》（法国米尔波著，岳瑛译）之批评 蛰　虫
读了《黛丝》（法国法朗斯著　杜衡译） 星　寒

短　评

《鬼与人心》（胡也频著）
一、 马彦祥
《奇零集》（郁达夫著）
五、 许孟时
《谈龙集》（周作人著）
四、 梁素愚
五、 安文倬
《两条血痕》（日本四作家选集，周作人译）
三、 俞淡如
四、 谢友棵
《过去集》（郁达夫著）
六、 谢友棵
七、 窦培思

读者的意见

关于封面
一、 俞　心
关于装订
六 俞　心

补　白

征求（《开明》创刊号）
朱海垣等六人
《开明》的读者（一〇——二）
编　者
书籍广告八十一种 编　者
编校完了 编　者

第1卷　第4号

艺术专号

1928年10月10日出版

艺术的态度 孙福熙
艺术的社会化与社会的艺术化
静　枝
艺术的亲和力 子　恺
——《艺术概论》课后随笔之一
美术鉴赏 刘既漂
构图 林凤眠
吴昌硕先生 眉　山
音乐享乐与经济制度 昌　平
我们的音乐界 青　青
门外汉的梦呓 冷　眼
——论现代中国的一些画家

* 原刊误作“家人名言”，据同文其他期所登名称，改为“名人名言”。

艺术与教育　吴成钧
艺术学校　李朴园
活字印刷术的发明　贺少穆
答询问口琴吹奏法诸君并TY君
　丰子恺
我俩（歌曲）　六　平
介绍优良童话译本《木偶奇遇记》（徐调孚译）　沈百英
附按语：教育家对于本店童话书之意见　编　者
免费广告　忆云生
闲话　耐　寒
《半农谈影》（刘半农著）感想
　天　籁
读了《孩子们的音乐》（丰子恺著）之后　冯洌溧
关于《孩子们的音乐》（田边尚雄著，丰子恺译）　李光田
读儿童歌剧《名利纲》（沉醉了　陈雪鹄著）　徐子成
关于《名利纲》的表演　杨文质

短　评

《艺术概论》（黑田鹏信著，丰子恺译）
一、　傅羽人
二、　失　名
三、　何同和
四、　朱一声
《孩子们的音乐》（丰子恺著）
一、　费锡胤
二、　朱朴庐
三、　盛彤笙
四、　阙仲瑶
五、　高九香
六、　管竹材
七、　宋桂煌
八、　失　名
《音乐入门》（丰子恺著）
一、　曹文钟
《名利纲》（沉醉了、陈雪鹄著）
一、　失　名
二、　沈诚斋
三、　张天一
四、　高志庸
五、　沈志功
六、　高季琳
七、　李厚棠
八、　叶象声
《中文名歌五十曲》（丰子恺　裘梦痕编）
一、　孟　斯
《半农谈影》（刘半农著）
一、　周如瑾
二、　钱寒玉
三、　麦佐卿
四、　高寿人
《民十三之故宫》（陈万里选编）
一、　天　籁

读者的意见

意见的意见　林　玉
关于毛边书　Petofi Boldin
关于排印
一、　陈绍曾

补　白

《开明》的读者（一三—二二）　编　者

代邮　编　者

志谢　编　者

征求和介绍　编　者

插　图

开明书店封面画之一部（一七种）　钱君匋

书籍广告八十四种　编　者

编校完了　编　者

第 1 卷　第 5 号

1928 年 11 月 10 日出版

无耻的商人　编者辑

一、致开明书店　周承统

二、致雪村　周作人

三、致《开明》执事　冰　川

生之露（三）　莫　索

——名人名言*

一般学生与投稿　黄寿海

一个用书架者的偏见　冷　眼

梦话　林　玉

《与谢野晶子论文集》　〔日〕与谢野晶子

读《血痕》

（阿志巴绥夫著　郑振铎译）（诗）　有　恒

读了《荷花》（赵景深著）以后　朱渭深

读《尘影》（黎锦明著）　胡国治

《性的知识》（美国鲁孙宾著　方可译）　宗　泰

短　评

《近世社会思想史》（徐多野鼎著　徐文亮译）

一、　郑　迈

二、　钟挺秀

三、　方洪泡

《共产主义批评》（日本室伏高信著，沈如秋译）

一、　柳　絮

《古希腊恋歌》（琶利蒂著，李金发译）

一、　山上水手

二、　周雯裁

《荷花》（赵景深著）

一、　杜　庸

二、　张友仁

三、　朱云谦

四、　张　觉

《木偶奇遇记》（徐调孚译著）

一、　杜春葆

二、　杨锡光

《烈火》（黎锦明著）

一、　王振江

二、　毕　壁

三、　黄俊贤

读者的意见

关于封面

二、　掷

三、 吴彬卿
关于装订
七、 剑 心
八、 掷
补 白
征求 叶破浪
一点感想 之
《开明》的读者（二三—二四）
编 者

书籍广告四十七种 编 者

编校完了 编 者

第1卷 第6号
1928年12月10日出版

生之露（四） 莫 索
——名人名言
谈创作 岂 凡
音乐与国民性 缪天瑞
从写稿到出书（下） 水 仙
愿（歌曲） 眉山曲 六平词
读了《穷人》 林 玉
读了《苦趣》（A.Sofio著）之后
钦 佩
《耶稣的吩咐》（汪静之著）
陈绍曾
短 评
《尘影》（黎锦明著）
一、 徐尚安
二、 陈绍曾
《薇娜》
（波兰 L.Kahlpf著 石曾 芾甘译）
一、 吴铁声
二、 流 云
三、 陈 鹤
四、 璧 臣
《十五封信》（屠格涅甫著，黄维荣译）
一、 叶鸿章
二、 任铭喜
三、 王绍恭
《发须爪》（江绍原著）
一、 金 宠
补 白
征求 编 者
两部好书（李翌生《中国文学述评》，方成珪《韩集笺正》） 爱
《开明》的读者（二五—二七）
编 者
书籍广告四十八种 编 者

编校完了 编 者

第1卷 第7号
1929年1月10日出版

文学作品与意匠 贺玉波
无题 元 箎
野花（上）（散文小诗） A A
关于“淫乐” 黎君亮

读了《摘花》（钱君匋编，爱情歌曲集） 章石承

《水上》（莫泊桑著，章克标译）读后 祭 心

《荷花》（赵景深著） 杨石僧

关于《血痕》（阿志巴绥夫著，郑振铎译）的杂感 王岐周

《畸零人日记》（屠格涅甫著，樊仲云译）的隽永语 忠 郎

短 评

《性的故事》（赫郭脱夫人著，松涛译）

一、 庄德树

二、 君 迈

三、 瑞 贤

四、 张殳华

五、 阎文彦

《黛丝》（法朗斯著，杜衡译）

一、 桂宗尧

二、 知 之

《郭任远心理学论丛》（郭任远著）

一、 殷大钧*

二、 黄绍云

三、 周啸东

读者的意见

关于《一般》《新女性》和《开明》的话 赵慈孙

补 白

《开明》的读者（二八） 编 者

书籍广告五十一种 编 者

编校完了 编 者

第 1 卷 第 8 号

儿童读物专号

1929 年 2 月 10 日出版

童话在教育上的价值 顾均正

童话与儿童心理 李公超

论儿童读物 顾均正

只说三句话 沈百英

谈儿童读物 张 匡

Kingsleg 的 Just So Stories 杜 撰

拟儿童图书馆文学书目 杜 撰

荒年的故事 何 稺

汗的故事 何 稺

陈抟的故事（吃彭祖的满月酒） 许黛心

茶房也是一个人 ［波兰］高尔恰克著 一 切译

一朵超自然的玫瑰花 ［法］Pierre Louys 著 鞠 馨译

三姊妹（歌曲） 民歌词 缪天瑞曲

《月的话》（丹麦安徒生著）序 赵景深

《少年杂志》 沈启东

谈谈儿童杂志 市 薪

* 原刊“目录”作“殷大钧”，误，今据正文署名订正。

书《关于“淫乐”》（黎君亮作）后　昌　平
《爱的教育》（亚米契斯著，夏丏尊译）　吴成钧
读《爱的教育》　韩永信
阅读《爱的教育》以来之心得　高根发
读了《爱的教育》　裳　石
读了《爱的教育》以后　林振述
再谈《爱的教育》　陈湘清
《木偶奇遇记》（徐调孚译著）　赵景深
对于《木偶奇遇记》的批评　失　民
读《木偶奇遇记》　一　切
关于《风先生和雨太太》（法国缪塞著，顾均正译）　贺玉波
读《从民间来》（陈百岘著）后　孟基厚
关于《古代的人》（房尤著，林薇音译）　吴孟侠
对于《名利网》（沉醉了、陈雪鹄著）的批评　钱勷湘
致《发须爪》（江绍原著）读者金宠先生　江绍原

短　评

《爱的教育》（亚米契斯著，夏丏尊译）
三、　徐秉钺
四、　孙大悲
五、　詹涤清
六、　谢　康
《木偶奇遇记》（徐调孚译著）
三、　周传勤
四、　刘庆丰
《三公主》（阿斯皮尔孙著，顾均正译）
一、　陈宪章
二、　温步颐
三、　俞少堂
《风先生和雨太太》（缪塞著，顾君正译）
一、　冒维城
《从民间来》（陈百岘著）
五、　梁嗣鸿
六、　银丕振
七、　沈金祥
八、　培　庐
九、　陈亮吾
一〇、　叶破浪
一一、　蔡缵先
《列那孤的历史》（文基译）
一、　王绍恭
《东方寓言集》（陀罗雪维支著，胡愈之译）
三、　葛世雄
四、　张文华
《古代的人》（房尤著，林薇音译）
一、　汪金波
二、　钱重六
三、　林应冰
四、　啸　影
五、　沈迺璋

《给小朋友们的信》（徐学文著）
一、 翁叔恒
二、 徐家骥
三、 马选坤
四、 陆士良
《孩子们的音乐》（田边尚雄著，丰子恺译）
九、 彭永康
一〇、 郑曼吟
《名利纲》（沉醉了 陈雪鹄著）
九、 洪为济
一〇、 光 丝
《童话论集》（赵景深译，著）
一、 叶德均
读者的意见
《开明》与读者 陈 鹤
要说 北京一读者
为小朋友们要求 莫美人
关于介绍 周予同
关于纸张
二、 纳 忠
三、 朱籁皇
关于儿童读物的封面纸张印刷装订书价等 郑振之
附 录
“上海新书业公会”宣言
“上海新书业公会”章程
“无锡儿童图书馆”致“开明书店”的一封信
“开明书店”一九二八年份出版新书一览
补 白
《开明》的读者（二九—三九）
编 者
无题（诗） 长 恨
征求 编 者
西瓜皮（诗） 又 之
现代的青年 方 佛
女学生 匋

编校完了 编 者

第1卷 第9号

1929年3月10日出版

所谓中国的绘画艺术 郭 鑫
革命文学的内包 祭 心
偶感即记四则 安 平
发的美 尹 若
野花（中）（散文诗） A·A
《双影》（叶鼎洛著） 吴月红
读了《欧洲近代文艺思潮论》（木间久雄著，沈端先译）以后
子 钟
《狱中记》（A·A著） 哈 哈
《薇娜》（廖抗夫著，石曾、芾甘译）
郑 迈
杂谈《洗澡》（左拉著，徐霞村译）
燕志隽
短 评
《口琴吹奏法》（川口章吾著，黄函秋译）

一、 徐满琅

二、 沈奏彬

三、 金昌南

《欧洲近代文艺思潮论》

（木间久雄著，沈端先译）

一、 林雪香

二、 吴月钉

三、 张效良

《民众世界史要》（刘叔琴著）

一、 王化岐

二、 王 铸

三、 王兰生

《受难者的短曲》（杨骚著）

一、 杨小惠

二、 温玉书

《杂拌儿》（俞平伯著）

一、 憨 儿

二、 张保聚

《绝俗楼成辈语》（白菜著）

一、 施子琴

二、 剑 侯

读者的意见

文学家明信片的装印与采选

Petofi Boldin

关于封面

四、 失 名

附 录

上海开明书店一九二九年一二月份书版新书 编 者

补 白

《开明》的读者（四〇—四五） 编 者

编校完了 编 者

第1卷 第10号

1929年4月10日出版

书信文学的价值 钦 佩

乌托邦——Utopian 墨 希

野花（下）（散文诗） A·A

《给青年的十二封信》（朱孟实著）序 夏丏尊

关于《开明英文读本》（林语堂编） 马有恒等

关于《开明活页本文选》 董启俊等

《恢复》（郭沫若著） 吴月钉

关于《国木田独步集》 西 子

关于废名《桃园》之批评 抽 亭

我吟咏着《古希腊恋歌》（碧利蒂著，李金发译） 顾鳞生

读《十五封信》（屠格涅夫著，黄维荣译）后 怀 瑾

短 评

《旧诗新话》（刘大白著）

一、 杨藻章

二、 包笑青

三、 胡珍铎

《在黑暗中》（丁玲著）

一、 张运池

二、 管栋材

《子卿先生》（许杰著）

一、 高 植

二、 惜 芳

《倥偬》（王世颖著）

一、 张子倬

《春日》（罗黑芷著）

一、 片 杯

二、 徐宿雨

读者的意见

南蛆北嚼 陈绍曾

写给《开明》 荫 槐

附 录

上海"开明书店"一九二九年三月份出版新书 编 者

补 白

《开明》的读者（四六——五四） 编 者

征求 编 者

正误 编 者

编校完了 编 者

第1卷 第11号

1929年5月10日出版

文艺杂谈 贺玉波

榎树的实

〔日〕岛崎藤村著 晓天译

介绍小川未明（关于他的童话） 晓 天

我所爱读的书 程鲁丁

评《古代的人》（房尤著，林徽音译） 周玉洁

《寂寞的国》（汪静之著） 照 顾

读了《中原的蛮族》（郑飞卿著）以后 阎文彦

《性的故事》（赫郭脱夫人著，松涛译） 轶 凡

读了《性的故事》以后 朱 渺

《黛丝》（法朗斯著，杜衡译） 朱亦赤

再谈谈关于《发须爪》（江绍原著）

——给江绍原先生 金 宠

短 评

《洗澡》（左拉著，杜衡译）

一、 张子倬

《近代的恋爱观》（日本厨川白村著，夏丏尊译）

一、 孙大悲

二、 林雪香

《共产主义批评》*（室伏高信著，沈如秋译）

二、 王润生

三、 杨必立

《爱的教育》（亚米契斯著，夏丏尊译）

七、 陈 芝

八、 李浴新

* 原刊为"共产主义批评（一——二）"，因第一卷第五期已有"共产主义批评（一）"，所以这里将"一"与"二"改为"二"与"三"。

《给小朋友们的信》(徐学文著)
五、 朱超然
《姊姊的日记》(哈代著,方光寿译)
二、 巢尚文
三、 阎 琦
读者的意见
我的意见之片片 荫 槐
读"关于封面"之后 凡 人
小小的要求 陈 鹤
补 白
《开明》的读者(五五—六二) 编 者
关于须的记载 许黛心
编校完了 编 者

第1卷 第12号

音乐专号

1929年6月10日出版

音乐在近世欧洲的地位的变迁 子 恺
从音乐鉴赏谈到音乐家 贺玉波
美满的家庭 莫羡人
京昆等不适合于音乐教材 缪天瑞
"骂"和我们 缪天瑞
《关于"淫乐"》(黎君亮作) 缪天瑞
看完《书〈关于"淫乐"〉后》(昌平作)后 白 威
为喝求真正音乐的出现而说话 陈堃良
来替昌平与黎君亮做个调人 耐 寒
关于现在中国小学的和一般的音乐说几句话 冯 德
音乐学习上的旧音乐利用 丰子恺
关于"蓄音片"的通信
致钱君匋 陈 式
复陈式 君 匋
关于"五线谱"与"简谱"
致《摘花》(钱君匋编)的编者 梦 萍
复梦萍 钱君匋
介绍口琴给全国烦闷的青年 王绍恭
答复爱好口琴的询问诸君 黄涵秋
深夜(歌曲) 缪天瑞
《孩子们的音乐》(田边尚雄著,丰子恺译) 高根发
读《孩子们的音乐》 董启俊
读了《孩子们的音乐》以后 项纯徽
《中国名歌选》(钱君匋编)杂话 顾爱余
关于订正放大的《摘花》(钱君匋编) 胡瑜如
《小学音乐集》(钱君匋、陈啸空著)与我 郑思虔
《小学音乐集》 阎 琦
话《进行曲选》(白蕊女士编) 景瑞石
《爱的系念》(索非词,邱望湘曲)

及其他　方修梅

短　评

《中国名歌选》（钱君匋编）

二、　蔡尔文

《摘花》（钱君匋编）

一、　薛国治

二、　何　惧

《口琴吹奏法》（川口章吾著，黄函秋译）

四、　王明扬

五、　何　惧

《名利纲》（沉醉了、陈雪鹄著）

一一、　李觉魂

一二、　张文和

《孩子们的音乐》（田边尚雄著，丰子恺著）

一一、　徐婉贞

《音乐入门》（丰子恺著）

二、　程仿尚

三、　霭

四、　阎　琦

读者的意见

小小的意见——致“开明”　吴月钲

小贡献　蒋寿禧

大胆的来个建议　杨讱中

我们需要“开明”给我们的书　寒　流

我希望于“开明”如此　陈　鹤

封面和题饰　詹纯丰

关于装订及排印之管见　沈宝钧

也是关于毛边纸　谷　君

我也来谈谈装订　杜　庸

附　录

“开明书店”一九二九年四五月份出版新书　编　者

补　白

《开明》的读者（六三—七一）　编　者

《恋爱的故事》（郑振铎《希腊罗马的神话与传说》第三册）　编　者

“中国与世界语问题”　编　者

编校完了　编　者

第2卷　第1号

1929年7月10日出版

第二卷的开始　编　者

讲读书　岂　凡

小川未明童话文学论（上）　晓　天

文艺杂谈（三—四）　贺玉波

狗的故事　艾　叶

一个传说

［波兰］K.Tetmojer著　北　冈译

爱情（Laamo）（译自日本名古屋世界语杂志“La Tagigo”）　一　切译

关于《给青年的十二封信》（朱光潜著）　杨昌溪

关于《安徒生传》（顾均正著）

一、致顾均正　锡　光

二、复唐锡光　顾均正
《中原的蛮族》(郑飞卿著)　鲁　夫
介绍《归航》(孙福熙著)　沈子仁
报告《血与天癸》(江绍原著)　江绍原
短　评
《给青年的十二封信》(朱光潜著)
一、　郭广才
二、　王守贤
三、　程薇刚
四、　冯子中
五、　李荣章
六、　周伯堂
《水上》(莫泊桑著，章克标译)
一、　安慕陶
二、　徐秉钺
三、　贺家骏
《工女马得兰》(米尔波著，岳瑛译)
一、　黄林玉
二、　水　王
三、　华芰次郎
《苦趣》(A.Sofio 著)
一、　鲁　本
读者的意见
关于装订
九、　钱小柏
一〇、　高　欢
一一、　郑宏述
读者的交通
“交通”规则　编　者
疑一　周柏堂
疑二　朱夷白
附　录
“开明书店”一九二九年六月份出版新书　编　者
补　白*
《开明》的读者(七二—七七)　编　者
征求　编　者
悬赏一　编　者
编校完了　编　者

第2卷　第2号

1929年8月10日出版

对现文坛的几句闲话　自　我
小川未明童话文学论(中)　晓　天
枇杷的生命　艾　叶
《从民间来》(陈百岘著)(上)　清　水
“科学的社会主义者”A.S.Sachs的国家观(关于创造社出版的《科学的社会主义的原理》)　剑　波
青年们的福音(读了《给青年的十二封面》之后)　张运池
读了《犹太小说集》(宾斯奇等四人著，鲁彦译)　游　游

* 此栏原刊“目录”漏，据正文补。

读了《狱中记》（A.A 著）之后　梅　子
关于《五岛大王》
一、　汪倜然
二、　李赞华
三、　震　遐

短　评

《山中杂记》（郑振铎著）
一、　徐孟安
二、　邓铁忱
三、　黄时康
四、　章昌平
《尘影》（黎锦明著）
三、　陈维章
四、　杜俊东
《文艺与性爱》（日本松村武雄著，谢六逸译）
一、　管栋材
二、　王恒蔚
《春日》（罗黑芷著）
三、　朱烟影
四、　陈三寿
《自由的女性》（富德曼女士著，卢剑浓译）
一、　H.G.Libro
《伊利亚特的故事》（古希腊故事，谢六逸译）
一、　陈凡人

读者的意见

和王荫槐君谈谈“关于书的艺术”　陈　鹤
《我的意见之片片》的补充　许久庵

附　录

“开明书店”一九二九年七月份出版新书　编　者

补　白

《开明》的读者（七八—八四）　编　者
“黛丝”的模特儿　刘肖红
征求　符　符
期待（诗）　杨昌溪

编校完了　编　者

第 2 卷　第 3 号
1929 年 9 月 10 日出版

生的渣滓（一至三）　浮　思
小川未明童话文学论（下）　晓　天
午后随笔　意　波
一个劳动者的晚餐　沈宝均
老客秋的梦　Ninosbvili 作　一　切译
《现代中国文学作家》（钱杏邨著）的读后话　王光献
《红睡》（蒋山青著）　毛一波
介绍《古国的人们》（徐霞村著）　余雨才
《背影》（朱自清著）　燕志俊
《从民间来》（下）　清　永

写在《谈龙集》（周作人著）里　晋　豪

短　评

《雪人》（东欧等十九个弱小民族小说集，沈雁冰译）

一、　李丽思

二、　性　海

三、　葆　国

四、　颜鹿鸣

《法国名家小说集》（小仲马等四人著，徐蔚南译）

一、　严苍漪

二、　王　鹤

三、　张玉衡

《中国文学概论讲话》（盐谷温著，孙俍工译）

一、　徐　莹

二、　杨晋豪

《欧洲近代文艺思潮论》（木间久雄著，沈端先译）

四、　朱居易

五、　叶　矩

读者的意见

大家的需要

一、　徐志麟

二、　鸣　着

三、　王先献

笔　阵

规则　编　者

谈“骂”　吴月钰

两个质问　B　B

答 BB 第一问*　A　A

读者的交通

疑三　王顺发

疑四　B　B

析一　B　B

析二　B　B

析三　A　A

析四　A　A

补　白**

《开明》的读者（八五—九三）***

第 2 卷　第 4 号

诗歌批评号

1929 年 10 月 10 日出版

写在这个专号前面　编　者

诗之意义

〔英〕W.H.Handson 著　赵景深译

诗的唯物与唯心　傅东华

谈诗　岂　凡

我之新诗观　园　丁

东西洋的自然诗观

〔日〕厨川白村著　芝君译

译诗短论　黄俊贤

诗历　园　丁

中国今日诗人与形客诗　孔化南

新诗零话　胡　展

* 此篇原刊“目录”漏，据正文补。

** 此栏原刊“目录”漏，据正文补。

*** 原刊将九二、九三误作七二、八三。

关于诗人刘梦苇　刘达人
夏（莱蒂）译《装饰集》（英国F.C.Owson著）的商榷　章石承
冯乃超与穆木天　卜蒙龙
——“轻绡诗人”和“我愿诗人”
两种曲——杨骚《受难者的短曲》、王文川《江户流浪曲》　冷　眼
读《邮吻》（刘大白著）后所感得的几句话　自　我
读《受难者的短曲》（杨骚著）　失　名
评《寂寞的国》（致汪静之）　朱　湘
《草莽集》（朱湘著）　念　生
《荷花》（赵景深著）
一、（致赵景深）　万　曼
二、　稚　鹿
三、　张　宿
四、　周天籁
《白雪遗音选》（白雪著）
一、　张远池
二、　李潮南
《元曲别裁》集　袁大韶
《古希腊恋歌》（碧利蒂著，李金发译）
一、　刘　枢
二、　陈　鹤
三、　刘　钰

短　评

《旧诗新话》（刘大白著）
四、　袁犬韶
五、　高才佐
六、　魏友菲
七、　宋贵衡
八、　郑孔昭
九、　周学藩
《受难者的短曲》（杨骚著）
三、　曾晓春
四、　郑　慎
五、　金炳麟
六、　张　傥
七、　王玕君
《寂寞的国》（汪静之著）
一、　杜俊果
《荷花》（赵景深著）
五、　谢　安
六、　燕志假
七、　周乐山
八、　夏宗复
九、　陈　定
一〇、　周云亭
一一、　顾保琛
一二、　朱宗彬
一三、　春　雷
《草莽集》（朱湘著）
一、　罗　亚
二、　万涤非
《劫后》
一、　去　病
《白雪遗音选》（白雪著）
一、　盛诚桂

二、 关陈礼
《古希腊恋歌》(碧利蒂著，李金发译)
一、 周嘉祚
二、 方 召

读者的意见

对于“短评”的希望 褚同福
向《开明》请愿 荣葭生
关于特价 施子琴
再说几句关于《开明》的话 陈泽川
也是小贡献 王启怀
我也贡献一点意见 愚 公
读《关于封面之后》之后 非 文
读《封面和题饰》后的通信 郑宏述
晓舌 荫 槐
关于封面(一二) 郑 蠡

附 录

“开明书店”一九二九年八、九月份出版新书 编 者
现代中国诗集目录 诗 蠹
对于商务印书馆刊行“万有文库”之意见
一、 曹祖彬 何日章 刘国钧
二、 刘国钧 曹祖彬 何日章
巴黎国际书籍展览会征求中国书籍 高 鲁
巴黎国际书籍展览会谢“开明书店”赠书函 P.Bochnc 签撰 高 鲁译
“开明书店”组织读书会征求会员 开明书店

补 白

生之荣冠(诗) 杨昌溪
心痕(小诗十首) 章石承
你只用你的秋波来奉觞称颂吧(诗) 符 符
且停着我戎牛之步蹄(诗) 浅野嫣痕
倦了的游子(诗) 符竹英
介绍《世界语模范读本》和《世界语分类词汇》 编 者
夜鸦(诗) 杨昌溪
征求 清 水
高楼夜眺上海(诗) 湘 清
小诗 烟 影
“悬赏一”答案揭晓 编 者
“悬赏二” 编 者

编校完了 编 者

第2卷 第5号

1929年11月10日出版

荷马之研究(上) 邵士荫
生之渣滓(四) 浮 思
哀音 德富卢花生著 周白棣译
夜莺 元 川
丰子恺的绘画 白 叶
《儿童与家庭》(赖勃尔著，张昌祈译) 宏 文

《中国文学概论讲话》（盐谷温著，孙俍工译）

一、 湘清

二、 袁大韶

三、 杨即墨

《给青年的十二封信》（朱光潜著）

一、 景新

二、 胡国治

三、 史继薰

短评

《西湖三光》（员子沙著）

一、 弱丁

《爱的教育实施记》

一、 高来新

二、 谢安圃

《鹅妈妈的故事》（贝洛尔著，戴望舒译）

一、 何如

二、 唐锡光

三、 夏之震

四、 林荣

《古代的人》（房尤著，林薇音译）

六、 岳绍三

读者的意见

我想贡献于《开明》的 袁大韶

附录

“开明书店”一九二九年十月份出版新书 编者

“开明书店”组织读书会征求会员 开明

补白

介绍《家庭的故事》 编者

征求 王竹溪

《开明》的读者（九四—九六） 编者

编校完了 编者

第2卷 第6号

1929年12月10日出版

荷马之研究（中） 邵士荫

文艺杂谈 贺玉波

生的渣滓 浮思

谈朋友 金宠

星与电柱 小川未明著 姜宏译

评《民俗周刊》（中山大学民俗学会出版） 清水

《民十三之故宫》书后 崔盈科

《郭任选心理学论丛》（郭任远著） 维藻

关于《文艺与性爱》（松村武雄著，谢六逸译） 叶鸿章

读了《风先生和雨太太》（缪塞著，顾均正译） 许永年

短评

《欧洲大战与文学》

一、 范兴福

《月的话》（赵景深著）

一、 陈定宏

二、 梁惜芳

《五岛大王》

一、 窦斌

《黛丝》（法朗斯著，杜衡译）

三、 陈临渊

笔 阵

谈国案——和BB先生 朱夷白

附 录

“开明书店”一九二九年十一月份出版新书 编者

补 白

介绍杜克明医师 A.A.Sofio

征求 王竹溪

征求 王启怀

开明的读者（九七——〇〇） 编者

编校完了 编者

第2卷 第7号

（总第19号）

1930年1月1日出版

偶然草 葛藤

评《无产阶级的诗歌》（《新艺术论》中之一章，苏联波格达诺夫著，韦汶译） 昆水

《漪溟湖》和《红楼梦》 王先献

读《夜莺》（安徒生作）后 唐锡光

读者的意见

理想中的《开明》 照熹

对于《开明》的一个小建议——介绍读者的通信处 李文圃

读者的交通

疑五、疑六 李丽思

疑七 昆水

疑八 胡正蒙

疑九 清水

析五—析七 A.A

析八 丰子恺

第2卷 第8号

（总第20号）

1930年2月1日出版

中国现在的出版界 王振江

荷马之研究（下） 邵士荫

我们女人

［荷］吴黛女士著 一切译

《凤仙姑娘》（给作者刘席珍的信） 赵景深

《倪焕之》（叶绍钧著） 逸菲

《灭亡》（巴金著） 俞珍华

《孩子们的音乐》（田边尚雄著，丰子恺译） 林玉

《薇娜》（廖抗夫著，石曾、芾甘译） 飒伍

介绍《爱的教育》（亚米契斯著，夏丏尊译） 高飞

两本现代青年男女底必读书 李白英

（按，指德国倍倍尔著《妇人与社会》与俄国柯伦泰女士著《恋爱之路》）

答《古希腊恋歌》的爱好者　李金发

“悬赏二”答案揭晓　编　者

第2卷　第9号

（总第21号）

1930年3月1日出版

生活与文艺　杨晋豪

关于鲁迅　王先献

——再评《现代文学作家》

《妻》与《致被弃者》　斐　儿

（按，《妻》为小玲女人作，《致被弃者》为逸鸥作）

关于《古希腊恋歌》

——质李金发先生　岂　明

读完了《中学生》以后　飒　伍

关于《苦趣》（A.Sofoio著）　陈之寿

通　信

武汉的文艺界——致

A.A.Sofio先生　吴月钲

关于诗——致A.A先生　清　水

补漏与正误——致编者先生　吴召堂

补漏与正误——致编辑主任　李亦源

第2卷　第10号

（总第22号）

1930年4月1日出版

“征求处女作”　吴月钲

拜仑与裘曲丽伯爵夫人　季　叔

《灭亡》作者的自白　巴　金

《西湖漫拾》（静闻伙友著）　清　水

读《空大鼓》（周作人著）　周柏堂

关于《狱中记》（A.A著）的话　邵霖生

读者的意见

《关于〈开明〉的一个小建议》的附议

一、　陈　鹤

二、　珍　华

读者的交通

疑一〇、　全祖培

疑一一、　俞文卿

疑一二、　赵汉光

疑一三、　陈景和

析一〇——一二　A.A

补　白

征求通讯的读者地址（一——八）　编　者

第2卷　第11号

（总第23号）

1930年5月1日出版

我国的创作　林雪香

从艺术底戏剧运动谈到剧本
陈　鹤
《中国文学小史》（赵景深著）
杨藻章
《性的知识》（鲁孙宾著，方可译）
肖贻待
《在黑暗中》（丁玲著）
一、　九　皋
二、　程鲁丁
《梅萝香》（美国华冠尔著，顾德隆译）　天　籁
读《倪焕之》（叶绍钧著）　邵霖生

通　信

武汉文艺界之史的回顾及其新的进展——致 AA　摩托生
玩艺而已——致《开明》编辑
钟敬文
征求通讯的读者地址（九—十三）

第 2 卷　第 12 号
（总第 24 号）
1930 年 6 月 1 日出版

批评和出版　王先献
巴尔萨克的幼年　季　叔
一个面包两块糕　刘逸民
答评《中国文学小史》　赵景深
最好的一本书　子　行
——《续爱的教育》（亚米契斯著）
关于《开明英文读本》的话　郁达夫
——致编者林语堂
读《灭亡》（巴金著）　孙沫萍

通　信

西南文艺的消息——致编辑先生
程鲁丁
征求通信的读者地址（一四—二〇）
编　者

第 2 卷　第 13 号
（总第 25 号）
1930 年 8 月 1 日出版

Climax　逸　菲
无题　喻元庆
郁金香的芽（童话）
〔日〕小川未明著　姜　宏译
“盛于斯”（上）　园　丁
买胡适的《白话文学史·上卷》后
鹿　鸣
志谢中山大学民俗学会赠《民俗》
A.A.Sofio
序《狱中记》（A.A 著）（上）
谦　弟
《虹》（茅盾著）　沈善坚
《近代的恋爱观》
（厨川白村著，夏丏尊译）
陈九皋

读者的意见

关于“介绍读者通信处”的话
西　桐
附编者 A.A.Sofio 按语

征求通信的读者地址（二一—二九） 编者

通信

一个小报告 楞定

关于宁波的文艺界——致AA 史济行

读者的交通

疑一四、 刘枢

疑一五、 朱宗彬

析一四、 A.A

析一五、 A.A

补白

志谢 A.A.Sofio

征求 黄恺

第2卷 第14号

（总第26号）

1930年9月1日出版

书价贵贱审别法 水仙

《李息翁临古法》书跋 夏丏尊

"盛于斯"（中） 园丁

"为了知识与自由的缘故" 幼葭

序《狱中记》（A.A著）（中） 谦弟

《往事》与冰心女士 张逸菲

讲童话给小孩子们的经验 何如

《文艺批评史》（日本宫岛新三郎著） 傅素

读了《孩子们的音乐》（田边尚雄著，丰子恺译） 平伯

关于"征求处女作" 王启怀

征求通信的读者地址（三〇—三四）

悬赏三：怪问怪答（五则）

第2卷 第15号

（总第27号）

1931年10月1日出版

（缺）

第2卷 第16号

（总第28号）

1931年11月1日出版

谈"开本"（上） 水仙

读了《水晶座》 金十

读《超人》（冰心著） 崔盈科

中国民歌的价值（上） 陈三寿

《燕知草》（俞平伯著）序 朱自清

编者按：此处缺两页

看了《闽南游记》以后 许作新

通信

就胡适的《白话文学史》给鹿鸣的信 王茂材

附编者按语

征求通信的读者地址（四一—四三）

新书发卖广告 开明书店

第2卷　第17期
（总第29号）
1931年1月1日出版

谈“开本”（下）　水　仙
中国民歌的价值（下）　陈三寿
我的童年　剑　波
《囚人之书》（A.A.Sofio著）
　一、致A.A.Sofio　沈善坚
　二、　C.F.P
介绍《日本现代语辞典》（葛祖兰编）
　也　乐
萧著《社会主义与资本主义》
　苏　人
K.M.RADIO　编　者
《她的遗书》　联　真
广州文坛消息片片
　一—六　井山蛙次郎
　七—九　富士山尖一
“悬赏三”答案揭晓　开明杂志社
征求通讯的读者地址　编　者

第2卷　第18号
（总第30号）
1931年2月2日出版

译名的商榷　劫　雄
名作选粹
动情丹（《愁斯丹和绮瑟》之一节）
　柏地耶著　朱孟实译
莫扎尔德的镇魂曲　松　柏
　——读《近世十大音乐家》
K.M.RADIO　编　者
《爱的教育》（亚米契斯著，夏丏尊译）
　一、　林雪香
　二、　林惠民
　三、　欧阳青
　四、　张中平
　五、　贺家俊
笔　阵
“恐怕不亮”　曼　尼
答王启怀君　吴月釭
读《关于征求处女作》后　张颂华
征求通讯的读者地址（五二一—六〇）
　编　者

第2卷　第19号
（总第31号）
1931年3月1日出版

批评与人格　王先献
力之寻求（对话）　俭　朴
名作选粹
文学的定义（《文学概论》片断）
　本间久雄著　章锡琛译
《文学概论》（日本本间久雄著）
　王启怀
读《宝岛》（史蒂文生著）　王天一
读《狮子》（巴金著）后联想到巴金先生　惘　然
《木偶奇遇论》（徐调孚译著）之优点
　沈百英

《中学生文艺》 钟 亮
K.M.RaDIO 编 者
《续爱的教育》（意大利亚米契斯著）
一、 张逸菲
二、 章石承
三、 张香山
四、 连 西
五、 葛 藤

笔 阵

关于读书会的几句话 流 水
编者的话 A.A.Sofio

第2卷 第20号
（总第32号）
1931年4月1日出版

（缺）

第2卷 第21号
（总第33号）
1931年5月1日出版

我们的荣誉 编 者
一、上海青年读书会来函
勉自学（致C君） 洒 洁

名作选粹

情劫
薄伽丘原著 黄石 胡簪云合译

王易教授底名著溯源 人 难
《宝岛的艺术》（史蒂文生著，顾均正译） 周韵华
一本含蓄现代意味的书
——薄伽丘的《十日谈》（黄石、胡簪云译） 沈善坚
《结婚新论》（林仲达、朱然藜编） 张佐华
《工女马得兰》（米尔波著，岳瑛译） 墨 晞
《续爱的教育》（亚米契斯著） 王梓良
征求通讯的读者地址（六二—六四） 编 者

第2卷 第22号
（总第34号）
1931年6月1日出版

性相近与所谓天才（附致编信） 吴伟石
介绍《清人杂剧初集》 编 者

名作选粹

街头（《战争》片断）
雷马克著 沈叔之译
《西部前线平安无事》与《从军日记》（谢冰莹著）（上） 剑 予
我爱好罗丹故介绍吉塞尔笔录的《罗丹美术论》 胡 桑
K.M.RADro 编 者
《开明英文选注》 梅鸿英
《近世社会思想史》 赵 敻
《白猫》 寒 烟

《娃娃石》
一、　金　十
二、　朱扬善
读过《土耳其寓言》以后　葛　藤
介绍读者几本好书　梁竹三
杭州文艺消息　烟　影
"开明书店"改正图书定价声明　开明书店

第2卷　第23号
（总第35号）
1931年9月1日出版

对有志于文学者之贡献之辞　沈善坚
编校杂话（一）　同　人
序题　A
英字分析规则　K
名作选粹
贫乏的大画家（《西洋名画巡礼》片断）　丰子恺
《西部前线平安无事》与《从军日记》（下）　剑　予
看过了《最新世界形势一览图》（洪懋熙作）以后　徐凤爱
《坛子》（李健吾著）　寒　烟
K.M.RADIO　编　者
读《文章作法》（夏丏尊　刘薰宇编）　张佐华
读叶绍钧的《倪焕儿》（叶绍钧著）　莫芷痕
论《死去的太阳》（巴金著）　效　勾
关于《（阎王老爷）黄丈三》（孙佳讯作）　孙佳讯
通　信
一三、关于广州出版界　愚　民
一四、一个声明　许钦文
征求通讯的读者地址（六五—六七）　编　者

第2卷　第24号
（总第36号）
1931年10月1日出版

谈谈注释　雪　白
编校杂话（二）　同　人
图注　K
名作选粹
红的花　爱罗先珂作　鲁迅等译
论艺术底戏剧（一—二）　陈九皋
短　评
《战后》　许啸天
《坛子》（李健吾著）　梁惜芳
《十日谈》（薄伽丘著，黄石　胡簪云译）　王乃叔
《骷髅的跳午》　王道平
《缘缘堂随笔》　何报通
《爱的教育》（亚米契斯著，夏丏尊译）　蒋又瑞
读"看过了最新世界形势一览图"之后　洪懋熙

《文学概论》
（本间久雄著　章锡琛译）书后　徐寿山
K.M.RADIO　编　者
读《儿童与家庭》（法国 B.Liber 著）　邵秉钧
介绍三本书　贺家骏
一、《漪溟湖》
二、《劫后》
三、《自首集》
请看《最近的日本》　叶印生

通　信

一五、杭州消息　曼　曼
一六、金华的文艺界　晨　光
一七、重庆的文艺界　张韵清
征求通讯的读者地址（六九、七〇）　编　者

第 2 卷　第 25 号
（总第 37 号）
1931 年 11 月 1 日出版

读书——救国　陆　沉
爱与诗人及其他　俭　朴
编校杂话（三）　同　人
正文以外的面码　K
专名号　K
引号　A
论艺术的戏剧（三—四）　陈九皋
《海龙王的女儿》　王先献
读了“狮子”以后随笔　剑　予
读《古代英雄的石像》（叶绍钧著）　汤匡瀛

短　评

《文法与作文》　木　铎
《未画完的女像》　张佐华
《休庵影语》　侯　寅
《宝岛》（史蒂文生著）是一本文学名著（上）　张承道
读《薇娜》（廖抗夫著　石曾、芾甘译）　效　勾
《童话论集》（赵景深译著）　俞斯瑾
《爱的教育》（亚米契斯著　夏丏尊译）　龚树揆
我对于“开明”的希望　效　勾
征求通信的读者地址（七一—七四）　编　者

第 2 卷　第 26 号
（总第 38 号）
1931 年 12 月 1 日出版

休辞辞　编　者
批评的态度　梁竹三
介绍一部世界语的原文译注书　编　者
编校杂话（四）　同　人
五种直线标号　K
论艺术的戏剧（三）　陈九皋

短　评

《世界的大势》　不署名
《苦趣》（A.Sofoio 著）　巢尚文

《狱中记》（A.A 著） 刘悟西
《沙弗》 张震旦
《作曲法初步》 黄　曼
《西洋名画巡礼》 贺海舟
《宝岛》（史蒂文生著）是一本文学名著（下） 张承道
由《子恺画集》谈到其他 盛醒吾
《世界文学史话》（美国　玛西著） 胡仲持
《西方艺术史》（马查 I.Matsa 著） 武思茂
《陶立德博士》 顾均正

通　信

一八、通信的道德——致 AA 卜秀娟

新 1 号
（总第 39 号）
1947 年 7 月出版

复刊词 编　者
苏联的出版情形 茅　盾
耿济之先生传
——“作家在开明”之一 郑振铎
耿济之先生遗稿 编　者
昆虫世界漫游记（内容缩影连环画） 扬·拉丽著　黄幼雄译
“开明书店二十周年纪念文集”提要从主语宾语的分别谈到国语句子的分析 吕叔湘
论中国文学中的音节问题 郭绍虞
花蕊夫人宫词考证 浦江清
《考工记》的年代与国别 郭沫若
中国诗与中国画 钱钟书
新训诂学 王了一
论《陌上桑》 游国恩
辛未访古日记 顾颉刚
台湾番族考 翦伯赞

读《二千年间》（蒲韧著） 吴　晗
初学英文的津梁
——介绍《详注现代英文丛刊》 沈　明
从娱乐说到化学实验 周鸣岗

开明书店初版新书（一九四七年一至六月） 开明书店
本刊今后只印单行本启示 开明书店

第 2 号
（总第 40 号）
1947 年 9 月出版

开明书店的出版路线 编　者
开明书店出版珍讯 编　者
沈雁冰
——“作家在开明”之二 云　彬
读《清明前后》（茅盾著）
一、 刘西渭

二、　夏丏尊
本店出版茅盾著作（目录）
《帖木儿》（内容缩影）　小　俞
银幕上的帖木儿（文配影画）
读高尔基的《母》　杨　晦
本店出版高尔基著作的译本（目录）
评《石榴树》（美国索洛延 William Saroyon 著）　王宗炎
读《石榴树》　圣　陶
评《口头英语活用百表》（张沛霖编）　钟　衍
读《少年们的一天》（开明征文集）　丁益智
开明书店七八月新书及《中国作家》创刊号目录

新 3 号
（总第 41 号）
1948 年 1 月出版

回顾与展望　编　者
巴金（一个法国人的巴金论）　〔法〕白利安作　简　正译
谈木刻欣赏　刃　锋
木刻两幅
　灾童　杨讷维刻
　农民　翁逸之刻
人肉市场　刃　锋
第二次世界大战总结（书籍介绍）　追
书中人收到的信
开明书店三十六年份出版新书

新 4 号
（总第 42 号）
1948 年 3 月出版

开明书店的四种杂志（上）　编　者
夏丏尊先生　章锡琛
《苏联见闻录》序　茅　盾
介绍《学习心理之话》　H
《家常科学谈》　孟　琨
《开明新编中等英文法》　龙　辰
陀思妥也夫斯基的《白痴》　常　风
出版珍讯

新 5 号
（总第 43 号）
1948 年 5 月出版

开明书店的四种杂志（下）　编　者
我所见的叶圣陶（绍钧）　朱自清
我怎样改译《勃·康化学》　顾均正
《国文月刊》　归　庵
《生物趣味》　林　克
《医师忏悔录》　微　远
《音乐入门》（丰子恺著）　石　碚
出版珍讯

新6号

（总第44号）

教本专号

1948年7月出版

开明书店的中学教本
《开明文言读本》编辑例言
朱自清　吕叔湘　叶圣陶
《中国人学英文》　建
铀核裂变与原子弹　顾均正
《基本实用物理学》　陈岳生

新7号

（总第45号）

1948年9月出版

朱自清先生传略
哀念朱佩弦先生　李广田
记朱佩弦先生　朱光潜
朱自清先生的著作　一　忱
《闻一多全集》
《开明青年丛书》　沈体兰　郑振铎
出版珍讯

52 山　　雨

简　　介

《山雨》，半月刊，文艺性刊物。一九二八年八月十六日创刊于上海，王任叔、李匀之编辑，山雨出版社出版、发行，大三十二开本，一九二八年十二月十六日出至第八、九期合刊号终刊，共出版九期。

《山雨》创刊，正值中国文坛上开展“革命文学”的论争之时，编者在《发刊词》里说，“革命文学之产生与提倡，这是必然的，唯一的理由，因为这是一个革命的时代”；“至于小资产阶级，在这年头儿，正向没落的道上走”，其文艺是“落日的余辉，末日的哀苦，也是灿烂可爱的”；“本此，我们一面欢迎刊登些革命文学作品，一面也刊登些小资产阶级的文学作品”。该刊发表了一些揭露社会黑暗表现对现实的不满和其它趣味健康的作品，如胡也频、王任叔等人的小说，钟敬文等人的散文，撰稿人还有：胡开瑜、张孟闻（西屏）、陈瘦石、毛一波、乌言、冯三昧等人。

目 录

第1卷　第1期
1928年8月16日出版

发刊词
《山雨》与《生路》（诗）　行　之
关于好奇心之一考察（四）*
赤神良谀著　江圣逵译
夜话（散文）　启　三
剩余恋爱
老生常谈　老　生
自杀
强奸
绑票
告青年人　红　石
怀　胡开瑜
一群朋友（小说）　胡也频
伊已经走了　孟　闻
入乡记
〔日〕国木田独步著　颖　文译
谁底罪　任　叔
火葬　陈瘦石

信来代替文章——致李匀之（通信）
郁达夫

编完以后　编　者

第1卷　第2期
1928年9月1日出版

《艺术与革命》自序　毛一波
关于好奇心之一考察（续）
〔日〕赤神良谀著　江圣逵译

夜话（续完）　启　三
宗教否定及新宗教的临来

遣恨（小说）　徐季球　王任叔
良夜　红　石

夜别祖国（诗）
〔英〕拜　伦作　程　方译
首都漫笔（散文）　颖　文
序
（一）荷花心中的玄武湖

第1卷　第3期
1928年9月16日出版

阶级与文学
〔日〕武者小路笃实著　云　止译

关于好奇心之一考察（六）（续完）
〔日〕赤神良谀著　江圣逵译
黄花满径香（一至四）（小说）
乌　言
爱情的叫卖（诗）　塍　生

---

* 此文接续胡行之主编的《生路》第六期刊登，以前部分见《生路》月刊（一九二八年一至六月出刊，上海新学会社主办）。

情书一束（散文）　吕漪汶译
　　拿坡仑致约瑟芬
　　约瑟芬致拿坡仑
　　济慈给芬娜白浪兰
　　贵推致佩环白仑苔娜
首都漫笔　颖　父
　（二）萤火追逐的农场之夜
雨丝
　　无题（一）　任　叔

第1卷　第4期
1928年10月1日出版

论恋爱之本质　红　石
　　——恋爱的进化观
黄花满径香（五至九）（小说）
　　鸟　言
桂和嫂　含　戈

两个老兵的输歌（诗）
〔美〕惠特曼作　望　峰、鉴　泉译

情书一束（续一）　吕漪纹译
　　霍桑与其妻
　　载提罗致莎浮兰

老生常谈（续一）　老　生
　　黄慧如与陆荣根恋案之分析
　　小册子的命运
联想三则　西　屏
雨丝
　　无题（二）　任　叔

第1卷　第5期
1928年10月16日出版

论诗　冯三昧

融融的夜（小说）　孟　闻
利斧（小说）　瘦　石

归田浩歌（诗）　良　川
绝望　胡开瑜
HOEL DERLIN（录自《泰西诗选》）
　（一）〔英〕Words Worch（华滋华斯）著　碧　三译
　（二）〔德〕Hoelderin著　碧　三译
情的世界　一　波
老生常谈（续二）　老　生
　　"鸟"与"弓"
　　"吃灰"与"跳舞"
雨丝
　　由病说起　白　石

第1卷　第6期
1928年11月1日出版

论诗（续完）　冯三昧
情书一束（续二）　吕漪纹译
　　劳勃脱彭司的信
中秋夜的西湖和我　钟敬文
双十节　山　水
断片　俞汝宪
爱情（诗）　媵　生

汹涌之潮（诗） 羽 冰

利斧（续一）（小说） 瘦 石
雨丝
　　无题 白 石
从《语丝》被禁说到屁禁
　　川 岛、孟 闻
秋情 红 石
中央大学拾零 洛 卿
放在手里与放在脚里
　　家莱·任叔·匀之

第1卷 第7期
1928年11月16日出版

“性美”之颂（The Beauty of Sex）
　　Grant Allen著 卢剑波译
想起五坡岭的母校 钟敬文
碎碗 红 石
情书一束（续三） 吕漪纹译
　　彭司致卡拉答妲（一）
　　彭司致卡拉答妲（二）

利斧（续三）（小说） 瘦 石

飞沫（诗） 颖 文

雨丝
　　无题（三） 任 叔
通信
　　致任叔 鉴 泉
　　复鉴泉 任 叔

第1卷 第8、9期
1928年12月16日出版

法家与中国的思想界
　　〔日〕小柳司气太著 黄维荣译

银色的西湖（散文） 钟敬文
情书一束（续四） 吕漪纹译
　　俾斯麦与冯·朴铁凯茂姑娘

黄浦滩上三日记 钟敬文
农人（小说）
　　〔法〕莫泊桑作 红石译

诗的泉（诗）
　　〔日〕野口米次郎作 羽 冰译
苏小小墓 鉴 泉

雨丝
　　头痛及其他 任 叔
　　孟子救国论 山 水
　　国考 东 屏
　　直接或间接之意味 东 屏
　　看报摘录 东 屏

通信
　　致匀之 毛一波

53 思　想

简　介

《思想》，月刊，社会科学刊物。一九二八年八月二十五日创刊于上海，二十四开本，编辑者与出版者均署“思想出版社”，实际上是创造社在《文化批判》停刊后所办的刊物，由创造社发行。大约一九二八年底或一九二九年初终刊（最后两期未注出版时间），共出版五期。

《思想》月刊的主要撰稿人是李初梨、彭康、朱镜我、冯乃超、傅克兴等，着重研究、介绍马克思主义理论和苏联的状况，也有分析世界政治经济形势和中国社会情况的文章。还发表了一些文艺作品和文学评论，其中有冯宪章、伊林、菀尔等人的诗歌，龚冰庐的剧本以及彭康、冯乃超等人的文艺论文。

目　录

第1期

1928年8月25日出版

社会与个人的关系　朱镜我
思想的正统性与异端性　彭　康
社会底自己批判　李铁声
群众底音乐　一　榴
金融资本与帝国主义　傅克兴
苏俄教育研究（一）*　柳岛生译
矿夫及其暗影（画）　一　榴
凭吊（组诗）　冯宪章
晨安哟!（画）　一　榴
泄漏　龚冰庐
整步（画）　一　榴
瞬间　冯乃超
Silk Stookings　冯乃超
机械化的劳动者（画）　Krinsky作
流血的日曜日（剧）
〔苏〕达尼烈夫斯基作　李初梨译
机械崇拜者的殿堂（画）　Krinsky作
新术语（一）（十五则）　同　人辑
机械化的个人与机械化的群众（画）
Krinsky作
编辑后记　编　者

第2期

1928年9月15日出版

自然生长性与目的意识性　李初梨
中国社会底研究　朱镜我
意识形态的变革与唯物辩证法
克　兴
大战将临之国际现势　扶　助
社会与国家*　石　英译
《哲学底贫困》底拔粹
〔德〕马克思著　李铁声译
干!（诗）　伊　林
赴战的火车（诗）　伊　林
被收买的生命　冯乃超
莘庄镇（三幕剧）　龚冰庐
"非战条约"么?（批判）　马　哲
社会与自杀（批判）　未　明
社会的真实基础（批判）　邬孟晖
真理的探求者（批判·诗）
宪　章　孤　凤
我们的头（批判·诗）　菀　尔
新术语（二）（一〇则）　同　人辑
编后杂记　编　者

第3期

1928年10月15日出版

厌世主义论　彭　康
资本主义社会的阶级构成与各阶级的特质　陈　琪
反日运动与日本对华贸易　凌云鹏
一九二八年第一季的世界经济状况
E.Varga作　李一氓译述

---

* 原刊无作者。

英帝国之现状

John Peper 作　陶　文译

《哲学底贫困》底拔粹（续）

〔德〕马克思著　李铁声译

理论与经验　石　英译

艺术社会学的学术会议的报告

Maksimow 著　冯乃超译

读了一二期《思想》以后（批判）

瑛

文化的形相（批判）　邬孟辉

新术语（三）（七则）　同　人辑

编辑后记　编　者

第 4 期

（出版时间不详*）

新文化底根本立场　彭　康

他们怎样地把文艺底一般问题处理过来？　冯乃超

社会革命底展开　李铁声

苏俄经济现状　李一氓

关于新教育底建设问题　凌云鹏

中国社会的历史的发展阶段

杜顽庶

现时的国际情势　石　英

从九七纪念谈到废除不平等条约（批判）　剑　超

新术语（四）（六则）　同　人辑

编辑后记　编　者

第 5 期

（出版时间不详*）

中国经济学界概观　王学文

工会底社会学的意义　石　英

政党底研究　若　君

社会发展与因果律　刘剑横

社会稳定与社会混淆　方　文

荷帝国主义者铁蹄下的爪哇　志　农

一七八九年中阶级利益底矛盾

〔俄〕考次基著　曾　鼎译

中国资本主义的发展

卢宾斯坦著　张行天译

读了《厌世主义论》以后写给苦闷朋友的几句话（批判）　瑛

新术语（五）（十二则）　同　人

编辑后记　编　者

中国著作者协会宣言

* 原刊没有出版发行时间。

54 无轨列车

简　介

《无轨列车》，文学半月刊。一九二八年九月十日创刊于上海，刘呐鸥编辑，上海第一线书店发行，三十二开本。一九二八年十二月二十五日出至第八期被封闭。

《无轨列车》是带有现代派倾向的文学刊物，刘呐鸥在该刊发表的某些作品已经尝试着运用快节奏，意识流、心理分析和象征手法。他和该刊另一主要撰稿人施蛰存（安华）到三十年代初成了我国“新感觉派”的代表作家。一九二八年法国现代派作家保罗穆抗来华，该刊第四期发表了他的作品并且介绍了他创作上的印象主义、感觉主义的特点。

刘呐鸥、施蛰存之外，该刊的撰稿人还有戴望舒、苏汶（杜衡）、徐霞村等。画室（冯雪峰）的著名论文《革命与知识阶级》也揭载于该刊。

目　录

第 1 期
1928 年 9 月 10 日出版

游戏　呐　鸥
哇莱荔的诗
L.Galantiere 著　徐霞村译
诗二首　戴望舒
路上的小语
夜是……
大都会 L.Sosnovsky 著　画　室译
委巷寓言　安　华

第 2 期
1928 年 9 月 25 日出版

革命与知识阶级　画　室
风景　呐　鸥
哇莱荔的诗（续）
L.Galantiere 著　徐霞村译
爱情的折扣　黄嘉谟
公判底试验 John Reed 著　杜　衡译

第 3 期
1928 年 10 月 10 日出版

高尔基像
高尔基访问记　〔法〕巴比塞*
夜风吹灭了洋灯　S.F.
冬日的悲哀　S.F.
小资产阶级　S.F.
妮依　安　华
梦儿死后　林微音
列车餐室（四则）　呐　鸥

第 4 期
1928 年 10 月 25 日出版

保尔穆杭论
B.Cremieux 著　呐　鸥译
懒惰病　P.Morand 著　戴望舒译
新朋友们　P.Morand 著　江　思译
流水（诗）
亚历山大洛夫·查洛夫著
S.F.译
雨（诗）　安　华
机器沉默的时候（小说）　苏　汶
追（小说）　施蛰存
影戏漫想　莫　美
列车餐室（二则）**

第 5 期
1928 年 11 月 10 日出版

“库慈尼错”结社与其诗
黑田辰男著　画　室译
由托尔斯泰家里寄（百年祭通信）

* 原刊漏署译者。

** 原刊漏署作者。

保 尔、雪 华

追（续） 施蛰存

生活腾贵

Pierre Valdagne 著 呐 鸥译

我枯涩的眼光 蓬 子

影戏漫想 葛莫美

我有些小小的青花

Paul Fort 著 戴望舒译

列车餐室*

第 6 期

1928 年 11 月 25 日出版

革命底女儿

John Reed 著 杜 衡译

他（诗） 蓬 子

黄昏（诗） 李石明

憧憬时代 嘉 谟

深夜小曲（独幕剧）

〔日〕武者小路实笃著 建 英译

影戏漫想（关于电影演员） 梦 舟

第 7 期

1928 年 12 月 10 日出版

黑寡妇街 苏 汶

一个经验

〔日〕片冈铁兵作 葛莫美译

流 呐 鸥

断指（诗） 戴望舒

第 8 期

1928 年 12 月 25 日出版

对于天的怀乡病（诗） 戴望舒

永世 杜 衡

斗牛 Azorin 著 徐霞村译

给溪若（诗） 罗 赛

打鱼 昼 白

搜寻 Solagub 著 蓬 子译

* 原刊漏署作者。

55 大众文艺

简 介

《大众文艺》，月刊。一九二八年九月二十日创刊于上海，一九三〇年六月一日终刊，共出两卷计十二期，三十二开本，上海现代书局发行。第一卷由郁达夫、夏莱蒂编辑，第二卷编者改署“大众文艺社”，实际上由陶晶孙、龚冰庐负责编辑。该刊自第二卷三期起即成为中国左翼作家联盟的机关刊物之一。

《大众文艺》以发表创作小说、散文和外国作家作品的译文为主，同时重视对各国新兴文艺的介绍。郁达夫在《大众文艺释名》一文中说：“文艺是大众的，文艺是为大众的，文艺也须是关于大众的。”这便是该刊的宗旨，在实践上该刊对文艺大众化作了相当的努力，从第三卷起特辟了“大众文艺小品”专栏，刊登国内外作家的作品，尤其值得注意的是，该刊第二卷第三和第四期为上下两册“新兴文学专号”，介绍了苏、美、德、日、英、法等世界各国的新兴文学，并且对文艺大众化问题展开了大规模的讨论，鲁迅、郭沫若、沈端先、郁达夫、冯雪峰等都发表了文章或谈话。

目　录

第1卷　第1期
1928年9月20日出版

《大众文艺》释名　郁达夫
贵家妇女
〔俄〕淑雪兼珂作　鲁　迅译
基督与猪　夏莱蒂
嘉丽史聂德
〔美〕白雷朋尼非尔作　乐　芝译
双影　叶鼎洛
梦流　李守章
入地狱
〔法〕哀特蒙约罗作　庄　夫译
幽会　〔美〕爱伦坡作　林微音译
青年　楚　狂
美
〔爱尔兰〕奥法兰赫德作　夏莱蒂译
盂兰盆会　郁达夫
编辑余谈　达　夫

第1卷　第2期
1928年10月20日出版

食人人种的话
〔法〕腓立普作　鲁　迅译
追念〔英〕乔治摩尔作　秋　莲译
双影（续）　叶鼎洛
幽怨　一　林
偷　〔英〕玛丽荪作　夏莱蒂译
黄昏〔美〕查拿嘉尔作　乐　芝译
一个现代人的忏悔
〔法〕米赛作　夏莱蒂译
我俩的黄昏时候
〔德〕李泻特代迈儿作　达　夫译
编辑余谈　达　夫

第1卷　第3期
1928年11月20日出版

农夫
〔俄〕A.雅各武莱夫作　鲁　迅译
卖淫妇
〔日〕叶山嘉树作　君　乔译
剿匪　许　杰
记念一妇人
〔英〕约翰屈雷佛娜作　秋　莲译
苦恼中的哀乐　叶鼎洛
一个现代人的忏悔
〔法〕米赛作　莱　蒂译
祷告〔德〕法尔该作　达　夫译
通信两件　达　夫

第1卷　第4期
1928年12月20日出版

果树园
〔俄〕康士坦丁·斐定作　鲁　迅译
兄弟
〔法〕亨利·巴比塞作　岩　野译
会合　柔　石

记念一妇人
〔英〕约翰屈雷佛娜作　秋　莲译
阴影
〔俄〕珂罗涟珂作　An Nun 译
二邻人〔意〕巴加仙作　乐　芝译
胡子先生　一　林
一个现代人的忏悔
〔法〕米赛作　莱　蒂译
在寒风里　达　夫
编辑余谈　达　夫

第 1 卷　第 5 期
1929 年 1 月 20 日出版

十月
〔俄〕雅各武莱夫作　鲁　迅译
冬
〔法〕萨尔威斯脱儿作　秋　莲译
阿巧　鼎　洛
一个可怜的蠢货
〔英〕玛丽菸作　乐　芝译
南风
〔法〕奥都培·蒲闸作　墨　涯译
寒宵　守　章
蜘蛛的丝
〔日〕芥川龙之介作　羽　冰译
一件人事　莱　蒂
一个现代人的忏悔
〔法〕米赛作　莱　蒂译
马蜂的毒刺　达　夫

第 1 卷　第 6 期
1929 年 2 月 20 日出版

十月
〔俄〕雅各武莱夫作　鲁　迅译
家具　〔英〕高纳儿作　莱　蒂译
维泼尔夫人〔美〕黑斯作　乐　芝译
禁果　金　洪
军笛吹手
〔英〕柏纳脱作　林　憾译
第二梦　曼　华
守护之神
〔美〕勃兰娜作　秋　莲译
重来上海　鼎　洛
一个现代人的忏悔
〔法〕米赛作　莱　蒂译
在小圈子里　鼎　洛
最后的一回　达　夫

第 1 卷　第 7 期*
（即第 2 卷　第 1 期）
1929 年 11 月 1 日出版

运货便车
屋托·密拉作　陶晶孙译
爱力圈外（小说）　张资平
羊的素描（木人戏）　陶晶孙
婴儿的运命（小说）　段可情

* 本期前为郁达夫、夏莱蒂编，从本期起编辑者署大众文艺社，实由陶晶孙与龚冰庐编。

大众文艺小品

秋晴　小掘甚二作　陶晶孙译
兵和兵　岛田美彦作　陶晶孙译
公共长凳　村山知义作　陶晶孙译
沿海洲纪行　细川隆之作　陶晶孙译
死前的友情　林房雄作　陶晶孙译
悬案（戏剧）　龚冰庐
实业领袖
辛克莱作　邱韵铎　吴贯忠合译
一个现代人的忏悔
〔法〕米赛作　夏莱蒂译
从编辑谈到投稿　陶晶孙

第2卷　第2期
1929年12月1日出版

少女的梦　郑伯奇
我当然相信的　冯乃超
博士的来历　陶晶孙

大众文艺小品

孩子　虹　贯
碾煤机　高尔德作　Z　Y译
白榄渡口的怪葬礼
高尔德作　文　渡译
河畔的女子　高尔德作　文　渡译
浓雾　李无文

漫　画

上海百景　李无文
人生的意义　堪　芙

爱的生灭　菀　尔
东京最近演剧评　青　服
实业领袖（续）
辛克莱尔作　邱韵铎　吴贯中译
鸦片战争　村山知义作　陶晶孙译
编者后记　编　者

第2卷　第3期
新兴文学专号（上册）
1930年3月1日出版

卷头琐语　陶晶孙

创　作

祖国　菀　尔
他们都迷失了路　龚冰庐
比率　孟　超
瞎子老李　杨邨人

事 实 谈

火车龙头里的白骨　陶晶孙

大众文艺小品

阵痛　韵　铎
警察　高　飞
红头阿三　杨邨人
劳动组织　龚冰庐

音　乐

革命十年间苏俄的音乐之发展
陶晶孙
栽培自由之花（歌曲）　朱希圣
怀尔修劳动歌（歌曲）　编　者
听了马思聪的音乐　陶晶孙

漫　画

梅叶荷特画象　王一榴

威廉·狄·海伍德画象　王一榴
该屋尔古·谷洛斯的画象　李无文
梦，敲石妇　汤湫淋
讽刺二帧　一　榴
作家漫画　冰　庐、叶　沉、劲　生
封面　叶　沉

各国新兴文学概况

俄：革命十年间的苏俄文学　沈端先
德：德国新兴文学
〔日〕中野重治作　陶晶孙译
美：美国新兴文学作家介绍
余慕陶
日：一九二九年日本文坛　沈端先

理　论

艺术理论的三四问题　许幸之
中国新兴文学的意义　何大白
新兴文学批评观的一斑　祝秀侠

重要文章

关于新戏剧运动的几个重要问题
叶　沉

文艺大众化的诸问题

所谓大众化的问题　沈端先
新兴大众文艺的认识　郭沫若
大众化文艺　陶晶孙
大众化的问题　乃　超
关于文学大众化的问题　郑伯奇
文艺的大众化　鲁　迅
要制作大众文艺　王独清
文艺大众化座谈会　记　者

杂　耍

诗歌断想　郑伯奇
"科学世界"吗？还是空想的世界？
冯乃超
榴梿　许　杰
剧本《西线无战事》　李无文

木人戏

木人戏的介绍，木人戏的历史，木人戏的技巧　陶晶孙
傻子的治疗（木人戏）　陶晶孙
武器的木人戏　郑伯奇

各国新兴文学

俄：兵士和农民
高尔基作　邱韵铎译
德：谁最蠢
威特福该尔作　陶晶孙译
法：小学教师　巴比塞作　王一榴译
美：伦敦的咖啡店
贾克伦敦作　邱韵铎译
日：特别快车
藤森成吉作　陶晶孙译

通　讯

艺术剧社第二次公演《西线无战事》
ZEN

编辑后记　陶晶孙

第 2 卷　第 4 期

新兴文学专号（下册）

1930 年 5 月 1 日出版

创　作

阿珍　冯乃超、龚冰庐

“到中国地界去” 诸　智
两替屋 王一榴
废坑 龚冰庐

诗

明朝 梦　湖
饮吧这杯红酒 李荣章
锄地之人 李　洛

各国的新兴文学

英国何以落后了? 欧佐起
现下的英吉利文坛 君　水
电椅!!! 王一榴
辛克莱和这个时代 祝秀侠
法国的新兴文坛 沈起予
一九三〇年的日本新兴剧团往何处去? 林守仁
日本左翼文坛之一瞥 白川次郎*
村山知义 陶晶孙
藤森成吉 沈端先

美　术

最近日本普罗美术的进出 叶　沉

少年大众

给新时代的弟妹们 编　者
这一切都是我们爸爸的手造出来的(画) 敦　庆
英雄“史巴尔太克司” 冰　庐
贵族们是观赏着取乐的(画) 屈　文
洪秀全 樱　影
工人和农民都起来了(画) 屈　文

* 原刊仅置作者。

我希望于大众文艺的:
(一)郭沫若　(二)郁达夫　(三)柔　石　(四)冯乃超　(五)潘汉年　(六)戴平万　(七)洪灵菲　(八)王一榴　(九)余慕陶　(十)孟　超　(十一)高　飞(十二)田稚吾　(十三)周绍义　(十四)吴秋枫　(十五)冯润章　(十六)李　洛　(十七)兆　华(十八)刘　艸　(十九)石练顽　(二十)甘永柏　(二十一)周全平　(二十二)华　汉(二十三)钱杏邨　(二十四)画　室(二十五)穆木天　(二十六)沈端先

通　信

工厂通信 阿龙头

各国新兴文学

俄:母子　左斯欠歌作　冯乃超译
俄:矿工的话　卞尔斯作　邱韵铎译
德:谁最蠢(续)　威特福该尔作　陶晶孙译
美:杀人　伦敦作　王一榴译
俄:夜店　高尔基作　王道源译
日:赤色舞女　贵司山治作　陶晶孙译
俄:呐喊呀,中国!　屠列查哥夫作　叶　沉译
韩:狱里病死的伙计　林和作　白　斌译

韩：咳，成这样了！

权 焕作 白 斌译

杂 耍

“大众文艺化”批评 李无文

大众文艺第二次座谈会 记 者

戏剧家消息 欧阳信

左翼作家联盟成立了！ 记 者

卷末杂记 晶 孙、冰 庐

第 2 卷 第 5、6 期合刊

1930 年 6 月 1 日出版

论 文

生产关系中的艺术之一考察

愚工纤

文学之社会学的批判

Calverton 著 李 兰译

音乐之唯物史观的分析

布哈林著 李史翼译

作 品

五月一日 龚冰庐

未完成的伟人 华 汉

水杏林之死 张大文

车夫与木匠

J.London 著 邱韵铎译

提线木人 赤野昌夫著 姜 宏译

另一种情书 荒 渠

灾情 冯润璋

战后 伊 那

他们的办法 刘 灿

傻瓜 奚 行

石级上的运煤夫 陈若萍

学匪 曼 华

通 讯

纱厂通信 来 稿

电力工人斗争的经过 阿龙头

哈尔滨通信 来 信

无产文艺的故乡 韵 铎

少年大众

苏俄的童子军 苏尼亚

小阿强 冯 铿

那个十三岁的小孩 钱杏邨

顾正鸿 樱 影

金目王子的故事

藤森成吉著 屈 文译

谁种的米 李 允

我的文艺生活

（一）郑伯奇 （二）冯乃超

（三）沈起予 （四）梅 川

（五）郁达夫 （六）许 杰

（七）穆木天 （八）沈端先

（九）莼 尔 （十）龚冰庐

（十一）叶 沉（十二）孟 超

（十三）邱韵铎 （十四）段可情（十五）顾凤城 （十六）冯润璋

56 乐　群

简　介

《乐群》，文学刊物。一九二八年十月一日创刊于上海，乐群书店发行。初为半月刊，三十二开本，出版了四期。自一九二九年一月一日起改为月刊，内容衔接，卷期号另起，大三十二开本，至一九三〇年三月一日出版第三卷第十三期（即第三卷第一期）后终刊，半月刊和月刊总共出版了十七期。半月刊的编者为乐群半月刊编辑部，月刊的编者开始署张资平，自第一卷第四期起改署由张资平、陈勺水、周毓英、洪涛、悲禅五人组成的该刊编委会。

编者在创刊号《编后》里说："乐群半月刊本来不是纯文艺的，将来或许要包罗一切。"实际上半月刊除发表了一两篇政论，连载了一篇《结婚医学》外，均为创作或翻译的文学作品和文艺论著。改为月刊后则完全变成了所谓"纯文艺"刊物，只有最后一期即第三卷第十三期，有关社会科学其它领域的论著才占有突出地位。

该刊创作和翻译并重，张资平、周毓英、陶晶孙、马宁、悲禅等是经常的撰稿人，陈勺水、谢声等发表了不少介绍苏、日、英、美等国文坛状况和文艺思潮的译文。

目 录

乐群（半月刊）

第 1 期
1928 年 10 月 1 日出版

另一种革命　乐群书店同人
士敏土坛里的一封信
叶山嘉树作　张资平译
马车马
〔德〕Hermyniazur Muehlen 女士著
坎　人译
地主　〔日〕藤森成吉作　张资平译
潜航艇　沸　螗
结局　俞念远
苦囚杂记（一）　周毓英
附　录
结婚医学
〔日〕柏原长弘著　柏　华译

编后　乐群半月刊社

第 2 期
1928 年 10 月 15 日出版

我们要召集反法西斯主义大会
〔法〕巴比塞作　迪生译
地主（续一）
〔日〕藤森成吉作　张资平译
期望着的秋凉　石　声
素秋的死　孙侠夫
苦囚杂记（二）　周毓英
英国小说史（一）
〔日〕佐治秀寿著　谢　声译
附　录
结婚医学（续）
〔日〕柏原长弘著　柏　华译

编后　乐群半月刊社
补　白
等待（诗）　迦　陵

第 3 期
1928 年 11 月 1 日出版

卷头诗　谢　声

地主（续二）
〔日〕藤森成吉作　张资平译
高尔基的回忆琐记（一）　陈勺水译
爱情　秋　刹
新的历史戏曲集序　陈勺水
两种气味　许美埙
苦囚杂记（三）　周毓英
英国小说史（二）
〔日〕佐治秀寿著　谢　声译

编后　编　者

第 4 期
1928 年 11 月 15 日出版

海水浴女（封面画）〔日〕Pan Ur 画

不要让人加重不平等条约的束缚
豹　隐
现代诗的集成时期到了　洪　畴
有律现代诗　勺　水
高尔基的回忆琐记（二）　勺　水译
《齐东根》小引　罗　江
残灰里的星火　张资平
偷饭——苦囚杂记——　周毓英
英国小说史（三）
〔日〕佐治秀寿著　谢　声译
编后　编　者

乐群（月刊）

第1卷　第1期
新年特大号
1929年1月1日出版

封面画　〔日〕Pan Ur 作
最后的幸福　〔日〕Pan Ur 作

论无产作家（论文）
高尔基著　陈勺水译
现代世界诗坛（论文）　陈勺水译
一、现代的欧美诗坛
外山卯三郎著
二、现代的法国诗坛
伯讷尔·福爱著　北川冬彦译
三、现代的日本有产诗坛
佐藤一英著
四、日本的无产诗坛
西川免著
自X里通讯（短篇创作）　金石声
变态的性爱病者（短篇创作）
周毓英
孩子们（短篇创作）　洪　畴
Lumpen Intelligentsia 在上海（短篇创作）　张资平
邹先生在家中（短篇创作）
周乐山
烤山芋　周毓英
爱神的访问（诗）　陈勺水译
爱神的访问　S.Merrill 著
奉劝旅行　Baudelaire 著
毒药　Baudelaire 著
残灰里的星火（续一）　张资平
高尔基的回忆琐记（三）
陈勺水译
佃户的狗和地主的狗
叶山嘉树著　陈勺水译
英国小说史（四）
〔日〕佐治秀寿著　谢　声译

编后　张资平

第1卷　第2期
1929年2月1日出版

封面画　〔日〕Pan Ur 作

论无产诗
〔日〕上野壮夫著　陈勺水译

现代的世界左派文坛
陈勺水著译
现代世界左派文坛即成大家
陈勺水著
最近的俄文坛
冈泽秀虎著　陈勺水译
一束头发　悲　禅
林中狮子的故事　陶晶孙译
寒夜　张资平
殴打〔日〕平林泰子著　勺　水译
吸血鬼（诗）
波德雷作　陈勺水译
波德雷无题诗（六首）　陈勺水译
残灰里的星火（续二）　张资平
高尔基的回忆琐记（四）　陈勺水译
通讯　若　冰、资　平

编后并答辩　张资平

第1卷　第3期
1929年3月1日出版

封面画　〔日〕Pan Ur 作

论新写实主义　陈勺水
现代世界左派文坛　陈勺水著译
现代欧洲的无产作家
〔匈〕利麻搓著　〔日〕藏原惟人译
最近的日本无产作家
〔日〕青田三郎著
黄尘　〔日〕藤枝丈夫作　陶晶孙译
另一世界的人　洪　畴
小书记　悲　禅
诗　陈勺水译
短命的女儿　〔日〕森山启作
谢谢小姐的眼泪
〔日〕中村正利作
日本民众听听
〔日〕叶山健助作
幻影　波德雷作
露草　张资平
失落了的勋章（剧本）
〔日〕清水真澄作　罗　江译
高尔基的回忆琐记（五）
陈勺水译

编后　张资平

第1卷　第4期
1929年4月1日出版

近代象征的源流
〔日〕春山行夫著　陈勺水译
一、近代象征主义诗的发生和发展
二、象征主义诗在近代纯粹诗运动上的过程
三、日本的象征主义和他的倾向
英国新兴文学概观
〔日〕宫岛资三郎著　陈勺水译
逃犯　周毓英
从今天起　乡　庸

两个亡国奴 陈勺水
到上海去谋事 陶晶孙
Roar Chinese
Tretshakof 作 陶晶孙译
慈善（剧本）
松本淳三著 陶晶孙译
高尔基的回忆琐记（六）
陈勺水译
通讯——告一切反对法西斯主义的人们
〔法〕巴比塞著 迪 生译

编后 编辑委员会

第 1 卷 第 5 期
1929 年 5 月 1 日出版

封面画 〔日〕Pan Ur 作

论诗素 陈勺水
捷克国的新兴文学
牟娄尧著 陈勺水译
平儿去后 娟 如
初潮 王啸伊
难忘的一个下午 娟 如
一个樵柴的女子 问 鹃
面包 岛影盟作 张资平译
狗狐之争 铃木彦次郎作 陶晶孙译
演剧杂记 陶晶孙
一、由十九世纪到二十世纪初
二、梅意尔赫利特
三、出演者
四、木人戏
五、斯脱林特堡的俳优艺术
六、假面
七、女演员杂记
八、再说演出者
九、关于拍手
小大脚时代 陈勺水
一、从读书到救国
二、进一步退两步
英国小说史（五）
〔日〕佐治秀寿著 谢 声译

编后 编辑委员会

第 1 卷 第 6 期
1929 年 6 月 1 日出版

封面画 〔日〕Pan Ur 作

俄国最近文学的批判
左宁著 陈勺水重译
现代美国诗坛
Louis Vntermeyer 著 陈勺水重译
遥远的眺望（戏剧）
小岛勖作 张资平译
动物革命（戏剧）
易王哥尔作 陶晶孙译
小大脚时代（续） 陈勺水
三、脚和革命
四、恩和爱

爱与罪（创作） 徐悲禅
代价（创作） 娟 如
哑谜（创作） 会悟女士
高尔基回忆琐记（七） 陈勺水译
英国小说史（六）
〔日〕佐治秀寿著 谢 声译

编后 编辑委员会

第 1 卷 第 7 期
夏期特大号
1929 年 7 月 1 日出版

论现代美俄二国文化和日本新文学
陈勺水译
一、两种唯物文学和他的母胎
新居格
二、机器成熟时代的艺术和反抗意识文学 千叶龟雄著
三、美国文学和俄国文学
平林辅之助著
现代美国文学概观 陈勺水译
一、美国文学的诞生
吉田甲子太郎著
二、现代美国的新兴文学
高垣松雄著
毕竟是 Petite Bourgeois 罢了!
陶晶孙
一、跳舞女
墙 罕 君
Kiss Proof 的胭脂 陶晶孙
没落与转变 洁 予
春雨 周毓英
奇耻 陈勺水
母亲 问 鹃
真珠小姐（Mademoiselle Perle）
〔德〕EiDelmann 作 君 锐译
黑人的兄弟 江马修作 陶晶孙译
遥远的眺望（戏剧，续完）
小岛勖作 张资平译
英国小说史（七）
佐治秀寿著 谢 声译
一、Sir、Walter Scott
二、Scott

第 2 卷 第 8 期
1929 年 8 月 1 日出版

论文学批评的新观点
破良斯基著 勺 水重译
德国新兴文学
山岸光宣著* 勺 水译
俄国现代诗坛
George Z.Patrick 作 杨 震译
一、农民诗人
二、无产诗人
“湖南牛” 勺 水
毕竟是 Petite Bourgeois 罢了!（续）
陶晶孙

* 原刊“目录”作“山岸完宣著”，正文作“山岸光宣著”。

二、礼查饭店

愤怒着　朱上仁

复仇　田　夫

圣彛　周毓英

“明珠与黑炭”　张资平

第2卷　第9期

1929年9月1日出版

论日本无产文学理论的开展

青野季吉著　陈勺水译

由日本文坛看来的欧美文坛的优点

陈勺水译

（一）英国文坛的渐进主义

本间久雄著

（二）英国文坛最近的诸倾向

舟桥雄著

（三）俄文坛的最尖端的要素

藏原惟人著

（四）德国的最新诸艺术

村山知义著

（五）法国的科学文明

武林无想庵著

百货公司的动物（新喜剧四场）

金子洋水作　勺　水译

毕竟是 Petite Bourgeois 罢了！（续）　陶晶孙

三、大学教授

我的姘妇　马　宁

初犯　曾纯雪

绝交　朱上仁

逃兵的一页日记　朱上仁

释放　戈尔特作　起　应译

“明珠与黑炭”（续一）　张资平

关于“经济学大纲”的启事　乐群书店

第2卷　第10期

1929年10月1日出版

艺术科学论（一）

Marc Ickowicz 著　勺　水译

一、到艺术的科学去

二、观念论的艺术观

三、社会学的艺术观

小　说

船上人　马　宁

驴子阿K　黄谷穗

“明珠与黑炭”（续二）　张资平

剧　本

发吼吧，中国！托黎卡作　勺　水译

诗　歌

缝机女　布利学勤作　勺　水译

失了的宝贝　库自涅佐作　勺　水译

我的新郎　布衣科华作　勺　水译

每天　科维涅作　勺　水译

第2卷　第11期

1929年11月1日出版

艺术科学论（续完）

Marc-Ickowicz 著　勺　水译

四、佛罗意德的艺术观
五、马克思主义的艺术观
六、结论
中篇小说
恐慌〔日〕中本高子著　勺　水译
故乡〔日〕明石铁也著　春　树译

我与“乐群”　张资平
通讯　马　宁
编后　张资平

第2卷　第12期
1929年12月1日出版

向新的艺术形式探求去*
〔日〕藏原惟人著　陈勺水译
诗　歌
铁工女　浮　鸥
小　说
挨饿阶级的狗们　马　宁
烟囱　秋　枫
她的一生　曾平澜
田中的喜剧　马　宁
午后　周重颐
明珠与黑炭（续三）　张资平

忠诚的批判　周毓英
——读《现代小说》三卷一期

* 原刊“目录”作“问新艺术形式的探求去”。

一、篇首
二、叶灵凤的“神迹”
三、潘汉年的“例外”
四、照着目录讲一遍
五、结语
文坛琐话　郑菊华
一、拓荒者
二、处女作悬赏
三、钱杏邨捧郁达夫
四、骂高长虹
文坛消息　鲁至道
一、现代小说之三大作家
二、金满成先生办小报
三、现代小说的革新
四、杨邨人氏之最近创作
五、张资平并不羡慕鲁迅和郭沫若在文坛上的地位
六、爱力圈外不是张资平的创作
七、傅子东大骂张资平
八、张资平商人化了
九、张资平太忙了
十、海外出版界消息
一〇、国内出版界消息

编后　编辑委员会

第3卷　第13期
1930年3月1日出版

卷头词　同　人

伦敦海缩会议的前途* 招 贵
美国经济力及其在世界中的地位
鲁宾斯坦著 招 贵译

唯物论与唯心论
达 林作 岳 柏译
农民问题的理论与实际 陆一远
第一章、社会革命与农民运动
第二章、农民运动的过去与现在
一、中世纪的农民运动
二、资产阶级革命时代的农民运动
三、帝国主义与社会主义革命时代的农民运动
第三章、中国革命与农民问题
一、中国农村经济中资本主义的发展
二、中国农民的分化与农业人口的阶级结构
三、中国农民运动概况
四、今后中国革命与农民问题
第四章、马克斯主义与农民问题
一、资本主义时代的农民分化问题
二、资本主义时代的小资产阶级与小农
三、资本主义社会的小农是不是整个的社会阶级?
四、论小农的两重性
五、小农经济的没落与工农联合问题
六、从革命阶级的转变谈到工农联合问题

农民小说论(日本《普罗艺术教程》第二卷摘录)
〔日〕立野信之作 鲁至道译
一、农民文学的根据
二、农民文学之特殊性
三、日本之农民小说家
四、结论
烟树村里(小说) 影 芦
廉价之马(小说) 马 宁
狼的规矩(小说)
皮里尼亚克著 陈勺水译

读者的意见
(一) 傅红蓼
(二) 华念暾
内奸与潘汉年 周毓英

* 原刊“目录”作“伦敦海缩会议的前途”,正文作“伦敦海缩会议的意义”。

57 大江（月刊）

简 介

《大江》月刊，纯文艺刊物。一九二八年十月十五日创刊于上海，大江书铺出版发行，署“大江月刊社”编辑，实际由陈望道、汪馥泉编辑，三十二开本。一九二八年十二月十五日终刊，共出版三期。

《大江》月刊以“三多主义”——“论文多”、“创作多”、“杂伴多”自诩。实际上，刊登的论文不多，发表了较多的杂感、随笔等，所谓“杂伴多”是名副其实。“文坛逸话”、“文坛近讯”、“补白”等栏占有相当比重，内容生动丰富，成为刊物的一个特色。

《大江》月刊载著名作家的作品较多，鲁迅、茅盾、汪静之、王任叔、刘大白、赵景深、沈端先、钟敬文等都是重要的撰稿者。

目　录

创　刊　号

1928年10月15日发行

封面　钱君匋作

名雕名画名影录　陈望道录

一、拾稻子　〔法〕米　亥作

二、亲子

〔荷〕伊斯落爱尔斯作

关于国术的国考　陈望道

捕狮

〔法〕查理路易·腓立普作

鲁　迅译

文坛逸话

零零碎碎

夏丏尊的处女作　修　梅

陈望道与粪担　三　昧

章铁民一变而为明朝人

馥　泉

丰子恺——丰柳燕　伯　年

汪静之底肉　菊　生

弥勒佛赵景深　馥　泉

短小精悍的朱自清　S　F

陈望道的"我"　F　G

夏丏尊的对联　K　S

关于片上伸　陈望道

现代俄国文学与社会性

毕力涅克著　汪馥泉译

小品文与现代生活　冯三昧

是 非 场

《伯兮》问题十讲　章铁民

朱湘的短诗　赵景深

雪之日（小品文）

〔日〕志贺直哉作　谢六逸译

夜的幻境

〔匈〕牟　仑女士作

吴无痕女士译

诗

母亲的归来　裘柱常

浪子之歌　裘柱常

失去的星

〔法〕Catulle Mendes 作

章铁民译

雅歌（一）　所罗门著　冯三昧译

随　笔

拉起笔来乱涂　汪馥泉

篇末　谢宏徒

补　白

海畔小诗选　谭云山

高尔基底普罗作家论

川口浩著　XY生译

太戈尔氏底国际文学一瞥

谭云山

俄国青年读者　菊　生

新叶（诗）　三　昧

著作家省别表（一）　列表者

霍普特曼是伪善者　ABC

创　作

秋愁　叶鼎洛

北老儿　汪静之

写给亡友的信　白小路女士

文坛近讯*

日本《文章俱乐部》译载鲁迅的《白光》

日文《上海每日新闻》译载施存统文章

《文学周报》七卷八、九期合刊中的涅灵叶鼎洛近来出版三部著作

日本近来去世三作家在中国反应之不同

平屋主人夏丏尊近来行踪

《一般》杂志的主干

暨南大学设立“历史社会学研究室”

出版界消息*

《文学周报》将改季刊

《奔流》将出“托尔斯泰专号”

“第一线书店”创办人、编辑及迁址

“春潮书店”创办者及地址

“阳春书店”将开张

郘元冲、周佛海等将分别开设书店

“春野书店”将整理暂歇

北四川路一带诸书店

“复旦书店”将出一文艺杂志

“暨南文艺研究会”所编之《槟榔》创刊

高长虹将主编《狂飚》

《民俗》月刊将创刊

编辑后记　馥、同人

11月号

（第2期）

1928年11月15日发行

封面设计　钱君匋

名雕名画名影录　陈望道录

（三）玻璃工场的火夫　〔比〕牟尼厄

（四）工作　〔比〕牟尼厄

扉画　叶鼎洛

北欧文学的原野　〔日〕片上伸讲　鲁　迅译

附鲁迅译后缀言

发音变迁说　刘大白

随　笔

新近两部别致的书（张风：《张风字典》刘淑琴：《民众世界史要》）　陈望道

茶话数则　沈端先

一、关于《三代的恋爱》

二、恋爱

三、社会记事及其他

四、CHJNA MARBLE

五、关于国术——国械

摆龙门阵　谢宏徒

如是说　汪静之

孙毓修童话的来源　赵景深
楚辞中的神话和传说　钟敬文
创　作
到溧阳去　叶鼎洛
ANH YEOU（诗，拉汉对照）
汪静之
催眠歌（诗）　符竹英女士
国家（小说）　陈　因女士
影子（小说）　王任叔
呵呵蔷薇你病了（小说）
〔日〕佐藤春夫作　谢六逸译
是 非 场
关于"粗人"　封　余
《小说的研究》原序　冯三昧
《新法的儿童世界游记》底谬误
汪馥泉
寄语　张维祺
骷髅
乾哭
防梯
文坛逸话（零零碎碎）
《影子》底自评　任　叔
郁达夫的住址　菊　生
汪静之"新思想分之"底计算
B　生
关于平屋主人　任　叔
恭喜汪老板　S　生
文坛近讯*
有关前田广一郎、夏莱蒂、鲁迅、陈望道与施存统、章铁民、郭沫若、成仿吾、若山牧水、夏丐尊、郁达夫、孙伏园事各一则　馥
《宋人平话》被罚款事件一则
名　骥
外国人研究中国文学中的轻视态度一则　赵景深
出版界消息*
阳春书店、乐群书店、远东书店、晓山书店消息各一则
《文学周报》年底将停刊消息一则
《奔流》杂志销售情况一则
《语丝》等十二种杂志销售情况一则
《贡献》、《读书界》消息各一则
编辑后记　馥、平
补　白
阿龙泰女士　XY 生
毕力涅克底抗议　ABC
最近日本普罗雷大利亚文艺团体
XY 生
著作家省别表（二）　列表者
蒋主席勖助读经　F　生
小语　三　昧
海畔小诗选　谭云山
阿巿来函（补正"著作家省别表"）
ANON
俄国劳动者工资与官吏俸给统计
ABC
女学校的课程表　汪静之

12 月号
（第 3 期）
1928 年 12 月 15 日发行

封面设计　钱君匋
名雕名画名影录　陈望道录
（五）爱尔兰的农夫　〔英〕霍　佩
（六）补靴匠　〔英〕霍　佩
扉画　叶鼎洛

创　作

诗与散文（小说）　茅　盾
冥世别（小说）　郢　生
期待（小说）　滕固
南行
——记白痴似的生活之一节　叶鼎洛

随　笔

零碎感想　沈端先
关于中国神话　茅　盾
陈因女士的《归家》　茅　盾

是 非 场

陈钟凡先生《中国韵文通论》底第一个不通　汉　胄
关于《CHINA MARBLE》　鸬鹚子
介绍黄哲人译述《东西小说发展史》　汪馥泉

诗

落花　胡行之
这样的黄昏　冯雪冰
战士和战马　徐羽兵
行善者　Oscar Wilde（淮尔特）作　徐葆冰译
门徒　Oscar Wilde（淮尔特）作　徐葆炎译

小 品 文

海边沙迹　吴元痕女士
倚枕日记抄　衣　萍

《民间文艺丛话次集》序　刘大白
关于《经济科学大纲》　施存统
修陪尔德底百年祭感想　丰子恺
楚辞中的神话和传说　钟敬文

补　白

卢那卡尔斯基的著作　ABC
牧逸马的随笔两则　〔日〕牧逸马作　徐羽冰译
读淫书的新刑法　情　监
金子洋文底创作表　ABC
就著作者省别表致记者　江绍原
林房雄今岁底创作表　ABC
闲话（五则）　丁致中
高根底自叙传　XY 生译
著淫书新刑法　情　监

文坛近讯*

鲁迅、夏丏尊、画室、叶灵凤、章克标、顾仲起事各一则
各崎润一郎、武者小路实笃事一则
苏特殞逝世
顾仲起自杀

巴比塞、罗曼·罗兰事各一则

出版界消息*

《文学周报》仍将出版一则
《秋野》、《人间》、《世界》、《我们》、《青海》本志出版情况各一则
《拍案惊奇二刻》《说文》《恋爱与新道德》、《红色之恋》将出版各一则

编辑后记 馥

* 此刊各期之“文坛近讯”与“出版界消息”两栏，原刊“目录”无细目，正文各条无标题；这两栏下各条，系本书编者据其内容所拟。

58 白　　华

简　　介

《白华》，文艺性半月刊。一九二八年十月十六日创刊于上海，中国济难会主办，编辑者和发行者均署“白华社”，实际上是由钱杏邨、郁达夫主编，一九二八年十二月二十五日终刊，共出三期，三十二开本，横排。

“中国济难会”是中国共产党联合进步人士发起组织的群众团体，一九二五年九月成立于上海，主要任务是营救被捕的革命者，并筹款救济他们的家属，一九二九年十一月改称“中国革命互济会”。《白华》是它出版的公开刊物之一。

钱杏邨在发刊辞《我们的态度》中，鲜明地揭露了国民党的屠杀政策和帝国主义的侵略政策，提出了《白华》的四项“使命”：第一“是站在人道主义的立场上，反对统治阶级的对民众的一切压迫与屠杀”；第二“是站在和平的立场上，反对第二次的帝国主义的世界大战，反对国内军阀的割据的混战”；第三“是站在全人类解放的立场上做彻底的‘打倒帝国主义’的运动”；第四“是站在被压迫的大多数的立场上，追寻为大多数人的利益而革命的真精神，努力不断的做着‘民权运动’”。

该刊的撰稿者多数是当时“太阳社”的成员，除发表伯川（杜国庠）的几篇国际问题的评论之外，主要是刊登文学作品，有冯宪章的诗，郁达夫、楼适夷、钱杏邨的小说和散文等。

目　录

第 1 卷　第 1 期
1928 年 10 月 16 日出版

我们的态度　钱杏邨
《白华》的出现　达　夫
小　说
乔琪从酒馆里出来　建　南
末日　张年殊
诗
动荡　藻　雪
暗夜　冯宪章
通　信
忘记了付邮的信　谢斯宾

反对第二次世界大战　沈侬非
国际形势与日本的侵略　伯　川
不忍环顾的周遭　沈　玄

第 1 卷　第 2 期
1928 年 11 月 5 日出版

故事　郁达夫
从非战公约说到国际联盟　省　吾
从狱里归来　沈侬非
诗
致死了的模特儿们　孙　伟
日本资本主义的发展及其矛盾　伯　川
随　笔
夜　钱杏邨
打倒帝国主义?　于赓尧
独幕剧
朝晨　若　真

第 1 卷　第 3 期
1928 年 12 月 25 日出版

小　说
弥海儿溪亚　〔波兰〕勃频斯基著　舒　夷译
黎明　张梅奇
对　话
我的怀疑　顾仲起
诗
狱中歌　Y.H.Tsin
通　信
从湖北寄来的一封信　吴　涛

日本三月十五日后的反动局面　伯　川
反对第二次世界大战　伟　士
我们高擎着人道主义的旗帜　筱　云

59 春　潮

简　介

《春潮》，文艺月刊。一九二八年十一月十五日创刊于上海，主编夏康农、张友松，上海春潮书局出版发行，大三十二开本。一九二九年九月十五日出至一卷九期终刊，共出版九期。

编者在《编辑室的话》中说："我们的态度原着重在我们民族的病根的发掘，苦闷的表现，忠实的灵魂的扩张，进步的生活的要求：总之是以发表真挚的思想文艺的著述为主旨。"该刊以发表创作为主，并且常有创作问题的讨论。译作也占有相当的比重。主要撰稿人除编者外，还有鲁迅、钱公侠、林语堂、江绍原、缪崇群、龙冠海、杨骚、柔石等。

目录

第1卷 第1期
1928年11月15日出版

封面画 方匀女士
发刊词 编者
血，逸乐与死 夏索以
诺霭伊夫人象和手迹
我们何处去 张友松
艺术的把戏 孙福熙
真理銮殿下的活剧 龚珏
进酒 石民
秋 陈醉云
猢狲 钱公侠
别后 常式
嘉言懿行抄
编辑室的话 编者
附录
春潮书局创办旨趣

第1卷 第2期
1928年12月15日出版

封面画 方匀女士
士大夫身分与宗教 陶希圣
方译《西哈诺》序 夏康农
附哥格兰象
文艺作品中的事实与真理 侍桁
黑夜里 钱公侠
秋 史特林保格作 石民译
我的浪费——关于徐诗哲对于苏殊斐尔的小说之修改 张友松
一个巴黎艺术界的小小趣史 刘既漂
嘉言懿行抄（续）
编辑室的话 编者

第1卷 第3期
1929年1月15日出版

托尔斯太之死与少年欧罗巴 〔苏〕卢那卡尔斯基作 鲁迅译
法国革命对于文学的影响 郎松作 夏康农译
冰莹《从军日记》序 林语堂
科举制度的意义 陶希圣
现代日本文学杂志 侍桁
小泉八云论肯斯黎的希腊神话故事 张友松编译
车伴 钱公侠
手镯 〔新希腊〕Gregoire Xenopoulo作 家修译
游苏杂感 九芝
大甘蔗 春苔
土棉布袄 春苔
破袈裟 龚珏
编辑室的话 编者

第1卷　第4期

1929年3月15日出版

封面画　钱君匋

现代法国的各派文艺批评论　觉　之

宗教在苏俄之将来

Jalius F.Hecker 著　江绍原译

萨天师语录（六）　语　堂

《鲁拜集》的古本及补遗

〔英〕E.D.Ross 著　颖　子译

关于麻鹿——写给康农先生

郭大力

白头　崇　群

一束粉红色的信封　荷　拂

一匹马　龙冠海

一种心情　宗　群

并非"零星"

一、敬谢胡博士的告诫——致康农　友　松

二、浪费的蔓延　康　农

通讯

从巴黎来的（两封）　索　以

从上海本埠来的　家　修

附按语　编　者

从长沙来的　弦　冰

编辑室的话　编　者

第1卷　第5期

1929年4月15日出版

封面画　钱君匋

现代法国的各派文艺批评论（续一）

觉　之

岱纳的艺术哲学　邓季宣

现代英国生婚丧葬的谣俗　江绍原

《鲁拜集》的古本及补遗*　颖子译

由看戏谈到译戏　夏索以

被弃的人鱼儿

M.Arnold 作　王安民译

诗

期待　江昌绪

落魄　江昌绪

月光　费　华

夜野　费　华

烟台山上独坐　龙冠海

烟台的月夜　龙冠海

烟余　家　修

桃色的梦　陈宀竹

关于一部名著名译的商榷——徐志摩先生译的《戆第德》开首四面里的九处疑问　李青崖

编辑室的话　编　者

第1卷　第6期

1929年5月15日出版

现代法国的各派文艺批评论（续完）

觉之

新时代的预感　片上伸作　鲁　迅译

《茶花女》的前前后后　夏康农

---

* 此篇只有目录，无正文。

朝山客（剧本）
〔法〕卫达哈克著 夏索以译
诗
西山道中 君 练
孤魂 晓 光
暮登西安南城 晶 雪
归去 家 修
爱恋 小 忆
芦管
〔俄〕卜里西文作 赵景深译
从《春潮》读到《从军日记》
毛一波
编辑室的话 编 者

第1卷 第7期

1929年6月15日出版

图画（命运之手）
论文集《二十年间》第三版序
蒲力汗诺夫作 鲁 迅译
饿王 安得列夫著 友 松译
静物 缪崇群
苏俄百科全书 江绍原
吊新诗 东 山
妻的同学 明 若
饿鬼之嗥 杨 骚
悼那几个不知名的饿莩 张直觉
杜斯妥益夫斯基小说《主妇》译文正误 何公超
默驴之技——浪费之三 友 松
论冰莹和她的《从军日记》
章衣萍
借着《春潮》给《从军日记》著者
李白英
通信 行 朴
编辑室的话 编 者

第1卷 第8期

1929年8月15日出版

论梁实秋先生的《论思想统一》
一 修、贞 柏
苏联对于言论出版之制裁
R.N.Baldwin著 友 松译
《小小十年》小引 鲁 迅
译诗一首
Charles Van Lerberghe作 石民译
波特莱尔的散文诗三首 石 民译
小 说
又一次
〔英〕Galswortfhy作 家 修译
垃圾场上的恋爱
〔美〕Michoel Gold作 刘 穆译
夜宿 柔 石
吸力
〔法〕莫柯莱尔作 徐霞村译
夕阳下的小景 侍 桁
读冰莹女士的《从军日记》
见 深
关于《新俄学生日记》中译本的几句声明 张友松

编辑室的话　编　者

第 1 卷　第 9 期
1929 年 9 月 15 日出版

人性的天才——迦尔洵
Lvov-Rogachevski 作　鲁　迅译
个人主义与集团的精神——爱因斯坦致苏联文学家的一封信
夏康农译
暗箭　石　民
登临　波得莱尔作　石　民译
诗三首　毕桓武
田家妇
春力
冬之夜
论直接翻译与转译　友　松
俄国大革命的酝酿期
〔美〕约翰·理特作　何公超译
归心　不　名
波助夫的哲学（小说）
高尔基作　何公超译
月　崇　群
莎士比亚怪装来华　亚　华
关于《新俄大学生日记》　江绍原
来信一封关于《新俄大学生日记》
吕仰山
编辑室的话　编　者

60 熔　炉

简　介

《熔炉》，文艺月刊。一九二八年十二月一日创刊于上海，徐霞村主编，复旦书店出版发行，三十二开本，仅出一期即终刊。

《熔炉》月刊与《无轨列车》半月刊以及《中央日报》的《红与黑》副刊有比较密切的联系，它们的编撰者是当时一群艺术上的热情探索者。《熔炉》多刊登各种体裁的文学作品，其中有丁玲、胡也频、沈从文、刘呐鸥的小说，姚蓬子的新诗；还刊登了徐霞村翻译的意大利作家皮蓝得娄的著名剧本《六个寻找作家的登场人物》，戴望舒翻译的法国作家穆杭的小说《洛迦特金博物馆》，表现了该刊编撰者中一部分人对现代派艺术的关注。

目 录

第 1 卷 第 1 期

1928 年 12 月 1 日出版

小 说

自杀日记 丁 玲

热情之骨 呐 鸥

父亲和他的故事 胡也频

洛迦特金博物馆

穆杭（Pau Marand）作 戴望舒译

阙名故事 沈从文

诗

坂道上 姚蓬子

秋 蓬 子

莫要娇笑 蓬 子

苹果林子 蓬 子

论 文

无产阶级艺术底批评

〔苏〕波旦诺夫（Y.Bogdanov）作

杜 衡译

杂 文

拜伦与婀迦丝朵的恋爱 赵景深

剧 本

六个寻找作家的登场人物（三幕剧）

〔意〕皮蓝得娄作 徐霞村译

作家介绍

皮蓝得娄 徐霞村

炉边的话（编后） 编 者

61 朝花（周刊、旬刊）

简 介

《朝花》，文艺刊物。一九二八年十二月六日创刊于上海，朝花社主办，鲁迅、柔石合编，上海合记教育用品社发行。初为周刊，十六开本，至一九二九年五月十六日止，共出版二十期。一九二九年六月一日改出旬刊，十六开，横排，卷期号另起，至同年九月二十一日出版第一卷第十二期后终刊。周刊、旬刊共出版三十二期。

朝花社，亦作朝华社，鲁迅、柔石发起组织，一九二八年十一月成立于上海，成员还有王方仁、崔真吾等。朝花社的“目的是绍介东欧和北欧的文学，输入外国的版画，……扶植一点刚健质朴的文艺”（鲁迅《为了忘却的纪念》）。朝花社除编辑《朝花》周刊、旬刊以外，还出版了两本,《近代世界短篇小说集》和五本《艺苑朝华》画集。《艺苑朝华》是外国美术丛刊，其中包括《近代木刻选集》两本，都附有鲁迅写的《小引》和《附记》，这是鲁迅提倡木刻艺术的开始。朝花社作了不少切实的工作，于一九三〇年春结束。

鲁迅是《朝花》周刊、旬刊的主持者，从内容到形式，以至于编排格式、报头画、插图等均由鲁迅亲自擘划，他还为刊物翻译和撰写了不少文章。在鲁迅的指导下，柔石也全力投入该刊的编辑工作，“大部分的稿子和杂务都是归他做”。他发表了一系列新诗、小说、短评和译文。此外的译者和作者还有梅川、采石、岩野、真吾、画室、适夷、闵予和裘柱常、潘训、玫玫、昌标、式微、金枝等。《朝花》在扶植创作，尤其是译介外国进步文艺方面作出了贡献。

目录

朝花（周刊）

第 1 期

1928 年 12 月 6 日出版

三诗人　法朗士原著　采　石译

第一步

A.C.Swinburne 原作　梅　川译

死猫　柔　石

一朵红的、红的玫瑰花

Robert Burns 作　岩　野译

出嫁（拟狂言）　琴　川

第 2 期

1928 年 12 月 13 日出版

三诗人（续）

法朗士原著　采　石译

犁耕（木刻）

〔英〕Mabel Annesley 女士作

戒指〔那威〕哈姆生作　梅　川译

夜半的孤零的心（诗）　柔　石

一九二八年世界文艺界概观

〔日〕千叶龟雄述　L　S 译

第 3 期

1928 年 12 月 20 日出版

Karel Capek

〔英〕C.A.Dawson Scott 著

梅　川译

寄——　玫　玫

休息（木刻）　〔英〕G.Eyles 作

三个戈丹人 英佩考克著　采　石译

夫与妻的笑骂　柔　石

一九二八年世界文艺界概观（续）

〔日〕千叶龟雄述　L　S 译

文艺界消息　（无署名）

爱罗先珂逝世

诗人（徐志摩）诗话

远迎雕刻家

第 4 期

1928 年 12 月 27 日出版

关于圣诞节

〔日〕小泉八云著　闵　予译

短衫之歌

〔英〕T.Hood 著　梅　川译

《雄鸡和杂馔》抄　鲁　迅

人之一种（人间杂记之一）

柔　石

一九二八年世界文艺界概观（续）

〔日〕千叶龟雄述　L　S 译

第 5 期

1929 年 1 月 3 日出版

有生命的火焰

Karel And Josef Capek 著　采　石译

The Princess（木刻二幅）

〔英〕Vivien Gribble 作

泪珠，无谓的泪珠
〔英〕A.Tennyson 作　梅　川译
《新年》　闵　予
一九二八年世界文艺界概观（续）
〔日〕千叶龟雄述　L　S 译

第 6 期
1929 年 1 月 10 日出版

生命之呼声
〔那威〕哈谟生作　梅　川译
落叶　〔法〕Arnault 作　采　石译
《雄鸡和杂馔》抄（续）　鲁　迅
狗的自杂问题　柔　石
一九二八年世界文艺界概观（续）
〔日〕千叶龟雄述　L　S 译
文艺界消息　（无署名）
金陵周刊停刊
徐志摩梁其超病

第 7 期
1929 年 1 月 17 日出版

银柄　〔匈〕摩尔那作　岩　野译
Recreation 的书头装饰（木刻）
Robert Gibbings 作
红晕（诗）　裘柱常
秦淮河畔傍晚（诗）　裘柱常
一九二八年世界文艺界概观（续）
〔日〕千叶龟雄述　L　S 译
文艺界消息　（无署名）
全国美展职员名单

第 8 期
1929 年 1 月 24 日出版

乌达珊（Sigrid Undset）
W.A.Drake 著　梅　川译
《近代木刻选集》小引　鲁　迅
存知己　阑　因
一九二八年世界文艺界概观（续）
〔日〕千叶龟雄述　L　S 译

第 9 期
1929 年 2 月 28 日出版

被弃者　〔犹太〕肖罗姆·亚修作
采　石译
鸥唱（版画）　〔日〕潞谷虹儿作
在罗森般公园内
〔丹麦〕Herman Bang 作　柔　石译
流落的狗　樵　子
玛丽·莫利桑
〔英〕R.Burns 作　铜　君译
上当（《人间杂记》之一）　柔　石

第 10 期
1929 年 3 月 7 日出版

沛妥斐
〔英〕Charles Harvey Genung 作
梅　川译

冲淡胸怀〔匈〕沛妥斐作　语　堂译
美丽的端河
〔英〕R.Burns 作　铜　君译
雌之笑（《人间杂记》之一）柔　石
圣诞节前夜　卓　治

第 11 期
1929 年 3 月 14 日出版

哈谟生的几句话　鲁　迅
沛妥斐诗二首　梅　川译
老屋（木刻）　E.M.OR.Dickey 作
夜　潘　训
Les Miseradle　梅　川

第 12 期
1929 年 3 月 21 日出版

狂风暴雨中
〔犹太〕宾斯基作　真　吾译
《桌傍闲谈》杂抄　梅　川译
一个白色的梦　柔　石
Sophocles 颂辞
〔古希腊〕Phrgnichus 作　梅　川译
《近代木刻选集》（二）小引
鲁　迅

第 13 期
1929 年 3 月 28 日出版

巴罗哈（Pio Baroja y Nessi）
W.A.Drake 作　真　吾译
母子之死　昌　标
飞来（瞬间之幻想一）　阑　因
《桌傍闲谈》杂抄（续）　梅　川

第 14 期
1929 年 4 月 4 日出版

巴罗哈（Pio Baroja.y Nessi）
W.A.Drake 作　真　吾译
往诊之夜　巴罗哈作　鲁　迅译
飞沫　潞谷虹儿作
乳妇的悲歌　梨　子
诀绝辞　玫　玫

第 15 期
1929 年 4 月 11 日出版

南非洲文学
〔英〕F.B.Young 作　真　吾译
鹧鸪使她　昌　标
单恋
〔苏〕普理希文原作　岩　野译

第 16 期
1929 年 4 月 18 日出版

南非洲文学（续）
〔英〕F.B.Young 作　真　吾译
捞网（木刻）　司蒂芬・蓬作
夜的怪眼　柔　石

第 17 期
1929 年 4 月 25 日出版

大小孩
〔丹麦〕格斯答夫·惠特作 柔 石译
催眠歌〔俄〕爱罗先珂作 适 夷译
希望（胶版画）〔英〕R.A.Wilson 作
面包店时代
〔西〕巴罗哈作 鲁 迅译
野花与蔓草（一）、（二） 式 微

第 18 期
1929 年 5 月 2 日出版

伊壁鸠鲁的花园
法朗士著 白 石译
冬夜歌 Sara Teasdale 作 真 吾译
果筵散后 柔 石
敏迦罗之吻 西班牙古歌 梅 川译
野花与蔓草（三）“风” 所引起来的 式 微

第 19 期
1929 年 5 月 9 日出版

别 柔 石
“Tess of the D.urbenrvilles” 插画（木刻） 〔英〕Vivien Gribble 女士作
道左的冻尸 若 兰
齐人 樵 子

第 20 期
1929 年 5 月 16 日出版

搬家（野花与蔓草之四） 式 微
碎了的花瓶
〔法〕塞里·帕鲁独姆作 真 吾译
Simple Paragraghs 卓 治
编辑后记

朝花（旬刊）

第 1 卷 第 1 期
1929 年 6 月 1 日出版

封面画（木刻）
〔法〕Raoul Dufg 作
自然主义与新浪漫主义
〔德〕Franz Mehring 作 画 室译
黑的玫瑰花
〔保〕遏林·沛林作 梅 川译
北大西洋（木刻）
〔英〕Stephen Bone 作
遗嘱（小说） 柔 石作
保加利亚通信
Stoyan Christowe 作 梅 川译

第 1 卷 第 2 期
1929 年 6 月 11 日出版

捷克的近代文学（论述） 真 吾

奥斯忒拉伐
〔捷〕斐鲁克作　真　吾译
女孩的头（木刻）
〔瑞〕Aunie Bergman 作
一个问题（小说）　虞　孙
"Maya"底序曲
〔法〕S.Gautillon 作　柔　石译

第 1 卷　第 3 期
1929 年 6 月 21 日出版

岛上插画　〔捷〕约瑟・凯沛克作
表现主义的诸相
〔日〕山岸光宣作　鲁　迅译
人间（诗）　柔　石
岛上
〔捷〕凯沛克兄弟作　真　吾译

第 1 卷　第 4 期
1929 年 7 月 1 日出版

托尔斯太
〔德〕Thomas mann 作　闵　予译
绵蕞（短剧）　呵　嘆
诗二首　沛妥斐作　梅　川译
"Uzerche"（木刻）
〔法〕Paulemile Pissarro 作
斯旦诺耶
〔塞尔维亚〕Bora Stankovie 作
真　吾译

第 1 卷　第 5 期
1929 年 7 月 11 日出版

托尔斯太（续）
〔德〕Thomas Mann 作　闵　予译
一件清洁的白衬衫
〔瑞典〕罕特斯坦原作　真　吾译
绿荫园中寂寂的良朝
〔瑙威〕易卜生作　适　夷译
新冢（诗）　岩　野
D 字装饰画（木刻）
〔瑙威〕Olaf Willums 作
摧残（小说）　柔　石

第 1 卷　第 6 期
1929 年 7 月 21 日出版

怪母亲（小说）　柔　石
佛山五层楼上的高眺（诗）
芾　浪
未完成的跋（散文）　马萧萧
焚烧的城　〔瑞典〕梦特尔堡作
真　吾译

第 1 卷　第 7 期
1929 年 8 月 1 日出版

论法兰西底悲剧与演剧
〔俄〕蒲力汗诺夫著　画　室译
街头（小说）　伊　州
《十日记》插画（木刻）

〔意〕迪绥尔多黎作

村庄与工厂

〔苏〕A.Bezymensky 作　真　吾译

母亲

〔奥〕文新·契万西作　柔　石译

第1卷　第8期

1929年8月11日出版

论法兰西底悲剧与演剧（续完）

〔俄〕蒲力汗诺夫著　画　室译

订婚者（小说）

〔俄〕莱密沙夫作　马萧萧译

六月的赐惠者（《人间杂记》之一）

柔　石

俄罗斯通信

〔俄〕戈里基作　梅　川译

第1卷　第9期

1929年8月21日出版

颤悚（小说）　金　枝

墨西哥的图画（小说）

John Reed 作　庄　文译

俄罗斯通信（续一）

〔俄〕戈里基作　梅　川译

第1卷　第10期

1929年9月1日出版

《二月》小引　鲁　迅

"头"（木刻）

〔英〕E.R.Brews 作

教堂中的船（小说）

〔丹〕蜀拉舒曼作　柔　石译

遐思（诗）　金　桥

俄罗斯通信（续二）

〔俄〕戈里基作　梅　川译

第1卷　第11期

1929年9月11日出版

"到 Bishopton 的路"（木刻）

Jain Macnab 作

现代法兰西文学上的叛逆与革命（论文）〔匈〕I.玛察著　雪　峰译

一个春天的午后（小说）　柔　石

垂死的孩子（诗）

〔丹〕安徒生作　闵　予译

第1卷　第12期

1929年9月21日出版

"恶摩"（木刻）〔日〕永濑义郎

跳舞会底精神（小说）

〔瑙威〕克伊兰著　梅　川译

山是青的云是白的（杂记）

式　微

晚歌（诗）　金　桥

俄罗斯通信（续三）

〔俄〕戈理基作　梅　川译

62 海风周报

简　介

《海风周报》，一九二九年一月一日创刊于上海，是太阳社在《太阳月刊》、《时代文艺》停刊后创办的又一种文艺刊物，署“海风周报社”编辑，实际上是蒋光慈、钱杏邨主编，泰东书局发行，十六开本，横排。一九二九年四月二十八日出版第十六期之后，大约延至同年六月出最后一期，为特大号，共出版十七期。一九三〇年，泰东书局出版了《海风周报》汇刊本。

《海风周报》保持了《太阳月刊》的基本特色，继续鼓吹无产阶级革命文学，但在某些作品和评论中存在着“左”倾思潮的影响。该刊以创作、批评、翻译并重，有戴平万、洪灵菲的小说，冯宪章、森堡、殷夫的诗；钱杏邨对茅盾早期小说和徐志摩诗歌创作的评论；蒋光慈等人的诗作。

目　录

第 1 期
1929 年 1 月 1 日出版

山中（小说）　戴平万
理论与批评（论文）
〔苏〕拍高根著　林伯修译
《在黑暗中》（批评）　钱杏邨
岳诃夫——苏联的雕刻家和理想家（介绍）　敦　夫
革命后的俄罗斯文学名著（国外文坛消息）　魏克特

第 2 期
1929 年 1 月 6 日出版

一周间（小说）
〔苏〕里别丁斯基著　魏克特译
《花之寺》（批评）　钱杏邨
理论与批评（论文）
〔苏〕拍高根著　林伯修译
长蛇（小说）　黄浅源
国内文坛消息　亚　鲁
编辑室消息　编　者

第 3 期
1929 年 1 月 13 日出版

《小雨点》（批评）　钱杏邨
理论与批评（论文）
〔苏〕伯高根著　林伯修译
董老大（小说）　杨邨人
介绍鲁迅先生的做人秘诀（什么话）
李白裕

第 4 期
特大号
1929 年 1 月 20 日出版

信（小说）
〔苏〕谢芙林娜女士著　蒋光慈译
Reed 的生平及其著作（介绍）
戴平万
失业者（小说）
〔法〕爱弥儿·根凯尔著　建　南译
读了高尔基的《我的童年》以后（批评）　李铁郎
弥海尔溪亚（小说）
〔波兰〕勃频斯基著　舒　夷译
理论与批评（论文）
〔苏〕拍高根著　林伯修译
被损害的灵魂（介绍）　钱杏邨
鸟笼室漫话　魏克特
全世界左翼战线作家传略
伯　川辑译
日本普罗艺术展览会出品二帧

第 5 期
1929 年 1 月 27 日出版

关于金子洋文（介绍）　沈端先

俄罗斯文学（批评）

〔苏〕拍高根著　林伯修译

从故乡带来的消息（诗）　蒋光慈

理论与批评（论文），（完）

〔苏〕拍高根著　林伯修译

读过《女作家号》以后　祝秀侠

写给一个朋友（诗）　钱杏邨

编辑室消息

第6、7期合刊

1929年2月10日出版

关于文艺批评的任务之论纲（论文）

〔苏〕卢那查尔斯基著

林伯修译

徐志摩先生的自画象（批评）

钱杏邨

茅盾的《一个女性》（批评）

祝秀侠

致张资平君的公开信（通信）

蒋光慈

致岳真先生的一封公开信（通信）

钱杏邨

薄瘗（小说）　陈一燕

第8期

1929年2月24日出版

最后的老爷（小说）

〔苏〕曹斯前珂著　蒋光慈译

都市之夜（小说）　戴平万

薄瘗（小说）　陈一燕

本报特别启事　编　者

第9期

1929年3月3日出版

我们的文艺（介绍）　若　沁

关于文艺批评（批评）　钱杏邨

评陈勺水的《有律现代诗》（批评）

祝秀侠

是"凛冽的海风"（诗）　冯宪章

最后的老爷（小说）

〔苏〕曹斯前珂著　蒋光慈译

第10期

1929年3月10日出版

普罗列搭利亚艺术底内容与形式（论文）〔日〕藏原惟人著　林伯修译

我们的文艺（介绍）　若　沁

关于顾仲起先生（通信）　钱杏邨

送行曲（诗）　森　堡

第11期

1929年3月13日出版

法国米尔波的《工女马得兰》（批评）

祝秀侠

普罗列搭利亚艺术底内容与形式（论文）

〔日〕藏原惟人著　林伯修译

我们的文艺（介绍） 若 沁
苏联之艺术概观（讲演）
〔日〕秋田雨雀著 陈直夫译
进向那未来之邦（诗）
〔瑞典〕H.F.Spak 著 舒 夷译
罢工后的第三天（诗） 森 堡

第 12 期
1929 年 3 月 23 日出版

资本家的灵魂（小说）
〔波〕柯尔支柴克 适 夷译
几个关于文艺的问题（论文）
林伯修
我们的文艺（介绍） 若 沁
玻璃窗格的泪痕（小说） 文 昭

第 13 期
1929 年 3 月 23 日出版

顶好听的音乐（小说）
〔犹太〕塞格罗维契作 建 南译
波兰音乐家门涅司克（介绍）
魏敦夫
《一个女性》（批评） 徐 杰
关于高尔基（介绍）
辛克莱著 疑今译
露莎的短简（通信） 若 沁译
玻璃窗格的泪痕（小说） 文 昭

第 14、15 期合刊
1929 年 4 月 21 日出版

艺术之社会的基础（论文）
〔苏〕卢那查尔斯基著 林伯修译
《幻灭》《动摇》的时代推动论（批评）
钱杏邨
在俱乐部中（小说） 洪灵菲
玻璃窗格的泪痕（小说） 文 昭
在战旗下（诗） N.B 作 适 夷译

第 16 期
1929 年 4 月 28 日出版

英琪儿（小说）
〔芬兰〕M.A.Kallos 作 王抗夫译
狱囚（小说）
〔俄〕弗尔曼诺夫作 华希理译

第 17 期
特大号
1929 年出版*

遗嘱（诗） 森 堡
艺术之社会的基础（论文）
〔苏〕卢那查尔斯基著
林伯修译
停电（戏剧）

---

* 原刊物没标明出版时间，经查对知于一九二九年出版。

荒烟寒村著　巩　子译
“结局”（批评）　祝秀侠
梅儿的母亲（诗）　徐般夫
安得列夫与《红笑》（批评）　钱杏邨
游移（小说）　冯宪章
民众的（诗）　梅孤峰
茅盾与《动摇》　克　生
租妻官司（戏剧）　杨邨人
编辑室消息　编　者

57

中国现代文学期刊目录汇编（第三卷）

ZHONGGUO XIANDAI WENXUE QIKAN MULU HUIBIAN

唐沅　韩之友　封世辉
舒欣　孙庆升　顾盈丰　编

中国社会科学院
文学研究所　总纂

中国文学史资料全编

现代卷

知识产权出版社

内容提要

本书汇编了我国现代文学史上创刊于1915—1948年间的，有影响、有代表性的期刊目录276种（另有附录4种），其中绝大部分是文学期刊，也酌情选收了一部分与中国现代文学关系密切的综合性文化刊物。

责任编辑：马 岳　　**责任校对**：韩秀天
执行编辑：牛洁颖　　**责任出版**：卢运霞

图书在版编目（CIP）数据

中国现代文学期刊目录汇编 / 唐沅等　编. —北京：知识产权出版社，2010.3
（中国文学史资料全编·现代卷）
ISBN 978-7-80247-677-6
Ⅰ. ① 中…　Ⅱ. ① 唐…　Ⅲ. ① 现代文学—期刊目录—中国
Ⅳ. ① Z88：I206.6
中国版本图书馆 CIP 数据核字（2010）第 007847 号

中国文学史资料全编·现代卷
中国现代文学期刊目录汇编（第三卷）
唐　沅　韩之友　封世辉　舒　欣　孙庆升　顾盈丰　编

出版发行：知识产权出版社

社　　址：北京市海淀区马甸南村1号	邮　　编：100088
网　　址：http://www.ipph.cn	邮　　箱：bjb@cnipr.com
发行电话：010-82000860 转 8101/8102	传　　真：010-82005070/82000893
责编电话：010-82000860 转 8171	责编邮箱：mayue@cnipr.com
印　　刷：北京市凯鑫印刷有限公司	经　　销：新华书店及相关销售网点
开　　本：720mm×960mm　1/16	印　　张：303
版　　次：2010年3月第一版	印　　次：2010年3月第一次印刷
字　　数：4653千字	定　　价：616.00元（全七卷）

ISBN 978-7-80247-677-6 / Z · 454（2796）

总目录

第一卷

期刊目录汇编

1　新青年（青年杂志）………3
2　每周评论………52
3　新潮………70
4　国民………80
5　少年中国………88
6　解放与改造（改造）……111
7　曙光………130
8　新社会………137
9　人道………144
10　小说月报………146
11　文学周报
（文学旬刊、文学）……297
12　戏剧………374
13　诗………382
14　学衡………392
15　创造………447
16　努力周报………454
17　读书杂志………472
18　歌谣周刊（歌谣）………476

第二卷

期刊目录汇编（续）

19　小说世界………574
19　附录一　民众文学………751
19　附录二　侦探号………756
20　浅草………758
21　弥洒………762
22　创造周报………766
23　文艺周刊
（文艺旬刊）………775
24　洪水（周刊、半月刊）……787
25　语丝………799
26　现代评论………861
27　支那二月………934
28　猛进………937
29　莽原（周刊、半月刊）……954
30　大江（季刊）………971
31　甲寅（周刊）………973

32 清华文艺……………………1001
33 狂飚……………………………1007
34 创造月刊……………………1016
35 沉钟（半月刊）…………1026
36 北新……………………………1034
37 一般……………………………1093
38 幻洲……………………………1112
39 泰东……………………………1127
40 真美善………………………1138
41 民间文艺……………………1165
42 太阳月刊……………………1169
43 未名……………………………1174
44 文化批判……………………1179
45 现代小说……………………1183
附 五一特刊……………………1191
46 新月……………………………1193
47 流沙……………………………1217
48 我们……………………………1221
49 畸形……………………………1224
50 奔流……………………………1227
51 开明……………………………1234
52 山雨……………………………1265
53 思想……………………………1269
54 无轨列车……………………1272
55 大众文艺……………………1275
56 乐群……………………………1282
57 大江（月刊）……………1291
58 白华……………………………1297
59 春潮……………………………1299
60 熔炉……………………………1304
61 朝花（周刊、旬刊）……1306
62 海风周报……………………1313

第三卷

期刊目录汇编（续）

63 金屋月刊……………………1318
64 红黑……………………………1324
65 人间……………………………1327
66 华严……………………………1329
67 新流月报……………………1333
68 戏剧与文艺………………1336
69 南国月刊……………………1342
70 引擎……………………………1347
71 戏剧……………………………1349
72 戏剧的园地………………1355
73 南国周刊……………………1357
74 新文艺………………………1363
75 萌芽（新地）……………1370
76 拓荒者………………………1377
77 艺术……………………………1384
78 文艺讲座……………………1386
79 巴尔底山……………………1388
80 骆驼草………………………1391
81 沙仑……………………………1397
82 前锋周报……………………1399
83 现代文学……………………1406
84 开展……………………………1412
85 文艺月刊……………………1418
86 世界文化……………………1496
87 前锋月刊……………………1498
88 读书月刊……………………1505

89 当代文艺……1517
90 诗刊……1524
91 文学生活……1528
92 文艺新闻……1530
93 青年界……1579
94 现代文学评论……1679
95 前哨（文学导报）……1687
96 文艺杂志……1690
97 创作……1694
98 新时代……1698
99 涛声……1731
100 北斗……1756
101 十字街头……1761
102 文化评论……1763
103 絜茜……1766
104 矛盾……1769
105 文学……1781
106 现代……1783
107 文学月报……1827
108 文艺茶话……1832
109 论语……1845
110 小说月刊……1999
111 文化月报（世界文化）……2002
112 无名文艺……2005
113 新诗歌……2007
114 艺术新闻……2014
115 文学杂志……2017
116 文艺月报……2021
117 文学……2025

第四卷

期刊目录汇编（续）

118 文艺春秋……2080
119 戏……2085
120 文艺……2088
121 文化列车……2091
122 文学季刊……2096
123 中国文学……2106
124 新诗歌……2114
125 春光……2116
126 诗歌月报……2121
127 人间世……2126
128 小说（月刊、半月刊）……2153
129 文艺风景……2162
130 当代文学……2165
131 东流……2170
132 文学评论……2179
133 译文……2182
134 太白……2206
135 文学新地……2226
136 水星……2228
137 当代诗刊……2233
138 文饭小品……2236
139 新小说……2242
140 芒种……2247
141 文艺……2255
142 中学生文艺季刊……2276
143 杂文（质文）……2291

144 创作……2300
145 宇宙风……2303
145 附 宇宙风·逸经·西风非常时期联合旬刊……2392
146 海燕……2397
147 夜莺……2400
148 诗歌生活……2404
149 逸经……2407
150 东方文艺……2446
151 文学丛报（人民文学）……2452
152 作家……2458
153 文季月刊……2463
154 文学界……2470
155 光明……2475
156 现实文学……2494
157 今代文艺……2497
158 中流……2501
159 诗歌杂志……2514
160 新诗……2520
161 电影戏剧……2527
162 小说家……2530
163 热风……2533
164 希望……2536
165 文丛……2539
166 文艺科学……2544
167 文学杂志……2547
168 戏剧时代……2559
169 中国文艺……2562
170 新演剧……2566
171 烽火（呐喊）……2571
172 七月……2578
173 抗战戏剧……2596
174 抗到底……2603
175 战地……2612
176 自由中国……2617
177 文艺阵地……2624
178 抗战文艺……2658
179 戏剧新闻……2686
180 文艺……2690
181 文艺突击……2698
182 文艺新潮……2702
183 鲁迅风……2714
184 文艺战线……2721
185 笔阵……2725
186 宇宙风乙刊……2737
187 戏剧岗位……2758
188 新中国文艺丛刊……2765

第五卷

期刊目录汇编（续）

189 西线文艺……2769
190 通俗文艺……2773
191 文艺新闻……2784
192 文学月报……2790
193 戏剧与文学……2799
194 中国文化……2802
195 黄河……2808
196 战国策（附《战国》副刊）……2828
197 大众文艺……2835

198 现代文艺……2841
199 野草……2857
200 新诗歌……2877
201 戏剧春秋……2880
202 文艺月报……2887
203 奔流文艺丛刊……2893
204 中国文艺……2897
205 五十年代……2899
206 华北文艺……2902
207 时代文学……2906
208 诗创作……2911
209 万象……2924
210 笔谈……2963
211 文艺生活……2970
212 文讯……3001
213 草叶……3021
214 谷雨……3024
215 奔流新集……3027
216 战时文艺……3030
217 文艺杂志……3035
218 文坛……3045
219 文学批评……3050
220 文学创作……3053
221 文艺先锋……3060
222 青年文艺……3097
223 人世间……3104
224 天下文章……3118
225 时与潮文艺……3128
226 风雨谈……3142
227 艺丛……3154
228 中原……3157
229 艺文杂志……3161
230 民族文学……3174
231 新文学……3178
232 戏剧时代……3181
233 当代文艺……3185
234 微波……3189
235 文艺春秋……3191
236 高原……3214
237 文学新报……3218
238 希望……3222
239 诗文学……3230
240 文哨……3233
241 文艺大众……3237
242 新群众……3243
243 文联……3250
244 文艺复兴……3255
245 文章……3269
246 文坛月报……3274
247 人民文艺……3277
248 中原、文艺杂志、希望、文哨 联合特刊……3281
249 白山……3285
250 鲁迅文艺……3290
251 文艺杂志……3293
252 北方文化……3304
253 清明……3311
254 热潮……3316
255 北方杂志……3318
256 萌芽……3324
257 长城……3327
258 文艺丛刊……3329

259 东北文化……………………3332
260 呼吸……………………3338
261 东北文艺……………………3342
262 平原文艺……………………3349
263 文艺知识连丛 …………3356
264 诗创造……………………3360
265 胶东文艺……………………3371
266 中国作家……………………3377
267 大众文艺丛刊 …………3380
268 蚂蚁小集……………………3384
269 文艺工作……………………3388
270 小说……………………3390
271 文学战线……………………3405
272 群众文艺……………………3412
273 文艺月报……………………3419
274 平原……………………3423
275 文艺丛刊……………………3446
276 华北文艺……………………3450

第六卷

期刊作者索引

作者署名首字笔画检索表 ····3457
作者索引……………………3477

第七卷

作者索引（续） ……………4137

期刊馆藏索引

期刊馆藏索引……………………4629
期刊基本情况一览表……………4801

第三卷

期刊目录汇编（续）

63 金屋月刊

简 介

《金屋月刊》，文艺刊物。一九二九年一月一日创刊于上海，邵洵美、章克标编辑，金屋书店出版发行，三十二开本。一九三〇年九月（最后两期出版时间只署年度月份，不署具体日期）出至第一卷第十二期终刊。

发表在第一卷一期上的《色彩与旗帜》一文，是实际上的发刊词。此文说，“我们决不承认艺术是有时代性的，我们更不承认艺术可以被别的东西来利用”，“我们要打倒浅薄，我们要打倒顽固，我们要打倒时代观念的工具的文艺，我们要示人以真正的艺术”，我们要用人的力的极点来表现艺术”。这些话表现了编者的唯美主义文艺观点。

该刊以发表创作为主，兼有翻译。邵洵美、浩文的诗，章克标、滕固的小说，倪贻德、曾虚白的散文占显著地位，此外还发表了徐志摩、戴望舒、叶鼎洛和何家槐等人的作品。

目 录

第 1 卷 第 1 期
1929 年 1 月 1 日出版

色彩与旗帜

绿（画） 张道藩
George Moore（画） 海里孙女士

永远想不到的诗句 邵洵美
在前后的灯旁
T.Hardy 著 郭子雄译
独轮车的遭遇 滕 固
一年 浩 文
破损的箱箧 章克标
我的死了的生活的回忆
G.Moore 著 洵 美译
文体论 W.Pater 著 朱维基译
柳亚子先生 徐蔚南*
无名的裘特（一）
T.Hardy 著 郭有守译
金屋邮箱 李尉元 吴星如 吴敬文
金屋谈话 编 者

第 1 卷 第 2 期
1929 年 2 月 1 日出版

来吧让我们沉睡在喷火口上欢梦
章克标
在不知名的道旁 徐志摩
素描 常 玉
外遇 滕 固
号外 倪贻德
故友 叶鼎洛
和尚的情史
George Moore 著 洵 美译
二庵童 谷崎润一郎著 克 标译
要做一篇鲁迅论的话（一） A.B
《炉火》作者的答复 赵景深
谈散文 Van Deijssel 著 子 雄译
无名的裘特（二）
T.Hardg 著 郭有守译

金屋邮箱 樊仲德 李 新
金屋谈话 编 者

第 1 卷 第 3 期
1929 年 3 月 1 日出版

永久的建筑 浩 文
赠一诗人 邵洵美
死了的琵琶 邵洵美
处男的狎曲 滕 刚
残句 滕 刚
朱唇开处 滕 刚
意外的收获 曾虚白
下等船客 穆罗茶
马车马 章克标
赌 浩 文

* 原刊“目录”误作“徐蔚南译”。

债　黄　中
樱花　倪贻德
蜗牛与地丁　滕　刚
写　郭子雄
近代艺术界中的宝贝　洵　美
要做一篇鲁迅论的话（二）　A.B
无名的裘特（三）
T.Handg 著　郭有守译

金屋邮箱　谢寿康　钱子岳
金屋谈话　编　者

第 1 卷　第 4 期
1929 年 4 月出版

上去站在第一峰顶　章克标
出门人的眼中　邵洵美
绿逃去了芭蕉　邵洵美
诗人做不成了　浩　文
决别　滕　固
自白　浩　文
南国行　倪贻德
电影场之夜　曾虚白
秋的葡萄浆盛进了旧的革囊
郭子雄
樱花之都　章克标
Nascuntur Poetae
T.Wilder 著　浩　文译
伦敦塔　夏目漱石著　克　标译
处女　Salvat 作
童男与处女　邵洵美

金屋邮箱　王海鸥
金屋谈话　编　者

第 1 卷　第 5 期
1929 年 5 月出版

情赃　洵　美
夜行　洵　美
做不成的小说　章克标
舞场之夜　曾虚白
赌钱人离了赌场　浩　文
你躲避我么　郭子雄
两个偶像　洵　美
萝洞先生　谷崎润一郎著　章克标译
从罗斯金到王尔德
A.Maurois 著　郭有守译
布尔塞维克的绘画与文学
T.Dreiser 著　汉　奇译

金屋谈话　编　者
金屋月刊悬赏征稿

第 1 卷　第 6 期
1929 年 6 月出版

主观与客观　再　生
母亲　荆　蕴
不要不爱狗　浩　文
卖歌歌　叔　蘅译
春曲　章克标
跑狗场之夜　曾虚白

夏夜的 Fantasia 朱维基
铁厂主
Ferenc Molnar 著 叔 蘅译
布尔塞维克的艺术
T.Dreiser 著 汉 奇译
乌赛罗 莎士比亚著 朱维基译
介绍批评与讨论
《上元灯》（施蛰存著，水沫书局版） A.B.
《她的遗书》（瞿永坤著，开明书店版） A.B.
《神巫之爱》（沈从文著，光华书局版） 文

金屋谈话 编 者

第 1 卷 第 7 期

1929 年 12 月出版

音乐与美术 再 生
二百年的老树 洵 美
乳房 C.P 译
手套 紫 燕
死与生 陈雪清
沙里奥 戴望舒
南京路下午三时 章克标
第一次的云雾 张道藩
乌赛罗 朱维基

介绍与讨论批评
评《棘心》 古 月
《南风的梦》 古 月
金屋邮箱 K.S.
金屋谈话 编 者

第 1 卷 第 8 期

1930 年 4 月出版

浪漫主义与现实主义 再 生
克儿克之一夜……（诗） 汉 奇
东方的夜晚与西方的早晨
太戈尔著 汉 奇译
诗三首 南 生
孤独者
吻
金钱
鹅蛋脸 滕 固
创作 徐葆炎
诗与女人 洵 美
三十六门 浩 文
身边杂事 章克标

介绍批评与讨论
《我的幼年》 （无署名）

金屋邮箱
金屋谈话 编 者

金屋月刊征文发表
花子 纪燕男
凤嫂 胡霄狱
阿凤 冷 西

第1卷 第9、10期合刊
1930年6月出版

本刊第一次征稿选外佳作
小青虫 吴文珊
傻王偿了抬笔的好梦 陈薇芬
拒 徐睡麟
抽象观念与具体观念 再 生
二种的艺术 再 生
诗二首 志 摩
黑暗 开 瑜
春满哥哥 蔷 薇
蓝玻璃瓶 雪 清
做寿 滕 固
春天带了来的 克 标
George Moore 洵 美
姊妹 洵 美
文学之社会学的评判 若 渠
两种的小说 克 标
随笔（一） 岂 凡
关于蜃楼 克 标
介绍批评与讨论
《鲁男子》 文
《小家之伍》 文
金屋邮箱
看了《威尼市商人》 浩 文
法兰西通信 光 涛
金屋谈话 编 者

第1卷 第11期
1930年8月出版

表现与观照 再 生
牡丹 洵 美
你以为我是什么人? 洵 美
死神颂 刘 宇
天上有颗星 刘 宇
食莲花者 丁尼生作 朱维基译
宗姑太太和她三个儿子 浩 文
蜜丝朱的头衔 史济行
时代的话 吕 李
输 浩 文
初夏的风 克 标
美人李 克 标
水手与妓女 浩 文译
偶然想到的遗忘了的事情 洵 美
随笔（二） 岂 凡
今日的诗人 浩 文
评《失业以后》 A.B.
金屋谈话 编 者

第1卷 第12期
1930年9月出版

感情与知性 再 生
诗的本质 再 生
诗四首
假使我也和神仙一样 邵洵美
到乡下来 邵洵美

月亮	邵洵美
白雪	浩　文
夜莺	邵洵美
街	穆罗茶
暧昧	何家槐
灯下伴侣	章克标
杨柳	章克标
草原大王	李青崖
清穆性	安　文
唯美的批评	朱维基
天一般的秋媥	叔　蘅
随笔（三）	岂　凡
梅司绯儿	浩　文
金屋谈话	编　者
金屋邮箱	
浩文的新诗	浩　文

64 红 黑

简 介

《红黑》，文艺月刊。一九二九年一月十日创刊于上海，胡也频、沈从文、丁玲主编，红黑出版社出版发行，十六开本。同年八月十日终刊，共出八期。

创办《红黑》月刊时期的胡也频、丁玲虽已接触到革命理论的影响，但仍然处在摸索探求之中，当时他们自己的创作，一面表现了对黑暗现实的不满和对光明的追求，一面又常带着虚无主义的色彩，“染上一层感伤”（丁玲《我的创作生活》），与此相应的是《红黑》月刊的前几期中有些作品表现出唯美主义的倾向。一九二九年夏，胡也频在他写的中篇小说《到莫斯科去》自序中说，此作是他“将来作品底转变的一个预兆”。在此后由于编者胡也频、丁玲的思想产生了倾向革命的转变，月刊后期也有了明显的革命色彩。

《红黑》月刊多发表小说、诗歌，撰稿人除编者外，也有沉默、甲辰、白丁、许次寰等人。

目　录

第 1 期
1929 年 1 月 10 日出版

释名　编　者

小　说

李太太的头发　桂　山
龙朱　沈从文
子敏先生的功课　胡也频
庆云里中的一间小房里　丁　玲
便宜货　胡也频

诗

生计　沉　默
夜　沉　默
编后附记　也　频

第 2 期
1929 年 2 月 10 日出版

小　说

过年（一九二九年一月十一日）　丁　玲
参军　沈从文
夜〔俄〕阿尔志巴绥夫作　戴望舒译
一个村子　胡也频

论　文

钱杏邨批评之批评　岳　真

第 3 期
1929 年 3 月 10 日出版

卷头小语（散文诗）　编　者

小　说

神巫故事之一　沈从文
三个不统一的人物　胡也频
小火轮上　丁　玲

诗

权力与真理　沉　默
初醒　沉　默

第 4 期
1929 年 4 月 10 日出版

小　说

苦刑　胡也频
恋爱者　戴南冠
日与夜　沈从文

诗

生命的象征　沉　默
风声　沉　默

编后　也　频

第 5 期
1929 年 5 月 10 日出版

小　说

日　丁　玲
黑面包
〔俄〕潘蒂里蒙·莱蒙托夫作
蓬　子译
两个大学教授　江　荫
七个野人与最后一个迎春节　沈从文

诗

偶像的失败　黄　丙

第6期

1929年6月10日出版

小　说

道师与道场　沈从文

野草　丁　玲

诗

黑夜行　许次寰

噩梦　沉　默

书　信

一个天才的通信　甲　辰

散　文

串珠与羽扇　刘开荣

第7期

1929年7月10日出版

小　说

到川城去（前三节）　白　丁

一个猎人的自叙　胡也频

诗

欲雨的天色　沉　野

迷雾的朝晨　许次寰

论　文

介绍《到川城去》　丁　玲

书　信

寄给某编辑先生　甲　辰

第8期

1929年8月10日出版

小　说

一只船　沈从文

大城中的小事情　甲　辰

到川城去（续四、五、六节）

白　丁

诗

长风曲　沉　默

散　文

月　谢冰季

65 人　间

简　介

《人间》，月刊，（原刊封面刊名为“人间”，内封刊名为“人间月刊”）文艺刊物。一九二九年一月二十日创刊于上海，十六开本，人间书店发行，未署编者，实际上由沈从文、胡也频、丁玲等所办，沈从文主编。一九二九年三月十日终刊，共出三期。第四期编好而未能出版。

该刊的代发刊词《卷首》表明了它是由几个同人所办的刊物，不属什么有“大将”、“走卒”的集团，也不向权势者屈身俯首。它与早十天创刊的《红黑》月刊是姊妹刊物，以发表创作为主，兼登翻译作品，主要作者有丁玲、胡也频、沈从文、姚蓬子、陈梦家等。

目 录

第 1 期
1929 年 1 月 20 日出版

卷首 （未署名）
一个小学生的日记（小说）
［俄］奥洛尼约夫作 秋景明译
一幕悲剧的写实（小说） 胡也频
两个好胜青年的悲剧（小说）
［英］哈代作 朱 溪译
安南美人（散文） 刘开渠
媚金，豹子与那羊（散文）
沈从文
莫心痛（诗） 蓬 子
我愿我的心是一条可爱的小径（诗）
蓬 子
我的朋友
［日］Hinabayashi Taiko 作
刘呐鸥译

第 2 期
1929 年 2 月 10 日出版

岁暮（小说） 丁 玲
十年以后（小说） 从 文
一幕悲剧的写实（小说）（续一）
胡也频
一个小学生的日记（小说（续一）
［俄］奥洛尼约夫作 秋景明译
“一百” A.Hunedred 著 聂光地译
口口 蓬 子

第 3 期
1929 年 3 月 10 日出版

一幕悲剧的写实（小说）（续）
胡也频
一个小学生的日记（小说）（续）
［俄］奥洛尼约夫作 秋景明译
克里斯托弗生 朱 湘译
车夫老李 朱 溪
漂流曲 黄 丙
晨光里的一幕 冷 嘘
酒楼 斯 永
北风里示众的窃贼 陈梦家
通信
致编者 东方白
致编者 守 仪
复东方白、守仪 编 者

附：第四期目录*

达甫尼士的死——西奥克立特的
田园诗 朱 湘译
睡前 钱冰季
一幕悲剧的实真 胡也频
拉津达国土与偷儿 念 生译

蒙达卡罗之一夜 黄嘉德
傩 沈从文
编后 编 者

* 此期仅见目录预告，未见原刊。

66 华　严

简　介

《华严》，文艺月刊。一九二九年一月二十日创刊于北平，由黄庐隐、于赓虞编辑，瞿菊农参与审稿，北平华严书店出版发行，三十二开本。一九二九年八月二十日出版第八期后终刊。

该刊“开场无白”，没有发刊词，但在创刊号上发表的编者黄庐隐《文学家的使命》一文中说：“文学如果只有时代兴味，而没有超越时间空间及国民性等的独立精神，这种文学就失去它万古常新的效能，换句话说，就是没有永久性与普遍性了”同一期发表的于赓虞《诗与艺术》一文也说，“诗为抒情的独立的创造的艺术，自不能使之为政治的或主义的奴役”，“诗止于诗，诗正为诗而存在，不为其他效用而存在”。这些话清楚地表明了当时编者倾向“为艺术而艺术”的文艺观点。

《华严》以发表创作小说、新诗、散文为主，也刊登中外评论家的文艺论文。该刊连载了庐隐的中篇小说《归雁》，发表了赓虞的《孤灵》、《落花梦》等诗篇，此外的作者还有陆晶清、宋琴心、徐玉诺等人，译者有瞿菊农、焦菊隐、刘绍苍等人，还选刊了石评梅的部分遗作。

目 录

第1卷 第1期

1929年1月20日出版

进化的宇宙 瞿菊农
文学家的使命 庐 隐
诗之艺术 于赓虞
论希腊悲剧（一） 焦菊隐译
归雁（长篇小说）（一） 庐 隐
订婚之夜（小说） 晶 清
梅笺（寄晶清） 评梅遗书
大题小做 君 评
诗学原理与 The Poetie Mind
西洋诗学浅说与 Introduction to Poetry
夜的奇迹（散文诗） 庐 隐
孤灵（散文诗两篇） 于赓虞
残梦
美晏
ZERO（小品文三篇） 高 滔
ZERO
骷髅山下的断塔
冰的国

诗

酒醒后 晶 清
剑与泪 赓 虞
阔别的云天 波 西
冲突之心 波 西
编辑者言*

* 原刊“目录”漏。

第1卷 第2期**

教育上之唯心论（一） 菊 农译
星夜 庐 隐
论希腊悲剧（二） 焦菊隐译
评梅遗札 评 梅
夜光曲 赓 虞
春之歌 赓 虞
美丽的姑娘 庐 隐
归雁（长篇小说）（二） 庐 隐
渔趣 赵荫棠
诗之艺术 于赓虞

第1卷 第3期**

史前人的艺术（一） 莫根著 田园丁译
乞丐 庐 隐
教育上之唯心论（二） 菊 农译
魔窟流浪记 于赓虞
梅笺（寄君珊） 评梅遗著
雪莱与萨西 东 美
关于评梅日记 森
新发现峨默诗十三首 肇 颍译
寨主 春 芝
博多莱尔寄其母书（一） 肇 颍译
雪莱寄马丽书（二通） 苦 人译
归雁（长篇小说）（三） 庐 隐

** 所见到的原刊缺版权页，出版时间不详。

第1卷　第4期*

诗人与通晓　Drinkwater著　赵荫棠译
史前人的艺术（二）　莫根著　田园丁译
春的警钟　庐　隐
惨月之霄　宋琴心
诗之历史　波西译
忏悔　顾启藩
落花梦　于赓虞
归雁（长篇小说）（四）　庐　隐
博多莱尔寄其母书（二）　菌　译
春雨落花忆评梅　东　美
猎人　〔俄〕契可夫著　刘绍苍译
编校以后　记　者

第1卷　第5期
1929年5月20日出版

教育与社会　瞿菊农
亚里思多德与悲剧的定义　路卡斯斯作　柯　西译
冲突（三幕剧）　庐　隐
诗与梦　李　濂译
博多莱尔寄其母书（三）　刘绍苍译
暑思（诗，一）　赓　虞

* 所见到的原刊缺版权页，出版时间不详。

解说　〔德〕海涅著　晶萍译
归雁（长篇小说）（五）　庐　隐

第1卷　第6期
1929年6月20日出版

诗之辩护　〔英〕雪莱著　甘师禹译
反抗的不朽作家　〔美〕辛克莱著　赵荫棠译
最后的假面具（剧本）　Zhuisler著　刘绍苍译
秋声（散文诗）　庐　隐
博多莱尔寄其母书（四）　刘绍苍译
月的礼赠　波　西译
海涅的恋歌　晶萍女士
和平　〔德〕海涅著　刘绍苍译
归雁（长篇小说）（六）　庐　隐
编校以后　记　者

第1卷　第7期
1929年7月20日出版

查理斯·鲍得来尔　F.P.Sturm著　血　干译
现代中国文学批评　李辰东
最后的假面具（剧本）（续）　Zhuisler著　刘绍苍译
暑思（诗）（二）　赓　虞

我生活在沙漠上（诗） 庐　隐

月色朦胧中的白河 赓　虞

博多莱尔寄母书（五）
刘绍苍译
一八五三年十二月十日的信
一八五四年二月二十三日的信
一八五四年六月二十五日的信
一八六一年五月七日的信

归雁（长篇小说）（七） 庐　隐

第 1 卷　第 8 期
1929 年 8 月 20 日出版

袁枚的文论 李辰冬

青春的权威者
——夜的奇迹之一（散文诗）
庐　隐

英国的古代民谣谈 曜　山

把宝剑送给你狠心的妇人（诗）
波　西

亡命（小说） 庐　隐

人食与人屎（杂文）
——《墙角夜话》之八
徐玉诺

拥衾 昔　梨

寄 T.C. 钟心茹

查理斯·鲍得来尔（续）
F.P.Sturm 著　血　干译

寒夜（散文） 于赓虞

67 新流月报

简　介

《新流月报》，文艺刊物。一九二九年三月一日创刊于上海，太阳社主办，蒋光慈主编，上海现代书局出版发行，三十二开横排本，一九三〇年一月十五日出版第五期后终刊。

《新流月报》与太阳社的其他刊物有着直接的渊源与继承关系。《太阳》月刊被查禁后，改为《时代文艺》继续出刊；《时代文艺》只出了一期，又改为《新流月报》；《新流月报》的第四期延期了七个月之久才出版，因而不得不再次改刊，第五期在仍沿用《新流月报》的同时，又以另一刊物《拓荒者》第一期的面目问世。

《新流月报》在第二期即将编者改署“新流月报社”，实际上从第三期起才由别人代替生病的蒋光慈的编辑工作。蒋光慈在第一期的《编后》一文里说，此刊的编辑意图，“就是想对目前的如火如荼的新时代文艺运动，加上一点推进的力量”，表明了此刊积极推动革命文艺发展的态度。此刊以发表文学创作为主，尤其重视小说，洪灵菲的《在洪流中》、蒋光慈的《丽莎的哀怨》等所谓“革命小说”，均揭载于此刊。此外，撰稿人还有戴平万、祝秀侠、林伯修、沈端先等。

目　录

第 1 期
1929 年 3 月 1 日出版

抛弃
〔日〕平林 Tai 子作　沈端先译
在木筏上（创作小说）　洪灵菲
都霞
〔俄〕谢廖也夫作　蒋光慈译
黎三（创作小说）　祝秀侠
劳动者
〔俄〕塞尔格·马拉修金作　伯川译
流浪人（创作小说）　张萍川
丽莎的哀怨（创作小说）　蒋光慈
编后　蒋光慈

第 2 期
1929 年 4 月 1 日出版

给某夫人的信（长诗）　蒋光慈
母亲（小说）　戴平万
某月某日的那一天（小说）　祝秀侠
那个罗索的女人（小说）　钱杏邨
烟草工厂
〔日〕窪川稻子作　伯修译
在洪流中（小说）　洪灵菲
在施医室里
〔日〕平林泰子作　沈端先译
丽莎的哀怨（长篇小说，续一）　蒋光慈

第 3 期
1929 年 5 月 1 日出版

奔哈德·力夫斯
〔芬兰〕A.Kallas 作　王抗夫译
归家（小说）　洪灵菲
奴隶（小说）　华　汉
小林檎（小说）
〔日〕田岛作　钱杏邨译
油印机的奇迹
〔日〕林房雄著　沈端先译
春泉（小说）　戴平万
炭矿夫（剧本）
〔德〕L.Mearten 作　林伯修译
丽莎的哀怨（长篇小说，续二）　蒋光慈

第 4 期
1929 年 12 月 15 日出版

我应当归去（诗）　蒋光慈
莫斯科印象记（散文）
〔俄〕高尔基作　沈端先译
火种（小说）　泣　零
音乐会的晚上（小说）　徐任夫
论剧（批评）　祝秀侠
橇（小说）
〔日〕黑岛传治作　沈端先译

入厂后（小说）　杨邨人
笠的故事（小说）　徐美埙
茅盾与现实　钱杏邨
编后　编　者

第5期
1930年1月10日出版

见76《拓荒者》第1期

68　戏剧与文艺

简　介

《戏剧与文艺》，月刊。一九二九年五月一日创刊于北平，熊佛西主编，北平文化学社发行，三十二开本。一卷七期起改由熊佛西、张鸣琦共同编辑，刘尚达、陈治策、余上沅等也参加过编辑工作。一九三〇年十二月一日出版第二卷第一、二期合刊号之后终刊，共出十四期，其中有两个合刊号。

《戏剧与文艺》是当时北方出版的唯一提倡戏剧的刊物，以发表戏剧理论和戏剧创作为主，兼顾其他文艺形式的作品。熊佛西在《本刊的过去及今后》一文中说："它的使命是：鼓励创作剧本，介绍西洋名剧，有系统的陈述中外舞台上的各种技术，报告国内新兴戏剧的消息，附带的刊载文艺作品。我们的目的，一方面是专门地研究戏剧艺术；另方面是普遍地促成中国新兴戏剧运动。"该刊发表了许多熊佛西提倡"平民戏剧"的文章和他所创作的剧本。除编者之外，撰稿人还有王瑞麟、张继纯、罗慕华、杨子戒、谢兴等。

目　录

第 1 卷　第 1 期

1929 年 5 月 1 日出版

幕前　熊佛西
中国戏剧的途径　余上沅
舞台上的色彩　张鸣琦
化妆术　包斯宛斯著　陈治策译
导演家
Ashley Dukes 著　谢韵心译
“旧剧评价”的讨论　王瑞麟
西山（诗）　罗慕华
我认识（诗）　张鸣琦
打狼（剧本）
〔意大利〕Giovani Verga 著
杨子戒改译
寂寞（小说）　刘　江
艺术趣话
“爱情关不住了！”　绝　一
你的脑袋是日本货　（无署名）
萧伯纳上了女人的当　绝　一
倒贴钱　治　策
还他一元钱　治　策
戏剧消息（六则）　戒
编后　佛

第 1 卷　第 2 期

1929 年 6 月 1 日出版

马修士死矣　记　者
平民戏剧与平民教育　熊佛西
印度戏剧之理想与动作　许地山
编剧的程序　陈治策
戏剧艺术家的修养标准　刘尚达
喇叭（三幕剧）　熊佛西
婚后（小说）　张鸣琦
泪三首（诗）　波　莱
晓（诗）　钧　初
怀 P（诗）　张鸣琦
空排遣（诗）
〔英〕Dowson 作　杨子戒译
柳春声（小说）　水　澄
艺术趣话
（一）男子曲线的美　无　寿
（二）戏剧家死得奇怪　治　策
（三）萧伯纳与咖啡　治　策
（四）戏剧与土匪　达
（五）王尔德那一次气极了
讽　谁
戏剧消息（七则）　戒
通讯　袁中道　熊佛西

第 1 卷　第 3 期

1929 年 7 月 1 日出版

“三一律”　熊佛西
论南北曲的差异　张寿林
光与影　张鸣琦
文体的 ABC　太丽琳著　子　戒译
难为医生　莫利哀著　治策改译
弃女（诗）　罗慕华

幻灭（诗） 韵心
心伤（诗） 韵心
咬（诗） 鸣琦
谁的力（小说） 张继纯
艺术趣话
我的人生观就是戏 老彬
电话号簿的魔力 治策
女子不肯扮演年老的角色 治策
“我还有天才” 闲情
国立艺院排练《蟋蟀》记 张继纯
通讯 梁实秋 左明
编辑室* 编者

第1卷 第4期

1929年8月1日出版

三一律 马修士著 陈治策译
论独幕剧 J.B.Hubbell著 赤 华 觉 人译
可嘉的克来敦 巴利著 余上沅译
新文学运动之缘起 李振东
一年的来复（诗） 张鸣琦
春雨（诗） 王德崇
谁的力（续） 张继纯
艺术趣话
我们怎样对付观众中的聋子和批评家 治策
萧伯纳和爱温彼此是不交谈的 治策
演员是一粗弹子 治策
戏剧消息（一三则） 达
北平大学艺术学院戏剧系概况 刘尚达
通讯
南国演剧参观记 施寄寒

第1卷 第5期

1929年9月1日出版

毕业论文序 熊佛西
可嘉的克来敦（续） 巴利著 余上沅译
看八月三日南国第二次公演以后 梁实秋
时代英雄（小说） 戴南冠
谁的力（续一） 张继纯
戏剧消息（十则） 达、江

第1卷 第6期

国立北平大学艺术学院戏剧系

第一届毕业同学天津公演专号

1929年10月1日出版

我们来津公演的意义 熊佛西
小剧场运动与中国戏剧 谢兴
真情的流露 张寒晖
我们的戏剧与天津民众 熊佛西
最美丽年青有为的戏剧艺术 刘尚达

* 原刊“目录”漏。

我们不是文明戏子 熊佛西
过去的自剖 王瑞麟
舞台装饰之演进 张鸣琦
表演艺术家 韩廷让
加浓天津戏剧空气 贡 蕙
戏剧系公演与天津民众 朱以书
懿欤休哉天津文化 贡 蕙
请吃鸡汤面 梦 天
我所希望于天津戏剧界的一点点 贡 蕙
艺术与天津民众 竺 冈
耳目的悲剧 梦 天
欢迎戏剧批评 刘尚达
这不是我们需要的戏剧 其 吾
戏剧系的预演 笔 公
看了《一片爱国心》以后 聊 止
看了《醉了》与《哑妻》 贡 蕙
一片爱国心——几行同情泪 逊 之
看了戏以后 心 冷
商报《艺剧专刊》的开场白 春 明
《哑妻》同《醉了》 竺 冈
看了“鸡汤面”以后 偶 至
评《压迫》与《一片爱国心》 逸 园
剧系公演以后的一封信 熊大佐
《压迫》和《一片爱国心》 王菊潭
观北平艺术院戏剧系新剧后要说的几句话 刘先礼
贡献一点意见与剧系诸君 外 行
View of The Foreign Press（共六篇）
说明书（共四篇）
戏剧消息（二十一则） 达
编后 达
插图
天津公演时之全体职演员合影
《醉了》收场景况
《哑妻》第一幕
《一片爱国心》第一幕

第 1 卷 第 7 期
1929 年 11 月 1 日出版

艺术与宣传 熊佛西
导演技术 王瑞麟
梅伊阿特的剧场观 谢 兴
鲍明远的纯文艺 甘蛰仙
我不思量（诗） 罗曼思
水声（诗） 杨钟健
梦之札记（小说） 张 皇
谁的力（续二） 张继纯
书报介绍
《中国文学概论讲话》 纯
《中国新诗坛的昨日今日和明日》 蠢
介绍一篇妙文——陈大悲底《三黄昏的绿室生活》 琏
艺术趣话
伦敦剧场内的打通 治 策

杰范逊忘形 治策
古希腊的陈世美 治策
戏剧消息（十一则） 达
编辑者言 鸣琦

第1卷 第8、9期

1930年1月1日出版

戏剧的种类 陈治策
表演的技术 张蓝朴
化装 匡直
关于《父归》 王瑞麟
一又近视眼（独幕滑稽剧） 熊佛西
塑像（四幕剧） 余上沅
论创作 熊佛西
中国建筑上之美 乐彩澄
诗三首 鸣琦
预言
我孤守着
但我爱那红色的光明
情死（小说） 张皇
谁的力（续完） 张继纯
书报介绍
《北国的戏剧》 孟惕
《西游补》 蠢
《シネマのABC》 敏岂
艺术趣话
熊佛西的胡髭 敏岂
"史推拉"的炮 孟惕
莫利哀的惟一悲剧 治策
灵床上的玩笑 治策
戏剧消息（十七则） 达
编辑者言 鸣琦
通信两则（致王须仁、赵葆瑞） 编者

第1卷 第10、11期

1930年3月1日出版

悲剧何以是愉快的 夏斧心
表演艺术的基础 Richard Boleslavsky著 余上沅译
近代戏剧家 Ashley Dukes著 谢韵心译
论舞台装饰 张鸣琦
前后（独幕趣剧） 匡直
伪君子（五幕喜剧） 莫利哀著 陈治策改译
英国现代之诗歌 张鸣琦
悼小说家的冰心女士 李辰冬
丁冬诗抄 鸣琦辑
灭绝了的……（诗） 赵漫
杂话几则 子曰
先锋（小说） 张继纯
艺术趣话
剧场与动物园 陈治策
易卜生头上的狗血 陈治策
剧场最多的苏俄 陈治策
戏剧消息（二十二则） S
编后 T

第1卷　第12期

1930年9月1日出版

戏剧应以趣味为中心　熊佛西

丢了的礼帽（独幕剧）

Lord Dunsany著　余上沅译

小剧院公演预算

H.Williams著　陈治策译

一对小说家（独幕剧）

Cicely Hamilton著　熊正瑾译

普罗列塔利亚戏剧论　廖翰庠

真面目（小说）　小　雨

艺术杂话

美国人眼中的中国木鱼　治　策

美国The Theatre Guild的成绩　治　策

戏剧消息（二十四则）　达

本刊的过去及今后　佛　西

本刊第一卷目录表

第2卷　第1、2期

1930年12月1日出版

剧作家的修养　熊佛西

美国小剧场史

Montrose J.Moses著　陈治策译

现代舞台装饰　贺孟斧

伟大的门　张继纯

李笠翁之戏剧研究　李满桂

家长（三幕剧）

高斯华绥著　黄作霖改译

一个乡间的故事　张继纯

69 南国月刊

简 介

《南国月刊》，著名戏剧团体“南国社”主办的文艺刊物之一，一九二九年五月一日创刊于上海，是继《南国半月刊》、《南国特刊》后又一重要刊物，由田汉主编，上海现代书局发行，三十二开本。该刊因印刷原因常常延期出版，但每期出版日期仍按原订时间印出。一九三〇年七月二十日出版二卷四期后终刊，共出十期，其中一卷五、六期是合刊号。

田汉在第一期《编辑后记》中曾说：“大体南国月刊之编辑方针以戏剧与小说之创作为主，其次论文随笔通信之类，翻译是不大登的，除掉极惬心满意的东西之外。”田汉的著名剧本《名优之死》、《南归》、《苏州夜话》等就是刊登在月刊上的。该刊的撰稿人还有黄素、洪深、康白珊、吴似鸿、欧阳予倩等。

出版《南国月刊》期间，正是南国社经历转变的时期，即由“殿堂”艺术走向“民众”艺术的阶段。发表在本刊二卷一期上的十万余字的长篇论文《我们的自己批判》，是这一转变的重要标志，从中可以看出“南国”发展变化的历史以及他们的文艺观和社会观，无论对于研究田汉还是研究整个现代戏剧史都是很有价值的文献。

目 录

第1卷 第1期
1929年5月1日出版

序《南国月刊·创刊号》 田 汉

名优之死（三幕剧） 田 汉
黄花岗（五幕剧，第一幕） 田 汉
上海（长篇小说） 田 汉
忧愁夫人与姊姊（小说） 田 汉
弟弟（诗剧） 凝 秋 左 明
粤游琐记 欧阳予倩
伊低波斯王（Oedipus the King） 郭斌佳
校点粤风后记 左天锡

编辑后记 田 汉

第1卷 第2期
1929年6月1日出版

黄花岗（第二幕） 田 汉
名优之死（三幕剧，续完） 田 汉
古潭的声音（独幕剧） 田 汉
颤栗（独幕剧） 田 汉
从火山之傍（通信） 林素斐女士
脱走（小说） 黄 素
狱中记（小说） 康白珊女士
BOHEMIAN GIRL 日记 吴似鸿女士
没有草的坟头（通信） 陈幻侬女士

编辑后记 田 汉

第1卷 第3期
1929年7月1日出版

上海（长篇小说，续一） 田 汉
南归（独幕诗剧） 田 汉
蛰居（中篇小说） 黄 素
狱中记（小说，续一） 康白珊女士
莎士比亚剧演出之变迁 By Nakamura 著 田 汉译
给一个“茶花女”的信 田 汉

编辑后记 记 者

第1卷 第4期
特大号
1929年8月1日出版

孙中山之死 田 汉
蛰居（中篇小说，续一） 黄 素
雾 黄 素
伊兰脱拉 Hoffmansthal 著 朱维基译
醉眼 黄大琳女士

毛姑娘　吴似鸿女士
狱中记（小说，续一）　康白珊女士
上海（长篇小说，续二）　田　汉

编辑后记　田　汉

第1卷　第5、6期合刊
1930年2月20日出版

第五号病室（三幕社会剧）　田　汉
苏州夜话（独幕剧）　田　汉
黄花岗（三幕史剧，续二）　田　汉
雪与血（七幕史剧）　田　汉
中国戏剧角色之唯物史观的研究
　（一）生的研究　黄　素
蛰居（中篇小说，续二）　黄　素
狱中记（小说，续三）　康白珊女士
还乡记（小说）　吴似鸿女士

编辑后记　田　汉

第2卷　第1期
1930年5月20日出版

我们的自己批判　田　汉
——《我们的艺术运动之理论与实际》上篇
　序论
　一、“南国半月刊”时代
　二、“南国特刊”时代
　三、“南国电影剧社”时代
　四、“南国”在南京总政治部时代
　五、“南国”在“上海艺大”时代
　六、“南国艺术学院”时代
　七、“南国”社时代
　结论

编辑后记　田　汉

第2卷　第2期
1930年5月20日出版

中国戏剧角色之唯物史观的研究
　（二）旦的研究　黄　素
世界戏剧史　洪　深
　第一章　开幕之前
CARMEN（六幕社会剧）　田　汉
粤游词草　田　汉
　忆秦娥（寄大琳）
　桂枝香（香港）
　御街行（香港）
　桃源忆故人（寻康姊不见）
　调笑令（笑洪深先生）
　水龙吟（白鹅潭记游）
　苏幕遮（禅院逃席）
　一斛珠（代康姊作）

念奴娇（元宵与洪深先生泛舟遇雨）
莫斯科（小说） 苏尼亚
一、别矣黄浦！
二、从黄沙的海到玻璃的海
蛰居（中篇小说，续三） 黄 素
编辑后记 田 汉

第2卷 第3期
1930年6月20日出版

中国工农与娱乐 黄 素
中国戏剧史 黄 素
CARMEN（六幕社会剧，续一） 田 汉
莫斯科（小说，续一） 苏尼亚
编辑后记 田 汉

第2卷 第4期*
苏俄电影专号
1930年7月20日出版

卷头语 田 汉
苏俄革命电影之现在及将来
〔苏〕卢那查尔斯基著（未署译者）
苏俄电影论
〔美〕路易斯·罗佐维著（未署译者）

* 原刊七篇译文，“目录”上均未署译者。

关于电影
〔德〕列诃·希尔叔著（未署译者）
苏俄电影印象
〔日〕秋田雨雀著（未署译者）
苏俄革命电影小论
〔日〕省井虹二著（未署译者）
苏俄电影艺术之经营及其发展
H.Carto著（未署译者）
苏俄电影的五年计划
T.Kitagawa著（未署译者）
苏联电影艺术发展底教训与我国电影运动底前途 田 汉
《波特姆钦号》影照（一九二五年）
爱森史坦尼制作
阿德撒（Odessa）市大罢工情形
水兵底议论
舰长发令监视兵枪毙水兵之拒食腐肉者
沙皇的军队与民众
《母亲》影照（一九二六年）
普多甫金制作
母亲
悔悟
搜索
探监
《震骇世界的十日间》影照（一九二七年） 亚历山德罗夫氏制作
演说
沙皇铜像底运命

震骇世界的十日间

讯问

《圣彼得堡的末日》影照（一九二七年）　普多甫金制作

石油灯下的协议

注视

绅士们的联合

Tsarism 最后的挣扎

《嘉桑的猛火》影照

到来

烦苦

反抗

白雾

《亚细亚的风暴》（Storm Over Asia）影照（一九二八年）

普多甫金制作

《哭笑的莫斯科》影照

《水手团》影照

许蒲（Esther Schub）女士小影

《人生至善》（Life is good）开拍时景象

爱森斯坦导演时神情

70 引　　擎

简　　介

《引擎》，文艺性月刊。一九二九年五月十五日创刊于上海，署引擎社编辑发行，二十四开本。仅出一期。

引擎社是一九二九年五月部分左翼作家为出版《引擎》月刊而成立的社团，存在时间极短，同年六月就与太阳社、我们社一起解散。"引擎"意即发动机，编者在创刊号《编号》中说刊物的宗旨是"推动这部时代文化火车前进"。

该刊发表了几篇文学论文和介绍马克思主义基本观点的理论文章，但主要篇幅是刊登文艺作品，有菀尔、少怀、孤凤的诗，孟超、黄日新、洁梅的小说和每戡的童话剧。

目 录

创 刊 号
1929 年 5 月 15 日出版

中国新文化运动底意义及其特征 芮 生
现代艺术论 梅林格著 画 室译
近代资本主义构造的特质 巴 克
社会的阶级观 邬孟晖
社会科学的实际意义 劳朋译
欧洲新文学底路 〔匈〕玛 差著 蔼莫美译
诗
五月祭 K.F
贫民窟里 菀 尔
死守着我们的战壕 少 怀
一千二百万 〔美〕M.Gold 著 韵 铎译
七年不曾聚首 哑 茶
都市旋律 孤 凤
黄花祭 孤 凤
小 说
陈涉吴广 孟 超
歧路 黄日新
人类市场的悲剧 孤 凤
莉娜 洁 梅
童 话 剧
给我们需要的 每 戡

二个童话 六 弟
偷
汽笛的报告
新俄文坛生活之断片 〔日〕秋田雨雀作 溟 若译
培茵草地 〔俄〕杜格涅夫作 如 生译

编后 编 者*

* 原刊“目录”中文章题目与作者均有与正文不同者，此从正文。

71 戏 剧

简 介

《戏剧》，月刊。一九二九年五月二十五日创刊于广州，欧阳予倩、胡春水编辑，广东戏剧研究所出版发行，三十二开本。从一九三〇年十月二卷二期开始移至上海出版，改由神州国光社出版发行。一九三一年六月出至第二卷六期（第二卷出版时间只署年度月份，不署具体出版日期）终刊，共出十二期（其中二卷三、四期是合刊号）。该刊名义上是月刊，实际上很少能按时出版。

《戏剧》月刊是广东戏剧研究所主办的刊物。广东戏剧研究所成立于一九二九年二月，主要致力于开展广东地区的话剧运动，比较注重艺术实践，设有“演剧学校”，经常进行演出活动，培养了一批戏剧专门人才。《戏剧》月刊宣传了“戏剧运动是革命的事业”（《卷首语》）的进步戏剧观，介绍了欧美和苏联的戏剧运动成就和动态，发表了一些具有现实意义的剧作，如欧阳予倩的《屏风后》、《车夫之家》等，欧阳予倩的长篇回忆录《自我演戏以来》也首先连载于该刊。月刊撰稿人还有易秋霜、谢扶雅、胡秋冰、马彦祥、赵如琳等。

目　录

第1卷　第1期
1929年5月25日出版

卷首语
戏剧改革之理论与实际
欧阳予倩
屏风后（一幕喜剧）　欧阳予倩
对于粤剧里底音乐的研究　易秋霜
粤剧论　驱　虃
戏剧底哲学　谢扶雅
杨贵妃（创作歌剧）　予　倩
现代戏剧大纲
Thomas H.Dickinson 原著　春　冰译
独幕剧研究
B.Roland Iewis 著　如　琳译
车夫之家（一幕悲剧）　欧阳予倩
新结婚的一对儿
Bjorstjerne Bjornson 原著　春　冰译

附录
粤剧北剧化的研究　欧阳予倩
用粤语演话剧　欧阳予倩
翻译剧本的困难　欧阳予倩
编辑后记　春　冰

第1卷　第2期
1929年7月25日出版

开场白　欧阳予倩
思想剧
H.Dickinson 原著　春　冰译
荆轲（五幕歌剧）　予　倩
动的艺术　予　倩
戏剧是什么？
C.Hamilton 原著　如琳译
戏剧与人生　卫　中
戏剧与宣传　予　倩
梨欧娜达（四幕剧）
［挪威］Björnstjerne Björnson 著
春　冰译
戏剧生存问题之论战　春　冰译
一、剧场将亡　St.John Ervine
二、剧场永存
Perriton Maxwell
三、美国剧场登峰造极
Richard Herndon
四、剧本可死戏剧永存
Benjamin De Casseres
美国剧场的昨日　春　冰
怎样来改良粤剧？　易健盦
英美剧坛的今朝　春　冰
现代法国剧坛之趋势
川口笃作　予　倩译
今日之写实主义　予　倩
德国与法国的国立剧场　予　倩
法国的民众剧运动　予　倩
欧洲之国际戏剧运动　予　倩
小英姑娘（独幕剧）　欧阳予倩
印度剧起源之传说　禅　林
自我演戏以来　欧阳予倩

第 1 卷　第 3 期
1929 年 9 月 5 日出版

民众剧的研究　欧阳予倩
妒（三幕剧）　春　冰
现代戏剧的先驱者
H.Dickinson 著　春　冰译
挑战的手套
〔挪威〕Björstjerne Björnson 原著
如　琳译
日本戏剧运动的经过
〔日本〕小山内薰著　欧阳予倩译
最近两月的世界剧坛　春　冰
蓝不归先生的命运
肖伯讷的苹果车
高斯华绥的“流放”
欧尼儿作小偷
欧尼儿再离婚
毗兰德若的“Lazzaro”
七十五岁的贝拉斯歌大卫
西洋的宗教与其神　春　冰
挑战的手套（第二幕）　如　琳译
写在《挑战的手套》译文之后
冰
法国最近的一出戏“L‘Attache’e”
寒
亚杰门王与无名战士
〔爱尔兰〕Lord Dunsany 著
彦　祥译
自我演戏以来（续一）
欧阳予倩

第 1 卷　第 4 期
1929 年 11 月 15 日出版

戏剧运动之今后　欧阳予倩
有家室的人（三幕喜剧）
J.Galsworthy 著　春　冰译
雷兴二百年纪念　尼
现代戏剧大纲　春　冰译
露天剧场　V.Bonaiuto 著　如　琳译
刘三妹（歌剧）　予　倩初稿
美国戏剧家概论
G.J.Nathan 著　春　冰译
自我演戏以来（续二）　欧阳予倩

第 1 卷　第 5 期
1929 年 12 月 15 日出版

刘三妹（歌剧，续一）　予　倩初稿
现代戏剧大纲（续一）　春　冰译
倍奈文德及其近作　彦　祥
热情的女人（三幕剧）
〔西班牙〕J.Benavent 著
马彦祥改译
苏维埃政府下之戏剧
〔英〕Hamilton 原著　春　冰译
老生常谈
J.Galswarthy 著　彦　祥译
我爱，天亮了（三场剧）
C.Rowell 原著　顾仲彝意译
欧尼儿与《奇异的插曲》　春　冰
无独有偶之剧作抄袭案　尼　一

自我演戏以来（续三） 欧阳予倩

第1卷 第6期
1930年4月1日出版

白姑娘（两场笑剧） 欧阳予倩
现代法国戏剧概观
〔美〕P.Carr著 春 冰译
刘三妹（歌剧，续二） 予倩初稿
现代戏剧大纲（续二） 春 冰译
Z字病室里的麻烦事 春 冰
戏剧艺术与伦理 赵如琳译
热情的女人
〔西班牙〕J.Benavente作
马彦祥改译
英国戏剧协会之过去与现在
〔英〕C.Bax作 春 冰译
运命的猜忌（独幕剧） 陈毓泰译
自我演戏以来（续四） 欧阳予倩
卷后语 春 冰

第2卷 第1期
1930年出版*

皮格马林（独幕剧）
〔德〕Schmidt Bonn作
欧阳予倩译
捕鲸（Ile）（独幕剧）
欧尼尔原作 如 林译
天然女（四幕剧）
〔英〕Upton Sinclair作
关存英译
十九世纪末戏剧复兴中之欧美各国戏剧概观
——《现代戏剧大纲》第九章
Thomas H.Dickinson著
春 冰译
什么是真正的民众戏剧 顾仲彝
艺术当今诸问题及其矛盾 编 者
就剧场方面看起来的莫斯科艺术剧场 昇曙梦著 欧阳予倩译

关于“舒弥德邦” 予 倩
演过了《茶花女》 唐秋槐
皮格马林的传说
〔秘〕Ventura Gaveie-cal-devon作
春 冰译
自我演戏以来（续五） 欧阳予倩

《戏剧》第一卷总目录 编 者

第2卷 第2期
1930年10月出版

巴尔德夫斯基的“游戏剧”说
顾仲彝
舞台艺术论 戈登克雷著 赵如琳译
匈牙利的戏剧与戏剧家
Adam de Hegedüs著 春 冰译

* 本书编者见到的此期缺版权页，具体出版时间不详。

天然女（第二幕）
辛克雷著　关存英译
包多丽许研究
岸田国士著　予倩译
霍蒲特曼评传（《现代戏剧大纲》第十章）　春　冰译
《怒吼吧，中国！》上演记　予　倩
《怒吼吧，中国！》本事　春　冰
演《怒吼吧中国》谈到民众剧
予　倩
《怒吼吧，中国！》　何子恒
由《怒吼吧中国》谈到《天下大事》
春　冰
自我演戏以来（续六）　欧阳予倩

第2卷　第3、4期
1931年2月出版

玩具骚动（十场剧）
〔新俄〕巴尔道夫斯基作
欧阳予倩译
“到城里去”！（独幕剧）　春　冰
梅叶荷特的剧场（即革命的剧场）
Huntly Carter 作　如　琳译
素娃的幸运（独幕剧）
〔法〕George de Porto-Riche 作
春　冰译
美国的剧场协会（碧城通讯）
冯国英
天然女（第三、四幕）
〔美〕Upton Sinclair 作　存　英译
新社戏论
Roy Mitchell 作　春　冰译
杜丝的浪漫史
Sylvia B.Golden 作　叔　明译
现代戏剧大纲（续五）
〔美〕Thomas H.Dickinson 作
春　冰译
自我演戏以来（续七）　欧阳予倩
广东戏剧研究所之现在与将来

第2卷　第5期
1931年4月出版

买卖（一幕剧）　欧阳予倩
卢那卡尔斯基的剧场
如　琳　蒲　哲合译
夏娃与苹果（独幕喜剧）
Glenn Hughes 著　春　冰译
舞台装置的主潮　郑千里
中国艺术界的救贫运动　予　倩
史特林堡评传（《现代戏剧大纲》第十三章）　春　冰译
戏剧消息　如　琳
《有家室的人》上演记　春　冰

第2卷　第6期
1931年6月出版

苏俄剧场的实际
〔日〕中条百合子作　欧阳予倩译
史丹尼司拉夫斯基的剧场

Huntly Carter 作　赵如琳译
国粹（一幕六场剧）　欧阳予倩
现代戏剧大纲（第十三章　肖伯纳）
胡春冰译
詹夫人的职业(转形期的Cycle之三)
春　冰
一九三〇年的美国戏剧协会
如　琳
《无名战士》上演记　春　冰
表现了国粹，做完了买卖以后
春　冰
广东戏剧研究所将举行大规模的公演中文戏剧书目（附作家表）
应　飞编
卷后语　编　者
《戏剧》第二卷总目录　编　者

72　戏剧的园地

简　介

《戏剧的园地》，半月刊，是“辛酉剧社”的机关刊物。一九二九年七月十六日创刊于上海，辛酉剧社爱美的剧团编辑出版，小三十二开本，每期十六页。一九二九年九月一日终刊，共出四期。

《戏剧的园地》篇幅虽小，但内容较广。编者计划包括戏剧理论，中外戏剧史，专述，介绍与批评，消息、传记等方面。该刊连载的袁牧之《演员的艺术》一文，是一篇较系统地谈表演艺术的文章，此外还有董阳芳等人介绍法国、西班牙等国戏剧界情况的通讯和译文。由于过早的停刊，编者的计划未能完全实现。

目　录

第1卷　第1期
1929年7月16日出版

编辑者言
演员的艺术　袁牧之
演员产生的新方式　六　和
巴黎通信　董阳芳
雷辛的二百周（年）纪念
西班牙的戏剧
Walter Starkie著　退　尔译

第1卷　第2期
1929年8月1日出版

演员的艺术（续）　袁牧之
西班牙的戏院（续）
Wolter Starkie著　退　尔译
罪与愁　六　和

第1卷　第3期
1929年8月16日出版

给田汉
——关于南国社在沪第二次公演　朱穰丞
灯光　庄诚榛
演员的艺术（续）　袁牧之
手的化装　凡

第1卷　第4期
1929年9月1日出版

杂拌　诤
提示人　六　和
手的化装（续）　凡
演员的艺术（续）　袁牧之
辛酉剧团的团员大会

73 南国周刊

简 介

《南国周刊》是南国社继《南国月刊》后创办的小型文艺刊物。一九二九年八月创刊于上海，由南国社骨干左明，赵铭彝编辑，上海现代书局发行，三十二开本。出至一九三〇年六月一日第十六期终刊，有合订本面世。

《南国周刊》多登以戏剧为主的小型作品，并且注意报道戏剧运动消息，以及南国社友的通信往来和社务活动。戏剧方面发表了田汉、廖摩挲、毛懋猷等人的独幕剧以及一些翻译剧本。也刊登南国社中的美术、音乐、电影以及出版方面的动态。撰稿人还有黄素、陈子展、姜敬舆、左明、赵铭彝、萧崇素、李云英等。

目 录

第 1 期*
1929 年 8 月出版

序《南国周刊》 田 汉

一致（独幕剧） 田 汉
《一致》及其前后 左 明
日本新剧运动的经路
〔日〕小山内薰著 田 汉译
老太婆的欢喜 左 明
南国与官府 田 汉
南国与广东人的自杀 左 明
黄浦江边 刘雯卿女士
——致田汉信
小剧场之实现与剧运之将来
——致田汉信
附：田汉复信 邓 翼
社务近况 明 申
公演会计报告 珊
编辑后记 田 汉

马蒙（插图） Watts（华慈）作
《一致》剧照（插画）
〔德〕Hodeler 作

* 本书编者未见此刊 1-4 期的单期本，这几期各期具体出版日期未详。

第 2 期**
1929 年 8 月出版

日本新剧运动的经路（续完）
〔日〕小山内薰著 田 汉译
文艺夜谈 左 明
垃圾桶（创作剧） 田 汉
人面桃花 左 明
糊涂的《妇女杂志》记者 铭 彝
梁实秋之中国剧运途径谈 逸
秋风吹落一页颤栗的画史 林
——画家陶元庆氏逝世
补南京公演会计报告 白 珊
社员近讯 汉

编辑后记 彝

松井须磨子女士剧照（插画）
《人面桃花》剧照

第 3 期**
1929 年 8 月出版

试演高尔基的《夜店》的经过
王道源
读《反正前后》 田 汉
夜（译剧）
〔新犹太〕阿胥（Scholom Asch）著
铭 彝译

** 参见第 1 期注。

寄北方六个戏剧专家　左　明
日本的花传说　肖崇素
叙利亚少年之歌（诗）　郑　重
就算是更正　左　明
直说　菊　子
南国画会之方针及计划　吴作人

编辑后记　铭　彝

《沙乐美》剧照（插画）
我们的同志（画）　蒋兆和

第 4 期*

1929 年 8 月出版

孔子与戏剧　陈子展
“第三条路”与离物质的“爱”
——致田汉的两封信　黄　素
饭店里的姑娘（小说）　曹　瑚
夜（译剧，续完）
〔新犹太〕（Scholom Asch）（阿胥）著　铭彝译

日本的花传说（续完）　肖崇素
南京街上的“承露盘”
——施寄寒与左明的通信
施寄寒　左　明

会务报告　郑　重

社员消息　编　者

编辑后记　汉
戏剧界七人士偶集韬园留影（插画）

第 5 期

1929 年 9 月 21 日出版

孔子与戏剧（续一）　陈子展
谈现代的某种女性病　黄　素
民众剧，南国及其他　郑千里
燕子矶的鬼（独幕剧）　廖摩挲
公演之后　田　汉

第 6 期**

1929 年 10 月出版

先驱者的精神　田　汉
——叙北国的戏剧
孔子与戏剧（续二）　陈子展
人面疮（续）
〔日〕谷畸润一郎著　田　汉译
第一次接触“批评家”的梁实秋先生　田　汉
——读《看八月三日南国第二次公演以后》
附：《看八月三日南国第二次公演以后》

* 参见第 1 期注。

** 本书编者未见此期单行本，此期出版的具体日期不详。

通信
行路难　李尚贤女士
大时代的农村　姜敬舆
茶花女　唐槐秋
革命与艺术　郑未经

第7期
1929年10月15日出版

读《湖南牛》　田　汉
孔子与戏剧（续三）　陈子展
从海洋文学说到拜伦，海贼及其他　阎折梧
人面疮（续）　〔日〕谷崎润一郎著　田　汉译
列宁致高尔基书（一、二）　〔俄〕列宁著　陈　涛译
苏俄文坛欢迎高尔基（照片插图）

第8期
1929年10月22日出版

向着新的阶段的南国　左平女士
——第五次会议纪录
烟（诗）　汉
日本“演剧实验室”六年间之回顾　明　高
苏俄影片制作时的情形　昭
造兵厂　昭
论巫舞　黄　素
从海洋文学说到拜伦，海贼及其他（续完）　阎折梧
人面疮（续）　〔日〕谷崎润一郎著*　田　汉译
对话一节（谷崎润一郎与冈田嘉子）
通信
一、从“山东实验剧院”　唐槐秋
二、从“广东戏剧研究所”　万籁天

第9期
1929年10月29日出版

苏俄剧场印象偶记　李云英女士
附：莫斯科大戏院与广场照
论挽歌与傀儡　黄　素
愉快的回忆　张慧灵
附：“颤栗”与“欢欣”照
“昭君变”考　陈子展
列宁致高尔基书（三、四）　〔俄〕列宁著　陈　涛译
附：“枪桃 Martott”图
“少数派之无耻汉乎？
革命之卫兵乎？”图
通信
一、白鹅潭的潮讯（致同志）

* 原刊“目录”署“谷岭润一郎著”，正文署“谷崎润一郎著”。

金　工

二、老母与新都（致田汉）

王平陵

附：田汉复信

南国近讯　编　者

第 10 期

1929 年 11 月 23 日出版

《怒吼吧，中国！》（一至三）

田　汉

附：《怒吼吧，中国！》剧照

辩证法的写实主义　A.Lejuneff 作

展开了“红衣天使”　黄伯钧

——《现代小说·扩充纪念号》底印象之一部

穆理思和他的艺术论　陈　涛

一座雕像　文　西

南国社话剧股第三期公演剧目预告

本　社

社会剧

恋爱悲喜剧

优待邮购　编　者

第 11 期

1929 年 11 月 30 日出版

《怒吼吧，中国！》（四至八，续完）

田　汉

附：《怒吼吧，中国！》剧照

《鸦片战争》剧照

孔子与戏剧（续四）　陈子展

中国工农与娱乐（一）　黄　素

工场农村用外行戏剧底演法

日本《战旗》杂志十月号文

陈　涛译

“蓝衣剧团”

——失业者协会底戏剧

U.akida 作

林冲（民众歌剧场用京剧）

田　汉

第 12 期

1929 年 12 月 15 日出版

歌德与现代中国　田　汉

——评广州禁演《浮士德》

自由的呼声　黄　素

——“南国新阶段”的讨论

孔子与戏剧（续五）　陈子展

列宁致高尔基书（五）

〔俄〕列　宁著　陈　涛译

莫斯科第一马戏院印象记

李云英女士

剧照

《怒吼吧，中国！》

（日本筑地小剧场演）

《雅片战争》

（日本江马修作筑地演）

第 13 期

1929 年 12 月 22 日出版

麒麟　谷崎润一郎

从大学生活，壁报，说到西装贼　姜敬舆

中国工农与娱乐（二）　黄　素

列宁致高尔基书（六、七）　〔俄〕列　宁著　陈　涛译

通讯

一、新生（致田汉）　摩　挲

二、关于学校剧（致田汉）　敬　舆

第 14 期

1930 年 1 月 10 日出版

南国社底新团结　张瑷女士

中国工农与娱乐（三、四）　黄　素

看了艺术剧院的《青鸟》后
——苏俄剧场印象杂记之二　李云英女士

悲壮之别（独幕史剧）　毛懋猷

通信

一、“南国”在长沙（致田汉）　左天锡

二、关于《悲壮之别》及其他（致田汉）　毛懋猷

第 15 期

1930 年 1 月 20 日出版

《杨贵妃》与予倩先生　罗　复

中国工农与娱乐（五）　黄　素

论大面　黄　素

Piano 之鬼（独幕剧）　田　汉

林冲（续）　田　汉

第 16 期

“南国”第三期

第一次公演特刊

1930 年 6 月 1 日出版

梅礼美画像（素描）　田　汉绘

临着“南国”第三期第一次公演　田　汉

CARMEN（卡门）剧本底批判
——南国社第三期第一次公演用　黄　素

《卡门》与今日西班牙的革命运动　龙　开

一九三〇年头的西班牙纪游　木村毅作　陈　涛译

附：题识　寿　昌

关于“南国”的戏剧　钱杏邨

我所望于“南国”的——致黄素　陈子展

《卡门》梗概　罗　复*

---

* 原刊正文题下署“罗复”，“目录”署“伯钧”。

74 新 文 艺

简 介

《新文艺》，月刊。一九二九年九月十五日创刊于上海，编者第一卷署“新文艺月刊社”，第二卷改署“现代文化社”，实际上是刘呐鸥、施蛰存、戴望舒编辑，水沫书店杂志部出版发行，三十二开本，一九三〇年四月十五日出至第二卷第二期被封闭，共出版八期。

《新文艺》月刊是刘呐鸥、施蛰存等继《无轨列车》半月刊之后创办的又一种文艺刊物，他们当时在政治上倾向进步，先后经营第一线书店、水沫书店，出版了大批进步的理论书籍和文学作品，其中有许多苏联理论家和作家的著作，在艺术上则倾向现代主义，运用心理分析和意识流手法写作小说，被称为“新感觉派小说”。稍后在冯雪峰的影响和推动下，他们逐步倾向革命文学运动，编撰者中有的人曾并度加入中国左翼作家联盟。《新文艺》编者在一卷五期《编辑的话》中声明：“在编辑的一方面，同人曾经过一度郑重的讨论，觉得一九三〇年的文坛将让普罗文学抬起头来，同人等不愿自已和读者都萎靡着永远做一个苟安偷乐的读书人，所以对于本刊第二卷起的编辑方针也决定换一换精神。”在第二卷一期《编辑的话》中又表示“每期都有一二篇科学的艺术理论文字”，“关于世界新兴作家的介绍，决计不象上卷似地零碎，我们要有系统地介绍给读者”。《新文艺》第一卷大体上保持和发展了《无轨列车》的风格，而第二卷则明显地反映出革命文学的影响　二卷一期集中译介了蒲力汗诺夫、伊可维支和苐理契等人论文艺的文章，介绍了国际歌的作者和苏联作家巴别尔及其作品，二卷二期出了马雅可夫斯基专辑，同时发表了卢那卡尔斯基的《普希金论》、片冈铁兵的《普罗列塔利亚小说作法》等论文。

从总体上者，《新文艺》同样重视发表创作，其中有戴望舒、章依萍、邵冠华、赵景深、甘永柏等人的诗歌，刘呐欧、施蛰存、穆时英、彭家煌、章克标、许钦文、徐霞村等人的小说和罗黑芷、穆罗茶、崔万秋等人的散文。

目 录

创 刊 号
1929 年 9 月 15 日出版

创 作

鸠摩罗什 施蛰存
礼仪和卫生 刘呐鸥
梅毒艺术家 秦丰吉作 郭建英译

诗

耶麦诗抄
弗郎西思·耶麦作 戴望舒译
屋子会充满了蔷薇
我爱那如此温柔的驴子
膳厅
那少女
树脂流着
天要下雪了
现代希腊文学
迦桑察季思作 吴克修译

随笔小品

鸦 安 华
恋人 罗黑芷
Amour 与 Amore 迷 云

关于哈姆生
〔日〕宫原晃一郎作 汪馥泉译

翻译短篇

艺术的贫困
〔日〕片冈铁兵作 郭建英译
麦西耶的死
〔法〕杜哈美作 徐霞村译

长篇小说

紫恋
〔法〕高莱特女史作 戴望舒译

书 评

敬隐渔的《中国现代短篇小说集》
伯 子
《受难者的短曲》(杨骚著)
刍 尼
关于《古国的人们》 李健吾
徐霞村
《肉与死》的第一节 补血针
国内外文坛消息杂话七则 同 人
编辑的话 编 者

第 1 卷 第 2 号
1929 年 10 月 15 日出版

小 说

某镇记事 叶圣陶
残留 刘呐鸥
破楼上 汪锡鹏

魏尔嘉论
〔意大利〕C.Puglionisi 作
徐霞村译

散文·随笔·小品

樱花 M D
邻一 M D
邻二 M D
修伞匠

〔西班牙〕Azorin 作　江　思译
卖饼人
〔西班牙〕Azorin 作　江　思译
社会的上层建筑与艺术
蒲汉龄著　晓　村译
文学和政见　小泉八云作　杜　衡译

诗

到我这里来　戴望舒
祭日　戴望舒
马拉美诗抄
Mallarml 作　李金发译

阿根廷近代文学　孙春霆
文艺漫谈
一、　迷　云
二、　沫

翻译小说

乡村的武士
〔意大利〕Verga 作　徐霞村译
败北　〔日〕菊池宽作　沈端先译
紫恋（长篇）
〔法〕Colette 作　戴望舒译

书　评

《未厌集》（叶绍钧著）　邹　萧
一条出路（评戴望舒《我的记忆》）
保　尔
《中国文学进化史》的一章
歪　玉

国内外文坛消息杂话（七则）
同　人
读者会（三则）
陈华　李桢韦　孙竞思
编辑的话　编　者

第1卷　第3号
1929年11月15日出版

小　说

MODERN GIRL　徐霞村
美的戏剧　彭家煌
凤阳女　施蛰存

葡萄牙现代文学　李晋华

诗和散文

道生诗抄　戴望舒　杜衡译
秋风吹了姑娘　章　依
SONNET　章　依
毁灭　邵冠华
夏夜　邵冠华
卖淫的铜牌与诗人
〔美〕辛克莱作　林疑今译
哀歌
〔西班牙〕阿左林作　江思译
发光的砂砾　岂　凡
近代法兰西诗人
〔美〕勒维生作　施蛰存译
马赛莱尔
〔法〕曷耐士作　徐霞村译

图　画

烟（木刻）　马赛莱尔
赛车场　马赛莱尔

《循环舞》译序 赵伯颜

翻译小说

一个快活的奇遇

〔苏〕曹西钦珂作 高 达译

紫恋（长篇，二续）

〔法〕Colette 作 戴望舒译

Anecdotes Litteraires 沫

通 信

《上元镫》与《我的记忆》 朱 湘

书 评

徐译《女优泰倚思》匡谬 戴望舒

波格达诺夫的《社会意识学》和《社会主义社会学》 嵋

国内外文坛消息（七则） 同 人

读者会（三则）

林蕴清 钱佐元 李丽思

编辑的话 编 者

第 1 卷 第 4 号

1929 年 12 月 15 日出版

小 说

中国的一个哑谜 李青崖

学校教师论 章克标

方程式 刘呐鸥

新艺术形式的探求

〔日〕藏原惟人作 葛莫美译

诗

烦忧 戴望舒

少女 戴望舒

掘口大学诗抄 白 璧译

一位绝世的散文作家——阿左林

徐霞村

散 文

林 穆罗茶

钱 崔万秋

戏 剧

勇少年卡西安

〔奥〕颢尼志勒作 林疑今译

近代法兰西诗人（续）

〔美〕勒维生作 施蛰存译

翻译小说

杀艳（中篇）

〔日〕谷崎润一郎作 章克标译

紫恋（长篇）（三续）

〔法〕高莱特女史作 戴望舒译

书 评

关于章译《忏悔录》之商榷

徐霞村

《在施疗室》 浓 浊

文坛消息（七则） 同 人

读者会（七则） 朱曙光等

编辑的话 编 者

第 1 卷 第 5 号

1930 年 1 月 15 日出版

小 说

妻 迅 鸠

破产　贺玉波
十八世纪的法国文学　保　尔
诗和散文
保尔福尔诗抄　戴望舒译
回旋舞
我有几朵小青花
晓歌
夏夜之梦
晚歌
幸福
怀旧居　崔万秋
随笔三篇
〔日〕叶山嘉树作　崔万秋译
挨鳌的男子
散步
带价码的贵妇人
近代法兰西诗人（续完）
〔美〕罗维生作　施蛰存译
戏　剧
小人物
〔美〕高尔斯华绥作　万　曼译
翻译小说
叛逆者（短篇）
〔美〕贯克伦敦作　林疑今译
杀艳（中篇）
〔日〕谷崎润一郎作　章克标译
书　评
易译《屠场》之商榷　林疑今
读者会（五则）　RT 等
编辑的话　编　者

第 1 卷　第 6 号
1930 年 2 月 15 日出版

小　说
咱们的世界　穆时英
同情泪　许钦文
阿秀　安　华
一个朋友　迅　鸠
唯物史观的诗歌
M.伊可维支作　戴望舒译
诗·散文
诗选（九章）
微词　柔　予
宝宝　赵景深
丈人的老屋　赵景深
Mermaid　露　明
我的追寻　章　依
残象　淑　章
笛声　新　心
现在　王天休
初恋　甘永柏
乡居随笔　李一冰
现代人的娱乐姿态　迷　云
烟草艺术家　郭建英
戏剧
雏　〔匈〕莫尔奈作　方　进译
翻译小说
同乡　嘉达叶夫作　耶　夫译

西万堤斯的未婚妻
〔西班牙〕阿左林作　戴望舒译
内阁总理
〔西班牙〕阿左林作　徐霞村译
一侍女
〔西班牙〕阿左林作　戴望舒译
黄昏
〔西班牙〕阿左林作　徐霞村译

文坛茶话　可　玉
编辑的话　编　者

本刊第一卷总目录
新文艺月刊社小说季选启事

第2卷　第1号
1930年3月15日出版

论　著
艺术之社会的意义
弗理契作　洛　生译
新演剧领域上的实验
玛察作　雪　峰译
唯物史观与戏剧
伊可维支作　戴望舒译
无产阶级运动与资产阶级艺术
〔俄〕蒲力汗诺夫作　郭建英译
《国际歌》的作者及其历史　孙春霆
诗和散文
我们的小母亲　戴望舒
流水　戴望舒
列宁格拉的风　姚杉尊
晨号　姚杉尊
新的寓言
〔苏〕别德芮伊作　徐霞村译
创作小说
黑旋风　穆时英
花　施蛰存
自然的淘汰　徐霞村
巴别尔照像（卷首）
巴别尔自传　独　夫译
翻译小说
盐　〔苏〕巴别尔作　杜　衡译
信　〔苏〕巴别尔作　耶　夫译
多尔古索夫之死
〔苏〕巴别尔作　杜　衡译
百合子的幸运
〔日〕林房雄作　朱云影译
书　评
《冲出云围的月亮》（蒋光慈著）
苏　汶
文坛消息（七则）　同　人
编辑的话　编　者

第2卷　第2号
1930年4月15日出版

艺术风格之社会学的实际
弗理契作　洛　生译
Mayakovsky
国际无产阶级不要忘掉自己的诗人
洛　生

关于马雅珂可夫斯基之死的几行记录　洛　生
论马雅珂夫斯基
克尔仁赤夫作　洛　生译
诗人与阶级
马雅珂夫斯基作　洛　生译
马雅珂夫斯基自传　瞿　然

诗

马雅珂夫斯基诗抄（四章）
蓬子　史文成
建筑匠底歌　姚杉尊
斗争的交响曲　姚杉尊

普希金论
卢那卡尔斯基作　江思译

小　说

狱啸　穆时英
蔷薇与野菊　浓　浊
拘捕　〔德〕格莱赛作　施蛰存译
不能描写的歌曲
〔苏〕高尔基作　朱云影译
一条惨酷的故事
〔日〕叶山嘉树作　郭建英译

普罗列塔利亚小说作法
〔日〕片冈铁兵作　朱云影译

编者的话　编　者

75 萌芽（新地）

简 介

《萌芽》，文艺月刊。一九三〇年一月一日创刊于上海，署“萌芽月刊社”编，实际由鲁迅主编，冯雪峰、柔石、魏金枝助编，光华书局出版发行，二十五开横排本。从第一卷第三期起成为中国左翼作家联盟的机关刊物之一，一九三〇年五月一日出至第一卷第五期被国民党政府查禁，同年六月一日出第六期，改刊《新地》，仅出一期又被查禁。

经过一九二八、一九二九年的革命文学论争，鲁迅深感有大力介绍马克思主义文学理论的必要，他开手是翻译《苏俄的文艺政策》，在《奔流》上连载，然后是《萌芽》的创刊。《萌芽》的主要任务就是译介马克思主义文艺理论和苏联以及其它国家的进步文艺。创刊号上发表了马克思《〈政治经济学批判〉导言》摘译，《艺术形式之社会的前提条件》(译者洛扬，即冯雪峰)，第三期为“三月纪念号”，纪念马克思、恩格斯和巴黎公社，发表了恩格斯《在马克思葬式上的演说》一文，第五期为“五月各节纪念号”，发表了李守常等人论“五一”、“五卅”的文章。该刊同样重视译介外国革命文艺作品，连载了鲁迅翻译的法捷耶夫长篇小说《溃灭》(即《毁灭》)，还有夏衍等翻译的革拉特珂夫、巴比塞等作家的作品。

同时，在创作和评论方面也卓有建树，发表了魏金枝的《奶妈》，柔石的《为奴隶的母亲》以及张天翼、楼适夷、白莽（殷夫）等人的作品。鲁迅的《“硬译”与“文学的阶级性”》、《对于左翼作家联盟的意见》等也都首先揭载于该刊。“社会杂观”专栏里还发表了一系列杂文，针砭时弊，泼辣犀利，尤其是鲁迅的杂文，如《新月社批评家的任务》、《非革命的急进革命论者》、《“丧家的”、“资本家的乏走狗”》等，使刊物呈现出鲜明的战斗特色。《萌芽》存在的时间不长，但是它在理论和创作两方面都为发展中国革命文艺作出了重要贡献。

目　录

第 1 卷　第 1 期
1930 年 1 月 1 日出版

M.戈理基像
A.法兑耶夫像

现代俄国文学作家底自传
一　M.戈理基底自传　亦　还译
二　A.法兑耶夫底自传　亦　还译

艺术社会学之任务及诸问题
〔苏〕V.弗理契作　雪　峰译

小　说

溃灭〔苏〕A.法兑耶夫作　鲁　迅译
奶妈　金　枝
夜巡兵
〔亚美尼亚〕A.Aharonian 作　蓬　子译
报复　张天翼

诗

一九一九年五月一日
〔苏〕克慈涅错夫作　成文英译

关于托尔斯泰的一封信
〔苏〕M.戈里基作　柔　石译

随　笔

“King Coal”　白　莽
艺术学者弗理契之死
〔日〕藏原惟人作　雪　峰译

社会杂观

一、流氓的变迁　鲁　迅
二、新月社批评家的任务　鲁　迅
三、胡适主义之根柢　连　柱
四、文学家兼政治家　潦　西
五、关于孙福熙先生底政治观　潦　西

艺术形成之社会的前提条件关于艺术的断片　洛　扬译

地方笔记

祭礼　沈子良

通　信

赴德意志的途中　迹　余

编者附记　编　者

第 1 卷　第 2 期
1930 年 2 月 1 日出版

漫　画

协于神意的从属　格罗斯
因为他们为自由而斗争了　格罗斯
契诃夫读他底《海鸥》
革拉特珂夫像

评　论

在我们时代里的契诃夫
〔苏〕A.卢那卡尔斯基作　P.K 译
人类的与阶级的　乃　超

研 究

艺术社会学之任务及诸问题

〔苏〕V.弗理契作 雪 峰译

杂 记

我和《语丝》的始终 鲁 迅

现代俄国文学作家底自传

三、F·革拉特诃夫底自传

亦 还译

小 说

醉了的太阳

〔苏〕F.革拉特珂夫作 沈端先译

“从空虚到充实” 张天翼

溃灭（续）

〔苏〕A.法兑耶夫作 鲁 迅译

巴比塞短篇

不能克服的人 蓬 子译

姜·葛里西亚底转变 蓬 子译

关于托尔斯泰的一封信

〔苏〕M.戈理基作 柔 石译

剧

独轮车（一幕剧） 林 林

绍 介

法兑耶夫底小说《溃灭》

〔日〕藏原惟人作 洛 扬译

《第四十一》后序 曹靖华

散 文 诗

铁臂 陈正道

社会杂观

六、“没落”和“方向转换”

学 濂

七、书籍和财色 鲁 迅

八、学术和时髦 连 柱

九、两种奴隶 连 柱

通 信

寄自柏林 迹 余

编者附记 编 者

第1卷 第3期

三月纪念号

1930年3月1日出版

机械的构图作品 罗巴特·弥雪尔

Comintern之出现（漫画） 台 尼

论 文

现代电影与有产阶级

〔日〕岩崎昶作 鲁 迅译

纪念论文三篇

在马克思葬式上的演说

〔德〕恩格斯著 致 平译

巴黎公社论

A.特拉克廷巴格著 侍 桁译

巴黎公社的艺术政策

〔苏〕弗理契著 雪 峰译

论 驳

“硬译”与“文学的阶级性”

鲁 迅

诗

劳苦者

〔匈牙利〕L.加沙克作 雪 峰译

小 说

为奴隶的母亲 柔 石

狱守老邦　适　夷
溃灭（续）
〔苏〕A.法兑耶夫作　鲁　迅译
醉了的太阳
〔苏〕F.革拉特珂夫作　沈端先译
随　笔
监房底一夜　白　莽
国外文化事业研究
××主义学院
〔日〕藏原惟人作　乃　超译
苏联的群众教育与专门家教育
〔日〕茂森唯士作　致　平译
苏联国立出版协会的十年
洛　扬译
社会杂观
一〇、上海市自杀者的增多
致　平
一一、个人职业·社会问题
致　平
一二、中国绅士们意见的一斑
开　时
一三、习惯与改革　鲁　迅
十四、非革命的急进革命论者
鲁　迅
十五、胡适的受人尊敬　连　柱
地方通信
拷刑（东京）　辛　民
冬防（内地）　沈子良

国内外文坛消息四则　编　者
编辑后记并前期更正　编　者

第1卷　第4期
1930年4月1日出版

贫农委员会会议（画）
A.Maravov
漫　画
以红的楔子打白　（未署名）
左翼作家联盟　王一榴

略悉珂像
世界史的可能性与必然性（威尔斯批判）〔日〕羽仁五郎作　嘉　生译
演　说
对于左翼作家联盟的意见　鲁　迅
论　文
文艺作品上的形式与内容
雅各式莱夫作　宪　章译
文艺杂观（四篇）　天　镜
记　录
文艺批评家的职工
〔德〕K.Grunberg作　贺　菲译
小　说
小母亲　白　莽
铁练的歌
〔苏〕N.略悉珂作　蓬　子译
溃灭（续）
〔苏〕法兑耶夫作　鲁　迅译
春瘟　龚冰庐
诗　歌
复兴　杉　尊
前夜　杉　尊

囚窗（回忆） 白 莽
前进吧，中国！ 白 莽
HOWL 陈正道
国外文化事业研究
马克思主义历史家会议 贺 菲译
劳农通信员运动 练 硕译
革命宣传画 侍 桁译
第一回少年先锋全俄同盟大会记 侍 桁译
苏联电话气业的发展 贺 菲译
社会杂观
十六、常识与阶级性 成文英
十七、我们要批评家 鲁 迅
十八、日本帝国主义的恩惠 致 平
十九、统计的阶纪性 致 平
二十、“争自由运动”底“合法的”舆论 学 濂
二一、大学潮 穆 如
二二、张资平氏的“小说学” 黄 棘
二三、丰子恺君底飘然的态度 柔 石
二四、夏丏尊的处世与教人 连 柱
二五、“中国现在中学生的出路” 开 明
二六、疾病和迷信 致 平
吉龄鬼出游
——南洋漫记之一（地方杂记） 许 杰
文艺界消息 编 者
编辑后记 编 者

第 1 卷 第 5 期
五月各节纪念号
1930 年 5 月 1 日出版

漫 画
起来，万国劳动者！ 柳濑正梦
红军会议（彩画） I.I.Brodsky
前卫 王一榴
五月各节纪念特载
“五一”运动史 李守常
一九三〇年的“五一” 莫 灵
打倒帝国主义的“五卅” 李德谟
农村革命与反帝国主义斗争 吴黎平
太平洋劳动组合在反战反帝斗争上的任务 雪 峰译
马克思论出版的自由与检阅 洛 扬译
论 文
文化问题 I.卢波勒作 倩 霞译
关于艺术的意义 W.霍善斯坦因作 侍 桁译
文艺评论
讽刺文学与社会改革 成文英
关于“看货色”的问题 侍 桁
诗
军事会议 溅 波
退出以后 溅 波
一九二九年的五月一日 白 莽

劳动日　陈正道
给一个新朋友　杉　尊
这张大手　丁锐爪
雪　六　弟
一幅农民的淡描　郑志钊

杂　记

中国农村生活断片
A.Smedley 作　绍　明译

小　说

焦大哥　金　枝
搬家后　张天翼
溃灭（续）
A.法兑耶夫作　鲁　迅译
铁练的歌　N.略希珂作　蓬　子译

国外文化事业研究

苏联文化建设的五年计划
成文英译
共产学院批评班本年度研究题目
成文英译
苏联农村社会主义建设上的技术底任务
鲁特勒夫·阿连斯作　雪　峰译
苏联女性解放的电影
〔日〕山内田鹤子作　侍　桁译

地方通信

我们的生活（上海一个女工的自述）
阿　毛
"四八"底印象　霆　声
社会主义国家与满洲民众　章　祥

社会杂观

二七、古物·宗教·记者的头脑
N.C
二八、注射与反应　力　次
二九、"好政府主义"　鲁　迅
三十、关于"争自由"　圭　本
三一、"丧家的""资本家的乏走狗"
鲁　迅
三二、关于梁实秋自称无产阶级一点更正　刈　剌
三三、"革命家"取消斗争　思　德
三四、人底社会的存在和其意识
致　平
三五、我所看到的社会的一幕
开　时
三六、穷人底疗病法　致　平
三七、马克思、马如克思、马寅初
致　平

国内文艺消息　编　者
编辑后记　编　者

第 1 卷　第 6 期
1930 年 6 月 1 日出版

莫斯科郊外的少女们（彩画）
K.F.Luana

论　文

我们为什么不是和平主义者
Josef Lenz 作　贺　菲译
文化问题　I.卢波勒作　倩　霞译
中国无产阶级文艺运动与左联成立的意义　乃　超译

《艺术论》译序 鲁　迅

文艺作品

"五州" 方　文

小　说

溃灭（续）

〔苏〕A.法兑耶夫作　鲁　迅译

诗　选

战争 K.F

"五一"纪念 机器工人樱　华

一九三〇年的五一 陈正道

少年先锋 陈正道

群众 杉　尊

春 少　怀

让我们向太阳之神祈祷罢 虹　贯

归家 鸥　弟

夜岸 唐锡如

老祖母 秋　枫

笑的海 巘　涛

地方通信

在施粥场上 沈子良

国外文化事业研究

苏联的书籍

G.保罗希纳夫等作　本译

苏联第一次马克思主义的列宁主义的哲学家代表会 成　嵩译

共产学院艺术部本年度研究题目（据日本《无产阶级科学》1930年四月号） 成文英译

社会杂观

三八、所谓"左派" 一　剑

三九、痛的研究 汪　北

四十、取消主义，甘地主义，国民会议，帝国主义 木林译

四一、"谢绝参观" 致　平

四二、杂煮的社会科学著作 致　平

四三、讲外国闲话 石　英

四四、不打自招 石　英

四五、什么是反革命？谁是反革命派？ 思　德

四六、领事裁判权的撤销 思　德

四七、被检除了的报屁股 指　南

四八、剿共的成绩 骆英豪

四九、曲阜通信

五〇、小狗仔的阶级性 木　林

国内文艺消息

左翼作家联盟的两次大会记略

中国社会科学家联盟成立 子　西

艺术剧社被封斗争

挣扎中的绍兴小学

中华艺术大学被封 李　茵

自由运动大同盟消息

通　信

一、陈正道先生来信

二、"注射与反应"的更正

三、答王实味先生

四、关于《世界月刊》和《大道月刊》的话 傅铁师

五、编辑室杂函

编辑后记 编　者

76 拓 荒 者

简 介

《拓荒者》，月刊。太阳社主办，《新流月报》停刊后改出的刊物，其首期同时又是《新流月报》的末期。一九三〇年一月十日创刊于上海，蒋光慈主编，拓荒者月刊社发行，现代书局经售，二十四开本。从一九三〇年三月一日出版第三期起，成为中国左翼作家联盟的机关刊物之一，同年五月一日出版第四、五期合刊号之后，被国民党政府查禁。

《拓荒者》大量发表有关马克思主义文艺理论的文章和左翼作家的作品，其中有成文英（即冯雪峰）翻译的《论新兴文学》（即列宁的《党的组织与党的文学》）和夏衍翻译的《露莎·罗森堡的俄罗斯文学观》、《伊里几的艺术观》等文章，以及其它理论文章。从第三期起，刊登夏衍、钱杏邨、华汉（阳翰笙）等人的文章参加当时的文艺大众化问题的讨论。又以“补白”的形式，插入了普列汉诺夫、卢那卡尔斯基的文艺语录。

在理论宣传的同时，该刊以更多的篇幅发表文学创作，其中有殷夫的《让死的死去罢》、《血字》等许多红色鼓动诗以及森堡（任钧）、冯宪章、段可情等人的诗作；从第三期起连载蒋光慈的长篇小说《咆哮了的土地》，还有洪灵菲、楼适夷、戴平万、冯铿、孟超等人的小说以及龚冰庐的剧本。

目 录

第1期

特大号

1930年1月10日出版

诗 歌

我们的诗（组诗） 殷 夫

一、前灯

二、Romantik

三、Pioneer

四、静默的烟囱

五、让死的死去吧

六、议决

小 说

家信（长篇） 洪灵菲

老太婆与阿三（小小的短篇） 蒋光慈

我在忏悔 微 尘

爱与仇（中篇） 森 堡

陆阿六 戴平万

翻译小说

死的列车 〔苏〕NVNV作 沈端先译

不可屈服的 〔法〕巴比赛作 洪灵菲译

没有劳动者的船 〔日〕叶山嘉树作 冯宪章译

剧 本

两个典型的女性 杨邨人

杂 文

在那遥远的地方 〔苏〕伊滋乔作 建 南译

东京之旅 光 慈

由上海到苏州 征 农

编给少年读者的故事 若 虚

平凡的印象 美 埙

论 文

罗莎罗森堡的俄罗斯文学观 沈端先译

再论新写实主义 之 本译

文艺理论讲座（第一回） 冯乃超

——文艺和经济的基础

中国新兴文学中的几个具体问题 钱杏邨

批评与介绍

格莱特可夫的传略及其《水门汀》 祝秀侠

小林多喜二的《蟹工船》 若 沁

罗曼诺夫与两性描写 若 英

叶永榛的《小小十年》 沈端先

国内外文坛消息

艺术学者傅利采的死 记 者

格尔顿夫人第五十回诞辰 记 者

一九二九年诺贝尔奖金的候补者 记 者

日本文坛近况 记 者

最近的几部名译 记 者

郭沫若近讯 记 者

中国新兴文坛零讯　记　者

关于编辑室　编　者

补　白*

现代资产阶级的艺术（一）

〔苏〕卢那卡尔斯基

现代资产阶级的艺术（二）

〔苏〕卢那卡尔斯基

文艺上的极端个人主义

〔俄〕蒲力汉诺夫

高尔基对布洛克的批评

〔苏〕高尔基

意识形态与艺术（一）

〔苏〕卢那卡尔斯基

意识形态与艺术（二）

〔苏〕卢那卡尔斯基

我们的艺术（一）

〔苏〕卢那卡尔斯基

我们的艺术（二）

〔苏〕卢那卡尔斯基

艺术与新兴阶级　梅林格

文艺与现实

〔苏〕卢那卡尔斯基

插　图

克服（三色版）

一九二九年日本文坛鸟瞰图

内秘的布尔乔亚的镜

军国会议

* 此期“补白”的文字，原刊均只有著者而无译者。

第2期

特大号

1930年2月10日出版

小　说

盐场　建　南

大海（中篇）　洪灵菲

乐园的幻灭　冯　铿

家信（长篇）　洪灵菲

村中的早晨　戴平万

践踏　莞　尔

此路不通

〔德〕维列赛也夫作　蒋光慈译

诗　歌

诗三篇　殷　夫

十月三日　森　堡

戏　曲

我们重新来开始　龚冰庐

随　笔

一个回忆　柯　涟

致狱中人　孟　超

阿毛　卡　气

论　文

论新兴文学

U.Illich原著　成文英译

伊里几的艺术观

〔苏〕列裘耐夫原著　沈端先译

文艺理论讲座（第二回）　冯乃超

鲁迅（文学史论）　钱杏邨

我们的文化　郭沫若

德国的新兴文学

〔日〕川口浩原著　冯宪章译
最近世界美术运动的趋势　叶　沉

批评与介绍

关于李别金斯基　若　英
小林多喜二的《一九二八·三·一五》　沈端先
辛克莱的《潦倒的作家》　祝秀侠
新兴文学运动与自我批判　潘汉年
关于《都市之夜》及其他　钱杏邨
创作月评（一九三〇年一月）　钱杏邨
作品与生活（本报第一期的批判）　冯乃超

国际革命运动

印度革命运动　黎　平
韩国民族革命运动的奋起　列　民

文艺通信

艺术剧社的第一次公演　邱韵铎

关于编辑室　编　者

补　白

给劳动者　沙莫比特尼格著　宪　章译
我是叛乱运动的歌者　波莫尔斯基著　宪　章译
集团的意志　阿尔斯基著　宪　章译
誓盟　沙莫比特尼格著　宪　章译
在花岗岩中　阿力格山特罗夫斯基著　宪　章译
夜更　布洛克著　宪　章译
歌者　Aman Wickham 女士著　宪　章译
给异国的同胞们　基里罗夫著　宪　章译
一九一九年五月一日　库兹尼痾著　宪　章译
清晨　借罗夫著　宪　章译
工场的儿子　库兹尼痾著　宪　章译
"诗人"这傲慢的语言　沙莫比特尼格著　宪　章译
赏失　库兹尼痾著　宪　章译
最后的自由　三好十郎著　宪　章译
《穷人》的最后一段　细天埃尔特著　宪　章译
呐喊　巴尔特尔著　宪　章译

插　图

布尔乔亚的逃亡（三色版新俄名画）
撒传单（日本普罗美展出品）
"祝福第五次世界大战"
傅利采肖像

第 3 期
1930 年 3 月 10 日出版

小　说

咆哮了的土地（长篇）　蒋光慈
留置场的一夜　倩　红
马桶间　华　汉
新生　平　万
路工手记　孟　超
大海（中篇）　洪灵菲
纪念碑　许　峨

此路不通
〔苏〕维列赛也夫作　蒋光慈译
诗　歌
我底告白　起　潮
日本兵　段可情
写给一个新时代的姑娘　殷　夫
戏　剧
我们重新来开始　龚冰庐
随　笔
十二个牺牲者
Barter 作　王任叔译
期待　柯　涟
论文·介绍·批评
艺术价值与政治价值之哲学的考察
山木清作　冯宪章译
文学运动的几个重要问题
沈端先
大众文艺与文艺大众化　钱杏邨
《丽莎的哀怨》与《冲出云围的月亮》
冯宪章
特　载
左翼作家联盟的意义及其任务
潘汉年
国际的失业问题　赫　林
革命的三月　若　沁
国内外文坛消息
新教育人民委员长蒲蒲诺夫
适　夷
中国左翼作家联盟的成立　记　者
关于艺术剧社　越　荃
时代美术社的宣言　记　者
文艺通信
寄自旅中　藤森成吉
我们所希望于《拓荒者》者
胡维时
编辑室消息　编辑部
插　图
新女性（苏俄名画）
买勋章的人与卖勋章的人
高尔基画像
苏俄新教育人民委员长蒲蒲诺夫肖像
《此路不通》的作者维列赛也夫肖像

第 4、5 期*

1930 年 5 月 10 日出版

诗　歌
在劳动族下
〔日〕绳田林藏作　森　堡译
血字　殷　夫
意识的旋律　殷　夫
一个红的笑　殷　夫
上海礼赞　殷　夫
春天的街头　殷　夫
别了，哥哥　殷　夫
都市的黄昏　殷　夫

* 本期有两种封面，一为《拓荒者》，一为《海燕》，两种封面上均注明是四、五期合刊。

血光照耀的五月（赤色的五一；血腥的五卅） 戴伯晖
一八八六 丁锐爪
废人 冯宪章
在柱头上 浪 白
致死了的模特儿 孙 伟
五月二部曲（上层阶级的五月；下层阶级的五月） 段可情

小 说

咆哮了的土地（续） 蒋光慈
两种不同的人类 森 堡
“March8”S 殷 夫
突变 冯 铿
劫场的洗礼 甘永柏
甲子之役 建 南
白舟
〔芬兰〕爱罗·考内斯著 王抗夫译
一月十三 冯宪章
野火 秋 枫
统舱中 冯润璋
新的集团 洪灵菲
潭子湾的故事 孟 超
西伯利亚 马 宁

戏 剧

台湾（六幕八景剧） 牛 步
我们重新来开始（续） 龚冰庐

杂 文

“眼中钉” 郭沫若
一个注脚 钱杏邨
占领 戈 旦
写给一个哥哥的信 Ivan

论 文

关于艺术作品的评价
〔日〕藏原惟人著 之 本译
到集团艺术的路 沈端先
普罗文艺大众化的问题 华 汉
戏剧的暴风雨时代 郑伯奇
安特列夫与阿志巴绥夫倾向的克服 钱杏邨

批评与介绍

关于新写实主义 曼 曼
“震撼支那的三日间” 适 夷
——介绍日本林守仁的戏剧
木乃尹的乔装打扮 杨晋豪
——历史剧价值的批判
读了冯宪章的批评以后 华 汉
《拓荒者》第二期创作批判 陈正道
社会时评 冯乃超

世界文艺运动

激流怒涛中的最近日本普罗艺运 建 南
苏维埃剧坛上的现代潮流
A.Glerboff著 建 南译

五月纪念文

今年纪念“五一”的意义 刘锡五
中国的五月与日本帝国主义 沈起予
柏林的“五一”演习 李一氓
柏林“五一”的流血 陆 洛译
马克思底诞生纪念 谷 荫

五卅的回忆　华　汉

文艺通信

致编者××兄　建　南
致编辑先生　倩　红
致××兄　马　宁
致编辑先生　戴时杰

特　载

艺术剧社被封事件

插　图

收割（新俄名画）
高尔基在群众中（照片）
那个被捕的小孩
战争又要来了，反对第二次世界大战！布尔乔亚是胆颤心惊了，当他们看见一只手从地层里伸出时。
资本家及其走狗的五月祭（漫画）　一　榴
联合起来（木刻）
柏林的“五一”（一九二八年）（照片）
五月一日
一九二五年的“五卅”（漫画）
一九二五年“五卅惨案”之上海市民大会（照片二幅）

编辑室消息

77 艺 术

简 介

《艺术》，月刊，左翼戏剧团体“艺术剧社”的机关刊物。一九三〇年三月十六日创刊于上海，沈端先编辑，上海北新书局发行，二十四开本。只出一期即被查禁终刊。

《艺术》月刊主要是宣传革命文艺思想，推动左翼戏剧运动的开展，介绍苏联、日本、美国等国左翼戏剧运动情况。撰稿人有沈端先、郑伯奇、叶沉、龚冰庐、祝秀侠等。该刊发表的艺术剧社座谈会记录，对于了解和研究三十年代左翼戏剧运动情况提供了宝贵的资料。

《艺术》月刊停刊后，沈端先等又改出《沙仑》月刊，继续进行左翼文艺运动的宣传。

目　录

第1卷　第1期

1930年3月16日出版

中国戏剧运动的进路　郑伯奇
一九三〇年开展中的文坛与剧坛　越　声
新兴美术运动的任务　许幸之
普罗文艺的大众化　麦克昂
俄国革命前的文学运动　冯乃超
舞台效果和音乐　和用精著　陶晶孙译
戏剧与时代　叶　沉
有什么话好对人家说　龚冰庐
炉火　一　榴
告示　宛　尔
换上新的（一幕剧）　龚冰庐
有声电影的前途　编　者
艺术剧社第一次座谈会速记　邱韵铎　龚冰庐
日本戏剧界的最近概观　叶　沉
介绍一个英国工人剧场　榴
美国工人与文艺　N.C
高尔基的《夜店》　祝秀侠
自叙传　〔美〕Jack London著　邱韵铎译
动物园　U.Sinclair著　邱韵铎译
编后　编　者

78 文艺讲座

简 介

《文艺讲座》，中国左翼作家联盟主办的文艺理论刊物，一九三〇年四月十日创刊于上海，冯乃超主编，神州国光社出版发行，三十二开毛边本，只出一册即被国民党政府查禁。

编者原拟将《文艺讲座》编成六册的文艺理论丛刊，比较有系统地介绍马克思主义文艺理论的基本观点，介绍苏联的革命文学，评述中国新文学运动的成就与经验，引导和帮助文艺工作者，特别是广大文学青年从事革命文艺的建设，以推动左翼文艺运动的发展。由于政治的压迫，而未能完全实现。第一册发表了冯乃超、朱镜我、彭康、郭沫若、阳翰笙、钱杏邨、洪灵菲、冯宪章、夏衍等著名左翼作家和评论家撰写的专题论文，以及鲁迅、冯雪峰、蒋光慈、许幸之等人翻译的苏联、日本等国革命文艺理论著作。内容涉及广泛领域，在左翼文艺界发生过积极的影响。

目　录

第 1 期*

1930 年 4 月 10 日出版

艺术概论（待续）　冯乃超

意识形态论（待续）　朱镜我

新文化概论（第一章）　彭　康

艺术与哲学·伦理　〔日〕本庄可宗作　鲁　迅译

文学革命之回顾　麦克昂

俄国无产阶级文学发达史　〔日〕冈泽秀虎著　雪　峰译

中国新文艺运动　华　汉

中国新兴文学论（第一章）　钱杏邨

普罗列塔利亚小说论（第一章）　洪灵菲

艺术上的阶级斗争与阶级同化　傅利采著　许幸之译

社会主义的建设与俄国现代文学　傅利采著　蒋光慈译

劳动阶级应当养成文化的工作者　M.戈理基著　雪　峰译

艺术家托尔斯泰（《艺术家的悲剧》节录）　傅利采著　冯乃超译

《蒲列汉诺夫论》　冯宪章

《艺术论》《艺术与社会生活》——蒲列汉诺夫与艺术（日本《无产阶级艺术教程》节录）　沈端先译

《恋爱之路》《华茜丽莎》及其他——所谓“苏联的性文学”问题　沈端先

《一周年》　冯宪章

马克思主义艺术理论的文献　冯乃超

日本马克思主义艺术理论书籍　冯乃超

* 原刊“目录”作“第一期”，扉页作“第一册”。

79 巴尔底山

简　介

《巴尔底山》，旬刊，中国左翼作家联盟机关刊物。一九三〇年四月十一日创刊于上海，署“巴尔底山社”编，实际初由鲁迅编辑，后改由朱镜我、李一氓等编辑，巴尔底山社出版，十六开本。一九三〇年五月二十日出至第一卷第五号，被国民党政府查禁。

“巴尔底山”是英文 Partisan 的音译，意思是“袭击队”或“游击队”。第一卷第一号编辑《后记》中说，“这文化领域内的巴尔底山队，总算已经组成基本的队伍，可以进出到这阶级的社会中，为支持一方的战线的一个小小的支队了”。含蓄地阐明了此刊的性质和任务，并公布了其基本队员是德谟、NC、致平、鲁迅、雪峰、汉年、端先、乃超、白莽等三十人。

《巴尔底山》旬刊多发表杂文和时事短评，针砭时弊，揭露黑暗，评论文化现象与社会思潮，还刊登讽刺诗与讽刺画，以及文化界动态等等，有鲜明的战斗性。

目 录

第 1 卷　第 1 号
1930 年 4 月 11 日出版

关于文化侵略问题　李德谟
从诗歌谈起　N.C
什么是反动？谁是反动派？　致　平
广大的贫民　H.C
无独有偶　子　民
没落的并非新文艺　溶　炉
悼“光明大学”　玉　泉
奴才的悲泪——献给胡适之先生　白　莽
“兰芳”“先生”　鬼　邻
中国文学的新史料　志　华
编辑后记

第 1 卷　第 2、3 号
1930 年 5 月 1 日出版

起来，纪念五一劳动节！　谷　荫
去年柏林“五一”纪实　廖　非
五一与文艺　陈正道
米价问题　L.S.
谁利用自由大同盟　杉　尊
评“俄罗斯研究”第一号　伯　平
想对“左联”说的几句话　菊　华
可怜的最后挣扎　溜　萤
纪念“五三”　严元章
鬼邻随笔　鬼　邻
“改进学风”及其他　恕　芷
百合君的作用　保　尔
通信

第 1 卷　第 4 号
1930 年 5 月 11 日出版

胡适之底乌托邦　乃　超
两种走狗　杉　尊
看到写起　马　马
五一屠杀与改组派　赫　林
北平通信　列　子
格杀勿论　锡　五
鬼邻随笔（续）　鬼　邻
记左联第一次全体大会　力　竹
艺术剧社被封（来件）
附：左联“反对查封艺术剧社宣言”

第 1 卷　第 5 号
1930 年 5 月 21 日出版

徘徊十字街头的究竟是谁？　谷　荫
批评——谩骂　攻击——挑拨　霆　声
笔社与聚餐　戎　一
无耻的布尔乔亚底狗　陈正道
左联给复旦大学文学系诸教授的信（来件）

“怪现象”真是“不可思议”吗？ 力 竹
随笔 我 坚
小偷与大学生 稻 子
“巴尔底山”的检阅 白 莽
钝刀 狐 尾
艺术剧社为反抗无理被抄封逮捕告上海民众书（来件）
为艺术剧社被封告国人 上海戏剧运动联合会
中国社会科学家联盟成立 子 西
周毓英的广告术 秋 士

80 骆驼草

简　介

《骆驼草》，文学周刊，一九三〇年五月十二日创刊于北平，十六开本。主要撰稿人有周作人、俞平伯、冯文炳、徐祖正、冯至、徐玉诺、程鹤西等，实际上的主编是周作人。刊物上没有署出版发行者。一九三〇年十一月三日出版第二十六期后终刊。

《骆驼草》是类似《语丝》周刊的以发表小品文为主的文学刊物。但是减退了《语丝》的任意而谈，无所顾忌，摧让新生，排击旧物的战斗锋芒，而趋向于“冲淡”、“闲适”。编者在《发刊辞》里说：“文艺方面，思想方面，或而至于讲闲话、玩古董，都是料不到的，笑骂由你笑骂，好文章我自为之，不好亦知其丑，如斯而已，如斯而已。”鲁迅在一九三〇年五月二十四日致章廷谦的信中对《骆驼草》作过这样的评论：“以全体而论，也没有《语丝》开始时候那么活泼。”

《骆驼草》发表了许多简短的随笔、杂感，如俞平伯、徐祖正、程鹤西等人作品，周作人的《青斋随笔》，冯文炳的长篇《莫须有先生传》和《桥》的一部分也连载于该刊。

目录

第1期
1930年5月12日出版

发刊词
水里的东西　岂明
身后名　平伯
诗　至
莫须有先生传　废名
《中国自由运动大同盟宣言》　丁武

第2期
1930年5月19日出版

对话与独语　祖正
莫须有先生传（续一）　废名
晚餐　至
论八股文　岂明
《三国志演义》与毛氏父子　平伯

第3期
1930年5月26日出版

文学上的主张与理论　祖正
破晓　秋心
老屋　至
一日内的几首诗　废名
西班牙的古城　岂明
闲话　丁武
邮筒　鹤西　废名

第4期
1930年6月2日出版

文学运动与政治的相关性　祖正
莫须有先生传（续二）　废名
孩子　其无
日落　至
希腊的古歌　岂明

第5期
1930年6月9日出版

《蒙古故事集》序　岂明
臭虫　艾卒
《朝鲜景教史料钞》后记　天行
今宵　T.W.
村里的戏班子　难明
邮筒　廖翰庠

第6期
1930年6月16日出版

蒙古的歌　冯至
却说一个市集　启无
谁的哭声　玉诺
莫须有先生传（续三）　废名
闲话　惠敏
拥护《达生编》等　岂明

第 7 期
1930 年 6 月 23 日出版

死之 beauty　废　名
又是没落　平　伯
她走了　秋　心
介绍政治工作　岂　明

第 8 期
1930 年 6 月 30 日出版

夏初　苦　水
苦笑　秋　心
故乡的蒺藜　丁　文
无题　鹤　西
闲话　惠　敏
论剽窃　岂　明

第 9 期
1930 年 7 月 7 日出版

专斋随笔　岂　明
莫须有先生传（续四）　废　名
诗　至
毛太太　永　坤
捧桥脚　聚　仁
闲话　惠　敏

第 10 期
1930 年 7 月 14 日出版

文艺论战　祖　正
妒妇
〔古希腊〕海罗达思著　岂　明译
孤帆〔俄〕莱芒托夫作　石　民译
塞尔维亚民歌一首　F 译
性与不净　平　伯
《河水鬼》　丁　文

第 11 期
1930 年 7 月 21 日出版

坟　秋　心
父亲的生日　冯　至
机器，这时代之巨灵（诗）　石　民
倚（诗）　马　风
莫须有先生传（续五）　废　名

第 12 期
1930 年 7 月 28 日出版

塾师
〔古希腊〕海罗达思著　岂　明译
石臼　史济行
死的班点　玉　诺
C 君的来访　冯　至
南行通信（一）　玄　玄

第 13 期
1930 年 8 月 4 日出版

贤明的——聪明的父母　平　伯
唔哇开刀　玉　诺
随笔　非　命

故乡里（诗）　马　风
关于蝙蝠　启　岂

第 14 期
1930 年 8 月 11 日出版

桥　废　名
　第一回
　金银花
　史家庄
　井
　落日
　洲
　猫

第 15 期
1930 年 8 月 18 日出版

《杨柳风》　岂　明
夜半的园林（诗）　冯　至
酒醒（诗）　冯　至
桥（二）　废　名
　万寿宫
　开学
　芭茅
　狮子的影子

第 16 期
1930 年 8 月 25 日出版

乐户
〔古希腊〕海罗达思著　岂　明译
桥（三）　废　名
　送牛
　松树脚下
云破天青的月夜和麻花王的政论
　玉　诺
中国艺术之衰颓的原因
　〔德〕G.Fuchs 著　林如稷译

第 17 期
1930 年 9 月 1 日出版

猫狗　秋　心
憧憬　高　沅
桥（四）　废　名
　习字
诗　石　民
流想　大　雪
莫须有先生传（续六）　废　名

第 18 期
1930 年 9 月 8 日出版

桥（五）　废　名
　花
　送路灯
译诗*　〔印度〕太戈尔作　法译
人生　吴伯箫
莫须有先生传（续七）　废　名

* 原刊译诗没有具体篇名。

第19期

1930年9月15日出版

专斋随笔（续一） 岂 明
从王渔洋讲到杨贵妃的坟
平 伯
哥德的《随感录钞》 沉 译
回魂 石 民译
桥（六） 废 名
瞳人
碑
阿弥陀佛

第20期

1930年9月22日出版

上庙
〔古希腊〕海罗达思著 岂 明译
莫须有先生传（续八） 废 名
冰雪小品跋 平 伯
南行杂记 玄 玄

第21期

1930年9月29日出版

阿左林的话 法
专斋随笔（续二） 岂 明
这么一回事 秋 心
初春漫记 李一冰
西班牙民歌 鹤 西译
某天的日记 祖 正
海上火灾 玉 诺
草话 补白子

第22期

1930年10月6日出版

一个作家的基本理论 祖 正
亨利·雷可罗夫的随笔序
G.Gissing著 杨 晦译
莫须有先生传（续九） 废 名
谈《笑》 沉

第23期

1930年10月13日出版

理性化与文学运动（上）
祖 正
专斋随笔（续二） 岂 明
《标语》 平 伯
谈怒 沉
国庆日之朝 补白子

第24期

1930年10月20日出版

专斋随笔（续四） 岂 明
黑暗 秋 心
无题 偶 影
理性化与文学运动（中） 祖 正

第25期
1930年10月27日出版

随笔　法
理性化与文学运动（下）　祖　正
进行曲（诗）　李健吾
怕井序　平　伯
毋忘草　蔼　一

第26期
1930年11月3日出版

善言　秋　心
莫须有先生传（续十）　废　名
专斋随笔（续五）　岂　明

81 沙　仑

简　介

《沙仑》，月刊，是“艺术剧社”继《艺术》月刊后出版的文艺刊物。一九三〇年六月十六日创刊于上海，由沈端先主编，上海北新书局发行，二十四开横排本。“沙仑”二字是英文 Siren 的音译，意即警报器，汽笛。内容涉及戏剧、电影、美术、音乐、文学诸方面。除刊登左翼文艺运动消息外，也发表作品和评论。有左明、叶沉、杨邨人剧本和龚冰庐的小说以及冯乃超、许幸之、祝秀侠、沈端先、钱杏邨、凌鹤等人涉及各种艺术领域的评论。由于国民党反动政府的压迫，仅出一期即终刊。

目　录

第1卷　第1期*
1930年6月16日出版

论　文

戏剧运动的目前误谬及今后的进路　叶　沉
俄国电影Production的路　鲁那卡尔斯基著　冯乃超译
中国美术运动的展望　许幸之
关于游艺会的几个实际的指示　沈端先译**
阿夫尔的宣言　黄　芝译**
关于电影的几个意见　叶　沉

批　评

《拿破仑》观后感　冯乃超
“VOLGA-VOLGA”的所见　祝秀侠
看了“哥萨克”的印象　沈端先
观艺术剧社第二次公演后　钱杏邨
再述效果　陶晶孙
演剧的技术论　沈起予
南通的戏剧界　王夫质
南通归途　王　莹
谈谈改作剧本　葆　初
出演《爱与死之角逐》与《炭坑夫》之后　凌　鹤
社中杂记　晴　初
　演员应有的认识
　南通日记

研　究

福音堂　樱　影
地下生活的一页　徐　杰
夜之幻影　邱韵铎译**
“大世界”　菀　尔
楼头的艳笑　心　波
寄给山东实验剧院的朋友　马文珍

创　作

夜之颤动（一幕三场剧）　左　明
峰起（一幕喜剧）　叶　沉
标语（小说）　龚冰庐
民间（独幕剧）　杨邨人
RADIO（七则）　编　者
　广告三则
　左翼作家联盟的成立
　读者的会
　时代戏剧社出现
　电影的王国

编辑室里的话　编　者

* 原刊“目录”与正文不符情况较多。此“目录”系依正文抄录，参考原刊“目录”分栏目，与原刊“目录”不同处不再一一注明。

** 原刊未署原作者。

82 前锋周报

简 介

《前锋周报》，文艺刊物。一九三〇年六月二十二日创刊于上海，每逢星期日出刊。编者署“先锋社”，实际由李锦轩编辑，由光明出版部出版，上海现代书局发行，十六开四版。目前见到的最后一期是一九三一年五月三十一日出版的第四十四、四十五、四十六期合刊。

《前锋周报》是国民党当局策划组织的“民族主义文学运动”中最早出现的刊物，主要撰稿人有李锦轩、朱大心、范争波、叶秋原、张季平等。该刊第二、三期连载了《民族主义文艺运动宣言》，攻击无产阶级革命文学将使新文艺“陷于必然的倾记”，鼓吹建立所谓“文艺的中心意识”，认为任何艺术都是所属的民族意识的产物，“文艺的最高意义，就是民族主义”，借以反对马克思主义的阶级斗争学说。该刊每期除发表一两篇所谓文艺作品作为点缀外，主要的篇幅是刊登宣扬“民族主义文艺”的理论文章，攻击左翼作家和整个左翼文艺运动的杂文。

目 录

创刊号
1930年6月22日出版

发刊词
中国文艺的没落 泽 明
民族主义的文艺
谈锋 锦 轩
一、鲁迅先生的远识
二、符咒与法律
三、生财有道
四、所谓主义的奴才

第2期
1930年6月29日出版

民族主义文艺运动宣言
混战（独幕剧） 李锦轩
划清了阵线（诗） 朱大心
照妖镜 李春森

第3期
1930年7月6日出版

民族主义文艺运动宣言（续）
最近中国文艺家的检讨 李锦轩
两个孤儿 争 波译
请认识我们的文艺运动 杨志静
对日本报纸的一个声明 编辑部

第4期
1930年7月13日出版

苦难时代所要求的文学 方光明
谈锋 锦 轩
两个孤儿（续） 争 波译

第5期
1930年7月20日出版

民族主义文艺的使命（上） 朱大心
我们的战士（诗） 翼 之
谈锋 锦 轩
一、梁山伯上的好汉
二、阿Q的后事如何
三、普罗诗人的杰作
两个孤儿（续） 争 波译

第6期
1930年7月27日出版

民族主义文艺的使命（下） 朱大心
我们自己人（诗） 大 心
谈锋 锦 轩
六〇六
红头阿三
给红男绿女式的文学家
两个孤儿（续） 争 波译

第 7 期

1930 年 8 月 3 日出版

战争　狄更生
白马山　李翼之
“失业以后”　张季平
我们自己人（诗）　朱大心
两个孤儿（续）　争　波译

第 8 期

1930 年 8 月 10 日出版

民族主义文艺之理论的基础　叶秋原
异国的青年　李翼之
谈锋　锦　轩
　　发扬国粹
　　新毛毛雨
两个孤儿（续）　争　波泽

第 9 期

1930 年 8 月 17 日出版

民族主义文艺之理论的基础（续）　叶秋原
起来（诗）　李翼之
谈锋
　　两种国粹　泽　明
　　郭沫若的甲骨文　锦　轩
　　马仰人翻　锦　轩
　　木人戏　锦　轩
两个孤儿（续）　争　波译

第 10 期

1930 年 8 月 24 日出版

民族主义文艺之理论的基础（续）　叶秋原
“虹”　锦　轩
前冲（诗）　雷　盛
我们这一代（诗）　光　明
两个孤儿（续）　争　波译
编辑室谈话　编　者

第 11 期

1930 年 8 月 31 日出版

民族主义的文艺批评论　襄　华
全民族的民众起来（诗）　方光明
纪念黄震遐　乙　裴
我踏过了国界　张季平
谈锋　锦　轩
　　田汉得到的教训
　　冯乃超的玄虚
两个孤儿（续）　争　波译
编辑室谈话　编　者

第 12 期

1930 年 9 月 7 日出版

民族主义的文艺批评论　襄　华
观秋季长风西画研究会教授近作展览会以后　周继善
到武汉　李翼之

普罗的戏剧　张季平
两个孤儿（续）　争　波译

第13期
1930年9月14日出版

民族主义的文艺批评论（续）　襄　华
到武汉（续）　李翼之
普罗的诗歌　张季平
谈锋
　尾巴　锦　轩
两个孤儿（续）　争　波译

第14期
1930年9月21日出版

民族主义文艺的恋爱观　张季平
我国的农民文学　易　康
到武汉（续）　李翼之
谈者意见箱
　我们今日所需要的文学　澄　宇
两个孤儿（续）　争　波译
编辑室谈话　编　者

第15期
1930年9月28日出版

民族主义文艺的恋爱观（续）　张季平
“山河泪”　李翼之
谈锋
　给《长风》　锦　轩
　丧钟响了　锦　轩
　波尔希维克的恩赏
　取消诗人王独清
两个孤儿（续）　争　波译
编辑室谈话　锦　轩

第16期
1930年10月5日出版

民族主义文艺的题材问题　张季平
民众　李翼之
谈锋
　自由与割碎头皮　查　义
两个孤儿（续）　争　波译

第17期
1930年10月12日出版

民族主义的诗歌论　汤冰若
评驳觉悟的“民族主义文艺应该避免的几种态度”　正　觉
谈锋　锦　轩
　秘密
　四马路的文化事业
两个孤儿（续）　争　波译
编辑室谈话　锦　轩

第18期
1930年10月19日出版

民族主义的诗歌论（续）　汤冰若

血迹（随笔） 襄 华
书报批评 锦 轩
　小说月报七月号
　前锋月刊创刊号
两个孤儿（续） 争 波译

第 19 期
1930 年 10 月 26 日出版

民族主义的诗歌论（续） 汤冰若
安金姑娘 管 理
谈锋
　没有 锦 轩
两个孤儿（续） 争 波译

第 20 期
1930 年 11 月 2 日出版

民族主义的诗歌论（续） 汤冰若
夜 苏 灵
波涛（诗） 萧 葭
两个孤儿（续） 争 波译
编辑室谈话 锦 轩

第 21 期
1930 年 11 月 9 日出版

民族主义的戏剧论 襄 华
边疆之夜 苏 灵
“两种不同的人类” 张季平
谈锋
　小说家与抄袭家 锦 轩
两个孤儿（续） 争 波译

第 22 期
1930 年 11 月 16 日出版

民族主义的戏剧论（续） 襄 华
胭脂马 李翼之
流亡在异国的街头 绪 民
谈锋 锦 轩
　普罗作家与张资平
　学生与出版界
两个孤儿（续） 争 波译

第 23 期
1930 年 11 月 23 日出版

民族主义的戏剧论（续） 襄 华
检讨“民族主义文艺运动的检讨”
张季平
山国的陷落 萧 葭
谈锋
　文人与穷 锦 轩
两个孤儿（续） 争 波译

第 24 期
1930 年 11 月 30 日出版

民族主义的戏剧论（续） 襄 华
中华民族的造形美术 杨民威
我们的民族 萧 葭

书报批评
　　《文艺月刊第四期》　张季平
两个孤儿（续）　争　波译

第25期
1930年12月7日出版

民族主义的戏剧论（续）　襄　华
英国小说之国民性　师　竹译
婆罗门的姑娘　何　惧
书报批评
　　《开展月刊》第三期　张季平
两个孤儿（续）　争　波译

第26期
1930年12月14日出版

现代中国出版界　张季平
新生　魏绪民
火炬　萧　葭
两个孤儿（续）　争　波译
编辑室谈话　锦　轩

第27期至第36期

（未见藏刊，暂缺）

第37期
1931年3月29日出版

给青年作家　萧　葭
花木兰（三幕剧）　郑文蔚
有一天属于我们　若　薇
归来（创作）　管秀文

第38期
1931年4月5日出版

花木兰（三幕剧，续）　郑文蔚
街头（诗）　李树人
流离（创作）　许　明
编后的话　编　者

第39期
1931年4月12日出版

花木兰（三幕剧，续）　郑文蔚
力的摧毁者（小品）　罗　苇
光荣的死（戏剧）　黄汉清
我们已醒（诗）　张芷华

第40期
1931年4月19日出版

花木兰（三幕剧，续完）　郑文蔚
　　（所见藏刊下残）

第41期
1931年4月26日出版

未完工的墓碑（独幕剧）　谷剑尘
在漩涡中（创作）　魏绪民

颂成吉斯汗（诗歌） 罗迦南
晨光艺展概观 谢 益

第 42 期
1931 年 5 月 3 日出版

代祭 王 翼
魔鬼战栗的一日（创作） 严 肃
我们的告白（诗） 张芷华
西伯利亚飘流者的哀吟（诗） 张芷华
在漩涡中（创作，续） 魏绪民

第 43 期
1931 年 5 月 10 日出版

第 44、45、46 期
“狂风暴雨”特刊
1931 年 5 月 31 日出版

卷头语 编 者
狂风暴雨（剧） 谷剑尘

83 现代文学

简　介

《现代文学》，月刊。一九三〇年七月十六日创刊于上海，编辑者、发行者均署北新书局，实际上是由赵景深主编，三十二开本。一九三〇年十二月十六日出版第一卷第六期后终刊。

赵景深在创刊号《编辑后记》里说，“我们自己是没有什么派别成见的”，“我们想由时间的累积，获得一切文学上的新的知识，我们想遍尝一切新鲜的‘异味’，无论普罗文学，新写实主义，新感觉派，……只要‘现代的’我们都想知道，甚至是古代的，也想知道一些。这样一来，本刊便编得象‘杂拌儿’，不过只有‘文学’这一个限制罢了。但竭力搜求新的材料和新的力作，却是我们的目标之一”。

该刊发表了一些不同流派作家的作品，有朱湘、邵冠华的诗，黎锦明、沈从文的小说和梁遇春、缪崇群的散文；同时也重视外国文学的翻译和介绍，第一卷第四期有“玛耶阔夫司基纪念特载”，第六期是“世界文学家纪念专号”。

目　录

第1卷　第1号

1930年7月16日出版

蒲力汗诺夫论艺术之本质　胡秋原
关于文学史中的社会学的方法
〔日〕冈泽秀虎作　汪馥泉译
谈英国诗歌　梁遇春
"哥尔德论"——美国的高尔基
杨昌溪
谈卓别灵　衣　萍
卓别灵访问记
〔德〕Kisch著　章铁民译
调节运输的车站
〔法〕杜哈美著　李青崖　陈定深译
同乡
〔新俄〕卡泰也夫著　赵景深译
俘虏　〔日〕金子洋文著　沈端先译
枝柯　沈　樱
潘大夫的故事　少　仙
诗　选
马上离别　孙佳讯
春宵　钱歌川
春风里　邵冠华
晨光中的幻影　汤增敭

罗兰斯论
〔英〕华伦（C.Henry Warren）
赵景深译
罗兰斯逝世　杨昌溪
雷马克的续著及其生活　杨昌溪
随　笔
大艺术家的孙子做骗子　丰子恺
含泪的微笑　钱歌川
《生命的沫》题记　沈从文
给——　罗念生
戏　剧
议婚　许钦文

最近的世界文坛　杨昌溪
反动的高尔基
霍普特曼的两个独幕剧
稿本的重价及其他
赫克胥黎和肖伯纳的戏剧
意大利的文学奖金
《西线无战事》被禁及其他
批评与介绍
《中国文艺论战》（李何林编）
桐　华
答邢桐华君　李何林
《跋涉的人们》（李守章著）
桐　华
《冲出云围的月亮》（蒋光慈著）
苏读余
编辑后记　编　者
插　图
英国诗人像（十六幅）
美国哥尔德画像
卓别灵像
卓别林化装像
卓别林速写

英国罗兰斯画像

第 1 卷　第 2 号
1930 年 8 月 16 日出版

新兴小说的创作理论（一）
　〔日〕片冈铁兵著　谢六逸译
向金性　〔美〕辛克莱著　钱歌川译
关于屠格涅甫之死（波丽娜致比青年的两封信）　陆立之译
高尔基与警察　顾恩著　赵景深译
消遣　〔俄〕高尔基著　黄　岚译
过客　黎锦明
长衫班　滕　固
孤独及其他
　〔法〕波特莱尔著　石民译
　一、孤独
　二、诱惑：色情，黄金，荣誉
　三、黄昏
　四、射手
　五、镜子

随　笔

救火队　梁遇春
异国的重阳　罗念生
守岁烛　缪崇群
野村君　缪崇群

最近的世界文坛　徐霞村
　几本法国书
　维吉尔二千年纪念
　鲁魏格的新著
　捷克小说家逝世
　邦坦贝利的新剧
　马里耐谛和未来主义

批评与介绍

《西线无战事》　周伯涵　马彦祥

中译苏俄小说编目　蒲　梢

编辑后记　编　者

第 1 卷　第 3 号
1930 年 9 月 16 日出版

新兴小说的创作理论（二）
　〔日〕片冈铁兵著　谢六逸译
机械与艺术
　石滨知行著　汪馥泉译
生田春月的死　刘大杰
我的苦闷　生田春月著　刘大杰译
异样的恋
　〔新俄〕马拉西金著　杨　骚译
一个匠师的产生
　〔法〕莫鲁阿著　徐霞村译
白夜
　〔新俄〕托尔斯泰著　赵景深译
参孙与德丽娜　向培良
一件往事　周乐山
舞　林徽音

诗　选

The Necklace　朱　湘
别情　钱歌川

暴跳的心　汤增敭
从黄昏到天明　邵冠华

伊斯脱拉底　杨昌溪

随　笔

朵朵玖瑰　朱云影
楸之寮　缪崇群
红菊　缪崇群
到雨花台　王大维

最近的世界文坛
《土地》问题　谷　非
苏俄政府内亏吞公款者之描写　杨昌溪
俄国工人与文学　杨昌溪
美国人想看高尔基　谷　非
辛克莱打官司　谷　非
美国卜里兹文学奖金颁发　杨昌溪
法国刊行革命诗歌集　杨昌溪
米勒的孙子造假画　谷　非
俄译罗曼罗兰全集出版　谷　非
英国工人的戏剧运动　杨昌溪
桂冠诗人麦斯非　谷　非
巴蕾当选爱丁堡大学校长　杨昌溪
英国文坛杂讯　杨昌溪
太戈尔与反英运动　谷　非
现代土耳其文学　杨昌溪

批评与介绍

读赵景深的童话论文　江绍原
最近出版的民间故事集　叶德均

编辑后记　编　者

第1卷　第4期

1930年10月16日出版

玛耶阔夫司基纪念特载

玛耶阔夫司基的两首诗　石　民译
玛耶阔夫司基的自杀　拉莎洛夫著　赵景深译
玛耶阔夫司基　〔法〕A.Habaru著　戴望舒译
玛耶阔夫司基的葬式　杉木良吉著　毛翰哥译
玛耶阔夫司基　梅吉尔著　杜　衡译
玛耶阔夫司基底诗　陆立之
玛耶阔夫司基死了以后　谷　非
玛耶阔夫司基论　杨昌溪

主观与客观　〔日〕狄原朔太郎著　孙俍工译
新兴小说的创作理论（三）　〔日〕片冈铁兵著　谢六逸译
法国文学家论美国（巴黎通信）　谢　康
小泉八云童话三篇　徐调孚译
苦人儿　巴　金
洞仙　蹇先艾
异样的恋（二）　〔新俄〕马拉西金著　杨　骚译

诗选

再显 石民

两个瞎子 Giacoma 作 石民译

给年轻的叛逆者 Ted Robinson 作 赵景深译

普罗学生 Mckenzie 作 赵景深译

高尔基访问记 〔日〕藤森成吉作 适夷译

高尔基在苏联的地位 〔日〕秋田雨雀 适夷译

最近的世界文坛 杨昌溪

苏俄文坛杂讯

罗曼诺夫的两性描写

托勒论美国电影

德国女作家法鲁底都市描写

失败的辛克莱

奥尼尔新作底难产

皮兰得娄赴美摄制有声电影

英国小说家的遗产

小说家与新闻记者工作的比较

恋爱的中断

巴尔干的刺蓟

编辑后记 编者

第1卷 第5期

1930年11月16日出版

近三十年的英国文学 〔美〕John Erskiue 著 韦丛芜译

“词”的原始与形成 姜亮夫

关于托尔斯泰之死的文件 吴且冈

“我怎样帮助我的父亲工作” Alexandre 作 赵铭彝译

新兴小说的创作理论（续完） 〔日〕片冈铁兵作 谢六逸译

谢了的丁香花 巴金

哲学博士 问鹃

魏尔伦诗抄

瓦上长天 戴望舒译

A Poor Young Shepherd 戴望舒译

泪珠飘落萦心曲 杜衡译

烦忧 杜衡译

秋歌 侯佩尹译

白月 侯佩尹译

短歌 侯佩尹译

亲密的梦 侯佩尹译

随笔

苦别 缪崇群

张华君之死 少仙

最近的世界文坛 杨昌溪

哥尔德获得佳评

辛克莱的厄运

三百年世界小说代表作

鲁那卡尔斯基论托尔新泰

苏俄民歌的今日

空前的法兰西长篇小说

泰戈尔访问爱因斯坦

印度女诗人奈都

战争小说的没落

丁尼生的戏剧

小说家柯南道尔逝世

批评与介绍

《友情》 杨昌溪

《昨日之花》 杨伯珊

编辑后记 编 者

第 1 卷 第 6 期

世界文学家纪念号

1930 年 12 月 16 日出版

世界文学家纪念

魏吉尔二千年纪念

Virgil 著 傅东华译

张说一千二百年忌 陈子展

德国两大文豪百年纪念 段可情

犯罪的女人

〔德〕爱丝巴侯著 段可情译

女诗人罗赛谛百年纪念 袁嘉华

魔市 罗赛谛女士著 袁嘉华译

罗赛谛女士诗抄

短歌 袁嘉华译

生日 袁嘉华译

三季 袁嘉华译

回家 赵景深译

死后 赵景深译

乐极生悲 赵景深译

北国的爱人 赵景深译

夏士勒德百年忌 周起应译

知己朋友 沈从文

进城 孙席珍

诗 选

Black Cat 徐霞村

北四川路之夜 徐霞村

承露盘 石 民

短歌 章 依

草原 叶苍岑

她的条件 罗曼诺夫著 赵景深译

异样的恋（三）

马拉西金著 杨 骚译

随 笔

无情的多情和多情的无情 梁遇春

浅笑 尹 庚

最近的世界文坛 杨昌溪

A.E.与夏芝

文学家的笔名

雷马克的新著

日本出演美国新兴戏剧

苏俄邀请泰戈尔赴俄

玛耶阔夫司基《袴中之云》的法译本

苏俄召集世界革命文学家会议

批评与介绍

青木正儿的《支那近世戏曲史》

陈子展

最近出版的两部日本小说 康嗣群

编辑后记 编 者

84 开　　展

简　介

《开展》，文艺月刊。一九三〇年八月八日创刊于南京，由“开展文艺社”主办，曹剑萍编辑，开展书店出版发行，大三十二开本。一九三一年十一月十五日出版第十二期后因开展文艺社分裂而终刊。

“开展文艺社”是宁、沪、杭地区一些文人在当地国民党党部支持下组织的文艺社团，主要成员有潘孑农、曹剑萍、赵光涛等，他们拥护国民党的“三民主义文艺政策”，支持“民族主义文艺运动”。创刊号上发表的《开端》一文说，“民族主义文学，以水到渠成之势，无疑的成为支配中国文坛的一种新势力了”，文中攻击“鼓吹阶级斗争的普罗文学”，是“荒诞的梦呓的文学”，认为只有“民族主义文学”，才是“革命的”文学。在第二期“开展文艺社”的《紧要启事》中又说：“查本社《开展》月刊自创刊号出版以来，即为本党（按：指国民党）民族主义文艺运动，放一异彩。”

《开展》内容分两大部分，占绝大部分的是文艺作品，其次是阐述“民族主义文艺”主张的论文，以及评述文艺现象的杂感。第十、十一期合刊为潘孑农编的“民俗学专号”，对研究民俗学与民间文艺提供了有价值的资料。

目　录

创刊号

1930 年 8 月 8 出版

开端　同　人
民族与文学　一　士

小　说

清凉的月夜　王沉予
征徭　宗　参
永远在西伯利亚
Toistoy 著　开　明译

杂　文

圈外余波　潘子农

戏　剧

天韵楼上（三幕剧）　赵光涛

插　图

归欤　洪正伦

散　文

田间　小　卢

开展线下

一、上国衣冠、奴隶、家畜与螟蛉
王　道
二、检讨　长　铁

通　讯

昨日之苏州　祖　澄

编辑后记　剑　萍
中国民族主义文艺运动宣言

第 2 号

1930 年 9 月 9 日出版

山东歌谣中所表现的民族意识
娄子匡
民族戏剧漫谈　炎　君

小　说

回围　一　士
重逢　子　农
诗人的照示　王　道
在战争的冬夜里
Rumania Marie 著　祖　澄译
不安定的黄昏　张金石

戏　剧

风信之死（独幕剧）　光　涛

插　图

秋深未?　正　沦

开展线下

三、略论普罗作家所揭之理论及其技俩
记　者
四、吹、捧、骂、嫉妒
子　展
五、开码头　孔少乙
六、苦肉计　林　辰

通　讯*

通讯栏宗旨　（曹剑萍）
致庆余　剑

* 原刊此栏下无细目，此处细目系本书编者据各条内容拟。

致世华、树华　剑
致云卫　子　农

编辑后记
本社紧要启事（为托派刊行同名刊物事）
本社启事（为迁址事）

第3号
1930年10月15日出版

现代中国文学杂论　一　士
小　说
茶楼上　子　农
几个时代底人　剑　萍
两个卖乐器的　王沉予
戏　剧
红灯笼（独幕剧）　光　涛
街头人（独幕剧）
〔英〕Alfred Sutro 作　祖　澄译
长　诗
弥留　段梦晖
散　文
隐灵的小钟　娄子匡
开展线下
七、聪明人　王　道
八、广告文学　城　父
九、到农工队伍里去？　子　展

编辑后记　剑　萍

第4号
1930年11月15日出版

小　说
年青人的故事　王　玟
几个时代底人（续）　剑　萍
克服　蒋山青
决斗　潘子农
血　刘祖澄
诗　歌
弥留（续）　段梦晖
书　评
关于《赤裸裸》　王沉予
开展线下
一〇、诗人满街走　予　展
一一、同情与同路　吉　龙
一二、蝙蝠文学家　铃　凤

编辑后记　剑　萍
附　载
本社职员表
本社社员录

第5号
1930年12月25日出版

民族主义文艺与国家主义文艺
程景颐
小　说
国货　彭家煌
印捕之死　潘子农

小贼　陆鲁一
同乡　曹剑萍

戏 剧

情话　邺 君
《笑的分野》序　王 坟
——献给罗洪

开展线下

一三、摇大旗，放冷箭　子 展
一四、转变之年　慨 悯
一五、我们要跟纵追击

编辑后记　剑 萍

第 6、7 号合刊

1931 年 2 月 25 日出版

雕塑插图

小 说

某月夜　曹剑萍
两种典型下的青年（长篇）　卜少夫
她在跳跃着　潘孑农
撒旦的俘虏　张吻冰
期待　林 辰
告一段落　邵 夫

插 图

回忆的幻灭　洪正伦

诗

响彻神州的笳音　汤增敭
粉墙上的玫瑰　王佐菉

散 文

余烬（日记体）　卢爱兹
到临城　刘祖澄

杂 记

《天籁集》　娄子匡

开展线下

一六、提倡京戏　铃 凤
一七、外形与饭碗问题　直 点
一八、借花献佛　严 象
一九、以眼还眼　肖 赵
二〇、笞与锣鼓　獗 龙
二一、飞眼风　烧 斧
二二、保护色　王 道
二三、粪的出路　直 点
二四、各人自扫门前雪　废 人

“联合”之页

剧界等人士签名照片
《开展》与“联合（剧社）”　潘孑农
我与“联合”　少 夫

编辑后记　剑 萍

第 8 期

1931 年 4 月 15 日出版

插 图

希腊的古代雕刻

写在前面　孑 农
某些老人　曹剑萍
衖衕　潘孑农
两种典型下的青年（小说，续一）　卜少夫
时代文学论（论文）　孔鲁芹

野男子（剧本）
〔俄〕契诃夫著　马彦祥译
重振　庄晴光
挣扎在泥沼里底灵魂　刘祖澄
迷惘　程景颐

诗

爱之创作　鲁之翰
胎动在血轮中　鲁之翰
在病院里　马宗元
倦了的征驼　大　炎
独坐　玉　成
心头苦　志　雯

开展线下

二五、“笔会”欤？“吃会”欤？
林　辰
二六、捉狗论　子　展
二七、写在空中的字　王　道
二八、禁止发行　余　开
二九、有钱可变女文豪　慨　悯
三〇、蛀草曼延　乙　己
重要启事

第 9 期

1931 年 5 月 25 日出版

刹那的互惠　刘祖澄
牢狱中底咆哮（独幕剧）　冯　忌
现代欧洲文坛的非战旗帜　汪晓光
丽娃　赵孜女士
弓师与函师　曹剑萍
沙妃的鞋子
Adoeph Erss 作　化　南译
惆怅　程景颐
在黑暗中摸索的人
麦克拷尔著　王　坟译
寄给母亲（长诗）　叶得贞
两种典型下的青年（小说，续二）
卜少夫

开展线下

三一、黔驴技穷　子　展
三二、山鹰真要咆哮了　千　陵
三三、续“转变之年”　余　开
三四、拜读“笔会”章程后　林　辰
三五、郑振铎有以语我来　绍　钧

编完之后　潘子农

第 10、11 期
民俗学专号

1931 年 7 月 25 日出版

插　画

宁波端午老虎　娄子匡搜
西湖飞来峰上的石佛　子月摄
西湖云林寺的罗汉堂　子月摄
西湖汉三老及其石室　子月摄
杭州的猫儿眼
南洋三宝垅岛上土人演戏前演员合影　施楚卿摄
南洋爪哇生番的家庭摄影　施楚卿摄
太湖的虞姬崖
南洋麻六甲三宝公遗迹

西湖的雷峰塔
苏州的玄妙观
金门的斗牛
埃及的群牛图

苗人的跳月　黄　石
地域决定的习俗与民谭
〔日〕松村武雄著　白　桦译
民俗学是什么
〔英〕班女史著　陈锡襄译
中国的地方传说　钟敬文
民俗学的对象任务及方法　汪馥泉
苏州唱本叙录　顾颉刚、吴立模
民俗学是什么以及今后研究底方向
乐嗣炳
从祭祀说起　钱南扬
“迎紫姑”之史的考察　黄　石
搜集巧拙女故事的小报告　娄子匡
关于鸟兽草木虫鱼　曹公叶
金华斗牛的风俗　钟敬文
《孟加拉民间故事》
Folk Tales of Bengal　赵景深
紫姑的姓名
——屑品之七
故事拾零　刘大白
一、好孙媳妇
二、顽皮的跟班
三、聪明的女婿
四、呆女婿（一）
五、呆女婿（二）
六、聪明的戏子（一）
七、聪明的戏子（二）
八、聪明的戏子（三）
贵州的孩子　柳　固
老虎外婆　永尾龙造
川滇蛮子新年歌　杨成志
南阳婚俗　蔡一木
小红骑巾〔德〕格列姆述　鲍维湘译
中国民谭型式　钟敬文
国立中山大学“民俗学会”出版丛书提要　娄子匡
广州中山大学《民俗》周刊要目（第一期至一百一十期）　娄子匡
杭州“民俗学会”《民俗》周刊总目
娄子匡
（一）杭州出版的
（二）南京出版的
（三）宁波出版的

编后缀言　编　者

第 12 期
1931 年 11 月 15 日出版

生之一角　祖　澄
漆园先生　张睿明
论文艺　孙燮堂
邵雍的自由诗　汪一虹
夜　贰丝编　忆　君译
午后（诗）　卢爱兹
匪灾　孙燮堂
莫只伫立在十字街口（诗）　马忠流

85 文艺月刊

简介

《文艺月刊》，一九三〇年八月十五日创刊于南京，编辑者、发行者均署“中国文艺社”，主要负责人实际上是王平陵，至一九三七年八月一日出版十一卷二期止，共出七十三期。从同年十月二十一日起改出《文艺月刊·战时特刊》，为三十二开本不定期刊，主编徐仲年，编委有汪辟疆、宗白华、商章孙、王平陵等。一九三八年一月一日由南京迁至汉口出版“特刊”第一卷五至十二期，同年八月十六日又从汉口迁重庆，直至一九四一年十一月终刊，共出五十一期。《文艺月刊》从创刊到《战时特刊》终刊，历时十一年有余，总计出版了一百二十五期，另有一九三九年五月二十日出版的“号外”一期。“号外”为三十二开本，其余各期均为十六开本。

“中国文艺社”一九三〇年七月成立于南京，主要成员有王平陵、钟天心、左恭等人，接受国民党中央宣传部津贴，鼓吹三民主义文艺。同年八月创办《文艺月刊》，在创刊号上以“本社同人”的名义发表的《达赖满 Dynamo 的声音》一文，否定文艺的时代性和阶级性，宣扬人性论和天才论，攻击左翼文艺运动和苏联，说“文艺家所要求的，是忠于人性的描写”，“文艺总是少数天才的制作”；“我们决不应丧心病狂，把金卢布掩盖了天真洁白的人格，不惜发掘自己的坟茔，把自己几千年来，一大段民族的光荣史，轻轻撕去，反而崇奉宰杀自己兄弟姊妹们的毒蛇猛兽，让他们高踞在宝座之上”。

但是《文艺月刊》编者这种反动立场和观点并没有始终一贯地直接地表现在刊物里。存在十一年的《文艺月刊》，以抗战爆发为界，分为前期和后期。它的前期即抗战爆发以前的“月刊”时期，在左翼文艺运动蓬勃兴起的情况下，以不谈或少谈政治，执着于艺术探求的面目出现，吸引着不同倾向的作者和读者，以抵制革命文学的发展；它很少刊登正面宣扬其理论和主张的论文，而以发表文学创作为主，即使钟天心、王平陵、张道藩等人，也主要是发表他们所写的诗歌、散文和剧本；而该刊众多的撰稿人当中，包括各方面的作家和艺术家，既有原创造社、南国社（主要是摩登社）的某些成员，也有新月社的骨干，而更多的是被称为“京派”和“现代派”的作家，其中有洪为法、段可情、洪深、欧阳予倩、左明、姜敬舆、肖崇素、梁实秋、凌叔华、陈梦家、沈从文、卞之琳、何其芳、于赓虞、施蛰存、戴望舒、穆时英、杜衡，以及徐訏、臧克家、曹聚仁等。该刊的后期即抗战开始以后的“特刊”时期，成立了新的编委会，刊物本身也多少反映了抗日民族统一战线建立以后的新形势，发表了不少倾向积极的表现抗战内容的作品，并且先后出版过“‘九·一八’专号”、“精神总动员特辑”等；虽然时有国民党官方代表的文章和讲话，但是也发表了郭沫若、茅盾、田汉、冼星海、贺绿汀、艾青、宋之的、周文、孔罗荪等人的作品；一九四一年，随着国统区政治形势的逆转，该刊发表的进步作家的文章和作品显著减少，王平陵、张道藩等人的影响进一步增强，所谓“战时特刊”，在内容上却越来越脱离抗战的现实。

目　录

创 刊 号
1930 年 8 月 15 日发行

插　图

威尼斯海滨　安妥·梯吐作
水从河处来
法郎慈、牟勒·孟施塔作

达赖满 DYNAMO 的声音　本社同人

文艺新论　洪为法
肖伯纳的逸话　谢卧子
金的价格　金满成
“路拉卡尔斯基”与演剧（一）
崇　素
自传　缪崇群
“路拉卡尔斯基”与演剧（二）
崇　素
林先生　拾　鼓
“路拉卡尔斯基”与演剧（三）
崇　素
摸索　万籁天
到民众戏剧运动之路　姜敬舆
给我的姊妹
Wordsworth 著　杨　靖译
环戏的一员
提哥·希默诺维奇著　钟宪民译
战后归来　Kaihforne 著　殷晓岑译
大理石女子
〔法〕列尼叶著　李万居译
雪夜　〔法〕Guy de Maupassant 著
滕　刚译
他来了吗?
伊凡万所夫著　晓　云译
史特林堡的忏悔　卧　子
魏尔伦　〔英〕赛孟慈著　肖石君译
般生的多才和他的《手套》
卧　子
会见谢寿康先生的一点钟　平　陵
赠嚣俄　缪　塞著　滕　刚译
鲁迅先生　徐　子

最后一页　编　者

第 1 卷　第 2 号
1930 年 9 月 15 日发行

插　图

舞蹈　夏　莱作

乐曲创作之要点　邱仲广
文艺新论（续）　洪为法
平凡故事　沈从文
流亡之后　袁学易
决绝　陈申传
他们的戏剧　秋　涛
总有那一天罢　拾　鼓
捣鬼　平　陵
金的价格（续）　金满成
添煤　平　陵

亭子间的话 缪崇群
缺憾 秋 涛
当我俩分离了 拜伦著 杨靖译
世纪末英法文坛的关系 肖石君
副产品 平 陵
环戏的一员（续）
提哥·希默诺维奇著 钟宪民译
呻吟 宣
法诗选译 滕 刚
伊丝特 W.H.White 著 张汉辅译
现代独幕剧与小剧场运动 周涯夫
月亮上升 陈鲤庭译
通讯 周 樵
跑龙套的 平 陵

最后一页 编 者

第 1 卷 第 3 号
1930 年 10 月 15 日发行

插 画
穷诗人 （无署名）

优丝曼的逆行的梗概和狄卡躭的意义 肖石君
斯辟支惠锡 铭 竹
三个男子和一个女人 沈从文
太戈尔在巴黎 铭 竹
门外汉 顾仲彝
胎 金满成
生活与文学
S.Mihajlovski 著 惟之译
随笔 缪崇群
祭扫 笒 尼
诗 选
马来的琴歌 聂甘弩
赠田中敏子 东 山
黄莺 P.Verlaine 著 滕 刚译

乐曲创作之要点（续） 邱仲广
爱情是甜美的苦痛 惟 生译
哈其该恩超
〔保〕卡拉范罗夫著 鲁 彦译
耶可老伯
〔保〕伐佐夫著 惟 生译
环戏的一员（续）
提哥·希默诺维基著 钟宪民译
别 山 宗
屠格涅夫访问记
〔俄〕克鲁泡特金著 侯 朴译
秋树 缪崇群
十年来中国的文坛 克 川
爱之伟力（散文诗）
G.H.Bovlev 著 铭 之译

最后一页 编 者

第 1 卷 第 4 号
1930 年 11 月 15 日发行

插 画
小鸟之死 （无署名）

现代美国文学之趋势
开浮尔登著　钟宪民译
漫想（一）　斯威夫德著　铭　竹译
别意　倦　渔
梅特林克的《蚁之生活》　铭　竹
某小姐　赵珊菲
漫想（二）
斯威夫德著　铭　竹译
机器　李青崖
小品　缪崇群
音乐是可以了解的吗？
W.Peters 著　铭　竹译
诗　选
你不该拿走我的腿　绀　弩
黄叶誓　芥　子
秋夜的醉歌　芥　子
夜之印象　P.Verlaine 著　滕　刚译
牧童底梦　P.Verlaine 著　滕　刚译

保加利亚文学小史
S.Shtiplieva 著　惟　生译
加拉诺夫　伐佐夫著　惟　生译
良心底责备
史特林堡著　铭　之译
山中之夜　列尼叶著　李万居译
一个变了的人
〔英〕哈代著　陈心纯译
论汪静之的《蕙的风》　沈从文
我所见一九三○年之几种刊物
烽　柱

编后杂记　编　者

第 1 卷　第 5 期
1930 年 12 月 15 日发行

插　画
夏之夜　（无署名）

论莫泊桑
〔俄〕托尔斯泰著　东　声译
诗
肉与死的搏斗（叙事诗）　刘　宇
偶感　钟天心
偶然　钟天心
剑桥的消息　钟天心
春日感怀　钟天心
沙列芙山赏雪　钟天心
孤独　钟天心
无题　钟天心
自白　钟天心
小　说
爱　金满成
某一雨天　尹　庚
毒　凌　英

那一场洗礼
〔法〕莫泊桑著　李青崖译
为了爱妻　哈　代著　钟宪民译
神秘的肖象
〔俄〕歌郭里著　盈　昂译

现代中国文学的小感想　沈从文

第2卷 第1号
1931年1月30日发行

插 画
封面画 钱君匋作
野趣 徐悲鸿作
日中 客莎拉蒂作
音乐会 客莎拉蒂作

客莎拉蒂
Justin O' Brien著 铭 之译
忘了帽子 顾仲彝
夏芝 费鉴照
牺牲者 〔德〕苏德曼著 钟宪民译
故乡 黄 英
论朱湘的诗 沈从文
归途吟 钟天心
自然的节律 群
剧后 素 野
胜利的人 缪崇群
自由 〔美〕特里塞著 钟宪民译
老人 濮世铎
风波 何家槐
一个十八岁的儿子
〔法〕贝尔讷尔著 李青崖译
山鹰的咆哮 杨昌溪
何迷斯 袁昌英
金鱼 徐 子
神秘的肖像（续）
〔俄〕歌郭里著 盈昂译
爱（续） 金满成
长行曲 素 野

第2卷 第2号
1931年2月28日发行

插 图
洗衣妇 （无署名）
马戏场之竞技女 （无署名）

托尔斯泰论莎士比亚 东 声译
诗 选
城上的星 陈梦家
一个杀死的人
Hardy著 陈梦家译
白马湖 陈梦家
时代 方玮德
诉 方玮德
一只野歌 方玮德

阵亡者之妻
〔匈〕育珂摩尔著 钟宪民译
"噶瑟"复兴与英国浪漫运动
费鉴照
戏 剧
玲玲（四幕剧） 袁牧之

论刘半农《扬鞭集》 沈从文
伙伴的伙伴 尹 庚
爱 金满成
买针 群
金鱼（续） 徐 子

第2卷　第3号
1931年3月30日发行

插　画

寒山　肖俊贤作

前期维多利亚时代的英国文学
〔英〕葛斯著　韦丛芜译
倪云林　凌叔华
一个学习检察官
〔法〕佛朗士著　李青崖译
过年　缪崇群
波兰的故事
〔匈〕育珂摩尔著　钟宪民译

戏　剧

玲玲（续完）　袁牧之

托尔斯泰论莎士比亚（续完）
东　声译
不变的恋人
〔英〕St.John Harlcin著　乌大译
战后十二年法国文艺社会及出版界的几种趋向　谢　康
爱（续完）　金满成
金鱼（续完）　徐　子

第2卷　第4号
1931年4月30日发行

论中国创作小说　沈从文
垂死　卞之琳
书记　罗黑芷遗著
生与死　巴　金
傍晚　卞之琳
别　长　屉
一个新梦　钟天心
古诃德先生
Sir W.Raleigh作　侯　朴译
前期维多利亚时代的英国文学（续）
〔英〕葛斯著　韦丛芜译
剃刀〔日〕吉村藏本著　顾仲彝译
波兰的故事（续）
〔匈〕育珂摩尔著　钟宪民译
牺牲者　尤利巴海著　钟宪民译

第2卷　第5、6号
1931年6月30日发行

插　画

女缝　米　勒作
恐怖　（未署名）

谭尼孙时代的英国文学
〔英〕葛斯著　韦丛芜译
小泉八云论莎士比亚　马彦祥译
彭纳德　费鉴照
赶火车〔英〕彭纳德著　东　声译
翻译员欧根
〔法〕Tsiotrn Bernard作　鲁　彦译
田园诗情　〔日〕吉田弦二郎著
侯　朴　终　一译
棋　缪崇群

梨　何家槐
诗四首　李坚磨
废邮存底（一）　甲辰编
给一个医生　四　四
酒后　高　植
学习书记　息　影
吉祥话　李青崖
一个女人　尹　庚
七重封印的梦　陈梦家
牺牲者（续）
尤利·巴海著　钟宪民译
意大利温尼斯画派始创者
戚约将氏　林文铮
如今　刘廷芳
论中国创作小说（续）　沈从文

第2卷　第7号

1931年7月15日发行

插　画

宋代木刻　（无署名）

谭尼孙时代的英国文学（续）
〔英〕葛斯著　韦丛芜译
近水楼台
〔法〕郭季叶著　李青崖译
谈判　高　植
废邮存底（二——三）　甲辰编
街　沈从文
秦妈　终　一
献给年少的朋友们　陈醉云
奶妈　袁牧之
沙漠间的热风
〔匈〕Julio Bagry 著　净子译
诗五首　卞之琳
《山花集》介绍　沈从文
牺牲者（续）
尤利·巴海著　钟宪民译

第2卷　第8号

1931年8月15日发行

插　画

祈福　林徽音女士作

关于斯台尔夫人的《文学论》
杉·捷夫著　东声译
《开玛尔的花园》引言　韦丛芜
最后的审判　巴　金
友情　谢冰季
淡愁（诗）　李坚磨
砂丘日记　吉田弦二郎著　终一译
珂苏库尔拍趣和美女琶扬
K.Boguŝeviĉ 作　鲁彦译
奶妈（续完）　袁牧之
诺曼地印象记　洪素野
附：插图三幅
赖伯克西尼的女孩
霍桑著　侯　朴译
牺牲者（续）
尤利·巴海著　钟宪民译
窄而霉斋闲话　沈从文

第2卷　第9号

1931年9月30日发行

插　画

致哀　（未署名）

在村中（木刻）　（无署名）

关于斯台尔夫人的《文学论》（续）

杉·捷夫著　东　声译

未寄的信　巴　金

三三　沈从文

新傢具　李青崖

桥畔之家　终　一

撒谎记

〔英〕伯纳萧著　韦丛芜　皎　云译

文艺复兴时代的音乐　李树化

高岗之巅　李坚磨

在游艺场　何家槐

妒〔英〕高尔斯华绥作　石　民译

赖伯克西尼的女孩（续完）

霍桑作　侯　朴译

牺牲者（续完）

尤利·巴海著　钟宪民译

第2卷　第10号

1931年10月30日发行

插　画

祷　Hans Von Marees 作

英国代表剧

玛修士、黎得著　韦丛芜译

孔雀胆　施蛰存

我的眼泪　巴　金

一匹花马的故事

W.H.Hudson 著　东　声译

泥泞〔俄〕柴霍甫著　石　民译

燥　甲　辰

枕　高　植

史曲雷希利澄　费鉴照

第二次选择

特里塞著　钟宪民译

订婚　梅特林克著　马彦祥译

第2卷　第11、12号

1931年12月31日发行

插　画

三等车中　Daumier Honore 作

天使之音　J.E.Burn 作

郭哥尔的艺术

〔日〕冈泽·秀虎作　东　声译

论散文与诗

〔英〕A.Symons 著　石　民译

堕落的路　巴　金

卖笑　靳　以

指环　鲁　衡

山谷之夜　何家槐

老处女

〔意〕玛蒂尔黛·赛拉娜女士著

戴望舒译

诗选

无题　柳　固
初秋之歌　汪子美
共工之怒　石　民
新的发现　王一心
追逐　王一心
短歌　石　民
布施　刘廷芳

二祈祷者
〔波兰〕Adam Szymanski 著　施蛰存译
官迷的梦
〔法〕都德著　李青崖译
梵岛印象记　陈醉云
青的一段　陈梦家
小品两篇　吕雨纹
优待　李素女士
血腥的头　慎先女士
地狱的狂舞
〔英〕Hndsou Strode and Larry Hornthal 合著　胡春冰译
订婚（续完）
梅特林克作　马彦祥译

第 3 卷　第 1 号
1932 年 1 月 30 日发行

英国主要戏剧家
玛修士、黎德合著　韦丛芜译
雨　巴　金
亚父　曹聚仁
自杀　靳　以
杂论中国文学　侍　桁
病兽　〔法〕Pierre Loti 作　高明译
哀绿绮思
John Hord 著　皎云女士
长妇人
〔西班牙〕阿拉尔恭作　戴望舒译
苔丝姑娘（一至四）
〔英〕哈代著　顾仲彝译

第 3 卷　第 2 号
1932 年 2 月 28 日发行

厨子　沈从文
旋　靳　以
调弄　万　曼
雨（一续）　巴　金

小　品

阴霾之晨　汪竹铭
赌徒　滕　刚
风夜　李一冰
菜花　缪崇群
我的病　缪崇群

青春之歌　陈醉云
龙虾
〔英〕L. A.G.Strong 作　侍　桁译
仆人　〔俄〕西米诺夫著　何公超译
失掉了的福伴
〔英〕里特塞著　钟宪民译

苔丝姑娘（五至十）
〔英〕哈代著　顾仲彝译

第3卷　第3号
1932年3月31日发行

郭果尔的生活与思想
〔日〕冈泽秀虎作　侍　桁译
贤贤　红黑旧人
长夏中的某一天
〔法〕诺哈克作　李青崖译
深埋　李素女士
诗
不朽的灵魂　天　心
夜战场　臧克家
忧患　臧克家
老哥哥　臧克家
残红　丁　仁

马蹄追不到的梦尘　李一冰
四妹　慎先女士
雨（二续）　巴　金
哈代传记　O.Burdett著　铭　之译
苔丝姑娘（十一——十三）
〔英〕哈代著　顾仲彝译

第3卷　第4号
1932年4月30日发行

诗歌底始原
〔德〕E.Grosse（格洛绥）著
汪馥泉译
凤子　沈从文
鸿沟　李青崖
黄昏　芸　芸
一个兵士的妻子　何家槐
雨（三续）　巴　金
郭果尔的生活与思想
〔日〕冈泽秀虎作　侍　桁译
没有小孩
〔捷〕黑尔曼著　钟宪民译
穷人〔俄〕雅各武列夫著　高　民译
苔丝姑娘（三续）
〔英〕哈　代著　顾仲彝译

第3卷　第5、6号
1932年6月30日发行

勃兰兑斯论法郎士　东　声译
羞　苏寿彭
晚晴　甲　辰
夜　高　植
玲玲　黑　君
变　云　树
凤子（续完）　沈从文
雨（续完）　巴　金
牧童所见
〔英〕妥玛斯·哈代作　东　声译
独身者的死
〔德〕斯尼支勒作　刘大杰译
诗
希望　臧克家

诗三首　石　民
赠花　坚　磨

"西林独幕剧"评　侍　桁
杜西与邓南遮
Luigi Del Riccio 作　若　斯译
阿索林散文抄
〔西班牙〕阿索林作　戴望舒译
寄×　缪崇群
亡友梁遇春　石　民
苔丝姑娘（四续）
〔英〕哈　代著　顾仲彝译

第 3 卷　第 7 号
1933 年 1 月 1 日发行

插　画
马　徐悲鸿作
小　说
王子猷　何其芳
凶手　〔美〕Ernest Hemingway 著　苏芹荪译
爱的小鬼　老　舍
一吻
〔捷〕Karolina Svelta 著　钟宪民译
诗
画角　Vigny（维尼）作　侯佩尹译
热情　常任侠
无题　何其芳
长相思　何其芳
休浣红　何其芳
夏天　傅尚杲
遭难　晏禹九
送一九三二年　于赓虞
地落　于赓虞

青的花　靳　以
唐裘安　〔法〕莫利哀著　王鲁彦译
论"第三种人"　梁实秋
"自由人"的讨论　王平陵
世界底污点　孙俍工
爱尔兰作家乔欧斯　费鉴照
托思退夫斯基的《白痴》
J.Middleton Murry 著　盈　昂译
苔丝姑娘（五续）
〔英〕哈　代著　顾仲彝译
文艺情报
一个可纪念的会面——波因士和司葛特　C.M
艺术退化了呢？　（无署名）
德兰若 D'Annunzis 的新偶像　（无署名）
苏俄艺术家没有波希米式的人　（无署名）
以下举几个特殊的例子　（无署名）
一个爱尔兰文学会　（无署名）
夏芝先生又说明目的　（无署名）
霍普特曼七十岁诞辰纪念　杨昌溪
希特勒禁止雷马克著作　杨昌溪
英国人产办之世界文人欧林比亚　（无署名）

德国作家对于所得税之回避　（无署名）
黑奴魂在俄国　杨昌溪
辛克莱种种　昌　溪

第3卷　第8号
1933年2月1日发行

插　画
肖伯纳画像　Assaxoy 作

欢迎肖伯纳先生　M.T.
教授　靳　以
都市人家　汪锡鹏
收尸　叶鼎洛
银灰色的天使　高斯华绥著　傅　雷译
法国近代剧概观　Ludwig Lewisohn 著　马彦祥译
诗
落寞　Lamartine 著　王平陵译
秋晨　常任侠
夜乐　傅尚杲

俄罗斯文学上的郭果尔时代　〔日〕冈泽·秀虎作　侍　桁译
童探　杜　德著　鲍文蔚译
唐裘安（续完）　〔法〕莫利哀著　王鲁彦译
一吻（续完）　〔捷克〕Karolina Svelta 著　钟宪民译
苔丝姑娘（六续）　〔英〕哈　代著　顾仲彝译
文艺情报
肖伯纳与女戏子及其他　杨昌溪
勃克夫人的《大地》改成戏剧与电影　（无署名）
俄国读者与世界文学家　杨昌溪
肖伯纳骂犹太人　（无署名）
高尔基四十年创作生活　P.L.
伯纳周游世界及其他　杨昌溪

第3卷　第9号
1933年3月1日发行

插　画
《大饭店》小说作者像　（无署名）

北欧神话研究　谢六逸
Craven“A”　穆时英
同盟　老　舍
爱与生命　陈凝秋
救国会议　王平陵
母归　袁牧之
天方艳歌　侯佩尹
诗
炭鬼　臧克家
秋雨　臧克家
恋曲　何其芳

幕　〔匈〕莫　纳作　徐霞村译
苦恼　〔苏〕高尔基著　罗大刚译

俄罗斯文学上的郭果尔时代（续）
侍 桁译
苔丝姑娘（七续）
〔英〕哈 代著 顾仲彝译

文艺情报

浮士德在维也纳出演 （无署名）
巴姆女士与《大饭店》（无署名）
霍普特曼将游英 （无署名）
高尔基的新剧上演 （无署名）
新俄建造作家城 （无署名）

第3卷 第10号
1933年4月1日发行

插 画

紫金山（三色版） 王道源作
迁居 蹇先艾
凋之昙 靳 以
瞎子与妇人 何家槐
还乡 高 植
两个耳光
〔匈〕莫 纳作 徐霞村译
别致的钮扣
高尔斯华绥作 储元熹译

诗

莱伯齐格之战 侯佩尹译
永别了生命 侯佩尹译
煤山 方玮德
紫色的梦 方玮德
全是风的错 方令孺
梅特林克的神秘剧
Henn Bidou著 傅 雷译
法国小说发达史
〔日〕山田九郎著 汪馥泉译
法国近代剧概观（续）
L.Lewisohn 马彦祥
苦恼（续） 高尔基著 罗大刚译
苔丝姑娘（八续）
〔英〕哈 代著 顾仲彝译

文艺情报

萧伯纳在日发表反日谈话 杨昌溪
迭更斯之子年老退休 杨昌溪
两个小车夫 臧克家

第3卷 第11号
1933年5月1日发行

盐巴客 蹇先艾
村长 徐转蓬
笼面纱的女人 黎锦明

诗

苦像 Le Crucifix
Lamartine作 王平陵译
献诗三章 Yeats著 方玮德译
欧伦比莪的愁情
〔法〕Hugo（嚣俄）作 侯佩尹译
谜 老 舍
打刀曲 老 舍
毋宁死
Somerset Maugham著 方于女士译
自我演戏以来 袁牧之

法国画坛的新倾向　倪贻德

散　文

巴黎的春郊　孙福熙
我们的太平洋　王鲁彦
感情的颜色与光彩　储安平

文艺随笔　侍　桁
法国近代剧概观（续）
L.Luwisohn 著　马彦祥译
苦恼（续）
〔苏〕高尔基著　罗大刚译
苔丝姑娘（九续）
〔英〕哈　代著　顾仲彝译

文艺情报

一九三二年美国销路最好的小说
杨昌溪
美国建立歌德纪念像　杨昌溪
肖伯纳新剧中之圣奥古司丁　杨昌溪
提拔作家之女人　杨昌溪
穆杭论东方文明之毁灭　杨昌溪
美国拍卖文动人初版书　杨昌溪
高尔斯华绥与拉德及其他　杨昌溪
名信片上作小说　杨昌溪
文学家与电影　杨昌溪
沙翁的纪念剧院　杨昌溪
法国汉学家来华　杨昌溪

第3卷　第12号
1933年6月1日发行

女诗人米莱及其再生　方玮德
阿尔台美斯　鲁　彦
故乡　村　人
南阳之夜　汪锡鹏

诗

出征　R.Lovelace　苏芹荪译
穷人之死　波特莱尔作　卞之琳译
山谷
Le Vallon（拉马丁）作　宗　鼎译
夏夜　何其芳
神女　臧克家
死水中的枯树　臧克家

那种人是危险的
Alfted Neumann 作
穆时英　陈宗濂译
比利时佛兰德人的民歌
Jeaune Van Bockel 作　鲁　彦译
爱与死
鲁加尔德·吉伯龄作　侍　桁译

散　文

静静的玄武湖　王平陵
地上的界限　秋　涛
英雄主义
〔日〕十一谷义三郎作　耘　砂译

魔术法师的故事　紫　薇译
毋宁死（续）
Somerset Maugham 著　方于女士译
法国近代剧概观（续）
L.Lewisohn 著　马彦祥译
苔丝姑娘（续）

〔英〕哈　代著　顾仲彝译

文艺情报

肖伯纳与黑女求神记　杨昌溪
捷克作家的通信集　杨昌溪
印第安人歌内的中国字　杨昌溪
刘易士赴伦敦旅行　杨昌溪
德国禁止雷马克及托罗斯基著作　杨昌溪
英国桂冠诗人游美　杨昌溪
刘易士的新作《安恩斐克丝》　杨昌溪
巴雷王尔德肖伯纳与一女人　杨昌溪

第4卷　第1号
1933年7月1日发行

插　画

封面　陈之佛作
十字架　罽　俄作
月明之夜的乡村　罽　俄作
湖上　苔白雷作
回忆　拉　米作
乌兰比乌的茅屋（罽俄别墅，照片）
诱拐　杜威利亚作

论　文

卡莱尔论英雄　范存忠
文艺简论　侍　桁
浪漫派诗人的爱情色彩
〔法〕F.G regh 著　徐仲年译

小　说

大悲寺外　老　舍
岔路　鲁　彦
牵牛花　靳　以
父与子　秋　涛

诗　选

生命之窗的内外　宗白华
Hai-Alai　方玮德
生活　臧克家
老马　孙毓棠
一个美妇人的诉苦
魏　龙著　梁　镇译
喷泉　波特莱尔著　卞之琳译
男儿　拉马丁著　侯佩尹译

译　作

诗人魏龙的投宿
史悌文生著　方令孺译
人肉嗜食
〔法〕沙尔蒙著　戴望舒译
死去的火星（附插绘两幅）
A.托尔斯泰著　钟宪民译
逆旅主妇
〔意〕Carlo Goldoni 著　华林一译

散　文

绍兴气味　孙福熙
离群的人　杨邨人
小品两篇　何其芳

约翰梅士斐诗选（附梅士斐画像）
苏芹荪　曹葆华

文艺情报

肖伯纳口上的美国　杨昌溪
托马斯曼之近作　杨昌溪
皮篮得娄之短篇小说集　杨昌溪
为著作家的墨索里尼　杨昌溪
希特勒党与戏剧　杨昌溪
银幕上的奥尼尔戏剧　杨昌溪
德国作家近日之厄运　杨昌溪
英桂冠诗人游美洲返英　杨昌溪
钢盔党首领之战争小说　杨昌溪
高尔基号飞机之募捐　杨昌溪
巴克夫人被长老会撤职　杨昌溪
霍桑屯奖金给与莫尔甘　杨昌溪
朱士赴瑞士治眼　杨昌溪
乔治摩尔之遗嘱与遗产　杨昌溪
路的尽头作者之小说及其影片　杨昌溪
黑人音乐家道生　杨昌溪
皮篮得娄的传记　杨昌溪
希特勒党的文艺独裁　杨昌溪
稿本被撕之斐切宛格及其小说　杨昌溪
皮篮得娄的新剧本与电影　杨昌溪

第4卷　第2号

1933年8月1日发行

插　画

封面　陈之佛作
高尔斯华绥肖像（照片）
丛林　Robert Gibbings 作
斯托克霍姆市政厅　H.Glinten-Kamp 作
挪阿绮夫人肖像（照片）
挪阿绮夫人之笔迹（照片）
挪阿绮夫人在西西儿 Sicile 岛（1907）（照片）
挪阿绮夫人及其子（照片）

狂飚与突进　杨丙辰
炎炎的梦　何家槐
果树林　徐转蓬
在逃的罪人　汪锡鹏

诗　选

云　张鸣春
问　方玮德
白俄老人　陈梦家
一个乞妇　曹葆华
露台　卞之琳
歇午工　臧克家
许多晚　孙洵侯
再不用　沈维葭
故乡　侯汝华

美的追求　法朗士著　鲍文蔚译
鞋匠　育珂·摩尔著　惟　明译
戏剧家高尔斯华绥　H.Alexander 著　苏芹荪译
挪阿绮伯爵夫人　毕杜原著　徐仲年译
逆旅主妇　〔意〕Carlo Goldoni 著　华林一译

死去的火星（续）（附插绘两幅）
A 托尔斯泰著 钟宪民译
论诗短札 汪辟疆

散 文

人物素描
〔希腊〕Theophrastus 作 陈瘦竹译
秋海棠 何其芳
决定 芦 韦

文艺情报

巴克夫人与江亢虎论战及其对基督教之认识 杨昌溪
高尔斯华绥的论文集和文物展览 杨昌溪
莱因哈特在英意导演沙翁名剧 杨昌溪
高尔基作海外旅行 杨昌溪
英国政治家的著作大收入 杨昌溪
霍普特曼等以树木赠送法作家 杨昌溪
丹农雪乌海游调养 杨昌溪
肖伯纳完成六部剧 杨昌溪
德国音乐家抗议希特勒之压迫 杨昌溪
黑人约翰孙新作戏剧 杨昌溪
德国浪漫主义复活 杨昌溪
刘易士描写的新途径及其经验谈 杨昌溪
高尔斯华绥传记开始工作 杨昌溪
肖伯纳在美国的谈话 杨昌溪
去年英国新出版物之统计 杨昌溪
摩尔归葬故里 杨昌溪

第4卷 第3号

1933年9月1日出版

伴侣 鲁 彦
姊姊 靳 以
逃难 蹇先艾
他们的路 H.Bavbusse 著 李丹译
再来一次
Joun Galsworthy 著 方玮德译
情侣
〔英〕Liam O'Hlaherty 著 苏芹荪译
江户帖 缪崇群
妻的病及其他 侍 桁
克丽丝丁（附插图四幅）
Paul Geraldy 著 方 于译
近代西班牙戏剧概况 徐霞村
死去的火星（续）
〔俄〕A 托尔斯泰著 钟宪民译

诗 选

海盗船 孙毓棠
不寐 戴望舒
农家怨 曹葆华
磨坊工人 曹葆华
酒楼侍女 曹葆华
太阳的祈祷 李金发
孩儿们 陈仲康
送别 万 紫
对镜 沈祖牟
天河 胡天乐
春 菁 天
千代之的忧郁 常任侠

秋雨　臧克家
晚祷　孙洵侯

文艺情报*

本年度皮里兹奖金及其戏剧得者安德孙
英国文人的新陈代谢
高尔基完成三部曲
莫索里尼描写该撒
古董场中的英美文人作品市价
英国老剧院票选通俗剧作家
日本建立小泉八云纪念馆
爱尔兰政府翻译美法文学
威尔士描写十年后美国的经济危机
巴克夫人由美来华
洛撒克里菲奖金赠与法国夏姆生
智利女诗人任西班牙总领事
银幕上的疯僧拉斯普丁
刘易士的传记
西班牙女作家枪杀女儿
德国宣传部长眼中之非爱国艺术
德意志禁书节的象征
回教国女子与文学

第4卷　第4号

1933年10月1日发行

期待　秋　涛
歪毛儿　老　舍
贱人　鲁　彦
乡下医生　徐转蓬
断想　储安平

诗　选

流星　宋清如女士
下雨　程鹤西
梦见　程鹤西
新月　程鹤西
向晚　程鹤西
骆驼　程鹤西
战士的奖励　〔古希腊〕CALLINUS著　侯佩尹译
樱草的路　〔英〕D.H.Lawrence著　唐锡如译
乐师　Henry Bordeaux著　严大椿译
乔治吉星论　Porf.J.W.Cunliffe作　侯　朴译
白雷客诗选　罗　蕤　梦　家译
克丽丝丁　Paul Geraldy著　方　于译
死去的火星（续）　〔俄〕A.托尔斯泰著　钟宪民译

文艺情报*

德政府庆祝诗人乔治六十五岁诞辰
法兰西学院选玛利克为委员
古诃德先生之电影化及其初版样本之发现
法作家莫鲁阿眼中的美国
巴蕾拜访出生地

* 本期“文艺情报”各条均未署名。

德国倡议下届亚林匹克增加文学竞赛
世界笔会中国际主义与爱国主义之争战
高尔斯华绥的遗著出版
两千磅一周的英国剧作家收入
连获两文学奖金的英国作家
匈牙利剧作家剧作中的莎士比亚一生
英法作家愿写的文学家传记
肖伯纳新剧内容预报
德国作家与艺人逃亡的现状
穆杭与伦敦
吉卜林被选为法国学院外国会员
英美热烈纪念莎士比亚
英国女作家詹美珊的自传及其创作态度

第4卷　第5号
1933年11月1日发行

李妈　鲁　彦
倒败　李　鲦
期待　秋　涛
五月的Sonata　黑　婴
怅惘　汪锡鹏
“溃灭”的一脔
〔法〕左　拉著　李青崖译
不识相的狗
〔法〕Ajak et Alex Fischer 合著　严大椿译
死去的火星（续完）
〔俄〕A.托尔斯泰著　钟宪民译

诗　选

秋　臧克家
国殇吟　磬　声
末日　曹葆华
再来看你　曹葆华
祝别　孙洵侯
想家　张鸣春
八带鱼　孙佳讯
梦歌　何其芳
我需要　史卫斯
摧残　万　紫

克丽丝丁（续）
Paul Geraldy著　方　于译
苏联的儿童剧院
Huntly Carter作　苏芹荪译
世纪末的英国艺术运动　费　照
比利士的文学
Maur Joumotte作　鲁　彦译
代宝·瓦莫夫人诗选译　侯佩尹译

散　文

人物素描
Theodhrastus作　陈瘦竹译
朝行　储安平

文艺情报*

德人眼中之欧林匹亚文化比赛
法国讽刺作家的四百年纪念

* 本期“文艺情报”各条均未署名。

拿破仑情书之售价
莱因哈特在威尔斯导演戏剧
捷克总统与文学
关于高尔基及其工作方法
“犹太选民”在支加哥上演古剧
肖伯纳劫运难逃
犹太人在巴力斯坦从事文化建设
托玛斯曼弟兄现流寓法国
德国两大音乐家纪念节
音乐的寿命与无线电
英国本年上半期的出版物统计
奥地利的新作家须魏特
巴克夫人由英来华
高丽黛女士之恋爱描写及其新作风

第 4 卷　第 6 期

1933 年 12 月 1 日发行

文艺简论　侍桁
勃克夫人的创作生活　毛如升
期待　秋涛
罗大千　叶永蓁
跛子李　何德明
诬害　徐转蓬
最后的幽会
〔波兰〕M Ga Walewrcg 作　鲁彦译
自我表现
Allan N.Monkhouse 作　苏芹荪译
马尔格太太
Lord Dunsany 作　苏芹荪译
一位沉静的音乐师
〔德〕施笃谟著　段可情译

诗　选

诱惑　何德明
拾煤者　田畴
黄河谣　陈梦家
再生草　磬声
送一年过去　曹葆华
回答　曹葆华
歌　坚磨
秋夜　坚磨
夏之良夜　林庚
秋之歌　傅尚杲
怨女　张鸣春
老人　罗慕华
矿夫与木乃伊　胡介
西风歌　常任侠
安闲　孙毓棠
忧郁　侯汝华

英国的厌世诗派
〔日〕厨川白村作 6 东　声译
现在希腊文学概观
〔日〕千叶龟雄著　武陵译
比利士的文学（续）
Maur Jaumotte 作　鲁彦译
克丽丝丁（续）
Paul Geraldy 著　方于译

散　文

人物素描（续）
Theodhrastus 作　陈瘦竹译

书 评

《烙印》（臧克家著） 李长之

文艺情报*

研究远东问题的作者获得法报奖金
卓别林与国社党及其新片之预报
斯达林与莎士比亚
高尔斯华绥论文专册之堂皇美丽
英皇奖掖全帝国诗人
犹太作家华塞曼在美发表新著
一个妇人比十三个男人好？
巴克夫人莅华及其新作之评价
华格纳百年纪中的希特勒
美国莎士比亚戏剧的老演员逝世
伊本纳兹遗骸由法归葬故里
德国音乐家华格纳在瑞士的遗物纪念馆
巴比塞赴美国讲演
霍普特曼完成描写解放战争的新剧
美国创刊纯外国短篇小说的杂志
今年诺贝尔奖金
苏俄旧书市场中所见的世界大学
托玛斯曼在巴黎批评德国现势

第5卷 第1号
特 大 号
1934年1月1日发行

文艺画报

李白画像
杜甫石刻 董观潮绘 张廷撙刻
王维雪溪图
哈姆雷特舞台面（四幅）
沙翁雕像
大饭店作者像
大饭店电影主演人
大饭店电影（二幅）
大饭店舞台面（七幅）
狄考勃拉绘
狄考勃拉自画像 狄考勃拉绘
欢迎狄氏照片
彭纳德像
洛伊思像
玛克思·比耳波门画像
玛氏自绘讽刺画
梅奈儿画像

论 著

今代英国文学鸟瞰
《哈姆雷特》问题 梁实秋
论雅谷华赛曼
斯太芳·采格作 杨丙辰译
狄考勃拉在南京 郭有守
文艺鉴赏论
Arnold Bennet 著 陈瘦竹译
文艺丛谈 侍 桁
现代绘画各派的分析 盛此君
南宋时代陷金的几个民族诗人
苏雪林

创 作

也是三角 老 舍
母亲 靳 以

---

* 本期“文艺情报”各条均未署名。

不务正业的男人　徐转蓬
仆人之书　蹇先艾
无名　储安平
一年　黑　婴
肉林酒池　墨　逸
烟　王平陵
酒鞋　朱　溪
朦胧　高　植
金戒指　王家域

诗　选

宣告　曹葆华
决断　曹葆华
眼里　曹葆华
我常想　曹葆华
自语　李金发
末路的人　李金发
花的主人　臧克家
强盗　洛伊思作　俞大纲译
上海的女人　罗慕华
悲哀的源泉　坚　磨
园圃　张鸣春
译诗三章　磬　声译

译　述

职业的秘密
〔法〕Jean Coctean 作　徐霞村译
国贼的母亲
〔俄〕高尔基作　李　丹译
画师
〔法〕Albert-Jean 著　严大椿译
大饭店
〔德〕菲姬·宝蛮著　段可情译

散　篇

宝蛮女士与"大饭店"*
偷写　史卫斯
无题　王周南
"两条腿!"　田　畴
舞女　宋琴心
失落的（诗）　林　庚
流水之歌
〔法〕Laprade 著　严大椿译
假设爱情要是可以卖的　王南周

戏　剧

乡间戏的研究　阎折梧
恨世者
〔法〕莫里哀著　赵少侯译
人道主义
〔英〕G.Tompkins（董璧全）著
胡春冰译
阿埃尔王子
〔法〕罗曼罗兰著　子　诒　君　实译

散文·诗

"寂寞"之来　李长之
送行　Max Beerbohm 著　华林一译
译诗八首　梅奈儿著　刘延陵译
泰山与塞外的浩歌　陈梦家
瑞拉底诗选译
（瑞拉底）著　侯佩尹译

文艺情报

托玛斯曼素描及其对德国文学的观察　杨昌溪

---

* 此篇原刊未署作者。

六百六十九种文字译本的圣经 杨昌溪
德国逃亡作家们的消息 杨昌溪
莎乐美被禁与斯特拉斯 杨昌溪
巴蕾出生地已售卖 杨昌溪
好来坞明星之周薪近讯 杨昌溪
银幕上的高尔斯华绥作品 杨昌溪
刘易士描写美国旅馆生活 杨昌溪
德国导演家莱因哈特改入法籍 杨昌溪
美批评家们肯退休专心著作 杨昌溪
英国大文学家消耗稿费趣闻 杨昌溪
德国的日耳曼艺术 杨昌溪
高尔基今冬不赴意大利养病 杨昌溪
比利时文坛现状之一角 杨昌溪
肖伯纳与有声影片 杨昌溪
南北欧的英文书市场 杨昌溪
梅斯菲尔为诗人抱不平 杨昌溪
爱尔兰诗人 A.E 赴美居住 杨昌溪
如果婴儿真能写书的话 杨昌溪
爱尔兰禁止黑女求神记 杨昌溪
拨苏士与支加哥新杂志 杨昌溪

第 5 卷　第 2 号

1934 年 2 月 1 日发行

插　画

伐竹者 宋梁楷作
诗人朱湘遗像（照片）
莫利哀雕像
德拉迈尔自选集之封面肖像及插画
现代木刻（三幅）
一、 A.E.Berbank 刻
二、 H.Glintenkamp 刻
三、 M.E.Warwlek 刻

论　著

小说中之写实与现实
W.L.Phelps 著 陈瘦石译
文艺鉴赏论（续）
A.Bennet 作 陈瘦石译

创　作

文昌星 王平陵
古城 谢廷宇
工女 徐转蓬
悲剧 何德明
阁楼上的秦楼 黎锦明
女性嫌恶症患者 黑　婴

诗　选

听说你走了（悼朱湘） 曹葆华
洗衣女 曹葆华
无题两首 曹葆华
登赤壁 杨世骥
涝塘纪实 杨世骥
多足的理想 杨世骥
人鱼 杨世骥
Weathercock's Song 王周南
无题 王周南
我知道在梦中 孙佳讯
黑夜中的歌人 孙佳讯

小船 孙佳讯
呼唤 孙佳讯
暴风的梦 宋清如
恋歌 Lady John Scott 作 球 笙译
野金银花
Philip Frenean 作 球 笙译
加拿大的渔歌
Thomas Moore 作 球 笙译
译 述
德拉迈尔诗选译
（德拉迈尔著） 孙毓棠译
星 〔意〕Toscani 作 王鲁彦译
仆人
〔俄〕S.T.Semyonov 作 招勉之译
留英须知
〔法〕A.Maurois 作 苏芹荪译
职业的秘密（续）
〔法〕J.Cocteau 作 徐霞村译
大饭店（续）
〔德〕Vick Baum（菲姬·宝蛮）作
段可情译
戏 剧
恨世者（续）
〔法〕莫里哀著 赵少侯译
阿埃尔王子（续）
〔法〕罗曼罗兰著
子 诒 君 实译
文艺情报
拉绮洛孚不愿举行诞辰纪念
杨昌溪
鲁拉卡尔斯基之荣哀 杨昌溪
柴霍甫尸体移葬新墓 杨昌溪
托尔斯泰寄高尔基书信之发现
杨昌溪
俄译本的海涅诗 杨昌溪
德国禁毁《西线无战事》 杨昌溪
奥尼尔的新剧《无尽的时光》
杨昌溪
莫索里尼新作戏剧《该撒》 杨昌溪
逃亡的斐切宛格赴英接洽新著
杨昌溪
德哥派拉氏眼中之东方美 杨昌溪
苏俄农场文艺及戏剧 杨昌溪
华塞曼客死奥地利 杨昌溪
柏林成立世界作家联盟 杨昌溪
德意志文化统制的现势 杨昌溪

第5卷 第3号
1934年3月1日发行

插 画*
汤显祖《牡丹亭》插图二幅（木刻）
论 著
告文豪
Max Beerbohm 著 何 况译
文艺鉴赏论 A.Bennet 陈瘦竹译
大诗人不律道墨 侯佩尹
创 作
猎虎 黎锦明
铁的歌 黑 婴

* 原刊“目录”漏。

乌鸦与马粪　储安平
父亲的故事　李坚磨

诗　选

死海　孙毓棠
“爱之梦”　常任侠
乳娘的悲哀　田　畴
Thomas Chatterton　张露薇
夜航　张露薇
黄昏　周白鸿
一个清晨　周白鸿
狂风之夜　王一心
忧郁　王一心
卖糖的老人　张鸣春

评　述

不朽俱乐部
Stacy Aumonier 著　费鉴照译
赣第德（卷二）
〔法〕伏尔太著　周怀求译
露茜亚
〔美〕得利赛著　钟宪民译
蜂王
〔法〕Erckmann-Chatrian 作
严大椿译
大饭店（续）
〔德〕Vick Baum（菲姬·宝蛮）作
段可情译

戏　剧

第一次的云雾
Tors Germain 作　张道藩译
乔治旦丁
〔法〕莫里哀著　鲁　彦译

散　文

黄昏　季羡林
再回到北平　王周南

文艺情报

托玛斯曼新作三部曲　杨昌溪
德意志免费观剧　杨昌溪
德国国家图书馆印行兴登堡书目
杨昌溪
水门汀作者的新作　杨昌溪
四年来的英美出版物统计比较
杨昌溪
朱士的《优勒色斯》的重见天日
杨昌溪
高丽黛女翻译沙翁戏剧　杨昌溪
曼斯斐尔口中的皇家诗歌奖章
杨昌溪
哥林将军的文化统制　杨昌溪
诗人们奢望的工资和工作时间
杨昌溪
黑人杜波依士设立文学奖金
杨昌溪
法国剧作家游历远东　杨昌溪
巴克夫人赴印度南洋搜集小说材料
杨昌溪
美国各大学教授所选的百册世界文学杰作　杨昌溪
美国杂志所选去年的百册极佳书籍
杨昌溪
本年度的德国圣事剧之演出
杨昌溪
《战后》作者鲁棱判处徒刑　杨昌溪

第5卷 第4号
1934年4月1日发行

论 著

电影与儿童 晓 萍
文艺鉴赏论
Arnold Bennet 作 陈瘦竹译

创 作

妹归 贺玉波
悒郁症底定性分析（附插图一幅）
谢挺宇
撒旦的胜利 吴伴云
心囚 段可情
赵妈 何德明
猎虎 黎锦明

诗 选

战诗四首 王周南译
木犀花 宋衡心
最肯定的恋歌 宋衡心
汨罗江 杨世骥
捕蟹引 杨世骥
病榻小曲 常任侠
黄昏的歌
〔美〕Sidney Lanier 作 球 笙译
赠希伦
〔美〕Edgar Allan Poe 作 球 笙译
风〔英〕R.L.Stevenson 作 球 笙译
红日 林 庚
归来 林 庚
怀乡梦 张露薇
悠悠 张露薇
给妻 田 畸

译 述

小学教师 Barbusse 傅 雷译
露茜亚（续）
〔美〕得利赛作 钟宪民译
赣第德（卷二，续）
伏尔泰作 周怀求译
大饭店（续）
Vicki Baum 作 段可情译

戏 剧

释放（诗剧）
王绍清 左 明
乔治旦丁（续一）
〔法〕莫里哀作 鲁 彦译
《马赛曲》同几首爱国诗歌
侯佩尹

散 文

扬子江 张鸣春
玫瑰 L.R.Smith 作 陈瘦石译

文艺情报

希特勒党改删大卫诗篇 杨昌溪
新俄翻译联邦小民族文学 杨昌溪
德国文化统制下的电影 杨昌溪
肖伯纳自认衰老 杨昌溪
一九三三年的英国出版概况
杨昌溪
奥耳德眼中之高尔斯华绥 杨昌溪
英国玛耳文节下次的新剧写成
杨昌溪
反意大利法西斯者之诗文 杨昌溪
蒲宁得诺贝尔奖金后 杨昌溪

高尔斯华绥作品搬上银幕　杨昌溪
吉卜林曼斐尔德的新作　杨昌溪
圣经译成非洲凡提人民语言　杨昌溪
朱士著作之种种　杨昌溪
罗马尼亚皇后的回忆录　杨昌溪
澳大利亚洲的一个女作家　杨昌溪
威尔士民族文艺之一角　杨昌溪
朝鲜文学在西洋　杨昌溪
《我的战斗》在德意志畅销　杨昌溪
太戈尔论神及民族文化　杨昌溪

第5卷　第5号
1934年5月1日发行

插　画

《马克白》插画四幅
苏俄犹太剧院舞台面四幅
《鹦哥的训练》插画两幅
泰谷尔像
法郎士像
木刻一幅

论　著

《马克白》的意义　梁实秋
法郎士生活之一斑　赵少侯
文艺鉴赏论（续完）
Arnold Bennet 著　陈瘦竹译

创　作

破产　徐转蓬
他的一生　何德明
一羽　谢挺宇
父与女　冷　波
猎虎（续）　黎锦明

诗　选

给　曹葆华
无题　闻　穗
三月天　闻　穗
重来　闻　穗
月夜　张露薇
时间　张露薇
深心　张露薇
路　徐　讦
梦　徐　讦
六月的催眠歌　万　紫
六月的光　万　紫
掐菜　王周南
从早到晚　张鸣春

译　述

最短的一夜
Jessie K.Marsh 著　费鉴照译
上海小景　勃克夫人著　苏芹荪译
赣第德（续完）
〔法〕伏尔泰著　周怀求译

戏　剧

天边外　〔美〕奥尼尔著　顾仲彝译
乔治旦丁（续完）
〔法〕莫利哀著　王鲁彦译
重婚（电影本事）　王平陵

散　文

池畔　缪崇群
他的故乡
W.H.Hudson 作　陈瘦石译

鹦哥的训练
〔印度〕泰谷尔著 晓 萍译

文艺情报

捷克纪念两大音乐家 杨昌溪
百年来中译圣经之庞大销路 杨昌溪
美国艺术中的爱国精神问题 杨昌溪
南斯拉夫课影戏捐救济戏院 杨昌溪
法国文坛上的歌诵醇酒之奖金 杨昌溪
密尔敦在下写诗的榆木已死 杨昌溪
“彩楼配”旧剧在英国出演 杨昌溪
法国作家克拉色赴东方游历 杨昌溪
本年的诺贝尔奖金数减少 杨昌溪
日耳曼现存的一位老女作家 杨昌溪
高尔基论新俄青年作品及其剧作之出演 杨昌溪
希特勒奖励日耳曼民歌 杨昌溪
诗人歌德与希特勒党 杨昌溪
巴克夫人在沪否认赴印搜集小说材料 杨昌溪

第5卷 第6号
1934年6月1日发行

插 画

奥尼尔漫画像（照片）
孟洛女士像（照片）
T.Kobor像（照片）
乔治摩尔像及其手稿（照片）

论 著

美国诗坛的复兴 张露薇
儿童电影在苏俄 晓 萍

创 作

爱执 李同愈
星 苏章梅
劫 陈福熙
孤独人日记抄 何德明
猎虎（续完） 黎锦明

诗 选

都市的春天 臧克家
赠敌 张鸣春
再给 曹葆华
山泉的话 俞艺香
寄松子 徐转蓬
零落的梦 黑 妮
西湖散诗 傅尚杲*
静默默的你 闻 穗
生命 周白鸿
希望 周白鸿
送别 史卫斯
碎了：一个相信 史卫斯
默想 常 青

译 述

霍尔姆斯

* 原刊“目录”署“傅尚泉”，正文署“傅尚杲”。

George Moore 著　费鉴照译
爱芬　James Joyce 著　胡琴子译
在树林边
〔匈〕K.Kobor 著　惟　生译
不可见的创伤
〔匈〕Kisfaludi 著　刘士穆译

戏　剧

火车上
Henriette Charasson 作　方　于译
逃亡者　高尔斯华绥著　郑稚存译
天边外　Eugene O.Neil 著　顾仲彝译

散　文

雾　陈清华
化装室中　任　侠

文艺情报

德国流亡文人的反希特勒出版物　杨昌溪
德国在平彩排“琵琶记”　杨昌溪
苏德曼作品搬上银幕　杨昌溪
英国讽刺作家卢威士的创作意见　杨昌溪
受难剧的三百年纪念表演　杨昌溪
德国剧作家托勒的自转与新剧　杨昌溪
迭更斯遗作及情书刊布问题　杨昌溪
捷克作家描写玛莎克总统　杨昌溪
英国留学生著书称赞肖伯纳　杨昌溪
盲诗人密尔敦出生地的外国拜访者　杨昌溪
印第人崇拜英国诗人彭斯　杨昌溪
美国销路百万册以上的廿种书　杨昌溪
柴霍甫的短篇小说发现　杨昌溪
希特勒执政下之华格纳孙子　杨昌溪
梅雅荷德六十诞辰纪念　杨昌溪

第 6 卷　第 1 号
1934 年 7 月 1 日发行

插　画

比国巴斯将画：水果
董小宛绘像

论　著

勃兰兑斯论梅礼美　侍　桁译
德国两个爱国诗人　侯佩尹

小　说

泰莽哥　梅礼美作　鲍文蔚译
利他的生活
Henry Bordeavx 作　叶常青译
三年　吴伴云
巫婆　徐转蓬
徐妈　高　植
老处女　路　茜
研房庄　何德明

诗　选

重入都会　李金发
有题　李金发
错纵的灵魂　李金发
陕西二歌女　张鸣春

衣裳 吴惠风
春日诗抄 张露薇
家园 黑 妮
凉夜颂 黑 妮
黑眼的乐女 宋衡心
诗三首 史卫斯
吹过梨花树的风 孙佳讯
有忆 孙佳讯
关山月 平林杏子
元旦 侯汝华
忧 艾 珂

戏 剧

过程 樊齐伯作 谢寿康译
卡利比之月
［美］奥尼儿作 马彦祥译
逃亡者（续）
高尔斯华绥作 郑稚存译

散 文

茶馆 缪崇群
马来之旅 秦 白
南温泉之夏 秦 白

史 料

法国文学年表 洪素野
董小宛系年要录 圣 旦

文艺情报*

英国儿童的读物统计
世界最小书籍中之鲁拜集
海参威中国戏院作全俄旅行
巴黎成立国社党焚禁书籍图书室
辛克莱与辛克来刘易士
伦敦举行加莱尔纪念式
新俄好莱坞影片中心

第6卷 第2号
1934年8月1日发行

插 画

奥尼尔雕像 Bdnond Quinn 作
《奇异的插曲》的封面
Robert E.Jones-5
“毛猿”内景之一幕
Cieon Tnroekmorton 作
梅礼美饰 Chara Gazul 像
S.J.Bochbard 作
梅礼美之晚年肖像 Deieeluze 作

论 著

浪漫派的忧郁病
白壁德作 陈瘦石译
勃兰兑斯论梅礼美（续） 侍 桁译

创 作

满洲小景 胡琴子
人生 黑 婴
大水后 陈福熙
夜海棠 谢挺宇
旗女 贺玉波
房东 梦 华

诗 选

薄晓之叮 黑 妮
疲惫者之歌 方玮德
评书老人 罗幕华

* 此期“文艺情报”均未署名。

中国是一幅画　张鸣春
没有可牵挂的　万　紫
黄昏在江上　万　紫
向晚小景　名　竺
郁勃之夏夜　名　竺
滨迺家的少女　常任侠
普陀夜歌　常任侠
破灭之恋　艾　珂
飞水潭前　李坚磨
诗两章　沈圣时
闻穗自选诗五首　闻　穗
海鸟　叶菲洛
樱桃林　孙佳讯
全部眼泪　宋衡心

译　述

善举　狄考勃拉作　郎鲁逊译
西班牙的逸史
〔法〕辣斐德夫人作　严大椿译
巴黎贫女记
〔法〕斐礼伯作　李青崖译

戏　剧

战线内　欧尼尔作　马彦祥译

散　文

深秋　张露薇
落叶　洁　荪

第6卷　第3号

1934年9月1日发行

插　画

伊望杀子　〔俄〕雷　丙作
傒我后　徐悲鸿作

论　著

班乃脱先生与白朗夫人
吴尔芙演讲　范存忠记
小说的图解　汪锡鹏
勃兰兑斯论梅礼美（续）
侍　桁译
郁达夫论　苏雪林

创　作

双石驿　王统照
生之欲　徐转蓬
支那料理师　夏　莱
小偷　罗　洪
屠宰作坊　何德明
母与女　吴广略

戏　剧

锁了的箱子　梅士斐作　苏芹荪译

诗与散文

深夜带走　曹葆华
在故乡　沈圣时
英国现代诗杰诺易士　俞大绸
孤愤　张鸣春
归来　海涅作　李金发译
晨　卡德作　维　特译
自北徂南　秦　白
杏花雨　张鸣春

译　述

巴黎贫女记（续）
斐礼伯作　李青崖译
始末　斯梯因作　陈瘦竹译
美人与兽（法国童话）　路　茜译

第6卷　第4号

1934年10月1日发行

插　画

笔会漫画

莫利哀画像

《恨世者》第一版封面

论　著

《今古奇观》之解剖　汪馥泉

陶渊明考　圣　旦

宋代女诗人张玉娘　唐圭璋

济慈与莎士比亚　费鉴照

莫利哀的《恨世者》　赵少侯

窦味士自传　（窦味士著）朱文振译

创作小说

诗人底画像　方之中

十二个　玮　璐

状元第　黄萍荪

异种　汪锡鹏

长征　程碧冰

笔会在苏格兰　郭子雄

翻译小说

两只青鸟

〔英〕劳仑斯作　陈梦家译

玛葛　〔瑞典〕苏德堡作　由稚吾译

马克斯的审判

〔日〕横光利一作　易　炜译

巴黎贫女记

〔法〕斐礼伯作　李青崖译

诗与散文

塞北之诗　林英强

诗　曹葆华

无题　曹葆华

秋天的园子　常任侠

人生　张露薇

花结　张露薇

北海之诗

〔德〕海　涅作　李金发译

男人的挥霍　布力士雷作　王思曾译

微呻　梦　华

第6卷　第5、6号合刊

柯立奇兰姆百年纪念祭

1934年12月1日发行

插　画

莫斯科艺术剧院之正门

创始人斯达尼斯拉夫斯基木刻像

舞台面六幅

海鸥

樱桃园

娜拉

驯悍记

夜店

徒南多

论　著

歌谣形式的研究　汪锡鹏

现代法国文学与大战　严大椿译

高尔基与莫斯科艺术剧院

野崎韶夫著　欧阳予倩译

日本新剧场十年之回顾

薄田研二著　邵　芙译

戏　剧

自误　张道藩

恕　曹泰来译

小　说

沉坠　翟家坤

归航　唐锡如

雪天　陈福熙

叶义　黎锦明

Stick GiH　夏　莱

原记　储安平

暮景　黑　婴

阿喜　周阆风

姬满　丁　谛

破玻璃杯〔英〕凯儿作　维　特译

布罗德温

〔英〕立斯但维兹作　林徽音译

巴黎贫女记

〔法〕斐礼伯作　李青崖译

散　文

家信　叶永蓁

返　王思曾

回忆比利时之狂欢节　素　野

西泠游踪　秦　白

柯立奇、兰姆

百年纪念祭特辑

文　字

柯立奇的诗　柳无忌

古舟子歌　柯立奇著　曹鸿昭译

克立斯脱倍　柯立奇著　柳无非译

忽必烈汗　柯立奇著　苏芹荪译

查斯斯·兰姆评传　（故）梁遇春

兰姆的《伊里亚集》　毛如升

《伊里亚小品文续编》序

蓝姆著　张月超译

烧猪论　蓝姆著　问　笔译

古瓷　蓝姆著　陈瘦竹译

初次观剧记　蓝姆著　陈瘦竹译

蓝姆与柯立奇的友谊　巩思文

图　片

柯立奇肖像及其居室

柯立奇手写诗稿之一页

《古舟子歌》与《克利司脱倍》之插图

蓝姆肖像

蓝姆之铜刻全像

第7卷　第1号

1935年1月1日发行

插　画

熨衣女（木刻）　N.古波略诺夫作

《凯撒》插画四幅

《一个不配在工人天堂的人》插画

KURT WIESE 作

论　文

文学与社会科学　梁实秋

精神分析学与现代文学

中村古峡作　汪馥泉译

文学上之淫虐狂与受虐狂　洪素野

戏剧的本质　顾仲彝
环境怎样造成人物　洪　深

戏　剧

春雷之夜　袁昌英

诗·散文

赎罪　〔法〕雨果作　滕刚译
走　曹葆华
无题　曹葆华
一个不配在工人天堂里的人
〔印度〕泰谷儿作　晓　萍译

小　说

爱之凯歌　屠格涅夫作　方令孺译
火灾　托普勒作　严大椿译
克兰比尔　法郎士作　赵少侯译
说谎者　储安平
鹦鹉　谢挺宇
赦　黎锦明
乐土　柳　村
出走　何德明

介绍·研究

《睢阳节》与《厓山烈》　卢冀野
莎士比亚名剧《凯撒》之介绍
施　章

第7卷　第2号

1935年2月1日发行

插　画

中国美术会第二届春季
美术展览会作品十五件

论　文

何谓演剧
〔日〕藤井真澄作　胡　天译
我对于舞台语音的学习　阎哲吾
歇后语的研究　汪锡鹏
精神分析学与现代文学（续完）
中村古峡著　汪馥泉译

戏　剧

朱理亚·恺撒
莎士比亚著　高昌南译
油漆未乾　欧阳予倩

诗

一粒星光　曹葆华
你是　曹葆华
各族诗抄　李金发

小　说

辩才禅师　绛　燕
遗憾　陈瘦竹
示威　王平陵
不爱春天的女人　许绍棨
入狱　陈福熙
泡影　吴广略
泪痕　倪孝先

翻　译

郘赛密勒
Henry James著　雪　樵译
一天的等待
〔美〕汉敏威著　维　特译
兄弟　苏华爱特生著　程一戎译
无神论者的圣礼
〔法〕巴尔扎克著　曹泰来译
克兰比尔（续）
法郎士著　赵少侯译

第 7 卷　第 3 号
1935 年 3 月 1 日发行

插　画
木刻　Clare Leighton 作
摘苹果者（木刻）
Gwendolen Raverat 作
希腊古瓶之画拓片
国画（一）　徐悲鸿作
国画（二）　张聿光作
论　文
戏剧的情境　马彦祥
文艺家的生活态度
〔日〕长谷川是闲著　梦鸥译
小　说
日光中　〔德〕施笃谟作　段可情译
悔　王　枚
应募　徐转蓬
残破　何德明
校长与村长　周阆风
镜　冬　生
女店员　王家棫
戏　剧
油漆未乾
〔法〕伏墅洼著　欧阳予倩译
朱理亚·恺撒
〔英〕莎士比亚著　高昌南译
诗　选
世纪末的道德（外三篇）　汪铭竹
不会发光了的　侯汝华
遥念　侯汝华
无题（二首）　曹葆华
对月　张禾草
好，我就多留一天　张禾草
散　文
杭游散记　王平陵
纸婚时节　徐心芹
论友谊
A.Clrtton Brock 著　钱春玮译
海的幻变
〔美〕汉敏威著　维　特译

第 7 卷　第 4 号
1935 年 4 月 1 日发行

插　画
支加哥世界博览所陈列之音乐厅图案
“Parade，1930”　Peter Blume 绘
托尔斯泰画像
论　文
科学的文学
〔日〕矢岛祐利著　任白涛译
龙沙与法国七星诗人　曾献中
济慈的一生　费鉴照
诺道论托尔斯泰主义
Max Nordau 作　由稚吾译
小　说
俘虏　王平陵
咖啡座的忧郁　黑　婴
勤务蔡胜　潘子农
匪　玮　璐

夜明前之歌　吴伴云
械斗　李三郎
南国之行　张禾草
醒后　陈柏心

译　著

郃赛密勒（续完）
Henry James 作　雪　樵译
斯华斯蒂加学校生活
罗杜尔夫费敦葆作　曹泰来译

戏　剧

油漆未乾（续完）
〔法〕伏墅洼作　欧阳予倩译
文坛幻舞　袁昌英

诗　选

海涅的散文诗　李金发
夜雨里　谢挺宇
雨　沈圣时
老人　沈圣时
我凝视　史卫斯
刺叶菜　范　净
夜　宋清如
谁告诉你　何德明
夏之黄昏　济慈著　李　微译
这日子去了　济慈著　李　微译

第 7 卷　第 5 号
雨果纪念特辑
1935 年 5 月 1 日发行

插　画

雨果五十周年忌辰特辑（十六幅）

论　文

济慈美的观念　费鉴照
小泉八云论衣裳哲学　毛如升
为什么要写实？　欧阳予倩
近代绘画上的“变形”与“无能”
常书鸿

小　说

房客太太　王平陵
抢婚　夏　莱
重逢　丁　谛
上层建筑　潘子农
CLEOPATRA　嵇希宗

戏　剧

播种　樊霁伯著　谢寿康译
吸血虫　冷　波

名著选译

林中之死
〔美〕谢乌安得荪著　熊纪白译
被遗弃者
B.Barseghian 著　维特女士译

雨果特辑

雨果论　徐仲年
雨果先生年谱稿略　李青崖
评雨果名著《可怜的人》
（Andre' Bellessort）　方于女士
雨果的研究　郎鲁逊
关于雨果　李　丹
雨果的《社会学观之评价》
徐心芹

第7卷　第6号

纪念诗人方玮德特辑

1935年6月1日发行

插　画

建筑中之国立戏剧音乐院及美术陈列馆

耶稣入墓图

舞女

诗人方玮德纪念插图

论　文

导演与演员　Edward Lawis 作　陈瘦竹译

英吉利底现代剧　〔日〕本间久雄作　徐碧晖译

高尔斯华绥论　J.W.Cuncliffe 作　纪承之译

西昆诗派述评　程千帆

文艺中心漫话　顾仲彝

咏坛新语　翟永坤

小　说

吕博士家的跳舞会　李坚磨

二歌女　何德明

钼魔　朱　雯

娘　周阆风

模范学校　方之中

变　林微音

惊耗　金　翼

Worlds' Depression　黎锦明

诗　歌

蔷微颂　阿　苏

我几次　季诚性

在你家里　季诚性

我俩的梦　季诚性

黄昏　叶霖生

满望我……　孤　西

缔夫的歌　孤　西

戏　剧

暴风雨〔英〕莎士比亚作　高昌南译

播种　樊霁伯著　谢寿康译

方玮德纪念特辑

室内　Maurice Maeterlinck 著　方令孺译

吊玮德　林徽因

诗人其萎　谢寿康

无题　曹葆华

挽歌　常任侠

过文德里故居　王平陵

昙花一现　宗白华

伤逝　微女士

哭玮德　黎宪初

第8卷　第1号

特大号

1936年1月1日发行

插　画

比国现代画展（四幅）

庐山画展（四幅）

陈宝探像及其墨迹*

---

* 原刊“目录”漏。

黄侃像及其墨迹*

论　文

敬告德国国民书　雨果作　戴占奎译
一九三五年的中国文坛　汪辟疆
中国新文学的诞生　王平陵
无限凄凉的法国文学　徐仲年
民族社会党治下的德国文学　商章孙
一九三五年日本文坛小景　崔万秋
阿比西尼亚的文学　朱　梅
有声电影演员论
Vsevolod Putovkin 作　王梦鸥译
导演与演员（续）
Edward Lewis 著　陈瘦竹译

诗　歌

怀念　孙佳讯
苦别　孙佳讯
江行望钟山　汪辟疆
夜行船　常任侠
银座　常任侠
无题　Albert Samain 著　方　于译
征夫怨　荻　帆

小　说

茂陵的雨夜　绛　燕
玉碎　胡永波
田原的梦　陶映霞
G　No.Vlll　穆时英
方丽茵　李三郎
驱逐出境　黑　婴
羊毛短裤
〔美〕William March 著　洪　深译

戏　剧

械斗　马彦祥

散文小品

伦敦的一次震惊　吕天石
火　E.V.Lucas 著　王思曾译
黑黎　〔美〕William Saroyan 著
曹泰来译

编辑后记　编　者

第 8 卷　第 2 号

1936 年 2 月 1 日发行

插　画

苏俄镌版画（七幅）
附：苏联版画展览会（文字）
宗　俞

论　文

悲剧世界底变迁
〔德〕Ludwig Marcuse 著
宗白华译
法国古代的民歌
法郎士著　赵少侯译
童谣例解　汪锡鹏
有声电影演员论（续）
普托夫金作　王梦鸥译
导演与演员（续完）
Edurd Lewis 著　陈瘦竹译

诗　歌

后湖集　汪辟疆

* 原刊“目录”漏。

失去了的诗情　绛　燕
末日　侯汝华
漓江舟行杂诗　侯佩尹
桂花时节　罗梦华

小　说

荒鸟先生和他的家庭　赫贝尔著　杨丙辰译
被遗弃的人　杜　衡
手　谷斯范
断肠草　徐仲年
女拐子〔法〕Erckmann-Chatrian 著　严大椿译

戏　剧

孤城落日（电影剧本）　王平陵　王梦鸥合编
早餐之前（一幕剧）　〔美〕欧尼尔作　马彦祥译

散文小品

命运　〔英〕E.V.Lucas 著　吕天石译
悬崖上的家　绛　燕
独坐　郑家弘
黑旋风　宋皆凡

编辑后记　编　者

第 8 卷　第 3 号

1936 年 3 月 1 日发行

插　画

法国现代画（十一幅）

论　文

一年来英美的传记文学　范存忠
法国现代画论　Alfred Leroy 著　吕斯百译
吉百龄　华　五
朱淑贞的恋爱事迹及其诗词　圣　旦
民族社会党治下的德国文学（续）　商章孙

诗　歌

灵之独语　于赓虞
古代的精灵　紫　天
你来　绛　燕
算命人　熊家凤

小　说

仲春的午夜　叶鼎洛
匡山的风浪　绛　燕
愁的分野　陆印全
患心理病者　君　亮
大姊姊　方家达
克兰撒的旅店　〔德〕J.H.D.Zschokke 著　胡启文译

戏　剧

康缇达　萧伯纳著　朱文振译
一间闹鬼的屋子　谷剑尘

散　文

忆志摩　郭子雄
野马　徐仲年
故乡风味不寻常　张禾草
诗　张载人

编辑后记 编 者

第 8 卷 第 4 号
1936 年 4 月 1 日发行

插 画

插图四幅*

论 文

德国新浪漫主义的文学史 〔德〕玛尔霍兹作 李长之译

中世纪德国抒情诗人法尔特 张传普

日本法隆寺 傅抱石

罗曼罗兰及其生活 Pjjouve 著 金发译

告法兰西同胞 雨果著 戴占奎译

诗 歌

哀乡村 叶苍岑

雨 钱一苇

公子行 白 蕉

期待中 冯慕濂

西家词 白 蕉

诗园 甘运衡

野牧 佟 倩

贞节坊下 杨 帆

铁铺 杨 帆

小 说

奶妈 凌叔华

路 老 白

麻舅舅 王西稔

刽子手 朱 沫

春底怒吼 枕流生

G No.V Ⅲ（续一） 穆时英

被自然感化的人 G.Hauptmann 作 吴 琦译

非常的奇遇 〔法〕P.Louys 著 严大椿译

克兰撒的旅店（续） 〔德〕J.H.D.Zschokke 著 胡启文译

戏 剧

密电码 张道藩

康缇达（续） 萧伯纳著 朱文振译

散 文

古城别 宋嗣恂

我的回忆 郑家弘

韩江客家的山歌 留 流

征诗启事 李长之

编辑后记 编 者

第 8 卷 第 5 号
1936 年 5 月 1 日发行

插 画

希腊雕刻八幅（裸偶，Kore，爱神之生，待婚女，弄箫女，阿波罗，受伤战士，Eleusis 的墓碑）

* 本书编者所见藏本画页被撕去，故不能补充插图名称。

论 文

希腊雕刻 吴作人
马来文学一脔 何易明
走向民众读物戏曲化之路 阎哲吾

诗 歌

释勒的咏事诗 商承祖
时间的大木船 傅尚杲
诗三首 向长清
思母 最 风
富春江舟行 傅尚杲
再生之希冀 周白鸿

小 说

小约翰求偶记 储安平
尺蠖与红花 欧阳炯
哀雏 石 灵
江边 林 野
墓碑 陈 弈
爱叠丝太太 S.K.Smitn 著 吴振芝译
G No.V Ⅲ（续二） 穆时英
心病 陶 雄

戏 剧

爱情的逃亡者 洪 深
康缇达（续一） 萧伯纳著 朱文振译

散 文

吉祥寺的钟声 祖 诒
雪的偶忆 君 度

介绍与批评

武汉文坛的昨日和今日 健 萍
许杰在回忆里 易 明
窃浴与其他 T.T.Y.

编辑后记 编 者

第8卷 第6号

1936年6月1日发行

插 画

希腊雕刻十二幅

论 文

希腊雕刻（续） 吴作人
美髯诗人苏东坡 王德箴
粤剧小论 易 明

诗 歌

西风歌 石 灵
鸟的话 叶苍岑
春在那里 罗慕华
杀啊！勇敢的战士 李白炎
海行 郑康伯
今后 洪郁芝
送素霞行 倪炯声

小 说

马嵬驿 绛 燕
破灭 王西稔
遗产 Leonid Andreff 著 郭子雄译
衰败 何德明
天作之合 沈 沦
不落家女人的幸福 李金发
红叶 陈以德

戏 剧

流落 陈 琳

狄四娘

〔法〕嚣俄著　张道藩改编

爱情的逃亡者（续）　洪　深

散　文

蚊眉蟭螟　徐仲年

天生的仇敌　徐心芹

永别了温柔的南国　盛马良

介绍与批评

中国文坛在东京　闻　梵

炼狱　徐楚园

编辑后记　编　者

第9卷　第1号

特 大 号

1936年7月1日发行

插　画

南京最近艺展出品

一鸣天下归，南印度大刹，秋塘间立　万剑父画

吉不赛女人，贫民之居　吕斯百画

女工，花　吴作人画

凝视（雕刻）　刘开渠刻

题　外

致悼胡展堂先生*　倪炯声

论　著

士女画中的女性观　陈之佛

石涛年谱稿　傅抱石

“群鸦”与自然派的戏剧　余上沅

高莪德及其戏剧　巩思文

希腊雕刻（续）　吴作人

小　说

半年间　刘白羽

过渡时代　顾仲彝

烟　黑　婴

生活　司马飞骊

不系之舟　温联璧

一个绝望的女人

〔英〕D.H.Lawrence 著　陈梦家译

诗　歌

愁思　叶苍岑

对月吟　黄泞霙

危舟　紫　天

法兰西〔英〕Samuel T.Coleridge 著　柳无忌译

希特白朗歌

Hildebrandslied 著　张传普译

戏　剧

屈累　高佩琅

归宿

〔英〕H.A.Jones 著　刘秋星译

介绍与批评

再评《望舒草》因论新诗的音律问题　程千帆

老舍及其《离婚》　尹雪曼

文艺特写

薰风初起时的上海文化界　杏公虑

活跃中的南京剧运及艺展　陆兰勋

散　文

缺憾及其他　王平陵

送礼　〔英〕Mary E.Coleridge 著　何　沉译

编辑后记　编　者

第 9 卷　第 2 号

1936 年 8 月 1 日发行

插　画

欧洲风景画与中国画（附："中"介绍文字）

一、　Vinci 画

二、（宋）巨燃（译音）画

三、〔德〕Altdorfer 画

四、（宋）李唐（译音）画

五、〔日〕Schouboan 画

六、〔意〕Veronese 画

论　著

国难教育声中发挥词学的新标准　汪旭初

英国小品文的发展　毛如升

剧场实际生活　阎哲吾

诗　歌

杨柳岸（诗四首）　王平陵

旋风曲　姚云帆

登居庸关放歌　向长清

女性的颂赞　田　畴

小　说

婚后三部曲　刘一士

给慧娟　王大维

两个半小时　朱文振

支那姑娘的轶事　丁　谛

皓月当空　鄂　鹦

戏　剧

鸽　刘鹤鸣

春青　弗劳洽黛儿著　曹泰莱译

屈累（续）　高佩琅

散　文

流浪吟　宋嗣恂

搬家　梅　魂

批　评

冰心女士的作品及其批判　宋汉濯

特　写

百花缭乱的六月　吕宝德

编辑后记　编　者

第 9 卷　第 3 号

1936 年 9 月 1 日发行

插　画

圣林　夏伐纳作

论　著

中国现阶段的文艺运动　史　痕

叙事文艺作品底结构　Alfred Döblin 著　杨丙辰译

司达哀尔夫人论　严大椿

莫泊桑论　勒麦特尔著　李万居译

郭果里的写实主义　冈泽秀虎著　须白石译

英国小品文的发展（续）　毛如升

小　说

无子记

Ignat Herrmann 著　毕树棠译

只是一种形式

皮篮得娄著　钟宪民译

隶巴西籍的再嫁妇　郭　麦

秋阴　高　植

还乡　丁伯骝

丰收的梦　沙　雁

诗　歌

一个青年人的苦闷（长诗）

李长之

演奏会　程宏济

满觉陇　傅尚杲

夏之三章　各　英

是谁　叶苍岑

闻歌　常任侠

戏剧与电影

牺牲　包起权

星期日的午后

C.Glover Jono，W.S.Mac Nutt 合著

王梦鸥译

散　文

夜莺之歌　吴伴云

望明船上　正　宗

苏州与杭州　袁　昌

蒙提塞乃里奥

阿尔德斯·赫胥黎著　王思曾译

编辑后记　编　者

第 9 卷　第 4 号

1936 年 10 月 1 日发行

插　画

木刻（文字）　品

开公路　李桦刻

孤儿寡妇　新　波刻

百合花在危岩上微笑着，折花人在危岩上微笑着

王朝闻撰稿　庄雷同刻

求气　江　烽刻

论　著

韩愈及其门弟子的文学论　罗根泽

法国象征派小说家纪德　刘　鋆

旧体闺情诗的研究　徐中玉

诗　歌

青色的恋　蒋有林

髑髅　蒋有林

摈弃　文　舟

夜莺　杨　帆

夜半　林　丁

小　说

胆瓶　雷磐默

觅房日记　方家达

一个女犯　钱一苇

十字架上　方　深

会稽之夜　吴复原

只是一种形式（续）

皮篮得娄著　钟宪民译

无子记

Ignat Herrmann 著　毕树棠译

戏　剧

红灯笼　王思曾

牺牲（续）　包起权

散　文

旧宅　谦　若

老家人　谦　若

编辑后记　编　者

第9卷　第5号

1936年11月1日发行

插　画

五秩大庆之蒋委员长（照片）

论　著

记天寥上人　袁　昌

石涛丛考　傅抱石

辛稼轩与陶渊明　周幼农

叙事文艺作品底结构（续）

Alfred Döblin 著　杨丙辰译

诗　歌

再生的狂吼　钱一苇

故乡何处　张永祯

登长城放歌　长　芒

为民族而颂　浦　洱

辽远的一方　周而复

国民革命歌　蒋中正　唐学咏

小　说

元旦　雷海灵

井　申　寿

沙船　黄　帝

梦魇　金　叶

黄栗村　寒　谷

觅房日记（续）　方家达

亚摩克

〔德〕Stefan Zweig 作　傅尚杲译

戏　剧

志士·汉奸·面条　唐绍华

黑暗　Dan Totherch 作　水心译

星期日的午后（续）

C.Glover Jone，W.S.Mac Nutt 合著

王梦鸥译

散　文

回首西湖尚有情　张禾草

榴莲·女人　易　明

我的屋子　郑家弘

编辑后记　编　者

第9卷　第6号

1936年12月1日发行

插　画

古佛首（石刻）

附：介绍　云　裳

油画

文学介绍（文字）　念　逸

建设中的国大会堂（画）

陈晓南画

修理工人（画）　沙　耆画

论　著

乔塞及其作品

〔美〕Moody and Lovett 著
柳无忌　曹鸿昭合译
哈代的诗剧——皇朝　李田意

诗　歌

沉郁之歌　田　畴
塞北曲　钱蕙荷
秋雨　张水淇
梦中的古城　叶苍岑
海　紫　天
时光　罗慕华

小　说

徒步旅行全国的人　汪锡鹏
殴打　〔德〕Thomas Mann 著
段可情译
病院日记　潘乃常
亚摩克（续）
〔德〕Stefan Zweig 著　傅尚杲译

戏　剧

中秋节　李朴园
星期日的午后（续）
C.Glover Jon，W.S.Mac Nutt 合著
王梦鸥译

散　文

夸张及其他　王平陵
护国堂内　陈心纯
纪德日记抄
〔法〕Audie Gide 著　徐霞村译

编辑后记　编　者

第10卷　第1号
新年特大号
1937年1月1日发行

插　画

云岗石刻（文字）　爱　古
云岗石刻五件（照片）

论　著

清算中国的文坛　王平陵
“国防文学”访问记及其它　吴漱予
文艺的时代的使命　韦　明
新文学建设诸问题　徐北辰
十九世纪的英国浪漫诗歌
〔美〕Moody and Lovett 著
柳无忌　曹鸿昭译

诗　歌

马蹄行　黄河清
诗的游记——张迺香几年游栖霞山诗　汪辟疆改定
赠答题五章　绛　燕　千　帆
无题诗三首　吕亮耕
火　张安治

翻译及创作小说

无花记
〔俄〕Panlelimon Romauov 著
毕树棠译
衣柜
Marcel Jouhandeau 著　李万居译
被命定生存的人
〔法〕H.Balzac 著　朱溪　译
万民伞　封禾子

锅炉口　沙　雁
续弦　石　江
绝望　胡琴子
可纪念的日子　方　明
忘不了的朋友　梅　魂
一封未寄的信　梦　平
第二号房　袁干君
戏　剧
错吻　〔法〕Andr'e Birabeau 著　方　于译
米笛哀　〔希腊〕Euripides 著　王德箴译
散　文
快乐依旧可能么?　Bertrand Russell 著　邵鼎勋译
鸽话　鲁　克
书　评
THAIS 的两种汉译　张谨之

编辑后记　编　者

第 10 卷　第 2 号
1937 年 2 月 1 日发行

插　画
妻女　而朋史作
丰收　Jordaens 作
一世　房笛克作
论　著
汉魏六朝之墓砖　〔日〕关野贞作　傅抱石译
中国画南北宗作者及其地域性之研究　李宝泉
诗人杜牧　王叔苹
诗　歌
北国的哀歌　雷磐默
新作两章　绛　燕
蜡灰之什　叶向晨
慈母的坟茔　〔法〕A.de Lamratine 作　王平陵译
小　说
苏丞相的悲哀　绛　燕
鸭颈田　申　寿
白头翁　莎　子
生涯　丁　谛
宫蛾怨　吴　韶
戏　剧
宁武关　唐绍华
错吻（续）　〔法〕Andr'e Birabeau 著　方　于译
归来　汪漫铎
散　文
黄昏的歌　熊子蕾
凝神　谦　若
我的家　施树森
书　评
泰戈尔的《覆舟》　宋清山
THAIS 的两种汉译（续完）　张谨之

编辑后记　编　者

第10卷 第3号

1937年3月1日发行

插 画

本社援绥艺展出品

介绍（文字） （无署名）

汲水（画） 徐悲鸿画

日断江山魂欲飞（书法）

欧阳渐书

急雨初过景也奇（书法）

于右任书

竹（画） 经享颐画

玉簪（画） 张大千画

论 著

中国艺人的使命 史 痕

时代与精神

〔日〕横光利一著 张梦尼译

中国画南北宗作者及其地域性之研究（续完） 李宝泉

诗 歌

洗礼 刘延陵

灾难 诸葛井田

古常山城 李岳南

铁工 征 骅

人与神之爱 常任侠

戏 剧

生意经（电影剧本） 王平陵

错吻（续完）

〔法〕Andr'e Birabeau著 方 于译

小 说

母与子 蔡 英

黄梅天 封禾子

歌声 茨 茵

巨掌下 沙 雁

苍蝇

〔意〕皮兰台罗著 王梦鸥译

眼睛 〔美〕爱伦堡著 陈以德译

塔蒙 〔俄〕莱蒙托夫著 佑 其译

散 文

友情 秋 涛

故乡的园林 胡 萍

古炮 尹雪曼

书 评

《理水》和《出关》 苏雪林

编辑后记 编 者

第10卷 第4、5号

1937年5月1日发行

剧 坛

中国戏剧运动 余上沅

略论最近剧运趋势 向培良

戏剧与社会教育 张道藩

戏剧与戏剧文学 梁实秋

外国人眼中的中国戏 苏芹荪

中国新歌剧的创造 陈 洪

剧作者的修养 袁昌英

关于翻译欧美戏剧 顾仲彝

导演术中的集体效果之获得

陈治策

舞台剧的构图法 朱人鹤

舞台装置　贺孟斧
剧场管理　王家齐
关于舞台化装的三件事　谷剑尘
演员的修养　常任侠
观众心理　胡春冰
提倡“通俗戏剧”运动　沙　雁
戏剧批评者的责任　王平陵

论　文

奥尼尔的剧作技巧
S.K.Winther 著　王思曾译
奥斯托洛夫斯基的作品观　刘　巍
“西特”论　L.Petit de Julleville 著
徐仲年译
纳粹德国的戏剧　陶　雄
剧院的新形式　赵　越
论“剧本荒”　段公爽

剧　本

创作
最后关头　张道藩
儿童世界　熊佛西
伟大的女性　李朴园
小安尼　冼　群
开始　王家齐
血债　赵清阁
密电码（电影剧本）　张道藩
创作
欲魔（原名《黑暗之势力》）
托尔斯泰原著
欧阳予倩改编
杀人　〔美〕杰克·伦敦原著
刘念渠改编
造谣的人们
Lady Gregory 原著
阎哲吾改编
炸药（原名 Shivering Shocks）
Clenence Dane 原著
王思曾改译
催眠曲　Marc Arnstein 原著
包起权改编

翻　译

诗人的爱
Rene’Blum，Georges Delaquys 合著
方　于译
贼　Tristan Bernard 著　包乾元译
老妇人 La Vielle
〔法〕莫泊桑著　李稚农译
白衣人（待续）
Sidney Kingsley 著　侯鸣皋译

介绍与批评

介绍梁译莎翁名剧　秋　涛
评《春风秋雨》　草　莱
从《雷雨》说到《日出》　徐运元
评《赛金花》　沙　雁
评《秋瑾》——《自由魂》
高　山
评曹禺的《日出》　石　江
读 Ie Cid 两种汉译　徐仲年

补　白

去年在南京演出的话剧
《李碎玉》在欧洲之荣誉

编辑后记　编　者

第10卷　第6号
1937年6月1日发行

插　画
严几道江亭饯别图
江亭饯别图题词
林　纾　陈宝琛　严　复
沈瑜庆　王允皙　汪辟疆　王式通
论　文
“西特”论（续）
L.Petit de Julleville 著　徐仲年译
石涛再考　傅抱石
诗　歌
北望　郑康伯
秦淮集　汪辟疆
孝陵之春　瑟　若
戏　剧
生意经（续）（电影剧本）　王平陵
小　说
雷击　方家达
世家　任达泉
环境的魔力
W.Somerset Maugham 著　方　安译
合作社的失窃
U.Zoshchenko 著　秦涤清译
眼镜（续完）
〔美〕爱伦堡著　陈以德译
散　文
耶鲁维宁列亚　方明飞
笑它干么？　张沅长
金华与富春江　陶秋英
看樱花　封禾子
全国二届美展之现代绘画　朱　弼

编辑后记　编　者

第11卷　第1号
1937年7月1日发行

插　画
Goya 画八幅（杯水，nor-thas，没时间了，不幸的母亲，常见的一幕，何等勇敢，如曾之凶猛，又是剥削民众利益）
论　著
南宋民族诗人陆放翁、辛幼安之诗歌分析　施仲言
关于优美感与壮美感的考察（上）
康德原著　李长之译
李后主诞生千年纪念　逸　珠
日本文学史上的女作家　陈　琳
诗　歌
诗的游记　瑟　若
达谟斯湖　佟　倩
璐珈山凌云阁中放歌　陈芳兰
航海吟（外二章）　绛　燕
我走了　天　白
吊　扬　帆
小　说
满足是不出声的　P.Neagoe 著
洪　深　唐锦云合译
兔　老　舍

教育局长 丁 谛
六月的澳门 李三郎
莲的味辛 丁 生
根据 朱 菅
牢枷 司马飞骊

戏 剧

铁蹄下（独幕剧） 王 京
生意经（续完）（电影剧本） 王平陵
白衣人（续完）
S.Kingsley 著 侯鸣皋译

散 文

波笳妲娜 李国极
薄暮 郑家弘
外祖母之丧 长安水
沙雷 侯镇庭

编辑后记 编 者

第 11 卷 第 2 号
1937 年 8 月 1 日发行

插 画

巴黎现代美术陈列馆（照片）
喜剧（浮雕） Alfred Jahnint 画
亚波罗（画） Charles Despian 画
Mante 女人（画） A.Quinquand 画
第一次发现车轮（画） Poncelot 画
天文（漫画） Pierre Eireud 画

论 著

约翰辛格戏剧的题材 石 灵
关于优美感与壮美感的考察（下）
康德著 李长之译
南宋民族诗人陆放翁、辛幼安之诗歌分析（续） 施仲言

诗 歌

诗四首 林 丁
某女史小像 T.S.Eliot 著 朱文振译

小 说

看亲 李蓁非
永昌膏子 夏一粟
末路 席 勤
某日之晨 陆印全

戏 剧

小约而夫 Henrik Ibsen 著 苏 薇译

散 文

一年一度过中秋 须 旅
樱花盛开的时候 宋嗣恂

编辑后记 编 者

文艺月刊·战时特刊
创 刊 号
1937 年 10 月 21 日出版

创刊话 本刊同人

焦土抗战与坚壁清野 王平陵
关于高志航 沙 雁
忆余成友营长 吴漱予
郭沫若前线劳军 金 人
难民吟 易君左
我们的歌 李三郎

敌机威胁下的南京　陈晓南
平型关陷敌记　庞　冰
歼灭虾夷（画配文）　徐悲鸿
狼烟中淞沪碎景之一　石　江
智力劳力合作协会　华　林
最后的胜利　李春舫
阎文海与斧田·卯之助　欧阳梓川
怎样发动抗战戏剧？　秋　涛
抗战的前夜　漱　予
流血的时候到了　冯白鲁

十日战讯　记　者

编辑小语　编　者

有关抗战等照片十五幅

第2期
1937年11月1日出版

怎样把握最后的胜利　吴漱予
深入田间宣传的艺术　王平陵
抗战期中的难民问题　朴　庐
北平沦陷时素描　石　江
抗战流动演剧的脚本问题　舒　非
抗战中的长沙　傅　普
为了祖国　李朴园
怒吼了，中国！　唐绍华
青纱帐　沙　雁
来自江南农村　严　恭
罗店去来　永　麟
老镖师　丁　谛

十日战讯　记　者

编辑小语　编　者

有关抗战照片十三幅

第3期
1937年11月11日出版

汉奸来源的分析　王平陵
根除汉奸的责任在文化界　王冠青
关于肃清汉奸　吴漱予
怎样加紧消灭汉奸的工作　朴　庐
抗战要靠我们自己的力量　郎鲁逊
战时的新闻记者　赵君豪
国际强盗与世界文化　华　林
战时文艺工作者应有的态度　沙　雁
衡阳站　封禾子
钢盔　李朴园
不堪回首月明中　西　冷
前方的英雄！　王文杰
后方的志士？　草　莱
门前之火　巴　人
桂香　方家达
难民室中　冯白鲁
咏闸北八百壮士　秋　涛
向全体死难者致敬　欧阳梓川

十日战讯　记　者

编辑小语　编　者

抗战照片十八幅

第1卷　第4期
1937年11月21日出版

难民何处去？　王平陵
怎样根本解决难民问题　朴　庐
救济难民与抗战前途　吴漱予
兄弟们，我们决心不愿做奴隶！　常任侠
欧战时的巴黎——我的回忆录——　华　林
祖国的孩子们（独幕儿童短剧）　阎哲吾
觅尸　西　冷
抗战中的重复　蒋沅英
从前线归来　方之中
民族的儿童　陈健夫
火光下　冯白鲁

十日战讯　记　者

编辑小语　编　者

第1卷　第5期
1938年1月1日出版

一九三八年的展望　方　治
今年的文化动向　吴漱予
战时中国文艺运动　王平陵
怎样编作移动剧本　阎哲吾
战地杂吟　田　汉
率成即寄　澌　水
写家们联合起来　老　舍
战时的报告文学　草　莱
战时的演剧运动　宋之的
战时的漫画界　胡　考
战时的小说　沙　雁
移动演剧的经过　洪　深
战时的诗歌　苏芹荪
战时电影　张常人
湖北劳工歌两首　冼星海
四万万条命运　陈以德
战时的绘画　郎鲁逊
去轰炸来　客　朝
从太原归来　陆印泉
献给——　琴　韵
闭城之前　王文杰
深夜过广德　陈晓南

十日战讯　记　者

编辑小语　编　者

第1卷　第6期
1938年1月21日出版

特　辑

战时的高等教育　王平陵
战时的中等教育　王冠青

战时的小学教育　胡汉华
战时的社会教育　吴漱予

月下轰敌阵（战斗员自述）　石幹贞
八百壮士（大鼓书词）　郑青士
以笔从军者晤谈记（战地随笔）
　黄　源
祖国的孩子（歌曲）　冼星海
要塞退出的时候（报告文学）
　沙　雁
失陷后的安阳（通讯）　陆印泉
雨夜抢江舟（回忆录）　西　冷
后方（街头剧）　刘念渠

十日战讯　记　者

编辑小语　编　者

第1卷　第7期
1938年2月21日出版

游击战问答序　冯玉祥
从最后胜利说到游击战　方振武
配合游击战的宣传技术　王平陵
游击战新论　林适存
游击战（鼓词）　老　舍
关于游击战　方　浩
游击散谈　金　谷
皖南战区（战地实录）　朱民威
去打游击战（朗读诗）　穆木天
河寨（报告文学）　沙　雁
军民合作（戏剧）　凌　鹤
革命的哀歌　艾　青
在抗日的大纛下　欧　奥

国际间的双簧戏（漫画）　江　敉作
军民合作抗战最后的效果（漫画）
　黄秋农作
协力前进（木刻）　张文元作
游击战队员（木刻）　李　桦作
全民一致起来抗战（封面）
　赖少其作

十日战讯　记　者

编辑后记　编　者

第1卷　第8期
1938年3月16日出版

战时县党政特辑

战时的下层政治机构　疾　风
战时的县党委　吴漱予
战时的县长　谢守恒
战时的区乡保长　草　莱

论　文

建立抗战的文艺阵营　适　夷
关于鼓词　茅　盾

夺回我们的“耶鲁撒冷”　平　陵

歌　曲

最后胜利　田　汉　星　海

二一八空军大战（大鼓书词）
郑青士

生活在战斗中　方　浩

散　文

春天带来的希望　西　冷
充满了硫磺气息的家乡　沙　雁
亚细亚的暴风雨　云　荪

小　说

永远不死的丈夫　老　向

诗　歌

歌中国飞将军　秋　涛

剧　本

侵略的毒焰　王家齐

编辑小语　编　者

战马嘶鸣旗正飘飘（封面木刻）
赖少其刻

第1卷　第9期

1938年4月1日出版

中华全国文艺界抗敌协会宣言
告全世界的文艺家
中华全国文艺界抗敌协会发起旨趣
中华全国文艺界抗敌协会简章
中华全国文艺界抗敌协会筹备经过
草　莱
入会誓词　老　舍
对于中华全国文艺界抗敌协会的
希望　吴溆予
中国文艺工作者的责任　王平陵
文艺工作的开展　沙　雁
扩大反侵略战的宣传　方　浩
十七个　李　代
孤岛的生活　林　声
生长在南国的她们　封禾子
大江之滨　宋嗣恂
皖南战区行脚记　朱民威
国际问题座谈
杨公达　陈钟浩　胡秋原
方秋苇　江康黎　邵　华
田　汉　潘梓年　刘百闵

编辑小语

征稿简则

第1卷　第10期

1938年4月16日出版

编制士兵读物的我见　王平陵
三十里长江　胡绍轩
炮火中流亡记　卢冀野
林白之死　邵冠华

通俗小调

女兵选夫　老　向

东京牢狱中的女同胞　张十方
台儿庄　西　冷
致武汉的敬礼　封禾子

小　说

第八支队　林适存

诗　歌

世仇　安　娥

蒙古之歌　沙　雁

死亡线上的抗争曲　钟倚梅

南京的回忆　希　孟

伟大的空军　臧克家

战地通讯

从南陵到青阳　朱民威

大鼓书词

飞将军轰炸台湾　郑青士

剧　本

渔民血　舒　湮

编辑小语　编　者

封　面

予打击者以打击　陆志庠作

第1卷　第11期

1938年5月16日出版

论　述

关于报告文学　穆木天

我们写些什么　王平陵

作家的一个任务　魏孟克

诗　歌

武装了黄鹤楼　安　娥

起来吧！马加尔人哟

〔匈〕裴多菲作　覃子豪译

安昌浩礼赞　常任侠

流亡　甘运衡

小　说

红色女郎　吴溦予

一个没有血也没有泪的故事

治夔离

点起了淮上的烽火　方　浩

散　文

五月之感　沙　雁

给失地里的弟妹们　臧云远

大鼓书词

刘夫人哭灵　郑青士

杂　记

炮火中流亡记　卢冀野

歌　曲

当兵歌　竹　舟　星　海

插　图

我军越过长城（封面）　赵望云作

肉弹勇士“屈膝”（漫画）

陆志庠作

我们来替它“剖腹”　陆志庠作

编辑小语　编　者

本社移址启事　本　社

第1卷　第12期

1938年6月1日出版

论　文

文学的提高与普及　王平陵

战地的文艺服务　适　夷

诗歌和朗诵　锡　金

平 剧
王家镇 老 舍
小 说
追 沙 雁
九九号壮丁 方 浩
通 讯
会见池师长 冰 莹
古城的波涛 封禾子
粤汉途中 姚家垠
速 写
汉阳行 赵清阁
鼓 词
南京浩劫 郑青士
诗 歌
朝鲜人 草 莱
割麦 呆 丁
颂“四·二九” 谭新民
抗战 甘运衡

抗战地图（二幅） 丰子恺
漫 画
杀戳还杀戳 陆志庠作
为了自卫牺牲到底 刘 元作
封 面
日本民众期望的甘雨 陆志庠作

第2卷 第1期
1938年8月16日出版

论 文
中国文艺界的幸运 王平陵
抗战文艺的形式问题 钟宪民
现阶段的题材和主题 北 欧
通 讯
轰炸 老 舍
出川的川车 欧 奥
小 说
重逢 鲁 彦
沙场上的兄弟 狄 迺
十八个头颅在跳跃 钱晓云
诗 歌
挽歌 郭沫若
生呢？死呢？ 裴多菲作 子 豪译
解放之歌 任 军
散 文
忆安庆 姚家垠

蛮性的遗留
Clawde Denng作 徐永平译
重庆文坛散步 沙 雁
热烈蓬勃的武汉抗战文坛
云 荪
扉面木刻
杀 赖少其作

第2卷 第2期
1938年9月1日出版

论 文
后防的文艺运动 王平陵
关于抗战小说 金满成
抗战与旧型戏剧 刘念渠

战时随感

国宝　老舍

小说

哨兵李占鳌　沙雁
政治委员　魏林

通俗文艺

跨海征东三字经　老向

诗歌

决定的答复（长诗）　任军
冲出了象牙塔　安娥
这时节　以德
送"出征"　齐歇

杂文

庄严的驴子　徐仲年

散文

古城末日记　白雪

通讯

西安文坛简写　肖仲

插画

夺获敌人之辎重车　张自忠将军赠
轰炸后的郑州（扉面·战地写生）　陈晓南作

编辑小语　编辑室

第2卷　第3期
"九·一八"专号
1938年9月16日出版

我们的感想

中华在九一八后　老舍
省察自己　曹禺
文艺的"明朗化"及其努力的方向　沈起予
一点感想　余上沅
血债须用血来还　维特
粉碎了自西徂东的梦想　卢冀野
文艺兵工厂　陈瘦竹

论文

九一八与通俗文艺运动　何容
提高抗战文艺的战斗力　蓬子
关于抗战文学几点感想　胡秋原
对抗战文艺的一点感想　钟宪民
九一八与中国文艺　金满成

通讯

当北大营的烽火燃烧到东京的时候　猛克
谁点起北大营的烽火？　孟谷
张自忠将军痛念九一八　陈晓南

散文

忆辽宁　西冷
忆吉林　老向
这不过是战争的火花　狄遁
"九一八"的惨痛　阜东

小说

曙光　陈瘦竹
关东人家　沙雁

诗歌

七年　丹流
迷途的灵魂　秋涛

剧

地牢（独幕剧，待续）　骆文宏

插　图
本年度傀儡戏最后之一幕　高龙生
袭击　达　化

打回东北去（扉画）　龙　生作

第2卷　第4期
1938年10月1日出版

敬向文化界致词
——在九一八文化界纪念大会席上　叶楚伧
作家们往何处去?　张道藩
论　文
从个人文学到民族文学　胡秋原
通　讯
在战场战区窥实记　陆志庠
在敌机轰炸下的第二广州——长沙　王梦鸥
炸断黄河桥的时候　徐中玉
诗　歌
中国之庆　任　军
他微笑了　方　殷
散　文
宣传及其它　吴漱予
死鼠与婴尸　克　非
失了一个幼年中国的主人　肖曼若
小　说
小弟儿的一生　王余杞
剧　本
地牢（续）　骆文宏
抗战必胜（扉画）　高龙生作

第2卷　第5期
1938年10月16日出版

论　文
全国音乐家动员起来　史　痕
怎样写抗战剧本　王平陵
小　说
夜渡　江　涛
佛佑　徐仲年
围歼之夜　巴　人
诗　歌
武汉、敌人的坟墓　厂　民
中国马的故事　鲁之翰
黄河边岸（西线归来之一）　韦系盾
杂　文
"青年恋爱营"　吴漱予
歌声　万迪鹤
感无可感之感　叶永蓁
烟，赌与抗战　卢梦殊
报告文学
失去手掌的长发　砀　叔
失掉了家的　嘉　桂
歌　曲
白山黑水吟　熊务民曲　赵　越词

中国文艺社征求抗战军歌启事
插　图
伟大的火炬（木刻）　龙　生作
我军在构筑工事　张治忠作

第2卷　第6期
1938年11月1日出版

论　文

抗战中我们所期待于文艺作家的　姜公伟
民族抗战后方之演剧运用　林刚白
中国到自由之路　王平陵

小　说

战壕里的一夜　彧　黍
敬老会　梅　林

杂　文

孤岛归来　华　林
感无可感之感　叶永蓁

散　文

复活了枯黑的生机　沙　雁
逆风过洞庭　开　元
再会吧，大武汉！　苍　云

通俗文艺

周建章独守三山峰*　老　向

诗　歌

江边　任　军

通　讯

宜昌最近的文艺活动　延　爵

戏　剧

保卫我们的家乡（独幕剧）　唐绍华

插　画

侵略者的收获　夏　光作

* 原刊“目录”作“周建章独守山三峰”，正文作“周建章独守三山峰”。

本社征求抗战军歌启事

第2卷　第7期
1938年11月16日出版

论　文

展开沦陷区域的文艺宣传　王平陵

小　说

嘴角上的血花　管君翔
夜斗　谷　村
血的堑壕　屈　蛐
握手　蒋白芙

诗　歌

伤兵的灰军毯和手杖　覃子豪
伴着苦难一同生长　厂　民

评　论

评苏联名片《雪中行军》　沙　雁

杂　文

关于“座谈会”　克　非
一夕话　华　林

散　文

守着荒寂的山　郭嘉桂
流亡一年　江　涛

报　告

静穆的南宁　丁　明

戏　剧

出卖祖茔的子孙（独幕剧）　柏　森

插　图

《彼得一世》中的彼得一世

《彼得一世》中的小彼得
《雪中行军》之英勇的进军
《雪中行军》之克队长
《雪中行军》之战斗员投掷手榴弹

本社征集美术作品启事

第 2 卷　第 8 期
1938 年 12 月 1 日出版

论　文
再论展开沦陷区域的文艺宣传　王平陵
演剧艺术与政治宣传　葛一虹
四川话剧的提起　周　文
旧瓶释疑　何　容
报　告
八角亭的烽火　胡绍轩
诗　歌
横吹曲　马文珍
机关枪手的遗嘱　覃子豪
散　文
魁楼　沙　雁
雾　杨云慧
杂　文
行为与文艺家的风度　华　林
真实的情感　唯　明
“血液的保存法”　克　非
往何处去?　卢梦殊
认识自己的国民性　华　林
华南国防最前线的中山　朱　夕
剧　本
从军去（独幕剧）　田　禽

望厦门　梅　笙
香港篇　梅　笙
桂林山水歌　梅　笙

夜哨（封面）　陆　田作

第 2 卷　第 9、10 期
1939 年 1 月 1 日出版

证明文件　张恨水
岁暮下行车　余　杞
范筑先　徐　盈
荒村之火　王平陵
阵前　万迪鹤
抽　田　涛
掘壕　李辉英
四十打　王思曾
卓雅——百哀图之二　端木蕻良
血肉的行列　狄　迺
他的梦　金满成
螺山村　沙　雁
割爱除奸记　老　向
钟进士杀鬼　冰　莹
小三子的故事　胡绍轩
抗争　陈瘦竹

封面设计　梁白波作

第2卷　第11、12期
军歌特辑
1939年2月1日出版

军歌特辑
第一类：军民适用的军歌
第一种：民族至上歌
“别管工农兵学商”　吕　疽
“我们大中华民族”　吴一庐
“云云禹甸”　黄道开
“中华民族”　熊正钧
第二种：抗战第一歌
“战！战！战！”　易军左
“良田被侵略”　金　佩
“倭寇残暴凶无比”　胡庶华
“恨倭寇”　熊正钧
第三种：拥护领袖歌
“大哉领袖”　蒋笃生
“我们要拥护领袖”　朱剑珊
“拥护，拥护”　殷天南
“巍巍仙霞”　唐仲涵
第四种：巩固统一歌
“四万万人是一个铁的集体”　丁垂远
“要怎样巩固统一”　吴一庐
“暴日的命运”　石林光
“要统一”　张元群
第五种：还我河山歌
“北望中原恨正长”　宋　偰
“河山，河山”　赵扬庭
“还我河山”　宋剑珊
“看看，我们的东北”　杨建中
第六种：从军乐歌
“春，春，春”　赵荣珂
“最逍遥，是当兵”　张恨水
“从军乐，乐如何”　刘法成
“从军乐，去当兵”　谢独逸
第七种：军民联欢歌
“我是兵，你是民”　舒舍予
“我们拿起枪杆便是兵”　郑青士
“士兵们，唱着歌”　马祖武
“老乡们，辛苦了”　吕　庠
第二类：军队适用的军歌
第一种：出征歌
“枪，背上了肩膀”　维　汉
“车辚辚，马萧萧”　宋　偰

“我们都是乡下的老百姓”
李白华
“长歌长，短歌短”
于右任
第二种：入伍歌
“走进营房” 李大寰
“好男儿应该把兵当”
沁　吾
“好男要当兵，好铁才打钉”
陶　雄
“当兵去，去当兵”
欧阳梓川
第三种：上前线歌
“好男儿，志气高”
戈　歌
“提起大刀” 袁郁如
“听说要开差” 唐绍华
“炮声隆，杀声紧”
西　冷
第四种：最后胜利歌
“同胞同胞莫着急”
徐贡真
“最后胜利必属于我”
郑开文
“老乡，不用发愁”
唐贤龙
“民族的战争” 何家述
第五种：得胜歌
“我们得胜了” 云　荪
“铁军愈战兴愈豪”
施绍文
第六种：凯旋歌
“家家门前国旗飘”
马祖武　张佩宜
“夕阳照柳条”
李大寰　燕　南
“大旗迎风飘” 李大寰
第七种：阵中乐歌
“阵中乐” 周筠荫
“朋友，忘掉我们的家乡”
普　天
“世界上快乐多” 徐贡真
“敌机我不怕” 刘质平
第三类：民众适用的军歌
第一种：欢送歌
“日本军阀太凶暴”
王平陵
“欢迎我们的铁军”
李大寰
“再会见，壮士” 金　佩
第二种：欢呼歌
“前进！” 张　民
“列，拉！” 史　痕
“你也笑哈哈” 熊正钧
“父老！” 陶　雄
第三种：爱护伤兵歌
“报国仇，到沙场”
戴时雄
“你们受了光荣的伤”
起昆元
“为了保卫国土” 马祖武
“伤兵，伤兵” 李　寿

"你们，炎黄的子孙" 郝乃晶
第四种：爱护难民歌
"爱护难民" 汤鹤逸
"他们离开了美丽的故乡" 维　汉
"爱我们苦难的父老" 常任侠
"受难的同胞" 老　舍
第五种：除汉奸
"除汉奸" 冠　青
"除汉奸" 马祖武
"快快起来除汉奸" 汤鹤逸
"除汉奸" 乔　丁
第六种：义勇军歌
"义勇军，志气高" 金　佩
"呀，残酷的铁蹄" 袁郁如
"我们都是神枪手" 贺绿汀
"不逃亡，不走" 庄　涌

论　文

谈抗战诗歌 梁宗岱
怎样编制大鼓书词 周哲吾
街头剧论 胡绍轩

杂　文

第一次征求抗战军歌的经历和感想 王平陵

散　文

夜过潼关 陆印泉
过河内 封禾子
京沪道上 灌　婴
从南京到香港 梦　殊
给燕儿 严振开

小　说

游击队员 一　文
螺山村 沙　雁
三百里黄河水 黄华霈

诗　歌

访山谷 马文珍
别徐州 云　翔

大战时期法国最流行的戏剧题材 宏
演剧与实生活的统一 文

扉面设计 周维善作

第3卷　第1、2期
1939年3月16日出版

论　文

战时作品的现实性 王平陵
戏剧怎样才能抗战 杨村彬
漫谈文艺作品 陈纪滢
我们需要批评家 余爽仁

小　说

在野战医院里 冰　滢
山城的歌声 沙　雁

诗　歌

记和一个友人的谈话 李长之

告诉你 陆印泉
胜利的史迹（台儿庄大捷周年纪） 常任侠
怀古迹（四首） 马文珍
望江南 西 冷
中华民族的保姆 彭 澎
冰 梓 川
杂 文
恭等最后胜利降临 周 文
报 告
我娘满身血死啦! 安 娥
要渡黄河 彭 华
黄河初夜 陈晓南
特 写
山原上的故事 哨 兵
古道上 谷 村
论 述
杜甫居属 易君左
戏 剧
汉宫魂 王泊生
守住我们的家乡（独幕剧） 梦 鸥
恐（封面） 李可染作

第 3 卷 第 3、4 期
精神总动员特辑
1939 年 4 月 16 日出版

精神总动员特辑
文艺界的精神动员 郑伯奇
新兵队的艺术生活 王平陵
文艺家与精神总动员 华 林
两点意见 谢冰莹
推动“精神力” 侯 枫
攻心的战斗 孔罗荪
文艺总动员 沙 雁
小 说
国币壹元 余 杞
战士底手 冰 莹
小总队长 安 娥
庭训 瘦 竹
硝皮厂 沙 雁
论 文
加强文艺的反攻力量 罗 荪
散 文
忆南翔 张一正
东京的五月 覃子豪
苇 西 溟
诗 歌
竹林的海 厂 民
饮马长城窟行 马文珍
自吟 陆印泉
我愿意再赴烟台 胡杏芬
游击军 星 海
蔡金花之死 梅 英
札 记
草堂总检阅 易君左
戏 剧
汉奸 Perevlai Wiide 著 包起权改译
月黑之夜 孔 厥

图　画

恐（封面）　李可染作

自勉勉人的短篇　叶楚伧

号外一

1939年5月20日出版*

敬以此刊献给
“五·三”“五·四”
“五·一二”“五·二五”
死难的弟兄们*

重庆焚炸之后（速写画）　晓　南

焚！炸！血！火！
——实写“五·三”“五·四”“五·一二”敌机滥炸重庆市区**（报道）　纽　斯***

“五·一二”的射击（自述）　席　之

敌机滥炸重庆的教训　王平陵

五月三日（诗）　王礼锡

重庆五月四日晚（速写）　李辉英

在防空壕里（速写）　侯　枫

垂死的悸动（速写）　沙　雁

寇机偷袭新都实见记　任白涛　邓涧云

机械的运动（速写）　张　周

血与泪画成的夜景（白描）　陆晶清

在疏散站（速写）　隅　阳

五月的射击手
——“五·一二”空战速写（诗）　猛　猛

抢救记　林　谷

未死者
——从敌人底狂炸中茁发出新生命的一个故事（报告小说）　梅　林

编后记　编　者

第3卷　第5、6期

1939年6月16日出版

短　论

敏感与警觉　孟　谷

关于文学的朗诵　克　非

宣传与艺术　索　实

文艺的“孤城战”　草　莱

小　说

女优之死（长篇连载）　王平陵

累犯　罗　烽

复兴节　王思曾

通　讯

告火野苇平　沙　雁

* 原刊署“5月20日”出版，但刊中报导了五天后的事件，显然出版时间署误。

** 原刊正文题目将“五·三”“五·四”误排成“五·三·四”，据文中内容订正。

*** 原刊“目录”署“记者”，正文题下署“纽斯”。

祖国正期待着你　白　朗
一寸长的棺木　臧克家
客地人　嘉　桂
桂林浮雕　叶　金
诗　歌
自卫军歌　雷石榆
别再流浪　鱼　羊
送作家战地访问团　沙　雁
中国自语着　DEN作　瀑　岩译
噩梦　杜衡之
巴东，我伫立在江上！　夜未央
血的故事　程　铮
要抓回江南的春天　彭　澎
歌　剧
中华民族不会亡　侯　枫
高尔基逝世三周年纪念
高尔基小传　夷　摘辑
高尔基的文学生活三时期　夷　摘译
图　画
告别（封面）

第3卷　第7期
1939年7月16日出版

短　论
关于暴露黑暗　何　容
没有流产　沙　雁
作家的访问　史　痕
漫谈文艺家与生产建设　华　林
小　说
女优之死（中篇连载，续）　王平陵
黄山自卫军　萧　森
通讯报告
“七七”前后在日本　施文范
漫步在敌人后方　陆印泉
陇海线上　沙　菲
论　文
反映生产建设的作品　王冰洋
七月诗选
检阅抗战二年　张禾草
七月的歌　周天保
故乡的原野　李岳南
七月的歌手　郭嘉桂
捷之颂　池
——纪念豫南鄂中反攻大胜利
戏　剧
烈士之家（独幕剧）　谷　明

本刊增价启事
本刊军歌稿酬待领

第3卷　第8、9期
1939年8月16日出版

短　论
后方文艺　西　冷
只是过渡的问题　克　非
伟大作品的看法　唯　明
前方与后方　索　实
戏剧工作　侯　枫

戏　剧

残雾（四幕剧）　老　舍

小　说

古庙中　林　羽

热望　黑　丁

大别山荒僻的一角　田　涛

女优之死（中篇连载）（二续）　王平陵

论　文

关于文章出国　钟宪民

报　告

花园之夜　臧克家

我们又去夜袭　待问篱

战地情书断片　冰　莹

散　文

全村的父老们求下了哥哥的命　沙　雁

诗　歌

空军的勇士啊，奋飞吧！　覃子豪

到深山打游击　王亚平

我送给你盏红灯笼　查　克

童谣五首　沙　梅

汉奸王大千

雪

张打铁

日本兵泄气啦

打一把大刀

山中行　辛　民

夜行军　田　茜

叛　辛

电影台本

火　佘仲英　赵　沨

文坛消息两则

戏曲编刊社征求剧本启事

逃亡（扉面）　L.Gin 作

第3卷　第10、11期

1939年9月16日出版

短　论

谈讽刺　克　非

讨论与争论　沙　雁

论暴露黑暗　郑知权

几句声明　何　容

都应为了抗战　编辑室

戏　剧

残雾（第二幕）　老　舍

小　说

一家人　张十方

前夜（《傀儡之女》之一）　沙　雁

小池与冈本　林　谷

女优之死（三续）　王平陵

论　文

论戏剧工作者的工作态度　阎哲吾

苏联儿童剧场的新演出　田　禽

通　讯

纪反战剧团初次演出　荫　荃

报　告

袭　嘉　桂

守道的召唤　周　宣
钱塘江上　覃子豪

速　写

在均县劳军　萧　穆

诗　歌

来到云南　杜衡之
轰炸篇　靖　华
中国的笔部队　雷石榆
活耀的家乡——肖县　赤　耳

史达芳（苏联民歌歌词）　周尧译
小村（速写诗）　田　茜

悼王礼锡（扉面笔迹）
〔印度〕尼赫鲁
王礼锡先生遗像与传略　陆晶清
吊礼锡（诗）　沙　雁

军歌稿酬待领　本　社
来稿正误　维　持

第 3 卷　第 12 期
特 大 号
1939 年 12 月 1 日出版

短　论

再论抗战文艺的欣赏　索　实
再普及？再提高？　沙　雁
关于“宣传”的一点意见
梓　川
一个新的课题　唯　明
不要走错　宪　民

纪念鲁迅先生的意义
——在鲁迅先生逝世三周年
大会讲演辞　潘公展
高尔基逝世三周年（诗）　冯玉祥

戏　剧

残雾（第三幕）　老　舍

小　说

忿恨　周而复
火线上的艺术家　田　涛
女优之死（四续）　王平陵
她　逯　斐

歌舞童话剧

小战地服务队
——牛鼻子挖战壕　安　娥

散文·通讯

宜兴之恋　邵冠华
河口进军途次　曼　冰
同蒲线上的斗争　戴　富

诗　歌

怀念　鲁之翰
山城零篇　东　君
颂一个女兵*　谷　丁
忆邢台　李岳南
乡间　冯玉祥
爱国不比男儿弱　沙　梅
火之歌　彭　慧

* 原刊目录作“送一个女兵”，正文作“颂一个女兵”。

论　文

论我们时代的文学批评　中　玉
加紧文艺的"突击"运动*　雅　尼

扉面设计　上官侯作

第4卷　第1期

1940年1月16日出版

短　论

艺术作品的历史性　穆木天
艺术作品的积极性　沙　雁
描写战争　魏孟克
关于脚本荒　董每戡

论　文

计划的编剧　刘念渠

小　说

大时代的儿女们　王平陵
凶手天堂　维　凯

剧　本

残雾（四幕剧）（续完）　老　舍

诗　歌

给绿林好汉（朗诵诗）　高　兰
后方篇　谷　丁
遥远的乡音　苏　洛
肖排长田富　冯玉祥
你们是死了　李岳南
吴将军和汪精卫　任　钧

* 原刊目录作"加紧文艺的'突击动动'"，正文作"加紧文艺的'突击'运动"。

散　文

槐花开了的季节　尹雪曼

报　告

花嫁的出走　黄桦霈

后方通讯

从日本人到了萧县以后　邵　徽

卷首的话　编　者
本刊增价启示
扉面设计　陈之佛

第4卷　第2期

1940年3月16日出版

短　论

抗战文艺的再出发　韩侍桁
发扬我们的艺术遗产　徐霞村
保障作家的生活　孤　鹰
"擢生"与"摧生"　草　莱
画鬼与写诗　何　容
不是闲话　沙　雁

小　说

蹉跌　王余杞

报　告

印台山　羽　飞
夜行军　燕雨生
战斗的故事　一　文
太行山的落日　陈晓南

杂　文

战时静思录（一）　侍　桁
侮辱在内　S　P

素描

蜀道难　任钧
重庆之夜　辛子辛

论文

讲演文学与旧形式　胡考

诗歌

襄河曲　谷明
誓语　雷石榆
圣母的微笑　杏芬
失眠者　一青

扉面设计　陈之佛

第4卷　第3、4期
1940年4月16日出版

短论

批评者的任务　宪民
伟大的？渺小的？　史痕
要侧重客观条件　海戈
我们要求严正的批评　沙雁

诗歌

剑北篇（长诗）　老舍
祖国大地的黎明　谷明
飞　江村

小说

春天里的故事　彭慧
在浮动的光影下　林羽
嘉珂苏甲一家　萧风
思春期的悲哀
〔日〕村田进著　洪干译

报告

夜行军　安娥

杂文

非定命论
邦口与邦手　丁白骝

散文

家书　封禾子

论文

通俗文艺的用语问题　何容
——方言、普通话、通俗文言

通讯

话剧运动在皖北　赵伯阳

文艺史料

“第三种人”的成长及其解消
韩侍桁

编后的话　编辑室

扉面设计　上官侯作

第4卷　第5、6期
小说专号
1940年8月16日出版

创作小说

登场　王平陵
亡命　晓亚
赵四媳妇　凡季

报告小说

神枪手　徐转蓬
哨兵棚　沙雁

姚正花　胡　考
西线的死　丰　村
遗嘱　王鲁雨
秦太太　张十方
雪地伏击　曾艺波

小　说

乐土　隋树森
棕色的故事　卜　宁
米虫　菱　舟

翻译小说

祖国进行曲
〔保〕依凡·伐佐夫著　唯　明译
第九十六个女人
〔苏〕莱昂涅特·罗夫岳夫著
吴　楚译

第5卷　第1期
诗歌特辑
1940年9月10日出版

文艺的不朽性　丰子恺

诗歌特辑

扑面的风火（散文诗）　沙　雁
保琳·罗兰
〔法〕V.雨果作　穆木天译
明日的萌芽
〔美〕兰斯东·休士作　赵　蒨译
初春之歌
Norman Rostcu 作　蒲　岩译
军民歌　何家槐
祭　岳　南
杏儿山麓　沙　雁
歌唱民主的祖国　雷石榆
乘着胜利向前进　乔　丁　沙　梅
战争给我以爱情　覃子豪
老乡呒问题（拟通俗诗）　白　克
我们要自由地活着　罗铁鹰
古常山城　李岳南
我们的祖国　王　南
戏子兵群　田　禽
——抗敌剧团团歌
烟　明　昭
诗四章　长　城
渺小的卫星　江　村
跨过大巴山　风　涛
烽火中　伊　雯
亡了国的人　杜衡之
写给导演者　老　舍
——为剧本《张自忠将军》
艺术到少数民族　干　因

敌军日记

军中夜记　〔日〕石黑荣一

海军通讯

我们的血，锁住了湘江　江　风

战地报告

伪军　安　娥

东征随记

金萍　孔　厥

小　说

新脑壳票　黄桦霈

编辑后记　编辑室

第 11 年　4 月号

1941 年 4 月 16 日出版

文艺短论

关于大众化问题　唯　明

告青年作家　仲　耳

作家的再教育　凤　家

略谈文艺界二三事　无　明

论　文

文艺建设与文学理论的检讨　汪辟疆

艺术上的鉴赏与批评　李宝泉

小　说

偷头　苏雪林

旧同学　周　为

小狮子　梅　林

电针的摆动　荆有麟

酒客的灵魂　王进珊

艺术家之死　〔美〕马克·吐温作　段若青译

信念　方　湖

抗战剧的写作问题　王思曾

戏　剧

边城故事(一个五幕的 Melo Drama)　袁　俊

评　论

情理诗　张嘉谋

诗　歌

摇篮曲　令狐令德

风雨狂想曲　江　村

春草　上官柳

重庆夜曲　长　城

中国的旗　郭尼迪

黑唐纳之军号　司各德作　周骏章译

宜川清涧途中（《剑北篇》之二十四）　老　舍

杂　文

乡思　蓬　子

插　图

保育（浮雕）　王内合作

封　面

题字　右　任书

图案　苏葆桢绘

社徽　费成武作

第 11 年　5 月号

1941 年 5 月 16 日出版

文艺短论

最近来渝的海明威先生　晋　三

略谈现实主义　唯　明

发扬边疆文艺　怀　英

文艺反攻的再加强　望　江

哀莫大于心死　仲　年

论　文

论文艺的空虚与真实　宗白华

文艺与生产建国运动　王平陵

释勒的叙事诗　商章孙

诗　歌

蒙古调　常任侠

蒙古的牧歌与战歌　常任侠译
我们在筑胜利台　林永泉
射击篇　上官柳

小　说

黄河之东　李辉英
石青　罗　根
火船　管君翔
某城纪事　耶　莫
唐人街的故事
〔美〕威廉·费尔士著　徐霞村译

戏　剧

灵魂舞台　伊夫涅夫著　张平群改译
边城故事（续完）　袁　俊

历史小品

倭寇在明代　汪辟疆

散　文

碉楼店　程　铮

史　料

三十年来报纸文艺副刊的演变
张若谷

插　画

石工　黄养辉作

第 11 年　6 月号
1941 年 6 月 16 日出版

文艺短论

文化运动的任务　华　林
青年与光明　仲　年
批评上的尺度　无　名
孔子与屈原　李长之

这是关于孔子与屈原的一篇精深的研究。作者对于本文已经孕育了六年，他在这里告诉我们：“孔子与屈原是中国精神史上最伟大的纪念像……孔子代表我们民族的精神，屈原代表我们民族的心灵。”

谈信牍文学　戴镏龄

“信牍能与我们一个真的人格的存在，难怪它是近情理的，充满活泼趣味的文学”。

小　说

牛的故事　田　涛
西蒙山
〔捷〕Hrusovsky 著　唯明重译

戏　剧

生死恋　赵清阁

据张道藩先生改译的名剧《狄四娘》改编、以抗战现实中爱与憎、公仇与私恨为题材的五幕悲剧。

我的话　老　舍

是作者本着自己写作所得，关于语言比较的一篇经验之谈。

报　告

上天公路　荆有麟
崇洋篇　凤　家

诗　歌

十四行诗　冯　至

城的诞生　孙　望
血的仇恨　郭尼迪
武士涂根堡　释勒作　商章孙译

雨天杂笔　王进珊
插　图
江妃二女神图　（无署名）

第11年　7月号
抗战四年来的文艺特辑（上）
1941年7月7日出版

卷首语　编　者
评　述
抗战四年来的文艺理论　唯　明
抗战四年来的诗创作　常任侠
抗战四年来的剧本创作　余上沅、何治安
抗战四年来的通俗文艺　何　容
抗战四年来的民众读物　老　向
抗战四年来的报纸文艺副刊　陈纪滢
抗战四年来的空军文学　陶　雄
诗　歌
故乡　杜　谷
寄语陪都　上官柳
七月颂　谷雨苗
河岸　王晨牧
公路　陈　露
流浪者与鹰　李白凤
期待　绛　燕
他静静地倒在血泊里　石苇秋
戏　剧
生死恋（续完）　赵清阁
附：后记　赵清阁

第11年　8月号
抗战四年来的文艺特辑（下）
1941年8月16日出版

评　述
抗战四年来的小说　王平陵
抗战四年来的回教文艺　马宗融
抗战四年来的电影　罗学濂
抗战四年来的美术活动　陈晓南
战后四年的敌国文坛　张十方
散　文
诗散谈（随笔）　任　钧
变与不变（杂文）　李宝泉
扫除“逸民”气（杂文）　凤　家
势力范围（报告）　庄瑞源
雨夜（小品）　楚　湘
诗　歌
白崖　阿丽思·杜埃·密勒作　俞大絪、孙晋三合译
向法兰西召唤　郭尼迪
伊壁古士的鹳鸟　释勒作　商章孙译
雪浪堡怀古　拜伦作　孙家新译
怀上海　李　慧
杂　组
海外文坛杂拾　杨芳洁

陪都的新生（油彩） 吴作人作

第11年 9月号
1941年9月16日出版

短 论
谈题材与主题
关于作家的生活实践
文艺上的团结与进步 凤 家
乐教思想与戏剧运动 王梦鸥

释勒的《大钟歌》 张嘉谋
《特罗亚妇女》引言（未完，待续）
罗念生
《浮士德》第二部的雏形 李辰冬
古乔治亚文学史的发展
派乌莱印歌洛克巧作 北 芒译

给大时代的幼小者（小说）
翁大草
蛾（剧本） 王燕姊
大钟歌（长诗）
释勒作 张家谋译
诗散谈（随笔） 任 钧
散文四篇 缪崇群
同是天涯沦落人（散文） 翟宗沛

海外文坛杂拾（续） 杨芳洁

木刻（扉页） 涤 非作

第11年 10月号
纪念第四届戏剧节号
1941年10月10日出版

中华民国第四届戏剧节献辞
张道藩
舞台上的真实感 马彦祥
提高演剧的水准 王平陵
我们的剧坛 江兼霞
我对抗战戏剧的感想 田 禽

苏俄作家论莎士比亚（《国际文学》文章摘录） 潘子农 李丽水译

孤岛黄昏（独幕剧） 唐绍华
梅花岭（三幕剧） 白 莎

海外文坛杂拾（续） 杨芳洁

第11年 11月号
1941年11月出版*

致M.A.亚历山特洛夫书
〔俄〕列夫·托尔斯泰著 铭 之译
评 述
西洋戏剧发展的阶程 柳无忌
西万提斯的文艺背景与唐·吉珂德的创作历程
〔西班牙〕伊·波拉斯著 纪乘之译

* 此期原刊无具体出版日期。

《特罗亚妇女》引言（续完）
罗念生
漫谈孤岛文坛　张若谷

小　说

莉特亚
〔捷〕J.Durych 著　唯　明译
旅途的插曲　郭尼迪

论　述

诗散谈　任　钧

诗　歌

伯洛及诺
〔俄〕莱蒙托夫作　劲　风译
稻　薏　水
蒙古的宿星　常任侠
歌青年
〔法〕奴阿伊夫人作　方　韵译
穷苦的摇篮人
〔法〕Louis Vottlain 作　放　勳译
幸运颂〔法〕Musser 作　放　勳译

戏　剧

维他命　王平陵
梅花岭（续）　白　沙

86 世界文化

简 介

《世界文化》，月刊，中国左翼作家联盟机关刊物之一。一九三〇年九月十日创刊于上海，编辑、出版、发行均署“世界文化月刊社”，三十二开横排本。仅出一期即被国民党政府查禁。

《世界文化》创刊号的《编辑后记》，陈述了该刊的宗旨与任务：“它报告资本家阶级的残酷的政治（白色恐怖，法斯蒂化），也报告无产阶级的互济运动。它报告中国的无产阶级的阶级斗争，也报告世界各国的解放运动。它报告无产阶级的文化发展，也报告歪曲、反对、压迫无产阶级文化的各种实情。它报告国内文化上种种组织和建设。”

创刊号上发表了冯乃超的论文《“左联”成立的意义和它的任务》，刘志清（柔石）的通讯《一个伟大的印象》和鲁迅的译文《无产阶级革命文学论》，以及《“左联”致全国苏区代表大会祝词》等，并报道了中国互济运动和苏联的有关文化活动的情形。

目　录

创 刊 号

1930 年 9 月 10 日出版

A、论文
一、中国目前思想界底解剖　谷　荫
二、左联成立的意义和它的任务　冯乃超
三、中国社会科学运动的意义　梁　平
四、无产阶级革命文学论　Andor Gabor 作　鲁　迅译
五、Kommintern 纲领上的文化革命问题　Marockij 作　冯乃超译
六、苏联社会主义建设的伟大发展　烈　文
七、一个伟大的印象（通讯）　刘志清
B、资料
一、苏联友谊社第一次国际大会
二、中国互济运动的发展
三、联邦第十二年全联邦对外文化联络协会
四、“苏联友谊社”的国际会议
C、世界文化消息
一、中国
二、苏联
三、其他
左联致全国苏区代表大会祝词
编辑后记

87 前锋月刊

简 介

《前锋月刊》,“民族主义文艺运动”者主办的文艺刊物。一九三〇年十月十日创刊于上海，编者署“前锋月刊社”，实际上是朱应鹏、傅彦长等编辑，现代书局出版发行，二十四开本。一九三一年四月十日出至第一卷第七期终刊。

创刊号重登了《民族主义文艺运动宣言》,第一卷第二期上发表了傅彦长的论文《以民族主义为中心的文艺运动》,鼓吹“文艺的最高意义，就是民族主义”，挽救中国文艺危机的唯一出路，是努力于“文艺上民族意识底形成”，大肆攻击共产主义运动和左翼文艺运动。还发表了华兴、叶秋原、易康、谷剑尘等人的文章，宣扬民族主义文艺的理论和主张，攻击革命文学。该刊还以很多篇幅发表作品；其中有代表性的如：黄震遐的小说《陇海线上》和剧诗《黄人之血》,万国安的小说《国门之战》等。该刊的撰稿人还有范争波、朱应鹏、李赞华、徐苏灵、穆罗茶、汪倜然和李金发等。

早在一九三〇年八月，中国左翼作家联盟执委会在《无产阶级文学运动新的情势及我们的任务》的决议中，就驳斥了“民族主义文艺运动”者对左翼文艺的攻击，到一九三一年下半年，左翼文艺界对民族主义文学展开了全面的批判，瞿秋白、茅盾、鲁迅等先后发表文章揭露了他们面对社会主义国家鼓吹民族扩张主义，在帝国主义者面前则采取民族投降主义的实质。此后民族主义文学运动影响越来越小，《前锋月刊》虽有国民党政府政治上和经济上的支持，但在这种形势下，只出版了七期就不得不收场。

目　录

创刊号
1930 年 10 月 10 日出版

图　画

后羿射日（三色版）　朱应鹏
浴后　关　良
代表日耳曼民族艺术的表现主义绘画
代表俄罗斯民族艺术的原始主义绘画

编辑的话　编　者

认识我们的十月十日　华　兴

诗

双十节　张　复

五卅惨案在文艺上的影响及其批判　李　猛
世界民族艺术之发展　叶秋原
中国的建筑与民族主义　杨民威
黑人诗歌中民族意识之表现　易　康
曼克斯兰民族诗人汤麦斯白朗诞生百年纪念　曼　如
最近印度民族革命运动　郑行巽

附　图

（一）波士像
（二）甘地像
（三）被拘禁的四革命领袖

安南民族独立运动的过去与现在　柯蓬洲

小　说

德漠斯推呐司的没落　和辻哲郎著　陈抱一译
野玫瑰（短篇）　心　因
胜利的死（短篇）　易　康
秀儿（长篇）　争　波

最近的世界文坛

一、爱尔兰民族纪念与文艺奖金　偶　然
二、波兰之国际笔会　偶　然
三、几本法国新书　偶　然
四、法国的文学奖金　偶　然
五、苏特曼底遗著　偶　然
六、南美小说家之新作　偶　然
七、辛克莱转变——变成玄学鬼　偶　然
八、德国老作家之自传小说　偶　然

附　录

民族主义文艺运动宣言

第 1 卷　第 2 期
1930 年 11 月 10 日出版

图　画

装饰（三色版）　〔德〕希多克
湖影　关紫兰

德意志女子体育训练（一）
德意志女子体育训练（二）
奈都夫人
以民族意识为中心的文艺运动　傅彦长
日本洋画发展的概况　陈抱一
中国的绘画与民族主义　朱应鹏
中国的陶瓷与民族主义　杨民威
新兴民族的民族运动与文学　易　康
少数民族问题研究　百　川
丹麦民族的苏生剂　维　替
印度民族革命领袖女诗人奈都　易　康
甘地运动　关立根

诗

黄震遐遗诗
号声　翼　之

小　说

变动（短篇）　李赞华
守夜人（短篇）　〔亚美利亚〕阿哈龙尼安著　偶　然译
北京的末日（长篇）　〔法〕罗　蒂著　李金发译
秀儿（长篇）　争　波

最近的世界文坛

一、屠格涅夫遗稿之刊行　偶　然
二、肖伯纳底全集　偶　然
三、支魏格底批评论集　偶　然
四、土耳其底文字改革运动　偶　然
五、纽西兰诗集　偶　然
六、莫索里尼日记　偶　然
七、爱尔兰作家底新著　偶　然
八、拜伦在德国　偶　然
九、两本法国小说　偶　然
十、英美文坛零讯　偶　然

第1卷　第3期
1930年12月10日出版

图　画

日车（三色版）　应　鹏、苏　灵
欢迎（雕刻）　李金发
忧郁　庞薰琴
编辑的话　编　者
剩余价值论评的发端　郑行巽
艺术社会学之是非　凌　岱
自由画教育之要点　山本鼎著　陈抱一译
一年来日本文艺界的动向　采
中日外交秘话　驹井德三著　王宣华译
黑人民族运动之鸟瞰　易　康

小　说

矛盾（短篇）　李赞华
朝鲜男女（短篇）　苏　灵
阴谋（短篇）　易　康
流落的犹太女人（短篇）　〔犹太〕果尔德著　洛　生译
北京的末日（长篇，续）　〔法〕罗　蒂著　李金发译

秀儿（长篇，续） 争　波

最近的世界文坛

一、一九三〇年诺贝尔文学获得者 汪倜然

二、澳洲作家底杰作 汪倜然

三、德国历史小说家 汪倜然

四、荷兰作家马尔单斯 汪倜然

五、易卜生名剧摄制有声影片 汪倜然

六、一本新犹太的自传 汪倜然

七、叔本华全集之刊行 汪倜然

八、恩得赛四部曲完成 汪倜然

九、意大利老作家底新著 汪倜然

十、亨利曼底故事中的故事 汪倜然

十一、英国文坛杂讯 汪倜然

第 1 卷　第 4 期

1931 年 1 月 10 日出版

图　画

跑马厅 王道源

哥沙浮之女（雕刻）

小　说

米龙老丈（短篇）

〔法〕莫泊桑著　李青崖译

炮台的防御者（短篇） 穆罗茶

老金（短篇） 徐苏灵

马兰小姐（短篇） 徐苏灵

无忌（短篇）

杰克伦敦著　王宣化译

盗宝器的牧师（短篇创作） 易　康

北京的末日（长篇，续）

〔法〕罗　蒂著　李金发译

秀儿（长篇，续） 争　波

南极探险记

〔美〕裴特少将著　胡仲持译

剩余价值论评的发端（续）

郑行巽

怎样去干民族主义的民众剧运动

谷剑尘

近代风景画 倪贻德

最近的世界文坛

一、邓南遮沽名钓誉 汪倜然

二、哈代被写入讽刺小说 汪倜然

三、一本比利时小说 汪倜然

四、阿诺耳支魏梧底新著 汪倜然

五、得文学奖的法国小说 汪倜然

六、巴比尼作世界名人传 汪倜然

七、爱尔兰作家麦克那麦拉 汪倜然

八、克列斯丁洛赛谛诞生百年纪念

汪倜然

九、加拿大女作家屋斯丹索 汪倜然

十、最近的路威士 汪倜然

第 1 卷　第 5 期

小说专号

1931 年 2 月 10 日出版

图　画

英士纪念塔——晨光艺术会第五届展览会出品 郑兆甲

掷铁饼者——希腊雕刻
希阿的屠杀　德洛克拉亚
惨杀　哥　亚

编辑的话　编　者
创　作
陇海线上　黄震遐
序诗
小引
出发的一瞥
从南京到柳河
赵老家七日记
在张庄的战壕中
重返柳河
从柳河到张坝岗
总攻击
从张坝岗到野鸡岗
七人的远征队
开封与“开风”
凯旋么?
刹那的革命　万国安
三里庙的黄昏　徐苏灵
祭洒　李赞华
秀儿（长篇，续）　争　波
译　作
战场　〔德〕路易稜著　周伯涵译
故乡
〔保〕岳夫可夫著　叶灵凤译
老鼓手　〔英〕雪帕德著　汪倜然译
挪！挪！挪！
杰克伦敦著　王宣化译
北京的末日（续）
〔法〕罗蒂著　李金发译
南极探险记（续）
〔美〕裴特少将著　胡仲持译
誓言　邹　枋
最近的世界文坛
一、哈姆生的新著流浪者　汪倜然
二、奥国诗人李尔克之美妙的自传
汪倜然
三、英国小说家班奈德逝世
汪倜然
四、罗马尼亚小说家　汪倜然
五、夏芝与肖伯纳　汪倜然
六、荷兰文坛近状　汪倜然
七、朱斯在巴黎　汪倜然
八、芬兰新作家底乡土小说
汪倜然

第 1 卷　第 6 期
1931 年 3 月 10 日出版

图　画
凯旋（图案画）　卢景光
午蹈（雕刻）　Carpeaux　凯尔波

对“训政时期约法的批评”的批评
叶秋原
倾销与商战论　杨公达
图　画
从军之歌　Rude　罗　帝
战场之梦　Delaille　堤泰理

国门之战　万国安
一、序
二、满州里
三、赤色恐怖
四、扎兰诺尔的血
五、夜袭满州里
六、义勇军
七、炮击
八、间谍
九、防毒面具
十、红军总攻击
十一、突围
十二、战后的回忆
十三、纪念殉国难的战友们

现代文化思潮与艺术
川路柳虹著　陈抱一译
最近的苏格兰文学　曼　如
最近巴黎画坛概观
川路柳虹著　陈抱一译
沟　穆罗茶
诗
琴与剑　黄震遐
西班牙　黄震遐
海的颂歌　黄震遐

北京的末日（续）
〔法〕罗　蒂著　李金发译
南极探险记（续）
〔美〕裴特少将著　胡仲持译

最近的世界文坛
荷兰女小说家阿默斯古勒　汪倜然
捷克惠斯底幻诞小说　汪倜然
冰岛的诗歌　汪倜然
汤李斯曼底儿子　汪倜然
爱尔兰小说家奥唐耐尔　汪倜然
文坛零讯　汪倜然

第1卷　第7期

1931年4月10日出版

编辑的话　编　者
图　画
计掖甫围城中的郡主
计掖甫宫中
战场
计掖甫
中世纪俄罗斯的王侯
白奴
黄人之血插图

黄人之血　黄震遐
写在前面
帖尼博耳河畔
沙漠之魂
四骑士
倾倒了众城之母
白奴
大戈壁的途中
黄人之血
黄人之血人名地名表

情感与权力情绪　　荻原朔太郎著　孙俍工译
匈牙利大诗人亚拉奈　　〔匈〕海维西著　赵景深译
现代西班牙的文学与革命　杨昌溪
德国袖珍军舰　张功良

随　笔

随笔漫谈　徐蔚南
穷相打　盛泽雷
香港与澳门　倪贻德
“九折”与“一割引”　梁得所
淡　黄百药
洋行先生们　宗　汉

小　说

准备——创作　万国安
一场决斗　莫泊桑著　李青崖译
漂流的鹤　哈姆林嘉特著　汪倜然译
失去了的动机　黑尔曼克斯登著　周伯涵译

诗

哨兵的梦　黄震遐
鹰　黄震遐
黄浦路上的微尘　黄震遐

保尔罗白逊——尼格罗的艺术家　任　农
巴黎书店渔猎　法　朗
南极探险记（续）　〔美〕裴特少将著　胡仲持译

最近的世界文坛

梅特林克情妇之回忆录　汪倜然
易卜生底信札及日记　汪倜然
新创的国际文艺杂志　汪倜然
莫洛怀之屠格涅夫传　汪倜然
得文学奖的法国小说家　汪倜然
班奈德死后之纪念　汪倜然
苏格兰作家马根昔　汪倜然
特莱塞自传第一卷　汪倜然

88 读书月刊

简 介

《读书月刊》，一九三〇年十一月一日创刊于上海，读书月刊社主办，顾凤城主编，上海光华书局发行，三十二开本，横排。一九三三年十月二十日出满三卷（每卷六期）后终刊，共出版十八期。

《读书月刊》是以青年读者为对象的综合性刊物，偏重书籍的评介和学习方法的辅导。同时用较多篇幅刊登文学作品、作品评论、作家论、作家传略、作家访问记等。另有较多的文坛动态、出版消息，第二卷四、五期合刊为“文学研究专号”。主要撰稿人有邱韵铎、匡亚明、凌梅、郁达夫、赵景深、贺玉波、许杰、谢冰莹、陈彝荪等。

目 录

第1卷 第1期

1930年11月1日出版

本刊的使命 编 者
读书法通论 维 文
怎样研究西洋文学 邱韵铎
翻译与创作 匡亚明
爱的观照
——读了《漫郎摄实戈》之后
亚 明
雷马克与《西线无战事》 凌 梅
拥抱 巴比赛著 蓬 子译
轻烟 蕙漪女士
西洋民间恋歌
朱丽莕 赵景深译
诗
狱中之夜 少 怀
狱中 阿伽罗尼作 孟晖译
创 作
毛儿的死 朱 英
佳节 杨荫深
随 笔
街头笔触 东方既白
丽娃栗妲 RioRita 之一夜
滨 沙
介绍与批评
《经济侵略下之中国》 野 渠
《新经济学初步》 钱 煦
《进化和退化》 退 之
《某夫妇》 孙 郎
《哨兵》 俊 夫
两种《社会科学书目》
〔日〕大塚令三
两种《文学书目》 樱 樱
作家论
梅士斐尔特 汪倜然
哥尔德与新时代 杨昌溪
论落华生 沈从文
现代中国作家录（一） 凌 梅
鲁迅
胡适
郭沫若
郁达夫
出版界消息
世界书局与开明书店涉讼
光华书局出版计划
欧罗巴文艺丛书
平凡书局出版消息
光明书局将出版王独清的小说
《上帝的儿女们》将脱稿
乐华文艺丛书
现代书局近讯
《唯物史观》有五种译本
支那书店被封
高尔基名著译本将出版
活叶本文选
郭沫若之"甲骨文"归大东出版
新开的两家书局
南京的出版界
北平的出版界

文坛消息
国外文坛消息（十五则）
汪倜然　杨昌溪
国内文坛消息（十三则）　小　萍

征文
读书会信箱
新书目录

编辑以后　编　者

第1卷　第2期
1930年12月1日出版

光华读书会会员介绍竞赛大会缘起
光华读书会会员介绍竞赛会章程

为什么读书　胡适讲　维文记
怎样读书　王云五讲　徐雉记
读什么书　陈钟凡讲　徐雉记
介绍一个文学书目　匡亚明
国学漫谈　李耀春

谜样的日本
［俄］泰　根著　勉　之译
爱之梦（创作）　森　千
两个流氓
［法］斐利浦著　徐霞村译
悲壮之夜（南洋故事之一）
毛懋猷
卖书（随笔）　少　怀

介绍与批评
高尔基的《我的童年》　勉　之
评《青年苦闷的分析》　铁　夫
《唯物史观的文学论》　剑　民
介绍《中国女性的文学生活》
佩　冰

现代中国作家录（二）　凌　梅
叶绍钧
郑振铎
张资平
文坛闲话（九则）　小　萍

出版界消息（十六则）　编　者
读书界消息（二则）　编　者
文坛消息
国外文坛消息（十则）
汪倜然　杨昌溪
国内文坛消息（十六则）　小　萍

征文
读书会信箱
新书目录
编辑以后　编　者

第1卷　第3、4期
各科研究法专号
1931年1月1日出版

研究学问的方法　顾仞千
学文学的人　郁达夫

研究文学的方法　赵景深
英文研究法　汪倜然
怎样研究日文　高振清
艺术研究法　縻文焕
美术的方法论　张泽厚
研究新闻学的方法　黄天鹏
谈谈科学方法　邬孟晖
化学公式的制定法　王世玱
短篇小说的制作法　史晚青
青年的自学问题　维　文
我的读书法谈　陈耐冲
贾克伦敦的儿童时代　邱韵铎
生活与文学　艳　江
性与小说　杨镇华
国际政治研究大纲　张理夫
谈谈作文的方法　森　千
国学漫谈（二）　李耀春
一夜的春风（创作）　K 女士
职业的梦
〔美〕哥尔德著　杨昌溪译
《永别了爱人》　问鹃女士
写在庐隐女士情书集的前面
王礼锡
温德氏《民族心理学》　浩　川
《天孙之女》　贺玉波
关于王以仁　许　杰

通信　赵景深

出版界消息（八则）　同　人
文坛消息（十五则）　同　人
读书会信箱　编　者
编后　编　者

第 1 卷　第 5 期
1931 年 2 月 1 日出版
读书方法

科学的读书法论　朱介民
读书能率的增进法
〔日〕高峰博著　浩　川译
怎样阅报　黄天鹏

读书经验

我研究文学的历史过程和我的经验谈　陈勉予
中学读书生活的回顾　夏瑞民

读书笔记

自然科学问答　光　华

小　说

逃亡　贺玉波
如愿的一抢
George Ade 著　箴一女士译

诗

给不相识的韩国姑娘　岳凤高

介绍与批评

杜尔凯氏《社会学的方法之基准》
浩　川
《十日谈》故事小论　汪倜然
江南的情歌　汪倜然
《忆巴黎》　康嗣群
《小彼得》　亨　斌
另碎的读后感　金　十

出版界消息（六则）
流　石　摩　斯
文坛消息（二十一则）　同　人

读书会信箱
陈仰高　汪聚泰　钟天培　秦文彦
编辑后记　编　者
征文揭晓　编　者
第二次征文　编　者

第1卷　第6期
1931年3月1日出版

读书的艺术　林语堂
论翻译　赵景深
小说新技巧概论　贺玉波
园中随笔　韦衣萍
新诗之变迁及其趋势　芮　麟
新闻记者生活的回顾　黄天鹏
关于修学上的三封信　森　千
小　说
理智的胜利　谢冰莹
诗
飘泊者的哀歌　五　谋
介　绍
王以仁的《孤雁》　许　杰
《秋收》　程碧冰
刘薰宇的《南洋游记》
（褚）问鹍
论邵冠华的诗　平　川
出版界与著作界（十七则）*
（无署名）
各地文化通信
南京　白　石
济南　赵　真
宁波　齐　衍
开封　李步唐
读书会信箱
〔日〕实藤惠秀　劲　悍　余成鍪
张国晖　龚树揆　陈征祎
陈　泮　梁　材
编辑后记　编　者
请各地文化通讯员启事　本　刊

第2卷　第1期
我的读书经验专号
1931年4月10日出版

新的开始　编　者
书籍的赞美
Lord Avebury 著　李则刚译
求学与读书　陈钟凡
图书馆及其分类法　林草坪
我的读书经验
我的读书经验　余楠秋
我的读书经验　章衣萍
暗中摸索　赵景深
从空虚到实际　匡亚明

* 原刊正文作“出版界与著作界”，“目录”作“出版界与著作家”。

读书的经验 谢六逸
寒窗的回忆 黄天鹏
读书忏悔录 王礼锡
我的读书趣味 贺扬灵
造成折节读书的风气 王平陵
我的读书经验 谢冰莹
两个不同的时期 贺玉波
我的读书经验 马仲殊
学习外国语之困难 顾均正
国际讲座
对于国际政治应有的认识 袁文彰
自然科学讲座
现代青年对于自然科学应有的认识
张晓槐
什么是生物学 张闻哲
文学讲座
文学作品的研读法 史晚青
作家与社会 陈彝荪
茅盾创作的考察 贺玉波
武者小路实笃《随想录》沈 思译
读书笔记
自然科学问答 光 华
随 笔
今日的电影艺术 勉之
小 说
赵濮阳之夜 陈余光
散 文
北行杂记（一） 李 澄
介绍与批评
介绍上海市社会局“劳工统计刊物”
金国宝
《艺术漫谈》 问 鹃
《女陪审员》 轶 群
零碎的读后感 金 十
出版界
高尔基访问记
〔日〕昇曙梦著 高明译
文坛茶话 高 明
出版界与著作家（十六则）
（无署名）
各地文化通讯（七则）
东京 若 思
北平 李冰岛、汤公鲁
南京 白 石
开封 张象乾
太仓 虞钟骎
杭州 西 子
镇海 落 叶
读者信箱（六则）
陈仲凡、吴承达、黄天鹏
亚 平、糜文焕、池步洲
编辑后记 编 者

第2卷 第2期
1931年5月10日出版

四角号码检字法与中国读书界
林草坪
思想训练法 朱介民
怎样读书 何炳松
西人研习汉文的历程 徐定邦

论中国文学的新研究 汪倜然
自然科学研究法之讨论 张晓槐
我从事新闻运动的经过 黄天鹏
致青年 瑞　民
北行杂记（二） 李　澄
文艺创作论 陈彝荪
洪深论 马彦祥

介绍与批评

我所爱读的书 李白英
施蛰存和他的《上元镫》 沈善坚
《天才的努力》 维　善

出版界

肖伯纳访问记
　宫岛新三郎作 高　明译
文坛茶话 高　明
出版界消息（九则） 孙师毅、平
文坛消息（十二则）大　风、邨、秋
各地文化通信
　福建 邵天降
　厦门 佚　名
　安庆 杨起田
　青岛 谭春岩
　哈尔滨 张　培
　太原 王青子
　西北 罗　得
　杭州 蕾　洪
　苏州 元钧裳吉
关于读书会的讨论 陆保康
编辑后记 编　者
编后再记 编　者

第2卷　第3期

1931年6月10日出版

怎样读书 童润之
艺文创作论（文艺讲座） 陈彝荪
近时世界经济概述（社会科学讲座）
高振清

青年园地

文学与实生活 苏　蕾
吻 〔俄〕屠格涅夫著 莱漪女士译
香港之一夜——南洋归客谈之一
艾　芜
学徒日记 梁惜芳
送葬——海岛生活碎瓣之一
笑　涡
哀怨 林　拓
怀亡友 茹　莱
牛郎织女的故事 李白英
致青年——实用的学习方法 瑞　民
我幼时的学校生活 冰　莹

介绍与批评

读《恋爱与新道德》以后 英　子
“文艺创作讲座”读后感 云　屏
新文艺辞典 吉　士
郁达夫印象记 匡亚明
叶绍钧访问记 贺玉波
夏丏尊访问记 贺玉波
王独清印象记 李白英

国际文坛新事
（一）美国的文学比赛　林　易
（二）逮捕华格纳的拘票　林　易
（三）歌德死忌百年祭　林　易
（四）海涅纪念碑　林　易
（五）土耳其的行吟诗人　林　易
（六）日本文战派的溃灭　林　易
（七）日本女作家中本Taka于发狂　林　易
（八）二十国文学家在巴黎集会　林　易
国内文坛消息
（一）《从军日记》底荣誉
（二）“一八艺社”习作展览会
（三）最近的舞台热
（四）茜棱的《中国古代美术史》
（五）伟大的辞通
（六）文坛另讯（二十四则）
各地文化通讯
北平作家消息（七则）　李冰岛
广州文坛消息　卢　涝
汴垣文化零讯（六则）　李步唐　蒲　君
吴淞文坛——上海文坛最重要的一个分支　佚　名

读者信箱　黄天鹏
编辑后记　编　者

光华书局读书会章程
读书月刊征稿简章

第2卷　第4、5期
文学研究专号
1931年8月10日出版

论艺术　适　夷译
作家与社会论　陈彝荪
文学之社会的意义　史晚青
读书指导
怎样读诗　殷作桢
关于读诗的一点意见　穆木天
怎样读剧　殷作桢
怎样读小说　殷作桢

文学者译名　马仲殊
小说的图解　贺玉波
我的自白　丁　玲
听了丁玲女士在光华大学演讲后的感想　刘朋克
托尔斯泰的情书　陈瘦竹译
作家论
高尔基论　昇曙梦作　凌　坚译
辛克莱论　余慕陶
菊池宽论　适　夷
作家与作品
悲剧的人生——读了《结婚集》以后　谢有开
普鲁士的《哨兵》　褚问鹃
论何家槐的小说　赵景深
评《栀子花球》　周乐山

作品研究
《示众》底描写方式　许钦文
科洛连珂的小品　林　英
麓山掇拾（游记）　芙英女士
小　说
伟大的前程　丽　丝
“追求”的幻灭　玲　玲
小　品
湖居杂记　胡行之
旅行的种种　鹤见祐辅著　沈　思译
文坛春秋
王以仁自剖　王以仁
美国文坛的新进作家
Derek Patmore 原著　姜瘦萍译
新西班牙的文学　爱　南
新俄文学概况　爱　南
现代中国作家素描——王独清
游　生
现代中国作家传略（一）　凌　梅
周作人
曾孟朴
曾虚白
赵景深
汪静之
许地山
王独清
穆木天
朱　湘
闻一多
现代中国文坛展望
上海文坛展望　凌　梅
广州文坛现状　秋　萍
北平作家零讯　春　野
青岛文坛零讯　谭春岩
杭州文艺界零讯　蕾　洪

编辑后记　编　者
光华书局近况

第 2 卷　第 6 期
反日运动特刊
1931 年 10 月 10 日出版

反日运动特辑
打倒日本帝国主义　编　者
论抗日运动　林荫南
日帝国主义侵占东省的研究　张伯箴
“满蒙积极政策”的分析　勉　之
诗三首　穆木天
反日运动中文化界的表示

中国学生为什么读英文　余慕陶
怎样读小品文　般作桢
怎样看电影　般作桢
麓山掇拾（续）　芙英女士
托尔斯泰的情书（续）　陈瘦竹译
全国学生创作选
转变　李执今
白萍　均华女士
现代中国作家传略（二）　凌　梅
陈望道
孙席珍

傅东华
蒋光慈
谢六逸
田汉

现代中国文坛展望

北平文坛杂讯 秋 风
青岛文化通讯 谭春岩
云南的文艺界 竹 溪
哈尔滨的文艺界 铁 弦
南洋槟榔屿的文化概况 YANG
作家消息 羊

通 讯

光华读书会职业介绍报告
读书月刊第三卷起大革新

第3卷 第1、2期合刊
各科研究入门专号
1932年5月30日出版

编者的话 编 者

致青年书
一、 郑伯奇
二、 赵景深
三、 王独清
四、 剑 民
五、 冰 莹

各科研究入门

哲学研究入门 方觉圆
社会科学研究入门 方觉圆
文艺研究入门 陈彝荪
小说研究入门 柳 丝
戏剧研究入门 殷作桢
诗歌研究入门 张泽厚
经济史研究入门 王 恂
绘画研究入门 糜文焕

妇女世界

妇女世界的发端 冰 莹
解放了的俄国妇人
神近市子作 森堡译
洼川绮妮子访问记 森 堡
祈祷 洼川绮妮子著 华蒂译
介绍新女性十本文学书 问 鹃

读书论 少 轩
怎样读文学作品 贺玉波
国际一月间 勉 之
文坛一月间
——徐志摩之死等七则
凌 美
郭沫若印象记（上） 美 蒂
周作人印象记 碧 云
一封讨论新体诗的通信 柳亚子

书报介绍

读《毁灭》 刘揆同

文艺通信

日本新兴文化之划期的发展
华 蒂
上海文坛简报 （无署名）
各地文化通讯（五则）
北平 李冰岛
宁夏 寒 光

西安　罗　得
武汉　庚　竹
济南　小　三
编辑后记　编　者

第3卷　第3期
1932年6月10日出版

目前世界经济恐慌的阶段
莫多威拉夫著　秦元邦译
政治学入门　方觉圆
经济学入门　方觉圆
个人主义与莽原
Theoelore Dreiser 著　韩华恺译
热情的战士——迦尔洵　适　夷
秋田雨雀访问记　森　堡　华　蒂
日本新兴剧团女演员访问记
华　蒂　森　堡
现代青年之性的危机　郁再生
高尔基的《母亲》　麇一勺
怅望着祖国的天涯（青年文艺）
徐　瑛
土地与士兵　陈增善
文坛一月间　凌　姜

编辑后记　编　者

第3卷　第4期
1932年7月1日出版

近时国际政治经济概况　张伯箴
艺术上几个基本要点的驳议
刘揆同
社会进化史的研究　洪一鹤
苏联的一角
Louis Fisher 著　越　川译

妇女世界

日本新兴文学战野里的女斗士们
森　堡
祈祷（续）
洼川绮妮子作　华　蒂译
工厂日记　铁　忠
特别声明　编　者
国际一月间　勉　之
文坛一月间　凌　美

书报介绍

《铁流》的介绍　瑞　民
冰莹的《中学生小说》　金民天

郭沫若印象记（下）　美　蒂

编辑后记　编　者

第3卷　第5期
1932年12月20日出版

文艺论的种种　郁达夫
普罗文学与革命文学　张泽厚
关于文艺之阶级性　胡秋原
文学的阶级性　文　炳
大众文艺的“史的考察”　陶晶孙
中途（诗）　林庚白

大众医话　蒋本沂
答复几个美国人
〔苏〕高尔基作　韩华恺译
我的少年时代生活的一断片
冰　莹
藤枝大夫访问记　华　蒂
书报评介
茅盾的《路》　瑞　民
《路》的批判　金民天
关于本间久雄的《文艺思潮论》
李康佛
关于高尔基　沈双吉
国际一月间　孙　敏
文坛一月间　凌　美
塞外雁音　飞　生　矢　光
国内文化界　李一心等

第3卷　第6期

1933年10月20日出版

中国青年对于李顿报告书应有的认识　黎　斌
谜样的四川　铁　昂
大众医话　蒋本沂
托罗茨基的《我的生活》
E.Browder 著　华　恺译
儿童教育与教学法　青　子
苏联第二个五年计划的素描
周国华
怎样废止中国内战　黎　斌
怀蛾铃小传　糜文焕

89 当代文艺

简 介

《当代文艺》，月刊。一九三一年一月十五日创刊于上海，陈穆如主编，上海神州国光社印行，每月十五日出版，三十二开本。一九三一年十一月十五日出至第二卷第五期终刊，共出版十一期。

编者在创刊号《编后》中说：“我们办这个刊物，并没有固定的组织，也没有一定的主义，我们只是各尽其力地创作一点，翻译一点。”并且标榜“忠实于文艺”。但是主编陈穆如在创刊号上发表的《中国今日之新兴文学》一文，却大肆攻击革命的新兴文学，他说：“今日中国的新兴文学，都是虚伪的欺骗民众的以某一阶级作宣传的。”并声称：“我们要起来和中国的虚伪的盲目的无意识的新兴文学者，作一激烈的宣战。”这无疑是表明了编者的实际倾向。

该刊以刊登创作和翻译为主，兼有评论，虽然也发表了彭家煌、黎锦明、森堡的作品，但是主要撰稿人是陈穆如、汤增敭、邵冠华、古有成、徐苏灵、毛秋白、丁丁、张若谷和张资平等人。

目 录

第1卷 创刊号

1931年1月15日出版

论 著

中国今日之新兴文学 陈穆如

罗马文学的发生 谢宏徒

表现主义的艺术

〔日〕北村喜八著 张资平译

诗的本质 孙俍工

一九三〇年中国文艺杂志之回顾

狄 克

翻译小说

黑饼 〔俄〕Romanov作

傅东华译

三种工作 〔德〕格林作

赵景深译

末路 〔美〕Harrison作

古有成译述

诗 选

姊姊，因为你 汤增敭

梦痕 梅痕女士

我在期待着你 邵冠华

创作小说

无涯之路（长篇） 张资平

风头 彭家煌

追上前去 黄 中

爱的跳舞（长篇） 陈穆如

编后 陈穆如

第1卷 第2期

1931年2月15日出版

创作小说

未婚妻 古有成

另一种世界 徐幼餞

爱的跳舞（长篇）（续） 陈穆如

小品随笔

春霄 森 堡

飘零了的红叶 森 堡

戏 剧

不同 〔美〕奥尼尔原著

古有成改译

翻译小说

赌 〔日〕冈田三郎作 章克标译

施笃益基科的柳树

布加利亚倍林作 傅东华译

诗 选

我的蜜月 赵景深

自从我和她离别 邵冠华

爱经 汤增敭

落叶般的心 王铁华

论 著

亚理斯多德的《诗学》 毛秋白

在艺术上的诗底概观 孙俍工

表现主义的艺术（续）

〔日〕北村喜八作 张资平译

一九三〇年中国普罗诗歌概评

朋 淇

批评与介绍

《李长吉评传》（王礼锡著）

汤增敭

最后一页　记　者

第1卷　第3期

1931年3月15日出版

论　著

机械美　〔日〕日本板垣鹰穗作　陈望道译

感情的意义与智性的意义　孙俍工

艺术至上主义的文艺批评　毛文铃

表现主义艺术之特征（续）　〔日〕日本北村喜八作　张资平译

戏　剧

不同（续）　〔美〕奥尼尔作　古有成译

翻译小说

晨（长篇）　〔美〕辛克莱作　王　坟译

琴师皮理士　〔西〕夏克奎尔著　黎锦明译

诗歌·散文·随笔

我偷偷地爬到你的床前　陈穆如

美丽的睡芙蓉　汤增敭

摇篮曲　邵冠华

水仙花　〔英〕屋次渥斯作　赵景深译

想　汤增敭

蚤　〔日〕浅原六郎作　谢宏徒译

创作小说

我的旅伴们　彭芳草

珍妃　苏　灵

作家叔西　祝秀侠

爱的跳舞（长篇）（续）　陈穆如

批评与介绍

《中国文学论集》（日本，铃木虎雄著）　默　之

《寒夜集》（彭芳草著）　晴　川

最后的话　记　者

第1卷　第4期

1931年4月15日出版

论　文

怎样研究中国歌谣　乐嗣炳

人生主义的文艺批评　毛秋白

翻译小说

纪许底故事　〔美〕贾克伦敦作　蒯斯曛译

父亲　〔法〕莫泊桑作　王　坟译

晨（续）〔美〕辛克莱作　王　坟译

诗　选

梦里的情人　余珊女士

生命之花　梅痕女士

朦胧的黄昏　孙济侬女士

记念着你的时候　潘素卿女士

莫非你回来了么　王铁华

晚祷　孙俍工

快乐的一对　Perce著　赵景深译

创作小说

生命的泡沫　罗洪女士

无涯之路（长篇）（续）　张资平

变　斯　永
爱的跳舞（长篇）（续）　陈穆如

戏　剧

七尊菩萨　〔爱尔兰〕唐珊南作　顾仲彝译

小品散文

病中　祝秀侠
唇红　邹　枋

批评与介绍

《归雁》（庐　隐著）　汤增敭
《人生鉴》（美国、辛克莱著）　汤增敭
最后的话　记　者

第1卷　第5期
1931年5月15日出版

创作小说

母亲　陈穆如
眸子　徐幼籛
幸福　陈燮柽
无涯之路（长篇）（续）　张资平
柴霍甫的书信　刘大杰译

诗　选

昨夜梦见你　丁　丁
禁不住笑了　丁　丁
过渡时代的牺牲　虞岫云女士
梅雨时节　罗洪女士
幻影　梅痕女士
失眠之夜　佷　工

戏　剧

七尊菩萨（续）　〔爱尔兰〕唐珊南作　顾仲彝译

散文·小品

歌　汤增敭
配角　邹　枋
幻　汤增敭

翻译小说

欢快的人　〔德〕苏德曼作　席涤尘译
归家　〔法〕巴比塞作　祝秀侠译
晨（续）　〔美〕辛克莱作　王坟译

论　著

短篇小说的构造法　余楠秋
文学的意义之新解释　〔日〕竹友藻风作　张资平译

批评与介绍

《云鸥情书集》（庐隐、李唯建合著）　汤增敭
《旅程》（邵冠华著）　思　永
《唐代女诗人》（陆晶清女士著）　汤增敭
最后的话　记　者

第1卷　第6期
特　大　号
1931年6月15日出版

创作小说

生的奋斗　古有成

画眉的女人（中篇小说） 陈穆如
憧憬 库涤尘
搬家 斯 永
韵姊 黄奂若
蜜丝朱的头衔 陆鲁一
无涯之路（长篇）（续） 张资平

论 文

自然主义的文艺批评 毛秋白

诗 选

五月 吴伴云
烟 陈穆如
不能忘记 王一心
梦影 罗洪女士
情诗一束 丁 丁译

随 笔

儿童的智慧 留 予

小 品

心 邹 枋

戏 剧

流浪 〔美〕吉卜生（Gibson）作 邵苇一译
苏丽霞姑娘（五幕剧） 查理斯

翻译小说

幸运儿 〔美〕West 作 邹 枋译
晨（续完） 〔美〕辛克莱作 王 坟译
小鸡 〔荷兰〕Heijermaus 作 席涤尘译

书 评

《小说原理》（陈穆如著） 苏 础
《素笺》（陆晶清女士著） 汤增敭
最后的话 记 者

插 图

莫泊桑像
雅各·格林和他的弟弟威良·格林
奥尼尔像
柴霍甫像
杰克伦敦像
辛克莱像

第2卷 第1期

1931年7月15日出版

创作小说

迷途（中篇小说） 陈穆如
消夏 斯 永
叔叔的故事 罗 洪女士

论 文

中国长篇小说的特色 陈穆如

随 笔

回家 留 予

诗 选

墓碑 萝 莎
底河一磨夫 Mackay 作 赵景深译
To Kiss 陈穆如

戏 剧

法外 〔苏〕莱夫·伦支作 卢森堡译

翻译小说

灰色的驴子 〔土耳其〕哈礼德作 邵韦一译

农夫　〔法〕莫泊桑作　肖　燕译

小　品

胜利者　邹　枋

最后的话　记　者

本刊启事　记　者

第2卷　第2期

1931年8月15日出版

翻译小说

为了爱

〔苏〕罗曼诺夫作　森　堡译

秋

〔瑞典〕斯特林堡作　陈穆如译

诗　歌

良夜幽静曲　邵冠华

写在剧台前　潘素卿女士

求爱四部曲　王　坟

小　品

归国的友人　郑　镛

别　四　明

戏　剧

法外（续）　〔苏〕莱夫·伦支作

卢森堡译

随　笔

甘岭　留　予

创作小说

太保阿书　火雪明

他的一生　玉　清

迷途（中篇小说）（续）　陈穆如

论　文

大众小说论　查理斯

最后的话　记　者

第2卷　第3期

1931年9月15日出版

论　文

机械和艺术　〔日〕石滨知行作

森　堡译

创作小说

光明的爱人（一至二）（长篇）

陈穆如

初恋　火雪明

盒子　古有成

美霞　黄何畏

诗　歌

叶赛宁诗三首　森　堡译

快乐的五月　沛　嘉

最后的恳求　王一心

散　文

纪念　查理斯

小　品

失眠之夜　何子芳

翻译小说

红字一至四（长篇）

〔美〕霍桑作　古有成译

汉生的事业

〔意〕柯拉（Bruno Corra）作

邵苐一译

最后的话　记　者

第2卷　第4期

1931年10月15日出版

论　文
美国文学概观　〔日〕宫岛新三郎作
创作小说
盐场　火雪明
奔（长篇）　王　坟
美霞（续完）　黄何畏
小　品
瞒天散记　周无碍
诗　选
昨宵梦见你　潘素卿女士
郎佛罗诗四首　何德明译
戏　剧
巉峆　〔美〕岌卜生（Gbson）作　邵苇一译
翻译小说
新夫人学堂　〔法〕纪　得作　席涤尘译
牺牲　脱里尼忒著　火雪明译

最后的话　记　者

第2卷　第5期

1931年11月15日出版

论　文
过去中国文学的典型　戴行轺
创作小说
反抗的意味　火雪明
一个女教徒的忏悔　张若谷
度过了黄昏　周无碍
爱与血　徐秋雁
红的曲线　许寿诒
校长　巴　林
奔（长篇）（续）　王　坟
戏　剧
奸细（独幕剧）　黄　虬
翻译小说
蒲氏特·藜斯藤狄　〔埃及〕铁木尔作　邵苇一译
勃莱特小传　〔美〕左纳盖尔作　王　坟译
诗歌随笔
她　吴缦云女士
过上海　干　因

最后的话　记　者

90 诗　　刊

简　　介

《诗刊》，文学季刊。一九三一年一月二十日创刊于上海，徐志摩、邵洵美等编辑，新月书店发行，二十四开本。一九三二年七月三十日出至第四期终刊。

徐志摩在第二期《前言》中说，前五年载在北京《晨报·副镌》上的十一期诗刊，“我们得认是现在这份的前身”，那时研究诗艺的少数朋友，“隔了这五六年，重复感到‘以诗会友’的兴趣，想来一次集合的研求”，“因此我们这少数天生爱好与希望认识诗的朋友，想斗胆在功利气息最浓重的地方和时日，结起一个小小的诗坛”。徐志摩的这些话清楚地表明了此刊创建的背景。

此刊以发表新诗创作为主，间有诗论和译诗，主要撰稿人有徐志摩、孙大雨、饶孟侃、方令孺、陈梦家、方玮德、卞之琳、邵洵美、梁宗岱等，其中多数是新月派的著名诗人，他们的有些作品往往表现出了唯美主义和感伤主义的倾向，但是在诗的新格律、诗的技巧、民族形式和诗的语言方面，作了认真的探索。

目　录

第 1 期
1931 年 1 月 20 日出版

诀绝　孙大雨
回答　孙大雨
老话　孙大雨
美丽　朱　湘
奇迹　闻一多
弃儿　饶孟侃
诗一首　方令孺
雁子　陈梦家
风暴　方玮德
晚歌　梁　镇
西行歌　陈梦家
她那颗小小的心　俞大纲
瓶花　沈祖牟
祈祷　李惟建
悔与回（一）　陈梦家
悔与回（二）　方玮德
洵美的梦　邵洵美
爱的灵感　徐志摩
新诗的格调及其他　梁实秋

第 2 期
1931 年 4 月 20 日出版

前言　徐志摩
自己的写照　孙大雨
摇船夜歌　陈梦家
太湖之夜　陈梦家
女人：摩西的杖　陈梦家
群鸦　卞之琳
车中　徐志摩
山中　徐志摩
两个月亮　徐志摩
幽子　方玮德
我有　方玮德
月　俞大纲
孤零的歌　沈祖牟
画家　罗慕华
愿我　洵侯孙
歌德诗　宗白华
幻变　曹葆华
噩梦　卞之琳
魔鬼的 SERENADE　卞之琳
寒夜　卞之琳
女人　邵洵美
季候　邵洵美
小诗一首　邵洵美
谁爱这不息的变幻　林薇音
仍然　尺　棰
那一晚　尺　棰
猛虎　徐志摩
King Lear（节译）　孙大雨译
论诗　梁宗岱

第 3 期
1931 年 10 月 5 日出版

罕姆莱德（第三幕第四景）

孙大雨译
自己的写照（二） 孙大雨
灵奇 方令孺
笑 林薇音
情愿 林薇音
深夜里听到乐声 林薇音
一首桃花 林薇音
人曲 邵洵美
惆怅 饶孟侃
默示 梁　镇
望 卞之琳
黄昏 卞之琳
小诗 卞之琳
歌 C.G.Rossetti 作 卞之琳译
太息（Stephane Mallarme） 卞之琳译
桥 陈梦家
问 陈梦家
嘤嘤两节 陈梦家
五月 陈梦家
告诉文黛 陈梦家
潘彼得的梦 陈梦家
新月 安　农
灯下 曹葆华
你 俞大纲
微弱 方玮德
古老的火山口 方玮德
慰诉 雷白韦
七夕 程鼎兴
二月天 程鼎兴
暮春 程鼎兴
白的月色 梁宗岱
泪流在我底心里 梁宗岱
感伤的对语 梁宗岱
月光曲 梁宗岱
狱中 梁宗岱
火车禽住轨 徐志摩
云游 徐志摩
你去 徐志摩
在病中 徐志摩
“别拧我，疼” 徐志摩

第 4 期

1932 年 7 月 30 日出版

叙语
罗米欧与朱丽叶（节译） 徐志摩
断篇两首 徐志摩
招魂 孙大雨
飞 饶孟侃
再念志摩 方玮德
天上掉下一颗星 邵洵美
狮子 胡　适
吊志摩 陈梦家
给志摩 梁　镇
悼徐志摩 朱　湘
哭志摩 方玮德
悼徐志摩先生 程鼎鑫
悼志摩诗人 虞岫云
借浮士德中诗句吊志摩 宗白华
山河 饶孟侃
叫卖 饶孟侃

枕江阁　方令孺
幻想　方令孺
任你　方令孺
她象　方令孺
铁马的歌　陈梦家
天没有亮　陈梦家
相信　陈梦家
太平门外　陈梦家
圣诞歌　陈梦家
上午一点钟　梁　镇
她来了　梁　镇
远行　卞之琳
长的是　卞之琳
约会　沈祖牟
信　沈祖牟
七月　甘雨纹
我要　胡　丑
魏龙与胖妇玛尔戈　梁镇译
梵亚林小曲　卞之琳译
通讯　胡　适

91 文学生活

简　介

《文学生活》，月刊。一九三一年三月一日创刊于上海，署“文学生活社”编辑，实际由姚蓬子主编，联华书店发行，三十二开本，仅出版一期。

此刊以发表创作为主，兼有译文和评论，多为当时左翼作家的作品，其中有穆木天、蓬子的诗，张天翼、沈起予、白薇、魏金枝等人的小说，侍桁、俞彬等人的书评。还有巴比塞、德拉克等外国作家小说的译文。

目　录

创 刊 号
1931年3月1日出版

小说创作

二十一个　张天翼
碑　沈起予
天地之死　白　薇
自由在垃圾桶里　魏金枝
最后一天　欧阳翰
蚕儿和蚂蚁（童话）　叶圣陶

诗歌创作

奉天驿中　穆木天
雪夜　蓬　子

外国小说

胆怯的列车　巴比塞作　蓬　子译
忍耐　黛利达作　俞　彬译
凯沛克　德拉克著　赵景深译
鹿　Yarga作　穆木天译
工业发达在现代欧洲文学上的反映　V.M.Fviche著　林适文译
黑人诗抄　蓬　子译
一个空虚的作者（作家论）　侍　桁

文艺短评

《建塔者》　侍　桁
《奶妈》　俞　彬

编者的话

92 文艺新闻

简　介

《文艺新闻》，周刊。一九三一年三月十六日创刊于上海，编者署“文艺新闻”，实际由袁殊主编，本社印行，四开四版。一九三二年二月一日出版第四十七号后，因“一·二八”战争爆发，自本月三日起以中国新闻研究会与该刊读者联欢会为后援改出单页日刊《战时特刊·烽火》，至本月十七日共出版十三号。自三月十八日起恢复、接续出版《文艺新闻》，至六月二十日出版第六十号后被国民党当局查禁终刊。复刊后有时辟有专版栏目，便增至六版。“一·二八”战争前出版有未排序号的“追悼号”、“公演特刊”各一期。全刊总计出版七十五期。

《文艺新闻》代表人袁殊在创刊号上就撰文声明了办刊宗旨，指出此刊的任务是“致力于文化之报告与批判”(《文艺新闻之出发》)，因而此刊并非仅仅刊载文艺新闻，还兼有对文艺、时事、社会思想的评述。在一般的文化报道与评述之外，此刊还设有一些专栏，其中“代表言论”栏集中表现了刊物的政治思想倾向——主张民主、反帝，反对专制、卖国，主张出版著述自由，反对文化压迫；“国内作家”与“国外作家”、“作家与作品”、“读书顾问”等栏，从不同角度来评介作家及其作品；“RADIO”栏主要发表文艺现象述评来稿；“新儒林茶话”栏介绍文人趣闻与讽刺某些文人丑态；“每日笔记”栏扼要报道出版、著作界情况与作家的行止、生活。

《文艺新闻》本是袁殊募资，领导翁毅夫、曹必慧、吴景星、王达夫、康靖等办的同人刊物，但出刊不久就引起了中国左翼作家联盟的重视，由袁牧之、冯雪峰、楼适夷等参加了编辑工作，发表了不少左翼作家的文字，其中有瞿秋白（VT）的《猫样的温文》，鲁迅的《一八艺社展览会小引》、《上海文艺之一瞥》、《我对于文新的意见》，茅盾的《五四与民族革命文学》，以及冯雪峰、周扬（起应）、楼适夷、郑伯奇、沈起予、田汉、阳翰笙（华汉）等人的文章。

《文艺新闻》在国内外一些城市设有通讯员，也发动其“文新读者联欢会”成员写稿，形成了当时第一家全国性的文艺新闻专刊，但它的贡献不仅仅是为人们及时提供了大量文艺新闻。它从正面较多地报道了国内外左翼文艺的动态，首先揭露了“中国文艺社”、“开展社”等民族主义文学社团受国民党中央或地方当局资助的内幕，首先向社会公开披露李伟森、柔石等五位左翼作家被害的真相与在国外引起的反响，积极参加文艺大众化问题的讨论，发表文章与“自由人”展开辩论，推动了进步文艺运动的发展。它的《烽火》特刊，对“一·二八”战争的逐日战况、上海及全国各地民众的抗战热情、国民党各级有关当局的态度、日帝的侵略阴谋与日本军民的反侵略斗争等等均作了报道，留下了较多的珍贵史料。

目　录

第 1 号

1931 年 3 月 16 日出版

文艺新闻之发刊
文艺新闻最初之出发
（文艺新闻社代表人）袁　殊
本报招聚赞助人报告
筹备情形及集议工作的开始
本报招聚赞助人留影
北新等书店被封
西线有战争
“文线战争”平安无事（漫画）
建　英画
呜呼“后来者”
洪深访问记
氏将去沪他行*
公开暴露　汪馥泉
明星歌剧部一瞥速描
都市化与近代化的上海人之电影热
托尔斯泰之三女永住日本
卓别麟东游记
查理·卓别麟著
蒯斯曛译意
于海饰画
《无办法的恋爱》是无办法的卖稿现钱卖现货，如此，则概无拖欠情事

第 2 号

1931 年 3 月 23 日出版

代表言论
调节的教育政策
一周之出版界（八则）
朱应鹏氏的民族主义文学谈
中国版画运动之序页
鲁迅氏的努力提倡
首都文坛新指掌
中国文坛的三张（读者联合会第一次征案）
上海街头之什：序幕（照片）
（慧摄）**
卓别麟东游记（续一）
查理·卓别麟著
蒯斯曛译画
于海饰画
卓别麟世界之巡礼（五则）
诗圣与学圣（附太戈尔与爱因斯坦照片）
日文的战派作家平林泰子等与警察相打
舞台上的马特迦　马彦祥
现任北大皇后与鲁迅的一段交往
大学生之三典型（附袁殊之及其化装合影）
具体表现现代之中国

* 此标题原刊如此。

** 原刊漏此署名。

第 3 号
1931 年 3 月 30 日出版

代表言论
四马路的劳动
一周之出版界（七则）
在地狱或人世的作家
致编辑　蓝　布
复蓝布　记　者
狂飚的国际进出
文化在甘肃的劫运（附插画）
每日笔记（十三则）
汪馥泉与“光华”的露水姻缘
卓别麟东游记（续二）
查理·卓别麟著
蒯斯曛译意　于海饰画
夫妇作家的哑迷
杨骚与白薇之离合
陈学昭的爱人与结婚（附陈学昭照片）
有话对大家说
读报拾遣　天　猿
两部巨著消息
中大血花剧团四月一日公演
一九三一年初剧坛的乱动
读书顾问
生命的科学
——《性典》读后感
读书顾问委员会
不景气年代中之小景气
袁殊访问记
——《文艺新闻》创刊闲话
天鹏三

第 4 号
1931 年 4 月 6 日出版

有话对大家说
三等车厢里沉思　天　猿
重要更正
——章衣萍仍在上海滩
章衣萍
出版界之一周（十则）
首都的艺术空气
徐悲鸿的个人展及其一片牢骚语
中国文艺社将作大规模的剧运
文化的通讯事业
——顾凤城等发起文艺通讯社
每日笔记（十八则）
孙毅师谈：怒吼罢，中国！（一）
需要灵与肉的燃料
——天津文化速写
日本外交当局飨英太子以鲜肉
雷马克失去了自由
上海街头之什：序幕之二（照片）
慧摄
否认翻版（来信）　万人书店
复旦学校新闻之现势
心有余而力不足的舞台上之马特加（来信）
致学易　赵铭彝

复赵铭彝　学　易

读书顾问

《啼笑因缘》的解剖　毛一波

新刊月话

《青年界》创刊号　易

《新学生》一卷三期　超

《中国学生》二卷二期　易

《读书月刊》一卷六期　超

蒂赛图案社来沪公开展览

卓别麟东游记（续三）

查理·卓别麟著

蒯斯曛译意

于海饰画

第5号

1931年4月13日出版

代表言论

著作家的组合

一、为本身的职业而言

郁达夫迁居北平

出版界之一周（二则）

呜呼，死者已矣！

李伟森亦长辞人世　编　者

作家在地狱（来信）　曙　霞

青年作家的死（来信）

海　辰

按语　编　者

每日笔记（十九则）

孙师毅谈：怒吼罢，中国！（二）

（附孙师毅照）

中国文艺在国际（二则）

外国零讯

西线归来的大战

——雷马克将被逐离德

有话对大家说

"事务所"的门外汉　杨昌溪

"大道"是公开的非职业的团体

（来信）　赵铭彝

偷窃原稿乎？史济行君犯嫌疑罪

（《马来亚》第四期丽尼文）

丽　尼

零碎介绍

余慕陶之自白

艺苑二届展　邢　超

蒂赛图案艺展　天　猿

"新刊月话"之闲话　超

现代欧美教育之动态

——《改造中的欧美教育》

匡亚明

卓别麟东游记（续四）

查理·卓别麟著

蒯斯曛译意

于海饰画

第6号

1931年4月20日出版

袁殊启事

代表言论

著作家的组合

二、为一般的文化而言

五位青年作家遗容（照片）
鲁迅“伏处牖下一无所图”
按语　编　者
致编者　沈一元
致（李）秉中（转录《大公报》
《草野》　鲁　迅
每日笔记（九则）
孙师毅谈：怒吼罢，中国！（三）
亚西亚的暴风雨
——“国魂”已失其“魂”
上海街头之什：街头公共图书馆
（照片）　慧　摄
首都画坛新讯——两位努力的人
梁鼎铭是革命史画的巨匠
徐悲鸿被疯狗咬而未伤
有话向大家说
消耗“青年”心血的“园地”
弓　公
戏剧电影通讯社之筹备
读者联合会第一次征案发表
一、　张飞虹
二、　王　健
三、　蒋福华
读书顾问
《啼笑因缘》的魅力
——对于毛一波君的解剖的商榷　巴　尔
银幕之前
民族斗争乃属“天意”？
回到十八世纪去和祖先打招乎！
柳　丝
卓别麟东游记（续五）
查理·卓别麟著
蒯斯曛译意
于海饰画

第7号

1931年4月27日出版

代表言论
青年出路与出版界
出版界之一周（十二则）
从街头到工场　记　者
每日笔记（十八则）
洪深自画生命的过程
读者联合会第二次征案题
高尔基和第二次的世界大战（一）
五　达
梁启超在阴曹代表中国出席世界笔会
西湖文化　燃　水
——如置身于无边际的荒原
（附照片二幅）
北国之动静
——这是天津的缩影　笙
有话向大家说
作家成名术大纲　高　明
龚古尔奖金的得者
措词不通
一九三〇年在东京之“人日”
（附照片一幅）　袁　殊
新刊介绍　志　先

《现代文学评论》
《前锋月刊》

第8号
1931年5月4日出版

作家横断面
辛克莱与高尔基　巴　尔
出版界之一周（八则）
法小说家狄科波拉氏论近世文明之两极——列宁与福特（天津庸报二四日文）
每日笔记（八则）
愿丁玲有伟大进步　士　夫
某作家念念死者
余楠秋不知鲁迅，记者也不知余楠秋美画赠美女
——徐悲鸿的运动锦标
创作可以翻译
——陈穆如之忙中忙笔
高尔基与第二次世界大战（二）（附高尔基木刻相一幅）
五　达
《最后的拥抱》
——联合剧社署假前公演
戏剧电影　戏剧电影通讯社
上海（七则）
外国（二则）
西湖文化（续）　燃　水
——艺术院的文学小史（附照片一幅）
有话向大家说
续作家成名术大纲　李白英
日本农民学的跃进　之　异
零碎介绍（开展月刊第八期文）
读书顾问
《三对爱人儿》（邹枋君著）
清　苹
卓别麟东游记（续六）
查理·卓别麟著　蒯斯曛译意
于海饰画

第9号
1931年5月11日出版

代表言论
“毒月”祭语
民族主义文学运动在四马路一瞬之风波
五元日金一月
——长虹在困窘中之苦斗*
意大利人之华文手迹
每日笔记（十九则）
没有文学概论（附赵景深照片）
赵景深
战战兢兢……
雷马克说死者的遗言是不要再有战争
向街头动员
——北平平大新闻学系之努力

* 原刊“长虹”误作“长红”。

复旦学校新闻逸话
文人重文化，商人重黄金
——大江书铺受人捣乱
有话向大家说
偷窃原著的无耻毛一波
出版消息一则
新刊月话
一、新年号《小说月报》的创作　景　星
二、对《微音》的微感　天　猿
三、《新学生》四期　青　萍
四、（读书月刊）自传的名人的读书经验　青　萍
五、《学校评论》无正确评论　青　萍
卓别麟东游记（续七）
查理·卓别麟著
蒯斯曛译意
于海饰画

第 10 号
1931 年 5 月 18 日出版

代表言论
文艺的白光　一　格
出版界之一周（十一则）
一九三〇年上海之五月底胜利的记录——东京底五月纪念公演
三晚连演的巨著——奥尼尔新作戏剧
每日笔记（十四则）
黑格尔的百年祭（附黑格尔像）
朱谦之
影片“Turksip”图影及说明
时代之骄者卓别麟的各观各感
——看了“城市之光”以后(附插图一幅)
一、　学　易
二、　士　元
三、　景　星
四、　适　夷
五、　牧　之
六、　彦　祥
七、　高　明
RADIO 播送
致未成名者
——《作家成名术大纲》的反攻
铁　郎
卓别麟东游记（续八）
查理·卓别麟著
蒯斯曛译意
于海饰画

第 11 号
1931 年 5 月 25 日出版

代表言论
谈言论与出版之自由
读者·记者（七则）
每日笔记（出版、著作、行止、生活）(八则)

上海街头之什：街头美术家（照片）
慧 摄
用自己的血写成这伟大的诗篇
——白莽印象记（附白莽像）
林 莽
黄天鹏在消遥阁上突来是是非非
按语 编 者
致倩君 黄天鹏
日本左翼文坛最近之崩拆与集合
——耐普已占绝对优势
中山先生遗像 张伯辰塑
飞于天空之画的艺术
——未来派领袖的《航空画宣言》
应时突起的五月文艺社
濛濛细雨中农村中演奏着生命的吟声
——劳动大学中学部音乐会志盛
创造社与中国文化过程 王独清讲
记者笔记
卓别麟东游记（续九）
查理·卓别麟著
蒯斯曛译意
于海饰画

第12号
1931年6月1日出版

代表言论
出版事业与慈善事业 壮 一
读者与记者
致记者 曾 诚
复曾诚 记 者
稿件出卖之后（漫画）
上海狂舞曲（一） 适 夷
《金瓶梅》在德国 萧 燕
一八艺社一九三一年展
南京的PROGRAM星期六晚会的演奏
广州书店的起落及刊物的新兴
一巴掌！正义之击——德兰散打鲁意丝的耳光
泰戈尔谈俄罗斯 高 扬
暨南大道两剧社联合公演观后（附剧照一幅） 叶 沉
最近的感想 谢宏徒
读者联欢会第二次征案发表
一、 金大璞
二、 钱小柏
三、 陈 白
四、 张宗植
故新闻学大师九江先生周年祭辞
黄天鹏 袁 殊 张航庐
附：张伯轩（宝璜）先生遗影及说明
RADIO播送
“作家成名术”论战之余波
我的态度 高 明
代邮 记 者
致张秀霞
致北平文化通讯社

第13号
1931年6月8日出版

代表言论
在臭虫与娼妓中，作家！请清算你们的作品与生活
作家绰号一览表
读者与记者
致编者　读　者
在北平六小时
——津沽巡礼追记
“不要憧憬长城的壮观”——大山郁夫的文化论
“机械暴力后的疲惫，生活美梦的冲突”——记无锡青萍文艺社
我在怀念着也频（附胡也频像）
萧　石
每日笔记（十八则）
上海街头之什：杂感（照片）
日本文字狱中的出演者——左翼文坛之活动
他们要恢复国立艺术院的校名
春　息
上海狂舞曲（二）（附图二幅）
适　夷
死人的意志难道不在大家身上吗？
——丁玲在中公讲演
丁　玲讲　罗　非记
卓别麟东游记（续十）
查理·卓别麟著
蒯斯曛译意
于海饰画
RADIO播送
成名作家与名著競译　山　女
附：按语　袁　殊

第14号
1931年6月15日出版

一八艺社习作小引　鲁　迅
征轮（木刻）　胡以刻
新书报（书十种，刊五则）
读者与记者（九则）　殊
马格哩脱缠绵悱恻
——南京中国文艺社第一次演《茶花女》
说谎的证实——复旦剧社公演《说谎者》
每日笔记（十则）
影片《母亲》（高尔基原著）一场面（照片）
一八艺社展
作家绰号一览表（续一）
《芳子姑娘》游宁波
——鄞县的文化报告
RADIO播送
向积极　邢　超
被践踏在铁蹄之下的动乱，为他们研究、记录的资料
中国文艺在国际上的荣誉
劳中新筑剧社六月十四日公演《阿莱城的姑娘》

上海狂舞曲（三） 适 夷
文学是不是科学（附余慕陶像）
余慕陶
卓别麟东游记（续十一）
查理·卓别麟著
蒯斯曛译意 于海饰画
读书顾问
略论读书并介绍《书报评论》
铁 郎
新儒林茶话
夫人两举金莲足，赢得方冠博士归
劳大第三届音乐会*

第 15 号
1931 年 6 月 22 日出版

论学问，他们的原形——
伯 因
读者与记者（二则）
从笔墨的讨伐向武力的警卫
——“青年文艺警卫团”之出现 广禾鹏
上海街头之什：街头音乐师（照片）
慧 摄
每日笔记（十四则）
“在历史的进程中，我们得辩证的前进”
劳大那波剧社将举行首次公演

* 原刊标题“劳大”误作“劳人”。

刘超英发起东方编辑社
上海狂舞曲（四） 适 夷
一八艺社迎送词
一、 于 海
二、 萧 石
按语 编 者
论“论翻译” 摩 顿
卓别麟东游记（续十二）
查理·卓别麟著
蒯斯曛译意 于海饰画
《说谎者》观后
一、 金太璞
二、 天 猿
孕妇上镜头有双重罪恶
——“虞美人”的表里
柳 丝

第 16 号
1931 年 6 月 29 日出版

代表言论
署期中走出学校以后
——并勖中大东北考察团
作家绰号一览表（续二）
不堪回首忆当年
——北平的文艺景色
前进——（电影《十月》一镜头）
住西湖三作家 春 岛
许钦文若无其事
孙春苔春梦缠绵
钟敬文高吟诗赋

每日笔记（十三则）
从“无产阶级文化”之先驱到马克斯主义批评之论敌——平林初之辅客死巴黎（附平林之初照片）
失业者（漫画）
蔚兰色的快车向自由之王国前进
——苏俄新映画
将文化的浪潮奔涌到荒漠的海外去
那波剧社公演
诗——“什么”
卓别麟东游记（续十三）
查理·卓别麟著
蒯斯曛译意　于海饰画
读书顾问
译过山城的旗声　谛　山
新儒林茶话
怕被人轻视

第 17 号

1931 年 7 月 6 日出版

代表言论
致张资平君
——谈《文艺新闻》的态度
戏剧家绰号一览表
读者与记者
致编者　伯　因
北国之文学与戏剧
稀疏凌乱之故都文化网
北平通讯社
沙漠的舞台上　琴　夫
上海街头之什：
都市动脉上的死尸（照片）
慧　摄
现实上海剧团
每日笔记（八则）
RADIO 播送
耶苏基督的艺术交易
洪　敢
国际文学革命局发行机关志《世界革命文学》杂志　适　溪
巴比塞的《炮火》摄成电影已在巴黎放映
日本新筑地剧团加入演剧同盟
高尔基之最近回莫斯科
从亚历山大第二讲到一八九七之伟大创作
上海狂舞曲（五）　适　夷
与摩顿谈翻译　赵景深
卓别麟东游记（续十四）
查理·卓别麟著
蒯斯曛译意　于海饰画
读书顾问
《风火山》上的风风火火　白　寒
《文艺新闻》读者在各处文化工作的调查、介绍
综合艺术的期刊《艺术评论》之发行

第 18 号

1931 年 7 月 13 日出版

代表言论

读者访问的前后
文学社团、剧团绰号
读者与记者（五则） 记 者
国际革命文学家联盟为中国宣言的签署者——震撼世界的总和声
上海街头之什：街头美术展览（照片） 慧 摄
山海关外之悲喜剧
吉林 克 非
辽宁 秋 心
每日笔记（十一则）
上海狂舞曲（六） 适 夷
读者的代表访问结果（一）
新闻热年代《文艺新闻》的兄弟刊
两个女学生将脸露于出版界
法国人并未替博士捉刀
——刘复论文章衣萍证明来源
明日清早，准时开场
文化街的后进者芙蓉书店成立
报告文学论 袁 殊
卓别麟东游记（续十五）
查理·卓别麟著
蒯斯曛译意 于海饰画
那波剧社公演的归途
一、 铁 郎
二、 金太璞
《学校戏剧概论》（介绍） 华

第 19 号

1931 年 7 月 20 日出版

代表言论
论劳大存在的本质
——劳大学生今后何处去
绞榨（木刻） 胡以刻
扩大国际的被压迫者的斗争
A Letter to The World
——美《新群众》杂志报导“左联”五作家被害（附照片）
——世界反帝大同盟中国部在巴黎出版《反帝》第一期（附照片）
每日笔记（十五则）
印度甘地将上银幕拍影片 天 猿
丢下枪，执起笔，从前线到文坛
——谢冰莹近讯
丁玲将主编妇女文艺杂志
林疑今与鲁迅——中国作家的代表
上海狂舞曲（七） 适 夷
读者的代表访问的结果（二）
翻译论战之一零二碎
——鲁迅感慨系之，茅盾欣然首肯
就新兴文学的理论和创作而言
彭 古
卓别麟东游记（续十六）
查理·卓别麟著
蒯斯曛译意 于海饰画
读书顾问
译过山城的旗声（续第十六号）
谛 山
新儒林茶话
“璧瑗无猜”否？
——“兔永在笼中”

第20号

1931年7月27日出版

上海文艺之一瞥　鲁　迅
读者与记者
　致记者　顾震亚
　复顾震亚　记　者
每日笔记（十六则）
上海街头之什：街头思想者（照片）　慧　摄
薛赞华谈理论与读书之影响
自旷野不茅的山围里传来“春荫”的写影
古堡的笳声
吼声自南京叫出
　——南京中大学生将演《怒吼罢，中国！》
苏联出版界之发达与速度
黄天鹏、袁殊各自动态　新闻部
一本讽刺的喜剧卖了一万二千五百万
匈牙利作家被捕
上海狂舞曲（八）　适　夷
莼菜单的西湖（附孙福熙画像）　孙福熙
卓别麟东游记（续十七）　查理·卓别麟著　蒯斯曛译意　于海饰画
读书顾问
　被劫夺了的教育
　——新教育大纲　明　君
有名作家与无名作家（漫画）　小　丹

第21号

1931年8月3日出版

上海文艺之一瞥（续）　鲁　迅
每日笔记（二十三则）
上海街头之什：都市之下层（照片）　慧　摄
上海狂舞曲（九）　适　夷
东北行第一信
　——过天津　（特派记者）　宗文
苏州文化之情报　夏　阳
王独清又在穷愁的旅路？*
　——王独清致余慕陶的信
无冕帝王的生涯：生——恋——报三部大曲
　——天庐主人（黄天鹏）写自传
一八艺社的新进展
高尔基将作波斯大使（附高尔基头像）
萧伯纳畅论苏联
苏联朋友会
上海街头之什：都市之下层（照片）
苏联“五年计划”宣传（照片）**

* 原刊将“穷”误作“穹”。

** 原刊误将“计划”作“计画”。

POSt 绘

银幕之前

非绿林艳史的《一剪梅》　方　英

一九三一年之示威（漫画）

岫石画

新儒林茶话

周作人处处坐首席

读者与记者

致若人　袁　殊

致董笔　记　者

致焕章　记　者

致焕平　记　者

读书顾问

由读者致群众　于　海

从清晨到半夜

"名"字之多

第 22 号

1931 年 8 月 10 日出版

代表言论

献给我们的读者

——沙漠里的骆驼和战马

街头骚动之刹那（木刻）

（一八艺社）耀　唐刻

每日笔记（九则）

贤妻良母的冰心与文化新闻记者谈话说——"普洛文学实难称为文学"（附冰心照片）

上海狂舞曲（十）　适　夷

沙漠的骆驼走向了前哨，黑猫在桌子上跳舞（平津文坛）*

北平的文化团体　楚　男

北平的翻版书　忘　名

天津的刊物　珊

国内作家

丁玲论（上）　方　英

帝国主义者末运之祭宫

——法国殖民地博展之一瞥

丹　君

"文化是武器"

——纽约工人文化同盟大会

——鲁迅为大会主席团之一**

国外作家

戏剧家的高尔基　柯尔达

读书顾问

丁玲：一个时代的烙印

——《韦护》之内容与技巧

一、　谛　山

二、　萧　石

三、　殷　干

鲁迅氏的悲忿

——以旧诗寄怀

第 23 号

1931 年 8 月 17 日出版

本报紧要声明

第二十次工作会议

---

* 以下三小标题系本书编者据内容拟，原刊无小标题。

** 此标题文句不通，但原刊如此。

代表言论
笔，口，拳头！
——自杭州寄上海
陶元庆与许钦文
——死者与生人之悼访
冯宪章病殁狱中
关外文坛略述
在东北，冰花灿开放
绥远文化之活跃
东北行第二信
——沈阳的报纸及其他
（特约记者）宗文
每日笔记（十九则）
辛克莱的《波士顿》（上） 余慕陶
德国文坛报导：鲁特威斯稜之《思想与感觉》——格莱赛主张双手卫护苏联——AIZ 周刊十周年纪念特大号
代表二十二国革命文学国际局在中国将有支部建立
世界各国出版之现实
翻译论之再零碎 赵景深
国外作家
戏剧家的高尔基（续）
柯尔达
读书顾问
鬼土里的形色——张天翼的《鬼土日记》 天 猿
读者与记者
致国强 记 者
致疯人 记 者
致张凉 记 者
致阿萍 袁 殊
致雪霞 记 者
从清晨到半夜
书店之"难月"
金价与消息

第 24 号

1931 年 8 月 24 日出版

本报紧要声明（同上期）
代表言论
市场上所见到的文学 匡亚明
陶元庆去世两周年纪念文 钦 文
杨贤江病死长崎（附照片）
欧阳予倩的《杨贵妃》
——肥婆京旦在广州之最后命运 佛 郎
每日笔记（十一则）
国内作家
丁玲论（中） 方 英
上海街头之什：杂景（照片）
慧 摄
日本将由文学新闻出现，由普洛作家同盟发行
日本新兴文学向国际之跃进
心之交鸣
——本报读者联欢会在流汗中举行最初发会
辛克莱的《波士顿》（下）（附辛尔莱画像）
新书介绍 余慕陶

《中国短篇小说名家集》(陈思编，群众刊) 天 猿
从清晨到夜半
时置洪水奔流
斗字新注
新近扩张了门面

第25号
1931年8月31日出版

本报紧要声明(同前两期)
文艺新闻读者联欢会来函
南国东江怒潮澎湃
——惠阳文坛简报 低 能
每日笔记(十一则)
陶元庆与许钦文(照片剪贴)
芜城中野花杂草、晨风夕雨、铁马青春 青 子
此之谓内讧也!
——开展社之分裂
博爱学校募捐文章稿费
六十分钟四个人偶得新闻小说
凡是偷稿事件都与史济行有关
——致记者信 陆鲁一
国内作家
丁玲论(下) 方 英
都市核心的一角(照片) 慧 摄
罗曼罗兰与高尔基
——给莫斯科文艺新闻之一封航空信
罗曼罗兰作 适 夷译

读书顾问
衰亡与幻迷没落之歌的《诗刊》 风 素
某诗人五分之一的没落(漫画) 小丹画
读者与记者
致白鹅 记 者
致明君 记 者
致耑巩 记 者
RADIO播送
死老虎黔驴技尽，活光棍牛筋味苦 道
从清晨到夜半
低能儿之群
拳头的用处
秋天的老把戏

第26号
1931年9月7日出版

代表言论
作家们，读者们，握起手来做!
最后消息
在黎明的舞台上殒落了一颗光星——李尚贤在红十字医院病逝
每日笔记(十一则)
上海街头之什：色情技术之贩卖者(照片) 慧 摄
郑振铎赴燕大授课并搜集中国文学史材料

朱谦之谈生命论的哲学并谈日本
对外三大代表人物
赵家璧主编、良友出版一角丛刊
现代书局经理洪雪帆赴鄂赈灾，张
静庐李赞华负责店务
蒋光慈在同仁医院病故
如骤雨之电文随飓风吹来
——全德百余名教授文学家环
恳宋庆龄援助牛兰夫妇
汕头之火焰　涓　涓
摩登佳话
交际花、女诗人虞岫云已与沈
钟口头婚约
罗曼罗兰与高尔基
——给莫斯科文艺新闻之一
封航空信（续）
罗曼·罗兰作　适　夷译
黄金国之内在动跃
波斯顿“青衫”剧社成立公演
新形态的互助俱乐部
工人歌舞团同盟之最近
好莱坞，黄金臭！到墨西哥去
摄制原人生活
“俳优或侍役，皆与我无关”
董绍明
一个现代人与犬计划
——毒瓦斯作者倍赫尔最近
著作
读书顾问
《一九〇二年级》的革命性
于　海
新语林茶话
没有《华盖集》
——杨荫榆女士的光荣
流　星
无从投寄的邮件
寄林疑今　记　者
新刊介绍
《中国简报》　海
从清晨到夜半
一个风闻与警告
我有累千累万的手
投笔从戎者流

第 27 号

1931 年 9 月 14 日出版

征请练习生　本　社
文艺新闻社代理部成立启事
文艺新闻合订本第一帙发售预约
代表言论
上海文化之横断面
——小楼展望之一
两件修辞学公案
废都之开拓（北平通讯）
蒋光慈之遗像（照片）
“欧阳予倩为人若何与本题无涉”
——致编者　胡春冰
每日笔记（十三则）
经济问题辩论《读书杂志》作战场
荒岛之凤毛麟角
——厦门之文坛与作家

以刀代笔

——中国版画运动之正式的动员

法国文坛之一瞥

——新兴作家之光辉　爱　而

英小说家凯因逝世

法国艺术批评家福耳将来华

Radio 播送

美国的金圆，中国人的血肉

星　虚

外国作家（二）

贾克·伦敦略传　更　易

读者与记者

致潜深　记　者

致乃前　记　者

致江群　于　海

新刊介绍

机契中的《理论与批判》

王　波

从清晨到夜半

我的文章是无数的虚点

还是要自己的力量

小儿病与文人的笨拙

追　悼　号

1931 年 9 月 15 日出版

祭坛之下

他身先一切的走过坚苦的道路*（附杨贤江遗像）　凌　夷

悼光慈九章（诗）　云　涛

张采贞传略　小　波

秋之歌（诗）　朱　歹

雪风沙漠征程对方何止“四十一”，活泼青春前路同志单留“六一三”——纪念李尚贤（附李尚贤遗像）

师　古

在发展的浪潮中生长，在发展的浪潮中死亡　方　英

田夫陷于死境，只得向诸大善士求援！

“向光明，向太阳！”终于在阴影中逝去——光慈临终前后记略（附光慈遗像）　邨　人

第 28 号

1931 年 9 月 21 日出版

文艺新闻社代理部成立启示（同前号）

代表言论

洪深、江亢虎、刘海粟

电影、学术、绘画——文化之外亲

《二十世纪》启事

上海街头之什：四马路的表里（照片）　慧　摄

刘海粟自法回国

斜阳衰草里《摩尔宁》降生（北平通讯）

* 原刊文字如此：“一切地”作“一切的”，“艰苦”作“坚苦”。

联合播种的前卫，澄清平凡的前线（四川通讯）
每日笔记（十一则）
白薇带病身不辞跋涉，蓬子在文新读联讲演
严灵峰为动力社声明
说一说《文艺新闻》的缺点
蓬　子讲　新闻部记
贾克·伦敦画像
重赏之下必有勇夫——法西斯蒂的文学有一本译成德文
日本版画将在巴黎展览
读者大众·书店当局
致潜深
（神州国光社）曾献声
银幕之前
一、人兽奇观的检讨
二、装满了尸骸的中国电影
杜　林
Radio 播送
镀金底泄气　荒　渠

第 29 号
1931 年 9 月 28 日出版

代表言论
起来！中国的大众!!
日本占领东三省屠杀中国民众
文化界的观察与意见（专页）
一、“日本帝国主义之最后的挣扎”　周予同
二、“漠视文化及压迫文化者才会白日做梦”　陈望道
三、“帝国主义最后死斗的一幕”　郑伯奇
四、“要使世界的劳苦群众永受奴隶的苦楚的方针的第一步”
鲁　迅
五、“其实何曾突然？”“问题的解决要看资本主义的利害关系”　夏丏尊
六、“畏惧民众运动，甚于日本出兵”　胡愈之
七、“军阀的阴谋，消灭异己的政策”　郁达夫
八、“走这样的路是题中应有之义”　叶绍钧
九、“中东事件何以悍然出兵，何以目前却提出忍耐镇静”
王独清
虽是一碗一榻之地，我也极愿抢得
——大失业恐慌中之一插曲
李×冰
文化前障害无穷*
——读者、作家、书局皆受极大欺骗
北平翻版书之盛　马彦祥
旧都之出版魔窟
田汉逃亡之两说
新月的微光迷朦闪耀于青岛

* 原刊为“文化前障害无穹”。

文化界抗日

文化界对外表示之一声

知己知彼方可言战

善其事利其器

读书顾问

人国印象记

——新世界之书上旅行

素　人

银幕之前

琪宁斯与卓别麟　景　星

田夫死柩存湘会馆

从清晨到夜半

阿Q的哲学

申报时报的因果论

第30号

1931年10月5日出版

代表言论

敬致为真理而准备作战的斗士们！

——文新读联会反日会宣言

新闻学研究者向中国新闻界紧急请求

发署人：任伯涛　黄天鹏　翁毅夫　袁　殊

左翼文化界抗日反帝大行进

“左联”的大学文学出版《东洋人出兵》

“剧联”致世界的宣言争取演剧的自由

“美联”之具体表示揭发国联欺骗

国将不国，报将不报

——任伯涛请严令各地报纸永绝日电

文化界抗日

《起来》发刊

抗日化装队表演

一八艺社之壁画

日本内外的分析　郑伯奇

日本无产政党的演说会（漫画）

洪深在病与忿怒中说明自美国回来之真象

致洪学易　洪　深

按语　记　者

怒吼吧！中国的大众！（照片）

慧　摄

血与泪的交流（照片）　慧　摄

每日笔记（十则）

RADIO播送

王独清的国民会议（致记者）

张克明

杨家四将之勇　天　猿

萧伯纳漫游观光　它　日

日本出兵东三省有声对白（附图）

亚细亚的饥饿大众（诗）

适　夷

从清晨到夜半

路市展览会一夕速记

第 31 号
1931 年 10 月 10 日出版

代表言论
血泪交流的双十节
“抗日反帝!”到处在咆哮
——街头演说会（照片） 慧 摄
抗日救国之大学进行，暨大社会学系主任李达被足球健将无故打伤 巨 摩
北平国立艺术院杨仲子熊佛西压迫抗日——艺术教育者变作臭官僚 秋 节
“我还有我的拳头”
每日笔记（四则）
东三省事件与国际关系 胡愈之
高加索举行全世界新闻杂志展览会
雷马克，一个轻薄的和平论者在俄国不大流行
诗圣歌德百年纪念
日本纪念黑格儿
演剧运动在伦敦用 Esperanto 写出
向舞台艺术探求
“到苏州去”!
“天黑落下来的雨，地上澹出来的水”
——本报读者慰问水灾灾民报告 罗 凤
朱应鹏等开抗日救闻会*
国外作家
《铁流》的作者绥拉菲莫维奇 起 应
作家与作品
巴金《死去的太阳》 宗 诗
新儒林茶话
文人相轻 愚 夫
出了会场
王济远欧游作品展览会 张泽厚
无从投寄的邮件
致答王独清 袁 殊
从清晨到夜半
论反日救国文艺
致《塞兵》编者何韶 袁 殊

苏州东吴大学四年级
为赈灾募捐公演特刊
1931 年 10 月 16 日出版

告白
第一次的舞台动员 袁 殊
演员介绍
丁 娜
吴 洪
周伯勋

* 原刊无标题，此标题系本书编者据其内容所加。

胡　萍
严　僧
千　里
叶秀夫
演员剧照
千　里
严　僧
胡　萍
周伯勋
新阶段上的演剧运动　适　夷
职员表
我们的戏　青　萍
《解放》中之歌（歌曲）
《解放》、《洪水》、《乱钟》剧本介绍与说明

第 32 号
1931 年 10 月 19 日出版

为推广运动告亲爱的读者
（本刊）
代表言论
速打出太平洋会议的狗群
上海世界语学会询问日本同志
对于东三省事件的意见
李达原谅凶手“亦系激于爱国之情”
老生常谈　周作人
东三省事件与国际关系（续）
胡愈之
在抗日怒潮中《申报》误载日本消息
——这是《申报》六十周年纪念中之大纪念
致本刊编者　谢又恺
按语　记　者
附：《申报》原文
杨仲子竟收买学生，勾结报馆索回稿件声明*
长空、适夷、马景星
为满洲事变日本左翼艺术界总动员日本新兴文化之动　华　蒂
划期的跃进
文化联盟之结成——文化团体之总联合
剧场同盟全会——《演剧新闻》创刊
国际劳动者剧场同盟——东洋书记局即将成立
现实（社）·现实（周刊）
四分之一的同胞无衣食、七分之一的国土被占领
——《世界与中国》月刊发行
德国新兴文化之战垒人与作的鸟瞰
每日笔记（六则）
作品与作家
巴金《死去的太阳》（续）
宗　诗
新儒林茶话
珠喉岂容轻启？名士也风流
现代文坛百观百感

* 原刊无标题，此标题系本书编者据其内容所加。

猫样的温文　V T

RAIDO

洪深先生的“忿怒”　王　良

外人来华摄片与明星的实在情形

第 33 号

1931 年 10 月 26 日出版

为推广运动告亲爱的读者（同前号）

代表言论

悼爱迪生（附艾迪生像）

各国被压迫大众是没有理由可以互相敌对——上海一日人答复世界语学会

新闻学运动之新的展开

——中国新闻学研究会成立宣言

每日笔记（六则）

本报职员于海辞本报工作*

我们在天堂放了一把火

——旅行苏州公演之前后

老当益壮，“一个新的德兰散诞生了”

莎士比亚在德国

文学的女浪人林芙美子打算光顾巴黎的当铺

作品与作家

施蛰存的新感觉主义

——读了《在巴黎大戏院》与《魔道》之后

适　夷

新儒林茶话

生活经验允许他？好一多产的作家

RADIO

艺术家云者　罗　石

从清晨到夜半

出借老病之光荣

臭市“淫”灯

代邮*　记　者

鲁迅启事

第 34 号

1931 年 11 月 2 日出版

为推广运动告亲爱的读者（同前号）

代表言论

万花筒里的“反日救国”

林　逸

最后消息

关于中日事件的罗曼罗兰通电

文学史的宝藏，中国空前的戏曲史料

——郑振铎等购得姚梅伯手稿《今乐府选》

艺术流氓将成西山落日

——杨仲子以走谢罪，开除令收回成命　春　芷

无名作家靠自己的力量

---

* 原刊无题目，此题目系本书编者据文中内容拟。

木研会将出版选集
上海剧团联合会抗日委员会将举行反日公演
暨南大学抗日会将举行暴日侵华史料展览
最有趣的这样快活的两个笑人的碰在一起——甘地与卓别林握手言欢
“代表着一般中国民众的”
每日笔记（九则）
东北事变与中国资本主义底前途　孙师毅
从清晨到夜半
我家之——
有往而“适之”
半截国家主义
赋得三色人

第35号

1931年11月9日出版

为推广运动告亲爱的读者（同前号）
代表言论
不抵抗　公理　宣战
——反日救国大行进　林　逸
新闻学研究会宣言勖时事新报被辞同人
燕大对东省事变麻木不仁
在人第二家庭里仿佛一幅伟大的版画
——青虹剧社在沪西公社
每日笔记（九则）
时事新报编辑同人解职风潮　袁　殊
日本文艺家访问多以中国事件为题材的村山知义　本报东京通讯处
阿Q上台
——上海戏剧联合会先期举行临时公演
各国读书界
现代中国画家批判　张泽厚
前言
汪亚尘
美术史家福耳谈模仿憎恶　孙福熙
新儒林茶话
世界语学者不懂世界语
新刊介绍
《北斗》第一期第二期　冉　复
RADIO
驱逐艾迪博士　王达夫
新生命书局将出版世界新文艺丛书*

第36号

1931年11月16日出版

代表言论
论“捧”与“骂”
——致无名作家
在本国领土内无爱国运动自由

* 原刊无标题，此标题系本书编者据其内容拟。

北平教育当局武装压迫女生抗日
——市立一女中被逼于淫威
察哈尔文化简报
——希望时代性的生动野火般出现
一颗曙星在漆黑的天空中出现
“我们期为妇女解放的革命文学的建立”
——女青年文艺社成立
文学的两座纪念碑，为没有钱的读者传布一个福音——《毁灭》《铁流》中译本出版
抗日！研究满洲问题
光华书局被控伪造印章侵夺版权
民族剧社将举行公演
工场夜景（《科学世界》之一场面）
日本文化联盟之阵容
菊池宽出面担保中本 Taka 子出狱养病
现代美的动向
〔日〕大宅壮一作　凌　坚译
奥国戏剧家显尼志劳逝世*
充满着力与确信
——高尔基的新戏剧《爱歌勃里蒂夫及其他的人》
一个明眸皓齿的女郎与却别麟形离不离——秘密的媚丽姑娘

* 原刊无标题，此标题系本书编者据其内容所加。

巴比塞论战争影片
每日笔记（五则）
国外作家（四）
诗人别勉斯基　起　潮
天津风景——日军的大炮又轰击了（照片）
“诗人”之“天才”与“骄傲”
——且论自由诗　刘蕃草
从清晨到夜半
一九三一年底新装
文凭无效，碍难救国
死光了就和平了
来函两件
一、　李　君
二、　惠　芳

第 37 号

1931 年 11 月 23 日出版

代表言论
日本帝国主义之新闻政策
——日本新闻协会对国际新闻联盟之可耻的声明书
豺狼当道　如火如荼——北平教育局积极压迫反日运动——市一女中家长奋起
杨仲子穷凶极恶履假武力压迫反日
欧阳予倩竟扬言要上海话剧运动复兴
——活动得要人的洋钱，美其名曰“职业化”

陈大悲落寞街头
天堂的青年活跃了
　　——东吴剧社的成立
中国的战争文学者说“唯一办法，只有当兵！”——顺便再报告他自己（中国战争文学者孙席珍致记者信）　（孙席珍）
一九三二年诺贝尔文学奖金将为辛克莱所得？
朱穰丞等在法被拘旋释
杨袁昌英态度甚超然
　　上海街头之什：街头阅报处（照片）　慧　摄
敌国内，多朋友！
　　——日本群众反帝反战，要与中国大众携手
文化的前卫——发行反战的文画创作
剧界大活动——风之街，活新闻
现代美的动向（续）
　　〔日〕大宅壮一作　凌　坚译
革命文学的前哨
　　——日本小宫山明敏去世
妙想天开的新潮社连环小说
　　——市侩工于计，艺术有尊严
经济恐慌给美国读书的影响
诺贝尔奖金一九三一化学赏又为德国教研所得
每日笔记（四则）
和平奋斗救中国——李树化创作救国歌
征题披露
　　对东三省事件的认识和态度及对第二次世界大战之预测和准备
　　一、满蒙分赃与第二次世界大战之导火线
　　（暨大）友　竹
新儒林茶话
　　捣死蛋了认错人，戴望舒以拳报宠　沉
从清晨到夜半
　　我言信矣
　　望平街夜之横断片
　　狗之定命论
　　溶四者而为一

第38号

1931年11月30日出版

代表言论
　　诗人徐志摩之死
反日风火中杭州艺专当局之苦肉策——任意牺牲学生学业，记过开除层出不穷
势与利相偕而来——一八艺社以进为退——穷苦画家唯有继仆继起
联合抗日之大演出
脚步轻些，过路人！休惊动这惨死的诗魂——诗哲徐志摩之死——诗卷晦新月，笔会悼长空（附徐志摩遗像）

美国著作家们联名向在美中国使署抗议，系为捕杀急进者作家事件
漆树芬遗著之版权官司，光华书局称另有人翻版
“日本研究”之外　乐　贲
罗曼罗兰、高尔基（分别）致国际工人互助会之祝词　AⅡI 译
德国工人画报十周纪念
二十世纪之机械文明的歌人威尔士六十五岁诞辰
绅士艺术到东洋
——不列颠的艺术家们在东京举行展览会
每日笔记（十三则）
从翻译论战说拢来　李俊民
征题披露
对东三省事件的认识和态度及对第二次世界大战之预测和准备
二、客观地预测与准备
（北平）发皋
有意想不到的地方，有意想不到的新闻（滦州通讯）　秋　心
蝶恋花（词）　衣　萍
从清晨到夜半
“这是礼物”
挽对注释
岳州并未复活
D.H 鋈

第 39 号

1931 年 12 月 7 日出版

拟发刊《一九三一年文艺新闻年鉴》启事一
拟发刊《一九三一年文艺新闻年鉴》启事二
代表言论
一九三一之回顾
《文艺新闻年鉴》一九三一年辑大预告
上海学生第二次赴南京请愿归来（照片）　慧　摄
每日笔记（七则）
侨沪德人举行创作版画展览会
介绍德国作家版画展　乐　贲
为国牺牲
反日团体举行抗日游艺会
何丹仁讲革命文学的新阶段
黄河流域民族
俞珊自谓精于处世做人
《吃耳光的人》五年后出世
爱国之血祭？
新大陆之两断片
年青的新兴的黑人作家去世
《阿 Q 正传》日译本林译及松浦译两种
东京 Review——反帝战在岛上开始游击　华
国外作家（五）
村山知义评传　华　蒂

征题披露

对东三省事件的认识和态度及对第二次世界大战之预测和准备

三、 杨 波

四、 沛 阳

新刊介绍

《毁灭》

读者与记者

致读者 记 者

从清晨到夜半

少帅之荣誉

血祭——

武器问题

悼“书”

五天后的日子

第40号

1931年12月14日出版

拟发刊一九三一年《文艺新闻年鉴》启事一（同前号）

代表言论

一九三一年之回顾（续）

反帝白热火，一致起来自己救自己——由怒吼而行动（七则）

日军用霰溜弹轰炸天津，爱国运动不能积极进行

抗日联合大公演

《铁流》图版画展不能延期举行

真象

绿星的新光芒

——CH.F.E.U的机会

女青年《罗莎》

冰心更正——记事无根而失实

谢冰心

《十字街头》——新兴“集纳”之后起

为读者大众真实的服务

每日笔记（四则）

卓别麟的新憧憬——到积雪的富士去

古代墨西哥民族有了正确的生活纪录了

RADIO

论“黄祸”

中国青年学生的艰苦

孙福熙

苏俄钢铁厂参观记——新世界的科学、艺术、文化之一瞥

〔美〕M.Gold作 海沫译

征题披露

对东三省事件的认识和态度及对第二次世界大战之预测和准备

五、 白 弢

六、 （上海）迭 名

七、 （北大法学院）林 村

八、 雪 峰

按语 编 者

第 41 号

1931 年 12 月 21 日出版

本报紧要启事

代表言论

一九三一年之回顾（续）

臂膀环挽着臂膀的万千大众向寒风中猛进——上海工人、学生、市民反帝大游行

上海街头之什：街头雕塑家（照片）　慧　摄

上海日报公会也争言论自由

学联会悬赏通缉

每日笔记（十四则）

教育共管之先声

——国联视察团之中国教育观

最初的一幕，最初的开场

旭日光辉蜀道上

向文化的前卫

——五年计划的英雄与普洛作家突击队

讥讽着资本主义的新电影西线不平静

看联合公演后的感想　郁达夫

苏俄钢铁厂参观记——新世界的科学、艺术、文化之一瞥（续一）

〔美〕M.Gold 作　海　沫译

剧场速写　记　者

第 42 号

1931 年 12 月 28 日出版

本报紧要启事

代表言论

一九三一年之回顾（续）

在侵略加紧中，在外交屈辱中，文化人的大联盟

北国风景：长途（照片）

本报热河记者摄

以“智识”为“劳动”者亦已发动立会*

——汪馥泉等九人当选干事

每日笔记（六则）

中国青年的热血飞溅过太平洋的洪涛——美国学者名流反对中国政府压迫民意

“曙星”在大众前首次揭开序幕

新兴文化的亲切友人史沫得莱女史之剧评

大义大勇原来是篦麻油之祭（北平通讯）

著作人协会建立组织献议

——致袁殊信　孙师毅

征求全国大中学生在反日运动中的体验作品　本刊新闻部

苏俄钢铁厂参观记——新世界的科学、艺术、文化之一瞥（续二）

〔美〕M.Gold 作　海　沫译

* 原刊“劳动”二字排为“劳劻”。

两部文艺巨著——《索其》、《从伏尔加淌入里海》 岂 风
组约工人音乐联盟讯
新刊月话
抗日文艺时评 方 英
书刊介绍
"一角小丛书"一瞥 天 猿
新儒林茶话
曹聚仁的"乌雅主义"*
消息二则**
从清晨到夜半
总理"在天之灵"
救国是敲着木鱼登山
"国母"的"教训"

第43号

1932年1月3日出版

恭贺年禧*** 袁 殊、毅 夫、华 蒂 景 星、适 夷、达 夫、康 靖
新年第一事 逸 夫
新年致语——祝读者们踏着时间向前进 本 社
反帝抗日大联盟积极进行工作，巩固扩展组织——胡愈之傅东华等担任常委
《世界革命文学》郭沫若任顾问
明星之抗日——金焰拒拍"摩登艳史"
中国文艺研究会之战斗
伟大、伟大，"战争文学"作品
在漫漫长夜里照探着即来的光明
无名作家组合之版画运动热
新年的反帝演剧
超然，不超然？
——杨袁昌英的态度
《怒吼吧，中国！》
——一九三二年新春演剧的第一声
把五年计划的英雄告诉全世界的工人
新的俄罗斯诗史与年表——《一天》出版
约韩·李特俱乐部广遍设立支部
一九三一年诺贝尔文学赏大遭舆论界之非难
每日笔记（五则）
苏俄钢铁厂参观记——新世界的科学、艺术、文化之一瞥（续完）
［美］M.Gold 作 海 沫译
作家与作品
一条生路与一条死路
——评穆时英君的小说
巴 尔
银幕之前
看了"马戏" 景 星

* 原刊此则"新儒林茶话"无标题，此标题系本书编者据其内容所加。

** 原刊此两则消息无标题。

*** 原刊为一贺年片形式，无标题，此标题为本书编者所加。

北国风景：旧历岁暮之市集（照片）　本报徐州记者摄
致谢　本　社
红绿灯
一九三二年的作家　壮　一

第 44 号
1932 年 1 月 11 日出版

代表言论
反对邮电检查
释放一切政治犯
咆哮着，大家在斗争线上
日本的军事剧场（漫画，转载 Krapolil 杂志）
北平冰冻——青年被捕逃亡，刊物被查罚款，胡博士大设劝宴，反日激流……
每日笔记（八则）
李达伤犹未痊愈
按语　记　者
致主笔　李　达
施蛰存谈一生之希望
——致适夷　施蛰存
《怒吼吧，中国！》在筹备演出中“用走狗的枪打走狗”，沪东蓝衣队新年诞生公演
佐藤春夫评《阿 Q 正传》的价值与《死灵》同等
关于著作协会
——一个具体而简要的意见　陈望道
“著作家之家”最初的建筑
U.R.M
资本主义的危机，社会主义的建设
日本左翼作家同盟最近之组合与活动*
新年新闻风景拾缀　天　猿
出了会场
美展巡礼第一回——评陈策云个展　张泽厚
“叛徒”必然洋化　王达夫
RADIO
“诸家”的意见怎样　康　靖
从清晨到夜半
马头对牛嘴
偶然学做诗——待教诗人之流馈赠致谢*　读联流通部

第 45 号
1932 年 1 月 18 日出版

代表言论
请脱弃“五四”的长衫
“一二·一七”惨案追悼大会记——血染金陵，政府竟成刽子手；哀动歇浦，民众誓做报仇人
体育场大会万人含泪悼遗榇
演讲中两个异国的兄弟
在租界游行市威

---

* 原刊无标题，此标题系本书编者据其内容所加。

著作人协会发起人谈话会
每日笔记（九则）
韩江之嫩芽——小文艺团体盛兴（汕头通讯）
中国社会科学研究会召开第三次代表大会
蓝衣剧团第三个
更正二则*
新闻教育
日本新闻界自动创立新闻学院
世界局的伟大工程——出版《列宁全集》
一般文化的动向
——集纳主义兴起预示
《大地的女儿》（作者史密特莱）访问记
——谈到德业赛等九人被捕** 林疑今
作品与作家
杰克伦敦与高尔基
一个比较的研究 菲 莪
读书顾问
读《小彼得》后 景 星
新儒林茶语
刘海粟的俏皮话
RADIO
草泽的民族文艺 太 诚

从清晨到夜半
阿狗文艺论
这一幕是“民主”了
公式——

第 46 号

1931 年 1 月 25 日出版

新闻部启事一
新闻部启事二
中国著作者协会发起记 L.F
在大众的怒吼声中
——一·一七市民大会印象记
世界语的作用：驱逐帝国主义之盗匪于中国国境——职工国际寄全世界工人的檄文
六岁之世界的天才——神童的钢琴奏手
一九三二年的计划如何
——日本和苏联的文学新闻向作家们征求答复
苏联新闻概观（一）
〔日〕黑田乙吉作 袁 殊译
大众文学之成果
每日笔记（三则）
RADIO
中国实在亡了 天 玄
作品与作家
杰克伦敦与高尔基
——一个比较的研究（续）
菲 莪

* 此二则消息原刊无标题。

** 原刊无（）及（）内文字。

工场通讯

献给作家——生命与货品　白　弢

戏剧战争中（五则）

三宅 Yas 子逝世*

第 47 号

1932 年 2 月 1 日出版

青年世界语者联盟启事

敬告《田汉戏剧集》读者　田　汉

谢六逸声明

代表言论

国难会议已“交易”而未“开张”政府是洋奴买办阶级所雇用的

在日军进关的炮火中北平新年喜剧——熊佛西竟兴奋得“卧薪尝胆”，程艳秋领得庚款海外旅行

苏联 JOVRNAIISM.—（照片）

每日笔记（五则）

人间榨取制度的撤废，和平理想社会的实现——北平世界语者同盟成立宣言

张博士还乡记　涓　涓

德意志的电影艺术　德　佑

苏联新闻概观（二）

〔日〕黑田乙吉作　袁殊译

卢那却尔斯基说《战争与和平》是拥护资本主义贵族利益的小册子

没有祖国的伙伴——德国劳动作家之群*

开拓历史的艺术底五年计划（一）

尼濑敬止著　葛　乔译

RADIO

芳泽之雪茄其长不下于十五

生丁米突　德　佑

读书笔记

《没有太阳的街》　白　弢

新儒林茶话

永远的无名专号

读者与记者

致记者

（山西）樊青年　史　英

战时特刊·烽火

第 1 号

1932 年 2 月 3 日 15 时出版

文艺新闻社启事（为改出“烽火”事）

日本飞机十八架掷弹放火

神户发生兵变——叛兵被杀三百余人

日机积极图反攻，南市已严重警戒

昨日战区情况

北苏州河之炮声

虹口华人积尸如山——被绞心剖腹而死

日军死伤近千——并力谋藏尸灭迹

宁为枪下鬼，不做亡国奴

——十九路前敌激励士兵

* 原刊此消息无标题。

电讯工友上前线助战
租界安全问题
法军严防日军在法界登岸
神州国光社二号起罢工
蒋介石逃到洛阳，企图勾结华北杂色军队，不是打外国，要杀自己人

战时特刊·烽火
第2号
1932年2月4日14时出版

六列强拟武装调停沪战，日军集中攻击浏河吴淞
今晨二时消息*
钱业公会职业决议继续罢市
燃起反帝的烽火　天　猿
子午炮（四则）
神户兵变之口号
各航轮儿戏难民生命——不开出口，又不退钱
总同盟罢工委员会号召全市总罢工
神州被打工人宣言坚决斗争到底
第三党崩折重合图夺政权
民众自动启封"民反"会所
坚决反对帝国主义瓜分中国
——上海文化界发告世界书

战时特刊·烽火
第3号
1932年2月5日14时出版

（目前尚未发现藏刊，缺）

战时特刊·烽火
第4号
1932年2月6日14时出版

（目前尚未发现藏刊，缺）

战时特刊·烽火
第5号
1932年2月8日14时出版

俞谷两部集中苏州，即来沪参加抗日血战
闸北水电厂昨日战况
日人不顾抛尸异国，自毁肢体籍免兵役
日飞机在真茹炸我兵士一连
只要热血还剩一滴，决不停止民族解放的斗争——昨日闸北军民大会记
沪西罢工工友募到粮食暂济目前饥馑
学生救国为做官，大家抢做总司令
华捕成立反日大同盟
保卫团误捕同胞，几乎又牺牲自己人的性命
蔡元培戏中戏语，把党国要人大骂一台
少帅载歌载歌，无聊时猎兴犹炽*
难民走头无路，踯躅街头，涕泣无从！

战时特刊·烽火
第6号
1932年2月9日下午出版

今晨又击落日机二架
日本在沪陆军兵变
要维护世界和平只有维护中国革命
——日本驻沪海军革命宣言
军国主义的残暴是要民众都当炮灰
日军防线电网通电
用全力去肉搏 天 猿
列强急谋瓜分上海，日本增兵打头阵
帝国主义假慈悲，某教会学校驱逐难民
麦家圈打死日便衣队
民众反日救国联合会通电全国求援
钱业公会捐米，工人要求直接拨给
通过火线归来 陆 诒
最后消息

战时特刊·烽火
第7号
1932年2月10日下午出版

（目前尚未发现藏刊，缺）

战时特刊·烽火
第8号
1932年2月11日下午出版

今晨战况在继续中
日本决占领上海，准备作持久战，
同文学生全体被押返日
驻沪海军与陆军大起冲突
沪东日便衣队肆行猖獗
军事家言日军战斗力薄弱，跪在地上，双手举枪
探监记
——民众百余人无辜陷囚怨狱
团结青年反日力量，反日到底！
——青年义勇军成立
巡捕先生说：外国第一怕我们人多，大炮、坦克有什么用
韩人募款慰劳十九路军，因误会被捕被殴
当局竟一本初衷，还要压迫反日运动
吴淞烽火
——细嚼难堪，战地凄惨苦况
陆 诒

战时特刊·烽火
第9号
1932年2月13日下午出版

本报启事
日军在沪兵力总计，拟攻吴淞直取沪杭沪宁
裁缝歃血为盟誓死抗日
洛阳要人游兴方畅——汪精卫演说“接受日本要求”
政府卖国之铁证 天 猿

扬子江流域之形色——各地当局武力镇压民众抗日
日人满载而归——不是黄金白银，却是朽骨残尸
我军所获俘虏中发现黑牙齿安南人，法租界防范严密界内安全
何民魂等组织东南国民救国军，即揭开历史之一页
对日作战紧急中当局始终不准民众抗日
前线一瞥　郑伯奇

战时特刊·烽火
第10号
1932年2月14日下午出版

本报启事
暴日海军又在增兵，决定将锁断黄浦江口
日军将利用白俄冲锋
——白俄永远做帝国主义的狗
韩人反日大同盟议决召开中韩印台代表大会
失业者及灾民受迫激动反叛情绪
政府屠杀民众不已，两年来上海已有三万余人
日军将用毒瓦斯杀上海人，党国内乱又将在此时开幕
郑振铨受贿八百万出卖吴淞炮台未遂
前线学生义勇军尚未能执戈杀日寇
文化界抗日会将援助罢工工友
商务印书馆力图重振旧业
海上王者谁？
——美国在华投资一览
前线一瞥（续）　郑伯奇

战时特刊·烽火
第11号
1932年2月15日下午出版

日又图犯广东
日军火藏在租界
帝国主义的末运——日前线兵士纷纷私逃
日生力军精壮少年备作新炮灰
虎口归来，探得敌情慰同胞
——东京华人理发师冒险纪实
日军在长江将与中国民众直接冲突
“和平区”果将实现吗？三公使来沪怎样“交涉”？
列强心惊胆破，眼见民众反帝力量发展
日移民满洲年达十五万家
浦东民反义勇军被解散，保卫团公安局横暴压迫
前线慰劳记断片之一
士兵弟兄所需要的
士兵高兴听民众的话
战区村民大会

战时特刊·烽火
第12号
1932年2月16日下午出版

汉奸谋毁本报
敌海军反对侵略作战，自行沉没军舰冀避战死
日机掷弹炸毁我民船
日舰九艘被我击退
南京警卫军自动来沪
日机放下汉奸二名，查获当场正法
退兵必遭民众与士兵之反对——翁旅长答记者之问
八十八师血战退敌，各方面应速往慰劳
各国公使及上海市长在美领事馆之密谈
某国乘机推销军火
著作月抗日会慰劳战士援助工人
被难中学生之福音——现代中学收容避难之中学生
方振武观战谈——中国士兵作家大进步
柳亚子忿于一切卖国通敌者
公安局不准青年自卫
南市义勇军被查封
损款志谢* 本 社
请会员加紧采访*
（读联）干事会

* 此二条原刊无标题。

战时特刊·烽火
第13号
1932年2月17日下午出版

敌骑遍中国大陆，日又拟图山东省矣
日本继续派兵来沪
日机惧怕高射炮
外报载吴淞战讯
给我们面包！
——沪西失业工人要求救济，地方维持会前群集怒号
我们要建立民众自己的报纸
普 新
把我们弄得没有饭吃，都是你们闯下的穷祸
奸商利用戒严时期运粮助敌
国贼！国贼！国贼！——吴铁城私邸前之风波
象这样的日本兵实在不值得一打
——八十八师战士如是云
有目共睹满载而归是不是死尸
——日司令自拟假拟真
南市视察记（二则）

第48号
1932年3月28日出版

年鉴启事
本报启事（为移址事）
本报启事（为不再转信件事）

文新代理部启事*（为移址事）
血的两个月（论述）
前进（木刻）
泛太平洋文化运动联欢周
烽烟炮火下上海文艺界之活动（专页）文化界抗日反帝联盟扩大会议后积极工作
著作者抗日会援助罢工失业工友
中国电影家协会救济战时失业同人
如果不能推翻支配思想，被压迫者的解放便不可能——普洛科学社成立
旧的教育破产！新的教育产生！
——新兴教育研究社（筹建）
集体的、大众的安庆车形（乡村）教育社
沉闷笼罩着华北——大学生学联三月无活动，仍沉淀在“欲海新航”（天津通讯）
跪哭团无耻——奴隶的道德（天津通讯）
演剧运动的阔步——北平、广州、汉口
国际文化界团结起来！在联欢周中取得更深的把握
从世界的每一个地方递来雄伟的回声——应重中国世界语者为满案的宣言而起
每日笔记（八则）
墙头小说

千人针

〔日〕Kubogawo Ldeko 作

适 夷译

文化战线

女作家新集团

文学——大众化

文化运动“通讯”（社）

烽火实录
文新要基于读者而存在，守护我们自己的报纸——代理部告白
读书顾问
《往何处去》（孙师毅编，良友版）

卢方聿

介绍客观的意见——外论编译社之工作
日帝上海侵略战中草复袁殊**

〔日〕出上万一郎

复出上万一郎君** 袁 殊
美国新兴文学运动一九三二之展开
儒林新史

许钦文的奇情案

德莱散将被判徒刑二十年

第 49 号

1932 年 4 月 4 日出版

年鉴启事（同前号）
本社启示（同前号）
本社启示（同前号）

* 此启事与下期“文新代理部启事”文字一样，原刊此期标题误作“文艺代理部启”。

** 原刊此二书信合题为“日帝上海侵略战中草复出上万一郎君”。

文新代理部启事
我们该做些什么
追纪歌德百年祭
“党治新闻”的破产和复兴
国难会议能代表被压迫民众乎
——致袁殊 陈高佣
歌德（画） H.W.Bischim 作
研究苏联！理解苏联！
每日笔记（九则）
秦腔——西京的戏，有“班子”未登台
上海事变中作家之逃难
鲁迅迟出早回
（周）建人未伤
张资平疲于逃病
（穆）木天家破而志坚
某作家之女侍
（赵景深）外国消息没有了
没自由的广州点点奇花异采
岛上烽火——不同民族的而同于理想的弟兄正期待我们的奋斗
淑 芝
“危机”迫近了（法国通讯）
世界第一个大铜象
俄国《诗人文库》出版
火花消歇，铁樽锻成——立陶宛作家跑到工农中
乡村中之反帝公演（松江通讯）
《大地的女儿》译本有三种之多
郁达夫所著《她是一个弱女子》
开拓着历史的艺术的五年计划（续）
尾濑敬止作 葛 乔译
读书顾问
《最初的欧罗巴之旗》（村山知义著，袁殊译，湖风版）
华 恺
《红色帝国主义》（Georg Cleinow 著） 方 聿
火线上 白 苇*
一、胡子
二、烟
三、兵与兵

第 50 号
1932 年 4 月 11 日出版

本社启示（同前号本社启示二）
文新代理部启事（同前号）
致唐山英勇的学生
不抵抗主义现形（木刻） 以 撰刻
上海的烽火
墙头小说
放工后 它 河
爱国与亡国的人——唐山学生之抗日斗争
新闻托拉斯压迫下之工友——《时事新报》纠纷多
电影托拉斯假破产——联华公司之丧曲

* 原刊署“白韦”，从下面第 50 号、第 52 号署名看，知为“白苇”之误。

美联复活——克服种种客观的主观的困难于四月二日集会恢复组织
人命如蝼蚁，六十人落水不救，捞尸抚恤全不管
国际演剧竞赛
“神州奖”预测
文化劳动者之劫运*
——商务被难职工呼吁救济
国际革命作者联盟追悼死者，敬赞生者
日本革命美术家在帝国主义的崩溃中生长
高尔基说空谈是不能帮助中国的，只有一致起来反对干涉中国
苏联文学通讯　雷丹林
速写派
书业青年建立俱乐部
读书顾问
《怎样得到快乐》（B.Russeli 著）　卢方聿
地下层通讯
矿工手记（一）　苍　剑
火线上　白　韦
四、红的花

第 51 号
1932 年 4 月 18 日出版

预约　本　社
檄全国新闻记者　中国新闻学研究会
反对邮票加价
文化界反帝抗日同盟参加反对政府出卖上海
新闻学研究会广征社员扩大组织
陈望道表示消极，著作者抗日会既进且停
时事新报罢工事件影响扩大波及发行，全体报界工友一致忿起
电流（社）！电流！毁灭这吃人的社会（长安通讯）
淮扬老如今又新生（扬州通讯）
商务工人死路一条，王云五的科学合理化趁火打劫，破屋又逢连夜雨
——一印刷工友之怒诉（致编辑）　阿　根
反日帝国主义进攻中国：德文学家、工人大示威，在柏林之中国革命家讲演；巴黎亦纷纷继起援助
日本革命作家下狱——统治阶级必然崩溃之反证
战争狂的时候举起反抗之声
——伊凡诺夫等致罗兰等之公开信
革命的十五年，苏俄艺术家等备纪念
每日笔记（四则）
苏联文学通信（续）　雷丹林
浪漫主义与写实主义
高尔基在苏联
更正　胡秋原

* 原刊为“文化劳动者之劫运”。

读书顾问
《世界革命文学》 寒琪
地下层通讯
矿工手记（二） 苍剑

第52号

1932年4月25日出版

预约（同前号） 本社
致读者* 本社
出版事业合作社
和“捏造”“中伤”挑战
读者与记者
夸大与谎报影响新闻信用（致艾衣） 记者
一九三二年苏联的电影投资总额
启事 本社
中国新兴教育社正式立会——主张教育完全基于大家，教育劳动革命打成一片
灾地飞鸿
——苗儿，草儿食尽，少妇、幼女卖身
泼剌活耀的美联复活后将走进工厂
赵景深谈广博的嗜好
不雅观——调查团查到洋车夫的头
地下层通讯
矿工手记（三） 苍剑
每日笔记（八则）
白色风暴吹遍了日本文化界，大批著名艺术家被捕
南开大学反帝与拥帝之一出
外论编译社发表上海外报介绍
逃兵通信
援马马儿溜了缰，爱国只为爱作官 麦林
国际革命著作家同盟告全世界一切革命的著作家
新刊介绍
《研究》 立青
示威进行曲（诗） 沙漠
RADIO
职业教育者的国难教育

第53号

1932年5月2日出版

文新在血火中战斗而健长
榴花的五月
“大众化”问题发端
本社启事（为代售事）
文新第一周年的话
——读者大众之批判和希望
一、“我们的旗与剑，前进！” 华频
二、 新农
三、 瘦人
四、 罗凤
五、 陈延章

* 原刊无标题，此标题系本书编者据其内容所加。

六、　　　　周星寰
七、　　　　徐书荣
八、　　　　木　易
九、　　　　白　苇
十、　　　　燕　子
十一、　　　老　苇
十二、负起文化上反帝的任务来　　华　汉
十三、　　　郑伯奇
十四、　　　田　汉
十五、　　　柳亚子
十六、　　　陈高佣
十七、　　　赵铭彝
十八、　　　蓬　子
十九、　　　杜　衡
二十、　　　保　罗
二十一、　　戴望舒

天津文化大活耀——青年火花爆发·反帝国主义国联之鹰犬来华·开映苏联（有）声（电影）片《生命之路》

以世界语为武器团结全世界被压迫大众——世界语通讯社讯

外论编译社发表上海外报介绍（续）

蓬子为光华主编《文学月报》*

黄金国白色风暴下五十一国民族大示威

日本白色恐怖愈卷愈剧，日本世界语者同盟被袭

国际劳动者戏剧旬

“五四”与民族革命文学　　茅　盾

每日笔记（九则）

故都舞台决战队（北平通讯）

郑振铎在北大讲说：中国在十年以后不做主人就做奴隶

文新是大众所有的

——参加工作者之自己批判与告白

一、　　　立　青
二、　　　景　星
三、　　　向　阳
四、　　　王达夫
五、　　　适　夷
六、　　　端　先
七、　　　毅　夫
八、　　　袁　殊

RADIO

不满足　　　未　梅

卖国的主动和被动（北平通讯）

无锡大兴文字狱

纪念五月五日　　沈起予

中外影片统计

世界之暴风同伙——日本 IATB 活动

第 54 号

1932 年 5 月 9 日出版

纪念五九

本周新出刊报告

* 原刊无标题，此标题系本书编者据其内容所加。

本社启事（同前号）
广东戏剧界大会串·树羊头卖狗肉
戏剧界无情斗争·广州新兴戏剧团体联盟
金沙、平沙、沙漠一片——河南文艺日记杂感
北平文化不再消沉，刊物如雨后春笋
汎系的弹压下日本作家同盟开第五次全国大会
帝国主义战争之共犯者
——致文新编者
文化界反帝抗日联盟书记サ三ソ
大众化论坛
“文化大众化”问题之我见 保 罗
每日笔记（三则）
四月份外国杂志
（一）普洛列塔利亚文学（日本）
（二）新群众（美国）
（三）苏联之友（日文）
最后消息
死气笼罩中的北平五一节 劳 里
酷虐的现实实已无从逃避
研究苏联正式出动

第 55 号

1932 年 5 月 16 日出版

副刊征稿启事 本 社
对于大众文学的几点意见 大 林
我对于文新的意见 鲁 迅
帝国主义之仆从之狂啮愈演愈烈，西安大屠杀血染梁府街
对垒中的北平文艺·新的文化深入大众
十余万人牛马不如·官绅合作剥削欺骗（天津通讯）
晦明的“灯塔”与“炮台”偕亡（太原通讯）
寒夜之花与少年大众（贵州通讯）
反对卑鄙的学校当局
——美专同学在忿怒中
浦东蓝衣剧团复活公演
反对屠杀中国大众——美国的兄弟姊妹这样斗争着（照片）
莫索尼里《百日》上演·反法西斯蒂高涨（波兰通讯）
由文学到反帝扩大与发展（南京通讯）
艺术界的没落中青春美术家跃出
每日笔记（十二则）
寻觅大众作家，《北斗》反帝征文
Monde一派深深陷入了社会汎系的泥沼（《人道报》十二月十二日文）
读书顾问
《苏俄视察记》（曹谷冰著） 石 榆

第 56 号

1932 年 5 月 23 日出版

本社迁移启事
袁殊启事
“自由人”的文化运动
——答复胡秋原和《文化评论》
五月之火
“五九！五三！北平市的大“台模”震撼了旧都城
时代乱钟下的活路
——广州中大抗日剧社二次公演
“自由思想”如此这般·国家主义者是秦始皇远代的徒子·小人未得志威风已经不小（青大通讯）
“芭莉苞”剧团中俄文演出《夜店》（北大通讯）
又是一出影子戏——“鞭策”下的真理文化（北平通讯）
美专压制言论，学生酝酿风潮
每日笔记（四则）
农民被逼得走头无路，谁个肯坐着候死？
跨过了 Monde 的残骸法国艺术家勇跃前进
筹备马克斯逝世五十年纪念赏征求革命十五周年纪念作品（苏联通讯）
给在厂的兄弟——关于工厂通讯的任务与内容
一周之动
世界认识
犬养毅被刺与日本法西斯运动
军缩会议指掌图
法国报上的“暗杀”与“阴谋”
两个领事被胁的两个前途
国内报道
有吉从巴西到南京“酬酢”
中央政府“修律理法”
第二的锦州——榆关
RADIO
邮工不平鸣
——当事人的切腹痛*
新闻部启事**
布力汗诺夫的《艺术与社会生活》中的错误（《世界革命文学》第三期文） 寒琪译
路德维希稜——《战争》与《战后》的作者
戏剧防御战
——致“文新”编者 名 一
苏联新声片《人生之路》之一场面（照片剪贴）
《人生之路》

* 原刊为“当事人的切肤痛”。

** 原刊此启示无标题，此标题为本书编者所加。

第 57 号

1932 年 5 月 30 日出版

本社迁移启事（同前号）
五卅第七年
告邮务工友：奋斗，要为着自己的利益
本报印刷工人罢工请问当局*
苏联有声电影
《一人》（Odns）
《静静的顿河》（Tixi Don）
《Sandunga》
操纵把持用去了一万七千元，个人行动泛太平洋会议当代表
中国新闻学研究会之过去批判与今后企图——致南京黎圣伦并致各地同志　袁殊
阳春大地待尔勤耘
——春地美术研究所广大的征求社员
“没收帝国主义在华财产”——北大当局认为危害该校前途
每日笔记（九则）
“莫须有先生（传）”不知说什么**
更正*
反对世界大战！反战会定八月一日在日内瓦召集
大众的威力战胜了汛系的威压
——日本作家同盟勇往迈进
波斯王请客，诗哲（太戈尔）乘飞机**
夜色茫茫中英文学家等待黎明
外论编译社出版外论周刊
关于工厂壁报
——给在厂的兄弟
一周动
政党与军部重新握手（日本讯）
军扩（日本讯）
自由市先以邮政入手（本埠讯）
两个官吏的苏联印象
“外末攘而先安内”（南京讯）
读者与记者
要求“文新”“大众化”
致编辑　阿四
复阿四　记者

第 58 号

1932 年 6 月 6 日出版

本报迁移启事（同前二号）
“阿狗文艺”论者的丑脸谱
——致编者　洛扬
探捕包围下的中公——大教授口是心非，学校成恐怖世界
帝国主义瓜分中国中谁为友谁为

* 此二则原刊均无标题，其标题为本书编者据其内容所加。

** 此二则原刊无（）及（）中文字，（）及（）中文字系本书编者为内容醒目所加。

敌，在事实上反映显明——中国作家发表营救牛兰宣言
藏《屠场》一本已足杀头而有余
——成都五九风潮扩大
“五月花（戏社）”开惊破了西湖的甜梦*
谁“荒谬”？——《新世纪》停刊（扬州通讯）
长安市上血腥未乾，渭北蒲城又在屠杀　懦夫
苏土的文艺握手——土耳其文学家游苏联
必然的生长与没落——滚吧！卑怯的人们（法国通讯）
马理斯·温起夫斯基逝世
如何写报告文学——给在厂的兄弟
一周之动
中国报知
上海报工之一致行动
官办“抗”日会只会“媚”日
“非”战运动的本色
世界认识
德国汛系内阁的压迫车
圆桌会议妇随夫唱
——美术版——
市街（画）　乌脱里育画
乌脱里育　莪伽
“农民战争”与“织工暴动”　向阳
春地美术社（木刻）　周熙刻
普罗美术作家与作品　违忌
——诗歌版——
五月　野应
十二个诗人　伽
吮血的狗　生元
青衣女（一、二）　了之
更夫　京平
爱的礼物　L.Y
扛夫的歌　沙漠

第59号
1932年6月13日出版

本社迁移启事（同前三号）
“废止内战”的假面具——
真正消灭混战的是“掉转枪尖来”
墙头小说
游戏　白韦
脑力体力劳动者联会反帝反战
——“文反”发表宣言
中国普罗科学社宣告解散——谓是清算过去的错误
西安的反帝怒潮，杨虎城铁蹄下的陕西教育
每日笔记（七则）
预报了暴风雨的海鸥——《月亮上升》、《工场夜景》（青大通讯）

* 原刊无（ ）及（ ）中的字，（ ）及（ ）中的字系本书编者为内容醒目所加。

西湖不再沉寂了

——五月花剧社连续公演

全世界的朋友们排起队伍来呵！（法作家罗曼罗兰宣言）

［法］罗曼罗兰*

暴压！暴压！——朝鲜三·一剧团突遭解散（东京通讯）

苏联造新字母，各民族语文拉丁化

克蒂斯游莫司科·苏联和德国文化交欢

如何看报——给在厂的兄弟

普罗美术家与作品*（续）

违　忌

一周之动

世界认识

反共的新智利政府

东省已为韩国之续

中国报知

"谈话"与"事实"

中国海空军的威风

两个托辞司下的工潮

八千万窘财神

读普洛书者"死"

第 60 号

1932 年 6 月 20 日出版

踽凉的孤影，苦笑的人！（附卓别麟照片及画相各一幅）

* 原刊无译者。

劳动大学停办

街头小说

游戏（续完）　白　韦

每日笔记**（八则）

凄风萧，苦雨密，万人洒泪吊先烈

——击冲东海涛，血溅浦江红，另一种人还有另一种排场

《福地》感化了美国政府，使借麦债与中国——鲍克夫人描写中国农村生活的著作

梅花落，少女唱——后台风景，粉香肉臭（南京通讯）

最后的一页

"春地"画展

用玻璃砖头和警察搏战

——北平演剧运动

苏联的戏剧艺术计划及其剧作家之待遇（法国通讯）

方抵故国之土，即作黑狱之囚

——藤森被捕，藏原受酷刑

世界危机中十月交响曲应合着殖民地的呼喊（塔斯社讯）

雷马克走头有路

——昨年文坛骄子，今日无处为家

一周之动

** 此期原刊无"每日笔记"栏目，属于该栏内容之消息分三处登载，此"每日笔记"系本书编者据其内容所加。

中国报知

军阀混战旦夕可发

电话罢工成立罢工法庭

救国反帝各有风光

世界认识

内田康哉自拉自唱

欧战赔款愈算愈乱

RADIO

新权贵的电流只知拍马吹牛

——妇 女 版——

苏联的女性（一）

〔日〕秋田雨雀作　凌　鹤译

“十月革命的小孩”

——恋爱问题（一）

苏密特维地作*

征求劳动妇女写真**

女性的呼唤

辟栏按语　编　者

致编者　文　藻

参加妇女运动——从封建的牢里打出来，到布尔乔亚的手里？！（漫画）

——集 纳 版——

看，上海的“报”　天　猿

欺诈无用，无时无休

愚民目的，发展企业

挽回信用，笑里藏刀

且左且右，新而不新

在这纲要指示下努力于新闻研究

——新研执委会通过会员研究纲要

卖报童（照片）（转自苏联IZiVFSCHSi报）

国际新闻纸展览会（塔斯社讯）

两个集纳学者的话

集纳正名

——致来夫　啸　一

望平街之透视（集纳）

一、犬养毅养的“毅”

二、山芋变成了山羊

三、自打嘴巴的双簧

四、倒结稿费的无名者

* 原刊无译者。

** 原刊此条无标题，此标题系本书编者据此条内容所加；此条文中“劳动妇女”作“劳働妇女”。

93 青年界

简 介

《青年界》，月刊，综合性刊物。一九三一年三月十日创刊于上海，北新书局出版发行，李小峰、赵景深编辑，姜亮夫、石民、袁家华、杨晋豪、厉厂樵曾先后参与编辑工作，一九三七年七月出版至第十二卷第一期，因抗战爆发停刊。一九四六年一月复刊，由赵景深编辑，李小峰为发行人，一九四九年一月出至新六卷第五期终刊，共出版八十六期。该刊第一至四卷为三十二开横排本，第五至十二卷为十六开竖排本，复刊后改为三十二开竖排本。

《青年界》是以广大知识青年为读者对象的普及性刊物，向青年介绍社会科学和自然科学的基本知识以及道德修养，读书作文，升学就业，恋爱婚姻等各方面的生活知识，而文艺作品和作品评介文章占很大比重。撰稿人数以百计，包括各方面的理论工作者，教育工作者和文艺工作者，其中有鲁迅、郁达夫、穆时英、老舍、朱湘、臧克家、胡山源、周作人、田汉、艾芜、谢冰莹、阿英、张天翼、苏雪林、废名、徐圩、黎锦明等数十名知名作家为此刊撰稿，除刊登这些作家的创作外，还刊登了他们译介的雨果、杰克·伦敦、陀思妥也夫斯基、莫泊桑、屠格涅夫、萧伯纳、高尔基等许多外国著名作家的作品。此刊的“特辑”很多，并且办得很有特色，其中的“朱湘纪念专号”（五卷二期），“刘复先生纪念”专辑（六卷三期）、“鲁迅先生逝世纪念”专辑（十卷四期），和复刊后开辟的“人物素描”一栏，刊登了较多的作家史料。

目　录

第1卷　第1期

1931年3月30日出版

插　图

近代绘画代表作

（一）大奥达列斯克　恩格尔作

（二）沙尔达那罢鲁之死　特拉克窪作

（三）少女　柯　洛作

（四）酒徒　陀米埃作

文坛漫画

（一）保姆是屠格涅夫的外国语教师　Van Werver 作

（二）厨子的书是高尔基的图书馆　Van Werver 作

（三）般生沿途撒种　Van Werver 作

（四）丹农雪鸟自认为世界伟大诗人　Van Werver 作

作家肖像

辛克莱·刘易生

一九三〇年国际情势概观　杨东莼

世界列强市场争夺战之近况及与我国之关系　漆琪生

二次世界大战之酝酿与英国空军　芳　草

朝鲜之将来　陈清晨

现在青年的苦闷　杨人楩

青年应该读什么书　衣　萍

美国大学生与中国大学生　余楠秋

诗人与艺术家　荻原朔太郎著　孙俍工译

罗贯中　郑振铎

作家介绍

辛克莱·刘易士

（一）刘易士在美国文坛的地位　宫岛新三郎作　钱歌川译

（二）刘易士小论　刘大杰

（三）一九三〇年诺贝尔文学奖金　钱歌川

（四）刘易士小说一篇《马车夫》　钱歌川译

近代绘画代表作　倪贻德

（一）序论

（二）恩格尔的“大奥达列斯克”

（三）特拉克窪的“沙尔达那罢鲁之死”

（四）柯洛的“少女”

（五）陀米埃的“酒徒”

蜃楼（一至六）　郁达夫

东西　〔俄〕Valentine Kataev 作　梁遇春译

绝了种的人　郢　生

新同学　许钦文

一个台湾女子的谈话　白　薇

诗　选
朗弗罗诗二首
（朗弗罗著）石　民译
无题　程鼎鑫
给——　徐霞村
临终　杨　骚
小　品
草木虫鱼　岂　明
加藤武雄小品二篇
（加藤武雄著）谢六逸译
除夕　松　子
书　评
《昨日之花》　郁达夫

文坛消息　张光人　杨昌溪
一九三〇年诺贝尔文学奖金得者辛克莱·刘易士
哥尔德写卓别灵
范尔藤写实新作
最近高尔基的言论
威尔斯的非战论
英国文坛零讯
坂本设计新舞台
太戈尔的近状

英美言语辨异（第一章）　钱歌川
“不要害怕”（医学新谭）
〔德〕约瑟夫·劳伯尔著
史应钦译
译者小引
（一）腺与人格
（二）血液循环论之革命
科学杂谈　挺　生
用紫外光线鉴别食物
蛛网可以捕鱼
纸造留声机唱盘
美洲为人类发源地
以煤炭制人造丝
地球上未曾载明之土地尚占地球七分之五
百年陈葡萄酒之人工促成法
微菌不生之极北孤岛——结核病患者之福地
新发明不燃不破之纸
大炮之寿命仅有五秒钟
火山喷烟足以增加海水盐分
香料有杀菌之功
新发明最高度显微镜——一千二百万倍
满洲大豆之循环
无线电波操纵军舰日本已告成功
医生与病人相隔七千英里犹能诊病处方
六千年之老树皮具有极大之防火力
航空标志之法定色
两极之寒冷
镭为比利时所独占
都会之空气
香焦制醋
铝制书面

海外通信

法国作家论中国　谢　康

美国两部文学书　山风大郎

编辑者言　编　者

第1卷　第2期

1931年4月10日出版

插　图

封面　郑慎斋作

近代绘画代表作

（五）埋葬　柯鲁培作

（六）风　景　莫　奈作

文坛漫画

（五）维吉尔离家远学　Van Wervere作

（六）魏龙宁可挨饿　Van Wervere作

（七）安徒生貌丑惊儿童　Van Wervere作

（八）格林向农妇采访童话　Van Wervere作

作家肖像

左祝梨

世界恐慌之概况与我国产业之影响　漆琪生

南美诸国的事变　杨忧天

日本的学生新闻　谢六逸

龙的传说　黄　石

自尊和自卑　刘　曼

作家介绍

左祝梨

（一）左祝梨传略　云　生

（二）关于亚克和人道的故事　左祝梨著　云　生译

（三）母亲　左祝梨著　云　生译

近代绘画代表作　倪贻德

（六）柯鲁培的“埋葬”

（七）莫奈的“风景”

蜃楼（七——十）　郁达夫

野火　魏金枝

文坛消息　杨昌溪

《西线无战事》与《战归》

德国女小说家巴姆

托马斯·曼描写催眠术

龚古尔文学奖金赠与付柯里

英国去年的出版界

A.E的新诗

麦斯斐尔写海洋生活

辛克莱谈诺贝尔文学奖金

刘易士赴瑞典

哈姆生安达西及其他

德国的历史小说热

英美言语辨异（第二章）　钱歌川

“不要害怕”（医学新谭）　〔德〕约瑟夫·劳伯尔著　史应钦译

（三）可怜的皮肤
（四）不可靠的“健康本能”
科学杂谈　历　可
金星上殖民可能吗？
安德里的北极探险队
世界最盛行汽车的国家为美国与加拿大
海外通信
一九三〇年的美国文坛　山风大郎
从女袴问题说到裸体运动　永　研

第 1 卷　第 3 期
1931 年 5 月 10 日出版

插　图
封面　郑慎斋作
近代绘画代表作
（七）街头戏剧　秀　拉作
（八）化妆　卢诺亚尔作
文坛漫画
（九）莱森不认识自家的门　Van Wervere 作
（一〇）蓝辛在园中高声吟诗　Van Wervere 作
（一一）军官搜到嚣俄的《悲惨世界》　Van Wervere 作
（一二）大仲马小说的真作者　Van Wervere 作
柴霍甫雕像　Antonio Sciortino 作
作家肖像
戴尔
刘易士与得利赛（四幅）
谈谈优生学　周建人
研究国故应有的基本知识与应备的工具书　姜亮夫
美国新闻大王哈斯脱　谢六逸
印度革命的前途　陈清晨
柴霍甫的书信　刘大杰译
作家介绍
戴尔
（一）现代美国小说家戴尔　赵景深
（二）友情的勉力　钱歌川译
（三）“阿利路亚，我是流浪人！”　青　帆译
近代绘画代表作　倪贻德
（八）秀拉的“街头戏剧”
（九）罗诺阿尔的“化妆”
一部在努力著作中的剧本　［法］贝尔讷作　李青崖译
蜃楼（十一至十二）　郁达夫
旗与手　王统照
手指　穆时英
诗　选
吻　屠格涅夫作　贺玉波译
韵母五字　［法］兰波作　侯佩尹译
异国的中秋　罗念生
梦游　程鼎鑫

宝贝的瓦盆　刘　枝

书　评

《作文讲话》　杨昌溪

文坛消息　张光人　杨昌溪

夫蓝克的两性描写

日本文坛逸话

怒吼呵中国的姊妹篇

文学家沙枯宁之死

英美言语辨异（第三章）　钱歌川

“不要害怕”（医学新谭）

［德］约瑟夫·劳伯尔著

史应钦译

（五）睡觉问题

（六）水浴治疗

科学杂谭　孟寿椿

燃烧生煤者之经济

美民平均每人拥有奴隶四十八名说

英美内地已可互通电话

搜寻海洋中之奇异

世界人口之最大限度

海外通信

得利赛打刘易士的耳光

山风大郎

第 1 卷　第 4 期

1931 年 6 月 10 日出版

插　图

近代绘画代表作

（九）维克托阿尔山　塞　尚作

（一〇）罗马人墓地　谷　诃作

文坛漫画

（一三）彭琼生只要十八方寸的地　Van Wervere 作

（一四）霍桑之子对于墓志的疑问　Van Wervere 作

（一五）魏尔伦与音乐

Van Wervere 作

（一六）哥郭里写巡按的由来

Van Wervere 作

植物插图（二十四幅）

作家肖像

杰克·伦敦　郑慎斋

高尔斯华绥在美国

创设民族研究所建议　卢于道

《周南》新解　胡　适

西班牙专利推翻的经过　陈清晨

植物的春季同乐会　嵇联晋

作家介绍

杰克·伦敦

（一）杰克·伦敦　孙席珍

（二）夜生者（杰克·伦敦作）

夏莱蒂译

（三）毛皮喜之屋（杰克·伦敦作）　王宣化译

近代绘画代表作　倪贻德

（一〇）塞尚的“维克托阿尔山”

（一一）谷诃的"罗马人墓地"

行云章 废 名
夫妇 王家棫

诗 选

天使 〔俄〕莱芒托夫作 石 民译
沙滩 孙佳讯
一点灰尘 王一心
异地 葛贤宁
不要打动我的心儿哪 拂 霞

小 品

谈译诗 石 民
牧舍漫笔 何家槐
飘叶子 罗念生

文坛消息 杨昌溪
雷马克的第三部创作
显尼志劳的戏剧
波特莱尔的新估价
龚古尔奖金的得者及其续著
英国文学家宾那脱逝世
萧伯纳威尔士在世界的地位
英国文坛零讯
丹农雪乌赴伦敦预演
皮蓝得娄在美国
日本文艺家协会的发展
仓田百三氏的断食水行

英美言语辨异（第四章） 钱歌川
"不要害怕"（医学新谭）
〔德〕约瑟夫·劳伯尔著 史应钦译
（七）我们身内的医生
（八）神经症的心脏
科学杂谭 杨昌溪
推进机火车的发明
海洋热力利用的实验
美国血清专家获得诺贝尔医学奖金
探照灯的新用途

海外通信

高尔斯华绥游旧金山 山风大郎
文学答问 C.S 钱歌川

第 1 卷 第 5 期
1931 年 7 月 10 日出版

插 图

近代绘画代表作
（一一）兔 罗 梭作
（一二）裸女 马谛斯作
（一三）女人像 僻加索作
（一四）埃尔罗那之道 特 郎作
文坛漫画
（一七）约翰生临别赠言 Van Wervere 作
（一八）李腾的妻子讨厌文学家 Van Wervere 作
（一九）兰姆也见过好天 Van Wervere 作
（二〇）阿 Q 式的夏士勒德 Van Wervere 作

中国原始石器土器及殷墟遗物（四幅）
作家肖像
杜思退益夫斯基

中国古代文化鸟瞰
〔日〕滨田耕作著　汪馥泉译
美国与拉丁美洲的革命
李坡著　芳草译
生物学的来临　周建人
留日学生生活之一斑　崔万秋
描写与情像
荻原朔太郎著　程鼎鑫译

作家介绍

杜思退益夫斯基
（一）杜思退益夫斯基
脱拉耶诺夫斯基著　建　南译
（二）杜思退益夫斯基年表
Y.Tchechichin 编　傅玉符译
（三）大宗教裁判官
杜思退益夫斯基作　周起应译

近代绘画代表作（续完）　倪贻德
（一二）亨利罗梭的"兔"
（一三）马谛斯的"裸女"
（一四）僻加索的"女人像"
（一五）特郎的"埃尔罢那之道"
皮带（创作）　张天翼
百事哀（创作）　周乐山

诗　选

译诗二首　From Wm Blake　石　民
诗两首　梦　圣
怀——　焦　尾
代牵牛简织女　鼎　鑫

文坛消息　杨昌溪
丹农雪乌的传记
英美的皮蓝得娄戏剧热
刘易士论脱离英国文学传统
美国卜里兹文学奖金颁发
奥尼尔奇怪插曲的诉讼
高尔基的磁石
雷马克新作获得佳评
巴雷论成人与孩子
赫克胥黎与戏剧

英美言语辨异（第五章）　钱歌川
"不要害怕"（医学新谭）
〔德〕约瑟夫·劳伯尔著
史应钦译
（九）潜意识
（一〇）"生之乐"的奥秘
科学杂谭
蜘蛛　招勉之

海外通信

美国文坛短讯　山风大郎

第 2 卷　第 1 期

1932 年 3 月 20 日出版

一般讲话

学生运动在中国　郁达夫

文学讲话
近代诗的派别
荻原塑太郎著　孙俍工译
小泉八云
Edmund Gosse 著　梁遇春译
诗　选
怀乡曲　蓬　子
殉道　罗念生
寂寥　孙佳讯
国际问题讲话
一九三一年国际情势概观
杨东莼
民间文学讲话
蛇郎故事试探　钟敬文
吕仙翁度松树精　娄子匡
小　品
“雪莱的婚姻”小引　于赓虞
流浪　杨晋豪
说穷　静　安
旷野　石川啄木作　叶鼎洛译
图画讲话
现代十大画家评传（一）
倪贻德
现代文学讲话
现代匈牙利文学概观
本田满津二著　适　夷译
小　说
最后的一张钞票　萧　涵
医学讲话
“不要害怕”（续六）
〔德〕约瑟夫·劳伯尔著
史应钦译
自然科学讲话
地球的年龄　漆季钊
书　评
《梅立克小说集》　黄　英
奥尼尔的戏剧　黄　英
丰子恺的“缘缘堂随笔”
陈子展
《田汉戏曲集》第四集　陈子展
沈从文的《旧梦》　陈子展
海外通信
美国文坛杂讯　山风大郎
春季征文揭晓
一个穷苦青年的经历　激　厉
一个穷苦青年的经历　杜宓耳
一个穷苦青年的经历　雪　六
一个穷苦青年的经历　青　子
一个穷苦青年的经历　陈　参
一个穷苦青年的经历　山　羊
一个穷苦青年的经历　秦　女
插　图
音乐家　Matisse 作
风景　Derain 作
白伦特姊妹惊了出版家
Van Wervere 作
白伦特姊妹买白纸
Van Wervere 作
拜伦不为史岱埃尔所迷
Van Wervere 作
兰姆在巴黎饮食店
Van Wervere 作

第2卷　第2期

1932年9月20日出版

一般讲话

主席的职务　余楠秋
如何作文　施蛰存
电影的本质的美　毛秋白

文学讲话

现代英美四大诗人　温源宁

诗　选

热情　罗念生
杂诗　黎烈文
赠——　黎烈文

社会科学讲话

经济学家的故事　邹　枋

民间文学讲话

中国关于植物的神话传说　黄　石

小　品

Chop Suey　刘　四
春的礼赞　陈醉云
星光下的两朵睡莲　康嗣群

图画讲话

现代十大画家评传（二）　倪贻德

现代文学讲话

现代中国散文　曹聚仁

小　说

续行云章　废　名
杜鹃　陈伯吹

医学讲话

“不要害怕”（续七）
〔德〕约瑟夫·劳伯尔著　史应钦译

书　评

《清人杂剧》　陈子展

海外通信

《阿Q正传》的译文　少　仙

插　图

静物　Picasso作
肖像　Rouatult作
米尔顿与刺玫瑰　Van Wervere作
拜伦嘲笑桂冠诗人
Van Wervere作
女作家和平静谧的家庭
Van Wervere作
高谛蔼的读字典癖
Van Wervere作
诗人特勒迈尔像
诗人哀里奥德像

第2卷　第3期

1932年10月20日出版

一般讲话

读书论　杨人楩
从读书谈到青年底出路问题
杨东莼

文学讲话

文学漫谈　郁达夫
我的文学生活　冰　心

诗　选

叶赛宁诗抄（叶赛宁著）适　夷译
我舍弃了我故乡的家
我徘徊到初雪之上

小小的森林
我与你并肩同行　陈伯吹
被玫瑰刺伤了的心　陈伯吹
海源庄　杨服诚
飘零之歌　杨服诚
梁家河之夜　杨服诚
当舅母的祀日　梦　娜
敬你一杯　梦　娜
国际问题讲话
德国选举的经过与法西斯蒂之得势　陈清晨
民间文学讲话
湿婆与沙谛的恋爱故事（印度神话）　黄　石
小　品
暮春随笔　周乐山
南行记　芳　草
避难缀琐　赵景深
图画讲话
现代十大画家评传（三）　倪贻德
现代文学讲话
战时战后的比利时文学　堀口大学著　凌　坚译
小　说
霉雨天　杨荫深
医学讲话
“不要害怕”（续八）　〔德〕约瑟夫·劳伯尔著　史应钦译
自然科学讲话
怪物的世界旅行　嵇联晋
书　评
刘大白的诗　赵景深
国际政治现势
进行中的国际军缩会议　陈清晨
史汀生赴日内瓦　陈清晨
多瑙河流域经济救济会议之破裂　陈清晨
日俄关系之恶化　陈清晨
停战会议之在上海和日内瓦　陈清晨
国际文坛现势
威尔斯的近著　方天白
综合文艺批评及卡尔佛顿近况　方天白
最近的罗曼罗兰　方天白
最近之苏俄文学　方天白
高尔基的两个新计划及其他　方天白
最近的日本文坛　方天白
西班牙散文家比达　赵景深
插　图
裸妇　Moligliani 作
风景　Vlaminck 作
哥郭里学羊叫　Van Wervere 作
萨考莱的鼻子打破了　Van Wervere 作
华兹华斯写旅行指南　Van Wervere 作
童话家加乐尔的著作　Van Wervere 作

第2卷 第4期

1932年11月20日出版

一般讲话

论士大夫阶级的低级趣味 杨人楩

文学讲话

天才与学力 汪静之

关于傀儡戏之点点滴滴 王 坟

诺贝尔奖金的由来及其得者 钱歌川

修辞学的变迁

岛村抱月著 汪馥泉译

略谈中国诗的英译 石 民

诗 选

歌 朱 湘

十四行 朱 湘

自然 罗念生

我们 何德明

你的眼睛 何德明

她的旅程 梅痕女士

国际问题讲话

一年来日本侵略政策之转变

陈清晨

民间文学讲话

中国民歌千首 叶德均

小 品

楼居随笔 周乐山

图画讲话

现代十大画家评传（四） 倪贻德

现代文学讲话

现代瑞士文学

新关良三著 适 夷译

小 说

油布 穆时英

赌场 何家槐

跳舞会

〔匈〕育珂摩耳著 章铁民译

医学讲话

“不要害怕”（续，九）

〔德〕约瑟夫·劳伯尔著 史应钦译

自然科学讲话

怎样研究算术 张 健

孔先生的梦 嵇联晋

干严二生的谈话 嵇联晋

书 评

银铃 朱 湘

屠格涅甫的散文诗 黄 英

插 图

图案 郑慎斋作

风景 Utrillo 作

西西里风景 Dufy 作

剧作家不知大仲马 Van Warvere 作

都德出卖圣书 Van Warvere 作

弗罗贝尔与都德 Van Warvere 作

莱贩怀疑左拉 Van Warvere 作

匈牙利小说家育珂摩耳像

第2卷 第5号

1932年12月20日出版

一般讲话

现代性欲心理之病态及其疗法

任白涛

古代中国铁器之研究
松本文三郎著　汪馥泉译
美术工艺与文化　陈之佛
论方言　毛秋白
文学讲话
文学批评家和文学史家
〔法〕Emile Faguet 著　沈炼之译
病中读书记　杨人楩
诗　选
三叠令　朱　湘
回环体　朱　湘
西湖　朱　湘
国际问题讲话
世界恐慌中的日本资本主义　杨东莼
民间文学讲话
民间故事书目　叶德均
小　品
纪念一个小生命　周乐山
驴背上的笑话　康嗣群
图画讲话
现代十大画家评传（续完）
倪贻德
现代文学讲话
现代拉丁美洲的文学
堀口九万一著　适　夷译
小　说
中散之宴　黎锦明
沉默的窟　〔西班牙〕乌纳木诺作
戴望舒译
流血的煤油矿　〔法〕巴比塞著
陈定生　李青崖译
医学讲话
不要害怕（续，完）
〔德〕约瑟夫·劳伯尔著　史应钦译
自然科学讲话
天降红雪之理　嵇联晋
书　评
莫泊桑的小说　徐嘉瑞
插　图
裸妇（卷首）　Segonzac 作
我的村（卷首）　Chagall 作
西万提司被迫完成魔侠传（卷首）
Van Wervere 作
莎士比亚的遗嘱（卷首）
Van Wervere 作
理知与情感的冲突（卷首）
Van Wervere 作
柏洛司特晨三时访友
Van Wervere 作

朱湘为稿件启事　朱　湘
投稿简章　编　者

第 3 卷　第 1 期
1933 年 3 月 5 日出版

新春特辑
春蚕　徐仲年
映在春天的眼中　少　仙
重逢（春天的日记）　zero
望春郊　康嗣群
蔷薇时节　康嗣群

连理枝（科学谈话） 嵇联晋

二十世纪绘画趋势 倪贻德
跋佐夫的小说 黄 英

萧伯纳来华纪念

萧伯纳传
E.Wagenknecht 作 赵景深译
萧伯纳的癖性 李建新
英雄与美人 赵景深
萧伯纳著作年表 邹 箫

先史时代鸟瞰
西村真次著 汪馥泉译
性的问题 任白涛
老婆论 杨人楩
小鱼和梭鱼 辛克莱著 钱歌川译
王尔德 Robert Lynd 作 梁遇春译

插 图

读书（三色版） 倪贻德作
斗拳（铜版） 庞薰琴作
欧洲名画四幅
西班牙之女 克斯令作
倦依 特 朗作
母与子 毕加索作
恣放 马谛斯作

第 3 卷 第 2 期
1933 年 4 月 5 日出版

小 说

枣椽 孙佳讯
无花果 葛贤宁
搭车 徐转蓬
重逢（二） zero
巴舍那耶街的罪案
托尔斯泰著 冬 芬译

封面画 郑慎斋作
音乐家 关 良作

烟卷（散文） 朱 湘
成名 辛克莱著 钱歌川译

十四行诗钞 朱 湘
W.H.Davis
Dante
玉皇山
只是同样的山岭回旋
德富芦花散文诗钞
德富芦花著 缪崇群译
暮秋
花月之夜
苍茫之夕
檐溜
春之悲哀
朝霜
风
耶路撒冷之燕

文学闲谈 朱 湘
（一）为什么要读文学
（二）文学与消遣

古代的音乐　缪天瑞

魏凌格对于两性问题的见解　杨忧天

人类是怎样进化成功的　格里哥雷　莫克著　何公超　陈济川译

第3卷　第3期

1933年5月5日出版

创作小说

马裤先生　老　舍

灰色的路程　刘大杰

易地治疗　夏莱蒂

重逢（三）　zero

徒步旅行者　朱　湘

夏夜　焦　尾

邮差（现代中国画家作品）　张　弦

略举关于文艺批评的中国书籍　郁达夫

大众所要求的　辛克莱作　钱歌川译

文学闲谈　朱　湘

（三）文学与年龄

（四）禁书

（五）翻译

（六）领域共有

儿童文学女作家　赵景深

（一）十八世纪——法国

（二）十九世纪——英美

（三）二十世纪——南北欧与中国

中世纪的音乐　缪天瑞

评何家槐的《暖昧》　洪　深

日本退出国联后中日问题的国际形势　陈清晨

动荡中的德国政治　杜　石

（一）从经济的危机到政治的危机

（二）三尺岐途上的徘徊

（三）法西斯蒂势力的高涨

（四）希特拉的前途

第3卷　第4期

1933年6月5日出版

小　说

寻觅　沈从文

传讯　马仲殊

重逢（四）　zero

灰色的路程（二）　刘大杰

集尔新斯基公社的孩子　集尔新斯基公社一学生作　穆木天译

药庐短简　周作人

书与尺牍　周作人

批评的态度　郁达夫

莹（日本小品）

横山桐郎著　谢六逸译
保尔弗诗五首　保尔弗著　徐霞村译
在恋爱里死去的少女
天空是晴朗的，这是可爱的五月
人生
吻
大的沉醉
夜鸟吟　于赓虞

文学闲谈　朱　湘
（七）分类
（八）古典与浪漫
南戏传奇之发展及其社会背景　陈子展
《文学概论》漫评　赵景深
英文文艺批评书目举要　郁达夫
五月讲话　杨人楩
高明并不高明　赵景深

裸体画之美　倪贻德
Mant（油画）　段平佑

英美合作操纵下的国际现势　陈清晨

第3卷　第5期

1933年7月5日出版

小　说

送行　何家槐
节日　徐转蓬
灰色的路程（续）　刘大杰
重逢（续完）　zero

文艺与道德　郁达夫
文学闲谈　朱　湘
（九）文以载道
（一〇）异域文学

包公传说　赵景深
（一）元曲中的包待制
（二）明包公案
（三）无名氏的包公剧

一年余来的世界军缩会议　陈清晨
经济恐慌下之特克诺克拉西的怒潮　张廷铮
（一）怒潮的索隐
（二）人物和理想
（三）理论和雄辩
（四）综合的批判
华盛顿会议与世界政治的前途　杜　若
（一）沙姆大叔哭了
（二）几个重要问题
（三）仍是一场幻梦
（四）综合的批判
关于男女的话　叶鼎洛
坐下的工作　辛克莱作　钱歌川译
野原（油画）　周　多作

第4卷 第1期
1933年8月1日出版

封面画 郑慎斋作
屠格涅甫五十年死忌纪念
屠格涅甫
Janko Lavrin 作 赵景深译
屠格涅甫的人生观
Maurois 作 吴且冈译
犹太人 Turgenev 作 马永祯译
暴勇者 Turgenev 作 金溟若译

想象的功用 郁达夫
刺激和反应（文学心理学之一）
傅东华
贵族和平民（文学闲谈之十一）
朱湘
小说原理漫评 赵景深
中国神话之文化史的价值 钟敬文

中日问题的新局面 陈清晨
留美的困难问题 潘楚基

十七世纪的音乐（音乐的故事之三）
缪天瑞
静的喜剧 黎锦明
恋爱的游戏 王家棫
灰色的路程（长篇连载） 刘大杰
关于丈夫 〔匈〕莫纳作 徐霞村译
虹（小品） 康嗣群
夜歌 朱湘
白 朱湘
囫囵儿 朱湘
我愿 钱歌川
不自知的幸福 钱歌川
现代美国诗
五行体小诗
Adelaide Orapsey 作 罗念生译
雾
Can Sandburg 作 罗念生译
愚人街
Ralph Hodgson 作 罗念生译
忘掉吧
Sara Teasdale 作 罗念生译
海岸离歌 孙佳讯
忆念隐庵 孙佳讯
初夏的夜深 焦尾
战歌 何德明

《南归》 康嗣群

启事 北新编译所

第4卷 第2期
1933年9月1日出版

文艺画报（扉页，七帧）
笑话论 周作人
略谈幽默 郁达夫
所谓文思是什么（文学心理学之二）
傅东华
地方文学（文学闲谈之十二）

朱　湘
最近的优哥斯拉维亚文学　赵景深
小品文三谈　陶秋英

老妇人与兔　黎锦明
情敌　松　子
灰色的路程（长篇连载）　刘大杰
人类的历史　法郎士作　俞茗泉译
前线琐记　葛雷夫

中国文字的组织（中国文学研究法之一）　姜亮夫
东西绘画的异点　倪贻德
十八世纪前期的音乐（西洋音乐故事之四）　缪天瑞

现代青年的性病问题　任白涛
时事述评　黄　山
（一）美国的经济复兴运动
（二）美棉借款国联技术援助等
（三）白银协定与中国经济
（四）邹平之乡村建设协进会
世界经济会谈之失败　陈清晨
十四行　朱　湘
十四行　朱　湘
十四行　朱　湘
圈兜儿　朱　湘
无源　钟敬文
给流星　萧而化
蝉　赵慧深
臭虫与跳蚤　赵慧深
雪莉园旁
〔爱尔兰〕夏芝作　林疑今译
秋夜　施孟胥
剑吟　拾　名
Villanelle　拾　名

第4卷　第3期

1933年10月1日出版

呦呦图（扉页）
本刊撰稿人小影（扉页，四帧）

徐先生的日记　马仲殊
心　刘大杰
鲤的故事　黎锦明
生之欲　王家棫
由济南到青岛　张友松
凄凉的雨夜　康嗣群

文学的情绪（文学心理学之三）　傅东华
文化大观（文学闲谈之十三）　朱　湘
祝英台故事小论　赵景深
中国文字的源流（中国文字学研究法之二）　姜亮夫

现代工艺上的形态之近代性　森哆里作　倪贻德译
十八世纪后期的音乐（西洋音乐故事之五）　缪天瑞

呦呦考　沙　白
恋爱与性欲　任白涛

德奥冲突之进展　陈清晨
时事述评　黄　山
（一）世界非战会议将在上海开会
（二）美国掌握中的古巴政变
（三）爱尔兰之法西斯潮

飞机与飞船　君　行

“英文法的研究”　石　民
十四行　朱　湘
十四行　朱　湘
爱晚亭之秋（歌曲）　黄源洛
蜘珠与蚊虫　赵慧深
送婉君南行　孙佳讯
给——　何德明
卖淫妇　邵冠华
乱后　拾　名

中西诗人的公墓地　陈友琴
欧阳修读书的目的　陈友琴

第 4 卷　第 4 期
中国文学特辑
1933 年 11 月 1 日出版

西洋音乐家小影（扉页，十三帧）
本刊撰稿人小影（扉页，四帧）
《诗经》的体类（古代文学史论之一）　姜亮夫
楚辞《九歌》底舞曲的结构
青木正儿著　胡浩川译
中国古代小说之史与神话之邂逅
姜亮夫
五言诗发生的研究　戴静山
六朝文艺批评家论
本田成之著　汪馥泉译
唐代传奇小说　姜亮夫
古文运动之复兴　陈子展
元人散曲徘体广例　赵景深
乔吉与李楚仪　赵景深
王世贞底文章观及其文章
桥本循著　汪馥泉译
海属《镜花缘》传说辨证　孙佳讯
《说唐传》非罗贯中作　赵景深

中国文学与政治　胡云翼
文学的意识（文学心理学之四）
傅东华
中国文字的特色（中国文字学研究法之三）　姜亮夫
浪漫派的音乐（西洋音乐故事之六）
缪天瑞
读诗杂记　陈友琴
诗人的忏悔
俗语入诗的先例
杜诗船字之意义
非战与主战的诗
诗的字眼

唐宋词与唐寅《妒花歌》
诗《三百篇》与长短句
李天生论杜诗律
白居易诗与唐代宫市
记忆　〔爱尔兰〕夏芝作　林疑今译
颤　卜英梵
母亲的周年　卜英梵
银箍　卜英梵

第4卷　第5期
1933年12月1日出版

文艺画报（扉页，四帧）
西洋音乐家小影（扉页，九帧）

夏天的蛙　鲁　彦

同志论　叶鼎洛

不可恕的罪
〔匈〕莫纳作　徐霞村译
两夜　黎锦明
新天地　李辉英
巴俚曲与跋　朱　湘
为那个不知名的妇人写的　康嗣群

近代经济之形成及其矛盾　杨人楩

给鉴赏雕刻者　倪贻德
华格纳时代的音乐（西洋音乐故事之七）　缪天瑞

时事述评　黄　山
（一）德国退出国联
（二）法国内阁之更选
（三）日苏关系恶化与美苏复交
（四）广田外交政策之确立
（五）（所见之本残，此条阙。）
研究中国文字的方法（中国文字学研究法续完）　姜亮夫
艺术家的受难　黄　英
文学的个性（文学心理学续完）
傅东华
从张三影谈起　洪为法

邵冠华的诗　赵景深

四行　朱　湘
岁暮　朱　湘
黄昏　吕绍光
怀春　吕绍光
古意　拾　名
平淡的故事　拾　名
生命
A.L.Barbauld作　王家棫译
现代英国小说　毛含戈
杜思退益夫斯基　黄　英
我想忘掉你　何德明
村里的黄昏　王一心
牢骚与悲伤　陈友琴
立秋日深晚泛舟　印　全
残月上的柔梦　印　全

第5卷* 第1期
创作特辑
1934年1月出版

创作小说

眼镜 老 舍
不知自爱的东西 松 子
花瓶 王任叔
仆 黎锦明
朋友 叶鼎洛
二元论者 洪为法
兵与匪 何家槐
铁匠 徐转蓬
奔流的心 柳无垢
孝子 褚问鹃
长生库 罗 西
金姐儿 周楞伽
九十度速率 黑 婴
在筵席上 迅 鸠

随 笔

习俗与神话 周作人
富春的踪迹 陈 适
　七里泷
　严东关
　东湖
　乌龙山的云
　词人周草窗诞生处

长 诗

收魂 朱 湘
世纪的脸 于赓虞
西湖 钟敬文
姨娘 钟敬文

论 文

太平洋国际局势的转变 陈清晨
时事述评 黄 山
　德国选举的结果
　德波和平宣言与德法直接交涉
　莫索里尼的新国际会议运动
　罗斯福的购金政策
中国罗盘针的故事
〔德〕夏德著 汪馥泉译
电传形象 君 行
给鉴赏西画者 倪贻德
国民音乐的发生（西洋音乐故事之八） 缪天瑞
《笑林广记》的来源 赵景深
艾子二种 赵景深

短 章

我的心 朱 湘
十四行 朱 湘
秋晨 于赓虞
还留着一点美的意趣 何植三
诗十二行 何德明
记忆 何德明

封面画 郑慎斋作
撰稿人小影（五帧）
文艺画报（四帧）

* 本卷各期的出版时间，原刊均只注明年月未注明具体日期。

第5卷　第2期
朱湘纪念专号
1934年2月出版

随　笔
兰学事始　周作人
观画记　老　舍
论　文
极度紧张之欧洲政局　陈清晨
时事述评　黄　山
日本明年度预算案成立
达赖之死与西藏
巴玻战争将结束
西班牙之骚动
第七次汎美洲会议
李贺之死　洪为法
杂　纂
冬（附曲谱）　钱君匋
鲍照咏雾　邹　啸
朱湘纪念
论朱湘的诗　雪　林
我所认识的子源　柳无忌
忆朱湘　顾凤城
悼朱湘　练　白
哀悼朱湘的诗
悼朱湘　何德明
悼朱湘　吕绍光
哀悼朱湘的信
北平燕京大学郑振铎
北平清华大学闻一多
开封河南大学饶孟侃
天津南开大学柳无忌
杭州浙江大学黄翼
武昌武汉大学苏雪林
朱湘著译编目　赵景深
朱湘及其夫人在安庆之照片
朱湘的遗孤小影
朱湘纪念号装帧　郑慎斋
朱湘遗著
我的新文学生活　朱　湘
诗的用字　朱　湘
江行的晨暮　朱　湘
散文三篇　朱　湘
说诙谐
说自我
说说话
想入非非　朱　湘
投考　朱　湘
索赫拉与鲁斯通
〔英〕安诺德著　朱　湘译
遗书摘选　朱　湘
创作的快乐
中书集的计划
李白与王维
参观芝加哥博物馆
闻一多的《死水》
朱湘诗稿真迹
朱湘遗书真迹

第5卷　第3期
1934年3月出版

随　笔
希腊神话（一）　周作人

寂寞　鲁　彦
集会　南　生
创作小说
一度归来的人　黎锦明
山峡中　艾　芜
今之塞翁（中篇连载）　松　子
国际问题
不堪设想的中国前途　陈清晨
时事述评　黄　山
　欧洲各国之外交战
　罗斯福的新货币政策
　日本荒木陆相辞职
　古巴革命完结
论　文
遗传与环境　王　政
华格纳以后的音乐（西洋音乐故事之九）　缪天瑞
戏曲浅释　姜亮夫
诙谑成性的苏东坡（中国文人故事讲话之二）　洪为法
潜水艇的故事　君　行
雅谑　赵景深
杂　纂
关于八仙传说（附吴红叶、赵景深的讨论）　叶德均
文坛逸话　李建新
　空白的原稿
　沉默的人
　马不吃牡蛎
　大仲马临终的幽默
谢灵运的《游名山志》　邹　啸
文学家像七幅（外国作家）
插图与装帧七幅

第5卷　第4期

1934年4月出版

随　笔
金枝上的叶子　周作人
小品三篇
　〔南〕伏里契维克作　唐旭之译
　黎明
　身后名
　时间
到陶然亭去　陈友琴
雪　瞿永坤
蜡梅　瞿永坤
孤灯　南　生
论　文
人类奇迹之一——摩天楼　君　行
关于变态性欲　任白涛
自昭君和番以往从满蒙问题而来　姜亮夫
羔羊一般的曹子建（中国文人故事讲话之三）　洪为法
文学的两派与文学批评家　黎锦明
国际问题
最近日本的政争　陈清晨
法国民主政治的危机　杜　若
时事述评　黄　山
　巴黎示威的大骚动

奥国社会党的抗战
巴尔干公约与意奥经济同盟
中国与世界无线电交通之完成

创作小说

一个满洲国的伤兵　李辉英
小木匠　周毓英
今之塞翁（中篇连载之二）　松　子

诗

更变　拾　名
归期　吕绍光

地方印象

济南　万　曼
汴洛之游　孙席珍
从芜湖到长沙　蒋翼振

杂　纂

昨夜（附曲谱）（名歌选译）　钱君匋译
温飞卿与柔卿　邹　啸
温飞卿与鱼玄机　邹　啸
报纸中的蜘蛛（文坛逸话）　李建新

美国摩天楼（三幅）
木刻（一幅）
英国诗人华兹华斯像
法国诗人维尼像（速写）　缪　塞
英国诗人济慈画像及其生活速写（三幅）
英国小说家迭更司速写及其著作插图（二幅）

第5卷　第5期
1934年5月出版

随　笔

希腊神话（二）　周作人
故乡　成绍宗
　故乡
　春二三月
　颤动的山影
　潘洋村
　山水
　人物及其它
午睡　〔瑞典〕拉绮洛孚著　唐旭之译

论　文

爱克司光线　孔赐安
现代的音乐（西洋音乐故事续完）　缪天瑞
领袖论　仲　雯
王安石之执拗（中国文人故事讲话之四）　洪为法
奥国三大剧作家　黎锦明
托尔斯泰晚年的夫妇生活　米川正夫著　钱芝君译
托尔斯泰和屠格涅甫的决斗　成绍宗

创作小说

倦　草　明
箭垛　葩　古
今之塞翁（中篇连载，续完）　松　子

诗

田中喜四郎诗三首　钟敬文译
　政治家
　街路
　骨头
赠予　吴汶

国际问题

列强的备战　陈清晨
白银购买力与中国物价诸问题　张一凡
时事述评　黄山
　意奥匈三国协定成立
　美国准许菲律宾独立
　广田赫尔酬答文件发表

托尔斯泰的晚年六幅
爱克司光线六幅

第 6 卷* 第 1 期
特 大 号
1934 年 6 月出版

怎样研究代数　张健
怎样研究文学　孙席珍
鸡（一）　〔法〕法布尔作　成绍宗译
论词亦有泛声　邹啸
世界语文学概观　天白
拉斐尔的名画　倪贻德
论秦观词之感伤　邹啸
柴霍甫的文学生活　阿英
柴霍甫的写景文　阿英
论《花间集》确有五百首　邹啸
性欲之颠倒　任白涛
世界各国的矿产与其国际地位　陈清晨
郁达夫先生底印象　钟敬文
姜夔自度曲及其摹拟者　邹啸

青年论坛

演说的姿势　曹靖南
宋诗与唐诗　孙望

姜白石词的风度　邹啸

青年文艺

下着牛毛雨的天　周一萍
狗儿们　徐光钰
鸡　非绯
秋夜　魏西和
残冬的点缀　周瑞文
老骡恕　杜鹃
歌声　卢渭增
毕业以后　王泽声
应征　义和

现代英美的幽默作家　沙白
论辛弃疾之崇拜陶潜　邹啸
冰结涟　孔赐安

诗　选

电车　万曼

* 本卷各期的出版时间，原刊均只注明年月，未注明具体日期。

对燕　何植三
泰山春夜　于赓虞
却约　孙佳讯
思恋　吕绍光
偶然曲　拾　名

昌明电器公司制钟部访问记
储　祎

小　品

猫　〔捷〕凯沛克作　唐旭之译
死了的初恋之心　康嗣群
梦　杨晋豪
病中小品　贺玉波

国外通信

日本通信　志　坚
从上海到东京
日本的文人
日本的教育
矛盾的感觉
“竹林寺”是杂剧名么　赵景深
表演恋爱悲剧的专家——陆放翁
洪为法
韦冯词相似之点　邹　啸
塞耳彭自然史　周作人
有悼　拾　名
夫妻　叶鼎洛
苍茫（歌曲）　钱君匋译
日本侵略中国将更加紧迫
陈清晨

时事述评

日使有吉明归国会商对华外交
黄　山
军缩的绝望　黄　山
苏德波罗的海各国安全保障的交涉
黄　山
姜白石词编年　邹　啸
英文学习法　张友松

第6卷　第2期

1934年9月出版

封面及装帧　郑慎斋
愿聆高见
文艺画报
科学家法拉第小影
倪贻德绘画展览
有声电影图

各科研究法

怎样研究本国史　杨东莼
文艺的翻译　张友松

青年文艺

祖父给我的印象　赵钲权
你问我　马碧波
踏莎行　朗　其
听琴之后　刘晓东
晚春的气息　沈班闻
情绪　黄照熹
卖花　张正灵
恋的季候　老　任

自 然 界

百廿虫吟　周作人
热河省的动物（一）　嵇联晋

鸡（二）
〔法〕法布尔作　成绍宗译

文艺界

多角恋爱小说家张资平　苏雪林
鲍梯契里的名画　倪贻德

理化讲话

有声电影　孔赐安
大中华火柴公司访问记　储　祎
法拉第的《蜡烛化学史》　君　行

时事问题

第二次世界大战爆发在那里　陈清晨
时事述评　黄　山
德国的政变
日本斋藤内阁辞职
缔结东欧公约的活动
陶尔佛斯被杀

新闻讲话

青年与新闻　谢六逸
怎样的新闻才有登载的价值　夏仁麟

小　品

出剑门关记（四川游记之一）　陈友琴
卢前斋偷书记　赵景深

国外通信

日本通信（二）　志　坚
东京朝日新闻社参观记
横滨印象记

读书杂记

点鬼簿与算博士　赵景深

青年小说

从战场归来的儿子
〔爱沙尼亚〕Friedebert Tug Las 著　张廷铮译

词　论

论晏殊词之庸俗　邹　啸
科学见闻录（一）　嵇联晋
贮藏电灯的魔法球
世界第四金刚石的发见
蛇毒可治疾病
新发明的超速电车
抗蛇毒血清的制造法（附图）
芝加哥新建的毕沙斜塔（附图）
脚踏车的今昔观（附图）
矿物的成因
无尾飞机的发明
严冬植物叶子的下垂
鸟翼式飞机的发明

第 6 卷　第 3 期
1934 年 10 月出版

封面及装帧　郑慎斋作
刘复遗像及遗墨（四幅）
吕朋斯名画（二幅）
周作人先生在日本留影

刘复先生纪念

刘半农先生不死　蔡元培
忆刘半农君　鲁　迅
刘复博士　全增嘏
半农先生和我　徐霞村

介绍《四声实验录》 姜亮夫
刘复的《中国文法讲话》 赵景深
时事问题
世界经济恐慌的好转 陈清晨
时事述评 黄 山
奥国反德的活动
希特勒即位德国元首
日苏为中东路问题的冲突
美国白银国有及中国现银流出
自 然 界
热河省的植物（二） 嵇联晋
鸡（三，续完）
〔法〕法布尔作 成绍宗译
文学讲话
约翰沁孤的生涯及其作品 汪馥泉
图书讲话
吕朋斯的名画 倪贻德
青年文艺
野狐狸 稚 山
焦土 周 明
自治会 李宗奋
旅途中 杜 鹃
天文班上 高小曼
雨天 周瑞文
工 业
人造气候 孔赐安
铸丰搪瓷有限公司访问记 储 祎
文坛闲话
谈谈日本文学 周作人
英文指导
浅易英文精读指南（一） 张友松
小 品
温泉峡和南泉乡 陈友琴
吉诃德式的精神
〔波兰〕玛妥司宙斯基作 唐旭之译
音乐队 杨晋豪
紫色的云（诗） 人 仄
新闻讲话
学校新闻的采访编辑和出版
舒宗侨
采访记者的工作 唐克明

第6卷 第4期
1934年11月出版

文学讲话
韩愈的矛盾和委琐 洪为法
读诚斋乐府随笔 赵景深
清代歌谣的采集 叶德均
回忆到庐隐 姜 华
时事问题
苏联加入国际联盟之意义 陈清晨
时事述评 黄 山
日本阁议通过驻满机关改组案
日本决定海军政策
美国纺织工人总罢工
英国实业考察团来满洲何为
英法意二次宣言保障奥国的独立
生物讲话
鸭 〔法〕法布尔作 成绍宗译

新闻讲话

新闻与电报编辑　郑瑞梅
报纸评论的作法　舒宗侨

各科研究法

怎样研究图画　贺玉波

读书杂记

六朝乐府中的双关语　丘琼笙
封面及装帧　郑慎斋作
德国表现主义的绘画（卷首）
奔马　马　克作
风景　克　莱作
构图　康定斯基作
寓意　谷谷西加作
本刊撰稿人小影（卷首）
　杨人楩
　孙席珍夫妇
　黎烈文
　万　曼
　钱君匋
　杨晋豪
　邹　枋
第三次征文揭晓（得奖名单及奖赏）

英文栏

英文作文正误总说　钱歌川
浅易英文精读指南（二）　张友松

青年文艺

湖滨之夜　荻　帆
六月的南湖　邹文学
鸭子　柴雨霞
学校里的饭厅　之　光
灯光　清　心
归心　魏精忠
给　林　芬
仙叔婆　阿　添

电学讲话

自动电话　孔赐安
电机制造厂电池部访问记　储　祎

学术讲话

中国学术之范型的勘察　姜亮夫

小　品

都江堰与望丛祠（四川游记之三）　陈友琴
留声机　杨晋豪

科学新谈

科学见闻录（二）　嵇联晋
　液浸标本内说明纸
　剥制标本最有效的驱虫法
　寒伤症的诊断法
　灭火药品的种类和作用
　东北四省与动物分布区域
　绿茶对于糖尿病的伟效
　叶绿素和血红素的类似点
　隐显墨的制法
　味精中的成分
　由烟草采取烟精的方法
　老玻璃管甚脆的原因
　威得曼斯太登氏象

第6卷　第5号
1934年12月出版

南斯拉夫王被刺图（三幅）（卷首）

德国新即物主义的绘画（卷首）
科学新谈图（八幅）（卷首）

第七卷大革新预告（卷首）
最近之政治经济
白银问题与中国经济 陈清晨
恐慌推演下之最近的世界经济 张一凡
普恩嘉赉之一生 蔡振寰
时事述评 黄山
西班牙右派得势
南斯拉夫王在马赛被刺死
金本位国集团签订议定书
英美日海军预备会议开始
伪国变更省制
艺术讲话
现代德国新即物主义的绘画 倪贻德
英文栏
英文动词的人称与数 钱歌川
浅易英文精读指南（三） 张友松
生物讲话
野鹅 〔法〕法布尔作 成绍宗译
诗与小品
醒后 莎子
相见 启蒂
帝乡（四川游记之四） 陈友琴
文学讲话
周作人先生研究 苏雪林
放浪形骸的唐伯虎 洪为法
近代希腊文学 罗念生
新闻讲话
新闻记者与新闻事业 施鼎
怎样编辑画报 苏锦元
自然科学
德斐的化学原理 君行
建筑 孔赐安
科学新谈图说 嵇联晋
顺昌机制石粉厂访问记 储祎
青年文艺
贫歌 克雷
洹上村之秋 孙三同
人去后 菲洛
艒艒船 一萍
夜阑时 路寿南
生命的意义 清心
卖鱼姥 徐天盦
送繁友之行 家骏
默河上 佚名
失眠 聂增龄
溪边 周尧
暮渡 定治中
驱逐老黄 苹卅
本刊启事
科学新谈
科学见闻录（三） 嵇联晋
沐浴时手掌生皱的原因
旗子发出拍打拍打的声音
缺少导管的被子植物
动植物的学名读法
雕刻贝壳所用的主要贝类
松叶水分蒸发量特少的理由

天然真珠和养殖真珠
什么叫做玻璃纸
国药牛黄采自何处
钟表内文字板等的发光涂料
活字金的成分和性质
硅藻土的利用
燃烧报纸后有文字处残留黑色的原因
化合物中何种爆发性最甚
液浸标本所附名笺使用的墨水
采集昆虫时毒瓶的药品

第 7 卷* 第 1 号
学校生活之一叶特辑
1935 年 1 月出版

学校生活之一叶

沪大一年生活的回顾　陈友琴
化学演讲　华汝成
沉郁的日子　黎锦明
简直是地狱　缪天瑞
无声的微笑　罗皑岚
北京大学教授剪影　钱南扬
苏州河上的帆影　刘麟生
浮在水面　章克标
我在学生时代最快乐的一天　钱歌川
我的老师徐亦良先生　郑师许
留美时代西雅图生活之一段　朱通九
小学与古文　罗念生
带领童子军偷营的一段回忆　刘　奇
塾中趣事两则　王玉章
古寺里的学校生活　成绍宗
学校如皮鞭　于赓虞
随便举个例　张一凡
革命家的女儿　梁乙真
看潮　金公亮
一张半身像　陈　适
父亲的私塾　潘　菽
研究生活之一叶　张君俊
红楼中生活的一断片　谢冰莹
发现一个新事实的快乐　汪敬熙
裸体塑像　人　仄
书是你们念的　董秋芳
我的学校生活的回忆　蔡振寰
讨饭运动　储　祎
一幕喜剧　倪锡英
二十四岁的小学生　郭步陶
橄榄的回味　陈伯吹
小学时代的回忆　汪馥泉
从监狱式的私塾跳入学堂　任伯涛
中学生活的回忆　周谷城
龚伯威先生　周岑鹿
背字典　谢六逸
十多年以前的事　陈清晨
努力加餐　洪为法

---

* 本卷各期的出版时期，原刊均只注明年月，未注明具体日期。

追欢小记　姜亮夫
一幕笑剧　张友松
中学生活的一片断　刘大杰
白尔司先生　李辉群
回忆　陶秋英
十年前的学校生活　叶鼎洛
现在又来过着学生生活　马仲殊
开夜车　钱洪翔
我的母校　徐嘉瑞
时事讲话
一九三四年国际形势概观　陈清晨
一月来的国际　黄　山
伦敦英美日海军谈判在停顿中
英日同盟复活之谣传
甚嚣尘上的萨尔问题
美国民主党竞选胜利
伪国实行煤油专卖
自然科学讲话
性生活与肺结核的关系　牟鸿彝
人类医疗上的数种新发现　吴纳百
猫　〔法〕法布尔著　成绍宗译
年红灯　孔赐安
化学的发展和人类的态度　郭大雄
文学讲话
陈大声及其词　卢冀野
有洗濯狂的倪云林　洪为法
俞平伯和他几个朋友的散文　苏雪林
为着《鼻涕阿二》　许钦文
柳先生的教育　杨荫深
（一）新来的教师
艺　术
风景画之描写与构图（附插图）　倪贻德
歌舞行　钱君匋
英文讲话
浅易英文精读指南（四）　张友松
英文动词之种类与文句之基本形式　钱歌川
新闻讲话
新闻生产的过程　陈珍干
新闻术语与校对符号　郑瑞梅
小说·游记
采菱时　黎锦明
匆匆　何家槐
一天　贺玉波
老仆人　周楞伽
雨中游旁贝古城记　罗皑岚
赴英途中杂记（附插图）　杨人楩
小　品
《她病了》（书评）　房师俊
打蛇有感　王自元
梧桐树下　碧　茵
忆梅　中　灏
分家　毛乐道
诗　选
咸水　孙佳讯
心的怀乡病　牧　童
游大明湖　刘秀萱
湖畔　克　蕾
初醒的街心　李尘帆

哥哥的坟上　刘承安
吊友　安狂夫
常识谈话
三种天才　漆琪生
杀婴儿的迷信　漆琪生
鱼跳跃的原因　漆琪生
最初的印刷术　漆琪生
恋主的鱼　漆琪生
理想的电灯泡　漆琪生
礼拜树木的民族　漆琪生
自由饮食的民族　漆琪生
伟业的动机　漆琪生

第 7 卷　第 2 期
1935 年 2 月出版

时事讲话
海军予备会议失败与日本单独废约　陈清晨
一月来的国际　黄　山
白银继续流出
苏联要人基罗夫被暗杀
紧张中的萨尔问题
太平洋上国际间谍的恐怖
南次郎与日伪经济协定
自然科学讲话
住宅设计　孔赐安
动物的冬眠　嵇联晋
鸽　〔法〕法布尔著　成绍宗译
福雷的昆虫之五觉　君　行
数学之设理的方法　樊　墈
文学讲话
米元章做贼（中国文人故事讲话）　洪为法
柳先生的教育　杨荫深
（二）点石成金的指头
艺　术
人体描写的技法与构图　倪贻德
春之庭（新歌谱）　钱君匋
新闻讲话
中国新闻事业发展的前途　唐克明
小　说
赤老　〔西班牙〕伊本纳兹著　徐学文译
猛兽征服记（一）　任白涛译*
游　记
颐和园游记　陈灵谷
小　品
大爷　程　雪
冬夜　林　芬
童年的悲剧　杜突荒
阿花　翥　絮
宜昌的旧历年风俗　杨晋豪
书　评
《世纪的脸》（于赓虞著）　程千帆
英文讲话
浅易英文精读指南　张友松
英文动词之种类与文句之基本形式（续上期）　钱歌川

* 原刊此小说未署原作者，以下各继期同。

诗　选

小诗　徐天厂
月下　邵冠华
夜　王蔚清
暮秋　石　蒂
傍晚　王蔚清
这世界　何德明
田野　金瑞昌
你的眼睛　张孝纯
凄其　翁定翔

第7卷　第3号
1935年3月出版

时事讲话

一月来的国际（插图讽刺画二幅）　黄　山
　萨尔归还德国
　美国向外发展的趋势
　法意协定成立
　英法成立妥协
　苏联通过修改宪法
日本侵华转趋积极（插讽刺画一幅）　陈清晨
国难与青年　郑西谷

自然科学讲话

怎样研究珠算　张　健
广播电台　孔赐安
男女两性间的身体差异　牟鸿彝译
原子的轰击（插图二幅）　张左企

文学讲话

柳先生的教育　杨荫深
　（三）作文课谈话

艺　术

静物画的描写法（附插图）　倪贻德
春暮（新歌谱）　钱君匋

新闻讲话

广告伦理化与中国的广告　唐克明

小　说

大街的一角落　黎锦明
猛兽征服记（二）　任白涛译

游　记

象山港泊舟避风记　陈　适
西山之游　翟永坤
石马江　余　园

小　品

走向总崩溃的人类　陈醉云
杜甫不爱巫峡说　陈友琴
夜宿　竹　同
香炉　荇　纯
嚣俄的基督被礫像　孟　雪

书　评

一部现代青年必读之书　同　休

英文讲话

英文动词之种类与文句之基本形式（续二）　钱歌川
浅易英文精读指南（六）　张友松

诗　选

落红　荻　帆
热情的季候　张正灵

口供　徐天厂
悼　江　俊
梦中　竺　眼

第7卷　第4号
1935年4月出版

时事讲话
中日经济提携吗？　陈清晨
一月来的国际　黄　山
英法协定与欧洲和平
意大利以武力对阿
美国金条文案已判决
德国接收萨尔
愈趋没落的中国纱业
自然科学讲话
电气铁道与电气车　孔赐安
人体中重要部分的发现　吴纳百
马　〔法〕法布尔著　成绍宗译
文学讲话
秦少游的慕道与多情（中国文人故事讲话）　洪为法
现代美国的文学批评
〔美〕福司透作　唐旭之译
柳先生的教育　杨荫深
（四）文章两篇
艺　术
动物画的描写法（附插图）　倪贻德
工人造屋（新歌谱）　钱君匋
新闻讲话
中国新闻记者应改进之点　徐慎岭
小　说
惭愧　马仲殊
好好先生　孙席珍
贺虎　黎锦明
猛兽征服记（三）　任白涛译
游　记
山乡水国说池州　陈友琴
旅行浙江记　周岑鹿
湘行留影　贺玉波
广州印象记　徐嘉瑞
小　品
麻雀　方　艾
我所知道的湘湖　吴宏黎
读《荒村》后记　心　镜
一个卖馒头的小孩　姚慕怡
寒假游两寺记　马书元
书　评
《孔乙己》　许钦文
读《海外寄霓君》　山风大郎
森泰次郎的《作诗法讲话》
赵景深
英文讲话
英文动词之种类与文句之基本形式（四）　钱歌川
诗　选
四月的田野　荻　帆
四月幻想曲　张正灵
春梦　杜　鹃
相思　笑　芸
雨　醇　酒
枯柳　邹文学

第7卷　第5号

1935年5月出版

时事讲话

德国整军与欧洲政局（附讽刺画两幅）　陈清晨

一月来的国际（附讽刺画一幅）　黄　山

国际对华借款的酝酿

中东路出售协定签字

比国放弃金本位

希腊内乱与巴尔干形势

日本退出国联生效

梅剧团在莫斯科

自然科学讲话

从一个故事说起　樊　墈

驴　〔法〕法布尔著　成绍宗译

文学讲话

中国文字的声音与义的关系　姜亮夫

《红楼梦》一百二十回均曹雪芹作　宋孔显

语言的浪费　刘　宇

柳先生的教育　杨荫深

（五）一张书目单

艺　术

现代法兰西的水彩画（附插图）　倪贻德

纳凉（新歌谣）　钱君匋

为什么要研究劳作　叶元珪

新闻讲话

报纸是怎样印成的　夏仁麟

新闻的采访　夏仁麟

新闻照片与人生兴趣　苏锦元

小　说

在饭馆里　何家槐

萤光　贺玉波

猛兽征服记（四）　任白涛译

游记·小品

长塘夏雨　成绍宗

登景山　陈灵谷

病院小记　陈　适

晚霞　翟永坤

萤　木　孤

书　评

“烟斗诗人”和《望舒草》　江　离

英文讲话

发表的方法　钱歌川

浅易英文精读指南（七）　张友松

诗　选

偶然　虹　飞

少年诗人　清　心

夕阳　荻　帆

古庙前悠悠地徘徊　荻　帆

鸟的故事　叶苍岭

塔　逢　春

古城台晚眺　邹文学

檐马　翥　絮

第 8 卷* 第 1 号

我在青年时代爱读的书特辑

1935 年 6 月出版

我在青年时代所爱读的书

看到饭都不想吃的书 华汝成

《饮冰室全集》 谢六逸

《纳兰词》 徐蔚南

我爱读《子夜》 周楞伽

我高兴研究算学 张 健

爱读书十种 钱君匋

灵魂上的财产 徐嘉瑞

我年轻时读什么书 沈从文

从抒情作品到写实小说 孙席珍

奉命执笔 万迪鹤

一部中篇小说——《炭画》 何植三

《浮生六记》 陈 适

《庄子》 罗根泽

亭厢殿扇 胡山源

《左传》和《水浒》 余 园

《新青年》和《新潮》 许钦文

我的读书经验 王玉章

有几本书至今不能忘记的 顾凤城

诗与修养 陈醉云

读经与讲求科学 郑师许

我所爱读的书 罗皑岚

读什么书 朱通九

青年时代读书生活的回顾 梁乙真

六种爱读的书 袁嘉华

七种使我满意的书 黎锦明

名人传记和《饮冰室全集》 孔赐安

八本《说文解字》伴着我到了北京 杨东莼

我爱读高尔基的小说 黑 婴

我青年时代读书的略述 陈柱尊

爱读书四种 卢冀野

五部爱读的小说和戏曲 郑 震

随便写一点 金公亮

诗和史 郭步陶

读书不能拿兴趣做大前提 马仲殊

我涉猎的范围很杂 阿 英

兼爱主义 章渊若

使我不能忘记的是《西厢记》 隋育楠

我的老友 洪为法

中年中印象较深的书 刘 宇

《三国演义》与我的幼年 陈清晨

诗和词 郑慎斋

爱读"才子书" 倪锡英

一连几个通宵读《水浒》 傅东华

二十五岁以前所爱读的 钱歌川

爱读切合身心和生活的书 任白涛

三部爱读的书 清 心

我曾经爱读的书 周岑鹿

《红楼梦》送我出青年时代 姜亮夫

* 本卷各期的出版时间，原刊均只注明年月，未注明具体日期。

社　谈

读书竞进和青年读书运动　晓　芬
青年与识字运动　杨晋豪
杂谈会考　杨晋豪
学生国货年　费桂芳
怎样应付第二次世界大战　丁　三

给青年

给青年诸君　陆仁寿
柳先生的教育　杨荫深

（六）月考

国际问题讲话

欧洲的和平运动与军备战争　陈清晨
一月来的国际　黄　山
　世界银价暴涨
　美国经济考察团来华
　日本驻华领事会议
　法苏将成立互助协定
　美国二十一国签订保护文物公约

自然科学讲话

数学归纳法　樊　墭
达尔文的皮格尔号周游世界记　成绍宗
睡眠的重要　郭人骥
科学界之发明新闻　嵇联晋
科学的侦察术　金　城

文学讲话

楚襄王虚担神女梦（中国文学枝谈之一）　谭正壁
颜延之　陈友琴
王维之好胜　洪为法
明散曲家冯惟敏年表　梁乙真
草玄亭漫语（明人笔记小话之一）　阿　英
猫头鹰　周作人

社会科学讲话

现代美国文明的自已批判　杨东莼

艺术讲话

艺苑交游记　倪贻德

（一）关良

秋游（新歌谱）　钱君匋

小　说

路　黑　婴
师弟　左幹臣
人力　董文渊
猛兽征服记（五）　任白涛译

游　记

狼吞虎咽游苏锡（郑慎斋插绘）　郑慎斋
苏锡三日游（郑慎斋插绘）　赵景深
双清亭　余　园
泉州印象记　顾凤城

小　品

忆海上别冯陆　陈　适
忆母亲　尤其彬
看病　葩　古
病态的人生　陈醉云
永存　许　瑾

诗　选

因弗里湖岛

〔爱尔兰〕夏芝著　朱　湘译
杭江道上　何植三
青年文艺
夏夜及其他　白　炎
资格　柴雨霞
小学教员　吕回晨
征途　陈怀青
松林　顾雪莪
夜　江　俊
纺纱娘　谭　灵
青年论坛
诗与散文　菲　洛
论模仿　练　白
何谓接触作用及其关系诸问题　维　和
英文讲话
浅易英文精读指南（续完）　张友松
英文动词的语态　钱歌川
逸　话
细胞发见家的轶话　漆琪生
科学新谈
臣大的机器脚踏车　兰　城
淋浴用的布袋　兰　城
开锁的器具　兰　城
奇怪的救命浮筒　兰　城
用风车推进小船　兰　城
直接电流钟　兰　城
指挥船只的电信台　兰　城
贴信封用的机器　兰　城
携带便利的台灯　兰　城
病人用的床上钢琴　兰　城
窗台花坛的建筑法　兰　城
走雪地的机器脚踏车　兰　城
凿岩孔的机器　兰　城
新式的画线机　兰　城
用电光帮助显微镜　兰　城
餐桌上的装饰品　兰　城
奇异的摄影机　兰　城
琐琐屑屑
颜延之轶事二则　陈友琴
幽默的比喻　李建新
新术语解释
集团结婚、集体安全　吉　启
东欧公约　吉　启
画　报
封面及装帧　郑慎斋作
撰稿人小影（郑慎斋、徐嘉瑞、梁乙真、刘宇、蒋翼振）
学校生活的影片《国风》（七帧）
无锡游踪影片（三帧）
《青年界》第五次征文、第一次征画
《青年界》启事及说明

第 8 卷　第 2 号
1935 年 9 月出版

社　谈
现阶段中的青年修养　费桂芳
天灾与人祸　晓　芬
从手头字到世界语　杨晋豪

意阿争执是人种问题么　丁　三

给青年

坏人是怎么变成的　唐余园

柳先生的教育　杨荫深

（七）分数与成绩

国际问题讲话

意阿纠纷的严重性　陈清晨

一月来的国际　黄　山

中国全国大水灾

日本的开发华北问题

日本陆军内部的大调动

法国政局的不安

中国经济更趋衰落

自然科学讲话

大发明家特斯拉（发明界的巨人之一）　一　碧

乳　一　水

一月来的科学界（附插图）　兰　城

鸟声的收取和播放

引水过桥的工程

拳师用的面具

两用的皮鞋

变换后跟的皮鞋

切绳索的戒指

装着小屋的汽车

骨骼的测验器

效用很大的耕田机

小石弹枪

演奏几种音乐的钢琴

球形的瓶塞

文学讲话

曹子建痛赋感甄文（中国文学枝谈之二）　谭正壁

谢灵运　陈友琴

小隐窝爽言（明人笔记小话之二）　阿　英

艺术讲话

艺苑交游记　倪贻德

（二）王道源

秋渐深（新歌谱）　钱君匋

小　说

失业　周楞伽

猛兽征服记（六）　任白涛译

游　记

荔枝湾小游　清　水

电影栏

幕　编　者

世界电影界　大　军

一部影片完成的过程　赵南遮

国内影报　云

电影编剧通用术语简解　素　因

半年来国内影坛大事记　蕴　雪

小天使故事（上）（插图三幅）　吴永刚

小　品

扇　木　孤

秋夜怀海鸥　刘云卿

决绝　翟永坤

诗　选

秋的池塘　王镜清

秋之消息　付尚杲

裂缝的石榴　孙佳讯
沧浪亭的忆恋　沈圣时

青年文艺

江滨小景　感　沁
我不需要　顾雪莪
别意　卢渭增
海　王劲秋
希望　耿亭洲
小园　李夜歌
她师范毕业后　朱玉珂
初秋　程兆翔

青年论坛

小说中对话的写法　尤其彬
怎样研究外史外地　丁秀山

英语讲话

英文动词的变化　钱歌川

琐琐屑屑

顾炎武论谢灵运王维

我们对于文化运动的意见

团体：

文学社　文学季刊社　文艺画报社　中学生杂志社　太白社　世界知识社　芒种社　青年界社　东京杂文社　东方诗歌社　东流文艺社　现代杂志社　新小说社　新生周刊社　论语社　译文社　读书生活社

个人：

大戈　王伯祥　王志瑞　王承志　王特夫　王琳　王集丛　王淑明　王鲁彦　王文川　王西微　方之中　方光焘　白丁　史国纲　艾思奇　艾寒松　伍蠡甫　任白戈　江天蔚　老舍　何觉明　伯韩　沈起予　沈志远　沈百英　辛人　何家槐　沙丁　宋安山　吕鉴平　汪虚若　汪静之　汪馥泉　余楠秋　李公朴　李青崖　李炳焕　李华卿　李辉英　杜衡　金仲华　吴研因　吴愈岚　吴文祺　吴组缃　吴清友　林庚　林焕平　孟克　孟式钧　邵宗汉　周建人　周曙山　周木斋　周予同　郎鲁逊　袁冰　姚雪垠　姚名达　姚非厂　柳亚子　柳湜　郁达夫　胡仲持　胡绳　施蛰存　孙㑆工　孙用　孙起孟　孙克定　翁同书　韦林　马千里　马国亮　马宗融　奚如　殷佩斯　徐调孚　徐工美　徐懋庸　徐应昶

徐霞村　夏丏尊　夏征农　倪文宇　高滔　张明养　张天泽　张仲实　张天翼　曹聚仁　曹宇君　曹养吾　陈望道　陈子展　陈大悲　陈端志　陈康白　章靳以　康嗣群　毕云程　陶亢德　郭建英　陆衣言　陆上之　庶谦　符竹因　叶圣陶　叶灵凤　叶作舟　叶籁士　叶青　焦凤　黄芝冈　黄觉民　傅东华　贺昌群　万家宝　葛乔　杨东莼　杨霁云　赵景深　赵景源　赵家璧　黎锦明　漆琪生　潘光回　潘振亚　郑振铎　郑伯奇　樊仲云　蒋建白　乐嗣炳　欧阳凡海　刘大杰　钱歌川　钱子矜　谢六逸　应人　蹇先艾　聂绀弩　谭勤余　萧乾　顾君义　顾均正　顾仲彝　顾燧

新术语解释

日满经济共同委员会　吉　启
新生事件　吉　启
海军比例主义　吉　启

画　报

封面及装帧　郑慎斋作
关良及其油画（四幅）
马克吐温百年纪念（五帧）

第8卷　第3号
1935年10月出版

社　谈

对于求学的认识　费桂芳
对于失业的认识　杨晋豪
黄包车夫底精神　晓　芬
勇敢可敬的黑人　丁　三

给青年

时代转变中的中国青年　丕　绩
柳先生的教育　杨荫深
（八）同学之间

国际问题讲话

意阿战争威胁下的欧洲政局　陈清晨
一月来的国际　黄　山
英美法派遣中国经济视察专员来华
松冈洋右继任满铁总裁
日本军部的暗杀案
第三国际第七次大会
希特勒之反犹太热
黄河改道之势已成

自然科学讲话

赫德孙的自然科学者在拉布拉达　君　行
三极真空管的发明者狄福莱斯　一　碧

文学讲话

绝诗浅释 陈友琴
隽区（明人笔记小话之三） 阿 英
恋张女欧阳修受劾（中国文学枝谈之三） 谭正璧
可怜的汪容甫 洪为法

艺术讲话

艺苑交游记 倪贻德
（三）决澜社的一群
笑声（新歌谱） 钱君匋

小 说

醉后 许 瑾
李如冰 葩 古
猛兽征服记（七） 任白涛译

游 记

澳门 力 般

电 影 栏

中国电影事业现状 赵南遮
本年内电影出版物调查 素 因
电影的软片 大 军
世界电影界 大 军
国内新片一览 蕴 雪
小天使故事（下） 吴永刚

小 品

金色的果实 〔英〕密伦著 唐旭之译
新秋小忆 清 心

诗 选

铁匠歌 启 蒂
断句 朱 湘

青年文艺

狭的笼 尹 青
拾穗人 钱一苇
补鞋匠 谭 灵
和尚 张瘦鹤
僧 征 骅
七夕 荻 帆
秋怨 卢渭增
雾 惕 逸
秋云 孙三同
清秋冷雨 张孝纯
又是梧桐叶落的时节 瑜 珍

青年论坛

如何研究社会学 品 法
谈谈翻译 祁东海

英文讲话

日用英语之基本的研究 张友松

新术语解释

社会信用制度 吉 启
一国社会主义、多瑙公约 吉 启
承兑汇票 吉 启

科学新谈

向日葵式的房屋 兰 城
铁扦在干涸的湖里捕鱼 兰 城
国王的奇怪戒指 兰 城
自来水笔式的剃刀 兰 城
蝙蝠人从天空下降 兰 城
伸缩自如的布蓬 兰 城
奇异的爬山车 兰 城
高声电话机 兰 城

电气放声机 兰 城
船上嘴管的用处 兰 城
医用的玻璃靴 兰 城
往来灯塔间的机器车 兰 城
新奇的盘子 兰 城
爱克司光的活动摄影 兰 城

第 8 卷 第 4 期
1935 年 11 月出版

社 谈
全国运动会 杨晋豪
谈小型刊物 费桂芳
保护动物节 晓 芬
第二次世界大战的序幕 丁 三
给青年
柳先生的教育 杨荫深
（九）记大过的故事
国际问题讲话
意大利经济与地中海形势
陈清晨
一月来的国际 黄 山
英法会联合制意么
赴日考察团与华日经济组织
世界黄金流集美国
菲列宾共和国首任总统选出
米美尔选举
意阿战声中的德波匈联盟记
自然科学讲话
电视的发明者白阿德 一 碧
空气之组成与动物生活 左 平
文学讲话
依斯特拉地逝世 孟 雪
谈往（明人笔记小话全完）
阿 英
民间故事之民俗学的解释 赵景深
艺术讲话
旅情（新歌谱） 钱君匋
研究音乐的方法 郑沙梅
小 说
夜百合 赵慧深
妻 贺玉波
猛兽征服记（八，续完）
任白涛译
游 记
到定县去 徐嘉瑞
电影栏
《块肉余生》影片演出简记
丁 白
世界电影界 展 如
近事小感 大 军
青年与电影 张 潜
小感想 素 因
小 品
叶 成绍宗
天使是女性的吗？
〔捷〕纳鲁达著 唐旭之译
诗 选
安特列夫 沈圣时
深夜 吕绍光
鸽 路易士

青年文艺

骆驼的悲哀　江克灼
家　陈怀青
你的眼睛　张孝纯
黄昏　黄贤俊
少年　杨其森
褒姒　逢　春
生活　游　丝
二哥　季　格
行路　张宏熹
五伯母　那韵冰
登解甲峰　吕墨邮
山游　吴炳庆

青年论坛

《子夜》与《红楼梦》　郭云浦
广东市头糖厂巡礼　云　龙
读书杂谈　陈延年
写给留级的朋友　吴光复

英文讲话

动词的现在与进行式现在　钱歌川

新术语解释

人种说　杨晋雄
行政区　杨晋雄
地中海药库　杨晋雄
李凯特事件　杨晋雄
阿比西尼亚　杨晋雄
租妻　杨晋雄
院辖市　杨晋雄
华尔华尔事件　杨晋雄
摩登　杨晋雄

科学新谈

网结拖鞋　兰　城
新式灭火机　兰　城
沙发椅上的报架　兰　城
脚踏车的新锁法　兰　城
奇怪的摇篮　兰　城
电光扑鱼机　兰　城
盛药的铜匙　兰　城
钥匙上的火表　兰　城
飞机推动机的架子　兰　城
舒适的脚踏车　兰　城
便利的烟嘴　兰　城
联合的无线电蓄音器　兰　城
飞机式的快艇　兰　城
蝙蝠式的降落器具　兰　城
木制的领结　兰　城
巨速度的火车头　兰　城

第8卷　第5号

1935年12月出版

社　谈

我们对于科学应取的态度　杨晋豪
青年与童军训练　费桂芳
意阿战争的发展　丁　三

给 青 年

柳先生的教育（完）　杨荫深
（一〇）一个问题
莫走进小说里面去　唐余园

国际问题讲话

意阿战争会引起世界大战么

陈清晨
一月来的国际　黄　山
中国实行现银国有
驻华日本文武官员的会议忙
赴日经济考察团的成绩
伦敦海军会议
英国总选举
希腊复辟政变成功
自然科学讲话
黎尼阿斯的拉伯兰游记　君　行
预言科学之将来的罗教授　一　碧
文学讲话
傅卡赛吴梅村忏情（中国文学枝谈之四）（全完）　谭正壁
杜甫六绝句浅释　陈友琴
晚清的戏剧　赵景深
艺术讲话
艺苑交游记（完）　倪贻德
（四）南游忆旧
墙里墙外（新歌谱）　钱君匋
小　说
疑狱　黎锦明
第二次的要求　许　瑾
猪　拾　名
在缪丝的园里
〔保〕跋佐夫著　颐　荪译
游　记
留东小简　丁松成
电影栏
献给青年影迷　张　潜
世界电影界　大　军
新人杂谈　史　策
中国教育电影协会介绍　南　遮
小　品
海上买书记　阿　英
炉边　成绍宗
诗　选
湖　朱　湘
理想　何德明
人生　吕绍光
青年文艺
人市　冯振乾
都市的一角　严艾禾
献赠　俊　德
伊　熊　英
寄　李暇勋
寻梦者　黄贤俊
小诗二首　野　雁
右琵琶　孙梦人
归途　介　寿
猫头鹰　了　依
深夜　刘承安
雨　那韵冰
夜会　尹雪蔓
愤溱洧　朱　舒
青年论坛
诗与散文在本质上的区别　尤其彬
关于序跋之类　韦　瑜
水　肖天麟
我的恋爱观　墨　邨
英文讲话
日用英语之基本的研究　张友松

新术语解释
五人委员会 杨晋雄
十三国委员会 杨晋雄
十八国小组委员会 杨晋雄
制裁 杨晋雄
经济制裁 杨晋雄
制裁方案调整委员会 杨晋雄
互助方案 杨晋雄
第三帝国 杨晋雄
经济提携 杨晋雄
信用借款 杨晋雄
香河民变 杨晋雄
日武官台湾集议 杨晋雄
中间主义 吉 启
国体明征问题 吉 启
兴中公司 吉 启
十底与四底 吉 启
科学新谈
世界最大的渡船 兰 城
巨大的风磨 兰 城
小秤信器 兰 城
汽车上的新信号 兰 城
毒蛇的毒液可以制药 兰 城
高速度的飞机 兰 城
活动的影戏院 兰 城
非洲土人面型的制法 兰 城
坐车里面的新装置 兰 城
船上的救命器具 兰 城
汽车速度的测量机 兰 城
世界上最大的表 兰 城
观察雷电的机器 兰 城
奇怪的机器人 兰 城
新式的脚踏车 兰 城
停车用的轮子 兰 城
画 报
画坛三人及其作品
第一次征画入选作品

第9卷* 第1号
青年职业问题特辑
1936年1月出版

我的职业生活
特辑（特辑一）
关于我就业经过的略述 陈友琴
我的编译生活 刘麟生
动手 杨晋豪
从前有过职业 王任叔
我之职业生活的感想 陈 适
我的职业变更过好几种 钱君匋
求业与失业 黎锦明
我正在写关于职业的剧本 宋春舫
我还没有职业 黑 婴
编辑和翻译 黎烈文
我对于职业生活的自剖 宋成志
如何获得快乐的生活 朱通九
第一次找到我的职业 李辉英
从卖糖到采访新闻 李长之
谈谈职业 蒋屏风

* 本卷各期的出版时间，原刊均只注明年月，未注明具体日期。

从清晨到夜半 朱雯
职业与事业 石民
感情的圈子 臧克家
找到职业以后应有的精神 薛德焴
办理外埠读者通信购书 费慎祥
讨饭 陈子展
任务的选择 王玉章
做一日和尚撞一日钟 胡行之
略谈我的教书生活 唐余园
找力量 葩古
我的三十五年生活片断 蒋翼振
初次的谋事 张士良
在劳动大学 徐仲年
职业与事业 黄石
也算是职业生活 翟永坤
我最初的职业生活 张友松
这是什么生活 钱歌川
职业呢生活呢 张一凡
职业生活的感想 赵英才
两条路径 穆木天
职业生活的痛苦 王文修
职业与娱乐 吴根泽
我的教育生活的感想 谷凤田
青年们找职业的几个先决条件 余南秋
找职业和失业 梁乙真
匆匆十年粉笔生涯的略历 谢家玉
苦耶乐耶 储祎
中学毕业以后 顾凤城
择业与乐业 汪倜然
由找职业到生活 招勉之
做狗难 郑震
关于教书 金公亮
我对于青年人寻求职业的意见 顾仲彝
辛苦 胡山源
失业谋职及其他 贺玉波
唱书改文与卖稿 许钦文
我的找寻职业观 何植三
第一次碰钉子的教训 张健
生活在信堆里 张左企
自然地步入我新的境界 朱渭深
我的职业观 陈清晨
奉劝青年 顾颉刚
教师与编辑 施蛰存
在南洋做报馆编辑 汪馥泉
我对于职业问题的意见 孙席珍
愈过愈胆小 洪为法
我的投考邮政局的故事 郑师许
我第一次的职业 周楞伽
初出茅庐及其他 商一
我的职业生活 李权时
谈谈所谓职业生活 陶秋英
合理化的职业生活 陈醉云
找职业 李唯建
我与职业 王镜清
我的服务生活之一页 蒋振寰
关于职业的话 林悠如
办学及其他 陈柱尊
青年和职业 杨东莼
从职业中找学问 马国亮
事业在发展中 钱小柏

两点感想 段耀林
杂谈职业生活 刘 宇
在大学毕业的时候 马永祯
当教员是极清苦的 杨荫深
冷板凳小记 曹聚仁
我的职业生活的一断片 包雄泉
过去的痕迹 马仲殊
教书生活 刘万章
我们失业原因的一种 宋孔显
关于职业的一点感想与自白 朱企霞
执鞭之始 卢冀野
教支那语的支那人 胡 风
我以为 拾 名
两条路 谢善继
一年半来个人生活之回忆 鲁澹隈
可怜的生活 郭步陶
我的职业生活的初步曲 田菊裳

社 谈

一九三六年的中国青年 费桂芳
理想的职业 杨晋豪
战斗 晓 芬
意阿战争的新阶段 丁 三

国际问题讲话

一月来的国际 黄 山
现银国有令设施以后
意阿战争的进展与国联制裁
英国总选举的结果
埃及发生反英运动
太平洋邮航开始

自然科学讲话

狗心理和儿童心理 金 城

文学讲话

文章要写得简洁（作文课谈话之一） 杨荫深
三宝太监西洋记 赵景深

学术讲话

雅利安语言与高加索人种 Sir Arthur Keith 著 吕叔湘译

艺术讲话

杂谈绘事 倪贻德
筑路歌（新歌谱） 钱君匋

小 说

察觉 许 瑾
这一学期（一） 李辉英

游 记

港岛之夜 封禾子

电 影 栏

希望于一九三六年的中国影界 南 遮
电影最初发明人狄克孙逝世 大 军
电影从业员职业生活的一斑 维 时
关于文艺电影 张 潜
影坛小言 史 策

小 品

说鬼 周作人
二老财 冰 心

诗 选

漠地之歌 路易士
夜归 木 孤

深夜　木　孤
夜雨　木　孤
春　木　孤
春半　木　孤
白的悲哀　拾　名
独坐　熊　瑾

中学生毕业后就职

实况特辑（特辑二）

从学校到社会　朱烟影
在北宁铁路做管料练习生　翔　光
我的职业经验　淑　贞
初中毕业后服务概况　徐天武
回忆　陈肇基
邮政局的实习经验　木　水
神圣事业呢牛马生活呢　杨心如
从跑街到教书　徐美雅
我的教员生活　慕　张
村长自述　梁　燕
我的心境改变了　冲　霄

青年文艺（特辑三）

初次做医生记　月　波
失学后的实生活　吕回晨
最后一著　陈建英
你们的朋友　我　我
青年女子的信　伊　尼
码头　邵冠祥
拉煤歌　王秉陈
叫卖　尹　青
船夫　伯　鸥
挑水夫　冯振乾

青年论坛（特辑四）

择业与求业　闵凤超
出路　石厚辰
寄给高中毕业生　平　海
小学教员的希望　王观华

新术语浅释

法币　杨晋雄
新货币制　杨晋雄
准备金　杨晋雄
准备库　杨晋雄
准备银行　杨晋雄
发行准备委员会　杨晋雄
封锁　杨晋雄
货币的管辖手段　杨晋雄
冬防　杨晋雄
演习　杨晋雄
实弹演习　杨晋雄
诱敌深入　杨晋雄
个别击破　杨晋雄
菲律宾自治　杨晋雄
奎松　杨晋雄

科学新谈

海军飞机的救生艇　兰　城
鳄鱼飞机　兰　城
伯勒尼式的飞机　兰　城
最准确的时钟　兰　城
降落伞放下军用犬　兰　城
宽广的电话室　兰　城
汽车上的保险锁　兰　城
放光的徽章　兰　城
军事用的发音器　兰　城

油漆匠的自动站架 兰 城
新奇的溜冰鞋 兰 城
化学用的小秤 兰 城
电光筒上的罗针盘 兰 城
摄取雷电的照片 兰 城
航空摄影机 兰 城

第9卷 第2号
1936年2月出版

社 谈
组织和力量 寿 清
艺术和真实 杨晋豪
青年课外读物拟目 晓 芬
远东新事态 丁 三
国际问题讲话
学生运动的研究 陈清晨
一月来的国际（附时事漫画四幅） 黄 山
冀察问题更严重化
解决中日诸问题的两国会议
英意冲突与意阿战争的近况
伦敦海军会议会有结果吗
世界银价暴跌
自然科学讲话
氮的制备及其功用的重大 周 俭
学术讲话
孔子和他的学说 姜亮夫
文学讲话
宋人绝句浅释 陈友琴
刘大杰论（现代作家论） 贺玉波
文章要有统一（作文课之二） 杨荫深
艺术讲话
比利时与荷兰的绘画 倪贻德
空军歌（新歌谱） 钱君匋
小 说
活动 何家槐
这一学期（二） 李辉英
游 记
洛蒂的《沙漠》 成绍宗
小 品
陀思妥夫斯基的事 鲁 迅
少与老 房师俊
诗 选
送女弟出国留学 葛贤宁
国外通信
为自然主义而牺牲的一个小说家（比利时通信） 朱 梅
书 评
一部比较坚实的工作 钟敬文
青年文艺
白猫 陈秉俭
她 壁 人
紫藤花下 伶 影
樟木头车站 蔡笠民
开夜车 陈素瑶
炉边 英 熊
我的寂寞 宋永年
慰逝者 陈幼嘉
生活线外的一群 子 权
月下 何晓荣

海滨独坐　康　伯
忆四顶山　周帮霖

青年论坛

属于传志类的文章　韦　瑜
从动物的生存说起　吴兴华
谈谈中学生的画地图法　笑　斌
介绍河北安次县的婚姻制度　周文林

问 答 栏

青年医药问答（六则）　牟鸿彝

英 文 栏

动词的过去与进行式过去　钱歌川

科学新谈

便利的救生艇　兰　城
巨大的仙人掌　兰　城
无声的理发刀　兰　城
汽车引路灯的新装置　兰　城
探险的坦克车　兰　城
便利的睡袋　兰　城
宝石上的刻划术　兰　城
驱赶家畜的电棒　兰　城
航空员的黑夜摄影术　兰　城
练习航空的木架　兰　城
奇异的脚踏车　兰　城
帆船上的新设备　兰　城
沼气可以取暖　兰　城
用面包雕刻人物　兰　城
钮扣上的表　兰　城
奇异的凿井机　兰　城
用无线电召唤小孩　兰　城
电光船笔　兰　城

新术语解释

清乡　杨晋雄
伪组织　杨晋雄
防共委员会　杨晋雄
中日提携　杨晋雄
广田弘毅　杨晋雄
意阿和平方案　杨晋雄
玛萨里克　杨晋雄
海会　杨晋雄
海军会议　杨晋雄
飘翔运动　杨晋雄
共同最高额　杨晋雄
远东均势问题　杨晋雄
贝奈斯　杨晋雄

插　图

妇女与教育（漫画）　白　浪
晓林春色（第一次征画被选之一斑）　叶仲玑
人象（第一次征画被选之一斑）　大　青

第9卷　第3号
1936年3月出版

社　谈

处世态度　杨晋豪
战术　寿　清
批评与创作　杨　非

国际问题讲话

过去一年的世界经济与中国经济　陈清晨

一月来的国际　黄　山
日近沦亡的华北
中日驻在大使的更调
埃及与舒利亚的民族独立运动
法国拉法尔内阁倒台
英王乔治五世奉安的盛况
日本退出后的伦敦海军会议
自然科学讲话
从地面到同温层　德　黎
花木的剪枝法　兰　城
学术讲话
论王充的思想和方法　翟永坤
文学讲话
读《宗元戏曲史》　赵景深
许钦文论（现代作家论）　李长之
文章要有变化（作文课之三）　杨荫深
艺术讲话
素描的研究法　倪贻德
春游（新歌谱）　钱君匋
小　说
乡下姑娘的春天　赵慧深
这一学期（三）　李辉英
小　品
螟蛉与萤火　周作人
我的一段记者生活的实录　任白涛
春风骀荡中哭镇南　彭成慧
国外通信
留日学生生活观感（日本通信）　陈灵谷
游日通信　丁松成
电影栏
《孤星泪》影片演出简记　丁　白
电视的进步　大　军
廿四年外片输华统计　史　策
香港的电影清洁运动与电影教育　张　潜
青年文艺
春旱　尹　青
春　棠　生
野湖泉之春　胡　哨
我心田里的春天　王成秋
春天给与我们的　茅锦泉
谢神　荇　纯
谁最懂得春天　维　华
春郊　程　铮
彷徨　侯唯勋
求　金钦若
父亲灵前　韩诗农
医疮小记　沈　默
青年论坛
谈谈学生运动　赵芥天
怎样上课　彭桂萼
宇宙是怎样存在着的　苏艺林
成诗的过程　戚墨缘
问答栏
青年医药问答（七则）　牟鸿彝
英文栏
初中学生对于英文科应下的工夫　马　良
科学新谈
袖珍的保安剃刀　兰　城

耨草机 兰 城
用车柄推行的婴孩车 兰 城
汽缸的新式塞筒 兰 城
测验飞机的风屋 兰 城
巨大的壁画 兰 城
照见脑后的镜子 兰 城
减低枪声的器具 兰 城
聪明的虎 兰 城
长镜筒的照相机 兰 城
有发动机的踏车 兰 城
轮胎可以制成鞋底 兰 城
轻便的机关枪 兰 城
新式的铜墙铁壁 兰 城

新术语解释

手头字 杨晋雄
简体字 杨晋雄
学生运动 杨晋雄
英镑集团 杨晋雄
通货 杨晋雄
塞拉西 杨晋雄
艾登 杨晋雄

路易士的行过之生命 西 凡

插 图

时事漫画（四幅） 诸 家
“我再做给你看”
“你怎么爬上去的啊”
弱小民族的吼声
不过换了一个把舵的人罢了”
一月来的国际三帧
（卷首照片）
日本退出后的伦敦
海军会议四帧（卷首照片）

第9卷 第4号
1936年4月出版

社 谈

处世方法 杨晋豪
表现和事实 寿 清
非常时期中的中国文学 杨 非
急转直下的国际局面 丁 三

国际问题讲话

日本军人政变的意义（附漫画一幅） 陈清晨
一月来的国际（附漫画二幅） 黄 山
危急中的华北与内蒙
日本对华外交一元化之趋势
意阿战争的新局面
法众院通过法苏协定
德意同盟的酝酿
西班牙左派再度执政

自然科学讲话

天空救护队（附插图） 君 行
数学之王比加尔八十诞辰纪念 左 平

学术讲话

民俗学之史的发展 叶德均

文学讲话

《盛明杂剧二集》 赵景深
曹雪芹的家世和《红楼梦》的由来

宋孔显
朱湘论（现代作家论） 史美钧
造句（作文课之四） 杨荫深

艺术讲话

水彩画的研究法 倪贻德
月夜（新歌谱） 钱君匋

小 说

马戏 黎锦明
爱克司湖畔 许 瑾
这一学期（四） 李辉英

游 记

灵水趾迹（附插图） 封禾子

小 品

筵归 魏苇君

诗 选

二十世纪的跋涉 路易士
龙华塔下 殷琴忆
因为 若 斯

国外通信

巴黎中国留学生生活（法国通信） 朱在留

青年文艺

春寒杂写 那韵冰
我的所好 李相士
雨 江 俊
排球赛素描 瑞 琳
一株草 陈道宏
点滴 壁 人
黄昏 江克灼
逃亡者的暮春 冯振乾
春暮 李文辉
四月里的乡村 虞 湘
大胖子 熊 英
想家 赵 铎

青年论坛

怎样学习自然科学 李延朗
怎样研究国文 朱玉珂
怎样做一个现代中国的青年 史好俭
怎样编副刊 张孝纯

问答栏

青年医药问答（七则） 牟鸿彝

英文栏

英语习用句法例解 张友松

科学新谈

双尖的铲子 兰 城
花朵上的印字法 兰 城
汽车上的行李舱 兰 城
风车式的打气机 兰 城
较验指纹的器具 兰 城
鸟式的飞机 兰 城
汽车上的真空扇 兰 城
钻玻璃的锥子 兰 城
三角形的切铁锯 兰 城
半暗半明的眼镜 兰 城
遮挡汽车灯光的眼镜 兰 城
新式的播音机 兰 城
运输军队的新法 兰 城
溜冰鞋的套鞋 兰 城
夜行车的发光棍 兰 城
自动的夹书机 兰 城
新奇的锁和钥匙 兰 城

机器车上的折架　兰　城
机器车与清道汽车　兰　城
墨西哥的自由神像　兰　城

新术语解释

陆军省　杨晋雄
海军省　杨晋雄
内务省　杨晋雄
外务省　杨晋雄
大藏省　杨晋雄
俄罗军事条约　杨晋雄
主币　杨晋雄
辅币　杨晋雄
新辅币　杨晋雄
国际和平会　杨晋雄
泛美洲和平会议　杨晋雄
法俄互助条约　杨晋雄
资融会社　杨晋雄
侨乐村　杨晋雄
奥泰基　杨晋雄
集体安全制度　杨晋雄
和平公约　杨晋雄
裁军公约　杨晋雄
咨商公约　杨晋雄
仲裁与调解条约　杨晋雄
不侵略公约　杨晋雄
侵略国定义条约　杨晋雄
区域互助公约　杨晋雄
德日军事同盟　杨晋雄

插　图

天空救护队三帧（卷首）
纽约的学校生活二帧（卷首）
灵水趾迹照片六帧（卷首）

第9卷　第5号

1936年5月出版

社　谈

谈生活　杨晋豪
谈原谅　寿　清
待人的经验　杨　非
今年的五月　丁　三

国际问题讲话

莱茵问题的归趋（附漫画及地图）　陈清晨
一月来的国际（附漫画二幅）　黄　山
　希特勒进兵莱茵区
　以防为中心的中日华北问题
　华北走私的严重
　日苏冲突与苏蒙互助公约
　意阿战争的最近形势
　三国海军条约成立

自然科学讲话

风灾　君　行
手淫的弊害及其根治法　牟鸿彝

学术讲话

甲文尝鼎谈　毕任庸

文学讲话

宋人七绝浅释　陈友琴
清末的时调　阿　英
沉樱论（现代作家论）　贺玉波
选词（作文课之五）（全完）

杨荫深

艺术讲话

记几个美术青年 倪贻德
晚景（新歌谱） 钱君匋

小说

蛀虫 王任叔
灵魂的一隅 许瑾
这一学期（五）（全完） 李辉英

诗选

晓号中 朱企霞
裁缝女 沈圣时
给一朵小花 拾名

小品

炉边日记 冰莹
上滩 戴平万

国外通信

再谈巴黎中国留学生生活（法国通信） 朱在留

游记

杜巴的神秘的廷巴克图 成绍宗

青年文艺

飞行生活小忆 高文熙
人生 陈幼嘉
遭匪记 冯夷君
旧居 孙艺秋
谈包书 南山
故乡的消息 心雪
写给弟弟 金钦若
生活的罪犯 艾禾
等待 枫子
古琴台上的黄昏 何适
母亲 低高
题“木兰从军”图 侯唯动

青年论坛

略说我学日文的经过 雷石榆
毒瓦斯的种类和防法 张亢宗
关于蛙的谈话 朱德孚
文学的领域 梁圣洁

问答栏

青年医学问答（十二则） 牟鸿彝

英文栏

从胡言乱语说起 石民
练习问题十二答案 钱歌川

科学新谈

新式的锯木架 兰城
新式的擦光轮 兰城
新式的印象版 兰城
用电气选举 兰城
电炉热力增大法 兰城
彩色手榴弹 兰城
保险手杖 兰城
安全的小艇 兰城
时新的纸夹 兰城
训练小孩打字的方法 兰城
搬运小舟的方法 兰城
新式的摘棉机 兰城
机器雪橇车 兰城
有拖轨的小孩车 兰城
鸡类的饮水器 兰城
巨厦退缩五尺的方法 兰城
袖珍的测深尺 兰城
最小的无线电 兰城

新术语解释

莱茵河非武装区域　杨晋雄
罗迦诺公约　杨晋雄
五国互相保障条约　杨晋雄
二二六政变　杨晋雄
政变　杨晋雄
五·一五事变　杨晋雄
神兵队　杨晋雄
天皇机关说　杨晋雄
冈田　杨晋雄
华北日领会议　杨晋雄
三国海约　杨晋雄
兵役法　杨晋雄
三自政策　杨晋雄
广田三原则　杨晋雄

插　图

莱茵的危机（四幅）
罗迦诺公约签字国在伦敦开会（六幅）

第10卷[*]　第1号
暑期生活特辑
1936年6月出版

暑期生活特辑

挥汗日记　周楞伽
暑假中的编辑生活　陈友琴
暑期生活　徐蔚南
国难时期中没有暑假　杨东莼
一个夏天没穿袜子　钱歌川
海上四日　何德明
海边的快事　潘　菽
不该把暑假空空放过　李辉英
何有于暑期生活　胡行之
北行日记　钱南扬
夏天的游泳　叶鼎洛
迎夏漫笔　李长之
暑期生活在济南　谷凤田
捉臭虫和教书打字　周斐成
不赞成有暑假　汪迪民
暑假的剪影　宋成志
快乐的暑期生活回忆　蒋翼振
我的破题儿第一遭暑假生活　郑师许
闲里偷忙　罗根泽
一个暑期生活的回忆　招勉之
我去年怎样过的暑假　马永祯
怎样过暑期生活　赵英才
暑期生活　卢冀野
《避暑录话》的一伙　臧克家
我的暑假　老　舍
怎样过非常时的暑假　张　健
闲　金钦若
旧话重提　董秋芳
无题　成绍宗
我的暑期生活　黎锦明
深入农民群中　王任叔
读书习剑爬山　梁乙真
予防盛暑热病　于在春

* 本卷各期的出版时间，原刊均只注明年月，未注明具体日期。

暑期生活不是属于我的　谭正璧
谈谈暑期生活　余楠秋
如是想　陈灵犀
假如可能的话　朱渭深
几个不同的暑假　刘麟生
进学校以前的暑假生活　许钦文
读书和游泳　黑　婴
我的暑假　陈柱尊
一个问题　胡山源
一个可纪念的暑假　陈啸空
童年如梦　翟永坤
风穴寺的回忆　陈清晨
我的暑期生活的改变　孔赐安
没有暑假　柯　灵
去年的暑假　唐旭之
怎样过暑假　段耀林
十五年来的暑假生活　钱天起
小学暑期生活班教员生活的回忆　姚逸韵
在私塾里的暑期生活　王商一
暑期生活的回忆　邵常坨
苦难与无畏　陈伯吹
机械的人　衣　青
现实是你伟大的教师　穆木天
暑假旅行　顾颉刚
莫错过了暑假　周谷城
我的暑期生活　钱君匋
闲谈消夏　金公亮
前两年的暑期生活　杨荫深
当衣记　左干臣
小畜生　郑慎齐
暑期中应该做些什么事　张佛千
算不得回忆也算不得计划　刘　宇
二十年前　周岑鹿
简直等于讨饭　蔡振寰
我没有暑期生活　徐调孚
回忆学生时代的暑期生活　李权时
我的暑期生活　施蛰存
海滨消夏的回忆　顾凤城
我的暑期　杨晋豪
毋固毋必　洪为法
我没有好好地利用过暑假　马仲殊
暑期应该利用来读活书　马宗融
假日的苦恼　万　曼
艺术化的暑期生活　宋孔显
听知了声　魏金枝
我在暑假中预备要做的工作　陈　适
避暑的精神　宋春舫
怎样过暑假　孙席珍
暑期生活杂感　葩　古
暑期工作　王玉章
海滨的暑假　秋　子
书呆子的暑假　钟敬文
特别的学期　郭步陶
两个暑期　李唯建
香山消夏的回忆　储皖峰
挥汗读书　陈子展
说我今年夏天愿意在北平　朱企霞
一个暑假　张西曼
我之暑期工作观　清　水

社　谈

生活的严正态度　杨晋豪

唯物和唯心　寿　清
怎样过今年的暑期　杨　非
风雨满楼的国际局面　丁　三

国际问题讲话

向战争宕延的欧局（附漫画三幅）　陈清晨
一月来的国际（附漫画一幅）　黄　山
　中美经济谈话
　冀察外交与共同防共问题
　全世界学生反战示威
　法国选举左派胜利
　巴勒斯丁的民族冲突
　粤汉铁路接轨完成
　中华民国宪法草案公布

自然科学讲话

谈雨（谈天说地之一）　成绍宗

文学讲话

中国小说在日本江户时代流行之一斑　〔日〕长泽规矩也著　秋子、钟敬文译
唐代以前的散文（中国文体式的变迁之一）　姜亮夫
戏瑕（明人笔记小话之五）　阿　英

艺术讲话

色彩讲话　倪贻德
虹（新歌谱）　钱君匋

小　说

新的诞生　许　瑾
别　包雄泉
三个女学生（一）　贺玉波
青年医药问答（三十七则）　牟鸿彝

新术语解释

长岭子事件　杨晋雄
绥芬河事件　杨晋雄
俄蒙互助条约　杨晋雄
日德秘密谅解　杨晋雄
三国罗马会议　杨晋雄
海峡条文　杨晋雄
洛桑条约　杨晋雄
洛桑会议　杨晋雄
弱小民族　杨晋雄
半殖民地　杨晋雄
半主权国　杨晋雄
六一惨案　杨晋雄
六三运动　杨晋雄

科学新谈

假拟的把舵室　兰　城
耐火的汽油　兰　城
铁道路轨的检查器　兰　城
自动跳跃的压土机　兰　城
工人的救生带　兰　城
杂种汽车　兰　城
准确的画线轮　兰　城
三轮脚踏车　兰　城
脚踏车的新踏轮　兰　城
奇异的皮船　兰　城
汽车上的踏脚架　兰　城
医疗用的摇床　兰　城
奇怪的救命浮袋　兰　城

不着火的树木　兰　城
小型的造酒机　兰　城
暴风的警号　兰　城
家禽的防窃法　兰　城
高速度的海军飞机　兰　城
圆饼式的发动机　兰　城

小　品

苦雨斋旧日记抄　周作人
记萨镇冰先生　冰　心
闲书与闲人　郁达夫
五卅回忆　白　兮

游　记

玄武湖记游（附卷头插图）　清　水
西湖枯游半日（浙东山水一瞥之一）　周岑鹿
首都（大江南北游记之一）（附卷首插图）　郑慎斋

给青年

不要卖弄假聪明（课余漫谈之一）　杨荫深

青年文艺

温泉纪游　田子坛
戚继光将军在瑞安　陈纪业
教人的人　杜　基
挑沙　葛正权
夏先生　新　铭
死不了的心　陈家志
两个祖母　枫　子
写生　沈芷若
飞燕　王复周
给勇士　普　春
火车和小贩　华　厂
寄沪上一人　张友建
生活的鞭　李芳远
我常想　司半同

青年论坛

苍蝇　金　涛
漫话电影　舒　芸
谈谈定县的丧礼　琢　之
扇的艺术与艺术的扇　黄　梅

郑慎斋装帧　郑慎斋作

第10卷　第2号

1936年7月出版

社　谈

个人生活与整个问题　杨晋豪
高尔基的风度和给予我们的教训　寿　清
西班牙的反革命叛乱与国际形势　丁　三

国际问题讲话

革命潮头的法国与西班牙　陈清晨
一月来的国际　黄　山
华北局势的恶化
怎样才是我们不能容忍的时候
国联撤消对意制裁
蒙德娄会议的结果
第十一届亚林匹克运动会

自然科学讲话

天为什么是青的（谈天说地之二）

成绍宗

文学讲话

造句的周稳律（造句的三种律之一） 汪馥泉

唐宋以后的散文（中国诗文体式的变迁之二） 姜亮夫

珊瑚林（明人笔记小话之六） 阿　英

艺术讲话

新兴画派浅释（上） 倪贻德

晚秋（新歌谱） 钱君匋

诗　选

故园 吕绍光

田园晚安 徐光摩

盲女之歌 向　青

小　说

浮尸 马子华

鱼 封禾子

遗弃 金　叶

三个女学生（二） 贺玉波

小　品

读戒律 周作人

暑而不假 徐仲年

山峡夜行 方　殷

月下草 田　史

游　记

首都（大江南北游记之二）（附速写多幅） 郑慎斋

记方岩（浙东山水一瞥之二） 周岑鹿

给青年

小勇不如无勇（课余漫谈之二） 杨荫深

国外通信

给朋友们 柳无垢

青年论坛

现代文学与短篇小说 秀　芳

流莹 金　涛

文学与天才 王劲秋

青年求学问题 叶文彦

青年文艺

雨夜话梦 田子坛

征程 张志平

爱 虚　怡

卖艺的老人 崔立柱

回家 张瘦鹤

姐姐的坟 朱仲琴

爸爸死了以后 沈芷若

西子湖破晓 司半同

桑 荇　纯

华筵 彭成斌

黑子 毅　深

旅人 郑淑珂

将要碎的心 黄淑瑛

阅报有感 张继贞

英文栏

英语习用句法例解 张友松

问答栏

青年医药问答（九则） 牟鸿彝

科学新谈

经济的炉灶 兰　城

乌翅式的飞机　兰　城
铝制的飞机　兰　城
面包雕刻术　兰　城
铝壳公共汽车　兰　城
奇怪的陆舟　兰　城
代塞尔汽车　兰　城
袖珍的印票机　兰　城
飞机推进机的视察器　兰　城
倒货机　兰　城
珍贵的钻石装饰　兰　城
赛马用电眼摄影机　兰　城
新式的闪光灯泡　兰　城
家庭汽车　兰　城

新术语浅释

人民阵线　杨晋雄
和平阵线　杨晋雄
侵略阵线　杨晋雄
联合战线　杨晋雄
国防文学　杨晋雄
民族革命战争的大众文学　杨晋雄
走私　杨晋雄

第十一届亚林匹克运动会照片（卷首）
首都速写画（卷首）

第 10 卷　第 3 号

1936 年 10 月出版

社　谈

现阶段的中国文艺运动纲领　杨晋豪
谈谈幼稚病　寿　清
和平还是战争　丁　三

国际问题讲话

最近日本政变的演变　陈清晨
一月来的国际　黄　山
在继续中的西班牙内战
英埃成立新条约
苏联的党狱
巴勒斯坦民族独立运动
世界和平运动大会开会
成都事件

自然科学讲话

科学的奇迹　郇孟晖
地球究竟已有多大年纪（谈天说地之三）　成绍宗

文学讲话

造句的侧重律（造句的三种律之二）　汪馥泉
歌诗时代的诗（中国诗文体式的演变之三）　姜亮夫
读书志（明人笔记小话之七）　阿　英
《英烈传》　赵景深

艺术讲话

新兴画派浅释（下）　倪贻德
秋（新歌谱）　钱君匋
农村秋晚（新歌谱）　陈啸空

小　说

卖厂之后　李辉英
浦江岸畔　许　瑾
三个女学生（三）　贺玉波

戏　剧
生命的喜剧　赵慧深
小　品
自己的文章　周作人
游　记
从缙云到温州（浙东山水一瞥之三）　周岑鹿
镇江（大江南北游记之三）　郑慎斋
给青年
眼光要放得远大（课余漫谈之三）　杨荫深
国外通信
樊迪文访问记　朱　梅
青年文艺
现在是时候了　屠念慈
我们的船　杨怀信
一个朋友的死　宁　五
战斗　王警众
口琴　齐筱岚
思母　金正华
垦荒者　柴达木
荒院　李兴华
蚕的趣味　思　茅
念　黄　鲁
参观法院记　月　影
卖唱娘　于鞠离
青年论坛
非常时期中我们该做些什么　李　蕊
敬告青年　张铭锜
非常时期与青年学生的努力　顾伴云
国民应有的简易防毒常识　高逢申
问答栏
青年医药问答（二十一则）　牟鸿彝
英文栏
未来与进行式未来　钱歌川
英汉时照时事要闻注释　刘思训
科学新谈
玻璃砖造成的学校　兰　城
纸筒吹泡法　兰　城
育蛾　兰　城
便利的切物器　兰　城
路底沟里的游行　兰　城
西科斯基式的飞机　兰　城
果实刻字术　兰　城
圆狱内的管理亭　兰　城
新式的火车头　兰　城
防守用的水雷艇　兰　城
便利的锻接器　兰　城
住房内的小花池　兰　城
世运会的火炬　兰　城
拳击比赛的评判钟　兰　城
新术语浅释
蒙德娄会议　杨晋雄
海峡新公约　杨晋雄
斯特莱柴阵线　杨晋雄
巴尔干协约　杨晋雄
德意奥集团　杨晋雄
德奥协定　杨晋雄
德意同盟　杨晋雄

日伪新协定　杨晋雄

在继续中的西班牙内战（五幅，卷首）

镇江速写画（卷首）　郑慎斋作

第 10 卷　第 4 期
鲁迅先生逝世纪念特辑
1936 年 11 月出版

鲁迅先生逝世纪念

鲁迅先生轶事　蔡元培
鲁迅先生与新书业　许钦文
鲁迅先生　杨晋豪

社　谈

谈集体生活　杨　非
防止老年病　寿　清
关于廿四年度中国文艺年鉴　杨晋豪

国际问题讲话

中华民族的危机　陈清晨
一月来的国际　黄　山
金本位制的消灭
希特勒的反苏联大会
胜负难决的西班牙内战
许芝森大使谈英国对华政策
走头无路的国联

自然科学讲话

常识丛谈　周作人
新创世纪（谈天说地之四）　成绍宗

文学讲话

司马相如之化装表演　洪为法
造句的呼应律（造句的三种律之三）　汪馥泉
歌诵分立时代的诗（中国诗文体式的演变之四）　姜亮夫
闲情小品（明人笔记小话之八）　阿　英

艺术讲话

画家倪云林的故事　倪贻德
丰收（新歌谱）　钱君匋
飞机（新歌谱）　陈啸空

小　说

黄教授的宴会　黑　婴
三个女学生（四）　贺玉波

小　品

灾区偶记　朱　哲
垃圾箱边小景　陈以德
故乡　胡南生

诗　选

大豆　徐光摩

游　记

雨中游雁荡（浙东山水一瞥之四）　周岑鹿

青年文艺

看电影去　王澄禄
希望　王超敏
操　晓　白
警　张文麟
长途行军记　爱　石
门巷　行　路

备取　张景阁
故乡　孙乐洵
壮丁队　荇　纯
推水车的　晕　僧
最近的香港一瞥　拾　仟
我自己的歌　李子温

国外通信

比国印象　朱　梅

给 青 年

忍耐与难事　杨荫深
说写字　卢绍龙

青年论坛

危急期中的中国青年　郑　昱
化学战争的研讨　华公亮
战胜环境　观　和
手脑并用论　云　梦

问 答 栏

青年医药问答（十一则）　牟鸿彝

英 文 栏

英语习用句法例解　张友松
英汉对照时事要闻注释　刘思训
十一月的日记　慕　萱

科学新谈

航空医院　兰　城
游行着的钟表店　兰　城
察看蔬菜内的破隙　兰　城
水底探险灯　兰　城
城市的育蚕事业　兰　城
犀骨做的乐器　兰　城
电灯风琴　兰　城
双座脚踏车　兰　城
皮夹上的照像机　兰　城
可折为信封的信纸　兰　城
海军机的救生艇　兰　城
便利的救生器　兰　城
便利的钳夹　兰　城
铅笔上的验温器　兰　城
新式高光度灯泡　兰　城
汽车的拖车　兰　城

新术语浅释

莱翁勃论　杨晋雄
世界和平运动大会　杨晋雄
西班牙反革命事件　杨晋雄
成都事件　杨晋雄
北海事件　杨晋雄
丰台事件　杨晋雄

第 10 卷　第 5 号

1936 年 12 月出版

社　谈

怎样展开报告文学　杨　非
追记送鲁迅先生的葬礼　杨晋豪
西班牙叛军能得最后的胜利么　丁　三

国际问题讲话

欧洲左右营垒对立之激化（附讽刺画二幅）　陈清晨
一月来的国际（附讽刺画二幅）　黄　山
迷离扑朔的中日外交
“中国开发”华北经济之积极

日军在华北大演习与绥东危机
中英出口信用借款成立
自然科学讲话
新式的战壕和地下炮台　胡南生
谈谈时钟　汪畏之
卷云以上的世界（谈天说地之五，续完）　成绍宗
文学讲话
诵诗的沿袭与歌诗的新生　姜亮夫
雪涛小书（明人笔记小话之九，续完）　阿英
艺术讲话
王时敏与王麓台　倪贻德
雁声（新歌谱）　钱君匋
静夜（新歌谱）　陈啸空
鲁迅先生纪念
两次访钟楼记　黎锦明
鲁迅先生的旧诗　金性尧
悼鲁迅先生　朱雯
小说
李二宝这孩子　雷子
金目王子
〔日〕藤森成吉著　任钧译
三个女学生（续完）　贺玉波
游记
扬州（大江南北游记之四）（全完）　郑慎斋
从雁荡回上海（浙东山水一瞥之五，续完）　周岑鹿
给青年
过则勿惮改（课余漫谈全完）　杨荫深
青年文艺
悼鲁迅先生　朱亚南
悼文坛巨星鲁迅　高华甫
广州鲁迅先生追悼会　邓丁
忆鲁迅　康国栋
全国木刻流动展览会　朱叶
山海关　任阿
一个归国的伤兵　树文
我们的心情　勇为
华北农民访问记　席吉庆
古龙场驿　白荇
黄昏　马寥
我的校役生活　衍华
柿子　周应潮
新鞋　于在方
青年论坛
非常时期中怎样锻炼自己　郑善林
事业与环境　珠莹
食物和消化　子峰
谈谈宁波的堕民　悦英
书评
读岳飞及其他　封禾子
问答栏
青年医药问答（三则）　牟鸿彝
英文栏
英汉对照时事要闻注释　刘思训
十二月的日记　慕萱

科学新谈

地毯挑花器 兰 城
巨大的城市模型 兰 城
练习足球用的假人 兰 城
高尔夫和马球的混合游戏 兰 城
牛酪查验车 兰 城
小兽可做小孩的玩物 兰 城
出借玩具的机关 兰 城
仿造的埃及古竖琴 兰 城
卖电车票的汽车 兰 城
奇怪的拦路架 兰 城
折放自如的脚踏车和小舟 兰 城
汽车上的绘纹术 兰 城
有天井的汽车 兰 城
运输鱼类的火车箱 兰 城
飞机上面的病床 兰 城
能说话的时钟 兰 城
杂种乐器 兰 城
雪积成的花冠 兰 城
玻璃瓶内的小鸡 兰 城
练习防毒面具的汽车 兰 城
经济的风磨发动机 兰 城

新术语解释

法波协定 杨晋雄
英埃军事同盟 杨晋雄
英俄海军条约 杨晋雄
日德反苏协定 杨晋雄
反苏神圣同盟 杨晋雄
上海虹口事件 杨晋雄
不干涉西乱调整会 杨晋雄
不干涉西乱协定 杨晋雄
德意协定 杨晋雄

第 11 卷* 第 1 号
青年作文指导特辑
1937 年 1 月出版

青年作文指导特辑

我的国文教学经验 徐蔚南
脚踏现实的大地 杨 骚
冲出大观园 黄衣青
作文一得 周楞伽
“真正”“几乎”“不会” 陈友琴
文艺作品是如何写的 宋成志
怎样去做诗 杨晋雄
中学生作文常犯的几种毛病 隋树森
多看和多作 朱 雯
多做叙事文和议论文 黎锦明
姑妄言之 朱渭深
作文小语 何德明
青年男女在写作上的两种疵病 谷凤田
作文的基本条件 陈醉云
两点浅见 黑 婴
几句不得人心的话 老 舍
头痛的理论文章 臧克家
文章作法 翟永坤
三原则 王玉章

* 本卷各期的出版时间，原刊均只注明年月，未注明具体日期。

我所见到的两点　王萍草
青年们别性急　胡行之
得意之作　胡山源
几句平凡的话　许　杰
从书信想到的一点　唐旭之
应考时作文的注意点　钱颂平
当国文教员的能怎么办　向培良
一个偏见　于在春
简明和真实　金　叶
病中谈作文　清　水
我最初学习作文的经验　段超人
我看到的中学生作文时常犯的毛病　梁乙真
卖花生米的　洪为法
作文一诫　藩　菽
韧性和作文　董秋芳
写别字　陈福熙
她们害病的原因　董文渊
我青年时代学习国文的经验　陈　柱
先训练思想的能力　汪倜然
初学作文者的通病　程鼎兴
形容词病　王一心
自己的话　陈伯吹
我的打算　陈汝惠
关于作文的话　顾了然
作文与研究文法　包雄泉
略谈中学的作文课程　陈子展
救救中学生？救救中学教员？　陶秋英
作文与造句　马仲殊
我以为只要多作就是　杨荫深
“可圈可点”的圈点还该用吗？　刘万章
学习作文的最大毒害　陈清晨
关于写作问题随便想到的几点　张友松
中学生的作文方法　蔡振寰
我怎样开始写作与编辑的生涯　姚同樾
侧面描写的方法　陈以德
关于《春》　巴　金
国文改作的研究　郭步陶
文章底定义　汪馥泉
初中学生作文的错误及其补救　张懋森

社　谈

恭贺新喜　杨晋豪
检阅私生活　杨　非
过去一年　丁　三
怎样写作呢　寿　清

国际问题讲话

论苏联新宪法精神　陈清晨
一月来的国际　黄　山
　意义重大的绥边战争
　日军之青岛暴行与整个中日外交
　德意与西班牙内战
　德意日之结合
　英法比之更接近

科学讲话

自由车杂谈　汪畏之

国文讲话
“的”词的用法　汪馥泉
艺术讲话
王叔明　倪贻德
御敌歌（新歌曲）　钱君匋
游行（新歌曲）　陈啸空
小　说
老石工　王任叔
路　封禾子
小　品
银茶匙　周作人
捐款　黑　婴
金正希与江天一　陈友琴
游　记
从比利时到星加坡（一）　朱　梅
青年文艺
募捐　张秀岭
寄绥远战士　亚　农
节食　叔　豪
远征别离曲　汉　夫
吃萝卜干饭　华坤林
往战场上去　汪立奇
问 答 栏
青年医药问答（二十三则）　牟鸿彝
青年论坛
为抗战文艺告爱好文艺的青年　贺　仇
不是牢骚　石　聪
总比绥远前线战士强　袁诗吟
青年们应当怎样准备展开着的民族抗战　卞敬英
英 文 栏
翻译研究　张友松
时事要闻　刘思训
一月的日记　慕　萱
科学新谈
钢制的飞机　兰　城
人工筑成的岛　兰　城
可以架桥的坦克车　兰　城
练习用的地上飞机　兰　城
便利的抽气机　兰　城
电锁　兰　城
电线的连接器　兰　城
新式的铁锹　兰　城
电气机关枪　兰　城
照像用电光测温器　兰　城
汽车上的遮光镜　兰　城
新术语浅释
德日反共协定　杨晋雄
德伪商务合同　杨晋雄
日意协定　杨晋雄
意奥匈三国议定书　杨晋雄
英美法货币协定　杨晋雄
青岛事件　杨晋雄
太原事件　杨晋雄
基隆事件　杨晋雄
百灵庙　杨晋雄
铁山德队　杨晋雄
插　图
封面　钱君匋作
饰画　郑川谷作

绥边抗敌战（七幅）
德日防共协定成立（二幅）
德意与西班牙内战（一幅）

第11卷 第2号
1937年2月出版

社 谈

谈话会 杨晋豪
谈“识相” 寿 清
“帮忙” 杨 非
对于今日国事的基本认识 丁 三

国际问题讲话

美帝国主义与泛美会议 陈清晨
一月来的国际 黄 山
英意地中海协定的意义
未见止境的西班牙内战
中日问题与日人态度的转变
西安事变与各国批评
各国海军竞争已开始

科学讲话

新式军鉴 贺玉波
飞机浅说 汪畏之
最近医学上的一大新发见 嵇联晋
水里的线虫 胡南生

国文讲话

副词语尾和重叠的副词语尾 汪馥泉
乘数 慧 先
女儿与女孩儿 梅 美
收语词“家” 梅 美
卵与蛋 郑业建
《一只马蜂》的对白 葛培林

艺术讲话

壁画的现状及其制作法 倪贻德
雁声（新歌曲） 钱君匋
前线（新歌曲） 陈啸空

小 说

照片 许 瑾
旧宅 金 叶

小 品

江都二色 周作人
一个人的著作经过与企愿 黎锦明

游 记

从比利时到星加坡（二） 朱 梅

书 评

一部绥远和山西的游记 阿 英

青年文艺

关外来鸿 王金相
冲锋 崔立柱
寄 白忆菲
防空宣传归来 疏 林
剑 张 璋
水上游记 念 慈
坚硬的石头 付振元
十二月十二日 李蓁非
流浪女 孟 雷
故屋 张友建
警探阵地 夏 一
紧急集合的一夜 徐凤吾

问 答 栏

青年医药问答（十六则） 牟鸿彝

青年论坛
国防词人辛弃疾　凌沅祥
化学兵器——毒气　华明轩
虚心　文彬
平民读物改进论　好动
诗　选
兄弟誓师　徐光摩
英文栏
时事要闻　刘思训
二月的日记　慕萱
科学新谈
汽车上的靠枕　兰城
轮船上的防倾设备　兰城
低廉的土屋　兰城
有四机能力的训练机　兰城
电力雪橇　兰城
输送阳光的机器　兰城
火车上的临时学校　兰城
水底望远镜　兰城
装有水槽的救火车　兰城
装有推进机的脚踏车　兰城
拦阻汽车的安全网　兰城
新式的旅行脚踏车　兰城
人造岩石　兰城
防止犬吠声的方法　兰城
插　图
封面　钱君匋作
西安事变（六幅）
英国新王即位（四幅）
未见止境的西班牙内战（七幅）
新术语浅释
郑州浪人案　杨晋雄
英意君子协定　杨晋雄
经济提携　杨晋雄
爆弹外交　杨晋雄

第 11 卷　第 3 期
1937 年 3 月出版

社　谈
谈谈“流血”　丁三
实践主义　寿清
怎样统一全国文艺界　杨晋豪
国际问题讲话
日本的军部政治与议会政治　陈清晨
一月来的国际　黄山
西班牙内战近况
希特勒对欧洲问题的演说
苏联的二次大党狱
去年全国经济的好转
我国民用航空事业的发达
世界最强的陆军（附卷头插图）　贺玉波
科学讲话
怎样消除我们工作的疲劳　牟鸿彝
国文讲话
现代中国戏剧概观　苏雪林
文病治疗集　汪馥泉
“放屁狗”及其他　梅美
到什么地方去找题材　宇之
古今谈概　阿英

艺术讲话
现代的雕刻（卷首插图） 刘 狮
为了人类幸福（新歌曲） 钱君匋
祝全国统一歌（新歌曲） 陈啸空
小 说
我们的王先生 封禾子
名人志 李辉英
小 品
朴丽子 周作人
游 记
从比利时到星加坡（三） 朱 梅
青年文艺
曹顶的故事 于稷生
黄河歌（诗） 谭 灵
咸地（诗） 李子温
到刘公岛去 曲喜昭
矿工（诗） 孟 雷
如此韩江 沙 基
我的家乡（诗） 李相士
欧洲古代的民族英雄 朱立庵
自白（诗） 冯振乾
龙眼 舒梅弓
村夜（诗） 白忆菲
产钨矿的西华山 李 敏
青年论坛
夏存古的生平及作品 张孝纯
中元造纸试验所 震 寰
关于学费问题 徐天武
怎样做札记 吕翰芳
问 答 栏
青年医药问答（十四则）（一六六——一八〇） 牟鸿彝
英 文 栏
翻译研究 张友松
时事要闻 刘思训
三月的日记 慕 萱
新术语浅释
平行中心 杨晋雄
平行中心案 杨晋雄
法波财政协定 杨晋雄
泛美洲和平大会 杨晋雄
泛美洲和平公约 杨晋雄
思想危机 杨晋雄
要安事变 杨晋雄
褫夺公权 杨晋雄
科学新谈
飞机场的运油车 蕊 珠
喷火的坦克车 蕊 珠
汽车顶上的幕帐 蕊 珠
装有小镜的牙刷 兰 城
三只合一的降落伞 蕊 珠
供给电力的车厢 蕊 珠
木制的假马 兰 城
分切金属的机器 兰 城
汽车上的摄影塔 蕊 珠

第 11 卷 第 4 号
军用毒气特辑
1937 年 4 月出版

社 谈
青年人格独立宣言 丁 三
座谈会 杨晋豪
从蓝球比赛说到人生战场 寿 清

赌赛　肖　宇
国际问题讲话
西班牙内战的面面观　陈清晨
一月来的国际　黄　山
日本对华亲善的空气
德国积极要求收回殖民地
奥国复辟运动的再度高涨
英国实行空前扩军计划
意法西斯党最高会议的决议
科学讲话
军用毒气　汪畏之
芥子气　君　行
毒瓦斯的放射法　周　俭
蜜蜂　陈涌涛
艺术讲话
五百年来欧洲的绘画（上）　刘　狮
春游英士墓（新歌曲）　陈啸空
小　说
中校副官　东　平
国文讲话
“此之谓”试析　汪馥泉
三位一体的“其”　慧　先
一字师的故事　梅　美
咬文嚼字　汪馥泉
是孔夫子不通还是朱夫子不通　梅　美
修辞释死一句　慧　先
中国俗曲的唱本　〔日〕长泽规矩也著　阿　囊译
烟霞小说　阿　英
小　品
凡人崇拜　周作人
游　记
从比利时到星加坡（四）　朱　梅
书　评
《昭君》（顾青海著）　封禾子
青年文艺
新英红鱼船　林荫森
曝日（诗）　姜德贞
难民（诗）　吴星汉
捉蟹　虞　湘
擦皮鞋的孩子（诗）　麦若鹏
路上（诗）　姚毓琴
关外春（诗）　白忆菲
抗战歌（诗）　黄明忠
化外之区　欧　公
车中　良　弼
忆亡师洁　曾宪敏
校长的追悼会　罗成基
幼稚的心　樱　子
爱的滋长　徐承樨
青年论坛
化学战争及其防护　旭　东
毒气　一　萍
几种爆炸的东西　抗　存
现在不是偷安的时候了　文　彬
诗　选
动员令　徐光摩
给前线将士　姜　克
问答栏
青年医药问答（十三则，一八一至一九四）　牟鸿彝
英文栏
英汉对照时事要闻　刘思训

四月的日记　慕　萱
科学新谈
镜片揩擦器　蕊　珠
挖雪的手车　蕊　珠
婴孩防毒床　蕊　珠
飞机滑轮上的灯光　蕊　珠
铁道路口的警栏　兰　城
高脚站凳　蕊　珠
放热的浴盆　蕊　珠
肥皂雕成的熊像　蕊　珠
有露天舵室的快艇　蕊　珠
扛举汽车的铁架　蕊　珠
公路上的警线　蕊　珠
指甲擦光器　蕊　珠
新术语浅释
四三惨案　杨晋雄
四·一二纪念　杨晋雄
恐日病　杨晋雄
统一战线　杨晋雄
青年团　杨晋雄
三化方案　杨晋雄
佛兰科将军　杨晋雄
插　图
英国实行空前扩军（四幅，卷首）
西班牙内战（五幅，卷首）

第 11 卷　第 5 号
1937 年 5 月出版

社　谈
怎样实现理想呢　杨晋豪
谈谈客气　寿　清
十余青年被捕有感　丁　三
仇恨　达　摩
国际问题讲话
我国经济好转的原因与障碍　陈清晨
一月来的国际　黄　山
　日本议会之解散
　儿玉考察团来华以后
　法国左右派的政争
　南意新协定与小协约会议
　印度反新宪法运动
　国际糖业会议上的经济合作
空气
科学讲话
新发明的军器与军备　贺玉波
青年所应注意的心理卫生　肖传文
国文讲话
《大学》里的“之”词　汪馥泉
《红楼梦》书话　阿　英
历史小说论　黎锦明
诗词的修辞　张懋森
艺术讲话
五百年来的欧洲绘画（下）　刘　狮
五月（新歌曲）　钱君匋
问 答 栏
青年医药问答（十四则，一九五至二〇九）　牟鸿彝
小　说
贼　舒　群

青年贾伯玉　周楞伽
小　品
老学庵笔记　周作人
豁蒙楼头　徐仲年
友谊　吴紫金
游　记
从比利时到星加坡（五，完）　朱　梅
青年文艺
"五四"追忆　墨　紫
五月（诗）　那韵冰
最近察北见闻录　杨义让
最后的敬礼（诗）　颖　炯
记王四相公　展　农
关外（诗）　崔立柱
狗话　景　仁
追悼（诗）　进　以
回乡　志　敏
石工（诗）　滕中宣
忠县的灾情　孙　享
我爱一只兔子（诗）　冬　青
劫后的黄庄（诗）　朱仲琴
铜号手（诗）　周　易
青年论坛
明日的陆军　赵俊生
对于中国文化的一个观察　吴连吉
议与论　韦　瑜
游戏与娱乐　宋国柱
英 文 栏
翻译研究　张友松
五月的日记与时事要闻　慕　萱
新术语浅释
报告文学　杨晋雄
集体创作　杨晋雄
特写　杨晋雄
非武装区域　杨晋雄
情报　杨晋雄
意南协定　杨晋雄
林铣十郎　杨晋雄
霉菌战争　杨晋雄
科学新谈
飞机式的雪橇　蕊　珠
高速度的机器脚踏车　蕊　珠
有翅的扣针　蕊　珠
防止灰尘的面具　蕊　珠
透明的笛子　蕊　珠
双丝电灯泡　蕊　珠
电力摩托椅　蕊　珠
法国军队的飞机探听机　蕊　珠
练习角力的假人　蕊　珠
修理油池的机座　蕊　珠
手工造的蒸汽小船　蕊　珠
木造的无线电塔　蕊　珠
新式画线机　蕊　珠
铁路模型　蕊　珠
无尾的飞机　蕊　珠
电器温被器　蕊　珠
流线形电车　蕊　珠
汽车上的蔬菜贮藏库　蕊　珠
龟形的汽车　蕊　珠
电筒上的绊钉　兰　城

第12卷　第1号

日记特辑

1937年6月出版*

日记特辑

杭游日记　张懋森

剑云与故事哥哥　许　瑾

没有日记　吴景崧

日记摘录　何植三

一月二十九日　盛焕明

一天的日记　刘麟生

最好的宣传诗　汪静之

随笔　罗　烽

多喜子之死　东　平

九月二十三日　宋云彬

遗忘了的旧梦　曾虚白

我的日记简则　胡行之

丘迟《与陈伯之书》的感召力　曲滢生

罗儿的诞生　徐仲年

翻开《青年界》来看　胡耐安

今天的日记　胡环琛

日记摘录　黎锦明

我的日记　李长之

四月七日　何德明

五天的日记　老　舍

四月十四日　周作人

四月中旬日记　钱天起

四天的日记　洪为法

二西堂日记抄　傅惜华

杭州日记　钱南扬

三日间读书琐记　叶德均

春假日记　梁乙真

飞跎子传　周贻白

剜荠菜　顾　随

一星期的日记　陈柱尊

三月十五日　叶鼎洛

一九三七年日记三则　艾　芜

烦恼的日子　臧克家

不写日记的话　向培良

钱君匋日记抄　钱君匋

日记片断　金溟若

星期六日记　容肇祖

映桃轩日记抄　谷凤田

日记选抄　谢家玉

日记的意义　蔡振寰

一个教师一天的日记　汪　震

两天的日记　陶亢德

四月四日　李辉英

节录二月九日的日记　杨　骚

文士日记　周楞伽

梅雨日记　黑　婴

一天的生活　王家棫

鸽笼日记一脔　孙佳讯

二月尾　葛贤宁

一九三六年十月四日　贾祖璋

竹头木屑　易君左

京华读画　胡术五

足痕　金　叶

* 此期的出版时间，原刊只注明年月，未注明具体日期。

泰山　马子华
书生日记　陈友琴
有朋晚上来　陈伯吹
临时日记　董秋芳
写什么呢　陶秋英
日记三则　幕　史
人间三日　吕绍光
病后　朱曼华
日记　陈以德
一天的日记　周木斋
忆楼忆所忆　祝剑欧
日记的片断　黑　丁
参观日记　罗根泽
清明日记　李慎言
四月二十六日　王萍草
日记抄　路易士
平凡的一周间　耶　草
不是日记　陈白尘
种菜蔬　许钦文
京游一日记　何家槐
新婚日记　宋成志
数节　黄衣青
绿色方格和黑字　段超人
日记选抄　周　文
读书日记　叶灵凤
日记两则　王玉章
无锡山川记游　白　浪
哀痛的开始　冰　莹
山村的十日　陈醉云
留美日记　王裕凯
邓尉一日记　谭正壁
下午与晚饭后　金公亮
这也算是日记　杨晋雄
旅京一日记　倪贻德
大学生活日记　张蓉初
一九三五年的零叶　唐旭之
故友重逢　林　路
生活的痕迹　贺玉波
二十五年前的旧思潮　郭步陶
读书日记　陈　适
日记的一页　沅　君
三日间　刘万章
双肇楼日记　张次溪
西湖日记　储皖峰
梦呓的记录　朱渭深
无日可记　陈灵犀
雨天的一周　苏雪林
一天的生活　洪　深
二年前的三日　朱　雯
镇扬日记　田　汉
日记三则　任　钧
十月日记　鲁　迅
海月楼日记　程鼎兴
靖国神社前　封禾子
一月的日记　魏金枝
五月的日记　许　杰
病榻日记几页　胡　适
得女小记　王一心
回程日记　郁达夫
小莹　凌叔华
苏常三日记　阿　英
日记录摘　曹聚仁

三十五年以来的日记　黎锦熙
暂写一天日记　陈子展
一位青年军官　蹇先艾
祖国河山　蒋翼振
小官日记　林樾
人间日记选录　拾名

社　谈

中国青年的出路　杨晋豪
延年益寿法　李小峰
延年益寿法续论　寿清
怎样认识呢　杨非

时事讲话

英日在华合作会实现吗？　陈清晨
每月世界报道　黄山
　总选后的日本政局
　英法承认比国中立
　西班牙加泰隆各党之内阁
　苏联内部的不安
　美国施行新中立法

社会科学讲话

衰老了的资本主义　金城

国文讲话

重重叠叠上瑶台　慧先
吹毛求疵　慧先
谐音牵附　馥泉
修辞学著述目录　君实
“是”与“似”　君实
可憎才　梅美
推敲　汪馥泉

国防讲话

海岸国防大学　贺玉波

学术讲话

埃及古史漫谈（一）　苏雪林

艺术讲话

送别歌　陈啸空

小　说

赌徒　欧阳山

诗　选

泰晤士河桥上　于赓虞
野外　吕绍光
窗　袁望诸

青年文艺

一群崭新的青年　兢之
明季嘉兴抗清兵事记　展农
水鬼　黛珍
吊宪泗　邢立斌
出了山海关　慧敏
游览日记　赵祖慰
战歌　绮儿
集体的歌　侯家静
游行　周守良
石工之歌　若水
囚房　丁忆痕
安息　姜德贞

青年论坛

读《鱼目集》　吴苇
蝉　达昌
自信与自谦　傅振元
说谈话　友梅

问答栏
青年医药问答（十三则，二百一十至二二三） 牟鸿彝
英文栏
英语习用句法例解 张友松
科学新谈
试验听觉的电气机 蕊珠
汽车上的香烟机盒 蕊珠
英国最新的轰炸机
练习筋肉运动的桌子 蕊珠
脚踏车的拖车 蕊珠
有拖车的三轮汽车 蕊珠
巨大的冷水塔 蕊珠
火车模型展览会
汽车前边的停车灯 兰城
新术语浅释
儿玉谦次 杨晋雄
张伯伦 杨晋雄
政友会 杨晋雄
民政党 杨晋雄
社会大众党 杨晋雄
国民同盟 杨晋雄
大日本生产党 杨晋雄
国本社 杨晋雄
明伦会 杨晋雄
反差不多运动 杨晋雄
插图
封面 陈之佛作
装帧 薛光作
头花 陈江风作
马德里前线的防守 C.S.Tejada 摄
西班牙北部的钢盔兵 C.S.Tejada 摄
坦克车内的机关枪手 C.S.Tejada 摄
封禾子女士在日本演出日（照片，四幅）

新第 1 卷　第 1 号
1946 年 1 月 10 日发行

复刊词 赵景深
给青年
什么是人生第一事 王治心
从"就士"说起 吕白华
今后的新青年 鲍文希
不要慌，再走前一步 沈子复
致青年 冷观
文学与经济学 吴大琨
七绝两章 葛克信
一是一二是二 于在春
"穷" 陈尚藩
怎样做大国民 健帆
建国期中青年应有的努力 徐金涛
向社会大学学习 章铎声
青年人应有的习惯 林汉达
青年的声音 东方曦
释共同校训 吴瑞年
治学贵自得 凌景埏
给有志于新闻事业的青年 储玉坤
青年与性欲 蒋维乔
读书兴趣与现实理解 胡曲园

记取“蜕变”两个字 陈伯吹
陶冶你自己 严敦易
新年告青年 朱维之
道不远人 李健吾
愿与诸君共勉 罗 洪
谈善处逆境 纪子仙
默默地工作 范 泉
代抄给文学青年 于 伶
抓住机会 许志行
吉诃德精神 吴景崧
啃菜根 应成一
失去了乡音的游伴 凤 子
现今中国青年应有的修养 卢绍稷
从艰难中刻苦努力 练为章
从史地的学习中认识时代 陆人骥
科学家的精神 余源庆
现代学生的通病 王巨川
女青年的路 李辉群
给青年 朱维基
理想与现实 章锡琛

一九四五年的国际形势 储玉坤
国际局势的展望 刘大杰
论英美经济协定 竹云龙
重归祖国的台湾 徐金涛

东京轰炸记 葛 恩
记“上海文联”（一） 胡山源
新赣南印象记 陈伯吹
安徽大学的学生生活 赵景深
原子的故事 李毓镛

论作文的材料 魏金枝
我最爱冬天 计中原

新第1卷 第2号

1946年2月10日发行

从三国外长会议说到联合国大会 储玉坤
论白菜登森林协定 竹云龙
民主的故事 郑 藩
读书与修养 张健帆
给明侄 陈灵犀
青年犯罪的原因和动机 牟鸿彝
春与“无逸” 吕白华
跋五十六卷本《南疆逸史》 郑振铎
埃及的金字塔 苏雪林
装饰的心理背景 罗玉君
新赣南印象记（续） 陈伯吹
记“上海文联” 胡山源
原子与原子弹 李晓舫
谈作文 赵景深
阿剌伯文字 范 泉
韵脚的周期性 于在春
胜利的猎物（散文） 殷乘兴
磨炼（小说） 欧阳翠
和平公主（小说） 〔瑞典〕拉绮洛孚著 严大椿译
归来（独幕剧） 黎 嘉

新第1卷　第3号
1946年3月10日发行

二月的国际　储玉坤
苏联战后的新经济政策　竹云龙
学习漫话　杨东莼
苦闷与力量　郑　藩
战后中国政治地理的重要变革　胡　嘉
埃及人的日常生活　苏雪林
记“上海文联”（二）　胡山源
正在复兴的省立上中　徐金涛
雷达概说　李毓镛
狡猾的棘皮动物　黄衣青
论文章的开头　陈友琴
谈作文　赵景深
我们是最光荣幸福的一代（诗）　任　钧
巴黎鸿爪（小说）　罗玉君
长夜（散文）　乘　兴

新第1卷　第4号
1946年4月10日发行*

启蒙运动与民主　胡曲园
直挺挺地站起来　杨东莼
国际政治的新路　储玉坤
东北新形势　胡　嘉
殖民地经济新论　竹云龙
关于读书　沈则孚
汽车废气与健康　牟鸿彝
复元几何学初步　赵易林
衣鱼　周性初
从陕南到苏北　李文灿
年轻的新闻战士们　李春舫
记“上海文联”（三）　胡山源
文艺工作者与政治　陈翔鹤
刘熙载的生平及其思想　李长之
中学生写作修养问题　卢　春
我的父亲（散文）　李楚材
野行军（小说）　迅　鸠
海狸的忠臣（译文）　〔加〕Wha-Sha-Quon-Asin著　严大椿译
字母和音标（英文识字之一）　李毓镛

新第1卷　第5号
1946年5月10日发行

中国严重的农业危机　竹云龙
人格的发展　谦　益
论学习　华　夏
漫谈超然　赵清阁
大科学家巴斯德的一生　严大椿
蒸汽机的发明　李毓镛
似乎是脊椎动物　黄衣青
代数上有趣的数的研究　赵易林
从上海到芜湖　胡　嘉

* 原刊出版时间封面为“四月”，封底为“三月十日”。

论文章的中段　陈友琴
初学写作的难产　李春舫
论特种喻辞的比喻格　于在春
点火者（诗）　方狄砂
远远的遐想（诗）　方狄砂
远方（诗）　方狄砂*
腐败（小说）　朱　梅
论英文俚话　文启昌

新第2卷　第1号

1946年9月20日发行

一月来的国际（一九四六年八月一日至三十一日）　朱炳煦
和平谈判时断时续
叛国奸逆分别执行
巴黎和会我多贡献
“Y·V·A”——扬子江的水利工程　胡　嘉
人生的智慧　章育才
考试对学生有益么　华　夏
皖院学生从军记　李文灿
蜉蝣　周性初
活塞和汽筒的发明　李毓镛
环境对于文学的影响　罗玉君
作文四要　赵景深
头比脚多走多少路　赵易林
学校里的故事　芦　春
广西女（民歌）　白　薇
寄光珍（诗）　何家槐

读者园地

我与文学　张懋森
山城　路金添
牧羊女　俞尔康
茶社　殷之鼐

联大数学试题解答　赵易林
世界最新体育纪录　科学手册社

珍言选萃

艺术　黎锦明译
行为　黎锦明译
惜阴　富兰克林作　黎锦明译
著作家的工作　樊达克作　黎锦明译
意志　黎锦明译
依样的面象　无名氏作　黎锦明译

新第2卷　第2号

1946年10月20日发行

一月来的国际　朱炳煦
一日至三十日）
政协破裂遍地烽火
剩余物质美助我国
美军驻华苏联攻击
巴根华侨受印攻击
美苏关系日趋恶劣
巴勒斯坦困难增多

* 原刊正文署“方狭砂”，今据此诗与《远远的遐想》目录上同为《点火者》之“外二章”，正文《点火者》与《远远的遐想》均署“方狭砂”改正。

特港纠纷解则困难
太平洋上新辟航线
香港与九龙 胡嘉
对于青年的期望 王治心
纯洁的女人 杨格作 黎锦明译
养生与养性 章育才
谈姓氏 黎锦明
蒸汽动力引擎和涡轮 李毓镛
漫谈兽角 周性初
仓颉造字的传说 蔡剑飞
文艺的普遍性与永久性
〔美〕杜德来（L.Dudley）作
赵景深译
三个数字拚成的最大的数
赵易林
论文章的结尾 陈友琴
学校里的故事 芦春
芝麻小姐（小说） 计中原
读者园地
蟋蟀 赵长生
火网中 明霞
就算是戏 雨人
弱小者 文彬
“复元几何学初步”详释 赵易林
世界最新飞行纪录 科学手册社
弃婴（散文） 苍民
塞上驼队（诗） 李文灿
诗 〔美〕Eleanor Farjeon 作
郑川原译

新第2卷 第3号
1946年11月20日发行

一月来的国际（一九四六年十月一日至三十一日） 朱炳煦
国共和谈希望微渺
主席华诞献校祝寿
宣慰华侨专使首途
世界局势外弛内张
纳粹气焰从此毁灭
中国土地问题的初步研究 竹云龙
三个小小的孩儿 郑川原
给学生的信 芦春
对于青年的期望 王治心
几何三大问题 赵易林
大发明家爱迪生的一生 严大椿
一千八百年前的地震计 明恒
卫生学的研究与实施 张懋森
白蚁 周性初
拔算盘珠 长生
亚里斯多德的修辞学 岚力
谈大学一年级国文 吕白华
中国旧文学的主要题材 罗玉君
在学校的时候（散文） 郑家瑷
理稿（诗） 黑斧
读者园地
青年应当怎样充实自己 沈汉云
顾亭林的治学方法和学术思想
汪永泉
夜之颂歌 乐群
抚今追昔 梅君

悲歌　马谷嘶
光明向何处摸索　姚友鸿
当我长眠时
〔英〕罗赛谛女士作　郑川原译

新第2卷　第4号
1947年1月1日发行

一月来的国际（一九四六年十一月一日至三十一日）　朱炳煦
召开国大和谈搁浅
中美两国签订商约
四国外长继续开会
日属岛域托管问题
希腊战争背景重重
希望之歌〔英〕哈　代作　郑川原译
中国铁路建设（上）　胡　嘉
遥寄永强　李文灿
伟人出身的卑微　张耀翔
个人天性与社会遗传　谢循初
人与己　王治心
给学生的信　芦　春
水的堂兄弟——双氧水　顾亚铨
她　〔英〕哈　代作　郑川原译
几何命题的普遍性　赵易林
鸬鹚　周性初
怎样读作　吕白华
哲学与文学　洪　深
诗的血脉　臧克家
昨夜的歌
〔瑞士〕海　斯作　天　行译
新诗和新美学　臧云远
彭城归来（游记）　李文灿
栗子
〔法〕G · Charensol 著　严大椿译
校庆　祝　珏

读者园地

"上海文联"联欢大会纪盛　虞　人
隔壁　赵士奇
母亲的死　李秉仁
字母读法研究　李毓镛

新第2卷　第5号
1947年2月1日发行

给职业青年　田　汉
给学生的信　芦　春
对于青年的期望　王治心
现代青年应把握现阶段　罗　明
中国铁路建设（下）　胡　嘉
太阳的能怎样获得　丁光宇
蛇　周性初
数学公式记忆法举隅　赵易林
哲学与文学　洪　深
谈谈祖国的文学　向培良
谈大学一年级作文　朱维之
谈避讳　蔡剑飞
从鲁迅先生墓地归来　白　薇
跟鲁迅先生学小说的第一点　许钦文
小屋（散文）　黑　斧
一月来的国际　朱炳煦

读者园地
文学与现实　周　艺
大石桥边　绍　良
弟弟失了学　士　奇
烦闷　北　野
年少的母亲　郑川原
论诗　姜亮夫
鹤林玉露　姜亮夫
六朝诗　姜亮夫
原子学说我有发明　朱炳煦
更正　青年杂志社谨启

新第3卷　第1号
1947年3月1日发行

封面装帧　钱君匋作
推荐青年可读的书特辑（一）
介绍《方生未死之间》　许　杰
《德伯家的苔丝》　徐蔚南
我认为中学生可读的几种书　周贻白
介绍青年可读书　柳亚子
我只愿推荐一部书　曼　谷
介绍两本可读的西洋哲学史　胡曲园
关于“青年可读的书”　叶德均
《团的儿子》　范　泉
介绍四本书　朱维之
青年应多读杂志　王治心
介绍《中国文学史新编》（赵景深著）　应功九
介绍两本生物学书　周建人
一本可读的书——《虹》（瓦希列夫斯卡著）　陈友琴
《世说新语》　吕白华
国文科书目十二种　郑业建
一部并不难读的书——楚辞　向培良
可读的书　刘北汜
生物学书五种　李毓镛
《新世训》　钱南扬
两本刚刚看过的书　胡山源
《幸福之花》（丁福保著）　耶　草
楚辞与稼轩词　徐嘉瑞
推荐三本书　董秋斯
《近古文学概论》（徐嘉瑞著）　陶明志
《新人生观》和《新民族观》（罗家伦著）　胡　嘉

对于青年的期望（续）　王治心
野狗与狐狸（寓言）　希多巴谛沙著　易　林译
标点符号与数学　赵易林
龟（生物讲话）　周性初
天文学家迦森第　严大椿
目今最大的质数（更正）　赵易林
木棉　季君勉
空间和时间（文艺纵横谈之二）　向培良
黄晦闻的诗　姜亮夫
鲁迅先生译《苦闷的象征》　许钦文

池中之月（英国寓言） 易 林译
先天与后天 黎锦明
陶行知先生（诗） 何家槐
恋歌（散文） 张 紫
胃与足（寓言） 罗克曼作 易 林译
读者园地
小说琐谈 永 泉
读《项羽本纪》 赵长生
雪的神话（散文诗） 李家骥
十一年 士 奇

庆祝元旦主席昭告 朱炳煦
一月来的国际（一九四七年一月一日至二月十日） 朱炳煦
和谈绝望内战展开
小国独立横遭摧残
法国强占我西沙岛
马师返国任国务卿

新第3卷 第2号
1947年4月1日发行

推荐青年可读的书特辑（二）
介绍一册英文作品 黎锦明
多读些白话著作吧 杨荫深
六本文艺书 白 薇
推荐几本可读的小说 宋成志
《三国志》与斐注 王玉章
辛稼轩评传 葛 恩
青年可读的书三种 罗玉君
弟子箴言 贺玉波
一张书单 方令孺

婴儿期的精神文化
——“爱仑堡看美国” 熊 庚
给学生的信——第四信 芦 春
对于青年的期望 王治心
空间和时间 〔美〕H.G.Wells 作 赵易林译
能生五十万种产物的天然煤气 丁光宇
X光在生物学上的应用 季君勉
台湾省境发生骚动 朱炳煦
汛论美国近代绘画 田 禽
怎样修改自己的作品 谢冰莹
骈词的组成 蔡剑飞
鲁迅先生著《故事新编》 许钦文
奇怪的杀人犯 〔苏〕高尔基作 侍 桁译
乞丐之居（诗） 俞尔康
我的中学教育 胡山源
小城学生（独幕剧） 黎 嘉
读者园地
雪野 赵四宣
大风砂 青 蒂
杂粮店复活了 曹永辉
棉被 士 奇

一月来的国际（一九四七年二月十一日至三月十日） 朱炳煦

黄金作祟问题丛生
五国和约完成签字
楚材晋用我国之耻
哀哉和谈寿终正寝

世界寓言选译

蚊与牛（罗克曼寓言） 赵易林译
三个骗子 赵易林译
老妇与仆 赵易林译
老人与死神（罗克曼寓言） 赵易林译
鼠与圣人（希多巴谛沙寓言） 赵易林译
黄鼠狼与鸡（罗克曼寓言） 赵易林译
猴子与铃（希多巴谛沙寓言） 赵易林译
青年与其父 赵易林译

新第3卷　第3号
1947年5月1日发行

给学生的信——第五信 芦　春
西沙群岛和团沙群岛 胡　嘉
关于霓虹灯 仲　赍
两农夫与云（弗劳林寓言） 易　林译
蛙 周性初
记黄海滨拾取蚌螯泥螺 季君勉
美人主张加强援华 朱炳煦
读书的初步方法 李西溟
几个主要的观念（创作谈话） 黎锦明
人我之间（文艺纵横谈之三） 向培良
《彷徨》中《示众》的描写方式 许钦文
华西春景（小品） 罗玉君
夜莺与驴（俄国的克里洛寓言） 易　林译
海外归鸿（美国通信） 明　珠
冷和热 芦　春
我的中学教育之二——张云落先生 胡山源
诗三首 何家槐

读者园地

这样的普通科读来何用 龙　生
拉纤人 亚　萍
桃园行 吴保纯
债 周永明
吃 艾　烛
晚景 俞尔康
扫墓 汪永泉

一月来的国际（一九四七年三月十一日至四月十日） 朱炳煦
四国外长在苏会议
三中全会圆满结束
接受大连困难重重
苏联宣布对德密约
数学上有趣的谬论 赵易林
重音（英文识字之三） 李毓镛

新第3卷　第4号
1947年6月1日发行

认清现实，把握它！　陆迪炎
给弟弟的信　艾　烛
个人的理性与社会的理性　孙起孟
美国的第八十届国会　小　鱼
物价涨风的过程与趋势　徐　颜
日月形象的大小　仲　赍
地球的不可见的防御幕　丁光宇
复元几何学初步研讨　赵易林
世界之最·动物篇（上）　李毓镛
文学与科学的交流　贺玉波
谈形声字　蔡剑飞
泰纳的文学批评　赵景深
价值颠倒的世界（文艺纵横谈之四）　向培良
肖伯纳与幽默文学　罗玉君

读者园地

诗人屈原　俞尔康
环翠茶室杂写　庞子高
学校点滴　游　鱼
一封寄不出的信　郭丰民
热　黄宗津
泪　雾　丁
想做个什么人呢　孙蓼仙
公理和强权　亦　文
应如是　亦　文
坟地　周永明

灯（小品）　吴秋山
诗——我的中学教育之三　胡山原
一月来的国际（一九四七年四月二十一日至五月十日）　朱炳煦
国府改组现已完成
美海军舰移交我国
中菲两国签订新约
外长会议一无成就
中希六国美予救济
朝鲜问题美苏相左

新第3卷　第5号
1947年7月1日发行

给学生的信——第六信　芦　春
介绍波浪几何学　赵易林
原子弹故事　沈嗣唐
气象漫谈　尹吉三
细菌与白血球的遭遇战　张懋森
世界之最·动物篇（下）　李毓镛
学文秘密　朱维之
散文与诗　卜　束
艺术与实物（文艺纵横谈之五）　向培良
汨罗游记　徐嘉瑞
初恋（小说）　李春舫
出难（小说）　黎锦明
我们这一班——我的中学教育之四　胡山源
一月来的国际（一九四七年五月二十一日至六月十日）　朱炳煦
又来一次恢复和谈

学潮问题如火如荼
日本虽败野心未死
疆蒙边境军事冲突
读者园地
新世纪的诗歌运动　亚　萍
师傅　何　鸿
悲剧　雾　丁
酒老　吴保纯
故乡的梦里　郭瑞年
诗二首　程　洵

新第4卷　第1号
1947年9月1日发行

成功的要素　张耀翔
给学生第七信　芦　春
忆利文　朱淇绿
超音波及其功用　张庆滔
痛觉心理　赵炳林
从野猪到家猪　周性初
怎样学习音乐　叶鼎洛
作家的背景　田　禽
鲁迅书简读后感　许钦文
艺术与道德　向培良
读者园地
破产　伟　杰
恩将仇报　龙　生
潘校长　黄宗津
书桌　天　星
路　陈　情
归来　郭瑞年
关帝庙——我的中学教育之五　胡山源
水草（一）（诗）　徐光摩
开放对日贸易的前因与后果　重　干
被贫困紧逼着的绅士　肖　鲲
与不落日的帝国告别　于　牧
对日和约首会流产　朱炳煦
一月来的国际（一九四七年六月十一日至八月十日）　朱炳煦
疆蒙事件仍无端倪
复兴经济五年计划
远东经委在华开会
魏德迈氏来华考察

新第4卷　第2号
1947年10月1日发行

近代西洋文艺思潮（文学讲座）　赵景深
青年修养
告青年作家　〔美〕勃劳飞尔著　黄嘉历译
给学生第八信　芦　春
告别美国　〔苏〕爱伦堡著　熊　庚译
科学知识
寄居蟹　周性初
再论几何三大问题　赵易林

怎样学习图画　叶鼎洛

几个容易写错和读错的字　王治心
声音学浅说　李四溟

读者园地

瘦影　潘耀惠
别　吴正民
路　王　里
等那一天（诗）　淡　淡
瘦黄的脸　若　渊
狗　刘延勃

水草（二）（诗）　徐光摩
练武——我的中学教育之六　胡山源
表　邓历耕
一月来的国际（八月二十日——九月二十四日）　肖　鲲
　在分合之间的世界
　美国与拉丁美洲
　战败者的胜利

新第4卷　第3号

1947年11月1日发行

青年修养

给学生第九信　芦　春
跟着时代走　悟　语
害人反害己（英国寓言）　长　生译

美国独立革命的英雄们在那里（上）　同　耕

科学知识

普通陶土中提出来的铝　洪明汉
现代染料概观　居滋善
燕　季居勉

怎样学习图案　叶鼎洛
略谈检字法　蔡剑飞

读者园地

一个中学生的自由　庞子高
助学花　伟　杰
膳厅　石　华
社联通讯　沈　铭
请愿　莺　子
假期日记　黄宗津
血迹（诗）　俞尔康
漫长的日子（诗）　陈灿升
窗　陈　情
旅途（诗）　郭瑞年

教书法——我的中学教育之七　胡山源
十九晚上的团圆（小说）　黎锦明
在湖墅（散文）　吴秋山
台湾记游（上）　王治心
日本——远东的一颗定时炸弹　慕　松

新第4卷　第4号

1947年12月1日发行

谈谈经济学的研习　简　明

秦岭在地理上的意义　煜　铭
美国独立革命的英雄们在那里（中）　同　耕
科学知识
禽言兽语　敦瑞堂
夜望镜的构造　润　塘
一层奇妙的薄膜　贡斯百刻著　李毓镛译
鸡先卵先　序　理

怎样学习雕刻　叶鼎洛
关于朱淑真《生查子》　芦　春
短篇小说的观点　田　禽
谈谈西洋传记　蔡振华
读者园地
刘先生　施月明
工读生活　张鸿朋
落印潭与马脚迹　毛　逵
金戒指　陈国宾
舍监先生　刘淞平
演戏　彭新琪
小车　刘延勃
无题　李文尚
蓝色的眼镜　沈　铭
冒险的故事　青　峦

还读我书——我的中学教育之八　胡山源
“看哟，赫尼！”（上）　〔美〕Frank Honey 著　何家槐译
台湾记游（下）　王治心
英美科学文选（之一）　李毓镛

新第 4 卷　第 5 号
1948 年 1 月 1 日发行

跨出了学校的大门　遥　千
美国独立革命的英雄们在那里（续完）　同　耕
科学知识
天鹅　周性初
隐身术　贡斯百克著　李毓镛译

怎样学习戏剧　叶鼎洛
文字学入门　李西溟
略谈孔乙己　许钦文
读者园地
疏散　余寿康
走向安远　叶奕德
千字课　孙仁谦
环水小镇　王诒谷
姑妈　韩仁煦
华西坝　张殿清
搬砖　张　弦
黎明会来的　峦　相*

“看哟，赫尼！”（续完）　〔美〕F · Honey 著　何家槐译
军旅短歌（诗）　徐光摩

* 原刊“目录”署“峦枬”，正文署“峦相”。

野店（小品） 吴秋山
黄金的童年
〔苏〕谢芙林娜著 钱君淦译
我的心跳跃起来
〔英〕华兹华斯著 黄宗津译
许颂慈先生（我的中学教育之九）
胡山源
一月来的国际（九月二十五至十二月二十日） 顾 权
从联大会议看世界
欧洲九国情报会议
法国与意大利的政潮
伦敦外长会议
东南欧、中东及东南亚的动态
教育·文学 叶圣陶
英美科学文选（之二） 李毓镛

新第5卷* 第1号

1948年2月出版

学习的基本观念 壶 天
泛谈恋爱 遥 干
科学知识
到月球去 赵炳林
日斑和生命 贡斯百克著 李毓镛译
子年谈鼠 周性初

艺术的原理 叶鼎洛
谈伟大作品 罗念生
陶潜的故乡 徐嘉瑞
沈约的“人病说” 赵景深
文学的演变 卜 束
读者园地
有恒与成功 吴兆修
鸟声 李贻训
我们的历史教师 伯 源
雨天 金贤法
悼念母亲 严知行
读《百衲集》 莉 莉
种子 H.L.Hargrove著 钱江涛译
痛苦的谎言 雪 萤
小乞丐 陈瑞霞
腊去春回 道 乐
女工（诗） 亚 萍
黄昏（诗） 天 星
闲话考试 冯遥忠
阿Q 子 若
哑巴 麦 芒
给兰子 邹立民

晚上 黎 嘉
一月来的国际（十二月二十一日至一月二十日） 顾 权
希腊局势的新发展
华莱士的呼声
英苏贸易协定
联大会议的三个议案
对日和会问题
英美科学文选（之三） 李毓镛

* 本卷各期出版时间，原刊只注明年月，未注明具体日期。

新第5卷 第2号
1948年3月出版

封面设计 邱 玺作

怎样应考 吴琼荪
世界经济概况与展望(上) 竹云龙
老张梦游数学世界(一)(中篇连载) 赵易林
海胆(生物讲话) 周性初
艺术的法则(艺术讲话) 叶鼎洛
乡绅文学(文学讲话) 黎锦明
如何使国文学习事半功倍 于在春
职业生活特辑
小公务员生活的一页 韩仁煦
我做过小学教员和掮客 王存杰
我的军队生活 张书麟
我的播音生活 周亨统

习字——我的中学教育之十 胡山源
美国一女子(传记) 熊 庚
一月来的国际(一月二十一日至二月二十日) 顾 权
甘地之死
贝文建议与西欧集团
法郎贬值
苏联新预算
鲁尔工潮结束
日本·朝鲜
英美科学文选(之四) 李毓镛
读者园地
乡村里 冯遥忠
死 孙蓼仙
春之使者 称 逸
我们的学校 郭兆凯
缪斯之歌 施孟胥
强史就我 子 若

新第5卷 第3号
1948年4月出版

苦闷中的英国 蒋启藩
世界经济概况与展望(下) 竹云龙
老张梦游数学世界(二) 赵易林
氧化现象 奚祖威
海葵(海底奇观) 周性初
关于建筑 叶鼎洛
新诗的形式 赵景深
鲁迅遗作中表现的人物 许钦文
春天的诗
发青了 乌 风
新生的芽 伯 源
春天 青 峦
春 梅 励

书——我的中学教育之十一 胡山源
一月来的国际(二月二十一日至三月二十日) 顾 权
捷克政潮
马沙里克的自杀
西欧联盟与十六国会议

苏芬谈判
杜鲁门的演说
英美科学文选（之五） 李毓镛
读者园地
给师范生走条路 叶昂龙
学校生活琐记 小 兵
圆饼 杨 杰
学费 茂 生
茅山仙洞 徐 瑛
片断的回忆 谢国屏
父亲逝世十周年 邵铁军
小草 范 敏
添一个 藩耀瑛
青年人 石 火
爱 王士卿
谒墓 汪永泉

新第5卷 第4号
1948年5月出版

儒、儒家和儒教 周予同
配尼西林的发现 仲 赍
老张梦游数学世界（三） 赵易林
草履虫（海底奇观） 周性初
关于跳舞（艺术讲话） 叶鼎洛
悬念·斗争·风格
Blackiston 著 田 禽译
屠格涅甫和他的罗亭（集体讨论）
赵景深 叶圣陶
学生生活特辑
骗不过自己 邵伯周
借钱 李之实
应试 芳 芸
离校前夕 杨 杰
运动——我的中学教育之十二
胡山源
春天散思（小品） 胡 牧
一月来的国际（三月二十一日至四月二十日） 顾 权
意选举人的奖品
意大利选举
警惕法西斯再起
神经战在柏林
泛美会议与波哥大政变
英美科学文选（之六） 李毓镛
读者园地
春的原野 阎孝慈
自信 伟 卿
祭 王校元
荒野 长 江
比拳头 程 洵
去了的春天 顿文杰

新第5卷 第5号
1948年6月出版

谈中学课程的实用 应功九
世界之最·物质篇 科学手册社
鲥鱼 季君勉
海盘车 周性初
老张梦游数学世界（全完） 赵易林

斯坦达尔传（作家研究） 罗玉君
国文必读书目（读书指导） 李西溟
字典的注音 蔡剑飞
短篇小说的情节 Blackiston 著 田 禽译

读者园地

灯下自修记 鲁 迅
英文新字 伊 人
命运 阿 厘
白石榴花 映 涧
悼思 朱永培
夜思 胡 牧

一月来的国际（四月二十一日至五月二十日） 顾 权
平壤会议与南韩普选
从经济扶植到军事武装
世界和平运动的新阶段
以色列国的诞生
合江省的形势（地理讲话） 宋瑞楠
新的启示 柳倩影
关于电影 叶鼎洛

新第6卷* 第1号
1948年9月出版

封面装帧 包沈潜作

* 本卷各期出版时间，原刊均只注明年月，未注明具体日期。

人物素描特辑（一）

记魏金枝 吕白华
舒蔚青及其戏剧书刊 苏雪林
两位老妇人 朱 雯
永明 罗 洪
一个新疆人 范 泉
田筱山与田中光 徐蔚南
方光焘先生 林枧敌
凌宪扬校长 王治心
遇仙谣 于在春
人象 徐 讦
徐悲鸿 叶鼎洛
交通耆宿叶恭绰 陆丹林
一个三岁的小老人 臧克家

缘（青年通讯之一） 傅君瀚
青年的危机（健康讲话） 牟鸿彝
海国中的乐园——夏威夷 〔美〕克拉克著 蒋启藩译
鼬（兽苑） 周性初
从菜盆子到无穷远点（数学讲话） 赵易林

读者园地

我们的教导主任 立 霖
张先生的病 培 德
黄先生 路传欣
女同学锦雪 谢国屏
史蒂文生的一生 陈忠德
《红楼梦》的人物描写 江 茜
雨 杨 杰
手 梅 励

被侮辱与被损害的　金　武
坟墓　杨秉武

在建设的洪流中（一）
〔匈〕路易格洛斯著　何家槐译
青年群象（一）（中篇小说）
贺玉波
三月来的国际（五月二十一日至八月二十日）　顾　权
柏林局势与德国问题
远东的危机
美国总统竞选与华莱士运动
东南亚的逆流
狄托问题
新英美科学文选（一）
M.H.Jacobs 著　李毓镛译
血液让我们知道些什么（上）

新第 6 卷　第 2 号
1948 年 10 月出版

自信与自谦（青年通讯之二）
傅君瀚
青年期的精神卫生　牟鸿彝
水獭（兽苑）　周性初
数学的真义（上）　赵易林

人物素描特辑（二）

鲁迅先生　许钦文
吴稚晖的幽默　蒋维乔
许寿裳先生　台静农
吴老　朱维之
一个传道人　胡山源
女人专家　丰子恺
道孤行殊吾与天为徒　向培良
记罗先生　向同维
顽固的林老头　谢冰莹
活象菜馆伙计的臧克家　任白涛
我所见到的华罗庚先生　胡　嘉
郁达夫访问记　包沈潜
记徐讦　史　行
鲁迅的童年　鲁　莽

在建设的洪流中（中）
〔匈〕路易格罗斯著　何家槐译
青年群象（二）（中篇小说）
贺玉波

读者园地

学校生活剪影　阿　惕
象棋比赛　沱　波
星的忌妒　李家骥
寄大哥　宋维欧
一根纸烟　裴念时
房客的悲哀　培　德
生命　杨秉武
绢溪之恋　泛　工
石块　范　敏
砖　杨　杰
更夫　章一华

读者园地稿约　编　者
一月来的国际（八月二十一日至九月二十日）　顾　权

四强谈判的决裂

法国的政潮

义殖民地问题

印尼的动向

远东局势

新英美科学文选（二）

M.H.Jacobs 著　李毓镛译

血液让我们知道些什么（下）

新第 6 卷　第 3 号

1948 年 11 月出版

爱（青年通讯之三）　傅君瀚

青年的犯罪（健康讲话）　牟鸿彝

鼹鼠（兽苑）　周性初

数学的真义（下）　赵易林

人物素描特辑（三）

祖孙　刘盛亚

钟敬文先生　黎锦明

某君子　孔另境

逯山兄印象记　肖传文

你是一颗救星（长诗）　白　薇

弘一大师　魏金枝

在建设的洪流中（续完）

〔匈〕路易格洛斯著　何家槐译

来日大难——我的中学教育之十三　胡山源

青年群象（三）（中篇小说）　贺玉波

读者园地

疯人的嚎歌　石　岳

罗大妈　殷　滔

求雨　小　觃

别　徐少雄

人和鱼　孙　戡

给弟弟的信　徐　堃

旅台琐忆　钟　曦

美　沱　波

读萧红小传　范　敏

一月来的国际（九月二十一日至十月二十日）　顾　权

联大会议与世界和平

柏林问题被提到联大

原子弹管制和裁军

工潮汹涌与法郎贬值声中的法国

从芦田到吉田

新英美科学文选（三）

Henry K.Benson 著　李毓镛译

纤维素在工业上被人派定的工作（上）

新第 6 卷　第 4 号

1948 年 12 月出版

鲁迅书简补遗

——给李小峰的三十六封信　鲁　迅

职业与修养　杨卫玉

知识的体系和体系的知识（上）　杨　纾

青年期的保健　牟鸿彝
期考的前一天　愤　奋
孻　周性初
雨中怀念　陈　遥
谈谈轨迹
——发见巴氏累园园心的轨迹　赵易林
教学总实习　吴寄钧
读者园地
给时代的青年们　谈　谈
真理在哪儿　江永洛
殉葬的行列　斐　英
谁使他失学　林育人
仇重先生　唯　平
风（诗）　叶　绿
火（诗）　天　问
召魂（诗）　李家骥
家庭的叛徒
——这里是一封家信　谢国屏
晨星（诗）　陆　微
钟声　培　得

曲——我的中学教育之十四　胡山源
青年群象（四）　贺玉波
记一个女同学　影　帆
柏林问题透视　承　原
老马公　徐畅荣
美国选举的结果及其意义　顾　权
一、美国选举的结果及其意义
二、柏林问题解决无望
三、西欧局势
四、东京法庭的判决
五、美国对华政策
新英美科学文选
H.K.Benson 著　李毓镛选注
The Role of Cellulose in lndustry

新第 6 卷　第 5 期
1949 年 1 月出版

送旧迎新（新年献诗）
〔英〕丁尼生作　蒋伯屏译

鲁迅书简补遗　鲁　迅
——给李小峰的三十六封信（续）
知识的体系和体系的知识（下）　杨　纾
个人的基本修养　傅君瀚
闲话冰岛　蒋启藩
细菌与石油　赵炳林
免　周性初

关于鲁迅的《铸剑》（作品分析）　许钦文
释转注（文字学讲话）　蔡剑飞
冬之文艺
北风词（诗）　淡　淡
朔风（诗）　巴　群
希望（诗）　王瑾希

献给母亲（诗） 王鑫麟
冬日的行脚（散文） 李贻训
雪夜（散文） 刘延勃
除夕（散文） 范　敏
冬天（散文） 石　火
先父黄晦挽歌（诗） 白　微
青年群像（小说，续完） 贺玉波

一月来的国际
——东方联盟酝酿中 顾　权

94 现代文学评论

简 介

《现代文学评论》，月刊。一九三一年四月十日创刊于上海，李赞华编辑，现代书局发行，三十二开本，一九三一年十月二十日出至第三卷第一期终刊，共出版七期。

《现代文学评论》是“民族主义文艺运动”的成员创办的刊物，创刊号上发表了范争波、张季平等人的文章，宣扬了民族主义文学的基本观点，并诋毁“中国普罗文学”。该刊主要是发表文学创作、文学评论和译介外国作家作品，主要撰稿人多半是《前锋周报》、《前锋月刊》的基本作者，除李赞华、范争波、张季平之外，还有陈穆如、邵冠华、丁丁、汤增敭、汪倜然、易康、徐苏灵、扬昌溪等人，以及被中国左翼作家联盟宣布开除的叶灵凤、周毓英，此外，还有张资平、朱湘、向培良等人。检阅该刊发表的作品和评论，可以让人们看到当时文坛上左翼文艺运动以外的“别一面”。

目 录

第 1 卷 第 1 期
1931 年 4 月 10 日出版

理 论
诗与小说《诗之原理》的一章
获原朔太郎著 孙 俍译
新感觉派 谢六逸
现代荷兰文学《在英国伦敦大学讲演》
〔荷兰〕韩铁斯（Haantjes）作
赵景深译
现代美国文学评论 林疑今
现代丹麦文艺新潮 叶灵凤
匈牙利文学之今昔 杨昌溪
雷马克与战争文学 杨昌溪
德国短命女作家碧萝芙的小说
〔德〕巴特斯著 段可情译
创 作
飘摇 李赞华
褪了红的衬衣 周乐山
出路 林枝女士
急转 陈穆如
脱了轨道的星球（长篇） 张资平
小 说
一个英雄的死
〔匈〕A·拉兹古著 麦耶夫译
弗列特
〔南斯拉夫〕Vladinir Treseec 著
席涤尘译
莪尔菲斯村的幸福钟
〔德〕碧萝芙著 段可情译
咏怀（诗）
〔法〕鸠勒·罗曼 Cjules Romaius
穆木天译
理想之光（四幕诗剧）
梅痕女士 孙俍工
民国十九年中国文坛之回顾 范争波
中国普罗文学的总结 张季平
新诗的过去与今后 丁 丁
诗 选
夜莺之泪 邵冠华
我的悲剧 邵冠华
最后的申诉 丁 丁
我设想 丁 丁
沙苏蜍 汤增敭
胜利 虞岫云
口供 邵冠华
青春的落日 邵冠华
批评与介绍
邵冠华的《旅程》 朱 湘
赵景深的《栀子花球》 孙席珍
谢六逸的《日本文学史》 汤增敭
瞿然译的《欧洲最近文艺思潮》
默 之
汪倜然译述的《天才的努力》
汤增敭
英文文学杂志介绍 赵景深

现代世界文坛新话 汪倜然
一、澳洲女作家李却特生
二、萧伯纳全集之自序
三、匈牙利的农民小说
四、加拿大小说一种
五、德国的历史小说
六、新犹太阿胥之新著
现代世界文坛逸话 杨昌溪
作家与银行卫士
小说家的模特儿
美国人克服吉卜林
尝汤贼迭更斯
雪莱的信徒诺贝尔
俏皮的萧伯纳
雷马克眼中的法兰西
爱罗先珂摸小脚
甜蜜的勃朗宁夫妇
文人稿件的重价
现代中国文坛逸话
张资平怕走北四川路 德 娟
作家的方言 娟
焦菊隐燕尔新婚 季 洁
现代中国文坛杂讯（二十九则） 汤 彬等
编辑后记 李赞华

第 1 卷 第 2 期

1931 年 5 月 10 日出版

日本文学的特质
〔日〕高须芳次郎著 谢六逸译
英美小说之过去与现在
John Corruthers 原著 赵景深译
土耳其新文学概论 杨昌溪
现代挪威小说 叶灵凤
英国文坛四画像
Harold Laski 作 钱歌川译
一、吉卜林
二、威尔斯
三、萧伯纳
四、高尔斯华绥
西线归来之创造 易 康
音乐与美术（《诗的原理》节选）
〔日〕荻原朔太郎著 孙俍工译

创 作

魔 李赞华
在伤兵收容所里 孙席珍
夜雨 张稚庐
亭子间里的女儿 周毓英
脱了轨道的星球（长篇创造续一） 张资平

诗 选

吊青春 邵冠华
沉闷 邵冠华
登程 孙晶旸

批评与介绍

《白雪遗音续选》 李赞华
《挂枝儿》 李赞华
论闻一多的《死水》 邵冠华
《凤仙姑娘》 张季平
《饿》与哈姆生 奚 行

关于《中国近世戏曲史》 郑 震

月夜（随笔） 虞岫云
理想之光（四幕诗剧、续一）
梅痕女士、孙俍工
灵肉的冲突（小说）
〔德〕L.Frank 著 林疑今译
幸福（小说）
〔保加利亚〕Tedor Panov 作
席涤尘译
戏剧艺术的意义 向培良
梦与潮儿（独幕诗剧） 苏 灵

现代世界文坛新话 汪倜然
七、汤麦斯曼的自传
八、土耳其女作家爱克兰
九、维也纳小说家之新著
十、班奈德之死及其绝笔作
十一、意大利名著百种
十二、德国乡土作家弗伦生
现代世界文坛逸话 杨昌溪
骂丈夫的女作家
嚣俄的情事
哈姆生的怪脾气
普希金的恋爱事件
武者小路实笃的四角恋爱
美国文人的收入
布兰兑斯的书札
现代中国文坛逸话 德 娟
郑振铎与旧书铺
洪深自画像
兄弟作家
金满成之恋爱结晶
现代中国文坛杂讯（三十二则）
德 娟等
编辑后记 李赞华

第1卷 第3期
1931年6月10日出版

创 作
杀害 李赞华
雅琶姊 苏 灵
长青 张稚庐
一把紧捏 许钦文
脱了轨道的星球（续） 张资平
小 说
曼冬梨的婚礼
〔德〕爱狄斯密德著 段可情译
看不见的创痕
〔匈牙利〕K.Kisfoludi 作
马彦祥译

叙事诗与抒情诗
〔日〕荻原朔太郎著 孙俍工译
霍甫特曼的《热情之书》
成赖无极作 刘大杰译
论路威士及其作品
〔瑞典〕Erik Axel Karlfeldt 著
汪倜然译
一九三〇年龚枯尔文学奖金得者
佛柯尼 杨昌溪

回忆到戈斯的童年
George C.Williamson 著　贺玉波译
英美小说之现在及其未来　赵景深
新世纪欧洲文坛的转动　李则纲
理想之光（续）　梅　痕　佷　工
批评与介绍
评几篇历史小说　张　平
《石碣》《大泽乡》《豹子头林冲》《将军的头》《石秀》
《文学入门》　奚　行
《潘彼德》与巴利　奚　行
曲学书目举要　郑　震
诗　选
废墟之歌　丁　丁
少女之春　邵冠华
重见　梅痕女士

现代世界文坛新话　汪倜然
十三、丹麦小说家纳特安徒生
十四、赫尔曼海斯再写灵肉冲突
十五、写哀斯基谟生活的小说
十六、加拿大文学要略
十七、路特味格棱之《战后》
十八、小泉八云的新研究
现代世界文坛逸话　杨昌溪
班奈德的稿费率
用“某太太”笔名的女作家
奈都夫人的处女识别法
菊池宽的穷富
泥土里的莎士比亚
同性爱的诗人魏伦
热恋中的嚣俄
俄国的军人小说家
现代中国文坛杂讯（三十一则）
德　娟等

第1卷　第4期
第2卷　第1、2期*
1931年8月10日出版

匈牙利大诗人裴都菲
海维西作　赵景深译
赫尔曼黑赛评传
〔德〕威尔赫谟·孔辙著
段可情译
班奈德
Edward Shank 作　李赞华译
雷马克晤谈记
〔法〕Frèdèric Lefèrre 作
由稚吾译
文学史作法论
〔英〕戈斯著　韦丛芜译
象征　荻原朔太郎著　孙佷工译
现代英国文艺思潮
横川有策作　高　明译
中国历代佛教文学概观
小野玄川著　郑　震译
阿根廷的近代文学　杨昌溪

* 此期各页书眉注为“一卷四期”，封面注为二卷一、二期。

巴西文学概观　周起应

诗　选

十四行诗二首

莎士比亚著　朱　湘译

雨前　邵冠华

别　顾小廉女士

为了失约于你　何心女士

春之歌　丁　丁

忏情曲　丁　丁

山行　诗　灵

兽苑　〔美〕辛克莱著　王　坟译

醉酒　魏希文

戏　剧

卡利甫之月

奥尼尔作　钱歌川译

各有所长（独幕趣剧）

（改译 L.Ehrlich 剧）马彦祥

理想之花（续）　梅　痕、佷　工

小　说

在另一世界里

陀斯妥以夫斯基作　刘　曼译

情书　久米正雄作　郭迟凡译

淫卖妇与饭店

林芙美子作　崔万秋译

红的拖鞋　林芙美子作　崔万秋译

作家晚会〔德〕黑　赛著　段白莼译

未来派文学之鸟瞰　张一凡

创　作

阴影　纳威尔

亚民　许钦文

夏艳　何家槐

旅居幽事　周乐山

曼独林　苏　灵

女人　李赞华

脱了轨道的星球（续）　张资平

批评与介绍

叶绍钧的《未厌集》　范争波

冯乃超的《红纱灯》　邵冠华

几本文学史的介绍　奚　行

一、《英国文学史》

二、《俄国文学史》

三、《法国文学史》

四、《中国文学流变史》

秋的憔悴（小品）　叶灵凤

现代世界文坛新话　汪倜然

十九、高尔斯华绥论小说作法

二十、穆杭的《一九〇〇》

二一、《青春之网》及其作者

二二、荷兰女作家的新著

二三、意大利的文学奖金

二四、茄奈特的《蝗虫来了》

现代世界文坛逸话　杨昌溪

印第安花绿蒂

多产的大仲马

自吹自打的华兹华斯

史温朋对朋友的癖怪

买虫蠹物的滑稽诗人

赛黛妮夫人的求婚者

巴尔札克的逸事

绅士与作家笔名
雷马克与克雷马
小孩编辑的阿耳祖齐
林芙美子与中国文人
《草叶集》的出版纪念与惠特曼
现代中国文坛杂讯（二十七则） 汤 彬等

北京通信
北京的文学周刊 奚 行
南京通信
南京文艺界 孑 农
选拔作家
山鬼（创作第一名） 素 雅
达夫代表作（评论第一名） 陈文钊
西线无战事（评论第一名） 张文实
编辑后记 李赞华

第2卷 第3期
第3卷 第1期合刊
1931年10月20日出版

现代中国作家墨迹展
中国文学特辑
现代中国戏剧 马彦祥
现代中国诗歌 赵景深
现代中国女作家 贺玉波
一、歌颂母爱的冰心女士
二、庐隐女士及其作品
三、丁玲女士论评
巴金的著译考察 知 诸
西人眼中的茅盾 杨昌溪
最近所见之敦煌俗文学材料 陈子展
九歌招魂大招皆为楚国王室所用巫歌考 陈子展
宗教思想在中国文学上的影响 郑 震
古兰经——回教的经典文学 陈子展
创 作
醉乱之夜 李赞华
他人妇 周乐山
乡间所做的梦 谢晨光
凶暴 罗 西
脱了轨道的星球（续） 张资平
随 笔
秋意（随笔） 王平陵
诗 歌
战（诗） 争 波

歌德以后的德国文学举目 郁达夫
现代英国文艺思潮（续） 横川有策著 高 明译
大战以后的美国文学 科恩著 芳 草译
显克微支论 Dr.V.Bugiel 著 南海冯六译
小 说
艺术家与世人（小说）

〔英〕班奈德著　汪倜然译

诗　歌

黄昏曲

〔英〕Sidney 作　何德明译

诞辰〔英〕Rossetti 作　何德明译

世界的末日

〔德〕Sohüler 作　何德明译

当我最后见着你，露丝

〔英〕Dobson 作　何德明译

现代世界文坛新话　汪倜然

二五、高尔基祝贺萧伯纳

二六、萧伯纳在生日的演说

二七、乔琪摩尔的新著

二八、欧亨利的短篇小说作法秘方

二九、德国小说家赫尔曼勃洛格

三〇、一鸣惊人的英国小说家

现代世界文坛逸话　杨昌溪

文学家的避客术

邓南遮与女人

读字典的偏好

劝人用刀枪卫国的诗人

文士怎样地工作

痛骂丈夫的高丽黛

狗心理的俄国人

选拔作家

仇（创作第一名）　李自钧

评田汉戏曲第五集（评论第一名）　萧　啸

评《脱了轨道的星球》

（评论第一名　激　厉

编辑后记　李赞华

95　前哨（文学导报）

简　介

《前哨》，文艺半月刊。一九三一年夏创刊于上海（首期即终期，实际出版时间比刊物上标示的时间要晚），印刷时未印刊名，封面刊名是木刻的鲁迅手迹补盖上的，刊名下铅印注明是“中国左翼作家联盟机关杂志”。编者署“前哨编辑委员会”，实际由鲁迅、冯雪峰编辑，未署出版发行者。从第二期起，改名《文学导报》，由冯雪峰、楼适夷编辑，上海湖风书店出版，一九三一年十一月十五日出版第一卷第八期后终刊，所出八期均为十六开横排本。

中国左翼作家联盟在一则通告中明确地说，“前哨是中国无产阶级文学运动之总的领导机关杂志”，因而，它发表了当时中国左翼作家联盟的决议、宣言、通告等许多重要文献。它的第一卷第一期为“纪念战死者专号”，发表了《中国左翼作家联盟为国民党屠杀大批革命作家宣言》，鲁迅的《中国无产阶级革命文学和前驱的血》，刊登了被国民党当局杀害的左翼作家的传略和遗著，因而在国内外激起了强烈的反响，引起国际革命作家联盟和许多国家的革命作家纷纷以宣言或公开信抗议国民党政府的暴行。从第三期起，陆续发表了瞿秋白、茅盾、鲁迅等人的一系列的文章，从理论和创作上揭露批判了“民族主义文学运动”。

目 录

第 1 卷 第 1 期
纪念战死者专号
1931 年 4 月 25 日出版

中国左翼作家联盟为国民党屠杀大批革命作家宣言
为国民党屠杀同志致各国革命文学和文化团体及一切为人类进步而工作的著作家思想家书　中国左翼作家联盟
中国无产阶级革命文学和前驱的血　L.S.
血的教训
——悼二月七日的我们的死者　梅　孙
被难同志传略
一、李伟森
二、柔　石
三、胡也频
四、冯　铿
五、殷　夫
六、宗　晖
被难同志的遗著
五一歌　殷　夫
血在沸　柔　石
红的日记　冯　铿
同居　胡也频
我们同志的死和走狗们的卑劣（短评）　文　英
无产阶级革命作家国际协会主席团来信
美国“新群众”社来信

第 1 卷 第 2 期
1931 年 8 月 5 日出版

世界无产阶级革命作家对于中国白色恐怖及帝国主义干涉的抗议
一、德国革命作家路特威锡·稜
二、美国无产阶级诗人和作家密凯尔果尔德
三、奥国革命诗人翰斯·迈伊尔
四、英国矿工作家哈罗·海斯洛普
五、日本无产阶级作家永田宽
“五四”运动的检讨
——马克思主义文艺理论研究会报告　丙　申
革命作家国际联盟秘书处给各支部的信
开除周全平，叶灵凤，周毓英的通告
一、周全平
二、叶灵凤
三、周毓英
编辑附记　编　委

第 1 卷 第 3 期
1931 年 8 月 20 日出版

出席哈尔可夫世界革命文学大会中国代表的报告　肖　三

屠夫文学　史铁儿
革命作家国际联盟为国民党屠杀中国革命作家宣言

第1卷　第4期
1931年9月13日出版

青年的九月　史铁儿
“民族主义文艺”的现形　石　萌
德国无产阶级革命文学运动的概况　思　明
南京通讯　思　扬
左联启事
附记　编　者

第1卷　第5期
1931年9月28日出版

告国际无产阶级及劳动民众的文化组织书　中国左翼作家联盟
大众文艺和反对帝国主义的斗争　史铁儿
东洋人出兵　史铁儿
《黄人之血》及其他　石　崩
启事

第1卷　第6、7期
1931年10月23日出版

告无产阶级作家革命作家及一切爱好文艺的青年　左翼作家联盟执行委员会
饥饿的褴褛的一群　凌　铁
劳勃生路
——××棉日厂工场壁报第十号号外　突　如
统治阶级的“反日大众文艺”之检查　洛　扬
“民族主义文学”的任务和运命　晏　敖
评所谓“文艺救国”的新现象　石　萌
关于革命的反帝大众文艺的工作　洛　扬
苏区文化情形概况　雄　泽
秘书处通告
日本无产作家同盟答辞
中国左翼戏剧家联盟最近行动纲领

第1卷　第8期
1931年11月15日出版

中国无产阶级革命文学的新任务
——一九三一年十一月中国左翼作家联盟执行委员会的决议
国际革命作家联盟对于中国无产文学的决议案
最近的苏联文学　黄　达
中国苏维埃革命与普罗文学之建设　施华洛
为苏联革命第十四周（年）纪念及中国苏维埃临时中央政府成立纪念宣言　中国左翼作家联盟

96 文艺杂志

简　介

《文艺杂志》，季刊。一九三一年四月创刊，在纽约编辑，在上海出版，署柳亚子主编，实际上是留美学人罗念生、陈林率、罗皑岚、柳无忌合编，前三期由上海文艺杂志社出版发行，第四期由中华书局出版发行，三十二开本。一九三二年九月出至第一卷第四期终刊。

编者在创刊号《卷首语》中说："这季刊只是几个在新大陆爱好文学的朋友，在读书的余暇中，愿意抽出些工夫来做一番耕耘的工作，在创作与介绍方面；为开拓这块文艺的新土，期待着未来的收获"。

刊物内容包括诗歌、小说、戏剧、小品文以及文艺评论，也有部分外国作品的翻译。撰稿人除编者外还有朱湘、啸霞、林庚白、李康佛、冠海等人。他们对新诗形式作了多方尝试，发表了不少十四行诗，连锁十四行体，双行体，无韵体诗。

全刊各期的出版时间，刊物上只注明了年月，未注明具体日期。

目　录

第1卷　第1期
1931年4月出版

卷首语
祸水　　舥　岚
断了线的风筝　　林　率

小品与随笔

开刀　　念　生
五堡墩　　念　生
黑人的艺术　　念　生
Bring me a girl　　白　圭

回川　　念　生

诗　选

小诗　　廪　僧
幻灭　　念　生
口角　　念　生
流浪诗序　　念　生
译丁尼生燕歌　　念　生译
决心　　啸　霞
肉与罪恶　　啸　霞
婚歌　　无　忌
新岁　　无　忌
银湖之游　　无　忌
译莎士比亚诗歌　　无　忌译

中秋节　　林　率
长大了底儿子　　林　率

第1卷　第2期
1931年7月出版

论　文

十四行体（诗学之一）　　罗念生

十四行诗选

女鬼　　朱　湘
春梦（连锁十四行体）　　柳无忌
“当我独闭在凄清的斗室”
“阶上是点点滴滴的霰声”
“为何长途地独自在索摸”
“纽约城，光异陆离的巨城”
“你曾否甜密密地，我的爱”
“快些来吧，我心爱的女郎”
“你近曾寄我一纸的贺片”
“爱人们，今电是我的生辰”
“逢到了这般佳节，爱人儿”
你叫我　　曹葆华
“有一天上帝震怒了”　　罗念生
“往常时”　　罗念生
“我随着星士的指引”　　罗念生
“我当初失去了爱情”　　罗念生
“倘若我出远门”　　罗念生
“我孕育在根里时”　　罗念生
“自从我丧失了童真与爱情”
　　罗念生
“不看太空中星球的吸引”　　罗念生
“我上山去采取毒药”　　罗念生
读阿诺《东与西》诗　　啸　霞
师梨 Shelley　　啸　霞
济慈 Keats　　啸　霞

维纳司石象 Venus de mils 啸　霞
“嫦娥，你那面皎素的明镜”
啸　霞
Edmund Spenser“这是什么技巧”
柳无忌译
Samuel Daniel“美丽，爱人呀”
柳无忌译
Sir Philip Sidney“好这般愁郁地”
柳无忌译
Michael Draytou“无奈何”
柳无忌译
白金龙（小说） 罗皑岚
大卫王（译诗）
Stephen V.Bnet 作 罗念生译
跳舞（小品文） 白　丰
死水的枯涸（书评） 罗念生
评陈铨天问（书评） 溜　子
重订苏曼殊年表 柳亚子

第 1 卷　第 3 期

1932 年 1 月出版

别忘了“九·一八”（特载）庚　白
无韵体（诗学之二）（论文）罗念生

无韵体诗

虹 金　人
“弥尔敦” 罗念生
乞丐 罗念生
铁牛 罗念生

小　说

人间天上 罗皑岚
真果来了 陈林率

诗　选

醉态 凛　僧
时间 金　人
花 念　生
结 念　生
筵席 念　生
死 念　生
七夕 啸　霞
美的舞蹈 柳无忌
英国十七世纪抒情诗选译 无　忌
亚拉伯篷帐（译戏剧） 念　生译
农庄（小品文） 懋　德
从张资平说到白克珠夫人 啸　霞
苦果代序 溜　子
西墨（通信） 冠　海

第 1 卷　第 4 期

1932 年 9 月出版

十九路士兵（特载） 李康佛
为新诗辩护（论文） 柳无忌
双行体（诗学之三）（论文）
罗念生
双行体诗 罗念生

诗　选

十四行 朱　湘
在奇异之乡 柳无忌
伦敦的雾 柳无忌
希望 柳无忌

阿舅的鬼影　罗念生
齐里尼　罗念生
Impromptu　罗念生
夜游　罗念生
聋　罗念生
浪费　罗念生
罗斯的女郎　啸　霞
海殿公园的一晚　啸　霞
小迷姐（小说）　罗皑岚
别二姊（小品文）　柳无垢
新港（小品文）　罗念生
禁酒警察（小品文）　曹希文
白西徂东（游记）　溜　子
评碎瓦集（书评）　水靳冰
十二磅的容貌（评戏剧）
Sir J.M.Barrie 著　百　合译

97 创　作

简　介

《创作》，文学月刊。一九三一年五月一日创刊于南京，汪漫铎主编，南京提拔书店出版发行，十六开本，一九三一年八月一日出版第一卷第四期后终刊。

《创作》主编者，在“创刊号”的卷首诗《无语》和《编后》里，表明了其对当时文学运动的态度：反对一九二八年以来的所谓“口号文学”，主张文学家要“忠实地生活，忠实地观察，忠实地反映，忠实地描绘”社会人生。刊物在编辑过程中贯彻了这种文学观点与文学态度，因而吸引了一批观点相近的作家、作者。主要撰稿者有汪漫铎、沈从文、陈梦家、方玮德、卞之琳、巴金、马彦祥、高植、沈樱等人。

和此刊反对“口号文学”相应的是，此刊不发表专门评述文坛形势与作家创作的文学，严格以刊名所示专门刊登文学作品。它主要发表小说、剧本、诗歌和散文的创作，也有少量的外国文学作品的译作。

目　录

创 刊 号

1931 年 5 月 1 日出版

封面设计　毛如一
菊（彩色插画）　袁留莘

无语（致词，诗）　编　者

小　说

风烛　漫　铎
歧指　沉　樱
夜渔　沈从文
定工的晚上　高　植

戏　剧

一天又过去了（一幕喜剧）　马彦祥译*
金田之夜（历史剧）　漫　铎
第三代寡妇　万籁天

随　笔

北京随笔（一至十）　叶鼎洛
《群鸦集》附记　沈从文
暮春　盈　昂

诗　歌

现制度讴歌（并序）　聂绀弩
晚报　卞之琳
思想　方玮德
命运的谎　陈梦家
昼在慢慢的收缩
——给我已死的莹甥　潘绍亮
对话　四　四
一波一伏　必　兴

译　述

石像
——一个漂泊者的故事
勃留骚夫著　由稚吾译**
编后　漫　铎

第 1 卷　第 2 期

1931 年 6 月 1 日出版

封面设计***　（无署名）***

小　说

结婚　漫　铎
老太太的故事　顾诗灵****
枫叶　高　植
美丽的图画　储安平

戏　剧

夸父之家（历史剧）　漫　铎
戏剧家之妻（一幕喜剧）　马彦祥
期待（独幕喜剧）　万籁天

随笔及其他

《复仇》序　巴　金

---

* 原刊“目录”与正文均只署“马彦祥”，此据剧后附注校补。

** 原刊“目录”署“由雅吾”，正文署“由稚吾”。

*** 从此期起至终刊，各期封面设计图相同，也都无署名。

**** 原刊“目录”署“顾诗灵”，正文署“诗灵”

创作态度
——予转蓬 沈从文
谈诗
——给家良 沈从文
梦泡的破灭 漫 铎
感想 甲 辰
北京随笔（十至三一，完）
叶鼎洛

诗 歌

自拷 聂绀弩
你怯懦的
惭愧我有狂妄的想念
我咀嚼着我有血淋淋的心
无聊 卞之琳
希望 刘 宇
一九三一年春天 方玮德
仓子 陈梦家
跨过一切 斐忒曼著 素 衷译*
四个生命 张力乔

编后 漫 铎

第1卷 第3期
1931年7月1日出版

封面设计 （无署名）

小 说

光明 巴 金
流 漫 铎
酒后 陈思岳**
到南京 高 植
李二和兵 沈 樱

戏 剧

野芒三弟子（历史剧）
自由恋爱（一幕喜剧） 彦 祥译***

散文及其他

到人间的天鹅 漫 铎
甲辰闲话 沈从文
高植小说集《酒后》序****
沈从文
醒着的烦恼 江缦郎

诗 歌

我只是走着爸爸走过的路 万 曼
对话***** 四 四
石工 方令孺
丁香花的歌 方玮德
在雨天里 陈梦家
给帼恩诗三首******
诗 灵******
我要为你歌吟

* 原刊“目录”只署“素衷”，正文署“斐忒曼著，素衷译”。

** 原刊“目录”署“陈霖光”，正文署“陈思岳”。

*** 原刊“目录”署“马彦祥”，正文署“彦祥”，此据剧后附注校补。

**** 原刊“目录”作“高植小说集《酒后》序”，正文作“高植小说集序”。

***** 原刊“目录”与正文均作“对话（三首）”，实际只是“对话”的三段。

****** 原刊“目录”题作“给帼恩”，署“谢诗灵”，正文题作“给帼恩三首”，署“诗灵”。

给帼恩
好象一个百灵
看到荣誉获得时及其他*
惠忒曼著　素　衷译
看到荣誉获得时
这时候我默然潜思
纵思万有
——读赫格尔后
告诉这些省分
将来的诗人

中篇小说

一个体面的军人（一）　沈从文

编后　漫　铎

第1卷　第4期

1931年8月1日出版

封面设计　（无署名）

小　说

海盗　漫　铎
爱的十字架　巴　金
老渔夫　培　良
最后的晚餐　陈瘦竹
叛　漫　铎
旅中　黄　民

戏　剧

咸阳城外（历史剧）　漫　铎
安玉黛　顾诗灵

诗　歌

二十生辰　陈梦家
话　方玮德
回想
——给南国的人儿　芾　浪**
秋之心　福　长
经验　福　长

随　笔

甲辰闲话（续）　沈从文
四个春天　方玮德

长篇小说

薏　火雪明

编校后记***　漫　铎

* 原刊“目录”作“看到荣誉获得时及其他”，正文作“看到荣誉获得时”。

** 原刊“目录”署“茀浪”，正文署“芾浪”。

*** 原刊“目录”作“编后”，正文作“编校后记”。

98 新 时 代

简　　介

《新时代》，文艺月刊。一九三一年八月一日创刊于上海，曾今可主编，新时代书局出版发行，一九三四年二月一日出至第六卷第二期停刊，一九三七年元旦复刊，同年四月一日出至第七卷第四期终刊，共出版三十六期。该刊第一、二卷为小三十二开本，第三、四卷为大三十二开本，从第五卷起到终刊号为十六开本。

主编曾今可在创刊号上发表《随便说几句》一文，声称：“《新时代》月刊是一个纯文学刊物，她没有什么政治背景，也不谈什么主义。”这种宣言起初曾经吸引了一些埋头于艺术探求的作家和文学青年，他们在该刊发表了不少文章和作品。但是，自曾今可在一九三三年二月一日出版的“词的解放运动专号”中发表所谓“解放词”《画堂春》，用“国家事管他娘”，“打打麻将”之类卑劣下流语言入词，被人斥为“轻薄少年”后，一些作家便不大热心汇稿了，而曾今可又进一步与上海滩上的一些反动文人相勾结，反对革命文学运动，攻击鲁迅，于是，很少再有倾向进步的作家为该刊写稿了。该刊维持到第六卷第二期只得停刊。抗战爆发前夕，《新时代》在国民党某些显要人物的支持下复刊，但是只出了四期就收场大吉。

《新时代》以发表文学创作为主，兼有评论和译文，并且经常刊登当时国内外的文坛消息。撰稿人中有张资平、曾今可、邵冠华、杨昌溪、丁丁、汤增敭、潘孑农、陈穆如、虞岫云以及鸥外鸥、徐霞村等人。在它的前期，也发表了郁达夫、巴金、袁牧之、艾芜、沙汀，以及沈从文、陈梦家、卞之琳、何其芳、臧克家等著名作家的一些作品。

目 录

创 刊 号

1931 年 8 月 1 日出版

封面设计 钱君匋

随便说几句 曾今可

论 述

浪漫主义以后的俄国文学

〔日〕臧原惟人著 毛一波译

安德列夫论 塞里兹尔著 丽 尼译

《莎士比亚》之剧情

Romes et Yuliett 著 华 林译

小 说

两封快信 曾今可

桃林野（历史小说） 李则纲

午女丽丽 金凯荷

蚕食 杨昌溪

三个大学生（长篇连载） 袁牧之

矿医

Fraucisko Moluar 著 卢剑波译

多情的魏珊夫人（长篇连载）

曾今可

寂寞的三天 崔万秋

诀绝以后 金凯荷

海底葬礼曲 郭安仁

诗 选

一匹战马 虞岫云女士

爱之五奏 丁 丁

琴弦破了

〔匈〕Julio Bagny 作 卢剑波译

长别 曾今可

最后的偕游

Robert Browning 作 曾今可译

心灵的叫喊 郑丽痕女士

剧 本

情人

〔法〕Gearge de Porto——Riche 著

董阳方 徐克培合译

散 文

拜论的魔性 陈翔冰

文坛消息（三二则） 萤等

第 1 卷 第 2 期

1931 年 9 月 1 日出版

文学批评在中国 浩 文

小说论

〔法〕伊可维支著 毛一波译

安德列夫论（续完）

Thomas setizer 著 丽 尼译

林芙美子的自传

〔日〕林芙美子著 崔万秋译

二十世纪

〔匈〕Mihaly Foldi 著 卢剑波译

何君 曾今可

翔殷路上的柳色 汤增敭

爱的逃避 金凯荷

三个大学生（续） 袁牧之

海滨 虞岫云女士

忠实的情人　沈紫曼女士

诗　选

伏尔加岩石上　巴　金译
算了吧　虞岫云女士
乞儿歌　曾今可
一张照片　佘立平
梦情如梦　何　珮女士
寄给我失去了的友人　慧　影

情人（续）
〔法〕Gearge de Porto——Riche 著
董阳方　徐克培译
死（续）　曾今可
读峨相　华　林
鲁迅的《华盖集》　张若谷
朱溪译的法郎士　金满成
未寄的信　金凯荷
诀绝的余音　何　佩女士
文坛消息（三十则）*
一、笔会改选理事　萤
二、良友公司将出版小丛书　萤
三、新时代书局出版计划　萤
四、毛一波新著出版　荷
五、《今可随笔》由北新书局付印　荷
六、赵景深暂不离沪　荷
七、女诗人虞岫云近讯　萤
八、孙席珍返平
九、《爱的三部曲》即将再版
十、《从嚣俄到鲁迅》出版　萤
十一、毛一波与其爱人同居　萤
十二、华林返沪
十三、樊仲云将任中公教务长　荷
十四、李赞华弄璋不承认　梦
十五、《上海晚报》改名《当日新闻》　梦
十六、《新时代》月刊将出“无名作家专号”　萤
十七、《女学生》杂志出版　萤
十八、陈宪谟努力写作　荷
十九、潘子农返京　荷
二十、沈从文将返申　荷
二一、梅子说并未被殴
二二、章克标暂停写作
二三、钱君陶将出图案集
二四、巴金著译消息　萤
二五、《草野》扩充篇幅
二六、郑振铎在宁波　彳亍
二七、将有《山雨》周刊出版　彳亍
二八、崔万秋仍在杭州
二九、梁得所游普陀
三十、王坟在军队中度生活　荷

编后记　编　者

* 原刊“目录”中“文坛消息”一栏无细目，作者只署“萤等”。

第 1 卷　第 3 期

1931 年 10 月 1 日出版

怀屈原　华　林

论　文

土民艺术论*
〔日〕石川三四郎著**
毛一波译

散　文

《秋之沦落》序　沈从文

母亲之死
〔俄〕赫尔岑著　巴　金译

小　说

生活安定以后　曾今可

孩子病了〔匈〕Ferenc Herczeg 著
天矞女士译

浪曼的罗蒂　金凯荷

回忆　虞岫云女士

别　王洁南女士

火车轨上的死者　彭成慧

三个大学生（长篇连载）（续）
袁牧之

死（续）　曾今可

诗　选

意外地我再见了你　曾今可

一颗无名的小草　沈紫曼女士

一个无名坟墓的輓歌
朗法罗著　钟文玉译

我总会想起你　程天后

我向你恳求　景瑞石女士

献给一位被牺牲的女郎　金　洪

开拓　郑丽痕女士

黄昏　斐　扬

乡愁　湘　影女士

评　述

谷崎润一郎的《富美子的脚》
张若谷

剧　本

交换　顾仲彝

补　白

文坛拾零　今　可

踏莎行　今　可

如梦令　今　可

文坛消息（三二则）　萤

一、“女诗人”否定订婚

二、崔万秋过沪赵日

三、李赞华将迁居

四、巴金近讯

五、梁得所《前后五十年》付印

六、蒋光慈病故

七、丁丁赴南洋教书

八、《青年界》仍由赵景深编辑

九、毛一波近讯

十、袁牧之售稿

十一、董阳方结婚

十二、曾今可近讯

十三、洪深在暨大教书

* 原刊“目录”作“士民文艺论”，正文作“土民文艺论”。

** 原刊“目录”作（法国）伊可维支著”，正文作（日本）石川三郎著”。

十四、李则纲返申
十五、田汉消息
十六、郑振铎北上
十七、陈宪谟近况
十八、毛一波的《秋梦》出版
十九、《爱的逃避》将出版
二十、《女学生》杂志第一期出版
二一、卢剑波近况
二二、天裔女士近讯
二三、谦弟来申
二四、“女诗人”并未与邵洵美论诗
二五、胡适之近讯
二六、徐志摩北上
二七、戴望舒与施蛰存之妹订婚
二八、新月（书店）将出现代文化丛书五十种
二九、章石承等创办孤帆文艺社
三十、戏剧界消息一束
三一、矛盾出版社成立 于 晨
三二、开展社公演《怒吼吧，中国!》 于 晨
读者的意见
前言 曾今可
致曾今可 萧秾昙
致曾今可 陈采玄
致曾今可 梦 萍
致曾今可 李连萃
致曾今可 章石承
致曾今可 罗晓魂
致曾今可 徐之津
致曾今可 沈桢泉
“无名作家专号”征稿启事及条例 本 刊

第1卷 第4期

1931年11月1日出版

艺术的科学批评论 谦 弟
《爱的逃避》序 曾今可
交换（续完） 顾仲彝
八山旅馆 林芙美子女士著 崔万秋译
悔悟的罪人 〔俄〕Tolstoy作 温梓川译
丽玲 沈紫曼女士
母亲的剪刀 潘子农
庙会 李连萃
古塔内外 王 坟
三个大学生（续） 袁牧之
看月楼词 章衣萍

诗 选

An Mediation 邵冠华
静夜 王祖云女士
归程 虞岫云女士
霞 曾今可
别了，朋友 王洁兰女士

心曲　赵娴女士
心的寄语　云　裳
她的悲哀　景瑞石女士
秋深了　湘　影

死（续完）　曾今可
美人青眼里的有岛武郎　陈翔冰
随笔　毛一波

文坛消息（二九则）　萤　等

第 1 卷　第 5 期

1931 年 12 月 1 日出版

艺术的科学批评论（续）　谦　弟
《奴隶的心》自序　巴　金
吸血的人们　杨昌溪
冬四狼　Optosh 著　王　坟译
爱力　毛一波
闰情　李连萃
一封留别的信　虞岫云女士*
春风沉醉的晚上　彭成慧
旅行者　连　光
荒年　景瑞石女士
三个大学生（续）　袁牧之
看月楼吟稿……冬夜　章衣萍

诗　选

小舟　虞岫云女士*
黑影　曾今可
Sonuet　曾今可
林中　孙佳讯
风雨中　沈桢泉女士
梦残雨冷　章石承
爱神的赞美　沈紫曼女士
秋之歌　金凯荷
诉　杜醇酒
威尼市　缪塞作　陈君冶译
菲律宾恋歌　Holandez 作　绿　蝴译
春冰　王云皑
消逝　卢剑波
秋夜　黎民兴
欲望　易不慈
桃色的云　陆　湘

一握尘沙　鸥外鸥
诸者意见　读　者
文坛消息（一八则）　萤　等
编后记　曾今可

第 1 卷　第 6 期

1932 年 1 月 1 日出版

艺术的科学批评论（续完）　谦　弟
《春梦》序　曾今可
纪念一位良友　梁得所
夜的沉思　卢剑波
方福　高　植
阿银　何　嘉

* 原刊“目录”作“虞岫云女士”，正文作“岫云女士”。

悲怀 虞岫云女士
一个慈善家 郑丽痕女士
妥协 沈紫曼女士
天灾与战祸 佘立平
在人生之路上 任质斌
三个大学生（续） 袁牧之
诗
溪水 虞岫云女士
沪宁道上 曾今可
秋日 孙佳讯
你曾来叩门 惠留芳女士
春风里 E.Dowson（道生）作 梅安娜女士
一切人所能求恳 章石承译
怀旧 黎学贤
看夜色已深深 刘农辉
没有你的来信 魏若虹
铁匠 蔡杰乐
快乐的死者 〔法〕波德莱作 陈君冶译
霜 康驹
夜雨 沈桢泉女士
母爱 湘影
别 景瑞石

月夜与眼镜 晓天译
给妹妹的信 梅蕾女士
介绍《爱的逃难》 赵景深
读《何君》 侯汝华
读《青年集》 王继宣
新时代图案文字集付印题词 钱君匋
勿脑羞成怒吧 曾今可
未寄的（二） 云裳
文坛消息（十二则） 萤等
一、崔万秋回国办报
二、张资平、丁丁拟编中学新文学读本
三、“无名作家专号”付印
四、毛一波译日本文学史
五、郭安仁等在武昌出版《煤坑》
六、将有几种文艺小刊物出现
七、潘孑农来沪
八、《橄榄》月刊将出新年号
九、《小姐须知》须用女人的眼光去看
十、《志摩纪念刊》将出版
十一、谷剑尘努力写作
十二、将有《处女集》出版

编后记 曾今可

第2卷 第1期
无名作家专号
1933年2月1日出版

从无名作家造崭新时代（题词） 于右任
吐气扬眉之作品（题词） 潘公展
为什么要出“无名作家专号” 曾今可

祝“无名作家专号” 李青崖
文艺界生力军的培植 顾仲彝
何以中国没有新作家出现 华　林
世界著名作家成功谈片 杨昌溪
给爱好文学的青年男女 崔万秋
作家与作品 丁　丁
作家须先确定其本身之社会存在的价值 袁　殊
无名作家自己的路 卢剑波
我承认是一个无名作家 马彦祥
作家们的欲望 张若谷
给你一个忠告 毛一波
使地底下的作家们得见天日 郭安仁
对无名作家应该加意爱护 钱君匋
站在无名作家的阵营里 潘孑农
现在说话真不容易 赵景深
我对于“无名作家专号”的意见 王　墳
暮春之夜 沈紫曼女士
偷生 亚　沉
婚礼后 洪茂青
东邻的恩惠 郭师仪
沦亡 仇　朋
颜色 何凤元
不要哭了 曾迺敦
一夜的艳福 杨实夫
醒悟 蒋虎侠
水灾 朱司晨
棠棣村上 吴白露
翠翠的死 王婉容
小学生的死 盛焕明
狱中一幕 庄翠影
旅馆中之一夜 黛　痴
漂母 易新成
欺心 王　琦
创痕 潘东屏
忆 陈其兴
两个新兵 余壕君
归家（独幕剧） 王少游
爱的创伤（独幕剧） 般梦萍
海滨杂记 温志良女士
呵呵，老了，一切都老了！ 黄志霄女士
初来上海之一 吴广略
栗娃栗旦河畔 陆沉女士

诗

梦 惠留芳女士
商籁体 吴清晓
我站在时代之前狂呼 苏　诉
那有 张家耀
黎明之歌 王逸鹤
我为什么忘不了你 徐允武
诗三首 陈璧如女士
　一副柔软的心肠
　无聊的烦闷
　可是请你也要忘掉
醒醒吧，中国的女儿们！ 李惠莲女士
忆别 一　之
小诗 苏指松
望 刘　浪

慈母的爱　池振超女士
别离之夜　诗　奴
别之曲　萧丽卿女士
我止住了呜咽　吴景岩
隔绝以后　何德明
请莫再向我凝望　刘冠钊
她为甚叹息　吴逸侬
我还要这样唤你　殷梦萍
不怕　梁惜芳
忆　何漂灵
乞妇　黎民兴
送行　佘立平
忆祖母　许绮禅
逝去的青春　官冰灵
茫茫的夜色　郑　波
孤影　姚钟化
青春底享乐　俞灰马
使你的生活充实吧　张又君
消沉　孙恺安
更向何处追寻？　朱南人
秋　张朱黻
请醉此一杯　尹贞淮
小诗　梅安娜女士
烧毁了的灵魂　王铁笛
给　卢　显

文坛消息（二十则）*

一、废止出版法运动　萤
二、笔会近讯　蜜
三、一九三二年的新作家　萤
四、沈从文又将大量生产　云
五、《女学生》第三期出版
六、《浊流》第四期将出版　云
七、卢剑波返川养病　云
八、钱君匋新年中忙于刻图章　石
九、广州将有文化新闻出版　井上蛙
十、全国期刊书报代办贸易所组织中　井上蛙
十一、李散碧将控告北新书局　井上蛙
十二、《妇人与社会》一月二十出版　井上蛙
十三、木刻画集预备出版　井上蛙
十四、大众旬刊社之活动　井上蛙
十五、Obstene Pieture 的掠取趣闻　井上蛙
十六、张资平并未受满铁之聘约　云
十七、暨大晓风文艺社请丁玲郁达夫讲演
十八、郭沫若之最近笔名
十九、樊仲鸣《华南文艺》
二十、孙福熙对无名作家专号之意见　云

* 原刊第五则、第十七至十九则文坛消息均未署名。

编者的话　曾今可

新时代书局一九三一年上半年之活动

第2卷　第2、3期
1932年6月1日出版

杜斯托也夫斯基与现代艺术　Janko Lavrin著　郭安仁译
论意译与直译　朱复钧
从十九路军说到“江北人”　华　林
歌德的生平及其著述　魏以新
科学家的歌德　毛一波
邮片上的歌德　尹　若
玻璃的房子　莱蒙尼欧著　王　坟译
短篇创作
母亲　高　植
船上　虞岫云女士
洋囡囡　沈紫曼女士
意外的旅行　曾今可
卖淫的妇人　王家棫
天路历程　金　丁
汉口　卢剑岑
太公　章乃焕
爱的永生　沈维葭
往事的断片　温志良女士
随　笔
画眉和海棠　梁得所
祖国之冬　崔万秋
智识者的悲哀　毛一波
倒戈的原由　曾今可
关于“民族的灵魂”　曾今可
长篇创作
一个商人　曾今可
诗　选
献给我爱的月　虞岫云女士
真诚的友谊　沈紫曼女士
劝与回答　沈紫曼女士
琴歌　惠留芳女士
忆　惠留芳女士
影子　惠留芳女士
寂寞　曾今可
你向着我这儿飞　曾今可
浅浅的爱　云　裳
在曾今可先生像前　侯汝华
心头的城廓　金凯荷
幽思　吴中钦
怎敢和你亲近　王逸鹤
早潮儿喧腾　孙佳讯
给影子　彳　亍
迷人的眼睛　黎学贤
梦　曾广铭
春晓　袁琦女士
古城上　袁琦女士
晨　胡雪玉女士
野花之歌　Bleke作　蓝　子译
世界之末日　E.L.Schiiler作　何德明译
悲歌　雪　莱作　张家耀译
爱的花园　勃莱克作　赵　续译

作品与作家

《母与子》 卢剑波
《湖风》与虞女士 嫣 红
《爱的三部曲》 康 驹
《爱的逃避》 高 植

文坛消息

国外文坛消息（一至二〇） 潘修桐
一、魏玛尔举行歌德纪念会之盛况
二、霍普特曼等得歌德纪念章
三、苏俄的百年纪念会
四、罗士丹新作《我杀了的男子》
五、华莱斯遗产的估计
六、霍普特曼新作《日落之前》
七、英诗人明思书信拍卖
八、英政府拒绝巴比塞入境
九、泰戈尔为歌德纪念会电贺德国
十、美戏剧家奥尼尔的新作
十一、雷马克请入瑞士国籍
十二、苏俄新刊物第一订阅者
十三、德林克瓦特普和酒味
十四、高尔基著作生活四十周年纪念
十五、高尔基论电影
十六、菊池宽第一次写电影脚本
十七、意大利编纂新词汇
十八、梅特林克犹肆力著作
十九、印度女诗人奈都夫人被捕
二〇、莎士比亚纪念剧院落成典礼
国内文坛消息（一三则） 云 裳
一、“一二八”事变后之上海各作家
二、“一二八”事变后之上海出版界
三、笔会欢迎国联调查团
四、中华书局将出世界名著百种
五、新时代书局之新计划
六、文友社征求社员
七、许钦文涉讼
八、女子书店
九、新作家沈紫曼等近讯
一〇、南开周刊出文艺专号
一一、北平翻版书交涉
一二、女诗人订婚
一三、零讯一束（十三则）
编者底话 曾今可

今可词稿（补白） 曾今可

编辑部启事 今 可

第2卷 第4、5期

1932年7月1日出版

意德法文学的历史观 毛一波
民众戏剧之理论与其实际 谷剑尘

《放浪记》译序　崔万秋
故乡　高尔基著　林疑今译

短篇创作

暮云　虞岫云女士
彷徨　曾今可
神秘的诗　沈紫曼女士
一个春天的晚上　彭成慧
铃凤姑娘　王西彦
堂兄堂弟　程碧冰
毕业　晏民新
贾主席　平　凡

随　笔

中国诗人与读书界　金凯荷
人性　卢剑波
一枚沉住的炸弹　鸥外鸥
蕉窗随笔　曾蜀鹃

诗　选

寒夜之声　虞岫云女士
Triolet 一首寄　惠留芳女士
逃　惠留芳女士
瘦西湖　曾今可
无尽的爱　曾今可
“慢慢熬”　孙佳讯
雨声中　吴中钦
两颗星　云　裳
雪鸦　康　驹
歌声　温志良
我徘徊于粤秀山畔　林英强
心扉　袁敏事
梦中　黎学贤

长篇创作

一个商人（续）　曾今可

戏　剧

胜利　王少游

作品与作家

读《爱的三部曲》后　高　植
《新生》　樊仲云
《死》　彭成慧

文坛消息

世界文坛消息（二一至三〇）　潘修桐
二一、世界笔会举行国际大会
二二、华莱斯身后萧条
二三、鲁德维克也请求入瑞士籍
二四、日本去年出版书籍减少
二五、皮涅克抵日本
二六、报纸展览会明年在乔治下举行
二七、布克夫人的新著
二八、奥尼尔论欧洲剧坛
二九、世界各名作家连署发表宣言召集国际非战大会
三〇、法国文艺展览会的惨剧
国内文坛消息（一二则）　云　裳
一、胡适荣获德国国家学院会员
二、张资平任中山大学教授
三、“小姐须知”在日本
四、《文艺之友》出版
五、虞岫云将出小说集
六、将有女性主办的杂志出版

七、文友社出版丛书
八、《絜茜》月刊第二期出版
九、丁丁预备结婚卖门票
十、南京文坛近讯
十一、开封文坛近讯
十二、零讯一束（五则）

第2卷　第6期
1932年8月1日出版

民众戏剧之理论与其实际（续完）　谷剑尘
介绍几位处女作家　金凯荷
人类的风　皮涅克著　界　俗译
三天前后　曾今可
米司朱和她的狗　了　娜
一个商人（续）　曾今可
祖国之冬（二）　崔万秋
答李四荣先给我的《贡献》　曾今可
爱是不是玩弄　小　猫
蔷薇词　陈翔冰
诗　选
一条内裤与一条白巾　金凯荷
影像　惠留芳女士
题在一幅灾民图上　惠留芳女士
你拿着笔　惠留芳女士
山中　曾今可
法公园一瞥　曾今可
我独来闭你的墓门　徐天白
悼徐志摩　吴洛芷
纪念　袁敏事
温和的晚风　袁琦女士
诅咒　涤　尘
作家与作品
世界文坛消息（三一至四十）　潘修桐
三一、笔会仍谈政治
三二、泰戈尔首次空中旅行
三三、霍普特曼的《日落之前》出版
三四、威尔士最近的谈话
三五、
三六、
三七、
三八、
三九、
四十、
日本文坛消息（四则）　云　裳
一、
二、
三、
四、
国内文坛消息（一四则）　云　裳
一、中国著作人出版人联合会成立
二、柳亚子等电请释放牛兰
三、文艺茶话会
四、林语堂将办杂志
五、《读书杂志》第四期出版
六、中国画会将成立
七、将有中国文化设计委员会产生

八、新时代书局七月份出版新书
九、培成女校公演《项目乐》
十、良友杂志社恢复原状
十一、《大晚报》增加七种附刊
十二、南京出版界近讯
十三、天津文坛杂讯
十四、零讯一束

今可词话　曾今可

编者底话　编　者

第 3 卷　第 1 期
1932 年 9 月出版

文

新的开始　曾今可
都会文艺的末路　毛一波
野渡诗集序　章衣萍
上海风景线　巴　金
看这个人　卢剑波
梦的推移　汪漫铎
歌德著作编年录　魏以新
歌德著作版本　魏以新
一只小鸟之死　曾今可

小　说

秋　沈从文
伙伴　漫　铎
石头皇后　罗　西
逃　金　丁
山居　温志良女士
亡命五与连长　陈炳翰
一个商人（续）　曾今可
社会落伍者　高尔基著　杨昌溪译
三个大学生　袁牧之

诗

沙漠的歌　陈梦家
我愿　方玮德
月夜　卞之琳
残弦　扶　苍
柳絮之歌　扶　苍
吊吴淞　惠留芳女士
游仙曲　惠留芳女士
晨曦与夕阳　惠留芳女士
问西湖　沈紫曼女士
残骸与影　云　裳
一个黑暗中的囚徒　曾今可
午后素描　曾今可
愁与怅惘　金凯荷
凄清　袁　琦女士
蝉　张家耀
旧礼教下被压迫者之歌　云　芳

戏　剧

博浪沙　漫　铎

作家与作品

郭沫若印象记　曾今可
王独清的锻炼　金凯荷
读《爱的逃避》　吴白露
日本女作家访问记　崔万秋

通 信

南国有佳人 鸥外鸥

文坛消息

国外文坛消息（四一至五〇） 潘修桐

四一、美国去年销路最好的小说

四二、威廉第二事迹编为剧本

四三、美国一般作家生活多痛苦

四四、爱尔兰发现莎士比亚遗像

四五、英国传记作家司特莱契逝世

四六、新俄小说三种英译本在美出版

四七、诺贝尔文学奖金给予已故作家的问题

四八、日本出版界鼓吹战争

四九、英国最近出版的两册通俗小说

五十、美国戏剧作家莱士的新作

日本文坛消息（五则） 云 裳

日本文艺杂志《诗与人生》将出中国文学专号

日本女作家将来沪游历

林芙美子远游归来

森三千代法文诗集出版

在日本大受欢迎的两本中国书

国内文坛消息 云 裳

一、“文艺茶话会”近讯

二、署期中作家行踪

三、沈从文的新著

四、《文艺之友》畅销

五、《爱的三部曲》译成日文

六、《旗声》日译本将出版

七、崔万秋游东京

八、《承道诗话》将出版

九、褚问鹃郭安仁来申

十、广州将出《文化新闻》

十一、欢送出洋学生

十二、巴金北游

十三、汪漫铎新著

十四、《文艺周报》出版

国内作家画像

郭沫若像 糜文焕画

华林像 孙福熙画

巴金像 〔荷〕George Grozag 画

鲁迅像 马国亮画

田汉像 马国亮画

日本女流作家近照

林芙美子近影

森三千代近影

真杉静枝近影

矢田津世子近影

第 3 卷 第 2 期

1932 年 10 月出版

文

成功与成名 曾今可

一九三二年中国新兴戏剧运动之展望　王悲蝉
求索　卢剑波
怀惨死的刘梦莹女士　崔万秋

小　说

雨　沈从文
文艺风景　王　坟
退伍　曾今可
阿和　沈紫曼女士
旅伴　艾　芜
社会落伍者（续）　高尔基著　杨昌溪译
三个大学生（续）　袁牧之

诗

读承道的诗　柳亚子
我底心　曾今可
风之歌　曾今可
森林之梦　孙佳讯
一心的恋　王一心
变　王一心
污　惠留芳女士
春天的迷梦　惠留芳女士
夜　邵星娥女士
失足　鸥外鸥
战争的颂歌　胡鸪鸪
相遇　问　秋
落花　刘　浪
夜雨　吴洛芷
The Boom Remains　陈　逵作　赵　续译
意见　B.Taglap 作　叶显祐译
残痕　贾玉刚

文坛消息

国际文坛消息（五一至六〇）　潘修桐
五一、司各德逝世百年祭
五二、摩洛士的《福尔特尔传》英译本出版
五三、法政府将刊行《二十世纪法国百科全书》
五四、安达西五旬诞辰发行著作
五五、邓南遮欢迎毕卡德
五六、伯克夫人返美
五七、今年诺贝尔文学奖金的获得者
五八、梅德林克七秩寿辰
五九、苏俄的文学杂志
六十、日俄文艺界联欢
六一、日本杂志将出中国文学专号
国内文坛消息（六则）　云　裳
一、上海出版界
二、上海新刊物
三、武汉成立文友社分社刘狮及庞薰琴个人画展
四、武汉成立文友社分社
五、李石岑被控
六、良友图书公司将出文艺丛书*

* 原刊漏“公”字。

第 3 卷　第 3 期

1932 年 11 月 1 日出版

刘海粟展览会序　〔法〕赖鲁阿
刘海粟欧游作品展览会序　吴铁城
刘海粟欧游作品展览会序　曾今可
红一点　崔万秋
病　沈从文
贼　曾今可
文艺风景（续完）　王坟
公主和她的婢女
〔匈〕Ferenc Herczeg 著
天矞女士译
今可词稿——惜分飞　曾今可
社会落伍者（续）
高尔基著　杨昌溪译
三个大学生（续）　袁牧之
在那流泉底下面　丽尼
Ballad（诗）　拾名
诗
一只远游归来的船　云裳
一把刀　云裳
雨声　孙佳讯
离筵　陈立渭
工流的钟　王一心
夏夜在外滩公园　沙蕾
荷塘　沈紫曼
是……　徐天白
火药库的守卒　鸥外鸥
陷阱　鸥外鸥
落叶　沙汀
诉　白兮
我的心跳动
〔英〕华兹华斯作　张家耀译
也许　伟弟
北游通讯　巴金
妙想天开及其他　曾今可
更正

第 3 卷　第 4 期

1932 年 12 月 1 日出版

创作
婚前　沈从文
复仇与犯罪　金凯荷
燕儿　惠留芳
三姑娘　胡静屏
在饭店里　温志良女士
桃色的梦　雪
嫁　黄小鲁
翻译
莎妃的鞋子　A.Erss 著　孙佳讯译
社会落伍者（续）
高尔基著　杨昌溪译
诗
会宾楼的一夕　柳亚子
秋天　邵冠华
涯　曾今可
当我死时　Ohristina Rossetti 原著
留芳女士译

夏天最后的一朵蔷薇
Thomas Moore 原著
留　芳女士译
晚风　莫丽斯
我爱这旅途中　沈紫曼
大箬帽　月鲛女士
低吟　沈云鹤
一个少女的遗言　〔朝鲜〕金敬琢
工作　雷承道
可怜的约克镖骑　白　兮
失落的爱 Wordsworth 作　赵　续译
我爬上土丘　何晴波
别　张全恭
寄——　秋　心

通　信

黄昏　曾今可　汪漫铎

文坛消息

国外文坛消息（六一至七一）
潘修桐
六一、慕沙里尼重修但丁故居
六二、美国新文学杂志出版
六三、玛司斐尔创设赛诗节
六四、苏俄关于文艺的新决议案
六五、建筑儿童疗养院纪念嘉洛尔
六六、俄名翻译家伯尔勒尔逝世
六七、般生诞生百年纪念
六八、屠格涅夫著作将摄制电影
六九、拉绮洛孚夫人得名誉学位
七十、重辑托尔斯泰全集
七一、萧伯纳作品第二次摄制电影
国内文坛消息（八则）　云　裳
一、《南华文艺》停刊，北新书局停业
二、《星期学灯》创刊
三、《星期文艺》复活
四、《文艺之友》七八期出版
五、《小说月刊》创刊
六、何家槐近讯
七、雷承道出版诗集
八、(《诗与人生》)“中国文学专号”发禁
曾今可启事

第 3 卷　第 5、6 期
新年号
1933 年 1 月 1 日出版

论　文

从艺术说到刘海粟徐悲鸿　曾今可
纸花撩乱的北平文化　许　虚
文学与语言　赵景深
文学的史的意义　王　坟
论标点与“之底地的”　高　植
“凑热闹”　曾今可

小　说

油坊　沈从文

安琪儿之消失　崔万秋
大学教授　LCK
祟　金　丁
大宝森节　温梓川
莫斯科一舞女　温伟南
燕儿　惠留芳女士
两乞丐　陈清华
阿罗娘子　郑影子
剧
口号（独幕剧）　谷剑尘
再会（独幕剧）　王绍清
诗
毁灭　邵冠华
香港行　余慕陶
她的睡眠　王一心
我看见光亮　留　芳
恋人之家　何　嘉
夏夜的松岗　鸥外鸥
想　沈紫曼女士
西子湖　邵星娥女士
红叶　徐天白
临别　郭师仪
怀L姑娘　沙　蕾
秋风　徐泉影
蔷薇般的命运　问　秋
十四行　闻　穗
这只是一个梦　吴洛芷
残秋之晨　裘　鹏
偕逃
Thomas Campbell 作　彭成慧译
回忆　Symons 作　章石承译
作品与作家
金子洋文的两篇剧　幼　葭
芥川龙之芥的中国堕落观　丁　丁
纪念司各脱的百年祭　张月超
歌德及其恋人　陈普扬
随　笔
天堂地狱的界线　张若谷
夜行　何家槐
淞居小记　孙佳讯
秋的葬仪　李散碧
思家　潘家祥
燃烧着的心情　黄时雨
文坛消息*
国外文坛消息
莎士比亚纪念剧院拟请莱因哈文导演
威尔士讲演政治经济
高尔基著作生活四十年纪念
萧伯纳将周游世界
武者小路实笃赴新村
崔万秋为日本各杂志撰稿
郁达夫小说将译成日文**
日本女诗人森三千代三度来华
（东京）《诗与人生》新年号
国内文坛消息（四则）
新年中将产生的新刊物***
广州文艺情报

* 本期国内外文坛消息均未排号，除最后一则外也均未署名。

** 原刊误为“郁达夫小说将为为日文”。

*** 原刊误为“新年中将产生就刊物者”。

四川文艺情报　嫣　子

文艺画报

文艺座话会在法国公园
柳亚子手写诗
诗人华林
看月楼词稿
邵洵美之短简
徐志摩遗像
张资平短札
何家槐张若谷近影
沈从文自作封面
毛一波、丁丁、张晓天、郭安仁、曾今可等之合影
邵冠华之影
张资平之新居
崔万秋的日记一页
崔万秋在东京
林芙美子照相
林芙美子手迹

新时代月刊编辑部启事*

第4卷　第1期
词的解放运动专号
1933年2月1日出版

词的我见　柳亚子
词的解放运动　曾今可
词的反正　张　凤
唱出自己的情绪　郁达夫
让它过去罢　余慕陶
与曾今可论词书　董每戡
关于“活体诗”的话　张　凤
为词的解放运动答张凤问　曾今可
保存与改革　褚问鹃
谱的解放　张双红
关于平仄及其他　柳亚子　曾今可
谈词的解放运动　章石承
宋代无名女词人　淑芬女士

词　选

天涯（鹧鸪天）　曾仲鸣
归来（丑奴儿令）　曾仲鸣
霞飞路咖啡座上（浣溪沙）林庚白
忆旧（浣溪沙）　林庚白
寿冰莹（浪淘沙）　柳亚子
文艺茶话会座上赠伊凡女士（浪淘沙）　柳亚子
嘲天曙（浪淘沙）林庚白　柳亚子
醉歌（减字木兰花）　刘大杰
如何管领（西江月）　王礼锡
调胡秋原夫妇（如梦令）　王礼锡
相思词（菩萨蛮）　章衣萍
新年词抄　曾今可
　如梦令
　画堂春
　卜算子
　误佳期

记刘海粟　何家槐
纸花撩乱的北平文化　许　虚

* 原刊“目录”漏

大学教授 L.C.K
防疫 高自牧
单调（独幕剧） 徐 讦
诗 选
题刘海粟的“秋天落日” 邵冠华
古意 何其芳
玉麟 惠留芳
问 王一心
等不得你 沈紫曼
幽会 何尚泉
我不能没有你 何德明
给我的母亲 拾 名
又一个黄昏 时间有恒
狂风之夜 天 矞
别 白 兮
进酒曲献给倩姐 温志良
暴风雨的共鸣 涤 尘
涧边草 孙止强
血和泪 问 秋
悼 裘 鹏

求索 卢剑波
舞后 李散碧
北海秋晚 何心女士

第4卷 第2期
1933年3月1日出版

盗贼 叶鼎洛
梦 伊凡女士
谷 吴广略
纪念高尔斯华绥并欢迎萧伯纳 曾今可
与《自由读》编者黎烈文先生书 阳 春
残酷的仁慈 惠留芳女士
堡垒之旁 蒋用宸
写作生活的回顾 巴 金
参加（独幕剧） 徐 讦
诗 选
寄映霞 郁达夫
除夕自题 周乐山
鸽笛 何其芳
绿的影 曾今可
五月的乡村 臧克家
时间与金钱 拾 名
失眠时 拾 名
人生的历程 拾 名
给我个机会 白 兮
寄霞妹 天 矞
假如 敏
恋歌 闻 穗
谷莺的诗 谷 莺

长夜 卢剑长
竹战 谭敌敷
关于“纸花撩乱”的北平文化 许 虚
在归国的途中 张又君
读《落花》 邵冠华等
编后记 今 可

第4卷　第3期

1933年4月1日出版

插　图

萧伯纳在笔会门口（照片）
萧伯纳接见新闻记者（照片）
萧伯纳与张学良（照片）
萧伯纳所乘的英国皇后号（照片）
高尔斯华绥遗影（照片）
郭沫若及其儿女近影（照片）
留日学生欢迎崔万秋回国（照片）

相思树　拾　名
杨家村　李辉英
我们的友人　艾　芜
东方的梦　季　莺
“词的解放”之我见　张资平
郭沫若在日本　崔万秋
萧伯纳在中国　李　因
从萧伯纳说到梅兰芳林语堂　陶丽丝
萧伯纳的语妙　潘修桐
萧伯纳的幽默　陆　丽
阳春答阳秋　阳　春
瞎骂文学与帮骂文学　郭　贞
忐忑（独幕剧）　徐　讦
长夜　卢剑波

诗五首

有赠　何其芳
将睡熟时　惠留芳
两个夜　何德明
心　江　枫
西风我候你　碧　星

“词”的通信　曾今可　赵景深
拾名的信　拾　名
广略的信　吴广略

第4卷　第4、5期

创作特大号

1933年5月1日出版

插　图

武者小路实笃之手墨（照片）
庞熏琴画曾今可像（画）（庞熏琴）
王济远作“白屋”（画）（王济远）
夏目漱石夫人与松冈让（照片）
饯别王礼锡赴英（照片）
留日时之崔万秋（照片）

第一次的故事　杨荫深
小伙计　艾　芜
广壳子　拾　名
东京交游记　崔万秋
匪　曾今可
爱娇　温梓川
狱　陈宪和
新衣　汤匡瀛
某夫人　温志良
鸡　陈福熙
意外　杨福渭
怀疑　梅耐冬
父亲的日记　王少游

父亲 朱鸿禧
母亲 杨凡
少爷 林希隽
长夜 卢剑长
夜 余航
多余的一夜 徐讦
丽娃栗妲之夜 白兮
文坛的变态 白羽遐
我们需要的批评家 王玉尧
血尸 王绍清
别筵 郭贞
赌棍 小莺
农场小景 王沉
夜戏 祝见山
评《我在欧洲的生活》与《潮》 杨凡
读《落花》 温志良等
从上海到长沙 萧丽卿女士
关于"无赖" 郁达夫
一心的信 王一心

诗

农家的夏晚 臧克家
细雨 何其芳
别上海 惠留芳
夜的颂歌 拾名
前进 沙蕾
到鬓发斑白时 徐泉影
想 何晴波
"一二八"周年 陈以德
安庆的歌 砺成
名字 汪忠天
小诗 一平
期待 楠祥

编者的话 曾今可

第4卷 第6期

1933年6月1日出版

都会的里子 叶鼎洛
幸福的情侣 何其芳
引渡 易不慈
火 尼基
否定之否定律意见案之深掘 巨炬
从上海到重庆 毛一波
太阳姑娘 〔匈〕Ferenc Herczeg 著 卢剑波译
独步 陈普扬
三个月的伙食帐 丁道谦
两年 严修信
悲剧 闻穗

诗

船行 邵冠华
寄莉莉 拾名
心曲 何德明
追求 沙蕾
银雨 朱冰轮
一夜 陶涛
距离 云裳
午夜 〔美〕F.D.Sherman 作 钟传缨译
我没有了梦 洛芷

晚风里　王韫白
一个白痴的梦呓　李　文
关于“贼”与“匪”　曾今可

第5卷　第1期
1933年7月1日出版

封面　杨祖述
论　文
文艺杂论　毛一波
文学的个性　刘恨非
论“词的解放运动”　李词佣
小说·散文
一个新鲜的故事　叶鼎洛
玻璃房
〔比〕黎芒里儿著　黎锦明译
影子　徐天白
山上　曾今可
望岁小农居日记　张资平
安娜　温伟南
醉翁之意　崔万秋
东湖　诸问鹃
榴莲上市的时候　温梓川
石达开　王家棫
杜君曼　拾　名
爱　黑　婴
斗　王　沉
或人之家　吴广略
剧
燎原的火　黎学贤
诗
冬夜　何其芳
我问你　何德明
她送我走　臧克家
蛇山之晨　权天谷
卑微　吴洛芷
春来第一篇　朱冰轮

第5卷　第2期
1933年8月1日出版

文
艺术与哲学　郑师许
冯竞任先生　褚问鹃
标点《搜神记》序　胡怀琛
《画眉集》序　赵景深
小　说
一个贩卖鸦片的人　张雨帆
一个不幸的女人　易　新
阿翠　丁　丁
四姑娘　徐泉影
被遗弃的消遣品　郭师仪
黑色的命运　黑　婴
杜君曼（续）　拾　名
金圈〔瑞典〕M.Sillen著　黑　黑译
小　品
小花旦　沙　蕾
溪边夜语　李建新
诗
我们的进行曲
〔苏〕玛耶阔夫斯基作　番　草译

竖笛与汽笛 番草
嫌厌 侯汝华
葬 拾名
异国的舞女 张廷铮
离别之夜 肖蓉
湘水之滨 萧湘
剧
岛上风景线 黎学贤

第5卷 第3期

1933年9月1日出版

文
英国文坛的新领袖 李建新
《同路人》序 何家槐
《怀疑》序 许钦文
诗
盲琴师 番草
夜艇 林英强
初恋 邵冠华
追逐 王一心
你休再叹一声气 陈以德
小品
碎感 金劳
深宵 温志良
鲁迅的狂吠 邵冠华
罂粟 江昌绪
我没有春天 吴广略
小说
会场里的风波 周乐山
女人的心肠 王家棫
初秋的风 黑婴
元宵月 温梓川
高跟鞋 彭成慧
妻 陈福熙
残春 萍草
虎群 穆明
妻 季诚性
烦恼的季节 汤匡瀛
海潮 扬凡
杜君曼（续） 拾名
剧
荒场 徐讦
岛上风景线（续） 黎学贤

第5卷 第4期

诗的专号

1933年10月1日出版

H.D诗二首 徐霞村译
水池
花园
山浪 Qrik Axel Nerlfeldt 赵景深译
平庸的奇梦 徐仲年
你问我 孙福熙
桃源 臧克家
情诗五篇 邵冠华
百合花
雨里的回忆
雾的爱
吻后之歌
别后

诗二首　曾今可

　　我并不孤独

　　看

姆斯　陈穆如

期待　傅尚杲

远忆　傅尚杲

人生　何德明

诱惑　何德明

一心的素描　王一心

Sonnet　王一心

黑暗中　云　裳

夏　洛　芷

沙蕾诗抄　沙　蕾

　　要您

　　有赠

　　白眼

　　架桥

异乡人　徐泉影

你怎么不来　钱蕙荷

祈待　钱蕙荷

河畔　项瑞英

向日葵　番　草

储蓄　拾　名

倦　拾　名

哭母　天　裔

印象　侯汝华

映树　鸥外鸥

暖气管　鸥外鸥

浅兰的春山　孙佳讯

丁宁　孙佳讯

我的悒郁　温梓川

三月的夜　黑　婴

盲女　巴比赛作　康　生译

云　雪莱作　锡　滨译

哀中国　江昌绪

她倦了　李唯健

初夏游　黑　婴

给安妮　宋琴心

我的供诉　宋琴心

曈胧之曙天　林英强

春风　洁　人

西林塔上的歌　林　豪

海滩　蔡湫莹

无题　姜　舲

清明后　王　沉

古箫　胡今虚

心上底琴　灰　马

夏夜的梦　林梦幻

未题　林梦幻

五月天　郭师仪

一朵可怜的百合花　〔朝〕金敬琢*

新绿的坟茔　陈永联

寄给影　扬．凡

苏岛　王玉尧

坠　汪忠天

雨后的湖山　沈若仙

我的家　丁道谦

夏夜曲　金　劳

秋思　何晴波

郎番落诗二首

* 原作为汉文，故无译者。

（郎番落著） 李鹏翔译
雨天
白天和月夜
依妮薇 胡今虚
咏湖 白 兮
命运 吴中钦
夜 吴中钦
离别 徐 佳
山泉歌 侠 如
我的妻儿 穆 明
晨歌（拟民歌） 金凯荷
晚安之歌（拟民歌） 金凯荷

中国的新诗与诗人 金 劳
有律现代诗 林梦幻
拜轮与雪莱 陈希孟
拾名论诗 拾 名
《影像集》序 曾今可
谈《两颗星》 邵冠华
怀诗人徐志摩 王一心
彷徨之歌（散文诗） 虞岫云
我爱平凡的生活（散文诗）温志良
杨妈（叙事长诗） 拾 名

编者的话 今 可

第 5 卷 第 5 期
1933 年 11 月 1 日出版

论 文
中国文化的国际关系 刘穗九
中国有没有文化 潘公展
浪漫派文学与古典派文学在风格上的关系 小泉八云著 高云雁译
中国电影的概况 曹雪松
小 说
废宅 徐转蓬
私奔 何德明
某少男 温梓川
通缉 陈福熙
田园祭 王 沉
小小的悲剧 江 思
学费 吴鼎第
伞 高启沃
杜君曼（续） 拾 名
小 品
乔治摩尔语录 招勉之
一个小偷 李建新
旅途和花 沙 蕾
黄昏的断片 萧丽卿
埠头 严品藻
夜 魏中天
剧
到监狱去 谦 弟
诗
十月诗集 鸥外鸥
俄国民歌 周 尧译
晚归 孙佳讯
这世界 番 草
英雄 沙 汀
诗二首 甘永柏
·尘景
恺望
五老峰 拾 名

告诉我 章石承
自悼 盛志贤
述怀 〔朝〕金敬琢
夏夜 砺 成
夜雨中的盲歌女 易椿年

附 录

国际文化中国协会宣言

第5卷 第6期
1933年12月1日出版

文

怎样复兴中国文化 刘穗九
中西文化之比较 孙洪伊
浪漫派文学与古典派文学
〔日〕小泉八云著 高云雁译
林房雄的《科学与艺术》 毛一波
读一心的《画眉》 孙佳讯
《鲁迅的狂吠》与《伪自由书》
曾今可

剧

自杀 徐 讦

小 说

佳人 汪炳焜
一〇〇〇尺卡通 黑 婴
蔷薇 王 沉
募捐队 陈福熙
夜景 祝见山
女人的魔术 陈汝惠
Cotacolo 邱 楠
重来 潘丙心
杜君曼（续完） 拾 名

散 文

看棋望牧楼随笔 王一心
一种闲情 李建新
城隍庙 萧丽卿
手足 洛 芷
从清晨到半夜 云 裳

诗

云与树 拾 名
季候病 侯汝华
洛弓望 司各脱（Scott）著 周 尧译
最后的誓言 何德明
若不是你 章石承
梅子放青的节季 王镜清
晚霞 方 敬
莫再追忆盛年 林英强
念 娓 娟
白衣人 竺 眼
流浪者之歌 刘露茜
生辰 戴泽锟
怀念 拾 名

第6卷 第1期
新年号
1934年1月1日出版

戏剧·讲演·散文

喇叭声 徐 讦
中美文化之关系
〔美〕哈乐夫人讲演 谢福生译
自救誓约 江亢虎

相爱前与相爱后　许钦文
序文两篇　赵景深
《影像集》序
《幸福的哀歌》序
梦与现实　卢剑波
《影像集》后记　拾名

小　说

梦　拾名
金龙的隐逝
〔美〕布　克夫人著　李建新译
未完的故事　黑婴
妻　何德明
罪与罚　温梓川
初审　丁丁
机械的生命　吴广略
前夜　萍草
梦的破灭　耶草

随　笔

夜景　李散碧
回家　何心
失业者之家　严品藻
小车夫阿大　柳碧茵
随笔三则　吴鼎第
（一）、幻念
（二）、闻催眠曲有感
（三）、在影戏场

诗

小夜曲　张若谷
食道乐　张若谷
梧桐埠　拾名
乡村的幽会　王一心
四季杂诗　沙蕾
寻梦者　侯汝华
秋雨　郭启铭
江湾夜步　王镜清
京沪夜车中　胡怀琛
力圣　番草
有感　黄本淮
飘零　萧丽卿
寄远　沙娓娟
秋日游　陈佐芬
园墙里　吕绍光

第6卷　第2期
1934年2月1日出版

讲演·论文

中国文化在美国　江亢虎
怎样做一个新时代的女性　曾今可
中国文学批评的片断　毛一波
论硬译及其他
〔日〕坪内逍遥著　宜闲译

小　说

杜祥生　拾名
新年小景　金劳
大水前后　赵悔深
或人的心　衣梨
梦与现实　松根
一个可怜的小黑人
休士作　育六译

随笔·散文

牯岭之冬　李建新

云裳随笔　云　裳
怀桃丽　云　裳
失眠之夕　吴广略
流浪的歌者　温志良
给Y的信　钟　音
上海的神秘　郑　敏
平凡人的话　秦　英

诗

凝视　邵冠华
醉里　邵冠华
镀电　番　草
我们的春天
L.Hughes 作　王　沉译
舞场　曾今可
别　钱蕙荷
绿的海　钱蕙荷
古树　钱蕙荷
给　吟　丁
画眉　王一心
四川路桥头　金凯荷
塞兵　何　嘉
预约　侯汝华
南国之晨　林英强
怀乡病的心　陆印全
春意　方　敬
希望　柳碧茵
在跳舞场　萧丽卿
春讯　郭师仪
缘　刘　心

书　评

《一个商人与贼》　吴君冷
《她是一个弱女子》　陈以德

文艺画报

江亢虎博士近影及其手迹（照片）
作家在文艺座谈社（照片）
诗人邵冠华（照片）
新近作家三人（照片）

第7卷　第1期
复刊号·一月号
1937年1月1日出版

文艺画报

合唱　H.Zille
于右任藏王羲之真迹
“瓜车翻覆，助我……”　丰子恺
雷峰塔藏经
黄黎洲先生像
张苍水词
吕晚村先生墓
独立　林风眠
纵横郁勃　刘海粟
“五百年来帝业微”（诗手迹）
郁达夫
书张江陵语赠今可　陈果夫
西施塑像
苎萝村
复兴农村（泥塑）　柏兴播
《新时代》复刊题字　孙　科
《新时代》复刊题字　方　治
复刊词　曾今可

精神上的国防　于右任
国防艺术之可能性　林风眠

迷恋的情妇　许钦文
西施的故乡　曾今可

我们所期待的作品　秀　梅
主题小说论
〔日〕菊池宽作　古　巴译
对于诗的新闻文学化的抗议　拾　名

哲学的语义　郑师许
古泉学说　江亢虎

诗　选

赠曾今可　柳亚子
今可索题南社雅集摄影　柳亚子
楼外楼　王陆一
军歌　罗家伦
战歌——为绥远抗敌将士作
何德明
沙场梦　T.Campbell 作　陈以德译
谪仙　王少维

剧　本

秋（独幕）　李朴园

小　说

农夫　〔法〕莫伯桑著　李辉英译
安尼　〔美〕休士著　李　劲译
热恋　娴尔赛丝女士著　杨昌溪译
无题
S.Boonyuk（罗罗）著　陈毓泰译
微笑　拾　名
在船上　蒋用裹
三天的爸爸　白　兮

散　文

丰子恺先生
——在杭作家印象记之一
季诚性
不占地的家　丁　丁
新年及其他　云　裳
春天　吴洛芷
诗之岛　陈希孟

编后记　曾今可

第7卷　第2期
复刊号·二月号
1937年2月1日出版

新时代论坛

文化与政治　曾今可
我们的出路　江亢虎
论新诗　杜遗民
主题小说论（续）
〔日〕菊池宽作　古　巴译

剧　本

旅行者
〔日〕秋田雨雀作　云　裳译

短篇小说

英雄（上）　墨　逸
偷鸡贼　拾　名
带孩子旅行
〔美〕Rolert Benehley 作　畿　褒译

三个丽莎
〔匈〕Ferenc Herczeg 作
卢剑波译
长篇小说
热恋（续）
婀尔赛丝女士著　杨昌溪译
诗　歌
奉命宣慰西北军民车滞潼关感赋
于右任
珠江舟中　王陆一
牛的歌　徐光摩
深夜中　白　兮
堤上行　王　沉
笳声　游　俊
尸窃　拾　名
散文·随笔
赛金花　潘柱人
天津杂记　方　回
首都随笔　曾今可
作家印象
刘延陵先生　季诚性

广告索引

第 7 卷　第 3 期
复刊号·三月号
1937 年 3 月 1 日出版

新时代论坛
民族文学论　曾今可
民众作家论　毛一波
词与新诗　白　蕉
高尔基与郭沫若
〔日〕藤森成吉作　春　卷译
书　评
《东方杂志》新年号的文艺　王忏摩
短篇小说
德政碑　拾　名
英雄（下）　墨　逸
炮手　王　沉
桥　了　娜
莉西白
Rudyard Kipling 著　温梓川译
把兄弟　李　然
长篇小说
热恋（续）
婀尔赛丝女士著　杨昌溪译
散文·随笔
诗人普希金百年祭　云　裳
送毛一波赴香港　拾　名
烟　潘柱人
紧邻　刘延陵
过年的话　高　明
梁山伯祝英台故事诗序　拾　名
落叶花　少　遇
诗　歌
收复百灵庙喜赋　陈柱尊
题三女蕙英山水　陈柱尊
不是你酣睡的时候　唐英伟
丝梧桐　郁长雷
农村的播音　徐光摩
寒夜　王少维

小城居　杜学文

广告索引

第7卷　第4期
复刊号·四月号
1937年4月1日出版

新时代论坛

"王宝川"在伦敦　熊式一
谈中国人的姓名　熊式一
诗中的三个境界　拾名
创立三三友朋节　黄警顽

创作小说

袁公愚　墨逸
农村的故事　曾今可
茅屋中　季诚性
舅父　夏一粟
祝老伯　德甫
浮尸　权天谷
石门滩　刘心
楚翘先生　魏中天
西村小景　家萍*
但特林　Alcott M.I 作　朱子伯译

长篇小说

热恋（续）
婀尔赛丝女士著　杨昌溪译

散文·随笔

白衣庵（散文诗）　林英强
北游印象（游记）　李大明
关于《王仲瞿传评》**　启予
殃打　巩直
年　少遇
春　徐荫祥

书评

评《漩涡里外》（杜衡著）　王沉

诗选

红格尔图的老木匠　徐光摩
谖草吟　拾名
梦魔之图
〔日〕北川冬彦作　毛一波译
给 Dianeme
R.Herrick 作　陈以德译
给 Anthea　R.Herrick 作　陈以德译
虫豸们的活跃　胡湃
江南的三月·寄·夜笛　王沉
拾煤的孩子　英蝶
孤城　许世英
为叶遐庵题石刻　陈柱尊
露　侯汝华
超山观梅　朱剑芒
古代的故事　郭肆
枫村　莹倩***
给　黄一心

作家印象

熊式一先生　品藻

答一个青年的来信　曾今可

* 原刊目录署"胡家萍"，正文署"家萍"。

** 原刊目录作"王仲瞿传评"，正文作"关于《王仲瞿传评》"。

*** 原刊目录署"王少维"，正文署"莹倩"。

99 涛　声

简　介

《涛声》，文艺性周刊。一九三一年八月十五日创刊于上海，听涛社编，曹聚仁主编，群众图书公司发行，每周星期六出版。一九三二年一月三十日出至第一卷第二十五期，因“一二八”战事爆发而暂时停刊。同年十月十五日复刊，卷期号续前。一九三三年十一月二十五日出版第二卷第四十六期后“奉令缴还登记证”，“罪状据称是‘袒护左翼，诽谤中央’八个大字”（杨霁云《乌鸦无恙》），于是被迫终刊，共出两卷计八十二期。该刊第一卷为八开四页小报形式，第二卷改为十六开八页本。

曹聚仁在第一卷第十九期上发表《我们的颜色》一文中说：“《涛声》刊行之初，原无一定的倾向；若必求一个共同倾向，则大家都是中年人，都是‘读书种子’，蒙着一种虚无主义的气味，对于现状开开玩笑罢了！不料日寇闯了进来，玩笑开不下去，乃一变而成为严肃的从正面批评现状的态度”。并说明《涛声》的主义，“名曰乌鸦主义，明知清早在人家的屋沿上乱叫，是要惹人家不高兴的，但我们怎能不叫呢”。在第一卷第二十期上刊登了《乌鸦商标上版记》，此后每期封面都印有乌鸦图案。第二卷第一期又刊登《乌鸦商标题记》，并标明该刊刊旨是：生活批判，思想批判，文艺批判。

《涛声》以刊登杂文小品为主，兼有诗歌、漫画等其它形式的文艺作品。撰稿人有曹聚仁（陈思）、李偻、陈子展、挺岫、明铭、周木斋、杨霁云、李又燃、韩泽、杜谈等人。

鲁迅为此刊撰写了《“蜜蜂”与“蜜”》、《〈守常先生全集〉题记》、《祝〈涛声〉》等文章，一九三三年八月所作《祝〈涛声〉》一文，对该刊的基本倾向作了肯定，说：“我是爱看《涛声》的，并且以为这样也就好”，同时指出了它的缺点——“喜欢引古证今，带点学究气”。

目　录

第1卷　第1期*

1931年8月15日出版**

离亭燕　雨　群
苦雨　挺　岫
书话二节　曹聚仁
孔门　陈　思
斯宾塞文章论　汉　斯
纪纕室零林　寙　君

第1卷　第2期

1931年8月22日出版

语体文内部问题　曹聚仁
《孤崖漫画集》自序　孤　崖
蝉　仲　崖
我的青年时代（漫画）　孤　崖
教书匠（一）　寙　君
神仙·老虎·狗（一）　李　鲦
孔门（二）　思
书话（二）　聚　仁
东园红薇（诗）　凤
雨季（诗）　凤
银色的夜（诗）　净　尘

启事

第1卷　第3期

1931年8月29日出版

耶苏与基督　曹聚仁
非孝的故事（上）　陈　思
神仙·老虎·狗（二）　李　鲦
教书匠（二）　寙　君
阅了八百卷招生试卷以后　方
黄衣题词　顾诗灵
日本海军战车队　艺

第1卷　第4期

1931年9月5日出版

我们的话

躲避环境　陈　思
忆英父　聚　仁
鱼鳖通信　龙　夫

非孝的故事（中）　陈　思
秋兴四律　寙　君
神仙·老虎·狗（三）　李　鲦
评《龙海线上》　黄　渡
《小桥日记》题记　挺　岫
大教授不识吊字　飞
毛边书与杂志　齐　光
黄衣　顾诗灵

编辑话　编　者

---

* 此期未见原刊，目录根据第一卷总目抄出。

** 依第一卷第二期出版时间上推，出版时间应为八月十五日；依第二卷第三十一期“涛声二周年纪念特大号”出版时间推算，出版时间应为八月十九日；待考。

第1卷　第5期
1931年9月12日出版

我们的话

赤条条上阵　李　鲦

咻咻　寙　君
非孝的故事（中）　陈　思
约会（上）　李　鲦
黄衣（续一）　顾诗灵
绣君并非女士　石　后

第1卷　第6期
1931年9月19日出版

我们的话

卖身投靠　陈　思
我是罗亭　聚　仁
长尾巴与短尾巴　戆　生

非孝的故事（下）　陈　思
约会（下）　李　鲦
隽语
老笑话　东　园
黄衣（续二）　顾诗灵

第1卷　第7期
1931年9月26日出版

我们的话

我们缺少了一些什么　陈　思
圣彼得大寺　聚　仁
朱熹与韩侂胄与唐仲友　聚　仁

非孝故事的补遗　蒨　想
狂人狂歌　拙　夫
评《国门之战》　破　屏
细密检查（一）　李　鲦
小伙计　林文亮
青阳港之晨　青　筍
晚眺　寙　君

第1卷　第8期
1931年10月3日出版

我们的话

并未抵抗　聚　仁
松花江时代　戆　生
诵经礼佛　陈　思

甲午战争诗史　陈　思
四妹　慎　先
细密检查（二）　李　鲦
豹子与青蛙　阿　灿
三宗离婚案　亭　亭

编后话　编　者

第1卷　第9期
1931年10月10日出版

双十节　陈　思

我们的话

死所　李　鲦

论复仇　慧生
为某部长鸣冤　鲦然

关于教书匠及其他　子展
李迫大梦　聚仁
大水后高邮夜泊　湛如
体操号声早已响过了　李鲦
暴动之余　重光
神与神的恋爱故事　许白雁

编后话　编者

第1卷　第10期

1931年10月17日出版

我们的话

向左转　陈思
野猪与家猪　破屏
请愿　警笛

Peak　芸皋
哭亡友武娟　湛如
粪桶　李鲦

读者通讯

致记者　邹如鹤
复邹如鹤　陈思

第1卷　第11期

1931年10月24日出版

我们的话

人民生命权！？　陈思
回答蒋先生大雨中之训话　凡鸟
贺"四库全书"被劫　聚仁

新伦理建设与大学教育　岚生
牙齿痛　李鲦
断指头　秀珊
编后话　编者

第1卷　第12期

1931年10月31日出版

我们的话

卖国计划书　陈思
知识阶级的末路　聚仁

从国事谈到恋爱　子展
送菸录　梗
杜威先生　聚仁
尤三姐　李鲦
南无观自在菩萨（七则）

编辑室启事　编者

第1卷　第13期

1931年11月7日出版

我们的话

牛兰事件　陈思

从莫斯科归来　胡铭
介绍文　曹聚仁
拔草　春翠

闹营疯　李　鲦
一件象征的奸情案　警　笛
南无观自在菩萨（七则）
答融先生　聚　仁

我们的介绍　编　者

第 1 卷　第 14 期
1931 年 11 月 14 日出版

我们的话
说反动　陈　思
你太忠厚了　蒂
我们的派和系　曹聚仁

向莫斯科去　胡　铭
开小差　李　鲦
哥嫂　王少游
南无观自在菩萨（七则）

我们的介绍　编　者
编辑室通讯　编　者

第 1 卷　第 15 期
1931 年 11 月 21 日出版

我们的话
说骂人　朱谊存、陈思
论焚书坑儒　周木斋、曹聚仁
何必读书　挺　岫
五四府君讣告　陈　思

向左转？　子　展
他人的话　窳　君
第一个感想　胡　铭
巡哨　李　鲦
北站观京沪车到　凤
哥嫂（续）　王少游

第 1 卷　第 16 期
1931 年 11 月 28 日出版

小征求
“五四”人物现况调查表

一周间之怪事

我们的话
马占山将军　李　鲦
中国的将领到那里去了？　挺　岫
国家将亡必有妖孽　聚　仁
何将军万岁　定　南

论有名作家　陈　思
徐志摩之死　陈　思
莫斯科初旅（上）　胡　铭
自在囚　李　鲦
南无观自在菩萨（十二则）
君、挺、仁、南、只

第 1 卷　第 17 期
1931 年 12 月 5 日出版

他人的话　瓶　公

我们的话
大时代在我们的前面　陈　思
阿斗与美人　陈　思
睡狮质疑　聚　仁
民气何以销沉　辰　白

哀诗人徐志摩　曹聚仁
诗人志摩先生之死　展　也
谈话体诗　寙　君
莫斯科初旅（中）　胡　铭
事实胜于雄辩　周木斋
题《朱新水集》　寙　君
卫兵勤务　李　鲦
高平说　君

我们的介绍　编　者

第 1 卷　第 18 期
1931 年 12 月 12 日出版

本社征求
“五四”人物现况调查

他人的话　瓶　公
我们的话
亡与死　陈　思
国民革命何为　聚　仁

狗乎？猪乎？　子　展
梅蝶曲　凡　鸟
戏剧与民众　许白雁
谈内症　望　道
莫斯科初旅（下）　胡　铭
在紫金山下　李　鲦
小品　林文亮
谈马占山
不识时务的马占山　谓　川
由马占山将军说起　程天后
南无观自在菩萨（五则）　挺、君

第 1 卷　第 19 期
1931 年 12 月 19 日出版

风 雨 表
请大家注意一件事　陈　思

蔡元培陈铭枢被殴　聚　仁
我们的颜色　曹聚仁
他人的话　瓶　公
我们的话
市党部被毁　陈　思
哀告当局　长　白
马占山齐电考证　聚　仁
戴季陶白昼见鬼　陈　思

国故与好古　周木斋
奉答戴院长　曹聚仁
革命十周年纪念会前后　胡　铭

广州通讯　谷　城
党员通讯　宋鲁卿

第 1 卷　第 20 期
1931 年 12 月 26 日出版

风 雨 表
总示威的幻灭　韩　泽
抗议邓演达处死刑　陈　思

他人的话　瓶　公
我们的话
民众运动之趋势　聚　仁
问党老爷　天　王
我也组织一个抗日救国会　曹聚仁
教育界之无耻者　陈　思

新诗家向那里走　曹聚仁
革命十周年纪念会前后（下）　胡　铭
两个新年（一）　李　鲦
豹怕人七分　阿　灿
奖励新进作家　郑　镛
南无观自在菩萨（八则）　挺、仁、只

第 1 卷　第 21 期
1932 年 1 月 2 日出版

乌鸦商标上版题记　编　者
风 雨 表
主席　思
他人的话
苦痛的新年　黄远生
我们的话
党禁解禁私议　陈　思
腐化与恶化　周木斋
要援就赶紧一点罢　李　鲦
邓演达之死　聚　仁
不当兵和非战　李　鲦

还我头来　楚　狂
民众法庭　楚　狂
送烟录　梗
元旦献辞　韩　泽
两个新年（一，续一）　李　鲦
二十年来之是是非非　曹聚仁

第 1 卷　第 22 期
1932 年 1 月 9 日出版

风 雨 表
国民备忘录　陈　思

民众注意！不要放走了卖国贼！　楚　狂
他人的话
不觉之言　黄远庸
《申板》的怒吼　《申报》社评
我们的话
锦州失守矣　韩　泽
冯玉祥的衣裳　李　鲦
悼民族主义文学　陈　思
陈德恒启事　挺　公
宋美龄抬粪桶　重　光

情书第二页的流产　聚　仁
送了托洛斯基　胡　铭
看了抗日联合会公演　喜　重
两个新年（一，续二）　李　鲦

代电　编　者

第1卷　第23期
1932年1月16日出版

风　雨　表

美对日照会　韩　泽

涕泣以道　曹聚仁

我们的话

新势力　陈　思
汪先生的伟大　不　凡
国民政府何在　重　光

孔明主义的葬歌　楚　狂
空城计　挺　公
新爱国歌　楚　狂
九字歌　楚狂老人
革命后之苏俄文坛　胡　铭
造谣与辟谣（上）　张资平
飘零　李　鲦

第1卷　第24期
1932年1月23日出版

《涛声》与青年　楚　狂　聚　仁

我们的话

责任内阁　曹聚仁
中国公学与招商局　韩　泽
甘地的力量　陈　思
义勇军　韩　泽
蒋介石再起东山？　挺　公
林康候说得不错　聚　仁
剿匪　熹　重
请吴稚晖先生答客问　曹聚仁
关于工场夜景　哀　殊
不可说！不可说！　楚　狂
两将军歌　楚　狂
三无曲　楚　狂
老夫　楚　狂
革命后的苏俄文坛　胡　铭
造谣与辟谣　聚　仁
橡皮底鞋子　李　鲦

上海听涛社启事　本　社

第1卷　第25期
1932年1月30日出版

风　雨　表

裁员　韩　泽

到民间去　曹聚仁

我们的话

公债责任　韩　泽
莫谈国事　陈　思
日人暴动　韩　泽

国难会议名单　韩　泽

叶天底之死　忆　之
我们还有眼泪吗?　聚　仁
革命公式　楚狂老人
保镳与主人　楚狂老人
续新意国歌　楚狂老人
孔夫子选女婿　楚　狂
子见南子　楚　狂
革命后的苏联文坛　胡　铭
阔的故事　重　光
回乡途中　李　鲦

第 1 卷　第 26 期
1932 年 10 月 15 日出版

今后将如何　陈　思
人生哲学第一章——恋爱（上）
王春翠
哲学家值多少钱　李　鲦
雏　竈　君
从天通庵到真如（上）　曹聚仁
国事谣　楚狂老人
城下盟歌　挺　岫
论语　仁
南无观自在菩萨

曹聚仁启事　曹聚仁
上海听涛社启事（五则）　本　社
《涛声》编辑部通讯　编　者

第 1 卷　第 27 期
1932 年 10 月 22 日出版

米、麦与鸦片　陈　思
我们的话
舆论与策论　成　泽
满意　陈　思
冯玉祥的转变　韩　泽

人生哲学第一章——恋爱（中）
王春翠
从天通庵到真如（下）　曹聚仁
呷呷　重　熹
楚狂唱给孔圣人听的一只歌
楚狂老人
柬楚狂　仲　尼
书与人物
一、胡适批判　聚　仁

曹聚仁启事　曹聚仁
上海听涛社启事（四则）　本　社
《涛声》编辑部通讯　编　者

第 1 卷　第 28 期
1932 年 10 月 29 日出版

致吴蔡邵三先生公开信　曹聚仁
我们的话
吾欲无言　陈　思
轮中国之内战　韩　泽
汪院长出洋　潞　生

胡立夫徒刑五年　昭　和

无为而治　周木斋
人生哲学第一章——恋爱（下）
王春翠
聪明活泼的小孩（画）　M.K.
诗八首　人道楼主
新都杂志　李　絛
断烂朝报　鄄人之子

文艺界消息　小　师
书与人物（二）
《二心集》——《创造十年》　陈　思

第1卷　第29期
1932年11月5日出版

断烂朝报　鄄人之子笔削
和平与统一
米与美麦
言论自由与性交自由

吴稚晖——汪精卫——陈独秀（上）
曹聚仁
瓶儿空了　凡　鸟
题太如《全唐情诗汇钞》　楚　狂
晚登台城　楚　狂
忆岳麓旧店　楚　狂
一九二七除夕醉书　楚　狂
童蕴珍女士覆李哲学家书
文学家校

文艺界消息

第1卷　第30期
1932年11月12日出版

断烂朝报　鄄人之子削笔
山东义士梁作友外传　东万提司

吴稚晖——汪精卫——陈独秀（中）
曹聚仁
一幕对话　陈　思
新诗座谈　楚　狂　寙　君　挺　岫
题梁作友外传　凶诃德
秋夜　冯汉元

第1卷　第31期*
1932年11月19日出版

支日亲善万岁　东　平
饥饿进行曲　韩　泽
奉还纸帽子　曹聚仁
小猪八戒事件　子　展
陈独秀倒底怎样　人道楼主
陈独秀倒底怎样　吉　星
假若陈独秀变了节　曹聚仁
牛兰与陈独秀　许白雁
驼铃　芝
党国要人的诗　楚　狂
先生太杞忧了吧　福　渭

* 此期未见原刊，目录根据总目抄录。

第 1 卷　第 32 期
1932 年 11 月 26 日出版

艺术家的艺术广告　周木斋
我们的话
西湖风景不恶　韩　泽
丁文江休矣　聚　仁
X 氏之为人　韩　泽
大学院令　东　平

胡适之出山启事
马蹄斯的情调　门　人
吴雅晖——汪精卫——陈独秀（下）　曹聚仁
幽默之难　陈　思
楚狂老人旧作四首　楚　狂
蝙蝠　李　鲦
活佛的情歌　楚　狂

编辑室通讯　编　者

第 1 卷　第 33 期
1932 年 12 月 3 日出版

哀“北新”　陈　思
我们的话
盛世大典　李　鲦
从田赋风潮想到　杨霁云
谈法西斯东渡　坚
土地堂与老百姓　韩　泽
浙民之幸　昭　和
图画时报论　曹聚仁
逋逃集　李　鲦
　一、题记
　二、雨
金鱼　聋道人
中国第一天才大诗人　韩定公
友　声
陈独秀是社会的　张其平
论虚无主义　吉　星
谁是瘟神　卿

第 1 卷　第 34 期
1932 年 12 月 10 日出版

新“春秋三传”　周木斋
法律制度之研究　庭丁钞
大家的话
　特权　焦尼生
　三位公安局长　杨霁云
　争利者于军　昭　和

论投机主义　曹聚仁
楚狂旧作五首　楚狂老人
气色　吴俊林
友　声
一口作怪八报同封白　白　花

第 1 卷　第 35 期
1932 年 12 月 17 日出版

陈望道先生　陈　思

我们的话

苏将军退兵矣　韩　泽

《大学》《中庸》《论语》《孟子》　冬烘君

艺术界　白相人

论宽容及其他

一、　聚　仁

二、　勉　之

崎岖　李　鲦

楚狂旧作三首　楚　狂

哭雯三首　挺　岫

李童事件之尾声　杨洛冕

生姜树头生　伊　川

编辑室通讯　编　者

第1卷　第36期

1932年12月24日出版

岁暮感怀　挺　岫

我们的话*

花样　陈　思

民权保障同盟代电

苏俄文学四杰作　胡　铭

从莫斯科归来全目

陶知行卖艺馆开幕颂词　聋道人

陶知行卖艺馆新张之喜　楚　狂

李童事件之尾声（续）　杨洛曼

《涛声》第一卷全目　编　者

第2卷　第1期

1933年元旦出版

乌鸦商标题记　编　者

出路观　韩　泽

从何说起

救救孩子　聚　仁

谈公妻　陈　思

恭喜胡适大发财　老前辈

诅连索　聚　仁

论现阶段的思想革命　周木斋

梅兰芳博士论　楚　狂

卖艺第一夜　陶知行

牢房之夜　芝　冈

苏州陈筱梅歌　铁　郎

中俄复交　孟夫子

新诗与旧诗　挺　岫

恸黄柳星君　李　鲦

悠然　王春翠

一九三二年之回顾　记　者

东宫通信　玛利亚

南无观自在菩萨　挺

* 原刊“目录”作“最后的话”，正文作“我们的话”。

第2卷　第2期

1933年1月7日出版

厚葬何为　楚狂老人
挖掘孔林私议　曹聚仁
从何说起
如此文艺界　陈　思
送书满洲国　韩　泽
丞相哀鸣　挺　岫

忧卖艺馆四歪诗　不　知
河南考古最近之发见
李济博士讲演　曹聚仁笔记

第2卷　第3期

1933年1月14日出版

从何说起
赋得山海关　韩　泽

学有渊源　韩　泽
山海关的故事　曹聚仁
大佛　芝　冈
午夜闻鹃啼　芝　冈
《中外文学家辞典》校勘记
李　华
论牛兰与陈独秀并质吉星先生
华　龄
野寺　李　鲦

某宫通讯（一）　玛利亚

第2卷　第4期

1933年1月21日出版

虚无之颂　竹　青
“一·二八”　卢　璘
从何说起
预订计划　楚　狂
河上肇被捕　韩　泽
王老板不准做梦　无　梦

骂人与自骂　周木斋
广胡适之论诗　竹　青
跑冰场　芝　冈
昼寝　芝　冈
《涛声》的宗旨和态度
一、来信　陈中凡
二、复信之一　曹聚仁
三、复信之二　楚　狂

敬题丰子恺先生新年插画　梦　梦
丰子肥之梦　聚　仁
题母亲的梦　慎　先
题车夫的梦　楚　狂
题三面人　无　梦
光荣　许白雁

本刊启事　编　者

第2卷　第5期

1933年2月11日出版

孙总理的预言　小党员

关于厚葬何为　楚　狂
赠何柱国将军联　楚　狂
三十六计走为上计　罗　忼
从何说起
刘煜生被杀事件　韩　泽
至死不悟　陈　思
岂敢骂人　聚　仁

出气文学及其扮演　江　索
尘埃　芝　冈
烦闷　芝　冈
看了上海非职业剧人的公演　韩　泽
马　李　鲦
关于陈独秀（上）　吉　星

第2卷　第6期

1933年2月18日出版

肖伯纳先生速写像　猛　克

欢迎肖伯讷先生　本社同人
升曙梦论肖伯讷
民族主义文学　芝　岗
芝岗，你猜！　聚　仁
从何说起
其头尖锐　聚　仁
建国奖学金　韩　泽
民权保障同盟　韩　泽
彭学沛论政府　尾　生

不彻底主义　郭侣桐
不寐　寤　君
评茅盾《子夜》　陈　思
成名自传　子　虚
新春礼赞　李　备
关于陈独秀（下）　华　龄
江绍源教授来信
吹牛补　陈　思

第2卷　第7期

1933年2月25日出版

《语丝》与《现代评论》　傅　奕
从何说起
国联　韩　泽
寄怀青年文艺作家　杜丽娘
戴季陶现在文明了　聚　仁

在钢板前　陈　思
白俄妇人之泪　挺　岫
新编《东海傅奇》一百回回目跋　芝　岗
书周木斋骂人与自骂篇后　力　拓
故物与僵石　周木斋
谁的儿子（一）　铁　郎
答楚狂　陈中凡

关于《东宫通讯》　玛利亚

第2卷　第8期

1933年3月4日出版

阮大铖的杰作　张琳铮

从何说起

由自来水问题想到肖伯纳　陈　思
无意义的调和　聚　仁

战时准备　韩　泽
热河通讯　叶　新
肖伯纳在字纸篦里　卢　堂
欢迎《新诗歌》诞生　楚狂老人
谁的儿子（二）　铁　郎
女人的掠夺　郭侣桐
大学校　应　梁
龙潭　李　鲦

编辑室　编　者

第2卷　第9期
1933年3月11日出版

热河失守矣　聚　仁

从何说起

电影皇后地板之王公债涨价　陈　思
走火　柳　支
真命天子星宿穿山甲　李　鲦

肖伯讷在北平　吕平度
看了生路回来　慎　先
照得包那肖歌　韩　泽
美国著名思想家来电营救陈独秀　玛　金
阃令　李　华
谁的儿子（三）　铁　郎
午夜　李　鲦
某宫通讯（二）　玛利亚

第2卷　第10期
1933年3月18日出版

我们的态度

从何说起

从人权民权说到教权　子　虚
秦桧主战了以后　李　鲦

中国共产制度考　曹聚仁
抵抗主义歌　楚　狂
街头教育　猛　克
我的家乡何处　宝　心

征求甲午中东战事小说　本　刊
编辑室　编　者

第2卷　第11期
1933年3月25日出版

“批判胡适专号”征文启事　本　刊

从何说起

无独有偶　韩　泽
新资治通鉴——战承德第一　司牛光
“词的解放专号”礼赞　挺　岫

编辑室 编 者

第 2 卷 第 12 期
1933 年 4 月 1 日出版

京都济世堂幽默大补丸仿单 吴堃仁
从何说起
追与杨贤江书 聚 仁
顿失领导之余 石不烂

如此北平 鸿 鼎
从汪宋互让问题说回 周木斋
读书不易断句亦难补 曹聚仁
胡适博士 许白雁
文心雕蛇（新文章讲话）（上） 朱 露
敬告社会新闻 曹聚仁

编辑室 编 者

第 2 卷 第 13 期
1933 年 4 月 8 日出版

王景岐与熊克武 韩 泽
从何说起
打拳报国 李 鯀
可怕的大刀 韩 泽
戴季陶礼赞 挺岫抄
电外文章 挺 岫
从“礼拜六”说到“礼拜五” 林东平
死老虎与死狗 李 季
一位德国记者与一个莫斯科女孩子的谈话 岂深译
社会新闻的发明 曹聚仁
文心雕蛇（中） 朱 露
酱油和脂粉 曾一鸮
读自我演戏以来 陈 思

编辑室 编 者

第 2 卷 第 14 期
1933 年 4 月 15 日出版

梁作友与马相伯 聚 仁
从何说起
耕不成通讯 团 丁
三种心理 韩 泽
可怕的伟人 韩 泽

第四种人 周木斋
博士训 许白雁
汉唐之间百戏 陈子展
文心雕蛇（下） 朱 露

第 2 卷 第 15 期
1933 年 4 月 22 日出版

送背铳 曾一鸮
从何说起
请汪精卫答胡适之 马成章
论李后主及其词 陈子展

文翠　王春翠

编辑室　编　者

第2卷　第16期
胡适批判专号（一）
1933年4月29日出版

胡适博士帐单　聚仁拟
关于批判胡适　周木斋
休矣胡适　华　龄
与曹聚仁先生论胡适之博士　曾乃澄

第2卷　第17期
1933年5月6日出版

五月　聚　仁
从何说起
废物利用　华　龄
陈素芬日记　张一萍

吼啥希奇歌　江叔良
一通罗曼罗兰的信　李又燃译
幽默杂志引词的幽默　怎生得
许啸天字典之一查即得　张　凤
关于柳文标点　胡寄尘
文心雕蛇（补）　聚　仁

诗人造象　T.K.
罗曼罗兰像

第2卷　第18期
胡适批判专号（二）
1933年5月13日出版

胡适与胡蝶　韩　泽
胡适的法宝　杨霁云
胡适论　曹聚仁
胡适与秦桧　聚　仁

蘧庐枝语（一）　子　展
春旅散记（一）　周召钦

第2卷　第19期
1933年5月20日出版

播音台　聚　仁
断烂朝报
五月八日　杨霁云
从何说起
戴季陶与隋炀帝　许白雁
续谈废物利用　柳　支
由"老虎报"而《中央日报》
澹　宁

跑龙套　江叔良
陈独秀危害民国　澹　宁
谈谈重庆的航空救国　蒲公英
酬神戏　李　鲦
春旅散记（二）　周召钦

《涛声》周刊编辑部重要更正　编　者

第 2 卷　第 20 期
1933 年 5 月 27 日出版

我们的态度
从何说起
现在中国需要革命么　唐有壬
中国必死　陈　思
国民会议　聚　仁

“五奎桥”拆了以后　李　鲦
食肉者言
序一　马成章
序二　曹聚仁

赋得偃武修文　同　人
留别海上故人　芝　冈
送芝冈之南宁　楚　狂
香厕巡礼　石不烂
虎丘　挺　岫
春旅散记（三）　周召钦

编辑室更正　编　者

第 2 卷　第 21 期
1933 年 6 月 3 日出版

第 X“五·卅”纪念日　陈　思
从何说起
一幅漫画　李又燃
代张学良伸冤及古物　杨霁云
鞭炮一万　东　亘
我们为什么不谈政治　曹聚仁
爱恶杂反　周木斋
吸血虫　李　鲦
芝冈将南行再赋二律以送之　楚　狂
致胡适先生书　石不烂
大人　李　鲦

农民信箱　（无署名）

第 2 卷　第 22 期
1933 年 6 月 10 日出版

读报有感　聚　仁
从何说起
粪风潮　施不便
已非宝剑时代　胡越中
冯玉祥抗日　韩　泽

忠告丁文江　曹聚仁
太平闲话　李　鲦
初见　芝　冈
墙角　挺　岫
原死　江叔良
我的姑娘时代（一）　王春翠
书与人物
《蜜蜂》（张天翼著）　陈　思

第 2 卷　第 23 期
1933 年 6 月 17 日出版

谐诗答左君　聚　仁

每周笔记

六月七日——十一日　编　者

从何说起

恭闻中美成立大借款志喜　杨霁云

“蜜蜂”与“蜜”　罗　怃

非武装与文化城　周木斋

从《名优之死》到《梅雨》的路　芝　冈

南京　江叔良

鲁迅不及胡适　陈　思

管他娘　白　雁

《涛声》的态度应该怎样（一）

一、　华　龄

二、　澹　宁

第2卷　第24期

1933年6月24日出版

誓言　曹聚仁

每周笔记

六月十二日——十八日　编　者

从何说起

另一种蜜蜂　陈　思

北平与上海（一至三）　辛祖敛

其鸣也更哀　李又燃

暨南大学　曹聚仁

蘧庐枝语（二）　蘧　庐

我的姑娘时代（二）　王春翠

第2卷　第25期

1933年7月1日出版

袁世凯　梁启超

上海两大疑案

丁玲失踪案　编　者

杨杏佛被刺案　编　者

暗杀之罪恶　梁启超

离了三次婚以后　曹聚仁

乞丐　杜　谈

频年不得归省　骆颖叔

忆　骆颖叔

山中夜归　骆颖叔

我的姑娘时代（三）　王春翠

坑上随笔（一）　李　鯀

妇女问题

最后消息

丁玲已被枪决　编　者

第2卷　第26期

1933年7月8日出版

文艺座谈遥领记　聚　仁

从何说起

察哈尔通讯　乒　乓

向农村去　胡越中

北平与上海（二）　辛祖敛

四、锦鸡的摩登

五、麻木与幽默

"京派"与"海派"　陈　思
剿赤通讯　阜　亘
——伙夫真能干
坑上随笔（二）　李　鯀
毳展与盛记
我的姑娘时代（四）　王春翠
《涛声》的态度应该怎样（二）
二、（续）　澹　宁

第 2 卷　第 27 期
1933 年 7 月 15 日出版

《卖橄榄》序　聚　仁
临难母苟免　曹聚仁
雪底下的火山　又　燃
——迎接罗曼罗兰
可恨的是糊涂　达　七
——读《文艺座谈》创刊号
枫　释红叶
金陵夜泊忆侯生　释红叶
悼子毅　释红叶
坑上随笔（三）　李　鯀
三、鹦鹉访问记
平凡的故事　朱德煌
苦笑随笔（一）　许白雁
光荣的作家

第 2 卷　第 28 期
1933 年 7 月 22 日出版

被卷在一起　又　燃

从何说起

释放郝鹏之意义　韩　泽
咄！郝鹏竟释放!!
论"市场"　华　龄
神秘与恐怖　达　七
慢性的死刑　顾　野
臭虫与曾今可　柳　支
攘外的合串　呦　呦
——试用同时主义的作风
苏州车口占　茀　之
坑上随笔（四）　李　鯀
四、两个骗子
五、使人舒服的标语
六、半把大刀治天下
蓝布衫的故事（上）　聚　仁

第 2 卷　第 29 期
1933 年 7 月 29 日出版

我与"左联"与无政府主义
曹聚仁
"经"义零笺　聚　仁
一、不仁者可与言哉
二、政者正也
国民政府航空公路建设奖券

附刊：罗陀曼　第四期
（编辑人：魏猛克）

文化与大众　安得伦
我们要做现代的钟馗　逸　名

新的名目　方　蟠
长歌　梅思词　张曙曲
新刊一瞥
《无名文艺》月刊创刊号
记　者
青年画家刘狮　沈　颀
对着今霄的冷风寒月　逸　名
招魂　江叔良
绘画论——新写实技术的要诀
〔日〕前田宽治著　徐百灵译
鸦片救国　杨霁云
“长城”与“庸奴”及其他　红　叶

第2卷　第30期
1933年8月5日出版

欢迎反帝会议代表来华　本社同人

从何说起

夹缝评论
戏的真实　周木斋

海珠铁桥完成以后　石不烂
李又燃先生的文体　陈　思
泪　李又燃
窗　李又燃
灯龙　李又燃
天灾　应似鸿
一、痛苦的回忆
苦笑随笔（二）　许白雁
蚊子
新刊一瞥　记　者
《中外书报新闻》第一、二、三、四期

第2卷　第31、32期*
《涛声》二周年纪念特大号
1933年8月19日出版

老鸦　胡　适
《涛声》的昨今明　曹聚仁

纪念文

祝《涛声》　鲁　迅
反纪念的纪念　周木斋
《涛声》二周岁了　华　龄
祝“乌鸦”哭叫两周年纪念
杨霁云
“乌鸦”无恙　猛　克
在塞北　李　鯀
哑哑　挺　岫

从何说起

反帝肤蔽　周木斋
欢迎反帝代表宣言探源　曹聚仁
读食肉者言　衍　如

守常先生全集题记　鲁　迅
太平梦　芝　冈
湖南人　穊　君
南行通信　舒　健
新兴智识阶级底没落　杨霁云
士大夫的没落　李之零

* 原刊误印作“第2卷第31期”。

关于圣经——秋收——的几个疑问 海
来日大难 柏梁南
天灾（续） 应似鸿
蘧庐枝语（三） 子 展
再吟一首
放屁文选（一至八）

坑上随笔（五） 李 鯈
第六感下的北平

第2卷 第33期
1933年8月19日出版

野心与政治作用 曹聚仁
北京人 李 鯈
《神仙·老虎·狗》尾语 李 鯈
放屁文选（九、十） 子 展

附刊：曼陀罗
第五期（魏猛克编）
艺术与烂泥 麻 君
关于连环图画 鲁迅 茅盾
脸与屁股 彭家煌
唱（木刻） P

第2卷 第34期*
1933年9月2日出版

十分诚意与三分希望答罗园先生
曹聚仁
记迎巴比塞 猛 克
一切一切期之于恶梦的梢 江叔良
摩登风月谈 逸 名
五弦琴号外 江叔良
脸与屁股（续） 彭家煌
坑上随笔（六） 李 鯈
风化有关
《教育哲学》校读小记 曹聚仁

第2卷 第35期
1933年9月9日出版

从何说起
外交转变臆考 周木斋
中国时景 周木斋
排错的字 许白雁

论白话司法公牍斥《时事新报》记者
曹聚仁 楚狂
寄第一首 芝 冈
芝冈至邕居南国街 子 展
再寄芝冈 子 展
天灾 杜 谈
连环图画的话 林 丁
坑上随笔（七） 李 鯈
苦笑随笔（三） 许白雁
幽默的作家

读《涛声·二周年纪念号》 斐

* 原刊误印作“第2卷第33期”

第2卷　第36期
1933年9月16日出版

给“九·一八”　野　火
文质篇　周木斋
共管呢？解放呢？（一）　周鲠生
学者成名八诀　卓　端
给TP　彭家煌遗著
国难中　李　鲦

第2卷　第37期
1933年9月23日出版

共管呢？解放呢？（二）　周鲠生
秋怀　罗　复
钱歌川的胡缠　吉　平
被抛在瓦砾堆上的小孩　秋　悲
农村　江天蔚

附刊：罗陀曼　第六期
一个忠告　符一叶
谈连环图画　陈企霞
关于连环图画　潜　修
一只鸡　彭家煌遗著
绘画论（二）
〔日〕前田宽治著　徐百灵译

第2卷　第38期
1933年9月30日出版

共管呢？解决呢？（三）　周鲠生
学理的讨论之外　干　铁
悼丁君　鲁　迅
新奇军用兵器　李　鲦
从连环图画说起　李之零
花絮脚与跳舞袜　李又燃
幻梦一束　万　佣
“九·一八”一天的日记　许白雁

第2卷　第39期
1933年10月7日出版

“双十”幻梦　曹聚仁
从君子风的态度上说到基本英语
唐　晴
汉奸与苏联之友　华　龄
谁都知道　杨霁云
勾结假日记（一）　李　鲦
绝望的叮咛　江天蔚
天才者的自传　白　雁
除了两句空口号再也没有什么了
俞人生　曹聚仁

第2卷　第40期
1933年10月14日出版

论《庄子》与《文选》　曹聚仁
马莱在上海文化
团体招待席上的演词　梓　记
致钱歌川先生　干　铁
军人与农夫　李之零
革命官吏的革命相　许白雁

尺二秀才 子 展

附刊：罗陀曼 第七期

目前剧坛的机械形式 马 麒

新诗歌中时调借用的问题 柳 倩

谈秋的诗人 任白戈

编辑室 编 者

第2卷 第41期

1933年10月21日出版

读《伪自由书》 李 鲦

《“双十”幻梦》异议 唐 晴

回力球研究 曹聚仁

附：记中央运动场 言 言

鸦片初入中国谈 子 展

看《怒吼吧！中国》回来 万 佣

李杜将军之泪 李 鲦

天堂通信 逃难者

第2卷 第42期

1933年10月28日出版

盗亦有理 周木斋

吼 李 鲦

关于太戈尔及中国读书界 韦 长

《庄子》《文选》与青年 洛 夫

飞机广告 唐 晴

沈默是最雄辩的 李又燃

朝奉的微笑 江天蔚

秋之夕 潘 恂

莫谈国事 屠仰慈

第2卷 第43期

1933年11月4日出版

鲁迅翁之笛 曹聚仁

没落期 秋 慈

介绍文艺的两篇作品 魏猛克

归欤 杜 谈

广师说（上） 韩武公

勾结假日记（二） 李 鲦

南行七日 起 孟

李后主 许白雁

第2卷 第44期

1933年11月11日出版

论突围 曹聚仁

论因果性与适然史观 沈因明

艺术界的小摆设 猛 克

英雄梦 杜 谈

逃债 杜 谈

做人难 杜 谈

斗鸡 张雄飞

南行七日（续一） 起 孟

咱有点疑义 洛 夫

第2卷 第45期

1933年11月18日出版

灯 李 鲦

谈幽默 曹聚仁

人们，放下你们的唯钱主义罢　秋　悲
Saadi 的玫瑰花　李又燃试译
闹荒　江天蔚
南行七日（续二）　起　孟
打官话与不打官话　阿　静　聚　仁

第 2 卷　第 46 期
1933 年 11 月 25 日出版

《涛声》休刊辞　曹聚仁
明天见，《涛声》　李　鲦
“乌鸦”无恙　杨霁云
论翻印木刻　旅　隼
鲁迅之罪及其他　辟　支
还俗与起死　周木斋
关于围剿　施蛰存
上海听涛社启事　本　社
编辑室　编　者
编后的话　编　者

100 北　斗

简　介

《北斗》，文学月刊，中国左翼作家联盟机关刊物之一。一九三一年九月二十日创刊于上海，丁玲主编，姚蓬子、沈起予协助编辑，湖风书局发行，十六开横排本，一九三二年七月二十日出版第二卷第三、四期合刊号后，被国民党政府查禁，共出版八期。

《北斗》以发表文学创作为主，兼有评论和译文，每一期都有插图、小说、戏剧、诗、小品、世界名著选译、批评与介绍、文艺随笔等专栏。主要撰稿人有丁玲、瞿秋白、冯雪峰、沈起予、蓬子、白薇、阳翰笙、茅盾、楼适夷、张天翼、穆木天、钱杏邨、叶以群等人。鲁迅的《新的女将》、《我们不再受骗了》等文章以及《答北斗杂志社问》的谈话都首先揭载于该刊。为了打破白色恐怖，争取刊物公开出版发行的条件，该刊第一、二期也发表了各方面有代表性有影响的作家的作品，如冰心、林徽音、徐志摩、戴望舒的诗，凌叔华的小说、陈衡哲、叶圣陶的小品和郑振铎的评论。

《北斗》十分重视创作，发表了不少优秀作品，如茅盾的《喜剧》，丁玲的《水》，以及张天翼、楼适夷等人的作品，同时注意扶掖新人，刊登了葛琴的处女作《总退却》，艾青早期的诗；该刊注意开展文艺批评和文艺问题的讨论，发表了钱杏邨、冯雪峰和夏衍等人的不少评论，并以“创作不振的原因及其出路”为题发起征文，第二卷第一期发表了郁达夫、方光焘、邵洵美、戴望舒、陈衡哲、鲁迅、茅盾等二十一人的应征文章。终刊号上发表了周扬、郑伯奇、等十多位作家的论文和谈话，参加了中国左翼作家联盟发动的文艺大众化问题的讨论。此外，还开展了关于翻译问题的论辩。《北斗》是当时在创作上和理论上对革命文学的建设作出积极贡献的刊物之一。

目录

创刊号

1931年9月20日出版

插图

牺牲（木刻，"战争"中之一幅） ［德］珂勒维支作

小说

一幅剪影　蓬子

祖母　李素

水　丁玲

戏剧

假洋人　白薇

诗

我劝你　冰心

给我爱的　T.L.

激昂　林徽音

雁儿们　徐志摩

小品

老柏与野蔷薇　陈衡哲

速写　叶圣陶

牵牛花　叶圣陶

世界名著选译

肥料 里琪亚·绥甫林娜作　隋洛文译

批评与介绍

关于"创作"　朱璟

新人张天翼的作品　李易水

论元刻全相平话五种　西谛

H.Barbusse的作品作考　沈起予

文艺随笔

哑吧文学　董龙

画狗吧　董龙

《南北极》　寒生

编后记　丁玲

第1卷　第2期

1931年10月20日出版

插图

贫人之夜　（未署名）

小说

喜剧　何典

一侍女　蓬子

晶子　凌叔华

虚脚楼　沈起予

水（续）　丁玲

戏剧

莺　白薇

诗

锄之歌　蓬子

昨晚　戴望舒

野宴　戴望舒

惊爱如同一阵风　冰心

夏夜　净子

世界名著选译

肥料 里琪亚·绥夫林娜作　隋洛文译

批评与介绍

笑峰乱弹　陈笑峰

左拉的作品及其遗范

巴比塞著　穆木天译

东京通讯

东京失业进行曲　适　夷

文艺随笔

以脚报国　冬　华

社会现象一瞥　开　时

路旁的草地　开　时

唐朝的钉梢　长　庚

代　邮

致 E.L.　丁　玲

第 1 卷　第 3 期

1931 年 11 月 20 日出版

小　说

黔小景　沈从文

蓬莱夜话　沈起予

奸细　周裕之

面包线　张天翼

水（续完）　丁　玲

戏　剧

莺（续完）　白　薇

诗

太阳向我来　风　斯

扬子江　甘永柏

世界名著选译

被解放的堂·吉诃德

〔苏〕卢那察尔斯基作

隋洛文译

批评与介绍

创作方法论

〔苏〕法捷耶夫的演说

何丹仁译

《西线归来》的翻译　方芥生

文艺随笔

新的女将　冬　华

宣传与做戏　冬　华

第 1 卷　第 4 期

1931 年 12 月 20 日出版

抗日声中的文学（论文）　沈起予

白旗交响曲（小说）　蓬　子

无题（小说）　石　霞

村中（小说）　耶　林

别乡曲（诗）　穆木天

租界风景（戏剧）　叶　沉

谁是真正好朋友（A Puppet.Show）

陶晶孙

忏语独白（杂感）　郁达夫

美国的真正悲剧（笑峰乱弹）

陈笑峰

所谓新感觉派者（批评与介绍）

沈绮雨

被解放的董·吉诃德（戏剧）

〔苏〕卢那察尔斯基著　易　嘉译

星（诗）

〔法〕马丁尼著　穆木天译

漂流（小说）　高　植

猪肠子的悲哀（小说）　张天翼

欧洲大战与文学（介绍）　李易水

梅令格的“关于文学史”（介绍）

〔德〕Barin 作　丰瑜译
几条顺的翻译（批评）　长　庚
风马牛（批评）　长　庚
文艺随笔四则
从怒涛澎湃般的观众呼喊声里归来　寒　生
"走江湖卖膏药的"文艺运动　临　秋
"劳资协调"　开　时
阿拉伯人和科学家　天　风
读者通信　读者之一
《莺》的尾巴（补正）　白　薇
编后　编　者

第 2 卷　第 1 期
特 大 号
1932 年 1 月 20 日出版

一九三一年文坛之回顾（评论）　钱杏邨
多事之秋（小说）　彬　芷
最后一课（小说）　李辉英
中国戏剧运动发展的鸟瞰（评论）　千　里
S.O.S（剧本）　适　夷
阿妈退工（剧本）　叶　秀
一九三二年初夜（诗）　学　易
仇敌的祭礼（诗）　谷　非
一九三一年日本文坛（评论）　华　蒂
大林和小林（童话）　张天翼
水灾（小说）　匡　卢
请原正篇（小说）　芦　焚
创作不振之原因及其出路（征文）
郁达夫　方光焘　张天翼
戴望舒　袁　殊　穆木天
叶圣陶　建　南　鲁　迅
寒　生　杨　骚　徐调孚
胡愈之　周予同　郑伯奇
邵洵美　华　蒂　茅　盾
陈衡哲　陶晶孙　蓬　子
沈起予　丁　玲
过去对于《创作》的一般谬见（论文）　魏金枝
水陆道场（乱弹）　司马今
北宁路某站（剧本）　白　薇
失丢了太阳的人（诗）　芦　焚
呼唤（诗）　王伏雄
请你们想想吧（诗）　何少川
长江风景（小品）　杨　格
法兰西瓦维龙诞生五百年纪念（介绍）　穆木天
关于新的小说的诞生（评论）　丹　仁
报告文学论（介绍）
川口浩作　沈端先译
苦学（小说）　李曼青
再来一条"顺"的翻译（批评）　长　庚
中华民国的新堂吉诃德（批评）　不　堂
大动乱的年头（随笔）　寒　生

国际文坛新讯　华　蒂
复长庚先生　赵景深

第2卷　第2期
1932年5月20日出版

总退却　葛　琴
豆腐阿姐　文　君
民族革命战争的五月　丹　仁
我们所必须创造的文艺作品　茅　盾
五四和新的文化革命　易　嘉
我们不再受骗了　鲁　迅
五月　彬　芷
随笔　起　予
新英雄　司马今
上海事变与鸳鸯蝴蝶派文艺　阿　英
关于《总退却》和《豆腐阿姐》　丹　仁
编后　丁　玲

第2卷　第3、4期合刊
1932年7月20日出版

冷淡（论文）　高尔基
夫妇（共四篇）（小说）　白　苇
墙头三部曲（小说）　白　苇
米（小说）　慧　中
前线通信（小说）　戴叔周

论　文

关于文学大众化　起　应
文学的大众化与大众文学　何大白
文艺大众化与大众文艺　寒　生
戏剧大众化和大众化戏剧　田　汉

文学大众化问题征文
陈望道　魏金枝　杜　衡
陶晶孙　顾凤城　潘梓年
华　蒂　张天翼　叶　沉
西　谛　沈起予等
东方青年（小说）　秋田雨雀
被解放的董·吉诃德（续）（戏剧）
卢那察尔斯基作　易嘉译
财神还是反财神（乱弹）　司马今
创作月评（评论）　沈端先
把枪瞄得准确一点（批评）　黎　霍

诗

火信　白　薇
我听见了飞机的爆音　森　堡
东方部的会合　莪　伽

多事之秋（续）（小说）　彬　芷
小黑子和小猪（小说）　华　蒂
大林和小林（续）（童话）　张天翼
英属马来亚的艺术界（通讯）　M.N.
国际文坛新讯　华　蒂
代邮　丁　玲
编后　编　者

101 十字街头

简 介

《十字街头》四开四版小型文艺刊物，中国左翼作家联盟创办，鲁迅主编，冯雪峰协助编辑。一九三一年十二月十一日创刊于上海，初为半月刊，一九三二年一月五日出版的第三期改为旬刊，出版后即被国民党政府查禁。

《十字街头》以发表短小精悍的杂文和通俗诗歌为主，间有论文。中心内容是揭露侵略者，宣传抗日救亡，支持爱国运动，反对妥协投降。其中有鲁迅的《沉滓的泛起》、《知难行难》、《"友邦惊诧"论》、以及与沙汀、艾芜之间的《关于小说题材的通信》等著名文章，还有他写的《好东西歌》、《公民科歌》、《言词争执歌》等讽刺诗，有瞿秋白的长文《论翻译》。其他撰稿人还有李太、何明、林瑞精等。

目　录

第 1 期
1931 年 12 月 11 日出版

怒吼啊，中国！　林瑞精
转变和前途　李　太
论翻译　J　K
沉滓的泛起　它　音
五脏救国论　仓　禾
好东西歌　阿　二
公民科歌　阿　二
“中华民族不要解放”　落　生
东北的亡国教育　刘贞利
知难行难　佩　韦
太虚法师的妇女论　虚　景

第 2 期
1931 年 12 月 25 日出版

文化上的任务　李　太
认清眼前的危机　何　明
论翻译（续）　J　K
《铁流》在巴黎　Smakin
南京民谣
约翰牧师　张阿良
“友邦惊诧”论　明　瑟
学生的尸体到那里去了　穆　然

第 3 期
1932 年 1 月 5 日出版

锦州失陷了　杨德麟
关于小说题材的通信　L　S
“言词争执歌”　阿　二
满洲的“毁灭”　Smakin
休矣，先生！　叶　吟
“知识劳动者”万岁　佩　韦
山海关的“反动传单”　王守中
怎样争取言论自由　何　明
想到写起　王　伦
“非所计也”　白　舌
水灾即“建国”　遐　观

102 文化评论

简　介

《文化评论》，旬刊，综合性刊物。一九三一年十二月二十五日创刊于上海，胡秋原主编，文化评论社出版，神州国光社代售，十六开本。第二、三期合刊号出版后，延至一九三二年四月二十日出版第四期，后终刊。

胡秋原在创刊号上发表的社评《真理之檄》中说："我们是自由的智识阶级，完全站在客观的立场上，说明一切批评一切。我们没有一定的党见，如果有，那便是爱护真理的信心。"该刊发表的一系列关于社会、文化、思想、教育方面的评论，大体上贯彻了这种自由人的立场和观点。在文艺问题上，创刊号上发表的胡秋原《阿狗文艺论》一文中说："文学与艺术，至死也是自由的，民主的，将艺术堕落到一种政治的留声机，那是艺术的叛徒，……以不三不四的理论，来强奸文学，是对艺术尊严不可恕的冒渎。"他用这种文艺自由论在批判和抨击"民族主义文学"的同时，也否定了"普罗文学"。在第四期还发表他的随感录《勿侵略文艺》，仍然闪烁其辞地把攻击的矛头指向"普罗文学"。一九三二年一月，左翼作家开始在《文艺新闻》周刊上发表文章，针对胡秋原的文艺自由论和他对左翼文艺运动的攻击，展开了一场影响深远的文艺思想论争。

《文化评论》还发表了梅龚彬、仲雯、彭芳草等人的时局评论和落英、陈立斋等人的文艺短评。

目 录

第 1 期
创 刊 号
1931 年 12 月 25 日出版

真理之檄　本社同人
满州事变究竟是怎样一回事？——日美抗英论与强调反俄论之批评（附译《真理》社论：分割中国的斗争）　梅龚彬
阿狗文艺论　胡秋原
——民族文艺理论之谬误
学生反帝运动之展望　仲 雯
文化短评
两个博士　强
民族文艺派之老僧入定　强
读者通信
民族文艺家之实际　落 英
编后

第 2、3 期合刊
1932 年 1 月 15 日出版

回顾与展望　仲 雯
对于出卖脑力的朋友们的一个提议　王礼锡
日美妥协以抗英？　龚 彬
——胡樊理论破产之自己暴露
日本政变与东北事变之新形势　梅龚彬
——从新政权之实质说到诸家对于满洲问题观察之谬误
帝国主义时代之艺术　胡秋原
从分割中国到独占中国　秋 原
随 感 录
民族诗人之民族考　H
政治的灾荒　雯
关于陈友仁先生　雯
此地无银三百两　H.
社会泛击之行进曲　H.
屁运复兴及其他　H.
邓演达之死　H.
解剖室中之民族文艺派　陈立斋
编校后记　编 者

第 4 期
1932 年 4 月 20 日出版

欢送国联调查团　梅龚彬
与知识阶级书　高尔基
上海事变之意义与教训　冬 野
英帝国主义与远东战争　彭芳草
所谓“四国会议”也者　秋 原
“军缩（？）”大会之第一幕　钱啸秋

帝国主义时代之文艺（续） 胡秋原
满蒙新国与大上海计划 胡秋原
从第一次五年计划到第二次五年计划 方天白
疯狗社会与疯狗文学 胡秋原
国家主义派三部曲 仲 雯

随感录

不敬不怪长期抵抗 秋
忆刘姥姥 雯
圣战 雯
“围难”会议 雯
勿侵略文艺 秋
推背图·国际公约·国难会议 秋
三R之日本 秋
阿斗之悲哀 秋
壮哉，左舜生！ 冬

小 品

黑麻子传略 云 影
文化运动问题 同 人
是谁为虎作伥 同 人
事实胜于诡辩论 同 人
通信五则
胡秋原启事

编后声明 编 者

103 絜 茜

简 介

《絜茜》，文艺月刊。一九三二年一月十五日创刊于上海，延至同年九月十五日出版第二期后终刊，第一期署张资平、丁丁主编，第二期署丁丁主编，乐群图书公司发行，三十二开本。

创刊号刊登的《编者的话》说，“本刊绝不空谈什么主义，是纯文艺的刊物”;《絜茜社简章》又说“本社以研究文艺提倡平民化为宗旨”，还发表了《平民文艺的原则提纲》。第二期又发表了《今后中国文学的方向》一文，提倡所谓“新农民文学”，还有署名文章大谈民族主义和三民主义。该刊第二期作了一个别出心裁的试验：全部文章都不署名，让读者辨别哪篇是出自名家之手，哪篇是无名作者的作品。但是从第一期上可以看出，该刊的撰稿人，除张资平、丁丁之外，还有李赞华、杨昌溪、虞岫云、何心、曹雪松等。他们当时或者是“民族主义文学运动”公开的追随者，或者是在《前锋周报》、《前锋月刊》和《现代文学评论》上经常发表文章的作者。

该刊以发表创作为主，兼有评论和译文。其中有张资平、丁丁的长篇小说，李则纲等人的短篇小说，曹雪松等人的独幕剧和虞岫云等人的诗歌。

目　录

创 刊 号
1932年1月15日出版

长篇创作
十字架上　张资平
冷流　丁　丁
短篇创作
牧场　李则纲
烟苗捐　杨昌溪
城市的悲哀　杨大荒
诅咒　曾平澜女士
烧着了　何心女士
短　剧
八姨太太　曹雪松
贱骨头　沛　霖
批　评
女人的心　李赞华
翻　译
日本之个人主义文学及其渊源　张资平
与睡眠　赵学深
是你　丁　丁
诗　歌
海南沙　虞岫云女士
我漂流到了香港　罗晓魂
屹立在你面前的是什么时代　白　涛
到三叉路口去　坦　克
平民文艺的原则提纲　仲　侃
由平民文艺说到Nationalism　钟　流
由民族主义至三民主义　伯　达
读《创造社》　资　平
通信　资　平
编者的话　编　者
絜茜社简章　本　社

第1卷　第2期
1932年9月15日出版

游踪（通信）　邓演达
冷流（续）　丁　丁
水落石出（时事独幕剧）
流犯
负负
长工小金狗
作家印象记
　一、赵景深
　二、崔万秋
　三、华林
今后中国文学的方向
　——新农民文学的提倡
呐喊诗与叙述小说
诗　歌
乞爱
拒
别后
寄
恳求　侯汝华

席上 赵书权
晨 丁 丁

曼殊的浪漫的故事
郭沫若的《黑猫》
张资平的《明珠与黑炭》
郁达夫:《她是一个弱女子》
吊今战场记
沉埋着的温州文艺
安庆文艺界之鸟瞰
编者言
丁丁特别启事

104 矛　　盾

简　　介

《矛盾》，文学月刊。一九三二年四月二十日创刊于南京，署矛盾出版社编辑部编辑，矛盾出版社发行部发行。第一卷二十四开本，由潘孑农主编，二卷起迁上海编印，改为十六开本，由汪锡鹏、徐苏灵、潘孑农共同编辑。该刊经常延期或合期出版，一九三四年六月一日出至第三卷第四期终刊，共出版十六期。

该刊得到国民党官方的资助，编者在创刊号上发表《我们的话》中说："以我们锋利的矛，去刺破一般丑恶者拿来遮隐他们罪孽的盾，更以我们坚实的盾，来抵抗一般强暴者用作欺凌大众的凶器的矛。"同时发表王平陵等人的文章，攻击"普罗文学"，赞扬"民族主义文艺"，其倾向是明显的。该刊的主要撰稿人，除编者外，还有王平陵、黄震遐、杨昌溪、汤增敭、万国安、汪倜然、邵冠华，以及向培良、张资平、崔万秋、杨邨人等。

但是该刊也刊登了一些倾向进步或者当时处于"中间"状态的作家的作品，其中有洪深、欧阳予倩、彭家煌、陈白尘、熊佛西、王鲁彦、老舍、黎锦明、施蛰存、戴望舒、蹇先艾、徐迟等。这是因为当时依附统治者的"文艺家"，他们"连所谓'为艺术的艺术'以至'颓废'的作品也不能生产。"（鲁迅《黑暗中国文艺界的现状》），于是，"不得不采用'绑票'的方法"，或者"以敦请的威胁的利诱的各种手段招致中间作家去投稿"（茅盾《"民族主义文艺"的现形》）的缘故。

《矛盾》月刊以刊登创作和译文为主，评论也占有相当比重，另有国内外文艺动态和消息报道。值得注意的是，该刊终刊号是"弱小民族文学专号"，正如茅盾所指出的，这不是"民族派"对民族解放运动表示支持，而是他们把欧、亚一些国家富有民族特点的文艺，自作多情地视为"民族主义文艺"的同调或者援手的缘故。

《矛盾》与《现代文学评论》类似，它反映了当时文艺界斗争的复杂情形，因而在客观上也保存了一些有价值的历史资料。

目　录

第1卷　发动号

1932年4月20日出版

这一群鬼脸（插图）

我们的话　同　人
明日的文学
——论民族主义文学　裘柱常
小说背景概论　毛　腾
辱　刘祖澄
钓獭人　向培良
烽火　张问天
敌人之吻（独幕剧）　赵光涛
流不尽的血　蒋山青
战败（独幕剧）
霍尔斯华绥著　马彦祥译
前哨的急奏（诗）　王平陵
九一八之哀歌（诗）
我们不能再忍耐了！　张　星
沈阳，最后的一面！　章丕泩
春之骚动　左　晨
大沽口炮台　周匡民
晨声及其它　干　因
盐泽　潘子农
矛盾阵营
一、国粹维新论　铃　凤
二、阶级软？民族软？　余　开
三、职业爱国者　林　辰
四、痴汉等婆娘　予　展
五、女学生与妓女　獗　龙
六、野鸡式外交　予　展

编完以后　潘子农

第1卷　第2期

1932年5月25日出版

一九三一年南京文坛总结算（上）
辛　予
民间故事的巧合与转变　郑振锋
长人　刘祖澄
洗脸巾　肇　龄
诗　选
夜战
别
薄暮的景色　金素兮
我怎能平下心去
Franz Abt著　赵景深译

铁蹄下的蠕动（剧本）　袁牧之
失　李孟平
盗用公款的人　林　忍
累　柳竹人
结婚与圣诞
屠思托夫斯基著　左　晨译
张大帅的故事　潘子农
三只丝袜　罗曼诺夫著　维　明译
国际文坛情报
《白伦姆戏院》写出之经过
时　甫

在欧洲译出的几本中国小说　时　甫

矛盾阵营

七、所谓民众戏剧　予　展
八、说风凉话者　右　谦
九、摸屁股文学大发卖　予　展
十、论一国三都　予　展
十一、请广开审查之门　予　展

从编辑部播送　潘孑农

第 1 卷　第 3、4 期合刊
1932 年 12 月 5 日出版

理　论

中国文艺思潮之没落与复兴　王平陵
革命与艺术之曲线的联系　〔俄〕Lunacharsky 著　毛　腾译

小　说

尹奉吉　潘孑农
生之一角　刘祖澄
杨子江　徐苏灵
炭矿风景线　洪灵斐
克里斯托费孙　〔英〕佐治季星著　顾仲彝译　彭成慧译
热　罗　洪
一种歌声　郑萧葭
逃难　沈紫曼
三只丝袜（续）　罗曼诺夫著　维　明译

剧　本

战壕中　赵光涛

诗与散文

诗两章　沈紫曼
暴风雨途中　蒋山青
哨兵的梦　黄振遐
英吉利诗钞　何德明译
沪战拾零　苏芹荪

批评与介绍

亨利詹姆士的小说　H.M.Walbrook 著　由　之译
评《狮子吼》　钱恂春

国际文坛情报

高尔基著作生活四十周年纪念　景　深
萧伯纳等将组织文学会　景　深
几本值得介绍的英国小说　时　甫
意大利百科全书将完成　时　甫
法国西学会的两个文学奖金　时　甫
法国的近期出版物　时　甫

矛盾阵营

十二、小猪八戒案评议　豕　亥
十三、“手民之误”？　秋　涛
十四、党纪与官箴　秋　涛
十五、读论语　秋　涛
十六、畜牲文学的借尸还魂　予　展
十七、《笑林广记》补遗　予　展
十八、官与艺术之联系　予　展
十九、国难篇　予　展

编辑后记　孑　农

第1卷 第5、6期合刊

戏剧专号

1933年3月5日出版

萧伯纳氏来华纪念特辑

告中国人民书 萧伯纳

迎萧伯纳 杨昌溪

萧伯纳评传 傅 雷

萧伯纳在上海 巴 宁

愉快的戏剧与不愉快的戏剧 C.Hemilton著 辛予译

论 文

中国的戏剧运动 谢寿康

戏剧之现代的形式 向培良

话剧浅说 洪 深

文明戏之史的研究 马彦祥

我的诫条与信念 熊佛西

戏曲论与演技学 袁 殊

从汉调说到花鼓戏 欧阳予倩

中国戏曲源流考 谷剑尘

表演艺术之实习 Henry Irving著 胡春冰译

午台化装与银幕化装 袁牧之

戏剧发音的训练及其保养法 阎哲吾

小剧场运动的起源 顾仲彝

苏俄戏剧之演化及其历程 杨昌溪

法兰西的异国剧场 许德佑

戏剧批判的诸原理 潘孑农

剧 作

上海之战 欧阳予倩

东北女生宿舍之一夜 袁牧之

狱 陈凝秋

突变 胡春冰

寿宴 Hjalmar Bergstrom著 林潜改译

牺牲 赵铭彝

群盲 梅特林克著 萧石君译

评 论

南国社之昨日与今日 王平陵

检讨上海非职业剧人的联合公演 林 晨

编后记 孑 农

第2卷 第1期

革 新 号

1933年9月1日出版

理 论

卢纳卡尔斯基论 向培良

文艺理论讲座 第一回

文学科学 张资平

文学的产生与社会意义 汤增歇

小 说

平常的病 汪锡鹏

多贺子（上） 崔万秋

母亲之死 查士骥

复醒 〔日〕斋藤杜口著 刘呐鸥译

夜的素描 刘祖澄

仆人的日记（上） 〔丹麦〕Sf.Blicher著 王鲁彦译

罗沙　庞熏琴
女神　徐苏灵
三只丝袜（续）
罗曼诺夫著　钟宪民译
剧　本
怒吼吧，中国！
〔俄〕特里查可夫著
潘孑农　冯　忌译
诗　歌
云中的骑士　黄震遐
十九世纪的女郎　黄震遐
一朵小花　陈凝秋
感怀　蒋山青
跳井　宋衡心
新汉宫秋　蒋山青
淫浊的夜店　宋衡心
散文·随笔
从午台上来　袁牧之
喝茶　杨邨人
地罗尔的红鹰　黄震遐
批评·介绍
布克夫人及其作品　庄心在
特里查可夫自述　雨　辰
中国洋画家诸倾向　李宝泉
矛盾阵营
二十、文人无行　林予展
二十一、抽头聚赌　林予展
二十二、书生救国新策　林予展
二十三、皇帝的像赞　邹洛文
二十四、所谓“不供内战”
邹洛文
文艺新闻（二十五则）
读者·作者·编者

第2卷　第2期

1933年10月10日出版

小　说
开市大吉　老　舍
生命线的旋律　袁牧之
兰色的病　夏　莱
丙舍　汪锡鹏
铳火　朱　雯
仆人的日记（下）
〔丹麦〕Blicher著　王鲁彦译
多贺子（下）　崔万秋
三只丝袜（续）
罗曼诺夫著　钟宪民译
理　论
艺术与社会　马彦祥
绘画讲座　第一回
一、油画的发展　倪贻德
二、谈文人画　庞薰琴
三、薄命画家　刘　狮
四、色彩论
〔日〕川岛理一郎著　盛此君译
批判·介绍
《怒吼吧，中国！》之演出　潘孑农
中国洋画家诸倾向（二）　李宝泉
诗　歌
散文诗两则　陈凝秋
爱的挽歌　侯汝华

那一夜　何德明
Sonnet　何德明
过时　陆印全
秋　陆印全
活跃　侯汝华

散　文

黄连长　苏　菲
洪水〔美〕布克夫人著　庄心在译
人生插绘　徐苏灵
大杂院风景　罗　姗

矛盾阵营

二十五、关于文明戏子　林予展
二十六、乌龟生理学　林予展
二十七、聪明人的出版界　林予展

文艺新闻（十一则）
读者·作者·编者

第2卷　第3期
1933年11月1日出版

追悼彭家煌氏特辑

祭坛之前　潘子农
家煌之死　彭夫人孙珊馨
"活不下去"　何揆一
记家煌病殁前后　陈绍渊
痛苦的回忆　汪雪湄
悼诗三章　周祚生　卓剑舟　马良

理论·批判

《中国古代文学史论》的商榷　陈君宪
映画《春蚕》之批判
评《春蚕》　刘呐鸥
《春蚕》的检讨　黄嘉谟
小说与电影　赵家璧

小　说

名片　施蛰存
不平凡的故事　彭家煌
甲必丹谢尔洁夫　黄震遐
柳先生　杨荫深
幸运屋〔美〕多兰蒂著　顾仲彝译
发妻〔美〕布克夫人著　姚逸韵译
从山林到市镇　黎锦明
小市民
〔日〕立野信三著　查士骥译
叛离　冷　波
三只丝袜（续）
罗曼诺夫著　钟宪民译

诗歌·散文

罐头阿拉伯太子的罐　鸥外·鸥
金钢石的呼吸　鸥外·鸥
信〔法〕巴比赛作　严大椿译
童年的回忆
〔法〕拉马尔丁作　常青译
阿玉　宋衡心
院子里　宋衡心
二月的诗　静　涵

矛盾阵营

二十八、职业批评家　林予展
二十九、敲门砖　林予展
三十、为大众电影答客问　邹洛文

文艺新闻（十一则）
读者·作者·编者

第2卷　第4期
1933年12月1日出版

理　论

勃兰脱斯论戈蒂叶　侍　桁
戏剧讲座第一回
表演艺术ABC
〔美〕亨利欧文著　胡春冰译
戏剧的二元性　唐槐秋
关于农村戏剧　汪锡鹏
午台化装概论
〔日〕外山卯三著　夏莱译
文选问题小论　陈君宪

小　说

幽灵的悲愤　叶永蓁
母亲们　徐转蓬
秋天的故事　杨邨人
索伦山　万国安
女人　黑　婴
发妻（续）
〔美〕布克夫人著　姚逸韵译
雏男子的时候　史　轮
三只袜子（续）
罗曼诺夫著　钟宪民译

诗歌·散文

撷　外四章　杨世骥
长短歌行〔德〕海　涅作　朋　其译
诗五首
良夜曲　陈尧圣
月夜　伊德明
歌女·自哀　黎学贤
耳红　翁达藻
胡同素描·窗下　李苏菲
山寺随笔　何揆一

批判·介绍

评《戏》月刊募款公演　朱一苇
《天之骄子》看后　罗天问
关于木刻连环图画故事　伏　路

矛盾阵营

三十一、偃文修武　邹洛文
三十二、人兽之间　邹洛文
三十三、王伦与李逵　林予展

文艺新闻（十七则）
读者·作者·编者

第2卷　第5期
1934年1月1日出版

小　说

涛声　黎锦明
车中　王鲁彦
绿屋中的一件琐事　林微音
没有果酱的面包　潘孑农
寒夜
〔西〕阿尔代留斯著　戴望舒译
醉　张廷铮
妇人〔日〕横光利一著　郭建英译

发妻（续完）
〔美〕布克夫人著　姚逸韵译
三只丝袜（续）
〔俄〕罗曼诺夫著　钟宪民译
理论·批判
西班牙近代小说概观　戴望舒
文学讲座第二回
农民文学的用字研究　孙伏园
批评家李笠翁　汪倜然
颓废派的两面观　汪锡鹏
谈小品文　黎君亮
高尔基与杰克伦敦之比较研究
A.坎臬迪著　马彦祥译
一九三三年之十部国产影片
洪　深　包　时
诗　歌
闲居自语（外一首）　李金发
枕上听啄木鸟作歌（外二首）
蹇先艾
红楼（外四首）　林英强
寄（外五首）　徐　迟
夜（外二首）　李苏菲
锁的社会学（外五首）　鸥外鸥
特载：中国剧坛史料
戏剧协社过去的历史　顾仲彝
辛酉学社爱美的剧团　袁牧之
我与南国（上）　唐槐秋
艺术剧社小史　杨邨人
散文·随笔
新年醉话　老　舍
年尾漫笔　徐苏灵
三个孩子　朋　其
石　庄心在
多事之夜　冯　烇
剧　本
贫困
〔瑞典〕Hans Alin 著　胡春冰译
矛盾阵营
三十四、负责宣言　林予展
三十五、批评·杂感·谩骂
林予展
三十六、娼妓问题　罗天问

文艺新闻（十二则）
读者·作者·编者

第2卷　第6期
1934年2月1日出版

小　说
奸细　李同愈
人鱼　夏　莱
离家之前　彭家煌
旅行者〔日〕川端康成著　高　明译
小兵　罗　洪
妾　陈福熙
高等教育
〔英〕安常霍泼著　苏芹荪译
大理石胸像
〔俄〕布鲁苏夫著　魏心苏译
小疤儿　阎哲吾

失业　〔美〕阿都尔著　刘祖澄译
三只丝袜（续）
〔俄〕罗曼诺夫著　钟宪民译
理　论
新的午台艺术　向培良
柴霍甫的生活态度
皮提雷克著　汪漫铎译
本刊创始周年纪念特辑
从发动到今朝　潘孑农
我们的态度
汪锡鹏　潘孑农　徐苏灵
诗歌·散文
短诗五十一首　戴　涯
徘徊在农民间　汪锡鹏
浮生　叶永蓁
二月诗选
街头　蒋山青
雪之街　宋衡心
疲倦的影子　宋琴心
青发　魏摩茜
野火　魏摩茜
望出都市的窗扉　易椿年
十月之夜
〔法〕虞赛作　王平陵译
矛盾阵营
三十七、文化涨价　林予展
三十八、京海大战　林予展
三十九、“舅子”概论　赵克豪

文艺新闻（十三则）
读者·作者·编者

第3卷　第1期
1934年3月15日出版

每月漫谈
论随笔小品文之类　章克标
派及其史的发展　庄心在
“漫谈”诠释　潘孑农
小　说
两兄弟　朋　其
恋爱　叶鼎洛
紫石街　杨荫深
黄昏　黑　婴
小酌　王家棫
父母子女　叶永蓁
快乐的一法
〔英〕乔治季星著　彭代慧译
仰着的脸
〔英〕斯蒂芬克雷因著　杨彦劬译
三只丝袜（续完）
〔俄〕罗曼诺夫著　钟宪民译
剧　本
落月　向培良
理论·介绍
诗经以前的中国诗歌　陈廷宪
歌德研究二篇
歌德戏剧中文艺复兴与 Barogue 文风之影响
皮·渥尔著　刘勳卓译
文艺批评家的歌德
卡支·陶马著　张露薇译
伊凡布尔
〔美〕马克斯劳尼著　曹泰来译

随笔·杂记

柴霍甫的回忆　布宁著　马宗融译
吃的故事　杨邨人
罗马狂想曲　李金殴
罗马之 RHAPSODIE　李金发
苏俄写真片断
〔法〕金艾玛女士著　李青崖译
我与南国（下）　唐槐秋

诗　歌

瘫痪的诗人（外一首）　李金发
病后（外一首）　邵冠华
沉重的 BUS（外一首）　徐迟
三月诗叶
三月的草原　宋衡心
辽远之话　宋衡心
风天　宋衡心
妻　侯汝华
怨妇词　侯汝华
亡国恨　侯汝华
边塞行　林英强
野哭　林英强
红雀之羽　林英强
厌倦　陆印泉
旅路上　易椿年

读者·作者·编者

第 3 卷　第 2 期
1934 年 4 月 15 日出版

每月漫谈

说文盲　招勉之
处女与老婆　陈清华
文艺政策　潘子农
冒名顶替的责任问题　林辰

理　论

艺术与智识的传达
希伦（Hirn）作　汪馥泉译
现代法兰西戏剧文学　夏炎德
电影讲座　第一回
电影 Montage 的三次元论
伊井亚夫作　方之中　齐平译
电影浅说　谷剑尘

小　说

昆虫学教授　朱雯
膜　袁牧之
社会的层次　金满成
麒麟　谷崎润一郎作　白桦译
贫困　杜莱作　留予译
逃　迅迦诺作　徐君梅译
笑　柯汗作　周镜之译
苏俄写真的片断
金艾玛女士作　李青崖译
父母子女（续）　叶永蓁

剧　本

两个孩子　陈尘

诗·散文

SAPHO　黄震遐
苦泪　邵冠华
黄昏　苏灵
杰克朴　林徽音
心和脑　冯烇
四月歌辑
寄　马文珍

泼墨　许席珍
关于火　许席珍
烟　施嘉蜜
我歌吟一个人　苏　菲
天真　甘永柏
给　甘永柏
楼　徐　迟

读者·作者·编者

第3卷　第3、4期合刊
弱小民族文学专号
1934年6月1日出版

小　说
贝加曼利的故事
〔秘鲁〕Calderon 作　伍蠡甫译
强性　〔波兰〕Stofan Meronski 作
施蛰存译
处女　〔丹麦〕V.Jensen 作
林徽音译
一个灵魂破碎的人
〔巨哥斯拉夫〕P.X.Mesko 作
黎锦明译
五年　〔匈〕Tamas Talu 作
钟宪民译
邮局长的信
〔匈〕Gyula Kurdy 作
钟宪民译
父亲的影子
〔匈〕Julio Baghy 作　杜承恩译
只有爱情
〔匈〕Gyula Sxini 作　明　华译
三姊妹　〔匈〕Jeno Heltai 作
惟　生译
村里的画家　〔匈〕Gardony 作
林　西译
幸福的灯火
〔立陶宛〕J.Biliunas 作　亚　轮译
不知羞的蔻拉
黑人 Hughes 作　杨乔霜译
战士与十字架
〔罗〕皇后 Marry 作　章铁民译
逃犯　〔马来亚〕S.Grose 作
彭成慧译
海基勒家之事
〔芬兰〕Linnankoski 作
王鲁彦译
异地的气候
〔新犹太〕Shalm Asch 作
朱　雯译
丽娣琪达的日记
〔澳〕Schnitzler 作　可　华译
一个官员的圣诞节
〔保〕Dimitr Ivanov 作
苏　灵译
猫　〔朝鲜〕赵碧严作　李剑菁译
理　论
新土耳其诗人奈齐希克曼
徐　迟
西班牙散文作家俞拿米罗
金满成译

散　文

南部利亚侯爵

〔西〕Unamuno 作　金满成译

人猴对话

〔葡〕Jader Carvalho 作　亚　轮译

戏　剧

亚当——创造者

〔捷〕Karel 与 Josefcapek 作

顾仲彝译

诗　歌

老妇　黑人 O.de.Boureignes 作

严大椿译

爱沙尼亚诗选　孙　用译

保加利亚诗选　孙　用译

105 文　　学

简　　介

《文学》，半月刊，“中国左翼作家联盟”理论刊物之一。一九三二年四月二十五日创刊于上海，“上海文学社”出版，“上海出版合作社”代售，三十二开本。仅出一期。

该刊共载三篇论文，除署名同人（即瞿秋白）的《上海战争和战争文学》以外，其余两篇都是讨论文艺大众化问题的，其中史铁儿（瞿秋白）的《大众文艺的现时问题》一文，在当时曾产生广泛的影响。

目　录

第 1 卷　第 1 期
1932 年 4 月 25 日出版

上海战争和战争文学　同　人
大众文艺的现实问题　史铁儿
论文学的大众化（在中国妇女文艺研究会的报告）　洛　扬

106 现　代

简　介

《现代》，文学月刊，上海现代书局主办。一九三二年五月一日创刊，是“一·二八”淞沪战争以后在上海最先问世的大型文学刊物，十六开本，每期一百四五十页。第一、二卷由施蛰存主编，从第三卷起，由施蛰存、杜衡合编，出至一九三四年十一月一日第六卷第一期，休刊四个月，一九三五年三月一日复刊，出第六卷第二期，改由汪馥泉编辑，一九三五年五月一日出版第六卷第四期，由于现代书局歇业而终刊，共出版三十四期。

主编施蛰存在《创刊宣言》中说:《现代》“不是狭义的同人杂志”，因而“并不预备造成任何一种文学上的思潮、主义或党派”，稿件取舍“只依照编者个人主观为标准，至于这标准，当然是属于文学作品的本身价值方面的”。“本志希望得到中国全体作家的协助”。在这种所谓“中间路线”的编辑方针指导下，《现代》的前期，确实发表了当时各种倾向的许多有影响的作家的作品，其中左翼作家和其他进步作家的作品占很大比重，鲁迅的《为了忘却的记念》，茅盾的《春蚕》，郭沫若的《离沪之前》，洪深的《香稻米》，叶紫的《向导》，张天翼的《洋泾浜奇侠》和瞿秋白、冯雪峰、周扬、夏衍、钱杏邨的一些评论先后揭载于该刊。此外还有叶圣陶、郁达夫、欧阳予倩、巴金、老舍、沙汀、艾芜、魏金枝、楼适夷、白薇等人的作品和文章。但是，《现代》创刊不久，自称“第三种人”的苏汶（即杜衡）就在该刊第一卷第三期上发表《关于〈文新〉与胡秋原的文艺论辩》一文，宣扬“自由主义创作论”，影射攻击左翼文艺运动不要真理，不要文艺。引起了左翼作家同“第三种人”的一场文艺思想论争，从第三卷起，杜衡成了两主编之一，《现代》上左翼作家的作品显著减少。

《现代》发表了戴望舒的“象梦一般地朦胧的”自由诗和他的象征

主义《诗论》，施蛰存的“意象抒情诗”以及他对该刊所载新诗的说明，他说这些诗“是现代人在现代生活中所感受的现代的情绪，用现代的词藻排列成的现代的诗形”。《关于本刊的诗》该刊还发表了不少具有“新感觉派”特点的小说，如穆时英的《公墓》、《街景》、《夜总会里的五个人》等，可以说在《现代》这块园地上，才真正形成了中国现代文学史上的“现代派”。

《现代》从第六卷第二期起，在徐朗西的实际主持下，由汪馥泉接编，经过“革新”之后，改变了刊物原来的性质和方向，使《现代》变成了一个政治、经济、军事、文化和各种社会问题无所不谈的综合性刊物，但出了三期，即宣告终刊。

目　录

创刊号

1932 年 5 月 1 日出版

创刊宣言　施蛰存

小　说

公墓　穆时英
诗人的食巾
〔法〕阿保里奈尔著　陈御月译
宿命论与算命论　张天翼
前哨兵　魏金枝
海底梦（一）　巴　金
黎蒙家的没落
〔西班牙〕阿耶拉著　江　思译
蹉跎　杜　衡
残秋的下弦月　施蛰存
虎　〔英〕柯巴特著　凌昌言译

诗

诗五篇　戴望舒
过时
印象
前夜
款步
有赠
夏芝诗抄　安簃选译
木叶之凋零
水中小岛
茵尼思弗梨之湖洲
恋之悲哀
酒之歌
他希望着天衣
柯尔湖上之野凫

文

无相庵随笔　施蛰存
《先知》及其作者
画师洪野
《无意思的书》
五月
西班牙的一小时
〔西班牙〕阿索林著　戴望舒译
叙辞
老人
宫廷中人
虔信
知道秘密的人
驳杂
文二篇　李一冰
故居
十月之晨
《三人行》之二人言
读《三人行》　苏　汶
谈谈《三人行》　易　嘉
阿耶拉　江　思
战地的一日　适　夷

杂　碎

阿保里奈尔　月
译夏芝诗赘语　安　簃
他们的话
巴黎艺文逸话　玄　明
（一）Cocktail 的时代
（二）两种新主义
（三）萨拉培尔那特

艺文情报
肖伯纳近闻
哥德百年祭琐闻
今年纪念的几个外国文学家
女作家二团结
许钦文被累入狱
谢寿康与赛金花
拿破仑遗书出售
雷氏大厦改作博物院
瑞典女作家之豪兴
昇曙梦辞教官职
诗人泰戈尔举行个展
画
拿破仑之遗书（照片）
雷氏大厦（照片）
古罗马的戏卷（照片）
《铁甲车》一景（剧照）
《假如》之一场面（剧照）
《温柔》一景（剧照）
画师洪野及其遗画（照片）
夏芝像（照片） 第 亚
阿耶拉像（照片）

编辑座谈 施蛰存

六月号
（第1卷 第2期）
1932年6月1日出版

小 说
教皇的遥夜
〔法〕诺尔哈克著 李青崖译
偷面包的面包师 穆时英
海底梦（二） 巴 金
亲事 〔日〕池谷信三郎著 高明译
怀乡病 杜 衡
薄暮的舞女 施蛰存
黎蒙家的没落
〔西班牙〕阿耶拉著 江思译
诗
意象抒情诗 施蛰存
桥洞
祝英台
夏日小景
银鱼
卫生
核佛尔第诗抄 陈御月选译
心灵出去
假门或肖像
白与黑
同样的数目
夜深
文
故乡杂记 茅 盾
现代小说所经过的路程 郁达夫
西班牙的一小时
〔西班牙〕阿索林著 戴望舒译
春雪又一篇 盛明若
杂 碎
高尔基在苏伦多
符拉齐米尔·波士奈尔作
朱寿百译

比也尔·核佛尔第 陈御月
池谷信三郎自叙传 高明译
巴黎艺文逸话 玄 明
（五）邓肯的悲剧
（六）丑的文化

艺文情报

雷马克存款被扣押
德国二大作家请入瑞士籍
莎士比亚剧场落成
印度女诗人被捕
丹麦诗人逝世
霍普特曼的最后一本剧
苏联的新电影
今年的诺贝尔奖金
关于歌德的生平的德法新出版物
歌德时代的德国艺术

画

闸北风景（木刻）
高尔基在苏伦多（照片） 一 川作
高尔基之侧影
高尔基及其幼女
高尔基之工作室
高尔基书案上之陈设
中国银幕（影照）
新片《人道》二景
《野玫瑰》之一幕
苏联新片《蒙古列车》（影照）
刽子手
牺牲者
莎士比亚纪念剧场（照片）
阿芬河边的新景色（照片）
舞台上之彩幕（照片）
编辑座谈 施蛰存

七月号

（第1卷 第3期）

1932年7月1日出版

小 说

蜜蜂 张天翼
春 沈从文
报复 魏金枝
下宿处
〔法〕伐扬·古久列著 江 思译
海底梦（三） 巴 金

诗

诗四篇 戴望舒
游子谣
秋蝇
夜行者
微辞
美国三女流诗抄
池沼
陶立德尔女史著 安 簃译
山魈
陶立德尔女史作 安 簃译
月上
陶立德尔女史作 安 簃译
热带之月
史考德女史作 安 簃译
冬季之月
史考德女史作 安 簃译
某夫人
罗慧儿女史作 安 簃译

赠遗 罗慧儿女史作 安 簃译
剧
讨渔税 马彦祥
文
内河小火轮（故乡杂记之二）
茅 盾
关于《文新》与胡秋原的文艺论辩
苏 汶
肖伯纳在莫斯科 凌昌言译
杂 碎
巴黎艺文逸话 玄 明
（七）顺便说起德弗莱尔
（八）兄弟的合作
（九）驴子的艺术
马里奈谛访问记 江 思
艺文情报
著作家之反帝国主义战争运动
X光的名画照片
《百日》在巴黎演出
格列戈莱夫人逝世
著名提琴家来沪
莱奥诺夫的新著
孛克夫人得普立采文学奖金
歌德逝世百年纪念画报
歌德的代表画像
歌德一生的肖像
十六岁时的画像
二十五岁时的画像
三十二岁时的画像
四十一岁时的画像
五十岁时的画像
五十八岁时的浮雕面形像
六十岁时的画像
六十六岁时的石膏面形像
六十八岁时的速写像
七十岁时的画像
七十七岁时的画像
七十九岁时的雕像
八十岁时的塑像
八十三岁时的画像
临终时的画像
环境·人物
歌德父母肖像
歌德之妹肖像
歌德夫人雕像
歌德的佛朗克府故居
歌德时代的魏马风景
歌德在魏马的著作室
歌德在魏马的会客室
魏马公爵赠给歌德的别墅
魏马公爵肖像
魏马好友席勒肖像
诗与散文
原本《少年维特之烦恼》封面
《少年维特之烦恼》插画一页
绿蒂的真面目
歌德的恋人——丽丽夫人
歌德的恋人——玛丽安娜
歌德和魏马公爵
歌德旅行意大利画像
歌德的背影
歌德剪影四帧

歌德创作原稿之一页
老年歌德的手
纪念·展览
歌德的死颜
歌德的绝笔
歌德逝世后的讣告
魏马的歌德墓堂
歌德与席勒之墓
歌德临终的卧室
歌德的遗物——书案
歌德的遗物——旅行箱
歌德百年祭瞻礼
魏马的歌德铜像
歌德代表作的中译本——《浮士德》
歌德代表作的中译本——《少年维特之烦恼》
歌德纪念马克
歌德纪念明片
歌德纪念邮票
歌德的后裔

编辑座谈　编者

八月号
（第1卷　第4期）
1932年8月1日出版

小　说

马缨花开的时候　郁达夫
墙　杜衡
我们的塾师　沈樱
猫城记（一）　老舍
断了条胳膊的人　穆时英

诗

诗二章　朱湘
圂兜儿（Rondel）
雨
诗二首　严敦易
索居
费话
日本新诗人诗抄
六月横滨风景　天野隆一作　刘呐鸥译
满月思慕　后藤楢根作　刘呐鸥译
丘上　乾直惠作　刘呐鸥译
真生颂　大冢敬节作　刘呐鸥译
冰雨的春天　冈村须磨子作　刘呐鸥译
吃饭　田中冬二作　刘呐鸥译

剧

卖柴（一幕俳剧）　彭彤彬

文

半个月的印象（故乡杂记之三）　茅盾
世界大战以后的法国文学　倍尔拿·法意著　戴望舒译
湖畔的两个村庄　〔苏〕伊里亚·爱莲堡著　季克仁译
最近的意大利文学　〔意〕Mario Praz 作　赵景深译

当我在非洲的时候
〔意〕彭丹贝里作　周　彦译

杂　碎

一九三二年的欧美文学杂志　高　明
法国文艺杂志的展望
美国文艺杂志
苏俄的文艺杂志
英国文学的 Journalism
德国 Journalism 的新潮
法国之文学海岸　安　华

书　评

《她是一个弱女子》(郁达夫著，湖风书局版)
《路》(茅盾著，光华书局版)
《桥》(废名著，开明书店版)
《田野的风》(蒋光慈著，湖风书局版)

艺文情报

作家运动会
三画展
著作家请释牛兰
柏林之文学交易所
诗翁古稀上寿

画

法国作家运动会(照片)
小说家贝尔吉掷铁球
法牙尔跳高
老作家充评判员
出席参加运动之作家
百码决赛
苏联雕塑名作
我们的炭坑夫
十月的儿童
出了结婚登记所
雕刻家久珂夫
王济远战区写生
庙行战后之惨淡
浩劫后之江湾
陈树人个人作品展览
象鼻山落日
寒雅叫雪
文艺讽刺画
霍甫特漫往海滨就浴
古典的阿耶拉
倍那文德之冷静
从莫斯科回来的肖伯纳

编辑座谈　编　者

九月号
(第1卷　第5期)
1932年9月1日出版

小　说

人与女人　杜　衡
学徒的神仙
〔日〕志贺直哉著　方光焘译
罪与罚　巴　金
猫城记(二)　老　舍
灵魂　严敦易
克丽丝玎
〔法〕茹连·格林著　戴望舒译

诗
当黎明穿上了白衣 莪 伽
那边 莪 伽
阳光在远处 莪 伽
眼 史卫新
西茉纳集
〔法〕特·果尔蒙著 戴望舒译
发
山楂
冬青
雾
雪
死叶
河
果树园
园
磨坊
教堂
文
茹连·格林 安 华
新的浪漫主义
〔英〕赫克思莱著 施蛰存译
悲哀的玩具 李曦晨
雉 李曦晨
特辑——夏之一周间
苦雨斋之一周 周作人
夏之一周间 老 舍
我底夏天 巴 金
一周间给五个人的信摘抄
沈从文
在热波里喘息 郁达夫
今年的暑假 废 名
热与冷 茅 盾
夏？ 圣 陶
书生的一周间 赵景深
书 评
《将军底头》（施蛰存著，新中国版）
《复仇》（巴金著，新中国版）
艺文情报
黑人赴俄演电影
无线电中的鬼魂
俄提琴家来沪
杜思·派索思在苏俄
爱逊史丹因的新计划
画（照片）
苏联文艺新景
莫斯科作家俱乐部之餐室
高尔基与红军妇女晤谈
东方音乐会
大旅社场面
小说的著者维支基鲍嫫
嘉宝饰的舞女
被杀的男爵
克劳馥饰的打字女郎
插图三帧
美国女流诗人
罗慧儿女史
H.D·女史
英国小说家
赫克思莱
介绍插图本《中国文学史》（郑振铎著）

编辑座谈　编　者

十月号
（第 1 卷 第 6 期）
1932 年 10 月 1 日出版

小　说

溺　靳　以
变成白桦的人
〔日〕十一谷义三郎著　高　明译
未死的虫蝶　汪锡鹏
猫城记（三）　老　舍

诗

妾薄命　戴望舒
无题　戴望舒
季候病　何其芳
有忆　何其芳
乡愁　曦　晨
即席口占　安　华

文

“第三种人”的出路　苏　汶
文艺的自由和文学家的不自由
易　嘉
到底是谁不要真理，不要文艺？
——读《关于文新与胡秋原的文艺论辩》　周起应
从“第三种人”说到“左联”
舒　月
答舒月先生　苏　汶

杂　碎

阿力舍·托尔斯泰（Alexis Tolstoi）会见记　〔法〕吕仙·伏吉尔著
陈御月译
追记火线下三十五小时的生活
克　士
作者的自剖　巴　金
十一谷义三郎自叙传　高明译
巴黎艺文逸话　玄　明
（十）莎士比亚公司和朱易士
（十一）文友书室

艺文情报

国际非战同盟开会
日本作家出席革命作家同盟
苏俄极力连络日文艺界
高尔基著作生活四十年纪念
本年之诺贝尔文学奖金获得者
丁松生文物展览会
本年之霍桑屯奖金
二法国作家故世

画

庞薰琴之画
A.J.R 女士
静物
自画像
速写
《静静的顿河》影画
出征时的分别
古里高里和他的情敌
阿克里尼亚
上战场去
世界脑力亚令配克
世界混合队之阵容

英国队之阵容
苏联作家
小托尔斯泰及其画像
日本作家
十一谷义三郎及其画像

编辑座谈　编　者

十一月号
（第 2 卷　第 1 期）
创作增大号
1932 年 11 月 1 日出版

小　说
秋　叶圣陶
春蚕　茅　盾
东梓关　郁达夫
胖子　鲁　彦
电椅　巴　金
仇恨　张天翼
上海的狐步舞　穆时英
重来　杜　衡
赤道下　刘呐鸥
紫丁香　叶灵凤
猫城记（四）　老　舍
诗
夜半　郭沫若
牧歌　郭沫若
夜雨孤坐听乐　李金发
月夜　李金发
忆上海　李金发
乐园鸟　戴望舒
寻梦者　戴望舒
灯　戴望舒
深闭的园子　戴望舒
九月诗抄　施蛰存
嫌厌
桃色的云
秋夜之簷溜
剧
同住的三家人（一幕剧）
欧阳予倩
敌同志（一幕剧）　白　薇
文
关于理论家的任务速写　陈云帆
望舒诗论　戴望舒
论文学上的干涉主义　苏　汶
论“第三种人”　鲁　迅
杂　碎
社中日记（九月二十一日至十月二十三日）　编　者
现代文艺画报
郁达夫及其妻子
郁达夫斋中的自写联语
俞平伯手写诗
李金发及其所作伍廷芳像
“苦雨斋”中之周作人
苦雨翁手迹
冰心女士诗稿
幽默家老舍近影
达特安邮船上之戴望舒
送诗人出帆

格洛赛为巴金写像
叶圣陶所造印
沈从文手札（给施存蛰信）
《创造十年》原稿之一页
茅盾之《春蚕》原稿之一页
叶灵凤近影
穆时英照像

十二月号
（第2卷 第2期）
1932年12月1日出版

小 说

迟桂花 郁达夫
小雄鸡
〔苏〕伏尔可夫著 谢达明译
岁暮 儁 闻
饥饿线 朱 雯
四喜子的生意 施蛰存
猫城记（五） 老 舍

诗

拾落叶的姑娘 臧克家
愁苦与欢喜 臧克家
当炉女 臧克家

文

浪费的论争
——对于批判者的若干答辩
胡秋原

书 评

《委曲求全》（王文显、李健吾译，人文版）
《前路》（谢冰莹著，光明版）
《岳飞及其他》（顾一樵著，新月版）

约翰·高尔斯华绥特辑

文字
约翰·高尔斯华绥论 苏 汶
品质（小说） 叶灵凤译
太阳（短剧） 杜 衡译
约翰·高尔斯华绥著作编目
惜 蕙
图片
高氏肖像及画像
高氏手翰
高氏家园小景
讽刺画一幅
剧场场面二帧

司各特百年祭特辑

文字
司各特逝世百年祭 凌昌言
图片
司各特画像
司各特雕像
长诗《马迷翁》原稿之一页
雅博斯福别墅外景
雅博斯福别墅内之藏书室
司氏破产后之敝居
司氏长眠处

杂 碎

关于伏尔可夫 谢达明
社中日记（十月二十四日至十一月十五日） 编 者

新年号
（第2卷 第3期）
1933年1月1日出版

论文

并非浪费的论争 洛扬
一九三二年文艺论辩之清算 苏汶

小说

扇陀（《新十日谈》之一） 沈从文
第七号女性 叶灵凤
浪漫的 〔日〕武田麟太郎作 高明译
梦 张天翼
小三子 庄若安
猫城记（六） 老舍

诗

余剩的人类 李金发

剧

一个女人和一条狗（独幕剧） 袁牧之

文

小白之死 丰子恺
最近逝世的梁遇春 侍桁
山核桃 傅东华
关于“第三种文学”的倾向与理论 丹仁

书评

《大上海的毁灭》（黄震遐著，大晚报馆版）
《齿轮》（铁池翰著，湖风书局版）

杂碎

书与作者（十一则） 编者
社中日记（一九三二年十一月十五日至十二月十日） 编者

现代文艺画报

徐志摩周年祭
　徐志摩遗像
　徐志摩所曾就学之小学校
　徐志摩之灵堂
　赵峡举行周年祭之人物
作家之手
　肖伯纳之手
　华苏曼之手
　爱利亚特之手
　高克多之手
七十寿诞之霍普特曼
三十年祭之左拉
武田麟太郎像
普洛斯特十年祭
最近逝世之梁遇春
　梁遇春遗像
　梁遇春手迹

二月号
（第2卷 第4期）
1933年2月1日出版

小说

在门槛边 杜衡
夜总会里的五个人 穆时英

小尼克 〔罗马尼亚〕勃拉太斯古作 孙 用译
镲铸手
〔苏〕巴赫米洁夫作 贝 叶译
圣处女的出路 郑伯奇
车水 何家槐
猫城记（七） 老 舍

诗

黄色的曼陀罗 陈 琴
迷人的夜 侯汝华
我爱—— 龚树揆
独游 伊 湄
海滨 伊 湄

文

徐志摩论 茅 盾
英美新兴诗派
〔日〕阿部知二作 高明译
致石民书六通 （故）梁遇春
旅人 黄金瑞
揭起小资产阶级革命文学之旗 杨邨人

杂 碎

《镲铸手》作者的小传 贝 叶
书与作者（十三则） 编 者
社中日记（一九三二年五月至一九三三年一月九日） 编 者

现代文艺画报

鲁迅在北平
鲁迅在师大操场演讲
鲁迅在女师大演讲
《世界日报》载鲁迅演辞演讲时之速写像
一九三二年之龚果尔文学奖
得奖者马才里纳
龚果尔奖委员会开会
朵希莱氏到会场投票
文学的电影
《吉诃岱老爷》二影
《波苏尔王历险记》二景
诗人生活
英国桂冠诗人玛思非尔
玛思非尔之住宅
玛思非尔之小剧场
生活之余裕

三月号
（第 2 卷 第 5 期）
1933 年 3 月 1 日出版

小 说

五十多个 巴 金
沉 靳 以
晚风
〔法〕昂·李奈尔作 黎烈文译
转形期 金 丁
老铁的话〔日〕中野重治作 尹庚译
猫城记（八） 老 舍

诗

初恋之诗 洛 依
夏午的大道 洛 依
在公共汽车中 洛 依
再不要 宋清如

剧

安娜珍丝加

〔英〕肖伯纳著　熊式弌译

文

玻璃建筑　丰子恺

东方、西方与小说

〔美〕勃克夫人作　小　延译

关于……一切　傅东华

批评之理论与实践　苏　汶

我的自辩　巴　金

秋心遗著序　废　名

肖伯纳　赵家璧

杂　碎

书与作者（六则）

社中日记（二月五日至十九日）

编　者

现代文艺画报

最近逝世之英国作家

乔治·摩尔

高尔斯华绥

《老铁的话》之作者中野重治

写中国故事之勃克夫人

肖伯纳在上海

特写像

欢迎肖氏之盛况

到宋庆龄宅之肖氏

在宋宅招待新闻记者

肖伯纳受中国笔会招待

出世界社时之肖伯纳

苏联电影《生路》四景

四月号

（第2卷　第6期）

1933年4月1日出版

小　说

丰年　张天翼

喜讯　彭家煌

街景　穆时英

工场的一天

〔苏〕迦　林作　适　夷译

黑二他自己　王绍清

觅珠人〔爱沙尼亚〕August Gailit 作

傅平译

猫城记（九）　老　舍

诗

月和海　李心若

幻想的窗　吴惠风

送砾子南归　钟敬文

剧

钥匙　〔匈〕莫尔那作　惜　蕙译

文

为了忘却的纪念　鲁　迅

关于通俗文学（在北大国文系讲）

周作人

马克思、恩格斯和文学上的现实主义　静　华

现代爱沙尼亚文艺鸟瞰　傅　平

杂　碎

介绍一种新的语言

书与作者（七则）　编　者

社中日记（二月二十八日至三月十一日）　编　者

致张浩瀑　本　社
致谢惠赠刊物　本　社

现代文艺画报

柔石纪念
（一）柔石留影
（二）柔石手迹
（三）牺牲（木刻）
（四）最近之鲁迅
华格纳尔纪念
（一）华格纳尔像
（二）华格纳尔夫妇之墓
（三）华格纳尔之遗物一
（四）华格纳尔之遗物二
（五）华格纳尔之遗物三
（六）华格纳尔之遗物四
（七）华格纳尔与科茜玛之兔裘
（八）华格纳尔之妻科茜玛
即将来华之反帝同盟团员
（一）法国著作家巴比塞
（二）美国著作家特莱散
（三）法国著作家罗曼·罗兰

五月号
（第3卷　第1期）
1933年5月1日出版

随笔·感想·漫谈

看肖和看肖的人们记　鲁　迅
为小林的被害檄日本警视厅　郁达夫
春与中年人　傅东华
哭丧人　高　明
肖和巴比塞　适　夷
没有感想的感想　杜　衡
马路英雄　陈伯吹

论　文

文学的真实性　周起应

小　说

奔　丁　玲
在“天堂”的人们　靳　以
强悍的女人
〔苏〕赛甫琳娜作　井田考平译
尹庚重译
洋泾浜奇侠——给大孩子们（一）
张天翼
支那理发匠　周林朗
本埠新闻栏编辑室里一札废稿上的故事　穆时英
陶尔逸伯爵的舞会（一）
Raymond Radiguet
（雷蒙·拉第该）著　戴望舒译

诗

有忆　清　如
冬　清　如
芦笛　艾　青
祭　清　如
桑德堡诗抄　徐霞村　施蛰存译
夜
前题
南太平洋铁路
特等快车
钢的祈祷
支加哥

帽子
工女
嘉莱市长
附：支加哥诗人卡尔·桑德堡（文） 施蛰存
桑德堡在伊文思东第四浸会礼堂唱诗之神情（漫画） C.M
秋思 金克木
晚眺 金克木
古意 金克木
智井 金克木
夜半钟声 清 如

散 文

春雨 王 莹

剧 本

村长之家（三幕剧，第一幕） 李健吾

史料·逸话

关于文学研究会 茅 盾
沙皇网下之高尔基（《斯拉夫评论》抄译） 赵家璧译
附：高尔基与沙皇、警察、密探（漫画） 〔苏〕D.
光慈的晚年 郁达夫
附：蒋光慈画像 吴似鸿绘
蒋光慈妻吴似鸿画像 吴似鸿绘
支加哥诗人卡尔·桑德堡 施蛰存
关于雷蒙·拉第该 〔法〕若望·高克多作 戴望舒译

国外文艺通信

日本通信 朱云影
英国通信 费 薇
社中谈座 施蛰存

六月号
（第 3 卷 第 2 期）
1933 年 6 月 1 日出版

随笔·感想·漫谈

黄金潮 郑伯奇
中日亲善颂 胡秋原
Phallisism 狂时代 胡秋原
悲怆的矜夸 适 夷
飞簷走壁人材 田 村
劳莱与哈台的新喜剧 陈伯吹
苏联三影片 思 明
从小孩得到的启示 秋 悲

论 文

关于文学史的方法诸问题 〔日〕川口浩作 穆木天译

小 说

荒村 杜 衡
土饼 沙 汀
死 适 夷
洋泾浜奇侠（二） 张天翼
深渊 〔西班牙〕巴罗哈作 施蛰存译
闪烁 柯 琴
陶尔逸伯爵舞会（二） 〔法〕雷蒙·拉第该著 戴望舒译

诗

单峰驼　侯汝华
红色的夏天　孙默岑
麻疯女　吴惠风
风沙之日　林　庚

散　文

破马车　赵景深
友谊　康嗣群

剧　本

村长之家（三幕剧，第二幕一至九场）　李健吾

史料·逸话

曙新期的创造社　张资平
巴罗哈访问记
享利·倍林著　玄　明译
附：巴罗哈画像　H.
莫斯科的戏剧节　叶灵凤

国外文艺通信

法国通信　戴望舒

社中谈座

关于《春蚕》的疑问
致施蛰存　段广焕　江　龙
复段广焕、江龙　编　者
怎样研究文学？
致施蛰存　李夔龙
复李夔龙　施蛰存
读者的告发与作者的表白
致施蛰存　雪　炎
致施蛰存　穆时英
就雪炎、穆时英信附语　编　者
张天翼不会叉麻将
读《洋泾浜奇侠》后的一点感想　易新成
附：编者按语　编　者

现代文艺画报

法国革命文艺家之反法西演讲（照片二幅）
法西淫威下之德国文学家（照片，四幅）
《春蚕》——从作品到电影（照片，六幅）
创造社刊物之股票（照片，四幅）
比奥·巴罗哈及其住宅（照片，二幅）
编者缀语

七月号

（第3卷　第3期）

1933年7月1日出版

随笔·感想·漫谈

无事忙者闲谈　郁达夫
关于排斥异端　杨藻章
大小文章　韩侍桁
开倒车　人　也
国难与运动　柳乃夫

论　文

论李金发的诗　苏雪林

小　说

当铺前　茅　盾
男人　叔　文
女人（新十日谈之一）　从　文

银鱼曲 黎锦明
荒 陈福熙
艺兰家 克 士
母亲们
〔日〕小林多喜二著 森堡译
洋泾浜奇侠（三） 张天翼
陶尔逸伯爵的午会（三）
〔法〕拉第该著 戴望舒译
诗
荔园的主人 陈江帆
缄默 陈江帆
散 文
旧侣（纪念两个朋友） 叶永蓁
老邻居 李一冰
陀螺随笔 芦 焚
剧 本
村长之家（三幕剧，第二幕一〇至一四场，第三幕一、二场）
李健吾
史料·逸话
托尔斯泰的恋爱及其《家庭幸福》
〔苏〕巴甫洛甫著 唐锡如译
社中座谈
改革本刊的建议
致编辑 人 难
复人难 编 者
“作者从半腰里跳了出来”
——致新成 张天翼
重译的困难
致施蛰存、杜衡 于春泥
按语 编 者
现代文艺画报
托尔斯泰博物院（照片，五幅）
话题中之丁玲女士（照片，四幅）
《五奎桥》之演出（照片，六幅）
莫斯科的戏剧节（照片，五幅）

八月号
（第3卷 第4期）
1933年8月1日出版

随笔·感想·漫谈
后期印象派绘画在中国 张天翼
外人表演中国救国飞机飞翔记
翁达藻
醃肉与不朽之作 杨藻章
自杀？——等我不愁吃着！
李又燃
论 文
我对于文艺批评的要求和主张
李长之
小 说
恳亲会 郑伯奇
圣型 靳 以
两个灵魂 彭家煌
谎语之夕
〔意〕摩莱谛著 陈君冶译
队长 刘 飞
洋泾浜奇侠（四） 张天翼
陶尔逸伯爵的午会（四）
〔法〕拉第该著 戴望舒译

诗

太息　李金发
忆　李金发
小伞的阵线　水　弟
倦　李心若
堤上　李心若
听歌　李心若

散　文

剪秋罗　王　莹*
　剪秋罗
　芦苇
　上弦月
穹困　〔英〕詹洛梦著　钱歌川译

剧　本

村长之家（三幕剧，第三幕二场后，续完）　李健吾

史料·逸话

太阳社与蒋光慈　杨邨人
《望舒草》序　杜　衡

书　评

《蜜蜂》（张天翼著）　凌　冰
《忏余集》（郁达夫著）　苏　汶
《剪影集》（蓬子著）　凌　冰

社中谈座

丁玲究竟是怎样一个人？
　致施蛰存、杜衡　司马焦
　复司马焦　编　者
两个沙汀
　致编者　曾沙汀
　复曾沙汀　编　者
三点意见
　致编辑先生　刘祖洞
　复刘祖洞　编　者
关于丁玲及本刊的目标
　致施蛰存、杜衡　陈文俊
　附按语　编　者

现代文艺画报

黑人文学家兰格斯顿·休士来华留影（照片，三幅）
诗人李金发近影（照片，一幅）
洪深导演之《铁板红泪录》影照（三幅）
西湖风景（木刻，二幅）　刘应洲
挤兑（木刻）　罗清桢
装卸工人（木刻）　罗清桢
初期白话诗稿
　三弦　沈尹默手稿
　人与时　鲁迅手稿
　除夕诗　陈独秀手稿

九月号

（第3卷　第5期）

1933年9月1日出版

随笔·感想·漫谈

关于翻译　鲁　迅
文治日光华　杨藻章
文明人　人　也
关店大拍卖　陈伯吹

* 原刊“目录”署“王莹”，正文署“王克洵”。

春天　唐　晴
由租房子说起　杨邨人

论　文

苏俄的艺术的转换
〔德〕Richard Lewinsohn 著　侍　桁译
勃克夫人与黄龙　赵家璧
小托尔斯泰及其文学生活——为他的文学生活第二十五年纪念而作　A.S 著　玄明译

小　说

爱欲（新十日谈之一）　沈从文
还乡　巴　金
西乃山　刘　宇
流行性感冒　叶灵凤
白夜
〔苏〕A.托尔斯泰著　江兼霞译
痣　朱迅鸩
洋泾浜奇侠（五）　张天翼
陶尔逸伯爵的舞会（五）
〔法〕拉第该著　戴望舒译

诗

恋女　陈江帆
夏的园林　陈江帆
秧尖绣的海　陈江帆
妻的梦　吴　汶
映树　欧外欧
一个没有护照的侨民　爽　啁

散　文

架上的八个　马国亮
山　何章陆

史料·逸话

小托尔斯泰自传——十月革命给予了我一切
〔俄〕阿·托尔斯泰著　玄　明译
朝鲜新文艺运动小史
〔朝〕郑学哲作　俞　遥译

书　评

《母亲》（丁玲著，良友图书公司出版）　王淑明
《怀乡集》（杜衡著，现代书局出版）　凌　冰
《雨》（巴金著，良反图书公司出版）　石　衡

社中谈座

新作家与所谓“成名作家”
致编者　子　勋
致编者　钱文珍
案语　编　者
又一个关于《春蚕》的疑问
致施蛰存　徐美鸥
答徐羡鸥问　茅　盾
关于本刊所载的诗
致施蛰存　吴霆锐
答吴霆锐问　施蛰存

现代文艺画报

新闻中的三作家——A.托尔斯泰、扬·古久列、诺哀伊伯爵夫人
舞台艺术展览（三幅）
诺威诗圣皮龙逊纪念（三幅）
街头诗展览会（一幅）
苏联文艺动静（四幅）

更正 编 者

十月号

（第3卷 第6期）

1933年10月1日出版

随笔·感想·漫谈

小品文的危机 鲁 迅

墨索里尼这个人 巴 金

呜呼派 翁达藻

枪 王今野

论 文

社会主义的现实主义论

〔苏〕华希里可夫斯基著 森 堡译

伯纳·肖的戏剧

M.列维它夫作 肖 参译

屠格涅夫 沈端先

小 说

有才叔 沙 汀

两种人 金 丁

春 〔日〕横光利一作 高 明译

胡髭 鲁 彦

觉醒

〔美〕James S.Allen著 文 萃译

巷战中 许钦文

洋泾浜奇侠（六） 张天翼

陶尔逸伯爵的午会（六）

〔法〕拉第该著 戴望舒译

诗

茑萝 南 星

寂寞的地上 宋清如

变 少 斐

黄昏 金克木

灯前 金克木

散 文

日本的女性

——东游杂忆之一 曹 英

威胁 苏 菲

史料·逸话

关于“沉钟社”的过去现在及将来

陈翔鹤

本年国际笔会纪事 薛 卫

书 评

《子夜》（茅盾著，开明书店版）

赵家璧

《战线》（墨炎著，现代书局出版）

凌 冰

社中谈座

“杰作”与模仿

致编辑先生 陈清华

复陈清华 编 者

关于适夷的创作《死》

致编者 石心照

复石心照 编 者

现代文艺画报

上海电影文艺界欢宴反战代表（照片，一幅）

鲁彦近影

横光利一像

逝世五十周年之屠格涅夫像

“沉钟社”出版物（照片，五幅）

最近上演之《怒吼罢中国》二景

明星影片《盐潮》三景
马赛莱尔连环图画四幅

十一月狂大号
（第4卷 第1期）
1933年11月1日出版

文艺独白
独白开场 编 者
创作与模仿 侍 桁
新的公式主义 苏 汶
又关于本刊中的诗 施蛰存
论 文
告中国知识阶级
——为《现代》杂志作
Vaillant Couturier 作 范 石译
附插绘：古氏原稿及其签名
关于“社会主义的现实主义与革命的浪漫主义”——“唯物辩证法的创作方法”之否定 周起应
幽默小论（附论讽刺文学的发生）
郑伯奇
海纳与革命
〔德〕O.毗哈作 鲁 迅译
《子夜》的艺术、思想及人物 侍 桁
帕索斯 赵家璧
小 说
团圆 张天翼
邻人 黎锦明
磨捐 魏金枝
病 鲁 彦
高定祥 蒋牧良
上等兵 沙 汀
请客 （故）彭家煌
塞纳河畔 汪雪楣
布鲁塞尔的忧郁 林微音
生存竞争 杜 衡
诗 歌
祇有 史卫新
艾纳莉的日子 放 湖
结束一个程序 舍 人
暮景 林 加
遗忘的歌曲 李同愈
颓废 王一心
故都的黄昏 王一心
音乐风 李心若
无题 李心若
灯 李心若
有寄 李心若
更声 李心若
归轮中 李心若
渡 李心若
旅人 金克木
愁春 金克木
生命 金克木
年华 金克木
默讼 金克木
散 文
苦茶随笔
——性的心理 周作人
离沪之前 郭沫若
福楼拜的故乡

路昂——克洼塞 李健吾
平津道上
——旅途随笔之一 巴 金
铁路上的奇遇
〔匈〕莫纳作 徐霞村译
心境的秋 叶永蓁
作家纪事
周作人先生 康嗣群
纪念彭家煌君 黎君亮
史料·逸话·考证
关于《母亲》 钱杏邨
上海剧坛史料（上篇） 杨邨人
双渐和苏卿 赵景深
社中谈座
四卷狂大号告读者 编 者
现代文艺画报
演说时之古久列氏及其速写像
许幸之
最近来华之勃克夫人
福楼拜之故乡三帧
关于福楼拜的讽刺画
彭家煌画像及其遗照 魏猛克
大道剧社演出二帧
上海艺术剧社演出二帧

十二月号
（第 4 卷 第 2 期）
1933 年 12 月 1 日出版

文艺独白
关于批评 高 明
文人在上海 苏 汶
关于中国小说之研究的管见
穆木天
看图有感（附图） 苏 汶
小 说
制服 魏金枝
一块石头 杨 刚
隐者 黎锦明
洋泾浜奇侠（七） 张天翼
向导* 叶 紫
本质 徐 讦
陶尔逸伯爵的午会（七）
〔法〕拉第该著 戴望舒译
诗
簷溜 陈江帆
百合桥 陈江帆
端午 陈江帆
穷巷 陈江帆
南方的街 陈江帆
棕榈园 陈江帆
烟 史卫斯
傍晚 侯汝华
秋的哀词 吴天籁
笛声 寒 人
不眠之夜 钱蕙荷
散 文
无可说的话 芦 焚
风铃 芦 焚
无题 芦 焚

* 原刊“目录”作“向导”，正文作“乡导”。

离沪之前（续） 郭沫若
我的屋子 靳 以
圣达飞之旅程（The Santa Fe Trail）
〔美〕林德赛作 徐 迟译
剧 本
香稻米（三幕剧，第一幕） 洪 深
作家介绍
诗人 Vachel Lindsay 徐 迟
漫 谈
戏院在苏联 苏 伍
藏书票之话 叶灵凤
附插绘：作者之藏书票
现代评坛
《白旗手》（魏金枝著，现代书局出版） 苏 汶
《丰收》与《火》（叶紫著） 凌 冰
《请客》（彭家煌著） 李 虹
社中谈座
《社会浪漫主义》（致编者） 纪 元
附编者按语
跳汽车问题（致编者） 杨 雯
附编者按语
学习创作的问题
致编者 陈之超
复陈之超 编 者
现代文艺画报
本年诺贝尔奖金得者布宁氏
捷克民族诗人齐亚氏纪念像
苏联诗人别德内依
法国女作家诺哀伊之丧仪
林德赛像
藏书票十五幅（德、英、美、日各国）
银幕上之《吉诃德先生传》四帧

本期封面 张光宇画
编者缀语 编 者
本刊征稿规约 编 者

新 年 号
（第 4 卷 第 3 期）
1934 年 1 月 1 日出版

文艺独白
诺贝尔文学奖金给了蒲宁 郑 重
我所希望于新文坛上之批评家者 刘莹姿
又一图（附图） 施蛰存
“幽默”的危险 徐荫祥
论 文
论闻一多的诗 苏雪林
小 说
父亲 穆时英
结婚 靳 以
找椅子
〔日〕芹泽光治良作 高明译
南国之夜 艾 芜
洋泾浜奇侠（八） 张天翼
汽车路 施蛰存
刘二姑娘 林俪琴
陶尔逸伯爵的午会（八）
〔法〕拉第该著 戴望舒译
人生 林微音

诗

一九三三年十月二十三日一苍蝇

投水自杀　次　郎

白云深处　吴天籁

心铃　王振军

低诉　杨志粹

生之重荷　林英强

无题　辛　予

某家　杨世骥

世事　杨世骥

原始的罪恶　杨世骥

战后　杨世骥

汉口　杨世骥

车站旁的客栈　杨世骥

散　文

离沪之前（续）　郭沫若

第一夜失眠　何家槐

子沅书信　（故）朱　湘

十一月的街（小品）　史卫斯

家（小品）　史卫斯

剧　本

香稻米（三幕剧，第二幕）　洪　深

史料·逸话

朱湘（一九〇四——一九三三）　赵景深

上海剧坛史料（下篇）　杨邨人

现代评坛

《战烟》（黎锦明著，天马书局出版）　陆春霖

《猫城记》（老舍著，现代书局出版）　王淑明

《童心》和《这时代》（王统照著，商务印书馆出版）　陆春霖

社中谈座

我的答辩　康嗣群

致编者　森　堡

再说"创作与模仿"　陈清华

现代文艺画报

纪念诗人朱湘

诗人及其家属（照片）

诗人诗稿一页（照片）

诗人之遗札（照片）

本刊原作原件八种（鲁彦、张天翼穆时英、靳以、魏金枝、沈从文、黎锦明手迹）（照片）

《法网》插画（木刻，四幅）耕　铁

本期封面设画　雷圭元

二月号

（第 4 卷　第 4 期）

1934 年 2 月 1 日出版

现代杂志社同人启事（为专职编本刊事）　施蛰存、杜衡、叶灵凤

文艺独白

批评与作家　侍　桁

文人的生活苦　森　堡

卢那卡尔斯基的盖棺试论　黎君亮

附插绘卢氏画像　魏猛克

论　文

文坛上的新人（上）　侍　桁

一、臧克家
二、徐转蓬
小　说
忧郁解剖学　叶灵凤
白里帆的疑症　黎锦明
PIERROT——寄呈望舒（上）　穆时英
洋泾浜奇侠（九）　张天翼
雪天　徐转蓬
厨刀　〔法〕拉尔波著　吴家明译
——献给昂德雷·李德
伊尹夫人　昭　得
陶尔逸伯爵的舞会（九，续完）　〔法〕拉第该著　戴望舒译
诗
旅人　佚　名
独夜　林　庚
水手　番　草
帕　平林杏子
街头的女儿　苏　俗
瘦的乡思　李金发
初恋的消失　李金发
无名的山谷　李金发
罗浮山　李金发
散　文
三四杂草（随笔）　章克标
希望的诱引
求水的心
光源的发见
剧　本
香稻米（三幕剧，第三幕）　洪　深
史料·逸话
我的诗歌创作之回顾
——诗集《流亡者之歌》代序　穆木天
城隍庙的书市　阿　英
社中谈座
侍桁先生来函
编者缀语　编　者
现代文艺画报
周作人五十诞辰之祝贺
五十诞辰与其家人合影
五十诞辰自咏诗稿
请柬
《阿丽思奇游记》影片照（四帧）
纪念最近逝世之二文人
德国作家瓦塞曼及其著作室（二帧）
苏俄文艺理论家卢那卡尔斯基及其画像（二帧）
关于陀斯妥也夫斯基（三帧）

本期封面　郭建英画

三月号
（第4卷　第5期）
1934年3月1日出版

文艺独白
忧郁解放与幽默文字　桀　犬
一个倾向　陈君冶
批评与读后感　李影心

小　说

惠泽公公　鲁　彦

PIERROT——寄呈望舒（下）　穆时英

科夫雅金手记　〔苏〕里昂诺夫著　陈君涵译

逼　李　秀

洋泾浜奇侠（一〇，续完）　张天翼

行路难　何家槐

查缸委员　圣　旦

诗

失业者　李心若

病监　莪　伽

雨色的风　庄启东

夜　沈圣时

除夕　肖敏颂

荒园　顾雪莪

落叶　柳　倩

野玫瑰　柳　倩

云鸟曲　柳　倩

最后的樽前　柳　倩

散　文

雪的回忆　穆木天

渔村　许幸之

剧　本

街头夜景（独幕剧）　陈白尘

史料·逸话

一九三三年的欧美文坛　高　明

勃克夫人（Mrs pearl s.Buck）访问记　章伯雨

现代评坛

《丁玲选集》（蓬子编，天马书店出版）　王淑明

《喜讯》（彭家煌遗著，现代书局出版）　李影心

社中谈座

《旅人》作者来信　伍　禾

现代文艺画报

张天翼照像

里昂诺夫像

勃克夫人在南京之住宅

最近来华之奥斯勃·西特威尔氏

上海举行之现代德国印刷展览会三帧

乌克兰剧坛之展望

伊巴涅斯迁葬四帧

本期封面画　叶灵凤画

四月号

（第 4 卷　第 6 期）

1934 年 4 月 1 日出版

文艺独白

心境主义的文学　穆木天

自由主义在哭　桀　犬

幽默与时髦　郑　重

论　文

文坛上的新人（二）　侍　桁

三、沙汀

论目前中国批评界之浅妄——我们果真是不需要批评么　李长之

意像派的七个诗人　徐　迟

小 说

一个波状的人和事件 黎锦明

卖不掉的商品 白 莱

祖母与孙女 陈致道

肉桂树

〔日〕牧野信一作 高 明译

失业 杜 衡

除夕的前夜 马国亮

歧路 罗 洪

诗

冬日之梦 杨予英

旅人 杨予英

簷前 杨予英

破晓 林 庚

燕市 苏 俗

泼墨 禾 金

尖风 陈雨门

公寓 陈江帆

老头儿 宋清如

灯 宋清如

散 文

自然之追怀 郭沫若

药 缪崇群

西安的女儿们

——《古城里的记忆》之一

王 莹

英国时人小品

我底旧笔杆

乔治·吉辛著 唐旭之译

达芙莱镇

刘卞司著 唐旭之译

负重的畜牲

莫亨著 唐旭之译

剧 本

永远是女人的女人

A·Farce 作 万 蔓译

逸 话

波特莱尔的病理学

〔日〕长谷川玖一作 张崇文译

现代评坛

《失去的风情》(黎锦明著，现代书局出版) 王淑明

《梦家诗集》与《铁马集》 穆木天

《圣型》 王淑明

社中谈座

关于何、徐创作问题本刊编者的声明 编 者

关于本栏的性质 编 者

现代文艺画报

国立西湖艺术学院春季展览（五幅）

伊巴涅思遗骸在故乡（四幅）

巨哥斯拉夫之拉马丁纪念碑（三幅）

银幕上之《娜娜》(三幅)

本期封面画 周多画

五月号

（第 5 卷 第 1 期）

1934 年 5 月 1 月出版

文艺独白

文人对自己的认识 桀 犬

小品文与大品文　杨邨人
谈文人的假名　苏　汶
新作家与老作家　黄振祥

论　文

王独清及其诗歌　穆木天
艺术中的一致与分歧
〔法〕Charles Mauron 作
徐霞村译

小　说

温柔制造者　张天翼
抓药　老　舍
老包子　芦　焚
烟　穆时英
跣脚的人　徐转蓬
斗牛　陈致道
路线　马子华
再亮些（长篇，一）　杜　衡
蜚语
〔美〕Willa Cather 著　江兼霞译

诗

二月的 Nocturne　玲　君
禁脔　玲　君
乐音之感谢　玲　君
大街　玲　君
公园里的一张椅　玲　君
夜归　吴　汶
无题　王　华
这一夜　史卫斯
断了弦的琵琶　晨　心
给音乐家　路易士
秋之歌　汀　石
诗拔萃　徐　迟
Meander
七色之白昼
微雨之街
都会的满月

散　文

心之语　林　庚
鲤鱼　林　庚
灯　林　庚
永久　林　庚
春神之宫　林　庚
钱　林　庚
城下
——纪念一九三三年的五月
蹇先艾
南国的五月　唐锡如

介　绍

近代美国小说之趋势
Milton Waldman 著　赵家璧译
哈姆生访问记
〔德〕华尔脱山特尔著　蒲　子译

文艺杂志

诗人斯蒂芬·乔治　居　雪
一九三四年的英文学纪念　居　雪
华塞曼及其太太　居　雪
核那尔日记中的两个故事（一）（二）
安　华
都德给陆蒂的一封短信　居　雪

现代评坛

林庚的《夜》　穆木天
《洋泾浜奇侠》（张天翼著）　王淑明

社中谈座

本刊组织编委会之计划 本 刊
黎锦明先生来涵并复书
黎锦明 杜 衡
英国时人小品中的庄子 潘修桐

插 图

人体（素描） ［法］毕伽梭
流浪歌人（素描） ［法］毕伽梭
肖像（素描） ［法］毕伽梭

六月号
（第 5 卷 第 2 期）
1934 年 6 月 1 日出版

文艺独白

诗歌与现实 穆木天
作家欲 林希隽
时代的束缚 侍 桁

论 文

诗歌往那里去？
［美］巴伯特·陶逸士作
施蛰存译
丁玲女士的创作过程 王淑明

小 说

山地 魏金枝
一个绅士的快乐 沙 汀
再亮些（一续） 杜 衡
当家师爷 蒋牧良
莱森波男爵的命运
［奥］希尼志勒作 林徽音译
蛇 郑道明

诗

泡影 莪 伽
辽阔 莪 伽
搏动 莪 伽
灯 莪 伽
路 莪 伽
黎明 莪 伽
出狱 金 伞
晌午 刘际勖
小唱 李 微
春天 沈圣时
侧关尼 严 翔
古城颂 黑 妮
谜 郁 琪

散 文

小品四篇
旅店小记 朱 菅
春雷 朱 菅
夜 苏 菲
燕子 茅 盈
修堤 杨邨人
苏联幽默小品
治病 伊芙与皮特洛夫合作
张露薇译
庙 左琴科作 张露薇译

剧 本

卖牛 石 灵

介 绍

苏联的幽默文学
V.Reni（林尼）作 张露薇译
附照片插画多幅

近代德国小说之趋势
〔德〕Jacob Wassermann
（瓦塞曼）作　赵家璧译
文艺杂录
文坛展望　编　者
黑尔曼·巴尔之死　可　玉
反纳齐斯系的新杂志《桑姆龙克》
可　玉
普劳丁的事实小说　可　玉
一九三三年英国最好的小说　林　生
日本新文学杂志之簇生　可　玉
社中谈座
关于杨予英先生的诗
致编者　崔　多
复崔多　编　者
插　图
醉（彩色）　夏迦尔
恋人（单色）　夏迦尔
自画像（单色）　夏迦尔
封面　钱君匋
扉画　夏迦尔

编后记　编　者

七月号
（第 5 卷　第 3 期）
1934 年 7 月 1 日出版

文艺独白
为什么不能产生伟大的作品　侍　桁
谈“文艺样式”　穆木天
“没有内容”　苏　汶
论　文
论研究中国文学者之路　李长之
怎样认识性爱的题材　桀　犬
小　说
机遇　黎锦明
怀臣的胡琴　隽　闻
再亮些（二续）　杜　衡
洋雀子又叫了　汪雪楣
小伙伴　黑　婴
助教
〔西班牙〕阿耶拉著　施蛰存译
禁果　徐　讦
诗
春天的心　林　庚
春晚　林　庚
无题　林　庚
苍茫　钱君匋
夜的舞会　钱君匋
云　钱君匋
弱者　谢文耀
寒夜　宗　采
秋梦　王振军
肺结核患者　张　瓴
拾煤检的姑娘　刘影皜
采桑女　厂　民
散　文
菊花　许钦文
探狱　林希隽
介　绍
叶赛宁与俄国意象诗派

〔法〕高列里作　戴望舒译
未来派的诗　高　明
近代西班牙小说之趋势
〔英〕V.S.Pritchett（蒲里契）作
赵家璧译

文艺杂录

文坛展望　编　者
高尔基主张限制新字　可　玉
集团的翻译　可　玉
最好的书与最好销的书　可　玉

社中谈座

诗的读法　吴奔星
凌冰先生来函　凌　冰
附杜衡按语

插　图

孤舟（木刻）　〔英〕肯　特
倚桅人（木刻）　〔英〕肯　特
眺望（木刻）　〔英〕肯　特
星夜（木刻）　〔英〕肯　特
封面　钱君匋

八月号
（第 5 卷　第 4 期）
1934 年 8 月 1 日出版

文艺独白

民族艺术的内容　苏　汶
学校文艺　孔若君
反对“反对”　游　丝
隐逸文学　赵心止

论　文

以演剧为中心的卢梭与百科全书派之对立　〔日〕佐佐木孝丸作
穆木天译
写实主义之发展　文　逸

小　说

笑　张天翼
圣约瑟夫的驴子的故事
〔意〕魏尔嘉作　江兼霞译
鸭子　沈圣时
一个乡下女人　冰　莹
镜饼　〔日〕中条百合子作　高明译
二少爷　方　西
再亮些（三续）　杜　衡

诗

二月风景线　禾　金
挑水夫　王承曾
帽子　吴奔星
冬夜　周　麟
秋　南　星
大板井　许幸之
白俄少女的 Guitar　玲　君
忧愁夫人　玲　君
寂寞的生物　玲　君

散　文

随笔
祈祷　南　星
冬天　南　星
风夜　南　星
小品文
书店里　朱　菅

偶然　史卫斯
一夜宿　李威深
小小的手　李心若
我的灵牌　段位忐

介绍·研究

近代意大利小说之趋势
〔意〕Luigi Pirandello（皮兰得娄）著　赵家璧译
元曲时代先后考　赵景深
巴尔扎克的恋爱　郭建英

文艺杂志

文坛展望
——大众语文统一运动的讨论　另　境
两部德籍犹太作家的自传　可　玉
苏联举行莱蒙托夫百二十周年纪念　可　玉
美国教育家所推荐的文学书　可　玉
我的最佳作　居　雪
托麦斯曼的新著　可　玉

社中谈座

关于《猫城记》的批评
致编者　李曾荣
答李曾荣　王淑明
按语　编　者

插　图

被死所袭击的孩子（墨画）〔波兰〕柯尔维支
饿（木刻）〔波兰〕柯尔维支
战后的寡妇（木刻）〔波兰〕柯尔维支
母亲们（炭画）〔波兰〕柯尔维支
封面　钱君匋

九月号

（第 5 卷　第 5 期）

1934 年 9 月 1 日出版

文坛独白

我与文言文　施蛰存
文学与政局有关？　黎君亮
杂文和杂文家　林希隽

论　文

一个值得拿生命来供献的信仰
〔英〕詹姆生女史著　陈希汉译
王鲁彦与许钦文　苏雪林

小　说

做肚仙的人　魏金枝
夜游人　黎锦明
一兵士　徐转蓬
悲惨的影子　刘　飞
幽会　〔法〕玛赛尔·阿朗作　陈砚侠译
围　安　娥
为自己还是为人
〔苏〕V.Blyussov（勃留骚夫）作　由稚吾译
再亮些（四续）　杜　衡

诗

夜风　李心若
珠空　李心若
我的眼　李心若

夜泊感 李心若
鬼曲 老 舍
七月的疯狂 吴 汶
时候 路易士
初到都市 宗 植
夏之夜 老 任
有怀 叶企范
散 文
拿波里漫游短札 李健吾
申诉 丘东平
黑色鸟 甘永柏
黄昏之忆 甘永柏
介绍・研究
近代英国小说之趋势
〔英〕Hugh Walpole
（瓦尔普尔）作 赵家璧译
世界语文学概观
〔英〕W.B.Johnso（约翰生）作
金克木译
文艺杂志
一个中国青年的自传 居 雪
威尔斯将出版自传 可 玉
介绍一位文学通讯员 可 玉
一位无家可归的作家 居 雪
社中谈座
现代杂志第一回征文启事 本 刊
插 图
皇后桥（石板画）
〔美〕Louis Lozowick
都市（石板画）
〔美〕Louis Lozowick
工厂（石板画）
〔美〕Louis Lozowick
海上（石板画）
〔美〕Louis Lozowick
封面 钱君匋

十月号
（第 5 卷　第 6 期）
现代美国文学专号
1934 年 10 月 1 日出版

现代美国文学专号导言 编 者

美国小说之成长 赵家璧
现代美国的戏剧 顾仲彝
现代美国诗坛概观 邵洵美
现代美国的文艺批评 李长之

白璧德及其人文主义 梁实秋
文评家的琉维松 赵景深
卡尔浮登的文艺批评论 张梦麟

杰克・伦敦的生平 沈圣时
曷普登・辛克莱 钱歌川
德莱赛的生平，思想，及其作品
毕树棠
怀远念旧的维拉・凯漱 赵家璧
刘易士评传 伍蠡甫
戏剧家奥尼尔 顾仲彝
安得生发展之三阶段 苏 汶
哀慈拉・邦德及其同人 徐 迟

作为短篇小说家的海敏威　叶灵凤
帕索斯的思想与作风　杜　衡
福尔克奈
——一个新作风的尝试者
凌昌言
小　说
全世界的公敌
J.London 作　王敦庆译
纳城纪事　O.Henry 作　姚　枏译
旧世纪还在新的时候
T.Dreiser 作　季羡林译
畏缩　E.Wnarton 作　赵景深译
棕发女郎　J.B.Cabell 作　朱　雯译
雕刻家之殡仪
W.Cather 作　林微音译
羚羊　S.Lewis 作　侔　人译
史丹纳　J.Oppenheim 作　唐锡如译
捕鲸船　C.Aiken 作　林　庚译
爱　J.Hergesheimer 作　陆上之译
死　S.Anderson 作　苏　汶译
瑞士顶礼
E.Hemingway 作　李万鹤译
第一个恋人　K.Boyle 作　穆时英译
里维哀拉之夕景　R.Mcalmon 作
徐霞村译
村庄里的圣人
P.Neagoe 作　司徒谷译
伊莱　W.Faulkner 作　江兼霞译
剧
绳子　U.O'Neill 作　袁昌英译
诗
现代美国诗抄　施蛰存译
我的十一月来客　R.Frost
刈草　R.Frost
树木的声音　R.Frost
李却·柯莱　E.A.Robinson
夏夜小景　A.Lowell
明亮的日光　A.Lowell
一枝迷迭香　A.Lowell
渔人之妻　A.Lowell
红色的拖鞋　A.Lowell
《麦歌集》第二　C.Aiken
《麦歌集》第六　C.Aiken
我听过的音乐　C.Aiken
货币　S.Teasdale
让他忘记了罢　S.Teasdale
灯　S.Teasdale
三个字　C.Sandburg
夜间的动作
——纽约　C.Sandburg
盛夏的乡村　C.Sandburg
默想　E.Pound
一个少女　E.Pound
黑拖鞋·裴洛谛小景　E.Pound
梨树　H·D
夕暮　H·D
沉默　E.L.Masters
在剧场中　J.G.Fletcher
灿烂（一）（二）　J.G.Fletcher
给蝴蝶　M.Weber
古手稿　A.Kreymborg
咏树　J.Kilmer
散　文
现代美国散文抄

伦敦的圣诞节
G.Ade 作　唐锡如译
战争
G.Santayana 作　陈云鹏译
说乡村生活　David Grayson 作
陈云鹏译
门　C.Merley 作　朱　雯译
散文三章
J.Iofel 作　叶灵凤译

大战后美国文学杂志编目　毕树棠
现代美国作家小传　薛　蕙
现代美国文艺杂话
第一部美国小说　可　玉
安得生与英国　可　玉
亚尔蒙的幽默　可　玉
斯坦因女士的新风格　可　玉
杰克·伦敦的《鬼》　居　雪
刘易士夫人不容于德国　安　华
现代美国散文　兼　霞
华顿夫人的文艺价值观　居　雪
关于中国的书　居　雪
马克·吐温《密苏里河的产儿》
可　玉
哈普斯小说奖金　可　玉
辛克莱任加州州长以前　居　雪
插　图
现代美国作家像（照片）
T.白璧德
L.琉维崧
J.伦敦
U.辛克莱
W.凯漱
T.德莱塞
E.华顿
C.爱肯
J.B.凯贝尔
J.赫格夏麦
S.刘易士
S.安得生
E.奥奈尔
E.海敏威
D.帕索斯
W.福克奈
K.波以尔
C.莫莱
E.A.鲁滨逊
E.E.肯敏思
H.D.
S.蒂丝黛尔
V.林德赛
C.桑德堡
编后记　编　者

十一月号
（第 6 卷　第 1 期）
特大号
1934 年 11 月 1 日出版

文艺独白
批评八股　桀　犬

遗产与名作　陈　奕
关于杂文与杂文家　林希隽
又是莎士比亚与群众　杜　衡

论　文

杨丙辰先生论　李长之
诗与自由诗　林　庚
论文艺与群众
——高尔基短篇《在轮船上》
导言　张露薇
大众语论　谢云翼
大众语运动批判　苏　汶

小　说

沈二哥加了薪水　老　舍
老太婆　沙　汀
玲子　穆时英
伐枝人
〔比〕穆里斯·德·翁比渥著
戴望舒译
盐　辛　尔
二瘾君　儁　闻
在轮船上
〔苏〕高尔基著　张露薇译
灾后　徐转蓬
被遗弃的同伴　柯　灵
小波澜　蹇先艾
伴侣　马国亮
归家　林希隽
逝　罗　洪
宴　林微音
沉重的脚　马子华
青色睡衣的故事
〔日〕舟桥圣一著　刘呐鸥译
祖父的说谎　刘　飞
再亮些（五续）　杜　衡

诗

镜铭　金克木
十月之夜　金克木
色彩的生命　赵玲瑜
芦花　庄启东
赎　苏　洛
烟　王云凡
未老的友人　刘仿铃
邓南遮诗抄　李金发译
意像
春
新唱
忠告者
Isolda
英力
梦想的歌
百合
细雨　林　庚
麦酒　陈江帆
减价的不良症　陈江帆
海关钟　陈江帆
都会的版图　陈江帆
街　陈江帆
秋风　陈江帆

散　文

谈诗　郁达夫
象　黎锦明
母与子　季羡林

安息　南　星
骡车　南　星
虞山秋旅记　倪贻德
秋田雨雀访见记　王　莹
迁徙　杨邨人
五步楼散品　另　境

剧　本

伍子胥（五幕剧，第一幕）　杨　晦
自由〔美〕约翰里特作　邱　波译

征　文

文艺作品对于我的生活的影响
引言　编　者
（一）　勤
（二）　芄　生
（三）　小　元
（四）　亮
（五）　施　君
（六）　楚振元
（七）　念　叔
（八）　黄　慷
（九）　张　君
（一〇）　青　鸟

插　图

女头像（素描）　周　多
女裸体像背面（素描）　周　多
女裸体像正面（素描）　周　多
自画像（素描）　周　多

启事　现代杂志社

革新号

（第 6 卷　第 2 期）

1935 年 3 月 1 日出版

革新的话　本社同人

现代论坛

手头字运动　馥　泉
一折六扣书　馥　泉
读经救国　馥　泉
目前中国为什么没有伟大的批评家？　少　问
走入“牛角尖端”的“幽默”　少　问
要求教育的平民化　唯　明
鲁沙——危王——熊毛　渭　明

国际政治经济

从法意妥协到伦敦协定　唯　明
英日斗争下的暹罗　郭静之
现阶段世界经济恐慌的特性　钱泽夫

中国经济文化

一九三四年中国对外贸易之检讨　李　珩*
中国国民经济发展的核心问题——独立评论论争的检讨　漆琪生
中国出版界到何处去？　傅逸生

通俗学术讲座

诗之理解（文艺讲座）　伍蠡甫

* 原刊“目录”署“李衍”，正文署“李珩”。

文艺作品底价值问题（文艺讲座） 少　问
“英雄造时事”——“时势造英雄”（社会科学讲座） 黎　仁
电子论导出的世界观（自然科学讲座） 王特夫
随　笔
追怀洪雪帆先生 郁达夫
腊雪 徐蔚南
姨太太再嫁与老爷续弦 陈子展
特种高等华人 顾仲彝
诗话的诗话 赵景深
看日本一天的无线电播音！ 任白涛
短短的随笔 庄启东
妇女问题
妇女们从去年到今年——挤进去与挤出来 碧　遥
母性与职业 碧　云
从男女平等谈到守寡——离婚——择夫条件 闽侯七十二叟
作家论
梁实秋论 王集丛
创　作
王教授归家 万迪鹤
饭摊的悲剧 陈数旬
书报评论
读了萨（孟武）著《水浒传与中国社会》之后 以　明
江侠庵编译《先秦经籍考》底胡译 慧　先
介绍《中国大学生日记》（万迪鹤著） 李华卿
青年生活导引
选择学校的标准 华　源
怎样利用你的时间 庄　实
国外通讯
日本教育漫谈 汪洪法
中外文化消息
科学情报 君　实
哈洛尔特·尤莱博士
月球的模型
大西洋航空路上的霸王
世界最大的灯塔用凹凸镜
“机器脑”的伟力
奇怪的变电所
英国海岸的陷落
希腊古代的浴室
两个文化机关
中法文化交换出版委员会 骆　清
中国农村经济研究会 华　新
一九三四年苏联文坛和剧坛 任白涛
藏书家巴尔都 君　实
琐琐屑屑
世界文化界杂讯六一则 慧　先
“考古学社”社刊出版 郑师许
文人杂讯二〇则 慧　先
补　白
世界伟人及其脑髓
插　图
意大利首相莫索里尼（像片）

英国首相麦克唐纳（画像）
英国枢密院院长鲍尔温（像片）
法国总理佛兰亭（像片）
法国外长赖法尔（像片）
暹罗地图、皇帝、皇后及风景（共六幅，照片）
“科学情报”栏插图（八幅，照片）
国际时事漫画（六幅）
生的残渣（木刻） 马 达
义勇军在东北（木刻） 马 达
“抄靶子”（木刻） 马 达
逃荒（画） 马 达
封面绘 钱君匋

编辑后记 汪馥泉

附 页

手头字 手头字推行会
推行手头字缘起
发起人个人名单（二百人）
发起机关名单（十五个单位）
手头字第一期字汇（三百个）

四月号
（第 6 卷 第 3 期）
反“读经”“存文”特辑
1935 年 4 月 1 日出版

反“读经”“存文”特辑

反“读经”“存文” 汪馥泉
说到测字傩 陈望道
但，地球是在回转着！ 郑伯奇
无经可读
——国学扬弃之一 曹聚仁
存的什么文 乐嗣炳
青年读经与中国文化 陈子展
读经与存文 叶 青
关于复活文言运动 王集丛
“读经”“存文”其社会的意义 唯 明

国际政治经济

希腊内乱与巴尔干的风云（附插图五幅） 郭静之
日趋尖锐的货币战争（附插图二幅） 唯 明

中国经济文化

中国农村复兴与中日经济技术合作 漆琪生
我国考古事业之回顾 郑师许

通俗学术讲座

我们为什么有学哲学的必要？（哲学讲座） 刘鸿钧
艺术才能与生活经验（文艺讲座） 王集丛

随 笔

爆竹 谢六逸
“人”与“言” 顾仲彝
“读书会与沙龙” 禾 子
英国的汉字家贾尔思逝世 赵景深
日本文坛宿将坪内逍遥逝世 慧 先

作 家 论

王星拱论 王特夫

创　作

赌　魏金枝

青年生活导引

苦闷中的青年应该怎样生活？　华　清

生活素描

一三五　黄　华

国内外通信

日本政局中的暗潮　明　时

合肥农村底展览　雨

现代小园地

世故（创作）　沭逆风

江苏的省会（地方素描）　沈　论

说“屐”（事物素描）　吴家盛

觉醒（诗歌）　夏　知

都市的夜（诗歌）　子　诠

中外文化消息

作家大会后的苏俄文学界（附插图五幅）　白　涛

波斯的文学　白　涛

科学情报（附插图五幅）　君　实

世界最大的飞艇

电气打字机

耸立的大天线

最新的太阳热暖炉

一九三五年的锁

琐琐屑屑（文化界杂讯）

徐嘉瑞事等二六则　慧　先

陈楚珩女士事一则　敏　子

陈翰笙、江绍原事各一则　文　子

杨堃、彭基相事各一则　骥

郑伯奇、林如稷、方光焘事各一则　川

丁玲事一则　穿山甲

《连环》《新诗歌》、杨骚事各一则　志　坚

汪洪法事等二九则　慧　先

插　图

斜徐路的一角（木刻）　山　定

东方底精神文明之一（漫画）　同　光

流离（漫画）　马　达

逃亡（漫画）　马　达

图书馆（漫画）　郭　古

阅报室（漫画）　郭　古

五月号

（第 6 卷　第 4 期）

1935 年 5 月 1 日出版

现代论坛

扫除文盲运动底工具问题　馥　泉

翻版西文教本　馥　泉

国文程度低落了吗？　馥　泉

字汇限制运动　保　时

读经与会考　慧　先

存文会到存结绳会　馥　泉

政治与文化

德国宣布重整军备以后的欧洲　唯　明

知识分子向何处去？　李华卿

一般性质的杂志之检讨
雷鸣蛰　李正名
通俗学术讲座
关于社会发展的一场讨论（社会科学讲座）　方于孚
行星上有没有我们的兄弟？
——其信号测验方法之检讨（自然科学讲座）　王特夫
随　笔
美国诗坛耆宿鲁滨孙逝世　伍蠡甫
关于手头字　胡行之
我仰望天上的星星　叶鼎洛
哦！作母亲的，这些都是你的错！
马宗融
陈逵英诗汉译两章（诗歌）
On Reading Romeo And Juliet
胡　鼎译
If Lite Is A Tree　胡　鼎译
关于小品文　庄启东
病——纪念一个朋友之死　胡依凡
模仿的作家与创造的作家　乔　生
文化里面找不出"本位"来
——中国本位的文化是什么？
姚宝贤
创　作
墟上　沈起予
青年生活导引
从吃饭问题说到青年的行径
立　德
失学青年怎样解决求学问题？
凌　云
生活素描
"仍是一名二等兵"　陈小乙
我的书记生活　斤　风
国内通信
淮北的社会情况（海州通信）
纪　旬
现代教育速写之一（宁波通信）
黄谷穗
现代小园地
恐怖的溪头都（创作）　沈　默
送ML北行（随笔）　洛　英
谭锁（随笔）　涓　之
猢狲王（生活素描）　周光先
上地理课时（生活素描）　徐孤雁
《屐痕处处》（郁达夫著，现代书局出版）（书报评论）　心　镜
煤炭花（诗歌）　张天授
播种（诗歌）　文怀亮
杂　碎
诞生十五周年的苏联电影　志　坚
"卡里瓦那"百周纪念　张名彦
波斯易名伊兰　君　实
人力车的起源　慧　先
琐琐屑屑（文化界杂讯）
《我们对于文化运动的意见》等五六则　慧　先
陆侃如、冯沅君事等一〇则
卯　金
郭沫若事一则　敏　子
戴望舒事一则　英
邵冠华事一则　和　名

周其勋事一则　宁
丁作韶事一则　万
吴剑岚事等九则　春　柳

插　图

春（木刻）　郝力群
漂泊（木刻）　攻
天下第一关（木刻）　马　达
生离死别（木刻）　马　达
大众食堂（画）　郭　古
拾遗者（木刻，封面）　张　惠

编辑后记　馥　泉

107 文学月报

简 介

《文学月报》，中国左翼作家联盟机关刊物之一。一九三二年六月十日创刊于上海，编者署“文学月报社”，实际上前两期是姚蓬子编辑，从第三期起由周起应（周扬）编辑，由光华书局发行，十六开本。一九三二年十二月十五日出至第五、六期合刊号被国民党政府查禁，共出六期。

《文学月报》是中国左翼作家联盟创办的类似《北斗》杂志的文学刊物，它重视文学创作，发表了一些有影响作品，如张天翼的小说《最后列车》，艾芜的《人生哲学的一课》、巴金的《马赛的夜》洪深的《五奎桥》和茅盾《子夜》的部分章节，以及杨骚等人的新诗。还编辑了“九一八周年”，“一·二八事变的回忆”两个专辑，发表了不少散文。《文学月刊》十分重视文艺问题的讨论；发表鲁迅、瞿秋白的文章，进行翻译问题的讨论；发表瞿秋白、茅盾、方光焘、李长夏等人的文章，参加当时文艺大众化问题的讨论；还刊登鲁迅、茅盾、周扬、胡风等人的文章，参加与“自由人”、“第三种人”的论战；终刊号上还发表了鲁迅的《辱骂和恐下决不是战斗》，实际上提出端正学风和文风的重要问题，引起左翼文艺界的讨论。该刊“文艺情报”栏，经常报道中外左翼文艺运动的消息。《文学月报》在创作和理论两方面对当时革命文学的建设作出了贡献。

目　录

创刊号
1932年6月10日出版

封面　钱君匋
论　文
大众文艺的问题　宋　阳
论翻译　鲁　迅
诗
被蹂躏的大众　蓬　子
颂歌　蓬　子
血唇　蓬　子
决心　蓬　子
创作和翻译的小说
火山上　茅　盾
某夜　丁　玲
孩子们　金　丁
抛弃　冰　莹
马赛的夜　巴　金
请愿外篇　芦　焚
雨后　蓬　子
圣尼古拉的圣像
〔苏〕M.琉平作　肖　聪译
论　文
弗洛伊特主义与艺术
〔苏〕弗理契著　周起应译
戏　剧
暴风雨中的七个女性　田　汉
书　评
雷马克的退路　Biha著　华　琪译
《苏联闻见录》序　鲁　迅
现代中国作家自传
我的小传　茅　盾
我的生长和没落　白　薇
印象的自传　洪　深
编后记　蓬　子

第2号
1932年7月10日出版

论　文
问题中的大众文艺　止　敬
再论翻译答鲁迅　J.K.
艺术与大众　方光焘
诗
闸北　德·培赫尔作　王平译
肉和酒　蓬　子
这里　蓬　子
创作和翻译的小说
最后列车　张天翼
消息　丁　玲
骚动　茅　盾
归来　F.Panferov作　许幸之译
焦炭，人们和火砖
V.llienkov作　周起应译
戏　剧
战友　田　汉
一·二八事变的回忆
两个不能遗忘的印象　沈端先
时代下几个必然的人物　洪　深

战时琐记 叶圣陶
第二天 茅　盾
在炸弹下三日间 陶晶孙

编后记 蓬　子

第1卷　第3期

1932年10月15日出版

第二个九一八 李　文
再论大众文艺答止敬 宋　阳
论弗里契 易　嘉
没工夫唾骂！（诗）
〔苏〕别德纳衣作　向　茄译
创　作
夜会（小说） 丛　喧
旱（小说） 徐　盈
中秋（戏剧） 田　汉

《大上海的毁灭》（批评） 方　英
一封写给几个美国人的回信
〔苏〕高尔基作　柯尔达译
我要活
〔苏〕聂维洛夫作　鲁　迅译
"凯旋"
〔日〕掘田升一作　森　堡译
九一八周年
九一八的感想 亚　子
九一八的回忆 田　汉
九一八周年 茅　盾
我对于九一八的感想 洪　深
九一八的感想 穆木天
向着暴风雨前进 适　夷
一个印象 华　蒂

九一八战争后的日本文坛 沈端先
文艺情报
新俄文学团体改组
高尔基谈文学贵重作品交换
艺术学者柯根之死
爱森斯坦因回国以后
美国约翰李特俱乐部近讯
国际作家联盟举行第三次大会
国际戏剧家联盟日本代表被捕

第1卷　第4期

1932年11月15日出版

插　图
《失业》（木刻） 珂勒惠支夫人
《觞子》（木刻） 珂勒惠支夫人
《作工》（木刻） 麦绥莱尔
《开会》（木刻） 麦绥莱尔
《用功》（木刻） 麦绥莱尔
伟大的高尔基
吉尔波丁作　绮　影译
论高尔基
〔法〕罗曼·罗兰作　寒　琪译
戏　剧
母亲（前奏曲） 田　汉
五奎桥 洪　深

诗

小兄弟的歌　杨　骚

工厂的叫嚣　风　斯

汉奸的供状　芸　生

高尔基年谱　沈端先

连环图画辩护　鲁　迅

创作小说

通讯员　东　平

和尚大队长　张天翼

月台上　耶　灵

码头上　沙　汀

光　罗拉克翰作　适　夷译

文艺情报

高尔基创作四十年纪念庆祝会

艺术劳动者大会

《文学遗稿》哥德专号

高尔斯华绥得诺贝尔奖金

德国警察禁止“母亲”上演

中国诗歌研究会成立

通　讯

关于《暴风雨中的七个女性》

陈衡哲　丁　玲

编辑后记　编　者

第1卷　第5、6期合刊

1932年12月15日出版

祝中俄文字之交　鲁　迅

伟大的第十五周年文学

〔日〕上田进作　适　夷译

在第聂泊洛水电厂

倍拉·易烈希作　沈端先译

悲剧之夜

倍兹敏斯基作　穆木天译

自由人文学理论检讨　绮　影

粉饰，歪曲，铁一般的事实

谷　非

连环图画小说　茅　盾

论“同路人”与工人通讯员

克莱拉作　何丹仁译

普列汗诺夫批判　IB作　黄芝葳译

高尔基与托尔斯泰

〔苏〕卢那察尔斯基作

沈起予译

《法律外的航线》(书评)　茅　盾

戏　剧

五奎桥（续）　洪　深

地动　希达斯作　胡　楣译

诗

祖父的拐杖　何　菲

创作小说

人生哲学的一课　艾　芜

野火　沙　汀

开辟　耶　林

福地　徐　盈

罗警长　柯　琴

咱们的世界　李辉英

活的墓场　祝秀侠

高尔基和工人作家的谈话　林　琪

文艺情报

国际作家联盟改选　华　蒂

全俄作家同盟组织委员会大会　华　蒂

罗曼罗兰评《国际文学》　华　蒂

德国名优雅宁斯将赴俄　华　蒂

通　讯

辱骂和恐吓决不是战斗　鲁　迅

关于大众文艺问题　李长夏

特　载

中国著作家为中苏复交致苏联电

108 文艺茶话

简 介

《文艺茶话》，月刊。一九三二年八月十五日创刊于上海，第一卷由章衣萍、徐仲年、华林编辑，第二卷由徐仲年、孙福熙编辑，先后由“文艺茶话月刊社”与嘤嘤书屋出版发行，十六开道林纸本，一九三四年五月一日出至第二卷第十期终刊，共出版二十期。

《文艺茶话》是在上海一些文人仿照法国“文艺沙龙”的形式举行“文艺茶话会”的基础上产生的。一九三二年六月十九日由当时主编《中华日报》文艺副刊《小贡献》的孙福熙发起、召集文艺界人士举行“文艺茶话会”，不拘形式地漫谈有关文艺的问题，并搞一些绘画、摄影、文艺小节目等活动，章依萍、徐仲年等继孙福熙之后积极参与这一活动，并发起创办了《文艺茶话》月刊。该刊明显地带有“艺术至上”与把文艺作为消遣品的倾向。它刊登的美术作品、古体诗词、小品文、西方国家文艺情况较多，整个刊物不大能看到时代的风云变幻。

《文艺茶话》的主要撰稿者，有曾仲鸣、柳亚子、孙春苔、曾今可、李青崖等人，周作人、郁达夫、齐白石、徐悲鸿、孙伏园等也在刊物上发表过作品。

目　录

第 1 卷　第 1 期

1932 年 8 月 15 日出版

谈谈《文艺茶话》　衣　萍

风中随笔　衣

“文艺茶话”　华　林

情与美　徐仲年

看月楼新词　衣　萍

旧诗两首（铜版）　曾仲鸣

东方艺术之生命　汪亚尘

卑之无甚高论　孙福熙

一个友人的闲话　陈抱一

打油词三首　章铁民

《低诉》修正版序　王礼锡

浪淘沙　铁　民

芦花　雪　夜

苏幕遮　铁　民

词两首　曾仲鸣

给阿姊的信　曙　天

风中随笔　衣

小屋杂记　伊凡女士

读书杂记　余慕陶

插　图

一、水晶簷下的佳妃馆（在巴黎）

二、罗马著名之文艺佳妃

三、埃及女人杜绮像

四、希腊巴尔戴挪庙中阿载那像　霏提雅司作

五、希腊巴尔载挪的柱头墙饰

六、希腊米罗岛中的女爱神像

七、其雅茶大像　莱乌那·大·凡西作

八、处女圣母与绿色垫子意大利的女性美　肃拉利乌作

九、意大利的女性美（参看徐仲年情与美）　霏赛利作

第 1 卷　第 2 期

1932 年 9 月 15 日出版

欧人对于中国青年学业上应负的责任　徐书珊著　徐仲年译

诗一首（铜版）　罗家伦

减兰　衣　萍

法国爱情书诗选——中古时代致阿倍拉尔（Abelard）　Heloise 作　徐仲年译

无题诗　曾仲鸣

月下夜谈　华　林

蝶恋花　衣　萍

九江水边听唱　孙福熙

纪念黛爱丝女士　华　林

词三首（铜版）　柳亚子

艺术漫谭　汪亚尘

秋日怀人*　衣　萍

德漠斯推呐司的没落　和辻哲郎著　陈抱一译

调笑令十六首　哑　农

* 原刊“目录”作“旧日怀人”。误。

窥绣房（套曲） 听梧桐雨生
诗二首（秋夜、黑桥道中） 江 芷
失身之后 ［法］M.Prevost 著 侯佩尹译
风风沙沙 陈承荫
送章铁民赴奥序 周乐山
爱的贻误 入伍生
词一首（临江仙） 江 芷
华林和孙福熙先生 曙 天
词二首（少年游、满庭芳） 曹诚英
芦花（续一） 雪 夜
词二首（高阳台、蝶恋花）* 江 芷
小屋杂记（续） 伊 凡
心的空虚 曾今可

插 图

一、青春与爱神 Bouguereau 作
二、为恋爱而被上帝驱逐天堂的爱芙 J.Lefebvr 作
三、海中人身鱼尾女仙 Puech 作
四、神秘的微笑 Picard 作
五、爱露绮思与阿倍拉尔的墓 徐仲年摄
六、一别音容两渺茫 Bartho Lome 作
七、九江水边听唱 孙福熙作
八、黛爱丝女士遗像（铜版）
九、生命的清晨 方君璧作
十、此去天涯将焉托 徐悲鸿作
十一、写真 陈抱一作

第 1 卷　第 3 期

1932 年 10 月 10 日出版

庞薰琹绘画座谈 李宝泉　孙春苔**
诗一首（铜版） 陈公博
柳亚子自传 柳亚子
丙寅元旦梦觉忆内 徐悲鸿
献花给我朋友 庞薰琹
华安大厦晚眺（铜版） 庚 白
雨夜有忆（铜版） 庚 白
浪淘沙（铜版） 庚 白
上海 徐仲珊作　徐书年译
满觉陇 春 苔
朝阳洞观旭歌（诗） 徐梗生
咖啡 莫 佳
僵蚕（诗词） 陈守梅
端那德罗之作风及其影响 林文铮
与小鹿渡中南海登瀛台坐茶（诗） 礼 锡
乘凉（诗） 张 凤
艺术家的修养 汪亚尘
一剪梅（词） 衣 萍
辟拉麦斯 Pyauws 与瑟士白 Shisbe 郭崇厚

* 原刊“目录”作“词三首”，误。

** 原刊“目录”漏署李宝泉。

赠别无垢爱女（诗） 亚　子
送无忌蔼鸿北行（诗） 亚　子
旧诗漫话 钱畊莘
夜游燕子矶（诗） 曾仲鸣
晚眺（诗） 曾仲鸣
芦花（续二） 雪　夜
咖啡馆里的弥罗 李宝泉
无端（诗） 张平江
插　图
一、曾仲鸣像（轻描淡写） 甘乃光
二、老妇 方如珊作
三、“卢梭”在“华伦夫人”家中
四、拉马丁及其歌颂之湖
五、本会茶友华林在意大利佛罗杭司留影

第 1 卷　第 4 期

1932 年 11 月 30 日出版

苏曼殊略传 柳亚子
瑞士游记 汪亚尘
十一月二十一日夕中夜有感 仲　鸣
法国爱情书诗选译——十四与十五世纪
美人 Jehannot de Lescurel 作 徐仲年译
素描 Fustache Descnamps 作 徐仲年译
低诉 Christine de Pisan 作 徐仲年译
五月一日 Charles d’Orlèans 作 徐仲年译
幸福的光明（诗） 庚　白
在戴上眼镜以前 李有行
红叶寄感（散文诗） 雪　亚
秋日登黄鹤楼 问　鹃
百字令（词） 曾仲鸣
有一天（诗） 曾今可
沪事感言（诗） 平　江
黄花冈吊古（诗） 平　江
艺术箴言 罗　丹作 郎鲁逊译述
《永嘉长短句》序 郁达夫
与柳亚子论词书 董每戡
中国与西洋的点心 孙福熙
插　画
一、鹰 高奇峰作
二、绿荫 周碧初作
三、吴山望钱塘江 荣君立作
四、泉瀑冰河图景（摄影，四幅） 汪亚尘摄
五、八骏图 杨秀涛作
六、枫叶芦花 孙福熙作

第 1 卷　第 5 期

1932 年 12 月 31 日出版

白利欧略传 李青崖
微尘的烦恼（抒情文） 罗黑芷
法国爱情书诗选——十四与十五世纪（二）

致吾友 Francois villon 作
徐仲年译
致贾白利蔼儿·苔丝脱莱
Francois Villon 作徐仲年译
好梦
Lement Marot 作 徐仲年译
巴黎铁塔 孙福熙
“中国帽子”的本事 李有行
密孟朗基 郎鲁逊
现代艺术的要素 汪亚尘
嫠妇的长子
〔法〕保禄布尔慈作 李青谷译
理不了的仇恨 王瑞华
莎士比亚之爱情悲剧 华 林
编了之后 编 者

插 图

一、纺纱女 〔法〕麻 荷作
二、安内西湖 曾仲鸣摄
三、白利欧中年肖像
〔法〕慕 仑作
四、巴黎铁塔 《写真学报》摄

第 1 卷 第 6 期

1933 年 1 月 31 日出版

南京“文艺茶话”的追记
王平陵
狐皮袍子 孙福熙
法国爱情书诗选——十六世纪
鸠吻
Re’rni Belleau 作 徐仲年译
我应否咒骂
Etienne Jodelle 作 徐仲年译
银发 若阿香·居·贝雷作
徐仲年译
嫌恶 Jean-Antoine de Baif 作
徐仲年译
致贾桑特儿
宏莎作 徐仲年译
吊玛丽 宏莎作 徐仲年译
致爱兰纳 宏莎作 徐仲年译
那只兔子
〔法〕莫伯桑作 李青崖译
路（上海速写之一） 徐书珊
艺术与赏鉴 汪亚尘
到大世界去 曹今可
一个画家的模特儿 李有行

插 图

一、神秘（雕刻） A.Moncel 作
二、山海关附近（摄影）
黄碧遥摄
三、年青的乞丐（画）
B.E.Murillo 作
四、出水芙蕖（画） P.Chabas 作
五、魏宜斯城（摄影） 曾仲鸣摄
六、方贤俶象（画） 方如珊作
七、中法大学内罗马古迹（摄影）
徐仲年摄
八、夜景（摄影） 徐仲年摄
九、三位好朋友（画）
J.Veber 作

第 1 卷　第 7 期*

1933 年 2 月 28 日出版

上海“文艺茶话”的产生　徐仲年
第五次参加“文艺茶话”会纪略
彭荣桢
三位做画家的朋友　李宝泉
罗兰　杨秀涛
法国爱情书诗选——十六世纪（二）
求吻　L uise Charly Labé 作
徐仲年译
乐园
Agrippad’Aubignc 作徐仲年译
你为何不爱我
Mathurin Pégnier 作　徐仲年译
十九世纪法国的浪漫主义运动
贺义昭
婚曲
〔挪〕Selma Lagerlof 著　松　子译
艺术谈片　郎鲁逊
通信
致《文艺茶话》诸艺师
夏艺圃
复夏艺圃　徐仲年
插　图
一、徐仲年近象　方如珊作
二、Odette · W 女士象　罗　兰作
三、艺术骗人走长路不叫苦
孙福熙作
四、爱神与美女毕西显　日哈尔作
五、吻　罗　丹作
六、“默除斯”的浮筏　戴那谷作
七、曝日　V.Hugo（雨果）作

* 由于本书编者所找的此期，系原刊在装订时被撕去了版权页的本子，没法得知其具体出版时间，故出版时间暂缺。以下凡未注明出版时间的各期，情况均如此。

第 1 卷　第 8 期

1933 年 3 月 31 日出版

痛哭乎？微笑乎？　徐仲年
西湖与艺术　华　林
去时梅花归时雨　朴　园
诗人与爱人（小品）　雪　亚
参加文艺茶话会记　陈达仁
春雨楼头（诗）　许绮禅
春在湖上　陈守梅
春来矣西子嫁未　李宝泉
这口剑（散文）　张载人
关于李竹子的素描　李宝泉
憧憬的梦　曾亚萍
叹逝　曾亚萍
徐仲年先生的《座谈集》　孙福熙
西桥帐望（诗）　陈醉云
浪淘沙（丽芒湖上）（词，手迹）
曾仲鸣
插　图
一、灵峰梅花下的“文艺茶话”
赵人麟摄
二、梅花林中　赵人麟摄
三、华先生的讲演　蔡　振作

四、翡翠屏前玉簪堕　吴子深作
五、驾驭神车　手　辰作
六、湖上　曾仲鸣摄
七、春的时装　雷圭元作
八、怀古　卫　因摄
九、杭州超山宋梅　沈　灵摄
十、家庭　李竹子绘
十一、裸体习作　李宝泉作

第1卷　第9期

1933年4月30日出版

忆里昂　曾仲鸣
念五初度自述八首（词，手迹）　素　伯
蜗牛角上的人生观　徐仲年
贝多芬的生活与艺术　华　林
文艺复兴隆盛期的素描画家　李宝泉
明孝陵（诗）　止　强
大家好朋友聚会一次（散文）　春　苔
中国画家唯一的缺憾　林俊德
欣赏女人与欣赏艺术　启　俊
海滨应设暑期学校　华　林
关于散文，小品　所　北
情曲（诗）　何拯民
初夏（散文）　郑　洛
读了《三湖游记》以后　夏艺圃
艺术考察旅行　陈达仁

插　图

一、孙伏园与其长子在定县农村　汪　谅摄
二、贝多芬像　华　林赠
三、圣母像　米启朗琪作
四、末日审判　米启朗琪作
五、留名纪念（手迹）　华　林等
六、艺专旅行团在泰山　陈达仁赠
七、泰山南天门　陈达仁摄

第1卷　第10期

1933年5月31日出版

悼钱夫人（诗）　徐仲年
谈心（散文）　蠢　然
美的发见　郎鲁逊
梅雨（诗）　傅尚杲
死，火，活（小说）　王汝龙
热泪长流（散文）　丁伯骝
“天堂”归来（散文）　曾今可
“文艺茶话”在苏州举行　孙福熙
关于李宝泉的批评　李竹子
每天里的今天（散文）　曾亚萍
酒（散文）　赵钲权
麦林和叶子（散文）　多　己
月下小吟（诗）　陈醉云
像燕子般的飞来飞去（散文）　爱　昂
失业声中读艺风　家　祥

插　图

一、焦山帆影　曾仲鸣作

二、月下孤雁　叶浩奎作
三、西湖国立艺专教授们　振作摄
四、求其友声　吴培根作
五、诗之湖　方君璧作
六、小姑娘（摄影）　慎　摄

第2卷　第1期
1933年8月1日出版

关于周碧初先生的苏州风景画　诸家口述　徐仲年记
文学家巴比塞先生　徐仲年
丽娃栗妲（Villa Rio Rita）之夜（小说）　晓　筠
静夜（诗）　孙止强
鱼的世界（散文）　彭子蕴
艺术与人生　黄仲锡
四月的紫董花（散文）　印　荃
文学家和数学　钟敬文
红唇曲（诗）　沙　蕾
一件寻常事（小说）　华　华
西湖曦雾（散文）　王谷君
寻春（散文）　陶定国
夏荷（散文）　楼观泽
死的颂赞（诗）　李次民
惨淡的早晨（诗）　朱海衣
曲阜之游　陈达仁
给小盲女（Pleureuses 之一）（诗）　巴比塞作　孙福熙译

插　图

一、苏州北寺塔　周碧初作
二、庐山落日　方君璧作
三、巴比塞肖像
四、“一夜寒生骨，满天风散花”　A.Baertsoen 作
五、春塘鱼梦　高剑父作
六、“妆成桃李春”　L.De Winne 作
七、“明年花开复谁在”　J.Dillens 作
八、“纱窗日落渐黄昏”　H.De Braekeleer 作
九、“金屋夜多情”　J.Lambeaux 作
十、“四气相催节回换”　Eugène Smits 作

第2卷　第2期
1933年9月1日出版

撂豆腐的盐奶（给孙伏园信手迹）　周作人
绍兴东西　伏　园
岭南杂咏应福熙先生雅嘱（诗）　何拯民
酸梅汤以外（小品）　春　苔
无锡的特产　徐仲年
茶话座中所忆　凫　公
忆里昂　仲　鸣
关于“撂豆腐”的来往文件　作人等
断影（散文）　彭子蕴
论丑　郎鲁逊
人格独立　华　林

夏荷（散文，续） 楼观泽
车上杂记（散文） 汪曼颀
从熘豆腐说艺术 孙福熙
吻曲（诗） 何德明
荡妇曲（诗） 何德明
曝献 慧 因

插 图

一、天下第二泉 仲年摄
二、里昂中法大学全景 孙福熙摄
三、春恼情怀自觉瘦
ALFred Stens 作
四、荷影 方君璧译
五、敢将十指偏夸巧
Ed Agneessens 作

第 2 卷 第 3 期

1933 年 10 月 1 日出版

四十自述 汪亚尘
稻田（诗） 何子聪
西湖之秋 孙福熙
望江南（诗） 赵钲权
艺术家与其对人生的“真”
彭子蕴
子夜歌（诗） 赵钲权
妈妈倚着门槛在望（诗） 所 北
论小品文 徐仲年
樱桃（散文） 姚慎机
天才辨 华 林
寻春人（诗） 张攸来
惧内者（一）
〔美〕欧文著 汪炳焜译
鹧鸪天（诗） 解 人

插 图

一、曾仲鸣先生手稿
二、汪亚尘先生肖像
三、鸟 汪亚尘作
四、竹 孙福熙作
五、碎鼻头像 罗 丹作
六、老妇人像 罗 丹作
七、抗日与迎月 张振铎作
八、兰梅竹菊 杨秀涛等作
九、鸡狗 陈抱一等作

第 2 卷 第 4 期

1933 年 11 月 1 日出版

高根在答伊底 常书鸿
忆仙姿（词） 赵钲权
菊颂（散文诗） 徐仲年
落叶（散文） 曾亚萍
在热闹场中从旁鼓吹 孙福熙
友谊与社交 华 林
庐山杂诗（诗） 敬 文
一个自杀者底遗书 彭子蕴
夜（诗） 张浩瀑
枫叶（散文） 陆印全
抒情诗人宏沙 徐仲年
落霞（诗） 何子聪
理想的中文人 诗 庵
惧内者（二）
〔美〕欧文著 汪炳焜译

哭瑞之（挽词） 张振铎

插 图

一、答伊底的女人 高根作
二、现代化的小孩
三、你委实是冰做的
四、茶房再来一杯

第2卷 第5期

1933年12月1日出版

红叶片片 徐仲年
热情扩大了生命 华 林
“文艺茶活”的苏沪往还 孙福熙
“文艺茶话”归来 黄觉寺
从订婚谈到离婚 陈承荫
人生的乐趣 孙福熙
Y先生的时代热 彭子蕴
流浪者的哀歌（诗） 许绮禅
桃花巷（散文） 钱畊莘
惨伤的翠香花（诗） 刘绍先
被追逐的追逐者 李宝泉
抒情诗人宏沙（续） 徐仲年
流星 洪文佩
在Empress of Russia船上（诗） 陈 辉
小病礼赞（散文） 吴大琨
暮（诗） 孙止强
还乡（诗） 沙 蕾

插 图

一、第七十三次“文艺茶话”
二、出发游天平 徐仲年摄
三、苏州狮子林 徐仲年摄
四、求婚少年
五、天平山一线天 杨光骏摄
六、天平山鹦鹉舌 杨光骏摄
七、丈夫与妻子
八、苏州虎丘 徐蕙芳摄
九、腿太显露了

第2卷 第6期

1934年1月1日出版

新岁献辞 本刊同人

文艺的陶醉与兴奋 华 林
这季候的学术生活 孙福熙
酒后 雏莺女士
秋意（诗） 陆印全
凋残了的玫瑰梦（散文） 彭子蕴
月下（诗） 苏 梦
古巴革命（小说） Burnham Carte著 陈静鹤女士译
无母之儿（小说） 郎鲁逊
花环的群星（诗） 广 平
寄给那有两颗橄榄似的眼睛的（诗） 苏 梦
诗匠 王谷君
桃色的梦（散文诗） 姚逸韵
静（小说） 安德烈夫著 陈序叔译
失恋（诗） 何德明

湖上（诗） 姚逸韵
被耽误了的机缘（小说） 荆有麟
自己的话 所 北
静默的爱（小说） 蒋玉英女士
这个世界太窄了（诗） 徐仲年
插 图
一、刘春圃先生造像 郎鲁逊雕
二、吴东迈先生墨宝 徐仲年藏
三、鸡雏 齐白石先生作
四、借山吟馆主者写生 齐白石先生作
五、廉南湖先生绝笔（手迹） 陈允仪女士藏

第2卷 第7期

1934年2月1日出版

我新做了爸爸 孙福熙
感为小诗四首（诗） 凫 公
轻风（诗） 苏 梦
妇女书简 陈序叔
陇头夜行（诗） 吴蒲若
悲惨的别（小说） 彭子蕴
记忆底眼泪（诗） 陆印全
忆秦娥（词） 解 人
人去后（散文） 王谷君
青家画家朱复瓆及其作品 姚逸韵
咏雪（诗） 杨光骏
岁暮有感（诗） 杨光骏
志感（诗） 杨光骏
冲飞 钱国成
新年底梦（散文） 卢葆华女士
插 图
一、暗香浮动 方君璧女士作
二、“获虎” 杨光骏摄
三、苍松寒鸦 朱复瓆
四、秋容 朱复瓆
五、毛执中君与王婉女士

第2卷 第8期

1934年3月1日出版

国立杭州艺术专科学校展览会特辑
西子湖边带来的美 徐仲年
静物（绘画） 林凤眠作
肖像（绘画） 蔡威廉作
肖像（绘画） 雷圭元作
大娃娃（绘画） 李超士作
裸体（绘画） 刘开渠作
秋曲（绘画） 方干民作
竹谷园（绘画） 潘天授作
春雨（绘画） 林凤眠作
见甜眼红（绘画） 姜丹书作
水墨山水（绘画） 潘天授作
水禽（绘画） 李苦禅作
寒雅（绘画） 李苦禅作
花篮（绘画） 叶 云作
欢迎意大利画家查农先生特辑
唯美主义者查农（C.Zanon）先生 徐仲年
意大利画家查农（C.Zanon） 华 林

画家查农先生　汪亚尘
第八十七次“文艺茶话”欢迎查农先生　陆曼影记
风景（绘画）　〔意〕查　农作
静物（绘画）　〔意〕查　农作
帆影（绘画）　〔意〕查　农作

在法国博物馆中所见到的近代中国画　常书鸿
若特卜姆美术馆中的中国绘画　〔法〕特维司姆作　常书鸿译
星期日的下午（散文）　蕴　端
流星派的东方美人　郎鲁逊
侑酒　郎鲁逊
竹山情歌（词）　王沁芳
家　洪文佩
送母北行　尤　铭

第2卷　第9期

纪念刘大白先生特刊

1934年4月1日出版

刘大白先生小传　陈伯君
大白的生地　徐蔚南
《大白遗诗》将出版　蔚　南
关于刘大白先生　钟敬文
白屋联语钞（词）　大　白
刘大白先生遗族近况　汪志青
大白先生的不死之处　陈望道
严格的训练　蔚　南
刘大白先生诗刊遗著
白屋杂忆　夏丏尊
题大白先生旧诗稿（词）　静　君
大白的诗　赵景深
纪念大白之作　编　者
大白之死　徐蔚南
赋得徐蔚南（词）　静　君

遗著一斑

“冷风”钞（新诗）　刘大白
莫干山的月夜（新诗）　刘大白
长毋相忘（新诗）　刘大白
劝您一杯酒（新诗）　刘大白
旧诗词三十首　刘大白
大白遗札三首
（一）与瘦红书　刘大白
（二）与蔚南书　刘大白
（三）与蔚南书　刘大白
与胡寄尘先生论文学书　刘大白
与钟敬文先生论学书　刘大白
与邵力子先生书　刘大白
蒲鞋王故事　刘大白
辑后语　徐仲年
遗嘱　刘大白

插　图

一、刘大白先生遗影
二、刘大白先生像
三、刘大白先生墨迹

第2卷　第10期

1934年5月1日出版

道谢及更正　徐仲年

人性中之矛盾　华　林
轮台子（诗）　佩　文
读了刘大白的遗书以后（诗）　胡怀琛
忘掉（诗）　苏　梦
参加杭州作家联欢会　孙福熙
闲暇　陈承荫
五月天（诗）　傅尚臬
诗之浅话　奚青了
儿时　周乐山
论王妈妈的裹脚　荆有麟
塞上闻琵琶调寄西平乐（诗）　佩　文
春祭　桂秉权
沪杭车中（诗）　吴蒲若
春假后　钱国成
漠外之冬（诗）　佩　文
菩萨蛮（词）　佩　文
江浪（诗）　魏鸣岐
值得我们歌颂的——快乐　魏鸣岐
重逢　吴广略
夕阳下的北极阁　陆印全
莲的　郎鲁逊
扫墓　车耀午
春底回忆　卷　曲
送别的前一夕（诗）　陈国忠

插　图

一、初夏　Robipuet 作
二、沙漠之宴　T.Styka 作
三、二十世纪的儿童　G.Redon 作
四、中的（讽刺画）T.Hamman 作
五、倦归　J.Launois 作

109 论　语

简　介

《论语》，文艺性半月刊。一九三二年九月十六日创刊于上海，十六开本，上海时代书店出版，先后由中国美术刊行社、时代图书公司与章仲梅、张正宇、邵洵美负责发行，第一至第二十六期由林语堂主编，第二十七至八十四期由陶亢德主编，第八十五至一百零五期由郁达夫、邵洵美主编，从第一百零六期起，由邵洵美主编，曹涵美负责美术设计。一九三七年八月一日出版第一百一十七期后，因抗日战争爆发停刊。抗战胜利后，一九四六年十二月一日复刊，卷期号续前，一九四九年五月十六日出版第一百七十七期后终刊。

林语堂认为，人生一舞台、天地大戏场，而“中国社会、政治、教育、时俗、尤其是一把戏”，其本身就含有着“幽默”，因此提出该刊“以提倡幽默文字为主要目标”，主张用幽默的小品文来记述、谈论各种社会现象，刊登论幽默的文章，特辟“幽默文选”刊登中国古代的幽默文字，设“卡吞”一栏刊登幽默漫画，林语堂等在刊物上宣传，只有把“世事看穿”，“无所挂碍”，“有深远之心境，而带一点我佛慈悲之念头”，“火气不太盛”，才能写幽默文字（《论幽默》）。在这种倡导下，此刊的小品形成流派，被时人称之为“论语派”散文。

《论语》所倡导的幽默小品，受到了以鲁迅等左翼作家的批评。

《论语》设有多种栏目：“论语”一栏主要刊载对时事和当时社会现象的述评文字；“群言堂”一栏主要是对一些问题进行讨论的通信；“古香斋”一栏“专载各城各地有可保存价值之奇事奇行”（第四期栏下解题）；“雨花”一栏主要登当代名人的行状点滴；“月旦精华”一栏

转载各报刊杂志的幽默奇文；“幽默文选”一栏是择录中国古代带有幽默趣味的文字；“卡吞”一栏刊登讽刺某些社会现象的幽默漫画。此外还发表了一些小说，如老舍的《牛天赐传》等。

《论语》的主要撰稿者有林语堂、周作人、俞平伯、刘半农、简又文、老舍等。

目 录

第 1 期
1932 年 9 月 16 日出版

缘起
悼张宗昌　语 堂
论 语
有驴无人骑　语
中政会先生未学算法　语
学者会议　语
二十年计划　蝦
宋人何以逊於今人　蝦
中大得人　语
牛兰被审　语
哲学家之发财机会　凯
李石岑善言性与天道　语
中公与五声　蝦
图书评论多幽默　语
五十年兴国计划说明书　岂 凡
钓台的春昼　郁达夫
中国是没有救药的了　全增蝦
孔子绝粮以后　李青崖
家信　冰 莹
雨 花*
枕戈待旦
日人之不幽默
幽默好例
弥罗之请
华林妙喻
龙虾灰色
何键电购《论语》一千五百部
张学良解嘲
“毛诗”新译
不亦乐斋随笔　衣 萍
有不为斋随笔　语 堂
——读伯讷传认识
子不语　怪 力
吴佩孚的名教救国论
言语学上的大发明
幽默文选
《晏子》诙谐三则
（一）使狗国者，从狗门入　晏 子
（二）楚之水土，使民善盗　晏 子
（三）吴王恶乎存　晏 子
苏秦吃咸蛋的故事（节录《合纵记》剧）
书报春秋
《政治工作大纲》（何容著）　韩慕孙
弥罗妙文（评李宝泉《致爱神弥罗》）　宰 予
群 言 堂
“幽默”与“语妙”之讨论
致林语堂　青 崖
复李青崖　语 堂
补 白
吃饭问题解决一策　K
衣萍笔记索引　（无署名）

* 原刊此期这一栏的文章均未署名。

边孝先腹便便（节录《后汉书·边韶传》）
拘礼者戒（节录《晋书·阮籍传》）
绑稿又一法 K.K.K

卡　吞

逸园所见（组字漫画）（无署名）
普通之留学生回国不知救国，唯善用拉水马桶 语　堂
陶知行先生口中之中外读书不同
——“中国书呆子是吃书”，
“外国书呆子是吞书”。
（无署名）
编辑后记 记者 K

第 2 期
1932 年 10 月 1 日出版

论　语

岁在壬申 语
山东秋操 凯
一国三公 语
述而主义 语
汤尔和识见 语
蒋介石亦“论语派”中人 语
马克思风 语
取消治外法权之又一理由 同
中国何以没有民治 语
哲学，理论学和心理学上的新发见 沈有乾
小顺子，珠儿，玛琍 全增嘏
阿芳 语　堂
旧剧革命 邵洵美
恐怖
Somerset Maugham 著 潘光旦译
女诗人的妙笔 凤　城

雨　花

“赢得头奖买枇杷” （无署名）
考试院题壁 （无署名）
陈公博出阁妙喻 （无署名）
茶，佳妃及其他 （无署名）
“国难结婚” （无署名）
“可惜不是”（录自德文报） 飞　叶
或人之一生 （无署名）
何谓俭德 （无署名）
圊 季　露
不亦乐斋随笔 衣　萍
子不语 怪　力
时轮金刚法会通告
张之江谈国术为救国工具

幽默文选

邓艾口吃等七则（录自《世说新语补》）

书报春秋

《人生之价值及意义》（李石岑著） 韩慕孙

群言堂

卖国救国方策 童锡祜
编辑后记

卡　吞

中国财政之一线光明 （无署名）
一言而可以兴邦，有诸？
包世臣　叶恭绰

行为心理学家试验猪的反应（转载《笨拙》）
军缩会议（转载《纽约客》）
英国绅士的帽子（转载《笨拙》）

补 白

绍兴八县赞 （无署名）
“九一八”幸庆无事 M
“爱国”自慰 孙福熙
名对 （无署名）
所学非所用，不知亦能行（题字） 语 堂辑
自古未闻粪有税，而今只许屁无捐（题字） （无署名）
漂亮的尾巴 K

第 3 期
1932 年 10 月 16 日出版

论 语

说难行易 语
思甘地 语
中央与国联的神似 凯
歌女不准读书 凯
奉旨不哭不笑 语
《申报》《新闻报》之老大 语
涵养 语
半部韩非治天下 语
梁作友畅游大观园 （无署名）
拟某名流为李顿报告发表谈话意见 宰 予
我们的态度 （本社同人）
志摩与我 韩慕孙
附韩慕孙与林语堂来往信各一封
国难期间停止国庆说 岂 凡
“天凉好个秋” 郁达夫
革命家箴言 肖伯纳著 林 幽译
新匡谬正俗 全受仲
召见
请安
党便
论中国之内战 罗杰士著 全增嘏译

雨 花

苏格拉底之幽默 （无署名）
演绎趣谈三则 （无署名）
赵元任之诙谐 （无署名）
一个中国人 （无署名）
张宗昌之个性 （无署名）
高领的由来 （无署名）
理想的电影剧本 （无署名）
十个与百个 （无署名）
校长学 （无署名）

幽默文选

说京师翠微山 龚自珍
子不语 怪 力
班禅诵经祈和平
有不为斋随笔——读邓肯自传 语 堂

群 言 堂

致林语堂（为“幽默”事） 徐绪昌

复徐绪昌　语　堂
致林语堂（为《弥罗妙文》等事）　李宝泉
复李宝泉　语　堂
致林语堂　××小伙计
复××小伙计　语　堂
编辑后记

卡　吞

幸而不识字　语　堂
“等因奉此”（转载《笨拙》）
无独有偶之会遇四幅（转载《笨拙》）

补　白[*]

如何救国示威　宰　予
巴中妙联　鲁　白
童谣　（无署名）

第4期

1932年11月1日出版

论　语

断烂朝报　（无署名）
吾家主席　语
汪精卫出国　语
兴国之征　凯
诸葛亮复活　凯
今年大可买猪仔　语
尊喇嘛教为国教议　开　洋
你不好打倒你之下文　语
北平教育界之高见　凯
Huala！Huala！　达
中华全国道路建筑协会十二周年纪念展览游艺大会参观记　岂　凡
废止内战的方法　全增嘏
尊禹论　语　堂
九疑　语　堂
陈独秀不知何许人　公冶长
学而新解及其他　竹人寸
祭子路岳母文　老　舍

雨　花

贝陀芬之幽默　嘏
哈佛，耶路及普灵斯登　嘏
吴径熊口辩　苍　生
江小鹣巧答　苍　生
画宗大师　尔
项羽拿破轮起首佳句　符　蒂
送终倒霉　马　铃
赵尔巽对联　符　蒂
乖乖侬的冬，妹妹我爱你！　符　蒂
人名再对　符　蒂
长期　凯
“皮毛”　嘏
“普罗”大人坐人力车　嘏

古 香 斋

启事（解栏题）　记　者
尊禹学会成立（南京《中央日报》文）
班禅大施神秘水（《时事新报》北平电）
天庭委岳武穆祸川（《大晚报》文）

[*] 原刊此期“目录”中有“麻木不仁”一条，正文无此文。

救国连索 勉 咨
财色治用读本（《时事新报》图）
放下饭碗漫记 孟斯根
未如之何宅闲话
小序 锡、清
一、车隐 锡
二、诗人与捧场家 清
关于哲学家 阿 囊
不亦乐斋随笔 衣 萍
幽默文选
论私 龚自珍
代书报春秋 青 崖
——一则叠有脱漏和超乎论理的广告
群 言 堂
粪捐已不时行 海 若
神秘的诗 纳云楼主
“幽妙” 孟斯根
卢森堡的年岁问题 黎 夫
补 白
东方土产（墨迹） （无署名）
衣食走行，架囊尸肉（墨迹） 语 堂
卡 吞
任重道远 I.PAK
时行偶像 语 堂
李顿 I.PAK
顾维钧 I.PAK
大义灭亲，内战英雄 I.PAK
浴罢归来 NIK

第5期
1932年11月16日出版

论 语
文章五味 语
谁揠此苗 语
哀梁作友 语
陈胡钱刘 语
孔子亦论语派中人 语
粘指民族 语
其错在天 凯
革天之命 凯
疑似日货 凯
偷鸡桥的盛会 李青崖
观市政府主办
刘海粟欧游作品展览会记 岂 凡
上海市政府主办刘海粟
欧游作品展览会目录读后感 王道成
附：海粟欧游前后作品价格结算单（漫画插图） W
“神圣的爱与世俗的爱” 全增嘏
中国人 孟斯根
“少年维特之烦恼”（诗）
戴克礼著 全增嘏译
雨 花
党国四声 辨
颜任光之幽默 语
刘熙亦幽默 语
日本外交家之语言学 嘏

翻译趣谈又一则　嘏
华林大声疾呼　尔
娶妾不易　公
古香斋
咨请教部改良学校课程文（转载《申报》文）　何　键
徐悲鸿启事　徐悲鸿
刘海粟启事　刘海粟
曾今可启事　曾今可
幽默文选
草书歌行　李太白
笑歌行　李太白
悲歌行　李太白
有不为斋随笔
　哥伦比亚大学及其他　语　堂
卡　吞
高领女子受窘（组画）（无署名）
看你买不买　I.PAK
标语之效力　I.PAK
下层服装之意识形态　I.PAK
补　白
时联　（无署名）
不可无一不可有二（录《齐书·孔融传》）
芝加哥大学广告

第6期
1932年12月1日出版

论　语
编辑罪言　语
回也不愚　语
司法得人　语
寄怀汉卿　语
捐助义勇军　语
《论语》万年　嘏
提倡国货　凯
地位相称　凯
教育中国化刍议
　U.J.Tauone著（未署译者）
　理由
　目的
　实施纲要
亨德生　毛　妩著　潘光旦译
小猪八戒案给我们的教训　李青崖
我的戒烟　语　堂
救国难歌　老　舍
革命家箴言　肖伯纳著　林　幽译
国货巧克谑糖　符　蒂
雨　花
居然中委出恩科　姚　颖
张宗昌宽大　张　四
罗素之语妙　嘏
伯拉图幽默　嘏
理想之中国剧本　嘏
形而上学　子　琴
名字的见解　子　琴
吹打　熙
滑稽回条　放
拍马屁公式　蒂
月旦精华
按语（解栏题）　记　者

五十年后的预言（录《青光》） 一　欣
时轮金刚法会竹枝词（录《社会日报》） 砍　地
班禅无法治牙痛（录《小日报》） 毅　盦

古 香 斋

和平佛陈例启事（杭州《民国日报》） 邵如馨
殡仪馆宣言（《申报》） 温宗尧等十二人
一页实行同居宣言（《新闻报》） 柳　雯
吴山之性交研究（《小日报》） （无署名）

幽默文选

孔子绝粮（《冲波传》，《绎史孔子类记》引）
子路杀虎（《金楼子杂记》）
孔子南游（《韩诗外传》）

群 言 堂

关于《论语》（致林语堂） 非　默
关于《论语》（致林语堂） 季　辰
文将亦善用枪（致编者） 永　勤
中国不亡 季　明
编辑后记
——《论语》的格调 （无署名）

卡　吞

无独有偶之会遇二幅（转载《笨拙》）
北四川路之回忆 I.PAK

补　白

溥仪与蒙古人谈话 李怡星
宁逢恶宾无逢故人（录《西京杂记》）
卧薪尝胆，卧着拿薪水 （无署名）
胡鸿基挽联 （无署名）
If Hindenburg hinders Hitler（墨迹） （无署名）

第 7 期

1932 年 12 月 16 日出版

论　语

脸与法治 语
新旧文学 语
赋得迁都 语
会心的微笑 语
我所见的朱霁青 孟斯根
论语诗抄（《〈论语〉诗》，尤侗作） 达　夫抄
史达林的语妙 青　崖
儿童中心教育 全增嘏
预操记 小　兵
恋歌 老　舍
科学演讲 通
回銮大典 铁血克　力欧符
济南专电（六则） 舍
南京新闻二则 姚　颖
——赤也何如
——国难升官

雨　花

红衣主教之幽默 嘏

科学化之德国　　瑕
“政客”与“政治家”　　瑕
说谎者　　开　洋
关于妇人　　开　洋
生意与财产　　望　水
三种会议　　望　水
标语成联　　均
孔子吸烟乎？　　从　周

古 香 斋

“仁王护国般若法会纪念之碑”　　林子能

幽默文选

僮约（并序）　　王　褒

月旦精华

湖北各校教职员之跪哭团（载《生活周刊》）　　徒　然
罗山县赈灾委员粘指（《旁观》转载《中央日报》文）　　（无署名）
湘政府向灾民勒还赈款（载《福尔摩斯》）　　湘　潮
对于（国联调查团）报告书之简评（载《外交月报》）　　胡　适
“封建思想无关文化”（载《华年周刊》）　　（无署名）
吴佩孚大谈耶苏（载《上海日报》）　　苏　生

群 言 堂

念经打倭寇
　致林语堂　　陈男青
　复陈男青　　记　者
读《论语》之姿势
　致林语堂　　笑　凡
　复笑凡　　记　者
效《世界名画苑》编《世界名诗选》
　致林语堂　　韩慕孙

补　白

真凭实据　　林　幽
“不耻不仁为狗为鼠，无拳无勇靡室靡家”（墨迹）　　半　农辑
“小人无义则为盗，君子有土此有财”（墨迹）　　简胡诌书
读报拾零　　水　草
妇当怕者三（录《御史台记》）

卡　吞

日内瓦之争辩　　语　堂
回銮（载《字林西报》）
西藏路　　I.PAK

第 8 期

1933 年 1 月 1 日出版

论　语

新年恭喜　　语
又来宪法　　语
得体文章　　语
文章无法　　语
十大宏愿　　语
一天　　老　舍
民国二十二年小预言　　岂　凡
创难效易　　赵元任
海军演习（儿时回忆之一）　　李青崖
教育新思潮　　沈有乾

人之异于禽兽者多矣　孙熙
说翻译和创作之类　郁达夫
详注新撰《现代中国水浒传》第一卷章回目次
铁血克夫斯基　草帝大狮太郎著
关于明朝的廷杖及其它　S.L.P
杂谈（一）　章克标
一、先抄一段广告
二、国民性之表现
三、体面作祟
四、中国的建设事业
杂谈（二）　章克标
一、广告若干条
二、人和狗和猫的价格
国难地图（图）　福熙
一个留学生　全增嘏
元旦"拙金"差点儿就要弃我记　富贵同
游碧沙岗（诗）　友忼
广东仔　澹果孙
人情涵泳　甘祠森

雨　花

木头之幽默　开洋
苏俄之新艺术　嘏
统计学家　嘏
谈易　错
"国貌"　错
劝告　错
厦门禅寺男僧女道同房共学次韵　观楼
祸害一千年　胡珂雪
买金　胡珂雪
不适其体　胡珂雪
做皇帝都是吃大麦的　胡珂雪
附：按语　语堂

古香斋

闺女治病法（《申报》陈存仁引《朱丹溪传》）
终止姘约启事（《申报》文）
川省的言论自由（申时社重庆电）
鸡笼罩驱疫　阿芝
济南破获妖匪经过（《申报》文）

幽默文选

生员论上、中　顾炎武

月旦精华

邦忙文学与邦闲文学　鲁迅

群言堂

念经却倭寇而不打倭寇
致林语堂　陈男青
复陈男青　记者

补　白

"革命尚未努力，同志仍须成功"（墨迹）　语堂
"国家尚未分裂，同室仍须操戈"（墨迹）　语堂
含电人参胶广告（录自《申报》）
不可徒行　胡珂雪
附：按语　语堂
谢灵运逢浣纱女（引《括仑志》文）　错

卡　吞

恭贺新禧　（无署名）

沙敦（Marc Chadourne）新著法文《中国》插图
中国之社交生活 〔墨〕哥瓦卢比亚
中国之留学生 〔墨〕哥瓦卢比亚
中国农民 〔墨〕哥瓦卢比亚
哀启及讣闻（组稿） I.PAK

第 9 期
1933 年 1 月 16 日出版

论 语
春联 颖
祝寿 语
《笨拙》记者受封 语
个人的梦 语
纸烟考 语
谈鬼 孙伏园
昼寝的风潮 老 舍
火车通信 孙福熙
介绍《笑赞》 记 者
碧眼儿日记（附插图三幅） Anita Loos 著 郭 明译
杂谈（三） 章克标
一、来信照登
二、游艺救国
三、金钱万能
四、进一步的见解
关于"教学做" 陈化奇
穷——达 忆 云
有不为斋随笔 语 堂
谈牛津

雨 花
袁中郎妙语 蝦
《西厢（记）》新解 开 洋
拿破仑论睡眠 蝦
威廉第二之豪语 蝦
父，妻皆不明于圣贤之道 苹 子
民国救正书 苹 子
猿鹤 珂 雪
卢沟桥上狮子 珂 雪
潢光固息商之特性文懒文浊 珂 雪
钞旧报 谅 堪
不禁讶曰：数字何多 蒂

古 香 斋
天演兴亡铁证之六（天津《大公报》）
天演兴亡铁证之七（天津《大公报》）

幽默文选
病梅馆记 龚自珍

月旦精华
《我们的文坛》（摘《东方杂志》矛盾文）
尊重国家元首（南京《中国日报》）
迫匪为车（南京《中国日报》）

群 言 堂
"幽默"之意义（致论语社老板） 佟 王
二加二得六（致编辑先生） 硕 仙
附：复顽仙 记 者

补 白
调经丸广告（录《申报》）

雪花膏广告（录《申报》）
德国人解打涕 蝦
蒋介石提倡《论语》《中庸》(《新闻报》)

卡 吞

“×先生，我小姐交给你，你得好好的看她！”（转载《纽约客》）
无题（组画） （无署名）

第10期
1933年2月1日出版

论 语

吃糍粑有感 语
刘铁云之讽刺 语
吸烟与教育 语
无题 语
广亡征 俞平伯
立志篇 洵 美
营救郑毓秀博士的提议 郁达夫
碧眼儿日记（续）
Anita Loos著 郭 明译
李鸿章与毕士马克（欧游耳食录之一） 李青崖
鸦片随笔
〔法〕Jeam Cocteau著 衣 萍译
杂谈（四） 章克标
一、国民新闻社云
二、全国人民发财机会
三、胡不改名富国奖券
四、撇开航空筑路的理由
五、若要敛钱另请高明
缄默 朱司晨
主计处之七核 施言佳
羞上吊 允 青
慢邮代电（五则） 舍

雨 花

二加二得四 蝦
哲学家受窘 开 洋
梁任公之幽默 开 洋
妙联 蝦
祝慈禧万寿联 珂 雪
四班 珂 雪
“唔笃走嘘” 语
党徽之又一用途 蝦

幽默文选

寄慎伯筠 王安石

古 香 斋

拾《从母郑孺人颂》中典故作寿联 刘 复
附录：从母郑孺人颂 林 损

群 言 堂

《论语》今赞 缪凤林

补 白

无题（童谣） （无署名）
无题（英文译法） 记 者
鉴察制度的成功 幽
大言（诗） 权载之
小言（诗） 权载之

卡 吞

无题(中国没飞机，只有大官的飞机) （署名不清）

最后通牒（载《笨拙》）
“你运气算好了。我的丈夫真无用。如果他要补袜子或钉扣子，每回还须靠我给他穿针。”（转载《纽约客》）

第 11 期
1933 年 2 月 16 日出版

论　语

学生和玉佛　动　轩
等因抵抗歌　语
航空筑路车变法兴学　凯
糍粑与糖元宝　语
变卖以后须搬场　语
适用青天　语
学谁　颖
烟与世界名人　曙　山
废止一切五年计划之五年计划　全增嘏
尝梅外记（杭州通讯）　孟斯根
陕西的幽默歌谣（转载《大公报》）　刘　馨
当幽默变成油沫　老　舍
肖伯纳　邵洵美
南京通信　姚　颖
论今本小妇女　六　凡
八百万元“征才”（五则，事载《大公报》）　芊　子

雨　花

宋版的字典　罗　丝
南京春联　予
某主席　元　宋
卿武松也　徐世乔
那可怪不得我啊　苦　笑
有佛证　天　僧
You Chinese !　天　僧
如何评定分数　嘏
男女智力的高下　嘏
姜桂题名叫要挂面　虹
你的混帐大我的混帐小　难
兴登堡之幽默　罗　丝
鱼的快乐（摘译《庄子·秋水篇》）　罗　丝
寰球国货　（无署名）

古 香 斋

孔子后人应免河工乎（录靖江《民锋日报》）
低级心理标语（录南京《新民报》）
种子罗汉新闻二则
其一、——杭州（录《上海日报》）
其二、——泉州（录《泉州日报》）
国民革命歌　陈　文

幽默文选

论孔子一生有乐无怒文　理寒石

月旦精华

航空救国三愿　何家干
三百八十真战士　病　鸳
胡适之谈民权保障（《大公报》载国闻社新闻）
民权保障与国民党（《南华评论》文）

万民一

群言堂

强奸《论语》？
致林语堂　支
复支先生　语　堂
奉送“党治下的瓜子”　沙　量
吸烟失败者来函
致《论语》　平　凡
复平凡　语　堂

卡　吞

无题（天气预报不准怪无线电收音机）　（无署名）
肖伯纳像　特立克
The old maid doe: her home work（外国漫画）　（无署名）
“达尔铃，你等一会吧，书上说再五分钟肉就熟了。”（外国漫画）　（无署名）
“还没买车票吗？”“你还没说我们要到那里去。”（外国漫画）　（无署名）
“她真美，活泼天真，也不擦粉，也不画眉。”“我不相信她真如此不象样。”（外国漫画）　（无署名）
编辑部启事（为《碧眼儿日记》脱刊事）

补　白

对上帝大谈思想与环境（录《大公报》文）
刘煜生“危害民国”之文字（《新闻报》转载文）
油条大饼歌（录《时代日报》）　俞友清
夫子之“盗”　冰　莹
观晚稻二首　吴家驹

第 12 期

1933 年 3 月 1 日出版

论　语

天下第一不通文章　（无署名）
肖伯纳与上海扶轮会　语
肖伯纳与美国　语
李先生论差不多　莫冰若
等因歌其三　余之伴
等因歌其四　尊
等因歌其五　余之伴
肖伯纳过沪谈话记（附照片二幅）　镜　涵
肖伯纳颇有老当益壮的感想　蔡元培
谁的矛盾　鲁　迅
水乎水乎洋洋盈耳　语　堂
敬告中国人民　〔英〕肖伯纳作　宋春舫译
我也总算见过他了　洵　美
关于肖老头子　全增嘏
幽默——矛盾——肖伯纳　洪　深
肖伯纳与黑女　宋春舫
欢迎肖伯纳文考证　语　堂
肖伯纳的幽默　文　凿
革命家箴言（续）　林　幽

《泰晤士报》记者与肖谈话记 开 洋
《申报》所载肖伯纳谈话
有不为斋随笔 语 堂
再谈肖伯纳
雨 花
肖伯纳谈座（Archibald Henderson《肖伯纳传》） 陈翔泳节译
古 香 斋
虹霓镇屈尹杰与徐海鸥女士结婚后为家庭风波之紧要启事 屈尹杰
幸福连索又加长
月旦精华
长期抵抗（录《自由谈》） 老 舍
飞鸟哲学 樊仲云
幽默文选
秋雨庵随笔节录（清、梁晋竹著） 一空节录
群 言 堂
无题（寄浙江省立高中奇文） 不知名学生
一天记录（录《小贡献》） 徐心芹
补 白
近肖翁（录《小日报》） 鱼
肖伯纳讲大学教育（《时事新报》香港电）
包傢笑 毅 庵
肖伯纳的笔迹（墨迹）
卡 吞
“亏得你来”（外国漫画）
“想不到你在此地值班”（转载《幽默家》）
六位社会主义者 威尔士绘
《论语》所提倡之牛津式烟教育 嘉 音
报复楼上房客之发明（外国漫画）
“你看，那狗瘦得那样”（转载《幽默家》）
肖伯纳 勃罗氏绘
“你再指指头，长大就会变成这样”（转载“Lustiger Saxe”）
肖伯纳姿势未改 Max Bechchm 绘

第 13 期

1933 年 3 月 16 日出版

论 语
军歌非文人做得的 语
斯裴恩斯之谜 语
论佛乘飞机 语
九十九 颖
时髦的科学基础 立 平
耶稣尚在医人 英冰若
不抵抗主义之起源考 何 容
由中国女人的脚，推定中国之非中庸，又由此推定孔夫子有胃病 何 干
赋得早春 平 伯
老乡绅 茅 盾
中国人者理性之动物也论 沈有乾
为黄仲良题西域照片 半 农
主义与幽默 潘光旦

碧眼儿日记（三续）
Anita Loos 著　郭　明译
谈言论自由　林语堂
受戒与去势　曙　山
谈试题及其他　L.S.P
散沙　高　山
雨　花
替吴佩孚解嘲　徇　道
女大当家　徇　道
某塾师　徇　道
猫叫春　徇　道
唐伯虎趣对　徇　道
同居十余年未登仙境　骑　虎
雌与雄　世　本
第一句文章　钱仁康
未来的忏悔录　钱仁康
古香斋
时下女性之摩登病希望教育家有以诊医而预防之论（录杭州《中国出版月刊》）　刘祖恩
月旦精华
从讽刺到幽默（录《自由谈》）
何家干
狗牙·猪牙·象牙（录《社会日报》）
灵　犀
启事二则　本　社
群言堂
读《论语》笑欤？抑哭欤？　王元亨
又一世界书局广告　力　杰　云　运
补　白
瀚海披沙幽默三则　黄异选录
初期白话诗稿　语　堂
卡　吞
论佛乘飞机插图漫画　语　堂
皇帝，工人与工人领袖（转载《纽约客》）　O.Sogtow 画
英国禁运军火　I.PAK
我的太太来过此地没有？（转载《幽默家》）
满洲国之四季　I.PAK
两种的追逐　I.PAK
军缩会议成功以后之废物利用
I.PAK
辩才无疑的律师与神经过敏的陪审（转载《纽约客》）
“你发疯了吗？这幅图是代表什么？”（转载《纽约客》）

第 14 期
1933 年 4 月 1 日出版

论　语
中国究有臭虫否　语
断烂朝报　白　葵
蒋、汪、胡见客态度　颖
别矣汉卿　亓
等因歌六　无泪者
“汉奸”　玄
要人岂可无汽车　颖
也是离骚（骚体诗）　廖人旦
论早期之无理
Phillip Gurtiss 著　全增嘏节译

烟丐　钝丁
国畜刍议　何容
中国人与蛋　力欧符
蒲达配司脱　宋春舫
天下太平　老舍
国难会话　万晶
来京记　储安平
聪明的鳄鱼　饮辛
看朴学大师讲学记　碍哥
京话　姚颖
——请缨电报
——午睡
——论语
巽斋随笔　黄伟
九十九人　范放
刺刀尖的原则　蔚蓝
雨　花
海商法之概念　引
不雅　钱仁康
通报姓名的方式　钱仁康
暂不出门　学愚
医生不会错　又燃
恩斯坦　又燃
甘地训话　又燃
奇文共赏　殒星
胡适赠联　殒星
博士的父亲　殒星
鸟笼子　胡珂雪
吴稚晖从前不见客的好法子　胡珂雪
卢本斯戴恩轶事　语
维多利亚女王轶事（译自 Lytton Sttacbey：“Queen Victoria”）
古香斋
女性间长可升任牌长（录《申报》）
闹新房惨剧（录《时事新报》）
弃女重婚向前夫舞文（录《广州评报》）
月旦精华
买卖学校访问记（《欧游附掌录》之一节）　CBA
幽默文选
答蕺园论诗书　袁枚
书报春秋
《应用文》（张鸿来著）　羌笛
群言堂
《论语》在北平　夏沉吟
关于徐哲身广告　光宜
补白
泼妇与酒壶　怡星
吸烟多情伤离别　石嵚
荒唐文选　黄白虹集
群言堂解　半农
卡　吞
反对《论语》者之溃灭　I.PAK
“小孩回家了，酒瓶藏起来！”　I.PAK
“这良晨美景你想什么？”（外国漫画）　（无署名）
在水里攒多久（外国漫画）　（无署名）
中国之抵抗精神（转载《字林西报》）

你留的什么头发（外国漫画）
（无署名）
×××上将造像　古　巴
少年将军说“暂别了，中国的女人们！”　（无署名）
×××像　Covarrbias
章太炎像　（无署名）
哥瓦卢比亚《中国印象》插画三幅

第 15 期

1933 年 4 月 16 日出版

论　语

编辑滋味　语
说文德　语
张学良之飞机　颖
一片　颖
萨天师语录　语　堂
渐入正轨　岂　凡
“伦敦竹枝词”　朱佩弦
烟的作用　姚　颖
“毛诗”新解　梅
第二个五年计划的故事　符　蒂
专门医生
〔法〕贝尔讷尔作　李青崖译
中日战争寓言（伦敦《独立周报》文）
林　幽译
听朴学大师讲学记　老实生
雨　钱仁康
《卖花女》的悲哀　澎　溟
不有为斋随笔　语　堂

论　文

说茶　曙　光
京话（四则）　姚　颖

雨　花

波罗的海赞　刘如水
咏月八股诗　刘如水
改唐诗　冰　若
吊名医　梠
幽默新解　章伯雨
质问教授　章伯雨
新式年红　紫　萍
武人本色　般　若
日本崛口大学幽默的诗　何章陆
读论语受责　J　J
性的教育　丁　丁
推事　良　太
英文无用　彳　亍
枇杷误作琵琶　彳　亍
幽默文选　淬　伯

古香斋

杨虎城头脑顽固用人滑稽（录《上海报》）　涟　潮
四川资中征四十八年粮税（录《四川日报》）
绝世妙文（录南京《新京日报》）

幽默文选

论死篇　王　充

群言堂

读《不抵抗主义之起源考》后
李冠礼

补　白

忧惧什么？（欧战时一个兵士的信）
管思九译

寡母的悲声（诗，录《大公报》）
（无署名）

吊热河大陷（对联，手迹）语　堂

“不为无益之事……”（手迹）
（无署名）

启事　（本社）

赠报志谢　（本社）

卡　吞

“你让她坐吧，你先看见她。”（录《幽默家》）　（无署名）

“可否容许我把这位见证再端详一下？”（录“Hooey”）（无署名）

“桌上剩的一块糕饼，是否要留给非非（狗句）？”（录《笨拙》）
（无署名）

“请你告诉我，我穿的是皮鞋还是拖鞋？”（录法报）　（无署名）

请狱犯告诉近日儿子不到学校去的理由（录《纽约客》）　（无署名）

“天呵，船上一定有女人。”（录“Honey”）　（无署名）

第 16 期

1933 年 5 月 1 日出版

论　语

蚤虱辩

（一）辩　孤　鸿

（二）驳　语　堂

四柱清折　既

举一反三记　沈有乾

高等华人论　岂　凡

“氓之蚩蚩”（译诗）　陆鸣秋

不远千里而来　老　舍

“五一”节七大宏愿　岂　凡

大西北农民经常压迫层　及

碧眼儿日记（四续）
Anita Loos 著　郭　明译

论林主席微服购物及其他　姚　颖

又发见添花样的代名词　从　狼

隔壁通信　洵　美

考古闲话　董作宾

北平通信　永　敳

致富神咒（诗）　老　舍

雨　花

一串珍珠　幽　曼

提倡廉耻者　式　之

委员会万岁　式　之

樊本三民主义　式　之

怪台　式　之

娶妻理由　式　之

验方之一　式　之

安干政治　式　之

第三种算法　第十九尊

老臣先倦　第十九尊

无路可走　英冰若

古 香 斋

国立中山大学农学院全体同学为本校模范林场侯主任暨技士

技助被扣留辱打事告全校同学书
大学布告　邹　鲁

月旦精华

蘧庐絮语　子　展
无奇不有的苛捐（广州通讯）　宣　德

幽默文选

《论语》三则　吕绍光选
《孟子》一则　吕绍光选
顾况诗一则　吕绍光选
李延年诗一则　吕绍光选

补　白

长期不撰稿辨　孙斯鸣
老妇殉猫（《大陆报》载伦敦路透社电）　（未署名）
大刀千柄霍霍生光（《新京日报》文）　（未署名）
黑兽　梅
儿歌　梅
题跋一则　半　农
庄子与惠子对话（摘录《庄子·秋水篇》）
夏蚓集（录《人报》副刊《周易》所载）（诗）　戳司林著　王犹睡译
当今民谣（录《宝山民众》）　斐　然录

卡　吞

"假定不是我要保全我贤妻良母的令誉，一定向你提出离婚。"（录自《笨拙》）　（无署名）
"你懂得什么，你七天以前刚出世，我已九天了。"（录自《纽约客》）　（无署名）
谢冰莹（像）　〔意〕Miguel Covarubias
店员夸布韧（外国漫画）　（无署名）
《碧眼儿日记》插图（外国漫画）　（无署名）

群 言 堂

"中华男儿义勇本无双"
　致林语堂　罗家伦
　复罗志希（罗家伦）　语　堂
维摩居士的幽默（致林语堂）　云　壑

第 17 期
1933 年 5 月 16 日出版

半月要闻

论　语

梳、篦、剃、剥及其他　语
金圣叹之生理学　语
白宫居摄解　牛　辰
没有题目的诗　平　伯
玄武湖之樱花　陆鸣秋
也算是"现代史"罢　玄
叔祖的哲学　照　成
说冒骗　郁达夫
又是离骚　潘　岩
春假纪游　窳　君

借书　失　名
今声律启蒙　海　戈
打倒莎士比亚　郁　生
囚徒吸烟琐记　饮　辛
考古闲话（二续）　董作宾
鼎铭画室之过访　梁得所
京话　姚　颖
幽默的联话　胡徇道
春日游杭记　语　堂
赋得妹妹我爱你（诗）　聂崇恭
雨　花
于公之幽默　羌　笛
等因奉此为花卷　羌　笛
幽默香水　羌　笛
介绍书籍　杰
空头　司图今
曹锟致吴佩孚之电报　胡徇道
载尔士说生死同一之理　胡徇道
没有生存的必要　胡徇道
节俭　融　融
中国不会亡　忠　英
吻着陶醉吧　李良太
猴子则一也　李良太
古香斋
文武科学招贵族子弟男女大学生（木天良特收阔子弟讲吐剑秘授明眼人）
杏花开罢四月天敬请主席赏牡丹（录南京《新民报》）
韩复榘幽默之中有至理（录《上海报》）　涟　潮
月旦精华
现代史　何家干
幽默文选
圣人千案　金圣叹
群 言 堂
关于国畜（寄林语堂）　远　高
补　白
过硖石吊志摩　杏　佛
杜荀鹤——时世行　秋　农
开放党禁与娼禁　树　三
没有题目的诗（附墨迹）　平　伯
卡　吞
教育之今昔　（无署名）
奥、伏、赫、变　精　生
无题（组画）（转载《纽约客》）　（无署名）
二千元之杰作　破　弓
太太雇老妈，老爷雇车夫　（无署名）

第 18 期
1933 年 6 月 1 日出版

半月要闻
论　语
“在专门名词上”　幽
王化　何　干
看人估价　英冰若
广州脱险记　宋庆龄
“贵族学校”及其他　符　蒂
子路已与其岳父言归于好　波　罗

发起救国道场意见书 岂 凡
战云弥漫之欧洲（图示）（美国NEA通讯社）
赶快废高跟鞋 从 狼
马桶风潮 鸣 秋
文王访问记 范 放
插上一根草标（诗） 聂绀弩
幽默的联话（续） 胡徇道
阿难陀底贞操 李苏菲
谈胡子 梁得所
一个猫的故事 刘传中
故都闻说敌机到了通州以后记 老 向
京话 姚 颖
考古闲话（三续） 董作宾

雨 花

某督办 宋毅贞
沛然下雨 章伯雨
噜哳 章伯雨
中学生的十大秘诀 绿 颖
学校中的幽默 李灼之
《拿破仑华盛顿威廉论》结尾佳句 钱仁康
哥伦布意大利人也 韦 上
“来去”及其他 韦 上
汝是中国人吗？ 韦 上
蒸雁天边过 鹤 年
《论语》新解 畏
进退维谷 （没署名）
赤匪考 国 忠
佳联 熊

古 香 斋

杨森治下营山县长罗象翥禁穿长衫令 （无署名）
北平社会局禁女人养雄犬文（《时代日报》文） 柏 生
定县某报之征婚启事 （无署名）

幽默文选

后刻诗序 郑 燮
家书序 郑 燮
焦山读书寄四弟墨 郑 燮

群 言 堂

关于红鸡蛋 苏 菲

补 白

高跟鞋 宋毅贞 老表
拟预言 钱仁康
是也非也 王忠英
妙联 录 颖
拟古一愁·拟古五噫（诗） 顺 民
片言 化 顽
举一反三 恰 星

卡 吞

青年出路 古 巴
鲁迅与高尔基 猛 克
无题 同 光
中国牧师说：这是“人之初” 六 平
保存中国文化 同 光
舞场色相 张振宇
论语女同志 黄嘉音
鸳鸯蝴蝶——最景气的文坛 静
张学良将晤莫索里尼 静

她能报告她的名字很好，为何不连住址写出来？（录自意大利文报）

第 19 期

1933 年 6 月 16 日出版

半月要闻

论 语

民众教育 语
哈佛味 语
郑板桥共产党 语
上海之歌 语
两封通信 鲁 迅 魏猛克
幽默杂录 鸣 秋
开娼布告 鸣 秋
大师画展在南京 羌 笛
忆哈尔滨 孟斯根
择偶论 郭慕涛
介绍土扬仁先生 钟国仍
养老院 李又燃
我的养生术 J.B.S.Haldane 著 全增嘏译
言梦——人情涵泳（三） 甘永柏
文坛发龙术解题与后记 章克标
囚徒吸烟续记 饮 辛
墙的悲哀 姚 颖
义勇军（诗） 余得胜

雨 花

“无政治作用” 王彦华
新婚与旧婚 王彦华
幽默惩戒 李良太
“佛不知，和尚喜” 李良太
妹妹则尚有一个 李良太
笑话一担 徇 道
逻辑学 贤 鉴
戒洋烟者言 贤 鉴
一条数学 贤 鉴
唐人信纸 杰

补 白

“说难”（录《韩非子》）
介绍几则山东的民歌 老 敢
是你做甚？ 贤 鉴
梦游长安 孤 鸿
征求法政文凭（《申报》广告）
艺术家与医生 杰
妙联 王忠英

古 香 斋

“以火求水”有人向晋江县献议（录厦门《江声报》） 斌 存
救国论（民国二十二年四月十八日《槟城新报》文）

幽默文选

江西某孝廉（录《庄谐选录》） 吴汎声录

群 言 堂

戏法优劣论 晴 光

卡 吞

夏之女姓 同 光
无题 六 平
福的短艳期 同 光
空气与事实 同 光
受贿者审贪污者 静

资产阶级　同　光
“那画一半是我的抹布及油手的遗迹”（外国漫画）
颜料掮客在中国所取最优美之姿势　静
国耻纪念币　同　光

第20期

1933年7月1日出版

半月要闻

论　语

答灵犀君《论〈论语〉读法》　语
不要见怪李笠翁　语
不要冤枉宰予　李麦麦
天下太平　C.静
自学　名内具
反苏俄的幽默　林　幽
西北风　大华烈士
测字　许默痴
思满大人　语　堂
古今对照　穆　之
武汉通信　饮　辛
上层下层　小　Y
京话　姚　颖
吾乡名医　章伯雨
学做才子佳人诗一首（诗）　江寄萍

雨　花

譬喻　百　橹
民歌　珂　雪
七字电　珂　雪
宣统的白话诗　珂　雪
联语　珂　雪
辜鸿铭妙喻　珂　雪
黑漆板凳　马　丹
惨案筹备委员会　马　丹
王八忘八　马　丹
女校广告　马　丹
三民主义　何章陆
闲坐说玄宗　何章陆
《论语》第二种读者　何章陆
仿杜　其　谁
熊掌　其　谁
她有没那病　其　谁
简单贴儿　其　谁

幽默文选

小半斤谣　黄周星

古香斋

常熟乌龟阔（录自《民报》）
陈总司令济棠倡议各校授经学（录自广州《民国日报》）

群言堂

推荐才子佳人的奇文　仕　庚
美人关　李宝泉

补　白

广告新闻公式五则　义　律
四月十一日送别　小　姑
答求爱的新才子（苏白诗）　小摩登

卡　吞

醒世姻缘（组画）　语　堂
脱离声明　静　生

我军夺获之战利品　静　生
德国政治家的民众训练法（斯根剪自《露西亚文学日报》）
高枕无忧·义务广告·紧张的牌局·将来的总司令　同　光
无题二幅　（署名不清）
国难期间，忍痛择种　静
"甘败下风"　静
菟裘药　静
外交新途径之探讨　静

第21期
1933年7月16日出版

半月要闻
论　语
谈女人　（无署名）
女论语　语
论语新解　鲍世故　曲斋老人
笑　刘弧虹
时行语集联　笠　子
上海与天才　青　崖
蝗虫来兮钱飞扬　陈馥润
文武"科学"的"博文学校"视察记　李立中
老奶妈　Pearl S.Buck 著　唐锡如译
新广西的道德复辟　老　卒
幽默的联话（续）　胡徇道
今声律启蒙续集　一　清
西北风（一续）　大华烈士
论中国人　马震百
顽石点头（对话）　绿　寒
幽默杂录
联话　公　华
李秀成之《感事诗》　受　年
雨　花
默的诗　镜　如
两张嘴
报复　镜　如
幽默新解　张进基
雌狗的？雄狗的？　味　之
外交论　梁振东
死的幽默二则　予
航空捐款处上当　王诵之
古香斋
骇人听闻之陕西揭墓党（录《上海报》）　阿　蒙
西洋幽默
节妇多情记（一名"爱非苏一妇人"）　T.Petronius Arbiter 著　全增嘏译
幽默文选
睡　李笠翁
群言堂
关于郑板桥
致林语堂　陈此生
复陈此生　语　堂
更正
致主编　马　骏
按语　记　者
老大报纸的广告之谜　凯　亡
补　白
病中（韵：国韵二十五稀）　老　舍

拟为鸦片同志作　诗　谦
“狗儿”演化史　老　老
晚晴　失　名
蝇拍造孽　淬　伯

卡　吞

“在中国读论语与在厕所吃香烟同一意义（论语十七期）”　静　生
滦河为界　静
一论语挥汗进行曲　文　杰
无题　六　平
张资平的长篇创作　六　平
专治吹牛皮及造谣病症　六　平
大亨的姿势　程　弓
无题　黄嘉音
裤子进化论　静　生
民国万税　（无署名）
中国国民性　士　英

第22期
1933年8月1日出版

半月要闻

论　语

基础英文八百五十字　语　堂
大暑养生　语
《夏娃的苹果》（工爻作）　语
牛羊之际　罕　因
论语新解（一续）
曲斋老人补注　鲍世故正义
夏娃的苹果　工　爻
老奶妈（一续）
Pearl S.Buck 著　唐锡如译
“囚徒吸烟琐记”之又一补充
剑　君
赴考救国记（也算首都通讯）
某　人
济南通信　然　而
中华大舞台戏单　（无署名）
京话　姚　颖
西北风（二续）　大华烈士
蚊子　忒　生
又是一个“闲坐说玄宗”　凉　泳
再来一个“来日绮窗前”
（无署名）

雨　花

律师之巧妙　予
几何三角　茅于榕
余表兄传　茅于榕
筑堤理由　沙　汀
得不偿失　沙　汀
考试哲学　二　嘘
秀才妙解　廷　琇
画　谭惟翰

古香斋

湖北省政府民政厅禁屠息灾训令
蚩　氓
《两颗星》——崔万秋启事，曾今可启事（录《申报》）　以　求

幽默文选

态度（录自《笠翁偶集》）　李笠翁

西洋幽默

腊丁大文豪 Marcus Eullius Cicepo

(西山六)的幽默　木林森抄译
选《西山六文集》(Diony sius 传)
木林森抄译
群言堂
来函更正　上海东方书店
附记者按
一稿二投问题(致林语堂)
老　二
附记者复老二信
关于"乔治时代人"　杨一之
补　白
摩登(诗)　(英人来稿)
脱离亡国预兆之家庭启事(录北平《世界日报》)　李天刚
聪明的小学生　杨思培
卡　吞
吾道不孤　同　光
国产机器人　同　光
最大之权威　同　光
天书一卷　同　光
"军民联合起来!"　梦　弼
"打倒帝国主义"?　梦　弼
小学教科书大倾销　静　生
你不听《论语》的话吗?　六　平
其实买报已不只耗五角钱了
(无署名)
对不起,请问此地到龟山裸体运动场走哪一条路?(转载《纽约客》)
吾家主席　(署名不清)
徜堂教育　静　生
理发店小景　静　生

第23期
1933年8月16日出版

半月要闻
论　语
为洋泾滨英语辨　(无署名)
说避暑之益　(无署名)
吃莲花的　老　舍
烹茶记　饮　辛
四个俄国的笑话(选二)
Mihail Zoshenko 原著
Vera Efron Mintz 英译　闲人转译
杭州漫谈　孟斯根
为宰予鸣冤　佟　五
为《论语》作三部曲　马震百
无题(殷民族发源说)　予
乡村里的幽默　老　敢
幽默之有无　鹤见祐辅著　亢德译
石达开之幽默　老　敢
读书余趣　自　我
西北风(三续)　大华烈士
幽默的联话(续)　胡循道
京话　姚　颖
天热有感(诗)　姚　颖
雨　花
体会论语一二句　珍
还是加官跳得好　珍
养贼院　庄　生
庄生信徒　阿　文
厕上读《论语》理由　阿　文
某甲　陈庄生

李白头痛　庄　生

古香斋

厕所里的妙文（录自《时事新报》）　邦　彦

马褂复兴（北平《华北日报》文）

幽默文选

樵歌（八首）　朱敦儒

群言堂

“无友不如已”　广　德

卡　吞

教科书大倾销——其二　陈静生

权威者的梦想　六　平

汽车的特殊用途　黄嘉音

熔化了　六　平

古调独弹　同　光

终归熔化　同　光

BALANCE　六　平

前途飘渺　同　光

第24期

1933年9月1日出版

半月要闻

论　语

白克夫人之伟大　语

婚嫁与女子职业　（无署名）

“如何”日记自选集　海　戈

对证古本　李　旭

买彩票　老　舍

孔子去楚的途中　荆有麟

论语新解（二续）

曲斋老人补注　鲍世故正义

谈谈中国人的着　马震百

禁屠息灾　何　之

京话　姚　颖

从三和到九峰　诵　之

世界大事预言　孟　子

西北风（四续）　大华烈士

通天孝子及其他　石不烂

并未经过试验之“经验良方”　无　明

北平通信　冬　炎

老奶妈（续二）　Pearl S.Buck 著　唐锡如译

狐与鸡　鹤见祐辅著　亢　德译

投考纪事　预　凡

世界伟人之烟癖　徐培仁

幽默的联话　胡循道

西洋幽默——散文与诗　［法］莫利安著　宰　予译

雨　花

一成救国　钱仁康

诗文并茂之电报　徇　道

陈柏园之诗遗　徇　道

三急　徇　道

敬惜字纸　徇　道

姐夫　抒　实

差长一龄　嘉

古香斋

好文大家看　舒侨剪寄

鸿才妙笔　石不烂

"珠江风月" 石不烂

幽默文选

樵歌（五首） 朱敦儒

群言堂

遗弃者 晚 农

补 白

白克夫人论教士（纽约演讲） （无署名）

司法界的富贵寿考 徇 道

靠天吃饭 英冰若

无题 何章陆

死的幽默又二则 匀 之

王渔洋之幽默 虔 初

卡 吞

教科书大倾销——其三 陈静生

无题 六 平

航空救国 李 雄

混血儿与国碎 六 平

春天可是读书天 李德尊

夏日炎炎最好眠 李德尊

等到……又至 李德尊

不如等到来年时 李德尊

最新植物图谱 六 平

"咨尔三军" 颂 全

亦将有以利吾国乎？ 英

《论语》发行所 文 杰

捐疑二千万之故事 （无署名）

再来一个赤脚主义 六 平

溅出来的太多了 英

无题 同 光

论语编辑部 文 杰

第25期

周年纪念号

1933年9月16日出版

半月要闻

论 语

论语周年秋兴有感 （无署名）

世界标准英汉辞典之荒谬 （无署名）

《大荒集》序 （无署名）

征文

第一名、我所认识之怪人（某名士） 廖人旦

第二名、我所认识之怪人（某隐者） 娴

第三名、我所认识之怪人（某教员） 海 戈

《论语》一年——借此又谈肖伯纳 鲁 迅

贺《论语》周岁（五言诗） 老 舍

闲言 俞平伯

桐花芝豆堂诗集 刘半农

无题 郁达夫

周岁忌日祭张宗昌 符 蒂

《老残游记》作者刘铁云先生轶事 刘大钧

古代的恋爱观 章克标

论幽默 周谷城

文坛登龙中西异术证 沈有乾

婉转的中国人 明牧师作 自讼酌译

新秋试笔 许祖翼

孟子的不劳所得
长谷川如是闲著　亢　德译
论语新解（续）　曲斋老人
赋得中西人士之吃　马震百
肠胃病　青　崖
我的肺病疗养法　饮　辛
旅行述常　六　凡
京话　姚　颖
西北风（五续）　大华烈士
幽默的诗话　胡徇道
八喻经　窳　君

书报春秋

《乐天却病法》（刘仁航著）　李长之

雨　花

三字对　何　如
“林木林”　戈　林
开封师范学校投考生的妙文
（无署名）
爹儿俩的幽默一二　多事之秋
等号　王艮雨

古 香 斋

“国学近讯”　国学生
蛇大王出现（录自《大晚报》）

幽默文选

醉叟传　袁宏道

月旦精华

读书作文安全法　达　一
踢　丰之余

群 言 堂

对吸香烟者敬告（致林群堂）
符　蒂
不亦乐乎　大　刀
关于宰予昼寝的几句话　梅
衣治　得　哉

补　白

联话　镜
几首无名氏的诗　黛　西
幽默联话　受　年
无题诗　查猛济
梁任公不善修辞　何　容
面面观　白　葵
总理遗教也　阿　符
彭玉麟的幽默　孙任生
幽默的联话别记　孤　鹏

卡　吞

大整学风　玄
尖头慢　（无署名）
我所认识之怪人——攘外、安内
黄嘉音
复兴农村，建设工业　志
新闻记者与要人　无　朋
你们辛苦了，没揩着油　六　平
四万万众同心做梦　（无署名）
危险的亲善　志
西特勒、莫索里尼读《大学》
（无署名）
急死了邻儿　同　光
母与女　无　朋
旁观的主人翁　同　光
远看似蟀蟋，近看不似蟀，看来看去，原来不是对蟀蟋　鲁　东
花瓶　无　朋

第 26 期

1933 年 10 月 1 日出版

半月要闻

论 语

论语录体之用 （无署名）

可憎的白话四六 （无署名）

论文言文的好处（附官例二则）

徐 讦

我所认识之怪人——其四（某学生）

因 心

桐花芝豆堂诗集（一续） 刘半农

孔夫子的苦哀 石 叟

论语新解（续） 曲斋老人

古代的恋爱观（续） 章克标

今声律启蒙三集 符 蒂

活埋论 何 忱

谈丈母 何 容

聪明的兵 方墨衣

老奶妈（续三）

Pearl S.Buck 著 唐锡如译

告示式的招生广告 郑 安

西北风（六续） 大华烈士

京话 姚 颖

水涨水落记 无 朋

雨 花

爱恩斯坦底国籍 茗 泉

徐志摩狗屁不通 茗 泉

蒋主席万岁 茗 泉

此公自作墓志 胡徇道

胡适之自撰新婚联 胡徇道

古 香 斋

暑假后之读经问题（录广州《越华报》）

公 亮寄

西洋幽默

学究与贼 Charnfort 著 克 敏译

群 言 堂

为报告文学雷同（？）事

致《论语》社 陈伯英

致主编 胡徇道

补 白

和等因歌 一 清

半幕话剧 秋 子

幽默的对 阿 紫

时间杂录 萍

快车与慢车 惠

我的五愿 江寄萍

伟人之皈依师 杨 柳

卡 吞

弄堂平民图书馆 陈静生

孔丘的苦衷 金 沫

同一意义 六 平

《论语》读者宜吸此烟 同 光

“若是真的把我杀了，决不和你干休！” 无 朋

机器兵（中华民国造） 文 杰

第 27 期

1933 年 10 月 16 日出版

半月要闻

我的话 语 堂

——论政治病

论看女人　徐　讦
痰迷新格　老　舍
东南风　大华烈士
马莱爵士论教育　魏永德译
鸡鸣之夜　海　戈
国故考证拾遗　老　向
招揽生意　谢冰莹
古代的恋爱观（续完）　章克标
未完三部曲　钱仁康
京话　姚　颖
新爱国主义
Pearl S.Buck 著　林疑今译
漫画论　无　朋
关于洋泾浜　刘欢曾
东洋神户日本竹枝词　亢　德

雨　花

“在家从文”（录苏州《吴县日报》）
光　琪
拉粪救国　行　素
多数取决　笑　话
两副身世　荆祥鼎
替天行道　姚　颖
好用新名词　培
形容词　石　潮
理想夫婿　苏章枚

幽默文选

徐文长传　袁宏道

古 香 斋

胎教不可忽熊妇看猴戏动心
（《重庆晚报》文）
河南省政府来函更正
河南省政府秘书处
附：编者按

群 言 堂

何容先生“善修辞（？）”（致林语堂）　于德纯
附：复于德纯　编　者
古文之典型（致编辑）　张　成
绝妙启事（致编辑）
一个初进大学的学生
致吴敬恒先生　单　云
牛津字典袖珍本出售处（致林语堂）
程靖宇
附：复程靖宇　（编者）

补　白

跳舞救国　漾　鸥
恋爱救国　漾　鸥
戏剧救国　（无署名）

卡　吞

北平的女性（学生、招待、摩登小姐、将来的古董、封建残余）
仍须努力，尚未成功　同　光
颇有涵养　六　平
假日（转载“Tit-Bits”）
Lance Wattingon 作
曲线外交　同　光
“当心调包”　同　光
拿么温　六　平
“争雌”　忘　我

第 28 期

1933 年 11 月 1 日出版

半月要闻

我的话　语　堂

——论文下

——与陶亢得书

烟的副作用　姚　颖

民国廿二年吊国庆（五言诗）

语　堂

国故考证拾遗　老　向

桐花芝豆堂诗集（二续）　半　农

鸡鸣之夜初读　海　戈

又是三部曲　钱仁康

东南风（一续）　大华烈士

弄巧成拙

〔法〕Maxef Alex Fischer 著

侯　毅译

我所遇见之奇人　张尔华

夏娃的苹果（续）　工　爻

赋得未看八月十八之海宁潮（并序）

查猛济

京话　姚　颖

故都杂话　胡逢辰

北平通信　尔　人

幽默的联话（续）　胡徇道

哑巴的话　亢　德

——小引

——第三种枪

雨　花

毛疵同志　乔　治

自由货　君　井

“三娘教子”　多事之秋

“津二帮司”　多事之秋

考试院的妙联　蜀　僧

长衫上操　涌

嘲劣绅联　左　严

西洋幽默

止谤会　Y.Y 著　张沛霖译

古 香 斋

孝经序文

致编辑　论语一读者

以教孝弭乱之知本（录香港华字日报文）

群 言 堂

英语的半身不遂证　柳乃夫

对于浙大农院出卖的意见　马彩英

此之谓训词　享　耳

孔子之苦衷图（致林语堂）

隐　名

附：复××　语　堂

补　白

搀水记　百　子

抽卷取士　珂　雪

一面救国一面发财　文每公

“梁上君子”新解　若　海

卡　吞

去古远矣！　六　平

“不远千里而来，亦将有以利吾国乎”？　同　光

都市与乡村　陈　明

介绍几个读《论语》的好姿势

黄嘉音
中国女子（一）（二）
阿佛罗皮斯
“政府啥办法” 忘 我
他想这个世界上只有棺材店没有赠奖了！ 予
黄色车夫和摩登女郎的鞋子之比较
嘉 音
互相疑忌 光 合

第 29 期

1933 年 11 月 16 日出版

半月要闻
我的话
——提倡俗字 语 堂
附：简写总理遗嘱解 陈光尧
缢女图考释 难 知
有声电影 老 舍
女子从论 徐 讦
赞哭 无 名
“穷极无辽”解 冬 炎
女人截发考 曙 山
桐花芝豆堂诗集（三续）（附插图一幅） 半 农
逛颐和园的三段论 川耗子
川事抄（二则） 蜀 僧
女人的创造——印度幽默（选自“The Outline of Humos”） 周 新译
东南风（二续） 大华烈士
京话 姚 颖
夏娃的苹果（续） 工 爻
太原零拾 老 西
哑巴的话 亢 德
——教孝治国

幽默文选

庸人颂 舒梦兰

古 香 斋

忠孝救国论 仓 稊

群 言 堂

消极与眼看一切没有救药 扉
“此等人”的一封信（致编者）
于德纯
附：复于德纯 编 者
触类旁通 胡徇道

补 白

无题语录五则 如是闲
为农民作的诗 培
妙语解颐三则 胡徇道选辑
民间的幽默 黄 沙

卡 吞

我中国的袖珍兵舰 龚 弘
总理诞辰的总理遗像 黄嘉音
——外忧内患潸然泪下
诗人叹息道：“而今而后，我无福再见臀之波矣！”
六 平
“只此一家并无分出” 忘 我
打破全世界纪录 之
“幽默对话” 忘 我
无题 同 光

第30期

1933年12月1日出版

半月要闻
我的话　语　堂
——语录二十七则
——我怎样买牙刷
无脑县长　叶　焜
我爱其礼　姚　颖
邹鲁之风（五言诗）　曹　觉
弹字工作　徐　讦
桐花芝豆堂诗集（四续）　半　农
科学救命　老　舍
课堂的礼赞　李长之
说早起　山东人
鸦片与作家　曙　山
幽默的联话补　赵声阅
村妇骂街赋　老　向
东南风（三续）　大华烈士
京话　姚　颖
故都新话　胡逢辰
无线新闻　江寄萍
湘省纪事　尔　平
太原零拾（续）　老　西
幽默的诗话　胡徇道
再从别字谈起　曹聚仁
太平儿（一）　简又文
我所认识之怪人：无诗的诗人　卢　凡

古香斋

教做人之本　曹　觉

群言堂

怎样做语录体文（致编者）　周　劭
附：复周劭　语　堂

补　白

幽默丛钞（二则）　余影俎
死而复生　张浩瀑
幽默乎？油墨乎？　编　者

卡　吞

“夜来风雨声——碗落知多少”　忘　我
大国风度　静
两间东倒西歪屋，一个南腔北调人！　弘
“十一月份第一张废纸”　忘　我
人生三部曲　六　平
一箭双雕梦　嘉　音
有枪阶级与双枪阶级　六　平

第31期

1933年12月16日出版

半月要闻
我的话　语　堂
——文字国
——“有不为斋”解
俗字方案　曲　元
寄罋石　海　戈
忙与闲　钱仁康
欢乐　甘永柏
小事不糊涂　张曹衣
高考试卷　陈　晖

坐狱哲学　映　波
旅馆进化论　柳乃夫
桑雍流溃考　老　向
色欲解　超　冶
东南风（四续）　大华烈士
长沙通信　陈　弼
京话　姚　颖
北平——洛阳杂诗　赵潜夫
故都三三曲　胡逢辰
我所认识之怪人：无诗的诗人（续）　卢　凡
太平儿（二）　简又文

雨　花

钦佩与感谢　马西凡
李博士人口论　源
镇静　黄　沙
“与补考及格相等”　先
笋炒肉　左　严
蜕壳　胡徇道
谐联　珂　雪
“后生可畏”别解　锡　师

西洋幽默

照相馆中　Leacok 作　黄嘉德译

古 香 斋

危乎殆哉，中华古国！　黑　毛抄

群 言 堂

读了廿九期提倡俗字后的一封信（致编者）　钱志顺
附：复函　语　堂

补　白

今本论语　于简公
算术题　胡珍铎
友人所抄传也　虚　生

卡　吞

闲情逸致　古　巴
“已而已而今之从政者殆而”　黄嘉音
又增一长期抗日胜地　陈　明
新桃花源图　陈　明
父与子　向　攻
香蕉未壤福桔已烂　同　光
拿手好戏　六　平
国货年！　同　光

第 32 期

阳历新年专号

1934 年 1 月 1 日出版

半月要闻
我的话　语　堂
——与德哥派拉书
特大的新年　老　舍
恭贺新禧　姚　颖
元旦试笔　平　伯
童年试孝记　何　容
半饱论　孙伏园
新年论　徐　讦
新年漫话　曙　山
年　李长之
元旦啖狗记　老　向
元旦试谈酒　陶　然
压岁钱　林　庚

论阴阳合历　仁　康
武七先生的人格　半　农
论语新解（续）
曲斋老人补注　鲍世故正义
虱学讲座　宋春舫译
文章天成论　周谷成
论幽默（上）　汪倜然
声律新编　徐式庄
诗的解放——改作剧　江寄萍
厚黑学（上）　李宗吾
无脑县长（其二）　念　仲
说忠孝　阿　明
秀才造反必成法　某　人
东南风（五续）　大华烈士
介绍论语大学　肖　晨
傀夫求偶记　静　娴
低能校长（其一）　亚　英
我所认识之怪人（其六）　黄令贻
追悼邹绵昌速记　晴　天
北平的闲情　穆　陀
京话　姚　颖
哑巴的话　亢　德
——新年致词
——特货年
新思潮教科书——初小国语　仁　康
妈的，再来吧（诗）　受　年
静默歌　南无合十
俗字讨论栏
俗字方案　高　植
附：致林语堂书　高　植
答高植书　语　堂
雨　花
难作难作真难作　铁　寒
财政厅长胞弟　铁　寒
山东督父省母　铁　寒
没有下联的上联　冠
幽默文选
万古愁曲（周劼投）　归　庄
古香斋
船妓请免验措词动人　胡同光剪寄
皇后照相馆选举中国标准美人预告
戴蔚如剪寄
群言堂
义务勘误　太　西
读《此等人的一封信》有感（诗）
简　公
补　白
主席训话　大　山
元旦日四大宏愿　仁　康
新京戏　大　山
抽烟信条　清　夷
“狂打”　木
伍廷芳中西文诗　邹昆仑
总理何以联俄容共?　陈五郎
管子治国重罗　陈五郎
卡　吞
遭殃者谁！？　雄　伯
民国二十二年之抗日总帐　古　巴
春牛新图　（无署名）
中国儿童的新年　黄嘉音
新年之夜　古　巴
送旧迎新　黄嘉音

除夕之烛也流泪　黄嘉音
耍狗图（为狗年《论语》新年号而作）
嘉　音
饮屠苏　余忘我
作家与买办　陈　明
“十元一张钞票你找得开么？”
无　朋
连环救国图　文　杰
预言　（无署名）
现制度下的莘莘学子　黄嘉音
欢迎马可尼之如是我闻　忘　我

第 33 期

1934 年 1 月 16 日出版

半月要闻
我的话　语　堂
——论幽默
国难与娱乐　俞平伯
故都（诗）（手迹）　俞平伯
故都新闻　许　可
大同之治　钱仁康
女性史（拟未来派剧）　徐　讦
论语新解（续）
曲斋老人补注　鲍世故正义
厚黑学（下）　李宗吾
父母须知　冷　眼
论幽默（下）　汪倜然译
详注无定词　海　戈
西山养疴记（上）　一　龙
“百善”即“万恶”证　钱仁康
低能校长（其二）　叶　琨
东南风（六续）　大华烈士
幽默的诗话　胡徇道
太平儿（三）　简又文

雨　花

善后　化　身
王维的幽默　清　夷
某办公室纸篓拾零　大　山
应该提倡的别字　寒　光
谁谓古今人不相及　冠
做官先念书　铁　寒
廉吏民表　铁　寒
公家之民　铁　寒
禁止吐痰　铁　寒

古香斋

北大浴室倒塌案之探讨　陈毅剪寄

群言堂

借花献佛　胡徇道

补　白

“百善”及“万恶”证　钱仁康
欢鹤病　〔唐〕白居易
主席训词　大　山

卡　吞

“后生可畏”　忘　我
树犹如此（附林语堂题诗）
丰子恺
无题　光
马褂检查　华君武
无题　赵元任
受过儒教的中国人　静
无题　（署名不清）

第 34 期

1934 年 2 月 1 日出版

半月要闻
我的话　语　堂
——怎样学“再启”
狗的文化　曙　山
论女子的衣领　徐　订
村儿辍学记　老　向
花果山登极图　光　宇
西行杂碎　赵云起
贱和尚　廖人旦
厚黑学（下，续完）　李宗吾
西山养疴记（下）　一　龙
京话　姚　颖
鲁风　冷　眼
无脑县长（其三）　胡逢辰
幽默的联话补（二）　赵声阅
俗字讨论栏
简字九百个（并说明）　陈光尧
雨　花
历史考题　甲　乙
不远千里而来　道　干
国老祖宗　小　廿
“海陆空军总司令”　蜀　僧
“打铃”　苹
鸭博士　天　西
看革命　天　西
“食汝宿汝”　仁
“我于两星期内杀了汝”　仁
英文与历史　祺　南
西洋幽默
妻子的病
〔德〕C.Gellert 作　哥　夫译
古 香 斋
香港绅商上英国轩利皇子颂词　萱
群 言 堂
并非“美中不足”　庄近姝
袁中郎尺牍　黄　柯
补　白
女职员　漳州三郎
幽默联语　黛　西
卡　吞
稚老撒野矢图　无　朋
政治上一大潜力　嘉　音
民有民受民享图　古　巴
择肥而嫁　嘉　音
两种人的姿势　嘉　音
有情明月　丰子恺
二十年后文学史上的逸话资料
六　平
改迟一幕　光　合
丧之联国　古　巴
二十二年度之国家大事　小　？

第 35 期

1934 年 2 月 16 日出版

半月要闻
我的话　林语堂
——论幽默（下）
——宗教与脏腑

大发议论 老舍
过年日程 何容
糖瓜祭灶 老向
祭灶辞 何容
阴阳历新年之比较 姚颖
论阴阳 徐讦
拥护变态的新年 仁康
无月的除夕（代序） 海戈
第二新年 胡徇遒
闽南阴历新年竹枝词 谢云声
伪春右氏传 吴云心
论语新解（续）
曲斋老人补注 鲍世故正义
说冻疮 恩
自注咿呶摇续斋诗稿 老杆
京话 姚颖
东南风（七续） 大华烈士
幽默的联话补（三） 赵声阅
太平儿（四） 简又文
小病吟（诗配画） 无朋
雨花
半楼先生 夔厂
讲演妙诀 大山
不要脸 冬炎
阎王请医生 烟友
现成的证据 仁
幽默文选
干录新书自叙 龚定盦
古香斋
恢复孔子及关岳祀典之感思
园桥生
群言堂
新婚约 木衣剪寄
卡吞
“一切的一切” 忘我
上海的阴历新年 静
阴历元旦印象 黄嘉音
新年之晨 陈明
生趣 丰子恺
雅片同志之梦想 六平
部院长之流 六平
夫死战场子在腹 丰子恺
箍桶图 古巴

第 36 期

1934 年 3 月 1 日出版

半月要闻
我的话 语堂
——作文六诀序
论无话说 佩弦
写什么文章 倚重
午睡颂 问笔
官爷惩戒调查录 真
头等要人三部半曲（附插图漫话）
黄嘉音
轮回道上的一幕 郭莽西
论女人和美 李长之
自注咿呶摇续斋诗稿（续）
老杆
东南风（八续） 大华烈士
低能校长（其二） 赓年

外籍教师的一封信
附：译言附言
J.P.Duuan 作　周孟人译
冯玉祥的白话诗　楚狂老人
东洋英语　歌　川
略谈清客串　补　庵
京话　姚　颖
我所认识之怪人（其七）　不能名
太平儿（五）　简又文
居官书绅歌　老　向
俗字讨论栏
论俗字（上）　海　戈
西洋幽默
外交事件
Stepenleacock 作　黄嘉音译
雨　花
“革命的招牌”　示　吾
民之父母　示　吾
不读书的理由　示　吾
挽烈士　锦　如
古　香　斋
汉口法院侈谈因果　衲剪寄
群　言　堂
检举文抄公　丁　宁
补　白
过则勿惮改　涛
屁颂（有序）　渔　翁
卡　吞
丧家之狗　丰子恺
大丈夫能屈能伸　六　平
我欲无言　古　巴
母仪足式？　龚　弘
欣赏　林　义
无题　无　朋
关系　嘉　音
君子国　（无署名）

第 37 期
1934 年 3 月 16 日出版

我的话　语　堂
——作文六诀
桐花芝豆堂诗集（五续）（附插图一幅）　半　农
广告（或广告之抵抗）术　沈有乾
无定词（续）　海　戈
脑袋论　尹　伊
东南风（续完）　大华烈士
猫狗（指东话西之一）　大　灾
我所认识之怪人（其八）　仲　鄂
拜论再世
〔苏〕亚佛司钦珂著　黄嘉音译
京话　姚　颖
过旧历新年记　楚　楚
太平儿（续完）　简又文
俗字讨论栏
论俗字（下）　海　戈
雨　花
又一年　独　夫
《徬徨》《呐喊》读不得　佛
故都旧话二则　郎　奈
吸收新知识　大　铎

领袖歌　南无合十

幽默文选

贺新凉曲　文本心

古香斋

二次耆英大会　丘秉刚

补白

冀闻　顺民

卡吞

捐客与顾主　黄文农

恋爱的牺牲者　古巴

"喂！且慢……中央有一句话要补充，就是对不觉悟者，定采军事解决！"　鲁少飞

都市的繁荣　权可

一九三四年广告术　忘我

有些留学生的博士学位是如此这般混来的　黄嘉音

第38期

1934年4月1日出版

我的话　语堂

——再与陶亢德书

——发刊《人间世》意见书

爱眉小札（一）　徐志摩遗稿

附：陆小曼序语

论雅与俗　周谷城

《老舍幽默诗文集》序　老舍

论北大西斋的女禁　何容

论和尚吃荤　恩

说生子　以行

桐花芝豆堂诗集（六续）（附插图二幅）　半农

无聊哲学　于思

茶话　钱仁康

谈中西艺术　徐讦

论语新解（续）

曲斋老人补注　鲍世故正义

京话　姚颖

北平通讯　穆陀

北国见闻录（一）　季默

我所认识之怪人（其九）　梧

招生告白　维生

西洋幽默

两人何以会相爱　Piato述　陌生译

《关睢》篇试译　楚狂老人

雨花

冤枉铺　景慕

物理学书　召棠

臂助　召棠

先点名后开会　志民

女生自杀　志民

古香斋

时轮金刚法会募捐缘起

群言堂

论语读法A、B、C　广五

补白

治蝗新法　空

讽儒医　林兼绶选抄

卡吞

坛前一个顶呱呱的弟子　文农

出洋考察的行列　黄嘉音

江湾某名园之盛大宴会素描　华君武
长期抵抗的姿态　黄嘉音
无题（读《论语》）（组画）　静
州官放火与百姓点灯　六　平
复职有日！复地何年？　曹涵美
救国大观　权　可
名胜与要人　权　可
为“满洲国”设计　龙　生
白日梦　古　巴
无饷要战，有饷便战!!!!!　同　光
愿吾皇万岁万万岁　六　平
参观防务工事的要人，感叹工程浩大，将成伟大胜迹　鲁少飞

第39期

1934年4月16日出版

我的话　语　堂
——论西装
——《论语文选》序
玩　林　庚
论算命看相卜课之类　徐　讦
爱眉小札（二）　志摩遗稿
春日随笔　张露薇
读画史　丰子恺
《咄咄吟》（木居士著）　徐碧晖
读《牡丹亭》　江寄萍
爆竹赋　屠　门
今声律启蒙五集　一　清
四平调　冬　炎
我所认识之怪人（其十）　王庶几
牢骚　失　名
京话　姚　颖
北平通讯　穆　陀
菲律宾通讯　撒　丁
宣城植树记　岂　青
北国见闻录（二）　季　默

雨　花

圣希特勒　胡　筠
圆滑语　米　依
有头无尾　介　甫
倒马拥周　介　甫
妙联趣诗　文　励

古香斋

广州祀孔记　召　言

幽默文选

康圣人取经记　耐　庵
编辑后记　编　者

卡　吞

这两个不要　丰子恺
“新生活”　古　巴
三位一体　龙　生
中国官专画行而不行　六　平
赏梅图　秋　农
宝座中　古　巴
女子职业之将来　涵　美
新设计　鲁少飞
衣钮务须扣好，关口不妨……　涵　美
显微镜下之方框　文　农

补　白

革命对联　伯　雨

“恭喜发财” 草　草
传单妙句 赤　子

第40期
1934年5月1日出版

我的话 语　堂
——语录体举例
讲道德 何　容
咏女性 钱仁康
也是斋随笔（一） 如　愚
汉初的儒生 碧　晖
封面祸 阿　器
说美 周谷成
三不足诗存 ⊗
说抽烟 刘大杰
寄鏨石 海　戈
爱眉小札（三） 志摩遗稿
京话 姚　颖
北平通讯 穆　陀
故都黎明的一条胡同儿里
老　向
北国见闻录（三） 季　默
西洋幽默
巴比仑的婴孩
H.D.Bradley 作　林疑今译
雨　花
追随膝下 佛
奉命请假 光
望君做牛 子　介
随时进化 赤　子
主席谈话 陆独步
古香斋
“天下有三界” 景　公
群言堂
我之幽默解 朱孝庄
卡　吞
北望气象（有不测之风云） 文　农
内战与外侮 黄嘉音
剃头图 玄
西子湖头所见 老　黄
满洲行乐图 龙　生
镇静朋友：“等我再考虑一下”
涵　美
所谓救济农村者 涵　美
难收之口 同　光
理想中之高而富球场 陈静生
补　白
勿用手摸 新　斋

第41期
1934年5月16日出版

半月要闻
我的话 语　堂
——俗字讨论撮要
吃瓜子 丰子恺
论睡眠 徐　讦
理发救国论 老　向
我的三懒 山东人
也是斋随笔（二） 如　愚
论美人 曙　山

球类运动改良刍议（附黄嘉音插图一幅） 黄嘉德
烟与清代文人 青 田
北国见闻录（四） 季 默
雨花台上看风筝（代京话） 姚 颖
扬子江上看翻船 老 杆
寻佛记（附插图二幅） 小 羊
迎佛记（附照片一幅） 甘 草
三晋儒林传 酉 昔

西洋幽默

巴比仑的婴孩（续完） H.D.Bradley 作 林疑今译

雨 花

"滑稽剧" 耒 负
妙联 剑 仇
幽默神品 小 鼠
签字之功用 任 可
程砚秋主义等 任 可
对联 珂 雪
新式标点东扭西歪！ C
千金一诺 洁

古 香 斋

戴季陶发下宏誓愿（录南京《人民晚报》）

群 言 堂

穿中装才是怕老婆（致林语堂） 呇 呇
附：复呇呇 语 堂
卸西装法（致林语堂） 王 静
附：复王静 语 堂
中郎尺牍（致林语堂） 黄 杰
附：复黄杰 语 堂

卡 吞

好汉不吃眼前亏图 六 平
春日融融正好眠 汉 梧
多才多艺 龙 生
有意想不到之效力 黄嘉音
将来站在一条战线的远东运动会会员 龙 生

补 白

卷地皮 曼 鹤

第 42 期

1934 年 6 月 1 日出版

我的话 语 堂
——言志篇
牛克鼠的资本集中说 羊先生述
标语举隅 王酉微
撒谎与听谎 鸣 秋
"笑"之社会的性质与幽默艺术 长谷川如是闲著 徐懋庸译
论语新解（续） 曲斋老人补注
吾邑民歌 大华烈士
水缸（法国中古短笑剧之一） 刘小蕙译
详注无定诗 海 戈
爱眉小札（四） 志 摩遗稿
维也纳通讯 一 之
京话 姚 颖
北平通讯 穆 陀
也是斋随笔（三） 如 愚

月旦精华
南无阿弥陀佛戴传贤（转载南京《民生报》） 刘 复
幽默文选
七患（节录《墨子》） 墨 子
雨 花
扣钮扣 克 和
天假以年 廷 堡
另派寡妇 （无署名）
司令骈体文 琴
古香斋
民族扫墓（转载《大公报》西安通信）
群言堂
学校成绩展览 费企申
卡 吞
山中日月长 韩 鄂
国产的猫与狗 黄嘉音
救国之道 鲁少飞
儿女——精力繁殖的表现 鲁少飞
老农夫 （无署名）
我原来只是来送行（转载《笨拙》）
航空奖券 忘 我
瓜香四溢 陈 明
佛法无边 （署名不清）

第43期
1934年6月16日出版

半月要闻
我的话 语 堂
——梦影
自注自批桐花芝豆堂诗集（七续） 半 农
不说自己的文章不好论 姚 颖
奴才文明论 一 之
沉默的和尚 冷 眼
开房间（一篇西人关于两性的母训） 樱 姊
爱眉小札（五） 志 摩
卡 吞
送别图 古 巴
见鬼 文 农
新献图 鲁少飞
国之四维 黄嘉音
远东运动会一个糊涂观客，想：为何见不到一个“中国运动员？” 涵 美
和平市 古 巴
逍遥法外 宣文杰
大学士像赞 嘉 音
总有这天 雕 虫
京话 姚 颖
水缸（法国中古短笑剧之一）（续） 刘小蕙译
口角 宁 译
也是斋随笔（四） 如 愚
北国见闻录（五） 季 默
一月一次的刑罚 血 因
王秀才的扇子 何章陆
社会问题小解答 江寄萍
俗字讨论栏
五五〇俗字表 徐则敏

西洋幽默

医生与病人

Stephen Leacock 作 黄嘉德译

雨 花

四川军政简评 念

“爱斯不难谈” 学 究

妙诗 学 究

禁售花生米 不 肖

讽联 珂 雪

“我不是外行” 汉

古 香 斋

玄武湖怪人（录《大美晚报》） 中关剪寄

南浔妇女请建女厕所之呈文 吴雄剑剪寄

群 言 堂

关于“民之父母”

致编辑 罗 玺

致编辑 四川内江县绅民

补 白

板桥远见 韩冠雄

引鲁迅语

读史一得 抑 扬

爱民歌 彦 培

读之不忍忘两章 大 山

石子 新 斋

第 44 期

1934 年 7 月 1 日出版

半月要闻

我的话 语 堂

——假定我是土匪（一九二六年稿）

——《行素集》序

考而不死是为神 老 舍

“吾不如老农” 老 向

浴室问题之解决 沈有乾

苏维埃式的鲁滨孙漂流记

意尔夫·比鲁脱夫著 宋春舫译

自注自批桐花芝豆堂诗集（八续）

（附插图一幅） 半 农

《论语》新解（续） 曲斋老人

没造化 冰 厚

幽默论 徐 讦

卡 吞

藏本失踪时的南京 华君武

心的变迁 亚 光

局长家的功绩 鲁少飞

怎样“上所施下所效”得起来？ 六 平

只羡主席不羡仙 黄嘉音

子曰：“航空奖券发行至第四万万期，民无饿殍矣！” 宣文杰

新装图案 白 划

夏的节景

——剿匪和暴日 立 朴

藏本事件与叶木华案之对比 曹涵美

京话 姚 颖

衍圣公府巡礼记 学少年

北国见闻录（六） 季 默

也是斋随笔（五）（六） 如 愚

宝阿夫人　吴世昌
和尚校长　贺炳铨
厦门迎香竹枝词　谢云声

俗字讨论栏

五五〇俗字表（续）　徐则敏

幽默文选

释愁文　曹植

雨花

画展消息　逵
吴稚晖之“任务”谈　独步
遗嘱之“三须”　独步
铁的纪律　独步
时代联选　秀山

古香斋

男女同浴有伤风化（转录《大公报》文）

补白

正名　孙秋舫
“奉命而已”　半梅
失地　（无署名）

第 45 期

1934 年 7 月 16 日出版

半月要闻
我的话　语堂
——一张字条的写法
《牛天赐传》广告　老舍
看灯　丰子恺
何淡如的妙联　大华烈士
胡子　黄胡
阮舍监　清夷
藏本寻获以后（代京话）　姚颖
论幽默的效果（上）　钱仁康

卡吞

卖油炒瓜子的　丰子恺
胆敢在洋势力下大踱其方步　胡考
政治上轨道　王遵武
开发西北　光华
剪线礼　雷宇
大学生的综合
——罗掘术与自卫术　鲁少飞
要人与交通　宣文杰
少安毋躁，看予为谁而书　高龙生
给“新生活运动”一个建设：男子的服装　胡考
根籐未尽除，蛇虺又旁生　曹涵美
新生活普遍化　雷宇
吞象图　高龙生
新调好曲年年增，可是那得几“实”见？　曹涵美
盛暑办公的妙法　宣文杰
论语之功罪　戴天真
七弦琴　海戈
柳装腔　须白石
北国见闻录（七）　季默
也是斋随笔（六，续）　如愚
八股新调　孝若

西洋幽默

自判自的犯人
W.H.Dviaes 著　小品译

俗字讨论栏

五五〇俗字表（续完） 徐则敏

雨 花

旅舍新规 胡士先

“妖孽” 若 海

“何必” 若 海

风流女党员 剑 仇

择爱秘诀 （无署名）

古 香 斋

婚姻自由说（在天津国学研究社演讲） 李宝忱

刘半农先生遗像

刘半农先生遗墨

刘半农先生的死因和生平（《大公报》北平通讯）

纪念刘半农先生 亢 德

半农先生著作 （无署名）

补 白

南浔铁路涂德警务段布告 （未署名）

琴庵漫集 欧东谷

重修二郎庙山门记 燕 屠抄寄

饭后钟 曼 鹤

七件事 曼 鹤

阿丑 三十斤

道歉启事（录报）

第 46 期

1934 年 8 月 1 日出版

半月要闻

我的话 语 堂

——山居日记

公开信 亢 德

——劝友人莫避暑

避暑 老 舍

暑天小语 阿 符

热天写稿 丰子恺

夏日的南京（代京话） 姚 颖

求雨 何芳洲

暑天漫话 姜贤弼

国历七月七，月夜望天空（诗） 冠 冕

卡 吞

班禅祈雨，而雨二小时，诚活佛也！ 胡 考

祈雨之前 高龙生

祈雨 雷 宇

回娘家 鲁少飞

中国的王道精神和日本的武士道精神 胡 考

U.S.S.R I.Pak

预言：一九三六年

中国人将以烟枪御大炮 黄嘉音

掩旗好久的东西，又把旧幌子耀起来 曹涵美

英文××通 雷 宇

同曲异腔 宣文杰

——岂是身起立行？

肉+肉=？ 六 平

扇扇子种种花样 窦宗洛

女人肉蹄下之袜商 广宪锜

烈日图　华君武
禁止男女同行后现象　黄嘉音
未来的广州路政（一）　黄嘉音
未来的广州路政（二）　黄嘉音
鲁迅的小说与幽默艺术　徐碧晖
论幽默的效果（下）　钱仁康
读中郎偶识　周　邵
论写信　李良广
吴先生　浚　生
我的表（附黄嘉音插图一幅）
［美］马克·吐温著　黄嘉音译
普陀"特写"　多　闻
教书生活九咏（十七字诗）　载　生

幽默文选

山居斗鸡记　袁中郎

雨　花

三步手续　光　琪
青天白日满地黑　水　由
英文无之乎者也　载　生

古 香 斋

禁止男女同行　老衲剪寄
湖北民政厅禁屠文（录汉口《新闻报》）　老衲剪寄
未来的广州路政（图三幅）
黄嘉音作

群 言 堂

问鱼肉荤腥能否腐肠（致编者）
杞　人

补　白

转载广告一则　阿　符
苏州道士求雨之天表　（无署名）
苏州耶教求雨韵文　（无署名）
于谦之入京诗　曼　鹤

第 47 期

1934 年 8 月 16 日出版

半月要闻
我的话
——山居日记　语　堂
——形而外论（附图解）
末　底
钟伯敬谐丛　阿　英
自注咿呶摇续斋诗稿（上）
老　杆
闲说禁烟　沈瘦狂
中国钻地虫（附黄嘉音插图一幅）
梦　谷
取缔男女同行实施办法之商榷
林光迈
说矛盾　曙　山

卡　吞

皆大欢喜　张鸿飞
中国文坛奇观　黄嘉音
避暑　老　于
女房东（附黄嘉音插图一幅）
老　向
三　曼　因
也是斋随笔（七）　如　愚
维也纳通讯　一　之
贤人的裤子　赓　年
五将领祭关公（诗）　阿　花

西洋幽默

理发匠 Mark Twain 作 晚 秫译

雨 花

胡生 李青云

藏气 福 山

嵌字妙联 载 生

跑票 载 生

骑驴犯私 刘倍民

古香斋

盛世盛事（附《南通报》、南通《五山日报》文） 老 农

补 白

暑天小语 阿 符

第48期

1934年9月1日出版

我的话 语 堂
——有不为斋丛书序

暑中杂谈二则 老 舍

牯岭，避暑乎！趋炎乎！ 抱 一

夏日的南京中的我（代京话） 姚 颖

我的避暑 寄 萍

自注咿呶摇续斋诗稿（下） 老 杆

御蚤记 黄 昏

怎样显扬自己（附黄嘉音插图一幅） 郭莽西

读书随笔 徐碧晖

非名人写真 若 何

“美人鱼”播音印象记 侯 佣

卡 吞

开封警察 无 朋

观战图 华君武

鹊桥相会 华君武

福地——去了和尚，来了道士 老 黄

提倡体育 胡亚光

社会的畸形发展 雷 宇

小赤老是什么 张乐平

聘请表演 宣文杰

无题 黄嘉音

“遂令天下父母心，不重生男重生女” 黄嘉音

种花记 靖 华

课堂再赞 李长之

闲谈 子 君

偶然的通信 子 罕

兰溪巡礼记 老 黄

马尼拉通讯 人 路

入山记 海 戈

借瓶居室漫谈 思 年

大学之道 古 冬

幽默的诗话（续完） 胡徇道

雨 花

幽默联抄 王瀚泉

雷厅长字典之中之“穷” 牛马走

某塾师的“阶级意识” 李青云

古香斋

呈请男女分校 慕井虞

编辑后记 编 者

补　白
几个新发现的公式　若　水
互学士　（未署名）
新文观止　文仿公

第49期
两周年纪念特大号
1934年9月16日出版

半月要闻
同志小影并签署（十五帧）
古乐府诗配画（墨迹）　丰子恺
《论语》两岁（诗，墨迹）　老　舍
无题（诗，墨迹）　俞平伯
四十自叙（文，墨迹）　林语堂
子读《论语》（漫画）　高龙生
牛天赐传（一）（长篇小说）　老　舍
奉“公”守“法”记　何　容
偷龙王（附黄嘉音插图四幅）　老　向
一事无成记　沈有乾
我的照相　徐　讦
我与《论语》　姚　颖
《论语》二周年　甘永柏
关于　海　戈
迷途　徐碧晖
避祸三途　江寄萍
谈睡眠　邵洵美
猫鼠之间　曙　山
新长恨歌　长　默
一年只有三百二十几天考　阿　符
《航空奖券购买法》（书评）　何芳洲
作客者言（附黄嘉音插图二幅）　丰子恺
运动经　钱仁康
谈创作　周谷城
胡汉民的粤语诗　初　夏抄
四大城市　林　庚
也是斋随笔（八）　如　愚
文章作法　程心芬
政变（喜剧）　〔法〕拜纳著　包乾元译
赋得禁止男女同行　鹤　鸣
群言堂
《论语》何不停刊？（致陶亢德）　徐敬籽
附：复徐敬籽　陶亢德
卡　吞
子曰：“有女同车，虽执鞭之士，吾亦为之。”　高龙生
触目惊心　荆　森
农民生活　章乃焕
孙中山与至圣先师　荆　森
靠天吃饭的人们　陈静生
某人的新生活　荆　森
抢米图　华君武
“家齐然后国治”　黎任于
现行教育制度　光　华
幽默的画家所见的洋学堂　伯　坦
床下避暑图　华君武

好汉不挣六月钱图 老　黄
人为刀俎，我为鱼肉 陈　明
区长之出生 老　黄
雨　花
可怜可怜！ 乃　昆
保卫救济 亚　魂
盂兰会醮棚联 亚　魂
请废为庶人 曾　恙
补　白
云土发票 何　树
挽刘半农先生诗 沈蘅中
用知堂五十自寿韵哭半农先生（诗）
徐式庄
要闻简报 姜贤弼

第 50 期
1934 年 10 月 1 日出版

半月要闻
我的话 语　堂
——狂论
论　语
大题小做 紫　岑
论说话与说闲话 段　片
谈杀 清　然
取钱 老　舍
比较 丰子恺
现代人的死 鸣　秋
《终身日记簿》（书报春秋） 何芳洲
新镜花缘 戎　我
赫理斯笔下的肖伯纳（上） 黄嘉德
秋日乡居日记 三十斤
喝酒 刘大杰
也是斋随笔（九） 如　愚
一个好小孩的故事
Mark Twain 著　黄嘉音译
牛天赐传（二） 老　舍
读书（附黄嘉音插图五幅） 一　裹
政变（喜剧）（续）
〔法〕拜　纳著　包乾元译
群 言 堂
拟《论语》读者戒条 之　的
卡　吞
过滤 荆　森
出后门 雷　宇
“大地”影片的主角 林　豪
赈灾（组画） 金　沫
征女友广告（录报）
坟（组画） 黄嘉音
糊涂县长：“麦色金黄，那里是荒年的样子！” 华君武
百无禁忌 盛公木
“音乐大家” 戴天真
会爬的高踞在上，不会爬的慢慢的钻 莿　影
读《论语》九种 老　黄
（周朝的）不倒翁 好　畊

第 51 期
1934 年 10 月 16 日出版

半月要闻

我的话　语　堂
——沙蒂斯姆与尊孔
论　语
论“那个”　张　堡
论妥当办法　乌　尤
国庆与国难　何芳洲
画像　老　舍
聊复尔尔序　老　向
一部特别宪法　姚　颖
赫理斯笔下的肖伯纳（中）　黄嘉德
尊孔杂忆　杜　之
友人的家　鲁　成
考据学之一例
Martin Armstrong 著　全增嘏译
牛天赐传（三）　老　舍
国庆特辑（文）
二十二个十月十日怎样过去的
黄炎培
无题　海　戈
闲话国庆　江寄萍
时节闲话　老　杆
谈国庆日　从　狼
没有题目　孟斯根
我怎样过国庆　廖人旦
赋得乐而不淫　老　黄
卡　吞
再来一个“未来的广州”　金
患睡症者（组画）　诛　皇
还有别的或许跟着要来（录西报）
孔子叫子路去看看外边啥事体
俞　红
斜斜相对　雷　宇
国庆特辑（漫画）
庆“双十”　古　巴
水灾区之双十节　胡亚光
东北四省之双十节　胡亚光
内地之双十节　胡亚光
匪区之双十节　胡亚光
旱灾区之双十节　胡亚光
首都双十节　胡亚光
十月十日的劲儿　老　黄
双十之路　高龙生
阿大去借米，拾得提灯归　丰子恺
绝技　高龙生
廿廿廿廿廿廿廿廿图　老　黄
补　白
刘海粟与友人书
小慌慌　珂　雪

第 52 期

1934 年 11 月 1 日出版

为悬赏（现代教育）征文启事
论语社
半月要闻
论　语
文人与装鳖　姚雪痕
论作官本是善事　亭　亭
我的话　语　堂
——买鸟（原文为英文，黄嘉音译并插图五幅）
谈瀛　一　之

小布尔面型　芦　焚
中国未来之外交家　风
孔子的国籍　海　戈
谈伦敦漫步　重　哑
自注咿呶摇续斋诗稿（三续）
老　杆
中国新几何学　未　明
牛天赐传（四）　老　舍
读中郎偶识　周　劭
赫理斯笔下的肖伯纳（下）（附照片、插图各一幅）　黄嘉德
生活的希望　翱　翔
挽刘半农先生联　陆　旭抄
饼与糕（法国中古短笑剧之二）
刘小蕙译

雨　花

伟大纪念日　汰　陈
扫地与国难　一　中
君子不哭　榴
碰碎一个夜壶　珂　雪
女教师的牢骚　止　水

为出西洋幽默专号征文启事　论语社
趣闻三则　玲　生
伸指头
比馍盘
骂伙计

古 香 斋

由“文言文”复兴运动说起一位县长的告示　万　一

卡　吞

阔人：“谁叫你们不登高避难呀！活该受罪！”　华君武
人梯　（无署名）
天下太平图　古　巴
人物象　甘如斯
会议图　鸿　飞
难产的作家　金　沫

第 53 期

1934 年 11 月 16 日出版

半月要闻

论　语

宪法分类　陈其言
半死不活的　章伯雨
我的话　语　堂
——一篇没有听众的演讲
人力车　俞平伯
寄包裹　老　向
不要鼻子的杂种（附黄嘉音插图二幅）　问　笔
言志篇　仁　康
新诗作法　揭　谛
唐生智将军　斯　根
婚后怎么称呼？　从　狼
寄鞶石　海　戈
也是斋随笔（十）　如　愚
金华一日记　老　黄
戒赌与修道　望　水
牛天赐传（五）　老　舍

饼与糕（法国中古短笑剧之二）
（续完） 刘小蕙译

雨 花

小痰盂 磊
有碍观瞻 磊
认识茶叶救国 暂 弱
妙喻 鹤

古香斋

代拟祭文一篇 国梁寄并说明

卡 吞

读寄颦石有感 语 堂
阿Q先生传（一） 高龙生
灾区视察，印象甚佳 黄佳音
一条无结果的数学式 林言帝
牛顿定律第一条 六 平

第54期

1934年12月1日出版

半月要闻
我的话 语 堂
——今译美国独立宣言
尊伪论 老 向
京话 姚 颖
筹备会 平 女
儿童本位教学法 龚树楧
北国见闻录 季 默
谈“书院教育” 黎 庵
弱者 钟开莱
病 徐 讦
尼古丁学校访问记
E.V.Lucas著 稚 吾译
袁中郎游百泉 樊 缜
学饮记 黄陆平
自注绝食礼赞 水 草
非名人写真（其二） 若 何

书报介绍

《仁声歌集》（杜庭修著） 仁 康
牛天赐传（六） 老 舍
论语与我 常燕生
论语与我 斐 如
论语与我 彭 英

群言堂

发现古人抄袭（致编者） 沈蘅仲
附：编者按

卡 吞

未读论语前的我 （无署名）
既读论语后的我 （无署名）
清道夫 荆 森
新装设计 华君武
提高女子地位 老 黄
奇怪的算术 金 沫

古香斋

提倡公共娱乐场所男女分座征求
同志宣言 苏民新闻社
阐扬孔子大同真义祈祷世界和平
大会启事
金润泉 王湘泉 张旭人
王晓籁 沈田莘 毛与鹏
王一亭 许世英 关炯之
闻兰亭 斐云卿 俞佐廷
陈蔗青 张啸林 杜月笙

黄交润　屈映光　顾馨一
徐寄庼　虞洽卿　王延松
王伯元　林康侯　金侣琴
刘鸿生　陈炳炎　季毅生
朱谋先　何衷孝　张兰萍
陈勤士　赵聘侯　陈安伯
翁寅初　田其源　邬志豪
史量才　都鲁滨　池梦洲
张吉如　蒋本臻　于少炎
仇继恒　黄月轩　潘哲人
王吉柝　葛安甫　陈锡庭
孙翔仲　胡志仁　赵锡深
凌仲辛　王祝康　孙仰乔
徐立民　张继之　叶焕章
吴心斋　沈联芳　郭毅钦

第 55 期

1934 年 12 月 16 日出版

半月要闻
我的话　语　堂
——游杭再记
苍蝇脚上的毫毛　郁达夫
写字　老　舍
统计室中　万　蒙
半农遗诗
检查　三　余
朱湘骂人　罗念生
被奚落的孟轲　碧　晖
教会学校里的洋人和华人（附黄嘉音插图二幅）　蔼　若
渔民的故事　小　苇
北国见闻录（八—二十）　季　默
非名人写真（其三）　若　何
多情反被无情恼（上）　问　笔
牛天赐传（七）　老　舍
英国风（附插图三幅）
Dr Karel Capek 著　崇　林译
“象征派”诗三首　监　扣
（一）寞寂之国
（二）舞场上
（三）屁
论语与我　碧
论语与我　齐　一

古香斋

妙事妙文　曙　山

卡吞

阿 Q 先生传（组画）（二）高龙生
新陈代谢　鸿　飞
假若男子也赴京请愿，在路上遇到女子请愿，必有意想不到的结果
黄嘉音
禁舞以后　华君武
子曰：“朽木不可雕也，粪土之墙不可污也！”　金　沫
他为什么不安分（录英国《笨拙》）
和平之神　黄嘉音
安息日捉赌　黄嘉音
坚持到底　黄嘉音
海上霸权属谁过后便知（转载西报）
旱荒年！荒得鸟犬们都就食他乡去了　俞　红

补　白
达官昼寝　何芳洲
某官妾死　雁
闸北指江庙彭大梁王出巡通告
马飞廉抄
启事（为本刊从此期起用简字事）

第 56 期
西洋幽默专号
1935 年 1 月 1 日出版

半月要闻
我的话　语　堂
——跋西洋幽默专号
人生七计
沙士比亚（Shakespeare）著
语　堂译
市场的苍蝇
尼采（Nietzsche）著　语　堂译
幽默论
MABIE 幽默论抄　郁达夫
我们需要健康的笑　小　羊
马克吐温及其作品（附黄嘉音绘马克吐温像）　黄嘉音
马克吐温逸话　曙　山
论幽默并介绍一西洋笑味家
从　狼
讽刺
天堂捷径（节录《十日谈》）
Boecacio 著　潮　珍译
尼姑（法国民间故事）
梦　谷译
小儿制造厂
〔英〕Aldous Huxlex 著
黄嘉德译
清谈
画诀（附插图八幅）
A.P.Herbert 著　宋春舫译
论冬日早起
L.Hunt 著　稚　吾译
睡在床上的危险
Twain 著　黄嘉音译
旁若无人随笔
Baudelaire 著　疑　今译
妇人的直觉乃胡说
Broun 著　林　幽译
记叙
中彩票　Chekhov 著　蓝萍心译
巴斯妇人的故事
Chaucer 著　开　明译
运棺者　Muntne 著　张沛霖译
战壕脚　Maurois 著　老　舍译
溥仪印象记
Peter Fleming 著　古　信译
警察有意和你开玩笑吧
O.Henry 著　瞿　钰译
西洋雨花（一〇则）　毕树棠译述
京话（续）　姚　颖
多情反被多情恼（下）　问　笔
牛天赐传（八）　老　舍
群言堂
给海戈先生的一封信　汉　荞

补 白

注册局书记的故事（法国）（无署名）

文人的癖病 E.V.Lucas 著 毛如升译

卡 吞

为艺术而艺术（转载外国漫画）

代人受过的猫及其报酬（转载外国漫画）

×夫人，我吃一支雪茄不要紧么？（转载外国漫画）

英人之国民性——其一，外语天才（在国外车站言语不通） PONT

英人之国民性——其二，守礼（在热带林中穿礼服） PONT

她若不穿袜子，真难为情（转载外国漫画）

出版中国幽默专号征集中国民间故事启事 论语社

第 57 期

1935 年 1 月 16 日出版

半月要闻

我的话 语 堂

——做文与做人

柏格森论笑的批评 沈有乾

这鬼 俞平伯

“洋太太的丈夫”自述 茂 修

立法院会议旁听记 玉 珍

逛财神庙 何 容

武士风 凡 鱼

也是斋随笔（九七——〇一） 如 愚

Tien hsio-teism 诗二首及译文（附插图二幅） 钱君匋

过考 廖人旦

马克吐温逸话（续完） 曙 山

一个宴会 苏 菲

四川新闻 比 木

广州通讯 英 弟

非名人写真（其四） 若 何

牛天赐传（九） 老 舍

《论语》与我 沈 琴

《论语》与我 陆 平

古 香 斋

斋戒和神谕 俞佐廷作 戴两君寄

卡 吞

流线式的民族 高龙生

模范人物 鸿 飞

来自民间 鸿 飞

新婚之夜 黄嘉音

太平无事 Robin Huang

廉价部之纷忧 黄嘉音

补 白

结婚征集诗文启事

从事洋务者的笑话

第 58 期

中国幽默专号

1935 年 2 月 5 日出版

半月要闻

我的话 语 堂
——思孔子
江进之的笑话 阿 英
残年急景 郁达夫
讽刺小说和《儒林外史》 碧 晖
谐乘 周 劭
西鞣陈谈 无 可述
幽默拾零 受 仲
板桥隽语 徐中玉
王壬秋湘绮楼日记 马 骏
《读书镜》掇拾 何芳洲
明末的“幽默” 吴紫金
赵瓯北的幽默诗 胡凤纶
读《钟伯敬〈谐丛〉》 赵景深
莞尔集 觉 庐辑
幽默联语再补 赵声阅
牛天赐传（一〇） 老 舍

幽默文选

暖姝章 庄 子
蕉鹿 列 子
病忘章 列 子
识张幼于惠泉诗后 袁宏道

西洋幽默

美丽的女人
〔德〕Hermann Bahr 著 彤 孙译

古 香 斋

蓍会发起人征求列名小启（《时报》镇江电）
取缔诱惑青年（北平公安局训令）

卡 吞

三条外交路线 明
一九三六年新装 老 黄
新书预约 （署名不清）
国货表现 华君武

补 白

男小孩吃调经药水 东 斧
中山大学教员就法办胡适……
看青苗的人 国 旭
沈石因嘲“枇杷”误为“琵琶”（摘《逸庐漫抄》） 行 素
则天禁屠（摘《逸庐漫抄》） 行 素

第 59 期

1935 年 2 月 16 日出版

半月要闻
我的话 语 堂
——纪元旦
郊外窥井记 老 向
陈妈的家庭访问记 曾孤鸿
旧历年与我 直 哉
孔子与生姜 廖皓龄
狼与狗 莫仞仙
论“做一日和尚撞一日钟” 何 忱
梅博士
〔苏〕程沧诺夫著 韦夙今译
也是斋随笔（一〇二至一〇七） 如 愚
读《经训读本》 邓白林
草鞋渡 三 余

齐东野语　毕树棠
醒狮还是睡狮？　问　笔
寄鑍石　海　戈
水每君　郭种桑
章先生　林如斯
牛天赐传（一一）　老　舍
幽默联话再补（二）　赵声阋
《论语》与我　阿　骥
《论语》与我　水　草
《论语》与我　七　郎
《论语》与我　明　远
《论语》与我　立　人
雨　花
武人祀孔　震　霆
福寿全归　霜　瘦
门老之谊　岂
古香斋
讨危文绣檄（转载《正报》）
卡　吞
假如中国人讨小老婆是犯法的话　华君武
准备第二次世界大战　高龙生
“富与贵是人之所欲也”　六　平
惊弓之鸟　黄嘉音
英人国民性——其三，在沙漠过圣诞节怪佣人不备冬青树（录西报）
归隐图　雷　迅
无题（转载外文刊物）　Riocewe
不胜重荷（转载外刊）
现代警察的任务　黄嘉音

第60期

1935年3月1日出版

我的话　语　堂
——裁缝道德
有钱最好　老　舍
慰中央考送欧美留学归国之失意者　姚　颖
办公　钱仁康
体育家的悲哀　揭　谛
论手　一　寰
介绍一种最新式之“数序字”　林光迈
广东人　英　弟
论笑　江寄萍
奉命考察欧洲抽水马桶记　溜　子
说信条　钟开莱
法言　半　一
齐东野语（六至九）　毕树棠
和尚　老　黄
《都门纪变百咏》（读书随笔）　何芳洲
牛天赐传（一二）　老　舍
幽默联话再补（三）　赵声阋
西洋幽默
巴黎的水管工匠　Joseph Schrank 著　邝　九译
《论语》与我　文　幽
《论语》与我　献　三
《论语》与我　逸
《论语》与我　张惟德

雨　花
古文手条　子　望
诗价太昂　文　农
横顺不通　笑
新闻不在报上　卯　丁
祖国的光辉　小　玲
无不崇拜　信
蓄发风波　莽　汉
物物交易制　语　冰
摩登叫卖　乃　昆
群言堂
吃了林语堂的苦　一　中
古香斋
驰娼禁以正风化（徐闻县政府布告）
卡　吞
亮眼乞丐常得到慈善家的施舍　华君武
钟山的风景线：陵墓展览会（××年后）　夙　纶
某阔人特于新刑法公布前一日赶行集团结婚典礼摄影纪念　黄嘉音
丁区长到任之前　老　黄
子曰："中国是一只无需乎抽水的天然马桶。"　黄嘉音
审判官说："我判决这位被告永久无罪!"　黄嘉音
预言：一九四〇年火星天文学家以望远显微镜照视地球，发现荒冢垒垒。　黄嘉音
佳婿之条件（转载英刊《笨拙》）
补　白
某中学校长吹牛笑话　雁
袁世凯抓赌　唯　我
曾国藩赠鲜衣　仲　子
《论语》实行简化字启事（二）

第61期
现代教育专号（上）
1935年3月16日出版

补　白
首都大石桥实验学校讲义之一角　（无署名）
某校布告　（无署名）
半月要闻
征文一、二、三名
议现代中国教育　赵　良
现代教育之总暴露　风　可
现代大学教育　王小山
王先生自传摘录　芳　洲
劣等生之自述　莫　名
教育四征　姚雪痕
切实有效的监督和指导　玉　尚
校长与手枪　广　岳
风波两场　李志微
广西的教育　贻　非
教会女子教育的写真　今　文
补习受骗　古　冬
卡　吞
中国教育的堂吉可得先生　黄嘉音

现代教育大观　黄嘉音
整批造就，整批失业　黄嘉音
一分价钱一分货　吴　震
小学——初中——高中——大学——失业　华君武
现代教育　子　雨
虽执鞭之事，吾亦为之　（署名不清）
大学校也是时装店　黄嘉音
现代教育的弱点　黄嘉音

第62期
现代教育专号（下）
1935年4月1日出版

半月要闻
我的话　语　堂
　教育罪言
现代教育八弊　老　向
教育界的问题　何　容
罪过罪过　三　余
扫墓与教育　姚　颖
俭德学校（附丰子恺画插图五幅）　丰子恺
谈教育　老　舍
我闻如是　罗念生
寄教于政刍议　大　生
教育与女子　血　因
一位校长　金　鑫
现代教育　荧　心
美国的"现代教育"　胡　涂
牛天赐传（一三）　老　舍

雨　花

革命十年　慧　娟
韩复矩之植树经验谈　（无署名）
《周易》退客　抱　因
别开生面之讣闻　抱　因
荒唐家　抱　因

古香斋

古直请政府明令尊经诛放狂狡　古　直

漫　画

"青云直上"　嘉　音
中国最盛行的鸟笼教育　嘉　音
教育岂是这么一回事而已　嘉　音
现代教育大酒楼　嘉　音
读经与学白话文　（无署名）
如此这般的教育家　嘉　音
现代都市教育之总汇　嘉　音
有诗为证（诗配画）　嘉　意
植树典礼　亦　庵
林语堂启事（为与曹聚仁关系事）　林语堂

补　白

小学校的训育　楚　强
两栖动物　（无署名）
表册　王钟英

第63期
1935年4月16日出版

半月要闻

我的话　语堂
——与徐君论白话文言书
（附徐君来书）
毫毛三根　郁达夫
“西方大路”救国论　失民
中国本位的文化建设之发端　邓白林
双西风　茂修
英文××通编制经过　罗门
中国虱学　慕南
佛家的幽默　色不空
提倡喝酒　江寄萍
肖伯纳最近谈话　嘉音译
四川教育小史　也旦
寄孊石（川讯之二）　海戈
诠“二哥”　胡逢辰
也是斋随笔（一〇八至一一四）　如愚
牛天赐传（一四）　老舍
幽默的联话再补（完）　赵声阅
两个瞎子（上）（法国中古短笑剧之三）　刘小蕙译

雨花

寓禁于征　梦谷
特别慢车　梦谷
便宜小菜　梦谷
痛苦失声　梦谷

古香斋

十五年来所谓白话文运动之总检讨　徐英

卡吞

揩油　丰子恺
只要肯牺牲血本　荆森
三段论　静
有人以未受过大学教育而抱恨终身，也有人以受大学教育而抱恨终身　黄嘉音
沟通中西文化的使者　无朋
希特勒吹“和平之笛”（转载西方漫画）
你敢说我不是闺秀么？（转载西方漫画）
一个鉴赏家（转载《字林西报》）

补白

齐德妹唱歌免夫罪　均麟
向窃诗者索还诗句　（未署名）
轻侮妙对　（未署名）

第64期

1935年5月1日出版

补白

东方朔贺彭祖西施新婚联　许行
《论语》实行简笔字启事（四）　论语社
半月要闻

论语

读书运动　德
教育公司　元
服装标准　德
党国为家　元

我的话 语 堂
——我不敢游杭
袁子才与郑板桥之幽默 周 劭
那本簿子 邓白林
三个月的公务员生活 江季子
妻的新生活 以 仁
论文作法 余 寄
咳嗽 雷 迅
寄蘡石（川讯之三） 海 戈
记会考 佩 英
记读经 仑 梯
香港的华侨教育 静 观
也是斋随笔（一一五至一二一）
如 愚
牛天赐传（一五） 老 舍
两个瞎子（下）（法国中古短笑剧）
小 蕙译
《论语》与我 新 斋
《论语》与我 胡徇道
雨 花
丘八本色 梦 谷
赚五块钱 梦 谷
小说材料 梦 谷
蚀本生意 梦 谷
车前奔命 梦 谷
轿中贵客 梦 谷
古 香 斋
调济金融祈祷大会 迪 民寄
服用节俭办法 光 迈寄
卡 吞
中学生头发进化史 （无署名）
春眠不觉晓图 华君武
某国的海空军图 廖冰兄
模范县长下乡查察民间疾苦图
嘉 音
出路 刘 元

第65期

1935年5月16日出版

半月要闻
论 语
五月三日日记 德
说伪 老 黄
作人洋号 老 华
乡下新闻 徽
谁的错 风
我的话 语 堂
——广田示儿记
谈女子婚姻与教育 徐 讦
论“公式” 何芳洲
逮走 老 向
戏人滑稽志 羊 质
田颂尧军长 故 隐
寄蘡石（川讯之四） 海 戈
魔窟什感两则 茂 修
希特勒主义者名言选辑 济 之
女话两则 三 余
四川的会考 唐钦若
记读经 小 岩
贝青乔及其《半行庵存稿》
徐碧晖

幽默联语抄　老　赶
也是斋随笔（一二二至一二六）　如　愚
牛天赐传（一六）　老　舍

群言堂

论读经　牟中离

月旦精华

论学校读经　傅孟真

卡　吞

阿Q先生传（三）　高龙生
男女平等　华君武
流线型　嘉　音
他乡遇故知　华君武
该死，她还露腿　华君武
择妻条件（转载西报）
伦敦艺术预展中两位热心的古物鉴赏家　嘉　音
世界一览图　金　沫

补　白

阎锡山自夸功拍电影　（无署名）
再往下拍一点　斐
诙谐本色（摘自《秋雨庵随笔》）
南宁县立小学女生讲演（录南宁《民国日报》）
拍马挨耳光　（无署名）

第66期

1935年6月1日出版

半月要闻

论　语

会考　大　生
不哭不笑之所以　劭
为学校择邻　德
买衣料　仲　超
谈下笔之不易　擢　秀
我的作文经验　孝　若
半篇莫干山游记（附丰子恺插图二幅）　丰子恺
抓空儿　毕树棠
延龄簃蜀游诗稿　满洲遗民
某城记事　朝　云
被捕者的自述　柏　尔
邱蒙舍的故事　憾　庐
会考　柏　杨
马克吐温论幽默
Raymond Boath Wat 著　周　新译
也是斋随笔（一二七、一二八）　如　愚
牛天赐传（一七）　老　舍

古香斋

银禧剪影　云　耳

卡　吞

此游览觉得中国前途极可乐观　华君武
新开学专修学校尾追要人实习比赛　Johng Waemer
出气法　金　沫
第一课　天　真
男女分泳后之轮船失事图　（未署名）

补　白

一皆言佳（《世说新语》注引司马徽列传）

北平厉行取缔奇装异服（未署名）

征记读经文启事　论语社

第 67 期

1935 年 6 月 16 日出版

半月要闻

论　语

以身作则　劭

女子只能回床铺去　德

我的话　语　堂

——摩登女子辨

“读经”为些什么　雪　门

福姑奶奶谈救国　依　依

军事教官的话　一　寰

生男与育女　冯和仪

子曰　冷　眼

胖之诅咒　三十斤

蚊香篇　阿　符

谈惧内　曙　山

也是斋随笔（一二九至一三三）　如　愚

巴黎乱写　失　民

广西的中学会考　阿　菱

祭比干　达

晋绥各界人民纪念阎太公　钝　翁

牛天赐传（一八）　老　舍

《樱海集》序　老　舍

创办“人间书屋”缘起和目标　亢　德

古香斋

为先老祖妣貂蝉太夫人请旌表　丁太玄

卡　吞

“我们用不着新式便利的文件柜”（录西报）

观客说：那个小老头为啥坐以待毙!”　胡华荣

“是的，先生，生意近来清淡一点”（录西报）

中国白银外流　（无署名）

大使潮（转载《字林西报》）

换换口味　华君武

补　白

“我只有一条”　一　民

灭蝇中购蝇笑话　一　民

妙联　乎　卢

《论语》第四批简化字三十个

重婚（录《郡居解颐》）

国际文艺谈话会朱胡彬夏文学奖金章程

却荐诗　稻　花

音乐会偶成　阿　兴

第 68 期

1935 年 7 月 16 日出版

半月要闻

抽烟　孙洵侯
《论语》风潮　江同壬
东南风拾遗（上）　大华烈士
悭吝列传　凡　鱼
四川人物志　虚　地
“科员”剪影　智　珠
万能大学　菽　园
会考如买奖券　红　英
重庆的烟哥　羽　翎
李笠翁的幽默　江寄萍
法国文人逸话　李小炎
香烟头（译自“The New Stalesmam and Nation”）　瞿　钰译

西洋幽默

减租　Emill Gaboriau 作　路　西译

雨　花

女生绰号　梦　谷
武装法会　梦　谷
间接抢面　梦　谷
秘而不书　梦　谷
硬干精神　梦　谷
教育破产　梦　谷

古 香 斋

芜湖怪事多（转载《北平晨报》）

卡　吞

“你不嫁我？好的，我跳井！”　华君武
可恶还是下雨，稻禾将死矣！　华君武
无题　华君武
喂！辛小姐——可不是辛小姐么？（录西报）
“我们在扮演我做爸爸妹妹做保姆”　华君武

补　白

“现在只有我们两个人了”　（无署名）
投，加，杀！　穆　笔
商人赵资事笑话　（无署名）
医天有方必雨（无锡《人报》广告）　钱仁康寄

第 69 期

1935 年 8 月 1 日出版

半月要闻
我的话　语　堂
——竹话
谈洋人和洋教　老　总
提倡做狗　木林森
西洋儿童笑话　刘小蕙译
论黄口小雀与女人　潘孟博
写信与谈话　慕　南
我的近视哲学　李　素
东南风拾遗（下）　大华烈士
会考缺点　铁　柱
无意参观记　老　黄
农村的讲演会　朝　云
郝稽査　铖　之
牛天赐传（一九）　老　舍
苏联的澡堂　M.Zostchenko 著　马　骏译

雨　花

恳亲歌词　梦　谷
祖母病危　梦　谷
打倒书虫　梦　谷
大失所望　梦　谷
革命军歌　梦　谷
打冰淇淋　梦　谷

古 香 斋

湖南船山学社举行春季课文　心　竹录

群 言 堂

致林语堂　严仲华
复严仲华　语　堂
编辑后记　亢　德

补　白

粉头怨（诗）　范缩公

卡　吞

阅报　莉　森
《论语》图解（二）　刘　元
江河为灾之原因　（无署名）
有人说，我要把女人最不道德的部分，代为保管起来　毛雪樵
当了"小先生"的儿子　无　朋
唯准立奇之奇怪异服　（无署名）
贫家乐　雷　迅
大肚图（封面）　雷　迅
我所见的一个大学生　华君武
总有一天地球上只剩一个将军　华君武
最新流线型汽车
无题（转载英刊《笨拙》）

第 70 期

1935 年 8 月 16 日出版

半月要闻
青岛与我　老　舍
理发　何　容
我们的外交文书　唐山人
河南孔学研究会周刊　柏宗圣
幽默先师孔子　向　五
避暑闲话　周　劭
娜拉的下落　芦　焚
博士迷　问　笔
我的《欧游心影录》　茂　修
我的女友们　冯和仪
入囚笼与出囚笼　莉　冰
法院旁听记　丁太玄
牛天赐传（二十）　老　舍
欧文的幽默　周　新

古 香 斋

曲江县清褒扬节妇感言（录广州《民国日报》）　妄　生剪寄

卡　吞

子遇后羿　（署名不清）
老爷们都病了　（无署名）
《论语》图解（三）　刘　元
孔子故事　（无署名）
广州市小欠薪潮中某报载："欲干小学教师，须备两年生活费始敢尝试"　金　沫
卖打　（署名不清）
两种社会集团　黄嘉音

中国只有他不怕失业　黄嘉音
人人之间（社会组织纵观）
（无署名）

第 71 期
1935 年 9 月 1 日出版

半月要闻
论官令打井　何　名
校长论（大学丛谈之一）　小　莺
牙痛　老　黄
坐戏园的小京官　问　笔
雨衣　永　宁
怕　Robert Lynd 著　林疑今译
明人幽默辑　凡　鱼
你们的孩子　海　戈
一页哲学家的日记　依　依
汉口未淹记　阿　符
北平通讯　阿　符
何淡如的幽默补　李良广
公牍妙文　夏　伯
牛天赐传（二一）方　安　老　舍
外子之书　J.M.Barrie 作　钟开莱译
雨　花
纳他命 M　梦　谷
剃头担联　梦　谷
乞食营联　梦　谷
咏和尚联　梦　谷
厘金局联　梦　谷
群 言 堂
致编辑先生　吴德胜
补　白
军人目　寒　峰
卡　吞
《论语》图解（四）　刘　元
取缔奇装异服记　黄嘉音
抓周　莉　森
阴历七月之“要人”　嘉　音
白相人搬家　黄嘉音
高枕无忧　高龙生
教育界机器人之解剖　黄嘉音
教师穿当票衣　金　沫
得不偿失　黄嘉音
一个买办怎样去聘请职员　金　沫
英雄现形图　雷　迅
伟大的工作　毛雪樵
读经救国论者之梦想　毛雪樵

第 72 期
1935 年 9 月 16 日出版

半月要闻
我的话　语　堂
——论握手
大意大利向小阿比西尼亚要地盘
老　总
略谈铜铁像　木　石
中国现代小学教育表解　哑　口
比仿说　超　冶
怕鬼辩　柳
检查记　钱可训
严江之行　金　弢

老婆忙　问　笔
“练心会”僧院参观记（译自《字林西报》）　张沛霖译
买搬指儿　从　狼
快乐日记　三　余
明人幽默辑（二）　凡　鱼
牛天赐传（二二）　老　舍
雨　花
讥官吏联　梦　谷
不是你的　梦　谷
一声不响　梦　谷
聪明牧师　梦　谷
盛情难却　梦　谷
卡　吞
浩气长存　雷　迅
防灾、救灾、赈灾　（署名不清）
老舍海浴图　嘉　音
有碍观瞻　荆　森
不是灾区　同　光
一榻胡涂便太平无事　（无署名）
阿Q传　高龙生
钓鱼　华君武

第73期
三周年纪念特大号
1935年10月1日出版

题诗（乙亥元日读龙川文集暮登吴山）　郁达夫
我的话　语　堂
——论语三周年
最早提倡幽默的两篇文章　林玉堂
史丹林的幽默（附照片一幅）　炳　文
美国幽默家罗杰士（附插图一幅）　黄嘉音
钱江看潮记　丰子恺
重印《欧洲的向外发展》序　刘英士
且莫说怕过夏天　陈叔华
农民生活特辑
抽水机　老　向
插秧……车水　江季子
牛屋　吕明甫
歌谣中所表现的农民之家庭关系　熊纪明
定县农家的生活费　张世文
江北农村的旅行丐团　嘉　谟
沛县的老百姓　湘　如
“养活孩子”（什写东北之一）　艮　泯
东北风　龙　凤
纪“三”　海　戈
《论语》三年　周　劭
我之作官经验谈　茂　修
军官的太太　无　朋
第十二班（留东记什）　木　石
身后问题　浑　家
赈灾游艺会　智　珠
牛天赐传（二三）　老　舍
明人幽默辑（续二）　凡　鱼
在《西山六文集》中所见的一些罗马国外的幽默　木林森
古香斋
跌岩秦淮楚狂自述感言　王叙九

补　白

使马圉（《节录《增广智囊补》》
何　名录

无题剧　洞中人

机关竹枝词　一　帆

劝放生文（程惠生，转载《商报》）
毕　湖寄

卡　吞

洗澡不忘唱歌的百万富翁（转载英刊《笨拙》）“雪白笃笃格豆腐……”
S　L

无题　黄嘉音

和尚与水（组画）　老　黄

农村素描（组画）　华君武

靠天的悲剧（组画）　黄嘉音

爸爸妈妈在田里　（无署名）

屁股朝天八个月　元

总动员　（无署名）

肚痛（组画）　毛雪樵

孩子病了　（无署名）

日光浴与海水浴　胡华荣

救灾　华君武

太平天下图　力符欧

当有人打你左脸以后，你立即将右脸送过去　金树延

第74期

1935年10月16日出版

半月要闻

介绍一位好官　江季子

贼　罗念生

梅兰芳到杭州与在杭州的梅兰芳的群众　钱斯行

一套官厅编印的小学补充教材（附影印件七幅）　哑　口

新天演论　李召南

洗澡有感　奚　白

孟子与梁惠王论吸烟　王草芳

什记板桥　陶　钰

留而不归的悲哀　问　笔

东北风（续，一一至一九）
龙　凤

车船店脚衙——平生五根　杨庆瑞

牛天赐传（二四）　老　舍

雨　花

这边未娶　梦　谷

我从多数　梦　谷

打吗啡针　梦　谷

一律平等　梦　谷

一百念分　梦　谷

购壁致富　梦　谷

风水子孙　梦　谷

失败大菜　梦　谷

古 香 斋

广州取缔奇装异服记（转载《粤报》）

花国总统之证书（转载，上海讯）

补　白

征求奉送车马费（转载）

“郑广做贼却做官”（诗）
〔宋〕郑　广

卡 吞

新闻记者的“时疫”预防 陈振龙
《论语》图解（五） 刘 元
大牺牲 翁兴庆
光荣的牺牲，伟大的牺牲
——为二十四年双十节而作
黄嘉音

第75期
1935年11月1日出版

半月要闻
我的话 语 堂
——谈米老鼠（附插图三幅）
背运的连锁 老 向
上学 徐 讦
儒林外史（图并解，第一、二图）
曹涵美
在巴黎欢迎胡蝶 失 民
德俄幽默录 许桐华
四川马路建筑小史 利 冰
何苦恋爱？ 江寄萍
全运会开幕日漫写（图六幅）
黄嘉音
赴全运会 海 戈
时间 金克木
民间的幽默（一——八） 黄幼军
论字 从 狼

西洋幽默

男女之别 Erankin Pieorce Adams 著
朗 波译
写实主义者（漏署者） 乾 章译

雨 花

托厅长栽培 一 青
妙对 志 明
缺口将军 志 明
“我有国家了” 志 明
中国国歌——毛毛雨 超 人
镀金 庆 平

卡 吞

《论语》图解（六） 刘 元
穿了祖宗的衣裳 雷 迅
以杜乱源 老 黄

第76期
1935年11月16日出版

半月要闻
为什么不提倡读史 凡 鱼
论尊严 浑 家
秋风去北平 盛 成
几种吸烟的姿势 钦 文
不象样的条约文字 唐山人
做礼拜与做礼拜一 淡 然
鸡鸣狗吠室杂撮（一——三）
金 弢
希腊幽默 Hierocles 辑 梦 萍译
儒林外史（图并解，第三、四图）
曹涵美
特假记 唐康瘘
蓝袜子 窖 羊
悭吝续志 干 戈

PVMC住院记 茂修
民间的幽默 黄幼军
收麦子 王经川
掘藏记 赵芝君
西洋幽默
一块钱 Stephen Leaock 著 张沛霖译
古香斋
简体字又拟用于公牍耶（广州《民国日报》社评）
卡吞
“先生，阿要买两只野鸡转去装装威风? 华君武
记者的悲哀 雷迅
《论语》图解（七） 刘元
新妇八德图 李象贤
题在图中（一塔湖图） 金沫
久别重逢 同光
成功人传（组画） 华君武
大家都镇静惯了 华君武
闲画青岛（组画） 李劫夫
陀背立正 廖泉昌
督学到! 元

第77期
1935年12月1日出版

半月要闻
谈幽默 王鹏皋
东南风拾遗 大华烈士
语言经 陈叔华
谈公园 茂修
我所知道的幽默（一至九） 郭子雄
一棚大烟火（故都回首二） 盛成
成都忆吃 海戈
巴黎通讯 失民
二等三等八折五折 王风
儒林外史（图并解，第五、六图） 曹涵美
活埋与顶凶 陶在东
鸡鸣狗吠室杂撮（四—九） 金弢
我的生活实验 李可名
民间的幽默（九——二） 黄幼军
西洋幽默
桌底下 Arkady Avertchenko 著 张沛霖译
古香斋
湖南省主席何键反对推行简体字原文 完寄
北平阜内大街某校招生广告文 星寄
卡吞
《论语》图解（八）（九） 刘元
新口头语：“今天空气，哈哈……” 黄嘉音
抱残守缺斋 雷迅
新衣 黄嘉音

第78期
1935年12月16日出版

半月要闻

我的话 语 堂
——国事亟矣！
一日之内 老 向
拥护女人蓄发 胡 拉
牙痛 甘永柏
勤工俭学生的归宿 茂 修
汉口忆穷 海 戈
查拉里约克 盛 成
儒林外史（图并解，第七、八图）
曹涵美画
倘若你住在重庆 陈叔华
“禽语” 陈子展
我所知道的幽默（一〇至一八）
郭子雄
半小时访章记 周 劭
天牢什记 林 乃
谈蚯蚓 伯 上
火鸡待客
A.Avertchenko 著 朗 波译
雨 花
烧饼铺之春联 白 苹
替行政院长算命 逸 川
论诗 逸 川
一九三四年与爱国 北
三两八钱 白 朗
自我介绍（汉口轮底文艺社《文艺》文） 邵冠华
给钱你的是我 冷 眼
卡 吞
这个天杀的说我有一根白头发
华君武
广州民众识字运动 冰 兄
“没有抵抗才有和平” 雷 迅
“前途乐观”——阿Q又胜利地笑了
（署名不清）
闻古物在国外大受欢迎而作
华君武
发髻之演进 华君武
一个市长怎么可以没有夫人？ 金
你看咱们多么亲善 华君武

第 79 期
新年特大号
1936 年 1 月 1 日出版

病人新年感物华（画） 丰子恺
我的话 语 堂
——记隐者
幽默辨 陈叔华
鼠窃横行（大鼓词，附黄嘉音插图二幅） 老 向
半月要闻
新年谈忆旧与怀新 徐 讦
成都的过年 许钦文
西洋幽默测验 沈有乾
女学生嘴上的香烟 问 笔
说汽车 中 五
十二月想思红绣鞋词 俞平伯
飞机小咒 陈子展
留学生与抽水马桶 大华烈士
儒林外史（图并解，第九、一〇图）
曹涵美

说浪漫　王石逸
命名记　钱仁康
打猎　罗念生
香妃遇珍妃（故都回首三）　盛成
重庆忆闹　海戈
北方之强　黄幼军
我小时候的那个铜子儿　西思
民意　良心
长沙的文化姿态　张文博
天牢什记　林乃
谈国家珍本文库　凡鱼
教育特写　刘杨米
局长日记　老朱
咏土匪的歌谣　经庵
戒烟　木石

西洋幽默

治安法庭
〔法〕O.Mirbeaw 著　李青崖译

劝友人记日记（致存茗）　亢德

补白

随笔二则
幽默皇帝
该打军棍的

卡吞

打靶图　华君武
聪明笨伯　黄嘉音
（一）双脚踩双船
（二）忍泪欢笑
鼠窃横行图　黄嘉音
东方图画　黄嘉音
“听啊，这少女的呖呖莺声！”（转载《笨拙》）
“别响！今天是阳历年初一！”　华君武
无题组画（转载西报）　M.Xpeclkoeckoro
闻放与保障　荆森
天涯何处觅知音　（署名不清）
苦闷的象征　（署名不清）
授课图（组画）　王连仁
冯玉祥将军说：“这些都是实行我缩短衣服的同志呀！”　华君武
中国预测图　廖冰兄
会钞　华君武
理想家庭（转载英刊《笨拙》）　Thoraas Dertick

第 80 期
1936 年 1 月 16 日出版

补白

学生借雪人唾骂殷汝耕（录长沙《大公报》）
孔明的预言（录《晨光报》）
微微风　明湝
我的话　语堂
——外交纠纷
爱国运动被砍被捕记实　曙遥
汉奸一夕谈　凡鱼
我乡的录林生活　何尚
东南风拾遗（续）　大华烈士

大学·造房子·搬家·开放女生宿舍　中　五
西洋幽默
传记草稿　A.Boukbov 著　张沛霖译
古 香 斋
上海筹募各省水灾义赈会函
论物化教育　浑　家
儒林外史（图并解，第一一、一二图）　曹涵美
瀛台梦光绪（故都回首五）　盛　成
我与日语　汉　忠
故乡忆烟　海　戈
天牢什记（二续）　林　乃
谈钓鱼　伯　上
谈小八股　哑　口
卡　吞
无题　华君武
时局紧张中的镇静读书者　丰子恺
他们在游行了　华君武
诉前和诉后　廖冰兄

第 81 期

1936 年 2 月 1 日出版

回首丙子六十年　周　劭
贺年片　钝　庵
说展览会　中　五
谈痰　西贝子
私立学校冒充公立法　仁　康
解决学潮的几个办法　梁格庐
第二十六史（故都回首六）　盛　成
《剪灯新话》的作者序者及序之校勘　凡　鱼
理想中的朋友　马芳若
公事公办　三　余
家书　念　祖
怪人列传　丽　芳
微微风（四至八）　明　漪
酒话　何　时
天牢什记（三续）　林　乃
“世界上最有机智的人”（附插图一幅）　Jim Tully 著　无　己译
壮丁日记　曹　三
西洋幽默
写给隔壁邻人的一封公开信　Mark Spade 著　苍　生译
古 香 斋
讨母夜叉檄　北平某大学生
卡　吞
论语图解（一〇，一一）　刘　元
新春迎神图　华君武
“自作自受”的燕大学生　黄嘉音
聪明笨伯　黄嘉音
（三）狂想
国会中一幕笑剧　王乃天
美容院（转载“Humorist”）　苍生剪辑
鲁男子　雷　迅
假如阿王到中国来做国王，他一定先说：“把这班忘八蛋赶出去”　胡华荣

补　白

无题四则　（无署名）

第82期

1936年2月16日出版

听训　漢

卫生的限度　仁　康

闹房心理　中　五

法国的当铺　逸　名

一字记　宜　庐

琼岛与春阴　盛　成

病鼻记　老　伍

春服未成记　周　劭

理发　伯　上

儒林外史（图并解，第一三、一四图）　曹涵美

郑板桥的去官　陶　钰

天牢什记（四续）　林　乃

“空”话　木　因

西洋幽默

西洋幽默五则（译自“Living Age”）　林　幽译

雨　花

咏殷汝耕　汉　明

运动新闻标题　石　头

七八字　（无署名）

国家要素　克　和

古 香 斋

三界妙文选　曙　山

卡　吞

冠冕堂皇之小学教员　元

做一天和尚撞一天钟，吃一天官饭睡一天觉　胡华荣

白费心血　华君武

“啊，古色古香，真是可贵极了！”　（无署名）

聪明笨拍　黄嘉音

（四）钻牛角尖

《论语》图解（一二）　刘　元

第83期

1936年3月1日出版

半月要闻

继编《论语》的话　郁达夫

酸葡萄　邵洵美

圣人种种　门弟子

首都的废历　孟　起

元宵登高观火记　朱白华

知识　金克木

郑板桥之迷信　陶　钰

儒林外史（图并解，第一五、一六图）　曹涵美

中国虱学之又一窝　慕　南

东西南北中（故都回首八）　盛　成

天牢什记（五续）　林　乃

捧妓　庆　平

天目山下的几种农民生活　钦汉章

投考“江苏省铜山区公民训练师资养成所”初试正取复试落第记　曹　三
三侬赘人　曾　迭
明人幽默辑续　凡　鱼

雨　花

朝令夕更　冷　眼
抓×秘书　冷　眼

古香斋

章太炎之论语新释　省　三

补　白

中华民国命运　春香抄寄
有人说　春　秋

卡　吞

择友的条件　萧运佛
这是为天津市面繁荣而设的工厂　宣文杰
先礼后兵　鲁少飞
与世无争　林　豪

第 84 期

1936 年 3 月 16 日出版

半月要闻
高楼小说（一）　郁达夫
一位真正的幽默作家（附唐璜像）　邵洵美
自大　钦　文
论胆与要人　欲　论
到天桥去　彭思成
骂城记　齿　苓
闲话代表　茂　修
儒林外史（图并解，第一七、一八图）　曹涵美
我的旅行　曾　迭
怎样掩饰自己　岛　原
OK 进化史　禾　子
两汉循吏精华录　金　弢
民族英雄庙（故都回首九）　盛　成
法律　高尔斯华绥著　周　新译
鲁风　齐东野人
古幽默选　野　萍
找事由儿　李　皮
谈雪涛小书与其作者　吴辟疆

雨　花

无题六则　巷　花
无题一则　善　余

古香斋

第四区专员黄元秀驾临泉州承天寺演梅记福建　（无署名）

补　白

美国人的幽默（一〇则）　施善余
白虱·壁虱·蚤虱　友　佩
某人寿保险公司广告　一　雄
吞云吐雾　可　青
一位法师的大札　浪　萍
刘湘与军政首长谈话　浪　萍

卡　吞

君子曰：“这才是我们所要的学生运动。”　朋
君子与强盗　戴彭荫

双龙抢宝图　木　公

第 85 期

1936 年 4 月 1 日出版

半月要闻
高楼小说（二）　郁达夫
新辞典　邵洵美
园难记　负括弧
中国本位的“病”考　非　子
谈谈子路　林达祖
折扣与捐　紫　圈
五日无厨记　罗皑岚
儒林外史（图并解）　曹涵美
香瓜子的猖獗　有　若
天牢什记（六续）　林　乃
陇头烟雨录　丁太玄
九华三奇　种　因
苏东坡的幽默　湘　如
甘肃漫谈　山　僧
说颐掇拾　曙　山

雨　花

无题六则　向　荣

古香斋

仁王护国法会发愿文　（无署名）

卡　吞

古训新解　谢震明
大有可观　丁　里
“我们现在可以和平啦！”　张鸿飞
谁说我们不救国？　丁　深

第 86 期

1936 年 4 月 16 日出版

半月要闻
高楼小说（三）　郁达夫
流行症　邵洵美
谁是真正的中国人　全增嘏
再论简字　哂友前
民族扫墓　曾　迭
贺殷尔耕诞辰启
T.S.Young 作　步　揆译
东北风（一）（二）（三）　星
迁怒　呢　喃
如噎吟（一至四〇）　正　或
护发运动　金　戈
“立正”　陈醒钟
放足委员下乡的一幕　柏　杨
茶余录　何　鹏
儒林外史（图并解，第二一、二二图）　曹涵美
曼殊大师之“吃”癖　稚　笙
某院长轶事　寒　秋
信仰　金克木
天牢什记（七续）　林　乃
生意经中的小故事
（作者漏署）吉　人译
一束幽默的民歌　张菱扮
鲁风（二一——三〇）　齐东野人
我的脑袋　荫　乔
一个谨慎的人　李青崖译

雨　花

运动活佛　受　仲

吃素菜恭敬　受　仲

村姑村妇　受　仲

阅卷津贴　受　仲

幽默之发誓　受　仲

嘲教官联　受　仲

土地庙联　受　仲

古香斋

女性健美的源泉（录《新闻报》）　好事者抄

卡　吞

又是一出　丁　深

“阿要”要勿得　丁　深

太爱看报的结果　邓作云

第87期

1936年5月1日出版

半月要闻

高楼小说（四）　郁达夫

谈话的衰败　邵洵美

概不承认解　种　因

笑之宝鉴　醉　夫

黑猫反对猫税　〔英〕白朗尼作　禾　子译

如噎吟（四一至五四）　正　彧

新京话　众

说旅馆　华　五

谈洋车　李子温

刻字匠　蒋正辰

儒林外史（图并解，第二三、二四图）　曹涵美

医瘤记　星　灼

在陈绝粮（曲子词）　纪　音

北归所见　黑　白

我的当保安队的朋友　伯　上

鸡鸣犬吠室杂撮（三）（续完）　金　韬

一个任性人的自白　圣　遥

甘肃漫谈　山　僧

雨　花

无题

（一）—（五）　得　心

（六）　可　青

（七）　阿　瀚

古香斋

征求师友继配启事（录《申报》）　贻抄

尊经宣言　冯　莲抄

补　白

普及识字教育方法清单　逸　衣

诗人（诗）　〔美〕米　姬著　辛　雷译

美国人的幽默（二则）　瑞　鑫译

卡　吞

叫花子：“老爷！我三天一粒也没有吃……”留学生：“这算什么，我四年没有吃过一粒米。”　黎任予

名人作品　胡同光

理想中的学生（组画）　孙葆端

小官：“……外国人要到乡下来参观，

快把你这小房子拆了。” 黎任予
天下太平 文中信
玫瑰色小说的演进史 萧运伟

第 88 期

1936 年 5 月 16 日出版

半月要闻
论 语
女学生的梅毒 明
美女在何处 明
高楼小说（五） 郁达夫
看皇会 孤竹君
赞成当铺国有 柳金眉
幽默杰作百年纪念 邵洵美
圣人对门弟子的几种态度 明 圣
与三弟书嘱须遵令会考 金 戈
新京话 众
儒林外史（图并解，第二五、二六图） 曹涵美
入伍记 新 兵
官官经 张功元
小病（独幕剧） 金 发
吉鸿昌的幽默（上） 曲江春
游宦回味录 种 因
谈眼泪
雨 花
无题五则 速 记
古 香 斋
内政部职员相见礼草案 （无署名）
补 白
礼佛三型 汶 龙
东北风（续） 星
美国人的幽默 瑞 鑫译
茶余录（续） 何 鹏
幽默故事撮（五至七） 浪 萍
卡 吞
从南到北 杜亚光
多难的五月 丁 深
㊖先生的本领 萧运伟
广告的效力 杜亚光
最能吸引观众的几项事情 姚 叶
现代作家 C.S

第 89 期

1936 年 6 月 1 日出版

半月要闻 何 堪 姚勉我 李华祥
论 语
北上与南下 周国秉
省了二百四十万元 新 物
蚊虫辨 明
战争与和平 郁达夫
×县劳动服务纪实 沈手夫
系狱记（第一、二回） 负括弧
圣人对门弟子的几种态度（续） 明 圣
诗人种种（序《小鱼集》） 邵洵美
新京话 众
儒林外史（图并解，第二七、二八图） 曹涵美画

国畜学概论（一） 力欧符
洞庭波 孟岩
黄霉人旅行记 常海臣
略谈南京的经济旅馆 区劲锋
朱湘书信集 罗念生
吉鸿昌的幽默（下） 曲江春
拉丁文问题 莫泊桑作 青崖译

群言堂

谈在陈绝粮 周仁

雨花

无题二则 速记
无题一则 寒秋
无题二则 萧鹏

古香斋

黄河水灾救济方 王福海

补白

东坡妙语 念祖
老先生谨谢不敏 （无署名）

卡吞

谁说中国沿海交通不发达? 朱凤腾
怨声载道 丁深
印象甚佳 亨利
阿猫传
——不落人后 丁深
无题 罗天祐
现代卞庄刺虎图 孙葆端

第90期

1936年6月16日出版

半月要闻 铭、伯

论语

幽默真谛 洵美
日本小学生外交训练 寿南
关于国防文学 岂弱
高楼小说（六） 郁达夫
天文之娘娘论 燕曼人
祭胡展堂先生 白黑
与爱儿谈军训 老头子
旧史新话 种因
财神庙巡礼 景杨
《易经》新释 雕洪祥
气论 正予
儒林外史（图并解，第二九、三〇图） 曹涵美
国畜学概论（二） 力欧符
浚稽山战役之前后 金弢
我们睡地板好了（短剧） 李金发
系狱记（第三、四回） 负括弧
溥仪致妻书及诗（热情燃烧时的心声） 信风
拉丁文问题 莫泊桑作 青崖译

雨花

无题八则 伯明

古香斋

奇“闻”共赏 延×

补白

挽胡联语 （无署名）
幽默集古 铭泉
北风 G.Y
美国人的幽默 施善余
“丢那妈”之妙解 三曼

卡　吞

从抗×嫌疑说起　金剑凡
北方现象　梨　代
切实提携·亲善表现·调整关系　宣文杰
漠然视之　陈浩雄

第 91 期
鬼故事专号（上）
1936 年 7 月 1 日出版

半月要闻
谈鬼论　知　堂
鬼话　施蛰存
“鬼”的箭垛　曹聚仁
鬼与狐　老　舍
乡人说鬼　老　向
邻家的鬼　章克标
革命尚未成功同志仍须努力　张白宇
略谈鬼故事　曾　迭
谈鬼篇　徐无鬼
德国老教授谈鬼　陈　铨
谈鬼　汪霞庵
鬼之种种　灵　丝
谈鬼　曙　山
上海鬼语　徐蔚南
说鬼　林　庚
怕鬼心理　王小山
拾翠簃鬼话　何芳洲
蕉窗谈鬼　孟　岩
小站　陈　绵
海草　宋春舫
邪乎　秦　臻
鬼戏（三幕短剧）　徐　讦
闻鬼　邵洵美
“委员”某与鬼“王大人”　三　衙
一个女人　陆隐我
我为什么要谈鬼　赛季常
一篇传遍欧洲的鬼故事　赵景深
编辑随笔　邵洵美

古香斋

事人事鬼（白崇禧祭孔子暨关岳文·反省院长崇礼）（无署名）

补　白

捶腿　丁　雷
关窗　丁　雷
下颌　丁　雷
怕鬼　丁　雷
《论语》中谈鬼（四则）（无署名）

卡　吞

鬼天鬼地（组画）　黄　尧
无眼鬼　宣文杰
革命尚未成功，同志仍须努力　文　农
钟馗役鬼　钱化佛
鬼国大出兵　钱化佛藏
鬼趣图（四幅）　钱化佛藏
“却喜阎浮不禁沾”　钱化佛藏
新鬼趣图　鲁少飞
首相用骷髅作装饰品　艾中信
阴司众鬼神（封面）（无署名）

第 92 期

鬼故事专号（下）

1936 年 7 月 16 日出版

半月要闻
画鬼 丰子恺
略谈莎士比亚作品里的鬼 梁实秋
鬼学丛谈 种 因
鬼与女性 马子华
鬼话连篇（有序） 金 发
美丽的吊死鬼 钦 文
北国观鬼记 林 乃
鬼兵 区劲锋
孤魂野鬼 袁八郎
如是我闻 毕树棠
女鬼两则 陈遯叟
见鬼录 沈珊多
手的消失 林微音
儒林外史（图并解，鬼故事特号） 曹涵美
山居 陆 骏
余先生 保尔·穆杭著 叶灵凤译
养花的暖房 莫泊桑作 青 崖译
汉文何用论 柳兴西
系狱记（第五回） 负括弧
西方之强 乃 能
故都小记 呆 氓
群言堂
关于圣人事迹不入民间 谢焉凌
雨 花
无题七则 伯 明
古香斋
蒋介石先生八字 王冰之
补 白
挽朴学大师联注 雷
古书谈鬼语录（三一则） （无署名）
卡 吞
鬼忙（附解说）（封面） 陈涓隐
“×”光之幕后（漫画） 陈浩雄
上下并赐私 文 杰
漫画无题（见鬼） 张乐平
鬼国政府会晤 文 杰
津沽鬼影录（漫画组） 高龙生
编辑随笔 邵洵美

第 93 期

1936 年 8 月 1 日出版

半月要闻
科学与考古 周 新
儒林外史之一页（附鲁少飞插图一幅） 徐志摩
幽默文选
比汉高少四星 清 水
记某君之国术演讲 区劲锋
杂谈英国 华 五
洗眼良方 范 放
旧史新话（一五至二九） 种 因
儒林外史（图并解，第三一、三二回） 曹涵美

国畜学概论（续） 力欧符
一个洋车夫的暴卒 盛成
缺犬残猫 伯上
谈鬼者的悲哀 陈子展
谈闹鬼 王正心
葡萄一束 E.V.Lucas著 顾仲彝译
群言堂
告《博浪沙》的作者 盛成
雨花
无题九则 伯明
古香斋
哭骥儿（诗） 梅贻宝
卡吞
木头一装金，就变活菩萨（封面） 黄尧
“鬼”造成的“鬼” 屠龙坦
华道士作法降鬼记 桃叶
莫须有 宣文杰
破庙鬼闹 宣相权
川流不息 丁深
“你不过是沾我点光罢了！” 王铸
旧家庭制度下的为儿孙作牛马 陈浩雄
展览会的心理 黄尧
“鬼”造成的“鬼”（组画） 屠龙坦
补白
活佛舍世瑞相 明

编辑随笔 邵洵美

第94期

1936年8月16日出版

半月要闻
你的话 邵洵美
——小序
——你的朋友林语堂
集中训练
——一 李方
——二 卜斯水
热昏乱话 燕曼人
慈慧殿三号（北平杂写） 孟实
故乡的事情 徐懋庸
双喜山下 梁得所
儒林外史（图并解，第三三、三四回） 曹涵美
半日“唐山”记 齐一
补行总调查记 凄冷
论乡下人的三宝 老三
成语皮解 高亢
爱中三昧 彭思成
见鬼 伯上
雨花
无题八则 伯明

编辑随笔 邵洵美
给编辑者的信
论语与公园
文艺心理学
家的欣赏
爱国与美感经验

满口绍兴话的鲁迅
余姚
王阳明
日本人
蒋梦麟
盲目的乞丐
月亮动得很慢
国语与文明戏
陈子展的叫哥哥
文学与宣传高尔基
书评特刊
乔治摩亚
再谈油炸鬼
你的话

补　白

剃头诗　陆隐我

卡　香

文人末路（组画）　黄恩保
毋使他人待时而发　丁　深
帝国主义殖民地问题之解决　艾　秋
物腐后虫生　胡同光
亲善途径　张宗宜
讼庭无事罗众宾（封面）　曹涵美

第 95 期

1936 年 9 月 1 日出版

半月要闻　言　信
东门老圃放言　郁达夫
你的话　邵洵美
——懒颂
我国出席世运选手之零位　萍　萍
再谈油炸鬼　知　堂
中国人的美德　口　沫
我写到春字了　陈　绵
广州的三个特点　孙福熙
天堂与地狱（故都小讯）　星　灼
儒林外史（图并解，第三五、三六回）　曹涵美
老袁　丛　苇
读书杂记　莫　明
沈阳消夏录　春　风
食篇　泰山老人
优孟衣冠录　兆　华
与编者合作　白　黑

群 言 堂

子华使于齐　王牧之

雨　花

无题六则　会　涛

古 香 斋

绍兴闲话　信　君

编辑随笔　邵洵美
胡适之讲学
林语堂出洋
中国不配有文化
东方与西方
英国爵士的不道德案
上校与侍卫的暧昧
外国稿费
家人头与野人头
文坛登龙新术

中国人说中国话写中国文章

卡　吞

某先生德行的鸟瞰　徐振华
无题　陆振声
不亦乐乎　黄　尧
我连喊三声 BALL PLEASE 那蠢货还呆着看　申屠政
罪魁祸首　黄　尧
同出一策　非　子
室内运动和室外运动　宣相权
无题（封面组画）　（未署名）

补　白

幽默杂写（二则）　（无署名）
幽默文选（录《梦溪笔谈》《后村诗话》《西湖志余》）　清水录

第 96 期

1936 年 9 月 16 日出版

半月要闻
你的话　邵洵美
——幽默的来踪与去迹
老人的胡闹　知　堂
公民成功小史　林　乃
献给鲁迅先生　叶灵凤
考“东北青年教育救济处”后　陈　霁
可敬的南粤王　文钞公
牛老师领导下的扫除大会之一幕　伯　上
儒林外史（图并解，第三七、三八图）　曹涵美
旧事重提　罗皑岚
方寸地上积聚着的垃圾堆　傅彦长
反世态炎凉论　立　本
由苏至沪杂记　周　劭
小倪相公　青　塔
米海岳逸事　莫一钧

群 言 堂

国气篇　王豫升

雨　花

无题四则　浪　萍

古 香 斋

对凫老人上宋主席书　娴　抄

编辑随笔　邵洵美
和平消息
有头无尾（二则）
文人本色
文人与政客
文学的疆界
《论语》五岁
家的专号
一间你自己的屋子（二则）
读者的长信
杜重远出狱
鲁迅的造谣（二则）

补　白

读书杂记　莫　明
如此斋故事　多　嘴

卡　吞

古城交响乐　张书文
救国虽无人见，存心自有天知　（署名不清）

"报纸中怎么不明写，写×国呢？" 水　音
东西南北皆有他，咱们京都有一双 屠龙坦
滑稽表演 胡同光
秋日清玩（封面） 史　秋

第 97 期
1936 年 10 月 1 日出版

半月要闻 孟言信
你的话 邵洵美
——一句话
记写不出 周黎庵
北平的天坛（故都回首之一〇） 盛　成
南京的公民 次　风
宣誓记 黎　民
我之使钱法 质　之
求生之路 厌　人
说谄 陈文子
儒林外史（图并解，第三九、四〇图） 曹涵美
圣人对门弟子的几种态度（续九〇期） 明　圣
释"打" 兆　华
人 丛　苇
旧话重抄 陈廷瓒

群言堂

致《论语》编者的一封公开信 漠　驼

雨　花

无题五则 会　涛
编辑随笔 邵洵美
赞美和责备
埋没天才
一个老实的念头
名作家与无名作家的分别
鲁迅也会放屁
"鬼故事专号"
当前急需的文章
双十节
公民选举
老舍先生的选民

补　白

古幽默录 得　心
首都繁荣之一般 琴　舫
读书杂记 莫　明
河南一束幽默的流言 侠　疯

卡　吞

破涕为笑 张文元
精神胜利 许超然
假使我是武松 黄　尧
可怕的× 胡同光
初选珍闻 张文元
双十下之中华民国（封面） 鸿　飞

第 98 期
1936 年 10 月 16 日出版

半月要闻 者　馥

你的话　邵洵美
——和议不屈
选民　老　舍
鄂省“国选”花絮录　柳　絮
天下本无事　林　乃
哈姆雷特与房租问题　陈　铨
游民的市场（故都回首之一〇）
盛　成
也是“旧史新话”　清　水
儒林外史（图并解，第四一、四二图）　曹涵美
谈狗　江寄萍
圣人对门弟子的几种态度　明　圣
边城寄语　春　风
故乡的新气象　尹雪曼
子路　思　若
袁子才的妙喻　徐中玉
群　言　堂
秦桧无罪　胡逢辰
雨　花
不动就是猪子　戴苍仑
与佛教恋爱　戴苍仑
格文格言　戴苍仑
白话诗　戴苍仑
也算抵消　戴苍仑
张宗昌的军歌　戴苍仑
古　香　斋
整饬风纪告各校书　迅　之
编辑随笔　邵洵美
双十节
搬场与逃难
庆祝与袭击
犯忌的字眼
冯玉祥的国庆与国难
家庭与家
编者作者与读者
个人的问题
万能的答复
群言堂
稽滑与轻薄
沈有乾与哂友前
补　白
幽默故事撮录　浪　萍
陈夔龙逸闻　琴　舫
新“中庸”之道　白　水
卡　吞
过分的工作　桃　叶
国人最后伟大名著　思　云
征服　胡同光
双十图　许超然
随“季”应变　宣相权
如此国庆　许超然
大出风头之国宝与国术选手　艾中信
海阔从鱼跃，天高任鸟飞（封面）
落　木

第 99 期
1936 年 11 月 1 日出版

半月要闻　言　信

你的话 邵洵美
——南京的新建筑
一篇补作的演说词 哂友前
附本篇所用简字表
自传难写论 谢阿狗
湖北人的脾气 卜斯水
服装论 钟 汉
北平学生八大派 陈 霁
说笑 呆 鸟
选民（二） 老 舍
竹林名士 林 乃
迟暮的美人 盛 成
麦先生 张 焱
袁才子的妙喻（一九至二六）
徐中玉
圣人对门弟子的几种态度（续）
明 圣
群言堂
当断不断 阿 骥
雨 花
无题四则 戴苍仑
无题二则 会 涛
编辑随笔 邵洵美
鲁迅不是思想家，也不是时代先驱
丧仪是讽刺
文学批评界的变动
借死人出风头
论语小册子
知堂说家难
又是名人文章
提倡简字
盛成，谢麦康，刘半农与赛金花
不要史料要私事
补 白
友邦见闻记（二则） 颖 生
旧话漫抄（三则） 方玉书
卡 吞
四书句解（三）（四） 张文元
古训今解 方 括
答非所问 梁永相
你应该诚恳的与我亲善才对
许超然
我假使是孟子 黄 尧
东亚病夫的长期疗养 梁永雄
回敬一下 胡同光
丢帽戒严 宣相权
惨剧（封面） 张文元

第100期
百期纪念特刊
家的专号
1936年11月16日出版

半月要闻
就家字来说 郁达夫
家之上下四旁 知 堂
我的理想家庭 老 舍
为家的专号而写 章克标
旧家新话 种 因

家　方令孺
她的邻居　姚　颖
家　丰子恺
梦兰的家　陈　铨
愁债室　钦　文
“家”　秦　臻
一家言　毕树棠
从“家”忽然想到搬家　宋春舫
一月当家记　司徒京
成“家”前后　造　化
支离破碎　林　乃
家在陶然亭　盛　成
谈家　狄海天
我与女人　陈廷瓒
中西合组之家　茂　修
“家”之拉杂谈　张文元
你的家庭　小　农
无家之累　沈　潜
永久通信处　小　着
说家　双　江
酒后谈家　倪涉萍
选民（三）　老　舍

编辑随笔　邵洵美
　　专号的成功与失败
　　人与家的关系
　　《论语》的胃口
　　家与家庭，家与屋子，坟墓与家
　　我的家，家与疯人院，房东与邻居
　　文章的材料
　　投稿者的误解
　　《论语》将不成其为《论语》
　　强出头与多开口
　　剩下的快乐，血泪的供状
　　迟到及留存的好文章，一个好消息
　　李青崖的《家》孙福熙的《五世同堂……》，何仲英的《家……》，我们的支配
　　编专号的兴趣，最后的评定
　　新年特大号征题

补　白

家×
幽默史料一束

卡　吞

“我的花园太小了!”　陈浩雄
画我的家庭　王君慧
一个大家庭的透视　许超然
《论语》百期纪念　同　光
这一对夫妇为了意见不合，所以决定出家，一个做和尚，一个做道士　昔　醉
合家欢　张文元
各思其家　宣相权
我的家　丁　深
资产者幻想的家：升入同温层　强　那
我假使是道学家　黄　尧
弃家逃难　洪秀伟
回首老家今已非（封面）　汉　强

第101期

1936年12月1日出版

半月要闻 孟言信 鸿 宸

你的话 邵洵美

——领袖与幽默

绝食记 洋道人

参加祝寿追记 芜 青

参观万善缘大会后记 玻仆区

边城呓语 杨近远

旧家新话（一九至二四） 种 因

后门大街 孟 实

五世同堂的金字匾额 孙福熙

家 青 崖

登记追记 梅 佁

三步政策 的 平

选民（四） 老 舍

群 言 堂

审判官 无 我

雨 花

无题一则 戴敦复

无题六则 老 彦

古 香 斋

劝敬惜字纸文 （无署名）

广州茶室戒狂且文 享邑璋

编辑随笔 邵洵美

开口惹出是非来

七人被捕

危害民国罪

俗语与公文

有名无名

征文启事与编辑随笔

什么是幽默

两句新诗

幽默的定义

责问与解释

幽默解

一举四得

幽默的实例

为读者省钱

履行我们的一句话

议和不屈的响应

历史的预言

新年特大号命题

补 白

友邦闻记 颖 生

近人轶事 老 彦

友邦见闻记 颖 生

卡 吞

黄金梦 许若明

重要消息都在报上 许超然

假使我是道学家 黄 尧

离不开的影子 宣相权

烟·酒·女人（非常时期的上海少爷） 张义璋

无量寿佛（诗画配） 许若明

第102期

1936年12月16日出版

半月要闻 言 信

你的话 邵洵美
——飞机到哪里去了
十一月三日观兵记 春 风
杨永泰的死 至 诚
论骂人文章 知 堂
悼××先生 石 超
附石超与编者往来信
宋史新话 清 水
拾得一题：塔 汪倜然
高潮回首 林 乃
选民（五） 老 舍
家是要不得的 何仲英
家（续上期） 青 崖

群 言 堂

读了《湖北人的脾气》的反感 黄黄山

雨 花

无题五则 会 涛

古 香 斋

祭孔圣文 杨子江

编辑随笔 邵洵美
独立评论
翁蒋从政
一番怀疑
冀察不应以特殊自居
胡适负责
编辑者求之不得
被动的苦肉计
触犯忌讳
警戒或威吓
孔子的幽默解
活而不动
喊救命
英国幽默与美国幽默
灯的专号，季仰之的信，下期预告

补 白

某班长的独白 林 乃

卡 吞

鼻子曰 黄 尧
我们的一只面盆 桃 叶
《四书》句解（五）（六） 张文元
家的二重奏 强 那
还是到那边去 陆振生
谈判图 许超然

第 103 期

1937 年 1 月 1 日出版

半月要闻
你的话 邵洵美
——民国二十六年大事预言
漫谈一日运动 何芳洲
悼灵隐寺五百罗汉的被焚毁 乐白令
新文学概论第一章 章克标
宋史新话（续） 清 水
安慰 陈 铨
我家的仆人 伯 上
选民（六） 老 舍
西安素描 陈廷瓒
黑旋风的幽默 双 红

四海为家　山里红

群 言 堂

苦矣手民　杨近远

古 香 斋

“西安事变”事名人通电四则　语　冰辑

编辑随笔　邵洵美

阿根廷新敬礼法

反对法西斯蒂及共产党

中国的敬礼

掉首不顾礼

手续与感情

爱我们的敌人

一切不可靠

西安事件

蒋委员长亲笔信

表现与对付

笑话与无聊

论语的希望

补　白

名言集（五则）　穆曾森

幽默联话续成　庸

卡　吞

三部曲　宣文杰

《四书句解》（七）（八）　张文元

牛的年　黄　尧

无题　尼　尼

某班长的独白　林　乃

好容易跳过了　丰子恺

恭贺新禧，“攻乎心喜”　宣相权

移交（封面）　张文元

第 104 期

1937 年 1 月 16 日出版

半月要闻　近　青

你的话　邵洵美

——痛苦的情侣

谈谈如意　沈　潜

王二娘的政治运动　陈　铨

读明末纪事本末　种　因

过年特传　的　平

元旦挤车记　岳　博

选民（七）　老　舍

读了自己的自传　钦　文

废京贼话　阿　难

我的中国话　EHRL H.LERF（李复）

“死”的话　张文元

秃头的人七个时期　施克余

古 香 斋

元旦感言　殷汝耕作　春　香剪

编辑随笔　邵洵美

我的乐观

宽赦张学良

我的本家

天下太平

考尔夫球

善后声中的余兴

将功赎罪

通电与捐款

民气与国运
来稿一变
攀交情
外国人写中国文
论语的好朋友
我们的目的
天真与虚伪
我们的新戒条
虱学专家

补　白

“五”字文章　杨近远
改变作风　杨近远

卡　吞

“哈哈，我们的机会又来了！”　许超然
《四书句解》（九）（一〇）　张文元
牛屎篇　黄　尧
名家临死前的一刹那　张鸿飞
强盗世界　陆振声
学府拾零　阿　敏
意想不到　尼　尼
他们忙着找顾客（封面）　宣相权

第 105 期
灯的专号
1937 年 2 月 1 日出版

半月要闻
你的话　邵洵美
——油盏灯
灯与人的关系　双　红
灯不在亮　何　容
灯红解　章克标
灯节小史（附插图一幅）　观　今
灯　林　庚
上元灯话　梧　生
灯的传说　又　一
回忆　陈　铨
一个灯塔的故事　毕树棠
电灯与搬家的关系　武　岩
以灯起家　山里红
拾翠簃灯话　何芳洲
杨州春灯　种　因
灯在兴化　李元柏
龙灯花鼓在民间　蝶　媒
灯下谈灯　曹澄波
灯话　白　茵
逛灯　司徒京
塔灯　许钦文
白果灯　大　风
油盏灯　李仰之
铁画灯　缪　仙
莲花灯　李淑英
灯兴趣　紫　震
从白天到黑夜　孙福熙
灯下谭“灯”　果　轩
关于“家家户户点红灯”　老　黄
天下太平　李短侬
灯谜杂钞　慕　南
阿拉的纸会　林　乃
北京怎样会有电灯　李　吟译
选民（八）　老　舍

编辑随笔　邵洵美
我们的担心
灯的意义
灯和家
科举的根苗
顾虑与过虑
刊物的性质
真理与真情
模仿气味
时间性的价值
诗经的语言
几个方式
生气
计划装饰
两件抱歉的事情
如意灯与中国朝野
补　白
灯夕　（无署名）
灯山　（无署名）
灯王　（无署名）
灯法　（无署名）
灯花　（无署名）
灯塔　（无署名）
灯号　（无署名）
灯蛾　（无署名）
灯台　（无署名）
灯漏　（无署名）
灯树　（无署名）
灯檠　（无署名）
灯谜　（无署名）
灯笼　（无署名）
灯心草　（无署名）
灯明石　（无署名）
灯心草科　（无署名）
介绍几盏异式怪样的灯　又　一
卡　吞
表面与背面　许超然
失题　张鸿飞
黑地点红灯　宣相权
大放光明图　张鸿飞
骑马灯　黄　尧
“那不过是他们开提灯会”　尼　尼
“此疾不早愈，很能影响你全部…”　许超然
一只有意味的灯　同　光
听说防空是需要一种照空灯的设备的　老　黄
新春提灯大活动　张鸿飞
咎由自取——叫你不让它　宣文杰
“四书”句解（一一）（一二）　张文元
灯下行军图　黄　琛
“调”龙灯　宣相权
走马灯并说明（封面）
又　一　意　涵　美画

第 106 期

1937 年 2 月 16 日出版

半月要闻
你的话　邵洵美
——阴历难废论

牛谈　慕南
中国的×和日本的……　嘉既
论笑　小农
两个严重的错误（致邵洵美）　何容
附：复何容　邵洵美
杨死补闻　至诚
争历史上一页的英雄故事　如凡
论昼寝　春风
孔夫子的幽默　双红
回乡日记　李短侬
朱丽叶　秦臻
北平图书馆散记　萧今
唐宋时代元宵看灯的盛况　林达祖
选民（九）　老舍

雨　花

高跟与平底（外一〇则）　杨近远

编辑随笔　邵洵美
阴历与寒假
统一救国
我的过年
超政府
两种的债
公债与钞票
传统的道德
清算与倒帐
数学在中国
义务与权力
半部论语与半本帐簿
快乐债
苏俄小游记

卡　吞

“共赴国难”的阴影　许超然
“我们队长叫我们打×洋人去”　张鸿飞
别忘了在舞台上的表演　宣相权
挂劲儿的事　桃叶
新论语　张义璋
“四书”句解（一三）（一四）　张文元
阳货欲见孔子　罗六郎
我爸爸说　黄尧
将来或有这么漪欤盛哉的庆元宵　张文元
募捐　许超然
玩龙灯（剪纸）（封面）　张乐平

第 107 期

1937 年 3 月 1 日出版

半月要闻
三中宴会　曾迭
西安半月记　游龙
女权提高已够论　林乃
论“大事化小事，小事化无事”　罕因
苏俄小游记（一）
〔英〕戴莱菲女士著　忙蜂译
白娘娘传说中的悲剧成因（附插图一幅）　曹聚仁
虱学碎谈　慕南

我的朋友——牛老板　林钟秀
孔子南游于楚　王济安
外国情调与乡土风味　宋匡我
“非红即兰”记闻　珂　云
济宁的土山（附照片三幅）　狄海天
略谈湖北人而至四川人　厂屯男士
选民（一〇）　老　舍

编辑随笔　邵洵美
双料的年关
三中全会
蒋氏谈话
开放言论
未能一致
口口××
真相与谣言
两段消息
切实声明恐不可靠
局面与现象
坐狱编辑
林克莱脱
璜在中国

卡　吞

“寡人有疾”　陈惠龄
悬崖勒马　尼　尼
“小姐，带一点笑容吧！”　宣相权
骑马术　陆振声
清官之进化　陈惠龄
“四书”句解（一五）（一六）　张文元
吸血虫之活动　胡同光
漫画增辑
“待我翻一翻字背看”　张鸿飞
坐以待币　张文元
贵人们的汽车　黄　琛
求救　宣相权
无题　黄　琛
为××国设计国旗　胡同光
“我的钱都捐给美国水灾（灾）民了。”　孔　嘉
新官上任　余振雄
“喂喂，慢些，还有我在后面啦！”　老　黄
死读书　沈冠芬
方帽子　黄　尧
大放光明（封面）　胡同光

第108期

1937年3月16日出版

半月要闻
说一　章克标
秦德纯先生看见记　炮　灰
参观吴中文献展览会　又　一
我的吸烟　林　庚
苏俄小游记（二）
〔英〕戴莱菲女士著　忙　蜂译
厕谈　慕　南
谈办事二秘法　知　非
五十三号先生及其太太　郭惟麟
鼻之奇谈　豳　南

内人正赞　李短侬
汉川杂谈　大　岳
选民（一一）　老　舍

雨　花

望梅止渴（外三则）　杨近远

编辑随笔　邵洵美
文字编读解
编读与读编
趣味的寄托
读者的短札
不见面的座谈会
统一救国
余兴与苦笑
中国人会享受
三中全会
我欲无言
谈谈孔子
抛砖引玉

卡　呑

杂技表演（封面）　谢德宏
友邦训狗教它"一元化"法　宣文杰
"这就叫做"换防！知道吗？"　孔　嘉
异曲同工　赵行道
为犯戒自辩　孔　嘉
"四书"句解（一七）（一八）　张文元
购买名画记　尼　尼
妓女如关心到国事也会喊生产救国　朱吾石
植树节　柳小沫
豆腐篇　黄　尧
众怒难犯　宣相权
我现在觉得比任何男子都来得狂热　朱吾石
看我们的　胡同光
同为了吃饭　张文元

第 109 期

1937 年 4 月 1 日出版

半月要闻　言　伯
儿玉先生演说集序　曾　迭
桃色事件有阶级论　陈　季
子罕　双　红
我与钱（附插图一幅）　郭惟麟
贫士的幽默　胡行之
苏俄小游记（三）　〔英〕戴莱菲女士著　忙　蜂译
广注退一步想斋十七字诗　观　今
日本的中国新文学研究热　〔日〕实藤惠秀
孟子好谈女人　林达祖
黑暗的谈话　狄海天
新京近话　施魂影
第三种时代　杨近远
吃斋　黄若耶
选民（一二）　老　舍

雨　花
无题七则（附插图一幅）　舒　若

编辑随笔　邵洵美
春天的模样
新旧古董
二届全美展
放风筝筹备会
乐不思蜀
登龙有术与望尘却步
公家的启事
无聊的宣传
美周
理想的观众
漫画与预言
黄祸笔记
一杯鸦片
幽默罪
编读问话

卡　吞
学优则仕　魏而寿
为国增光　张鸿飞
“鱼，我所欲也；……”　陈惠龄
上台与下台　胡亚光
“有孔子、孟子、老子还有儿子。”　陈惠龄
他拚命地喊：“华北不特殊！”　孔　嘉
君子有三变　黄　琛
新论语　今孔子
走方郎中行医图　魏而寿
春之古城（封面）　胡同光

第 110 期

1937 年 4 月 16 日出版

半月要闻　浴
今日谈　曾　迭
——漫谈民族扫墓
——不关孔特使的一件事
贺友人生子书　李短侬
虱学碎话　慕　南
从“阅卷”会议到“批分”实施　丁　苍
他的话　林达祖
——引言
——关于“内政部修正违警罚法草案”
扫墓说　双　红
拉杂谈“哭”　凤　纶
马克斯传　马克三
“狂夫之言”　行　之
湖南人　郭惟麟
王主任　兆　均
阿谀谈　观　今
唐山见闻录　及　时
投考经过　老　李
西安两月记　赵芝君

古 香 斋
论中国撤废领权运动（录上海日文报华文版）

群言堂
息讼妙文　刘留心

编辑随笔　林达祖
　洵美回乡扫墓，来稿迟复原因，感谢读者，请投稿者原谅，公开答复
　今日谈
　他的话
　又有两件歉事
　投稿绝对公开，忠实报告
　“无从代感”

卡 吞
“别管她；让她摘些吧！免得丢咱面子！”　陈孝祚
祖母的孙子，祖父的儿子　陈惠龄
烦恼　杨绍万
“四书”句解（一九）（二〇）　张文元
一张废纸　魏而寿
冗长的演讲　老 黄
告假的的幌子——“扫墓返里”　沈冠芬
音乐不一定能感动脾气坏的人　尼 尼
某届大会后记者的收获　胡同光
标语的悲哀　王十斧
赛球前后漫写　沈敏行
大腹之由来　黄 尧
“你看今年的游人比去年怎样？”（封面）　陈孝祚

第 111 期
1937 年 5 月 1 日出版

半月要闻
今日谈　曾 迭
　——春游与易地疗养之话
“五四”杂忆　曹聚仁
略谈“川人治川”　三
他的话　林达祖
　——关于“说谎”
苏俄小游记（四）
　〔英〕戴莱菲女士著　忙 蜂译
我的养病　大 滢
我的生日　陈 季
说“气”（附陈孝祚插图一幅）　马克三
记北平图书馆　胡 燕
怕学会宣言　厚黑教主
视察专员逸闻　荫 齐
西安两月记　赵芝君
漫谈“湖匪”（新京近话之二）　施魂影
孔子歌传　崔维炳
谈“谈女人”　若 耶
选民（一三）　老 舍

雨 花
无题三则　玻仆区
小注释家　兆 均
关于植树（一）（二）　兆 均

古香斋
公文一件　吉 告

编辑随笔　邵洵美
　与达祖电
　编辑方针，自捧自赞
　弄巧成拙
　我的担保
　外交麻痹，四川的风头
　集团火烧
　苏俄小游记
　从苏联回来，震惊一世的名著，特别原因

补　白

做作　曼　青
秦腔　王乐天
救国　曼　青

卡　吞

现代军操法　杨乎舜
蓄婢与重婚　尼　尼
假使文凭大如席　陈惠龄
多事之五月　胡同光
大丈夫能屈能伸　陈孝祚
吾日三省吾身　陈惠龄
市面　黄　燕
烂脚与肚子饿是假装的　文　元
丑来一群　胡同光
天塌不关我事　魏而寿

第 112 期
1937 年 5 月 16 日出版

半月要闻
今日谈　曾　迭
——闲话大总统
谈过癞　知　堂
溪口送葬记　介之堆
听涛室随笔（一至四）　曹聚仁
他的话　林达祖
　关于纪念周
萧松人先生和他的画　李　鯈
代拟“日伪考察团”团章　金　戈
苏俄小游记（五）
　〔英〕戴莱菲女士著　忙　蜂译
释八德复小三　马克三
天乾白话　维　嘉
我的读书　大　滢
公务员之烦恼　闲　堂
西安两月记（续）　赵芝君
选民（一四）　老　舍
编辑随笔　邵洵美
　随笔的命名
　读者受骗
　不负责任的意见，一贯态度，趣味相投
　幽默与严肃
　读编的短札
　选稿者的信件
　老舍的口供，文章事小饿死事大
　五月九日
　他人皇帝（二则）

卡　吞

众望所归　黄　尧

候差　魏而寿
试任录事　魏而寿
所得税质疑　尼　尼
无题　孟言信
春风依旧桃花笑，游容今非树主人　艾　秋
灾区特写　杨孚舜
读书心得　陈惠龄
庶务过　刘　长
值得注意的两件东西（封面）　胡亚光

第 113 期
1937 年 6 月 1 日出版

半月要闻
今日谈　曾　迭
——要人的家乡瘾
电话　陈　铨
大学人物（一至五）　愉　农
虱学碎话（续四）　慕　南
他的话　林达祖
——文字上的虚伪
赋得送春一章得春字六韵　双　红
参预庆祝加冕大典后记　郑忠辂
嘴　林乐义
我与女人　大　滢
我与午睡　闻　穗
心照不宣　剋　武
谈谈子贡　德　浴
检举贪污打破饭碗　施魂影
西安两月记（续）　赵芝君

读编的短札

傅东华谈英国诗　西　林
外国文字课本　宗之琪
旧诗与新诗　一个新诗人
西昆体　胡鼎昌
女佣与男仆　小东山

卡　吞

禁华人不禁洋人　陈孝祚
“泉涸，鱼相与处于陆，相呴以湿，相濡以沫，不如相忘于江湖。”　魏而寿
“读经救国”与“读经亡国”　陈孝祚
觅职等得司升旗　宣相权
爱惜时光　黄伟强
会心的微笑　杨孚舜
成名捷径　丁　深
××长的结婚经过　黄　琛
纸贵洛阳　胡同光
君子曰：“退思补过”！　胡同光
名师出高徒　张鸿飞
“气暴习由经历少，性和曾受琢磨多”（封面）　曹涵美

编辑随笔　邵洵美
煤油大王的幽默
长寿的秘诀
知堂与孔子
邓南遮
诗人与毒药

伟大的自杀
幽默与长寿
中央社的消息
不值一笑也云
读编的短札
心照不宣
说谎药

第 114 期
1937 年 6 月 16 日出版

半月要闻
今日谈　曾　迭
——政府避暑
——写给读者的短稿
听涛室随笔（五至八）　曹聚仁
端午节考　闲　堂
周览团在贵州　郑　五
他的话　林达祖
——面貌的美丑
东京花见　初　子
“同文”的悲哀　〔日〕实滕惠秀
刺激论　苏　苏
大学人物（六至七）　愉　农
寄姪大经书　魏而寿
正义的战争?　平
广州人讲广州事　土立口
训育日记　李短侬
我不会打牌　高　卑
纪晓岚轶闻　学　宁
选民（一五）　老　舍

群言堂

说谎机与说谎药　荫　辰

古香斋

新万古愁曲　菽　庐

编辑随笔　林达祖
洵美赴苏
丈母娘死了
读编的短札
长期发表
暂停一期
编者不复
读者讨论
老舍的文章
题目难找
预为声明

补白

提倡八德　英
切勿误会　陈孝祚
“政治上了轨道的话”　黄伟强
含有毒性的霉笑　丁　深

卡吞

IN——OUT　朱吾石
义务保镖　何绍君
富人也有拾穷人烟屁股之一日　尼　尼
溥仪先生说：“我实在跑不动了，请老板让我休息一下。”　黄　尧
装阔的人们　杨孚舜
灭蚊　宣相权
时值夏令，野猪乱跑　陈孝祚

长官的儿子捉蝌蚪去　张鸿飞
母教　陈惠龄
己所不欲，勿施于人　亚　兄
标准警察　陈孝祚
去时碰上了没看见，回来时看见了没碰上　王　往
新生活帐簿　魏而寿
格言图解　顾　一
孔子问道于老子　（无署名）

第 115 期

1937 年 7 月 1 日出版

孔子问道于老子（封面画）　（无署名）
半月要闻
今日谈　曾　迭
——蒋宋二著读后感
写给读者的短稿　曾　迭
忙蜂室诗话　忙　蜂
书与文人　仲　言
他的话　林达祖
——读《论语》后的两点感想
酒能乱性辨　苏　苏
流氓皇帝　友　林
论英雄　黄若耶
文化城的一种教师与学生　谈　淡
大学人物（八至一〇）　愉　农
幽默救国论　赵芝君
谈女性中心社会　放　涛
中国兵舰到了　伍　岳
来法动机　沈承灿
臭虫　陈孝祚
购航空奖券记　谷　移
男人与女人　陈廷瓒
赵司马　兆　均
选民（一六）　老　舍

雨　花

无题六则　乾　符

读编的短札

仿佛四言诗　斋　寒
“勿三勿四”与“瞎七搭八”　锡　淇
白娘娘　仲　英
“跟”字的来历　子　伯
何不出张《论语》日报　沈万伞
编辑随笔　邵洵美
子路的丈母与论语
笔名颜渊
禄在其中矣
不能使人相信的新闻
买空卖空
吴鼎昌的精神与胆量
活埋青年五百人
东北与荒岛
矮小的蚂蚁
集体声明
张天翼怒打黎烈文
读后感
儒林新史
洵美食谱

论语专号

补　白

窝窝头赋　朱曼予

卡　吞

君子之风　罗　红
留髭三型　宣相权
救国未成记　孔　嘉
爸爸的信　宣相权
“有人打我的左脸，就连右脸……”　夏省吾
求职业中解决职业　宣相权
游客与保镖　黄　尧
要人的哲学　李　里
道听而途说，德之弃也　黄　琛
“小三子受了一次意外的宠幸”　宣文杰
做学生难　沫　华
（随本期赠送《〈蒋委员长西安半月记〉〈蒋夫人西安回忆录〉读后感》一册）

第116期

1937年7月16日出版

半月要闻
今日谈　曾　迭
——谈今日
谈孟子的骂人　知　堂
他的话　林达祖
——虚荣与标榜
古城热风　冬　春
死　林乐义
咏蚊　黄若耶
致殷主席书　维　嘉
民族英雄史话　苏　苏
新字说　观　今
结算陶渊明诗中的一笔酒帐　徐光摩
略谈钱史　郭维麟
黄陂人　王其生
肉感风化杂谈　萧绍禹
民华的日记　马民华
怪人一对　施魂影
非红即蓝记　荫　乔
主任　倪涉萍

群言堂

由说谎机关说谎药联想到“消谎除奸散”　沙　乐

古香斋

重游泮水征文（启事）　陈陶遗等八一人

编辑随笔　林达祖
中日军冲突
硬要亲善
“芦沟桥为君人之坟墓”
避讳
神经过敏与联想作用
读编短札
孔子问道于老子（封面画）（失名）

卡　吞

学府见闻（连环漫画）　杨乎舜

忍辱为贵，吃亏是福　黄伟强
所谓经济考察团来华之目的　杜冠群
鸟雀南飞　陈孝祈
自趋灭亡　许炎
咱孝敬爷娘那有这样尽心　陈孝祈
“此是吾国仆欧也”　陈孝祈
摩登人语　黄伟强
“头奖在哪儿”（二幅）　罗红
人祸与天祸（六幅）　童话
“非礼勿视”　刘泰元
到农村去（六幅）　魏而寿

补白

如此大众化（附图一幅）　胡亚光

第117期

1937年8月1日出版

半月要闻
论语社通电
今日谈　曾迭
——中国的国家美
芦沟桥的雄鬼　苏苏
他的话　林达祖
——芦沟桥事件
平津道上　陈廷瓒
复三弟书　李志汉
佛教应尊为国教说　郭维麟
中学人物　高塞
我所认识的一位大学生　严岩伻
金圣叹的幽默　张明仁
谭《鸡鸣》　陶颉之
集训琐记　叶德裕
看护记　凌茵
且谈摆架子　冰子
混日子日记　老Y

群言堂

自来测谎器　吴光

编辑随笔　邵洵美
芦沟桥事件
真的打和假的打
通来电去
最后关头
一定打下去
千三百万民众
和平撤兵
这是军机
论语通电
后盾与先锋
我一个人打
十只轰炸机
欢喜不够实质
孔子问道于老子（封面画）　（失名）

补白

平星相家的广告　陈毅

卡吞

临头痛击　丁深
对××侵略的议论　黄伟强
学府见闻（二幅）　黄琛
“你去制造个事件来”　宜相权
玩火　许炎

列强的商业推销员　许　炎
真正的老主顾们　宜相权

第 118 期
复刊号
1946 年 12 月 1 日出版

酒酣耳热（封面画）　丰子恺
《论语》复刊词　本刊同人
最近人间事
阴沉天气的怀想　莫名奇
京话（一）　老　芝
宜山遇炸记　丰子恺
古槐书屋清真词浅释　俞平伯
美国人的杀人罪
〔法〕F.Boutet 作　李青崖译
巴蜀风物小纪　陈子展
阎王坎　司马讦
论烤猪　Charles Lamb（闲姆）作
赵景深译
赌（补白）　赫　生
睡前漫笔　徐蔚南
梦回（诗）　吴祖光
赫莱勃尼可夫之墓（补白）　六　士
日本归来　味　橄
开门政策（补白）　小　t 译
深山大王国营企业公司业务报告
〔法〕亚　蒲作　成之胄译
从苏州狐迷学生事件谈到谣言
黄芝岗
浦尚夫人的情遇（一）
〔法〕佛朗西斯·杜·米乌曼尔特著
徐仲年译
大战中的语妙小品之一斑　青　崖
剪画　沙　味

雨　花

关于死　白
主仆友谊论　白
民谣两种　我　闻
重演一次　赫　生

第 119 期
1946 年 12 月 16 日出版

追求（封面画）　丁　聪
最近人间事
今人之语（一）　青　崖
忽然想起了扁鹊先生
京话（二）　老　芝
哲学家的会议（漫画）（转载）
书简（附插图一幅）　施蛰存
写“汪墓”　司马讦
古槐树屋清真词浅释　俞平伯
古文问题　莫泊桑作　青　崖译
杂论师道　陈子展
抵制电车（补白）　旧闻记者
失眠　应悱村
我想他们的用意是替代白色的领带（漫画）（转载）
生路　佛　雏
“胎生”与“卵生”　季　子
昔年的教师（漫画）　丰子恺

一篇未完的故事　顾苍生
马克吐温恋爱史　大　木
坑疯人（补白）　旧闻记者
浦尚夫人的情遇（二）
Francis de Miomandre 著　徐仲年译
谈狗　吴湫予
旧闻今录　旧闻记者
雨　花
玛牙可夫斯基的推销法　大　士
极小的爱情职务　释　子
结婚之由　小　t
报纸　白
对话　白
星的起源　须　弥
群 言 堂
耳热之语　程天麒
复员　无锡一读者

第 120 期
新年特大号
1947 年 1 月 1 日出版

“大典完成”（封面画）（无署名）
最近人间事
圣诞老人的礼物（插画）　张乐平
今人之语（二）　青　崖
中军官和儿皇帝的全能
恭喜！恭喜（插画）　丁　聪
京话（三）　老　芝
“元旦广播”之类　王焦人
秦淮河畔的除夕　司马讦
上海年景　吴祖光
无题（漫画）（转载《纽约客》）
书简（二）　施蛰存
宋人谐趣　沈从文
曾经疯过的人
［法］蒲克作　李青崖译
话说元旦　达　祖
论灵感　莫名奇
“Sorry！”（漫画）（转载）
人情世故论　应悱村
论杜荀鹤（一）　黄芝冈
碰！（漫画）（转载）
八方风雨斋谈片　天　行
北宋末年的士大夫风趣之一斑
呼汝枚
“告诉我是不是他在麻烦你，夫人。”
（漫画）（转载）
风雨闭门　谢　紫
幽默（补白）　罗　塔
法灯照幽录（附插图“民国万税”）
彭学海
可怕的伦敦桥
Thomas Burke 作　吴　同译
侦探窝梅斯纪功录（附插图六幅）
米考伯
小虫与 Comma　佛　雏
翦底阳秋　翦太史
浦尚夫人的情遇（三）
Franis de Miomandre 著　徐仲年译
雨　花
画狗　小　七

母女　小　七
第一人称　白
不死的爱　白
滑稽　丁
工人的哭　须　弥
勇敢　须　弥

群　言　堂

多事者　周树柏

第121期

1947年1月16日出版

多多益“缠”（封面画）（无署名）
最近人间事
今人之语（三）　青　崖
路局公仆们拒绝
旅客的相对政策
京话（四）　老　芝
犹豫之爱　莫名奇
冒辟疆先生的晚年（附手迹照片三幅）　舒　湮
宋人谐趣（续）　沈从文
论杜荀鹤（二）　黄芝冈
妙计　莫泊桑作　徐蔚南译
中华官国宪法　孙　敷
预兆，预感，预言　井底之
马克吐温答记者问　文
辣椒和家庭气压　徽　徽
浦尚夫人的情遇（四）
Miomandre著　徐仲年译
读史漫笔　李之谟
旧闻今录　旧闻记者

雨　花

得奖者　白
可怕的脸　白
清洁　丁
名声　吁

群　言　堂

复周树柏先生　编辑部

卡　吞

你那衣袋里装了些什么东西（转载Collier's）
打成一片　（无署名）
无题　忘　我
凭他那一股埋伏的奇兵而获胜了（转载The New Yorker）
多多益“缠”　（无署名）

补　白

嘲与讽（柏伯森论笑）
上海市政府的员工总数（某报小统计）

第122期

1947年2月1日出版

最近人间事
京话（五）　老　芝
乡野的哀愁　莫名奇
汪九叔　呼汝枚
狗，鬼，狗鬼　叶　金
“民主”座谈纪实　不　佞
拔荔思夫人　莫泊桑作　青　崖译

谈尼姑 陈　振
批注必传堂诗词选粹（一至七） 海　戈
龚司当的日记真本（译自《法国文摘》） 成之胄译
被捣毁的参议会 S·S
顺口作答 南　风
恭谈“纪念周” 应悱村
浦尚夫人的情遇（五） Miomandre 著　徐仲年译
岁暮随笔 律　藻
旧闻今录 旧闻记者

雨　花

友谊 须　弥
快乐 须　弥
海风 白
不笑 伦
笑 丁
没胆量的家伙 吁
理由 吁
达尔文 之

卡　香

你是为葬父向我第三次请假了（转载）
无题（转载《纽约客》）
要求保证不再发生“同样”事件 谋　基
请向推事说明你走路如何撞倒一位老太太（转载）
小工教何日大赦 忘　我
圈圈的烦恼 忘　我

补　白

息县的民“主” （无署名）

第 123 期

1947 年 2 月 16 日出版

半月要闻
编辑随笔 邵洵美
　李青崖先生的力量
　幽默论文选
　写作的态度
　沈从文与郭沫若
　鸡蛋立直
　节期与纪念日的妙处
　消防处长焚书
　小小声明
幽默测验 沈有乾
与美国人论中国幽默 乔志高著　凯　旋译
龙套歌（补白） 李已凡
后会有期（漫画） 忘　我
批注必传堂诗词选粹（九） 海　戈
物价大人齐下……（漫画） 忘　我
《儒林外史》的人和事 子　振
跟陶侃学做官 宁　父
刺股记 朱理惺
无题（漫画）（转载“Collier's”）
守夜 莫泊桑作　徐蔚南译
青蛙跳远比赛 马克吐温著　山　立译
肖规曹随（补白） 忘　我

谈收复墓茔失地 何若愚
贪墨（补白） 复古
谈兴趣 吴直九
耻言家贫（补白） 白梵
读史漫笔 李之谟
寡人有疾（补白） 罗培
军中歪咏 一峰
长命百岁与残命百税（漫画）（无署名）
近代“名臣”言行录 小史公
浦尚夫人的情遇（六） Francis de Miomandre 著 徐仲年译
雨花
民主警察 锡
住久也是她 孙勤难
好饮 复君
新官赴任 复君
坠轿底 复君
性刚 复君
属牛 复君

第124期
1947年3月1日出版

半月要闻
编辑随笔 邵洵美
　癖好专号
　嗡嗡惜嗡嗡
　打老虎与放苍蝇
　新经济政策
　风凉与热烈
　傅斯年亦《论语》中人
　林语堂消息
　中文打字机
　征求《论语》
癖好专号征文小启 编者
论新闻记者 何夕
“幽默测验答案” 沈有乾
舞客舞女对话（补白） 一榴
记“畿家国”授勋典礼 高植
香烟颂 顾仲彝
短笺（补白） 王一榴
谈微醺之意 吴放
娃娃舞（漫画） 忘我
困仙 徐淦
士别三日（漫画） 忘我
我已变了一牛（补白） 王一榴
论幽默与民主 应悱村
京中书简 奈古
勇气（补白） 一榴
户口累 周一行
读《老学庵笔记》 十束
恭候彻查（漫画） 忘我
读史漫笔 李之谟
狗的颂赞 Jams Thurber 著 王小令译
中国的海京伯 何若愚
《论语》来北平了 程靖宇
“惟女子与小人为难养也”（漫画） 忘我
浦尚夫人的情遇（七） Francis de Miomandre 著 徐仲年译
现代人的眼睛（漫画） 海风

雨　花
修桥补路　默　丁
捷足先得　默　丁
小幽默　海　风、一　榴

第 125 期
癖好专号
1947 年 3 月 16 日出版

半月要闻
编辑随笔　邵洵美
自发刊到付排
自己的癖好
犯罪心理
李太白的诗句
癖好与好癖
全增嘏的话
癖好的三个时期
奇文妙语
漫画肖像
家家有本难看的帐
自己挑自己的眼
我的烧香癖　丰子恺
法宝　余上沅
“国产玩具”（漫画）　阿　礼
骂人——鬼混——好吃——外务　高　植
一个收藏家的绘画（漫画）　王小令
无题（补白）　小　伯
一弹之力（补白）　倚　云
矛盾的癖好　李之谟
我的癖好　赵景深
一弹之力　倚　云
我之癖好　胡让之
只有猪不种田（补白）　履　箴
旅行与藏书　顾仲彝
嗜糖之乐　汪倜然
烟酒不分家　老　向
并无怪癖的癖好　味　橄
买书的癖好　徐蔚南
撒种（补白）　小　伯
忆清华园谷音社旧事　俞平伯
言多必败（补白）　小　伯
按图索骥话癖好　吴直九
损者三友——剪贴，胡琴，辩论　应悱村
无题（补白）　小　伯
漫谈癖好　何若愚
青云直上（漫画）　阿　礼
论嚼铅笔癖　Frank Sullivan 著　顾万方译
狗有好听的名字（补白）　小　伯
签名狂　Earl Wilson 著　王一榴译
无题（补白）　小　伯
饕餮男女之家　S · S
收藏病患者（漫画）　王小令
不戒癖好记　吕　宾
无题（补白）　小　伯
国产官僚之玩“法”癖　彭学海
为“真理而殉身”　王达富
如是我观癖好　莫名奇

癖好乃文明之母论　徐有鬼
记一个癖好美术的人　白　水
忏悔者言（补白）　菊　谿
不可告人的癖好　周一行
梦话　罗　浮
浦尚夫人的情遇（八）
Francis de Miomandre 著　徐仲年译

第 126 期

1947 年 4 月 1 日出版

半月要闻
编辑随笔　编　者
曾今可的癖好
打麻将与做人
寓正经於胡调
官场的进步
“贺虎词”
老虎与狗
财神流年不利
各具幽默天才
“纲鉴难知录”
两件小事
从管他娘说起　曾今可
汽车出城记　高　植
无题（补白）　倚　云
批注必传堂诗词选粹（一〇——五）　海　戈
贺虎词（一）　罗　浮
谁是英雄　寒　流
读《厚黑学》（补白）　大华烈士
说老实话　李之谟
今晚如何熬得过去?（补白）　顾万方
痴语　罗　浮
增加体重（补白）　小　郎
赌的滋味与经验　何若愚
清政府恢复捐班以裕国库议　周一行
纳粹谎语（补白）　履　箴
小礼物　徐　订
拍马考（附序）　伯　乐
幽默素描三章
Robert Benchly 著　王一榴译
小大由之　卜　束
浦尚夫人的情遇（九）
Francis de Miomanre 著　徐仲年译

雨　花

三大理由　小　令
多余的围墙　小　伯
谦恭的老教授　倚　云
黄河发源天上　复　君
三缺一　复　君
自剖　小　令

漫　画

四月一日　王小令
准於民国三十六年万愚节发行　顾万方
要是有一天黄金收归国有　少　村
只有今天的蛋才听话　履　箴

公公十八岁（封面） 丰子恺

第 127 期
1947 年 4 月 16 日出版

妈妈我也要（漫画） 丰子恺
半月要闻
编辑随笔（无题七则） 编 者
纲鉴难知录 周以谟、述、行
中国人的拜子狂 梓 愈
纪念周上的默念三分钟（漫画）
海 风
调寄祝英台近（补白） 俞平伯
无定室杂谈 海 戈
高枕无忧（漫画） 少 林
呼冤 何 容
无题（补白） 柳 园
清明篇 李之谟
贺虎词（二）（补白） 罗 浮
作法自利 寒 流
我也想组党 让 之
谈天 慕 南
破庙里的菩萨 罗 浮
八方风雨斋谈片 天 行
开照相馆记 吴 越
电车公司最欢迎的乘客（漫画）
王小令
杰根斯先生小传
Stphen Leacock 著 王一榴译
浦尚夫人的情遇（一〇）
Francis de Miomader 著 徐仲年译
我的朋友“也是党”领袖（漫画）
履 箴

古香斋

胖子会幸福连锁启 （无署名）

雨 花

荒谬绝伦 （无署名）
明哲保身 （无署名）
先父的长孙 （无署名）
千古绝唱 赵大鹏
寒雨连江 （无署名）
不抵抗注意 （无署名）
茶壶与笔筒 （无署名）
拔脚就逃 （无署名）
满意得很 叶 宇

第 128 期
1947 年 5 月 1 日出版

半月要闻（各报讯剪录）
编辑随笔（无题五则） 编 者
纲鉴难知录（续）
直 九 行 吴 远
县议会旁听记 季 明
“五四运动”的回忆 曾今可
无定室杂谈（续） 海 戈
东三港小泊记 高 植
忆华五 刘盛安
运甓零墨 夏 伯
廉价的民意 S·S
读报杂谈 沈有乾
有趣原理发端 李之谟

小轮船上 悱 村
饮食男女之话 吴频迦
开着的窗 H.H.Munro 著 王一榴译
读旧词抄 一 峰
浦尚夫人的情遇（一一）
Francis de Miomandre 著 徐仲年译
群 言 堂
幽默文字应属紫色议 让 之
雨 花
下次不可 （无署名）
公然未死 （无署名）
互嘲 （无署名）
天公何故乱加圈 （无署名）
吴稚老题诗 （无署名）
自欺欺人 江 良
宜兴旧茶壶 （无署名）
玉衡山房 （无署名）
韵内无蝴 杜如玉
补 白
你问我的丈夫吧！ 柳 园
无题 履 箴
举头三尺有神灵 顾万方
无题 萧 豀
犹太门槛 小 令
无题 一 榴

第 129 期
1947 年 5 月 16 日出版

余唯不食嗟来之食以至于斯也（封面画） 丰子恺
半月要闻
编辑随笔（无题五则） 编 者

纲鉴难知录 一 行 克 木 叶
贺新官上任 季 明 凡 一 醉
性与政治 沈从文
由周作人谈到辽金时代的汉奸文人 陈子展
台变别记 曾今可
乡村胜利风景 李之谟
无定室杂谈（续） 海 戈
假如我做了省主席 宁 父
谈“骂” 彭学海
民国六十三年 吴希马
官棺记 高 植
趣诗小集 罗 浮
浦尚夫人的情遇（一二）
Francis de Miomadre 著
徐仲年译
雨 花
不酒亦醉
玻璃丝袜 （无署名）
裸体美人 （无署名）
谢绝道贺 维
验方新编 （无署名）
写实之笔 （无署名）
幽默香水 （无署名）
张君瑞显灵 文亦亮
小处不可随便 张 慰
补 白
咏筋诗 谟

一张钞票的比例　冷　抄
犯罪世家　菊　谿
功高赏厚　谟
一个犹太人之死　小　伯
漫　画
“两个好人”　阿　礼
“难为了自己”　阿　礼
断线的气球　阿　礼

第 130 期

1947 年 6 月 1 日出版

太平时的狗（封面画）　丰子恺
半月要闻
编辑随笔　编　者
学潮声中编《论语》
朱家骅头痛
不胜遗憾
杭绳武的奢望
投笔游行
“吃的专号”
纲鉴难知录
幸　之　展　直　平　吉
拾翠篴匡时策　何芳洲
无定室杂谈（续）　海　戈
宋人演剧的讽刺性　沈从文
夜游妙峰　俞平伯
“奇谈一笑”　赵景深
惧内之益　李之谟
阿 Q 支传（一）　天　行
从中外历史谈读书之无用　寒　流
鬼话台湾　洪去火
看戏记　高　植
在小岛上　应悱村
戒烟　江家河
浦尚夫人的情遇（一三）
Francis de Miomander 著
徐仲年译
雨　花
三大河流　（无署名）
辛亥革命　（无署名）
弄巧成拙　（无署名）
六书　叶　周
夫子自道　（无署名）
乐天派　（无署名）
谁高兴再脱裤子？　（无署名）
马鸿奎　荣　达
补　白
打猎狗　少　村
重要角色　一　榴
两假　一　榴
瞎子真可怜　小　伯
漫　画
《论语》新释（六题）　凤　子
德、智、体、群　沈章位

第 131 期

1947 年 6 月 16 日出版

过路真君子（封面画）　丰子恺
半月要闻

编辑随笔（无题七则） 编 者

纲鉴难知录

力 仁 武 行 以 谟 庸

闲话端午 李之谟

家庭民主记 何芳洲

批注必传堂诗词选粹（一六）

海 戈

“宝岛”杂记 游 客

拟中外文丛发刊词 俞平伯

无题（补白） 柳 园

话笑 慕 南

无题（补白） 小 伯

运甓寒墨（续） 夏 伯

惶愧（诗）（补白） 曾今可

考证一束 潘寿康

阿Q支传（二） 天 行

泰山泰火 周一行

无题（补白） 一 榴

头痛医脚脚痛医头论 白 梵

无题（补白） 菊 豁

我们的国际贸易家 芳 序

无题二则（补白） 柳 园

从《支那游记》看自己 卜 束

随笔两则（补白） 平 伯

浦尚夫人的情遇（一四）

Francis de Miomandre 著

徐仲年译

雨 花

对对子 （无署名）

曲园老人 （无署名）

漫 画

一夫多妻的理由 阿 礼

我发了薪水回来 阿 礼

第132期

吃的专号

1947年7月1日出版

给兄之肩，而奇之食（封面画）

丰子恺

半月要闻

编辑随笔（无题四则） 编 者

以吃立国论 邵洵美

吃汇 李之谟

吃在这个年头 俞平伯

宴会之苦 丰子恺

吃的简史 周谷城

吃教浅说 凌 岱

我与胃病 海 戈

吃——胃的问题 陈子展

女人好吃论 周孅士

炒什锦 何芳洲

一个好吃的人 赵景深

台湾的吃 味 橄

食三题 徐蔚南

吃饭问题 顾仲彝

谈“吃” 曾今可

天下无如吃饭难 应悱村

“吃”的废话 舒 湮

平凡的吃客谈“吃” 卜 束

吃与礼貌 寒 流

对纸吃闷 高 植
"蛋"经 彭学海
饯别杂记 蔡壬侠
名震全球的中国菜 逸 峰
"吃"话 慕 南
吃屁股 徐无鬼
鸡零狗碎且谈吃 夏 伯
吃瘪 陆 襄
饮食逸话 周一行
雨 花
笨拙的问题 （无署名）
中国政府 （无署名）
混帐梦 （无署名）
补 白
有暇及此 玉
你怕死吗 龚赓荪
应考 （无署名）
现代的女人 恺 译
孟子论外交 言 真
画上诗 康
太炎大谑 康
漫 画
"吃勿消" 萧 虎
"吃统庄" 萧 虎
吃 丁 聪
"吃相难看" 萧 虎
"吃吃侬" 萧 虎
涨！涨！！涨！！！涨！！！！ 阿 祚
"吃剩有余" 萧 虎
"黑吃黑" 萧 虎

第 133 期
1947 年 7 月 16 日出版

同居尽小人（封面画） 丰子恺
半月要闻
编辑随笔（无题四则） 编 者
中国的集团结婚 沈有乾
某古城 萧叔纳
吴下风度与公安派小品的关系 杨震川
无定室杂谈（续） 海 戈
记刮鸣城的冻结制 高 植
幽默救世论 彭学海
读史杂感 卜 束
"宝岛"杂记 游 客
无形的伤 Karoly Kisfaludi 著 丰陈宝译
吃之类篇 退 山
吃的故事 老 饕
漫谈吃道 陈颂华
北平夏蔬小吃 芳 序
谈吃 周以谟
断章取义（今文观止） 罗 浮
雨 花
半哭半笑厂主 （无署名）
吴院长的公子 （无署名）
上半截 贝
节约与浪费 （无署名）
齐王的妻舅 行
补 白
应予拒绝 （无署名）

外交家与女人　康
不要紧　恺　译
新式恭贺新婚联　康
中国人的怪发明　康
漫　画
“公事包的透视”　萧　虎
“例行公事”　萧　虎
《论语》新释　阿　礼
英雄所见略同　忘　我

第134期
1947年8月1日出版

家有三亩田，不离县门前（封面画）　丰子恺
半月要闻
编辑随笔（无题四则）　编　者
文章误国论　吴直九
闲谈革命　俞平伯
劝友勿迷“民主”书　彭学海
婚变　陈　铨
批注必传堂诗词选粹（十七）（十八）　海　戈
吾乡词人刘过　曾今可
谋官难　季　明
谈“天理”　寒　流
有鬼论　李之谟
赤心国（附插图六幅）　丰子恺
苏北杂碎　吉　人
雨　花
俞鸿钧　（无署名）
“准！不，不准”　（无署名）
几句丘八话　（无署名）
植树经验　（无署名）
陈宝琛册封太傅　一　行
补　白
海外奇谭　杰
张铁口“命相”　（无署名）
醒来吃惊　恺　译
漫　画
“亲兄弟明算帐”　余忘我
“过门”不久　余忘我
“小交易”　余忘我
《论语》新释　阿　礼

第135期
1947年8月16日出版

打了梅香，丑了姑娘（封面画）　丰子恺
半月要闻
编辑随笔（无题六则）　编　者
拾翠簃匡时策　何芳洲
蓉城蒙难记　海　戈
热京风记　高　植
热话　李之谟
儒林近事　肖叔纳
谋官再记　季　明
从铲头说到廷杖、东厂和锦衣卫　杨震川
“笑倒”和“类谈集”　黄　匀
喝茶　顾仲彝

隐语训诂　彭学海
荐任官吃的今昔　伊　波
豪情　卜　束
赣省制止械斗紧急措施书后　何芳洲

雨　花

不敢，不必，不像　（无署名）
赤脚　仁
所以我就打了他　武
其他一无损失　（无署名）
理化试题　支
胡适之诗　东
七十青春　周明鸿

补　白

尽多的汤　一　行
死后佳　天　行
吃豆腐考　花　羽
谭嗣同反古　天　行

漫　画

折“薪”煮白“水”　陈惠龄
“袖里文章”　忘　我
适逢其会　何　基
“人犬之间”　阿　礼
“不虚此行”　阿　礼

第 136 期

1947 年 9 月 1 日出版

到老方是妻，穿破方是衣（封面画）　丰子恺
半月要闻
编辑随笔（无题四则）　编　者
论待遇　海　戈
夏令营散记　季　明
从一只小虫看上海　何芳洲
一堆沙　许钦文
谈闺阁词翰　俞平伯
他说：“不”字是“动词”　曾今可
话笑　慕　南
簾边漫笔　卜　束
狗颂　双　红
吃汇补　海　戈
夷山野志（一）　杨　恺

雨　花

免淘气　（无署名）
牙齿大便　（无署名）
文介公　东　支

补　白

请修改《百家姓》　马　二
彭学沛　贝
两个贪污的寓言　冷　抄
雅俗辨

漫　画

“以资熟手”　余忘我
得天“独”厚　余忘我
“爸爸节后”　萧　虎
“现代小丑”　萧　虎

第 137 期

1947 年 9 月 16 日出版

屋漏偏遭连夜雨（封面画）　丰子恺

半月要闻
编辑随笔（无题六则） 编 者
选举初谈 海 戈
仲夏夜之醒 高 植
论风度 何芳洲
救灾委员 雪 伦
受尊记 许钦文
读《红楼梦》随笔二则 俞平伯
北平拾锦 伊 波
椰风蕉雨话华侨 北 辰
谈文穷而后工 周一行
运甓零墨（续） 夏 伯
“赤心国”归后的“一位军官”访问记 张究天
新儒林外史 季 明
夷山野志（二） 杨 恺

雨 花

新闻标题 毛
家岳母的女儿 毛
丘三 吉
求君不写 礼
陶行知的卖艺馆 吉
自有道理 胥
三段论语 律

补 白

白也 （无署名）
孔德成 一 行
拆字 贝
消毒牛奶 邻
救济与保卫
韩派讲演 （无署名）
最恨者 邻

漫 画

无题 小 约
失物待领 阿 礼
“提倡国货者” 萧 虎
“难为了爸爸” 萧 虎

第 138 期

1947 年 10 月 1 日出版

中秋之夜（封面画） 丰子恺
半月要闻
编辑随笔（无题四则） 编 者

幽默练习 孟孔武
节约三题 海 戈
关于人
关于筵席
关于时间
论竞技道德 何芳洲
吃口岸 许钦文
民选乡长记 季 明
口口××颂 克 诺
痛定思痛记 伊 波
伏尔泰底嘲笑 彭学海
谈持斋 方 彬
记“浪漫诗人” 会 心
阁楼随笔 卜 束
夷山野志（三） 杨 恺

雨 花

论语同志 律

至死不悟　育
巧遇　育

补　白

裁缝司务　律
黄盖有弟　律

漫　画

“毕业以后”　阿　礼
无题　余忘我
“文人穷而后工”　阿　礼
“手段和机会”　阿　礼
掩不尽的污点　萧　虎
“与我无关”　萧　虎
“公平交易”　阿礼
新脸谱　萧　虎

第 139 期

1947 年 10 月 16 日出版

佳节年年愁里过（封面画）　丰子恺
半月要闻

编辑随笔（无题二则）　编　者

教育部武艺超群　慧　星
半家言　李之谟
批注必传堂诗词选粹（二〇）（二一）（二二）　海　戈
谈“捧”　双　红
从“民主”说到其他拾个“主”　彭学海
进谏与纳谏（上）　妙　悟
天晓得（诗）　曾今可
冷眼观　一　行
中将开舞场　陈　彩
黄子求官记　雪　伦
烫发记　赵　芳
明代逸史摭拾　周思杰
夷山野志（四）　杨　恺

雨　花

节约吃饭　海　风
考中末名　钟
又香又臭　飞
要死啦　森
捐班　树
壮丁市价　东
囤货　文
结束战争　文

补　白

幽默练习答案　孟孔武
幽默故事选粹（二则）
寒　蝉　春　良撰　季　水辑

漫　画

无题（讽选举）　（署名不清）
这个坏东西又来了　萧　虎
无题（刺贪官）　（署名不清）
今日之良医　萧　虎

第 140 期

1947 年 11 月 1 日出版

菊花会不会结馒头？（封面画）　丰子恺

半月要闻
编辑随笔（无目七则） 编 者
论麻将与哲学，艺术及中国政治之关系 海 戈
芝麻半家言 李之谟
救国方法论 慧 星
北平督选前后记 伊 波
青年县长 季 明
跖犬吠尧 许钦文
菲岛记趣 化 外
信函革新拟议 无 极
楼下人语 芳 序
进谏与纳谏（下） 妙 悟
火，菩萨，英雄 卜 束
艾子新语 大 木
吃汇再补 陋室主人
夷山野志（五） 杨 恺
雨 花
新食谱 海 风
索借据 海 风
题名宜慎 海 风
少女怕老 海 风
半只鸡 海 风
孩子的爸爸 海 风
女人的脾气 天 岳
补 白
幽默故事选粹（三则）
惠 唯 我 勋 撰 秀 水辑
邮人须知 海 风
谁出卜钱呢 海 风
经验 海 风
拆“官”字（附插图） 海 风
广告牌 海 风
漫 画
“漆黑一团”“何必多问” 阿 礼
×段公路的完成 海 风
演讲劳工神圣去 海 风

第 141 期

病的专号

1947 年 11 月 16 日出版

同病（封面画） 丰子恺
半月要闻
我的病（代“编辑随笔”） 邵洵美
国粹治病法 亦 凡
怀柔，媚外，恐日及其他诸般杂症 海 戈
怪病记 徐仲年
病中日记（选自《黔桂流亡日记》） 丰子恺
病从口出 许钦文
痛哭流涕长叹息 王平陵
病的传奇 慧 星
今日之北平的流行病 伊 波
拾翠簃匡时策 何芳洲
“病夫”拒“医”记 曾今可
三十六年来之痼疾 彭学海
从告病假说起 徐蔚南
有病反能长寿论 王子出
时疫二则 高 植

庙里病
庙外病
割治盲肠记　赵景深
三次接触医生　姚苏凤
病杂碎　李之谟
狂人自由　陈之展
病——母亲——干爸爸　周微士
病的困厄　刘　晨
有病呻吟　应悱村
神医医国论　季　明
雨　花
毛脱不包　海　风
输了五十万人马　海　风
巧对　天　岳
司马懿入空城　天　岳
补　白
指挥刀更锈　海　风
呈请“收容文乞”文　海　风
病乐吟（附序）　堕落诗人
准确的算命　陈寿南
漫　画
“鬼相害了生病人”　萧　虎
“黑心病”　萧　虎
病态　丰子恺
“社会病态”　萧　虎
“心病心药医”　萧　虎
“带病延年”　萧　虎
“病从口入　萧　虎
“病不得也”　萧　虎
“病与碎”　萧　虎

第 142 期
复刊周年特大号
1947 年 12 月 1 日出版

钩得金鳌又脱钩（封面画）　丰子恺
半月要闻
一年《论语》（代“编辑随笔”）
邵洵美
《论语》周年话白卷　徐　讦
《论语》周年记故事　申又虔
《论语》复刊周年谈做戏　顾仲彝
一年间的喜和惧　彭学海
周岁礼物　徐蔚南
谈过去一年　仓　圣
与客谈自杀　施蛰存
关于相对论
Max Beerbohrn 著　全增嘏译
《论语》一年　达　祖
北平通信　巴鲁爵士
太上老君也徇私　老　向
芝麻半家言　李之谟
选举二谈　海　戈
秋天里的秋天　高　植
椰风蕉雨话华侨　北　辰
“病”从“吃”来　周慕颐
两个“病人”　曾今可
疗癌自述　杨之春
怕煞老奸　寒　流
病先生记　雪　伦
病后吟　胡金人
夷山野志（六）　杨　恺

群言堂
致编辑先生
李言志　周之齐　黎元炎
雨　花
新食　大　渭
挂钟停了　大　渭
最高兴的还是你　大　渭
满意的帽子　大　渭
补　白
大选趣闻一则　耀　年
掴脸（诗）　胡　虑
自杀　杨大渭
漫　画
"待命出击"　阿　礼
"持菊赏螯"　阿　礼
"豪门与嚎哭"　萧　虎
"惟恐不涨"　萧　虎
"病在头痛医脚"　萧　虎

第143期
1947年12月16日出版

鱼游沸水中（封面画）　丰子恺
半月要闻
编辑随笔　邵洵美
《论语》交进正运
"群言堂"复兴
老百姓立场
"新年特大号"征文
两位幽默前驱
论　语
迎大钞　直　九
建国特捐　达　祖
禁止议论国事　达　祖
二次为官　海　戈
扒粪篇　王平陵
东方式"民主"奇观　彭学海
京话　慧　星
专员出巡记　鲁　达
北平普选面面观　伊　波
洋客病　北　辰
小病乐观论　吴　蓼
哀南市　元　元
夷山野志（七）　杨　恺
群言堂
致编辑先生　司马久
致编辑先生　姚　可
致编辑先生　周　敏
致编辑先生　陈　仁
致编辑先生　赵　震
雨　花
换两张来　梅
容易认错　（无署名）
不自由，毋宁死　（无署名）
雷雨　古　井
补　白
失眠　大　渭
唾面自干　大　渭
漫　画
"弹簧马路"　萧　虎
"街头行尾"　阿　礼

"封锁" 萧　虎
"幸福狂想曲" 阿　礼
"越望越远" 萧　虎

第 144 期
1948 年 1 月 1 日出版

三十六年病里过（封面画） 丰子恺
半月要闻
与达祖书（代"编辑随笔"） 邵洵美

论　语

恭贺新禧 达
论今年外交重心 达
冬令救济 翰
新年顽意 俞平伯
新年献策 亦　凡
元旦书红 何芳洲
新年预约 海　戈
岁首小愿 李之谟
民国卅七年大事预言（并序） 会　心
泰然迎新岁 曾今可
恭禧发"才" 高　植
过年 许钦文
无题（风雪断炊）（诗配画） 象诗　萧虎画
啼笑皆非过新年 顾仲彝
岁朝献采 徐仲年
新年谈发财 仓　圣
恭候新戏 越　中
除夕杂忆 季　明
拔牙记 丰子恺
谈小品文 味　橄
谈到联语文学 陈子展
山穷水尽疑无路 王平陵
多才多艺的中国人 慧　星
大选三日小事记 克　诺
兔儿爷游东湖 吴同宾
夷山野志（八） 杨　恺

群言堂

致编者（节录） 黄仲云
致编辑 一读者
致编辑 徐伯华
致编辑 陈孟颂

雨　花

那我做敌人 海　风
不借手帕 海　风
何时开始 海　风
发明者 海　风

补　白

保存有法 景　行
生财有道 景　行
参考资料 景　行
各执一词 景　行

漫　画

"一年之计" 萧　虎
"送年礼" 萧　虎
"去旧换新" 萧　虎
"斗法四部曲" 海　风
"六大天地" 海　风
"比例准确" 阿　礼

"典型人物" 萧 虎

第145期
1948年1月16日出版

"万姓厌干戈，……"（封面画）
丰子恺
半月要闻
再函达祖（代"编辑随笔"）
邵洵美
论 语
改革币制 达
老百姓不好 树
请竞购奖章 泽
贪污的猫（附作者插图一幅）
丰子恺
京话（六则） 慧 星
芝麻半家言（续） 李之谟
洋论新语录 亢 咏译
食色第一
美成词释 俞平伯
最新经济学 子 言
——一九四八年的大发明
寄妹妹书 程靖宇
眼镜的累赘 但 蒙
床头囥面记 丽 芷
谈到联语文学（一续） 陈子展
夷山野志（九） 杨 恺
群 言 堂
致编辑（节录） 韦维岳
致编辑 范蔼初
致编辑 乔新之
致编辑 汪振垓
补 白
四书、五经、五官、六院 海 风
心不在焉 景 行
漫 画
"推车撞壁" 萧 虎

第146期
1948年2月1日出版

百无是处老形骸，也曾头上戴花来（封面画） 丰子恺
半月要闻
编辑随笔 邵洵美
《论语》的老友与新友
表明态度的时期
九龙事件
美国援华问题
《论语》里的错字
论 语
理论与实施 年
九龙事件 木
顾名不能思义 达
检举清廉 直
动员与停止 同
怀塔塔木林 巴鲁爵士
闲话年关 海 戈
论节约筵席 若 菴
读报闲话 亦 凡
京话（续） 慧 星

为暴春霆题其先
德《林屋山民送米图》 俞平伯
谈灵感 罗念生
浙赣乘车记 李之谟
记洛 无 恙
“死”的随笔 翟尔梅
两个教授——记陆侃如冯沅君二先生 臧慕莲
谈到联语文学（再续） 陈子展
夷山野志（一〇） 杨 恺
今文观止 周绍贤
——钱神颂

群 言 堂

致编者（节录） 黄恒德
致编者（节录） 梁惠仁
致编辑 王九思
致编辑 亦 凡
致编者 马原民
致编辑 金五楼
致编者（节录） 华 杰

雨 花

无题二则 以 民
无题三则 景 行

补 白

多少人要做作家（摘自“Coonuterp-oints”） 三 原译
请不要下记号
Horb Caen 作 三 原译
售票的理由（摘自“Wall Street Jour ai”） 三 原译
老处女 海 风

漫 画

“闹场” 萧 虎
“大学卜士” 萧 虎
“过了一关又一关” 阿 礼
“批评象” 萧 虎
“捉与放” 萧 虎

第 147 期

1948 年 2 月 16 日出版

摇钱树到门来（封面画） 丰子恺
半月要闻
编辑随笔 邵洵美
我们的八字
新年景象
动员戡乱
冤枉政府

论 语

过了年关 治
五路财神 英
紧急征兵 文
文字倒置举例 达
十七档算盘 杨
论涨价办法 平
冤枉“生活” 安
简化圈选办法建议书 仓 圣
过年 施蛰存
谈岁时风土 何芳洲
高等华人福利保障会 沈有乾
祖父 许钦文
报纸读法举隅 亦 凡

苏格拉底谈北平所需　巴鲁爵士
春节闲话　方　彬
菲律宾新年杂写　北　辰
丁亥感事诗　小诗人
洋论新语录　亢泳译
　幽默第二
记废名和徐盈　高　翔
谈谈联语文学（三续）　陈子展
夷山野志（一一）　杨　恺
群 言 堂
致编者　程思青
致编辑　韦维岳
致编者　曾纪焜
致编者　雷成初
雨　花
春联拾趣　（无署名）
要不要高升　夏　伯
补　白
三七　陈寿南
不要哭，我爱（译自“NebclsPalfer”）　三　原译
物价飞涨，大衣未做，自顾旧长袍因而有感（诗）　又　生
宝塔诗一首　古　井
三六　陈寿南
“福无双至”“祸不单行”　夏　伯
漫　画
“识相”　萧　虎
“文不如商”　萧　虎
单身汉狂想曲　阿　礼

第148期
1948年3月1日出版

爸爸不要去（封面画）　丰子恺
半月要闻
编辑随笔　邵洵美
　过年与分娩
　化夏为夷
　秩序与标准
　香消英气集
论　语
预支　达
兼顾之害　芝
银币放赈　芳
一年之计　达
一个谣言　公
开一只庙　直
戊子元旦试笔（谈孟子）　俞平伯
接吻说　若　菴
苏格拉底谈北平所需（续）　巴鲁爵士
鬼的世界　许钦文
体格检查　海　戈
芝麻半家言（续）　李之谟
压岁钱　季　明
孩子们的未来观　彭学海
阴历元旦对初生女儿的训话　杨　梅
京话（续）　慧　星
关于厕所　思　果
救国必先亡国说　王子云

夷山野志（一二） 杨 恺

群言堂

致编辑 张思义
致编者 朱文仁
致编辑 孙保哲
致编者 缪瑞声
致编者 杨良丰
致编者 任俊达

雨 花

想得周到 （无署名）
秘密保守 （无署名）
不见了 海 风
小姐与太太 （无署名）
贪官与钞票 （无署名）
三百与两千 曾 珞

补 白

某公日记摘要 吴同宾
专讲你父亲的胡子 阿 礼

漫 画

“乐善好施” 萧 虎
“一本正经” 萧 虎
“局长的杰作” 士 奇
“通行无阻” 阿 礼
“路头酒，……”（附题诗） 萧 虎

第149期
1948年3月16日出版

入狱大喜，不愁柴米（封面画） 丰子恺
半月要闻

编辑随笔 邵洵美
旺月与淡月
论语征兵歌
新婆罗门主义

论 语

竞选总统 年
推诿迁延之益 达
逆产义卖 九
运用地方武力 浦
建议抽老丁 长
说老实话 平

选豪富议 何芳洲
如何竞选总统 季 明
民主真谛 李之谟
义卖房屋幸未中奖记 若 菴
香港杂感 顾仲彝
丰子恺先生的赤心国 许钦文
人日游草堂 海 戈
“官”与《论语》 慧 星
五行今解 吴同宾
洋论新语录 亢泳译
生死第三
天堂新春闹裁员 探 薇
元宵记梦（有序） 曾今可
抽烟颂 陈被玉
王熙凤 感 生
夷山野志（一三） 杨 恺

群言堂

致编辑（节录） 冯树人
致编辑（节录） 白觉悟

致编者　张贤筱
致编者　陈绵书
致编辑　王　式
致编辑　小诗人
雨　花
无题一则　李长春
无题一则　以　民
无题一则　景　行
补　白
字汇新解　小　民
无题　景　行
春日杂感　曾今可
无题　景　行
漫　画
竞选　萧　虎
一肩担尽古今愁　白　费
礼物　阿　礼
惊人表演　萧　虎
一筹莫展　萧　虎

第 150 期
1948 年 4 月 1 日出版

刑满不肯去，此去衣食虑（封面画）　丰子恺
半月要闻
编辑随笔　邵洵美
　新闻自由会议
　《论语》兴奋事
　幽默亦在其中
　征求专号题目
论　语
贺国大开幕　达
公开的外交　沈有乾
男人值价　安
大善士　克
否认钜富　时
法令与命令　木

试谈艺术与文化　巴鲁爵士
新通货策　李之谟
寄友人论讲恋爱书　海　戈
论机遇　王维凯
小钞票的历险　许钦文
两部“白日梦者”的评传　郭　明
洋论新语录　亢咏译
财富第四
儿童节告吾女　杨　梅
客座速记　陈子展
村居写信　杜耀年
阿 Q 转世　丁　力
杂感二三事　吴同宾
宋人幽默拾　王保之
夷山野志（一四）　杨　恺
群言堂
致编者　立　岩
致编者　潘炳坤
致编者　李　泽
雨　花
汗到我身上来了　（无署名）
老大徒伤悲　（无署名）
请打个耳光应急　海　风

选票与原子弹　蒂　帆
补　白
无题　景　行
可靠的医学著作（译自“Clinton Campell”）　三　原译
无题　景　行
我已上床（译自“J.Homer Mclin”）　三原译
漫　画
“非礼勿视”图　士　奇
“喘息”　萧　虎
“今之子也”　萧　虎

第 151 期

1948 年 4 月 16 日出版

春景（封面画）　丰子恺
半月要闻
读《游山日记》有感（代“编辑随笔”）　邵洵美
论　语
从容论道　木
国大代表　清
午睡之益　达
雷诺出走　芝
各不相关　右

国大三日钞报　老　向
推销术　梁实秋
湖畔夜饮　丰子恺
的其时乎　许饮文
必传堂诗词选粹（续）　海　戈
天下本无事　李之谟
不参加竞选记　曾今可
从背后看国大　皇父一
京话　慧　星
——国大特写（一）
国大杂咏（有序）　方　彬
节约运动应即停止论　亦　凡
廉洁者始多金　一　行
夷山野志（一五）　杨　恺
今文观止——报纸所载“国大”奇闻六则
群言堂
致编者　梁作友
致编辑　一定户
致编辑（节录）　鹤　宾
致编者　张贤筱
雨　花
犹有骚心　庸
还是不要送　庸
某西人　庸
安车当步　庸
补　白
观“万事师表”书感　曾今可
观新疆青年歌舞　曾今可
守唇如玉　具
漫　画
“三日无官则惶惶如也”　士　奇
“好行小慧，难矣哉。”　阿　礼
“代表”　士　奇
“大饭店下”　萧　虎

"跟进" 萧 虎

第 152 期
1948 年 5 月 1 日出版

生成势力狗，单咬破衣裳（封面画） 丰子恺
半月要闻
编辑随笔 邵洵美
说话与听话的艺术
时间与空间的因素
论 语
副总统难产 幸
生财有道 克
生死有命 达
大事小记 皇父一
与友人书 何芳洲
京话 慧 星
——国大特写（二）
谈博览多识
St John Frvina 作 钱歌川译
教授是不是人
E.Y.Biewtt 与 J.Holmes 合著
文 应译
社会贤达解 陈子展
论"大国民风度" 若 菴
芝麻半家言（续） 李之谟
春游琐记 俞友清
今尺牍集成 一 行
一个贡献 曾今可
夷山野志（一六） 杨 恺
群言堂
我要论语半月刊 B·Kao
雨 花
国旗的功用
黄袍加身 （无署名）
瘦腰廊 （无署名）
绝食 一 行
补 白
友人招饮于台北凯歌归（诗）
曾今可
恰到好处 贝
漫 画
"转手" 萧 虎
"上任之前后" 萧 虎
"尊重国父" 海 风
"中国之家" 萧 虎

第 153 期
1948 年 5 月 16 日出版

电车中（封面画） 丰子恺
半月要闻
编辑随笔 邵洵美
睡的专号
运动员精神
金纪念章
论 语
预祝立法院圆满闭幕 达
总统上任 达
国际观瞻 达
开门原是锁门人 倪宝元

我的国文先生　梁实秋
杭州人的那个　许钦文
必传堂诗词选粹（续）　海　戈
近闻偶谈　平　伯
如何利用美贷　若　菴
芝麻半家言（续）　李之谟
忆梁作文　一　行
还汤新闻　文　应
京话　慧　星
——国大特写（三）
国大纪盛词　龚慕兰
蟠桃大会观礼记　季　明
夷山野志（一七）　杨　恺
群 言 堂
致编者（节录）　唐一钧
致编者（节录）　何芳洲
致编者（节录）（附编者附注）　一定户
致编者（节录）（附编者附注）　章　斌
雨　花
内战谣　（无署名）
物价谣　（无署名）
埋头谣　（无署名）
圈选谣　（无署名）
教授　于时夏
王宠惠谈宪法　贝
补　白
只有一条　贝
三卖　一　行
漫　画
“鞠躬寻饭”　萧　虎
大兵过后必有大“役”　萧　虎

第 154 期

1948 年 6 月 1 日出版

黄包车妻（封面画）　丰子恺
半月要闻
编辑随笔　邵洵美
当然行政院长
小老虎的寓言
论　语
翁文灏组阁　达
再启者之又一运用　达
好话尚未说尽　达
行政技术问题　达
总统副总统就职典礼小记　老　向
必传堂诗词选粹（续）　海　戈
各人各说　李之谟
今日记集成　一　行
话说新闻记者　无　恙
定做中山装记　皇父一
国大记事诗（附注）　剑　瞻
客座速记　陈子展
灯下杂记　卜　束
金姬传　范正绂
夷山野志（一八）　杨　恺
今文观止
梁秋水贻书张君励（转载《大公报》文）
煮豆篇有序（转载《大公报》）　梁秋水

台湾省政府周年祝辞
江珠英抄

群 言 堂

选举改良刍议　吴 寥
闻香社（节录）　陶新桔
读者通讯录（节录）　徐问松

雨 花

训话　（无署名）
原味香汤　（无署名）
列宁　（无署名）
对联　一 行

补 白

画蛇添足　庸
向窗口望去（译自“Abbott Pharmayraph”）　三 原译
你比我老些
Marcia Chicago 作　三 原译

漫 画

“有枪能使人推车”　陈惠龄
“钱？轮船火车都不敢向我要钱。”
陈惠龄

第 155 期

睡的专号

1948 年 6 月 16 日出版

“我醉欲眠君且去”（封面画）
丰子恺
半月要闻
编辑随笔　邵洵美
专号出错了题目
夏日炎炎正好眠
吴稚老名屋妙文

论 语

睡与吃　达
“众人皆醒我独睡”　达
衣食睡行　达

睡品　李之谟
无眠爱夜　俞平伯
赋得睡　施蛰存
人之大德曰睡　王平陵
我不贪睡　许钦文
不眠不休　何芳洲
午睡　味 橄
昼寝不成记　海 戈
睡学概论　赵景深
美客眠　彭学海
爱睡若渴　曾今可
昏昏随笔　徐蔚南
睡之玄谈　陈子展
夜眠怕京鼠　高 植
公务员的睡　杨之春
如何利用失眠
Margaret Fishbaek 作　文 应译
唯睡觉可以格物致和修身齐家治国平天下论　杨 梅
一日之睡在于晨　亦 凡
睡近死　立 西
黑甜乡游记　季 明
睡的故事　一 行

补 白

东坡寝寐三昧（录自《茶香室三抄》） 俞曲园
午睡 谢志功
洋人高见 （无署名）
叨光你们了 一 行
四不 贝
睡与梦 沈企元
曾国藩 庸
睡和尚 贝
黄炎培的实验教育 庸
“睡的一课” 杜松培

漫 画

“乐不思睡” 萧 虎
克展长“睡” 萧 虎
“呼呼入睡” 萧 虎
办公室内睡的状态 萧 虎

第 156 期
1948 年 7 月 1 日出版

“买得晨鸡共鸡话”（封面画） 丰子恺
半月要闻
编辑随笔 邵洵美
信不信由你
说真话出乱子
奇迹与妖孽

论 语

开封之战 达
反美扶日 达
理想与直觉 达

谈写字 上官碧
北平的垃圾 梁实秋
与友人论写幽默 海 戈
今尺牍二集 一 行
特工与间谍揭源 念 新
雅格先生的哲学 赫理斯作 林徽音译
《金瓶梅》（读书杂记） 曾今可
似睡犹醒之间 慧 星
关于“睡”的种种 辛 沃
午睡 祝修麟
夷山野志（一九） 杨 恺

群言堂

请出《论语》周刊（节录） 朱先立
寄海戈（节录） 杨宝煌
晏起晏睡 陈以鸿
大选有感 白觉悟

雨 花

长寿秘诀 （无署名）
利他主义 （无署名）
樊仲秀 （无署名）
实验主义 一 行
刘伯承 （无署名）
炒腰花 （无署名）
十分满意 （无署名）
厨空燕雀稀 贝

补 白

戏题鬼像五绝句（有序） 陈子展
不还债的理由 海 风

宴客期限　海风

卡吞

“立脚勿稳了”　萧虎

“笨伯”　萧虎

第157期

1948年7月16日出版

“瓜车翻覆，助我者少，啖瓜者多”（封面画）　丰子恺

半月要闻

编辑随笔　邵洵美

论语

增强内阁力量　达

关于三党合作　达

言论范围　达

平价会议　S·S·

与友人论做官之道　吉庸

谈书信　念新

必传堂诗词选粹（续）　海戈

读海戈书有感　辛沃

现世相　一行

官迷心窍　老张

洋论新语录　亢咏译

战争第五

论慈善是一种罪恶　屏溪

世说新语摩登仿制品数则　苏仲湘

夷山野志（二〇）　杨恺

月旦精华

商情一周　涉崔

群言堂

赞成出《论语》周刊　徐文杰

戡建委员（节录）　田植

谈漫画　落落居士

雨花

行政效率　（无署名）

坏蛋将军　（无署名）

演说家　（无署名）

刘不同　贝

草绳　（无署名）

只利一套　（无署名）

臭虫粉　（无署名）

日夜之分　（无署名）

算命　（无署名）

韩复渠　一行

补白

罪犯回笼　无恙

卡吞

自由“二字”的图解　吕风之

“要人演说”　阿礼

民主训练　士奇

“教育交易”　士奇

第158期

1948年8月1日出版

岳气销为日月光（封面画）　丰子恺

半月要闻

编辑随笔　邵洵美

论语

戡乱之乐　达

和谈之谣　达
人间天上　匡　扶
未来的夫妇关系　彭学海
芝麻半家言（续）　李之谟
谈包工制度　王平陵
关于文官受军训　亦　凡
今日记二集　一　行
谈抑平物价之道　若　菴
黄道吉日妇剃头　皇父一
洋论新语录　亢　咏译
国事第六
撞庵琐录　念　新
夷山野志（二一）　杨　恺
月旦精华
商情一周　涉　崔
古香斋
骈文缉凶（录《新闻报》）
骈丽启事（录《大公报》）
群言堂
为什么不出《论语》周刊　梁立文
请加入民主自由和平戡乱建设理发党　江东去
雨　花
皇恩浩荡　（无署名）
时代的讽刺　（无署名）
语讦　（无署名）
袁头　（无署名）
数目的迷惑　（无署名）
政简刑清　庸
补　白
台风歌（有序）　曾今可
跑禀　庸
文章公司　庸
卡　吞
“犹抱琵琶半掩面”　阿　礼
中国之富——乞丐　阿　礼

第 159 期

1948 年 8 月 16 日出版

可爱的小犇手（封面画）　丰子恺
半月要闻
编辑随笔　邵洵美
日记之半页
东方的秘诀
两个小统计
论　语
复兴农村　达
重启和谈　达
叩豪富之门　达
避暑救国　达
挽救法币七策　一　行
上印钞机器书　念　新
不怕老婆的害处　许钦文
一封公开信　皇父一
一个老考生自杀的原因　萧叔纳
“多难兴邦”与“人相食”　匡　扶
替杨妹写信记　林　英
国粹大学筹备始末　季　明
今乐府（诗，附后记）　辛　沃
谈看报　杨德启
冷眼观作者　姜侠魂

夷山野志（二二） 杨 恺

群言堂

论语快出周刊（致邵洵美） 沈宝细
请丘八为戡建委员（摘录） 王牧野

雨 花

《四库全书》 支
悭吝部 吉
米 庸
黄季刚 东
爸爸吃饭啊 行

补 白

洪秀全 武
是不为也 贝
袁汪媲美 武
吓跑病人 海 风

卡 吞

“精神食粮——侈奢品的一种” 阿 礼
“学校未来的米店” 阿 礼
“来来来——来上学” 陈惠龄

第 160 期

1948 年 9 月 1 日出版

家家扶得醉人归（封面画） 丰子恺
半月要闻
编辑随笔 邵洵美
　傻女婿故事
　钞票的兑现
　不信任自己
　朱自清先生

论 语

金圆券问世 达
有条有理 达
“中国往何处去” 沈从文
智人愚人聪明人 俞平伯
法币先生行述 铭 心
必传堂诗词选粹（续，一至八） 海 戈
招魂 吴同宾
鲁迅诗话 一 行
迎金圆券 薛燕南
金圆券功效补 元 亢
香港来鸿 凌 志
　一、多种民主在香港
　二、国共的文战在香港
夷山野志（二三） 杨 恺

群言堂

金圆券出世了 余大义 许志仁
征对 王铭心

雨 花

圣经的故事 （无署名）
新辞典一条 年
先知先觉 （无署名）
平地一声电 （无署名）
门外汉 （无署名）
男女分泳 （无署名）
篡位 （无署名）
缩脚语 （无署名）
颂声载道 （无署名）
进德会 武

补　白

银元　王　予

夏日馆词三首皆用先韵　曾今可

冤狱　一　行

半分钟的话剧（附插图一幅）　陈惠龄

大小便清楚　行

琐碎的闲气　徐无鬼

微笑二题　曾今可

卡　吞

为冷汽火车辟财源　陈惠龄

对我生财　陈惠龄

大鱼不来，小鱼不上　陈惠龄

“寂寞的歌”　夜之曲

第 161 期

1948 年 9 月 16 日出版

半月要闻

编辑随笔　邵洵美

中国人的特性

论　语

勤俭建国　达

财神菩萨　达

禁送节礼　达

“好文章”　达

“圆”，“元”，“援”，辨　王泰鹍

银行兑换钞票记事　方景尧

朱佩弦兄遗念　俞平伯

关于冯玉祥先生　燕　南

从“戡乱官”的纠纷说起　匡　扶

贴相簿　海　戈

丰子恺先生的《猫叫一声》　许钦文

黑衣仙馆日录　念　新

书简赏隽　一　行

官退篇　芝　君

谈世故人情　吴频迦

谈走私　金　马

夷山野志（二四）　杨　恺

群言堂

华南华北的经济督道（节录）　陈　云

丢弃纲线袋（节录）　戈白瑛

一件金圆新闻（节录）　庄仲钦

雨　花

档当　（无署名）

外交趣屑　（无署名）

聚谈　吉

补　白

郁啊郭哟稚晖呸　行

赋得第七子　王不留

卡　吞

算术难题　阿　礼

“何妨再改一字”　阿　礼

第 162 期

1948 年 10 月 1 日出版

跌一交，且坐坐（封面画）　丰子恺

半月要闻

谈天真（代编辑随笔）　邵洵美

专门名词的效用
天真是幽默的密友
尾声
论　语
节约宣传　达
人心不足　达
再训十年　达
同盟谣言　达

批注必传堂诗词选粹（续）　海　戈
祭法币文　李　明
收拾残破　沈从文
我的暑假是怎样过的？　梁实秋
迷惑三则　祖　尧
标语口号的演变　吴频迦
献节约策　司苦芬
鸡鸭之争　许钦文
被拘记　王泰鹃
关于暗杀　辛　沃
杂谈理发　季　明
保险　天　帆
做梦最乐　陈　彩
夷山野志（二五）　杨　恺
群言堂
训成匪谍　王信常
发起瘦子协会　张樵子
附：发起“瘦子协会”缘起
答应征对联诸君　王铭心
雨　花
推销钞票　（无署名）
菩萨有灵　（无署名）
退学　燕　南
补　白
我们代表谁？　美
早了半年　美　人
马上大夫　支
卡　吞
无题　陈惠龄
今之逃远民：“归稳去也”　陈惠龄

第 163 期
1948 年 10 月 16 日出版

一眼开，一眼闭（封面画）　丰子恺
半月要闻
说官材（编辑随笔）　邵洵美
论　语
如何庆祝国庆　达
聪敏的预言　达
向胡文虎看齐　达

迎接秋天　巴鲁爵士
关於“义战”一文　俞平伯
为黄牛当辩护　明　堂
批注必传堂诗词选粹（续）　海　戈
国庆日话旧　吴频迦
收拾残破（续）　沈从文
月亮故乡好　老　向
谈“观潮”　王泰鹃
点名　瞿　鄙
给郑捷的公开信　陈　忱
夷山野志（二六）　杨　恺

群言堂

天真的限价（节录） 韩立志
姜太婆在此（节录） 朱正堂
关于“论语丛书”（节录） 袁海安
附编者答案

雨花

卢山之石 奈
谐联 海风
逆子 （无署名）
秃子 海风
应征 燕南
年龄太大 （无署名）
理发印花 （无署名）
胡适南飞 古律

补白

嚼蛆诗 笑答
感时·口沾·酒后·塞雁（诗） 坚白
这是陈货 燕南

卡吞

“黄牛党”（诗画配） 陈惠龄
民煮？！民主？！ 鲁纯
怪人怪相 阿礼
“喜相逢” 阿礼

第164期

1948年11月1日出版

慈悲的限价（封面画） 丰子恺
半月要闻
说名誉（编辑随笔） 邵洵美
一段故事
第二生命
三个例子
许多教师

论语

如何安定民心 达
两月经济 达
海上奇遇记 丰子恺
批注必传堂诗词选粹（续） 海戈
明清的清算豪门案（上） 辛沃
北投草山记 李之谟
与友人再论写幽默 海戈
揩油篇 王平陵
诗与诗人（书评） 郭明
送别家书 铭心
福州的老鼠咬了猫 杨海
禁止小便 史郁
戒烟失败记 燕南
趣诗集粹 李克荣
夷山野志（二七） 杨恺

群言堂

什么都买不到了（节录） 杨正儒
暂停教育（节录） 朱一明
勤俭运动（节录） 谢方中

雨花

名城从此固金汤 （无署名）
俞鸿钧的“三由” （无署名）
劳动局 （无署名）
曹君典球 夏伯

补　白

自己做的　燕　南
保险不会　燕　南
所得税率　美　人

卡　吞

"各有神通"　夜之曲
新论语子曰："奉公守法者，不可活"　陈惠龄
国粹小把戏——打得好，赏得多。　陈惠龄

第 165 期

1948 年 11 月 16 日出版

半月要闻
直言谈相（编辑随笔）　邵洵美
（一）蒋大总统
（二）蒋督导员
（三）二位丞相
（四）评论专家
（五）平民百姓

论　语

滑稽表演　达
为民请命　达
动用良心　达
修正货币政策　木
大家有饭吃及其他　李之谟
批注必传堂诗词选粹（续）　海　戈
经济改革颂（有序）　一　峰
出门千里　徐中年
秋天笔记　燕　堂
混蛋之古义　陈蠹园
明清的清算豪门案（下）　辛　沃
人市　瞿　鄗
故都二三事　季　明
幽默绀珠集（一至一四）　敬　松
夷山野志（二八）　杨　恺

群言堂

联语一束　江一华
妙哉上海国际化（节录）　黄克智

雨　花

又一圈词　（无署名）
先植树再说　（无署名）
竞选新诗　（无署名）
豫民何辜　夏　伯

补　白

左右逢源　夏　伯
长安竹枝词　声　中

卡　吞

限价开放前后的店员面孔　阿　礼
特特种刑事法庭。小民："苦啊"！　陈惠龄

第 166 期

1948 年 12 月 1 日出版

半月要闻

论　语

成功与失败　达
名称的商榷　达
和建方案　达

读陈布雷先生遗书 何芳洲
穷则变，变又不通辩 彭学海
雨年与《论语》 海 戈
称谓之贵贱 陈蠹园
搓麻将的性格训练 作 舟
补缀篇 李之谟
批注必传堂诗词选粹（续） 海 戈
从革命生意经谈到共权政治 余兆文
谈活埋 辛 沃
一了百了诗 马 格
私信公开 皇父一
中华民国奇人怪事全书 解焕基
幽默绀珠集（一五至三一） 敬 松
夷山野志（二九） 杨 恺

群 言 堂

用辞欠当（节录） 吴之方
我与《论语》（节录） 尚 澍

雨 花

“巧妻当伴拙夫眠”
“做了官做贼”
“三费总局”
借钱妙策 夏 伯
编辑随笔 编 者

补 白

“只管风流莫下流” 夏 伯
“齐大非偶”与“两小无猜” 夏 伯

第 167 期

1948 年 12 月 16 日出版

半月要闻

论 语

月亮与夫人 达
时势造黄牛 达
逃难与租界 达
真空的行政院长 达

逃难哲学 何芳洲
逃难学 A.B.C 彭学海
今曲别裁 辛 沃
酸馅记
批注必传堂诗词选粹（续） 海 戈
奖金 许钦文
忆租界 燕 南
六朝时的白话文 念 新
公务员自向 龚无怨
鼻子 陈孝迈
大量、狭促、嫉妒 一 峰
幽默绀珠集（三五至五〇） 敬 松
译诗五首 陈孝迈译
赠骷髅
男性的怨恨
好人和坏人
大主教的眼睛
墓志铭
夷山野志（三〇） 杨 恺

雨 花

不动心 夏 伯
武人文学 夏 伯
学院幽默 夏 伯
编辑随笔 编 者

卡　吞

“两种难民”　何　礼

“太太乘鲸去，先生跨鹤来”　陈惠龄

“一进一出之间”　阿　礼

“向右看齐”　物　云

第 168 期

1949 年 1 月 1 日出版

悬崖勒马（封面画）　丰子恺

半月要闻

论　语

新年新望　达

拥护逃难　达

为台湾说话　达

谈牛篇　李之谟

过年恨　许钦文

批注必传堂诗词选粹（续）　海　戈

论“笑”与“笑声达于户外”　言燕堂

鼠牛的话　铭　心

命名记　徐仲年

文艺收藏家与展览会　赵景深

头发和换朝代　余公铎

呈全国父老请会议改定元旦日期　薛燕南

天上人间　辛　沃

夷山野志（三一）　杨　恺

群言堂

希望于三十八年　田文杰

多懂幽默　胡良山

《今曲别裁》　余道生

与法不合　蔡肖民

雨　花

一惊一喜　夏　伯

虎患　夏　伯

走狗　夏　伯

平平仄仄仄平平　夏　伯

编辑随笔　编　者

恭贺新禧

光荣和年

新的兴趣

卡　吞

“奔月”　陈惠龄

牛年牛画　陈惠龄

“赈款旅行记”　陈惠龄

“老方新政”　吻　云

“再接再励”　吻　云

补　白

新字解释　恭拱贡

在此一举　夏　伯

学而优则仕　惠　龄

第 169 期

1949 年 1 月 16 日出版

舜之弃天下，如弃敝履也（封面画）　丰子恺

半月要闻

论　语

元旦文告　达
拥护和平　达
大学教育　达

谈牛篇（下）　李之谟
一句话的回信　许钦文
新情歌　郭　鋆
茶里的人生　双　红
开眼做梦记　徐仲年
龟城琐记（一至一〇）　程应钧
自杀下成记　季　明
城里东西都卖光（诗）　马　格
弃官还乡书　小　石
桃花源续记　黄克智
亡兄泰鹗遗书选录　王泰鹍
媛娟外传　范正绂
夷山野志（三二）　杨　恺

群言堂

自尽自尽及其他　徐志南

雨　花

节约与精明　海　风
重视时间　海　风
一见钟情　海　风
才来才来　海　风

补　白

主动撤守　惠　龄
奇数并不奇　鲍秉铨
编辑随笔　编　者

卡　吞

解救?　吻　云
“一两黄金四两福”　陈惠龄
“放下屠刀，立地成佛，是忏悔的时候了!”　陈惠龄
三次急卖家俱　陈惠龄

第 170 期
1949 年 2 月 1 日出版

万里征人罢战归（封面画）　丰子恺
半月要闻

论　语

拥护阴历年　达
和平种种　达

过年之道　摩　诃
恭喜发财　双　红
逃难过年记　许钦文
批注必传堂诗词选粹（续）　海　戈
元旦杂谈　王泰鹍
新年八愿　鹍　鹍
乱想录　吕　宾
何须谈　余公铎
四十年来逃难记　曾今可
送走太太记　经　田
龟城琐记（一一至一五）　程应钧
名贤杂咏（有序）　罗世照
夷山野志（三三）　杨　恺

群言堂

致编者（摘录）　陈惠龄

雨　花

放宽些子又何妨　夏　伯

干枯的口袋　（无署名）
座位　（无署名）
防空演习　景　行

编辑随笔　编　者

卡　吞

拉锯，拉锯，你来我去
“民主”！“民主”！血如雨！　陈惠龄
“疏散起解”　陈惠龄
“捉”与“放”　吻　云
“进多出少”　吻　云
“取”与“还”　吻　云
“连台好戏”　陈惠龄
“你是保长吗！来，先给我送来一个脚盆。”　陈惠龄
“愿和谈成功”　陈惠龄

第 171 期

1949 年 2 月 16 日出版

削足适履（封面画）　丰子恺
半月要闻

论　语

行政院逃难　达
有官无印　达
祈祷和平　达
教授待遇　达
前生作孽　达
重游玉皇山小记　许钦文
批注必传堂诗词选粹（续）　海　戈
已丑脞识　辛　沃
官僚政治登龙术　伍　明
新“四维”论说讲话　余公铎
黄金梦回记　小　石
记冯玉祥二三事　弘　贤
阿毛校长列传　铭　心
失业五十天记　王　霖
烟有五德　经　田
拟冈村上麦帅请为东条赐谥书　罗世照
戏拟修正黄金公债条例并附布告　庄一鸣
夷山野志（三四）　杨　恺

雨　花

噜苏　农　韧
能诗厨子　企　元
脸皮　叔　云
男教员致辞　（无署名）
服务　古　律
编辑随笔　编　者

补　白

家书与情书　惠　龄
修辞学　惠　龄

卡　吞

“爱”与“憎”　吻　云
同志无分男女，各有配备不同　陈惠龄
大头歌　陈惠龄
南游记（一至三）　陈惠龄
信不信由你　陈惠龄

第 172 期

1949 年 3 月 1 日出版

打驴子给马看（封面画） 丰子恺
半月要闻

论 语

和平之难 达
哄抬立委市价 达
新经济方案 达
悼戴季陶先生 达
看了试卷 许钦文
谈“义”典 海 戈
庖厨篇 李之谟
好班长 言 午
小囡三周岁小记 金 文
批注必传堂诗词选粹（续） 海 戈
关于战犯 辛 沃
四十年来逃难记（续） 曾今可
一年之计 双 红
饮茶随笔 文 穷
名贤续咏（又有序） 罗世照
夷山野志（三五） 杨 恺

雨 花

湘人赠张文白联 （无署名）
叶德辉撰农民协会联 （无署名）
讥“九一八”事变联 （无署名）
不要理他 （无署名）
记枪毙一次 缪 梅

编辑随笔 编 者

补 白

咏金圆券 叶荫林

卡 吞

南游记（四至八） 陈惠龄
飞行内阁 同 光
“随机”应变 小 秋
“鹊巢鸠占” 小 秋

第 173 期

逃难专号

1949 年 3 月 16 日出版

城门失火（封面画） 丰子恺
半月要闻

论 语

可以逃则逃 达
逃难然后见君子 达
逃之夭夭 达
逃难之乐 达
逃亦有道 邵洵美
有难逃不得 许钦文
再论逃难 何芳洲
走或不走 仓 圣
批注必传堂诗词选粹（续） 海 戈
走为上着 双 红
逃难稽古篇 姜晓峰
古逃难篇 辛 沃
逃难然后见要人 彭学海
在危楼 方之夫

逃到现在　无鬼
希魔逃难记　铭心
除夕逃难记　紫村
逃难吟　庄一鸣
应变书札之一　言燕堂
话说逃难到香港　金马
从上海逃到台湾　黄转陶
独筑疏散追忆　频迦
雨花
少见多怪　（无署名）
纸短情长　（无署名）
少成若天性　谟
编辑随笔　编者
补白
逃难　金舜田
赋得逃难五言八句仿剃头诗体　陈以鸿
梁实秋逃难诗　编者
大智若愚　（无署名）
路遥知马力　（无署名）
张冠李戴　谟
多多益善　（无署名）
豹死留皮　（无署名）
债多不愁　谟
新古风——并献财经当局　荫林
卡吞
年年植树，岁岁造林　陈惠龄
“鬼趣图”　陈惠龄
南游记（九至一二）　陈惠龄

第174期

1949年4月1日出版

百足之虫（封面画）　丰子恺
半月要闻
论语
何应钦组阁　达
称谓问题　达
从《S.O.B》说到“国骂”　彭学海
批注必传堂诗词选粹（续）　海戈
忆龟城　许钦文
未发出的信　陈孝迈
微妙的契机　王平陵
直言谈命　铭心
值得赞美的新方案　庄一鸣
菩萨和耶稣　蓉芳
为金圆券拟致袁大头书　陈元燮
谣言　效贤
论“逃难专号”及其他　徐蔚南
某公的日记　孔吼
我之逃难　应寸照
逃难闲话　鹃鹃
逃难随笔　薛燕南
夷山野志（三六）　杨恺
雨花
胆大心细　（无署名）
胸有成竹　曾珞
千变万化　（无署名）
编辑随笔　编者

补 白

二根竹竿抬个人　缪 梅

蝗祸　缪 梅

卡 吞

“民族大扫祭”　陈惠龄

“游春人看春游人”　陈惠龄

南游记（一三至一七）　陈惠龄

第175期

1949年4月16日出版

见风转舵（封面画）　丰子恺

半月要闻

论 语

阵前喊话　达

神仙生活　达

大头小头　达

秘密的好处　达

烟雾尘天　李之谟

论发薪　海 戈

何所闻而来何所见而去的逃难与复员　庄一鸣

读鲁迅书简　辛 沃

征仆记　王泰鹃

论“用错了字”　余天勒

告别丈夫书　紫 村

说岁寒　白永新

假使……　鹃 鹃

魔典 Ambrose Bierce 著　亢 咏译

龟城琐记（一六至一九）　程应钧

夷山野志（三七）　杨 恺

雨 花

公文诗　胡同同

蒋委员长挂帅征东　（无署名）

当兵好　缪 梅

编辑随笔　编 者

补 白

白板吊九筒　缪 梅

卡 吞

南游记（十八至二〇）　陈惠龄

“和谈再接近”　陈惠龄

第176期

1949年5月1日出版

封面画　丰子恺

半月要闻

论 语

李公馆中的娘姨　达

安定官心　达

买卖铜元　达

金圆与海水　予

卖银　瞿 鄙

春　李之谟

西湖春景　许钦文

批注必传堂诗词选粹（续）　海 戈

多元经济政策　庄一鸣

闲坐说玉环　辛 沃

魔典 Ambrose Bierce 著　俞亢咏译

教室新语　燕 南

闲话尊师 缪 梅
垃圾世纪 惠 龄
废除徒刑 解焕基
关岛烟云录 蒋智泉
夷山野志（三八） 杨 恺
雨 花
袁世凯 鬼 人
两个爸爸 曾 珞
早已交出 曾 珞
多开几条 曾 珞
牛油 古 律
补 白
古幽默 贝 皿
乐而不瀛 翰 翡
满载而归 翰 翡
人情冷暖 太 歌
台人警语 太 歌
鹤发童颜 客 堂
客堂自赞 客 堂
秀才嫁女 太 歌
卡 吞
“耕者有其田，抽丁，纳谷，又要钱” 陈惠龄
南游记（二一至二六） 陈惠龄
“寓言失效”
“温故而知新”
救苦救难诱死俺（U.S.A.）菩萨
编辑随笔 编 者

第 177 期

1949 年 5 月 16 日出版

封面画 丰子恺
半月要闻
论 语
明朝浴 年
以羊易牛 达
请求生活代款 民
舍远图近 慧
不著一字 达
鸡是蛋生的 瞻

自讨苦吃与舍易就难 屈希原
时与钟 王泰鹍
谈复古 铭 心
讲故事的戒忌 耀 五译
论语今解
直斋老人补注 吴世故正议
古代的性生活资料 辛 沃
富国篇 何芳洲
应付通货膨胀有方法 妙 语
读报随录 华 明
苦笑掇拾 白甲午
魔典（续） 俞亢咏译
夷山野志（三九） 杨 恺
雨 花
无题
编辑随笔 洵 美

110 小说月刊

简 介

《小说月刊》，一九三二年十月十五日创刊于杭州，十六开本，沈从文、林庚、高植、程一戎编辑，杭州苍山书店发行。一九三三年一月十五日出版至一卷四期终刊。

编者在第一卷第一期《编后》里说："我们只用一种最最诚实一点也不花梢的属于乡下人的质朴心肠来从事这个。我们想拿这诚实去换得大多数读者的信任，我们也想拿一点努力的精神去得到一切爱好文艺者的同情。"

该刊以发表小说创作为主，兼登诗歌、散文和理论文章，还有少量的翻译作品。撰稿人除编者外，还有沈紫曼、张鸣春、何德明、邵冠华、李辉英、高地箐。

目 录

第 1 卷 第 1 期
1932 年 10 月 15 日出版

发刊辞 编 者
作家小传
刘易士·辛克莱 辛 亥
高尔基 辛 亥
诗 歌
你的影儿 徐天白
时代的悲哀 张鸣春
剖白 刘 宇
农妇谈 伊尼开根作 孟斯根译
剿匪 杜林村
小犊 苏寿彭
王老太太的新年 紫 曼
扇 高 植
战争 程一戎
金炼圈
〔瑞典〕西伦女士作 由稚吾译
秋 高云树
消 息
诺贝尔文学奖金高尔基得候选

编后 编 者

第 1 卷 第 2 期
1932 年 11 月 15 日出版

高尔基的托尔斯泰碎描 孟斯根
志摩与我 高 植
作家小传
契诃夫 源 西
偑之先生传 沈从文
翁特赛·西丽德 源 西
消 息
诺贝尔文学奖金 本 社
胜利 李 晴
桥 青 冈
轨麓间 高 地
雨 林 苹
当她的男人死了以后 程一戎
诗
我所要的 紫 曼
乡村七月的细雨 张鸣春
人是多像一只螃蟹 何德明
如今 史卫斯
勃兰黑姆的战事
骚 赛作 倪大从译
编校后 编 者

第 1 卷 第 3 期
1932 年 12 月 15 日出版

插 图
诗人徐志摩之遗墨
冰心女士的字
高尔基中央公园之游众
高尔基和他的小伴侣

卷头语 甲 辰

作家小传与纪念

高尔斯华绥　源　西
辛克莱　高　地
高尔基文坛生活四十年纪念在俄国　聂绀弩
附：高尔基在“文坛生活四十年纪念会”答谢词

对于诗人之感想　沈从文
上海作家　岳　林
甲辰闲话　从　文
战士之剑　白　桦
文坛小话　黑　手
恋　段　落
死　曾今可
关于北方诗人之种种　编　者
朋友　高　植

诗　歌

故乡　臧克家
河畔的散步　邵冠华
夜歌　邵冠华
一朵白云　沈紫曼
罪恶　何德明
无题　史卫斯
四月的恋
〔英〕Ernest Dowson 作　佩　欣译
悲愁
〔英〕Ernest Dowson 作　佩　欣译
巴黎国家剧院内的印象　余世鹏
速概记二篇　高　地
一、瓶花
二、江湾之战
爱的夫妻　林　庚
当她的男人死了之后　程一戎
补白

第 1 卷　第 4 期

1933 年 1 月 15 日出版

插　图

中国几个女作家的孩子
陈梦家的画

小　说

生与死　李辉英
冬　沈紫曼
新年中　程一戎
十八岁那年的春天　高　地
故墟之梦　华　漪

诗

歌者自嘲　陆志韦
西山野火　陈梦家
秋夜　邵冠华
雨夜　李鹏年
北平初雪　林　庚
夜　紫　曼
海涅诗三首　史卫斯译

散　文

蒲柳　明　若
散会了　林　庚

翻　译

阿 K 和人类　佐祝梨作　由稚吾译
本刊启事

111 文化月报（世界文化）

简 介

《文化月报》是中国左翼文化界总同盟的机关刊物，一九三二年十一月十五日创刊于上海，十六开本，由陈乐夫编辑，上海文化月报社出版发行。创刊号出版后，就遭到国民党当局查禁。一九三三年一月十五日更名为《世界文化》第二期继续出版，改为二十四开本，由徐介石编辑，世界文化社出版发行，也仅出了一期。

该刊是政治、经济、文化的综合性杂志，内容主要是评述当时国内外的形势，介绍苏联文化建设的情况，批判错误的和反动的文化思想，并设有文艺、时事述评、文化情报专栏。鲁迅的《论“第三种人”》、洛扬（冯雪峰）与科德（张闻天）的《关于文艺上的关门主义》即发表于此。

目　录

第 1 卷　第 1 期

1932 年 11 月 15 日出版

国联调查团报告书的分析　王　彬
论国际形势　（未署作者）吴恕译
请看王礼锡的《列宁主义》　敢　言
论苏俄革命纪念与新五年计划　李耀平
五年计划中的社会主义的文化革命　〔苏〕亚尔夫列德·克列拉作　嵩　甫译
高尔基的四十年创作生活
一、　鲁　迅
二、　茅　盾
三、　丁　玲
四、　曹靖华
五、　洛　扬
六、　突　如
七、　适　夷
苏联文学理论及文学批评的现状　〔日〕上进田作　洛　文译
最近学生运动之一瞥　余菲莪
论“第三种人”　鲁　迅

文　艺

我歌颂五年计划　〔德〕J.R.培赫尔著　张　元译
金宝塔银宝塔　丁休人
高尔基论教育　肖友秦
苏联世界语运动小史　庆生译
苏联文学与工人突击队　侔　天
洛桑会议与渥太华会议　林尚达

时事述评

自由市，文化城与无军备区域　陈质夫
粮食跌价与美麦借款　陈质夫

文化情报

拉普解消
哀森休坦归国
庆祝革命纪念
日美术家大活动
日剧团赴俄
发明家八十万人
国际革命作家同盟总会
高尔基日
血的北平市“九一八”纪念
汉中学生反抗统治者压迫言论自由
编后语　编　者

第 1 卷　第 2 期

1933 年 1 月 15 日出版

时事述评

日内瓦大爆动
国联十九国特委会的决议
德国军备平等要求告一结束
战债问题——欧美间赖债和索债的趣剧
中俄复交

国家社会主义底真面目　王　彬
谁能领导反帝国主义文化斗争　亚　秀
动荡崩溃底中国农村　许逖甫
资本主义稳定之末路与中国革命危机　吴　恕
关于文艺上的关门主义　洛　扬　科　德
文化的建设之路　丹　仁译
战争与美国　丹　华译
站在战争与革命新周期之前　王　彬译
五年计划中的社会主义的文化革命（续完）　〔苏〕亚尔夫列德·克列拉作　嵩　甫译
苏联工业的发展　姚金风译

文　艺

斯拉汉的夜（报告文学）　适　夷译

小　说

隔离　文　尹
补白　（未署名）

112 无名文艺

简 介

一九三二年十二月，叶紫和一批“无名”的文学青年，在上海成立了无名文艺社，一九三三年二月五日，创办《无名文艺》旬刊。由叶紫主编，二十四开本，无名文艺社发行，上海新新印刷公司印刷，现仅见二期（第三期为诗专号，已见广告，未见原刊）。一九三三年六月一日，改出《无名文艺》月刊，十六开本，由叶紫和陈企霞主编，无名文艺社出版，现代书局代售，卷期号另起，仅出一期。

叶紫在创刊号代发刊词中说，“我们不需要颓废的无病呻吟，更不需要才子佳人的风花雪月。不需要守在象牙之塔里的艺术家，也不想做一个文坛上的英雄豪杰”，“新的世界，完全是大众的。大众的内容，大众的情绪，一直到大众的技术”（《从这庞杂的文坛说到我们这刊物》），这代表了《无名文艺》的倾向。

《无名文艺》主要刊登小说、诗歌、散文创作，也有一点外国文学作品的译文，文艺论文和书评。叶紫的著名小说《丰收》就发表于该刊。其他撰稿人还有汪雪湄、陈企霞、宋琴心、宗廉、岛西、黑婴等。

目 录

创刊号

1933年2月5日出版

从这庞杂的文坛说到我们这刊物 叶 紫
吠声 雪 湄
梦里的挣扎 陈企霞
疯了的人（小说） 李 梨
姊姊（小说） 盛马良
复活 巴比塞作 一 元译
前夜（诗） 陈亢摩
我是一只山羊（小诗） 萍 生
编后 编辑室
社友信箱 编辑室
本社章程（重订）

第2期

1933年2月15日出版

文学与大众 岛 西
三日间 雨 沫
弗鲁达的绝命书 Furuta作 珍 颖译
诗
蠢真蠢莫过于我 雪 湄
声色依然 惠月仙
给 宗 廉

梦里的挣扎（续完） 陈企霞
编后记 编辑室
社友信箱 编辑室
本社章程（重订）

目 录

第1卷 第1期

1933年6月1日出版

封面设计 叶 紫
创作小说
丰收 叶 紫
没有爸爸 黑 婴
垃圾 岛 西
巷战 刘锡公
雁 汪雪湄
翻译小说
巴加 〔巴尔干〕依斯特拉谛作 贺一之译
赌 〔俄〕柴霍甫作 真 译
诗
卖唱的 宋琴心
我记着你 后 主
电影 问 津
夜的素描 绿 意
童 话
雪人 白 兮
小 品
积谷防饥 陶 涛
审问 丁锦心
闯进人寰去 宗 廉
狗 幸桂荣
书 评
评《她是一个弱女子》 陈企霞
关于《回忆》 君
编辑日记 编 者

113 新　诗　歌

简　　介

《新诗歌》，“中国诗歌会”总会会刊。一九三三年二月十一日创刊于上海，署“中国诗歌会”编辑、出版，实际负责编辑、出版事宜的主要是穆木天、任钧、杨骚、蒲风、杜淡、柳倩等人。一九三四年十二月一日出版第二卷第四期后终刊，共出十一期。

《新诗歌》最初为旬刊，后改为半月刊，最后改为月刊，卷期号相接，实际出版时间经常延期。旬刊为十六开横排本，没有封面，首页上部印刊名，下部刊目录，由上海各大书局及各大学传达处代售；半月刊为三十二开直排本，有封面，由上海的现代、光华、黎明、青光、乐华、华通、生活书局及其他城市有关大书局发售；月刊为十六开直排本，有封面并增加了封面画，由上海现代书局及上海杂志公司发行。

《新诗歌》反映了“中国诗歌会”的诗歌主张，致力于诗歌的大众化运动，提倡为现实革命斗争服务的现实主义诗歌，编者明确表示，“我们的诗歌，希求成为大多数人的读物。我们便大胆地撕去它神秘的、超现实的尸衣，亟使醒目易懂”，“在创作方面是致力于大众合唱诗，朗诵诗，诗剧以及一般大众诗歌的创作；理论方面，我们要对于旧的创作的批判，国外诗歌和理论的介绍”。在这种思想指导之下，《新诗歌》以主要的篇幅刊登现实性强、生活气息浓厚、通俗易懂的诗歌，同时发表了一些民间歌谣与关于诗歌理论、诗歌批评的文章。《新诗歌》是推动中国三十年代前期的“大众化诗歌运动”与“现实主义诗歌运动”的重要刊物。

《新诗歌》的主要撰稿者，有穆木天、杨骚、蒲风、柳倩、温流、白曙、森堡等“中国诗歌会”成员，以及田间、艾青等人。

目 录

新诗歌（旬刊）

第1卷 创刊号
1933年2月11日出版

发刊诗 本刊同人
一九三二年交响曲 蒲 风
小歌金陵 杨 骚
活力 雪 光

现代民歌 奇 玉
义勇军打仗景（新无锡景调*）
何各天
四季村歌**（附谱） 铭 深
雪花飞（儿歌） 柳 倩
新莲花（田家新调） 林木瓜
第·泊罗斯托罗依
培赫尔作 穆木天译
关于写作新诗歌的一点意见
同 人等

第1卷 第2期
1933年2月21日出版

关于诗的朗读问题 森 堡
我 白赛勉斯基作 杨骚译
回忆之塔 森 堡
外白渡桥*** 蒲 风
新谱小放牛 奇 玉
新编十二花名 流
送友还乡 寒 衣
白赛勉斯基
——世界诗人小诗之一
露 西

第1卷 第3期
1933年3月1日出版

欢迎诗人巴比塞 穆木天
一二八周年祭曲 焕 平
动员 森 堡
新十叹
——为正泰橡厂惨案而作
流
血色的回忆 寒 雯
码头工人歌 百 灵
劳苦的一群 芝 菁
三人称的悲剧 杨 骚
治安会（民歌） 风
诗的特殊性 森山启作 杨 骚译

编后话 编 者

* 原刊“目录”作“新无锡景调”，正文无“景”字。

** 原刊正文题作“四季春歌”，“目录”作“四季村歌”，正文误。

*** 原刊“目录”为“白的渡桥”，误，此从正文。

第1卷　第4期
1933年4月5日出版

谦让的邻人　森　堡
消息　平泽贞二郎作　百　灵译
矿工初歌（十二月走厂调）
俊　德
一九二三狮子舞　隐　馥
坐牢十叹　剑　冰
新生的呼息　黄　叶
国难五更调　流
小宝宝的歌　白　曙
新诗创作讲座
第一讲　诗是什么东西
森　堡
编后　编　者

新诗歌（半月刊）

第5期
1934年1月5日出版

读罢徐志摩的诗集　铁　川
没归宿的人　白　曙
村妇的晨起　蒲　风
死　白　特
鬻儿谣　王一心
没有太阳的死港　叶　蕊
离开马来亚的海岸线　流　水
农民苦（民歌）　盛马良
樱花开　柳　倩
节气歌　叶　流
赞歌　〔德〕海涅作　孙　博译
世态　〔德〕海涅作　孙　博译

对于广州《新诗歌》的小评　蒲　风
《望舒诗论》的商榷　柳　倩
编辑室消息　编　者

第6、7期
1934年3月5日出版

伤痕　刘　流
生活　陈白秋
缝妇　柳　倩
没有星光的夜　胡　楣
圣诞老人的礼物　流　冰
劳人　威　地
钢铁的欢迎　森　堡
警告　薄天潮
不走正路的安得伦　紫　棠
流浪者之歌　白　兮
你时代的讴歌者　铁　弦
耘稻歌　孤　帆

雪花（儿歌）　蕾　嘉

早春　森山启作　武　子译
别了，祖国的森林
叶贤宁作　铁　弦译

艺术与民众（诗）

〔法〕果　果作　木　天译
诗坛小评
（一）臧克家的《罪恶的黑手》* 蒲　风
（二）李金发的《瘦的乡思》及其他 蒲　风
（三）河北分会的《新诗歌》 流　水
诗坛消息 编　者
《诗歌月报》将出版（王一心等主编）
蒲风的《茫茫夜》诗集
广州、河北、潮州分会《新诗歌》出版情况**
中国诗歌会将改造
编辑室消息

新诗歌（月刊）

第2卷　第1期
歌谣专号
1934年6月1日出版

歌

村妇歌 少　渔
牧童的歌 蒲　风
长相思 柳　倩
天未明 白　曙
儿歌 叶　流
警卫队（东江民谣） 寒　衣
月光歌 武　蒂
北风吹 蓬　白
哥哥 胡　楣
打谷歌 鲁　戈
菜子花 小　超
晚归 武　蒂
菜花歌 石　灵
躲避 刘　流
老乡见老乡 天　潮
一扬扬你到东洋 阮　夫
卖报童 武　蒂
铁道夫之歌 亚　平
可怜的梅香姑娘 昆　鱼
倒屎者的歌 温　流
天津民歌 琳　娜
塘沽盐歌 亚　平

谣

舟子谣 柳　倩
小符生 蕾　嘉
好丰收 柳　倩
人贩子 白　特
凯旋归 江　蕖
村儿谣 筱　莹
归州谣 孟　特
胜利 洛　子
乡下人 柳　倩
麦青青 天　隽
春日谣 鲁　戈

* 原刊"臧克家"误作"藏克家"。

** 原刊此条消息无题目，此题目系本书编者加。

川南民谣　巴　人
晴采桑　金　坚
怀傻瓜　田　间
车水　石　胆
童谣　阿　流
主人翁（客地民歌）　客　产
松子果儿　小　超
新世界　古　虹
思母谣　杜　谈
拾荒孩　白　兮
当兵苦　昆　鱼
时　调
新弹词　竹　友
摩登小姐　佚　名
介　绍
四川民歌选　白　荻
　凉风绕
　抛弃
　小姑
童养媳　凌　洛
问答　凌　洛
峡内民歌选　白　菲
　“民国几十年”
　“款子又甚重”
　“米价起劲涨”
广东民歌选　飞　廉
　无畏
　没落
广东情歌选　姜　芷
　好人久唔曾见心肝
　送郎送到五里亭
广东客族山歌选　寒　衣
　“野神野鬼住野宫”
　“斜风斜雨落斜河”
　“风流来唱风流歌”
　“风流死了风流埋”
广西民歌选　马　城
　“鸡谷草，发黄花”
湖南情歌选　佚　名
　“情妹胆大莫心慌”
浙西民歌选　江　风
　梅香
云南民歌选　荷　裳
　“妹相思”
送别*　荷　裳
思想妹*　荷　裳
长工苦　江　风
太平年　鲲一**
歌谣二首　昆　鱼
　“上海好赚钱”
　“洋船过江”
论　文
关于歌谣之制作　木　天
略谈歌谣小调　叶　流

我们底话　编委会

封面造图　孟　特

---

* 原刊“目录”将此二诗合称“其他”，无作者名，此据正文补诗名作者。

** 原刊“目录”作“昆一”，正文署“鲲一”。

封面木刻　新　波

第2卷　第2期

创作专号

1934年7月6日出版

老农苦　天　虚
暮耕　白　曙
乡村的午后　平林吉子
恐怖的庄上　吕绍光
行不得呀哥哥　蒲　风
夜的流浪者　宋寒衣
砸石子的姑娘　傅　沉
海风　蕾　嘉
秋收　苏　俗
我在守望着　力　扬
给你——被招募的新兵　庄启东
煤，这家伙　番　草
摇篮歌　许幸之
守堤者　穆木天
马达响了　胡　楣
缴租　王　山
午夜工　田　间
停工　胡　底
巷战　鲁　戈
哇　一　扑
好年景　一　扑
布谷　镛　舒
寄父亲　流　冰
割麦种禾　季　子
失业的人　张春桥
洋车夫　刘　非
兵灾——农村三部曲之一　曼　晴
老乞者　中　间
挑炭夫的神歌　曹九龄
我们底堡　方慧心
阿巧姐　梅　林
伟大的爱　杨　云
小三子　叶　流
祖父的牛　休　基

六士兵（大众合唱诗）　芙
阻运（诗剧）　柳　倩

一点意见　穆木天*
征求意见　编　者
我们底话　编委会

第2卷　第3期**

1934年10月20日出版

画者的行吟　艾　青
小铁鬼，我爱你！　文　林
小宝贝　洪　叶
夜的进行曲　关　露
放工　午　炎
歌者　野　火

* 原刊正文署“木天”，“目录”署“穆木天”。

** 原刊本期“目录”上有《红色的衣裳》一诗，署“魏明风”作，而实际上本期无此诗。

回家　明　弟
铁匠　白　杨
有一早*　浚　泊
故乡*　田　间
回不得（儿歌）　蕾　嘉
一面坡（合唱诗）　甘　馥
——一段民众的说白
咏罗马大帝
〔德〕E.Welnert 作　春迟意译
在土克西伯路上
Gafuf.Gunarn 作　武　薇译**
我们的话　编委会

第 2 卷　第 4 期

1934 年 12 月 1 日出版

是什么世界　白　曙
采棉歌　蕾　嘉
赶工　三　弟
流浪人　蒲　风
雪地逃荒者　田　间
战后　明　弟
雪下面的春天　丁秋野
铁窗里　艾　青
机声　关　露
朝晨的催眠歌　懋　庸
向世界　张秀兰
小歌女
〔墨〕第奥斯比莎作　璐　丝译
防俄（诗剧）
——一段民众的说白　雪芙堡
旱魃（长诗）　杨　骚
第一章　妹妹从乡下来（未完）
新诗歌运动底目标　杨观澜
用什么方法去写诗　胡　楣
对于诗歌的一点意见（来信摘录）
鲁　迅
我们底话　编委会

* 原刊"目录"上没这两首诗的篇名、作者。

** 原刊"目录"署"胡枫译"，正文署"武薇译"。

114 艺术新闻

简 介

《艺术新闻》，周刊，中国左翼文化总同盟机关刊物之一。一九三三年二月十七日创刊于上海，上海艺术新闻社编辑出版，编辑人夏芦江，发行人邹敬之，每期八开四版，一九三三年三月十一日终刊，共出版四期。

《艺术新闻》周刊，主要是报道中外文艺界动态，也发表少量中外文学艺术作品和文艺评论，是了解当时文艺界动态与消息较为重要的刊物之一。

目　录

第 1 期
1933 年 2 月 17 日出版

欢迎伯纳萧　林　一
伯纳萧略传　绣
电影文化协会成立大会纪详
崇宁溪上（创作）　艾　芜

"建设铁道"歌　杨　骚译

《生路》试映记
本报快讯：上海学生剧社发起上海学生迎萧大会
小消息（八则）
在朝鲜《生路》走不通
《战争》作者罗威稜一度被捕
《饥饿游行》影片在纽约上映
全国艺展志盛　本报记者
巴尔扎克情书现发
伯纳萧的"甘地论"
《论语》批判　曹聚仁
书报春秋
《啼笑因缘》　李　翼
《每日电影》（电影艺术研究会主编）

青浦文艺界
苏俄文坛讯：高尔基任《边疆外》杂志编辑
辩证法唯物论的伟人生活丛书
编后　编　者

第 2 期
1933 年 2 月 25 日出版

苏俄文学的新口号　林　琪

征求：鲁迅的《北平五讲和上海三嘘》的答案
《重逢》试映后
伯纳萧在上海　特派记者绣
迎萧席上　笙
摄影（创作）　李辉英

戏剧之动
我们和十月同时生长
阿 Q 上银幕
戏剧家洪深丧偶
"诗人"与文艺豆沙包
"活捉东洋人"
胡愈之脱离《东方杂志》（小讯）
选举电影皇后（短评）　成　君

中国新音乐研究会近讯
《新诗歌》旬刊出版
《圣经的本相》
新探险片《夜之克服者》
意大利召开世界电影比赛
《现代》将征求各大作家关于《子夜》的批评，出版专刊

编辑后记　编　者

第3期

1933年3月4日出版

醉翁椅上的民间运动
林　一

鲁迅的"三嘘"揭晓
中国学术界纪念马克思
小林多喜二之死
作家·出版
《唱罢，哭罢，我的凡哑林》
宁波文坛片片　李　行
音乐艺文社出世　虞
苏俄作家帕甫伦可新作
历史小说《保障》
刘海粟先生（美专通讯）
依　霞
"铁队"（戏曲速写）
凝　秋　左　明
戏剧小讯
前进！（新场的抒情诗）
铭　彝译
苏联的剧院演居与音乐
《狂流》禁止出国
《子夜》上影幕与《子夜》续篇

第4期

1933年3月11日出版

欢迎巴比塞与艺术家当前任务
成　君

某公爵之午餐（讽刺画）
马克思诞生之屋
《艺术新闻》扩充篇幅募捐启
艺术新闻社同人
高尔基的新戏曲　何　明
一周间（十三则）
《人与劳动》上映后
唐槐秋开跳舞场
上海文人"礼拜五派"
戏剧家欧阳予倩赴欧剧界同人送别留影
拾垃圾者（木刻）　一　川
巴黎留学生不承认有帝国主义（巴黎通讯）　欧阳予倩
上海学生剧社公演批判
金　丁　铭　彝等
思想家的纪念会（读者通讯）
李利文
本刊谨求艺友们的帮助

编辑琐记　编　者

115 文学杂志

简　介

《文学杂志》，月刊，“北方左翼作家联盟”机关刊物之一。一九三三年四月十五日创刊于北平，署北平“文学杂志社”编辑、出版，实由王志之、谷万川、潘训、陆万美等人编辑，由西北书局发行，十六开本。一九三三年七月三十一日出至第一卷第三、四期合刊号终刊。

《文学杂志》月刊以发表小说、诗歌、剧本、散文创作与外国小说译作为主，兼有文学批评和中外作家的文学论文，还刊登文艺消息和美术作品。

编者在第一卷第一号的《编后》里说，我们“只想出个刊物，具体的内容，我们未想到的。有的在着手用新的方法研究中国文学，通俗文学，颇想有一个刊物来增加研究的兴趣；有的看文坛上新的问题一个一个提出来，热望有了刊物来共同讨论解决；特别是‘九·一八’后，帝国主义疯狂的战争抓住我们，我们研究文学的人应该怎样呢？我们必须用文学来鼓舞民族的精神！这更是同人一致的要求”。刊物比较注意现实的社会问题，有不少作品反映了“九·一八”后中国人民的抗日斗争情绪和对国民党当局的不满。此外，该刊对苏联、日本等国的进步文学作品和文艺运动，作了翻译和介绍。

《文学杂志》月刊主要撰稿者是北方左翼作家联盟的成员，其中多数是当时进步学生与文学青年，曾得到鲁迅、茅盾、郑振铎等著名作家的支持。

目　录

第 1 卷　第 1 号
1933 年 4 月 15 日出版

小　说

新地　〔苏〕肖洛可夫著　陈永翱译
拾元爱国　王志之
动荡中的北平　宋之的

诗

小林多喜二哀辞　张露薇
遣怀　孙席珍
西单牌楼风景　孙席珍
旧城和新城　孙席珍
曲线　孙席珍
现代歌谣选（十四首）　编　者

剧

“命令：退却！第二道防线！”　建　地
卡尔的故事　〔日〕藤森成吉作　百　灵译*

评　论

没落贵族的诗人李长吉　致　千
一九三三年日本普罗文学运动的展望　喆　之译
论文学上的腐败的自由主义　谷万川
揭破杨邨人的“革命文学之旗”　老　马
听说梦　鲁　迅
“五十年后的新世界”　朴　一

转　录

复兴江西文艺运动
编后　编　者

画　页

一、民族革命战争（木刻）
二、水灾（木刻）
三、小林多喜二像
四、巴比塞像
五、罗曼罗兰像
六、特莱赛画像

第 1 卷　第 2 号
1933 年 5 月 15 日出版

我控诉——　〔法〕巴比塞作　文　侠　永　翱译

小　说

战士行　陆绿曦
电线工人　〔日〕片罔撒兵作**　冯文侠译
老乡　〔苏〕Valentin Kataev 作　贝　木译
拾元爱国（续）　王志之
初春的风　〔日〕中野里治作　尹　庚译

* 原刊“目录”署“居英译”，正文署“百灵译”。

** 原刊“目录”署“片罔铁兵作”，正文署“片罔撒兵作”。

动荡中的北平（续） 宋之的
你们不是日本人，是兄弟！
〔朝〕朴能作 突 微译
食堂的饭
〔日〕洼川稻子作 竹 舟译
叔父 半 林
诗·文
柏油路 哨 夫
一个乞妇 曹葆华
我的幼年生活 张天翼
剧
二伤兵（独幕剧） 张季纯
校规（独幕剧） 柳 淘
论 述
明代的“时曲” 郑振铎
托尔斯泰论
〔苏〕伊里支作 陈淑君译
美国文坛近况 非 白
书 评
现代英吉利谣俗及谣俗学 朱自清
喋血的诗人陈梦家 陈 均
国内外文坛消息
为横死之小林遗族募捐启
郁达夫、鲁 迅等
编后 编 者
画 页
苏联“五一”纪念节的今昔
哭长城 王钧初作
参加示威去！ 王钧初作
五月漫画 王钧初作

第1卷 第3、4号

1933年7月31日出版

封面 王丹东作
画 页
女作家丁玲像
丁玲手稿
丁玲的爱儿
丁玲画像 蔡威廉作
应修人像
黎明之前 L 作
小 说
无题 丁 玲
文契 M.Jirchn* 作 冯文侠译
火灾 澎 岛
波动 景 炎
战线 宋之的
被驱逐的人们
〔朝〕张赫宙作 王 笛译
一个兵士的歌
〔法〕巴比塞作 冯文侠译
在茅草地 艾 芜
反复 金 丁
迎向死灭走去 陆绿曦
古北口，骚动的防线！（墙头小说）
许 都
纸币干燥部的女工
〔日〕宕藤雪夫作 突 微译
盐 半 林

* 正文署为“M.Jrcham”。

诗歌·散文·随笔

“杂志办人” 茅盾
六里窑 徐奔
滑稽的梦 叔寒
夜醒 企霞
父与子 木农
农夫叹五声 韩君
纪念丁玲 雪野
丁玲胡也频在济南 峰毅
关于梓年（转载） 瘦民
潘梓年在南京 K
时事打牙牌 四名

剧本

日出（独幕剧） 左明、陈凝秋
最后一线（三幕剧） 健地

论文

社会主义的写实主义与革命的浪漫主义*
〔日〕上田进作 王笛译
汉赋的新解 贺凯
霍卜特曼的从日出到日落
〔苏〕卢那卡尔斯基作 陈永翱译
新诗歌的内容与形式 张松甫

书评

“不走正路的安得伦” 雪笙

专载

文化界为营救丁潘宣言
国际作家给全世界作家的信
露珠译

通信

《波动》的作者来信
关于《我的幼年生活》
批评家须知

补白

资本主义征服了农业以后
“战斗的作者应该注重于论争”

* 正文题为“苏联文学的展望”。

116 文艺月报

简　介

《文艺月报》，“北方左翼作家联盟”机关刊物之一。一九三三年六月一日创刊于北平，十六开本，北平文艺月报社出版，北平立达书局发行。第一、二期署北平文艺月报社编辑，实际由张盘石、陈北鸥主编，第三期署陈北鸥、金谷主编，是为应付国民党当局，实际上陈北鸥当时已离开北平，而金谷则是虚拟的人名，刊物仍由张盘石主编。一九三三年十一月一日出版第三期后，被国民党当局查禁。

《文艺月报》以发表创作为主，兼有评论和译文，撰稿人有金丁、穆木天、何菲、陈北鸥、张瓴、宗植、徐盈、罗浮、尹澄之、张英白等。

该刊密切配合了当时以上海为中心蓬勃展开的左翼文艺运动，及时地发表文章参加关于文艺大众化问题的讨论和同“第三种人”的论战，转载“中国左翼文化界总同盟”为日本革命作家小林多喜二募捐启事，翻译日本等国普罗文学理论和高尔基的作品，介绍普罗文学的国际组织，报道苏联文坛消息。《文艺月报》在当时北方革命文艺运动处于比较“沉寂”的时期出现，作了多方的努力，产生了积极的影响，对北方革命文艺运动起到了开拓的作用。

目 录

第1卷 创刊号

1933年6月1日出版

画 刊

反战

国际反战作家像

巴比塞

罗曼罗兰

辛克莱

爱丹生

里丁

论 文

文学的党派性 川口浩作 张英白译

通信员运动与报告文学 山田清三郎作 里 正译

“第三种人”的出路在那里 金 丁

诗 歌

吉尔吉兹人的歌 穆木天译

费尔加那的民谣 穆木天译

看 何 菲

读传单 何 菲

火祭 白晓光

获 小 艾

清道夫 陈北鸥

瓦匠 陈北鸥

欢迎反帝非战同盟 陈北鸥

小 说

骚动 张 瓴

精光的死 宗 植

大汽车 罗 浮

春汛 徐 盈

文艺作家访问

鲁迅访问记 张永年

介绍与批评

国际反战作家给苏联和中国大众的信 征 君译

十月革命后的苏联文学 爱浮瑞敏作 冯文侠译

普罗文学的国际组织 尹澄之

评茅盾《子夜》 吴组缃

文艺情报

乌克兰创立历史文学博物院

苏联书籍在日本流行

著名俄国画家逝世

莫斯科采购外国革命作家图画

苏联画家夺得国际竞赛锦标

德著名制曲家华格纳逝世五十周年纪念

莫斯科世界第一健泼赛剧场

莫斯科第二艺术剧场庆祝二十周年纪念

苏联有声片新倾向

热闹的编剧竞赛

外国人欢迎苏联力的舞姿

封面 王缦石

为小林募捐启（专载）

编后 编 者

第1卷　第2期

1932年7月15日出版

画　刊

文化武器

高尔基及其签字

一八八九年之高尔基

一九〇一年出狱时之高尔基

高尔基与伊里基

赴美途中之高尔基及其夫人

高尔基幼年时之住宅

高尔基一九〇〇年所住之牢狱

丁玲及其签字

高尔基随笔

最重要的

〔苏〕高尔基　Maxim Kori作　冯文侠译

我底读书经验

〔苏〕高尔基　Maxim Kori作　周柳门译

论　文

大众艺术的认识

〔日〕山岸又一作　尹澄之译

文学批评上的几个问题

〔日〕川口浩作　里　正译

日本布尔乔亚文学最近倾向　张英白

诗　歌

悼丁玲　陈北鸥

灾　何　菲

烟筒，我们命令你　何　菲

一九三三年五月三十一日　殷成志

战争　Erich Weinert作　李家骥译

小　说

两万万　徐　盈

江南小景　宗　植

莱福枪　Bela Ules作　陈永翱译

退却　叶新钱

故乡　苹　生

戏　剧

黑暗（独幕剧）

〔日〕前田河广一郎作　张我军译

介绍与批评

马克詹姆·高尔基

I.Statsky作　陈北鸥译

高尔基与大众

V.Sidotine作　金苑莹译

女作家丁玲　茅　盾

评丁玲《奔》　林　瓴

评茅盾《春蚕》　罗　浮

文艺情报

高尔基高等文学院将成立

高尔基电贺马来琴号救护队

高尔基等指导印行普希金全集

世界著名黑人演员拟参观苏联

最近之莫斯科剧场

土耳其组织国家科学艺术学院

苏联两女作家

英国伦敦广播各国民间音乐

列宁格勒文化艺术历史博物院近况

英国著名导乐家抵莫斯科

国际业余革命剧团大会

苏联政府举行编剧竞赛

洋鬼作者三十年文学事业纪念会
北平将开丁玲追悼会
丁玲遗著《母亲》《夜会》出版
茅盾被捕
鲁迅编“文艺连丛”
《诗歌月刊》将到平
各团体筹备欢迎反战同盟远东调查团
《今日妇女》将出版

读者通信
文艺月报社简章
编后　编　者

第1卷　第3期
1933年11月1日出版

画　刊
嚣勾嘉特勒的漫画
世界名作家像
基尔洵
巴倍尔
波利斯皮涅克
格拉德考夫
论　文
资本主义下的大众文学
〔日〕川口浩作　里　正译
文学上的杜鲁奇斯
Kirpotin作　彭　雄译
诗　歌
地狱的画像　王未加
洪水　杨启哲
我们的歌　苦　力*
无题　苦　力*
我们的春天　休士著　彭列译
我要在一年里得到胜利
Antal Hidas作　北鸥译
无家曲　心　符
反战曲　王未加
小　说
没有完结的故事（待续）　张　瓴
叛徒（待续）　高自卑**
中国瓷瓶　雅各武莱夫著　绥曼译
一个乐观的人　秋　悲
世界名作家小传
世界名作家自传　北　鸥　彭列合译
皮涅克
巴倍尔
格拉德考夫
基尔洵
介　绍
新跳舞形态　古　力*
帕莎斯近讯　古　力*
转　载
《文艺月报》第2期
——我的意见　前　卫

编后杂记　编　者

* 原刊此四篇“目录”署“古力”，正文署“苦力”。

** 原刊“目录”署“高自卑”，正文署“戍生”。

117 文　学

简　介

《文学》，大型文学月刊。一九三三年七月一日创刊于上海，第一卷编者署“上海文学社”，由鲁迅、茅盾、郑振铎、叶圣陶、郁达夫、陈望道、胡愈之、洪深、傅东华、徐调孚十人组成的杂志编委会集体负责，从第二卷起主编人改署傅东华、郑振铎，具体编务由黄源负责，从第七卷起由王统照接编。茅盾始终是月刊的编委，长期参与实际编辑工作。从创刊到终刊都是由上海生活书店出版发行。从第二卷起由于国民党政府检查官的“大抽大砍”，导致刊物常常脱期，为了对付政治的压迫，从二卷三期起连续出版了四期专号，即“翻译专号”、“创作专号”、“弱小民族文学专号”和“中国文学研究专号”，为杂志争取了稳定出版的条件。出至第九卷第二号，因上海战事停刊一月，于一九三七年十一月十日出版第九卷第四号后，因上海沦陷而终刊，共出版五十八期。第一至九卷二期为十六开本，最后两期因“紧缩篇幅，减低定价”，改为小三十二开本。

创刊号上傅东华写的“社谈”《一张菜单》，是实际上的发刊词，它表述了编委会同人的意见，说明了月刊的宗旨：“我们只相信人人都是时代的产儿，无论谁的作品，只要是诚实由衷的发抒，只要是生活实感的记录，就莫不是这时代一部分的反映，因而莫不是值得留下的一印痕”，我们“当然有一个共同的憧憬——到光明之路。凡是足以障碍到这光明之路的一切，无论是个人，是集团，是制度，是主义，我们都要认作我们的仇敌，……我们要诅咒它，诛伐它，扫除它”。《文学》月刊始终贯彻了这种强调刊物的时代性，勇于面对现实，反映现实社会矛盾和斗争的精神。王统照在抗日救亡运动的高潮中接编《文学》，更进一步地提出“在这‘多难’的国家中，希望借文艺的力量来作解放民族运动的利器，作追随时代潮流的风帆；作暗夜中寻求光明的火炬”，抗战爆发后，又大声疾呼，“正视这血淋淋的‘现实’的时期，用组织巧妙的文字传达出悲壮的精神，激发读者的勇气”。

《文学》月刊，表面上是“商业性”的刊物，“实际上是左翼作家、进步作家驰骋的阵地”（茅盾《我走过的道路》）。许多著名作家长期担任该刊撰稿人，同时也大力扶植和培养新起的作家。现代文学史上不少著名作品是在该刊首先揭载的，例如叶圣陶的《多收了三五斗》、郑振铎的《桂公塘》、许地山的《春桃》、郁达夫的《出奔》、老舍的《我这一辈子》，以及张天翼的《包氏父子》、艾芜的《咆哮的许家屯》，舒群的《没有祖国的孩子》、臧克家的长诗《罪恶的黑手》等。还有鲁迅的许多杂文和茅盾的一系列作家作品论。《文学》月刊为新兴文学的建设作出了卓越的贡献。

目 录

第1卷 第1号
1933年7月1日出版

文学画报

推论者
锡仑风景 〔德〕夏因汉美尔作
向日葵 〔德〕诺台尔作
牧羊女 〔法〕密莱作
机织 〔墨〕理惠拉作
镕铸 〔墨〕理惠拉作
春蚕（剧照）
五奎桥（剧照）
绥拉菲莫维支（画像）
佛里斯基作
铁流（木刻四幅） 毕斯凯莱夫作

社 谈

一张菜单
枪刺上的文化
文学家可为而不可为
知识独占主义
新作家与"处女作"

论 文

五四文学运动之历史的意义
郁达夫 金兆梓 适 夷
胡秋原 杜 衡 沈起予
又论"第三种人" 鲁 迅
关于文学之诸问题 陈望道
蒙田四百周年生辰纪念 梁宗岱
论哲学即是学死
〔法〕蒙田著 梁宗岱译

小 说

残冬 茅 盾
多收了三五斗 圣 陶
迟暮 郁达夫
一个女人 巴 金
一件寻常事 张天翼
拿破仑与轮癣
〔日〕横光利一著 黄源译
咆哮的许家屯 艾 芜
战后 沙 丁
严加管束
〔俄〕契里加夫著 郑振铎译
五月的支那 黑 婴
普姬 蔡希陶
乡谈 王统照

散文随笔

哀互生 朱自清
命相家 丏 尊
作父亲 丰子恺
日本人的幽默
〔日〕报告新闻社 宏徒译
艺术家 刘廷芳
谈金圣叹 鲁 迅

诗 选

她的生命* 王统照
幸福的哀歌 何德明
何默尔 朱 湘

* 原刊"目录"为"她的一生"，正文为"她的生命"。

霍桑　朱　湘
冬　朱　湘
五周年　刘廷芳
捡煤球的姑娘　臧克家
两个黑洞　臧克家
四百年前和今日　伍　实

杂记杂文

明俗曲琵琶词　顾颉刚
谈《金瓶梅词话》　郭源新
驳《跋销释真空宝卷》　俞平伯
两宋词人与诗人与道学家　陈子展

国外通讯

绥拉菲莫维支访问记　曹靖华

书报述评

图书评论所评文学书部分的清算　傅东华
新诗歌旬刊　朱自清

补　白

普洛米修士　伍　实
《歌风记》中的吴歌　颉　刚
范钦集谣谚　颉　刚
哈里逊脱离《新群众》　武　达
现在的日本出版界　澄　清
袂与玦——褋与韘 颉　刚　起　潜
苏联出版物之激增　澄　清
高尔基的处女作　静　明
不景气下的美国剧坛　澄　清
易卜生的处女作　静　明
俄译的《推丝姑娘》　澄　清
史特林堡的处女作　静　明
穆亚书中的妙语　澄　清
好作家的特质　契诃夫
斐列斯丁　萧伯纳
托尔斯泰的悲剧的英译　澄　清
小林三吾口中的小林多喜二　武　达

第1卷　第2号
屠格涅夫纪念号
1933年8月1日出版

文学画报

休士在中国（二幅）
屠格涅夫逝世五十周年纪念（十二幅）
世界名家木刻选（四幅）

社　谈

文坛往何处去
批评家的神通
日本文学家的《水浒》观
关于《禾场上》

屠格涅夫逝世五十周年纪念特辑

屠格涅夫的回忆
〔俄〕阿宁阔夫作　耿济之译
屠格涅夫的《罗亭》问世以前　郁达夫
屠格涅夫未发表的散文诗　黄源泽

散文随笔

我的种痘　鲁　迅
我的学化学的朋友　茅　盾
旅途随笔　巴　金
缘缘堂随笔　丰子恺

辩“文人无行” 鲁　迅
我底五十年
〔日〕秋田雨雀作 谷非译
批　评
休士在中国 伍　实
诗话丛话 郭绍虞
小　说
没有鞋子的人们
〔美〕休士作 伍　实译
出狱 何家槐
老人 沙　丁
禾场上 征　农
长城外 白　薇
严加管束（续）
〔俄〕契里加夫作 郑振铎译
国外通讯
秋田雨雀印象记 谷　非
书　评
“九一八”以后的反日文学
东方未明
补　白
屠格涅夫的无上批评者
屠格涅夫的日记片断
屠格涅夫的畏友——白林斯基
屠格涅夫的情书
屠格涅夫在巴黎
屠格涅夫对于日本文学的影响
屠格涅夫的初夜
屠格涅夫的两册被遗忘了的书
屠格涅夫与托尔斯泰的不和

第1卷　第3号
1933年9月1日出版

文学画报
丁玲留影及其手迹（二幅）
坪内逍遥（三幅）
美国新作家汉敏威（三幅）
苏联演剧大会（三幅）
世界名家木刻选（四幅）
社　谈
一个文学青年的梦
批评家的种种
暴力与倾向
《雪地》的尾巴
批评与介绍
十五年来的苏联文学 起　应
坪内逍遥博士 谢六逸
美国新进作家汉敏威 黄　源
小　说
牯岭之秋 茅　盾
取火者的逮捕 郭源新
祈雨 王统照
月夜 巴　金
反攻 张天翼
暗杀者 〔美〕汉敏威作 黄源译
雪地 何谷天
长城外 白　薇
让全世界都知道吧
〔苏〕潘非洛夫著 佩　秋译
散文随笔
“不算情书” 丁　玲

父亲的玳帽　鲁　彦
自己　昌　群

剧　本

虞姬（独幕剧）　陈白尘

书　评

丁玲的《母亲》　东方未明
几种纯文艺刊物　茅　盾

通　信

关于《休士在中国》的几封信
致编辑　鲁　迅
致编委会　伍　实
复鲁迅　本刊编委会

补　白

现代文人的生命线
安德生将从事电影剧本
苏俄诗人白德内衣的五十诞辰
纪德的转变
格莱塞的新著
《柏林的防塞》及其作者
法国作家创办工人大学
屠格涅夫与巴枯宁
休士在苏联
日本出版《新修莎士比亚全集》
两本传记小说

第1卷　第4号

1933年10月1日出版

文学画报

本期撰稿的几位作家（四幅）
怒吼吧！中国（五幅）
马克斯·莱茵哈特诞辰六十年纪念（五幅）
《西游记》的演化（七幅）
世界名家木刻选（四幅）

社　谈

“第三种人”的去路
怎样编制文艺年鉴
“词”的存在问题
不要太性急

小　说

女儿心　落华生
微神　老　舍
屋顶下　鲁　彦
五十元　王统照
燧石里的火
（黑人）华脱怀特著　黄　源译
人与人之间　李守章
猴子拴　臧克家
反攻（续）　张天翼

散文随笔

你我　朱自清
莎菲日记第二部　丁　玲
献给失掉了自由的铁　冰　莹
十月革命给了我一切
［俄］阿·托尔斯泰著　曹靖华译

研　究

《西游记》的演化（续）　郑振铎

诗　选

秋林　刘廷芳
去后　刘廷芳
贩鱼郎　臧克家

洋车夫　臧克家
补破烂的女人　臧克家
庄周之一晚　朱　湘
剧　本
蒲雷曹夫〔苏〕高尔基著　耿济之译
书　评
一张不正确的照片　东方未明
通　信
关于"新诗歌"的问题
芙　影、佩　弦
一个"军事学"上的问题
叶介树　何谷天
补　白
文化与化石
德国的犹太作家
马克威尔·安楚生得本年度帕立兹奖金
如果我们必须死去
休士在日本发表诗稿
《爱丽思漫游奇境记》摄成电影
我也——　〔美〕（黑人）休　士
纽罕什尔的春天
〔美〕（黑人）玛　开
日本出版英美文学家评传丛书
慕洛亚赴美考察复兴运动
阿·托尔斯泰的《五个同盟者》

第1卷　第5号
1933年11月1日出版

文学画报
赛珍珠重来中国（四幅）
莱茵哈特的贡献（七幅）
文坛鳞爪（四幅）
巴黎中国画展之一斑（五幅）
社　谈
传记文学
文学青年如何修养
日本普罗作家同盟的裂痕
查尔诞生百年纪念
关于《达生篇》
小　说
雷　巴　金
安舍　鲁　彦
达生篇　万迪鹤
乡下人　艾　芜
牧场道上
〔日〕永井荷风著　方光焘译
新路　〔美〕赛珍珠著　何　达译
牯岭之秋（续）　茅　盾
女儿心（续）　落华生
介绍与批评
巴黎中国绘画展览
秦宣夫　李健吾
关于《失乐园》的翻译　傅东华
《大地》作者赛珍珠重来中国
胡仲持
玛克斯·莱茵哈特　澄　清
散文随笔
劳者自歌　丰子恺
黄昏　吴组缃
说作文　朱　湘
我的失败　徐懋庸

剧 本

蒲雷曹夫（续）

〔苏〕高尔基 耿济之译

国外通信

关于苏联文坛组织的消息 狄 谟

书 评

《先秦文学大纲》 臻

一个青年诗人的《烙印》 茅 盾

臧克家的《烙印》 老 舍

补 白

德国作家发塞曼六十诞辰

莫斯科的演剧季

巴尔扎克的《人间喜剧》

福罗贝尔的未发表书简集

汉敏威与斯坦茵

美国作家赫格屎麦

曼殊斐儿十年死忌

《蒲雷曹夫》的上演

十四行 朱 湘

第 1 卷 第 6 号

1933 年 12 月 1 日出版

文学画报

英国小说家沙克莱七十死忌

美国小说家赫克忒四十诞辰

德国新进作家格莱塞

《大地》的舞台面

辛克莱歪曲影片《墨西哥万岁》（九幅）

本纳忒及其战争速写（五幅）

世界名家木刻选（四幅）

社 谈

本年的诺贝尔文艺奖金

主义与外力

《木刻连环图画故事》

自己检讨

小 说

亚凯诺的诱惑 郭源新

父亲买新皮鞋回来的时候 巴 金

〇〇五一二八 鲁 彦

打胎 安 娥

曼陀罗华 靳 以

父子 王统照

江上 汪雪湄

谛尔西的缝工

〔德〕格莱塞作 徐懋庸译

达生篇（续完） 万迪鹤

牯岭之秋（续完） 茅 盾

批评与介绍

社会主义的写实主义的风格问题*

〔苏〕卢那卡尔斯基作 吴春迟译

响谷村中的人物 狄 谟

散 文

塞外 蒋恩钿

剧 本

蒲雷曹夫（续完）

〔苏〕高尔基作 耿济之译

* 原刊“目录”为“社会主义的写实主义的风格问题”，正文为“社会主义的艺术底风格问题”。

书　评

王统照的《山雨》　　东方未明

补　白

二本关于高尔基的新著

霍普特曼的新剧

穆杭及其新著《伦敦》

英译《水浒传》及中译《发妻》

法国文艺批评家布勒蒙逝世

本纳忒战事日记之一

左拉的别墅与“梅丹派”

本纳忒战事日记之二

台尔的自传

辛克莱歪曲影片

美国小说家赫克忒四十诞辰

《文学》第一卷总目录分类索引（一九三三年七月至十二月）

第2卷　第1期

新年号

1934年1月1日出版

文学画报

吴昌硕逝世七周纪念（四幅）

德哥派拉来沪留影及其手迹（三幅）

罗曼罗兰及其“第二母亲”（四幅）

国产电影（九幅）

《戏》月刊募款公演中的舞台人（六幅）

朱湘及其夫人

朱湘诗稿

去年自尽的美国女诗人提斯达夫

蒲宁及其手迹

亚·托尔斯泰像

伊凡诺夫的《铁甲车》之一景

青年诗人臧克家

德国名家木刻四帧

　一、A.保罗·卫伯：穿过草原

　二、罗伯·毕希奈尔：锯木者

　三、博铎·齐麦曼：布雷斯劳之圣诞市场

　四、瓦尔特·布亥：老织工

文学论坛

在圆圈子上前进

标点古书与提倡旧文学

文学的遗产

我们该怎样接受遗产

新年试笔

（一）　冰　心

（二）　比　金

（三）　老　舍*

（四）　靳　以

（五）　蒲　牢

（六）　西　谛

（七）　郁达夫

（八）　李健吾

（九）　丰子恺

（一〇）　鲁　彦

---

* 原刊“目录”上有“老舍”，正文无其作品。

（一一） 既 澄
（一二） 傅东华
（一三） 王伯祥
（一四） 顾颉刚
（一五） 沈从文

小 说

铁牛与病鸭 老 舍
人非人 落华生
生涯（上） 沉 樱
埃娥 郭源新
亚猛 鲁 彦
林莎 靳 以
神经病 蜀 宾
银龙翻身的时候 王统照
可怜虫 李辉英

论 文

绘画与文学 丰子恺
一九三三年的中国电影 洪 深
散文随笔之产生 方 非
一九三三年的古籍发见 郑振铎
我的创作经验 〔苏〕阿·托尔斯泰
谈诗 朱湘遗著
伊凡·蒲宁
〔苏〕李夫·洛加赤斯基作
方光涛重译

散文 随笔

灶君与财神 丏 尊
随笔三则 林 庚
母亲 何家槐

剧

劫后桃李（电影剧本） 洪 深

诗

流传 小 默
罪恶的黑手 臧克家

书报评述

《清华周刊》文艺创作专号
惕 若
《现代中国文学史》 狄 福

补 白

汤玛斯·曼的新三部曲
女作家英倍尔与青年作家谈话
悬赏征求优良剧本
哈里逊的新著
巴尔扎克的新研究
罗曼罗兰及其“第二母亲”
美国戏剧家厄尔梅·拉爱斯
伦敦出版界的近讯
幽默谈话
一九三三年的日本文坛
两个小说迷
译本的统计
日本大学生所举的三三年的杰作
托尔斯泰未发表的童话
德国的失业小说
少女亨理当选《爱丽思》主角

第 2 卷 第 2 期
1934 年 2 月 1 日出版

文学画报

日内瓦中国国际图书馆（四幅）
柏林徐悲鸿绘画展览会开幕留影

被毁的爱国诗人像
文豪伊本纳斯遗骸归国（四幅）
斯旦茵和托克拉斯
长谷川如是闲（二幅）
小川未明
德国名家木刻选四帧
一、鲁道尔夫·李格：进攻
二、卡尔·逖曼·闵欣：旧院落
三、瓦尔特·克列母·意大利担水的女人
四、工·李普·欧伯斯特村

文学论坛

学者与文人 谷
从“不文的文人”说起 远
说“否曲” 水
关于《梦的实现》 若 水

小 说

报应 张天翼
赛会 吉卜西
桥上 鲁 彦
马棚湾 墨 沙
生涯（续） 沉 樱
奈何天 陈瘦竹
微笑 何家槐
梦的实现
〔美〕露西·胡法刻作 若 水译
北国之冬
〔日〕小川未明作 黄 源译

论 文

文艺家的生活态度
长谷川如是闲

散文 随笔

欧游漫忆 小 默
随无涯室记 既 澄

剧

大风雨之夜（独幕剧）* 白 尘
劫后桃李（续）（电影剧本）
洪 深

书报评述

《文学季刊》创刊号 惕 若

补 白

法国新进作家勃莱宠
斯旦茵的自传
德国老女作家许克
日译柴霍甫全集
左拉的新传记
柴霍甫的新传记
法国三文豪的纪念像
独兰的美国文学序论
伊本涅斯的国葬

第2卷 第3期
翻译专号
1934年3月1日出版

文学画报

年青时的纪德
中年时的纪德
纪德手迹

* 原刊“目录”为“大风雨之夜”，正文为“大风雨之夕”。

罗曼罗兰像
奥尼尔木刻像
琼斯王的一幕
齐尔滨（C.S.Gilpin）所饰的琼斯王
刘易士像
乔伊斯像
杜赫美尔及其家族
P·巴罗哈画像并自署名 R.巴罗哈画
有岛生马像

文学论坛

又一篇帐单　铭
“媒婆”与“处女”　丙　生
直译　顺译　歪译　明
翻译的理想与实际　华
一个译人的梦　蒲
译什么和叫谁译　水

斯干的那维亚

两个世界　约阿勃生著　伍蠡甫译
斯科柏烈夫　包以尔著　伍蠡甫译

俄　国

伊凡的不幸　莱奥诺夫著　周　笕译
二十六个和一个
高尔基著　陈　节译

英　国

复本　乔伊斯著　傅东华译
枪手　奥法兰赫德著　叶启芳译

荷　兰

改变　菩提巴喀著　芬　君译

德　国

琉卡狄思　瓦塞曼著　傅东华译
海涅诗三首　刘延陵译

法　国

纪德自传的一页
纪　德著　方光焘译
田园交响乐　纪　德著　黎烈文译
反抗　罗曼·罗兰著　黎烈文译
嘉烈与烈翁朵
杜哈美尔著　马宗融译
法国象征诗选　诸　侯译

比利时

耶苏和淫妇
梅脱林克著　刘廷芳译

西班牙

山中笛韵　巴罗哈著　张禄如译

意大利

疲倦的泥水匠
露利亚著　徐懋庸译

日　本

合唱　须井一著　黄　源译
饲鸽姑娘　有岛生马著　黄　源译

美　国

琼斯皇
奥涅尔著　洪　深　顾仲彝译
奥涅尔年谱　洪　深
速　刘易士著　傅东华译
刘易士年谱　洪　深译

书报、评述

伍译的《侠隐记》和《浮华世界》
味　茗
郭译《战争与和平》　味　茗
关于文学史之类　惕　若

本刊辟谣　本　刊

第2卷　第4号
创作专号
1934年4月1日出版

文学画报
王统照傅东华合影
洪深、张天翼、万迪鹤照片（三幅）
我们的姊妹行
悲哀　国画　小品　拈花
图案　蜡染　风景　马
目前国产电影三种不同的趋势
人生（联华）
姊妹花（明星）
欢喜冤家（天一）
论　坛
从“五四”说起　芬
我们有什么遗产？　芬
思想与经验　兰
新，老？　惠
小　说
桂公塘　郭源新
牺牲　老　舍
罗伯斯比尔的秘密　王文慧
包氏父子　张天翼
天下太平　吴组缃
春之谜　万迪鹤
张顺的犯罪　非　兆
谁救他们　欧阳山
生路　张露薇
贵发叔　盛焕明
散　文
湘行散记　沈从文
伦敦的乞丐　语　堂
欧游漫忆（续）　小　默
北满纪事　靳　以
四岁　鲁　彦
故乡一人　徐懋庸
剧　本
狗眼（独幕剧）　洪　深
梁允达（三幕剧）　李健吾
诗　歌
近作六首　王统照
南国之歌*　丽　尼
书　评
彭家煌的《喜讯》　惕　若
“一二八”的小说《战烟》　丙申生
黑炎的《战线》　陶　然
杜衡的《怀乡集》　阳　秋

第2卷　第5号
弱小民族文学专号
1934年5月1日出版

文学画报
摩尔拿及其手迹
史米能斯基画像
彼多斐像

* 原刊“目录”为“南国之歌”，正文为“南方之歌”。

什朗斯奇
捷克斯洛伐克的建国祭
大战后保加利亚建设之成绩
新希腊之建设与破坏
波希米亚的铁工厂
印度的新都
匈牙利的农民
芬兰风景
波兰风景
耶路撒冷
君士坦丁堡大学区

现世界弱小民族及其概况　化　鲁

亚美尼亚
更夫　Avetis Aharonian 著　胡仲持译
狱中　Avetis Aharonian 著*　周　笕译
波兰
耶苏和强盗　K.P.Tetmajer 著　芬　君译
在甲板上　Stefan Zeromski 著　杜承恩译
立陶宛
啄木鸟的命运
Vineas Kreue 著**　鲁　彦译

爱沙尼亚
敬虔的人　Mait Metsanurk 著　斐子译***
匈牙利
不会学好的人
Ferenc Molnar 著　天　虹译
晚秋
Retöfi Sāndor 著　叶籁　士译
捷克
在卷筒机上
K.M.Capek-chod 著　竺　君译
唐裘安的幻觉
Josef Limanek 著****　鲁　彦译
南斯拉夫
门的内哥罗的寡妇
Zofna Kveder 著*****　牟　尼译
在公安局
Ivan krnic 著　丙　申译
罗马尼亚
春　Michail Sadoveanu 著　芬　君译
说谎的尼古拉
I.AI.Bratescu 著　孙　用译

* 原刊"目录"为"Avetis Aharonian 著"，正文为"Awetis Aharonean 著"。

** 原刊"目录"为"Vincas Kreue 著"，正文为"Vincas Kreve 著"。

*** 原刊"目录"为"斐子译"，正文为"裴子译"。

**** 原刊"目录"为"Josef Limanek 著"，正文为"Josef Simanek 著"。

***** 原刊"目录"为"Zofha Kveder 著"，正文为"Zofka Kveder 著"。

算帐　Cezar Petresco 著
卞之琳译
保加利亚
梦想家　Elin-Pelin 著
杨启光译*
乐乍老头子在看着
Ivan Vazov 著　梭　甫译
楼梯的故事
Hristo Sminenski 著　叶籁士译
希腊
曼加洛斯
Gergorios Zenopoulos 著　皎　然译
土耳其
桃园　Resik-Halid 著　连　瑣译
阿拉伯
鸟语　Emile Dermenghem 著
马宗融译
秘鲁
催命太岁　Lopez Aldujar 著
余　声译
巴西
光脚爪的野兽
Alfonso Arinos 著　胡仲持译
阿根廷
惩罚　Leopoldo Lugones 著
伍蠡甫译
印度
杜拉里 西特德乎著　文　霞译
黑人
黑的花环（黑人诗选）
谷　风译
犹太
野宴　S.Libin 著　赵仲谦译
逾越节的客人
Sholom Aleichem 著　黄　彝译
英文的弱小民族文学史之类
冯　夷

补　白

乌克兰民歌片断
波兰名作家——一、莱芒脱
波兰名作家——二、什朗斯基
捷克戏剧家加拉·揆伯
南斯拉夫抒情诗一首
法国小说家玛尔洛
日本文坛连折四员
爱伦堡的新作
萧伯纳的新作《岩石上》
高尔基与绥拉菲莫维支论战

第2卷　第6号
中国文学研家专号
1934年6月1日出版

文学画报

明刊戏曲书影
（一）明嘉靖刊本《琵琶记》
（二）明万历尊生馆刊袖珍本《琵琶记》
（三）明万历刊本《群音类选》

* 原刊“目录”为“杨启光译”，正文为“杨启元译”。

（四）继志斋刊本张凤翼《孝义祝发记》
（五）继志斋刊本高廉《玉簪记》
（六）富春堂刊本汤显祖《紫箫记》
（七）万历林於阁刊本《灵宝刀》
（八）万历刊《楚香记》
（九）万历刊《桔浦记》
（十）明末刊《绾春园》
（十一）凌刻朱墨本《绣襦记》
（十二）朱墨本《南柯记》
明刊本《吴骚集》
明刊《三经闲题》
明刊《笔花楼新声》
明末刊本《吴骚合编》
徐文长像
明末刊本《大唐秦王词话》
明万历刊《弥勒三度王通宝卷》
明万历刊本《列国志传》
明天启刊本《新平妖传》
明崇祯刊本《孙庞演义》
清刊本《剿闯小说》
明万历周日校刊《三国志演义》
明末刊《残唐五代传》
明末刊《皇明英烈传》
明末刊《西游记》
明末刊《金瓶梅》
明刊本《古今小说》
明刊本《喻世明言》
明刊本《醒世恒言》
中国雕板中的西洋影响
（一）圣母像
（二）宙士像
书翰墨迹
王韬晚年居上海时之手迹
弢园尺牍续抄
后聊斋志异
普法战纪欧罗巴洲列国图

文学论坛

中国文学研究者向那里去？ 远
中国的文学遗产问题 远
论文字的繁简 谷
向翻印古书者提议 源

三十年来中国文学新资料的发现史略 郑振铎
中国纯文学的姿态与中国语言文字* 魏建功
《吕氏春秋·古乐篇》昔黄节解 刘复
中国诗歌中之双声叠韵 郭绍虞
论文学的繁简 吴文祺
论“逼真”与“如画” 朱自清
《申报》总编纂“长毛状元”王韬考证 洪深
左传遇 俞平伯
唐代传奇文与印度故事 霍世休
论唐代的边塞诗 贺昌群

---

* 原刊“目录”为“中国纯文学的姿态与中国语言文字”，正文为“中国纯文学的形态与中国语言文字”。

韩愈复古运动的新探索　李嘉吉
唐文人沈亚之生平　张全恭
《唐宋大曲考》拾遗　李素英
苏门四学士词　龙榆生*
姜白石议大乐辨　夏承焘
元明之际的文坛的概况**　郭源新
粤风之地理的考察　乐嗣炳
散曲的历史观　赵万里
《拉马耶那》与《陈巡检梅岭失妻记》　林培志
《沙贡特拉》和“赵贞女型”的戏剧　李满桂
宋元戏文与黄钟赚　赵景深
宋诗革命的两个英雄　董启俊
元代“公案剧”发生的原因及其特质　何　谦
《西厢记》第五本关续说辨妄***　马玉铭
净与丑　谷　远
历史中的小说　吴　晗
明清之际之宝卷文学与白莲教　向觉明
滦州影戏　顾颉刚
五四运动与中国文学　高　滔

* 原刊“目录”署“龙榆生”，正文署“龙沫勋”。

** 后二字原刊“目录”为“概况”，正文为“概观”。

*** 后二字原刊“目录”为“辨妄”，正文为“辩妄”。

读曲杂录　西　谛

书　评

王易的《词曲史》　雨　渊
青木正儿的《支那近世戏曲史》　翌　仪
敖士英的《中国文学年表》　顾　文

《文学》第二卷总目分类索引（一九三四年一月至六月）

第3卷　第1号

一周（年）纪念号

1934年7月1日出版

文学论坛

伟大的作品产生的条件与不产生的原理　兰
再谈文学遗产　风
关于小品文　蕙
所谓一字传神　南
“为批评而批评”　华

作家论

庐隐论　未　明
徐志摩论　穆木天
周作人论　许　杰

创　作

妻的一周间　沈起予
春桃　落华生
一个人的死　王文慧
黄公俊之最后　郭源新
电话　黄树辉

鼠牙 鲁 彦
夜 墨 沙
四十头牛的惨剧 蔡希陶
明镜 欧阳山
王家 万迪鹤
没有了牙齿的 草 明
一个人的自白 涟 清
一个虔诚人的梦 姚 舒
小罗子 蒋 弼
生活在桶中的人们 黑 婴

剧 本

除夕（三幕剧） 陈白尘

散 文

寻常百姓 冰 心
湘行散记 沈从文
欧游漫忆 小 默
威尼市游札 李健吾
北平的风度 徐 讦

翻译小说

情痴
Saint and Sinner 著 伍光建译
化外人 〔芬〕Juhani Aho 著 傅东华译
姓权的那个家伙
〔朝〕张赫宙著 黄 源译

外国作家研究

巴蕾 顾仲彝
德莱塞 伍蠡甫

杂文、杂记

高尔基的创作经验 靖 华
法国的文艺杂志 马宗融
书与作家漫话* 萧石君
剪灯二种 赵景深

通 讯

大学文学（某大学文学院通讯）
罗 门

论 文

八股文研究 洪 瑞**
论新诗 臧克家

Sketch（短篇）

湖上 黎烈文
造车的人 靳 以
村居记事二则 吴组缃
海葬 艾 芜
儿子的诞生 琏 清
梦的破碎 陈企霞
三娘娘 丰子恺
“每饭不忘” 刘济群

书报、述评

小品文半月刊《人间世》 仲 子
读《中国的水神》 味 茗
《香稻米》 王淑明
《文学季刊》第二期内的创作
惕 若
《中国文学论集》 邹 啸

诗

诗二首 臧克家
诗五首 丽 尼

---

* 原刊“目录”作“书与作家漫话”，正文作“书与作者漫话”。

** 原刊正文署“朱滋华”，“目录”署“洪瑞”。

诗四首 林　庚
诗四首 惜　分
旅人三章（散文诗） 陈翔冰
笔　讯
北平 苏　欣
保定 失　名
济南 龚　尔
武汉 沉　汀
安庆 刘辉英
读者之声
本刊翻译专号读者批评的统计
编　者
文学创作专号 東　萌
读文学创作专号 苏　蜚
读文学创作专号后 汪家瑜
评文学创作专号 弱　缨
《文学》创作专号读后感 球
一个青年读者的要求 陶星仲
文学画报
古劫盗（彩色木刻）
〔波〕E.Ba Hlomiejczyk 作
布克埠的风景（木刻）
〔波〕T.Cieslewski 作
捧瓶女郎（画）
〔波〕T.Pruszhowski 作
阳光中的落叶松（石印）
〔波〕L.Wyczolkowski 作
罗清桢作木刻
（一）韩江舟子
（二）爸爸还在工厂里
（三）向何处去？
（四）赌徒
补　白
文学书的销数
托尔斯泰原稿的新发现
一个专出“专号”的杂志
日译《杜思退益夫斯基再观》出版
高尔基号要起飞了
伊凡诺夫的新作
《文学世界》
西洋作家与日本作家的寿命

第 3 卷　第 2 号

1934 年 8 月 1 日出版

文学论坛
“文学遗产”与“洋八股” 风
所谓“杂志年” 兰
对于所谓“文言复兴运动”的估价
惠
翻译的直接与间接 惠
论“入迷” 曼
作 家 论
冰心论 茅　盾
创　作
丹东 王文慧
生灭 老　舍
山中送客记 艾　芜
新年是不准哭的 征　农
账米 蒋牧良
杂文、杂记
我的文学修养

〔苏〕高尔基著　许遐译
小品文“文字”问题和戏曲　匡　哉
关于庐隐的回忆　苏雪林
诗经语译序　陈子展
大众语问题特辑
大众语论　陈望道
大众语与大众文化　高觉敷
大众语问题　许　杰
翻译小说
安娜　〔德〕赫贝尔著　杨丙辰译
樱核　〔苏〕奥列沙著　周笕译
散　文
欧游漫忆　小　默
热天的路上　许　杰
大青山　蒋恩钿
书　评
小市民文艺读物的歧路　惕　若
关于《士敏土》　芬　君
《娜娜》　马宗融
《舅舅昂格尔》　马宗融
文学画报
现代意大利名画家锡劳尼（M.Sironi）及其作品（五幅）
罗清桢作木刻
（一）夜渡
（二）愁
补　白
日本的全集年
狄更斯的《基督传》
卡尔味顿近讯
《红萝卜颂》在日本
日本的歌德研究
爱伦堡的《纪德论》
秋田雨雀与爱罗先珂
《文学研究法》
萧伯纳的短篇集
美国六十年来销行百万以上的小说

第3卷　第3期
1934年9月1日出版

文学论坛
告“心急”的朋友　华
“接受遗产”与“整理国故”　华
所谓“历史问题”　兰
论模仿　风
“直译”的责任问题　实
讨　论
大众语万岁（转载）　吴稚晖
文学万岁　傅东华
大众语文学解　傅东华
创　作
消夏录　沈起予
印空　王统照
乡间的悲剧　蹇先艾
至孝寺　钱国成
光荣的战死　胡载球
作家论
沈从文论　苏雪林
诗
尼采底诗　〔德〕尼采著　梁宗岱译

散　文
欧游漫忆　小　默
驴子同骡子　鲁　彦
谢谢小瘪三　杨　骚
杂记、杂文
日本的随笔
〔日〕相马御风著　谢六逸译
翻译小说
王帝和女孩
〔爱尔兰〕萧伯纳著　黄　源译
流浪的孩子们
〔美〕高德曼著　卞之琳译
书报述评
两本新刊的文艺杂志　惕　若
读《上沅剧本甲集》　丙　生
《双练》　伍　实
《屠椃》　马宗融
笔　讯
南京　陆含淑
广州　复　生
漳州　诸葛乃很
长沙　白　玫
读者之声
关于《诗的读法》　周上熹
读《文学》一周（年）纪念号
张雄武
没有伟大作品产生的问题　文　贞
关于《舅舅昂格尔》
贺文林　马宗融
文学画报
（一）倦息　罗清桢
（二）浦江晚眺　罗清桢
（三）在路灯之下　罗清桢
（四）溪光船影　张　慧
（五）前进是光明的　张　慧
（六）泊　张　慧
补　白
罗曼诺夫的《伏加河上》
威尔斯将出自传
玛尔洛谈新俄的译本
哥尔特将有新著出版
周作人与日记者谈话摘录
赫克斯莱的《墨西哥之涯》
爱伦堡谈法国文坛近况
帕索士的不景气剧本
小说中最爱好的十个动物
一个新作家的小奖金

第3卷　第4号
1934年10月1日出版

文学论坛
作“杂文”也不易　直
关于“写作”　曼
大众语运动的多面性　江
大众语文学的“遗产”　新
不算浪费　惠
一律恕不再奉陪　风、华
作 家 论
落华生论　茅　盾
创　作
化雪的日子　巴　金

上任　老　舍
没有用的人　靳　以
裴特莱亚底死　西　微
忤逆　冰　山
人文主义是什么　伍　实
散　文
忆韦素园君　鲁　迅
西行书简　西　谛
欧游漫忆　小　默
红　季羡林

今日的德国文坛
〔德〕梨梨·珂贝著　在　易译
《一九〇二年级》及其任务
小　默译
鲁特米娜
〔俄〕妃格念尔著　王文慧译
书报述评
《东流》及其他　惕　若
《中国新文学运动史》　山　石
笔　讯
南通　郑康伯
松江　黑　雪
常州　涟　涟
补　白
美国的《短篇小说选集》
杜思退益夫斯基的第三卷书简集
史特林堡的腹稿
挟笛游天下的哥德史密斯
速率最快的读书家玛考梨
巴黎设立"德意志自由文库"
巴尔扎克逸话
《静静的顿河》英译本出版
左拉的苦况
英译的《西万提斯传》
鞋匠作家哈姆生
哥尔特论跳舞
文学画报
西行道上（一）（二十九幅）

第 3 卷 第 5 号

1934 年 11 月 1 日出版

文学论坛
名实问题　南
大众语文学有历史吗？
我们的第一批货色　水
"以眼还眼"　隼
创　作
沉落　巴　金
毁灭　郭源新
万仞约　张天翼
七年忌　欧阳山
爬梯　蔡希陶

波斯诗人费尔杜西千年祭　伍实*
真犀德和曹亚克
〔波斯〕费尔杜西著　伍　实译
散　文
赴桂途上　沈起予

* 原刊"目录"署"编者"，正文署"伍实"。

西行书简　西　谛
欧游漫忆　小　默

从莫利耶的戏剧说到五种中文译本
马宗融
书　评
《西柳集》　惕　若
诗人与“夜”　子　荪
读者之声
对于《大众语文学解》的一点疑问
野尧　傅东华
名实问题　伯　韩
文学遗产的接受问题　穆　宁
关于《娜娜》与《屠槌》的翻译
王了一　马宗融
补　白
今年的莫斯科戏剧节
萨尔蒂珂夫的《某市的历史》
墨西哥文坛近讯
美国俚语词典出版
巴尔扎克的家书
完全由傀儡扮演的新影片
文学画报
西行道上（二）（三十幅）

第 3 卷　第 6 号
1934 年 12 月 1 日出版

文学论坛
一年的回顾　丙
再多些！　明
论“低级趣味”　朔
关于“史料”与“选集”*　波
关于近来的翻印古书　骥
又是一个结束　水
创　作
赵先生想不通　蒲　牢
一篇嫁女人的帐　征　农
孕　沙　汀
一家药店　周　文
赶驮马的老人　蹇先艾
万仞约（续）　张天翼

论诗的题材　傅东华
散　文
柴　吴组缃
西行书简　西　谛
欧游漫忆　小　默

金圣叹与七十回本水浒传　周木斋
翻　译
诗二首
〔法〕波特莱尔著　梁宗岱译
神的末路
〔匈〕培拉·易烈希著　周　扬译
书　评
《水星》及其他　惕　若
今日的学校　丙　申
作家和作品
窝说·惠特曼
〔英〕戈斯著　伍　实译
《草叶集》的几叶　惠特曼

补　白
皮兰德娄得诺贝尔文学奖金
巴尔扎克巴黎生活的一斑
我默加耶的传记
一个美国人著的《杜甫自传》
一部英文的《新疆游记》
苏联批评家评《大地》
文学画报
木刻四幅
浪　张　望作
风景　张　望作
母女同归　罗清桢作
三农妇　罗清桢作

《文学》第三卷总目分类索引（一九三四年七月至十二月）

第 4 卷　第 1 号
1935 年 1 月 1 日出版

文学论坛
今年该是什么年　水
猜得再具体些　预
论所谓“感伤”　波
论“不以人废言”　实
作 家 论
林语堂论　胡　风
高尔基的浪漫主义　周　扬
创　作
神　巴　金
老年的浪漫　老　舍
善女人　张天翼
欧洲的风　艾　芜
冬天到春天　周　文
散　文
南游日记　郁达夫
罗马游简　李健吾
翻　译
二十夜问（印度神话故事）
许地山译
《威尼斯商人》第六幕
〔美〕L.Untermeyer 作　洪　深译
国王玛奇第一
〔波兰〕戈尔扎克作　孙　用译
小　品
繁星　余　一
小品三则　丽　尼
岳阳楼　叶　紫
书　评
“革命”与“恋爱”的公式
何　籁
《中国文学批评史（一）》　周木斋
关于《可笑的上流女人》及其他
梁宗岱　马宗融
一九三五年世界文人生卒纪念特辑
德国诗人席勒
〔德〕希尔特著　小　默译
世界的分割（诗）
〔德〕席勒著　小　默译
英国诗人济慈　傅东华
夜莺歌（诗）

〔英〕济　慈著　傅东华译
法国小说家雨果　马宗融
巴尔扎克的死
〔法〕雨　果著　马宗融译
丹麦童话家安徒生　狄　福
雪球花
〔丹〕安徒生著　茅　盾译
匈牙利小说家育诃摩耳　味　茗
跳舞会
〔匈〕育诃摩耳著　芬君译
美国小说家马克·吐温　胡仲持
关于理发匠
〔美〕马克·吐温著　胡仲持译

补　白

一部英文的《新疆游记》
最详尽的《杜思退益夫斯基传》
全世界的神话和传说
马克吐温碰钉子
萧伯纳等评韦尔斯的自传
爱尔兰诗人夏芝近讯
马克吐温编剧本
加莱尔的老年

文学画报

席勒像
济慈在英伦故居的书斋　赛弗恩作
席勒博物馆（四幅）
育珂摩耳像
安徒生像
雨果像
马克吐温像
考司坦萨教堂的砌画

第4卷　第2号
1935年2月1日出版

文学论坛

对于"翻译年"的希望　顺
谈题材的"选择"　波
关于"儿童文学"　江
质地的征服　水

病后杂谈　鲁　迅
点滴　巴　金
关于速写及其他　胡　风

创　作

难民船　沈起予
人的界限　欧阳山
归客　芦　焚
堤工　汪雪湄

论市民诗歌（D.S.Mirsky）季　明译

书　评

"健康的笑"是不是?　胡绳祖
周作人的《夜读抄》　周木斋

俄国文学的现实主义底发达
〔日〕西三郎作　高　纷译

作家和作品

两个伊凡吵架的故事
〔俄〕果戈理原作
〔日〕伊马鹈平编剧　林　煦译
果戈理和戏剧
〔苏〕倍列维尔则夫作　张感明译

二十夜间（续） 许地山译
再论《可笑的上流女人》及其他 梁宗岱 马宗融

文学画报

一九三四年在英国展览的法国名画（四幅）

补 白

目不识丁的海涅夫人
我们须为文学家建立铜像吗?
安德生的新著
华伦丹夫人的《海涅传》

第4卷 第3号
1935年3月1日出版

文学论坛

“翻译”和“批评”翻译 量
译书与读者 远
奢侈的消闲的文艺刊物 恺
关于悲观的文学 绳
再论古书翻印问题 骥

病后余谈 鲁 迅

小 说

陈士章传 郭源新
鬼 巴 金
痞根世界 欧阳山
安癞壳 蹇先艾
职业 三 郎

文学时论

蔼理斯的时代及其他 胡 风

独幕剧

另外一群 李健吾

诗

运河 臧克家

书 评

几本儿童杂志 子 渔
读《文学季刊》的几篇创作 尤佳生

作家和作品

巴别尔论 G.Munblit作 周 扬译
路 巴别尔作 周 扬译

文学画报

春 〔法〕Art Majer作
冠军 〔美〕Mareia Foster作
逆水行舟（木刻） 罗清桢作
绿了芭蕉（木刻） 张 慧作

补 白

法国小说家珂克多编电影剧本
关于巴金的《点滴》中一个小小声辩
果戈理与普式庚
英译的皮兰德娄著作目录
国社党的文学官之新著
小泉八云的著作有多少?
来函照登

第4卷 第4号
1935年4月1日出版

文学论坛

这一期 水

论讽刺　敖
说“需要”　水
十年前的教训　清
非有复译不可　庚
能不能再写得好懂些　方
编辑人的私愿　水
创　作
狗的问题　子　丹
热天　周　文
鸟的归来　芦　焚
北沟子　鲜鱼羊
在海外　唐伯尧
上流人　高川奈
我 的 书
《芥子园画谱》　丰子恺
果戈理的《死灵魂》　周　扬
《袁中郎集》　周木斋
诗
夜客的造访　甘运衡
书　评
“五·四”时代的一面影　胡　风
读《小说》半月刊创作专号　顾　封
世界文坛展望
美国人为什么不读书　若　水
苏联零讯　十　还
法国的“佛郎西年”和“教授年”　宗　融
法国著名文学史家郎松逝世　宗　融
日本文坛耆宿坪内逍遥逝世　河　清
补　白
日本的现代中国文学研究
来函照登
中国笔会改选理事
坪内逍遥的《小说神髓》
愚与恶　岛崎藤村著（无译者）
普式庚才是我们的教师
文学画报
一九三五年国际美术摄影杰作四幅

第4卷 第5号

1935年5月1日出版

文学论坛
“文人相轻”　隼
人生识字胡涂始　庚
杂志年与文化动向　明
科学历史的小品*　固
被称为“性自由底颂扬者”考窝德　洪　深
创　作
阳光　老　舍
废题　沈起予
樱花　三　郎
进城日记　褚雅鸣
我 的 书
《小说神髓》　谢六逸
《东方之箭》　马宗融
随　笔
还乡杂记　白　尘
故乡的杨梅　鲁　彦

* 原刊“目录”作“科学历史的小品”，正文作“科学和历史的小品”。

督学下乡　许　杰
病中琐记　万迪鹤
下乡　臧克家
剧
说谎集（独幕剧）　李健吾
书　评
杂志《潮》中的浪花*　惕　若
京派看不到的世界　胡　风
世界文坛展望
美国诗人罗萍生逝世　傅东华
英国批评家讨论出版问题　胡仲持
现代法国人心目中的雨果　马宗融
更伟大的梅特休克　马宗融
补　白
狄更斯的《皮克维克报纸》搬上舞台
契诃夫的新评价
美国小说家威廉·玛区的短篇集
卡末纳剧场廿年纪念
巴尔扎克的最后
瑞典作家沙特堡的英译短篇选集
二卷三期的《译文》有些什么文章
文学画报
一九三五年国际美术摄影杰作四幅（二）

世界文库发刊缘起　郑振铎
世界文库编例　郑振铎

* 原刊“目录”作“杂志《潮》中的浪花”，正文作“杂志《潮》里的浪花”。

世界文库第一集目录　郑振铎拟

第4卷　第6号

1935年6月1日出版

文学论坛
不应该那么写　洛
再论“文人相轻”　隼
也不要“专读白话”　风
一个希望　渔
创　作
凶手　沙　汀
端阳节　艾　芜
荒地　方　西
一根棍子　绀　弩
漩涡　〔英〕考窝德 N.Coward 作　方光焘译
我 的 书
《随园书话》　丰子恺
英国的《浮士德》　马宗融
诗三首　臧克家
随　笔
清明　鲁　彦
饿　悄　吟
书　评
《真妮姑娘》　子　渔
《南国之夜》　胡　风
世界文坛展望
皮普士未刊稿的发现　仲　持
高尔基轶著的搜集　仲　持

玛尔乐讲文学　仲　持
纪念左拉的《萌芽》出版的五十周年　马宗融
巴比塞对雨果的评语　马宗融
戈莱特当选为比国法兰西语文学院院员　马宗融

补　白

尼古拉二世恨托尔斯泰
曹禺的《雷雨》在东京上演
国际文艺谈话会朱胡彬夏文学奖金章程
福禄倍尔和莫泊桑
巴尔扎克的研究家
十种法国小说之一

文学画报

段干清木刻（二幅）
　喜峰口
　手
白涛木刻（二幅）
　茶楼上
　梦中
投稿诸君注意
傅东华告白
《文学》第四卷总目分类索引（一九三五年一月至六月）

第 5 卷　第 1 号
二周（年）纪念号
1935 年 7 月 1 日出版

文学论坛

文坛三户　干
文艺与社会的需要　舫
“孟下草不长”　扬
一点小声明　方

散　文

“题未定”草　鲁　迅
浪花十日　郭沫若
住所的话　郁达夫
比喻　丰子恺
一个夏天
——献给我的乡思　晓　岑

特约中篇

清明时节　张天翼

创　作

顾问官　沈从文
马嵬　严敦易
乾塘　蒋牧良
炸弹　白　尘
姊妹　欧阳山
旅途　许　杰
盆子　许钦文

长篇连载

秋实（一）　王统照

诗

他也有他自己的国土*　王统照

书简与日记

福楼拜的书简　李健吾
劳伦斯的书简　丽　尼
托尔斯泰的日记——青年时代　沈起予
倍纳式的日记　天　虹

文学理论名著译解

单纯的自然描摹·式样·风格

〔德〕歌德著　宗白华译

作家论

果戈理论　孟十还

书　评

最近的两大工程　姚　琪

《丰年》及其他　何　英

剧

父子兄弟（独幕剧）　墨　沙

文学与时代

中国新文学的起来和他的时代背景　何　英

展望与回顾

苏联的文学基金制度　耿济之

乔治五世时代的英国文学　仲　持

马克·吐温百年纪念　仲　持

巴尔干的高尔基死了　宗　融

莫泊桑的《漂亮朋友》出版的五十周纪念　宗　融

绣像小说　毕树棠

吴昌龄的《西游记杂剧》　赵景深

《朱砂痣》的作者余治　卢冀野

补　白

《屠槌》再版改为《酒窟》

安德生的新作《谜的美国》

今年的莎士比亚祭

马克·吐温的领带

济慈与雪莱的墓所

日本的巴尔扎克研究年

巴金主编文化生活丛书

纪德不肯为日译《纪德全集》做序

托麦斯·曼被开除国籍

倍纳忒的口吃

歌德谈话摘录*

果戈理的《巡按》

辛克莱赞美杰克伦敦

德国文学名著的翻译

托尔斯泰的青年与晚年

今年的波黎蔡奖金

文学画报

世界名画

莫那里萨　雷奥那多作

赫莲·富曼像　鲁木斯作

列树道　霍本玛作

自画像　赛　尚作

中国木刻

黄浦江（木刻）　陈烟桥作

阿Q正传（木刻）　赖少麟作

失恋（木刻）　赖少麟作

风景（木刻）　陈烟桥作

其他

G.福楼拜像

G.福楼拜九岁的信札手迹

印第安部落的舞蹈者　劳伦斯画

D.H.劳伦斯像　Jan juta 画

L.托尔斯泰木刻像

A.倍纳忒画像

A.倍纳忒及其夫人

附　录

我们对于文化运动的意见

文学社　文学季刊社　文艺画报社　中学生杂志社　太白社

世界知识社　芒种社　青年界社
东方杂志社　东方诗歌社　东流
文艺社　现代杂志社　新小说社
新生周刊社　论语社　译文社
读书生活社

大　戈　王伯祥　王志瑞
王承志　王特夫　王　琳
王集丛　王淑明　王鲁彦
王文川　王西徽　方之中
方光焘　白　丁　史国纲
艾思奇　艾寒松　伍蠡甫
任白戈　江天蔚　老　舍
向觉明　伯　韩　沈起予
沈志远　沈百英　辛　人
何家槐　沙　丁　宋　安
吕鉴平　汪虚若　汪静之
汪馥泉　余楠秋　李公朴
李青崖　李炳焕　李华卿
李辉英　杜　衡　金仲华
吴研因　吴愈岚　吴文祺
吴组缃　吴清友　林　庚
林焕平　孟　克　孟式钧
邵宗汉　周建人　周曙山
周木斋　周予同　郎鲁逊
袁　冰　姚雪垠　姚名达
姚非厂　柳亚子　柳　湜
郁达夫　胡仲持　胡　绳
施蛰存　孙俍工　孙　用
孙起孟　孙克定　翁同书
韦　林　马千里　马国亮
马宗融　奚　如　殷佩斯
徐调孚　徐工美　徐懋庸
徐应昶　徐霞村　夏丏尊
夏征农　倪文宙　高　滔
张明养　张天泽　张仲实
张天翼　曹聚仁　曹宇君
曹养吾　陈望道　陈子展
陈大悲　陈端志　陈康白
章靳以　康嗣群　毕云程
陶亢德　郭建英　陆衣言
陆上之　庶　谦　符竹因
叶圣陶　叶灵凤　叶作舟
叶籁士　叶　青　焦　风
黄芝冈　黄觉民　傅东华
贺昌群　万家宝　葛　乔
杨东莼　杨霁云　赵景深
赵景源　赵家璧　黎锦明
漆琪生　潘光迥　潘振亚
郑振铎　郑伯奇　樊仲云
蒋建白　乐嗣炳　欧阳凡海
刘大杰　钱歌川　钱子矜
谢六逸　应　人　蹇先艾
聂绀弩　谭勤余　萧　乾
顾君义　顾均正　顾仲彝
顾　燧

第5卷　第2号

1935年8月1日出版

文学论坛

力的文学和文学的力　独
小说作法之类　明

几乎无事的悲剧　旁
文艺自由的代价　扬
批评和谩骂　舫
三论"文人相轻"　隼

特约中篇

八骏图　沈从文

创　作

头　芦　焚
东郭　严敦易
茶叶棒子　白　尘
河岸上　方　西

长篇连载

秋实（二）　王统照

论　述

庚子事变在小说上的反映　阿　英

散　文

再谈日记　郁达夫
山窗读画记　苏雪林
三位黑夜僧　王统照

诗

春旱　臧克家

研　究

安特生研究　赵家璧

文学与时代

古典主义的起来和它的时代背景　王独清

文学理论名著译解

致百吕悌也尔先生之答辩　A.法朗士著　黄仲苏译

世界文坛展望

美国文坛近事　毕树棠
苏联的文学博物馆　仲　持
芬兰大叙事诗《卡列跋拉》百年纪念　仲　持
安徒生童话的今昔　仲　持
缪塞的《五月之夜》的百年纪念　宗　融
"Le Vert Galant"饭店的两种文学奖金　宗　融

补　白

演剧的数字
爱尔兰亚倍剧场打破传统
日本新刊哥德全集二种
上海掌故丛书
日本通俗作家牧逸马逝世
日本出版《现代苏俄文学全集》
《译文》中的三大文豪

文学画报

吹笛演舞　〔希腊〕瓶　器画
维娜思与玛尔司　蓬配意壁画
酒神伯克司（部份画）　弥恺尔安及罗作
辩护　陶米爱作
车站旁边候挑之妇（木刻）　张　慧作
农村夜色（木刻）　张　慧作

第5卷　第3号
1935年9月1日出版

文学论坛

四论"文人相轻"　隼

五论“文人相轻”——明术　隼
更聪明的“沉默是聪明的”　衡
关于“杂文的文艺价值”　平
又是《庄子》和《颜氏家训》　平

特约中篇

摇落　严敦易

创　作

友谊　张天翼
贼　许　杰
投水　周　文
控诉　万迪鹤

长篇连载

秋实（续二）　王统照

隋代大音乐家——万宝常　郭沫若

书　评

读《小妇人》　惕　若
《大地》　孟　林

文艺上的反华工禁约运动　阿　英

文学与时代

清末报章文学的起来和它的时代背景　曹聚仁

世界文坛展望

两个小说书目　毕树棠
英国当代作家的代表作　仲　持
英王赐作家的爵位　仲　持
爱尔兰文学家夏芝七十寿辰　仲　持
西班牙大戏剧家惠格逝世纪念　仲　持
巴黎国际作家大会续讯　宗　融
苏阿列士连获两种文学奖金　宗　融

补　白

罗曼罗兰游俄
文学奖金
密尔斯基的新著

文学画报

但丁像　卡斯塔尼育作
青春之泉　克拉那哈作
绘画　勒　遂作
俄罗斯牧歌　素笛京作

第 5 卷　第 4 号

1935 年 10 月 1 日出版

文学论坛

六论“文人相轻”——二卖　隼
七论“文人相轻”——两伤　隼
也是文坛上的“现象”　绮
补订“文艺自由的代价”　杨

特约中篇

新时代的旧悲剧　老　舍

创　作

无题　茅　盾
人间人　靳　以
羊　萧　军
饿死鬼　艾　芜

长篇连载

秋实（续三）　王统照

巴比塞漫画　娄放飞

散　文

泰山风光　吴组缃

诗

夜行军　S　M

我穿着军衣回来　S　M

纪德的一生　沈起予

书　评

咀咒翻译声中的《译文》　孟　林

世界文坛展望

英美文艺杂志的现状　毕树棠

国际笔会举行年会　仲　持

今年苏联文学出版概况*　仲　持

爱尔兰诗人A.E.逝世　仲　持

斯尉夫特的《布商文札》出版　仲　持

补　白

马克吐温诞生百年纪念近讯

牛津大学建立高尔斯华绥纪念碑

《二十六男与一女》的来源

关于劳伦斯的新著

卢那察尔斯基的眼泪

《安娜小史》摄成电影

日译法兰西现代小说

文学画报

维娜思的诞生　博惕且里作

微笑的骑士　哈尔斯作

大水　薛士黎作

巴尔扎克像　罗　丹作

罗曼罗兰游俄（六幅）

第5卷　第5号

1935年11月1日出版

文学论坛

“究竟应该怎样地反应或表现”　渔

理论家与作家之间　水

反映与想像　独

“世界上还有人类的时候”　扬

特约中篇

出奔　郁达夫

创　作

在渗井里　欧阳山

枪枝的故事　屈　轶

印刷局　盛焕明

三等避暑地带　谢挺宇

长篇连载

秋实（续四）　王统照

法德戏剧动向之比较　许德佑

剧

鸠那罗的眼睛（三幕剧）　苏雪林

《西湖二集》所反映的明代社会　阿　英

诗　选

咆哮的黄河　葛葆桢

扬子江　许幸之

---

* 原刊正文误作“今年苏联文学出品概况”。

书　评

《铗》　孟　林

《田园交响乐》　孟　林

记摩南　王独清

世界文坛展望

挪威剧作家格利新著反战剧本　仲　持

托尔斯泰博物馆　仲　持

关于丹麦小说家安特生·纳克索　仲　持

伊兰的诗坛　仲　持

《新群众》悬赏征文的得奖者　天　虹

关于译文里的柴霍甫　赵景深

补　白

罗曼罗兰原稿赠与图书馆

纪德的左拉论

英诗人华兹华斯绝嗣

《马克吐温的机智与睿智》

日本作家最受影响的书

《雷梦娜》的普及本

巴比塞的最后感想

反犹太的苏联作家被捕

文学画报

自画像　兰勃郎画

浴女　鲁奴阿尔作

白昼　霍得拉作

静物　勃拉克作

掘泥工事（木刻）　李桦作

悲哀（卖盐连续画之一）（木刻）　野夫作

崇桢本《西湖二集》书影及插图四幅

第5卷　第6号

1935年12月1日出版

文学论坛

“缺乏题材的痛苦”　水

两方面的说明　蒲

一个小小的实验　水

关于“对话”　清

托尔斯泰逝世二十五周年纪念

托尔斯泰的离家与死　济　之

戈尔登惠叟的回忆　宜　闲

创　作

祖父的故事　沙　丁

开河　宋　越

一天　路　丁

幕　墨　沙

山坡上　周　文

三周间　谈　宜

长篇连载

秋实（续完）　王统照

全运会印象　茅　盾

喜　剧

都会的一角（一幕二场）　徐佩韦

中国舞台剧的现阶段　张　庚

书　评

为初执笔者的创作谈　马　荒

忆庐隐　李唯建

世界文坛展望

明年苏联文坛的预测　济　之
苏联的教育诗　宜　闲
巴比塞逝世后　澄　清
罗曼罗兰的两封信　仲　持
国际联盟文艺委员会年会　仲　持
法兰西学士院的三百周年纪念　宗　融

补　白

刘易士的新著
爱尔兰笔会将出《夏芝论》
华尔华斯陈列馆开幕
苏联作家的稿费
海利虚·曼的新作
日本文艺批评家千叶龟雄逝世
《世界文艺大辞典》
康拉特原稿的价值
国际作家会议的报告
法国返尔南兑斯的新著
《已开发的处女地》已有英译本

文学画报

白杨树　莫　纳作
拉弓的黑拉克烈斯　布尔岱儿作
诗人之果子　奇力诃作
肖像　许哈藹夫作
劫后（木刻）　马　达作
寒风起兮乞儿无衣（木刻）　张　慧作
《钦差大臣》剧照（二幅）

《文学》第五卷总目分类索引
（一九三五年七月至十二月）

第6卷　第1号
新　年　号
1936年1月1日出版

论　坛

迎一九三六年　水
最流行的然而最误人的书　惕
再谈儿童文学　惕
经验理论和实践　水

特约中篇

多角关系　茅　盾

创　作

散荒　林淡秋
黄沙　靳　以
巫　芦　焚

散文　随笔

江南的冬景　郁达夫
路　圣　陶
我来自东　王任叔
西安印象　鲁　彦
读画漫感　丰子恺
郎特莱丝夫人　黎烈文

诗

旅梦　王统照

论　文

现实主义试论　周　扬

剧

老王和他的同志们（四幕剧）　李健吾

书　评

《死魂灵》与果戈理　胡　风

创作经验

我怎样写《清明时节》的　张天翼

两位作者的来信

关于《山坡上》的原形　周　文

关于《祖父的故事》两点小错误　沙　汀

世界文坛展望

苏联作家联合会召集全体大会　宜　闲

一九三六年以后的美国　仲　持

过去一年欧美文坛的回顾　毕树棠

华尔坡尔对英美文学的感想　仲　持

文学跟科学的关系　仲　持

荷兰京城的文学史国际大会　宗　融

法国水星杂志主干瓦列特逝世　宗　融

杜亚默尔当选为学士院员　宗　融

补　白

契诃夫和他的父亲

一个文稿介绍人的回忆录

对于普式庚之死的新解释

哥德与树

被放逐的德国文学家近讯

世界的翻译文学

高尔基的第二部自传小说

房龙在祖国不受欢迎

通俗作家走运的年限

被翻译最多的作家

《兰姆兄妹书简集》

高尔斯华绥的未发表作品

木　刻

不远的回顾　干　清作

筑路　干　清作

挣扎　罗清桢作

都市病了　张　慧作

第6卷　第2号

1936年2月1日出版

论　坛

应景文学和符咒文学　角

“懂”的问题　恪

关于乡土文学　蒲

我们还是需要批评家　文

《盘肠大战》的反响　水

特约中篇

乡下　鲁　彦

创　作

春风　张天翼

多余的侠情　沈起予

泡　夏　衍

粥渣　欧阳山

散文随笔

伦敦的园子　佩　弦

初秋的行旅　姚　慕

杂　文

一九三五年苏俄文坛的回顾　耿济之

诗

独木舟　王统照

论　文

屈原时代　郭沫若

现实主义底一"修正"　胡　风

世界文坛展望

纪念普式庚百年死忌的筹备　K.T.

纪德纵谈俄国文学　K.T.

法国名小说家布尔惹逝世　宗　融

巴尔干一瞥　天　虹

补　白

马克吐温作品在英销路不佳

新出的《普式庚纪念册》内容一斑（一）

新出的《普式庚纪念册》内容一斑（二）

波马显与美国革命

韦尔斯专心写电影脚本

巴罗哈近讯

为商人写广告的诗人

新闻杂志的文化国

兹滑格的新著战争小说

木　刻

风景　刘　岘作

秋　刘　岘作

胡不归　清　桢作

女工之颜　普　之作

第6卷　第3号

1936年3月1日出版

论　坛

作家们联合起来　鼎

所谓非常时期的文学　角

再论翻印古书　源

关于《山坡上》的最后几句话　水

创　作

小风波　墨　沙

十二九前后　齐　同

雾夜紫灯　谢挺宇

冰天　刘白羽

百顺街　芦　焚

分家　蒋牧良

散　文

钓鱼　鲁　彦

杂　文

苏联的文艺翻译家会议　耿济之

诗

在射击场上　S.M.

剧

多年的媳妇（独幕剧）　洪　深

书　评

人类前史底谑画《企鹅岛》　胡　风

论　文

浪漫主义的起来和它的时代背景　马宗融

世界文坛展望
狄那摩甫论莎士比亚　仲　持
英帝国主义代表诗人吉卜林逝世　仲　持
莫斯科世界文学研究院的创设　K.T.
苏联文学的四疵　K.T.
苏联文学批评的进展　宜　闲
高尔基写给伊尔库次克中学生的信　宜　闲
补　白
康拉特的求婚
冰岛古传说的印行
伊凡诺夫的自传小说
谁最会写电影小说
英国人最爱读的现代小说
韦尔斯的第一部电影小说
最先印行莎士比亚的出版家
倍纳忒的日记所引起的讼案
木　刻
殉难者　罗清桢作
起来！不愿做奴隶的人们　郭　牧作
在冰雪中（砖刻）　千　青作
老渔夫　李　桦作

第6卷　第4号
1936年4月1日出版

论　坛
向新阶段迈进　波
中国文艺的前途是衰亡么　横
悲观与乐观　横
论奴隶文学　横
再论所谓非常时期的文学　角
电影发明四十周年　惕
创　作
蜜味的夜　张天翼
余波　姚　慕
狼狈　盛焕明
故乡　S.M.
酒徒　芦　焚
某校纪事（中篇）　艾　芜
散文随笔
却鼠刀　剑　君
随时随地的话之一　晓　岑
杂　文
七十老人罗曼·罗兰　仲　持
论　文
典型与个性　周　扬
诗
白痴的悲哀　郭莽西
剧
赛金花（七场）　夏　衍
世界文坛展望
俄国两个文学家的诞生纪念　宜　闲
著作家的生意经　宜　闲
挪威小说家鲍以尔的新著　天　虹
狄更斯的《匹克维克遗稿》百年纪念　天　虹
补　白
伍特好斯论英美的幽默作家

白朗宁夫妇的情书
肖洛珂夫的《开发了的处女地》
莎士比亚的技巧
影响旧俄文学的英美作家
爱尔兰文坛的新动向
英国作家的生计
英国去年出版的文学书
诗人与健谈家

木　刻

国防的一幕　张　慧作
大流血的前奏　马　达作
他们在商量活路　温　涛作
故乡风景　张在民作

第6卷　第5号

1936年5月1日出版

论　坛

需要一个中心点　波
关于“出题目”　明
“不要你哄”　波
一个小小的提议　横

特约中篇

秋花　靳　以

创　作

没有祖国的孩子　舒　群
昙　齐　同
盐　蹇先艾

散文随笔

二月的雪　陈　琳
失业者之歌　王统照

诗

破题儿的失望　臧克家

杂　文

《六十种曲》叙录　徐调孚

托马斯曼论日尔曼文学　仲　持译
对于中国文艺衰亡论的一点说明　徐懋庸

世界文坛展望

大洛司尼的八旬诞辰　宗　融
《一个世纪儿的自白》出版的百年纪念　宗　融
苏联著作家权利的保障　宜　闲
俄罗斯的花木兰　宜　闲
《英国文学年代纪》出版　宜　闲
最完备的《托尔斯泰全集》　天　虹

补　白

德莱塞赞美《肉体之道》
大英博物院的藏书
意大利文坛近讯
关于吉卜林
一部描写南洋猪仔生活的小说
新编的《格雷书简集》
南美文坛的新趋势

木　刻

西北风景　马　达作
战场　庄　雷作
狂歌当哭　罗清桢作
破落户　陈烟桥作

第 6 卷　第 6 号
1936 年 6 月 1 日出版

论　坛

三周年　云
进一解　愓
再多些·再多方面些　愓
有原则的论争是需要的　横

特约中篇

崩决　欧阳山

创　作

宝祥哥的胜利　梅　陵
芭蕉谷　艾　芜
鬼门关　白　尘
放田水　许　杰
中人　鲁　彦
指日高升　潘　水
倦谈集　芦　焚

散文随笔

车中一瞥　茅　盾

诗

"饮马长城窟"　立　波

世界文坛展望

拉马尔丁的《若瑟兰》出版百年纪念　宗　融
高乃依 Le Cid 上演的三百年纪念　宗　融
乌克兰大诗人雪夫青郭逝世纪念　T.H.
关于《夏伯阳》的作者富曼诺夫　T.H.

补　白

济慈的情书
辛克莱的上帝观
卢那却尔斯基的剧本
爱尔兰文坛近讯
关于《匹克维克遗稿》出版百周(年)纪念
莫斯科的民众艺术剧场

木　刻

敬礼　〔苏〕克拉布钦科作
失业女工　〔苏〕克拉布钦科作
囚犯　江　烽作
春牛　胡其藻作

本社迁移启事
傅东华启事
茅盾启事
《文学》第六卷总目分类索引（一九三六年一月至六月）

第 7 卷　第 1 号
儿童文学特辑
1936 年 7 月 1 日出版

儿童文学特辑

大鼻子的故事　茅　盾
新爱弥耳　老　舍
一个练习生　圣　陶
小红灯笼的梦　王统照
儿童文学的"主题"论　〔苏〕高尔基著　沈起予译

中国儿童读物的分析　郑振铎
儿童文学在苏联　茅　盾
筑堤
〔苏〕Loe kassil 作　傅东华译

创　作

苦难　沙　汀
牧歌　芦　焚
小犯人　艾　芜
夜的呼啸　征　农
黄昏的路　谢挺宇
草纸厂　刘白羽
已死的与未死的　舒　群
贬价竞卖　盛焕明

诗

跳龙门　臧克家
依旧是春天　臧克家
荒村浮动线　葛葆桢
蛰蛇　S·M·
黄色的头发　S·M·
塞下曲　楚　丘
祷与颂　楚　丘

戏　剧

《阎婆惜》蹦蹦戏脚本引序　洪　深
恭喜发财（四幕剧）　白　尘
《三笑姻缘》的演变　赵景深

译　丛

与读者的谈话
〔苏〕奥列莎著　狄　漠译
夫妻　V.格洛司曼著　耿济之译
司汤达行状　李健吾译
和平（长篇连载）
〔德〕格莱塞著　屈　轶译

杂　文

国号之类　周木斋
脸孔　杨　骚
拾穗　孟　超
对台戏与狭小的龙　文　如
关于女人的书籍　唐　弢
被一张明信片引起的杂感　徐懋庸
笼中记　汪　洋
俄法文坛别报　毕树棠

补　白

希克斯的《约翰·李特传》出版
阿诺特·褚威格被剥夺公民权
《我爱》已拍成电影
伊林的近著
西班牙惠格的剧本已有英译本
柴卡伐赞美莎翁的《庸人自扰》
英国作家的厄运
爱默生与惠特曼的《草叶集》
变动中的爱尔兰的戏剧
在美国销路最好的书
苏联剧坛近讯
A.托尔斯泰的《黑暗与黎明》已有英译本赛珍珠的新著
《生命之晨》——一部现代的冰岛小说
杜勃洛柳蒲夫信札的发现
今年的莫斯科戏剧节

木　刻

高尔基像
《白夜》（十幅）　刘岘作

图　画
年轻的母亲
苏联儿童自由画（四幅）
《筑题》插图（八幅）
高尔基遗像（五幅）
高尔基纪念画刊（七幅）

编后记
来　件
中国文艺家协会宣言
中国文艺家协会章程
已加入本会会员名录

第7卷　第2号
1936年8月1日出版

高尔基纪念特辑
诗一首（在纪念画刊中）　先
瞻仰遗容　王任叔
高尔基的学习时代　郑伯奇
一幅肖像画
〔苏〕罗纳却尔斯基作　秦炳著译
高尔基的新的人道主义　徐懋庸
大屠杀
〔苏〕高尔基著　赵家璧译
创　作
平凡的悲剧　齐　同
衰仔　欧阳山
鸶鹭湖的忧郁　端木蕻良
儿童节　罗　洪
神甫　位　忒
怎样创造文学上的形象
蒂莫费也夫著　耿济之译
诗　选
雪莱墓上　王统照
心的连环　臧克家
可是我的中华　立　波
拉大爬　张会川
山谷的夜　刘鸿儒
杂　文
“宗周气象”　观　澜
大炮队　啸　高
松花江上　卓　尔
帝师之子　潘　水
剧　本
恭喜发财（续）（四幕剧）　白　尘
译　丛
和平（一续）
〔德〕格莱塞著　屈　轶译

编后记　编　者
补　白
有力的啨辞
高尔基的话
英国掌玺大臣非难现代文学
萧伯纳的三新剧
倍纳忒的原稿
木　刻
犯工　罗清桢作
豪饮　罗清桢作
失所　张　望作
寒夜里的清道夫　力　群作

照　片
高尔基纪念画刊（七幅）

第7卷　第3号
1936年9月1日出版

文学上的真实
约翰·亚里托曼著　沈起予译
高尔基的逝世与葬礼　戈宝权
短篇小说专号
誓言　舒　群
草原上　刘白羽
古城里的平常事件　李辉英
余三教授　征　农
谈子湾的春天　任　何
父与女　蹇先艾
奔　陈　琳
激变　温功义
麦田里　丁　孤
译　丛
和平（二续）
〔德〕格莱塞著　屈　轶译

读者通信　方家达
编后记　编　者
补　白
高尔基的遗著
夏芝的回忆录
关于美国名诗人费劳斯忒
玛尔乐的新著
英国著作家的遗产
介绍《十年》
画　刊
契司台登画像　A.Wolmark画
肖迈亚女士雕刻照片（二幅）
〔德〕K.Schollmeyer画
木　刻
前夜　陈烟桥作
在进行中　陈烟桥作
高尔基葬仪之一　刘　岘作
高尔基葬仪之二　刘　岘作

第7卷　第4号
1936年10月1日出版

创　作
烟云　茅　盾
哀启　老　舍
荒　田　涛
寿平　许　杰
北荒之夜　黑　丁
报销主义　（无署名）
但丁的言语观
——读书杂记　辛　人
诗　选
温柔的逆旅　臧克家
野市　葛葆桢
新墓　柳　倩
瘖哑的酉水　刘鸿儒
杂　文
无线电的进口和出路　周木斋
蛙声　贾祖璋

游　记

云冈途中　闻国新

谜样的世界　何剑熏

译　评

回响屋　勃希尔著　调　孚译

和平（三续）

〔德〕格莱塞著　屈　轶译

关于写诗法的文献　蒲　风译

《玉堂春》故事的演变　阿　英

通　信

捷克普鲁司克博士的来信

编者复信

编后记

补　白

劳伦斯的短篇小说集

美国文坛近讯

阿度斯·赫胥黎的近著

一千人表演《静静的顿河》

法国的《女性幸福生活奖金》

《彼得一世》将被摄成电影

画　刊

磨刀人（雕版）　狄特利虚作

速写画三幅　约翰格楼资作

拓荒者（木刻）　力　群作

歇凉（木刻）　王天基作

牛场　王天基作

桥畔　刘　岘作

来　件

文艺界同人为团结御侮与言论自由宣言

第7卷　第5号

1936年11月1日出版

鲁迅先生纪念特辑〔一〕

悼鲁迅先生以诗纪感　王统照

悼鲁迅先生　傅东华

写于悲痛中　茅　盾

怀鲁迅　郁达夫

永在的温情　郑振铎

最后的会面　郑伯奇

鲁迅先生遗容速写（一）（封面）　力　群

鲁迅先生像

鲁迅先生遗容速写（二）　楷　人

鲁迅先生遗容照片

鲁迅先生之寓所与丧仪照片（二十四帧）

创　作

烟云（续）　茅　盾

遥远的风砂　端木蕻良

试验婚姻日记抄　万迪鹤

到别墅去　罗　烽

好汉们　王西彦

诗　选

边塞集　马铃梆

塞上篇　果　轩

乱葬岗　苏金伞

杂　文

还债的儿子　何圭人

操场风景线　啸　高

猫阎王　汪　洋

四月会　　臧克家
第二旅团长
〔俄〕巴伯利作　陈揆英译
剧本
本地货（独幕剧）　杨　骚等
评丛
漂流
诺维可夫·布里鲍依著　济　之译
忧郁　Novikov Priboy 著　邵灵芬译
和平（四续）
〔德〕格莱塞著　屈　轶译

编后记
补白
苏联人民最爱好的戏剧家
赛珍珠的《流犯》的姊妹作
帕索斯的奇特作风
画刊
P.索挨尔画（三幅）
渔人们玫瑰色的爱　Z.安得乌作
洛托菲像的草稿　赛尚奴作
苦恼的表现（木刻）　陈烟桥作
打水夫们（木刻）　力　群作

第7卷　第6号

1936年12月1日出版

鲁迅先生纪念特辑〔二〕
研究和学习鲁迅　茅　盾
关于研究鲁迅的几个基本认识的商榷　欧阳凡海
鲁迅翁杂忆　夏丏尊
模糊　周木斋
创作
荣归　艾　芜
试验婚姻日记抄（续完）　万迪鹤
小玲妹　草　明
邯郸　严敦易
号外　王圣伟
汽车路　方　西
论文
戏曲论　高尔基著　沈起予译
杂文
走方郎中　唤　明
蛤拖沟的一日　花　童
修路的风波　吴卧冰
石佛寺　闻国新
江边"古宗"　寒　谷
译丛
和平（续完）
〔德〕格莱塞著　屈　轶译

编后记
来件
上海杂志界慰劳绥军电
全国读者以一日供献绥军启事
上海木刻作家协会成立宣言
补白
韦尔斯自拟讣闻
宾斯其重游莫斯科
拥护文化国际作家协会告知识分子书

纪德的近著

画　刊

皮卡索自画像
被弃的人们　皮卡索作
一个工人之死　F.门德资作
一日工作之后　F.门德资作
守望（木刻）　干　青作
抵抗（木刻）　干　青作
在冰雪中（木刻）　罗清桢作
游击（木刻）　陈烟桥作

《文学》第七卷总目分类索引（一九三六年七月至十二月）

第8卷　第1号
新诗专号
1937年1月1日出版

献辞　王统照
新诗杂话　佩　弦
新诗的踪迹与其出路　屈　轶
中国诗中四声的分析　朱光潜
吊今战场（长诗）　王统照
中原的胳膀　臧克家
被忘掉的人们（长诗）　吕　东
赫曼与窦绿苔（诗歌剧）
〔德〕歌德作　郭沫若译
石客（诗歌剧）
普希金作　耿济之译
论初期白话诗　茅　盾
郭沫若的诗歌　穆木天
新月诗歌　石　灵
一九三七前奏曲　甘运衡
除夕　陈雨门
除夕三部曲　伍石天
大路之歌（长诗）
〔美〕W.惠特曼作　高　寒译
一时间的骑士
〔俄〕涅克拉索夫作　彭　慧译
尼采诗钞　尼采作　冯　至译
惩罚（长诗）
〔法〕雨果作　穆木天译
政治诗人海涅
〔日〕舟木重信著　杨　骚译
匈牙利人民诗人彼得斐略传及其诗歌　李　微
石川啄木的思想生平及其诗歌
陈　琳

诗　选

边塞集　马铃梆
顺河集　葛葆桢
茶炉子　王洪涛
号子里　冉洮曲
憩午工　魏兆铭
手　燕　丘
小家子中秋　温树培
梦哭　卢　森
创造未来的欢欣　鲁　深
一千二百五十六人合家　舒　培
当儿　张会川
春　张会川
秋　彭子蕴

难妇　陈雨门
突击　柳　倩
望雨　方家达
饥饿　王亚平
扫帚星　厂　民
贫民区　陈　湖
午　徐　楷
无题　庄　重
看边　温树培
壮士心　徐天厂
古墙　慕　旦
白骨草　程兆翔
母与子　应似鸿
做棺材的人　邹荻帆
四月　邹荻帆
冰上行　吴雪心
村中夜话　丹　麦
荒村　丹　麦
孩子和他的铜笛　今　及
偶成　大　任
除夕　林　丁
“我最喜欢的一首新诗”的答复　赵笑天等
英美现代的诗歌　〔英〕Louis Mac Neice 作　胡仲持译
我和诗　宗白华

自由论坛

我对于新诗写法的意见　旋　毛
我对于新诗写法的意见　蒋有林
中国新诗的前途呢　小　匏
写诗玲痴　纪果轩
中国新诗的前途　胡　骥
与诗人们商量　辛　劳
写实主义的诗歌与生活　欧阳克
时代与新诗的视野　汉　亚
写诗小记　周而复
漫谈新诗　李素伯
我对于新诗写法的意见　杜亚光
对于新诗写法的意见　天　风
关于新诗的素养　黄灵圣
诗的未来　文　远
中国新诗的前途　陈雨门
我对于新诗写法的意见　孙仲起
关于新诗的种种　马宗融

新诗集编目
编后记

补　白

谈诗小记（一）
谈诗小记（二）
哥德与裴多汶
苏俄对于普希金百年纪念之筹备
英国新诗人的合集
谈诗小记（三）
白俄罗斯的人民诗人郭拉斯
两个反法西斯的文学奖金
雪莱的反抗精神

画　刊

普希金画像（三色版印）
刘复先生遗像

徐志摩先生遗像
徐志摩先生未发表的诗稿二页
刘梦苇先生遗笔
刘大白先生遗像（陈抱一画）
朱湘先生遗像
刘大白先生遗笔
朱湘先生遗笔二页
白采先生遗像
朱大枬先生遗像
白采先生遗笔
普希金在棺中
普希金夫人像
普希金与唐贻司的决斗
普希金亲笔画
《石客》德译本插图二幅
哥德像及其签名手迹
《赫曼与窦绿苔》诗剧画二幅
雨果画像
海涅画像
匈牙利爱国诗人彼得斐画像
石川啄木像
石川啄木的病床日记一页

本刊启事　本　刊

第 8 卷　第 2 号
1937 年 2 月 1 日出版

浑河的急流　端木蕻良
谷　田　涛
赫曼与窦绿苔（续完）（诗歌剧）
〔德〕哥德作　郭沫若译
AB 与 C（创作经验）　老　舍
东西　老　舍
原始艺术的社会美学
W.Hausenstein 著　沈起予译
奥尼尔的生涯及其作品　俞志远
爱的教育　王西彦
锻冶　刘白羽
普希金诗钞　蒲　风　叶可根译

诗　选

光明的见证　臧克家
夜车中闻口琴声　刘延陵

诗集评论

叙事诗的前途　茅　盾
《春天从梦里》及其他　鹿地亘
吹芦笛的诗人　胡　风
梦家的诗　张振亚

关于太平天国的写作　白　尘
公共秩序　J.Sendor 作　何家槐译
编后记

补　白

介绍《二十人所选一九三七年短篇佳作集》
独创一格的文学院
莱奥诺夫的生活之路
辛克莱论惠特曼
许广平为征集鲁迅先生书信启事
英译的普希金作品集

画　刊

木刻

没有祖国的孩子　野　夫作
在冬夜里　陈烟桥作
上工　王寄舟作
放工后　刘　岘作
歌德像
歌德祖先的住室
Bushmen 的洞窟中的绘画
石雕的美神（Venus）（二幅）
南洋人的木雕
奥尼尔像
奥尼尔的书斋
普鲁凡斯通的埠头剧场
莫斯科速写　P.本笛耳作
莫斯科　F.马司累耳作

第 8 卷　第 3 号
1937 年 3 月 1 日出版

炼　齐　同
牧女　王萍草
普希金底抒情诗
〔苏〕壁沙了夫作　王凡西译
友琴·奥尼尔　赵家璧
没有光的彗星　谢挺宇
小五子的哀思　许　杰
诗　选
绿洲　刘延陵
老农的冬天　葛葆桢
旅歌　邵冠祥
苏俄的诗歌
〔英〕A.Selivanovsky 作　高　寒译
剧　本
金田村（七幕史剧）　白　尘
而反抗的风在猛烈地狂啸
〔捷〕N.沙华作　劳　荣译
无名的兵士
〔捷〕F.哈拉斯作　劳　荣译
休养　E.M.德拉斐儿作　天　虹译
补　白
英译的普洛帕细亚的挽歌
画　刊
前瞻中的回忆（木刻）　罗清桢作
农村一角（木刻）　马　达作
《子夜》插图二幅（木刻）
刘　岘作
壁沙了夫像
奥尼尔夫妇近影及其签字
八岁时的奥尼尔
野兽派的绘画二幅
匈牙利诗人彼多斐诗集插图二幅

文学社启事

第 8 卷　第 4 号
1937 年 4 月 1 日出版

蒲公英　蔡希陶
炼（续）　齐　同
松喜先生　蹇先艾
金田村（续）（七幕史剧）　白　尘
普希金的抒情诗（续）
〔苏〕壁沙了夫作　王凡西译

听潮梦语　王统照

诗　选

退色的金枝　臧克家
收割　厂　民
春荒　陈雨门
我们要求诗人　庄　重
麦场上　郭兆儒

上流人　欧阳山
新计划　李辉英
《醒世恒言》的来源和影响　赵景深

通　讯

五城康雄先生来信
编者复信
编后记

画　刊

逃亡的人（附小诗）（木刻）
张　望作
守卫（木刻）　陈烟桥作
黎明（木刻）　陈烟桥作
是时候了（木刻）　张　望作
美好的礼拜五之夜（凹版雕刻）
M.Bone 作
莫斯科郊外休息处（木刻）
G.Tuganov 作
英国现代新诗人奥腾像
M.Peade*作
英国现代新诗人司宾特尔像
H.Moore 初稿作
农民（雕刻）　J.达劳作
路工（雕刻）　J.达劳作
附达劳略传

补　白

连获美国诗歌奖金的女诗人
《钢是怎样炼成的》已有英译本
万垒赛耶夫的七十寿辰
德国流亡作家的文学杂志——Das Wort

第 8 卷　第 5 号

1937 年 5 月 1 日出版

中学选读古经传问题　傅东华
秘密的故事　舒　群
热带小景　艾　芜
上流人（续）　欧阳山
作为写实主义者的歌德
〔日〕甘粕石介作　周学普译
金田村（续）（七幕史剧）
白　尘
听潮梦语（续）　王统照

诗　选

场园上　温树培
望雨的心　陈宪泗
午夜　沙　蕾
死囚曲　沙　蕾
来　风　磨
愿望　风　磨
烧饼炉旁　风　磨

* 原刊“目录”为“M.Peade”，正文为“M.Peake”。

樱花凋残的时候　陈琳
铁门风味　钦文
我淌着冷汗　唐弢
“突勒夫阿斯”
〔德〕W.O.Lomin 著　邵灵芬译
杂文
空中恐怖　陆坪
边城往事　汪洋
林家铺子　葛葆桢
雪夜　何奏
一九三六年的贡古尔奖金　严大椿

编后记

来信与解答
来信　俞汉鑫
复信　彭慧
补白
白朗宁夫人的诙谐
普利鲍埃的《对马》已有英译本
迭更司的晚年
流亡者的乞讨（诗）　卓尔
谈诗小记（四）　息
“圃人之为圃”
谈诗小记（五）　息
来信与解答
画刊
德国中世纪的木刻画（一幅）
TROY 之战——十七世纪欧洲的木刻画（附说明）（二幅）
僧侣　V.G.肖尔豪夫作
祝福烛的出卖　V.G.肖尔豪夫作
马戏团中　V.G.肖尔豪夫作
汽笛响了（木刻）　罗清桢作
救亡的歌声（木刻）　陈烟桥作
军中行军（木刻）　王寄舟作

第 8 卷　第 6 号

1937 年 6 月 1 日出版

普希金逝世百年祭（苏联通讯）
戈宝权
不祥的人　陈刍狗
秘密的故事（续）　舒群
回家　黑丁
生命的抓手　臧克家
关于莎士比亚的曲解
B.Reich 作　何家槐译
随时随地的话之三四　晓岑
教师节　罗洪
入山吊丧记　盛焕明
私货船　高子里
火　方家达
编后记
补白
小鸟（普希金诗）
英报赞美《钢是怎样炼成的》
《安娜·卡列尼娜》编剧上演
西班牙作家游苏
过渡（诗）　陈雨门
普利鲍埃六十寿辰

画　刊

普希金逝世百年祭画辑（八幅）
火炬的传送（木刻）　清　桢作
建设（木刻）　力　群作
静物（木刻）　力　群作
日本两国风景（木刻）　刘　岘作
动物们的故事插图（木刻）
V.Favorsky 作
意大利的故事插图（木刻）
A.Kravchenko 作
十字路口（木刻）　G.Raverat 作
奔马（画）　Verte 作

第 9 卷　第 1 号
1937 年 7 月 1 日出版

短　评

新文学前途有危机么　茅　盾
文风与“生意眼”　茅　盾
所谓风气　屈　轶
题材与形式　忍　士
复杂的合奏　大　远

清新与老成　傅东华
我这一辈子（中篇）　老　舍

短篇创作

乡里善人　圣　陶
轮下　沙　汀
森林中　艾　芜
父子书记　荒　煤
青河崩裂了　刘白羽
出奔　碧　野

翻译小说

莫里哀在商波
〔法〕勒美脱尔作　黎烈文译
七个人中间的那一个
〔匈〕育诃摩尔作　鲁　彦译
听潮梦语（续）　王统照
大地的海（长篇连载）　端木蕻良
苏生的风　臧克家
德国法西斯主义的文艺学　王任叔
对于翻译问题的意见　陈宪和译
第一篇　嘉奈多
第二篇　蔼里塞夫
第三篇　法第曼
第四篇　加尔德隆
第五篇　纪德
裴云罗奇诗两首　劳　荣译
德米尔诗抄　高　寒译
一个文学年谱：一九一一—三〇
〔美〕Malcolm Gowley 作
毕树棠译

散　文

春天的门限
〔法〕浦鲁斯蒂作　李健吾译
追帽子〔英〕谦斯忒登作　明　森译

书报述评

《窑场》及其他　茅　盾
论《日出》　欧阳凡海
读《栗子》　欧阳凡海
文艺杂志述评　谬　谬

对于中日文坛交流的希望
五城康雄作　陈　琳译
编后记　编　者
补　白
谈诗小记（六）　息
片言　旻
亚美尼亚剧作家逝世纪念
老当益壮的诗人
《安娜·卡列尼娜》之上演
三河岛町风景
普洛作家同盟解散五周年
画　刊
印度金刚座　高剑父作
耕罢　高剑父作
国防前线的歌声（木刻）　陈烟桥作
被威胁的古城　田无灾作
武装（木刻）　李雾城作
筑桥（附小诗）（木刻）　流　海作
和平马（雕铜）　A.Susini 作
圣 JEROME 像（雕铜）　Susini 作
铜像　C.Despian 作
在新西兰画者的房子（水彩）
S.Butler 作
《黑女求神记》插图四幅
萧伯纳作

第 9 卷　第 2 号
1937 年 8 月 1 日出版

短　评
剧运平议　茅　盾
清要　王统照
剪裁　屈　轶
丑恶的描写　大　远
散　文
书桌　圣　陶
海上的火灾
〔俄〕屠格涅夫作　彭　慧译
大地的海（续）（长篇连载）
端木蕻良
对于翻译问题的意见（续）
陈宪和译
第六篇　郎揭尔
第七篇　黎纳谛
第八篇　雷许纳
第九篇　玛里安
第十篇　朱考夫斯基
短篇创作
何法官　白　尘
生意经　王西彦
步新先生　胡　游
新诗片语　臧克家
刑场　臧克家
年关雪　臧克家
挑黄土　马铃梆
煤矿夫　远　野
鞭梢　冉洮曲
追　陈雨门
书　评
评《谷》及其他　王任叔
评两个阿 Q 正传的剧本　欧阳凡海
达芒高　梅里美作　夏　伯译

编后记

画　刊

后备队开到（木刻）　陈烟桥作

盲作家阿斯托洛夫斯基（附诗）（木刻）　王夫基作

杜勒耳自画像（附略传）

《夜店》插图（木刻）　刘　岘作

肖像（木刻）　古　林作

塞姆桑与狮　杜勒耳作

补　白

书籍介绍

谈诗小记（七）　息

乌克兰大诗人雪夫青郭的纪念碑

本社启事一

本社启事二

第9卷　第3号

1937年10月10日出版

前　哨

送旧中国入净火　编　者

"回到了莽原"　编　者

宣传的艺术　编　者

国魂的再生（诗）　郭源新

两代人　艾　芜

不死底大地的心脏（画）　蔡若虹

不是死，是永生！（诗）　蔡若虹

无题　茅　盾

失路人（诗）　王统照

死城十日记　赵家璧

更严密的组织作家　吴　蒙

芦沟桥之战（三幕剧）　陈白尘

兴采起来，同胞们！（诗）　定　一

第9卷　第4号

1937年11月10日出版

前　哨

四维大张

礼之用

重申本刊的态度

敢战者谁?　Forture

我的呼喊　王任叔

没有了家乡　靳　以

浑河，流吧！（诗）　刘白羽

灭亡　艾　芜

时间　李健吾

幽灵夜话　王统照

感奋词钞　章雪村　叶圣陶

战士自歌（诗）　S.M.

战斗日志表的一页　夏　衍

去吧，去到战场！（诗）　舒　群

追悼鲁迅　A.Smedley 编　者译

补　白

本刊的三戒

"保卫大上海"

黄遵宪的一段话

焦土的先烈

血帐之一页

A.C.Sowerby 的一段话

57

中国现代文学期刊目录汇编（第四卷）

ZHONGGUO XIANDAI WENXUE QIKAN MULU HUIBIAN

唐沅 韩之友 封世辉
舒欣 孙庆升 顾盈丰 编

中国文学史资料全编

现代卷

中国社会科学院
文学研究所 总纂

知识产权出版社

内容提要

本书汇编了我国现代文学史上创刊于1915—1948年间的，有影响、有代表性的期刊目录276种（另有附录4种），其中绝大部分是文学期刊，也酌情选收了一部分与中国现代文学关系密切的综合性文化刊物。

责任编辑：马　岳　　　　责任校对：董志英
执行编辑：牛洁颖　　　　责任出版：卢运霞

图书在版编目（CIP）数据
中国现代文学期刊目录汇编 / 唐沅等　编．—北京：知识产权出版社，2010.3
（中国文学史资料全编·现代卷）
ISBN 978-7-80247-677-6
Ⅰ．① 中…　Ⅱ．① 唐…　Ⅲ．① 现代文学—期刊目录—中国
Ⅳ．① Z88：I206.6
中国版本图书馆 CIP 数据核字（2010）第 007847 号

中国文学史资料全编·现代卷
中国现代文学期刊目录汇编（第四卷）
唐　沅　韩之友　封世辉　舒　欣　孙庆升　顾盈丰　编

出版发行：知识产权出版社

社　址：北京市海淀区马甸南村1号	邮　编：100088
网　址：http://www.ipph.cn	邮　箱：bjb@cnipr.com
发行电话：010-82000860 转 8101/8102	传　真：010-82005070/82000893
责编电话：010-82000860 转 8171	责编邮箱：mayue@cnipr.com
印　刷：北京市凯鑫印刷有限公司	经　销：新华书店及相关销售网点
开　本：720mm × 960mm　1/16	印　张：303
版　次：2010年3月第一版	印　次：2010年3月第一次印刷
字　数：4653千字	定　价：616.00元（全七卷）

ISBN 978-7-80247-677-6 / Z · 454（2796）

总目录

第一卷

期刊目录汇编

1 新青年（青年杂志）…………3
2 每周评论…………52
3 新潮…………70
4 国民…………80
5 少年中国…………88
6 解放与改造（改造）……111
7 曙光…………130
8 新社会…………137
9 人道…………144
10 小说月报…………146
11 文学周报（文学旬刊、文学）……297
12 戏剧…………374
13 诗…………382
14 学衡…………392
15 创造…………447
16 努力周报…………454
17 读书杂志…………472
18 歌谣周刊（歌谣）……476

第二卷

期刊目录汇编（续）

19 小说世界…………574
19 附录一　民众文学……751
19 附录二　侦探号…………756
20 浅草…………758
21 弥洒…………762
22 创造周报…………766
23 文艺周刊（文艺旬刊）……775
24 洪水（周刊、半月刊）…787
25 语丝…………799
26 现代评论…………861
27 支那二月…………934
28 猛进…………937
29 莽原（周刊、半月刊）…954
30 大江（季刊）……971
31 甲寅（周刊）……973

32 清华文艺……1001
33 狂飚……1007
34 创造月刊……1016
35 沉钟（半月刊）……1026
36 北新……1034
37 一般……1093
38 幻洲……1112
39 泰东……1127
40 真美善……1138
41 民间文艺……1165
42 太阳月刊……1169
43 未名……1174
44 文化批判……1179
45 现代小说……1183
附 五一特刊……1191
46 新月……1193
47 流沙……1217
48 我们……1221
49 畸形……1224
50 奔流……1227
51 开明……1234
52 山雨……1265
53 思想……1269
54 无轨列车……1272
55 大众文艺……1275
56 乐群……1282
57 大江（月刊）……1291
58 白华……1297
59 春潮……1299
60 熔炉……1304
61 朝花（周刊、旬刊）……1306
62 海风周报……1313

第三卷

期刊目录汇编（续）

63 金屋月刊……1318
64 红黑……1324
65 人间……1327
66 华严……1329
67 新流月报……1333
68 戏剧与文艺……1336
69 南国月刊……1342
70 引擎……1347
71 戏剧……1349
72 戏剧的园地……1355
73 南国周刊……1357
74 新文艺……1363
75 萌芽（新地）……1370
76 拓荒者……1377
77 艺术……1384
78 文艺讲座……1386
79 巴尔底山……1388
80 骆驼草……1391
81 沙仑……1397
82 前锋周报……1399
83 现代文学……1406
84 开展……1412
85 文艺月刊……1418
86 世界文化……1496
87 前锋月刊……1498
88 读书月刊……1505

89 当代文艺……………………1517
90 诗刊…………………………1524
91 文学生活……………………1528
92 文艺新闻……………………1530
93 青年界………………………1579
94 现代文学评论 ……………1679
95 前哨（文学导报）……1687
96 文艺杂志……………………1690
97 创作…………………………1694
98 新时代………………………1698
99 涛声…………………………1731
100 北斗…………………………1756
101 十字街头……………………1761
102 文化评论……………………1763
103 絮茜 …………………………1766
104 矛盾…………………………1769
105 文学…………………………1781
106 现代…………………………1783
107 文学月报……………………1827
108 文艺茶话……………………1832
109 论语…………………………1845
110 小说月刊……………………1999
111 文化月报
（世界文化）……………2002
112 无名文艺……………………2005
113 新诗歌………………………2007
114 艺术新闻……………………2014
115 文学杂志……………………2017
116 文艺月报……………………2021
117 文学…………………………2025

第四卷

期刊目录汇编（续）

118 文艺春秋……………………2080
119 戏……………………………2085
120 文艺…………………………2088
121 文化列车……………………2091
122 文学季刊……………………2096
123 中国文学……………………2106
124 新诗歌………………………2114
125 春光…………………………2116
126 诗歌月报……………………2121
127 人间世………………………2126
128 小说
（月刊、半月刊）……2153
129 文艺风景……………………2162
130 当代文学……………………2165
131 东流…………………………2170
132 文学评论……………………2179
133 译文…………………………2182
134 太白…………………………2206
135 文学新地……………………2226
136 水星…………………………2228
137 当代诗刊……………………2233
138 文饭小品……………………2236
139 新小说………………………2242
140 芒种…………………………2247
141 文艺…………………………2255
142 中学生文艺季刊 ………2276
143 杂文（质文）…………2291

144　创作……2300
145　宇宙风……2303
145　附　宇宙风·逸经·西风非常时期联合旬刊……2392
146　海燕……2397
147　夜莺……2400
148　诗歌生活……2404
149　逸经……2407
150　东方文艺……2446
151　文学丛报（人民文学）……2452
152　作家……2458
153　文季月刊……2463
154　文学界……2470
155　光明……2475
156　现实文学……2494
157　今代文艺……2497
158　中流……2501
159　诗歌杂志……2514
160　新诗……2520
161　电影戏剧……2527
162　小说家……2530
163　热风……2533
164　希望……2536
165　文丛……2539
166　文艺科学……2544
167　文学杂志……2547
168　戏剧时代……2559
169　中国文艺……2562
170　新演剧……2566
171　烽火（呐喊）……2571
172　七月……2578
173　抗战戏剧……2596
174　抗到底……2603
175　战地……2612
176　自由中国……2617
177　文艺阵地……2624
178　抗战文艺……2658
179　戏剧新闻……2686
180　文艺……2690
181　文艺突击……2698
182　文艺新潮……2702
183　鲁迅风……2714
184　文艺战线……2721
185　笔阵……2725
186　宇宙风乙刊……2737
187　戏剧岗位……2758
188　新中国文艺丛刊……2765

第五卷

期刊目录汇编（续）

189　西线文艺……2769
190　通俗文艺……2773
191　文艺新闻……2784
192　文学月报……2790
193　戏剧与文学……2799
194　中国文化……2802
195　黄河……2808
196　战国策（附《战国》副刊）……2828
197　大众文艺……2835

198 现代文艺……………………2841
199 野草……………………2857
200 新诗歌……………………2877
201 戏剧春秋……………………2880
202 文艺月报……………………2887
203 奔流文艺丛刊……………………2893
204 中国文艺……………………2897
205 五十年代……………………2899
206 华北文艺……………………2902
207 时代文学……………………2906
208 诗创作……………………2911
209 万象……………………2924
210 笔谈……………………2963
211 文艺生活……………………2970
212 文讯……………………3001
213 草叶……………………3021
214 谷雨……………………3024
215 奔流新集……………………3027
216 战时文艺……………………3030
217 文艺杂志……………………3035
218 文坛……………………3045
219 文学批评……………………3050
220 文学创作……………………3053
221 文艺先锋……………………3060
222 青年文艺……………………3097
223 人世间……………………3104
224 天下文章……………………3118
225 时与潮文艺……………………3128
226 风雨谈……………………3142
227 艺丛……………………3154
228 中原……………………3157
229 艺文杂志……………………3161
230 民族文学……………………3174
231 新文学……………………3178
232 戏剧时代……………………3181
233 当代文艺……………………3185
234 微波……………………3189
235 文艺春秋……………………3191
236 高原……………………3214
237 文学新报……………………3218
238 希望……………………3222
239 诗文学……………………3230
240 文哨……………………3233
241 文艺大众……………………3237
242 新群众……………………3243
243 文联……………………3250
244 文艺复兴……………………3255
245 文章……………………3269
246 文坛月报……………………3274
247 人民文艺……………………3277
248 中原、文艺杂志、希望、文哨　联合特刊……………………3281
249 白山……………………3285
250 鲁迅文艺……………………3290
251 文艺杂志……………………3293
252 北方文化……………………3304
253 清明……………………3311
254 热潮……………………3316
255 北方杂志……………………3318
256 萌芽……………………3324
257 长城……………………3327
258 文艺丛刊……………………3329

259　东北文化……………………3332
260　呼吸…………………………3338
261　东北文艺……………………3342
262　平原文艺……………………3349
263　文艺知识连丛 ………………3356
264　诗创造………………………3360
265　胶东文艺……………………3371
266　中国作家……………………3377
267　大众文艺丛刊 ………………3380
268　蚂蚁小集……………………3384
269　文艺工作……………………3388
270　小说…………………………3390
271　文学战线……………………3405
272　群众文艺……………………3412
273　文艺月报……………………3419
274　平原…………………………3423
275　文艺丛刊……………………3446
276　华北文艺……………………3450

第六卷

期刊作者索引

作者署名首字笔画检索表 ……3457
作者索引………………………………3477

第七卷

作者索引（续）…………………4137

期刊馆藏索引

期刊馆藏索引…………………………4629
期刊基本情况一览表…………………4801

第四卷

期刊目录汇编（续）

118 文艺春秋

简　介

《文艺春秋》，月刊。一九三三年七月一日创刊于上海，文艺春秋社发行，十六开本。第一卷第一至七期，由章衣萍主编，从第八期起由章衣萍、徐则骧合编。一九三四年六月一日出版了第一卷第九、十合刊号之后终刊，共出十期。

《文艺春秋》是一种同人刊物，主要撰稿人有柳亚子、林庚白、章衣萍、刘大杰、古梦、卢前等。以发表诗歌和小品文为主，追求趣味。该刊大量刊登柳亚子、林庚白等人的旧体诗词，以及林庚白等人的自由体情诗。

目　录

第 1 卷　第 1 期
1933 年 7 月 1 日出版

文艺春秋　章衣萍
文老师　畸　士

摸鱼儿　柳亚子
绮罗香　柳亚子
湘春夜月　柳亚子
沁园春　柳亚子
摸鱼儿　柳亚子
钓船笛　邵梦兰
浣溪沙　林庚白
好事近　章铁民

林庚白自传　林庚白
Happy New year　无垢女士
保重　林庚白
我怀疑　林庚白
一斛珠　林庚白
临江仙　林庚白
对子　章衣萍

春秋杂感　章衣萍
　一、谣言
　二、英文笑话
　三、我想
　四、可怜的中国

黑夜*　徐则骧

第 1 卷　第 2 期
1933 年 8 月 1 日出版

北海大树　潘玉良
插图速写两幅　张　弦
春秋杂感　章衣萍
　五、红楼梦的结局
　六、赫理士宝书
　七、骗子
　八、办报销
　九、僵尸的复活
　十、谩骂的畜生
晚过跑马厅　林庚白
孑楼新诗十六首　林庚白
女子的创造　章铁民译
琵琶老人　水　央

诗四首　柳亚子
诗一首　林众可

巴尔扎克的生平思想及著作
　蝉　声
春秋小品　古　梦
　一、天下第一
　二、汪静之的手套
　三、情书一束的主人翁

* 原刊“目录”为“黑夜”，正文为“夏夜”。

介绍天地间的一篇妙文　柳上惠
词两首　铁　民
不亦乐斋随笔　衣　萍

第1卷　第3期
1933年9月1日出版

春秋杂感　章衣萍
十一、黄浦滩之夜
十二、“打倒帝国主义”
十三、文章的“通”和“好”
十四、“你是那一派？”
十五、革命的故事
浙游杂诗八十一首　柳亚子
一丛花　古　梦
新中国故事序　章铁民译
沪战后有感　罗敦伟
摩登和尚寺燃灯录　庚　白
丽娃丽妲打桨词　章铁民
春秋小品　古　梦
四、胡适之马绩溪牛
A、引言
B、关于苏梅女士和易家钺的故事
C、汪静之赵景深一同碰钉子
D、胡适之的恫喝教育
五、汪馥泉野火烧长沙
附：野火烧长沙
浣溪沙　胡浩川
古文观止
原妻　林从可
书原妻后　古　梦
诗三首　济　也
《铁昭的诗》序　铁　民
修辞学的意义　章衣萍

第1卷　第4期
1933年10月1日出版

插图　张弦　倪贻德　周多　庞薰琴
春秋杂感　章衣萍
十六、谈古董
十七、非“个人主义”
十八、介绍刘狮的画
十九、辩“文人无行”
二十、辩诬
洋径邦英语　P
金陵随笔　章伯雨
雪夜怀人绝句　林庚白
介绍《晨报》的“晨曦”
学校生活之一页　黄　华
酷想思　看月老人
古文观止　林众可
原夫　庚　白
诗二首　庚　白
刘海粟国画序　章衣萍
谈书杂记　风　光
一、叶德辉的自传
二、孙福熙的谬论

青岛来信　古　梦
演义诗　半　农
一个报告　记　者

第1卷　第5期
1933年11月1日出版

论诗　德林瓦脱作　章人农译
人类为什么要战争（爱因斯坦与弗罗德往来信书）　陈爱灵译
金陵随笔　章伯雨
古梦短简　古　梦
青年画家刘狮画评　滕白也
好事近　古　梦
悲哀　白　蕉
惜别　翠　眉
《听鹃榭词话》自序　武酉山
春秋杂感　衣　萍
　二一、再非自私自利的个人主义
　二二、怀黄山
　二三、拈花微笑的境界
一个报告　记　者

第1卷　第6期
1933年12月1日出版

现代的幽默　傅　雷译
"幽默与严肃"　风　光
托尔斯泰著作中的自传材料　衣　萍译
通信　翠　眉
蜀游杂咏六十二首　黄宾虹
《衣萍诗词》序　衣　萍
《虞山情歌》序　陈增善
贝多芬的遗书　傅　雷译
春秋杂感　衣　萍
　二四、巴尔扎克及其他
　二五、冬天
　二六、假造的启事
　二七、儿童读物

第1卷　第7期
1934年1月1日出版

巴尔扎克像（锌版）
一个简单的介绍　傅　雷
简论巴尔扎克　王集丛
巴尔扎克评传　杨晋豪

小　说

沙漠中的艳遇　蝉　声译
恐怖的时候　蝉　声译
给璐子的信　衣　萍

金陵随笔　章伯雨
新年献辞　罗敦伟
蝶恋花　翠　眉
沁园春　K　君

春秋杂感　衣　萍
　二八、新文学力量之薄弱
　二九、卜克夫人的话

第1卷　第8期
1934年4月1日出版

《关雎》新释　胡浩川
屠格涅夫新论　钱芝君译
萨克莱论幽默作家　章伯雨译
小　说
给璐子的信（续）　章衣萍
涣散　月　祺译
幸福　心　镜译
奴婢工作　古　梦
诗词杂钞　白　蕉
玉楼春　K　君
诗一首　刘大杰
诗四首　刘大杰
听鹃榭词话　武酉山
春秋杂感　衣　萍
三十、乡间迎春
三一、生活与创作

第1卷　第9、10期
1934年6月1日出版

威尔士预言中日的战争
衣　萍、若　水译
长英（小说）　衣　萍
荒春（小说）
卜克夫人作　章伯雨译
影与幸运（散文）
肖池宽作　钱　青译
走江湖（小说）　陈福熙
杜子春（小说）
芥川龙之介著　钱　青译
北游新曲（诗）　卢　前
病中杂诗（诗）　林庚白
诗词杂钞（诗，词）　白　蕉
鳏夫怨（和岂明打油诗韵）（诗）
古　梦
和苦雨老人打油诗（诗）　野　庵
打油诗（诗）　刘大杰
和岂明先生五十自寿打油诗韵
（诗）　吴稚平
步岂明先生打油诗韵（诗）
浑　人
摊破浣溪沙（词）　卢　前
我爱（诗）　毛明道
莎丽在我们巷里（诗）
〔英〕客里作　周进之译
美人心（四首）　古　梦
满江红·赠馥泉（词）　古　梦
减字木兰花·寄友　古　梦
浪淘沙·西湖纳凉（词，二阕）
古　梦

119 戏

简 介

《戏》，月刊。一九三三年九月十五日创刊于上海，袁牧之编辑，上海中外书店发行，十六开本。一九三三年十月终刊，共出两期。

《戏》比较注重戏剧理论和戏剧批评。编者说刊物虽不属于任何团体，但“刊物的立场却是属于整个戏剧运动的”。《戏》确实反映了三十年代戏剧运动的某些重要方面，如提出了戏剧面向大众的问题，探讨了戏剧与电影的关系，报道了戏剧协社公演《怒吼吧，中国》在国内外的反应。特别是袁牧之执笔的文章，内容扎实，材料比较丰富，有重要的参考价值。该刊的撰稿人还有郑伯奇、洪深、郑君里、沈西苓、欧阳予倩、许幸之等。

目 录

创刊号

1933年9月15日出版

为戏剧运动前途打算 编 者
戏 田 汉
大众所要求的戏 郑伯奇
苏联儿童戏院 Helen Nickel 作 赵邦鑅译
戏剧运动新途径 顾仲彝
大戏与小戏 公 吕
民众戏剧 冷 波
中国剧作家及其作品 袁牧之
评《虞姬》 陈宪和
评《村长之家》 余定义
一九三三之上海剧坛 袁牧之
剧本与小说 穆时英
表演电影与表演话剧 洪 深
希望于《母性之光》以后的金焰 时 觉
从舞台到银幕 郑君里
与上海读者谈王无能 三 曲
木人戏的贵族性 陶晶孙
意大利木人戏剧团 Robert E.Martin 作 秦绍基译
戈登克雷眼中的木人戏 牧 之
木人戏的一课 Alexander Bakshy 作 陈七嘉译
为组织木人戏的剧团致中华职业学校同学们 编 者

为戏剧协社公演

《怒吼吧中国》特辑

《怒吼吧中国》 孙师毅
《怒吼吧中国》作者的话 赵邦鑅译
《怒吼吧中国》英译者的话 赵邦鑅译
《怒吼吧中国》在日本 沈西苓
《怒吼吧中国》在广东上演记 欧阳予倩
戏剧协社的过去 顾仲彝
《怒吼吧中国》上演计划 应云卫
最简单的 Dimmer 做法 欧阳山尊
答两位扁鼻子的姑娘 牛 文
戏的种类考 王遐文
舞台上的接吻 牛 文
我们的招牌 三 曲
关于演剧批评 牛 文
读的剧本与演的剧本 化
“演”的剧本“读”的化

第2期

1933年10月出版*

国际调查团代表对于《怒吼吧中国》的批评 包可华译
莱因哈特 六 一
十五年来的苏联剧场 舒湮译
戏剧中的娱乐的成分 杜 衡

* 原刊出版时间只注年、月。

构成派的舞台装置　许幸之
三个 S
——对于初上舞台者的话
洪　深
读陈白尘的《虞姬》后　郭　阳
小说与戏曲　崔万秋
从舞台到银幕　胡　萍
木人戏在粤东闽南　饶　影
关于本刊第一期的批判
任于人、郁文、马彦祥
不会衰颓的潮州戏剧　周　煌
由王无能到刘春山　三　曲
平派与海派　三　曲
舞台上的发音与歌唱　曙　云
为本刊主催公演特辑
两记空手拳，几点声明　编　者
《一个女人和一条狗》的自我批判
牧　之
由世界失业恐慌谈到《街头人》
凌　君
关于《妒》的改作　冯　悟
本刊主催公演的参加者
杂　碎
第一期悬赏揭晓
答对于本刊第一期的批评
Type 与 Character
本刊主催公演的参加者
编后
剧　照
构成派的舞台装置
苏联剧场
莱因哈特

120 文　艺

简　介

《文艺》，月刊。一九三三年十月十五日创刊于上海，署“上海现代文艺研究社”编辑出版，实际是由周文、刘丹编辑，上海华通书局发行，十六开本。一九三三年十二月十五日出版第一卷第三期后终刊。

编者在创刊号《后记》里说：“我们需要一个年青的刊物，来大量地做一番发掘的工作。这，就是我们发刊这个刊物的动机。”该刊以发表创作为主，兼有评论和译文，在创作方面注意提倡报告文学和通讯这类新形式。该刊的撰稿人多半是当时在文坛上已崭露头角的左翼青年作家，如何谷天（周文）、夏征农、叶紫、欧阳山、草明、艾芜、聂绀弩、丘东平、尹庚、吴奚如、杨刚、杨潮等，他们当中的许多人，后来又有了更为远大的发展。

目　录

创刊号
1933年10月15日出版

封面　白　明
装帧　白　明

小　说

再滑进了车轮　何家槐
恨　何谷天
残废的兄弟们　征　农
火　叶　紫
不是没有笑的　L.休士作　秀　侠、征　农译
水棚里的清道夫　欧阳山
热　陈绍渊
血轮　天　虚
约翰孙姐姐的往事　L.休士作　樨玉女士译

论　文

苏联艺术的发展
——在全苏作家同盟组织委员会第二次扩大会议上的演说
〔苏〕卢那卡尔斯基著　寿　熹译
在建设中的社会主义文学
〔苏〕里托夫斯基著　伍　昉译
关于现象与现实的问题及其它　谷　非

报告文学

从美洲带来的故事　尹　庚
一群　拙　夫

诗

母亲　何谷天

传　记

我的自传　A.绥拉菲莫维支著　依　凡译

书　评

关于《母亲》　杨刚女士

插　图

一、卢那卡尔斯基在全苏作家同盟组织委员会第二次扩大会议上的演讲
二、休士的画像及其签字
三、全苏作家同盟组织委员会第二次扩大会议
四、苏联名作家绥拉菲莫维支在儿童读书会里

后记

第1卷　第2期
1933年11月15日出版

小　说

倾跌　草明女士
妻　艾　芜
两条路　聂绀弩
中国花瓶　A.雅各武莱夫作　陈君涵译
微笑　吴奚如
没落　卢　天
一个英雄　何谷天
不是没有笑的（续）　L.休士作　秀　侠、征　农译

戏　剧

兵差（独幕剧）　安娥女士

论　文

关于两个德国作家

O.Bicha 著　韩　起译

兑米央·白德内伊　祝企英

创作方法之现实的基础

〔日〕鹿地亘作　林琪译

报告文学

滦河上的桥梁　丘东平

从美洲带来的故事（三篇）　尹　庚

抢险　周　汶

诗

白德内伊诗一首　森　堡译

在哈凡那上岸

Mayakovsky 作　杨　潮译

书　评

布克夫人的《大地》　秀　侠

《木刻连环图画故事》　林　雨

插　图

一、《战争》及《战后》作者雷恩之画像

二、诗人兑米央·白德内伊五十诞辰纪念照像

后记

第 1 卷　第 3 期

1933 年 12 月 15 日出版

小　说

决堤　芦　焚

在铁里　番　草

十一个长夫　征　农

要求　陈福熙

一家人　艾　芜

不是没有笑的（续）

L. 休士作　秀　侠、征　农合译

论　文

L.N.托尔斯泰与他的时代

〔苏〕乌里亚诺夫作　何思敬译

革命后的苏俄的诗　克　己

伟大优美的事业展开在我们前面

高尔基作　华蒂译

戏　剧

犁声（独幕剧）　沙　驼

报告文学

石塘　劳　生

从美洲带来的故事（三篇）　尹　庚

诗

战争　胡楣女士

潘三没有走合母亲的意思　溅　波

没有什么可以失去

Joseph Kalar 作　杨　潮译

通　讯

“新京”杂话　李辉英

散　文

莫斯科的春　Charles Ashleigh 作

黄谷云译

插　图

一、L.N.托尔斯泰

二、M.高尔基

后记

121 文化列车

简 介

《文化列车》，五日刊，小型文艺刊物。一九三三年十二月一日创刊于上海，署文化列车社编辑发行，实际由方含章、陈栾合编，十六开本，每期六版。一九三四年三月二十五日终刊，共出十二期，后几期经常延期出版。

《文化列车》多载文学、戏剧、电影消息和评论，兼有短小的创作。该刊第五期是"文艺刊物批判专号"，对《现代》、《文学》、《文艺月刊》等六种刊物作了分析评介，还发表了黑丁、董每戡、方之中等人关于青岛文坛通讯、海外剧讯以及其它问题的评论，保存了有价值的资料。但是该刊又以很多篇幅发表曾今可等人的文章，参与当时"京派"与"海派"的争论，后几期林希隽化名清道夫在"何（家槐）徐（转蓬）问题"上大做文章，企图中伤左翼文艺界。杨邨人在发表了《离开政党生活战壕》和《揭起小资产阶级革命文学之旗》之后，在该刊第三期上又发表了《给鲁迅的公开信》，为自己的背叛行为和言论辩解，并对鲁迅施加攻击。鲁迅在《答杨邨人先生公开信的公开信》、《商贾的批评》以及《准风月谈·后记》等文章里，对他们进行了尖锐的揭露。

目 录

第1期

1933年12月1日出版

反对非战乎 德
《子夜》略评 白 曦
介绍赵铭彝的《苏联的演剧》 陈 弈
RADIO
戏剧的动
银花片片
海外艺坛
深夜 含 章
银色的梦 丙 心
从沈薛之死说到中国的电影文化 铁 鞭

第2期

1933年12月5日出版

以德服人与以力服人 含 章
记法光剧社公演被毁 黄 钟
热水瓶与女明星 铁 鞭
一九三三年苏联的演剧电影
海外艺坛
戏剧运动的今后 德
绒幕与银幕
RADIO
作家、出版
最后的话 编 者

第3期

1933年12月10日出版

杨邨人给鲁迅的公开信 杨邨人
关于《子夜》的略评
致编者 向 曦
复向曦 编 者
最近苏俄电影界之动向 若 木
RADIO
文坛花絮
可怜的女同胞 含 章
从小明星黎铿说到一般儿童的崇拜英雄性 异
现代女明星 丙 心
列车尾巴 编 者

第4期

1933年12月15日出版

一九三三年日本的电影 若 木
休息（木刻） 陈烟桥
方含章启事
本报紧要启事
和唐槐秋君谈戏剧二元性 成 之
《香稻米》剧本的作者洪深乎？包时乎？ 号 兵
苏州的剧运 里 尼
《现代》与《文学》斗争尖锐化 号 兵
写在列车后面 编 者
关于《怎样复兴中国文化》 丙 心

杨邨人废弃“柳丝”笔名启事
清道夫（木刻） 夏 明作
RADIO
本埠消息九则

第 5 期
“文艺刊物批评专号”
1933 年 12 月 25 日出版

《现代》 方 向
《矛盾》 里 人
《文学》 罗 珈
《戏》 董每戡
《文艺月刊》 王 翼
《新时代》 丙 心
编者的话
RADIO
中外文坛消息十二则

第 6 期
1934 年 1 月 5 日出版

恭贺新禧 含 章
苏联剧坛
日本演剧通信
《新垒》 张 理
《文艺》 江 游
编后
RADIO
国内文坛消息十则

第 7 期
1934 年 1 月 10 日出版

自己的话 编 者
广州艺坛一瞥 凡 声
战烟 黎君亮
介绍“揭晓剧社”的公演 小 心
一九三三年上海剧坛的回顾 乃 明
真假茅盾
“复旦剧社”公演评 丙 心
RADIO
中外文坛消息九则

第 8 期
1934 年 1 月 25 日出版

我对于“文列”的意见 杜 衡
关于《文化列车》 董每戡
做点“揩洗”工作 高 植
批评不要感情作用 杨邨人
不要“那个” 侍 桁
希望于《文化列车》 鲁 史
青岛文坛通讯（一） 黑 丁
几个名作家在青岛
戏剧在广州 柳 流
最近演剧的动向 董每戡
徐州影剧通讯 沙 雁
编后
RADIO
中外文坛消息十一则

第9期

1934年2月1日出版

滚出文坛吧，海派！ 杨邨人
曹聚仁的海派论 杜普牢
关于“说谎” 唐珊
日本剧讯 董每戡
青岛文坛通讯（二）
不能忽略了一九二九的文坛 黑丁
“海派”后起之秀
何家槐小说别人做的 清道夫
曹聚仁将成为回力球学者 聚义
第四代的文章 林希隽
一个他 涛涛
《最初欧罗巴之旗》 碧峰
RADIO
国外之部七则
国内之部六则

第10期

1934年3月1日出版

悼华赛曼 董每戡
面相学 侍桁
清道夫工作没有彻底 李辉英
青岛文坛通讯（三）
“九一八”以后的文坛 黑丁
海外剧讯二则 每戡
无名剧人协会第二次公演记 含章
RADIO
国内外文坛消息十八则
来函照登
致编辑 何家槐
——何家槐、清道夫
复何家槐 清道夫
编后闲谈

第11期

1934年3月5日出版

关于何家槐 杨邨人
江边（木刻） 陈耀唐作
谈“海派” 曾今可
复李辉英 清道夫
青岛文坛通讯（四） 黑丁
谈到最后的文坛
“海派”角色论 何嘉
RADIO
中外文坛消息二十二则
读了《伟大的作品底要求》以后 方之中
没诗意的锡萧 张鸣春
Sonnet（诗） 董每戡

第12期

1934年3月25日出版

关于何徐创作问题
我们的自由 方含章 陈弈

余欲无言　杨邨人
清算何家槐——
清道夫宣布真名　林希隽
清道夫工作彻底吗？　梦　石
对于何徐问题的另一见解
穆　静
这成什么话　墨　逸
文坛的黑暗与无名作家的悲哀
无名小卒
孩子们　耶　草
卖歌者　林希隽
RADIO
中外文坛消息十八则
鸣谢　本　社
本社启事　本　社
紧要更正　本　社

122 文学季刊

简 介

《文学季刊》，三十年代中期中国北方最有影响的大型文学专刊。一九三四年一月一日创刊于北平，郑振铎、章靳以主编，冰心、朱自清、沈樱、吴晗、李长之、林庚等为“编辑人”，特邀卞之琳等一〇八人为“撰稿人”，前三期由北平立达书局印行，从第一卷第四期起改由文学季刊社自行出版，委托上海生活书店总经售，十六开本，平均每期三百五十多页，一九三五年十二月十六日出版第二卷第四期后终刊，共出版了八期。

在《发刊词》里，编者提出了“以忠实恳挚的态度为新文学的建设而努力”的口号，并且为该刊规定了五项任务：“一，旧文学的重新估价与整理；二，文艺创作的努力；三，文艺批评的理论的建设与建立；四，世界文学的研究、介绍与批评；五，国内文艺书报的批评与介绍。”此刊团结了许多知名的作家和学者，也扶掖了一批青年作家，如在诗歌创作上有何其芳、李广田、卞之琳等人，在小说创作上有萧乾、芦焚等人。此刊发表了不少优秀作品，如老舍的《黑白李》，吴组缃的《一千八百担》，冰心的《冬儿姑娘》等小说，以及曹禺的《雷雨》等剧本。

一九三五年“华北事变”发生，民族危机日益严重，此刊的一些“编辑人”和“撰稿人”先后投入了抗日救亡的各种活动中，编者在第二卷第四期发表了《告别的话》，表示期望“每一个向上的青年”去从事更有益更实际的民族救亡工作之后，宣布终刊。

目 录

创刊号

1934年1月1日出版

发刊词

论 文

大众文学与为大众的文学　郑振铎

近代国语文学之训诂研究示例　黎锦熙

六十生年底终结自观　华赛曼作　杨丙辰译

《包法利夫人》　李健吾

戏剧的重要性及其动向（检查删除）　问　滔

金瓶梅的著作时代及其社会背景　吴　晗

佳人才子小说研究　郭昌鹤

三种汉画之发现（附插图七幅）　贺昌群

王国维文艺批评著作批判　李长之

再谈王静安先生的文学见解　吴文祺

诗与语音　吴世昌

幽默文学与讽刺文学　黄　源

所谓心理的描写　夏斧心

小 说

黑白李　老　舍

将军　巴　金*

一千八百担　吴组缃

冬儿姑娘　冰　心

费家的二小　叔　文

旧雨　沈　樱

血泡粑的典礼　蹇先艾

凛寒中　靳　以

容的一生　李　素

诗 选

窗　曦　晨

秋灯　曦　晨

旅途　曦　晨

夜鸟　曦　晨

湖边　御　风

错觉　御　风

海滨之夜　御　风

还乡　卞之琳

古镇的梦　卞之琳

古城的心　卞之琳

芦叶船　卞之琳

回家　孙毓棠

舞　孙毓棠

长鸣鸡　李文瀛

偕游　家　雁

探险的游行　刘廷芳

春在天涯　臧克家

一束梅花　徐　芳

亚当　废　名

海　废　名

掐花　废　名

妆台　废　名

壁　废　名

* 原刊“目录”署“余一”，正文署“巴金”。

雨夜　林　庚
夜谈　林　庚
两首咏水手的诗　王蔼芬译

散文随笔

选本　唐　俟
诗人的平面观　丰子恺
漂流的心及其他　丽　尼
扫兴　朱　溪
无题　余　七

书报副刊

方玉润著述考　向觉明
最近英美杂志中的文学论文（一）　毕树棠
《子夜》　淑　明
《夜会》　季羡林
《离婚》　李长之
读房龙的《地理》　商　霆
中国宗教思想史大纲　易　甫
读书杂记（补白）　顾颉刚

第1卷　第2期

1934年4月1日出版

创　作

千代子　凌叔华
奇遇　张天翼
龙眼花开的时候　欧阳镜蓉
樊家铺　吴组缃
分　何谷天
新生　非　兆*
父亲　杜　衡
神的灭亡　郭源新
一个朋友　万迪鹤
烧香膏的妇人　王任叔
虫蚀　靳　以
容的一生（续）　李　素

论　文

笑与喜剧　朱光潜
科学的文学史之建立　〔德〕玛尔霍兹著　李长之译
象征主义　梁宗岱
世界语的文学　〔日〕小坂捐二著　吴朗西译
托玛斯哈代和他的《归来》　赵敏求
佳人才子小说研究（下）　郭昌鹤
读吴世昌君的《诗与语音》篇　刘半农

剧　本

王昭君　顾青海
梦的制作者　〔英〕Oliphant Down作　萧　乾译

翻译小说

九个俘虏　〔美〕William March著　刘廷芳译
属于我的人　〔意〕G.Papini作　徐霞村译
雾　Selma LagerlÖf著　赵家璧译
澡堂　M.左琴科著　K.H.译

---

* 原刊“目录”署“秀岩”，正文署“非兆”。

活埋　V.Hugo 作　刘小蕙译*

散文随笔

上海大年夜　形　天
黄昏之献　丽　尼
劳生之舟　芦　焚
回忆记痛　康嗣群
兔子　季羡林
猫的悲哀　林　庚
倘使龙眼花再开放时　竞　容

诗

狂风次夜　石　雨
早耕　石　雨
欲行前日　石　雨
欲春之夜　石　雨
暮中　石　雨
春晨　石　雨
烟蒂头　卞之琳
倦旅　〔英〕哈　代作　卞之琳译
访　李广田
流星　李广田
七月幽冥钟　达　藻
生命　钱惠荷
夜之风　钱惠荷
秋深的时候　林　庚
末日　林　庚
时代　林　庚
春雨之梦　林　庚
盘　臧克家

* 原刊“目录”署“刘山蕙”，正文署“刘小蕙”。

沙堤的玫瑰
〔法〕M.Desbordes-Valmore 夫人作
王蔼芬译

书报副刊

盟与誓　辰　伯
从石玉昆的龙图公案说到三侠五义
李家瑞
最近英美杂志中的文学论文（二）
毕树棠
《子夜》　朱佩弦
《新生》　王淑明
跋周昭礼清波二志　吴　晗
野蛮人的性生活及其他　王以中
读梨园集成　石兆原
韩氏系年订误　李嘉言
元明以来杂剧总录　西　谛

补　白

俗斋琐记　以　中
色
穷袴
甥舅
地下娘舅大
读书杂记　马　琴
陆凡的第二部小说
《龚多塞的最后》
汉代的绑票案　藏　云
“点戏”　余　五
再说批评家　余　三
访问记和文坛塑像　陆　用
记录谈话　陆　用

第1卷　第3期

1934年7月1日出版

创　作

相片　冰　心

枪　鲁　彦

保镖　张天翼

侦探　芦　焚

吸血鬼　涟　清

灾难中的人群　荒　煤

龙眼花开的时候（下篇）

欧阳镜容

菜贩子佟熙　欧阳山

懒捐　蒋牧良

春　陈白尘

胜仗　蹇先艾

薛仁贵征东　何谷天

春天　靳　以

容的一生（续）　李　素

诗

春城　卞之琳

古城与我　何其芳

上天桥去　李广田

梦恋　丽　尼

嫩黄之忆　吴组缃

论　著

刚性美与柔性美　朱光潜

希腊的悲剧　洪　深

日本明治文学中之自然主义

傅仲涛

崇高论

A.C.Bradley著　李康田译

最近英美杂志中的文学论文（三）

毕树棠

巴漫解　黎锦熙

剧　本

这不过是春天　李健吾

雷雨　曹　禺

香妃　顾青海

散文随笔

“看图识字”　唐　俟

生日　唐　济

失去及其他　丽　尼

夜食　南　星

琳梦湖上　袁昌英

散文二篇　默　生

老头子和山羊　方　之

长途　万迪鹤

躲　余冠英

我怎么创作的　皮涅克著　K.H.　译

翻译小说

落雪的时候

James Steele著　天　行译

书　评

《一年》　王淑明

《萌芽》　王淑明

补　白

读书杂记　马　琴

赛西尔莲诺

两个女人

屠格涅夫新散文诗　于道元译

没有巢

在我去世以后
一条蛇
杯
我可怜
诅咒
“啊，我的幼年！啊，我的青春”
谁的冒犯
生活的一条法则
在一个轮子底下
警句
婆罗门
到爱之路
朴素
爱
你哭了……

第 1 卷　第 4 期
1934 年 12 月 16 日出版

创　作

儿女们　张天翼
父子俩　白　尘
金子　芦　焚
变　艾　芜
锑矿上　蒋牧良
狮嘴谷　陈企霞
血　Emile Zola 作黎烈文译
猫　〔日〕夏目漱石作　林　玫译
自由　〔美〕德莱塞作　直　声译
原野底忧郁　丽　尼
下班后　毕奂午
老人与海　李广田
大寺　臧克家
俺们的春天　张春桥
暑假期中　涟　清
爸爸死在水里　冯馥君
新程　靳　以
浪子回家　〔法〕André Gide 著　闻家驷译
意洛的美神　〔法〕梅里美作　陈砚侠译
红石竹花　〔比〕H.安克司作　莫　辰译
旧的现实　F.潘菲洛夫作　文　君译
乐浪古坟最近的发掘　滨田耕作　蒋雪影　俞念远译

论　文

论福楼拜的人生观*　李健吾
杜斯退益夫斯基的方法　〔日〕冈泽秀虎作　莫　孚译
近代苏俄小说之趋势　〔苏〕D.S.Mirsky 著　筱　延译
论元人所写士子商人妓女间的三角恋爱剧　郑振铎
论巴尔扎克　谭　纳著　李辰冬译
埃及的阿刺伯文学发展的一瞥　〔法〕Elian J.Finbert 著　马宗融译

书报副刊

傀儡戏小史　李家瑞
最近的但丁研究　西奈勒著　吴朗西译
介绍莎士比亚　徐云生

最近英美杂志中的文学论文（四） 毕树棠
元明以来杂剧总录 西谛

第2卷 第1期
1935年3月16日出版

小 说

白痴 〔俄〕托斯退夫斯基作 高滔译
菩萨也管不了了 张天翼
边沿上 芦焚
厄运 野蕻
夜渡 天三
三七租 蒋牧良
白的笑 刘盛亚
刘长林 奚如
洪流 靳以
达凯爱尔路 〔日〕林芙美子作 黄源译
理发师齐德兰 〔德〕赫贝尔作 杨丙辰译
像 〔德〕威丁柏克作 黎烈文译

论 著

皮蓝德娄 徐霞村
福楼拜的内容形体一致观 李健吾
乔治桑巴尔扎克与左拉 〔法〕亨利·布拉伊作 马宗融译
诗底研究 〔英〕安诺德作 曹葆华译

散文随笔

江之歌 丽尼
货郎 何其芳
神 余一
父亲 骆方
家宅 南星
德肋撒 东平
鹰之歌 丽尼

戏 剧

亨利第四 〔意〕皮蓝德娄作 徐霞村译
戏 〔英〕米尔恩作 林菲译

书报副刊

最近英美杂志中的文学论文（五） 毕树棠
论《裴特利亚底死》 常工
研究莎士比亚的伴侣 徐云生

第2卷 第2期
1935年6月16日出版

小 说

逃难 金魁
荒 蒋牧良
谷 芦焚
乞儿们 汪华
转过了崎岖小径 白文
异伏 杨刚
没有准备 万迪鹤
残阳 靳以
片断的回忆

〔俄〕柏克曼作　巴　金译
太阳下山的时候
〔西〕伊本涅兹作　人　苇译
在山中〔犹太〕诺本作　殷　炎译
白痴
〔俄〕杜斯退夫斯基作　高　滔译

论　著

高尔基早年作品风格之研究
〔俄〕皮思拉杜甫作　易　华译
艺术是什么
〔意〕克罗齐作　孟　实译
两位法国象征诗人
〔英〕塞门斯作　曹葆华译

散文随笔

老渡船　李广田
画梦录　何其芳
家常话　欧阳山
归来曲　丽　尼
期待　索　非
槐　南　星
信　蹇先艾
兔子的故事　东　平
夜谈　方　敬
一个找饭吃的人　胡　绳
一个女人　陈　如

书报副刊

最近英美杂志中的文学论文（六）
毕树棠
读《彷徨中的冷静》　黄　照
关于翻译　王了一　余一

第2卷　第3期

1935年9月16日出版

小　说

星　陈　芳
午前　周　文
解决　白　尘
忧郁的歌　荒　煤
福罗斯基　东　平
秋　丽　尼
异伏　杨　刚
巨轮　靳　以
生活的故事
〔意〕B.凡宰地作　巴　金译
恐怖之夜
〔俄〕左琴克作　周怀求译
白痴（续）
〔俄〕托斯退夫斯基作　高　滔译
一吻　〔捷〕K.史微娜作
蹇先艾　陈家麟译

论　著

张天翼论　胡　丰
两晋至隋异域输入壁画的考证
陈竺同
福楼拜的《短篇小说集》　李健吾
海敏威研究　赵家璧
托斯退益夫斯基的回忆
〔俄〕格里哥罗维基作　俞念远译
法国文学上的两个怪杰
〔英〕塞门斯作　曹葆华译
批评理论底分歧

〔英〕瑞恰慈作　施宏告译

散文随笔

十六世纪的西班牙

〔西〕阿索林作　徐霞村译

人市　毕奂午

扑满　方　敬

陶娘娘　道　静

起渡　林　娜

卧佛　陈敬容

亡者　方　序

书报副刊

最近英美杂志中的文学论文（七）

毕树棠

《边城》与《八骏图》　刘西渭

《七年忌》读后　秋　明

第2卷　第4期

1935年12月16日出版

告别的话

小　说

鳏夫　萧　军

浪花　李　魁

漩涡　郭源新

山径　白　文

墟　芦　焚

参商　萧　乾

旅途中　张天翼

望生的私情　李健吾

山上　姚雪垠

负责的人　屈　轶

两个孩子　奚　如

骡车上　田　涛

卖狗皮膏药的　艾　芜

天蓝的生活

〔俄〕高尔基作　丽　尼译

坑与摆〔美〕爱伦坡作　白　和译

田园〔日〕平田小六作　陆少懿译

耶稣降生的槽边的牛和驴子

〔法〕Jules Supervielle作

世　弥译

赫森的前程

〔意〕科拉作　陆　蠡译

白痴

〔俄〕杜斯退益夫斯基作

高　滔译

论　文

关于诗中的革命

〔美〕罗维斯作　曹葆华译

大战后的日本文学　澄　清

二十五年以来之英国文学

顾绶昌译

诗

圆宝盒　卞之琳

无题　曹葆华

二十年后　方　敬

夜　罗莫辰

初葬夜　陈敬容

散文随笔

甘江铺的一夜　许钦文

上马石　李广田

静静的日午　何其芳

废邮存底　沈从文
白鸽之梦及独感*　丽　尼
荒院杂记　英　子
六机匠　臧克家
留别　南　星
小小的经验　巴　金
我的同情　李威深
海的故事　林　娜
屠格涅夫散文诗　巴金译
一阵春风　余　七
短简　方　序
絮语　陈敬容

* 原刊“目录”为“白鸽之巢及独感”，正文为“白鸽之梦及独感”。

123 中国文学

简 介

《中国文学》，文艺月刊。一九三四年二月一日创刊于南京，十六开本。第一卷出版者署“流露社”，发行所署“(南京)读者书店”，总代售署“(上海)现代书局”，编者署“中国文学编辑会”，实际由萧作霖、陆印泉编辑；一九三四年六月间迁上海出第二卷，编辑人署萧作霖、赵景深、叶永蓁、冯白桦、张资平、章铁民、黄震遐、孙俍工、陆印泉、殷作桢、汪馥泉、左漱心，由上海文化书局发行。一九三四年八月一日出版至第二卷第二期后终刊，共出版八期。

编者在“创始号”《编辑杂谈》中说，“《中国文学》的创始，并没有远大的企图，或是堂堂响亮的口号，仅仅严肃而平凡地对文学抱忠实的态度，想把外国底作品多介绍一些，而且尽可能地还要系统一些，想使中国底作品更健实一些”。同时还表示反对空谈中国为什么没有伟大的作品产生，反对创作中为赶时髦而写摩登式的恋爱与罢工。编者这种态度主要是针对三十年代左翼文艺运动而发的。该刊主要是发表创作，译介西欧、美国和日本的文学作品和文艺思潮，很少刊登关于当前文艺问题的文章。此外，还辟有“画辑”专栏，选登中外美术作品。该刊发表了代表当时不同艺术倾向的作家的作品，有叶秋原、叶永蓁、赵景深、林适存、李苏菲等人的散文，朱湘、陈梦家、林庚、邵冠华等人的诗歌，葛天氏、黑婴、高植、滕刚、何德明、周楞伽、罗洪等人的小说，以及张天翼、左明等人的剧本。其中不少人是当时关注现实较少而埋头艺术求索的作家。该刊发表了很多作品，但是真正反映出那个动荡时代风貌的作品不多。

目　录

创始号

1934年2月1日出版

散　文

春天底私纸　叶秋原
过年　庄心在
跳出现实之圈　徐仲年
破碎的日子　汪漫铎
天是青的　章铁昭
都市以外　麦　逊

短篇小说

我的祖国　黑　婴
裥　〔美〕布克夫人作　陆印全译
没有国籍的人　滕　刚
心　〔德〕享得曼作　段可情译
匪　高　植
初恨　〔俄〕柴霍甫作　苏芹荪译
丈夫的故事　何德明
煤窑　玮　璐

剧　本

时代的英雄（独幕剧）　张天翼

理论介绍

汉魏六朝小说　赵景深
悲剧幽默与人生　宗白华
英国现代小说之趋势
〔英〕瓦尔潘作　毛如开译

诗　歌

圆规　陈梦家
嫠妇　吴惠风
默念　吴惠风
暴风雨的幻灭　贻　珍
诗之叶　宋衡心
山之子
山风里
孀妇　王一心

编辑杂话　编　者

画　辑

双星图（附说明）
〔西班牙〕Luis Rlicardo Taiero 作
先知（木刻）〔德〕Emile Nolde 作
本刊创作原型（照片）*
张天翼《时代的英雄》手迹**
段可情《心》译稿手迹**
陈梦家《圆规》诗手迹**
徐仲年《跳出现实之圈》手迹**
黑婴《我的祖国》手迹**
国画迭载
鹰　刘海粟作
山水　陆小曼作

第1卷　第2期

三月号

1934年3月1日出版

散文·随笔

近似中年　叶永蓁

---

* 原刊“目录”作“创作原型”，正文插页作“本刊创作原型”。

** 原刊“目录”均只有人名，此题目系据其内容所拟。

唐代小说家底诗* 赵景深
残秋 李苏菲**
为人为己 林适存
佛堂的巡礼 麦 逊

小 说

小丽贞 林疑今
除夕 高 植
奇遇 〔德〕亨利曼作 段可情译
但丁游地狱 章铁民述
赤道线（一至八） 黑 婴
大夫的圣书 滕 刚
野菊花 王西彦
记忆的破灭 陆印全

理论·介绍

戏剧运动的基本策略 唐槐秋
意大利文学的趋势 秋 宇
歌德的谈话
〔德〕哀革曼作 张月超译
朱湘印象记 柯 庚

诗 歌

天国 陈梦家
唐朝的微笑 陈梦家
别蓝庄 陈梦家
不屈不挠
〔英〕海 莱作 苏芹荪译
白色的菊花 吴惠风
狂风之夜 王一心

* 原刊正文篇名为“唐代小说的诗家”，“目录”作“唐代小说家底诗”。

** 原刊正文署“苏菲”，“目录”署“李苏菲”。

思念 章铁昭
麦穗的歌 宋衡心

社 记

读者来信及答复
致编辑 张焕文
复张焕文 陆印全
编者赘言

画 辑

耕耘（木刻） Clare Leieghton 作
中国旅行剧团在南京（照片七幅）
唐槐秋氏像
唐若青女士像
张蕙君氏像
女舞台人合影（陈白尘等六人）
《梅罗香》舞台面三景
《浮士德》插图（画） 歌 德画
歌德夫人像（画） 歌 德画
歌德手迹（照片）
歌德像（画）

第 1 卷 第 3、4 期

四月号

1934 年 4 月 1 日出版

散文·随笔

在国外 朱 湘
偶然想到 赵景深
烟 李苏菲

小 说

在井边 拉柴莱凡作 侍 桁译
一个几乎妒忌的丈夫

Ferenc Molnar 作*
林微音译*
跛子表姐　段可情
室里　高　植
陋巷风景　何德明
小毛子　殷作桢
母　〔日〕横光利一作　古　巴译
捉蛐蛐　周楞伽
当代文豪　萧作霖
赤道线（九至一八）　黑　婴
理论·介绍
《水浒传》的研究　李青崖
世界文学论
〔日〕茅野萧萧作**　张资平译**
诗底领域
〔日〕竹友藻风作　孙俍工译
现代德国文学的趋势
皇滋华斯作　胡国治译
爱尔兰的民族诗人　庄心在
剧　本
天外（电影剧本）　左　明
有家室的人
〔英〕高尔斯华滋作　唐槐秋译
诗　歌
朱湘诗抄
招魂辞
希望
扪心
十四行
花与鸟
歌
风狂的春夜　林　庚
聪子　李　微
港口
〔美〕桑德堡作***　秦倩英译
含羞草　陆印全
露　陆印全
画　辑
雅典的琴那提图书馆（照片四幅）
外景
内部
书夹
初版的荷马之《依利亚》
德国青年作家（照片四幅）
达温乔(Edwin Erich Dwinger)
克斯敦（Hermnn Kesten）
孟达松（Petc Mendelssoh）
鲁梭（Lodwig Renn）
赵景深像（照片）
朱湘遗札（手迹）
映画新闻——南京东方影片公司出品
《施粥厂》一帧
《流浪的孩子们》主角禹鼎

* 原刊“目录”漏作者，误以译者为作者。

** 原刊“目录”漏作者，误以译者为作者。

*** 原刊“目录”署“美桑德堡”，误。

社记　编　者

第1卷　第5期
五月号
1934年5月1日出版

散文随笔
得胜之道　叶永蓁
孝感动不了天　叶永蓁
南方　林　庚
鹰的梦　冯白桦*

小　说
家庭　徐转蓬
在异国**
〔美〕汉明威作　殷作桢译
无蓬船**　〔美〕Stephen Cran 作
杨彦劬译
亲爱的**〔俄〕Anton Tchekhov 作
舜　琴译
神　林适存
游艇的故事　江枫小隐
少年复仇团
果尔特作　庞悌勋译
压在红梅下　李宝泉
纠纷　萧作霖
赤道线（一九至二三）　黑　婴

理论·介绍
风格论　叔本华著　吴寿彭译
茄伊丝与新兴爱尔兰作家**
Ernest Boyd 著　蒋东岑译述

剧　本
有家室的人**（续）
〔英〕高尔斯华绥作
唐槐秋译

诗　歌
米希朗格罗**
〔法〕巴比叶作　侯佩尹译
街头人　吴惠风
喝甜乳的人　黎学贤
乡情　吕绍光
人生的途上　吉　萝***
忧郁　吉　萝***
时之轮回　吉　萝***

画　辑
《在异国》作者美国汉明威（像）
《有家室的人》作者高尔斯华绥（像）
作家住宅三帧
伦道夫本之住宅
玛司菲尔之住宅
勒伦菲尔之住宅
王济远风景画二帧
残城赤土
西湖之划

* 原刊“目录”署“冯白华”，正文署“白华”。

** 此六篇原刊“目录”误以译者为作者，漏署作者。

*** 此三诗原刊“目录”署“吉萝”，正文署“萝吉”。

第1卷　第6期
1934年6月1日出版

散文·随笔
白发　杨邨人
故都小品*　李苏菲
　枣
　第一次骑骡
　春天
百音琴　秦倩英
小　说
骚动　玮　璐
主妇　陈福熙
徒劳　W.T.Scanlon（施甘伦）作**
　般作桢译
残秋　罗　洪
逼　彭雪珍
人命　林适存
赤道线（续完）　黑　婴
理论·介绍
简单的自然之仿效，形相，风格
　〔德〕歌　德作　吴寿彭译
　附译者小引
诗的起源　陈子展
《望舒草》论　苓　薯
剧　本
有家室的人
　〔英〕高尔斯华绥作　唐槐秋译
诗　歌
黄昏　林　庚
夜行者　侯汝华
火　左漱心
画　辑
韦尔斯像　雪惠伯绘
基德像　雪惠伯绘
丽曼的三种神情（照片）
《有家室的人》舞台面（剧照三幅）

社记　编　者

第2卷　第1期
七月号
1934年7月1日出版

散文随笔
生活　徐转蓬
病与轻梦　李苏菲
五月零感　高　植
孔子之魂
　〔爱沙尼亚〕凯绮赛琳作
　吴寿彭译***
哥德致吓姆波特及其夫人的信
　般作桢译***
　一、给嚇姆波特夫人（一封）
　二、给嚇姆波特（三封）

* 原刊“目录”题作“故都”，无细目。

** 原刊正文题下署“W.T.Scanlon作”，“目录”署“施甘伦作”。

*** 原刊此三篇的“目录”，均误以译者为作者，漏署作者。

小　说

骗　葛天飚

七日的玫瑰　黑　婴

春蚕　余慕陶

闽江之夜　李小山

到港的黑人*

〔日〕小川未明著　钱子衿女士译

凶手　陈福熙

牧场上　李西崖

小曼莉的悲哀**　梅痕女士

喝着咖啡的时候　流　冰

经纬线　林适存

理论·介绍

元人散曲　赵景深

诗歌的样式

〔日〕外山卯三郎作　孙俍工译

写实主义之历史的研究

〔日〕山田珠树著　汪馥泉译

现代文艺　毛秋白

佛教文学之审美观及光明思想

姚宝贤

行为主义的文学观　白　桦

剧　本

骑队

〔英〕Noel Coward 著　殷作桢译

诗　歌

渔家　林英强

* 原刊“目录”作“到港的黑人”，正文作“到港底黑人”。

** 原刊“目录”作“小曼莉底悲哀”，正文作“小曼莉底悲哀”。

献诗　徐世治

画　辑

《骑队》舞台面十帧

一、玛丽克莱饰“金妮马利奥特”

二、酒祝祖国再得到尊荣

三、举杯祝贺一九〇〇年的新年

四、帝国义勇军开拔前线

五、白利琪司从南菲洲战争回家

六、维多利亚女皇的出殡

七、典型的爱德华式舞之壮丽场面

八、“女皇死了”。

九、施屈拉惠儿荪饰“美拉白丽”

一〇、兵船的离岸

第 2 卷　第 2 期

八月号

1934 年 8 月 1 日出版

作家介绍

瓦撒曼的作品及《诺趣史》之排犹太主义　张资平

介绍诗人丁鹤年　胡怀琛

小　说

血痕　叶永蓁

疯狂以后　金满成

两条腿的驴子　周楞伽

赵三和他的老婆 萧作霖
梅岭之秋 余慕陶
孕妇 漫 礁
进城 林适存
在医生那里
〔犹太〕Salom-Alejhem 作
王鲁彦译*
五月之夜〔俄〕Rimsky-Korsakov 著
章铁民译
玛加之梦
〔日〕吉田弦二郎作 张资平译

论 文

论诗歌的起源 谢善继

散文随笔

李左车和萧丞相 赵景深
街 苏 菲
孔子之魂（续完）
〔爱沙尼亚〕凯绮赛琳作
吴寿彭译*

诗 歌

墓铭 汪静之
北平之夏 吴惠风
病 艾 琦
黄昏 林英强
孤寂时候 邵冠华

剧 本

骑队（续完）
〔英〕诺埃尔寇华德著
殷作桢译*

画 辑

《骑队》舞台面九帧
一、著名海滨的集会
二、亚姆斯蒂斯之夜
三、维多利亚车站的火车开往前线
四、前线庆祝亚姆斯蒂斯的消息
五、花萝向爱伦惊呼："白利琪司死了"。
六、一九一四年参战的厨子
七、"这——世界炸裂了！"
八、末景里三位编製篮子的瞎子士兵
九、花妮唱《二十世纪的苦闷》

* 此三篇原刊"目录"误以译者为作者，漏署作者。

** 原刊"目录"署"李苏菲"，正文署"苏菲"。

124 新 诗 歌

简 介

《新诗歌》，月刊。一九三四年春（大约在二月）创刊于北平，小三十二开本，中国诗歌会河北分会主编，联系人为王亚平。一九三四年夏（约在五、六月间）终刊*，共出版四期。

该刊同中国诗歌会总会所办的《新诗歌》一样，也是以推动诗歌大众化为己任的。为了克服新诗的口号化、概念化的毛病，特意声明“本刊绝对避免口号化及观念的描写，将以新的技术表现新的内容”。作为大众化的一种实践，该刊不但发表了一些拟民歌体的诗，而且还发表了一些用劳动人民口语来写劳动人民生活的诗。除诗作外，也发表一定数量的诗评。撰稿人有蒲风、曼晴、王亚平、袁勃、杨骚、田间、郭偌风等。

* 本书编者仅从一家图书馆找到有此刊，而且见到的各期在合订时版权页均被撕去，因而不能确知各期具体出刊时间，此处所说的创刊、终刊时间，系本书编者据有关资料推定。

目　录

创刊号

缝穷妇　左琴琳娜
告诉你　蒲　风
归来　叶　菲
打夜工　曼　晴
小鸟与海燕　亚　平
民歌二首　郭偖风
矿工　丹　娜
劫后　卜　同
女卖票员的歌　蒲　风
新诗的技术问题　亚　平
读了总会《新诗歌》第五期以后　袁　勃
编后

第2·3期合刊

仙宫！你魔人的理发店　左琴琳娜
卖地　曼　晴
茫茫夜　蒲　风
浆水菜　亚　平
洪流　文　侠
乱　科　一
娼妓之歌　海　影
民歌　郭偖风
母亲的诗，我的笔！　高吐真
新诗歌的内容与形式　亚　平
读了总会《新诗歌》六、七期合刊以后　袁　勃
编后

第4期特大号

饥饿的人群　左琴琳娜
南北楼　亚　平
旱　曼　晴
我读了我的诗集　杨　骚
送别　流　冰
没有了酒　番　草
穷缝　骆　驼
新恋歌　叶　流
囚人　田　间
平汉车上即景两章　袁　勃
捞盐者　茜　林
北平的夜　左琴琳娜
劫　曼　晴
亡命者　流　冰
抬煤夫　亚　平
民歌（一）　郭偖风
民歌（二）　吼
枪的叫号　青　蕊
春　草川未雨
卖花婆　白　莹
拉拉拉（上海车夫曲）　蒲　风
孤独的孩子　李三郎
请你看看这里的创伤　马迪川
重逢　可　人
味哟，回来！松山达枝作　鱼　羊译
编后
附录：《茫茫夜》好评一束

125 春 光

简 介

《春光》，文艺月刊。一九三四年三月一日创刊于上海，由中国左翼作家联盟成员庄启东、陈君冶编辑，上海春光书店出版社发行，十六开本。一九三四年五月一日出版第一卷第三期后被国民党政府查禁，共出三期。

编者在创刊号《编辑后记》中说：本刊“尽量容纳青年作家的作品……我们且希望在青年作家的创作中发见中国文艺的天才，本刊以培植他们责任负在身上”；“本刊对于论文愿意给予别种刊物所未曾有的注意”；“译文方面，将有计划地译一些世界上名作家的作品，并且附及对于他们生平的介绍，俾使一般读者对于各国的文艺思潮和倾向有所窥见”。编者的意图在三期刊物中大体上得到了贯彻。该刊发表了不少作品，多半是当时左翼青年作家的创作。其中有丘东平、宋之的、沙汀、艾芜、李辉英等人的小说，艾青、柳倩、许幸之、雷溅波等人的新诗，艾青的成名力作《大堰河——我的保姆》就首先发表于该刊；评论方面也很有建树，发表了陈君冶的《论朱湘》，杜微的《论巴尔扎克》。该刊还发起以“中国目前为什么没有伟大的作品产生”为题的征文，第三期发表了郁达夫、夏征农、杜衡、潘孑农、徐懋庸、艾思奇等十五位作家的应征文章，展开了讨论，引起了当时文艺界的广泛关注。该刊还译介了苏联等国作家的作品和文章。

目　录

第1卷　第1号
创刊号
1934年3月1日出版

文艺座谈

批评者的态度　陈　頔
怎样改编“大众本”　黎　夫
伟大的作品底要求　郑伯奇
论朱湘　陈君冶
三个美国人　弗理契著　苏伍译

小　说

渔村小景　杜　衡
铁路照会　何家槐
福地　李辉英
骡子　丘东平
民间针灸法　胡明树
挤兑　宋之的
皮背心　冰　山
好年头　艾　霞遗作
失去自由的人群（连载小说）　征　农
在烟火旁　莱奥诺夫著　陈君涵译
胡佛城〔美〕康纳尔著　秀　侠译

剧　本

宣誓就职　魏金枝

诗与散文

监房的夜　艾　青
叫喊　艾　青
ORANGE　艾　青
都市之夜　金曼辉
春天　金曼辉
列车　金曼辉
《新生》中情诗选抄　〔意〕但丁著　王独清译
父亲　鲁　彦
木鱼　王婉容
鹿的父亲　许幸之*
出狱　尺　蠖
残废者　〔保〕伐佐夫著　索林女士译
格拉特可夫访问记　法尔考斯基著　方土人译

创作月评

落华生的《人非人》　谢仿亮
谈《修鞋匠》中的满洲国描写　施方亮

文艺画报

（一）战士的头（名画）　Bela Hiz（贝拉核支）
（二）伏尔加河上（木刻）　〔苏〕V.L.Sokolov（梭可罗夫）
（三）本刊特约撰述人像（三幅）
（四）莱奥诺夫像
（五）但丁像
（六）格拉特可夫近像

编辑后记

* 原刊“目录”署“欧阳信”，正文署“许幸之”。

第1卷　第2号

1934年4月1日出版

文艺论谈

《文学的遗产》底接受问题　白　戈

创作的态度　依　凡

作家的勇气及其他　郑伯奇

论　文

绥拉菲莫维支论

〔苏〕卢那卡尔斯基著　任白戈译

妥斯退夫斯基论

〔苏〕卢那卡尔斯基著　云　林译

卢那卡尔斯基小传　晓　丹

小说与散文

旅长　王任叔

烟　金　丁

未锁之门

〔意〕戴丽黛女士作　陈君涵译

一九二八　芦　焚

好年头（续完）　艾　霞遗作

幸福的幻影　鲁　彦

英雄底死〔匈〕拉兹珂著　陈君冶译

归来　慎先女士

关于着灰短衣的人　艾　芜

泡　黎锦明

投宿者　丘东平

纪德底转变（介绍）

Edward Sagavin作　杨　潮译

诗　歌

自画像　番　草

母亲的泪　溅　波

囚徒　莱芒托夫著　穆木天译

天使　莱芒托夫著　穆木天译

深秋的黄昏　柏　森

聆听　艾　青

都市颂歌　天　虚

卖血的人　许幸之

德国，冬天的童话

〔德〕海涅著　艾思奇译*

戏　剧

老少无欺　张天翼

创作月评

关于《饿人》　孟　克

文艺画报

卢那卡尔斯基像

《被解放了的堂吉诃德》（木刻）

卢那卡尔斯基之葬仪二幅

妥斯退夫斯基像

绥拉菲莫维支像

《墨西哥的暴风雨》画面两幅

一九三四年的文坛种种**

编后记

第1卷　第3号

1934年5月1日出版

文艺座谈

纪念《五四》的十五周　任白戈

---

* 原刊"目录"署"艾思奇"，正文署"艾恩奇"。

** 原刊"目录"有此条，正文未见。

不要污蔑了"大众文学" 黎 夫
京派人们的丰采 祝秀侠
关于小品文 魏猛克

论文·介绍

论巴尔扎克 杜 微
左拉与写实主义
Emmanuel Berl 著 陈君冶译
莱奥诺夫及其作品
Sminov 著 任白戈译
俄国小说最近的趋势
Mirsky 著 辛 怀译

小 说

夫卒 沙 汀
强与弱 艾 芜
格莱纳蒂尔
〔法〕巴尔扎克著 蒋怀青译
夜工 蒋牧良
顿的旷野
〔苏〕绥拉菲莫维支等集体著
穆木天译
松花江上 李辉英
托孤 〔法〕左 拉著 徐懋庸译
笼 饶楚瑜
冬日〔俄〕莱奥诺夫著 陈君涵译

剧 本

一个早晨 蒋本沂

诗 歌

织女 庄启东
五月的太阳 许幸之
饥饿的群 柳 倩
大堰河—我的褓姆 艾 青
五月，我亲爱的朋友 陈君涵
大地的子孙 洪 叶
生命的赞歌 番 草
睡眠的颤抖 江 曲
希望 伍 禾
暴风雨夕 平林杏子
我家的信条 孟 宗
荐头行 王一心
关于《五四》的回忆 穆木天

文艺月评

《桂公塘》与《天下太平》 艾 淦

文艺画报

巴尔扎克像
巴尔扎克画像
巴尔扎克手迹
巴尔扎克底手
左拉画像
左拉手迹
发表左拉《我控诉》之黎明报
私运（木刻四幅） 野 夫
欧洲造型艺术之盛况（漫画四幅）

附 辑

中国目前为什么没有伟大的作品产生（讨论）
一、 郁达夫
二、 秀 侠
三、 征 农
四、 江 曲
五、 杜 衡
六、 白 莱
七、 潘子农

八、　　　　　　　　　　吴　穆
九、　　　　　　　　　　耕　者
一〇、　　　　　　　　　王独清
一一、　　　　　　　　　向　荣
一二、　　　　　　　　　　　智
一三、　　　　　　　　　徐懋庸
一四、　　　　　　　　　高　荒
一五、　　　　　　　　　艾思奇

126 诗歌月报

简　介

《诗歌月报》，一九三四年四月一日创刊于上海，编辑者除第一卷第二期署李微、孟宗、陆印全、吴绍光、王一心、林野诸人外，其余各期均署“上海诗歌月刊社”。“流露社”发行，上海现代书局、南京读者书店总代售，十六开本。一九三四年十一月一日出版第二卷第二期后终刊，共出八期。

《诗歌月报》以刊登新诗创作为主，兼有译诗与诗论。撰稿人除编者外，主要有陈梦家、方玮德、柳倩、邵冠华、宗白华、林庚以及李金发等，并刊载了朱湘的一些遗作。此刊的诗作者属于不同流派，具有不同风格，有著名的象征主义诗人和当时还没有摆脱唯美主义影响的新诗作者，也有播种希望、播种斗争的歌手；诗的思想内容比较多样化，有思古之幽情的抒发，对自我命运的悲歌，对古渡头寂寞的吟哦，废园荒凉的咏叹，也有感情充沛、气势奔放的抗日救亡的歌声，以及对狱中黑暗的诅咒，对光明感情深沉的呼唤。

目　录

第1卷　第1期

1934年4月1日出版

诗的创作

死之胜利　朱　湘
幸福　朱　湘
古渡头（外二章）　李　微
芜荒的园里（外一首）　吕绍光
叮咛　林　野
给孩子　孟　宗
告诉（Dimitri）　方玮德
唐朝的微笑　陈梦家
等　陈梦家
夜啸　宋寒衣
不流泪的卢亚里　蒲　风
落　漠　溅　波
浅蓝的春山　孙佳讯
月下　邵冠华
寡妇（外二章）　陆印全
赤道怀念曲　流　冰
新连珠（外一章）　徐仲年
那一晚　王一心
珈琲女（外一首）　黑　婴
我要咀咒　何德明
有忆　曹靖南
秋颂（外一章）　柳　倩

诗的翻译

屈辱
〔日〕今野大力作　卢森堡译
公园的长凳　休　士作　庄启东译
萨蒂的玫瑰
窪儿莫尔夫人作　徐仲年译

图　画

封面　华　凝

第1卷　第2期

1934年5月1日出版

诗的创作

相信（外一首）　（故）朱　湘
垃圾山　王一心
茜色的梦（外一章）　李　微
艳唇　康嗣群
自己的歌　何德明
流浪（外一章）　吕绍光
致秋　吴惠风
娜娜　孟　宗
母亲　许幸之
道场　林　野
耳环（外一章）　钱君匋
现代雾（外一章）　陆印全
墙　雪珍女士
游方僧　柳　倩
圣诞节夜　徐仲年
希望（外一首）　甘永柏*
寺中（外一章）　孙佳讯
黄昏　沈圣时

---

* 原刊正文署“甘永柏”，“目录”作“甘求柏”。

篱边新曲　王一心
来信　王独清

诗的翻译

神曲（节选）
〔意〕但丁作　严既澄译
春　赵景深译
立体
兰斯顿·休士作　庄启东译

图　画

封面设计　华凝女士

第1卷　第3期

1934年6月1日出版

诗的创作

在医院　子　冈
逃荒者　滶　心
在铁工场　金曼辉
夜归（外一章）　吕绍光
春之忆恋　林　庚
分野　孟　宗
流浪人的家　傅尚杲
默念　陆印全
古宅的造访　艾　青
凭吊　史卫斯
没有了酒　番　草
网　厂　民
丽丽　钱惠荷
制坯工场　卢　天
野店　徐班东
重来　李　微
家乡　林　野
秋天的散步　侯汝华
家园　平林杏子

图　画

封面设计　华　凝

第1卷　第4期

1934年7月1日出版

诗的创作

今宵（外一章）　朱　湘
自叹　赵景深
一个拿撒勒人的死　艾　青
秋夜曲　陈梦家
夏之夕　庄启东
觉醒（外一章）　吕绍光
船娘　金曼辉
养蚕女　孟　宗
和平之神　柳　倩
流浪女　陆印全
苦斗　滶　心
浓厚的酒　徐仲年
胡同里的音籁　王一心
雨天的街　沈圣时
关山月　平林杏子
幻窗　钱惠荷
晨在码头　卢　天
军火商（外一首）　林　野

图　画

封面设计　华　凝

第1卷 第5期

1934年8月1日出版

秋风 朱 湘
归舟 钱君匋
老婆子 吕绍光
晚程 孙佳讯
巡礼（外一首） 陆印全
原野之歌 林 野
旅晨 钱惠荷
巴斯提狱 史卫斯
车水 沈圣时
归来（外一首） 沃 敷
老妇人 厂 民
这天是要变 子 冈
黑夜 莱 蒂
老人 父孙旻
笑 金曼辉
流浪儿 鲁 戈
古庙 吴天籁
亚丁湾（外一首） 陈子林
六月的汕头风景 侯汝华
牧人与羊群 孟 宗
划船歌（外一章） 吕绍光

诗的翻译

喇叭传令使
Sherwood Anderson 著
钱歌川译

图 画

封面设计 华 凝

第2卷 第1期

1934年10月1日出版

诗的创作

街头女 宗白华
丁香花的歌 方玮德
歌女 左漱心
自然 林 庚
野产 孙佳讯
村暮小景 何德明
白俄的头 庄启东
流浪人的箱箧 徐转蓬
都市之夜 吕绍光
机车头 番 草
驼铃 金曼辉
无题 高 植
“痧药水有吗？” 李 微
都市小景 张兆璋
今昔 林英强
锄尖的花 吴 汶
霏微的雨 启 扬
三叠令 朱 湘
银色 李金发

诗的翻译

梦的叫卖
〔英〕Thomas Lovell Beddoes 作
侍 桁译
低诉
Christine de Pisan 作 徐仲年译
我们的春天
兰斯顿·休士作 孟 宗译

诗的理论

英国短诗论
〔日〕小泉八云作　陆印泉译

象征派散文诗

上帝的仪容
Thon Cournos 著　秦倩英译

图　画

深夜琴声（封面）　华　凝

编后记　编委会
本社启事（为九、十月号合期事）　本　刊

第 2 卷　第 2 期
1934 年 11 月 1 日出版

论　文

《浮士德》与欧洲近代人文主义思想　宗白华

东北（报告诗）　力　扬
沙漠之夜（散文诗）　林　野

枫　启　扬
盒心　赵景深
午夜　邵冠华
夜市　左漱心
夏日之歌　何德明
叮咛　惜　分
秦淮河　史卫斯
采桑女　王一心
安息日　孟　宗
谁能忍受　金曼辉
渔人　吕绍光
问　栀子女士
枕　林英强
流浪人　林　野

127 人间世

简介

《人间世》，小品文半月刊。一九三四年四月五日创刊于上海，林语堂主编，陶亢德、徐讦编辑，上海良友图书印刷公司出版发行，十六开本。一九三五年十二月二十日终刊，共出版四十二期。

《人间世》是林语堂在发刊《论语》之后，又创办的一种专事提倡幽默小品的刊物，他在该刊《发刊词》里说："盖小品文，可以发挥议论，可以畅泄衷情，可以摹绘人情，可以形容世故，可以札记琐屑，可以谈天说地，本无范围，特以自我为中心，以闲适为格调，与各体别，西方文学所谓个人笔调是也"。他们所提倡的小品文，虽"苍蝇之大，宇宙之微，皆可取材"，但强调的是"以自我为中心"，取"闲适笔调语出性灵"，而"无关社会意识形态鸟事，亦不关兴国亡国鸟事"。鲁迅曾批评这类小品文，是在"风沙扑面，虎狼成群的时候"，"供雅人的摩挲，并且想青年摩挲"的"小摆设"(《小品文的危机》)。还说过："专读《论语》或《人间世》一两年，而不欲变为废料，亦殊不可得也"(一九三五年十月八日致郑振铎信)。

《人间世》刊登的小品文，除游记诗歌题跋赠序尺牍日记之外，尤注重清俊议论文及"读书随笔"(《发刊词》)，主要撰稿人有周作人、刘半农、林语堂、简又文、陶亢德、俞平伯、陈子展、徐讦、老向、何容、以及郁达夫、老舍、徐懋庸、阿英等人。其中"读书随笔"、"山水"、"人物"等专栏里，也提供了不少具有知识性和趣味健康的能"给人愉快和休息"的有益篇章。

目　录

第 1 期
1934 年 4 月 5 日出版

发刊词

知堂先生近影
五秩自寿诗　周作人
和岂明先生五秩寿诗原韵　沈尹默
和岂明先生五秩寿诗原韵　刘半农
和岂明先生五秩寿诗原韵　林语堂

我所受旧教育之回忆　蔡元培
厂甸　周作人
双凤凰砖斋小品文　刘半农
金圣叹的极微论　徐懋庸
诗之显与晦
（刊内题目为“诗的隐与显”）
朱光潜
窗外的春光　黄庐隐
临平登山记　郁达夫
落叶树　程鹤西
跋落叶树　废　名
志摩日记　徐志摩
乌老鸦　傅东华
文言画　丰子恺
嘿与哩*　阿　英
论烟　徐　讦
俄国的写真
〔法〕金艾玛女士著　李青崖译
神奇事　饮水氏著　简又文译
诗
女子的笑涡　徐　讦
到底是谁在那儿嘀嘟　徐　讦

考槃　陈子展
春波楼随笔　刘大杰
现代作家工作实录　全增嘏

第 2 期
1934 年 4 月 20 日出版

俞曲园先生遗像
和岂明先生五秩寿诗　蔡元培
和岂明先生五秩寿诗　沈兼士
随 感 录
吾民其为毛人乎　老　向
摩登文章　徐懋庸
新生活运动与摩登破坏团　徐　讦

论作曲　俞平伯
叶天寥年谱研究（读书小记之一）
胡　适
小青考证补录（上篇）　潘光旦
论谈话　林语堂
太平天国文学之鳞爪（下篇）
简又文
西溪　赵景深
祢正平之死　曹聚仁

* 正文标题为《嘿与谦》。

读书随笔
闲步庵随笔 沈启元
读《论语》 废名
译丛
小品文作法论（上）
Alexander Smith 著 林疑今译
大车（《诗经·王风》之九）
陈子展译
诗
钱塘江畔的挑夫 徐訏
借火 徐訏
独游 徐訏
杂俎
东南风续集 大华烈士
今人志
吴宓 号雨生
书评
《弗勒虚》 彭生荃
小品文选
答亲友议婚 张萱
复刘冲倩 张萱

第3期
1934年5月5日出版

《老残游记》作者刘铁云先生遗像
新年用知堂老人自寿韵 蔡元培
和岂明先生自寿诗 疑古玄同
随感录
关于小品文 风子
关于时轮金刚法会 徐懋庸
卖论 徐懋庸
大义灭亲 何容
今文辨伪 周木斋
学校新闻 亢德
罗壮勇公年谱研究 胡适
小青考证补录（下篇） 潘光旦
论诗 江寄萍
出昱岑关记 郁达夫
泥沙杂拾 闲斋
游牛首山记 如愚
滞汉记 海戈
打古 贝叶
读书随笔
屠赤火的小品文 阿英
春波楼随笔（续） 刘大杰
译丛
清闲
〔日〕芥川龙之介著 谢六逸译
歌
〔德〕何辅民士陶著 简又文译
权舆（《诗·秦风》之十）
陈子展译
诗
暮霞 徐訏
别把池岸弄暗 徐訏
失题 徐訏
杂俎
寓言 （故）朱湘
东南风 大华烈士

今人志

胡舒之

书评

《母亲》（彭望荃女士著，鲁西译）

小品文选

尤命 曾文饶

第4期

1934年5月20日出版

老舍近影

随感录

文章与药 风子

苍蝇的灭亡 徐懋庸

以文治国 郑陆

中小学生读经 亢德

说小品文半月刊 语堂

苦茶庵小文 岂明

泥沙杂拾（续） 闲斋

秋荔亭记 平伯

刘铁云先生轶事 刘大钧

蝌蚪 丰子恺

"……""□□□□"论 徐讦

南洋之游 大华烈士

滞汉记（续） 海戈

迎神 （故）朱湘

读书随笔

读诗偶得 （故）庐隐

孝经述疑 陈子展

诗

是耶非耶 石民

神鸾的故事 石民

燕子 （故）朱湘

慰元度 （故）朱湘

译丛

小品文作法论（下）

Alexander Smith著 林疑今译

杂俎

东南风（续集） 大华烈士

今人志

老舍 王斤役

书评

《彼岸》 彭望荃

小品文选

冥寥子游（附跋） 屠隆

第5期

1934年6月5日出版

黄庐隐女士遗影与遗墨

随感录

换一个年头吧 老向

病 徐懋庸

偶感 钟开莱

"教育前途之展望" 亢德

母猪渡河 语堂

《半农杂文集》自序 刘半农

自序《屐痕处处》 郁达夫

苦茶庵小文 岂明

泥沙杂拾（续） 闲斋

良宽和尚 谢六逸

人间世 曹聚仁

鸡脚子　克士
南洋之游　大华烈士
一夕话　语堂
——纪春园琐事
滞汉记（续完）　海戈
伞　窘羊

读书随笔

读中郎偶识　周劭

译丛

道旁的智慧（上）　E.M.Martin 著　卞之琳译
太平天国天京观察记（一）　简又文译

诗

诗两首　（故）朱湘
十四行
Gautier
深夜的街头　徐讦

杂俎

东南风（续集）　大华烈士

今人志

庐隐　刘大杰

书评

《中国戏剧研究》　赵景深

小品文选

承天夜游　苏轼

第 6 期

1934 年 6 月 20 日出版

徐志摩先生遗影

随感录

关于艺术　玄畅
杂谈姓氏　风子
完人　徐懋庸
哈达巾与蒙头纱　迫迁
中国人之聪明　语堂

《老残游记·二集》序　刘铁云遗稿
杨杏佛遗稿　杨铨
论小品文笔调　语堂
泥沙杂拾（续）　闲斋
我的书报安置法　姚颖
双凤凰专斋小品文　刘半农
笔端　聚仁
柳芽儿与榆钱儿　老向
谈明星　杨天问
《不惊人集》前记　徐懋庸
驿与站　钱天起

读书随笔

帝京景物略　沈启元
景船斋杂记　阿英

译丛

道旁的智慧（下）　E.M.Martin 著　卞之琳译
太平天国天京观察记（二）　简又文译
楚辞九歌今译　李又曦

诗

鸟国吟　冥冥
轻愁　魏南潜
寂寞　徐讦

杂 俎
东南风（续集） 大华烈士
今 人 志
徐志摩 张自疑译
小品文选
奠小侄女寄寄文 李商隐

第7期

1934年7月5日出版

严畿道先生遗影
随 感 录
论高下 蕤 然
警句 徐懋庸
鬼话 子 仁
论玩物不能丧志 语 堂
说自我 语 堂
《老残游记·二集》序（续）
刘铁云遗稿
重印中郎全集序 郁达夫
袁中郎与政治 阿 英
小病 老 舍
河 甘永柏
谈鬼神 徐 讦
叶德辉与康有为 陈子展
还乡日记 薛 倚
瘦西湖追感 刘庆文
画虎 （故）朱 湘
读书随笔
折花录 刘大杰
诗
杏佛遗诗 杨 铨
译 丛
撕扇 Max Beerbohm 作 王 灭译
书 评
《苏俄的妇女》（冥 冥译） 潘光旦
今 人 志
孙大雨 沈从文
小品文选
梅花草堂笔谈 张大复

第8期

1934年7月20日出版

李叔同先生像
随 感 录
笑 钟开莱
老话 风 子
政治上之推与拖 姚 颖
树木树人 子 仁
且慢励末俗 宜 生
时代与人 语 堂
关于公安小品文一席话 刘 燮
谈科学 徐 讦
今人诗话 高 疆
《萧伯纳传》译者序 黄嘉德
北平 宋春舫
《老残游记·二集》卷一 刘铁云
疤 丰子恺
隐士 钱天起

燕园　吴秋山
还乡日记　薛　脩

读书随笔

屠隆的书牍　江寄萍

译　丛

梦中的孩儿
〔英〕Charles Lamb 著　林疑今译
太平天国天京观察记（三）
简又文译

诗

京邸感怀　刘铁云等
杏佛遗诗　杨　铨

今 人 志

李叔同　曹聚仁

小品文选

山居小话　袁宏道

第 9 期

1934 年 8 月 5 日出版

刘半农先生遗像遗墨

随 感 录

打不平　叶永蓁
论写稿　鄂　子
勿要哗啦哗啦　子　仁
似欠"大众"　小　我
观瞻难壮　宜　生

王芷章腔调考原序　刘半农
文饭小品　岂　明
英人古怪的脾气　语　堂
慈仁寺书摊　董　毅
《老残游记·二集》卷二　刘铁云
关外杂录　庄　错
记鲁彦　赵景深
杭居琐记　叶秋原
湖南三诗人　陈子展
刀的话　绛　秋

读书随笔

谈王百谷《谋野集》　阿　英

译　丛

太平天国天京观察记（四）
简又文译

诗　歌

一句话　徐　讦
拉纤夫　徐　讦
燕子　朱　湘诗　钱仁康作曲

杂　俎

广州"星期美点"　涂景元

书　评

著作家的旅行　邵洵美

今 人 志

刘半农　迫　迁

第 10 期

1934 年 8 月 20 日出版

俞曲园先生遗墨

随 感 录

呜呼才子　陈子展
吃药　叶永蓁
无字的批评　语　堂

荣辱　宜　生

哀刘半农先生　蔡孑民
失了一部最珍贵的大字典　吴稚晖
文饭小品　岂　明
巴黎的旧书摊　陆侃如
说浪漫　语　堂
读词偶得　俞平伯
籴米　老　向
山屋　吴伯箫
纪念刘半农先生　李长之
闲话杨州　曹聚仁
《老残游记·二集》卷二（下）
刘铁云
关外杂录　庄　错

读书随笔

海阔天空楼读书随笔　徐碧晖

译　丛

送行　Max Beerhohm 著　祺　南译
太平天国天京观察记（五）
简又文译

诗　歌

敷浅原吟　海　戈

杂　俎

东南风续集　大华烈士

书　评

刘复诗歌三种　赵景深

今 人 志

杨震文　迫　迂

小品文选

《解脱集》二序　江进之

第 11 期

1934 年 9 月 5 日出版

俞平伯先生近影

随 感 录

关于游览区　风　子
今与昔　风　子
公道与人心　何芳洲
大学与小品文笔调　语　堂

论大众语　何　容
罗素离婚　语　堂
谈桂戏　罗　复
谈服装　徐　讦
读词偶得　俞平伯
习惯　老　舍
《有不为斋丛书》序　语　堂
《老残游记·二集》卷三（上）
刘铁云

读书随笔

读《思益堂日札》偶记　李青崖

诗

呼　朱　湘
吊自杀者之歌　S　K
青岛杂事诗　郁达夫

译　丛

译英吉利诗人锡兰情诗四解
杨　铨
旁观报文钞　林疑今译
太平天国天京观察记（六）
简又文译

杂　俎

东南风续集　大华烈士

书　评

《轨范季刊》(温源宁作　林　幽译)

今人志

章太炎先生　曹聚仁

第12期
1934年9月20日出版

辜鸿铭先生遗像
辜鸿铭先生与太戈尔先生合影

随感录

布幔　望　水
利物废用　涂景元
谈麻将　海　戈
慈善家的眼睛　陈子展
漫谈乡村教育　风　子
读《时代与人》后　杨　节
忘记了九一八事变　亢　德
谈词　憾　庐
从脸谱谈到旧剧　徐　讦

忆庐隐　沅　君
《老残游记·二集》卷三(下)　刘铁云
马来人　斐　儿
善忘者的幸福　马国亮

辜鸿铭特辑

编者弁言
辜鸿铭论　林语堂译
辜鸿铭访问记　黄嘉音译
有不为斋随笔——辜鸿铭　语　堂
辜鸿铭在德国　嗣　銮
与辜鸿铭书　托尔斯泰
记辜鸿铭翁　孟　祁
我所知道的辜鸿铭先生　陈昌华
辜鸿铭　林疑今译
辜鸿铭　林斯陶

第13期
1934年10月5日出版

冯文炳先生近影

随感录

君子与小人　李　二
打倒打倒迷信　何　乐
空虚　李又曦
杀性　风　子
镜子的人们　叶永蓁
说大足　语　堂

怎样洗练白话文　语　堂
袁中郎的诗文观　刘大杰
论读书与谈话　陈练青
宋家弄　宋春舫
狱中记　褴　衫
还乡日记　薛　脩
观潮　陈子展
闲步偶见　沈启无
在玄武湖畔　李金发

双凤凰专斋小品文　刘半农
朱牧儿墓　瞿秀峰
王德林（特写）　林　幽
等闲　吴秋山
《老残游记·二集》卷四（上）　刘铁云

诗

自叹　老　柏
漫兴　王任放
十四行　朱　湘
问　朱　湘
吃月饼有感　徐　讦
女子的手指　徐　讦

读书随笔

字字珠　阿　英

译　丛

论隐逸　梁宗岱
太平天国天京观察记（七）　简又文译

杂　俎

关于钱江致石达开函之研究　谢兴尧　简又文

书　评

《泪与笑》　甘永柏

今人志

知堂先生　废　名

第14期

1934年10月20日出版

林琴南先生像

随感录

雅事　既　北
偶记所感　风　子
愚妄者的脸谱　李长之
绝顶聪明和额外愚蠢　陈子展

现在大众语文学的调查和评判　黎锦熙
谈词（续）　憾　庐
论山水画（上）　海　戈
关于本刊　语　堂
跋知堂信　曹聚仁
劳者自歌　丰子恺
由理发师傅说起　窘　羊
苏维埃一女郎　孟斯根
断想　汪　伟
钓鱼　孙德铨
《老残游记·二集》卷四（下）　刘铁云

特　写

斗行　老　向

读书随笔

读劳伦斯的小说《却泰来夫人的爱人》　郁达夫
偷闲随笔四则　陈　适

译　丛

论隐逸（续）　梁宗岱
太平天国天京观察记（完）　简又文译

今人志

林琴南先生　苏雪林

杂 俎

东南风（续集） 大华烈士

第 15 期
诗 专 辑
1934 年 11 月 5 日出版

Walter De La Mare 像
Walter De La Mare 诗二章
孙大雨 彭若谷译

西洋杂志文

何谓技术统制
Wayne W.Parrih 著 黄嘉音译
法国的女人
Dorothy Dunbar Bromley 作
黄嘉德译
还债 黄嘉德译

诗 专 辑

新诗问答 废 名
建设的大众语文学—新诗例
黎锦熙
诗的主观与客观 朱光潜
谈诗 徐 讦
谈诗 梁宗岱
钱唐汪水云的诗词 郁达夫
读檀园集 施蛰存
朱湘的《石门集》 赵景深
太平天国战役之史诗（上篇）
简又文
我做旧诗的经验 苏雪林
关于所罗门诗一章 王则平

诗

杏佛遗诗 杨杏佛
庐山杂录 曾仲鸣
西湖园林 王天瑞
绍兴东湖独步 王天瑞
即景 恨 石
荳菌湖边乡思 李 祁
戍卒 朱 湘
我的诗 朱 湘
星文 朱 湘
秋星 黄芸文
我想起 黄芸文
春到人间 李金发
给棠 李金发
Mandolin 钱君匋
江上 章克标
杂窝底 馒 头
入劳山杂诗 谭 灵
朝露 沈启无
秋夜 沈启无
秋 臧克家
闲 臧克家
上海吟 老 吁
寻雨 徐 讦
旱 徐 讦
旱灾吟 胡白涛
廿三，双十 林 憾

译 诗

屠格涅夫散文诗 贝 叶译
少年维特之烦恼
〔德〕歌德作 吴 宓译

问月 〔英〕雪 莱作 梁宗岱译
国风三章（译自《诗》）
张 慧译
流火（译目《诗》） 柳村任译

第 16 期
1934 年 11 月 20 日出版

郁达夫先生近影
所谓自传也者 郁达夫
西洋杂志文
女子与自杀 Marian J.Castle 著
林语堂译
为孩子的后悔 Physical Culture 著
黄嘉德译
褐木庐藏戏曲书写目自序 宋春舫
耶稣与基督 曹聚仁
谈词 憾 庐
论山水画（中） 海 戈
公安竟陵小品文读后题 刘 燮
双凤凰专斋小品文 刘半农
太平天国战役的史诗（续）
简又文
中国人吸烟考（一） 陈子展
春诵夏弦礼赞 仁 康
有不为斋随笔 语 堂
在异乡发见友人 俞康德译
窗 瞿象谦
《文学遗产》图说 小 羊
买书 南 桥
特 写
芙蓉城 罗念生
说杨州 佩 弦
北平男女同学之一斑 血 因
诗
夜读 吴经熊
时之轇轕 李金发
卖硬米饽饽的 徐 讦
自白 臧克家
屠格涅夫散文诗 贝叶译
书 评
《人物与批评》（张沛霖译）
今 人 志
林琴南传略 与 龄

第 17 期
1934 年 12 月 5 日出版

刘半农钱玄同先生合影
袁中郎登苏门山泛舟百泉碑
西洋杂志文
日本的私刑 William Maxwell
Bickerton 著 黄嘉音译
结婚第一年 Laural L.Sturgis 著
黄嘉德译
专 篇
悲剧的出生（自传之一） 郁达夫
谈诗 梁宗岱
境界论与其称谓的来源 刘任萍
记发见中郎墨迹之经过 樊 缜
中国人吸烟考（二） 陈子展

论山水画 海 戈
古槐梦遇 俞平伯
哭白涤洲 老 舍

特 写

牛津忆录 颖 夫

纪念刘半农先生特辑

半农家信 刘半农
长兄半农的死和我的回忆 刘北茂
父亲的死 刘小蕙
等谈半农的摄影 陈万里
回忆刘半农先生 商鸿逵
刘半农先生和陶元庆氏 许钦文
《扬鞭集》读后感 苏雪林

第 18 期

1934 年 12 月 20 日出版

朱湘先生遗像

西洋杂志文

反间的能手 William C.White 作 庎 九译
和聋子谈话（节译自 1934 年八月号《美国大西洋》月刊） 大 征译

专 篇

半农纪念 知 堂
法国的文艺客厅 李金发
娶妾 友 如
我的梦，我的青春！ 郁达夫
朱湘遗札 朱 湘
记辜鸿铭先生 震 瀛
中国人吸烟考（三） 陈子展
谷风 老 向
泥沙杂拾 闲 斋
秋荔亭随笔 平 伯
无言无病随笔 唐 弢
小鸭之死 兰 如
病中情思 叶菲洛
跑狗场 杨 骚
红枪会 孟斯根

诗

田园文学选诗 赵如珪
日记 徐 讦
暮 锡 金

读书随笔

山中一夕话 毕树棠

今 人 志

朱湘 念 生

杂 俎

东南风三集 大华烈士编
跋《林夫人乞援书稿》 薛澄清

第 19 期

新年特大号

1935 年 1 月 5 日出版

曾国藩先生遗像五帧
华茨华斯遗像及其故乡六帧

西洋杂志文

美国女大学生 Eumice Fuller Barnard 作 默 然译
卖文为生 黄嘉德译
德国拘留所的苛遇 蓝萍心译

特　写
书店　蒲　柔
一篇道地的庄稼话　老　向
——扫帚
受戒　乘　岳
专　篇
谈冯梦龙与金圣叹　知　堂
论中国人鄙视欧洲人　闲　斋
谈诗　梁宗岱
谈旅行　甘永柏
谈指头画　王颂余
关于袁中郎与王百壳　沈　思
书塾与学堂（自传之三）　郁达夫
中国人吸烟考（四）　陈子展
谈劳伦斯　林语堂
红豆与胭脂叶　李同愈
老哥哥　臧克家
秋荔亭随笔　平　伯
无言无病室随笔　唐　弢
玫瑰色的衣裳　兰　如
记　叙
华茨华斯故乡游记　钟作猷
榆关之行　萤　光
京居随感　谢保康
跑狗场　杨　骚
诗
今年的新年　徐　讦
漫走　徐　讦
田园文学选诗　赵如珪
东南杂咏　既　北
万籁阁题壁　薛吟松
冰花　臧克家
屠格涅夫散文诗　贝　叶译
读书随笔
读西征随笔札记　叶秋原
枕中秘　阿　英
今人志
严畿道先生　严秋尘
杂　俎
东南风三集　大华烈士编订
新年附录
一九三四年我所爱读的书籍　各　家

第20期
1935年1月20日出版

丰子恺先生近影
西洋杂志文
上海的外人
Major R.V.C.Bodley　张沛霖译
特　写
铁路员工舞弊之一斑　谭　鲁
红丸　陈念棣
专　篇
袁中郎的佛学思想　张汝钊
论个人笔调的小品文　陈铼青
怎样读词　憾　庐
谈中西医　铢　庵
闲　丰子恺
水样的春愁（自传之四）　郁达夫
被母亲关起来了！（自传之一章）
谢冰莹

归农小札　李　鲦
中国人吸烟考（五）　陈子展
关于太平天国本身
文件的讨论与洪秀全诗　谢兴尧
诗
老妇人　陈国琚
效李白寄远八首　克　椮
读书随笔
山林经济籍　阿　英
杂　俎
东南风三集　大华烈士编订

第21期
1935年2月5日出版

张伯苓先生近影
西洋杂志文
监狱之夜
Victor F.Nelson 著　黄嘉德译
我死的故事
Laura de Bosis 作　庐　九译
追念契珂夫
契珂夫夫人原著　黄嘉音译
特　写
北大区里的小饭铺　徐　订
四川的乡长　友　如
专　篇
谈韩退之与桐城派　知　堂
说大鼓（上）　赵景深
谈死　蘧　江
秋荔亭随笔　平　伯
村声　老　向
刻印小记　沈启无
关于杨贵妃　王荔枝
远一程，再远一程！（自传之五）
郁达夫
被母亲关起来了！（二）　谢冰莹
吉卜西——欧洲走江湖的民族
索　然译
无言无病室随笔　凤　子
读书随笔
淫词小说书目　毕树棠
诗
柏米修士底光荣
雪　莱作　梁宗岱译
对月吟　歌　德作　梁宗岱译
游子悲　老　柏
夜里我起身　贝　叶译
译《七月流火》　辛　父
今人志
张伯苓先生　王石逸
杂　俎
东南风三集　大华烈士编订

第22期
1935年2月20日出版

齐白石先生近影
西洋杂志文
军火机关的内幕　蓝萍心译
国际军火机关　Jean Galtier Boissiere
Rene Lefebvre 合著　黄嘉德译

特　写

南满医科大学　庄西村

我在巴黎的艺术生活　李金发

囚徒的玩乐　更　生

卖画　阿　苏

专　篇

说大鼓（下）　赵景深

谈自己的画　丰子恺

被母亲关起来了（三）　冰　莹

山居小景　李　祁

成都刘氏所藏写本聊斋志异记　林名均

辜鸿铭著张文襄幕府纪闻　毕树棠

一 夕 话

小品文之遗绪　语　堂

诗

卖鸡蛋　季　思

缝纫之歌　天　涧译

杂　俎

幽默述古　莫一钧

东南风三集　大华烈士编订

今 人 志

齐白石　无　病

我们的希望　编　者

第 23 期

1935 年 3 月 5 日出版

杨杏佛先生遗墨

西洋杂志文

军火商的秘密　西人夫妇原著　黄嘉音译

苏俄妇女的生活近状　〔日〕丸山政男著　索　然译

特　写

过年漫话　憾　庐

在日本过年　黄　宋

金山客的自述　郑文然

南国风味　斐　儿

专　篇

词调来源与佛教舞曲　田子贞

谈古文与八股之关系　陈子展

谈美丽病　徐　讦

谈迷信　章伯雨

谈自己的画（下）　丰子恺

孤独者　郁达夫

半农遗札　刘半农

狱中记　褴　衫

中国人吸烟考补　廖皓龄

古今对话　凤　子

奈良纪游　贝　叶译

一 夕 话

哀莫大于心死　语　堂

诗

杏佛遗诗　杨　铨

今 人 志

梁漱溟先生　李竞西

杂　俎

幽默述古　莫一钧

东南风三集　杨友群

第24期
1935年3月20日出版

陶元庆先生遗像
西洋杂志文
非战文字二篇　林　幽译
特　写
监狱是这样的　凡　鱼
南京的黑市　刘士穆
专　篇
论载道与言志　量　才
小动物们　老　舍
逃亡　谢冰莹
狱中记　褴　衫
刘铁云先生日记之一页　刘铁云
出门的事儿　窘　羊
春　凤　子
半农遗札　刘半农
古槐梦遇拾遗　俞平伯
严畿道先生小传　何家炳
曾纪泽的英文诗　毕树棠
一夕话
还是讲小品文之遗绪　语　堂
诗
卖孩子　臧克家
我腻看这春天　徐　芳译
冬夜之歌　徐　芳译
哀江南　陈国琚
读书随笔
读变风变雅楼待焚诗稿　陈子展
书　评
分裂的家　林　幽
今人志
陶元庆及其绘画　许钦文

第25期
1935年4月5日出版

中国人对于舞弊所取的态度　宋春舫译
政治家教员与学校课本　黄嘉德译
白蚁文化及其生活　梦　谷译
美国人眼中之欧洲　邝　九译
科学的讯鞫　黄嘉德译
穷哉教授　省　三译
自然界的现象　鸿　鹄译
英国的死区　贝　叶译
记游匪区　张沛霖译
看我们娘儿们干吧　黄嘉音译
新猫　林疑今译
面部改造术　亚　伍译
男人与雄孔雀　陈希然译
书　评
《欧洲是否成功》(林幽译)　夏慈力

第26期
1935年4月20日出版

曾纪泽先生遗像
刘大白先生遗像

西洋杂志文

工作者乐园里的一个罪人 谷 琦译
亚当和夏娃 如 升译

特 写

湘乡曾氏遗闻 铢 庵
日本留学生 畹 睇

专 篇

关于派别 废 名
译名论 孙洵侯
大风圈外（自传之七） 郁达夫
小动物们 老 舍
——鸽
归航记 海 戈

诗

水仙辞 梁宗岱
黄鹤楼 锡 金

一 夕 话

谈中西文化 林语堂

读书随笔

缃园尺牍 施蛰存

书报介绍

《英国文学史大纲》序 林疑今

今 人 志

刘大白 受 仲

第 27 期

1935 年 5 月 5 日出版

王静安先生遗像及墨迹
严畿道先生墨迹

特 写

定县的平民教育 老 向
做丝 老 黄

读 书

东京散策记 知 堂
关于秋瑾的一部小说《六月霜》 阿 英
辜鸿铭先生译诗 袁振英
重刊《王静安先生遗书》序 宋春舫
《半农什文·第二册》序 商鸿逵

思 想

说孔子的一句诗 梁宗岱
参观上海伦敦中国艺术预展会以后 陈万里
草书学说 张 皇
论风度与人情 周 邵
梦的话 憾 庐

山 水

梁山泊的沿革与形势 谢兴尧

人 物

湘乡曾氏遗闻补记 铢 庵
发见严畿道先生寿言稿后的回忆 严秋尘
第二次逃亡 谢冰莹

一 夕 话

今文八弊（上） 林语堂

诗

亮的影子 臧克家
苦学生 陈国珺

今人志

王静安先生　玉　李

第28期

1935年5月20日出版

秋瑾女士遗像

山　水

杨州旧梦寄语堂　郁达夫

人　物

郁达夫丰子恺合论　许钦文

关于先母秋瑾女士　王灿芝

补记辜鸿铭先生　震　瀛

介绍盲翁盛此公　陈友琴

第三次逃奔　谢冰莹

思　想

娓语体小品文释例（上）　陈叔华

谈读旧书　陈鍊青

文　章

说牌子曲　赵景深

特　写

记者生涯　阿　苏

垂之待毙中的邵阳人民　余牧秋

南京的媒行　受　仲

随　笔

蔗和蔗糖考　廖皓龄

蜘蛛　潘小平

罗卜　陈子展

一夕话

今文八弊（中）　语　堂

诗

美之宫　朱　湘

湖边的一个女孩　黄芸文

嫌恶　甘运衡

战后……等　徐　訏

西洋杂志文

口头宣传的生意经　蓝萍心译

杂　俎

东南风三集　黄　義等

第29期

1935年6月5日出版

康有为先生遗像

康有为先生沈曾植先生遗墨

思　想

因象与莲花及蜜蜂想起的　闲　斋

典故与性灵　于秋士

娓语体小品文释例（下）　陈叔华

山　水

闲话暹罗　李　露

人　物

读王伯谷传　何芳洲

记齐白石　味　橄

文　章

书《冯小青全集》后（上）　潘光旦

记《聊斋志异》拾遗　陈　苹

特　写

有些医生不行医　憾　庐

军火工业内幕之片段　菽　园

北平旧书肆　商鸿逵

随　笔

槐屋梦寻　俞平伯
相思子　翁克康

一 夕 话

今文八弊（下）　林语堂

诗

西河桥　锡　金
卖女谣　陈国琚
幽会　罗　伽
妇夜哭　黄际春
期待等　徐　讦

书　评

不够知己　中书君

西洋杂志文

奇特的罪犯　林　幽译
第七人　仁　华译

杂　俎

东南风三集　大华烈士编订

第 30 期

1935 年 6 月 20 日出版

顾亭林先生天下郡国利病书亲笔序
顾亭林先生故里
顾亭林先生墓
顾亭林先生遗履

思　想

谈闲话　王　颍
配偶理　孺　心
论真率　周　劭

山　水

太　湖　兆　鹏

人　物

李恕谷先生　筱　伯
丰子恺和他的小品文　赵景深

文　章

四声猿　胡叔磊
书《冯小青全集》后（下）　潘光旦
书《昭君怨旷思维歌》后　丁　谛

特　写

索伦人　都额雅纳

随　笔

试猎记　李金发
剃头司务　廖人旦
秦淮　莫一钧

一 夕 话

大义觉迷录　语　堂

诗

读书乐　王季思
捉蕈女　厂　民
教师行　李冠方
乡思　徐　讦
秦淮河　罗　伽
那一夜　徐　讦

书　评

《林琴南》　毕树棠

西洋杂志文

无辜受刑记　默　然译

通　信

关于李星沅死事之讨论　李青崖

第31期

1935年7月5日出版

梁启超先生三十四岁时摄影

人物

谈金圣叹 知堂

海上（自传之八） 郁达夫

思想

崔东壁的治学方法及其思想 严秋尘

论无名的作家 陈炼青

山水

夜过兴安岭 都额雅纳

文章

珂雪斋外集游居柿录 沈启无

谈大鼓书的起源 李家瑞

特写

当店 石木

北平的公寓 心芬

随笔

枭与鸮 刘大杰

医卜星相 何芳洲

诗

小聚 朱湘

回甘 朱湘

西风 朱湘

算命的盲女 黄芸文

怀念等 徐讦

西洋杂志文

一九三四年的女大学生 王孔嘉译

书评

《现代妇女之自觉》 彭望荃

通信

关于李星沅死事之讨论 简又文

第32期

1935年7月20日出版

高剑父先生及其作品（大华烈士增刊）

思想

赫伯特·吉尔士会仙记——支那通与庄子屈原杜甫之谈话 吴经熊

谈金钱 徐讦

一夕话

中国的国民性——散漫性之来源 语堂

人物

纳兰容若 陈适

革命画师高剑父 大华烈士

山水

湖南杂忆 铁庵

文章

上海游骖录——吴研人之政治思想 阿英

特写

爱丁堡的公寓生活——苏格兰游学通信 钟作猷

随笔

乡下人的春天 老向

舟子　臧克家
关于红豆　俞友清

诗

残诗　朱　湘
牧羊曲　之　操
历史　朱　湘
傍晚　徐　讦

西洋杂志文

贫困中之恋爱　邝　九译

杂　俎

“百部佳作”散稿　甘永柏　商鸿逵
东南风续集　大华烈士

第 33 期
1935 年 8 月 5 日出版

戊戌政变时代之康有为梁启超先生肖像
康有为梁启超先生遗墨

思　想

革命之抛弃与夺取　孙伏园

人　物

关于秋瑾与《六月霜》　秋宗章
记康南海　阿　苏
死亡制造者谢哈诺夫　周子亚

文　章

流落在日本的一部中国书　王贻谋
《聊斋志异》逸编　藉灵和

山　水

马达山游踪　斐　儿

特　写

在东京的中国学生　莫　石

随　笔

北平的车夫　孙洵侯
广东的茶馆　英　弟
盐和酱油　许钦文

诗

墓碑　锡　金
更夫　柳梦莺
山海关　征　骅

书　评

《屈原》　何其若

西洋杂志文

我的杂婚　王孔嘉译

杂　俎

“百部佳作”征文散稿　宋春舫等
编辑后记　编　者

第 34 期
1935 年 8 月 20 日出版

孙伏园先生近影

思　想

辜鸿铭先生的思想　袁振英

山　水

浣花溪　思　蜀

人　物

孙伏园先生　老　向
陈铁荪先生　海　戈
糖堆儿与丁伯玉　王颂余

文　章
《桃花扇》与《木皮子鼓词》　梁乐山
张船山诗　陆公大
夜读抄　王　颖
特　写
茧市　沈　伦
佃农　臧克家
随　笔
石黛考　皓　龄
琵琶小记　荔　支
在火车上　陈瘦竹
诗
访王三娘　徐　讦
西洋杂志文
一个美国人眼中的法国人　王孔嘉译
书　评
《科学发达略史》　小　田
杂　俎
“百部佳作”散稿　赵景深　余牧秋
通信　戈公振

第35期
1935年9月5日出版

陈朗山先生墨迹
思　想
从“愚公移山”到“歧路亡羊”　芋　等
睡的哲学　卢寿枬
夏语（一）　闲　斋
山　水
燕窝岛上　陈云从
人　物
谈龚定盦　周　邵
冯友兰先生　郑朝宗
文　章
乐曲进化及唐代舞曲装容拣考　田子贞
清代的两大诗祸　刘文林
特　写
中央陆军军官学校生活　李　鲦
证券交易所　一　庸
随　笔
春天的鸟音　独　奇
都市的一晚　翱　翔
西洋杂志文
幸而我的五个都是女　良　纯译
英法司法的比较　黄嘉德译
杂　俎
五十年来“百部佳作”征文散稿

第36期
1935年9月20日出版

章太炎先生像
思　想
论时事评论的笔调　陈练青
夏语（二）　闲　斋
——说力
——讲情理

中国画之仿古与写生　林绛欣
山　水
赣滨之行　陈云从
人　物
谈王小航　商鸿逵
许钦文先生　味　回
文　章
唱道情　李家瑞
蒲留仙遗书漫记　刘阶平
特　写
××公路　抚　松
拿开销　余寿山
随　笔
谈“吃田鸡”　陈子展
烧酒考　廖皓龄
雨花台与雨花石　受　仲
西洋杂志文
出版家经验谈　张鹤群译
书　评
《The American Diplomatic Game》（林幽译）
长篇译作
天使寻萧记（一）
马丢斯博士著　黄嘉德译
——一篇答复萧伯纳《黑女求神记》的幽默小说
杂　俎
“百部佳作”征文散稿
陆侃如　冯沅君

第 37 期

1935 年 10 月 5 日出版

吴窸斋先生遗像
思　想
夏语（三）　闲　斋
——说责任
——写欣爱
辟评注　于秋士
谈本色的美　江寄萍
山　水
龙马潭游记　陈叔华
凤头鸡　受　仲
人　物
白齐文与太平天国　白　剑
徐悲鸿先生　无　病
文　章
高漫卿　沃　圃
特　写
小学教师　徐中玉
东京的旧书铺和旧书摊　晓　睇
随　笔
守宫与蜥蜴　翁克康
野店　臧克家
河豚　濮　厂
院里的树　张　玄
长篇译作
天使寻萧记（二）
马丢斯博士著　黄嘉德译
杂　俎
百部佳作散稿　周一鸿

返东风　浊　人

第38期
1935年10月20日出版

吴研人李伯元两先生遗像
思　想
辜鸿铭先生之欧洲大战观　震　瀛
——所谓“良民宗教”
看了俄国舞队以后联想到中国的武戏　宋春舫
谈作文之难　沈寒流
山　水
登泰山　赵铁肩
人　物
阿訇　阿　苏
文　章
广东新语　知　堂
一夕话　何　鹏
特　写
广东的烟祸　朱　洋
川戏　海　戈
诗
嘲竹　丁文江
否极　严既澄
春之花　朱　湘
随　笔
槐屋梦寻　平　伯
弄蟋蟀　孟述祖
一刹那　李又曦
伟大跟戏剧　张　庚
西洋杂志文
谈政治暗杀　蒋旭东译
长篇译作
天使寻萧记（三）　王嘉德译
“百部佳作”特辑
弁言
商务印书馆编辑仝人选稿
无我选稿
夏丏尊王伯祥叶圣陶章锡琛选稿
徐调孚选稿
“百部佳作”汇稿
名家评语

第39期
1935年11月5日出版

思　想
谈忍　闲　斋
山　水
塞外点滴　果　轩
人　物
观堂别传　龙峨精灵
詹天佑先生　阿　苏
文　章
词林摘艳与雍熙乐府　赵景深
滩簧　李家瑞
特　写
俄伦春　都额雅纳
随　笔
三篇小说的写就　钦　文
谈蛇　客　人

槐屋梦寻　平　伯
故都的圆明园之兴废谈　谢悯生
关于吃田鸡　陈子展
范子齐的太平天国战役诗　朱书诚
永州的土地爷　萍　踪

西洋杂志文

破坏罢工者言
P.L.Beroff 作　路　厄译
健康与历史　Beverley Nichols 作
王孔嘉译

“百部佳作”特辑（二）

百部佳作史地部分拟目　胡　佳
百部佳作拟稿　张明仕
百部佳作拟稿　宋云彬
翻译一百种　商务编辑部仝人

第 40 期

1935 年 11 月 20 日出版

思　想

《浮生六记》英译自序　林语堂
《太平天国史事论丛》序　简又文
谈知堂先生的思想和文章　陈练青

山　水

暹罗湾与湄南河　陈云从

人　物

傅青主先生　张承珍

文　章

论《江湖鼓词》本的《本皮词》
刘阶平
谈舒白香《游山日记》　周　劭
太平天国史诗补　刘春和

特　写

支那内学院　不　空

随　笔

箕斗　独　奇
“中国戏剧社”的回溯　宋春舫
洋行观画记　海　戈
买卖婚姻　臧克家
鸡　缪天华

诗

灾尸　之　操
旱海　克　家
吊八百死者　克　家
征骑　艺　五
船行　锡　金
归来　魏时萍
雨天的小镇　起　鍪

西洋杂志文

班禅活佛访问记　黄嘉德译
牛津各大学的生活　王孔嘉译

杂　俎

东南集三集　大华烈士编订

第 41 期

1935 年 12 月 5 日出版

小万柳堂写经图

思　想

佛教与社会制度　铢　庵

山　水

漳州漫话　憾　庐

人物
黄公度　任潮
何容何许人也　老舍
文章
英译《今古奇观》和《聊斋志异》　萩园
靠山调　王颂余
日本国志序书后　陈与龄
特写
修筑羊崇公路记　卓如
随笔
闽变在狱中　钦文
东宝山的虹　独奇
闲话当店　宓君伏
朦胧的黄昏　江寄萍
诗
过龙潭战地有感　杨杏佛
寄内　刘大杰
采桑女　杨履中
西洋杂志文
我为什么要当茶房　王孔嘉译
书评
《太平天国起义记》　任鼐

第42期

1935年12月20日出版

思想
论文　王闿运
论诗　王闿运
论诗作法　王闿运
论词宗派　王闿运
战争和出路　震瀛
——辜鸿铭先生所谓暴徒崇拜
山水
闲话襄阳　抚松
文章
觅灯因话　滕刚
崇祯惨史　何其苦
四时幽赏录　陆公大
人物
吴经熊先生　周壬林
诗人黄仲则的恋爱　谢悯生
记辜鸿铭　阿苏
樊樊山　贻
随笔
小燕子　钦文
猫　宋云彬
焦山望月　丁谛
国文教员　李唯建
诗
南京迁居后告养友　蔡元培
和既澄　吴宓
避暑新练　崔致勋
特写
武生未练成记　维克
西洋杂志文
做富家家庭教师的经验　王孔嘉译
通信
关于《盐和酱油》　邓立文

128　小说（月刊、半月刊）

简　介

《小说》，初为月刊，第三期起改为半月刊。一九三四年五月创刊于上海，梁得所主编，包可华、丽尼、黄苗子编辑，大众出版社发行。第一、第二两期为十六开本，出版时间只署年月，不署日期。第三期起改为八开本。一九三五年三月一日终刊，共出版十九期。

该刊以发表创作小说为主，间或也有翻译作品，而第十六期则是事实上的翻译专号。编者说："我们相信明日的文艺是'大众文艺'，我们要为普及运动做实验的功夫，我们不问作家只问作品，凡不自鸣高奥而注重内容的创作者们，请来参加'大众文艺'的实验"。在该刊发表作品的包括各方面的作家，既有"开展文艺社"成员潘孑农、《大晚报》副刊《火炬》的编者崔万秋、"第三种人"穆时英等，也有知名的左翼作家，如欧阳山、陈荒煤、吴奚如、叶紫、丘东平等。

该刊每期有黄苗子、李旭丹等人的"作家漫画"和作品插图，以画笔助文笔，也是其努力于"大众文艺"实验的一个方面。

目　录

第 1 期
1934 年 5 月出版

大庾岭　梁得所
一张十元钞票　蔡士德
名师与高徒　袁牧之
苹果债　麦伊惠
黑影　施狄斯
姊妹花　郑正秋
中国唐朝的 King kong　（无署名）
《西厢记》——（中国文学故事之一）　（无署名）
元曲画意（二则）　黄祖耀
并非小说（七则）　（无署名）
世事无奇不有（十四则）　（无署名）
木刻画　李雾城
凤（连载小说）　予　且

第 2 期
1934 年 6 月出版

创刊旨趣　梁得所
扫帚星　王家棫
乡村小学　吴家盛
长命百岁　谭惟翰
泪的代价　英　子
女医生　罗维尔
爱神　彭巴雪
长生殿（中国文学故事之二）　（无署名）
爱丽斯漫游奇境记　卡格尔
顽强的拿破仑（世界名人轶事之一）　（无署名）
娜娜（电影小说）　［法］左拉著　佚名氏译
并非小说（七则）　（无署名）
词曲画意（三则）　苗　子
世事无奇不有（十三则）　（无署名）
凤（连载小说，续）　予　且
小说之随笔化　穆木天

第 3 期
1934 年 7 月 1 日出版

文艺画报（穆时英、裘复生、庞董琴儿时及结婚照）
临安道上书所见（题诗）　郁达夫

笑谑　欧阳山
熔铁炉之恋　丽　尼
横吹雪　默　生
漫画家之追忆　文农遗作
诗坛耆宿潘兰史　陆丹林
拟藏本日记　梁得所
哭与笑　予　且
亭子间与面包生活　卢葆华
魔侠吉诃德（世界名著撮述之二）　（佚名）

儿女英雄传（中国文学故事撮述之三） （佚名）
女人（电影小说）
名人画传二则
名人轶事二则
凤（连载小说，续一） 予 且
作家漫画（一） 黄苗子
鲁迅
老舍
周作人
朱湘
爸爸的烦恼（连环漫画） 麦玛纳

第 4 期

1934 年 7 月 15 日出版

文艺画报（孙福熙、施蛰存、叶灵凤像）
老舍题字

泄 袁牧之
金牡丹 夏 莱
埋没的天才
W.S.Maugham 著 丽 尼译
男子汉 荒 煤
一杯黄色麦哈顿鸡尾酒（文配画）
Koob Hcteks 作 郭建英译
感暑漫画 白 丁
消暑谈座
来函照登 老 舍
书鱼消夏录 叶灵凤
席卷的天下幸福 孙福熙
天气这样热 崔万秋
仲夏夜梦 徐苏灵
消暑方法 李宝泉
生活 卢葆华
纳凉 默 生
玄南湖消夏 郭箴一

好女子（电影小说） （佚名）
金银岛（世界名著撮述之三） （佚名）
凤（连载小说，续二） 予 且
作家漫画（二） 黄苗子
丁 玲
庐 隐
冰 心
爸爸的烦恼（连环漫画，续一） 麦玛纳
征婚广告 某女诗人

第 5 期

1934 年 8 月 1 日出版

文艺画报（林语堂照及论西装，章克标照及求职启事）
鲁迅题诗

老实人的牺牲
布克夫人作 丽 尼译
第三号司阍捕 方之中
红足迹 伟 陵

精神的亢旱　施蛰存
好吃辣椒的女人　白　璐
在太阳底下　胡　萍
南京老妈子　胡　卢
夏之尖锐点　张英超
风（连载小说，续三）　予　且
东林（世界名著撮述之四）
附：空谷兰本事
小夫妻（电影小说）
穿和吃　予　且
作家漫画（三）　黄苗子
田汉
洪深
欧阳予倩
唐槐秋
爸爸的烦恼（连环漫画，续二）
麦玛纳

第6期

1934年8月15日出版

文艺画报（南国社、辛酉社、复旦剧社、春秋剧社、戏剧协社、照片十幅）
柳亚子题诗

沉默的饶恕　显尼志劳作　丽　尼译
茵茵　荒　煤
日蚀　珞　瑟
失望　崔万秋
素描　庞薰琴
在暴风雨里　灰　马
头和脚　予　且
作家漫画（四）　黄苗子
邵洵美
徐志摩
无诗的夏天　茅　主
买领带　何世明
孤雏　潘孑农
钻石之爱（电影小说）
你往何处去（世界名著撮述之五）
风（连载小说，续四）　予　且

第7期

1934年9月1日出版

文艺画报（徐悲鸿、刘海粟画集封页及本人照片）
丰子恺题字

罪　潘孑农
作家漫画（五）
刘呐鸥
黑　婴
穆时英
黄苗子
玩笑　王家棫
在边境村镇中
薇姬·宝蛮女士著　丽　尼译
小姨阿玖　徐心芹
素描二点（画）　陆志庠
自然与一个人（散文）

高尔基著　白　熊译
夕餐（散文）
〔日〕林芙美子著　崔万秋译
木刻（〈铁流〉、〈母亲〉、〈叛众〉插画五幅）　毕克夫等
初恋（散文）
A.摩思瓦著　丽　尼译
中年（散文）　穆时英
黄色时代（电影小说）
格里弗游记（世界名著撮述之六）
风（连载小说，续五）　予　且

第 8 期

1934 年 9 月 15 日出版

文艺画报（中外书影）
邵洵美题字

归来　亚方克舍叶夫作　丽　尼译
饥饿线　祝秀侠
海誓（画）　叶些杀
袭击　奚　如
红色的女猎神　穆时英
作家漫画（六）　苗　子
孙福熙
丰子恺
忠爱双全（电影小说）
秋风凉爽忆巴黎（随笔）　林灵修
放翁诗意（画）　庞薰琴
家在江南黄叶村（画）　王济远
生（小品）　灰　马
雨后之夜（小品）　青　侣
风（连载小说，续六）　予　且

第 9 期

1934 年 10 月 1 日出版

文艺画报（叶浅予、倪贻德裸相）
顾颉刚题字

造形动力学　禾　金
巴利与妮妲　李辉英
轮转机　马国亮
Sophist 的恋爱观　李宝泉
鸽　包可华
秋心　卢葆华
近代节欲思想　鲁少飞
寂寞
〔意〕皮兰德娄（L.Pirandello）著
丽　尼译
风（连载小说，续七）　予　且

第 10 期

1934 年 10 月 15 日出版

文艺画报（林语堂、周作人、郁达夫关于烟、茶、酒诗句、书影）
傅东华题字

旅人〔英〕A.Huxley 作　丽　尼译
秋　荒　煤
柏林之夜　奚　如

雷梦娜　黑　婴
裸女素描　张　弦
雨夜　胡　萍
异父子〔匈〕L.Biro 作　钟宪民译
儿童与老人
〔南斯拉夫〕I.Cankar 作　楚　音译
道如先生　暮　霞
凤（连载小说，续八）　予　且
作家漫画（七）　黄苗子
许地山
王统照

第 11 期

1934 年 11 月 1 日出版

文画艺报（Exli Pris 里书标七幅）
陈望道题字

酒徒　赛　君
香港来的绅士　夏　莱
破城即事　默　生
文明的焦点*　蒋　弼*
怪僻　〔美〕安德生作　丽　尼译
婴儿的早晨　白　熊
我的女孩　孙福熙
一颗被人撇弃的沙子　荒　煤
幼小者　罗　洪

* 目录作“行军散记　叶紫”。因叶紫之作被国民党中央宣传委员会图书杂志审委会审查时扣压，付印时只得以《文明的焦点》补缺，但“目录”已印，未来得及更正。

我的孩子（画）　叶浅予
凤（连载小说，续九）　予　且

第 12 期

1934 年 11 月 15 日出版

文艺画报（肖伯纳照片七幅）
茅盾题字（录王统照《山雨》）

雅弗尼〔印〕拉·加老作　丽　尼译
一个朋友　奚　如
夜的虐疾　由稚吾
九月的风　泽　永
酒徒（木刻）　唐英伟
秋夜　默　生
秋梦　马　茵
秋衣　潘子农
秋天的街　张徽灵
凤（长篇连载，续一〇）　予　且

第 13 期

1934 年 12 月 1 日出版

文画艺报（俄籍女明星安娜史丹剧照三幅）
陈树人题字

河灯　默　生
酒疯　胡　洛
伞·香水·女人　黑　婴
唱於铺道上

〔日〕山本彻夫作　郭建英译
人体素描（画）　王益沧
古寺之行　勒　以
山趣　长　庚
老树　灰　马
吸血鬼
〔捷克〕J · Neruda 作　丽　尼译
凤（长篇连载，续一一）　予　且

第 14 期
1934 年 12 月 15 日出版

文艺画报（古本《红楼梦》《西厢记》《西晋志传》插画三幅）
徐悲鸿题字

除夕的忏悔
〔德〕苏德曼作　丽　尼译
人们底爱　梅　丁
——日记的残篇　梅　丁
饥渴病患者　潘子农
桂桂　王家棫
郭主任　雁　白
无题（木刻）　李　桦
深更　丽　尼
老洛伯的喟叹　侯汝华
院基寺的晚钟　陈启文
享受　长　庚
黄鹤楼　杨村人
——寒夜杂记之一
凤（长篇连载，续完）　予　且

神女与女神（中篇连载，一）
袁牧之

第 15 期
1935 年 1 月 1 日出版

素描　马蒂斯

新客　欧阳山
副型忧郁病　禾　金
抛包　荒　煤
——旅途杂记之一
古渡头　叶　紫
小车夫　万迪鹤
棉衣　化　石
子容夫妇　默　生
到南洋去　黑　婴
两种不同的情感　奚　如
奔波与留难　李辉英
神女与女神（中篇连载，二）
袁牧之

第 16 期
1935 年 1 月 15 日出版

人像素描　〔法〕毕加索

田园交响乐
〔法〕A.纪得作　丽　尼译
贫民的玩具（散文）
〔法〕波德莱尔作　若　人译

贫民的眼睛（散文）
〔法〕波德莱尔作　若　人译
悲哀的玩具
〔日〕吉田弦二郎作　吴朗西译
处决
〔西班牙〕弗尔诺台作　郎人苇译
迟暮的牧歌
〔比利时〕望·班拉哀作　莫　辰译
你能医好我吗？先生
〔瑞典〕H.柏格曼作　许天虹译
理发店
〔黑人〕L.休士作　祝秀侠译
金龙被藏过了
〔美〕勃克夫人作　朱菉园译
理雅然的农妇们
〔苏〕维西尼叶夫斯加雅作
杨　骚译
神女与女神（中篇连载，三）
袁牧之

第17期

1935年2月1日出版

人体素描　伊干斯莱

祖母　靳　以
宝宝　陈启文
都会夜景　〔英〕O.Gold Smith著
禾　金译
行脚小呗　拾　贝
海航　奚　如
断片八题　舍　人
春道归来
笑
蜘蛛网下
三妹
燕子
傍晚
看流水
寄回洛阳
田园交响乐（续一）
〔法〕A.纪得作　丽　尼译
笑　罗　洪
借种　胡伊凡
花家冲　方之中
赌徒　东　平
愤怒　厂　民
神女与女神（中篇连载，四）
袁牧之

第18期

1935年2月15日出版

二裸妇（素描）　格罗弥儿

贫士日记　穆时英
野匠人　莫　孚
一个小孩和一群狗　东　平
街邻　马子华
笑着的黑眸子　徐苏灵
河上　陈启文
散文二篇　康嗣群

邻人
怀娜丽
画象的故事　倪贻德
田园交响乐（续二）
〔法〕纪　得作　丽　尼译
中夜月　灰　马
神女与女神（中篇连载，五）
袁牧之

第 19 期
1935 年 3 月 1 日出版

女裸体相（素描）　藤田嗣治

儿子归来的时候　艾　芜
燕市　禾　金
毕业　荒　煤
第一次的旅行　默　生
偷　莲　杨　樱
一个老撬路夫　奚　如
散文六篇　林　娜
过着，过着的
囚徒
初恋
因为这也是人生
象猪般给抬着走
失眠之夜
除夕　敏　健
一个崛强的灵魂　佴　仃
田园交响乐（续五）
〔法〕A.纪得作　丽　尼译

129 文艺风景

简 介

《文艺风景》，月刊。一九三四年六月一日创刊于上海，施蛰存主编，上海光华书局出版，二十五开本，同年七月一日终刊，仅出两期。

《文艺风景》与《现代》是基本倾向一致的姊妹刊物，施蛰存说："本刊的编制，并没有一定的规范，大约每期总有一组较详细的外国新锐文学之介绍及作品之翻译，几篇精致的不太冗长的小说，其它则小品随笔也是编者所注意的材料，总之，本刊是希望成为一个专载精致，短小，轻倩，新锐，而不流于恶俗低陋的文艺作品的小月刊。"(《文艺风景创刊之告白》)。

该刊以发表短篇小说、诗歌、散文为主，兼有译文。撰稿人主要是三部分人："现代派"作家、"京派"作家和部分左翼作家，其中有施蛰存、刘呐鸥、徐霞村、林微英、沈从文、林庚、李长之、金克木、丁玲、阿英、张天翼、戴平万等人。

目 录

第1卷　第1期

1934年6月1日出版

《文艺风景》创刊之告白　施蛰存

莎剧《凯撒传》里所表现的群众
杜　衡

离情

给胡也频信三通　丁　玲

衣橱里的炮弹
〔法〕法郎西思·加尔各著
戴望舒译

屯溪夜泊记　郁达夫

西班牙的文化　徐霞村

诗画舫

祝福　陈江帆诗　郭建英画

书籍禁止与思想左倾　施蛰存

直线系（小说）　张天翼

诗四首　徐　迟

现代画与画家
〔日〕藤田嗣治著　济　民译

Alady to keep You Company　刘呐鸥

写实主义者的裘屈罗·斯坦因
赵家璧

梅兰沙（断片）
〔美〕A.斯坦因女士著
赵家璧译

随　笔

警察　林　庚

谈奖券　施蛰存

英美小诗抄　安　华

第二丝笑意（小说）　林微音

海天漫谈　阿　英

娼女问答
〔古希腊〕路吉亚诺思著
薛　蕙译

梦加王国　孙　决

编辑室偶记　施蛰存

第1卷　第2期

1934年7月1日出版

现代作家与将来之欧洲
〔德〕E.托莱尔著　施蛰存译

欢乐〔苏〕辟列古度夫作　贝　叶译

论辟列古度夫的创作
〔苏〕鲍采夫基著　贝　叶译

红楼梦之谜　韩侍桁

随　笔

孩子的礼赞（赠组缃女孩小鸠子）
李长之

论改作　阿　英

诗　歌

诗五首　林　庚

诗二首　金克木

代檀章今译　沈从文

斐冷翠漫游短札　李健吾

哈尔滨的一夜　戴平万
迦思东·拉采思
〔美〕A.H.梅宥.作　司徒谷译
鬼才
〔意大利〕巴比尼作　徐霞村译
我们怎样了解庐隐　姚非厂
革命期俄国诗人逸闻
〔苏俄〕高力里作　戴望舒译
芜村及其俳句　高　明
七姨　段可情

编辑室偶记　（施蛰存）

130 当代文学

简　介

《当代文学》，月刊。一九三四年七月一日创刊于天津，载者署“当代文学社”，实际由王余杞编辑，天津书店发行，十六开本。一九三四年十一月一日出至第一卷第五期终刊。

《当代文学》是当代“北方左翼作家联盟成员王余杞在宋之的、叶紫等人的支持下，独自在天津编辑出版的文学刊物。为对付国民党特务组织蓝衣社的检查，编者特意在创刊号《编后》中声明，本刊“不属任何党或者派，也没有门户之见”，但是实际上发表的主要是左翼作家的作品，而且大部分稿件是由宋之的等人所提供，这就是该刊虽属北方刊物而撰稿人多半却是上海作家的原因。

该刊以发表创作为主，兼有译文和评论，其中有聂绀弩、宋之的、叶紫、王余杞、艾芜、丘东平、芦焚、李辉英、徐盈、澎岛等人的小说，艾青、白薇、魏照风等人的诗歌，陈凝秋（塞克）墨沙（陈白尘）等人的剧本，以及蒲风、董秋芳等人的评论和翻译。叶紫的短篇小说《夜哨线》和郁达夫的散文《故都的秋》就揭载于该刊。

目　录

第 1 卷　第 1 期
创 刊 号
1934 年 7 月 1 日出版

发刊词　（王余杞）

评　论

大战后的欧洲文学精神
〔美〕Samuel Putnam（柏德南）作　董秋芳译

小　说

金元爹　绀　弩
爱　金　丁
夜　周楞伽
粪的价格　徐　盈
鞭笞　宋之的
母与子　王余杞

随　笔

再论吃茶　岂　明
疯妇　子　冈
两个画家　许幸之
鱼　曼　谷

诗　歌

赞美诗　番　草
苦力篇
铁工厂的歌
ADIEU
——送我的 R 远行　艾　青

剧　本

狱（独幕剧）　凝　秋
附：后记　凝　秋
贴报处的早晨　墨　沙
附：附记　墨　沙

文坛杂景

国内之部　余　异
第一　几个论争
第二　几种特刊
国外之部　余　异
第一　英国
第二　苏联
第三　日本
第四　文学电影之交流

编后　（王余杞）

第 1 卷　第 2 期
1934 年 8 月 1 日出版

评　论

文学批评建立诸问题　陈　强
再论戏剧批评　熊佛西
关于诗歌前途的几个问题　罗慕华
文学上的浪漫主义
——马克思、恩格斯的见解
席列尔著　孟式钧译

小　说

春天的故事　征　农
哑哥　芦　焚
农村小景　东　平
柴拉门加车站
〔乌克兰〕L.Chernov 作　静　子译

小 品 文

贷　陈君涵

剧　本

残芽（独幕剧）　韵　心

诗　歌

春天在街上流　罗慕华

哽咽的笑　罗慕华

书　评

《半农杂文》（刘复著）　曼　因

北平通讯　余　异

七月文坛　霍克桑

（一）国内新刊六种

（二）又一论争——大众语建设问题

（三）刘复逝世

（四）苏联译印《天方夜谈》全文

（五）德国法西斯统治下之文坛近事

（六）今年之笔会

编后　（王余杞）

第 1 卷　第 3 期

1934 年 9 月 1 日出版

论　文

约翰里德底创作方法

Sergei Dinamov 作　韩　起译

戏曲的本质论　张鸣琦

莱奥尼德·莱奥诺夫（Leonid Leonov）及其斯库达来夫斯基（Skutarevsky）

Gleb Struve（斯特罗夫）著

贝　木译

小　说

夜哨线　叶　紫

动乱中　李辉英

红菱形的贾克

莱奥尼德·莱奥诺夫作　贝　木译

诗　歌

布谷声中　白　薇

田伙的歌　大道寺浩一作*　竹　舟译

随　笔

故都的秋　郁达夫

故乡消息　郇基泸

给 Academy 的信　休士作　杨　哲译

剧　本

开演的时候（独幕剧）　澎　岛

作品批评

关于金丁先生底写作　严　鸿

南京通讯　爽　仁

文坛简报　霍克桑

一、杂志的诞生和死去

二、大众语问题

三、文学奖金

四、柴霍甫逝世三十年祭

五、苏联作家大会

* 原刊正文题下署“大道寺浩一”，“目录”署“大道士浩一”。

编后　（王余杞）

第1卷　第4期

十月号

1934年10月1日出版

评　论

文学研究上诸问题之认识的观察　刘任萍

关于“大众语”　王悔深

小　说

“七月流火”　徐　盈

奈何桥　芦　焚

三种人　王余杞

为市民　〔日〕小林多喜二作　绀　弩译

颂歌　M.Liubin作　黎晞紫译

随　笔

大舟坞一宿　闻国新

诗　歌

红色的衣裳　魏照凤

村雪　林　麦

石工　一　回

小品文

巨富之家与我们　王十六

——纪念我的要好朋友林广

剧　本

锣声（独幕剧）　今　及

国庆之夜（独幕剧）　文　殊

创作评介

杨骚的诗　蒲　风

来自广州的消息　欧露罗

镇江的文学　古　明

（一）文学团体

（二）刊物

（三）报章副刊

文坛消息　曼　因

一、关于作家者

二、关于集会者

三、关于出版者

编后　（王余杞）

第1卷　第5期

十一月号

1934年11月1日出版

评　论

郭戈里的艺术与环境

倍列维尔则夫作　孟式钧译

郭戈里讽刺了他自己阶级的罪恶

亚里克士特作　叶　琪译

我们倨傲的诗人

Newton Arrin作　张眠月译

小　说

爸爸　艾　芜

埝　澎　岛

纪家冲　蒋　弼

我的鸽笔的故事

巴别尔作　陈君涵译

家信　巴别尔作　阜　东译

诗　歌

海　李象贤
卖瓜的孩子　甘运衡
他再不会回来　新　野
清晨在香港　金曼辉
译诗三章　林　林译
一、弄成有魔力的东西吧　〔日〕小熊秀雄作
二、机械　〔日〕浅野纯一作
三、做饭的之歌　〔日〕鸣濑阔步作

剧　本

星火（独幕剧）　陈明中

书　评

《白金的女体塑像》（穆时英著）　江　冲

济南通讯　露　石
文坛杂报　曼　因

编后　（王余杞）

131 东 流

简 介

《东流》，文艺月刊。一九三四年八月一日创刊于日本东京，中国左翼作家联盟东京分盟的刊物，署“东京东流文艺月刊社”编辑、出版、发行。先后由林焕平、陈达人主编，魏晋、张香山参加了后期的编辑工作，先后由上海太平洋印刷所、明华印刷公司、日本渡边印刷所印刷，国内先后由上海杂志公司、上海新钟书局、上海群众杂志公司经售。最初两期为十六开本，以后改为三十二开本。一九三六年十一月十五日出至第三卷第二期终刊，共出十四期。

编者曾声明，他们“愿贡献自己的生命给艺术，感觉现在有练习自己技巧的必要”，有介绍“对于中国文学的发展有补益底外国文学”的必要，“只愿在这个园地里做一个比乡下农夫还要老实的园丁”。这种不慕喧哗，辛勤耕耘，扎实地创作，扎实地介绍外国文学作品、文学流派与文艺动态，成了《东流》的一个特色。

《东流》的主要撰稿人有林焕平、陈达人、林林、张香山、斐琴、魏晋、蒲风等，鲁迅、郭沫若也曾撰稿支持。译作多是日、苏作家的作品。

《东流》第二卷第五、六期未见原刊，目录暂缺。

目　录

创 刊 号
1934 年 8 月 1 日出版

小　说
好调伯　凡　海
乡村的太阳　雍　夫
黑眼睛姑娘　斐　琴
残年　流　矢
母亲　剑　冰
创作方法研究
妥斯退益夫斯基底方法
魏　晋　博　文译
诗
支那人到军港观光　斐　琴
土地，我底母亲　斐　琴
天堂阶下　纱　雨
生活　焕　平
海涅诗抄　焕　平译
我的痛苦和我的悲叹
灯儿熄灭了
城镇恐怖时代回忆
剧　本
弃儿　林　铃
作家·流派
郭哥里的写实主义
冈泽秀虎作　焕　平译
从哥郭里到妥斯退益夫斯基
徐村吉太郎作　曼　之译
文坛报道
最近日本文坛的轮廓*　焕　平

第 1 卷　第 2 期
1934 年 12 月 1 日出版

大众语文学的建设问题　冥　路
黄昏（诗）　陈子鹄
夜雨（诗）　前　人
秀苹的手记　鸿　谟**
蚕茧　Fussao Hayashl 作　中　玉译
惠特曼诗的现实主义　焕　平译
黎明（诗）　陈子鹄***
生儿子　凡　海****
“朋友，识相些”！　流　矢
孔子复兴颂（诗）　焕　平
骷髅
伊里夫·贝托洛夫合作　魏　晋译
面包线　R.柏拉斯登作　糜春炜译
黄鸟（诗）　纱　雨
读《电话》（黄树辉作）　雍　夫
幻灭的哀歌　苏契夫
文艺时评　杜　陵
蒋牧良的《赈米》

---

* 原刊“目次”作“最近日本文坛的轮廓，正文作“日本文坛的轮郭”。

** 原刊本期正文“目次”均署“逢模”，第三、四期合刊更正为“鸿模”。

*** 原刊本期正文、“目次”均署“前人”，即指林焕平，第三、四期合刊更正为“陈子鹄”。

**** 原刊本期正文“目次”均署“柯森”，第三、四期合刊更正为“凡海”。

征农的《新年是不准哭的》
编后话 编者

第1卷 第3、4期
（一九三五年一、二月号）
1935年2月出版

创 作

如此如此 欧阳凡海
甲板风景线（Asketch） 斐琴
——一九二三年的夏天
东京湖畔 冰天
孤人 流矢

妥斯退益夫斯基在俄罗斯文学上的地位 米川正夫作 魏晋译
普希金的方法 谷耕平作 林焕平译
达希耶那的告白（诗）
普希金作 林焕平译

诗

“三原山繁昌” 纱雨
从那里飞进来的呢? 纱雨
忧郁的小北江 斐琴
马赛的枪声 焕平
渔家 〔法〕罴俄作 我评
休息 蒲风
耶稣圣诞节
〔苏〕比涅克作 魏晋译

散 文

我的胡髭 名凯
聪明人与愚人 苏契夫
“看见是那么样” 冰天

世界文坛展望台 编者辑
意大利一则
日本五则
苏联三则 ABC生

木刻（封面） Frans Masereel作

第1卷 第5期
（一九三五年四月号）
1935年4月出版

创 作

寿衣 何亏
玲玲 剑冰
“中学皇帝” 雍夫
舍店中的一夜 欧阳凡海

纪德与小说技巧
〔法〕CremienuxB作 魏晋译
卡拉马佐夫兄弟
〔法〕纪德作 斐琴译
关于妥斯退益夫斯基*
〔法〕纪德作 如鹏译

诗

日历 〔法〕纪德作 林焕平译

* 原刊“目次”为“关于妥斯退益夫斯基”，正文为“朵斯退益夫斯基百年祭时于乌优哥伦比亚艺术座的小演说”。

三月
四月
五月
六月
八月
味渣　陈子鹄
深夜
牧歌
宣判
铁路工人　何　菲
我回到什么地方　欧阳凡海
爽约（散文诗）　玉　桑
雪中祈祷的照片　纱　雨
旱　何　菲
蒂沙河滩边
〔英〕巴克尼作　我　译
无题　〔德〕哥　德作　我　译
译　作
枯叶　凯兰德作　孟式钧译
不灭的印象　德永直作　林　林译
通　讯
作家·批评与题材　邵　欣
长篇小说问题　斐　琴

世界文坛展望台　编　者
美国一则
法国四则
苏联三则
日本五则
散　文
二四前后　魏孟克
——“我们”的文坛

纪德的手记（附纪德象一幅）
安德烈·纪德作　乌　生译
赤道线上　陈达仁
静夜　流　矢
插　图
纪德像
妥斯退益夫斯基像（木刻）

村道上（封面木刻）　白　涛作

第 1 卷　第 6 期
（一九三五年五月号）
1935 年 5 月出版

封面（木刻）　Mascreel
创　作
改嫁　何　亏
渡头　〔苏〕爱葛特著　克　林译
散　文
血　白　莱
阿金　菲　戈
新闻社　上野壮夫著　杨一民译
诗
缝工　〔日〕后藤郁子作
纱　雨译
墓场之旁　纱　雨
九段桥下　林　林
一幅图画　陈子鹄
乡村素描　吕绍光
渔人的怀念　北　鸥
妒　蒲　风
自己底歌　江克灼

托尔斯泰专辑

《安娜·加列尼娜》的构成和思想 邢桐华

浮浪人 列夫·托尔斯泰作 曼 谷译

世界文坛展望台 编 者辑

留日生一则

日本二则

中国一则

美国一则

英国一则

德国一则

第2卷 第1期

周年纪念号

1935年11月1日出版

小 说

人的价值 俞鸿漠

戏 曲

决堤（一幕剧） 吴 天

现实主义与心理主义的表现 E.奴西诺夫作 欧阳凡海译

托尔斯泰与现实主义 （佚名）

《巡按》的上演

《巡按》上演的意义 梅林格作 斐 琴译

视察专员到舞台* 吴 天

关于上演《巡按》 孟式钧

关于《巡按》 张香山

悼巴比塞〔苏〕高尔基著 老 达译

诗

献词 陈子鹄

污染钢刀的鲜血 魏 晋

我们出发 何 勿

遭遇 曼 曼

马来路工歌 雷雨前

名古屋的一天 陈达人

参观中华美术座谈会画展后** 黄 鼎

东京中国学生演剧李 胡 佛

纪得的左拉观 王一苇

罗曼罗兰的托尔斯泰观 罗念远

世家文化拥护会议与中国作家*** 丰裕年

中日文化的交流 郭沫若讲 斐 琴记

东京出版界杂讯 编 者

诗集《宇宙之歌》 邵 欣

---

* 原刊“目次”为《巡按》到舞台”，正文为“视察专员到舞台”。

** 原刊“目次”为“参观美座展后”，正文为“参观中华美术座谈会画展后”。

*** 原刊“目次”为“世界作家会议与中国作家”，正文为“世界文化拥护会议与中国作家”。

插　画

封面设计　新　波

决堤（木刻）　新　波

郭沫若讲演姿势（漫画，二幅）

黄　鼎

《巡按》人物（漫画）　黄　鼎

第 2 卷　第 2 期

创作特辑号

1935 年 12 月 15 日出版

创　作

追悼会　俞鸿谟

木桂的故事　东　平

天明（一）　斐　琴

人与兽　洪为济

岛木健作的文学私见　张香山

德永值的创作经验　王一苇

东平的眉目　郭沫若

诗　歌

投进烽火里去的一封信　陈子鹄

启事　魏　晋

哦，我不知道这是第几次的失眠

林　林

日　记

大战时代的日记

〔法〕罗曼·罗兰著　陈达人译

创作谈

巴比塞的人格

〔法〕纪德著　苏契夫译

给初学写作的人的一封信

库次米夫*

创作技术的问题　秋田雨雀*

柴霍甫与高尔基谈创作的信

斐　琴译

访问记

肖洛霍夫访问记

《伊士维斯奇》记　者作　予译

通　讯

生活的真实

一、　张萍桥

二、　辛　人

理　论

批评论　〔苏〕芦那查尔斯基著

孟式钧译

编辑后记　编　者

第 2 卷　第 3 期

世界文学新动向特辑

1936 年 2 月 1 日出版

世界文学的新动向

德国的移民文学　魏　晋

法国文学的新动向　邵　欣

英国文学的新潮流**　以　人

苏联文学的开展　曼　曼

---

*　原刊均未署译者。

**　原刊“目录”为“英国文学的新潮流”，正文为“美国文坛的新潮流”。

日本文学的动向* 张香山
美国文学的倾向** 莳 人
妥斯退夫斯基 鲁 迅
中华戏剧座谈会成功的公演
〔日〕秋田雨雀作 斐 琴译
艺术与文学
〔德〕海涅（Heinrich Heine）作
辛 人译
莎士比亚的新解释（日本《读卖新闻》通讯） 予 译
创 作
天明（二） 斐 琴
亡命的故事（短篇） 陈达人
请大家学习新文字 郭沫若
鲁迅在日本 （无署名）

第 2 卷 第 4 期
最近世界名著介绍专号
1936 年 4 月 1 日出版

最近世界名著介绍
龚果尔获奖作品《血与光》 张香山
鲁易士的新著《这不会在这里发生的》 孟 陶
德国亡命作家华尔夫的戏曲《麦汉姆教授》 陈达人
莱奥诺夫的杰作《盗》*** 亦 人
评 述
关于《雷雨》 郭沫若
论 文
不许冷淡〔苏〕高尔基作 林 译
文学放谈
歌德的《浮士德》中的浮士德 以人译述
恩格斯论莎士比亚 以 人译
法捷耶夫论现实主义 以 人译
马拉霍夫谈屠格涅夫 以 人译
创 作
落第 雍 夫
上工后 剑 冰
天明（三，续完） 斐 琴
翻译小说
华儿娃拉的空想
〔苏〕潘非洛夫著 魏 晋译
诗 歌
农民 白德纳作 戴何勿译
古城的月 李若川
随笔随想
木刻漫话 新 波
《浮士德》在东京的舞台**** 吴 天

* 原刊“目录”为“日本文学的动向”，正文为“日本文坛的动向”。

** 原刊“目录”为“美国文学的倾向，”正文为“美国文坛”。

*** 原刊“目次”为“莱奥诺夫的杰作《盗》”，正文题目误作“莱奥盗诺夫的”。

**** 原刊“目次”作“‘浮士德’在日本的舞台”，正文作“《浮士德》在东京的舞台”。

《白夜》予我的感动*
〔日〕神近市子作　钟慧霞译
我的二十岁时代
〔日〕林芙美子作　白　莱译
消　息
文艺 NEWS（四则）
鲁特逸芝希行踪　编　者
华尔夫创作　编　者
巴尔柏克女士之《异境之身》　莉　莉
苏联纪念普式庚　莉　莉

第 3 卷　第 1 期
革新号
讽刺文学特辑
1936 年 7 月 15 日出版

创　作
贾长沙痛哭　郭沫若
家的悲剧　洪为济
百合子　菲　戈
甘薯皮　胡明树

讽刺文学论　张香山
关于讽刺文学　北　鸥

托尔斯泰论文学　陈达人译

悼高尔基　杜　宣

关于现实主义
马路洛作　圣　渎译**
纪德日记　斐　琴译
诗　歌
德国——冬天的童话
〔德〕海涅作　林　林译
纪念君冶　孟　克
诗人　若　川
文艺时评
《洪水》（田汉著）　何　亏

讽刺诗人白德纳***
〔日〕壶井繁治作　何　勿译
翻　译
愚蠢的妻〔苏〕左琴柯作　魏　晋译
癫（中篇名著）
〔日〕岛木健作　香　山译
杂　讯
哈因里的《亨利第四》　佚　名
春琴抄　除　盲
批评家——典型问题　除　盲
木　刻
母与子（扉页）　新　波

后记　编　者

* 原刊“目次”作“《白夜》给我的感动”，正文作“《月夜》予我的感动”。

** 原刊“目次”署“圣译”，正文署“圣渎译”。

*** 原刊“目次”作“讽刺诗人白德纳”，正文作“讽刺诗人白德宜”。

第3卷　第2期

1936年11月15日出版

创　作

留学生吕荣　天　虚

明天　方　绥

高尔基纪念

高尔基创作中的浪漫主义

〔日〕态译复六作　梁　蕙译

高尔基创作中的现实主义

〔日〕熊译复六作

复斯尔可夫的信

——向于诗的意志　高尔基*

拥护国防文学　许修林

国防文学的诗歌问题　魋　天

关于报告文学

〔日〕山因清三郎作　菡　亭译

墙头小说与“短”的短篇小说

〔日〕小林多喜二作　叶文律译

诗

东北的略民　魏　晋

基里罗夫诗二首　何　勿译

伊里基　方　绥译

创作经验

从《士敏土》到《能》

〔苏〕格拉特珂夫作　黄　隶译

食人种族的故事

菲立浦作　鸿　模译

癞（续完）

〔日〕岛木健作　香　山译

五卅前后的创造社　郭沫若

文化情报

英国知识分子的宣言

法国“文化之家”的流动

日本作家对人民战线的意见

编后　编　者

* 原刊均未署译者。

132 文学评论

简介

《文学评论》，一九三四年八月一日创刊于北平，文学评论社主办。李长之、杨丙辰编辑，北平立达书局发行，三十二开本。一九三四年十月一日出版第二期后终刊。

该刊以文学评论和学术研究为主，同时发表作品和外国名著的译文。《发刊词》说："我们有三大目标，从文艺创作之根本原理原则，建设文艺美学，以文艺美学的应用，而致力于文艺批评，又以文艺批评的应用，贡献为文艺教育。""不偏于'社会'而忽略'人'，不重'物质'而轻视'精神'，所以，第一，我们愿意是健康的；儿嬉是我们所不屑，胡闹是我们所不肯，消闲是我们所不忍，所以，第二，我们愿意是严肃的；尽管有的刊物是为的'党'，为的'派'，为的'帮'，但我们认为文学是人类的，所以，第三，我们愿意是公正的"。

该刊主要撰稿人有郑振铎、李长之、杨丙辰、季羡林、林庚、苏荃等。

目　录

第1卷　第1期
1934年8月1日出版

发刊词　编　者

文学评论

绅士和流氓　西　谛
青年批评家的培养　李长之
真和假　李长之
文坛上的党派　李长之

理论·研究·批判

文艺，文学，文艺科学——天才与创作　杨丙辰
大战后的西班牙文学　J.Cassou著　董秋芳译
阿左林的唐唤　徐霞村
何德森及其著书　李广田
屈原作品之真伪及其时代的一个窥测　李长之

小　说

网　宗　植
斯特拉斯堡城内的一晚　F.Hebbel作　杨丙辰译
都市的宗教　高　植
大地在动　阿　白

杂　记

曹雪芹写死　侍　桁

散文·诗

水上的黄昏　A.Bertrand作　卞之琳译
幸运　陈江帆
风筝　李心若
无题　李心若
寄故园友人　林　庚
秋深的乐园　林　庚
归来　林　庚
秋夜　林　庚
秋风之水　林　庚
开残了的棠梨　荪　荃
我悄悄的走进花丛里　荪　荃
寂寞　季羡林
论自然　Goethe著　张大麟译

第1卷　第2期
1934年10月出版*

文学评论

文人的面目　西　谛
告青年文艺者　李长之
救救小品文　季羡林
在文艺范围以内救救孩子　李长之
特大号和不再讨论　李长之

理论·研究·批判

文艺，文学，文艺科学——天才与创作（续完）　杨丙辰
大战后的法兰西文学　董秋芳
现代法兰西文学拾零　董秋芳

---

* 原刊此期出版时间只有年、月，没署具体日期。

威廉·沙克莱及其《浮华世界》之研究　纪乘之
德国近代伟大抒情诗人薛德林早期诗的研究　季羡林

书　评

张希之《文学概论》　李长之
顾仲彝译《威尼斯商人》　纪乘之

小　说

飞蛾与火
〔西班牙〕阿左林著　冬　芬译

散文·诗

小麻雀　老　舍
闲眺　李心若
沪之雨夜　林　庚
朝雾　林　庚
秋日　林　庚
昏野　林　庚
幸福的歌　林　庚
问　臧克家
狗尾巴草上雨声　苏　荃
这回未必就成真个离别　苏　荃

133 译　文

简　介

《译文》，月刊。一九三四年九月十六日创刊于上海，初为鲁迅主编，第三期以后由黄源接编，上海译文社出版发行，三十二开本。第一、二卷各出六期。一九三五年九月十六日出至第二卷第六期停刊半年，一九三六年三月十六日复刊，卷期号另起，改由上海生活书店出版发行。新一、二卷各出六期，一九三七年六月十六日出至新三卷第四期后终刊，前后共出版二十八期。

《译文》是由鲁迅先生首倡并约茅盾、黎烈文合作创办的。一九三四年六七月间，茅盾在给黄源的信中说明了鲁迅先生拟创办这个翻译杂志的原意："以少数志同道合者的力量办一种小刊物，并没有销它一万二万的大野心，但求少数读者购得后不作为时髦饰品，而能从头至尾读一遍。所以该刊的印刷纸张是力求精良，译文亦比较严格。这刊物不是一般的读物，只是供少数真想用功的人作为'他山之石'的。"(《译文》新二卷第三期)

《译文》最初的三期，完全是鲁迅先生"亲自一手编定的"。他以许遐、邓当世、茹纯、乐雯、张禄如等笔名，在《译文》上译介了多篇外国名家的名著及文艺评论文章。

《译文》内容丰富多彩，图文并茂。编者在创刊号《前记》中说："原料没有限制：从最古以至最近。门娄也没有固定：小说、戏剧、诗、论文、随笔，都要来一点。直接从原文译，或间接重译：本来觉得都行。只有一个条件：全是'译文'"。又说："文字之外多加图画。也有和文字有关系的，意在助趣；也有和文字没有关系的，那就算是我们贡献给读者的一点小意思。复制的图画总比复制的文字多保留一点原味"。《译文》十分重视苏联文学作品和革命文艺理论的译介。正因为它有自己的特色，所以深受广大读者欢迎，如第一卷第一期就接连印行了五版。

《译文》在译介外国文学艺术和培养文艺翻译人才方面发挥了重要的作用。

目 录

第 1 卷 第 1 期

1934 年 9 月 16 日出版

前记 编 者
“普式庚是我辈中间的一个”
〔苏〕A.亚尼克斯德作 芬 君译
玛特渥·法尔哥勒
〔法〕P.梅里美作 黎烈文译
鼻子〔俄〕N.果戈理作 许 遐译
果戈理私观
〔日〕立野信之作 邓当世译
皇帝的衣服
〔匈〕K.密克萨斯作 茅 盾译
名誉是保全了
〔法〕F.科佩作 黎烈文译
教父
〔新希腊〕G.特罗什内斯作
味 茗译
市侩颂〔苏〕高尔基作 史步昌译
艺术都会的巴黎
〔德〕G.格罗斯作 茹 纯译
后记 编 者

插 画

育克的村庄（木刻）
〔苏〕V.季伊诺夫
普式庚像 〔俄〕V.忒格丕宁
普式庚的钢笔画
梅里美像（木刻）
〔苏〕V.法复尔斯基
梅里美的钢笔画
喷泉（木刻）
〔苏〕渥思德罗乌摩华·列培台华
果戈理像（木刻）
〔苏〕N.绥惠尔藉耶夫
供养（木刻）〔法〕M.克罗美尔
科佩像 〔法〕拉琼
诉苦（木刻）〔德〕E.巴尔拉赫

第 1 卷 第 2 期

1934 年 10 月 16 日出版

描写自己〔法〕A.纪德作 乐 雯译
说述自己的纪德
〔日〕石川涌作 乐 雯译
论古典主义
〔法〕A.纪德作 黎烈文译
散文诗抄（八首）
〔法〕C.波德莱作 黎烈文译
《山民牧唱》序
〔西班牙〕P.巴罗哈作 张禄如译
怎样排演古典剧
〔苏〕A.泰洛夫作 味 茗译
关于萧伯讷
〔苏〕A.卢那却尔斯基作 芬 君译
空中足球·新游戏
〔爱尔兰〕G.萧伯讷作 傅东华译
波希米人
〔俄〕A.普式庚作 黎烈文译

饥馑
〔俄〕萨尔蒂珂夫作　许　遐译
俄罗斯的童话（一、二）
〔苏〕M.高尔基作　邓当世译

后记　编　者
插　画
少女（木刻）
〔苏〕V.珂锡且维支
纪德像（木刻）　〔法〕F.瓦乐敦
散文诗抄插画八幅（木刻）
〔法〕C.拉·勃立敦
泰洛夫与萧伯讷（照像）
萧伯讷讥讽画（漫画）
〔英〕T.提立克
空中足球插画二幅（木刻）
〔英〕约翰斐莱
萨尔蒂珂夫像及其签名（画与墨迹）
〔俄〕M.耶罗先珂
松树（木刻）　〔苏〕V.孚伊诺夫

第1卷　第3期
1934年11月16日出版

今年不曾有过春天
〔法〕A.纪德作　黎烈文译
会友　〔西班牙〕P.巴罗哈作
张禄如译
西班牙书简
〔法〕P.梅里美作　黎烈文译
饥饿之城
〔德〕J.贝塞尔作　小　默译
邪气好记性
〔鞑靼〕M.高尔尧作　若　水译
尼古拉·奈克拉索夫
〔英〕J.M.沙斯基司作　孙　用译
诗三首　〔俄〕N.奈克拉索夫作
孙　用译
娜耶
克罗地　X.桑陀·药里斯基作
芬　君译
我怎样写作　〔苏〕M.左勤克作
孟十还译
俄罗斯的童话（三）
〔苏〕M.高尔基作　邓当世译

后记　编　者
插　画
车前草（木刻）　〔日〕岩越二郎
作家的种种相（漫画）
〔苏〕U.甘夫作
斗牛（铜刻）　〔西班牙〕F.戈雅
贝塞尔像（铜刻）
〔德〕L.玛特奈尔
邪气好记性插图四幅（画）
旧莫斯科（木刻）
〔苏〕A.克拉孚兼珂
奈克拉索夫像及其签名（画及墨迹）
〔俄〕I.克郎木斯珂夷
左勤克画像
高尔基像（漫画）
〔苏〕B.蔼非莫夫作

锯木（木刻）　〔英〕E.怀爱忒

第1卷　第4期

1934年12月16日出版

论超现实主义派
〔苏〕I.爱伦堡作　黎烈文译
奇闻三则
〔俄〕A.契诃夫作　鲁　迅译
安琪吕珈
〔新希腊〕A.蔼夫达利哇谛斯作
茅　盾译
西班牙书简（续）
〔法〕P.梅里美作　黎烈文译
现代荷兰文学
〔荷〕J.哈恩铁斯作　芬　君译
太阳也升起也降落
〔苏〕M.高尔基作　孟十还译
卖花女郎
〔法〕F.加尔斯作*　静　川译
与敏娜·考茨基论倾向文学
〔德〕F.恩格尔斯作　胡　风译
俄罗斯的童话
〔苏〕M.高尔基作　邓当世译

后记　编　者

插　画

松下浴女（木刻）
〔苏〕B.库斯多提耶夫
爱伦堡画像
假病人（木刻）　〔苏〕V.玛修丁
簿记课副手（木刻）〔苏〕V.玛修丁
“那是她”（木刻）〔苏〕V.玛修丁
《托罗亚的妇女们》（插画）
〔德〕L.望·霍夫曼
美国风景（画）〔美〕J.奥洛兹克
费尔杜西到亚述巴强的文学家们
这里作客（画）　〔苏〕玛士鲁赫
街头的小贩（木刻）
〔苏〕B.库斯多提耶夫
路工（木刻）　〔德〕E.勃朗

第1卷　第5期

1935年1月16日出版

两个教堂 克罗地N.奥格列曹维支作
芬　君译
美貌奖品　〔意〕M.梭勃里洛作
黎烈文译
秋〔法〕A.拉玛尔丁作　陆　蠡译
西班牙书简（续）
〔法〕P.梅里美作　黎烈文译
林中之死　〔美〕S.安德生作
天　虹译
诗与艺术的将来　〔法〕J.居友作**
诸　侯译

* 原刊“目录”署“F.加尔斯”，正文署“F.加尔科”。

** 原刊“目录”署“J.居友”，正文署“G.居友”。

五月的夜　〔俄〕N.果戈理作
孟十还译

后记　编　者

插　画

迎春（日本木刻）
姊妹（木刻）〔丹麦〕A.约尔侃生
拉马尔丁像
炮兵（木刻）　〔法〕R.福兰那依
安德生像
五月的夜插图六幅（画）
〔俄〕N.盖拉尔豆甫

第1卷　第6期
1935年2月16日出版

哥德伦　〔法〕A.纪德作　陈占元译
普罗米修士　〔德〕J.哥德作
傅东华译
奇闻二则　〔俄〕A.契诃夫作
鲁　迅译
动物寓言诗四首
〔法〕G.亚波黎奈作　黎烈文译
小像　〔苏〕A.卢那察尔斯基作
孟十还译
少年别　〔西班牙〕P.巴罗哈作
张禄如译
莱蒙托夫　〔苏〕D.勃拉果夷作
谢　芬译
诗三首　〔俄〕M.莱蒙托夫作
傅东华译
红头巾　〔乌克兰〕A.何罗甫珂作
孙　用译

后记　编　者

插　画

撑筏子者（木刻）
〔加拿大〕E.贺尔加忒
哥德像
坏孩子（木刻）　〔苏〕V.玛修丁
暴燥人（木刻）　〔苏〕V.玛修丁
猫（木刻）　〔法〕R.杜费
蚤虱（木刻）　〔法〕R.杜费
乌贼（木刻）　〔法〕R.杜费
孔雀（木刻）　〔法〕R.杜费
莱蒙托夫像（画）
〔俄〕P.沙波尔洛斯基

《译文》第一卷总目录分类索引
（一九三四年九月至一九三五年二月）

第2卷　第1期
1935年3月16日出版

论莫洛亚及其他
I.爱伦堡作　黎烈文译
故事十篇　A.莫洛亚作　黎烈文译
马克吐温的悲剧
U.辛克莱作　吉　人译
射击　A.普式庚作　孟十还译
诗四首　A.普式庚作　孙　用译

纸团　　S.安德生作　赵家壁译
给青年作家 M.高尔基作　绮　雨译
契诃夫：回忆底断片
M.高尔基作　胡　风译

后记　　编　者
特　载
表　　L.班台莱夫作
B.孚克　插图　鲁　迅译
插　画
莫洛亚及其夫人"稻草人"（木刻）
〔英〕M.拉乌林斯
普式庚射击图（画）
〔俄〕A.那夫摩夫
普式庚负伤归家图（画）
〔俄〕P.波莱尔
普式庚朗读自作（画）
〔俄〕N.齐
墟市之路（木刻）
〔英〕M.安纳尔斯莱
托尔斯泰与契诃夫

第 2 卷　第 2 期
1935 年 4 月 16 日出版

论自然派 V.白林斯基作　周　扬译
杜斯退益夫斯基的特质
S.昂德烈益维奇作　沈起予译
屠格涅夫底生活之路
中条百合子作　胡　风译
左拉和写实主义
G.卢卡且作　孟十还译
左拉　　V.渥哲狄作　黎烈文译
大密殊　　E.左拉作　黎烈文译
王尔德　　A.纪德作　徐懋庸译
奇闻万则　A.契诃夫作　鲁　迅译
地牢里生长的爱的花
A.柏克曼作　巴　金译
片刻　　V.柯洛连科作　孟十还译
诗三首
H.斯米尔伦斯基作　孙　用译
俄罗斯的童话
M.高尔基作　邓当世译

后记　　编　者
插　画
白林斯基（木刻）
杜斯退益夫斯基及其自署
左拉最后之像
左拉插图十一幅
左拉及其家族
左拉和巨人戈略忒
理发匠利用左拉名著所作之广告
O.王尔德画像
纪德像
《理丁狱中歌》插画之一
难解的性格（木刻）
阴谋（木刻）
A.柏克曼及其自署
V.柯洛连科画像
H.斯米尔伦斯基画像
雨（木刻）

第2卷　第3期

1935年5月16日出版

吉诃德先生　H.海涅作　傅东华译

儿童作品

我进幻稚园

V.古地诺夫作　胡愈之译

性的渴望　A.柏克曼作　巴　金译

叩娜　E.葛巴丝卫里作　孟十还译

退伍　A.普列波衣作　金　人译

保护　V.蒲留梭夫作　由稚吾译

割麦人　E.沛林作　孙　用译

狄更斯论　F.梅凌格作*　胡　风译

随笔三则　A.纪德作　徐懋庸译

鸽的悬赏　A.小仲马作　沈起予译

后记　编　者

插　画

M. 塞万提斯像

吉诃德先生和桑科判扎

H. 海涅像

苏联儿童绘画

A. 柏克曼像

地牢

E. 葛巴丝卫里像

A. 诺维珂夫·普列波衣像

勃留梭夫及其手迹

浴女（木刻）　〔法〕J.微提纳

燕麦（木刻）　〔英〕C.泰洛

塞塞克斯教堂（木刻）

〔英〕E.拉利翁

斗狼（木刻）　〔英〕B.拉爱斯

《世界文库》发刊缘起　郑振铎拟

《世界文库·第一集》目录

郑振铎拟

《世界文库·第一册》目录

郑振铎拟

第2卷　第4期

1935年6月16日出版

独房　A.柏克曼作　巴　金译

记忆的客人　A.柏克曼作　巴　金译

我喜欢的十种法国小说

A.纪德作　沈起予译

八旬老妪　O.米尔博作　毕修勺译

最快活的人们　V.雷尼作　天　虹译

鱼的故事　M.柯尔左夫作　天　虹译

少年维特之烦恼

M.左勤克作　金　人译

曲里加托夫受治疗

I.尹尔夫　E.彼得洛夫合作

天　虹译

左拉的《萌芽》的新评

G.波目作　马宗融译

诗三首　M.伐左夫作　孙　用译

睡眠　V.卡泰也夫作　玉　圭译

---

* 原刊“目录”署“F.梅梭格”，正文署“F.梅格陵”。

铲形的皇后

A.普式庚作　孟十还译

后记　编　者

插　画

雨（木刻）　〔法〕B.蓬菲斯
南部的监房
柏克曼在监牢里办的小刊物
尼洛的画室（木刻）〔意〕G.尼诺
汲水女（木刻）〔匈〕K.斯萨波
普式庚像及其自署
“铲形的皇后”底象征
《铲形的皇后》插图八幅

《世界文库·第二册》目录

郑振铎拟

第2卷　第5期
1935年7月16日出版

论文学上的影响

A.纪德作　陈占元译

一个大城市的色彩

T.德莱塞作　傅东华译

契诃夫纪念

司基塔列慈作　耿济之译

没落后　佐佐木一夫作　方光焘译

山湖　阿鸾尼安作　王统照译

火烧城

〔瑞典〕M.苏特堡作　许天虹译

学习莎士比亚

S.狄纳莫夫作　魏猛克译

莱比和他的朋友

J.布朗作　刘文贞译

绝望的思想　A.柏克曼作　巴　金译

后记　编　者

插　画

朝乐（木刻）　〔德〕K.拉格
纪德画像　〔法〕A.劳藏
一个大城市—纽约（木刻）
〔苏〕A.克拉甫兼珂
我的梦中城市（画）
〔美〕B.福尔斯
城市醒了（画）〔美〕B.福尔斯
契诃夫画像　〔俄〕O.勃拉兹
林中小径（木刻）〔捷〕A.诺曼
我的狗儿（木刻）
〔俄〕奥斯托罗摩伐·利蓓特伐
美国本薛文义州的西惩役所(木刻)

《世界文库·第三册》目录

郑振铎拟

第2卷　第6期
1935年8月16日出版

恋歌　M.索陀威奴作　鲁　迅译

奥·亨利论　U.辛克莱作　天　虹译

最后的一张叶子

O.亨利作　芬　君译

乞丐　I.屠格涅夫作　巴　金译

工人和白手人
I.屠格涅夫作　巴　金译
俄罗斯语言
I.屠格涅夫作　巴　金译
水灾　E.左拉作　修　勺译
马车　N.果戈理作　孟十还译
艺术家底悲剧
V.傅利弃作　白　滔译
面包块子　F.科佩作　沈起予译
青春的颂歌
A.密介维兹作　孙　用译
在泼拉哈的犹太人的坟场里
O.佛莱尔丁作　蒙　沙译
萨勒玛　A.考洛斯作　孙　用译

后记　编　者
插　画
仙人掌（木刻）〔意〕B.狄修托利
辛克莱画像
百合花（木刻）〔美〕A.杨
左拉像（摄影）〔法〕莱提莱
《马车》插图五幅
培拉司开斯的画（铜刻）
I.保甫罗夫

《译文》第二卷总目录分类索引
编　者
（一九三五年三月至八月）
《世界文库·第四册》目录预告
郑振铎拟

终　刊　号
1935 年 9 月 16 日出版

前记　译文社同人

普式庚论
F.杜思退益夫斯基作　丽　尼译
普式庚略传
N.涅克拉索夫作　孙　用译
普式庚之死
M.列尔孟托夫作　孙　用译
棺材商人　A.普式庚作　世　弥译
果戈理和杜思退益夫斯基
冈泽秀虎作　陈望道译
果戈理的悲剧
万雷萨夫编　耿济之译
村妇　I.伐佐夫作　鲁　迅译
客　J.赖纳作　黎烈文译
无耻的柯拉　L.修史作　黄　钟译
牛车　台湾吕赫若作　马　荒译
艺术的界限　A.纪德作　陈占元译
纪德之路　I.爱伦堡作　黎烈文译
第十三篇关于列尔孟托夫的小说
P.帕甫连珂作　陈　节译

后记　编　者
订正　鲁　迅
插　画
吊丧（木刻）〔德〕K.珂尔威兹
普式庚像
杜思退益夫斯基（木刻）

杜思退益夫斯基之工作室
涅克拉索夫像及其自署
列尔孟托夫画像
果戈理在霍卖阔夫家中（木刻）
〔苏〕N.蒂密忒莱夫斯基
果戈理赴车站送玛神甫，引起许多人注意
果戈理独自在波里勃拉仁医院外徘徊（木刻）
果戈理焚文稿（木刻）
临终时的果戈理（木刻）
农作（木刻）　〔意〕A.巴托希
剪条（木刻）　〔意〕A.巴托希
她几乎露出了一点轻微的失望
这也许是你弄的玄虚罢
两个小女孩棒着匣子，把她们艳丽的颊儿送给西拉先生去的。
爱伦堡像
第十三篇关于列尔孟托夫的小说内木刻三幅

《世界文库·第五册》目录预告
郑振铎拟

新1卷　第1期
复刊号
1936年3月16日出版

复刊词　编　者

特　载

死魂灵　第二部（一）
〔俄〕N.果戈理作　鲁　迅译
佛郎士论
A.卢那察尔斯基作　黎烈文译
我怎样学习的
M.高尔基作　齐　生译
世界的一天
M.柯尔曹夫作　茅　盾译
回忆二则　A.赫尔岑作　巴　金译
迭更司的碰壁
H.F.鲁宾斯泰因作　孙　用译
风雪　A.普式庚作　孟十还译
驿长　A.普式庚作　陈占元译
自伙儿中的一个
C.兹格史密斯作　姚　克译
初阵〔朝鲜〕李北鸣作　胡　风译
柏尔·海瓦底夏天
J.斯克育德堡作　丽　尼译
敦特拉的客人
T.渥杜洛夫作*　周学普译
疯魔之河
〔埃及〕陶斐罕肯作　印　堂译
混人　I.屠格涅夫作　耿济之译
蔷薇及其他 I.屠格涅夫作　巴　金译
歌两首　M.梅特林作　黎烈文译
慈善家及其他
D.别德内作　孟十还译
数目的问题及其他
S.米亥洛夫斯基作　孙　用译

* 原刊“目录”署“T.迟退洛夫”，正文署“T.渥杜洛克”。

特 载

远方（中篇童话）

A.葛达尔作 A.耶尔穆耶夫绘

佩 秋、靖 华译文

后记 编 者

插 画

法郎士像（木刻） P.E.微倍尔

高尔基像（木刻） A.索洛威赤克

合奏（胶刻） P.保夫理诺夫

赫尔岑像及其签字（画与墨迹）

K.哥尔勃诺

风雪中的情侣（木刻）

D.P.勃利斯

普式庚像（木刻） P.保夫理诺夫

银行休息日（木刻） G.玛莱

蚱蜢（木刻） C.爱格莱菲特

屠格涅夫猎装像

慈善家（画） 库克立尼克索

基督复活（画） 库克立尼克索

思想（画） 库克立尼克索

“狂风吹着的枝条（木刻）

M.阿尼莱

新1卷 第2期

1936年4月16日出版

罗曼罗兰七十诞辰纪念

法兰西与罗曼罗兰的新遇合

J.R.布洛克作 黎烈文译

论詹恩·克里士多夫

亚 兰作 陈占元译

贝多芬笔谈 R.罗兰作 世 弥译

向高尔基致礼

R.罗兰作 陈占元译

论个人主义与人道主义

R.罗兰作 陈占元译

好差事没了 L.修士作 姚 克译

北极圈内的酒酿

J.伦 敦作 天 虹译

风 A.绥拉摩维支作* 金 人译

M.M.珂丘宾斯基

M.高尔基作 胡 风译

诗 A.纪德作 黎烈文译

严寒·通红的鼻子

N·涅克拉绍夫作 孟十还译

我的歌及其他

S.裴多斐作** 孙 用译

杜勃洛柳蒲夫诞生百年纪念

杜勃洛柳蒲夫略传 克 夫译

批评家杜勃洛柳蒲夫

V.治唐诺夫作 克 夫译

回忆

M.绥曼诺夫斯基作 克 夫译

给诗人

N.杜勃洛柳蒲夫作 克 夫译

什么时候才有好日子

---

* 原刊“目录”署“A.绥拉摩维支”，正文署“A.绥拉菲摩维基”。

** 原刊“目录”署“S.裴多斐”，正文署“S.裴多菲”。

N.杜勃洛柳蒲夫作　克　夫译

特　载

死魂灵　第二部（二）

N·果戈里作　鲁　迅译

后记　编　者

插　画

无题（木刻）　〔法〕A.玛尔

罗曼罗兰最近照像（摄影）

J.R.布洛克照像（摄影）

罗曼罗兰与高尔基合影（摄影）

年青时的罗曼罗兰（摄影）

保夫罗夫斯克风景（木刻）

〔苏〕S.波查日斯基

凯勒尔小说插图之一（木刻）

〔苏〕L.希仁斯基

马（木刻）　P.斯毕修尔

无题（木刻）　〔法〕G.富尼欧

涅克拉绍夫画像

〔俄〕I.克拉姆斯珂依

裴多斐画像　班尔兹尔

杜勃洛柳蒲夫像及其签名

休尔顿《近邻》幅画之一（木刻）

〔英〕L.安哥斯

新1卷　第3期

1936年5月16日出版

论魔鬼主义的伦理

〔英〕G.B.肖作　姚　克译

杜勃洛柳蒲夫论

〔苏〕V.吉尔波丁作　明　森译

一位停滞时期的天才梅里美

〔苏〕A.卢那察尔斯基作

黎烈文译

查利十一的幻觉

〔法〕P.梅里美作　黎烈文译

关于杰克·伦敦

〔美〕U.辛克莱作　许天虹译

杰克·伦敦自述

〔美〕J.伦敦作　许天虹译

钟阿忠〔美〕J.伦敦作　许天虹译

约翰·郭尔贝

〔匈〕K.菲列及士作　胡　绳译

新年

〔保〕G.斯塔马托夫作　孙　用译

寂寞

〔西〕N.乌那慕诺作　庄　重译

乒乓

〔波〕W.沙尔斯基作　春　雷译

第一次感动

〔法〕O.米尔博作　修　勺译

圣诞的前夜

〔美〕L.休士作　姚　克译

醒来及其他

〔俄〕S.那德生作　孙　用译

特　载

死魂灵　第二部（三）

〔俄〕N.果戈理作　鲁　迅译

后记　编　者

插　画

夜间的德尼泊尔建筑（木刻）

〔苏〕A.克拉甫兼珂

圆屋之一室（木刻）

〔英〕A.皮尔班克

梅里美画像

花的研究（木刻）〔英〕M.亚莱尼

无题（木刻）　〔法〕G.福尔贝

“L’orme du Mail” 插图之一（木刻）

〔苏〕A.克拉甫兼珂

珂兹胡尔特的石坑（木刻）

〔英〕G.帕尼

沼地（木刻）　〔英〕S.亚勃莱

新1卷　第4期

1936年6月16日出版

论莎士比亚及其遗产

〔苏〕A.柴米尔诺夫作　克　夫译

德国人与莎士比亚

〔日〕本多显彰作　王执钟译

莎士比亚的故乡

〔苏〕M.麦耀而斯基作　克　夫译

狱中记

〔俄〕V.妃格念尔作　巴　金译

关于文学和艺术

〔俄〕L.托尔斯泰作　胡　风译

白甲骑兵

〔法〕P.玛尔格里特作　世　弥译

一个田奴怎样喂养了两个衙吏

〔俄〕M.萨尔蒂珂夫作　萧　乾译

官费〔西〕M.乌那慕诺作　庄　重译

客人

〔意〕B.西哥涅尼作　黎烈文译

伊林·荷蒙〔丹〕H.邦作　丽　尼译

魔地〔俄〕N.果戈里作　孟十还译

后记　编　者

插　画

莎氏刻像　马丁·直罗孝忒

莎氏签名

十七世纪半英国戏剧之台景

名女优爱伦·泰睐饰马克·佩司夫人　约翰·沙忒

天鹅剧场　〔荷〕约翰·微忒

李怡德·百尔别得支

薇娜·妃格念尔像

一九一四（木刻）

〔法〕奥托恩·福来兹

乌那慕诺画像

来　件

中国文艺工作者宣言

茅盾启事

新1卷　第5期

高尔基逝世纪念特辑

1936年7月16日出版

高尔基之死

〔日〕秋田雨雀作　雨　田译

从普式庚说到高尔基

〔苏〕施答尔却可夫作　克　夫译

高尔基论托尔斯泰的信

〔苏〕科学学院编辑　春　雷译

海燕之歌

〔苏〕M.高尔基作　雨　田译

意大利的童话

〔苏〕M.高尔基作　克　夫译

麻疯

〔日〕岛木健作作　陆少懿译

肖像画

〔英〕A.赫胥黎作　张　易译

苏利文的裤子

〔爱〕S.奥法兰作　天　虹译

“生产事业”

〔英〕I.利士奇作　何　封译

海之歌及其他

加达鲁尼亚·麦斯特勒思作

孙　用译

斐利普之死

〔法〕A.纪德作　陈占元译

今日的莎士比亚

〔英〕F.S.巴士作　姚　克译

论衣袋之类

〔英〕G.格定纳作　王执钟译

文艺上的小定理

〔西〕P.巴罗哈作　庄　重译

后记　编　者

插　画

高尔基最后遗容

高尔基照像

高尔基画像　戴　尼

高尔基画像　库克刊尼斯基

高尔基与契诃夫合影

高尔基与罗曼罗兰

高尔基幼时所住的家宅

意大利的童话插绘（五帧）

P.巴罗哈画像

新1卷　第6期

高尔基逝世纪念特辑（二）

1936年8月16日出版

和高尔基告别

〔法〕R.罗兰作　黎烈文译

高尔基与苏联文学

〔苏〕I.奴西诺甫作　天　虹译

被毁了的作家

〔苏〕M.高尔基作　萧　乾译

麦考夫与蜘蛛

〔苏〕高尔基作　萧　乾译

意大利童话

〔苏〕M.高尔基作　克　夫译

在《资本论》里的莎士比亚

〔苏〕M.涅兹基纳作　杨　晦译

威尔斯的歌人

〔匈〕J.奥洛尼作　孙　用译

在暗礁间

〔瑞〕V.海滕司顿作　鲁　彦译

决心　〔法〕T.雷米作　世　弥译

伊万诺娃

〔苏〕V.英培尔作　金　人译

华安·曼梭
〔西〕U.乌那慕诺作　庄　重译
怀疑者
〔乌〕L.彼尔沃马衣司吉作
金　人译
麻疯　〔日〕岛木健作作　陆少懿译
一个现代孩子的梦
〔法〕J.J.培尔纳作　黎烈文译

后记　编　者

插　画
在死床上的高尔基
〔法〕麦绥莱勒
高尔基像及其签名
高尔基在聂哥列车站下车
高尔基工作后的休息　勃罗忒斯基
高尔基与罗曼罗兰
纪德等参加巴黎高尔基街改名
高尔基照像
高尔基画像
培尔纳像

《译文》新一卷总目录分类索引

（一九三六年三月至八月）

新2卷　第1期

1936年9月16日出版

普式庚特编
普式庚怎样写作
〔苏〕N.阿胥金作　陈　冥译
高尔基论普式庚
I.雪纪衣夫斯基作　春　雷译
纪得论普式庚
〔苏〕L.G作　王　然译
论普式庚的童话
〔苏〕A.史洛尼姆斯基作　克　夫译
渔夫与鱼的故事
〔俄〕A.普式庚作　克　夫译
《欧根·奥涅庚》导言
〔苏〕N.涅克拉索夫作　孙　用译
普式庚在音乐中
〔苏〕N.亚尔登斯作　王西道译
郭洛亨诺村的历史
〔俄〕A.普式庚作　孟十还译
埃及之夜
〔俄〕A.普式庚作　陈　冥译

儿童文学
第四座避弹室
〔苏〕A.葛达尔作　曹靖华译

戏剧之部
婚事　〔俄〕N.果戈理作　耿济之译
戏剧的进化
〔法〕A.纪德作　陈占元译
菲洛克但德
〔法〕A.纪德作　卞之琳译

短篇小说
红巾〔苏〕O.爱特堡作　茅　盾译
杀人　〔美〕J.伦敦作　许天虹译
工厂中　〔苏〕A.绥拉菲摩维支作
金　人译
天国的管门人

〔保〕J.P.托多洛夫作　孙　用译

高尔基逝世纪念特辑（三）

玛克沁·高尔基的一生

〔日〕中条百合子作　雨　田译

一个民族底小说家

〔法〕J.R.勃洛克作　马宗融译

我和高尔基的几次晤面

I.蒲宁作　王求是译

科洛连珂

〔苏〕M.高尔基作　胡　风译

连歌〔苏〕M.高尔基作　叶　素译

小姑娘〔苏〕M.高尔基作　春　雷译

青苍与薄灰

〔苏〕M.高尔基作　叶　素译

错译在《光明》不在《译文》(附录)

黎烈文

后记　编　者

插　画

普式庚在写作中（钢笔画）

〔苏〕N.古兹敏

普式庚像

中学时代的普式庚（摄影）

沙而旦皇的故事（一）（木刻）

沙而旦皇的故事（二）（木刻）

牧师与工役巴而特的故事（木刻）

渔夫与鱼的故事（木刻）

死公主的故事（木刻）

金鸡的故事（木刻）

埃及之夜幅图六幅（木刻）

〔苏〕N.克拉甫兼柯

鲍阔赖新

煎鸡蛋

奥奴慈金

风景（一）（木刻）〔法〕（佚名）

风景（二）（木刻）〔法〕（佚名）

高尔基像

无题（木刻）〔法〕M.提多玛斯

无题（木刻）〔法〕P.莱陀

新2卷　第2期

1936年10月16日出版

特　载

死魂灵　第二部（四）

〔俄〕N.果戈理作　鲁　迅译

婚事（续）

〔俄〕N.果戈理作　耿济之译

忆高尔基

〔苏〕I.勃罗特斯基作　天　虹译

我的导师高尔基

〔苏〕P.柴莱士诺夫作　天　虹译

他们走着

〔苏〕M.高尔基作　叶　素译

普式庚与拜伦主义

〔日〕升曙梦作　雨　田译

帕依西

〔保〕I.伐佐夫作　孙　用译

关于锡且特林·萨尔蒂珂夫

V.伏罗霍夫斯基作　凡　容译

一个村子的大灾

〔俄〕S.萨尔蒂珂夫作　凡　容译

流浪者

〔罗〕M.沙陀伐奴作　孙　用译

一千打〔美〕J.伦敦作　天　虹译

乡骑士〔意〕G.维尔干作　春　雷译

后记

插　画

木刻　〔比〕F.麦绥莱勒

死魂灵插图　V.A.泰别兰

婚事插图

高尔基画像　P.考　林

高尔基肖像

高尔基及其孙儿们的合影

普式庚的生家

木刻　〔苏〕A.克拉甫兼珂

木刻　〔法〕M.沙凡

新2卷　第3期

1936年11月16日出版

哀悼鲁迅先生特辑

鲁迅先生（三色版）

〔日〕奥村博史绘

鲁迅先生与《译文》　黄　源

伟大的存在（讲演）

〔日〕内山完造讲　黄　源译

鲁迅的回忆

〔日〕鹿地亘作　雨　田译

鲁迅先生

〔日〕内山完造作　雨　田译

忘掉了的鹰（诗）

〔美〕N.林特赛作　孙　用译

恐惧（四幕剧）

〔苏〕A.亚菲诺甘诺夫作

曹靖华译

论布里兹（评传）

〔法〕罗曼罗兰作　萧　乾译

真理的果实（《对马》著者的自序）

〔苏〕N.普利鲍依作

克　夫译

歌者（短篇）

〔苏〕N.普利鲍依作　金　人译

安全（短篇）

〔美〕J.约翰生作　晓　岑译

两种才能（短篇）

〔保〕G.P.斯塔玛托夫作

不　舍译

棉花（中篇）

〔日〕须井一作　胡　风译

乡村外一篇（散文诗）

〔俄〕I.屠格涅夫作　唐　弢译

后记　编　者

附记　黄　源

鲁迅画像（封面）　陶元庆

新2卷　第4期

1936年12月16日出版

恐惧（四幕剧，续）

〔苏〕A.亚菲诺甘诺夫作

曹靖华译

一种风景（短篇）

〔日〕岛木健作作　叶　素译
文字（讲演）
〔德〕E.托勒作　姚　克译
基尔德沙里（短篇）
〔俄〕A.普式庚作　孟十还译
索尔诺克之陷落（诗）
〔匈〕S.梯诺提作　孙　用译
杜思退益夫斯基的样式与方法（研究）
〔苏〕配勒卫哲夫作　魏猛克译
杜思退益夫斯基（传记小说）
〔俄〕N.湼克拉索夫作
周学普译
关于显克微支（传记小说）
〔英〕M.茄特南作　天　虹译
受祝福的（散文）
〔波〕H.显克微支作　孙　用译
棉花（中篇）
〔日〕须井一作　胡　风译
在新卡尔加斯基的草原上（民谣）
〔苏〕真理报刊　劳　曼译

后记　编　者

插　画

亚菲诺干诺夫画像
〔苏〕枯克立尼克赛
亚菲诺干诺夫的“恐惧”
P.A.希林戈夫斯基
岛木健作照像
岛木健作于书斋　〔日〕池田三郎
岛木氏作品剖解图
〔日〕池田三郎
托勒照像
聚会（木刻）　〔法〕M.亚里尔
木刻　〔法〕C.勒勃莱顿
跳舞（木刻）　〔法〕O.蒂松
显克微支照像
插图（木刻）　〔法〕西　蒙

鲁迅先生纪念委员会筹备会公告
（第一号、第二号、第三号）

新2卷　第5期
1937年1月16日出版

疆土颂
〔匈〕B.巴拉须夏作　孙　用译
且尔克斯之歌
〔俄〕M.列尔蒙托夫作
孟十还译
饥饿
〔苏〕A.湼悦洛夫作　金　人译
西班牙的爱国者
〔西〕A.阿拉粪作　黎烈文译
破碎的洋娃娃
〔新希腊〕L.娜克司作　姚　克译
第三号包厢
〔乌克兰〕G.葛巴丝卫理作
孟十还译
巡捕与赞美诗
〔美〕O.亨利作　天　虹译
马耶科夫斯基断片

〔日〕上田进作　周学普译

剧

恐惧（续）

〔苏〕A.亚菲诺甘诺夫作

曹靖华译

棉花　〔日〕须井一作

胡　风译

翻译的比较研究与批评

真亚耳的两个译本　茅　盾

校正自己的译文　孙　用

文学往来

日本改造社出版《大鲁迅全集》

法国作家与西班牙内战

站在生死存亡线上的西班牙作家

比利时的前进刊物

《新群众》创刊二十五周年纪念

勃鲁克斯的美国文学史

中国一九三六年度的文艺译本

后记　编　者

插　画

酒女吹乐（木刻）

〔英〕G.拉佛莱脱

兵士（木刻）　（未署作者）

出发（木刻）　〔法〕熊基爱尔

死亡　〔法〕H.杜美哀

无题（木刻）　〔法〕路易.雏

哀号（木刻）　〔法〕路易.雏

无题（木刻）　〔法〕L.蒲　释

舞蹈（木刻）　〔法〕C.勒勃勒董

附记　编　者

为征集鲁迅先生书信启事　许广平

译文社启　译文社

鲁迅先生纪念委员会筹备会紧急启事

新2卷　第6期

普式庚逝世百年纪念号

1937年2月16日出版

普式庚的一生

〔苏〕V.万垒赛耶夫作

克　夫译

十二月党人的诗

〔苏〕V.李倍宾夫·波尔耶斯基作

茅　盾译

普式庚之生涯与作品

〔苏〕A.雅尔摩林斯基作

丽　尼译

普式庚的流行之基础

〔苏〕L.格劳司门作　唐　弢译

普式庚之死

〔苏〕O.克拉趣考夫卡耶作

赵家壁译

绞架之歌及其他

〔俄〕A.普式庚作　孙　用译

吉卜西人及其他

〔俄〕A.普式庚作　刘盛亚译

乡村〔俄〕A.普式庚作　劳　曼译

我底家谱　〔俄〕A.普式庚作

萧　亭译
强盗兄弟　〔俄〕A.普式庚作
蒙　沙译
杜勃洛夫斯基　〔俄〕A.普式庚作
孟十还译

普式庚年表　曹靖华　黄　源
《甲必丹之女》校读记　孙　用

后记　编　者

插　画

普式庚画像（封面三色版）
忒洛丙尼
普式庚画像　纽　曼
普式庚浮刻铜像　莫格拉巧夫
儿童村中之普式庚铜像
普式庚之孙—亚历山特洛维基
普式庚保姆之小屋
密哈伊洛夫斯基村之一景
密哈伊洛夫斯基村之一角
密哈伊洛夫斯基村附近之三山村
普式庚常去散步的林荫雪路
普式庚的求学地
普式庚的手杖
莫斯科的普式庚纪念像
青年时代的普式庚雕像
普士庚立像
普士庚半身像
灵枢中之普式庚
决斗创伤后的普士庚
小学生所作的纪念普氏的壁报
《欧根·奥涅庚》之决斗场面
《欧根·奥涅庚》之一景
莫斯科剧场演出的《欧根·奥涅庚》
《罗沙而加》之一景
密哈伊洛夫斯基村的两个湖（木刻）
密哈伊洛夫斯基村的多树小山（木刻）
三山村·普式庚时代的橡树（木刻）
密哈伊洛夫斯基村附近之三山村景色（木刻）
普式庚手迹之一、二、三、四、五、六

《译文》新 2 卷总目录索引（一九三六年九月至一九三七年二月）

新 3 卷　第 1 期
1937 年 3 月 16 日出版

一列车的柴　〔德〕W.郎格贺夫作
姚思慕译
忆果戈理　〔俄〕P.安恩廓夫作
姚可昆译
鲍罗狄诺　〔俄〕M.列尔蒙托夫作
孙　用译
意大利　〔俄〕N.果戈理作
孟十还译
柯奢麻允记　〔日〕鹤田知也作
楚　客译

迭更司特辑

迭更司论

〔苏〕A.亚尼克尼斯德作　天　虹译
年青的迭更司　〔苏〕E.兰作
克　夫译
迭更司与小说的艺术
〔法〕A.莫洛亚作　天　虹译
理想主义者的鲤鱼
〔俄〕S.萨尔蒂柯夫作　凡　容译
恐惧（续）
〔苏〕A.亚菲诺甘诺夫作
曹靖华译
棉花（续）　〔日〕须井一作
胡　风译
评王译《奇异的插曲》　姚　克
文学往来
各国纪念普式庚的盛况
万垒赛耶夫七十寿辰
国际作家拥护文化协会葡萄牙分会宣言
巴黎等地文化宫的建设
在法国组织国家出版局的建议
《彼得一世》在英国
勃劳台尔与华尔多·弗仑克被拘一昼夜
从苏联回法以后的纪德

后记　编　者
插　画
展望（木刻）　K.海纳曼
风帆（木刻）　W.克莱姆
狂涛中（木刻）　W.克莱姆
马路工人　K.亨赛尔
荷锄者　K.亨塞尔
候鸟　F.第攀忒
圣母与圣子　A.杜勒
狂风（剪影）　G.里格
冬夜（剪影）　G.里格
人像（木刻）　W.史珂西拉史
迭更司像　P.菲兹格尔特
迭更司铅笔画像　G.克鲁克夏
迭更司（一八三九）（木刻）
菲　顿
迭更司（一八五九）　W.福利兹
迭更司（一八六八）（摄影）
B.哥纳
迭更司在书室中　E.华德
迭更司和他的朋友　W.萨克莱
空了的椅子　W.波书
迭更司过海至巴黎　法国讽刺画
迭更司住宅

新3卷 第2期
西班牙专号
1937年4月16日出版

当今的西班牙文学
〔苏〕F.凯林作　铁　弦译
与乌那慕诺最后的晤谈
〔法〕《礼拜五》周刊记者
绮　萍译
乌那慕诺之死
〔苏〕F.凯林作　绮　萍译
一个体面的更正

〔西〕U.乌那慕诺作　庄　重译
巴罗哈访问记
〔法〕《公社》杂志记者
克　夫译
钟的奇迹　〔西〕P.巴罗哈作
雨　田译
马德里—瓦伦西亚—巴塞隆那
〔西〕E.索马柯衣斯作　绮　萍译
生灵涂炭的马德里
〔美〕W.P.卡乃作　姚　克译
着魔的森林　〔苏〕S.柯尔左夫作
天　虹译
“厄尔·赫尔”堡
〔德〕R.里昂哈德作　姚思慕译
我见了西班牙　〔英〕S.T.华纳作
唐　弢译
最后的通信
〔古〕P.德·拉·托连忒作
孙　用译
利安的陷落　〔法〕锡斯提芬示作
陈占元译
战争的西班牙
〔意〕N.夏洛蒙德作　湘　渔译
西班牙的歌谣　孙　用译
铁甲车　J.厄雷拉作
格拉那达的新凯旋歌
P.贝尔特朗作
为印刷家萨都尔尼诺·鲁依兹作
M.阿尔多拉格勒作
文学往来
西班牙文坛近况
美国文化界拥护西班牙民众的热情
罗曼罗兰给青年作家的一封信
P.古玖里埃的文学活动二十周年纪念

后记　编　者
插　画
为西班牙德谟克拉西而战
〔美〕A.哈利顿
为自由而死的无名妇人（一）
为自由而死的无名妇人（二）
炮击后的喀他其那
为飞机轰炸的乡村
被轰炸的民屋
古巴 P.德·拉·托连忒像（木刻）
〔美〕B.柴迭克
许广平为征集鲁迅先生书信紧急启事
本社启事

新3卷　第3期
1937年5月16日出版

给罗斯福总统的信
〔美〕J.L.斯比伐克作　茅　盾译
尼采诗钞
〔德〕F.尼采作　冯　至译
祈祷
〔俄〕L.托尔斯泰作　孟十还译
从德国来的快车
〔德〕J.贝塞尔作　思　慕译

我对迭更司所负的债
〔美〕赛珍珠作　克　夫译
迭更司的生平及其作品（上）
〔法〕A.莫洛亚作　天　虹译
史蒂娜做了农民底妻子
〔丹〕S.山多尔弗作　丽　尼译
海边
〔苏〕N.梁士珂作　金　人译
普式庚纪念与文艺的气质
〔苏〕V.吉尔波丁作　铁　弦译
普式庚底受伤与死亡
〔苏〕C.C.犹劲作　劳　曼译
普式庚年谱
〔日〕改造社　编　雨　田译
关于普式庚的翻译　蔚　明
（一）奥涅金
（二）普希金小说集
（三）同一篇作品的四种译文
（四）一个误译的字

鲁迅先生纪念委员会筹备会启事

后记　编　者
插　画
麦田（木刻）　〔英〕V.格里勃尔
老妇与小孩（木刻）
〔波〕珂利西维支
拓荒者（木刻）
〔波〕巴忒洛米齐克
伐木（木刻）　〔波〕铁罗维支
锻铁（木刻）　〔波〕华索维支
仲夏（铜版）　〔英〕W.霍尔
贫困（铜版）　〔法〕史丹茵伦
林地幽径（铜版）
〔英〕F.史洛孔勃
丹麦风景（铜版）　〔丹〕T.尼斯
沙皇万岁（铜版）
〔法〕F.勃拉克蒙

新3卷　第4期
1937年6月16日出版

粮食（五幕剧）
〔苏〕V.凯尔升作　曹靖华译
菌生在厂房里
〔美〕J.牟伦作　茅　盾译
诗人及其他
〔俄〕M.列尔蒙托夫作　孙　用译
迭更司的生平及其作品（下）
〔法〕A.莫洛亚作　天　虹译
意大利童话
〔苏〕M.高尔基作　克　夫译
追踪着太阳的人
〔日〕小林多喜二作　辛　荑译
春天　〔苏〕L.波格达诺维契作
劳　曼译
军人　〔英〕R.威斯脱比作
孟起因译
红袍子　〔苏〕V.库兹米奇作
苏　民译
略谈《静静的顿河》第二册的译文
金　人

文学往来

高尔基的《底层》上银幕　克
由巴尔札克钢像所引起的纠纷　克
由琴·奥尼尔往何处去？　克
“为什么我爱苏联人民”？　克
伦敦举行莎士比亚展览会　克
亨利·曼与路易·稜　克
阿拉贡和记者的谈话　克
《克立木·沙木金的一生》之第四部　齐　生
伊尔亚·伊尔夫的逝世　齐　生
斯泰哈诺夫论普式庚　齐　生

后记　编　者

插　画

夏日（木刻）　〔法〕P.E.柯仑
夏娃（木刻）　〔法〕M.罗氏
苏联工厂的劳动者（石印画）　〔美〕F.勃兰温
迭更司的妻妹玛丽·霍茄士肖像
高尔基肖像
写作中的高尔基（照相）
《意大利童话》插图之一（木刻）　〔苏〕A.克拉甫兼可
《意大利童话》插图之二（木刻）　〔苏〕A.克拉甫兼可
风景（木刻）　〔法〕P.鲍第埃
山上人（石印画）〔美〕A.哈忒利克

134 太　白

简　介

《太白》，小品文半月刊。一九三四年九月二十日创刊于上海，陈望道主编，艾寒松、傅东华、郑振铎、朱自清、黎烈文、陈望道、徐调孚、徐懋庸、曹聚仁、叶绍钧、郁达夫为编辑委员，艾芜、巴金等六十八人为特约撰稿人，上海生活书店出版、发行，徐伯昕为发行人，十六开本。一九三五年九月五日出版第二卷第十二期后终刊，共出版二十四期。

三十年代初，林语堂所主持的《论语》、《人间世》等以刊登散文为主的刊物，提倡幽默、闲适、抒发性灵的小品文，引起进步文艺界的批评。在这种情况下，《太白》的创办，就是为了继承“五四”散文的革命传统，提倡有不平，有讽刺，有攻击，有破坏，如匕首，如投枪，能和读者一同杀出一条生存的血路来的战斗的小品文，因而它得到鲁迅和左翼作家以及其他进步作家的广泛支持。《太白》所刊载的小品文，短小精悍，反映现实生活，揭发社会的种种矛盾，针砭社会时弊，呈现出与“论语派”散文截然不同的风貌。其中鲁迅的文章尤为深刻有力，鲁迅先后在该刊发表了《不知肉味和不知水味》、《中国人失掉自信力了吗》等著名文章。

《太白》半月刊的内容较为丰富，短论、速写、漫谈、读书记、风俗志、杂考、文选之外，还有科学小品，以及漫画、木刻等，在刊登中国作家作品的同时，还介绍了一些外国作家的散文理论和创作，并且发表了洪深、陈望道等人的文章，参加当时大众语问题的讨论。

目　录

创刊号
1934年9月20日出版

短　论
不知肉味和不知水味　公　汗
“买办心理”和“欧化”　曲　子
要办一个这样的杂志　徐懋庸
关于狸猫换太子　风　子
认真　龙贡公
论科学小品文　柳　湜
怎样打倒方块字　胡愈之*
和一个学生的对话　野　容
马尔的语言学说　仲　持
大众语的标准是上海共通话　乐嗣炳
成语跟俗语　佛　朗
大众语和记录大众语的工具　华士奇
速　写
大旱　形　天
一个车夫　余　一
炎夏小记　许　杰
阿九和他的牛　征　农
小林　李辉英
出嫁　草　明
漫　谈
幽默的叫卖声　夏丏尊
略谈中间读扬　谢六逸
版本　周越然
小品跟苍蝇　傅东华
记黄小泉先生　郑西谛
写不出什么　叶圣陶
方言的记录　陈望道
科学小品
白果树　克　士
萤火虫　贾祖璋
半间楼闲话　薰　宇
　白昼见鬼
昨天在那里　顾均正
读书记
对于梁实秋《偏见集》的偏见　周木斋
风俗志
黑妓　马宗融
大金塔　刘　明
女大须嫁　雨　初
杂　考
“仲尼无父”　曹聚仁
晋人小帖　陈子展
文　选
批评家与创作家　焉　于
大众语和戏剧对话　洪　深
漫　画
立等　丰子恺
诸亲好友概不赊欠　丰子恺
木　刻
风景　白　涛
静物　〔苏〕皮比诃夫

* 原刊“目录”署“胡竽之”，正文署“胡愈之”。

第1卷　第2期
1934年10月5日出版

短　论
论“文以载道”　周木斋
知识阶级　余　一
论“拿出货色来”　绮　君
十月和俄语的变迁
〔乌克兰〕V.P.Lsajev 作
奥　尼译
一个笑话的写法　徐懋庸
湖南歌谣和广西歌谣的流通　黄芝冈
速　写
戽水　高子荪
家信　征　农
新教师的第一堂课　夏丏尊
炎夏小记　许　杰
漫　谈
“说书”　圣　陶
嗅的研究　胡　兰
谈杂文　耳　耶
批评与批评家　任白戈
保护和孝顺　风　子
科学小品
越想越糊涂　顾均正
认识论　柳　湜
读书记
读《大写数字考》　陈子展
小红　曹聚仁
风俗志
柳江上游的歌谣节　乐嗣炳
吃人的野蛮人　马宗融
杂　考
济公　周越然
折扇考　陈子展
文　选
门外文谈（节）　华　圉
漫　画
感同身受　丰子恺
帘外雨潺潺　丰子恺
西湖上的囚犯　丰子恺
美丽的旧梦　丰子恺
木　刻
讨论　刘　岘
道路　〔苏〕孚伊诺夫

第1卷　第3期
1934年10月20日出版

短　论
中国人失掉自信力了吗　公　汗
关于“点也派”的故事　周木斋
从“孟姜女”到“渔光曲”　羊　枣
大众语运动和拉丁化　叶籁士
文学和大众语　陈望道
神话化的自然科学　艾思奇
速　写
秋外套　黎烈文
“朝山”回来　小　默
桂林杂图　沈起予
在车上　靳　以
中秋　王余杞

漫 谈
“昆曲” 圣 陶
考场三丑 黄 棘
记史某 李健吾
我也谈谈版本 云 彬
科学小品
记湖州人卖蛟 克 士
螽斯 贾祖璋
半间楼闲话（续）
乱点鸳鸯谱 薰 宇
读书记
论封神榜 耳 耶
风俗志
吃 马宗融
越女 辛 尔
杂 考
谁敢在太岁头上动土 陈子展
骰子 陈竺同
木 刻
马头风景 新 波
漫 画
闲适生活 〔德〕格罗斯

第1卷 第4期
1934年11月5日出版

短 论
用脑子论 南 山
“请勿见笑” 龙贡公
从客串到下海 耳 耶
解释“三七” 樊 缤
速 写
木匠老陈 余 一
轿行 沈起予
跑街先生 佛 朗
处决 靳 以
漫 谈
谈梦 吴组缃
我的“失地” 洪 深
男女同学 慕 晖
“禽言” 圣 旦
“滩簧” 大 琨
剪报趣味 汪远涵
科学小品
半间楼闲话（续）
三个臭皮匠赛过诸葛亮 薰 宇
点状的空间和时间 顾均正
蜻蛉 贾祖璋
讲狗 克 士
读书记
何必袁中郎 曹聚仁
风俗志
装饰 马宗融
中秋夜唱 唐伯尧
歌
爱的播音 陶行知
瓦釜余音 舒再生
杂 考
牛郎织女 周越然
文 选
蚌壳生罗汉 陈子展
跋《蚌壳生罗汉》 陈子展

蚌壳生罗汉科学的解释 蒋鸿礼

通 讯

关于写别字 郑淑生

木 刻

园墙 刘 岘

风景（树胶版刻）〔苏〕梭可罗夫

漫 画

桂花蒸 丰子恺

店 丰子恺

辣酱 丰子恺

头奖五十万元 丰子恺

内设雅座 丰子恺

第1卷 第5期

1934年11月20日出版

短 论

运命 公 汗

论语的功劳 余 一

舞雩 周木斋

“为谁而写作？” 徐懋庸

速 写

黄昏及其他 形 天

桂林的四马路 沈起予

天下第一关 蔡希陶

一个私塾教师 草 明

东北来客谈 孟十还

漫 谈

“留得青山在” 洪 深

长安居 老 戈

谈花鼓戏 陈子展

教书乐 臧克家

“名士”赞 迂 公

看画 陆 旭

科学小品

蟹 贾祖璋

乌米饭 克 士

屋角空谈 沙 玄

读 书 记

内地描写 朱自清

风 俗 志

梧桐 闻国新

端公的司刀和令牌 刘 明

教育和性的解放了的孩子们 马宗融

杂 考

折扇补考 莫一钧

广折扇考 李正躬

通 讯

关于折扇考及其他 陈子展

木 刻

桥畔 刘 岘

漫 画

品行不端 〔德〕巴伊尔

“我们所造的” 丰子恺

俑之一种 丰子恺

米和豆 丰子恺

第1卷 第6期

1934年12月5日出版

短 论

历史和历史 谷 人

道高一尺，魔高一丈　小　默
什么叫做侮辱　徐懋庸
语文问题杂记　焦　风
论“五十步笑百步”　苏　丹

速　写

阿四的故事　微　明
上景山　落华生
双飞鸟　东　方
茶包　何谷天
妹妹的出嫁　张尧峰*

漫　谈

记景女士　李健吾
人头税帖　黎烈文
艺和艺人　朱　今
谈字典　叶籁士
女儿的名字　林绍良

科学小品

桂花树和树上的生物　克　士
雉　贾祖璋
谈科学单位　顾均正
织布鸟和裁缝鸟　叔　麟

读 书 记

一法通　陈子展

风 俗 志

四川的巴布凉山人　蔡希陶
客家妇女及其情歌　金　发
闹新房　莫一钧

文　选

略论“字”和“词”　张文正

* 原刊“目录”署“张晓峰”，正文署“张尧峰”。

木　刻

沉思（树胶版刻）　刘　岘

漫　画

冲破了界线或是忘记了身分　〔德〕巴台尔
狭路　丰子恺
待车　丰子恺
小主仆　丰子恺

第 1 卷　第 7 期

1934 年 12 月 20 日出版

短　论

明年又是什么年呢？　一　介
颂朽　周木斋
语言的尾声　樊　缜
文学得挽紧科学的手　辛　人

速　写

三种船　圣　陶
歌场的礼赞　小　默
兄和弟　靳　以
到上海去　胡　枫

漫　谈

香港脚　许钦文
读书　老　舍
话说杭州　郭挹清
北平的说书　闻国新
梆子和落子　陈灵谷
室名　何芳洲

科学小品

关于蜈蚣　克　士

半间楼闲话（续）

猴子还会变人么？ 薰 宇

“马浪荡炒栗子” 顾均正

读书记

“夜读抄” 曹聚仁

风俗志

年难过 钱小柏

四川的巴布凉山人（续） 蔡希陶

歌

说媒的和新郎

奈克拉索夫作 孙 用译

杂 考

铜鼓 李正躬

红豆 俞友清

文 选

文人和穷 周木斋

木 刻

风景（树胶版刻） 刘 岘

十六铺 刘 岘

漫 画

香烟吃到了 丰子恺

冬日的汗 丰子恺

第1卷 第8期

新 年 号

1935年1月5日出版

短 论

一九三五——六 夏振黄

几段不恭敬的话 余 一

速 写

女人 吴组缃

柳州道上 沈起予

赶墟 征 农

卖鲜者 金 叶

水院子 李辉英

教授 黑 婴

包饭作 朝 水

劳生散记 柯 灵

姐姐 周白月

名著提要

神曲 黎烈文

漫 谈

一代 小 默

两浙漫游后记 郁达夫

文学被打入冷宫以后 洪 深

小晏鹧鸪词 苏雪林

谈谚语 伯 韩

禽言的风格 刘实君

女孩子的教训 士 仁

惊蛰随笔 曹聚仁

科学小品

水仙 贾祖璋

这个年头 沙 玄

狗口里吐不出象牙来 柳 湜

谈谈头发 克 士

半间楼闲话

一个最大的数 薰 宇

坐电车的启示 华道一

读书记

《剿闯小说》 周越然

《周作人书信》 周木斋
虚字的研究 陈望道
布的交易 张春桥
从歌谣中研究江苏方言的异同 钱小柏

风俗志

野火 郑康伯
四川的巴布凉山人（续）
黑骨头和白骨头 蔡希陶
我乡的目莲戏 朱 今
婚前自由和独身者住宅 马宗融

杂考

姜太公在此 陈子展
谈升官图 李正躬

文选

水浒传与天地会（节） 罗尔纲

掂斤簸两

过火的幽默 不 齐
知堂是唯物论者 不 齐
这一“位”不是那一“位” 毕 铭
现代明人 不 齐
人杰地灵 不 齐
批评的三昧 不 齐

木刻

孔乙己插画之一 刘 岘
岗路 张 影
风景 胡其萍
炊烟 张 慧

漫画

无家之儿 丰子恺
冬夜工毕 丰子恺
墙间 丰子恺

第1卷 第9期
1935年1月20日出版

短论

“言志”与“载道” 卞正之
神奇的四川 徐懋庸
我也“纪念”李石岑先生 吴青芜
“抗日教育” 吴大琨
关于刘半农先生的所谓混蛋字 陈望道

速写

先农坛 落华生
柳州一宿 沈起予
大行行 芦 焚
我鼻子尖上的枪疤 林玉叶

名著提要

达尔文的《种的起源》 克 士

漫谈

支那语 余 一
一根刺 臧克家
君“之”子 曹聚仁
苏州观前大街的黄昏 浮 萍
女学生和娜拉 公 谕
道听随录 宜 夫

科学小品

孔子也莫名其妙的事 艾思奇
遗传 朝 水

读书记

《西游记》的刺 芳 洲

风俗志

打獐　李拱宸
四川的巴布凉山人（续）　蔡希陶
灯棚纪胜　闻国新
妥布里漾岛上的婚俗　马宗融

掂斤簸两

幽默大师　不齐
“随感录”的兴废　不齐
叶青打了自己的耳光　一知
伪造　不齐
论语的新戒条　不齐

木刻

村道　张慧
船夫苦　张慧

漫画

街头小景之一　慧和
街头小景之二　慧和
街头小景之三　慧和

第1卷　第10期
1935年2月5日出版

短论

谈封建文学　微波
哲学家风度　羊枣
好坏辨　周木斋
接近口头语的方法　南山

速写

吉屋　欧阳山
山居琐记　沈起予
放牛　焕平
赶市　李辉英
旅程的尽头　勇余

漫谈

关于朱湘及其他　梅庄
做人与做文章　杨骚
乌龟　东方
酒　柯灵

科学小品

啄木鸟　贾祖璋
由爬虫说到人类　艾思奇
“磨前先选玉”　朝水

读书记

苦闷的樊迟　李则纲

风俗志

吉灵人的神游　黑婴
四川的巴布凉山人（续）　蔡希陶
丰庄的年糕节　魏弦

杂考

五辛盘考略　黄华节

掂斤簸两

为什么苍蝇要说“微”　闻问
小品文的三个特征　一知
做文章也不易　不齐
不要理论　若生

木刻

洪水（树胶版刻）　刘岘
农村一角　张影
骡　张静平

漫画

拾遗　慧和

第1卷　第11期

1935年2月20日出版

短　论
“招贴即扯”　公　汗
隐士　长　庚
闲适的试验　周木斋
科学小品和大众教育　华道一
速　写
“有”名英雄墓　小　默
南京太平路夜景　张晓岑
电车上　夏　时
没出息　臧克家
到南京路去　夏吉子
二保　子　美
名著提要
妇人与社会　徐懋庸
特　载
悼马尔　张仲实
漫　谈
谈娜拉　周　颖
牛乳　东　方
谈治丧　朱　今
三等车　芳　洲
断想　曹聚仁
科学小品
蚤的生活　克　士
骆驼绒袍子的故事　顾均正
说梦　柳大经
风俗志
野台戏　姚广滨
荷唐多人的爱情和孝道　马宗融
戴帽子　章伯雨
儿时的新年　严济宽
杂　考
《贤文》考略　樊　缜
掂斤簸两
知堂是什么唯物论者　不　齐
隔壁　不　齐
歌川先生论山水画　牟　尼
创作的典范　闻　问
木　刻
野趣　张静平
雨中的小屋　张静平

第1卷　第12期

1935年3月5日出版

短　论
书的还魂和赶造　长　庚
帮闲艺术　—　偶　见
蔼理斯·法郎士·时代　胡　风
马尔关于语言起源与发展的学说　张仲实
速　写
小六　悄　吟
没有打票的乘客　阜　东
为什么不请金哥呢　陈祥茂
陈光辉　巴　淑
赤脚的孩子　〔保〕斯米尔能斯基作　孙　用译

名著提要

猩红字母　蔡慕晖

漫　谈

小品与漫画　徐蔚南

大学哲学　胡　绳

年前年后的忌讳　臧克家

“开刀”“解剖”之类　陈子展

闲话青岛　晦　光

品茶　圭　梵

科学小品

双生和怪胎　陆新球

“研究自然不用书”　克　士

未来的吃　顾均正

读书记

谈《野叟曝言》　悍　膂

风俗志

无所谓奇风异俗　马宗融

打沙　劳　心

掂斤簸两

文行不要一致　不　齐

杂乱无章　不　齐

到底怎样？　不　齐

“骗月亮”　何　干

这就叫“真实”！　西　皇

木　刻

鸟　张静平

风景　张静平

漫　画

拍卖生财　子　恺

“头彩十六片”　子　恺

招贴即　子　恺

小弟弟的出殡　子　恺

第2卷　第1期

1935年3月20日出版

短　论

论俗人须避雅人　且　介

江亢虎文存　徐懋庸

“言志”与“载道”的遗绪　周木斋

“不解其意”　任白戈

马尔关于民族语言形成的学说　张仲实

速　写

北国速写　艾　芜

梦一样的自由　欧阳山

家居杂记两则　庶　几

有贵和大宝　东　方

一天　唐　克

小张　高　而

漫　谈

我与手头字　丰子恺

一种默契　丏　尊

婴儿的梦　郑伯奇

豢鸟者说　全　衡

“严重的错误”　唐　弢

春天带来的　岂　凡

新诗答问　臧克家

教笨了孩子们　乐嗣炳

科学小品

小蚣的故事　克　士

半间楼闲话

“以子之矛陷子之盾何如？” 薰宇

时事随笔

国际间谍战 小默

读书记

读《中国语言学研究》 伯韩
再谈《野叟曝言》 悍膂
追记 悍膂

风俗志

吃“长猪”和吃虱子 马宗融
驴皮影 李辉英

杂考

中国古史上的神话传说源流考 陈伯达

掂斤簸两

明文的先驱 卯酉
“也不算一回事” 多闻
“幼稚”以下 一知
“个人笔调”之外 多闻
求神 如一
“老爷” 牟尼
“曲解附会” 朔正

木刻

风波插画 刘岘

漫画

他的家眷 子恺
温室的花 子恺

墨迹

夏丏尊《一种默契》原稿之一页
丰子恺《我与手头字》原稿之一页

第2卷　第2期
1935年4月5日出版

短论

“寻开心” 杜德机
存文 胡风
我们的孩子 唐弢
从谚语搜集谈到口头语的语汇 陈以德

速写

种西瓜玩儿 许杰
一个记忆 淑明
当“小先生” 全衡
一只鸭 东方
夜店 顾和声
流浪 黑丁

名著提要

《艺术哲学》 沈起予

漫谈

阮玲玉的死 夏丏尊
女人与自杀 兹九
阮玲玉与她的时代 碧遥
“人言可畏” 慕晖
谈阮玲玉底短见 周颖
阮玲玉的死 欧查
阮玲玉自杀的社会意识 白薇
心理的俘虏 羊枣

科学小品

醒的卧着 克士
鲫鱼 贾祖璋

风俗志

捆龙夜的杨爷殿前　项经川

杂　考

烂柯山传说的起源和转变　黄华节

掂斤簸两

“为自己而写作”　闻　问
不要标点符号　不　齐
孝女姚锦屏　牟　尼
德国的第一次空军演习　闻　问

木　刻

风景　张静平

漫　画

小工　子　恺
“去年的先生”!　子　恺

墨　迹

沈起予《艺术哲学》原稿之一页
许杰《种西瓜玩儿》原稿之一页

第2卷　第3期
1935年4月20日出版

短　论

择配救济　任白戈
论“雅俗共赏”　一　知
奇妙的玄想　李　肖
马尔关于口头语各种范畴的学说　张仲实

速　写

他乡遇故亲　奚　如
烧山琐记　沈起予
疯婆　漫　灰
嫁女会　臧克家
蒋宗轩　曹聚仁
为了活　三　郎
一只小羊　萧　军

名著提要

《安娜·卡列尼娜》　孟十还

漫　谈

四季文章　圭　梵
风沙　野　华
送梅郎赴苏俄　黄芝冈
灰色的城　沈圣时
继往开来　方之中

科学小品

相对论一脔　顾均正
动物与“半阴阳”　凡　海
蚀　沙　玄

风俗志

索伦人　辛　劳
死与葬　马宗融

杂　考

烂柯山传说的起源和转变(续完)　黄华节

掂斤簸两

救国奇文　而　已
“某”字的第四义　直　入
“天生蛮性”　越　山
战争与和平　闻　问
斩首“发凡”　闻　问

木　刻

老农　胡其藻

墨 迹
鲁迅《阿Q 正传》原稿之一页
曹聚仁《蒋宗轩》原稿之一页

第2卷 第4期
1935年5月5日出版

短 论
文人相骂论 陈子展
看画有感 徐懋庸
“天讨” 唐 弢
杂文的文艺价值 周木斋
速 写
鱼讯 宋邦荣
疯婆子 艾 芜
指甲 全 衡
史老头子 胡 绪
一×一瞥 童咏梅
童时回忆 兰 生
漫 谈
“京派”和“海派” 旅 隼
悼鹿儿 吴组缃
敲锣头 涛 声
鸡啄米的生活 马宗融
教聪明孩子们也难 白 兮
科学小品
睡 克 士
从石女说起 新 球
时事随笔
白俄在远东 张明养
读书记
介绍一首咏山人的山歌 阿 英
风俗志
漫活开封的斗鸡 谦 弟
坑三姑娘 李鹏翔
杂 考
殷周社会略考 陈伯达
掂斤簸两
又一母猪渡河的故事 余九爷
大事摘要 未 名
道在北平 牟 尼
不算“幽默” 而 已
木 刻
收获 胡其藻
漫 画
残废者 W H
街头音乐家 W H
墨 迹
《睡》作者克士原稿之一页
《悼鹿儿》作者吴组缃原稿之一页

“《世界文库》”发刊缘起 郑振铎
“《世界文库》”编例 郑振铎
“《世界文库》”第一集目录 郑振铎拟

第2卷 第5期
1935年5月20日出版

短 论
从罗马婚讯说起 佛 朗
论游记要分版发行 南 山
出气章论 周木斋
论“人言可畏” 赵令仪

速　写

肉　白　尘

哑吧子　何家槐

网　柯　灵

青麻子　前　羽

漫　谈

都会之音　丰子恺

梅兰芳的戏剧　〔苏〕巴柴里斯作　凤　子译

说相声　含　沙

山粿　徐式庄

闻话车轨　伯　韩

可喜的孩子们　臧克家

中国将永没有歌剧　黄芝冈

科学小品

樱桃　星　球

论自然的平衡　克　士

读书记

小说琐记　阿　英

风俗志

枪炮　李三郎

杂　考

《百家姓》考　尤墨君

掂斤簸两

中国的科学资料　越　山

“有不为斋”　直　入

死所　敖　者

木　刻

晚潮　张　慧

漫　画

家产　W　H

墨　迹

茅盾《追求》原稿之一页

阿英《小说琐记》原稿之一页

第2卷　第6期

1935年6月5日出版

短　论

名教遗绪　唐　弢

清壁运动　一　知

“语文之间……通同之共轨”　南　山

扯谎底陪衬　龙贡公

速　写

平常的故事　王淑明

我们的房东　闻国新

途中　沈　沦

木走走戏　邓幼明

漫　谈

“淡红衫子淡红裙”　洪　深

仁义茶园　朱　今

歇后语　黄华节

二十把椅子及其作者　张香山

科学小品

“今天天气……”　顾均正

昨天和明天　朝　水

半条牛　丘永泉

读书记

萧伯纳的《黑女寻神记》　周木斋

风俗志

“哇哇”“惹娘”和他们的婚礼

李也止
鄱阳的斗牛　严济宽
杂　考
花鼓探原　黄芝冈
小　说
十二把椅子（一）
伊里甫　彼得洛夫合著
孟十还译
掂斤簸两
“自由”的推论　未　名
“自传”作法　未　名
“中国本位文化建设”在人间世
牟　尼
木　刻
街　罗清桢
漫　画
兼职　慧　和
如泣如诉　慧　和
墨　迹
周木斋《萧伯纳的〈黑女寻神记〉》原稿之一页
洪深《‘淡红衫子淡红裙’》原稿之一页

第2卷　第7期
1935年6月20日出版

短　论
前后三十年　唐　弢
保守文言的第三道策　南　山
打倒文学　羊　枣
冶情　吉　光
速　写
草帽　李辉英
收条　东　方
纱厂巡礼　织　云
人与人之间　金　叶
漫　谈
表的故事　南　父
关于鸭的俗语　徐式庄
幻觉　马宗融
“通天孝子”　陈子展
青岛汇泉海水浴场　郁晦光
“面前”随话　沙　玄
科学小品
燕子　克　士
蜉蝣　贾祖璋
读书记
《三郎二姐》　伯　韩
风俗志
打蝻子　子　稼
秧歌　林玉叶
杂　考
铁冠图考　沃　圃
小　说
十二把椅子（二）
伊理甫　彼得洛夫合著
孟十还译
掂斤簸两
又是一种“国际荣誉”　多　闻
两种“皇帝子孙”　直　入
世界上没有的　未　名

说谎的技术　未　名

木　刻

松江夜色　罗清桢

漫　画

石火　慧　和

墨　迹

陈子展《通天孝子》原稿之一

马宗融《幻觉》原稿之一

第2卷　第8期

1935年7月5日出版

短　论

看到想到　唐　弢

评章炳麟《白话与文言之关系》　周木斋

名誉跟劳作　一　知

速　写

生底烦扰　欧阳山

都市风光　征　农

流坑柴　莫若水

长寿　周　黎

漫　谈

自卑和自尊　立　波

“敬惜字纸”　陈子展

宁波滩簧　子　钦

关于历史小品的一二感想　欧阳凡海

时事随笔

太平洋沿岸的军事殖民网　王承志

科学小品

人气　顾均正

龟　贾祖璋

读书记

《中国语言学研究》所引论的暹罗语词　许云樵

风俗志

嫁女便是出丧　凌　鹤

野饭　周冷秋

杂　考

惜秋生非李伯元化名考　阿　英

小　说

十二把椅子（三）　伊理甫　彼得洛夫合著　孟十还译

掂斤簸两

到那里去学习　未　名

生命的价值　闻　问

支配与被支配之间　未　名

木　刻

都市之夜　张　慧

漫　画

回到乡村去　慧　和

拾荒者　慧　和

墨　迹

顾均正《人气》原稿之一页

贾祖璋《龟》原稿之一页

我们对于文化运动的意见　编　者

第2卷　第9期
1935年7月20日出版

短　论
"靠天吃饭"　姜　珂
跳　南　父
"如此这般"　周木斋
批评与骂　唐　弢
速　写
疲劳的夜　周钢鸣
十三日的车站　任　鲤
驱逐　张春桥
邮金　方之中
漫　谈
名人和名言　越　丁
自流井　王余杞
殉情的鲎　钦　文
略谈"缩脚语"　黄华节
从出卖消化器说起　春　雷
科学小品
金鱼　克　士
金鱼　贾祖璋
——生物素描之一
读书记
《李子长好画》读后感　樊　缜
风俗志
关亡魂　莫一钧
小　说
十二把椅子（四）
伊理甫　彼得洛夫合著
孟十还译
掂斤簸两
女性的本能　而　已
理论的基础　未　名
木　刻
街头　张　慧
漫　画
摸蚌　慧　和
墨　迹
黄华节《略谈'缩脚语'》原稿之一页
唐弢《批评与骂》原稿之一页

第2卷　第10期
1935年8月5日出版

短　论
未能名相　易　若
论逃世　唐　弢
《官场现形记》　高　平
"读史"偶感　一　知
速　写
三个无聊人　悄　吟
到白云山　沈起予
一个谋杀亲夫的妇人　屈　轶
就食　石不烂
漫　谈
纳凉闲话　丰子恺
我也来谈谈歇后语　樊　缜
乌桕树　圭　梵
大水中　曹聚仁

科学小品
遗传和变异　克　士
读书记
清末文艺杂志　阿　英
风俗志
哭轿　钱小柏
杂考
纸钱略考　黄华节
小说
十二把椅子（五）
伊理甫　彼得洛夫合著
孟十还译
掂斤簸两
“大自然的礼赞”　未　名
“内忧与外患”　闻　问
“同声一叹”　闻　问
木刻
晨　罗清桢
漫画
重负　慧　和
墨迹
屈轶《一个谋杀亲夫的妇人》原稿之一页
高平《〈官场现形记〉》原稿之一页

第2卷　第11期
1935年8月20日出版

短论
原形　高　平
流氓哲学　陈　乔
《虚荣之市》　羊　枣
速写
打递解　白　尘
过岭记　芦　焚
电报杆　汪六滨
无碍的话题
H.缪伦女士作　索　原译
漫谈
殖民地的看法　张　庚
倒外　朱　今
啤酒颂　杨　骚
西北的一个都会　邱　拔
科学小品
月球旅行　顾均正
延藤的植物三种　克　士
电波战　伯　韩
风俗志
娘娘词　项经川
再瞧风俗　严济宽
杂考
水调歌小考　罗根泽
小说
十二把椅子（六）
伊理甫　彼得洛夫合著
孟十还译
掂斤簸两
“大同小异”　未　名
“庵堂文化”　充　耳
“很明白的事”　未　名
木刻
荐头店　野　夫

漫　画

问讯　慧　和

炎阳下挑火炉和油锅的人　慧　和

墨　迹

白尘《打递解》原稿之一页

杨骚《啤酒颂》原稿之一页

第2卷　第12期

1935年9月5日出版

短　论

论毛笔之类　黄　棘

逃名　杜德机

杂感　周木斋

偶感　唐　弢

速　写

减价　蔡希陶

午餐　得　零

老太婆　林玉叶

急脚先锋底新兵　欧阳山

漫　谈

说“忍”　陈子展

“自由神”的哭和笑　易　士

路亭　柯　灵

阴晴风雨　莫若水

说铜鼓　黄芝冈

科学小品

蚯蚓　贾祖璋

屋子里的小虫　克　士

风俗志

立春画壁　孟　超

斗蟋蟀　东　方

杂　考

春秋战国社会略考　陈伯达

小　说

十二把椅子（七）

伊理甫　彼得洛夫合著

孟十还译

掂斤簸两

聚“珍”　直　入

“仿佛”而又并未“仿佛”　阙　泽

木　刻

时代之轮　罗清桢

漫　画

垂涎　慧　和

车站上的小贩　慧　和

“破布头乱头发换铜钱!”　慧　和

编辑室告白

墨　迹

蔡希陶《减价》原稿之一页

黄芝冈《说铜鼓》原稿之一页

太白半月刊第2卷分类总目（自1935年3月20日起至1935年9月5日止）

135 文学新地

简 介

《文学新地》，月刊。一九三四年九月二十五日创刊于上海，十六开本，署“文学新地社编辑”，不署具体编辑人与出版者、发行者、印刷者，实际是中国左翼作家联盟编辑出版的刊物。仅出版了一期。

该刊注重翻译马克思主义的文学理论，介绍苏联的文学动态，发表了杨潮翻译的《马克斯论文学》，瞿秋白翻译的列宁论列夫·托尔斯泰（署“乌里亚诺夫作，商廷发译”）等文章，同时也发表文学作品，如叶紫的小说《电网外》（署名《王伯伯》作者“杨镜英”），鲁迅的杂文《一九三三年上海所感》等。

《文学新地》月刊虽然只出版了一期，但中国左翼作家联盟对它比较重视，一九三五年曾将它介绍给美国作家代表大会。

目 录

创 刊 号

1934 年 9 月 25 日出版

散 文

一九三三年上海所感 鲁 迅

急就日记 阿 四

自相矛盾 漠 野*

论杨村人可以代表中国人 波 衰

论 文

现代资本主义与文学

Sergel Dilvqmov 作 杨 刚译

苏联的演剧问题

〔苏〕卢那卡尔斯基作 余文生译

情 报

现阶段的文化战线 一 无译

诗

通车 窦隐夫

六月的太阳 叶 蕊

研究资料

马克斯论文学

E.Troshenko 作 杨 潮译

托尔斯泰象俄国革命的一面镜子

〔俄〕乌里亚诺夫作

高廷发译

小 说

王伯伯 杨镜英**

太原船上 乔 诚

陆家栋 张 招

插 画

春

木刻四帧

* 原刊“目录”署“莫野”，正文署“漠野”。

** 原刊“目录”署“杨镜清”，正文署“杨镜英”。

136 水　星

简　介

《水星》，文学月刊。一九三四年十月十日创刊于北平，文学季刊社主办，编者有卞之琳、巴金、沈从文、李健吾、靳以、郑振铎等，由北平文华书局发行，三十二开本。一九三五年六月十日出版第二卷第三期后终刊，共出九期。

该刊专登创作，而散文更占突出地位。经常的撰稿人多半是当时生活在北平、天津一带的作家，其中有知名的老作家，如郑振铎、周作人、蹇先艾、沈从文、李健吾、巴金等，也有一批走上文坛不久的新人，如卞之琳、何其芳、李广田、萧乾、芦焚等。他们的作品自有各自的风格，但是同当前的政治和社会现实保持着一定距离，而对艺术美进行不懈追求则是他们大致共同的倾向。由于他们的努力探索，使《水星》成为当时北方的一种很有特色因而产生过广泛影响的文学刊物。

目　录

第 1 卷　第 1 期
1934 年 10 月 10 日出版

春雨　余　一
俘虏　萧　乾
木匠　何家槐
劫数　芦　焚
离群者　靳　以
夜袭　君　蔷
虎雏再遇记　沈从文
——湘江散记
昭君墓　西　谛
——西行书简
车窗外　蹇先艾
——鲁遊随笔
沙漠中朋友　盛　成
艺术家　李健吾
点画　鹤　西
种菜将军　李广田
更夫　南　星
天冬草　吴伯萧
秋夜　丽　尼
两世界底中间　骆　方
砌虫　何其芳
壮士心　臧克家
都市的楼　林　庚
风琴与教师　曹未风
《刀剑集》序　郑振铎
《生之忏悔》题记　巴　金
《罪恶的黑手》序　臧克家
《虫蚀》题记　靳　以

第 1 卷　第 2 期
1934 年 11 月 10 日出版

老明的故事　张天翼
劈刺　万迪鹤
泥路　靳　以
篱下　萧　乾
古董小记　知　堂
画廊　李广田
看坟人　李健吾
岩　何其芳
小草　鹤　西
迷藏
小草
花盆　废　名
石像辞　南　星
中秋　臧克家
车水　李溶华
道旁　卞之琳
微思　西　谛
榕荫散集　卢　蠡
蛛网和家
黑夜
海中的星星
榕树
钟
失物
夏夜
冶炉　芦　焚

拜伦与希腊　罗荧
——希腊游记
情绪的体操　沈从文
利娜（一）　欧阳镜蓉

第1卷　第3期

1934年12月10日出版

炉边夜话　何其芳
旅途杂记　艾芜
小三　茅盾
看守韩通　蹇先艾
雷全的幸运　毕鱼午
刘麻木　荒煤
求乞者　靳以
旅途　李威深
庭院　南星
归　单却
呓语　巴金
野花　李溶华
感旧　孙望
别夜　林丁
夜女　易椿年
灯下　李广田
田原上　李健吾
知识　沈从文
利娜（二）　欧阳镜蓉

第1卷　第4期

1935年1月10日出版

毛毛虫　老舍
呈报　张天翼
夜行　万迪鹤
茫雾　靳以
年画　卞之琳
过年　巴金
论语小记　知堂
买书　佩弦
过失　李广田
伐木　何其芳
城垣　方敬
车窗外的西伯利亚　李健吾
——旅欧零简
北京　沈甲辰*
牌楼　沈启无
诗及信（一）　鹤西
诗及信（二）　废名
给自己的信　萧乾
——《篱下集》代跋
利娜（三）　欧阳镜蓉

第1卷　第5期

1935年2月10日出版

亡乡人　靳以
赌徒　东平
寒食节　芦焚
灯捐　蹇先艾
长庆　杨吉甫
小饭铺　野蕻

* 原刊“目录”署“沈从文”，正文署“沈甲辰”。

疙瘩　张　天
哀歌　何其芳
老画师　英　子
小赤杨　李威深
海　吴伯箫
河　孙毓棠
破船户　金　池
无题　许晶石
冬夜在西山　辛　笛
夜与昼之交　梁宗岱
水成岩　卞之琳
　对照
　水成岩
　距离的组织
利娜（四）　欧阳镜蓉

第1卷　第6期

1935年3月10日出版

风雅与俗气　沈从文
雪　巴　金
　月夜
　雪
皈依　萧　乾
二磨　张　天
两兄弟　李溶华
坍陷　李威深
云岗　冰　心
天地　靳　以
《牛皋》　李健吾
露斯　南　星
踏夜　旷　夫
花鸟舅爷　李广田
扇　何其芳
　扇
　枕与其钥匙
笑的种子　李广田
炉边梦语　林　庚
元旦　臧克家
关于画廊　知　堂
幽僻的陈庄题记　沈从文
沉落题记　巴　金
《泥路序》　靳　以

第2卷　第1期

1935年4月10日出版

邻居们　老　舍
小光蛋　鲍　雨
乡绅　蹇先艾
七八九　张　天
夜　靳　以
魔术草　何其芳
雨　巴　金
古老的故事　南　星
浪子递解记　李广田
阿玛孙的后裔　李威深
半斤八两　毕青予
湘行散记　沈从文
火车上　曹葆华
《意大利游简》前言　李健吾
《乡间的悲剧》序　蹇先艾

第2卷 第2期

1935年5月10日出版

信仰与活动 巴 金
——回忆录之一
楼 何其芳
苦闷 李威深
新唐吉诃德的出现 东 平
清晨 毕奂午
山城小记 方 敬
灵魂的稚芽 于是青
詹铃曲 丽 尼
搬家 李健吾
桃园杂记 李广田
湘行散记 沈从文
石阶 曹葆华
王异国的警署 阮 竽
吹笛人 罗莫辰
寨主 芦 焚
谜 朱 雯
鼠 靳 以

第2卷 第3期

1935年6月10日出版

在门槛上 巴 金
——回忆录之一
失业 沈 着
两个不辛的人 蹇先艾
谜 朱 雯
麻六甲与神甫 东 平
云 萧 乾
无题 曹葆华
黄昏 孟浦云
烟筒 陈雨门
箜篌引 何其芳
中国的病 沈从文
五车楼 李广田
诉说 南 星
兵士手记 李苏非
谷之夜 芦 焚
没有春天 方 序

137 当代诗刊

简 介

《当代诗刊》，月刊，“当代诗刊社”主办。一九三五年一月一日创刊于上海，征骅、罗伽、锡金、厂民编辑，上海群众杂志公司发行，先后由上海汉文正楷书局与华丰印铸字所用四号楷体字印刷，十七厘米乘十九厘米异型本。一九三五年五月一日终刊，共出版四期。

《当代诗刊》以刊载新诗为主，偶尔也有外国诗歌的翻译和谈诗歌创作的文章。主要撰稿人除编者之外，还有臧克家、丽尼、赵景深、邵冠华、蒋有林等。

《当代诗刊》还编选所刊作品，出版了“当代诗刊社丛书”。

目 录

创 始 号

1935 年 1 月 1 日出版

舞狮　锡 金
灾象　征 骅
爱的历程　朱维基
要求　蒋有林
死　蒋有林
沦落　吕绍光
老树下　罗 伽
出走　厂 民
雨夜*　章石承
风　荫 祥
冥思　郑康伯
收割　陈乳婴
长途上　素 农
骄傲的 Senorita　奂 茜
五月　〔美〕Sara Teasdale 作　邵冠华译
星〔美〕Sara Teasdale 作　邵冠华译

拉拾（诗创作经验）　丁 丁

尾语　编 者

第 1 卷　第 2 号

二月号

1935 年 2 月 1 日出版

测字老人　厂 民
力的呐喊　征 骅
夜　臧克家
莉莉是一个从前的女王　宋清如
春汛　陈雨门
月夜池畔　彭子蕴
待　黄 河
贩智者之歌　郑康伯
更夫　吴道骥
镜　周白鸿
饥寒的人们　正 文
自歌　罗 伽
乐园之追逐　丽 尼
雾　锡 金
火里的军队　史蒂文生作　赵景琛译

第 1 卷　第 3、4 期

1935 年 5 月 1 日出版

给——　邵冠华
贫穷的支那　罗 伽
动静　赵颐年
鸦雀　伍 禾
马来亚之忆　陈残云
希望　液 白
春之讣　平林杏子
声的骑队　宋衡心
缝穷妇　张星舫
搬伕　锡 金
寥寂的日子　周白鸿
春　陈雨门
灵岩寺　燕 丘

苦闷　蒋有林
北国之春　徐国馨
陶工的歌　周春雷
佣妇　征　骅
回来吧　鲍　雨
诉　曼　茵
古城三月　郑庚伯
为了她　郑伯恭
困顿之夜　木乃伊
先生豁财　陈守梅
爱　张建猷
旅夜　吴道骥
古渡　莱　英
墨流　厂　民
无题
Erik Adamsons（莱多维亚）作　方　西译
爱的哲学
B.E.Shelley 作　黄照熹译
编后小启　编　者
当代诗刊社丛书目录

138 文饭小品

简 介

《文饭小品》，文艺月刊。一九三五年二月五日创刊于上海，康嗣群编辑，施蛰存为发行人，发行工作实际上由上海杂志公司负责，大三十二开本。一九三五年七月三十一日终刊，共出版六期。

《文饭小品》是施蛰存卸去《现代》主编之后筹款创办的刊物。编者在创刊号上发表的《创刊释名》一文，认为鲁迅和其他左翼作家批评林语堂提倡的幽默小品为“清淡”、“小摆设”，是一种“诽谤”，因而特意把他们的刊物命名为《文饭小品》并且声明:《文饭小品》“也许是清淡，但不负亡国之责，也许是摆设，但你如果因此丧志，与我无涉。”该刊刊登了不少幽默闲适的小品文，并把林语堂、周作人的这类小品文刊登在显著的地位，有些文章，还对《文学月刊》、《太白》等左翼作家支持或主持的刊物进行讥讽和挑剔。

《文饭小品》月刊，除以主要篇幅刊登各种散文之外，也刊登小说、诗歌、文学论文，介绍外国作家的作品，报道苏联诗坛的情况。

《文饭小品》的主要撰稿者除施蛰存、康嗣群、林语堂、周作人之外，还有俞平伯、戴望舒、林庚、金克木、郁达夫、沈启无等人。

目录

创刊号

1935年2月5日出版

地志名制字　陆维钊
封面绘　吴观岱

创刊释名　康嗣群
发行人言　施蛰存

说潇洒　林语堂
平地城　李广田
《古音系研究》序　周作人
《澄江堂杂记》抄
〔日〕芥川龙之介著
郑伯奇达旨
读书与读人　刘大杰
读礼随笔　叶秋原
鲁吉·皮兰得娄　金谷
谈谈几篇小说　黎锦明
卡莱尔论诗的真实　杜衡
国际人物卧访录　张天翼
买书　阿英
畹姑纪念　康嗣群
柴霍甫回忆记*
Olga Knpper Chekhova 著
黄泽浦译

露水船（诗）　沈启无**
影（诗）　沈启无**
阿尔西亚·洛尔加诗抄
戴望舒译
海水谣
谣曲
定情
昂达鲁西亚之歌
岸上的二水手
——寄华金·阿密戈
幼小的死神之歌
呜咽
附：关于加尔西亚·洛尔加
戴望舒

微言

文艺杂志之多　露醒
山人辩　玄晏
小学　云中君
疑问号　雕菰
创作的典范　施蛰存

絮语

灯　靳以
桌布　宗植
雨天　南星
画　林庚
梦醒的时候　甘永柏
沉沦　丽尼

* 原刊正文题作“柴霍甫回忆记”，目录题作“柴霍甫回忆记”。

** 原刊“目录”与正文均署“沈启无”，误。

第2期

1935年3月5日出版

宴舞（封面，汉代石画）

春愁 郁达夫

记王谑菴 沈启无*

说穷 刘大杰

雨的滋味 梁云

“挂枝儿” 赵景深

告一个到英国去的法国青年

〔法〕昂特雷·莫洛阿著 朱雯译

蔼理斯的忏悔 赵家璧

宝玲小姐忆语

〔意〕迦桑诺伐著 施蛰存译

寻病记 徐讦**

论诗的灭亡及其他 金克木

苏俄诗坛逸话 高力里著 戴望舒译

戴望舒序

施蛰存按语

一、混乱中的作家们

出走以后（小说） 张天翼

蕉叶（诗） 程鹤西

苕雪的溪水上（诗） 徐迟

微言

为谁写作 蒙葵

不隔 雕菰

何谓典范 施蛰存

主观与客观 张梦麟

再簸一下 歌川

某刊物 酉生

絮语

蛙鸣 芦焚

旧居 王莹

暗夜行路 罗洪

梅窗散记 英子

怀依君 康嗣群

第3期

1935年4月5日出版

“羌笛何须怨杨柳，春风不度玉门关”（封面画） 苏曼殊

《食味杂咏》注 知堂

小甜水井 止斋

慈善启蒙 林语堂

《三槐》序 俞平伯

皋亭山 郁达夫

闲居杂记 黄叶村

诗的韵律 林庚

小说琐志 毕树棠

---

* 原刊“目录”误作“沈启无”，正文署“沈启无”。

** 原刊“目录”误作“徐讦”，正文署“徐讦”。

《诗发缘》
——中国弹词小说研究之一
阿 英
无相庵断残录 施蛰存

苏俄诗坛逸话（续一）
高力里著 戴望舒译
一、（之二）神秘派

创造病（小说） 老 舍
飞鱼（小说）
［法］须拜尔维埃著 罗莫辰译

少年行（诗）
——献给所有我的死去的朋友
金克木
微 言
“存文会”与简笔字 雕 菰
再说“卖文” 魏金枝
服尔泰 施蛰存
人与文 刍 尼
絮 语
蜜蜂 子 恺
脚底下的梦想 傅彦长
雁行折翼 李金发
北行散记 刘白羽

第 4 期

1935 年 5 月 30 日出版

无题（封面画） William Gropper
本刊出版衍期道歉 施蛰存

论崇高 梁宗岱
科学小品 知 堂

东京随笔 冰 莹
他们三个 李广田
“烟”——我的忧郁 康嗣群

苏俄诗坛逸话（续二）*
高力里著 戴望舒译
三、在革命中的诗歌

《冷眼观》 阿 英

炭店（小说） 黑 炎
一枕之安（小说）
［美］弗克兰著 徐 迟译

古舟子咏（诗） 玲 君
赠远（诗） 启 无
微 言
代人夹缠 施蛰存
过问 施蛰存
彼可取而代也 施蛰存
谈变戏法的人及其艺术 穆 铃
读人与读文 周毓英

* 原刊编者注：“本文第二节因特殊关系未能登刊，故本期径刊第三节，好在无连续性，阅读时不致有何困难也。”

絮　语

别人的事　陈　如
信　陈　如
老婆婆　亢　德
晚山　另　境
三个做爷的诗　陆　惭

第 5 期
1935 年 6 月 25 日出版

无题（封面画）　Jean Gocteau

谈劳伦斯的诗　南　星
劳伦斯诗选（D.H.Lawrence 诗选）
〔英〕D.H.Lawrence 著　南　星译
病
忧怀
困苦
万灵节
寒冷的花

甘苦（诗话）　林　庚

车之余音（散文）　严文庄女士
地图（散文）
——《东京散策记》第四篇
〔日〕永井荷风著　知　堂译

闲步庵随笔　沈启无
南枝（随笔）　叶　原

苏俄诗坛逸话（续三）
高力里著　戴望舒译
四*
（1）意象派们——赛尔该·叶赛宁
（2）诗人的动员令
（3）人们不再发表意象派的作品了
（4）耶苏受难寺
（5）时代底忠实的孩子
（6）团体底解散

劫数（小说）　黎锦明
一个干净的，光线好的地方
〔美〕海明威著　李万鹤译

老人临水（诗）
〔爱尔兰〕夏芝著　安　簃译

微　言

十竹斋的小摆设　难　知
《杂文的文艺价值》　施蛰存
看看傅东华的告白　列　夫
“不得不读”的《庄子》与《颜氏家训》　施蛰存
漂亮的诡辩　灵　修

絮　语

初夏的一日　味　橄
家书　魏中天
社戏　英　子

* 原刊本文第四节无题目，故录其细目。

烟波江上　杨实君

第 6 期
1935 年 7 月 31 日出版

无题（封面画）　Bertam Hartman

说本色之美（论文）　林语堂
二十世纪小说之态度（论文）
〔日〕西胁顺三郎著　高　明译
记梦小品
梦　〔日〕芥川龙之介著　郑伯奇译
Jzuku 川*
〔日〕志贺直哉著　郑伯奇译
说梦　江寄萍
微　言
朋友文学说　玄　晏
盾还是盾　雕　菰
新闻转载　顺　民

拟今人尺牍（幽默）　金克木
无相庵断残录（续）（随笔）施蛰存

市声小品（散文）　林蔚春
烂铜小贩
乐器脚商

卖榄人
《晁采馆清课》（明费元禄撰）（读书记）　周　劭
木刻四话（艺术欣赏）　阿　英
《一个人的受难》（麦绥莱勒画）
《光明的追求》（麦绥莱勒画）
《我的忏悔》（麦绥莱勒画）
《没有字的故事》（麦绥莱勒画）

《杨柳风》序　李长之

苏俄诗坛逸话（续四）
高力里著　戴望舒译
五、俄罗斯的未来主义

荫路及其他（诗）　陈江帆

荫路
小巷夜景
草屋
小山冈
雨夜

无题（短篇创作）　施蛰存
如可夫斯基案件（小说）
〔苏〕尼库林著　贝　叶译

* 原刊目录作“Jxuku 川”，正文作“Jzuku 川”。

139 新 小 说

简 介

《新小说》，月刊。一九三五年二月十五日创刊于上海，由郑君平（郑伯奇）编辑，上海良友图书印刷有限公司印行。第一卷共出五期，出版经常愆期。一九三五年七月十五日出至第二卷第一期（“七月革新号”）终刊，共出版六期。第一卷为二十开方型本，第二卷为二十四开本。

《新小说》月刊以刊登小说创作为主。每篇小说附有若干插图，成为编辑上的一个特色。在“闲话篓”一栏里对通俗小说的理论进行了探讨，并在其它栏目里刊登了论述或介绍近代通俗小说《文明小史》、《老残游记》、《孽海花》及其作者的文章。此刊在刊登小说及其有关的文字之外，也发表一些散文，随笔，外国作品译文和评论，以及一些民歌小调，还刊登过关于手头字的文章。

《新小说》的撰稿于有茅盾、叶绍钧、郁达夫、阿英、郑伯奇、老舍、张天翼、萧军、何家槐等，鲁迅也有译作揭载于该刊。

目　录

创 刊 号

1935 年 2 月 15 日出版

封面设计　万籁鸣

随　笔

超山的梅花　郁达夫

近来得到的几种赠品　叶圣陶

中间读物

灯市——《金瓶梅词话》风俗考之一（附插图两幅）　阿　英

叶名琛（附插图一幅）　曹聚仁

小　说

一九二四——三四　张天翼

猎虎记（附万籁鸣插图三幅）　施蛰存

茶（附插图一幅）　林微音

怀旧（附插图一幅）　何家槐

友情（附插图二幅）　马国亮

冒险（附插图一幅）　〔美〕休伍安德生作　赵家壁译

猎狮记（附插图一幅）　〔法〕费理普作　华尚文译

电影小说

新女性（观众和剧作者的对话）（附剧照九幅）　孙师毅

补　白

归玄恭谐联　研　德

金瓶小景　研　德

咏《罪与罚》

二诗人

天才与狂人

幽默小话

　模特儿

　宣传术

　聪明误

　飞来祸

编辑后记　编　者

第 1 卷　第 2 期

1935 年 3 月 15 日出版

小　说

唯命论者　郁达夫

一九二四——三四（续）　张天翼

十八号的梦　段可情

牺羊（长篇）　柯　灵

翻　译

刽子手　穆木天

中间读物

山东的五更调　洪　深

刘桢平祝　曹聚仁

呆女婿　陈子展

随　笔

新录鬼簿序　傅东华

静夜感想　谢六逸

灯前小记　马国亮

山行　杨村人

作者、读者和编者

编辑后记　编　者

第1卷　第3期
1935年4月15日出版

促狭鬼莱哥羌台奇（附马国亮插图二幅）〔西〕P.巴罗哈作　鲁　迅译

创作小说

善人（附马国亮插图二幅）　老　舍
鸡（附万籁鸣插图二幅）　王家棫
投宿（附万籁鸣插图三幅）　李辉英
牺羊（附万籁鸣插图四幅）　柯　灵

“山歌”　阿　英
丽士卜的沙弗　徐　迟

随笔散文

放生　丰子恺
柳树的忧伤（献给我挚爱的一位亡友）　戴平万
客居随笔　康嗣群
　姑父那个人

补　白

趣谈（四则）
幽默小话（四则）

书　架

（一）《今日欧美小说之动向》（赵家璧译）　琪
（二）《电》（巴金作）　珍

海外文坛消息

坪内逍遥去世

作者·读者·编者

致编者　王任叔
致编者　曹聚仁
来信　吴组缃
附白　编　者

闲 话 篓

通俗的和艺术的　平
通俗和媚俗　乐　游
侦探小说和实生活　华尚文

编辑后记　编　者
封面设计　万籁鸣

第1卷　第4期
1935年5月15日出版

小　说

焚草之变（附万籁鸣插图二幅）　曹聚仁
乡间的来客（附李旭丹插图二幅）　王任叔
货船（附万古蟾插图三幅）　萧　军
伙计（附黄苗子插图三幅）　张　天
堕胎（附楚人弓插图二幅）　庄启东
牺羊（三续）
　（附万籁鸣插图三幅）　柯　灵
芋虫（附插图二幅）　江户川独步作　郭建英译

小人国　马宗融
西湖小品　侯汝华
　湖畔
　冷冷的感触

随　笔

海　须白石

笔　劳　心

闲话篓

通俗小说和民话　乐　游

通俗小说形式问题　华尚文

通俗文学和读者趣味　方　均

补　白

巴尔扎克逸话（四则）

幽默小品（八则）　欧阳萍

作者·读者·编者

致编者　郁达夫

致编者　王浩祥

回答　编　者

编辑余谈　编　者

第1卷　第5期

1935年6月15日出版

小　说

西西里亚的白柠檬（附李旭丹插图三幅）

比朗德娄作　立　波译

姆姆（附插图二幅李旭丹）　幸　尔*

接见（附陈石之插图三幅）　钟石韦

桃色帕（附绿衣插图三幅）

玉京女士

牺羊（四续）附万籁鸣插图四幅）

柯　灵

论　文

小说的将来　郑伯奇

研　究

《文明小史》（李伯元著）（附插图二幅）　寒　峰

游　记

在宝珠上（附插图二幅）　许钦文

随　笔

雨窗随笔　寒　峰

通　信

古城边的汽笛声（附插图一幅）

阎重楼

速　写

车中素描　柏　影

舟中三部曲　炽　虹

闲话篓

从无线电播音说起　华尚文

言语的贫困　乐　游

手头字的前一步　平

补　白

幽默小语（七则）

农家夫妇（漫画）　江栋良

农村道上（漫画）　江栋良

作者·读者·编者

致编者　郭沫若

致编者　陈子展

致编者　罗　伽

附白　编　者

读者意见

希望它能更好一点　徐志麟

处在读者的地位　李汉辉

* 原刊“目录”作“辛尔”，正文署“幸尔”。

编辑余谈　　编　者

第2卷　第1期
七月革新号
1935年7月15日出版

创作小说
夏夜一点钟（附马国亮插图二幅）　　茅　盾
一人班（附沈亚插图二幅）　　靳　以
晋谒（附陈元之插图二幅）　　万迪鹤
老提摩太之死
（附巴人插图三幅）　　吴伴云
野祭（附张人弓插图二幅）　　姚雪垠
幸运儿（附李旭丹插图四幅）　　郑伯奇
半年（附明儿插图四幅）　　叶圣陶
牺羊（五续，附万籁鸣插图三幅）　　柯　灵
滑稽故事（附李旭丹插图二幅）
〔苏〕左士陈柯作　金　人译

人物素描
茶博士升发（附楚人弓插图二幅）　　酒　徒

散　文
在瓜鲁河畔　　斐　儿
西湖小品　　侯汝华
乡思
水院子
《老残游记》及其二集
（附刘鹗照片一幅）　　赵景深
悼《孽海花》的作者曾孟朴先生
（附曾朴照片一幅）　　郑君平

闲 话 篓
身边小说　　乐　游
基本汉字　　华尚文
插话漫谈　　平

通俗小说论集
通俗小说私见
〔日〕片冈铁兵著　任　钧译
通俗小说问题
〔日〕武田麟太郎著
任　钧译
关于通俗小说
〔日〕森山启著　任钧译

补　白
河北民谣（四则）　　苦　莱

编辑室往来
关于将“作者·读者·编者”
改为“编辑室往来”的声明
编　者
致郑君平　　万迪鹤
致郑君平　　李　槭
附：附白　　编　者
致编者　　须白石
致编者　　强海镕
致编者　　阿　艾
致编者　　金仁礼　白　玫
附：附白　　编　者

编辑后记　　编　者
征稿　　编辑室

140 芒　　种

简　介

《芒种》，文艺半月刊。一九三五年三月五日在上海创刊，上海芒种社创办，徐懋庸、曹聚仁主编，上海群众杂志公司发行，十六开本。第九期起改由上海北新书局发行，并设芒种社编辑委员会，成员有黎烈文、周木斋、唐弢、魏猛克、夏征农、何家槐、曹礼吾、徐懋庸、曹聚仁，负责人为徐懋庸、曹聚仁。一九三五年十月五日出版第二卷第一期后终刊，共出十一期。

该刊以登载短小精悍的杂文、小品文为主，分为“新语”、“半月读报记”、“国外消息”、“飞短流长”、“历史小品”、“讽刺小品”以及“随笔”、“书评”、“游记”、“小说”等十八个专栏，特别重视针对现实的富于战斗性的杂文，同《人间世》之类“闲适”的小品文，形成了鲜明的对照。

目 录

创 刊 号

1935 年 3 月 5 日出版

半月读报记　记 者

编辑的话（一）　徐懋庸
编辑的话（二）　曹聚仁

娜拉回来了　韩 滔
金圣叹与刘继庄　周木斋
话虎类狗　方之中
永远填不满的坑沟　曹聚仁
捕鸟人语　李 鲦
文学与科学　V.Kaueri 作　向日葵译
关于暗杀　曙 山
集外集序言　鲁 迅
白燕诗人　凫 公
萍实　宇 君
我与林语堂先生往还的终始　曹聚仁
我也得带说几句　徐懋庸
日本演剧的近状　林焕平
娘儿们的事　王春翠

连环历史图画

《三国志》第一卷：甄皇后
胡考绘画　曹聚仁演义

写 作

一封错误百出的信　马二先生
怎样写作　陈思辑
修辞百话　陈 思
东山里　李辉英
谐拾　王春翠

补 白

屁典
一、修辞屁例
二、清客

第 2 期

1935 年 3 月 20 日出版

半月读报记　记 者

谈“科学小品”　徐懋庸
江亢虎那浑蛋　曹聚仁
元旦记行　曹聚仁
搁在抽屉里的《哲学家与女诗人》
韩 滔
囚犯性欲及其儿子　陈友琴
“伊特勒共和国”前记　徐懋庸
说辨字　曹聚仁
艺术创作上的“意识”问题
长谷川如是闲作　林焕平译

十种随笔*

扪烛乱谈　徐懋庸
龙也吠斋脞谈　杨霁云
牙病　宇 君
蘧庐笔谈　陈子展

---

* 此栏目之“十”系概称，实际每期与整个栏目所刊随笔，均非“十种”。

感想幻想及其他　王春翠
痛余录　李辉英
谈屁　郭挹清
旧京识小录　诸葛鲑

常棣与伐木　陈子展

连环历史图画

三国志·甄皇后（续一）
胡考绘画　曹聚仁演义

写　作

歪曲了诗意的漫画　马二先生
怎样写作　陈思辑
修辞百话　陈　思

东山里　李辉英

第 3 期

1935 年 4 月 5 日出版

半月读报记　记　者

鸟文人　姚雪垠
并非无的放矢之一　汪虚若
作家与娼家　方之中
我对论语与林语堂　兆　翔
写在儿童年之前　郇　孚
流火　圣　旦
论浪漫主义　辛　人
故乡风光　魏金枝
我的读书经验　曹聚仁
漫步　萧　雯
雷　曙　山
诗译论语引　周木斋
诗五首　柳暮霞

十种随笔

扪烛乱谈（续）　徐懋庸
没有血的血痕　唐　晴
蘧庐笔谈（续）　陈子展
南行杂记　杨　樱
说书场里的听客　健　帆
丫头总是要的　王春翠

崔太爷　沙　丁
柴曼霍夫访问记
U.N.D.Vjatnin 著　新　园译
莫斯科十年记　韩　滔

写　作

批错了的批词　马二先生
怎样写作　陈思辑

东山里　李辉英

漫　画

幽灵　盛公木
书斋里的文人*　盛公木

第 4 期

1935 年 4 月 20 日出版

半月读报记　记　者

* 原刊“目录”为“书店里的文人”，正文为“书斋里的文人”。

靠天吃饭乎　曹聚仁
报复　胡　绳
谈自杀　李　微
朋友文学　白　石
总算是名士名言　而　已
乌龟哲学　桀　人
关于存文会的话　张　凤
木乃伊的复活　劳　心
从农村到都市　周楞伽
从别字说开去　旅　隼
心理描写　徐懋庸
十种随笔
旅伴　江天蔚
海滨随笔　艾　芜
南行杂记（续）　杨　樱
蛮子气开宗明义章　聂绀弩
老家伙　陈子展
爆竹　李　鲦
从纽扣谈到头发　魏慎先
雯女的影子　王春翠
我怎样写小说的　征　农

关于契诃夫的创作　白　莱
出卖野人头　曹聚仁

编者，作者与读者
未刊稿评述
一、逆子　曹聚仁
连环历史图画
三国志·甄皇后（续二）
胡考绘画　曹聚仁演义
写　作
几种批改文稿的符号　马二先生
诗境　夷　白
人物推荐
姚名达先生　姚慕达
诗
乌鸦，你不要叫　林　翼
夜过宝山路　马　骏
失业　骆文华

东山里　李辉英
漫　画
一幕喜剧　郭　固

第5期

1935年5月5日出版

半月读报记

“与众不同”解　白兰地
原瘪三　黄芝岗
老马识途　姚雪垠
男女之间　王春翠
题材类似的问题　郭季田
杭州人之言　何　言
论文学批评之基准　秦　甫
贵州的伕子　江天蔚
感旧　徐懋庸
南行杂记　杨　樱
有感　刘　欣
人口论　洛　妇

雨　冯慕濂

上下古今谈

妙论记闻　狄　敌
关于文和道　前　辙
果真最合论理　杜　奏
妇女多事年　曼　茵
某大学的基督教徒　亚　克
月经　展　之*
闲话决然　罘　月
读表记　周木斋

编者，作者与读者
陈静生先生信

写　作

来一回眉批夹注　马二先生
谈创作经验　更　夫
东山里　李辉英

诗

狂流　袁月光

第6期
1935年5月20日出版

半月读报记　记　者

谈今人志　黄芝冈
科学小品与科学救国　胡　绳
吴来源之死与无所谓　石不烂
姊妹篇　兆　翔

* 原刊目录署“白菜”，正文署“展之”。

取缔男女同学　淑　明
芒种种刺　曹聚仁
关于命运　梅　庄
靠天吃饭　树　三
谈广告　郭季田
提倡旧诗　何圭人
罗曼罗兰的一封信　沂　民译
《打杂集》序言　鲁　迅
太平主义在中国　朱　今
日子倒走　姚雪垠
《打杂集》自记　徐懋庸
南行杂记　杨　樱
两双球鞋　江天蔚
蛮子气谁有章　聂绀弩
监狱即是安乐乡　牟　尼
嘱咐　郭伯恭
“对马”的产生　莫　孚译
榕荫细语抄　李　鲦
“洋”的心理　子　介**
窗　华　木***

写　作

“削改”与“批注”　马二先生

人物推荐

刘公子　刘小杰

作者，读者，编者

漫　画

卖野人头

** 原刊目录署“子俗”，正文者“子介”。

*** 原刊目录署“笔木”，正文署“华木”。

木　刻

狂风暴浪　新　波

第7期

1935年6月5日出版

半月读报记　记　者

向我们的话剧家们说话　黄芝冈
能不能再写的好懂些　柳　湜
做文章　灵　犀
论天真或童心　孟　起
从光华书局关门说起　晋　豪
在杭州　曹聚仁
批评跟骂　木　斋
笑　方　始
我的忠告善道　汪虚若
俊杰与傻瓜　莫　明
向别字说回来　乔　木
湖上散记　王春翠
外祖父的故事　陈君涵
读诗走笔　夷　白
关于夏屋的磋商　厂　民
蜀道难　阿　森
人类史　白　云
碎话　李继璇

上下古今谈

闲话女人　夏　莹
狭巷　王　骨
妹妹之死　曼　定

写　作

对老朋友开一番严正的玩笑　马二先生

东山里　李辉英

特　载

我们对于文化运动的意见

作者，读者，编者

诗

南京的四月　萧　迅
三月天　田景祥

木　刻

耘　金　若

第8期

1935年7月1日出版

半月读报记　记　者

上海的末日　曹聚仁
京派与魔道　姚雪垠
不同的见解　金　甫
分明的是非和热烈的好恶　魏金枝
识别字　子　美
反储蓄运动　虞　集
相值　吉　光
狗气煞　灵　犀
新旧剧论争的总批判　黄芝冈
卖艺者　金德初
幸会　少　残

湖上散记　王春翠
咳　江天蔚
谈谈夏屋　陈子展
文艺创作是人生的实验　任白涛
海航　劳　心
蚊子　李　鲦
阿芙蓉的故事　人
我们的春天　骆　方
狗　马　蜂

写　作

“花非花”解　马二先生
修辞百话　陈　思

特　辑

今日之上海　韩　滔

作者，读者，编者

木　刻

耕　金　若

第9、10期合刊

1935年8月20日出版

说看法　许　藩
从儒教大会说起　张香山
只得靠罪过活　东　陵
杂谈“读经问题”　得　中
艺术界的新阵容　符一叶
歪谈自杀　魏慎先
阖家自杀　劳　辛
能坐火箭到别的星球去吗？　香　山
哀陈君冶　徐懋庸
归田新录　李　鲦
母女　潘　泯
湖上散记　王春翠
六朝的裸体运动　陈子展
苏俄一诗怪　李　劲译
灵姑　仲　绳
县教育局的苦差　赵　华
穷人　白　婴
一篇中学生的作文　彭　英
从此盖棺定论　风　子
苍蝇主义　姚雪垠

写　作

繁简对比　马二先生

东山里　李辉英

作者，读者，编者

半月读报记　记　者

简体字问题　记　者

补　白

书愤　黄公度
有感　汪精卫
竹叶　王春翠

第2卷　第1期

1935年10月5日出版

半月读报记　记　者

《太白》的停刊　徐懋庸
怀《太白》　聚　仁

“题未定”草（五）　鲁　迅
从莫泊桑说开去　林焕平
惠及禽兽　邱　霞
再论天真或童心　胡　绳
再谈“幽默”　兆　翔
卖画　符一叶
知书奴隶　苍　苔
所谓“友谊”　魏中天
忆爱罗先珂　秋田雨雀著　齐　生译
骂题　得　中
成都人的风雅　董有信
童年　劳　心
自帖胡考《尤三姐》连环图画小言　萧　雯
飞机场　谷木田
虹　金曼辉
学徒　修　文
竹叶　王春翠
新文体　周木斋
马上　少　残
宿　盛寿萱
白烟（诗）　黄汙瀵
怀乡（诗）　黄汙瀵

141 文　艺

简　介

《文艺》，月刊。一九三五年三月十五日创刊于武汉，三十二开本，“轮底文艺社”（一九三六年底改称“武汉文艺社”）出版，武昌新生命书房与华中图书公司发行，前两期由胡绍轩编辑，第一卷第三期至第五卷第三期由胡绍轩、魏韶蓁编辑，此后至终刊由胡绍轩编辑。一九三七年九月十五日出至第五卷第三期停刊，一九三八年五月十五日复刊，出至第五卷五期第二次停刊，一九四七年七月一日复刊，一九四八年三月十五日出至第六卷第三期终刊。该刊卷期号始终连续，前后共出版六卷凡三十二期。

该刊创刊时，编者声称，“发扬民族精神，提倡中国固有道德”，拥护“三民主义文艺政策”，提倡民族主义文艺。发表了《关于民族文艺的探讨》、《阶级意识能克服民族意识吗》、《民族主义的文学略论》等文章，宣扬民族主义文艺的基本观点。抗战爆发后，该刊编辑方向有明显改变，先后出版过“抗战戏剧专号”“抗战诗歌特辑”，发表了不少宣传抗战的作品和文章。

《文艺》月刊，以发表创作为主，兼有译文和评论。撰稿人有胡绍轩、邵冠华、曾今可、鸥外鸥、李苏菲、杨邨人、苏雪林，以及郁达夫、蒋锡金、赵清阁、王任叔、冯乃超、老舍、碧野、臧克家、邹荻帆等。

目　录

第1卷　第1期
1935年3月15日出版

插　图
斗争（木刻）　萧治梁
夕阳归帆（摄影）　胡绍轩
白云苍狗（摄影）　胡绍轩
荷（国画）　方康直
诗　歌
前进曲　丁　韬
论　述
文学青年的责任　康　驹
关于民族文艺的探讨　郑兆元
谈编剧
一　林适存
二　寒　花
三　胡绍轩
小　说
逃　胡绍轩
誓言　严振开
松节油　马鸣尘
小麟　史　左
散　文
生机及其他　逸　民
我的故乡　严振开
留痕　沈默女士
翻译小说
幸福
〔日〕海音寺潮五郎作　呼　呼译
特辑：我与戏剧
我的戏剧生活小史　宋浩然
处女作后底感想　杨琏女士
我的戏生活　张惠良
布幕后和水银灯下的尝试
陈碧英女士
自我演剧以来　张泽枋
《斗争》的写出与上演　胡绍轩
编者底话
编辑后记　编　者

第1卷　第2期
1935年4月15日出版

小　说
遗志　胡绍轩
砥柱　严振开
二十岁　康　驹
蝉　拾　名
恶梦　陶　里
文
诗之题材论　陈嗣音
坪内消遥博士作古　曾今可
戏　剧
母妻之间（独幕剧）　胡绍轩
一碗饭（独幕剧）　严振开
诗
春　邵冠华
美丽的谜　王一心
咏珞珈山（一）　王道胜
望　徐鉴泉

散文小品
五坡岭　马鸣尘
写生画　万启宇
小品三章　逸　民
随笔四则　梅　楷
别离了宜城　沈　默
晨风　胡绍轩
新坟　石　勒
文坛消息
日本文坛拾零　曾今可
法国文坛小讯　叶　子
补　白
中外作家论诗
文艺画报
摄影　陶　鼎
木刻　萧治梁
原稿　康　驹

编辑后记　编　者

第1卷　第3期
1935年5月15日出版

新文艺动向与青年作家　丁　韬
创　作
奸魂　胡绍轩
一个朋友　康　驹
四个人以外的一个人　严振开
憨大　陶　里
厨子　史　左
剧
归来！国魂（五幕诗剧）　逸　民
散　文
海葵路上　马鸣尘
海上归鸿　熊寿农
诗
仇与爱　丁　韬
旅次闻军笳　重　村
闻鸡　重　村
跳舞场　王一心
再见曲　曾今可
心灵充满了悲哀
〔英〕郝斯曼作　邵冠华译
风　〔日〕高桥新吉作　徐鉴泉译
咏珞珈山（二）　王道胜
中外作家
在日本的中国文人　熊寿农译
陀斯妥也夫斯基的生涯
林竷著　马鸣尘译
谈作品
谈田汉的一幕悲剧　鲁　钝
小　品
“哭皇天”　史　左
摆脱了樊龙　石　勒
愁的印符　石　勒
弃　沈　默
扫墓　文治平
春之飞絮　奂　采
补　白
戏剧与人生　闻　莺
春去了　王一平

三月　仲约

文艺画报

武昌城砖六幅　萧治梁

武昌城砖（图并文）　胡绍轩

轮底之声

编者·作者·读者

《咏珞珈山》及其作者　严明

这一期　编者

第1卷　第4期

1935年6月15日出版

戏剧之题材与作法略论　胡绍轩

中外作家

关于巴克夫人　陈嗣音

读朱湘的《海外寄霓君》

联想到他的死　邵冠华

纪德论　〔日〕川口笃著　马鸣尘译

创作

十四个　逸民

悲剧主角底悲剧　黑婴

歧路　陶里

帽子下面的春天　严振开

冲动　荻风

剧

门外（独幕剧）　胡绍轩

散文

编辑生涯　康驹

海上的情调　万启宇

皱纹　奂采女士

病中心曲　骆镜秋

诗歌

健康歌　宋雪亭

在战场上〔意〕邓南遮作　三公译

在那黑漆漆的地方　丁韬

静的想念（外三章）　康驹

浅蓝色的灯光里（外一首）曾今可

葬歌

——纪念我的姜姐　沈默女士

咏珞珈山（三）　王道胜

谈作品

谈袁昌英的《孔雀东南飞》　毕露

小品

散焦点三篇　少仙

文艺画报

两种力　萧治梁

倦息　罗清桢

拉　李雾城

推　一工

轮底之声

读者·作者·编者

六月一日于东京　熊寿农

关于本刊的几个问题

致编者　汪矜琴

复汪矜琴　编者

第1卷　第5、6期

合刊号

1935年8月15日出版

文

徐志摩论　邵冠华

石燕谈词 宋泰生
戏剧的团圆论
——关于《四个可怜的灵魂》
胡绍轩

创 作

复活 严振开
行路者 陶 里
悲剧主角底悲剧（续） 黑 婴
学校风景 曾今可
水讯 龙舒甲
悲诉 张葆真
毒 逸 民
雨 沈 默

剧

四个可怜的灵魂（三幕话剧）
成其志

散 文

死尸都跑了 杨春芳
是悲伤抑是快乐呢 奂 采
湖风吹去 万启宇
七夕 易 徒
拍照 戚 萍
鸿泥 陈碧茵

诗 歌

西风歌
John Masefield 作 宋雪亨译
雁 康 驹
八月忆想曲 丁 韬
当我俩离别的时候
〔英〕Byron（拜仑）著 葛 滕译
Sonnet（十四行） 冰 子
咏珞珈山（四） 王道胜

文艺画报

风景二桢 胡绍轩
水讯四幅 胡以平

轮底之声

读者·作者·编者

为《孔雀东南飞》答毕露先生
袁昌英
关于本刊最近两期的话 编 者

第2卷 第1期
十月号
1935年10月1日出版

新诗的形式 赵景深

创 作

绝援 魏韶蓁
婚后 红 石
残生 赵权机
暗斗 马鸣尘
中秋 胡绍轩

电影剧本做法概论
Gertruvde W.Allen 作
王云开译

诗 歌

尼语 朱 湘
夜登黄鹤楼 甘运衡
信 甘运衡
日子 锡 金
烦闷 王道胜

雾　许季明

作者自述特辑

算是自传　胡怀深
中年自述　李金发
幼年印象记　丁　韬
我的写作经验　顾仲彝
诗神捉住了我的灵魂　甘运衡
我致力于文学的经过　周楞伽
我与儿童文学　陶　里
我与文学　林适存
我与诗歌　邵冠华
我与小说　严振开
自传　王一心
自传　王任叔
自传　段可情
自述　郑道明

文艺画报

托尔斯泰雕像　吕去疾作
乌云弥漫下的落日　魏韶蓁摄
本刊作者照像六幅
　胡怀琛　顾仲彝　丁　韬
　李金发　王一心　王任叔

编辑后记　编　者

第2卷　第2期
十一月号
1935年11月1日出版

论邵洵美的诗　苏雪林

创　作

易水寒　王道胜
启示　胡绍轩
失踪　万启宇
等待　严振开
桂香的失踪　红　石
沈阳号　林适存

电影剧本作法概论（一续）
　Gertrude M.Allen 作　王开云译*

散　文

一周年　马鸣尘
卖春女　李苏菲

诗　歌

甘露草诗抄（一）　甘运衡
　自己的像前
　留照
　绘照
　剪照
　贴照
　索照
　赠照
爱的三重奏　甘运衡
赠绍轩和竹如　王道胜
海的怀念　曾今可
夜之花园巡礼　许季明
陈友谅墓　丁　韬
梦　邵冠华

* 原刊前后各期均署“王云开”，本期正文与目录均作“王开云”。

午　邵冠华
黄鹤楼　沙　蕾
征夫怨　荻　帆
随　笔
灯下床上　杨春芳
呵，可爱的秋虫　奂　彩
文艺画报
国画　胡国亭作
在泰山云步桥　凌叔华摄
本刊作者照像
甘运衡　王道胜　苏雪林等
晨曦　胡绍轩摄

编辑后记　编　者

第 2 卷　第 3 期
十二月号
1935 年 12 月 1 日出版

中国新诗坛的检讨　丁　韬
创　作
丹心　马鸣尘
徬徨　孟逸民
出路　严振开
绮　康　驹
魂　陶　里
诗　歌
甘露草诗抄（二）　甘运衡
鸟歌
星子——赠康炳子星结婚
雪荔
咏尼娃河　许季明
致一个园子的主人*　路易士
电影剧本作法概论（二续）
Gertrude M.Allen 作　王云开译
散　文
还乡散记　魏韶蓁
旱与水　杨春芳
梦游阿杜亚　史紫枕
吹向南国的秋风　雨　路
忙里记闲　林适存
文艺画报
秋　钟道泉作
巷二幅　路易士作
武汉风景（黄鹤楼头、珞珈山上）
紫　华摄
本刊作者照像
陶　里　孟逸民　林适存
杨春芳
武昌古砖图案二桢　萧治梁辑

第 2 卷　第 4 期
新　年　号
1936 年 1 月 1 日出版

前　奏　曲
一九三六年前奏曲　甘运衡
迎一九三六年　丁　韬

* 原刊目录作“祝一个园子的主人”。

文艺的现实性　史紫枕
创　作
辞曹　魏韶蓁
一个弱女子　何德明
都市圈外　征　帆
错　揶　戈
母与子　琇　偭
三姑自传（中篇连载）　胡绍轩
介绍卡司布劳微支　天　行
新年随笔
故乡的新年　奂　彩
新年的道德　胡绍轩
第一次穿皮袍子　路易士
新年随笔　曾今可
诗　歌
团头女婿（叙事长诗）　朱　湘
新年歌　甘运衡
歌　马文珍
信　岂　弟
夜的窗下　沈圣时
再咏尼娃河　许季明

电影剧本作法论（三续）
Getrude M.Allen 作　王云开译
散　文
出埃及的情绪　一　痕
故乡的月　天　行
他乡人语　熊寿农
星期日记　王一心
瑞时日记　孙瑞时
折于　碧　茵
责备　静　子
恼　童介存

编辑后记　编　者
本刊紧要启事（为延期与合期事）
编　者
文艺画报
九色插画　宋一痕作
封面木刻　罗清桢作

第2卷　第5、6期

1936年3月1日出版

文艺杂话
文坛速写　杨邨人
诗坛风景　胡绍轩
剧坛漫谈　陈　奕
创　作
屈膝　胡绍轩
脱逃　于　凡
兄弟和姊妹　刘　心
失去了理智的教授　林寒流
剧
瞎闯王（独幕剧）　草　孚
诗　歌
团头女婿（续）　朱　湘
抚太平洋　康　驹
鸳鸯鸟
——雪亭碧茵结婚纪念
甘运衡
雪之街　何德明

黄昏时…… 曾今可
雾中行 魏维慈
南飞之雁 汤铭新
赤子之歌 路易士
归宿 王道胜
艳支山观雪残诗 娱 梅

中篇连载

三姑自传 胡绍轩

散 文

国度的痴情者
——飘游杂记之一 成其志
鼻子 李苏菲
家 许季明
鸟斗 朱光森

读者·编者

我最爱读的一篇文学作品——
《誓言》 文治平
编辑后记 编 者

第3卷 第1期
周年纪念号
1936年4月1日出版

特辑：我创作的动机

一、我创作的动机 李苏菲
二、我创作的动机 赵清阁
三、我创作的动机 曾今可
四、我创作的动机 苏雪林
五、事出偶然 何德明
六、我创作的动机 罗皑岚
七、我创作的动机 许季明
八、我创作的动机 严振开
九、我创作的动机 丁 韬
十、我创作的动机 王道胜
十一、我创作的动机 史天行
十二、我创作的动机 甘运衡
十三、我创作的动机 胡绍轩

本刊周年纪念卷首献辞
——敬献给从事文学的青年朋友们 魏韶蓁
悔 逸 民
纪念 严振开
谢财主 征 帆
三姑自传（续） 胡绍轩
老盲丐之死（独幕讽刺剧） 潘益谟
暴风雨（电影剧本） 袁丛美

贺诗一章
——洁如女士四十生日 胡 适
采石矶 石 民
野鹤 马文珍
夜
——遥寄漂泊无终的友人铁里 黄 巍
红叶 许季明
耕过的田地
Sara Teasdale 作 雪 亭译
歌者 Sara Teasdale 作 雪 亭译
二月二十三 丁 韬
二月二十三 甘运衡
二月二十三 王道胜

故乡（山水·风暴·人物） 吴其昌
朱湘书信集序 罗念生
春在西湖 曾今可
雨窗春话 碧 茵
谈谈何德明的诗 赵景深
修长的路和漫长的夜 赵清阁
编辑后记 编 者

第3卷 第2期
非常时期的文学专号
1936年6月1日出版

论 坛

阶级意识能克服民族意识吗
丁 东
"非常时期"与"文学" 雄 风
民族主义的文学略论 一 怒
战争的插曲（一幕小歌剧） 王绍清
抗争插曲（独幕话剧） 胡春冰
暴风雨（电影剧本）（续一）袁丛美
—— 胡绍轩
东线无战事 成其志
苏老的悲哀 杨春芳
鸟铳队 王紫萍
郭六更 蒋山青
雪之舞曲 陶涤亚
土谢图汉俚歌 宋衡心
玄武湖之春 赵清阁
病 严振开
诗歌中所表现的民族思想 少 孙
编辑后记 编 者

第3卷 第3期
1936年7月1日出版

革命文豪高尔基遗像
纪念高尔基 魏韶蓁

文艺论坛

剑侠小说的影响 寒 花
应该努力儿童文学 少 仙
文艺底路线 史紫枕
二十世纪的灵魂
——评欧尼尔《无穷尽的日子》
柳无忌
与张道藩、袁昌英论戏剧的独白
胡绍轩
梅香姑娘（独幕剧） 严 恭
富士与日本阿尔卑斯（一幕两场剧）
〔日〕中川太郎著 康 驹译
流亡 莺 喃
生之痕迹 王鲁雨

撤但　李人厚
缴租　刘选经

洞　蒋锡金

紫丁香——一卷残缺的废片　王绍清
　让春天里的春天是更美丽些吧
　那男的·爱人·客人
　没有比紫丁香更美的呵
　仿佛又是一个春天里的春天
蛇山丛林间　汤铭新
坠落的晨星　甘运衡
寂寞吟　何德明
我依着松儿悠然暇想　成其志
寺前　邵冠华
记病之诗　丁韬
你唱吧　马文珍
枕上窗上　林英强

江边景色　蒋山青

高尔基的《忏悔》　海流
《苦果》再版致读者　罗皑岚

编辑后记　编者

第3卷　第4期
本社第一次戏剧演出专号
1936年8月1日出版

写在本社第一次戏剧公演的前面
　魏韶蓁

演出一览

演出委员会委员表
职员表
演员表

《械斗》《毒计》与《中国妇人》
　胡绍轩

公演剧本

中国妇人　洗群
毒针　文治平
械斗　马彦祥

关于《中国妇人》　洗群
关于《毒针》　文治平
关于《械斗》　马彦祥

《械斗》的上演　洗群
艺术的评价　费怒春
话剧圈外的窥测　甘运衡
棒，骂，批评　张惠良

中国话剧运动应趋之途径
　胡绍轩
现代西班牙剧坛概况　王绍清
苏俄的戏剧节

编辑后记

武汉文艺社简章

第3卷　第5期
女作家专号
1936年11月1日出版

华北的秋　赵清阁女士
摧残　体　澄
卢丹赫山纪游　苏雪林女士
十字架　张一萍女士
九月一日
——写给阿明大孩子
魏维慈女士
金秋又一度到人间　榴花女士
东湖游泳散诗　丁佩女士
无题　洪　滔
母亲　晴江女士
夜的蛇山　莺喃女士
秋车　王绍清
赞美　紫墟女士
沐　紫墟女士
黄昏　紫墟女士
绿杨深　紫墟女士
骢马驱　林英强
暴风雨（电影剧本）（续二）
袁丛美
梅脱灵克与《青鸟》　文治平
编辑后记　编　者

第3卷　第6期
1936年12月15日出版

前奏曲　韶　蓁
鲁迅论（论文）　史紫忱
汉奸导演（独幕剧）　胡绍轩
一个有着秋天的心的人（小说）
何德明
纪游之歌（旧体诗）　苏雪林
诗　选
壮歌　洪　滔
月亮　运　衡
小睡　晓　渡
眼里的默语　朱　梅
希望　丁　佩
九月之曲　丁　佩
命运之歌　张　露
生命之环　张　露
自语　梦　虹
我从皮鞋店出来　慧　屋
小骨朵　紫　墟
末运　碧　茵
奶妈　枕　星
鸟语　露　冷
梦星的小河　罗皑岚

小　品

寒衣　姚亚影

讨保　胡绍轩

失去了的恋爱　凡　鸟

雨　绿　薇

关于《汗奸导演》　胡绍轩

编辑后记　编　者

启示二则　本　社

更正　编　者

第4卷　第1期

民族文艺专号

1937年1月15日出版

现阶段所需要的文学　袁昌英

过去文坛病态的检讨　苏雪林

小　说

媲婳将军　魏韶蓁

夺回喜峰口的前夜　吴寒花

病枕中的一夜　张洛蒂

教育样子间　胡绍轩

今后青年文艺家的责任　史紫忱

戏　剧

火花　阙　文

童　话

我的消息　邵　仙

诗　歌

那里去？江湖上的朋友　王一心

不用　边　城

白云寺前　邹荻帆

未来　李兴华

民族词人辛稼轩　胡肇封

散　文

外蒙文坛幻象　宋衡心

呈献　凡　鸟

斗狮　醒　汉

南楼之夜　冼德琇

编辑后记　编　者

附　录

来件：武汉文艺作者共同宣言

第4卷　第2期

1937年2月15日出版

民族文学底题材论　胡绍轩

戏　剧

医生王治康（三幕剧）　熊佛西

小　说

肖思　郭　瑛

开拔　王道胜

某家　梦　石

碑文　何　加

叙事诗

关山月　蒋山青

散文诗

蒙古高原战歌 林英强
拔都鲁 林英强

诗歌

古剑之哀怨 王一心
小孤山颂 陶涤亚
悼 孟边城
无题 孟边城
乡愁 孟边城
除夕怀友 丁 韬

民族诗人普式庚 林 薇

散文

与友人书 宋衡心
阴天 哈 特
洪山塔畔的静想 严振开
苏锡游踪 许季明

编辑后记 胡绍轩

第 4 卷 第 3 期
1937 年 3 月 15 日出版

论鲁迅的杂感文 苏雪林

戏剧

扰乱（独幕剧）
〔法〕Georges Anceg 著
陈铨编译

小说

打旗手 征 帆
路 殷 勤
家 康 驹
跛守井者 白 堃

短论

民族文学的定义 胡绍轩

诗歌

“抛却了吧” 张耀南遗作
迎春花 丁 韬
过洞庭湖 蒋山青
荒 罗 娜
狂歌 张舒培

最近的德国戏剧运动 天 宪

散文

甘棠湖畔 丽 沙
流月曲 黄洪滔
童年 狂 丝
冷清的陶然亭 张心舟

编辑后记 编 者

附录

湖北笔会文艺座谈会纪录
——怎样建设民族文学

第 4 卷 第 4 期
1937 年 4 月 15 日出版

小说作法十讲 史紫忱

论焦菊隐的诗《夜哭》《他乡》
宋琴心

小　说
杀不尽的头颅　陶　里
凤仪亭　逸　云
柔子，灵魂建筑师　郑康伯
长命羊　吴　若
短　论
演的戏剧与读的戏剧　胡绍轩
戏　剧
女人（独幕剧）　张惠良
诗　歌
司情人的马槽　宋衡心
附：释义
铁蹄下之歌　刘念渠
我归来了　刘念渠
孤独的晚步时的心情　锡　金
无题　丁　韬
农村素描　郑莲如

孟巴纳斯的新进作家　周　多
——梭丁·达雷亚可维支·哈里加
散　文
战友　舒蔚青
影诉·春草·梦后　陈福熙
箜篌引　孟　伽
给霭姊　张　萍
风　土　记
木人戏　卢　荪

编辑后记　绍　轩
征求·更正　编　者

第4卷　第5期
实验创作壹辑
1937年5月15日出版

初期新诗作家论　宋琴心

“吉诃德先生”的商榷　苏雪林
实验创作
四月　严振开
四月　吴　若
四月　梦　石
四月　征　帆
四月　胡绍轩
短　论
中国新文学之出路　丁　韬
散文诗
库库登　林英强
上都河之疫　林英强
我们要回去的啊，多伦　林英强
诗　歌
少壮曲　陶涤亚
前进曲　邵冠华
吹哨哪的　沈祖年
雌色的母亲　宋衡心
附：〈附〉
风　土　记
西湖两个胜迹的轶话（附图）
舒蔚青
散　文
忆　许美丽
梅林感念　许美丽

山居杂记　殷　勤
野玫瑰
柴米油盐
多谢春风
岛上祖母　卞　娜
《司情人的马槽》序　凡　乌
编辑后记　绍　轩

第4卷　第6期
实验创作贰辑
1937年6月15日出版

新诗散议　蒋山青
论创造社诗人　宋琴心
实验创作
诗人与乞丐（小说）　殷　勤
诗人与乞丐（诗歌）　紫　忱
诗人与乞丐（戏剧）　胡绍轩
诗人与乞丐（散文）　凡　乌
诗人与乞丐（童话）　紫　墟
小　说
我春天底幸福的人　邵冠华
戏　剧
周年祭（独幕剧）　刘念渠
诗　歌
二十世纪的悲哀
——序入《诗人与乞丐》
丁　韬
无题　石　民
时代韵角　郑莲如
夜　侯汝华
万顷松涛　许美丽
路阿（Georges Rouauit）论　周　多
散　文
一天　王道胜
去一趟苏州　林微音
有一个人在郊野　宋衡心
《夜巡者》后记　沙　蕾
风土记
赵州石桥　田　篱
编辑后记　绍　轩
本刊特别启事（为下期为专刊与合期事）　编　者

第5卷　第1、2期
抗战戏剧专号
1937年8月15日出版

献　词
戏剧与抗战　绍　轩
抗战剧
芦沟桥（独幕剧）　胡绍轩
芦沟晓月（诗剧）　蒋山青
烽火（三幕剧）　李朴园
斗争（群众歌诵剧）　胡绍轩
现阶段的中国戏剧运动　刘念渠
悲剧的起源及其三大作者　梅君达
喜剧的成长与莫利哀　文治平
导演论　刘　巍
演员论　天　宪

论舞台设计 陈梦荻
布景与服装 田 禽

戏剧车 余上沅
小剧场 舒蔚青

一个话剧职业剧团的预算 陈治策
一个省立剧院的计划大纲 胡绍轩

打倒“剧人相轻” 陈豫源
关于“编剧的屯粮” 李增园
剧场散步纵横谈 鸥外鸥
演剧经验谈 高逸安
读剧偶谈——谈《原野》 蒋锡金
武汉戏剧史话 墨 巴

定期刊物中戏剧专号统计（一九一八年至一九三七年） 舒蔚青

本社启事（为出版文艺丛书事）
本刊增价启事
魏韶蓁启事（为卸本刊主编事）
李荣真启事（为本刊印刷延期事）

编辑后记 绍 轩

第5卷 第3期
抗战诗歌特辑
1937年9月15日出版

诗歌的宣言 冯乃超
动员曲 平 林
他们这一团 宋雪亭
——纪念全体殉国的第五二九团
木更津航空队之幻灭 蒋山青
骡马市大街 伍 禾
给全国武装同志们 陶云生
奋起歌 甘运衡
芦沟桥上 王道胜
日本战舰碇泊在窗外（组诗） 鸥外鸥

胡阿毛（朗诵诗） 锡 金

“力”（短论） 曾友葭
查学（小说） 碧 茵
山居杂记（散文） 殷 勤
船家女
眠月

编辑后记（为本刊停刊事） 韶 轩

第5卷 第4期
1938年5月15日出版

复刊词 邵力子

论 文

论战时的通俗文学 王平陵
抗战文艺的明朗性 穆木天
演剧宣传与演剧艺术 刘念渠

怎样朗诵　林　路

小　说

兄妹从军　老　舍

生的列车　碧　野

转变　吴慕风

难忘的野宴　韩北屏

长　诗

台儿庄万岁　沙　雁

鼓　词

光儿亭　老　向

剧　本

第七号人头（三幕剧）　胡绍轩

报　告

家信　胡　考

诗　歌

五月赞　丁　韬

兵车向前方开　臧克家

当兵　冯玉祥

流离　蒋山青

争取新的中国　平　林

感时（七律）　郁达夫

——步老舍诗韵

散　文

入伍和下乡　严振开

儿童节写给孩子们*　路易士

杏花楼上　赵清阁

在合肥**　新　克

---

* 原刊“目录”为“写给孩子们”，正文为“儿童节写给孩于们”。

** 原刊“目录”为“合肥通讯”，正文为“在合肥”。

歌　曲

怒吼吧武汉　甘运衡词　熊务民曲

台儿庄　胡绍轩词　王云阶曲

编辑后记　编　者

第5卷　第5期

1938年7月1日出版

论　文

戏剧教育与戏剧运动　王家齐

关于作歌　安　娥

通俗文艺形式的研究　刘念渠

新平话

女元戎辽冀歼顽敌　蒋山青

大鼓词

飞将军振威下东洋　李逸飞

战地通讯

战地归鸿　郁达夫

战地散记

徐州回忆录　盛　成

战地速写

台峄道上　以　群

特　写

独腿将军　老　向

诗　歌

穆罕默德的儿女们　李白凤

黄河　咏　青

散文诗

浪花与沙滩　邹荻帆

剧　本

第七号人头（三幕剧）（续完）　胡绍轩

散　文

乱中一片落叶　王平陵

脱离了我的家乡　沈　默

莫赎的悔恨　一　文

自由港　姚家埌

歌　曲

保卫大武汉　胡绍轩词　马丝白曲

快上战场　赵清阁词　熊务民曲

木　刻

神驰战场　周宝泉

补　白

衡阳夜旅　徐飞白

编辑后记　编　者

第 5 卷　第 6 期*

未见，暂缺。

第 6 卷　第 1 期

1947 年 7 月 1 日出版

复刊的喜悦　胡绍轩

小　说

夏夜　端木蕻良

火种　熊寿农

攻，防，追，退　陈启文

破烂先生传（长篇）　李朴园

论　文

章回小说在中国　张恨水

谈诗语录

诗与真　吕亮耕

散文诗

祈向之什　波　奴

恋爱呈报薄

女神词·山圣

诗　歌

九个缪斯　沙　蕾

上帝

闻歌

生命行进

送葬行列

末日之夜

在静夜

夜

我是靶

祈愿

生命颂　张大旗

高加索〔俄〕莱蒙托夫作　穆木天译

纽约夜曲

〔美〕桑德德堡作　邹荻帆译

喀什客的歌乡　宋　耘

——《给静静的顿河的儿子》

读后

* 从此刊第一次停刊、复刊卷期号相衔接的情况看，这第二次停刊、复刊也应是卷期号相衔接，当有第 5 卷第 6 期，但目前在国内尚未发现此期。

剧　本
秘密协订（独幕喜剧）　胡　蜂
散　文
螃蟹　程　铮
童年　一　文
诉　罗梦石
普式庚像前　李一痕
我们底道路　许　牧
读后感
灵魂的私语　上官柳
——读纪德《地粮》散记
谈诗语录
诗与真　吕亮耕

编后记　绍　轩

第6卷　第2期
1948年3月15日出版

本刊一卷至五卷执笔作家（名单）　编　者
论　著
中国的文艺复兴　顾一樵
民族美术的主题　王进珊
小　说
补草椅的女人
〔法〕莫泊桑著　苏雪林译
旁人的恋爱故事（中篇）　涂翔宇
破烂先生传（长篇）（续一）　李朴园
散　文
葵花　缪崇群
芦苇　沈　均
诗　歌
诱惑的幻灭　甘运衡
雪忆　甘运衡
散文诗
老挝道上　林英强
江的掌珠　波　奴

编后记　绍　轩

第6卷　第3期
1948年3月15日出版

本刊一卷至五卷执笔作家（名单）（续）　编　者
论　著
论《北京人》与中国旧文化　苏雪林
旧剧改革问题与旧剧技巧　龚啸岚
电影剧本
再相逢　张道藩
小　说
喜重逢（中篇）　涂翔宇
破烂先生传（长篇，续二）　李朴园
散文诗
雨期与冷雾及其他　林英强
诗　歌
冬天的故事　王　采
词
高阳台·珞珈山秋色　朱君允
浣溪沙　朱君允

鹧鸪天·三十六年重九登高　朱君允
鹧鸪天·怀念北平香山　朱君允

散　文

牧羊女的话　安　龙
投向田原　苇　杭
春在何处　胡紫岩

评　介

约翰·娄马司的万首民歌——《牧场之家》
〔美〕唐纳地作　端木蕻良译
读《否极泰来》（胡绍轩著剧）　苏雪林

图　画

母与女（《电影剧本《再相逢》封面画》　王进珊

编后记　绍　轩

142 中学生文艺季刊

简 介

《中学生文艺季刊》，一九三五年三月三十一日创刊于上海，上海中学生杂志社主办，夏丏尊、叶圣陶、金仲华、顾均正以及徐调孚、贾祖璋编辑，开明书店出版发行，三十二开本。一九三七年六月三十日出至第三卷第二号（夏季号）终刊，共出十期。

《中学生文艺季刊》的前身是一九三〇年冬天发行的《中学生文艺》年刊，一九三四年改为半年刊，一九三五年始改出《中学生文艺季刊》。该刊以中学生和一般知识青年为主要读者对象，撰稿人多为中、小学教师、其他教育工作者和青年作者，如：尹雪曼、薛期吾、须养才、叶卓如、徐光霄、远千里等。该刊大量发表短篇小说、随笔、游记、诗歌、戏剧作品、辅以文艺短论和书评，介绍有关文艺理论知识，读书和写作知识。

目 录

第1卷 第1期
春 季 号
1935年3月31日出版

小 说

冬至记事 吴潜英
暴风之夜 菲 里
姐姐 陈祖文
夜奔 李象镜
黑洞里的丧 金桑戈
一个苦学生 王正己
鸿生 何家柱
陷阱 卷 深
细九爷 清 波
夜景 谭英梅
末路 赞 之
二哥 若
梦里还家记 王克让
年尾 郑容熙
待 姚忠德
夜渔 琳 慕

随 笔

我与国文 绍 孔
街头 敏 修
新堤的维他命 轶 群
病 王 煜
陀螺 夏照滨
昨夜 雷甄野
喜雨 小 墨
四月里的香草 芦 樵

游记·地方印象记

曲阜记游 孟粹夫
一张模糊的汉阴风景片 方 景
几处余姚的先贤故居 陆守怀
大连之游 安 民
泗水夜航 邓怀基
佛山 沧 徽
马家沟 子 文
徽州 李绍忠
肇庆 区伟乾
成都 皂 痴
杨州 老 丁
郑州 寿 芝
开封 胡守德
安庆 苏绍业
汕头 李维统

诗 歌

晚钟 菊 隐
夜行 菊 隐
大年夜 砺 成
新年 沉 思
漂洋船 沉 思
老乞丐 耐 岩
卖卜者 片 鳞
舵工 泽 永
卖花女 张文麟
捡垃圾的孩子 卫增本
一幅流民图 肖 舟
夜车箱里 金桑戈
朝暾 常连升

忧虑 吴小武
眺 吴小武
故乡之秋 沈春鸿
残冬 茗
筑路 吻心
旅人 徐光霄
荒城 徐光霄
风雪的早市 徐光霄
逃脱 马际融
新生 周定一
秋天的歌 薏冰
戏剧
绝粮 陈岂

第1卷 第2期
夏季号
1935年6月30日出版

文艺短谈
谈学校文艺 罗家琅
文学的真实性 耶菲
"现实"和"典型" 耶菲
文学中的夸张法 叶卓如
不着痕迹的描写 叶卓如
写作与生活 李生玉
怎样找题材 任由
怎样写日记 汤貉
小说
父女 依基
故事的开头 尹玉铭
师生 万年青
第一回拉车 刘秉三
劳工安集所的故事 郑金东
旧账 杏子
上任 颖灿
黄灾奖券 朴夫
噩梦 毅
春花 潘祖襄
惩罚 远近
出狱 陆海空
明天 志为
毕业以后 睢子
旅途中 丁东
夜的舞蹈 秋水
幸福的种子 秋蒲
随笔
海 须养才
海 潘乃斌
两个邻居 谡
寄居 艺农
木棉花开的时候 许多
两棵梅树 徐天武
催租 周之铨
意外的遭遇 君之
斜阳 徐志敏
豆腐干 王苓思
运输学课上 镇淦
童军生活 韩诗农
护海公出巡 吴智湘
住的 容君
旅次行军 介夫
游记·地方印象记
嘉陵江沿岸 皮钧陶
首都记游 翔甫

天津　陈机峰
芜湖　献青
韶关　赖一哥
灌县　志峋
常德　谷文谟
烟台　秉钧
北通县　赵振英

诗　歌

夏晚　沉思
上山　沉思
乱山中　沉思
春　方慧心
吊白君　方慧心
逃荒人　杨砺成
曳船夫　王证
沉思　徐程
卖柴者　贝芬
我们没有春天　马千里
无题　查抒望
开山底那一群　兰蕙概
舟子咏　兰蕙概
背纤夫　季芝
弹花人　张文麟
拉唱的女孩　王缉和
出门　刘河图
乡愁　佳玉
家书*　陆钧
夜别　小岑
灾难　王兆瑞
毁灭　詹湉
失业　骆文华
完了这一场　逢美
自己　徐锋
春在郊野**　马际融
墓前　片鳞
黑夜　茅锦泉
夜行者　方殷
初夏之晨　陆象贤
中山古国的凭吊　旭日

戏　剧

“不识抬举的贱货”　周村

文艺之友

一封信　寞之
读一九三四年《中学生文艺》以后　乙中

漫　画

吸烟者　林毓多
选举　李瑞吟
走江湖的　林毓多
今日之标准学生　翁兴庆

第1卷　第3期
秋　季　号
1935年9月30日出版

文艺短谈

阅读写作和批评　耶菲

* 原刊“目次”为“家音”，正文为“家书”。

** 原刊“目次”为“春在郊外”，正文为“春在郊野”。

文艺底内容和形式　耶　菲
关于生活经验　潘乃斌
伟大的诗人　陶陶然
漫说新诗*　夏　明
我与文艺　天　鹰
谈诗随笔　叶卓如
小　说
母女　孙　德
纪念碑的揭幕礼　冰　玲
“四大金刚”　陈机峰
微笑　薛启平
日常的生活　紫　纹
散文　晓　岚
偷　白　婴
冬夜　尹乐汤
完粮　亚　特
冲突　容　熙
斗鸡　白　丁
莉云　许　瑾
生活录
苦闷的自白　石　白
猢狲五　国　梅
我为什么下乡及下乡以后　俞异君
乡村小学教师　杨德莽
在小学两年　默　穆
随　笔
蘼芜小品　尹雪曼
云的美　邵西镐
病的秋天　顾隽若
秋在故乡　刘美田
乡情　尹雪曼
灯　艾　真
车水　李试万
采桑果　周肇基
蚕豆　芮和师
静的趣味　叶　青
过关　三　人
探狱　韩效宰
求“大仙爷”记　周震中
日记摘录　谢农山
呼声　若　森
游记·地方印象记
西江忆游　华　嘉
普陀漫忆　振　先
芜湖　薇　瑱
益阳　杨忆慈
邢台　苟　尼**
诗　歌
儿戏　思　林
流浪人　麦　浪
怀乡病　麦　浪
灯　里　予
醒　里　予
晨　杞　玄
月　徐光霄
雾　徐光霄

* 原刊“目次”为“漫谈新诗”，正文为“漫说新诗”。

** 原刊“目次”署“菲尼”，正文为“苟尼”。

涧水说的　泽　永
高歌　兰蕙概
诗二首　陈　言
放歌　侃　子
夜行者的歌　卫　康
火车颂歌　振　飞
山路　于　一
拾荒的孩子　季　芝
萍　季　芝
夏夜的街景　季　兰
在黑夜里　朝　霞
露宿的一群　张文麟
偷煤的孩子　张文麟
家　陈启新
“妈妈”　尹　虹
故乡　曾魔苧
那个坏了腿的中年人　白一痕

戏　剧

抢亲（三幕剧）　蔚　川

读 书 录

读《铁流》　彷　徨
读《从文自传》　成　一
臧克家的《罪恶的黑手》　冰　夷
《沙宁》　颖　灿
《外套》（俄国，果戈里著）　颖　灿
读《八骏图》（沈从文著）　浅　影

第 1 卷　第 4 期

冬 季 号

1935 年 12 月 31 日出版

卷头语　（编者）

文艺短谈

谈到诗　世　奎
文艺内容之三要素的关联　耶　菲
“观察”和“体验”　耶　菲
三个原则　逸　仙
书虫漫话　陶陶然
读诗零拾　陈克之
谈模仿　淡　文
华北歌谣　卓　玉

小　说

竞争者　子　铨
K 站长　荑　填
搜粮　洪　涛
渔村里　时　鸣
穷人　小　友
妈妈　顾隽若
捕　白　英
炼　夏　明
旱　提　撕

生 活 录

电话公司的小职员　李　信
电话报务员　春　光

随　笔

“三关”之外还有“关”　乃　斌
水灾　王汝鑫
一个灾民的日记　九　如
家信　蒋　沓
一个孩子底悲哀　玄　兹
森寒夜　高　标
新年日记　薛期吾
送行　吴智湘

归来　韩诗农
一条毛巾　锐甫
家乡　严晋
垅头闲话　罗黑鹰
驯羊一般的明友　甬人
歌女　顾珏
改儿　沈絮

游记·地方印象记

广州杂写　陶陶然
潭柘之行　佟天真
白灵庙　袁尘影
湘潭　曼云
东昌　尹青
赣州　徐湘之
吴兴　谷文邦

诗　歌

长城　鲁郎
乡老嘴里讨来的　马际融
古城　刘鸿儒
塔　伐萝
马嵬　兰蕙概
暴风雨　芦苇
诗两首　辛茄
寄旅人　陈丝
灰空下　陈丝
日出颂歌　季芝
拟寄　季芝
船夫　冯振乾
变　有秋
腊月雪　李克己
除夕　李克己
祝福　寄凡
寄——　小岑
苦阱　彭光华
生活　安狂夫
乡村底秋　邵道南
心曲　徐光霄
新年的街　敏修
夜歌者　徐程
铁匠　王士瑗

戏　剧

后城河边（独幕剧）　薛蔚川

读书录

一面镜子　尹虹
《欧游杂记》　蕴三
《罪恶的黑手》　吴青
《罪恶的黑手》　张文麟
《长生塔》　夏一粟

第2卷　第1号
春季号
1936年3月31日出版

文艺短谈

读诗散记　叶卓如
文艺的欣赏与批评　徐远芳
严肃态度在文艺上的重要　黄克欧
谈谈写作技术　非斯
表现观察和体验　夏照滨

小　说

复仇　麦若鹏

伟大的一课　希　同
木棉花开的时候　凉　堡
高老夫子　若　石
我们这一群　华　君
快信　湜　汈
年假　戍　君
莎枫　伊固峻
学徒　若　石
寒夜　吴铎文
养鸭　章壮和
秋收　痕　影
抵债　杨　耀
待账　麦若鹏
逃亡　智德民

生活录

我的学校生活　李中迪
吃“文化饭”的人　凌

随　笔

儿戏　卫　余
一件小事　曾庆冠
随笔　张雨鹃
父亲　冬　村
开除　任星星
离家　史光夏
墙　陈　岩
给亡友　庄进辉
儿时趣事　菲　里

游记·地方印象记

梁溪琐语　振　甫
饶州　利　贞
胶县　张文麟
漫话潍城　王天心
兰州印象记　汪有声
江行杂记　西　邱
三峡篇　吴琼珍

读书录

读《给初学写作者的一封信》的札记　黄灵圣
读《谈美》　张鹤令
读《雨》后记　邢国华
读《罪与罚》后　殷　霞
一九三五年的《中学生》　吴炳庆
评一九三五年的《中学生》　吴游龙

诗　歌

灾民墓畔　李成玮
受赈　李家楷
更夫　王文耕
渔　尹　青
挑夫　王银水
夜工　游　波
变　高绢光
看　金　芸
寄　陈铁吾
驼队　刘钟祥
暴风下的一棵树　孤　独
小诗　姜汝波
思故乡　罗黑鹰
寄弟弟　施仁秀

戏　剧

别　芳　云

第2卷　第2号

夏季号

1936年6月30日出版

文艺短谈

文心的映发和暗视　周振甫

漫谈诗情　张武亮

文学上的偶然性　耶　菲

关于《文学遗产》　耶　菲

小　说

生涯　郑荣河

先生和孩子们　小　友

大哥　小　波

校务会议　介　野

女人　尹雪曼

片断的回忆　张　汉

夜哨兵　颖　灿

王阿根　时　信

大哥　沈渭源

探视　金　叶

阿留　张总宛

检查委员　童长庆

狗　萝　英

忙在农间　辛　华

搜查　顾　愁

生活录

请领教员字　斐　儿

工余杂写　远千里

随　笔

集训杂记　汪培元

鸭子　王献芹

写给自己　刘鸿儒

疗养院里　叶　列

乡居杂掇　白静划

平郑途中　念　璀

春天小品　尹雪曼

果园之春　赵传礼

四月之春　绿　茵

春雨　吕德润

儿童时代的一根鞭子　刘学稷

我的童年　陆特英

游记·地方印象记

北平散记　竹　衍

正定漫谈　田丕郁

西宁的塔儿寺　考　夫

绍兴　苏　湘

到博山去　刘诚鲁

蜀道　邓述高

半日游程　毛仁学

天半山　洪秉夫

读书录

读刘大白的《文字学概论》　萧叔讷

读《雷雨》（曹禺著）　胡钟达

读《路》（茅盾著）后记　杨晓峰

《生死场》（萧红著）读后记　丞　彦

《八月的乡村》（萧军著）　提倬云

诗　歌

长城　吕　文

时代进行曲　诸古力

赞歌　尹雪曼

沉默 徐力
耕田人 冯金明
采桑女 李成璋
自己的歌 张文麟
给英姐 邰婴
离别之前 黄灵圣
公园里的孔雀 远千里
挽死者 远千里
春来了 季素
祝落英 燐火
春之音 凌荻
重游淮西 陆钧
池塘 陆钧
小诗 张歧
小诗 何文焯
青年的心 彭殿选
题画 熊慧僧

第2卷 第3号
秋季号
1936年9月30日出版

文艺短论

文学的反抗性 颖灿
作品的主题与题材 颖灿
谈文体美 须养才
读书杂记 叶金培

小说

一位东北人 戍君
辍学 非聪
兴奋 耕埂
血色的月亮 胡蓉
猛火 鸿雪
紫薇 张怀素
老李 光华
胖子 澍荣滋
记余璧 白雨
疯人 春默
何满子 王传本
体验 家桂
白洋河畔 王桐勋
半天的工作 阎英
一周年 远近
一段药铺生活 郑友松

生活录

我研究无线电的经过 英人
南苑修线记 远千里
十七自述 佳军

随笔

修路 小农
待车 柳青
马缨树 梦芬
蝌蚪的劫运 季素
夏蝉 龙杰吾
祖母的卧室 卜明
亡叔 晓雾
回家 余惠明
还乡日记 端之
慈母心 邓述高
仲夏之游 何国梁
银鱼潭之夜 梅絮
北平之秋 彬如

游记·地方印象记
幽燕行　镝铦
北游寄××　紫纹
娘子关漫记　薛期吾
南湖的七夕　熹微
读书录
《城下集》　成一
读《给弟弟们的信》的札记　若飞
读叶紫的《丰收》　茉子
《羊》　张帆
诗歌
放工　张文麟
失业者　张文麟
劫后　张文麟
送行曲　张文麟
上工　远近
瓜　叶奋放
一个晓行的人　诸古力
飞机声中　侯德修
卖报者　布德
晨义　曾熙
黄昏　徐森元
洋烛炬　李影
对月　远千里
故乡　克之
孤雁　谢开模
湘湖夜泛　郑善林
希望　王菁野
戏剧
会议室　王巴芒

第2卷　第4号

冬季号

1936年12月30日出版

文艺短论
集体创作的认识　陈良堡
漫谈选择题材　蔡金声
怎样写作　艾光
写作与时代性　陈荣光
学诗随笔　祝鸿逵
读诗杂感　陶陶然
小说
戴言敬　时信
幻灭　冠山
查抽屉　沈渭源
软禁中　王蓼
乡村小学　俞羽昭
采茶　舍利
福顺　寨东
过中秋　金易
手风琴　杨嘉昌
庙会　阳光
草原上的梦　王天心
出发前　远近
生活录
军训回忆片断　戍君
学生集训生活　陈耀东
学兵生活片断　远征
工作行程　远千里
随笔
泪眼　小波

北行前　冠　山
回忆　马世泽
作客　顾珊生
古老没落的家　汤仲谋
归途　殷　强
故乡　那韵冰
几次过黄河的经验　石　轩
老三哥　正　则
乡居　何　年
秋天　尹雪曼
随笔数则　赵作鹏
生命的园地　光　明
病中一周杂写　孙越舫
寒假日记　徐文彩

游记·地方印象记

长城游记　小　友
晋祠旅行观感　侯德脩
西北的一个省会——西宁　王生海
吉安　伯　石
我所知道的漳洲　浴　波

读书录

怎样阅读文艺作品　沈渭源
《中国文学论集》　何　鹏
《东北作家近作集》读后记　麦若鹏
《死魂灵》（俄国，果戈里著）读后　薛期吾

诗　歌

我们这一群　陆　钧
小摊　何文焯
渔　继　声
打稻场上　吴铎文
采桑女　黄灵圣
织布歌　周雪青
农村晚景　玄鼎青
月夜　昆　阳
雪景　王维翰
雪夜有感　左　冰
黄叶　燕世昌
小诗　萧文捷
两朵小花　玉　峰

第3卷　第1期
春季号
1937年3月30日出版

文艺短论

写作的三个基本条件　薛期吾
青年与创作　廖焕彦
谈想像　莹　光
小品文与个性　须养才
论诗　须养才
春草　邵西镐
夜读随笔　叶卓如

历史小品

“避人”和“避世”　詹幼馨

小　说

别后　戍　君
诗洛　潘　尔
影响　金　心
在自修室里　薛期吾
在学校里　萍　生

大铁椎 袁韬明
乐老三 仁 德
夜袭 锦 帆
狗 允 海
丰收以后 杨雪薪
王三爷家的桔园 黄克欧
鸽子 谨 隅
表 万振名
信 方 汉
怅惘 小 友
生活录
我与文学 草 甬
军队生活剪影 安 风
报 告
庆祝会 春 默
潮 冠 山
随 笔
记报务员作汗 莫 回
骑驴 郁 舒
家 远 征
善书 远 征
父亲的洋槐树 张因凡
妹妹 告 水
阿弟 子 舟
冬晨 高 标
随笔二题 雄 三
春天里写下的 卢 荪
春雨曲 马心雪
五道杂记 隐 尘
友 蕴 芳
游记·地方印象记
绍兴 若 森
天津印象记 自 琢
国防前线 木 儿
读书录
一九三六年的《中学生》和本刊 黄灵圣
读《青年与文艺特辑》 耿 夫
读舒群的《没有祖国的孩子》 夏 煦
读《文艺心理学》(朱光潜著)书后 陈机峰
诗 歌
寄给绥战的将士 安 风
赴战 封石樵
东北一村庄 尹雪曼
扬子江 张文麟
爪哇的红河 黄 鲁
猎 刘纯宽
叮咛 冠 山
除夕 冠 山
驮货 薏 冰
织袜女 淡 轩
春 琳 琴
春野小步 左 冰
清明 吴小武
故乡的春天 张文麟
她象春风中一朵花 周季素
深夜 周季素
夜间落花声 诸古力

孤影　雪　冰

戏　剧

穷人的厄运　黎前光

第3卷　第2号

夏　季　号

1937年6月30日出版

文艺短论

"报告文学"　陆特英
谈谈大众文艺　莹　光
灵感与创作　尤　崧

科学小品

灯下谈蛾　管维霖

历史小品

学潮　齐筱岚
樊於期　隽　若

小　说

一幅谐画　阳　光
矛盾　非　伶
道学先生　梦　梅
朋友　冠　山
民哥　玉　峰
老学生　允　海
衣服　远千里
肺病患者　时　信
银行职员　若　森
阿福　罗织昌
兜米　蜀　雨
厨夫　于山庵
一回就把你教乖了　杏　子
育婴堂　张震寰
写信　金　易
夜深时分　高　平

生　活　录

十年以来　吕燮文
生活散记　何　毅

随　笔

晓行　冠　山
孩子　冠　山
暑假随笔　何瑞珊
航船夫　凌　虚
乡村生活日记　春　森
星空　尹雪曼
检阅　汛　潮
离家　马灿峰
随笔　麦若鹏
石榴花再开的时候　李希达
给哥哥的一封信　衡　雪
花生米　烈
风筝　草　甬
半渡泛月　季　超
忆曾祖　竹秉衡

游记·地方印象记

杭州纪游　戍　君
沪平途中　顾德明
滦县城记　李秋波
星回节　李中迪

读　书　录

《创作准备》　克　予
《日出》（曹禺著）　雷紫英
《司汤达小说集》　黄　照

读丰子恺先生的小品文　丁　宁

诗　歌

社会　雷　隼
母亲的心　远千里
乡村月夜　小　羽
路程　安　风
掘荠歌　王乐行
滦河　乐　行
又是一年芳草绿　冯振乾
荒郊哀吟　蒋万柱
我不敢说话　蒋万柱
路上偶感　秦仲三
春意　赵作鹏
小诗二首　行　敦

143 杂文（质文）

简 介

《杂文》，文艺月刊，二十四开本。一九三五年五月十五日创刊于日本东京，中国左翼作家联盟东京分盟所办的刊物之一，杜宣、邢桐华（勃生）先后主编。出至第一卷第三号被禁，第四号开始改名为《质文》继续出版。第一卷由东京杂文杂志社出版发行，上海群众杂志公司经售，第二卷第一期起改由东京质文社出版，上海中国图书杂志公司经售。第一卷前四期在日本东京印行，第五期开始移至国内印刷。一九三六年十一月十日出版第二卷第二期后终刊，共出八期。

《杂文》是一个以发表杂文为主的文艺刊物，有创作，有理论，也有外国作品的译介。杂文与当前的问题联系密切，有很强的现实性和战斗性。如对“第三种人”“自由人”及“论语派”进行了尖锐深刻的剖析，对当时社会和文坛的种种丑恶现象进行了有力的揭露和批判。

《杂文》还积极译介世界进步的革命的文艺作品和理论著作，热情扶植和赞助中国的新兴文艺，第二卷还发表了一些有关“国防文学”的文章，积极参与了国内对这一问题的讨论。

鲁迅、郭沫若、茅盾等著名作家都曾为《杂文》撰稿，给予有力的支持。其他撰稿人还有魏猛克、孟式钧、陈辛人、任白戈、张香山、欧阳凡海、林焕平、林林、田汉、陈北鸥等。

目 录

杂 文

第1号

1935年5月15日出版

杂 谈

阿活乐脱儿 谷 人

杂文 魏 蟠

关于杂文 杜 宣

子恺先生的画 猛 克

连环图画 木 刻

狗与林语堂 非 厂

杂 论

文学遗产问题 沈其繁

论文学遗产 孟式钧

为文学遗产答胡风先生 辛 人

读了《巴别尔论》之后 陈君冶

杂 记

日本画坛一角 伊 横

杂 讯

对于历史观念的解释 卓戈白

古典剧的复活 卓戈白

亚美利加作家大会 卓戈白

Mercurg与Bookman的合并 卓戈白

文学与辩证法的唯物论 卓戈白

巴克（G.P.Baken）教授 卓戈白

柴霍甫生诞七十五年纪念 时 任

作曲家衣鲍里特·伊凡诺夫之死 时 任

林芙美子的《放浪记》摄成电影 溟

文学奖金 杨壬人

东京的艺术聚餐会与美术座谈会 克

“筑地”倒了？ 孟

日本的中国文学研究会 宣

《雷雨》在东京公演 宁

介 绍

讽刺文学与伊利夫及彼得洛夫 张香山

资 料

高尔基给契科夫的一封信 孟 陶译

特 辑

日本三个演剧改革者 秋田雨雀

现代捷克斯拉夫文学 普实克作 杨壬人 麋春辉合译

台湾的创作问题 张文环

我的小农园 狐冢牛太郎

素 描

新兵 洪为济

插 图

封面字 为 济

日本三个演剧者之相（转载）

十二把椅子插图及伊利夫彼得洛夫两人之画相（转载）

契科夫作品之人物（转载）

秋田雨雀画像 孟 克

子恺漫画（转载）

汽锅 孟 克

临时消息
编校后　编者

第2号
1935年7月15日出版

杂谈
盾牌上的怪脸谱　孟克
提起化名的问题　木刻
忠实现实与心境小说　凡海
威尔斯往那里去　辛人
骷髅们的跳舞　白莱
从文学遗产到世界文库　勃生

孔夫子在现代中国　鲁迅
杂论
现实主义的基础　孟式钧
从创作方法讲起　辛人
文学遗产的再认识　北鸥

孔夫子吃饭　郭沫若
作家与服装　易文
介绍
通俗文学与普里鲍衣　张香山
行动主义的文学理论　林焕平
现代新戏曲的姿态　陈君涵

杜斯退夫斯基给阿尔车夫斯基夫人的信　菲戈译
若囚之歌　寿昌
杂记
《雷雨》的写作　曹禺
《雷雨》的演出　吴天
《雷雨》的批评　罗亭
悼君冶　洪为济

接受文学遗产的两个方向　秋田雨雀
小诗
待　陈子鹄
白杨　林林
论素描　流矢
将到东京的一点钟（素描）　中条百合子作　林林译
杂讯
莎士比亚的国籍　戈
巴比塞近著　戈
德国出版界　戈
威尔斯抨击兰鹰　良
辛克莱氏与猎官运动　良
黑人戏剧家逝世　戈
古典剧的新装　戈
杂拾
莫名其妙话批评　S J
盲人赶瞎马　S J
倾向与自由　孟
插图
孔夫子吃饭插图（二帧）　黄鼎
杜斯退夫斯基照相（转载）
普里鲍夫画相　孟克

东平启事　东平

为文学遗产问题告读者
文艺刊行社近讯
本期封面画：拉狄克（右）高尔基（中）布哈林（左）
〔苏〕Kukrinikcg 作
编后　编　者

第3号

1935年9月20日出版

孟夫子出妻　郭沫若
从帮忙到扯淡　鲁　迅
什么是“讽刺”　鲁　迅

杂　谈

“文人”　孟　克
谈谈翻译　桐　华
流线型和文学　伯　欧
“自由”何处去　凡　海
落空　维　华
不敢求甚解　杜　宣
论诗的主题　〔苏〕高尔基作　林　林译
关于诗的问题　郭沫若

杂　论

说到作品底题材和主题——对于《文学》与《星火》底意见的检讨　任白戈
论：再莎士比亚底地写*　孟式钧
创作技术与现实主义　北　鸥
对于接受文学遗产的意见　茅　盾

介　绍

“偶然论”的流行　止　扬
关于批评家J.M.马理　张香山
一个宣言　A.纪德作　魏　蟠译

诗

战争的潜动　焕　平
秋风接过了稻田　秀　沅
墨西哥市　〔苏〕马可夫斯基作　紫　秋译

素　描

乡途夜话　辛　人

杂　拾

高尔基日记中的托尔斯泰　杨　任译
苏汶的本质与主观　微
一个经验谈　稚　英
野人头的不景气　白　水
之乎者也之类　猛
苦衷　稚　英
戏法　蟠
最后的一步　SJ 生

杂　讯

摩拉哀思与鲁迅　S　J
罗曼罗兰在苏联　大　石
巴比塞逝世　北
契诃夫五十年纪念　Japan Times 作
皮兰得娄在美国　大　石
最近苏联文艺杂志　桐　华
德国文学的衰败　鸥

* 题目不通，原刊如此。下期续篇亦如此。

插　图

高尔基像（转载）

罗曼罗兰与高尔基（转载）

孟夫子出妻二帧　蟠

不景气　孟　克

郭沫若画像　克

鲁迅画像　孟

乡途夜话　蟠

国际文化拥护作家会议　北　鸥

封面图解

上部:《日本海海战》

下部：画作者库克雷因尼克索夫

题字：新波木刻

质　文

第 4 号

1935 年 12 月 15 日出版

论　评

艺术自由论　辛　人

农民文学底再提起　任白戈

算了吧（关于题材与主题）　孟　克

论：再莎士比亚底地写　孟式钧

七请　郭沫若

杂　谈

现在的聪明人　徐懋庸

豆腐技俩　黄　坡

一个进展的过程　罗　天

高尔基论文化　邢桐华译

纪念巴比塞

卓越的时代人

高尔基作　艾迪纳译

朋友的死　罗曼罗兰作　铭　五译

巴比塞的人格　纪德作　休译

纪念诗　林　林

介　绍

关于新心理写实主义小说　凌　鹤

时代的烙印作家

岛木健作　张香山译

学习海湮　北　鸥

镇母斯 J.贵尔德斯夫人日记中的马克吐温　杨　任译

秦始皇将死　郭沫若

《子见南子》以后　非　厂

小　说

多嘴的赛贼　东　平

诗

“自由人”颂　童　志

火车夫　秀　沅

渔翁曲　阮　夫

夜织女　征　夫

骷髅的跳跃　林　蒂

夜　陶　雄

天使　莱蒙托夫作　紫　秋译

我走来的道路

罗曼罗兰作　亦　光译

素　描

都市文化区夜景　秀太郎

杂　拾

够了　梓

当然　蟠

呜呼　松

第几种理论？　勃

白夜　桐　华

插　图

秦始皇将死　克

马克吐温（转载）

罗曼罗兰（转载）

巴比塞（转载）

高尔基（转载）

狱　力　群

北方文化会议（转载）

海涅（转载）

照在阿比西尼亚土地上的影子（转载）

《子见南子》　黄　鼎

英德海军交涉（转载）

赛娥　克

后记　编辑室

最后的话　编辑室

“一无处是”　番　子

鸣谢　杂文社同人启

封面图解

（上）高尔基木刻

（中）高尔基漫画相

（字）新波刻

（下）高尔基教作家学习

——“晚一点也好”

第5、6合刊号

1936年6月15日出版

楚霸王自杀　郭沫若

罗曼罗兰七十诞生纪念七十年的回顾　罗曼·罗兰作　魏　蟠译

艺术家罗曼罗兰

列一茄士作　邢桐华译

两次的会见　纪　德作　代　石译

罗曼罗兰给国境守卫兵的复信

特别寄稿*

来罢！中国的复兴期

藤森成吉作

苏联诗论　司卢可夫作

北　鸥　桐　华合译

苏联亚细亚的诗人

C.克尼兹作　秀　沅译

诗的独白　林　林

论儿童文学的主题

高尔基作　林　林译

诗　歌

给彭湃　郭沫若

航海曲　减追云

歌颂在边塞上的儿子　史征军

Formosa　马魋夫

父亲之记　森山启作　鲜鱼羊译

文线的统一　　孟　克
树立救国之文学创造新的典型性格　　北　鸥
黑格尔式的思辨之秘密　　K.Marx作　郭沫若译
鼎　　郭沫若
自谦是可嘉的　　M.柯尔曹夫作　代　石译
红色的处女　巴比塞作　张罗天译
天亮黑一黑　　安　娜
文学与哲学（第一回）　　永田广志作　晓　雨译

特别寄稿*
由社会教育的观点所见到的戏曲《曼海牟教授》　　秋田雨雀作

戏　曲
曼海牟教授（西欧民主政治的悲剧）　　握尔夫作　梦　回译

杂　拾
文学之都
苏联的马耶可夫斯基热
苏联出版文学书的惊人

插　图
楚霸王自杀图
罗曼罗兰画相
高尔基画相
M.柯尔曹夫相
巴比塞相
秋田雨雀自画相
渥尔夫相
曼海牟教授图二帧
封面图解
一、第三次全苏作家大会主席团
二、罗曼罗兰画相

编后　　编辑室

第2卷　第1期
1936年10月10日出版

纪念高尔基
我们的纪念
人文界的日蚀　　郭沫若
高尔基教给了我们什么　邢桐华
让最大的痛苦再从心里消失了吧　　非　厂
哀悼高尔基　　林　林
高尔基是永远的　　北　鸥
高尔基——乌达尔尼第一号　　代　石
我们来纪念高尔基　　任白戈
纪德悼高尔基　　勃　生译
罗曼罗兰悼高尔基　郭　铁译
别了！先生　苏联文学新闻社　邢桐华译

遗著
与青年作家谈话

* 这两篇日人所作的“特别寄稿”均无译者。

〔苏〕高尔基作　林　林译
语录　〔苏〕高尔基作　阿　非译

从典型说起　郭沫若
论形式主义　高尔基作　邢桐华译
苏联文学的当前诸问题
西齐哀尔巴可夫作　北　鸥译
容易是骗人的
可尔曹夫作　代　石译

没有发现的事物　魏孟克
现阶段的文学问题　任白戈
国防文学集谈　郭沫若辑
陈北鸥、任白戈、林　林
邢桐华、代　石、张香山
云　远、非　厂、孟　克

论爱国心　纪德作　张罗天译
长篇特载
克拉凡左的骑士　郭沫若
剧　诗
文化琴的母音断了　臧云远

封面图解
一、阿列克赛·马克西莫维支高尔基俄文全名
二、高尔基像
三、苏联格鲁吉亚共和国文学家的行进
后记

第2卷　第2期
1936年11月10日出版

追悼鲁迅先生
民族的杰作　郭沫若
悼鲁迅先生　邢桐华
悼鲁迅先生（诗）　任白戈
纪念我们的鲁迅（诗）　北　鸥
巴比塞·高尔基·鲁迅　林焕平
悼鲁迅先生　代　石
写在烦燥里　孟　克

我的作诗的经过　郭沫若
现代英美诗论
〔美〕恩格尔〔英〕路易士作
北　鸥译
革命大众诗人杰免·别得奴伊论
A.赛里瓦诺夫斯基作
邢桐华译
德国的革命底政治诗人
舟木重信作　杨　骚译
关于诗的决议
苏联作家同盟干事会议第三次总会
羊　山译
诗的国防论　林　林
诗
我们　魏　晋
秋的故乡　紫　秋
西班牙的叫喊　杨　任

关于国防文学的几个问题　任白戈

水与结晶的溶洽（书简） 郭沫若

苏联工厂史一章

O.K.罗洛·瓦特作 代 石译

关于芥川赏的二作品 张香山

感慨无量 林焕平

一个朝鲜人 非 厂

长篇特载

克拉凡左的骑士 郭沫若

封面图解

鲁迅素描 陶元庆

鲁迅死后 孟 克

郭沫若先生手书

编辑室

插 图

年轻的鲁迅先生（照片）

郭沫若先生雕像（照片）

杰免·别得奴伊（照片）

辱 黄 鼎作

144 创　　作

简　介

《创作》，文艺月刊。一九三五年七月十五日创刊于上海，李辉英、汪淼编辑，上海薰风出版社出版发行，二十四开本。一九三五年九月十五日终刊，共出三期。

该刊以发表文学创作为主，间有评论和木刻作品，不登译文，每期都有创作小说、诗歌、戏剧、散文随笔和评论等专栏，但更侧重小说和散文。撰稿人多为中国左翼作家联盟成员和其他知名的进步作家，其中有沙汀、王任叔、周文、张天翼、欧阳山、陈白尘、叶圣陶、郁达夫、臧克家、艾芜等。

目 录

第 1 卷　第 1 期
1935 年 7 月 15 日出版

创作小说

赶路　沙 汀
恋爱神圣主义曲　屈 轶
三等车上　周 文
两面人　征 农
小事件　芦 焚
姑母　周楞伽
忙人　祝秀侠
雨　王余杞
叶伯　奚 如
林相士　张春桥
黑夜里的宋家屯　黑 丁

诗 歌

暮归　臧克家
一年比一年　骆 力

戏 剧

征婚（独幕剧）　白 尘

散文随笔

过节　叶圣陶
城里的吴山　郁达夫
亡友的手册　靳 以
第一梦　欧阳山
饭　徐懋庸
迟暮　丽 尼
病中琐记　万迪鹤
一天的工作　时 玳
音语　子 恺

拟 狂 言

并州士人　曹聚仁

书 评

《火葬》评　金 鉴

木 刻

劳动者　唐英伟
风景　胡其藻
候饭　胡其藻

补 白

介绍《北平夜话》（味橄著）　编 者

第 1 卷　第 2 期
1935 年 8 月 15 日出版

创作论坛

关于题材　黎
发生过的事情　公
钞票文学　叔
词藻与风格　波

创作小说

抢案　张天翼
回家　屈 轶
忧世者　欧阳山
愁春　周楞伽
小花鞋　祝秀侠
小车夫　汪 华

戏 剧

彼此彼此（独幕喜剧）　陈凝秋
二楼上（独幕剧）　白 尘

诗　歌

古塘桥　唐　弢
战争的前奏曲　柳　倩
命运　沈圣时
雾　沈圣时

散文随笔

别离曲　艾　芜
雨天的笑　凌　鹤
吴淞行　东　篱
弟弟　俶　仃
秀才先生　沈圣时

木　刻

风景　胡其藻
落魄　胡其藻
离情　胡其藻

第1卷　第3期
1935年9月15日出版

创作论坛

口头的创作之建立　敏
文学上的还原论　任
创造形象　贡
小说中的故事　丁

短篇小说

迎柩记　何家槐
起旱　白　尘
债权人　臧克家
女人　李辉英
孩子的命运　王余杞
三种错误的心理　何小皎

诗　歌

谁能相信是到了垂暮的时光　王统照
夏游玄武湖　杨　骚
叫化　方　殷
渔船　征　蓬

文艺时论

自然·天才·艺术　胡　风

创作月评

中国现代小说发展的动向底蠡测　王任叔

创作经验

我曾经怎样创作诗歌　王独清

散文随笔

新居随笔　许　杰
打铁的人　丽　尼
星子　辛　劳

戏　剧

一杯牛奶（独幕喜剧）　石　灵

长篇连载

小董先生传　屈　轶

木　刻

二土人　唐英伟
讨债　温　涛

145 宇 宙 风

简 介

《宇宙风》，文学刊物。一九三五年九月十六日创刊于上海，初为半月刊，第五十一期至六十六期改为旬刊，第六十七期起复改为半月刊，但时常衍期出版。林语堂主编，陶亢德、林憾庐、缪崇群、叶广良、林翊重先后参与编辑工作，“宇宙风社”出版发行，十六开本。一九四七年八月十日出版第一百五十二期后终刊。

由于抗战形势的影响，该刊社址、出版地点有过多次变动：在上海出至第六十六期，一九三八年五月迁广州出版第六十七期至七十七期，一九三九年五月社址迁香港，同时在桂林设分社，出版第七十八期至一〇五期（在香港排版纸型运桂林印刷出版），一九四四年八月编辑部迁桂林，出版第一〇六期至一三八期，一九四五年六月迁重庆，出版第一三九期和第一四〇期，一九四六年二月迁回广州出版第一四一期至终刊号。

《宇宙风》创刊，正值左翼文艺界展开了关于“民族革命战争的大众文学”与“国防文学”两个口号的论争。该刊编者把这场论争说成是“纸上谈兵”，是“新道学”，并声明：“我们誓以此刊与新旧道学作战。若有新旧八股先生戴方巾阔步高谈而来，必先以冷猪肉招而诱之，而后打之”，表现出与左翼文艺界相对立的倾向。

该刊以发表散文为主，兼有小说、诗歌、剧本和书评。编者声明该刊“以畅人生为宗旨”，所刊登的散文小品大多是谈人生、谈社会、谈历史、谈经验等记述性的文字，仍然类似《论语》、《人间世》，强调“无论何种写作，皆可有幽默成分夹入其中”，因而刊物也显示出了一种以闲适的心情来静观严峻现实的倾向。但是当中华民族奋起救亡图存的时候，一切有爱国之心的文艺家都不能不关注国家的兴亡和民族的命运，因而该刊也逐步出现了一些正视现实、呐喊抗争的作品。其中不乏有影响的著述，如郭沫若的《海外十年》、《北伐途次》、谢冰莹的《一个女兵的自传》与《随军杂记》，冯玉祥的《我的生活》等回忆录与自传，老舍的写作经验谈《老牛破车》与小说《骆驼祥子》，以及纪念鲁迅、林憾庐、许地山的特辑中的文章。

《宇宙风》在一九三六年十月至一九三七年二月间出版了《她们的生活》、《贪官污吏传》、《鸦片之今昔》“别册”三种，在一九三七年八月至十月与《逸经》、《西风》联合出版了《宇宙风·逸经·西风非常时期联合旬刊》。“别册”的目录作为本刊目录的一部分附在排序号的各期目录之后，联合旬刊作为另一种刊物附在本刊之后。

目　录

第 1 期*

1935 年 9 月 16 日出版**

孔子之心理学（《论语》句）（封面题词）

姑妄言之

孤崖一枝花　语　堂
无花蔷薇　语　堂
二十岁读者的读物　亢　德

姑妄听之（九月四日《申报》讯）　编　者辑
关于焚书坑儒　知　堂
海外十年（一）　鼎　堂
　初出夔门
老牛破车　老　舍
　解题
　（一）我怎样写《老张的哲学》
流浪者自传（英国戴维斯著）
　引言　语　堂
　序　〔英〕萧伯纳作　黄嘉德译
病夫日记（一）　东亚病夫
梅雨日记（一）　郁达夫
改变作风　姚　颖
私运烟土记　赵老挺述　韦启纶录
记 L 团长　何　容
烟屑（一）　语　堂
长工班儿　老　向
狱中与弟妇论烧肉书　钦　文
科学育儿经验谈　冯和仪
进化之证据　唐山人
可喜语（录中外名人语录五家八条）
且说本刊（小大由之之一）　语　堂

编辑后记
本期作者著书介绍
救亡图　雷　迅画
风月无边　高龙生画
新夫妇四题——人生漫画之一　丰子恺画
“昨夜小楼又东风”　黄嘉音画
将军语记者　雷　迅画
上海弄堂小学的解剖　浩　画
爱看热闹的中国人　老　黄画
“我们没点过这样菜吧？”

第 2 期

1935 年 10 月 1 日出版

詹姆斯之心理学（詹氏语录）（封面题词）

姑妄言之

中国文学让外国人来研究　达　夫
不幸而为中国女子　达　夫
不怕笔记　语　堂

* 原刊“目录”为要目，且正副题混乱，此目录据原刊正文抄录，与原刊“目录”不同之处不再加注。以后各期同此。

** 原刊各期出版时间，常有封里与版权页不一致的地方，本书只取了其中一种。

国难不难　亢　德

明末的兵与虏　知　堂
老牛破车　老　舍
（二）我怎样写《赵子曰》
午夜高楼　子　恺
雅典之夜　罗念生
家　谢六逸
现代母性　冯和仪
值夜笔谈　凡　鱼
曾孟朴与赛金花　商鸿逵
流浪者自传（二）
〔英〕戴维斯著　嘉　德译
五版自序
新版绪言
小大由之　语　堂
论裸体运动
保证人　何　容
变风　姚　颖
唐人与支那人（日本通讯）　莫　石
我来上海　海　戈
烟屑（二）　语　堂
肥佬老王　工　爻
“夏娃的苹果”之一
幽默文粹
答杨笠湖　〔清〕袁　牧
按语　语　堂
可喜语（中外名人九家九条语录）
编辑后记
纪念曾孟朴先生诗刊
曾氏遗像遗墨
追悼曾孟朴先生　蔡元培
附：附识　虚　白
追忆曾孟朴先生　胡　适
吾心坎中之孟朴　陈陶遗
追悼曾孟朴君　张一麟
致徐蔚南书　柳亚子
纪念曾朴　黄炎培
我之曾君孟朴观　朱绍文
哭孟朴先生　吴　梅
孟朴先生纪念册题词　穆湘玥
曾孟朴先生年谱（上）　虚　白

病夫日记（二）　东亚病夫

弃儿（西方式漫画）　蔡振华画
旅客四题——人生漫画之二
丰子恺画
“上回你送来的桌子还是青木做的，还在长呢!”（西方画）
师生对话　雷　迅画
“行不得也哥哥”　甘不和画
标语的效力　黄嘉音画

第 3 期

1935 年 10 月 16 日出版

万般皆下品，唯有带枪高（封面题字）
漫　画
荒年饼　和　画
劳动者四题——人生漫画之三
丰子恺画

游历家、军官对话
好新闻
顾此失彼
姑妄言之
所望于《申报》 语 堂
一折八扣书 亢 德
不知所云 语 堂
美人计 亢 德
海外十年（二） 鼎 堂
幻灭的北征
谈油炸鬼 知 堂
谈螺丝钉（小大由之之二） 语 堂
老牛破车 老 舍
（三）我怎样写《二马》
不记日子的日记（一） 沈有乾
秋霖日记 郁达夫
无妻之累序 许钦文
支那料理 莫 石
流浪者自传（三）
〔英〕戴维斯著 黄嘉德译
第一章 幼年时代
船边 刘大杰
龙隐岩（桂林游记之五） 谢冰莹
烟屑（三） 语 堂
塾中记 铢 庵
解愁记（补白） 是 我
磨而不灭录（一至一二） 老 向
旧话新笑（一至一〇） 毕树堂
曾孟朴先生年谱（中） 虚 白
编辑后记 亢 德

第 4 期
1935 年 11 月 1 日出版

幽梦影（张潮文摘录）（封面题词）
姑妄言之
吃醋 朝 宗
中小学校的儿戏政府 苹 等
瞎来来之感 亢 德
提倡方言文学 语 堂
说闲情 知 堂
再谈螺丝钉（小大由之之三）
语 堂
海外十年（三） 鼎 堂
北京城头的月
谈梅兰芳 丰子恺
谈游泳 问 笔
老牛破车 老 舍
（四）我怎样写《小坡的生日》
痴人之爱（无妻之累之一） 钦 文
磨而不灭录（一三至一八） 老 向
流浪者自传（四）
〔英〕戴维斯著 黄嘉德译
第二章 少年时代
住的问题 徐 讦
归话新笑（一一至一四） 毕树棠
云端里的朝云洞（桂林游记之六）
谢冰莹
曾孟朴先生年谱（下） 虚 白

漫　画

道学先生的沉溺　黄嘉音画
大事记　古　巴画
看西洋镜图　古　巴画
商人四题——人生漫画之四　丰子恺画
年龄的故事　黄嘉音画
违盟与分离　蔡振华画
国际联盟之死　古　巴画
最后的判官——战神　蔡振华画
上海印象　古　巴画

第5期

1935年11月16日出版

无意的幽默之一（《朱子家训》句）（封面题词）

漫　画

医生四题——人生漫画之五　丰子恺画
老是这一套　黄嘉音画
各色人等　黄嘉音画
上海印象（二）　古　巴画

姑妄言之

读书与看书　语　堂
救救孩子　语　堂
一个中学校长的自白　莫　名
减收文法科学生　芊　等

姑妄听之

Manchester Guardian 讯
入厕读书　知　堂
三谈螺丝钉（小大由之之四）　语　堂
海外十年（四）　鼎　堂
　“世间最难得者”
老牛破车　老　舍
　（五）我怎样写《大明湖》
包饭桄子（无妻之累之二）　钦　文
流浪者自传（五）　〔英〕戴维斯著　黄嘉德译
　第三章　壮年时代
欧洲·中国·人道·金钱　盛　成
　附：本文作者著书介绍
磨而不灭录（一九至二四）　老　向
无友不如己者　姚　颖
不记日子的日记（二）　沈有乾
　附：本文作者著书介绍
巴东三峡（入蜀散记之一）　刘大杰
论读字典之类　陈叔华
论考试作弊　浑　家
老（过眼素描之三）　毕树棠
女生宿舍　冯和仪

第6期

1935年12月1日出版

公孙丑语录（封面题词）

姑妄言之

写在中西文之别　语　堂
风化是什么　客　天

谈“桐城派”与“随园” 知　堂
四谈螺丝钉（小大由之之五）
语　堂
海外十年（五） 鼎　堂
乐园外的苹果
流浪者自传（六）
〔英〕戴维斯著　黄嘉德译
第四章　布伦
老牛破车 老　舍
（六）我怎样写《猫城记》
脂粉香与汗酸臭（无妻之累之三）
钦　文
“欢喜老墓碑” 佩　弦
夔府夜游记（入蜀散记之二）
刘大杰
解愁集（二）（补白） 是　我
秋荔亭墨耍之一 平　伯
值夜笔谈续 凡　鱼
“日清战争”四十周年（日本通讯）
莫　石
两种华人 问　笔
烟屑（四） 语　堂
可喜语（郑板桥语录四条）
胡　卢抄
一封教育儿子的信
G.H.Lorimer 著　宋春舫译
或　问
关于科学育儿经验谈 赵敏求
科学育儿经验谈之性质及命题
冯和仪
按语 语　堂
漫　画
劳劳亭 慧　和画
文盲四题——人生漫画之六
丰子恺画
谁有工夫去救中学生 黄嘉音画
祖与孙 慧　和画
忍辱负重 古　巴画
上海印象（三） 古　巴画

第 7 期

1935 年 12 月 16 日出版

“国家之败，由官邪也”。（《左传》语）（封面题词）
漫　画
抗议图 古　巴画
画家四题——人生漫画之七
丰子恺画
做梦乎？镇静乎？ 黄嘉音画
上海印象（四） 古　巴画
牵牛图 古　巴画
姑妄言之
说耻恶衣恶食 语　堂
论讲演 浑　家
汉奸 亢　德
最高学府的怪剧 亢　德
奴俗与真率 知　堂
记翻印古书（小大由之之六）
语　堂
谈生活趣味 小　牧

老牛破车　老　舍

（七）我怎样写《离婚》

鸦片特写　王鹏皋

鸦片的话　凡　鱼

流浪者自传（七）

〔英〕戴维斯著　黄嘉德译

第五章　流浪者的暑假

危城琐记　老　向

伦敦素描　华　五

引言

（一）China House

梧桐树　丰子恺

不记日子的日记（三）　沈有乾

上青天（无妻之累之四）　钦　文

烟屑（五）　语　堂

可喜语（中国名人语录七家十条）

一　因抄

第 8 期

新年特大号

1936 年 1 月 1 日出版

赋请愿学生忍寒露宿（《诗·黍离》）（封面题词）

姑妄言之

关于北平学生"一二·九运动"

语　堂

请视学生如乱民　亢　德

水灾颂　陈子展

风雨谈（一）　知　堂

老牛破车　老　舍

（八）我怎样写短篇小说　老　舍

自槐屋至苦茶厂道中杂诗　平　伯

怀四十岁的志摩　郁达夫

第一个阳历元旦　孙伏园

军队里过年　何　容

年节旧账　老　向

美国的圣诞节　问　笔

伦敦素描　华　五

（二）伦敦的新年

（三）密勒氏旅馆

生日和新年　甘永柏

欧洲印象　盛　成

送年记（过眼素描之四）　毕树棠

记《小说月报》廿三卷新年号

徐调孚

元旦演剧记　冯和仪

这一年　商鸿逵

我得到了我的宗教　林　幽

除夜琐记　李　绛

忆二十年前的半农先生　凡　鱼

自投罗网（无妻之累之五）　钦　文

流浪者自传（八）

〔英〕戴维斯著　黄嘉德译

第六章　趁夜车

书　评

《中国新文学大系》（赵家璧主编）

毕树棠

《樱海集》（老舍著）　毕树棠

《小哥儿俩》（凌叔华著）　毕树棠

介绍成人在儿童年读的两本书

沈有乾
《父母学》（The Child from One to Six，Ada Hart Arlitt 著，张官廉译）
《育儿心理学》（同上，吴廉铭译）

二十四年我的爱读书

《中国新文学大系》等三种　毕树棠
《子夜》　顾颉刚
《鲒埼亭集》等二种　商鸿逵
《世界文库》等二种　谢六逸
《尺牍新抄》等三种　黄嘉德
“My Discovery of England”等三种　黄嘉音
“Social Change”等三种　浑　家
《知堂文集》等三种　周　邵
《随笔二十篇》等七种　赵景深
“Recherches Sur Les Foug”等三种　侃　如
《懈怠的兵士们》等三种　顾苍生
《新旧五代史》等四种　叶恭绰
《屈原》等二种　徐调孚
《海上花列传》等三种　王鹏皋
《穴来风》（“Frewbon by Sanwel Butlet”）等三种　钱歌川
“The Philosopby of Crammar”等二种　何　容
《邓肯的自传》等二种　甘永柏
《顾亭林诗集》等四种　吴　宓
《大鼓词选》等三种　老　向
《科学研究与社会需要》等二种　丁文江
“Lowes Dickinson”等三种　周鲠生
《易经》等二种　林　幽
“Toolaa Heider”　郁达夫
《安徒生童话集》等三种　盛　成
《时空旅行》等二种　顾均正
《巡按》等二种　钦　文
“My Country and My People”（林语堂著）等三种　温源宁
“The art of Play Production”等三种　徐　讦
《鲁迅杂感选集》等三种　陈叔华
《老残游记二集》等四种　林语堂
《辞源》　海　戈
“My Counrty and My People”等三种　全增嘏
“King Lear”等四种　孙大雨

漫　画

褪了色的国旗　古　巴画
儿童四题——人生漫画之八　丰子恺画
放风筝　古　巴画
谁来得快　黄嘉音画
脂粉依旧人已老　蔡振华画

编辑后记

第 9 期
1936 年 1 月 16 日出版

黄道周《与黄东岩相国书》文句（封面题词）

漫　画

东方童话　黄嘉音画
爱国青年四题——人生漫画之九　丰子恺画
新年集锦　古　巴画
梦境　古　巴画
受欢迎之因　华君武画
希特勒已在对付饥饿

姑妄言之

外人之旁观者　语　堂
告学生书　语　堂
读经与读史　黎　庵
谈新闻记载　亢　德

与女儿书　老　向
冬余日记　郁达夫
风雨谈（二）　知　堂
缘缘堂随笔（一）　丰子恺
论躺在床上（小大由之之七）　语　堂
待客和陪客（小大由之之八）　何　容
随想随写（一）　燕曼人
语文性欲化　客　夭
男女通信　未　末
男女同学　陈叔华
卐字旗下的柏林　兆　雄
伦敦素描　华　五
（四）中国饭馆
小桃源中（无妻之累之六）　钦　文
流浪者自传（九）　〔英〕戴维斯著　黄嘉德译
第七章　美国的法律

书　评

《文学百题》等有关新文学著作五种　毕树棠

第10期

1936年2月1日出版

杨涟绝笔书语句（封面题词）

姑妄言之

考试分数之不可靠　语　堂
随想随写（二）　燕曼人
宋人的文章思想　知　堂
论看电影流泪（小大由之之九）　语　堂
缘缘堂随笔（二）　丰子恺
两个黑人和一个印度人　郭子雄
可喜语（中国名人语录五家五条）　游于默辑
徒然草选译　〔日〕兼好法师著
先秦降国仪注考（上）　宛　人
不记日子的日记（四）　沈有乾
绕室旅行记　施蛰存
伦敦的雾　兆　雄
中国的新年与外国的圣诞节　刘小蕙
意外中之意外（无妻之累之七）　钦　文

流浪者自传（一〇）
〔英〕戴维斯著　黄嘉德译
第八章　自判自的犯人
书　评
《从文自传》（沈从文著）　毕树棠
二十四年我所爱读的书
《莫里哀全集》等三种　虞和富
《车厢社会》等三种　佑　身
《金瓶梅》等三种　孟宪明
《论衡》等三种　坪　公
《山歌》等二种　黄复生
《柴门霍甫传》等三种　朱烟影
《苦茶随笔》等两种　王　颖
《文心雕龙》等三种　沈　骥

编辑后记
漫　画
家庭四题——人生漫画之一〇
丰子恺画
胜利的外交　黄嘉音画
新年集锦　古　巴画

第11期
1936年2月16日出版

《钝吟杂录》语句（封面题词）
漫　画
卫生家四题——人生漫画之一一
丰子恺画
二十世纪一个民族被钉在十字架上
古　巴画
永世的游戏　黄嘉音画
姑妄言之
随想随写（三）　燕曼人
艺术的帝国主义　语　堂

雪夜（自传之一章）　郁达夫
实行的悲哀（缘缘堂随笔）丰子恺
记性灵（小大由之之一〇）林语堂
风雨谈（三）　知　堂
钱乌行　既　澄
先秦降国仪注考（中）　宛　人
未来的娱乐　苹　等
刘铁云轶事　刘大杰
道生·史可德夫人（人物志之二）
郭子雄
伦敦素描　华　五
（五）雾
比德游记（一至三）　失　民
参观苏联板画　盛　成
丙子试笔　海　戈
东碰西撞（无妻之累之八）钦　文
流浪者自传（一一）
〔英〕戴维斯著　黄嘉德译
第九章　摘果实
二十四年我爱读的书
《点滴》等三种　大　奎
《怎样读通英文》第二种　陈福楚
《大荒集》等三种　刘　琴
《郑板桥全集》等二种　希　白
《中国新文学大系》等两种　刘秩升
《大荒集》等五种　星

《幽梦影》等三种　何　鹏

致编辑先生　张官廉
编辑后记

第12期
1936年3月1日出版

朱熹《学校贡举私议》摘句（封面题词）

漫　画

模范学生　黄嘉音画
宾主四题——人生漫画之一二　丰子恺画
后无来者　古　巴画
啊！多漂亮！多雄伟　蔡振华画
请自由选择　蔡振华画
该死的赌犯（插图）　黄嘉音画

姑妄听之（新闻电讯六条）　编　者辑

姑妄言之

随想随写（四）　燕曼人
肉感电影与儿童　夏　楚
茵治论考试　语　堂
中国人的觉悟　亢　德

冀园被偷记（小大由之之一一）　语　堂
危城隽语（一至一〇）　没　人
谈诗人（风雨谈）　知　堂
可喜语（《周易》《人间词话》三条）
林先生（缘缘堂随笔）　丰子恺
先秦降国仪注考（下）　宛　人
文学界的肥胖　［法］高节著　赵少侯译
徐志摩与雪莱　吴　宓
赵望云的画　盛　成
该死的赌犯（独幕短剧）　黄嘉音
不记日子的日记（五）　沈有乾
小天使　冯和仪
典梨　老　向
伦敦素描　华　五
（六）夜
比德游记（四）　失　民
文明乞丐（英国通讯）　兆　雄
五堡墩　罗念生
在恶魔前（无妻之累之九）　钦　文

书　评

《苦果》（罗皑岚作）　毕树棠
林语堂辞去《人世间》《论语》编务启事
陶亢德辞去《宇宙风》主编启事
编辑后记
投稿简章

第13期
春季特大号
1936年3月16日出版

姑妄言之

节育问题常识　语　堂

随想随写（五） 燕曼人
自然与无为 浑 家
巴拉圭的“革命成功” 黎 庵

姑妄听之（新闻六条） 编 者辑
北平的春天 知 堂
春在东京 木 石
南京的春天 姚 颖
沈阳的春天 春 风
春天的诗句 施蛰存
西湖船（缘缘堂随笔） 丰子恺
天书代存序 老 舍
叩头与卫生（小大由之之一二）
语 堂
写信须知 徐霞村
双重苦痛的东北留日同胞 莫 石
古城隽语（一一至二〇） 没 人
不以成败论英雄 铢 庵
闽游滴沥之一 郁达夫
乡居日记抄 沉 樱
西西里游程 罗念生
母亲 苏雪林
几个字（读诗杂记之一）
冯沅君
论简体字 沈有乾
论戏剧的对白 宋春舫
高士华绥（人物志之三） 郭子雄
无罪之罚（无妻之累之一〇）
许钦文
比德游记（五） 失 民
巴黎大学的学潮 弱 民
流浪者自传（一二）
〔英〕戴维斯著 黄嘉德译
第十章 牲畜转运局

书 评

《多角关系》（茅盾著） 毕树棠
两部英文字典 语 堂
《求解作文两用英汉模范字典》（张世鎏等编）
《双解实用英译字典》（李登辉等编）
编辑后记 （编 者）
《宇宙风》读者公鉴 （编 者）

漫 画

春人四题——人生漫画之一三
丰子恺画
快把防毒面罩拿来 华君武画
西风残照汉家陵阙鬼影幢幢
迎春 古 巴画
柏林速写 失 民画
战地之春 黄嘉音画
“你的琴声比我的锯木头的还难听”
华君武画

第 14 期
1936 年 4 月 1 日出版

漫 画

心理虽同而口腹则异 廖永昌画
“你走你的，我走我的” 荆 森画
三个叫卖人 赵望云画
非梦乎？非梦也！ 古 巴画

诗人四题——人生漫画之一四　丰子恺画
再会吧！北平　黄嘉音画
演说家之派别（转载《字林西报》）
无题　华君武画
大炮对山额夫人之语　华君武画
宇宙风社启事
人间世社启事
姑妄言之
随想随写（三四至四〇）　燕曼人
“狐鬼皆真”　卞镐田

姑妄听之（新闻两则）　编　者辑
陶筠厂论竟陵派（风雨谈）　知　堂
吃草与吃肉（小大由之之一三）　语　堂
闽游滴沥之二　郁达夫
访疗养院记（缘缘堂随笔）（附作者画一幅）　丰子恺
自传之一章　谢冰莹
请看今日之沈阳　春　风
古城隽语（二一至二六）　没　人
日人抗外诗文（值夜笔谈）　凡　鱼
贫居闹士有人问　何　容
怕老婆论　问　笔
两种不同的办法　味　橄
去看日本的红叶　方令孺
剪影金陵春　芊　等
离纽约前一周记　石敢当
流浪者自传（一三）　〔英〕戴维斯著　黄嘉德译
第十一章　一个奇怪的看牛工人
谁偷去了我的金银宝贝（诗）　于时夏
丰子恺启事
人间世社启事（为武汉同名刊非本刊事）
本社启事一，二

第 15 期

1936 年 4 月 16 日出版

春景（封面画）　丰子恺画
姑妄听之
随想随写（四一至四八）　燕曼人
广告与新闻　黎　庵
医人与医国　亢　德

姑妄听之（新闻六条）　编　者辑
《逸经》与《论语》并说到孔子的益友（风雨谈）　知　堂
春丁祀孔记　老　向
介绍“默市”　芊　等
古城隽语（二七至二九）　没　人
五日京兆与长期救国　宛　人
未来之国联　Stepen Leacock 著　黄嘉音译
一个女兵的自传（续〈自传之一章〉）　谢冰莹
游山日记读法（小大由之之一四）　林语堂

闽游滴沥之三　郁达夫
流浪者自传（一四）
〔英〕戴维斯著　黄嘉德译
第十二章　贼
卓别林的中国性
姚莘农著　周　深译
记一个诗人　施蛰存
不记日子的日记（五）　沈有乾
比德游记（五续）　失　民
伦敦素描　华　五
（七）伦敦的居住

书　评

《全国总书目》（生活书店版）
钟开来

编辑后记　编　者

漫　画

少女四题——人生漫画之一五
丰子恺画
土肥原之所谓“远东的幸福与和平”
黄嘉音画
总有一种办法（转载《字林西报》）

第16期
1936年5月1日出版

甘地语录（封面题词）

漫　画

报告：“南京天气已和暖”
雷　迅画
苦力四题——人生漫画之一六
丰子恺画
“这一对是昨天来渡蜜月的！”
华君武画
看聊斋　蔡振华画
“复巢之下安有完卵？”　陈浩雄画

姑妄言之

随想随写（四九至五一）　燕曼人
说意识　李长之
大言诗　海　戈

姑妄听之（新闻八条）　编　者辑
文人之行（风雨谈之九）　知　堂
闽游滴沥之四　郁达夫
手指（缘缘堂随笔）　丰子恺
跋众愚节《字林西报》社论（小大由之之一五）　林语堂
一个女兵的自传（三）　谢冰莹
原来是梦（独幕趣剧）　宋春舫
我的哥哥　陈　兰
成都的春天　刘大杰
谈交际舞　李金发
察省新语　么　么
张家口　本　瞒
比德游记（七）　失　民
伦敦素描　华　五
（八）政治经济学院
流浪者自传（一五）
〔英〕戴维斯著　黄嘉德译
第十三章　运河

第 17 期

1936 年 5 月 16 日出版

于右任语录(《民立报》发刊词)(封面题词)

姑妄言之

随想随写（五二至五四） 燕曼人
儿戏问题 浑 家
怎样叫小孩读下去 翱 翔
酒后茶余 老 总
姑妄听之（新闻十二条） 编 者辑
谈鸦片（风雨谈之一〇） 知 堂
英文何用论 卞镐田
春丁隆重祀孔辨 宛 人
伪国通讯 孙桂云
啼笑皆非录（伪国杂碎） 春 风
诫子四书 种 因
不记日子的日记（六） 沈有乾
当兵去 谢冰莹
戒烟日记 隐 娘
伦敦素描 华 五
（九）伦敦公园
比德游记（八） 失 民
流浪者自传（一六）
〔英〕戴维斯著 黄嘉德译
第十四章 棚船
藏书题识 刘半农

书 评

评《短剑集》(郑振铎著) 毕树棠

编辑后记 编 者

漫 画

二四八月乱穿衣
“姑妄听之”插图（五幅）黄嘉音画
摩登女四题——人生漫画之一七
丰子恺画
若有其事图 古 巴画
今日静默三分钟，明朝静默百百年
黄嘉音画
买家具者 华君武画
节约论（录《字林西报》）

第 18 期

1936 年 6 月 1 日出版

John Cowper Powye 语录(封面题词)

漫 画

走私图 华君武画
“姑妄听之”插图（三幅）
华君武画
青年四题——人生漫画之一八
丰子恺画
因装电话而吵架 华君武画
帐目公开 黄苗子画

姑妄言之

古书有毒辩 语 堂
《申报》的医药附刊 语 堂
《字林西报》评走私 语 堂
随想随写（五五） 燕曼人

姑妄听之（新闻九条） 编 者辑
风雨后谈（一至二） 知 堂

一日的春光　冰　心
大人（缘缘堂随笔）　丰子恺
论青年的犬儒主义
〔英〕罗素著　宋以忠译
夫妇之间　不　孤
男女之间　味　橄
闽游滴沥之五　郁达夫
比德游记（九）　失　民
《冀东日报》抄　么　么
察省新语补　本　瞒
哀犹太人（诗）　陈子展
一夜西风水倒流　李　素
——读冯梦龙的《山歌》
养蚕　汪宏声
流浪者自传（一七）
〔英〕戴维斯著　黄嘉德译
第十五章　私刑
书　评
康拉德的《黑水手》（袁家骅译）与《不安的故事》（关棋桐译）　心　谷
解 愁 录
官话（一至一〇）　凡　鱼
补　白
浣溪沙（有悼而作之一）　陈子展
美国人的中国观（一）（二）
刘绍禹
浣溪沙（二）*　陈子展

* 原刊题为“浪淘沙”（二）。误；实际应是“浣溪沙（二）”。

第 19 期
六月特大号
1936 年 6 月 16 日出版

一八六〇年八月二十五日英法联军入北京图（封面图片）
画　页
一八六〇年英法联军入北京（图画）
一九三六年日本增兵平津（照片）
紫禁城（照片）
长城（照片）
颐和园（照片）
“公理战胜”纪念坊（照片）
天坛（照片）
乾清宫（照片）
静宜园琉璃坊（照片）
金鳌王蟾桥（照片）
天宁寺塔（照片）
漫　画
同病相怜乎？　黄嘉音画
贴了膏药的古城
蚕桑四题——人生漫画之一九
丰子恺画
北平特辑（一）
北平的好坏　知　堂
想北平　老　舍
北平的民歌　老学究辑
“哎哟，我的妈呀！”
“咚咚咚，鼓儿响”
“黄狗，黑狗，你看家”
“小小子儿，坐门墩儿”

“小白鸡儿，上柴禾垛”
“小鼓儿园上园，我妈打我真可怜”
在北平的东北人　春　风
大都　罗念生
北平通信　废　名
北游录话（一至二）　铢　庵
难认识的北平　老　向
北平的气候　朝　英
北平的风水　何　容
我不小觑平剧　宋春舫
广和楼的捧角家　绿　英
北平的巷头小吃（附插画二幅）　徐霞村
豆汁儿之类　果　轩
中山公园的茶座（附图一幅）　谢兴尧
北平的庙会　张　玄
北平的货声　吕方邑
北平的乞丐生活　柳　絮
打小鼓的　刘小蕙
北平的土药店　金　容
姑妄言之
说傲慢　黎　庵
嚼蛆　野　叟
姑妄听之（新闻十二条）　编　者辑
谈谈校对　孙伏园
搬家　冯和仪
美国人的中国观（三）（四）　刘绍禹
论作文与做人　朝　宗
关于无妻之累　许钦文
——陶惠瑾何以要杀刘梦莹
一个情愿做牢的人（诗）　陈子展
比德游记（一〇）　失　名
流浪者自传（一八）
〔英〕戴维斯著　黄嘉德译
第十六章　野营
编辑后记　编　者

第 20 期

1936 年 7 月 1 日出版

郭沫若《北伐途次》手稿（封面）
姑妄言之
随想随写（五六）（五七）　燕曼人
南宋苟安　张五卓
荷包与文化　徐日洪
谈杂志文　嘉　德　嘉　音
姑妄听之（新闻十二条）　编　者辑
北伐途次（一—二）　郭沫若
风雨后谈（三）　知　堂
物语（缘缘堂随笔）　丰子恺
关于无妻之累　许钦文
——陶思瑾何以要杀刘梦莹（续）
金山笔记（一）（二）　问　笔
黄土泥　老　向
郑振铎编著《希腊神话》（书评）　罗念生

北平特辑（二）
北平学生要求文凭兑现图　黄嘉音
北平的四季　郁达夫
北游录话（二）　铢　庵
北京话里的比喻　毕树棠
古城大学府　钟　枤
西郊两大学（附照片一幅）　任　浩
从厂甸买书说到北平的旧书业　蔽　芾
公寓里的风波　何　容
北平的公寓　徐崇寿
北平今日的三多　吞　吐
北平的民歌（续）　老学究辑
“削竹棍儿，打桑葚儿”
“蒲棂车，大马拉”
“一个小媳妇长的俊”
漫　画
不合作四题——人生漫画之二〇　丰子恺画
“独自莫凭栏，无限江山”（青年人的烦恼）
北平失业后备军要求文凭兑现图　黄嘉音画
编辑后记　编　者

第21期

1936年7月16日出版

《吕氏春秋》句录（封面题词）
漫　画
婴儿四题——人生漫画之二一　丰子恺画
看啊，一条龙　华君武画
抗议之种种（转载《字林西报》）
北平独有的趣味　冯　棣画
北平的太太和小少爷　冯　棣画
姑妄言之
随想随写（五八）（五九）　燕曼人
在沙漠中　黎　庵
说“口”　子　瑜
北伐途次（三一五）　郭沫若
风雨后谈（四）　知　堂
带点笑容（缘缘堂随笔）　丰子恺
不记日子的日记（七）　沈有乾
上帝与萨坦（金山笔记之三）　问　笔
记冀东《新订小学历史教科书》　么　么
狡兔有三窟　苹　等
流浪者自传（一九）　〔英〕戴维斯著　黄嘉德译
第十七章　回家
解愁录
某某纪闻（一至四）　在　斯
北平特辑（三）
北平独有的趣味（图）　冯　棣
北游录话（三）　铢　庵
北平话旧　八六老翁述　李　铭记

闲话中华门　陶在东
北平传说（一二则）　驯　羊
关帝庙求签记　石敢当
北平的市场　太　白
天桥（附图一幅）　衷若霞
北平早晨的调嗓子　陈启选

第 22 期

1936 年 8 月 1 日出版

毛先舒《语小》语录（封面题词）

姑妄言之

随想随写（六〇）　燕曼人
此之谓禁烟　亢　德
略评大学教育与失业　浑　介
论西洋文化　嘉　德　嘉　音
姑妄听之（新闻三条）　编　者辑
北伐途次（六一七）　郭沫若
猫与文学（小大由之之一六）
　Alaous Huxley 著　林语堂译
　小引
老牛破车（八）　老　舍
　（九）我怎样写的《牛天赐传》
京话序　姚　颖
关于京话　林语堂
闽游滴沥之七　郁达夫
北游录话（四）　铢　庵
一封关于投考大学的信　沈有乾
章太炎的讲学（附章太炎遗像）
　乃　蒙
高尔基的哀荣（莫斯科杂缀之一）
（附高尔基遗像）　于炳然
“满洲国”的尊孔和毒化　圣　徒
百老汇和四十二号街（纽约客谈）
　乔治高
流浪者自传（二〇）
　〔英〕戴维斯著　黄嘉德译
　第十八章　重上旅途

解愁录

官话续（一至四）　凡　鱼

书　评

周文的《父子之间》与《分》
　毕树棠
北平的洋车夫　吞　吐

漫　画

重要人物的深刻表情：不谈政治
　黄嘉音画
在艰难时期“众人皆睡我独醒”之
　痛苦　雷　迅画
“永远流动”举例（转载《字林西报》）
“你不是叫我再后退一步吗？”
　华君武画
裸体四题——人生漫画之二二
　丰子恺画
编辑后记　编　者

第 23 期

1936 年 8 月 16 日出版

张潮《日录杂说·小引》语录（封面题词）

漫　画

邻人四题——人生漫画之二三
丰子恺画

大慈大悲　雷　迅画

北平女学生的头纱　冯　棣画

政治病良方　黄嘉音画

第一次内政会议（插图）
黄嘉音画

“裤子落轴子问题”之解决（插图）
黄嘉音画

整装待发（插图）　黄嘉音画

卧倒放！（插图）　黄嘉音画

“怕都是饿坏的”　华君武画

姑妄言之

释X　江东山

“逢场作戏”　茂　青

北伐途次（八——一〇）　郭沫若

中国的滑稽文学　知　堂

老牛破车　老　舍
（一〇）谈幽默

黑人的心（金山笔记之四）
问　笔

不记日子的日记（九）　沈有乾

科员的生活　次　非

蜀锦　蜀　人

赤膊风潮　（无署名）

谈“随园”尺牍　黎　庵

苗民的婚恋　王鹏皋

北游录话（五）　铢　庵

蹓跶　孟　起

北平的公园　魏兆铭

老爷操洋枪记　田　青

流浪者自传（二一）
〔英〕戴维斯著　黄嘉德译
第十九章　黑暗中的声音

第24期
1936年9月1日出版

郑板桥《范县署中寄弟墨》语（封面题词）

姑妄言之

中国杂志的缺点（《西风》发刊词）
语　堂

随想随写（六一）　燕曼人

参加世运惨败　宜　生

北伐途次（十一—十二）　郭沫若

急进的妓女（风雨后谈之六）
知　堂

老牛破车　老　舍
（一一）景物的描写

无相庵急就章（小引、一）　施蛰存

伏老在长沙　冰　莹

一个女朋友的信　何　容

北戴河的海滨　老　向

蜀游琐记　那简叔

万国公寓（纽约客谈之三）　乔治高

文化公园（莫斯科杂缀之二）
于炳然

北游录话（六）　铢　庵

白云观庙市记　王言一
谈广播
　G.K.Chesterton 著　何浑介译
流浪者自传（二二）
　〔英〕戴维斯著　黄嘉德译
　第二十章　厚遇
漫　画
硕大之蛋，中国独得　黄嘉音画
英雄忏悔图　雷　迅画
杀风景四题——人生漫画之二四
　丰子恺画
戴口罩与肺病工人通电话　华君武画

第 25 期
周年纪念倍大号
1936 年 9 月 16 日出版

戴季陶《日本论》语录（封面题词）
作家影像一：知堂先生
知堂书札墨迹（致林语堂）
明治大正史漫画（一）（五幅）
东京名胜霞关（画）
明治时代真乳山之风光（画）
障子（摄影）
明治大正史漫画（二）（四幅）
明治十五年禁洋画展览（漫画）
明治九年油画画展参观者出资（漫画）
明治六年纪元节乡下人制国旗（漫画）
明治大正史漫画（三）（四幅）
明治大正史漫画（四）（四幅）
成都暴动中日人遭难者的哀荣
　华君武画
日本与日本人
特辑（上）
日本民族底二三特性　傅仲涛
日本民族的健康　刘大杰
唐代的日本留学生　贺昌群
从历史上所见的日本文明　家　禾
关于日本人对于中国人的态度
　郭沫若
怀东京　知　堂
日本人的文化生活　郁达夫
日本人的障子　夏丏尊
严肃与滑稽　尤炳圻
日本的杂志　谢六逸
日本的裸体问题　丰子恺
日本的南画　姚　鉴
日本风景木板彩画　林　庚
日本妇人　钱歌川
日本的男与女　俞鸿谟
我的日本房东　伯　上
洋化的东京　黄　慧
姑妄言之
留日平议　真　君
说已句话　亢　德
正名　胡　嘉
骆驼祥子（一）　老　舍
北伐途次（一三）（一四）　郭沫若
临别赠言　语　堂

本刊一年　亢　德
《宇宙风》第二册（一三至二四期）总目录

第 26 期

1936 年 10 月 1 日出版

周作人《谈日本文化书》语录（封面题词）

作家影像二：老舍先生
老舍先生《骆驼祥子》首页书稿（照片）
含泪的微笑（漫画）　雷　迅画
《谈日本的漫画》附图（漫画）
叠罗汉　鸟羽僧正绘
早飞脚　葛饰北斋绘
组合漫画　歌川国芳绘
俚谚漫画　锹形蕙斋绘
野猪及相打　仙　厓绘
围棋　英一蝶绘
足相扑图　耳鸟斋绘
一家团乐　竹久梦二绘
明治五年颁行阳历时农民多固执奉行阴历
东京初有无线电广播时

骆驼祥子（二）　老　舍
北伐途次（一五）（一六）　郭沫若
流泪话东北（东北通讯）　展　览
震动世界的苏联党案（莫斯科通讯之三）　于炳然
戏院观众纵横谈　宋春舫
谈偷闲　章伯雨
赶考记　老　向
监考记　何　容
北游录话（七）　铢　庵

姑妄言之

和气救国　亢　德
“风化”　黎　庵
废学就试　芊　等

日本与日本人特辑下

怀东京之二　知　堂
日本人的俳谐精神　徐祖正
谈日本的漫画（附图）　丰子恺
日本印象记的另页　崔万秋
日本的文化面　叶建高
一个日本女子师范学校　刘　芳
风吕屋与澡堂子　宗　典
印象中的日本　胡行之
日本的报纸及其他　戴泽锟
扶桑印象　三　郎
我对于日本和日本人的观察　徐北辰
记忆中的日本友人（致米君）　李又曦
谈日本文化书（致梁实秋、致陶亢德）　知　堂

第 27 期

1936 年 10 月 16 日出版

崔东璧《周平王论》语录（封面题词）

谢冰莹女士近影及手札

骆驼祥子（三） 老 舍

北伐途次（一七）（一八） 郭沫若

关于试帖（风雨后谈之七） 知 堂

假山 叶圣陶

菜市口 钦 文

元杂剧与宋明小说中的几种称谓（上） 冯沅君

拘留所速写 古 月

海边上的选讯 田 青

唐人街（金山笔记之五） 问 笔

钓鱼 罗念生

周作人和钱稻荪 顾 良

北游录话（八） 铢 庵

流浪者自传（二三） 〔英〕戴维斯著 黄嘉德译

第二十一章 伦敦

姑妄言之

比较一下 憾 庐

书 评

《牛天赐传》（老舍作） 毕树棠

姑妄听之（新闻一条） 因 宁录

漫 画

希望此君勿当选 黄嘉音画

也是“三部曲” 荆 森画

真病，还是…… 华君武画

第 28 期

1936 年 11 月 1 日出版

钱振锽《名山小言》语录（封面题词）

作家影像四：郭沫若先生

郭沫若像说明墨迹 郭沫若书

漫 画

买保险箱 华君武画

骆驼祥子（四） 老 舍

北伐途次（一九）（二〇） 郭沫若

老牛破车 老 舍

（一二）人物的描写

关于尺牍（风雨后谈之八） 知 堂

钓鱼 废 名

蝉与蚁（无相庵急就章之二） 施蛰存

论床 画蛇堂

元杂剧与宋明小说中的几种称谓（下） 冯沅君

上海事件纪念 冯和仪

失地记事 春 风

日内瓦游记（附照片二幅） 朱宝贤

家居素描 罗皑岚

一片家常话 万 晶

流浪者自传（二四） 〔英〕戴维斯著 黄嘉德译

第二十二章 救世军宿舍

两句成语的可能解释 燕曼人

姑妄言之

随想随写（六二） 燕曼人

我的第二大敌 亢 德

第 29 期

1936 年 11 月 16 日出版

鲁迅《革命时代的文学》语录（封面题词）

作家影像五：丰子恺先生像
丰子恺《艺术漫谈序》手迹
关于鲁迅　知　堂
记鲁迅先生轶事　蔡元培
艺律上的矛盾律（缘缘堂随笔）　丰子恺
老牛破车　老　舍
（一三）事实的运用
重阳登高比赛讨论　姚　颖
外国人与狗　徐　讦
明朝的太监与女人　王抱冲
回川杂记　罗念生
北游录话（九）　铢　庵
（日本的）风吕　尤炳圻
纽约的无线电城（纽约客谈之三）　乔志高
骆驼祥子（五）　老　舍
北伐途次（二一）（二二）　郭沫若
流浪者自传（二五）
［英］Dasies 著　黄嘉德译
第二十三章　唱歌求乞

第 30 期

1936 年 12 月 1 日出版

满地封侯（封面画）　丰子恺画
作家影像六：郁达夫先生
郁达夫先生诗稿手迹

关于鲁迅之二　知　堂
鲁迅先生的小说——谈《药》　孙伏园
鲁迅与写实主义　刘大杰
农村故事连环画（画）　赵望云
差不多的真理　沈有乾
包头通讯　及　时
池逆宗墨“修聘满洲国”演说词　田无灾
冀东的教育　傻　俪
唐山印象（图）　田无灾
接壁儿老太太言　吕方邑
抵美印象　林语堂
骆驼祥子（六）　老　舍
北伐途次（二三）（二四）　郭沫若
姑妄言之
不信任自己　苏雪林
忍辱　叶永蓁
不战的损失　憾　庐

流浪者自传（二六）
［英］Dasies 著　黄嘉德译
第二十四章　每况愈下
补　白
初日楼近诗　溉　澄
“爱国谁知准爱身”
“厌听侵晨鼓角声”
“火器悹腾掩市声”

法西斯蒂组织释迦牟尼时即有之（笑话） 平 之

秃子的故事（农村连环图画） 赵望云画

第一部 （一）秃子的家庭（四幅）

唐山印象（四幅） 田无灾画

第 31 期

1936 年 12 月 16 日出版

某滑稽家言（封面题词）

作家近影七：何容先生

何容先生致陶亢德信手迹

课儿小记（海外通讯之一） 语 堂

读书随笔（风雨后谈之九） 知 堂

老牛破车 老 舍

（一四）言语与风格

北伐途次（二五）（二六） 郭沫若

危疆续语 幺 么

北游录话（一〇） 铢 庵

失地记惨 前 进

援绥募捐记 吞 吐

骆驼祥子（七） 老 舍

话鬼 浑 介

人家的学府（金山笔记之六） 问 笔

公寓生活 钟 栻

《猫苑》抄 商鸿逵

启事 果 却

秃子的故事（农村连环图画） 赵望云画

第一部 （二）家庭之纠纷

子恺画例 丰子恺订

姑妄言之

英国的人权 于 恭

读书救国吗 亢 德

流浪者自传（二七）

〔英〕Dasies 著 黄嘉德译

第二十五章 佃舍里的人物

第 32 期

新年特大号

1937 年 1 月 1 日出版

愿士大夫知此味

愿天下人民无此色（封面画） 丰子恺画

中国新文化运动与浪漫主义（上） 刘大杰

悼鲁迅 林语堂

一人一书 施蛰存

附：编辑者言

文学作家中的胖子 上官碧

北伐野史

北伐从军外记 蝶 媒

汀泗桥之战 闵 敏

武昌之围 罗靖华

武昌城内　孟　拙
北伐军在河南　魏　守
泰山访冯记　何　容
无业大学生的一笔流水帐　秋　塘
骆驼祥子（八）　老　舍
北伐途次（二七）（二八）　郭沫若
流浪者自传（二八）
〔英〕戴维斯著　黄嘉德译
第二十六章　雨和穷
鬼恋　徐　讦

二十五年我的爱读书

《棘心》等三种　赵景深
《朱湘书信集》等三种　罗皑风
《三百篇》等三种　废　名
《凯绥·珂勒惠支的版画集》等三种
赵望云
《禅》等三种　尤炳圻
“The American Language”等三种
赵家璧
《杨柳风》等三种　叶圣陶
《死魂灵》等三种　周黎庵
“An Unsciel Socialist”等三种
浑　介
“Southey’s Life Of John Wesley”
等三种　徐祖正
《饮流斋说瓷》等三种　施蛰存
《文艺心理学》等三种　徐调孚
《文艺心理学》等三种　夏丏尊
“A Room Of One’s Own”等三种
方令孺
“The World of Nature”等三种
知　堂
《朱湘书信集》等三种　罗念生
《越缦堂日记》等三种　陈蛰园
《福楼拜评传》等二种　沈从文
除夜与过年　丰子恺画
冀南农村年景素描（四幅）
赵望云画
秃子的故事（农村连环图画）
赵望云画
第一部　（三）秃子的私生活
（四幅）
预备圣诞节（转载《字林西报》）

第 33 期

1936 年 1 月 16 日出版

“明明如月，何时可缀”（封面画）
丰子恺画
关于命理初（风雨后谈之一〇）
知　堂
说妒　苏雪林
从鹿园传来的消息　郁达夫
蟹（缘缘堂随笔）　丰子恺
续一人一书　施蛰存
苏联境内的中国人　藻　荪
苏联作家与西班牙内战　霭　穆
中国新文化运动与浪漫主义（下）
刘大杰

骆驼祥子（九） 老 舍
北伐途次（二九） 郭沫若
流浪者自传（二九）
〔英〕Dasies 著 黄嘉德译
第二十七章 泡影
鬼恋（续完） 徐 讦

秃子的故事（农村连环图画）
赵望云画
第一部 （四）夜间的行动（四幅）
作家影像八：废名先生
废名先生诗稿手迹
作家影像九：刘大杰先生
刘大杰先生论文手稿

第 34 期
苏联特辑增大号
1937 年 2 月 1 日出版

无题（雪天温饱与饥寒者相映照）（封面画）
姑妄言之
“道家科学” 陈子展
论“责备贤者” 怡

鲁迅的散文 毕树棠
兼好法师与陶渊明 傅仲涛
酒酣耳热（图画） 丰子恺画
北伐文献拾遗 老 向
苏联见闻
苏联现状（原文影印） 蒋廷黻
苏联的新闻事业 戈宝权
莫斯科的儿童宫 于炳然
苏联人民的集体娱乐 水 轩
苏联的休养所的生活 笑 天
莫斯科的咖啡店 贾 茗

女招待之今昔观 因 明
佛门清游三记 金 弢
秃子的故事（农村连环图画）
赵望云画
第一部 装病（四幅）
骆驼祥子（一〇） 老 舍
北伐途次（三一）（三二）
郭沫若
流浪者自传（三〇）
〔英〕Dasies 著 黄嘉德译
第二十八章 再度流浪
画 刊
作家影像一〇：老向先生
老向先生致陶亢德信手迹
作家影像一一：毕树棠先生
毕树棠书元曲小令
莫斯科儿童宫（照片四幅）
苏联的新闻报馆（照片一幅）
集体娱乐（照片三幅）
休养所生活与咖啡馆（照片二幅）

第 35 期
1937 年 2 月 16 日出版

放风筝（封面画）

作家影像一二：俞平伯先生
俞平伯先生诗稿手迹
姑妄言之
禁舞之类　钟　栻
一举两得　芊　等
忠臣功臣孝子　何芳洲

女人的命运（风雨后谈之一一）　知　堂
标语之难（补白）　幺　么
达夫的来访　郭沫若
文章的题目　陈炼青
毛巾在狱中　钦　文
编爆在湖南　老　向
羡慕乡村生活的夫妇（漫画）　斐　和
北平大学生的左右战　孝　若
救国必先相打？！（漫画）　华君武画
我做县收发的经过　郭收发
怪诗人徐玉诺　默　僧
瑞士山中过年　华　五
新加坡的巴杀　姚　枬
故都寻房记　趼　冰
再当丘八　叶永蓁
秃子的故事（农村连环图画）　赵望云画
第一部　（六）订婚的经过
骆驼祥子（一一）　老　舍
流浪者自传（三一）　〔英〕Dasies 著　黄嘉德译
第二十九章　一天的伴侣

第 36 期

1937 年 3 月 1 日出版

姑妄言之
算命　予　且
话说贪污　何　容
国人器识之需要　段式健

从滥用名词说起　梁宗岱
从一个服装展览会说到中日之不同　尤炳圻
游日杂记　方令孺
苏联的男女关系　友　侨
黑海之滨　柳宜冰
莫斯科的现在和将来　寒　松
一个鸦片烟贩女儿的血泪语　郁　影
记袁昌英女士（附袁昌英照片）　苏雪林
秃子的故事（农村连环图画）　赵望云画
第一部　（七）喜事之筹耗
骆驼祥子（一二）　老　舍
流浪者自传（三二）　Dasies 著　黄嘉德译
第三十章
画　刊
日本的风俗（四帧）
古时日本之服饰（四帧）

苏联休养胜地黑海海边（五帧）
劳动女英雄、莫斯科的接生院和结婚登记处（五帧）
补　白
高考前夜（官末做先想发财）（漫画）　华君武画
保护　幺　么
亡国零谈　幺　么

第 37 期
春季特大号
1937 年 3 月 16 日出版

画　刊
大地影片杂景（八帧）（照片）
苏联的戏剧（五帧）（照片）
苏联托儿所（四帧）（照片）
欧风美雨特辑
谈好莱坞　语　堂
美国的几种时髦杂志（附插图三幅）　乔志高
记牛津大学　中　生
印度的鼻叶与巴黎的小脚（上）　徐　讦
莫斯科的戏院　戈宝权
苏联的托儿所　钟肃仪
明朝之亡　知　堂
谈文字狱　刘大杰
大明湖之春　老　舍
日本狱中生活　谢冰莹
琴序　废　名
骑马　吉　丁
漫　画
军水商及发明家宣称　雷　迅画
兵工厂永远不倒　华君武画
它不想到这是一幅画吗　华君武画
关外惨景
失地记痛　圣　徒
啼笑皆非录　春　风
傀儡“登基”记（流泪话东北之二）附照片二幅）　展　览
秃子的故事（农村连环图画）　赵望云画
第一　（八）婚礼
骆驼祥子（一三）　老　舍
流浪者自传（三三）
〔英〕Dasies 著　黄嘉德译
第三十一章　叫化门槛
姑妄言之
动与静　憾　庐
《宇宙风》第三册（二十五至三十六期）总目

第 38 期
1937 年 4 月 1 日出版

作家影像一三：谢六逸先生
谢六逸先生《家》手迹

谈食人　知　堂
作品的“差不多”论　孙伏园
日本小品及随笔底一斑　傅仲涛

再与女儿书　老向
我所见的美国人和美国人所见的我　沈有乾
苏联的女人　于炳然
印度的鼻叶与巴黎的小脚（下）　徐订
做贼　马野
殷汝耕的生日　速陟
“九·一八”后凄惨恐怖的沈阳（失地记痛之二）　圣徒
广东禁赌记　英弟
附：插图　华君武画
谈知堂先生的读书杂记　章伯雨
秃子的故事（农村连环图画）　赵望云画
第二部　（一）数年之后
骆驼祥子（一四）　老舍
雨过天青（《流浪者自传》三四）　黄嘉德译
第三十二章　雨过天青

姑妄言之

对付邻居的办法　亢德

补　白

干政　幺幺
体育场外（漫画）　裘和画

第 39 期

1937 年 4 月 16 日出版

姑妄言之

文人与经书之用　憾庐
进步尚有疑问　亢德
文字的巧妙　知堂
小说中的对话　施蛰存
日本最杰出的小品文（《枕草子》介绍）　傅仲涛
谈寂寞　徐中玉
从苏联归来（小引）　纪德著　戴望舒译
附：纪德近影
莫斯科的名胜古迹　波音
土匪洋奴及浪人（失地记痛之三）　圣徒
秃子的故事（农村连环图画）　赵望云画
第二部　（二）春天里（四幅）
桃花江是美人窝?　平子
北平救世军的贫民寄宿舍　阿难
滑铁炉游记（上）　李澹洛
评茅盾的《吉珂德先生》　李洪
骆驼祥子（一五）　老舍
流浪者自传（三五）　〔英〕戴维斯著　黄嘉德译
第三十三章　大功告成
汉奸殷汝耕寿序　陈陟寄
笑话（一至四）（补白）　编者辑

第 40 期

1937 年 5 月 1 日出版

姑妄言之

教育年限问题　憾庐

植树有感 阿骥
不是小说式的故事 亢德
文艺副产品（孩子们的事情）
老舍
物以希为贵（漫画） 华君武画
地球两极图（漫画） 雷迅画
空紧张 钦文
去年英美两国的出版界 宋以忠
描写农村生活的文章（老向《民间集》序） 瞿兰农
到祖国去（失地记痛之四） 圣徒
大人先生与吕洞宾 刘保全
苏联的英雄（莫斯科杂缀之五）
于炳然
附：图片二幅
从苏联回来（一）
纪德著 戴望舒译
附：图片
秃子的故事（农村连环图画）
赵望云画
第二部 （三）夏日
滑铁炉游记（下） 李澹洛
骆驼祥子（一六） 老舍
流浪者自传（三六，续完）
〔英〕戴维斯著 黄嘉德译
第三十四章 吉屋召租

书评

从《雷雨》到《日出》 苏茹
《杨柳风》（格莱亨著，尤炳圻译）
蔡雨村
笑语（五至七则）（补白） 编者辑

第41期

1937年5月16日出版

姑妄言之

法治的精神 憾庐
儿童的疾病 亢德
建议改革澡堂子 宗典
谈文字狱 知堂
“幽默”的危险 老舍
作一个女孩的父亲 孙毓棠
姑嫂关系（新三姑之一） 石文
算学 苏青
苏联的教育方针 桓行
希腊的教育 罗念生
述而不作斋散稿 林丁
普希金轶事 毕树棠
或问 陆侃如
傀儡访日记（流泪话东北之三）
展览
附：照片一幅
苗人的真实现状 唐夷
关于照相 范放
秃子的故事（农村连环图画）
赵望云
第二部 （四）秋收时
骆驼祥子（一七） 老舍
从苏联回来（二）
纪德著 戴望舒译

书　评

《艺术漫谈》（丰子恺著）　何　鹏

笑话（八至九则）（补白）　编　者辑

第 42 期

1937 年 6 月 1 日出版

知堂《自己能做的》语录（封面题词）

姑妄言之

读经之利弊　刘维夫

国货年之后　憾　庐

自己所能做的　知　堂

剧作者的胚胎工作　袁昌英

谈戏剧杂志　宋春舫

谈好文章　李长之

略谈文学中之剽窃　周骏章

我们的寓所　于炳然

秃子的故事　赵望云

第二部　（五）严冬

医生和看护

〔苏〕左琴科作　李　剑译

这就是医院　常　工

公园中之赏艳者（漫画）

（无署名）

公路及其他　洪　摩

某国飞机在中国（漫画）

黄嘉音画

阿六入役记　周良斌

姑媳之间（新三姑之二及三）

石　文

流泪话东北（之四）　展　览

骆驼祥子（一八）　老　舍

从苏联回来（三）

纪德著　戴望舒译

附：照片一幅

笑话（一〇、一一）（补白）

编　者辑

第 43 期

夏季特大号

1937 年 6 月 16 日出版

姑妄言之

文学的需要　林　庚

从住屋到文学　憾　庐

自由并没死（海外通信之三）

林语堂

谈中西文化　徐　讦

不记日子的日记（一〇）　沈有乾

关于酒诫　知　堂

上海人的苦恼（一）（漫画）

华君武画

谈尊严　问　笔

荒凉的秋　甘永柏

笑话（一二）（一三）（补白）

编　者辑

五月的青岛　老　舍

工赈灾民（照片二幅）

板标上的标语　谢冰莹

英国的汉学家　华　五

被搜记　老　向

胆大妄为记　　卓　东
号声　　五　知
观成吉思汗祭　　于　至
通县之行　　波　洪
秃子的故事（农村连环图画）
赵望云画
第二部　（六）旧历年底
端阳　　罗念生
留须　　伯　上
骆驼祥子（一九）　　老　舍
从苏联回来（四）
纪德著　戴望舒译
附：照片一幅
《说岳全传》　　赵景深
书　评
赵景深的文学史著作四种　　何　鹏
集训秘传（漫画二幅）　　沫　华画
或问（致陶亢德）　　钟烈镎
附：陶亢德复函

第44期

1937年7月1日出版

旱灾图（漫画）　　丰子恺
姑妄言之
小把戏　　钦　文
儒家与统一思想　　憾　庐
孙总理广州蒙难记　　何香凝
谈《东莱博议（左氏）》　　知　堂
中庸之道　　林　丁
我为什么写文言文（《蘧庐语业》序）
陈子展
说才　　林　丁
李五祖宗　　毕树棠
游泳之道　　古司博今
笑话（一四）（补白）　　编　者辑
上海人的苦恼（二）（漫画）
华君武画
广西游记　　罗靖华
集训秘传（续一）（漫画）　沫　华画
谈中西文化　　徐　讦
苏联工程师的家庭　　殊　漪
峇峇　　君　曼
我不肯出卖灵魂　　郁　影
骆驼祥子（二〇）　　老　舍
从苏联回来（五至六，续完）
纪德著　戴望舒译

第45期

1937年7月16日出版

吹泡泡（漫画）　　老　黄画
姑妄言之
吃姊夫　　钦　文
应不宽大　　岂　哉
思想自由漫谈　　憾　庐
论诗　　知　堂
旱灾中的四川　　卓　东
——疱有肥肉，厩有肥马，民有饥色，野有饿莩
广西的女人（广西游记）　　罗靖华

东北人的“王道死法”（漫画二幅）
老　黄画
倭寇与汉奸　尤炳圻
一个美国学生的东亚梦　孙毓棠
某国人在中国（漫画）　刘　飞画
美国大学生活
Vincent Sheean 著　张沛霖译
巴黎的书摊（附照片两幅）
戴望舒
波兰人的结婚（附照片一幅）
张达升
嫁时回忆　乔　千
上海人的苦恼（三）（漫画）
华君武画
骆驼祥子（二一）　老　舍
书　评
《瓜豆集》（周作人著）　海　戈

第 46 期
留美学生特辑
1937 年 8 月 1 日出版

姑妄言之
闻战则喜　亢　德
留日学生的苦难　亢　德
修墓与守土　岂　哉

陷于重围中的北平第一信（特约撰稿）　老　向
日军控制下的天津（特约撰稿）
方卫华
“文”而不“学”　施蛰存
关于儿童读物　冯沅君
脂粉画家　钦　文
骆驼祥子（二二）　老　舍
留美学生特辑（一）
哈佛（附图二幅）　莎　士
耶鲁　好　士
普林斯登大学生活杂录　何祚蕃
康乃尔　慕　谷
密西根大学的中国学生　密　友
中国学生在费城——记本薛文尼大学（附图一幅）　KDK
煤油大王大学——芝加哥大学
镇　华
米苏里新闻学院　高克毅
关于司丹福大学和留学生生活种种
愚

美国大学生活（中）
Vincent Sheean 著　张沛霖译
或问（读者来信，致陶亢德）
谈浩文
附：复信
或问（读者来信，致陶亢德）
陆质君
附：复信

第 47 期
1937 年 8 月 16 日出版

是可忍孰不可忍（漫画）　丰子恺画

由日本回来了　郭沫若
题廖仲恺先生遗像（手迹）　郭沫若
八月二十廖先生身殉革命记　何香凝
附：廖仲恺先生遗像
记二十九军　波　洪
沦陷前夜的北平（致陶亢德信）　老　向
哈尔滨地图　方家达
杂话巴蕾　汪倜然
附：巴蕾画像
在白德里山庄（瑞士通讯之一）　刘小蕙

留美学生特辑（二）

佳丽河畔（记麻省理工大学）　T　J
附：插图二幅
华盛顿方场剪影（纽约大学素描）　H　L
附：照片一幅
加里福尼亚（大学）（原稿英文）　李采连
附：插图一幅
哥伦比亚大学（纽约客谈之五）　乔志高
附：插图三幅

美国大学生活（F）　Vincent Sheean 著　张沛霖译
骆驼祥子（二三）　老　舍

第 48 期

1937 年 10 月 1 日出版

战事四题（漫画）　丰子恺画
我是中国人（歌曲）　罗靖华歌　黎锦晖曲

姑妄言之

抗战中应保持的心理　憾　庐
建筑是伤心的说明　西　渭
后方种种　施蛰存
在前方——不朽的一夜　徐　迟
上海抗战目击一周记　海　戈
逃难通讯　海　戈
沪战暴发后的南京　章伯雨
“九·一八”国难虎口余生录　杨大庸
贺贻孙村谣　知　堂
欧战所产生的几个剧本　宋春舫
骆驼祥子（二四）　老　舍

献给高尚的仕女们（一）（二）（三）（漫画）　华君武画
编辑后记　编　者

第 49 期

1937 年 10 月 16 日出版

战　鼓

半汉奸　老　舍
痛心事　亢　德
主战论　憾　庐

学取鲁迅的精神　王任叔
从第一“双十”到第二十六“双十”　陈独秀
我的家世（《我的生活》第一章）　冯玉祥
我与青年（自传之一章）　章乃器
随军杂记（一）　谢冰莹
战地之狗（漫画）　丰子恺画
故都暂别记　北　向
笑得掉牙齿的“布台”　北平一友人录寄
九月烽火掉边城　春　风
关于“吾国与吾民”　语　堂
四个日内瓦　华　五
附：漫画插图二幅
美京华盛顿素描　梅华文
附：照片三幅
编辑后记　亢　德

第 50 期

1937 年 11 月 1 日出版

战　鼓

“到民间去”的重提　憾　庐
注意华北　黎　庵
如何调解　亢　德
屈不得膝　亢　德

睡狮初醒（画）　丰子恺画
康格庄（上）（《我的生活》第二章）　冯玉祥

鲁迅先生逝世周年纪念特辑

病再起至沉重时的日记　鲁　迅
促鲁迅先生就医信　宋庆龄
关于鲁迅先生的病中日记和宋庆龄先生的来信　许景宋
鲁迅先生计划而未完成的著作（回忆）　O　V
鲁迅先生和自然科学　建　人

随军杂记（二）　谢冰莹
请惠钞（漫画）　T　K 画
友来话北平　老　舍
步何香凝先生送寒衣原韵（七绝二首）　欧　震
走出北平笼城　顾　良
两月来敌机轰炸苏州记　鹤　仍
欢乐的双十节　林　憾
知堂先生在北平　亢　德
美国的学校　林如斯

世 界 语

对于日本侵华的观察　Paul Claudel
中日难以妥协　Nathaniel Peffer
编辑后记　编　者

第 51 期

1937 年 11 月 11 日出版

战　鼓

多谢敌人的飞机大炮　陈独秀
停薪留职　老　舍

应发起节约救亡运动　憾庐
政费的节约　亢德
康格庄（下）（《我的生活》第二章）　冯玉祥
没有父亲的孩子（实庵自传第一章）　陈独秀
附：陈独秀近影
我学会烧饭的时候（自传之一章）　何香凝
记张发奎将军　朱朴
传记的意义　〔日〕鹤见祐辅作　岂哉译
浦东炮战（漫画）（转载《字林西报》）
伤兵语壮（平汉线见闻之一）　老向
附：致陶亢德信
飞机翼下的广州　穆时英
弹声机影中的杭州　梦闲
今日北平的教育界　柳荪
芦沟桥事变中的二十九军　予亦
一个新闻记者的战时工作录　植之
从新闻的散兵线到阵地线　双十节
文以记事状物　孙伏园

第 52 期

1937 年 11 月 21 日出版

怎样使有钱者出钱有力者出力　陈独秀
入伍前后（《我的生活》第三章）　冯玉祥
没有父亲的孩子（下）（实庵自传第一章）　陈独秀
我的生平一角（上）（自传之一章）　陈公博
传记的意义（续二）　〔日〕鹤见祐辅著　岂哉译
前线通讯（平汉线见闻之二）　老向
随军杂记（三）　谢冰莹
战火当头且自欢乐（漫画）　华君武画
罗店全线平静无事　林之东
劳者之歌　丰子恺
案头的悲哀　西渭
五百健儿歌（诗）　憾庐
万人争仰闸北孤军（漫画）　华君武画
从天津到上海（《走出北平笼城》续）　顾良
厦门景象　穆悠
中日冲突中的列强　S.de Rochefoucduld
列强应帮助中国　M.Magnien

第 53 期

1937 年 12 月 1 日出版

某一种上海人（漫画组）　华君武
大时代与写家　老舍

入伍前后（下）(《我的生活》第三章） 冯玉祥
江南乡试（实庵自传第二章）
陈独秀
我的生平一角（下）(自传之一章）
陈公博
传记的意义（续二）
〔日〕鹤见祐辅著 岂 哉译
飞炸塘沽记 老 向
悼空军英雄梁定苑 黄莺倪
同仇日记（上） 施蛰存
南浔作战场 徐 迟
长沙现状 宏 毅
罗马通讯 致 远
墨索利尼和希特勒 顾 良
附：照片二幅，漫画六幅

第 54 期

1937 年 12 月 11 日出版

河边的眼泪（《我的生活》第四章）
冯玉祥
一个挨打受罚的幼稚生（自传之一章） 王芸生
传记的意义（续三）
〔日〕鹤见祐辅著 岂 哉译
流亡曲（诗） 臧克家
第一次空袭经验 英
悽怆的南市 徐 迟
嘉兴被炸之惨（录《泰晤士报》)
烽火归来（我为什么到南京来）
高语罕
记长沙临时大学 豆 三
北平的窝窝头 张中岳
在日本船上 而 实
卧龙岗 老 向
古巴的华侨（古巴通讯） 蔡萼生
一个伤兵的自述 刖 夫
谈城墙 问 笔
编辑后记 编 者

第 55 期

1937 年 12 月 21 日出版

今日之上海（漫画组） 华君武画
光绪二十六年(《我的生活》第五章）
冯玉祥
我在教育界的经验（自传之一章）
蔡元培
关于自己 知 堂
从游击战谈到朱德煮饭 任天马
“孤立者”（漫画组） 华君武
南归日记 沙上旅
第八路军的圈子（漫画）(转载纽约《新群众》)
武汉小住 高语罕
“请美国同情帝国和平亲善之工作，而予以协助”（漫画）
孤岛的静寂（散文诗） 憾 庐
故乡杂记 长 风
金门岛 姚 苡
空袭下的广州 石 田

炸弹下的南昌　莲　笙
漫谈佚名与笔名　周骏章

第56期
1938年1月1日出版

一九三八年中国寄给各国的贺年片（封面漫画）　西冷画
光绪二十六年（《我的生活》第五章）　冯玉祥
我在教育界的经验（下）（自传之一章）　蔡元培
我幼时求学的经过　陈衡哲
——纪念我的舅父庄思缄先生
孤岛的狂欢（漫画）　华君武
小小经验　长　江
中国新军人魂　周承周
——悼空军英雄黄葆珊
南行记乱（一）　苏　茹
济南三日记　臧克家
哀宝山　郁　影
我的办公经验　筱　舫
贩毒者言　幺　幺
英国的房东　雄　风

第57期
1938年1月11日出版

从淮军的教习到武右军的兵（《我的生活》第六章）　冯玉祥
不惑之礼（自传之一章）　丰子恺
附：作者略历
老年和青年——　沙上旅
敬吊散原老人在国之灵
海外通讯　林语堂
不久之将来的上海人："今天天气哈哈哈……"（漫画）　华君武
太湖的游击战　徐　迟
海外通信　语　堂
船过黄浦江（从宁波到上海）　郑适我
忆北平　宏　毅
西苑最后的一瞥　予　亦
东北人的炕　春　风
奥省悍吏陈景华　陆丹林
纽约的都市歌剧场（纽约客谈之五）　乔志高
日本艺术之今昔（漫画）（转载纽约《泰晤士报》）
美国大学的注册（金山笔记之八）　问　笔
孤岛现状图（漫画）　西冷画

第58期
1938年1月21日出版

从淮军的教习到武右军的兵（下）（《我的生活》第六章）　冯玉祥
四十年求知的经过（自传之一章）　叶恭绰
忆故乡——硖石　屠仰慈
孤岛杂记（续《孤岛的静寂》）

憾　庐
南行记乱（二）　苏　茹
中日战争中美国人的态度　梅　朵
金山笔记（一〇、一一）　问　笔
纽约的几种特别市店　林如斯
香港的红色恐怖　孟　飞
入监　马　野
血战时期的上海景象
Oarl Orow 著　周　新译

漫　画

都会的穷巷　蔡西冷画
地皮章程饮弹（转载《字林西报》）
今朝有酒今朝醉　华君武画
今代苏武（组画）　华君武画

第 59 期

1938 年 2 月 1 日出版

副目哨长队长（《我的生活》第七章）
冯玉祥
自传之一章　黎锦熙
曲友　赵景深
孤岛杂记（四至八）　憾　庐
南浔浩劫实写　徐　迟
我怀念二十九军　沙上旅
从西安到云阳　姚　苡
日本汉学家的感时诗　陆丹林
一位绝世的散文家——西班牙的阿左林　徐中玉
八路军如何应付机械化战争
〔美〕A.Smedley 作　君　复译

漫　画

孤岛的学校风光（漫画组）
华君武画
孤岛的文化人　华君武画
困居孤岛的美专高材生（无署名）

第 60 期

1938 年 2 月 11 日出版

小型的复活（自传之一章）老　舍
附：著者略历
我的佛教革命失败史（自传之一章）
太　虚
买路逃难记　又乾乙月
同仇日记（下）　施蛰存
孤岛杂记（九至一一）　憾　庐
如此福州（戏剧·饭菜·女人及洗澡）　姚　苡
怀乡小品　穆时英
美国的抵制日货运动（纽约通讯）
李国钦
战地的一角　舒　群
在伤兵俱乐部　孜　琴
关于朱德　Edgar Snow 著　罗　田译
罚港　平　白
关于吃　罗靖华

漫　画

"留点胡子便当一点"　华君武画
戊寅元旦的形形色色　华君武画
战神对于小民的讥笑（转载《字林西报》）　（无署名）

第61期

1938年2月21日出版

自　传

大学生活的一断片　冰　莹

童年回忆　南　桥

中国人的"别致"　刘西渭

孤岛杂记（一二至一四）　憾　庐

南游记乱　苏　茹

烽火归来（续五五期）　高语罕

人在死亡线上　方家达

——敌机下的武汉素描

英帝国的前哨——香港　穆时英

美国的舆论（纽约通讯）　李国钦

松鸡先生的地理课

Dorothp Thompson 作

怀　今译

日本学生的思想

Were Redman 著　周　新译

南征与北伐　秋　桎

本刊特辟"书园"启事　本　社

征文启事　本　社

漫　画

春耕图（组画）　华君武画

姊妹的命运——卡门与阿兰（《大地》女主角）（转载《字林西报》）

第62期

1938年3月1日出版

自　传

到巴黎去　宋春舫

附：著者略历

半生之回顾——MPFAIS　陈小翠

附：著者略历

偶录（一）（二）（三）　雪　雪

忆北平的旧岁　春　风

神秘的红旛口　予　亦

沦陷前后　白　云

——一个身临其境者的惨痛遭遇

香港种种　朱　朴

知识（述而不作斋散稿之四）（补白）

林　丁

夜的厦门　穆　悠

福特汽车厂参观记　梅华文

都德的一个故居　戴望舒

道学家（补白）　王二十

在军人监狱　楞　人

老干　默　僧

顾　良编：书园　第一号

园语（一至三）　顾　良

书园风声　顾　良

《我为中国人说话》

（Carl Crow 作）　余　寅

关于"时代知识丛书"和《日英必战论》（日本丸滕太原著）　周　新

《西藏情歌》（刘家驹译）　李　素

漫　画

节育运动在上海　华君武画
和平的孤岛　西　冷画
“剥猪猡”者领通行证　华君武画
卖旧书的大学生　张大任画

第 63 期
1938 年 3 月 11 日出版

自　传

我与牛津　郭子雄
风话八则　金　梁
谈死　徐　迟
春天与鸟语　憾　庐
南国琐语　姚　苡
香港初印象　唐健燕
衡阳被空袭记　何　适
退出青岛　金　刚
题手册　陆丹林
忆家乡——无锡　张孟昭
哀苏州　王仲鄂
美国与远东问题　李国钦
与君约略话故乡　未　羊
我的邻居　果　轩

图　书

园语（一）　顾　良
《庚子西狩丛谈》笔者吴永先生——我的父亲　济　生
《英国文学史纲》（金东雷）　周骏章

漫　画

呀，呀！这春天　华君武画
中国的天空（转载《字林西报》）（无署名）
这或许才有些效力（转载《Oregonian》）（无署名）
长寿秘诀　庄重生画

第 64 期
1938 年 3 月 21 日出版

自　传

从故乡至无妻之累（《万里寻妻记》一）　许钦文
组织民军的工作　陆丹林
搬家初感　书　尾
中正营里学当兵　戴敦复
后方小品　郑康伯
七载烽火忆辽阳　春　风
南京上海二十日记　钱景雪
探险受警记　凡　罗
梧州无恙　徐远之
香港华侨的动态　何本秀
战线后方的情况　怀　今

书　园

园语（二）　顾　良
一年来我所爱读书　一〇家
关于《未来之世界大战》　周　新

漫　画

大时代　华君武画

"妈，这就是我们的家了!" 蔡西冷画

魔岛之春 黄嘉音画

第 65 期

1938 年 4 月 1 日出版

生活的回忆（自传的一页） 傅仲涛

怀想猫 李长之

孤岛杂记（一五）（一六） 憾庐

我怀念着南京 周而复

夜忆钱江桥 金起元

乡思中漫谈常熟 郁影

福州如此穷苦、饥饿、咆哮! 沙浪

上海佬在香港 因明

爪哇见闻 郭慕鸿

三月来的长沙临大 （佚名）

战场上救护工作的一夜 志坚

基督医院是怎样被炸的 〔美〕穆文珂作 墨农译

顾良编：书园 第四号

园语

跋刘锡蕃《岭表纪蛮》 顾良

一年来我所爱读书 王益抄

《春琴抄》等两种 王伯生

《御香漂渺录》等五种 徐芳

《鲁迅书简》

《上海——冒险家的乐园》等二种 梅焕藻

《叛徒》 琴歌

刘锡蕃《岭表纪蛮》 琴歌

芳草地

《钟楼怪人》和《茵梦湖》 萧雯

书园风声

《隽味集》半月刊

漫画

妇女职业 华君武画

无线电收音机 庄重生画

第 66 期

离沪纪念特大号

1938 年 4 月 11 日出版

迁移和留别的话 憾庐

再会吧，《宇宙风》! 黄嘉音

春来忆江南 郑适我

绿杨城郭是扬州 君平

忆故乡杭州 石田

福州的妇女 钦文

不记日子的日记（一一） 沈有乾

兵荒马乱中做父亲 徐迟

友情与疏远 易名

辗转在封锁线上 春风

逃难杂感 杨力行

还乡记 白云

海陆丰剪影 姚苡

惠北特写 安迪

时局动乱中的香港　黄若耶
渔妇之殓（南行杂记之一）　屠仰慈
妹妹的胖病　书　尾
巴塞罗纳的事变　曼　如
书　园
园语（八至一二）　顾　良
施乐的《西行漫记》　杨善同
一年来我所爱读书
《生活的艺术》等七种　宋以忠
《谢冰心散文集》等三种　李嘉璧
《书人》杂志等　高风池
“Chance Love and Logi”等三种　沈有乾
“Up From Slavery”等三种　丁光训
《老残游记》　盛马良
漫　画
培植与生长　华君武画
诗情画意　庄重生画
反了　陈雪生画
看看而已　蔡振华画
大地　周森镛画
货物无失，人却停薪　庄重生画

第 67 期
南迁纪念特大号
1938 年 5 月 1 日出版

随　笔
妇女问题随笔（引子，一）　陈衡哲
体育随笔　桑　愉
字与画（艺术随笔）　陆丹林
两次秋操（《我的生活》第八章）　冯玉祥
关于范爱农　知　堂
一封信（致陶亢德）　老　舍
嘉定城巡礼（续从军日记之一页）　谢冰莹
逃出了天堂　杜　衡
告缘缘堂在天之灵　丰子恺
日本永不能击败中国（漫画）（转载纽约《泰晤士报》）
北平秋兴（一至四）（诗）　马文珍
沦陷后的苏州百态　越　邻
汉奸在前线　志　坚
夕阳春雪话长安　苏　茹
昆明杂记　李长之
流亡在关东　臧克家
日本的又一拿手好戏（漫画）（转载《华盛顿邮报》）
卖儿　血　因
一九三八年的春季时装（漫画）（转载《华盛顿先锋报》）
纽约募捐记　乔志高
《黄脸小绅士》（H.J.May 著）（书评）　朱　朴
南迁途中寄语堂　亢　德
——《宇宙风》的现在与将来

第 68 期

1938 年 5 月 16 日出版

随 笔

妇女问题随笔（二） 陈衡哲
华南安如泰山（军事随笔） 杨 纪
纯文艺暂时让位吧 杜 衡
国际闲话 从 予
一下打入洞内 桑 榆

新民府（《我的生活》第九章） 冯玉祥
我的小学时代（自传之一章） 茅 盾

记“文协”成立大会 老 舍
万里寻妻记（二） 许钦文
沐猴而冠又一场（漫画） 非 画
北平秋兴（五至八） 马文珍
日本黩武者栽觔头（转载纽约《每日工人报》） by Ellis 画
日军在南京
〔美〕Sonth China Marning 讲 郭镜秋译
四十八小时的苏沪水上旅程记 越 邻
马拉松之役 罗念生
纪美京华侨演剧筹款 梅 朵
鲁南大胜（鼓词） 老 向
欢迎《宇宙风》（读者栏） 时 甫

第 69 期

1938 年 6 月 1 日出版

漫 画

抗战漫画并题词（失地儿童心爱国） 丰子恺画
声色犬马（上海风景） 华君武画

随 笔

妇女问题随笔（三） 陈衡哲
有关心理学与无关心理学的话 沈有乾
法律随笔（三则） 陈 季
美国人的文明原来如此
〔美〕Ralph Liton 著 叶颖林译

山东道上（《我的生活》第十章） 冯玉祥
台儿庄大战照片（三幅） 萍 摄
在厦大的一年（自传之一章） 庄泽宣
思祖翁散原老人 栩 影
火烧好汉庄（抗日鼓词） 老 向
踏进了伟大的战场——台儿庄 冰 莹
西战场通讯 李 奇
附：按语 阿 骥
万里寻妻记（三） 钦 文
重庆现状 沧 一
福州人觉悟了吗？中国人觉悟了吗？ 亦 凡
日本在美国的宣传技俩（通讯）

乔志高

横渠四句教四部合唱

萧而化作曲　丰子恺附说

（读者栏）致编者　季寒筠

第 70 期

夏季特大号

1938 年 7 月 1 日出版

抗战漫话并题词（狼入中原人流离）

丰子恺画题

随　笔

鼙鼓声中忆闽厦　庄泽宣

华南的血钟响了　憾　庐

手工与机器　尤炳圻

足球与英国议员（体育随笔）

桑　愉

武学研究会（《我的生活》第十一章）　冯玉祥

记老舍先生　中　生

美国与中日战争　语　堂

中国之武力抵抗（漫画）（转载《芝加高波兰报》）

一个游击战士的自述　白　菜

大地不好啃（漫画）（转载《纽约世界电讯报》）

东战场纪行（从上海到江阴）

钱君匋

西行日记　施蛰存

南行杂记　林　幽

魑魅魍魉绕孤岛（上海通讯）

孔远之

胜利的追求（漫画）（转载《纽约每日新闻》）

武汉三镇　绪　君

日本："这不是待客之道！"（漫画）（转载《纽约世界电讯报》）

满城风雨话温州　陈墨侠

昆明印象　郭世绂

福州的西湖　郁达夫

瑞士佛里堡纪游　赵尔谦

巴黎印象　林无双

无题漫画一幅（转载外国报刊）

害羞的病　司徒丹

读 者 栏

珍重吧，老友《宇宙风》！　龙　驹

来函询语堂　柳始华

复柳始华　亢　德

第 71 期

1938 年 7 月 16 日出版

为念战争苦，好景忽减色（封面画）

丰子恺画

抗战漫画并题词（"何处从军女"等四幅）　丰子恺画题

随　笔

妇女问题随笔（四）　陈衡哲

两性间的差异（家庭问题随笔）

憾　庐

"罪刑法定主义"与"莫须有主义"

郑适我

从二月到八月（《我的生活》第一二章） 冯玉祥

自传之一章 徐悲鸿

附：照片一幅

时事漫画 华君武画

一年来的妇女工作 冰莹

我在四川所见到的奇迹 袁昌英

拳击（漫画）（转载《芝加哥论坛报》）

血泪话金陵（记逃出者所述） 林娜

东战场纪行（续） 钱君匋

西行日记（续一） 施蛰存

两月习商记 老向

万里寻妻记（四） 钦文

几位美国女同学 林如斯

读节本《世说新语》（书评） 饍堂

读者栏

答季寒筠函 冰莹

让《宇宙风》吹遍了南国吧 周尔杰

广州之教会产业（漫画）（转载《纽约时报》）

第72期

1938年8月1日出版

抗战漫画并题词（“人民如散沙”）（封面） 丰子恺画题

抗战漫画并题词（“积尸数十万”） 丰子恺画题

随笔

从女汉奸说起 冯沅君

谈空袭 金重

现代西方政治人才的衰落（政治随笔之一） 李侠文

体育界也有“防共协定” 桑榆

日本海军出发猎象 G.R.Brown 著 林无双译

我的第一次失败（《我的生活》第十三章） 冯玉祥

自传之一章（续完） 徐悲鸿

附：致徐悲鸿夫妇函（影印件及排印文） 王锡礼

劳者自歌 丰子恺

厦门沦陷前后（致陶亢德信） 巴宁

日军测重其胜利（漫画）（转载《纽约时报》）

故都归鸿 乃仁

礼魂（诗） 马文珍

西行日记（续完） 施蛰存

西方看见了她的学生的行为（漫画）（转录美报）

万里寻妻记（五） 钦文

海防见闻 文栋

中国为正义奋然而起（漫画）（转载美报）

书评

巴金的《春》 荫墀

《中德文学研究》（陈铨著） 毕树堂

读者栏

致编者（周作人究如何?） 何 可
附：编者按
关于周作人——一封北平来信（载六月七日《文汇报》） 胡 马
附：编者缀语
致编者（关于《实庵自传》） 一读者
附：编者按

第 73 期
1938 年 8 月 16 日出版

林语堂《日本必败论》手迹（封面底色）

杂感与随笔

烟火人语 冯沅君
两栖生活 雪 庐
爱情之外（家庭问题随笔） 憾 庐
日本必败论 林语堂
附：插图二幅
陷入泥塘中之日本 Haliett Abend 著 林如斯译
明末、南宋、东晋伪和战 黎 庵
那是很长很长的路啊!（漫画）（原载美报）
断腿连副（伤兵医院见闻记） 阜 东
战争请日本青年学生干杯（漫画）（转载美报）
一个负伤战士之自述 刚 文
武昌被炸轻描记 老 向
关于“文协” 老 舍
啼笑皆非续录（一） 春 风
澳门杂写 蔡如霖
万里寻妻记（六） 钦 文
幼年之我（自传之一章） 徐一士
焦土抗战之沈鸿烈 李同愈
古宅 柯 灵
日军没入黄河洪流中（漫画）（转载美报）

第 74 期
1938 年 9 月 1 日出版

战苦军犹乐，功高将不骄（封面画） 丰子恺画
抗战漫画并题词（舍生取义） 丰子恺画题

杂感与随笔

“踏进伤兵医院”的回忆（烟火人语之二） 沅 君
法律随笔（两则） 陈 季

正月十二日（《我的生活》第十四章） 冯玉祥
自传之一章 毕树棠
洒将忠烈血，栽培自由花（漫画） 丰子恺画

松门别墅　　栩　影
敌人蹂躏下的北京大学（回忆录）　　程健健
　附：照片二幅
谈卖糖　　知　堂
由长沙到福州　　黎烈文
战区杂讯　　绪　君
船的悲剧　　林　玲
万里寻妻记（七）　　钦　文
一封血和泪的信　　芝　庵
在美编《论语》及其他（海外通讯）　　林语堂
诲　　宋悌芬

第 75 期

1938 年 9 月 16 日出版

豫藏花雕酒，为君祝凯旋（封面画）　　丰子恺画
抗战漫画并题词（将军老马奏凯归）　　丰子恺画题

随　笔

反省吧，被侵略的人们（烟火人语之三）　　冯沅君
谈对于“文言文”的待遇　　何　逢
正月十二日（续）（《我的生活》第十四章）　　冯玉祥
自传第一章（续完）　　毕树棠
未来的国民——新枚　　丰子恺
浠水之行　　冰　莹
在伤兵医院中两个月　　涛　姐
“七七”以后的北平高等教育　　碧　君
友情的通信
武者小路实笃、周作人作　　知　堂译
由东京到武汉　　青　凡
贵州步行记　　德　瞻
鼠（诗）　　马文珍
“天方夜谈”（万里寻妻记之八）　　钦　文

书　评

读《外人目睹中之日军暴行》（英国田伯烈著）　　吴　雁

第 76 期

1938 年 10 月 1 日出版

所欲有甚于生者，所恶有甚于死者（漫画）（封面）　　丰子恺画题
抗战漫画并题词（妇婴逃炸）　　丰子恺画题
左路备补军（《我的生活》第十五章）　　冯玉祥
述学（自传之一章）　　陈柱尊
我所认识的饶神父　　赵尔谦
　附：饶家驹神父像
民族革命大学生活录　　非　非
伤兵·防空·饮食　　侣　黄
拟日兵手记　　庄瑞源
由东京到武汉（续）　　青　凡
掩鸡豹　　钦　文
复杂的故事　　李　丽

第 77 期
1938 年 10 月 26 日出版

自 传

左路备补军（二，上）（《我的生活》第十六章） 冯玉祥
自传之一节 张一麟

随 笔

汽车笛声叫我写的 憾 庐
论军医 大 风
船上（自汉口到宜昌） 老 舍
宜昌杂记 幼 潜
昆明的秋 沅 君
甜香的岭南 程靖宇
中国人在暹罗 太 璈
书室遗像 朱 雯
抛子别妻（万里寻妻记之十）钦 文
楚天辽阔一诗人——记“我的朋友”郁达夫 易君左
读《孔子集语》（孙星衍撰）知 堂
评介鲁迅的《古小说钩沈》 赵景深

本刊重要启事（为由粤迁桂事）
本期重排的话 憾 庐
征求战地通讯特写 编辑部

第 78 期
复刊纪念号
1939 年 5 月 16 日出版

杂感随笔

和平主义者（杂感之六） 巴 金
劳者自歌 丰子恺
“暴敌养汉奸，如人养畜生”（漫画） 丰子恺画题
学鲜卑语与学日语 刘大杰
我们复刊了 憾 庐

左路备补军（二）（《我的生活》第十六章） 冯玉祥
自传之一节（续） 张一麟
黄山游记 庄泽宣
抗战歌谣（一至九） 老 向
芦沟曲 严既澄
家书值万金 老 向
回到沦陷区吴江 钱今昔
由东京到武汉（二续） 青 凡
朝鲜亡命记 默 僧
战壕里（疟疾之语） 索 非
空袭 田 蕙
敌人到来以前的城市 庄瑞源
我们这样认识敌人（记解往常德的日本人） 万甘文

第 79 期
1939 年 6 月 1 日出版

杂感随笔

关于抗战的文章 若 昔
从中国人的发说起 周黎庵
和议的把戏 憾 庐
“弹击症”（心理随笔） 萧 斧

剿白狼（《我的生活》第十七章）

冯玉祥
"五四运动"的一段插话 陆侃如
微语四则 丰 佩辑译
前记
（一）不灭的叶痕（米 莱作）
（二）物之不齐 （考莱宜作）
（三）十八世纪前的问答
（A.考喀司作）
（四）我为什么生活
（L.版克司作）
睡不醒（快板） 老 向
谈海外宣传 林疑今
梅圃先生 陆 蠡
疯话 雨 田
——一个小城的素描
逃难 田 蕙
初入临汾的回忆 舒 湮
娘子关畔昏夜行（随军忆语之二）
张叶舟
西子蒙不洁（漫画）
沦陷后的杭州 余小可
上海的住 傅 薪
美国科学家反法西斯宣言附记
伊 蒙译
反法西斯运动在葡萄牙 列 翁

第 80 期

1939 年 6 月 16 日出版

杂感随笔

黑土（回忆之一） 巴 金
检点自己 亢 德
一个民族的文明程度 憾 庐

和知堂《偶成》（七绝六首）玄 殊
剿白狼（《我的生活》第十七章）
冯玉祥
追念同轩老人 霭 骞
故事集 芦 焚
莲花峰顶放歌（诗） 同 昭
男女 徐 讦
在孤军营中 陈 嘉
东京监狱生活实录 苏 岳
从东京被放逐回来 魏 晋
浙赣道上 宏 之
在南岳的一个俘虏 黄家骐
爪哇的书禁 郭慕鸿
虎口余生记 何 求

第 81 期

1939 年 7 月 1 日出版

杂感随笔

和与战 林疑今
悲观与乐观 憾 庐
李国杰与汪精卫之一段因缘 且 庵

汉中道上（《我的生活》第十八章）
冯玉祥
长板坡 冰 莹
疚痛 一 文
——一点回忆

山西羊变山西狼　张叶舟
一个游击队员讲的故事（原载《大陆报》）　陆森年译
赣南之行　叶时修
返沦陷区常熟　郁　影
东京监狱生活实录（二）　苏　岳
雷电（科学小品）　圣　泉
旧臂椅（诗）　寇克作　蔼　骞译
爪哇人的哀歌　郭慕鸿
弥留的英格兰寡头政治　L.Bromfield著　怀　今译

第82期
1939年7月16日出版

杂感随笔

夏夜随笔　周黎庵
道德与抗战　维　正
写于抗战两周年　憾　庐
汉中道上（《我的生活》第十八章）　冯玉祥
自传之一节（再续）　张一麐
南国一诗人（廖苹菴）　仌　弦
独居者　陆　蠡
汽车中　陈　嘉
三言两语话金筑　钟　依
绥江散记　双　玉
赣南之行（续完）　叶时修
在沪西“俱乐部”　柯　灵
艈　庐福庠
绿隐深处听蝉声　帛　公
东京监狱生活实录（三）　苏　岳
《拿破仑日记》（读书）（R.M.Johnston著，伍光建译）　胡　嘉

第83期
临时特大号
1939年10月16日出版

杂感随笔

在内地瞎想　仌　弦
从世界博展会谈到中国国际宣传　沈承灿
“先器识而后文艺”　于秋士
新时代的酝酿　憾　庐

拉斐耳的圣母画像（西洋画史略评之一）　王统照
我们是怎样消耗敌人子弹的　谢冰莹
京沪沿线的徒步教育队　张叶舟
南行杂记（六至一一）　林　幽
夏在良丰　罗　洪
重入魔窟的广州　老　震
陷落前的汕头　庄瑞源
宁成车站　林　玲
从“谜之国”里出来　海　公
“七七”在孤岛　绿　野
当你来到了澧县　农　山

没有走完的路 净 子
东京监狱生活实录（四） 苏 岳
困平离平记 徐 铸

第 84 期

1939 年 11 月 16 日出版

杂感随笔

本刊四周年的话 编 者
这就是杂感与随笔 仌 弦
同情与怜悯 杨彦岐
文武合一与学生健康 胡 海
马拉，哥代和亚当·吕克斯（回忆之一） 巴 金
鲍德莱耳（林译《恶之华》序） 李健吾
门与叩者 陆 蠡
夜车（旅途随笔之一） 一 文
“六·一一”成都之火 李继忠
晨渡苍岭记 厉天予
从“谜之国”里出来（续完） 海 公
雨 庐福庠
没有走完的路（续完） 净 子
生活，就象夏夜般迷乱 覃日章
东京监狱生活实录（续完） 苏 岳
鬼 马 云
从西洋名画展览会归来 斯 亮

第 85 期

1939 年 12 月 1 日出版

杂感随笔

说假话做假事 吴涵真
——读陶行知题苏格拉底所坐石牢后感言
旧事重提抄 达 年
冤禽琐语 弋 人
生命的战栗 郝毅民
由赣入粤小记 庄泽宣
夜行 靳 以
——旅中短记之一
从假的到真的 朱 雯
一封来自边区的信 忧 余
附：致编者函 吴馥欣
匪区纪实 柳 绵
沦陷区一学校 丁 谛
——牛鬼蛇神记之一
波士顿精神总动员和“七七”献金 寒 泉
猛进中的澄江 黄光第
西北角落的兰州 凌 云
旅途通讯 高 咏
送行 马 云
夏虫之什 缪崇群
眺（诗） 刘洁萍
“夜”（独幕剧） 金 明

第 86 期

1939 年 12 月 16 日出版

杂感随笔

"携手"与"偕亡" 阚西文
"金钱"及其他 蒋化鲲
雨天随笔 乃 仁
再谈新时代的酝酿 憾 庐
日本"战争文学"一瞥 陈东林
又来一不速之客（漫画）（转载《字林西报》）
路仲遭遇战（游击报告） 雪 痕
儿子的来信（滇缅公路纪行） 夊 弦
向后转（漫画）（转载《字林西报》）
归乡散记 张叶舟
沪港途中 陈 嘉
——旅途杂志之一
由粤西至粤南 双 玉
他们怒吼了 柳 堤
湘河之旅 梁启筠
"看人"小记 芦 焚
烽火弥漫忆故乡 蒨 苇
斗室小记 端木衍
在苏的所见所闻 庆 朋
忆天津 刘蕴明
——痛定思痛地纪念"七七"两周年

第 87 期

1940 年 1 月 1 日出版

杂感随笔

"外强中干"的日本 周木斋
自信心的丧失 阚西文
我们的文化不能毁灭 杨彦歧
文人从军感 魏兆铭
——关于作者战地服务图
病中偶记 蔡壬侯
前线的妇女服务团 介 愚
夜袭张公渡 蓝踪萍
记方仁植君 小 斧
来函声明 虔南县政府
一个微微的波浪 溪
乡行记实 罗 洪
殉教士的血（讽刺剧）
司蒂芬苦兰作 林如斯译
中秋忆芜城 江树峰
夜离长沙 林 玲
三日征帆记 天 问
峨眉纪游 景 怡
澄江杂写 老 震
一个不能忘却的记忆 夏一粟

第 88 期

1940 年 1 月 16 日出版

杂感随笔

逃难周年感言 憾 庐
血的债 罗 洪

汉奸的比较研究　阚西文
江阴抗战的回忆　宏之
——一位海军战士的口述
战地的秋收　蓝踪萍
希望的光　罗洪
当教师　马云
民族革命大学生活日记　金启华
汉奸社会的形成　徐绮公
白蚁（乡村杂忆之一）　陆蠡
在海防（旅途杂记二）　陈嘉
怀南阳诸葛庐　姚散生
中秋杂忆　丹叶
故乡八月的田野　云山
桥　卢福庠
一个日本兵士　龙梭

第89期

1940年3月16日桂林再版*

杂感随笔
最后胜利的把握　憾庐
政治手段谈　侠义
电车中的一幕　阚西文
宠而狎　振闻

江浙仍在战斗中（上）　张叶舟
伪"保安队"被解决记　钱今昔
"关外的中国人"（木刻）
白金设计　凌云龙刻
战场琐谈　德瞻
汤姆司摩耳诗抄　剑先译
战前
战后
吁嗟乎爱伦
东京来鸿　陈东林
——战时日京一瞥
浙大暑期下乡工作记　袁嗣令
民族革命大学生活日记（续）
金启华
航程（散记之一）　魏兆铭
从香港到韶州　黄镜泉
青城山　宋汉濯
撒破了绯色的梦　姚散生
征求战地通讯　宇宙风编辑部

第90期

1940年4月1日桂林再版

杂感随笔
泥足陷得更深　憾庐
自己的事和大众的事　夊弦
宣传队的工作　李伦
怀前线战士　斯亮

关于鲁迅　孙伏园讲　立哉笔记
希特勒主义　师山
战场琐谈（续）　德瞻

* 本刊不少期曾再版，再版本有的未注明初版时间，因而没找到初版本的，本书只注明了再版时间。

锦江行（诗并序） 兰踪萍
江浙仍在战斗中（中） 张叶舟
三等车厢里（旅途随笔） 一 文
闲话东京的报纸 陈东林
浙大暑期下乡工作记（续） 袁嗣令
旅途散记 罗敬亭
《羽书集》（吴伯萧著）序 韦 佩
旅愁 郭慕鸿
屠狗漫谈 丘 峻
“我是中国人” 黄家骐

第 91 期
春季特大号
1940 年 4 月 16 日桂林再版

杂感随笔

谈实际生活之可珍贵 李长之
从“狂狷”说开去 蒋化鲲
古人的悲哀 孺 心
谈漫画的表现 彭 震

争取沦陷区的民众 憾 庐
行军在吕梁山道上 金启华
江浙仍在战斗中（下） 张叶舟
上海通讯（一） 龚明道
爱群酒店附敌后记 小 友
吸血虫（牛鬼蛇神记之二） 丁 谛
浔阳坪被炸追记 缵 晖
如此波兰 师 山
旅人的悲哀（七言诗） 金 明
上天目（名胜游记） 雪 痕
旅途散记（续） 罗敬亭
蓉城小记 宋汉濯
人生与文学 杜 若
鹤（乡村杂记之二） 陆 蠡
环湖北路的故事（桂林小记之一）
高 咏
乡村杂忆 马 云
——夜与神
心的秋痕 黄光第
桃园的梦（诗） 茜 苹
闯入租界的一夜 王曾维

第 92 期
1940 年 4 月 16 日桂林再版

杂感随笔

宣传艺术 侠 文
为了文化 周木斋
“道德”的透视 天 问
抗战中生长的小儿 陈伟美
国际公法的不同看法（漫画）（转
载纽约《泰晤士报》）
为“炮手”呼吁 文载道
重见青天白日 郭续茵
杭州顺民的生活 钦 文
广州的伪组织 赵孟飞
抗战歌谣 秦光银
金弹
打草鞋
冒险的歼灭战 钱今昔
上海通讯（二） 龚明道

谈阿系沙梅与独角夷　帅雨苍
——他们是一群优良民族
穷苦的大学生　杨　彤
木船　一　文
湘赣道间四日　叶　金
巴山的雾夜　姚　苡
抗战歌谣　老　向
大刀快
难童谣
河内秋日散曲　郭　朋
新津的秋　魏兆铭
柳州半日游记　汤擎民

第93期

1940年5月16日桂林再版

杂感随笔

一点儿感慨　憾　庐
自我检讨精神　仌　弦
疯狗（学医随笔）　郝毅民
朗诵诗二首　曾今可
清算
第二次世界大战进行曲
函语堂谈“抗战必胜”　海　戈
欧战的里面　师　山
吴涵真先生访问记　迅　雷
龙冈训练民众　双　玉
东京来鸿（三）　陈东林
在恐慌中的人民生活
世界大战时美国战歌四首　韦　佩译
有土有土在心房　（任哈姆作）
十字军战士　（爱利脱夫人作）
那旅途迢迢复迢迢
（司托达尔琼作）
甜蜜的小黄杯　（拜　朗作）
号角　丁　谛
《遗诗》序（特稿）
Gustave Flaubere（路易·布耶）著
李健吾译
旅程　罗　洪
从最前线到后方　徐远之
抗战童谣（三）（四）（补白）
老　向

第94·95期合刊

1940年6月1日桂林再版

杂感随笔

抗战的第三年　魏精忠
向吸血鬼抗战　师　山
木牛流马与抗战　介　愚
人性问题　仌　弦
但吃肉边菜　丘　峻
看我们画吧（诗）　茜　苹
民族战争与侵略战争　周木斋
南昌会战的始末　蓝踪萍
徐豫随军记（长篇报告文学）
易　风
一、由鲁东到苏北
寻——（诗）　何瑞瑶
乡宁五日记　金启华
大炮，坦克，飞机及水雷　谈　虎

七哀诗（并序） 马文珍
联大在今日 慕文俊
来到了湘江 谢未泯
石屏随笔 缪崇群
旅途散记（二续） 罗敬亭
粤西北行 沈　光
滇越路上（旅途杂记之三） 陈　嘉
《遗诗》序（续）
Gustave Flaubere（路易·布耶）著
李健吾译
自然诗人陶渊明的本质 宋汉濯
沧桑 梦　源
春天 梁启筠
到烟溪去 刘梦秋
滩子船上的雨景 江　矣
——从泸州到纳溪
勇士去了 江树峰
张先生 马　云
躲警报 卢福庠
上海——罪恶的渊薮 汪德余译

第 96 期

1940 年 3 月 16 日出版

杂感随笔

汉奸的收场 许钦文
从宽大为怀说起 乃　仁
谈升学与择业 庄泽宜
悼留平抗日而被害的吴承仕先生
魏兆铭

水雷的故事 具　谷
潮仙的伪组织 赵孟飞
徐豫随军记（长篇报告文学）
易　风
二、淮河之战（一至三）
剑桥通讯
——两个圣诞 萧　乾
上海的工人（漫画）（转载《字林西报》） Sapojou 作
云南腹地旅行记 梁企善
旅途散记（三续） 罗敬亭
西北的乡居 凌　云
成都四记 宋汉濯
防空演习在泗水 幼　萌
重庆——伟大的山城 何瑞瑶
美丽的昆明 熊　吉
渔家泪 彭　震
顺民的悲哀 姚　敏

第 97 期

1940 年 4 月 1 日出版

杂感随笔

战果之一
——政治教育的体验 侠　文
殉国·殉家 彭　震
谈敌人的“武士道精神” 庶　人
仇恨之感 丘　峻

夜袭多宝湾（前线报告） 李文萃
徐豫随军记（长篇报告文学）

易　风
二、淮河之战（四——六）
宋越纪念——《鱼讯》后记
柯　灵
辩《在远东的欧罗巴》一书　沈承灿
——给巴黎《飞加华》报主笔
的一封信控诉　夏一粟
——为纪念我们的小弟弟平儿
而作
南京沦陷三月记　李伟涛
大S途形的旅程　金启华
古城鸿迹　景　怡
渝昆路上　野　人
逃难柳州回忆　孔丙心
苗区的赶场　金汉虚
怀念厦门　史　哲
嘉陵江畔　秋　田
月明如画访俘虏　蓝踪萍
本刊增价启事

第98期

1940年4月16日出版

杂感随笔

弯枝梅花和疯子　李健吾
日本怪政及其因果　侠　文
民族的“我”　彭　震

蔡孑民先生　刘大杰
附：蔡元培赠刘大杰诗手迹
悼蔡孑民先生　觉　是
拂晓袭鸟城（从军杂记之一）
吴光复
徐豫随军记
三、台儿庄二次大战　易　风
清水河（桂南战场旅行）　高永言
西江工作途间杂写并画　羊　皮
新长恨歌　蓝踪萍
浙东行（上）　张叶舟
鬼影恍惝的南昌　叶　金
东京来鸿（四）　陈东林
南京沦陷三月记（续完）　李伟涛
大S形的旅程（续完）　金启华
孤岛生活小记　马　云
乡恋　林如斯
怀故乡漳州　斯　亮

第99期

1940年5月1日出版

杂感随笔

惟汉奸不要自由　不　名
抗战新生了我们　何　植
有医生之累　胡亥子
商人之话　炎　宋

赣北我军破坏队的战果　若　愚
偷渡之夜——战地来鸿之一
冷　枫
“皇军”领队机的殁落　刘成彧
——记成都“一一·四”的空
战胜利

西江工作途间杂写并画（续）
羊　皮
战区旅行记
Aqnes Smedley 著　敏　恪译
浙东行（中）　张叶舟
忆轰炸中的聚散　双　玉
零记　天　云
论王摩诘底自然诗　管本笲
五津渡上（散记之三）　魏兆铭
连州一瞥　周召南
随校迁黔记　心　木
两个忘不掉的夜　黄光第
徐豫随军记
三、台儿庄二次大战（续）
易　风

本刊百期纪念号九月一日出版
编辑部

第 100 期

百期纪念号

1940 年 6 月 1 日出版

凶手（两幕剧）　落华生
附：编后语　落华生
汉奸相（相声）　老　向
黄昏两章（诗）　马文珍
夜龚金门（小说）　老　向
晴光（木刻）　刀笔吏
孤星血泪（小说）　何文介
跋张潮《幽梦录》　张默生
曹雪芹的“哭花词”　李健吾
秋水篇（诗）　马文珍
摩尔诗八首　韦　佩译
前记
（一）“收回斯页，……”
（二）本许之悲号兮何频频
（三）爱伦，你眼中有微笑也有泪点
（四）噫，莫呼吸他的生名
（五）永别了，但无论何时你欢迎这时间
（六）在求爱里失掉良时
（七）奥鸾克之歌
（八）还没有飞翔
续纪事诗　冯沅君
后西征赋　朱东润
魏晋文学与浪漫主义
——中国文学发展史之一章
刘大杰
论中国电影艺术之迷途　徐三思
读史随笔　吕思勉
春日载阳（诗）　马文珍
东南琐谈
——关于明季稗史　唐　弢
旧史新证　周木斋
鸽廊丛思录　文载道
跋《幽梦录》抄本　张默生
校稿随笔　何　容
贵阳道中（漫画）　丰子恺画
伤兵之梦（木刻）　刀笔吏刻
我怎样写《瞬息京华》　林语堂

谈做女子　林如斯
创作回顾　罗　洪
评广东文物展览会　宝　筏
避日（漫画）　丰子恺画
燕归人未归（漫画）　丰子恺画
“宇宙风”一阵
吴经熊原著　徐诚斌译述
乞丐和病者　陆　蠡
晦明　柯　灵
石屏随笔（六至一〇）　缪崇群
惊极中（漫画）　丰子恺画
湖（诗）　马文珍
夜行记趣　朱　雯
青年领导问题　梁攵弦
——由悼念蔡孑民先生说起
怀念王礼锡　熊式一
长相思（诗）　马文珍
我的母亲　谢冰莹
行都通讯　老　舍
关于丁玲的《不期而遇》
巴　宙
——在印度国际大学排演经过
闽边之旅　李　标
值得一提的态度　林憾庐
“宇宙之风”　许钦文
墨磨人斋随笔　陈友琴
我所看到的《宇宙风》　柳存仁
《宇宙风》与我　周黎庵
编辑者言　陶亢德
编辑后记

第 101 期

1940 年 7 月 1 日出版

杂感随笔

充实和空虚　师　山
昨日的一课　不　名
由“玩具”想起的　蒋化鲲
杂谈德国　宏　之

哀河北（用国韵）　老　向
纪念蔡元培先生
——关于蔡氏与中国文学革命运动　郭慕鸿
仇货（战区报告）　田一文
三种文件（战地通讯）　永　言
西江工作途间杂写并画　羊　皮
中国伤兵与日本俘虏　亦　五
浙东行（下）　张叶舟
地狱见闻志　何　莎
别后　屠仰慈
忆——春在北平　黄伯飞
贿赂
Omer Seiteddin 著　唐若青译
在岷江上　魏精忠
徐豫随军记　易　风
四、向徐州转进
牛鬼的自述
——墨西哥斗牛记　林无双
被轰炸的地带　魏精忠

第 102 期

1940 年 7 月 16 日出版

杂感随笔

赛先生和德先生　夊　弦
不是废话　吴涵真
投降与和平　叶　金
中夜漫笔　郭慕鸿

剑北篇（诗）　老　舍
　　洛阳（上）
我们的血锁住了湘江　贝　谷
　　——一位海军战士的回忆
沦陷区教育的一斑　郭续茵
夜夜（诗）　谭惟翰
浙大战地服务团在前线　乙　峰
敌人怎样进出宾阳　高永吉
三水前线的斗争　马炳群
徐豫随军记　易　风
　　五、徐州洪山口突围
夜渡连岭记（从军散记之一）　吴光复
抗战儿歌　秦光银
　　上前线
　　马二郎
　　报国仇
滇川纪行　许宴儒
秋日寄——（诗）　平　君
西南联大近记　维　夫
东京来鸿（五）　陈东林
艺苑杂谈　宋汉濯
我做了骑兵（诗）　高　咏
韦庄的生平及其词　管本筹
春在绵阳（散记之四）　魏兆铭
受难的地域　姚散生

第 103 期

1941 年 3 月 16 日再版

杂感随笔

论观察时局　李侠文
福建米的问题　翼　虎
闲话汪派　及　人
村居随笔　曙　光

青年堕落的责任问题　梁夊弦
欧战扩大与中国抗战前途
　　于　斌主教讲　袁嗣令笔记
抗战儿歌（四）（五）　秦光银
赣北在战斗中　叶　金
如此孤岛（上海通讯）　文载道
前方（行军散记之四）　田一文
记收复后的宾阳　永　言
徐豫随军记　易　风
　　六、由苏北到豫南（一——四）
皖西归来　孙　洪
意大利人在中国　菽　园
宋哲之病逝绵阳记　魏精忠
战利品展览（奥北战后追记之一）　谭耀宗
行军杂记　德　瞻
闽北旅途通讯　李　标

石屏随笔（一一）（一二） 缪崇群
江城 丁谛
一个女兵的情书 吴冰心
锁链 乃仁
屠狗漫画续 丘峻

编辑部启事

第104期
1940年9月1日再版

杂感与随笔

论"豪言诗"之类 戈漠风
谈"游戏人生观" 游泓
从死说到吾人应有的态度 马贯亭
不要空想 和集泓
甘愿做炮灰（抗战戏剧，四幕剧） 郭沫若
国魂 宋汉濯
初次轰炸经验 林如斯
死市——过厦门 郭慕鸿
最后的撤退 叶金
徐豫随军记
　七、平汉车中 易风
重庆大学被炸记 吴光复
"五·二七"北碚被炸纪实 乐天
欧战变动中的香港 屠仰慈
我三次经过潼关 金启华
昆明湖畔的西山 云山

文艺史料

医师与病者的诗人济茨（上） 林林译

石屏随笔 缪崇群
　十三、过客
　十四、沙河
　十五、鸱枭
雨夜 江矣
检点于今无一半 江树峰

编辑部启事

第105期
1941年4月16日再版

杂感随笔

人类真正的危机 贝舸
史地教育与中国意识 魏精忠
毁灭与创作 叶金
关于家 文瀚

甘愿做炮灰（抗战剧本，续） 郭沫若
肯下半钱的人（战场人物特写） 李文苹
再上前线 黑里风
徐豫随笔记 易风
　八、汉口归来（一——五）
滇越铁路在轰炸中 蔚萍
同蒲南段 金启华
闲话某城 乃蒙
四邑碉楼巡礼 天乌

成都剪影　景　怡
越南初旅　帅雨苍
秋夜雨（诗）　堵述初
医师与病者的诗人济茨（下）
〔日〕式场条三郎作　林　林译
大岛火山巡礼　区伟乾
病（山中杂忆之一）　姚　宇
我怀念着屯溪　云　远

第106期

1941年12月1日再版

杂感随笔

颂“不识时务”的“俊杰”
蒋化鲲
成败关头　吴涵真
关于新时歌　魏精忠
我们需要托儿所　郁　影

救亡的路　孙　洪
双沟的一夜（游击生活实录之一）
先　进
鹰窝山麓之难童教练所　张叶舟
战地写实　廖铁军
徐豫随军记　易　风
九、由豫中到皖西
忆怀（诗）　汉　濯
石榴花开又一年　伍纬彝
六百里逃难速写　阿　兴
留别　曙　云
七七——我的小朋友　乃　人
念谁为之戕贼　迩　沧
我来到广州湾　游　泓
春神翼下的韶州　梅坚冷
编辑部启事（为积稿不能复函事）
编　者

第107期

1941年12月16日再版

杂感随笔

关于农村（战时的乡村杂感）
陈伟美
剑　林　玲
生育的烦恼　叶荫宇

一个英雄之死　钱今昔
——悼徐廷光副司令
徐豫随军记　易　风
十、转战大别山中（上）
粤北战役追记　谭耀宗
——乌龟和鳖
李品仙将军会见记　金启华
虎口忆述　何　莎
战累　白　瑛
——写给远渡东海牺牲在异国的人们（诗）
金华划过两个时代　赵天问
赣州三日记　吴光复
云南思普沿边的宗教社会
燕　吉
贵州腹地见闻　贝　谷

我与日本人 赵捷民
答复宝筏《评广东文物展览会》 简又文
请愿 宋木
病中偶记 戴慕周
启事（为长稿用小五号排版事） 编辑部

第108期

1941年2月16日再版

杂感随笔

写在一〇八期 憾庐
流亡曲 叶金
我的求业宣言和广告 李金发
来桂杂感之一 成秉钧

荒园（诗） 卢森
沦陷区的人和“主道” 张小怿
我在火中走着 一文
东战场的生活 吴光复
徐豫随军记 易风
十、转战大别山中（下）
谁来接受我的“礼物”
——悼段承泽先生 堵述初
游击队在华北的活动（转载《字林西报》） 徐诚侠译
记中山失守经过 双玉
现阶段的越局（越南通讯） 舒啸
珠江（诗） 蓝踪萍
虎口忆述（续完） 何莎
记浙东的杂文家 邹啸
飞渡太平洋
By Joris Ivens 著 俞滨起译
潮来的时候 任奎
五月午雨 江矢
孩子的悼念 乃蒙

第109期

1942年4月16日再版

杂感随笔

国家与民气 伍学耘
反享乐主义 秦光银
钱与命 光复
苦雨 汉濯

琵琶初奏战场曲 张德溥
募寒衣（童谣二〇则） 老向
徐豫随军记 易风
十一，保卫皖豫边境（一、二）
平津忆述 耐飙
行都战时杂景 何瑞瑶
牺牲 丁谛
夜奔龙藏寺 刘成彧
集体逃难特写 瑞锴
谈淮海词 李杏村
怀 卢飞白
爱词的失踪 叶绍林译
游观音洞 卢福庠
贺江上 舒湮

我的春天　尹祖兴

第 110 期

1941 年 12 月 1 日再版

杂感随笔

莫吃子孙钱　丘　峻
战汁及其他　司马子彬
变乱中的社会相　文　瀚

新生　宋汉濯
——公开信答复一位在梁山下作战的北地乡友
犒赏伤兵　缵　晖
——后方医院服务回忆之一
徐豫随军记　易　风
十一、保卫皖豫边境（三、四）
孤岛的风景线　郭　明
闸北人民生活侧影　李　标
——永延路上的农产、造纸手工业及其他
战时行都杂景　何瑞瑶
西南道上一瞥　陈道良
集体逃难特写（一四至二二，续完）　瑞　锴
原野之秋（诗）　树　荆
永远守着较剪山头　梁炯云
牺牲（续完）　丁　谛
旱　苏则林
梦　马　云

第 111 期

1940 年 12 月 16 日出版

杂感随笔

希腊抗战胜利　憾　庐
“通”与“执”　郭慕鸿
——斥园通论者
自作之孽　丘　峻
广州逃难两年间　冠　荒
长沙会战周年的回顾与前瞻　蓝踪萍
血战施家庄（从军杂记之三）　吴光复
欢送伤愈将士归队杀敌　缵　晖
——后方医院服务回忆之二
徐豫随军记　易　风
一二、向苏鲁挺进（一至四）
江南三大游击城巡礼（上）　张叶舟
到农村去　千　里
旅途忆语　定　一
从浙东到赣南　严济宽
李抱虎（抗战小说）　老　向
沦陷区一个少女的日记　金启华
替　林　夕
——乡村回忆之一

第 112 期

祝胜利年特大号

1941 年 1 月 1 日出版

中国抗战与美国
——致《纽约时报》的公开信

林语堂
中国与欧战
谭云山英文原著　巴　宙译

蝇矢篇　凤　子
涂家埠一战记　农耀煌
被困牛头山（从军杂记之四）
吴光复
徐豫随军记
十二、向苏鲁挺进（续）
江南三大游击城巡礼（下）张叶舟
今日的西南联大　文　中
风声鹤唳的南昌　叶　金
闽北的农村生活
——由兴田说到建阳　李　标
回乡杂记
——由重庆到南溪　涟　漪

论“怀乡文艺”　郭慕鸿
李抱虎（抗战小说）（下）老　向

苦难中的德国青年
〔美〕Kingsley Davis 著
俞元咏译

胡乐之输入与词的起源　管本笲

雪　谭惟翰
大观楼记游　郁　影
无钱之累　乃　蒙
夜　孺　心

第 113 期

1942 年 4 月 10 日桂林再版

谈郑译《瞬息京华》　林语堂
吴稚老谈往事　何瑞瑶
防空洞里话平津（一个从北平逃出
来的青年在防空洞里所谈）炎
林语堂启事（为个人著作版权事）
徐豫随军记　易　风
十三、鲁南反扫荡战（一至四）
邱家岗
——后方医院服务回忆之三
缵　晖
意大利海军学校的一个星期日
北　风
江西到广西沿途拉杂谈　郭　力
滇南的新街　赵捷民
沙坪坝杂写　吴光复
晴　刘醒群
从工作中生长的爱情　孙　洪
同事尹君　夏凤铎
本刊迁桂出版并陶亢德退社启事

第 114 期

1942 年 5 月 1 日桂林再版

杂感随笔

横书和直写　味　橄
生活篇　秋　田
病与穷　宋　郁

听讲以后　何瑞瑶
鲁南的游击战（上）　易　风
俘虏访问记　谭耀宗
——粤北战役追记之一
吉安棉麦场巡礼　刘子兼
浙大在湄潭　袁嗣令
滇南的夷区　张国仁
孔子将死（节自《礼记·桧弓》）　丹　微
劝一个朋友回头　黄伯飞
在岳麓山的时候　心　木
战斗的爱　黑里风
祖国的春（诗）　白　瑛

第 115 期
1942 年 6 月 1 日桂林再版

杂感随笔

提倡伤兵职业教育　喻兆明
论“谨严”　郭慕鸿
鹰（山城随笔之一）　一　文
山城杂感　文　瀚

美国与中国的抗建　林语堂
征程杂咏（五言诗组）　黄逸英
鲁南的游击战（下）　易　风
从凡尔赛到轴心　熊式一
行军记（并纪念坚超）　吴光复
四川大学在峨嵋　熙　明
青云谱游记　菲　明
一位反日而自杀的友人　刘羣旻
西南的关山　熊　吉
给菊花（诗）　春　子
大后方的风光　露　沙

第 116 期
1942 年 6 月 15 日桂林再版

杂感随笔

我应当告罪　憾　庐
原野抄　海　岑
心曲　何　莎
——遥寄在烽烟里喘息着的母亲
日本在美的宣传工作　问　心
赣北一年来的攻击战　蓝踪萍
关于何吾驺伍瑞隆　宝　筏
——答简又文《答复宝筏评广东文物展览会》（上）
楚辞战歌今唱　金启华　周仁济译
中山大学的入学训练　田　风
行军记（并纪念坚超）（续完）　吴光复
岁暮杂感　堵述初
偷渡长江记　衣　万
从吉安到衡阳　柳　村
瑞金印象　史　哲
退补斋随笔　吕方邑

第 117、118 期合刊
1942 年 7 月 15 日桂林再版

杂感随笔

言与行　憾　庐

原野抄 海 岑
现代西洋绘画 谢庆尧
谈军事化 振 文

归去来辞并序 施蛰存
希特勒和希特勒主义 熊式一
爱国词人辛弃疾（上） 郑枢俊
关于梁佩兰及其诗 宝 筏
两兄弟（抗战歌曲之歌词）秦光银
在日军七路“扫荡”中 衣 万
上火线抢救战士（战地回忆录之一）
迅 速
当阳外围战追述 介 愚
——一个步兵团的战闻纪实
美国对日本的攻势
徐泽予 李国钦
希特勒和希特勒主义（续完）
熊式一
爱国词人辛弃疾（下） 郑枢俊
张国梁康有为及其他 宝 筏
不死的记忆（流亡者之歌之一）
冯白鲁
陪都战时杂景 何瑞瑶
怀乡散曲 杨 彤
雾拥云堆的小三峡 江 矣
洞庭东山杂忆 张叶舟
从《沦陷记》说起 丁 谛
光明行 禾 风
——送周茅陈三友入学
诗六首（旧体） 姚 苡
重庆乡居忆江南（四首）
短衫
夜歌（散文诗） 卢 森

第 119、120 期合刊
1942 年 8 月 25 日桂林再版

随笔杂感

实际工作漫谈 憾 庐
聚（原野抄之三） 海 岑
山居杂感 苏则林

第一届诗人节 老 舍
来函更正 西南联合大学图书馆
怀轰炸中的伦敦 味 橄
莫索里尼与法西斯主义（欧局漫谈之一） 熊式一
谈兵书 谭彼岸
沧海桑田（小掌故）
论周作人的作官与东渡 李 甫
返胶东工作（一） 易 风
柔佛国王及其他 弗 之
西洋杂志文四篇 周 新译
（一）希腊的光荣
（原载《人人旁观者》周刊）
（二）为什么迷信
（A Ma rshall Diston 著）
（三）怎样支持战时的紧张
（Prof.V.H.Mottram 著）
（四）安德生游弹室
（Edward Tricc 著）
战地之行 蓝踪萍

附：插图四幅　罗清祯画
无聊的空袭　何　容
石屏随笔（三篇）　缪崇群
说蠹鱼　马文珍
返胶东工作（二）　易　风
泗水翦影　幼　萌
赣北捷音（诗四首）　罗卓英
小歌班（仿《木兰辞》作）　许钦文
筱姑辞　蓝踪萍
谈詹姆斯·海尔登的小说　何文介
读《瞬息京华》后　法　周
驴来（西书译萃）　飞　明译

第 121 期
1942 年桂林再版*

特为本刊作画之一：不畏浮云遮望眼，只缘身在最高层　丰子恺画
特为本刊作画之二：儿童不解春何在，只在游人多处行　丰子恺画

杂感与随笔

如何争取胜利　憾　庐
论听言观行　柳存仁
从正心修身说起　翱　翔
劝架　恺　悌

雨　何　容
和罗总司令赣北捷音韵（四首）　张　襄

* 此期没标明具体出版日期。

马君武论　卞镐田
离欧日记　元　熙
美国异事志
石屏随笔　缪崇群
　做客
　车站
冲锋小景
上高会战（步罗将军赣北捷音韵）　蓝踪萍
医院锯腿记　林　三
返胶东去工作（再续）　易　风
驴来（续完）　飞　明译
“寄命”　余　遐
读《蜕变》　沈永椿

委婉的退稿信　某刊编辑人某某顿首

第 122 期
秋季特大号
1941 年 9 月 1 日出版

特为本刊作画之三：儿童不知春，问草何故绿　丰子恺画
特为本刊作画之四：年丰便觉村居好，竹里新添卖酒家　丰子恺画

许地山先生纪念特辑

追悼许地山先生　张一麐
我和许先生仅有的一席话　黄炎培
悼许地山先生　吴涵真
岛上的悲风　师　山

地山的永别　周俟松
和许地山君最后一席话　冼玉清
纪念许地山先生　黄仲琴
追忆许地山先生　容肇祖
吾师许地山先生　李镜池
学术界的损失　憾庐
读《扶箕迷信底研究》　黄嵩圃

杂感与随笔

洋迷　启修
论“写不出”　柳存仁
虚妄和认真　杨素真
出兵援苏　憾庐
作为一幕话剧　攸然
云南行（长歌行）　张天璞
石屏随笔（续完）　缪崇群
船过西菲洲　弗之
立秋之晨　马文珍
访弘一法师去　马云
重庆通讯　林三
上高会战经过　叶金
湘桂线上　陈阵
蔡副师长　何莎
返胶东工作（续完）　易风

第 123 期

1941 年 9 月 16 日出版

特为本刊作画之五　丰子恺画
特为本刊作画之六　丰子恺画

杂感与随笔

六年了　亢德
三种观念　招醒民
六周年乱弹　憾庐

梦痕　巴金
苏格拉底告我们　徐诚斌
许地山先生底著作　李镜池
南方之歌　杨立达
船上的跳舞与音乐　弗之
偷渡中山封锁线　黄虹
湘桂线上（续）　陈阵
一个新闻记者的私记　屠仰慈
西洋杂志文三篇　何文介译
我的理想
购物时的心理
来友之道
孙子未解的遗句　谭彼岸
关于漫画《阿 Q 正传》　宋慕法

画二幅（特为本刊作）　丰子恺

第 124 期

1941 年 10 月 10 日出版

特为本刊作画之七　丰子恺画
特为本刊作画之八　丰子恺画

杂感与随笔

一个现象　悠然
论费厄泼赖　柳存仁
从爱慕怜悯说起　文瀚

罗曼罗兰的群众观　施蛰存

怀地山先生　韩穗轩
八闽子弟初杀敌　李　标
湘桂线上（续完）　陈　阵
西江情况谈　笑　天
静　马文珍
自流井杂谈　方兆华
南洋生活底回忆　何　希
脱险记　易　翔
卖胡琴的歌者　马　云
今收进酒并序（诗）　马文珍
出路　丁　谛
观李鸿章致丁日昌手札　黄仲琴
《在英伦前线》（书评）　诚　斌

第 125 期

1941 年 11 月 1 日出版

特为本刊作画之九　丰子恺画
特为本刊作画之十　丰子恺画

杂感与散文

真正的世界新秩序　师　山
思考先要解放　憾　庐
论烘云托月　杨素宜

山居杂记　谢冰莹
忆陆费伯鸿先生　庄泽宣
这次不再糊涂了　骆美玉
美海军参战与美日谈判　李国钦　徐泽予
诗三首　黄流沙
收复福州之经过　李　标
云头山上谈追击　蓝踪萍
从死亡线上逃脱　曙　云
火线之行　邢　堵
交友小记　圣　减
记者的难做　屠师慈
衡山记游　梁企善
孙子的一个看法　谭彼岸
一九四一年英国出版界　言　文

第 126 期

1941 年 11 月 16 日出版

特为本刊作画之十一　丰子恺画

火·第二部（长篇创作）　巴　金
举足轻重的美国　林语堂
我已经不是文盲了　何　容
亚历山大受伤记　罗念生
美国通讯　问　心
马拉的控诉　海　岑
血战红石岭　介　愚
西洋两岸（诗）　黎曼青
浙西前线的斗争　吴光复
中大三次在轰炸中　金启华
胶东游击区巡礼（长篇报告）　易　风
内行日记　云　冰
评郑聚裳画展　任　汉
读《古诗辨·第七册》　陈衍章
《火·第一部》的提要　柳存仁

第127期
七周年纪念号
1942年9月16日出版

编者的话　编者
献词（诗）　憾庐
随笔三篇（旅途通讯续编）　巴金
别了，桂林的夜
在金桂通车中
金城江
特为本刊作画之十二：长条乱拂春波动，不许佳人照影看　丰子恺画
田横（三幕歌剧）　紫翼
酷暑一日　老向
BALLAD（诗）　吴灵万
——示
戏剧在康庄　何容
陶渊明与谢灵运（为《宇宙风》七周年纪念作）　金启华
悼念陈范予先生　张十方
《自由之什》前记　梁企善
我军入缅东瓜之战　蓝踪萍
无题（诗）　吴灵万
畹町脱险归来（一位虎口余生的朋友所述）　新宪
滇缅路上逃难记　徐飘萍
商籁四章（诗）　吴灵万
往年
昭君
无题
如其
川滇东路的一周　甘永柏
到矿山去　郑缵晖
鸭的悲剧　荒芜
惨痛的笑（战地故事之一）　冯白鲁
报公仇（通俗文艺）　老向
散文三章　宣建人
沧桑　白鹭
遥寄（诗）　愈清
花鸟虫鱼（中国生物史外篇之二）　李毓镛
鸡踪菌　李德芳
维也纳之恋　何礼传
夫妻口角（独幕剧）　K.D.摹尔斯作　路荣起译
拟战士的家书　吕亮耕

第128期
1942年11月1日出版

随感杂笔
又是作家　荒芜
湖边闲话　阿骥
孤愤寄笺　陈卓吾

旅途通讯续编　巴金
特为本刊作画之十三：清山个个伸头看，看我庵中吃苦菜　丰子恺画
轰炸小故事　方敬
终生的悲哀　憾庐
——哭爱儿伊曙之一（散文诗）

祭垄节——思普沿边一个最隆重的节会（边疆杂记之一） 左继光
离缅追忆 时 修
"诗讼"本末 陈子展
沦陷区探险记 赖子英
渡"阴阳河" 梁瀚薇
孤岛陆沉日记 曹 棋
萍踪忆语（诅咒集之一） 林兴基
边缘的黑错 凌 云
别墅与高楼 秋 田
秦陇道上二千里 荣 滋
汾河之忧郁（汾河下游中的一章） 青 苗
收获季 龙 衮
寄远方 黎 丁
隐居者 温淑慧
阳光曲 峻 浚
秋夜 爱 荻
散文二章 陈道良
船
墙

第 129 期

1942 年 12 月 15 日出版

述志 老 舍
贵阳短简及其他 巴 金
——旅途通讯续编
寂寞（山城散记之一） 成洛腊
梅（遗著） 陈范予
夹道及其他 刘北汜
在悼念中 憾 庐
——哭爱儿伊曙之二（散文诗）
特为本刊作画之十四：松间明山长如此 丰子恺画

杂感与随笔

为先师孔子鸣不平 许钦文
一个回响 涵 虚
"面子"问题 叶 金
湖边闲话 阿 骥

好莱坞明星（AVG 杂记之一） 杜运燮
在敌军宪兵司令部里（港囚记上） 冠 荒
镜湖通讯 师 山
桂林中秋与秋云同饮月下作（五言诗） 冼玉清
陪都通讯 林 三
汉奸做寿（相声脚本） 何 容
入伍散记 时宥人
问真室记（滇居随笔） 马文珍
秦陇道上二千里（续完） 荣 滋
蜀道步行日记 颖
昆明的西山 梁东汉
枫叶及其他 秦光银
桃园和梦（诅咒集之二） 秋 田
一封无处投寄的信 吴光复
——给一个童年的女友
灯蛾 莱 茜

第 130 期
1943 年 4 月 1 日出版

杂感与随笔

生的“门槛” 剑 波
谈读书人的生活 侠 文
回响之二 涵 虚
湖边闲话（五、六） 阿 骥

边区探访录（长篇连载） 曾昭抡
生还（长篇连载） 可 期
归国途中杂诗（一） 冼玉清
北上抗战日记 戴安澜
悼念蒋百里先生 郑素明
与憾庐 海 戈
新诗九首 马文珍
空篌引
烈女操
少年行
海上并序
哀朱波
远别离并序
黄叶并序
学士辞并序
拉磨谣并序
自供 缪崇群
裁判 缪崇群
城固秋色 缓 松
谈诗稿序 林 庚
卖旧书 宋慕法
无题 复 之
——给我爱的一个大孩子
在敌军宪兵司令部里（港囚记下）
冠 荒
“因明易解”自记 卢剑波

第 130 期增刊
香港特辑
1943 年 4 月 1 日出版

前记 冠 荒
百年易主 冠 荒
日阀的统治政策与措施 冠 荒
统治香港的行政组织系统 冠 荒
无法解救的粮荒 冠 荒
补白（日军强迫疏散人口中草菅人命） 冠 荒
日阀对战后金融的处理 冠 荒
工商业地位的没落 冠 荒
恶狗群——日阀在港的特务
冠 荒
汉奸报纸和日阀在港的新闻人员
冠 荒
关于日本人 冠 荒
“揭封”的故事 冠 荒
“浑水摸鱼”的人们 冠 荒
见闻身受录 冠 荒
写在篇末 冠 荒

第 131 期
1943 年 5 月 1 日出版

林憾庐先生遗像（封面照片）

纪念林憾庐先生特辑之一
挽歌　萧　珊
——愿在天之灵安宁（诗）
悼念憾庐先生　冠　荒
挽林憾庐先生（诗三章）　解　方
纪念一个失去的友人　芾　甘
追念憾庐先生（诗）　吴经熊
怀想　孙　陵
沉痛的追悼　郑缵晖
学习先生的苦干精神　何瑞瑶
哭父　林翊重
记先父　林伊惠
哭曙儿（未定稿）　憾庐遗著

记姚显微教授　叶　金
流浪雅典的焦大　罗念生
年（人世百图之一）　苏　麟
壬午新岁　卢剑波
赞新约　老　向
忆有心人龚镇洲先生　吴涵真
残冬小记（滇居随笔）　马文珍
野店　绪　君
怀南京　王伴石
灌游心影　陈养锋
鹿鸣馆（素描东京的一角）
张十方
寒夜漫谈（自剖之一）　宋汉濯
秋之怀念　吴灵万
——示 M.C
边区探访录（一续）　曾昭抡
生还（一续）　可　期
辩谭彼岸君曲解“孙子未解的遗句”
詹容清

第 132 期

1943 年 7 月 25 日出版

风声鹤唳（“A Ieaf in the stom”（长篇小说）
第一章　林语堂著　徐诚斌译
杂感与随笔
文艺是有它的使命的　师　山
我与文学　宋汉濯
流离札记　魏兆铭
湖边闲话（九——二）　郑缵晖

第一次欧战时的法国小说（上）
岑时甫
波兰跳伞队袭击德军记
Wladistas Leny 作　庄泽宣译
砂朥越马来民族风习见闻记
刘伯奎
龙本准尉　张春风
印度红茶史话　栩　影
沙公岑探煤记　郑缵晖
问真室诗抄（一）　马君玠
风
云
晚
月
边区探访录（二续）　曾昭抡
生还（二续）　可　期

第 133 期

1943 年 9 月 15 日出版

纪念林憾庐先生特辑之二
伤逝　师　山
——哭于憾庐之墓后作
悼念憾庐　冰　莹
感悼憾翁　陆丹林
忆憾庐　吴涵真
纪念林憾庐先生　马文珍
悼词（献与憾翁）（诗）　蓝踪萍
殒落了的星星　吴光复
——为纪念憾庐先生而作
悼憾翁　金启华
敬悼憾庐先生　胡　骥
悼　叶　金
论作家与编辑　何　容
——悼念憾庐先生
风声鹤唳（“A Leaf in The Storm”）（长篇小说）
第二章　林语堂著　徐诚斌译
第一次欧战时的法国小说（下）　岑时甫
人物志忆（一）　太　虚
蛮烟瘴雨话云州　周俊逸
乡讯（诗）　黄炎培
春归（诗）　黄炎培
流浪词人柳耆卿　金启华
问真室诗抄（二）　马君玠
晏
山
雨
倦
穷孩子的催眠歌
Louis Voitelain 著　陈瑜清译
边区探访录（三续）　曾昭抡
生还（三续）　可　期

第 134 期

创刊八周年纪念号

1943 年 10 月 20 日出版

八周年的话　翊　重
特为本刊作画之十五：香饵自香鱼不食，钩竿只好立蜻蜓　丰子恺画
杂感与随笔
用夷变夏的急脚先锋　自　在
且说“开会”　叶　金
周期性爱　杜定友
湖边闲语（一三、一四）　阿　骥
风声鹤唳（“A Leaf in The Storm）（长篇小说）
第三章　林语堂著　徐诚斌译
人物志忆（二）　太　虚
小谣（“芝麻饼”）
缅甸纪事（上）　征　安
印度的军火工业　庄泽宣译
横渡喜马拉雅山　蓝踪萍
何敬之先生　何瑞瑶
——复兴关下人物小志之一
红豆在桂林　梁岵庐
乡愁　隋树森

三三见七 许钦文
说谎赞 何　容
访太和古城 鞠孝铭
问真室诗抄（三） 马君玠
　送
　忆
　病
　秋
沉江词并序 紫　翼
边区探访录（四续） 曾昭抡
生还（四续） 可　期

第135、136期合刊

1943年12月出版

杂感与随笔

谈"言论开放" 冠　荒
成名奇术 叶　金
"教师匠" 吴光复
湖边闲话（一七——九） 阿　骥

特为本刊作画之十六：三杯不记主人谁 丰子恺画
论中西文化与心理建设（十二月二十四日在中央大学演讲稿） 林语堂
留别左派仁兄三首（诗） 林语堂
论月亮与臭虫（正月十四日在长沙中山堂讲演） 林语堂
琅玕馆诗抄（一） 冼玉清
人物志忆（三） 太　虚
我在沪南地狱中（敌人宪兵队中十日记）（上） 吴铁声
加拿大飞机师的新事业 泽　宣选译
广学会与中国新政 陆丹林
缅甸纪事（下） 征　安
张文白先生——复兴关下人物小志之一 何瑞瑶
英属婆罗州的野蛮民族 刘伯奎
碑下随笔（一） 终　一
琅玕馆诗抄（二） 冼玉清
拾 缪崇群
问真室诗抄（四） 马君玠
　村
　约
　醉
　妓
忆长安 周榆瑞
永恒的大星 王思曾
糟粕（诅咒集之三） 秋　田
投向祖国的怀抱——从上海到重庆（上） 曹　琪
人的创造——捷克斯洛伐克的古神话（原文为世界语） 卢剑波译
抚河舟行二十日记 素　珊
生还（续完） 可　期
本期编后话 编　者

第 137 期

1944 年 2 月出版

风声鹤唳（“A Leaf in The Storm）（长篇小说）

第四章　林语堂著　徐诚斌译

特为本刊作画之十七：贫贱江头自浣纱　丰子恺画

纪念张一麐先生特辑

张仲仁先生印象记　郭仲权

感悼老子军创组人张一麐　陆丹林

记张仲仁先生　吴涵真

罗曼·罗兰和张一麐　林焕平

纪念张一麐先生特辑后记　广　良

安龙史话（列代亡国史实之一）　可　期

秦蜀篇自序　紫　翼

衡岳吟存（一）　太　虚

人物志忆（四）　太　虚

衡岳吟存（二）　太　虚

神秘的英国皇家邱植物园　时　雅

龚自珍逝世百年集遗句成七绝四首以舒怀　孙　陵

陈公洽先生　何瑞瑶

——复兴关下人物小志之一

还乡记并序　郑缵晖

碑下随笔（续完）　终　一

我在沪南地狱中（续完）　吴铁声

投回祖国的怀抱　曹　倛

第 138 期

1944 年 8 月出版

写在一三八期　广　良

林憾庐先生逝世周年纪念

漫话　憾庐遗作

夜雨巴山忆敌人　吴铁声

憾翁逝世一周年　冼玉清

又来这么几行　师　山

——憾庐先生逝世周年纪念

悼憾庐先生（诗）　魏兆铭

纪念林憾庐先生　陈占元

两位老人（纪念憾庐先生及馨山先生逝世一周年）　黎　丁

《啼笑皆非》中文译本序言（为中国读者进一解）　林语堂

“五十以学易”辩　林语堂

风声鹤唳（“A Leaf in The Storm”）（长篇小说）

第五章　林语堂著　徐诚斌译

安龙史话（中）　可　期

从军记（上）

〔英〕邱吉尔著　泽宣选译

入团三日琐记　老　向

——中训团生活小志

老人（随笔）　毛一波

大理的风花雪月　鞠孝铭

兴安杂诗　孙　陵

《北望集》题记　马君玠

杂诗（五首）　吴灵万

一个德意志囚徒的遗嘱

怀乡曲
丰收
再过珍妮住宅
秋祭
投回祖国的怀抱（下） 曹 俱
中山燃犀录 圣 撼
还乡记（续完） 郑缵晖
生命的起源 太 虚讲
一、生命是什么

第139期

迁渝复刊纪念号

1945年6月15日出版

复刊辞 翊 重

杂感与随笔

迁渝复刊的一点感想 广 良
大题小做 师 山
国字招魂 何 容
重威示后的谄佞 自 在
漫谈人生 吴铁声
"教师匠"读后感 李全佳

湘战始末 蓝踪萍
西行逃难记（一） 冠 荒
秧歌考（上） 徐筱汀
吃大饼 沈从文
人物志忆 太 虚
忆昱山豁宣
再会吧，乐山！ 朱东润
势难两全 老 向
偶成（诗） 马君玠
烽火忆赣城 陈伯吹
客蜀诗抄 莫纪彭
谈柴米油盐 马文珍
我的抒情时代（《窗前草》题记）
甘永柏
安龙史话（下） 可 期
琅玕室诗抄（三） 冼玉清
从军记（二）
〔英〕邱吉尔著 庄泽宣译
编后话 编 者

第140期

1945年8月1日出版

杂感与随笔

民生运动 广 良
学而优则仕？ 自 在
来一次清艺运动 余蕴清
人生如戏 李自珍
我不愿学精明 栩 影
情、理、法 阿 骥

漫画 憾 庐遗作
西行逃难记（二） 冠 荒
秧歌考（下） 徐筱汀
培根散文选译 赵自强
包打江山周武子 吴稚晖
红楼梦偶谈 绪 君
一个小调的写成 老 向
重庆之夏 绪 君

石龙、桔红、谪人之都 张春风
乡居答客问 吴灵万
沫河冬航记 鞠孝铭
谈打油诗 蓝踪萍
青云街 马文珍
望峨楼随笔 别宥
雾霾 秋田
越南闲话 草木
从军记 庄泽宣选译

第141期
春季特大号
1946年2月1日出版

杂感随笔

天皇几岁 李纯青
似恶人之所好 许钦文
原子弹杂感 林如斯
狐假虎威之类 自在
谈翻案文章 周绶章
磕头了 老舍
特为本刊作画之十八："不畏浮云遮望眼，自缘身在最高层" 丰子恺画
《枕戈待旦》序 林语堂作 林友兰译
切腹与处刑 宋斐如
月兔来源考 苏雪林
我的农场（一个最真实的工作报告） 老向
人物忆志（五） 太虚
忆盛季莹汪莘伯
黄坑避难记 冼玉清
影子（诗，附序） 马君玠
西行逃难记（三） 冠荒
抗战外史（一）（二）（补白） 冠荒
夏重庆 味橄
蒙古包里的一夜 高塞
山水人物忆洛阳 秦佩珩
涪江之恋 吴光复
"七姊妹" 魏兆铭
《秧歌考》后记 徐筱汀
史剧和史实 莫纪彭
——观《黄花岗》剧后提出的意见
从军记（四） ［英］邱吉尔原著 庄泽宣选译

十周年纪念专页

十年了 庄泽宣
十载论交《宇宙风》 陆丹林
慧境 常君实
——为《宇宙风》创刊十周年纪念作
十年 金启华
文艺的时代风气 太虚
——为《宇宙风》十周年纪念写
一段姻缘 刘醒群
——祝《宇宙风》十周年纪念

第 142 期

1946 年 3 月 20 日出版

特为本刊作画之十九：儿童不解春何在，只向游人多处行　丰子恺画

杂感与随笔

动的时代　师　山

牛刀割鸡　许钦文

灯下偶笔　时　甫

招摇与受贿　不　平

中印智慧的宝库

林语堂著　苏思凡译

——《印度智慧》序

梁镜尧烈士挽诗（七言二题）

冼玉清

东亚两皇帝　楚　英译

日皇裕仁正传

From“Times”著

傀儡溥仪小史

（By Ben Bruce Blakeney）

广雅　梁仌弦

——广东文献杂谈之一

我与中大　朱谦之

——《奋斗二十年》之一章

劫后羊城　冯明之

东北散记　张春风

忆猫　马君玠

重庆的灯影　绪　君

论西装革履之不合卫生

〔美〕Elizabeth Hawes 著

庄泽宣译

缅甸的乡村　龚书炽

——旅缅杂记

谈人的美丑　文　珍

窗前草　甘永柏

上山的时候

澳门吟（诗）　卢　逊

三个画家的下午

艾文斯东著　王　宛译

一个童话　高若冰

两行逃难记（四）　冠　荒

第 143 期

1946 年 6 月 30 日出版

《中国智慧》序

林语堂著　苏思凡译

特为本刊作画之二十：“无髻村女依依说，燕子今朝又作窝”

丰子恺画

杂感与随笔

信仰力　师　山

颜回之死　许钦文

打倒证件的图章　不　平

蜀游诗四首　卢　逊

登峨眉绝顶

双桥清音

吊薛涛

绵城春宵

凯归　老　向

关外河山（东北散记之二）
张春风
赣闽道中（诗） 张 荃
萧伯纳论食肉（原载英国《新光》杂志） 张 英译
萧伯纳谈原子弹和联合国 梅 华译
锦江春色话蓉城 秦佩珩
福州的战迹 钦 文
白沙残梦 隋树森
陈子壮故乡——沙贝巡礼 冼玉清
谈袁小修的游记 绪 君
山居二题——拙庐，书斋 何瑞瑶
神女（诗） 马君玠
谈女仆〔美〕马克吐温著 时 甫译
无端的思绪 寄 苍
清兵屠杀十八甫 不 平
万视察（旅途杂笔） 吕方邑
读伍君瑞锴所著《学校行政》感言
庄泽宣
李后主的悲哀 金启华
胡适《校勘学方法论》补疏
谭彼岸
拜师记 陈文统

第 144、145 期合刊
1946 年 11 月 15 日出版

特为本刊作画之二—“贫女如花只镜知” 丰子恺画
浮士德 〔德〕歌德著 梁宗岱译
献词
剧场序幕
琼崖讲学记 冼玉清
我所认识的张之江先生 何瑞瑶
化州风物再志 张春风
古刹说法记灵崖 秦佩珩
猪肉 许钦文
钗村行唫（诗） 马君玠
飞之速惘 金启华
绝路词 丁觉先
山居忆感 丘 峻
郴县纪游 刘梦秋
本刊启事（一）（为一四五、一四六合刊延期事）
本刊启事（二）（为在港设立经理部事）

第 146 期
元旦纪念号
1947 年 1 月 1 日出版

一九四七年（路转峰回）（漫画）
丰子恺画
杂感与随笔
慨叹广州出版事业 广 良
旧档抄 广 良
香港与广州 越 人
杂感四则 吴光复
一、人生相面面观
二、“人间二力”两解
三、“不忍人之心”
四、“二元论”

枕戈待旦（一）
林语堂著　苏思凡译
第一章　飞入中国
浮士德〔德〕歌　德著　梁宗岱译
天上序曲
人类之心理问题　太　虚
康有为与戊戌改变　不　平
卜居芙蓉山下柬台湾诸友（诗）
卢　逊
银杏树（旅川生活片断之一）
广　良
陶之庆的西子湖观　许钦文
娃拉康（一至三）　可　期
角城哀声（南非通讯）　林沃栽
庆捷之夜（漫画）　丰子恺画
释蝨及其他　马文珍
井　隋树森
史密士小品抄（一）　刘芃如译
长汀的盐和匪　王斤役

第 147、148 期合刊
1947 年 3 月 1 日出版

枕戈待旦（二）
林语堂著　苏思凡译
第一章　飞入中国（续一）
赛珍珠谈自己的作品（世界名作家访问记之一）
〔美〕R·V·郭尔德著
楚　英译
浮士德〔德〕歌　德著　梁宗岱译
夜
特为本刊作画之二二：“精诚团结”
丰子恺画
杂感与随笔
岁寒草　雪　伦
蛰居随笔并序　广　良
训什么话　自　在
谈读书　周绶章
市侩学者　金启华
闻一多先生二三事　张春风
秋思（为哭闻一多先生而作）（诗）
吴灵万
岷山夜雨忆江原　秦佩珩
英伦近情　林　活
写在钟荣光校长归葬后　冼玉清
一封信（小说）
〔拉脱维亚〕慕兰公爵夫人著
叶颖林译
哀海防侨胞（七古二言并序）
何志伟
立春谈鸡蛋直立　谭彼岸
娃拉康（四）　可　期
编后记　翊　重

第 149 期
1947 年 4 月 1 日出版

枕戈待旦（三）
林语堂著　苏思凡译
第一章　飞入中国（续二）

浮士德〔德〕歌　德著　梁宗岱译
夜（续）
特为本刊作画：只是青云浮水上，
教人错认作山看　丰子恺画
印回同盟的领袖真纳　林沃栽
诗文书画论中的虚实之理（《中国文学思想史》片断）
〔日〕青木正儿著　隋树森译
北平沈案详记　梁　元
辛亥反正后的党会　枫　园
平安抵京记　老　向
剧作家威廉萨罗扬（世家名作家访问记之二）
RV 郭尔德著　楚　英译
悼念林憾庐先生　吴紫金
附：纪念书简抄　吴紫金
邻居　广　良
家庭与事业（无法解决的妇女问题）
素　珊
问真室诗抄（五）　马君玠
重庆小事纪实　梅幼云
迁邕纪行　郑缵晖

第 150 期
特 大 号
1947 年 5 月 10 日出版

东风吹上还吹落，不似人间物价高
（封面画）　丰子恺画
枕戈待旦（四）
林语堂著　苏思凡译
第二章　重庆
浮士德〔德〕歌　德著　梁宗岱译
城门外（一〇）
万里征人罢战归（漫画）丰子恺画

杂感与随笔

进步乎？退步乎？　枫　园
直笔与曲笔　老　丹
爱钱记　魏兆铭
愿望和平　广　良
台北事变十日记　辰　夫
幽思　何瑞瑶
剪发（南非特写）　林沃栽
哭闻一多先生　秦佩珩
淮西杂感　剑　虹
卜太尔女士在写作
RV 郭德尔著　楚　英译
欧西假期的起源和习俗　叶颖林
谈谈蒲留仙的遗著　史大木
问真室诗抄（六）　马君玠
淑女吟
公子行
贫交行
少年游
诗文书画论中的虚实之理（下）
青木正儿著　隋树森译
记桃花江　陈养锋
骊歌　褚　平
——留给四川友人
娃拉康（五至六）　可　期

第151期
1947年6月15日出版

“玉骢惯识西湖路，骄嘶过沽酒楼前”（封面画） 丰子恺画
枕戈待旦 林语堂著 苏思凡译
第三章 熊猫，寡妇与文艺饥荒
浮士德（续） 〔德〕歌德著 梁宗岱译
杂感与随笔
温故知新 雪伦
谈“掘金山” 素珊
由《明季稗史》说起 广良
随笔 梅幼云
李杜将军谈“九一八”秘史 张春风
旅居杂诗 莫纪彭
欢迎来台国军唱词（大浪中的星沫） 黄珠老人
我的初次飞航（上） 〔法〕圣狄舒贝里作 陈占元译
文人画圈内（画余掇拾之一） 王益论
平沈道上（北归散记之一） 贾笑谊
仁化避难记 冼玉清
问真室诗抄（七） 马君玠
废契之用（抗战故事之一） 许钦文
壁像 〔英〕鲁卡斯作 伯石译
《曼侬传》（法国蒲莱弗著）（名著介绍） 静涵

第152期
夏季特大号
1947年8月10日出版

密约（封面画） 丰子恺画
浮士德 〔德〕歌德著 梁宗岱译
书斋
杂感与随笔
思想漫谈 自在
刑及祖骸的故事 广良
哭笑不得集 雪伦
漫画两幅 胡非画
异曲同工
“那密斯向我飞眼儿哪！”
南京“五·二〇”运动见闻记 华年
圣雄甘地访问记（节录） Louis Fischer著 林沃栽译
译诗二首 刘梦秋
钗头凤（陆游）
玉楼春（欧阳修）
我伙劫协领衙门经过（自传之一章） 李福林口述 莫纪彭笔撰
消遣哲学 叶颖林
没有儿子的媳妇 钦文
张仲仁与袁项城 郭树权
踏莎行·秋阴（词） 素珊
台东浮雕 毛文昌
夷区换“土”记（附按语） 魏频伽
读胡适《〈醒世姻缘〉考证》 谭彼岸

我的初次飞航（下）

〔法〕圣狄舒贝里作　陈占元译

附：别册增刊目录

第1册　她们的生活

1936年10月16日出版

补袜子　谢冰莹
剪发小史　樊秀林
从厨房到成衣铺　乃　琴
教学生与女儿　孟　拙
老姑娘和小学生　石　文
人之初　李　素
对于孩子的爱与憎　雪　因
找事做　宛　青
橄榄味的生活　陈　蓝
说话　冯和仪
病　苐　君
为甚么　晓　筠
四个问题　叶　倩
漫画　雷　迅画
漫画　华君武画

第2册　贪官污吏传*

1936年11月16日出版

贪污自述
贪污经验谈
刘珍年祸胶东纪略
糖变盐的故事
标准贪污
五老师小传
清乡禁烟与军民同乐
异想天开的试验烟瘾法
房捐的标准就是县长的嘴眼
新政逃不出旧手
行贿记
蛋炒饭里的烟泡
警察官的弄钱手段
吃官司有部下在
靠状纸发小财
贪官与劣绅的朋比
吃西瓜的故事
靠水发财的一群
我们的教育局长

第3册　鸦片之今昔

1937年2月16日出版

一张严令种烟的告示（封面）

活生生的眼前事实

四海之内皆鸦片也　洛　黎
“满洲国”的鸦片零卖所　展　览
冀东的烟毒　三　横
北平的白面房子　阿　难
华北的烟祸　青　石
河北边境的烟禁　念　祖
模范省的鸦片　准　囚

* 此册各篇，因编者在征文启事中答应绝对代守秘密而不署作者，各篇中贪官污吏之姓名地址，也以“××”或“口口”代替。

博山之烟 雷　诺
鸦片在闽南 易弃楞
人力车夫与吗啡馆 孺　心
戒烟药膏在潮梅 阿　穆
四川的鸦片 丹　五
四川的禁烟 却　果
湘黔道上的烟贩 平　子
陕南种植鸦片的写真 愚　公

赤裸裸的过去史料

鸦片事略 〔清〕李小池

145 附 宇宙风·逸经·西风非常时期联合旬刊

简 介

《宇宙风·逸经·西风非常时期联合旬刊》，是抗日战争爆发后不久，在文艺出版物正常出刊受到影响的情况下、《宇宙风》半月刊、《逸经》半月刊和《西风》月刊停止了正常出刊后联合出版的一种旬刊。一九三七年八月三十日发刊于上海，同年十月三十日终刊，共出版了七期，十六开本。由三种刊物的编者组成联合编辑部负责编辑，随三种刊物原发行渠道发行。

该联合旬刊几乎全部是有关宣传抗战的内容，主要有时事报道评述、时事杂评、通讯报道三个方面，此外还有些与抗战有关的其它文章、漫画等，其中有不少杂文、散文和报告文学。文风上仍然保持原来三种刊物那种庄谐杂出，注重性灵与趣味的特点。

目　录

第 1 期
1937 年 8 月 30 日出版

发刊词　陆丹林
笔　锋
中国与日本　陶亢德
这还不是战争　林憾庐
最后胜利的把握　黄嘉音

中国要靠自己　黄嘉德
日本的浪人　李　微
颤抖的古城　魏兆铭
一鸣惊人的中国空军　任　曼
青岛事件的回忆　何　若
国难声中怀知堂　郭沫若
宋人文学中之国难词　周味山
论　坛
上海中立问题　蕙　宣

宇宙风、逸经、西风联合启事（为战时联合出刊事）
征文启事

第 2 期
1937 年 9 月 10 日出版

笔　锋
到后方去　陶亢德
抗战时期的报纸　黄嘉德
人做鬼事　陆丹林
战争语屑　H.Fregu 著　林憾庐译
国际的狂人　胡　悲译
日本归来　莫　石
关东军侵华狡计
Japonicu 著　黄嘉音译
从德日防共协定说到中苏不侵犯条约　蕙　宣
谈谈汉奸（座谈纪录）　同　人
关于黄秋岳　凤　侣
一个难民的自述　臧克家
访问难民收容所归来　寒　若
乱离通信
致陶亢德　老　舍
致陶亢德　知　堂
补　白
画饼充饥　自　在
漫　画
翘首北望　黄嘉音

宇宙风·逸经·西风上海定户公鉴

第 3 期
1937 年 9 月 20 日出版

笔　锋
战败不计　陶亢德
莫抱风头主义　胡　悲
战争语屑　林憾庐

中国决心自救

宋美龄作　黄嘉德译
共患难的政府　超　然
敌机轰炸松江余生记　陆筱丹
北平第三信——致陶亢德
老　向
日本毒华铁证
Murial Lesrer 著　黄嘉音节译
难民与收容所的近况　刘郁樱
救济难民问题（座谈纪录）　同　人
鸦片战争定海御侮经过　少　陵
国难绝食之王季绪　柳　风
矛盾现象　丹　林
乱离通信
致陶亢德　丰子恺
漫　画
日空军的幻觉——难民皆兵
黄嘉音
闻机起舞　华君武

正误

第 4 期
1937 年 9 月 30 日出版

笔　锋
我们的教训　嘉　音
抗战与侥幸心理　黎　庵
抗战中我们的工作　陈梅魂
闲谈宣传　自　在
打倒广告式　杨　子
战争语屑（一三、一四）　林憾庐
上海抗战的意义　施蛰存
日本自食其果
《大美晚报》文　黄嘉音译
沪战中的西站　陆丹林
敌机首次寇粤记　陈乃英
苏州逃难记　朱逸农
访问张发奎将军追述　一　鸣
爱国侨胞陈嘉庚　郑子瑜
日本的军备　陆筱丹
日本民族考　朱心木
上海的大学生呢?
《大美晚报》文　乃　毅译
流亡学生与非常时期教育（座谈纪录）　同　人
乱离通信
致陆丹林　谢冰莹
致陆丹林　柳　云
补　白
日本的正体　毛尹若
宇宙风社启事（为停顿事）
逸经社启事（为停顿事）
西风社启事（为停顿事）
漫　画
向死人丢炸弹的风机　华君武
远东战神的化妆　蔡振华

第 5 期
1937 年 10 月 10 日出版

笔　锋
新的国庆日　憾　庐

不祥的洋旗　自　在
力求简单　存　仁
强逼征医　红　树

东北归客谈　茂　颖
唐代的战争诗歌考　青　山
福建人的苦闷　黄嘉音
芜湖的防空　闻　玄
到西安去　张　洵
鲍罗庭在中国的时候　天唯廉
“九一八”后北平仅有一次之市民大会　赵捷民
“未来世界”中之中日战争　H.G.Wells 著　乃　毅译

乱离通信

致陆丹林　又　文

漫　画

无米之炊　华君武

补　白

苦乐不同　枫　园
殛黄濬　唐玉虬
祈祷书中的不敬章　毛尹吾

逸经社启事（为停顿事）
西风社启事（为停顿事）

第 6 期

1937 年 10 月 20 日出版

笔　锋

刊物绝交　陆丹林
招致汉奸自首　自　在
怎样全民战争　憾　庐
战时的杂志　默　然
漫谈救国公债的话　翱　翔
斩断日本军阀的生命线　镜　如
一个夫役在火线上的经过　濮益生述　赵邻记
依靠洋人之谈　杨彦岐
在日被捕之钱瘦铁　自　在
危城受训记　予　亦
关于上海的大学生　徐志麟
明代之倭寇　朱心木
五十年前外交家郭嵩焘　张象恭
反清之杜文秀及其遗文　张峻松
中国战士歌　唐玉虬

补　白

日本的情死　毛尹若

第 7 期

1937 年 10 月 30 日出版

笔　锋

后方宣传　黄嘉德
全国皆战斗员　嘉　音
牺牲决心　风　侣
漫谈半汉奸　自　在

没有悲哀的纪念　陈梅魂
英美合作与九国公约会议　胡心简
在铁蹄蹂躏下的东北惨状

镜 如
月不圆的中秋——南京 王 锐
惨痛消息 兰 坚
来沪途中 活 人
上海的将来
《大美晚报》文 乃 毅节译
从"倭寇"谈到"日本兵"
蒋慎吾
毒气中最猛烈之芥子气 王逸厂

补 白

纪沪战敌兵中东北军人 唐玉虬

漫 画

英烈的与没意识的为国牺牲
桢 干
如此皇军 华君武
伤兵医院 华君武
尾声 陆丹林

146 海　　燕

简　介

《海燕》，文艺月刊。一九三六年一月二十日创刊于上海，鲁迅、黎烈文、聂绀弩等人创办，署“史青文”主编，实际编辑是聂绀弩、胡风、吴奚如、萧军等，海燕文艺社出版，发行人署曹聚仁。一九三六年二月二十日出版第二期后，因发行人问题上的纠纷和租界巡捕房的压迫而终刊，已出版的两期为十六开本，横排。

《海燕》是一部分左翼作家在鲁迅支持下编辑出版的文艺刊物，虽然只出版两期，但是却产生了很大影响。该刊发表创作和译文，尤重短评。鲁迅为该刊写了许多文章，其中有小说《出关》，散文《阿金》，还有《“题未定”草》等多篇杂文。其他撰稿人还有吴奚如、萧军、胡风、黎烈文、萧红、荒煤、罗烽、周文、欧阳山、聂绀弩等。

目 录

第1卷 第1期
元月号
1936年1月20日出版

出关 鲁 迅
记十二月二十日南京路 沪 生
在塘沽 奚 如
大连丸上 田 军
短 评
文人比较学 齐物论
大小奇迹 何 干

向巴比塞的敬礼
J.Freeman著 何 封译
小 翻 译
做贼出身的作家阿乌登珂
〔日〕外村史郎著 风译
非常时的心境
〔日〕志贺直哉著 霏译
文艺底课题
〔苏〕高尔基著 果译

《题未定》草 鲁 迅
文艺界底风习一景 胡 风
论白党侨民的文学
〔苏〕高尔基著 陈 节译
诗 歌
我家在满洲 田 军
诗二首 罗 烽
访问 萧 红
罪人 荒 煤

第1卷 第2期
二月号
1936年2月20日出版

《题未定》草（续） 鲁 迅
江上 田 军
短 评
难答的问题 何 干
送别“批评家” 石 铎
向培良底《反》 苦 手
真英雄 邱 貉
大隐在朝 耳 耶
登错的文章 何 干

“一·二八”前进 路 丁
宣传队 奚 如
十二月二十四日续记 沪 生
阿金 鲁 迅
过夜 萧 红
日子 丽 尼
值得祝福的人 罗 烽
陀思妥夫斯基的事 鲁 迅
漫谈个人主义 胡 风
太原纪事 宗 人
红丸 周 文
人物 欧阳山
献词 田 军
俺们大家来清算 罗 烽

小 翻 译

“邂逅”草　A.Gide 著　黎烈文译

纪德的《新的粮食》

A.Malreux 著　黎烈文译

首领主义和领导

M.Gorki 著　徐　行译

艺术与生活　A.Gide 著　风译

艺术底生命　A.Malreux 著　风译

主人底工作

D.Biednei 著　孟十还译

好人　D.Biednei 著　孟十还译

国社党亚令匹克领袖底谈话

John.L.Spivck 著　何　封译

插 图

纪德（A.Gide）（照像）封面

一九三五·一二·二四（木刻）

郭　牧

纪德（A.Gide）（画像）

A．Malranx（画像）

主人底工作（漫画）

R.Kukyineiksow 作

好人（漫画）　R.Kukyineiksow 作

147 夜莺

简介

《夜莺》，文学月刊。一九三六年三月五日创刊于上海，方之中主编，谢船菩助编，夜莺社出版，发行人陈晓云。第一、四期由上海群众杂志公司总经售，第二、三期由上海新钟书店总经售。十六开本。一九三六年六月十五日终刊，共出四期。

《夜莺》是“中国左翼作家联盟”解散后，原“左联”成员方之中在周钢鸣、周文支持下创办的文学刊物。编者在第一期《编后》中说：“本刊是一把扫帚，在这民族垂亡的紧迫关头，不管老的，新的，有形的，无形的垃圾砖块障碍我们救亡的进路，它将无情给以清除。”

该刊以创作和评论并重，特别提倡及时反映现实的报告文学和短评。发表了巴人、丘东平、罗烽、欧阳山、丽尼、吴奚如、葛琴、万迪鹤、田间、王亚平等人的创作，张天翼、胡风、聂绀弩等人的文艺短评，第二期上刊登了鲁迅的《三月的租界》和《写于深夜里》。在一九三六年的“民族革命的大众文学”与“国防文学”两个口号的论争当中，该刊刊登了《中国文艺工作者宣言》及签名者名单，第四期又编辑了“民族革命战争的大众文学”专辑，发表了鲁迅、聂绀弩、欧阳山等人的文章参加论争。该刊也注意对外国文学特别是对苏、日等国文学的介绍，为纪念富尔曼诺夫逝世十周年，出了“《却派也夫》(《夏伯阳》) 特辑”。

目　录

第1卷　第1期
1936年3月5日出版

代序（海涅诗句）

漫谈之部

谈傅东华先生的所谓“常识”　周　文
论“非常时”　唐　弢
文坛上的眉间尺和黑色人　李　平
读书小记　龙贡公
可怜的理解　云　浮

创作之部

雾　王任叔
失业者　庄启东
一群叛逆的女性　方之中
圣者的预言　东　平
从宁晋到石家庄　奚　如
手提琴底乞讨者　罗　烽
她的悒郁　白　曙
我仍要歌唱（外一章）　石　榆
虽然你脸上没有奴隶的烙印　石　榆

理论之部

现实主义与艺术形式问题　〔日〕高冲阳造作　辛　人译
屠格涅夫底现实主义　S.玛拉霍夫作　谭林通译

介绍及批评之部

托尔斯泰——一个非战的煽动家　司各脱·尼尔宁作　方士人译
读鲁迅的《故事新编》以后　庸　众

旧话重提　张　弛
编后　编　者

海涅入狱（封面）〔俄〕爱非莫夫

第1卷　第2期
1936年4月5日出版

漫　谈

从宣传过去到接受未来　南宫离
略谈作家的敏感性　杨　骚
“引起的纠纷”　周　文
论新闻小说　方之中
关于《世界文库》　叶独宰
谈“联合”　朱　慧
真正的开始　劳　赶

有张好嘴的女人　王任叔
乱源　谢舶菩
歌声　欧阳山
纤工歌　因　是
新内容与新形式　〔俄〕爱伦保作　以　群译
农人歌　童　志
一个小孩的教养　东　平
一群流浪儿　苇　君
行列　丽　尼

苏联文学与斯泰哈诺夫运动
〔日〕村山知次作　格　收译
生与养　奚　如
锡炉的装制（插图）
〔俄〕Dormidontov
候审室　龙　乙
黄昏（插图）　〔俄〕Vereisky
新世界的父母　雷石榆
《内战史》第一卷（插图）
A.Moravor
夜里的队商
〔法〕古久列作　方士人译
《新年的夜》的封面和卷首（插图）
V.Favorsky
作为意识形态的艺术
〔日〕森山启作　辛　人译
慰劳　乔一菻

旧话重提

小理论　张
官话　行
反语　驰

第1卷　第3期
1936年5月10日出版

漫　谈

三月的租界　鲁　迅
什么是幽默　张天翼
答沈起予们的“麻烦账”　周　文
谈集体创作　南宫离
写于深夜里　鲁　迅
五月之歌　安利基尔波作　胡　风译
论剧　〔苏〕高尔基著　屈　轶译

木　刻

逃难者　王绍络
凯旋　野　夫

生与死（中篇特载）　奚　如
黄水之歌　雷石榆
新现实与新文学
〔苏〕法捷耶夫著　以　群译
候验室　方之中

木　刻

法庭　江　烽

前进吧，时代（中篇）
卡泰耶夫著　维　多译
诗山　方土人
守卫　魏　伯
十年　白　曙
除夕　斐　君

第1卷　第4期
1936年6月15日出版

民族革命战争的大众文学

几个重要问题　鲁　迅
抗日文学阵线　龙贡公
创作口号和联合问题　绀　弩
文学的新要求　奚　如
抗日声中的演剧运动　胡　风

急切的问题　龙　乙

小　说

为民族自由解放（报告文学）　尹　庚
苏州（报告文学）　钱　江
高丽医生　奚　如
惨　方之中
蓝牛　葛　琴
江校长　萧曼若
明天的艺术家（中篇特载）　欧阳山

诗歌·散文

外滩公园之夜　万迪鹤
血的旗子　陈企霞
饥饿（长诗）　田　间
被强奸了的土地　雷石榆
海燕之歌　王亚平

杂　论

忽视或曲解　朱　慧

《却派也夫》特辑

《却派也夫》作者孚尔玛诺夫逝世十周年纪念　绥连勃梁斯基作　克　夫译
关于《却派也夫》　孚尔玛诺夫作　吴　明译
忆孚尔玛诺夫　妸娜·孚尔玛诺华作　克　华译
夏伯阳之死　付尔曼诺夫作　明　之译
读《却派也夫》以后　姚　克
孚尔玛诺夫与夏伯阳　明　之

插　图

封面设计　马　达
冲上前去　马　达
先碰了汉奸的子弹　马　达
孚尔玛诺夫之浮雕像
孚尔玛诺夫及其夫人合影

148 诗歌生活

简介

《诗歌生活》，一九三六年三月五日创刊于青岛，编辑者和发行者均署“诗歌生活社”，第一期由上海群众杂志公司总经售，第二期迁至上海编辑出版，改由联合出版社经售。三十二开本。一九三六年十月二十日终刊，共出版两期。

《诗歌生活》内容有诗歌创作、译作和理论三个方面，以创作为主。发表了蒲风、林林、林焕平、梅雨、王亚平、许幸之、覃子豪、陈北鸥、杨任、雷溅波等人的作品。其中不少是鼓舞抗日救亡的诗篇。译诗中着重介绍了俄国作家涅克拉索夫、莱蒙托夫、普希金等的作品，曾刊出追悼高尔基与普式庚（普希金）特辑。诗论部分刊有提倡讽刺诗的文章。

目 录

创 刊 号

1936年3月5日出版

《红痣》序　郭沫若

诗 论

现代亚美利加诗　杨 任
诗人应该反映或表现些什么　林 蒂
提倡讽刺诗　林 林

诗 作 品

夜路　林焕平
大地在动　覃子豪
七月十六　梅 雨
破旧了的机杼　王亚平
缝衣婆　洪 道
流亡（长诗）　林 蒂
新的航程（长诗）　李华飞
我们的进行曲　征 军
广州之夜　征 夫
摇篮歌　蒲 风
家　史 樵
祖国　马苏夫
故乡　鹰 眼
红叶里的秋天　陈子鹄
我们要沉思　薇 娟
真"扬子江"献给读者　许幸之

译 诗

泥炭队　卜一译
从田间归来吧！父亲　〔美〕惠德曼作　陈达来译
发挥智力哟　〔日〕千家元麿作　菡 亭译
自由　〔俄〕涅克拉索夫作　邢桐华译
杼情诗三篇　〔俄〕莱蒙托夫作　林 林译

封面　洪为济
后记　编辑室

第2期

1936年10月20日出版

高尔基给青年诗人的信　林 林译
追悼马克星·高尔基特辑　邢桐华　彭 澎　魏 晋　宋寒衣　牧 声　林 蒂　溅 波
怎样接受高尔基的诗歌遗产　李春潮

诗 作 品

献给你哟，祖国！　紫 秋
少年行军进行曲　覃子豪
歌声　洪 道
死不是完结　戴何勿
好年成　鹰 眼
俘虏歌　罗曼士
流　孙 钿
信　李华飞
笛角　明 树
饥饿的烈火　北 鸥

啊，离别了　雪　村
水　杨　任
夏天的歌　蒲　风
长安　冲　州
光阴的礼赞　英　英
还有恐惧和犹豫的时光么　程　逢
海上　冷　村
昨天的怒吼　溅　波

用诗和刺刀防护我们的祖国　胡　洛

普式庚特辑

译文
普式庚的社会政治抒情诗
哥德里雷夫斯基作　北　鸥译
诗人普士庚
升井肇作　魏　晋译
普式庚发着号令
世田三郎作　赵蕰亭译
拜伦主义与普式庚　林　林
关于普式庚的《犹根·奥涅根》
李春潮
纪念普式庚　臧云远
诗抄
犹根·奥涅根（节选）
〔俄〕普式庚著　夏玄英译
给诗人
〔俄〕普式庚著　彭　澎译
士丁卡·拉辛之歌
〔俄〕普式庚著　林　林译
农村
〔俄〕普式庚著　蕰　亭译
我是孤独自由的播种者
〔俄〕普式庚著　魏　晋译
悲歌
〔俄〕普式庚著　戴何勿译
魔力的奥列格颂
〔俄〕普式庚著　紫　秋译

149 逸　经

简　介

《逸经》，文史半月刊。一九三六年三月五日创刊于上海，简又文任社长，第二十二期以前由谢兴尧主编，以后各期由陆丹林主编，仓颉印务有限公司印刷，人间书屋经售，十六开本，共出三十六期。一九三七年八月二十日出至第三十六期后，不再单独刊行。为适应抗日战争爆发后的新形势，与《宇宙风》、《西风》联合出版《宇宙风·逸经·西风非常时期联合旬刊》。

编者在《发刊启事》中说，"《逸经》之性质，是超然的及纯粹的文艺与史学的刊物，并无政治作用，亦无牟利企图，尤其是无党见，无派别；既不为个人作宣传，更不受团体所利用"，文字"长短不拘，语文并用，庄谐杂出"；取材"中西并集，古今兼收，译作皆有，大小悉备"；内容"不尚清谈，不发空枪，必求言中有物，华而且实"。该刊辟有十二个专栏，实行主编总负责，编辑分栏负责制，由谢兴尧编"史实"、"游记"、"书评"，陆丹林编"人志"、"秘闻"、"诗歌"，胡肇椿编"考古"，李应林编"纪事"，明耀五编"图象"、"特写"，大华烈士（简又文）编"杂俎"、"小说"。

《逸经》与《论语》、《人间世》等刊物一样，是三十年代出现的提倡幽默趣味的著名刊物之一，发表了不少散文以及小说，其中包括著名作家郁达夫、老舍、许钦文、俞平伯、谢冰莹以及周作人、林语堂等人的作品；该刊同时也注重历史研究，特别是太平天国史和民国史的研究，提供了许多有参考价值的史料，包括简又文、冯玉祥、冯自由、李季谷、刘成禺等人的笔记、回忆录以及考订注释性的文章。但是该刊也不象编者标榜的那样"超然"，它发表的许多文章表现了对现实的关心，有些文章抒发了对现实的不满，也有些文章流露了逃避现实的消极情绪，其中还有些文章更表现了明显的拥蒋反共倾向。

目 录

第 1 期
创刊特大号
1936 年 3 月 5 日出版

《逸经》文史半月刊发刊启事　逸经社同人
逸话　编者
《逸经》的故事　简又文
林子超（林森）先生写像
林子超（林森）先生题辞
谈林子超（林森）先生　伏龙
丙子新正二律句（诗歌）　俞平伯
李太白的国籍问题　胡怀琛
诸葛武侯八阵图　区宗洛绘　叶恭绰跋
我和言论界之因缘　柳亚子
《水浒传》人物考　谢兴尧
广东人过新年记（附插图一幅）　大华烈士
革命逸史（一）　冯自由
　革命二字之由来
　孙陈剪辫易服
　亡命客之日本化名
　横滨兴中会
　陈少白之词章
　杨衢云事略
　黄咏商略历
太平话　五知
　引言
　粤东民歌
　冯云山打官司
　冯云山案之结果
　太平碑联
　忠王部下告示
凌霄汉阁笔记　徐彬彬
晚明史话　谢刚主
潘达微（附图二幅）　陆丹林
歌唱的艺术　钱仁康译
意阿战争的背景　李应林
关于顾千里书跋之辑刊（书评）　白蕉
第三种政治犯（小说）　许钦文
《胡适论学近者》（书评）　谢兴尧
与又文先生论《逸经》　林语堂
救火总统　明
阴阳风　大华烈士
　引言
　四十寿言
　现身说法
　幽默的美术
　阴错阳差
　聪明的侨胞
　“稳健为先”
　溥仪血统考
　岳泰两姓的老官司
　旧货翻新
　启事
图象
广东舞狮图
孙中山先生墨迹（二幅）

潘达微遗像
潘达微遗画

杂　俎

《逸经》之五个第一
阿皇王冠
以牛易之　明
××次长千古（挽联三幅）
梁寒操　彭养光　郑同志挽
“贵不可言”　明

第 2 期
1936 年 3 月 20 日出版

逸话　编　者
游洪秀全故乡所得到的太平天国新史料（附图九幅）　简又文
《清史稿》与赵尔巽　徐一士
《京口偾城录》所纪壬寅兵事（附编者跋）　任　鼐
黄花冈凭吊记（附图五幅）　陆丹林
读史零拾（七则）　瞿兑之
革命逸史（二）（附图一幅）　冯自由
兴中会之讨满檄文
尢列事略
谭发事略
孙中山之嗜好
纪念巴比塞（附事略及墨迹）　盛　成
近代书家亲炙记（一）　胡仪曾
张季直师
谭组庵先生
赤匪陷漳的经过　憾　庐
一、龙岩失陷，四九师退守南靖
二、中路失败及总退却
成都兵祸诗　林山腴
嘲京官（一）　止　厂
清道人遇诈秘记　自　在
新婚衾枕　老　向
《盾鼻随闻录》（樗园退叟编）（书评）　谢兴尧
东南风（四集）　大华烈士
九一八餐　今　朔
日光浴　今　朔
恋爱经过　今　朔
附耳　今　朔
左倾分子　不愿署名
机名误我　不愿署名
幽默大夫　黄力谦
胜利外交　黄力谦
留东成绩　鲁　莽
阴阳风（七则）　大华烈士辑
笑的功用
英国王储问题
小中见大
伦敦失物统一
世界最长的影画片
一夫多妻辨
日本幽默乎？西报幽默乎？编者幽默乎？

杂 俎
抵抗的国畜
"诸葛武侯八阵图"说明　自　在
挽丁文江联　郑同志
偶成寄慰××山上　又　文

"东南风"征稿五问
"逸经社"启事三则

第3期
1936年4月5日出版

逸话　编　者
日本杂事诗　周作人
读书救国歌（诗）　陈子展
道咸时代北方的黄崖教　谢兴尧
黄花冈一役海外筹款之一幕（附图二幅）　冯自由
——北美侨胞爱国实录之一页
得尺记　叶恭绰
两首诗俳　工　交
和寒操
和知堂老人自寿诗
老子的国籍问题　郑师许
威尔士（附图一幅）　郭子雄
太平话　五　知
洪杨起时之广西
忠王印
太平军所毁文物
曾国藩封爵遗闻
洪杨乱后之江南
曾国藩荣江之计画
秦淮新柳
所谓"精忠记"　赵景深
石达开黔西遗诗之新发现　张峻松
凌霄汉阁笔记　徐彬彬
遗老张罗溥仪婚费记　自　在
嘲京官（二）　止　厂
革命逸史（三）（附图一幅）　冯自由
孙逸仙行医广告
郑士良事略
戊戌前孙康二派之关系
横滨大同学校
在首都小铁道服务卅年之岔道夫杨富芝（附图一幅）　涂景元
悼杜仲虚（诗歌）　关芷州
牢狱之灾（待续）　朱春驹
东南风（四集）　大华烈士编订
四川幽默上市——于著名银耳之外　也　且
"大点"广告　尚乃谦
三折肱　菲菲女士
又一"太平迷"　朱英明
大来还了得　朱英明
想造反吗？——擅自改历　志　华
阴阳风　大华烈士辑
清代君臣之幽默逸事
一、　初　笔
二、　三　笔

崇德扬善第一功
大头和尚考
秦淮新柳
逸经社重要启事
逸经社启事
投稿诸君公鉴　本刊编辑部

第4期

1936年4月20日出版

逸话　编　者
中国古代小说之外国资料　胡怀琛
国畜二忠歌　陈子展
英国政府蓝皮书中之太平天国史料　曹墅居译　简又文校
孙中山先生逸事（附图二幅）　郑　照
一个小型方志　徐一士
黄花冈一役海外筹款之一幕（附插图二幅，续完）　冯自由
——北美侨胞爱国实录之一页
从历史上谈谈中国绘画之改革　何勇仁
赤匪陷漳的经过（续完）　憾　庐
三、红军进城
四、我的观察
五、红军的行动
六、漳州的损失
近代书家亲炙记（二）　胡仪曾
汪精卫
胡展堂
梁寒操
谈谈状元　徐彬彬
革命逸史（四）　冯自由
革命初期之宣传品
圣教书楼
刘学询与革命党之关系
横滨《清议报》
以放风筝为例　孙福熙
——论人类社会的是非利害
夜间行军　谢冰莹
牢狱之灾（续完）　朱春驹
斑园雅集酬唱录
简公又文斑园骊会　大厂居士
剑父画师游喜马拉雅山　胡怀琛
赋呈又文先生　胡怀琛
赠主人简又文　陈　柱
剑父即席赋呈　简又文
以高简文诗韵酬又文　陈　柱
和又文诗　胡怀琛
东南风（四集）　大华烈士编订
袁良也碰钉
打破家族制度之先锋
万死园
批牍
摘由添赘疣
一律欢迎一式欢迎
戏报
西子湖欤？东子湖也
孚威上将军近作
闻亦有
“啼笑”皆非

人名谐音
阴阳风（逸闻六则，趣话四则）
大华烈士辑
游客携枪弄火为戏（路透社二月八日电）
数祖忘典欤（二月五日《大公报》载路透社电）
飞宾上当矣（“西报”文）
将军易服对镜自怜（据三月七日《字林西报》）
幽默有救国之功（二月六日《大陆报》）
自由为专制之敌（“西报”文）
“一字师”
大架子
火鸡变鱼
“基督破产”
杂 俎
花露香水考——原来宋朝就有 五 知
太平喜讯 又 文
逃兵 任守谦
逸经社启事

第5期
1936年5月5日出版

逸话 编 者
《水浒传》中所描写的东京汴梁考证 谢兴尧
王锡侯书法精言 周作人
红豆与文学（附图二幅） 俞友清
洪宪纪事诗本事注（一）（附孙中山跋原稿照片） 刘成禺
英国政府蓝皮书中之太平天国史料（二） 曹墅居译 简又文校
近代第一流廉吏王铁珊先生（附图一幅） 冯玉祥
革命逸史（五）（附图二幅）
冯自由
孙中山之文学
戊戌后孙康两派之关系
东京高等大同学校
檀香山兴中会
冯自由易名之由来 简又文
关中怪杰郭坚（死虎余腥录之一）
曹介初
补纪郭坚伏法事 简又文
姓名琐谈 自 在
关于中国近代史（书评）
李季谷
袁世凯与甲午之役 草 人
东南风（四集） 大华烈士辑
讨便宜二则 尾 灵
恶人恶事 莫 云
先生先死 阿 苏
北平不平 阿 苏
驴声雷声 阿 苏
“那末”纪录 阿 苏
声移物换 开
害怕一切 开

不许妄问（附大华烈士按语）
虚　余
每跑不忘　虚　余
缩脚格　虚　余
阴阳风
开小差（小说）
A.W.Mason（梅孙）著
大华烈士译
诗　词
易字诗茶会　观　海
社会的不朽（小诗）　大华烈士
斑园雅集酬唱录（二）
次韵和又文先生　建　华
读高剑父近作赋赠　自在长老
满江红词　任中敏
失题诗　轶　名
正误　编　者

第6期
1936年5月20日出版

逸话　编　者
高剑父画师苦学成名记（附图五幅）
简又文
关于《清史稿》　徐一士
新闻纸之发源谈　吴龙术
洪宪纪事诗本事注（二）　刘成禺
"满洲国"小学教师授课表（附图一幅）　曹芥初
高邮王士所传八阵图跋（附图一幅）
刘厚滋
广州十三行（附图三幅）　陆丹林
黄晦闻先生挽诗　麦朝枢
近代第一流廉吏王铁珊先生（续完）
冯玉祥
革命逸史（六）（附图三幅）
冯自由
章太炎事略
梁启超介绍周孝怀书
横滨《开智录》
东京《国民报》
广东独立协会
《谈林子超先生》补注　玄　厨
该死的红丸犯　许钦文
庐山之会　海　戈
祸国殃民贪污残暴之张宗昌（死虎余腥录之二）
张宗昌之出身　工　爻
张宗昌祸鲁记（上）　中　直
张宗昌祸鲁记（中）　永　乐
赤匪首领李德博古逆迹记　柳　云
东南风（四集）（又一批四川新货上市）　大华烈士编订
新生活中的新伦理　陈剑轮
受宠果惊　陈剑轮
大概是想提高农工的生活标准
陈剑轮
院长非戴公　陈剑轮
有过则认亦新生活也　陈剑轮
墨中钉　陈剑轮
唯美主义信徒　陈剑轮

振振有辞　陈剑轮
公然行贿　陈剑轮
监视尸都督　陈剑轮
以儆效尤　陈剑轮
盍倾向“中央”？　刘野农
悲喜交集　刘野农
一张罪状　刘野农
阴阳风　大华烈士
有无相通
其肉甚麻
法国人的幽默　吉　人译
各惜其过
遇非其人
天才才尽
“光棍碰着没皮柴”

第 7 期

1936 年 6 月 5 日出版

逸话　编　者
李太白与宗教（附图一幅）　幽　谷
孔家店紧要声明（诗并附言）
陈子展
唐代长安的牡丹狂　胡行之
中国营造图案史概述（附图二幅）
陈仲篪
胡展堂先生悼篇　大厂居士
革命逸史（七）（附照片二幅）
冯自由
未入革命党前之胡汉民
神秘火柴（附图一幅）　自　在
英国政府蓝皮书中之太平天国史料（三）　曹墅居译　简又文校
洪宪纪事诗本事注（三）　刘成禺
祸国殃民贪污残暴之张宗昌（续完）
张宗昌祸鲁记（中，续）
永　乐
张宗昌祸鲁记（下）　汇　稿
张宗昌之奇闻怪事　汇　稿
忠孝勇侠的郑继成将军（附图一幅）
简又文
我杀死国贼张宗昌之经过详情（附插图四幅）　郑继成
舞狮的艺术　寥苹菴
傀儡溥仪夫妇居故宫时遗闻　止　厂
总理“辛未”题跋之考订　又　文
桎梏（小说）　冯和仪
《关于清史稿》补　徐一士
东南风（五集）　大华烈士编订
弁言　大华烈士
一吻代价　笑　石
茶壶模型　笑　石
猪无角　笑　石
释“大学”　笑　石
两种人　笑　石
可谓“妙”鸡　笑　石
姪子乖乖　笑　石
黑瘢　笑　石
诗人的幽默　笑　石
金剃刀　笑　石
捣乱七条件　笑　石
阴阳风　大华烈士

协定致用
斧入班门
“别有一般滋味在心头”
最近文坛的幽默（十则） 西华壮士
“逸经社”编辑部启事
“逸经社”特别启事

第 8 期

1936 年 6 月 20 日出版

逸话 编 者
上海的倭寇 徐蔚南
李煜堂先生（附图二幅） 建 华
太平天国干王题壁大字之新发现（附照片八幅） 张祝龄
近代六诗人特辑（上）
谈散原老人（附图一幅） 徐一士
蒹葭楼遗诗记（附图一幅） 王 蘧
甲戌之蒹葭楼诗（十三章） 黄 节遗作
徐志摩——一个大孩子（附图二幅） 温源宁撰 倪受民译
同光诗人李芋仙 任 鼐
洪宪纪事诗本事注（四） 刘成禺
附孙祥夫自述击毙郑汝成情形始末（附图一幅）
从莎士比亚说到梅兰芳 宋春舫
革命逸史（八） 冯自由
胡汉民之谐诗
毕永年削发记
余育之事略
梁任公之情史
峨眉山顶的一夜 许钦文
东南风（五集） 大华烈士编订
现身说法 风尘侠客
贻恨千古 风尘侠客
新唐诗 风尘侠客
活包公 风尘侠客
孔子锄奸 风尘侠客
不是自来水实是自来水 斌
也算因公受伤吧！ 斌
大盗无道 黄则懿
三军一怒为红颜 阡 陌
老柏吓客 黄力谦
来是空言 黄力谦
须权所有（附插图二幅） 黄力谦
阴阳风（怪闻一束） 大华烈士
寿堂志异
匪首逆迹补记
不认亲爷认母舅
摩登灵符（附图一幅）
篝火孤鸣——粤东野语
汉奸的结果
一通公开的电报

第 9 期

特大号

1936 年 7 月 5 日出版

逸话 编 者

太平天国干王洪仁玕供词之回释 简又文
张天师与道教 谢兴尧
革命逸史（九） 冯自由
章太炎与支那亡国纪念会（附图二幅）
林义顺事略（附照片一幅）
长安观剑记（附照片一幅） 幽 谷
饮食男女在福州 郁达夫
文昌帝君考 贺次君
上海的倭寇（续完） 徐蔚南
谈徐树铮（一） 徐一士
癸酉南归日记 俞平伯
答《孔家店要紧声明》 卓公踶
狄伦次教授的惨死 汪藻香
眼镜在中国 胡怀琛
“马虎”考 李 铭
武家坡 刘振家
孔夫子鼓儿词（一）（曹介初序）（附图三幅） 蒲松龄遗著
关于避讳 徐中玉
关于“柳”的故实的演变 孟 晖
洪宪纪事诗本事注（五）（附图一幅） 刘成禺
补志袁克文莫到琼楼诗 枕 绿
立法院修正“有配偶而与人通奸者”一条新刑法之经过 简又文
加伦将军之出身 A.H.Riajansky 著 李应林译
业（小说） 刘奇峰译
采石矶半日游（附图一幅） 黄朝仪
东南风（六集） 大华烈士编订
治何处？ 雨 公
粤桂争界 雨 公
糖糖君子！ 李荣晃
花瓶有偶 昨 今
以×治× 王秃儿
撚化学 李 绩
标准布鞋 方 邑
胡说 方 邑
外交家资格 方 邑
适不为之 方 邑
暂停营业 方 邑
吃猪妙喻 方 邑
阴阳风（立法委员的幽默） 大华烈士
念念不忘
切身之痛
姑妄言之
以咸嘲咸
不大平等
惟口兴戎
掩眼法之一种
反幽默
胜之不舞
中西六文治
今古两周公

第 10 期

1936 年 7 月 20 日出版

逸话 编 者

八卦教残余经典述略　魏建猷
《清史稿》回忆录（附：清史稿回忆补录）　金　梁
谈徐树铮（二）　徐一士
关于欧战胜败之秘闻（节译自《大西洋月刊》）　李应林译
近代诗人特辑（下）
黄公度——戊戌维新运动的领袖　正　先
嘉应诗人宋芷湾　陈　柱
革命逸史（一〇）　冯自由
王宠惠拒奸记
励志会与译书汇编
英国政府蓝皮书中之太平天国史料（四）　曹墅居译　简又文校
王铁珊先生轶事补录　冯玉祥
孔夫子鼓儿词（二）（附图一幅）　蒲松龄遗著
书关于顾千里书跋之辑刊后　王欣夫
洪宪纪事诗本事注（六）　刘成禺
第二次出狱　许钦文
东南风（六集）　大华烈士编订
不辨寒暑　甘永柏
唯二的爱国者　李有义
青天白日旗　李有义
挽阮玲玉　胡少海
两个嘴巴　郑伯康
日本女人与毛　郑伯康
啬菴语妙　郑伯康
肾脏功用　焉异云
体邺民难　程学鹏
政治经济　彭剑堂
消毒蚊子　阿　寿
姓什么　文晖女士
自惭四不　韵　声
湖南号数　区　区
阴阳风（怪人怪物）（采自《信不信由你》）　大华烈士录
怪异儿童一〇则（每则附图一幅）
怪异禽畜一四则（每则附图一幅）

第 11 期

1936 年 8 月 5 日出版

逸话　编　者
李太白通突厥文及其他　胡怀琛
章炳麟被羁北京轶事杂记　徐一士
英国政府蓝皮书中之太平天国史料（五，续完）　曹墅居译　简又文校
送林语堂先生赴美讲学特辑
我的朋友林语堂（附图二幅）　大华烈士
代语堂先生拟赴美宣传大纲　老　舍
林语堂与翻译　陶亢德
与林语堂游苏记　海　戈

洪宪纪事诗本事注（七） 刘成禺
读史零拾（一） 瞿兑之
《四库全书》之草率
乌邦利慈基夫人 郭子雄译
近代书法家亲炙记（三） 胡仪曾
康长素氏
韩紫石先生
革命逸史（十一） 冯自由
章太炎等之护党救国公函
秦力山事略（附图二幅）
赤匪首领“朱毛”逆迹记（附图四幅） 柳云
寡人有疾（小说） 味橄
阴阳风 大华烈士
不算旧账论
东南风 大华烈士编订
妙名 程心芬
妙物 黄约翰
妙想 逢乐
妙戏 红豆
妙汤 红豆
妙答 岛民
妙径 岛民
妙布 岛民
妙文 燕士
妙诗 罗琼宇
妙口 罗琼宇
妙示 罗琼宇
第九期“敕册”诗补注
“逸经”第一集合订本（第一至八期）预订办法

第12期

1936年8月20日出版

逸话 编者
国旗歌
美国《三色旗歌》曲 简又文词
革命逸史（十二） 冯自由
中华民国旗之历史（附图五幅）
云南杜文秀建国十八年之始末（附图一幅） 何慧青
扇谈 戴学桢
辫子经（上） 秋宗章

曼殊特辑（上）

关于苏曼殊之点点滴滴
孙湜作 方纪生译
附柳亚子考证函二通
曼殊逸事（附图一幅） 温一如
曼殊诗出《封神榜》考 杨霁云
再记章炳麟羁留北京时轶事
徐一士
洪宪纪事本事注（八） 刘成禺
孔夫子鼓儿词（三，续完）
蒲松龄遗著
读史零拾（二） 瞿兑之
请安
一个大学女生自述
谭斌斌女士著 张沛霖译
《蛮氛汇编》（书评） 五知
孟太太（小说） 朱春驹
东南风（六集） 大华烈士编订

共证恒心　夊　滔
点心——点金　自　我
妙联两副　吴夏伯
一误再误　王小廷
不讲卫生　王小廷
“考老夫”（附编者和诗）
林　光
满洲国的“王道”一斑
〔朝鲜〕隐　溪
妙文欣共赏　程心芬
阴阳风（趣闻一打）　大华烈士辑
无心之失
今之养由基
满嘴圈套
谑而不大虐
甘居弱者
犯了“妨害婚姻及家庭罪”的狗（录《西报》）
“威也好！也也好！”　手宗仁
百粤文风骚且麻　手宗仁
“怎当他临去秋波那一转”
莽将军仗义执言
急政客额手称庆
夕阳无限好，晚节有余芳

第 13 期
1936 年 9 月 5 日出版

逸话　编　者
太平天日（一）　王重民录
悲西台（诗歌）　翠娜女士
读《清史稿回忆补录》书后
哀　灵
辫子经（下）　秋宗章
福建云霄之猺獞　王斤役

曼殊特辑（下）

噶班时代之苏曼殊及其他（附图二幅）　唐蕴玉
曼殊零墨（附图书）　陆丹林
洪宪纪事诗本事注（九）　刘成禺
胡丧花絮　甘　翁
藏王达赖出走印度之原因　陈文澜
两个卫国英雄小志（附图二幅）
简又文
像片　老　舍
云南杜文秀建国十八年之始末（二）
何慧青
王闿运与肃顺　徐一士
革命逸史（十三）（附图三幅）
冯自由
陈少白时代之中国日报
西山疗养院卧游　姜馥森
东南风（六集）　大华烈士编订
陈去病之幽默
锡山、铜山、金山
山人可怜
“择”由
妙文一联
有忝“父”职
公文妙语
那个的庄

盐酸的制法
赞成共妻
圣人之徒
纸长情短
有丐而不乞者乎？
活雷公
阴阳风　大华烈士
——改作的西洋幽默——
言简意赅
闺怨
好把戏
不打自招
各有所好
生死试验
不讨好

第14期
1936年9月20日出版

逸话　编　者
嘉兴访碑记（附图四幅）　简又文
王闿运与湘军志（一）　徐一士
读史零拾（三）　瞿兑之
建筑款式变迁
中国人与英国人
林语堂著　任　铿译
洪宪纪事诗本事注（一〇）
刘成禺
太平天日（二）　王重民录
吴昌硕先生绩事丛录（附图一幅）
王个簃
革命逸史（十四）　冯自由
李纪堂事略（附照片一幅）
邓荫南事略
胡适之（附图一幅）
温源宁作　倪受民译
空余陈迹话“瑞京”（附图二幅）
刘　子
云南杜文秀建国十八年来之始末（三）　何慧青
元庆去世七周年纪念文（附图一幅）
许钦文
次郎与静子
〔日〕小泉八云著　刘奇峰译
东风集（六集）　大华烈士编订
“当夫”“鬻子”与“脱裤”
黄则懿
礼堂素描　黄则懿
吃了名字的亏　黄则懿
学校妙联　黄则懿
聘书？委任状？　黄则懿
“遥指秦楼是妾家”　邹待青
人面油条　邹待青
胡朴安之妙诗　邹待年
王氏政绩　迷　羊
夫子近视乎？　小　蓉
夫子自道也　小　蓉
手执钢刀九十九，吃尽饺子方罢手　闲　人
阴阳风（时人幽默两则）
大华烈士
“吴山三姓两人麻”（附照片幅）

陈维周临去秋波
西洋幽默五则 沁
月亮致用
好复杂的亲戚关系
错中错
联想的酸素
精确的科学家

第 15 期
1936 年 10 月 5 日出版

逸话 编 者
国庆歌（诗） 梁寒操
鸦片战争前之中英外交 谢兴尧
答哀灵君论《清史稿》 金 梁
嘉兴访碑记补录 简又文
王闿运与湘军志（二） 徐一士
读史零拾（四） 瞿兑之
左宗棠之家产
琐话中秋 徐中玉
革命逸史（十五） 冯自由
武昌起义与黄克强（附图三幅）
武昌起义杂忆 朱春驹
一代艺师吴昌硕（附图三幅）
陆丹林
云南杜文秀建国十八年之始末（四）
何慧青
纪念高尔基（附图一幅） 盛 成
洪宪纪事诗本事注（十一）
刘成禺
关于张天师（附图二幅）
嗣汉天师府访问记 唯 公
天师世系 闻惕生
梦寐不忘（小说）
Jean Giono 著 金 马译
东南风（六集） 大华烈士编订
文绉绉的队长 闲 人
何会办，苦了 三湘半衲
其妙莫“名” 三湘半衲
纣王复生 三湘半衲
法定陋规 三湘半衲
实行抵抗 张泽丰
廿项运动 张泽丰
富而有理 长毛同志
阴阳风 大华烈士
常胜将军
女权既盛振作有为
南天逸趣

大华烈士启事

第 16 期
1936 年 10 月 20 日出版

逸话 编 者
关于中国文学起源诸说 陈子展
马尾观战记
〔美〕罗蚩记 李青崖译
袁世凯代表签订断送满蒙条约之两摄影（附图二幅） 建 华
国民军首都革命纪实 璧 树
太平天日（三） 王重民录

元至顺二年粮钞跋（附图一幅） 柿生
王闿运与湘军志（三） 徐一士
洪宪纪事诗本事注（十二） 刘成禺
云南杜文秀建国十八年之始末（五）（附图一幅） 何慧青
革命逸史（十六）
辛亥武昌起义之革命团体（附图四幅） 冯自由
“奥林匹克”话当年 钱仁康
当代教育家吴雷川先生（附图一幅） 赵紫宸
于晦若（诗） 黄公诸
淫妻 许钦文
东南风（六集） 大华烈士编订
妙文妙批 邹待清
题画妙诗 黄光仁
没有吃 黄光仁
“曾未无” 黄光仁
余致力先生 小蓉
讣告两笑话 小蓉
“久仰大名，如雷贯耳，今日一见，不过如此!” 小蓉
一视同仁 小蓉
白食专家 村羊
黄牛与灰驴 光亚
阴阳风 大华烈士
异数见三王
陈济棠扶乩
真的复杂关系（附图一幅）
乞假诗
〔美〕Harold B.Minor 作 耀五译

第 17 期
特大号
1936 年 11 月 5 日出版

逸话 编者
庆祝中山先生诞辰特辑
图象（各附文字说明）
总理伦敦照像
总理合家照像
总理演说革命写真
孙总理少年时期逸事（附图二幅） 简又文辑述
《太平天国战史》（刘成禺著）序 孙文
革命逸史（十七） 冯自由
清季“四大寇”订交始末（附图一幅）
孙总理之医术
河内博览会之中国志士（附图一幅）
三十九年前之东亚时局势图（附谢缵泰事略）（附图一幅）
孙中山先生游普陀志奇跋（附图一幅）
自由（总理遗墨） 孙文
论太平天国 孙文
先总理旧德录序 刘成禺

太平天国史料
资政新篇（书影一〇幅，附谢兴尧序） 洪仁玕遗著 王重民校录
太平天国东北两王内讧纪实（译自《华北先驱周报》）
布列治门作 简又文译
跋《发逆初记》 五 知
考 据
李太白——中国人乎？突厥人乎？
幽 谷
齐女坟和巫咸墓的考证（附图一幅）
俞友清
古代的杂戏 徐中玉
商标考 勰 庐
补 白
敬悼一代文豪鲁迅先生（挽联）*
逸经社同人
海外散雅（一） 戴友荪
近作（一）（诗） 陈寥士
均默招集市楼赋呈
访树人先生
游栖霞申后约
赠简又文
第八期军前诗关于遏比隆本事订正*
濮伯欣、陈仲骞
文 学
《全唐诗》的编辑者及其前后
胡怀琛
《品花宝鉴》考证 赵景深
掌 故
由“老头子”问题与介绍所谓“家书”
徐一士
章太炎与张之洞 陆丹林
人 志
林语堂自传（附图一幅）
工爻逡译
周作人（附图一幅）
温源宁作 倪受民译
诗 词
守愚斋题画诗词残存录（一）
大厂居士
洪宪纪事诗本事注（十三）
刘成禹
游 记
登富士山（附图三幅） 子 骏
小 说
摩登伽女（长篇小说附图二幅）
〔美〕布斯·达肯顿著
大华烈士译
附译者引言
东南风（六集） 大华烈士编订
头顶炸弹 秉 公
朝气勃勃 秉 公
满载而归 长毛同志
重要角色 长毛同志
美哉鱼也 长毛同志
奇文共欣赏 长毛同志
复杂的“一”字 长毛同志
未卜先知 长毛同志
曹操夫人 长毛同志

* 原刊“目录”漏，据正文补。

所学非所用　长毛同志
英语之妙用　长毛同志
戏迷　长毛同志
阴阳风（世界文坛逸闻选自《信不信由你》，各附图一幅）
大华烈士译
"柏拉图"名考
诗人怪眼
译经致死
厨工文艺
思想有罪
德国天才
生死同日
《信不信由你》的起源
利勃莱自述　筱　伊译

第18期
1936年11月20日出版

逸话　编　者
史　实
从董鄂妃谈到张宸（一）　禾　子
资政新篇　洪仁玕遗著
王重民录
掌　故
革命逸史（十八）　冯自由
日教员窃皮蛋之笑话
青年会之组织
青年会与拒俄义勇队
纪念鲁迅
痛悼鲁迅先生（附图三幅）
姚莘农
同鲁迅先生最后的晤谈（附图一幅）
许钦文
文　评
文病偶述　徐一士
人　志
齐白石（附图五幅）　盛　成
齐白石杂谈　陆丹林
林语堂自传（二）　工爻逸译
诗　词
洪宪纪事诗本事注（十四）
刘成禺
守愚斋题画诗词残存录（二）
大厂居士
小　说
摩登伽女（长篇小说）（二）
〔美〕布斯·达肯顿著
大华烈士译
杂　俎
东南风（六集）　大华烈士编订
假蜂葬地　逸　儒
老太蔗　逸　儒
新式明星　阿　穆
又一妙文　阿　穆
大会场真大　阿　穆
父老苦苛久矣　阿　穆
学校妙联　阿　穆
医湿妙法　斯　人
手摸柳迎春　王虹霓
"岂敢！"　睡　畅
新标准　睡　畅

阴阳风　大华烈士辑
拿破仑与中国人（节录九月二十七日《字林西报》）
苦力补身记

第 19 期
1936 年 12 月 5 日出版

逸话　编　者
特　写
浙江文献展览会　简又文
文学研究
《西厢记》著作人氏考正　魏复乾
史　实
资政新篇（三）
洪仁玕遗著　王重民校录
从董鄂妃谈到张宸（二）　禾　子
人　志
琐忆鲁迅（附图二）　杨霁云
林语堂自传（三）　工爻逸译
诗　词
洪宪纪事诗本事注（十五）（附图一幅）　刘成禺
守愚斋题画诗词残存录（三）（附图三幅）　大厂居士
掌　故
思想逸史（十九）　冯自由
九列事略补述（一）（附图一幅）
民族问题
关于畲民　柳　云
关于猺獞与客族问题之讨论
来函　黎公耀
本刊复函　编　者
游　记
雪窦寺（附图一幅）　陈友琴
小　说
摩登伽女（三）
〔美〕布斯·达肯顿著
大华烈士译
杂　俎
东南风（六集）　大华烈士编订
军训幽默　青岛同志
常熟不许荒年　小　蓉
多言惹是非　小　蓉
新式记录法　小　蓉
“比较宗教学”　冷女士
间接与直接　冷女士
新发明的船　冷女士
三位宝贝教员　冷女士
阴阳风　大华烈士辑
洋化的中国妇人之中国化
大华烈士
奇文共欣赏（三则）
杨子远录
中央代表刘镇华祭杨永泰文
工会主席启事布告
《逸经》释名
复星洲客属总会函*　简又文

* 原刊“目录”漏，据正文补

第 20 期

1936 年 12 月 20 日出版

逸话　编　者

太平天国史料

浙江文献展览会中之太平文献　简又文

（附图八幅）

干王洪仁玕亲笔供词　胡友棠录

史实考据

从董鄂妃谈到张宸（三）　禾　子

附录（清世祖御制孝献皇后行状）

围棋杂考　郑子瑜

掌　故

关于段祺瑞　徐一士

革命逸史（二〇）　冯自由

大阪博览会侮辱中国事件

广东报纸与革命运动

军国民教育会

文　学

《樵史演义》之发现　傅惜华

洪佛矢之联语　陈寥士

补　白

近作（二）　陈寥士

题禺生《洪宪纪事诗本事注》

题冯自由《革命逸史》

《嘉兴访碑记》小订正　罗　邑

海外散雅（二）　戴友莼

诗　词

洪宪纪事诗本事注（十六）　刘成禺

守愚斋题画诗词残存录（四）（附图一幅）　大厂居士

小　说

摩登伽女（四）

〔美〕布斯·达肯顿著　大华烈士译

杂　俎

东南风（六集）　大华烈士编订

黄侃妙对　邹待清

老朽们可以安心矣　邹待清

望文生义　邹待清

不是瞎子　邹待清

道士贴海报　邹待清

一言难尽　邹待清

妨害风化　邹待清

差之毫厘　邹待清

旧文新义　邹待清

紧缩文法　邹待清

妙对　夏艺圃

暂间交保　夏艺圃

官高必险　夏艺圃

当一次考试委员　夏艺圃

阴阳风　大华烈士编

奇文共欣赏（二则）　沁

绝妙的一封欢迎信（录十月号“Gouege Htlmor”）

无独有偶之抄写广告

西洋幽默（六则）　沁

我写谁的自传（录八月号“Magazine Digese”）

多子（录七月号“Magazine Digese”）

同死人开玩笑（录自七月号“Magazine Digese”）
成功
主观
客观（录美国“Couege Hamot”四、五月合刊）

来函照登

鲁迅的《集外集》 宋云彬

第21期
新年特大号
1936年1月5日出版

逸话 编 者

史实考据

汉人祀灶考 胡 嘉
《西征随笔》中的清初史料 五 知
从董鄂妃谈到张宸（四） 禾 子
附录（张宸遗作四篇）

艺 林

南园墨痕（附图四幅） 秋 选
高剑父的画（附图五幅）
温源宁作 工 爻译

太平天国史料

李秀成致赖文光谆谕并跋（附图三幅） 萧一山
庚申常州城守日记 吴曼公

人 志

关于徐锡麟烈士 李季谷
苏曼殊之真面目（附图一幅）
冯自由

掌 故

护国之役云南起义秘史（附图二幅）
何慧青
革命逸史（二一）
庚戌新正广州反正记（附图一幅） 冯自由
焚桃源考溯 黄鲁珍

文学特写

道灿和尚的无文印 胡怀琛
日本近代学者收藏古籍之珍闻
藏 晖
杂缀 徐一士
《广东人过新年记〈补订〉》
冯 节

诗 词

《广州杂咏》补（附图二幅）
刘成禺
近作（三） 陈寥士
呈瓶斋文
赋赠弘一法师
贻闽后柴社�丈初集
题怀爽楼
守愚斋题画诗词残存灵（五）
大厂居士
洪宪纪事诗本事注（十七）（附图二幅） 刘成禺

民族问题

客族源流考 沈寒流
谈客家佬 陈培录

小 说

土博士传 杨 帆

摩登伽女（五）（附图一幅）
〔美〕布斯·达肯顿著
大华烈士译
杂 俎
东南风（六集） 大华烈士编订
妙联 美月宫主
新语谣 车 祐
薛涛井 车 祐
口号战 车 祐
各自有理 车 祐
猴子变人 金 童
数学难题 金 童
摩登，幽默 金 童
“集训”之训 群
黄包车 余健谈
藤缠树 余健谈
小夫妇 余健谈
咸水话 余健谈
劏人 余健谈
辜鸿铭趣话 余健谈
对付咸诗 余健谈
阴阳风 大华烈士编
奇文欣共赏（三则）
如何打狗 羊 角
李德全陈璧君交恶事 卓 愚
张建初著中山易经
补 白
近作 康选宜
无忧诀
自在（诗）
海外散雅（三） 戴友菘
来函 朱瘦桐
更正 编 者

第22期

1937年1月20日出版

逸话 简又文
近代史料
庚子轶事 董作宾
幼天王恤王昭王原供 胡友棠录
人 志
画人张善子大千兄弟（附图四幅）
陆丹林
文学特写
唐才常烈士遗著
清前四品京堂湖南学政江君传
唐才常
致江建霞信 唐才常
附挽江建霞诗·唐才常
象赞
人首蛇身图（附图三幅）
岛田贞彦著 毕任庸译
诗 词
洪宪纪事诗本事注（十八）
刘成禺
守愚斋题画诗词残存录（六）
大厂居士
掌 故
荣禄与袁世凯 徐一士
海外散雅（四） 戴友菘

革命逸史（二二） 冯自由
庚戌新正广州新军反正记（续）
未入革命党前之胡汉民补述
浙江勇姓的来历 俞友清
民族问题
关于《云霄厅志》 简又文
说客平议 旁 观
小 说
“世界变了”（二则） 谢冰莹
姪女的情书
黄花女与私生子
摩登伽女（六）（附图一幅）
〔美〕布斯·达肯顿著
大华烈士译
杂 俎
东南风（六集） 大华烈士编订
未出阁的妇人 魏中川
都不是国语 魏中川
永久之恋 魏中川
“直译”欤！ 里 玉
摩登批语 里 玉
都是老“托” 章文敏
新标语 章文敏
侮辱女性 章文敏
真真“公”文 章文敏
解释解颐 章文敏
戒烟生利 章文敏
确是素“莱” 章文敏
武而不文 渐 良
确是“大炮” 渐 良
扬眉吐气 铁 生
画蛇添足叫面呼儿 阎寒子
自贻伊“戚” 黄牧业
老而弥香 萧 兀
语病出农运 萧 兀
笑语在巴黎 萧 兀
骂尽多人 一 知
“逸经社”启事 本 社
启事 谢兴尧
紧要启事 简又文
勘误 编 者

第23期
1937年2月5日出版

逸话 陆丹林
近代史料
黑龙江拜泉陷城纪实（附图一幅）
霁 仁
剑桥大学所藏之太平史料（附图二幅） 王重民
纪 事
西安事变中之秘闻（附图一幅）
LSH 述
人 志
俄国大诗人普式庚之放荡生活（一）（附图三幅） 尊 疑
诗 词
洪宪纪事诗本事注（十九）（附图二幅） 刘成禺
守愚斋题画诗词残存录（七）

大厂居士

掌　故

革命逸史（二三）　冯自由

九列事略补述（二）·（附图二幅）

祀灶与送穷　张谦安

岁除闲话　徐　彦

民族问题

关于客族问题之讨论

胪列客人族谱（致简又文）　卢干君

复卢干君　简又文

致简又文　黎公耀

复黎公耀　简又文

致简又文　罗香林

复罗香林　简又文

复吧城客属总义词公函　简又文

小　说

栊啸　许钦文

摩登伽女（七）　〔美〕布斯·达肯顿著　大华烈士译

杂　俎

东南风（六集）　大华烈士编订

三种毒气　笑　石

钢定时刻　笑　石

白费心　雨　仓

《易经》　铁　史

挽某主席联　铁　史

鼻子　铁　史

妙人妙语　百零一忍斋主

法外行动　百零一忍斋主

吞与吸有以异乎？　百零一忍斋主

山陕木鱼　百零一忍斋主

西纸赞　吴夏伯

妙联两副　吴夏伯

市招妙句　吴夏伯

绝对　郑善林

一篇妙文　董长卿

奇联　董长卿

附：复董长卿函　大华烈士

更生　大华烈士

补　白

囚徒（诗）　〔俄〕普式庚作　张西曼译

逸经社编辑部启事　编辑部

更正　编　者

逸经社征求意见启事　本　社

第24期

1937年2月20日出版

逸话　简又文

近代史料

东北义勇军（附图四幅）　春　风

浙江文献展览会中之太平文献（下）　简又文

考　据

离婚故事　徐　彦

人　志
吴宓——学者兼绅士
温源宁著　倪受民译
诗　词
壬寅京口夷乱竹枝词　陶祖曜
自题太平天国战史本事　刘成禺
守愚斋题画诗词残存录（八）（附图三幅）　大厂居士
掌　故
革命逸史（二四）　冯自由
朱少穆事略（附图二幅）
张能之与黎焕墀
中国日报征联之大观
云南起义秘史补注　何慧青
文学研究
关于《西厢记》的作者　贾天慈
对于贾先生意见的商讨　魏复乾
民族问题
“猺獞即今之客族”说驳议　陈隆吉
关于《福建云霄之猺獞》　欧阳飞云
小　说
记杨风山　老　向
摩登伽女（八）
［美］布斯·达肯顿著
大华烈士译
东南风（六集）　大华烈士编订
艺师妙诗　曹
即小见大　颂　磐
笔战奇论　颂　磐
势力过烈　李　绩
中国英文　李　绩
不守新生活的铁道　李　绩
怪联怪文　李　绩
男女有别　雀　迷
笨工程　雀　迷
“天下大乱”　雀　迷
军长讹人　雀　迷
自然人与法人　雀　迷
腿分前后　雀　迷
中国的亚州　雀　迷
补　白
鸟葬杂考　中　考
左宗棠提高二千年　梅　华
辫师之顽固　泽　丰
奉和二适　寒　操
真空祖师教略史　张谦安

更正　编　者

第 25 期
周年纪念特大号
1937 年 3 月 5 日出版

逸话　陆丹林
《逸经》之已往和将来　简又文
文　学
《人境庐诗草》　周作人
红葫芦随笔　毕树棠
多余的话
瞿秋白遗著　雪华录寄并序
建国史实
追怀总理述略　王宠惠

三十年前的"新世纪"（附图二幅）
陆丹林
革命逸史（二五） 冯自由
郑贯公事略（附图一幅）
新加坡《图南日报》（附图一幅）
今代史料
闽变回忆录 耶 戈
太平天国文献
洪秀全革命之真相（有跋）
罗孝全作 简又文译
附录一：米赫士牧师跋
附录二：洪秀全来历
洪仁玕遗著
插图一：黄潮宽壁画
插图二：太平天国玉玺
艺 林
黄潮宽的画（附图六幅） 简又文
考 据
上元灯 徐 彦
《宛如约》本事考 任 鼐
诗 词
金陵今咏本事注（并序） 刘成禺
洪宪纪事诗本事注（二〇）
刘成禺
咏史十首 陈嘉会
人 志
关于柯劭忞（附图一幅） 徐一士
一代才豪方地山（附图二幅）
巢章甫
略谈西方诗 陆丹林
特 写
大刀会（附图四幅） 王永仁
客家人的旧历新年 荏 曹
纪 游
烂柯山和仙霞岭 姜馥森
民族问题
客族猺獞及闽南民族 憾 庐
小 说
风波 杨 帆
摩登伽女（九）
〔美〕布斯·达肯顿著
大华烈士译
杂 俎
东南风（六集） 大华烈士编订
其声霍霍 手 出
文情并茂 铁 生
镇长之妙批 智 钟
造册趣名 片 云
林立开赌 陈介录
宾子问德 倚云居士
语病 倚云居士
柳亚子 永 居
前蹄 永 居
遗恨 永 居
忙煞林太公 逸 儒
登报自夸 逸 儒
编者小言 大华烈士
阴阳风（西洋讽刺的幽默）
大华烈士
报告成绩
解除——痛苦

自由支配权
"肚子哲学"
偶语
怨谤
腹诽
附编者按

补　白

托尔斯泰在苏联　毛尹吾
赵时敏之前身——贵福　闲　人
红枪会　文　灰

天纪楼主苏民启事

第 26 期

1937 年 3 月 20 日出版

逸话　简又文

建国史实

同盟会时代上海革命党人的活动　蒋慎吾
革命逸史（二六）　冯自由
中国教育会与爱国学社（附图一幅）

文　学

苏东坡的错误和取巧　王振宇
多余的话（续）　瞿秋白遗著　雪华录寄

考　据

木牛流马考　胡怀琛

诗　词

洪宪纪事诗本事注（二一）　刘成禺

太平军在上海专辑

上海小刀会乱事的始末　徐蔚南
小刀会占据上海目击记　晏玛太作　简又文译
小刀会首领刘丽川访问记　罗孝全作　简又文译

人　志

顾维钧　温源宁作　倪受民译
杨增新（附图二幅）　江东山

今代史料

郑成功墓被掘之始末　谢云声
酆都鬼世界　瞿　民

小　说

摩登伽女（一〇）　［美］布斯·达肯顿著　大华烈士译

杂　俎

东南风（六集）　大华烈士编订
改稿　胡　铭
撞口卦　胡　铭
乱验　胡　铭
也是黄牛　金　童
坐以待币　金　童
真的部下　东　木
冷箭　铁　生
大赌　罗仲愚
神乎其神　紫　枫
人言可畏　黄力谦
抵制妙法　黄力谦
互劝牺牲　黄力谦

飞官不飞　黄力谦
无辜的目　伙　火
阴阳风　大华烈士
忠实的走狗
林肯大须子的来历
补　白
车夫行　野　鹤
父不父子不子之两阙　闲　人
海外散雅（五）　戴友荪
董小宛像（国画）　张沛霖

第 27 期
1937 年 4 月 5 日出版

逸话　陆丹林
文　学
淙雪堂与练要堂集（附图一幅）　陆丹林
多余的话（续完）　瞿秋白遗著　雪华录寄
考　据
寒食和清明　徐　彦
建国史实
革命逸史（二七）　冯自由
辛亥三月廿九广州革命军起义实录（上）（附图二幅）
总理伦敦蒙难之另一史料　鹤
开国大总统选举票（附图一幅）　王宠惠
人　志
外人笔下之蒋介石夫妇　工爻辑译
诗　词
金陵今咏本事注（二）　刘成禺
洪宪纪事诗本事注（二二）　刘成禺
太平天国文献
太平天国官书新编叙录　简又文序　王重民录
钦定军次实录（附图二）　洪仁玕遗著　简又文序言
掌　故
瑶斋漫笔　五　知
湘军联话
禾兴与嘉兴
《平浙纪略》作者秦湘业
莫愁湖
艺　林
英国博物院中国绘画观摩记　傅振伦
特　写
计划开发中之琼崖　陈献荣
小　说
摩登伽女（十一）　〔美〕布斯·达肯顿著　大华烈士译
杂　俎
东南风（六集）　大华烈士编订
趣联二副　吴浦飒
妙文二段　吴浦飒
死狗余腥录　吴浦飒

一言掉碗　吴浦飒
班舅舅　吴浦飒
洪害元年　野　火
避蚊妙方　野　火
“你哭得出？”　约　钦
金鼠牌汽车　约　钦
“男太太”呢？　约　钦
补　白
翁同和遗摺　俞自强

第28期

1937年4月20日出版

逸话　简又文
艺　林
第二次全国美术展览会（上）　简又文
文　学
杜甫诗中之宗教　志　喻
考　据
三月三日考　徐　彦
果足　冯沅君
人　志
再述柯劭忞轶事　徐一士
俄国大诗人普式庚的放荡生活（二）（附图二幅）　尊　疑
建国史实
革命逸史（二八）
辛亥三月廿九广州革命军起义实录（下）（附图二幅）　冯自由
太平天国文献
钦定军决实录（二）　洪仁玕遗著
诗　词
天德皇帝洪大全歌　温丹铭
洪宪纪事诗本事注（二三）　刘成禺
掌　故
瑶斋漫笔　五　知
湘军灾疫后之大战
国家败子张之洞轶事
新旧八仙考（附图一幅）
秘　闻
关于瞿秋白　黄鲁珍
小　说
摩登伽女（十二）　〔美〕布斯·达肯顿著　大华烈士译
杂　俎
东南风（六集）　大华烈士编订
男士原形　小　蓉
防空幽默　小　蓉
秀才学问　资　生
市长家风　资　生
局长则运　资　生
商人标语　资　生
市府妙联　资　生
所长碰钉　怡　农
学府佳话　徐继尧
专家新论　仲　子
科学试题　汜　罗
狗狼不分　张　庆

华夷有别 张 庆
军事秘密 雪 苇
补 白
海外散雅（六） 戴友荪
“浮名绊死生”之小文字狱 工 爻
正误 编 者
征求特写文稿 逸经社

忠王李秀成墨迹（封面）

第29期
春季特大号
1937年5月5日出版

逸话 陆丹林
文 学
介绍女诗豪薄少君 胡怀琛
《板桥杂记》平语 任 鼐
太平天国文献
吴中文献展览会中之太平文物（附图五幅） 简又文
人 志
奇丐武训先生的生平（附图一幅） 冯玉祥
威尔斯之风趣 《字林西报》文 司徒凤仪译
诗 词
洪宪纪事诗本事注（二四） 刘成禺
乡居纪事诗 冯玉祥
掌故（光绪皇帝特辑）
载湉外纪 秋宗章
光绪在瀛台（附图一幅） 范 放
诊治光绪皇帝秘记 屈桂庭述 简又文记
艺 林
中国绘画之变迁 李宝泉
第二次全国美术展览会（下） 简又文
二全美展观后感 陆丹林
建国史实
革命逸史（二九） 冯自由
东京国民报补述（附图一幅）
李海云事略（附图二幅）
野鸡大王徐敬吾
民族问题
汉满蒙回藏五族名称之研究（附图三幅） 吴宗慈
考 据
日本卖春考（附图五幅） 废姓外骨撰 方纪生译
特 写
苏联的间谍机关C.P.U 汉 南
纪 游
关于武当山之种种 王宁初
小 说
咫尺天涯 许钦文
摩登伽女（十三） 〔美〕布斯·达肯顿著 大华烈士译
杂 俎
东南风（六集）（广州幽默上市） 大华烈士编订

故有话病　延龄
唯"手"起羞　延龄
戒烟膏膏　延龄
见胆擒心　延龄
歌功颂德　延龄
陈烟明　延龄
玉人不老　延龄
英文壳　延龄
陈氏无功　延龄
先见的诗人　延龄
吊唁不忘饮博　延龄
同名之厄　延龄
阴阳风　大华烈士
文人风趣
故关国雄司令逸事

补白

黑格尔的怪癖　毛尹若
歌德之妻　毛尹若
莎翁盗鹿　毛尹若
走狗式的委员　闲人
述怀诗　康选宜
苏俄之军力（附图）　凤仪
附言（更正）　编者

第 30 期

1937 年 5 月 20 日出版

逸话　简又文

文学

西门豹故事的转化　董作宾
《南堂诗钞》的禁诗　周作人
从《全唐诗》说到"天一阁秘籍"　陈寥士

掌故

张之洞与彭玉麟　徐一士

人志

奇丐武训先生的生平（续完）　冯玉祥

诗词

洪宪纪事诗本事注（二五）　刘成禺
金陵今咏本事注（三）　刘成禺
乡居纪事诗（二）　冯玉祥

建国史实

革命逸史（三〇）　冯自由
陈梦坡事略
中国报与菲律宾清领事涉讼记
横滨华侨学校

太平天国文献

钦定军次实录（三）　洪仁玕遗著　王重民译

艺林

介绍画家方人定兼谈谈新国画（附图六幅）　简又文

特写

苏俄军中之妇女　凤仪译
苏俄之反宗教运动　凤仪译

通讯讨论

关于苏东坡与木牛流马
一、致简又文　范皕晦
二、致陆丹林　王振宇

三、致陆丹林

胡寄尘（胡怀琛）

小　说

摩登伽女（十四）*（续完）

〔美〕布斯·达肯顿著

大华烈士译

杂　俎

东南风（六集）（广州幽默又一批）

大华烈士编订

摩登广告　延　龄

再发寒电？　梁　健

雇佣合约　你　超

接生爱钱　金　翼

惊人消息　金　翼

吃蔗趣闻　金　翼

颇有古风　雷初步

南风竞矣　雷初步

莫名其妙　北　铭

误会　北　铭

语切相关　北　铭

阴阳风　大华烈士

“不通对”

“止谤妙法”

补　白

海外散雅（七）　戴友荪

观壁山阁藏书（诗）　陈寥士

马克思也是诗人　毛尹吾

致简又文　黄一欧

复黄一欧　简又文

第31期

1937年6月5日出版

逸话　陆丹林

文　学

民族诗人陆放翁　徐北辰

焦山归石图记（附图四幅）

陆丹林

史　乘

援越抗法光荣史（一）（附图二幅）

何慧青

第一章　总述

一、导言

二、越南之地理与军事之关系

三、越南之略史与外患之招致

第二章　黑旗军之抗法

一、云南回乱与越亡之关系

二、黑旗军河内之大捷

掌　故

相老人九十八年闻见口授录

刘成禺

郭嵩寿与中国外交　余长河

艺　林

中国绘画之演变（续完）　李宝泉

建国史实

革命逸史（三一）　冯自由

* 原刊正文题下刊登序号写为（十三），误。

沈翔云事略（附图一幅）
壬寅东京青年会成立摄影（附图一幅）
太平天国文献
钦定军次实录（四） 洪仁玕遗著 王重民录
诗 词
洪宪纪事诗本事注（二六） 刘成禺
附录：辜鸿铭反对洪宪的轶事 憾 庐
答林君来函 成 禺
人 志
几个年老的学人 胡行之
王国维 何 鹏
纪 游
由杨树浦到济物浦 姜馥森
逸 闻
世界八个退位的帝王 凤 仪译
美国人吃蛇记 凤 仪译
杂 俎
东南风（六集） 大华烈士编订
废物 蔚 枫
有眼不视 蔚 枫
有心勿念 蔚 枫
车夫资格 蔚 枫
禁烟 阿 ?
倒霉校长 阿 ?
一民主义 阿 ?
性欲冲动 斯 人
博士两怕 小 校
不忘一骂 无 咎
阴阳风（艺林的幽默） 大华烈士
大名
妙手传神
艺术的艺术
自辩
补 白
关于薄少君的诗 秦健萍
狐狸与雄鸡 思 齐女士译
愚夫 思 齐女士译
更正 编 者
折柳（封面画） 方人定

第32期

1937年6月20日出版

逸话 简又文
文 学
李太白——唐朝的大政治家 幽 谷
太平天国文献
常熟访碑记（附图五幅） 简又文
常熟记变始末 谭嘘云遗著 闲堂录寄
人 志
关于陈夔龙（附图一幅） 徐一士
诗 词
洪宪纪事诗本事注（二七） 刘成禺

考　据
端午“恶日”考　欧阳飞云
建国史实
革命逸史（三二）　冯自由
癸卯孙总理与日本状况
上海《国民日日报》与《警钟报》
掌　故
玛嘉理案中的岑毓英　马子华
相老人九十八年闻见口授录（附图一幅）　刘成禺
史　乘
援越抗法光荣史（二）　何慧青
第二章　黑旗军之抗法
三、刘承福吓走法军
四、河内再陷与唐景崧之游说黑旗军
五、纸桥之大战
逸　闻
一个国际间谍之秘密生活　凤　仪译
十二岁的祖母　凤　仪译
小　说
七妹　许钦文
杂　俎
东南风（六集）　大华烈士编订
军训幽默　合　楚
富而且闲　馨　远
急人急计　萧　兀
颇有诗意　南　冷
他是诗人　六　文
巧立名目　六　文
误师为妻　顾匡岩
期期以为不可　顾匡岩
语重心长　顾匡岩
出无车　梅　讯
揭发文抄——来函照登　梅　讯
补　白
忠王供辞手卷题跋者“际云”考　李志新
外国记者向溥仪索勋章　闲　人
题条幅长句　吴湖帆

第 33 期

1937 年 7 月 15 日出版

逸话　陆丹林
文　学
韩越三遗民诗（附图二幅）　胡怀琛
无支祁传说考　叶德均
幽兰　毕任庸遗著
太平天国文献
太平天国东王北王内讧详记　麦高文著　简又文译
人　志
林长民及其从兄弟　陈与龄
王文显　温源宁作　倪受民译
沈鸿英的蘖账（死虎余腥录）　柳兴西
建国史实
革命逸史（三三）　冯自由
美洲“致公堂”与《大同报》

洪门团体之历史
致公堂之政治思想
《大同报》发起
孙总理与致公堂
洪门总注册之失效
艺 林
介绍几位女书画家（附图六幅）
冯文凤
陈小翠
何香凝
吴青霞
顾青瑶
周炼霞
掌 故
“长毛状元”王韬（附图一幅）
陈振国撰 刘又文跋
相老人九十八年见闻授录（补录三）（附图一幅） 刘成禺
史 乘
援越抗法光荣史（三） 何慧青
第二章 黑旗军之抗法
（六）刘永福讨法军之檄文
（七）法之增援与黑旗军之再胜
（八）丹凤城之苦战与退守山西
诗 词
洪宪纪事诗本事注（二八）
刘成禺
云使
〔印度〕迦梨陀娑著 王维克译
哥萨儿行
〔俄〕普式庚著 张西曼译
今代史略
红军二万五千里西引记（附图一幅）
幽 谷
考 据
四川张献忠碑记（附图一幅）
林名钧
附：张献忠碑碑阴补志
眼镜考 觑 庐
特 写
外国人的姓名 俊 青译
逸 闻
一个父亲的忏悔 司徒凤仪译
小 说
硬汉（忠勇爱国短篇）
大华烈士译
杂 俎
东南风（六集）（四川幽默）
大华烈士编订
不愧外交家 伯 仪
四财神四听用 伯 仪
直性人 伯 仪
几乎丢脸 伯 仪
品行如此 伯 仪
代数妙喻 伯 仪
诚实可喜 伯 仪
可谓善颂 伯 仪
难得一笑 伯 仪
愈解愈糟 伯 仪
何快如之 伯 仪
用得恰好 伯 仪
人力发动机 伯 仪

钱可以化佛　伯仪
阴阳风　大华烈士
功不抵过
驻客无术
刺中心病
上帝佑英人
人马同瘦
报以呪咀
整个抽象
老当益壮
同病
补　白
湖游近稿六首　大厂居士
相老人口授录订正　李伯琦
所谓四民　闲人
川军劓赤逸闻　伯仪
斯文之厄　戴友苏

第34期
1937年7月20日出版

逸话　陆丹林
文　学
陶诗“上京”辨　宋云彬
无支祁传说考（续完）　叶德均
人　志
徐凌霄　阿苏
宫崎寅藏（附图）
宫崎龙介原著　曙山酌译
建国史实
革命逸史（三四）（附图四幅）
冯自由
美洲“致公堂”与《大同报》（续）
刘成禺与《大同报》
致公堂与同盟会
洪门筹饷局之组织
洪门筹饷局之成绩
诗　歌
洪宪纪事诗本事注（二九）
刘成禺
人海诗平　春驹
史　乘
援越抗法光荣史（四）（附图一幅）
何慧青
第三章　滇粤军抗战时代
一、法越议和与中法之军事准备
二、桂军之战略与海阳之失败
掌　故
年羹尧擢之硃批及其遗作　柿生
艺　林
民国以来国画之史的观察
傅抱生
秘　闻
关于瞿秋白之种种　赵庸夫
逸　闻
罗斯福胜利生活之面面观（附图九幅）　司徒凤仪译
今代史料
红军二万五千里西引记（续完）
幽谷

通讯讨论

关于《西厢记》

再和魏先生商讨 贾天慈

再与贾先生商讨《西厢记》的作者 魏复乾

关于《西厢记》 退翁

杂俎

读书随笔（六则） 吴宗慈

东南风（六集）（广州幽默） 大华烈士编订

又一故字语病

周家诗文

人老“姓”不老

盖棺奇喻

小小风波

可欺其方

机器答案

皆是走肉

妙联

横招牌

鲁鱼亥豕

妙谜

同年新解

阴阳风 大华烈士

第35期

1937年8月5日出版

逸话 陆丹林

文学

中国小说源出佛家考 勰庐

人志

谈严范孙（附图二幅） 徐一士

考据

牛郎织女故事之演变 欧阳飞云

建国史实

革命逸史（三五）（附图四幅） 冯自由

乙丙两年印行之革命军债票

三十六年前的《大陆报》（附图一幅） 蒋慎吾

诗词

咏太平二章 刘毓奇撰 刘公默录

太平天国文献

遥应洪秀全起义之林俊 王斤役

太平军北溪之败纪实 李介丞

补白

常熟报恩牌坊碑书后 桑西蒙

特写

吹鼓手 任致嵘

日本人 魏中川

史乘

援越抗法光荣史（五）（附图一幅） 何慧青

第三章 滇粤军抗战时代

三、山西之失守

四、滇军地营之发明

逸闻

美国的国家侦探（附图一幅） 司徒凤仪译

今代史料

《郑成功墓被掘之始末》书后 黄吉甫

小　说

西归　味　橄

杂　俎

东南风（六集）　大华烈士编订

下礼迎之

耶稣变花面猫

实用逻辑

观音现形

究指谁人?

差之毫厘

侮辱死人

一首佳作（？）

其人象鬼

阴阳风　大华烈士

走私专国

妙言妙语

初期军训

郑子瑜出让相思子启事

来函照登

第36期

1937年8月20日出版

逸话　陆丹林

文　学

关于客途秋恨（附歌曲全文）　方霞光

《西厢记》作者问题辨正　赵景深

太平天国文献

山中草——咏述太平战役的史诗五〇首　曹靖渊寄　伍承祖作

建国史实

革命逸史（三文）（附图五幅）　冯自由

秦毓鎏事略

军国民教育会徽章

考　据

谈扇　张银涛

人　志

袁宏毅先生希涛（附图一幅）　白　蕉

袁观澜先生象赞附小传　黄炎培

艺　林

宋代中国画上印象主义趋势之研究　李宝泉

太平天国天王洪秀全歌　吴宗慈

今代史料

宁都暴动与所谓季黄反革命案　柳　云

逸　闻

苏维埃的反间谍工作　司徒凤仪

史　乘

援越抗法光荣史（六）　何慧青

第三章　滇粤军抗战时代

五、滇军抵越后之防务与刘永福之战书

六、北宁之失守

七、北宁失败之原因

八、粤军之节节败退与收容

掌　故

兰陵琐话　黄鲁珍

杂　俎

说猺　翁春雪

前线简闻　杨汝泉

东南风（六集）　大华烈士编订

宁馨儿

以人为布

巧对

文情并美

补古人之掘

推陈出新

新智识辞典

谁欺？欺天？

誉儿癖

祸从口出

妙联

阴阳风　大华烈士

守财虏现形

“一”字之差

150 东方文艺

简　介

《东方文艺》，月刊。一九三六年三月二十五日创刊于上海，由侯枫任编辑兼发行人，“东方文艺社”发行，上海协盛印刷公司印刷，新钟书局经售。第一卷为十六开本，第二卷改为三十二开本。一九三六年十月二十五日出版第二卷第一期后终刊。

《东方文艺》把“介绍世界著名作家及其作品，报告世界新文艺思潮，提高创作水准”作为办刊宗旨，先后译载了世界著名作家列夫·托尔斯泰、普希金、高尔基、法捷耶夫、罗曼罗兰、巴比塞等人作品；出了“普式庚特辑”、“追悼高尔基特辑”，登载罗曼罗兰、巴比塞的有关谈话，介绍了苏联的新现实主义与农民文学、日本的左翼文艺运动，为新文学的发展提供了借鉴。它批评了当时流行的象征派诗歌，支持文艺的大众化、通俗化，也刊登了不少左翼作家所写的诗歌、小说和散文。主要撰稿者有郭沫若、郑伯奇、穆木天、丘东平、蒲风、王亚平、王任叔、戴平方、张天翼、王独清、林林、任钧、杨骚、周而复、柳倩、舒群、安娥等人。

目　录

创　刊　号

1936年3月25日出版

阿弓（中篇创作）　列躬射
马兰将军之死　东　平
将军　王余杞
文明的齿轮　巴比塞作　张罗天译
幼年（第一、二章）
〔俄〕托尔斯泰著　北　芒译
艺术本质的地是战斗
〔苏〕高尔基作　代　石译
杜斯退夫斯基评价的再检讨
倍列维尔则夫作　辛　人译
论戴望舒的诗　蒲　风
狗难　柯　灵
败北　欧阳凡海
一月二十八日（诗）　许幸之
磨（诗）　凡尔哈仑作　覃子豪译
和暖的春风（诗）　炎　伯
沙邱（诗）　王亚平
家庭（诗）　番　草
旅人（诗）　征　军
葬仪（诗）　之　豪
东平的眉目　郭沫若
新神秘主义作者黑尔曼·秀特尔
张香山
巴比塞和我的谈话
〔日〕NN生作　唐　虞译
父亲的回忆
〔俄〕托尔斯泰作　马程晖译
读书随笔　戴平万
世界的一日　慧霞女士
俄国革命后所出版的托尔斯泰的著作　枫
编后　编　者
封面设计　吴　天

第1卷　第2期

普式庚特辑

1936年5月25日出版

阴沉的天　王任叔
病的媒介　澎　岛
三朋友　欧阳凡海
辗　列躬射
幼年（第三至五章）
〔俄〕托尔斯泰著　北芒译
苏维埃文学底新现实主义
吉尔波丁作　梅　雨译
日本国际笔会与左翼作家
青野季吉作　洁　白译
论新的通俗文学　郑伯奇
艺术的真实　（故）陈君冶
苏联农民文学的一个考察（上）
张香山
——潘菲洛夫的《布罗斯基》
速写两篇　左祝理作　庄启东译
流浪者之歌　殷忆琴
除夕特写　王余杞

种麦的人（诗） 番 草
清明时节（散文诗） 方之中
囚徒的呐喊（诗） 许幸之
古意（诗） 覃子豪
驼铃（诗） 覃子豪
黑夜（诗） 覃子豪
给姊妹（诗）
小熊秀雄作 魏 晋译
呵！队长！我们的队长！（诗）
〔美〕惠特曼作 林 蒂译
静静的南渡江（诗） 征 军
题《洋泾浜奇侠》 张天翼
《流》序 王独清
“黎明”与“未明”（评论）* 蒲 风

编后 编 者

封面设计 吴 天

普式庚特辑

普式庚像
普式庚论 G.勃兰兑斯作 代 石译
再会吧，热情的槲林哟！（诗）
〔俄〕普式庚作 林 蒂译
自由（诗）
〔俄〕普式庚作 林 林译
给批评家的信
〔俄〕普式庚作 雷石榆译
马车的生活（诗）
〔俄〕普式庚作 林 蒂译
献给西伯利亚的囚徒们（诗）
〔俄〕普式庚作 任 钧译
渔夫和小鱼的故事（诗）
〔俄〕普式庚作 陈君涵译
献给查达爱夫（诗）
〔俄〕普式庚作 任 钧译
埃及之夜（小说）
〔俄〕普式庚作 代 石译
寄腓力叩支益夫伯爵（诗）
〔俄〕普式庚作 林 蒂译
《埃及之夜》插图三幅（木刻） 喀拉甫兼珂
普式庚传略
苏联筹备纪念普式庚消息二则
普式庚著作年表

第1卷 第3期
创作专号
1936年6月25日出版

纪念马克辛·高尔基 侯 枫

小 说

双簧 郭沫若
三个工兵 杨 骚
女人们的故事 侯 枫
地理课 雷石榆
结局 洪为济
失业 耶 草
兄弟 王余杞

* 此文评沈旭《黎明前奏曲》与田间《未明集》。

视察时期　周白月
幼年（第六至十二章）
〔俄〕托尔斯泰著　北　芒译

剧　本

烽火（独幕剧）　杜　宣

论　文

苏联农民文学的一个考察（中）
张香山
——肖洛珂夫的《静静的顿河》

诗　歌

告诉您吧，异国的老太太　白　沙
“怒吼吧！祖国，这该是您的时候了！”　柳　倩
洪流　周而复
天桥的风暴　王亚平
我们的夸耀　任　钧
再生　魏　晋
卖报童　洪　遒
拔动生命的弦　覃子豪
赤道线　高　杨

随　笔

生活的现实记一点点　欧阳凡海
“域”外随笔　柯　灵

批　评

谈《大板井》（论辛之诗集）
穆木天

特　辑

文艺新刊集评
《文学青年》　列　斯
《文学导报》　其　介
《作家》　阜　东
《文季月刊》　林克林
《文学界》　关　露
《每月文学》　周　游
《多样文艺》　侯　枫
《光明》　张春桥

插　页

马克辛·高尔基遗像　新　波绘
北平的怒吼　新　波绘
寂寞的校园　陶　宇、陆　戈合刻

来　件*

中国文艺家协会宣言
中国文艺家协会简章
中国文艺家协会会员名录

第1卷　第4期
追悼高尔基特辑
1936年7月25日出版

追悼高尔基特辑

高尔基的死　郭沫若
吊高尔基　梅　雨
普罗文学的师表——高尔基
雷石榆
永息在我们的心里
〔法〕罗曼罗兰
关于高尔基　彭毓炯
悼高尔基（诗）　王亚平
悼念高尔基　菲　戈
填补他空下的岗位（诗）　左　兵

---

* 此栏原刊“目录”无，据正文补。

柴霍甫所见的高尔基　斐　琴
兄弟们，向着太阳去！（诗）*
丁　克译
到苏维埃之路
〔苏〕高尔基作　代　石译
对于国防文学的意见　郭沫若

小　说

正与反　列躬射
烈焰　耶　草
食客　谢挺宇
古城纪事　王余杞
酬劳费　鸿　谟
幼年（第十三至十五章）
〔俄〕托尔斯泰著　北　芒译
布洛克的十九世纪文学观　郑伯奇**

诗　歌

平沪路上　安　娀
将军还乡　任　钧
星　覃子豪
奴赛河　袁　勃
失眠的歌〔俄〕普式庚作　魏　晋译
小鸟　〔俄〕普式庚作　魏　晋译

罗曼罗兰访问记
亚洛雪夫著　陈　琳译

散　文

家　柳　倩
续脸孔　杨　骚

编后记　编　者

插　图*

高尔基遗像（照片）
高尔基灵前（照片）
高尔基与罗曼罗兰合影（照片）
哀荣（照片）

第1卷　第5期***

（未见，暂缺）

第1卷　第6期***

（未见，暂缺）

第2卷　第1期
革新号
1936年10月25日出版

国防文学的中心问题　谷　平
诗歌大众化再认识　蒲　风
简论甘粕石介氏的艺术哲学
欧阳凡海
苏联农民文学的一个考察（下）
张香山

* 原刊“目录”均漏，据正文补。

** 原刊“目录”署“郑伯奇”，正文误署“郑奇伯”。

*** 从期数与出版时间上看应有第一卷第五、六期，但全国来发现所藏。

记忆中“九一八”的周年日　舒　群

婚夜　舒　群
天真　谢挺宇
改变　余白莱
地震〔苏〕法捷耶夫作　韶　光译

幸福的父亲　贝洛托夫作　魏　晋译
伟大的纪念碑（诗）　罗　烽
“九一八”开篇（诗）　张若英
朝日颂（诗）　柳　倩
为谁牺牲（诗）　雷石榆
一二·六·　一二·一九·（诗）　彭　澎
铁的记律，铁的洪流（诗）　骆驼生

惜字纸两篇　杨　骚
几句闲话
清一色与满糊

幼年（第十六至十七章）　托尔斯泰著　北　芒译
全国木刻流动展览会作品
被变作牛马的同胞　新　波
死亡线上的东北学生　沃　渣
起解　野　天
集会　陈烟桥
街景　力　群
谁是我们的敌人　马　达
狱中回忆　李　桦
饿　江　烽
补衣老妪　段干青
饥寒的阵容　张　慧

编者的话

151　文学丛报（人民文学）

简　介

《文学丛报》，文艺月刊，一九三六年四月一日创刊于上海，十六开本，横排。署王元亨、马子华、萧今度、聂绀弩主编，文学丛报社出版发行，发行人童天涧，实际上编务主要由马子华负责，由聂绀弩等征集稿件，上海杂志公司发行。出版第五期后，被国民党上海特别市党部查禁。于一九三六年九月二十日又改名《人民文学》出版了一期，共出六期。

《文学丛报》月刊每期均设有诗歌、小说、戏剧、散文、理论、木刻等专栏，以发表中国作家的创作和理论文章为主，兼登少量译作，注重苏联文学的介绍，曾出有“高尔基逝世特辑”（第四期）。在一九三六年“民族革命战争的大众文学”与“国防文学”两个口号的论争期间《文学丛报》发表了《中国文艺家协会宣言》，《中国文艺工作者宣言》，以及鲁迅的《答托洛斯基派的信》，胡风的《人民大众向文学要求什么》等文章。

撰稿人除编者外还有鲁迅、郭沫若、沈起予、吴奚如、周而复、周文、田间、臧克家、宋之的、陈白尘、任钧、王任叔、杨骚等人。

目 录

诞生号

1936 年 4 月 1 日出版

封面设计 许秉铎

木 刻

狂流 新 波

同伴之死 新 波

理 论

论现实 M.高尔基作 艾思奇译

关于语言 F.班菲洛夫作 徐行译

散 文

白莽遗诗序 鲁 迅

梦 丽 尼

赶夜路 少 茀

狗的粮食 谭惟翰

玉石商人 秋 星

小 说

中国的勇士 郭沫若

支那人 聂绀弩

冬日 许 杰

大尉的坏习惯

Francois Coppee 作 沈起予译

侉子老赵 奚 如

慢一点悔改也好 东 平

堤防 天 虚

勾结 马子华

公兴坊 周而复

黑油饼 Romanov 作 张玉德译

凶年 李治平

传 记

她的笑

——自传之一部 白 薇

戏 剧

夜雨 陈凝秋

孩子 〔俄〕托尔斯泰作 马宗融译

诗 歌

夜行 周 文

穷人 A.S.希思科夫作 孙用译

夜歌 田 间

拉锯 臧克家

倾向 〔德〕海涅作 任钧译

残梦 柳 倩

亡命者 溅 波

散工 而

黄叶 洪 遒

雪原上 白 曙

天青的歌 阿美利加诗 李溶华译

写诗的年头 屋间沿

答傅东华先生《关于〈山坡上〉的最后几句话》 周 文

“翻印古书” 以 群

编后 编 者

第 2 期

1936 年 5 月 1 日出版

封面设计 许秉铎

木刻

静物 力群

南京路上 野夫

理论

危险的文学样式 E.E.吉须作 胡风译

论心理描写 I.库希诺夫作 徐懋庸译

高尔基与苏联文学 I.奴西诺夫作 梅雨译

散文

关于《白莽遗诗序》的声明 鲁迅

《夜行集》序 郭沫若

一天 丽尼

盛子久 陈友琴

小说

勘灾 王任叔

最初一课 沈起予

分离 梭洛各夫作 赵家壁译

二三四五 李溶华

逼 三三

救星 方之中

莎玛温的斧头 李励文

抓 宋之的

仆人 S.T.Semyonov作 陈谓译

戏剧

桃花扇 欧阳予倩

诗歌

小麻雀的怀疑 杨骚

新世纪 许幸之

夜行车 周而复

五月的夜 田间

书记 俯拾

最近乌克兰文学 庄启东

编后 编者

第3期

1936年6月1日出版

封面设计 力群

木刻

拾垃圾的孩子们 力群

铁之奔流 新波

理论

人民大众向文学要求什么 胡风

《现实主义试论》质疑 雪苇

关于生活与战斗 H.巴比塞作 万湜思译

散文

我要骗人 鲁迅

离乡 萧蔓若

群花的话语 Izur作 杜秦译

L.M.车站上 丘东平

小说

对立与隔离 王任叔

夜店 王西稔

营长 奚如

野孩子们 穆禊

大锅饭 大戈

上水船 澎岛

一百二十个 左衣梦
校长先生 陈 芳
戏 剧
流民三千万（三幕剧） 陈凝秋
中秋月（独幕剧） 白 尘
诗 歌
今天 骆 方
过客 G.Chenneuiere 作 卞之琳译
更夫的歌声 何 方
颤栗的帝都 溅 波
自由的歌颂 林 蒂
雨花台 聂绀弩
上帝给饥饿的孩子
L.休士作 马 骏译

索罗诃夫访问记 Gir 作 闵子译

编后 编 者

第 4 期
高尔基逝世特辑
1936 年 7 月 1 日出版

封面设计 力 群
木 刻
风景 张芝诚
妈妈做奶妈去了 王天基
高尔基特辑
哀悼伟大人类的伟大子孙
——马克心·高尔基 孙雪苇
麦克辛·高尔基
Lunachar Sky 作 修 奇译
作为戏剧家的高尔基
Wiener 作 少 苇译
论形式主义 Gorky 作 慕 文译
给人道主义的人们
Gorky 作 齐 生译
科罗琏珂 Gorky 作 露 蒂译
打冰机（中篇小说）
Gorky 作 李溶华译
理 论
在国防的旗帜下 郭沫若
关于世界观和创作方法
司帕考诺伊作 赫 戏译
散 文
答托洛斯基派的信 鲁 迅
我的母国·作为日本文学课题
郭沫若
生死线上 李励文
失眠之夜 方之中
小 说
逗弄（中篇） 奚 如
村集（中篇） 李辉英
黑笑 东方甲
田福全与二毛子 周而复
冰条 〔日〕平田小六作 聂绀弩译
戏 剧
不回来的幻影
H.巴比塞作 杨 骚译
诗 歌
江岸上 海 莱
五月的龙舟 胡明树

如林的黑手　王亚平
泪　Andre Rivore 作　黎烈文译
海涅诗二章　林　林译
摇篮歌
〔俄〕V.爱罗先珂作　劳　劳译
在人类声音的顶点
尼库林作　骆　方译
来　件
中国文艺家协会宣言　王任叔等
中国文术工作者宣言　鲁　迅等
我们对于推行新文字的意见
蔡元培等
编后　编　者

第 5 期
1936 年 8 月 1 日出版

封面设计　力　群
木　刻
力　金　若
三个受难青年　力　群
理　论
论创作技巧
〔苏〕M.高尔基作　沈起予译
讨文艺批评史的发展
卢那却尔斯基作　陈　素译
关于写作过程上的二三问题　雪　苇
散　文
害羊痫病者　王任叔
明天　少　苇
小　说
初步（中篇小说）　奚　如
践踏下面　李励文
在军需室里　周　文
我的旅行　天　虚
南溪河检查长　马子华
正反合（中篇连载）　东方甲
戏　剧
无罪的罚　章　默
诗　歌
九月的风　王统照
小女人　平林杏子
壮丁队员　陈　香
给杨韵　白　薇
却派耶夫的传记
福尔马诺夫著　克洛、泰乃合译
编后　编　者

第 6 期*
1936 年 9 月 20 日出版

封面设计　力　群
工作　璟　珊
亲人们　辛　劳

* 此期即《人民文学》创刊号。更名“人民文学”后只出此一期。

孩子回来了　宋之的
文艺联合运动的原则诸问题　孙雪韦

假如我也是证人　欧阳山
天才　王任叔
狠驴子　东方甲

霞　明　漪
向造谣者请罪　白　尘

代表　李励文
牢　周而复
两个不同的灵魂　奚　如

回忆　田　间
给妹妹
〔日〕京山爱子著　胡　风译
妈妈
〔日〕东园满智子著　胡　风译

论散文　高尔基著　沈起予译
日耳曼·阿尔·考波尼
J.L.Spivok 著　何　封译
诗，诗学和苏俄诗的问题
〔苏〕N.Bukharin 著　伍蠡甫译

关于统一战线问题　荃　麟

备忘　云　浮
易卜生断片
普列哈诺夫著　何　凝译
萧伯纳断片
M.列维它夫著　何　凝译
“只此一家”　苏　野
“旧话重提”　之　子

152 作　家

简　介

《作家》，文学月刊，一九三六年四月十五日创刊于上海，孟十还编辑，作家月刊社发行，袁玉麟为发行人，上海杂志公司总经售，二十四开本。一九三六年十一月十五日终刊，共出版八期。

编者在创刊号《卷末赘语》中说，《作家》“编辑虽然没有一定的章法，而取材却有一个大致的标准，文章不能离开人类的现实的生活和社会”，“本刊愿永远地做被压迫的同胞底一个忠实的旅伴”。

该刊以发表创作为主，兼有评论和译文。撰稿人主要是左翼作家和其他进步作家，萧红的短篇小说《手》，荒煤的《长江上》，叶紫的《山村一夜》等都发表于该刊。并连载了萧军的长篇小说《第三代》，还有茅盾、巴金、叶圣陶、周文、欧阳山、草明、罗烽、东平、张天翼、唐弢、鲁彦、白尘、芦焚、萧乾、胡风等人的文章和作品，鲁迅也给该刊以支持，他的《我的第一个师父》《〈出关〉的“关”》《答徐懋庸并关于抗日统一战线问题》和《半夏小集》等文章首先揭载于该刊。鲁迅逝世后，该刊的第二卷第二号（即终刊号）实际上是悼念鲁迅专号，发表了不少中外作家和知名人士的文章。

目 录

第1卷 第1号
1936年4月15日出版

我的第一个师父 鲁 迅
作家和读者在苏联 茅 盾
雨（小说） 巴 金
同行者（小说） 萧 军
离散（小说） 靳 以
三个（小说） 周 文
失败的失败者（小说） 欧阳山
手（小说） 萧 红
长江上（小说） 荒 煤
卑贱者底灵魂（小说） 奚 如
大涌围的农妇（小说） 草 明
岔道夫李林（小说） 罗 烽
关于左拉 何 凝
崇高的母性（回忆） 黎烈文
过路人（随笔） 萧 乾
池畔（散文） 丽 尼
典型论底混乱 胡 风
第十三棵树（剧本）
〔法〕纪 德作 周学普译
果戈理怎样写作的
〔苏〕万垒赛耶夫作 孟十还译
关于世界文库底翻印古书 甘 奴
大度与宽容 巴 金
罗曼罗兰七十诞辰 黄 源
略谈苏联底几种文艺刊物 孟十还

第1卷 第2号
1936年5月15日出版

“出关”的“关” 鲁 迅
发的故事（小说） 巴 金
砥柱（小说） 张天翼
疯狂教授俞本夫（小说） 欧阳山
雅会（小说） 靳 以
一个诚实的兵（小说） 征 农
村中喜剧（小说） 芦 焚
马房之夜（小说） 萧 红
白夜（小说） 丽 尼
拉夫（诗） 余在春
我们的学校 鲁 彦
失踪 费力夫
鹰 林 娜
安德列·纪德的路
〔日〕高冲阳造作 周学普译
文学修业底一个基本形态 胡 风
果戈理怎样写作的
〔苏〕万垒赛耶夫作 孟十还译
作家和语言 郑伯奇
随感三则 萧 军
关于《大度与宽容》 白 燕

第1卷 第3号
1936年6月15日出版

河边（小说） 鲁 彦
吉期（小说） 萧 乾
黑子（小说） 荒 煤

阅历（小说） 草 明
慈善家（小说） 东 平
路（小说） 黑 丁
活的过去
〔法〕J.布洛克作 黎烈文译
你现在是改变了（诗） 花 贤
能另外找到一些吗（诗） 倪 平
第三代（长篇） 萧 军
歌声 丽 尼
忆石川君 易 生
忧郁的夏季 骆 方
果戈理怎样写作的
〔苏〕万垒赛耶夫作 孟十还译

第1卷　第4号

1936年7月15日出版

怎样纪念我们的导师 本 社
招魂（小说） 叶圣陶
普利安先生（小说） 郑伯奇
落日 萧 乾
最后的晚餐（小说） 白 尘
山村一夜（小说） 叶 紫
婚事（小说） 奚 如
高尔基的生涯和事业
〔苏〕古尔士杰夫作 周学普译
悼念玛克辛·高尔基 唐 弢
忆 巴 金
渔 靳 以
灰色的手 万迪鹤
松明 陆 蠡
红豆 陆 蠡
化外 何剑熏
我们失去了什么 荒 煤
我们记住（诗） 丽 尼
第三代（长篇） 萧 军
果戈理怎样写作的
〔苏〕万垒赛耶夫作 孟十还译
流萤与被失落了的镜 马宗融
目前的日本历史小说 张香山

第1卷　第5号

1936年8月15日出版

答徐懋庸并关于统一战线问题
鲁 迅
去路（小说） 靳 以
风波（小说） 齐 同
在激流中（小说） 征 农
在三江客栈里（小说） 欧阳山
最后的一次试验（小说） 罗 烽
最后的晚餐（小说） 白 尘
短简 巴 金
狗 马宗融
筑路者 万迪鹤
雨夜杂写 唐 弢
关于《望道文辑》 周木斋
第三代（长篇） 萧 军
果戈理怎样写作的
〔苏〕万垒赛耶夫作 孟十还译
珂勒惠支，民众的艺术家
A.史沫德黎作 茅 盾译

凯绥·珂勒惠支版画　鲁　迅
病中的礼物　田　军

第1卷　第6号
1936年9月15日出版

对于文学运动几个问题的意见　吕克玉
失题的故事（小说）　张天翼
桔子（小说）　罗　淑
泥坑（小说）　荒　煤
魂的乡愁（小说）　谢廷宇
毒虫草（小说）　王西彦
泄（小说）　蹇先艾
答徐懋庸并谈西班牙的联合战线　巴　金
红的果园　萧　红
平原　丽　尼
圣洁的门　方　敬
某夜　易　河
第三代（长篇）　萧　军
果戈理怎样写作的　〔苏〕万垒赛耶夫作　孟十还译
释放四题　唐　弢
“丑学”　周木斋
略谈日本的文艺刊物　张香山
卷末赘语　孟十还

第2卷　第1号
1836年10月15日出版

半夏小集　鲁　迅
窗下（小说）　巴　金
家族以外的人（小说）　萧　红
爷爷为什么不吃米粥（小说）　端木蕻良
李大扣子上学（小说）　白　尘
野种（小说）　芦　焚
接风之夜（小说）　周　文
湖上（小说）　叶　紫
难民（小说）　舒　群
病（小说）　刘白羽
从横断小说谈到柏索斯　赵家璧
论《安娜·卡列尼娜》　阿兰作　陈占元译
某商人的话（速写）　圣　陶
电车上（速写）　陈　芳
火　靳　以
链　萧　乾
夜车　丽　尼
无谓的惊扰　征　农
传道师　东　平
第三代（第二部）　萧　军
果戈理怎样写作的　〔苏〕万垒赛耶夫作　孟十还译
我观这次文艺论战的意义　莫文华
私议二章　唐　弢
介绍《红袍》中译本　马宗融
翻译全集　周木斋

第2卷　第2号
1936年11月15日出版

本刊献词　本　社

忆鲁迅先生（特约撰稿） 内山完造
鲁迅和我（特约撰稿） 鹿地亘
鲁迅死的早晨（特约撰稿）
河野明子
最后一天的鲁迅（特约撰稿）
池田幸子
我们的最后谈话（特约撰稿）
奥田杏花
医学者所见的鲁迅（特约撰稿）
须藤医生
鲁迅先生病状经过 须藤医生
最后的一天 景 宋
生命中的一声巨雷 曹靖华
片断的回忆 巴 金
悼鲁迅先生 孟十还
纪念鲁迅先生 唐 弢
不灭的印象 郑伯奇
鲁迅先生的“义子” 章锡琛
让他自己…… 田 军
挽鲁迅先生（诗） 叶圣陶
啦叭的喉咙（诗） 臧克家
战士的葬仪（速写） 白 尘
家族以外的人（小说） 萧 红
第三代（第二部） 萧 军
果戈理怎样写作的
〔苏〕万垒赛耶夫作 孟十还译

153 文季月刊

简 介

《文季月刊》，文学刊物，一九三六年六月一日创刊于上海，靳以、巴金合编，文学月刊社发行，上海良友图书公司总经售，十六开本。一九三六年十二月一日出版第二卷第一期（十二月号）后终刊，共出版七期。

《文季月刊》的前身是由郑振铎、靳以合编的《文学季刊》，因而《文季月刊》的发刊词，署文学季刊社，用《复刊词》之名。该刊继承了《文学季刊》的编辑方针，反对国民党当局的统治和日本帝国主义的侵略，反对封建文学和商业化文学，主张文学忠实地反映现实。

《文季月刊》是以发表创作为主的大型刊物，每期一般在一百五、六十页以上，创刊号为特大号，多至三百六十余页。先后发表了曹禺的剧本《日出》、鲁彦的长篇小说《野火》（一至十四章）、巴金的长篇小说《春》（一至十章）等著名作品，还有沈从文的《贝贝》、芦焚的《里门拾记》、罗淑的《生人妻》、萧红的《牛车上》等短篇小说以及刘西渭的文学评论。撰稿人还有张天翼、萧军、李广田、何其芳、蒋牧良、蹇先艾、卞之琳等。该刊存在的时间虽然不长，但是它同《文学季刊》一样，为我国新文学的建设作出了显著的贡献。

目　录

创刊号

（第 1 卷　第 1 期）

1936 年 6 月 1 日出版

复刊词　文学季刊社

小　说

长篇

野火（第一至三章）　鲁　彦

春（第一章）　巴　金

中篇

奇怪的地方（童话）　张天翼

灭（《文人的国难曲》之二）　齐　同

短篇

犯　葛　琴

旅途　凌叔华

俘虏们　周　文

夜　荒　煤

和平的果围　草　明*

拂晓攻击　蒋牧良

矮簷（《年轮》之二）　肖　乾

春的梦　芦　梦

雨季　靳　以

诗

琴　毕奂午

巫山十二峰　曹葆华

夔门下**　曹葆华

蜀道上**　曹葆华

散文·随笔

蚁　何其芳

童年　丽　尼

我的朋友　方　敬

初夜　萧　军

剧　本

日出（四幕剧，第一幕）***　曹　禺

母亲的梦（独幕剧）　李健吾

论　文

特莱塞——从自然主义者到社会主义者　赵家璧

译　文

小姐——农家姑娘（小说）〔俄〕普希金作　孟十还译

春琴抄（小说）〔日〕谷崎润一郎作　陆少懿译

地上的粮食（散文）〔法〕A.纪德作　陈占元译

酒杯（独幕剧）〔法〕路易·基约作　黎烈文译

纳蕤思解说（论文）〔法〕A.纪德作　卞之琳译

书　评

读《篱下集》（肖乾著）　刘西渭

---

* 原刊正文题下注“本文作者与《赶夜路》作者另为一人。

** 原刊“目录”漏，据正文补。

*** 原刊“目录”误入长篇小说一组，今移置此。

插　图

黄昏（铅笔画）　浮列斯基

草中的儿童（彩色铅笔画）　卞资曼

剩下来的六个人（石刻，柴留斯金探险记）插图）　考勃莱夫

普希金像（木刻）　潘夫立诺夫

《静静的顿河》插图（木刻）　克拉甫兼珂

《依脱根之生活》插图（中国墨水画）　库多夫

七月号

（第 1 卷　第 2 期）

1936 年 7 月 1 日出版

小　说

长篇

野火（第四至六章）　鲁　彦

春（第二至四章）　巴　金

短篇

西风　冰　心

寒假的一天　圣　陶

肖肖　沈从文

贝胡子　张天翼

失去嘴唇的人　欧阳山

江南的村景　路　丁

里门拾记　芦　焚

散文·随笔

棕榈树（《浮世绘》之二）　何其芳

逃兵　黎烈文

乡虎　李广田

欧罗巴旅馆　悄　吟

孩子的马车　鲁　彦

不如归去谈　卞之琳

怀念　荒　煤

圣者　丽　尼

面具　马宗融

幽居　方　敬

麦场　陆　蠡

蝉　陆　蠡

残春杂记

［日］永井荷风作　陆少懿译

忧郁者的自白　萧　乾

诗

无题诗抄　曹葆华

“举起沈重的斧头”

“虽有金甲虫坠落下地”

“你又在愁叹了”

“中夜不彻的宴席上”

“畸零人坐在藤椅上”

剧　本

日出（四幕剧，第二幕）　曹　禺

插　图

高尔基像（木刻）　克拉甫兼珂

《熊之生长》插图一（石刻）查路辛

《熊之生长》插图二（石刻）查路辛

《熊之生长》插图三（石刻）查路辛

《熊之生长》插图四（石刻）查路辛

来　件

中国文艺工作者宣言

鲁迅、茅盾等四十二人

八月号

（第 1 卷　第 3 期）

1936 年 8 月 1 日出版

小　说

长篇

野火（第六、七章）　鲁　彦

春（第五章）　巴　金

短篇

蠢动　白　尘

曦（《文人的国难曲》之三）

齐　同

逃亡者　蹇先艾

第十六　奚　如

村中　毕奂午

过载的心　靳　以

散文·随笔

随笔两篇　悄　吟

十三天

最后的一星期

迟暮的花

——欧阳先生的演讲（《浮士绘》之三）　何其芳

欧阳露（《浮士绘》之四）　何其芳

光与梦　陆　蠡

光

梦

春月之死

〔日〕石川三四郎作　巴　金译

伴旅　丽　尼

猫　方　序

忆春月

〔日〕石川三四郎作　巴　金译

论　文

论文学及其他

〔苏〕高尔基作　赵家璧译

T.S.艾略忒与布尔乔亚诗歌之终局

〔俄〕D.S.Mirsky 作　罗莫辰译

诗

无题五首　曹葆华

“站在黑夜的山坡下”

“壁上悬着漆黑的太阳”

“头顶上掉下一茎白发”

“也许有幽魂迷了路”

“马背上插着一面白旗”

雨景　方　敬

阴天

古木

祝福

昔年

雨景

剧　本

日出（四幕剧，第三幕）　曹　禺

插　图

失业的人（粉画）　Ralph Longstaff

补网的人（木刻）　Clare Leighton

洗衣（木刻）　Clare Leighton

无题（铜刻）　Pablo Piasso

九月号

（第 1 卷　第 4 期）

小　说

长篇

野火（第八、九章） 鲁　彦
春（第六章） 巴　金
短篇
团聚 丁　玲
生人妻 罗　淑
一天 葛　琴
侣伴 张天翼
强行军 蒋牧良
散文·随笔
长成 卞之琳
竹刀 陆　蠡
回忆录
忆素园 李霁野
诗
九月的夜街 陈敬容
寻觅
失落
九月的夜街
书　译
读《画梦录》(何其芳著)
刘西渭
介　绍
笛福与《鲁滨孙飘流记》 徐霞村
译　文
狐　［日］永井荷风作　陆少懿译
剧　本
日出（四幕剧，第四幕） 曹　禺
插　图
焦煤灶（木刻） Norman Jeans
街头（石刻） F.C.Ohly
夜（绘画） E.Berman
歌舞班的演习（木刻）
Peter Mclntyre

十月号
（第1卷　第5期）
1936年10月1日出版

小　说
长篇
野火（第一〇、十一章）
鲁　彦
春（第七、八章） 巴　金
短篇
送考 茅　盾
牛车上 萧　红
活在记忆中的——写给苇友
荒　煤
黑 刘白羽
风雨 严文井
逼 屈曲夫
七月的夜 姚雪垠
中篇
遭遇 金　魁
散　文
成年的悲哀 李广田
谈渔猎 李霁野
黎明 方　敬
渡头 丽　尼
冬晚 陈　欣
诗
游之吟（长诗） 李　雷

无题诗作　曹葆华
“有道士向天吹起法螺”
“灵魂象一个小皮球”
“不必去深山的古庙间”
“夏天正做着白日梦”
“红血滴落在玉盘里”
“吞去了西天的夕阳”

译　文

成熟
〔美〕休伍·安特生作* 筱　延译

特　载

我们的纪念　本　社

插　图

黎明　Maurin
路（铅笔画）　SteinIen

十一月号
（第1卷　第6期）
1936年11月1日出版

哀悼鲁迅先生特辑

画象
鲁迅先生画像（遗像）　司徒乔
照片
鲁迅先生遗体
鲁迅先生书桌
灵柩移上灵车行进中
殡仪行列中之鲁迅先生画像
鲁迅先生长眠之墓穴
许广平女士及公子海婴
鲁迅先生书札遗迹
鲁迅先生原稿手迹
鲁迅先生遗像（两幅）
文章
悼鲁迅先生　本社同人
鲁迅先生　黄　源

小　说

长篇
野火（第十二章）　鲁　彦
春（第九章）　巴　金
中篇
遭遇（续完）　金　魁
短篇
小魏的江山　白　尘
为了爱的缘故　萧　军
贬价　荃　麟
狂人　齐　同
离　田　涛
迷茫（吹送之一）　芦　焚

散文·随笔

雾　李广田
溪　陆　蠡
沉默　沈从文
朋友之间　东　平
冷落　柳　青
误会　蹇先艾

《文季月刊》第一卷总目录

---

* 原刊“目录”署“安德生”，正文署“休伍·安特生”。

十二月号

（第2卷　第1期）

1936年12月1日出版

忆鲁迅先生　李霁野

鲁迅先生的《肥皂》　钦　文

小　说

长篇

野火（第十三、十四章）　鲁　彦

春（第十章）　巴　金

短篇

一只拖鞋　鲁　彦

湖畔　叔　文

集成四公　蒋牧良

落日光　芦　焚

没有春天的地方　刘白羽

母子　靳　以

散　文

庙宿　陆　蠡

山水　李广田

县城风光（还乡杂记之三）　何其芳

山野的梦魇　陈企霞

诗

灭亡　毕奂午

爱尔·阿虔

〔法〕A.纪德作*　卞之琳译

插　图

鲁迅先生塑像　陆　离

鲁迅先生遗墨（照片，韦素园墓碑）

暴风雨中鲁迅先生（木刻）

赖少其

秋（木刻）　杨　镰

《夏伯阳》中的三要角（木刻）

江　烽

苏州河（木刻）　陈烟桥

补　白

一封信和一个电报

鲁迅先生纪念委员会筹备会公告第一号

鲁迅先生纪念委员会筹备会公告第二号

* 原刊“目录”作“法纪·A·德”，误。

154 文学界

简介

《文学界》，月刊，一九三六年六月五日创刊于上海，由“文学界月刊社”出版，主编署“周渊”，是虚拟的人名，实际编辑工作由戴平万负责，杨骚、徐懋庸、邱韵铎、沙汀、陈荒煤等协助，由光明书局和天马书局代发行，三十四开本，每期约二百页。一九三六年九月十日终刊，共出版四期。

《文学界》是“中国左翼作家联盟”解散后，一部分左翼作家创办的文学刊物，以创作与理论并重，发表了不少文艺作品，其中有舒群、沙汀、罗烽、白朗等人的小说，任钧、温流、柳倩等人的诗，丽尼的散文和荒煤的独幕剧。还刊登了一些木刻作品和其它插图。该刊提倡报告文学，译载了报告文学的理论和捷克作家基希的长篇报告文学《神密的中国》，美国作家史沫特莱的《一个中国绅士的轮廓》。

《文学界》仅出四期，但是由于它大力倡导和宣传“国防文学”而引人注目。该刊先后发表了周扬的《关于国防文学》，郭沫若的《国防·污池·炼狱》、《蒐苗的检阅》，艾思奇的《新的形势和文学的任务》等几十篇文章，参加当时关于“两个口号”的论争，鲁迅的《论现在我们的文学运动》，茅盾的《关于引起纠纷的两个口号》等重要论文也揭载于该刊。创刊号上发表了剧作者协会主持的《赛金花》座谈会记录和夏衍的《历史与讽喻》，还有梅雨的《创作月评》，讨论本评述“国防文学”创作。

目 录

创刊号
1936年6月5日出版

小 说

某校一日 穆 哥
沙漠中的火花 舒 群
火焰 徐懋庸
在祠堂里 沙 汀
保镳黄得胜 王任叔
司马迁发愤 郭沫若
活路 林淡秋

文艺界联合问题我见 何家槐
关于国防文学 周 扬
想到什么就写什么 茅 盾
《水浒传》和国防文学 周木斋

散文·速写

礼物 黄 峰
光 丽 尼
影 丽 尼
弱者 荒 煤

报告文学

神秘的中国
E.E.Kisch著 立 波译
士兵墓地的吉原
污泥
报告文学论
P.Merin著 徐懋庸译
报告文学的必要
A.Marlaux著 沈起予译

诗

乡曲 杨 骚
我的抒情曲 林 林
《赛金花》座谈会
凌 鹤、章 泯、张 庚、尤 竞、陈明中、旅 冈、徐 步、龚川琦、陈楚云、贺孟斧、周纲鸣
历史与讽喻 夏 衍

创作月评（四则） 梅 雨
《没有祖国的孩子》（舒群著）
《最后的一课》（沈起予著）
《离散》（靳以著）
《受难者》及其它

插 图

水龙头的扫射 张 慧
洪流 刘 岘
风暴 刘 岘
夏天在马车上（苏联名画）

第1卷 第2号
1936年7月10日出版

小 说

萧苓 舒 群
土地 林 娜
伟特博士的来历 郑伯奇
出差 罗 烽

剧

黎明（独幕剧） 荒煤

国防·污池·炼狱 郭沫若

新的形势和文学的任务 艾思奇

论现在我们的文学运动 鲁迅

关于《论现在我们的文学运动》 茅盾

国防文学在苏联 黄峰

诗

流亡者底独唱 洪遒

狱中 丁非

你将永远活在我们的心中 任钧

高尔基逝世纪念特辑

我们的唁词

戴平万 林娜 杨骚 王任叔

丽尼 荒煤 郑伯奇 叶紫

张庚 舒群 罗烽 林淡秋

梅雨 徐懋庸 孟公威

散文

孤唱 丽尼

合唱 丽尼

秘密的中国（续） E.E.Kisch 著 立波译

转载

中国文艺家协会宣言

中国文艺家协会简章

中国文艺家协会会员名录

一点更正 舒群

插图

伟大民族的伟大子孙——高尔基

古城的炮火 金若

向那里去 段干青

关山依旧 马达

第 1 卷 第 3 号

1936 年 8 月 10 日出版

特辑

几个创作家对于国防文学的意见

国防文学是不是创作口号 荒煤

我对于国防文学的一点浅见 征农

关于国防文学 艾芜

国防文学的任务等等 魏金枝

我对于国防文学的意见 罗烽

国防与国防文学 林娜

我的意见 舒群

对于国防文学的我见 戴平万

国防文学的随感二则 叶紫

一点意见 沙汀

新的形势和文学界的联合战线 黄俞

看了两个特辑以后 杨骚

评两个口号 梅雨

论两个口号 张庚

关于引起纠纷的两个口号 茅盾

与茅盾先生论国防文学的口号 周 扬
国防文学与现实主义 凡 海
小 说
依瓦鲁河畔 白 朗
变动 叶 紫
九拉妈 田 涛
特殊贸易 黑 丁

反对战神的袭来 黄 峰
站在一条战线上 〔朝〕金斗镕作 任钧译
诗 歌
满洲进行曲 亚 丁
一九三六年的歌谣 陈云从
青纱帐 温 流
大地·摇篮 臧云远
铁桥 臧云远
在民众歌咏会上 白 浪
散 文
苦闷的时候 唐 弢
海燕 张春桥
岛木健作访问记 张香山
报告文学
死刑 E.E.Kisch 著 立 波译
插 图
联合战线的呼声（封面木刻） 金 若
日暮 於中和
力 陈葆真
奔波 张 影
归帆 金 若

第 1 卷 第 4 号

1936 年 9 月 10 日出版

论 文
蒐苗的检阅 郭沫若
把我们的笔集中到民族解放的斗争吧！ 俞 煌
关于国防文学的论争 丁 非
国防文学的几个创作实践问题 凡 海
报告文学
一个中国绅士的轮廓 A.Smedley（A.史沫特莱）作 黄峰译
小 说
轮下 白 朗
孤儿 舒 群
曙 王西彦
另一件贸易 李辉英
海外十年 丘南圣
散 文
流浪的人群 秋 雁
小客店 寄 语
欢迎会 艾 芜
散 文 诗
秋 柳 倩
诗
整整五年了！ 任 钧
五年祭 罗 烽

恭喜恭喜　石塘青
伟大的白河　王超敏
踏月前进　顾　提
我的家乡　丽　天

写给敌人　舒　群
从九一八想到我的朋友　关　露

莫斯科通信

文学博物馆与创作家　明　哲

插　图

猛进　张在民
铁蹄下　新　波
轭下的工作　海　流
秋之原野　金　若

155 光　明

简　介

《光明》，文艺半月刊，一九三六年六月十日创刊于上海，洪深、沈起予主编，实际编辑工作由沈起予、李兰负责，光明半月刊社发行，洪深兼发行人，上海生活书店总经售，十六开本。一九三七年八月十日出至第三卷第五期，因抗战爆发而停刊，共出二十九期。一九三七年九月一日起改出小三十二开本《光明·战时号外》周刊，同年十月十九日出版第六期后终刊。

该刊代发刊词、洪深执笔的《光明的态度》中说："中国的当务之急，是救亡与救穷"，用文艺形式"去做那救亡救穷反帝反封建的工作"，是该刊的宗旨。《光明》以左翼作家的骨干，联合广大作家群，及时反映民族民主革命的现实，是"洋溢着时代感的文艺半月刊"。主要撰稿人有茅盾、夏衍、洪深、沙汀、周立波、罗烽、舒群、臧克家、宋之的等。

《光明》以发表创作为主，兼有理论批评和译文，重视集体创作，提倡报告文学，发表了不少有影响的反映抗日救亡现实生活的作品，例如茅盾的短篇小说《儿子开会去了》和沙汀的短篇小说《兽道》，集体创作洪深执笔的独幕剧《走私》，夏衍的报告文学《包身工》等。还刊出了几个"专号"和"特辑"，如二卷二期的"一九三六年的回顾"特辑，二卷十二期的"戏剧专号"，三卷三期的"移动演剧运动特辑"等，很有特色，具有重要的史料价值。

目　录

第 1 卷　第 1 期
1936 年 6 月 10 日出版

光明的态度　同　人
创　作
儿子去开会去了　茅　盾
蒙古之夜　舒　群
兽道　沙　汀
满洲琐记　戴平万
“人民大众向文学要求什么？”　徐懋庸
中国新文学的一个发展　立　波
剧　本
走私（独幕剧）
沈起予　何家槐　洪深集体创作
洪　深执笔
诗
十二月的行列　任　钧
福建三唱　杨　骚
报告文学
包身工　夏　衍
翻　译
关于克拉夫钦珂
拉孙莫夫斯格雅著　何家槐译
田野的姑娘　潘菲洛夫著　周　扬译
书　评
悲剧的发展（评《雷雨》）　张　庚

社语　同　人

第 1 卷　第 2 期
1936 年 6 月 25 日出版

卷头语
“最大的苦痛”从世界六分之一的地上消去了　同　人
创　作
出发之前
洪　深、何家槐、沈起予集体创作
沈起予执笔
火星　王统照
灾区一宿　沙　汀
回到哈尔滨去“做人”　舒　群
呼兰河边　罗　烽
评　论
民族主义者章太炎　洪　深
随　笔
痈　郭沫若
论　文
现阶段的文学　周　扬
诗
一条腿　施　谊

文艺家协会成立之日
夏丏尊、郑伯奇、陈子展、
艾思奇、梅　雨、傅东华、
许　杰、关　露、李　兰
追悼高尔基特辑
一个巨人的死　立　波
高尔基的艺术与思想　李宗文
悼高尔基（诗）　杨　骚

高尔基的晚年
邱玛特林作　秦炳著译
中译高尔基作品编目　寒　峰
高尔贯最后的剧作　苏　明
托尔斯泰及其周围的人们
高尔基著　任　钧译
附录：特辑高尔基画报
连载读物
文学修养的基础（一）
伊佐托夫著　李　兰译

第1卷　第3期
1936年7月10日出版

创　作
不作汉奸的李二狗　艾　芜
未终场　柯　灵
火线外　凌　鹤
论　文
从走私问题说起　屈　轶
辱国的"王宝川"（评论）　洪　深
剧　本
汉奸的子孙（集体创作）
尤　竞、章　泯、洪　深、张　庚
论　文
批评家的手　杨　骚
诗　歌
五月的太阳　王亚平
流尸　锡　金
献给伟大的死者　任　钧
散　文
兵车　何家槐
奸商　徐旭庭
《走私》在南京　哲　谆
出狱后的路特维许稜　炳　著
我的祖国　A.托尔斯泰著　永　修译
连载读物
文学修养的基础（二）
伊佐托夫著　李　兰译
附录号外
高尔基哀荣录

第1卷　第4期
1936年7月25日出版

创　作
老沈的儿子　圣　陶
壮丁　林　娜
□□□纪念堂　宋之的
黑夜行尸　夏　衍
论　文
中日战争在文学上的反映
张若英
通　信
理论以外的事实　徐懋庸
诗与散文
夜雾与"明朗化"（散文）
徐中玉
雾警（诗）　臧克家
七月的风吹着（诗）　穆木天
青岛（诗）　蒲　风
剧　本
过关　舒　群、罗　烽

纪念柏林斯基 列 斯
社语 同 人
连载读物
文学修养的基础（三）
伊佐托夫著 李 兰译

第1卷 第5期
1936年8月10日出版

给青年作家的公开信 茅 盾
创 作
想挂朝珠的三老爷 魏金枝
野战演习 李辉英
宾阳门外 郭沫若
狱 罗 烽
论 文
中国新音乐的展望 吕 骥
贝多汶的政见
罗曼罗兰著 何家槐译
诗与散文
民族解放进行曲（附曲谱） 施 谊
生命的光圈（诗） 臧克家
把我们开到最前线（诗） 王 门
南归（散文） 桃 叶
剧 本
洋白糖（独幕剧）
洪 深、张 庚、凌 鹤、起 予
《马赛曲》作者百年忌辰 列 斯
安特烈马洛的谈话 先 河译
洪深与“农村三部曲” 张 庚

第1卷 第6期
1936年8月25日出版

创 作
模特儿静子 黄华沛
公路上的神旗 许 杰
校门前的壁画 李稚青
王秀才的使命 郭源新
论 文
我在创作上达到的见解 沈起予
游 记
西班牙游记 柏索斯著 立 波译
报告文学
天堂中的地狱 洪 深
剧 本
别的苦女人（独幕剧） 姚时晓
诗 歌
满天吹着西班牙的风 乔 木
风波亭 关 露
世运歌 周木斋
随 笔
从北平到上海 陈 绵
评《迷途的羔羊》 张 庚
作家大会在伦敦 林 淙

第1卷 第7期
1936年9月10日出版

创 作
毒针 沙 汀
病菌针 臧克家

赐儿会　宋之的

论　文

百年来的国难诗歌　张若英

散　文

向他们说些什么　林　娜

介　绍

《火线下》是怎样出版的　S.忒里作　梅　雨译

诗　歌

在故乡（长诗）　舒　群

寄　林　林

东北永远是我们的　任　钧

随　笔

从桂林到上海　羊　枣

剧　本

我们的故乡（三幕剧，连载）　洪　深　夏　衍　章　泯　张　庚　尤　竞　凌　鹤　起　予集体创作　章　泯执笔

另册附录

东北作家近作集

《第七个坑》　罗　烽

《战地》　舒　群

《参事官下乡》　李辉英

《九月的沈阳》　黑　丁

《江村之夜》　穆木天

《沦落前后》　白　朗

《土龙山》　宇　飞

《在线路上》　陈凝秋

第1卷　第8期

1936年9月25日出版

创　作

故居　王任叔

老孙的转变　子　冈

承审员　紫　笙

回乡　周钢鸣

报告文学

岱山的渔盐民　圣　旦

散　文

一日的工作　施　谊

介　绍

苏联文学的路　Cornelius Zelinsky 作　吴火任译

诗

秋收　张泽厚

推磨者　铁　牛

随　笔

北平的义务戏　王余杞

座谈会笔记

联欢之夕　沈起予记

剧　本

我们的故乡（续一）　洪　深　夏　衍　章　泯　张　庚　尤　竞　凌　鹤　起　予　集体创作　章　泯执笔

读者之页

生活的诗歌　铁　牛

报告文学怎解？　为　和、为　平

黎烈文太对不起《光明》　胡　铭

第1卷　第9期

1936年10月10日出版

创　作

特别勋章　罗　烽

呆狗　林　娜

接见室　雷　宁

测绘队　程兆翔

随　笔

侠情与友谊的纪念　郭沫若

介　绍

反映于本届戏剧节的苏联戏剧的现倾向　S.Priacel著　李　兰译

论　文

国防文学的典型性格　北　鸥

夜过黄花岗（纪念双十节）　孔一尘

中秋忆关东　臧克家

一副中国的解剖图　思　明

中国漫画家由苏联带回的礼物　沈起予

诗

水呵你流向哪一方　洪　遒

某村　何有新

剧　本

我们的故乡（续二）

洪　深、夏　衍、章　泯、张　庚、尤　竞、凌　鹤、起　予集体创作　章　泯执笔

读者之页

创作方法的商讨　吴野正

温暖的同情　李达可

附　录

最初的答辨和最后的答辨　沈起予

第1卷　第10期

1936年10月25日出版

创作小说

罂粟花开的时候　宋之的

甘委员　胥哲夫

丰台的马

英　蓝、阿　林、罗　白、昭　琛　魏东明　集体创作　魏东明执笔

批　评

《在故乡》读后感及其它　杨　骚

诗　歌

们　郭沫若

国庆日的悲剧　许幸之

故乡我不让你沦亡　关　露

特约通信

中国戏剧在苏联　马彦祥

剧　本

不能抓的烟犯　王　玢、亚　凡

散　文

探望　白　朗

兴安岭探胜　孙　陵

连载读物

文学修养的基础（四）

伊佐托夫著　李　兰重译

读者之页

关于本志与《中流》　汪金门等

关于旧诗的登载　黄萧红等

哀悼鲁迅先生特辑

第1卷　第11期
1936年11月10日出版

创　作
查灾　沙　汀
孤儿　艾　芜
农村姑娘　舒　群
消极抵抗　金　匀

张家口和味の素及其它　范　泉
诗与散文
要国旗插上东北的土地　臧克家
向前跳跃　丁　非
优良的射击手　蒲　风
在异乡　碧　泉
报告文学
无烟糖　陈锦波　廖英鸣
我的记忆　孔另境
论　文
新型音乐的体认　沙　梅

鲁迅先生与中国的木刻画　木　枫
通　讯
边声（一）　孙　陵
东京追悼高尔基公演　碧　泉
连载读物
文学修养的基础（五）
伊佐托夫著　李　兰重译
读者之页
关于"苏联来的礼物"
致沈起予　劲　人
复劲人　沈起予
关于"集体创作"
致沈起予　张粹中
复张粹中　编　者
致洪旭　编　者

第1卷　第12期
1936年11月25日出版

一个沉痛的申诉　舒　群
不灭的光辉　郭沫若
创　作
第一次过堂　屈　轶
碉堡风波　姚雪垠
到柳溪口　洪

作为小说学者的鲁迅　张若英
诗　歌
肉的长城　臧克家
玛德里　白　薇
西班牙妇女歌　林庚白
流不尽的愚蠢　罗　烽
通　讯
边声（二）　孙　陵

鲁迅与中国的版画　陈烟桥
剧　本
死亡线上　章　泯
连载读物
文学修养的基础（六）
伊佐托夫著　李　兰重译

读者之页

读者公意　刘子明　毛莉英　林寄松　严自强　李立人　王　奋　郑　光　蔡高峰　孟仕芳　赖大夏　薛则民

致《偶遇》作者及其它　编　者

第2卷　第1期

1936年12月10日出版

创　作

找寻道路的人　王西彦

何拐子　荒　煤

动荡　狄　耕

报告文学

撒加斯塔同志只烧了一座教堂*　Ralph Bates 著　羲之译

论　文

展开集体创作运动　周钢鸣

特别寄稿

海岸炮台　鹿地亘著　周　谊　姬　明译

诗　歌

上起刺刀来　施谊作歌　周巍峙作曲

十一月三日　丁　非

吊诗人　臧克家

纪念一个模范的青年民族斗士　平　心

剧　本

自由魂（三幕五场）　夏　衍

连载读物

文学修养的基础（七）　伊佐托夫著　李　兰重译

读者之页

关于本刊的封面及论文　黄海洪

作品研究　高　塞　孙钟奇

第2卷　第2期

1936年12月25日出版

创　作

断了轨道的列车　谷斯范

一四一七　宋之的

募捐　陈辉英

《资本论》中的王茂荫　郭沫若

特　辑

一九三六年的小说创作——丰饶的一年间　立　波

一九三六年的诗歌——历史的呼声　杨　骚

一九三六年的戏剧——活时代的活纪录　张　庚

一九三六年的音乐——伟大而贫弱的歌声　吕　骥

苏联戏剧节十日　马彦祥

* 原刊“目录”为《撒拉斯塔烧了一座教室》，正文为“撒拉斯塔同志只烧了一座教堂”。

诗与散文

我们收复了百灵庙 刘映元

送衡山先生 屈 轶

潮 安 娥

韩信与阿 Q 张梦麟

运转所小景 东 平

迫害 碧 野

剧 本

自由魂（续完） 夏 衍

连载读物

文学修养的基础（八）

伊佐托夫著 李 兰重译

致读者 光明社

读者之页

绥远的文艺界 刘映元

附 录

《光明》第一卷总目录分类索引

光明社

第 2 卷 第 3 期

1937 年 1 月 10 日出版

报告文学

四个降兵 魏东明

在百灵庙 冉 辛

创 作

大演习 收 心等

入籍 林 娜

没眼核的厉根 欧阳山

论 文

西班牙文学上的英雄主义

F.V.Kelvin 著 何家槐译

诗 歌

讽刺诗两章 任 钧

山中 王兆瑞

吉东歌谣 秋 心

通 讯

边声（三） 孙 陵

剧 本

咸鱼主义 尤 竞 沈起予 洪 深

凌 鹤 章 泯 张 庚

集体创作 洪 深执笔

连载读物

文学修养的基础（九）

伊佐托夫著 李 兰重译

读者之页

关于翻印木刻与版画 黄 侯

第 2 卷 第 4 期

1937 年 1 月 25 日出版

创 作

蛊惑 王西彦

卷烟犯 紫 笙

得业的悲剧 学 澄

北平作家协会成立大会速写

张 枬、余 修、王 介等

作者自白

关于《找寻道路的人》 王西彦

关于《魔窟》 空　茑

报告文学

经过战乱涡中
爱伦堡著　枕　流重译

魔窟 空　茑

我所知道的王茂荫 张明仁

诗　歌

今年是收复失地年 施　谊

送行 杨　骚

那一天就快到来 宇　昂

古老的北平
Nym Wales 著　罗稷南译

车夫歌　任钧作歌　沙　海作曲

通　讯

边声（四） 孙　陵

剧　本

我土 程兆翔

读物连载

文学修养的基础（一〇）
伊佐托夫著　李　兰重译

第 2 卷　第 5 期
1937 年 2 月 10 日出版

创　作

花虫子 臧克家

乡村 田　涛

动摇 何剑熏

青年与文化 郭沫若

书　评

从《雷雨》到《日出》 黄芝岗

诗　歌

愤怒吧！炮台湾 鲁　黎

救亡阵线歌 李　磊

战歌 宇　飞

冬天的道路　普式庚著　陈君涵译

一百年了，阴谋的决斗 施　谊

普式庚给我们的教训（纪念普式庚的百年忌） 杨　骚

苏联作家阿斯托洛夫斯基逝世（苏联通讯） 少　参

暴风雨所产生的
〔苏〕阿斯托洛夫斯基著　绮　雨译

一部伟大作品的提议 姚雪垠

通　讯

边声（五） 孙　陵

剧　本

在关内过年 尤　竞

连载读物

文学修养的基础（一一）
伊佐托夫著　李　兰重译

第 2 卷　第 6 期
1937 年 2 月 25 日出版

创　作

失掉了女儿 王西彦

查夜 王任叔

谁叫他当马锅头的 杏　子

报告文学

汉口人肉市场——沙家巷　芰　薰

淄川产煤区大荒地巡礼　郝龙汶

萧洛霍夫访问记　焦敏之译

诗　歌

墓碑　李华飞

角山寺　慕　白

时代进行曲　凌鹤作歌　丁珰作曲

哈尔滨的刑罚　徐中玉

街上的殉难者　东　平

临时工　左　立

通　讯

边声（六）　孙　陵

剧　本

猫（三幕剧）　左　兵

连载读物

文学修养的基础（一二）

伊佐托夫著　李　兰重译

第2卷　第7期

革新版

1937年3月10日出版

论　坛

关于集体创作　凡

戏剧与现实　熙*

剧　本

猫（三幕剧）　左　兵

小　说

援兵　姚雪垠

强盗　辛　劳

荒村的一夜　杨　素

论　文

论“差不多”并说到目前文学上的任务　光　寿

特　稿

从北平到百灵庙　水　蚁女士

诗　选

问（载道之声）　熊　辉女士

祖国的大豆　田方绥

木　刻

光荣的回忆　固　林作

骑兵袭击　张　慧作

散　文

汀泗桥　方之中

通　讯

边声（七）　孙　陵

文坛情报

纪德的《从苏联回来》所引起的反响**　杨哲文

书报批评

评《自由魂》　《光明》读者会

* 原刊“目纪”署“煦”，正文署为“熙”。

** 原刊“目录”为“纪德游苏联后的影响”，正文为“纪德的《从苏联回来》所引起的反响”。

社语　同人

第2卷　第8期
1937年3月25日出版

论坛
从一封未刊出的信说起　凡
气节与偏执　辛
剧本
猫（三幕剧）　左兵
小说
卫生衣　蒋牧良
出路　宋之的
批评
评《雷雨》与《日出》　周扬
论文
论新通俗文学　郑伯奇
诗选
炉边　臧克家
架犁，种麦　丁醒环
解剖尸　克锋
木刻
出发　固林作
战线　张慧作
人物素描
茂桂伯　何主人
通讯
国防音乐在国防线上　天*
边声（八）　孙陵

* 原刊“目录”署“先”，正文署“天”。

文坛情报
英作家福克斯在西班牙前线阵亡　杨哲文
介绍
莫斯科儿童剧场几个常演的戏　葛一虹

第2卷　第9期
1937年4月10日出版

论坛
两种倾向　凡
剧本
骆驼之铃（独幕剧）　王礁
小说
M站　姚雪垠
原野　黑丁
送信的也该枪毙　马蜂
特别文献
王茂荫的生平及其官票宝钞章程四条　王璜
诗选
悼国伤　余修
松花江上的歌声　齐达
小草　何有新
阳春　天兰
散文
如此东京　林林
通讯
动的一日　真
边声（九）　孙陵

文坛情报
长沙的剧运　唐　明
木　刻
待敌　马达作
人物素描
毛警长　郑千特

本刊特别启事　同　人

第2卷　第10期
1937年4月25日出版

论　坛
杂谈一则　凡
回答敌人的鞭子　幼
剧　本
阿Q正传（六幕剧）
鲁迅原著　许幸之改编
小　说
儿子的生日　荒　煤
隐　田　涛
书　评
对于《浮士德》下部应有的态度
李辰冬译
特　稿
王茂荫后裔访问记　王　璜
诗　选
黑暗的六日　覃子豪
夜行船　李华飞
家乡的农民　荣　珠
速　写
岛上　君　席
通　讯
到香山去！　濮　澄
文坛情报
四百个儿童的集体创作　季　愚
介　绍
西班牙的法西文化　立　波
木　刻
高尔基《夜店》插图（一）（二）
两幅　刘　岘作

第2卷　第11期
1937年5月10日出版

论　坛
作家须有自信　小
漫谈一则　知
报告文学
如此海滨邹鲁　雷　宁
创　作
袭老法团　沙　汀
祖国　孙　陵
书　评
略评刘西渭先生的《咀华集》
——印象主义的文艺批评
欧阳文辅
诗　选
荒　任　劳
更夫　袁若霞
寓言诗一章　任　钧

童　话
毛孩儿的娘　安　娥
文坛情报
辛克莱的《不许通行》　季　愚
剧　本
阿Q正传（续一）
鲁迅原著　幸之改编
木　刻
高尔基《夜店》插图（三）　刘　岘作
乡村　刘　岘作
更夫　段千青

第2卷　第12期
戏剧专号
1937年5月25日出版

专　论
关于戏剧的通俗化　郑伯奇
目前戏剧的几个当面问题　张　庚
"庸俗的戏剧运动"批判　光未然

中国剧运先驱者怀旧座谈会
出席者*：欧阳予倩、唐槐秋、应云卫、罗鸣风、马彦祥、郑伯奇、碧　泉、袁牧之、王　莹、沈起予、凌　鹤、张　庚
列席者**：白　杨、沈西苓、许幸之、章　泯、阿　英、辛　农、波　儿、李伯龙、王惕予、唐　纳、蓝　苹
记录者：尤　竞、赵慧深
批　评
对于春季联合公演的一些杂感
韦春亩
向小剧团建议　凌　鹤
杂　感
我们的生活　蓝　苹
几次末演出的戏　王　莹
蚂蚁剧团的希望　兰　洋
业余剧人协会的抱负
业余剧人协会
四十年代剧社的未来的方向　辛汉文
全国剧运总检阅
几年来潮州剧运的动态
黄　茫
剧运在武汉　兰　枫
太原的剧运　李淡虹
长沙的剧运　章扬新
天津的剧运　成　心
杭州的剧运　娜　拉
剧运在广西　白　克

* 原刊"目录""出席者"中，在"王莹"后为"……"，今"王莹"后诸人据正文内容补。

** 原刊"目录""列席者"中，章泯后为"等"字，今"章泯"后诸人据正文内容补。

肤施（延安）的活剧与“活报”
任天马
西北角上的“一二·一二”
剧团 向 林
剧坛情报
苏联戏剧节的第五回 白 屯
中宣部长和熊佛西氏
谈禁演《赛金花》之辨说忆记
A·记 者
创 作
布袋队 殷 扬
剧 本
阿 Q 正传（续二）
鲁迅原著 许幸之改编

第 3 卷 第 1 期
1937 年 6 月 10 日出版

创作小说
生死路 姚雪垠
夏夜 李辉英*
葵花 刘白羽
饥寒人 欧阳山
寒热 何家槐
长夜 王西彦**
论 文
批评家怎样地批评了！ 公 越

* 原刊“目录”署“王西彦”，正文署“李辉英”。

** 原刊“目录”署“李辉英”，正文署“王西彦”。

考 证
再谈官票宝钞 郭沫若
红楼梦辨证的再认识 李辰冬
写作《武则天》的自白 宋之的
马耶可夫斯基逝世七周年纪念
劳动诗人（诗）
〔苏〕马耶可夫斯基著 林 林译
最奇特的冒险（诗）
〔苏〕马耶可夫斯基著 关 露译
散 文
蛙声 臧克家
王茂荫宅内读书记 朱曼华
闸 柯 灵
哈尔滨的侦察 徐中玉
特 稿
今年的北平五四事件（附插图）
于 秀
五月的鲜花（附插图） 时 鸣
书 评
《夜光杯》评话 王梦野
木 刻
谁下的毒手 沙清泉
无题 刘 岘

第 3 卷 第 2 期
1937 年 6 月 25 日出版

创 作
重逢 金 丁
忏悔 赵代铭
救救我们的牙子吧！ 双

论　文

论“差不多”的看法和“反”的态度　祝秀侠

高尔基逝世周年纪念

　　莫斯科的丧钟（诗）　许幸之

报告文学

黄鱼汛　翁　翔

访问记

最近的成仿吾　吴秋虹

青岛缉私受伤警方新亭访问记　徐中玉

速　写

在班船上　郁　伊

通　讯

五卅纪念在太原（插图四幅）　郭曼波

边声（一〇）

　　——别人的“新地”，我们的故乡！　孙　陵

剧　本

结婚（独幕喜剧）　左勒克著　江　水译

木　刻

旱　刘鸣寂

出动的前夜　张　慧

第3卷　第3期

1937年7月10日出版

创　作

选举志　姚雪垠

烟雨录　马子华

寂寞的兵站　东　平

考　证

曹雪芹的生平及其哲学　李辰冬

移动演剧运动特辑

移动演剧座谈会纪录

　丁　皑　尤　竞　姚时晓　凌　鹤

　夏　衍　崔　嵬　张季纯　刘斐章

如何解决剧本恐慌与克服演出上的困难　刘斐章

戏剧大众化　许　晴

张家店（剧本）　崔　嵬

诗

今天我守在山岗上　洪　道

散　文

夜　齐　炯

书报批评

读《红楼梦辨证的新认识》　钱亚新

木　刻

兵士　固　林

兴安岭的风雪　力　群

第3卷　第4期

1937年7月25日出版

我们的宣言（一）（二）　本社同人

创　作

燕红江畔　碧　野

夫妻　草　明

特稿连载

木刻画制作过程　肇　野

诗与歌

战士颂　余　修
卢沟桥　冼星海曲　许　晴词
运河的尽头　李正冠
尹密查下乡　覃　兮

报告文学

一场经过　黑　天

通　讯

参加战区服务团　白晓光
嘉陵江的风雨　左　立
《边声》后记　孙　陵

书报批评

《画梦录》(何其芳著)　尘　无

剧　本

血洒卢沟桥　张季纯

木　刻

抗战　克　木
信号　克　木

第3卷　第5期

1937年8月10日出版

论战时文艺总动员　光未然
国防诗歌的两三问题　林　林

诗　歌

黄海舟中　郭沫若
是时候了，我的同胞　郭德浩
献给中国的文艺家
金性尧词　赵定保曲

创　作

往那里逃　李辉英
要杀自己儿子的人　陈凤山

连载特稿

木刻画制作过程（续）　肇　野

抗战插话

支那七勇士　赫　非

速　写

午夜送兵车　清　风

报告文学

到战地去（附插图）　蓬麦哲

书　评

论芦焚的《谷》　金　丁

剧　本

古城的怒吼　王震之
《边声》后记（续）　孙　陵

木　刻

冲呀　野　夫
待赈　王寄舟

光明·战时号外

第1号

1937年9月1日出版

编者的话　沈起予
庆祝中苏不侵犯公约公布　绮　雨
没收敌人在华财产及其租界
绮　雨
兵车行（诗）　臧克家
“一二八”的炮手　郭沫若
一个明朗的故事（小小说）
郑伯奇

在后方也是在前方　周　扬
中国已经开始怒吼了（诗）　任　钧
募捐种种　立　波
皇军的伟绩（街头剧）（未完待续）　尤　竞

第2号
1937年9月8日出版

移动文化中心　乐　游
文化界救亡运动最弱的一环　绮　雨
只有靠着实验（诗）　郭沫若
另一种难民（小小说）　郑伯奇
全民族的生命开始了（诗）
——黄浦江空军抗战礼赞　穆木天
关于组织难民的基本问题　金　人
救亡对口曲（歌词）
——动员全国民众武装救亡　艾　芜
前线回来记　沈起予
难民救济一日记　林　林
皇军的伟绩（街头剧，续完）　尤　竞

第3号
1937年9月18日出版

今年用飞机大炮纪念“九一八”了　沈起予
除国防建设外别无建设　绮　雨
八月的黄浦江（诗）　王亚平
归途　郭沫若
文艺家和游艺家联合起来　K　K
抗战的火苗（诗）　臧克家
虹口地皮大王的死（小小说）　郑伯奇
吴淞口号　杨　朔
论“改行”问题　辛　人
军中访问郭沫若先生　王子英
文坛消息二则
姚雪垠由平逃到开封主编《风雨》周刊
冯乃超在武汉组编《抗战》旬刊
本刊紧要启事（为前线士兵募捐事）

第4号
1937年9月25日出版

读周剑云先生的《抗战中之电影》（杂感）　绮　雨
二十五万万与五万万之比（杂感）　绮　雨
慰劳伤兵曲（诗）　方之中
劝同胞（诗）　窦隐夫
宝山全营殉城新开篇（弹词）　金性尧
神圣的死　东　平
“氛围气”的创造　何家槐
赤湾的夜袭　杨　朔
难民收容所断片　金维新

从上海到南京　张　庚
我们拿什么去战胜日本　任白戈

第5号

1937年10月10日出版

让旧的“双十节”死灭　沈起予
请看林房雄的面孔　林　林
除了抗战什么都没有意义（诗）　臧克家
途中散记　金　丁
（一）杂话首都（附照片二幅）
台湾人　杨　朔
教徒和被难的孩子们　K　K

第6号

1937年10月19日出版

鲁迅先生逝世周年感言（附照片一幅）　本　社
夜宿枫林桥　沈起予
途中散记　金　丁
（二）从南京到苏州
江汉的风雨
——武汉空袭实记　杨　朔
我们拿起新的步枪（诗）
V.玛雅珂夫斯基作　铁　弦译
受伤的汽车夫阿李　红　英女士
夜袭（诗）　辛　劳

156 现实文学

简 介

《现实文学》，半月刊，一九三六年七月一日创刊于上海，十六开本，横排。主编署尹庚、白曙，实际上胡风、张天翼、欧阳山、草明等都做了大量的编辑工作，出版者第一期署“文艺半月刊社”，第二期署“现实文学社”，由中国图书杂志公司经售，林秩成为刊物代表人，张天翼题封面刊名。第二期延至一九三六年八月一日出版。第二期出版后即被国民党政府查禁。

《现实文学》以刊登左翼作家的创作为主，兼载理论、批评文字，同时与译介苏联文学。第一期刊出“民族革命战争的大众文学问题”特辑，发表了鲁迅的《答托洛斯基派的信》，以及耳耶、路丁、张天翼等人的文章，第二期又发表了辛人的《论当前文学运动的诸问题》等文章，参加当时“两个口号”的论争。

目　录

第 1 期

1936 年 7 月 1 日出版

哀悼文学巨人高尔基　本社同人

民族革命战争的

大众文学问题（特辑）

一点意见　张天翼

现实形式与民族革命战争的大众文学　路　丁

创作活动的路标　耳　耶

今后戏剧运动的路　艾　淦

论现在我们的文学运动　鲁　迅

我们底教师　草明女士

残废人　罗　烽

鼠尸　龙　乙

割弃　奚　如

生死朋友　蒋收良

追　张天翼

关于言论和出版的自由　唐　弢

两种童话　胡　风

太原见闻记（山西通讯）　宗　人

在长沙（湖南通讯）　蒋牧良

在大连湾上岸　田　间

山谷的风　白　曙

十一周年（新闻影片脚本）　聂绀弩

共计七十五具　方之中

走私　宋之的

浰浰满（中篇特载）　欧阳山

战争（长篇连载）　〔苏〕萧洛霍夫著　田　菲　尹　庚合译

附　录

答托洛斯基派的信　鲁　迅

中国文艺工作者宣言

鲁　迅　巴　金　曹　禺
吴组缃　蒋牧良　张天翼
马宗融　方光焘　杨　晦
陆少懿　靳　以　齐　同
孙　成　大　戈　奚　如
曹靖华　赵家璧　田　间
克　夫　李溶华　鲁　彦
陆　蠡　世　弥　丽　尼
荒　煤　萧　乾　芦　焚
方之中　辛　人　东　平
姚　克　路　丁　钱石韦
马子华　天　虚　叶籁士
徐　盈　澎　岛　宋之的
周　彦　黎烈文　以　群
胡　风　溅　波　草　明
萧　军　孟式钧　张香山
王余杞　俯　拾　孟十还
萧　红　周而复　杲　杲
欧阳山　万迪鹤　黄　源
尹　庚　周　文　任文川
孙　用　葛　琴　王元亨

插　图

一、高尔基

二、高尔基及其孙女们

三、萧洛霍夫

四、报警　克莱夫钦珂作

第2期

1936年8月1日出版

M.高尔基断片　胡　风
论当前文学运动底诸问题　辛　人
典型论及其他　孙雪韦
田间的诗　胡　风
文章·语言·文学　聂绀弩
糖　荃　麟
荒村　周　文
受教训　东　平
通行证　奚　如
巴尔札克论　F.恩格斯著　何　凝译
我怎样创作的
B.拉甫列涅夫著　曹靖华译
北方　田　间
忆故乡　罗　烽
生命的烽火　罗　烽
生命的鞭子　罗　烽
六月十三日　魏　伯
加速度，列车！　张春桥
烙痕　宋之的
战争　〔苏〕M.萧洛霍夫
田　菲　尹　庚合译
插　图
M.高尔基（画象）　失　名
高尔基与托尔斯泰（照相）
意大利的故事插画之一（木刻）
A.I.克莱甫兼珂
“母亲”插画之一（木刻）
N.V.阿拉克赛耶夫
常熟文艺青年联合宣言（来件）

157 今代文艺

简 介

《今代文艺》，月刊，一九三六年七月二十日创刊于上海，侯枫、王萍草、金客编辑，今代文艺社出版，今代书店发行，二十四开本。一九三六年九月二十日出至第一卷第三期终刊。

《今代文艺》得到了当时的许多革命作家的支持，编者说："戴平万、沙汀、舒群、丁玲、郑伯奇、杨骚诸先生答应经常为本刊选稿。"撰稿者中多数也是当时的左翼青年作家。该刊创刊时正值高尔基逝世，创刊号上出了"高尔基纪念"特辑，侯枫在《高尔基的死》一文中说："当第二次世界大战的风云紧张的局势下，我们决不能因此而沮丧、退却，而是应该加紧步伐向前进，用事实纪念这伟大的新文化导师高尔基之死"。这大体上表达了编者对时局的态度和刊物的基本倾向。第三期实际上是"九·一八"纪念专号，发表了蒲风、梅雨、舒群、罗烽等人的文章和作品。

目录

创刊特大号
1936年7月20日出版

特辑：高尔基逝世纪念六篇
高尔基的死 侯枫
伟大的战士高尔基 梅雨
高尔基死了（诗） 林林
伟大的文化教师高尔基 纱雨译
布尔乔亚文化的谩骂
高尔基著 北芒译
巴夫洛夫教授的回忆
高尔基著 覆庸译
小说
烟 金丁
阱 杜衡
潮 张春桥
独身汉 舒群

清末翻译小说对于新文学的影响
郑振铎
公式主义的清算 韩侍桁
白鸽 芦焚
这世界 芦焚
爱的花束 芦焚
探索者 芦焚
济南的一日 胡苏
苏州河的歌 番草
时间 番草
月光 番草
梦 番草
万里长城 许幸之
重逢 郑伯奇
放生池 徐转蓬
船娘 耶草
最后的电台 列躬射
破表的人 缪崇群
灵谷寺 赵景深
四家诗抄
疯婆 臧克家
恋爱至上主义者之歌 路易士
沉重的日子 路易士
三月 谭子豪
风 柳倩

新女性的气质
〔日〕小林多喜二作 杨骚译
插图
一、高尔基遗像（照片）
二、暴风雨 波思拉
三、谈书（木刻） 罗多鲁夫
四、收获 比沙罗

第1卷 第2期
1936年8月20日出版

关于国防文学的几个问题
倪平
新艺术与大众化 孟殊译
郭沫若诗歌的反抗精神 侍桁

小　说

八月生活　丁　玲
政治家　魏金枝
汉奸　林淡秋
机关枪手　王萍草
献策　徐懋庸
从底端幅上顶点的人　黎锦明
老八爷　马子华
竹叶刀纪略　欧阳凡海
家　胡　苏

诗

战歌及其他　蓬　子
白杨　番　草
母亲　王亚平
春耕　柳　倩

社会主义现实主义创作者高尔基　拉　金著　凌　之译
高尔基书简　汤　美译
买书小记　陈　琳
逝去的回忆　秦　文
申说“另起炉灶”　王独清
新女性的气质（续）　〔日〕小林多喜二作　杨　骚译
最近日本童话界（特别寄稿）　〔日〕槙木南郎
编者的话

插　图

一、盲目的歌唱者
二、雨天
三、高尔基遗像

第1卷　第3期

1936年9月20日出版

纪念“九·一八”　张若英
把笔尖枪杆一齐朝向那方　林　娜
一点希望　任　钧
不要忘掉了“九·一八”　彭毓炯
第五“九·一八”周年　蒲　风
我的希望　懋　庸
纪念与反省　梅　雨
我们应该怎样去纪念“九·一八”　侯　枫

青年（小说）　舒　群
奴隶的辱印（诗）　罗　烽
没有祖国的孩子（剧本）　徐　韬、夏　伯
戏论鲁迅茅盾联　郭沫若

病　戴平万
高教授与其门徒　屈　轶
投军　洪为济
春朝　耶　草
墙壁　胡　苏

还答鲁迅先生　徐懋庸
古城七月　路易士
塞北伟大的母亲　征　军
论渺小的人与伟大的工作　〔苏〕高尔基作　林　林译

忆先驱诗人石川啄木
〔日〕秋田雨雀作　魏　晋译
石川啄木诗选　陈　琳译
新女性的气质（续）
〔日〕小林多喜二作　杨　骚译
编者的话　编　者

插　图

一、饥饿
二、战争的结果
三、石川啄木像
四、石川啄木手迹

158 中　流

简　介

《中流》，文艺半月刊，一九三六年九月五日创刊于上海，“中流社”出版，黎烈文主编，上海杂志公司发行，十六开本。一九三七年八月五日出至第二卷第十期终刊，共出二十二期。为适应抗敌新形势，一九三七年九月五日，与《文学》、《文季月刊》、《译文》合并，创刊《烽火》（《呐喊》）。

《中流》创刊于抗日救亡运动的高潮中，黎烈文在《献辞》中说：“我们承认一切作家都应当担负一份救亡图存，争取民族自由的责任，但同时我们也相信一切作家必须选取自己最熟悉的题材，方能制出完美的作品”。《中流》就是供给各派作家发表他们的完美的作品之用的，我们希望这小小的刊物能够贡献读者一些可以激发抗敌决心的作品，同样，我们也希望它能贡献读者一些旁的具有艺术价值的文章”。

《中流》内容广泛，文体多样，文学评论、散文、小说、诗歌、戏剧兼有，但是侧重杂文和随笔。撰稿人多数是当时的左翼知名作家，和其他进步作家，如茅盾、唐弢、张天翼、艾芜、罗烽、舒群、宋之的、周文、刘白羽以及巴金、老舍、郑振铎等。鲁迅最后的杂文《这也是生活》，《女吊》、《死》等就揭载于该刊。鲁迅逝世后，《中流》及时地编发了“哀悼鲁迅先生专号”（第一卷第五期），刊登了数十位作家的纪念文章。抗日战争爆发又出了“抗敌专号”（第二卷第十期），发表了不少鼓动抗战的作品。

目　录

创刊号
1936年9月5日出版

献词　烈　文

杂　文

“……这也是生活”　鲁　迅
书憨子　陈子展

文艺时论

“创作自由”不应曲解　茅　盾
对于两个口号的一点意见　唐　弢
我对于国防电影的意见　姚　克

作家自白

我的幼年　巴　金

创　作

主战者　张天翼
快活的人　艾　芜
嫁衣　陆　蠡
变　罗　烽

漫　谈

婆婆话　老　舍

论　文

读了布洛克的《活的过去》　郑伯奇

散　文

雨夜　靳　以
孤独的生活　悄　吟
九月的夜记　舒　群
战场　鲁　彦

报告文学

生手　华　沙

随　笔

北京随笔　思　慕
一九三六年春在太原　宋之的
出世记　罗皑岚

游　记

水灵山岛　萧　军

作家自白

关于发的故事　巴　金

翻译批评

读司汤达小说集　方光焘

通　讯

一本震动全苏联的书　殊令畸
北平素描　张振亚

补　白

立此存照　晓　角
编后记　烈　文*

第1卷　第2期
1936年9月20日出版

随　笔

好玩的孩子　茅　盾

短　论

从血恨的纪念里成长罢！　高　荒
谣言种种　唐　弢

作家自白

我的几个先生　巴　金

散　文

归来之前　舒　群
五年了！！！　罗　烽

---

* 原刊“目录”署“编者”，正文署“烈文”。

影子的发现　李广田
时　评
勒令转学　圣　陶
小　说
王四的故事　萧　红
冷嘲家　欧阳山
刘嫂　罗　淑
杂　感
死　鲁　迅
报告文学
在殖民地　凡　容
查关　征　农
读书札记
两宋外祸史料　陈子展
戏　剧
太平年　宋之的
速　写
车路上　葛　琴
乡居散记　白　尘
文艺理论
自然主义倾向的一理解　胡　风
通　讯
新永嘉巡礼　味　荔
他们的猪呢？　陈　蓝
翻译批评
《光明》太对不起纪德　黎烈文
诗　歌
五周年祭　田　间
补　白
分不开的树根　烈　文
编后记　编　者

第1卷　第3期

1936年10月5日出版

杂　文
女吊　鲁　迅
随　笔
亡国者的悲哀　思　慕
文艺时论
技巧问题偶感　茅　盾
也投一票　唐　弢
散　文
上山的路　靳　以
生路　蹇先艾
生活记录
埋头苦干　艾　群
读书札记
唐人木刻　陈子展
短　论
关于语言　绀　弩
论采茶　黄芝冈
作家自白
答一个北方青年朋友　巴　金
名著介绍
略谈《秘密的中国》　吴　蒙
通　讯
化苗的人们　陈　毅
就业训导　味　荔
创作批评
生人的气息　胡　风
补　白
立此存照三——四　晓　角

集团输血　何典
佛化结婚　何典
介绍《中国的一日》　烈文

翻译批评

到底是谁译错了？　王敏
编后记　编者

第1卷　第4期
1936年10月20日出版

序文

捷克文译本《短篇小说选集》序　鲁迅

游记

呜咽的扬子江　何其芳

读书札记

选文小记　郑振铎
清稗一脔　陈子展

散文

旅人的心　鲁彦

生活记录

抄栊子　许钦文

创作

季工大金　华沙
巴夷　以群

速写

苦奈树　萧乾

论文

论"新闻技术"的改进　姚克

风格考证

谈两广人的舞狮　黄芝冈

通讯

理发到差（济南）　天荪
马戏（北平）　张振亚
双十节在南京（南京）　味荔

书评

读《文艺笔谈》　雪苇

补白

立此存照（五）　晓角
输血是否犯法？　何典
立此存照（六）　晓角

作家自白

我的路　巴金

常识谈话

沈起予和集体创作　毕公
编后记　编者

第1卷　第5期
哀悼鲁迅先生专号
1936年11月5日出版

立此存照　鲁迅遗著
片段的记述　景宋
献给鲁迅夫子（诗）　景宋
学习鲁迅先生　茅盾
灵前（诗）　杲沉
鲁迅先生的演讲　郑伯奇
哀悼鲁迅先生　张天翼
一点不能忘却的记忆　巴金
闻鲁迅先生死耗　吴组缃
鲁迅先生并不偏狭　郑振铎
给不相识的友人们　靳以

鲁迅先生语录
朦胧的敬慕　萧　乾
十月十五日　田　军
海外的悲悼　萧　红
向高墙头示威　唐　弢
在对鲁迅先生的哀悼中　许钦文
悼鲁迅先生（诗）　厂　民
悼鲁迅先生　蒋牧良
悼鲁迅先生（诗）　田　间
你静静地安睡着罢　艾　群
最初和最后的一面　姚　克
鲁迅先生语录
永恒的悲哀　端木蕻良
忆鲁迅先生　以　群
鲁迅先生语录
一九三六年·十·十九的早晨　曹　白
活在人类的心里　鲁　彦
鲁迅先生语录
一面　阿　累
不肯说假话的鲁迅先生　赵家璧
一个作家的伟大处　陈　毅
他给我们的不算少　芦　焚
悼鲁迅先生　李　蕤
鲁迅先生是并没有死的　周　文
忆鲁迅先生并及爱罗先珂　吴克刚
我们所以哀悼鲁迅先生　陈子展
哀念之余　周楞伽
悼念鲁迅先生　陆　离
悲痛的告别　胡　风
悼鲁迅先生　平　心
鲁迅先生语录
一个不倦的工作者　黎烈文
编辑后记　编　者
纪念画辑

第1卷　第6期
1936年11月20日出版

纪念苏联的朋友中国作家鲁迅　萧爱梅
导师的丧失　雪　苇
铁门相见时的鲁迅先生　许钦文
日本悲悼鲁迅的文章　思　慕
把目光放到“战壕”以外　胡　风
致西班牙　田　间
未完成的构图　田　军
斗花　臧克家
故乡的消息　舒　群
蟹　索　非
“侮慢”与“尊敬”　陈子展
救国运动　李辉英
晨　陈　毅
论两广祀蛇之习　黄芝冈
药　唐　弢
平步登天　宋之的
请沈起予先生再查查字典　毕　公
读者与编者
编后记　编　者

第1卷 第7期

1936年12月5日出版

论粪帚文人 鲁迅遗墨

纪念文

纪念鲁迅先生 冰 莹

鲁迅先生的"转变" 王任叔

祝福书 许钦文

论文

怎样制裁"文化强盗" 姚 克

创作

万岁钱 端木蕻良

散文

关于长城的回忆 刘白羽

灾难 立 屏

游记

龙山 蒋牧良

速写

劳街一夜 寒 谷

整顿市容 王 锐

生活纪录

军人日记 艾 群

作者自白

种在诬蔑里的决心 唐 弢

报告文学

我们自家的演习 魏东明

在国防前线的西安 宋 人

陶林的夜战 魏精忠

随笔

向孩子们告别 曹 白

通讯

和平的古城 王西彦

失了的土地 达 秋

回忆

西班牙人的游乐 白 平

补白

"立此存照"续貂 蒲 牢

孔夫子与补鞋匠的故事 何 典

人瑞 何 典

寄语 杜 琦

"苍蝇"的鸣声 晚 茄

读者作者与编者

第1卷 第8期

1936年12日30日出版

文艺时评

谈《赛金花》 茅 盾

创作

雪夜 端木蕻良

女人的刑罚 白 朗

回忆

狱中回忆记 陈 毅

散文

开花的老树 臧克家

论文

略谈现在中国的绘画 曹 白

报告文学

在汉奸治下的"冀东" 蛰 宁

"穿城过" 澎 岛

文学报道

德国剧坛的现状　思　慕

杂　文

随思录　唐　弢

通　讯

初选　鲁西良

升平圈外　王　锐*

歌谣研究

广西民歌和性爱的探讨　黄芝冈

随　笔

无聊的哭　许钦文

诗

我爱　罗　烽

时间的矛盾　罗　烽

速　写

饶划子　严济宽

翻译批评

关于《苏鲁支语录》　君、度

补　白

纪德语录　尊　寒

第1卷　第9期

1937年1月15日出版

小　说

考索夫的发　罗　烽

奴隶与主人　舒　群

速　写

半个老吴的死　艾　群

贱种　孙　陵

随　笔

日记及其他　茅　盾

报告文学

模范村　思　慕

在抬起了头的绥远　魏东明

散　文

元旦忆感　景　宋

流亡之什　厂　民

长　诗

麦家窝　邹绿芷

杂　文

随思录　唐　弢

论　著

宋派主义和阴性斗争　姚　克

通　讯

一二·一二（北平）　田　风

书　简

战地家书

〔法〕巴比塞作　黎烈文译

补　白

鲁迅语录

第1卷　第10期

1937年2月5日出版

创　作

吞蛇儿　端木蕻良

忌日　宋之的

从黄昏到夜晚　刘白羽

荒唐的人　荃　麟

* 原刊“目录”署“金锐”，正文署“王锐”。

“烧鸟”的颂歌　思　慕
给一个孩子　巴　金
来函照登　郭沫若
《野花与箭》题记　胡　风

报　告

两张手推机　程兆翔
某城纪事　林　珏

诗

送庸北归　原　江

速　写

汗奸相　阿　蒙

通　讯

闽江的舫女　芦茅居

散　文

一天的晚上　靳　以
柿园　李　蕤

语　录

纪德语录

书　简

战地家书（续完）
〔法〕巴比塞作　黎烈文译

第1卷　第11期
1937年2月20日出版

创　作

生与死　白　朗
并　许钦文
冰　文　若

诗

为了爱　景　宋

论　文

关于“报告文学”　茅　盾

语　录

爱伦堡语录

回　忆

祖父　曹　白

通　讯

进爪哇地　新　苂

杂　文

答一个《陌生的……孩子》　巴　金
对照及其他　罗　烽

散　文

花草的生长　靳　以
绿　刘白羽

速　写

野屋　杨志粹
雾　黑　丁
小歌女　孙　陵

生活记录

佳节　无　波

考　据

论山魈的传说和祀典　黄芝冈

第1卷　第12期
1937年3月5日出版

杂　文

读画记　茅　盾
关于欧化　唐　弢

诗

老家　王博习

卖艺者　艾青

散　文

邻居　田军
孤寂的沉思　周楞伽

创　作

“青生”　邵子南
某作家　晓岭

报　告

铁蹄下底山村　林珏
在门诊间　徐励

速　写

瞎闹　许钦文
赵大娘　李韵如

生活记录

入伍第一天　王大中

通　讯

游戏场　澎岛

第2卷　第1期
1937年3月20日出版

诗

春望　蛰宁
儿童飞车团　黄尚恭
马尾要塞　原江
江湾道上　原江

创　作

番道生　蒋牧良
被撞破了的面孔　端木蕻良
没有船票的搭客　王西彦

速　写

母亲的烦恼　田风
归来　辛劳

散　文

寂寞的伴侣　臧克家
关于病　芦焚
白　刘白羽
珍贵的纪念　白朗

通　讯

通州一瞥　西村

报　告

松花江　萧声
锡是如何炼成的　李乔

生活记录

圣诞节　陈毅

杂　文

提起时代　唐弢

史　料

鲁迅先生敬慕的藤野先生　李微
〔附录〕谨忆周树人君　〔日〕藤野严九郎

独幕剧

善忘的人　宋之的

第2卷　第2期
1937年4月5日出版

散　文

阿黄　艾芜
关于死　芦焚
我的家乡　白微

夜行人手记　曹　白

杂　文

我为什么译《雷雨》？　姚　克

关于《果戈里怎样写作的》译文　孟十还

报　告

商都的最后一课　蛰　宁

长工　李岳南

小　说

祖父临终的时候　陈　毅

春天的怅惘　孙　陵

速　写

大连旅馆的一夜　觉　君

诗

烟袋的记忆　邹尚录

书　评

关于《大地》　冰　莹

第2卷　第3期

1937年4月20日出版

杂　文

向朱光潜先生进一个忠告　巴　金

速　写

某夜　邵子南

封箱　王大中

诗

悼诗　楚　阳

无题　楚　阳

散　文

西班牙的自然主义者　白　平

我的家乡　白　薇

小　说

红河的黑夜　于　逢

荒村　罗　烽

论　文

略论文学无门　胡　风

报　告

集镇上　觉　君

通　讯

冀东杂讯　蛰　宁

序　跋

《大地的海》后记　端木蕻良

第2卷　第4期

1937年5月5日出版

通　讯

农村来的好音　茅　盾

论　文

略谈《对马》作者　王季愚

性爱和文学　唐　弢

诗

午夜的号声　秦　火

太阳　艾　青

旅愁　李　雷

报　告

唐山人的灾难　新　莽

杂　文

士林秘笈　张天翼

小　说

早年　刘松涛

不屈服的孩子　林　珏
散　文
让悲哀永留在心中　陈　毅
速　写
十六个　刘白羽
村中　周楞伽
序　跋
《十月十五日》前记　萧　军

第2卷　第5期
1937年5月20日出版

散　文
听潮梦语　王统照
暗淡的日子　王西彦
有人问起我的家　端木蕻良
诗
空响雷　臧克家
五月的故乡　邹绿芷
小　说
感谢　新　莽
论　文
关于艾青的诗　雪　韦
报　告
替　鲁西良
海的宝藏
密摄尔·刚地作　陈占元译
杂　文
士林秘笈（续）　张天翼
平凡主义　周楞伽
速　写
赵大生　许钦文
通　讯
大钟寺　觉　君

第2卷　第6期
1937年6月5日出版

论　文
现实主义者的路　王任叔
戏剧运动的危机　杜　渐
小　说
一幢房里　周　文
农家　田　涛
薄暮的哀愁　罗　洪
冰不硬的魂灵　刘白羽
速　写
消遣　文　若
白花山　李岳南
散　文
失去手指的人　王西彦
游　记
三人行　唐　弢
批　评
略谈《突击》的描写　雪　韦
报　告
海的宝藏（续完）
密摄尔·刚地作　陈占元译
特　载
读《论骂人文章》　孟　实

第2卷 第7期
1937年6月20日出版

杂 文
给朱光潜先生 巴 金
从《铁肺人》说到《死灵魂》
姚 克
美学家的两面 唐 弢
答广州××先生 巴 金
考 证
《最后晚餐》与油画 佳 冰
小 说
邻居 蒋牧良
疯狂的人 子 冈
生命的笑话 端木蕻良
散 文
衣 立 屏
散水岩道上 萧 乾
诗
老贺的孩子 田 野
速 写
浮尸 小 慧
通 讯
冀东杂讯 蛰 宁
批 评
沈从文的《贵生》 凡 容

第2卷 第8期
1937年7月5日出版

短 论
关于"差不多" 茅 盾
小 说
"开顶" 青 苗
磨 葛 琴
搜查 觉 君
生命的笑话（续完） 端木蕻良
散 文
叫卖 靳 以
报告长诗
没有翅膀的人们 邹荻帆
速 写
图样 望 水
阿顺 唐 起
杂 文
某教授致青年导师书 张天翼
通 讯
在苏拉巴耶 新 莽
批 评
关于《烟苗季》 雪 韦

第2卷 第9期
1937年7月20日出版

批 评
关于《武则天》 茅 盾
论《武则天》 杜 渐
小 说
一个奇怪的吻 白 朗
丁少白的死 唐 凤
卖茶妇人 于 逢
诗
没有了春天 蛰 宁
我爱你，浅汀！ 柳 倩

速　写
车箱里　刘白羽
杂　文
“岩边”偶拾　端木蕻良
有所感　田　军
报　告
搬米　邵子南
散　文
村野恋人　王西彦
游　记
神仙洞　林　珏

第2卷　第10期
抗敌专号
1937年8月5日出版

诗
芦沟桥　郑振铎
丁令威之死　李　雷
小　说
白刃战　江　羽
芦构桥上　田　风
散　文
危城琐记　萧　无
报　告
在龙王庙受伤的　刘　诚
两周间　澎　岛
速　写
到朝阳门去　方　宋*
劳军记　漪　嘉
北京城内　觉　君
七月八日晚上　张春桥
通　讯
这几天在北平　刘白羽
救亡途上　金　芸
随　笔
一段旅程　王西彦
来信　萧　红
救亡呼声
抗战是唯一的路　靳　以
和敌人一起倒下　唐　弢
燃起我们的火把　白　朗
战与和　张天翼
非应战即灭亡　赵家璧
只有抗战这一条路　巴　金
我们应有的一种准备　舒　群
坚决抗战　凡　容
谁敢说我们的军队打不出山海关　萧　乾
不能再等了　以　群
国家动员与地方事件　胡　风
老鼠般的命运　陈白尘
学学马蜂吧　蒋天佐
“和平解决”　田　军
焦土抗战　唐　风
芦沟桥事件　蒋牧良
爆竹声以后　茅　盾
抱定牺牲的决心**　黎烈文

* 原刊“目录”署“方宗”，正文署“方采”。

** 原刊“目录”为“抱定牺牲的决心”，正文为“抱定牺牲的决心”。

159 诗歌杂志

简　介

《诗歌杂志》，一九三六年十月一日创刊，十六开本，横排，编辑者、发行者均署“联合诗歌杂志社”，前两期由上海联合出版社总经售，第三期改由上海生活书店经售。该刊实际为不定期刊，每期间隔三至四个月，一九三七年五月终刊，共出三期。创刊号外各期出版时间均只注年、月，不注具体日期。

该刊除新诗创作外，也有译作和理论批评，主要作者有蒲风、田间、李雷、王亚平、史轮等。

该刊发表雷石榆、袁勃等人的文章，提倡“国防诗歌”，曾发表《中国诗歌作者协会宣言》，号召“在抗敌的旗帜之下联合起来共同携手，造成广大的诗歌作者的联合战线”，签名者有十几个诗歌团体的百余名诗歌作者。第三期为“国防诗歌讨论特辑”，并辟有悼念诗人温流的专页。

目　录

创刊号

1936 年 10 月 1 日出版

论　文

国防诗歌应走的路线　雷石榆
关于国防诗歌　袁　勃
国防文学中的诗歌　李　磊
诗歌中的社会主义的写实主义　斯鲁珂夫作　李华飞译

创　作

塔　温　流
石工　吴之信
信心　邵冠祥
远天　林　熙
期待　焕　平
车夫　梦　萍
婢女　白　莹
虎儿　周　行
进行曲　林幽风
仲夏月（叙事诗）　李　雷
火线下　新　波
生与死　任　人
黄与黑　伯　晖
清河桥　今　及
暴风雨中　邱　乾
悼高尔基　李　雷
告别唐山　悠　颖
大地动荡了　王亚平
田野胜利了　田　间
怒吼吧中国　汪　涛
死不是完结　何　勿
我们为你歌　英　英
我们这一伙　溅　波
生活的担子　叶　频
矿坑里的人群　张振乾
我是一个瘪三　田心荣
当我挨饿的时候　季　里
离开了陆地生活着　柳　倩
妈妈我也去打汉奸　王亚平
在长白山的森林中　李　雷
踏夜曲　史　轮
乡公所　雷雨前
春之歌　天　虚
夜织歌　蘼　芜
沙丘之歌　袁　勃
冬天的歌　蒲　风
澳门之歌　李三郎
海河工人曲　孟　英

译　诗

潮流　森山启作　林　林译
小森林　叶贤林作　林　林译
海燕之歌　Gorki Zodi.Beibei fanji
航空进行曲　〔苏〕佛林克作　高　原译
来了十六年　〔苏〕玛耶阔夫斯基作　万湜思译
惠特曼诗二章　惠特曼作　周而复译

批　评

风沙夜　白　莹

黎明前奏曲　张文麟

诗坛消息

国内（二十余则）

国外（十余则）

Sin Wen Duwu

Iaoguai Lailiao　Odeno.Adou

插　图

Gorki 遗像

Guo Cing t-zh 遗像

Gorki 画像

古城的怒吼（木刻）　Kemo

斗争（木刻）　Kemo

封面设计

字　郁　彦

前进（木刻）　Kemo

第 2 期

1937 年 2 月出版

论　文

在诗歌的联合战线上　雷石榆

向诗友们请求　袁　勃

诗的内容与形式

森山启作　骆驼生译

一九三六年日本诗坛　茅　芭

创　作

枪　李　雷

走　邱　乾

奔　百　灵

溶流　史　轮

征鸟　维　民

朝鲜　彭　澎

别盼　欧阳丽娜

秋收　张振乾

搬运夫　林　火

逃荒队　张文麟*

小孩子　白　莹

黄浦江边　木以圭

乡村之夜　林　蒂

出发前夜　何　方

梁山新谣　孟晓东

夜巷小景　施巴克

九月的夜　邵冠祥

十月的沈阳　黄　河

转变的前夜　王亚平

十二月的风　江　篱

西北风吹来　伟　倜

舞瑞狮的人　秋　子

悼鲁迅先生　孟　英

老婆婆的咒恨　今　及

春天不是娼妓　今　及

一位老总说的　悠　颖

我决不投降你们　英　英

走上斗争的前哨　袁　勃

起来不愿做奴隶的人们　芬　君

译　诗

令艺术军

玛耶阔夫斯基作　万湜思译

普式庚诗钞

---

* 此文系重载，署名者九单位七十人，详见上期“专载”栏。

悲歌　蒲　风　叶可根合译
失眠的诗　蒲　风　叶可根合译
给伯爵辣格滞爱夫
蒲　风　叶可根合译
小鸟　蒲　风　叶可根合译
虽然生活欺骗了你
蒲　风　叶可根合译
希望消失了
蒲　风　叶可根合译
歌人　魏　晋译
别了，热情的槲林哟！
魏　晋译
飓风前奏曲　秋田雨雀作　石　榆译
凡宰蒂在死牢里
Michael Gold 与 Beibei fanji 作

批　评

《饥饿的咆哮》　一　钟
《十二月的风》　白　羽
《海燕的歌》　白　羽
Sin Wen Duwu
Shsh Shulaibao　Dung Gan bianzi

插　图

安息吧！敬爱的导师！　李劫夫
枪之插图　兆
Aida Lafuente　Gomez

专　载

中国诗歌作者协会宣言

发 起 者

草原诗歌会　黄沙诗歌会　诗歌出版社　诗歌生活会　呼哨诗歌会　飞沙诗社　洪流诗社　海风诗歌小品社　联合诗歌杂志社

发 起 人

今　及　木以圭　王亚平　王博习　王超敏　王及昌　天　佑　白　羽　白　莹　白　炎　田　间　石　代　史　轮　江　篱　任　人　邵冠祥　邱　乾　吴　泽　李三郎　李兴华　余　震　李　磊　李华飞　李　雷　林　林　林　熙　季　里　金　风　长　风　岳　浪　芬　君　周　行　周　波　周而复　孟　英　英　英　柳　倩　施巴克　袁　勃　高　原　郭纯才　黄　河　项　军　悠　颖　张文麟　张普寿　张会川　张振乾　张茵海　温　流　彭　泊　彭　澎　简　戎　赵一莹　蒲　风　雷石榆　焕　平　梦　萍　苇　贤　万湜思　骆驼生　冀　生　卢思化　魏　晋　魏精忠　溅　波　萧竖琴　钟　铎　瞡　睐　虹　飞

第 3 期

国防诗歌讨论特辑

1937 年 5 月出版

诗歌的新启蒙运动　孟　英　袁　勃
现阶段的诗歌（大纲）　温　流
我对于国防诗歌的意见　万湜思
关于国防诗歌的一个问题　林　火
诗的语言　江　篱
国防诗歌的几个要件　史　轮

新文字与国防诗歌　渥　丹
为〔纯〕诗人戴望舒谈国防诗歌
　江　篱　一　钟　方　殷
谈国防诗歌　曲　他
浅薄的意见　路　滴
走上国防诗歌之路　曹镇华
也是国防分内的事　今　及
关于国防诗歌的情绪　李　朴
我对国防诗歌的观点　魏精忠
我对国防诗歌的一点意见　邵冠祥
关于国防诗歌　紫　扬
两个意见　白　炎
关于国防诗歌　欧阳文辅
哀悼诗人温流
恸　诗歌杂志社
跟着我亡夫的遗志前进　梁　惠
当我嗡着鱼骨头　蒲　风
温流小传　白　嘉
温流遗照（四帧）
创　作
窗　洪　遒
爱　臧克家
吼声　温流遗作
流亡　管泽聚
决绝　白　莹
如今　舒　敏
春天　辛　劳
夜梦　一　钟
我爱　王超敏
末日　奇　汉
马德里　杜　吟
山海关　江　篱
在雾里　石　灵
雪夜里　温流遗作
谁的丰年　方　殷
我的褓母　王博习
别了田庄　王亚平
血的愿望（诗剧）　史　轮
衰老的城壕　今　及
孩子的杀戮　紫　扬
卖鬼货的歌　宋寒夜
冬暮的河滩　刘映元
五月，战斗呵！　莽　曙
长堤交响曲　黄　鲁
电贺万里长城　雷石榆
十二月的北风　萧　声
我们都在抗争　张振乾
黄河上的縴夫曲　何　方
东北歌者的短歌　舒　群
妈妈我肚子饿呢　鲁　马
故乡我不能丢掉你　何一鸿
南国的女神哟珍重　征　军
Changsindianr ku Gungrhen Go
　Xiatian
译　诗
我　黑列马作　万湜思译
母亲　A.倍齐门斯基作　劳　荣译
乞丐之墓　裴多菲作　覃子豪译
白天日光消失了
　普式庚作　蒲　风　叶可根合译
批　评
摇篮歌　白　羽

我们的堡
一、 方 殷
二、 一 萤
三、 兆 铭
四、 天 佑
读《汉园集》 袁 勃
太平洋上的歌声 一 钟
诗坛消息
国内
国外
专 载
北平文艺青年协会成立宣言
杨诗冢 吴慕沂 林 火 田 菲
天 佑 黄 既 梁 桐 孔放之
魏精忠 林 原 郭 苏 刘培基
秦景丰 孟 英 张 琸 王振之
王若哲 金 台 舒木禄 刘森柏
云 青 华 子 叶新钱 唐 诃
简 戎 华 沙 罗 白 林 山
李 甘 石 果 拓 广 金 凤
邵冠祥 白 莹 李 芩 周 行
张 芳 芬 君 周扶宣 里 陈
李 雷 英 英 渥 丹 欢 章
王亚平 史 轮 季 里 路 一
李文杰 裴 力 余 琦 朱奇平
江 炎 袁 勃 陶 然 辛 波
紫 超 雷 山 梦 虹 孟 �
戴竹村 穆春芳 王明新 孔 飞
孟文材 薛恒云 一 钟 王兢珍
谷 人 白晓光 冯 夷 王 逊
李相敬 老 鹰 王绍祖 洪 涛
林之叶 白 澄 张履祥 黄 维
欧阳文辅 王秀英 格 林
赫 戏 钱一苇 朱野蕻 李 棨
田时丰 孙国梁 常春培 牛 健
稼 夫 张玉侠 燕 歌 赵一莹
白 炎 碧 野 野 风 么晓羽
明 令 王唐义 李 快 于陆华
朱泽原 黄佩蓉 黄 泮 胡竹青
贾唯英 张 萧 帕米尔 杨 斐
陆 蓁 百 谡 王重实 吴 默
李文仲 丁武杰 胡明华 吴 泽
傅 平 高 汶 阎新生 静 我
侯漱艳 方 殷 张 吟 师田手
鲁 戈 范 政 赵仲群 常雅宾
水 一 王 禹 林一修 王 荧
中国诗歌作者协会宣言*

* 此文系重载，署名者九单位七十人，详见上期“专载”栏。

160 新 诗

简 介

《新诗》，月刊，一九三六年十月十日创刊于上海，卞之琳、孙大雨、梁宗岱、冯至、戴望舒编辑，新诗社刊行，前三期由宇宙风社代总经售，第四期起改由上海杂志公司经售，二十四开本。一九三七年七月十日出版至第二卷第三、四期合刊号终刊，共出版十期。

《新诗》月刊每期有一百二十页左右，是三十年代重要的大型诗歌刊物，撰稿者除编者之外，还有陈梦家、艾青、何其芳、曹葆华、林庚、徐迟、孙毓棠、施蛰存、杜衡、废名、李健吾、朱光潜等。该刊以发表新诗创作为主，兼有译诗和诗论：诗歌创作内容以抒情写景为主，形式、风格多样；译诗有普希金、歌德、叶赛宁、勃莱克等人的作品；诗评有对诗人、诗集的评论，诗歌问题讨论，其中尤其重视新诗艺术形式的探索，例如诗的韵脚问题，朗诵诗的节奏问题，“四行诗”问题，以及新诗发展的新途径等。该刊为了解中国新诗的发展提供了重要的史料。

目　录

第1卷　第1期
1936年10月10日出版

尺八　卞之琳
情诗习作　金克木
四行诗三首　林　庚
诗二首　玲　君
诗二首　侯汝华
春晚三章　南　星
念奴娇及其它　徐　迟
河　陈江帆
无题三章　曹葆华
海之歌　路易士
赠克木　戴望舒
弹 Chopin 之 Opus 28 NO.15 后　严文庄
马刺松信使　罗念生
诗二首　罗莫辰

诗与宣传　T.S.爱略特著　周煦良译
尺八夜（散文）　卞之琳

《燕泥集》后话　何其芳
许拜维艾尔白描像　鲍雷思
许拜维艾尔自选诗　戴望舒译
许拜维艾尔论　马赛尔·雷蒙作　戴望舒译
记诗人许拜维艾尔　戴望舒
读《蝙蝠集》　商　寿

《中国现代诗选》　杜　衡
《北平情歌》　钱献之

社中杂记　本　社

第2期
1936年11月10日出版

鱼化石　卞之琳
诗二章　林　丁
忏情诗　金克木
我沿山涧以彳亍　吴奔星
七个冷静的礼拜过去了　周煦良
新作二章　玲　君
薄怨四章　南　星
一天的彩绘　徐　迟
有赠　陈梦家
无题三章　曹葆华
诗四首　路易士
中秋月有华　赵萝蕤
眼之魔法　戴望舒
一串珍珠似的幻想*　严文庄
论中国诗的韵　朱光潜
《鱼化石》后记　卞之琳
沙里纳思诗抄　戴望舒译
关于沙里纳思　戴望舒
关于《北平情歌》　林　庚

* 原刊“目录”误作“一串真珠似的幻想”。

谈林庚的诗意和“四行诗” 戴望舒

第 3 期

1936 年 12 月 10 日出版

诗二首 禾 金
小闲诗三首 史卫斯
小楼·夜航船 李白凤
旧作二章 李健吾
鸠唤雨 金克木
节奏自由诗二首 林 庚
空想（外四章） 林徽因
九歌 南 星
窗 莪 伽
六幻想 徐 迟
云及其他 路易士
诗三首 废 名
里尔克逝世十年祭特辑：
里尔克诗抄 冯至译
里尔克 冯 至
里尔克肖像（插绘）
里尔克手迹（插绘） 里尔克
《天真之歌与经验之歌》（书影） 勃莱克
勃莱克诗抄一 孙大雨译
勃莱克诗抄二 梁宗岱译
勃莱克诗抄三 戴望舒译
勃莱克论 P.S.爱略特作 周煦良译

论中国诗的顿 朱光潜
昌多斯爵士的信 贺富曼斯塔尔作 陈占元译
哈丽脱·孟洛女士逝世 徐 迟

社中杂记 本 社

第 4 期

1937 年 1 月 10 日出版

无题 上官桔
季感诗 禾 金
珍珠集 李白凤
青山 朱 负
恋如斯 沈旭春
夜行 沈 洛
病中 林 丁
花 周 麟
秋晚与秋旅 陈雨门
标本外一章 陈 时
诗二首 刘振典
诗二首 韩北屏
旧元夜遐思 卞之琳
梦中路 方令孺
夏午 方 敬
夜的亍·老人 艾 青
颜色 李广田
醉吧 何其芳
红叶里的信念 林徽因
帆 玲 君
诗三首 侯汝华
远别离 南 星

灯 陈江帆
静的雪，神秘的雪 徐迟
无题三章 曹葆华
时间之歌 路易士
夜蛾 戴望舒
余音 罗英辰
A.E.画像 夏芝
A.E.诗选 南星
A.E.的诗 温源宁作 南星译

时间的节奏与呼吸的节奏 周煦良
论中国新诗的新途径 柯可

《石像辞》后记 南星
《小园集》序 废名
与朱光潜先生论节奏 罗念生
质与文 林庚

读《二十岁人》 陶报
读《行过之生命》 宫草

韵文学术语 罗念生

社中杂记 本社

第 5 期
1937 年 2 月 10 日出版

窗 上官桔
寒热 禾金
无声琴 史卫斯
海之歌 李白凤
马槽 艾青
盛夏白日诗 朱负
囚犯 李健吾
饥饿线织成的园子 何晴波
诗二首 沈宝基
除夕酬人・冬郊 周煦良
喷水池外二章 玲君
信念 南星
采燕 施蛰存
诗三章 陈江帆
跟宋玉开玩笑 陆志韦
诗三首 陈云影
X.mas Bazaar 许久
无题三章 曹葆华
播谷鸟 贾芝
诗二首 路易士
赠友三章 程鹤西
游戒坛寺 赵罗蕤
无法投递 罗莫辰
普式金百年祭特辑
普式金画像 特洛此宁
普式金画像 龚查洛夫斯基
普式金评传* 式采尔巴可夫
普式金诗抄一 艾昂甫译
普式金诗抄二 李文望译
普式金诗抄三 木子译

霍思曼白描像 罗森斯坦
霍思曼诗抄 周煦良译
纪念 A.E.霍思曼
L.霍思曼作 林率译

再会 〔德〕歌 德作 梁宗岱译
幽林与深岩
〔德〕歌 德作 梁宗岱译
玛利浴场哀歌
〔德〕歌 德作 冯 至译

明丽之歌自跋 徐 迟

答罗念生先生论节奏 朱光潜

第6期
1937年3月10日出版

诗二章 方令孺
晨歌 艾 青
诗四章 禾 金
风雨之夜 史卫斯
江边晚思 李心若
涅槃集 李白凤
爽约·失眠 吴奔星
邂逅 邵冠华
诗三首 林 庚
思君令人老 周煦良
闲愁 侯汝华
第二个冬天 南 星
迎神曲·雨中 马文珍
偶成六章 陈江帆

述庄子“方生方死”惠施“日方中方睨物方生方死” 陈梦家
赠诗人路易士 徐 迟
年帖 许 久
思·梦后 常 白
吹竹笛的旅人 张心舟
诗四首 路易士
桥 番 草
诗二首 废 名
南北极·风雨吟 刘振典
路上 钱君匋
江南二章 韩北屏
雪夜 苏金伞
时光（外二章） 严文庄

阿尔陀拉季雷诗抄 戴望舒译
关于阿尔陀拉季雷 戴望舒

诗的教育 加洛德作 周煦良译
《绿》前记 玲 君
读《大堰河》 杜 衡

社中杂记
——关于本刊第二卷的计划以及其他 本 社

《新诗》第一卷作者引得
《新诗》第一卷分类总目

第2卷 第1期
1937年4月10日出版

诗 作

泪 卞之琳

水　方　敬
夏日在疗养院　石　民
无梦集　史卫斯
郑风诗跋　朱英诞
安息·豹　李白凤
Otta Va rima 四帖　吕亮耕
寄意　辛　笛
古城春景　林徽因
诗二首　侯汝华
黎明　南　星
踏着沙沙的落叶　孙毓棠*
古城二章　陈江帆
光和风的收藏者（外一章）　陈　时
诗二章　敏　子
看灯·无题　常　白
黄昏　紫　扬
阿坡罗的失恋　张大旗
黑色赞美及声音　路易士
喟　赵　桔
钥匙　刘振典
自君之出　卢玲摩
草菊　罗莫辰

研究介绍

叶赛宁白描像　于士拉克
叶赛宁诗抄　艾昂甫译
叶赛宁的悲剧　曼　宁作　施蛰存译

论　文

文学　梵乐希作　戴望舒译
诗与真理　加洛德作　周煦良译

诗的散步

罗袜生尘　废　名

新诗座谈

冶游郎　朱英诞
什么是自然诗　林　庚
谈诗选　吴兴华

第2卷　第2期

1937年5月10日出版

诗　作

秋日偶笔　禾　金
我的季候　艾　青
星花　李白凤
树之感　灰　马
意差　朱　紫
独唱（外三章）　吕亮耕
对照　辛　笛
渡汀水篇　林英强
诗三首　施蛰存
今日的诗　陈世骧
山村四题　陈江帆
火·列车　陈　时
偶然作　陈云影
诗三首　船　之
冬寒夜　常　白
诗三首　路易士
赠友三章　程鹤西
装饰篇：眼镜——手表——　刘振典
我们的忧郁 NO.X　罗莫辰

长　诗

三月　南　星

散 文

谈晦涩　朱光潜
诗与愉快　加洛德作　周煦良译
文学　梵乐希作　戴望舒译

诗的散步

海水立波　施蛰存

诗 论

再与朱光潜先生论节奏　罗念生

新诗座谈

捉空　朱英诞
谈田园诗　吴兴华

通 讯

英国诗（一九三二至一九三七）　余 生

第2卷　第3、4期
1937年7月10日出版

诗 作

年终的太息　心 子
诗二首　卞之琳
大工·烟云　禾 金
帘下曲　史卫斯
离牯岭　朱企霞
诗三首　李心若
RHAPSODY　辛 笛
森林的沉默　吴兴华
星　玲 君
挽歌　周煦良
诗三首　侯汝华
留别正定　南 星
夕暮·湖沼　陈江帆
诗三首　陈 时
火与安息　许 久
雨天·幸福树　敏 子
多难的生命　常 白
月光　贾 芝
试作三首　路易士
诗二首　废 名
表（外二首）　刘振典
短章为S作　罗莫辰
绿梦　田 田
初春三章　北 瑟
夜航　李夹人
诗二首　沈 洛
夜行车　辛 华
无题　林 蒲
夜不寐　俞传锐
吃过人的孩子　张 君
生与死　张秋樵
诗二首　贾世成

长 诗

八个如云的幻想　李白凤

诗 剧

假面跳舞会　徐 迟

论 文

杂论新诗　柯 可
诗与批评艺术　加洛德作　周煦良译

161 电影戏剧

简　介

《电影戏剧》，月刊，一九三六年十月十日创刊于上海，凌鹤编辑，上海新中华图书公司发行，十六开本。一九三六年十二月一日终刊，共出版了三期。

《电影戏剧》创刊于抗战爆发前夕，编者在《献词》中说：“在这时候，电影戏剧的和平的园地，应该变为争取民族自由解放的战场，因为我们相信艺术是时代的表现，而我们也该作为时代的歌手！”该刊发表的影片评介文章较多，同时也发表了一些表现抗日救亡主题的戏剧作品和有关的戏剧评论。主要撰稿人有田汉、孙师毅、凌鹤、姚莘农、尤兢、张庚等。

目　录

第1卷　第1期
1936年10月10日出版

献词　编　者
女记者（独幕剧）　田　汉
苏联剧场的前哨
〔苏〕M.戈列立克著　孙师毅译
我如何对待演员　史东山
暂别上海　唐槐秋
《清明时节》与《小玲子》
欧阳予倩
关于我的《生死同心》　应云卫
戏剧及其特殊性　沈西苓
两个作家的三个剧本　张　庚
姚时晓：别的苦女人（《光明》第六期）
姚时晓：炮火中（《生活知识》第二卷第八期）
宇飞：土龙山（《东北作家近作集》）
给某女明星的一封信　姚莘农
论戏剧的本质
雪林格尔著　章　泯译
美国电影导演的统一战线
金维多著　韦春亩译
历史电影论
上野一郎著　许幸之译
一个电影批评人的独白　尘　无
《到自然去》（一）　韦　彧
《到自然去》（二）　凌　鹤
《女权》　尘　无
《狂欢之夜》　旅　冈
《王先生奇侠传》　莫　思
《海棠红》　凌　鹤
《未来世界》　凌　鹤
《风流世界》　尤　兢
《齐格飞》　西　苓
《无国游民》　旅　冈
《边塞英雄传》　钱台生
一九三七年的苏联电影的新片计划
《祖国》观后记　徐怀沙
冯史堡登访问记　侯　枫
八个月来国产影片统计
亚力山大·柯达成功史略
——《未来世界》之导演的介绍
凌　鹤
我和中国旅行剧团　陈　绵
满洲伪国的电影院和电影　柯　灵
消息报导：九月中的事事物物

第1卷　第2期
1936年11月10日出版

悼鲁迅先生　电影戏剧社
鲁迅与电影（一）　韦　彧
鲁迅与电影（二）　若　英
鲁迅先生永生在大众的心坎里
白　尘
不要以悲哀来纪念鲁迅之死
欧阳予倩

鲁迅先生遗像的故事　姚莘农
哭鲁迅先生（诗）　尘　无
撤退赵家庄（集体创作剧本）
尤兢等
开船锣（无线电播音剧本）　洪　深
大学电影教育的当前问题　孙师毅
会客室中（一）　蔡楚生
无题　吴永刚
夏衍的《赛金花》　寒　峰
第四次苏联戏剧节的回顾　张企程
苏联戏剧节杂写　劳　曼
音乐对于声片之关系　吕　骥
电影批评
小玲子　旅　冈
喜临门　容　城
小姊妹　叶　蒂
女王殉国　旅　冈
精忠报国　鲤　庭
复仇艳遇　尤　兢
血花　凌　鹤
马戏团　凌　鹤
绿窗春困　黑　婴
一月来影片短评　川　崎
介绍《我们来自克隆斯达特》
春　风
消息报导
编后记　编　者

第1卷　第3期

1936年12月10日出版

音乐对于声片之关系（技术研究）
吕　骥
会客室中（二）　蔡楚生
黑地狱（四幕社会剧）　凌　鹤
编剧方法讨论
编剧杂谈　阳翰笙
剧作过程解剖　张　庚
对于编剧的一点意见　唐　纳
国外介绍
卓别麟论有声电影　舒　非
苏联歌剧之发展　葛一虹
《赛金花》公演小评　若　英
消息报导
编后记　编　者
胡蝶女士（封面照片）　万氏摄影室

162 小 说 家

简 介

《小说家》，文学月刊，一九三六年十月十五日创刊于上海，欧阳山主编，小说家月刊社出版、发行，上海杂志公司经售，大三十二开本，横排。一九三六年十二月一日出版至第二期终刊。

在一九三六年“两个口号”论争的后期，为了克服宗派主义，加强团结，欧阳山、张天翼、蒋牧良等发起举行“小说家座谈会”，参加者有赞成“民族革命战争大众文学”口号的小说家，也有赞成“国防文学”口号的小说家，在九月二日第一次座谈会上大家本着“联络感情，交换意见”，促进创作的目的，决定创办《小说家》月刊。“小说家座谈会”开了两次，除了讨论创作问题，也讨论《小说家》月刊的编辑方针和作品，主编参照座谈会讨论的意见，审定稿件。

《小说家》以发表创作小说为主，兼有评论和译文。在该刊发表作品的有谷斯范、蒋牧良、东平、聂绀弩、张天翼、欧阳山、辛劳等人。《小说家》每期都有“小说家座谈会”专栏，发表座谈会记录，使读者了解刊物的编辑方针和审稿情况。每期又有关于上月各地杂志发表创作小说的统计，帮助读者了解小说创作的概况。《小说家》在当时的历史条件下问世，对于加强革命作家之间的团结，推动文艺界抗日民族统一战线的形成，产生了积极的作用。

目　录

第 1 卷　第 1 期

1936 年 10 月 15 日出版

巴尔扎克画像

荷马塑像

小说家座谈会

关于“小说家座谈会”

关于来稿的报告

我们的水准——我们需要的稿件

主题积极性和真人真事

一般的编辑方针

出席者：蒋牧良　王任叔　李溶华　张天翼　陈白尘　周而复　欧阳山　奚　如　聂绀弩

短篇创作

不宁静的城　谷斯范

古记　蒋牧良

酒船　绀　弩

饥饿的伙伴　辛　劳

单纯的遗嘱　草　明

酒后　张天翼

教授和富人　东　平

罢饭　周而复

苦斗　欧阳山

关于孩子的故事

她的弟弟　王次云

铁柱的兔爷　张雪玲

报名　契　萌

在监牢里　以　群

寓言·童话

高跟皮鞋的故事　劳　荣

裁兵　东方甲

随　笔

灵魂的审判　林冷秋

闲谈　蒋牧良

论　文

小说家本质（苏联康谟学院哲学研究所文学部底讨论纪录）提付讨论的报告演说　卢卡其著　胡　风译

读后感

读《誓言》（舒群著）和《草原上》（刘白羽著）　凡　容

谈《古城纪事》　周而复

八月的《今代文艺》　王任叔

统　计

八月份杂志发表的创作小说　编　者

补白（八则语录）　编　者

第 1 卷　第 2 期

哀悼鲁迅先生特辑

1936 年 12 月 1 日出版

哀悼鲁迅先生

文章

悼鲁迅我们底导师　高淑英

纪念鲁迅先生　陈烟桥

沉痛的哀思　新　波

关于哀悼鲁迅先生　绀　弩

鲁迅先生遗留下的艰巨放到
我们大众的肩上来　周　文
《故事新编》读后记　东　平
鲁迅死后的一点感想　方之中
哀悼伟大的导师鲁迅　奚　如
插图
鲁迅先生（炭画）　力　群
鲁迅先生（墨画）　烟　桥
鲁迅先生（木刻）　新　波
给陈烟桥的信（手迹）　鲁　迅
生死殡葬（照片）　沙　飞
小说家座谈会
一个报告
给宗派主义的威胁
向“反对差不多运动”进攻
本刊印刷、内容、抄袭问题
鲁迅、《祝福》、《在酒楼上》及其他
出席者：萧　军　沙　汀　艾　芜
周　文　蒋牧良　以　群
欧阳山　张天翼　契　萌
草　明　王任叔　荒　煤
聂绀弩　陈白尘　李溶华
周尔复　张春桥　凡　客
东　平
短篇创作
我的同伴　文　若
米　任达泉
不再是汉奸　席　勤
金木的故事　东　平
自由以后　辛　劳
韵子　谷斯范
翻译小说
代表团　〔苏〕I.Jun 著　朱　立译
散　文
道德水准的低下及其他　东　平
统　计
九、十月份杂志发表的创作小说
编　者
论　文
小说底本质（苏联康谟学院哲学研究所文学部底讨论纪录）提付讨论的报告演说（续）
卢卡其著　胡　风译
附　录
广州艺术工作者协会成立宣言
上海木刻作者协会成立宣言

163 热　　风

简　　介

《热风》，文艺月刊，一九三七年一月一日创刊于上海，热风月刊社编辑、出版、发行，上海群众杂志公司经售，刊物代表人萧今度、聂绀弩，十六开本。一九三七年三月一日出版第二期后终刊，共出版两期。

编者曾声明“这个小小的刊物”，是“献给每一个要说话可又没有地方说话的热血的青年”的，该刊注意扶掖新生力量，在刊登名作家作品之外，也刊登了许多当时刚在文坛显露头角的青年作家的作品。

《热风》是在鲁迅去世后不久创办的，刊物以鲁迅杂文集的名字命名，“创刊号”封面登有鲁迅画相，刊名采用鲁迅墨迹，登有鲁迅《热风·序》的摘句以及其它纪念文章，表示对鲁迅的尊崇。

《热风》以刊登各种执文、杂感为主，也刊登了一些文学论文、小说和诗歌。撰稿者有茅盾、胡风、田间、艾青、丘东平、聂绀弩、叶以群、王任叔、雪韦等。

目 录

创刊号
（第1卷 第1期）
1937年1月1日出版

热风（题字） 鲁 迅
创刊献词 编 者
热风序摘句 编 者

鲁迅先生（画相） 掘 口
海上述林（墨迹） 鲁 迅
悼丁君（墨迹） 鲁 迅

我怕 景 宋
安息吧，先行者 春 桥
一个高大的背影倒了 绀 弩

现阶段的写作自由论 雪 韦
“中国人的耻辱”？ 阿 累
一个电车卖票人这样说 郜瘦婴

《女吊》解 平 蓉
无题的杂感 白 平
从鲁迅先生死后说起 方之中
靠死人赚钱 以 群
文章，说话，行动和文人 保 青

不是没有缘故的 陈烟桥
外套礼貌和绅士 东 平
文坛风景 艾 淦

鲁迅底错误 耳 耶

掘墓者 辛 劳
轻松小品 长 鞭

生活吧，我的大地 田 间
小黑手 艾 青
牺牲 雷石榆

药针房 李 轩
殖民地军官 斐 儿
活 周白月

鲁迅先生纪念会筹备会通告（两则）

上海木刻作者协会成立会宣言

终刊号
（第1卷 第2期）
1937年3月1日出版

第二期献词 编 者

关于文学方法的一个回忆 鹿地亘
续论现阶段的写作自由 雪 韦

主客之间 东 平
污秽进行曲 白 平
鲁迅先生追悼法ABC 因 倪

闲谈拥郭倒茅 岳砚春

速写红萝卜 春桥
世故三昧 王子木

我的宗派主义 任叔
艺术的遭难 陈烟桥
鞭爆声中 茅盾

岂有豪情似旧时 鲁迅
给突尔维克 海涅
诧怪 平蓉
会心的补足 平蓉
流氓市侩术
论涉及之类 白平

九百个 克阿
寄遥远者 新波
重逢 辛劳

船上 郭季田
一天晚上 白兮
别 萧萧

冬夜通讯 胡风
致编者 周楞伽

请莫介绍稿件 萧今度
一点声明 平蓉

东平启事
许广平为征求鲁迅先生书信启事

164 希　望

简　介

《希望》，文艺半月刊，一九三七年三月十日创刊于上海，共出三期。第一期由徐懋庸、王淑明主编，第二期起由王淑明单独主编，上海图书杂志公司出版发行，十六开本。第三期印出后即被国民党上海当局查禁，至今尚未发现（目录暂缺）。该刊还计划出版一套“希望丛书”，也由于刊物被禁而未能问世。

《希望》是中国左翼作家联盟解散之后出现的由左翼作家编辑的文艺刊物，主要发表小说、新诗、杂文和文学评论，撰稿人基本上都是原中国左翼作家联盟的成员，如沙汀、罗烽、徐懋庸、郭沫若、舒群、立波、东平、戴平万等。周扬论车尔尼雪夫斯基美学思想的文章《艺术与人生》首先揭载于该刊。

目 录

第1卷 第1期

1937年3月10日出版

作家间需要一个新运动
——一个读者给作家们的一封信 乔 木
干渣
——老C的自传断片 沙 汀
一个伟大作家的历程 王淑明
鲁迅的转变问题
“文明”的滥施 徐懋庸
被蚕食的叶角上——左医生之死* 罗 烽
补苴** 周木斋
漏底
皮毛
孔疮
夷苗今论*** 陈子展
艺术与人生
——车尔芮雪夫斯基的《艺术与现实之美学的关系》 周 扬
君子国 郭沫若
晚间的来客 何家槐
《海燕之歌》的楔子
〔俄〕高尔基著 林 林译
北风送来的呼声（诗） 舒 群
文苑闲话 唐 弢
新唐·吉诃德之死 东 平
跟战士们在一起 魏东明
真理的呼声
——介绍F.毕卡恩的《在西班牙的报名者》 梅 雨
夜袭（上）
——西班牙战争的一幕
Frank Pitcairn著 林淡秋译
《春天》（艾芜著） 立 波
青纱帐（诗） 番 草
我的梦（世界名作家的自白）
〔苏〕格拉特科夫作 杨 骚译
文献：鲁迅的第一篇小说《怀旧》 编 者
附：怀旧 周 逴
补白：美国文化人对西班牙抗战的态度 梅
加泰罗尼亚知识阶级的檄文 梅
关于鲁迅与徐懋庸大战紧要启事 编辑部
编后记 编 者
紧要启事**** 本 刊

* 原刊“目录”作“左医生之死”，正文作“被蚕食的叶角上——左医生之死”。

** 原刊“目录”的“补苴”总题下无细目，此细目依正文补。

*** 原刊“目录”作“夷苗新论”，正文作“夷苗今论”。

**** 原刊“目录”无，此据正文补。

第1卷 第2期

1937年3月25日出版

舰上（小说） 舒 群
科学者（诗） 何 华
写作需要自由 雪 韦
在裕兴馆（小说） 戴平万
挑野菜*（诗） 乔 木
狗 高 潮
在通州 柳 林
新波君的木刻画** 鹿地亘
夏令营 碧 野
瘾 张 庚
家乡（独幕剧） 殷 扬
夜袭（下）
——西班牙战争的一幕
Frank Pitcairn著 林淡秋译
我的告白
——世界名作家自白之二
S.Tretykov著 梅 雨译
《星》（书评） 王淑明
武士道（长篇连载）
〔苏〕卢滨斯坦著 未 明译
编后记*** （王淑明）
徐懋庸启事***

* 原刊“目录”作“挑野菜哟”，正文作“挑野菜”。

** 原刊“目录”作“新波君的木刻”，正文作“新波君的木刻画”。

*** 原刊“目录”无，据正文补。

165 文　丛

简　介

《文丛》，文学刊物，一九三七年三月二十日创刊于上海，第一卷为月刊，第二卷改为半月刊，文季社主办，靳以、巴金主编，上海文化生活出版社出版发行，二十四开本。一九三九年一月，出版第二卷第五、六期合刊后终刊，共出版十一期。

一九三六年底，靳以和巴金合编的《文季月刊》被国民党政府查封，尔后有《文丛》的刊行。而《文丛》在上海出了五期，又被先后查禁过三次。抗战爆发后，靳以到了广州，继续出版《文丛》第二卷，不久广州受到敌人围攻，排好的第二卷第四期来不及付印，由巴金带着纸型撤退到桂林以后才出版。在桂林出版了《文丛》第二卷五、六期合刊号即终刊。后来巴金经金华、温州回到上海，在文化生活出版社的协助下，重新排印出版了《文丛》合订本。

《文丛》继续保持了《文学季刊》、《文季月刊》的特色，编者仍然“以忠实恳挚的态度为新文学的建设而努力”，而《文丛》更发表了一系列以抗战为题材的作品，如碧野、邵子南的小说，刘白羽、钱君匋的散文，邹荻帆、李若川的诗，使刊物传达出了抗日救亡高潮中的新的时代气息。这时期几部有影响的长篇作品也首先在该刊揭载问世，它们是巴金的《火》，靳以的《前夕》，以及曹禺的多幕剧《原野》。此外，该刊第二卷第二号还出了纪念女作家罗淑的专栏，发表了黎烈文、巴金、靳以等人的文章。

目 录

第1卷 第1号

1937年3月20日出版

小 说

陆宝田（中篇） 张天翼
梦之谷（中篇） 萧 乾
莱亚先生的泪（短篇） 芦 焚
憎恨（短篇） 端木蕻良
红雪（短篇） 刘白羽
海潮（短篇） 艾 芜
新年（短篇） 鲁 彦
断梗 靳 以

《家》 巴 金

诗

七日诗钞 何其芳
沙粒 悄 吟
无题诗存 曹葆华

某镇纪事 沙 汀
山之子 李广田
木瓜 李霁野
黑 陆 敏
给—— 丽 尼
水巷 荒 煤
谶 陆 蠡

第1卷 第2号

1937年4月15日出版

剧

原野（第一幕） 曹 禺

死 巴 金

小 说

虎跳岩 寒 谷
分出后 田 涛
灵异 芦 焚
同根草 靳 以

深冬小辑 方 敬
谢落 李广田
病 李霁野
母亲的时钟 鲁 彦
烛 方 序

散文诗（五首） 丽 尼

梦之谷（第二部） 萧 乾

第1卷 第3号

1937年5月15日出版

小 说

同乡们 张天翼
药 葛 琴
旁听 绀 弩
还乡 芦 焚

小人物　齐　同

剧

原野（续）　曹　禺

梦　巴　金
苦吟　陆　蠡
寄——　康嗣群
江南春　靳　以

若有其事四章　薛大惜
瓶花采　单　郃

梦之谷（续）　萧　乾

《雀蓑记》　李广田

第1卷　第4号

1937年6月15日出版

小　说

十七包糖　蒋牧良
女客　单　郃
生存　沈从文
苦役　芦　焚
早春的寒雨　靳　以

醉　巴　金
花圈与宝光　李广田
漫题《云》和《牧羊女》　端木蕻良
散文四篇　丽　尼

剧

原野（第二幕）　曹　禺

梦之谷（续）　萧　乾

刻意集　何其芳

第1卷　第5号

1937年7月15日出版

小　说

东北之谷　蔡天心
涛　王　轲
三月夜曲　端木蕻良
四月的苜蓿风　莎　寨

诗

农夫　孙毓棠

散　文

荒与熟　茅　盾
扇的故事　李广田
雨　杨　匀
寸心草　吕亮耕
鸽　靳　以

剧

原野（第三幕）　曹　禺

长　篇

梦之谷（续）　萧　乾

跋

路　巴　金

第2卷　第1号

1938年5月20日出版

任重道远（漫画）　丰子恺

五月的话 编 者

小 说

火（长篇） 巴 金
夜航（短篇） 碧 野
海塘上（短篇） 荃 麟
前夕（长篇） 靳 以

译 作

一个英雄的丧仪
H.E.Kaminsky 作 巴 金译

散 文

战地行脚 钱君匋
仇恨 雨 田
走在他们中间 洛 青
飞行的刽子手 陶 静

诗

红笺——写给日本的被压迫的兄弟 新 波
我告诉你日本人 张 远
渔家 邹荻帆

第2卷 第2号
1938年6月5日出版

纪念罗淑女士

关于罗淑 黎烈文
纪念一个友人 巴 金
忆罗淑 靳 以

小 说

纲（短篇） 李若川
黄连地（短篇） 邵子南
火（长篇）（续） 巴 金
前夕（长篇）（续） 靳 以

散 文

我就那样离开病房 一 文
湖州在烽火中 钱君匋

译 作

西班牙所见
［美］L.海尔曼作 天 虹译

诗 歌

十二列车——平汉路上迎受伤战士 邹荻帆
告日本士兵 方 肃

《阿Q正传》漫画

阿Q遗像 丰子恺
“阿Q真能做” 丰子恺

第2卷 第3号
1938年8月20日出版

致读者 编 者

小 说

无名氏（短篇） 芦 焚
归来（短篇） 钟 美
火（长篇）（续二） 巴 金
前夕（长篇）（续二） 靳 以

散 文

行军报告 刘白羽
在后驸马沟 田 涛
短简 方 序
疯子 一 文
小泉八云在地下
——劳者自歌之一 丰子恺

傀儡
——劳者自歌之二　丰子恺
诗　歌
我是不能屈服的英雄　李若川
作战　〔匈〕裴多菲作　孙　用译

第2卷　第4号
1938年12月20日出版

写给读者　巴　金
盐贩子　刘白羽
火（续三）　巴　金
前夕（续三）　靳　以

炮火扑到了天目山　钱君匋
三个检查员　萧　乾
岛上　庄瑞源
握别　一　文
寂寞的等待——旅途短记之一　靳　以
短简　T.C

佩德拉伯司兵营
〔西班牙〕加洛·罗塞利著　巴金译
不死的记忆　吕亮耕
手推车　邹荻帆

第2卷　第5、6号
1939年1月出版

写给读者　编　者

地上的一角　罗　淑
血的故事　靳　以
火（续四）　巴　金
前夕（续四）　靳　以

红豆的故事　孙　用
婴　缪崇群
废墟上　缪崇群
地之子　一　文
江南的记忆　丽　尼
西班牙日记的片断
加洛·罗塞利（Cario Rosselli）著
巴金译
关于《边陲线上》　骆宾基

中国万岁　刘火子
河水　邹荻帆
在河边　白　曙

第二卷总目录　编　者

166 文艺科学

简　介

《文艺科学》，月刊，一九三七年四月十日创刊于日本东京，主编兼出版者署“文艺科学社编委会”，发行者署“慕容”，大三十二开本。仅出版一期，第二期（五月号）已登出目录预告，但未能刊行。

《文艺科学》是一批赞成“国防文学”口号的左翼作家在东京创办的文艺理论刊物，在以该刊编委会的名义发表的社论《提倡文艺理论重工业运动》中指出，“由于中华民族的质的规定性，国防文学已成为现阶段不可争的口号”，“社会主义的现实主义的开展，是我们在国防文学确立以后的急不容缓的任务”；并且表明该刊的使命就是“把社会主义的现实主义的诸问题，系统地介绍到中国的文坛”。该刊第一期刊出“社会主义的现实主义”专辑（上辑），发表许修林的《苏联文学运动方向转换的考察》一文，并译载苏联文艺理论家吉尔波丁等人的五篇文章，从不同角度阐述了社会主义现实主义创作方法的特点。此外，还发表了马耶可夫斯基的诗歌《伊里奇》以及爱伦堡的报告文学作品等，突出地显示了集中介绍苏联文学的努力。该刊主要作者有许修林、黎端、施巴克等人，译者有田方绥、李曼罗、白楚、李微、米芙、卓戈白、胡明树、梁惠等人。

目　录

创刊号

1937年4月10日出版

社　论

提倡文艺理论重工业运动　编委会

社会主义的现实主义（上辑）

苏联文学运动方向转换的考察
许修林

社会主义的现实主义概观
多利科诺夫　施惠林合作
梁　惠译

论社会主义的现实主义
〔苏〕吉尔波丁等作　田方绥译

社会主义的现实主义基本的诸源泉
〔苏〕罗森达尔著　卓戈白译

社会主义的现实主义的前提
〔苏〕西尔列尔作　李　微译

新现实主义与革命的浪漫主义
〔苏〕吉尔波丁作　赫　戏译

文学讲座（一）

文学的诸问题
〔苏〕奴西诺夫作　维　邨译

文学与巨人

伊里奇与现实主义作品
伊里奇夫人作　白　楚译

文坛展望

苏联作家的行动
〔苏〕法捷耶夫等作　李曼罗译

现代西班牙文坛的展望　黎　端

日本童话界之现状
〔日〕槙本楠郎作　胡明树译

诗

伊里奇
〔苏〕马耶考夫斯基作　田方绥译

俘虏之歌　施巴克

报告文学

到动乱的漩涡里去
〔苏〕爱伦堡作　米　芙译

战线上的多罗莱丝
〔苏〕柯列诃夫作　胡明树译

火车上的苏联
〔德〕基　希作　菲　戈译

编完了　编　者

封面　黎　端

“五月号”目录预告（附细目）

社会主义的现实主义（下辑）

社会主义的现实主义与世界观及创作方法〔苏〕奴西诺夫作　田方绥译

现实主义与艺术形式的问题
〔日〕高冲阳造作　赫　戏译

社会主义的现实主义之心理表现
〔苏〕奴西诺夫作　白　楚译

戏剧上之社会主义的现实主义
〔苏〕鲁那差尔斯基作　李　微译

现实主义与浪漫主义　林为梁

现实主义作家研究

普希金的现实主义　梁　惠

现实主义与莎士比亚的泼刺　卓戈白

文坛展望

苏联文学的最近状　李曼罗

苏联的工场文学集团

欧美文坛展望

文学讲座（二）

文学的主题及其他　维　村

文艺作品

未发表的《海燕》前部（散文）

〔俄〕高尔基作

从暴风雨中诞生的（小说）

〔苏〕奥斯托洛夫斯基著

米　芙译

走吧！小狗（童话）　胡明树

《士敏土》作（者）格拉珂夫随想录（随笔）　黎　端

167 文学杂志

简 介

《文学杂志》，月刊，一九三七年五月一日创刊，朱光潜主编，编辑部设在北平，由上海商务印书馆出版，上海及各地商务印书馆发行，二十四开本。一九三七年八月一日出至一卷四期，因抗战爆发停刊，一九四七年六月一日复刊出第二卷第一期，至一九四八年十一月出版了第三卷第六期终刊，前后共出版二十二期。

《文学杂志》发表各种体裁的作品，同时重视文论和书评，每期发稿十万字左右，创作约占五分之三，论文和书评约占五分之二。朱光潜在创刊号上发表《我对于本刊的希望》一文，提出了“自由生发，自由讨论”的原则，主张“多探险，多尝试，不希望某一种特殊趣味或风格成为‘正统’”，由此表述了如下的编辑指导思想：“一种宽大自由而严肃的文艺刊物对于现代中国新文艺应该负有什么样的使命呢？它应该认清时代的弊病和需要，尽一部分纠正和向导的责任；它应该集合全国作家作分途探险的工作，使人人在自由发展个性之中，仍意识到彼此都望着开发新文艺一个共同目标；它应该时常回顾到已占有的领域，给以冷静严正的估价，看成功何在，失败何在，作前进努力的借鉴；同时，它应该是新风气的传播者，在读者群众中养成爱好纯正文艺的趣味与热诚。它不仅是一种选本，不仅是回顾而同时是向前望的，应该维持长久生命，与时代同生展；它不仅是一种‘文艺情报’，应该在陈腐枯燥的经院习气与油滑肤浅的新闻习气之中，辟一清新而严肃的境界，替经院派与新闻派作一种康健的调剂。”

该刊一九三七年八月以后停刊十年，一九四七年六月复刊时，朱光潜在《复刊卷头语》中申明要继续贯彻上述办刊指导思想。前后两个时期的刊物在实际上也保持了严谨而超脱的大致统一的风格。但是历史条件的变化不能不对刊物产生相当的影响，虽然编者宣称“反对拿文艺做宣传的工具或是逢迎谄媚的工具”，认为文艺自有它的表现人生和怡情养性的功用，但是，与前期相比，后期发表的更带有现实性的作品增多了，还刊载了一些讨论一般文化思想的文章。该刊的撰稿人，前期大体上是以“京派作家”为基干，如沈从文、废名、萧乾以及何其芳、卞之琳、李健吾等，后期除了一些知名的作家和学者以外，又增加了一些新起的青年作家，如诗人袁可嘉、穆旦和小说家汪曾祺等。此外，在后期还陆续发表了闻一多关于中国古代文学研究的遗著。朱自清逝世后，该刊于一九四八年十月初出版的第三卷第五期编发了“朱自清先生纪念特辑”，刊登了十几位作家和学者悼念和追忆的文章，提供了宝贵的研究资料。

目 录

第1卷 第1期

创刊号

1937年5月1日出版

我对于本刊的希望 朱光潜
论新诗 叶公超
诗
月亮的歌 胡 适
新作二章 戴望舒
寂寞
偶成
近作四章 卞之琳
第一盏灯
多少个院落
足迹
半岛
小 说
贵生 沈从文
“火”车 老 舍
抛锚 杨振生
大国之风 西 滢译
戏 剧
一个未登记的同志（独幕） 李健吾
梅真同他们（第一幕） 林徽因
短篇散文
谈笔记 知 堂
谈交友 钱钟书
阴 杨季康
随笔 废 名
灯 程鹤西
书 评
《赛金花》（夏衍著）剧本的写实性 周煦良
《活的中国》（斯诺 Edgar Saow 著） 常 风
《望舒诗稿》（戴望舒著） 孟 实
编辑后记 编 者

第1卷 第2期

1937年6月1日出版

谈俳文 知 堂
莎士比亚是诗人还是戏剧家？ 梁实秋
语言的化装 王了一
宋代残佚的诗话 郭绍虞
诗
诗三首 废 名
十二月十九夜
宇宙的衣裳
喜悦是美
杂样的五拍诗 陆志韦
莎士比亚十四行诗二首 梁宗岱译
第三三首
第六五首
小 说
黄心大师 施蛰存
破车上 萧 乾
大小阮 沈从文

戏　剧

梅真同他们（第二幕）　林徽因

散　文

老人　何其芳

房东太太　朱佩弦

落叶　程鹤西

书　评

谈《里门拾记》（芦焚著）　刘西渭

《北平情歌》（林庚著）　周煦良

《牛津现代英诗选》（叶慈 W.B. Yeats 编）　叶公超

近出小说四种　常　风

《第三代》

《烟苗季》

《春花》

《漩涡里外》

编辑后记　编　者

第 1 卷　第 3 期

1937 年 7 月 1 日出版

论节奏　陆志韦

再谈俳文　知　堂

诗

白螺壳　卞之琳

柳下　林　庚

斗室　林　庚

无题　曹葆华

给几个死去的朋友　冯　至

听雨　方令孺

云麓宫前额　杨世骥

小　说

桥——萤火　废　名

杀狗　老　舍

儿子　蹇先艾

戏　剧

梅真同他们（第三幕）　林徽因

散　文

神之再现　从　文

无题　平　伯

理想树　徐　迟

书　评

巴尔扎克的《欧贞尼·葛郎代》　李健吾

《海星》（陆蠡作）　李影心

《桥》（废名作）　孟　实

《春风秋雨》（阿英作）　常　风

编辑后记　编　者

第 1 卷　第 4 期

1937 年 8 月 1 日出版

中国固有的文学批评的一个特点　钱钟书

说“衙内”　朱东润

再谈差不多　炯　之

诗

暴风雨　孙毓棠

进城　朱　颜

去春　林徽因

水手和黄昏　贾　芝

诗一首　石　民
不朽的肖像　路易士
路工的乡愁　贾处谦
凉　高一凌

小　说

八月节　凌叔华
移植　杜　衡
天真的嘴唇　杨　刚
锵咚屋的儿子　章　郊
桥——牵牛花　废　名

散　文

树阴下的默想　何其芳
独酌　史卫斯
无题　平　伯
上下　方家达

过去一年的纽约戏剧　张骏祥

书　评

《新学究》　常　风
《天下太平》　常　风
谈《桥》和《莫须有先生传》　鹤　西
《谷》和《落日光》　孟　实

编辑后记　编　者

第 2 卷　第 1 期

1947 年 6 月 1 日出版

复刊卷头语　编　者
古文学的欣赏　朱自清
杜甫在长安　冯　至
明日世界与中国文化　吴之椿
诗的难与易　朱光潜

诗

一首还未见天日的诗　甘运衡

戏　剧

阿史那（六场悲剧）　李健吾

小　说

巧秀和冬生　沈从文
他是一个怪人　杨振声
莫须有先生坐飞机以后　废　名

游　记

煤区纪行　徐　盈

作家与作品

詹姆士的四杰作　萧　乾
《某夫人绘象》
《鸽翼》
《大使》
《金碗》
梵文《五卷书》——一部征服了世界的寓言童话集　季羡林
陀思妥也夫斯基的《白痴》　常　风

第 2 卷　第 2 期

1947 年 7 月 1 日出版

看戏与演戏——两种人生理想　朱光潜
李白的思想与艺术观　萧望卿
近代英国传记的简洁　戴镏龄

一首诗的形式（S.Sender 作）
俞铭传

诗

森林之歌 穆　旦
冬的呼唤 林　庚
号外三章 袁可嘉

戏　剧

阿史那（六场悲剧）（连载） 李健吾

小　说

莫须有先生坐飞机以后（连载）
废　名
界碑 毕基初
雪同雾 李　瑛

作家与作品

一个中国新诗人 王佐良

第 2 卷　第 3 期

1947 年 8 月初出版

端午考 闻一多遗著
新文学与古文学 常　风
楚辞用夏正说 游国恩
论文学的本色 傅庚生

诗

荒村 穆　旦
诗二章 袁可嘉
溜冰场 俞铭传

戏　剧

阿史那（续） 李健吾

小　说

莫须有先生坐飞机以后（续一）
废　名
减租 张　英
人与兽 刘贝汶

散　文

生命 朱光潜
决断 冯　至

第 2 卷　第 4 期

1947 年 9 月初出版

李清照论 李长之
人物的创造 常　风
德国的小说
Hugo Von Hofmannsthal 原作
冯至译

诗

杂样的五拍诗 陆志韦
战歌两首 甘运衡
扬子江海空协战曲
别
三十诞辰有感 穆　旦

小　说

莫须有先生坐飞机以后（续二）
废　名
摘桔子 沈从文
夫人的命运 吴同宾
富魇 王　忠
春天在垃圾堆上 萧　沅

散　文

牙疼 汪曾祺
剧词·对话·独语 叶汝琏

自然·创作·灵感
Jacques de Laeretelle 原作
陈占元译
作家与作品
《滩》（宗霖作） 李影心

第2卷 第5期
1947年10月初出版

廖季平论《离骚》 闻一多遗作
闻一多先生怎样走着中国文学的道路 朱自清
两次大战间的法国文学 罗大刚
诗
洪流 田畴
小说
渔夫李矮子 林蒲
猎 毕基初
载连匠 汪曾祺
飞飞姑妈 萧赛
散文
矿工 杨𣲗
墙 张希桎

说艺 贾光涛
今昔之感 徐盈
作家与作品
《温德米尔夫人的扇子》（王尔德著） 孟士孙

第2卷 第6期
1947年11月初出版

苏格腊底在中国（对话） 朱光潜
歌德的西东合集 冯至
诗与意义 袁可嘉
诗
伐致呵利《三百咏》（选译并跋） 金克木
挽辞二首 甘运衡
祭
吊
小说
莫须有先生坐飞机以后（续三） 废名
传奇不奇（连载） 沈从文
棺材匠 邢楚均
王爱召的故事 萧风
散文
昨日 金隄
生命 毕基初

第2卷 第7期
1947年12月初出版

从翻译说到批评 陆志韦
时势造成的杰作 罗大刚
当前批评底任务 袁可嘉
诗
《九歌》新编 闻一多遗著
苦难的日子 林庚

浮士德悲剧选译　梁宗岱

小　说

莫须有先生坐飞机以后（续四）　废　名

好管闲事的厨子　艾　芜

王爱召的故事　萧　凤

失踪　萧　沅

作家与作品

两部《法国文学史》（法国 D.Nisard 著，中国吴达元著）　陈占元

第 2 卷　第 8 期

1948 年 1 月初出版

纪德的艺术与思想的演进　盛澄华

现代中国文学　朱光潜

文学意境中的梦与影　傅庚生

诗

饥饿的中国（长诗）　穆　旦

诗二首　郭士浩

袖珍字汇

智慧与忧郁

小　说

莫须有先生坐飞机以后（续五）　废　名

木鹤宴　林　蒲

散　文

泥河烂酱　朱介凡

路　李　瑛

作家与作品

《陶渊明批评》（肖望卿著）　少　若

第 2 卷　第 9 期

1948 年 2 月初出版

从翻译说到批评（续）　陆志韦

诗的活力与新原质　林　庚

说公输与鲁班　余冠英

诗

骨灰　罗大刚

我想要走　穆　旦

小　诗

莫须有先生坐飞机以后（续六）　废　名

夜　刘贝汶

散　文

西山红叶　徐　盈

呸却！　朱介凡

第 2 卷　第 10 期

1948 年 3 月初出版

诗的意像与情趣　朱光潜

《天问》注解的困难及其整理的线索　林　庚

诗

胜利　穆　旦

牺牲　穆　旦

走近你　袁可嘉

小　说
莫须有先生坐飞机以后（续七）
废　名
异秉　汪曾祺
散　文
壶水曲　邢楚均
第一封信　刘荣恩
作家与作品
《咀华集》与《咀华二集》
（刘西渭著）　少　若

第2卷　第11期
1948年4月初出版

爱仑坡的《李奇亚》　李广田
对于诗的迷信　袁可嘉
陶渊明的孤独之感及其否定精神
李长之
诗
谜　甘运衡
无题　Paul Verlaine 作　闻家驷译
小　说
莫须有先生坐飞机以后（续八）
废　名
魔鬼的纸牌　毕基初
散　文
窗　李　瑛
高卢日尔曼风俗记
C.Iuli Caesar 作　金克木译
戏　剧
兄妹（独幕剧）　朱君允

第2卷　第12期
诗歌特号
1948年5月初出版

屈原文艺论　游国恩
屈原的人格美与离骚民字解
林　庚
安史之乱中的杜甫　冯　至
曹植与五言诗体　缪　钺
离合诗之研究　王利器
街与提琴　罗大刚
现代英诗的特质　袁可嘉
诗
病中杂诗　林徽因
小诗（一）
小诗（二）
恶劣的心绪
写给我的大姊
一天
对残枝
对北门街园子
十一月的小树
忧郁
哭三弟恒
鸡鸣　废　名
人类　废　名
真理　废　名
我走上山看见一个月亮　林　庚
冰河　林　庚
路　林　庚
宽敞的窗子　林　庚

未来的季候 林　庚
战时作 方　敬
最后的一代 俞铭传
画 徐朔方
岁月 徐朔方
隐现（组诗） 穆　旦

第3卷　第1期

1948年6月初出版

街与提琴 罗大刚
谈书牍 朱光潜
法国唯在主义运动的哲学背景 陈石湘
诗的戏剧化 袁可嘉

诗

渔夫 孙毓棠
山溪 孙毓棠
北行 孙毓棠
地球仪 郭士浩

小　说

莫须有先生坐飞机以后（续九） 废　名
吹鼓手 毕基初
猪娃子的出走 君　弱

散　文

记忆 金　隄
帐篷生活 叶苍岑
吹糖檐子 晁　朴

作家与作品

屠格涅夫的《父与子》 常　风

第3卷　第2期

1948年7月初出版

从秦州到成都 冯　至
谈对话体 朱光潜
楚声考 陈思苓
诗歌的音调 徐家昌

诗

难民 袁可嘉
旅店 袁可嘉
母亲 袁可嘉
出航 袁可嘉
孕妇 袁可嘉
南京 袁可嘉
我随着夕阳流水走 甘运衡

小　说

莫须有先生坐飞机以后（续一〇） 废　名
枪魇 毕基初
病 方　域

散　文

栽花 程鹤西
龙泉观 马君玠
摆江 朱介凡

作家与作品

一部希腊的田园故事（《达夫尼斯与克洛衣》，Longus著） 常　风

第3卷　第3期

1948年8月初出版

杜甫的童年 冯　至

寿怡红群芳开夜宴图说　俞平伯
再论新诗的形势　林　庚
诗
广场　林　庚
历史　林　庚
活　林　庚
新诗　许素任
哀家乡　鲁　人
小　说
莫须有先生坐飞机以后（续一一）
废　名
升任　蓉　圃
人祸　萧　沅
八月　陈　方
散　文
安宁温泉　马君玠
近乎沉默　金　堤
马二先生　张　栓
剧　本
北平十二小时（电影剧本）
徐　盈
作家与作品
奥斯汀的《傲慢与偏见》　常　风

第3卷　第4期
1948年9月初出版

游仙诗　朱光潜
匡斋谈艺　闻一多遗著
我们底难题　袁可嘉
译文的风格　常乃慰
诗
黎明的对话　林　庚
卧轨　马君玠
默契　马君玠
小　说
莫须有先生坐飞机以后（续一二）
废　名
手杖　毕基初
印石山的买卖　刘贝汶
散　文
谈写字　沈从文
忆章用　季羡林
剧　本
北平十二小时（电影剧本，续一）
徐　盈
作家与作品
沙福克理斯的《窝狄浦斯王》
常　风

第3卷　第5期
朱自清先生纪念特辑
1948年10月初出版

朱自清先生遗像（木刻）
因　其
朱自清先生遗墨

朱自清先生传略　浦江清
敬悼朱佩弦先生　朱光潜
回念朱佩弦先生与闻一多先生
冯友兰

忆白马湖宁波旧游　俞平伯
不应该死的又死了一个　川　岛
佩弦先生的性情嗜好和他的病　余冠英
哀念朱佩弦先生　李广田
挽歌辞　马文珍

为追悼朱自清先生讲到中国的文学系　杨振声
朱自清先生的诗　林　庚
邂逅斋说诗缀忆　王　瑶

朱自清先生遗作

《犹贤博奕斋诗抄》选录　朱自清
关于"月夜蝉声"、沉默、松堂游记（散文）　朱自清
寄俞平伯　朱自清
寄杨晦　朱自清

草堂前期　冯　至
莫须有先生坐飞机以后（续一三）　废　名
北平十二小时（电影剧本，续二）　徐　盈

第3卷　第6期

1948年11月初出版

杜甫在梓州阆卅　冯　至
谈楚辞九辩　孙楷第
艺术的透视　萧望卿
释现代诗中底现代性　袁可嘉

诗

相对论　马君玠
石像　李　瑛

小　说

莫须有先生坐飞机以后（续一四）　废　名
骡车　艾　辰
俩姊妹　雷　妍

散　文

逞刁　朱介凡
蜘蛛·蜘蛛网　陈　方
礼拜天早晨　汪曾祺

悼乔大壮先生　方　回

北平十二小时（电影剧本，续三）　徐　盈

168 戏剧时代

简　介

《戏剧时代》，月刊，一九三七年五月十六日创刊于上海，欧阳予倩、马彦祥编辑，上海戏剧时代出版社出版，上海杂志公司总经售，二十四开本。一九三七年八月一日终刊，共出三期。

编者在发刊辞中提出了该刊四方面的任务：一、怎样建设救亡戏剧及新形式的探求；二、国际戏剧文化的动态及重要理论介绍；三、旧剧的改革与新歌剧的建立；四、国内剧坛动态的报告与重要公演的记录。这些都实际地反映在刊物的内容上，而编者尤其重视创作剧本的发表和剧运发展情况的报道，田汉、阿英、尤兢、阳翰笙、凌鹤等人都有剧作揭载于该刊，还组织了一九三七年中国戏剧运动之展望的座谈，发表了一些谈中国剧运前途，剧文学通俗化，话剧界的团结问题以及介绍剧本创作和导演经验的文章，每期都有关于国内外剧坛动态的简短报告。

目　录

第1卷　第1期
1937年5月16日出版

“戏剧时代”　本社同人
一九三七年中国戏剧运动之展望
輸　笙
唐　纳　徐公美　殷　扬　王平陵
西　苓　王家齐　李春舫　张　庚
谷剑尘　尤　兢　姚　克　袁牧之
余上沅　姚时晓　戴　涯　阿　英
张鸣琦　陈治策　江菊林　郑伯奇
佟晶心　白　杨　许幸之　章　泯
凌　鹤　陈樾山　常任侠　应云卫
易　蕾　沙　鸥　梦　回　赵慧深
蓝　洋　胡　萍　唐槐秋
阿Q正传（五幕剧）　田　汉
把死人埋葬掉（独幕剧）
Irwin Shaw著　洪　深　唐景云
群莺乱飞（四幕剧）　阿　英
一袋米（独幕剧）　尤　兢
前夜（四幕剧）　阳輸笙
明日的新歌剧　欧阳予倩
高尔基与蒲雷曹夫
Jozef Youzovsky著　章　泯译
库里琴如此说　韦春亩
我所见的中国话剧
Alexauder Deen著　仰　曹译
读《日出》　张　庚
第四届苏联戏剧节的回忆　马彦祥
日本演剧界的动向　任白戈
莫斯科剧院之鸟瞰
〔苏〕N.Volkov著　维特译
上海各话剧集团春节联合公演文献辑要　阿　英
剧坛动态　记　者

第1卷　第2期
1937年6月16日出版

筹备秋季联合公演　本社同人
国土（独幕剧）　殷　扬
阿Q正传（五幕剧，续）　田　汉
群莺乱飞（四幕剧，续）　阿　英
前夜（四幕剧，续）　阳輸笙
话剧界的团结问题　田　汉
剧文学的通俗化问题　郑伯奇
新兴戏剧运动的前途　杨村彬
导演经验谈　欧阳予倩
演剧论
〔苏〕太伊洛夫著　吴　天译
悲壮的五月祭（太原通讯）
李　云
剧运巡礼
香港的戏剧　冯勉之
戏剧在吴淞　江菊林
记新声剧社之始末　李春舫
镇江儿童剧社座谈会记录
山　风
莫斯科剧院之鸟瞰（续）
N.Volkov著　维　特译

《安娜·卡列尼娜》上演　尼
读《戏剧大众化之实验》　殷　扬
剧坛动态　记　者
编辑后记　编　者

第1卷　第3期
1937年8月1日出版

关于撤消租界电影戏曲检查运动
本社同人
剧　本
咆哮的河北（本期特载，独幕剧）
王震天
芦沟桥的烽火（本期特载，独幕剧）
李白凤
爱与仇（五幕剧）　凌　鹤
改圆成方（三幕剧）
〔苏〕Valentine Katayev 著
洪　深　唐锦云译
察北的风（独幕剧）　张季纯
前夜（四幕剧）　阳翰笙
莎士比亚特辑
莎士比亚的艺术　宗白华
莎士比亚的戏剧艺术　梁实秋
关于《罗蜜欧与朱丽叶》　章　泯

导演艺术论
史达克·杨著　章　泯译
我怎样导演　应云卫
写剧定律之一　公孙敏

中国原始的音乐与舞蹈　常任侠
莫斯科剧院之鸟瞰（续二）
N.Volkov 著　维　特译
今年的苏联戏剧节　记　者

剧坛动态
一、反对租界戏剧检查等四则
二、平津宁穗等地动态十七则
《保卫芦沟桥》京沪剧作家总动员
记　者
话剧在新加波　白　沙
中国剧作者协会会报第一期

本刊启事（为本期延期事）
本刊启事（为阿英《群莺乱飞》事）

编辑后记　编　者

169 中国文艺

简 介

《中国文艺》，月刊，一九三七年五月十五日创刊于上海，中国文艺协会主办，“中国文艺月刊编委会”编辑，上海杂志有限公司经售，三十二开本。一九三七年七月十五日终刊，共出版三期。

《中国文艺》以评论、创作、翻译并重，并有中外美术作品插页。在三十年代文艺界激烈论争之后，《中国文艺》以“大家消释前嫌，破除门户，一致起来将新文学扶上建设阶段”(《发刊辞》) 为号召，对当时文艺界各方面作家的作品和文章多有刊载，撰稿人中有郭沫若、傅东华、邵洵美、周木斋、汪馥泉、陈子展、曹聚仁、向培良、施蛰存、穆时英、魏金枝、谢冰莹、叶灵凤、许钦文、王统照等。

目　录

创刊号

（第 1 卷　第 1 期）

1937 年 5 月 15 日出版

发刊词
批评的宽大与狭隘　傅东华
文如其人辩　邵洵美
论宣传
亚地费克斯著　胡仲持译

读经问题特辑

读经旧话重提　周木斋
读书、做文章与读经　汪馥泉
读经纠诉　陈子展
论中学选读古经传
——与傅东华先生书　曹聚仁
军训日记
——太原军训的生活记录
张天虚
回忆玛耶诃夫斯基
——诗人逝世七周年的纪念
〔苏〕卡尔玛著　慎　夫译
玛耶诃夫斯基画象
〔苏〕Burliuk 作

十一谷义三郎特辑

纪念十一谷义三郎（短论）
〔日〕川端康成著　高　明译
花束（小说）
〔日〕十一谷义三郎著　高　明译
十一谷义三郎遗象及其签字式（插绘）
屠隆的传奇　赵景深
谈旧诗　林　庚

散文·随笔·逸话

"去来今"　王统照
画室漫步　倪贻德
说"发胖"　魏金枝
悲多汶之恋　徐　迟

木刻四家

百合
〔美〕亚述杨 Arthur R.Young 作
浣衣妇
〔英〕莱顿 Clare Leigeton 作
风景
〔英〕麦克莱勃 Allan Mc NaB 作
乐神
〔英〕康比翁 V.Le Campion 作

翻译小说

炮弹　〔法〕萨尔都著　青　崖译
可汗及其儿子
〔俄〕高尔基著　风　怀译

剧　本

圣赫勒拿（一幕二场话剧）
R.C.Sheriff 希利夫
Geanne de Casalis 卡沙里斯著
顾仲彝译

小　说

小鬼　方家达
出关　向培良
劫后　何圭人

祭灶　马子华
官舍里的一夕话　李青崖
天堂的毁灭　朱雯
死火灰　薛愚
第十二号病床　叶灵凤
扉页木刻　布立斯作

六月号
（第 1 卷　第 2 期）
1937 年 6 月 15 日出版

中国左拉之待望　郭沫若
文学与面包　傅东华
自然主义论
布吕穆非里德著　沈起予译
爱与死
〔爱尔兰〕栁塞尼著　向培良译
飓风
〔爱尔兰〕栁塞尼著　向培良译
原野
〔爱尔兰〕栁塞尼著　向培良译
南风
〔爱尔兰〕栁塞尼著　向培良译
关于“黄心大师”的几句话
施蛰存
爱书、借书与偷书　高明
插绘：伦敦十八世纪的旧书拍卖市场　Thomas Rowlandson 作
巴黎赛纳河畔的书摊风景
——未发现的偷书贼
巴黎赛纳河畔的书摊风景
——已发现的偷书贼
有声电影剧本
镀金的城（趣喜剧）　洪深
翻译小说
Gronde Maritza Teint de Sang
〔保〕L.M.Wazov（伐佐夫）著
孙用译
深夜的散步者
〔法〕R.Dorgeles（多都日雷司）著
李青崖译
创作
孤鬼们（中篇）　魏金枝
浮屿角的一夜（短篇）　许钦文
力之流（短篇）　方家达
第二恋（短篇）　穆时英
插画
绩（木刻）　白涛
逃亡（木刻）　金若
墨西哥风景之一（石版画）
Diego Rivera（李费拉）
墨西哥风景之二（石版画）
Diego Rivera（李费拉）
扉页素描　立娜·海姆勒特

七月号
（第 1 卷　第 3 期）
1937 年 7 月 15 日出版

双鲤鱼　郭沫若
乡谊　傅东华
一个殉难者的妻　冰莹

邻家　林　娜
陶元庆的创作生活　许钦文

小　说

早年（短篇）　周楞伽
血（短篇）　罗　洪
理想的丧钟（短篇）　黎锦明
海的过失（短篇）　徐　迟
孤鬼们（中篇）　魏金枝

闻声的耳
［美］亨利·温德著　大华烈士译

电影剧本

镀金的城（趣喜剧）（续）　洪　深

戏剧运动与批评　欧阳予倩
论大自然和艺术之连系　李长之

家藏晚清戏曲录　阿　英
附插画：秋瑾含冤传奇插绘
班定远平定西域封面

插　画

杰尔赛岩石上的流戌者　波费勒
放逐中的诗人但丁　拍特林
女工　曼　索
文化公园　曼　索
花束（木刻，扉页）　勒　希

170 新演剧

简介

《新演剧》，半月刊，一九三七年六月五日创刊于上海，章泯、葛一虹主编，上海一般书店出版发行，十六开本。一九三七年七月二十日出至第一卷第四期，因抗战爆发停刊；一九三八年五月五日在武汉复刊出新一卷，仍由章泯、葛一虹编辑，海燕出版社出版，读书生活出版社发行，一九三八年六月十日出至新一卷第三期第二次停刊；一九四〇年六月十日再度复刊，仅出了一期“复刊号”即终刊：前后共出八期。

《新演剧》是左翼和进步戏剧工作者共同支持的戏剧专刊，主要撰稿人有章泯、葛一虹、宋之的、陈白尘、沈西苓、瞿白音等。《新演剧》对戏剧理论和剧本创作都很重视，尤其是对编剧、导演、表演、灯光、装置等各方面的技术和技巧作了比较系统的论述，对于外国戏剧运动也作了一些介绍。抗日战争爆发之后，新一卷发表了一些表现抗战题材的剧本，如章泯的《边声》、宋之的的《上前线去》等，还报道了各地抗战戏剧运动的动态。

目　录

第1卷　第1期

1937年6月5日出版

苏联演剧人才之养成
诺利斯霍顿著　贺孟斧译
我们从莎士比亚学习什么　慕　青
莎士比亚给予普希金的影响
乔一荪
黑色精神透视下的莎士比亚
B.理伊邱著　谷　般译
戏剧的本质　白　音
莫斯科儿童剧场之理论及实践
葛一虹
戏剧导演基础（长篇连载）
波埃德著　章　泯译
我要控诉　宋之的
漫谈历史剧　陈白尘
关于戏剧职业化问题讨论
（一）　欧阳予倩
（二）　柯　灵
（三）　般　扬
（四）　陈凝秋
（五）　张　庚
（六）　李朴园
（七）　穆　契
（八）　凌　鹤
编者的话　编　者
提出几点排演《高压下》时的意见
沈西苓
高压下（独幕剧）　舒　非

第1卷　第2期

1937年6月20日出版

目前演剧之歧途　慕　青
从托尔斯泰学习什么　舒　非
剧运者的苦闷　宋之的
论演员　章　泯
苏联演员论述他们自己的工作
葛一虹译
苏联演员的表演方法
Novv is Honghton 作　孟　斧译
海伦海丝的表演经验　田　鲁
舞台与银幕的表演艺术
史托奇著　穆维芳译
莎士比亚演出史（一）
A.谷渥兹德夫著　文　殊译
戏剧导演基础　波埃德著　章　泯译
巴奈尔（三幕剧）（一）
T.萧苐雷著　白　音译
抗议公映《新地》
——上海电影戏剧界宣言
（转载）
编者的话

第1卷　第3期

1937年7月5日出版

论目前的戏剧运动　慕　青
目前职业演剧之大危机　章　泯

我们要争取演剧自由　宋之的
分歧与统一　旅　冈
演剧批评的建立　陆　擎
戏剧运动乎？商业竞争乎？　舒　非
关于目前剧运的二三事　林　娜
作剧之选材　裴　克著　白　音译
编剧的桥梁　张季纯
苏联剧作家论述苏联的戏剧
葛一虹译
凯塞琳·考奈尔的表演经验　田　鲁
演出的组织与管理
H.C.黑夫那著　王家齐译
莎士比亚演出史（二）
A.谷渥兹特夫著　文　殊译
写在《开演之前》的后面　沈西苓
开演之前（独幕剧）　严　恭
巴奈尔（三幕剧）（二）
T.萧苐蕾著　白音译
剧坛情报
编者的话

第1卷　第4期

1937年7月20日出版

演剧的全线发展　慕　青
演剧自由与国防戏剧　舒　非
剧作的贫弱　陆　擎
戏剧的法则
布鲁莱笛耶著　章　泯译
舞台上的真实　葛一虹
林·芳登的表演经验　田　鲁
浪漫主义演剧中的莎士比亚
——《莎士比亚演出史》之三
A.谷渥兹特夫著* 文　殊译
导演人的职责　章　泯
论舞台道具　韵　心
巴奈尔（三幕剧）三）
T.萧苐蕾著　白　音译
舞台化装简史　罗　比
剧坛情报
编者的话

新第1卷　第1期

1938年5月5日出版

剧人战歌　董每戡　冼星海
剧本创作
纪念会　章　泯
太阳旗下　陈　谓
上前线去　宋之的
戏剧工作者的歧途　杜　山
论抗战中的剧本创作　葛一虹
战时演剧导演人的基本任务
许之乔
舞台上的合作　慕　云
怎样念台词
波士沃斯著　刘寿征译述
战时演剧的舞台装置　赵　明

* 原刊正文署“A.谷渥兹德夫著”，为和前两期本文一律计，今用“A.谷渥兹特夫著”。

我们怎样跑上街头　徐　韬
活跃的剧坛（一）　记　者
致读者　编　者

新第1卷　第2期

1938年5月20日出版

论战时工农演剧（论文）　杜　山
戏剧的功利性　吉尔波丁
火焰（剧本）　陈白尘
新悲剧论（论文）　章　泯
表演艺术的生命
斯达克杨著　龚参译
怎样处理一个角色（技术小讲座）
波士沃斯著　乔汶荃译述
训练新的演剧干部（讨论）
舒　非
铁扫帚（剧本）　鲍　雨
活跃的剧坛（二）　记　者
论戏剧人物的表现　何　连
给读者　编　者
怎样选揀户外剧的背景
——移动演剧队的舞台装置之四　赵　明
排演前导演人的准备工作（技术）
许之乔
关于战地演剧（通讯）　舒　强
边声（连载五幕剧）　章　泯
战地的演剧活动（通讯）　吕　复
最近的西北战地服务团　小　童

新第1卷　第3期

1938年6月10日出版

剧本创作

铁蹄下的女性　任　钧
战临沂　高　兰　丽　尼
亲兄弟　金　竞
边声（续）　章　泯
新歌剧改进诸问题（座谈会）
（一）　老　舍
（二）　朱双云
（三）　李一风
（四）　蒋寿世
（五）　田　汉
（六）　阳翰笙
（七）　傅心一
（八）　龚啸岚
（九）　王梦生
（十）　吴天保
现阶段演剧活动之两重意义
葛一虹
论现实主义的剧本创作
卢那卡尔斯基著　葛丽沙译
怎样把动作配合上台词
波士沃斯著　刘寿征译
典型的性格与个体的性格　龚　参
导演人与演员　何　连
五月里的重庆演剧　林　伍
活跃的剧坛（三）　记　者
致读者　编　者

复刊号

1940年6月10日出版

复刊献词　编者
克服突变发展阶段中的危机（社论）　葛一虹
对于目前工作上的意见和感想
（一）从“剧本荒”想起的　胡风
（二）记写《残雾》　老舍
（三）关于历史剧的演出　顾一樵
（四）认识民众的力量　潘梓年
（五）献给作抗战宣传的戏剧同志　余上沅
（六）我们今日底剧坛　潘孑农
（七）戏剧宣传与兵役问题　万籁天
（八）镜子　凤天
（九）和戏剧的恶劣倾向斗争　应云卫
（十）中国剧运的新阶段　王平陵
（十一）目前戏剧界应努力的几点　陈治策
（十二）《放下你的鞭子》在前方　安娥
（十三）从教育观点来看戏剧　白桃
（十四）值得我们注意的三点　董每戡
（十五）沟通前后方与巩固全国剧协　光未然
论现阶段的剧作问题　杨骚
演剧是怎样一种武器　章泯
战地演剧观感　宋之的
江南战场的演剧活动　姚蓬子
人物的性格描写　瞿白音
演员的信念与真实感　史坦尼斯拉夫斯基著　杜山译
演员的创作基础　史坦尼斯拉夫斯基著　陆擎译
怎样排演一剧　波埃特作　许羲译
艺术剧院与现实主义　丹青科作　赵铭彝译
艺术剧院的排演实践　VOKS作　张鸿译
苏联戏剧的新任务（苏联戏剧月刊，社论）　苏凡译
评《话剧民族化与旧剧现代化》　黄芝岗
罗国富（独幕剧）　陈白尘
一支手（街头剧）　张季纯
红缨枪（四幕连载）　葛一虹
编辑后记　编者
封面插图（红缨枪舞台面设计之一）

171　烽火（呐喊）

简　介

《烽火》，初名《呐喊》，文艺周刊，一九三七年八月二十二日创刊于上海，仅出二期即遭上海租界当局查抄，同年九月五日改名《烽火》重新出版，仍为文艺周刊。茅盾主编。上海文学社、文季社、中流社、译文社等四社同人自筹经费印行，巴金为发行人，由文化生活出版社、上海杂志公司、开明书店、生活书店、五洲书报社代售。同年十一月七日出至第十二期因日军占领上海而停刊。一九三八年五月一日在广州复刊，续出第十三期。复刊后改为文艺旬刊，由巴金编辑，烽火社发行，发行人为茅盾，文化生活出版社总经售。同年十月十一日出至第二十期因广州战事危急而停刊。连同《呐喊》在内共出二十二期，三十二开本。

《烽火》（《呐喊》）诞生于"八一三"上海战争的炮火中，是文学社、文季社、中流社、译文社联合创办的小型文艺刊物，也是抗战时期出版最早的重要刊物之一。创刊号以《站上各自的岗位》为题发表"创刊献词"，表示要把文艺工作与"民族独立自由的神圣战争紧紧地配合起来"，用自己的笔画出民族战士的英姿，描下汉奸们的丑恶脸谱，喊出同胞的愤怒，申诉四万万同胞保卫祖国的决心和热忱。该刊循此宗旨，在上海出版期间发表了大量通讯、报告和诗歌，也刊登了一些短篇小说、杂文和美术作品。这些作品有的揭露侵华日军的暴行，有的表彰抗战军民的英雄事迹，有的报道内地救亡动态，等等。还编刊了"鲁迅先生周年祭"特辑，结合抗战现实阐发鲁迅的战斗精神。刊物在广州复刊后，继承并发扬上海的编刊传统，仍以登载报告文学和诗歌为主，内容除报道前线战局外，更多地反映了作家流亡途中的见闻和感受，同时也表现了广州战局和沦陷前夕的情景。主要撰稿者有茅盾、巴金、王统照、郑振铎（又署郭源新）、骆宾基、刘白羽、田间、靳以、杨朔、钱君匋、邹荻帆等。

目　录

《呐喊》

创刊号

1937年8月22日出版

站上各自的岗位（创刊献词）
自由万岁（插图）
我翱翔在天空——飞机师之歌（诗）　郭源新
一点感想　巴　金
不会扳枪的干什么好?　萧　乾
夜深沉（上海抗战之前夕）　王统照
我的话　靳　以
伟大的抗战　黎烈文
空军的处女战　黄　源
“做正经事的机会”　胡　风
写于神圣的炮声中　茅　盾
本刊启事　呐喊周报同人

第2期

1937年8月29日出版

给死者（诗）　巴　金
冲动与镇定　王统照
我们的血　靳　以
为士兵们做的文艺工作　郑振铎
俘虏（小说）　黄　源
略谈慰劳工作　黎烈文
莫怪外国报纸　萧　乾

杂　感

杂感　郭源新
应该认清敌人　余　一
“精神胜利”　必　时
“恐日病”一时不易断根　茅　盾

朝鲜民族革命党告中国同胞书

《烽火》

创刊号

1937年9月5日出版

上海战歌　王统照
家乡　刘白羽
所谓日本空军的威力（杂感）巴　金
血的哺养（漫画）　蔡若虹
青岛之夜（回忆）　端木蕻良
战儿行（诗）　芦　焚
说和做（救亡工作速写）　周　文
战神在叹气　茅　盾
决心（小说）　谢挺宇

第2期

1937年9月12日出版

摩娜·里莎（小说）　巴　金
全民一致（木刻）　陈烟桥
同志（长诗）　胡　风
集中与分散　王统照
我们的国家　靳　以
救护车里的血（报告）　骆宾基

中国的命运（论文） 端木蕻良

第 3 期

1937 年 9 月 19 日出版

失去爹妈的根子（小说） 靳 以
死与生（诗） 王统照
今年的“九一八” 茅 盾
我诅咒 田 间
我们能任敌人屠杀吗?（木刻） 巫 蓬
西站行 黄 源
“我有右胳膊就行”（报告） 骆宾基
谣言与毒面（杂感） 沈自在
木兰花（补白） 叶圣陶

第 4 期

1937 年 9 月 26 日出版

给山川均先生 巴 金
复巢（小说） 陆 蠡
八月的风暴（诗） 夏 蕾
“我的牲口！我的牲口！”（漫画） 蔡若虹
三个伤兵（速写） 黎烈文
在夜的交通线上（报告） 骆宾基

第 5 期

1937 年 10 月 3 日出版

阿利曼的坠落（诗）（一） 王统照
京沪途中（报告） 周 文
他们是五百个（诗） 靳 以
给山川均先生（续） 巴 金
我怀念宝山的原野（诗） 艾 芜
事实如此（杂感） 芦 焚
浣溪纱 健 先
突破（木刻）

第 6 期

1937 年 10 月 10 日出版

双十节特辑

她只有二十六年!（诗） 王统照
今年的双十节 鲁 彦
明年的双十节 赵家璧
双十节 靳 以

阿毛（报告） 骆宾基
在湖南（通讯） 摘 梅
掘战壕的行列（报告） 佘 茶
在投奔前线的途中 佚 名

第 7 期

1937 年 10 月 17 日出版

鲁迅先生周年祭

纪念鲁迅先生 同 人
又一年了（诗） 王统照
周年祭 景 宋
忆冲锋的老战士鲁迅先生 郑振铎
念鲁迅先生 孟十还

没有做成的"二三事"　克　夫
《鲁迅先生纪念集》　黄　源
鲁迅先生还没有死　方之中
告中国的友人　靳　以
拿枪去（报告）　骆宾基

第8期
1937年10月24日出版

秋稼（小说）　陆　蠡
徐家汇所见（诗）　王统照
慰劳（报告）　周　文
火山口（漫画）　蔡若虹
从湖州归来（报告）　力　群
战争已经展开了（杂感）　刘白羽

第9期
1937年10月31日出版

失书记　郑振铎
给敏子（长诗）　孙　钿
在伤兵医院　待　晴
在伤兵医院中（报告）　慧　珠
事实果真如此吗（杂感）　鄂　鹨
古城通信　肖　无

第10期
1937年11月7日出版

火中的孤军　靳　以
一个苦力的日记　蔡仪亨
战士的雄姿（木刻）　陈烟桥
给日本友人（一）　巴　金
老骨头（小说）　林　珏
但愿如彼（杂感）　芦　焚
轰炸中旅行（通信）　佘　茶
透过死神的罗网（通信）　力　群

第11期
1937年11月14日出版

夜行军（小说）　碧　野
中国在斗争着　唐　弢
诗二首　田　间
忆金丝娘桥（诗）　王统照
没有忘掉（散文）　孙　钿
死之颂（诗）　邹荻帆
被炸的难民（木刻）　力　群
敌机威胁下的杭州（内地通信）
王斯琴

第12期
1937年11月21日出版

大上海的一日　骆宾基
"非常时代"　茅　盾
一、十月五日的上海西站
火中的凤凰（诗）　蔡若虹
给日本友人（二）　巴　金
带着期待的眼光的弃儿（报告）
鄂　鹨

战时的长沙（内地通信） 方家达

第 13 期
1938 年 5 月 1 日出版

复刊献词
一星期零一天 骆宾基
“非常时期”
二、苏嘉路上 茅 盾
我爱祖国的绿原 白 曙
孤岛的印象（一） 靳 以
幸免者 钱君匋
周围（诗） 田 间
血的洗礼（诗） S.M
最后的一课 艾 清
给一个朋友 王西彦
一个西班牙战士的死
H.Rudiger 作 巴金译

第 14 期
1938 年 5 月 11 日出版

热情的祖国（诗） 刘火子
暴（漫画） 黄 鼎
从台儿庄来 孙 陵
孤岛的印象（二） 靳 以
潼关之夜 杨 朔
“非常时期”
二、苏嘉路上（再续） 茅 盾
打回老家去 黄 源
中国在射击着（诗） 田 间
我在俘虏中（报告） 李伟涛
南风来了（诗） 邹荻帆
东北兵（独白） 朱信学
一个西班牙战士的死（续完）
H.Rudiger 作 巴 金译
“战士杜鲁底” 巴 金
江阴通信 T.S.
长沙通信 志 伊

第 15 期
1938 年 5 月 21 日出版

中国的弟兄努力罢
久能正一作 青 萍译
我的家（漫画） 黄 鼎
九委员 佘一甫
成仿吾先生 杨 朔
轰炸中回故乡 钱君匋
上海的一些现状 憾 庐
星期（诗） 田 间
战士底剑（诗） 征 军
“非常时期”
二、苏嘉路上（续完） 茅 盾
战争在春天里（诗） 李若川
回乡 方伯玉
一个国际志愿兵的日记（一）
A.Milling 作 巴 金译

第 16 期
1938 年 6 月 1 日出版

梵兰特尔的原野（诗）
J.Mc Crae 作 吴 风译

为了自由（漫画） 黄 鼎
给一个敬爱的友人（一） 巴 金
搭车 芜 军
流亡的开始 钱君匋
祝福 司马文森
血的哺养（诗） 邹荻帆
九委员（续完） 佘一甫
致晋南的友人 斐 儿
一个国际志愿兵的日记（二）
A.Milling 作 巴金译
战歌（诗） 骆 方

第 17 期
1938 年 6 月 11 日出版

敌马（漫画） 丰子恺
关于国旗的话 靳 以
黄河南岸 郁达夫
诗二章（偶成　题《石墨留真》册）
郭沫若
祖母（上） 白 嘉
前线的后方 孙 用
忠告 萧 乾
陇海东行 易 河
海外的卖报童（诗） 施颍洲
血的记忆 一 文
给一个敬爱的友人（二） 巴 金
第一颗炸弹（日记） 朱 雯
樱花票 李伟涛
一个国际志愿兵的日记（三）
A.Milling 作 巴 金译

第 18 期
1938 年 8 月 21 日出版

纪念八一三（漫画） 黄伟强
埋葬（漫画）〔西班牙〕加斯特拉
今天我站立在潢川的城头（诗）
邹荻帆
也谈谈“周作人事件” 茅 盾
大奸灭亲 丰子恺
有纸如牢 丰子恺
残杀之后 靳 以
战鸟（诗） 甘运衡
我怀念这个城市 雨 田
失去了巢的人们 骆宾基
祖母（下） 白 嘉
给一个敬爱的友人（三） 巴 金
五月的最末一天（日记） 方霞光
一个国际志愿兵的日记（四）
A.Milling 作 巴 金译
风沙天（诗） 童晴岚
埋葬（插图说明） 巴 金

第 19 期
1938 年 10 月 1 日出版

给读者 编 者
惨痛的回忆（纪念九一八，漫画）
黄伟强
两半球上的烽火（诗） 吕亮耕

短 论

“自我救亡” 李石锋
警钟 丰子恺

笔（诗） 刘火子
禁书杂感 齐 同
夏忙（小说） 骆宾基
塘沽的三天 蹇先艾
奴隶 孙 钿
广州受难了 芜 军*
战斗的广州（诗） 李育中
空袭 容 默
在轰炸中过的日子 巴 金

第20期

1938年10月11日出版

我们的双十节（节录旧作） 王统照
旗（诗） 白 曙
落伍兵的话 骆宾基
关于《血的故事》 靳 以
征尘 杨 朔
横过湘黔滇的旅行 向长清
这个时代 罗 洪
一份报纸 一 文
挽牺牲的战士（诗）
Sir Walter Scott 作 黎彦节译
商城通信 D.F.
一个国际志愿兵的日记（五）
巴 金译
纪念“九一八”七周年 靳 以

* 正文作“燕军”。

172 七　月

简　介

《七月》，文学周刊，一九三七年九月十一日创刊于上海，胡风编辑，“七月社”自筹经费印行，发行人为费慎祥。同年九月二十五日出至第三期因上海战事危急刊物难于外寄和撰稿人陆续离沪而休刊。同年十月十六日在汉口复刊，改出半月刊，卷期另起。第一集第一期选载了周刊的部分作品。复刊后由武汉上海杂志公司总发行，发会人始为熊子民，后改为张鸿飞。一九三八年七月十六日出至第三集第六期迫于武汉战局紧张而休刊。一九三九年七月又在重庆复刊，续出第四集第一期，同时改为月刊，由重庆华中图书公司发行。一九四一年九月第七集第一、二期合刊出版后停刊。前后共出三十五期，十六开本。

《七月》是抗战初期的重要文学刊物。在上海、汉口出版期间，正值全国抗日爱国热潮中。创刊时发表的代致辞《愿和读者一同成长》指出：“在神圣的火线后面，文艺作家不应只是空洞地狂叫，也不应作淡漠的细描。他得用坚实的爱憎真切地反映出蠢动着的生活形相。在这反映里提高民众底情绪和认识，趋向民族解放的总的路线。”本着这项宗旨，刊物基本做到了主要撰稿者“大体上倾向一致”。这就是：文艺作家努力投身“战争的怒火里面”，以饱满的情绪和“战斗的文艺形式”，表现抗日救亡的现实。刊物特别注重登载诗歌和各种形式的报告文学作品（通讯、特写、速写等），以激发军民的爱国热情。在文学批评上，它较早地提出了克服创作上的公式化、客观主义等问题。还结合抗战形势，多次编刊鲁迅逝世纪念特辑，在国统区较早地披露了毛泽东在陕北公学鲁迅逝世周年纪念会上的讲演记录稿，题为《毛泽东论鲁迅》（第二集第四期）。刊物在重庆复刊后，保持并发扬了周刊、半月刊的风格特点。复刊辞《愿再和读者一同成长》指出：“它不过是整个文艺战线上的堡垒之一，无论它的影响如何，在关联的形式上它只能是一个岗位。”一面表示“对于作为友军的许多文艺堡垒的尊敬”、“对于各派作家底创作方法的重视”，一面明确宣称它的目的是努力促使“进步的文艺发展，为光荣的祖国效命”，含蓄地表达了创立流派的愿望。刊物除继续登载诗歌、报告文学作品外，还致力于新的小说作家作品的推荐与扶植。在理论上加强了“民族革命战争与文艺”问题的研究，开始译介并探讨现实主义理论。《七月》在国统区坚持出版了四年，开启了“七月”流派的源头；对于我国新诗和报告文学的发展，对于青年作者的发现与培养，做出了积极的贡献。刊物的主要撰稿者有胡风、艾青、田间、曹白、萧军、萧红、丘东平、聂绀弩、S.M（阿垅）、柏山、吴奚如、端木蕻良等。

周刊目录

第 1 期
1937 年 9 月 11 日出版

敬礼（诗）
——中苏互不侵犯条约　高　荒
这里，生命也在呼吸　曹　白
记孙殿英（抗日英雄特写）
端木蕻良
天空的点缀　萧　红
一九三七年八月十四日　萧　军
逃出北平
——流亡线上“四等亡国奴”的命运　刘白羽
跃动着青年血液的太原　老　沙
火的笑（诗）　艾　青
血誓（诗）　胡　风
被枷锁着的中国怒吼了（木刻）
李　桦
我们决不是孤独的　胡愈之
掘尽汉奸的根　丽　尼
启事（一）
启事（二）　七月社

第 2 期
1937 年 9 月 18 日出版

血，从九·一八流到了今天
苏州一炸弹　柏　山
失眠之夜　萧　红
在死神底黑影下面　曹　白
伸出我们真诚的手臂（诗）　萧　军
给怯懦者们（诗）　胡　风
给我们枪呵！（漫画）　陈烟桥
保卫我们的城池（木刻）　野　夫
“不是战胜，即是死亡”　田　军
“泥足”已在脆裂了　冯仲足
机械的招引　端木蕻良

第 3 期
1937 年 9 月 25 日出版

炮火下的第二次国际作家大会
焕　甫
王研石（公敢）君　萧　军
记一二·九（救亡运动特写）
端木蕻良
在明天……　曹　白
“我的枪……”　胡兰畦
一·二八的两战士　柏　山
打日本（儿歌）　周海婴
古意新伤（诗）　红　粮
窗边　萧　红
忆矢崎弹　胡　风
旗手　李　桦
启事　七月社

半月刊、月刊目录

第 1 集　第 1 期
1937 年 10 月 16 日出版

愿和读者一同成长（代致辞）

七月社
这里，生命也在呼吸　曹白
苏州一炸弹　柏山
在明天　曹白
记孙殿英　端木蕻良
王研石（公敢）君　萧军
用羞耻换取生命　黄慕缙
逃出北平　刘白羽
步行传信记　陈舒风
日本掉头　路野
失眠之夜（散文）　萧红
天空的点缀（散文）　萧红
江边（诗）　邹荻帆
敬礼（诗）　胡风
炮火下的第二次国际作家大会（国际文坛报告）　焕甫
忆矢崎弹（国际文坛报告）　胡风
全民一致的力量（木刻）　沃查
最后关头（木刻）　许生
“不是战胜，就是死亡”（短评）　田军

鲁迅先生逝世周年纪念特辑

鲁迅先生在休息的时候（照片）
敌人炮火下的墓地（照相）
鲁迅先生的一生（木刻）　惊百
人与鲁迅　绀弩
“活的依旧在斗争”　柏山
周年祭　萧军
在东京　萧红
哀鲁迅先生一年　端木蕻良
即使尸骨被炸成了灰烬　胡风

第1集　第2期

1937年11月1日出版

受难的人们　曹白
　一、在死神的黑影下面
　二、“活魂灵”的夺取
记一二·九（救亡运动特写）　端木蕻良
游吕菊芬（汉奸特写）　绀弩
一·二八的两战士　柏山
“我的枪……”　胡兰畦
上海三日记（散文）　萧军
火线外（二章）（散文）　萧红
　一、窗边
　二、小生命和战士
我们不能逃走（诗）　苏金伞
血誓（诗）　胡风
暴风雨的一天（小说）　东平
走向战斗着的黄土层上（陕北通讯）　骆方
十月十日在延安（陕北通讯）　孙陵
记鲁迅先生周年祭　罗衣寒
事实教育（随感）　李立
“奴隶”之争在今天（随感）　愓生

战　讯

从上海寄到武汉　曹白
从广州寄到武汉　欧阳山
从杭州寄到武汉　艾青
骆驼（木刻）　李桦

饿死也不被汉奸收买（木刻）沃　查

第1集　第3期

1937年11月16日出版

寄在战争中成长的文艺火枪手们　端木蕻良
叶挺印象记（抗日英雄特写）　东　平
吴履逊和季子夫人　东　平
烽烟杂记　曹　白
我是那样接近敌人的　草　明
战争抒情小诗（诗）　田　间
　棕红的土地
　这年代
　回忆着北方
　自由，向我们来了
他起来了（诗）　艾　青
给怯懦者（诗）　胡　风
反正（剧本）　冼　群
第三代（第三部）（长篇连载）　萧　军
洛阳桥（上海通讯）　辛　人
从捕杀网里脱出（北平通讯）　姚　烽
野火（木刻）　张　慧

第1集　第4期

1937年12月1日出版

“清血”工作　田　军
八·一三抗战的特质　端木蕻良
河上别　王春江
一条铁路底完成　萧　红
弱者的强处（散文）　辛　人
一九三七年七月底海（散文）　田　间
归来啊，北平！（诗）　蓬麦哲
第三代（长篇连载）　萧　军
他们战斗了以后：
　一、临死之前（京沪线）　冉洮曲
　二、在冷雨下面（开封）　萧　雨
　三、第五区重伤室（安庆）　曼　倩
　四、不给吃的（武汉）　吴　健
　五、在伤兵医院（武汉）　于方简
　六、护士的一日（武汉）　史　筠
中国人与中国人之间（旅行通讯）　欧阳凡海
沙喉咙的故事（皖北通讯）　唐其罗
杜妹的罪行（安庆通讯）　力　群
送别记（汉口通讯）　心　一
待赈（封面素描）　任　达
曙光（木刻）　野　夫
游击队员（木刻）　李　桦

第1集　第5期
1937年12月16日出版

论战争期的一个战斗的文艺形式　胡　风
　一、新形势下的新形式
　二、由平铺直叙到提要钩玄
文学的宽度，深度和强度　端木蕻良
记一个朋友底谈话　耳　耶
一九二九年底愚昧　萧　红
重逢（剧本）　丁　玲
一个义勇队员的前史（小说）　柏　山
第三代（长篇连载三续）　萧　军
雨雪中行进（行军通讯）　黄　明
关于八路军的种种（行军通讯）　西　圣
西行（旅行通讯）　艾　青
我们怎样生活的?（延安印刷工人集团通讯）　沈镇衍等
奇闻二章（随感）　劲　草
从山西寄到武汉（战讯）　奚　如
关于《反正》二件
　一、对于《反正》的辩正　杨士博
　二、作者的申明　冼　群
被枷锁着的中国怒吼了!（封面木刻）　李　桦
出征（木刻）　力　群

第1集　第6期
1938年1月1日出版

谈公式化　辛　人
续论战争期的一个战斗的文艺形式　胡　风
　三、情绪的饱满不等于狂叫
　四、要歌颂也要批判
　五、集体的史诗
第七连（阵地特写）　东　平
失掉南京得到无穷（地方特写）　耳　耶
忆杭州（地方特写）　艾　青
某城防空纪事（地方特写）　陶　雄
给战斗者（诗）　田　间
第三代（长篇连载五续）　萧　军
纪伤兵（旅行通讯）　宋之的
铁门外与铁门内（上海通讯）狄　耕
污暴的行进（上海通讯）　孙　钿
遭难者底葬礼（广州通讯）　草　明
由戴名世想起（随感）　位　忒
两种教育底结果（随感）　萧　军
从上海寄到武汉（战讯）　曹　白
迎击（封面浮雕）　艾　青
敌机去后（木刻）　力　群

第2集　第1期
（总第7期）
1938年1月16日出版

抗战以来的文艺活动动态和展望

（座谈会记录）
参加人：艾 青 东 平 聂绀弩
田 间 胡 风 冯乃超
端木蕻良 萧 红 适 夷
王淑明
谈话要点：
一、抗战后的文艺动态印象记
二、关于新形式的产生问题
三、作家与生活问题
四、今后文艺工作方向的估计
田梨先生 史 萍
我们在那里打了败仗 东 平
母亲们（散文） 耳 耶
雪落在中国的土地上（诗） 艾 青
人和狗（童话） 梅 林
严玉邦（小说） 黄 既
同蒲某站（山西通讯） 林 间
《大地的女儿》与《动乱时代》（读书记） 萧 红
在抗日革命高潮中为什么没有伟大的作品产生？（讨论） 东 平
起来，不愿做奴隶的人们！（封面木刻） 力 群
游击队（木刻） 沃 查

第2集 第2期

（总第8期）

1938年2月1日出版

论我们时代底歌颂 田 间
杨可中 曹 白
夜底洪流 奚 如
当南京被虐杀的时候 汝 尚
流亡之前（散文） 王天基
失去了健康的悲哀（散文） 俞 棘
他们等待我去复仇（散文） 萧 军
“他们全开到前线去了”（速写） 力 群
大王与小鬼（小说） 陶 雄
轰炸下的长江路（旅行通讯） 逸 明
在江边（浙江通讯） 葛 琴
晋西人民是怎样动员起来的？（山西通讯） 奚 如
战 讯
从临汾寄到武汉 丁 玲
从上海寄到武汉 路 丁
从上海寄到武汉 柏 山
从武汉寄到武汉 张 庚
译文特载：
高尔基从加普里岛写来的信（P·马克西莫夫辑） 克 夫
关于“在抗日民族革命高潮中为什么没有伟大的作品产生”（讨论） 周 行
送别（封面木刻） 李 桦
逃难（木刻） 野 夫

第2集　第3期
（总第9期）
1938年2月16日出版

送北征（诗）　鹿地亘
颂香港（诗）　鹿地亘
关于鹿地亘　胡　风
关于小说朗读　欧阳凡海
关于诗歌朗读：实验和批判
　一、　雪　韦
　二、　沙可夫
　三、　柯仲平
我认识了这样的敌人　东　平
寄给古城里的姐姐（散文）　张　藤
夜行列车（诗）　倪受乾
一个转变（小说）　言　武
最前线某站（前线通讯）　奚定怀
光荣牌（山西通讯）　刘白羽

战　讯

从广州寄到武汉　鹿地亘
从太湖寄到武汉　力　群
从成都寄到武汉　周　文

殉国战士底呼声：中华青年儿女们起来！（封面漫画）　任　达
逃不出掌握（漫画）　钟　灵

第2集　第4期
（总第10期）
1938年3月1日出版

毛泽东论鲁迅　大　漠
关于创作的二三理解　胡　风
忆郑桂林　里　火
魔掌下的两战士　汝　尚
北方（诗）　艾　青
晚会（诗）　田　间
斗争就有胜利（诗）　侯唯动
一家人（剧本）　增　援
船上（旅行通信）　萧　荚
一支游击队的发生（河北战区通信）　柳　林
鸟视晋西北（山西战区通讯）　李　林
一个缝工的欢喜（延安通讯）　欧阳凡海
初春偶笔（随感）　曹　白
译文特载：
　最近的革命文学问题
　〔美〕W.Phillips等作　何　封译
并不是节外生枝（讨论）　东　平
战士（封面木刻）　江　烽
卖报童子（木刻）　王寄舟

第2集　第5期
（总第11期）
1938年3月16日出版

向全国文艺界抗日民族统一战线的目标前进
　“用笔来发动民众捍卫祖国”　陈绍禹
　祝中华全国文艺界抗敌协会　博　古

感想和希望　奚　如
为"扫除病根"而斗争　辛　人
由量到质的集中　魏孟克

使人哭泣（日本文坛报告）　鹿地亘
西崑的故事（小说）　池田幸子
记忆（旅日生活回忆）　贾植芳
从牢狱到病房（旅日生活回忆）　张十方
咳嗽（阵地特写）　S.M.
运输员（速写）　奚　如
重版《铁流》记　曹靖华
差船（旅行通信）　吴组缃
第一颗炸弹（福州通信）　俞　棘
三月十二日在成都（成都通讯）　周　文
从贵溪寄到武汉（战讯）　尹　庚
向着伟大的作品进行（讨论）　倪　平
反战细胞（封面木刻）　沃　查
汇合（木刻）　野　夫

第 2 集　第 6 期
（总第 12 期）
1938 年 4 月 1 日出版

张培梅　力　群
延安的虱子　绀　弩
听见了呀!（诗）　鹿地亘
给鹿地亘（诗）　邹荻帆
给 V.M.（诗）　田　间
乞丐（诗）　艾　青
香烟的故事（童话）　梅　志
突击（三幕剧）塞　克　端木蕻良　萧　红　绀　弩
"稀烂路"上的生灵（定西通讯）　苏　民
茶馆听训记（鄂西通讯）　谢挺宇
神经病的女人（武汉通讯）　辛　人
血肉二章（随感）　S.M.
做买卖（随感）　萧　军
兵士像（封面木刻）　马　达
游击（木刻）　王天基

第 3 集　第 1 期
（总第 13 期）
1938 年 5 月 1 日出版

五月的歌（诗）　袁　勃
宣传·文学·旧形式的利用（座谈会记录）
出席者：胡　风　绀　弩　吴组缃　欧阳凡海　鹿地亘　艾　青　奚　如　池田幸子
关于公式化的二三问题　辛　人
北方诗草（诗）　艾　青
驴子
补衣妇
风陵渡
儿童节（诗）　田　间
春之歌（诗）　林　稍
金底故事（散文）　一　文

0404 号机（小说） 陶　雄
一个连长底战斗遭遇（小说）
东　平
迎鹿地夫妇底出现（通信） 曹　白
覆曹白（通信） 池田幸子
在王老婆山上（行军通讯） 冯　夷
木厂夜话（鄂西通讯） 邹荻帆
我们十四个（延安通讯） 天　蓝
旗手（封面木刻） 李　桦
边城夜月（木刻） 张　慧

第 3 集　第 2 期
（总第 14 期）
1938 年 5 月 16 日出版

颂徐州（诗） 庄　涌
艺术与行动：论列宁 罗曼·罗兰
从黑暗的海里来 曹　白
向太阳（诗） 艾　青
迎着初夏（诗） 孙　钿
一个连长的战斗遭遇（小说）
东　平
银地上（小说） 黄　既
三等射手（速写） S.M.
无题（随笔） 萧　红
燃烧（随笔） 端木蕻良
春在嘉山（前线通讯） 羽　田
寂寞的故乡（鄂西通讯） 绀　弩
一、遗念
二、师尊
三、疤
两个剧本的读后感（杂感） 凡　海
太原西郊的碉堡（杂感） 力　群
阵行（封面木刻） 罗清桢
何处是家？（木刻） 江　烽

第 3 集　第 3 期
（总第 15 期）
1938 年 6 月 1 日出版

闸北打了起来（上） S.M.
向敌人的腹背进军 东　平
现时文艺活动与《七月》（座谈会记录）
参加人：胡　风　端木蕻良
鹿地亘　冯乃超　适　夷
奚　如　辛　人　萧　红
宋之的　艾　青
谈话要点
一、“不肯让位”的精神
二、组织者和作家态度底形成
三、一个历史转换期的速写
四、同人杂志一席辩
五、东平断片
六、其他
给十四万八千六百七十九（诗）
庄　涌
“拉着了中国华盛顿底耳朵”
奚　如
寄民族革命大学同学 端木蕻良
序《呈在大风沙里奔走的岗卫们》
丁　玲

从“我爱”说起　凡　海
微山湖　力　群
伪装三日（鲁西前线通讯）苏　民
夜攻旧关（晋东前线通讯）尹　休
为争取“文学的技术武装”而奋斗（讨论）　徐中玉
战马与战旗（封面木刻）　赖少其
这也是战士的生活（木刻）力　群

第3集　第4期
（总第16期）
1938年6月16日出版

纪念高尔基逝世两周年

高尔基的殉道与我们　胡　风
今天我们应该向高尔基学习什么？　徐中玉
高尔基画像（墨画）　任　达
抗战后的中国文艺运动及其现状　欧阳凡海
闸北打了起来（下）　S.M.
我写《闸北打了起来》　S.M.
我们在前进（诗）　孙　钿
我在“五·九”（散文）　曹　白
蚊丛杂草（文化时评）　辛　人
玛德里在笑着（玛德里通讯）　L.休士
重庆到成都（四川通讯）　宋之的
堪察加上的昆明（昆明通讯）　李　乔

战　讯

从成都寄到武汉　周　文
从广丰寄到武汉　尹　庚

怎样才能读懂新诗？（文艺答问）
问：田　奇
答：艾　青
鲁迅全集发刊缘起（特载）
鲁迅先生纪念委员会

第3集　第5期
（总第17期）
1938年7月1日出版

纪念七月七日

在七月七日（致辞）　七月社
祝中原大战（诗）　庄　涌
回想七·七一周年，同时谈到现在的问题　欧阳凡海
舟车一年　徐　盈
从再建苏联文学的介绍工作说起　辛　人
圣地芦沟桥（封面木刻）　马　达

我怎样退出南京的？（南京溃败时的一断片）　倪受乾
四个鸡蛋（徐州突围时的一断片）　王西彦
文学杂论　鹿地亘
一、“黑面包”和“糖果”
二、关于大众底“可能性”

三、艺术形式底形成问题
四、关于文化发展底不平衡
诗论掇拾　艾　青
喘息（散文）　曹　白
贺绿芸君的脱险（散文）　柏　山
人皮（诗）　艾　青
血战宣店子（前线通讯）　羽　田
古栈道上（陕川旅行通讯）　甘　棠
动员菩萨（湖南通讯）　晨　归
某保长（湖南通讯）　张永桢

第 3 集　第 6 期
（总第 18 期）
1938 年 7 月 16 日出版

反法西斯主义斗争中的革命文学——在莫斯科作家局反法西斯大会上的演说　G.季米特洛夫
在雨中走着（散文）　S.M.
到前线去（散文）　丁　玲
并不是梦（散文）　凡　海
G.F.木刻工作者（诗）　天　蓝
家（一幕悲剧）　贾植芳
胜利的游击队（哑剧）　尹　庚
某看护底遭遇（小说）　柏　山
北中国的炬火（小说）　倪　平
豫西行（旅行通讯）　碧　茵
欺骗（鄂东通讯）　郭易光
致读者　胡　风
延安追悼阵亡将士大会场（封面木刻）　固　林

第 4 集　第 1 期
（总第 19 期）
1939 年 7 月出版

愿再和读者一同成长　七月社
民族革命战争与文艺　胡　风
毛泽东断片　白　危
当重庆在血火中的时候：
血染的两天　秋　江
五四之夜　老　舍
从仇恨生长出来的　宋之的
在敌后穿行（游击生活报告）　曹　白
一、潜行草
二、富曼河的黄昏
夹谷（人物特写）　萧　军
警卫团生活小景（军中生活特写）　丁　玲
同蒲路——敌人的死亡线（诗）　庄　涌
失去了的两个苹果（诗）　绿川英子
骆驼（诗）　艾　青
“荣誉战士”（诗）　田　间
某城风景（速写）　青　苗
李陵（小说）　姚　苡
悼黄浪萍君　贾植芳
南泉默写（杂文）　欧阳山
拉住说（杂文）　宋之的

战　讯

从中条山寄到重庆　贾植芳
从××河寄到重庆　曹　白

战斗的号召（封面素描） 陈依范
播种人（木刻） 沃 查
这一期·明信片·《第七连》小引（胡风）·追启·编完小记

第4集 第2期
（总第20期）
1939年8月出版

从攻击到防御（战役报告） S.M.
半个十月（游击生活报告） 曹 白
M.高尔基——作品与人
时钟 M.高尔基作 王春江译
塞马加是怎样被捉去的 M.高尔基作 杨芳洁译
列宁与高尔基 Y.加奈次基作 胡 风译
对于人的爱 鹿地亘
M.高尔基像（封面木刻） 卢鸿基
诗论掇拾 艾 青
G.F.木刻工作者第二章（诗） 天 蓝
给筑路的农夫（诗） 庄 涌
我爱那一幅旗（诗） 辛 克
叉路（小说） 柏 山
总站之夜（剧本） 陶 雄
到安塞去看病（陕北通讯） 黄 既
开荒（陕北通讯） 朱 声
“子日”与“牙牙夫斯基”（散文） 孟丝葎
这一期·排印前小记·七月社明信片·补记·“文协”征文通告

第4集 第3期
（总第21期）
1939年10月出版

战斗的江南季节（诗集） 彭燕郊
1、冬日
2、雪夜
3、夜歌
4、怀厦门
新作家二人小说集
开荒篇 周而复
鳜鱼梗子 甘 棠
从攻击到防御（战役报告） S.M.
论戏剧与观众及其它 K.达斯尼斯拉夫斯基作 川 麟译
关于剧本创作（讨论） 刘念渠
基希及其报告文学 T.巴克作 张元松译
战地随笔三题
距离 贾植芳
巨像 绀 弩
三个鸡蛋 林 果
我是初来的（诗） 钟 瑄
我们还会见到（诗） 孙 钿
二十五个中的一个（行军通讯） 王朝闻

战 讯

流转中寄到重庆 曹 白

从延安寄到重庆　周而复

纪念鲁迅先生逝世三周年

鲁迅先生像（封面墨画）　李可染
鲁迅及其杂文（墨画）　魏孟克
“他举起了投枪”（木刻）　卢鸿基
思想的雏茎　欧阳凡海
鲁迅先生与一八艺社　力扬
木刻工作者的纪念　力群
断章　胡风

排印前小记·这一期

第4集　第4期
（总第22期）
1939年12月出版

延河散歌（诗集）　鲁藜
1、星　2、神话　3、山
4、延河　5、城　6、野花
7、丽玲　8、夜会　9、组织部
10、歌
从南到北的巡礼（诗集）　S.M.
1、小兵　2、哨　3、题照
4、答蝶之赠
散文三题：
晚会　柏山
苦孩子　王元
离庄即景　曹白
基希及其报告文学
T.巴克作　张元松译
巢（中篇小说）　欧阳凡海
马泊头（短篇小说）　青苗
夜摸常胜军（战地通讯）　吴伯箫
农民会长（陕北通讯）　孔厥
死者的血渍（杂文）　萧军
无题（诗）　天蓝

讨　论

关于《华威先生》出国及创作方向问题（文艺时评）　周行
抢做通俗代表的论客（美术时评）
卢鸿基
争取奴隶的解放（封面木刻）
庄言

排印前小记·这一期·明信片

第5集　第1期
（总第23期）
1940年1月出版

今天，我们底中心问题是什么？
胡风
1、首先，要从逻辑公式的平面上跨过
2、从创作里面追求创作与生活
3、生活·感觉·艺术的思维
4、“抒情的放逐”
游击生活报告：
嘉寄尘先生和他的周围
贾植芳
访南江义勇军第×路　曹白
高尔基论社会主义的现实主义
A.拉佛勒斯基作　周行译

在盐场上 M.高尔基作 苏 民译
小说三篇：
汉夷之间 徐 盈
倮倮先生 黄桦沛
夜戏 绀 弩
跃动的夜（诗） 冀 汸
重庆舞台与重庆观众（演剧时评） 黄舞莺
在黄昏里走着（西安通讯） S.M.
农民（封面木刻） 庄 言
争取奴隶的解放（木刻） 庄 言
校完小记·明信片·高尔基语录·征求

第 5 集 第 2 期
（总第 24 期）
1940 年 3 月出版

母亲（诗） 雷 蒙
街头诗小集（九首）
肃清雇农意识 田 间
慰劳品 田 间
群众都在红缨枪旁边歌唱 田 间
报名 史 螺
在抗战的路上 史 轮
来吧！ 芸
夏收 丹 辉
胜利的消息 方 冰
你们 方 冰
新作家二人小说集：
“保险” 高 咏
伪警 郁 天
法国文学的革命传统 J.卡梭作 张元松译
瓦尔米 罗曼·罗兰作 杨芳洁译
战地报告三篇：
第一枪 平 羽
长子风景线 宋之的
王凌冈的小战斗 东 平
鲁迅先生与新兴木刻运动 江 丰
从能动的画说起（美术时评） 卢鸿基
关于诗与田间底诗（文艺时评） 杨云琏 胡 风
速写三篇：
一〇六号桥（工程建设速写） 木 枫
在大炮厂里（工厂生活速写） 荆有麟
野店之夜（乡村生活速写） 朱 凝
邓正死了（诗） 方 然
托儿所里的保姆与儿童（封面木刻） 铁 耕
打场（木刻） 古 元
校完小记（胡风）·关于《七月丛书》

第 5 集 第 3 期
（总第 25 期）
1940 年 5 月出版

新作家五人小说集：
“要塞”退出以后 路 翎

猺山里　胡明树
肉搏　何剑熏
国文教员　萧　荑
“最后一课”　扬　波
我的路（敌后生活报告）　曹　白
斜交遭遇战（战役报告）　S.M.

诗

浮桥　艾　青
雪与村庄　邹荻帆

阳光的踪迹（散文）　绀　弩
人物记三篇：
记吴承仕先生　欧阳凡海
聋诗人　洪　流
难民船上的旅伴　王　元
客店（独幕宣传剧）　黄　既
友谊（封面墨画）　李可染
军民合作（木刻）　夏　风
《为祖国而歌》题记（胡风）·校完小记（胡风）·七月明信片

第5集　第4期
（总第26期）
1940年10月出版

小说三篇：
边疆动脉　木　枫
独眼马　张　潮
雪地　周而复
哀巴黎（诗）　艾　青
鲁迅的幼年期　欧阳凡海
史话二题：
巨人底悲哀　S.M.
《纪钱牧斋遗事》　孔　嘉
乌与白（寓言小说）　欧阳山
游击战（游击生活报告）　沙　汀
人物记二题：
一个题材　柳　青
杜春　殷　参
“烧掉旧的，盖新的……”　田　间
沙地吟（诗集）　A.S.
1、沙地的牧民
2、新年
3、他受伤了
关于塑造汪逆夫妇跪像的通信（美术时评）　卢鸿基
西班牙（诗）　徐　明
收获（封面木刻）　张漾兮
榆渑东望（木刻）　陈执中
校完小记·明信片

第6集　第1、2期
（总第27、28期）
1940年12月出版

叙述与描写　G.卢卡契作　吕　荧译

小说专辑

县长家庭　丁　玲
她们一群　雷　加
站年汉　若　望
小灵魂　孟　引

鲁迅思想认识的断片
雪　韦　汶　重

论马耶可夫斯基
V.卡坦阳作　张原松译
诗专辑
旗底歌（诗集）　孙　钿
多一些（街头诗集）　田　间
岁寒草（诗集）　彭燕郊
公路　艾　青
女人之子　又　然
给 S.C.　杨云琏

去吧（速写）　胡　考
心谏（速写）　青　苗
报告三篇：
五十九个殉难者（敌后通讯）　郑　康
六天间的游击报人（敌后通讯）　牢　寒
学习在我们自己的工厂里（工厂通讯）　刘亚洛
粗暴起来（散文）　S.M.
被囚的民族战士（封面墨画）　王朝闻
明信片·校完小记（胡风）

第6集　第3期
（总第29期）
1941年4月出版

A.克拉甫兼珂
〔苏〕S.拉苏莫斯卡耶作　卢鸿基译
小说
家　路　翎
金刚及其它　钟　夜
绿林　青　苗

人的花朵（艾青、田间合论）　吕　荧
诗
自己的催眠　艾　漠
冬天　白　莎
月季花　冀　汸

柯勒律治与华资华斯
〔英〕J.佛里曼作　宗　玮译
真——关于战争文学　S.M.
无题（封面木刻）
〔苏〕A.克拉甫兼珂
校完小记

第6集　第4期
（总第30期）
1941年6月出版

冬夜　曹　白
诗专辑
种子　罗　冈
滚车的人　鲁　莎
行进　孙　钿
跃进（诗集）　艾　谟
1、走出了南方
2、在西北的路上
3、夜
4、马车
风雪草（诗集）　彭燕郊

1、冒着茫茫的雪呵
2、透明的日子
3、稻草铺
江岸　艾　烽
普式庚论草稿
M.高尔基作　吕　荧译
棘原草　胡　风

小　说

何绍德被捕了　路　翎
草原上的故事　鲁　莎
屈辱者和他的挚爱的人生　雷　加
偶遇　谢　狱
麦收　杨　禾

我对于写作的学习　柏　山
第六集总目

第7集　第1、2期
（总第31、32期）
1941年9月出版

春天——大地的诱惑（诗）
彭燕郊
萨尔蒂可夫小说集　曹葆华译
1．诡谲的鲤鱼
2．自我牺牲的兔子

诗专辑

春在北方（诗集）　鲁　藜
绿色春天（诗集）　山　莓
小叙事诗集　田　间
小歌　鲁　莎
旷野　冀　汸
泥土的梦　杜　谷

鲁迅的艺术方法　吕　荧

小说专辑

入伍　丁　玲
祖父底职业　路　翎
教育家　萧　荑
岳王镇没有好风景　黄　既
黑色子孙之一　路　翎
我的自白
〔苏〕马耶可夫斯基作　原　松译

173 抗战戏剧

简介

《抗战戏剧》，半月刊，一九三七年十一月十六日创刊于汉口，田汉、马彦祥编辑，汉口华中图书公司发行，发行人为唐性天，十六开本。一九三八年五月二十五日第二卷第一期起，洪深加入编辑。二卷一期以后，刊物“因印刷发生困难，不得已暂时改为两期合刊，每月发行一次”。同年七月二十五日第二卷第四、五期合刊出版后，迫于武汉战局紧张而停刊。共出十三期。

该刊以戏剧服务于抗战，推动救亡戏剧运动的发展为宗旨。《创刊词》指出：“为了动员广大的民众力量以争取民族抗战的胜利，我们必须充分的运用戏剧，充分的发挥戏剧的效能。在一切力量为了抗战，一切力量集中于抗战的铁则之下，不可否认的，戏剧也必须成为抗战的一个力量。在民族抗战中，戏剧运动只有一个特殊的任务，就是：动员全民族，为中华民族的生存，起来抗战。”刊物采取理论批评与创作并重的方针，开设“专论”、“短论”、“特辑”等栏目，专门研讨“抗战时期戏剧运动的理论与实践”、“综合抗战期中救亡演剧运动的经验与教训”。同时注意“推进有抗战意义的剧本的创作”，发表了不少独幕剧、街头剧、歌剧剧本，连载了一些影响较大的多幕剧，如《塞上风云》（阳翰笙）、《芦沟桥》（田汉）、《汉奸》（陈白尘）等。此外，刊物还辟有“通讯网”、“抗战剧坛”栏，随时报道全国各地救亡演剧活动的消息，不少剧运大事如全国剧协的成立、赵曙的牺牲等，都做过详细报道。主要撰稿人有田汉、洪深、马彦祥、易庸、阳翰笙、欧阳予倩、凌鹤、尤兢、章泯等。

目　录

创刊号
1937 年 11 月 16 日出版

创刊词
短　论
进一步严肃我们的阵线
抗战戏剧的另一使命
争取抗战演剧的自由
抗战戏剧大众化
特　辑
抗战时期的戏剧运动
一、战时的戏剧　洪　深
二、我对抗战戏剧所要求的三点　穆木天
三、抗战戏剧运动应做到的几件事　阳翰笙
四、抗战中的戏剧　史东山
五、抗战时期的戏剧　周　彦
六、抗战时期的戏剧运动　光未然
七、迅速地，具体地反映现实　胡　绳
八、对救亡移动演剧团的建议　波　儿
九、抗战时期的戏剧运动　刘　巍
专　论
目前戏剧运动上几个待决的问题　沈西苓
剧　本
塞上风云　阳翰笙
黄浦月（独幕剧）救亡演剧第一队集体创作　宋之的等执笔
芦沟桥　田　汉
通　讯
展开戏剧的游击战　保　罗
我们要和封建势力作斗争　第二队
抗战剧坛（简讯二十一则）
封　面
上：救亡演剧第二队在东贺村　黄　治摄
下：第二队演出《逃难到洛阳》　黄　治摄
抗战戏剧社半月刊社启事

第 1 卷　第 2 期
1937 年 12 月 1 日出版

社论：旧剧界赶紧起来为民族复兴奋斗　易　庸
短　论
建立抗战戏剧运动的通讯网　易　庸
从舞台到播音室　易　庸
特　辑
抗战时期的戏剧运动（二）
一、尽量利用旧戏　徐　步
二、抗战戏剧的任务　熊　飞

三、抗战时期的戏剧运动 刘念渠
四、戏剧应当以另一姿态出现 王瑞麟
五、抗战期中之戏剧运动 欧阳红缨
专论
怎样打破抗战戏剧的剧本荒 易庸
我向流动演剧队建议 刘念渠
剧本
塞上风云（续） 阳翰笙
“九·一八”以来 救亡演剧第二队集体创作
芦沟桥 田汉

附录：起来旧剧界的同志们 欧阳予倩
通讯网
我们要和封建势力作斗争 季纯
一月的下乡工作 周君实
九龙山岗上的警钟 魏东明
常感到剧本的恐慌 荒煤

抗战剧坛（简讯十八则）
插图
封面：《塞上风云》服装设计 刘露作
《塞上风云》剧照 朱今明摄
《塞上风云》人物速写 沈逸千作
《夜光杯》剧照 张进德摄
《前夜》剧照 怒潮剧社

第1卷 第3期
1937年12月16日出版

社论：武汉剧坛印象 田汉
短论
发展抗战戏剧的批评 易庸
迅速地反映 易庸

关于《阿Q正传》的上演 田汉
批评
抗战中的《灰色马》（洪深先生的《飞将军》观后感） 易庸
谈最近在汉口公演的几个戏（《飞将军》《塞上风云》《后方战歌》） 刘念渠

通讯：工作带来了无限的安慰 吴玲
剧本
孤军魂 星德
塞上风云（续完） 阳翰笙
芦沟桥（续） 田汉

抗战剧坛
插图
封面：业余招待戏剧界宴会中之签名
《塞上风云》剧照 朱今明摄
《阿Q正传》舞台面 中旅
《飞将军》剧照 救亡演剧第二队
《后防》剧照 抗战剧团

第1卷　第4期
新年特大号
1938年1月1日出版

社论：我们的意见　马彦祥
剧　本
土桥之战　田　汉
再上前线去　凌　鹤
民族公敌　舒　非
梁红玉　欧阳予倩
盲哑恨（街头剧）　李增援
我们打冲锋（独幕剧）　尤　兢
塞上风云（续完）　阳翰笙
芦沟桥（续完）　田　汉
在烽火中（街头剧）　沈西苓
火海中的孤军　凌　鹤
三江好　吕　复　舒　强　何　茵　王逸等集体创作
保卫浦东（一幕报告剧）　凌　鹤
打鬼子去（独幕剧）　荒　煤
戏剧界抗敌协会特辑
抗战剧运全国性组织的再建立　易　庸
中华全国戏剧界抗敌协会宣言
全国戏剧界抗敌协会成立经过　秋　涛
戏剧界的团结　张道藩
我的祝辞　阳翰笙
祝中国剧坛伟大的团结　田　汉
通 讯 网
只有动员全民族的力量
桂林剧运报道　白　克
从周村到长山　玉　拓
戏剧游击队在宜昌　金　戈
初次下乡的演出　李　贺
救亡戏剧在贵阳　维　嘉
台山的救亡演剧　朱　克
编后记　编　者
附白　编　者

第1卷　第5期
1938年1月16日出版

论　文
关于抗战剧作　马彦祥
抗战戏剧运动草案　郑君里
战时的移动演剧　王平陵
移动演剧时的自我教育　易　庸
展开戏剧的游击战
（一）现阶段的剧运路线——戏剧的游击战　田　汉
（二）怎样领导戏剧的游击队　阳翰笙
（三）上海救亡第三、四演剧队游击演出的报告　应云卫
剧　本
有力的出力（一幕剧）　王勉之
杀宫（新歌剧）——《明末遗恨》的一段　田　汉
老爷不走了（一幕剧）　舒　湮

杀敌去!（一幕剧） 凌 鹤
梁红玉（续完） 予 倩
通 讯 网
从南京到武汉 吕 复
宣传到黄州（集体报告）
张北禾执笔
编后记 编 者

第1卷 第6、7期
1938年2月16日出版

新的剧本创作 张 庚
剧 本
钢表（一幕剧） 章 泯
流亡者之歌（街头剧）
余上沅等集体创作
东北的一角（一幕剧） 王光鼐
血洒晴空（二幕剧） 尤 兢
汉奸（四幕剧） 陈白尘
回头（一幕剧） 张 客
女性的呐喊（一幕剧） 秋 影
金门除夕（一幕剧） 曾迺敦
杀敌去（一幕剧） 凌 鹤
通 讯 网
流动演剧的五个月间 程 漠
孩子剧团的访问 刘 巍
关于广西的学生军演剧队 屠广圻
从南京到汉口（续完） 吕 复
救亡剧运在连州 龙贤关
战区学生剧团开封公演记 李辉英

第1卷 第8期
1938年3月16日出版

论 文
戏剧的旧概念和新概念 张 庚
剧 本
自卫（一幕两场） 维 特
血债（二幕剧） 陈明中
再上前线（一幕剧）
鲁 冬 左 军 净 寒集体创作
汉奸（四幕剧） 陈白尘
通 讯 网
戏剧以外的工作 王 坪
我们在天门 齐鲁山
抗敌剧团访问记 屠广圻

第2卷 第1期
1938年5月25日出版

论 文
在斗争中成长 洪 深
演员与观众的联系 常任侠
抗战演剧之大众化的实践问题
凌 鹤
国防戏剧的新任务 未 明
剧 本
同心合力打东洋（一幕四场新型煽动剧） 集体创作 赵 明执笔
当伕子去（三幕） 严 恭
荣誉大队（一幕）赵 明 吕 复
生路（一幕） 尹克虚

烈妇殉国（京戏） 老　舍
黄鱼汛（一幕） 姚少沧
渡黄河（一幕） 颜一烟执笔

化装 ABC（技术讲话） 赵　越

述　评

革命史剧黄花岗 黎觉奔
《突击》的演出 凝　香

通 讯 网

石灰窑工人抗敌剧团（特稿） 王子程
抗敌宣传在重工业区（大冶工作日记） 吕　复
晋东南的流动剧团（山西） 魏戴月
救亡演剧在西安（陕西） 沙　坪
抗战戏剧在长沙（湖南） 易　蕾
伏牛山下（河南） 马　可
救亡剧团在永嘉（浙江） 董新珉
漫话重庆（四川） 程步高
关于鲁迅艺术学院的戏剧系（延安通讯） 张　庚

纪　事

扩大宣传周的戏剧日 开　琪

编后记 编　者

第2卷　第2、　3期
（未印出版日期）

论　文

把戏剧送到前线去 陈　权
抗战戏剧座谈会 本社同人
抗战救国与戏剧运动 凌　鹤
如何使话剧深入到农村去? 刘　涧

剧　本

输财救国（京剧） 张国炽
不要打孩子（一幕剧） 李增援
小三子（三幕） 洗　群
大路（一幕） 欧阳山尊
当伕子去（三幕） 严　恭
敌（三幕剧） 董每戡

化装 ABC（技术讲话） 赵　越

通 讯 网

救亡话剧在赣州（江西通讯） 韦　崇
西北新军（甘肃通讯）
——介绍兰州的西北抗战剧团 马　蜂
在自流井（四川通讯） 陈泽枢
救亡话剧在川东各县（四川通讯） 陈志坚
从武汉到成都（四川通讯） 亚　影
从工作中体会出的经验与认识（江苏通讯） 王　拓
抗敌宣传在重工业区（日记） 吕　复
西望长安（陕西通讯） 松　风
鸡公山上的抗敌剧社（湖北通讯） 白　克

述　评

《儿童世界》的演出 展　虹

《李秀成之死》 勾适生

为什么会引起伤兵的反感? 编 者

第 2 卷 第 4、5 期
1938 年 7 月 25 日出版

追悼赵曙同志特辑

悼我们的文化战士 田 汉
悼赵曙同志 洪 深
挽歌 冼星海
赵曙同志小传 抗敌剧团
追念赵曙 张 客
悼赵曙同志 木 禽
迎接迎生，纪念死者 萧 声

一年来戏剧作战的检讨(论文·上) 马彦祥
一条心保卫大冶（活报） 集体创作
夺回广武卫（报告剧） 保 罗
民间剧的座谈（记录） 马彦祥等
火（一幕剧） 福建实验小剧团集体创作
战时戏剧形式的发展（论文） 李春舫
救亡戏剧在万县（通讯）
关于《李秀成之死》(研究) 唐 纳
胶东呼声（京剧） 丁伯骁
敌人口中的上海电影界（特载） 崎松启次作 梅 堪译
戏剧艺术家的志节问题（论文） 田 汉
我们的游击队（一幕剧） 侯 枫
抗战中的福建剧运（通讯） 施寄寒
内地戏剧工作的诸问题（论文） 荃 麟
杀到河北去（一幕剧） 亚 凡
我们怎样集体导演《飞将军》(研究) 超 明
小三子（三幕剧） 洗 群
敌（二幕剧） 董每戡
抗战剧坛（报道）
英勇的孩子们 开 琪

174 抗 到 底

简 介

《抗到底》，半月刊，一九三八年一月一日创刊于武昌，老向（王向辰）编辑，以君文的名义发行，汉口华中图书公司总经售，三月十六日第六期起改为汉口三户图书社发行。自五月十六日第十期起改由何容编辑，七月二十五日出至第十三、十四期合刊因武汉遭受日本飞机的大轰炸而休刊。同年九月二十五日第十五期迁到重庆复刊，改由“抗到底半月刊社”发行，发行人为王向辰，由生活书店代售。一九三九年十一月二十日出至第二十六期停刊。共出二十六期，另有号外“讨汪特刊”一期。十六开本。

本刊起初是政治与文艺的综合性刊物。“这小刊物里既有政论，又有文艺，既有新小说，又有大鼓词。”内容强调“有益于抗战”，形式上要求“写得明白”（老舍《本刊半年来的回顾》，见第十五期）。为了“顾及宣传的普遍性”，让士兵与老百姓都能听懂看懂，编者曾尝试到难民区和伤兵医院等处去组稿，第三期编成“抗日负伤将士作品专号”，第五期刊出“抗日通俗文专号”。自此以后，刊物便逐渐偏重于通俗文艺。除刊登倡导和研究通俗文艺的论文外，发表的作品多为利用群众习见的旧形式，诸如京剧、鼓词、民歌、小调、章回小说等，以反映战时生活，宣传抗日道理。刊物在重庆复刊后，“最大的努力处还是在通俗文艺上”（同上）。至第二十五期“周年纪念特大号”正式改为“文艺半月刊”，完全成为通俗文艺创作与评论刊物。主要撰稿者有老向、老舍、何容、冯玉祥、穆木天、苏子涵、徐中玉、贾午、佗陵等。

目　录

第1期

（特大号）

1938年1月1日出版

发刊词
廿七年元旦献辞　冯玉祥
是的，抗到底　老　舍
可爱的伤兵（诗）　冯玉祥
必胜论　左　武
实　张申府
新年·新阶段·新觉悟　宋斐如
忆太仓　冰　莹
长夜漫漫的北平　何　容
时代的烦闷　张含清
抗战画　赵望云等
你是不是麻木的　老　向
伤兵医院见闻记　阜　东
战士心　无名英雄
民众抗战歌曲　致　嵘　老　向

第2期

1938年1月16日出版

事情要大家作　老　舍
丁树本（诗）　冯玉祥
题字　李烈钧
好样儿的游击队　老　向
军事胜利的条件　允　武
民众训练问答　冯玉祥
从西战场归来　杨春生
风·雪·西战场　李　代
抗战与杀菌　向　愚

第3期

抗日负伤将士作品专号

1938年2月1日出版

东战场我军失利的关键　林志鸿
觉醒吧！现在已到了最后的生死关头　李衡阳
军队守纪律之救我鉴　张本德
我们的三个夜袭　邹得春
死而后已　林鼎如
狂风里的火药气（诗）　徐光国
二十六小时经过记　姜梦元
请注意前方救护　林志鸿
负伤战士照片
自述　王立学
回忆　于子忠
抗战画　张杰三
负伤将士信札　王立学等
负伤将士题字一斑　郑余霖等
编辑后记

第4期

1938年2月16日出版

铁的时代和铁的人生　张含清
我们也需要速战速决　允　武
国际自动对日经济制裁　思　慕

上海游击队（诗） 冯玉祥
蜕（长篇连载小说） 老 舍
反攻吧，中国！ 老 向
到伤兵医院去一次吧 何 容
伤兵慈母（记周明楝夫人） 阜 东
太行山中一隅的动静 贾 午
我们要多作点平凡的事情 罗靖华
陈行线上 柯 朋
突击 苏子涵

第5期
（抗日通俗文专号）
1938年3月1日出版

抗日三字经 老 向
新刺虎（京剧） 老 舍
密山县日本强盗屠杀路工（大鼓词） 穆木天
击沉敌舰（诗） 冯玉祥
长江封锁线外（木刻） 张文元
打麻将（诗） 冯玉祥
竹城战（诗） 赵望云
范筑先鲁西抗敌（大鼓词） 萧 波
扛起枪杆去当兵（小调） 何 容
数来宝 胡思平
逃难景（麻城调） 彭 玲
叫同胞（民众抗战歌曲） 老 向
蜕（长篇连载小说） 老 舍
敌军暴行一斑
编后记

第6期
1938年3月16日出版

抗战与春耕（画） 高龙生 赵望云
中国抗战与日本民众反战 宋斐如
怎样巩固抗战到底的经济基础 亚 力
苏联红军之一斑 念 熙
寇军旅团长（诗） 冯玉祥
蜕（长篇连载小说） 老 舍
义勇军的母亲 老 向
我怎样去到陕公 李去非
论组织教育 张含清
总理逝世十三周年纪念（诗） 冯玉祥
对国际局面应有的认识 思 慕
谈谈军队政治工作 何 容
介绍一本充满“活力”的抗战理论书——冯副委员长著的新大学 左 武
武人之言 魁 芜

第7期
1938年4月1日出版

各尽所能（画） 赵望云
为战士与民众准备精神食粮——中华全国文艺界抗敌协会成立大会演说词 冯玉祥
你们二十四个（诗） 吴组缃
主动战的胜利 谢守恒

我的艺术人生观 陈铭枢
招待孩子剧团记 何 容
临沂大战（诗） 冯玉祥
灾童哭五更（小调） 老 向
汉奸惨死记（小调） 彭 玲
蜕（长篇连载小说） 老 舍
画十城（小调） 老 向
为伤兵服务的经验 汤一雯
我怎样去到陕公 李去非
什么是纪律 贾 午
抗战宣传准则 中宣部编制
鹿地亘先生为本刊题词

第8期

1938年4月16日出版

寇军的前方与后方（画） 赵望云
死心塌地的干吧 嵇文甫
军队政治工作的方法 亚 力
近作五首 冯玉祥
赔了本儿 老 向
蜕（长篇连载小说） 老 舍
光儿亭（抗日通俗故事） 老 向
两个俘虏 孔觉民
我们是中国兵（抗日军歌） 王亚平 一石
陷落后的济宁 李恕堂
再谈军队政治工作 何 容
由汉口到六安（通讯） 李去非
十二月抗敌（小调） 杨洪普
抗战宣传准则（续） 中宣部编制

第9期

1938年5月1日出版

奇袭（画） 赵望云
日本危机中国复兴与东亚和平 郑合成
征兵（剧本） 徐旭生
民族精神歌 陈铭枢
全面抗战（大鼓词） 邓长耀
四二九空战大捷（诗） 冯玉祥
蜕（长篇连载小说） 老 舍
李小姐计杀倭寇（抗日通俗故事） 老 向
走上沙场去（抗战歌曲） 傅承谟 萧而化
记模范伤兵李德荣 何 容
兵之礼赞 孙晋武
祝战时儿童保育会开幕（诗） 冯玉祥
抗战宣传准则（续） 中宣部编制
编辑后记 编 者

第10期

1938年5月16日出版

民间的战士（画） 赵望云
我们怎样欢迎世界学联代表 思 慕
孩子们的队伍（诗） 安 娥
模范伤兵李德荣（大鼓词） 老 向

蜕（长篇连载小说） 老 舍
柿子（随笔） 徐中玉
怎样使文章下乡 何 容
中华勇敢站起来（歌） 纪 漪
流亡曲（故事诗） 征 庸
老人曾瑞祥（小说） 苏子涵
台儿庄胜利的精神收获 崔德珍
泰安被炸记 李淇源
抗战宣传准则（续） 中宣部编制
编辑后记 编 者

第 11 期

1938 年 6 月 1 日出版

光荣的创伤神圣的担负（画） 赵望云
加强争取胜利的条件 辛 质
我们的抗战力量 老 向
过木兰山（诗） 冯玉祥
当兵歌 鲜鱼羊 冼星海
跨海征东（大鼓词） 艾 生
蜕（长篇连载小说） 老 舍
三个符号 阜 东
评抗日三字经 沙 雁
我们需要一部抗战史 孙晋武
难民们 丽 莎
敌人在芜湖的暴行 萧毅武
陕公生活（通讯） 景 林
抗战宣传准则（续） 中宣部编制
编辑后记

第 12 期

1938 年 6 月 16 日出版

抗战与治军（讲演） 冯玉祥
汉奸定计害汉奸（大鼓词） 何 容
吕玉兰捐躯救国（抗日通俗故事） 明 凡
蜕（长篇连载小说） 老 舍
惨痛的北平 老 向
成都的五月（通讯） 苏子涵
抗战宣传准则（续完） 中宣部编制
编辑后记

第 13、14 期

1938 年 7 月 25 日出版

怎样迎接第一个抗战建国纪念日 宣谛之
我们对于旧瓶装新酒的看法 虚 生
为和平而抗战（木刻） 钮因棠
七七（诗） 冯玉祥
谈谈伤兵教育问题 汤一雯
梦到山东原野 徐中玉
七七献金（大鼓词） 老 向
由南京到汉口 文 超
蜕（长篇连载小说） 老 舍
山中抗敌生活杂话（通讯） 贾 午
格律与技巧 何 容
编后记

第 15 期

1938 年 9 月 25 日出版

本刊半年来的回顾　老　舍
新型通俗文学的创造（论文）　苏子涵
抗日富贵词（通俗韵文）　老　向
忆仙鹤（散文）　亦　五
弃家从军（鼓词）　何　容
节约救国（论文）　郑合成
孙殿英将军印象记（特稿）　贯　午
编辑后记　容

第 16 期

1938 年 10 月 16 日出版

也谈"文章下乡"（论文）　佗　陵
贤母训女（通俗韵文）　老　向
忠节烈（旧剧）　苏子涵
蜕（长篇连载小说）　老　舍
抗日保国（通俗韵文）　何　容
错误（小说）　李　代
记成安陷敌的惨烈（特稿）　卢逮曾
编辑后记　容

第 17 期

1938 年 11 月 10 日出版

通俗文艺的三个必要条件（论文）　虚　生
近作四首（诗）　冯玉祥
汉奸自叹（河南坠子）　佗　陵
募寒衣（鼓词）　老　向
王得胜放步哨（通俗韵文）　何　容
送荷妹去前线（散文）　海　戈
出征（散文）　苏子涵
蜕（长篇连载小说）　老　舍
记昆明的第一次空袭（通讯）　希　侃
关于脱期和错字　容
编辑后记　容

第 18 期

1938 年 11 月 25 日出版

论宣传（论文）　何　容
近作五首（诗）　冯玉祥
一门全节（快书）　佗　陵
当家书（民众读物）　老　向
蜕（长篇连载小说）　老　舍
九号的晚上（战场回忆）　亦　五
一位推行民众读物的先驱——宋老先生（特载）　张默生
送郎出征（情歌）　苏子涵
官长要真正视兵如子弟（通讯）　于志恭
抗战情歌　碧　夫
编辑后记　容

第 19 期

1938 年 12 月 25 日出版

我们应该怎样为持久抗战而奋斗（讲演）　冯玉祥

猪和橡（译诗）
〔俄〕克垒夫罗作　刘宗怡译
割爱除奸（鼓词）　老　向
敌机年总（太平歌词）　佗　陵
抗日歌（诗）　冯玉祥
蜕（长篇连载小说）　老　舍
抗战情歌（山歌）　碧　夫
通俗文艺论（论文）　沙　雁
读抗战诗歌集（书评）　胡绍轩
柴夫的儿子（诗）　冯玉祥
好团长（诗）　冯玉祥
北平汉奸遗闻录　菏　生
编辑后记

第 20 期
1939 年 1 月 16 日出版

论通俗文艺与“地方性”
虚　生
过忠县（诗）　冯玉祥
关于抗日千字文　老　向
抗战歌谣（通俗韵文）　方　白
日皇愁（通俗韵文）　何　容
善感的军人（小说）　汤一雯
一九三九的开始（散文）　苏子涵
母亲的心（散文）　朱　凤
北平汉奸遗闻录　菏　生
抗日千字文“欢迎转载”
何　容
编辑后记　何　容

第 21、22 期
1939 年 2 月 20 日出版

谈通俗韵文（论文）　佗　陵
奇巧会（通俗韵文）　老　向
第二十七号病房（拟民歌）
荆有麟
老妈辞活（对口相声）　佗　陵
小玲儿（小说）　亦　五
读苗烈士遗书（诗）　冯玉祥
蜕（长篇连载小说）　老　舍
抗战以来文艺发展的总结（论文）
徐中玉

第 23 期
1939 年 3 月 16 日出版

也谈通俗韵文　何　容
睡不醒（通俗韵文）　老　向
游击区域消息专页
夜取昌平（通俗韵文）　何　容
冀南抗敌的丁树本司令　吉　中
复日寇今村的一封信　丁树本
记杨秀林先生的生平　念　伊
山中抗敌生活杂话　贾　午
蜕（长篇连载小说）　老　舍
国旗（小说）　苏子涵
编辑后记　编　者

第24期

1939年6月20日出版

实行国民精神总动员必能得到抗战胜利　冯玉祥

从精神总动员说到妇女动员　冯荫椿

二期抗战的回顾与前瞻　郑合成

释国民公约（通俗韵文）　老向

汉奸叹五更（小调）　晶清

师生杀敌（诗）　冯玉祥

收复涞源（十字句）　何容

劝节约救国（金钱板词）　海戈

山中抗敌见闻琐记（晋南通讯）　贾午

炸弹的威力（陕北通讯）　殷参

这一期　编者

本刊启事

第25期

（周年纪念特大号）

1939年8月1日出版

从通俗文艺的效用说到它的形式与内容（论文）　何容

通俗文艺的技巧（论文）　老舍

英烈传（通俗小说）　欧阳山

马小姐投亲（通俗韵文）　荆有麟

回头岸（通俗韵文）　老向

涿鹿之战（诗）　马文珍

〇三八五黑皮车（小说）　沙雁

一个苦孩子的遭遇（小说）　胡来

山居乐（散文）　育楠

吊故居（散文）　老向

战地归来（报告）　贾午

抗战歌谣四首　秦光银

妇女抗战十二月（小调）　晶清

这一期　编者

第26期

1939年11月20日出版

论旧形式（论文）　何容

旅途杂咏（诗）　冯玉祥

一场教训（通俗小说）　草明

走到敌人后方（诗）　荆有麟

贵宝与兴发（山歌剧）　孙潜、张彻

抗战歌谣（通俗韵文）　老向

山中抗敌见闻琐记（通信）　贾午

挖掘（特写）　梅莎丽

战罢（报告）　贾午

编后　编者

号外

讨汪特刊

1939年9月20日出版

挖去腐烂的臭肉增长新生的抗战力量　冯玉祥

展开反汪派汉奸的斗争　玉　生
加强敌后工作粉碎敌寇利用汪逆的阴谋　魏　岳
讨汪与发动全面的局部反攻　宋聿修
汪精卫是我们全体抗战军人的死敌　何爱华
讨汪与加紧宣传　洪　涣
编后　编　者

175 战地

简介

《战地》，文艺半月刊，一九三八年三月二十日创刊于汉口，署名丁玲、舒群合编，实际丁玲当时不在汉口，由舒群单独编辑，战地社发行，上海杂志公司总经售。同年六月五日出至第一卷第六期停刊。共出六期。十六开本。

《战地》是抗日民族统一战线形成后，八路军总部派舒群在汉口创办的文艺刊物。舒群到汉口前曾绕道延安集稿，所以刊物前两期发表的延安稿件较多。《战地》以登载文艺创作为主，兼顾评论。六期中发表通讯、速写、报告共三十八篇，及时报道了战线战局和各地抗日救亡活动。所载小说、戏剧、诗歌作品数量虽不及报告文学，但同样多以抗日救国为题材，反映抗战初期人民的爱国热情。文艺评论侧重在倡导或探讨适于抗战宣传需要的文艺形式，如朗诵诗、戏剧、歌曲、漫画、通俗文艺等。主要撰稿者有杨朔、罗烽、艾思奇、立波、碧野、王西彦、以群、舒强、白朗、凌鹤、塞克、李乔、锡金、胡考等。

目　录

第 1 卷　第 1 期

1938 年 3 月 20 日创刊

文艺创作的三要素（论文）
艾思奇
清偿（小说）　白　朗
一个游击队员（短剧）　陈　谓
元夜曲（诗）　柳　舒
祝福（诗）　倪　平

报告与通讯

今日的东京（日本）　之　文
中国人在比利时（比国）　王　冷
边区的国防文艺（延安）　元　留
韩复榘（山东）　张春桥
昨日的临汾（山西）　杨　朔
国境的一角（新疆）　蒲公英

关于诗的朗诵

从朗诵说起　吕　骥
朗诵的诗和诗的朗诵　锡　金

杂　感

文艺统一战线的基础　冯乃超
书的受难　罗　荪

满洲的囚徒（长篇连载）　罗　烽
板垣师团长卫兵日记（连载）
T.Nagamo　吴默健译
我所希望于《战地》的　周　扬
战士（漫画）　胡　考

第 1 卷　第 2 期

1938 年 4 月 5 日出版

建立抗战漫画的理论（论文）
胡　考

小　说

婴儿　舒　群
尸友　赫　公

游击队的开始（剧本）　张　客

诗

给毕业的同志们　成仿吾
这是战争底第一个春天　洪　遒
武装啊，上前线　夏　伯

报告与通讯

世界唯一的红军（苏联）　江　记
在瓦伦西亚咖啡馆（西班牙）
绳　武
洪子店的劫火余烟（河北）　立　波
谈谈边区文化（延安）　艾思奇
征途的游击队（河北）　克　刚
亡土的前日（山西）　马　原
黑瘦了，受难的郑州　碧　野

戏剧座谈会摘要　周　扬等

杂　记

战后的一页　徐　其
——插图　马　达
弃儿记　张松如

满洲的囚徒（长篇连载）　罗　烽

板垣师团长卫兵日记（连载）
T.Nagamo 著　吴默健译
编后记　编　者

第1卷　第3期

1938年4月20日出版

悼斗士中的一个（报告文学）　李　蕤
福地（小说）　李辉英
夜之歌（剧本）　凌　鹤
诗
美丽的山城　季　琳
黄河之恋　倪受乾
报告与通讯
抗战中里昂华侨的剪影之一（法国）　伊　甸
新文字运动（延安）　元　留
征程（云南）　李　乔
杭州湾上（浙江）　凌　青
看俘虏去　高　兰
讨论
关于抗战演剧　舒　非
关于通俗文艺　穆木天
几叶日记　立　波
关于诗歌民歌演唱晚会
一、意见与感想　沙可夫
二、自我批判　柯仲平
三、诗歌民歌演唱晚会记　骆　方
满洲的囚徒（长篇连载）　罗　烽
板垣师团长卫兵日记（连载）
T.Nagamo 著　吴默健译
起来（画）
编后记　编　者

第1卷　第4期

1938年5月5日出版

谈抗战歌曲（论文）　丰子恺
哑子（小说）　丑方迹
争取最后胜利（剧本）　塞　克
诗
五月　陶　华
回去，到滹沱河畔　耿星华
恋别　山本守作　宗　曲译
报告与通讯
在里昂中国学生生活（法国）　伊　甸
征程之二（贵州）　李　乔
抗日艺术队在陕东前线（陕西）　高　阳
“抗大”的生活（延安）　杨　恬
呼声（云南）　践　明
雪花飘在满洲（报告文学）　杨　朔
西作家向世界的呼吁　梧　一
歌　曲
战时妇女歌　停　云词　肖而化曲
我们的守田部队

岩崎隆法词　寺田省吾曲　徐南云译
满洲的囚徒（长篇连载）　罗　烽
板垣师团长卫兵日记（连载）　T.Nagamo 著　吴默健译
短简　丁　玲
关于战地　舒　群

第 1 卷　第 5 期
1938 年 5 月 20 日出版

特　稿
文学的感想（论文）　鹿地亘作　魏猛克译
武汉行（日记）　池田幸子作　以　群译
前线一带（通讯）　罗果夫作　张郁廉译
西线所闻（杂记）　席更生作　曹荻秋译
血的短曲之一（小说）　舒　群
守住我们的家乡（短剧）　夏野士
诗
我的笔我要磨亮你　洪　遒
蒙古牧歌　侯唯动
武汉，我重见到你　臧克家
通　讯
在特鲁埃尔前线（西国）　爱仑堡作　铁　弦译
在西线（山西）　柳　林
第一个春天（散文）　流　金
病榻上的战士
黄鹂的飞鸣　白　薇
回到乡村　叶　紫
文学被蒙上了耻辱　同　冈
台儿庄
被毁灭了的台儿庄　王西彦
台儿庄战场散记　以　群
战后的台儿庄（附图）　舒　强
难民（木刻）　力　群
争取我们的生命线（漫画）　江　敉
满洲的囚徒（长篇连载）　罗　烽
武汉的五月
木刻的展览　本社记者
友联的公演　本社记者

第 1 卷　第 6 期
1938 年 6 月 5 日出版

文学的感想（论文）　鹿地亘作　魏猛克译
血债（小说）　朱烈轲
北平之夜（剧本）　倪　平
诗
祭　李　雷
野火　彭桂萼
报告与通讯
中国使领馆（欧洲）　李星可
孤岛上的难民（上海）　一　夫
汜水的炮声（河南）　田　涛

橡皮人与“俄国大炮”（山西）
柳　林
在南中国（华南）　春　风
从北平到天津（河北）　肖　无
推进歌咏的通俗化运动（讨论）
朱　绛
保护大中华（歌曲）
张公平词　沙　梅曲

速　写

一天　何家槐
只有一个王来胜　蒋　弼
和平之神怒吼了（木刻）　迅因棠
满洲的囚徒（长篇连载）　罗　烽

176 自由中国

简　介

《自由中国》，综合性文化月刊，一九三八年四月一日创刊于汉口，臧云远、孙陵编辑，自由中国社发行，发行人为阎云溪。同年六月二十日出至第一卷第三期因受武汉战局影响而休刊。一九四〇年十月一日在桂林复刊，出版新一卷第一号，改为文艺月刊，孙陵主编，自由中国社出版，社长兼发行人为韦永成，由创作出版社总经售。一九四二年五月一日出版的新二卷第一、二期合刊改由中国书店总经售，同时终刊。前后共出十一期。二十四开本。

该刊是在抗战初期全国抗日民族统一战线已经形成的背景下创刊的。创刊号载有冯玉祥、郭沫若的题辞；第二期发表了毛泽东的题辞：“一切爱国的人们，团结起来，为自由中国而斗争!”在汉口出版的三期比较突出地体现了团结抗日的精神。这三期是综合性刊物，内容偏重文艺。反映前线战局的报告和表彰抗战人物的速写在创作中占突出地位。短篇小说、诗歌、散文作品也多以民族抗战为题材。理论批评主要围绕战时文艺运动和文艺创作展开，发表了周扬的《抗战时期的文学》、郭沫若的《抗战与文化》、郁达夫的《战时的文艺作家》、老舍的《谈通俗文艺》等重要论文。还特辟“文艺消息”栏，报道各地抗战文艺动态。这些评论和消息对促进抗战初期文艺的繁荣发挥了积极作用。主要作者有杨朔、碧野、冰莹、北鸥、丁玲、臧云远、臧克家、湘潮、李辉英等。在桂林复刊时，社会环境和文艺界形势已有变化。《复刊献辞》表示：“我们甘愿尽我们所有的力量，做一些平凡而渺小的工作。只要这工作是有助于那些伟大的事业的，只要那事业是真正为了中国底自由，和人类底幸福的。”复刊后文艺评论内容显著减少，创作增多。原来报告文学的地位为大量中长篇小说所代替。在诗歌创作中，长诗也日渐增多。这些作品除继续反映战争之外，大后方（国统区）人民的生活成为主要描写对象。其主要撰稿者有艾芜、曾克、田涛、黑丁、骆宾基、碧野、荃麟、邹荻帆、彭燕郊、巴金、王亚平、孙陵等。

目 录

创刊号
1938年4月1日出版

自由中国创刊纪念（题辞） 冯玉祥
要建设自由的中国（题辞） 郭沫若
中华全国文艺界抗敌协会发起趣旨 茅 盾等97人
毕业上前线（歌曲） 成仿吾 吕 骥
关于写实主义（随感） 田 汉
抗战时期的文学（论文） 周 扬
从历史发展中看中国应走的方向（论文） 何干之
争取中国的自由与创造自由的中国（杂文） 陈伯达
哲学的现状和任务（论文） 艾思奇
哲学的必要（学术讲座） 张申府
浴奴（小说） 老 舍
娄德嘉兄弟（小说） 罗 烽
在艰辛里生长（小说） 刘白羽
国境线上（小说） 孙 陵
西战场上（报告） 杨 朔
上海——苦斗着的孤岛（报告） 铁 弦
战士的母亲（报告） 碧 野
料车上的家庭（报告） 王西彦
彭德怀速写（速写） 丁 玲
在敌人的后方（速写） 北 鸥
中华民族在战斗着（诗） 臧云远
忆柳林镇（散文） 奚 如
我踟蹰在黑暗的僻巷里（散文） 白 朗
长征的故事（连载） 湘 潮

文化消息

周扬代理边区教育厅长 莹
丁玲舒群合编《战地》出版 玲
萧红端木前往延安 莹
《反攻》半月刊 沅
丁玲将到武汉来吗? 玲
孤岛上的作家们 玲
巴金靳以将来汉口 莹
茅盾主编《文阵》将出版 玲
全国文抗召开成立大会 莹
艾思奇何干之在延安 莹
编辑室

第1卷 第2号
1938年5月10日出版

题辞 毛泽东
抗战以来文艺的展望（特辑）
郭沫若 老 舍 张申府
潘梓年 夏 衍 吴奚如
郁达夫 臧云远 北 鸥
战时的文艺作家（论文） 郁达夫
继承"五四"的光荣传统（论文） 潘梓年
论抗日文化统一阵线（论文） 陈伯达
保卫祖国的文化（论文） 北 鸥

谈通俗文艺（文艺讲座） 老 舍
新启蒙运动的一个应用（杂文） 张申府
批评不是诡辩（杂文） 艾思奇
略谈爱国主义（杂文） 周 扬
国际文学中反托派，反法西斯蒂的斗争（翻译） 克 夫
白龙港（小说） 姚雪垠
慌乱的城池（小说） 李辉英
东京狱中漫忆（散文） 邢桐华
过武胜关（诗） 臧克家
海灯（长诗） 臧云远
一个热烈的集会（速写） 冰 莹
二十世纪的爬虫（速写） 天 虚
毛泽东特写（特写） 杨 朔
游击队歌（歌曲） 贺绿汀
长征的故事（连载） 湘 潮
纪念台儿庄（抗战言论） 郭沫若

文化消息

沈起予在重庆 沉
郁达夫到台儿庄 沉
臧克家从前线归来 秀
老舍埋头写作 克
夏衍来汉 秀
非厂赴前线 秀
田汉去鸡公山 秀
洪深忙于导演 秀
反攻半月刊阵容一新 沉
沫若言论集将出版 沉
全国文艺界抗协出版会刊 沉
编辑室

第1卷 第3号

1938年6月20日出版

保卫祖国（木刻） 秦 威
抗战与文化（论文） 郭沫若
战时的小说（论文） 郁达夫
目前文化运动的基本概念（论文） 潘梓年
创作技术和通俗化（论文） 北 鸥
“意识”与“形象”（论文） 李南桌
行动的艺术（讨论） 端木蕻良
克服自己的弱点（杂文） 艾思奇

高尔基逝世二周年特辑

纪念高尔基（纪念文） 郭沫若 邢桐华 凯 丰 北 鸥 阳翰笙 孙 陵
只有默默地战斗（纪念诗） 覃子豪
高尔基再生（纪念歌） 臧云远词 张庆璋曲

王疤脸和小朱（小说） 天 虚
黑牢红流（小说） 谢挺宇
元宵（悬赏诗） 章文龙
麦海上的战云（诗） 臧云远

报告特辑

郑州在轰炸中 臧克家
高原上 碧 野
野祭 黑 丁
突击 田 涛
济南——齐河——官庄 李辉英
木绵花 杨 朔

长征的故事（连载）　湘　潮

补白：

　一、摘译高尔基论文化之一

　二、摘译高尔基论文化之二

　三、赛列布连斯基论高尔基

　四、摘译高尔基论文化之三

编辑室

新1卷　第1期

复刊号

1940年11月1日出版

鲁迅先生逝世四周年　本　社

复刊献辞　孙　陵

论　坛

向文艺家奖助金保管委员会进一言　金　槊

画余杂谈　新　波

想到写出　云　彬

短简　郭沫若

创　作

军渡（中篇小说）　黑　丁

宋二刀子（中篇小说）　曾　克

恐怖的笑（短篇小说）　田　涛

小鹰（短篇小说）　碧　野

神父之死（短篇小说）　李辉英

散　文

黄牛　绀　弩

舵手　谷斯范

友情　碧　野

三百五十加伦　王亚平

荣誉的队　司马文森

诗

无名的小星　臧克家

在索泉岭上及其他　罗　烽

在早晨　戈　茅

报　告

轰炸散记　布　德

轰炸书简　罗　荪

战地房东　雷石榆

大风雪（长篇创作连载）　孙　陵

书报评介

《呜咽的云烟》　柳叶长青

《黑土》　柳叶长青

《突围记》跋　孙　陵

鲁迅语录　本社摘录

《自由中国》小史　孙　陵

作家书简（作家生活报导）

不久就可出来　巴　金

第三次和死对面　靳　以

“霍曼与宾绿苔”　郭沫若

正赶一个长篇童话　张天翼

敌人几次冲过来　姚雪垠

现代文艺西彦负责　黎烈文

无时不想再跑战地　王西彦

郭先生拟出刊物　铁　弦

预祝你的成功　罗　烽

拟往芜湖一带　戈　茅

编后记　编　者

新 1 卷　第 2 期

1941 年 7 月 15 日出版

论　坛

从文艺史实来看文艺中国化　艾　芜

从现实生活论文艺作品中国化　金　槩

创　作

吴非有（中篇）　骆滨基

还家（短篇）　彭　慧

巷战（短篇）　田　涛

纪念托尔斯泰特辑

纪念托尔斯泰（短论）　本　社

托尔斯泰语录（语录）　编　者

天谴（小说）　托尔斯泰著　寒　江译

托尔斯泰之家（史料）　［苏］E.敏特林　禾　康译

托尔斯泰小传（传记）　肖　星

（附录：托尔斯泰著作年表）

青年时代的托尔斯泰（木刻锌板）　龙延坝

老年时代的托尔斯泰（照象铜版）　本　社

互助论序言　巴　金

三月天（屈曲夫作）　巴金编

诗

太阳照着的旅途　邹荻帆

中国的领海　吕亮耕

大风雪（长篇连载·续）　孙　陵

（题辞：“建设自由中国”……李济深）

编后记　编　者

新 1 卷　第 3 期

1941 年 9 月 1 日出版

山野（长篇小说·首次登载）　艾　芜

创　作

遗憾（短篇）　罗　烽

祖国高于一切（短篇）　曹　卣

歌手（中篇）　荃　麟

吴非有（中篇·续）　骆滨基

杂　文

《鱼儿坳》（罗淑作）　巴　金

《无题》前记　巴　金

诗

他躺在金黄色的稻草床上（长诗）　邹荻帆

谁给你们带来饥饿与贫穷　吕亮耕

大风雪（长篇连载·续）　孙　陵

翻　译

静静的顿河（第四部的一个插曲）　肖洛珂夫著　庄寿慈译

新 1 卷　第 4 期

1941 年 11 月 25 日出版

死去　巴　金

忆范兄 巴 金
山野（长篇连载，续） 艾 芜
创 作
门（短篇） 一 文
一夜（短篇） 田 堃
吴非有（中篇·续） 骆滨基
风暴之夜（散文） 李北流
山寺夜宿（散文） 罗 高
生产颂歌（诗） 王亚平
突围在收获的秋天（诗） 彭燕郊
大风雪（长篇连载·续） 孙 陵
编后记 编 者

新1卷 第5、6期合刊
（新年号）
1942年1月10日出版

梦 巴 金
《火》第二部后记 巴 金
创 作
新路（中篇·上） 一 文
黄礓山（短篇） 田 涛
战友（短篇） 张白山
车厢内外（短篇） 林 蒲
吴非有（中篇·续完） 骆滨基
散 文
《雨景》题记 方 敬
风 一 文
在华清池 S M
诗
夜 绿 原
到虢镇 S M
一九四〇年苏联文坛回顾 铁 弦
山野（长篇连载·续） 艾 芜
大风雪（长篇连载·续） 孙 陵
左拉论
D.柴·斯拉夫斯基著 荃 麟译
编者的话

新2卷 第1、2期合刊
1942年5月1日出版

寻梦（散文诗） 巴 金
黄花（三幕剧） 李健吾
小 说
秋收和社戏 从 文
龙 巴 金
憎厌 梅 林
新路（中篇·下） 一 文
报 告
独山站 靳 以
我下幕阜山登临大庾岭 紫 墟
昆明夜景 辛 代
山野（长篇连载·续） 艾 芜
大风雪（长篇连载·续） 孙 陵
速 写
哀歌 方 敬
归路 王震寰
慰劳 张 煌
诗
寄后方的朋友 穆 旦

向远方　姚　奔
自由的歌　王亚平
送远征　罗　烽
寂寞　罗　烽
江　胡　拓
苍白者　绿　原
消息　吕亮耕
黄帝陵下　S　M
月下思　邹绿芷

杂　文

痛苦的启示　陈范予
某书的题记　巴　金
《我们的喇叭》题记　鲁　彦
阿托莫诺夫一家之事业（长篇翻译小说）　高尔基著　汝　龙译
蕾茜·波丽特（短篇翻译小说）　〔法〕蒲里获著　陈占元译

小　评

民歌的风格　林　林
鲁迅之路　荆有麟
创伤与仇恨　高　咏

补白
高尔基谈印象
高尔基谈形象
陈范予论青年

177 文艺阵地

简 介

《文艺阵地》，文艺半月刊，一九三八年四月十六日创刊，茅盾主编。刊物原在武汉筹备，创刊前夕茅盾移居香港编辑，在广州排印出版。刊物以“文艺阵地社”名义印行，实际出版发行事宜均由生活书店负责。自同年六月一日第一卷第四期起，因广州连遭敌机轰炸，改在上海排印，由生活书店将印成的刊物运往香港，转发内地、南洋一带*。

一九三八年底，茅盾离开香港赴新疆。从一九三九年一月十六日第二卷第七期起改由楼适夷代编。同年夏，适夷被迫离港赴沪，从六月十六日第三卷第五期起，编务随之移到上海进行，直至一九四〇年八月第五卷第二期被上海租界当局查禁停刊。刊物第一卷至第四卷为半月刊，每卷十二期，十六开本；第五卷改为月刊，署“茅盾、适夷主编”，实际仍由适夷单独编辑，仅出二期。二十四开本。这两期发往内地的，称为第五卷第一、二期，分别标明“七月号”、“八月号”，而在上海发行的，则改称《文阵丛刊》，每辑另题书名：第一辑为《水火之间》，第二辑为《论鲁迅》(鲁迅纪念专辑)。

一九四〇年冬，茅盾辗转回到重庆。这年年底，《文艺阵地》在重庆筹备复刊，于一九四一年一月十日续出第六卷第一期，仍为月刊，茅盾任主编，另设编委会，由以群、艾青、沙汀、宋之的、章泯、曹靖华、欧阳山等七人组成。由于“皖南事变”后国统区政治形势恶化，多数编委陆续离开重庆，刊物的编辑出版大受影响，实际编务多由以群、罗荪负责。自一九四二年八月第七卷第一期起改由以群编辑，至

---

* 本刊编辑、印刷、发行情况比较复杂，这里主要参考下列回忆和研究文章写成：适夷《记文阵二年》，载本刊第四卷第十二期；茅盾《光辉工作二十年的老舍先生》，载《抗战文艺》第九卷第三期；以群《〈文艺阵地〉杂忆》、田仲济《〈文艺阵地〉点滴》，均载《中国现代文艺资料丛刊》第一辑；适夷《茅公和〈文艺阵地〉》，载1981年《新文学史料》第三期。

同年十一月二十日第七卷第四期因国民党当局多方阻挠、刁难，被迫停刊。第六、七卷共出十期，十六开本。一九四三年十一月至一九四四年三月改出《文阵新辑》丛刊，以群编辑，仅出三辑，二十四开本。刊物从创刊至《文阵新辑》第三辑，历时五年，共出六十三期。

《文艺阵地》是抗战期间兼顾创作、评论、翻译的大型文艺综合性刊物。茅盾在《发刊辞》中指出："我们现阶段的文艺运动，一方面须要在各地多多建立战斗的单位，另一方面也需要一个比较集中的研究理论，讨论问题，切磋，观摩，——而同时也是战斗的刊物。文艺阵地便是企图来适应这需要的。"《发刊辞》还阐明了团结各派文艺家和鼓励用各种形式写作的方针。茅盾在香港主编期间与前线、后方、敌后游击区和民主根据地建立了广泛联系。刊物通过"文阵广播"栏，报道全国各地文艺动态，沟通了各地作家间的联系；通过揭载小说、诗歌、戏剧、报告等作品，反映前后方军民的抗战热情，其中尤以各种形式的报告文学最具特色。这时刊物的另一特色是注重抗战文艺问题的探讨。由发表张天翼的讽刺小说《华威先生》，率先在全国引起歌颂与暴露问题的讨论。此后又围绕大众化与利用旧形式，现实主义与浪漫主义，以及通俗文艺、报告文学的写作等问题，展开了一系列讨论，从而促进了抗战文艺的发展。楼适夷在香港、上海代编期间，尽管受外界环境的多方限制，仍然尽力保持了刊物原有的编辑方针和风格特点。刊物在重庆复刊时，正值"皖南事变"发生。此后便无法正常出版发行。这时创作上暴露与讽刺的内容显著增强。报告文学减少，小说、诗歌等作品增多。编者还设法介绍和发表了一些反映根据地、游击区军民斗争的作品，苏联文学的翻译介绍也有所增强。

《文艺阵地》是抗战期间出版时间较长、影响深广的全国性文艺刊物，对抗战文艺的繁荣与发展做出了重要贡献。它的主要撰稿人除上述编者外，尚有张天翼、老舍、丁玲、王亚平、丰子恺、刘白羽、骆宾基、周文、艾青、田间、沙汀、艾芜、任钧、力扬、袁水拍、司马文森、欧阳凡海、李南桌等。

目　录

第1卷　第1期
（创刊号）
1938年4月16日出版

发刊辞
我们需要展开一个抗战文艺运动（论文）　周　行
华威先生（小说）　张天翼
关于中国木刻的七封信　鲁迅遗著
忠烈图（京戏）　老　舍
广现实主义（论文）　李南桌
日本文坛的丑相　以　群

短　评

祝全国文艺家的大团结　微　明
"战斗的生活"进一解　仲　方
深入生活底核心　以　群

一件并不轰轰烈烈的故事（报告）　陆定一
"福州有福"（报告）　适　夷
从疏忽转到谨严（杂感）　叶圣陶
文艺活动在成都（通讯）　周　文

书报述评

《给与者》　茅　盾
《飞将军》（独幕剧）　玄　珠
《时调》（诗歌半月刊）　玄　珠
玛耶阔夫斯基八年忌（论文）　李育中

诗　歌

残秋偶感（七律）　鲁　迅遗著
炸弹片　林　林
听歌——再给M君　力　扬
战尸的愁郁　林　林
反抗的铁流　王亚平
《我们四百兆人》（歌曲）　肖而化作曲　丰子恺作歌
《我们四百兆人》附说　丰子恺
国防文学　〔苏〕P.巴武列林柯　张郁廉译
《文阵》广播（消息九则）
文艺阵地征稿简约
编后记
补白
　国际文化巨人的正义之声
　对中国的兄弟致敬
　新刊简讯
插图
　首领们（石版画）　Jose Clemente Orozco 作
　都市（木刻）　佚　名作
　玛耶阔夫斯基象

第1卷　第2期
1938年5月1日出版

日本军事法西斯主义与文学（论文）　鹿地亘
记鹿地夫妇（散文）　萧　红
关于抗战文艺活动（论文）　以　群

旧形式运用问题（论文） 杜　埃
疯人（速写） 刘白羽
梁五底烦恼（小说） 草　明

短　评

"五四"的精神 茅　盾
浪漫的与写实的 玄　珠
所谓时代的反映 微　明
"深入"一例 茅　盾

中国的春天（长诗） 锡　金
东游漫忆（随笔） 思　慕
雪山道中（报告） 天　虚
还我缘缘堂（杂感） 丰子恺
文艺活动在成都（下）（通讯） 周　文

书报述评

《八百壮士》（三幕剧） 茅　盾
新刊三种 茅　盾

《文阵》广播
编后记
插画
突击（木刻） 罗清桢作
北战场的哨兵（木刻） 力　群作
收获（木刻） 佚　名作

第 1 卷　第 3 期

1938 年 5 月 16 日出版

《差半车麦秸》（小说） 姚雪垠
苏联剧坛近讯（论文） 戈宝权
关于"文艺大众化"（论文） 南　桌
王小赶驴（大鼓书词） 老　舍
幼女之愿（歌并附说） 丰子恺作歌　萧而化作曲
后方一角（速写） 契　萌
滹沱河夜战（报告） 碧　野
我们在农村（报告） 王亚平
在庙宇里 骆宾基
晚唱队（速写） 土　犀

书　评

"孤岛"文化最近的阵容 玄　珠
评《黄花岗》 林焕平

抗敌聚餐纪盛（速写） 许　杰
航空救国邮票图案跋 钱君匋
鲁迅全集发刊缘起
鲁迅全集总目提要
编后记
《文阵》广播
插图
《静静的顿河》插图 〔苏〕S.Korolkov 作
动员全国民众抗战到底 罗清桢作
航空救国邮票图案 钱君匋作
补白
曼氏兄妹的著作
匈牙利作家的悲观倾向

第1卷 第4期
1938年6月1日出版

刘粹刚之死（小说） 萧乾
伟大不是喊出来的（随笔） 齐同
成都的通俗文学活动 探马
谈四川戏 周文
四月的香港（地方印象） 李育中
诗
“这是我们的” 艾青
失地上的故事 王亚平

现实主义的抗战文学论 祝秀侠
叮叮当（歌曲附说）
刘荣昌词 萧而化曲
短评
大众化与利用旧形式 茅盾
质的提高与通俗 玄珠
利用旧形式的两个意义 仲方
文化工作的危机 若南

行进在太行山（报告） 黑丁
樱花和梅雨（随笔） 思慕
旅途杂记 李石锋
小北路的血债（速写） 白嘉
书评
《突击》 茅盾
《游击中间》及其他 微明
每日“精神食粮”在“孤岛”
宜生
补白
不安 适夷
我们的管理员朱文三 田间
插画
报捷（木刻） 寄舟
起来，不愿做奴隶的人们（木刻） 嘉哲
劳军（漫画） 丰子恺

第1卷 第5期
1938年6月16日出版

高尔基博物馆（论文） 戈宝权
防空——在“堪察加”的一角（小说） 沙汀
评曹禺的《原野》（论文） 南桌
天柱山的争夺（长诗） 蒋必舞
再论抗战文艺创作活动 周行
卖“烧鸟”的诗人（随笔）
思慕
保长的本领（报告） 落繁
李瑞仙（速写） 易河
晋南途中杂记 符金生
《北方的原野》（书评） 茅盾
伤兵未到以前的一个后方医院（报告） 野渠
泉州文艺界最近的活动 红海
编后记
补白
春天的感觉 适夷
一个祖国的儿子 田间
插图

高尔基象（木刻）
〔苏〕A.A.Soloveichik 作
高尔基杰作《四十年代》插图二幅　〔苏〕Kukryniksy 作

第 1 卷　第 6 期
1938 年 7 月 1 日出版

征兵委员（小说）　徐　盈
论“差不多”和“差得多”（论文）　李南桌
唱本·地方文学的革新（论文）　周　文
戏台下的风波（速写）　骆宾基
供奉猫鬼的浪人（随笔）　思　慕
九宿桥之晨（报告）　马子华
诗
七月周年献辞　庄　涌
撤退　沅　君
悼知堂老人　任　钧

“报告文学”的本质与发展（译论）
A.加博尔作　周　行译
谈贵阳（地方记）　漆　林
魔窟（四幕剧）　陈白尘
德国文艺近况鸟瞰　S　Y
编后记
《文阵》广播（二则）
插图
看准了敌人（木刻）　王寄舟作
壁报在农村（木刻二幅）　讷　维作

第 1 卷　第 7 期
1938 年 7 月 16 日出版

行军中　刘白羽
火网里（苏鲁豫皖突围记之一）　天　虚
关于岂明先生（论文）　史　徒
诗　歌
他们六个　兢　之
农场　邹荻帆
“民族复兴根据地”　任　钧

大学生和学生街（随笔）　思　慕
一个汉奸的成长（小说）　李同愈
速写·报告
黑夜的游龙　流　金
六颗手榴弹　樊　康
死难者　司马文森
上巴河宿营　王亚平

《台儿庄》（书评）　茅　盾
魔窟（四幕剧）　陈白尘
《文阵》广播（四则）
编后记
插图
准备武装收复失地（木刻）　罗清桢
流亡（漫画）　丰子恺
流亡之群（木刻）　黎　达

第 1 卷　第 8 期

1938 年 8 月 1 日出版

晋东南军中杂记　陆定一
抗战与戏剧（论文）　李南桌
激流下（小说）　吴　蔷
江（诗）　邹荻帆
短评　茅　盾
关于士兵读物
不要误解了报告文学
从作品中看“群众工作”
西去的洪流（诗）　韩北屏
转变（小说）　柳　林
一次经历（报告）　司徒宗
反侵略的火炬在星洲（报告）　李润湖
“救国专家”颂（诗）　任　钧
评《未死的兵》　欧阳山
《两个俘虏》（书评）　茅　盾
《大众抗敌剧丛》（书评）　玄　珠
《怎样写报告文学》（书评）　茅　盾
还站在边缘上的小刘（小说）　罗　洪
《文阵》广播（一则）
编后记
插图
前驱（木刻）　李洛克作
《被开垦的处女地》插图二幅　〔苏〕D.Shmarinov 作

第 1 卷　第 9 期

1938 年 8 月 16 日出版

八月的感想（论文）
——抗战文艺一年的回顾　茅　盾
钱塘江水吼（诗）　王亚平
忆故乡——海丰（诗）　杨蔚秋
仇恨的生长（小说）　王西彦
“善跪的动物”（随笔）　思　慕
铜梁风景（地方印象）　萧蔓若
年青的红枪手（诗）　韩北屏
卍字旗下（随笔）　S　Y
老英雄（速写）　柳　林
长期磕头的故事（新童话）　周　文
第一次夜行军（报告）　金在熔
书报述评
《河内一郎》　玄
《大上海的一日》　玄
从西北到西南　玄
论“文艺兵”的“战术”（讨论）　劳　难
给年轻的歌手们（诗）　邹荻帆
旅途中（手记）　李　乔
编后记
《文艺阵地》稿约
插图
保卫大武汉（木刻）　陈　九
前方速写（三幅）　李　桦

第1卷　第10期

1938年9月1日出版

诗的战斗历程（论文）　端木蕻良
今之渔家（诗）　李育中
柴（小说）　温功义
再广现实主义（论文）　李南桌
敌人（三幕剧）（1）　欧阳山
随笔与速写
德国的求乞者（卍字旗下之二）　S Y
果档前（速写）　文　俞
神经错乱病（新童话）　周　文
一件小事（随笔）　林焕平
又多了几堆黄土（随笔）　中　泽

要密（报告）　高　凉
“文明”和“野蛮”（诗）　任　钧
我要回到上海去（诗）　任　钧
火花（江南的故事）　司徒宗
山城（杂感）　齐　同
书报述评
《北运河上》　玄
《中华女儿》　玄
《南洋周刊》及其他　玄

《文阵》广播（四则）
编后记
插图
战声（木刻）　罗清桢作
举起我们的武器（木刻）　杨崇德作
抗战周年（漫画）　英　浪作

第1卷　第11期

1938年9月16日出版

赎罪（独幕剧）　夏　衍
父与子（随笔）　刘白羽
火窟中漫笔（诗）　蒋必舞
记马排（诗）　梢　龄
火并（报告）　杨　朔
稻场上（小说）　净　泉
书报述评
《阳明堡底火战》　茅　盾
《小说与民众》　茅　盾
《黄河北岸》　茅　盾
意外的事情（报告）　骆宾基
“阿帕脱”和“德帕脱”的风光（随笔）　思　慕
夜宿二十里堡（速写）　吴　蔷
死刑底判决（随笔）　S Y
敌人（三幕剧）（2）　欧阳山
我们给一群恶魔围困　萧曼若
编后记
插图
守土的英雄们（木刻）　俞云阶
喝血的从军僧（《未死的兵》插图）　郁　风
我们要替你复仇（木刻）　王　行

第1卷 第12期
1938年10月1日出版

短 评

伟大的十月 茅 盾
新生前的阵痛 茅 盾
暴露与讽刺 茅 盾
哭，扭断你的小颈子（长诗） 蒋必舞
游击队的母亲（独幕剧） 黑 丁 曾 克合作
新年 齐 同
论典型（论文） 李南桌
“胖专员”和“糊县长” 力 群
雨中送出征（速写） 周 文
禹王山的争夺战（报告） 李 乔
梯形的石屎山街（诗） 袁水拍
战地掘壕记（报告） 李辉英
沉默的工作（报告） 沉 默

书报述评

《大时代的插曲》 玄
《在汤阴火线》 玄
西北高原与东南海滨 玄

敌人（三幕剧）（续完） 欧阳山
编后记
插图
夺取冬宫（木刻） ［苏］P.M.Staronosov 作
军民合作抢救河堤决口（木刻） 讷 维作
魔手下的壮丁（木刻） 胡一川作

第2卷 第1期
1938年10月16日出版

鲁迅先生逝世两周年纪念特辑

鲁迅和青年们 景 宋
鲁迅先生和他的先生 连 山
鲁迅先生的艺术观 王任叔
鲁迅先生之死 适 夷
鲁迅的辑佚工作 郑振铎
关于鲁迅先生 李南桌
鲁迅先生书简钞（一）（二）（三）
鲁迅全集里一个错误 W

打日本（街头儿童剧） 张季纯
两个伤兵（小说） 艾 芜
我们这十四个（诗） 臧克家

短 评

“宽容”之道 茅 盾
“……有背于中国人现在为人的道德” 茅 盾
谨严第一 茅 盾
韧性万岁 茅 盾

香港果菜小贩义卖速写 阿 宁
离山前后记（报告） 金 丁
《蒙古的少女》（书评） 锡 金
一九三八年的秋雨（诗） 袁水拍
编后记

插图
鲁迅先生遗象及遗物（五幅）
景宋女士及海婴最近摄影（二幅）
鲁迅先生丧仪写真（六幅）
鲁迅先生手迹（八幅）
香港果菜小贩义卖漫画 古 一作

第2卷 第2期

1938年11月1日出版

“新生”（小说） 张天翼
诗 抄
晴空 锡 金
校长会议与午睡问题 任 钧
走向北方 邹荻帆
山道上 邹荻帆
夏之夜 蒋必舞
海珠桥 讷 维
我们在潢川（报告） 黑 丁
截击（报告） 东 平
卍字旗下（随笔） S Y
四、高丽朋友 五、同乐会
市街（随笔） 杜 埃
书报述评
《战地书简》 玄
士兵读物两种 玄
“孤岛”的新刊 玄
鲁迅先生书简钞（四）（五）
发光的旗（小说） 子 久
编后记
插图
儿呀，为了祖国，勇敢些！（木刻） 卢鸿基
漫画（石版画） 〔德〕R.Wilke 作

第2卷 第3期

1938年11月16日出版

从成都到延安（报告） 何其芳
纽仑堡记游（卍字旗下之六）S Y
给中国兵士（诗） Kazis Vidikauskas 作
干妈（小说） 谷 柳
从歌声听出欲望（随笔） 欧阳山
清算（随笔） 草 明
戏看完了以后（随笔） 草 明
血战亭子山（诗） 王亚平
文艺大众化提纲（论文） 齐 同
田间剧的提倡（短论） 黎烈文
“后方”的昆明（地方印象）予 矛
铁马在召唤（诗） 厂 民
匈牙利的近代作家们（特稿）
〔匈牙利〕K.Barta 作 马 耳译
关于“旧形式运用”的一封信 向林冰
“延安虽然没有春天……”（随笔） 黎觉奔

胡队长（速写） 周 冷
书报述评
《军民之间》 玄
《到明天》 玄
《诗时代》 玄

鲁迅书简钞（六）
《文阵》广播
插图
"平型关"连续画之一（木刻） 江 丰
残杀我负伤战士（前线漫画） 李可染
整装待发（木刻） 罗亚伟

第2卷 第4期

1938年12月1日出版

略谈改良平剧（论文） 丁 玲
肉的堡垒（小说） 杨 朔
清晨小曲（三章） 陈残云
九月（诗） 官冰灵
横山镇（两幕剧） 锡 金
卖香烟的女孩子（随笔） 欧阳山
老园主（随笔） 杜 埃
荷兰复兴期诗人"荷兰之狮"百年纪念 马 耳
"安哥拉"的点和线（地方印象） 任 钧
九秀峰下（小说） 彭 慧
《总动员》（书评） 林焕平
补白
影片《高尔基的少年时代》 明
苏联纪念托尔斯泰生年一百十周 明
辛克莱六十生辰 明
《文阵》广播（一则）
编后记
"文阵"广播
插图
一个难民的故事（木刻） 罗清桢
"平型关"连续画之二（木刻） 江 丰
奸淫（漫画） 李可染

第2卷 第5期

1938年12月16日出版

东战场的别动队（连续） 骆宾基
大别山（长诗） 鲁 夫
在两条战线之间的人（译论） ［苏］卢博尔作 罗稷南译
溃退（报告） 于 逢
蒲风的明信片诗（书评） 袁水拍
求名者（卍字旗下之七） S Y
南归志感（随笔） 严既澄
再会了地狱中的"天堂"（速写） 雪 楣
内地的文化巡礼（速写） 丁 明
横山镇（两幕剧）（续完） 锡 金

黎明前（江南的故事） 司徒宗
《文阵》广播（三则）
编后记
插图
战士的头象（木刻）工 柳作
漫画 〔法〕R.Wilke 作

第2卷 第6期

1939年1月1日出版

被拯救的灵魂（小说） 草 明
队长骑马去了（长诗） 天 蓝
东战场的别动队（长篇连载） 骆宾基
重庆片段（地方印象） 广 民
人兽之间（江南的故事） 适 越
诗 抄
黄昏之曲 王晨牧
悼我们的小英雄 袁 烙
征人之家 江 农
鄱阳湖的儿子回来了 黄 凡
日本文学的末运（论文） 林焕平
青田小贩（卍字旗下之八）S Y
姚勇士（报告） 华 嘉
旅途漫忆（随笔） 黄 绳
不死的枪（诗） 绀 弩
教训（独幕剧） 姜桂农
《文阵》广播（四则）
编后记
插图
斗争的铁骑（木刻） 梁永泰
杀人比赛（漫画） 李可染

第2卷 第7期

1939年1月16日出版

冀村之夜（报告） 丁 玲
给画家们（短论） 艾 青
“小鬼”（诗） 田 间
公式主义的克服（短论） 茅 盾
论新形势与作家生活实践之强化（论文） 杜 埃
东战场的别动队（长篇连载） 骆宾基
进行曲（诗） 田 间
香港线（诗） 西 须
牺牲精神（小说） 萧曼若
模范老爷（报告） 司马文森
我们来自广州（通信） 樊 康
别面报告（散文） 黎锦明
长沙一日（地方印象） 黄 绳
血染的军旗（报告） 马子华
怀乡病（诗） 锡 金
出发之前（短剧） 任 钧
《文阵》广播（四则）
编后记
插图
顾后路以前进阶（漫画） 蔡若虹
轰炸（钢笔画） 李可染

第2卷 第8期

1939年2月1日出版

黄河（小说） 萧 红

文艺大众化与通俗文艺（论文） 穆木天

东战场的别动队（长篇连载） 骆宾基

诗 抄

南渡江 征 军

凝望 李育中

咱们断守在贾鲁河畔 蒋必舞

流亡 张 弓

四川民歌 周文辑

军中回忆（回忆） 李 乔

第七次挑选（报告） 适 越

一个朋友的遭遇（卍字旗下之九） S Y

粤东民间的抗战之歌（工作通讯） 更 生

《人的希望》和马尔洛（介绍） 马 耳

翻车（短剧） 陈 明 张 可

《文阵》广播（五则）

编后记

插图

以轰炸还轰炸（木刻） 马 达作

锤碎敌人的迷梦（木刻） 李洛克作

第2卷 第9期

1939年2月16日出版

英国作家对中国抗战的表示（特稿） 王礼锡

五行山血曲（小说） 魏 伯 碧 野

在前方的山国姑娘们（报告） 彭 慧

路（诗） 厂 民

归国（随笔） 辣 辣

北宁车上（随笔） 祖 文

延安的文艺（通信） 周而复

中国革命的两大史诗（介绍） 守 一

玛德里（译诗） P.迦弗亚思作 戴望舒译

速 写

诗人的忧郁 骆宾基

难民营里 潭亮晖

花溅泪（书报述评） 适 夷

动员（剧本） 欧阳凡海

《文阵》广播

茅盾先生来信

郁达夫先生来信

老舍先生来信

王平陵先生来信

编后记

补白

屠格涅夫的纪念

插图

马尔洛近影
在两次战斗之间的马尔洛
追击演习（墨画） 新 波
开赴前线（墨画） 新 波

第2卷 第10期
1939年3月1日出版

救亡者（中篇） 周 文
谈黑暗面的把握（短评） 黄 绳
烽火下的抒情诗（诗） 陈残云
一、守夜卫
二、草场上
站在新人类的水准上（译论）
莱奥诺夫 适 夷译
老人（小说） 周正仪
诗 抄
春 上官橘
牧歌 溅 波
护国，我呼叫你光荣的名字 溅 波
余家庄的故事（报告） 黄育宇
恐怖底林子（卍字旗下之十）S Y
星洲的文艺（通信） 欧阳健
《北方》（书评） 适 夷
中华女儿（短剧） 任 钧
《文阵》广播（十则）
编后记
补白
卡莱尔·却贝克逝世
插图
垦队（木刻） 罗清桢
建设国防重工业（木刻）
周宝泉

第2卷 第11期
1939年3月16日出版

祝文协成立周年和对于今后文协工作的希望（短评） 适 夷
实感的运用（短论） 钦 文
儿童队员之死（报告） 碧 野
关于文艺大众化的二三意见（论文）
黄 绳
盐区（小说） 寒 波
上海文坛近态（上海通讯） 白 鹤
诗 抄
我歌颂着工厂 卜 西
陇海线上 黄 凡
戈壁的风暴 鲁 夫
囚徒之春 黄药眠
白杨花飘落的时候 向 青
莫记住我，母亲 向 青
仓汉船上（随笔） 一 文
山村之夜（报告） 任 重
战歌月刊（书报述评） 袁水拍
奴隶们的歌（长诗） 西 玲
救亡者（中篇连载二） 周 文
《文阵》广播（三则）
编后记
插图

歼寇壮观（木刻） 张 慧
轰炸（木刻） 张 慧

第2卷 第12期

1939年4月1日出版

丹河之流（报告） 魏 伯
叫爸爸回来（小说） 舛木人
论一九三八年的日本文学界（论文） 林焕平
祖国的爱（报告） 庆 钧
东战场的别动队（续完） 骆宾基
诗 抄
难民行 江 农
我守卫在潼关 黄 凡
祖国的命令 黄 凡
弃 茜 濛
再生的歌唱 黄宁婴
我们在警戒着（速写） 洪 涛
希伯先生（书报述评） 黄 绳
救亡者（中篇连载·续完） 周 文
转机（独幕剧） 赵如琳
《文阵》广播
李熙来信
草明来信
华嘉来信
编后记
插图
我们的骑士（木刻） 陈烟桥
静静的罗湖（粉画） 符罗飞
劫后（粉画） 符罗飞

第3卷 第1期

1939年4月16日出版

金融篇（小说） 刘白羽
展开文艺领域中反个人主义斗争 巴 人
短 论
一年的感想 适 夷
当前的工作总则 杜 埃
暗阴的光 适 夷

生活的理想
——《实证美学的基础》的一章 卢那卡尔斯基作 齐明 虞人合译
指挥所里（报告） 天 虚
无花果树（散文） 石 灵
梅溪之击（报告） 钦 文
战工第八十三队（粤北散记之一） 司马文森
狗的故事（卍字旗下之十一） S Y
诗
掘壕者之歌 吕 黛
海 征 军

话剧在上海 景 宋
报导一个新婴儿在中国的产生（工作报告） 凡 海
《上海一日》（书报述评） 白 鹤
《无名氏》（书报述评） 黄 绳
中国人的站起 欧阳凡海

《文阵》广播（九则）

编后记

插图

中国之友（木刻） 梁永泰

赣江待渡（速写） 罗清桢

和平县路警（速写） 罗清桢

第3卷 第2期

1939年5月1日出版

春天的原野（小说） 艾 芜

建立分区制文艺中心（短论） 杜 埃

关于作品的批评（短论） 黄 绳

火焰下的一天（报告） 荆有麟

诗 抄

春天来了 晨 牧

给民族的诗人们 鲁 夫

爬着的人群及尾奏 袁水拍

南国的蔗林 阿 仁

米的故事（小品） 温功义

县长（人物特写） 一 文

江边（粤北散记之二） 司马文森

纳粹党员（卍字旗下之十二） S Y

木刻运动的发展（论文） 赖少其

新中国文艺丛刊:《钟》（书报述评） 白 鹤

小俘虏（独幕儿童剧） 任 生

《文阵》广播（五则）

编后记

插图

香港的早晨 符罗飞

工作（木刻） 罗清桢

马队（木刻） 杨崇德

第3卷 第3期

1939年5月16日出版

文艺作家的努力（论文） 潘梓年

吹号者（长诗） 艾 青

戏剧——人物创造（批评） 黄 绳

来自东江的童话（粤北散记之三） 司马文森

诗 抄

我们是诗作者 曹葆华

题未定 曹葆华

黄昏短曲（三章） 陈残云

南中国的大雨 韩北屏

病 韩北屏

红胡子号兵刘昆（人物索描） 鄂 鸦

世界公敌第一号（卍字旗下之十三） S Y

骡马的故事（报告） 华 嘉

拖渡（速写） 庄瑞源

德国作家联盟在国外的五年（报导） A.康多卢维支作 陈适怀译

伥（小说） 陶 雄

《文阵》广播（六则）

编后记

插图
入农村去（木刻） 罗清桢
侦察敌营（木刻） 叶立平

第3卷 第4期

1939年6月1日出版

回家后（小说） 艾 芜
梦·幻想与现实（作家论） 艾 青
——读《画梦录》
野火（粤北散记之四） 司马文森
河口得画（随笔） 黎锦明
火石（报告） 杨 朔
信徒（卍字旗下之十四） S Y
晋西高原上的文化巡礼（通讯） 仓 夷
诗 抄
江南艸 大 漠
春在洛阳 雷石榆
孩子归来了 若 童
山国之春 讷 维
刘仲山搬兵（大鼓词） 老迟生
肖罗姆·阿莱克汉（介绍） 苏联对外文化委员会报导部作 劳 夫译
中国人的站起（第三幕） 欧阳凡海
《文阵》广播（八则）
编后记
插图
"我们来自工厂"（木刻） 梁永泰

抢救负伤战士（钢笔画） 周 多

第3卷 第5期

1939年6月16日出版

高尔基逝世三周纪念
少女与死（故事诗） 高尔基作 适 夷译
上海的高尔基之夜（报导） 史 迁
建立民族革命的史诗的问题 穆木天
饿（报告） 天 虚
到"天堂"去（纪行） 雪 楣
三个女壮丁（粤北散记之五） 司马文森
四日记游（卍字旗下之十五） S Y
诗 抄
我走在这废墟之上 方 殷
献给成都市民 厂 民
把强盗们撵出去 力 扬
江南草（二章） 程大溟
去呀，踏上战场（朗诵诗） 巴山雨
延安文艺界成立文协分会（消息） 庄 栋
中国人的站起（第四幕） 欧阳凡海
《文阵》广播
编后记
插图
一九〇二年的高尔基

高尔基《下层》第四幕舞台面
最初介绍到中国来的高尔基作品（一九〇七年东方杂志第四年第一期）

第3卷　第6期

1939年7月1日出版

跟随着抗战前进（纪念文）　适　夷
受难者（小说）　艾　芜
抗战文艺的典型创造问题（论文）　黄　绳
诗　抄
我的颂歌　周　文
小心里的仇恨　王礼锡
农村小曲　童晴岚
流亡夜　柳　林
六十五号（报告）　紫　秋
行进的兵队（速写）　一　文
粂米（速写）　胡瑾衣
乡居小记（卍字旗下之十六）S　Y
乡村自卫团（粤北散记之六）　司马文森
《意大利的脉搏》（书报述评）　适　夷
漫画在西北（报导）　铁　华
山场上（独幕剧）　马若濮
《文阵》广播（四则）
编后记
插图
故乡在那边　新　波
守望　铁　华

第3卷　第7期

1939年7月16日出版

离吉安去安义（长诗）　黄大姊
短　评
建立后方文艺　穆木天
新诗人的前途　西　滇
我爱这琥珀色的湘江（诗）王亚平
迁厂（小说）　易　丹
血的短曲之七（报告）　舒　群
在激流中（速写）　越　薪
一个小学校长的奇遇（人物素描）　李励文
弄换通信（地方印象）　木以圭
诗　抄
跃进在失去了的土地上　黎焚薰
在窗外行进着的年青的队兵　高　岗
枪　高　岗
受了伤的枪　高　岗
我寄《思想方法论》给你　高　岗
抗战剧本写作问题（论文）杨村彬
周德炎（通俗小说）　契　萌
《文阵》广播
编后记
插图

栽植（木刻） 力 群
重庆的高尔基三周年
纪念会（四帧） 中央社摄

第3卷 第8期

1939年8月1日出版

涡河的黄昏（小说） 王西彦
论民族革命的现实主义（论文）
洁 孺
老鼠夹子（报告） 雷 加
诗 抄
为八一三而歌 黄 凡
一百一十四个 臧克家
血河 王 俞
轿夫 向 青
上工 向 青
陈力行的故事（报告） 喻中泽
从汕头出来（报告） 李励文
春天的野火（随笔） 师田手
联保主任（人物素描） 任 重
三水两农夫（通俗小说） 欧阳山
抽水马桶（独幕喜剧） 陈豫源
《文阵》广播（十则）
编后记
插图
近郊攻袭——八一三的两周
纪念（木刻） 梁永泰
射击手（木刻） 新 波

第3卷 第9期

1939年8月16日出版

当前文艺运动的一个考察（论文）
黄 绳
渔港（小说） 寒 波
新时代的旧渣滓（粤北散记之九）
司马文森
鸽铃（报告） 袁水拍
他看见什么（随笔） 黎锦明
鹰（散文） 李 代
我写金华（地方印象） 平 子
诗 抄
骊歌 李育中
再见从化河 蒲 风
吉安（报告诗） 黄 凡
船 黄 凡
月夜赴前线 林 玲
《青年突击队诗刊》（书报述评）
水 拍
窦家寨七英雄记（通俗小说）
白 克
《文阵》广播
文阵社启
编后记
插图
射击手（木刻） 新 波
萧红：《生死场》
插图三帧（木刻） 雪 松

第3卷　第10期
1939年9月1日出版

寄自新疆（通信）　茅　盾
中国气派与中国作风（论文）
巴　人
血迹　王礼锡遗作
悼王礼锡先生　适　夷
诗歌的技术偏至论者的困惑（批评）
锡　金
关于剧作底题材
〔苏〕Y.奥丽沙作　葛一虹译
一个和一群（小说）　刘白羽
诗　抄
长征　方　敬
我们帮助收秋　叶　拉
手杖　黄　凡
吹号手（粤北散记之十）
司马文森
受难的地域（随笔）　李育中
封门（报导）　平　子
亚贡多夫的生涯和作品（介绍）
I.伊尔文作　铁　冷译
《五台山下》（书报述评）　叶　素
弄假成真（独幕剧）　陈啸高
《文阵》广播（二则）
编后记
插图
传令兵靳勤书　梁永泰
王礼锡先生遗墨

第3卷　第11期
1939年9月16日出版

播种篇（小说）　周而复
视野（短评）　巴　人
风景画的倾向（短评）　黄　绳
创造新的纪念碑的形式（译论）
——苏联作家大会报告及讨论
之一　法捷耶夫作　适　夷译
滃江的水流（粤北散记十一）
司马文森
老黑马（随笔）　吴　蔷
被凌辱了的十字架（报告）　碧　野
“非常时期”（人物素描）　寒　波
瓯江上（速写）　任　重
诗　抄
思念　讷　维
梦一般的故乡　若　凡
昆明，在朝阳光明的路上　雷溅波
给南昌人　黄　凡
边区文艺动态（报导）　海　稜
《地下火》（书报述评）　白　鹤
亚里士多德先生（译述）
西　龙作　惠　泉译
《文阵》广播
编后记
插图
虎山公学（木刻）　罗清桢
家园（钢笔画）　李可染

第3卷　第12期
1939年10月1日出版

傅校长（小说）　陈翔鹤
短　评
走向胜利　适　夷
说“通俗小说”　适　夷
论革命的语言（译论）
潘非格夫讲　鲍　介译
在第一线上（杂记）　臧克家
曼谷短简（通讯）　陈运通
诗　抄
秋到江村　讷　维
南方　金　铎
血腥的原野　西　滪
跃进在失去了的土地上　黎焚薰

在谷中（粤北散记十二）司马文森
战士的葬仪（报告）　吴　蔷
高安行（地方印象）　马若璞
私渡（速写）　应　为
李南桌和他在文艺理论上的劳作（介绍）
——介绍李南桌文艺论文集
适　夷
认清敌人（街头剧）　王余杞
《文阵》广播
编后记
插图
筹划（木刻）　朱鸣冈
出发之前（木刻）　朱鸣冈

第4卷　第1期
1939年11月1日出版

鲁迅先生逝世三周年纪念特辑
鲁迅在日本（《近代中国社会变革的默史——鲁迅》之一节）欧阳凡海
鲁迅先生的娱乐（回忆）　景　宋
鲁迅的家世　无　名
秋风里的悲愤（诗）　穆木天
鲁迅先生生活散记（回忆）萧　红
鲁迅的故事（诗）　关　露
鲁迅先生纪念歌
汤相伊词　戈　斯曲
短　评
怎样对坏人斗争　巴　人
世界的与民族的　适　夷
伟大的理想者　适　夷
综合的知识　适　夷

一个英雄的经历（粤北散记十三）
司马文森
译诗
播种　饮酒歌　孙　用译
射手（小说）　田　涛
秋收一周间（报告）　天　蓝
夜行（随笔）　吴　蔷
十六岁的游击队员（人物速写）
臧克家
西北酌饮　曹葆华
青春复返术（译论）
Y.欧柳霞讲　鲍　介译

盐兵唐忠宝（通俗小说） 寒　波
《文阵》广播
编后记
中华全国文艺界抗敌协会征文展期通告

第4卷　第2期
1939年11月16日出版

民主与现实（论文） 巴　人
我们继续在工作（报告） 荆有麟
短　评
为了民族的十月 适　夷
纪念雷芒托夫 适　夷
抒情的时代性 陈残云

萧连长（小说） 奚　如
我们的小鬼邓超（人物素描） 天　虚
战斗的心曲（散文） 曾　克
诗　抄
送与迎 曹葆华
船与帆 高　岗
勇敢的第一步（书报述评） 叶　素
漫画与木刻——工作与学习（书报述评） 锡　金
在火车站（连载）（上） 穗　青
编后记
插图
共同抗日（木刻） 陈　九
战斗的原野（木刻） 王　琦
战斗与学习（木刻） 陆　田

第4卷　第3期
1939年12月1日出版

关于抗战诗歌运动（专论） 穆木天
僧脱尘（小说） 周正仪
叶紫之死（报导） 夏　明
短　评
悼叶紫 适　夷
套头主义 适　夷
诗歌的语言 黄　绳
关于作家论 黄　绳

那个伊克昭盟人（报告） 黑　丁
血战龙王庙（报告） 马若璞
诗　抄
江之子 厂　民
红灯 火　石
延安诗抄 良　友
长沙会战（长诗） 彭　慧

略评新生代第一部（批评） 巴　人
上海文艺刊物（书报述评） 洛　凡
在火车站（连载完） 穗　青
补白
两个奖金
东古斯诗人的新作
《文阵》广播
编后记

为援助叶紫先生遗族募捐启事
夏　衍　艾芜等15人

插图

鲁迅象（木刻）　黄荣灿

先生吃烟么（速写）　邵　宇

第4卷　第4期

1939年12月16日出版

记尚仲衣教授（粤北散记之十四）
司马文森

千人塔下的声音（小说）　骆宾基

文艺批评的新任务（专论）　周钢鸣

短评·随感

关于学习　巴　人

思想的深度　适　夷

从“苦住”到“喝道”　仇　山

小兵（随笔）　厂　民

九龙岗（散文）　韩北屏

在峨眉山（地方印象）　李石锋

诗　抄

一个礼赞　曹葆华

洋油灯　高　岗

十二个月的转移　韩北屏

囚徒自由（美国战歌选译）
洛　特作　韦　佩译

评庄涌的《突围令》（批评）
黄　绳

《文艺战线》与《七月》（书报述评）
贺　依

成都鲁迅先生纪念展览会记（报导）
杨　波

第三次美国作家大会（海外通讯）
柱常译

《文阵》广播

补白三则

编后记

插图

嘉陵纤夫（木刻）　陆　田

战后湘北（木刻）　段千青

第4卷　第5期

1940年1月1日出版

文学与社会生活底将来（论文）
杜　埃

短评·随感

文学领域的宪政运动　杜　埃

确立文艺政策　杜　埃

两种脸谱　仇　山

玉蜀黍的悲剧（小说）　王西彦

记尚仲衣教授（人物志之一）（续）
司马文森

幽怨（小品）　碧　野

烧鱼的故事（报告）　曾敏之
——苗山杂记之一

山居一年（地方志）　钦　文

诗　抄

除夕呈客　令狐令德

战士的遗嘱　令狐令德

出征之歌　王晨牧
炭车　王晨牧
歌者　向　青
痨病　高　岗
关于《麦与兵队》（批评）　巴　人
西战场上的木刻运动（报导）　力　群
一九三九的圣诞节（独幕剧）　S　Y
《文阵》广播
编后记
插图
检讨（炭画）　邵　宇
探察（木刻）　铁　华
行军（木刻）　王　琦

第 4 卷　第 6 期
1940 年 1 月 16 日出版

民族形式与大众文学（论文）　巴　人
归来后（小说）　周正仪
短　评
抗日·团结·进步　适　夷
文艺的批判任务　杜　埃
生活的实在　黄　绳

芦笙会（苗山杂记之二）　曾敏之
战地拾零（报告）　马若璞
绿云下的缅宁（地方记）　彭桂蕊
诗　抄
祖国战斗曲　孙艺秋
别离在战斗的时候　孙艺秋
拉纤者　胆　石

马·恩论艺术（介绍）
符拉奇米尔·格里勃　史　笃译
从《通俗文艺》五日刊说起（书报述评）　贺　依
大上海在火焰中（三部剧）　石　灵
来件：
上海民众为推进宪政运动宣言《文阵》广播
编后记
插图
耕（木刻）　段干青
仇恨（木刻）　陆　田

第 4 卷　第 7 期
1940 年 2 月 1 日出版

山野火烟（小说）　田　涛
——《子午线》之五、之六
给艾青先生的一封信（批评的批评）
——谈《画梦录》和我的道路　何其芳
短　评
两个口号　巴　人
关于作家生活保障　适　夷
一个会唱莲花落的青年队员（报告）　雷　加
战地拾零（报告）　马若璞
饥寒褴褛的一群（报告）　李　乔

诗　抄

迎宪政　锡　金

米价　锡　金

A群二等射手之歌　令狐令德

炉中之铁　令狐令德

远方　木以圭

春天要来了

〔捷克〕J.V.斯拉狄克作　孙　用译

列宁的童年（纪念）

〔苏〕德·乌里亚诺夫作　靖　华译

诗刊一束（书报述评）　束　胥

大上海在火焰中（剧续完）　石　灵

上海点滴　S　H

《文阵》广播

征集文艺通讯　文艺阵地社

编后记

插图

战时青年（木刻）　韩尚义

原野（木刻）　段干青

流亡之群（木刻）　朱宙平

第4卷　第8期

1940年2月16日出版

这时代（小说）　罗　洪

鲁迅底初步思想·文学观·社会意识的检讨（节录《中国近代社会变革的默史》第五节）　欧阳凡海

杂论阿Q（杂感）　闻　歌

短　评

单纯和精炼　适　夷

形式的产生　锡　金

诗歌特辑

抒情十章　曹葆华

马伕　陈残云

杨村江畔　陈残云

北运河上　鲁　岳

给保卫中条山的战士们　方　殷

南洋锄奸团　吴沅璞

美国战歌选译　洛　特作　韦　佩译

在城郊

列别介夫　古马赤作　铁　弦译

为大众（海外特稿）

Samuel Sillen著　柱　常译

阿三张飞（通俗小说）　田　青

《文阵》广播

编后记

插图

抗战门神　韩尚义

神枪手　荒　烟

第4卷　第9期

1940年3月1日出版

善良的将军（人物志二）　司马文森

诗 特 辑

短评

诗歌，语言的创造　锡　金

和假诗坏诗斗争　锡　金

关于讽刺诗　西　滇

论诗和诗人（论文）　周钢鸣

你回来吧　木以圭

豫西北剪影　邹绿芷
琴声　李雷
西北道上　曹葆华
耶玛　高岗
玛耶可夫斯基回忆
Elsa Triolet 作　柳无垢译

兴集的文艺（报导）　周熙
《文阵》广播
编后记
插图
粤北大捷一景（木刻）　梁永泰
《第一阶段》插图四帧（木刻）
刘建庵

第 4 卷　第 10 期
1940 年 3 月 16 日出版

论两个诗人及诗的精神和形式（专论）　孟辛
短　评
现象与本质　巴人
报告的疲乏　叶素

萧宁（小说）　萧涵
喜筵（报告）　林果
焦蓉（人物素描）　韦妥
邻家（散文）　梁丙
殉难（报告）　紫秋
诗　抄
诗二首　艾青
清晨　方敬
募捐　方敬
看护女　方敬
烈士墓旁　臧克家
在南宁　高岗
我背靠着旗杆　王扬

第二次大战与世界作家　林焕平
世界是怎样哗转的　黄桦霈
《文阵》广播
编后记
插图
今日的妇女（木刻）　新波
伟大的母亲（木刻）　纳克

第 4 卷　第 11 期
1940 年 4 月 1 日出版

形式问题杂记（论文）　孟辛
鲁迅的初步思想・文学观・社会意识的检讨（研究・续）　欧阳凡海
短　评
悼蔡孑民先生　叶素
加紧文艺的反攻　辛石
革命特质的认识　黄绳

在失去自由的地带（小说）　魏伯
诗　抄
三月　林绥
沉沉的夜　向云
洞庭秋　胆石

忆　方　然
复活了唐河信南公路　曲江韬
泛滥了，粤江　胡明树
滹沱河上的儿童团员　郭小川

进城出城（报告）　岳　瑟
通过平汉路（报告）　叶　拉
在王店维持会里（侵占区工作报告）　朱　波
捕（记事）　张　煌
陕甘宁边区文化协会第一次代表大会宣言（来件）
关于鲁迅先生诞辰六十周年纪念
《文阵》广播
编后记
插图
人民（素描）　郁　风
《生死场》插图二幅　荒　烟

第4卷　第12期

1940年4月16日出版

论公式主义及抗战文艺运动之回顾与展望（专论）　老迟生
鲁迅底初步思想·文学观·社会意识的检讨（研究·续完）　欧阳凡海

短评·随感

再关于现实主义　史　笃
各尽所能　仇如山
关于文艺补助金　叶　素
资本新论（报告）　高　岗
隆福伯（人物素描）　一　心
地瓜（报告）　郭嘉桂

诗　抄

稻草床　邹荻帆
新的墓铭　厂　民
川江纤夫曲　羽　军
拉伕　征　华
摇篮曲　令狐令德

美术工作者在延安（报导）　钟　灵
关于鲁迅先生六十生诞纪念（报导）
茅盾到延安（消息报导）
记端木蕻良（消息报导）
蔡咏裳逝世（消息报导）
绝路（小说）　寒　波
记《文阵》二年　适　夷
《文阵》广播
编后记
插图
蒋委员长　翼　子
训话　梁永泰
祝捷　纳　维

第5卷　第1期

文阵丛刊一：水火之间

1940年7月出版

封面　君　匋
保卫民族文化运动（论文）　源　新
关于形象（专论）　维　山

短　评

七七致辞　辛　石
纪念高尔基　叶　素

一个老地主的故事（小说）　巴　人
收获（报告）　荆有麟
渍羽杂记（杂文）　唐　弢
那六个走掉的（散文）　锡　金
论现阶段底演剧艺术（论文）　周钢鸣
一个赌窟的消灭（报告）　寒　波
一九四〇年春在C城（速写）　叶　金

诗　抄

讽刺二题　高　岗
我打从春天的城池出来　邹荻帆
对象独白　令狐令德

高尔基与马雅可夫斯基（译论）　L.齐莫费耶夫教授著　朱　荑译
《边陲线上》（批评）　贺　依
南海的一角（报导）　冯　延
每月文谈（作品巡礼）　无　斋
“文艺长城”（述评）　劳　难
一个提议（通信）张天翼　适　夷
水火之间（中篇连载）　骆宾基
编后者　编　者

报　导

丹麦作家尼克梭　关　露译
国际文艺报道　之　译
溆浦通俗读物编刊社　何　鹏
东南文艺新军　叶　金

画　刊

扫荡（木刻）　梁永泰
流浪者沛西珂夫（照片）　莫斯科评论
一个人的诞生（照片）　莫斯科评论
梧州空室演习清野（木刻）　纳　维
香港园游会（照片）　珠江日报摄

第5卷　第2期
文阵丛刊二　论鲁迅
1940年8月出版

鲁迅先生六十诞辰纪念

短评

一个检讨　适　夷
伟大的平凡　适　夷
走向鲁迅　适　夷

民元前的鲁迅先生　景　宋
鲁迅与中国民族及文学上的鲁迅主义　冯雪峰
鲁迅思想与鲁迅精神　唐　弢
鲁迅与中国青年　萧　三
论鲁迅　端木蕻良
驱除寂寞　欧阳凡海
——《中国社会变革的默史——鲁迅》第六节

鲁迅与中国文学　周木斋
关于鲁迅杂想　巴　人
为鲁迅诞辰而歌：
迎迓　袁水拍
纪念已故鲁迅先生六十诞辰　朱维基
“管自己生活”　屠　扶
鲁迅先生诗钞
水火之间（二）　骆宾基
编后记
画刊
鲁迅与民族革命战争　陈烟桥
鲁迅与高尔基　陈烟桥

第6卷　第1期

1941年1月10日出版

老烟的故事（小说）　沙　汀
遗失的笑（小说）　草　明
杂　感
落后与进步　嘉　生
上海的“失检”　千　冬
风景谈（散文）　茅　盾
未爆发的夜（诗）　袁水拍
芦笛之歌（诗）　惠特曼作　徐　迟译
玛蒂夫人家（长诗《毁灭》中《魏刚防线》之一段）　艾　青
列宁逝世纪念特辑
列宁的故事　〔苏〕M.左琴科作　靖　华译
关于列宁　罗曼·罗兰　肖伯纳　高尔基　巴比塞等作　葛一虹译
列宁论文学·艺术与作家　戈宝权辑译

今天（独幕剧）　时　晓
收枪（小说）　孔　厥
船夫（速写）　梅　行
论《阿Q正传》　张天翼
编后记　编　者
《文阵》消息五则
封面设计　张光宇
本刊继续出版声明

第6卷　第2期

1941年2月10日出版

劝善的（小说）　徐　盈
刘明的苦闷（小说）　严文井
论戏剧对话　密莱特作　章　泯译
给我们这一天（诗）　〔美〕纽加斯作　袁水拍译
诗二首　方　敬
母亲和儿子（诗）　〔苏〕特瓦多夫斯基作　方土人译
杂　感
“家”与解放　茅　盾
想到儿童　卢鸿基
“发明观念”　桐　生
白云谈　千　冬

人性的恢复（报告） 沈起予
转形期（独幕剧） 宋之的
哈桑湖畔
〔苏〕莫什梁克作 礼长林译
《文阵》消息（二则）
编后记 编 者
封面设计 张光宇

第6卷 第3期
1941年6月10日出版

牺牲者（小说） 柳 倩
枪（小说） 刘白羽
鲁迅先生的初期思想（论文）
黄文俞
白杨礼赞 茅 盾
穆尔塔（小说）
〔苏〕克拉特作 王春江译
麦收（小说） 柳 风
爷爷（小说） 丰 村
诗 抄
乌拉特歌 刘映元
韩江月夜 金生水
黑土 金生水
鼠的画象 严杰人
无题 严杰人
马却陀诗二首 袁水拍译
中国夜曲 洁 泯
夜桂林 严杰人

肖洛霍夫在一九四〇年
犹黎·卢金作 杨振麟译
故园草 邹绿芷
乡下的大学（烟雨图之一） S Y
高等学校 犹太 Sholom Aleic Kem
方土人译
“上耿”跟“下耿” 杨亚宁
剧本的情节研究（论文）
米莱特著 章 泯译
人性的恢复（续） 沈起予
老三（剧本） 冰 庭

第6卷 第4期
1942年4月10日出版

论抗战以来的中国新诗 艾 青
——朴素的歌序
小 说
地雷 柳 青
老刘的文章 萧蔓若
火车上 葛 陵
加拉乔夫（小说）
V.斯达夫斯基著 靖 华译
文艺民族形式问题的旧错误与新偏向（上） 王实味
诗 抄
骑兵回来了 李 雷
受难者 黎焚薰
今之普罗米修士 严杰人
新的电线杆 苏金伞
溪流·水车 胡明树
孩子们 高尔基作 礼长林译
我的祖国（苏联抗战文艺报告）
伊万诺夫作 王语今译

在顿河上（苏联抗战文艺报告）
肖洛霍夫作　王语今译
散文·杂感
“扇”变　李石锋
“灭口”　田仲济
《卍字旗下》跋　S Y
怀P博士　S Y

人性的恢复（报告）（续二）沈起予
吴同志（独幕剧）　舒　群
《文阵》广播
封面画
逃亡　李　桦

第6卷　第5期

1942年5月20日出版

论创作上的生活与取材　欧阳凡海
小　说
巴黎之旅　西　龙作　马　耳译
留置场　罗　烽
野蒜　狄　耕
最理想的人性　茅　盾
市镇风景　锡　金
英雄的象及其他　于　恙
诗　选
雪原上　厂　民
萤　方　然
谢夫琴科诗三章　邹绿芷译

鲁迅归国的年代及初回国时的生活
林　辰
火中的河　V.苏莫夫作　礼长林译
孤独的普式庚
布拉郭衣作　李　葳译
台上台下（报告）　魏　伯
《文阵》广播
春耕（木刻）　胡　考

第6卷　第6期

1942年7月30日出版

战长沙（报告）　徐　盈
卖报人与画师（小说）　马　耳
为民主战士的易卜生　伍　辛
唐吉诃德（散文）
海　涅作　李　嘉译
《江加尔》俄译本序
李普金作　亚　克译
江加尔（卡尔美克民族史诗）
亚　克译
苏联卡尔美克的文学与艺术
列季诺夫作　亚　克译
可怜的人（小说）　一　文
托尔斯泰之死（小说）　端木文瑞
塔（诗）　厂　民
电话（小说）
D.柏格森作　黎　璐译
吸血兽（独幕剧）　肖　斧

第7卷　第1期

1942年8月30日出版

我对于《文阵》的意见　茅　盾

在医院中（小说） 丁 玲
对于目前文艺上几个问题的意见 艾 青
射虎者及其家族（叙事诗） 力 扬
啊！风啊，吹吧！（诗） 姚 奔
瘤老头和小癞痢（小说） 文 若
茫野诗草 戈 茅
收获诗辑 王亚平
回家（小说） 黄贤俊
欧罗巴之夜（报告文学） 爱伦堡作 戈宝权译
人鼠之间（三幕剧） 〔美〕约·史坦倍克作 楼 风译
霜叶红似二月花（长篇小说） 茅 盾

第7卷 第2期

1942年9月30日出版

烧箕背（上） 沙 汀
一幅古老的图画 逢 美
在教堂歌唱的人 荒 煤
赠友二章 酒 泉
荒凉 艾 青
捉蛀者 艾 青
论剧诗与机关布景 徐 迟
向海洋 吴伯箫
海的幻象 刘白羽
演员研究 〔苏〕B.高林—高列依诺夫作 沙 蒙译
人鼠之间（三幕剧） 〔美〕约翰·史坦倍克作 楼 风译
霜叶红似二月花（长篇小说） 茅 盾

第7卷 第3期

1942年10月31日出版

山野间的歌舞 立 方
鲁迅先生逝世六周年纪念特辑
关于研究鲁迅的一点感想 茅 盾
论鲁迅的小说 许大远
鲁迅语录
泥土的歌（诗辑） 臧克家
中国，我呼唤你！ 逢 美
托尔斯泰底艺术观 雪尔特科夫著 曹葆华译
亲爱的 A.契诃夫作 李 葳译
晨（诗） 邹荻帆
第二代 黄 地
烧箕背（下） 沙 汀
人鼠之间（三幕剧） 〔美〕约翰·史坦倍克作 楼 风译
霜叶红似二月花（长篇小说） 茅 盾

第7卷 第4期

1942年11月20日出版

索亚（叙事诗） 艾 青

苏联文学特辑

二十五年来的苏联文学　戈宝权

论苏联近年的小说创作

P·巴甫连珂　F·列文作

铁　弦译

生命底感触

〔苏〕梭霍洛夫作　贾　芝译

新的生命

妲琦雅娜·泰丝作　雨　鲸译

"我不能静默"

〔苏〕谢果略娃著　荒　芜译

论演技艺术的最高目的

斯坦尼斯拉夫斯著　郑君里译

七月的武当山　碧　野

乡村风景　臧克家

怀念　晦　晨

夜奔（独剧幕）

约翰·尔夫都斯原著

徐昌霖改译

霜叶红似二月花（长篇小说）

茅　盾

文阵新辑之一：

去国

1943 年 11 月出版

报施　茅　盾

去国　谢挺宇

雁字：人　大　雪

投宿　冬　罡

过梁　马　加

他〔美〕嘉塞玲·坡特作　林秀清译

两逃犯

——《第七名逃犯》第三章

〔德〕安娜·赛该尔斯作

徐　迟译

乌克兰木屋里发生的事

〔苏〕Wanda Wasilewska 作

王　元译

外科医生

〔苏〕V.Lidin 作　荒　芜译

文阵新辑之二：

哈罗尔德的旅行及其他

1944 年 2 月出版

契尔德哈罗尔德的旅行

〔英〕拜　伦作　袁水拍译

阿多拉司

〔英〕雪　莱作　方　然译

雪莱诗抄（七首）　袁水拍译

哀弗立昂

〔德〕哥　德作　冯　至译

山歌〔德〕海　涅作　李　嘉译

海涅诗抄（三首）

孙　纬　吴伯箫译

莱蒙托夫诗抄　戈宝权译

叶遂宁诗抄（六首）　戴望舒译

穷人们

〔法〕凡尔哈仑作　艾　青译

惠特曼诗抄（四首）

冠峨子　邹　绛译

编者附记

文阵新辑之三：
纵横前后方
1944年3月出版

封锁线前后　沙　汀
歧路　郁　茹
一天的工作　黄贤俊
喜事　柳　青
上尉什哈伏隆科夫
〔苏〕V.考兹夫尼可夫作　茅　盾译
墙　〔法〕沙特耳作　荒　芜译
编后记　编　者

178 抗战文艺

简介

《抗战文艺》，中华全国文艺界抗敌协会会报。一九三八年五月四日创刊于汉口，抗战文艺编辑委员会编辑；编委会由各方面的代表作家三十三人组成，他们是：王平陵、田汉、安娥、朱自清（昆明）、朱光潜（成都）、成仿吾（延安）、老向、老舍、吴组缃、宋云彬、周文（成都）、郁达夫、胡风、胡秋原、茅盾（香港）、徐炳昶、姚蓬子、冯乃超、夏衍、陈西滢、张天翼（长沙）、舒群、阳翰笙、叶以群、叶绍钧（重庆）、适夷、郑伯奇（西安）、郑振铎（上海）、穆木天、锡金、钟天心（广州）、丰子恺、罗荪（按：名下未注地名者，当时均在武汉）；以"抗战文艺出版部"的名义发行。刊物出版过程中，具体执编人、实际发行所，以及刊期、出版地点屡有变动。最初为三日刊，同年五月二十一日第一卷第五期改为周刊；在武汉出到八月十三日第二卷第四期中止。武汉出版期间，由舒夷、姚蓬子、锡金、罗荪执行编务。武汉沦陷前夕，另出"武汉特刊"四期，由冯乃超、罗荪、叶以群、戈宝权编辑。一九三八年十月八日《抗战文艺》在重庆复刊，续出第二卷第五期，仍为周刊，老舍、姚蓬子等编辑；稍后，罗荪抵渝，也参与编辑*。一九三九年四月十日第四卷第一期起改出半月刊。刊物第一卷至第五卷统归读书生活出版社发行。自一九四〇年三月三十日第六卷第一期起，又改为月刊，六卷一至三期由上海杂志公司发行，六卷四期以后归华中图书公司发行，自第八卷起改由作家书屋发行。一九四六年五月四日出至第十卷第六期停刊，"终刊号"由三联书店发行。

---

* 上述具体执编人，刊物并未列名。这段文字参照下列回忆文章写成：〔1〕罗荪：《〈抗战文艺〉回忆片断》，载《中国现代文艺资料丛刊》第一辑；〔2〕罗荪：《关于〈抗战文艺〉》，载《新文学史料》1980年第二辑；〔3〕锡金：《武汉时期的〈抗战文艺〉》，载《中国现代文学研究丛刊》1982年第一辑。按：罗荪在重庆参与编辑，至第五卷止。

整个《抗战文艺》从创刊到终刊，包括“武汉特刊”在内，共出七十八期，十六开本。另有《文协成立五周年纪念特刊》、《文协成立七周年并庆祝第一届文艺节纪念特刊》各一册，三十二开本。

《抗战文艺》是贯穿整个抗战时期唯一的全国性文艺刊物，体现着文艺界团结抗战的精神。《发刊词》号召全国文艺工作者，“首先强固起自己阵营的团结，扫清内部一切纠纷和磨擦，小集团观念和门户之见，而把大家的视线一致集注于当前的民族大敌”。刊物出版的八年间，认真实行这一要求，紧密依靠革命进步作家，吸引并团结大批爱国的、拥护抗战的文艺工作者，在抗战文艺阵地上树起了一面进军的旗帜。

刊物的编辑采取创作、评论、翻译并重的方针。在武汉出版期间和重庆复刊初期（大体在第四卷以前），由于政治有民主化的趋势，文化有较普遍的动员，这时的文艺创作在内容上表现了全国上下抗日爱国的新气象，形式上以通讯、特写、速写、印象记——各种报告文学作品数量最多，辅以倡导通俗文艺的短论和通俗文艺作品，形成热烈奋发、迅速及时地反映现实事变的特色。在重庆出版的大部分时间（主要是第四卷以后），随着国统区政治形势的恶化，刊物再也不能正常出版。报告文学衰微，小说、诗歌增多，辅以散文、杂感，加强了暴露与讽刺国统区黑暗的内容。《抗战文艺》还一贯重视现实文艺问题的研讨。从第三卷第一期起增辟“每周论坛”栏（改出半月刊后易名“论坛”），利用“短论”提出或讨论问题，批评错误倾向，诸如对梁实秋“与抗战无关”论的批判，对现实主义和文艺批判作用的讨论，以及“保障作家生活”的呼吁等。这个专栏一直出到第六卷第三期中止，对抗战文艺的发展起了促进作用。此外，刊物每期都有“文艺简报”，又经常披露文协的“会务报告”，比较及时报道了文协的活动和全国各地的文艺动态。至于文艺界一些重大活动，则经常编刊专辑，如鲁迅逝世二周年、四周年纪念特辑，郭沫若、老舍、茅盾等人的纪念特辑，以及“保卫大武汉专号”、“回民生活文艺特辑”，等等。整个《抗战文艺》的出版，对指导、推动当年的文艺运动做出过重要贡献，为研究我国现代文化史与文学史保存了有价值的资料。刊物的主要撰稿人有老舍、茅盾、郭沫若、姚雪垠、郁达夫、适夷、以群、艾青、任钧、罗荪、宋之的、胡风、吴伯箫、吴组缃、雪峰、沙汀、欧阳山、草明、蓬子、王平陵等。

目 录

第1卷 第1期
（三日刊）
1938年5月4日出版

发刊词
纪念“五四”——为大众的文化而战斗（论文） 适 夷
“五四”文艺的战斗性（论文） 穆木天
人同此心（小说） 老 舍
台庄一勇士（前线通信） 以 群
会务报告 总务部
外国文艺者在武汉 记 者
文艺简报 记 者
本会启事（二则）

第1卷 第2期
1938年5月7日出版

走向胜利的五月
论现阶段的文学主题（论文） 姚雪垠
平汉陇海津浦一带（通讯） 郁达夫
炮火下的孩子（小说） 鲁 彦
在五一节兵工厂的晚会里（报告） 鲁 黎
寄语我儿郎（漫画） 丰子恺
难童谣（歌谣） 平 林
文艺简报 记 者
会务报告 总务部

第1卷 第3期
1938年5月10日出版

在抗战中建立文艺的基础 平 陵
通俗读物编刊社的自我批判（论文） 向林冰
疯妇人（诗） 锡 金
炮火下的孩子（小说） 鲁 彦
通俗文艺散谈 老 舍
文艺简报 记 者
会务报告 总务部

第1卷 第4期
1938年5月14日出版

给周作人的一封公开信 茅 盾等
扩大文艺的影响（论文） 以 群
榴花（诗） 厂 民
抗战中来华的英国作家（介绍） 马 耳
“同志”和农民们（速写） 碧 野
日本的娼妇与文士（杂感） 郁达夫
战壕小调（歌谣） 何 容
文艺简报 记 者
会务报告 总务部
来件：介绍通俗读物编刊社简史及工作 通俗读物社

第1卷 第5期

1938年5月21日出版

（从本期起改为周刊）

怎样编制士兵通俗读物 座谈会
中国文学在苏联（介绍）
罗果夫作 戈宝权译
血的短曲之二（小说） 舒 群
长沙分会在筹备中（通讯） 白 澄
某夜（速写） 田 涛
最悲惨的一幕（溧阳通讯）
秋 涛
通俗文艺短论 姚雪垠
白面包与肉类是有毒的（诗）
力 扬
想念家乡（诗） 鲁 黎
汉奸吉思恭（延安通讯） 张春桥
五十七条好汉（报告） 云 壮
农人与兵士（画） 赵望云
文艺简报 记 者

第1卷 第6期

1938年5月28日出版

关于"艺术和宣传"的问题（论文）
鹿地亘
踏着五卅民族革命的血迹前进（木刻） 安 林
饥饿（速写） 黑 丁
抗战文艺运动的据点（论文）
穆木天
同情的援助（随笔） 何家槐
觉醒罢！出卖祖国的奴役！（诗）
王平陵
反侵略！（朗诵诗） 艾 青
敌人屠刀下的思想与学术（杂文）
蓬 子
出发聊城的途中（通讯） 李辉英
负伤的战士（杂记） 一 文
文艺简报 记 者
会务报告 总务部

第1卷 第7期

1938年6月5日出版

抓住战斗的中国民族这个崭新的形象（讲辞） 冯乃超
为书复仇（杂文） 胡秋原
慰劳（小说） 陈白尘
答鹿地亘（论文） 适 夷
在太湖的山间（随笔） 力 群
生命的战斗（通讯） 侍 桁
文艺简报 记 者
诗三首 覃子豪 田 间 定云才
检查（塘沽杂记） 萧 无
抗战文艺工作在边区（通讯）
之 东
关于抗日三字经（杂文） 老 向
园会（特写） 记 者
会务报告 总务部

第1卷　第8期
1938年6月11日出版

文艺的"功利性"与抗战文艺的大众化　蓬　子
杀过单城集（报告）　张天虚
在特鲁尔前线（翻译）　马　耳译
今日的郑州与开封（前线通讯）　李　桦
四川的文化动态（通信）　宋之的
从"学院派"古典派形式主义讲到目前的救亡歌曲（论文）　贺绿汀
河边草（歌曲）佚　名词　联抗曲
孩子们到四川去了（报告）　安　娥
诗二首　臧克家　锡　金
在伤兵医院（报告）　紫　墟
空军杀敌归（漫画）　丰子恺
抗战文艺的题材（论文）　沙　雁
文艺简报　记　者
鲁迅全集发刊缘起（特载）　鲁迅先生纪念委员会

第1卷　第9期
1938年6月18日出版

为敌机轰炸广州告世界友人书　本会宣言
为时局告同胞书　本会宣言
纪念高尔基
高尔基致孙中山先生书　高尔基
高尔基论中日战争　罗　荪
回忆高尔基　戈宝权

火（小说）　刘白羽
冲取联络线（前线通讯）　徐　盈
诗二首　柯仲平　艾青
扬州的日兵在自杀（通讯）　鲍　雨
后方的乡村（报告）　彭　慧
文艺简报　记　者
会务报告　总务部

第1卷　第10期
1938年6月25日出版

致伦敦国际作家保障文化自由协会电　本会通电
对于文艺工作的一个建议　刘白羽
批评的贫乏（短论）　适　夷
出征（独幕喜剧）　宋之的
活捉铁乌龟（报告）　李　乔
文艺活动在重庆（通讯）　徐中玉
突围杂记（通讯）　应　清
江晓凤舍身诱敌（抗日鼓词）　老　向
旧剧抗战（短论）　马彦祥
文艺简报·"保卫大武汉"　记　者
母性的典型（随笔）　封禾子
保卫大武汉专号征稿启事

第1卷　第11期
保卫大武汉专号（上）
1938年7月2日出版

英勇壮烈的抗战一周年（论文）　蓬　子
为保卫大武汉而控诉（杂文）　端木蕻良
他们在码头上（独幕剧）　锡　金
江上（特写）　适　夷
不要说空话（杂文）　徐　盈
“太平盛世”（报告）　罗　荪
怀乡病与难民（报告）　植　山
保卫武汉与典型性格的创造　北　鸥
诗三首　舒　群　覃子豪　邵冠华
盘里糕（童谣）　胡绍轩
会务报告　总务部
文艺简报　记　者

第1卷　第12期
保卫大武汉专号（下）
1938年7月9日出版

保卫武汉与文艺工作（论文）　舒舍予
抗战周年随笔　叶圣陶
敌与友（小说）　老　舍
我们只有一条路（杂文）　郁达夫
保卫武汉与今后的文艺工作（论文）　以　群
从保卫大武汉说起（杂文）　宋之的
到胜利之路（街头剧）　凌　鹤
诗三首　洪　遒　罗　烽　任　钧
遣散（报告）　一　夫
关于周作人事件　记　者
会务报告　总务部

第2卷　第1期
（总13期）
1938年7月16日出版

论加强批评工作（论文）　茅　盾
从彭泽归来的人（报告）　覃子豪
小小的胜利（报告）　吴　蔷
江上歌声（随笔）　安　娥
西班牙战争中的诗人们　D.特里瓦尔著　高　寒译
最近成都的文艺活动（通讯）　周　文
麦穗黄的时候（诗）　王亚平
绘画·音乐·戏剧（论文）　常任侠
临大长征剪影（通讯）　田　庄
会务报告　总务部
园会特写　醒　无
文艺简报　记　者

第2卷　第2期
（总14期）
1938年7月23日出版

军民合作（独幕剧）　徐旭生

水（报告） 应 清
担负起我们的开拓者的任务来（论文） 穆木天
重庆——美丽的山城（通讯） 王平陵
抽签（小说） 丁 行
鸡公山（诗） 高 兰
我们的招待（特写） 紫 墟
愉快的行程（报告） 元 留
夜会 记 者
文艺简报 记 者

第 2 卷　第 3 期
（总 15 期）
1938 年 7 月 30 日出版

悲剧的胜利（论文） 徐中玉
刘伟棠先生一家人（小说） 梅 林
“七七”周年在新都（通讯） 王余杞
冲过第二道拦阻线（报告） 应 清
我怀恋着莫斯科（诗） 黄药眠
正义的呼声与同情的反响（书评） 金克木
别武汉（随笔） 老 舍
回到武汉（杂文） 适 夷
文艺简报 记 者
公布帐目 总务部·出版部

第 2 卷　第 4 期
（总 16 期）
1938 年 8 月 13 日出版

民族战争中的国际主义（论文） 胡 风
巴塞龙那上空的“黑鸟”（报告） 〔西班牙〕巴利欧作 马 耳译
战地小景（杂写） S.M
滇池岸上（通讯） 彭 慧
赵老太太会见记（特写） 绿川英子
俘虏（杂写） 史沫特莱
我底略历（作家小纪） 鹿地亘
西班牙的革命作家别尔加曼（作家小纪）〔苏〕凯 琳作 铁 弦译
佛无灵（随笔） 丰子恺
诗三章 马 耳等
抢救孩子去（报告） 安 娥
日记一页（小品） 王 莹
阿特丽女士欢迎会小纪（速写） 记 者
文艺简报 记 者

第 2 卷　第 5 期
（总 17 期）
1938 年 10 月 8 日出版
（从本期起改在重庆出版发行）

本刊紧急启事
一个最实际的问题（论文） 蓬 子
一个汉奸底死（小说） S M

亳州一老妇（报告） 冰 莹
机器沉默的时候（随笔） 植 田
残余的两个和一个（小说） 田 涛
离散（随笔） 姚雪垠
关于维持会之类（杂文） 宋之的
一件小事（杂文） 万迪鹤
檄日本飞机士（长诗） 伍 禾
文艺简报 记 者
会务报告 总务部

第2卷 第6期
（总18期）
1938年10月15日出版

抗战以来的中国文艺界（论文） 魏猛克
憎恶（小说） 梅 林
制作通俗文艺的苦痛（创作经验） 老 舍
文艺工作者在广州（通讯） 适 夷
复仇的心（小说） 万迪鹤
七月二十八号（报告） 右 家
在颖桥寨（随笔） 吴 蔷
文艺简报 记 者
会务报告 总务部

第2卷 第7期
（总19期）
1938年10月22日出版

鲁迅先生逝世二周年纪念特辑
纪念鲁迅 魏猛克
衷心的纪念 端木蕻良
一面旗帜 方 殷
学习“固执”的精神 沈起予
反省自己纪念鲁迅 宋之的
鲁迅以乳和血养育青年 梅 林
鲁迅先生逝世二周年纪念 老 舍
继承“鲁迅精神” 蓬 子
张二姑娘（小说） 陶 雄
告别武汉（通讯） 罗 荪
诗 锡 金 菲 洛
火车头（报告） 师田手
文艺简报 记 者

第2卷 第8期
（总20期）
1938年10月29日出版

我们怎样写作通俗读物（论文） 顾颉刚
射击手 魏 伯 碧 野
访学友（散文） 舒 群
毛脉厚（抗日鼓词） 老 向
鲁迅先生的一生（报告） 台静农
学习鲁迅精神（杂文） 周 文
严肃的纪念（特写） 记 者
会务报告 总务部
编后记 编 者

第2卷　第9期
（总21期）
1938年11月5日出版

扫除和平主义与失败主义（时论）　蓬　子
螺蛳谷（小说）　端木蕻良
他是我们的敌人吗（报告）　安　娥
沈寂中的前线（战地报告）　丁　行
戏剧列车在汉口街头（通讯）　洪　露
挥起正义的利剑（诗）　厂　民
紧张了的宜昌（通讯）　萧　林
意大利法西斯蒂在瓜达拉哈拉的遭遇　〔苏〕柯尔佐夫作　立波译
缝衣歌（歌曲）　方　殷配词　丽莲记谱
会务报告　总务部
文艺简报　记　者

第2卷　第10期
（总22期）
1938年11月12日出版

面对着文化界的困难（论文）　沆　生
完成第一次的战斗（小说）　李密林遗作
我对于“旧形式”的几点意见（论文）　黄芝冈
从武汉撤退（通讯）　乃　超
衡阳上空夜战（报告）　巴　夫
武汉人（散文）　陈瘦竹
长坂坡在狞笑（通讯）　萧　英
他们在街上走过（诗）　任　钧
会务报告　总务部
文艺简报　记　者
编后记　编　者

第2卷　第11、12期合刊
（总23、24期）
1938年11月26日出版

建立沦陷区域的文艺工作（论文）　座谈会
逃亡（通讯）　李希达
端午节（四幕剧）　黄药眠
忆密林（散文）　徐　盈
伤兵（报告）　邵子南
论我们时代的诗歌（论文）　徐中玉
同情的滥用（书评）　罗　荪
孤岛上的文人与文坛（通讯）　罗衣寒
托尔斯泰百一〇年诞生纪念　M.Brovin作　高　植译
义训报国（抗日通俗故事）　何　容
握手吧——你们和我们（诗）　方　殷
文艺简报　记　者
会务报告　总务部

第 3 卷　第 1 期
（总 25 期）
1938 年 12 月 3 日出版

每周论坛

1．两个后防　蕻
2．敌人的文化麻醉政策　蓬
3．过去在敌人后方的文化工作　荪
4．展开沦陷区域的文化工作　虹

新的一代（小说）　徐　盈
答客问（讨论）　老　舍
大军来去中的富水沿岸（报告）　应　清
我怀念广州（随笔）　靳　以
昆明！美丽的山城！（长诗）　穆木天
从鲁迅想到书报审查（杂文）　宋之的
致读者　编　者
文艺简报　记　者

第 3 卷　第 2 期
（总 26 期）
1938 年 12 月 10 日出版

每周论坛

谈"抗战八股"　宋之的
什么是"抗战八股"　姚蓬子
什么是"与抗战无关"　魏猛克
一切都"与抗战有关"　姚蓬子
戏剧艺术与宣传　胡绍轩
伟大的死者（小说）　魏　伯
通俗文艺的二三问题（论文）　须　旅
轰炸下（报告）　应　清
我们需要新的歌（杂文）　程朱溪
怀寿州（散文）　吴伯箫
诗二首　黄药眠　沙雁
《北方的原野》和《太行山边》（书评）　徐中玉
文艺简报　记　者
编后记　编　者

第 3 卷　第 3 期
（总 27 期）
1938 年 12 月 17 日出版

每周论坛

翻译抗战文艺到外国去的重要性　蓬
关于翻译作品到外国去　猛
加紧介绍外国文艺作品的工作　权
也还需要批评　荪

钢铁与灰烬（小说）　王余杞
我们对于抗战诗歌的意见（论文）　诗歌座谈会
不能遗忘的好伙伴（报告）　孙　钿
新中国是一个新天下（诗）　长　虹
一九三八年七月十八日　爱伦堡作　戈宝权译
长江血（街头报告剧）　胡绍轩
文艺简报　记　者

第3卷　第4期
（总28期）
1939年1月7日出版

每周论坛
抗战文艺应当把握建国意识　芝
加强文艺上的抗战意识　一
文艺上的反汉奸斗争　蓬

血债（报告）　侯　风
牺牲者的自白　韦君宜
一个战士的前身（小说）　梅　林
一包烧饼（报告）　彭　慧
中州平原（诗）　厂　民
桂林三日记（通信）　高　兰
文艺简报　记　者
编后记　编　者

第3卷　第5、6期合刊
（总29、30期）
1939年1月21日出版

每周论坛
危险的倾向　蓬
强调现实主义　荪
关于讽刺　寒
杂文型的报告文学　猛
理解回教人的必要　锋
关于士兵的精神食粮问题　蓬

牺牲（小说）　白　朗
谈“倭寇底直系子孙”（杂文）　台静农
疯（沦陷区的故事）　李希达
岭上海（小说）　徐仲年
宿营（小说）　李辉英
关于小调（论文）　效　厂
送寒衣（通信）　吴伯箫
战歌（报告）　孙　钿
诗　雷石榆　长虹　任钧
新的风气（报告）　应　清
文艺简报　记　者

第3卷　第7期
（总31期）
1939年1月28日出版

每周论坛
关于民众的文艺读物　蓬
创造语言　荪
杂谈诗歌　殷
略观战争以来的诗（讨论报告）　胡　风
守秘密的人（小说）　陶　雄
国际的战友（报告）　台静农
夜发灵宝站（通信）　吴伯箫
妻孥（散文）　王冰洋
敌军官阵中杂记　洛兰译
会务报告　总务部
文艺简报·上海戏剧界近讯　记　者
编后记　编　者

第 3 卷　第 8 期
（总 32 期）
1939 年 2 月 4 日出版

每周论坛
参加壁报工作　猛
汉字之障　荪
新的趣味　蓬

本会重要启事
警报（小说）　王余杞
传令兵靳勤书（报告）　白　澄
英国文化界的援华运动（文化通信）
王礼锡
别离（报告）　明　凡
改编民歌的一点意见　周　文
一颗炸弹
H.W.Muguyev 作　白　澄译
会务报告　总务部
文艺简报　记　者

第 3 卷　第 9、10 期合刊
（总 33、34 期）
1939 年 2 月 18 日出版

每周论坛
作家到战地去　蓬
组织作家战地工作去　荪
作家的受训　蓬
旧酒与新酒　芝

关于“艺术大众化”　冯雪峰
陈国瑞先生的一群（小说）　黄药眠
皱眉的射手（小说）　欧阳山
横渡（小说）　罗　烽
战地随笔　草　明
二月四日（报告）　杨维铨
英国文化界的援华运动（文化通信）
王礼锡
诗　王平陵　黄河清　曹葆华
龙须（散文）　王冰洋
谈“战时艺术”　卢鸿基
文艺简报　记　者

第 3 卷　第 11 期
（总 35 期）
1939 年 2 月 25 日出版

每周论坛
我们底“文坛总动员”　荪
要通俗也要“深刻”　群
一个例子　蓬
文艺作品的总检阅　虹

希腊主义者（小说）　王西彦
马戏班（小说）　庄瑞源
无法安贫焉能知命（随笔）
张恨水
正义的交响（报告）　雷石榆
诗　思　苓
总务部帐目报告　总务部
出版部帐目报告　出版部

第3卷　第12期
（总36期）
1939年3月1日出版

每周论坛

国民精神总动员　芝
攻心的战斗任务　荪
反"一式"　荪

战时日本文坛动态（报告）　崔万秋
癫女人（小说）　萧蔓若
论诗的朗诵与朗诵的诗　常任侠
国际时调（诗）　杨骚
战地随笔　草明
给苏联的作家们　U.辛克莱　张郁廉译
文艺简报　记者

第4卷　第1期
周年纪念特刊
（总37期）
1939年4月10日出版
（从本期起改为半月刊）

总务部报告　总务部
组织概况　组织部
研究部报告　研究部
出版状况报告　出版部
《抗战文艺》一年来的产量　梅林
文协要促进政府和作家的关系　欧阳山
组织笔部队　平陵
大家应更多出点力　徐中玉
感想断片　以群
庞杂的控诉　白朗
小献议　草明
纪念文协成立一周年　李辉英
"精诚团结，抗战到底！"　冰莹
战斗一年　丰原
"下乡"与"入伍"　安娥
论新形式与旧形式　胡秋原
怀友　老舍
确立抗战文艺政策　沙雁
莫说笔杆不如枪杆（献诗）　杨骚
成都抗战文艺运动鸟瞰　周文
香港的文艺界　简又文
广州文艺活动简报　Q S
文艺工作在五战区　北鸥
抗战前后的武汉文坛　罗荪
西安文艺现象点描　郑伯奇
重庆文艺界漫话　李华飞
文协香港办事处成立大会报告　许地山　楼适夷

第4卷　第2期
（总38期）
1939年4月25日出版

论坛

第二年　荪
精神动员与文艺界　蓬之
不要"撒谎和粉饰实际"　之

红灯笼故事（小说） 姚雪垠
抗战前后中国文学在苏联（论文） 戈宝权
么武（小说） 台静农
在警报声里（随笔） 郁达夫
通俗文艺技巧谈 方 白
踏过响堂铺（通讯） 吴伯箫
挺进支队（报告） 戴 富
诗两首 力 扬 臧克家
一年来文协会务的检讨 老 舍
记文协第一届年会 罗衣寒
年会文献 记 者
编后记 蓬 子

第4卷 第3、4期合刊
（总39、40期）
1939年？月？日出版

论 坛
送作家战地访问团出发 荪
第三种人 寒
纪念高尔基特辑
高尔基与中国 戈宝权
在抗战的艰苦阶段纪念高尔基 蓬 子
高尔基所给予我们的启示 以 群
害虫政策 罗 荪

长子（小说） 欧阳山
抗战中文艺工作的一个实践（文艺工作团报告） 刘白羽
谁的路（鲁迅艺术学院文艺工作团报告之一） 荒 煤
作家战地访问团告别词 访问团
欢送文协战地访问团出发 老 舍
第十三号分厂（报告） 荆有麟
杂谈三则（杂文） 宋云彬
还乡记事（散文） 力 群
轰炸特辑
以雪耻复仇的决心答复狂炸 老 舍
不能威胁和动摇的铁石意志 蓬 子
新的血债（诗） 冯玉祥
毒炸后 王礼锡
在轰炸中 白 朗
炸后 安 娥
以亲爱团结答复敌人的狂炸 梅 林
空袭小记 李辉英
重庆在烈焰中 陆晶清
轰炸所感 胡秋原
火血小记 任 钧
远来的泥脚 杨 朔
血的仇恨 张 周
××岗在燃烧中 徐中玉

会务报告 总务部
文艺简报 记 者
编后记 编 者

第4卷 第5、6期合刊
（总41、42期）
1939年10月10日出版

论 坛
纪念鲁迅先生 罗 荪

悼王礼锡先生　吉　罡
笔游击（集体日记）
　作家战地访问团
哭王礼锡先生（诗）　老　舍
现阶段通俗文艺的缺陷及其克服
　向林冰
诗特辑
原野　力　扬
战　老　舍
血的歌唱之一　王博习
遗产　罗　烽
给一个小机器匠　袁　勃
他和大众在一起　吕　剑
手榴弹之歌
　〔苏〕V.古谢夫作　铁　弦译
插匕首的坟　厂　民
打回老家去吧！皇军！　安　娥

乌克兰人民诗人雪夫琴可底诗
　林德舍英译　周醉平试译
英国诗人向中国人民致敬　王礼锡
歌谣二则　黄　沙
月夜到黎明（散文诗）　白　朗
王礼锡先生挽歌　方　殷
诗论
诗营随笔　杨　骚
关于诗的小杂论　张振亚
论诗歌朗诵的技巧　李　雷

鲁迅：论当前文艺运动
——《鲁迅全集》读后记
　何　鹏
未完成的杰作　臧云远
独幕剧特辑
这一代　贺孟斧
孩子军　吴祖光
敢死队　章　泯
游击队过关　陈白尘

文艺简报　记　者
编后小记　荪

第5卷　第1期

（总43期）

1939年11月10日出版

论坛
自己的检讨　罗　荪
略论口号　衣　寒
暴露·讽刺·锄奸　野　黎

川陕道上（笔游击）
　作家战地访问团
雁门关外的雷声　姚雪垠
给朝鲜的少年（诗）　黄药眠
乡亲（散文）　一　文
奔（小说）　曾　克
怀念鲁迅先生　尚　钺
荞麦田里（小说）　莎　寨
记鲁迅先生三周年忌纪念大会（速写）　元　甄

文艺简报　记　者
太行山上（木刻）　秦　威

第5卷　第2、3期合刊
（总44、45期）
1939年12月10日出版

论　坛

保障作家与宪政运动　罗　荪
关于对外宣传　衣　寒
敌人在沦陷区域文化进攻的阴谋　姚蓬子
江汉渔歌（剧本）　田　汉
瘾（小说）　黑　丁
地牛（小说）　梅　林
半殖民地的女儿（散文）　野　蕻
汉奸画象（杂文）　周而复
牛车上的伙伴（小说）　王西彦
我们怎样提拔新作家　P.Pavlenko作　李　葳译
崇"争论"（杂文）　卢鸿基
文艺新军的补充问题（杂文）　梅　英
陕西行纪（笔游击）　作家战地访问团
一个愉快的联欢筵（散文）　白　朗
编后记　编　者

第5卷　第4、5期合刊
（总46、47期）
1940年1月20日出版

论　坛

争取作家的生活保障　蓬　子
提高稿费运动　罗　荪

一日（小说）　汝　龙
文艺阵地的一年　适　夷
江汉渔歌（剧本）（续）　田　汉
跟着码头工人前进　Abert Brown作　王礼锡遗译并跋
诚实的小俘虏（小说）　草　明
鸡毛信（诗）　孙　滨
远客（散文）　王冰洋
草原上（诗）　邹荻帆
青年吴子玉（人物特写）　臧云远
人与禽兽（杂文）　李　蕤
在洛阳（笔游击）　作家战地访问团
会务报告　总务部
文艺简报　记　者
编后记　蓬　子

第5卷　第6期
（总48期）
1940年2月20日出版

论　坛

作家不必一定上前方去　蓬　子
文艺作品与生产建设　夏照滨

硕鼠篇（散文） 尹雪曼
回归见亲娘（小说） 碧 野
——长篇《南怀花》的小片断
关于文艺批评落后的二三见解（论文） 杨 骚
湘北之战（长诗） 王亚平
归来（小说） 李辉英
“的卢”马（报告） 田 涛
“文明”人所走过的地方（报告） 莎 寨
汉奸和红枪会代表的谈话（笔游击） 作家战地访问团
文艺简报 记 者
编后记 蓬 子

第6卷 第1期
（总49期）
1940年3月30日出版
（从本期起改为月刊）

读者并不短视的（论坛） 蓬 子
再论保障作家生活（论坛） 罗 荪
秋收（小说） 艾 芜
洪照（小说） 欧阳山
专员夫人（小说） 罗 烽
婴（小说） 梅 林
论民族形式（论文） 黄芝冈
在黄河上（长诗） 魏 伯
诗四章 蓬 子
人约黄昏（独幕剧） 孙施谊
关于《人约黄昏》（导演手记） 孙施谊
过去（散文） 沙 汀
中条山中（笔游击） 作家访问团
回民生活文艺特辑
阿剌伯文学对于欧洲文学的影响（论文） 马宗融
国家至上（四幕剧） 宋之的 老 舍
谟罕默德礼赞歌（诗） 哥 德作 梁宗岱译
伊朗诗人费尔岛西的罗密欧与朱丽叶 陶斐克哈肯作 张秉铎译

会务报告 总务部
文艺简报 记 者
编后记 蓬 子

第6卷 第2期
（总50期）
1940年5月15日出版

历史的残酷（论坛） 蓬 子
新文学之路（论坛） 以 群
战地之春（三幕歌剧） 安 娥
凯歌（独幕剧） 宋之的
国家至上（四幕剧）（续完） 宋之的 老 舍
多多村（小说） 蒋 弼
关于敌后文艺工作的意见（集体写作） 荒 煤 梅 行 黄 钢执笔
再论民族形式（论文） 黄芝冈

渡漳河（敌后散记） 以　群
引咎篇（散文） 吴伯箫
山坡上的太阳旗（报告） 华　山
走向火线（报告长诗） 臧克家
江岸小辑（诗） 孙艺秋
五月的风（诗） 方　殷
八仙捉妖（通俗文艺） 何　容
文协第二年（会务报告） 老　舍
香港分会通讯 徐　迟
文艺简报 记　者
编后记 编　者
记本会重庆会员大会 记　者

第6卷　第3期

（总51期）

1940年11月1日出版

关于会报及其他 出版部
绝望（小说） 蓬　子
小市民（小说） 文　若
关于民族形式的意见（论文） 郑伯奇
剑北篇 老　舍
广场（诗） 艾　青
孩子（诗） 孙　滨
饿雕（人物特写） 蒋　弼
监工之谜（报告） 亦　五
油船“铁宾特号”（中篇连载） ［苏］克雷莫夫作　曹靖华译
休假十日（欧战报告文学） ［法］笛阿勒作　金满成译
沙姆涉佛的游击战（《战争与和平》之一章） ［俄］托尔斯泰作　郭沫若　高　植译
文艺简讯 记　者
编后记 蓬　子

第6卷　第4期

（总52期）

鲁迅先生逝世四周年纪念特辑

1940年12月1日出版

纪念鲁迅·研究鲁迅

民元前的鲁迅先生 景　宋
鲁迅先生与翻译 曹靖华
写在菜油灯下 郭沫若
副官及其他 吴组缃
鲁迅先生的爱和憎 蓬　子
播种者 艾　青
一个人静悄悄地 欧阳山
《阿Q正传》（读书随笔） 冶　秋
关于鲁迅的《明天》 罗　荪
信 景　宋
记“鲁迅纪念会”和“鲁迅晚会” 记　者

在其香居茶馆里（小说） 沙　汀
诗论（第六辑） 艾　青
多多河（小说） 魏　伯
重庆颂（诗） 任　钧
红球挂起的时候（特写） 陈述羲
油船“德宾特”号（中篇连载）

〔苏〕克雷莫夫作　曹靖华译
文艺简讯　记　者
诗坛短讯　记　者
编后记　蓬　子
会务报告　总务部

第7卷　第1期
（总53期）
1941年1月1日出版

一九四一年文学趋向的展望（会报座谈会）出席者：郭沫若　田　汉　王平陵　老　舍　宋之的　以　群　艾　青　阳翰笙　欧阳山　黄芝冈　葛一虹　罗　荪　蓬　子　冯乃超
新儿女英雄传（历史歌剧）　田　汉
鸭嘴涝（小说）　吴组缃

创作经验

三年写作自述　老　舍
我写大众小说的经过　欧阳山
为了胜利　艾　青
这三年来我的创作活动　沙　汀

致苏联文艺界书
中华全国文艺界抗敌协会
流血纪念章（大众小说）　欧阳山
希腊颂（诗）　王平陵
江·车队·巷（诗）　杜　谷
引咎篇（散文）　吴伯箫
敌后杂记（报告）　沙　汀
油船"德宾特"号（中篇连载）（续）
〔苏〕克雷莫夫作　曹靖华译
努力生产（封面木刻）　彦　涵
文艺简讯　记　者
编后记　蓬　子

第7卷　第2、3期合刊
（总54、55期）
1941年3月20日出版

会务报告
总务部报告　总务部
研究部报告　研究部
组织概况　组织部
出版部报告　出版部
醉梦图（独幕闹剧）　洪　深
戏剧的民族形式问题（论文）　茅　盾

小　说

鸭嘴涝（上篇续完）　吴组缃
信　艾　芜
磁力　沙　汀
三对夫妇　梅　林

关于小说中人物描写的意见
关于两个"三部曲"　巴　金
我对于创造人物的意见　新　以
一个要点的备忘录　胡　风
关于小说中的人物描写　叶以群
关于小说中的人物　茅　盾
略谈人物描写　老　舍

我怎样创造小说里的人物
草明
如何创作小说中的人物
吴组缃
忆江南（散文） 方令孺
旅途（散文） 韦 荽
诗
荒废的田园 艾 青
蜀道 杨 骚
生命爬出来了（诗剧） 徐 迟
干部手记（报告） 徐 盈
读《日知录校记》 孔 嘉
随思录 卢鸿基
油船“德宾特”号（中篇连载）（续三）
［苏］克雷莫夫作 曹靖华译
编后记 蓬 子
文艺简讯 记 者
出版界旧事 张静庐
几句话 长 虹
作家卖字捐稿劳军 记 者

第 7 卷 第 4、5 期合刊
（总 56、57 期）
1941 年 11 月 10 日出版

谈人物的描写（论文） 张天翼
小 说
五婆的悲喜 沈起予
三次遗嘱 碧 野
秃油锤 老 向
她 王冶秋
牛全德与红萝卜（中篇） 姚雪垠
十年及其他（诗三章） 蓬 子
拟寓言诗五章 金克木
散文随笔
往事 孙伏园
忆范兄 巴 金
当年此夜在南京 张恨水
“哭泣文学”种种 叶知秋
重庆一瞥 佩 弦
略谈中日战争爆发以来的日本文坛（论文） 任 钧
论诗（诗论） 黄芝冈
麦秋（诗） 常任侠
剧 本
钉子 杨 骚
四种病人 于 伶
油船“德宾特”号（中篇连载）
［苏］克雷莫夫 曹靖华译
文艺简讯 记 者
纪念郭沫若创作生活二十五周年
纪念鲁迅先生逝世五周年
重庆戏剧活动近状
新诗座谈会
编后记 蓬 子
本刊紧要启事

第7卷　第6期

（总58期）

1942年6月15日出版

纪念郭沫若先生创作生活二十五周年

发聩震聋的雷霆　冯乃超
海与舟人　鹿地亘
我所认识的沫若先生　老　舍
火之颂　潘孑农
献给沫若先生　蓬　子
我所认识的沫若先生　冶　秋
天国春秋　阳翰笙
五十年简谱　郭沫若

鲁迅先生逝世五周年

鲁迅先生的少年时代　孙伏园
鲁迅在厦门大学　林　辰
莽原时代　荆有麟
鲁迅先生《序跋集》后记之二　冶　秋
鲁迅与书　记　者

“谢本师”周作人

老人的胡闹　孔　嘉
对周作人“谢本师”的果有其人　孤独旦
丑　何　容
谈人物的描写（续完）　张天翼
编完之后　蓬　子
光荣的快乐（封面木刻）　张　煌

第8卷　第1、2期合刊

（总59、60期）

1942年11月15日出版

疯狂（短篇小说）　梅　林
禹（短篇小说）　徐　盈
自由射手之歌（短篇小说）　万迪鹤
查粮（短篇小说）　荆有麟
第三班（短篇小说）　易　巩
湖上歌声（短篇小说）　莒　明
小母亲（中篇小说）　S.Y.
一个小兵底来历（战地速写）　以　群
成渝路上（旅行记）　巴　金
闲话我的七个话剧（自白）　老　舍
给姊妹们（诗）　艾　青
“为抗战而死，真光荣！”（诗）　臧克家
外面（诗）　孙跃冬
天国春秋（六幕历史剧）　阳翰笙
星及其他（散文）　一　文
死（散文）　文　若
“摆”故事（散文）　吴组缃
后街（散文）　吴组缃
灯下杂记（杂文）　林　辰
如何用方言写诗（杂文）　长　虹
编后记　蓬　子

第8卷　第3期
（总61期）
1943年1月15日出版

关于“接受文学遗产”（论文）　郭沫若
猪与鸡（短篇小说）　巴　金
烦恼（短篇小说）　文　若
蚜虫（短篇小说）　程　远
王老虎（中篇小说）　亦　五
古今中外（文艺杂论）　何　容
土的气息（诗集）　臧克家
时代（诗）　艾　青
太阳（诗）　马宗融
旧诗与贫血（散文）　老　舍
客居的心情（散文）　吴伯箫
羊（散文）　艾　药
希望的寻觅（散文二题）　刘北氾
“英雄所见略同”（杂文）　林　辰
天国春秋（六幕历史剧）（续完）　阳翰笙

第8卷　第4期
（总62期）
1943年5月15日出版

为了纪念不平等条约的取消（文艺时论）　茅　盾
汉苗之间（小说）　徐　盈
风雨时代的插曲（小说）　姚雪垠
青城山上（小说）　冶　秋
月圆（小说）　黄贤俊
吃了一顿白米饭（小说）　列躬射
小木头人（童话）　老　舍
前进，又前进！（报告文学）　鹿地亘
论民间文艺（文艺论文）　长　虹
断想（文艺杂论）　艾　青
诗五章（诗）　冯玉祥
年青的兵（诗）　高咏遗作
赎罪的话（散文）　艾　青
蜜蜂（散文）　刘北氾
圆宝盒的神话（书评）　徐　迟
保障作家稿费版税版权意见书　中华全国文艺界抗敌协会
会讯

第9卷　第1、2期合刊
小说专号
（总63、64期）
1944年2月1日出版

梦（长篇连载）　〔法〕左　拉著　李劼人　马宗融合译
塞尔维亚之歌　〔塞尔维亚〕贝拉·巴拉慈著　侍　桁译
收养　〔法〕弗·歌白著　马宗融译

创　作

奇遇　梅　林
角落里　白　燕
十年　徐　盈
单眼八　程　远

七七夜花园　列躬射
抢　任　钧
残废的人　耶　草
夏光明（中篇）　姚雪垠
寂寞（中篇）　罗　荪
走出尼庵（中篇）　冶　秋
小说评介专页
读《乡下姑娘》　茅　盾
《鸭嘴涝》读后　以　群
评《伙伴们》　冯亦代
《淘金记》读后　鹏　溪
评《脱缰的马》　以　群
读高尔基的《在人间》　伍　辛
海明威的迷茫（评《战地钟声》及其他短篇）　冯亦代
《马丹波娃利》校改后记　李劼人
《人心》重版小言　李劼人

第9卷　第3、4期合刊
（总64、65期）
1944年9月出版

文艺工作底发展及其努力方向（文协成立六周年纪念大会宣读论文）
研究部执笔
老舍先生创作生活
二十年纪念文选辑
习作二十年　老　舍
光辉工作二十年的老舍先生
茅　盾
文章入冠　郭沫若
祝老舍先生创作二十年　胡　风
我与老舍与酒　台静农
语言的创造者　何　容

曹禺的道路（上）　吕　荧
论斯丹达尔　勃朗台斯作　侍　桁译
鲁迅在中山大学　林　辰
病榻谈艺　卢鸿基
杂　论
历史的分析与批判　雪　峰
简论市侩主义　雪　峰
吹毛求疵录（一）　舒　芜
诗
海（二题）　卢鸿基
耕作的歌（三首）　杜　谷
排（六首）　圣　木
窗　芜　鸣
那一颗星（外一首）　伍　禾
小　说
冬天　骆滨基
人生赋　贾植芳
一堵板壁　葛　琴
期望着明天　碧　野
他乡的向晚　曹　卣
梦（长篇连载）
左　拉作　李劼人、马宗融合译
散　文
一枚伪币　绿　原
我们见天儿的面包
〔法〕杜哈美尔作　李青崖译
小猫的死　绿川英子作乔译

不无小补　徐转蓬

第9卷　第5、6期合刊

（总66、67期）

1944年12月出版

曹禺的道路（下）　吕荧
论《红与黑》　勃朗台斯作　韩侍桁译
大风暴中的人物（评丁玲《我在霞村的时候》）　骆宾基
战时的肖洛诃夫　戴雷季埃夫作　唐旭之译
鲁迅与章太炎及其同门诸子　林辰
小　说
卸煤台下　路翎
元旦的故事　何剑薰
农村小景　王启铭
前路　扬滔
医生　艾芜
杂　话
梦想的文艺　老舍
天才　胡风
从"一治一乱"到"一分一合"　芬夏
在普通商品之上　维山
仍可以挤　维山
卜儿佐查（报告）　A.Havrilyuk著　若斯译
知识分子　叶圣陶
吹毛求疵录（二）　舒芜
议"议礼"　鲁二生
不眠夜杂笔（上）　雪峰
梦（长篇连载）　左拉著　李劼人　马宗融合译
论诗的神境　黄芝冈
《新诗杂话》序　朱自清
乡中偶记　沈起予
诗
颤抖的钢铁（外一首）　绿原
桥（外一首）　林叶
回去吧，弟弟（外一首）　因蓀
诗二首　应光采
鸡和苍鹰的故事　孙潜

第10卷　第1期

（总68期）

1945年3月出版

识时务的山嘉（漫画）　余所亚
吕龙山之死（小说）　荷子
爬过死亡的边缘（报告）　伍禾
荀子的批判　郭沫若
古典传统与苏联长篇小说（上）　吉尔波丁著　蒋路译
平凡的故事（小说）　凡翩
杂　话
我们的话　叶圣陶
谈排队静候之类　茅盾
大智若愚　老舍
穷与无穷　连柱

谈“深广” 吕荧
“蒙” 维山
跑码头和捧神牌 画室

罗八堂之死（小说） 葛琴
“窄门”（散文） 靳以
打娄子（报告） 吴伯箫
忆鲁彦 傅彬然

诗

在我国各地交叉的道路上（三首） 彭燕郊
已经不是初次了 以滔
给母亲 徐歌
关于A·托尔斯泰的论文 亨利·洛维奇著 子涛译
贾克伦敦年谱简编 冷火

第10卷 第2、3期合刊
（总69、70期）
1945年6月出版

怀悼罗曼罗兰

罗曼罗兰象（木刻） 余所亚
悼念罗曼罗兰（悼辞） 中华全国文艺界抗敌协会
永恒的纪念与景仰 茅盾
大勇者的精神 萧军
罗曼罗兰 〔法〕阿拉贡著 焦菊隐译
从人道主义到反法西斯 焦菊隐
敬悼罗曼罗兰 孙源
罗曼罗兰年谱简编 冷火
秧歌论 黄芝冈
古典传统与苏联长篇小说（下） 吉尔波丁著 蒋路译
论平庸 何古莱

小说

在莲河上 冰峰
红马驹 牧野
春荒 周而复
中元夜 墨只
烛火 方既
碧河上 徐郁
一个黑海的传奇 梭罗佛育夫著 荃麟译
回到大的气派 多罗色汤姆生著 朱自清译
战时的苏联知识分子 卞弗托洛夫著 海观译
文艺与民主 曼谷
病榻谈艺（二） 卢鸿基
对于文坛又一风气的看法 茅盾

诗·散文

是谁，是为什么…… 方青
一点绿色（五篇） 刘北汜
我有满腔的爱恋（八首） 绿蕾
雷地的花朵（外一首） 陈藜草
土地的儿女 黎明

为纪念文艺节公启 中华全国文艺界抗敌协会

为宣布结束募集援助贫病作家基金运动公启　中华全国文艺界抗敌协会

第 10 卷　第 4、5 期合刊
（编好未曾出版）
茅盾先生五十岁及创作二十五年纪念特辑

回顾　茅　盾
给茅盾兄祝寿　老　舍
略谈雁冰兄的文学工作　叶圣陶
始终如一的茅盾先生　朱自清
茅盾先生五十寿补写　黄芝冈
感谢和期待　邵荃麟
茅盾先生印象记　陈白尘
祝茅盾先生五十双寿　柳亚子

小　说

一个女人翻身的故事　孔　厥
中条山之梦　冯　夷
晚宴　靳　以
人权　路　翎
贺天杰的家宅　骆宾基
河边的春天　庶　华
冷老师的倔强　萧蔓若
老渔夫　钱新哲译
彼得大帝　戈宝权译

文艺短论

文协七岁　老　舍
人民的文艺　郭沫若
文艺在胜利前夕　孙伏园
现实主义的路　吕　荧
说诚　曼　谷

论　文

论《奥勃洛摩夫》　蒋　路译
从《收复南京》论历史剧本编写　黄芝冈

诗与散文

母亲的肖象　鲁　藜
好日子　胡　征
诉　苏金伞
黎明前小唱　朗　林
为欧洲的解放而歌　静　虚
小城之冬　曾　卓
日本在火葬中　林焕平
李家的人们　绿川英子
祖父　田一文
脸貌　沙　扬
这是你的战争　徐　迟译
通讯
记第一届“五四”文艺节　大　卫

第 10 卷　第 6 期
终刊号
（总 73 期）
1946 年 5 月 4 日出版

为庆祝胜利告国人书　文协总会
关于调查附逆文化人的决议　文协总会
慰问上海文艺界书　文协总会

陪都文艺界致政治协商会议各会员书　茅　盾等
文协的过去与将来　老　舍
一切为了人民　郭沫若
关于结算过去　胡　风
革心　叶圣陶
胜利以后的感想　柳亚子
一点感想　巴　金
中国人民和日本人民　卢　明
改名启事　文协总会
墙（中选独幕剧）　黄谷柳
关于独幕剧的征集和评选　研究部

第二届“五四”文艺节特辑

纪念第二届“五四”文艺节告全国文艺工作者　文协总会
写在第二届文艺节之前　沈起予
举起笔来　陈白尘
给大众以高度的热　曼　谷
斗争·前进　臧克家
行动起来　梅　林
正视现实　碧　野
要唱出民主的阳光　沙　蕾
编后记　出版部

武汉特刊

第1号

1938年9月17日出版

加强保卫大武汉的斗争　乃　超
文学家的位置在何处？　奚　如
第四十三师团（西班牙通讯）　M.斐尔兰台斯作　戈宝权译
‘这也是工作……’　柏　山
近代的中国艺术家是一个政治家　陈依范作　马　耳译
几个流产的故事　崔万秋
文艺简报　记　者
秋夜杂写　罗衣寒
为“保卫大武汉的一日”征稿启事
国际作家反法西斯轰炸的呼声　闵　仁

第2号

1938年9月24日出版

九一八在武汉（杂记）　徐　盈
血之短曲之四（小说）　舒　群
你们别再教训我们（杂文）　丁　克
兄弟（剧本）　陈　谓
九华山下（通讯）　立　波
姑娘我赞美你（诗）　任　钧
小消息　记　者

第3号

1938年10月1日出版

日本的“文坛总动员”（短论）　乃　超
五月的阳光（诗）　辛　劳
辛克莱与他的新书（介绍）　景　珩
宣扬“皇道”者的行列（通讯）　东　平

远征长崎（剧本） 塞 克
路（画） 丁 里

第4号

1938年10月15日出版

加强前线的文艺工作（短论） 以 群
第一次出击（报告） 洛 军
一九三八年七月十八日 爱伦堡作 戈宝权译
远征长崎（续完） 塞 克
文艺简报 记 者

文协成立五周年

纪念特刊

1942年3月27日出版

五年来的文协 老 舍
抗战以来的文艺思潮 郭沫若
抗战以来文艺理论的发展 茅 盾
五年的扶植（漫画） 特 伟
“文协”诞生之前 阳翰笙
武汉撤退前的文协 冯乃超
笔部队在随枣前线 臧克家
大别山中的文艺孤军 姚雪垠
记“作家战地访问团” 宋之的
“作家战地访问团”别记 以 群
文协五年来工作志略 梅 林

文协成立七周年并

庆祝第一届文艺节

纪念特刊

1945年5月4日出版

文协七岁 老 舍
人民的文艺 郭沫若
五十年代是“人民的世纪” 茅 盾
文艺在胜利的前夕 孙伏园

文艺与民主

用文艺作为武器来争取民主的实现 马宗融
迈向民主的坦途 黄芝冈
能够默不做声吗? 冯乃超
精神的囚犯 臧克家
我们呼吁民主 徐 迟
到人民中去! 以 群
五四文艺节的感想 梅 林
民主，中国新文艺的传统 葛一虹
文艺与民主不可分 萧蔓若
今日的文艺 荆有麟
别过小地估计我们的力量 任 钧
文艺的厄运 柳 倩
诗歌需要民主的培养 臧云远
我爱那样一条河流（诗） 王亚平
我在想（诗） 力 扬
写给第一届文艺节 卢鸿基

179 戏剧新闻

简 介

《戏剧新闻》，中华全国戏剧界抗敌协会会报。周刊，一九三八年五月十五日创刊于汉口，戏剧新闻编辑部编辑，本刊发行部发行。八开新闻纸型。每期八版，逢星期日出版。一九三九年一月十日第八、九号合刊出版后停刊。共出九期。

本刊是关于抗战戏剧的新闻报道性刊物。创刊号刊登的《代发刊词》指明三项宗旨：（一）“扩大抗战戏剧的活动”，即希望把戏剧网尽量扩大；（二）“各地戏剧活动的联系与报道”；（三）“实际经验的报告和讨论”。刊物基本体现了这些宗旨。“论坛”、“戏剧批评”栏及时开展抗战戏剧运动问题的研讨。“演剧特写”、“戏剧通讯”、“剧团调查”、“剧人访问”等栏目，迅速报道了各地剧运动态和演剧活动的经验。这些栏目的稿件多由编辑部在全国各地聘请的特约通讯员撰写。戏剧界有些重大事件另做专题报道，如第四号辟有“《李秀成之死》特辑”，第八、九号合刊为“第一届戏剧节”专辑，等等。刊物每期都有“戏剧列车”栏，专门汇集各地戏剧界和剧作家活动简讯。刊物自第六号起还加强了有关演剧技术的指导。刊物的主要撰稿人有洪深、宋之的、董每戡、刘念渠、余上沅、齐鲁山等。

目　录

创刊号
1938 年 5 月 15 日出版

发刊之前　张道藩
戏剧的突击（特稿）　洪　深
我们在写《台儿庄》（特稿）　罗　荪
最近的长沙剧坛（戏剧通讯）　董每戡
评友联剧团公演（演剧批评）　未　然
看了《鸽子姑娘》（演剧批评）　沙　雁
抗战戏剧在徐州（剧团报告）　抗敌剧团
我们是从炮火中锻炼出来的——上海救亡演剧队第十一队的工作经过　侯　枫
“中飞”初次公演　金　水
戏剧列车　记　者
中华全国戏剧界抗敌协会会章

第 2 号
1938 年 5 月 22 日出版

演剧宣传与旧型戏剧（论坛）　刘念渠
五月宣传周的戏剧总动员（特稿）　记　者
介绍长沙儿童剧团（剧团调查）　安　娥
戏剧在宿迁（戏剧通讯）　季紫剑
温州的救亡演剧（戏剧通讯）　董新珉
长沙剧坛的五月动员（戏剧通讯）　董每戡
戏剧列车　记　者

第 3 号
1938 年 5 月 29 日出版

光荣的剧人（论坛）——忆砚秋并悼念杨小楼先生　王平陵
旧剧改进问题座谈会（特稿）　龚啸岚记录
战区学生抗敌移动剧团概况（剧团报告）　齐鲁山
长沙白雪剧团（剧团报告）　何　鹏
大鼓董莲枝（艺人印象）　郑青士
孤岛剧讯（戏剧通讯）　严　明
话剧在汝南（戏剧通讯）　笔　克
开封的戏剧运动（戏剧通讯）　嘉　德
戏剧列车　记　者
中华全国戏剧界抗敌协会各地分会组成规程
本会理事名单
本会常务理事名单
本会职员一览

第4号
1938年6月5日出版

《李秀成之死》特辑
“旧形式新内容”与“旧史实新观点” 袁牧之
《李秀成之死》的演出 常任侠
导演《李秀成之死》的片断意见 洪深
几句感谢的话 翰笙
写在《李秀成之死》上演之前 唐槐秋
我与李秀成 张立德
牺牲了的德佑同志（艺人印象） 丹沸
在拓荒中的中华剧协第七队（剧团报告） 黎放
戏剧列车 记者

第5号
1938年6月12日出版

第三期抗战与戏剧 田汉
《突击》公演的经过（演出报告） 艾绥
广州抗战的戏剧（戏剧通讯） 陈卓猷
戏剧在沙市（戏剧通讯） 齐鲁山
招待世界学联代表的几个代表剧作（剧作介绍） 龚啸岚
《凤凰城》的演出（戏剧通讯） 殷汛
五月的温州剧坛（戏剧通讯） 董新珉
漯河戏剧通讯（戏剧通讯） 白若白
戏剧列车 记者

第6号
1938年9月10日出版

史坦尼斯拉夫斯基饰演《奥赛罗》（封面）
我们需要新的努力（论坛） 余上沅
一年来抗战剧运的前瞻与后顾 潘孑农
关于史坦尼斯拉夫斯基 华实
史氏的演员训练方法（技术讲话） 金韵之
关于新英雄的描写（论文） 葛一虹
干不了也得干（独幕讽刺剧） 陈治策
一年来的重庆演剧一瞥 赵铭彝
论各艺术兵种之配合作战（论文） 阎哲吾
几点希望 姜公伟
我们在信阳（戏剧通讯） 王拓
梅县的戏剧运动（戏剧通讯） 凌云
戏剧列车 记者
编辑后记 编者

第 7 号
1938 年 9 月 25 日出版

戏剧的新生（论坛）　苏　灵
旧型戏剧简论（论文）　刘念渠
导演者的任务（技术讲话）　章　泯
怀乡曲（剧本选载）　宋之的
戏剧在苏联（戏剧通讯）　华　羚
九一八的重庆演剧（戏剧通讯）　余克稷
西安的戏剧运动（戏剧通讯）　萧　宁
中华民国第一届戏剧节的筹备（报告）　鲁　克
戏剧列车　记　者
编辑后记　编　者

第 8、9 号
1939 年 1 月 10 日出版

奉慰　蒋委员长电
勖勉全国戏剧团体及戏剧工作者电
中华民国第一届戏剧节的意义　张道藩
戏剧亦为教育源出于“礼”　陈立夫
第一届戏剧节　余上沅
照样儿办吧　老　舍
第一届戏剧节与今后中国剧运　姜公伟
抗战中的儿童剧　萧崇素
抗战时期戏剧节的双重意义　余克稷
戏剧下乡外行谈　老　向
旧剧的整理与运用　李一非
纪念第一届戏剧节　赵铭彝
漫话蜀剧　张德成
关于《全民总动员》　宋之的
《全民总动员》中之总动员　施　焰
《全民总动员》一般批判　辛　予
中华民国第一届戏剧节（通讯报告）
一、伟大的工作的开始
二、揭幕前的纪念大会
三、第一天的街头剧
四、歌剧三日
五、“五分公演”
六、《全民总动员》
七、收支一览
八、荣誉券一览
九、感想与意见
十、几件特别值得提出的事
十一、各地戏剧节的举行

180 文　艺

简　介

《文艺》，文艺旬刊，一九三八年六月五日创刊于上海。上海文艺社编辑兼发行。主要编辑人是暨南大学的周一萍。同年七月二十日出版第一卷第三期“革新号”，改为半月刊，同时由原来的二十四开本改为十六开本。一九三九年六月十日出版第三卷第三、四期合刊后终刊。共出十六期。

本刊是“孤岛”创办较早的小型进步文艺刊物。开始以“转载稿”为主。“革新号”出版后，则以编刊“上海稿”为主，兼顾“转载稿”。刊物编发的两类稿件都偏重于小说、散文杂文、诗歌等文学创作，评论和译作次之。“转载稿”多为抗日民主根据地和国统区作家的作品，如刘白羽的报告和小说，聂绀弩的特写，舒群的小说等，多数表现人民抗战的“光明壮烈的场面”（第四期:《给读者》），也有少数如张天翼的《华威先生》那样的讽刺暴露作品。占本刊大部分篇幅的“上海稿”，侧重描画上海“孤岛”的种种“社会相”，反映人民在“黑暗中坚韧的苦痛的挣扎”（同上）。评论文章主要探讨抗战文艺的新启蒙意义、大众化、利用旧形式，以及报告文学的写作等问题。“上海稿”的主要撰稿者有洛蚀文（王元化）、应服群（林淡秋）、钟望阳、张客、华铃、祝君敔、文载道（金性尧）等。

目 录

第1卷 第1期

创刊号

1938年6月5日出版

我们需要展开一个新的文艺运动 周 行
夜之歌（剧本） 凌 鹤
目前的诗歌大众化诸问题 蒲 风
没有干土 萧 乾
华威先生（小说） 张天翼
关于中国木刻的七封信（遗著） 鲁 迅
残秋偶感（遗著） 鲁 迅
春天（诗） 洪 道
报告文学者的任务 周钢鸣
一个英雄的葬仪 H.E.Kaminsky作 巴 金译
谈谈边区的文化 艾思奇
在某村（报告文学） 刘白羽
作家近讯
文坛动向

第1卷 第2期

武汉之春（剧本） 张 客
补衣妇（诗） 艾 青
漫画的"理论与批评" 胡 考
关于漫画 丰子恺
海塘上（小说） 荃 麟
论名著的通俗化 穆木天
陕北来鸿
婴儿（小说） 舒 群
"西班牙在前进中" 巴 金
给友人 立 波
延安的虱子（特写） 聂绀弩
我要（诗） 何涅江
宣传·文学·旧形式的利用（座谈会记录） 聂绀弩 吴组缃 艾 青 欧阳凡海 鹿地亘 奚 如 胡 风
无花的梦（诗） 周钢鸣
美丽的山城（诗） 季 琳
雪山道中（报告文学） 天 虚
全人类都是他的家族 丰子恺
作家近讯

第1卷 第3期

革新号

1938年7月25日出版

关于文学大众化问题（论文） 洛蚀文
现阶段的文艺活动（论文） 以 群
形象和观念（论文） 奴西诺夫作 何 芜译
大树歌（诗） 华 铃
疯人（小说） 刘白羽
肥胖的人（小说） 谷斯范

彷徨（小说） 蓝 烟
棕色的士兵（小说）
Jess Kimbrough 作 胡 岚译
文坛消息
潢川的女兵（报告） 臧克家
郑州剪影（报告） 李辉英
罗曼罗兰的新著

第1卷 第4期
1938年8月10日出版

现阶段文艺的展望（论文）
潘梓年 老 舍
夏 衍 郭沫若 张申府
臧云远 北 鸥 吴奚如
苏联青年作家论（论文）
A.卡拉娃·爱娃著 俞 荻译
大众化与利用旧形式（短论）
茅 盾
最快活的日子（回忆） 谷斯范
母亲（小说） 应服群
离去（小说） 吴 岩
均分（小说）
M.高尔基著 晓 音译
再会了我亲爱的朋友欧裕昆（诗）
华 铃
街头偶笔（随笔） 林 林
给读者
黎明（报告） 刘白羽
白龙港（报告） 姚雪垠
关于诗的朗诵 药 眠

知了 华 铃

第1卷 第5期
1938年9月1日出版

关于通俗文艺（论文） 穆木天
苏联青年作家论（论文）
A.卡拉娃爱娃著 俞 荻译
关于文艺批评（论文）
卢那卡尔斯基著 代 林译
祝福（散文） 司马文森
鹧鸪声（散文） 罗 荪
侍读记（小说） 舒 昂
约会（小说）
M.高尔基著 满 涛译
自由（诗） 辛 劳
抱达河畔（报告） 棍 夫
满街丢着劈坏的门板（速写）
野 草
《大时代的插曲》（书评） 人道文

第1卷 第6期
1938年9月15日出版

关于抗战文艺的形式（座谈会记录）
出席者：萧 岱 岳 昭
钟望阳 白 蚀 天 佐
应彬之 林 琪 贺 若
住（散文） 莳 萝
夜行人（散文） 罗 荪
窗外（小说） 苌 楚

十年（小说） 钟望阳
盐场（小说）
M.高尔基著 满 涛译
格里哥尔（小说）
L.毕尔服马夷斯基著 何见鹤译
童谣（诗） 华 铃
今夜（速写）
〔法〕Le Bippe著 皮 瓦译
编后记

第2卷 第1期
特大号
1938年10月5日出版

论 文

怎样编制士兵通俗读物 老 舍等
论抗战文艺的新启蒙意义 洛蚀文
朵思退耶夫斯基的样式与方法
V.帕列维尔札夫作 吴 英译

小 说

盐场 M.高尔基作 满 涛译

诗

亭子间 华 铃
黑龙江的泛滥 舒 岱
征人的惆怅 俞 夷

报告文学

太湖游击队（长篇） 汤 鸣
火圈里
伊凡·握芜却莱珂作 易 默译
编后记

第2卷 第2期
1938年10月25日出版

短 评

理论与实践 应复群
暴露者的功绩 萧 岱
利用旧形式并非"狭路"
洛蚀文

鲁迅先生逝世二周年纪念特辑

记念还不是时候 景 宋
我和鲁迅的关涉 屈 轶
文艺的游击战 天 佐
我所认识的鲁迅先生 林 珏
他仍然领导着我们 一 宁
哀悼真理的前哨战士 张叶舟
鲁迅先生葬仪追忆 戴圃青

小 说

陶然先生 舒 昂
小冤家 陈 骏

怀念母亲（散文） 钟望阳

诗 选

辞行曲 罗 昔
秋日二章 俞 夷
火圈里（长篇报告）
伊凡·握芜却莱珂作 易 默译
作品作家三章（书报评介）
今 昔
编后记

第2卷 第3期
1938年11月16日出版

短 评

用工作开展组织 钱 堃
展开活报运动 吕克石
写事和写人 贺 依

列芒托夫论
P.安独珂里斯基作 何见鹤译
报告文学者应有的认识 岳 昭

小 说

逃荒 艾 芜
道旁的房子
Z.哈次列文作 满 涛译

河口夜袭 程藩荪

散 文

敬礼 应服群
一个青年的转变 戴圃青

杂感二则 祝 敌

诗 选

谁说今年不会有新的生机 蜀 青
故乡的笛韵 蜀 青
别的留恋 俞 夷
恋歌 华 铃
流浪人的心上秋 华 铃

火圈里（长篇连载）
伊凡·握芜却莱珂作 易 默译
编后记 编 者
列芒托夫像（封面）

第2卷 第4期
1938年12月5日出版

诗歌大众化与旧形式的利用 萧 岱

特 载

大鼓书录 赵景深
一个日本作家的中国抗战文学观
增田涉作 晓 奏译

辛克莱六十诞辰纪念特辑

辛克莱——战斗的作家
沙蒙·威尔士作 明 久译
苏联作家祝贺辛克莱六十诞辰
P.托尔斯泰等作 明 久译

小 说

涛声 蓝 烟
在西城 钱今昔
一条舌头（新故事体） 祝 敌

散文·随笔·杂感

臂章的故事 吕 彦
初寒随笔 文载道
“太平”偶感 吴绍彦
前进前进（译诗）
By Robert W.Service 作 华 铃译
火圈里（长篇连载）
伊凡·握芜却莱珂作 易 默译
编后记 编 者
辛克莱像（封面木刻） 季 作

第2卷 第5期

1938年12月25日出版

短 评

一个不好的“差不多” 移 模

教育呢？交还呢？ 贺 依

未来主义在苏联（论文） 祝 敌

小 说

她 桂 芳

“安居乐业” 吴 岩

小小年纪的爱丽莎

［西班牙］F.脱莱拜作 严大椿译

记忆四节（散文诗） 钱今昔

杂 感

“学而优则仕” 文载道

脸谱拾遗 吴绍彦

大时代的号角（散文） 敦 复

通讯·报告

书简与诗 立 波

在第二道国防线上 吴 瑾

编辑《上海一日》的经过

上海一日编委会

诗 选

梦 蜀 青

沙漠里的声音 俞 夷

蟑螂 华 铃

火圈里（报告文学）

伊凡·握芜却莱珂作 易 默译

轻诉二章 今 昔

编后记 编 者

未来主义诗人马耶珂夫斯基像（封面）

第2卷 第6期

1939年1月15日出版

论现实 高尔基作 吴 瑛译

小 说

六子的觉悟 洪 波

转当 ［美］欧文·萧作 石 灵译

革命家 钱今昔

国际集体创作《金卢布》的写作经过

［美］辛克莱·［苏］派夫伦科合作

俞 荻译

散 文

满天星 蓝 烟

岛上 韦 叶

新生之献 敦 复

黑暗中（报告） 野 草

诗 选

野渡 蜀 青

四月和一月 萧 岱译

鳖——乌龟 华 铃

火圈里（报告文学）

伊凡·握芜却莱珂作 易 默译

编后记 编 者

派夫伦珂画像（封面） 半同作

第3卷 第1期

1939年3月1日出版

问题的两面观（论文） 茅 盾
泥泞（小说） 许 衡
同路人（介绍） 祝 敌
关于普希金（读书随笔） 羽 卒
学习（报告） 张 质
抢救上海的文艺运动（短评） 叶 茉
翻译的态度（短评） 移 谟
喜鹊之歌（散文） 罗 昔
潮（小说） 舒 昂
伊丽莎（诗） 蜀 青
归航（诗） 克 木
风（散文） 韦 叶
读者·作者·编者 祝 敌等
编后记 编 者
火圈里（长篇报告）
伊凡·握芜却莱珂作 易 默译

第3卷 第2期

1939年4月15日出版

短 评

组织第一 叶 茉
从展开至提高 叶 茉
文艺的动员令 移 谟
学习（报告·续） 张 质

小 说

阔嘴巴的君子 杨 庚
英勇战舰
［苏］聂维洛夫·普里波衣作
夏 方译
残冬夜记（散文诗） 俞 夷
新生（独幕剧） 鲍 雨

诗 选

“没有号数的师团” 华 铃
宿店 克 木
落叶 克 木
《火圈里》译序 易 默
编后记 编 者

第3卷 第3、4期

1939年6月10日出版

呈献（短评） 禾 言

纪念高尔基特辑

心灵的控诉
伊凡诺夫作 戴敦复译
娃莎（三幕剧）
高尔基著 满 涛译
关于高尔基
——为《娃莎》而作
满 涛

散文随笔

布谷 莳 萝

初夏漫笔　杨柳青
波特莱尔与孤岛　品品
上海的声音　内山完造作　晓　奏译
火圈里（小说）　蓝　烟
万同文（文艺通讯）　芷　茵
海洛因（速写）　白　秋
断肉记　苏　青
诗　选
未死的国人哟　华　铃
给　东　野
山行　无　华
三弦　无　华
奠　俞　夷
沉自己的船　黛
现实主义的发展　枕　敌
《运油船德本号》　白　明
关于《新生》的讨论　汤范若
编后记　编　者

181 文艺突击

简 介

《文艺突击》，半月刊，一九三八年十月十六日创刊于延安，陕甘宁边区文化界救亡协会所属“文艺突击社”编辑兼发行。一九三九年二月一日第一卷第四期改为月刊。第一卷仅出四期，二十四开本。同年五月十四日中华全国文艺界抗敌协会延安分会成立，本刊于五月二十五日改为延安分会会刊，出版新一卷第一期（革新号）。革新后仍为月刊，“文艺突击社”编辑，边区文化协会发行。十六开本。同年六月二十五日新一卷第二期出版后，延安分会第二届理事会扩大会议决定改出《大众文艺》，本刊因以终刊。共出六期。另据本刊创刊号《编后记》载：正式创刊前曾出过两期油印版，但迄今未发现。

本刊是陕甘宁边区创办较早影响较大的文艺刊物。第一卷以创作为主，兼顾评论。文学创作偏重报告文学、小说、诗歌。其中丁玲的《马辉》、何其芳的《日本人的悲剧》等报告文学，沙汀的小说《堪察加小景》，柯仲平的诗《告同志》等，较有代表性。从创刊起特辟“工厂文艺”栏，发表反映工厂和工人生活的报告、诗歌作品，是根据地刊物中最早的尝试。“革新号”出版后，强调适应“国民精神总动员”的需要，“反映和推动这新的动员”，并要求办成“延安，边区以及延安中心所能达到的地区的一切文学艺术工作的镜子”（代革新创刊词《文艺界的精神总动员》）。革新后增强了文学讨论和批评内容。第一期开设“短论”栏，选登了四篇文艺短评；第二期编刊了“民族形式问题”专栏，开展现实的文艺问题的讨论。在文艺创作上，除继续刊登报告、小说、诗歌外，还发表了塞克的《生产大合唱》和马健翎的《查路条》，反映出歌剧创新和秦腔改革方面的成果。刊物主要撰稿者除上述诸人外，还有周扬、艾思奇、卞之琳、萧三、刘亚洛、吴伯箫、刘白羽、柳青、严文井、赵鹤等。

目　录

创刊号

1938 年 10 月 16 日出版

纪念鲁迅先生逝世二周年

学习鲁迅主义　艾思奇
老头子　荒　煤
誓词—— 献给鲁迅先生的魂灵(诗)　林　山
鲁迅先生语录　编　者

持久战的文艺工作（论文）柯仲平
一幅活画（散文）　野　蕻
孤岛上的文化（失地情形特写）　周而复
给英勇战斗的八路军（诗）孟　奚

工厂文艺特辑

两个九月（诗）　赵　鹤
让我也来签个名吧!（报告）刘亚洛
战斗着……（小说）　刘白羽
钢盔的新内容（战地生活速写）　卞之琳
文艺消息：晋西北的街头诗运动　编　者
编后记　编　者

第 1 卷　第 2 期

1938 年 11 月 1 日出版

十月革命与中国智识界（论文）　周　扬
告同志（诗）　柯仲平
意大利的悲剧（西班牙报告）　〔苏〕爱伦堡作　柳　青译
马辉（人物特写）　丁　玲
延安的秋（诗）　陈学昭
堪察加小景（小说）　沙　汀

工厂文艺

印刷厂文艺小组成立了（通讯）　张　现
路（生活记录）　黄　华

“中国人，觉起醒来吧！”（速写）　严文井
山水人物（边区映画）　野　蕻
期待着兵士们的作品（杂文）　方　绥

文艺消息
编后记　编　者

第 1 卷　第 3 期

1938 年 11 月 16 日出版

诗与音乐的离合　臧云远
大武汉的陷落（诗）　何其芳
我没有走开（农民工作特写）　白晓光
烽火边的人民（战地报告）柳　青
慰劳信（诗）　卞之琳
八月十四日（工厂文艺·散文）　刘亚洛

给职工大队的兄弟姊妹们（工厂文艺·诗） 赵鹤
谈谈延安的文艺活动（论文）——提供一些材料和一点小小的意见 林山
一群曾是战士的人们（故事五则，未完） 严文井
由桑镇到成都（后方特写） 沙汀
文艺消息（三则）
编后记

第1卷 第4期
1939年2月1日出版

短 论

所谓“与抗战无关” 复
为什么有“公式”化的现象呢? 卯
从典型人物到典型事件 振

红五月的补充教材（小说） 莎寨
老太婆许宝英（诗） 鹰潭
目前的文艺工作者（论文） 鲁藜
进城·出城（速写） 卞之琳
空袭延安的二日（报告） 柳青
灾难里（小说） 周而复
玛德里（译诗） L.休士作 刘劲译
从严肃到文艺（论文） 张振亚
雪底海（诗） 天蓝
日本人的悲剧（报告） 何其芳
战争下的田庄（诗） 亚苏
转变（小说） 柳林
七个（工厂文艺） 田起
突击运动（小说） 刘白羽
编后记
前方和后方（封面木刻） 马达

新1卷 第1期
（总第5期）
1939年5月25日出版

短 论

全国文艺界更亲密的联合起来 手
政治号召与文艺 振
从大众中培养新作者 山
略谈作家到前方去 复
文艺界的精神总动员——代革新号创刊词 本社
鲁艺的一年 徐一新

生产特辑

生产大合唱（三场歌剧） 塞克
生产大合唱座谈会记录 本社
哥哥，这一棵树是我种的（童话诗） 李雷
春天（小说） 严文井
劳动日记（小说） 师田手
一三〇支油桶的计划是怎样突破的（工厂文艺） 刘亚洛
病（部队创作） 老宁
印刷厂的生产突击（工厂通讯） 程海洲

炮位周围（小说） 雷　加
“日华亲善”·渔猎（战地报告）
卞之琳
青年颂（诗） 乔　木
天山（诗） 萧　三
不能走路人的呐喊（诗） 高士其
文化人在战斗着（战地通讯）
吴伯箫
编后 编　者

插　图

开荒突击队（封面） 沃　渣
纪念五四 马　达
抬伤兵 丁　里
开荒 王式廓
耙地（边区） 萧　肃

题字：“发展抗战文艺振奋军民，
争取最后胜利。” 毛泽东
文化消息
本社启事二则

新1卷　第2期
（总第6期）
1939年6月25日出版

民族形式问题

论新文化运动中的两条路线 杨　松
旧形式，新问题 艾思奇
论诗歌的民族形式 萧　三
论美术上的民族形式与抗日内容
罗　思
介绍《查路条》并论创造新的民族
歌剧 柯仲平
查路条（秦腔） 马健翎
勤务员陈小牛（青年文艺）
雷　弓

纪念高尔基

我怎能忘记 小　山
献给玛克辛·高尔基
〔苏〕F.莫洛托夫作　吴伯箫译
狱室生活　高尔基作　白　澄译
三个人的阵地（小说） 雷　加
野火（诗） 骆　方
被炸毁的街市（小说） 周而复
我和菜油机的生活（童工报告）
侯金保
战斗与劳动（诗） 林　山
达布赤克的开拓（报告） 高　阳
从我们在前方从事文艺工作的经
验说起　卞之琳　吴伯箫
说打就打（歌曲）
塞克词　星海曲
编后记 编　者

木　刻

高尔基（封面） 马　达
游击队（扉页） 古　元
女宣传员（扉页） 陈　九
女自卫军（扉页） 雷　夫

182 文艺新潮

简 介

《文艺新潮》，文艺月刊，一九三八年十月十六日创刊于上海。宇文节（钱君匋）、林之材（李楚材）主编，万叶书店（由费新我和两个主编合资经营）出版发行。从一九三九年七月五日第一卷第十期起蒋锡金参与主编。第一卷出版十二期。一九四〇年九月十五日第二卷第九期出版后终刊，前后共出二十一期。十六开本。

本刊是"孤岛"时期创办较早的进步文艺刊物之一。编者在《发刊词》中谈到本刊产生的背景时指出："在孤岛上的人们，既不能算作前线，也无法归之后方。许多年青的人，因为在孤岛上失去了自由的意志，失去了活动的权利，于是感到苦闷，不安，也就流于颓废，消极。"故而确定刊物的宗旨是："我们要排遣颓废，消极之念，我们要和大众挨得紧紧，我们要写大众所受的苦痛，我们要写大众所有的希望"，"让大众的声音，色彩和行动来汇成一股文艺的新潮"。编辑以文艺创作、评论、翻译三者并重。创作偏重于小说、诗歌、通讯报告，其次是散文、杂文。内容主要反映"孤岛"人民的苦难和他们的爱国情绪。有些内地作家的作品如周文的报告、厂民的速写，报道了大后方的抗战现实；刘白羽的诗歌、夏侯未胤（曹白）的报告，则反映了抗日民主根据地和游击区军民的斗争生活。文艺评论以"文艺大众化"和"现实主义"问题的讨论较为集中。"论谈"（亦称"论坛"）栏所载文艺短评主要是对"孤岛"倾向性文艺问题的评论。另外刊物还较多地介绍和翻译了苏联文学，对"孤岛"读者起了一定的教育鼓舞作用。刊物的主要撰稿者除上述诸人外，还有巴金、许钦文、罗洪、司徒宗、何为、王任叔（巴人）、毁堂、苗埒（周楞伽）、史笃（蒋天佐）、石灵、马耳（叶君健）等。

目 录

第 1 卷 第 1 期

1938 年 10 月 16 日出版

发刊词 编 者
用工作来纪念鲁迅先生 林之材
鲁迅先生的第一篇小说 王任叔
论中国的木刻（书简） 鲁 迅
给一个敬爱的友人 巴 金
“文艺大众化问题”座谈
论文艺大众化问题 苗 埒
我对于“文艺大众化”的意见
吉 力
文艺大众化杂谈 陈 浮
救国捐（漫画） 丰子恺作
一个桃子 许钦文
农人生活是这样简单的 顾均正
——译自本年五月号 Reader's Digest
正在开始的马亚珂夫斯基时代
〔苏〕阿谢叶夫作 金 人译
“八月八日” 靳 以
故乡，我怀念着你！ 朱 雯
蛋炒饭
——家庭什锦之一 索 非
浙皖丛山间流亡的一群 宇文节
“乐园”抒愤 文载道
后死者（中篇连载） 罗 洪
让更大的困难到来罢
——陕北通信 米 田
青年的优良读物
——值得介绍的一本好书：
《第一年》 材
秋灯（诗） 孙毓棠
萤（诗） 孙毓棠
四行诗二首 孙毓棠
编后记 编 者
鲁迅先生象（卷首插图）
陶元庆作

第 1 卷 第 2 期

1938 年 11 月 16 日出版

关于“病”及《海上述林》（给茅盾先生信） 鲁 迅
关于史丹尼斯拉甫斯基
〔苏〕萨汉诺甫斯基作 金 人译
大鼓与鼓词 赵景深
阿 Q 遗象（阿 Q 正传漫画之一）
丰子恺
“阿 Q 真能做”（阿 Q 正传漫画之二） 丰子恺
新的短篇小说
Llga Ehrenbug 作 美 懿译
小册子 乜如乜
乱世的猫 白 屋
被轰炸的城市 舒 湮
救火者的工作 吉 力
无果的花 陈宜之
向广德行进 宇文节

苟同志　米　田
几件事（陕北通讯）　秋　赤
诗　选
诗二章　白　曙
被自由的鼓角
秋梦
四行诗三首　孙毓棠
感
黄昏星
镜子
后死者（中篇连载之二）　罗　洪
萌　芽
雨　熊　熔
美子的悲哀　以　太
编后记　编　者
为自由解放而死难的英雄，精神不死！　Parrilla 作

第 1 卷　第 3 期
1938 年 12 月 16 日出版

封面画（致陶元庆信）　鲁　迅
苏联文学中的青年
C.勃罗夫曼著　林白译
章回小说研究
——“旧形式”研究之一
苗　埒
手　〔美〕休伍·安特生著
赵家璧译
寂寞　司徒宗
笠剑学风（歌曲）
郑贞文作词　蔡继琨作曲
捷报（漫画）　丰子恺
诗　选
火的堡垒　王　军
四行诗三首　陈宜之
悲哀
希望
肖肖
梦淑　秋　赤
后死者（中篇连载之三）　罗　洪
萌　芽
活着的生命　西雷琴
接济了谁　熊　熔
敬告上海电影界
编后记　编　者
夜之奔流（卷首插图）　珂　田作

第 1 卷　第 4、5 期
1938 年 2 月 16 日出版

春天的话
迎春　适　夷
新岁偶感　Winn
春在我们的心头　林　菲
伟大的文艺批评家——柏林斯基
［苏］勃拉哥伊作　愈　荻译
新青年（歌曲）
章乃焕作词　穆天澍作曲
好景忽减色（漫画）　丰子恺

论“眼高手低” 巴 人
勇弟 许钦文
老杨树
〔苏〕谢维洛夫作 金人译
桃花梦（五幕悲剧） 石 灵
南岳纪行 董每戡
善女人
——家庭什锦之一 索 非

诗 选

在远方 白 曙
痛苦是我生命的泉源 尖 石
孩子们的步伐 宜 兹
后死者（中篇连载之四） 罗 洪

萌 芽

一粒种子的播下 以 太
海螺 恕 絜
罗帆先生 绿 明
活着的生命（续完） 西雷琴
时代的悲剧 高 潮
编后记 编 者
野马文艺研究会启事
太湖边上（卷首插图） 珂 田作

第1卷 第6期
1938年3月16日出版

《中国现代记》的发见
——南亭亭长李伯元遗著
鹰 隼
勇敢的杜霞
〔苏〕石加普斯卡亚 金 人译
模型 许钦文
民富渡上
——旅渡通讯之一 巴 金
穿过了坟墓 秋 赤
人山 司徒宗
失去了的歌声 君 友
卖田 林 珏
一只手表
——纪念两位可敬爱的亡友
钟望阳
真挚的怀念 林 菲
气
——家族什锦之一 索 非
守四方（漫画） 丰子恺
海珠桥（诗） 锡 金
航（诗） 路易士
无题（诗） 王 军
春天了，祖国，起来哟!（诗）
郭尼迪
时悟（诗） 郭尼迪
寂寞的找寻（诗） 茜 濛
后死者（中篇连载四） 罗 洪
编辑后记 编 者
矿工（卷首插图） 铁 婴作

第1卷 第7期
1939年4月5日出版

地下火（长篇报告文学）
〔德〕H.Liepmann著 朱 雯译
谈谈文艺大众化问题 秋 赤

阿斯托洛夫斯基怎样写作的
〔苏〕波 伐作 俞 荻译
舵工沙秀拉
〔苏〕奥莱宁作 金 人译
在柳州（旅途通讯之一） 巴 金
一个战士的死 锡 金
完了的日记 王 煜
兵姑娘 宜 之
烟酒 索 非
记索非 赵景深
次第春风到草庐（漫画） 丰子恺
诗
May Blossom 路易士
寒夜 路易士
上海——你这座镀金的城 绍 光
窗边小掇（二题） 白 湄

后死者（中篇连载·续完） 罗 洪
编后记 编 者
守望（扉页画） 刘 真

第 1 卷 第 8 期
1939 年 5 月 5 日出版

鲍志远（四幕剧）
易卜生作 石灵编译
再论文艺大众化问题 苗 埒
人民之友的伟大诗人——希维钦柯
〔苏〕皮尔契柯夫作 俞 荻译
希维钦柯的幼年时代
〔苏〕A.马里莫夫作 周 琪译
你不要结婚 希维钦柯作 周 琪译
来客 许钦文
皖南琐记 何 为
黎明前 罗 洪
读书（漫画） 丰子恺
诗
我愿意 路 迦
祖国呵，跨向自由的春天！ 莫 洛
号角 李守中
中华 李守中

地下火（长篇报告文学）
〔德〕H.Liepmann 著 朱 雯译
编后记 编 者
冲 刘 真

第 1 卷 第 9 期
1939 年 6 月 5 日出版

地下火（长篇报告文学）
列浦曼著（二续） 朱 雯译
文艺通讯是什么 锡 金
文艺通讯
开始挂良民证的一天 陈一明
排球赛 西 庵
飞康号四旅客 佚 名
他偷报贩的脚踏车 张邦桢
夕阳无限好（漫画） 丰子恺
夜的交响（长诗） 白 曙
关于《科尔沁旗草原》 端木蕻良
穿过了铁雨 林英强

信念　林英强
钢铁的音符　何　为
英雄与美人　丁　谛
巨流　巽　木
诗
呈——　罗　昔
战士之歌　罗　昔
偶感　绍　光
中国的蓝天　东　野
变　莫　洛

鲍志远（四幕剧·一续）
易卜生作　石　灵编译
编后记　编　者
轰炸（扉页画）　刘　真

第1卷　第10期
1939年7月5日出版

论　谈
两年间的文艺运动　西
无为而治　兑
文艺通讯的现阶段　辛
噱头主义的没落　壑

新文艺运动应走的新途径（论文）
郭绍虞
连环图画制作的诸问题（论文）
锡　金
几种大手（杂文）　贺　依
女英雄（小说）
［苏］A.克莱诺瓦著　吴　天译
荒山上（报告）　时　繁
开荒小品（速写）　符　弭
皖南散记（旅记）　何　为
苗猺自歌（散文诗）　林英强
月下（随笔）　俊　伯
文艺通讯
自残　干　耶
报市中　蒋　凯
二房东的好房客　丁　邑
难得放心　陈一明

文艺长城（书报评介）　柬　胥
鲍志远（四幕剧·二续）
易卜生作　石　灵编译
看壁报（扉页漫画）　丰子恺
诗
献　白　湄
筲　华　铃
编后记　编　者

第1卷　第11期
1939年8月10日出版

论　谈
问题小说　逸
高卧主义　璞
开门说　胥

论文艺通讯（论文）　曜　宾
新文艺运动应走的新途径（论文）
郭绍虞
谈专家（杂文）　贺　依

唐驼背（小说） 田　青
铜板到那里去了（报告） 杨　棣
野火晚会（速写） 辛　平
我的钢琴呢（随笔） 桂　芳

文艺通讯

掠夺 寄　虹
工贼 黎　崎
安全服务 麦汝璧
安全运动在十六铺 娟　儿
抢棉花 王舜华

意大利的脉搏（书报介绍）
锡　金
鲍志远（第三幕）
易卜生著　石　灵编译

诗

我坚决不要它了（诗） W　莉
射阳河 征　骅
最后一课 征　骅
战士墓 雪　萍
落日下（散文诗） 白　曙

编后记 编　者
为念流离苦（扉页画） 丰子恺

第1卷　第12期
1939年9月10日出版

论　谈

我们的安提霭斯 蒋天佐
左拉的教训 蔡语邨
“肆无忌惮” 常　莱
艺术·宣传·宣传戏剧（论文）
洛蚀文
连环图画的演变（论文） 邹　啸
八股习题（杂文） 束　胥
铁和火贫穷和困苦（报告）
夏侯未胤
家（小说）
〔美〕L.休士作　关　露译

诗

航空战士和他的母亲
〔苏〕A.特瓦道夫斯基　黄　峰译
别 华　铃
热血的注流 林英强

卖“沙爹”的马来人（故事）
吴　天
城陷的前日（速写） 征　骅

文艺通讯

我们的枪下 刘　林
金的浪潮 杨　棣
买报 金　吉
鲍志远（四幕剧续完）
易卜生著　石　灵编译
编后记 编　者

第2卷　第1期
（鲁迅先生逝世三周纪念
语文特辑特大号）
1939年11月1日出版

论　谈

风习的校正与改革

——为纪念鲁迅先生逝世三周年而作　毁　堂
语文的学习　锡　金
笑的文学　叶　素
鲁迅先生的写作生活（回忆）　景　宋
展开研究（杂文）　周木斋
鲁迅先生遗札（关于误译）　鲁　迅
论高尔基底社会主义的人道主义
〔苏〕E.Knipovicb 原作　王楚良译
一个对于诗的希望（诗论连载）
〔英〕C.Day Lewis 著　朱维基译
三教师（小说）　田　鲁
他们怎样捉住塞马伽的（小说）
〔苏〕高尔基作　林淡秋译
雪夜（小说）
〔保加利亚〕大吉尔作　马　耳译
翻书杂记（杂文）　巴　人

散文随笔

忆旧　林　珏
金鱼的死　桂　芳
假日
——家庭什锦之一　索　非

棉军衣（长诗）　辛　劳
《地下火》（书报评介）　孙　晦

语文特辑

语文展览会预记　宇文节
明末以来中国语文的新潮　陈望道
论古代语文分歧的真因
——为语文展览会作　柳存仁
历代古钱纪略　丁福保
文艺巡礼　贺　依　束　胥
老板（自传中篇连载）
〔苏〕高尔基作　适　夷译
编后记　编　者

第 2 卷　第 2 期
诗歌特辑
1939 年 12 月 1 日出版

论　谈

关于现实主义　史　笃
诗歌的口语化　锡　金
面向着祖国　叶　素
捏克拉索夫
〔苏〕吉尔波丁著　吴　天译
地方文学与通俗文学　何　鹏
一个对于诗的希望（诗论连载二）
〔英〕C.day Lewis 著　朱维基译

诗歌特辑

走向战地　刘白羽
捷克，你的悲剧　白　薇
夜莺　关　露
黄浦江，我为你歌唱！　郭尼迪

我们十五个人（小说）　罗　洪
买卖（报告）　应　为
俞连长　洪　波
《列宁在一九一八年》（书报评述）
马行芬

陌路人（小说）
〔美〕亚尔培·马尔兹作　马　耳译
老板（自传中篇连载二）
〔苏〕高尔基作　适　夷译
文艺巡礼（三则）贺　依　束　胥
《山程》——文学集林第一辑
《新中国文艺丛刊》——第三辑——
鲁迅纪念特辑
《文艺新闻》——一至四期
编后记　编　者

第2卷　第3期
小说特辑·新年特大号
1940年1月1日出版

论　谈
现实与理想　服　群
关于现实主义补释　毁　堂
机械的庸俗的形象化　方　皇
意大利的黑衫文学（论文）
黄　峰
一个对于诗的希望（诗论连载三）
〔英〕C.Day Lewis著　朱维基译
那是正事（杂文）　史　跃
小说特辑
作风　钟望阳
妖孽　司徒宗
来去　王　煜
法静　黎君亮
在重庆遇轰炸记（报告）周　文
送出发（速写）　厂　民
生活在活的河流上的（速写）
坚　卫
海轮上（旅记）　征　骅
春天（散文）　马　拉
诗
声雁　吴　冰
送征　徐　野
雷所说的话：一篇火的说教（诗）
〔美〕傅纳洛夫作　朱维基译
老板（自传中篇连载三）
〔苏〕高尔基作　适　夷译
文艺巡礼　束　胥　毕　容
《浅草》与《早茶》
新刊一束——语风（第二期）·小说月刊（创刊号）·贝壳（创刊号）·新文艺（创刊号）
编后记　编　者

第2卷　第4期
米价和生活特辑
1940年2月1日出版

论　谈
关于通俗　叶　素
物价和生活　锡　金
谈谈对批评的态度　吴　角
关于作家的阶级性（论文）
〔苏〕罗西珂夫作　易　林译
网房子（小说）　林　珏

米价和生活特辑
“驱逐出境” 杨 伯
工作和吃饭 翁 儿
为了米 杨 棣
约会 陈一明

鲁迅，成都的纪念（报道） 周 文
房产（流亡散记） 洪 波
诗
垦殖者 厂 民
他缴不掉我们的心 江 天
生活 荒 牧
两县长（通俗小说） 寒 波
老板（自传中篇连载四） ［苏］高尔基作 适 夷译
文艺巡礼（三则） 毕 容 束 胥
望——（文学集林第二辑）
枫叶（创刊号）
自由谈（申报付刊）
编后记 编 者

第2卷 第5期
关于现实主义讨论特辑
1940年3月1日出版

论 谈
文艺工作与宪政运动 叶 素
从几个理论问题谈开去 座谈会
现实主义的“发凡”（论文） 闻 歌
一个对于诗的希望（诗论连载四） ［英］C.Day Lewis著 朱维基译
在晨曦中（小说） 田 青
诗
送第三个 高 岗
恶梦 高 岗
一月山野的风 高 岗
围炉 程 铮
歌唱马德里（西班牙·革命谣曲三首） 芳 信译

忆（散文） 马 拉
曼歌（小说） ［捷克］加伦太 马 耳译
王将官（儿童故事） 坚 卫
老板（自传中篇连载五） ［苏］高尔基著 适 夷译
文艺巡礼 玄 弋 束 胥
戏剧与文学（创刊号）
行列（第一、二期）
编后记 编 者

第2卷 第6期
戏剧特辑
1940年4月1日出版

论 谈
诗歌与戏剧 锡 金
作家的生活保障 史 意
一个对于诗的希望（诗论连载五） ［英］C.Day Lewis著 朱维基译

"自我批判"及其他（杂文）
史　笃

戏剧特辑

歧途　逯　斐
梦　金　明
你要怎样　锡　金
在崖边（散文）　厂　民
审奸记（报告）　田　青
振作（小说）　施若霖

诗

让我再想起你　雷石榆
我们是不容易到这里的　荒　牧
你渡河去了　徐　野

沙溪镇（地方志）　沈　乾
老板（自传中篇连载六）
〔苏〕高尔基著　适　夷译
编后记　编　者

第2卷　第7期
1940年5月1日出版

论　坛

略论新民主主义的文学　史　笃
艺术性和社会性　朱　萸

抗战八股·深入和提高（论文）
巴　人
玛耶珂夫斯基回忆录
（〔法〕E.Triolet 回忆）袁水拍
一个对于诗的希望
（〔英〕C.Lewis 诗论）朱维基
老人
（〔苏〕M.Aliger 长诗）高之分
长途跋涉的行列（报告）　何　为
还乡
（〔南菲〕F.Goldie 小说）马耳
他们去了（诗）　厂　民
眼泪（散文）　马　拉
阿青嫂（诗）　王亚平
小任克（人物志）　逯　斐
题"同舟共济"图（诗）　溅　波
老板
（〔苏〕M.Gorgy.自传·续完）适　夷
文艺巡礼（二则）　束　胥
编后记　编　者

第2卷　第8期
1940年6月10日出版

论　谈

关于新民主主义的文艺　霍　亭
谈新形式的创造　朱　叟
苏联最有才能的诗人（论文）
〔苏〕M.N.亚里山大洛夫作
林淡秋译
恐水病（小说）　黎君亮
长途跋涉的行列（报告·续完）
何　为
万里来鸿（三篇）
邹荻帆　特　伟　茅　盾
火的史典（诗）　高　岗

襟上带花的人及其他（故事）
〔犹太〕雷　进作　什　之译
私章（诗）　高　岗
劫后琐记（散文）　征　骅
绿色的（诗）　高　岗
诗夜谈（座谈会记）　逯　斐
昨日（中篇小说连载·一）　司徒宗
近代诗的词藻问题
〔英〕C.Day Lewis 作　朱维基译
不识字的女人（小说）
〔苏〕左勤克作　梅　蓝译
编后记　编　者
本刊紧要启事

第 2 卷　第 9 期

1940 年 9 月 15 日出版

论典型的创造　维　山
命运（小说）　王西彦
青黑的脸（散文）　庄瑞源
夜，湖滨（诗）　林　绥
国境上
〔立陶宛〕彼脱拉斯·兹徽儿卡作
柳无忌译
黑矿穴（诗）　厂　民
没有米　鲍　雨
昨日（中篇连载）　司徒宗
战争与法国文化生活（通讯）
N.K.著　柳无忌译
万里来鸿（二则）逯　斐、马　耳
诗人莱芒托夫的奋斗生涯
〔苏〕N.罗丝托夫著　俞　荻译
长征（诗）　子　春
近代抒情诗产生的困难
〔英〕C.Day Lewis 著　朱维基译
编后记

183 鲁迅风

简介

《鲁迅风》，文学周刊，一九三九年一月十一日创刊于上海。编辑人名义上是当时上海的一位小报记者冯梦云，发行人借用报商来小雍（来岚声）的名字。实际编辑人起初是文载道（金性尧），由中国文化服务社经售。自同年五月二十日第十四期起改为半月刊，由天马书店出版发行。一九三九年七月二十日第十七期起改由石灵编辑，同年九月五日出至第十九期停刊，共出十九期。十六开本。

《鲁迅风》是进步的杂文刊物。“孤岛”初期进步文艺界曾围绕鲁迅杂文问题展开过一场争论。在争论中，肯定并坚持发扬鲁迅杂文传统的巴人（王任叔）、许广平、文载道等人发起创办了本刊。巴人写的《发刊词》引用毛泽东同志赞誉鲁迅是“中国的第一等圣人”的话，阐明鲁迅的斗争精神和学术业绩，表示要“沿着鲁迅先生所走过的、所指示的路走去”，同时揭明刊物的宗旨是：“生在斗争的时代，是无法逃避斗争的。探取鲁迅先生使用武器的秘奥，使用我们可能使用的武器，袭击当前的大敌；说我们这刊物有些‘用意’，那便是唯一的‘用意’了。”本刊发表的杂文多从抗战的需要和“孤岛”的实际出发，采用灵活多样的形式，或谈古，或说今，借以达到激励爱国情绪、切中敌人要害的目的。刊物还在许广平的大力支持下，较早地披露了鲁迅一部分日记、书信、手迹，同时发表了一批回忆和研究鲁迅的文章，对阐扬鲁迅精神、保存鲁迅遗产做了一些有益的工作。本刊的主要撰稿者有许广平（笔名景宋）、唐弢、巴人、陈望道（齐明）、郑振铎（源新）、王统照（息梦、默坚、剑先）、文载道、锡金、石灵、柯灵等。

目 录

第 1 期
1939 年 1 月 11 日出版

发刊词
鲁迅先生书简（一）
《鲁迅风》与鲁迅　景 宋
鲁迅的杂文　唐 弢
圣诞树下　石 灵
偶语两则　关铭等
街头杂写　江渐离
红姑娘　桂如芳
岁寒漫笔　文载道
游击战的杂感　辨 微
检查琐谈　吉 力
逆旅　柯 灵
编后语

第 2 期
1939 年 1 月 18 日出版

凌迟　辨 微
鲁迅先生书简（二）
略论叫化之类　巴 人
偶语两则　坑 生　既 激
拾得的梦　风 子
才和实　东方曦
历史·电影·戏剧　海 岑
夜与昼　骆宾基
悼鲁迅先生　曹天风
论“身边”与“琐”　石 灵
编后记

第 3 期
1939 年 1 月 25 日出版

敬礼　春 秋
鲁迅先生书简（三）
关于文字狱史　吉 力
论“没有法子”　巴 人
纪念鲁迅　成仿吾
由悲痛至振奋　康 荪
纪念杰出的文豪　陈伯达
美妙的音乐家
［英］约管司作　默 坚译
文学的战术论　宗 珏
杨妈　未 迅
偶语　阿 刺
茅盾先生音讯
编后记

第 4 期
1939 年 2 月 1 日出版

悼钱玄同先生　文载道
周案余墨　东方曦
心的故事　风 子
从德国说起　亭 长
民族文话　源 新
教士的工作　锡 金
论打落水狗　石 灵

文学的战术论　宗　珏
红堡垒　白　曙
江浙关于鱼的故事　卫聚贤
母和子　司徒宗
乱离中的作家书简 茅　盾　萧　乾
偶语　叶　群
赐予　茜　濛

第 5 期
1939 年 2 月 8 日出版

书感　将　离
民族文话　源　新
鲁迅先生的日记　景　宋
鲁迅先生早期日记
献辞　文载道
说笱之类　巴　人
关于《鲁迅日记》　柯　灵
蒲绿开苔诗抄　息　梦译
杂感家的见解　吉　力
表　桂　芳
偶语　若　木等
乱离中的作家书简
丰子恺　何家槐
桂林通讯
——周钢鸣重返故乡

第 6 期
1939 年 2 月 15 日出版

论读报　吉　力
民族文话　源　新
夜泊吴淞口外　锡　金
鲁迅先生早期日记
杂家，打杂，无事忙，文坛上的“华威先生”　巴　人
乐祸篇　伊　人
高尔基日记断片　黄　峰译
人类的同情　振　闻
旧诗偶录　剑　先
家庭称呼的来源　卫聚贤
重逢　〔苏〕左勤克作　金　人译
偶语　既　激等

第 7 期
1939 年 3 月 1 日出版

“鸿毛论”辨微　东方曦
关于“无关抗战的文字”　亢　德
“作家”与“人”　应服群
民族文话　源　新
怀鲁迅　林憾卢
豺与群鼠　昔克司顿作　息　梦译
高尔基日记断片　黄　峰译
流亡　韦　因
寄某弟报告近况书　石　灵
一个渔夫的死　钟望阳
帽徽　丁　谛
偶语　康　荪

第 8 期
1939 年 3 月 8 日出版

市侩主义　陈　浮

因《花溅泪》的演出说到新女性 齐明
可怕的发明 关铭
民族文话 源新
猫的知慧 Michael Joseph 宜闲译
到南国去 白曙
新年试笔 海岑
高尔基日记断片 黄峰译
艺术的“资本” 萧旌
一个反响 巴人
正月十六吃馄饨的故事 卫怀彬
偶语 坑生

第9期
1939年3月15日出版

血祭
——纪念三一八惨案十三周年 辨微
民族文话 源新
白鹭 巴人
现实的标本 文载道
刍狗 丁谛
抗战中的新文学主潮 宗珏
黎明之前 风子
《横眉集》后记 柯灵
文人岛游记
Andre Maurois 宜闲译
偶语 既激 坑生
鲁迅先生遗墨
乱离中的作家书简
郁达夫 黎烈文

第10期
1939年3月22日出版

“立异”与“持同” 吉力
石龙——柳州 巴金
民族文话 源新
从女性的立场说“新女性”
景宋
再论“没有法子” 巴人
“转向”和“叛变” 海岑
文人岛游记
Andre Maurois 宜闲译
又是一个反响 张钢
旧诗偶录 剑先
失去了的青春 宛宛
乱离中的作家书简 胡风

第11期
1939年3月29日出版

智勇辨 东方曦
民族文话 源新
皱纹 石灵
魔河 沙狄
笼里 开垒
文人岛游记
Andre Maurois 宜闲译
晨星两三 徐讦
感慨前后 辨微
群象 罗洪
烈士与战士 白屋
乱离中的作家书简 顾颉刚

第 12 期

1939 年 4 月 5 日出版

战士与乏虫　羿　矢

美育之理想　息　梦译

从“无关抗战的文字”说起　苗　埒

向着普希金的铜象　锡　金

民族文话　源　新

论《意大利复兴之道》　海　岑

文人岛游记　Andre Maurois　宜　闲译

血债　司徒宗

鲁迅在世界语中

乱离中的作家书简　萧　红

第 13 期

1939 年 4 月 12 日出版

童年　风　子

不必补充　巴　人

春夜走笔　曼　甫

疯汉的道德　辨　微

写给郭夫人安娜女士　殷　君

李阿大　陈　骏

女难　苗　埒

智乎？勇乎？　张　钢

文人岛游记　Andre Maurois　宜　闲译

偶语　康　荪等

乱离中的作家书简　白　危　曹靖华

第 14 期

1939 年 5 月 20 日出版

插图

五月的太阳起来吧　张望刻

鲁迅先生绍兴故居

瞿秋白先生未刊诗稿

战地小记　何家槐

记野蕻　李健吾

吁嗟乎爱伦　汤姆司摩耳作　默　坚译

二十一天　夏侯未胤

说酸葡萄　石　灵

王太太的挣扎　魏金枝

影评与说明书　妙　哉

和知堂诗五首　沈尹默

论战士与任务　东方曦

祖国之歌　〔苏〕V.李比得夫—古玛奇作　舒湮试译

诗随感　锡　金

行程　柯　灵

文人岛游记　Andre Maurois　宜　闲译

钉　沙　狄

给一个人　海　岑

偶语　胡　次

论《卖花女》　旅　冈

读《骆驼祥子》　吉　力

独巷　宛　宛

弱点即长处　〔日〕长谷川如是闲作　云译

两只箱子　骆宾基

第 15 期

1939 年 6 月 5 日出版

合唱之歌　吴　冰
偶语　韵　海
皇家乔治舰哀词
考稗耳作　默　坚译
论“信手写来”　石　灵
脸谱主义者　羿　矢
滇行杂记　李　熙
心上的暗影　风　子
二十一天　夏侯未胤
合唱之歌　吴　冰
落花　野　蕻
谈“孤岛文艺”的发展　东方曦
略谈思想的食粮　陆　克
焚书　李辉英
鲁迅杂文中底“典型人物”　萧　军
“眼勿见为净”　辨　微
报告文学和文艺通讯　列　车
蔷薇与百合　海　岑
论《夜莺曲》　旅　冈
文人岛游记
Andre Maurois　宜　闲译

第 16 期

1939 年 6 月 20 日出版

站在壁角里的人　巴　人
本性难移　辨　微
昨日的丰台　南　枝
历史　文载道
写在罗淑遗著的前面　巴　金
海派与京派产生的背景　魏京伯
辛克莱日记断片　黄峰译
“希腊人”　林参天
五月行　萍　友
野渡　时　黄
蜀锦袍　邹　啸
摹影篇　沙　狄
路　匡　沙
结论　高尔基作　劳　人译
记隐飞　丁　谛
影评人与专家　小　汉
诗琐论　锡　金
“北京”的悲哀
〔日〕江户川六郎作　云译
父亲　海　岑
一个夜间的故事　桂　芳
家庭幸福　左勤克作　金　人译
文人岛游记
Andre Maurois　宜　闲译

第 17 期

1939 年 7 月 20 日出版

七月　晓　角
关于爱国者　巴　金
集团观察运动
〔日〕春山行夫作　云译
狭的天地　石　灵
谋略及其他　章　钺
无法无天的论调　门外汉
鲁迅与高尔基　巴　人

抗战两年来的获得 陆 克
鲁迅先生的疑虑 钦 文
菲多·田亚廷
M.高尔基作 荃 麟译
为了真理 天 佐
辛克莱日记断片（续上期）
黄 峰译
剪贴之余 无 疾
江南通讯 王 坪
文人岛游记
Andre Maurois 宜 闲译
广播之类 阿 Q
“生意之道” 小 D
血腥的桂冠 龙虎山人
“机械性” 孔乙己
编后记

第 18 期

1939 年 8 月 20 日出版

八月 晓 角
鲁迅先生与海婴 景 宋
鲁迅的故乡 无 名
新旧知识分子在俄国
Luppol 作 应服群译
螺室杂记 一 平
华铃诗四种 锡 金
轰炸前后 萧 红
警觉和认识 辨 微
与天佐论个人主义书 巴 人
梭罗珂夫访问记
Isaae Eksler 胡 岚译
江南通讯 王 坪
锻炼 黎 冰
辛克莱日记断片 黄 峰译
“症结所在” 不 平
一个愿望
活的艺术
编后记

第 19 期

1939 年 9 月 5 日出版

突变·一贯 振 闻
鲁迅先生与海婴 景 宋
鲁迅先生的学习精神 巴 人
纪德的小说论
〔日〕新庄嘉章作 云译
囤积者 夸 父
螺室杂记 一 平
华铃诗四种 锡 金
为祖国而歌 吴 冰
南方诗草 吴 冰
离别 钟望阳
长安寺 萧 红
山乡三日记 王 煜
笼里的鸡 田 青
徐特立会见记 英之叶
市楼独唱 陈 浮
我们如何生活
〔苏〕P.Pavlenko 著 胡 岚译
死魂灵 果戈理著 鲍鹤群译
纪德所成就的“奴才”与老爷的面孔 杨积帆

184 文艺战线

简 介

《文艺战线》，文艺月刊，一九三九年二月十六日创刊，周扬主编。编委会成员有成仿吾、艾思奇、沙克夫、沙汀、李伯钊、何其芳、周扬、柯仲平、荒煤、刘白羽、夏衍、陈学昭、卞之琳、周文、冯乃超、丁玲等十六人。本刊署名“延安文艺战线社出版”，实际是在延安编辑，由生活书店在桂林出版，主要面向国统区发行。发行人为夏衍。一九四〇年二月十六日出至第一卷第六期终刊，共出六期。十六开本。

本刊是创作与理论并重的大型文艺刊物。周扬在发刊词《我们的态度》中指出：它是“整个抗日民族统一战线的一部分”，主张“杜绝一切宗派思想的复萌，促进作家间的更进一步的团结”。又说：“我们对创作上的主张是以现实主义为依归。”强调大众化、民族化。发刊词还指出：“战时文艺理论批评的工作的建立是十分重要的。它不只限于应付当前迫切的问题，而且要考虑到新文艺的较永久的建设。……我们愿意在这个过程中放进自己的一点微小的力量。”刊物基本实现了这些要求。在理论批评上，它注重抗战文艺问题的研究。周扬的《从民族解放运动中看新文学的发展》、艾思奇的《抗战文艺的动向》，在总结新文学发展经验的基础上，对抗战文艺的前途做了展望。毛泽东同志在《中国共产党在民族战争中的地位》中提出“民族形式”问题以后，刊物率先组织并展开讨论。发表了艾思奇、周扬等的论文，编刊了“艺术创作者论民族形式”特辑（第五期），对新文艺民族化、大众化的道路作了较深入地探讨。在文艺创作上，刊载了一批有影响的作品。如柯仲平的长诗《平汉路工人破坏大队的产生》，沙汀的小说和特写《贺龙将军印象记》，黄钢的报告作品《开麦拉之前的汪精卫》等。刊物在根据地和国统区产生过较大影响，对沟通两个地区的文艺做出了积极贡献。

目　录

创刊号
1939年2月16日出版

我们的态度（发刊词）　周　扬
小　说
只是一个人　荒　煤
五台山下　刘白羽
一个夜间的故事　刘祖春
新垦地　野　蕻
论　文
抗战文艺的动向　艾思奇
一个紧要的任务——国际宣传　成仿吾
贺龙将军印象记（人物印象）　沙　汀
报　告
我歌唱延安　何其芳
石门阵　卞之琳
圣经　严文井
在法西斯蒂西班牙　爱伦堡著　克　夫译
诗
宁武之行　骆　方
呵！我有仇恨——并赠云裳　陈学昭
这一代　田　间
夜，守望在山岗上　天　蓝
平汉路工人破坏大队的产生（长诗）（上）　柯仲平
一个美国记者论中国未来的战争小说（特稿）　周而复译
漫画二则　胡　考
木刻一幅　焦星鹤

第1卷　第2号
1939年3月16日出版

小　说
联保主任的消遣　沙　汀
儿子与父亲　严文井
火车司机　李威廉
从民族解放运动中来看新文学的发展　周　扬
我们要奋力渡过抗战的难关　何　畏
报告速写
日本人的悲剧（报告）　何其芳
真理　爱伦堡著　克　夫译
一个女自卫军　野　蕻
记范筑先将军　刘白羽
陈二石头（讲演文学）　胡　考
诗
慰劳信　卞之琳
战歌　骆　方
平汉路工人破坏大队的产生（下）　柯仲平
评田间底近作（书评）　张振亚
木刻二幅　沃　渣

第1卷　第3号
1939年4月16日出版

小　说

总的破坏　刘白羽
战士的家　梁　彦
动员　白晓光

论　文

旧形式运用的基本原则　艾思奇
关于文艺的民族形式问题杂记　陈伯达
陈二石头（讲演文学）（续完）　胡　考

散　文

溜黄河六百里　骆　方
急行在封锁线上　贾　嘉

报　告

晋东南麦色青青　卞之琳
小鬼们　野　蕻
王老婆山上的英雄　柳　青

诗　歌

队长骑马去了　天　蓝
老太婆许宝英　鹰　潭
读《边区自卫军》（书评）　张振亚
插图两幅
　开荒　王式廓
　边区生产运动　沃　渣

第1卷　第4号
1939年9月16日出版

小　说

泪眼模糊中之信念　丁　玲
铁蹄下　金曼辉
调查　孔　厥

开麦拉之前的汪精卫（人物特写）　黄　钢
苏联文学当前的几个问题　G.勃洛甫曼作　克　夫译

报　告

晋东南麦色青青（连载）　卞之琳
儿童团　野　蕻
上杨武夜袭　康　濯

关于战地文艺工作

从我们在前方从事文艺工作的经验说起　吴伯箫　卞之琳
我们在前方从事文艺工作的经验与教训　康　濯　孔　厥

诗

母亲！我回来了　小　三
哀歌　天　蓝

木刻
　突击　沃　渣
　陕北秧歌舞　秦兆阳

第1卷　第5号
1939年11月16日出版

艺术创作者论民族形式
论中国音乐的民族形式　冼星海
论美术上的民族形式与抗日内容　罗　思
论诗歌的民族形式　萧　三
论文艺上的中国民族形式　柯仲平
论文学上的民族形式　何其芳
民族形式问题　沙　汀
小　说
支那傻子　荒　煤
野姑娘的故事　力　群
一颗石头　李清泉
一支三八式　雷　加
报告·散文
到华北前线去　沙　汀
——《贺龙将军在前线》的三个片断
一个太原的小学生　何其芳
晋东南麦色青青（续）　卞之琳
巴萨隆那之夜
艾利赫·卫乃特著　温剑风译
诗
小播谷及其他　贾　芝
木刻
放哨　夏　风
运输队　天　古

第1卷　第6号
1940年2月16日出版

小　说
一家人　严文井
在黄河的一弯上　刘白羽
过来人　孔　厥
我们跟下原弥熊师团　魏　伯
论　文
对旧形式利用在文学上的一个看法　周　扬
报　告
七一五团和大青山　何其芳
一二九师的理发员　野　蕻
一支工人分队的出发　刘亚洛
宣传的范畴以外　梅　行
诗
开荒素描　骆　方
通　信
关于文协的工作　老　舍　周　扬
启事
木刻
陕北的丰收　焦心河
会议（平型关连续画之一）　江　丰
加紧生产（延安生产运动之一）　力　群

185 笔 阵

简 介

《笔阵》，中华全国文艺界抗敌协会成都分会会刊。一九三九年二月十六日创刊。初为半月刊，笔阵编辑委员会编辑，“文协”成都分会发行。编委会起初由十一人组成：常务编委是陈翔鹤、顾绶昌、萧军；编委有李劫人、邓均吾、罗念生、毛一波、曹葆华、叶菲洛、任钧、周文。开始两期为集体编辑，从第三期起改为编委轮流编辑，两人轮值一期。同年八月五日第八期起“文协”成都分会决定由出版部聘定刘开渠、厉歌天、萧蔓若三人主持编务。同年十一月二十五日出至第十四期休刊。一九四〇年四月一日复刊，出版新一卷第一期，改为月刊，署“中华全国文艺界抗敌协会成都分会出版部”编辑，实际仍由刘开渠、厉歌天、萧蔓若执编。新一卷计出五期。一九四〇年十一月一日出至新二卷第二期休刊。一九四一年十一月二十日又复刊，出版新一期，仍为月刊。新一期为厉歌天主编，从新二期起由“文协”成都分会出版部叶圣陶、牧野（厉歌天）编辑，并改由成都莽原出版社发行。一九四三年四月十五日出至新八期休刊。一九四四年五月五日改为丛刊再次复刊，出版“革新号”第一辑，以高尔基的小说《顾平》为刊名，主编人为王冰洋、吕洪钟，编委是李劫人、陈翔鹤、陶雄、叶圣陶、碧野、谢文炳、罗念生。本辑《编后记》声明：刊物不再登短小文章，也不再连载长篇，计划以后每期“各定一个重心”，以丛刊的形式继续出版。但此后并未续出，遂以本辑终刊。共出三十期。十六开本。

《笔阵》创刊时只是每期八面的小型文艺刊物。《刊前》声明它是“为了要使各地——更是成都——文艺工作者取得密切联系”而出版的。最初十四期，投稿者仅限于成都分会会员。刊物经常发布《会务报告》，作为会员之间彼此联系的媒介。其他稿件以文艺短评、杂文、随笔为主，诗歌、小说较少，文字一般都很短小、简约，内容多为反映当地人民抗日反汉奸的斗争，在文艺批评上则有“方言文学”的倡导和关于旧形式的利用、朗诵诗等问题的讨论。刊物改出月刊以后，杂文、随笔显著减少，小说、诗歌、翻译作品占了主要地位；篇幅增加，作者也不再限于本地。尤其是叶圣陶、牧野编辑的新一期至新八期，得到国内许多知名作家的支持，办成了以创作为主，兼顾评论、翻译的大型文艺刊物。刊物的主要撰稿者除上述编者外，尚有李广田、茅盾、丁易、丰村、孟引、王亚平、王余杞、孟超、欧阳凡海等。

目 录

第 1 期
1939 年 2 月 16 日出版

刊前

短 论

抗战中的诗歌与诗人 均 吾
与文艺青年谈天才 问 笔
抗战戏剧和露天剧场 顾绶昌
开展方言文学运动 周 文
全应该有一个界说 萧 军

诗 歌

喇叭手 曹葆华

小 说

玫瑰书签 陶 雄

会务报告

第 2 期
1939 年 3 月 1 日出版

短 论

关于后方中等学校国文教材问题 陈翔鹤
艺术与生活 一 波

诗 歌

后方小都市 陈敬容
给我们永远滚开吧
你不要脸的民族叛徒 任 钧

散 文

力量 李广田
捉汉奸记 罗念生
邻居 S Y

小 说

意外 萧蔓若

会务报告
编务报告

第 3 期
1939 年 4 月 1 日出版

论 文

谣，诗，朗诵诗 叶鼎彝
现实与真实 欧阳冠玉

杂 文

仍然需要“手枪匕首” 叶鼎彝

诗

王德林 叶菲洛
紧急的号召 蔡天心

散 文

乡里 陶 雄

速 写

地狱 车瘦舟

小 说

空袭的故事 怀 霜

会务报告

第 4 期

1939 年 4 月 16 日出版

论　文

略谈艺术与行动　荒　草

杂　文

“凑热闹”　刘念渠

客气谈　萧蔓若

诗

战士的春天　方　敬

鬼市　思　苓

散　文

圈外　李广田

祖国需要我　高　塞

通　讯

香港文艺界的近况　林焕平

小　说

回来　孟　引

来　件

谈关于后方中等学校国文教材问题

会务报告　踧　子

编务报告

边区文艺运动消息

第 5 期

1939 年 5 月 1 日出版

论　文

几种有力的误解　菲　洛

再谈方言文学　周　文

奴隶文学和奴才文学　萧　军

杂　文

谈枉直　老　李

旧说新语　萧蔓若

读书风气　一　波

诗

不朽者　周煦良译

通　讯

一个新环境的展望　陈翔鹤

第 6 期

1939 年 6 月 15 日出版

短　论

诗歌与民众　荒　草

古书与古字　丁　易

通俗和利用　叶鼎彝

杂　文

虚惊　刘盛亚

看洋耗儿打车有感　萧蔓若

伟大在哪里　毛一波

诗

莜麦　菲　洛

五月的歌唱　白　非

小　说

采桑　高　塞

总会消息

本会会务报告

中华全国文艺界抗敌协会征文通告

第 7 期

1939 年 7 月 20 日出版

纪念高尔基　萧蔓若
时事即景　曹葆华
谈大学国文教材　问　笔
略谈新诗的朗诵　饶余威
朗诵与吟哦之别　菲　洛
第一次轰炸　叶歌天
门外人语　舒　宁
会务报告

第 8 期

1939 年 8 月 5 日出版

再略论“怎样的读古书”　陈翔鹤

短　论

创造即艺术　巨　水
略谈旧小说　厉歌天
青年的自救　萧蔓若
三原则　萧　军

杂　文

“娘儿们要参政？”　小　石
谈“奉公守法”　黎　耳

诗

速写　曹葆华

散　文

江老头　杨　波

会务报告三则

第 9 期

1939 年 8 月 20 日出版

从日本说到中国再说到：
“中国是愿意进步的么？”
萧　军
异国的朋友　牧　丁
王太太恨敌以后　厉歌天
冒烟　郭馨天
航程　魏精忠

会务报告

第 10 期

1939 年 9 月 5 日出版

一个文艺工作者对第四届参政会的希望　水草平
误解以外　萧蔓若
空袭中的城市演剧　巴　比
给笔阵　厉歌天
出卖孩子的母亲　砀　叔
何仙姑之死　车瘦舟
会务报告

第 11 期

1939 年 9 月 25 日出版

谈谈当前的国文教师　藻　萍
李文蔚袭击的本领　丰　村
到泥土发出香气的时候　水草平

《悼亡集》题记　陶　雄
《笔阵》征稿启
雇工　火　心
中华全国文艺界抗战协会征文展期通告

第 12 期

1939 年 10 月 19 日出版

鲁迅先生三周年逝世纪念特辑
鲁迅先生三周年逝世纪念献言　萧　军
谈《壁下译丛》　孟　引
我们纪念鲁迅　楙　文
我爱鲁迅先生　保　罗
鲁迅先生翻译作品述略　扬　波
鲁迅先生与反对复古　周　文
从抗战中认识鲁迅之伟大性　有　恒
李文蔚袭击的本领（续）　丰　村
会务报告

第 13 期

1939 年 10 月 15 日出版

响应藻萍先生的《谈谈当前的国文教师》　陈翔鹤
愿（诗）　塞
再谈当前的国文教师（论文）　藻　萍
鲁迅先生纪念展览会追记　扬　波
一个海涅童话（翻译）　刘盛亚
那座城（散文）　孙耀东
剑之力（杂文）　孟　引
慈忍（小说）　留　君
会务报告

第 14 期

1939 年 11 月 25 日出版

略谈“复古运动”　藻　萍
生活的血渍　纾　胤
他们彼此仇恨着　孟　引
我们是朋友　白　易
我的皮鞋　火　心
关于“抗战文学”的另一面　藻　萍
慈忍（小说）　留　君
会务报告

新 1 卷　第 1 期

1940 年 4 月 1 日出版

缝（小说）　萧蔓若
诗　抄
丰收　方　敬
重庆在轰炸中　张天绶
张伯伦的中装　菲　洛
锦江曲　孟　引

新阶段的青年文艺运动　文启蛰
新音乐教育的理论与实施　巴　比

杂感随笔
保障作家不是豢养奴才　丘　垤
名利谈及其他　萧　军
絮语　龚　雄

日本留学生（散文）　罗念生
马拉加　纡　胤译
战士（封面木刻）　何　以
编后记
成都文协分会会务报告

新1卷　第2期
1940年5月1日出版

迎接血的五月　丘　垤
一点三十分（小说）　尘　般
"民族形式"作品的语汇　丁　易
诗　抄
世界上只有一个太阳　菱　舟
呼声　肇　世

写在《泰和宜山会语合刊》的空白上　李广田
末日（速写）　萧蔓若
马拉加　〔意〕Amedeo Ugolini 著　纡　胤译
沦陷区的同胞（封面木刻）　何　以
编后记

新1卷　第3期
1940年6月1日出版

文学巨匠高尔基　铎
第一次和高尔基会面　林　丰译
痣（小说）　丰　村
人谱（随笔）　石　璞
五月（诗）　金　枚
春宵随笔　方　艾
暗无天日（剧本）　丁伯骝
高尔基木刻像　王朝闻
编后记
成都文协分会会务报告

新1卷　第4期
1940年7月1日出版

小说四篇
纪念碑　刘盛亚
三人行　龙　夫
同是患难中人　谢文炳
汪森荣　萧蔓若

文艺市场上的投机（杂文）　铎
诗 两 篇
移陵　菲　洛
平价米　方　强
《钢铁是怎样炼成的》读后记　无　以
斗争不忘学习（封面木刻）何　以
编后记

成都文协分会会务报告

新1卷　第5期
1940年8月1日出版

六十年间的鲁迅　杨　波
中华民族的新青年——鲁迅　铎
祝先生　丘　垤
随笔杂感
“谝”二章　孙　怡
芙蓉我诅咒你　罗　睺
关于朗诵　菲　洛

题照外二章（诗）　莫　洛
山径中（散文）　洪　钟
论金钱板的编词问题　巴　比
文协成都分会会务报告
鲁迅木刻（封面）　漾　兮
编后记

新2卷　第1期
鲁迅先生逝世四周年纪念特辑
1940年10月1日出版

纪念鲁迅先生　王余杞
由鲁迅先生逝世想到“化装魔术”　丁　易
一个提示　吴　亦
打击“藏之名山传诸后世”的观念　丁伯骝
“学习鲁迅”种种　谭　吐
作家与后世　毛一波
学习了多少　方　艾
“长他人之志气”　车瘦舟
学习鲁迅先生的战斗精神　施　贻
翻译　S Y
纪念鲁迅的几种人　杨　枝
管“自己生活”　菲　洛
沙漠上言　萧蔓若
鲁迅先生创作辑录编著述略　扬　波
诗　歌
祭　金　枚
鲁迅颂　车瘦舟
鬼（小说）　M.高尔基作　垤译

新2卷　第2期
1940年11月1日出版

民族形式试论　铎
乡曲（散文）　范　苏
养猪比赛会（报告）　砀　叔
订婚（小说）　丁　易
月明之夜（诗）　安　安
不容易忘掉的（报告）　车瘦舟
沅江静静的流（散文）　杨镇畿
编后记

新1期
1941年11月20日出版

略谈艺术的“欣赏”与“教化”（短评）　洪毅然

论《荡寇志》（评论） 苏子涵
血与灵魂的印影（评论）
——评张煌的《北方故事》
雷石榆

诗

安息吧，诗友们 张 煌
自由之歌 鲁 琳
风雨夕 饶震飞

怪杰谷畸阔一郎（人物评介）
皮仲篪

创 作

在卷烟间（小说） 孟 引
椅子（小说） 潘 凝

母亲（散文） 何 若
拓荒与耕耘（封面图） 赵望云
关于封面 厉歌天
会务报告 总务部
编后记 出版部

新 2 期

1942 年 5 月 1 日出版

查太顿的悲哀（论文） 孟 超
残月天（小说） S.Y.
略论苏联电影（论文） 罗永培
五四运动的文艺成果（论文）
琴 南

散 文

给某一个人 陈残云
这不是我们的 陶 雄

“大队长”（报告） 洪 钟
逃避者（人物特写） 皮仲篪

诗 辑

人的儿子 牧 丁
青年们的五月 贝多菲著 无以译
要开花我才能叫响你的名字 牧 丁
生命的花 牧 丁
太平洋战歌 魏精忠

关于诗的比喻和组织（通信）
朱自清
雀子（童话）高尔基著 方大野译
无题（封面木刻） 秦 威
编后杂记
出版杂讯

新 3 期

1942 年 6 月 1 日出版

今天创作底道路（论文） 郭沫若
人的历史（论文） 孟 引
刀环梦（小说） 陈翔鹤

诗 选

赠丽娜 歌 德作 S Y译
只要命令一下叫我们出动 柳 倩
嘉陵江岸的卖花女 禾 波
怀乡曲 德白歇作 S Y译

论诗的想象（诗论） 王亚平

九年以后（独幕剧） 陶 雄
小报告一则（创作经验） 老 舍

封面设计 谢趣生
会务报告 总务部
编后记 出版部

新4期
1942年8月20日出版

芍药（小品四章） 郭沫若
沉默的邦齐（小说）
〔犹太〕I.柏莱兹作 李 葳译
不是小问题（小说） 萧蔓若
小汽车（小说） 孟 引
新沙赛宁传
〔苏〕P.柯金勤作 龙 夫译
《全民抗战》长诗题记 王余杞
四万万人的仇恨（长诗） 王余杞
光明的寻求者（诗） 施 贻
诗人华尔特尔·封·德·伏格尔淮德
〔德〕Faul Grahein 作 卢剑波译
左边的月亮（剧本）
〔苏〕比尔·别洛且尔可夫斯基作
弥 沙译
我们的孩子（封面设计） 张漾兮

新5期
1942年10月15日出版

麻子（小说） 陶 雄
苦命人（小说） 欧阳凡海
雨天诗简（诗论） 戈 茅
柏蒂花园
〔法〕伐扬古久列作 李 葳译
快乐王子〔英〕王尔德著 巴 金译
国风篇（诗） 王亚平
听见收获物（诗）
〔英〕M.H. 奥登作 邹绿芷译
平津路不通（长诗） 王余杞
南朝金粉（历史独幕剧） S Y
左边的月亮（剧本）（续）
〔苏〕比尔·别洛且尔可夫斯基著
弥 沙译
九九茶会小纪 总务部
冯焕章先生演词
老舍先生演词

新6期
1942年11月15日出版

夏夜（短篇小说） 碧 野
桂林通讯（雨天杂写之四） 茅 盾
爱情（翻译小说）
〔匈牙利〕E.亚森诃著 马 耳译
南朝金粉（历史独幕剧·续） S Y

诗 辑

茫野诗草续篇 戈 茅
老园丁和他的女儿 王亚平
透明的土地 邹荻帆
路 史 放
惊蛰 蔡月牧

我做过一次奇异的看守

〔美〕W.惠特曼作　姚　奔译

谁教育了我（随笔）　S.C.

苦命人（长篇小说连载·续）

欧阳凡海

左边的月亮（剧本）（续）

〔苏〕比尔.别洛且尔可夫斯基著

弥　沙译

妹妹送衣给哥上战场（封面）

铁　华

妹妹回工厂（封面）　铁　华

文艺简讯

新 7 期

1943 年 1 月 15 日出版

“诗论”管窥（论文）　茅　盾

论《儿女英雄传》（评论）　苏子涵

女人的王国（短篇小说）

司马文森

囤积老祖（短篇小说）　荆有麟

关于书的传说（短篇小说）

谭　原

病（短篇小说）　李春舫

死之园（诗）

〔意〕Enrico Nencioni 作

卢剑波译

生命之流（诗）

〔意〕Enrico Nencioni 作

卢剑波译

涡（独幕剧）　李　拔

左边的月亮（剧本）（续）

〔苏〕比尔.别洛且尔可夫斯基作

弥　沙译

苦命人（长篇小说连载·续）

欧阳凡海

信任自力更生坚持抗战到底（封面木刻）　铁　华

新 8 期

1943 年 4 月 15 日出版

短篇小说

祸福之间　丁　易

吕不韦著书　孟　超

阿三　孟　引

救世主的沉沦　洪　钟

读书偶记（二则）　茅　盾

两个同名者（固守极北前哨士兵们的故事）　希米诺夫著　钱新哲译

豢鸟记（散文）　潘子农

歌德晚会（诗歌通讯）　爱　兰

论形式主义（论文）　戈　茅

苦命人（长篇小说连载·续三）

欧阳凡海

《红蔷薇》（书评）　蒂　克

记知己草（散文）　鹿思秦

中山陵做见证（长诗连载）

王余杞

封面木刻　刘铁华

革新第1号

顾平

1944年5月5日出版

短篇小说

顾平 〔苏〕高尔基作 耿济之译
悲哀 〔俄〕契诃夫作 李 葳译
灰毛驴 〔土耳其〕R.海力德作 钱新哲译
东北健儿夜饮（木刻） 刘铁华
孩子的血（诗） 〔苏〕古塞夫作 无 以译
论萨克莱的《纽康门家》 〔俄〕车尔芮雪夫斯基作 洪 钟译
想象的对话 兰 多作 罗念生译
生日茶会（剧本） 〔丹麦〕柏格斯腾作 陈翔鹤译
《单身姑娘》译者序言 李劼人
封面 张漾兮
编后记

186　宇宙风乙刊

简　介

《宇宙风乙刊》，散文小品半月刊，一九三九年三月一日创刊于上海。林憾庐、林语堂、陶亢德编辑。西风社发行，发行人陶亢德。第五期以后改为宇宙风社发行。从一九四〇年一月十五日第二十期起改为月刊，周黎庵加入编辑，同时改由大兴公司代发行。一九四〇年九月一日第二十八期起又恢复为半月刊。一九四一年十二月一日出版第五十六期，改为林语堂主编，编辑者有林憾庐和周黎庵，并改由宇宙风社发行。同期终刊。共出五十六期，十六开本。

本刊是《宇宙风》于一九三八年五月迁往广州出版后在上海“孤岛”创办的散文小品刊物。提倡幽默闲适，与《宇宙风》一脉相承。所载散文小品，或谈天说地，或讲史论学，或叙轶闻掌故，内容大都以“趣味”为中心。创办最初的一年间（第二十四期以前），发表过一些反映抗战现实的作品，如记叙内地情形的游记、旅行记，评述欧战和纳粹党徒的短文，访问八路军总部的报告，怀念革命烈士业绩的回忆散文，等等。一九四〇年六月，法国在欧洲战败，贝当政府投降，敌伪势力在上海租界，尤其在法租界日趋猖獗。当时设在法租界的《宇宙风乙刊》，从第二十五期起便很少再登有关抗战的作品，而谈诗品茶、掉书袋、赏古董之类知识性趣味性的散文小品成为主要内容。周作人以“知堂”的笔名发表的散文就是突出的代表。这时刊载的进步作家的作品，仅有郁达夫的《回忆鲁迅》、许寿裳的《鲁迅年谱》，以及唐弢的一些杂文等。主要撰稿者除编者和上述诸人外，还有徐订、毕树棠、谢冰莹、朱雯、陆丹林、丰子恺、赵景深、周木斋、老舍、冯沅君、魏如晦（阿英）、文载道等。

目　录

创刊号

1939 年 3 月 1 日出版

公式主义者　巴　金
念头三种　浑　介
中国就象棵大树　丰子恺
旅中短记　靳　以
从广州至桂林　憾　庐
贵州观感　游　子
镇定安详的重庆　默　僧
回忆鲁迅　郁达夫
八十大庆的威廉二世　朱　朴
明末士子的气节　周黎庵
丁戊纪事诗　冯沅君
庐山谈话追纪　庄泽宣
千万妇女中的一个呻吟者　爰　言
新生活与妇女解放　时　复
作家书简（一）　鲁　迅

第 2 期

1939 年 3 月 16 日出版

告内地的宣传者　沅　君
艺术必能建国　丰子恺
答客问　老　舍
自广州至桂林　憾　庐
古城印象　罗　洪
一日过三峡　隋树森
昆明的医药　象　德
蒙自的苗族　志　鸿
避难遇匪记　求　索
怀吴雨僧先生　朝　宗
我所知的马君武先生　甘为一
群英会　索　非
新从军日记　堵述初
作家书简　郭沫若

译　文

希特勒在非洲的殖民地计划　周　新
反法西斯运动在意大利　李　玲

第 3 期

1939 年 4 月 1 日出版

空说与实干　何　容
口诛笔伐之类　绪　君
汉末文人思想的变迁　刘大杰
活的艺术　丰子恺
人的希望（长篇连载）　朱雯译
战地　韦　佩
在平定狱中　张叶舟
上海人眼中的香港　陆丹林
罗湖事件的经过　孤　芳
鲁迅先生的报复手段　许钦文
岂有斋随笔　碧　君
悼殊青　徐　讦
时疫　毕树棠
英国的欧洲　浑　介
弗朗哥的飞行员　杨彦岐
在医院中（独幕剧本）　谢冰莹

第 4 期
1939 年 4 月 16 日出版

救济失学儿童　徐　讦
抗战文学摘要　万　灵
说广东精神　沅　君
重庆的鼠　老　向
在竹林里　乃　任
北方的民气　潘静远
个旧的锡　周　谖
意大利的葡萄节　柏　容
华盛顿的三角政制　梅　朵
张家玉及其诗　邹　啸
清初镇压士气的三大狱　周黎庵
悼少川先生　庄泽宣
文坛一怪物　树　棠
海水浴　索　非
人的希望（一续）　朱　雯
假造护照的内幕　周　新
作家书简　陈独秀

第 5 期
1939 年 5 月 1 日出版

香港想像记　老　向
红萝卜与黄萝卜　谢冰莹
父与子　马文珍
忆王静安先生　毕树棠
记西南联合大学　胡　嘉
槟城的元夜　钱歌川
由宜昌徒步到施南　绪　君
自广州至桂林　林憾庐
忆南昌　许寰儒
寄怀上海　屠仰慈
专一与永久　徐　讦
自我恋的丈夫　放　任
不近人情的丈夫　黄嘉音
读骆驼祥子　树　棠
外蒙之谜　孔远之
德国的货币走私业　周　新
谈心理作用　司马圣
人的希望（二续）　朱　雯

第 6 期
1939 年 5 月 16 日出版

杂　感

论空话与实干　徐　讦
文章与心术　司马圣
惨痛的教训　萍　末
清初贰臣的生涯　周黎庵
香港竹枝词　王礼锡
和朱德一起过年　舒　湮
追述彭湃　彭　震
四川通讯　海　戈
入蜀日记　马文珍
钨矿产地大洋　荷　雀
岂有斋随笔　碧　君
医学小品　索　非
萧伯纳情书　毕树棠

译　文

慕尼克第二幕剧　周　新

逃出了纳粹的魔掌 杨彦岐
人的希望 朱雯

第7期
1939年6月1日出版

杂感
从抄古碑说起 余仑
关于成人的童话 徐讦
张向华先生 高凡
吴梅先生 邹啸
入蜀日记（中） 马文珍
苏北的桃源 丁谛
牢落记穷 绪君
闲话柞蚕 秋雨
锦江的藏银 钦文
妇女们在忙些什么 冯和仪
意大利大学生活 林芬
蔡大嫂 屠仰慈
契约 徐讦
译文
死人和生人的会晤 唐苕
百万富豪希特勒 黄耘农
人的希望 朱雯

第8期
1939年6月16日出版

明末浙东的对外抗争 周黎庵
活跃的训练团 谢冰莹
钱玄同先生纪念 知堂
勃克夫人会晤记 毕树棠
安南的伤感 庄瑞源
入蜀日记（下） 马文珍
梨花节 山里红
生命及其他诗抄 韦佩
偶成 知堂
镜，水，梦 浑介
希特勒背信违约的总帐 周新
但泽自由市与波兰回廊 云飞扬
铁须巴尔保 怀今
人的希望 朱雯

第9期
1939年7月1日出版

一封信 老舍
回忆鲁迅 郁达夫
忆冯平山先生 庄泽宣
丰子恺先生在浙大 胡庆钧
美国的博览会狂 乔志高
欧美的电影宣传 林疑今
匈牙利之行 林芬
津游小记 碧君
诗 夏丏尊
岳阳·洞庭湖·岳阳楼 谢闻玄
拣奶妈 冯和仪
海的记忆 伯吹
无线电战争 周新
谈禁书 叶作林
人的希望 朱雯

第 10 期
1939 年 7 月 16 日出版

我的信仰　语　堂
野草的俗名　知　堂
张煌言及其诗　邹　啸
张伯苓与南开学校　菾　蒲
子恺与次恺　余　柳
漫画　子　恺·次　恺
阿尔巴尼亚朋友　钱今昔
南蒙盆地　胡　嘉
四川白木耳　柳　荪
胡髭　徐　订
读书　毕树棠
法西斯蒂与纳粹　林疑今
欧洲的角逐场：非洲　张沛霖
给将到伦敦去的少女　刘前度
人的希望　朱　雯

第 11 期
1939 年 8 月 1 日出版

瓜蔓集　风　子
清初理学　周黎庵
一条腿　许钦文
回忆鲁迅　郁达夫
李登辉先生　谢闻玄
徐文长的画　徐礼容
续谈香港　陆丹林
宋六先生　毕树棠
欧洲文坛怪影　碧　君
舒士尼格之监禁生活　宋　姬
法西斯蒂与纳粹　林疑今
人的希望　朱　雯

第 12 期
1939 年 9 月 1 日出版

藏书与读书　钱歌川
谈人生在世　杨彦岐
回忆鲁迅　郁达夫
诗四首　马文珍
峨眉杂忆　任叔永
五通桥盐井　景　怡
内地的房东　陈友琴
我的丈夫　灏
胡子　索　非
谈波兰　张　宪
智利的个人注册证　宗　姬
美国女郎的生活　何浑介
胖太太自述　忆　融
人的希望　朱　雯

第 13 期
1939 年 9 月 16 日出版

谈洗澡　绪　君
希特勒的神经病　侠　文
太个尔的教育观　巴　宙
我的母校　朱东润
德国管窥
德国战争潜力检讨　A.Labarthe

怪杰巴本　A.Desmorillon
德国的妇女　E.S.Pankhurst
告发者　B.Brecht
反纳粹斗争　马　央
字和词·土语和成语　唐　弢
哀王孙　马文珍
赶谷雨　山里红
人的希望　朱　雯

第 14 期
1939 年 10 月 1 日出版

市楼独唱　陈　浮
算盘世界　云飞扬
滇南边区散记　林　垦
意大利的华侨小贩　林　芬
德法军容
齐格飞防线　吴铁声
世界最精锐的军队　司马圣
法国人的军役　朱　雯
字和词·土话和成语　唐　弢
悼王礼锡先生　亢　德
悬想　迺　仁
杭州柿子　余小可
英国人的自我批评　张　宪
美国人的自我批评　张振楣
影梅庵忆语附录　冒　襄

第 15 期
1939 年 10 月 16 日出版

我的长篇小说　林语堂
骗子　许钦文
当助教　周　成
职业女子的傍徨　健　仪
大伯和嫂嫂　胡　特
桂林风景线　姚散生
晨　马文珍
到康城去　沈承灿
市楼独唱　陈　浮
理想的图书馆　文　珍
我参观了一次赌窟　谢闻玄
黑暗的天堂　罗　昔
制造中的新世界　系　之
希特勒与张伯伦　天地人
宣传战　张　宪
美国的妇女　司马圣
意大利妇女　吴铁声
漫画·补白

第 16 期
1939 年 11 月 1 日出版

民主国的民意测验　乔志高
关于太监　周黎庵
论会话　唐　弢
作家与浪漫　顾启源
夜　徐　讦
欢忭与忧愤　列　车
五月　马文珍
昆明小景　向　意
巴尔干之危机　吕实名
枕戈以待的荷兰　徐雷国
降落伞女救护队　邬　曦

纳粹之花 李廷黻
捷克鞋王拔佳 司马圣
结婚的爱 程靖宇
美国的少年罪犯 东 林

第 17 期
1939 年 11 月 16 日出版

教师日记 丰子恺
希特勒与魏忠贤 林语堂
清代文字狱琐谈 周黎庵
扑朔迷离的意大利 林 芬
大战前夜的法国 沈承灿
法国为什么信任英国 张 宪译
法文豪莫洛阿评传 顾启源
园艺趣味 蔡壬侯
病中答客问 马文珍
希特勒的房子 水建皋
卓别林画像 叶作林
我的丈夫 李 霜
家庭什锦 索 非
没有裤子的人 毕树棠

第 18 期
1939 年 12 月 1 日出版

教师日记（一续） 丰子恺
纪念王礼锡 钱歌川
战时旅英日记 刘渡黄
美国人说欧战 梅 朵
欧战与上海商业 开墅译
战时香港 孤 芳
文字狱的株连性 周黎庵
广告学精义 何文介
意大利的客套话 林 芬
诗 马文珍
华西坝上 平 衡
史太林的恐怖生活 邬 曦译
萧伯纳的新作日内瓦 陈东林
蒙派乃思的葡萄 马 央

第 19 期
1939 年 12 月 16 日出版

教师日记（二续） 丰子恺
战时书籍杂志的活动 陈东林
遮眼人（漫画）
欧战爆发后的古巴 蔡萼生
美国舆论摘译 梅 朵
希特勒和平攻势失败（漫画）
瑞士与荷兰 经 彦
和战一色（漫画）
德国的党卫团与挺进队 吴铁声
白利门号的行踪（漫画）
角票分币的缺乏（漫画）
纳粹的嘲笑 上官英
纳粹讣闻（宇宙珍闻） 文
苏联女子的航空热 李润庆
记贵州的花溪 唐炎中
南陵的夜行船 陈友琴
缝衣图（漫画）
悼吾师王礼锡先生 刘醒群

我的家庭　其　华
买领带（漫画）
一个秘密　吴　梅
昼梦　碧　君

第20期
1940年1月15日出版

欧战特约通讯
战时伦敦日记　刘渡黄
巴黎通讯　沈承灿
一个女兵的自传　谢冰莹
教师日记　丰子恺
介绍《老残游记》的新文献　柳存仁
京堂　刘　鹗
关于《老残游记》　刘大绅
鲁迅先生和中国化　周木斋
杂感十章　吴经熊
艺术家在前线　西　报
侵略者的归宿　房　龙
第一次大战损失之估价　文
德皇论希特拉　励天予
贵生论　胡运恭
南曲民谣录　何　鹏
西洋人与跪拜　周黎庵
寂寞的生与寂寞的死　东方曦
关于暹罗排华　孤　芳
读书随笔　姬　妮
暹罗内幕　根　室
妇女就业和持家的讨论　叶作林
汽车与人生　徐开墅
诱击潜水艇　涂逊修
轰炸伦敦　阚西文
浪花　俞锡南
洞萧怨序　列　车
海市蜃楼之长江开放问题　西　报
获虎记　文载道
我的父亲　徐　靖
一只美丽鸟儿的故事　徐　讦
昼梦　碧　君

第21期
1940年2月1日出版

妇女就业和持家的讨论（一）　吕思勉
妇女就业和持家的讨论（二）　吕翼仁
又一封信　老　舍
读书随笔　姬　妮
教师日记　丰子恺
南曲民谣录　何　鹏
吹云随笔　予　且
老残游记之影射　刘大绅
西洋文人对于老残游记的印象　柳存仁
许月卿及其诗　邹　啸
春（诗）　马文珍
红楼梦作者的家世　周黎庵
谈商标局　陶在东

伦敦泰晤士报史述略　水建彤
战时巴黎日记　沈承灿
大战与报纸杂志　陈东林
美国舆论摘译　梅　朵
暹罗内幕　根　室
四川的盐井与火车　绪　君
昆明杂记　赵捷民
德国集中营的恐怖　莳　甘
瞬息京华（书评）　西　报
生成的病　石　灵
旅人之辞　马文珍
吹云随笔　予　且
二十散记　杨彦岐
我的荷雷斯叔叔　叶作林
纸牌国　太戈尔著　法周译
雪（诗）　马文珍
编辑后记　编　者

第 22 期

1940 年 3 月 1 日出版

唐诗之四季　吴经熊
商籁　梁宗岱
诗二首　马文珍
论中国小说　赵景深
我要逃避　唐　弢
刘铁云遗稿　刘　鹗
三不朽论　周木斋
登太原西城　刘　鹗
关于《吴钩集》　周黎庵
太原返京道中宿明月店　刘　鹗

女士乎先生乎　钱歌川
《昼梦集》自序　毕树棠
论反对党　叶作林
关于《老残游记》　刘大绅
雷峰塔倒笔记　陶在东
记战前苏州三文人　关沼越
关于黑妞白妞　雨　生
异行传　默　僧
约　马文珍
教书术　柳存仁
东印度公司与中国　列　车
巴黎日记　沈承灿
美国电影的争取自由　阚西文
给一位大学生的信　黑　水
虚惊　白　雯
一打孩子的母亲　徐开墅
纸牌国　太戈尔著　法周译

第 23 期

1940 年 4 月 1 日出版

随　感

不必多言　老　向
棺材与天晓得　吕翼仁
上海风气　吕思勉
杀人与杀鸡　吕翼仁
我的生平　蒋维乔
教师日记　丰子恺
唐诗之四季　吴经熊
论中国小说（赛珍珠）　赵景深
关于老残游记　刘大绅

窑藏与古物　吕思勉
避暑山庄圣容抖晾记　陶在东
埃斯库罗斯　罗念生
关于商标局掌故　唐文治
异行传　默　僧
巴黎日记　沈承灿
旅英日记　刘渡黄
黎明闻角声　马文珍
矛盾室点滴　梅　朵
流离引　绪　君
学校兼营商业的建议　汪德余
就业欤？持家欤？　苏曾祥
妇女就业和持家的讨论　严秉淳
纸牌国　太戈尔著　法　周译
《生与死》(书评)　余地行

第 24 期

1940 年 5 月 1 日出版

蔡孑民先生纪念特辑

追忆蔡孑民先生　周　成
记蔡孑民先生　陈治先
蔡孑民先生挽联　陶在东
蔡孑民论　吕思勉
蔡孑民先生与开国教育　蒋维乔
封神演义作者陆西星　柳存仁
唐诗之四季(春)　吴经熊
教师日记　丰子恺
子恺漫画　丰子恺
老残游记作者之事业及家族　刘大绅
南泠钱湖联话　陶在东
崔载阳与民族中心教育　老　震
战时旅英日记　刘渡黄
巴黎战时日记　沈承灿
法苑记游　予　且
咏水母　马文珍
论毕业论文　叶绍林
防空洞　许钦文
生命的吊唁　文载道
钟声　马文珍
巫山之夜　陈友琴
黄金潮　李嘉璧
纸牌国　太戈尔著　法　周译

插　图

明刊本宗子相集
孟浩然像
王摩诘像
刘氏世系表

第 25 期

1940 年 6 月 1 日出版

南山集及其作者　刘绶松
火灾记　老　向
蔡先生占着我的心　许钦文
马一浮先生　陈治先
记唐文治先生父子　薛好捷
我的生平　蒋维乔
教师日记　丰子恺
春之骄子——李白　吴经熊
鲁迅杂文集解题记　周木斋
钱武肃王与江浙之关系　钱士青

查办吏部难荫娄赃琐记 陶在东
松堂夜话 毕树棠
柏木船 马文珍
流浪的一年序 罗 洪
关于华发集 周黎庵
蜀中七记 绪 君
古巴通讯 蔡萼生
野熊与家熊 徐 讦
读《衡哲散文集》 琼 宇

第 26 期

1940 年 7 月 1 日出版

万世师表
James Hilton 作 吴铁声译
日晷仪（诗） 宋悌芬
社会英雄与非社会英雄 许钦文
唐诗之四季 吴经熊
苗老爷传 默 僧
延水之浴 娟 华
我的故乡 朱东润
到了重庆 马文珍
教师日记 丰子恺
战时旅英日记 刘渡黄
巴黎战时日记 沈承灿
威士利学校生活 沈丽午
圣林山学校印象 颜樱生
晨昏（诗） 马文珍
太平天国与西洋人 列 车
法苑记游 予 且
苧罗联话 陶在东
蔡孑民先生遗墨
松堂夜话 毕树棠
读楚辞九歌 刘绶松
深夜偶成 姚 苡
怀北平（诗） 堵述初
逆旅 丁 谛
《百花洲畔》序 朱 雯
菲酌胜地 叶绍林
作家的收入 上官石
《精华》两种（书评） 柳存仁
编辑后记 编 者

第 27 期

1940 年 8 月 1 日出版

马士英与阮大铖 唐 弢
小说琐话 赵景深
北大和北大人 柳存仁
记译学馆 陈诒先
灯下道故 文载道
晦明 柯 灵
鲁诞特辑
鲁迅六十诞辰纪念 孔另境
鲁迅（诗） 列 车
关于鲁迅年谱 周黎庵
鲁迅先生年谱 许寿裳
孙寒冰先生纪念 大 草
迂老随笔 李宗吾
教师日记 丰子恺
夏之烈焰 吴经熊
巴黎近话 沈承灿

评《中国分省新图》 刘同葆
万世师表 吴铁声译

第 28 期
1940 年 9 月 1 日出版

论女子交友 冯和仪
摩罗小品 风 子
小说琐话 赵景深
成都灌县纪游 袁昌英
定番乡下三日记 罗靖华
忆新津 许钦文
君山联话 陶在东
迂老随笔 李宗吾
教师日记 丰子恺
夏之清光 吴经熊
伦敦之夏 蒋 彝
作家的母亲 东方曦
联大风光 郑以纯
没有乐器的乐队 杨彦岐
访友 马文珍
岂有斋续笔 碧 君

第 29 期
1940 年 9 月 16 日出版

鲁迅年谱的经过 许景宋
弹词与子弟书 魏如晦
南宋说话人四家 赵景深
北大与北大人 柳存仁
阶下弓刀（画） 丰子恺
记胡朴安先生 陈诒先
记郑绸裳先生 堵述初
挥汗漫谈 文载道
苗山今昔谈 陶在东
释“化” 陶在东
迂老随笔 李宗吾
教师日记 丰子恺
唐诗之四季 吴经熊
江山行脚记 陈友琴
山国 李乃仁
万世师表 希尔登作 吴铁声译
封面：郑午昌山水

第 30 期
1940 年 10 月 1 日出版

现代学术界怪杰吴秋辉 张默生
记蔡孑民先生的病 周 新
北大与北大人 柳存仁
迂老随笔 李宗吾
唐诗之四季 吴经熊
教师日记 丰子恺
中外传染病史异同考 陈方之
洋鬼子初到上海 何文介
万世师表 吴铁声
封面：郑午昌山水（巴拿马万国博览会被选为七十二国代表作之一）

第 31 期
1940 年 10 月 16 日出版

在老虎尾巴的鲁迅先生 许钦文

关于《老残游记》两题　魏如晦
感旧杂诗　刘大绅
空传　刘大绅
唐诗之四季（秋）　吴经熊
危城访书得失记　吴　芾
说题画　玄　裳
苗山今昔谈　陶在东
我的病　绪　君
友人招饮（诗三首）　崔小休
即席赋赠蔡孑民（诗二首）　陶在东
青海塔尔寺观酥油灯记　洪文翰
烽火忆故乡　张振椙
巴山夜话　马文珍
黔滇道中（画）　丰子恺
洋鬼子初到上海　何文介
万世师表　吴铁声
读了《论女子交友》后　溪　谷
不算辩正　冯和仪

第 32 期

1940 年 11 月 1 日出版

当我老了的时候　苏雪林
疯九传　默　僧
纪瞿秋白　东方曦
记缪太太及其他　陶在东
唐诗之秋　吴经熊
汉花园的冷静　柳存仁
烫发　冯和仪
四四生日志感　许钦文
尊孔杂感　文载道
儿子杂感　丁　谛
伦敦之雾　蒋　彝
万世师表　吴铁声译
通讯　文载道　徐诚斌
新诗话　天　婴
贵阳道中（画）　丰子恺
醒世歌　钱士青
怀小楼旧居（诗）　马文珍
读书杂缀　姬　妮
黔道难（画）　丰子恺
编辑后记　编　者

第 33 期

1940 年 11 月 16 日出版

齿患（特写）　老　梅
画苑志异　姬　妮
过去与未来　徐　讦
读史偶感　姬　妮
小说琐话　赵景深
几则有关于吴梅村诗的补说　莫　问
诗境与禅机　刘佩韦
莲花生沸汤（画）　丰子恺
厚黑余谈　李宗吾
苗山今昔谈（记缪太太）　陶在东
海棠溪　马文珍
坚苦卓绝的女性　李金发
警报（画）　丰子恺
医院所见　曙　山
书记的生活　陈　毅
唐诗之四季　吴经熊

泰戈尔受博士记　巴　宙
香港通讯　柳存仁

第 34 期
1940 年 12 月 1 日出版

明季吴江民族英雄吴日生传　南　史
南宋的遗民文学　赵　冈
上帝的弱点　徐　讦
秋日杂感　刘小蕙
厚黑名人合传　李宗吾
海外一孤鸿　巴　宙
追怀王独清先生　郭慕鸿
沙滩上的骆驼　柳存仁
棒椎峰诗话　陶在东
关于木船的纪载和杂感　张小怿
北碚散记　玄　裳
战时旅英日记　刘渡黄
《周易的构成时代》(书评)　莫维齐

第 35 期
1940 年 12 月 16 日出版

我是大学毕业生　中　流
读书杂记　姬　妮
明季吴江民族英雄吴日生传　南　史
近代成都两诗家　赵　冈
唐诗之冬　吴经熊
记诗神的生病　吴兴华
史前短史　徐　讦
神鬼之类　曙　山
阿 Q 哲学浅释　许钦文
谈勇敢　李嘉璧
修意学概念　陈　毅
记中国语文教育学会　陈诒先
器物铭——胡琴　绪　君
论衣服　傅举孚
我的父亲　张人权
途中　马文珍
金马坊　郭　朋

第 36 期
1941 年 1 月 1 日出版

明季吴江民族英雄吴日生传(续)　南　史
推背图考　胡怀琛
关于《乱弹》名义的商兑　赵　冈
我国的茶与陶磁　汝　成
北大与北大人　柳存仁
唐诗之四季　吴经熊
鲁迅先生的蜜月　许钦文
记谭云山先生与灯霞和尚　励天予
明末诗人函可和尚年谱　王在民
在战后法国旅行　沈承灿
战时伦敦日记(续)　刘渡黄
母亲的希望　冯和仪
山家风光　曙　山
湿沫集　火　野

读《小说琐话》奉答赵景深先生　刘厚滋

专　载

《心理学与力学》序　江超西
《心理学与力学》自序　李宗吾
《中国学术之趋势》自序　李宗吾
《考试制之商榷》自序　李宗吾
论结婚　亢　德译

第 37 期
1941 年 1 月 16 日出版

江左少年夏完淳传　南　史
廉说（苗山今昔谈）　陶在东
鲁迅书简读后记　文载道
鲁迅先生与乌鸦炸酱面　许钦文
唐诗之四季　吴经熊
我是大学毕业生　王百晦
广西县长训练班纪事　中　流
意大利的饮食　刘小蕙
论夫妻吵架　冯和仪
论家庭生活（上）　亢　德译
谈何其芳的散文（书评）　欧阳竟

第 38 期
1941 年 2 月 1 日出版

读曲日记　吴　芾
江左少年夏完淳传　南　史
闲居杂忆　刘大绅
清代的百戏　杨申生
苗山今昔谈　陶在东
法苑纪游　予　且
病　周木斋
吊打校长奇案　李宗吾
唐诗之四季　吴经熊
论家庭生活（上）　亢　德译
《民主政治在危机中》（书评）　纪　蒲

第 39 期
1941 年 2 月 16 日出版

论上古秦汉文学的变迁　吕思勉
江左少年夏完淳传（下）　南　史
马神庙的塑像（北大和北大人）　柳存仁
印光诔话（苗山今昔谈）　陶在东
跛子篾匠　许钦文
吊打校长奇案（续完）　李宗吾
关于异行传（通讯）　张默僧
读曲日记（续）　吴　芾
清代民间的百戏　杨申生

书　评

雷马克的《三同志》　何文介
臧克家的《淮上吟》　堵述初

第 40 期
1941 年 3 月 1 日出版

关于中国字的一个提议　吕思勉

叠字与叠声　周越然
读曲日记　吴　芾
看画　陈　毅
诗经战歌今唱　金启华
李白与杜甫　吴经熊
道德论　冯和仪
伦敦之春　蒋　彝
旅渝半年　张振楣
谈龙　曙　山
清代的百戏　杨申生
《生与死》再版后记　徐　讦

第 41 期

1941 年 3 月 16 日出版

姑妄言之

多多益善　周木斋
“处世”小言　仇　山
“王道”西渐　今　是
爱因斯坦传　徐诚斌
谈睡　老　向
小说琐话　赵景深
闲居杂唱　刘大绅
厚黑随笔　李宗吾
关于钱牧斋　唐伟之
从侯方域谈到明季党人　玄　裳
法律上的干女儿　予　且
清末洋戏之传人　杨申生
评《日报期刊史》　竺　磊

第 42 期

1941 年 4 月 1 日出版

姑妄言之

洪深自杀　寄　傲
《万古愁曲》　公西华
走内线　陈　毅
近代国难史籍录　魏如晦
刘译《乾隆英使觐见记》考证　陶在东
柳亚子（自撰）年谱　柳亚子
爱因斯坦传　徐诚斌
自由之神　柳存仁
周鲁迅的妹子　许钦文
南徐梦忆　丁　谛
四川的滑杆儿　陈友琴
通讯（关于翻译）　王布帆

第 43 期

1941 年 4 月 16 日出版

姑妄言之

“头衔”一解　仇　山
穷得开心　易　安
费厄泼赖　公西华
应征的自述　石　民
闲居杂忆　刘大绅
刘译《乾隆英使觐见记》之考证　陶在东
柳亚子（自撰）年谱　柳亚子
烟与人生　李金发

小说琐话　赵景深
闲话脱袜　江道履
厚黑随笔　李宗吾
广告中的上海　云玖译
西星集（书评）　阿茨

第44期
1941年5月1日出版

姑妄言之
杀人　何文介
和尚　何文介
西方与东方　何文介
论味　邢光祖
近代国难史籍录　魏如晦
柳亚子（自撰）年谱　柳亚子
刘译《乾隆英使觐见记》考证　陶在东
画中有诗的农民画家米勒　许公陵
关于米勒之死　姬妮
抚养问题　予且
牺牲论　冯和仪
香港半年　杨彦歧

第45期
1941年5月16日出版

论读书之害（姑妄言之）　何文介
论味（下）　邢光祖
鲁迅先生创作的八大原则　许钦文
从鲁迅第一篇小说看他的作风　堵述初
谈作文　绪君
李长吉诗研究　姚苡
雾季小品　玄裳
留美考试记　王岦
何博士　钱公侠
读《伯牙琴》　陈友琴
《上海屋檐下》（书评）　姚伊
编辑小言

第46期
1941年6日1日出版

姑妄言之
略论吃饭打屁股之类　仇山
物价有必涨之理乎？　胡运公
关于《杨娥传》　魏如晦
明末第一流外交家左萝石　秦佩珩
钱牧斋与清史　白云
翻译丛谈　何文介
论中国诗中的象征　向长清
李长吉诗研究　姚苡
刘译《乾隆英使觐见记》之考证　陶在东
竹　天予
北碚散记　玄裳
雾　宛宛
无妻之累　许钦文
拿破仑的圣诞节　黎昌译
"见物"　李毓镛
尤琴妮歌　陶在东

《葑门集》序 周黎庵

第47期
1941年7月1日出版

姑妄言之
“割股殉亲”与“跳轿拒婚”
曙 山
际遇 陈 毅

我怎样写《走出了黑夜》 何文介
关于《杨娥传》(下) 魏如晦
鲁迅先生的说理谈情 许钦文
记怪人——李子湘 王布帆
云南起义纪念日之回忆 钱士青
三忠诗话 陶在东
我不敢做少女的监护人 予 且
《水浒》谈屑 绪 君
绝食日记 傅举孚
王妈走了以后 冯和仪
周末散记 密尔诺
你也给小帐吗? 云 玖
妈妈的银行存款 胡运公
编辑后记 编 者

第48期
1941年7月16日出版

姑妄言之
提高教员薪给 何文介
石像上的联语 陈 毅

何绍基与太平天国 魏如晦
纪念柏格森 周 麟
厚黑随笔 李宗吾
论中国诗中的特殊字句 向长清
《卫城记》作者怎样写小说
文 介译
瓮菜和蕻菜 许钦文
第一天做教师 柷 敔
镜的故事 绪 君
咏昭君(诗) 吴灵万
关于侦探小说 予 宰译
时间之谜 忆 善译
电影观众 云 玖译
人物与身材 予 宰译
论充绅士之害 拉司基
船的故事 吴灵万
谈诗的本质——想象力(书评)
吴兴华

第49期
1941年8月1日出版

姑妄言之
万年历 何文介
书中的偏见 陈 毅

清代的博戏 杨申生
近代国难史籍录 魏如晦
钗头凤本事考及其他 张佛言
宝塔峰诗话 陶在东
孝园居士——戴季陶 何瑞瑶

中国文学和中国朋友　刘导鸿
成就最为丰富的年龄　忆　澄
时装百年史　予　宰
美国之演讲事业　云　玖
一封未便投寄的信　吴灵万
沙的建筑者　吴兴华
酒友　迺　仁
室名　赵彦方
女人灾篇　火　野
翰飞戾天楼随笔　许　飞
《野鸭》（书评）　竺　磊

第 50 期

1941 年 8 月 16 日出版

意教士眼中的古中国　毕树棠
理想中的北京大学　柳存仁
我也谈谈钱牧斋　玄　裳
王亮畴先生　何瑞瑶
钗头凤本事考及其他（下）
　张佛言
关于《金铉传》　柷　敔
读书日记　赵令仪
政治与年龄　萧　然译
“性”性的伦摆舞　云　玖译
我眼光中的女人们　忆　澄译
论女用手袋等　何文介
流离札记　魏兆铭
湖翠小景　郭　朋
清代的骨牌戏　杨申生
《战地钟声》（书评）　志　穆

第 51 期

1941 年 9 月 1 日出版

周木斋先生纪念特辑

周木斋先生生平
　周木斋先生遗影
　周木斋先生之签名式
悼木斋　唐　弢
伟大的寂寞　柯　灵
哭木斋　东方曦
这是残忍的　文载道
挽词
　木斋“宗兄”纪念　周黎庵
高举他的旗帜前进　列　车
《占花魁弹词》钩沉　魏如晦
关于郑成功　秦佩珩
记南宗孔子世家　赵邻芳
孙哲生先生　何瑞瑶
读书偶记——论香港生活　杨彦岐
读书偶记——河内散记　望　月
美国之代价券　予　宰译
指示食宿专家　忆　善译
　论书偶记
清代的马将及骰子戏　杨申生

第 52、53 期

1941 年 10 月 1 日出版

小说琐话　赵景深
丁汝昌遗墨及其他　魏如晦
读书日记　赵令仪

无话即短 胡雨荷
挥扇录 绪 君
啼鸩小品 玄 裳
孔家店与梁山伯 刘桂儒
冯焕章将军 何瑞瑶
谈许钦文 许钦文
木道人之谜 康 屯
刑罚 励天予
战时欧洲的艺文坛 陈东林
谈几本爱读的西洋杂志 杨彦岐
宝贝
By Grace-Lumpkin 作 柳存仁译
异人传
By Stephen Leacock 作 何文介译
银幕上的萧伯纳
By Bernard Shaw 作 胡雨荷译
卧室招租
By Nadya Novak 作 云 玖译
河内散记 望 月
清代其他博戏 杨申生
关于《战地钟声》的书评（通讯）
徐诚斌
钱谦益著述被禁考（转载）
徐绪典

第 54 期

1941 年 10 月 16 日出版

张宗子论 张默生
南宋陷金的民族诗人 愚 公
使苏归来的杨耿光 何瑞瑶
怀秉舟 许钦文
静 徐 翊
翰飞戾天楼随笔 翰 飞
重庆一周记 曙 山
读书日记 赵令仪
红叶 冯和仪
弹词与鼓词 魏如晦
谈古董 隋 窑
埋生记（书评） 林如斯
西洋博戏之输入 杨申生

第 55 期

1941 年 11 月 1 日出版

默僧自述 张默生
在给鲁迅先生责骂的时候 许钦文
于佑任先生的须和字 何瑞瑶
樊耀南与新疆 许 飞
中国的儒风 陈 毅
关于改文 绪 君
读书日记 赵令仪
熊式一的英文新作 陈东林
延师课赌 刘桂儒
关于改文 绪 君
长衫 枧 敔
从情书说到读书 李信之
普利哲文艺奖金 陈东林
肺痨与天才 汪运周
宇宙之大 何文介
福尔摩斯的新差使 王景明
萤光灯的奇特用途 胡运公

关于改文　绪　君
美国的离婚城　胡雨荷
当钞票不值钱时　李嘉璧
报纸与死亡　周霭华
吸烟和卫生　景　明
英作家伍尔夫自杀　陈东林

第 56 期

1941 年 12 月 1 日出版

陶在东先生纪念　周黎庵
陶在东先生遗墨　陶在东
关关雎鸠解　陶在东
二十世纪是一个什么时代　刘桂儒
默僧自述（续）　张默生
孔庸之先生　何瑞瑶
熊希龄　许　飞
厘金史补遗　谭彼岸
甘地与太戈尔　巴　宙
最先说临川语的　谭彼岸
介绍诗人宾阳　熊式一
爱国说　宾　阳
怀旧词话　留　夷
忙和闲　陈　毅
记古直　飘　放
诗二首　刘　鸮
日蚀记　柷　敔
关于寡妇的话　何文介
佛兰克林劝友人娶妻书　胡雨荷
林肯致异母弟书　吴广德
线丛斋随笔　谭彼岸

187 戏剧岗位

简 介

《戏剧岗位》，戏剧月刊，一九三九年四月十五日创刊于重庆。熊佛西主编，刘念渠、王小涵参与编辑。华中图书公司发行，发行人为唐性天。从一九四〇年一月一日第一卷第四期起，叶仲寅代替刘念渠参与编辑。一九四一年五月二十日出版第二卷第四、五、六期合刊以后，阎哲吾又加入编辑。自一九四一年九月第三卷第一、二期合刊起，改署“戏剧岗位社”编辑，仍由熊佛西主编。一九四二年五月第三卷第五、六期合刊出版后终刊，共出十八期。十六开本。

《戏剧岗位》是抗战前期有影响的戏剧刊物。创刊时确定“为戏剧运动服务”的方针。编者指出：“为着使全国的戏剧工作者有一个彼此交换意见和实践经验的场所，督促自己认真学习，并企图共同建立正确的演剧理论，我们不揣简陋的编印了这个月刊。”“这个月刊注重理论的探讨，技术的研究和剧本的创作。”（创刊号：《编辑后记》）刊物的编辑基本实现了这些要求。前两卷发表独幕剧较多，还有街头剧，讽刺剧，喜剧，“抗战旧型剧本”，以及把世界名著“拿来中国化”改编而成的“抗战剧本”等，形式灵活多样。第三卷起发表了一些“比较带有学术性或研究性的作品”（三卷一期：《编后》），多幕剧也明显增多。本刊前后发表的剧作多数围绕抗日救亡的主题，并且力求为群众所理解。刊物发表的评论，有对创作问题的探讨，有演剧方法的讨论，有旧剧改革的研究，有“建立现实主义的演剧体系”的座谈磋商，有儿童剧、朗诵剧的倡导和外国戏剧理论的介绍，等等。刊物辟有“每月座谈”栏，针对各地剧运出现的问题发表短评。这些理论批评文章多数“简短而切合目前需要”（一卷二、三期合刊：《编后》）。此外，刊物还在“通讯”、“零讯”、“在岗位上”等栏里，刊载了大量各地剧运的消息，起了交流情况，促进抗战戏剧发展的作用。主要撰稿者有熊佛西、陈白尘、刘念渠、郑君里、宋之的、凌鹤、贺孟斧、徐昌霖、陈治策、丁伯骝、叶仲寅、刘静沅等。

目　录

第 1 卷　第 1 期
戏剧节特大号
1939 年 4 月 15 日出版

每月座谈

关于导演团　思
剧人情杀事件　伊
抗战旧型剧本之写作　全

政治·教育·戏剧，三位一体　熊佛西
话剧的演谱
——一个初步试验　陈治策
台下散谈　任　钧
论戏剧工作者的自学　刘念渠
第三帝国的戏剧（卐字旗下之廿三）　S Y
印度的一种民众剧　E.G.Hatch 作　徐昌霖译
《苏联演剧方法论》（读物介绍）　伊　思

在岗位上

一九三九年初季桂林的演剧　问　劬
成都儿童节公演《抗战儿童》的筹备　辛　慕
三月蓉城　风

搜查（独幕剧）　熊佛西
血印碑（抗战旧型剧本）　刘静沅
编辑后记　编　者
短讯

第 1 卷　第 2、3 期
1939 年 11 月出版

剧　本

人与傀儡（独幕剧）　熊佛西
卫生针（街头剧）　张季纯
一出戏（独幕剧）　寇嘉弼
游击插曲（独幕剧）　王　海
黎明（独幕剧）　贾文献
“代用品”（独幕讽刺剧）　冼　群
新凤阳花鼓（抗战旧型戏剧）　静　沅
断头台上（三幕剧·一次载完）　萧伯纳原著　陈治策改编

每月座谈

学校演剧的领导问题　伊
地方政府应该与剧团合作　思
建立演剧批评　陈
祝第二届全国戏剧节　A
两年间抗战戏剧诸问题的检讨　刘念渠
戏剧教育与戏剧制度　陈礼江
目前中国戏剧教育上的实际困难问题　阎哲吾
戏剧与军事　熊佛西
空军戏剧试论　董每戡
战时旧剧应有之推行与整理　刘静沅

改良中的云南“灯调” 范从新
论儿童演剧 卡尔美著 章 泯译
声音表情三十九种 陈治策
演员应有的训练 叶 子
战时演剧论（读物介绍） 龚仪宜
在岗位上
一九三八年西安剧运概况 丁 尼
一九三九年春重庆剧坛报导 舒蔚青
剧运在施南 金 堂
活跃在西线上的歌剧队 周 熙
疏散后的成都演剧 萧 汗
零讯：
苏联的《戏剧月刊》
论中国的农民剧运动
本刊启事（一）
编辑后记 编 者
封面 穆义清

第1卷 第4期
1940年1月1日出版

写给一位戏剧青年
——第一封信：讨论戏剧的路线 熊佛西
每月座谈
态度严肃 仲 寅
演员的地位 仲 寅
戏剧节后感 小 涵
关于噱头 叶
剧 本
害群之马（三幕剧） 熊佛西
寒衣曲 丁伯骝
黄呢制服 杜高汉
战地 汪漫铎
我们不再逃亡 唐绍华

声音的基本训练 叶仲寅
介绍《演剧手册》 易 弗

庆祝二届戏剧节的各地通讯
江安戏剧节 王 之
新场戏剧节 龙啸寒
桂林戏剧节 党庆松
重庆 吉 子
成都 荫
金华 水 角
二千里徒步演剧记 张季纯
活跃在岗位上的朋友们
介绍戏剧期刊
编后 编 者

第1卷 第5、6期
1940年5月1日出版

戏剧中的意识问题 顾一樵
每月座谈
小剧场运动 仲 寅
演什么样的戏 小 涵
关于官办剧团 仲 寅
提高与普遍 小 涵

剧　本

害群之马（三幕剧）　熊佛西
播种的人　任致嵘
收租　在　划
榴花季节（独幕剧）　丁伯骝
大少爷　寇嘉弼
各行其事　杨　枫

小 剧 场

为什么发动小剧场运动　赵　越
欧美各国的近代小剧场　陈治策

朗 诵 剧

群众朗诵剧论　黄桦霈
关于群众朗诵剧　刘振美
建立街头剧的演出　叶仲寅
戏剧巡教散记　陈稼源
论昆明剧运　田　鲁
在越南斗争的两个剧团
—中国救亡剧团　陆　浮
厦门儿童剧团　梁开明
戏剧在湖南洪江　罗保吾
陕南平原上的戏剧洪流　夏照滨
北战场上的戏剧防线　梅　岩
两个学校剧团
在成长中的贵中话剧队　李庆行
六中一分校在梓潼　二　飞
活跃在岗位上的朋友

第 2 卷　第 1 期
1940 年 9 月 1 日出版

写给一位戏剧青年
——第二封信：讨论戏剧工作者的态度及剧团的人事问题　熊佛西

每月座谈

戏剧杂志与单行本　天
人事问题　涵
加紧团结　仲　寅
物价高涨与戏剧演出　佛

剧　本

冉丽　〔法〕Nogziere 作
刁士衡翻译　祝绿萍改编
铁蹄下的小主人（独幕剧）叶仲寅
萌芽　子　玄
火坑　艾　绥
给演员（七十三则）　张季纯
给导演　王小涵
活跃在岗位上
战时剧团人事管理法　阎哲吾
编者的话

第 2 卷　第 2、3 期
1941 年 1 月 1 日出版

写给一位戏剧青年
——第三封信：讨论剧本创作诸问题　熊佛西
编剧概说　向培良
戏剧结构新论　汪漫铎

写剧诸问题

民族形式问题在剧作上　陈白尘
剧本荒的重心点　王家齐

写戏的基本条件　丁伯骝
有无创作冲动　杨村彬
关于剧本的公式化　静　沅
我时刻拿镜子照自己的脸　董每戡
中国诗歌·音乐及戏剧之关系　丁　易
动作的基本训练　叶仲寅
剧　本
囤积（独幕剧）　熊佛西
海边（三幕剧）　林孝本
激浪　林运元
遗志（独幕剧）　〔美〕琼司原著　陈澄改译
牺牲者（独幕剧）　张植顺
活跃在岗位上的朋友们
戏剧在梅县　王乃光
一九四〇年的西安剧坛　夏照滨
在战斗中的狂飚剧团　蒋尧瑾
抗战以来的沅陵剧运　张　宇
戏剧节在安江　陈钟宜
梓潼的戏剧节　二　飞
编后

第 2 卷　第 4、5、6 期
1941 年 5 月 20 日出版

写给一位戏剧青年
——第四封信：讨论演出诸问题　熊佛西
导演与演员　张骏祥
战时剧团演出行政　阎哲吾
演出诸问题
个人对于效果的经验　星　漪
怎样扮演一个角色　叶仲寅
通　讯
一个士兵剧团的成长　映　琏
益阳的剧运　吴天平
戏剧运动在洋县　雨　若
剧　本
烽火梵音（四幕剧）　周　彦　徐昌霖
溃（三幕剧）　梁　鹄
自由万岁（独幕剧）　羿　沙

活跃在岗位上的朋友们
编后　编　者

第 3 卷　第 1、2 期
1941 年 9 月出版

论表演
——写给一位戏剧青年的第五信　熊佛西
演剧·形象·思想　陈鲤庭
论舞台上的动与静　刘念渠
元代文人演戏与戏子编剧　王进珊
岗位上　记　者
论情境
——戏剧基本知识之一　田　禽
莎士比亚在苏联舞台上　M.Morozov 作　潘子农　李丽冰译

读物介绍：
戏剧写作教程
走
正式结婚
导演与演员
卫生针
舞蹈艺术之史的观察　李　嘉
编后　编　者
这一期　本　社
神手（全苏独幕剧竞赛第一名）
柯莱斯尼科夫作　王语今译
女房东（独幕喜剧）　陈治策
战地鸳鸯（独幕剧）　陈豫源
政府派来的（独幕喜剧）　徐昌霖
海啸（三幕连载）　贺孟斧

第3卷　第3、4期
戏剧节特大号
1941年11月出版

第四届戏剧节专页

我对于今后剧运的意见　熊佛西
怎样发挥抗战戏剧工作的最高功能
王瑞麟
对于今后剧运的两点希望　应云卫
抗战戏剧在那里？　马彦祥
零简
——断片的感想，纪念第四届戏剧节　刘念渠
边疆各族演剧问题（连载）
郑君里
如何迎接今年雾季的剧运高潮
沈　沙
《大地回春》代序　陈白尘
我演过二·〇〇〇次奥赛罗
徐昌霖译
关于艺术的政治任务　史东山
苏联戏剧中的新思想
〔苏〕V.Kirshon 作　李嘉译
是观众的程度太低吗？　在　划
剧谈二则　田　鲁
瓦赫坦果夫遗著的编读方法
苏凡译

剧　本

微尘（独幕剧）　宋之的
南京板鸭（独幕讽刺剧）　徐昌霖
龙王庙（满纸荒唐言，一出胡闹剧）
周　彦
海啸（三幕连载）　贺孟斧
战斗的女性（四幕连载）　凌　鹤
中华民国第四届戏剧节各地纪念办法　全国戏剧界抗敌协会
编后　编　者
封面设计　卢　淦

第3卷　第5、6期
1942年5月出版

如何建立现实主义的演剧体系（座谈会）　郑君里、安娥等十六人

批　评

论《大地回春》的主题　李天济

秋收——陌上秋读后　章　婴
读《北京人》　茅　盾
《北京人》的演出　阿　文
评《北京人》里的北京人　文　弓
从《天国春秋》谈到目前的演剧水平　欧阳凡海
边疆各族演剧问题（续完）　郑君里

剧　本

两位老粗跟一个女人（短剧）　乌利亚斯基原著　王语今翻译　徐昌霖改编
海啸（续完）　贺孟斧
战斗的女性（续完）　凌　鹤
编后　吕　霖

188　新中国文艺丛刊

简　介

《新中国文艺丛刊》，文艺不定期刊，一九三九年五月一日创刊于上海，“新中国文艺社”编辑出版，陈望道主编，上海美商好华图书公司发行，前两辑由长风书店经售，第三、四辑改由读书生活出版社总经售。一九四〇年二月出至第四辑终刊。二十四开本。

本刊是在“孤岛”文艺沉寂的时刻创办的。为应付当地复杂的社会环境，采用“丛刊”的形式出版，每辑另题书名，分别为《钟》、《高尔基与中国》、《鲁迅纪念特辑》和《鹰》。刊物“以文艺创作为中心，翻译次之，其他短小文字又次之”。（第一辑：《编者的话》）本刊发表的作品都是当时留驻“孤岛”的革命作家的小说、散文、诗歌、短论等。翻译介绍主要是高尔基的创作和文学活动，四辑丛刊共译载高尔基的小说、散文、文艺论文十一篇，发表高尔基的评介文章九篇。本刊的出版对打破“孤岛”文艺的沉闷局面，传播革命文艺，以及振奋“孤岛”人民的斗争精神，起了积极作用。刊物的主要撰稿者有齐明（陈望道）、巴人（王任叔）、应服群（林淡秋）、洛蚀文（王元化）、景宋（许广平）、锡金、许幸之、柯灵、石灵、魏金枝、田青等。

目　录

第1辑
钟
1939年5月1日出版

短　论
透过阻隔　齐　明
通俗文学的写作　源　新
关于女兵　巴　人
抓住生活　巴　人
小　说
某校纪事　李辉英
“为人在世”　巴　人
吴文奎　林淡秋
围巾　桂　芳
自由画　阳　光
专家〔苏〕克雷摩夫作　金　人译
报告·通讯
在晋北前线
〔英〕勃脱兰作　林淡秋译
出征　洛蚀文
旅途杂记　舒　湮
散　文
钟　〔苏〕高尔基作　梅　益译
街头小景　景　宋
窗下　柯　灵
家乡梦语　周楞伽
诗　歌
新中国进行曲
〔英〕霍尔丹夫人作　叶　舟译
把这好讯带给战友们　郭　矩
枪手　锡　金
论　著
什么叫做抗战文艺　蒋天佐
抗战中的艺术观（新四军战地服务团艺术宣传座谈会的结论）袁国平
五年来的日尔曼作家联盟
〔德〕堪陀路维支作　白　明译
杂　文
谈诗琐语　韦　佩
无题　文载道
试一试看　辨　微
看报偶得　吉　力
吴炳殉国考　邹　啸

补白
夏伯阳与义勇军　黄　峰译
苏联的农村剧场
世界反法西斯文艺展览会　峰
北平图书馆在滇征集战事史料
编者的话

第2辑
高尔基与中国
1939年8月出版

高尔基画像　I.I.Brodsky 作
短　论
高尔基致孙中山书　高尔基
高尔基与中国
〔苏〕A.Gatov 作　什　之译

人　〔苏〕I.鲁波尔作　什　之译

小　说

一个妇人　高尔基作　应服群译

再关于恶魔　高尔基作　尚　文译

快人　高尔基作　适　夷译

一枚铜币　高尔基作　满　涛译

江轮上　高尔基作　黄　峰译

尼鲁希加　高尔基作　岳　昭译

论　著

高尔基与现实主义

〔苏〕A.拉弗列茨基作

蒋天佐译

"文化的主人翁们"，站在哪一边？

高尔基作　史　笃译

艺术与工艺　高尔基作　满　涛译

杂　文

"敬爱的儿童"

〔苏〕S.Marshak作　什　之译

第一次会见高尔基

〔苏〕格拉特珂夫作　萧　岱译

书　评

一时代的总结（评《克里萨木金的生平》）〔苏〕西里布赖扬斯基作

罗稷南译

补白

高尔基的书　什

高尔基《国防文集》　青

高尔基逝世三年祭　一　青

高尔基年表　青

编后

第3辑

鲁迅纪念特辑

1939年10月出版

海婴与鲁迅——一岁与五十

鲁迅纪念特辑

鲁迅的日常生活　景　宋

鲁迅的创作方法　巴　人

鲁迅与尼采　洛蚀文

鲁迅与诗歌　锡　金

鲁迅与俄国文学

〔苏〕V.罗果夫作　见译

熬持·搏击·纪念先生　白　鹤

长明灯（剧本）　容纳等集体改编

小　说

陆默　田　青

春天　严文井

徘徊　司徒宗

诗　歌

堕胎　许幸之

散　文

亭子间里　魏金枝

灯　应服群

纪念一个遇难的人　石　灵

忆　钟望阳

补白

延安的鲁迅艺术学院

美报对鲁迅的评价　容

苏联"文学历"上的鲁迅

高尔基集体农庄　欧　之

英国作家告中国人民　寒

荣获政府勋章的苏联名作家 寒
乌克兰名剧家柯尼楚克的新作 寒
苏联今日的电影 寒
编后

第4辑
鹰
1940年2月出版

高尔基雕像图样（两桢） V.Mukhina，M.Manizer 作
鹰 高尔基作 满 涛译
被损害的灵魂 林淡秋
惊梦 毁 堂
投机家 越 薪
出走 钱鸿缙
被束缚的土地 〔波〕W.Wasilewska 作 斯 瞧译
到东乌克兰去 〔波〕W.Wasilewska 作 于向之译
人民的军队 〔波〕W.Wasilewska 作 于向之译
荷花 锡 金
在海滨 江 天
补白
高尔基纪念像的图样（插图说明） 岱
英国劳动作家汉莱 峰
编后

57

中国现代文学期刊目录汇编（第五卷）

ZHONGGUO XIANDAI WENXUE QIKAN MULU HUIBIAN

唐沅 韩之友 封世辉
舒欣 孙庆升 顾盈丰 编

中国社会科学院
文学研究所 总纂

中国文学史资料全编

现代卷

知识产权出版社

内容提要

本书汇编了我国现代文学史上创刊于1915—1948年间的，有影响、有代表性的期刊目录276种（另有附录4种），其中绝大部分是文学期刊，也酌情选收了一部分与中国现代文学关系密切的综合性文化刊物。

责任编辑：马　岳　　　　**责任校对**：董志英
执行编辑：牛洁颖　　　　**责任出版**：卢运霞

图书在版编目（CIP）数据

中国现代文学期刊目录汇编／唐沅等　编．—北京：知识产权出版社，2010.3
（中国文学史资料全编·现代卷）
ISBN 978-7-80247-677-6
Ⅰ．①中…　Ⅱ．①唐…　Ⅲ．①现代文学—期刊目录—中国
Ⅳ．①Z88：I206.6

中国版本图书馆CIP数据核字（2010）第007847号

中国文学史资料全编·现代卷

中国现代文学期刊目录汇编（第五卷）

唐　沅　韩之友　封世辉　舒　欣　孙庆升　顾盈丰　编

出版发行：知识产权出版社

社　址：北京市海淀区马甸南村1号　　邮　编：100088
网　址：http://www.ipph.cn　　邮　箱：bjb@cnipr.com
发行电话：010-82000860转8101/8102　　传　真：010-82005070/82000893
责编电话：010-82000860转8171　　责编邮箱：mayue@cnipr.com
印　刷：北京市凯鑫印刷有限公司　　经　销：新华书店及相关销售网点
开　本：720mm×960mm　1/16　　印　张：303
版　次：2010年3月第一版　　印　次：2010年3月第一次印刷
字　数：4653千字　　定　价：616.00元（全七卷）

ISBN 978-7-80247-677-6/Z·454（2796）

总目录

第一卷

期刊目录汇编

1 新青年（青年杂志）…………3
2 每周评论……………………52
3 新潮…………………………70
4 国民…………………………80
5 少年中国……………………88
6 解放与改造（改造）……111
7 曙光………………………130
8 新社会……………………137
9 人道………………………144
10 小说月报…………………146
11 文学周报
（文学旬刊、文学）……297
12 戏剧………………………374
13 诗…………………………382
14 学衡………………………392
15 创造………………………447
16 努力周报…………………454
17 读书杂志…………………472
18 歌谣周刊（歌谣）……476

第二卷

期刊目录汇编（续）

19 小说世界…………………574
19 附录一 民众文学………751
19 附录二 侦探号…………756
20 浅草………………………758
21 弥洒………………………762
22 创造周报…………………766
23 文艺周刊
（文艺旬刊）……………775
24 洪水（周刊、半月刊）…787
25 语丝………………………799
26 现代评论…………………861
27 支那二月…………………934
28 猛进………………………937
29 莽原（周刊、半月刊）…954
30 大江（季刊）……………971
31 甲寅（周刊）……………973

32 清华文艺……1001
33 狂飚……1007
34 创造月刊……1016
35 沉钟（半月刊）……1026
36 北新……1034
37 一般……1093
38 幻洲……1112
39 泰东……1127
40 真美善……1138
41 民间文艺……1165
42 太阳月刊……1169
43 未名……1174
44 文化批判……1179
45 现代小说……1183
附 五一特刊……1191
46 新月……1193
47 流沙……1217
48 我们……1221
49 畸形……1224
50 奔流……1227
51 开明……1234
52 山雨……1265
53 思想……1269
54 无轨列车……1272
55 大众文艺……1275
56 乐群……1282
57 大江（月刊）……1291
58 白华……1297
59 春潮……1299
60 熔炉……1304
61 朝花（周刊、旬刊）……1306
62 海风周报……1313

第三卷

期刊目录汇编（续）

63 金屋月刊……1318
64 红黑……1324
65 人间……1327
66 华严……1329
67 新流月报……1333
68 戏剧与文艺……1336
69 南国月刊……1342
70 引擎……1347
71 戏剧……1349
72 戏剧的园地……1355
73 南国周刊……1357
74 新文艺……1363
75 萌芽（新地）……1370
76 拓荒者……1377
77 艺术……1384
78 文艺讲座……1386
79 巴尔底山……1388
80 骆驼草……1391
81 沙仑……1397
82 前锋周报……1399
83 现代文学……1406
84 开展……1412
85 文艺月刊……1418
86 世界文化……1496
87 前锋月刊……1498
88 读书月刊……1505

89 当代文艺……………………1517
90 诗刊………………………1524
91 文学生活……………………1528
92 文艺新闻……………………1530
93 青年界………………………1579
94 现代文学评论………………1679
95 前哨（文学导报）…………1687
96 文艺杂志……………………1690
97 创作…………………………1694
98 新时代………………………1698
99 涛声…………………………1731
100 北斗………………………1756
101 十字街头…………………1761
102 文化评论…………………1763
103 絜茜………………………1766
104 矛盾………………………1769
105 文学………………………1781
106 现代………………………1783
107 文学月报…………………1827
108 文艺茶话…………………1832
109 论语………………………1845
110 小说月刊…………………1999
111 文化月报
（世界文化）………………2002
112 无名文艺…………………2005
113 新诗歌……………………2007
114 艺术新闻…………………2014
115 文学杂志…………………2017
116 文艺月报…………………2021
117 文学………………………2025

第四卷

期刊目录汇编（续）

118 文艺春秋…………………2080
119 戏…………………………2085
120 文艺………………………2088
121 文化列车…………………2091
122 文学季刊…………………2096
123 中国文学…………………2106
124 新诗歌……………………2114
125 春光………………………2116
126 诗歌月报…………………2121
127 人间世……………………2126
128 小说
（月刊、半月刊）………2153
129 文艺风景…………………2162
130 当代文学…………………2165
131 东流………………………2170
132 文学评论…………………2179
133 译文………………………2182
134 太白………………………2206
135 文学新地…………………2226
136 水星………………………2228
137 当代诗刊…………………2233
138 文饭小品…………………2236
139 新小说……………………2242
140 芒种………………………2247
141 文艺………………………2255
142 中学生文艺季刊…………2276
143 杂文（质文）……………2291

144 创作……2300
145 宇宙风……2303
145 附 宇宙风·逸经·西风
非常时期联合旬刊……2392
146 海燕……2397
147 夜莺……2400
148 诗歌生活……2404
149 逸经……2407
150 东方文艺……2446
151 文学丛报
（人民文学）……2452
152 作家……2458
153 文季月刊……2463
154 文学界……2470
155 光明……2475
156 现实文学……2494
157 今代文艺……2497
158 中流……2501
159 诗歌杂志……2514
160 新诗……2520
161 电影戏剧……2527
162 小说家……2530
163 热风……2533
164 希望……2536
165 文丛……2539
166 文艺科学……2544
167 文学杂志……2547
168 戏剧时代……2559
169 中国文艺……2562
170 新演剧……2566
171 烽火（呐喊）……2571
172 七月……2578
173 抗战戏剧……2596
174 抗到底……2603
175 战地……2612
176 自由中国……2617
177 文艺阵地……2624
178 抗战文艺……2658
179 戏剧新闻……2686
180 文艺……2690
181 文艺突击……2698
182 文艺新潮……2702
183 鲁迅风……2714
184 文艺战线……2721
185 笔阵……2725
186 宇宙风乙刊……2737
187 戏剧岗位……2758
188 新中国文艺丛刊……2765

第五卷

期刊目录汇编（续）

189 西线文艺……2769
190 通俗文艺……2773
191 文艺新闻……2784
192 文学月报……2790
193 戏剧与文学……2799
194 中国文化……2802
195 黄河……2808
196 战国策
（附《战国》副刊）……2828
197 大众文艺……2835

198 现代文艺……………2841
199 野草……………2857
200 新诗歌……………2877
201 戏剧春秋……………2880
202 文艺月报……………2887
203 奔流文艺丛刊……………2893
204 中国文艺……………2897
205 五十年代……………2899
206 华北文艺……………2902
207 时代文学……………2906
208 诗创作……………2911
209 万象……………2924
210 笔谈……………2963
211 文艺生活……………2970
212 文讯……………3001
213 草叶……………3021
214 谷雨……………3024
215 奔流新集……………3027
216 战时文艺……………3030
217 文艺杂志……………3035
218 文坛……………3045
219 文学批评……………3050
220 文学创作……………3053
221 文艺先锋……………3060
222 青年文艺……………3097
223 人世间……………3104
224 天下文章……………3118
225 时与潮文艺……………3128
226 风雨谈……………3142
227 艺丛……………3154
228 中原……………3157
229 艺文杂志……………3161
230 民族文学……………3174
231 新文学……………3178
232 戏剧时代……………3181
233 当代文艺……………3185
234 微波……………3189
235 文艺春秋……………3191
236 高原……………3214
237 文学新报……………3218
238 希望……………3222
239 诗文学……………3230
240 文哨……………3233
241 文艺大众……………3237
242 新群众……………3243
243 文联……………3250
244 文艺复兴……………3255
245 文章……………3269
246 文坛月报……………3274
247 人民文艺……………3277
248 中原、文艺杂志、希望、文哨 联合特刊……………3281
249 白山……………3285
250 鲁迅文艺……………3290
251 文艺杂志……………3293
252 北方文化……………3304
253 清明……………3311
254 热潮……………3316
255 北方杂志……………3318
256 萌芽……………3324
257 长城……………3327
258 文艺丛刊……………3329

259 东北文化……………………3332
260 呼吸……………………3338
261 东北文艺……………………3342
262 平原文艺……………………3349
263 文艺知识连丛 …………3356
264 诗创造……………………3360
265 胶东文艺……………………3371
266 中国作家……………………3377
267 大众文艺丛刊 …………3380
268 蚂蚁小集……………………3384
269 文艺工作……………………3388
270 小说……………………3390
271 文学战线……………………3405
272 群众文艺……………………3412
273 文艺月报……………………3419
274 平原……………………3423
275 文艺丛刊……………………3446
276 华北文艺……………………3450

第六卷

期刊作者索引

作者署名首字笔画检索表 ····3457
作者索引……………………3477

第七卷

作者索引（续）……………………4137

期刊馆藏索引

期刊馆藏索引……………………4629
期刊基本情况一览表…………4801

第五卷

期刊目录汇编（续）

189 西线文艺

简 介

《西线文艺》，文艺月刊，一九三九年八月十日创刊于陕西宜川，第二战区文化抗敌协会西线社编辑兼发行，山西民族革命出版社出版，战地书报供应社总经售。一九四〇年一月十日出至第一卷第六期，因军阀阎锡山发动“晋西事变”后形势险恶被迫停刊，共出六期。十六开本。

抗战爆发后，山西太原、临汾相继沦陷。第二战区文化抗敌协会在陕西宜川附近成立西线社。先是出版综合性刊物《西线》半月刊，主要发表有关抗战的政论和报道。后为“提高战地文艺的水准，并把描写战地的作品大批地介绍到后方去”，于是创办了《西线文艺》(创刊号：梦回《西线文艺的诞生》)。刊物偏重文艺创作，兼登评论。创作以报告文学居多。严文井、力群、雷加、沙汀、高风等的前线通讯报告，报道了西战场的战局和军民抗战的事迹。其次是小说、诗歌和少量独幕剧，一般也以抗战为题材。撰稿者有魏伯、青苗、雷石榆、曹葆华、蔡若虹、张季纯等。理论批评方面，胡采、魏伯的论文强调了“抗战建国的现实主义”和抗战文艺的民族化、大众化问题。本刊在抗战前期比较偏远的山西、陕西一带产生过一定影响。

目　录

第 1 卷　第 1 期
（创刊号）
1939 年 8 月 10 日出版

西线文艺的诞生　梦　回
论抗战建国的现实主义　胡　采

小　说

战斗线外　魏　伯
杜天雷　周　熙
游击队的孩子们　寄　玄
地狱书简　陈　落

船渡　垒　汀
遥祭芦沟桥（长诗）　林　野
朋友，你去吧！（诗）　雷石榆

报　告

日本人同宣传员　严文井
行军在吕梁山中　力　群
山庄　李　庄
前线故事　雷　加

五分钟内（独幕剧）　萧　枫
准备出发（封面）　力　群
灾民（插图）　力　群
保卫收获（插图）　安　林

第 1 卷　第 2 期
1939 年 9 月 10 日出版

论艺术的加工与政治的强化　胡　采

报　告

转进　魏　伯
夜过同蒲路　高　风
前线故事　雷　加

引路（小说）　陈　刚
意外之惊　普列蒲衣作　陈　落译

诗　歌

九月之歌　沈　英
在春天祖国的西北角　鲁　藜
战斗啊，姑射山！　磊　生

插翅虎（独幕剧）　张季纯

散　文

花的海　李清泉
给我的伙伴们　力　群
忆胡村　穆　毅

果戈理一百三十年生辰纪念在苏联　陈　落
姑娘与哥萨克（哥萨克民谣）　高　阳
绣花的马鞋（蒙古牧歌）　高　阳译
民族革命出版社发刊《战地文化丛书》征稿启事
运输车（封面）　力　群
在暴风雨中（插图）　力　群
思乡（插图）　安　林

第1卷　第3期
1939年10月10日出版

何二扁担（小说）　魏　伯
鲁迅先生逝世三周年纪念
学习鲁迅精神　穆　毅
你永远活着　罗　迅
纪念民族解放战士鲁迅先生　清　泉
金字塔　曹葆华
报　告
一个游击队的故事　沙　汀
“反正”前后　李　航
袭击　李　庄
论民族形式与大众化　魏　伯
卡贝克最后的会见　伊力克·曼作　陈适怀译
诗　抄
生活　曹葆华
新生之歌　洪　流
同志，再会！　尤酣隐
孩子　汪　润
寄母　方　然
法捷也夫（作家介绍）　白　澄
伪皇协军（独幕剧）　罗　平
编后记　编　者
晨（封面）　力　群
生产线上（插图）　朱吾石
秋收（插图）　庄　言

第1卷　第4期
1939年11月10日出版

小　说
辞职　丁克辛
猫　青　苗
论木刻与绘画　力　群
诗　抄
悼念　曹葆华
寄南方的友人　逢　美
呵！我是战斗之子　纪坚博
中国宣誓了　庄　言
莎士比亚的人物与动作　迪那莫夫作　温剑风译
读艾青近作《北方》（书评）　胡　采
散　文
额尔多斯草原　林　野
牧羊女　吕　光
绿　洪　流
陇海道上（报告）　李叔豪
良民（独幕剧）　慕　琨
编后　编　者
收获以后（封面）　力　群
争取奴隶的解放（插图）　庄　言
看护（插图）　焦心河

第1卷 第5期

1939年12月10日出版

论文艺评论家李南桌（上） 胡 采

小 说

重逢（集体创作） 寒 梅执笔

战斗的开始 陈 刚

校长 萧 枫

一个例外的流浪儿

亚弗勤科作 白 澄译

论木刻画的“黑白” 力 群

诗 抄

墓场上的蕃薯 蔡若虹

这一次，又进行了战斗！ 寒 枫

寄母亲 安 危

初冬（散文） 适 怀

鸡毛店（独幕剧） 朱奇平

编后 编 者

前线归来（封面） 庄 言

沦陷区的孩子们（插图） 焦心河

你捐些甚么送前方（插图） 焦心河

第1卷 第6期

1940年1月10日出版

小 说

抗争 魏 伯

特鲁木旗的夜 青 苗

达布赤克草地 高 阳

论文艺评论家李南桌（下）

胡 采

从黑暗中拖带出光明来（短论）

曦 若

诗 抄

高原的云 逢 美

哨兵 罗 迅

拂晓伏击（报告） 垒 汀

梦（独幕剧） 萧 枫

短简 本 社

编后 编 者

抗战吼声（封面） 焦心河

战斗（插图） 沃 渣

“皇军”的忧郁（插图） 马 达

190 通俗文艺

简　介

《通俗文艺》，五日刊，一九三九年八月二十五日创刊于成都，中华全国文艺界抗敌协会总会暨成都分会合编，设“编委会”，最初由苏子涵、朱孟引、钟绍昆、江伦组成，后增聘胡之方、施实、谭吐三人为编委。刊物前六期为四开小报型，从第七期改为三十二开活页型，每期八面。一九四〇年六月十日出版第四十一期，依照“文协”成都分会第二届理事会决议改为旬刊，并改组编委会。新的编委会由苏子涵、车瘦舟、朱孟引、王影质、刘延年、谭吐、萧蔓若等组成。刘延年为执行编辑。一九四〇年七月二十日出至第四十五期停刊，共出四十五期。

本刊是抗战前期提倡与推行通俗文艺的小型刊物。每期刊眉印有这样的文字：“读者诸君：请念本刊文章给不识字的人听，请将本刊贴在人多的地方或送给前线将士。”所刊作品大都利用民间旧形式或通俗形式——鼓词、弹词、歌谣、川戏、京戏、章回小说、故事、连环画等，反映抗战生活，鼓舞爱国热情。短小的作品居多，间有长篇连载。主要撰稿者有苏子涵、李昂、车瘦舟、胡之方、知委、丁小二、龙桑、刘孟痴、刘延年、磨刀人等。

目 录

第 1 期

1939 年 8 月 25 日出版

局部停战就是局部投降（真心话儿） 之
血战晋城三失三得（打碎敌人扫荡游击队的迷梦） 方
抗战两年了，失地有多少
敌机轰炸重庆，究竟谁吃亏
拆穿汪贼的新毒计（唱词） 驰
盐和漂粉的秘密（今古奇观） 知 委
罢工不做汉奸报，香港工友真英豪 江
亮火虫（儿歌） 李 昂
送死！送死！（两年来敌军的损失）
英国讨好日本反遭殃（天下大势）方
难得来，吃碗面条吧！（前方来信）
六十万亩荒地，三万难民开垦（后方消息）
“巩固统一，加紧团结！”（国家大事）
日本兵反战（鼓词） 苏子涵
赵先生（新小说） 伦
一张报一颗子弹！捐钱买报送前线

第 2 期

1939 年 8 月 30 日出版

改良办公事的机关！（真心话儿）
手忙脚乱莫办法 日寇从此变孤单
委员长下命令 救济农民痛苦（有话大家说） 行
赵至善殉国（鼓词）
伤兵的慈母谭太太（后方消息）
洗轻伤（医药常识） 知 委
敌军被歼野鸡山（前方来信）
尼赫鲁（儿女英雄传）
打死汪逆肃清汉奸 援助香港及汪工友
苏联德国订条约（天下大势） 方
晋东南呀一片红（歌曲） 任 劳词 白 苓曲
报馆先生（献给“九一”记者节）（四字经） 丁小二
自愿壮丁潘玉廷（新小说） 扬 波
石榴花（儿歌） 李 昂
锄头之歌

第 3 期

1939 年 9 月 5 日出版

德波大战与我国抗战 江
敌寇内乱我军反攻 方
募寒衣送将士！（有话大家说）
娘子军江南杀敌（唱词） 丁小二
伟大的新绥公司（后方消息）
三个活了的草堆（龙门阵） 文 井
下次摸城再找他（前线来信） 豫
儿歌 苏子涵
制止强盗疯狂（天下大势） 方

打谷天的田壩（新小说） 张 弛
忠义图（京戏） 苏子涵
赵桂英劝夫（川戏连载） 车瘦舟
丁丁猫（儿歌） 草 平

第 4 期
1939 年 9 月 10 日出版

飞将军重庆空战（评词） 老 谷
牛头马面也开会 江
不听良言的大家 豫
我是个伤兵（诗） 知 委
爱做打油诗的王先生（章回小说连载） 胡之方
儿歌 苏子涵
政府正在设法救难民（后方消息） 伦
高大嫂（新小说） 扬 波
张洪顺（连环图画） 阿 农诗 朝 闻画
车夫帮助农夫
赵桂英劝夫（川戏·续） 车瘦舟

第 5 期
1939 年 9 月 15 日出版

泪别沈阳城（唱本） 李 昂
董三哥上店（科学常识） 龙 桑
请吃小炸弹（小故事）
好小子，温国升（前方来信） 豫
张洪顺（连环图画·续） 阿农诗 朝闻画
爱做打油诗的王先生（章回小说·续） 胡之方
他，冤枉的死了（新小说） 伦
有话快点说 江
阎应元骂城（唱词） 苏子涵
这算第一次啊！（后方消息）
三言两语 王博士
狗咬日本军阀（小故事）

第 6 期
1939 年 9 月 20 日出版

这一天（本刊特写） 江 伦
“行礼如仪”（三言两语） 王博士
国葬刘故主席
缩头乌龟城里住 火攻大队放火烧（小故事）
气极了芳子姑娘（日本故事）
张洪顺（连环图画·续） 阿 农诗 朝 闻画
爱做打油诗的王先生（章回小说，续） 胡之方
空室清野困死他（河南快书） 愈 胜
潼南长好了！（后方消息）
寸於德为国尽忠（评词） 岳 南
卖报童子（新诗） 龙 桑
教养抗敌军人的子女
毛毛不当官（儿歌） 草 平
牵担公（儿歌） 滋 润

第7期

1939年9月25日出版

实行宪政　延
为募寒衣唱两板（川戏）　杨　槐
菜子花（歌谣）　李　昂
王博士通启
爱做打油诗的王先生（章回小说·续）　胡之方
可厌的剪刀（社会常识）　知　委
盘门双忠　苏子涵
杜天雷（前线来信）
张洪顺（连环图画·续）
阿　农诗　朝　闻画

第8期

1939年9月30日出版

征募寒衣
张金龙（唱本）　李　昂
国民大会　知　委
收复黑龙江（歌谣）　剑
不懂的字眼（“民主政治”）
王博士信箱
爱做打油诗的王先生（章回小说·续）　胡之方
三个小英雄（前线来信）
孤儿战双寇（小故事）　豫
一个伪警察（小故事）
中秋月（歌谣）　伦
煤炭（常识）　孟
第四次捐款买报
张洪顺（连环图画·续）
阿　农诗　朝　闻画

第9期

1939年10月5日出版

为国保重　年
王三嫂（唱词）　丁小二
爱做打油诗的王先生（章回小说·续）　胡之方
吃盐酸（常识）　龙　桑
老百姓杀敌故事（连载）　刘孟痴
轰炸之后　岳　南
儿歌　引
不懂的字眼（“民族”和“国家”）
中国儿童（后方消息）
赛罗通

第10期

1939年10月10日出版

双十节纪念　岳　南
束草计（鼓词）　苏子涵
爱做打油诗的王先生（章回小说·续）　胡之方
“保障人权”（常识）　知　委
老百姓杀敌的故事（续）　刘孟痴
不懂的字眼（“三民主义”）
抗战中的进步（彭水通讯）

种棉花（三台通讯）
喜讯预告

第11期
1939年10月15日出版

湘北大胜　延　年

纪念鲁迅先生特辑

纪念鲁迅先生（唱词）　岳　南
你爱我们老百姓（诗）　阿　农
介绍鲁迅先生　施　实
鲁迅先生的趣事
老百姓杀敌的故事（续）　刘孟痴
爱做打油诗的王先生（章回小说·续）　胡之方
电线　知　委
瞎子的救星（后方消息）

第12期
1939年10月20日出版

前方胜利和后方　延　年
流芳百世（鲁迅先生逝世三周年成都文化界纪念大会）　记　者
人肉饼　雷　加
王博士信箱
爱做打油诗的王先生（续）　胡之方
老百姓杀敌的故事（续）　刘孟痴
咳嗽　知　委
爱国的人（后方消息）　谭　弛
红枪会（中篇·续）　磨刀人

第13期
1939年10月25日出版

要活命只有战到底　江
爱做打油诗的王先生（续）　胡之方
什么是法币？（常识）　知　委
张文正大义灭亲（唱本）　李　昂
妙计烧碉堡（前线故事）　民　生
歌谣　阿　农
成都的女警察（后方消息）
红枪会（中篇·续）　磨刀人

第14期
1939年10月30日出版

彻底禁绝鸦片烟　江
爱做打油诗的王先生（续）　胡之方
出超（常识）　知　委
无名氏献寒衣金（金钱板）　丁小二
妥协投降（漫画）　王朝闻
不替敌人撞炮眼（前线故事）　民　生
特别启事
增加后方粮食生产　川省八县捉油蚱蜢（后方消息）
大月亮（儿歌）　立　人
红枪会（中篇·续）　磨刀人

第15期

1939年11月5日出版

物价高涨　江
爱做打油诗的王先生（续）　胡之方
空气杀人（常识）　知　委
广州市朝鲜兵反战（鼓词）　天　风
火葬日本兵（抗战故事）　谢冰莹
河北省的大水灾（前方消息）
日本军阀逞狂妄　害得人民都吃糠
募寒衣（后方消息）
红枪会（中篇·续）　磨刀人

第16期

1939年11月10日出版

"和平，奋斗，救中国!"　江
爱做打油诗的王先生（续）　胡之方
外汇黑市（常识）　知　委
送子从军（唱本）　车瘦舟
识字碑（抗战故事）　田　生
那怕鬼子飞机凶　我们空军更英勇（后方消息）
月亮光光（儿歌）　申　哥
排排诺（儿歌）　阿　农
红枪会（中篇·续）　磨刀人

第17期

1939年11月15日出版

政治重于军事　文
休道小胜不中用　准备将来大反攻（仗火）　弓　长
硫酸（常识）　知　委
走京口（京戏）　苏子涵
假投降（抗敌故事）　合　力
裴亚民反正（前线故事）
孙先生的生辰纪念　成都热闹真象过年（后方消息）　岳　南
小车夫（诗）　李绍华
红枪会（中篇·续）　磨刀人

第18期

1939年11月20日出版

我们要相信自己　江
广东鬼子逞横强·山西我军打胜仗（仗火）　弓　长
跳蚤（常识）　延　年
百不得　籍　忠
大战百泉山（前线故事）　弛
成都少城公园展览敌人飞机（后方消息）　岳　南
红枪会（中篇小说）　磨刀人

第19期

1940年1月1日出版

元旦修书　岳　南
智仁勇的梁家弟兄（老百姓抗敌故事）　刘孟痴
万众狂欢庆新年（成都消息）老　谭

抗战风云英雄演义　龙　桑
红枪会（长篇小说）　磨刀人
复刊启事

第20期
1940年1月7日出版

三弟兄（唱词）　凡　作
抗战风云英雄演义　龙　桑
许亲从军（男女对唱山歌）　刘延年
贾银水誓死不降敌（老百姓杀敌故事）　刘孟痴
王婆婆（儿歌）　小　车
月亮走（儿歌）　小　车
怎样使儿童不顽皮（儿童教育）　岳　南
红枪会（长篇小说）　磨刀人

第21期
1940年1月14日出版

侠医白求恩（评词）　岳　南
抗战风云英雄演义　龙　桑
集贤村巧灭日寇（莲花落）　老　虎原作　延　年修改
神炮（前线故事）　余　维
头痛医头　大　野
怎样教儿童不乱拿别人的东西？（儿童教育）　华美英
南河船　一　凡
红枪会（长篇小说）　磨刀人

第22期
1940年1月21日出版

刘开发带路杀敌　岳　南
东京政潮倭阁改组（说天下事）　龙　桑
摆子药（常识）　大　野
横流沟（上'唱词）　漆丽天
大地主自动减租减息（前线抗敌故事）　刘孟痴
本社征集年画启事
怎样训练儿童的判断力（儿童教育）　华美英
红枪会（中篇·续）　磨刀人

第23期
1940年1月28日出版

弹奸记　河　民
汪精卫卖国说和平（说天下事）　龙　桑
嘴吧滥（小小药方医大病）　大　野
麻子哥哥（儿歌）　李　昂
横流沟（唱词）　漆丽天
枪毙汪精卫（儿童游戏）　岳　南
红枪会（中篇小说）　磨刀人

第25期
1940年2月11日出版

冲锋号吓退贼兵　河　民

一文钱（唱词） 孟 引
喉咙痛（小小药方医大病） 大 野
张大元开店 龙 桑
拖死狗（前线故事） 从 众
儿歌专页（八首）

第26期
1940年2月18日出版

杨兆荣反正 金 刀
张玉秀救夫（上） 龙 桑
战湖州（京戏）（上） 苏子涵
送春礼给前方将士（后方消息） 传 语
雁鹅 秋 琪
刘老头追大马猴（绕口令） 刘延年

第27期
1940年2月25日出版

好弟兄 合 力
张玉秀救夫（下） 龙 桑
战湖州（京戏）（下） 苏子涵
肚子痛 大 野
张伯伯李伯伯（歌曲） 贺绿汀
中国女儿（歌曲） 沙 梅
炸桥的勇士们（前方故事） 张 良

第28期
1940年3月3日出版

罗大成 孟 引
南漪湖畔血战歼敌（说天下事） 龙 桑
催眠歌（乳母用） 梅 英
斯文人 朱文舆
王三兴娶妻（唱词） 白道珩
心窝子痛（小药方医大病） 大 野
战场上的国旗 （上等兵） 李海清
用刀枪欢迎日本皇军（前线故事） 冯 夺

第30期
1940年3月17日出版

斐经理（唱词） 朱去紫
郭天雄打游击战 龙 桑
李发生血战中条山（弹词） 先 银
抗战歌谣 袁郁如
一个人的队伍（前线故事） 鲁冀良

第31期
1940年3月24日出版

何洪明（唱词） 龙 桑
魏二妈尸刀灭鬼子（破除迷信） 河 民
李发生血战中条山（弹词） 先 银
改正二十四节气候歌诀 林 云
岳修德三进敌营（前线故事） 燕 南
启事

第 32 期
1940 年 3 月 31 日出版

打杀国贼汪精卫　文
王开疆跳海　吴和起
群魔会（川剧）　余文明
王德茂捉汉奸（前线故事）　鲁冀良

第 33 期
1940 年 4 月 7 日出版

向全国儿童敬礼　岳　南
樊有财贩日本货　陈仁安
出钱出力救国难（宣卷）　魏　卫
王金兴冲过敌营（前线故事）燕　南
红枪会（长篇小说）　磨刀人
启事二则

第 34 期
1940 年 4 月 14 日出版

招待日本军　集　成
日本三弟兄（敌国内真实的悲剧）
于文书
姚大妈收子　吴　灵
十颗手榴弹（前线故事）　的　也
无无经　阿　米

第 35 期
1940 年 4 月 21 日出版

劫狱的故事　集　成
智毁敌炮弹　周　俊
学生军活捉汉奸（唱词）　胡又陵
羊头戏（前线故事）　虹
敌军反敌歌　从　文
新日本建设歌

第 36 期
1940 年 4 月 28 日出版

李二小子献大炮　集　成
一颗子弹毙七寇　吴和起
王小莲智擒舅父（金钱板）
何志清
小黑子（前线故事）　虹
日落中华　阿　米

第 37 期
1940 年 5 月 5 日出版

五月是革命的灯笼　岳　清
胡二癞子改邪归正　吴致平
捍卫国家民族　黄志清
老汉奸和小汉奸（前线故事）
王屋山
不灭鬼子誓不还乡（后方消息）
荫　林

第 38 期
1940 年 5 月 12 日出版

五月纪念唱词　屈　盈
中华民族是一个整体　于文书

假投降解围报仇　徐申之
李安国殉国（前线故事）　的　也
臭虫（科学常识）　尹子明
启事二则

第39期
1940年5月19日出版

朱胡氏献金　黎心明
洪之政收复南澳　河　民
军操歌　爱　梅
吴承仕殉国　许承先
空战计（前线故事）　鲁冀良
苍蝇（科学常识）　尹子明

第40期
1940年5月26日出版

周建章独守孤峰　胡一文
李家村组自卫队（唱词）　甘问天
雅片恨（宣卷）　魏　卫
一声空枪五百炮弹（前线故事）
燕　南
启事三则

第41期
1940年6月10日出版

打鬼　谭　吐
汪锜　苏子涵
雅片恨（宣卷）　魏　卫
儿歌（二首）　刘延年
劝汉奸（神歌）　影　质

第42期
1940年6月20日出版

试金石　谭　吐
王蠋　苏子涵
胜利（四簧）　一　恬
女英雄张素真　屈　声
抗战无锡景（歌曲）　李　然

第43期
1940年6月30日出版

老百姓的态度　谭　吐
何老奶奶　徐申之
抗战莲花闹　李　然
张三发从军　甘问天
小偷徐长久　雪　容

第44期
1940年7月10日出版

不要松劲（七七三周年纪念）
谭　吐
沈子凌　子　涵
毛脉厚毁家从军　吴阿长
红枪会（长篇小说）　磨刀人

第 45 期

1940 年 7 月 20 日出版

愈坚定，愈勇敢　延　年
香港力夫烧汽油　丁云章
李大哥（新河北儿歌）　张天授
传令兵靳勤书　莫宗文
红枪会（长篇小说）　磨刀人
小日本（儿歌）　天　授记录

191 文艺新闻

简 介

《文艺新闻》，周刊，一九三九年十月一日在上海创刊，“上海文艺新闻社”出版，杨明书店、五洲书报社总经售。刊物署名“蒋策编辑”。蒋策是蒋锡金的化名，他只编了前三号，自同年十月二十六日第四号起改由戴平万、黄峰（邱韵铎）合编。前四号为四开小报型，同年十一月二十六日出版的第五号改为十六开杂志型半月刊。《本刊改版声明》说：“第一，编制并无多大变动，不过前出四期是四开报型，因为感受到发行上的种种不便，所以从这期起，决定改为杂志型。第二，篇幅已经增加了一倍，为的是要稍稍容纳些较长的稿件。”改版后归杨明书店发行。一九四〇年二月十五日出至第十一号停刊，共出十一期。

该刊是“孤岛”出版的文艺刊物。其命名及编辑方针，均仿“左联”时期的《文艺新闻》。该刊《发刊辞》指出：抗战爆发后“还没有一种刊物，专门报道关于文艺的一切消息，以供社会的需要，这在热闹的出版界中，未免觉得减色。所以我们才有《文艺新闻》的发刊”。又说：“我们愿意尽我们的能力，报道文艺界的一切消息，以及作家艺术家们的生活动态；我们更愿意尽力表现这动乱的时代中的现实生活——尤其是‘孤岛’上的复杂的社会生活。”自第七号起每期的刊眉上还印有这样的口号：“团结全国作家力量，反映世界文艺动态。”刊物的编辑出版基本上实现了这些宗旨，对于沟通战时“孤岛”与内地作家间的联系，促进抗战文艺的交流，起了积极作用。刊物登载的文艺作品，在改版前多限于短小的散文、小品、诗歌等，改版后小说的数量有所增加，如姚雪垠的《红灯笼的故事》就是在该刊连载的。刊物的主要撰稿者有锡金、钟望阳、满涛、毁堂等。

目　录

创刊号
1939 年 10 月 1 日出版

发刊辞
茅盾的新疆生活　翼
郁达夫在星洲　春
张天翼行迹　鹤
王礼锡逝世　尚
关露的《新旧时代》第一部脱稿　明
文坛另讯　麦
夜（散文）　凌　冰
关于上海文化人生活问题（短论）　月　君
《高尔基在中国》（书评）　卜　夕
送行（诗）　锡　金
快乐（散文）　钟望阳
生活日记（小品）　光　子
小孩子解答了大问题（小品）　谷　寒
落叶（小品）　沙　旅
影（小品）　沙　旅
作家和厨子（漫谈）　贺　依
《沉渊》观感（剧评）　赵　豫
谁应该写电影脚本（短论）　肖伯纳作　铭明节译
罗曼罗兰在法兰西剧院（上）　M.谢儒儿作　满　涛译

第 2 号
1939 年 10 月 8 日出版

双十遐想（小言）　毁　堂
老舍尽力文协工作　重
丁玲在工作与学习中　源
全国文艺通讯运动近讯　协
国内文坛另讯　基
买国旗（随笔）　君　博
从涸鱼说开去（杂文）　牧　生
假戏真做（杂文）　一　方
哨岗上的玫瑰（歌）　白　曙
生活日记（二）　光　子
苦闷（散文）　李　史
骑哨（漫画）　尼　斯
创作态度（漫谈）　史　笃
野操（散文）　辛　劳
瓯江夜渡（散文）　何　为
苏联科学院出版中国大历史　岱
欧美文讯　麦
来函照登（《文阵》启事）　文艺阵地社
一周间（剧谈）　羽
看戏谈戏（剧评）　丁若高
罗曼罗兰在法兰西剧院（下）　M.谢儒儿作　满　涛译
新片巡礼（剧评）　念　之
本刊征稿启事
编辑室

第3号

1939年10月19日出版

鲁迅先生逝世

三周年纪念特辑

略论“韧”与“拖”（小言）毁　堂

成都文协筹备纪念鲁迅　萧　军

李南桌逝世一周年　素

国内文坛另讯

鲁迅先生的晚年（1926—1936）

景　宋

鲁迅先生及其周围的人们（木刻）

惟　元

鲁迅先生手迹　景宋先生赠摄

哭迅帅　端木蕻良

武器，战斗精神　钟望阳

红灯笼的故事（小说）　姚雪垠

脊骨（杂文）　伊　伯

海上文人的住（逸话）（上）魏　晋

托尔斯泰文艺断片录（小品）

羽　卒译

生活日记（小品）　光　子

姚雪垠驰驱战地　萌

谈《武则天》（剧谈）　念　之

剧人生活漫写　贝　尼

苏联戏剧节开幕（情报）李时建译

关于“光明人物”（批评）施　梅

《高尔基的童年》即将在沪开映

《学府风云》（苏联新片）

来函　丁若高

第4号

1939年10月26日出版

文妖与文贼（小言）　毁　堂

端木蕻良的近业　之

胡风在重庆的行动　盈

杨骚跋涉万里参加作家战地访问团

保

国内文艺另讯

中国作家写些什么（论文）

M.捷堂诺夫作　见　鹤译

说苦哀（杂感）　君　博

中国文艺在国际（杂讯）　北　雁

空屋子（诗）　锡　金

生活日记（小品）　光　子

上海文人的住（逸话）（下）魏　晋

垦荒突击队（木刻）　沃　渣

红灯笼的故事（小说·二）姚雪垠

花圈上的花（小品）　田　青

失败的教训（漫谈）　周而复

美国女作家贝克曼来华　（波）

欧美文讯

“老当益壮”（漫话）　王即絮

苏联影话（杂讯）　黎　放译

剧人绰号录（逸话）　小　青

第5号

1939年11月26日出版

略论朋友之道（小言）　毁　堂

第三种人的近况（消息）　洛

教育家刘叔琴逝世（消息） 明
邹荻帆逗留宜昌（消息） 辛
苏北文艺剪影（消息） 雁
《子夜》英译本（消息） 莫
朱维基埋头文艺翻译（消息） 康
国内文坛零讯
香港的鲁迅三年祭晚会 寒 波
鲁迅逝世三周年纪念在重庆 金 堂
成都纪念鲁迅续报 萧 军
托尔斯泰文艺断片录 羽 卒译
丹麦名作家尼克梭七十诞辰纪念 A.Deutsch 作 俞 荻译
从古装片谈起 羽 卒
新片漫谈 念 之
“亚里安人之理想的典型” 雅 尔
莫斯科艺术剧院 明 之
关于日本革命运动的两部新著 朱 侯
华光夜中戏剧科首次实习公演 味 青
红灯笼的故事（小说） 姚雪垠
金发（小说） 杨 行
三人（报告） 沙 旅
信箱 编 者
“文协”征文通告（来件）
本刊改版声明

第6号

1939年12月10日出版

关于《为了生活》（小言） 君 博
老少年与《老少年》（杂感） 袁水拍
鹿地亘与池田幸子 洛 凡
晋东南文艺动景 夕 公
罗荪主编文协会报——附带报告一些消息 束 成
重庆的文艺刊物 赫 然
国内文艺另讯
一个战士的死——叶紫 洛 凡
悼叶紫 谷 寒
叶紫遗书
高尔基的档卷 弗 贝
国际文讯
为援助叶紫先生遗族募捐启事 夏衍 艾芜等15人联名
新疆的戏剧运动 葛 君
剧影动态
孤军访问记（报告） 陈道丰
当茔（报告） 陈一明
无题（诗） 俞 夷
红灯笼的故事（小说） 姚雪垠
三人（报告） 沙 旅
信箱：碰壁·短简
重庆的文艺刊物 赫 然

第7号

苏联新片高尔基《童年》特辑

1939年12月17日出版

辨真假（小言） 君 博
银幕上的《高尔基童年》 哥 梁

《高尔基童年》本事　什　之
《高尔基童年》放映感想
为《高尔基童年》的放映　适　夷
不仅是俄国人的故事　马　耳
幸福和苦难　贺　依
孩子们的宝鉴　林　珏
大苦难的童年　黄　峰
高尔基在孩子们的心里　钟望阳
欢迎《高尔基童年》　岳　昭
我从高尔基获得　锡　金
三言两语　应服群
从平凡到伟大　石　灵
《高尔基童年》（五幅）
《高尔基童年》电影脚本选译　铭
高尔基与中国　戈宝权
高尔基著作中译本编目
高尔基逸话　羽　卒
友谊和绝交
谁配做名誉会员
国际文讯
红灯笼的故事（小说）　姚雪垠

第8号

1939年12月24日出版

书贾与作家（小言）　苏　达
平津作家近况　张　煌
郁风奔丧遄返香港　喻　新
郁华及其遗诗　集　成
肖军致力《侧面》创作　毕　郊
《中国作家》与穆时英　芬　平
一个伟大的残废作家——奥斯特洛夫斯基逝世三周年祭　易　林
海外文讯
木刻情报
哨兵（木刻）　松　雪
关于叶紫赙金报告等等　文艺新闻社启
“太阳从西边出来”（诗）——悼叶紫　荒　牧
苏联影片在中国　元　甄
由奴隶的自杀说起（杂感）　古　柏
穷贫·饥饿　应　为
人间悲剧　舛　千
张贴告示的一天　陈一明
忆郁华先生　丁鸿文
石榴花开的时候　方晓白
信箱：文艺与文具，短简

第9、10号合刊

1940年1月7日出版

一九四○年上海文艺界展望（小言）　本社同人
救救孩子（木刻）　张　慧
欢迎新年（歌曲）　戈　忻
重庆的舞台动向　冷　韦
上海戏剧短讯
马耳离沪赴港　李　晓
舒群新作将出版　羊　石

立波将赴陕北工作　勇　公
拉丁化运动情报
国内文艺另讯
广西文化供应社征求西南民间文艺
“中国艺展”在苏联　莫斯科通讯
高尔基逸话（续）　羽　卒
学者论　高尔基著　达译
《安利》（书架一瞥）　华萼、一宁
木刻情报续志
文艺通讯
　投机　纯　清
　无形的剥削　陈一明
《祖国》演出后　吴江帆
海外文讯
你没有死（西班牙革命歌谣）
R.阿尔勃蒂作　黄药眠译
信箱：关于高尔基　克　丁

第 11 号

1940 年 2 月 15 日出版

文艺“杂感”（小言）　毁　堂
展开语言科学运动　渥　丹
教育部推进剧运并举行“戏剧展”
毕　郊
香港将举行“广东文物展览会”
束　人
遂宁文艺情况　裹　征
香港漫画界　黄　墅
重庆的剧运动态　同　生

海外文讯

特莱赛发表演说　明
美当局禁止《愤怒的根源》　明
剧影杂讯：《被开垦的处女地》
明
英国名演剧家彭孙逝世　农
关于“女儿国”中的舞踊　岺　域
救救孩子（书架一瞥）　贝蒂加
国际文艺日历（一）　弗　明

诗

窘　江奔涛
诗二章　老　舍
湖北农民　田　汉
文艺另讯
文艺通讯
　涨！压！火！　青沙丈
　老孙　老　儿
两张圣母像（散文）　明　阳译

杂文（五篇）

论踢毽子放风筝之道　亦　庸
充数的折扣　辨　微
“自主”顾盼　振　闻
胆大妄为　怀　婴
高陶洗手以后　怡　君
信箱
　“谈”的“自由”

192 文学月报

简 介

《文学月报》，月刊，一九四〇年一月十五日在重庆创刊，“文学月报社”编辑，读书生活出版社出版发行，发行人为黄洛峰。起初，“文学月报社”编委有罗荪、光未然、戈宝权、力扬、丘琴、罗烽、黑丁七人，刊物编辑由编委会议集体负责。后来有些编委离渝或忙于其它工作，编务主要由罗荪承担，戈宝权参与翻译稿编辑，力扬、丘琴参与诗稿编辑。一九四一年十二月十日出至第三卷第二、三期合刊被迫停刊。共出十五期。十六开本。

《文学月报》是创作、翻译、评论并重的大型文学刊物。罗荪撰写的《发刊词》阐明了刊物的方针：(一)，“需要严正的批评，严肃的研究”，即“我们不但希望在新的理论建设中引导前进，而尤愿展开严肃的文艺批评工作，加强文艺建设的力量，推进文艺运动的影响”。(二)，“为了强大文艺部队的教育工作，为了强大文艺领域的建设基础，翻译仍然是极为重要的文学事业的一部。因此本刊拟在这一点上，尽可能的有计划的做一点介绍的工作”。(三)，在文艺创作上，“我们将以广大的篇幅给予诗与画”，强调新诗要树立“健康的现实的诗风”。刊物基本上是按照《发刊词》的要求编辑的。在理论批评方面，刊物创刊伊始就发表了罗荪的论文《抗战文艺运动鸟瞰》，对两年来的抗战文艺作了回顾和检讨；从第二期起增辟“文艺短论”栏，专门研讨抗战文艺的现实问题。在国统区较早地组织并开展了民族形式问题的讨论，发表了潘梓年、光未然、茅盾的重要论文、通信和本社主持的座谈会记录，批评了向林冰和葛一虹的错误观点。还结合抗战文艺的发展进行了现实主义问题的讨论。创刊号译介了卢卡契和特里尼奥夫关于“新现实主义”的两篇论文，作为“我们当前文艺运动”的“参考”；此后又陆续发表了罗荪、林焕平、欧阳山等人的论文，对现实主义和社会主义现实主义理论作了进一步探讨。在这一过程中刊物还以《作家的主观与艺术的客观性》为总题，发表了茅盾、以群、胡绳、光未然等十四人的座谈笔录。不少笔谈者从现实主义的要求出发，批评了舒芜的《论主观》。在文学翻译方面，刊物译介了俄罗斯、苏联、美国、波兰等国的文学，而以苏联文学为主。先后编刊了"马雅可夫斯基逝世十周年纪念特辑"、高尔基逝世四周年纪念专辑、"苏联文学专号"、"苏联抗战文学"特辑等，较系统地介绍了高尔基、马雅可夫斯基、A.托尔斯泰、奥斯特洛夫斯基、江布尔、爱伦堡、萧洛霍夫、巴甫连柯、别德内依等作家的生平创作活动，翻译了他们的代表作品，为我国抗战文艺的发展提供了借鉴。在文学创作方面，刊物并未局限于《发刊词》所强调的新诗，同时也刊载了不少小说、报告、散文作品。白羽的《中条山的战士》、曾克的《枪的故事》、宋之的的《墙》、沙汀的《老乡们》等，是优秀的报告文学。黑丁的小说《火场》较早地接触到"敌阵中反战情绪的某一面"，以群的小说《一个人底成长》反映了八路军里"红小鬼"成长的经历，其它如中篇小说《粮食》（罗烽），短篇小说《扯旗树》（欧阳山）、《水塔》《鸭绿江》（雷加）、《乌兰布浪的夜祭》（碧野）等，都是较优秀的作品。刊物发表的诗歌最多，创刊号上的两篇叙事诗《他们战斗在西班牙》（力扬）和《红鼻子和老马的故事》（戈茅），拓宽了新诗创作的路子。方然的《离延河》、王亚平的《血的斗笠》、鲁黎的《为着未来的日子》、力扬的《播种》、厂民的《夜织》、曾卓的《受难的山城》等，都是较好的诗作。值得注意的是，刊物在险恶的环境中借创作传播了共产党领导的抗日民主根据地的音讯。上述有些作品就真实地反映了根据地、游击区军民的战斗生活，在国统区读者中产生了积极影响。

目 录

第1卷　第1期

1940年1月15日出版

发刊词
抗战文艺运动鸟瞰　罗　荪
给孩子们（诗）
〔苏〕M.季莫宁　亚　克译
扯旗树（小说）　欧阳山
他们战斗在西班牙（诗）　力　扬
论我们的戏剧创作的缺陷
特里尼奥夫作　铁　弦译
海的彼岸（小说）　舒　群
编辑后记
论新现实主义
G.庐卡契作　王春江译
沁河三唱（诗）　丘　琴
红鼻子和老马的故事（诗）　戈　茅
夜行（诗）　高　兰
一九三九年苏联文坛剪影　戈宝权
火场（小说）　黑　丁
夹谷（报告）　万迪鹤
中条山上的小战士（报告）
白　朗
枪的故事（报告）　曾　克
苏联的文化领导者 A.托尔斯泰（作家介绍）　卢波尔作　李　葳译
从暴风雨里所诞生的
奥斯特洛夫斯基著　王语今译
文坛备忘录

第1卷　第2期

1940年2月15日出版

黑货（小说）　徐　盈
墙（报告）　宋之的
论文艺的民族形式　潘梓年
迂崇汉（小说）　罗　烽
序《战争与和平》　郭沫若
诗
离延河　方　然
汾河湾上的故事　李　雷
黄河夜渡　风　涛

论通俗读物的文艺化　向林冰
关于奥斯特洛夫斯基（作家介绍）
戈宝权
文艺短论
关于民族形式　葛一虹
组织文化游击队　姚蓬子
略论文艺批评　罗　荪

诗人王礼锡　杨　朔
从暴风雨里所诞生的（长篇连载）
奥斯特洛夫斯基作　王语今译
画
加紧收获帮助前线（木刻）
陈烟桥
《钢铁是怎样炼成的》中的两幅插图
高尔希曼作
本社招待在渝作家晚餐上的题名
文坛备忘录　记　者

编辑后记　编　者

第 1 卷　第 3 期
1940 年 3 月 15 日出版

新的生活与新的人物　黄　绳
小　说
追悼　草　明
炸毁　寒　波
盒里的人
安东·契诃夫作　黎　璐译
关于诗的民族形式　力　扬
白俄罗斯诗人杨卡·库巴拉（作家介绍）　亚　克译
文艺短论
关于现实主义　罗　荪
民族遗产与人类遗产　葛一虹
广泛开展文艺工作　戈　茅
河防曲　臧云远
"国家犹太剧院"的二十年
A.得伊奇作　铁　弦译
诗
血的斗笠　王亚平
来自草原上的人　曾　卓
雾的黎明　雪　伦
"周作人"速写　尚　钺
从暴风雨里所诞生的（长篇连载）
奥斯特洛夫斯基作　王语今译
画
爸爸，我也要打鬼子去！　张　望
中国艺展在苏联　（里封面）

文坛备忘录　记　者
编辑后记　编　者

第 1 卷　第 4 期
1940 年 4 月 15 日出版

论语言问题　何　鹏
小　说
一个人底成长　以　群
灯笼哨　碧　野
故国的城
〔南斯拉夫〕施奴德尔作　马　耳译
老乡们（报告）　沙　汀
最大的赞美——南泉默写　欧阳山
玛雅可夫斯基
逝世十周年纪念特辑
怎样读玛雅可夫斯基的诗
阿舍谢也夫作　彭　慧译
关于玛雅可夫斯基（作家介绍）
戈宝权
好（诗）
玛雅可夫斯基作　王春江节译
呈给同志湟特（诗）
玛雅可夫斯基作　穆木天译
从暴风雨里所诞生的（长篇连载）
奥斯特洛夫斯基作　王语今译
玛雅可夫斯基像　封　面
玛雅可夫斯基的画　底封面
文坛备忘录　记　者
编辑后记　编　者

第1卷　第5期

文艺的民族形式问题特辑

1940年5月15日出版

文艺的民族形式问题　光未然
文艺的民族形式问题座谈会
曾　克　秀　沉记录
纺车复活的时候（小说）　艾　芜
石老么（小说）　李辉英
诗
我的故乡　江布尔作　铁　弦译
修河底流　郑　思
走向明天　枫　林
江布尔的自传（作家介绍）
戈宝权译
未婚夫妻（独幕喜剧）　白　尘
风·牧歌·骑士（散文）　丰　原
嘉陵江的歌声（散文）　高　兰
从暴风雨里所诞生的（长篇连载）
奥斯特洛夫斯基作　王语今译
画
农妇（封面）　汪仲琼
敌人毁坏了我们的家（底封面）
翟　翊
加拉介尔的画三幅（底封面）
文坛备忘录　记　者
编辑后记　编　者

第1卷　第6期

1940年6月15日出版

论文学及其他
高尔基作　白　澄译
高尔基的人道主义
熊泽复六作　林焕平译
文学史家的高尔基
卢波尔作　铁　弦译
意大利童话　高尔基著　王语今译
《俄国文学史》短序
高尔基著　铁　弦译
歌谣是怎样编成的
高尔基著　王语今译
高尔基论文学的语言　陈　原
炼冶　王西彦
论“无关”抗战的题材　张天翼
“想起了我的大红马”　袁　勃
伯林斯基胜利了
A.斯达察可夫作　周　行译
诗三章　林　采
关于《带枪的人》及其他　葛一虹
忆叶紫——略记他在上海时的一段生活　任　钧
战地行进　一　文
从暴风雨里所诞生的
奥斯特洛夫斯基著　王语今译
文坛备忘录　记　者
编辑后记　编　者
白朗宁诗选中的插画
〔英〕I.玛克拉布作

第2卷　第1、2期合刊
1940年9月15日出版

抗日的现实主义与革命的浪漫主义　林焕平

文艺短论

历史文件　罗　荪
文艺界底团结与文艺底进行　葛一虹
昨日和今日　黄舞莺
谈人格　衣　寒
文艺的大众化（特载）　鲁　迅
“无条件反射”解　郭沫若
关于“民族形式”的通信　茅　盾

创　作

粮食（中篇）　罗　烽
水塔　雷　加
日常生活　余　仁
幸运的维采克（小说）
〔波兰〕望达·华希莱夫斯卡作　小　畏译
反映在波兰文学中的波兰
基沃夫作　李　葳译
圣尼古拉斯被捕了（小说）
〔西乌克兰〕乞辽姆辛拉作　艾　绥译
被诱骗的少女（小说）
〔西乌克兰〕乞辽姆辛拉作　李　明译
曾经是地主的农民（报告）　何其芳

诗

我们活跃在生产线上　孙　滨
为着未来的日子　鲁　藜
战地散歌　方　殷
裴多菲诗三章　企程译
阳光　黄　鲁
野火　林　间
《战争与和平》断片（小说）
L.托尔斯泰作　郭沫若　高地植译
托尔斯泰的爱国主义
B.艾亨邦作　铁　弦译
从暴风雨里所诞生的（长篇连载）
奥斯特洛夫斯基作　王语今译
文坛备忘录　记　者
编辑后记　编　者

第2卷　第3期
1940年10月15日出版

鲁迅先生逝世四周年纪念特辑

鲁迅与中国文学遗产　光未然
中国人民的伟大作家——鲁迅
E.史坦别格作　铁　弦　小　畏合译
怀想鲁迅先生　冶　秋

文艺短论

扩大和深化鲁迅研究的工作　以　群
保卫鲁迅先生　葛一虹
学习和研究　罗　荪

一件小事　沙　汀
养鸡的县官　李广田

莱蒙托夫一百二十六
周年诞辰纪念特辑
恶魔（长诗）
莱蒙托夫作　穆木天译
关于商人卡拉西尼科夫之歌（长诗）
莱蒙托夫作　李　嘉译
莱蒙托夫　日丹诺夫作　铁　弦译
从暴风雨里所诞生的（长篇连载）
奥斯特洛夫斯基作　王语今译
文坛备忘录　记　者
编辑后记　编　者
农村小景（木刻）　古　元

第2卷　第4期
1940年11月15日出版

诗选辑
祭歌　石　星
播种　力　扬
夜织　厂　民
三月的天空　力　群
见于斯大林著作中的文学形象
戈宝权编译
文艺短论
关于“新”的现实主义　欧阳山
“现实的正确描写”　毕　端
再谈“关于现实主义”
——答史笃先生　罗　荪
血的微笑（小说）　青　苗
世界语的世界文学　受　箴
雷布斯男爵（小说）
F.赫尔柴格作　叶籁士译
捷克诗选三首
杨.耐鲁达作　企　程译
《战争与和平》是怎样写成的?
伏尔克夫作　白　澄译
从暴风雨里所诞生的（长篇连载）
奥斯特洛夫斯基作　王语今译
文坛备忘录　记　者
编辑后记　编　者
拂晓进攻（木刻画）　陈烟桥

第2卷　第5期
苏联文学专号
1940年12月15日出版

献给中国人民（诗）
江布尔作　张郁廉译
最近苏联的文艺论战　铁弦编译
列宁论作家
《国际文学》辑　吕　荧译
苏联新共和国文学介绍
·爱沙尼亚·
母亲底歌（诗）
温捷克作　亚　克译
·拉脱维亚·
渔夫之子（长篇小说的断片）
拉齐斯作　王语今译
诗二章　亚井克译
·立陶宛·
边境（小说）
兹维尔卡作　王春江译

我的国家（诗）季　拉作　亚　克译
A.托尔斯泰的《保卫察里津》
曹靖华译
肖洛浩夫及其《静静的顿河》
戈宝权
我们对于苏联文学的感想（特辑）
执笔者：冯乃超　欧阳山
草　明　沈起予　杨　骚
蓬　子　罗　烽　力　扬
葛一虹　梓　年　戈宝权
罗　荪
儿童文学特辑
小笛和水罐（故事）
卡达耶夫作　靖　华译
夏伯阳之死（俄罗斯民间故事）
叶林娜译
伊加尔卡的孩子们（集体创作）
戈宝权译
从暴风雨里所诞生的（长篇连载）
奥斯特洛夫斯基作　王语今译
关于“无条件反射”的更正　郭沫若
文坛备忘录　记　者
编后记　编　者

第2卷　第6期

1941年2月15日出版

鸭绿江　雷　加
创　作
兵　魏　伯
秋收时候　曾原明
动员竞赛　黄雨秋
关于文艺民族形式的论争　陈伯达
骗（报告）　张　煌
诗　辑
在阳光下面　邹荻帆
秋收集　方　然
碉堡　江　村
指挥所里的参谋长　严杰人
紫花籐　胡　征
一个威尔斯的女郎
卡本德作　陈君涵译
古乔治亚民谣二首　亚　克译
从暴风雨里所诞生的（长篇连载）
奥斯特洛夫斯基作　王语今译
新中国的建设（封面木刻）　陆井田
文坛备忘录　记　者
编后记　编　者

第3卷　第1期

1941年6月1日出版

作家的主观与艺术的客观性（座谈笔录）　茅　盾　胡　风　戈宝权
庄启东　以　群　罗　荪
宋之的　万迪鹤　胡　绳
艾　青　光未然　葛一虹
力　扬　臧云远
创　作
歌声·响彻山谷　刘白羽
丛莽中　马子华

仇恨　文若
王参议　张白山
樱花晚宴（独幕剧）　洪深

美国文学特辑

黎明的旗子（诗）
惠特曼作　春江译
郎斯登·休士近作诗二章　袁水拍译
苍茫——《愤怒的果实》之一章
斯丹贝克作　秋蝉译
关于约翰·斯丹贝克（作家介绍）
铁弦

诗辑

雾季诗抄　力扬
受难的山城　曾卓
雪的原野　芦冰
交通大队　薏冰

略观一九四〇年的抗战文艺　毕端
文坛备忘录　记者
编辑后记　编者

第3卷　第2、3期合刊
1941年12月10日出版

文艺反映论　姚雪垠

创作

乌兰不浪的夜祭　碧野
制度　黄雨秋
封锁线　启霖
敬悼许地山先生　老舍
母亲的影响
——关于研究鲁迅的资料断片
荆有麟

苏联抗战特辑

疯狂的狼群　爱伦堡作　铁弦译
伟大的日子　巴甫连诃作　王语今译
一切为着保卫（诗）
S.基尔珊诺夫作　铁弦译
十字军的出征（诗）
D.别德内宜作　铁弦译
英雄曲（诗）　尤淇
俄国作家论莎士比亚及西万提斯
李嘉译

战地故事

二排长　陵
黑田义光　黄钢
谁是散传单者　葛陵
日本人自己的遭遇战　梅行

高加·尤西弗里（小说）
E.尼努须费里作　季龙译
文坛备忘录　记者
编辑后记　编者
收获（木刻封面）　万湜思

193　戏剧与文学

简　介

《戏剧与文学》，文艺月刊，一九四〇年一月二十五日创刊于上海，戏剧与文学社编辑，编者为于伶、戴平万，戏剧与文学社出版，上海国民书店发行。同年六月二十日出至第一卷第四期停刊，共出四期。二十四开本。

该刊是“孤岛”出版的进步戏剧与文学的综合性刊物。创作、评论、翻译三者并重。刊物所载剧作除翻译的苏联剧本外，主要是“孤岛”作者创作的独幕剧；石灵、叶尼、容纳的作品较为突出。于伶的多幕史剧《大明英烈传》只登出序幕，刊物便停刊了。文学创作以小说、散文为主。林淡秋、钟望阴、方晓白、蓝烟、洪波等“孤岛”作者的短篇小说，侧重描写城市下层人民的生活。郭风、林珏、白曙、高丘的散文，抒写抗战爆发后的流亡经历。另外，刊物还始终重视戏剧与文学的评论。创刊号编刊的“特辑”发表了五篇论文，对“孤岛”一年来的文艺界和戏剧、诗歌、翻译情况作了总结性的检讨。同期刊出蒋天佐的短论，提出了“坚持理论，坚持批评”的口号。理论批评的重点集中在探讨或介绍戏剧与文学中的现实主义问题。其中有关史丹尼斯拉夫斯基演剧体系和十九世纪西欧现实主义理论的译介占了较大比重，对“孤岛”戏剧与文学的发展产生了积极影响。

目　录

第1卷　第1期
1940年1月25日出版

特　辑
一年来的上海文艺界　岳　昭
一年来孤岛剧运的回顾　李宗绍
一年来的诗歌回顾　锡　金
一年来的翻译界　黄　峰
一年读剧记　于　伶
坚持理论·坚持批评　蒋天佐
略谈批评　朱　萸
剧　本
在旅馆里
〔苏〕雅鲁纳尔作　杨　帆译
不能演出的戏　容　纳

评《木兰从军》　张骏祥
谈街头剧　黎　光
小　说
一个青年的梦　林淡秋
星宿　蓝　烟
活下去　洪　波

史丹尼斯拉夫斯基·剧场与革命
A.卢纳却尔斯基作
康　棣译
关于导演的二三事　吴　天
诗歌与散文
西班牙歌唱　芳　信译
诗二首　朱维基
我们的编印所　林　珏
古渡头　白　曙
美国人看中国戏
Verd Kelsey 作　赵景深译
世界上一个最奇特的剧场
莫　平译

第1卷　第2期
1940年3月10日出版

复工之前（独幕剧）　叶　尼
现实主义论　方　典
小　说
联保主任的消遣　沙　汀
忏悔录　吴　岩
妻　钟望阳

剧场杂音　纪怀玖
排演与训练的几个方法　莫　平
《十九世纪的现实主义》序
席勒尔作　羽　卒译
自然主义·现实主义·史达尼斯拉夫斯基体系
〔苏〕普陀甫金作　侯　风译
查关（越滇纪行之一）　郭　风
诗
神圣的工作　朱维基
渡黄河　坚　白

第1卷　第3期

1940年4月1日出版

论　坛
“更上一层楼”的理论　服　群
历史剧往哪里去?　朱　萸
戏剧与语言　奚　华

表现上海（论文）　蒋天佐
从“正名”说起（杂文）　高　丘
好！（诗）
玛耶可夫斯基著　华　铃译
剧　本
玛琳　梅朗珂
海滨渔妇
〔苏〕L.D.列文作　贺一青译

后记　李健吾
一、跋《这不过是春天》
二、跋《爱与死的博斗》
包马晒与《费嘉乐的结婚》　吴达元
小　说
加倍奉还　蓝　烟
猎獐　洪　波
怀旧　方晓白

福建仙游戏剧通信　田　青、郑　毅

第1卷　第4期

1940年6月20日出版

论　坛
现时与现实　运　平
“乱伦型”与“偶然性”　宗　飞
给孤岛影业的从事者　白　茅
福楼拜幼年书简选译　李健吾
大祭　晋
剧本一辑
风雪之夜（独幕剧）　石　灵
死亡线上（独幕剧）
〔苏〕Y.雅鲁纳尔作　贺一青译
春郊　A.Dialogue作　锡　金译
大明英烈传（序幕）　于　伶
苏联戏剧的诸问题
D.卡尔姆作　舒　霞译

194 中国文化

简 介

《中国文化》，文化月刊，一九四〇年二月十五日创刊于延安，延安中国文化社编辑出版，新华书店发行。一九四一年八月二十日第三卷第二、三期合刊出版后终刊，共出十五期。十六开本。

该刊是在抗日民主根据地有重大影响的综合性刊物。内容包括政治、经济、哲学、历史、文化运动等方面的论著和译作，对我国新民主主义革命时期的理论建设和反帝反封建的文化思想斗争起过重要指导作用。毛泽东的《新民主主义论》最初就以《新民主主义的政治与新民主主义的经济》为题揭载于创刊号。文艺评论和创作在刊物中占有较大比重。评论方面，集中开展了“民族形式”问题的讨论。周扬、默涵的论文对各自提出的课题做了较深入的阐发。茅盾在延安逗留期间所作“民族形式”问题的讲演和论文，最早也发表于该刊。其他如萧三对列宁、高尔基的艺术观美学观的研究介绍，李伯钊、欧阳山、张庚、胡蛮对抗战以来文艺运动、戏剧、小说和美术发展的综合评论等，都是理论批评上的可喜收获。文学创作方面，报告文学居多。诗歌、小说和美术作品次之。描写我军高级将领的通讯特写《记贺龙将军》(沙汀)、《刘伯承将军会见记》(荒煤)，丁玲的小说《我在霞村的时候》，以及何其芳的诗《一个泥水匠的故事》等，都产生过广泛影响。文艺方面的主要撰稿者除上述诸人外，还有艾青、冼星海、柯仲平、周文、刘白羽、曹葆华、黄钢、野蕻等。

目　录

创刊号
1940 年 2 月 15 日出版

新民主主义的政治与新民主主义的文化　毛泽东
论中国的特殊性（专论）　艾思奇
对旧形式利用在文学上的一个看法（专论）　周　扬
研　究
文学革命与文字革命　吴玉章
论孙中山底思想底研究问题　何思敬
杨子哲学思想　陈伯达
民歌与中国新兴音乐　冼星海
高尔基底社会主义的美学观　萧　三
鲁迅对于民族的文化和艺术问题底意见　胡　蛮
读书随感　乔　木
创　作
记贺龙将军　沙　汀
一个泥水匠的故事（诗）　何其芳
黄狗（报告）　野　蕻
打场（木刻）　夏　风

第 1 卷　第 2 期
1940 年 4 月 15 日出版

抗战以来中华民族的新文化运动与今后任务（在边区文协大会上的报告大纲）　洛　甫
抗战中的陕甘宁边区文化运动　艾思奇
（在边区文协大会上的报告）
研　究
新文字与新文化运动　吴玉章
无产阶级政治经济学的特点　王学文
高尔基底社会主义的美学观（续）　萧　三
纪念蔡孑民先生　吴玉章
追悼吴检斋先生　齐燕铭
短　评
《日出》在延安上演　崇　基
拆字先生的“时代精神”　林　木
创　作
抬一口棺木回来吧（报告）　荒　煤
西北哨兵（诗）　曹葆华
我们笑了（诗）　贾　芝
旅途随笔　骆　方
记边区文协代表大会　师田手
陕甘宁边区文化协会代表大会文件（大会宣言，简章）
编后记

第 1 卷　第 3 期
1940 年 5 月 25 日出版

五四文化运动的特点　艾思奇

关于"五四"文学革命的二三零感　周　扬

对陈独秀在文学革命上的功绩之一个估价

"人的文学"与"非人的文学"

文学革命与大众化

文学革命与"欧化"问题

研　究

继续研究马克思列宁的哲学问题　尤　琴作　杨　松译

关于上古历史阶段的商榷　范文澜

新文字与新文化运动（续）吴玉章

黑格尔和康德　V.万迪克作　默　涵译

关于绘画上的"六法"　胡　蛮

入伍（小说）　丁　玲

青菜及其他（报告）　葛　陵

"基督教的道德"与"人民的道德"（补白）　默　涵

编辑室

第1卷　第4期

1940年6月25日出版

战时干部学校教育　罗　迈

八路军的文化教育工作　萧向荣

研　究

关于艺术的起源问题　E.M.耶鲁斯拉夫斯基作　克　夫译

戏剧与观众　张　庚

新文字与新文化运动（续完）　吴玉章

关于《新水浒》——一部利用旧形式的长篇小说（批评）　茅　盾

哲学是什么（哲学讲座）　艾思奇

杂　论

团圆主义文学　何干之

论中国民歌　柯仲平

欧化的中国美术之批判　胡　蛮

第1卷　第5期

1940年7月25日出版

论如何学习文学的民族形式（在延安各文艺小组会上演说）　茅　盾

关于马列主义中国化问题　杨　松

研　究

中华民族及其文化之起源　尹　达

什么是伊斯兰教　刘　春

论"新哲学"问题及其他　陈伯达

哲学是什么（哲学讲座）　艾思奇

湘西苗民的过去和风俗　立　波

刘伯承将军会见记　荒　煤

过同蒲路（诗）　何其芳

生产插曲　夏　蕾

第1卷　第6期

1940年8月25日出版

当前文化运动的任务　艾思奇

论社会主义社会底动力矛盾问题

N.乌拉索夫作　仲　实译

论艺术工作者应学取马列主义

加里宁讲　萧　三译

逻辑史鸟瞰（研究）　和培元

哲学是什么（哲学讲座）　艾思奇

华北联大的任务与工作　成仿吾

读书随笔　实　甫

四箱子弹的缘故（小说）　刘白羽

第2卷　第1期

1940年9月25日出版

旧形式、民间形式与民族形式

茅　盾

“民族形式”商兑　郭沫若

黑格尔底哲学

徐格洛夫作　杨　松译

论社会主义时代生产关系底完全适应于生产力

F.高罗霍夫作　仲　实译

研　究

中国美术上底“文艺复兴”胡　蛮译

关于殷商社会性质争论中的几个问题　尹　达

什么是辩证法（哲学讲座）

艾思奇

吃人的妖怪及其他（杂记六则）

伯　达

礼物（诗）　萧　三

编后

第2卷　第2期

1940年10月25日出版

“鲁迅的方向，就是中华民族新文化的方向”　本　社

关于“孝”　陈伯达

黑格尔底哲学（续完）

徐格洛夫作　杨　松译

苏维埃社会主义社会底动力

S.柯列斯尼柯瓦作　仲　实译

研　究

中国经学史的演变　范文澜

自然科学与社会科学的关系

温　济泽

论事物的运动变化（哲学讲座）

艾思奇

短评杂感

关于文艺民族形式的论争

陈伯达

“习见常闻”与“喜闻乐见”

默　涵

吃人的妖怪及其他（续完）

陈伯达

鲁迅文化基金筹募会文件（来件）

第2卷　第3期

1940年11月25日出版

两大中心思想的斗争　陈伯达

原始公社到中央集权的封建制度（中国通史简编）　范文澜

文化大众化实践当中的意见 周 文
研 究
中国经学史的演变（续完）
范文澜
中国美术上的新机运 胡 蛮
论质量的互相转变（哲学讲座）
艾思奇
怎样研究《资本论》 张仲实
学习马克思、恩格斯、列宁底批评态度与批评方法 杨思仲
我看见了八路军（报告） 黄 钢

第2卷 第4期

1940年12月25日出版

新道德观 陈伯达
怎样进行自然科学的研究 徐特立
原始公社逐渐解体到奴隶占有制度时代（中国通史简编）
中国历史研究室
略论殷代奴隶制度（研究） 谢 华
文化大众化实践当中的意见（续完）
周 文
俄国伟大的学者和批评家（车尼雪夫斯基研究）
N.鲍皋斯洛夫斯基作 伯 萧译
论质量的互相转变（哲学讲座）
艾思奇
我看见了八路军（续完） 黄 钢
杂 感
释"尊孔新义" 唐 乔
自由亡国论 崇 基
陕甘宁边区新文字协会成立缘起（来件）

第2卷 第5期

1941年1月25日出版

列宁论中国 杨 松
列宁底著作遗产 张仲实
新文字运动和新字母问题 胡 蛮
封建制度开始时代（中国通史简编）
中国历史研究室
杂 感
科举与选举 焕 南
想到"血洗" 焕 南
论对立的统一（哲学讲座）
艾思奇
俄国伟大的学者和批评家（续完）
伯 萧译

第2卷 第6期

1941年5月25日出版

纪念今年五四的奋斗方针
反对新形式的旧礼教 伯 达
列宁论文化与艺术 萧 三
我们被扣在同官的几天 野 渠
关于社会主义与共产主义社会发展的动力问题 王思华
文艺民族形式问题上的旧错误与新偏向 王实味

从安阳发掘成果中所见的殷墟时代社会形态之研究　叶蠖生
赌博（长诗《溃灭》代序）　艾　青

杂　感

光明　崇　基
黎明之前　默　涵
鲁迅研究会成立经过　萧　军
编后记

第3卷　第1期
1941年6月20日出版

高尔基——伟大的人道主义者　F.Schneider
关于高尔基的二三事　萧　三
一段亲笔题字的故事　〔意〕健尔麦南多作　又　然译
关于殷商史料问题　尹　达
在青铜时代的埃及社会　叶蠖生
我在霞村的时候（小说）　丁　玲
史大林发展了关于否定之否定的问题　陈唯实
遗传正确应用的商讨　乐天宇
太阳（小说）　刘白羽
编后记

第3卷　第2、3期
（抗战四周年纪念专号）
1941年8月20日出版

进一步认识中国现实（社论）
抗战以来的中国小说　欧阳山
抗战以来几种重要哲学思想的评述　艾思奇
敌后文艺运动概况　李伯钊
抗战以来的历史学　叶蠖生
抗战以来的美术活动　胡　蛮
剧运的一些成绩和几个问题　张　庚
论新哲学的特性和新哲学的中国化　和培元遗著
苏联斯大林文艺奖金底获得者　张仲实
中华全国文艺界抗敌协会延安分会第五届大会记录（专载）

195 黄 河

简 介

《黄河》，文艺月刊，一九四〇年二月三十日创刊于西安，谢冰莹主编，西安新中国文化出版社出版发行。从一九四三年一月第四卷第一期起组成编辑委员会，聘李朴园、冷波、耶草、易水寒、叶鼎洛、廖伯周、厉厂樵、戴涯八人为编委。一九四三年二月第四卷第二期出版后谢冰莹离西安，同年八月第五卷第二期由厉厂樵接任主编。一九四四年四月出至第五卷第三、四期合刊因刊物亏损过重而休刊。一九四八年三月五日复刊，由远居北平的谢冰莹主编，西安新中国出版社出版发行。同年八月出至复刊第六期宣言停刊，前后共出四十二期。十六开本。

该刊以文艺创作为主，兼顾理论批评，是西北地区影响较大的文艺刊物。刊物在抗战时期（休刊前），比较注重抗战现实问题。曾组织有实际生活经验的青年作者写战地通讯报告，提倡“生产文学”，即“用艺术的手腕来描写后方一切生产建设”的作品。发表过一些抗战题材的小说，编刊过一期“日本反战同志文艺专号”等。还专门设“文艺通信”栏，报道全国各地的文艺动态。同时也发表了一些适应国民党所谓“抗战建国”需要的作品，刊登过宣扬“国家至上，民族至上”和“三民主义文艺”等观点的论文。刊物撰稿人的思想倾向和艺术趣味不尽相同，主要有王亚平、碧野、姚雪垠、孙艺秋、叶鼎洛、冰莹、李朴园、林岚、堵述初等。该刊复刊时，编者在《复刊词》中曾表示对国统区现实的不满和“探求正义和真理，提倡人道和廉耻”的愿望。复刊后的文学创作以小说、诗歌、散文为主，暴露国统区黑暗的作品有所增加，每期还刊登讽刺时弊的漫画。撰稿人仍较复杂，主要有碧野、丰子恺、徐仲年、李朴园、赵清阁、梁实秋等。

目 录

创刊号

1940年2月30日出版

黄河（代发刊词） 国 馨

理 论

1940年文艺工作者的任务 念 兹

报 告

敌寇总崩溃前夕的晋南 海 萍
西行列车 森 焱
裸体杀敌的战士 冰 莹

小 说

疯 徐仲年

诗 歌

石匠（通俗韵文） 老 向
蜀秦道上 卢冀野

特 写

翠华山上 郁 藏

文艺通讯

香港的文艺界 陆丹林
中原的文艺动态 谢东平
关于战地写生队 彭华士
我对于民族战争文学的一点意见 张佛千
文坛广播 芷
黄河颂 韩一青
编后 编 者
封面 黄肇昌

第2期

1940年3月25日出版

特 稿

《蔡元培启事》 高乃同

理 论

戏剧漫谈 陈鲤庭
建立生产文学 冰 莹

报 告

焦家庄 森 焱
敌人是这样虐待“俘虏”的 冰 莹

小 说

老岳的死 蒋 明

戏 剧

汉奸的跳舞 叶鼎洛

战地通讯

宁寨血战记 解 纷

诗 歌

海上对雪 柳亚子
春礼劳军歌 冯玉祥
北征之曲 卢冀野
过太行山 紫 翼
大时代中成长着的女儿 程少怀
阴山下 高 天

文艺通讯

抗战与文物展览 陆丹林
重庆文坛掇拾 杜 庶
鄂北文化运动的活跃 白 克

杂 感

清才与汉奸 段念兹

作家书简　柳亚子　孙伏园

林语堂　老　舍

青年园地

欢迎韩国青年大会　元　立

谈谈诗歌的民族形式　铁　夫

编后　编　者

第3期

1940年4月25日出版

论　文

论文学与政治　石　三

演剧·形象·思想　陈鲤庭

生产文学及其实践　胜　寒

别香斋先生　孙伏园

弥陀寺颂　易水寒

小　说

安家沟　董文渊

戏　剧

汉奸的跳舞（续）　叶鼎洛

特　写

送温暖到前线　高　天

特约译稿

苏联文坛的新动向　宋　玲译

文艺通讯

孤岛出版界的一断片　陶亢德

在香港办刊物　陆丹林

大别山的文化动态　程南秋

诗　歌

北征之曲　卢冀野

黄河颂　张剑魂

在汉水的流线内　沙　坪

艺术宣传前奏曲

程南秋词　丁珰曲

报　告

前方的流汗　高乃同

杂　感

关于“保障作家生活”　冰　莹

华下拾零　李　旭

记反侵略剧团　南　芷

作家书简　白　薇

墓　岱　丝

读者园地

扩大西北文艺运动　夏登全

重庆剧讯　波

我们的团长在王曲　刘宗殷

编后　编　者

第4期

1940年5月25日出版

关于诗

——给写诗的伙伴们　沙　坪

壮烈的五月　冰　莹

五月的漳河　坪

沉默的胜利者　沙　雁

在黄河前线（报告）　岳　军

战士底手　森　焱

汉奸的跳舞（续完）　叶鼎洛

马彪将军访问记　东　平

骑兵　沙　茳

滚滚的沁河 田稼
血的季节 沙河
悼森下九郎之死 剑魂
青年在后方 剑云
哀江南曲 郑元瑞
建立“中国人的中国” G.A.Hogg
脱险后的贺绿汀先生 堵述初
征鸿（作家书简） 卢冀野
第一等人 楚云
惨痛的回忆 膺固
临潼行车 刘宗殷
黄河边上的一日 金浪
修路工人 高于
雨袭 杨丁白
黄河信箱（三则）
编后 编者

第5期

1940年6月25日出版

到新演艺之路（创作指导） 陈鲤庭
硃砂痣（小说） 楚云
张店之夜（戏剧） 冷波
一个被俘的铁道破坏队员（报告） 蒲布
新黄河之东（战地通讯） 葛佩琦
托尔斯泰的故居（特约译稿） 宗龄译

诗歌

北征之曲 卢冀野
巴山夜歌 孙艺秋
我们在太行山上 陈雨门
二百五十码（生产文学） 王喜平
朴东云访问记 丁尼
忆王曲 翟宗沛
抗日葵 郑剑西
补白：
　作家书简 老向
　农民抗战歌谣 狱夫
文坛广播
编后 编者

第6期

1940年7月25日出版

献给炮火中的战士们 编者
“七七”三周年论文艺工作者 白戡
三年来剧运的回顾 冷波
古城 王沙坪
黄跛子 老向
张木匠 王右家
新黄河之东（续完） 葛佩琦
在炮火中生活着的欧洲人 柏舟译
一封敌兵情书 达明译
皋兰山下 达明
黄河边上行 果军
托尔斯泰的故居（续完） 宗玲译
北征之曲（续完） 卢冀野
西北的黎明 王亚平
遥远，日本人的明年 敏求

忆杭州　少　宓
香港的战文丑　陆丹林
演员工作方法论　鲤　庭
悲哀的镇静　路　丁
怎样写文章（黄河信箱）
仰　则、编　者
编后　编　者
短简之三·之四　编　者

第 7 期

1940 年 10 月 1 日出版

文艺短论
建立文艺批评　夏照滨
作家与生活　南　芷
"八一三"的回忆　冰　莹
小　说
救赎着贞操的人　力　夫
"力"与"路"　丑方迹
特　写
雨天访语堂先生　堵述初
满司令会见记　元　立
戏　剧
穆兰花　金　朗
不肖子　楚　云
战地通讯
襄樊，双沟，枣阳　白　克
游　记
塔尔寺　逸　明
散　文
大麦香　穆　天
诗　歌
寒衣曲　张聚麟
见一个歌唱的队伍前进　果　军
潼关将军歌　紫　翼
读者园地
血泪——滹沱河的暗流　莹　朗
诉　徐　夷
黄河信箱二则　廖元斌等
编后　编　者

第 8 期

1940 年 11 月 11 日出版

安得猛士兮守四方（封面）
范　里
再论作家与生活（文艺短论）
南　芷
一个痛心的回忆　冰　莹
殷家寨（小说·上）　老　向
月夜（戏剧）　黎　嘉
在炮火中成长起来的小战士（战地通讯）　荇　芝
特　写
夏令营生活剪影　邓必丰
拾麦　西　林
战时的法国妇女　达明译
洞庭雁唳　篁
重读《伏园游记》　堵述初

诗　歌
我想起了松花江　叶鼎洛
死也要夺回咱们的家乡　白常春
殉路者　怒　江
壮志当酬　刘子隆
抗倭奴　刘子隆
黄河信箱：
给小朋友的劝告　编　者
两个建议　编　者
榆林的文化动态　杨令德
编后　编　者

第 9 期

1940 年 12 月 1 日出版

封面　韩剑琴
小　说
殷家寨（下）　老　向
“银座”之夜　哲　厂
川语识小（上）　孙伏园
黄莺儿（戏剧）　李朴园
我的创作经验　冰　莹
特　写
永生的人们　危　岩
鬼门关　徐　夷
作家县长
——记伏园先生　鸣　冈
诗　歌
听我们胜利的笑声
熊正钧词　韩悠韩曲
朋友，请尽一杯美酒　远　唱
遥寄武昌　李　渠
读者园地
草原之歌　冯振乾
到农村去　蒋　实
黄河信箱
编后　编　者

第 10 期

1940 年 12 月 15 日出版

封面　韩剑琴
关于战干剧团的演出　冰　莹
阿尔顿索宝特　陶今也
保家乡　冷　波
川语识小（下）　孙伏园
募寒衣　老　向
想起了我的家乡　沙锐军
暮秋　蒂　克
想念那平原（朗诵诗）　冯振乾
冰桥　高　天
怀念开封　李　蕤
我的创作经验　冰　莹
孤岛的出版界
战地来鸿　星　玉
敌后行军　张　帆
关于创作的故事　南　芷
夜的荒原　孙艺秋
塞上抗战影片放映记　乔　力
编后　编　者

第11期
1941年1月1日出版

新年献辞　冰　莹
1941年文艺工作者应有之努力
陈澄之　李　旭　屠兆祥
冷　波　鸣　冈　张契渠
南　芷　余宗范　黄志诚
韩剑琴　夏照滨　张　昱
孙艺秋　陈养锋
抗战以来我所最爱读的书籍
叶鼎洛　李　旭　牗　文
哲　厂　亦　鸣　张　昱
白　戡　英　子　何家德
闭梦萍

诗歌特辑

黄河进行曲　竹　田
我们同扛着胜利的军旗　史　茵
希腊往史之梦　王佛崖
悼周夫人　老　向
夜渡　汉　声
生日　赵清阁
襄河小唱　沈　穆
莱蒙托夫的小诗　李嘉译
O.P.R.　子　群
沙漠散歌　谷　风
过黄河　高　咏
流亡者　陆　沉
光荣的战士　鲁白雁
青纱帐里人　默　丁
诗两首　陈雨门
1941年　苏　文
蔡清从军记　席徵庸
云栈道七百里　沈振麟
新路　堵述初
黄河信箱　冰　莹
编后　编　者

第12期
1941年2月1日出版

海国英雄叙（文艺批评）　柳亚子

小　说

丹妮　陈澄之
两个学徒　老　向

戏　剧

狂欢之夜　冷　波

散　文

可食的虫类　孙伏园
川语识小补遗　唐乃圻
全国文协茶会归来　刘汉古
札萨克女王　红　薇

游　记

欧游归来　耿孝先

报　告

我是怎样逃出汉口的？　包光悟
蚌埠一夜　邱西陵

诗　歌

夜宿黄河边　彭华士
过无定河　彭华士
1941年文艺工作者应有的努力
沙　雁、徐　夷、彼　得

黄河信箱
编后 编 者

第2卷 第1期

戏剧专号

1941年2月28日出版

本刊的过去与将来 谢冰莹
戏剧与宣传 叶鼎洛
英国伊丽莎白时代的戏剧文艺 澄 之
我的写剧经过与经验 李朴园
戏剧的Tempo和Rhythm 冷 波
关于歌剧 麦 里
法国今代的剧作家基拉都 郑侨生译
狂欢之夜 冷 波
舞台化装 凡 塞
不是剧评
——看过《雷雨》之后 穆 文
代表伙伴们的几句话 戴 涯
1940年西安剧坛巡礼 唐 陀
怎样建立了王曲剧社 刘 杞
最近的湖南剧运 何济翔
剧人的话 叶鼎洛 赵曼娜 丁 尼 赵秀蓉
《黄河》周岁（特写） 路 丁
编后 冰 莹
黄河第1卷（1—12期）分类要目
封面 韩剑琴

第2卷 第2期

1941年3月31日出版

法国一妇人
Edward Stevenson 作 郑侨生译
祖传金家第四代 刘 剑
红裤子 T.奥捷尔斯基著 杨德櫆译
狂欢之夜 冷 波
敌区行 齐乐观
献 碧 野
战斗吧，朋友！ 增 荣
英国作家被俘虏在纳粹牢狱里的生活 清 译
漫谈江西文化 翁北溟
马老五 王宪民
牛 曼 辉
中条山的文化简报 丽 山
流浪草 沈葆心
编辑室日记 冰 莹
黄河信箱
唐德义 马家祥 孙继堂 李宗杰 水 源
编后 冰 莹
封面 陶 也

第2卷 第3期

1941年4月30日出版

我的创作经验 冰 莹
祖传金家第四代 刘 剑

小号兵 萧 离
夫妇间谍 郑侨生译
绯红色的疤痕 焕 章
欧洲的艺术珍宝无恙（比京通讯） 许 鸣
我怎样离开了北平 王志超
不朽的人物和作品 堵述初
彻底现实主义者的文人——郁达夫 斌 人
二船夫 堵述初
悼黎风 蒂 克
哭母 澄 之
我守卫在黄河上 左成信
狂欢之夜 冷 波
哭先父子桥公 朱德君
雷鸣远神父的回忆 田恩霈
编辑室 冰 莹
封面 韩剑琴

第2卷 第4期

1941年5月30日出版

谈反侵略文学的战略 段念兹
献给东方文化协会 青山和夫
俘虏收容所参观记 冰 莹
我是怎样轰炸南京的？ 武田进
在收容所里 山本浩一
一觉醒来 田中早彦
正义血战 森下九郎遗著
浪人浪事 林一鹏
日本天皇是什么东西？ 乔延龄
日本军阀的阴谋秘史 三岛勇
寄自火线上的信 鹿地亘
忏悔 片冈正雄
一个俘虏的日记 中野宇秋
故乡 山下义一
诗三首 押切五郎
悼中川利一 桥本克己
森下九郎同志遇难一周年纪念 田中照子
我的感想 井村芳子
编辑室 编 者

第2卷 第5、6期合刊

1941年7月30日出版

论 文

纪念“七七” 冰 莹
论文艺反攻 长 虹
今后中国艺术形态上应走的途径 叶鼎洛
中条山突围记（特稿） 曼 洛

小 说

新路 路 丁
忏悔 田 涛
赏赐（街头剧） 楚 云

报 告

法朗哥的恐怖窟 柳无垢译
我们在白马山上 价 夫
“日支亲善”
——发生在北宁铁路客车上

的三个平凡小故事　果　子
诗
给萍娘　苏　灵
七七诗　长　虹
宿留侯祠听雨　紫　翼
过石门　紫　翼
华山游记（游记）　冰　莹
散　文
青浪滩上　徵　庸
战时中国画坛　齐　人
漠海风光（伊盟特约通讯）　李国青
文艺通讯
沦陷中的华北文艺　艾　娟
大别山的文化运动　殷乘兴
城固文化动态　白　英

黄河信箱
编后　冰　莹
封面　齐　人
木刻　彭永柏　齐　人

第2卷　第7期
1941年9月30日出版

论　文
写给青年作家的信　冰　莹
我的艺术生活和写作经验　叶鼎洛
“民族的”戏剧，剧运的坦途
李朴园

爆炸（独幕剧）　王　玮
小　说
一个女兵的自传（中卷）　冰　莹
于陵　碧　野
夜——在泰国　辣　辣

一个后方电台（特写）　路　丁
散　文
幽房散记　念　兹
沙漠　牧　溥
追念　寒　玲
诗　歌
夜登江轮　沙　雁
蚕的故事　东　明
怀济南　剑　文

绥西前线上的生产运动（报告）
杜　波

黄河信箱
编后　编辑室
封面　樊　鹏

第2卷　第8期
1941年10月30日出版

论　文
写给青年作家的信　冰　莹
小　说
战争的母亲　陈澄之
诗人——普希金之死
K.巴乌史托夫斯基著　杨德櫆译

在第九号厂里　里　戈

散　文

丑奴儿　李朴园
襄河之恋　北　冰
九月二十一日　路　丁

诗　歌

最后的讽刺　臧克家
青年王进的下落　长　虹
秋天的黄河　北　鸥

报　告

动员激流中的韩城　蔓　锄
在大西洋里的炮火下　郑侨生译

特　写

敌人统治下的北平　非　予
新疆的风光　伊黎里克

通　讯

剧的热流在陕南　李英才
在萌芽中的塞上文化　张　昱

黄河信箱
编后　编　者
封面　樊　鹏

第2卷　第9期
1941年11月30日出版

论　文

怎样写人物个性　姚雪垠
写给青年作家的信　冰　莹

戏　剧

梅子姑娘　冷　波

小　说

一个女兵的自传（中卷）　冰　莹
渡家　赵全章
大肚子　郭　龄

散　文

大佛寺　李朴园
文艺界的怪物——田汉　斌　人
蹶子的谜　张高峰
哀诉　路　丁

诗　歌

古城的秋　徐国馨
战斗中的大别山　殷乘兴
送征夫　席徵庸

报　告

滇缅边区——冒险家的乐园　张　本译
吕梁山的大众歌谣　楚　江

黄河信箱　编　者
编后　编　者
封面　樊　鹏

第2卷　第10期
新年号
1942年1月15日出版

迎接我们的胜利年　冰　莹
我的希望（集体写作）　白　戡等
一年来的西安文艺　齐　辩
一年来的中原文艺界　谢东平
一年来的洛阳文艺　李　渠

一年来的重庆文艺　沙　雁
一年来的成都文坛　牧　丁
一年来的西安美术界　张克伦
姊姊　南　芷
年关　李春舫
母亲的心　奥格涅夫著　杨德栖译
论形象　姚雪垠
我们怎样打破目前文艺界的苦闷　叶鼎洛
写给青年作家的信　冰　莹
梅子姑娘　冷　波
迎接新的岁月　东　明
卖菜李　老　向
我愿做一颗炸弹（诗）　孙阳光
保俶塔　李朴园
参观画展以后　路　丁
我底生活的一断片　田中照子著　郑胆韩译
文坛点滴
黄河信箱　编　者
编后　编　者
封面　凡　朋

第2卷　第11、12期合刊
1942年5月30日出版

论　文
三民主义文艺论略　李朴园
新诗的检讨与展望　王亚平
论艺术作品的和谐性与统一性　姚　珞
小　说
杀家　厉厂樵
查哈贝勒　陶今也
野蒺藜　丽　冰
戏　剧
梅子姑娘　冷　波
诗　歌
黎明　更　生
洞庭月光曲　高　咏
威廉雷德　蒂　克
散　文
《孔乙己》　孙伏园

编后　编　者
封面　凡　朋

第3卷　第1期
1942年7月30日出版

开展西北文化运动　冰　莹
五年前的“七七”　睿　心
乡间　碧　野
一个女兵的自传　冰　莹
星的故事　穆　天
路　红　絮
两个小故事　果　子
第六年代　叶　金
沙原散歌　沈　穆
钟敬文　李朴园
撞关之夜　路　丁
一个小学教师的回忆　止　鸣
三月诗抄　陆印泉

第 3 卷　第 2 期

1942 年 10 月 30 日出版

论　文

书评　吕霞先

小　说

马贼　陶今也

瓦烁上的家　一　卒

一个女兵的自传　冰　莹

报　告

咱们在孤岛上　沈振麟

赵毓政之死　云　翔

诗　歌

风沙里的五原　林　茄

海之恋歌　唐迪文

莽原诗抄　沈　穆

我们的"地形"教官（散文）　路　丁

文坛消息

《黄河》第二卷分类要目　编　者

编后　编　者

黄河信箱　编　者

封面　凡　朋

第 4 卷　第 1 期

新年号

1943 年元月出版

论　文

文化劳军是什么?　冰　莹

我对于文化劳军的意见（以收到先后为序）

曼　洛　沈　穆　更　夫

李朴园　叶鼎洛　杨文生

吕霞先　周　焕　冷　波

陆印泉　林　岚　姚　珞

夏照滨　丁　尼　萧　离

段念兹　虞　文　原景信

汪松年　乐　夫　方应潮

蒋啸青　郭旷夫　辛　燕

路　丁　洪　轨

小　说

掮客　叶鼎洛

造船的人　林　岚

狱中记　洪　涛

过年（独幕剧）　王勉之

诗　歌

歌唱这光明的日子　叶　金

秦岭三唱　田　青

怀念（散文）　耶　草

长征三千里（报告）　张　彻

编后　冰　莹

第 4 卷　第 2 期

1943 年 2 月出版

论史剧　李朴园

龙大海　耶　草

洞庭春雨　斌　人

双金镯　陶今也
太行山下　亚　萌
水国之春　鲁　人
长夜（诗）　乘　兴
老朋友　谢再善
元旦试笔　亚　子
记友人之妻　受　因
风雪遗音（独幕剧）
冷　波　沙　凌
寄北方　林　涧
森林与河　林　岚
封面　凡　朋
编后　冰　莹

第4卷　第3期
1943年4月出版

屠格涅夫及其《罗亭》　李　梅
小　说
冰雪封锁了草原
——长诗《长恨歌》的Story
林　岚
枣骝马　陶今也
看不见的伤痕
〔匈〕Kroly Kisfaludi著　黄汉烈译
狱　丁克美

罪与罚（散文）　流　金
诗　歌
寄克家
——读“拍”后有感　马　奇
太阳　司徒匪娜
草原上　白　梓
未落的希望的花　肖　野

没出息的人（随笔）　冯　轶
剑及其他（散文）　陈雨门
生财有道（独幕剧）　冷　波
封面　凡　朋

第4卷　第4期
1943年4月出版

文艺与现实　念　兹
兄弟之间（小说）　陈　林
雨底黄昏（散文）　倪祖堃
乞巧格（小说）　靳锦叶
火（散文）　司徒匪娜
新庄（小说）　于　敢
左拉的艺术和思想（介绍）　江未川
青山之恋（歌剧）　冷　波
影（散文）　于煤村
临潼之春（游记）　洛　珈
生活漫忆（随笔）　苦　丁
沙河之歌（诗）　吴荆屋
封面　凡　朋

第4卷　第5期
1943年5月出版

作家的成就与家庭影响（帝俄文学史话）　耶　子译

万愚日记（散文） 缪崇群
绿草原（诗） 亚 航
进城——长篇《关外》之一节
李辉英
支票簿（杂感） 董每戡
遥寄《黄河》读者 冰 莹
春潮（散文） 流 金
婚礼（小说） 列躬射
北欧民间朗诵史诗
［挪威］奥尔珂德著 凯 沙译
法里利欧（小说）
［英］韩底森著 孙 星译
寄母亲（诗） 杨 灵
荒村夜宿（报告） 林 岚
鸡蛋（民间杂忆之一） 罗 浮
封面 凡 朋

第4卷 第6期
1943年6月出版

假宝石 莫泊桑原著 青 青译
红豆（上·中篇创作） 叶鼎洛
悼·二十八个
克里弗依斯基著 修 虹译

小 说

雅西柯 陶今也
二婶的命运 靳 溪
春 卜 丁
某夜 海 沫

灰色马（千行长诗） 林 岚
《昙花》题记（序） 海 派

诗 歌

原野奔波者 肖 野
我曾 扬 灵
蓝天下 曹 邦

哭亡姊（散文） 苏满园
封面 凡 朋

第5卷 第1期
1943年7月出版

文艺短论

新进作家与成名作家 白 夏
培养文艺作家 范 嵘
从身边开拓出去 近 凡

小说创作

W君 诸葛景文
红豆（中） 叶鼎洛

诗·散文

长恨歌（千行长诗·全刊） 林 岚
火把 薏 冰
南行 流 金
多梦的人（外一章） 姚 珞
手枪 栾 星

编后 编 者

第5卷 第2期
1943年8月出版

文艺短论

文人不应相轻 露 秋

我们所需要的作家 铁　风
一种建议 白　夏

论　文

论民族文艺运动与文艺政策 姚　珞

小　说

逃出魔窟 人　琨
红豆（下） 叶鼎洛
父亲 B.Bjor Nuson 著 叶　露译

报　告

金秀明之死 丁　鸣

散　文

南行（续完） 流　金
喀西克台吉家之一夜 陶今也

诗

纺车与梦 西　蒂
信及其他 柳　西
雨外二章 潮　啸

编后 编　者

第 5 卷　第 3、4 期合刊

1944 年 4 月出版

文艺短论

从翻印旧书说起 雨　宗
所谓“艺术家” 若　吉
作家改行以后 天　青
文艺作品“软”而有用 敬　云
不能因“忌医”而“讳疾” 弗　翔

论　文

现实的主题论 姚　珞
契可夫论文学（之一） 石　安编译

小　说

芳邻 阳　陧
新生 田　汀
变 林　岚

散　文

叔本华论天才与道德 罗　绮
流动中的泡沫 于煤村
祝念（外二章） 姚景瑜

诗　歌

河的故事 西　蒂
钟（外一章） 禾　子

编后 厉厂樵等

复刊　第 1 期

1948 年 3 月 5 日出版

复刊词 编　者

理　论

编剧浅论 李朴园
小说与道德 张寿林

小　说

归来 碧　野
杨小姐碎传 张十方
感情的野马 谢冰莹
世英之死 燕　人

散　文

棒喝记 徐仲年

人民是不朽的 高尔基著 影 心译
《加里波的的故事》
高尔基著 影 心译
村店 立 山

诗 歌

火车 小 逊
忧郁 殷 韦
蓝天下的旗 许 可
叮嘱 怒 平

文艺通讯

上海文艺界动态 司空谷
胜利后的北平文坛 孙柏绿
兰州文艺动态 小 泉
文坛简讯 阿 凤

漫画书评

入狱大喜不怕饿死 丰之恺
约翰·克利斯朵夫 纪 平
编后 编 者

复刊 第2期
1948年4月1日出版

理论与批评

小说题材之统一与结构 张寿林
圣·戴须贝里和他的著作
——当代法国飞将军兼小说家
徐仲年

小 说

错对门儿 老 向
乡野的风波 碧 野
被损害者 江 朗
野餐 黎 宾著 荒 芜译
皮处长 纪 平

散 文

市容 梁实秋
第一根白发 谢冰莹
寂寞的城 小 逊

诗 歌

悲剧的国度 任 钧
来客 江 海
露水 思 洁
颂黄河复刊 张润燕
慈母与爱儿（漫画） 丰子恺
私奔（戏剧） 飞 鹏
文坛简讯 鸣
编后 编 者

复刊 第3期
1948年5月1日出版

理论与批评

目前文艺的危机 谢冰莹
现代诗人的危机
〔英〕史彭道作 赵景深译
艺术论的文艺原理 李长之

小 说

结婚一周年 赵清阁
贼 张十方
走私 毕 木

散 文

记许寿裳先生 孙伏园
沙发 梁实秋

风流劫（戏剧） 李朴园
故宫记游（游记） 纪 平
文艺通讯
济南的文艺动态 富 竣
南京的文艺界 穆 羽
文坛简讯 芷

“爸爸不要去”！（漫画） 丰子恺
读者园地
家信 金维善
野灯 枫 岚
无题 王彦曾
黑夜里 李叶垠
脚步 闻 杰
唱吧，还大声些！ 壁 龙
编后 编 者

复刊 第4期
1948年6月1日出版

文艺短评
臧克家的诗 谢冰莹
小 说
失业 张十方
父母心 张契渠
第九回挨打 何 凌
方小旦 纪 平
散 文
钱的教育 梁实秋
怀海燕
——纪念高尔基逝世十二周年
董每戡
梅子篇 吕白华
端午节的故事 陆丹林
野居手抄 胡 牧
诗 歌
来日旧话重提时 乃 人
小小森林如画（外二章） 李华飞

腐败的面包不费的恩惠（漫画）
丰子恺
风流劫（戏剧） 李朴园
文艺通讯
荒芜了的园圃
——成都文艺界近况简述
心 玉
重庆的文坛 李华飞
沙城文讯 孙 翼
读者园地
黑夜行车记 小 逊
佛保老婆子
——记一个刘姥姥型的人物
喜 林
黄河信箱
怎样处理题材 刘志伟 编 者
文坛简讯 阿 兰
编后 编 者

复刊 第5期
1948年7月1日出版

文艺研究
朱佐朝的渔家乐 赵景深

小　说
丙儿之死　海　戈
道是无情却有情　谢冰莹
收租　田　沃
血本　薛玉军
散　文
房东与房客　梁实秋
序普通日记　张海平
天堂之岛——夏威夷　林清译
纸烟的故事　李啸仓
鸟　芜　鸣
漫　画
一枕新凉一扇风　丰子恺
戏　剧
风流劫　李朴园
文艺通讯
沉寂的安庆文艺界　胡　曲
诗　歌
我们都是土地的儿女　百　云
卖唱的人　许　可
明天　子　才
读者园地
归去　立　山
火把之歌　富　竣
琴　枫　岚
不堪回首忆当年　王若夫
黄河信箱
怎样阅读与怎样写作
郭守义·编　者
文坛简讯　桂
编后　编　者

复刊　第6期

1948年8月15日出版

理论与批评
中国新文艺思潮的趋势　赵清阁
新诗·旧诗　张海平
论"新诗的丰收"及其他　阎栋材
小　说
凶手　张十方
误会　谢冰莹
她的幸福　蒂　克
第二步打算　向　一
散　文
大时代的小人物　李华飞
夏天在上海　吕白华
谈死　陆丹林
死在老虎嘴里　谢润声
漫　画
好本领　丰子恺
文艺通讯
荒芜了的文化城——桂林　野　丁
诗　歌
吼　乃　人
哀思
——为母亲逝世周年而作
芜　鸣
远征　李　放
这日子怎么过　鲁　韬
物价　鲁　韬
我们是正义的一群　绿　苗

读者园地
乾乾　小　逊
童年　崔　璀
雨中杂感　蔚　霞
溪水　新　苗
逃　李　平
吃糖　廖芷初
黄河信箱　陈东升·编　者
文坛简讯　芷
编后　编　者

196 战 国 策

（附《战国》副刊）

简 介

《战国策》，综合性文化半月刊，一九四〇年四月一日在昆明创刊，“战国策编辑社”编辑，战国策发行部发行，自同年五月一日第三期起改署“战国策社”编辑兼发行。一九四一年一月一日第十五、十六期合刊出版后一度休刊。同年七月二十日复刊，续出第十七期，同时改为月刊。该期出版不久，“战国策社”刊登启事宣布停刊，并预告“本刊作家”将在重庆《大公报》“刊行《战国》副刊”。《战国策》共出十七期，三十二开本。《战国》副刊于一九四一年十二月三日创刊，每周星期三出版，署“昆明国立云南大学政治系战国编辑部”编辑，一九四二年七月一日停刊，共出三十一期。

“战国策编辑社”和“战国策社”是由陈铨、林同济、雷海宗等一批教授学者组成的。《战国策》和《战国》副刊便是他们办的同人刊物。《战国策》第二期刊登的《本刊启事（代发刊词）》阐述刊物的“主旨”说：“本社同人，鉴于国势危殆，非提倡及研讨战国时代之‘大政治’（High Politics）无以自存自强。而‘大政治’例循‘唯实政治’（Real Politik）及‘尚力政治’（Power politics）。……本刊有如一‘交响曲’（Symphony），以‘大政治’为‘力母题’（Leitmolif），抱定非红非白，非左非右，民族至上，国家至上之主旨，向吾国在世界大政治角逐中取得胜利之途迈进。此中一切政论及其他文艺哲学作品，要不离此旨。”刊物以政治和哲学、历史论文为主，宣扬德国哲学家尼采的“权力意志”论，认为当时的世界是“战国时代的重演”，吹捧德国法西斯头子希特勒，鼓吹“尚力政治”，“英雄崇拜”等等，在文化思想界酿成一股反动思潮。文艺在刊物上仅居从属地位。其中刊载较多的是文艺论文，陈铨的《狂飙时代的德国文学》、《狂飙时代的席勒》、《文学批评的新动向》，唐密的《寂寞的易卜生》等，歪曲世界文学的历史，狂热鼓吹“国家至上，民族至上”、“天才，意志，力量，是一切问题的中心”，否定、诋毁五四文学和左翼文学。《战国》副刊出版后，发表独及（林同济）的《寄语中国艺术人》，把“恐怖、狂欢、虔恪”定为文学创作的“三母题”。陈铨的《民族文学运动》和《民族文学运动的意义》，则正式打出了“民族文学”旗号，在文艺界掀动所谓“民族文学运动”。刊物发表的文艺作品很少，只有独及翻译的《希腊神话》数篇，吉人拼凑的《仿希腊神话》数则，以及星客的《鬼谷纵横谈》等。此外，刊物还登载过朱光潜、沈从文的几篇文章。

目 录

第 1 期
1940 年 4 月 1 日出版

战国时代的重演　林同济
浮士德的精神　陈　铨
烛虚　沈从文
中国人之所以为中国人　岱　西
蜚腾之死（希腊神话一）　尹　及
政治观：外向与内向　何永佶
两件法宝
——仿希腊神话（一）
吉　人

第 2 期
1940 年 4 月 15 日出版

本刊启事（代发刊词）
论大政治　何永佶
日本军部与元老重臣　王迅中
白话文问题
——过去当前和未来检视
沈从文
镜子（记一次被人遗忘了的空袭）
曹　卣
偷天火者（希腊神话二）　尹　及
论均势　二　水
“这个好”
——仿希腊神话（二）
吉　人

第 3 期
1940 年 5 月 1 日出版

力！　林同济
叔本华的贡献　陈　铨
反对与反叛（答联大某生）　何永佶
挪威争夺战
——地势与战略　洪思齐
五伦观念的新检讨　贺　麟
续废邮存底　沈从文
留得青山在
——“工人无祖国”吗？
丁　泽

第 4 期
1940 年 5 月 15 日出版

论英雄崇拜　陈　铨
地略与国策：意大利　洪思齐
隐逸风与山水画　岱　西
富与贵　何永佶
寂寞的易卜生　唐　密
学生运动的末路　林同济

第 5 期
1940 年 6 月 1 日出版

如果希特勒战胜——　洪思齐
从大政治看中国宪政　何永佶
读《英雄崇拜》　沈从文
中西人风格的比较

——爸爸与情歌　林同济
敢问死？
——希腊的答复　尹　及
行行复行行　丁　泽
鬼谷纵横谈　星　客
萨拉图斯达如此说！
——寄给中国青年　同　济

第 6 期
欧战号
1940 年 6 月 25 日出版

欧战与中国　何永佶
花旗外交　林同济
张伯伦与楚怀王
——东西一揆？　雷海宗
法兰西何以有今日？　洪　绂
德国民族的性格和思想　陈　铨
日本参战吗？　王迅中
苏联之谜　思　齐

第 7 期
1940 年 7 月 10 日出版

东击与西击　丁　泽
流行文学三弊　朱光潜
尼采的思想　陈　铨
苏联的巴尔干政策　洪思齐
敌人的新攻势　陈碧笙
死与爱
——希腊对“死”的另一答复
尹　及

第 8 期
1940 年 7 月 25 日出版

希特拉如何攻英？　何永佶
中国建筑之特点　童　寯
烛虚　上官碧
尼采心目中的女性　陈　铨
中西人风格之又一比较　尹　及
鬼谷纵横谈　星　客

第 9 期
1940 年 8 月 5 日出版

新的文学运动与新的文学观
沈从文
消遣经济　费孝通
所谓“中国外交路线”　尹　及
尼采的政治思想　陈　铨
“小狄”的故事　永　佶
“摆脱尔”（仿希腊神话四）　吉　人

第 10 期
1940 年 8 月 15 日出版

释大政治　洪思济
龙虎斗　何永佶
小说作者和读者　沈从文
雨　疾　风
鬼谷纵横谈　星　客

“非得已”（希腊对于“死”的又一答复） 停 口

第 11 期

1940 年 9 月 1 日出版

历史警觉性的时限 雷海宗
国防经济的新潮 沈来秋
君子外交
——动口不动手 何永佶
希特拉与朱元璋 丁 泽
谈妇女 尹 及
阿比灵山的革命 吉 人
启事
读者信箱 编 者·郭世崇

第 12 期

1940 年 9 月 15 日出版

中饱与中国社会 林同济
现代战争中的武器 曾昭抡
希特拉的外交 何永佶
娱乐？工作？ 费孝通
尼采的道德观念 陈 铨
鬼谷纵横谈 星 客

第 13 期

1940 年 10 月 1 日出版

论国力政治 何永佶
谈家庭 沈从文
狂飙时代的德国文学 陈 铨
力人 陶云逵
千山万岭我归来！ 林同济
读者信箱 编 者

第 14 期

1940 年 11 月 1 日出版

第三期的中国学术思想
——新阶段的展望 林同济
滇缅关系鸟瞰 陈碧笙
美国应该立刻宣战 何永佶
狂飙时代的席勒 陈 铨
智慧女神的智慧（仿希腊神话） 吉 人

第 15、16 期合刊

1941 年 1 月 1 日出版

中外的春秋时代 雷海宗
唯我观的剖析 陈雪屏
鬼谷残经 公孙震
国防经济力的分析 沈来秋
尼采的无神论 陈 铨
民主政治与战国时代 林良桐
厌看对配式的艺术 郑潜初
偶见 郭岱西
致战国策 蒋廷黻

第 17 期

1941 年 7 月 20 日出版

英雄崇拜与人格教育 贺 麟

一个对于时代的批评　冯　至
现实主义
——从张伯伦到罗斯福　王季高
战国时代的农业与农民　孙毓棠
文学批评的新动向　陈　铨
廿年来中国思想的转变　林同济
偶见　岱　西
念滕若渠　岱　西
本刊启事

附：重庆《大公报》
副刊《战国》目录

从战国重演到形态历史观
林同济
第1期（1941年12月3日《大公报》）
改造民族精神之管见　吴　宓
第2期（1941年12月10日《大公报》）
战国时代的怨女旷夫　雷海宗
同上
指环与正义　陈　铨
第3期（1941年12月17日《大公报》）
知与力　公孙震
同上
士的蜕变（文化再造中的核心问题）　林同济
第4期（1941年12月24日《大公报》）
此后天下，此后中国！
（附带着几条刍议）　公孙赞
第5期（1941年12月31日《大公报》）
欧洲文学的四个阶段　陈　铨
第6期（1942年1月7日《大公报》）
柯伯尼宇宙观（欧洲人的精神）
林同济
第7期（1942年1月14日《大公报》）
我看中国人　E　R
同上
寄语中国艺术人　独　及
第8期（1942年1月21日《大公报》）
阿物、超我、与中国文化　望　沧
第9期（1942年1月28日《大公报》）
政治理想与理想政治　陈　铨
同上
历史的形态（文化历程的讨论）
雷海宗
第10期（1942年2月4日《大公报》）
对作家和文运一点感想（新废邮存底七）　沈从文
第11期（1942年2月11日《大公报》）
地位价值（一个国防地理的讨论）
沙学浚
第12期（1942年2月18日《大公报》）

三个文化体系的形态（埃及·希腊罗马·欧西） 雷海宗

第13期（1942年2月25日《大公报》）

独具二周的中国文化（形态史学的看法） 雷海宗

第14期（1942年3月4日《大公报》）

关于我们的战时行政 王赣愚

第15期（1942年3月11日《大公报》）

义与利 冯友兰

第16期（1942年3月18日《大公报》）

大夫士与士大夫（国史上的两种人格型） 林同济

第17期（1942年3月25日《大公报》）

广"战国"义 谷春帆

第18期（1942年4月1日《大公报》）

偶语 钰生

同上

嫉恶为仇（战士式的人生观） 林同济

第19期（1942年4月8日《大公报》）

再为印度问题进一言 公孙震

第20期（1942年4月15日《大公报》）

再论英雄崇拜 陈铨

第21期（1942年4月21日《大公报》）

演化与进化 望沧

第22期（1942年4月29日《大公报》）

从全体看文化 陶云逵

第23期（1942年5月6日《大公报》）

民族文学运动 陈铨

第24期（1942年5月13日《大公报》）

文艺底欣赏和批评 梁宗岱

第25期（1942年5月20日《大公报》）

民族文学运动的意义 陈铨

同上

法与力 唐密

第26期（1942年5月27日《大公报》）

偶见 岱西

同上

论文人（连载） 林同济

第27、28期（1942年6月3日、10日《大公报》）

民族主义与二十世纪（一个历史形态的看法） 林同济

第29、30期（1942年6月17、24日《大公报》）

狂飙时代的歌德 陈铨

第31期（1942年7月1日《大公报》）

197 大众文艺

简介

《大众文艺》，月刊，中华全国文艺界抗敌协会延安分会会刊，一九四〇年四月十五日创刊于延安，“大众文艺社”编辑，周文主编，延安“文抗”出版。同年十二月二十五日出至第二卷第三期停刊，共出九期。十六开本。

《大众文艺》的前身是《文艺突击》。《文艺突击》停刊后，延安“文抗”第二届理事会扩大会议决定改名《大众文艺》重新出版。按会上理事们的意见，“本刊除一般大众的文艺杂志应有的任务外，还应该是对文艺小组及初学作家的一种带教育性的刊物”。（创刊号《编后记》）刊物在编刊中力求体现这双重任务，不仅刊载一般的文艺专论、短评，尤其注意反映文学青年的活动，指导他们的创作，如荒煤的工作报告《鲁艺文艺工作团在前方》，小山、柳风介绍文艺小组活动的通讯，塞克、雪韦、史行的创作谈，以及作家解答创作疑难的“文艺问答”等。该刊译介偏重俄罗斯苏联文学，对边区文学青年也有教育、借鉴意义。在文学创作上，以报告文学、小说、诗歌为主，其中影响较大的有萧三的通讯《朱总司令在延安》、《贺龙将军》，田间的小叙事诗《敢死队员》等。主要撰稿者除上述诸人外，还有艾思奇、丁玲、默涵、柳青、刘亚洛、李又然、曹葆华等。茅盾在延安逗留期间所作论文、讲话、答问等，也多发表于该刊。

目　录

创刊号

1940年4月15日出版

马雅可夫斯基逝世十周年纪念特辑
左的进行曲
马雅可夫斯基作　萧　三译
正确地认识马雅可夫斯基　萧爱梅
苏联纪念马雅可夫斯基　高　阳译
与列宁同志谈话　马雅可夫斯基作
萧　三　李又然译
作为讽刺家的马雅可夫斯基
卡塔尼阳作　千　冬译
开会谜　马雅可夫斯基作　魏　伯译
短　论
什么是新民主主义的文化　渺　沙
弄文艺的人要注意宪政运动
艾思奇
真　丁　玲
“别人”的事　周　文
闲话汪精卫　林今朋

他和大众在一起（诗歌）
——记毛泽东同志在一个群众大会上　孙剑冰
一百五十双鞋（小说）　刘白羽
追求理想世界的人（报告）　柳　青
儿童节（诗）　萧　三
汪精卫的中央？（诗）　师田手
西北一天（诗）　曹葆华
小伙伴（报告）——青工生活的两色画　刘亚洛
妻的条件（小说）　柳　风
我写歌词的几个基本原则　塞　克
写作讲话（一）　雪　韦
谈延安
——边区的“文艺小组”
小　山
河水怎样帮助游击队（民间故事）
李又然译
编后记
向总会报告会务近况
封面木刻　力　群

第1卷　第2期

1940年5月15日出版

五四运动在文学上的主要贡献（专论）　艾思奇
我的一段故事（小说）　周　文
作家与大众（论文）　丁　玲
短　论
“五一”的感想　殷潜之
文学和科学　默　涵
从作家上前线谈起　田　民
关于名气　李又然
戏剧工作者的纪律问题　塞　克
我怎样成为一个苏维埃知识分子
D.康兹达夫作　纪坚博译
那个带辫子的乡支书（诗）
余　修

乌莱特迦第一次的旅行
E.鲍格谢夫卡雅作　吴伯箫译
路（报告）　荒　煤
钢铁故事（部队文艺）　赵　克
遗书（小说）　雷　加
我们是这样干的（文艺小组通讯）
柳　风
写作讲话（三）　雪　韦
谲谲的鲤鱼
萨尔蒂可夫作　曹葆华译
编后记
五月（封面木刻）　马

第1卷　第3期
（无出版时间）

他们怎样捕获了赛麦加
高尔基作　方　紫译
列宁与高尔基（补白）　渺　沙译
美丽的法兰西　高尔基作　魏　伯译
书架　K.布斯妥夫斯基作　千　冬译
他为我们战斗而死
D.帕夫赛科作　山屋译
心底控诉　V.伊凡诺夫作　高　阳译
故事三则　梅　行
洛川河　余　修
短　论
做一个“适当其时”的作家　默　涵
“保障作家生活问题”的再提起
问　涓
关于生活　殷潜之
关于果戈理的《婚事》　默　涵
M.高尔基（作家介绍）　未　艾
歌唱·齐唱　向　隅
二十棵树　刘白羽
李棕　沙　鲸
范子芳　高　鲁
两个伊凡的斗架　李清泉
慢慢儿来（写作讲话）　雪　韦
“越老越进步”　雷　弓

第1卷　第4期
1940年6月15日出版

我们的朱医生（小说）　曼　硕
贺龙将军（通讯）　萧　三
“有话你说呀”（边区农村生活报告）
袁　烙
短　论
抗战三年　张仲实
搜集民间故事　周　文
关于文学的才能　默　涵
关于人物性格的创造　伍　月
论部队文艺工作（专论）　梅　行
鲁艺文艺工作团在前方(工作报告)
荒　煤
十四个故事：
塔（荒煤）　倔强人（黄钢）
二排长（葛陵）　马夫庚辛
（杨明）　夜袭潞城的日记

（梅行）　一个侦察员及其他（黄钢）　卖菜人（杨明）　一个和一队（葛陵）　侦察组的遭遇（梅行）　喝不到水的差事（杨明）　张金鱼（黄钢）　我也是八路军（梅行）　妙计（乔）　三颗金牙（秋远）
A.绥拉菲摩维支（作家介绍）　孟长川
走呀（外一首）　海　陵
文艺问答：关于文学上的“才能”
　问题来信　陈正亮
　回信　雪　韦
　另一封回信　何其芳
封面木刻　王　化
编后记

第1卷　第5期
1940年8月15日出版

八路军诞生十三周年纪念
发扬八路军的光荣传统　萧向荣
八路军万岁（歌词）　小　山
诗四首　朱　德
朱总司令在延安　萧　三
贺龙将军（二）　萧　三
鲁迅先生六十生辰纪念
鲁迅先生和“左联”　周　文
为了纪念鲁迅的六十生辰　茅　盾
“开会”之於鲁迅　丁　玲
鲁迅在生活着　胡　蛮
短　论
纪念八一　艾思奇
再谈搜集民间故事　周　文
批评的观点　默　涵
上队（边区农村报告）　萧　平
佐佐木　雷　加
小林武天　黄　钢
小公鸡（童谣）　刘　御
岢岚谣　公　木
我们歌唱黄河　郭小川
两种学习（文学讲座）　雪　韦
苏联作家在芬兰前线上
自我牺牲的兔子
　谢德林作　曹葆华译
木刻连环画：母亲　王　大
歌曲：自卫军　季　纯词　向　隅曲

第1卷　第6期
1940年9月15日出版

谈《水浒》　茅　盾
“九一八”九周年纪念特辑
日寇在东北的奴化设施和抗日联军的对策　李延禄
忠魂塔　雷　加
青菜贩子　吴伯箫
真主及其他　魏　伯
子弹壳的故事　高　阳
一天　师田手
李队长　问　涓

短　论

《雷雨》的演出　默　涵
创作生活和集体生活　周　文
对有志于文学者的一点意见　萧　三
续范亭先生　萧　三
赶队（报告）　华　丁
一颗也不要了（小说）　般　参
节省运动（速写）　柯　蓝
哭奠（诗）　天　蓝
敢死队员（小叙事诗）　田　间
两个“小鬼”　刘　御
河浴　祁细俄
熟悉的脸——延安印象之一　安　塞
一个琴师的故事　〔美〕哥尔德作　立　波译
木刻的制作过程　力　群

第2卷　第1期
1940年10月15日出版

纪念鲁迅先生

关于《呐喊》和《傍徨》　茅　盾
——读书杂记
鲁迅在苏联　萧　三
鲁迅的最深苦痛　胡　蛮
——纪念鲁迅不要忘了新文字运动
关于一部伟大著作的出版　雪　韦
——《鲁迅论文选集》
“白脸狼”的故事　夏　阳
驴的故事　萧　平
盘查　柯　蓝
麻池　林伊乐
桥儿沟　叶　克
钟表匠和医生　穆罗·利奇可岗格作　天　蓝译
谈谈音乐的欣赏　何　隅
关于《蜕变》　方　纪
——门外剧谈
法国人民杰出的儿子　雅洛斯拉夫斯基作　陈　龙译
国际各作家与这次世界大战　辛克莱等作　萧　三译
祝百团大战胜利大会上的自卫军　贾　克
山的歌　黎　帆
红枣的故事　赵　锋
父与子　隐　夫
无题　隐　夫
母亲的信　安　适
情歌　刘　御　杜矢甲
编排之后
封面木刻　马　达

第2卷　第2期
1940年12月1日出版

庆祝十月革命　罗曼·罗兰等
中国青年已经从十月革命认识了自己的使命

——答“国际文学”社问 茅　盾
苏联文学底一个重要的决定
——从作家协会开除阿弗登科谈起 萧　三
苏联美术建设 胡　蛮
十月——为迎接伟大的十月革命而作 朱子奇
穷人和他的穷神（苏联立陶宛的故事） 又　燃译
海发（边区农民访问记） 杨　明
我们只有两只手（诗） 普　耳
打谷场上（诗） 罗　夫
劳作手记 黄
十月 贺敬之
秋收的一天 白　晓
秋收小调：
野鸡喳喳上树梢 者　羽
十月里 刘　御
守场 公　木
劳动的日子 张铁夫
担柴 剑　冰
秋收小调（歌曲）
公　木词　郑律成曲
一点小小的意见（文艺讲话）
茅　盾
对于“如何写人物”问题的回答
沙　汀　严文井
光荣的逃兵 柳　青
一个厨子的出身及其他（报告）
荒　煤
疯妇人（诗） 郭小川
突围 陈　冰
控诉（纪念故友李玉波同志）
李　雷
火堆（散文） 林伊乐
三代 金默生
儿满岁 贾　克
谈才能或天才 漠　芽
茅盾先生对于本文的意见 茅　盾

第2卷　第3期
（戏剧专号）
1940年12月25日出版

什么是戏剧 张　庚
演剧杂谈 史　行
漫谈化装 马　瑜
过节〔陈平回家〕（独幕剧） 王震之
剧运消息（补白）
编后
封面木刻：化装 马　达

198 现代文艺

简 介

《现代文艺》，月刊，一九四〇年四月二十五日创刊于福建永安，改进出版社编辑兼发行，社长为黎烈文，王西彦任主编。从一九四二年一月二十五日第四卷第四期起改为靳以主编，黎烈文充任发行人。一九四二年十二月二十五日出至第六卷第三期终刊，共出三十三期。十六开本。

《现代文艺》是抗战时期东南地区有影响的大型文艺刊物。抗战爆发后，这个地区由于远离战时文艺活动的中心，文坛冷落沉寂。王西彦受中共东南局文委负责人的委托，到福建战时省会永安，与黎烈文合作创办了该刊。《发刊词》阐明创办意图是：改变东南地区文艺落后的局面，给读者提供“精神食粮”，培养“新的文艺战士”。编者依靠抗日民族统一战线政策，利用福建省政府办的改进出版社，坚持了抗战文艺的进步方向。刊物偏重文艺创作，发表了一些影响较大的小说、诗歌、报告作品。王西彦的《眷恋土地的人》和《死在担架上的担架兵》、艾芜的《意外》、邵荃麟的《英雄》、魏伯的《号兵冯玉珂》等，是较为突出的中短篇小说。报告文学和诗歌及时地反映了抗战现实，多出自当地文学青年之手，郭风、高岗等是其中较突出的文学新人。文艺评论侧重于创作理论和创作实践的研讨，以及新书评介等，较重要的文艺论文有维山（冯雪峰）的《论典型的创造》和《文艺与政论》，石滨的《创作实践与生活实践》和《民族传统与世界传统》，张天翼的《关于文艺的民族形式》等。另辟“短论”栏，刊载有关文艺倾向性问题的短评。此外，刊物还对苏、英、美等国的革命或进步文艺做了不少翻译介绍。主要撰稿者除上述诸人外，还有葛琴、唐弢、司马文森、巴金、艾青、彭燕郊、易巩、欧阳凡海等。

目　录

第 1 卷　第 1 期
创刊特大号
1940 年 4 月 25 日出版

发刊词　编　者

短　评

“落水”与“出水”　尊　寒
文艺大众化的核心问题　文　龙
批评家的新任务　杨　洪

论典型的创造　维　山
死在担架上的担架兵（小说）　王西彦
我们在过岭（报告）　夏　琪

诗　选

兵车　艾　青
坟　高　岗
送　麦　青

生命（小说）　葛　琴
株连草（杂感）　唐　弢
托尔斯泰的思想　〔德〕S.褚威格作　许天虹译
人靠什么生活　〔俄〕L.托尔斯泰作　许天虹译
再生（报告）　卢茅居
英雄（中篇）　荃　麟
编后记　编　者
作家短简（补白）　记　者辑
征稿简则

第 1 卷　第 2 期
1940 年 5 月 25 日出版

短　论

五月与中国新文艺运动　文　龙
一个建议　忆　津
关于形式主义者　杨　洪

创作实践与生活实践　石　滨
掷骰戏（小说）　〔法〕P.梅里美作　黎烈文译
黄呢大衣（报告）　苏　红

诗　选

鞍鞯店　艾　青
五月的黄昏　辛　劳
哀悼　季茂青
冬的傍晚　高　岗

男女间（小说）　骆滨基
车站（散文）　夏　琪

勒尔蒙托夫特辑

弥开尔·勒尔蒙托夫——诞生一百二十五周年纪念　N.罗斯托夫作　周学普译
勒尔蒙托夫与拜伦　M.支维勒夫作　周学普译
勒尔蒙托夫的诗　黄　强译
鄂北突围记（报告）　孙　陵
远山的火光（速写）　林冷秋

编后记　编　者
作家短简（补白）　记者辑
本刊启事　编辑室
征稿简则
等待（木刻插图）　荒　烟

第1卷　第3期
1940年6月25日出版

短　论
培植文艺新军　文　龙
还是生活第一　莫　荣
抗战浴室的顾客　俞　易

吉甫公（小说）　荃　麟
文艺与政论（论文）　维　山
诗　选
赌博的人们　艾　青
山巅　高　岗
朝花　彭燕郊

折翅鸟（小说）　王西彦
海的怀念（散文）　许印滴
M.高尔基逝世四周年纪念
幽会　M.高尔基作　虞　起译
高尔基生平简述　国　雄
至尊（小说）　谷斯范
鄂北突围记（报告）（续）　孙　陵
作品评介
《扯旗树》与《洪照》
——欧阳山先生的创造方法的检讨　石　滨
译完《三兄弟》以后　欧阳凡海
第三帝国的兵士（长篇连载）
〔匈〕霍尔发斯作　黎烈文译
编后记　编　者
作家短简（补白）　记　者辑
从敌人手里夺回来的（封面插图）　野　夫

第1卷　第4期
1940年7月25日出版

短　论
创作者的理论修养问题　文　龙
扩大视野　莫　荣
还是老实一点吧　题　桥
意外（小说）　艾　芜
民族传统与世界传统（论文）
——民族形式问题中的一个问题　石　滨
诗　选
七月献诗　彭燕郊
清晨　彭燕郊
收获　郭　风
交白卷的　高　岗
为了单调的原故（小说）　司马文森
博施夫人（回忆）　陈　落
割弃了的盲肠（报告）　姚　隼
强者的力量（小说）
〔美〕杰克·伦敦作　许天虹译
虾的捕捉（散文）　聂　提

《投影集》（书评）（唐弢作）

新　矛

第三帝国的兵士（长篇连载）

〔匈〕霍尔发斯作　黎烈文译

编后记　编　者

作家短简（补白）　记　者辑

劳军（封面木刻）　潘　仁

第1卷　第5期

1940年8月25日出版

短　论

神话与现实　南　荒

儿童文学　莫　荣

从××风谈起　契　若

出奔（小说）　葛　琴

论艺术与美（论文）

〔美〕H.D.梭罗作　白　石译

诗　选

珍珠米收获　彭燕郊

老鞋匠　高　岗

我骑着马　蒋培邦

枪　郭　风

姐姐（小说）　聂绀弩

中条山下（报告）　田　涛

鲁迅六十诞辰纪念

纪念鲁迅先生六十年诞辰　荃　麟

写《彷徨》时的鲁迅先生　钦　文

鲁迅先生六十诞辰纪念在上海

萧　天

《新水浒》（书评）（谷斯范著）

杨　洪

第三帝国的兵士（长篇连载）

〔匈〕霍尔发斯作　黎烈文译

编后记　编　者

作家短简（补白）　记　者辑

救护（封面木刻）　潘　仁

第1卷　第6期

1940年9月25日出版

短　论

韧性的战斗　斯　远

两种微笑　南　荒

关于翻译　俞　磐

号兵冯玉珂（小说）　魏　伯

最近文学创作的一般倾向（论文）

欧阳凡海

马和爱马者（报告）　夏　琪

诗　选

疯妇　王晨牧

驿路　郭　风

出征　厂　民

沅江城　高　咏

启锭　高　咏

英雄树　严杰人

卖饼师

——中国童话之一　任　生

"牺羊" 姚　隼
《风陵渡》（书评）（端木蕻良著）
杨　洪
第三帝国的兵士（长篇连载）
〔匈〕霍尔发斯作　黎烈文译
编后记 编　者
作家短简（补白） 记者辑
敲石妇（封面木刻） 野　夫

第2卷　第1期
1940年10月25日出版

短　论
"不是驴子" 细　言
文与行 俞　易
爱与恨（缓登） 斯　远

关于文艺的民族形式（论文）
张天翼

短篇创作
外套 艾　芜
秋声 雨　田
烟枪 寒　波

眷恋土地的人（中篇） 王西彦
为人类工作（自白） 何其芳

诗　选
悦来场 邹绿芷
十二月的风 臧克家
阿则倍疆诗歌二则 白辛译
夜渡头（报告） S　Y

停棹小唱（散文诗） 唐　弢

战时作家生活
夏日书简 艾　青
我的生活纪程 欧阳凡海
我的近况 艾　芜
从鄂中出来 邹荻帆
一九三九年式的母爱（剧本）
——剧本《我们所生活的时代》之一幕
〔捷〕K.嘉班克作　许天虹译
第三帝国的兵士（长篇连载）
〔匈〕霍尔发斯作　黎烈文译
编后记 编　者
在恐怖声中（封面木刻） 野　夫

第2卷　第2期
1940年11月25日出版

短　论
哭泣 细　言
诗·歌·散文 寥　莪
旧形式与新形式 杨　洪

军渡（小说） 黑　丁
关于文艺的民族形式（论文）（续）
张天翼
轰炸中及其他（散文） 巴　金

诗　选
石滚河 臧克家
早晨的车站 王晨牧
晨 曾　卓

营外 婴 子
松林 婴 子
爱与仇（小说） 布 德
村妇（报告） 夏 琪
血与仇恨（散文） 陈 畸
香港文艺纵横谈（通讯） 萧 天
第三帝国的兵士（长篇连载）
〔匈〕霍尔发斯作 黎烈文译
编后记 编 者
他死在运粮资敌的奸商手里（封面木刻） 流 波

第2卷 第3期
1940年12月25日出版

短 论

新的主题和新的题材 细 言
文艺通讯员运动 诃 诩
作家的寿命 骆 漠
静水里的鱼（小说） 王西彦
关于"向远大发展"及题材问题（论文） 李 泰
散离（散文） 蹇先艾

诗 选

骑马的人 姚 奔
寄慧 穆木天
猎人 郭 风
播音部队 严杰人
瓦砾上的建造 廖炳辉
山寨夜话（小说） 谷斯范
血（报告） 田 涛
自由（小说） S Y

批评和感想

《沉渊》（林柯作） 杨 洪
一个读者的抗议 白德仁
第三帝国的兵士（长篇连载）
〔匈〕霍尔发斯作 黎烈文译
编后记 编 者
两种不同的义民（封面木刻） 潘 仁

第2卷 第4期
1941年1月25日出版

短 论

清算 胡 彤
批评者与被批评者 戴 肃
关于新式风花雪月 俞 磬
泻盐（小说） 云 天
论内容与形式（论文） 周 津
草原交响乐（长诗） 邹荻帆

诗 选

人民行列中的一员 厂 民
在太阳下 柳 倩
不见阳光的小草 音 鹃
棕榈 郭 风
变（小说） 蹇先艾
那个害臊的家伙（人物志） 一 文
和死亡相对（报告） 也 耶

《无名氏》（书评）（芦焚著）
杨　洪
第三帝国的兵士（长篇连载）
〔匈〕霍尔发斯作　黎烈文译
编后记　编　者
“爸爸给鬼子兵抓去了”（封面木刻）
野　夫

第2卷　第5期

1941年2月25日出版

短　论

关于书评　白　薬
描写农民　莫　荣
多产与难产　范　淹
葬礼（小说）　碧　野
雾城远简（散文）　靳　以

诗　选

给一个女同志　邹荻帆
收割与播种　柳　倩
雨夜进军　高　咏
归来　姚散生
茶楼　黎焚薰

爵士（小说）　寒　波
沙包头（报告）　赵君启

杜思退益夫斯基纪念

杜思退益夫斯基的生平
〔德〕S.褚威格作　许天虹译
圣诞树和婚礼
F.杜思退益夫斯基作　许天虹译

《他死在第二次》（书评）（艾青著）
杨　洪
第三帝国的兵士（长篇连载）
〔匈〕霍尔发斯作　黎烈文译
编后记　编　者
沦陷区一景（木刻）　潘　仁

第2卷　第6期

1941年3月25日出版

短　论

艺术形象的锻炼　白　薬
过大的要求　苻　采
从浮泛到深沉　文　婪

柳河上（小说）　青　苗
“哈尔滨城头的梦”（回忆）　孟丝萑

诗　选

黄昏及其他　彭燕郊
一个非凡的昌险
玛耶喀夫斯基作　邹绿芷译
开荒　郑笛华
证件　郭　风
囚徒　杨廉坤

孤岛小景（小说）　禾　风
盒子里的夏天（报告）　曹　卣
普式庚的抒情诗（研究）
L.铁摩菲叶夫作　庄寿慈译

散　文

山中文札　施　稔

黄昏与城　　秦　孚

重庆的作家（通讯）　　庄　艟
第三帝国的兵士（长篇连载）
〔匈〕霍尔发斯作　黎烈文译
编后记　　编　者
敌人闯进来的时候（木刻）
野　夫

第 3 卷　第 1 期
1941 年 4 月 25 日出版

特　载

我们的抗议　　编　者

小　说

鬼域
——罗夫先生的手记　青　苗
家鸽　　王西彦

散　文

跳蚤的故事　　许　杰
爸爸和茶叶　　李岳南

诗　选

马灯　　高　岗
恋歌　　彭燕郊
春天　　郭　风

迭更司特辑

迭更司的哲学
〔法〕A.莫洛亚作　许天虹译
城里的贵人
〔英〕C.迭更司作　许天虹译
褚威格及其作品（研究）
罗曼罗兰作　陈占元译
马来亚的狂人（长篇连载）
S.褚威格作　陈占元译
编后记　　编　者
不让敌人越出雷池半步（木刻）
金逢孙

第 3 卷　第 2 期
1941 年 5 月 25 日出版

小　说

蠢货　　司马文森
邱老恒的厄运　　田　涛

杂感·散文·速写

再真实些　　唐　弢
扇子和袜子　　施　稔
夜酒楼　　姚　隼

诗　选

在风雨的夜里　　姚　奔
篝火　　彭燕郊
夜　　邹绿芷
江　　郭　风

普式庚的散文（研究）
V.希克劳夫斯基作　庄寿慈译
马来亚的狂人（长篇连载）（续）
S.褚威格作　陈占元译
编后记　　编　者
征求　　编辑室
沦陷区里的人民（木刻）　万湜思

第 3 卷　第 3 期

1941 年 6 月 25 日出版

小　说
春天的故事　碧　野
重逢　蹇先艾
杂　感
模仿与创作　亦　曾
才子气与呆子气　相　棱
散　文
故园草　邹绿芷
神·鬼·佛　施　稔
诗　选
紫姑　邹荻帆
殡仪　彭燕郊
都市　郭　风
南国的边缘　严杰人
作品评介
空军文学的幼苗
——《总站之夜》（陶雄作）
杨　洪
马来亚的狂人（长篇连载）（续）
S.褚威格作　陈占元译
编后记　编　者
义民播种（木刻）　潘　仁

第 3 卷　第 4 期

1941 年 7 月 25 日出版

小　说
门槛　王西彦
女人的故事　青　冰
母亲　青　苗
杂　感
鉴赏种种　蓼　莪
偶象之变形　亦　曾
散　文
黄杨木　施　稔
山野间　梦　白
诗　选
荒凉的山谷　李　雷
林中　邹绿芷
班长、牧师、牛　高　岗
马来亚的狂人（长篇连载）（续）
S.褚威格作　陈占元译
编后记　编　者
濯马（木刻）　何　鲁

第 3 卷　第 5 期

1941 年 8 月 25 日出版

七小姐　郁　天
杂　感
文艺断想　静　闻
李陵与周作人　相　棱
散　文
斗牛　施　稔
桥　郭　风
诗　选
我在嘉陵江岸上　姚　奔
磨　彭燕郊

溪晚　邹绿芷

马来亚的狂人（长篇连载）（续）
S.褚威格作　陈占元译

编后记　编　者

收获（木刻）　万湜思

第3卷　第6期

1941年9月25日出版

小　说

解决　庄瑞源

打春苗　李岳南

洪师傅　拾　风

散文·杂感

鱼鬼　施　稔

村里　彭燕郊

再论鉴赏　蓼　莪

诗　选

纤夫　邹绿芷

公路　郭　风

伟大的慈心　厂　民

遥寄　稚　人

研　究

论《唐·吉珂德》
柏林斯基等作　徐　激译

小　说

吴柏荣　田心洁

腿的故事　田　涛

《欧根·奥尼金》
A.葛尔斯坦作　邹绿芷译

马来亚的狂人（长篇连载）（续）
S.褚威格作　陈占元译

编后记　编　者

慰劳（木刻）　潘　仁

第4卷　第1期

（特大号）

1941年10月25日出版

创作特辑

吃饭　袁敦甫

荣达　雨　田

草原牧歌　李岳南

送客　南宫东郭

城中　赵君启

诗歌笔谈（论文）　田　燕

诗　选

收获的季节　周　为

嘉陵江上的军械船　陆维特

给石工大队　卢　云

铁匠　壬　侯

蝉鸣　王　璠

散文·随笔

《这是什么声音》　S.M.

伤害　巴　金

我们怎么纪念他?　雨　田

陈招娣　戈　音

《呼兰河传》（书评）　谷　虹

上海出版界近讯　赵家璧

慰问（封面木刻）　朱鸣岗

编后　现代文艺编辑室

第4卷　第2期

1941年11月25日出版

十年的路（长诗）
——为纪念"九一八"十周年作　姚　奔

创　作

十一圩港　平　凡
龚星贞　也　耶
借兵　江　渚
珊瑚壩（素描）　靳　以

散文·随笔

死——纪念范予兄　巴　金
老人　齐　明
读书散写　铁　马
信　舒　凌
我憎恶山　刘　连
我患了疟疾　史凤云
沙　白　鸟

最后的信（小说）
〔苏〕L.尼古林作　许天虹译
三幕剧《秋收》（书评）　谷　虹
闽西妇女生活素描——挑土砖（封面木刻）　东　子

第4卷　第3期

1941年12月25日出版

创　作

羊公云　杨雨稜
清晨的烦忧　曹　卣
我们怎样打了胜仗　田　庄
贡茗仙　廖伯坦

散　文

我坐在公路车上　舒　凌
两路口　靳　以
母亲　雨　田
幽灵　潘　凌

诗　选

光　莫　洛
被系住的木船　郭　风
生命的颂歌
——纪念一个孩子的生日　张　凡
乡思　葛　兮

曹禺的《蜕变》（书评）　谷　虹
母亲（封面木刻）　一　佛

第4卷　第4期

1942年1月25日出版

托尔斯泰的历史意义（论文）
M.威丁作　徐　激译

小　说

叮叮哨哨男士　骆　敖
虎伥　俞　棘
幽怨
〔波〕华希露斯卡作　赵蔚青译
复仇　菱　舟

不朽的心和力（散文） S.M.

诗 选

风雪篇 邹荻帆

浪花集 姚 奔

院落——呈云天 曾 卓

书报评介

薇拉和其他

——读冈察洛夫著《悬崖》

谢 狱

取火者的受难（封面木刻） 一 佛

第4卷 第5期

1942年2月25日出版

诗 选

高原之歌 李 雷

南方的城市 楼 栖

写在圣诞节前夕 邹荻帆

月光曲 令狐令得

小 说

仁慈的心 叶得浴

吗啡仙 菱 舟

瑞典人的彩票（上）

〔丹麦〕涅克索作 李 葳译

灯下（速写） 也 耶

散 文

怀念 巴 金

祖国——写给一个同志的信

B.果尔巴托夫作 铁 弦译

疯子及其他 缪崇群

希望（外一章） 文 杰

窗 靳 以

鞋 秦 烽

征途（封面木刻） 一 佛

第4卷 第6期

1942年3月25日出版

小 说

新生 姚 隼

走私 路 凡

赵区长 叶 金

瑞典人的彩票（下）

M.涅克索作 李 葳译

《北京人》（作品欣赏）

——献给石，纪念我们二十年的友谊 方 序

犁及其他（散文） 郭 风

诗 选

迎着这一天 冀 汸

小诗六首（重弹·除夕·心情·歌·致意·卖花） 叶 澜

盐海上 厂 民

关于《春天》及其他（书评）（艾芜著） 谷 虹

流亡（封面木刻） 朱鸣冈

第5卷 第1期

（特大号）

1942年4月25日出版

速 写

总尉服 S.M.

王老么和虎皮 赵 宁

诗　选

船夫与船　彭燕郊
遥寄远征军将士们　令狐令得
冬日的原野　梅夜白
秦淑的悲哀（中篇小说）　蒂　克

散　文

古城及其他　黎焚薰
友情的路碑——给 L.Y.　曾　卓
调色板　郭　风
雨　雨　田
母亲的挽歌　谷　埃

短篇小说

沉默的邦齐
〔犹太〕I.柏莱兹作　李　葳译
前路　叶德浴
撤退　〔西班牙〕C.M.阿贡拿达作
许天虹译
征文启事　编辑室

第 5 卷　第 2 期
1942 年 5 月 25 日出版

诗　选

失去铁轨的火车头　李满红
孤岛，毁灭了！　斐　玛
读《最后一课》　绿　原
在初夏的夜晚　姚　奔
钟　葛　兮
历史　叶　金

小　说

良心　菱　舟
官爷爷　林　蒲
伟大的命运
〔苏〕F.克洛勒作　林　取译

散　文

灯及其他　缪崇群
从灰暗的天空里　鲁　彦
散文三试　方　序
云　黎焚薰

速　写

水上　雨　田
城内　林　谷

第 5 卷　第 3 期
1942 年 6 月 25 日出版

满红遗诗选　李满红
悼萧红和满红　靳　以

小　说

他们十九个　苏　凌
鹬蚌　路　凡
伟大的命运
〔苏〕F.克洛勒作　林　取译

散　文

雾·土·星·花　S.M.
沙滩上　缪崇群
灯傍　杨　稜

诗　选

田佬佬集　彭燕郊
万人冢　梅夜白
灯　葛　兮
有毒的《野玫瑰》（书评）　谷　虹

第5卷　第4期

1942年7月25日出版

小　说

众神　靳　以

洗　叶眉瑾

往访　卢鸿基

诚实的野兔（寓言）

〔俄〕M.沙而蒂珂夫·薛特林作

雨　田译

诗　选

阿依卡鲁猎师及其雄鹰

〔苏〕江布尔作　卜　八译

和尚坡　斯　蒙

大地之恋　徐　燃

贵阳漫画　令狐令得

夜是清醒的　邹绿芷

散　文

探春花　郭　风

晨·午·黄昏·夜　S.M.

散文三篇　何　阳

长江轮上（速写）　齐　明

第5卷　第5期

1942年8月25日出版

小　说

曾结顶　冷　火

两老人　李广田

春天的原野　何　骞

人间百相（人物素描）　缪崇群

诗　选

亚当夏娃的被逐　严杰人

工作　莫　洛

火·雨·雪三题　令狐令得

蚯蚓　黎先耀

散　文

喘息　彭燕郊

歌　枫　林

芭蕉　剑　波

白兔的死亡　方　序

寂寞的歌　孙跃冬

《伊特勒共和国》（书评）　公　盾

第5卷　第6期

1942年9月25日出版

小　说

胆怯的医生　青　苗

再会吧！

〔美〕A.玛尔茨作　林　取译

孙梅初先生　赵　宁

野鹅犹大　W.V.艾妲恩作　张尚之译

柑子　寄　踪

姆奇里——童僧（长诗）

〔俄〕莱蒙托夫作　铁　弦译

晨歌及其他（诗）　方　敬

散　文

海　郭　风

秋日田野　何　阳

祭坛及其他　杜艸甬

祖国的牧歌　黎　央

《劫后拾遗》（新书介绍）　谷　虹

第 6 卷　第 1 期
（特大号）
1942 年 10 月 25 日出版

小　说

兄与弟——小人小事之二　巴　金
难女　钟　美
别人的故事　靳　以
钱　廖伯坦
石榴林　W.沙乐扬作　张尚之译
乡校教师　易　巩
托尔斯泰对于文学的意见（批评）
V.契特柯夫　P.塞吉演科笔录
汝　龙译

诗　辑

蒙古利亚的夜曲　李　雷
工作　绿　原
诗三章　严杰人
我们走啦　胡　拓
评《结婚进行曲》及其他（批评）
赵　宁
奴化教育下（本刊创刊二周年纪念征文当选第一名）　刘黑枷
野店（木刻）　萨一佛

第 6 卷　第 2 期
1942 年 11 月 25 日出版

诗　辑

栖龙的囚徒
〔英〕拜　伦作　杨　静译
春天　白　岩
斐多菲诗选
〔匈〕裴多菲作　孙　用译
闪击者及其他（人物素描）
缪崇群

小　说

张振华先生（征文当选第二名）（上）
何　阳
沈老师的坎坷　张载人
蝉　V.L.里丁作　沈西山译
牧群　华　嘉
夜泊（速写）　刘黑枷

散　文

唱给镰刀们　郭　风
写在记忆里的人们　冯　牧
宽阔的蔚蓝　彭燕郊
北念草　王鲁雨

第 6 卷　第 3 期
1942 年 12 月 25 日出版

小　说

第九十六个女人
〔苏〕L.梭罗维耶夫作
林　取译
雨——一个灵魂的忏悔　齐　踪
本刊创刊二周年纪念征文当选
夜游魂（第三名）　缪　雨
张振华先生（第二名）（下）
何　阳

诗辑

夜歌　黎焚薰

透明的土地——《白鹭湖的边缘》的一节　邹荻帆

在江南多雨的季节　童晴岚

散文

赞美　方敬

村思　郭风

羊栏中　安弥

199 野　草

简　介

《野草》，文艺月刊，一九四〇年八月二十日创刊于桂林，夏衍、孟超、秦似、聂绀弩、宋云彬编辑，桂林科学书店总经售。从一九四二年二月十五日第三卷第五期起改由秦似主编。一九四三年六月一日出版第五卷第五期后被勒令停刊。一九四六年十月一日在香港出版“复刊号”，编委仍为夏衍、秦似等五人。复刊后改为不定期刊，以“上海野草出版社”名义发行，发行人为方溪。一九四七年十月六日出版的新五号有两种版本：一为杂志型；一为丛刊型，封面题名《九儒十丐》。二者内容悉同。此后各号（或称集）均为丛刊，各有题名。一九四八年八月二十日出至第十一集停刊。一九四九年又改名《野草新辑》出版过两辑，不编期号，不署出版日期，分别题名《论肚子》、《追悼》。前后共出四十二期。三十二开本。

该刊是在抗战相持阶段大后方文坛萎靡岭寂的情况下创办的同人性质的杂文刊物。夏衍以《野草》为题写的代发刊词，采用委婉笔调透露出该刊要在光明与黑暗、“春天”与“残冬”的交战中，“给受伤的战斗者以一个歇息的处所，让他们退到野草里，拭干伤口的血痕，……恢复一些元气，再做战斗的。至于原本就很健康的人们，自然也可以到这原野上来呼吸一些苍郁的气息”。后来编者又在一封复信中明确说明了创刊的意图：希望透过该刊的笔墨替苦难的人民传达出一点抗议和心声。取名《野草》寓有“野火烧不尽，春风吹又生”的顽强生存之意（新五号：本社致金丁先生函）。本刊在桂林出版期间，所载杂文偏重于揭露国统区种种倒退腐败现象，注意宣传团结抗日的道理，支持国际反法西斯的斗争。在香港复刊后，刊物难以向内地发行，主要以香港和南洋为发行对象。所载杂文仍以抨击国民党当局的独裁统治为中心内容，传达人民群众的民主要求和呼声。前后两个阶段刊物均处于言论极不自由的环境，杂文往往采用谈天说地，借古喻今或迂回曲折的形式，形成风格多样、外柔内刚的特色。主要撰稿者除编辑同人外，尚有茅盾、郭沫若、胡愈之、荃麟、胡绳、柳亚子、秦牧、楼栖、韩北屏、默涵、周而复、黄秋耘等。

目 录

创刊号
1940 年 8 月 20 日出版

野草（代发刊语）
旧家的火葬　夏 衍
谈做父亲　宋云彬
崇高的忧郁　林 林
海外之忆　陈子秋
白兔　绀 弩
“大人”和“小孩”　李石锋
再谈儿童的天性　华 嘉
寂寞昆仑关　韩北屏
书所关连的　燕 歌
“杀人吃”　黄野芸
记吴检斋（承仕）先生　孟 超
论能力的浪费　高尔基著　孟 昌译
编后记
扉页（受难者）　张在民作
封面：旧墙中穿出来的野草　张友慈设计

第 1 卷　第 2 期
1940 年 9 月 20 日出版

历史的秘奥　萧今度
《心防》后记　夏 衍
吴检斋先生殉国周年纪念
吴检斋先生成仁一周年　宋云彬
吴检斋先生断片　林 林
吴先生弟承传先生来函
人语与鬼话　秦 似
平庸一些（偶感之一）　伯 韩
温泉游　黄药眠
谈自画相之类　孟 超
今日的左拉　尼库林著　孟 昌译
忆马耶可夫斯基　尼库林作　庄寿慈译
纪德所成就的　秋 帆
牢里的自由　蔚 子
跟鬼兜圈子　季 平
今别离（二章）　司马文森
扉页：黑影说：“我这里并无其事”　新 波

第 1 卷　第 3 期
1940 年 10 月 20 日出版

略谈鲁迅先生的《野草》　绀 弩
“管自己的生活”　林 青
无所适从　何家槐
马奇诺防线的精神和法兰西人民的精神　〔苏〕布黎·帕梭夫著　秦 似译
忏悔　湘 洪
由接吻谈起　毓 子
教授们　李育中
沈从文先生的天真　黎 禄
奴隶篇　云 彬
从“黑博士”说到女性　邓 评
由女人而想起的　周 为

文学的创造与“人”
——文艺习作散论之二
周钢鸣
谈香港 徐迟
秋到桂湖 王余杞
魔术师的把戏
——文艺技巧别记之一
孟超
关于国力 加因
疆界 〔立陶宛〕左华尔加作 杨于陵译
鲁迅先生像 力夫

斩棘录

（一）策士的面目 京
（二）“娜嬛福地”！ 木
（三）用文之地 木
（四）英文的用处 通
（五）作品与时代 琛

第1卷 第4期
1940年12月1日出版

关于止水（偶感之二） 曹伯韩
运气思想和侥倖心理
——《扶箕迷信的研究》序
胡愈之
从陶潜到蔡邕 曹聚仁
替陶渊明说话 宋云彬
从沈从文笔下看鲁迅 绀弩
“女性应该安于生物的平等”论
令狐厚
《南线》后记 司马文森
不寂寞的坟场上一个寂寞的灵魂
——吊张伯伦先生 孟超
偶题 高象
谈名 严杰人
射箭 黄野芸
我爱漂亮 蔚子
马奇诺防线的精神和法兰西人民的精神
布黎·帕梭夫著 秦似译
不算诗论 林山
民间文艺及其启示 艾芜
记附敌前一瞬的张资平 陈庶
无耻的不人道 高尔基作 白澄译
诽谤与伪善 高尔基作 白澄译
封页扉画 汪子美

斩棘录

（一）“变节”与“脱节” 木
（二）“把船头掉转” 琛
（三）“伟大的捕风” 秦似
（四）陈西滢的口吻 木

第1卷 第5期
1941年1月1日出版

“代用品”二题（漫画）
〔日本〕大山新一等
战斗者言 巴比塞作 茹雯译
给生存的兵士
——《火线下》特版序
走向新时代

力·才能·真理（纪念巴比塞）
〔苏〕B.派塞作　庄寿慈译
谈自己　夏　衍
从陶潜说到蔡邕　萧今度
鲁迅的褊狭与向培良的大度
耳　耶
“良心的存在”　胡明树
小品二题　史　行
寒夜之什　华　嘉
穷途　楼　栖
分所当然（偶感之三）　曹伯韩
怎样做母亲　绀　弩
岁末纪事　令狐厚
盼望着北方
——菲洲的民间故事　周　孟译
海外拾零
果戈理的《结婚》在德国上演
焦　明译
左拉论普式庚
苏联木刻家克拉夫兼珂逝世
周　孟译

第1卷　第6期
1941年2月1日出版

蛇与塔　耳　耶
发老姣与卖疯　陈此生
杂谈两则　佩　韦
中国人的聪明　湘　洪

左拉纪念特辑

论爱密尔·左拉
D.萨斯莱夫斯基作　秦　似译
左拉殡仪演词　A.法朗士　秦　似译
宣读于左拉纪念会的信
A.法朗士　秦　似译
妇女·家庭·“大政治”　余惺夫
夜记（二则）　司马文森
列车　林　青
关于鲁迅先生的二三点滴　唐　诃
存在问题（偶感之四）　伯　韩
《历史的奥秘》题记　绀　弩
从米老鼠说起　依　凡
蝶庐散记　林　原
一位民族英雄的会见　黄药眠
传家书（木刻）　林仰静
编后记
——一卷的终结　编　者

第2卷　第1、2期合刊
1941年4月1日出版

谈黄花节　秦　似
韩康的药店　迈　斯
范蠡与西施（拟剧）　绀　弩
江有典的《史外》　云　彬
读《扬眉集》　孟　超
《静静的顿河》总结
〔苏〕A.罗斯康作　林　林译
时间的启示　萧今度
略谈官样文章　柏　寒
跟红顶白与升官发财　伦　光
装腔作势的男人　耳　耶

献策的策士　赵令芹
西班牙的冶炼　I.爱伦堡　秦　似译
沉重的课题　杜　韬
一切已经初劫夺
亚琪玛托娃　秦　似译
什草　林　山
瓦雪柳斯卡论
〔波兰〕J.波莱萨作　禾·康合译
我是走了（短剧）
〔法〕B.伯力治特　茹　雯译
误会　M.左琴科　於　陵译
生病的和医病的
立陶宛　失　名　庄寿慈译
看马戏　袁　道
风·雨·晴　史任远
有毒的补品　士　仁
谈苦与闷　王伯围
与友人书　刘　黑
走曲线的中国社会　胡　静
玛雅可夫斯基纪念
玛雅可夫斯基的讽刺
V.克坦扬　茹　雯译
芝加奇
玛雅可夫斯基　庄寿慈译
最好的诗
玛雅可夫斯基　秦　似译
女子·圣人·革命　秦　似
男女与职业　令狐厚
奇妙的举例　秋　帆
由女子的美谈到女子职业问题
湘　洪
《蛇与塔》题记　绀　弩
渔猎故事（三则）　依　凡
由“由接吻谈起”谈起　荷　子
海外拾零四则
托尔斯泰语录八则
新兴财主与其鹧鸪之打尖　叶浅予

第2卷　第3期

1941年5月1日出版

大题小解之一　茅　盾
人间史话（一）　宋云彬
臭虫·大兵·狗　李洪辛
看书随感　袁　道
周作人东渡　孟　超
普式庚
〔苏〕莱兹涅夫　庄寿慈译
丹麦官僚
〔丹麦〕V.安徒生　秦　似译
诗二首
〔英〕汤姆司·哈定作　王　者译
饥民们的橡树
〔立〕P.西维尔加作　茹　雯译
“利己主义”胜话　觉　夫
琐话　辛　自
陶希圣目中的契丹政客　禹　鼎
旧诗新话　陈迩冬
《女权论辩》题记　绀　弩
《感觉的音响》题记　秦　似
梁山泊与知识分子　东郭迪吉
前线马瘦，后方猪肥　余所亚

第 2 卷　第 4 期
1941 年 6 月 1 日出版

高尔基逝世五周年纪念

论语言　高尔基著　孟　昌译
忆高尔基　罗曼·罗兰　秦　似译
世界作家悼高尔基　秦　似节译
信徒·先知·救世主　何家槐
从章太炎说到刘申叔　云　彬
“巢许让天下，商贾争一钱”论　荃　麟
“立此存照”以后　秦　似
多余的愤慨　袁　道
人和土地菩萨　艾　芜
从战国时代的社会背景说到纵横术　孟　超
焦大与屈原　东郭迪吉
关于拯救人类　H.巴比塞　茹　雯译
梦　A.I.海尔岑　茹　雯译
重逢 比萨拉比亚　莱育姆　秦　似译
谈交朋友　高友群
羊　洪　荒
野生的猫　晏　冲
消夏图　余所亚

第 2 卷　第 5、6 期合刊
1941 年 8 月 15 日出版

答客问　罕　明
英雄及其纪念碑等等　杨　明
恶梦　法　那
为一个外国刊物写的自传　胡　风
山居书简　田　汉
《冒烟集》后记　何家槐
从中国海员的肤色扯起　蔚　子
名与实　野　郇
失窃　陈　原
帽子与脑袋　斯　庸
诗人节从屈原说起　孟　超
沉渣再泛偶感　罗　高
人狗之叹　梅　雨
杂掇三题　陈　才
不同的利弊　袁　道
观察家的透视　令狐厚
故意的混淆　秦　似
告高尔基　法　那
论岗与点　高尔基作　孟　昌译
辞“作家”　云　彬
旧话题　文　森
大逮捕　〔拉脱维亚〕I.莱曼尼斯　庄寿慈译
一张传单　〔乌克兰〕V.夏扬　庄寿慈译
对面的房子 Bothony Hope 荃　麟译
言志（独幕剧）　云　彬
补白
　未发表的契诃夫的通信　秦　似译
　瓦雪柳斯卡的新书　茹　雯译
　德国作家新著之一　秦　似译
　德国作家新著之二　秦　似译
　《下层》第一千次演出　茹　雯译

木刻 武　石

第3卷　第1期

1941年9月15日出版

苏德战争特辑
人类跟我们一起
I.爱伦堡作　孟　昌译
巴黎在法西斯蒂的铁蹄下
I.爱伦堡作　孟　昌译
在顿河上
M.肖洛珂夫作　碧　珊译
复H·约翰逊
A.法捷耶夫作　秦　似
"举一个例" 胡　风
回忆太戈尔 云　彬
纪念S.B.君 王　璠
"子曰"之类 周　敏
"仕而优则学" 天　吏
行路者 高友群
我们的狗之死 佩　韦
新策士葬送了希特勒 愈　之
《长夜集》题记 孟　超
论堂·吉诃德
卢那察尔斯基作　阿　南译
五分钱一箱
〔美〕史坦倍克作　碧　珊译
向墓地去的路上
〔德〕汤麦斯·曼作　杜　宣译
肖像　〔苏〕V.理定作　庄寿慈译
无题（木刻） 讷　维

第3卷　第2期

1941年10月15日出版

斗龙与割毒 何家槐
升钉 尚　钺
鲁迅与韩愈 林　辰
谈"阿金"像 孟　超
忆鲁迅先生 小　秋
魔鬼的括孤 耳　耶
细事两题 韩北屏
冬夜行 葛　琴
旧事重提
——关于"铁血剧团"和剧运
何家槐
略谈二三事 吴　明
醃狗记 绀　弩
狗 野　邨
不是人民的过失
〔意〕G.Germanetto作　秦　似译
今日的法国文化
〔法〕J.R.布洛克作　秦　似译
七月十二日
A.托尔斯泰作　孟　昌译
乌克兰民间谚语和笑话 茹　雯译
装甲的夜盗 Orlov插图
补白 萧今度

第3卷　第3、4期合刊

1941年12月15日出版

要求于每一个真正的中国人 佩　韦

我的信仰 秦似
不能缄默 令狐厚
因为太情急了 冬青
护拥《忠王李秀成》 澹台灭阇
记一个叫做托尔斯山的青年 耳耶
记孩子的照相 赵晖
谈讽刺画家 余所亚
杂谈 云彬
历史的窗纸 东郭迪吉
给战死者 绀弩
我的悼念 彭燕郊
东平琐记 萧今度
托尔斯泰的历史意义
M.维丁作 秦似译
宣誓 绥拉菲莫维支作 孟昌译
短嘲诗 S.史文夫佐
无情地歼灭 潘菲洛夫作 孟昌译
可怜的音乐家们
I.爱伦堡作 茹雯译
暴力在塞尔维亚土地上
R.史特恩斯基作 秦似译
反映在苏联文学中的爱国精神
VOKS特稿 崔克译
当巴黎跳舞的时候
I.爱伦堡作 孟昌译
抗旗杆的人们 黄弓
梦读天书记 迈斯
为着谁——我们让血？ 顾元
生活琐话 荃麟
关于“仕而优则学”杨亚宁 福星
教育方法种种 孟超

第3卷 第5期

1942年2月15日出版

想念秋田雨雀 张十方
“同路人”云者 胡明树
吉诃德府焚书记 余未名
小雨点 萧今度
事实到底胜过雄辩 孟超
基辅，你一定得到湔雪的
I.爱伦堡作 秦似译
温泉里的海军大将
L.伏连斯基作 秦似译
柏林的钥匙（一幕剧）
K.菲恩 M.固斯作 孟昌译
应考 楼栖
面子 余干
论多面相 京布
《奥德赛》的精神 严杰人
旧诗新读 S M
鸦片的记忆 韩北屏
为一匹兽而作 袁道
思泉点滴 静闻
追念许地山先生 愈之
急事闲谈 曹尚沂
他说：“为抗战祝福！” 余所亚

第3卷 第6期

1942年3月15日出版

写完《屈原》之后 郭沫若
我怎样写起杂文来的 云彬

走险记　夏　衍
第一百零一个圣诞节之夜　华　嘉
“婢”与“夫人”　孟　超
废话（滑稽戏）　萧今度
伟大作品
——给宋云彬先生（附宋云彬来函）　诸葛灵
读《不能缄默》之后　黄英瑞
还是旧调子　令狐厚
学骂第一章　曹　热
东行随笔两章　朱　希
知父莫若女　耳　耶
生活的泡沫（上）　罕　默
希特拉近著:《头等的文化》
〔苏〕I.谢伯法尔贝教授　秦　似译

第4卷　第1、2期合刊
1942年5月15日出版

一粒黑黑的虱子　夜　仆
兔先生的发言　水　土
卑微的生命　葛　琴
寓言的谜底　华　夏
猴子　高友群
坝上心游记　山　雨
生活底开始　文　若
历史会重演吗　马立业
回信　绀　弩
补考　楼　栖
说话之难　圣　门
沉默以外的话　王永曦
序《愁城记》　田　汉
《英雄》题记　荃　麟
《髑髅集》自序　孟　超
高等的四足兽　Kukryniksi作画
Raskin等合作注诗　秦　似译
战争时节的收获
〔苏〕S.莱育姆　M.苏汶斯基作
茹　雯译
流亡的信〔法〕M.育芙　碧　姗译
犹太民族代表大会演词
I.爱伦堡作　孟　昌译
正确估计　长　江
流亡草　胡　风
从炮火底下爬出来的　孟　林
香港沦陷前后　加　因
从梁山泊的结局谈到后水浒传的作意　东郭迪吉
鼠患记　曹　华
作家悲哀论　飞　君
遥悼菊池宽　张十方
《战国策》停刊有感　高二风
谈扒手　司马文森
莫干事　谢逸华
因血而想起的事　长　伙
关于《拥护忠王李秀成》　林　帆
答林帆先生　澹台灭闇
生活的泡沫（下）　罕　默

第4卷　第3期
1942年6月15日出版

我的学生时代　郭沫若

鞭子·奴才·鹰犬 易 庸
最后一次防空演习
——《劫后拾遗》中之一节
茅 盾
屈原与钟馗 孟 超
共患难与共安乐 盛 年
寄怀广平先生 左洛伊
丑恶 文 若
早醒记 萧今度
文士三部曲 安 娥
臭虫国的故事 斯 庸
给鼠辈 绀 弩
当了丫头还斫头 张 默
给妇女 M.高尔基作 白 澄译
一切珍视自由的人们，恭贺新禧
I.爱伦堡作 庄寿慈译
山城急景 余所亚
文艺断想（上） 郑 造

第4卷 第4、5期合刊
1942年9月1日出版

怀念阿英先生 亚 子
探春论 紫 晴
杂抄 云 彬
谈旧戏《卖华山》 刘 笠
香稻米 许幸之
萧红的死 文 若
蜗牛 周 为
鹭鹚及其他 华 嘉
一个女人和一个世界 胡 风
思路 刘 明
摸挲棺材的人们 周 详
谈二世祖 盛 年
谈“卍”与“卐” 胡明树
读报随笔 施乘风
说开去 何 家
还乡记 黄药眠
香港在呻吟 加 因
文艺断想（下） 郑 造

第4卷 第6期
1942年11月1日出版

雨天杂写之五 茅 盾
关于灵魂等等 南宫熹
该是摔掉纸糊桂冠的时候了
欧阳凡海
恶魔与“疯狗” 秦 似
死 林 青
一点启示 孟 超
隋那之后 令狐厚
怀念志超女士 亚 子
桥下 刘 明
小小的土地庙 彭燕郊
无声的死亡 无 垢
剪灯碎语 徐 曼
为铁的边疆而斗争 田 汉
关于《边城之家》及其作者
何家槐
反纳粹和《人兽之间》 何家槐
寓言四则 卡彼叶夫作 孟 昌译

第 5 卷 第 1 期

1942 年 12 月 1 日出版

月夜翻书记 葳 于
谈选文 纯 上
本刊两年志
宿草颂 夏 衍
积极与消极 何家槐
无题 云 彬
一年容易又秋风 孟 超
野草底歌 林 青
两年小志 编 者
谈蝗 李 炙
由“丢包”所想起的 罗 冈
怀胡道静兄 亚 子
胭脂·油画·与习作
——《法西斯细菌》代跋
夏 衍
一秒钟写起的剧本 绀 弩
正义所要求者 姜 采
散文二题 彭燕郊
关于英国的书报检查 沙克柔
守夜人 A.阿哈洛琳作 庄寿慈译
狗和马 〔法〕伏尔泰作 秦 似译
新市场·新商品（木刻） 酉 辛
补白 郑 造

第 5 卷 第 2 期

1943 年 1 月 1 日出版

病与朋友 田 汉
孙行者的际遇 东郭迪吉
小城春色 吴祖光
伟大的微笑 宜 闲
杂谈红楼梦 金 果
闲话信陵君 钟 无
三个故事，一个战术 晏 冲
忆高咏 林 青
剪灯碎语之二 徐 曼
论家屋的标题 鸥外鸥
记温涛木刻——香港之劫 茅 盾
写在冬寒之夜 秦 似
卡尔·福克之死 倪明译

第 5 卷 第 3 期

1943 年 3 月 1 日出版

指环的贬值 余士根
从两条旧标语说起 何 煌
莫洛亚先生和他的《法国的悲剧》
贾 涌
战神底欢笑 秦 似
论中国人讲洋话 葳 于
《孔雀胆》后记 郭沫若
剪灯碎语之三 徐 曼
所谓“时代的悲剧” 姚 翔
英雄的丕变 韩北屏
沉默之类 邹 绛
关于大明英烈传 柳亚子
失足之戒 何家槐
传说 严杰人
“鬼”与“鬼门” 胡明树

文学格杀论举例　东郭迪吉
人对书的友谊
〔英〕S.斯迈尔士作　一　闲译
裸体行列法
〔法〕A.法朗士作　庄寿慈译

第5卷　第4期
1943年4月1日出版

闲话南京　柳亚子
一个孩子的日记　华　江
我和书房　蔡壬侯
“灰色人”
——夜谈偶记　荃　麟
在春天里　张　筑
一件纪念品　宜　闲
“生意经”一脔　吴　镝
盐　曾儒风
生活　杜　更
袭人的身分　东郭迪吉
记马戏团　工　车
题内题外语
——关于《大明英烈传》
何家槐
更进一步的杨朱说　洪　蕾
从信陵君救赵谈到邯郸解围
——不下楼谈史之二　钟　无
被法西斯杀害的作家
〔苏〕E.菲杜洛娃作　孟　昌译
讽刺诗四首
S.玛尔沙克作　秦　似译
花瓣集　黎　焚薰

第5卷　第5期
1943年6月1日出版

雪莲师太　宜　闲
朴素的还原　吴　费
“永垂不朽”　蔡壬侯
关于南朝忠烈传　柳亚子
悼罗清桢　陈烟桥
崇高·痛苦——悼念罗清桢
新　波
纪念罗清桢　所　亚
卢俊义的梦　东郭迪吉
旅程　李　羽
我的儿童教育观　柳亚子
“天才儿童”　胡　垦
某村及其居民　韩北屏
马场坪　吕　梅
《荒唐的人》题记　荃　麟
《怀沙集》自序　孟　超
法西斯主义——文化的毁灭者
〔苏〕L.柯拜莱夫作　庄寿慈译
罗清桢及其遗作　（封　里）

复刊号
1946年10月1日出版

复刊私语　夏　衍
论“青天大老爷”　绀　弩
法西斯悍妇　宜　闲

歌颂拆除“忠灵塔” 秦 似
白莲军女首领王赛昭史料 柳亚子
孔道嫡传 陈此生
温故知新
——民初宋教仁被刺案
宋云彬
从依样画葫芦到三分归一统
东郭迪吉
漫话英语 鲁 陵
矮子落楼梯 符公望
盆栽 紫 风
“我们的信仰” 袁水拍
胜利吉普和追车的人们
慕 树作画 土 根作注
男人们的心肠 史 复
罗斯福之女敌 邓 银
季氏将伐颛臾 绀 弩
国王出巡记事
—— 拟原子时代的童话
冰 波
谷 楼 栖
胡适老了 荆 风
符罗飞教授其人其画 司马文森
果戈理论官僚 秦 牧
西瓜味 石 发
养奸论 石 发
选皇后 石 发
父亲奖 土 根
狗的出超 土 根
精神迎圣驾 土 根
《野草》的再生 秦 似

新2号

1946年11月20日出版

香港所感 美 罗
熟性，手指，眼睛 金 风
譬喻 黄谷柳
毛泽东先生和鱼肝油丸 绀 弩
“鹊巢鸠居”引 陈 因
“命”里的中国 耿 庸
哪吒 绀 弩
罗马的奴隶 秦 牧
往星中! 绀 弩
高原上的云雀 秦 似
胡适之关心周作人到底! 迪 吉
上海散记 陈 原
从鱼菜谈起 牛 笛
从查路士罗顿朗诵圣经说起
李 门
谈谈李莲英 秦 牧
红楼梦里的小红 孟 超
“荒凉”的注脚 马逸野
杂文的一些问题
——纪念鲁迅先生十年忌而作
思 慕
火烧灯心 符公望
没有话说云云 洪 遒
火牛记 胡明树
古时候的公务员 绀 弩
“非眷莫问” 秦 似
记严杰人 洛 思
金陵戏班 新 波

天上人间图　新　波
在石灰窑　云　彬
春夜笛　吕　剑
“上海好不好”　土　根
“势如破竹”　蔡　俭
强奸妈妈之说　秦　似
重要（一）　雷　点
重要（二）　雷　点
祝《野草》　林　花
来自内战的火线上　L

新 3 号
1947 年 1 月 1 日出版

论钢笔的好坏和内分泌作用　易　庸
论时局　绀　弩
超负荷论　夏　衍
童匪猖獗　迈　斯
疯子种种　黄谷柳
后方的捷报　申在组
谈京戏《珠簾寨》　孟　超
鲁斯国宾阁下　秦　牧
论乌鸦　绀　弩
胡适博士的迷茫　陈　闲
胡适不办刊物　秦　似
胡适之和“好政府”　胡明树
二号入座　雷　点
告生存着的“十一星相”　郑　震
论裸体情侣自杀案　秦　似
关于灵魂证实　秦　似
历史的公断　东郭迪吉
女儿国　绀　弩
漂白粉考　申在组
戒酒篇　飞　廉
误人父兄　绀　弩
草芽之歌　吕　剑
县长的训词　吕　剑
龙虎风　林　堃
吻潮微语（二则）　秦　似

新 4 号
1947 年 7 月 5 日出版

读秋白遗文　胡　绳
石膏圣像　蔡壬候
牡鹿·驴子和班马　画　室
怀念马叙伦先生　千家驹
鬼谷子　绀　弩
炸　谷　鸣
新流亡图　建　庵
寄狱中　河　若
略论白塔山事件　一　觉
比丹麦　秦　似
读莫斯科大旅馆女侍们的信　秦　似
浮尸颂　秦　似作　萨一佛插画
张将军梦会岳飞（说书）　招麦汉
谈辈份　迈　斯
“误会”　秦　似
天上与人间　默　涵
曾为反对派而后为宣传家的鸭　画　室

和平楼夜话　申　公
且说“关公斗岳飞”　冷　昂
论肥胖　绀　弩
毁去“人肉筵席”　孟　浪
卖火者　裴　裴
“捞饭盒”　胡　正
《高原短曲》后记　周而复
给裸体的人们　萧今度
想起了花袭人　蔡　九

新5号
九儒十丐
1947年10月6日出版

改造与转变　夏　衍
鲁迅先生看错人　陈　琳
广东升官图　三　流
关于徐志摩　云　彬
九儒十丐　申　公
非“圣”　荀　寰
“嵩呼录”　岑　穆
小阁员　岑　穆
消夏录　高　天
祈祷　公　刘
乡下的贡品　宜　闲
新生代　公　刘
上海的“卫生运动”　白　了
示太子　洗　马
答谢与控诉　孟　超
伐商　紫　风
“水桶”礼赞　黄宁婴
酒后　绀　弩
当一个朝代复灭时　胡　绳
讽刺的墨水　公　刘
女人的路　默　涵
与友人书论知识分子　孟启予
猫的故事　丘　冈
倒败的城　公　刘
西乌克兰旧民歌　斯　庸译
读绀弩默涵的文章　秦　牧
王老爷下乡抽丁（漫画）　肖　化
婊子外交（木刻）　纳　维
饥饿（木刻）　L　D
不爱江山爱“美人”（漫画）　芦　衣
介绍野草　金　丁
致金丁先生函　本　社
《野草》征求赞助人　长期订户启事　《野草》编委会

第6号
能言鹦鹉毒子蛇
1947年12月1日出版

当心拆台　默　涵
“文明的果实”　荃　麟
好汉陶希圣　东郭迪吉
能言鹦鹉毒于蛇　秋　云
关于加括弧的“民主分子”　胡　绳
从“樱桃园”说起　夏　衍
论斗争过火　宝　林
殒石　孟　超
谈死亡　秦　牧

可怕的地方 所 亚
“活烈士”赞 三 流
娼妇·政党（即景诗） 黄宁婴
朋友 秦 似
笼头出笼的问题 于 君
关于马来亚的中国人 宋迁今

芒花小集

王法之下 秦 似
献花的人 芜 榛
衔头 芜 榛
官与“匪” 赤 人
关于马凡陀 刑天舞
关于“浮生若梦”及其他 默 涵
活剧开锣（漫画） 雨 树
某“将军”剪影集（漫画） 肖 化
“我的天！这是最后一枝了！”（漫画） 肖 化
悲号（木刻画） 纳 纳
日记一则（补白） 解 隶
画（补白） 公 刘
名子（补白） 公 刘
镜子（补白） 公 刘
百喻经（鲁迅译作补遗）

《野草丛刊》第7集

天下大变

1948年1月1日出版

狮和龙 默 涵
论“国家将亡，必有妖孽” 阿 娣
遇狼的故事 李 奇
尾巴主义发凡 郭沫若
客气过分论 佩 韦
坐电车跑野马 夏 衍
从陈涉的故事说起 申 公

芒花小集

食在广州 水 味
一百元 水 味
杀“匪”与匪杀 刚 良
刮 半 琴
何雅各 半 琴
五十年前的教训 伯 韩
离殷 怀 湘
还魂草与续命汤 孟 超
剃头 宜 闲
陈启天的“妾德” 东郭迪吉
从“点将”到“选佛” 三 流
割子颂 黄宁婴
悼念宋千金 巴 人
失去一个斗士 王 岗
我所知道的宋千金 秦 似
飘 宋千金

无题（画） 特 伟
各有所需（画） 肖 化
秋收小景（画） 肖 化

野草 公 刘
纪念 公 刘
墨水和鲜血 公 刘

《野草文丛》第8集
春日
1948年2月14日出版

春日　绀弩
从耶稣传说起　静闻
北望三嘘录　周而复
“十载一来复”　郭沫若
啊，这一百年　夏衍
群众的意志　适夷
论怜悯　秦似
现在不是哭泣的时候　公刘
刷掉“感慨家”们的唾沫　默涵
鸡泡鱼肠
——记寒流中的二三事
秦似

芒花小集

董式自由　水味
诅咒　水味
论打　文已
晋书祖逖传书后　翦伯赞
说“野”　友鄙
未死的国王　孟超
短诗三首　公刘
《星火》和苏尔科夫　茅盾
菲岛拾忆　林林
复沧浪先生　编者
戊子年春牛总图（封面）　肖化
向右看齐（漫画）　丁聪
贪官报应（漫画）　肖化
“清水货”（补白）　胡广
买卖（补白）　公刘
童话与法律（补白）　公刘
屠夫和刽子手（补白）　公刘

《野草文丛》第9集
论白俄
1948年4月10日出版

论白俄　绀弩
隔海问答　郭沫若
史坦培克与史密司　夏衍
自由主义的斤两　绀弩
“可贵的一笔”补遗　周而复
胡适的妙计　适夷
胡适，胡其所适？　侯外庐
周作人胡适之合论　白坚离
曹操剖柑　怀湘
论看人　秦牧
论蒋干　孟超
林冲杨志合论　迈斯
辟战谣　秦似

芒花小集

哀八“烈士”　水味
猪仔文学　水味
以手报“国”　半琴
“误会之甚”　胡广
这样的探险家！　秦似
“大贪”与“小贪”　公刘

“小总统”的诞生（漫画）　余所亚
如此“大捷”（漫画）　新波
“可贵的一笔”？（漫画）
文魁

野草书简
　　关于宋千金　王　岿
　　黑暗中的火炬　曹　民
　　内心的怒火　念　雅

《野草文丛》第10集
论怕老婆
1948年6月20日出版

止酒篇　云　彬
青布衫（诗）　马凡陀
中国人到底“误会”了什么？　秦　似
论“不管闲事”　默　涵
娼门之辱　秦　牧
诗人节怀杜甫　绀　弩
复冯焕章先生书　翦伯赞
黑暗的日子
——重庆杂忆　史　复
青岛杂忆　曾昭抡
论娼妓　耳　耶
论妇女私处藏金　余土根
论怕老婆　绀　弩

贾芸论　孟　超
关于杂文和鲁迅杂文　秦　似
芒花小集
没有奇迹（一）　水　味
没有奇迹（二）　水　味
没有奇迹（三）　水　味
强与弱（补白）　迈　斯
隔篱呼取尽余杯（补白）　迈　斯
闲话选美（补白）　李　芬
未来的小姐（补白）　李　芬

《野草文丛》第11集
血书
1948年8月20日出版

论“三四年的时间”　夏　衍
谈奴才渣子的技俩
——兼论曹聚仁的《十年观变杂话》　孟　超
“罐头蜜桃”补义　秦　似
逼上庐山　史　复
记康泽　绀　弩
王老板的故事　申　公
芒花小集
“以冰释……”　水　味
“饿了不克”　水　味
世界之最　小　林
论上海小姐自杀　小　林

天亮之前　公　刘
梦后　史　坚
血书——读土改文件　绀　弩
帮闲（漫画）　米　谷
《野草、新集》
论肚子
论肚子问题　夏　衍
诱杀　默　涵
论死节　秦　似

打倒爸爸　耳　耶
张申府的狐狸尾巴　孟　超
榴连与番客　白　明
乡情曲　杜　埃
独夫之最后　绀　弩

《野草新集》

追　悼

东北之春　江　洪
杀杨贵妃之说　秦　牧
追悼　绀　弩
替总统写一封信　怀　湘
所非宜言　云　彬
神话发凡　公　刘
甲级战犯和甲级魔术　马凡陀
“银湖南、金湘乡”　蒋牧良

200 新诗歌

简介

《新诗歌》，月刊，一九四〇年九月一日创刊于延安。原是延安战歌社和山脉文学社合编的诗刊，自同年十月一日第二期起正式改为“新诗歌会”会刊。四开单张，单面油印。一九四一年五月二十日出至第六期停刊，共出六期。

新诗歌会是当时延安有影响的群众诗歌团体，致力于诗歌创作的大众化、民族化，提倡群众性的街头诗、朗诵诗。诗人萧三、柯仲平是主要负责人。萧三为《新诗歌》创刊号写的《出版新诗歌的几句话》，阐明了刊物的宗旨与要求：“延安的诗歌运动——街头诗运动、诗歌朗诵运动——开全国之风。但是‘只开风气不为师’，我们还得继续充实这一运动底内容。”“写诗歌要有诗歌环境，在这里面彼此吟咏，推敲，彼此欣赏，批评，然后大家能前进，向上，然后能使得诗歌底声音更大，更宏亮，达到更远。”刊物以发表诗歌创作为主，间有诗歌运动的报道与研讨文章，对延安的群众诗歌运动和诗人的创作产生了积极的推动作用。刊物的主要撰稿者有萧三、柯仲平、朱子奇、郭小川、公木、刘御、孙剑冰、隐夫等。

目 录

第1期

1940年9月1日出版

出版新诗歌的几句话　萧 三
原上草　隐 夫
红枣的故事　赵 锋
巧连环　二 稜
慰劳信——献给生产大队　瑜 启
遗嘱　TAPACЖEBуEHKO作　罗夫译
雨　铁 夫
梅花　萧 三
孤儿叹——调寄小白菜　公 木
黄河水手谣　若 望
手车——旅途手记之一　陆 荆
我们也来写诗了　刘 御

第2期

1940年10月1日出版

百团大战歌　公 木
我记得……　萧 三
殉难在中国的土地上　张 蓓
“不断革命论”——断啦（悼托洛斯基先生）　隐 夫
连枷歌　天 蓝
小桃树　塞 克
八行诗　刘 御
神话　海 稜
鸡毛信　胡 征
我没有闲心　萧 三
山之歌　黎 帆
山枣核　者 羽
论“发辫小脚”与“圆颅方趾”　公 木
夜（小诗之一）　子 奇
革命的友爱——记一个老战士的谈话　子 奇

第3期

1940年11月1日出版

我与枪　郭小川
献毛泽东　鲁 藜
秋收小调　刘 御
一个口号　陆 荆
小诗二章　朱子奇
给史太林　斯太尔斯基作　艾 韦译
我想写诗　葛 民
无题——给一个我所怀念的电讯工作者　隐 夫
生命离不了土地　苏东风
短歌三首　抑 风
草原曲　舒 央
边区工人曲（歌曲）　刘 御词　吕 骥曲
编后

第 4 期

1940 年 12 月 1 日出版

诗到难成便是才　萧　三
留守兵团开发三边盐田歌　柯仲平
过太行口占　朱　德　董必武　叶剑英　田　汉　郭沫若
毛泽东　朱子奇
秋雨　孙剑冰
原野小歌　李　雷
大抗议　罗　夫
画一张毛主席吧，同志　石　夫
希望　公　木
饥饿者的进行曲　达　尼重译
雾　殷　序

第 5 期

（缺）

第 6 期

1941 年 5 月 20 日出版

秋天的道路　逢　美
牧牛　贾　芝
农夫的儿子　李方立
我做着这样的梦想　章炼锋
小诗二章　李　雷
我是带着月光来的　罗　夫
讨论会　胡　征
斗争会　朱子奇
课堂上　孙剑冰
阳光下的孩子　井岩盾
窝窝头和银子的故事　张铁夫
家　马雅可夫斯基作　冯　牧译

201 戏剧春秋

简 介

《戏剧春秋》，月刊，一九四〇年十一月一日创刊于桂林，田汉主编兼发行，编辑人还有欧阳予倩、夏衍、杜宣、许之乔，戏剧春秋社出版，第一卷先后由桂林南方出版社、上海杂志公司、白虹书店经售。一九四二年五月二十五日出版第二卷第一期，洪深加入编辑，同时改由桂林集美书店经售。一九四二年十月三十日出至第二卷第四期终刊，共出十期。十六开本。

该刊是兼顾理论、创作、翻译的综合性戏剧刊物。田汉在《发刊词》中针对当时“戏剧理论的贫乏”、“剧本的恐慌”、戏剧界“联系与领导的缺乏”等弱点，阐明该刊的四项宗旨：一、整理介绍适合我国抗战需要的戏剧理论；二、加强剧本创作的批评；三、刊载各种形式的剧本，以促进戏剧改革，其中要以短小精悍、富于鼓动性教育性的抗战剧本为主；四、注重各地戏剧工作者的实际报告和通信。刊物的编辑工作基本上体现了这些要求。首先在理论批评与翻译方面开创了比较活跃的局面，以注重戏剧运动的现实问题为特点。从创刊起特辟“戏剧春秋”栏，针对戏剧运动、剧本创作和演出活动中出现的倾向性问题发表短评，刊载了夏衍的《戏剧抗战三年间》、田汉的《关于抗战戏剧改进的报告》等重要论文。在一九四〇年国统区文艺界开展的“民族形式问题”的讨论中，该刊组织了三次“戏剧的民族形式问题座谈会”，并将座谈记录编为两个特辑发表。当国统区历史剧创作兴起后，又编成“历史剧问题特辑”，刊出柳亚子等十一人的座谈会记录。这些理论批评工作对大后方抗战戏剧的发展做出了积极贡献。另外刊物还注意戏剧知识和演剧技术的介绍，翻译并发表了苏联戏剧家关于剧场设置，角色选择，以及演员、导演的修养等方面的论文。在戏剧创作方面，第一卷发表的短剧居多。除独幕剧外，还利用传统的旧形式加以改革，创作出一些“小杂会”、“湘杂剧”、“新平剧”剧本。第二卷编辑思想有所变化，开始较多地关注长剧创作（参看一卷六期《编后》），连载了洪深的四幕剧《回到祖国》、郭沫若的五幕史剧《高渐离》和翻译的三幕剧《莫扎特》。该刊的主要撰稿者除上述诸人外，还有宋之的、赵明、张客、瞿白音、易庸、吴晓邦等。

目　录

创刊号
1940 年 11 月 1 日出版

发刊词　田　汉
戏剧春秋
要更进一步的团结　华　嘉
剧场杂拾　宋之的
关于剧作上唯“噱头”的倾向　杜　宣
剧人的歧路　汪　巩
效果主义　之　乔

《国际文学》杂志编者罗郭笃夫氏的来信　夏　衍译
戏剧抗战三年间（论文）　夏　衍
《国家至上》《包得行》演出座谈记录
出席发言者：
聂绀弩　焦菊隐　司马文森
夏　衍　孟　超　欧阳予倩
杜　宣等
戏剧的教义（译文）
〔苏〕诺维兹基作　舒　非译
舞台人体运动训练（技术）　吴晓邦
苏联集体农庄剧场的戏剧节（译文）　瞿白音译
剧　本
战地鸳鸯（小杂会）　欧阳予倩
军用列车（一幕剧）严　恭　石　炎
盐（一幕剧）　赵　明
讨学钱（湘杂剧）　罗裕庭
岳飞（上集）（新平剧）　田　汉

角色的选择
——演员必要的精神特质（译文）
萨拉·贝娜作　沙　蒙译
抗战中的儿童戏剧（新安旅行团集体讨论）　张早执笔
不过是些笑话（补白）　黄　旬
西南剧讯　编　者

第 1 卷　第 2 期
1940 年 12 月 1 日出版

戏剧的民族形式问题特辑
旧形式·民间形式·与民族形式　茅　盾
戏剧的民族形式问题座谈会
宋云彬　聂绀弩　易　庸
夏　衍　欧阳予倩　黄药眠
蓝馥心　姚　平　许之乔
杜　宣
戏剧的民族形式问题（论文）　易　庸
戏剧春秋
谈真　夏　衍
一个旧问题的新提法　杜　宣
台上生活与台下生活　之　乔
创造新的表演艺术　华　嘉

中国戏是不是历史剧（论文）
黄芝冈
演员论（技术）
〔苏〕I.拉波泊作　天　蓝译
剧　本
我们的经典（小杂会）　欧阳予倩
希望（一幕剧）　夏野士
贞妹子（一幕剧）　王　逸
岳飞（下集，新平剧）　田　汉
舞台人体运动训练（技术·续完）
吴晓邦
“上演税”的问题　子　布
一点更正　欧阳予倩
西南·西北剧讯　记　者
编后　编　者

第 1 卷　第 3 期
1941 年 2 月 1 日出版

追悼沈先生西苓
沈先生传略　编　者
追念西苓沈先生　欧阳予倩
悼念西苓　夏　衍
哀西苓　熊　辉
戏剧的民族形式问题再辑
戏剧的民族形式问题
座谈会前会　田　汉自记
出席者：阳翰笙　葛一虹　黄芝冈
光未然　常任侠　史东山
任　光　陈白尘　章　泯
吴作人　汪达之　熊岳兰
辛汉文　林千叶　田　汉
戏剧的民族形式问题
座谈会中会　田汉记录
出席者：郭沫若　阳翰笙　胡　风
老　舍　茅　盾　洪　深
马彦祥　田　汉等三十人
戏剧春秋
闲话“明星”作风　文　森
论公式化　杜　宣
导演论（上）　B.E.查哈瓦作
曹葆华译
演员论（下）
〔苏〕I.拉波泊作　天　蓝译
拉辛论　B.Pesis 作　瞿白音译
剧　本
冬夜（一幕剧）　夏　衍
命令反攻（一幕剧）　易　庸

一个演出检讨会（报道）　张　客
演出了《四十一》　山　尊
编后　编　者

第 1 卷　第 4 期
1941 年 7 月 1 日出版

戏剧春秋
演员与观众　杜　宣
“油”　馥　心
“跳”　白　林

演剧与观众　张　庚

戏剧的民族形式问题
座谈会中会（续完）
田　汉记录
剧　本
慈父（一幕剧）　麦大非
谁拿的（一幕儿童剧）　范　政

战地演剧记实（报导）　舒　模
编后　编　者

第1卷　第5期
莎士比亚纪念辑
1941年10月10日出版

祝郭先生沫若五十寿辰
南山之什　田　汉
题六骏图　郭沫若
短简　郭沫若
追悼刘·蔡·王三同志
忆保罗　黄　华
吊刘保罗先生　欧阳予倩
蔡碧青同志小传　拟　庄
悼碧青　马　峦
一个马戏班女艺人之死　杜　宣
莎士比亚逝世三二五年纪念辑
莎士比亚新论
狄纳莫夫作　宗　玮译
莎士比亚剧作在苏联舞台
M.莫罗梭夫作　秦　似译
戏剧春秋
迎第四届戏剧节　杜　宣
关于前方的演剧　洗　群
导演的任务　洪　深
导演论（下）
B.E.查哈瓦作　曹葆华译
剧　本
逃（一幕剧）　张　客
一家人（一幕剧）　路　风

将《军毡》用到舞台装置上
碧青遗著
戏坛春秋录
桂柳两地的戏剧节　记　者
西南剧讯（一）　记　者
西南剧讯（二）　记　者
抗剧九队三周队庆　记　者

编后　编　者

第1卷　第6期
1942年4月出版

关于抗战戏剧改进的报告　田　汉
关于目前演剧运动　吴之月
戏剧春秋
戏剧运动的展开　郭沫若
建立戏剧批评　熊佛西
剧本“荒”在那里？　之　乔
蜗牛壳内外　黄若海
“嘲笑”和“愤怒”　杨平建
一个钢铁样的人（悼保罗）
荃　麟

枪毙“疏忽”来追悼保罗的死
田　汉
保罗先生的死　亦　明
郭沫若先生与孩子剧团　孙　杰
剧坛春秋录　记　者
越境而去的人（一幕剧）吴　天
英雄的插曲（一幕两场）杜　宣
南宁剧运的新姿态（报导）丁　明
七队与曲江剧运（报导）墨　芷

戏剧节特辑

第四届戏剧节在陪都　舒　湮
柳州的戏剧　张　客
恩施戏剧节前后　亦　棣

通　讯

艰苦环境中的奋斗　于　伶　田　汉
“严肃·认真”　宋之的　田　汉
文化之平衡的发展　郭沫若　田　汉
母爱　阳翰笙　田　汉
民营职业剧团的曙光
陈白尘　田　汉
戏剧之民族形式　汪漫铎　田　汉
编后　编　者

第2卷　第1期
1942年5月25日出版

回到祖国（四幕剧）　洪　深
莫扎特（三幕剧）
〔匈〕B.拔拉希作　沙　蒙译
一刀仇（战地小景）　王　逸
读《北京人》（剧评）　茅　盾
关于《北京人》的速写（剧评）
胡　风
作为剧作家的普式庚
〔苏〕G.维诺库尔作　庄寿慈译
哈孟雷特在法兰西剧院
A.法朗士作　焦菊隐译
论闹剧与趣剧
G.E.Bentley 作　章　泯译
导演设计（技术）　洪　深
“演剧轻骑队”穿过了战地（报道）
梁国璋
赣北战地演剧巡礼（报道）蓝　鹰
湘西川东演剧六月（报道）丁　浪
封面装帧　曹　吾

第2卷　第2期
1942年7月25日出版

抗敌演剧队的组成及其工作（论文）
田　汉
第一研究所　司坦尼斯拉夫斯基作
瞿白音译
论傀儡戏（论文）
外三卯三郎作　舒　非译
论戏剧艺术（论文）
史莱格尔作　章　泯译
关于莫扎特的新剧作
B.尼古拉叶夫作　孟　昌译
莫扎特（三幕剧·续完）
拔拉希作　沙　蒙译
枪毙“一个逃兵”（报道）文　殊

通讯（郭沫若·夏衍·洪深·石炎·田汉　编者辑
编后　编者

第2卷　第3期
1942年9月10日出版

抗敌演剧队的组成及其工作（三）　田汉
读欧阳予倩的旧剧作品（评论）　易庸
谈《愁城记》的排演（导演自述）　赵明
《高渐离》人物研究（剧本人物分析）　郭沫若
我们是这样战斗过来（史料）　洪深
特别快车（一幕剧）　赵明
演员的筋肉松弛　司坦尼斯拉夫斯基作　杜山译
《我的艺术生涯》最后几节　司坦尼斯拉夫斯基作　瞿白音译
我所要求于演员的　华克坦戈夫作　蓝馥心译
关于演员的讲话　M.莱茵哈特作　李嘉译
傀儡剧的演变（论述）　陈竺同

华北沦陷区的敌伪戏剧（报导）　耿夫
编后　编者

第2卷　第4期
1942年10月30日出版

历史剧问题特辑

高渐离（五幕剧·全刊）　郭沫若
历史剧问题座谈　黄旬记录

出席发言者

柳亚子　欧阳予倩　茅盾
胡风　宋云彬　于伶
安娥　蔡楚生　周钢鸣
端木蕻良　田汉

杂谈历史剧（短论）　亚子
两点意见（短论）
——答戏剧春秋社　荃麟
关于历史剧的创作问题（论文）　周钢鸣
历史剧杂谈（孟姜女序）　安娥
响应黄少谷先生的号召（短论）　田汉
复投稿者五书（通讯）　编者
丰收与《屈原》（通讯）　郭沫若　田汉
交流　司坦尼斯拉夫斯基作　章泯译

202 文艺月报

简 介

《文艺月报》，文艺月刊，一九四一年一月一日在延安创刊，延安“文艺月会”编辑出版，编务主要由舒群、萧军负责，丁玲曾参与头两期的编辑，具体执编情况在该刊第十二期有这样的记载：“单就编辑人讲，起始本来决定是由舒群‘独裁’，因为他那时住在鲁艺来往不方便就由萧军代替。后来舒群搬到文协，又施行了少数‘民主’。从第七期起，又由萧军独裁了，一直到现在。”（编者《为本报诞生十二期纪念献辞》）一九四二年九月一日出至第十七期停刊，前后共出十七期。十六开本。

该刊为延安“文艺月会”会刊。“文艺月会”是中华全国文艺界抗敌协会延安分会成立后，丁玲、舒群、萧军发起组织的文艺研究团体，旨在“提高文艺创作兴趣，展开文艺讨论空气”。会刊以本会会员、“星期文艺学园”参加者、延安各文艺小组、各学校、机关、图书馆为对象。内容包括杂文、小说、诗歌、剧本等文艺创作，以“短论”为主的文艺批评，以及外国文学（多为俄国苏联文学）的翻译介绍。刊物还注重报道“文艺月会”和延安文艺界的动态——本会会员辅导“文艺小组”活动和举办“星期文艺学园”的情况，延安“鲁迅研究会”的创立及其研究进展等等，都做过详细报道，为当时的文艺运动保存了一些有意义的史料。刊物的出版对延安文艺界产生过一定的积极影响，但有些作品，如罗烽的杂文《嚣张录》、方纪的小说《意识以外》、陈企霞的文艺短论《旧故事的新感想》等，也在当时或文艺整风期间引起过争论。刊物的主要撰稿者有萧军、丁玲、艾青、罗烽、黄既、吴伯箫、逯斐、立波、高阳等。

目　录

第 1 期

1941 年 1 月 1 日出版

简记文艺月会
　　第一次座谈会
　　第二次座谈会
　　文艺月会第二次例会通知书
　　　　附纲领“草案”
对于《月报》的一点意见　何其芳
第一声呼喊　荒　煤
大度·宽容与《文艺月报》　丁　玲
对于诗的一点感想和意见　李　雷
谈初步的研究　周　文
莫洛托夫是怎样关心着艺术家的？　又　然译
说起　代邮和消息　萧　军

第 2 期

1941 年 2 月 1 日出版

延安鲁迅研究会成立纪要
代邮
再：“说起”　萧　军
　　一、关心斩蔡阳
　　二、一个年轻的孩子底信
　　三、谈谈“孩子”
　　四、再引一句话做结尾
消息
　　延安文艺活动
　　《七月》与胡风
苏联文艺出版消息
小题目　黄　既
补白五条　萧　军

第 3 期

1941 年 3 月 1 日出版

天才与罪恶　普式庚作　紫　秋译
捉裁织　又　然
旧故事的新感想　陈企霞

第 4 期

1941 年 4 月 1 日出版

七次巡回座谈会底经过与检讨　雷　加
延安鲁迅研究会第一次工作商讨
　座谈会摘记
拟创办“星期文艺学园”座谈会要纪
　青年文艺学习会成立缘起
给陈企霞同志的一封信　何其芳
说“吉利话”　萧　军
巴斯卡尔的 PENSEES 选译　又　然
延安鲁迅研究会启事
更正

第 5 期

1941 年 5 月 1 日出版

老马夫　黄　既
鞭尸　又　然

屈服的聪明人　草　明
爱弥儿·左拉
D.查斯拉夫斯基作　陈　适译
三国公约（诗）　艾　青
干部衣服　丁　玲
关于“延安星期文艺学园”的产生　雪　苇
思索　刘白羽
我射了冷箭吗？——答何其芳　陈企霞
征求《阿Q论》文献

第6期

1941年6月1日出版

论作家的气质　魏东明
第四次文艺月会例会
文艺创作基本地是科学工作　黄　既
第五次文艺月会例会
我们生活中的一桩小事
左琴科著　曹葆华译
河边
——一个保育院女孩子的自述　谢挺宇
读小说的态度问题（通信）
——关于《狂人日记》的一个争论　雪　苇
城关　厂　民
又五次巡回座谈会风景录　高　阳
我与文学专页　星期文艺学园选辑
“人间最高尚的趣味”　晋　驼
“向我所爱的人群呼唤”　杨　枫
“枪不一定是唯一的战斗武器”　易　因
“偷偷地想，偷偷地写”　苏　兰
“专页”及其他　罗　烽

第7期

1941年7月1日出版

高尔基论艺术与思想　罗　烽
人民文学史　MYOUN OVTOH
骨肉
——一个伤员语录　虞　迅
我们的日子　洶　着
第八次文艺月会座谈拾零　萧　军
想的碎片　郭小川
法郎士在左拉墓前的演说　陈　适译

第8期

1941年8月1日出版

《文学与生活漫谈》读后漫谈集录并商榷于周杨同志谈“美”　张　停
“爬楼梯”与“叠罗汉”　江　东
三月间（消息）
护病工作
——伟大，艰苦和光荣！　萧　戈
托尔斯太晚年的生活及逝世
郭尔德别鲁戈作　高　原译
“艺术家的勇气”

——栖迟录之三　萧　军
编后记

第9期
1941年9月1日出版

蒸馏　晋　驼
关于"第八次文艺月会座谈拾零"
——给萧军同志的公开信
雪　苇
外国语　又　然
舍甫琴科
L.拜特与A.杜支合著　吴伯箫译
两月间（消息）

第10期
1941年10月1日出版

在边区底边境上
——有这样的事在发生着……
星　田
"江同志"
——他难道不知道我是"江科长"？　江　东
疯子
——一切为了修养呀……
陈　亦
小题目·小文章　瑶
朱苦鬼　温　馨
小青蛇（童话）　杜可鲁
结婚（童话）
——而且用袖子把眼睛横着一抹，竟是哭了！　韦君宜
一位伟大人物的侧面
——马克思　又　然译
中央文委关于组织文艺小组对延安各机关学校的通知
消息

第11期
1941年11月1日出版

欢乐的诗和斗争的诗
——对于我们诗底创作的几种现象底感想　冯　牧
汇报　布　琴
致敬：延安东方各民族反法西斯大会　萧　军
迫害　逯　斐
人底列宁
——《人，革命领袖》的一节
贾　芝译
诗刊（消息）

第12期
1941年12月1日出版

为本报诞生十二期纪念献辞
编　者
我的态度　萧　军
"奥勃洛莫夫精神"和我们　古阿飞
《鬼池》自序　乔治桑作　高　阳译

从闲眺到开会
——似乎威信比错误还重要
何　路
猪　中　霞
计划在菜畦里
——烟叶，西红柿，一只母鸡
江　东
我的新居　文　文
文艺小组工作、工作提纲及其组织条例
延安文抗文艺小组工作委员会编

第 13 期
1942 年 1 月 1 日出版

普式庚与西欧文学　吴伯箫译
我在讨论会上的失败　闵　金
贿赂　欧漠·塞菲甸作　高　原译
语文礼赞　又　然

第 14 期
1942 年 2 月 15 日出版

意识以外　方　纪
太阳的话　艾　青
旅途
——回忆童年片断　陆　石
关于“的”字　又　然
胡铃　刘白羽
牛的吼叫　师田手
旁观者言
——关于《欢乐的诗和斗争的诗》　萧　军
关于使人读不下去的文章　严文井
补“空子”等三篇　萧　军
阿金的病
——《铁门里》的一个断片
立　波
魔障　何　桑
公式主义是怎样产生的
——文艺思想性和形象性漫谈之一　欧阳山
短歌四首　哥德作　立　波译
嚣张录　罗　烽
补白·后记　丁　玲
可怜的彼得　海　涅作　黄　既译
现实　高　阳
“公正”　萧　军
春联，文化及其他　萧　军
故事及其他　普式庚作　曹葆华译
诗论　车尔尼雪夫斯基作　周　扬译
后记

第 15 期
1942 年 6 月 15 日出版

纪念萧红逝世特辑

手（转载《作家》创刊号）萧　红
悼迺莹　高　原
遥祭
——纪念知友萧红　白　朗
零落　萧　军

文学常识三讲　萧　军
纪念萧红　刘白羽
哥德论
——卡尔·格林底《从人的观点所看到的歌德》一书之批判
恩格斯著　曹葆华、颜一烟合译

第16期

1942年8月15日出版

星期文艺学园学员名单
延安星期文艺学园结束纪念特辑
献辞
——为延安星期文艺学园一年修业期满　萧　军
我反省
——星期文艺学园结束时我所要讲的话　高　阳
这一年　江　东
星期日　晋　驼
写在“星期文艺学园”结束的前一天　周民英
我忘不了　江　凡
礼拜天的生活结束了　苏　芃
我的第一个褓母　朱　轮
我获得些什么　陆　莹
不算纪念的话　陈雪民
“学园的结束是我们真正的开始”　钟纪明
种　左　干
最后的一课　杨士杰
日记摘抄　东方白
失踪　廉子真
一年来我们的收获　尤　淇
写在最后　雪　苇
独奏　高尔基遗著　曹葆华译
圣诞节故事
高尔基遗著　曹葆华译
欢迎国内外各民族民间的传说，故事、歌谣等稿件
最好的诗
马雅可夫斯基作　萧爱梅译
编后　编　者

第17期

1942年9月1日出版

文艺月评
和现实的步调一致
《解放日报》文艺栏七月份作品评介
《野草》的《题辞》　雪　苇
思想的暴君　高　阳
于一次“焚毁”底战斗中　韦　明
哥哥
——“我白天给家里干活，夜里给革命干活，你晓得吗？”这是他哥哥说的　石　秋
栖迟录（三篇）　萧　军
编后记

203 奔流文艺丛刊

简 介

《奔流文艺丛刊》，不定期刊，一九四一年一月十五日创刊于上海，“奔流文艺丛刊社”编辑、出版，上海文国服务社总经售。所谓“奔流文艺丛刊社”是指经办该刊的“孤岛”文艺工作者林淡秋、钟望阳、楼适夷、石灵（孙大珂）、林珏、蒋锡金、满涛（张逸侯）、洛蚀文（王元化）、蒯斯薰等，人员并不固定，也无正式组织，刊物的实际编者为林淡秋、石灵等。为应付“孤岛”租界当局的书报检查，刊物采用丛刊的形式出版，每辑更换书名，分别题名《决》、《阔》、《渊》、《汛》、《沸》、《激》。同年七月三十日第六辑出版后停刊，共出六辑。三十二开本。

《奔流文艺丛刊》以刊载文艺创作为主。六辑丛刊共发表小说二十六篇，杂文、短论、散文近四十篇。以短小的杂文、短论、散文形式评判“孤岛”形形色色的社会现象与文艺现象，构成刊物的鲜明特色。主要撰稿者除上述人员外，尚有柯灵、田青、越薪（束纫秋）、闻歌（辛未艾）、洛雨、宋扬等。

目　录

第1辑
决
1941年1月15日出版

大地的脉息（小说）　何　为
戆大（小说）　田　青
离（小说）　方晓白
知己（小说）　何辱谦
哈德齐·莫拉特（小说）　L.N.托尔斯泰作　什之译
土地（诗歌）　辛　劳
米在排字房里跳　荒　牧
朱亚之（散文）　叶　素
火种　索　耳
斗劲（报告速写）　吴　岩
纷扰（报告速写）　越　薪
冲破疲倦的关（短文一辑）　石　灵
从罗亭说起（短文一辑）　仇　山
从目莲记说起（短文一辑）　柯　灵
“君子之道”（短文一辑）　宋　扬
纪念托尔斯泰（短文二辑）　封　斗
重振杂文的关键（短文二辑）　辨　微
期望（短文二辑）　荒　田
“情感”（短文二辑）　闻　歌
给上海学校剧团的一个建议（短文三辑）　姚　克
方言演剧（短文三辑）　叶　尼
谈诗小札（短文三辑）　锡　金
诗谈（短文三辑）　列　车
论民族形式与阶级形式　蒋天佐
新兴木刻的创作谈　陈烟桥
编后

第2辑
阔
1941年2月15日出版

隔壁戏（小说）　林淡秋
平阿炳的平粜米（小说）　霍　亭
世家子（小说）　林　珏
争取批评（短论）　袁　明
批评的基准在哪里（短论）　万　殊
淡然抄（杂文）　野　客
送别L夫妇（杂文）　陆　寐
《海沫文谈》后记　天　佐
愤怒（诗歌）　有　础
年夜（诗歌）　辛　劳
冬风（诗歌）　洛　雨
南方之歌（散文）　司马文森
溪边（散文）　方　君
舵工老桂　洪　波
形式主义者（剧本）　克瓦斯尼茨基作　贺一青译
罪与罚（剧本）　淑雪兼柯作　金　人译
略论巴金的《家》三部曲（批评）　无　咎
辑外辑
　编者前记
　野马章　闻　歌
　来信　列　车

第 3 辑

渊

1941 年 3 月 25 日出版

在天堂的门外（剧本） 石 灵
拯救（小说） 杨 刚
钱念华（小说） 钟望阳
浪花里长大的（小说） 吴 岩
阿庚嫂（小说） 高 文
春日行（小说）
〔美〕约瑟芬·约翰生作 斯 曛译
“结论”（短文） 仇 山
关于批评问题（短文） 山 民
骨鲠二则（短文） 李 昂
“古已有之”（短文） 北 望
浮尘（散文） 柯 灵
《伟大的教养》再版题记（散文）
任 何
风车（诗） 芳 群
并不是奇迹（诗） 洛 雨
论批评的相对性与绝对性（论文）
史 笃
编后记

第 4 辑

汛

1941 年 4 月 25 日出版

苍茫（小说） 海 客
杨师（小说） 洪 波
一个朋友（小说） 晓 歌
老德才的遭遇（小说） 越 薪
阿昌（小说） 田 青
暴风雨之夜（报告） 应服群
后方（报告） 骆宾基
醉（诗歌） 白 曙
你在骗我（评与论） 宋 扬
仿续“立此存照”（评与论）
庄静观
从萧军的《侧面》看到的一侧面（评与论） 北 望
山地杂忆（散文） 朱城碧
孤军营（散文） 苗 埒
月夜（剧本） 吴 天

第 5 辑

沸

1941 年 5 月 30 日出版

上进（小说） 闻 歌
二等兵（小说） 柳 青
天下第一乐事（小说） 臧克家
民族的健康与文学的病态（论文）
佐 思
论潘莕莱耶夫的作品（论文）
〔苏〕戈 白作 金 人译
禁地（报告） 碧 野
内地文艺界的动态（报告）
东方明
永久的人性和小老婆（短文）
铁 夫
排斥“异端”（短文） 李 昂

光明人物与光明尾巴（短文） 章 菁
释磨炼（短文） 毕 罕
《交响》后记 克 笙
老黄河（诗） 邓 野
圣母像前（剧本） 梅朗珂

第6辑

激

1941年7月30日出版

渣（小说） 林淡秋
魇（小说） 吴 岩
幽灵（小说） 宣心照
路（小说） 方晓白
昆虫（小说） 高尔基作 袁水拍译
苦难（散文） 海 客
大和田廉及其他（散文） 殷 参
无题草（杂文） 邓一通
我控诉（杂文） 李 昂
“排斥异端”（杂文） 仇 山
雾罩下杂记（杂文） 王相祷
八尺楼随笔（杂文） 君 西
论A.托尔斯泰的历史小说（论文） ［苏］斐尔曹夫作 金 人译
向窗外（诗歌） 荒 牧
出城（诗歌） 芳 群
农歌（诗歌） 李尚智
斧斤集
意见的补充与辩解 毕 罕
旧事重提 义 禽
编后

204 中国文艺

简 介

《中国文艺》，文艺月刊，一九四一年二月二十五日创刊于延安，中华全国文艺界抗敌协会延安分会编辑出版，周扬主编。它的前身是《大众文艺》(据同年三月一日延安《文艺月报》“消息”栏)。仅出一期。十六开本。

《中国文艺》是创作、评论、翻译并重的大型文艺刊物。创刊时“皖南事变”刚刚发生，编辑部即刻草成《我们的抗议》，刊于卷首。它联络延安文艺界各方面的知名作家，并刊载他们的作品。文艺评论有周扬评介抗战文艺创作的论文，丁玲关于延安“文艺小组”活动的短论和周立波的《谈阿Q》。文艺创作有邢立斌、何其芳、贺敬之、荒煤、严文井、葛陵、姚时晓的小说、剧本。曹葆华、天蓝还译介了美国诗人惠特曼的生平与创作。刊物出版后，延安的《新中华报》、《解放日报》、《文艺月报》，晋察冀的《华北文艺》等报刊均有推荐，在延安和各根据地产生了较大影响。

目 录

第1卷 第1期
（创刊号）
1941年2月25日出版

我们的抗议 本刊编辑部
抗战以来创作的成果和倾向 周 扬
谈阿Q 立 波
什么样的问题在文艺小组中 丁 玲
夜景 邢立斌
叫喊 何其芳
生活 贺敬之
新的一代 荒 煤
小松鼠 严文井
宿处 葛 陵
走过的道路的回顾 寓特·惠特曼作 曹葆华译
欧洲 寓特·惠特曼作 天 蓝译
竞选 姚时晓

205 五十年代

简 介

《五十年代》，晋察冀边区出版的综合性文化月刊，一九四一年五月一日创刊，五十年代社编辑，何干之、沙可夫主编。第一卷出三期，由晋察冀日报社发行；一九四二年四月出版第二卷第一期，改为新华书店晋察冀分店发行，同期终刊。共出四期，十六开本。

该刊内容"包括文艺，哲学，教育，历史，政治，经济，自然科学等"（创刊号《编后记》）。成仿吾以《五十年代》为题写的"代发刊辞"指出："《五十年代》就是要记录中国的人民大众在这一个伟大时代的巨大斗争，反映中国人民在这一时代的战斗的生活，积极参加中国的新文化与新艺术的创造。同时《五十年代》也将是我们研究各种问题，提高自己的工具。"文艺内容在刊物中占有较大比重。其中文艺评论方面，沙可夫针对当时边区的"民族形式"讨论翻译了《列宁与文学遗产问题》的论文，被称为"最及时的指南读物"（1941年7月5日《晋察冀日报》）。丁里的《秧歌舞简论》和冯宿海的《再论秧歌舞》，反映了边区秧歌问题讨论中的分歧，后者代表否定民间秧歌的错误观点和倾向。何干之发表的《鲁迅的方向》等四篇论文，是抗日民主根据地研究鲁迅的重要成果。文学创作以诗歌、小说、报告文学为主。田间的长诗《铁的子弟兵》，抒写人民军队的抗战业绩，是根据地和作家本人长篇叙事诗创作的较早尝试。孙犁的短篇小说《邢兰》、《女人们》，描写敌后妇女的精神风貌，初步显露出作家小说的抒情特色。其它如杨朔的小说《盐场》、《风暴》和周而复、康濯、丁克辛的报告作品，虽然艺术上比较幼稚，但写的都是敌后工农兵的生活和斗争，并初步表现了新人的成长。

目 录

创刊号

1941 年 5 月 1 日出版

五十年代（代发刊词） 成仿吾
鲁迅的方向
——鲁迅研究草稿之一
何干之
列宁与文学遗产问题
M.魏丹松作 沙可夫译
短 论
文化人的控诉 干 之
以战斗的精神迎接战斗的五月
克 夫
比例的颠倒 鲁 人
易卜生在中国 何 洛
心理描写杂谈 韩 塞
现实·反映现实 一 田
创 作
铁的子弟兵（长篇叙事诗）
田 间
邢兰 孙 犁
平常的故事 张春桥
革命的爱 丁克辛

鲁迅先生（木刻） 秦兆阳
秧歌（木刻） 田 宁
封面设计 秦兆阳
编后

第 1 卷 第 2 期

1941 年 6 月 1 日出版

战时大学
——华北联合大学的创造
江隆基
秧歌舞简论 丁 里
关于文艺批评 周巍峙
从一个村庄看一个边区（农村调查）
杨伯箴
短 论
无米也无文化 鲁 人
五十年代从石头记说起 干 之
有害无益的嫌恶 金 生

中国和中国人的镜子 何干之
关于列宁《唯物论与经验批判论》
〔苏〕尤 琴作 沙可夫译
创 作
铁的子弟兵（续完） 田 间
盐场 杨 朔
女人们 孙 犁
破路（木刻） 沃 渣
在囚狱中的青年（木刻） 焰 羽

第 1 卷 第 3 期

1941 年 11 月出版

关于恩格斯
恩格斯与军事科学 真理报
恩格斯与俄国革命 真理报

附言　干之
关于列宁的《唯物论与经验批判论》　〔苏〕尤　琴作　沙可夫译
再论秧歌舞　冯宿海
鲁迅的文艺论　何干之
创　作
风暴　杨　朔
在天津　金肇野
东团堡的残阳　周而复
牧羊人（木刻）　田　零
后记

第2卷　第1期
1942年4月出版

农村调查的方法　何干之
陈庄的工商业（调查报告）　法政研究室
边区市场洪子店之一瞥　调查研究室
沃渣的木刻及其他　丁　里
演员与典型　崔　嵬
杂　感
旧八股　隐　公
极端相通　金　生
一纸两面用　微　丁
列宁的《帝国主义论》与战后资本主义问题　〔苏〕E.瓦尔加作　沙可夫译
鲁迅与古文学　何干之
代县城的冰雹　康　濯
一个排的诞生　丁克辛
编后（三则）　编　者

206 华北文艺

简 介

《华北文艺》，文艺月刊，一九四一年五月一日创刊于晋东南辽县麻田村，华北文艺社编辑，蒋弼主编，编委有林火、陈默君、张秀中、乔秋远、袁勃等，由当地新华书店出版发行。一九四一年十月一日出至第一卷第六期停刊，共出六期。小三十二开本。

该刊是中华全国文艺界抗敌协会晋东南分会主办、在晋冀豫根据地较有影响的文艺刊物。发刊词《我们的愿望》阐明文艺创作着眼于“华北抗战生活的反映”，期望“创作水平逐渐提高”；并表示致力于“基本文艺理论的介绍，新民主主义现实主义的探讨，民族形式的寻求与创造”，即表明了创作与评论并重的方针。文艺作品以短篇小说和诗歌为主，间登报告、特写、人物素描等。谢挺宇、洪荒（阮章竞）、石蕾、王韦等的小说，袁勃、王博习、高咏、田间、朱穆之等人的诗歌，反映了日本侵略者的野蛮暴行和华北军民的抗日斗争。报告作品虽少，却为民族战争中成长的新人和英雄留下了真切的“素描”。该刊所载文艺评论，有徐懋庸探讨艺术与政治关系的论文，有张香山关于“新典型之发掘”的短论，更多的是关于“民族形式问题”的讨论文章。这是毛泽东在《中国共产党在民族战争中的地位》中提出“民族形式”问题以后，在晋东南文艺界引起学习的成果。蒋弼、张秀中、刘备耕、流焚等写的论文比较突出。这些论文和这次讨论对当地文艺的发展起到了一定的推动作用。

目 录

创刊号

1941年5月1日出版

我们的愿望 本 社
“我要做公民”（小说） 子 之
“良民证”（小说） 李 庄
侮辱（小说）
〔苏〕E.Gabrilovich作 宜译
关于文艺的民族形式（论文）
蒋 弼
谈谈文艺的民族形式（短论）
流 焚
群众是我们的导师（短论） 野 蓟
上海诗歌工作者给全国诗友的信
许幸之等
黑夜与少女（诗） 袁 勃
拦牛人的故事（诗） 王博习
一颗新种（悼莫治同志）（诗）
展 潮
羊圈（诗） 曼 晴
流浪在西北高原的小商人（旅行散记） 秋 远
更结实了（人物素描） 叶 枫
广播十则 记 者

第1卷 第2期

1941年6月1日出版

列宁的高尔基论 塞维林作 以 群译
瞿秋白与中国新文学 张秀中
小林（小说） 张 戎
粪（小说） 赵海谈
秃则的故事 王 韦
思想·人物·语言 蒋 弼
挂彩的手榴弹（报告） 伯 韦
布将尼的故事
乌塞伏洛夫斯基作 葆 荃译
馍馍（素描） 洛 丰
年轻的战士（诗） 陈 再
除夕（诗） 徐 明
暴风雨（诗） 蒲 火
作家与大众（木刻画） 工 柳
广播六则 记 者
编后记 编 者

第1卷 第3期

1941年7月1日出版

论艺术与政治的关系（论文）
徐懋庸
七月和水手（短论） 流 枫
新典型之发掘（短论） 张香山
民族形式，现实生活（短论）
刘备耕
我们要批评（杂感） 蒋 弼
八路军又回到咱们村子上来了（诗）
田 间
民主，像初升的太阳（诗）
张秀中
拓荒（诗） 朱穆之

夜半，我们静悄悄地走过（诗） 王衍铎
血债（诗） 路 庚
“肥料”（散文） 黄 葵
文化线上（忆雾重庆·报告） 高 咏
十万套是怎样完成的（工厂生活·报告） 白 苏
年青的县长（特写） 孟 奚
爸爸给打死啦（小说） 谢挺宇
改变（小说） 洪 荒
头一个礼拜天（工厂文艺） 江 萍
介绍一本漂亮的书（书报评介）——《不走正路的安德仑》 大 明
“开会去!”（木刻） 韵 波
广播三则 记 者
编后记 编 者

第1卷 第4期

1941年8月1日出版

关于创作实践的几个问题 袁 勃
展开自由讨论（短论） 默 君
关于“民族形式的主体”（短论） 张秀中
朱占魁的故事 赵守攻
舅舅的不幸（小说） 石 蕾
电线杆子（小说） 罗 林
第二颗子弹（叙事诗） 陈 陇
歌唱晋冀豫（诗） 高 咏
我永远欢笑的歌唱（诗） 荒 沙
咱们的总司令（诗） 鲁亚夫
儿童团员站岗（诗） 巴 丁
悼光荣的死者（诗） 司马达
太行山的母亲（报告） 孔 方
交代之前（速写·习作） 砂 砾
郭二孩回家后（速写·习作） 苏 群
我们为什么要公演《巡按》 铁 耕
封面木刻画 在 青
广播一束 记 者
编后记 编 者

第1卷 第5期

1941年9月1日出版

特 辑

中华全国文艺界抗敌协会晋东南分会第二届全体会员大会宣言
我对于华北敌后文艺工作的意见 徐懋庸
团结的旗帜（特写） 高 咏
朱占魁的故事（续完） 赵守攻

小 说

到彰德府去 辞 条
“解放” 铃 子
一千〇三号魂灵 赵 文

《我的毒舌》（随感） 张香山

诗

二十二个 蒲 火
俺还要活下去 江 横
麦场上 戈 马
太行山之歌 孟 奚

逃（散文） 黄 葵
参观了《鲁艺美展》之后 张秀中
木刻连环画刘二堂 雷 力
广播五则
文协晋东南分会启事
编后记 编 者

第1卷 第6期
1941年10月1日出版

鲁迅先生逝世五周年纪念特辑

纪念鲁迅先生并谈当前文艺运动的二三偏向 流 焚
学习鲁迅的战略战术 徐懋庸
《孔乙已》 蒋 弼
怀鲁迅 铁 耕
鲁迅，周作人 张香山
《生命》与《路》 高 咏
鲁迅，活在人心里 秋 远
随感一二 默 君
想起鲁迅先生 齐 语
鲁迅先生与新文学 张秀中
鼓励（短评） 袁 勃
大爹（小说） 王 韦

诗

夜行曲 鲁 藜
巴斯布隆的姑娘 K K
礼物 罗 林
垃圾两章 蒲 史

打雕鹗（战斗故事） 金肇野
关于木刻的民族形式 华未更
鲁迅工作公约（延安鲁艺制订） 记 者
广播五则 记 者
鲁迅像（木刻） 封 面

207 时代文学

简 介

《时代文学》，文学月刊，一九四一年六月一日创刊于香港，周鲸文、端木蕻良主编，香港时代批评社发行，时代书店总经售。一九四一年九月一日出至第一卷第四期停刊，共出四期。二十四开本。

“皖南事变”后，大批文化人聚集于香港。《时代文学》便是依靠这批旅港作家和当地作家创办的大型文学刊物。编者将“争取民主的实现”作为文艺斗争的重要任务（创刊号《后记》），显示了刊物的进步倾向。内容偏重创作和翻译。杂文、随感在创作中占有重要地位。编者借用鲁迅生前试拟的杂文集分类名称——“人海杂言”、“荆天丛草”作为杂文栏题，发表了三十余篇体式不同的杂文，颇有“鲁迅先生的杂文之‘杂’”（创刊号《后记》）。这些作品针对香港和国统区的现实，喊出了“民主和人权”的呼声。小说、诗歌、报告作品，多数也以现实生活为题材，具有相同的思想倾向。另外还登载过抗日民主根据地作家的作品，如刘白羽、雷加的小说和丁玲推荐文学新人的文章等，在当地产生了积极影响。刊物的翻译介绍比较广泛，既有美、英、俄、德、法、印度、日本等资本主义国家的进步文学，也有当时苏联的社会主义文学。这对冲破香港殖民地文化的长期禁锢起了一定作用。主要撰稿者有巴人、茅盾、萧红、端木蕻良、绀弩、周钢鸣、以群、章泯、东方亮等。

目　录

第 1 卷　第 1 期
（创刊号）
1941 年 6 月 1 日出版

画　刊
鲁迅先生造像（木刻）　荒　烟
鲁迅夫人景宋先生和海婴公子（摄影）
景宋先生手迹
收获（木刻）　荒　烟
民主和人权　端木蕻良
人海杂言·荆天丛草
还须阔大　巴　人
一种嘴脸　行　夷
调寄西江月　红楼内史
“白光的诱惑”　倪朔尔
“可怜的秋香”　度曲郎
救火三昧　庄　生
楹联大观　东方亮
春末闲谈　阮　咸
姑恶篇　陶栗里
大火中的一景　野　马
“醒世姻缘”　蒲梅龄
西班牙怀古诗　拜　伦作　韦　佩译
发财与吃苦（随笔）　陆　穽
论中国文学运动的新现实和新任务　华石峰
这不过是第一个晚上　林淡秋
一家　方晓白
这样微小的事（特写稿）　史沫特莱作　翟咏徽译
安妮·史沫特莱（特译稿）　〔美〕V.莱西克作
　史沫特莱造像·史沫特莱签名式
七里松之冬（中篇创作）　史　五
文学草原
感觉得太少了　杨　刚
牛　霍　亭
两兄弟　〔德〕海　涅作　刘亚盛译
诗　〔印〕泰戈尔作　S.S.译
绿洲　〔法〕圣代克茹贝里作　望　舒译
论文学的形象　〔日〕本间唯一作　林焕平译
苦芹亭诗抄
　赠华君
　过河偶感有赠
　赠静农
　哀迅师
文学往来
后记

第 1 卷　第 2 期
1941 年 7 月 1 日出版

人海杂言·荆天丛草
陪都空气大惨案（新制时调鼓词）　萝松窗
阿 Q 正名启　代　代

一个对联　东方亮
逃得出奇　燕　青
素王赞　度曲郎
救救青年　黑　白
侨居杂记（“传奇”的复活）巴　人
大题小解（随感）　茅　盾
　茅盾先生造像
　茅盾先生手迹
翻译两章：
　创作和战争（论文）
　　巴比塞作　柳无垢译
　巴比塞·和平的战士
　　李沙拉加作　柳无垢译
火车头（诗）　火　石
戏院中（小说）　艾　芜
太阳（小说）　刘白羽
一个小兵的故事（报告）　以　群
最后胜利以后（小说）
　　史沫特莱作　自　然译
艺术家和人
　——高尔基的两重伟大
〔苏〕A.阿涅克斯脱作　葛一虹译
　高尔基造像
普希金生平
　〔苏〕吉尔波丁作　萧敏颂译
　普希金埃及之夜插图（木刻）
　普希金夫人造像
　普希金短篇《驿站》插图
论艺术的概括（论文）　周钢鸣
　一、艺术创造的过程
　二、作为战斗的思想方法底艺术概括
　三、作为典型创造的艺术概括
　四、作为艺术表现总合的方法的艺术概括
小城三月　萧　红
抚恤金（独幕剧）　章　泯
苦芹亭诗抄：
　赠人　云顶山口号
　有赠　中灯忆母
　悼寒冰　悼范筑先
大时代（长篇小说）　端木蕻良
漫谈伪满傀儡文艺　邻　江

第1卷　第3期

1941年8月1日出版

萧红女士《生死场》插图之一（木刻）
　荒　烟
天界（随感）　绀　弩
人海杂言·荆天丛草
突出的战士　彤　管
烧饼歌　李淳风
涸池之鲋　韩　康
“家丑不外传”　浪　波
孤愤诗二首　红楼内史
随笔二则　何家槐
无花的玫瑰　鹰　隼
“民道语”　深　恩
纪念人民诗人莱蒙托夫逝世一百年
　葛一虹

莱蒙托夫诗三首　　葛一虹译

海船

当黄裸麦田

生命之杯

南国的一天

开张　　养　志

王燕夫妇　　章　千

荷塘——抗战的乡村　　容紫燕

我的朋友——小偷　　炯　子

南国的一天　　曾子敬

到香港的那一天　　李廉俊

香江之夜　　老　木

帽子（短篇创作）　　雷　加

关于雷加（介绍，手迹）　　丁　玲

在中国的一年

〔苏〕R.卡尔曼作　戈宝权译

游击队的军事法庭

〔美〕史沫特莱作　翟咏徽译

普希金生平

〔苏〕吉尔波丁作　萧敏颂译

山（散文）　　陈　畸

阴郁的书简（诗三首）　　刘火子

在苏联的《竹取物语》和《枕草纸》

〔日〕八住利雄作　林　林译

《在俄罗斯谁能快乐而自由》（书评）

零　零

大时代（长篇小说）　　端木蕻良

机械士的手（特载稿）　　伯　修

纸篓琐记　　端木蕻良

战争与艺术　房　龙作　白　梅译

第1卷　第4期

1941年9月1日出版

高窗（诗）

〔日〕西泽隆治作　赵蔚青译

人海杂言

慰藉篇　　中　散

金瓶梅时代　　杜　鹃

哈梦雷特　　文　抄

老爷和羊　　山　水

是月也　　袁正罡

士大夫篇　　大　顿

纪念九一八

给流亡异地的东北同胞书

萧　红

秋天（诗）　　东　人

高粱红了的日子（小说）

董　圻

高粮晒红米的时候（诗）　　浣　花

忆吉林（散文）　　邻　江

辽东女子柳碧诗秋风曲四首

南国的一天

报人的生活（报告）　　纪　氧

南国之夜（报告）　　黎国雄

愤怒的日子（报告）　　李　坚

愁惨的一天（报告）　　叶　明

苏联文学专辑

乳母与教师——关于俄罗斯文学

夏　衍

在顿州（小说）

〔苏〕萧洛霍夫作　曹靖华译

洗衣妇病倒了（小说）

戈尔巴托夫作　宜　夏译

列宁论艺术及其对于西欧艺术家的影响　谷　兰译

列宁论艺术

〔苏〕V.庞区-勃鲁维特区作

列宁论纪念碑底宣传

〔苏〕A.V.卢那卡尔斯基作

列宁对于西欧艺术家的影响

〔丹麦〕M.A.纳克舍作

苏联的历史小说

A.柯恩作　章　泯译

一个苏联电影名演员的工作态度（苏金对《列宁在一九一八年》的剧本的修改工作）

尼·莱比杰夫作　禾　康译

苏联戏剧学校剪影

〔美〕T.艾狄斯作　文　芝译

大时代（长篇小说，三续）

端木蕻良

时代文学·文学发凡

关于浪漫主义的文学　以　群

普希金生平　萧敏颂译

苦芹亭诗抄（无题近作）

时代文学画刊

苏联戏剧《土地》舞台面之一（摄影）

苏联戏剧《土地》舞台面之二（摄影）

安娜·卡列尼娜插图之一（木刻）

毕斯卡莱夫作

安娜·卡列尼娜插图之二（木刻）

毕斯卡莱夫作

U.辛克莱反法西斯演说告欧洲沦陷区的人（附：辛克莱致萧红短简，原文）　李　琳译

旧历年的除夕（报告）　洪　波

208 诗创作

简介

《诗创作》，月刊，一九四一年六月十五日创刊于桂林，胡危舟、阳太阳、陈迩冬编辑，诗创作月刊社（李文钊任社长）发行，上海杂志公司总经售。同年七月十五日第二期起改为胡危舟、阳太阳编辑。一九四二年九月二十日第十四期起，改由桂林三户图书社总经售。一九四三年五月出至第十八期终刊，共出十八期，前四期是二十四开本，第五期以后改为十六开本。

该刊是抗战时期国统区较有影响的诗刊，创作、翻译、评论并重。李文钊写的代创刊词《诗底时代》强调“剧烈的民族解放的斗争”对新诗发展的推动作用，号召诗人把握住时代，“勇敢地，积极地，精审地努力创作”。刊物吸引并团结了国统区大批作家，也发表了根据地不少诗人的作品。作品形式多样，有叙事诗、抒情诗、朗诵诗、民歌体小诗、散文诗、诗剧等。内容多以抗战现实为中心，抒写人民的生活和愿望。刊物的翻译介绍，视野较为开阔，国外许多著名诗人，如俄罗斯苏联的普式庚、莱蒙托夫、伊萨柯夫斯基、涅克拉索夫、雪夫兼珂、江布尔、玛耶可夫斯基，英国的拜伦、雪莱，法国的雨果、法朗士，德国的海涅、贝歇尔，美国的惠特曼，以及日本、波兰、捷克等国近代诗人，都做过介绍或翻译过他们的代表作。这在艰苦的战时环境中扩大了诗人和读者的眼界。此外，刊物还注重诗论诗评，有关新诗美学问题和创作问题的探讨、诗人诗作的研究，对推动战时新诗的发展起了一定作用。主要撰稿人除编者外，有臧克家、彭燕郊、黄药眠、徐迟、绿原、方然、郑思、伍禾、辛劳、韩北屏、孟超、苏金伞、王亚平、楼栖，以及根据地诗人艾青、田间、贺敬之、厂民（严辰）、郭小川、公木、李雷、魏巍等。

目　录

第 1 期

1941 年 6 月 15 日出版

诗底时代　李文钊
忧郁的歌　郑　思
哭泣　郑　思
过故居　伍　禾
月夜渡湘江　穆木天
寄给北方的友人　黄药眠
红布　胡明树
第一个　廖炳辉
河岸　王晨牧
衡阳城中　王晨牧
大地之恋　甦　夫
我写韦弟　张　煌
泾水之滨　陈适怀
报人的倒下　李育中
荒芜的城　姚散生
恋歌　姚散生
骑士的歌　姚散生
母亲们　万　章
假如你还不愿死　菲　北
新生的颂歌　韩北屏
塔　黎焚薰
星　婴　子
旅行篇（二章）　周　为
熟悉的脸　安　塞
窗　徐　灵
奇怪的孩子　流　萤
鹡鸰鸟　阳太阳
编后杂笔　舟
封面设计　余所亚

第 2 期

1941 年 7 月 15 日出版

正午（长诗）　彭燕郊

山城诗草

大街　伍　禾
马戏团　伍　禾
雨季的郁闷　郑　思
香港小姐　胡危舟
搥石的孕妇　胡危舟
时与生的合奏（散文诗）　孟　超
列车　麦　青
十月　贺敬之
担柴　剑　冰
邕宾路上二题（外一章）　严杰人
走南流江　婴　子
午　葛　兮
鹰的歌　江　怀
追悼之歌　陈子秋
红枣的故事　赵　锋
船　郭　风
桂林初夏　何　嘉
奴隶（译诗）
J.奥宾海姆作　周　行译
关于 A.柴芮泰里（译文）
〔苏〕N.罗斯托夫作　庄寿慈译

阿三（长诗） 郑笛华
初征的兵 阳太阳
编后杂笔 舟
封面画 余所亚

第3、4期
1941年9月18日出版

罪恶的金字塔 郭沫若
秦穆公墓 S.M.
那些工人（朗诵诗） 田间
我们过着夜生活 荷子
一个无线电技佐 高岗
诗的形式 艾青
诗的话（诗论） 钟敬文
长诗六篇
半裸的田舍 彭燕郊
收获期 S.M.
饥饿 司马文森
夜店 郑思
给造蜡烛的诗人 王亚平
梦 阳太阳

S.米卡尔考夫（译文）
〔苏〕伊凡太作 焦菊隐译
蜜蜂·挽词 童晴岚
雨夜 雷蕾
小诗三章 张煌
新生 方家达
运河里的水 远征
蚕期 远征
邮讯 艾烽
金牙齿老七 胡危舟
译诗
我们的死者们
V.雨果作 穆木天译
一九〇五年莫斯科
N.郝赫洛夫作 荒弩译
港岸 坂井敬二郎作 胡成之译
被俘的战士
莱蒙托夫作 葛一虹译

编后杂笔 编者
封面设计 余所亚

第5期
1941年11月5日出版

鲁迅氏的旧诗（作品研究） 木犀
“九一七”十五周年 冯玉祥
神翼集（诗辑） S.M.
西北一天 曹葆华
让影子向着光明狂舞吧（长诗）
黄药眠
十月 朱子奇
敢死队员 田间
村庄被朔风虐待着 彭燕郊
即兴诗二首 袁水拍
垦殖者之什（诗辑） 胡拓
不死的悲哀 顾尼
窑洞及其他（长诗） 厂民
蔬菜吟 韩北屏

苏联诗歌的发展（译文）
A.赛列万诺夫斯基作　何家槐译
恶梦的诗（长诗）　高　岗
昨天与今天　林　山
一切在沉默着（散文诗）　枫　林
失去（散文诗）　婴　子
诗的话（续一）　钟敬文
库兹纳特斯克建设底故事（译诗）
玛耶可夫斯基作　庄寿慈译
现在的一秒钟　灰　马
这世纪的风　严杰人
秋　晏　明
我们，我们的时代，二十世纪（译诗）
［德］贝歇尔作　焦菊隐译
惠特曼诗三首（译诗）　陈适怀译
短芽三章　王晨牧
两栖类　胡明树
湘江夜渡　艾　烽
扬子江的北岸（长诗）　洁　泯
读艾青底——　S.M.
呵，垃圾堆啊　胡危舟
编后杂笔　舟

第 6 期

1941 年 12 月 15 日出版

祝福郭沫若诗人

与沫若在诗歌上的关系　田　汉
奔放的感情，缜密的头脑　宋云彬
在风暴中微笑吧　穆木天
五十之颂　孟　超
一个世纪的二分之一　韩北屏
金刚坡下（诗剧）　胡危舟
荷叶的梦　S.M.
火（长诗）　郑　思
生活（诗辑）　艾　漠
路　白　莎
风由北方吹来　姚　奔
战马（长诗）　辛　劳
贫农的悲哀　又　然
谈诗二则（书柬）　锡　金
越狱及其他（诗辑）　绿　原
车及其他（诗辑）　邹荻帆
听呵·中国在响　李满红
上海的诗人行列（通讯）　邓侠文
故乡　杨云琏
墙之歌　严小章
悔与镜　郭弼昌
重庆！（长诗）　曾　卓
巨树的拆倒　罗　冈

不准侵犯苏联

中国诗歌界致苏联诗人及人民书
列宁城的广播　塔斯社译
莫斯科依然雄壮地举着红旗
焦菊隐
援助苏联、扑灭纳粹　孟　超
不准侵犯苏联　欧阳凡海
秋天的儿子　黄宁婴
中国人民之歌　王亚平
枕木·列车　楼　栖
江南敌后诗抄（诗辑）　马　华
小宽（长诗）　伍　禾

山城小诗（诗辑） 胡　拓
锡矿山的子民 伍棠棣
走 何易华
骡群外一章 菲　北
夜之歌 枫　林
寒冷的日子 长海滨
编后杂笔 舟

第 7 期
翻译专号
1942 年 1 月 20 日出版

欧根·奥尼金
〔俄〕A.普式庚作　甦　夫译
开会迷　玛耶可夫斯基作　魏伯译
好和不好
玛耶可夫斯基作　庄寿慈译
且尔克斯之歌
莱蒙托夫作　茜　北译
恶魔　莱蒙托夫作　赵蔚青译
浮云　莱蒙托夫作　赵蔚青译
当田野间黄色的麦苗
莱蒙托夫作　之　汾译
孤帆　莱蒙托夫作　之　汾译
边防军与女
M.以沙可夫斯基作　陈　亦译
在莱蒙托夫纪念碑前
海塔古洛夫作　赵蔚青译
无题　海塔古洛夫作　赵蔚青译
哀恸　海塔古洛夫作　赵蔚青译
摇篮歌　海塔古洛夫作　赵蔚青译
达拉斯·雪夫兼珂评传
A.尼罗夫作　陈　原译
遗嘱　雪夫兼珂作　陈　原译
在茅棚旁边　雪夫兼珂作　陈　原译
我在异国人中间生长
雪夫兼珂作　陈　原译
快活的日子啊！
雪夫兼珂作　陈　原译
如果你知道　雪夫兼珂作　陈　原译
我不感伤　雪夫兼珂作　陈　原译
梦　雪夫兼珂作　陈　原译
商人队之歌　江布尔作　李　葳译
失眠之夜
N.涅克拉索夫作　孙　用译
情书　A.柴芮泰里作　赵蔚青译
总清算之歌
〔德〕J.R.贝赫尔作　焦菊隐译
骑士之歌　赫尔威格作　周学谱译
德国人的莱茵
贝赫尔作　周学谱译
德意志　海　涅作　周学谱译
起来罢，同胞
克尔纳作　周学谱译
春天　华格纳作　周学谱译
献给母亲　海　涅作　周学谱译
致失败者
〔美〕W.惠特曼作　陈适怀译
诗底语言与民众
〔法〕A.法朗士作　静　闻译
爱劳的坟地　V.雨果作　穆木天译
《诗学》抄　波洼罗作　秋　子译

告春来莫斯科河之流冰
〔日〕秋田雨雀作　明　树译
尘埃中　最上二郎作　秋　子译
出狱的朋友　最上二郎作　秋　子译
外人指导所　最上二郎作　秋　子译
在百货公司　南龙夫作　秋　子译
被卖去的女儿　南龙夫作　秋　子译
探访亡友的家庭
南龙夫作　秋　子译
小市民　南龙夫作　秋　子译
近代诗中的辞藻问题
〔英〕C.D.莱威士作　朱维基译
给国际纵队
〔西〕R.阿尔培特作　黄药眠译
莲娜峨登娜
L.瓦列拉作　黄药眠译
看，那些士兵
F.V.拉摩作　黄药眠译
人民的队长
M.阿尔托拉格尔作　黄药眠译
给费塔里科
E.帕拉多作　黄药眠译
编后杂笔　舟

第8期
春季特大号
1942年2月20日出版

黎明　何其芳
我们的队伍　厂　民
塞外杂吟（诗辑）　庄启东
旅馆夜　方　敬
在这边，呼唤着（长诗）　彭燕郊
短文三章
祝（写给《诗刊》）　艾　青
诗的语言和典型人物的创造
王亚平
猜谜吗?　闻　歌
散歌　孙　滨
磨房　剑　冰
一个声音　小　川
红萝卜　征　军
由诗剧说到奴隶制度（书柬）
郭沫若
诗的话　钟敬文
母牛　立　方
我们和春天竞赛（诗辑）　夏　蕾
《有一个残废的瞎子》（长诗）
焦菊隐
绿色外二章　方　殷
这里　索　开
馈　芦　荻
空街　陈迩冬
原上草　胡明树
水　公　木
为死难将士的母亲们歌唱　倪　明
伊甸园外（诗辑）　严杰人
两瓣芙蓉花　朱　军
望春草五题　陈迩冬　芦　荻
江　篱　方　言
《最强音》评介　韩北屏

译诗的事　胡明树
消灭纳粹党徒（长诗）　阳太阳
西风歌〔英〕雪　莱作　李　雷译
近卫兵〔德〕海　涅作　吴伯箫译
赫尔德林的诗（论文）
〔奥〕S.支维格作　陈占元译
另一英雄之死
〔英〕Aldington作　万湜思译
约翰慕尔爵士的葬礼
〔爱尔兰〕C.窝尔夫作　孙　用译
工厂　〔保〕M.流冰作　魏荒弩译
民众的号手（论文）　陈　原译
德国流亡作家诗抄　居　甫译

普式庚一〇五年祭

论《欧根·奥尼金》　庄寿慈译
我为自己竖起一座丰碑
普式庚作　唯　楚译
诗人　普式庚作　黎焚薰译
再见，多情的槲木林
普式庚作　黎焚薰译
恋歌　普式庚作　奚普译
致爱尔维娜　普式庚作　奚普译
编后杂笔　舟

第9期

1942年3月25日出版

小诗七辑

低吟五章　S.M.
花朵集　绿　原
长白山森林的故事（谣歌）徐　迟
骑马的夜及其他　扬　禾
山野偶得　孙艺秋
旅行者的诗章　王晨牧
学诗五章　洪　遒

普式庚——俄国文学的创立者（译文）　I.卢波尔作　吕　荧译
扬卡·库巴拉（译文）
E.马索夫作　李　葳译
抒情二章　罗　冈
旅途中　戈　茅
新的电线杆·黄昏　苏金伞
年青人的影子　黄宁婴
诗论八题　吕亮耕
读诗杂记　张　煌

长诗三篇

哀歌　李　雷
纵横的构图　周　为
岛国的世纪梦　楼　栖

孩子与驾驶员（译诗）
Y.库巴拉作　李　葳译
裤中的云（译诗）
马耶可夫斯基作　林　啸译
一封使编者受过的信（来件）
孟十还

第10期

1942年4月30日出版

飓风（长诗）　许幸子

行进，歌唱（长诗） 绿 原
断章诗抄 戈 茅
边疆的路 白 莎
遵守国民公约（长诗） 林 采
骡夫 邵子南
灯 施 旸
眼镜 厂 民
我是又回来了——我底乡村 胡 拓
五个鲜血淋漓的红字 S.M.

诗论及其他

《朗诵手册》选抄 徐 迟
论诗的自然及其他 林焕平
诗的情感 王亚平
新诗的新美学 臧云远
《捧血者》后记 辛 劳
秋风吹着秋叶 安 娥
小诗四首 袁水拍
图拉B字河流上的战斗（外一章） 晦 晨
义侨逃亡曲 林焕平
在南方霉雨的季节 麦 青
你太看扁了我 苏金伞
我的芦笛在那里 王晨牧
乌江 因 蒜
疲 夏 日
再见罢！乡河的姑娘 云 天
阳光礼赞 高 天
杂小诗十首
林焕平 绿 原 胡 拓
徐 沐 紫 烟 黄 云
徐 明 刘振典 陈 时
唐 然

惠特曼五十年祭

窝尔特·惠特曼
高村光太郎作 静 闻译
布尔乔亚诗之选手惠特曼
中野重治作 余人可诒译
走过的道路的回顾
W.惠特曼作 曹葆华译
反叛之歌（二首）
W.惠特曼作 天 蓝译
惠特曼诗四章 陈适怀译

现代英国诗抄 邹绿芷译
我的祖国
〔英〕T.戴维斯作 吴奔星译
编后杂笔 舟

第11期
长诗专号
（无出版时间）

他也要杀人 田 间
赌博（长诗《溃灭》代序） 艾 青
春耕 厂 民
草原故事 戈 茅
小红痣 征 军
一代一代又一代 徐 迟
南方 周钢鸣
永远的星辰 孙艺秋

黑旗　陈迩冬
悼　方然
鹰之妻　韩北屏
路　薏冰
后方夜曲　芮中占
棺材　戈茅

翻译

傍一八一三年在浮杨汀修道院所经过的事情　V.雨果作　穆木天译
大森林中的小站　B.洛西享作　丘琴译
蒙虎皮的武士　福斯大凡里作　李嘉译

第12期

1942年7月25日出版

范筑先（五千行长诗上）　臧克家
阿拉川之歌　A.M.
牛车队　逢美
晨晚二唱　莫洛
这他妈的轻伤就下火线　田间

呈给诗人节

论屈原的诗　黄药眠
关于陶诗　方然
不降的兵　鸥外鸥
一个冷嘲　李满红遗作
没有太阳的日子　白莎
我得告诉你呀！　鲁莎
种树　魏巍
写给合作社和社员的诗　高岗
煤矿夫　孙望
歌　张大旗
俄罗斯的“严寒”和希特拉（外一章）　任钧

三个诗辑

垦殖季　蔡月牧
昆虫篇　丽砂
编辑室小唱　高天

诗和生活（论文）　伍辛

翻译

巴夫洛·铁钦拿　莱美作　徐洗尘译
巴夫洛·铁钦拿诗　陈原　洗尘译
扯旗〔波兰〕拉丁斯基作　海山译
二马　江布尔作　李葳译
苏联儿童诗　S.玛察科作　张惠宜　张兴文译
现代英国诗抄　邹绿芷译
孤岛诗讯　海语
封面　阳太阳

第13期

1942年8月25日出版

人质〔波兰〕拉丁斯基作　海山译
星与花　厂民
旷野篇　李雷
母亲底歌　陈残云

眼睛都睡红了（外一章） 苏金伞
灯花边的梦 郑 思
我们班里的花 魏 巍
爹娘·我 立 方
路 逢 美
原野怀思集 方 然
泥泞 孙艺秋
蓝色的天空小集 李满红遗作
灯市夜 蔡月牧
画题三首 胡危舟
论贫乏与摹仿 方 然
不能作为诗论的诗论 方 殷
新诗短话 胡危舟
纪念太戈尔 静 闻
亚当·梅基卫斯 霍 薇译
忆A.马夏多 李 葳译
西班牙的呼唤 李 葳译
二兵士的歌
I.R.贝赫尔作 邹绿芷译
雪 〔波兰〕A.主泼令斯卡雅作
宋 玳译
矿工 〔捷克〕柏兹鲁支作
魏荒弩译
我完成我底三十六岁
拜 仑作 长海滨译
范筑先（五千行长诗 中） 臧克家

第 14 期

1942 年 9 月 20 日出版

四年读诗小记 胡 风
诗底感情 伍 辛
新诗短话（续一） 胡危舟
初夏的歌 白 原
哭满红·镰刀及其他 孙艺秋
江隄·山民 厂 民
诗二章 高 岗
甘地的肚 鸥外鸥
秋收小调之什史 轮、魏 巍、张 锋
在秋天的曲江城（外一章） 王晨牧
田地的花朵 艾 烽
归国谣 陈迩冬
鄂尔多斯草原 谷 风
一个不做法事的和尚（翻译长诗）
莱芒托夫作 邹 绛译
关于《一个不做法事的和尚》
邹 绛
华尔特论惠特曼 菲 北译
她底歌 华尔特作 菲 北译
施舍 蒋 壎译
现代英国诗抄（四首） 邹绿芷译
范筑先（五千行长诗 下）
臧克家
玛耶可夫斯基像（扉页木刻）
温 涛

第 15 期

诗论专号

1942 年 10 月 30 日出版

涉及诗学的若干问题 胡 风
“诗论”管窥 茅 盾

我们底收获与耕耘　力　扬
论诗底美、诗底形象　黄药眠
诗——青春之恋　黄　绳
论诗的形象　伍　禾
形式的囚笼　伍　辛
诗论杂钞　静　闻
诗人在历史上走过的足迹　达　史
新诗短话（续二）　胡危舟
正确地认识马耶可夫斯基　萧爱梅
关于《欧根·奥尼金》的几个问题　周钢鸣
二十世纪英美诗人论　詹姆孙作　宗　玮译
论讽刺诗　〔英〕C.D.Lewis 作　朱维基译
黑奴反抗之歌　考尔布作　李　葳译
印·泰戈尔像（扉页木刻）　温　涛
美·休士像（扉页木刻）　温　涛
仿本普式庚钢笔画（封面）　温　涛

第 16 期

1942 年 11 月 25 日出版

牧笛吹出的（诗辑）　侯唯动
夜的忆恋（诗辑）　厂　民
自己的歌（诗辑）　公　木
马赛大火　秦　似
俭油车　刘火子
被捕之鼠　征　军
难民　方　敬
小麻雀　严杰人
九月的歌弦　谷　风
园　吴　风
一个晴朗的日子　李元获
鞋匠　白　堤
诗人拜仑的地中海旅行　鹤见祐辅作　秋　子译
论孙钿及其歌唱　黄　绳
关于歌德　郭沫若
哀李满红　端木蕻良
普鲁佛洛克底恋歌　T.S.爱略忒作　黎敏子译
阿拉伯人和他的战马之别　〔英〕H.M.Norton 作　公盾译
现在英国诗抄　邹绿芷译
雪底拥护　〔波兰〕拉丁斯基作　又然·海山合译
离开了天青色的露西亚　叶赛宁作　黎　央译
强盗兄弟〔俄〕普式庚作　云　姑译
撷英集　〔保〕S.Michajlosky 作　魏荒弩译
诗絮语　A.M.
新诗短话（续三）　胡危舟

马耶可夫斯基画选之一（封面）　温　涛仿刻
英·裘莲·倍尔像（扉页）　温　涛刻

英·拜仑像（插页）　温　涛刻

第 17 期
1942 年 12 月 25 日出版

论风格与叙事诗　方　然
《生命的胎动》题记　伍　禾
新诗短话（续四）　胡危舟

河边恋歌（诗辑）　A.M.
星（诗辑）　郑　思
我得了启示及其他（诗辑）　侯唯动
当年小唱（诗辑）　孙艺秋
航行及其他（诗辑）　胡　拓
生活的花朵（诗辑）　谷　风
报信者　方　然
基督耶稣　麦　青
古寺·递步哨　晏　明
驮队　厂　民
江畔吟　芦　荻
不要　高　岗
向河畔投递　林　风
溪流　因　蒜
货郎挑　苏金伞
夏晨　李源获
火车怀念者　郭尼迪
疯妇人　郭小川
假如爱只使我哭泣　逢　美
幻想的船只
〔俄〕莱芒托夫　于　产译
河流·草原和战斗
〔苏〕万捷斯拉禾夫等作
邹里葩译
村上的铁匠师傅
〔美〕享利·郎匪罗作　宜　闲译
海之歌
〔英〕Bryan Woller Proctecr 作
公　盾译
华斯华兹诗抄　惠　宜译
现代英国诗抄
〔英〕I.罗森贝尔等作　邹绿芷译
雪降　〔意〕Giosne Carducci 作
卢剑波译
约翰·济慈
〔苏〕叶夫格里·兰作　路荣超译
关于“女诗人”花蕊夫人　宜　闲

英·雪莱像（扉页）　温　涛
俄·莱芒托夫像（插页）　温　涛
马耶可夫斯基画选之二（封面）
温　涛

第 18 期
1943 年 5 月出版

夜底葬曲　胡　拓
为了自由，为了土地　侯唯动
驼队　李源获
城市及其他　立　方
抒情诗三章　黄药眠
诗的范围
〔美〕威尔逊作　李育中译

冬夜　〔俄〕普式庚作　黎　央译
新诗短话　胡危舟
乌拉地米尔·伊里契·列宁
〔苏〕玛耶可夫斯基作
万湜思译
现代英国诗抄　邹绿芷译
大海颂　〔英〕拜　仑作
马东周、欧家齐合译

209 万 象

简 介

《万象》，综合性文化月刊，一九四一年七月一日创刊于上海，陈蝶衣编辑，万象书屋出版，上海中央书店发行，发行人平襟亚。从一九四三年五月一日第二年第十一期起改署平襟亚编辑兼发行。一九四三年七月一日第三年第一期起改由柯灵编辑。一九四五年六月一日出至第四年第七期停刊，共出四十三期。二十五开本。另有“号外”一期，无出版时间，亦为二十五开本。

《万象》创办于“孤岛”后期，出版的大部分时间却在上海沦陷期间。最初两年共出二十四期，是鸳鸯蝴蝶派色彩较重的综合性刊物。陈蝶衣阐述编辑方针说：“第一：我们要想使读者看到一点言之有物的东西，因此将特别侧重于新科学知识的介绍，以及有时间性的各种记述；第二：我们将竭力使内容趋向广泛化，趣味化，避免单调和沉闷，例如有价值的电影和戏剧，以及家庭间或宴会间的小规模游戏方法，我们将陆续采集材料，推荐或贡献于读者之前。此外，关于学术上的研究（问题讨论之类），与隽永有味的短篇小说，当然也是我们的主要材料之一。”刊物内容偏重文艺，另有国内外名人生平轶事、世界各地风物、国内边民风习、科学趣闻、游戏方法、饮食盘飧等。均以迎合市民趣味为中心。文艺方面不论创作或翻译，都偏重于小说，而且长篇连载居多。散文、戏剧次之。创作内容不外侠盗、侦探、才子佳人、饮食男女之类。主要撰译者有平襟亚（秋翁、网珠生）、郑逸梅、程小青、王小逸、冯蘅、张恨水、徐卓呆、陶秦、孙了红、包天笑、范烟桥、周瘦鹃、胡山源、丁谛、予且等。这一时期也刊登过一些有价值的学术论文和较健康的作品，前者如魏如晦（阿英）、谭正璧对我国小说戏曲史料的研究考订文章，后者有李健吾、魏如晦的剧本。

该刊第三年由柯灵接编后，面貌发生了较大变化。迎合市民趣味的成份减少，但保留了知识讲座、医学常识、史地漫话、文哲逸话、史乘纪异、历险纪实等综合性文化内容。文艺仍居中心地位，但不论创作或评论均以新文艺为主体。文艺创作比较突出的有芦焚（师陀）、鸿蒙（王统照）、晓歌等的小说，吴伯箫的杂文，李健吾的歌剧。杂文、散文、通讯成为创作中较为活跃的形式，仅“万象闲话”栏就陆续刊出以社会批评和文艺批评为内容的杂文四十余篇。后期刊物的另一个变化是理论批评得到加强，石挥的“剧艺讲座”，佐临的“导演讲座”，袁俊、刘西渭（李健吾）的剧评，金山等人“祝洪深五十诞辰”的文章，以及周信芳、童芷苓等十人有关“平剧与话剧的交流”的讨论等，构成这个时期理论批评的主要内容。这时刊物也偶尔刊登带有鸳鸯蝴蝶派色彩的作品，还发表了张爱玲的一些小说。

目 录

第1年 第1期
创刊特大号
1941年7月1日出版

轰炸机战士 叶 金译
圣处女 陶 冶
邵一梓（明季义民别传之一） 胡山源
空花 周楞伽
《碧血花》人物补考 魏如晦
旧梦的重温 丁 谛
孔夫子的苦闷（附图） 秋 翁
死声 沈小霞译
我又燃了一根火柴 云
墨索里尼的情妇 魏楚卿译
科学界的最近进展 石梅邻译
包银 黎 璎
医学上的新发明 白凤译
女性的青春美 周炼霞
游钓之乡 网蛛生
唐小姐的情书（特载，附图）
动物的特殊感觉力 沈东海译
信不信由你 程永修
问题讨论
哪一种戏剧是我们的国剧？
执笔者：赵景深、沙 蕾 周贻白、郑过宜
忠魂鹃血（电影小说） 陶 秦
我和密盖罗纳的约会 复 基译
鬼手（侠盗鲁平奇案） 孙了红
明人情简 襟霞辑
未开化民族的婚礼进行曲 包 罗译
戊寅春仲黔沪道中纪行诗（上） 周瘦鹃
红须客 胡梯维译
辟尘小语 陈灵犀
鲥鱼（盘飧隽谈之一） 丁健行
陆放翁寄恨钗头凤（三言体） 范烟桥
训练 顾明道
女弹词家的佳话（附图） 张健帆
户内游戏 初 霞
长篇小说
希腊棺材（奎宁探案） 程小青 庞啸龙合译
李阿毛外传 徐卓呆
石榴红 王小逸
胭脂泪 张恨水
大学皇后 冯 蘅
美人掌（梅逊探案） 林俊千译

第1年 第2期
1941年8月1日出版

新闻卡通 蝶衣辑
希特勒幕中的军师 白 凤译
莲心 予 且
画网巾（明季义民别传之二） 胡山源

蓝森林 丁谛
江郎别传（附图） 秋翁
游泳季节在张园（附图）
凌晨特写 焦超、东海摄影
宋氏三姊妹（特载）
爱茉兰·海女士原著 陶秦译
太平天国史料钩沉（上） 魏如晦
扫帚星 陶冶
为了艺术的人 钱今昔
我的所以出走（特载） 周璇
九年来的回忆（特载） 严华
一件科学不能解释的奇事 沈东海
利己的妹妹 苗埒
消夏谈屑 郑逸梅
江南重话李龟年 陈子彝
让我工作吧！ 张憬
信不信由你（附图） 程永修
第二届问题讨论
电影摄制权与著作权
执笔者：姚肇第、王效文、孙祖基、余哲文律师
情谎记（电影小说，蓓蒂黛维一主演：附图） 陶秦
詹姆史都华的从军前夕 复基译
写信 包天笑
裙带的效力（漫画） 江栋良
西班牙狱囚的骗局 叶金译
崔莺莺之夫（独幕趣剧） 徐卓呆
沈云英代父守孤城（三言体）
范烟桥
戊寅春仲黔沪道中纪行诗（下）
周瘦鹃
刀鱼（盘飧隽谈之二） 丁健行
金闺小牍 襟霞辑
长篇小说
胭脂泪 张恨水
李阿毛外传 徐卓呆
希腊棺材（奎宁探案）
程小青 庞啸龙合译
石榴红 王小逸
大学皇后 冯蘅
美人掌（梅逊探案） 林俊千译

编辑室谈话 陈蝶衣

第1年 第3期
1941年9月1日出版

新闻卡通 蝶衣辑
窃听全球 傅松鹤译
慈善家的铜像 陶冶
边城故事（戏剧小说） 文宗山
潘金莲的出走（附图） 秋翁
降神会的奇迹——灵魂试验
沈东海译
我的舞台生活 韩非
牛郎织女传（五幕剧） 魏如晦
忆滕固 谭正璧
长句 沈禹钟
宋医生的罗曼史 周炼霞
封神演义与武王伐纣平话 赵景深
花蕊夫人（附图） 范烟桥

付之一笑　爱　梅

特　载

宋氏三姊妹（附图）　陶　秦译
孤僻的哥哥　苗爱丽
信不信由你　程永修
冻结西瓜　顾明道
金凤影（长篇创作，一）　予　且
窃齿记（侠盗鲁平奇案之二）　孙了红
狼虎会的回忆　陈蝶野
太平天国史料钩沉（下）　魏如晦
散花寺（长篇创作，一）　胡山源
乔治勃伦与“唔女郎”之恋　复基译
夏阳一妇人（电影小说、附图）　陶　秦
鱼类的机械化战争　毛志明译

学生文艺选

热带的梦　杨璇璋
二十年前的约会　徐　疾译

长篇小说

希腊棺材（奎宁探案）　程小青　庞啸龙合译
胭脂泪　张恨水
石榴红　王小逸
大学皇后　冯　蘅
李阿毛外传　徐卓呆
美人掌（梅逊探案）　林俊千译
编辑室谈话　陈蝶衣

第1年　第4期

1941年10月1日出版

秋恋（封面）　天野设计
新闻卡通　蝶衣辑
邱吉尔的私生活　傅松鹤译
雾　钱今昔
秦始皇入海求仙（附图）　秋翁撰文　董天野制图
郁金香的憔悴　梅　霞
纳粹军队的训练法　白凤译
生命的旅途　孙景路
女儿心　周楞伽
萤光灯　丽　维译
自然界的战士——蟋蟀　网珠生
宋氏三姊妹（特载）　陶　秦译
鬼屋　沈东海译
可怕的昆虫　毛志明
希特勒的恋爱史（上）　盛琴仙译
梦与现实　俞亢咏译
辟尘小语　陈灵犀
蠢动　张　憬
五七之夜　包天笑
潘巧云画传　董天野绘
金凤影（长篇创作，二）　予　且
包养儿子　丽　维译
蟹（盘飧隽谈之三）　丁健行
散花寺（长篇创作，二）　胡山源
牛郎织女传（五幕剧·附图）　魏如晦

世界儿女（电影小说，附图）
李　一
好莱坞十二小明星　张心鹏
美国邮局的窃信贼　叶　金译
诙谐小简　襟霞辑
探望病人的方法　露苡译
征途杂记　低眉人
小说丛谈　郑逸梅

学生文艺选

小竹　杨奇姿
一个平常人的没落　江月仙

长篇小说

希腊棺材（奎宁探案）
程小青　庞啸龙合译
胭脂泪　张恨水
李阿毛外传　徐卓呆
石榴红　王小逸
大学皇后　冯　蘅
美人掌（梅逊探案）　林俊千译
编辑室谈话　陈蝶衣

第1年　第5期

1941年11月1日出版

女元首　毛志明译
模特儿　陶　冶
妙峰山　文宗山
金风送爽的时节　白　凤
贾宝玉出家
秋翁撰文　董天野制图
白蒂斯泰——古巴的独裁者
叶　金译
银联曲叙记　陈景深
拆穿降神会的秘密　沈东海译
伞兵训练　徐　毅译
车厢中　周　铮译
舞台剧与电影的表演术　顾也鲁
窗帘　网珠生
小说丛话　郑逸梅
宋氏三姊妹（特载）　陶　秦译
昙花宴（附图）　陈灵犀
牛郎织女传（五幕剧）　魏如晦
高血压症的救星　露苡译
希特勒的恋爱史（下）　盛琴仙译
算了　沈天鹤
旅渝杂诗　胡丹流
促织经　张锦钊
潘巧云画传　董天野绘
信不信由你　程永修
欧洲沦陷区写真　傅松鹤译
散花寺（长篇创作，三）　胡山源
超音波的效用　郭栋材译
秋斋夜读抄　秋　翁
金凤影（长篇创作，三）　予　且
游蜂浪蝶（电影小说，琴逑罗吉丝主演·附图）　陶　秦
付之一笑　爱　梅
恋爱漩涡中的桃乐姗拉摩　复　基译
夫妻为什么要吵架　袁沛霖译

学生文艺选

蜕变　屠　国
割爱　胡雅贞

长篇小说

希腊棺材（奎宁探案）
程小青　庞啸龙合译
胭脂泪　张恨水
李阿毛外传　徐卓呆
石榴红　王小逸
大学皇后　冯　蘅
美人掌（梅逊探案）　林俊千

编辑室谈话　陈蝶衣

第1年　第6期

1941年12月1日出版

罗斯福的私人秘书　叶金译
频伽夫人　陶　冶
命运的赌博　江　霆
拜月庭　谭正璧
黑夜死神　陈守仁译
沈万三充军　秋　翁、张锦钊
钩心斗角的国际间谍　张直舆
白干与银耳　吴克勤
“死光”与“红外线”　郭栋材译
媸秋楼头语　红　蕤
迷人的河内　望　月
牛郎织女传（五幕剧）　魏如晦
《牛郎织女传》的演出　龚　炯
太平洋中的猫国　萧云飞译
作家剪影　蒋化鲲
小说丛话　郑逸梅
空中摄影的技术　孙　思译
潘巧云画传　董天野绘
水蛭治病　陈燕崖译
饿莩　蓝　凫
浪淘沙　丹　苹
民国以来的章回小说　徐文滢
金凤影（长篇创作，四）　予　且
科学侦探　郭敏之译
诙谐小简　襟霞辑
刘三秀破家奇遇　范烟桥
散花寺（长篇创作，四）　胡山源
武器的伪装　董旭初
美人鱼（电影小说，桃乐姗拉摩主演）
陶　秦
葛丽亚嘉逊的成功史　张心鹃
你是什么型的妻子？　冯平译

学生文艺选

未婚妻的留难　王继华
离人　梅　薇
《阿Q正传》的流产　姜耶德

长篇小说

希腊棺材（奎宁探案）
程小青　庞啸龙合译
李阿毛外传　徐卓呆
石榴红　王小逸
大学皇后　冯　蘅
胭脂泪（绘图者：穆一龙、章育青）
张恨水
编辑室谈话　陈蝶衣

第1年　第7期

1942年1月1日出版

动荡中的圣诞节　陶　冶

圣诞夜　汪　霆

新年特辑

王小二过年　秋　翁
年的故事　何　满
记忆中的新年　苗　埒
新年回忆　周炼霞
兔子灯　魏楚卿
新年话旧　吕伯攸
新人的一日　网珠生
元旦　唐大郎
七擒　予　且
《梅花梦》主角彭玉麟及其有关人物考　谭正壁
党国人物志　朱凤蔚
华沙城中的犹太人禁巷　叶　金译
蓝色的多瑙河　杨琇珍
男变女　陈始园译
潘巧云画传　董天野
万能的玻璃　郭栋材译
长江的夜潮（长篇创作，一）　丁　谛
吐吐小传　包天笑
域外趣屑　孙　思
金陵二首　文载道
纽约的补容专家　董云飞译
小说丛话　郑逸梅
金凤影（长篇创作，五）　予　且
失眠治疗法　陆　蒂译
牛郎织女传（五幕剧）　魏如晦
散花寺（长篇创作，五）　胡山源
好莱坞二十五年来的热女郎　张心鹃
秋斋杂感　秋　翁
碧血黄沙（电影小说，泰罗鲍华·林达黛妮儿主演）　陶　秦
几个离了婚的明星夫人　复　基译

学生文艺选

落叶　李百功
湖　莫柄权
回忆的网　李　凝

长篇小说

石榴红　王小逸
李阿毛外传　徐卓呆
希腊棺材（奎宁探案）　程小青　庞啸龙合译
大学皇后　冯　蘅
胭脂泪（绘图者：穆一龙、章育青）　张恨水
万象信箱
编辑室谈话　陈蝶衣

第 1 年　第 8 期
1942 年 2 月 1 日出版

俭约的荷兰女皇　沈斑纹译
镀金小姐　文宗山
平售米　陶　冶
孙悟空大战青狮怪　秋翁·天野绘图
未来飞机的设计　沈毓刚译
一支遗失的钢笔　白　凤
《鼎峙春秋》与旧有传奇　周贻白

浪淘沙　丹　革
党国人物志（二）　朱凤蔚
集中营里　露苡译
人生的驿站——星加坡　黄　琦
老刘的奇遇　魏　谋
小说丛话　郑逸梅
在松林里　钱今昔
科学界的新贡献　张直舆
散花寺（长篇创作，五）　胡山源
火烫的新疗法　叶　金译
潘巧云画传　董天野绘
人造婴孩　李信之译
信不信由你　程永修
长江的夜潮（长篇创作，二）　丁　谛
高盖山下的乐园　蓝　凫
“银色舞后”宋雅海妮　张心鹃译
银坛识小录　银　翼
粉笔生涯　顾明道
金凤影（长篇创作，五）　予　且
滑雪的机械原理　冯　平译
贼的故事　网珠生
南洋的爬虫　朱　纬
秋斋谈往　秋　翁
水浒传中的政治哲学　徐文滢
商业用的X铣　郭敏之译
辟尘小语　陈灵犀
赵五娘的秘密（独幕剧）　徐卓呆

学生文艺选

祝福　程育真
测验　朱曾汶
易牙　王植波

长篇小说

胭脂泪　张恨水
李阿毛外传　徐卓呆
石榴红　王小逸
大学皇后　冯　蘅
希腊棺材（奎宁探案）　程小青、庞啸龙合译

第1年　第9期

1942年3月1日出版

菲律宾的首府——马尼拉（附图）　赵之璧
送灶　陶　冶
战时的英国妇女　李百劢译
妬　吕伯攸
郭秀才诛妖（附图：天　野绘）　秋　翁
轧米记　陈灵犀
《红楼梦考证》的商榷　徐文滢
宝贵的海草　张振声译
海上的孤帆　燕雪雯
癌症与活力素　徐一帆译
一天　金　爪
彭玉麟手书　知　止
泰罗鲍华的冒险故事（附图）　陶　秦译
试刀记　老　髯
金凤影（长篇创作，六）　予　且

美国的离婚城　毛志明译
潘巧云画传　董天野绘
丑妇的面包　白　凤译
散花寺（长篇创作，六）　胡山源
海绵的采取方法　冯平译
姊姊（附图）　白　茝
小说丛话　郑逸梅
大除夕　康　笳
“混号”分类考　杨荫深
暗香篇　王仲鄂
长江的夜潮（长篇创作，三）　丁　谛
接财神　网珠生
玛琳奥哈兰的婚姻（附图）　张心鹃译
英茵的语谶　银　翼
水乡之春　蓝　凫
维他命的刽子手　郭栋材译
秋斋说笑　秋　翁

学生文艺选

雨　戴维铸
歧途　邢禾丽

长篇小说

胭脂泪　张恨水
李阿毛外传　徐卓呆
希腊棺材（奎宁探案）　程小青、庞啸龙合译
大学皇后　冯　蘅
石榴红　王小逸

第1年　第10期
1947年4月1日出版

夏威夷的心脏——奥胡岛（附图）　金叔琴译
热女郎叶玲玲　魏　谋
罗马教皇的宫廷　史　东译
忏红轩近诗　周炼霞
张巡杀妾飨将士（天野绘图）　秋　翁
人造心脏　罗　文译
街车上的姑娘　陶　秦
干冰　李信之译
信不信由你　程永修
暖室里的蔷薇　施济美
电医生　郭栋材译
植物的宝库　周　铮
澳大利亚的水中动物（附图）　沈翊鹃译
私底下的话（附图）　王玉蓉
吃饭　陈灵犀
小说丛话　郑逸梅
兔子灯　汪　霆
邮票的掌故　卡　伦译
古趣集　襟霞辑
长江的夜潮（长篇创作，四）　丁　谛
狼女猿童　文　苓译
战时的利器　同
儿童节　白　凤
黄宗沾的成功史　张心鹃译

春日之忆　王仲鄂
金凤影（长篇创作，七）　予　且
法苑珠谭　秋　芝
一斛珠　丹　苹
记浪漫画师卢世侯　平襟亚
复活蛋　季甫芳
潘巧云画传（续）　董天野绘
多余的一个　方　任
散花寺（长篇创作，七）　胡山源
啊！苏珊娜馥丝德　张直舆译
黑鹰（电影小说，附图）　俞　辉
秋斋笔谈　秋　翁

学生文艺选

青春之液　余爱渌译
善意的谣言　程慰宜
漫步　严　聃

长篇小说

胭脂泪　张恨水
李阿毛外传　徐卓呆
希腊棺材（奎宁探案）　庞啸龙、程小青合译
大学皇后　冯　蘅
石榴红（绘图者：穆一龙　章育青）　王小逸
万象信箱编辑室　蝶　衣

第1年　第11期
1942年5月1日出版

美国的总统府——白宫（附图）　徐　余译
孟母六迁　吕伯攸
印度的灯塔——尼赫鲁　束依人译
广泛的爱　文宗山
欧洲最审慎的独裁者　张直舆译
齐人馈女乐（附图）　秋　翁
巴拿马运河的透视　文　苓译
紫丁香　陶　冶
葡京动态　王守川
二千万财产的继承人　魏　谋
人造血　施　杰译
古趣集　襟　霞辑
古城的春天　施济美
加利福尼亚州的妇人女监狱　余爱渌
螺川小品之一——露宿　周炼霞
血纸人（侠盗鲁平奇案之三，上）　孙了红
孪生子　杨　曼译
星星之火　程育真
海水中的宝藏　俞良洪
散花寺　胡山源
影星的年龄问题　复　基译
钟声篇　王仲鄂
飞机轰炸与鱼雷攻击　陶中全译
空课　邢禾丽
金凤影（长篇创作，八）　予　且
春宵菊宴记（附图）　秋　翁
谨防伤风　王钟瀚译
潘巧云画传（续）　董天野绘
长江的夜潮（长篇创作，五）　丁　谛

秋斋笔谈　秋　翁
罪恶之夜（电影小说，附图）
陶　秦
小说丛话　郑逸梅

学生文艺选

春残梦断　黄文锦
末路　张真淑

长篇小说

胭脂泪　张恨水
李阿毛外传　徐卓呆
希腊棺材（奎宁探案）
庞啸龙、程小青合译
大学皇后　冯　蘅
石榴红　王小逸

第 1 年　第 12 期

1942 年 6 月 1 日出版

牧羊之国：澳大利亚的富源（附图）
沈鸿渊译
新上海经　文宗山
婕秋楼绝句　红　蕤
从降落伞说到伞兵　黄新梦
女同事　陶　冶
脚踏车史话　张直舆译
新白蛇传（附图）　秋　翁
男向导　李信之
鸡　吕伯攸
美澳的桥梁——飞旗群岛　金叔琴
廉颇生胃病　张克勤

印度特辑

红头阿三的祖国——印度　徐　余译
圣雄甘地　杨　曼译
神秘的印度洋　史　东译
战时印度　余爱渌译
印度的都市　郭　朋
血纸人（侠盗鲁平奇案之三，中）
孙了红
航空护士　金　发译
分水岭　易　戈
有趣的丹麦人　金　谷译
长江的夜潮　丁　谛
战时的科学家　罗　文
刀片囤积与磨刀片　律　宣
植物的衣食住行　周　铮
《醉翁谈录》所录宋人话本考
谭正璧
纸牌小魔术　曼　娜
散花寺（长篇创作，九）　胡山源
戾天楼名人传记之一　许翰飞
神秘的月亮　施　杰译
小说丛话　郑逸梅
潘巧云画传　董天野绘
秋斋散记　秋　翁
霹雳声中　俞良洪译
金凤影（长篇创作，九）　予　且
铁罗汉　钟文苓译
小工艺制造法之一：皮鞋油　李　思
神经炎的促成原因　王钟瀚译

学生文艺选

爱的真谛　张　兰

淡蓝色的信封　黄宗熙

长篇小说

胭脂泪　张恨水
石榴红　王小逸
李阿毛外传　徐卓呆
希腊棺材（奎宁探案）
程小青、庞啸龙合译
万象信箱
编辑室　蝶衣

第2年　第1期
1942年7月1日出版

象（附图）　程志霄译
喜剧与悲剧　文宗山
地中海的十字路——马尔他岛（附图）　欧阳瑛
科学夫人　吴克勤
袖珍无线电与传影机　施杰译
第一〇一回镜花缘（附图）　秋翁
伪装战术　史东译
奇怪的树叶　张立
未来的主人翁（附图：吴榕绘）
长风
人与细菌之战　罗文译
吹剑一吷录　郑逸梅
圣保罗教堂的晨钟　杨琇珍
橡皮与战争　俞良洪译
风雨中的行列　陈蝶衣
南印度洋的宝石——锡兰岛
郭朋
血纸人（侠盗鲁平奇案之三，下）
孙了红
从西班牙到直布罗陀　黄义译
动乱的一角　汤雪华
玻璃世界　李百功译
红美人（中篇小说，一）　徐晚苹
胠箧圣手　王钟瀚译
戾天楼名人传记之二　许瀚飞
林译小说　郑逸梅
小工艺制造法之二：捕蝇纸　陈谡
潘巧云画传　董天野绘
山镇小景　王仲鄂
武装的好莱坞　杨曼

学生文艺选

佛与上帝　吴怀瑾
阴谋　葛子香

长篇小说

金凤影　予且
希腊棺材（奎宁探案）
程小青、庞啸龙合译
散花寺　胡山源
大学皇后　冯蘅
胭脂泪　张恨水
长江的夜潮　丁谛
石榴红（绘图者：穆一龙、章育青）
王小逸
编辑室谈话　陈蝶衣

第2年　第2期
1942年8月1日出版

吃人者的故乡——苏门答腊（附图）
钟文苓译

投机家列传　魏　谋
尼罗河流域航行记（附图）　沈翊鹍译
一个“兜得转”的人　陈蝶衣
未来的原子战争　张拙如译
孟尝君遣散三千客（附图·天野绘）　秋　翁
二次世界大战中的空袭和防护　白　巩译
小说丛话　郑逸梅
蔷薇之恋　曾文强
电眼　王言实
三十三号屋（侠盗鲁平奇案之四，上）　孙了红
红嘴唇的诱惑　陈　列
白金的发现与用途　张振声译
西施之歌　徐卓呆
甲脏腺的移植治疗　余爱渌译
寡妇院（四幕悲剧，一）　夏　霞
疑谳记　张秋虫
婚姻的安息年　李百功
氰化钾　徐雷国
戾天楼名人传记之三　许翰飞
海豹学校　郭　奇译
潘巧云画传　董天野绘
流泉曲　程育真
闭门两首　胡朴安、陈乃文
红美人（中篇创作，二）　徐晚苹
米　金　爪
万能的大豆　何　凯
秋斋说笑　秋　翁
诗人　吕伯攸
吹剑一吷录　郑逸梅
从影琐记（附图）　华雷斯皮莱原著　康　琴译
小工艺制造法之三：洗涤肥皂　陈青士、王遐文
瀛海珍屑　森　滔

学生文艺选

宝宝　章祖燮
一个小车夫　张吉宣

长篇小说

金凤影　予　且
希腊棺材（奎宁探案）　程小青、庞啸龙合译
散花寺　胡山源
胭脂泪　张恨水
长江的夜潮　丁　谛
石榴红　王小逸

万象信箱
编辑室谈话　陈蝶衣

第 2 年　第 3 期
1942 年 9 月 1 日出版

新几内亚的轮廓画（附图）　张心鹍译
山野的怒火　文宗山
第二次世界大战中的海军　李百功译
二十世纪红楼梦　吴绮园

灯火管制与灯光隐蔽　俞良洪译
比珠词　范君博
义姑姊片言退齐兵（附图）
秋　翁、吕伯攸
小三的惆怅　施济美
“准人类”的动物——猩猩（附图）
沈鸿渊译
色盲症的患者　黎　璎
星球上有没有人类?　沈　毅
三十三号屋(侠盗鲁平奇案之四,中)
孙了红
化学的奇迹　罗　文译
睡莲　邢禾丽
卧看牵牛织女星（附图）
曹达均
小说丛话　郑逸梅
蚯蚓农场　施　杰
寡妇院（四幕悲剧续）　夏　霞
两性之吻（附图）　黄景恒
感情的插弄　陶　冶
海底摄影历险记　王中仁译
现代的侦探术　陆　蒂
都会儿女　魏　谋
狄安娜窦萍的生平（附图）
张莲君·沈丽维
情书　吴起贤
马的黄金时代（附图）　史　东译
戾天楼名人传记之四　许翰飞
潘巧云画传（续）　董天野绘
红美人（中篇小说，三）　徐晚苹
摄影场上的秘密　孙毓珍译
游泳须知　余爱渌译
水浒传的几点研究　史卫斯
小工艺制造法之四：除垢粉
沈霱美

长篇小说

胭脂泪　张恨水
长江的夜潮　丁　谛
石榴红　王小逸
散花寺　胡山源
希腊棺材（奎宁探案）
程小青、庞啸龙合译
金凤影　予　且

万象信箱
编辑室　陈蝶衣

第2年　第4期
1942年10月1日出版

欧洲的泽国——荷兰（附图）
徐　余译
小茉莉　俞昭明
太平洋的发现经过　严懋德
梅龛散记　郑逸梅
长春树　曾文强
举世瞩目的高加索油田　吴珠英
郑侠的流民画展(附图:董天野绘)
吕伯攸
农场里的魔术　张拙如
吴梅村与卞玉京　陆以正
月饼　汪　霆

忏红轩近作　周炼霞
遗事　司徒琴
世界橡皮志（附图）　杨　曼
助学金　吴仪芬
星期计算仪（附图）　曹达均
疟蚊的发现者　令吾译
鹊踏枝　钱名山
三十三号屋（侠盗鲁平奇案之四，下）　孙了红
聪明的动物　张心鹃译
第一次的悲哀　叶玫珍
比珠词　范君博
关于福尔摩斯二三事　钟文苓译
“通俗文学运动”专号（上）
通俗文学运动　陈蝶衣
通俗文学的定义　丁　谛
从大众语说到通俗文学　危月燕
职业滋味　水兆熊
开麦拉技巧（附图）　王言实
寡妇院（四幕悲剧，三）　夏　霞
潘巧云画传（续）　董天野绘
戾天楼名人传记之五　许瀚飞
长篇小说
胭脂泪　张恨水
长江的夜潮　丁　谛
乳娘曲　予　且
散花寺　胡山源
希腊棺材（奎宁探案）　程小青、庞啸龙合译
石榴红　王小逸
编辑室　陈蝶衣

第 2 年　第 5 期
1942 年 11 月 1 日出版

水族中的王者——鲸鱼（附图）　余爱渌译
酒　殷守无
新式猛烈炸药的分析　俞良洪译
委屈　孟　容
意王爱麦虞限三世　曹达均
举碗齐眉（附图·董天野绘）　吕伯攸
民间故事的前人记述　叶德均
腺的神秘　郑君牧译
无声的婚变　易　戈
人的诞生　沈翊鹍译
比珠词　范君博
一〇二（侠盗鲁平奇案之五，上）　孙了红
秦泰来影展　图画之页
叶绿素治病的发明　李百功译
禁火诗　周岐隐
邻居　傅其钊
木偶戏（附图）　应小鬘
伊朗的游程（附图）　王钟瀚
一所新型的学校　方未艾译
说胡髭　张克勤
发明史上的佳话　程志霄译
“通俗文学运动”专号（下）
通俗文学的教育性　胡山源

通俗文学的写作　予且
通俗文艺与通俗戏剧　文宗山
饥　汤雪华
义犬良马　冯平
福尔摩斯话匣　李信之
黄蜂窠下　杨真如
潘巧云画传（续）　董天野绘
寡妇院（四幕悲剧）　夏霞
关于《三宝太监下西洋记》　徐文滢
黄季刚舆椋出游（戾天楼名人传记之六）　许翰飞
劳伦斯奥立佛与费雯丽：双回国　罗薏

长篇小说

胭脂泪　张恨水
长江的夜潮　丁谛
乳娘曲　予且
希腊棺材（奎宁探案）　程小青、庞啸龙合译
散花寺　胡山源

编辑室　陈蝶衣

第2年　第6期
1942年12月1日出版

蜜蜂的生活（附图）　陈增华译
万里长城之月　施济美
圣诞节谈片　余爱渌
相见欢　予且
动物的毒液　俞良洪
当炉艳（附图·董天野绘）　吕伯攸
侦查罪犯的线索——指纹　吴涓译
无花的春天　慕容婕
邮票上的历史片断　张振声译
秋高气爽中的两影展（附图）　沙宁
一〇二（侠盗鲁平奇案之五，中）　孙了红
鱼类的迁徙　王尔华译
闲话行星（附图）　曹达均
丛林中的魔术　曹萍译
摄生新谈　郑逸梅
无煤之国——芬兰（附图）　沈翊鹍译
秋猎（螺川小品之二）　周炼霞
第六知觉　王钟瀚译
地方色彩与作家　杨复冬
一个无名演员的日记　梁灿
上海漫画（六幅）　汪栋良
凡士探案的探索　杨真如
路透社简史　张羽译
云彩霞（五幕悲剧，一）　李健吾
解决生命之谜　史东译
潘巧云画传（续）　董天野绘
丁女江的恩师——龙璋　许翰飞
夫妻宝鉴（电影小说）　陶秦
慈母心　汤雪华
福尔摩斯话匣（续）　李信之

长篇小说

散花寺　胡山源
希腊棺材（奎宁探案）　程小青、庞啸龙合译
乳娘曲　予　且
长江的夜潮　丁　谛
胭脂泪　张恨水

编辑室谈话　陈蝶衣

第2年　第7期
1943年1月1日出版

美人帐下犹歌舞（封面）　卢世侯绘
烽火中的古国——突尼斯　金叔琴译
选择　文宗山

新岁之页

张刺史元旦释囚（董天野绘图）　吕伯攸
新年的惆怅　秋　翁
献岁之话　郑逸梅
元旦试笔　粪　翁、炼　霞、君　博、大　郎
生与灭　汤雪华
冬季的健身运动——滑雪　刘其蕃

人物志

法国的元首——贝当上将　陈　伟译
手创伊朗的李查王　程志霄译
桥　沈翊鹍译
文学上的技巧与派别　杨真如
编剧琐谈　方君逸

新年画报

新年速写　江栋良
一九四三年银坛巨献　六幅
顾大嫂　狄　谟
旅渝杂诗　胡丹流
闲话月亮　曹达均
一〇二（侠盗鲁平奇案之五，续）　孙了红
秋斋笔谈　秋　翁

世界猎奇

泰国的风土人情　严懋德
求婚与结婚的奇风异俗　石　梅
澳洲的奇兽——袋鼠　史　东译
潘巧云画传（续）　董天野
入狱记　余爱渌译
云彩霞（五幕悲剧，二）　李健吾
临老被戮的叶德辉　许翰飞
涤砚余瀋　郑逸梅
银坛彗星英格丽褒曼　张心鹍译

医药讲座

止血新药——维他命K　罗　蕙译
鱼肝油制剂（上）　周梦白
福尔摩斯话匣（续）　李信之

长篇小说

散花寺　胡山源
镀金小姐　冯　蘅
胭脂泪　张恨水
长江的夜潮　丁　谛

乳娘曲　予　且
希腊棺材　程小青、庞啸龙合译
万象信箱
编辑室谈话　陈蝶衣

第2年　第8期

1943年2月1日出版

世界石油志（附图）　余爱渌译
神·鬼·人（戏场偶拾）　庄　濡
《洛神赋》主角恋爱事迹考　谭　雯
灯塔　杨琇珍
宇宙新语（附图）　徐　余
顾也鲁黄妋群：结婚三重奏（附图）　金　烙
三都赋（故事新编）　谭正璧文　董天野图
桂林山水（附图）　沈翔云
世界最高峰的攀登（附图）　何　凯译
AB制与明星制　李之华

科学发明的领域

化学家创造的新天地　张振声
灯火管制的新发明　沈翊鹍译
战争中的新武器——空中彩色照相　胡维梓
新奇的缩小印刷术　罗　蕙译
人造汽油　施　杰译
凤凤　乐易年
食味小记　文载道
从目疾说到配眼镜　王钟瀚译
火树（一）　庸　吾译
饵　黄焕钧
云彩霞（五幕悲剧，三）　李健吾
围炉余话　郑逸梅
鱼肝油制剂（医药讲座，下）　周梦白
女浴室　秋　芳
不祖同乡的鲁涤平（名人传记之九）　许翰飞

长篇小说

胭脂泪　张恨水
长江的夜潮　丁　谛
乳娘曲　予　且
希腊棺材　程小青、庞啸龙合译
散花寺　胡山源
镀金小姐　冯　蘅

编辑室谈话
万象征文　蝶　衣

第2年　第9期

1943年3月1日出版

藏滇边陲风景线　徐棠慧
第一个黄昏　施济美　石佩卿
炉边谈猫　沈　阈译
花魁女独占卖油郎（故事新编）　吕伯攸著　董天野图
绛云楼韵话（上）　谭正壁
弑兄案主角绞决记　金　珏

关于杀人　文载道
笼羽　程育真作　石佩卿图
一〇二（侠盗鲁平奇案之五，四）　孙了红
诗之卷　唐　弢、高吹万、陈　列、陈小翠、沈恩孚、陈乃文
唐绍仪的生平（名人传记之十）　许翰飞

征文第一题

我的嗜好
吴伆之、孙景路、李丽华、蓝　兰、黄宗英、马笑侬、穆一龙、但　萍、史　嫔、吕佩英、唐　晋、费　稽
雨天杂感　王仲鄂
杨云史与陈美美　秋　翁
记忆　徐　翊
面包的故事　应远涛
海底的清道夫——龙虾　孙毓珍
茗余杂札　郑逸梅
飘泊者　陶　秦
影别月历　编辑室
扶桑的汤屋　吴观蠡
丈夫的年龄比妻子小　欧阳瑛译
潘巧云画传（续）　董天野
云彩霞（五幕悲剧，四）　李健吾
火树（二）　庸　吾译
信鸽辨认方向的训练　王尔华译
福尔摩斯话匣（续）　李信之

长篇小说

胭脂泪　张恨水
长江的夜潮　丁　谛
乳娘曲　予　且
镀金小姐　冯　蘅
散花寺　胡山源
希腊棺材　程小青、庞啸龙合译

编辑室谈话

第2年　第10期

1943年4月1日出版

兴安岭的采参事业　徐开垒
添妆记　予　且　石佩卿图
近东的门户——叙利亚　张心鹍译
神女　陶　冶　黄也白图
大洋洲上的所罗门群岛　陆　洋
狮子吼（故事新编）　吕伯攸文　董天野图
欧洲的乐园——葡萄牙　何仲逸
绛云楼韵话（下）　谭正璧
原野的召唤　曾文强
诗人警察（李德尔侦探案）　孙了红
访问梅兰芳的回忆　吴观蠡
春日的沉思　王仲鄂
卫道者的小说观　叶德均
《记闻类编》中的戏剧资料　魏如晦
装饰的趣味　俞良洪
影坛交响曲（电影漫画）　江栋良
痨病鬼的复活　徐名模
诗之卷　周炼霞　陈　列　顾　飞　钱名山　唐　弢　黎　璎

黄昏钟声　徐　翊
银与银器　王钟瀚
肺结核治疗的实验　张振声
征文第一题
我的嗜好（二）
欧阳飞莺、卢思义、幼　生
裘敏斋、萧　城、亚　娃
沈东海、许念兹、金　渚
睡眠的研究　周信之译
蚤之话　秋　翁
文化区与风化区　网珠生
影剧月历　编辑室
云彩霞（五幕悲剧，五）　李健吾
小说丛谈　郑逸梅
火树（续）　庸　吾译
人体上的内分泌腺　张　正译
福尔摩斯话匣（续）　李信之
长篇小说
胭脂泪　张恨水
长江的夜潮　丁　谛
镀金小姐　冯　蘅
希腊棺材　程小青、庞啸龙合译
乳娘曲　予　且

编辑室谈话

第 2 年　第 11 期
1943 年 5 月 1 日出版

战争边缘上的西班牙　邱洛英
衣锦还乡（附图）　徐　达
人间的天堂——苏州（附影）
张　扬
李师师的绮梦（故事新编·附图）
谭正璧　董天野
山形依旧枕寒流　文载道
口啸（附图）　施济美、石佩卿
猎象　何　凯
晨（长篇创作）　罗　洪
世界最狭长之国——智利
严懋德
清宫的画家——郎世宁　槎　农
最后的玫瑰（附图）　叶　棱
收获　绿　漪
影剧月历　编辑室
童芷苓言慧珠
——白门斗法记（附图）
吴观蠡
瞑目（附图）　邢禾丽、石佩卿
文化幽灵座谈会（附图）　浮　生
诛情记（附图）　朱鸳雏遗著
古城之夜　俞昭明
春去也　梁　灿
影坛交响曲　江栋良
书城猎奇　秋　翁
征文披露
我不能忘怀的一件事
白　沈　徐　翊　朱寒修
张慧琴　周文熙　白　弦
裘敏芗　作　业
雄女人（附图）　刘　郎
一〇二（侠盗鲁平奇案，五）
孙了红
秋斋说笑　秋　翁

南洋的猩猩·虎·豹　杨志刚
书宣古患　范君博
康藏及青海之丧葬　鲍莘锄
血型　余爱渌
上海的工厂区　徐开垒

长篇小说

乳娘曲　予　且
长江的夜潮　丁　谛
镀金小姐　冯　蘅
希腊棺材　程小青
胭脂泪　张恨水

编辑室谈话　编　者

第2年　第12期

1943年6月1日出版

玻利维亚纵横（附图）　非　人
庐山之雾（附图）杨琇珍　董天野
蛮河之旅　黄　连译
春梦与童话　温　凡
深海的奇观　李息苓、李祥麟译
女参军（故事新编，附图）
吕伯攸·董天野
怎样拍海底电影　胡澄源译
车·马·道路　王仲鄂
刘大哥看话剧（附图）
骆　北、石佩卿
病中谈"病"　果　厂
珍·这可儿（附图）文　心　董天野
顾横波的一生　谭　雯
无字的文稿（附图）
吴克勤、章育青
爱的治疗力　蔡瑞保
晨（长篇创作）　罗　洪
潘巧云画传　董天野绘
利人主义　周　铮译
关于人工气胸术致肺病患者
徐名模
隐情（附图）　程育真　黄也白
谈纸　念　珍
西行心印录　吴观蠡
一〇二（侠盗鲁平奇案之五，续完）
孙了红
一周和一匝（附图）　梓　园
影剧月历　编辑室
安慰　雪　华
杨庶勘迁宅升官（名人传记之十一）
许翰飞
游园偶记　金　琤

长篇小说

胭脂泪　张恨水
乳娘曲（续完）　予　且
希腊棺材（奎宁探案）
程小青、庞啸龙合译

编辑室谈话　编　者

第3年　第1期

1943年7月1日出版

诗（插页）　叶　绍

画（插页） 丰子恺
蛮陬猎首记（风俗猎奇） 幽　素
知也无涯（知识讲座） 梅守仁
狩猎（小说） 芦　焚
华寨村的来信（通讯） 芦　焚
吊突尼斯（史地漫话） 石　越
愚人节（小说·逸之作图） 晓　歌
维他命 B_1 会杀人吗?（医学常识）
余爱渌
寻梦人（散文） 若　思
灯（散文） 韩　孤
茗余杂札（小品） 郑逸梅
双清（长篇连载） 鸿　蒙

万象闲话

马将哲学 方　城
文艺批评与社会批评 太　索
轧 佐　行
你们在笑谁 霍　然
谈卓别林 非　骨
中学教员（小说·石佩卿图）
葑　菲
风沙寄语（故都通讯） 季　黄
荒野（长篇连载） 师　陀
蓝天使（小说·董天野图） 施济美
与蜂雀度着假日（鸟兽虫鱼）
诗　羔译
独身哲学（文哲逸话） 余　莞
叔本华论女人（文哲逸话） 燕　戕
文人的故事（文哲逸话） 猗　园
晨（长篇连载） 罗　洪
爱俪园——海上的迷宫（特写）
凡　鸟
演技教练（剧艺讲座） 石　挥
跳龙门的插曲（小说） 司马倩
西湖的风雨（杭州通讯） 林国蘅
余叔岩之死（天津通讯） 吻　雪
两城间（小说） 徐　翊
世界最怪的货币（风俗猎奇）
钟文苓
飘（连载剧本） 朱　梵改编
亚姆斯丹的水手（翻译小说）
朱佩菜
燕子楼忆语（小品） 景　汤
伊芙小姐（翻译小说） 苏嘉年译
胭脂泪（长篇小说） 张恨水
二年来的回顾（出版者的话）
秋　翁
希腊棺材（奎宁探案）
程小青、庞啸龙合译

编辑室

补　白

世界猎奇 旅　人
艺文短讯 朔
旧杂志 郑逸梅
梦中得句 郑逸梅
信不信由你 程永修

第 3 年　第 2 期

1943 年 8 月 1 日出版

诗（插页） 沈尹默

画（插页） 丰子恺
避暑胜地——佛国普陀（消夏之页） 杨志刚
盛夏闲缀（消夏之页） 景　汤
蓝色的青岛（消夏之页） 夏　明
记荔枝湾（消夏之页） 浩　波
孟安卿的堂兄弟（小说） 芦　焚
荒野（长篇连载） 师　陀
风沙寄语（故都通讯） 季　黄
海和它的子女们（小说） 潜　羽
北国杂记（华北通讯） 伴　雪
可纪念之一日
淘金惨剧（殉难潜水员自述） 黄　连译

万象闲话

闲话之一 讷　厂
闲话之二 讷　厂
螺蛳 阿　湛
谚辩 史余昌
漫话与镜子 沧　浪
心经（中篇小说） 张爱玲
双清（长篇连载） 鸿　蒙
海滨掇拾（散文） 东方曦
什刹海的薄暮（小说） 石　琪
悲多芬与失败的交响乐（独身者的恋爱故事） 余　芄
晨（长篇连载） 罗　洪
北极的神秘游牧者（民俗述异） 程志霄
贴照簿上的朋友（小说） 梁　灿
爱俪园——海上的迷宫（特写） 凡　鸟
槎溪说林（笔记） 说　斋
星社溯往（艺文史话） 天　命
威吓（翻译小说） 澄如译
演技教练（剧艺讲座） 石　挥
飘（连载剧本） 朱　梵
胭脂泪（长篇小说） 张恨水
观音阁（散文） 卓　子
希腊棺材（长篇小说） 程小青等译
生活在同情中（随笔） 孙了红
不得不说的话（出版者言） 秋　翁
编辑室

补　白

麈尘录 郑逸梅
艺文短讯 娜
作家·贫病·死亡 垒

第3年　第3期

1943年9月1日出版

诗（插页） 夏丏尊
画（插页） 丰子恺
黄金乡的发见者（史乘纪异） 白季仲
环球独航记（历险纪实） 舒　凡译
说书人（小说） 芦　焚
我爱讲的故事（德育故事） 胡　悲
双清（长篇连载） 鸿　蒙

盗马贼（小说） 沈　寂
自春徂秋（散文） 若　思
凉风（散文） 匡　沙
黄昏之忆（散文） 施济美
永久的画像（小说） 晓　歌
夏丏翁羊毛婚倡和诗
章雪村、王伯祥、顾均正、周振甫
夏丏尊、王剑三、叶圣陶、贺昌群
朱佩弦、朱孟实、卢冀野、马夷初
却依考夫斯基之泪（独身者的恋爱故事） 余　芄
人物小记（小说） 温　凡

万象闲话

闲话之三 讷　厂
闲话之四 讷　厂
骨鲠偶语 安　戈
人命价值的飞涨 茧　予
广告索隐 萧　苓
仙人掌的梦 枧　敌
名 徐　永
终身大事 倚　红
护航历险记（报告） 谭　地
古代的病菌战和毒气战（战争史话） 幽　素
荒野（长篇连载） 师　陀
恼人天气（小说） 王　安
死之胜利与邓南遮（文艺讲座） 石　越
爱俪园——海上的迷宫（特写） 凡　鸟
井边（小说） 文宗山
云（自然科学） 应远涛
热带玩鱼（鸟兽虫鱼） 欧阳瑛
心经（小说） 张爱玲
“五金魁首”解（科学小品） 梅守仁
晨（长篇连载） 罗　洪
艳丽的南海（海外情调） 恨　予
沪杭线上（平湖·硖石通讯） 王小竹　王万育
飘（连载剧本） 朱　梵
丑妇的情书（翻译小说） 张芊权译
女人万岁（妇女漫谈） 燕　戟
园艺琐谈（小品） 郑逸梅
胭脂泪（长篇小说） 张恨水
关于小黑姑娘的通讯（通讯） 季　黄　柯　灵

编辑室

补　白

词二首 陈宛若
世界猎奇 旅　人
艺文短讯 垒·泉
麝尘录 郑逸梅
免斋随笔 申　吉
笑不笑由你 爱　梅

第3年　第4期

戏剧专号

1943年10月1日出版

读剧随感（论文） 疾　首

话剧导演的功能（导演讲座） 佐临
舞台对话的交响化（导演讲座） 万岳
舞台之歌（小说） 梁灿
剧场猎奇（剧坛见闻录） 余爱渌
未付邮（致曹禺书） 成己
家（名剧介绍） 袁俊
风雪夜归人（名剧介绍） 刘西渭
祝洪深五十诞辰 金山等
平剧与话剧的交流 白玉薇、杨宝森、童芷苓、童寿苓、金素雯、周信芳、陈鹤峰、林树森、李宗义、李玉芝
被玩弄者的报复（小说） 沈寂
话剧应该商业化（论文） 乐山
重庆的戏剧季 徐子蓉
“舞台语”问题（演技讲座） 石挥
赠金素琴 田汉
演技上的情感真实性（演技讲座） 胡导译
上海剧坛 明
话剧界的得失（征文当选） 岭梅 胡为 弘絮 戈英
导演先生（小说） 晓歌
京角儿们在上海（特写） 海生
我不能忘怀的一件事（自传之一章） 白玉薇
杂感随笔谈舞台光（技术讲座） 吴仞之
古巴答客问（舞台设计） 古巴
理想的舞台（舞台设计） 孙樟
电影·京剧在蜀中 泉
我对话剧界的希望（征文当选） 彭逮 郝明 蕴哲 薛志诚 严觉林 顾绥之 李万君 周信 戈英
关于七重天的通讯（通讯） 姚克
话剧在蜀中 泉·蓉
漫谈中古时期的欧洲戏剧（戏剧史话） 章杰
式微·有谁 白文
飘（连载剧本） 朱梵改编
荒野（长篇连载） 师陀
双清（长篇连载） 鸿蒙
胭脂泪（长篇小说） 张恨水
晨（长篇连载） 罗洪

编辑室

第3年 第5期
1943年11月1日出版

诗（插页） 施蛰存
画（插页） 珂田
森林王国探险记（风俗猎奇） 幽素
期待（小说） 芦焚
我爱讲的故事（德育故事） 胡悲
巴金：一个现代的中国小说家（作家论） 简正

吉祥草（怀郁达夫诗四绝） 昔 凡
琉璃瓦（小说） 张爱玲
意大利边城巡游记（海外情调） 奇 峰
双清（长篇连载） 鸿 蒙
孤独（小说） 海 鸥
浙上行（旅行通讯） 匡 沙
黔居杂感（西南风光） 曙 人
漫谈“大观园”（考据） 吴伯箫

万象闲话

闲话之五 讷 厂
闲话之六 讷 厂
随笔 太 索
瘦与俗 茧 予
关于生话 史余昌
昆虫小记 彼 得
献祭外一章（散文） 施济美
乡愁小记（散文） 范 泉
海上（散文） 夷 弥
大马戏团（艺坛漫话） 沈毓刚
荒野（长篇连载） 师 陀
米凯朗基罗（独身者的恋爱故事三） 余 苋
镭锭大王（科学界） 莫 名译
晨（长篇连载） 罗 洪
回声和返光（科学小品） 梓 园
牢笼（小说） 念 倩
爱俪园——海上的迷宫（特写） 凡 鸟
舞台语问题（演技讲话） 石 挥
飘（连载剧本） 朱 梵改编
胭脂泪（长篇小说） 张恨水
作家印象记（文艺逸话） 林拱抠

补 白

信不信由你 爱 梅
百衲语 郑逸梅
世界猎奇 旅 人
笑不笑由你 爱 梅
艺文短讯 垒

编辑室

第 3 年 第 6 期

1943 年 12 月 1 日出版

词（插页） 胡 考
画（插页） 胡 考
蛮岛民风记（风俗猎奇） 程志霄
幽居小简（通讯） 丁 玲
忆丁玲（人物） 田 苗
受难的一生（散文） 逸 清
忆旧十二绝句（诗歌） 施蛰存
大草泽的犷悍（小说） 沈 寂
闲话重庆（通讯） 黄 裳
太极拳的艺术（漫谈） 劳 神
我爱讲的故事（德育故事） 胡 悲
荒野（长篇连载） 师 陀
兰昭寺外（小说） 石 琪
现代中国父亲的悲剧（论文） 王显理

万象闲话

闲话之七　讷　厂
闲话之八　讷　厂
仇世杂笔　匡　沙
西游记　猗　园
中庸新解　雪　弥
伞　绿　萍
相思　予　高
双清（长篇连载）　鸿　蒙
太平洋的隐士——南海画家高刚（人物）　钟文苓
堇色的笛韵（小说）　高　岑
槎溪说林（笔记）　说　斋
詹詹杂抄（考据）　讷　言
戏剧家的戏剧（小说）　吴　谦
晨（长篇连载）　罗　洪
离奇的离婚案（法律故事）　肃
爱俪园：海上的迷宫（特写）　凡　鸟
现代海战的奇迹（战争漫话）　幽　素
中饭（翻译小说）　舒　亮
箱子（翻译小说）　澄　如译
盘香（小说）　吕伯攸
月（散文）　灵　犀
我所知道的海狸生活（鸟兽虫鱼）　诗　羔
最短的独幕剧（漫谈）　晓　歌
飘（连载剧本）　朱　梵改编
岭南异味录（食味小志）　倚　虹
胭脂泪（长篇小说）　张恨水
编辑室
夷犹小语　郑逸梅
港　白　文
免斋随笔　吉　申
世界名人幽默集　幽　素
艺坛逸话　蓉
菊残犹有傲枝霜　葛中东
寿秋翁　岐　隐
方士　白　文
世界猎奇　旅　人
倚虹小集　郑逸梅
新年号要目预告　编辑室

第3年　第7期
1944年1月1日出版

插　页

春景（明人木刻）　朱自清
孤鸿（明人木刻）　谢婉莹
街景（三色木刻）　珂　田
高阁连云（摄影）　秦泰来
一九四四年的纪念（新年特载）　莫　名　施　果
滑铁卢天下成败之秋（历史精绘）　白季仲
邮差先生（散文）　高　岑
春日闲居（诗）　施蛰存
稻场上（小说）　潜　羽
荒野（长篇连载）　师　陀
趣味的色素（医学小品）　无　依
漫谈《离婚》（批评）　吴伯箫

竹报平安（新年特载）
丰子恺　张骏祥　夏　霞
丁　聪　吴祖光
风沙寄语（故都通讯）　季　黄
飘（连载剧本）　朱　梵改编
妇人（小说）　高　岑
冰天纪异（风俗猎奇）　幽　素
归去（外三章）（散文）　徐　翊
病的生涯（散文）　施济美
元宵（散文）　骆　北
新年之忆（散文）　品　品
双清（长篇连载）　鸿　蒙
永生的青春（小说）　叶　弦
我爱讲的故事（德育故事）胡　悲
闲话作家书法（艺文逸话）
贾兆明
连环套（长篇连载）　张爱玲
迟暮（小说）　关山月
哀长女可群（散文）　姜丹书
晨（长篇连载）　罗　洪
古昔的恋歌（小说）　晓　歌
荒漠异闻录（风俗猎奇）沈翊鹍
胭脂泪（长篇小说）　张恨水

编辑室
夷犹小语　郑逸梅
清娱漫札　郑逸梅
世界名人幽默集　幽　素
奇异的马路　科新信
猎奇趣味　沧　一
世界猎奇　旅　人
知识一行　轶　明

第3年　第8期
1944年2月1日出版

春暮（插页）　明人木刻
春暮（插页）　冰　心书
印度打虎记（狩猎趣味）　沈　煜
双石驿（中篇故事）　木　公
藜照小录　郑逸梅
芭蕉院随笔（随笔）　宛　宛

万象闲话

金钱这东西　茧　予
心影录　含　青
寒夜　阿　湛
蝉的残骸　林　莽
丑之德　缧　人
荒野（长篇连载）　师　陀
索笑集　湘　灵
曹禺论（作家论）　鲍霭如
鬼（小说）　沈　寂
情感以外的悲哀（杂文）劳　神
我爱讲的故事（德育故事）
胡　悲
美国的扒手（海外风光）　幽　素
希腊神话琐谈（名著述要）方克勤
再话作家书法（艺文逸话）贾兆明
清娱漫札　郑逸梅
双清（长篇连载）　鸿　蒙
燕子张七（小说）　石　琪
天堂哀歌（苏州通讯）　高　岑

藜照小录　郑逸梅
在快船上（慈东通讯）　叶　风
离婚（小说）　贝　蒂
清娱漫札　郑逸梅
晨（长篇连载）　罗　洪
爱普罗之恋（散文）　李宗善
儿童教育（人生小讽刺）　黛　君
藜照小录　郑逸梅
爱俪园——海上的迷宫（特写）　凡　鸟
昨日和今日（科学小品）　梓　园
连环套（长篇连载）　张爱玲
三奇遇（翻译小说）　枧　敬译
智识一行　轶　明
一个被欺侮的女人（侦探小说）　程小青译
世界名人幽默集　幽　素
胭脂泪（长篇连载）　张恨水
一出阿拉伯的圣难剧（异地风俗）　霙　叶译
编辑室

第3年　第9期
1943年3月1日出版

鲁迅写像（插页）　堀　尾
水源（插页）　珂　田
玛丽安白的悲歌（历史精绘）　白季仲译
猎奇趣味　沧　一
夏侯杞（散文）　康了斋
世界名人幽默集　幽　素
四十年前话四明（地方掌故）　虚　怀口译　慕　悫笔述
雾中的戏剧季（戏剧通讯）　范　泉
重逢（小说）　狄　谟
续命者（人海传奇）　幽　素
热肠篇（杂文）　吴伯箫
电影的原始　幽　素
历史上最伟大的航程（航海故事）　刘　雁
尝试（小说）　晓　歌
东京的筑地小剧场（剧场史料）　松　斋
流虹小集　郑逸梅
鱼类的繁殖工作（鸟兽虫鱼）　宓契尔
猎奇趣味　沧　一
某夜（小说）　温　凡
猎奇趣味　沧　一

万象闲话

无题　李中勃
自励二则　朽　木
两种流行的剧评　裴　士
蜜蜂的生活（鸟兽虫鱼）　蕴　玉
生财有道的单帮商（特写）　徐　翊、庄　静
晨（长篇连载）　罗　洪
巴塘的中国妇女（海外风光）　鲍苹锄
蝶恋花后记（杂文）　李健吾

藜照小录　郑逸梅
蝶恋花（歌剧）　李健吾
索笑集　湘　灵
舞台趣味（幕后风光）　俞　提
信不信由你　爱　梅
叛逆（小说）　蔡夷白
连环套（长篇连载）　张爱玲
猎奇趣味　沧　一
死之谜（科学小品）　徐慧棠译
信不信由你　爱　梅
漫谈恰中紫（医学小品）　友　德
野蛮人的直骨术（风俗猎奇）　茧　予
富于创造力的爱斯基摩人（民俗述异）　慕　燕译
题八骏图　歧　隐
他们今晚在那里？（翻译小说）　汪丽玲
编辑室

第3年　第10期
1944年4月1日出版

字：临枯树赋（插页）　俞平伯
画：春（插页）　廖增益
红海采珠记（世界采风记）　华成璐
生命的幕后（人海传奇）　茧　厂

特辑：屐痕处处

锦城十日　黄　裳
白门集　宛　宛
闽赣边陲线上　吴　娜
湘中梦痕　阳　光
舍（散文）　若　思
心的轭下（小说）　晓　芒
福罗贝尔与四夫人（独身者的恋爱故事）　余　荒
论出版文化及其他（论文）　范　泉
双清（长篇连载）　鸿　蒙
季候（小说）　南　婴
世界末日的预言（预言）　缫　人译
荒野（长篇连载）　师　陀
桥与塔（散文）　匡　沙
连环套（长篇连载）　张爱玲
河内的风度（海外风光）　萧　群
珍珠的生日（小说）　施济美

万象闲话

言·默·听　茧　予
说“静”　茧　予
人的悲哀　怯　怯
新瓶装旧酒　伍　枭
故都的春天　琪
晨（长篇连载）　罗　洪
蝶恋花（歌剧）　李健吾
导演们的把戏（银坛逸话）　秋　士
勒沃的病房（翻译小说）　逸　山
卧病杂记（散文）　王仲鄂
苏联的音乐教育（世界艺坛）　薄　适
无名岛（惊奇小说）　舒君亮译
编辑室

补　白
吹毛录　求庇生
哓哓录　郑逸梅
猎奇趣味　沧　一

第 3 年　第 11 期
1944 年 5 月 1 日出版

诗（插页）　郭绍虞
画（插页）　丰子恺
欧战特辑
战争漫画选
在死亡的海上　幽　素译
第一次大战中最冒险的海军战役　缫　人译
谁是打胜欧战的人？　谢荣向译
军用魔术　湘　灵
我爱讲的故事（德育故事）　胡　悲
苏联的桃源（海外风光）　畲　直
幽默的错误（幽默文抄）　泽　夫
论张爱玲的小说（批评）　迅　雨
小品二章（散文）　若　思
绅士淑女（小说）　叶　弦
荒野（长篇连载）　师　陀
邓肯女士与诗人叶赛宁（艺文逸话）　淮　海
万象闲话
谣言辩　怀　三
常识与情理　妄　人
两脚羊　柳　枝
“破门”解　从　洛
触须　伍　臬
无题　吴　蒉
芭蕉院随笔（随笔）　宛　宛
双清（长篇连载）　鸿　蒙
山城剧讯（通讯）　伯　思
记张一麐老人之丧（通讯）　承　周
晨（长篇连载）　罗　洪
大荒天（小说）　沈　寂
絮语集
牵牛花　坦　克
石像　林　莽
生之寂寞　徐　翊
鸡　平　泉
期待　骆　北
尺牍的集藏（艺文逸话）　郑逸梅
连环套（长篇连载）　张爱玲
笼中鸟（鸟兽虫鱼）　欧阳瑛
忆雨词并序（诗）　申　吉
无名岛（惊奇小说）　舒君亮译
补　白
欧战趣闻　兰　子
哓哓录　郑逸梅
猎奇趣味　沧　一
吹毛录　求庇生
醉红小语　郑逸梅

第 3 年　第 12 期
1944 年 6 月 1 日出版

字（插页）　粪　翁

木刻（插页） 珂 田
罗马之忆（海外风光） 金叔琴
我最危险的片刻（人海传奇） 幽 素译
嫩江之恋（小说） 晓 歌
芭蕉院随笔（随笔） 宛 宛
山城掇拾（通讯） 黄 裳
荒野（长篇连载） 师 陀
柴霍甫与肺痨的博斗（文史逸话） 莫 名
在理发店里（小说） 高 岑
双清（长篇连载） 鸿 蒙
林肯的辩护法（法律故事） 缫 人
四十年前话四明（地方掌故） 虚 怀、慕 悫
老张的故事（小说） 温 凡

万象闲话

逃和趋 怀 三
猥亵的作家 柳 枝
作文与做人 柳 枝
偶得之一 槎 人
点滴 李永运

晨（长篇连载） 罗 洪
瓷水牛（小说） 石 琪
关于龚翁（艺事小谈） 叔 红
连环套（长篇连载） 张爱玲
萝琪丝小姐的忧郁（解剖漫录） 白 汀
试爨记（随笔） 张 毅
七个铜板（翻译小说） 西 渭译
哀顾明道（悼文） 徐碧波
蚂蚁世界（鸟兽虫鱼） 周信之
双城记（散文） 王仲鄂
木人却利（银坛逸话） 秋 士
世界名人幽默集（幽默小谈） 幽 素
藜照小录 郑逸梅
无名岛（惊奇小说） 舒君亮
编辑室

补 白

醉红小语 郑逸梅
索笑集 湘 灵
吹毛录 求庇生
南司拉夫的起源 缫 人
科学珍屑 沧 一

第4年 第1期
1944年7月1日出版

夏季风情（插页，六帧） 康正平、黑鹰摄影
西康神峰纪游（边陲搜奇） 黄 连
生命集（人生修养） 程志宵

创作特辑

一吻（小说） 康了斋
山村之夜（小说） 潜 羽
张太太这样的母亲（小说） 东方青
捞金印（小说） 沈 寂 石 琪
大姊（小说） 郑定文
荒野（长篇连载） 师 陀
缙云山游记（游记） 黄 裳

汉皋行（通讯） 金 恪
南美的丛林生活（海外风光） 景 怡
漫谈卖淫（风习漫语） 鲍莘锄
同性恋患者（风习漫语） 王显理
卡门（剧艺漫谈） 劳 神
邓肯女士之死（艺文逸话） 淮 海
克理夫兰的科学侦探（侦探故事） 幽 素
美州骇人的蛮风（风俗猎奇） 德 炳
玛丽王后死事纪实（历史插绘） 秋 士
短小的伟大人物（人物） 幽 素
刀下逃生记（肋骨割除记） 刘源炳
一个青年的死（杂文） 殷 宇
食物银行（科学界） 李信之
接吻考（长篇连载） 袁 武译
哲人其萎（哲学史话） 品 品
伟大的失败者（航海故事） 刘 雁
晨（长篇连载） 罗 洪

编辑室

补 白

周园公宴诗纪 苍 回
红愁绿怨录 郑逸梅
索笑集 幽 素
猎奇趣味 沧 一
欧战趣闻 兰 子
醉红小语 郑逸梅

第 4 年 第 2 期

1944 年 8 月 1 日出版

存者两人（欧战纪闻） 德 炳译
夏侯杞（散文） 康了斋
老妇（小说） 叶凌秋
与龙握手（美国华侨生活特写） 幽 素
荒原（小说） 晓 芒
生活在火山岛上（海外风光） 雷 焱
地震的故事（海外风光） 俞良洪
心理学的实用（心理趣谈） 守 素
丑妇与时装（时装趣话） 苴 厂
剧作者他们（小说） 李 觅
永远之都罗马（史地漫话） 苏 葳
荒野（长篇连载） 师 陀
汉口通讯（通讯） 金 恪
四十年前话四明（地方掌故） 虚 怀、慕 悫
新录鬼簿（新文坛逸话） 陈时和
海滨（小说） 平 泉
北窗下（散文） 含 凉
给铁窗外的朋友（随笔） 苴 予
花花世界（科学小品） 沈翊鹍译
疫疠（医学小品） 章祖夔译
剧人生活素描（艺坛） 李宗善
梁萍会见记（艺坛） 彭 斯
关于马戏（艺坛） 秋 士

絮 语 集

夜归（散文） 坦 克

船夫（散文） 阿　湛
拾阳记（散文） 林　莽
接吻考（长篇连载） 袁　武
夕阳影里访丹山（游记） 胡憨珠
晨（长篇连载） 罗　洪

编辑室
补　白
猎奇趣味 沧　一
绿窗絮语 郑逸梅
世界名人幽默集 幽　素
视死如归 铎　夫
红愁绿怨录 郑逸梅
索笑集 湘　灵

第 4 年　第 3 期

1944 年 9 月 1 日出版

万象新歌集
我为你歌唱　素　人词　梁　乐音曲
你的眼睛　素　人词　梁　乐音曲
特辑：三十年前上海滩
我与新闻界 天　笑
三十年前上海的摩登女子 黎柏岱
上海行 烟　桥
三十年前之书画家 郑逸梅
民初上海忆语 朱凤蔚
三十年前之期刊 秋　翁
剧坛怀旧录 周剑云
一束陈旧的断片 张石川
学贾（散文） 若　思
小学教师（小说） 郑定文
古巴——罗曼司的岛国（海外风光）
景　怡译
荒野（长篇连载） 师　陀
值得深思的事（人生修养） 李永运
渣滓（小说） 高　岑
锡的故事（科学故事） 沈翊鹍
三代（小说） 徐　翊
新录鬼簿（新文坛逸话） 陈时和
夜店（连载剧本）朱　梵　师　陀
科学的地狱（体刑新语） 幽　素
名人的最后一句话（名人语录）
秋　士
新几内亚探险记（风俗猎奇）
李信之
晨（长篇连载） 罗　洪
青苔（小说） 狄　静
诗人的求爱（随笔） 茧　予
灌音小记（随笔） 含　凉
了解女人的艺术（妇女漫话）
于　闻
接吻考（长篇连载） 袁　武译
最后的一叶（翻译小说） 晓　歌译
杭州湾的怒潮（自然科学） 鲍苹锄
编辑室
补　白
关于出售鲁迅遗书 郁　华
绿窗絮语 郑逸梅
欧战趣闻 兰　子
猎奇趣味 沧　一

索笑集　湘　灵

第 4 年　第 4 期
1944 年 10 月 1 日出版

职业妇女特辑

三迁　何葭水
陷阱　小　玲
“表演舞蹈”是我的职业　王　渊
聋女求职记　苏　静
这样的岁月　黎　君
教员一日　严清霞
一个售票员的生活　陈大宇
旋律的跳跃　梁　萍
死囚（小说）　晓　歌
威尼斯（海外风光）　谷　人
历史上最大的火灾（科学奇观）　幽　素
媳妇（小说）　萧　寒
我与新闻界（文坛怀旧录）　天　笑
三十年前上海滩的补充话（掌故）　郑逸梅
历史的插页　直　夫
古生物学近闻（自然界）　秋　士
人（小说）　蔡　凡
阿尔邦山发掘古墓记（墨西哥考古）　季　修译
夜店（连载剧本）　朱　梵　师　陀
蝴蝶旅行的故事（鸟兽虫鱼）　雷　焱
环球猎影记（摄影漫谈）　华成璐
黄霉雨（小说）　石　琪
甦生者言（生死逸话）　康悌露
董小宛与顺治（考据）　宛　序
接吻考（长篇连载）　素　武译
海的故事（科学小品）　俞良洪
晨（长篇连载）　罗　洪

补　白

绿窗絮语（六则）　郑逸梅
怪法律　乐芳斋
猎奇趣味　沧　一
丛残偶拾（二则）　郑逸梅

编辑室

第 4 年　第 5 期
1944 年 11 月 1 日出版

帝城十日（游记）　晦　庵
自滇池寄（通讯）　沈从文
巴山寄语（通讯）　黄　裳
我的创作经验（作家自述）　端木蕻良
演员崇拜（小说）　葭　水
荒岛捕龙（鸟兽虫鱼）　雷　焱
以虫鸣秋（散文）　若　思
杭州日记（游记）　说　斋
戏坛往来（艺人论评）　李健吾　徐光燊
桑弧的作品及其它（艺人论评）　房　敏
荒野（长篇连载）　师　陀

罗斯福猎象记（狩猎纪实）
澄 如译
经理太太的一口气（漫画） 令狐原
睡眠的马拉松（自然科学）
章祖夔译
百万美金假钞案（海外述闻）
卫来慈
散席（小说） 司徒宗
我与新闻界（文坛怀旧录） 天 笑
沙塔（小说） 司马倩
散文之辑
万弦琴 坦 克
云中鹤 林 莽
缔夫们 夷 弥
给陌生的友人 林 莽
烟烬录 晓 芒
雾 李宗善
园林夜话 匡 沙
鲁迅杂文拾遗（杂文） 柳 枝
夜店（连载剧本） 朱 梵 师 陀
接吻考（长篇连载） 袁 武译
晨（长篇连载） 罗 洪

编辑室
补 白
猎奇趣味 沧 一
世界名人幽默集 幽 素
索笑集 湘 灵
科学珍屑 沧 一
世界猎奇 沧 一

第 4 年 第 6 期
1944 年 12 月 1 日出版

可特士长征墨西哥（英雄史略）
幽 素
谈喝茶（散文） 施蛰存
魇（小说） 郑定文
外国人谈中医（医学漫谈） 俞良洪
夜店（连载剧本） 朱 梵 师 陀
心声 郑逸梅
夜店在日本（世界艺坛） 范通译
猎奇趣味 沧 一
漫谈史剧（剧论） 吴伯箫
骷髅杯（小说） 晓 歌
索笑集 幽 素
马相伯与震旦、复旦（掌故）
宛 序
伊丽莎白女皇是男人（英宫野史）
康悌露
残丛偶拾 郑逸梅
荒野（长篇连载） 师 陀
世界名人幽默集 幽 素
三迁（散文） 若 思
巴山寄语（通讯） 黄 裳
人工受孕在法律上的地位（医学漫谈） 苏 子
窗（小说） 叶 弦
心声 郑逸梅
我爱讲的故事（人生修养） 何 凯
光（散文） 杨 必
航线以外（散文） 晓 茫

茫（散文） 林 莽
落华篇（散文） 坦 克
如何记忆姓氏与面貌（处世术）
史 郁
索笑集 幽 素
接吻考（长篇连载） 袁 武译
碎冰船的故事（交通史话）
吴华君译
心声 郑逸梅
晨（长篇连载） 罗 洪
智利风光 谷 怡
补形趣谈 梁 弘
趣味猎奇 沧 一

编辑室 编 者

第4年 第7期
1945年6月1日出版

笔 花

谜 韦 长
官商颂 怀 三
零星之什 蓝 烟
“限制” 晓 角
天堂之路 柳 枝

战争结束的一天（报告文学）
〔美〕密 勒作 于 闻译
李定国及其他（小说） 芦 焚
书话（艺文逸话） 晦 庵
噱头（论评） 柳 建
没有结尾的故事（小说） 葭 水
一个离别上海者的留恋（散文）
劳 神
荒野（长篇连载） 师 陀

生活速写

掘井前后 徐 翊
纷扰 司马倩
正在算 余也漱
趣闻 高 岑

孔子以前没有孔子（散文）
石 挥
浮世小集（漫画） 令狐原
拿破仑与歌德（艺文逸话）
河 汉
美国的女兵及其他（妇女界）
何 凯 钱子雄
鲤鱼风（徐州通讯） 吴山青
行路难（钱江旅笔） 匡 沙
自售术（处世哲学） 幽 素
残丛偶拾 郑逸梅

号 外

（无出版日期）

突尼斯遗迹发掘记（附图）
孙毓珍
爱的胜利 施济美
在空中俯瞰坦克车战术 黄影呆
海滨 范君博
左慈变戏法 吕伯攸文 董天野图
航空母舰的前途 潘光旭
失去的情话 胡山源

梁溪郑翰飞之后人　郑逸梅
佳人　周炼霞
心理变态的女人　文宗山
海之晨　钱今昔
迷　汤雪华
皮大衣　危月燕
灵魂的叫喊　袁牧之
嫁　韦　茵
在都会的底层　汪　霆
落花流水　俞昭明
保姆　耿济之
未完成的画像　丹　丁
油瓶小姐　顾明道
嫁魅记　张秋虫
平凡的故事　孙杰人
　岁暮送归帆　王仲鄂
围炉夜话　赵焕亭
他们在希望着　杨复冬
验心术（柯柯探案）
〔英〕奥斯汀作　程小青译

210 笔　谈

简　介

《笔谈》，文艺半月刊，一九四一年九月一日创刊于香港，茅盾主编，香港笔谈社发行，曹克安为该社社长兼该刊督印人，星群书店总经售。同年十二月一日出至第七期停刊，共出七期。二十四开本。

该刊《征稿简约》指出："这是个文艺性的综合刊物，……经常供给的，是一些短小精悍的文字，庄谐并收，辛甘兼备，也谈天说地，也画龙画狗。也有创作，也有翻译。""内容如果要分类，则第一，关于游记或地方印象；第二，人物志，以及遗闻轶事；第三，杂感随笔，上下古今，政治社会，各从所好；第四，读书札记，书报春秋；第五，文艺作品，诗歌，小说，戏曲，报告；第六，时论拔萃。以上六种，不一定期期都有，但总想做到有则必不是充数滥竽。"刊物始终是按照这个计划编辑的。它刊载的多数作品既融会抗敌爱国的内容，又适当照顾了香港普通群众的爱好、兴趣和欣赏习惯，形成灵活多样、庄谐兼备的特色。主要撰稿者有茅盾、胡风、柳亚子、骆宾基、林焕平、陈此生、杨刚、形天、尚庵等。

目　录

第1期

1941年9月1日出版

两周间

杂感·随笔

大地山河　茅　盾

"举一个例"　胡　风

一种"骂"　胡　风

煞是好看的对话　高　荒

形象化　唐　琅

掌故·轶闻

羿楼日札　柳亚子

一、爱国学社与章邹

二、民报，新世纪与天义报

三、太炎先生晚年之卓识

客座杂忆　形　天

一、《新青年》谈政治之前后

二、周杨姻缘之一幕

菰蒲室杂记　尚　庵

一、记生意经二则

二、记"吊线主义者"

书与世界　杨　刚

一、革命兵士的浮雕

二、现代的悲剧

国粹与扶箕的迷信　茅　盾

——纪念许地山先生

游记与印象

海外一勺　铁　生

暴发户的上海·贫困的上海　袁水拍

小鹰（小说）　〔拉特维亚〕V.拉齐斯作　戈宝权译

寻求（诗）　杨　刚

愿望（诗）　杨　刚

读史（诗）　陈此生

杨疯子（敌后小故事）　以　群

集中营八月记　璐西·莱佛作　安　娜译

书报春秋

《科学先生活捉小魔王的故事》（高士其原著）　明

《忆兰州》（许元方原著）　玄

《简明中国通史》（吕振羽原著）　甫

《刘明的苦闷》（严文井原著）　仲

时论拔萃

越南杂景　麦　浪

笔会迁美　林　丰

战时的"银座"　潘世宪

荷印华侨文化一脔　陈　蕃

杂　俎

寓言式的预言　明

"七笔勾"　来　复

所谓"白夜"　何　典

乩语　文　直

插　话

觉醒了的天使

圣克力斯多夫

编辑室

第 2 期

1941 年 9 月 16 日出版

两周间
龙战与鸡鸣　郭沫若
杂感·随笔
两种灵魂　胡　风
忆凤阁　无　垢
战时日本的文化动态　林焕平
掌故·轶闻
羿楼日札　柳亚子
客座杂忆　形　天
菰蒲室杂记　尚　庵
关于浩加·拉斯勒丁的故事　戈宝权译
苏德战争第一天　〔苏〕N.沙巴达作　费　凡译
游记与印象
昆明点滴　风　子
千万里外的怀念（《海外一勺》之二）　铁　生
两同志（小说）　〔阿米尼亚〕特米疆作　柳无垢译
班鸠外二章（诗）　梅　林
读史（诗）　陈此生
书报春秋
《我是劳动人民的儿子》（苏联卡达耶夫原著）　文
《法兰西崩溃内幕》（法国莫洛华原著）　玄
杂　俎
纳粹德国的宗教如此　亮
“伙颐”　文　直
妙联二则　明
法国革命空气浓厚　民
纳粹人员之恶魔的生活　文
时论拔萃
百年前的新嘉坡华侨　刘　强
自流井　朱　甦
插　画
秋
歌者的家庭

编辑室

第 3 期

1941 年 10 月 1 日出版

两周间
谈一件历史公案　茅　盾
杂感·随笔
皇帝之心　此　生
气节与“看齐”　胡　风
鹿马篇　于毅夫

训治论　查鲁士
掌故·轶闻
羿楼日札　柳亚子
客座杂忆　形　天
菰蒲室杂记　尚　庵
渴饮智能之泉深处　唐　琅

游记与印象
黄面孔（《海外一勺》之三） 铁 生
福州沦陷前夕琐闻 陈耀枢
武汉杂笔 尾花弘朗作 马 叶译
日本的青年运动 林焕平
书报春秋
《中国字拉丁化运动表》（倪海曙编） 文
《希特勒的杰作》（德国乌尔夫原著） 直
读史（七绝三首） 陈此生
来自苏联的消息
在一个动员站内 戈宝权译
爱伦堡致全世界作家书
柯尔纳楚克谈苏联各民族团结一致
两同志（小说） ［阿美尼亚］特米疆作 柳无垢译
杂 俎
挪威一店主 威
妇女动员 文
军犬团 文
战时英国之科学家 华
"翠盘" 明
插 画
哈代《林间》插图之一（收获）
哈代《林间》插图之二（旅行）
编辑室

第4期
1941年10月16日出版

两周间
"最理想的人性" 茅 盾
——纪念鲁迅先生逝世五周年
杂感·随笔
人力节约刍议 胡 风
说到"地洞" 高 荒
无为·无聊□□□ 陈此生

高尔基和书 A.玛尔科夫作 禾 康译
"洋书为患论" 林焕平
掌故·轶闻
羿楼日札 柳亚子
客座杂记 形 天

"荣誉俘虏" 孙 源译
游记与印象
看了《马汗姆教授》以后 铁 生
站在犀牛岭上 骆宾基
小市民画像（读书记） 玄 珠
书报春秋
《生命在呼喊》（苏联贝尔采可夫斯基原著） 玄
《人之初》（法国巴若莱原著） 叶 明
女宣抚员（敌后小故事） 以 群
杂 俎
捷克人民的反抗精神 克

苏联的文艺战线　文
指模　明
武王候殷　玄
廷杖与黥刑　文
希特勒的“文化政策”　华
两同志（小说）
〔阿米尼亚〕特米疆作　柳无垢译
时文拔萃
追念许地山先生　愈之
今日之苏联农村　N.高沉
从绍兴到上海　掬尘
德国的资源　辛青
插画
春耕　胡考
秋收　胡考

编辑室

第5期
1941年11月1日出版

两周间
又一次站上历史的哨岗　乔木
——纪念十月革命廿四周年
杂感·随笔
秋窗偶语　鲁陵
理想主义与现实主义　史任远

关于下层及其他　适夷译
——高尔基与契诃夫通信
掌故·轶闻
羿楼日札　柳亚子
客座杂忆　形天
关于谢夫琴科的故事　宝权译
书报春秋
《油船德宾特号》（苏联克雷莫夫原著）　德
《波兰烽火抒情》（波兰 W.华西列夫斯卡等原著）　兰
记轿夫李七（后方生活速描）
林焕平
“艺术浪漫论”　林焕平
——战时日本文化动态之四
游记与印象
吴先生（《海外一勺》之五）
铁生
甘肃妇女　余岚
仇恨（中篇连载）
骆宾基作　丁聪插图
杂俎
八股之害　明
衣冠之盗　玄
漂亮名词　德
柏林人的菜单　华
吏之权威　文
诗
送董老赴京　徐特立
答徐老延安赠别　董必武
时文拔萃
民歌与中国音乐创造问题　马思聪
纳粹征服了罗马　任译

插 画

爸爸打渔去 林仰峥刻

儿子长大了 林仰峥刻

编辑室

第 6 期

1941 年 11 月 16 日出版

两周间

开荒 茅 盾

契诃夫高尔基通信抄 适 夷译

杂感·随笔

“冻结”的新解 胡 绳

武器与人 明 甫

文艺史话 劳 难

椰风蕉雨记越南 向 明

掌故·轶闻

羿楼日札 柳亚子

客座杂忆 形 天

一个被侮辱了的少女

［西乌克兰］乞辽姗辛拉作

戈宝权译

把自由还给人民（读书杂记）

怀 沙

书报春秋

《兄弟们》（上卷，俄国陀斯托也夫司基原著） 玄

《茵儿自传》（高士其原著） 明

孟子好辩 史任远

游记与印象

吴先生（下）（《海外一勺》之五）

铁 生

晚上的生活 思 之

夜（诗） 金 芒

我们不是无家可归的 齐 凡译

杂 俎

轴心国的衣着 明

饥饿的希腊 希

仇恨（中篇连载·一续）

骆宾基作 丁聪插图

时文拔萃

穿军装的女郎 A.马迦林柯

四川佃农 徐 盈

莫泊桑做了统制的祭品（战时日本文化动态之五） 林焕平

编辑室

插 画

帮助老百姓种地 胡 考作

小组会议 胡 考作

第 7 期

1941 年 12 月 1 日出版

两周间

一年来对于南明史料工作的报告

亚 子

杂感·随笔

棘源村断想 胡 风

文坛并不寂寞 石 庸

诗的动人性　酒　泉
契诃夫高尔基通信抄　适　夷译

笔记·掌故

羿楼日札　柳亚子
蕫桂室杂谈　刘筱云
“国学救国论”　林焕平
欧洲文坛探胜记　柳无忌

诗

田汉近作　田　汉
游击战争的火焰正在敌人后方燃烧　扬　起译
杂小诗　袁水拍
“永逝了的不列颠”　怀　沙
犹太人的悲惨　曾子敬译

书报春秋

一、《面包》（苏联A.托尔斯泰原著）　文
二、《直入》和《刀笔》　华
三、《医师忏悔录》（魏列沙益夫原著）　晓
仇恨（中篇连载）　骆宾基作　丁聪插图
谈风雪话　思　之

拔　萃

离婚的申诉　康　明
盐田之夜　海　燕
华侨商业　孝　隐

编辑室

插　画

雪地行军　胡　考作
木刻二帧　新　波作

211 文艺生活

简 介

《文艺生活》，月刊，一九四一年九月十五日创刊于桂林，司马文森编辑，文献出版社发行。一九四三年七月十五日出至第三卷第六期休刊，在桂林共出十八期。一九四六年一月一日在广州复刊，出版“光复版”第一号（总第十九期），司马文森、陈残云合编，文艺生活社发行。同年七月一日出至第六号被国民党当局查封，从这年八月第七号迁往香港继续出版。一九四七年五月第十四期起改署“文艺生活编委会”编辑，司马文森主编。一九四八年一月出至第十八号由于“反动派对本刊采取封锁政策”（穗新一号《复刊词》），被迫宣告停刊。“光复版”计出十八期。一九四八年二月在香港改出“海外版”第一期，由原来的十六开本改为三十二开本。“海外版”仍为月刊，司马文森、陈残云编辑（自第六期起改署司马文森编辑），文艺生活社发行。在第一期至第七期发行期间，另有“副刊”附送。一九四九年十二月二十五日出至第二十期停刊。“海外版”计出二十期。一九五〇年二月一日刊物在广州复刊，出版“穗新一号”，由司马文森主编，文艺生活社发行。同年七月出至穗新六号停刊，计出六期。刊物从创刊至终刊共出版六十二期，另有海外版副刊六期。

《文艺生活》是进步的综合性文艺刊物，出版时间近九年，大体经历了四个阶段：（一）在桂林出版时期，刊物“担负民族的抗日斗争的文艺宣传和动员”的任务（穗新 1 号《复刊词》），编辑上采取“加强创作部分”，兼顾翻译和评论的方针（创刊号《编后杂记》），小说、诗歌、戏剧创作占有主导地位，夏衍的《法西斯细菌》、司马文森的《雨季》、田汉的《秋声赋》、艾芜的《轭下》、沙汀的《圈套》等，都是这时发表的。翻译介绍偏重于俄罗斯苏联文学，编刊了“苏德战争特辑”、“寄慰苏联战士”专辑等。评论以中外作家作品的研究为主，而对抗战文艺的现实问题的研究重视不够。（二）抗战胜利后出版的“光复版”，开始强调“迅速反映现实”（新4号《编者书简》），以“坚持和发展争民主自由解放斗争的文艺宣传和动员”为任务（穗新1号《复刊词》），倡导“人民的民主的文艺”。这个时期创作上杂文、独幕剧、报告文学最为活跃。从新一号开辟的“杂文集”栏，发表了大量抨击时弊、借古喻今的杂文，聂绀弩、楼栖、陈残云、胡明树等是其主要作者。这时还多次编刊活报剧、独幕剧专号，其中黄谷柳、温涛、汪巩、章泯等创作的各种小戏较为突出。华嘉、萧蔓若、野邨等人的报告文学，及时表现了华南人民反内战、争民主的正义斗争。文艺评论方面，郭沫若、茅盾、何其芳、荃麟等的论文，阐述了“人民的民主的文艺”的各项基本理论与实践问题；黄药眠的《论约瑟夫的外套》、《论美之诞生》，分别对舒芜的《论主观》和朱光潜的《文艺心理学》提出了批评。（三）在香港出版了两年的“海外版”，明确“以培养西南及海外的文艺新军，散布民主主义种子，团结广大青年文艺爱好者，为我们的目标”(《〈文生〉一年》)。刊物把“地方化”列为努力方向，形成“海外版”的特色。郭沫若、夏衍关于“马华文艺”的论文，静闻关于“方言文学”的倡议，黄绳关于开展“华南文艺运动”的建议，从理论上阐明了发展华南和南洋一带华侨文艺的意见。同时刊物也相应地发表了一批富有地方色彩的作品。在创作上，这段时间继续重视“斗争性和现实性强的报告、速写、文艺通信等轻骑作品”（海外版第1期《编后记》)。（四）新中国成立后在广州出版的六期，较迅速地反映了时代的变化，为清除反动文艺的影响、发展工农兵的“新华南文艺”做出了一定贡献。刊物发表的作品多反映解放战争和新中国建设的新人新事。报告文学仍占突出地位，戏剧作品多采用集体创作的形式，如司马文森等十人创作的大型活报剧《人民万岁》等。

《文艺生活》从创刊至终刊跨越抗日战争、解放战争和建国初期三个历史阶段，经历了新旧两个社会，始终追随革命的时代潮流，在国内，尤其是在华南、港澳和南洋一带产生了广泛影响。

目　录

第1卷　第1期
1941年9月15日出版

轭下（小说）　艾　芜
王英和李俊（中篇）　司马文森
多余的人（小说）　荃　麟

杂感
鸡鸭二题　孟　超
略谈“文人作风”与“武人作风”　东郭迪吉
齿输（苏联工厂史之一）
〔苏〕克罗帕脱诺伐作　何家槐译
别针（小说）
〔德〕I.罗顿保格作　陈　原译
荒木大尉的骑兵（长诗）　郑　思
给老战士（诗）　周钢鸣
行列（诗）　伍　禾
秘密（剧本）
〔西班牙〕R.山德尔作　周　行译
屠格涅夫是怎样写作的
（作家与作品研究）　韦昌英
编后杂记　编　者

第1卷　第2期
1941年10月15日出版

鲁迅五年祭（画像）　余所亚
不死的鲁迅，永生的鲁迅
——为纪念鲁迅先生逝世五周年作　本刊同人
肖（上）（长诗）　伍　禾
守夜人（小说）　葛　琴
查伊璜与吴六奇（小说）　孟　超
俄国作家论莎士比亚（作家研究）　焦菊隐
关于《哈姆雷特》（作品研究）　艾　芜
《忠王李秀成》自序　欧阳予倩
读《忠王李秀成》（书评）　韦昌英　黄　今
轰炸后（其它二章）（诗）　郭沫若
辛亥革命与袁世凯（杂感）　宋云彬
文艺琐语（随笔）　静　闻
李二爷与我们（叙事诗）　彭燕郊
土（苏联工厂史之二）
〔苏〕派斯钦珂作　何家槐译
雨季（长篇连载）　司马文森
编后杂记　编　者

第1卷　第3期
1941年11月15日出版

郭沫若先生画像　余所亚

寿郭沫若先生五十

AB对话　田　汉
《女神》的邂逅　绀　弩
向一个前驱者的祝颂　孟　超

我的祝颂　韦昌英

受训（小说）　寒　波
幼年（小说）　骆宾基
妻与爱人（小说）　郭弼昌

德苏战争特辑
我号召憎恨　A.托尔斯泰作　孟　昌译
我看见过他们　I.爱伦堡作　秦　似译
在战争的路上　W.瓦雪柳斯卡作　孟　昌译
夏衍剧作论（作家研究）　周钢鸣
论《堂·吉诃德》（作品研究）　〔日〕片上伸作　陈秋帆译

诗　集
平原放马歌　邹荻帆
斑鸠　梅　林
雾　梅　林
著作家　梅　林

父亲（散文）　雷　蕾
学习（苏联工厂史之三）　〔苏〕克拉索文作　何家槐译
国难财（一幕喜剧）　张　客
肖（下）　伍　禾
雨季（长篇连载）　司马文森
香港文讯　毅
孤岛文讯　芳
编后杂记　编　者

第1卷　第4期
1941年12月15日出版

居心（小说）　薛　汕
一幅写生画（小说）　孙　钿
穷苦的人们（叙事诗）　V.雨果作　穆木天译

寄慰苏联战士
寄慰苏联战士　欧阳予倩
为创造一个新世界而战　熊佛西
为了全人类的利益　荃　麟　葛　琴
希特拉将被洪流淹死　陈　闲
致苏联漫画家　余所亚
慰苏联战士　张安治
声讨暴徒希特勒　韩北屏
生命、幸福、和平，在号召人类团结　郑　怒
莫斯科是人类精神的堡垒　许之乔

论文学的敏感（论文）　欧阳凡海
鲁迅的对人与对事（作家研究）　荆有麟
忆列宁城（苏联漫忆）　黄药眠
秋的感怀（随笔）　迪　吉

诗
遥寄莫斯科城　芦　荻
海滨散曲十章　陈残云
故乡及其他（散文）　梅　林
白的兽物（小说）　〔法〕A.桑松作　陈占元译

电话机（小说）

〔苏〕D.柏盖尔逊作　庄寿慈译

雨季（长篇连载）　司马文森

中国诗歌界致苏联诗人及苏联人民书　冯玉祥等

桂林文协电慰苏联人民　桂林文协

我们必须联合起来　辛克莱

苏联人民为全人类而行动　罗士曼

编后杂记　编　者

第1卷　第5期

1942年1月15日出版

一九四一年文艺运动的检讨（座谈）　田　汉等

新居（小说）　荃　麟

父子保长（小说）　冀　汸

杂　文

谈“架子”　高二风

“天下太平”　野　郈

读史杂抄　王伯围

学习戏剧的一段回忆（上）　熊佛西

鲁迅眼中的敌与友（作家研究）　荆有麟

伏尔加为战争而工作

A.托尔斯泰作　綦　似译

诗　选

新年献诗　伍　禾

缔夫　S.M.

新的土地　林　山

路（外一章）　黄宁婴

散文诗（三则）　雷　蕾

O.K.（苏联工厂史之四）

〔美〕罗洛·华特作　何家槐译

算账　J·伦敦作　周　行译

雨季（四）　司马文森

编后杂记　编　者

第1卷　第6期

1942年2月15日出版

新事业（小说）　徐　盈

戍卒之变（小说）　孟　超

雀和螳螂（小说）　韩北屏

冬天——遥寄李欣（散文）邹绿芷

遥寄（散文）　韦昌英

文学的语言（论文）

N.A.莱别兑夫作　陈　原译

学习戏剧的一段回忆（回忆录）（下）　熊佛西

牛伞二题（随笔）　长　伙

短歌三首　何其芳

新年财（诗）　荷　子

——农村小景之一

决斗（长诗）

A.普式庚作　苏　夫译

他来了吗（小说）

〔保加利亚〕I.M.伐佐夫作　孙　用译

小兄弟（苏联工厂史之五）

T.A.范都兴作　何家槐译

雨季（长篇连载） 司马文森
编后杂记 编 者

第2卷 第1期
（总第7号）
1942年3月15日出版

前路（小说） 碧 野
命运（小说） 王西彦
点金术（小说） S Y
在孤岛（小说） 蔡 磊
——并寄离散的宁微
在五战区（通讯） 田 涛
在昆明（通讯） 荒 弩
谈波华荔夫人传（作品研究）
陈 闲
鲁迅论爱罗先珂（作家研究）
荆有麟
——鲁迅研究的资料断片之三
译诗四首
黑夜中在海岸上
〔美〕W.惠特曼作 高 寒译
你，民主政治哟
〔美〕W.惠特曼作 陈适怀译
破坏者与杀人屠夫
〔苏〕玛雅可夫斯基作 魏荒弩译
囚徒
〔俄〕A.普式庚作 魏荒弩译
爱与憎（散文） 寒 波
反侵略的旗（大众合唱诗） 王亚平
渝翻译学会工作近况（通讯）
李 葳
《诗歌新论》在整理中（通讯）
高 寒
怀希腊（散文）
〔苏〕爱伦堡作 小 畏译
支坦人中间的一次恐惧（小说）
〔法〕普里伏作 陈占元译
“管它妈的”（苏联工厂史之六）
〔苏〕G.利密佐夫作 何家槐译
雨季（长篇连载） 司马文森

第2卷 第2期
（总第8号）
1942年4月15日出版

安娜卡列尼娜之死（小说）
〔俄〕托尔斯泰作 宗 玮译
托尔斯泰的文学遗产（论文）
〔苏〕V.日丹诺夫作 李 葳译
访问托尔斯泰故居（访问记）
〔苏〕加南特作 蒋朝淮译
诗 五 题
新生的颂歌 杨 伊
春天小唱（外三章） 史 伍
春夜 曾 卓
雪夜 邹荻帆
村庄 邹绿芷
新形势与新艺术（座谈） 夏 衍等
忆香港（散文） 靳 以
太平洋上的“一二·八”（报告）
华 嘉

一世纪的末端（散文） 郁 风
——香港陷落琐记
去国草（散文） 赵令仪
随笔三则
《第四十一》等单行本前记 靖 华
从剧作《屈原》想起 周务耕
谈发展欲 欧阳凡海
秋声赋（五幕剧） 田 汉
雨季（长篇连载） 司马文森
编后记 编 者

第2卷 第3期
（总第9号）
1942年5月15日出版

埃戈尔·布利乔夫（三幕剧）
高尔基作 焦菊隐译
从打杂到领队（苏联工厂史之七）
瑟洛丁娜作 何家槐译
诗选
家，精神的尾闾 臧克家
院落（诗二章） 邹绿芷
低音的琴弦 郑 思

胞敌（小说） 田 涛
十一日（小说） 赵 宁
散文随笔
《十年诗草》题记 卞之琳
残破的东洞 敬 文
岁暮怀人 秋 帆
高尔基的社会论文（作品研究）
田仲济
有趣的会谈（作家研究） 荆有麟
——鲁迅研究资料断片之四
鲁迅三十年集（短讯） 记 者
秋声赋（五幕剧） 田 汉
雨季（长篇连载） 司马文森

第2卷 第4期
（总第10号）
1942年6月15日出版

鲁迅魂
［日］鹿地亘作 欧阳凡海译
康克林（小说） 郁 天
雪夜（小说） 葛 琴
关于战争的书（短讯） 记 者
致胡佛总统的一封信（童话）
［苏］班台莱耶夫作 彭 慧译
来福枪（小说）
［匈］B.伊勒斯作 周 行译
诗集
雨后（外二章） 彭燕郊
风雨及其他 晦 晨
在祖国的摇篮里 许幸之
给我的母亲及其他
［捷］J.讷路达作 孙 用译
丁西林剧作试论（作家研究）
许之乔
“笼”和“鸟”（批评） 罗 荪
苏联的战时电影（短讯） 记 者
秋声赋（五幕剧） 田 汉

雨季（长篇连载） 司马文森

第2卷 第5期
（总第11号）
1942年8月15日出版

青年军官（剧本）
〔苏〕巴克特列夫 拉苏莫斯基作
丽 尼译
一双鞋子（小说） 王西彦
斗士（小说） 任 重
随 笔
绅士式的战争 辛 夷
乱弹 木 公
读画录 黄 茅
创作上的典型问题（论文）
明 明
香烟大王的故乡（报告文学）
〔英〕普利斯德利作 胡仲持译
爱的高歌（长诗）
〔美〕蒂奥·蓉作 魏荒弩译
散 文 诗
八阵图 伍 禾
四季 韩北屏
别离歌 严杰人
过客（散文） 曾 卓
楼居（散文） 曾敏之
秋声赋（五幕剧） 田 汉
雨季（长篇连载） 司马文森

第2卷 第6期
（总第12号）
1942年9月15日出版

夜车（小说） 荒 煤
三斗小麦（小说） 沙 汀
自耕农张大才（小说） 荆有麟
悲喜剧（小说） S Y
白杨（诗） S M
在敌人后方（战地报告）
〔苏〕N.微尔塔作 李 葳译
割弃（速写） 韦昌英
在甘肃的荒原（短讯） 寒 波
关于《诗垦地》丛刊（短讯）
邹荻帆
石油河颂（散文） 寒 波
断想（散文） 雷 蕾
那人（诗） 曾 卓
跃进二百年（苏联工厂史之八）
脱莱格勃姆坷夫作 何家槐译
夜会女王（长诗）
A.普式庚作 苏 夫译
秋声赋（五幕剧） 田 汉
雨季（长篇连载） 司马文森

第3卷 第1期
（总第13号）
1942年10月15日出版

“爱人类”与“人类爱”（论著）
周钢鸣

萨尔蒂珂夫的生平（论著）
〔苏〕耶伏里内依作　小　畏译
论萨尔蒂珂夫（论著）
〔苏〕耶伏里内依作　小　畏译

创作小说

江边（中篇）　华　嘉
一个老人　黄药眠
猫儿盖　青　苗

翻译小说

呈报书　M.伊尔赞作　周　行译
一个农夫养活二位将军
〔俄〕萨尔蒂珂夫作　小　畏译
光明（诗）V.雨果作　穆木天译
"场上"（散文）　邹绿芷
一刻千金（独幕剧）　欧阳予倩
雨季（长篇连载）　司马文森

第3卷　第2期
（总第14号）
1942年11月15日出版

论　著

屈原的文学遗产　姚雪垠
鲁迅创作里的典型人物　辛　勤

小　说

新衣　寒　波
巧凤家妈　彭　慧
损失　周正仪

忠实的塔里索儿（寓言）
〔俄〕萨尔蒂珂夫作　小　畏译

诗

归来二章　力　扬
大树　苏金伞

一出喜剧（独幕剧）　林觉夫
雨季（长篇连载）　司马文森

第3卷　第3期
（总第15号）
1942年12月15日出版

法西斯细菌（五幕六场剧）夏　衍
岁末话文坛（论文）　林焕平
春雨濛濛中的黎明（小说）孟　田
乡村救济记（小说）
〔匈〕A.巴尔塔作　周　行译
火花（诗）　曾　卓
求婚者（诗）
普希金作　穆木天译
失去了的乐园（散文）　辛　夷
如此纳粹（散文）　长　伙
雨季（长篇连载）　司马文森

第3卷　第4期
（总第16号）
1943年2月15日出版

小　说

夏贝尔上校（中篇）
巴尔扎克作　穆木天译
再见　黄药眠

陈可为　梅　林
到前方去　萧蔓若

新年试笔

民国三十二年的希望　柳亚子
洪炉歌　宜　闲
元旦杂忆　孟　超
遥寄　何家槐

论　著

论题材、生活、认识　黄　绳
关于《家鸽》的辩解　王西彦
一束玫瑰（诗集）　彭燕郊

散　文

丁东草（三章）　郭沫若
回忆中的英伦　铁　生
落叶　高　兰
如此纳粹　长　伙

第3卷　第5期
（总第17号）
1943年5月15日出版

圈套（小说）　沙　汀
盛四儿（小说，上）　安　娥
夏贝尔上校（中篇）
巴尔扎克作　穆木天译
故事两则　曹西谦珂作　李育中译
一个士兵演员（速写）　张　客
勇毅的女人（速写）　尹雪曼
哀巴黎（散文）　铁　生
背影（散文）　高　岗
埋葬（诗）　曾　卓
《野玫瑰》与《这不过是春天》（书评）　孟　哲
谈《屈原》悲壮剧（书评）
柳　涛
如此纳粹（散文）　长　伙

第3卷　第6期
（总第18号）
1943年7月15日出版

柴霍夫逝世四十年纪念

山谷中（中篇）柴霍夫作　彭　慧译

短篇小说

模范班长　周而复
李芬的悲哀　易　巩
盛四儿（下）　安　娥
蝗虫　S.雷杰·雷脱南作　无　垢译

聋子和瞎子噪架的故事（寓言）
欧阳凡海
雾夜（诗）　许幸之

散　文

喀山——蒙古人的故事　黄药眠
岷江上游　方　敌
潇湘夜雨（独幕剧）　王　逸

光复版　第1期（总第19号）
1946年1月1日出版

人民的文艺（代发刊词）　郭沫若
宋国宪（中篇）　司马文森

复员的春天
〔苏〕奥尔加·勃尔戈慈作
何家槐译
风砂的城 陈残云
街，商品（诗） 黄药眠
车厢小唱（诗） 黄宁婴
象做总督（诗）
〔俄〕N.克里罗夫作 陈 原译
无花果树
Y.凡·海登斯塔姆作 绿 原译
希望（诗） 陈成远
杂文集
乞师 绀 弩
杞忧 楼 栖
斗牛 娄 木
哀真理 荷 子
“专家”与“大王” 捷 三
复员非复原 苏 夫
谈低级趣味 严杰人

保障作家创作自由的建议（特载）
欧阳予倩
编者·作者·读者

光复版 第2期
（总第20号）
1946年2月1日出版

我建议 郭沫若
一个叛徒的故事
〔苏〕爱伦堡作 陈 原译
一切的峰顶 洪 道
——再献给真勇者罗曼罗兰
古老师和他的太太（中篇）
黄药眠
神媒 韩北屏
杂文集
送某将军赴美 田 汉
林语堂博士在美国搞些什么
余 林
检举文艺汉奸 司马文森
韩信与刘邦 陈残云
冬夜杂感 捷 三
官兵之间 〔苏〕A.巧可夫斯基作
何家槐译
当胜利到来的时候 马 宁
《诗论》拾遗 艾 青
什么时候你来呀（诗） 吕 剑
素描三章（诗） 曾 卓
上海的“文艺复兴”（文艺通讯）
——记上海文协成立大会
王 坪
景宋海婴和鲁迅先生的墓（文艺通讯） 坪
忆冼星海 孙 慎
中华全国文艺协会对于惩治附逆文化人的决定
陪都文艺界致政治协商会议各会员书（来件一）
留港粤文艺作家为检举戴望舒附敌向中华全国文艺协会重庆总会建议书（来件二）

光复版　第3期
（总第21号）
1946年3月1日出版

援救秦似　司马文森
秦似未死，被囚广西狱中　文艺新闻
论约瑟夫的外套　黄药眠
——读了《希望》第一期《论主观》以后
论《清明前后》　周钢鸣
萧咳　周而复
不健康的人　易　巩
破狱　荷　子
如此复员　公　曼
杂文集
欣闻秦似未死　绀　弩
大总统忧虑破产　欧阳萝
展览会门外谈　马　宁
谈民主风度　无　非
从弃婴说起　许稚人
人民科学家的高士其（作家研究）　马　宁
哭杨潮　夏　衍
不再为了战争（诗）　洪　遒
出丧的行列（诗）　李　卡
再不能容许内战（诗）　征　军
诗二首　吕　剑
苏联纪行　〔美〕史　诺作　李育中译
大江边上　艾　芜
渔梁小集　华　嘉
贫困的一年　李育中
——记1945年美国文坛
中华全国文艺协会港粤分会成立宣言（来件）

光复版　第4期
（总第22号）
1946年4月10日出版

和平、民主、建设阶段的文艺工作
——在广州三个文艺团体欢迎会上的讲演　茅　盾
史太林之歌　江布尔作　向　葵译
普希金之金　江布尔作　向　葵译
老戏子（外六首）　何家槐
血祭（诗）　吕　梁
活的队伍（诗）　黄　阳
麦收的季节　周而复
界　许　翅
紫藤花　谷斯范
一首诗的诞生　易　巩
论美之诞生（评朱光潜的《文艺心理学》）　黄药眠
生活·思想·创作（讨论）　于　逢
——关于易巩君的创作的一个考察断片
关于黑人新作家李察拉脱（介绍）　李育中
寻画记（附插图）　刘　仑

冒险　〔美〕安特生作　宜　闲译
活的教育　〔美〕李察拉脱作
李育中译
杂文集
印度印西亚杂文选译
M·亚米尔作　金　丁译
读郑振铎《惜周作人》　胡明树
对于人类的贡献　宜　闲
关公与龟精　章　况
欣闻美国有疯子得开音乐会
光　子
读《腐蚀》　白　蕻
编者书简

光复版　第5期
（总第23号）
（无出版日期）

文艺上的一个基本问题（纪念第二届五四文艺节）　艾　芜
文协港粤分会纪念第二届文艺节宣言
给中国的戏剧工作者　田　汉
文艺工作者与“政治”　陈翔鹤
今天的文学与青年　静　君
——序一位青年作家的散文集
德国风情画（上）
〔苏〕费　定作　靖　华译
荔枝上市的时候　司马文森
人渣　华　嘉
侧面　周钢鸣
解围前后
〔苏〕T.泰恩作　何家槐译
托尔斯泰的早年生活
D.Ponsonby 作　方　敬译
诗　集
回敬崇高的慰问　高士其
战斗的旗　屠　丁
想着子岳　罗　衍
悲伤的天伦　罗　衍
朋友，把你的话说给大家听呵
金　帆
勇敢地爱罢　彭　慧
辩论·并慰问田园诗士　绿　原
我睡得不好　绿　原
雾的黎明　星　斐
生活的曲调　宇　菲
向着灯　宇　菲
我带来了芦笛　蔚　蕻
杂文集　胡明树
归来琐记　夏　衍
抚河静静地流着　宜　闲
走大路的人　陈残云
寻画记（下）　刘　仑
编者书简

光复版　第6期
（总第24号）
1946年7月1日出版

论思想和创作　黄药眠
论语言的创造　徐中玉

德国风情画（下）
〔苏〕费　定作　靖　华译
发抖的手和发抖的生活　韩北屏
卢大爷回来了　碧　野
诗二章　林　林
为死难文化战士静默（诗）
穆木天
狱里（诗）
〔法〕魏尔仑作　端木蕻良译
囚徒　〔俄〕普希金作
端木蕻良译
你们，凭什么理由不给（诗）
何　霖
石骨河上的歌声（诗）　马　达
在星加坡的监狱里　陈如旧
“近日楼”前　山　地
面子国（杂文）　紫　风
奴才的化装（杂文）　金秀心
“起”与“死”（杂文）　李　蕤
不要玷辱了秦始皇（杂文）
楼　栖
战争六年的英国文学　李　航
评姚雪垠的《出山》　黄　阳

编后小言

光复版　第 7 期
（总第 25 号）
1946 年 8 月出版

催粮（小说）　沙　汀
尼庵（小说）　黄药眠
想起了祖父讲的故事（杂感）
艾　芜
珠江河上（小说）　易　巩
激荡（《风砂的城》续篇）
陈残云
妙论（杂感）　宋　芝
走向人民文艺（论文）　郭沫若
略论大后方文艺与人民结合问题（论文）　何其芳
今日是什么日子呀（诗）　黄　阳
饥民（独幕剧）　章　泯

光复版　第 8 期
（总第 26 号）
1946 年 9 月出版

老郭和他的女朋友（小说）
司马文森
一个军人（小说）　于　逢
秋（小说）
〔德〕苏台德曼作　胡仲持译
闻一多的道路　王　懿
谈陶派诗　袁水拍
罗曼罗兰与印度（论文）
〔印度〕亚冗苏作　吴一立译
归来人（散文）　舒　群
从夜里到夜里（散文）　秦　似
诗　集
起点　任　健
传说　严杰人

早晨　黄庆元
北极星　黄庆元
诗二首　钟　辛
消息　孙艺秋
尹大嫂之死　么　里
风雨凄凄的深夜　星　裴
三人约议（杂文）　胡明树
报应说（杂文）　力　衡
文生广播（文艺简讯）
编后小记

光复版　第 9 期
（总第 27 号）
1946 年 11 月出版

民主短简　黄宁婴
艺文志（消息）
一纸汇票，万千血泪（报告集）　野　邨
救济品下乡　陈残云
不挂牌的医生　马　宁
喜事　刘白羽
人民勋章　S Y
论文艺创作上的主观和客观　黄药眠
遥致海洋彼岸的自由民　洪　遒
广州的一日（征文连载）
未死的快死，方生的快长大啊　沃　流
反内战签名　颖　息
礼拜一的早晨　易　凡
飓风前夕　鲁声涛
四月十九日　童哲夫
广九车站——钞票者的天堂地狱　林　榆
介绍玛丽安·格连活特　杜　宣
文艺画页
玛丽安·格连活特作品三幅

光复版　第 10 期
（总第 28 号）
1946 年 12 月出版

艺文志（消息）
献给查奇斯的诗　L.休士作　林　林译
自从死了黑煞神　林柳杞
春（上）　周而复
无边的秋雨　刘白羽
某先生　萧蔓若
论萧红的《呼兰河传》　茅　盾
论宓西尔的《飘》　洪　钟
左拉青年时代的生活　〔法〕白唐·德·儒卫勒作　林如稷译
广州的一日（征文连载）
卑鄙　君　翘
旅途偶拾　陈又村
在平价食堂前　戈　匕

光复版　第 11、12 期
（总第 29、30 号）
（未注出版日期）

文艺月谈

迎 1947 年　公　韬
文坛的打扫　林　川
正告美国当局　宋　芝
讽刺一例　荀　寰
藜灼五嫂　蒋牧良
青春素　文之流
破灭　沈子复
春（中）　周而复
关得住么？关不住了！　尉迟青
从生活出发　荃　麟
美国灾　耶　戈
狐群画像（诗）　黄宁婴
公务员呈请涨价（诗）　马凡陀
告诉冬眠的人（诗）　黄　阳
他冒雨走了（诗）　金　帆
玻璃带子　高　放

光复版　第 13 期
（总第 31 号）
1947 年 4 月出版

在民主文艺的旗子底下集合起来！
——为文艺生活社征求社员运动告读者　编　者

文艺月报

注意海外文艺读者对象
建立民主文艺基地
不负责的批评
满城风雨（报告）　华　嘉
在反暴游行行列里（报告）　萧曼若
在乡下（报告文学）　雷　天
王贵和李香香（李季著）　周而复
展开华南通俗文艺运动（文协港粤分会通俗文艺座谈会座谈记录）　冯乃超等
对连环图画的检讨　黄谷柳
起来，全越南的兄弟！（诗）　张殊明
胜利的晚会（诗）　饶　彀
夜间（诗）　吕　剑
林子里的孩子们（小说）　〔英〕Franck.O.Connoy 作　胡仲持译
春（下）　周而复
评《李家庄的变迁》（赵树理著）（书评）　荃　麟
文生十一、二期合刊读后　刘承笃
文艺信箱
意见箱
文艺生活社继续征求社员　文艺生活社启
青年知识社征求社友
征求桂林版《文艺生活》启事
吉隆坡一群热心文化朋友为本刊捐募出版基金

光复版　第14期

（总第32号）

1947年5月出版

为“五四”的“专家学者”做注解　冯乃超

文艺月谈

向谁负责？　黎

对人民的责任感　林川

建立马来亚“文艺阵线”问题　宋芝

台湾岛上血和恨　伯子

台湾，象是无告的孤儿！（诗）　张殊明

田家乐　沙汀

同僚　上官豸

英雄林阿风（诗体故事）　林林

在海南岛上（诗）　钢鸣

“五十一号”　巴波

在我们乡下　陈残云

由《民主短简》谈到政治讽刺诗　黄药眠

打算怎么做？　司马文森

文艺信箱

文艺问答

习作之页

这一期的习作（编者按语）

谈谈香港社会中的几种暗语　陈雅

海上　铁掌

谁杀死了王乡长（诗）　陈漫天

桂林春暮　野荀

服务部广播（文艺生活社动态）

社务日记　司马文森

文艺生活社继续征求社员（启事）

文生社五月份征文（启事）

健全并扩大我们的团体

（文生社社员五月份活动中心）

第二批捐赠本社出版基金名单

征求独幕剧（启事）

光复版　第15期

独幕剧专号

（总第33号）

1947年7月出版

关于文艺批评的断想　默涵

文艺月谈

群众是艺术创造者　蒲

文学批评的职能

〔英〕E.W.Martin作　胡仲持译

药（朝华夕拾记之一）　林林

野蛮无耻的标志　陈闲

反饥饿（活报）　黄谷柳

逼上梁山（独幕剧）　温涛

梁仁达之死（活报）　唐漠

当死牛（都市小喜剧）　王逸

故事二则　招麦汉

文学顾问会（付刊：第三期）

文艺信箱

文艺生活社继续征求社员（启事）

服务部广播（社内动态）

文生社第二次征文（启事）
捐献本社出版基金第三批名单（一）
捐献本社出版基金第三批名单（二）

习作之页

这一期的习作　司马文森
小贩（应征）　黎　棠
一个乡村小学教师（应征）　余　全
我最爱读的一本书《虹》（应征）　春　草
《风砂的城》最大的失败　郑　鸣
《安娜·卡列林娜》（应征）　夕　夭
海滨（散文）　刘梦华
研究《马凡陀山歌》（六七月份中心活动）
《马凡陀山歌》研究大纲

光复版　第16期
（总34号）
1947年8月出版

文艺月谈

感谢侨胞对祖国文化的援助　司马文森
海外有什么题材　T.A
怎样看马凡陀　方　远
余外婆（小说）　蒋牧良
在吕宋平原　杜　埃
狗仔小调　巨　响
读黄宁婴的诗　荃　麟
七月书简（通讯）　约瑟夫·卡尔玛　司马文森
论当前中国文艺的主题　林焕平

诗　选

中国，遇着历史的剧骗　张殊明
致魏德迈将军　黄宁婴
走真正人的道路　黑　雷
马来亚之歌　米　军
红灯码头　丹　影

村中之夜（独幕剧）　陆　擎
文学顾问会（副刊）

习作之页

烧开了的水　亚　弟
灌水　黎　棠

光复版　第17期
（总第35号）
摊贩暴动
1947年10月出版

鲁迅先生逝世十一周年纪念

鲁迅论新闻记者　夏　衍
不死的凤凰　宜　闲
我所理想的《鲁迅传》　云　彬
鲁迅也是狂人　柏　寒
凯旋（独幕广场剧）　王时颖
寒流里的风暴（报告文学）　唐　海
借枪记（短篇）　蓝　明
鼻子（短篇）　孟　超

忆达夫先生　静闻
复理牛武林　司马文森
生活美与艺术美　默涵
请愿图（长诗）　臧云远
短诗选（八家）　杜埃等
文艺学习讲话　宋云彬
　为什么要读文学史？
　怎样读文学史？
“怎样阅读文艺作品”讨论总结　第四学习小组
社员自我介绍　萧林等
服务部广播　服务部

光复版　第18期
（总第36号）
活报·独幕剧
1948年1月出版

一年小结　总社
人民翻身时代　宋芝
普及第一　孺子牛
感谢和慰问　方远
给南洋文艺青年　巴人
悼宋千金　夏衍
奸细（独幕剧）　史明
××小姐（独幕喜剧）　瞿白音
团结就是力量（独幕剧）　汪巩
查户口（歌剧）　白丁等集体创作
受审记（活报）　佚名
热血（塑象剧）　佚名
文学顾问会　付页

流浪汉（诗）　老集
文艺学习讲话
　怎样读小说　蒋牧良
《李有才板话》讨论结论　文生中环组
谁杀害她　李左凡
诗三首　何学正
自我介绍　林零等
迎月·送月　文华
马票　陈雅
你道和我道　学园
尾巴（哑剧）　林零
服务部广播
文艺信箱

海外版　第1期
（总第37号）
青年文艺创作竞赛入选专号
1948年2月出版

当前的文艺诸问题　郭沫若

文艺月谈

不要开倒车　公韬
从自我批评做起　孺子牛
培养文艺新军　宾弦
杂文应走普及的道路　周达

文协：青年文艺创作竞赛入选专号

动摇（入选稿第一名）　陈琢如
新贵胡院长（入选稿第二名）　草莽

在捷发轮上（入选稿第三名）
叶　烨
独眼龙（入选稿第四名）　胡序昭
青年文艺创作竞赛结束报告
文　协
乌兹别克的第一个歌剧《蒲朗》
茅　盾
童灿（报告文学）　适　夷
读林林的诗（诗评）　周钢鸣
补　白
征求人民文学资料
如何参加文艺生活社?
文生顾问部、服务部忠诚为社员读者服务
向马来亚征文!
致社员
文生社基金乐捐者芳名录

编后记　司马文森

海外版　第2期
（总第38号）
文协入选独幕剧专号
1948年3月25日出版

“马华文艺”试论　夏　衍
申述“马华化”问题的意见
郭沫若
方言文学试论　静　闻
文艺月谈
一个学习的实例　林　川
诉苦是觉醒的开始　周　达
悼念征军　陈残云
渡河，十二里!（入选独幕剧）
史　朋
接到征兵通知书后（入选独幕剧）
刘　朗
《渡河，十二里!》读后　瞿白音
评创作竞赛的入选小说　周钢鸣
失去的战士　阳羽军
翻身了，你伊拉克　张殊明
生命的搏斗（小说）　黑　丁
乡讯（小说）　春　草
读《在捷发轮上》　刁尔图
萨克林田庄（报告）　杜　埃
十字架城之战（报告）　林　林
编后记　编　者

海外版　第3、4期
（总第39号）
马来亚人民抗敌记
1948年5月15日出版

反帝、反封建、大众化　茅　盾
文艺工作者的改造　冯乃超
读“文协”入选的两个独幕剧
夏　衍
一个家庭的故事（中篇）司马文森
争夺　刘盛亚
受难牛　陈残云
垃圾桶里的家伙（回忆记）
林　林

马来亚人民抗敌记特辑
线球（马来亚人民抗敌记之三） 叶 韵
虎口余生（马来亚人民抗敌记之四） 黄亦夫
狼之死（马来亚人民抗敌记之五） 健 雄
秋天的霞（马来亚人民抗敌记之六） 鸿 鸣
斗争没有停止（诗） 邓光亮
走呀、在越南的大地上（诗） 海 濛
送别诗 冰 山
2+2=5（独幕快乐戏） 瞿白音

编后 编 者

海外版 第5期
（总第40号）
1948年7月7日出版

纪念七七，扩大反美扶日的爱国运动 本 社
文艺的真实性与阶级性 荃 麟
“稀牛屎涂不上壁” 蒋牧良
南昌之一夜 郭沫若
老坑松和先生秉 华 嘉
在中国寡妇山下 林雨今
逼租 沙 鸥
日本，日本，亚洲凶剧的主角 张殊明
森林里的响箭 李太别
略记在明月社时代的聂耳（传记） 洪 遒
花盆山（独幕剧） 小 巫

海外版 第6期
（总第41号）
1948年9月15日出版

离家（木刻） ［美］洛克威尔·肯特
论报告文学（专论） 胡仲持
叙事诗的写作问题（研究） 林 林
写“方生”重于写“未死”（讨论） 夏 衍
风灾（报告文学） 海 兵
景明楼上的舞会（报告文学） 蓝 泯
奸细（小说） 巴 波
我怎样开始了文艺生活（作家自白） 郭沫若
悼朱佩弦（作家印象记） 静 闻
关于《虾球传》速写（书评） 陈 闲
快乐的战役（独幕儿童剧） 陆 擎
香港风情画（短诗六首） 文 华等
挑夫（诗） 林 中
编者·读者·作者
编者的话 编 者
创作前有什么准备（文艺信箱） 编 者
关于“文艺鉴赏论” 胡仲持

文艺新闻（报导） 记　者
翦伯赞等博辽岛考古记（文艺画刊）
记　者

海外版　第 7 期
（总第 42 号）
1948 年 10 月 15 日出版

有旋律的饥饿声（木刻） 漾　兮
论主观在文艺创作中的作用（文艺专论） 黄药眠
鲁迅是怎样看农民的（作品研究）
陈　闲
谈取材（文艺学习讲话） 司马文森
记张天翼（作者印象记） 蒋牧良
我怎样写起小说来的（作家自白）
葛　琴
寓言六则（寓言） 张天翼
种子（报告文学） 小海燕
周求落魄记（报告文学） 戈　云
荒郊暗影（独幕剧） 伍　戈
烟赌之乡（文艺通信） 郭彦汪
教育（诗） 黎光耀
暴风雨诗抄（三首） 力　扬
中秋月（方言诗） 黄河流
文艺新闻 记　者

编者·读者·作者

阅读小说要注意些什么（文艺信箱）
编　者
问答两则（文艺问答） 编　者
编后 编　者
鲁迅先生逝世十二周年纪念画刊
记　者

海外版　第 8 期
（总第 43 号）
1948 年 11 月 15 日出版

何处是家？（扉页） 王　琦
论文学的灵感（文艺专论） 胡仲持
怎样分析人物（文艺学习讲话）
周钢鸣
略论人格与革命（文艺杂感）
陈　闲
记蔡楚生（作家印象记） 黎　舫
《风砂的城》的自我检讨（作家自白） 陈残云
复仇的火焰（报告文学）
〔美〕Jack Belden 作　玲玲译
加斯特洛的手掌（报告文学）
杜　埃
私奔（小说） 侣　伦
冶河（小说） 周而复
深夜（诗） 征　帆
出走（诗） 洪　放
他会回来的（诗） 金　帆

文艺月谈

一部史诗的读后感（介绍） 宋　芝
读歌德《带灯的人》（介绍）
何汉章
编者·作者·读者 编　者

文艆新闻　记　者
鲁迅先生十二年祭在香港（文艺画刊）　盛　舜摄

海外版　第9期
（总第44号）
1948年12月25日出版

岁末杂感：
其一　郭沫若
其二　茅　盾
其三　欧阳予倩
其四　胡仲持
其五　静　闻
其六　于　伶
我怎样开始了戏剧生活（作家自白）　顾仲彝
记田汉（作家印象记）　孟　超
论诗的感情（文艺学习讲话）　林　林
俘虏（诗）　麦　青
第一个，掷出了战斗的信号（诗）　周　默
帮工汉（诗）　江　南
我和你（诗）　江　南
渔村小唱（诗）　海　兵
在暗淡中（小说）　维　音
冶河（小说）　周而复
生命的幼苗（独幕剧）　谷　柳
文艺月谈
我读了《贱货》（介绍）　原　荣
读《复仇的火焰》后（意见）　凤　华
文艺新闻　记　者
编后　编　者

海外版　第10、11期合刊
（总第45号）
1949年2月15日出版

路工（扉页）　〔美〕威廉·华尔夫逊作
文坛一年间
答问一　胡仲持
答问二　默　涵
答问三　楼适夷
答问四　端木蕻良
答问五　陈敬容
答问六　林　林
答问七　林焕平
答问八　蒋天佐
答问九　顾仲彝
答问十　杜　埃
“文生”一年　司马文森
H.海涅和他的艺术（作家研究）　静　闻
关于《泥土的歌》的自白　臧克家
在黄衣之国（报告文学）　楚怀南
丛林狂想曲（报告文学）　杜　埃
苏绿海夜航（报告文学）　陈达敏
一个最后的男人（小说）　岑　砧

十五只盃子（活报剧） 伯 子
给被出卖的河（长诗） 邹荻帆
文艺月谈：读《春风秋雨》后的几点疑问 林雨今
文艺新闻 记 者
编者·作者·读者 编 者
文艺画刊 记 者

海外版 第12期
独幕剧号
（总第46号）
1949年3月15日出版

叶圣陶和郑振铎先生 封 面
中国巨人（扉页）王 琦画 金 帆诗
论风格的诸因素（文艺学习讲话） 黄药眠
从舌端到笔尖（文艺时论） 胡仲持
日本群众文学运动（介绍） 适 夷
夫妻识字（秧歌剧） 马 可
月儿弯弯（独幕剧） 王 逸
学好本领（独幕剧） 华 嘉
民歌初试（四首） 萧 乾
菲律宾诗选（三首）
［菲］S.巴东布海作 林 林译
评《山长水远》（书评） 五人书评会
旧金山的华侨文化（通信） 冰 山
怎样组织一次业余的演出（工作漫谈） 李 门
戏剧节在香港（画刊） 记 者
文艺新闻 记 者

从群众中来

对今后《文生》的两点意见 社员了无
我们全力支持社的发展 社员拓夫
编者·作者·读者 编 者

海外版 第13期
（总第47号）
1949年4月15日出版

向世界保卫和平大会致贺 文生总社
修路（木刻） 新 波
血尸案（中篇通俗小说） 孔 厥 袁 静
郁达夫的最后（回忆录） 金 丁
兵源（小说） 陈残云
肖军的故事（作家印象记） 吴 费
情书（小说） 秦 牧
美国土肥原（诗） 黄宁婴
诗歌与英雄主义（文艺专论） 林 林

散文之页

露宿 石 嵇
愤怒的山镇 申 奥
没有摄成的照片 筠 屏
编者·读者·作者 编 者
文艺新闻 记 者
芳园盛会（画刊） 记 者
封面：曹禺（左）马思聪（中）和张瑞芳（右） 记 者

海外版　第 14 期
（总第 48 号）
1949 年 5 月 15 日出版

街头（扉页）　符罗飞
文艺工作者怎样迎接华南解放？　司马文森
展开华南文艺运动的几个问题　黄　绳
白话诗与方言诗（文艺学习讲话）　林　林
赵树理怎样成为一个人民作家（作家小论）　纪　叟
南下列车（独幕剧）　瞿白音
新夫妇（小说）　草　明
借粮（小说）　海　兵
和非抗军共处的三年（报告）　南　君译
在火药气味中想起的（散文）　陈　实
上海解放之歌（外一首）　马凡陀
泾河的儿女回来了（诗）　冬　青
粤讴三首　芦　荻
韩江畔　予　林
祝全国文工大会（即文代大会）　编　者
成功了的赏试　宋　芝
方言文学创作上一个小问题　白　纹
该不该有“职业作家”　陈　程
文艺月谈：（二篇）　白　沉
编者·读者·作者
文艺生活征求读者批评
致谢

海外版　第 15 期
（总第 49 号）
1949 年 6 月 20 日出版

列宁与文艺问题（专论）　A.梅耶斯涅可夫作　荃麟节译
关于“纪录文学”　锡　金
论文艺通讯员运动（专论）（上）　司马文森
广西的“花灯戏”（介绍）　秦　黛
复仇记（桂林花灯戏）　秦　黛
从《复仇记》说起　编　者
可是，眼泪就是上不来（记录文学）　刘廷贵述　李树谦记
提倡“纪录文学”　编　者
无名女英雄（小说）　草　明
掌握政策　宋　芝
领事出巡（报告文学）　陈　言
谈“全国性作家”　陈　程
闽南方言文学运动（通信）　楚　骥
“留学”　陈　程
介绍全国文工大会（报导）　记　者
复雠（木刻）　陈烟桥

海外版　第16期
（总第50号）
1949年7月15日出版

为建设新中国的文艺而奋斗　郭沫若
论文艺通信员运动（下）　司马文森
谈诗歌的用词（文艺学习讲话）　林　林
文工大会闭幕以后　编　者
记夏衍（作家印象记）　白　沉
也算经验（作家自白）　赵树理
如何“结合”　娄　木
堡（小说）　萧　乾
题材与读者　娄　木
枫林坝（小说）　楼　栖
方言的锤炼　娄　木
印尼儿女（报告）　陈　言
人人说好（独幕剧）　岳　野
全国文工大会日志〔一〕（报道）　本刊记者

海外版　第17期
（总第51号）
1949年8月25日出版

人民文学主题的思想性（专论）　杜　埃
评史纽斯的诗（诗论）　李岳南
迎接华南解放　司马文森
下乡和创作（作家自白）　孔　厥
介绍《下乡和创作》　编　者
记杨逵（作家印象记）　黄永玉
请大家发表意见　编　者
工人张飞虎（中篇小说）　康　濯
不要用大题目　陈　程
新破镜重圆记（南方采茶戏）　楼　栖
全国文工大会日志〔二〕（报道）　本刊记者

海外版　第18、19期
（总第52期）
1949年10月25日出版

人民城市（四幕剧）　秋　云改编
眼高手低　吴伯箫
没有开出的列车（独幕剧）　集体创作
刈芜存菁　天　蔚
论文艺通信员的修养（论文）　司马文森
扫荡黄色文化　方　远
朱刀子（小说）　端木蕻良
大题与大作　亚　红
今后文艺工作的一些问题　李亚红
更朴素一些　逢

编　后　司马文森

海外版　第20期
（总第53号）
1949年12月25日出版

岁暮献词　文生总社

香港同志（小说） 火蒂士
时间开始了（长诗） 胡　风
文艺工作的典型经验（专辑）
题记 编　者
天津文艺工作中的主要经验 周巍峙
文艺工作者入工厂问题 贾　克
关于发动及组织工厂文娱活动的一些经验 余　晓
大众文艺工作的推进 王亚平
帮助蒙古同学创造民族艺术 安　波 张　凡
略谈陕北的改造说书 林　山
旧剧改革与旧艺人的改造 黑　丁
集市宣传 贾　霁
“兵演兵”运动 罗　英
会师记（报告） 司马文森
姊妹献粮 （秧歌剧） 丁　波词 林　韵曲

穗新1号（总第54期）
1950年2月1日出版

复刊词
对一九五〇年华南文艺工作的希望（笔谈会）
中国人民文艺的光辉 黄　绳
现阶段文艺工作的几个重点 陈君葆
华南文艺工作的重点问题 韩北屏
抛弃包袱，稳步前进 林焕平
大力开展方言文学运动 华　嘉
希望有更多的创作 秋　云
文艺工作在香港 马国亮
路已踏出来了 杜　埃
人民万岁（大型活报剧） 司马文森 洪　道 陶　金 马　喆 韩北屏 马国亮 蒋　锐 巴　鸿 卢　钰 齐闻韶等集体创作
海珠桥，你要复仇 秋　云
活叶杂记 马国亮
思想底散步 黄药眠
红花岗 韩林明
井冈山下（诗） 戈　扬
解放军南下故事选（实在的故事） 戴　夫
毛主席巨像是怎样制成功的（报告） 于　逢
乡村新景（短篇） 陈残云
我是一个南下工作团员（文艺通讯） 何　旭
《飞兵在沂蒙山上》（新书介绍） 耶　戈
怎样做个文艺通讯员（文艺信箱） 顾问部
在外国监牢里（中篇报告连载） 巴　人
红夜（长篇通俗小说连载） 司马文森

穗新2号（总第55期）
1950年3月1日出版

携手在为建设新中国的斗争里面（社论） 编　者

略论旧文艺和旧艺人的改造
林 山
开展文艺创作运动 周而复
起义前后（一幕两场剧）
集体创作 卢 钰、马 喆执笔
落网（短篇小说） 韩 萌
解放军南下故事选（实在的故事）
戴 夫
林彪将军印象记（人物素描）
苏 怡
论开馆子（杂文） 绀 弩
介绍周扬同志《新的人民的文艺》
顾问部
文艺通信选
英雄连大战小董墟
叶北岭 王振知
在黎墟的一小时 熊云阶
雷州半岛人民热烈支前 艾治平
人民战士 黄 溉
军民一家 黄 溉
从树密拾钱送原主 王涵光
在外国监牢里（中篇报告连载）
巴 人
红夜（长篇小说连载） 司马文森

穗新3号（总第56期）
1950年4月1日出版

中苏兄弟同盟万岁

中苏兄弟同盟万岁（社论）
编 者
和平的灯塔（诗） 陈绿畴
他服了（独幕活报剧） 尚 实
旗（独幕活报剧） 集体创作
齐闻韶 汪 明执笔
光荣回来了（小说） 王质玉
粤桂边追歼战（解放军南下故事选之二） 戴 夫

语 丝

为什么要学习毛主席的文艺思想
陈 程
勉香港文艺界同人 耶 戈
祝华南人民艺术学院成立 宋 芝

编后 编 者
在南边的海湾上（报告） 杜 埃
当我们在哈尔滨的时候（报告）
黄药眠
血的元霄节（报告） 秋 云
在外国监牢里（中篇报告连载）
巴 人
红夜（长篇小说连载） 司马文森

穗新4号（总第57期）
1950年5月出版

纪念“五四”卅一周年（社论）
编 者
谈赶任务与创作 林 林
谈谈口头文学的搜集 钟敬文
离婚（独幕剧） 秦 牧

粤桂边追歼战（解放军南下故事选之二） 戴 夫
奥本浩先生的花园（杂文） 绀 弩
新的开始（小说） 黑 丁
粗变细（小说） 宋 铨
李成玉南下前后（小说） 周奋之
关于集体创作（文艺信箱） 顾问部
在外国监牢里（中篇报告连载） 巴 人
红夜（长篇小说连载） 司马文森

编后 编 者

穗新5号（总第58期）
1950年6月出版

新中国，花正开 朱 玲
垃圾的闹剧（独幕活报剧） 黄若海 斯 蒙 巴 鸿等集体创作
纪律（独幕剧） 丁辛之
越南现代文学的发展 ［越南］武玉潘
我们的文艺战线 ［越南］阮辉象
杨连长（中篇小说） 李尔重
新年景（短篇） 陆 地
老顺和他的田（短篇） 页 三
《红旗歌》给了我们一些什么 叶 兮 刘 钊
评冯至《杜甫的家世和出身》 王迅流
我看刘胡兰这个人物 耶 戈
红夜（长篇小说连载） 司马文森

穗新6号（总第59期）
1950年7月出版

论民谣 文 静
采集民间歌谣的初步经验 马荫隐
在接近前方的支前司令部里 潘布桑
第五号船 戴 夫
英雄丈夫模范妻 陈 瑛
老阴阳怒打“虫郎爷” 章何紫
红军历史故事两则 周奋之
转变（军中文化学习故事） 闵 敏
这是一个号召（诗） 侯唯动
斯达林（诗） A.苏可夫作 林彬彬译
铁鎚敲着镰刀的声音（诗） 黄 阳
我们的队伍来了（独幕剧） 上官瑜其
特务回乡（独幕短剧） 马 屏
红夜（长篇小说连载） 司马文森
《文生》半年 编 者

海外版 副刊第1期
文艺生活社顾问部主编

用团结来打击反动流氓集团 司马文森

慰问加影业余歌剧研究社
在人民解放军中的枪杆诗运动
文艺学习讲话
　　如何进行调查研究？　周钢鸣
文律·龙津的屠杀　许乃妙
牺牲　健　雄
文艺新闻
服务部广播
文生付刊小启
社员自我介绍
文艺小词汇　文生记者编
文艺游戏　林　丘
连啸鸥刘冰君社员
　　长期赠送文生四分　连啸鸥
路斯同志赠书三种

海外版　副刊第 2 期
1948 年 3 月出版

展开社员间通信交友运动
司马文森
怎样把学习小组搞好？　宋　芝
文艺活动的总方向　郭沫若讲
渔区探访四篇
　　抵步、初访渔民学校　逸　平
　　渔村探访　陈章淮
　　夜游记　浪　飞
　　与渔民青年联欢　杨　明
赠书消息
服务部广播
几个小统计

海外版　副刊第 3 期
文艺生活社顾问部主编
1948 年 5 月出版
（附于总 39 期内）

响应总社的通信运动　文生香港分社
怎样搞好学校中的文艺工作
宋　芝
文艺与生活　茅　盾讲
通信交友运动　文生社员

海外版　副刊第 4 期
1948 年 7 月出版
（附于总 40 期内）

怎样组织文艺学习小组　宋　芝
文艺生活书简　蒋牧良等
赠书消息
给我们一些好剧本（读者来信）
交友栏
　　总社二次推荐候选人
　　社员来信　陈　雅等
广播　文生服务部
中华全国文艺协会香港分会举办
　　一九四八年度青年文艺创作
　　竞赛启事

海外版　副刊
1948 年 9 月 15 日出版
（附于总 41 号内）

展开交换知识运动　司马文森

交友栏

立志做文学的学徒　社员蔡亲孔

我喜欢结交正义的朋友　社员萧征人

我做过教师画匠和校对员　吉隆波仁发钟表店交

对社会科学有兴趣　社员曾志超

我们有小学教师、工人和店员　社员关家成等

给我一条路走　社员李　鹏

一个十七岁女孩子　社员朱淑勤

请同我做朋友　社员黄新聪

我是一个退伍兵　社员刘　伟

海外版　副刊

1948 年 10 月 15 日出版

（附于总 42 号内）

紧急通告！　文生服务部

响应　社员王　镜

交友栏

给我一条光明的道路　社员朱木发

我有各方面的兴趣　林懿珍

没有忘记学习和奋斗　社员周炳根

我的征友书　社员周逸文

一点小希望　社员黄文旺

请帮我改正不良习气　社员 K.073

加入文生社有何手续?

212 文　讯

简　介

《文讯》，文化月刊，一九四一年十月十日创刊于贵阳，贵阳文通书局编辑兼发行，发行人为华问渠。从一九四二年七月三十日第三卷第一期起改署文讯月刊社编辑，谢六逸主编，并由三十二开本改为二十四开本。第四卷第一期又改为十六开本。一九四四年七月十六日出版的第五卷第一期为“风物志专号”，由顾颉刚、谢六逸、娄子匡、岑家梧主编；《编辑后记》声明：“从这一期起改出专号”，但因受湘桂战事影响未能续出，即停刊。一九四六年一月十五日在重庆复刊，出版新一号（即第六卷第一期），由顾颉刚、白寿彝主编，编者有陈敬容、丁君匋。发行人仍为华问渠。自一九四六年三月十五日新三号（第六卷第三期）起，又改署文讯月刊社编辑。从一九四七年六月十五日第七卷第一期起迁至上海出版。一九四八年十二月五日出至第九卷第五期终刊，前后共出五十五期。

《文讯》是抗日战争和解放战争时期国统区出版时间较长的综合性文化刊物。谢六逸写的《创刊辞》指出：“其目的在集思广益，刊载学术论着，文艺作品，名著提要，文化动态以及其他与出版事业有关的文字。同时藉以披露本局的出版消息，成为出版者，著作人，读者三方面在精神上彼此互相沟通的机关。”刊物在贵阳出版的前五卷，偏重社会科学和自然科学研究的学术性报道。文艺仅居次要地位，而且多为我国古代文学艺术遗产的整理和研究论文。文学创作除翻译作品外，只有少量战地通讯、新诗和词曲。主要撰稿者是散居西南地区的一些教授学者，如卢冀野、董每戡、詹安泰、罗根泽、张世禄、张君川等。该刊在重庆和上海出版期间，仍为综合性刊物，但编辑方针有较大变化。《复刊词》要求学术论著“通俗化”，强调文艺的重要性。确定从复刊起“在编排上试作变更，把文艺列在前面，反一反向来综合性刊物的成例”。除每期增加文艺内容外，从一九四七年十一月第七卷第五期起，特约臧克家主编“文艺专号”，每隔两期出版一次，共出六期。文艺创作与评论在刊物中逐渐占据重要地位。创作以小说、诗歌、散文为主，间有寓言、剧本。多数作品表现了面向现实的精神。理论批评方面，对当代作家作品的评介略有增加，并编刊了“谢六逸先生逝世二周年悼念特辑”和“朱自清先生追念特辑”。从总体上看，刊物对当代文艺运动的关注仍然不够。这个时期的主要撰稿者有郭沫若、茅盾、雪峰、董每戡、高寒（楚图南）、臧克家、碧野、艾芜、陈敬容、方敬、李广田、王西彦、冯沅君、陈瘦竹等。

目　录

创刊号

1941 年 10 月 10 日出版

创刊辞　逸
本局增设编辑部的动机及其动向　马宗荣
唐回纥人华化考　姚薇元
新闻标题研究　谢六逸
猫与地球　懋　天

第 1 卷　第 2 期

1941 年 11 月 10 日出版

敌情估计（短评）　宏　徒
教育与政治的相关　马宗荣
黔游心影（散曲）　卢冀野
浙赣线上（战地通讯）　谭天民
我国商业帐簿组织之研讨　徐绍彝
荒山随笔　仲　午
编者后记

第 1 卷　第 3 期

1941 年 12 月 10 日出版

国民参政会中的教育文化问题　马宗荣
太平洋战争与中国（短评）　纯　任
月的启示　懋　天
简论中国报纸　全　山
谈国文教师　林　辰
质疑通信　编辑部
文通音讯　编辑部

第 2 卷　第 1 期

1942 年 1 月 10 日出版

孟子的出处进退观　马宗荣
三民主义的时代背景　袁　哲
霜厓遗札　吴　梅
现代通信事业之趋势　谢六逸
海军的没落　塞凡斯基作　国际宣传处译
质疑通信（续）　编辑部
文通音讯

第 2 卷　第 2 期

1942 年 2 月 10 日出版

新宇宙观　张永立
谈母教　章　桢
普及社会教育应注意的三大问题　马宗荣
三民主义的时代背景（续）　袁　哲
直观教学法　袁岳龄
花溪偶拾　董每戡
质疑通信　编辑部

第 2 卷　第 3 期

1942 年 3 月 10 日出版

论语言之演变与训诂　张世禄
中国画的形似　岑家梧

中国教育行政的路向　陆传籍
治疗的评价　刘谷孙
贵州人之营养问题　罗登义
工资理论之批判（一）　曹源松
欧洲沦陷区的反德暗潮
诺弗原著
编纂司法法令判解汇辑要旨
高承元

第2卷　第4期
1942年4月30日出版

从黔省司法观察贵州的文化
毛家骐
遵义附近的溪流与人生　沙学浚
论希特勒春季攻势的指向　张伯箴
中国天文界现状　陈遵妫
我们在做什么　罗登义
工资理论之批判（续完）　曹源松
英印谈判流产之前后　杜伯壎
社会福利施设是些什么　蓝淑华
女店主（第一幕）
哥尔特尼原作　董每戡改编
两只乌鸦（苏格兰民歌）　佘坤珊译
文通音讯

第2卷　第5期
1942年5月30日出版

姚茫父先生的曲学　卢冀野
行军与天文　岂匏
死的解释　何家泌
无限之谜
安德烈·莫洛亚作　清滨译
近百年来中国之三大革命问题
袁哲
国立贵州农工学院赋　李书田
女店主（第二幕）
哥尔特尼原作　董每戡改编
西行散记　曹源松
文通音讯

第2卷　第6期
1942年6月30日出版

论国民月会　刘绍桢
左传言礼制本于周官经考　王凌云
取火　缪崇群
近百年来中国之三大革命问题
袁哲
西行散记　曹源松
女店主（第三幕）
哥尔特尼原作　董每戡改编
文通音讯

第3卷　第1期
1942年7月30日出版

经济与价值　叶元龙
英文里的中国字　佘坤琱
中国之日食观测　陈遵妫
爱梦河畔　戴文赛

诗　选
过庚岭　叶元龙
坪石旅次率尔成咏　叶元龙
山城晓望（外四首）　谢六逸
人物素描　懋　天
战地记者工作的新方式　卜少夫
英苏关系的演变　郑　镛
倭奴的模仿性　东　山
中国初期的谲译文学　东　山
倭奴的伪造　东　山
作者介绍
编辑后记

第3卷　第2期

1942年8月30日出版

大学的任务　罗登义
胡林翼如何整顿湖北　何　基
剑桥学生生活　戴文赛
我国土地利用概况　陈鸿佑
打箭炉　梁瓯第
战时报纸的副刊　卜少夫
假医生（剧本）
Moliere作　刁汝钧译
《红楼梦研究》（书评）　雅　兴
戊辰七月客金陵寄弟介石　田君亮

第3卷　第3期

1942年9月30日出版

教师的过去现在与未来　梁瓯第
主观与客观　齐　庄
中国之日食记录　陈遵伪
戏剧艺术家莎士比亚
茅尔顿作　张君川译
人生之美　黄　尧
卖油郎及其他　林　蒲
海行追忆　清　滨
民众营养改进运动　罗登义
铜鼓考　南　风
论宗　虞　愚
编辑后记

第3卷　第4期

1942年10月30日出版

银河系巡礼　戴文赛
促进师范教育的基本认识
熊铭青
星子姑娘（献词）　张君川
犍陀罗艺术述略　岑家梧
山居杂记　章　桢
内地民众营养观感录　罗登义
小儿营养　袁岳龄
植物生长促短法　何家泌
二研堂全集叙录　李稚甫
冉娜（独幕抗战悲剧）
Noziele作　刁汝钧译
编辑后记

第3卷　第5期

1942年11月30日出版

牛顿诞生三百年纪念　陈遵妫

我国文化的摇篮地　郑师许
我国社会教育的回顾与前瞻　马宗荣
中等教育的社会原理　方惇颐
论诗体之民族形式　杨克敬
中国画的气韵　岑家梧
大学出版组的需要及使命　钱亚新
姚花源曲　胡朴安
评《中兴鼓吹选》(书评)　吴征铸
编辑后记

第3卷　第6期
1943年12月3日出版

三民主义文化运动泛论　袁公为
我国文化发生的年代　郑师许
三国时之交州　黎正甫
谈人生道路　张君川
木兰辞著作时代考　征　堂
美国民众对于此次大战的看法　檀仁梅
祖国的人们　稚　人
高尔基访问记　恩·格尔马作　刁汝钧译
病中呓语　清　滨
两夫妇　陈　才

第4卷　第1期
1943年1月30日出版

元稹和白居易的社会诗论　罗根泽
论整饬学风　钟玉成
西南部族之舞乐　岑家梧
艺术论　张君川
我所受的师范教育　袁岳龄
风云会　王玉章
战时美国点滴　檀仁梅
我的信仰　爱因斯坦著　朱厚锟译
死了一条光身汉子　〔美〕Manuel Komroff作　潘家洵译
追思　费培杰译
念奴娇　詹安泰
为陈蒙庵题亭角寻诗图　詹安泰
作者介绍
文通音讯

编辑室广播

第4卷　第2、3期
1943年3月30日出版

中英中美新约签定的意义及我国文学地位的提高　邓师许
论杜诗中之拗律　詹安泰
新疆之过去与现在　梁瓯第
政治重于军事与军事第一　熊铭青
政治哲学与公民教育　袁公为
金元戏曲方言考导论　徐嘉瑞
陪都行　娄子匡
塞多夫号漂流记　荫厂译

如此学者
Lalich Eugcnc 原著　刁汝钧译
天鹅
〔法〕Mallarme 作　谢文通译
百字令　杨铁夫
遣怀四首　詹安泰
翠楼吟　詹安泰
文通音讯

编辑室广播

第 4 卷　第 4、5 期

1943 年 5 月 30 日出版

第三次自由讲学运动　朱谦之
魏晋南朝文人与政治　欧百衡
当前新闻采访工作中的几个问题　卜少夫
西南部族之工艺　岑家梧
赴渝旅次观感记　陈安仁
半夏随笔　吕亮耕
四条虫子发脾气
〔美〕Morton Storn 著　潘家洵译
亚本塞纳末世外传
〔法〕Chateaubriand 作　马瑚珍译
送行　M·毕亚邦原著　朱厚锟译
书评　杨履武
诗　谢文通　费培杰
胡朴安　李叔同
编辑室广播

第 4 卷　第 6、7 期

1943 年 7 月 31 日出版

文学与语言　张世禄
英国的中央学校及高级小学　朱有瓛
欧美各国中学师资教育制度　方惇颐译
中小学训育导论　陆传籍
漫谈美国　檀仁梅
离乱行　王隐农
拉芳登寓言　秦蕴芬
随感录　稚　人
寂寞　稚　人
冬　稚　人
女工人　稚　人
花溪杂咏　何　基

编辑室广播

第 4 卷　第 8、9 期

1943 年 9 月 30 日出版

天文学与中国上古史　刘朝阳
四史解题　姚薇元
翻译的理论与实际　潘　坰
世界各国之森林及林业概况　顾青虹
近代雕塑略论　玄　裳
语言的透视　罗希贤
怀英伦　甘毓津

拉芳登寓言（续） 秦蕴芬译
流浪者（一个神奇的独幕剧）
Lady Gregory 作 明 清译
剧中插曲 谢文通译
席上口占 董每戡
欢聚琴泉寺得四绝 董每戡
清玉案 明 水
江城子 明 水
倭邦的淫风 香 山
十四行诗 谢文通译
前调 明 水
新雁过妆楼 明 水

编辑室广播

第4卷 第10、11、12期
（本期无出版时间）

世界的语言
布沦飞德原著 张世禄译
孔子对“生死”“贫富”“穷通”的看法 罗学珪
怎样做报馆访员 敬 宇
中国工业建设的地理基础 黄吉瑞
世说新语笺释 李详遗著
营养学在农业化学中的地位和进步
罗登义
唐代妓女 侯 信
山头底下
〔美〕海明威 Hemigway 著
潘家洵译
草堂随笔（一则）
吉辛 Gissing 著 朱厚锟译
先知 〔俄〕普式庚作 君 川译
意译 但 丁作 君 川译
新普鲁美修士 张君川
先知〔俄〕雷芒托夫作 君 川译
聚饮东山寺得二绝 董每戡

第5卷 第1期
风物志专号
1944年7月16日出版

论现代的丧礼问题 劳贞一
贵州的民族 吴泽霖
嫂嫂小叔与大伯弟妇 胡体乾
日蚀与月蚀 娄子匡
隋代之民风 姚薇元
中国的图腾制及其研究史略
岑家梧
摇马郎 梁瓯第
内蒙伊盟民俗 陈国钧
桂西蒲傚瑶之婚姻 雷金流
说蛊 陈志良
祭礼的象征和传袭 梁钊韬
巴渝万里曲 曲继皋
连山大掌岭之瑶人
黄灼耀 禤毓枢
安龙的年节 李德芳
巴蜀童谣 唐幼峰
黔边风物咏 秦孝思
说蛊补记 陈志良

编辑后记　谢六逸

第6卷　第1期
新1号
1946年1月15日出版

复刊词　编辑室
神话学与民俗学
Franz Boas 作　梁钊韬译
散　文
浪子的沉思　方　敬
沙合线舱内散记　之　一
《地狱的黎明》题记　青　铜
弹起你的琴弦（诗）　李永生
小　说
被遗忘的桥　蓝　冰
幸福的夫妻　丰　林
我对中国历史的一种看法　王芸生
三一律研究（连载）　陈瘦竹
豆瓣酱和牂牁江　史念海
西北考察日记（连载）　顾颉刚
冬（木刻）　流　丹
封面　张光宇

第6卷　第2期
（新2号）
1946年2月15日出版

近年来介绍的外国文学（论著）
茅　盾
悼王鲁彦（散文）　骞先艾
小莎文的遭遇（童话）　沙　蕾
生命的歌（诗）　屈　楚
发头（诗）　李岳南
无名英雄（名剧连载）
〔苏〕李昂洛夫著　华　容译
三一律研究（论著续完）陈瘦竹
汉代文学的远景（国学史话）
谭丕谟
路遇（历史小说）　罗　村
原子与原子弹（科学论文）
张震旦
西北考察日记（杂记）　顾颉刚
豁然开朗（插图）　丰子恺

第6卷　第3期
（新3号）
1946年3月15日出版

封建时代的君臣礼和君臣关系
吴乾就
郭象庄子注与庄子　任继愈
明初流窜云南之日本僧　方国瑜
文　艺
无名英雄（名剧连载）（续）
〔苏〕李昂洛夫作　华　容译
少年游（小说）　孟　超
海边（诗）　李广田
贺大杰的家宅（小说）　骆宾基

中国的古画在日本 伍蠡甫

科学新话

战时美国化学工业之贡献及其价值 钟焕邦

一九四五年之苏联化学工业 竹如

万能的玻璃 买荫庭

原子与原子弹（二） 张震旦

第6卷 第4期

（新4号）

1946年4月15日出版

木刻：万县万安桥 修理 流丹作

今后我国教育的一个主旨 毛子水

我国韵文之西译 张其春

悲多芬的生平与作品 戴文赛

苏莫遮考 方诗铭

罗叔言补唐书张义潮传补正 向达

诗

漫步 邵冠华遗作

黑色的伞 文健遗作

醉后 朱维基

枇杷园（小说） 仲咸

无名英雄（名剧连载）

〔苏〕李昂洛夫作 华容译

科学新话

美国脱水蔬菜之制造 钟焕邦

解脑术 竹如

聋子能听见 买荫庭

悼冯承钧先生 向达

第6卷 第5期

（新5号）

1946年5月15日出版

论文化生活 冯大麟

悲多芬的生平与作品（续完） 戴文赛

《双渐小卿诸宫调》的作品与改者 冯沅君

诗

爱者的歌 方敬

恋歌 唐那

漫长的岁月 沙蕾

展望 陈敬容

爱神 左拉著 彭隆生译

打破了一只花瓶（小说） 蓝冰

年关（小说） 卢黎

滇西上江的摆夷社会 雷泽光

原子与原子弹（续二） 张震旦

《咸同滇变见闻录》评正（书评·上） 吴乾就

记湘军名将罗泽南 李得贤

随　笔

艺术创造与英雄主义　李青铜
感情的冷藏之害　陈治策
记清季考试制度　唐柯三
路南杂记（三章）　高　寒

第6卷　第6期
（新6号）
1946年9月15日出版

从人格心理学说到人格教育　徐　儒
恰如本身所示之波德兰尔　〔法〕艾司堂作　李青崖译
诸宫调说唱考　方诗铭
幼小的灵魂们　沙　雷

诗　辑

问石　于赓虞
诉　唐　祁
守夜　伍　禾
群像（外一章）　陈敬容

无名英雄（名剧续完）　〔苏〕李昂洛夫原著　华　容译

科学新话

玻璃工业上的奇迹　如
配尼西林的发见　贾荫庭
颜色的威力　明　月
健康与遗传　树　榛
关于字汇问题　陆殿扬
《咸同滇变见闻录》评正　吴乾就
路南杂记（又三章）　楚图南
西北考察日记（二续）　顾颉刚
展望中美贸易（外论介绍）　周宝珖

第6卷　第7期
（新7号）
1946年10月15日出版

莎士比亚在英美两国的身后之名　Sir Sidney Lees作　陈治策译
读《诸蕃志》札记（随笔与札记）　方国瑜
左宝贵早年事迹考　李得贤
论英国传记家斯揣齐　〔英〕J.W.Cunlifie作　周骏章译

诗　辑

布莱克诗三首　郑川原译
病的蔷薇
哦！向日葵
爱的花园
千万只眼睛　张大帆

秦淮星火（四幕悲喜剧，连载）　董每戡
原子与原子弹（续三）　张震旦
挣扎（小说）　陈敬容
关于变态反应　明　月译
西北考察日记（杂记，续三）　顾颉刚

第6卷 第8期

（新8号）

1946年11月15日出版

"文"之探原 季镇淮
汉代的兵役与国运 朱子方
杨家将故事的演变 徐筱汀
诗
播种 陈敬容
飞鸟 陈敬容
秦淮星火（四幕悲喜剧，续） 董每戡
跋《清平山堂话本》 方诗铭
过巢湖 亦五
原子与原子弹（四续） 张震旦
经济战的新武器——"农化工业" 张尔慈
指印在美国的功用（原载本年三月廿二日上海《大陆报》） 周宝珧译
西北考察记（四续） 顾颉刚
介绍文学巨著《战争与和平》 〔苏〕H·古舍夫作 郭竟天译

第6卷 第9期

（新9号）

吕氏春秋非杂家乃黄老学派之首要作品辨 施天侔
汉代的军制和赋税 劳贞一
先秦卫有驰道考（随笔与札记） 陈梦家
读魏吉牧歌第四章 杨宪益
杨家将故事的演变 徐筱汀
沦陷期间之张星烺先生（学人生活） 万心蕙
秦淮星火（续二） 董每戡
心的秘密 和柳
兵的故事 灵原
原子能 钟邦焕译
路南杂记（三章） 高寒
柯三笔记 唐柯三
西北考察日记（续五） 顾颉刚
吉安史话 王泗原

第6卷 第10期

（新10号）

1946年12月31日出版

中国历史体裁的演变 白寿彝
庄子天下篇关于老子评论之研究 王维诚
汉代的军制和赋税（续） 劳贞一
渥尔夫传 罗曼·罗兰作 白桦译
秦淮星火（四幕悲剧·续完） 董每戡
商籁草（诗） 刘瑞三
挣扎（续新七号完） 陈敬容
死之忏悔 吾邱
主犯 狄火
文学闲话（一） 周骏章

第7卷　第1期
1947年6月15日出版

夜阑人静（木刻）　克　萍
卖马乳者（木刻）　阿　扬
农民（木刻）　阿　扬

写在卷首　编　者
将倾的塔
〔英〕吴尔芙作　高殿森译
美国印象　萧　乾
外魂——见于民间故事的
〔英〕弗莱则作　于道源译
诗和歌谣　钟敬文
从战国到秦帝国　劳贞一
恐龙之号召力及其研究之困难
杨钟健
抗虐药物的演进　鲁子惠
微生物——人类之敌与友　钟焕邦
小马灯（小说）　臧克家
可爱的姑娘（小说）
〔俄〕柴霍夫作　彭　慧译
梦（长篇连载）
〔法〕左　拉作　马宗融译
记第一届全国木刻展览会的展出
李　桦
维玑尼亚和她的朋友　柳无忌译
一、维多利亚期文学传统的支持者　〔英〕T.S.艾略脱
二、一个文学时代的最后者
〔英〕R.麦考来
三、我的记忆
〔英〕V.萨克微尔韦斯特
四、一个无双的性格
〔英〕W.卜络迈
我所知道的沈从文先生　一　凌
《中国史学史》（图书评介）　白寿彝
《伦敦杂记》（图书评介·朱自清原著）　方诗铭
编辑余话　编　者

第7卷　第2期
1947年7月15日出版

下关难民（木刻）　野　夫
拾荒（木刻）　陆　田
长夜梦（木刻）　甫　堡

论自然实物之有计划采集之重要
杨钟健
诗赋绘画与自然美之鉴赏
〔日〕青木正儿作　隋树森译
美国人的南洋研究　张礼千
抗战时期中国小说史的研究　方诗铭
托尔斯泰作品里的女性典型
彭　慧
苏联科学建设之五年计划　钟焕邦
怎样使整个原子工作　念　人
机警的鱼　买荫庭
外祖母（小说）　姚雪垠
耶苏基督在法兰德尔（小说）
〔法〕巴尔扎克作　穆木天译

梦（长篇连载）
［法］左　拉作　马宗融译
追忆郁达夫　姚　枬
评《周易古经今注》上册（图书评介·高亨原著）　慕　庸
《西南漫话》（图书评介）　者美轮
《科学家奋斗史话》（图书评介）
者美轮
编辑余话　编　者

第 7 卷　第 3 期
1947 年 9 月 15 日出版

谢六逸先生遗像
谢六逸先生手迹
某教授（木刻）　李　桦

南洋研究的回顾与前瞻　许云樵
抗战前中国生理学研究的概况
鲁子惠
英国的戏剧　董每戡
社会历史小说与《福萨德家传》
孙晋三
谢六逸先生逝世二周年悼念特辑
谢六逸先生事略
忆谢六逸兄　茅　盾
悼念六逸先生　叶绍钧
悼谢六逸兄　马宗荣
忆谢六逸　余楠秋
怀谢六逸先生　郭沫若
忆六逸先生　郑振铎
爱护自由的六逸　章锡琛
谢六逸先生　顾仲彝
记胡适之（上）　徐　盈
好丈夫（小说）　丰　村
亡友的故居（小说）　碧　野
评《中国通史简编》（图书评介）
白寿彝
评文学杂志复刊号（图书评介）
落　繁
编辑余话　编　者

第 7 卷　第 4 期
1947 年 10 月 15 日出版

沉思（木刻）　刃　锋
月儿湾湾照九州（木刻）　黄永玉

论存储反应　吴世昌
论自然主义与超自然主义　朱宝昌
东方语言学的研究与现代中国
季羡林
中国社会学的长成　费孝通
先汉时代文化的概述　劳贞一
爱美黎·白朗特及其《喔瑟霖山庄》
赵瑞霟
牛奶和它的产品　韵　蒨
综合橡皮之前途　钟焕邦
陈援庵先生与其近著　何　中
记胡适之（下）　徐　盈
几个生物学研究团体概况
艾　蒲

瓦里卡（小说）
［苏］毕里文采夫作　彭　慧译
章植医生（小说）　李白凤
评《挂红》（图书评介·臧克家原著）　碧　野
《小说论丛》（图书评介·赵景深原著）　方诗铭
编辑余活　编　者

第 7 卷　第 5 期

文艺专号

1947 年 11 月 15 日出版

再谈郁达夫　郭沫若
V.P.卡泰耶夫访问记　茅　盾
工余随笔　叶圣陶
论百读不厌　朱自清
局部与整体（文艺欣赏论之三）　许　杰
论果戈里　A.叶果林作　吕荧译
小家庭的风波　艾　芜
伙伴　刘北汜
水阳江的沉郁　碧　野
落魄　江曾祺
霜天晓角　金克木
夏天的都市（诗）　方　敬
一个断手指的人
桑特堡作　袁水拍译
普希金晚年诗抄　戈宝权译
明辨是非　唐　弢
寓言　雪　峰
希望的树
少女与老处女
牛与牛绳
小乌鸦与小狮子
狮与兔
乞丐与棍子
雨　范　泉
散文四题　陈敬容
大路上　柴霍夫作　李健吾译
评《故乡》（艾芜原著）　劳　辛
扉页木刻　永　玉
缀在末角　编　者

第 7 卷　第 6 期

1947 年 12 月 15 日出版

两汉今古文学之争的意义　杜守素
中国经济上的严冬　姜庆湘
论思想的历程与思想的结构（金岳霖著《论道》商兑之一）　赵纪彬
小说的内容　张君川
良公民才能成为良演员　洪　深
动物体内电的研究　鲁子惠
战后法国之报纸（巴黎通讯）　重　马
就象是什么事情都没有发生似的
A.托尔斯泰作　穆木天译
记章爱存先生　杨钟健

帝国主义的世界围猎场 司马天籁
所谓存在主义（国内文化述评） 孙晋山
民主文化的道路（国内文化述评） 应 怀
读郭著《中国文学批评史》下卷 徐中玉
一月影评 梅 朵
评《金玉满堂》（沉浮原著） 乐少文
劝阻（扉页木刻） 西 厓

第 8 卷 第 1 期
1948 年 1 月 15 日出版

儒家思想与中国社会 鲁 山
一年来中国经济的鸟瞰 孟宪章
金人建国前后之孛堇制 王统照
外国人与地质学 徐 盈
倮㑩的掠夺婚和嫁女歌 求 野
鲁迅的杂文观 田仲济
不走正路的人 萧蔓若
评《工党一年》 立 人
文化与政治 士 仁
战后期欧美文学何处去 孙晋三
美国片《长毛猿》与《霹雳车》 尤 莓
《太太万岁》及其他 赵 涵
在曼谷的医院里（扉页木刻） 陈 望

第 8 卷 第 2 期
（文艺专号）
1948 年 2 月 15 日出版

中国新文艺发展的道路 杨 晦
论情调 李广田
论果戈里 A.叶果林作 吕 荧译
笑 多布里·奈米洛夫作 巴 金译
琳娜 N.潘诺瓦作 S.L.曹靖华译
灰脊大衣 王统照
胆小的汉子 艾 芜
怀旧 沙 汀
埋儿记 何家槐
德昌将军的忌日 徐 盈
哈尔次山游记 海 涅作 冯 至译
良心 V.雨戈作 戴望舒译
工人歌 杜 彭作 冯沅君译
冬天 臧克家
海滨故事（木刻） 黄永玉
年话 编 者

第 8 卷 第 3 期
1948 年 3 月 15 日出版

评叔本华的天才论 蒋天佐
由马盖德年会看英国工党的波澜 陈 琦
记纽约自然历史博物馆 杨钟健
综合汽油之发明（Carl Malmberg） 钟焕邦
论诗诗之话 郭绍虞

记王逸及其子延寿 陆侃如
文学批评的课题 李长之
哈尔次山游记 海 涅作 冯 至译
只消五分钟
S.M.托拉拉耶夫作 何家槐译
在俄罗斯谁是快乐而自由 徐中玉
师陀的《结婚》 唐 湜
自由主义者的考验 士 仁
毕加索近况 孙晋三
美国影片的定性分析 黎先耀
二部国产片：
《乘龙快婿》《春归何处》
梅 朵
读者来函 樊立侠

第 8 卷 第 4 期
1948 年 4 月 15 日出版

魏晋南北朝的社会经济及其思想动向 杜守素
从华盛顿到巴黎 石啸冲
红楼梦试论 陈觉玄
论伤感 李广田
安东·契诃夫论
A.德伊其作 陈敬容译
中国木刻之过去与未来 刃 锋
康却多的专家 朱理惺
战后芬兰文艺二三事 劳 荣
哈尔次山游记 海 涅作 冯 至译
白痴 天 碧
丹钦柯的《文艺·戏剧·生活》
徐中玉
略谈丰村的三部小说 刘岚山
迭更司的《人间地狱》 黎先耀

第 8 卷 第 5 期
（文艺专号）
1948 年 5 月 15 日出版

关于介绍惠特曼 高 寒
今天的诗 朱自清
作家到农村去和作品的为听与为看
潘 凝
再谈农民文艺 杨 晦
诗与朗诵诗 李广田
幸福之岛 王西彦
高老胡子和他的女人 碧 野
年关 苏 汛
“五·四”谈电影 陈白尘
逆流 田 涛
自传 王 采
四等客 田 地
赠别 丰 村
含羞草 雪 莱作 徐 迟译
给拿破仑一世
〔英〕拜 伦作 沙 金译
哈尔次山游记 海 涅作 冯 至译

第 8 卷 第 6 期
1948 年 6 月 15 日出版

略论思想现状的贫乏与烦嚣 夏康农

边疆语文研究概况　马学良
原子能，基因，和人类的进化　Muller作　兽子惠译
闲谈英国皇家学会——旅欧杂记之一　裴文中
俄罗斯伟大哲学家——赫尔岑　M.维丁作　李葳译
论权威　杨钟健
封建社会的民间文学　方白
《好儿赵正》话本的发现　方诗铭
劫后缪斯在奥国　劳荣
评李广田的《文学枝叶》　徐中玉
《新闺怨》《艳阳天》观感　熊佛西
评翡翠谷　黎先耀
尾句　编者

第9卷　第1期

（文艺专号）

1948年7月15日出版

翻译者的修养　董秋斯
拉杂说翻译　李健吾
一边工作一边学习　穆木天
漫谈翻译　黎烈文
谈译事难　戈宝权
论者谓易卜生非思想家　洪深
阙史天行关于鲁迅的几篇文章　林辰
流离　艾芜
门房　端木蕻良
凯丝达　〔德〕凯赛林作　施蛰存译
假面具　〔英〕雪莱作　方敬译
虎溪行　王西彦
城下　单复
在克隆斯达特前线　〔苏〕英倍尔作　彭慧译
《双城记》读后记　青苗
哈尔次山游记　海涅作　冯至译

第9卷　第2期

1948年8月15日出版

论所谓《中国式的代议制》　流金
英国社会学家霍布浩斯的时代与思想　王康
范畴论　劳辛
弗里契的《艺术社会学》方法略论　蔡仪
墨子非攻与氏族战争　陈思苓
关于《许子之道》　任白涛
与莠草的化学战争　郑重知
元剧结构上之异例　青冰遗作
史东山的艺术生活　方蒙
战后捷克的文学　求思
读陆志韦先生论《目前所需要的文字改革》　陈琦
读萧著《陶渊明批判》兼论渊明的思想　田仲济
评朱自清著《标准与尺度》　徐中玉

第9卷　第3期
（文艺专号）
1948年9月15日出版

朱自清先生的遗像·手迹·生平

朱自清先生追念特辑

忆佩弦　郭绍虞
哭佩弦　郑振铎
谈佩弦的一首诗　叶圣陶
这损失是无法补偿的　冯至
杭州一师时代的朱自清先生　魏金枝
朱佩弦先生的路　许杰
悼朱自清先生　青勃
追悼朱自清学长　杨晦
我最敬爱的爸爸　朱乔森
杂忆佩弦先生　李长之
敬悼佩弦先生　吴组缃
自清先生在昆明的一段日子　刘北汜
朱自清先生与现代散文　杨振声
十日间　王瑶
重读《新诗杂话》　徐中玉
朱自清先生谈诗片段　牧野
悲忆佩弦师　余冠英
双星的殒落　澌离
佩弦的死　穆木天
悼朱佩弦先生　王统照
你终于倒下了　任钧
清华园里的追悼会　郑敬之

什么是一位经典作家　圣佩甫作　刘西渭译
狗子对我说的　康定
伸出钢铁的胳臂　王采
秋歌　金克木
雷电与雷电的呼应　穆歌
蹬音及其他　一文
急雨　黄贤俊
沉默　司徒宗

第9卷　第4期
1948年10月15日出版

许行思想批判　纪玄冰
再论《许子之道》　任白涛
关于印度的逻辑——因明　杜守素
科学与新时代　卢于道
由生到死　李纯青
论《水浒传》　陈觉玄
唐传奇作者身分的估计　冯沅君
从汉代社会看汉代文学　谭丕模
文艺复兴期的美学思潮　许幸之
走向人民的音乐家——马思聪　方蒙
意大利战后文学　劳荣
读郭绍虞著《语文通论续编》　宗越

第9卷　第5期
（文艺专号）
1948年12月15日出版

一种剧　李广田

关于现实主义和自然主义
A.K.华西利也夫作 何家槐译
论托尔斯泰的《哥萨克》 潘 凝
鲁迅书话六章 风 子
阿Q的出处 田仲济
鲁迅著作需要疏证 林 辰
报复 魏金枝
破了壳的蜗牛 王西彦
一个穷绅士
〔英〕吉 辛作 韩罕明译
回家
〔匈牙利〕萨卡锡慈作 大 木译
我们不是诗人(外三首) 何 达
昨夜 吴 越
雾 石 火
光明!及其他 裴得斐作 孙 用译
佣工的死 福洛斯脱作 方 平译
航行及其他 刘北汜
波兰战后文艺 劳 荣
哈尔次山游记 海 涅作 冯 至译

213 草　叶

简　介

《草叶》，文学双月刊，一九四一年十一月一日在延安创刊，延安鲁迅艺术文学院草叶社编辑、出版。一九四二年九月十五日出至第六期终刊，共出六期。十六开本。

草叶社是“鲁艺”的群众性文学团体，由严文井、何其芳、周立波、陈荒煤等在校师生组成。其社名和本刊刊名均取自美国诗人惠特曼的《草叶集》。刊物创办的目的原是“用它来发表鲁艺从事创作的同志们的作品，而且主要是同学们的作品”，选稿标准是：一、“要有一定水平的技巧”；二、“要有一定分量的艺术性和革命性结合起来的内容，既反对空洞无物的概念化，也不赞成对于新的现实采取一种消极的态度”（第五期《给读者们》）。所载作品有诗歌、小说和散文。刊物前四期创作的内容，多为描写知识青年追求进步的历程和感情的变化，艺术视野比较狭窄。“延安文艺座谈会”之后，该社以整风精神总结刊物的编辑工作，发表了《给读者们》和严文井的《评过去四期〈草叶〉上的创作》，指出“它某种程度地脱离了实际”的缺点，并制订“改革计划”，声明要“有意识的去服务于战争和革命”，要突破“鲁艺”的小圈子，面向社会。刊物第五、六期的创作面貌发生了较大变化，表现农村和部队的作品增多，内容多为“反映目前的现实，而且是最主要的现实”。主要撰稿者有何其芳、贺敬之、立波、严文井、荒煤、朱寨、张铁夫、潘之汀、葛陵等。

目 录

第 1 期

1941 年 11 月 1 日出版

麻雀（小说） 立 波
黎明（短诗三首） 何其芳
农民 朱 寨
二月 夏 蕾
无声的歌（小说） 荒 煤
小兰姑娘（诗） 贺敬之
硬汉（小说） 严文井
带露珠的心情（诗） 赵自评
编后

第 2 期

1942 年 1 月 1 日出版

一幅古老的图画（长诗《诞生》的一个片断） 白 原
信仰 严文井
夜车（小说） 荒 煤
晨光（诗） 林 沫
小酒店里 邢立斌
我们有一切 立 波
搜索 穆 青
在收割后的田野上（诗） 井岩盾

第 3 期

1942 年 3 月 1 日出版

中秋节（小说） 朱 寨
野火 艾 青
五月的太阳（诗） 白 原
乡村医院（小说） 葛 陵
红灯笼（诗） 贺敬之
睫毛（小说） 张 潮

第 4 期

1942 年 5 月 1 日出版

没有光亮的时候（小说） 章炼烽
黎明之前（《北中国在燃烧》第一节） 何其芳
荒年（小说） 张铁夫
青年底歌 天 蓝
老人 A.都德
烽火（诗） 井岩盾
决心（小说） 潘之汀

第 5 期

1942 年 7 月 1 日出版

给读者们 本 社
李凤林 葛 陵
是的，我是农民的儿子 朱衡彬
老郭的过去 赵自评
记两位同志 简 桃
初学 李万立
炮轰后的宋家川 张 潮
评过去四期《草叶》上的创作 严文井

第6期
1942年9月15日出版

乡村　张铁夫
二娃子　孔　厥
牛皮草鞋　蔡　前
兵士们的尸体　窝特·惠特曼
老侯　灼　石
玉米花　贺敬之
杂记三则　何其芳
喀噜王三　潘之汀

214 谷　雨

简　介

《谷雨》，文学双月刊，一九四一年十一月十五日创刊于延安，中华全国文艺界抗敌协会延安分会编辑出版，编务由艾青、萧军、舒群轮流担任，新华书店发行，华北书店代售。一九四二年八月十五日出至第一卷第六期终刊，共出六期。十六开本。

《谷雨》是中华全国文艺界抗敌协会延安分会会刊。刊物偏重文学创作，短篇小说占有较大篇幅，其中柳青的《一天的伙伴》、刘白羽的《在旅部里》、黑丁的《我们第四小队》、丁玲的《在医院中时》等，反映了根据地军民的生活和斗争；立波的《第一夜》，表现三十年代革命者的狱中生活。其他创作，如丁玲、吴伯箫的散文，艾青、李雷、厂民、何其芳等人的诗，有的以民族革命战争为题材，有的表现旧中国劳动者的苦难，有的抒写新文学作家成长的历程。该刊也登载少量翻译和评论，如曹葆华译的《列宁与艺术创作底根本问题》，周扬译的车尔尼雪夫斯基的《艺术与现实之美学的关系》等。第五期于“延安文艺座谈会”结束后出版，发表了丁玲、艾思奇、刘白羽、萧军、严文井等人学习《讲话》的体会。刊物对活跃延安和陕甘宁边区文艺曾产生过积极影响，不过也发表过一些有争议的作品和论文。陆地的小说《落伍者》刊出后，有人提出疑义，作者后来作了认真的自我批评。王实味的《政治家，艺术家》发表后，受到延安文化界的严肃批判。

目 录

创刊号

1941 年 11 月 15 日出版

小 说

在医院中时 丁 玲
一天的伙伴 柳 青

诗与散文

我们的队伍（诗） 厂 民
饥饿（散文） 何其芳
塞外杂吟（诗） 庄启东
书 吴伯箫

理 论

艺术与现实之美学的关系 车尔尼雪夫斯基作 周 扬译

第 1 卷 第 2、3 期

1942 年 1 月 15 日出版

快乐的人（小说） 舒 群
追逐（小说） 罗 烽
在旅部里（小说） 刘白羽
争吵（小说） 魏 伯
沙湄（小说） 雷 加
我们第四小队（小说） 黑 丁
我！延安市桥儿沟区的公民（诗） 天 蓝
河边诗草（诗） 纳 雍
语言的贫乏和混乱（一封关于诗的信） 艾 青
“新文学运动” 大 弦
普式庚底抒情诗 玮 璐译
列宁与艺术创作底根本问题 曹葆华译

第 1 卷 第 4 期

1942 年 4 月 15 日出版

（原刊误为 1 月 15 日）

第一夜（《铁门里》的一个断片） 立 波
狱外记 白 朗
炭窑 黑 丁
恐惧 马 加
在晚霞里 奚 如
热情者 黄 既
落伍者 陆 地
在死的阴影里 白洛麦尼斯
号角之歌 李 雷
哈兹山旅行记 海 涅作 吴伯箫译
我立下纪念碑 普式庚作 埃 弥译
鸡啼 陈企霞
樱子姑娘 张 潮
论条虫 高尔基作 陈适五译
政治家，艺术家 实 味
剧运二三问题 江 布
抗战中苏联文艺动态一瞥 萧 三
白洛麦尼斯 又 然译

第 1 卷　第 5 期
1942 年 6 月 15 日出版

关于立场问题我见　丁　玲
谈延安文艺工作者的立场、态度和任务　艾思奇
对当前文艺上诸问题的意见　刘白羽
杂文还废不得说
附录：鲁迅杂文中底“典型人物”　萧　军
论文人的敏感同自我意识　严文井
花朵　刘白羽
手——几段轮廓　陈企霞
在故乡　柳　青
夜　邢立斌
基督第四次跌落在他的十字架下面　〔意大利〕G.Germanetto 作　又　然译
寂静的国土（《北中国在燃烧》第二节）　何其芳
春耕（诗）　厂　民

关于艺术的内容与形式（读书笔记）　周　扬
风雨中忆萧红　丁　玲
果戈理论　高尔基作　曹葆华译

第 1 卷　第 6 期
1942 年 8 月 15 日出版

我的父亲（诗）　艾　青
织羊毛毯的小零工　贾　芝
马　方　纪
闻铃　余　修

宿营（追忆亡友白乙化同志远征察哈尔时即景）　马　加
高志坚　军　右
荒村　周而复
坏老婆（小说）　左琴科作　曹葆华译
电话　〔犹太〕大卫·柏格尔生作　黎　璐译

散文二题　鲁　藜
查伊可夫斯基和他底作品　李又然译
关于高尔基　萧　三

215 奔流新集

简　介

《奔流新集》，文艺不定期刊，一九四一年十一月十九日创刊于上海。它是《奔流文艺丛刊》停刊后筹办的，由“奔流社”编辑，采用“征求预订”的办法筹集资金，以“奔流出版社”的名义印行，分别在上海、香港、新加坡等地经售。所谓“奔流社”，基本上还是“奔流文艺丛刊社”的成员（参看本书《奔流文艺丛刊》简介）。该刊实际编务由楼适夷、锡金、满涛（张逸侯）主持，仅出两辑：第二辑名为《直入》，第二辑题为《横眉》。第二辑出版时间，刊物标明一九四一年十二月五日，实际印成时适逢太平洋战争爆发，日军进占租界，未及发行，因以停刊。两辑均为三十二开本。

《奔流新集》是创作与评论并重的刊物。在创作上最有特色的是短小的杂文。刊物专辟“投枪与唾沫”和“短刺”栏，针对“孤岛”社会与文艺界的颓败风气发表了杂文十篇。理论批评方面，除刊载茅盾的长篇论文和佐思（王元化）批判当时风行的礼拜六派小说的文章外，还辟有“每月书话”栏，专门发表新书刊的评介文字。该刊还得到许广平的支持，较早披露了鲁迅的一些佚文和珍贵照片，使这些文物得以流传。刊物的主要撰稿人除编者外，尚有钟望阳、林淡秋、景宋（许广平）、田青等。

目　录

第 1 集
直　入
1941 年 11 月 19 日出版

玻璃厂的大火（封面）
〔比〕C.慕尼威
势所必至，理有固然　直　入
（鲁迅先生未发表遗著）
鲁迅先生对批评的态度　景　宋
怀雪峰　适　夷
论掩蔽·弯弯曲曲·直截地戳刺（论文）　佐　思

投枪和唾沫

旧调新编　沈家乔
关于人权　孰　诺
一口唾沫　韦　伟
蟋蟀和寻蟋蟀的人　胡　理

这据说是“小疵”　荆棘心
漏屋书札（读书记）　雷　天
“光明”顶礼记（批评）　北　望

每月书话

《呼吸》　红
《马伯乐》　辛
《汾河上》　福
《静静的顿河》　世

陈毅同志（诗）　莫　洛
第一名（小说）　锡　金
老朱的悲哀（小说）　田　青
画页
鲁迅先生未发表原稿手迹
鲁迅雪峰及家属合影

第 2 集
横　眉
1941 年 12 月 5 日出版

社语　编　者
谈技巧·生活·思想及其他（特约寄稿）　茅　盾
鲁迅先生在北平的反帝斗争　景　宋
记修人　海　客

短　刺

小言“小言”　辱　谦
微感录　不　明
处世秘诀　史纪才
颂　玄　堂
秋深夜雨　一　卒
玩笑只当它玩笑　闻　歌

礼拜六派新旧小说家的比较　佐　思
宣传与反宣传·夸耀与出丑（批评）　张永禄

每月书话

《约翰·克利斯朵夫》　世
《彼得大帝》　理
《愤怒的葡萄》　新

丧事（小说） 钟望阳

寒村一宿（小说） 林淡秋

给黎烈文的信 鲁　迅

画页

新生代 罗克西莫夫

修人遗像及手迹

216 战时文艺

简　介

《战时文艺》，文艺半月刊，一九四一年十一月二十日创刊于成都，战时文艺社编辑，沙坪主编，以普益图书馆冯月樵的名义发行。从一九四二年二月一日第一卷第三期起改为文艺月刊。二卷一期起改由普益协社文化部发行。一九四三年二月一月出至第二卷第二期终刊，共出八期。十六开本。

《战时文艺》是在“皖南事变”后国统区的险恶环境中出版的文艺刊物。编者以《写于深夜里》为题写的代发刊词表示：反对脱离现实、闭门杜撰、粉饰太平等创作倾向和自命不凡、目空一切的文艺批评；声明要象风沙中的枣树那样，以“砍不倒、折不断”的精神顽强地成长。刊物的编辑采取创作、评论、翻译三者并重的方针。创作以小说、诗歌为主，散文、报告次之。所载作品不同程度地反映了国统区窒息郁闷的现实。文学评论大都围绕创作进行。“创作指导”栏发表的知名作家的短论，有的谈写作修养，有的介绍自己的写作经验，对初学写作者起了一定的指导作用。该刊的翻译介绍以俄罗斯苏联文学和德国文学居多，另外还译介了日本战俘几篇反战报告和散文，对揭露日本侵华战争有一定意义。主要撰稿者有沙坪、碧野、巴金、叶圣陶、洪涛、李春舫、丰村、姚雪垠、谢冰莹、臧克家、臧云远、任钧、王亚平、姚奔、方然、芦甸等。

目录

第1卷　第1期
创刊号
1941年11月20日出版

写于深夜里（代发刊词）　编　者

创作指导

爱好和修养　叶圣陶
灵感的故事　谢冰莹
给初学写作者　洪　涛
莫里哀与步兵少校（小说）　沙　坪

散　文

梦　李　嘉
麦兰　碧　野
荔红之恋　镇　锵
风沙里　沙　河

诗　选

柳荫下　臧克家
太阳出来了　牧　丁
别雾重庆　高　咏
敌后的村庄　刘岚山

哭与笑（杂感）　李束丝
从中国寄到日本（报告）
日本俘虏高坂作　剑　鸣译
托尔斯泰的英美朋友
〔苏〕N.葛塞夫教授作　陶　雄译
补白
奴隶的梦幻　〔美〕佛朗罗
两个作曲巨人的铜像
悲多汶·修裴尔德
编后
封面　王树刚

第1卷　第2期
1941年12月15日出版

散　文

生　巴　金
海岸上　江　篱
悼念　毛　兰
唐拾义　沙　坪

小　说

劳阿猛　梅　林
泛滥　左科琴作　王语今译
金刚钻　洪　涛

诗　选

在那些天
〔苏〕伊萨珂夫斯基作　铁　弦译
成都在诗里　深　渊
向北方　张　彻
狂吼　臧克家

创作指导

我怎样写出《抛弃》　谢冰莹
作家的生活　清　波
我在战地生活
〔日〕雄远郎次作　萧　森译
补白
文化消息
文艺涓滴
编后

封面 王树刚

第1卷 第3期
1942年2月1日出版

散 文
心 叶圣陶
新中国的诞生 姚雪垠
平原的恋歌 蔡月牧
路 军 笳
小 说
大别山下 李春舫
连续的生命
高尔斯华绥作 希 金译
黎明的射手 沙 坪
诗 选
农家的黄昏 王亚平
果实 邹狄帆
反侵略战歌 洪 涛
我要挺挺胸 姚 奔
三江口 影 痕
洛阳之夜 S P
创作指导
匆匆的短篇 王佛崖
我是怎样写诗的 牧 丁
报 告
中川利一之死
〔日〕桥本克己作 李 蕨译
波兰士兵的一日
〔波兰〕乌尼洛夫斯基作 李 蕨译
自己的血 孟 恢译
文化消息 文艺简报 编后记等
封面设计 王佛崖

第1卷 第4期
1942年3月1日出版

论创作的学习过程(论文)
姚雪垠
小说特辑
黎因红 丰 村
不吉利的日子 洪 涛
十四个 沙 坪
如梦之恋 雷石榆
敌舰的沉没 尹雪曼
在边境上
〔苏〕B.黎恩抗德作 李 蕨译
散 文
生命的春天 麦 里
伊妮慈
〔苏〕S.Grin作 李束丝译
除夕 禾 草
我怎样作了俘虏
〔日〕桥本克己作 李 蕨译
诗 选
风吹动着红旗 索 开
他也醒来了 姚 奔
噩梦 方 然
表 芦 甸
寄语淮上友人 王 门

第1卷　第5期
1942年4月1日出版

中国民间歌谣与新诗（论文）　王亚平
诗　选
当前线传来胜利的喜讯　任　钧
第四十一的故事　安　娥
走　芦　甸
冬天底歌　白　痕
小　说
红旗飘扬着黄河　洪　涛
帆影　沙　坪
意志　李春舫
散　文
岁暮思　刘念渠
控诉　李　薇
旅程　汪　茫
风雪之夜（剧本）　徐昌霖
封面　黄　禾

第1卷　第6期
1942年7月1日出版

诗　选
给诗人外一首　力　扬
小诗三章　臧云远
牧笛　孙艺秋
夜思　海　涅作　雷石榆译
自吟及其他　陆印泉
枭　S P
运河线上（报告）　贤　宁
小　说
吹鼓手　青　苗
流落者　碧　野
叛变后　嘉　漪
刘秀城之春　沙　坪
夜度　村　方
遥简（散文）　李　薇
诗谈（随笔）　流　沙
火光的记忆（散文）　海　燕
编后记　编　者
封面　黄　禾

第2卷　第1期
1943年1月1日出版

普式庚的散文
V.西克洛夫斯基作　李　葳译
小　说
三六九一公里　徐　盈
骑士　碧　野
大傻子的故事　丰　村
麻雀　洪　涛
七十二次车　沙　坪
散　文
怅惘　岳　真
生之歌　李　薇
苗家月（诗剧）　臧云远
诗　辑
鼠　任　钧

女　　海涅原作　雷石榆译
中国兵提到死　英白英作　姚奔译
雪中战士　安娥
小巷　方然
南方　艾君

第2卷　第2期
1943年2月1日出版

尼克索拉夫与歌谣　索开
小说
无名的同志　克诺尔作　李葳译
谷　李春舫
岁莫　罗苡
风暴下　青苗
M城　李薇
诗选
鹭鸶　英白英作　姚奔译
土地的来历　孙滨
漳河曲　沙坪
海涅故事诗七章　雷石榆译
散文
手杖　荒干
梦痕及其他　张微之
诳　萧孙
路（补白）　S P

217 文艺杂志

简 介

《文艺杂志》，月刊，一九四二年一月十五日创刊于桂林，王鲁彦主编，文艺杂志社出版，发行人为覃英。一九四三年十二月第三卷第一期起王鲁彦刊出《启事》，声明因病退休，委托端木蕻良主持编务。至一九四四年三月一日第三卷第三期休刊。一九四五年五月二十五日迁重庆复刊，出版新一卷第一期，由荃麟主编。同年九月出至新一卷第三期终刊，前后共出十八期。十六开本。

《文艺杂志》是抗战时期国统区出版时间较长、影响颇大的文艺刊物。在桂林编刊期间，文学创作与翻译并重。主编声明："我们并没有狭窄的派别门户之见，只要不违反抗战的国策，同时又有艺术价值的作品，我们都极其欢迎。"（一卷三期《答杨和风先生》）所载创作以小说、诗歌、散文为主，戏剧和童话次之。不少作品产生过广泛影响，如长篇小说《科尔沁旗草原》第二部（端木蕻良）、《故乡》（艾芜）、《奈何天》（沙汀所著《困兽记》片断），中篇小说《杉寮村》（易巩），短篇《古屋》（王西彦），以及剧本《大地龙蛇》（老舍）和童话《金鸭帝国》（张天翼）等。这些作品多以抗战时期的现实生活为题材，有的暴露国统区黑暗，有的歌颂人民抗战，不过暴露多于歌颂。对外国文学的译介，涉及英、美、法、德、苏俄、波兰、丹麦等十余国，而以苏俄文学居多。刊物在重庆复刊后，文学批评论文和讽谕现实的杂文明显增多，战斗性有所加强。冯雪峰批判错误倾向的文艺论文和绀弩、画室（雪峰）、吕荧、荃麟等的杂文，较有代表性。主要撰稿者除上述诸人外，尚有巴金、茅盾、鲁彦、芦焚（师陀）、靳以、方敬、任钧、厂民、邹荻帆、缪崇群、李广田、刘北汜、胡明树、胡风、方然、路翎、袁俊、骆宾基、李健吾等。

目　录

第1卷　第1期

1942年1月15日出版

大地龙蛇（三幕话剧歌舞混合剧）　老　舍
一位悲剧演员（独幕剧）　柴呵甫作　李健吾译
还魂草（中篇小说）　巴　金
突围后（短篇小说）　艾　芜
模范县长（短篇小说）　沙　汀
期待（短篇小说）　芦　焚
陈老奶（短篇小说）　鲁　彦
在边境上（短篇小说）　P.史维嘉作　许天虹译
金鸭帝国（长篇童话）　张天翼
苏联作家战地报告　靖　华译
　经过战斗的人们　V.沙扬诺夫
　北极圈外　N.威尔塔
土地解放之歌（诗）　姚　奔
战士之家（诗）　方　敬
奴隶之歌（诗）　S.捷黑作　孙　用译
沉默的旅车（散文）　靳　以
江之歌（散文）　一　文
兄弟（散文）　缪崇群
小夜曲（散文）　缪崇群
艺元之死（散文）　占　元
长夜（散文）　巴　金
谈《哈姆来特》论文　张天翼
苏联民间故事选　靖　华译
魔戒指·猎人裴得怎样赶走了日本人·英雄之死

第1卷　第2期

1942年2月15日出版

草莽（八幕剧）　李健吾
大地龙蛇（三幕话剧歌舞混合剧）　老　舍
某夫妇（短篇小说）　巴　金
古屋（短篇小说）　王西彦
孤人（短篇小说）　蹇先艾
到西线去（短篇小说）　［德］康多洛维支作　马　耳译
饿（短篇小说）　［捷克］F.郎格尔作　孙　用译
金鸭帝国（长篇童话）　张天翼
普式庚对西欧文学的影响（论文）　V.努斯塔德作　李　葳译
竹筏（诗）　方　敬
迎春短曲（诗）　姚　奔
海之恋（诗）　芦　荻
街头小景（诗）　任　钧
雷及其他（散文）　一　文
黑夜（散文）　刘北汜
路（散文）　贺　修
岁暮随笔　蓬　子
《大地龙蛇》序　老　舍
苏联民间故事选　靖　华译
　夏伯阳之死
　夏伯阳活着呢

弟兄们找真理
给读者 鲁 彦

第1卷 第3期
1942年3月15日出版

人们（短篇小说） 靳 以
合和乡的第一场电影（短篇小说） 沙 汀
逃难中（短篇小说） 艾 芜
家书（短篇小说） 方 敬
奖券（短篇小说）
〔丹麦〕M.A.聂梭著 苏 桥译
多日故事
〔苏〕鲍史托甫斯基著 孟十还译
鲁迅的语言（论文） 虹 飞
草莽（八幕剧） 李健吾
金鸭帝国（长篇童话） 张天翼
枪的故事（诗） 李满红
野店（诗） 邹荻帆
列车奔驰在原野上（诗） 吕亮耕
母亲（诗） 芦 荻
礼物（散文） 李广田
蹢躅小拾（散文） 缪崇群
灯（散文） 巴 金
火的记忆（散文） 鲁 彦
苏联民间故事选 靖 华译
三个儿子
鲜红的花
玛丽亚和伊凡较长短
正义
最宝贵的东西
裴多霞怎样遇见列宁
答杨和风先生 编 者

第1卷 第4期
1942年4月15日出版

美国总统号（三幕六场喜剧） 袁 俊
草莽（八幕剧） 李健吾
杉寮村（中篇小说） 易 巩
说书人（短篇小说） 芦 焚
千家村（短篇小说） 鲁 彦
舞会之后（短篇小说）
L.托尔斯泰作 孟十还译
木匠考瓦斯基（短篇小说）
〔波兰〕A.什盂斯干作 陈翔鹤译
列宁故事
〔苏〕M.左琴科作 靖 华译
马（诗） 厂 民
池沼（诗） 杨 禾
不灭的音响（诗） 姚 奔
沉（散文） 刘北汜
春天之歌（散文） 尹雪曼
独语（散文） 唐 骏
散文二题 一 文
金鸭帝国（长篇童话） 张天翼
水底深处的英雄们（战地速写）
维希涅甫斯基作 礼长林译
英国战时诗作家（报告）
R.Church 作 一 嘤译

第 1 卷 第 5 期

1942 年 7 月 15 日出版

闪击之下（小说）
——《劫后拾遗》之一段
茅 盾
邮差先生与灯（小说） 芦 焚
春酌（小说） 蹇先艾
风雪（中篇小说） 王西彦
杉寮村（中篇小说） 易 巩
拉西克地的领主（小说）
克达昔威利作 静 川译
自私的巨人（童话）
王尔德作 巴 金译
美国总统号（三幕六场喜剧）
袁 俊
村庄（诗） 方 敬
枯村（外二章）（诗） 王亚平
四月的诗（诗） 扬 禾
到桔子林去（散文） 李广田
给孩子们（散文） 靳 以
怀念（散文） 雨 田
邂逅（散文） 曾 卓
金鸭帝国（长篇童话） 张天翼
一个救护车驾驶员（报告）
W.菲律普士作 若 安译

第 1 卷 第 6 期

1942 年 10 月 5 日出版

关河草（诗） 邹绿芷
在铁蹄下（诗） 克 锋
古老的故事（诗） 方 然
入伍（诗） 吕亮耕
南国的春（诗） 马 凝
希望者（散文） 缪崇群
“心游室”（散文） 黎锦明
鸡及其他（散文） 一 文
谈灵感（论文） 臧克家
石人（剧本）
普希金作 段若青重译
美国总统号（剧本） 袁 俊
黑影（短篇小说） 一 文
少爷（短篇小说） 杨雨稜
风雪（中篇小说） 王西彦
杉寮村（中篇小说） 易 巩
泥做的肉排（短篇小说）
〔土耳其〕爱尔丹作 马 耳译
左盛柯两短篇 孟十还译
金鸭帝国（长篇童话） 张天翼

第 2 卷 第 1 期

1942 年 12 月 15 日出版

故乡（长篇小说） 艾 芜

短篇小说

过封锁线 茅 盾
鹏鹗堡 端木蕻良
黄昏 王西彦
井水 刘北汜
窦婣 〔苏〕M.高尔基作 孟十还译
关于德苏士〔法〕P.尼赞作 马 耳译

怎样征服夷尔穆哈努穆（苏联民间故事） 靖 华译
雨夜：我想着（报告） 方 敬
读《儒林外史》（作品研究） 张天翼
晚宴（六幕剧） 〔美〕开甫曼、法尔培合作 陈麟瑞改译
星·花床·怅望（散文） 缪崇群
诗 选
漠地诗抄 厂 民
风砂遥寄 方 然
在那些日子 邹荻帆
迦路伯 〔俄〕普西金作 穆木天译

金鸭帝国（长篇童话，第二卷） 张天翼
封面画 钱君匋

第2卷 第2期
（增大号）
1943年1月15日出版

鲁迅与木刻（艺术史论） 陈烟桥
关于抽骨留皮的文学论（文艺批评） 胡 风
创作漫谈（写作经验） 姚雪垠
短篇小说
乱离 靳 以
牧人 王西彦
夜袭 蒋牧良
欢喜团 李广田
海港 端木蕻良

第一位诗人（独幕剧） 〔美〕杰克·伦敦作 许天虹译
晚宴（六幕剧） 〔美〕开甫曼、法尔培合作 陈麟瑞改译
沙霞（长诗） 〔俄〕涅克拉索夫作 穆木天译
诗 选
奔走在尘砂飞扬的道路上 厂 民
当那一天来到的时候 任 钧
她呼唤着黎明 王亚平
德国诗选 克锋译

故乡（长篇小说） 艾 芜
金鸭帝国（长篇童话） 张天翼
封面画 钱君匋

第2卷 第3期
1943年3月15日出版

科尔沁旗草原第二部（长篇小说） 端木蕻良
远方（三幕剧） 〔苏〕亚菲诺甘诺夫作 周 行译
晚宴（六幕剧） 〔美〕开甫曼、法尔培合作 陈麟瑞改译
马兰成书后录（创作经验）

——附马兰小引　芦　焚
边理杰（短篇小说）　李辉英
深渊（短篇小说）
——《古屋》再记　王西彦
圈内（短篇小说）　刘北汜
想睡觉（短篇小说）
〔俄〕柴霍夫作　彭　慧译
阿拉川（诗）　厂　民
哀歌（诗）　方　然
行吟的歌（诗）　方　敬
火战（诗）　许幸之
来自田间的人们（诗）　邹荻帆
白家庄（散文）　浪　淘
夏夜（散文）　立　波
故乡（长篇小说）　艾　芜
金鸭帝国（长篇童话）　张天翼
封面画　钱君匋

第2卷　第4期

1943年5月20日出版

姊妹（四幕剧）　以　群
远方（三幕剧）
〔苏〕A.亚菲诺甘诺夫作　周行译
黑王子（中篇小说）
〔苏〕左盛科作　孟十还译
长生不老药（中篇小说）
〔法〕巴尔扎克作　穆木天译
没有名字的人们（短篇小说）
李广田
黄教头（短篇小说）　易　巩
雪地（短篇小说）　列躬射
鸟枪的故事（朗诵诗）　公　木
沙粒与眼泪（诗）　鲁　藜
我回来了（诗）　胡　征
塞外诗草（诗）　莎　蕻
河（诗）　彭燕郊
太平洋（诗）　李满红遗作
月亮在头上（诗）　臧克家
科尔沁旗草原第二部（长篇小说）
端木蕻良
故乡（长篇小说）　艾　芜
金鸭帝国（长篇童话）　张天翼
封面画　钱君匋

第2卷　第5期

1943年10月1日出版

他的意中人（短篇小说）
〔苏〕苏呵来夫作　茅　盾译
瞬间（短篇小说）
〔俄〕科洛连科作　孟十还译
冬狼（短篇小说）
〔犹太〕奥帕托楚作　苏　桥译
团圆（短篇小说）　胡　征
萨尔温江的格一普（短篇小说）
伯　超
乡下朋友（短篇小说）　王西彦
父亲（散文）　祖　文
路旁（散文）　刘北汜
涉及创作问题的二三小感（短论）
周　行

仇恨烧灼着（诗） 冀 仿
我梦见一朵榴花开了（诗） 姚 奔
布谷啼鸣的季节（诗） 魏 放
雅歌（诗） 黎焚薰
姊妹（四幕剧） 以 群
科尔沁旗草原第二部 端木蕻良
故乡（长篇小说） 艾 芜
金鸭帝国（长篇童话） 张天翼

第2卷 第6期
1943年11月1日出版

老干尖子当兵去了（短篇小说） 丰 村
日午（诗） 方 敬
朱尔斯（短篇小说） ［美］M.加拉罕作 周 行译
阳光（散文） 刘北汜
麦穗（短篇小说） 田 涛
我的童年（诗） V.雨果作 穆木天译
沃伊勃卫人（短篇小说） 萨洛扬作 胡仲持译
关于《你往何处去》及其他（短论） 王西彦
好书（诗） 吕 星
科尔沁旗草原（长篇小说） 端木蕻良
姊妹（四幕剧） 以 群
犁和土地（诗） 黎 央
金鸭帝国（长篇童话） 张天翼
故乡（短篇小说） 艾 芜

第3卷 第1期
1943年12月出版

奈何天（长篇小说） 沙 汀
渴望（诗） 黄贤俊
战争的插曲（短篇小说） ［德］汉斯·罗顿格贝作 韩侍桁译
论文采（论文） ［美］F.H.Pritchard 作 胡仲持译
连绵雨（短篇小说） 王西彦
跨越集（诗） 方 然
失鸣鸟（短篇小说） ［法］Pierie Mille 作 黎烈文译
记G·伯纳·肖（杂记） ［匈］B.伊勒斯作 周行译
女护士（短篇小说） 易 巩
李叶 漏 禹
唉，你倒下去了（诗） 黄药眠
诗四首 金 布
科尔沁旗草原第二部（长篇小说） 端木蕻良

第3卷 第2期
1944年1月1日出版

娜娜珂（中篇小说） 胡明树
美术盛衰论 陈烟桥
西班牙怀古诗 拜 仑作 王统照译

英雄（小说）
〔保加利亚〕白兹诃夫作
司空无忌改译
仇恨（小说）
〔德〕保罗·兴勃隆作　李束丝译
伐鲁克怎样订了婚的（小说）
〔德〕G.亚柏斯作　林　尔译
沉闷的生活（小说）
〔爱沙尼亚〕P.发奈克作　蔚　子译
泰加（小说）　方　敬译
野餐（小说）
〔俄〕黎宾作　荒　芜译
圣母的幻术家（小说）
〔法〕法朗士作　叔　夜译
雾之恋（散文）　高　沃
奈何天（长篇小说）　沙　汀

第3卷　第3期

1944年3月1日出版

两封无处投递的信件
——《自由港》代序　蔡楚生
论文学上人物的智能风貌（论文）
G.卢卡契作　周　行译
李宝三（短篇小说）　黄药眠
逃（歌谣）
〔波兰〕A.密子吉维支作
孙　用译
胡寿山（短篇小说）　菱　舟
酒徒之死（短篇小说）
C.狄更司作　邹绿芷译
论红楼梦里的医药（杂记）
胡明树
生活风景线（散文）　青　苗
浔阳小景（短篇小说）　陈迩冬
奈何天（长篇小说）（续）　沙汀著

新1卷　第1期

1945年5月25日出版

伟大的战士，安息吧
——悼念罗曼罗兰　郭沫若
“高洁”与“低劣”
——文艺风貌偶瞥之二
雪　峰

小　说

希望　刘白羽
巡官　沙　汀
寂寞该过去了啊　竹可羽
少年（长篇连载）　骆宾基
沉默的果实（散文）　靳　以
写给彦兄（散文）　巴　金
艺术的观念　倍林斯基著　向　葵译
倍林斯基论
波戈思洛夫斯基著　唐旭之译
莎士比亚理解　吕　荧
发疯　画　室
发现李卜与贼害莎士比亚　乃　超
伦理三见　绀　弩
到天堂的道路　余所亚
伸向黑土深处　荃　麟

诗

早晨，一只鸟儿向北飞去了（外一章） 史　潮
树叶儿又飘落了 史　潮
岩石及其他 彭燕郊
黎明 林　叶

A·托尔斯泰的文学遗产
〔苏〕《新世界》杂志　蒋　路译

新 1 卷　第 2 期
1945 年 6 月 25 日出版

什么是艺术力及其他 雪　峰
一、什么是反现实主义的倾向和什么是市侩主义
二、创作过程及艺术力
三、小市民性呢？人民大众性呢？
大渡河的支流（叙事长诗） 玉　杲
一是这样开头的
二家
三冬天
四新妇怨
五赶烟会的时候
六街口有两个人在谈话
七她疯了吗？
八这并没有完
势所必至，理有固然（原署直入）
鲁　迅遗著

小　说

黑女儿和他的牛 欧阳山
山谷 刘北汜
一位法官太太 葛　琴
地道 周而复
少年（一续） 骆宾基

车尔尼雪夫斯基底艺术观和文学创作　普罗特金作　曹葆华译

诗

音乐家 鲁　藜
当我从群山 苏金伞
渡河 童晴岚
卖唱的盲者和一个流浪的孩子
白　岩
寄一个人间的友人 史　潮
读《在酒楼上》的时候 绀　弩

新 1 卷　第 3 期
1945 年 9 月出版

在伟大的胜利前面 编　者
破灭（小说） 路　翎
一个副站长的自白（小说）荃　麟
破冰船（小说）高尔基作　丘　山译
少年（长篇小说） 骆宾基
六歌（诗集） 亦　门
求诉
读日记
读忧愁夫人
新郎答辞

给 Ray
给我底别离的新妇
青春底诗　胡　风
——《财主底儿女们》序
自白　路　翎
论托尔斯泰底时代思想及其与人民的结合（上）　石怀池遗作
狼　茅　盾
“根本”的问题　吕　荧
容忍即是放任　芦　蕻
从法海和尚抗日说起　高　柏
幻术者的悲哀　金　异
龙江吟（报告）
——乱离走笔之一　蔡楚生
理论的慧星（诗辑）　北　麓
我们在讨论
理论的慧星
今天
那船，远了
从读者中来（通讯）　黄国俊

218 文　　坛

简　介

《文坛》，文艺半月刊，一九四二年三月二十日创刊于重庆，徐霞村、姚蓬子、老舍、赵铭彝编辑，由蓬子在重庆开办的作家书屋出版发行，蓬子为发行人。前八期结为一卷，为四开小报型。一九四三年四月三十日出版第二卷第一期（总第九期），改为杂志型，三十二开本，由老舍、姚蓬子主编。同期终刊，共出九期。

《文坛》创刊时蓬子写的发刊词《新芽》指出："内容侧重于报道，但也有抗战艺术的各部门的批评，以及断片的文艺史料。……在文艺刊物的分工上，我们所能担负的最多只是一个近似小型文学报的任务。"刊物改版前后均以报道文坛消息和勾稽文艺史料为主要内容和特色。消息报道以国内文坛动向为主，通过各地文艺运动的"通讯"，各地作家惠寄的"书简"，以及"舞台·银幕"、"文坛杂碎"等栏的"零讯"，反映重庆和各地文艺界情形，使作家们"互相知道生活的近况"和"各地文艺活动的兴衰起落"（创刊号《新芽》）。偶尔也报道"敌国文坛"和"海外文坛"的消息。刊物还注意发掘文艺史料和文坛掌故。它先后刊载的鲁迅佚文佚简，景宋（许广平）的书信，以及林辰对鲁迅生平事迹的考订文章等，是抗战时期鲁迅著作辑佚与鲁迅研究工作的重要收获。其他如郑伯奇对创造社初期活动的回忆，李兰的《忆丁玲》，梅林的《记萧红》，以及老舍、臧克家、何容的生活创作经验谈、张静庐的"出版界史料"等，都为现代文学研究保存了有价值的材料。此外刊物还有国外作家作品的评介，创作问题的研究，文坛个别现象的批评等，但很少涉及文艺界的重大问题。刊物主要撰稿者除编者和上述诸人外，还有郭沫若、潘孑农、欧阳凡海、叶知秋、文林怀树、许寿裳、王语今等。

目 录

创刊号

1942 年 3 月 20 日出版

新芽　蓬 子
我呢?　老 舍
正义之声　郭沫若
二十年代的一面(郭沫若先生与初期创造社)(连载·一)　郑伯奇
文坛杂碎
作家书屋(简介)
龙套人语(之一)
——"盛况空前"以外　潘孑农
舞台·银幕(零讯)
国外新书　马 耳
记刘呐鸥　霞 村
不是为了纪念(怀友人)　白 尘
作家书简
鲁迅致伏园信(一九二三年六月十二日)
许广平致蓬子信(一九四一年十一月二十日)
鲁彦致蓬子信(一九四二年元月十七日)
请后方作家快快寄稿!(前方需要文艺)　臧克家 碧 野 田 涛
关于文明书局(出版界史料之一)　张静庐

第 2 期

1942 年 4 月 5 日出版

"杨贵妃"(《鲁迅先生二三事》之一)　孙伏园
文坛杂碎
乱离草——呈舍予兄(诗二首)　胡 风
晨渡海棠溪
过惠州西湖
家书一封　老 舍
华北文魔录
闲谈(文林琐记)　文林怀树
龙套人语(之二)
——戏子的悲哀　潘孑农
舞台·银幕(零讯)
海外文人逸话(果戈理和他的批评者)　保 尔
读知堂老人的《瓜豆集》　孔 嘉
二十年代的一面(郭沫若先生与初期创造社)(连载·二)　郑伯奇
东南文坛
烽火中的海外文坛　达 皋
敌国文坛的两种现象　任 钧

第 3 期

1942 年 5 月 5 日出版

书与书价　叶知秋
文坛杂碎
茅盾近况(茅盾致蓬子信)

关于自传　冰　心
田汉先生的母亲　赵铭彝
龙套人语（之三）
——提高演剧水准　潘子农
舞台·银幕（零讯）
《三十年集》和《序跋集》　景　宋
景宋致王冶秋信
王冶秋附言
纪念罗曼诺索夫——俄国的最初诗人　李　嘉
战争中的苏联作家　王语今
二十年代的一面（郭沫若先生与初期创造社）（连载·三）　郑伯奇

第4期
1942年5月30日出版

答客问（关于作家书屋的小愿望）　蓬　子
文化与创作　顾一樵
关于《文坛》　马宗融
文坛杂碎
舞台·银幕（零讯）
“三代以上”（旧刊新话）　林　辰
“金心异”考　荆有麟
忆丁玲　李　兰
记漆树芬遗著版税讼案（出版界史料之二）　张静庐
编校风月谈　何　容
文人从商（魏金枝致蓬子信）
二十年代的一面（郭沫若先生与初期创造社）（连载·四）　郑伯奇

第5期
1942年6月30日出版

剧坛寸感　徐　闻
孤岛剧讯（上海通讯）　逸　庆
文艺在鄂西（恩施通讯）　蓝　露
忆萧红（上）　梅　林
叙事诗的模范（评歌德的《赫曼与窦录台》）　臧云远
文坛杂碎
《鲁迅全集》补遗　林　辰辑录
（一）关于《小说世界》（致晨报副刊编者信）
沙汀的近况及其新作《淘金记》的内容（作家书简）　沙　汀
作家的战时生活（天翼来信）　张天翼
二十年代的一面（郭沫若先生与初期创造社）（连载·五）　郑伯奇
作家书屋二三事

第6期
1942年7月15日出版

我的不创作经验（在某中学“文艺创作会”讲演）　何　容
文坛杂碎
翻古谈今（读书杂记）　叶知秋
作家书屋二三事

苏联的作家在后方和前线 戈宝权
保障作家合法权益在桂林（桂林通讯） 孟　嘉
龙套人语（之四）
——我为演员们说话 潘孑农
作家书简（致蓬子） 老　舍
忆萧红（中） 梅　林

第 7 期

1942 年 8 月 30 日出版

略论文学的语言 老　舍
从流言说起 夏　衍
所谓“文化人的自觉” 李石锋
关于《鲁迅诗集》 林　辰
桂林文艺活动小述 斯　立
北战场的文艺活动 沈　石
戏剧活动在广东 曾　伟
“文章”谣四章（手迹）： 王礼锡
文章下乡
文章入伍
文章游击
文章出国
忆萧红（下） 梅　林
文章杂碎

第 8 期

1942 年 10 月 18 日出版

《鲁迅全集》补遗 林　辰辑录
（二）观北京大学生演剧和燕京女校学生演剧记（爱罗先珂作，鲁迅译）
敌企图胁骗滞港文人组织“大同图书公司”（香港特讯）
紧急启事 本　刊
美国最有希望的剧团 张骏祥
绥远的戏剧活动 记　者
麦收季（诗四章） 高　咏遗作
鲁迅先生逝世五周年纪念晚会筹备记 文林怀树
鲁迅先生著译十种作家书屋发售预约（启事）
古树的花朵（序五千行英雄史诗《范筑先》） 臧克家

第 2 卷　第 1 期

（总第 9 期）

1943 年 4 月 30 日出版

关于《弟兄》（作品解剖） 许寿裳
乱世文人论（文人论） 黄芝冈
四大皆空（作家生活自白） 老　舍
记鲁迅赴陕始末（文艺史料） 林　辰
两个文学团体的宣言（文艺史料） 叶知秋
二十年代的一面（文艺史料） 郑伯奇
——郭沫若先生与前期创造社
略论文学的语言（文艺短论） 郭沫若

文学遗产应怎样接受（文艺短论） 老 舍
一个作品的诞生（创作经验） 臧克家
谈作家合法权益的保障（讨论） 欧阳凡海
目前国内书刊销路的一般倾向（出版界一瞥） 俞 明
半年来桂林新文艺出版物速写（出版报告） 赵又清
谨防学习的病态（剧评） 潘孑农
记桂林剧坛两盛会（演剧通讯） 记 者
旅合公演趣记（演剧通讯） 徐昌霖
和季茀哭鲁迅墓原韵（文坛轶闻） 陶冶公
也算文坛掌故（文坛轶闻） 焕 明
从加尔各答到阿巴达巴特（作家书简） 李 嘉
文坛杂碎 记 者
西安文坛近况（文艺通讯） 陈侠夫

219 文学批评

简 介

《文学批评》，文学月刊，一九四二年九月一日创刊于桂林，王郁天编辑，桂林三户印刷社印刷，大地图书公司总经售，发行人为史蒂安。一九四三年三月一日出至第二期停刊，仅出两期。十六开本。

该刊是专门性文学理论批评刊物。编者王郁天与秦牧、冷火、青冰等人有感于国内文学批评风气的薄弱，力图借出版这个刊物“为文学界疏浚疏浚批评这条门路”。《征稿简约》给刊物规划的内容是：“对当前创作的检讨，基本理论的介绍，写作技巧的研究，作家作品的品评。”创刊号《编后记》还强调“每期多刊些比较有系统的专题论著，为读者提供些文学上的基本知识，藉以从正面来加强理论修养，提高阅读与写作的能力”。刊物实际偏重于“作家作品研究”和“技巧研究”。前者以评论外国著名作家作品的专题论文最多，而且多是外国研究工作者的译著。后者除关于小说、诗歌、散文写作的基本知识介绍外，还发表了国内一些著名作家谈写作技巧的文章、通信。这些文章、通信大都凝聚着作家自己的创作经验体会，较有特色。刊物对现实创作问题的评论较薄弱，仅在“短谈”、“新书评介”栏略有涉及。刊物的主要撰稿者除上述诸人外，尚有张天翼、艾芜、王西彦、司马文森、林觉夫、朱自清、李慧、荃麟、葛琴、王亚平、胡明树等。

目 录

创刊特大号

1942 年 9 月 1 日出版

短 谈

反戈一击 觉
诗的题材之展扩 高 岗
主题思想之深度 牧
短篇小说论
M.阿虚默作 李 路 李慧合译
论小说创作 秦 牧
略谈散文 葛 琴
论“诗与自然” 胡明树

作家与作品

批评家车尼雪夫斯基
耶罗斯拉夫斯基作 李育中译
杜斯妥夫斯基论
升曙梦作 陈秋子译
论贾克·伦敦 冷 火
生火（小说）
贾克·伦敦作 金 明译
论蔡雷特里
L.亚沙泰里作 蒙 天译
短剑（诗）
蔡雷特里作 蒙 天译
论《静静的顿河》
雷兹涅夫作 李育中译
红楼梦的对话 计 开

技巧研究

一封信 张天翼
略谈怎样描写人（一封信）
艾 芜
创作上的一二细小问题 王西彦
门外文谈（文史散篇） 张健甫
一、以康梁为领导的近代中国文艺界的启蒙运动（上）
论丁西林的《妙峰山》（新书评介）
林觉夫
创作的箴言（补白） 慧 辑
编后 编 者

第 2 号

1943 年 3 月 1 日出版

阿 Q 的死 荃 麟
鲁迅先生的诗及其诗论 王亚平
鲁迅先生的第一篇小说 郁 天

短 谈

加强研究鲁迅先生的工作
筠 心
向批评家进言 闻 毅
木刻运动的两重性 李 桦
武装自己 李 慧
文学与语言 朱自清
论文学批评 戈 茅
论诗的节奏 伍 禾
目前剧运应向古希腊撷取的几个要点 王 坪

作家研究

易卜生研究 林觉夫
弗罗贝尔的文艺思想 静 闻译

戏剧家也是诗人的沙氏比亚
A.威尔斯作　施　佛译
附沙氏比亚诗一首
论《被开垦的处女地》（名著研究）
K.拉狄克作　蒙　天译
论罗曼罗兰的《七月十四》（名著研究）　洁　孺
关于《从兄蓬斯》（名著研究）
穆木天

阅读与写作

旧小说的常用套语　青　冰
文艺笔谈（二则）　司马文森
我的创作经验
德永值作　胡明树　蒙　胧合译
门外文谈（二）　张健甫
一、以康梁为领导的近代中国文艺界的启蒙运动（中）

新书评介

《红灯笼故事》　紫　明
《春天》　冷　火
《伙伴们》　冷　火

编后　编　者
启事　本刊编辑部

220 文学创作

简　介

《文学创作》，文学月刊，一九四二年九月十五日创刊于桂林，熊佛西主编（前四期萧铁参与编辑），文学创作社发行，发行人为蒋本菁，桂林三户图书社总经售。一九四三年十二月一日第二卷第五期出版后因"调整内部"一度休刊。一九四四年五月十五日续出第三卷第一期。从这期起增设理事长，由聂守先担任，熊佛西仍任主编，改由桂林文人出版社总经售。同年六月十五日第三卷第二期出版后停刊，共出十三期。十六开本。

该刊以文学创作为主，兼顾评论。编者在《发刊词》中要求作家把抗战时期发生的"许多可歌可泣，幸与不幸的事迹"在文学创作上表现出来，替这时代"留下光辉的一页"。刊物登载的作品以小说、戏剧为多，散文随笔、诗歌次之。刊物编辑采取比较开明的立场，较多地联系革命进步作家，发表他们的作品，同时也联系并发表了一些思想、创作倾向不同的作家的作品。理论批评方面，以戏剧运动和戏剧创作的评论最有特色。另外刊物从第一卷第三期起添设"卷头语"，由编者撰写，实际是文艺短评；三卷一期以后改为"简评"栏，由刊物调整后成立的"社评委员会"负责撰述。"卷头语"或"简评"所表示的有关文艺问题的意见、态度，往往比较温和。刊物的主要撰稿者除编者外，有郭沫若、茅盾、胡风、老舍、柳亚子、端木蕻良、艾芜、骆宾基、司马文森、顾一樵、沈从文、苏雪林、丁伯骝、徐昌霖等。

目录

第1卷 第1期
（创刊号）
1942年9月15日出版

发刊词

小说

耶稣之死 茅盾
中国儿女（中篇连载·一） 素华
大帮船拢码头时 沈从文
初吻 端木蕻良
樱花时节 鲁彦
转变 高寒

论文

如何接受文学遗产 老舍
翻译与正名 钱歌川

诗

诺林伯爵 普式庚作 穆木天译
短诗六章 任钧

散文随笔

榕斋读诗记 柳亚子
后台人语 欧阳予倩
鲁迅如果还活着 胡风
水浒作者对于方言土语的运用 艾芜
慰慧（上） 顾一樵
以人为师 孙福熙
杂钞三则 宋云彬

剧本

新会缘桥 田汉
袁世凯（三幕剧·一） 熊佛西

第1卷 第2期
1942年10月15日出版

慰问苏联战士与印度弟兄

慰问苏联战士与印度弟兄 编者
感事两首 柳亚子
历史会证明 茅盾
呼吁 田汉
迫切的呼吁 欧阳予倩
为人类自由的斗争 胡风

小说

列那与吉地 茅盾
中国儿女（中篇连载·二） 素华
生产日记 周文
穿破衣服的人 艾芜
一个画家 李广田
早春 端木蕻良
意外的故事 萧铁

诗

诗三章 臧克家
三思楼诗抄 徐讦
给欧贞·雨果子爵 K.雨果作 穆木天译
夜袭 何嘉
短吟两章 芦荻

散文随笔

杂谈阿英先生的南明史剧 柳亚子
世界市民的戏剧等等 田汉

漫记印度之天堂　徐悲鸿
为什么写，有什么意义　沈从文
慰慧（中）　顾一樵
风雨同舟渡　S Y
诗论随录　胡危舟

剧　本

袁世凯（三幕剧·二）　熊佛西

第1卷　第3期

1942年11月15日出版

军中文化的文艺运动　编　者

专题研究

贾宝玉的出家　张天翼

小　说

虚惊　茅　盾
早春（续完）　端木蕻良
饶恕　张　煌
落英缤纷　符　浩

散文随笔

还忆劫灰中的南明史料　柳亚子
慰慧（续完）　顾一樵
上警报课的一天　杨　刚

剧　本

黄金时代　田　汉
袁世凯（三幕剧·三）　熊佛西

第1卷　第4期

1943年1月15日出版

一九四三年的文艺使命（卷头语）
编　者
新年献辞　郭沫若
新年感怀　茅　盾
豫言　宋云彬

论　文

创作现势一席谈　胡　风
高尔基的远见　何家槐译

小　说

蝴蝶梦（故事新编之一）
端木蕻良
就是几条鱼　欧阳凡海
某校纪事　司马文森
中国儿女（三）　素　华

散文随笔

劄记四则　郭沫若
后台人语　欧阳予倩
论做作　朱自清
续忆劫灰中的南明史料　柳亚子
水云　沈从文
从上海归来　贰　龑
弘一法师　释巨赞
关于我写的《袁世凯》　熊佛西
桂黔滇纪程　周凯华
偶然想起　李石锋

诗

青春的光华　柳无忌
石滚河　臧克家
战地上的风沙　臧克家
捷音中的山城　任　钧
来吧！一齐去！　安　娥

剧　本

黄金时代（二）　田　汉

第1卷　第5期

1943年2月15日出版

如何培养青年作家（卷头语）　编　者

从我怎样学国文说起　朱光潜

小　说

北斗镇（《淘金记》之一部）沙　汀

灾魂　田　涛

苏武与李陵　孟　超

父亲　曾垂鑫

散文随笔

羿楼旧藏南明史料书目提要（上）　柳亚子

水云（下）　沈从文

记梁任公先生二三事　熊佛西

从上海归来（续）　贰　龑

新的年代　王亚平

剧　本

黄金时代（三）　田　汉

第1卷　第6期

戏剧专号

1943年4月1日出版

今后的戏剧运动（卷头语）　编　者

孔雀胆（四幕史剧）　郭沫若

王老虎（四幕剧）　老　舍　赵清阁　萧亦五

林黛玉（独幕剧）　端木蕻良

黄金时代（续完）　田　汉

后台人语　欧阳予倩

《蜕变》一解　胡　风

《结婚进行曲》外序　陈白尘

戏剧生活的回忆　熊佛西

一九四二年渝·桂·各战区剧运评述

一、重庆的剧运回顾　以　群

二、桂林的演剧报道　小　涵

三、各战区的演剧漫谈　之　乔

第2卷　第1期

1943年5月1日出版

我们需要文艺批评（卷头语）　编　者

小　说

伙食　艾　芜

女神　端木蕻良

红花　王西彦

望娘滩　S.Y

度蜜月的人们　何礼传

公务员日记（青年征文）　程　远

中国儿女　素　华

论　文

搏斗与追求　周钢鸣

史坦倍克的英雄　黄桦霈

诗与散文　李白凤

散文随笔

六天的旅行 蹇先艾
抬笔记 董每戡
哭国康 王释因
悼泰戈尔先生并论及绘画 徐悲鸿
羿楼旧藏南明史料书目提要（续第五期） 柳亚子
读书随笔 杨曼萍

诗　歌

街头九歌 任　钧
哈萨克 山　青
安南女郎 严杰人

剧　本

择邻记（独幕剧） 丁伯骝

第 2 卷　第 2 期
1943 年 6 月 1 日出版

保护作家的健康 编　者
自传：五十七年 柳亚子

论　文

诗的趋势 朱自清
天才的度衡及其他 王西彦

小　说

邻居 艾　芜
一个女人和一条牛 荃　麟
回光 苏雪林
女伴 方　敬
苍鹰 张　煌
红豆春核 符　浩
不成功的战斗（青年征文） 冰　波

散文随笔

见微斋笔谈 沈从文
雅歌译记 端木蕻良
晚明澹归和尚事考 王在民
A 先生 白　也
夏完淳第十三传 任中敏

诗　歌

老伯伯和牛（灾荒篇之一） 韦　平
江边小歌 王亚平

剧　本

晴雯 端木蕻良
回锅肉先生 徐昌霖

第 2 卷　第 3 期
1943 年 7 月 1 日出版

文格与人格 编　者

小　说

委屈 茅　盾
回家 艾　芜
琴 端木蕻良
鬼迷沟（《地层》之一部） 田　涛
升天 何剑薰
海外从军记（青年征文） 蓝壁金
大朱里斯
〔美〕M.卡翰力作　秦　似译

论　文

“对活节奏”试论 洪　深
英国文学之新趋势 黄国芳

散文随笔

岩下纵谈 田　汉

文房四宝　洪素野
大爱国诗人陆放翁　田　曲
风筝和柳笛　刘黑家
五十七年（一续）　柳亚子
《家》在桂林的演出（补白）　熊佛西

诗　歌

毁灭　伍　禾
江南三月　杨世骥
观滑翔机表演　张　帆

第 2 卷　第 4 期
小说专号
1943 年 10 月 1 日出版

我们需要表现抗战生活的长篇小说（卷头语）　编　者
船上　茅　盾
生命　艾　芜
北望园的春天　骆宾基
伊凡诺夫的自述（报告文学）　〔苏〕伊　林作　何家槐译
乡居　沈从文
前夜　端木蕻良
“古怪”　〔美〕S.安特生作　胡仲持译
小灵魂　李广田
破裂　蹇先艾
小贱人　陈瘦竹
鱼鬼　王西彦
五十七年（自传·二续）　柳亚子
铁花（长篇连载）　熊佛西

第 2 卷　第 5 期
1943 年 12 月 1 日出版

关于新诗　编　者

论　文

西洋诗的鉴赏　〔美〕F.H.Pritchard 作　胡仲持译
论艾青　端木蕻良

小　说

大骡子　艾　芜
克复　黄药眠
鸽（未完）　司马文森
遵扁鹊先师遗教　胡明树
铁花（一续）　熊佛西

散文随笔

五十七年（三续）　柳亚子
孩子的“行路难”（岩下纵谈之三）　田　汉
后台人语（三续）　欧阳予倩
从历史小说谈到《历史小品选》　云　彬
南岳日记　柳无忌

诗　歌

卖狗头瓶子的（民间故事诗）　臧克家

第 3 卷　第 1 期
1944 年 5 月 15 日出版

敬致本刊作家·读者·同业　熊佛西

简　评

诗人节谈诗人气节
祝文协成立六周年
为出版界请命
从西南第一届剧展看未来的剧运

小　说

过年　茅　盾
花园中　艾　芜
蜗牛在荆棘上（中篇）　路　翎
湛蓝的海（一）　碧　野
苏联抗战中的母性
　S.索尔扬等作　胡仲持译
铁花（连载）　熊佛西

论　文

纪念诗人节　柳亚子
观念与语言　王了一
传记
　五十七年（续四）　柳亚子

散文·随笔

回忆二十五年前的香港大学
　朱光潜
南归散记　谢冰莹
居室记　长　之

诗

离骚新译　沧　浪译
四月　郭　风
给耕耘的人　伍　禾
雨盏小灯笼　臧克家
文创点滴　记　者

第3卷　第2期
1944年6月15日出版

简　评

文艺反攻
改革社会风气的先决条件
普遍地发动文艺壁报
树立简而有力的作风

小　说

一九四四年的事件　骆宾基
区长的儿子　丰　村
小城夜话　黄药眠
十年　蒋牧良
历史的命运　徐　盈
都会小景　司马文森
湛蓝的海（连载）　碧　野

论　文

论郭沫若之《屈原》
　〔苏〕费德林

传　记

五十七年（五续）　柳亚子

散文·随笔

柳亚子先生及其诗　朱荫龙
文创点滴　记　者

221 文艺先锋

简　介

《文艺先锋》，半月刊，一九四二年十月十日创刊于重庆，王进珊主编，文艺先锋社印行，发行人为张道藩。一九四三年一月二十日第二卷第一期起改为月刊。同年二月二十日第二卷第二期起改由徐霞村、李辰冬主编，丁伯骝负责实际编务。从同年九月二十日第三卷第三期起，改为李辰冬主编，丁伯骝参与编辑。自一九四四年八月二十日第五卷第一、二期合刊起又改为赵友培主编。不久赵友培参加国民党组织的“中央战时服务督导团”，从第五卷第五期起编务由徐文珊代理。一九四五年七月三十一日第七卷第一期以后改署“文艺先锋社”编辑，编务由刁汝钧代理。自第八卷第五、六期合刊起，刊物迁往南京出版。第九卷第二期后又改署“中央文化运动委员会文艺先锋社”编辑兼发行，仍由赵友培主编，发行人仍为张道藩。一九四八年冬出至第十三卷第四期停刊，前后共出七十六期。十六开本。

《文艺先锋》是抗战后期和解放战争时期国民党官办的大型文艺刊物。不仅它的编辑、发行人都是国民党右翼文人，而且在刊物出版的不同阶段均体现了国民党官方的文艺政策。刊物创刊时宣称“以发扬抗战建国精神，加强文艺界总动员，促进三民主义文艺建设，供给全国作家发表作品为宗旨”(《征稿简章》)。编辑上采取创作、评论、翻译并重的方针。从创刊至第六卷，即在抗战后期，刊物先后揭载了张道藩的《我们听需要的文艺政策》、国民党中宣部的《三民主义文艺奖金审议委员会通告》、国民党五届十一中全会通过的《文化运动纲领》等，并在文艺评论与创作上标榜“民族文艺”。不过鉴于这时民族矛盾的尖锐和统一战线的存在，刊物也发表了一些抗日救亡的作品，包括革命进步作家的作品，如任钧、臧克家、王亚平的诗，茅盾、老舍、姚雪垠的小说，阳翰笙的剧本等。这个时期刊物的主要撰稿者有王进珊、丁伯骝、王平陵、苏雪林、赵清阁、尹雪曼、谢冰莹、令狐令得、林蓝、杨群奋等。

抗战胜利后，从第七卷起刊物上革命进步作家的作品逐渐消失。尤其是第八卷以后，刊物陆续登载了张道藩的《生活中的艺术使命》、《文艺作家对当前大时代应有的认识和努力》，官方文人拟订的《文学再革命纲领》，余公敢的《我们需要戡乱文学》，“文话”栏也刊出了《描写匪区》等短评。这个时期从理论批评到创作实践都在文艺“再革命”的幌子下，极力推行“三民主义文艺”和“戡乱文学”。比较突出的作者有赵友培、周彦、郑临川、韦晓萍等。

目 录

第1卷 第1期
1942年10月10日出版

敬致作家与读者 张道藩
救治革命文学的贫血症（论著） 王平陵
小 说
偶发事件 张十方
“小汉奸” 谢文炳
流浪者 克姆罗夫作 高 植译
散 文
苛责 姚蓬子
卖琴 赵清阁
寂寞的心 尹雪曼
小品五章 阿左林著 徐霞村译
诗
诗四首 林 庚
旗之歌 令狐令得
量珠散辑（书评） 徐仲年
盐的故事（独幕剧） 王进珊

第1卷 第2期
1942年10月25日出版

论 著
文学运动的重造 沈从文
美国当代剧作家克利福·奥代茨（介绍） 张骏祥
选择与提炼 刘念渠
小 说
女客 谢冰莹
四年 高 植
诗
给斯达林格勒 任 钧
月夜 林咏泉
渡口 孙 望
草滩夜曲 冯振乾
杂 文
谈诗稿 林 庚
路 程 铮
“以文会友”（杂感） 赵友培
“战地文艺”（杂感） 凤 家
书 评
评《送礼（王平陵原著） 公 孟

编后补白 王进珊

第1卷 第3期
1942年11月10日出版

论 著
文学之贫困 施蛰存
小 说
进城 王平陵
夫妇之间 郭尼迪
速 写
布尔旗的恋情 路 金
诗
喀撒比安卡 Mrs.Felicia Hemans作 秀 芙译
路 孙 望

寄向游击区　李蔚初
献给“飞虎”　黎　明
杂　文
山有木兮　林　庚
随笔两章　王进珊
戏　剧
无题喜剧　梦　鸥
介　绍
美国当代剧作家克利福·奥代茨（续完）　张骏祥
新生中国之构图（封面漫画）　汪子美

第1卷　第4期

1942年11月25日出版

论　著
乐府的起源和分类　陆侃如　冯沅君
古典的华尔布几斯之夜　H.Lichtenberger 作　李辰冬译
写剧之基本认识　丁伯骝
小　说
炭矿夫　谢冰莹
南国的姑娘　蒂　克
富人们〔美〕司徒阿特作　高地译
诗
雨淋铃曲　冯振乾
船夫们　亚　德
黄桷树　罗　根
水仙　渥茨华斯著　秀　芙译
杂　文
诗，戏剧，小说　老　舍
散　文
街巷　凤　家
更夫　张石流
江上的暮　季蔚初
书　评
《棠棣之花》（郭沫若原著）　李长之
《虎符》（郭沫若原著）　褚述初
塞外（封面木刻）　梅健鹰

第1卷　第5期

1942年12月10日出版

论　著
太戈尔先生与东方精神　张道藩
报告文学
法兰西人民的觉醒　〔法〕J.Baif 作　郑福熙译
小　说
爱与仇　蒋星德
诗
骚动的塔　张大旗
月下小景·船　汪铭竹
塞上吟　林咏泉
年青的城市　蒋星煜
戏　剧
柳暗花明（三幕戏剧）　王进珊
杂　文
旧戏与新歌剧之间　公　孟
“君子于役”　林　庚
书　评
量珠散辑　徐仲年

第1卷　第6期
1942年12月25日出版

论　著
论文学上的民族主义与国际主义　徐中玉
我们所需要的文艺政策　张道藩
小　说
群像　郭尼迪
卢难　唐绍华
杂　文
读书随笔　白　尘
圣蒂尼开登之一日　王家棫
白色及星子　田　鲁
诗
山居有酬　令狐令得
在寂寞的城市　李白凤
月光曲　蒋星煜
给蔷薇外三章　凤　家
F.G.洛尔加诗抄　伯　石译
戏　剧
柳暗花明（三幕喜剧）　王进珊
描准（封面木刻）　梅健鹰

逍遥先生　尹雪曼
报告文学
护航队到摩尔曼斯克去　〔美〕E.穆勒作　陶　雄译
诗
冬日小诗四章　常任侠
沙漠船　伍　禾
灯　楚　湘
缄愁草　令狐令得
W.H.戴维斯诗抄　伯　石译
戏　剧
日月争光　王进珊
“混蛋”　〔苏〕贺多尔斯基作　王语今译
杂　文
易水歌　林　庚
秋的波浪　端木露西
雪　段若青
读后感
奥代茨的《天之骄子》及其它　王云波

生产（封面木刻）　梅健鹰

第2卷　第1期
1943年1月20日出版

论　文
“文艺政策”探讨　沈从文
粉碎公式主义　陆印泉
小　说
一个清晨　王托萨

第2卷　第2期
1943年2月20日出版

短　论
要创造我们的民族文艺　冬
需要建设性的批评　同
开天窗的手法　明
剧作者的自馁　平

战争与作家　村

论　著

论地方剧　马彦祥
“存文”与“善语”　何　容
读《九辩》　郑临川

小　说

重逢　姚雪垠
秀峰夜话　苏雪林
梁金山　徐　盈
房荒　〔苏〕M.左琴柯作　味　橄译

散文随笔

文艺杂谈　茅　盾
出版相　田仲济
疲劳轰炸期散记　王　锐
喷嚏　契诃夫作　李　葳译

诗

他打仗去了　臧克家
土伦勇士礼赞　任　钧
别离曲　吴棡新

书　评

《古树的花朵》　李辰冬

木　刻

小憩（封面）　黄守堡
编后记　李辰冬

第2卷　第3期

1943年3月20日出版

短　论

文人相“诚”
建树严正的建设性批评风气
发扬“公”与“诚”的精神
“打气”与“泄气”
“言之有物”与“言之有用”
现实只是黑暗吗？

论　著

读与写　老　舍
民族文学的基本认识　徐中玉
席勒对德国民族文学的贡献　陈　铨
略论文学遗产问题　以　群

小　说

她自己　James Paoler作　潘家洵译
爱与欲　托尔斯泰作　高　植译
红腰巾　赵清阁
重逢（中篇连载·续一）　姚雪垠

诗　歌

奋发淬励（封面）　万仁寿词　金律声曲
杏花天　苏　明
马骨　江　英

散文随笔

寄语中国艺术人　林同济
国难旅行　李金发
儿童读物的贫乏　凤　家

戏　剧

领港人家（独幕剧）　丁伯骝

书　评

《牛全德与红萝卜》（书评）　李辰冬
编后记　编　者

第2卷 第4期

1943年4月20日出版

短 论

为祖国而写作

作家的"爱"和"恨"

戏剧工作的态度要绝对严肃

关于历史剧

新旧之争

树立新诗的格律

"反现实主义"的"蜕变"？

文艺政策讨论特辑

对于文艺政策之管见 太 虚

我们所需要的文艺原则纲要 易君左

论情感与理智 翁大草

小 说

善行 高尔斯华绥作 岂 深译

盗马记 苏 明

圣诞节的悲哀 赵家璧

重逢（中篇连载·续完） 姚雪垠

认识与学习（作家经验谈） 茅 盾

散文随笔

孩子与狗 陈纪滢

蛇与狮子 王梦鸥

问询 契诃夫作 李 葳译

事实与真实 楚 湘

一炉火·一盏灯·一个作家 辛 丙

论 著

诗经中的兵与农（名著研究） 成惕轩

漫谈文哲 胡一贯

诗

惜分飞 令狐令得

享乐的人们 李蔚初

工作颂 矢 勤

书评《正气歌》 李辰冬

工厂（封面木刻） 〔英〕M.Bryan 作

第2卷 第5、6期

1943年6月20日出版

短 论

（一）用教育的眼光看戏剧 珊

（二）经济话剧的演出时间 冬

（三）剧本荒真义所在 新

（四）留心剽窃 家

（五）快拣烂柿子 骝

（六）精神财富的储蓄 培

论 著

诗与感觉——新诗杂话之一 佩 弦

论文学上的爱国主义 徐中玉

求同论 黄芝冈

文艺与学问的修养 燕义权

戏剧批评史纲 聂考尔著 陈瘦竹译

小　说

黄石斋在金陵狱　苏雪林
夭折的和遗弃的　丁伯骝
土堡中　田　涛
爆破　牧　野
不可见的创伤
Karoly Kispaludi 作　罗书肆译

我所了解的司坦尼斯拉夫斯基的表演体系（演技研究）　陈治策

诗园地

去国行　〔英〕拜伦作　柳无忌译
枪的祈祷　令狐令得
飞行员的梦外一章　刘振典
在防空洞前　若　云
祝捷歌吹　苏　明

诗经中的兵与农（名著研究·续完）　成惕轩

剧　评

重庆演出的八出戏观后感　包　时
读《寄语中国艺术人》后（随笔）　沈来秋

剧　本

此恨绵绵（五幕剧·全刊）　赵清阁

文讯
编后记　编　者

第3卷　第1期

1943年7月20日出版

短　论

要安定文艺家的生活　冬
辩悲剧喜感的问题　骝
奖励与限制　凤
斥两种怪论　新

论　著

六年抗战与民族文学　李辰冬
文人的词藻　味　橄
音乐与儿童　张洪岛

小　说

晚风夕阳里　王平陵
金魁星　苏　明
杜鹃啼的时候（长篇连载）　孙　野
婴儿的诞生
〔苏〕T.Kihonov 作　邓绥宁译
婚后　〔美〕德莱塞作　钟宪民译

名著研究

浮士德研究
H.Lichtenberger 作　李辰冬译

散文随笔

怀郁达夫　叶秋原
在英国看英国人　端木露西

演技研究

试谈演技的深度　张骏祥

诗

宣传画　臧克家
那是我们的旗　叶　金

封面设计　汪子美

第 3 卷　第 2 期
1943 年 8 月 20 日出版

短　论
方言文学与国语文学　冬
慰孤岛文艺工作者　凤
“老爷不遵老爷教”　新
我们需要建设性的文学　竹
不要以耳代目　明
如何创建新民族诗（论著）
易君左
小　说
走上岗位（长篇连载）　茅　盾
金宝　沈维特
代表　罗　荪

民族文学之特质及中国民族文学之史的拓展（论著）　梁乙真
散文随笔
衣着的故事　徐蔚南
雾里过花秋坪　谢冰莹
论同样的计策底不同的结果（论著）
〔法〕蒙　田作　梁宗岱译
诗
他的威风到哪里去了？　史　鸠
肥料　令狐令得
帆　流　火
汉口去来　稼　辛
书　评
评钱基博《中国现代文学史》
陆侃如
木刻　梅健鹰

第 3 卷　第 3 期
1943 年 9 月 20 日出版

短　论
要建树严正的批评风气　冬
只有是与非，没有真和假　新
从书籍盗印说起　凤
谈“炒冷饭”　明

地方剧考源（论著）　马彦祥
小　说
走上岗位（长篇连载·一续）
茅　盾
草野间的英灵　徐转蓬
少来一杯
〔意〕Luigi Spada 作　侍　桁译
艺术教育上妇女的地位　吕斯百
词
芦笛风　梁宗岱

如何创建新民族诗（论著·续前）
易君左

散文随笔
休妻与去夫　味　橄
雨天的苦闷　谢冰滢
锦城散记　夏炎德

浮士德研究（名著研究）
H.Lichtenberger 作　李辰冬译

托尔斯泰的《活尸》与法国精神（名著研究）
〔俄〕明斯基作 马宗融译
青春（独幕剧） 丁伯骝

军民合作（封面木刻） 梅健鹰

第3卷 第4期
（周年纪念特大号）
1943年10月20日出版

短 论

1. 本刊一年 冬
2. 扩大戏剧活动的领域 新
3. 虔诚的琴音 明
4. 勿为市场左右 梅

金声玉振（四幕剧）
老 舍 赵清阁合著

小 说

隔膜 梅 馨
圣诞夜 郭尼迪
一个苏联的学生
〔苏〕M.Lanskou作 朱静辰译
走上岗位（长篇连载·二续）
茅 盾

论托尔斯泰的新美学的探索 黄桦霈
浮士德研究（名著研究）
H.Lichtenberger作 李辰冬译

散文随笔

纵论周作人 王进珊
给朋友 沈 樱
玄武湖之秋 鲁觉吾
锦城散记（续） 夏炎德

如何创建新民族诗（论著·续）
易君左

诗园地

破路 叶 金
旱 鲁 丁
万里关山 李蔚初
在劳军大会 令狐令得
锦囊 丁伯骝
火车中 J.Thomson作 柳 明译
赣北前线归来（报告） 董祚楷

词

芦笛风（续） 梁宗岱
百字令 金月波

夜袭（封面木刻） 梅健鹰

第3卷 第5期
1943年11月20日出版

短 论

文化建设运动中文艺作家的使命 真
关于《桃李春风》 明
请勿意气用事 中
发扬科学精神 新

民族文学发凡（论著） 朱锦江

小 说

走上岗位（长篇连载·三续）茅 盾

金银世界　凤　子
一颗永恒的星　王　蓝
失窃　A.本涅特作　岂　深译

萧伯纳及其《康蒂妲》(《康蒂妲》译序)　陈瘦竹
文学新论（论著）　苏　光

诗

译诗两首　陆侃如译
云　郑临川

浮士德研究（名著研究）
H.Lichtenberger 作　李辰冬译

散文随笔

苏曼殊的小说　徐蔚南
锦城散记（续）　夏炎德
杂感　陈鲤庭

肖像画家之后（画家小传）
影　子译

词

芦笛风（续）　梁宗岱

文化运动纲领（专载）
编后记　编　者

第3卷　第6期

1943年12月20日出版

短　论

年终絮语　同
伦理建设与民族文艺的使命　冬
滥用名词的恶果　权
文风与世风　珊
文化运动与影剧事业的发展　中

中国绘画的线条（论著）　伍蠡甫

小　说

走上岗位（长篇连载·四续）
茅　盾
除夕　丁伯骝
圣诞礼物〔美〕亨　利作　徐蔚南译
海尔敏娜
〔匈〕育珂·摩尔作　钟宪民译
我的中学时代文艺生活（作家自述）
高　兰
文学新论（论著·续）　苏　光

散文随笔

怀雪亚黛兰　端木露西
秋风秋雨三台　董每戡
风木之悲　陆丹林
如何创建新民族诗（论著·续）
易君左
保卫兴安岭的义勇军（报告）
王汉倬

诗

高粱熟了　鲁　丁
飞瀑　林　蓝

诗论——读《西行乱唱》作（书评）
何　冀

编后记　编者
《文艺先锋》第三卷总目

第4卷　第1期
小说专号
1944年1月20日出版

短　论
新春献词　同
一点考察　画室
文章入伍与文章出于伍
创　作
火葬（长篇连载）　老舍
走上岗位（长篇连载·四续）　茅盾
丰饶的伊犁河　欧阳冠玉
回旋　田涛
训育主任曹先生　董端
翻　译
生活　〔苏〕彼得·巴夫连珂作　熊碧洛译
沙珈　Edward D.Dckker作　徐蔚南译
在圣多明阁之约婚　Heinrich Von Kleist作　商章孙译
论　著
小说结构原理（上）　姚雪垠
文学新论（续完）　苏光
书　评
读《魏晋六朝文学批评史》　徐文珊
《美子的画像》　丁伯骝
木　刻
胜利的火炬（封面）　梅健鹰
编后记　编者

第4卷　第2期
戏剧专号
（为庆祝戏剧节辑）
1944年2月20日出版

戏剧节感言
准备戏剧复员　余上沅
我的座右铭　陈治策
小小的愿望　洪深
现代国家的催生者　沈浮
一个对比　刘念渠
感不胜感　潘子农
何谓“戏剧运动”　鲁觉吾
题材要扩大　包时
戏剧节杂感　徐昌霖
普遍·热烈·统一　唐绍华
严肃·严密·朴实！　舒湮
论　著
戏剧运动三十年　刘念渠
论L.托尔斯泰　N.丹钦柯作　焦菊隐译
浮士德研究　H.Lichtenberger作　李辰冬译
论苏联的戏剧　斯特罗维作　沈蔚德译

剧 本

普若米修斯的被困（独幕三场歌剧） 陈治策

有朋自远方来（独幕喜剧） 丁伯骝

书 评

读《两面人》 龚 蒙

长篇连载

火葬（二续） 老 舍

第4卷 第3期

1944年3月20日出版

短 论

写作自由的问题 冬

话剧演出需要增多 新

肃清市侩主义 中

对音乐家的期待 梅

小 说

火葬（长篇连载·二续） 老 舍

嫩栗壳 〔苏〕Anne Karavayeva 作 叶 子译

走上岗位（长篇连载·五续） 茅 盾

费的南叔父 〔挪威〕K.爱尔斯特作 柏 梯译

论 著

论攸里辟得斯 黄桦霈

戏剧界风气的转移 鲁觉吾

散文随笔

孩子与猫 陈纪滢

三十杂感 燕雨生

诗 歌

最后胜利在望（封面） 褚述初词 张簧曲

贵阳的雨天 吴奔星

太平在咖啡馆里 刘重德

春之歌 于赓虞

编后记 编 者

第4卷 第4期

1944年4月20日出版

短 论

文协成立六周年纪念感言 冬

诚！诚！！诚！！！ 明

再论写作自由的问题 冬

“尊重作家” 中

郑声新按（论著） 王梦鸥

小 说

火葬（长篇连载·三续） 老 舍

父亲 王 蓝

邂逅 以 群

南朝乐府的故事与作者（论著） 罗根泽

词

西行草（词） 胡一贯

百字令 金月波

白鸟颂（诗） 程 铮

散文随笔

诗与梦（随笔） 陈节坚
金鸡岭 陆丹林
食三题 徐蔚南

舵工（封面木刻） 梅健鹰

第4卷 第5期
1944年5月20日出版

短 论

认识苏联 正
写作自由之真义 中
自己打自己嘴巴 成
参加文艺会感言

论 著

新时代的儿童文学 王平陵
南朝乐府的故事与作者（续完） 罗根泽

小 说

走上岗位（长篇连载·六续） 茅 盾
火葬（长篇连载·四续） 老 舍
梦里南归人 丁伯骝
圣母的卖解人 法朗士作 徐蔚南译

诗

益母草——献给母亲 王亚平
水磨 林 蓝

散文随笔

鸦 董每戡
锦城散记（完） 夏炎德

木 刻

塞外（封面） 刘铁华

第4卷 第6期
1944年6月20日出版

短 论

再结一次帐 中
创作自由与认识时代 正
谈文章入伍与文章出于伍 明
对下一个剧季的希望 新

新民族诗的音乐和符号（论著） 易君左

小 说

火葬（长篇连载·续完） 老 舍
莉娜 〔苏〕潘菲洛夫作 熊碧洛译
教训 Bela Balazs作 端木琦译
学兵记 徐 盈

论埃斯库罗斯（希腊悲剧家论二） 桦 霈

诗

钟楼颂 程 铮
我们的进行曲 周步明
耕 鲁 丁
M.莱蒙托夫的世界意义（论著·附译诗） K.纳斯达特作 葛一虹译

散文随笔
松篁随笔（六则） 郑临川
“写作自由”论者的另一面 王集丛
我怎样写“谐剧”的 王永梭
努力工作（封面木刻） 梅健鹰

第5卷 第1、2期
1944年8月20日出版

短 论
谈自我欣赏者 盛
向美国艺术界学习 冬
两种工作，同一使命 明
“空军的文学”与“文学的空军” 培
槿花之歌（五幕剧·全刊） 阳翰笙
论 著
论雪莱《诗辩》 郑朝宗
近代欧洲剧场两大改革家 赵如琳译
漫谈音乐 萧树模
散文·随笔
我家的油画 杨群奋
蔷薇及其他 屠格涅夫作 鲁 丁译
读书随笔 王进珊
人生需要艺术 萧熹光
小生命 寿 春
时间·空间·伟人 刘 谦
孤梦 黄淡隆
归来辞 李大同
诗 歌
大马山的人民（千行叙事诗） 韦 璞
我没有寂寞 林 蓝
军事外三章 白 尔
狂飚 车 虹
战神 帅 翔等译
收获季 斐 然
灯花 李 华
无题 罗 昔
念奴娇 郭世镛
小 说
侯爵夫人鄂氏 商章孙译
走上岗位（七续） 茅 盾
退票 丁伯骝
直布罗陀海峡争夺战 刘苏民译
绅士朋友 契呵夫作 徐蔚南译
书 评
评《第七号风球》 李辰冬

攻玉集
遗珠录
不是照例的话 编 者

第5卷 第3期
1944年9月20日出版

短 评
奖掖年青的一代 纯
新诗的致命伤 冬
呼唤作家为民族解放而洒血 季

曲终人散　明

新浪漫派剧作家罗斯当　陈瘦竹
司马迁之体验与创作　李长之
有家之别　列躬射
母亲　徐克刚译
善良的人　杨群奋
走上岗位（长篇连载·八续）　茅　盾
雨天　潘祖襄
鸡心　刘厚醇
广告里的喜剧　韦　颖
定羌庙之夜　山　青
国殇今译　穆　芷
桥·抒情草　蒋　敦
诗语　流　沙
献给海的孩子们　郑临川
梦的画像之一　车　虹
新的营建（木刻）　宋肖虎
攻玉集

遗 珠 录

序纪念册　公　丁
生命的船　李一痕
雨天的街　欧阳度
浸润着淋巴光彩的稿纸上　李　化
时慨　赵友梅
昨天　郑道传
愤怒的剑　庆　脚
一支烛　劲　吾
复仇的歌　林　萍
血染红了衡阳　昌　祥

第5卷　第4期

1944年10月20日出版

短　评

做贼人胆虚　化
剧季开始的感想　明
来一次国防科学画展　芳

悲剧的导演　张骏祥
居友社会学观点的艺术论导言　马宗融译
孩子兵　王　蓝
血衣　丁伯骝
在加尔各答的路上　黄华霈译
走上岗位（九续）　茅　盾
风车　杨群奋
沉默（乡下小品）　郑临川
窄路　紫　虚
最后的聚会及其它　鲁　丁译
编辑忆语　王进珊
《忘记战争的人》题记　李　维
《艺术之创造与欣赏》前记　赵友培
保卫领空的红武士　流　沙
短歌辑　钟　辛
评伟大作家论写作·读珠玑集　盛持平
不朽的事业（关于国父孙中山先生传）
攻玉集

遗 珠 录

神女曲　劲　吾

夜　继　先
小桥　牧　子
桥与墙　杨达昌
秋感　孟　平
接近自然　喜　光
无题　高　朗
壮士成行　田　野

第5卷　第5期

1944年11月20日出版

短　论

一字一滴血汗　培
释抗战八股　纯
文从三易　珊
文风三变　基
提议建筑音乐演奏场　珊
形势主义论者的偏颇　冬

论　著

推进中国戏剧教育的方策　谷剑尘
音乐家的创造　陈治策
白乐天及其新乐府　成惕轩
诗人陈子昂　郑临川

小　说

我为什么当了兵　杨群奋
走上岗位（十续）　茅　盾
阮华　辛　阚
三人行　刘　淳
秦大可的女人　岗　雷

诗

日子　祖庆年
皆大欢喜（剧本）　张惠良
王么爹和他的女儿（特写）　青　仓
初冬（木刻）　香　其
攻玉集
遗珠录
编后记

第5卷　第6期

1944年12月20日出版

短　论

演剧的作法必须改变　明
气节第一　鸿
严正的批评必须建立　基
书肆巡礼　真
向图书审查当局进一言　珊
灵心电视论与文艺思想之关系　孙道升
赫贝尔——问题剧的先驱者　王　锐

小　说

尘埃　张　煌
黑猫　刘厚醇译
走上岗位（续完）　茅　盾
新路（独幕剧）　李庆华

散　文

小星　程　铮
春风已度玉门关　褚问鹃
平价布　汪　道

啊，我的童年 屠格涅夫作 鲁　丁译

评剧本《飘》（书评） 孟　哲

诗　歌

圣经夜歌 郑临川
年青的生命 林　蓝
别赠 徐绍先
敦煌行脚 蒋山青

遗 珠 录

窗外 周竹才
家书 楚　材
勉铮杨 萧　枫
无题 蓝　青
伴着我迎向黎明
马蹄糕 开　礼
希望 张　扬
生活在山野中 徐步青

攻玉集

第6卷　第1期
1945年2月20日出版

短　论

注意新人并向新人进言
论文学武装
对翻译界的两点建议
我们对艺术教育的看法

论　著

屈原远游与曹植游仙诗 黄芝冈
莎士比亚的研究
G.B.哈烈逊作 葛一虹译

小　说

苦斗 刘　琦
押岁钱 丁伯骝
春闺日记 王进珊
苏雷特的咖啡店
L.托尔斯泰作 春　铃译

长篇小说连载

迷羊 张　煌

散　文

储蓄思想 老　舍
叮咛 程　铮
忆北平 徐文珊

诗　歌

学生们，起来 斐　然译

书　评

评《日月争光》 静　伦

编后记

第6卷　第2、3期
（无出版日期）

短　论

三十四年戏剧节感言
加强戏剧教育
关于庆祝戏剧节
关于诗

论　著

新诗在诞生期所遭遇的反对论调
任　钧

小　说

三个和一个　陶　雄

亲善与仇恨　陈　才

迷羊（二）　张　煌

衬衫的故事　杨群奋

戏　剧

周颂（序幕和一幕）　王泊生

散　文

荒春　赛珍珠作　李　敏译

闲步覃家岗　曹　亮

松篁再笔　郑临川

编后记　编　者

第6卷　第4、5期

（无出版日期）

短　论

美术节献词

放得自然些

看了《葛嫩娘》后

小说的题材

论　著

论清末程汪诸伶历史戏编演活动　黄芝岗

陶潜在文艺上的造诣　郭银田

叶适及其它永嘉学派文章批评　罗根泽

小　说

葡萄正在开花　吴　越

方教授　雍　熹

兄与弟　王家棫译

戏　剧

周颂（序幕和一幕）　王泊生

散　文

小诗，雨天，及其它　程　铮

诗　歌

小诗两章　慎　之

黎明　倪习之

稻草床上　黎焚薰

编后记　编　者

第6卷　第6期

1945年4月20日出版

短　论

与青年朋友讨论习作

请提出目标来

效果第一

论　著

论味　邢光祖

小　说

嵇康　蒋星煜

外婆家和外婆　止　兀

风暴　杨群奋

深刻的印象　伯　石译

剧　本

周颂（第三幕）　王泊生

散　文

湘雁零笺　郑临川

书　评

诗人生活和他的诗　纪子培

诗 歌
燕子 邢光祖
归程 邢光祖

第7卷 第1期
1945年7月31日出版

短 论
论新诗与朗诵 冬
悼贺孟斧先生 苏
创作代表时代的作品 珊
论 著
论直觉与表现答难 朱光潜
从西洋诗看中国诗的特点 戴镏龄
易卜生《傀儡家庭》技巧分析 陈瘦竹
小 说
伊洛瓦底江上的悲剧 苏 汎
书 简
作家尤瑞克礼茂夫从前方写回的信 刁汝钧译
诗
安息吧！母亲！ 刘运琪
给星星 张 彻
剧 本
从军插曲 丁伯骝

第7卷 第2期
1945年8月31日出版

短 论
艺术与科学 磨
谈戏剧界的道义问题 中
趣味而勿低级 明
别忘了八年的艰苦 名

论 著
译文之作风 张其春
读欧尼尔的《加力比斯之月》 洗 群
小 说
农村的风景 杨群奋
县医生 屠格涅夫著 叔 夜译
诗
当我最初听到胜利的时候 颜亚生
碎了的花瓶 金 炳译
新书介绍
从我自己看一本书 彻 之
剧 本
醉太平（独幕剧） 王家齐

第7卷 第3期
1945年9月30日出版

短 论
谈惩奸 明
真实·进步·批评 中
文艺作家以什么迎接胜利 朔
论 著
旧剧改良问题 龚啸岚
战后的戏剧运动 丁伯骝
小 说
农村的风景（续完） 杨群奋

地下恋 刘以鬯

诗

田间 舒　文
阔笑的田野 裴　然
生命的启示 蔡　彦

剧本

文法 〔法〕拉比希著 刁汝钧译

第7卷　第4期

1945年10月31日出版

短论

本刊三周年 冬
为今后从事文艺翻译工作者尽一言

论著

杜诗与唐代的歌舞、书法、绘画 杜呈祥
平凡时代中契可夫的姿态 蔡　骧

小说

麦克柏司 莎士比亚著 李慕白译
通讯朋友 董大闲
花 奥史尼兹勒著 刘厚醇译
老蔡 张　昊
通融 曾　禄

散文

习画记 熊佛西
雪的忧郁 陈　仑
关于她的片断 倩　之
江河曲 李罗昔

诗歌

当你知道我的时候，我已经老了 郑临川
挥毫引 刘中和
梦歌 郑临川
我，马，心琴 黄　啸
拣柴的妇人 笛　南
秋花待剪裁 邝荣舟
秋感八章 赵友培

文化文艺两先锋三周年纪念座谈会志盛

第7卷　第5期

1945年11月30日出版

短论

建立中国文艺界的健全组织 群
文艺复员 钧
文艺工作的普遍与集中 冰

论著

悲剧与教育问题 谷剑尘
泛论契可夫戏剧里的人物 吴鲁芹

小说

坐屋顶者 爱生保著 高　植译
雪花飘在东北 刘洛芷
一场买卖 〔法〕莫泊桑作 伯　石译

诗歌

我的歌……遗落在高原 黄　啸
牧羊及其它 徐步青
王尔德诗抄 伯　石译

海外通讯

一个从未被战争波及的欧洲公园 凌孝隐

书 评
评《万世师表》(袁俊原著) 周绶章
剧 本
幻想曲（独幕讽刺剧） 任 钧
胜利狂欢（封面木刻） 书 城
编后记 编 者

第7卷 第6期
1945年12月31日出版

短 论
欢迎甘歌利教授 习
看戏感言 中
所望于演员协会者 明
论 著
演员感觉训练法 阎哲吾
南阳俗曲之历史与源流 张长之
小 说
往事 哈 代著 苏 明译
发生在海里的故事 徐克刚译
空袭插曲 蓝天净
赌东道 契可夫著 陆仁寿译
诗
康行小唱 流 沙
剧 本
胜利即景 韦 颖

渔（封面木刻） 书 城
编后记

第8卷 第1期
1946年1月出版

短 论
祝中华全国文艺作家协会成立 鼎
分行不就是诗 早
哀忆伯希和先生 钧
艺术非商品 枣
论 著
变文研究 刁汝钧
演员感觉训练法 阎哲吾
悼伯希和教授 陆侃如
小 说
国宝 王平陵
露露的胜利
〔意〕M.Seno著 吴鲁芹译
词
碎玉集（待续） 胡一贯辑
散 文
伙伴 宣建人
箭外一章 程 铮
封面木刻 秦 陇
编后记 编 者

第8卷 第2期
戏剧专号
1946年2月28日出版

短 论
迎三十五年的戏剧节 明

胜利后的第一个戏剧节 沅
关于“闯人”怪论 召
论 著
民族戏剧论 柴 扉
综合艺术的解释 陈治策
创作剧本
开会 王平陵
金缕曲 王进珊
陪罪 王 锐
翻译剧本
小鸟（第一幕）
拉比士（E.Labiche）著 刁汝钧译
《白雪公主》演出前后 阎哲吾

第 8 卷 第 3 期
1946 年 3 月 31 日出版

短 论
“匕首”乎？“七星剑”乎？ 中
“导演”欣赏问题 锐
我们所要讲求的功利主义 同
论 著
王安石的政教文学论 罗根泽
中国音乐之路 宋炳林
传 记
泰戈尔传 塞克女士著 李志纯译
小 说
花 洛 芷
狼与狈（童话） 王慧珍
大玉 止 兀
词
碎玉集（续） 胡一贯辑
剧 本
小鸟（第二幕）
〔法〕拉比士（Labiche）著
刁汝钧译

第 8 卷 第 4 期
1946 年 4 月出版

论田园山水诗之分野（论著）
郭银田
泰戈尔传（续）
塞克女士著 李志纯译
小 说
衣锦还乡 宣建人
孟持厥纳哥男爵
W.S.毛姆著 吴鲁芹译
歌德及其玮玛剧场（论文）
高 宇
诗 选
跨在牛背上 徐步青
雪花飘飘 徐步青
两个月 徐步青
如其我是个诗人 蒋 荫
孩子 菁 苗
梦思 菁 苗
剧 本
小鸟（第三幕）
〔法〕拉比士（Labiche）著
刁汝钧译
散 文
平安夜 郑临川
夜 程 铮

第8卷　第5、6期
（无出版日期）

论　著

论戏剧的效果　丁伯骝
国文之形态美　张其春

玲玲的梦（剧）　张　素
风雪放歌（诗）　张　彻

小　说

沦落　尹雪曼
红帽子　Morley Caughan 作　大　海译
患难中的朋友　毛　姆作　熊碧洛译
泰戈尔传　塞克女士著　李志纯译

散　文

路　郑临川
大和伯伯　田　禽

第9卷　第1期
（无出版日期）

小　说

浮沉　何日刚
保姆　吴鲁芹

论　著

法国象征派三大诗人鲍德莱尔、魏尔莱诺与蓝苞（上）　张若茗

散文随笔

鲁迅，擤鼻涕的时候　鲁　莽
灯　郑临川

邵曾祺补正元剧辑逸　赵景深

诗园地

法国的高贵，风流人　冯沅君译
沙漠的故事　沈　行
十四行　沈　行

乱世忠良（三幕剧）　丁伯骝

剪影　王　锐

第9卷　第2期
（无出版日期）

演技三论　刘念渠
老亨利的悲惨命运　〔美〕德莱塞作　陆仁寿译
向太阳　流　沙
明治维新诗话　张其春
大山　〔美〕史坦倍克作　曹锡珍译
人狱（《双宿双飞》之一章）　赵清阁
法国象征派三大诗人鲍德莱尔、魏尔莱诺与蓝苞（下）　张若茗
傍晚　陶在湄

第9卷　第3、4期
（无出版日期）

恐怖（小说）　莫泊桑著　苏雪林译
嘲讽（小说）平林泰子著　任　钧译
被逼害者（小说）　韦晓萍

论　著

演员“人事模拟”基本训练法　阎哲吾

散文·随笔

散文二章　郑临川
“路”的文学　李岳南
窗　汪　洋
海　王雪彦
靠岸　慕　唐
明治维新诗话（下）　张其春

人物评传

恒利欧文评传序　戈登克蕾格著　田　禽译
恒利欧文评传　戈登克蕾格著　田　禽译

诗　页

东归　沈　行
过巫峡　沈　行
归来　沈　行
同游　沈　行
一个故事　沈　行
奔流　萧　屏

水龙吟　顾一樵
生为中国人（四幕剧）　刘念渠

第9卷　第5、6期合刊
1946年12月20日出版

论　著

自然主义戏剧论　陈瘦竹
小傀儡戏之实验　阎哲吾
红尘白璧（五幕剧）　周　彦

小说四篇

奥当司王后　莫泊桑著　苏雪林译
幸福　莫泊桑著　君　朴译
迷惘　韦晓萍
结婚　蔡　云

诗的话　孟　克
泰戈尔散文诗选　刘纳夫译
中年（诗集）　萧　屏
海外诗醇（词）　顾一樵

散文随笔

塔寺居　程　铮
街市　程　铮
看云　郑临川
旅途随笔　宣建人

书　评

《我与文学及其它》（朱光潜原著）　郑临川

第10卷　第1期
1947年1月30日出版

创作四篇

婚变　尹雪曼
年关　韦晓萍
从人间归来　张契渠
老丁死后　卢　苇

建设“中国人的戏剧”　阎哲吾

散文随笔
初雪 孟 克
红豆及其它 汪 洋
怀娥铃（Violin）之恋 温 雯
给爱花者 胡 收
新诗六家
梦境 徽
大相岭 流 沙
山村夜雨有咏 旧 燕
春泥 李岳南
都城的访客 萧 屏
休息日 余 玲
康庐近稿 成惕轩
翻译剧本
迷眼的沙子
拉皮虚原著 阎哲吾改译
编辑后记 编 者

第 10 卷 第 2 期
戏剧专号
1947 年 2 月 30 日出版

生活中的艺术使命 张道藩
剧人在戏剧节谈戏剧
祝剧人康健 向培良
戏剧节自励 洪 深
剧运与建国 鲁 思
剧本与剧人 赵清阁
检讨 陈白尘
从戏剧回校谈起 童 林
有望于电影界 文 辛
风雨鸡鸣 黄芝冈
努力吧，朋友们 姚亚影

重行建立剧运 余上沅
戏剧运动与等待主义 余师龙
为戏剧运动向社会人士呼吁
首都戏剧工作者座谈会
生之悲剧 王梦鸥
论戏剧性 陈瘦竹
戏剧与文学 丁小曾
批评家贺拉斯及其诗的艺术
演 弦
一石米（独幕剧） 沈蔚德
男儿经（四幕剧） 陶 雄
戏剧节简史 本社辑

第 10 卷 第 3 期
1947 年 3 月 30 日出版

文 话
从文艺看青年
人与环境斗争的史诗
牡丹・野百合花
一幅穷凶极恶的画像

袁监工 苏 丹
我的工人小张 民 健
路上的故事 张 青
齐岳山麓 胡紫岩
《樱桃园》外 姜 今
四川文艺作家小志 勉 斋

散文随笔

悼友　原　幻

古树　王小鲁

野火　王小鲁

文化的厄运　方　朔

猎人与隐士　程　铮

文　评

南京和平日报的《和平副刊》　王　玲

大公报的《文艺》　辛　丁

申报的《春秋》　张　春

文汇报的《笔会》　江　风

二月号《文艺春秋》　吴　佩

诗话与诗

爱与恨　铁　英

诗与诗人　周中道

眺望　蓝　天

荆棘　蓝　天

男儿经　陶　雄

编后　赵友培

第 10 卷　第 4 期

1947 年 4 月 30 日出版

从文艺看婚姻

文　话

珍惜剧运

请专家重视美术

“非靡靡之音”

电影的新时代任务

儿童艺术教养问题

要为人间写不平

剧人励志四莫篇　罗兰子

宋元南戏考　刘静沅

谈表演中的“想像”及其训练　何海安

晚开的蔷薇　张威廉译

王丽娜　方　朔

金银花　葛　芷

姊姊　陈敏芳

踌躕　铁　英

女宿舍　陈永倞

乡村作家　蓝　天

评《水准》文艺周刊　吴　佩

评中央日报《副刊》及《周末文艺》　秋　萍

评新民报副刊《三月篇》　张　青

评大公报《星期文艺》　江　风

评上海东南日报副刊《长春》　胡念凤

寄　兰　西

吻　胡成仁

初恋试歌　斯尔鑫

春的气息　红　苹

还乡行　袁　危

风波　宗　仍译

破碎的心　罗世勋译

湖南文艺作家小志　勉　斋
编后

第10卷　第5期
1947年5月30日出版

珍重吧！青年！　本　社转载
剧运路线商榷　谷剑尘
“没有演好的戏”和“准备上演的戏”　李健勤
谈歌曲创作　紫　明
谈艺术的批评问题　萧树模

文　评

评中国时报副刊《新粮》　秋　萍
评中华时报副刊《华国》　丁　宁
评上海益世报的《益世副刊》　余有德
评武汉日报的《鹦鹉洲》　胡念凤

苹果树　张　素译
孩子不懂的事情　陶　雄
祥庆爹　常　琛
倒毙　余人凤
捉汉奸　止　兀
月夜　陶在湄
拿破仑和他的癣　陆　巍译
秧田　王小鲁
夏天的晚上　红　苹
简复　编辑部

第10卷　第6期
1947年7月31日出版

用不尽的题材　钱明健
给诗歌工作者　红　苹
提高剧人时间观念　罗兰子
内在的美　宋徽殷
这一夜的故事　朱理惺
戏剧法庭　柏　樟
受训的一群　于时传
我做了女记者　蓝　叶
空欢喜　张茜莲
苹果树（续）　张　素译
听雨散记　郑临川
人?　高　鲁
失去的星星　蔡恒译

文　评

评中国日报五月份《文艺周刊》　张　青
评中国时报五月份《文艺前哨》　敬　薇
评大刚报《星期文艺》　秋　萍

深夜寄东方　第　芳
玫瑰　袁　机
喷嘎山　前　人
红楼二人　袁　危
古老的梦　尚　波
世纪的荒凉　昔　瘦
路难道是永远黑暗的全凭我自己去摸索吗?　袁雅华

第11卷 第1期
1947年7月31日出版

文 话

忠奸不两立
为什么宽恕民族罪人
中国诗歌的新生
开展文艺通讯

论 著

论节奏及其应用 何治安
攻玉篇（与同学论中国近百年来文艺思潮） 赵友培

小 说

在辽河平原上 王柏柱
蚕豆花又开了 秋 萍
活时代 余人凤
穷巷里 卢 弩

报告文学

血战四平街 谢志恭

诗 页

无花果 金 天
明天（外二章） 胡成仁
灯笼 觉 先
印度行者吟 王季星
狂歌 炼 虹
逃亡之歌 红 苹
短歌四章 鲍振声
灯 张 阳
山（赠V） 文 苇
春耕 河 汉

翻 译

冬天的故事 〔苏〕巴夫斯托夫斯基著 罗颖之译
阿卜都·拉曼哥哥的故事 〔印度〕查特基著 李非白译
结婚生活（三幕喜剧） 〔英〕琼斯著 徐春霖译

散 文

乡村 新 凉
故乡 萧荒原

河北文艺作家小志 勉 斋
一年来杭州文艺动态 言 茄

第11卷 第2期
1947年8月31日出版

文 话

冲出樊笼 张静伦
描写匪区 柏 樟
向全国广播界进言 王柏柱
关于诗 郑临川

论 著

文艺作家对当前大时代应有的认识和努力 张道藩

小 说

生命库 何 名
重逢 张 青
堤畔（中篇·第一部） 韦晓萍
深沉的爱 白 芒

诗 歌

剿匪建国（鼓词） 老 向
明天 银 波
田野风景 胡 牧
冀求 李仰弼

散 文

一年间 郑临川
歧途 余 鲁

翻 译

船夫的故事（小说） 小 美译
结婚生活（三幕喜剧·第二幕） 徐春霖译
江苏文艺作家小志 勉 斋
文艺圈内 旧 燕

第 11 卷 第 3、4 期
六周纪念号
1947 年 11 月 30 日出版

六周纪念特辑

东北文化要过滤 黄假我
谈幽默感 王平陵
我的希望 谢冰莹
艺锋六周纪念草 方 朔
记文艺先锋六周年 张契渠
力强的作品 宋征殷
六年的印象 朱理惺
题文人像 君 田
永远年青 宣建人
展开创造新中国运动 蔡 骧
不敢以保姆自居 蒋星煜
题词 谷剑尘 罗世勋
写给文艺先锋 胡 牧
扩展你的火炬之光 杨之水
增加了一股进取的力量 陶 冰
我与文艺先锋 江 振

决堤（中篇·第二部） 韦晓萍

船上 天 南
民主的烙印 王柏柱
考验 禹 平
控诉 天 笑
茶馆 瞿 放

士风与文艺 郑临川
中国绘画之精神 傅抱石
柴霍夫艺术的特点 姚行义
中国山水文学漫谈 梦 鸥

诗与散文

哑玲的声音 序 阶
诗三章 黎扬帆
响应 杨之水
祖国，我的母亲 鲍振声
重家返园 鲍振声
秋原 方 瑜
我愿 鲍振声
黎明的预言 文 苇
誓言 珍 成
锄 秋 零
华岩寺之恋 韦晓萍
康行草 流 沙

雨天散章　胡　牧
生命　杨　笛
《卡门》读后　秀　夫
《围城》评介　彭　斐
江苏文艺作家小志补遗　勉　斋

金婚　梅瑞林译

装腔做势（独幕喜剧）　韩　辛
结婚生活（三幕喜剧·续完）　徐春霖译
创痕　吴　佩
文艺圈内　旧　燕

第11卷　第5期

1947年11月31日出版

悬赏征答揭晓　本　刊
文学与文学史　罗根泽
人性与文艺　牟宗三
禅与诗　黄芝岗
综合艺术　余上沅
工艺美术问题　陈之佛
敦煌石室巡礼　罗寄梅
简谈中国文艺再革命　红　苹

拂尘　鲍　雨
堤的儿女（中篇《堤》第三部之一）　韦晓萍
脱险记　春　来
第一章　柏　樟
河　啸　风
敲梆梆的老人　上官青
第一只熊　薛甡生译
遥寄草　柬笑民
桥的希望　秋　零
悼　寂　寞
窗外小集　翟　放
打你们这些捣乱的　白　芒
高原之歌　流　沙
窗外闲眺　余人凤译
抒情短抄　胡　牧
剥啄　耿　耿
开路者　胡紫宕

文艺圈内　旧　燕

第11卷　第6期

1947年12月31日出版

文　话

重建批评精神
从《续弦夫人》看剧运
为二万万以上的女性征稿
迎文艺复兴
年终结帐

论　著

翻译与创作　高　植
谈表演中的动作　何治安
短篇小说的动作　田　禽译

小说六篇

李寡妇　柏　樟

大堤之声（中篇《堤》第三部之二）　韦晓萍
人神之间　孟　克
孤孀泪　君　乾译
奔月　邓充闾
小晚娘　张威廉译

散文与诗

夜　苏雪林译
当你披着白纱的时候　方　朔
女孩子　常　枫
号角　萧　屏
孩子的梦　晓　萍

文艺圈内　旧　燕

第12卷　第1期

诗歌专号

1948年1月31日出版

这一期　赵友培
我对于诗歌的意见　本社辑
文学再革命纲领（草案）
论张若虚的《春江花月夜》　郑临川
评胡牧的《渡》　仇　晶
介绍几首德国的恋歌　张威廉
诗人与诗　李仰弼
在今天　河　汉
花和旗　鲍振声
冬　秋　零
春　前　人
死刑　陈垃圾
民主，我问你　周又中
雷　鹤　逸
苦难　谷　风
劳动者之歌　T.Y.
轻骑兵旅团之攻击　李洛夫译
正义终必伸张　伯　石译
在中国土地上　苏　彝
寒冻的土地上将要开花　胡　牧
给叛徒们（朗诵诗）　白　芒
我熟悉着遥远的地方　曾　涛
草原上的日子　丁　冬
起来吧，青年们！　鲁　君
家　阮秀峰
诗四章　革　心
平凡的呼唤　陈　迟
无名英雄墓铭　老　雪
捕蟹者言　韦晓萍
昆虫篇　蓝　天
惠特曼诗抄　伯　石译
碑　张　阳
苏醒　程　铮
雁　夏　溪
给母亲　鲍振声
给伯蒂　圣　时译
驴·羊·牛　觉　先
把我摇睡　圣　时译
父亲的悲哀　金　天
战地诗抄　刘咸震译
战马的鸾铃　黎　野
花烛夜　宋　耘
给芭蕉　武　乾

剿匪歌谣选　本　社
夜　牧　野
黎明　碧　严
写诗　易高超
南国之恋　饶　恕
忧郁·忏悔　江　振
稻草的叹息　斯尔鑫

文艺圈内

第12卷　第2期

1948年3月31日出版

漫谈小说的创作　张若名

小金龙　余　鲁
血债　守　庄
一个孩子〔法〕都　德作　天　行译
叛徒　秋　萍
觉醒　谷　华
归　梦　笔
永恒——记不朽的画家约翰·法朗沙·米莱　常　枫
空巢　枫　岚
圣西尔的故事　〔美〕渥勒考特作　非　白　李志纯译
越狱（外一章）　慎　愚
小诗两章　牧　人
一个贫女之死（独幕剧）　〔美〕约翰生作　陈　彤译
文艺圈内　旧　燕
首都杂志界联合宣言

第12卷　第3、4期

1948年4月25日出版

论　著

我们需要戡乱文学　余公敢
论艺术创造的动机　严鸿瑶

研究与批评

希腊戏剧艺术之渊源与竞赛　陈瘦竹
近代美国诗歌简史　董每戡
与郭沫若论剧作题材　温　雯
蔡壬候的《苗歌》　雪　舒

小　说

浮泛的沉渣（中篇·全刊）　韦晓萍
威海卫的忧郁　蒋星德
唆杀　夏　蕨
纵火者　方　朔
饭与药　刘　嗣
银剑柄　〔匈牙利〕莫尔纳作　陈　彤译
火车的失事　〔德〕托玛斯曼作　薛蛙生译

散文随笔

山·水·月夜　郑临川
廖老汉　程　铮
窗外一章　梁　文
变化　沈　深
合生　范烟桥

美话　宋征殷
诗　歌
春天的歌（诗集）　流　沙
淮阳劫（鼓词）　何　之
剧　本
彪炳千秋（三幕悲剧）　向培良
镇三江（广播剧）　艾　蓁

文艺圈内　旧　燕
读者·作者·编者　蓝　天等

第12卷　第5期
1948年5月25日出版

论　著
哥德之生命情绪与对人生的启示　王聿均
《希腊戏剧艺术》剧场与布景篇　陈瘦竹
序《黄河之水天上来》　张道藩
《血狱》整理后记　派　蓄
小　说
咆哮篇　韦晓萍
报纸上的故事　方　兴
口孽　丁　丁
《姑娘算帐》　蒋克明
古楼琴声　〔美〕H.P.Lovechaft 作　柴庆翔译
死亡的边缘　〔美〕Vardis Fisher 作　袁道平译
散　文
锦瑟解　郑临川
等待及其他　田　烽
美话　宋征殷
桑纳及其诗　涂怀莹
伐格纳影响所及　朱理惺
诗　页
我们的歌　庄　申
黑夜的埋葬　岳　隐
我们的怒吼　上官青云
琴歌　艾　麦
枪口的微笑（外一章）　卢哲之
我走在祖国的土地上　蔚　天
美诗选译　金启华
新探母（鼓词）　何　之
剧　本
流落天涯（街头剧）　陈　珍
彪炳千秋（三幕剧）　向培良
文艺圈内　旧　燕
读者·作者·编者　宋耘等

第12卷　第6期
（未印出版日期）

理论·研究
谈文学的创作欣赏与批评　孙　望
艺术创造之境界　郭银田
希腊戏剧艺术之演员与观众　陈瘦竹
近代法国诗歌

——西洋文学史之一章
董每戡

小说特辑

夜里　杨群奋
石榴花红的时候　韦晓萍
混沌　曾涛
父与子　王则
张家祖茔　孙梦笔
黑榜　派蕃
沉渊　宗心仄
丛山间　辛悻

散文·随笔

看山　郑临川
东桦树及其他　田烽
雨落着　杨柳风
归途　富伦
美话　宋征般

作家评介

论海明威　吴鲁芹
路狄雅德·吉卜林
爱略特作　荃里译

诗歌·鼓词

西昌行（诗集）　流沙
新路　萧屏
黎明颂曲　蔡健志
早安啊，小城　叶迟
蕨之歌（外一章）　白芒
拓荒者　老雪
行军在乔治亚
〔美〕魏尔克作　金启华译
路巴德李的剑
〔美〕锐翁作　金启华译
清明时节雨绵绵（梅花调）
老向

剧本

恶魔（独幕剧）　王晶
彪炳千秋（三幕悲剧）　向培良
文艺圈内　旧燕
读者·作者·编者　谢冰莹等

第13卷　第1期
（无出版日期）

创作与翻译

森林竞乐会　云我
胡三爷　周由
征鸿　金启华
神的灭亡　银波
古兰香的灾难　李鲁子
人间一隅　纪平
复仇　〔法〕莫泊桑作　史天行译
孩子城　〔美〕奥斯勒作　云天译

研究与批评

近代英国诗歌　董每戡
文艺复兴在德国　田禽译
石涛画法考　郑秉珊
感觉的美　宋征般

散文与随笔

独顾怀兮此都　韦晓萍
门·窗　淡星点
在荒萋的湘子河岸　李叶根
海　梁文

明天（二章） 郑临川
梦·呓语 夏 雨

诗 歌

控诉 卢哲之
火炮及其他 鲁 风
庄灯·渡 绿满野
禽兽篇 炼 虹
战友们安息吧！ 歌 萍
小吉芬
〔美〕蒂克罗耳作 金启华译
当蒋力回来的时候
〔美〕计满耳作 金启华译

长篇连载

惨笑的人（一）
维克托尔·雨古作 徐仲年译
归来记（三幕悲剧） 吴 广

文艺圈内 旧 燕
读者·作者·编者 杨公直等

第 13 卷　第 2 期

1948 年 8 月 31 日出版

研究与介绍

艺术之有机性与启示性 郭银田
近代苏联诗歌 董每戡
美话 宋征殷

创作与翻译

燃犀对话录 钱明健
烽火篇 曾 涛
割麦 吴 琪
莉莉 E.左拉作 毕修勺译

散文与日记

树 郑临川
呓语 张 介
望秋草 牧 人
灵魂的控诉 何 平
最后的挥手 枫 岚

诗歌与音乐

保卫东北（歌曲）
萧 森词 韩荷生曲
青春舞曲（歌曲） 赵友培词
亲爱的当我战死的时候 卢哲之
妈妈别再去劳军 大老豆腐
呼唤 胡成仁
哨兵 秋 零
神话 稱 云

长篇连载

归来记（三幕剧·续完） 吴 广
惨笑的人（二续）
V.雨古作 徐仲年译

第 13 卷　第 3 期

1948 年 9 月 30 日出版

理论研究

谈文艺作品中的“我” 李 鱼
论天才 宋征殷
攻玉篇 赵友培

小说·戏剧

边氓 毅 忱
鞋匠 蓝 天

牛水盂　常　琛
饮烟　姜　今
夫妻　陈敏芳
逼婚　余永林

散文·诗·书翰

秋的门槛·无题草·告别　牧　人
青年的两型　何　名
黄昏　谢宇衡
江边晚步　水　青
农村散章　绿　田
上滩·煤炭场　河　汉

翻译·连载

橄榄园　〔法〕莫泊桑作
天　行　唐　圣译
可怜悯者
〔西班牙〕伊本纳兹作　伯　石译
篱下
〔美〕M.康姆诺夫作　熊碧洛译
惨笑的人（三）
维克托尔·雨古作　徐仲年译

第13卷　第4期

（无出版日期）

现阶段的所谓“文艺复兴”　韦晓萍
谈灵感　夏　雨
凡尔塞　查理孔斯勒作　黄曾樾译
无花的春天　郑临川
生　田　烽
秋实赞礼　姚　牧
秋的世界之外　刘黑枷
女兵及其它　鲁　风
沪上集　王永梭
笔尖·路碑·手杖·鞋子　淳　风
十四行　袁道平
一层玻璃　绿　田
战手曲　艾　江
小城的黄昏　绿满野
我们大伙儿拢来　何　流
花瓣　洪　源
我站在地图前面　戴滚环
太原在战斗中（报告）　黎　嘉
生的回旋律　上官筝
啮（长篇之一）　派　蕃
余生　苏　雯
作祟　陈东升
魔道　夏　蕨
惨笑的人（四）
维克托尔·雨古作　徐仲年译
上第二道防线（连载）　罗家模
文艺圈内　旧　燕
读者·作者·编者　方　朔等

222 青年文艺

简 介

《青年文艺》，文艺月刊，一九四二年十月十日创刊于桂林，葛琴主编，白虹书店发行，发行人为罗洛汀。刊物经常脱期，第六期拖至一九四四年七月十日方才出版。在这之前，为谋刊物“印刷条件改善”，于一九四四年四月一日迁往重庆出版新一卷第一期，以“青年文艺社”的名义编辑，编者为荃麟、葛琴，由重庆新知书店和桂林远方书店经售，从新一卷第二期起改由重庆建国书店总经售。一九四五年二月十五日出至新一卷第六期停刊。共出十二期。十六开本。

《青年文艺》是一个“注重灌输文学知识，推荐新人作品的刊物”（新一卷第一期《革新献辞》）。刊物所载创作、翻译、批评文字，都着眼于丰富青年作者的写作知识，提高他们的创作修养。在桂林创刊时，《编者告白》指出：“我们希望在这里可以介绍一些作家们学习和工作的经验，可以研究一些文艺创作上的问题，可以刊载一些作家的作品或是批评文字。然而更重要的，我们希望在这里……能够收获一些茁壮的和健康的新的种子和花朵。”刊物依照这个设想，组织国内有成就的作家介绍创作经验和写作知识；设立“作品研究”栏推荐和评介国内优秀作品；开辟“名著选释”栏，选择外国著名作品加以剖析；并在“信箱”栏里解答文学青年提出的写作问题。同时又陆续辟出“习作”、“青年文会”等栏目，专门发表青年作者的创作。刊物迁渝出版后，《革新献辞》表示继续坚持原来的方针，并加以提高，重点是加强文学创作与翻译介绍的份量和质量。为此，刊物注意发表现代著名作家的“谨严有力的作品”，以对文学青年发挥“示范”作用；注意译介外国古典和现代的“佳作”，尤其是俄国和苏联的文学“佳作”，还连载了高尔基谈创作经验的《我怎样学习写作》等，给国内文学青年提供“借镜”。主要撰稿人除编者外，有茅盾、胡风、艾青、艾芜、沙汀、骆宾基、臧克家、陈白尘、袁水拍、杨晦、以群等。

目 录

创刊号
1942年10月10日出版

编者告白　编者
人物描写特辑
谈人物描写　茅盾
写人物
——以安娜·克列尼娜为例
端木蕻良
略谈果戈理描写人物　艾芜

盐（小说）　绀弩
作品研究
论曹禺底《北京人》　胡风
关于《阿Q正传》　荃麟
屈原与儒家精神（作家研究）
云彬
通讯员（小说）
——《汾河下游》的一章
青苗
诗选
人羊神的头
［法］A.栾豹作　穆木天译
惊愕者［法］A.栾豹作　穆木天译
感兴［法］A.栾豹作　穆木天译
初雪　方然

关于写景（看稿杂志）　葛琴
萧红的《呼兰河传》（评介）　麦青
名著选释
草原上　高尔基作　艾芜注释

第2期
1942年11月15日出版

小 说
周启之老爷　骆宾基
穷途　贾克·伦敦
父子俩　葛琴

小面人求仙记（长篇童话诗）
梅志
风雪华家岭（散文）　茅盾
关于题材　蒋冰之
文艺杂谈　叶圣陶
温故二题　胡风
《北京人》与《布雷曹夫》（作品研究）
荃麟
关于鲁迅先生的小说（读书杂记）
艾芜
小室（诗）　S M
遥祭（诗）　麦青
悼文馨同志（散文）　洪流
习 作
纤夫之歌　白青
车站小景　白桦
给一个女孩子　林紫
信 箱
“斗争的武器”与“宣传的资料”
丁文华

读什么书　伍　超

名著选释

项链　摩泊桑作　契若注释

第3期

1943年1月10日出版

小　说

同志　刘白羽
旅途小景　荃　麟
四姑娘的喜事　彭　慧
白马的夏天　〔美〕萨洛扬作　胡仲持译

托尔斯泰的创作途径　〔苏〕爱然巴乌门作　蒋　路译
诗的情与景　臧克家
大风歌（诗）　冀　汸
给死去的清道夫（诗）　力　戈
浓黑的悲凉（散文）　何家槐
我与高尔基　塞尔格耶夫曾斯基作　周　行译
影子（散文）　司马文森
小面人求仙记（续）　梅　志

习　作

农补疵里和虏虏（小说）　伯　超
书和棉大衣（散文）　冰　夫
我从前的钢琴教师和我（散文）　佩　贞

信　箱

文学与圣经　王大军　沫　沙
到底怎样写　俞　明　编　者
诗人A.栾豹　朱　仁　编　者

名著选释

罗梭·麦柏罗　Giovanni作　契　若注

第4期

1943年3月10日出版

日本轰炸缅甸的时候（小说）　艾　芜
驮队（诗）　厂　民
“且听下回分解”及其它　张天翼
论忘我的境界　吴伯箫
萧红逝世一周祭　骆宾基
写在一个人的墓下（诗）　杜　谷
无题的故事（小说）　契诃夫作　李　葳译
快活的人（小说）　契诃夫作　李　葳译
生意经（小说）　计　开
我与高尔基（下）　塞尔格耶夫曾斯基作　周　行译
《桃色的云》（诗）　程康定
唱SM的无弦琴（评介）　麦　青

青年文会

生产底突击者　司　徒
在新的岗位上　密　林
随笔三章　艾　秋
深渊中的呼喊　李花朝

信　箱

"永久性""形象性"

张铭敬　编　者

关于《项链》　王心一　编　者

说不出所以然　郑　军　编　者

名著选释

Ahcho 与 Ahchow

贾克伦敦著　艾　芜注

第 5 期

1943 年 5 月 15 日出版

小　说

某青年　易　巩

再生　以　群

回炉货　丰　村

磨坊　S.阿里著　汝　龙译

贿赂　O.塞非定著　汝　龙译

霍普特曼论

A.卢那察尔斯基作　周　行译

纪念托尔斯泰　静　闻

作品评介

读诗小记　骆宾基

《法西斯细菌》读后　C F

读《小面人求仙记》　胡明树

《白马的骑者》题记　胡　风

死胡同里的一所房子（报告）

班台来耶夫作　彭　慧译

诗　选

《草叶集》选 W.伟特曼作　宗　玮译

向日葵　苏金伞

祝福　芦　荻

德国诗抄　歌　德等著　克　锋译

生活场景

断柄手枪　骆　耕

高老　陆原豪

清漳河的一叶　王雪彦

青年文汇

系念　路　德

寒窗笺　艾　明

遥祭　碧　涛

鹰外一章　壮　草

名著选释

圣诞节　契诃夫作　契若注释

第 6 期

1944 年 7 月 10 日出版

柴霍夫逝世第四十年特辑

对于安东·柴霍夫的认识　荃　麟

一件艺术品　柴霍夫作　李　葳译

彩票　柴霍夫作　李　葳译

歌女　柴霍夫作　郑　扉译

天才　柴霍夫作　郑　扉译

花落时节（长篇连载）　艾　芜

特鲁木旗的夜（短篇）　青　苗

作品评介

《饥饿的郭素娥》　荃　麟

一个观点　柳　风

沙汀的《磁力》　麦　青

希特勒的自我描写（随笔）　草　明

悼（散文）　大　刚

诗 选

寓言诗集 方 然

农人的脊背 苏金伞

诗五章 彭燕郊

青年文会

猎人杜福（小说） 任 生

夜车（散文） 黄 遗

给母亲（散文） 陈贵修

信 箱

关于文学的语言 向 前 编 者

童话中的拟人法 黄 铭 编 者

关于集体创作 仲 夫 编 者

名著选释

叶曼良·披略延

高尔基作 契 若注释

安东·柴霍夫像（木刻） 余所亚

新1卷 第1期

1944年4月1日出版

革新献辞 本 社

论《安娜·卡列尼娜》

A.莫德著 徐 迟译

诗

雪里钻 艾 青

春天的传说 方 然

生活的尖兵 臧克家

你也许会喜欢诗的 袁水拍

关于《遥远的爱》 茅 盾

读艾青的《黎明的通知》及其他

袁水拍

河边草（散文二则） 荃 麟

小 说

疑虑 沙 汀

鹰底梦 郁 茹

春 黄贤俊

在死的阴影里

R.布拉乌曼尼斯著 李又然译

一天的活动（上）（中篇） 艾 芜

新1卷 第2期

1944年9月1日出版

杂谈文艺现象 茅 盾

“迎合”一例 以 群

小 说

两家庭（上） 沙 汀

红旗河上的新年（《姜步畏家史》

第二部之一） 骆宾基

一天的活动（下） 艾 芜

那伐克一家人

〔美〕O.伊雪乌作 冯亦代译

论屠格涅夫的小说

〔苏〕斯特拉若夫作 孙 沣译

我怎样学习写作?

〔苏〕高尔基作 戈宝权译

诗

村庄 艾 青

哀悼 袁水拍

初春 力 扬

海洋　黄贤俊
亲爱的故乡
〔苏〕依萨科夫斯基作　葆　荃译
文艺消息　本　社

新1卷　第3期
1944年10月10日出版

鲁迅先生谈知识分子　雪　峰

诗

生命的秋天　臧克家
都市（《北中国在燃烧》之一节）
何其芳
潮汐　穆　旦
墓志铭　康　定
再访米哈依洛夫村
〔俄〕普式庚作　孙　沛译

艺术部队（独幕剧）　陈白尘
反抗中的诗人
〔英〕史梯芬·斯班特作　袁水拍译

小　说

在学校里（《姜步畏家史》第二部之一）　骆宾基
两家庭（中）　沙　汀
新生命的降生
〔苏〕吉洪诺夫作　茅　盾译
走出了地狱（敌后散记）　云　生
忆鲁彦　穆　素
关于鲁彦的死及其它（《青文》书简）　荃　麟
我怎样学习写作
〔苏〕高尔基作　戈宝权译
文艺消息　本　社
封面插画　余所亚

新1卷　第4期
1944年11月10日出版

曹禺论　杨　晦

诗

我的父亲　艾　青
北方的乡村　王　门
我的道路（〔苏联〕A.托尔斯泰自传）
曹靖华译

小　说

幸福　林　阳
小屋里的一天　韩　异
两家庭（下）　沙　汀

爱　云　生
我怎样学习写作？
〔苏〕高尔基作　戈宝权译
读稿杂记　以　群
当敌人搜山的时候（封面木刻）
彦　涵

新1卷　第5期
1944年12月20日出版

短　评

向生活学习　沙　汀
闻笑有感　茅　盾
鼓励者　艾　芜

我的怀念（散文） 靳 以

诗

丰收的土地 王亚平
晨及其他 方 敬

革命文豪——海涅
〔德〕梅林格作 唐 苏译
并没有打败（诗）
〔德〕海 涅作 于 潮译
苏联战时文学的新收获
〔苏〕吉洪诺夫作 葛一虹译
论袁水拍的诗 徐 迟
拾来的枪 陶 雄
祖父高尔基的故事
〔苏〕别斯苛娃作 孙 沛译
普拉东的故事
〔苏〕高尔基作 朱 笄译
晨 〔苏〕高尔基作 孙 沛译
春塞（五幕剧·上） 宋之的
《青文》书简
筑路（封面插画） 余所亚

新1卷 第6期
新春特大号
1945年2月15日出版

民主与文艺 郭沫若
对于文坛的一种风气的看法
——谈长篇小说需要之多及其写作 茅 盾
沙汀创作的起点和方向 杨 晦

小 说

堪察加小景 沙 汀
饥饿 李广田
"他们"的哲学 萧蔓若
丢脸的春天（中篇）
〔苏〕爱伦堡作 袁水拍译
岁暮怀朱凡
——《岁寒图》代序（散文）
陈白尘
春寒（五幕剧·下） 宋之的
疏散列车（速写） 华 嘉

诗

受难者之歌 方 敬
六机匠（叙事长诗） 臧克家
希玛拉雅山之歌（通讯） 李 嘉
新生的呼喊
航行着的船 章 恒
平凡的故事 章 静
我怎样学习写作（续完）
〔苏〕高尔基作 戈宝权译
读稿杂记 编 者
撤退的列车（封面插画） 梁永泰

223 人 世 间

简 介

《人世间》，文艺月刊，一九四二年十月十五日创刊于桂林，封凤子编辑，徐铸成为编辑顾问，人世间社出版，发行人为丁君匋，桂林集美书店总经售。创刊不久，凤子离开桂林，由周钢鸣、马国亮接编。一九四四年五月一日出版第二卷第一期，进行革新，改为综合性文化月刊；同时因桂林撤退而休刊，计出七期。十六开本。抗战胜利后，编辑同人陆续复员到上海。一九四六年冬筹备复刊。一九四七年三月二十日出版复刊第一期，改为三十二开本，仍为综合性文化月刊。凤子主编，编委有丁聪、李嘉、马国亮（从复刊第三期起，李嘉出国，冯亦代加入）。复刊后参加编辑工作的还有叶以群。刊物由人世间社发行，发行人仍为丁君匋，利群书报发行所总经售。一九四八年八月出至复刊第十三期终刊，前后共出二十期。

一九四一年末太平洋战事发生后，大批文化人陆续汇聚桂林。该刊便是凤子应出版人丁君匋的邀请创办的。定名《人世间》，以示与三十年代林语堂所办《人间世》相区别。第一卷以文艺创作为主。“革新号”虽变为综合性刊物，创作仍占较大比重。在桂林出版期间，创作偏重散文、杂文。茅盾、凤子、郑思、沈从文、马国亮等是散文、杂文的主要作者。作品反映了当时大后方的沉闷现实。连载的长篇作品有骆宾基的小说《幼年》、章泯的剧本《苦恋》、田汉的传记文学《母亲的话》等。刊物在上海复刊后，迫于经济与时世的艰险，不得不办成综合性刊物。凤子在《复刊词》中指出：“好在综合性的刊物，不妨碍我们精选几篇文艺作品；同时，多样的形式可以获得广大的读者们支持。”她进一步阐释编辑意图说：“我们只要求本刊是一个真正的无所不包的‘杂志’，也许没有中心就是我们的中心，尽管失于杂，希望做到没有一篇不是值得一读的。”（复刊第十一、十二期合刊《二卷赘语》）文艺上也表现出于“杂”中见“中心”的特点：作品形式多种多样——有“短小精悍的杂文，专载，通讯，报告，小说，诗歌，版画和翻译”等等，但仍以散文、杂文见重；表面上看内容斑驳陆离，实际上都集中在暴露现实社会的黑暗腐败。例如汪巩的独幕剧《万元大票》，讽刺了国统区经济崩溃的现实，演出时曾引起轰动。闻一多被害一周年时，刊物发表悼念散文，许寿裳遇害时刊出另一组悼念文章，曾经产生过广泛影响。复刊各期的主要撰稿者有郭沫若、郑振铎、欧阳予倩、翦伯赞、沙汀、景宋、吴组缃、臧克家、于伶、姚雪垠、徐迟、顾一樵等。

目　录

第1卷　第1期
1942年10月15日出版

抗日民族战争与新文艺传统　胡　风
幼年（连载）　骆宾基
雨天杂写之四　茅　盾
月光下　郭沫若
演员的情绪记忆
史坦尼斯拉夫斯基　杜　山译
芸庐纪事（连载）　沈从文
虚墟中　李广田
死的暗影　沙　蒙译
赠二首　周　翰
无题　郑　思
夜话　郑　思
秋底绿色　胡危舟
鸟夜啼　陈迩冬
盲　唐　鱼
月夜　唐　鱼
草洲　肖　资
归乡　凤　子
青石街四十四号　王震寰
母亲的话（传记）　田　汉
苦恋（五幕剧）　章　泯
编后赘语

第1卷　第2期
1942年11月15日出版

把握情势解决问题　周钢鸣
审判日（三幕剧）
Elmer Rice　袁　俊译
幼年（连载）　骆宾基
夜莺曲　卢　静
莫扎特——人类的奇迹　许之乔
杀人者　海敏威　钟开莱译
夜的花朵　杜　谷
落日（中篇）　司马文森
论自己　朱自清
母亲的话（传记）　田　汉
苦恋（五幕剧）　章　泯
编后

第1卷　第3期
1943年1月15日出版

红玻璃的故事（小说）
萧红遗述　骆宾基撰
步飞烟（故事新编）　端木蕻良
幸福的侣伴（散文）　孟　田
立陶宛民间故事　曼　斯译
农夫司特巴给地主符里茨治
病的故事
三姐妹和他们兄弟的故事
不是想象的老故事（小说）沙　蒙译
“诗歌与小说”试论（批评）
黄　蝇
普式庚底散文（作家研究）
希克洛夫斯基作　周　行译
无声的人和歌（散文诗）　黎焚薰
母亲的话（传记）　田　汉
幼年（长篇连续）　骆宾基

性格的兴趣（演剧研究）
R.G.Mouiton 作 林 峨译
芸庐纪事（连载） 沈从文
苦恋（五幕剧） 章 泯
审判日（第二幕） 袁 俊译
编后

第 1 卷 第 4 期
1943 年 4 月 1 日出版

批评论 卢那卡尔斯基作 杜 宣译
雨天杂写之三 茅 盾
展望与随感
我底希望 以 群
我看杂文 何家槐
认真的态度 林 沙
寒夜走笔 憬 之
研究与批评
论巴尔扎克的《勾利尤老头子》
穆木天
读《长夜行》 黄 蝇
小 说
龙栓 戈 茅
播种者的故事 桑红痣
母夜叉 树 藏
夜间的秘密
约翰·梭梅菲尔 方敬
美国的未来诗人之一
〔美〕萨洛扬 胡仲持译
诗
祝福 严杰人
在城市里 彭燕郊
残灰梦 甦 夫
长篇连载
审判日（三幕剧续完）
爱尔米·拉辛 袁 俊译
母亲的话（传记连载） 田 汉
幼年（续完） 骆宾基
编后

第 1 卷 第 5 期
1943 年 5 月 25 日出版

研究与批评
诗魔拜伦（中篇评传） 灵 珠
托尔斯太的《安娜·卡列尼娜》（名著研究）
〔苏〕勃拉尼夫 小 畏译
短篇小说
苦人儿 孔 厥
灵魂的闪烁 杜 微
雾夜图 凤 子
笼子 〔苏〕吉科夫斯基 王语今译
红袜子 〔俄〕契诃夫 林焕平译
长篇连载
哥萨克（名著翻译）
〔俄〕托尔斯太 彭 慧译
母亲的话（传记文学） 田 汉
浮沉（长篇创作） 周钢鸣
诗和散文
望春花 江 朗
风播 江 朗
囚室断唱 方 般
黎明曲 李 雷

云雀　易　古
忏悔　丽　砂

第1卷　第6期
1943年11月5日出版

短篇小说
毛道人　艾　芜
秦老先生　方　敬
一天的伙伴　柳　青
赵老师的悲哀
——《山旅》之一　华　嘉
杂感与漫谈
心浮私记　端木蕻良
关于死　宋云彬
诗与散文
田园生活〔法〕雨　果　穆木天译
农村的歌手　索　开
向古城　邹绿芷
长篇连载
歌萨克（名著翻译）
〔俄〕托尔斯太　彭　慧译
母亲的话（传记文学）　田　汉
浮沉（长篇小说）　周钢鸣

革新号
第2卷　第1期
1944年5月1日出版

诗情（五色彩印封面）　张光宇
扉画　张正宇
人世间事　本刊资料室
民主访贤图（漫画）　张光宇
战后法币会变成怎样（经济）
千家驹
杰作何价（猎奇）　李维甘
威尔基及其竞选的故事（人物）
许一白
滨湖前线（战地报告）
〔美〕安烈生
死要脸（漫画）　史梯芬
史太林会不会对日作战？（军事）
爱特加·史诺作　朱文澜译
论友谊（散文）　老　舍
克虏伯厂的假期（漫画）　波　夫
审讯纳粹（法律）　鹤　瑶
战时市民（素描）　徐海德
只有五条街横口的距离（经验）
〔俄〕雷　因作　王家棫译
四万尺高空跳伞记
拉夫莱斯中校自述　陈泉新译
怎样做人及其他（散文）　巴　金
战时广告（随笔）　国　亮
战事画辑
蒋主席及夫人近影
常德重光
缅甸前线
雷多公路
中国访英国
开罗会议珍闻
世间人语　本刊资料室

生与死（散文）
〔苏〕高尔巴托夫作　明　辉译
战争新科学（科学）　白　克
羊群（木刻）　古　元
伊芙居礼（人物）
阿美·泊德作　华　雷译
良好的食的习惯（卫生）　鹤　镇
敬伍的人（漫画）　黄　超
论打瞌睡（幽默）
彭察来著　翠　屏译
梅特林克在美国（作家生活）　琴
美国人眼中的中国著作（书评）
杜　孟译
剧展印象（速写画）　黄　墅
观众心理（心理）　彭行才
空军制胜（电影）　杜　良
《战地钟声》与《出使莫斯科》（影评）　陈　纳
前线归来（诗）　华　铃译
巨龙有翼（特写）
约瑟夫·威察斯堡作　采　苹译
我的故乡·你的故乡·他的故乡
（长春·北平·杭州）（综合报道）
修健（彩印木刻）　李少言
人间杂记（散文）　马国亮
明日的生活（科学）　家　禄
赖代尔的法国军团（漫画）　史梯芬
中西医药经验谈（医药）　张公让
你未必很聪明（测验）　郭　莱
日本小鬼与中国不倒翁（漫画）
伦敦星报
你未必很聪明（答案）　郭　莱
播种者（小说）　沙　汀
山水之外（漫画）　张正宇
人间信箱
虽应先学行宪　洪济生
添花送炭　李占荃
为长者折枝　吴　舒

复　刊　第 1 期

1947 年 3 月 20 日出版

封面设计　丁　聪
扉页　张　望
复刊辞　凤　子
人世点滴　超　构
诗三首　马凡陀
学费·撤退和瓜代·走马灯
春天的想望　朱　儒
灾难　刘念渠
烦恼（小说）　沙　汀
竖琴女郎（壁画）　张光宇
不朽的雕像（附图二幅）
——罗丹的巴尔扎克　李　嘉
谈灵感　张敬容
读书人记事　徐　迟
访问九一老人肖伯纳（游记）
顾一樵
好莱坞的七根柱子
——路德维奇论美国电影
晴　原译
船（诗）　臧克家

黑人的艺术（附图四幅） 美 新
行路难（伦敦通讯） 陆晶清
海上人间（通讯）
——从上海到塘沽 骆宾基
感旧集 流 金
游行 马国亮
宪兵上士何德才（小说） E.L
女性服装分析 黑 图
排泄心理学 井底之
记忆 凤 子
夜渡小景
——山城生活杂写 吴 麓
石工（木刻） 王 琦
查帐 李白凤
蒲公英（诗） 徐 歌
老街坊（小说） 唐 涵
老人（木刻） 王树艺

复 刊 第2期

1947年4月20日出版

封面·新生 丁 聪
扉页 丁 聪
人世点滴 超 构
青年哟，人类的春天！ 郭沫若
卖轻气球的人（诗） 辛 笛
零羽（诗三题） 辛 笛
一所"博物馆" 茅 盾
诀别（诗） 马逢华
战斗是享受 丁 玲
茶花女百年祭（附图片四帧）
夏康农
肖斯塔珂维区的苦闷
——难产中的苏联音乐
李 嘉
美国的中国人 戈 良
台游杂拾（游记） 欧阳予倩
梦见紫荆树开花 吴祖光
爱情！爱情！
——《何为》读后感 王 戎
美国的冬天（通讯） 吴组缃
未完成的小绒线衫（小说）马国亮
灯（随笔） 凤 子
宪兵上士何德才（补遗） E.L
历史上第一个职业女作家——阿富拉·贝恩（人物志） 马葆炼
舞（壁画） 张光宇
自从我装了个电话
——现代生活重累之一
艾 迪
到钟楼去的路 晓 芒
落难英雄（小说） 高 放
码头（木刻） 王 琦
黑衫 景 阳
她俩拥抱在一起了（小说）
臧克家 梁琛插图
编后附记 凤 子

复 刊 第3期

1947年5月20日出版

封面（五月的雕像） 丁 聪

扉页（工作与学习） 力 军
人世点滴 超 构
党与群 郑振铎
记五四时代天津的几个女性 景 宋
都市小吟（诗） 笛 苗
《奔月》题记 吴祖光
五月的行列 适 夷
二十世纪的寓言
十个老鼠举行华尔滋舞
道义的地素食的猫
鸟，污水和鸟的歌
胖了的猪
曾为反对派而后为宣传家的鸭
雪 峰作 梁 琛图
门外诗谈 流 金
人造的天堂——瑞士（游记）
人民·社会·生活 李储文
夜读随笔
——关心皇家惹祸论·装腔作势 卜 束
囚徒歌三首（诗） 袁水拍译
眼珠的惨史 张契渠
读红楼梦杂记二则 徐高阮
茅盾夫妇在苏联（图片三帧）
茅盾先生的苏游观感（特写）
凤 子
农民的敬礼（小说）
〔瑞士〕拉缪士著 戴望舒译
习作二题 马国亮
我所知道的程砚秋（人物志）
翁偶虹
万元大票（独幕活报剧） 汪 巩
铁环（小说）
〔俄〕费尔多·梭克洛作
李 嘉译
春天散曲（散文） 丽 砂
没有祖国的人民（报告） 唐 海
收音机这东西
——现代生活重累之二
艾 迪
藜因红（小说）丰 村作 丁 聪图
编余 编 者

复 刊 第4期

1947年6月20日出版

封面（被侮辱与损害的） 丁 聪
扉页（守夜者）
人世点滴 超 构
建立人性 上一个月
禁舞案与和平案 沉默的自由
为学生辩诬 蒯伯赞
莫斯科的国立列宁图书馆 茅 盾
人之子·悲多汶
A.多洋作 巴 金译
苏联雕刻（附铜图五帧） 刘开渠
二十世纪的寓言
石狮子和野狗
社会贤达的鲢鱼
黄鹂和乌鸦
猫头鹰法官如何赢得盛誉
雪 峰作 梁 琛图

亡友鲁迅印象记　许寿裳
天下太平（杂感）　杨　文
回忆罗斯福（人物志）
亨利·华莱斯作　袁水拍译
音乐的做中学　徐　迟
新疆舞（边疆生活画集之一）
梁白波
热水瓶的故事　李宗蕖
匹克威克外传译后杂记　蒋天佐
我的馈礼（散文）　陈敬容
叫醒（诗）　臧克家
小瘪山的歌唱（诗）　金　近
自由（散文）　夏　阳
雨伞（散文）　赵清阁
如何迎接明天（书报评介）
——评《方生未死之间》
南　山
小题大作（通讯）　杨云慧
春意（小说）　杨圣木
马拉松跳舞（译作）
〔美〕詹姆斯·T.法雷尔作
冯亦代译
伴舞记
——现代生活重累之三　艾　迪
大户人家（一个电影剧本的故事）
潘子农
编余　编　者

复　刊　第5期

1947年7月20日出版

封面（无题）　丁　聪
扉页（闻一多先生画像）　丁　聪
人世点滴　若　寒
良心犯罪　皮尔逊无罪
神经麻痹　人心甚古
周年祭
闻一多万岁　郭沫若
闻一多先生遗像及其手迹
永生的，未死的。　凤　子
追念闻一多先生　流　金
闻一多先生和他的家属
王　敌
让美国重新成为美国（译诗）
朗斯敦·休斯作　袁水拍译
二十世纪的寓言
瘾君子毒贩和魔鬼
如何始有监狱而监狱又如
何变为天堂的故事
雪　峰作　梁　琛图
回忆歇马场　翦伯赞
白下杂书（杂感）　淳　风
亡友鲁迅印象记（人物志）（续）
许寿裳
游新饿乡记　石邦书
爱情（随笔）　夏　阳
从罗丹得到的教训
〔奥〕S.支维格著　方　敬译
书人书事　冯亦代
申江杂咏（诗）　吴　越
音乐的幻想　李白凤
康藏风情（边疆生活画集之二）
梁白波
李虾扒（小说）　沙　汀

烟　卫宝文
美丽的日子　马国亮
我的馈礼（散文）　陈敬容
抽丁看灯冒充包公
——四川俗曲脔尝·唱本之部
潘　凝
读物·毒物
——现代生活重累之四
艾　迪
公民榜（小说）　任　何
来函照登　徐　迟

复　刊　第6期

1947年8月20日出版

封面（赏与罚）　丁　聪
扉页（教授之餐）　廖冰兄
人世点滴　若　寒
爸爸节　横竖一样
自我宣传　拉来的"志愿兵"
做了乞丐　靳　以
二十世纪的寓言雪　峰作　梁　琛图
黄鹡鸰的不幸遭遇
蟹，蛇，龟和知行学说
在方场里的死者们（插图六帧）
J.范吐瑞里作
在方场里的死者们（译诗）
巴不罗尼鲁达作　潘　庚译
亡友鲁迅印象记（人物志）（续）
许寿裳
悲歌　袁　鹰
梦　田仲济
丢钱者　韦　芜
一封无法投递的信　欧阳乔治
书人书事　冯亦代
马尔洛的转变　阿拉贡的新作
兹伐格笔下的巴尔扎克
祷钟　巴罗哈作　林　柯译
夜记　笛　苗
巴黎展出的现代中国绘画（附铜图一幅）〔法〕爱列塞夫作　芙　兰译
"新闻记者"这职业　唐　海
三官堂随笔　穆　莎
哈哈论　（身份不明）
儒林外史人物小记　万　曼
人生的风度　叶　冈
头像（边疆生活画集之三）梁白波
祝福　碧　野
儿歌四首　金　近
谁说他们年纪小（附歌两首）
李蟾桂
待复的信
——现代生活重累之五
艾　迪
土龙（小说）　唐　涵
"一卷"小记　凤　子

复　刊　第7期

（第2卷　第1期）

1947年10月1日出版

封面（祷）　丁　聪

扉页（烛前） 丁 聪
人世点滴 若 寒
舞禁之争 三种户口
豪门之捐 “挖眼党”
“灵魂工程师”的诠释
——在上海中等教育研究会讲辞 夏康农
演剧队生活素描之一（竹笔画） 周令钊
记莫斯科的托翁博物馆 茅 盾
记郁达夫（上） 王任叔
墓碑（诗） 袁可嘉
一封信的问题 郭沫若
亡友鲁迅印象记（续） 许寿裳
毕伽索论画艺术 徐 迟选译
纪德五十年来的日记 赵景深
求饶（木刻） 李志耕
送出这样一本小书
——《胡风文集》序 胡 风
囚犯（报告） 汪曾琪
论韩昌黎诗 篦 斋
做不完的好生意（诗） 臧克家
创作四试 萧 乾
伊萨柯夫斯基抒情诗五章 戈宝权译
好邻舍（短篇）
路易·阿拉贡作 戴望舒译
爱伦堡的巴黎的陷落（书报评价）
B.皮息斯作 冯亦代译
孔耀庭
——奇闻七则之一 唐 弢
春归何处（电影故事）
——原名寻梦记 吴 天
第五种自由
——现代生活重累之六 艾 迪
病（小说） 梅 志
大世界（另页插画） 张文元
编余 编 者

复 刊 第8、9期
（第2卷 第2、3期）
1947年12月20日出版

封面（节约） 丁 聪
扉页（冬） ［英］拉浮莱作
人世点滴 若 寒
胡适的梦
选举与养子
文化人之出奔
人性的温度
论贪污对于国家的贡献 何之昭
记郁达夫（下） 王任叔
论闻一多先生的起点和终点 洪 遒
跋《唐宋以来的名画集》 郑振铎
浏阳桥（速写） 力 军
论感动与感伤 刘泮溪
忧郁草（诗） 潘际坰
乡愁记 方 然
给无名的舵手 凤 子
闲谈播音剧 王 枳
捉漏丁 伟 咸 阿 湛
苗舞（木刻） 黄永玉

跋《角色底诞生》 郑君里
秋天的最后的苍蝇（诗） 江水青
山城的更夫 田仲济
田园将芜胡不归
——再教育之一章 徐 迟
雪（译文）
沙嘉·卡尼琪作 冯亦代译
闲荡的小学生 路 翎
一部真实的历史
——介绍《巴黎的陷落》
方 纪
我看美国人（通讯） 董鼎山
教室里 沉 寂
补身妙品
——现代生活重累之七
艾 迪
王参议员（小说） 巴 波
编辑室小启 编 者
代邮
插图 丁 聪 梁 琛
上海杂志界联合宣言

复 刊 第10期
（第2卷 第4期）
1948年3月20日出版

封面（夜眺） 梁 琛
扉页（战争的灾难）木刻 王 琦
人世点滴 若 寒
权力迷人
选灾的波余
奉命卖淫
有上帝也有魔鬼
开拓新诗歌的路 郭沫若
《星火》和苏尔科夫 茅 盾
人怎样变成巨人等等（诗） 马凡陀
纪德的文艺观
——北京大学《文艺社》讲稿
盛澄华
说领教
——也算科学论文 李建吾
悼许寿裳先生
许季茀先生事略
摹拟与创作 许寿裳遗著
我所敬的许寿裳先生 景 宋
许寿裳先生在台湾 贺 霖
扯古拉今谈 陈君葆
二十世纪的寓言
木雕像和神像
富翁与驴子
青蛙与公牛
鸟和烂苹果
类人猿的音乐会
稻草人和麻雀
雪 峰作 梁 琛图
撩上海的艺术文化 甲 乙
英文的"做中学" 徐 迟
葫芦庙与馒头庵
——红楼梦杂谈之一 孟 超
因为我是人（外一章·诗） 林 凡
钟声 黄贤俊
诞生（诗） 知 本
情感小论 林 凡
野兽 秦 牧

创业记　金　近
憧憬（译文）
〔西班牙〕巴罗哈作　余岚试译
阻力　罗　洪
伊凡蒂　E.脱莉莫兰作　孙源译
李国桢事迹　麗　斋
刀叉与烧白鸽
——现代生活重累之八
艾　迪
老狼爷的天下（小说）　唐　涵
倚望（素描）　王　琦
编余　编　者
本刊发行部启事

复　刊　第11、12期
（第2卷　第5、6期）
1948年7月10日出版

封面（旅舍者）　周令钊
扉页（负担）木刻　刘　岘
人世点滴　若　寒
太戈尔片论　阿　垅
辽远的故事（诗）　唐　祈
人世百图三则　靳　以
二十世纪的寓言
雪　峰作　令　钊图
马·骑马的人和牛虻
三个打碎了瓦器的人
猫与空罐　狐狸与兔园
两个小偷与穷人的梦
一个男子离去一个爱人和获得
另一个人
甘地的使命　E.史诺作　犬　儒译
初恋（小说）　路　翎
探访日月潭以外的台湾（游记）
汪　巩
八角井（童话）　刘盛亚
铁工（铅笔画）　冯法禩
芳邻　太戈尔作　余　岚译
“一间自己的屋子”　默　弓
林黛玉　周　华
春　郭　风
告诉我（诗）　S　M
乡村的晚会（报告）　青　苗
谈《混沌》（书评）　流　金
小论《人生热情》　虞挺英
伟大的剧作家（通讯）
——记莎士比亚故乡的纪念节
杨云慧
慈鸟　柳虞慧
饿死的孩子（诗）　梁　塋
书人书事　冯亦代
白朗蒂姊妹　柴霍甫遗文集
自由恋爱
——现代生活重累之九
艾　迪
这世道！（小说）　巴　波
二卷赘语　凤　子

复　刊　第13期
（第3卷　第1期）
1948年8月出版

封面（装煤球）木刻　刘　岘

大学自由　若　寒
二十世纪的寓言
　田鼠蚯蚓与大地
　雕与沙漠
　渔妇和她的婴儿　雪　峰
逸品论（画论散篇之一）　宗　典
鲁迅先生画像（木刻）　李　可
沈特拉里煤矿惨案（诗）
　密拉·朗贝尔作　袁水拍译
随月星　季　栩
展望明日的戏剧（上）　杜　划
爱　莫泊桑作　方令儒译
时间和生活告诉我们的　吴　麓
探访日月潭以外的台湾（游记）
　汪　巩
小声楼杂记
　财富与优生学
　平方根里的真理
　吃鸡之道德派
　不思想的脑子与思想的胃囊
　情调可吃
　天堂戏目　叶　冈
关于骆宾基的几则琐忆（人物志）
　司马梵霖
王桂缘和市井英雄康成玉
　——四川俗曲脔尝·唱本之部
　潘　凝
今之战神（诗）　申　奥
书人和书事
　——“伟大的爱人”史汤达
　冯亦代
张药师（报告）蒲　汀作　令　钊图

224 天下文章

简　介

《天下文章》，综合性月刊，一九四三年三月十日创刊于重庆，吴熙祖、周彦、徐昌霖主编，天下文章社出版，发行人为戴行遥、唐秉彝（第二卷改由戴行遥发行），重庆建国书店、新生图书文具公司总经售（第二卷改为新生图书文具公司单独经售）。一九四五年六月第二卷第五、六期合刊出版后停刊，共出十二期。十六开本。

《天下文章》是个“汇辑”性质的政治文化刊物。《征文启事》指出：“本刊创刊之旨，要在搜集政治、经济、军事、教育、文艺、戏剧——等佳作，作系统的汇辑，按期出版，介绍给读者，使读者能在本刊中读到国内外报章所发表的优良作品，同时每一期搜集有关有价值的问题，使本刊成为一个有系统的问题的参考史料。”刊物汇辑范围包括国内外报刊的“文摘稿”与本刊的“特约稿”两类。编者原计划“偏重‘文摘’性质”（创刊号《编后》），实际创刊号出版时“文摘稿”与“特约稿”各占一半。此后“特约稿”续有增加。文艺内容在两类稿件中均占很大比重。其中文艺创作最多。刊物每期设有小说、诗歌、散文杂文、戏剧专栏，汇辑不同思想倾向和艺术倾向的作家的作品。文艺创作的特约稿中，戏剧比较突出。如沈浮的《重庆二十四小时》、《金玉满堂》（修订稿）、徐昌霖的《西山龙虎》等，都是特约发表的多幕剧。其他特约创作稿的作者有茅盾、沙汀、任钧、司马文森、以群、姚雪垠、王平陵、周彦、江村等。文艺评论绝大多数是“文摘稿”。在“每月论战”栏里，常以一、二个文艺问题为中心，选载当时有争议的若干文章。这些文章以戏剧评论最有特色，为学术研究保存了一些有参考价值的材料。其主要撰稿人有郑君里、张庚、陈白尘、茅盾、黄芜茵、颜翰彤、方滨、陈旭、杨槐、存疑斋主等，同样包罗了不同思想倾向和艺术倾向的评论家。

目　录

第 1 期
创刊特大号
1943 年 3 月 15 日出版

发刊词　编　者

特　稿

重庆二十四小时（三幕喜剧）（全刊）　沈　浮
经济短篇（讽刺诗）　任　钧
看戏短评　老　舍
天下奇文（专载）　今生叹

每月论战

史坦尼斯拉夫斯基论外形动作　黄舞莺
《史坦尼论外形动作》的商榷　存疑斋主
谈演剧理论的教条八股与学风——《史丹尼论外形动作》的商榷　存疑斋主
关于《史坦尼论外形动作的商榷》　黄舞莺
谈笔战之道　存疑斋主
踏入“笔战”之前　黄舞莺
老调子应该休息了　冯　由

日本经济危机特辑

战时日本的财政难关　高岛佐一郎著　汪宇平译
毁灭日本军事工业　龚德柏
日本在财政上的危机　王　铉
日本工业之发展及其停顿　谢南光
不要使日寇休息　林　镛

盟国战时人物素描

陆长史汀生　C.M.Fuess 著　戴尔卿译
美海长诺克斯　贾　午译
陈纳德是怎样干的?　雯　莲译
魏菲尔将军　张　素译
史迪威尔将军　贾　午译
荷印副总督穆克

小说选

列那和吉地　茅　盾
新事业　徐　盈
我们跟下原弥熊师团　魏　伯

诗　丛

迎　艾　青
春天的歌　邹荻帆
野蔷薇　曾　卓
清晨　彭燕郊

杂文荟

下江人语　夏　衍
成绩欠佳，收入更欠佳　老　舍
风雨同舟渡　S　Y
编后　编　者

第 2 期
战后和平问题特辑
1943 年 4 月 15 日出版

特　稿

剑　司马文森

西山龙虎（三幕剧）（全刊） 徐昌霖
城市（诗） 邹荻帆
旷野的悒郁（诗） 江　村
梦的抒情曲（诗） 姚　奔
向生之歌（诗） 朱　昊
雾（诗） 方　滨
"滚铁板"主义 王平陵
西伯利亚的经济现势 吴熙祖
古装影片和历史剧 S　Y
朝那里走？ 铭　彝

战后和平问题与中国

战后和平的基本问题 杨太护
和平观念的改造 吴之椿
战后世界之集体安全 王宠惠
战后世界和平怎样才能持久 陈世材
不要侈言领导亚洲 蒋委员长
中国的政治方向 大公报

苏联经济梗概

苏联战时经济概况 邵力子
苏联的工业结构 霍特金著　高素明译

小 说 选

不成问题的问题 老　舍
男女间 骆滨基
一支三八式 雷　加

每月论战

出版物的营养和滋味 印维廉
文艺书刊不是"糖果" 张静庐
检视当前的出版界 印维廉
关于"出版界动态"的几点意见 张静庐

杂　文

从"清炖读者汤……"谈起 徐昌霖
关于"红烧作家肉" 梅　林
编后的话 编　者

第 3 期

夏季特大号

1943 年 6 月 1 日出版

特　稿

我们是戏剧的铁军（长篇连载） 周　彦
复活（小说《新人的故事》之一） 以　群
情感症（随笔） 罗　荪
记《西山龙虎》 徐昌霖
期望于太平洋行动计划者 吴熙祖
我们所见的中国援缅军 〔英〕O.D.Gallagher 著　吴熙祖译

每月论战

谈夏衍底《法西斯细菌》 黄芜茵
论《法西斯细菌》的主题，典型环境与前线主义 颜翰彤
论《法西斯细菌》底批评底批评 黄芜茵
论《法西斯细菌》的演员们怎样创造人物 方　滨

诗　辑

悲歌（特稿）　王亚平

歌六首　何其芳

小夜曲五章（特稿）　岳　路

雁的故事　袁　勃

对于改良平剧问题的探讨（专题研究）

平剧改造中几个问题　陈　旭

对平剧工作的一点感想　张　庚

丑角漫谈　铁　夫

谈“味儿”　霍　如

小　说

偷渡　茅　盾

秦淑的悲哀（中篇）（全刊）　蒂　克

战后经济问题（特辑）

战后世界经济问题　顾维钧

战后世界建设计划〔美国〕华莱士

战后世界建设与有关中国之经济问题　楼桐孙

世界的将来——根据经济立场的一个看法　王　铉

战后世界和平与世界经济　黄宪章

战时世界妇女动态（特辑）

在爱国战争中的苏联妇女　兰纳夫斯基

日本妇女的现状　学　庸

国社主义下的妇女　Ernst Kiein 著　胡捷译

战时英国六女子　Anne Scott-James 著　黄翠平译

在国防工业中的美国妇女　〔美〕依利沙白梅雅作　万　歌译

五四以后的蔡元培先生（人物小史）　高平叔

编后

第 4 期

战时教育问题特辑

1943 年 7 月 1 日出版

特　稿

苏德战争前后的外交内幕（《出使莫斯科记》剪粹）　〔美〕约瑟·戴维斯著　梁纯夫译

论想象　史旦尼斯拉夫斯基著　郑君里译

我们是戏剧的铁军（长篇连载）　周　彦

读和写（散文随笔）　S　Y

我所见到的某校剧运（报告）　徐昌霖

战争与文化动态　李长之

每月论战

评《结婚进行曲》及其他　赵　宁

《结婚进行曲》外序　陈白尘

论澳洲现势与盟国战略（特稿）　吴熙祖

战时教育问题特辑

一个世界大学的拟议
Bertranh Russoll 著 吴奚真译
谈今日的小学教育 晓 湖
当前小学教育实施的重心问题
陆传籍

诗人节特辑

第一朵悲惨的花（长诗——吊屈原） 臧克家
纪念诗人节 王亚平
小河 李 嘉
蛙 禾 波
赠友 屈 楚

十种剧本评汇

《祖国在呼唤》读后感（宋之的编剧） 茅 盾
《长夜行》剧本（于伶编剧）
萧 湄
论剧作《家》中的人物创造（曹禺编剧） 李天济
《清宫外史》所感（杨村彬编剧）
江安流 孔四怀
略评《金玉满堂》（沈浮编剧）
钳 耳
《海啸》读后（贺孟斧编剧）
沈 灵
评《风雪夜归人》（吴祖光编剧）
苏 凤
评《正气歌》（吴祖光编剧）
田 禽
试论《石达开》（陈白尘编剧）
方 滨
读《朱门怨》（一名成都二重奏，周彦编剧） 方 滨

小 说 选

灾魂（中篇小说）（全刊）
田 涛
年青的教授（短篇） 唐 琅

东条内阁往那里走

日本军阀焦躁的原因与动向
龚德柏
从八十一届议会论敌人前途
朱云影

舆论一组

东条内阁局部改组的内外意义
大公报
东京内阁的改组 时事新报
太平洋战争与日本政局 中央日报

附录《中国之命运》研读纲要

第 5 期
小说特辑
1943 年 9 月 1 日出版

每月论战

谈教育问题 陈衡哲
读《谈教育问题》
——就正于陈衡哲先生
纪 燕
敬复纪燕先生 陈衡哲

拉丁美洲内幕
约翰·根室原著　李秉钧译
论印度统一问题
〔印度〕塞尔梵卡著　梁纯夫译
日本从经济作战中失败
〔英〕Noel Barbeor 作　吴熙祖译
进攻欧陆的路线（专辑）
几条攻欧的天然路线　大公报
进攻德国的五条路线
Flerre J.Huss 作　大公报译
进攻欧洲大陆的路线　杨　杰
报　告
我所见的美空军志愿队
O.D.Gallagher 著　吴熙祖译
美国空军在中国　陈澄之译
记一个晚会　杨立逵
在上海日本牢狱中
〔美〕福特生作　周勤彬译
战时东京窘相
Phyllis Argall 著　林凤藻译
小说史料
灾梨室散记　张静庐
鲁迅译的《红星佚史》　世　骥
小说钩沉　世　骧
小说特辑
望八里家　丰　村
家事
——菲律宾回忆杂记
司马文森
汉苗之间　徐　盈
流民图　青　苗
饿鬼
〔苏联〕伊凡诺夫作　林焕平译
就是几条鱼　欧阳凡海
传说　严杰人
我们是戏剧的铁军（长篇连载）
周　彦
战争颂（诗）　任　钧
文化简报
编后

第 1 卷　第 6 期
1943 年 11 月出版

每月论战
中国必须收复台湾　大公报
美国的战后设计　J.K.Jessup 作
读《美国的战后设计》　大公报
杜诗的流派　王亚平
巴拿马运河设防现势
约翰·根室著　荻　秋译
战争中的加拿大　梁纯夫译
德牢六月记
〔波兰〕马也斯基著　翟锡琛译
我们的盟国苏联（天下一家）
威尔基著　刘尊棋译
论心理作战与闪击战（专辑）
德国心理作战原理及其阵容
L.Farago 等著　吴熙祖译
心理战与闪击战　钱能欣

心理战争论
里德尔·哈特著　钱能欣译

散杂文汇

你我——让社会来公审吧！ 方　炎
拉住说 宋之的
乡女及其他 彭燕郊
坐井观天录 刘英士
总方向 S　M

诗　页

鞭策 程　铮
赠友两章 屈　楚
梅花镇（抗战史诗） 李岳南
独白 郭尼迪
晨 王　黎

小　说

烂泥田（中篇·全刊） 孟　引
二不浪夫妇 灼　石
喜酒 列躬射
蝴蝶梦（故事新编之一）
端木蕻良
我们是戏剧的铁军（长篇·续完）
周　彦
编后

第2卷　第1期
戏剧电影专号
1944年1月出版

时　论

人·演员·剧团 夏　衍
专家的态度 郭沫若
感不胜感 潘孑农

每月论战

《大地黄金》在重庆 再　生
《大地黄金》在重庆 马彦祥
答马彦祥先生 再　生
“需要”与“接受”（特稿）
陈白尘

金玉满堂（四幕悲喜剧·订正本·全刊） 沈　浮

独 幕 剧

新生代 熊佛西
校园内（学校小喜剧之一）
徐昌霖
天花乱坠（一幕闹剧） 王勉之

瓦克唐果夫与史坦尼初晤
赵铭彝译
我与戏剧的关系（自传） 朱双云
悼朱双云先生 赵太侔
谈新歌剧的创造与旧剧改革问题
夏　白
给演员的三十五则备忘录 张季纯
中国话剧运动的检讨 鲁觉吾
论《家》的演技（剧评） 方　滨
演员——创造的艺术家 章　泯
一个较完备的“演剧规程”的拟议（集体创作）
史东山　李　畏　江村执笔
一个演员如何准备他的角色
郑君里

有声电影艺术原理论粹
V.普特符金作　陈鲤庭编译

第2卷　第2期
国际问题专号
1944年3月出版

国际反侵略小说特辑
我们落手越来越重了
〔苏联〕F.潘菲洛甫作　茅　盾译
巴黎之旅
〔意大利〕西龙作　荒　芜译
喀喀　〔德〕卜累德作　忆　明译
朱雷〔德〕F.乌尔夫作　绿　原译

英国与苏联　〔英国〕温斯特作
英美之间的旧嫌新疑　张尚之译
论英国外交　陈钟浩
日寇精神上已被征服　龚德柏
战时葡萄牙的内政外交　李秉钧
东线德军的撤退与欧洲战局
杨　杰
论同盟国联合大攻势的战略
M.威尔纳著　梁纯夫译
假如盟军进攻巴尔干　乌尔夫作
盟军对欧攻势的前途
E.Stevens作　吴熙祖译
战后问题
怎样处置投降后的轴心国　史国纲
怎样争取战后的永久和平　余家菊
战后中国外交　胡秋原
人与地
东南亚盟军总司令蒙巴顿
T.Nicho lson著　贾　午译
提摩盛科　威克瓦尔作　澎　波译
缅甸——亚洲大陆反攻的起点
金仲华
敌情报告
日本人民生活现状　盐见圣策
今日德国内幕
佛兰克作　许君远译

角色的诞生　郑君里
新女儿经（五幕悲喜剧·全刊）
吴天作剧　司马英才改编
篇后

第2卷　第3期
文艺专号
1944年6月出版

春暖花开的时候（长篇小说·第一分册·全刊）　姚雪垠
光影交织中的知识青年　茅　盾
夏夜（散文）　田仲济
诗的“境界”　戈　茅
诗　刊
乡村　曾　卓
拍卖　曾　卓
疯妇　曾　卓
除夕　曾　卓
生活　张　凡

琴歌　绿　原
乡居外一章　臧云远
忆华五　S Y

小　说

跨出校门（中篇）　徐昌霖
小城风波　沙　汀
遥远的爱　郁　茹
上海风物画（报告）　谷斯范
他躺在胜利的光辉里（长诗）　柳　倩
二岗兵（千行长诗·全刊）王亚平

第 2 卷 第 4 期

1944 年 11 月出版

每月论战

论东西文化与心理建设　林语堂
啼笑皆是　郭沫若
忆《古香斋》　丁　易
释“外国也有臭虫”论　陈　桑
亡国之音
从幽默到油滑　杨　槐
难得糊涂　杨　槐
朝花夕拾　江　浩
此风不可长　居　伏
硬是开倒车
——曹聚仁谈“林语堂的武器”　珊　葆
林语堂的玄虚　岳　真
“五十以学易”辩　林语堂
“五十以学”答问　郭沫若

论　著

谈描写技术
——大题小解之一　茅　盾
报告文学的产生及成长　田仲济
新诗的前途　闻一多

远征军见闻录（报告）　金　刚
从大学到军队　学　毅
从远征军区归来　洪　本
红军是怎样进步的　雷兰斯陀著　姚方瀛译
轰炸德国的英雄　吴熙祖译
沦陷后的北平（长篇报告）　凌有光

小　说

今日教师生活　徐　盈
秋雨里　蒂　克
群鸦　碧　野
废园　凤　子
枝头月　丁　易
胖子和瘦子　契诃夫作　李　葳译
购买希望的人　屈　楚
一个总工程师的画像　徐昌霖
八十三岁的老女明星　荻　秋译

诗

才一年
——抵渝周年纪念　臧克家
饥饿　曾　卓
早醒　王　黎
抒情两章　曾　卓

还我晴空（电影剧本） 苏怡

第2卷　第5、6期
1945年6月出版

愁雾（中篇·小说） 沙汀
诗刊
擂鼓的诗人
——寄一多先生 臧克家
送出征 高兰
行列 曾卓
雨天 曾卓
小楼 K.S
夜歌 蒂克
看戏 苏金伞
速写部底之一 余所亚
两个父亲的故事 S Y
兽禽闲话（散·杂·文） 吴熙祖
文艺节的感想 茅盾
流氓·土匪·小偷 杨槐
迎合与提高（杂感） 以群
村夜（小说） 艾芜
陆横和巧莲（小说） 漠青
清白家风（三幕剧）（全刊） 孙坚白
校后的话 编者

225 时与潮文艺

简 介

《时与潮文艺》，双月刊，一九四三年三月十五日在重庆创刊，重庆时与潮社编辑兼发行。第一卷仅出三期，从同年九月十五日第二卷第一期改为月刊。一九四四年五月十五日第三卷第三期起改为孙晋三编辑，仍由时与潮社出版发行，发行人为齐世英。一九四六年五月十五日出至第五卷第五期停刊，前后共出二十六期。十六开本。

该刊是时与潮社在编印政治文化综合性刊物《时与潮》和《时与潮副刊》之外，专门主办的大型文艺刊物。《发刊词》指出："《时与潮文艺》，一秉时与潮社向来的作风，将对中西文学艺术的各部门，作切实的介绍研究，并尽量刊载优秀的作品。它，一个通俗性的刊物，但却带有学术化的气息。"刊物偏重于外国文学的译介和研究，先后翻译介绍了欧洲、美洲、亚洲、非洲二十余个国家的文学，涉及不同流派、不同风格的作家近六十位。其中既有各国文学的综合介绍，又有代表作家或作品的分析研究，带有较强的知识性。与此同时，刊物也发表了不少我国现代不同思想艺术倾向的作家的作品，作品的体裁包括小说、诗歌、戏剧、散文等。刊物对国内现实文艺问题的评论较少，文学批评侧重于作家作品的评介。自一九四四年三月十五日第三卷第一期起增辟《书评副刊》，由李长之主编，专门推荐和介绍国内新作。国内文艺的主要撰稿者有臧克家、梅林、列躬射（聂绀弩）、朱自清、秦牧、姚雪垠、碧野、田涛、艾芜、洪深、李长之、丰村、公兰谷、徐讦、徐盈、袁俊、沈从文等。

目 录

第1卷 第1期
创刊特大号
1943年3月15日出版

发刊词
月亮下落（战争中篇）
〔美〕史坦贝克作 马 耳译
恋（创作小说） 老 舍
中国艺术意境之诞生（研究）
宗白华
翻译短篇
皮考克先生的一日
〔英〕曼殊斐儿作 俞大絪译
逃兵
〔英〕爱威尔苏登作 张万里译
《少年维特之烦恼》考（名著研究）
商章孙
三思楼诗抄（诗） 徐 讦
关于战争文学的问题（论文）
桥本政尾著 李春霖译
战争报告文学
战地家书〔澳〕乌 仑作 贾 午译
我在空中遇见死神
〔法〕圣爱克苏巴里作 冯和侃译
名著评介
鲍士伟尔的约翰生传 范存忠

悲哀的人物（创作小说） 臧克家
受审与脱险（翻译小说）
〔苏联〕左琴科作 葛一虹译
文艺批评与文艺教育（论文）
李长之
地球之分割（译诗）
〔德〕席 勒作 张嘉谋译
麦考莱传（传记文学）
〔英〕史屈谦作 戴镏龄译
托尔斯泰出走与死的真象（文学史话）〔俄〕布加郭夫著 吴奚真译
诗与诗人
阿达加的隐士
〔埃及〕哈 辛著 徐仲年译
里尔克礼颂 徐 迟

寂寞及其他（散文） 梅 林
杨疯子（速写） 以 群
忆纪德（作家素描） 盛澄华
德里之晨（散文）
〔印度〕阿美阿里作 陈瘦竹译
在加林堡（游记） 徐苏灵
世界剧坛
观众、现实、舞台（重庆剧坛）
刘念渠
谈美国的报纸剧评 阿金生
战时英国剧坛
〔英〕布 朗著 孙晋三译

怀旧两章（诗） 凤 家
黎明（诗） 张 健
海外来鸿 约翰·莱曼
艺文情报

第1卷　第2期

1943年5月15日出版

四十年来的法国文学　徐仲年
夜里欢的故事（短篇小说）　丰　村
唱歌班的歌童们（翻译短篇）　［美］萨洛杨作　胡仲持译
半假日（翻译短篇）　［英］赫胥黎作　张　健译
柴霍甫与其《海鸥》（研究）　焦菊隐
姊妹（短篇小说）　列躬射
海上（散文）　端木蕻良
诗夜抄（诗）　徐　讦
回忆诗人燕卜孙先生（作家素描）　赵瑞蕻
攸莱丽的房子（翻译短篇）　［英］哈　伦作　柳无忌译
逃（短篇小说）　梅　林
吉朋传（传记文学）　［英］史屈谦作　戴镏龄译
铁窗（短篇小说）　向　烽
碉堡（散文）　邹荻帆
月夜投简（散文）　公兰谷
奥斯登的恋爱观（研究）　吴景荣
公路上（翻译短篇）　［美］史坦贝克作　黄曼卿译
时表（散文）　孙伏园
大轴子（重庆剧坛）　弓马示
国内外艺文情报

第1卷　第3期

1943年7月15日出版

蕃妮娜·蕃妮妮（爱国中篇）　［法］斯当达尔作　赵瑞蕻译
最后的说书人（散文）　［爱尔兰］夏芝作　朱光潜译
回忆一个画会及几个老画家（散文）　凌叔华
新约篇（创作短篇）　徐　盈
诗与幽默——新诗杂话之一　朱自清
自己诗抄（诗）　徐　讦
莎士比亚的该撒大将（名著评介）　柳无忌
忆王尔德（散文）　［法］纪　德作　盛澄华译
高加索之死（翻译短篇）　［美］陶　德作　陈瘦竹译
贱货（创作短篇）　秦　牧
四十年来的法国文学（下）　徐仲年
柴霍甫与其《海鸥》（续完）　焦菊隐
捐款（翻译短篇）　［意］斯巴塔作　李　葳译
松涛的故事（创作短篇）　未　夷
美国读书出版界近况　纽约时报
重庆剧坛巡礼（剧评）　田　禽
国内外艺文情报

第2卷　第1期
1943年9月15日出版

感情的野马（叙事长诗连载）
臧克家
五月的鲜花（抗战长篇连载）
——《新生颂》第二部　姚雪垠
纳粹铁蹄下的法国文学　徐仲年
火（散文）
［英］卑尔朋作　盛澄华译
诗人的人格（论文）
［英］里　德作　戴镏龄译
语言之直观性与文学创作（论文）
李长之
神枪手（翻译短篇）
［俄］普式庚作　李田意译
聪明的女人（创作短篇）　列躬射
乔叟和他的康妥波雷故事（名著评介）　方　重
三个恶汉寻找死亡（名著选译）
［英］乔　叟作　方　重译
汉藏之间（创作短篇）　徐　盈
卡莱尔的英雄与英雄崇拜（名著评介）　范存忠
喝点什么痛快痛快（翻译短篇）
［美］麦克里瑞作　潘家洵译
深渊（创作短篇）　S.Y.
为西班牙而歌（诗）　郭尼迪
美国女小说家吴尔芙夫人（介绍）
谢庆尧
吴尔芙夫人的《岁月》（书评）
吴景荣
国内外艺文情报

第2卷　第2期
美国当代小说专号
1943年10月15日出版

美国当代小说专号引言　孙晋三
泛论美国小说
《伦敦泰晤士报》载　吴景荣译
美国当代问题小说　林疑今
翻译短篇八种
自由　德莱塞作　钟宪民译
上帝的力量　安特生作　高殿森译
保罗的悲剧　凯漱作　孙家新译
逃亡者　威士各特作　罗书肆译
掉了一件好差使　休士作　陈瘦竹译
非洲大雪山
海明威作　谢庆尧节译
约翰熊的耳朵
史坦贝克作　胡仲持译
十七岁　萨洛扬作　李　葳译
连　载
五月的鲜花（二）　姚雪垠
感情的野马（中）　臧克家
国内外艺文情报

第2卷　第3期
1943年11月15日出版

史屈莱基的维多利亚女王传（名著评介）　范存忠
附论传记的艺术

一杯茶（翻译短篇）
〔英〕曼殊斐儿作　陈西滢译
狼跋篇（研究）　闻一多
新的一代（创作短篇）　碧　野
什么叫做交易（散文诗）
〔日本〕鹿地亘作　刘列先译
玛泰欧·发尔歌（翻译短篇）
〔法〕梅礼美作　赵瑞蕻译
诗四首（译诗）
〔英〕奥　登作　杨宪益译
界首船（旅途速写）　冉伯羊
托尔斯泰后期作品（作家研究）
孟克之
音乐之魔力（翻译短篇）
〔德〕柯莱斯作　商章孙译
社戏（创作短篇）　青　苗
童子的歌声（名著选译）
〔英〕乔　叟作　方　重译
男女平等（散文）　何　容
俞佩薰先生的一天（创作短篇）
郭尼迪
读剧偶识（随笔）　刘念渠
连　载
感情的野马（续完）　臧克家
五月的鲜花（续三）　姚雪垠
国内外艺文情报

第2卷　第4期

1943年12月15日出版

不愿做奴隶的人（翻译中篇）
〔英〕毛　汉作　张镜潭译
妇女与文艺（论文）　俞大絪
地层（创作短篇）　田　涛
春（散文集）
〔英〕吉　辛作　梦　云译
贼（创作短篇）　丰　村
蓝室记（翻译短篇）
〔法〕梅礼美作　赵瑞蕻译
素芳兄（创作短篇）　皇甫盛
珞珈诺之女丐（翻译故事）
〔德〕柯莱斯作　商章孙译
接吻（翻译故事）
〔意〕班台罗作　杨适生译
读剧偶识（随笔）（下）　刘念渠
国内外艺文情报

第2卷　第5期

1944年1月15日出版

夏（抒情散文集）
〔英〕吉　辛作　梦　云译
诗　辑
口哨　臧克家
阿虹的诗　赵瑞蕻
昨夜　曾兆鸿
祖母的梦（叙事诗《哭泣的年代》之一章）　力　扬
怀旧集　甘永柏
余教授（创作短篇）　秦　牧
虎皮大衣（创作短篇）　列躬射
论客观文学中人物的创造（论文）
张君川

小国作家短篇译丛

这个黑狗〔捷克〕比 耳作 荒 芜译
走私〔古巴〕塞尔拔作 张世富译
佛定南叔叔
〔挪威〕哀斯特作 钱新哲译
焚烧着的城
〔瑞典〕松代堡作 刘厚醇译
喀特雅最幸福的人
〔犹太〕阿莱克姆作 柳无垢译
天鹅之歌（剧本）
〔俄〕柴霍甫作 焦菊隐译
意大利小品（散文）
〔苏〕高尔基作 林 琦译
一九四三年的重庆舞台（剧评）
刘念渠
德国的反法西斯文学（报告）
〔苏〕梅泰洛夫作 诸 侯译
反纳粹的德国作家（报告）
〔苏〕洛克托夫作 李 葳译
国内外艺文情报

第 2 卷 第 6 期
1944 年 2 月 15 日出版

沙恭达罗（名著评介） 柳无忌
附论印度的戏剧

短篇创作

一幕闹剧的演出 丰 村
银色的小刀 徐转蓬
爱的追寻 碧 野
无家的人 S.Y.
雪莱论（论文）
〔英〕汤白荪作 孙家新译

翻译短篇

碎瓶记
〔法〕梅礼美作 赵瑞霟译
祖父〔日〕芝木好子作 李春霖译
神秘的歌手
〔英〕克莱蒙司作 何友恪译

人性（速写） 依风露
冬天·炉边·读书（诗）
臧云远
大自然的巡礼（诗） 公兰谷
战时英国诗选（新书介绍）
杨周翰
国内外艺文情报

第 3 卷 第 1 期
1944 年 3 月 15 日出版

万世师表（四幕七景·第一、二幕）
袁 俊

W.B.YEATS

叶芝的诗（论文） 陈麟瑞
叶芝诗选 朱光潜译
叶芝诗两首 谢文通译
叶芝诗四首 杨宪益译

秋（抒情散文集）
〔英〕吉辛作 李霁野译
归来（创作短篇） 田 涛

老魔鬼（创作短篇） 青 苗
法国古典派诗人伯洼洛（作家研究）
吴达元
文学教员（翻译短篇）
〔俄〕契诃夫作 李 葳译
灰色馆（翻译短篇）
〔日本〕丹羽文雄作 李春霖译
臧克家论（作家研究） 孔 休
二船伕（报告文学） 亦 五
迁徙（报告文学） 金启华
主人（翻译短篇）
〔英〕葛 希作 吴景荣译

书评副刊（第一号）

李长之主编

发刊词
《文学论评》（欧阳凡海原著）
长 之
《高兰朗诵诗》（高兰原著）
何 逢
《关于女人》（男士原著） 高 原
《水浒新传》 翼 而

艺文情报

第3卷 第2期
1944年4月15日出版

侵略（第一、二幕）
〔苏〕李昂诺夫作 曹靖华译
睡之歌（诗） 徐 订
美妇人（翻译短篇）
〔英〕劳伦斯作 王 还译

奥 哈 拉

星期二的中饭
〔美〕奥哈拉作 林疑今译
一九四九年的麻烦
〔美〕奥哈拉作 林疑今译

万世师表（第三、四幕） 袁 俊
罗兰之歌（研究） 吴达元
山田伍长（翻译短篇）
〔日〕细井健二作 邓传壁译
乡村散篇（散文） 王亚平

书评副刊（第二号）

李长之主编

郭沫若：今昔集 长 之
姚雪垠：新苗（一） 长 之
舒湮：董小宛

艺文情报

第3卷 第3期
1944年5月15日出版

地狱曲（世界文学名著《神曲》第一部）〔意〕但丁作 于赓虞译
冬（抒情散文集）
〔英〕吉辛作 李霁野译
附《四季随笔》原序及译后记
韩非的文学论及其批评（论文）
李长之
马耳山（诗） 臧克家

幸福（翻译短篇）

〔英〕曼殊斐儿作　俞大絪译

黑白魇（散文）　沈从文

侵略（第三、四幕，一九四三年度斯大林文学奖金首奖）

〔苏〕李昂诺夫作　曹靖华译

说不得（翻译短篇）

〔英〕希　亚作　钱歌川译

托翁故居燹后巡礼（报告文学）

〔美〕印度斯作　陈瘦竹译

书评副刊（第三号）

李长之主编

《贫血集》（老　舍原著）　长　之

《海河汩汩流》　（王余杞原著）

长　之

《荒谬的英法海峡》《徐　讦原著》

翼　而

《杂文的修养和艺术》　（田仲济原著）　方　稜

《南冠草》　（郭沫若原著）

周绶章

艺文情报

第3卷　第4期

1944年6月15日出版

亚格曼侬王（希腊悲剧）

〔古希腊〕爱斯古里斯作　叶君健译

附本事·译记·注释

学兵记（创作短篇）　徐　盈

废园·外一章（诗）　臧克家

战斗的夜话（诗）　高　兰

巴斯妇的自述（名著选译）

〔英〕乔　叟作　方　重译

麦麦老师（创作短篇）　张白山

街头散曲（诗）　任　钧

希腊之火（翻译短篇）

〔希腊〕卡罗索作　张镜潭译

动物的友谊（翻译散文）

〔英〕哈德生作　刘文贞译

附哈德生介绍

地狱曲（《神曲》第一部·七至十一曲）

〔意〕但　丁作　于赓虞译

书评副刊（第四号）

李长之主编

茅盾：霜叶红似二月花（两则）

长　之

洪深：戏的念词与诗的朗诵

弓马示

臧克家：泥土的歌　长　之

袁俊：万世师表　陈思伊

沈起予：人性的恢复　书　虫

艺文情报

第3卷　第5期

1944年7月15日出版

山城故事（三幕七景剧本）袁　俊

文学上的低级趣味（论文）朱光潜

晚上（翻译短篇）
〔苏〕格罗斯曼作　茅　盾译
海的沉默（翻译中篇）
〔法〕匿名作家作　王　还译
刑具（创作短篇）　艾凤子
八个月的行程（报告）
——一九四三至四四雾季重庆演剧回顾　刘念渠
埋伏的敌人（翻译短篇）
〔英〕华尔波尔作　张　健译
张的之死（速写）　丰　村
中国文学批评的趋势（论文）
李耀仙
地狱曲（《神曲》第一部·十二至十四曲）
〔意〕但　丁作　于赓虞译

书评副刊（第五号）

李长之主编

周钢鸣：文艺创作论　长　之
田　间：给战斗者　长　之
姚雪垠：春暖花开的时候（一）
何　逢
陆侃如：古优解　王玉章

艺文情报

第3卷　第6期

1944年8月15日出版

为祖国而战（《静静的顿河》姊妹篇）
〔苏联〕萧洛霍夫作　陈瘦竹译

生与死（散文）
——《小人小事》之四
巴　金
窄路（创作中篇）　沙　汀
心理（翻译短篇）
〔英〕曼殊斐儿作　俞大絪译

诗之页

心是近的（外一章）　臧克家
没字的哀曲　王亚平
八个月的行程（下）
——一九四三至四四雾季重庆演剧回顾　刘念渠
山城故事（第二、三幕）　袁　俊

书评副刊（第六号）

李长之主编

何　容：中国文法论　张世禄
姚雪垠：春暖花开的时候（二）
长　之
臧云远：静默的雪山　克　家
朱　彤：郁　雷　华亦君

艺文情报

第4卷　第1期

1944年9月15日出版

印度的史诗（论文）　柳无忌
水云（创作中篇）　沈从文
山野的故事（创作短篇）　碧　野
司马迁的民间精神（论文）
李长之

回头看自己的诗（序《十年诗选》）
臧克家
亚丽萍（翻译短篇）
〔苏〕A.托尔斯泰作　曹靖华译
夜归（创作短篇）　列躬射
风雨夜（创作短篇）　夏培静
奥登——诗坛的顽童（论文）
杨周翰
诗抄（诗）　王佐良
梦（翻译短篇）
〔俄〕屠格涅夫作　赵蔚青译
鸟的啸歌（散文）
〔英〕劳伦斯作　蒋炳贤译
控诉（散文）　高　兰
地狱曲（第十五至十八曲）
〔意〕但　丁作　于赓虞译

书评副刊（第七号）

李长之主编

吴组湘：鸭嘴涝　长　之
碧　野：肥沃的土地　李　若
碧　野：风砂之恋　长　之
马　雍：苏李诗制作时代考
梁　直

艺文情报

第4卷　第2期
1944年10月15日出版

女人女人（三幕剧）　洪　深
爱岛屿的人（翻译短篇）
〔英〕劳伦斯作　王　还译
法国文学主要思潮（论文）
徐仲年
大王其（创作短篇）　张十方
黎眉小姐（创作短篇）　青　苗
象征派剧作家梅特林（作家介绍）
陈瘦竹
和驮马一起上前线（诗）　臧克家
湖上人物（创作短篇）　亦　五
地狱曲（第十九至二十曲）
〔意〕但　丁作　于赓虞译

书评副刊（第八号）

李长之主编

沙　汀：淘金记·奇异的旅程
长　之
胡　风：看云人手记　梁　直
胡秋原：民族文学论　翼　而

艺文情报

第4卷　第3期
1944年11月15日出版

端午节（小说）　骆宾基
烟（散文）　吴组缃
短简（散文）　靳　以
介绍参桑　孙晋三
目睹者（翻译短篇）
〔英〕参　桑作　王家棫译
长布单（翻译短篇）　同　上
墙（翻译短篇）　同　上

斯丹达尔及其《红与黑》论文 赵瑞霟
入伍后（创作短篇） 徐 盈
草虫图（散文） 沙 坪
顿河保卫战
萧洛霍夫作 陈瘦竹译
悦妻记（翻译短篇）
〔英〕哈 代作 冯和侃译
地狱曲（第二十一至二十三曲）
〔意〕但 丁作 于赓虞译

书评副刊（第九号）

李长之主编

袁 俊：山城故事·万世师表 朗 琴
巴 金：憩园 长 之
张默生：异行传 孙次舟
陈继滢：新中国幼苗的成长 周镜泉
马君玠：北望集 长 之

艺文情报

第4卷 第4期

1944年12月15日出版

生日（中篇创作） 艾 芜
诗颂张自忠（诗） 臧克家
日边随笔（散文） 李广田
文学里的女性自我表现（论文） 俞大细
莎士比亚商籁（译诗）
〔英〕莎士比亚作 梁宗岱译
女人女人（三幕剧） 洪 深
菊花（翻译短篇）
〔美〕史坦贝克作 严文蔚译
诺曼第农庄（翻译短篇）
〔美〕阿姆斯屈郎作 章秋水译
火车中（翻译短篇）
〔英〕林 稷作 罗书肆译
地狱曲（名著选译）
〔意〕但 丁作 于赓虞译
小兵与将军（报告文学）
〔美〕海明威作 俊珊译

艺文情报

第4卷 第5期

1945年1月15日出版

试论纪德（作家研究） 盛澄华
马尔蔑那多夫的故事（名著选译）
〔俄〕朵思托也夫思基作 巴 金译
巴黎解放前后的法国文学（论文） 徐仲年
一把阳光（散文） 郭 风
生日（下） （中篇创作） 艾 芜
一年容易（一九四四年重庆剧坛泛论） 刘念渠
再生的凤凰.外一首（诗） 甘永柏
海鸥与其它（诗） 任 钧

狡猾的老鼠（寓言）
〔苏联〕左琴科作　钱新哲译
平等·外一篇（寓言）
〔苏联〕邵罗古柏作　钱新哲译
第一课（翻译短篇）
〔美〕考姆洛夫作　高迈译
苏联文坛剧坛近况（报道）
〔美〕汉　赛作　彼　治译

艺文情报

第4卷　第6期
1945年2月15日出版

祖国的儿女们（抗战中篇）
〔苏联〕尼　林作　丽　尼译
元宵（散文）　孙伏园
流落（创作短篇）　碧　野
十只老虎（翻译短篇）
〔英〕葛　希作　钱新哲译
过路人（独幕剧）
〔苏联〕阿菲诺金纳夫作　何　欣译
麦履实诗四首（译诗）　谢文通译
试论纪德（下）（作家研究）盛澄华
小城记事（创作短篇）　沈　弓
诗的朗诵与朗诵的诗（论文）
高　兰

书评副刊

傅更生：中国文学欣赏举隅　梁　直
骆宾基：姜步畏家史　公方苓
吴祖光：夜奔　陈思伊

艺文情报

第5卷　第1期
两周年纪念特大号
1945年3月15日出版

一个够程度的人（创作短篇）
茅　盾
春草（创作中篇）　靳　以
一九四四年美国首选书
亚达诺的钟（名著节译）
〔美〕汉　赛作　罗书肆译
美国的朗诵诗（介绍）　朱自清
机会之门（翻译中篇）
〔英〕毛　姆作　王家棫译
论屠格涅夫的罗亭（论文）王西彦
一个冒险家的经历（创作短篇）
张十方
抒情时代、叙事时代（自传）
王亚平
熊（散文）　S.Y.
初春（散文）　流　金
记莎翁戏剧节（国外通讯）刘圣斌
从北平到重庆（旅记）　燕　崖

书评副刊（第十三号）
李长之主编

李广田：《诗的艺术》　李长之

艺文情报
照火楼月记（国外之部）
孙晋三

国内之部（文坛·剧坛）
钱新哲　贻　德

第5卷　第2期
1945年6月15日出版

玛婷（分析细腻心理剧）
〔法〕拜尔纳作　林　柯译
美国晚近文艺思潮汎论（论文）
〔美〕格莱登作　吴　茗译
断臂记（翻译短篇）
〔英〕马歇尔作　何　欣译
春草（创作中篇）　靳　以
白杨河（创作短篇）　子　明
梅教授（创作短篇）　陈　惕
星星（诗）　臧克家
花园茶会（翻译短篇）
〔英〕曼殊斐儿作　余大细译
法国浪漫运动与雨果的《欧那尼》（论文）　陈瘦竹

艺文情报
照火楼月记（二）　孙晋三
国内之部（文坛·剧坛）
钱新哲　贻　德

第5卷　第3期
1945年11月15日出版

画角春声（三幕笑剧·全刊）
吴祖光
小说作家的三大危机（论文）
〔匈〕凯士特勒作　焦菊隐译
麦秋（创作短篇）　周而复
结婚（创作短篇）　丰　村
曼殊斐儿论（论文）　俞大絪
她的第一次跳舞会（翻译短篇）
〔英〕曼殊斐儿作　俞大絪译
街巷史实（翻译中篇）
〔日〕广津和郎作　李春霖译
演员的气质与外观（随笔）凤　子
杜鹃（诗）　江　荻
大海（散文）　刘北汜
音质（散文）　朱君允
上布日子（创作短篇）　萧蔓若
艺文情报
照火楼月记（三）　孙晋三
国内文坛　钱新哲
国内剧坛　贻　德

第5卷　第4期
1946年1月15日出版

苏联文学二十五年（特载）
〔英〕史屈罗夫著　孙家新节述
小城风波（中篇创作·全刊）
艾　芜
日尼薇（最新中篇）
〔法〕纪德作　盛澄华译
橙魇　沈从文
歉收的一年（抗战第八年来重庆演剧论）　刘念渠

蝙蝠（创作短篇） 张 颌
悼保罗·华莱里 纪 德
华莱里小论 罗塞尔
中国作家与美国读者（通讯） 赛珍珠

书评副刊

郭沫若：青铜时代 李长之评
李长之：中国画论体系及其批评 梁实秋评
卜 宁：露西亚之恋 方 稜评
无名氏：北极风情画 方 稜评
无名氏：塔里的女人 方 稜评

艺文情报
照火楼月记 孙晋三

第5卷 第5期

1946年5月15日出版

浮士德（名著新译） 〔德〕歌 德著 梁宗岱译
当代英国文学批评的动向（论文） 戴镏龄
青色魇（短篇创作） 沈从文
石桥信之助（短篇创作） 张十方
法国文学史序（书序） 吴达元
法国古典悲剧与《熙德》论文 陈瘦竹
诗七首（译诗） 〔德〕海 涅著 谢文适译
母亲谣（诗） 王亚平
日尼薇（翻译中篇） 〔法〕纪德作 盛澄华译
红马驹（翻译短篇） 〔美〕史坦贝克作 王 玢译
魇（短篇创作） 罗 洪
老 舍：《火葬》（书评） 李长之
靳 以：《前夕》（书评） 李长之
她住到了夫家（翻译短篇） 〔英〕皮克劳夫脱作 王家棫译

226 风 雨 谈

简 介

《风雨谈》，文艺月刊，一九四三年四月创刊于上海，“风雨谈社”编辑兼发行，柳雨生为其“代表人”，太平出版印刷公司出版。一九四五年三月出至第十七期由二十四开本改为十六开本。同年八月出至第二十一期停刊。

《风雨谈》是上海沦陷期间出版的文艺刊物。柳雨生在《创刊之辞》中标榜“盍各言尔志”的本旨，主张古今中外，东西南北，无一不可作为写文章的题材，无一不可作编杂志的对象。该刊内容以创作为主，兼顾翻译、批评。周作人谈古说今、冲淡闲适的散文随笔受到编者的格外推崇，在刊物中占有突出地位。沈启无、陶亢德、纪果庵、柳雨生等的散文，多少也受周作人创作倾向的影响。刊物前四期曾公开提倡“通俗性的文艺”，以迎合小市民的欣赏趣味。第四期以后，尽管编者一再表白“不愿顺流逐波的迎合低级趣味，掺杂陈腐的渣滓”（第四期《编后小记》），但是从作者的构成到作品的实际内容都保留了原来的迎合作风。这类作品的经常撰稿人有小说作者冯和仪（笔名苏青）、予且、丁谛、谭惟翰、包天笑，戏剧作者沈凤、罗明，诗歌作者南星、路易士、废名等。另外，刊物登载过少量有价值的作品和学术论文，如许地山、吴伯箫的小说，谭正壁的古代文学研究论著，以及李霁野译介托尔斯泰的文章等。

目 录

第 1 期
1943 年 4 月出版

创刊之辞 柳雨生
画钟进士像题记 药 堂
关于新诗 沈启无
西厢与琵琶 周越然
宋元戏文与元明杂剧（上） 谭正壁
戏剧与民众 朱肇洛
谈杂志 陶亢德
铭心的纪念 周黎庵
语稼 纪果庵
知人论世 文载道
发泄 杨光政
依茄华雷斯自传（一） 秦瘦鸥译
昨日今朝 谷崎润一郎作 欧阳成节译
从风雨说到鸡 华 子
腊炬 马博良
荒城杂记 南 星
燕子（诗） 朱 湘
半岛（诗） 卞之琳
雪莱小诗（四章） 心 晖译
广州杂诗 瞿兑之
叛徒与隐士（现代散文谈） 林 榕
早安（诗） 沈启无
我之出现（诗） 路易士
损衣诗抄 庄损衣
风葬（诗，并外四章） 田 尾
两条鱼 冯和仪
圣盗记 M.Cheremshina 作 柳雨生译
秋 横光利一作 李吉人译
五月 杨 桦
夜市 谭惟翰
民国四十二年儿童日记（长篇） 包笑天
迷离（长篇） 予 且
最后的恐怖（长篇） ［美］柯尔德作 卫友静译
结婚十年（长篇） 苏 青
夜阑人静（长篇） 谭惟翰
编后小记

第 2 期
1943 年 5 月出版

宋元戏文与元明杂剧（下） 谭正壁
漫谈菲尔丁 钱公侠
读剧随笔（评《沉渊》、《小城故事》《边城故事》、《人之初》） 阿 茨
记吴瞿安先生 龙沐勋
记杨刚 泥 莲
我的小学时代 茅 盾
迷离 予 且
闲步庵书简 沈启无
依茄华雷斯自传（续） 秦瘦鸥译

胡思乱想　实　斋
济度之道
〔印〕泊莱姆·羌达作　获　崖译
一封无法投寄的信　谭惟翰
荒城杂记　南　星
民国四十二年儿童日记　包天笑
麒麟　谷崎润一郎作　欧阳成译
苇花注　闻　青
黑富士（诗）
草野心平作　柳雨生译
路旁的老妇（诗）
P.Colum 作　柳雨生译
深夜的街头（诗）　伯　羽
一句话（诗）　伯　羽
寂寞（诗）　伯　羽
灯　李道静
宇宙之爱　张叶舟
繁华梦（四幕剧）　沈　凤
夜阑人静　谭惟翰
结婚十年　苏　青
最后的恐怖　卫友静译
编后小记

第 3 期
（夏季特大号）
1943 年 6 月出版

女人三护　药　堂
亡国之君　纪果庵
从林庚白想到南社　周越然
喝茶　予　且
寄别（诗）　沈启无
借火（诗）　伯　羽
雨霞飞路夜步（诗）　田　尾
印度夜曲　雪　莱作　萧　宋译
水声禽语　文载道
鲁男子（四幕剧）
曾　朴原著　罗　明编剧
宦门子弟错立身所述宋元戏文二十九种考（上）　谭正璧
清末的翻译界　杨之华
蝴蝶花和蒲公英
片冈铁兵作　获　崖译
关于母亲
武者小路实笃作　真　原译
云仙普贤　草野心平作　真　原译
唐五代歌词四论　叶梦雨
忆昆明　班　公
周作人这个人　温源宁作　实　斋译
知堂老人来苏州记　郭梦鸥
扫眉集（《女娟》）　吕白华
枇杷　陶　秦
繁华梦（二）　沈　凤
易生与《人间》　胡金人
情幻（独幕剧）　康　民
我与诗人寸照　吴易生
小向的梦　马博良
依茄华雷斯自传（续）　秦瘦鸥译
民国四十二年儿童日记（长篇连载）
包天笑
迷离（长篇连载）　予　且
结婚十年（长篇连载）　苏　青

夜阑人静（长篇连载） 谭惟翰
最后的恐怖（长篇连载）
柯尔德著 卫友静译
编后小记

第 4 期
（八月号）
1943 年 7 月 25 日出版

一蒉轩笔记序 周作人
创造社的几个人 龚持平
天马诗集 废 名
一座城 阿左林作 白衔译
天地者万物之逆旅 章克标
世外桃源（长篇连载）
希尔顿著 实斋译评
藏儿记 予 且
依茄·华雷斯自传 秦瘦鸥
日本现代绘画展览特辑
日本女作家群像 雷真原
损衣诗抄 庄损衣
宦门子弟错立身所述宋元戏文二十九种考 谭正璧
读邪斋日记 包天笑
村民的移居 都 德著 听鹂等译
民国四十二年儿童日记 包天笑
鲁男子：恋（四幕剧） 罗 明
繁华梦（四幕剧） 沈 凤
结婚十年 苏 青
夜阑人静 谭惟翰
迷离 予 且
十字的债场 张叶舟
最后的恐怖 卫友静
三二·八·一纪事 林 拂

第 5 期
（九月号）
1943 年 8 月 25 日出版

俞理初论莠书 药 堂
风土小谈 纪果庵
谈山水小记 沈启无
关汉卿在元曲中的地位 泽 夫
流民 关永吉
漫谈爱略脱 钱公侠
烟草礼赞 班 公
简朴与绮丽 林 榕
洗马 庄损衣
时代骄子 章克标
绝墨之什 谭正璧
豆酥糖 苏 青
平和的故事 石川达三
海外回忆录 静 公
鲁男子：恋（四幕剧） 罗 明
繁华梦（四幕剧） 沈 凤
最后的恐怖 卫友静
记曹禺主编戏剧月报创刊号 何方渊
扫眉集 吕白华
相逢 周子辉
世外桃源 希尔顿著 实斋译评

第 6 期
（十月号）
1943 年 10 月出版

六朝文章　沈启无
迷离　予且
怀乡记　柳雨生
自己的文章　苏青
翻译特辑
山月记　中岛敦作　卢锡熹译
奇异的忏悔　Elin Pelin 作　诗羔译
妬花风　Peter Neagoe 作　黄连译
不再为尼姑了　John Fante 作　史蒂华译
曼殊斐尔日记　Mansfield 作　高阮译
我们对于妓女的责任　Albert Londres 作　士德译
世外桃源　James Hilton 作　实斋译
龚定庵诗词中的恋爱故事　朱衣
夜阑人静　谭惟翰
李太白　郑秉珊
我与绘画　陈烟帆
杨花　孙代
修铅笔　伯上
诗论三题　应寸照
十月　阑静
孤独　阑静
鲁男子（四幕剧）　罗明
柯尼乐队的六弦琴手　许季木
俞平伯先生　穆穆
文坛消息

第 7 期
1943 年 11 月出版

岛崎藤村先生　周作人
东京通讯　陶亢德
风雨后谈　柳雨生
忆无锡　陈柱尊
玉泉山　龙沐勋
不求甚解集　文载道
月的梦　谭正璧
波折　陶秦
山城　南星
晚清的翻译　林榕
草野心平论　伊藤信吉作　雷真原译
凶手　Ernest Hemingway 作　许季木译
归来　Ivan Vozoff 作　佘拯译
日本女人的特性　Toshiko Ifukube 作　巴林译
买水烟袋记　伯上
吃酒　陈诒先
残秋时节　张叶舟
寄花溪　南星
清宫怨演出前后　江泓
记戏剧月报第二期　何方渊
四幕剧鲁男子　罗明

三幕剧阖家欢　康　明
白云深处　上官琼
关于林庚白　黄白虹
依茄华雷斯自传　秦瘦鸥
民国四十二年儿童日记　包天笑
夜阑人静　谭惟翰
世外桃源
James Hilton 作　实　斋译
文坛消息

第 8 期
新年特大号
1943 年 12 月 25 日出版

苦口甘口　药　堂
姑求甚解　文载道
东京通讯之二　陶亢德
自由的代价　棘　心
五角钱票　片冈铁兵
风雨后谈　柳雨生
戏曲小说特质的点滴　叶梦雨
屠格涅夫散文诗选译　田　尼
怀和田　杨之华
怪鹦鹉　田　萧　麦　耶
诗论三题　应寸照
流水　南　星
大杰儿斯　黄　连
谈借书　郭梦鸥
街头独幕剧　虚　士
日本文学的流派　何穆尔
诗人李后主及其作品　沈　凤
无线电　陈烟帆
新婚的晚上　许季木
马太小姐的悲哀　铁　生
新文化运动与新文学　朱肇洛
石女　石川达三
恋爱论　陶亢德
三幕剧阖家欢　康　民
民国四十二年儿童日记　包天笑
依茄・华雷斯自传　秦瘦鸥
夜阑人静　谭惟翰
世外桃源
James Hilton 作　实　斋译
文坛消息

第 9 期
春季特大号
1944 年 1、2 月合刊

虎口日记及其他（散文）　知　堂
创造三年（文学史料）　陶晶孙
林渊杂记（散文）　纪果庵
两颗樱桃（结婚十年之一）　苏　青
荒（短篇小说）　吴伯萧
人生如戏（散文）　丁　谛
雾都琐忆（散文）　天　游
现代德国文学
赫曼・舍佛著　胡咏荷译
损衣诗抄　庄损衣
李笠翁的写剧论（文学介绍）
罗　明
记鉴湖女侠秋瑾（史料）　赵而昌

文艺的题材（论文） 曹聚仁
文盲（短篇小说） 长风
论《超克于近代》(文学批评)
山本健吉
自传之一章（传记） 陶亢德
汉园梦（散文） 柳雨生
佳节遇险记（散文） 丁丁
日光访书记 王古鲁
跋《霜崖曲跋》 叶德均
托尔斯泰的历史观 实斋
谈买书 郭梦鸥
咒语 泊莱姆·羌达著 陶荻崖译
文坛消息
玉官（小说连载，一） 许地山
生死船 李同愈

第10期
1944年3月出版

结婚十年（小说） 苏青
玉官（二） 落华生
邻家 葛德作 杨丙辰译
追无记（小说） 予且
女儿心（小说） 丁谛
一封扯碎的信（小说） 黄连
俾鲁克 屠格涅夫作 杨绚霄译
骷髅 太戈尔作 余拯译
误 杰克伦敦作 杨赫文译
世外桃源 希尔顿作 实斋译
评《贝壳》和予且短篇小说集（书评）
上官蓉
林房雄论 伊藤信吉作 路易士译
读剧随笔（男女之间及寡妇院）
阿茨
读稗杂抄（戏曲研究） 叶德均
风尘澒洞室日抄（散文） 纪果庵
加冕（雾都琐忆） 天游
母亲（散文） 周幼海
身后是非 秦瘦鸥
看大团圆流泪 班公
杭行随笔 芳踪
寒夜杂谈 梅魂
鹦鹉 钱毅
雷锋塔 钱毅
文坛消息
文坛消息
洛神赋（六幕剧） 谭雯
阖家欢 康民

第11期
1944年4月出版

关于王啸岩（散文） 知堂
托尔斯泰及其作品 李霁野
玉官（小说） 落华生
武者小路先生的《晓》 张我军
结婚十年（小说） 苏青
梦（诗） 南星
再游汉园（散文） 柳雨生

现代女作家书简

丁玲、许广平、冰心、陈衡哲、苏雪林、陆小曼、王映霞、沉樱、袁昌英、冯沅君、凌叔华、谢冰莹、苏青（排列顺序无关）

浮云的偶遇（散文） 周幼海
冷暖自知（散文） 陈烟帆
雾都琐忆（散文） 天 游
世外桃源（小说） 实 斋
简（散文） 沐 华
吴苑试写（散文） 王 予
酒后（散文） 张叶舟
飞鹰（散文） 马博良
鲁迅的矛盾（批评） 竹内好
一个恐怖时代的轶事（小说）
巴尔札克
日本中坚作家论（批评）
丹羽文雄
水浒传作者的时代意识 杨剑华
关于吟风弄月（诗论） 应寸照
寂寞的锣鼓（散文） 隐 琴
人生纪事（小说） 许季木
破袜子哲学（散文） 实 斋
屠格涅夫散文诗选译 田 尼
遥远的知音（小说） 长 风
洛神赋（六幕剧） 谭 雯

第12期
（创刊周年纪念号）
1944年6月10日出版

风尘澒洞室日抄 纪果庵
读齐民要术 何 若
木偶奇遇记（第一幕·第二幕）
谭惟翰
托尔斯泰及其作品 李霁野
黄龙寺（四幕剧） 罗 明

中国新文学书籍新出十种
风雨谈出版社推荐

予且短篇小说集 予 且著
人生悲喜剧（小说） 丁 谛著
二舅（小说） 秦瘦鸥著
两都集（散文） 纪果庵著
牛骨集（散文） 陶晶孙著
怀乡记（散文） 柳雨生著
风土小记（散文） 文载道著
夜珠集（散文） 谭正璧著
出发（诗集） 路易士著
文艺论丛（史料） 杨之华著

洛神赋（六幕剧） 谭 雯
夜阑人静 谭惟翰
金陵行 丁 丁
此乃大悲剧 吴易生
刘知远诸宫调考 叶梦雨

东西文化思想异同特辑

中国与日本（特译） 辜鸿铭
世外桃源（两章连载）
希尔顿著 实 斋译
谈螺丝钉 林语堂
玉官 落华生

第13期
1944年7月出版

篁轩记（散文） 纪果庵
木偶奇遇记（木偶剧本） 谭惟翰

甲申志感（散文） 文载道
敛财记（小说） 赵而昌
鬼目（散文） 何若
心理学家（小说） 麦耶
雾（创作） 杨保义
玛理诺佛
屠格涅夫著 杨绚霄译
回子（创作） 何心
黄龙寺（四幕剧） 罗明
鼻（创作） 许季木
戏文（散文） 王廉善
玉官（创作） 落华生
苍蝇之微（散文） 杨同芳
世外桃源 希尔顿著 实斋译
托尔斯泰及其作品 李霁野
文坛新讯

第14期

1944年8月9日出版

火（创作） 鲁大英
海的呼唤（诗） 沈宝基
夜阑人静（连载） 谭惟翰
受了洗礼的人们（创作） 长风
废名诗抄
——偶成亚当 废名
柳雨生论 谭雯
世外桃源（连载）
希尔顿作 实斋译评
纪果庵论 陈尘
黄龙寺（四幕剧） 罗明

寄花溪（散文） 果庵
木偶奇遇记（木偶剧本） 谭惟翰
夏夜小草（散文） 赵而昌
毒草园（小说）
石川达三著 杨黎明译
关于新曲苑 叶德均
约（小说）
斯陀格登著 雷秀岚译
返浙书简 张叶舟
草野心平诗抄 路易士译
远人集（书评） 曹原
装帧 赵而昌

第15期

1944年10月出版

怜贫记（创作） 予且
灯下读书论（特稿） 十堂
不执室杂记 纪果庵
执鞭记（创作） 丁谛
说张爱玲（看书偶记） 柳雨生
夜阑人静（连载） 谭惟翰
杜斯妥以夫斯基回忆录 白樱
颤栗辑（颤栗·山峨·河）
南星

纸片

清史稿 何若
言语 何若
竹筏 何若
诗人 何若
孔子行 何若

女子的笔祸　谭　雯
手杖（创作）　许季木
世外桃源（连载）
希尔顿著　实　斋译
青天（七行诗：青天·诗人）
路易士
偷香记（小说）
勃夏逊著　赵而昌译
黄龙寺（四幕剧）　罗　明
人生悲喜剧序　丁　谛
南国情歌（四幕剧）　欧阳彤
写在黄龙寺之后　罗　明

第16期

小说狂大号

1944年12月、1945年1月合刊

苦口甘口序　周作人
人物风俗制度丛谈序　瞿兑之
凌霄汉阁剧话　凌霄汉阁
纸片　何　若
不执室杂记　纪果庵
看茶余话　武酉山
杜斯妥以夫斯基回忆录　白　樱
梅花梦原著与改编　叶　枝
作家不一定是天生的　周越然
论苏青及张爱玲　谭正璧
世外桃源（连载）
希尔顿著　实　斋译
不家食吉　予　且
台上台下　丁　谛
凤夫人　柳雨生
下乡　吴伯箫
查票员　鲁大英
热带的疯狂　沈凤威
大地的沉郁　长　风
包裹　胡三葆
贵客　牧　今
马珍妮的故事　许季木
死　杨绚霄
约会　盛琴仙
凌霄花　张叶舟
哥哥妹妹　马博良
逃兵　黄　连

第17期

1945年4月出版

贫贱交与富贵交　陈公博
十堂笔谈（汉字和国文）　东郭生
桃源（人物风俗制度丛谭）　瞿兑之
《一士谭荟》序　徐一士
爱情的故事　周幼海
论闲卧之利害
查司特顿作　曹家珠译
与友人谈红楼梦　纾　易
文坛·文化消息
凌霄汉阁剧话　凌霄汉阁
一篇极短的小说（小说）
海敏威作　许季木译
李五爷（小说）　迅　鸠
绝对贞操（小说连载）　柳雨生

第 18 期
1945 年 5 月出版

谈办学　纪果庵
国史与外国语（十堂笔谈）　东郭生
小考在清末　周越然
小巷一夜　文载道
谈《朱砂痣》（凌霄汉阁剧话）　凌霄汉阁
归田记（小说）　予　且
破雾（小说）　赵而昌
苏医生的家（小说）　许季木
前面的故事（续）　谭惟翰
夜阑人静（长篇连载）　谭惟翰
绝对贞操（小说连载）　柳雨生

编辑后记

第 19 期
1945 年 6 月出版

我怎样写《七女书》　予　且
乙酉杂缀：
　左宗棠与牛　徐一士
　漫谈豆腐　徐一士
那个穿蓝布衫袴的人　班　公
版税大王　周越然
女子治内　钱公侠
吃贵族头腐　含　凉
凌霄汉阁剧话　凌霄汉阁
苏医生的家（小说连载）　许季木
夜阑人静（小说连载）　谭惟翰
绝对贞操（小说连载）　柳雨生

第 20 期
1945 年 7 月出版

夏天的吃　苏　青
夏日随笔　路易士
听戏　老　乡
夏季的理想生活　周越然
清华园之夏　梁允恭
避暑　予　且
西窗读报谈　宾　客
夏昼佛堂听经记　颜　洁
过夏　何　若
一株楮树　纪果庵
夏天在湖上　退　堂
夏夜访语堂　东方优
南海浓艳之夏　林孟昭
夏日蜀道　宝　谦
夏天的书（浮浪绘序）　杨　桦
夏天的茶馆　赵而昌
夜阑人静（连载）　谭惟翰
编后小记

第 21 期
（八月号）
1945 年 8 月出版

男人与女人（德国性学家的东方游记）　知　堂
禁屠和祈雨　柳雨生

理想的婚姻（一部启蒙的性医学佳作） 周越然
夏游峨眉 剑 霜
职业的理想（怎样选择和适应职业生活） 卞子野
清华园之夏 梁允恭
异味（饮食漫谈及掌故） 徐一士
散步 曹家珠
庐山之忆（夏季避暑胜地的回忆） 三 恩
夏季到巴黎 槐 轩
鸡（创作） 丁 谛

227 艺 丛

简 介

《艺丛》，文艺月刊，一九四三年五月创刊于桂林，孟超编辑，桂林集美书店发行，发行人为鲁乃戈。同年七月出至第一卷第二期终刊，共出两期。二十四开本。

该刊偏重有关艺术的评论与译介。编者在《发刊献辞》中热情称赞“存在于现实”中的新的“缪斯”，并借以表明刊物的态度与宗旨：只要“大众在，她们无处不在，她们与大众调齐了步伐，她们为着新人类与新社会散放着光明与美爱”。这是文艺为大众服务、为新社会服务的形象化表白。该刊特辟“艺术散评”、“作家作品”、“艺苑报告”等专栏，刊载艺术评论与翻译文章，涉及到戏剧、音乐、美术、电影等多种领域。尤其是第二期编刊的“关于新歌剧”特辑，汇集了当时国统区戏剧界探讨这一问题的成果，具有一定的史料价值。刊物还发表了少量创作和翻译小说、诗歌，以及汪巩和白音合著的杂剧《希特勒摇篮曲》等。主要撰稿者有孟超、郭沫若、田汉、熊佛西、徐迟、韩北屏、沙汀、端木蕻良等。

目　录

第1卷　第1期
（创刊号）
1943年5月出版

新的缪司礼赞（发刊献词）　编　者
文艺的本质　郭沫若
艺术散评
重振抗战的文艺阵线　邵荃麟
昨天讲过的故事　荻　舟
假如不是顺手拾来　伊　人
木刻工作在新时代中　温　涛

克鲁泡特金论《欧布罗莫夫》
梁　嘉译
统一与陪衬
〔美〕F.H.Pritchard著　胡仲持译
狂飚运动　泰奈著　贺孟斧译
论风格与气氛　许幸之
诗之页
街头树　韩北屏
卡特丽娜的梦（读奥斯托洛夫司基的《大雷雨》）　鹂　驹
失恋的人　杨　伊

柏园夜读偶记　陈　原
《诗的诞生》之献词　徐　迟
谈《屈原》悲剧中的仆夫　柳　涛
作家与作品
银幕上的苏夫洛夫元帅
〔苏〕T.罗果托夫著　庄寿慈译
舒伯特介绍　薛良译述
关于我的生活和工作
〔苏〕M.莎列杨著　孟　昌译

饥饿（小说）　端木蕻良
宴（小说）　李辉英
樱桃核（小说）
〔苏〕I.奥里莎著　秦　似译
希特勒摇篮曲（杂剧）
汪　巩　白　音
艺苑报告
平凡的报导
——军委会演剧四·五两队报告
何家槐
欧布罗莫夫
冈查诺夫著　林伦彦译
插　图
信念（木刻）　新　波
卡特丽娜的梦（木刻）
郁　风绘　温　涛刻
冈查诺夫像（木刻）　过长授

封面设计　特　伟
编辑琐记

第1卷　第2期
1943年7月出版

关于新歌剧
新歌剧问题　田　汉

我对于创造新歌剧的一点意见 熊佛西
歌剧之为音乐 徐迟
发芽中的中国歌剧 安娥
新歌剧发展的路向 孟超
新歌剧工作的理论与实践 吴荻舟

艺术散评

剧本中的人性问题 张羽
生活与创作 伊人
提倡西洋音乐与发展新音乐运动 林翼
彻底清除市侩主义 晏冲
论新演剧艺术的几个问题 周钢鸣
律动 〔美〕F.H.Pritchard 著 胡仲持译
论画面的氛围气 李桦

诗之页

旧日战争回忆 雨果著 穆木天译
塔（及其他） 彭燕郊

作家与作品

《静静的顿河》与悲剧 〔苏〕V.耶未洛夫著 斯庸译
向《静静的顿河》学习些什么 司马文森
残冬（小说） 沙汀
邻家（小说） 韩北屏
芦笛（小说） 柴霍夫作 彭慧译

艺苑报告

略叙广西省立艺术馆 萧痕
欧布罗莫夫（续） 冈察诺夫作 林伦彦译

插图

磨刀（苏联画选） 佚名
市集 K.D.Shcesmith 作 圣西复刻

228 中　原

简　介

《中原》，文化月刊，一九四三年六月创刊于重庆，郭沫若主编，重庆群益出版社发行，发行人郭培谦。一九四五年十月出至第二卷第二期终刊，共出六期。十六开本。

《中原》是综合性文化刊物。内容“以文艺与中心，但亦注重一般文化问题，以至艺术理论”（二卷二期《校后记》）。文艺方面，仅发表了少量小说、散文、杂文等作品，内容偏重理论批评，学术性较强。所载论文有对文艺理论某些基本问题的探讨，有对我国现代作家艺术家生平与创作的研究，有对我国古代文学遗产的研究，有对外国古代文学的研究和译介，有对音乐、平剧、秧歌剧等艺术问题的研究，等等。其中关于中外文学遗产的研究尤有特色。文艺方面的主要撰稿者有郭沫若、茅盾、蔡仪、翦伯赞、陆侃如、冯沅君、冶秋、徐迟、戈宝权、杨刚、丁易、力扬、艾芜、沙汀、刘白羽、陈翔鹤等。

目　录

创刊号
1943年6月出版

艺术的主观性与客观性　蔡　仪
论生活态度与现实主义　于　潮
感性生活与理性生活　项　黎
一个知识分子的自白
——代序《永恒的北斗》
杨　刚
《虎符》中的典型和主题　柳　涛
初平兴平文学系年　陆侃如
美国诗歌的传统　徐　迟
法国中世纪的戏剧
〔英〕陶登教授作　若　斯译
拜伦诗抄　柳无忌译
莱蒙托夫的诗　戈宝权
冬天的道路　力　扬
安分的人　萧蔓若
哑　徐　盈
大战前夕（中篇）
E.海明威作　冯亦代译
审问及其他　茅　盾译
编者的话　郭沫若
封面设计　丁　聪

第1卷　第2期
1943年9月出版

艺术之意义
〔印〕太戈尔作　徐迟译
论所谓“生活的三度”　茅　盾
艺术的内容与形式　蔡　仪
夏完淳之家庭师友及其殉国前后的状况　郭沫若
清代宫廷戏剧考　翦伯赞
汉赋与古优　冯沅君
序《中国文法革新论丛》
陈望道
中古诗人生年质疑　陆侃如
故事，史实，诗篇　冶　秋
论现代英国小说
——“材料主义”的倾向及其前途
〔英〕V.伍尔芙作　冯亦代译
哈姆雷特源流考　郑伯奇辑译
大卫与汉都特（俄译者——S.V.谢尔文斯基）
——苏联阿美尼亚民族史诗《沙逊的大卫》第三系第二部
亚　克译
替代
〔法〕F.Coppe’e作　马宗融译
一个钉子　严文井
索缚克勒斯的秘密　陈士毅

第1卷　第3期
1944年3月出版

方生未死之间　于　潮
论艺术态度与生活态度　项　黎

人的道路
——抒情诗与叙事诗　李念群
论因果　舒　芜
老子其人与老子其书　陈贵兼
论曹植　郭沫若
史丹芬·初伐格的戏剧
孔司旦丁·弗丁作　郑　容译
伍尔芙论
雷蒙·莫蒂美作　冯亦代译
解放者——林肯传第四章
鲁德威夷著　杨　刚译
彭斯诗十首　袁水拍译
没有文化
——摘录“文化拥护”
圣　门
老太婆依则格尔
——译给我的一个朋友
高尔基著　无　以译
科涅加　萨尔堆果夫著　小　畏译
和雷细奥·斯帕金斯
狄更司作　邹绿芷译
昙　陶　雄
游丝　丁　易
人的旅途　刘黑枷

第1卷　第4期
1944年9月出版

由周代农事诗论到周代社会
郭沫若
论作品即作者
〔英〕约翰·罗斯金　徐　迟译
从百分之四十五说起　茅　盾
屈原的生平及其创作之研究（选译两章）
〔苏〕费德林　戈宝权选译
元曲新论　翦伯赞
佛洛伊特对于西方思想与文化的影响　〔美〕佛兰克　丁　瓒译
印度的禽喻文学　柳无忌
解放者（鲁德威夷）
——林肯传第四章（续上期）
杨　刚译
黄金与歌唱　白　榆
史比塞先生和菌子
〔美〕麦肯纳　袁水拍译

创　作

还乡录　木　苍
中年　鲁　卣
油菜花开的时节　庄瑞源
生长　杨　刚

第2卷　第1期
1945年3月出版

儒家八派的检讨　郭沫若
第十七世纪中国的一个新世界观
侯外卢
论荀子成相篇
——介绍二千余年前的一篇通俗文学　杜守素

论中国文字的改革
John De Franeis 作　海　观译
佛洛伊德对于社会学的影响
金日尔·杨原著　慰　慈译
杨家将故事与杨业父子　翦伯赞
中西市民社会的文学共同点
李何林
论宋代说话人的家数　方诗铭
A.P.契诃夫断片　胡　风
关于契诃夫的戏剧创作　阳翰笙
火车上　艾　芜

第2卷　第2期
1945年10月出版

屈原问题
——敬质孙次舟先生
闻一多
论艺术的本质　蔡　仪
从奥布洛莫夫·罗亭论中国知识分子的几种病态生活　芦　蕻
平剧的产生　效　厂
秧歌剧发展的道路　周而复
中国音乐史上新旧音阶的相互影响
杨荫浏
论莫泊桑
L.托尔斯泰作　冯亦代译
克劳得·得布希论
罗曼·罗兰作　白　桦译
张鷟与其“朝野佥载”
——野史笔记偶谈之一
冶　秋
鲁迅曾入光复会之考证　林　辰
聂尔的一生　徐嘉瑞
活在战斗里　田　芜
桔颂之什　文怀沙
在旅部里　刘白羽
漆黑　陈翔鹤
两兄弟　沙　汀
校后记　编　者

229 艺文杂志

简介

《艺文杂志》，文艺月刊，一九四三年七月一日创刊于北平，艺文杂志编辑部编辑，北平艺文社出版，社长为周作人，日华合办的新民印书馆总发行。一九四五年五月一日第三卷第四、五期合刊出版后停刊，共出二十三期。十六开本。

该刊是抗战期间华北沦陷区出版的文艺刊物。尽管编者在《发刊词》中标榜“这个杂志，一无运动，二无主张”，但实际是日本侵略者推行的“大东亚文化建设运动的一翼”，要“为树立大东亚文学而努力”（《艺文杂志》预约征订广告）。刊物兼顾创作、评论、翻译三者。译介以日本文学为主。对现实文艺问题所发表的评论，多表现出东亚文化“融合”的倾向。从一九四四年一月第二卷第一期起，编者推行了两项“融合”措施：“一方面约请日本国内或旅华的中国文学研究家特别为我们写文章、作品，作为我们的借镜，……一方面又约请南方作家特别寄稿，使已阻隔的南北文艺界，重新恢复了以前互通声气的状态。”（二卷一期《编校后记》）前者如当时日本驻北平的调查官志智嘉发表的《文艺杂谈》、《我与中国》等，就是对沦陷区文艺的颐指气使的议论。后者如上海作家柳雨生、纪果庵等发表的散文，加强了南北沦陷区文艺的“融合”。刊物所载作品偏重散文，其次是小说、诗歌、戏剧。周作人以知堂、药堂、东部生等笔名写的谈古论今、冲淡闲适的随笔、小品，在刊物中占有显赫地位。沈启无的诗歌，废名、俞平伯的散文，与周作人的创作风格比较接近。袁犀和梅娘的小说、陈绵的剧本曾受到日本人的赞赏（见二卷一期志智嘉《文艺杂谈》）。除上述诸人外，经常撰稿者还有闻国新、共鸣、毕树棠、傅芸子、傅惜华等。

目　录

第1卷　第1期
（创刊号）
1943年7月1日发行

发刊词
中国文学上的两种思想　周作人
音乐悦乐同音说　俞平伯
谈皮簧戏底特殊性　张鸣琦

小　说

睡着的人　闻国新
一个简单的心　穆亚平
动手术之前　梅　娘
晚景　共　鸣
天上人间　中河与一作　纪　生译
伊势物语　钱稻孙

戏　剧

人群　陈　绵

白衣女　毕树棠

诗　歌

桃花诗四首　麻振文
诗二首　君　介
问　北原白秋作　张我军译
水手的爱　费　民
芭蕉俳句选　徐白林

从宛平署杂记所见明代的京俗片影　傅芸子
戏剧论小引　朱肇洛
关于评价　常　风
关于写作　平　白
近五年来所获之戏曲珍籍　傅惜华

讲　话

俳句之来历及特色　内藤鸣雪作　周丰一译
日本上古文学　尤炳圻

麦生双穗
日本古笑话十则
猫姑娘与猫怪
麻绳菜与太阳

编校小记
青年艺文坛征稿启事

第1卷　第2期
1943年8月1日发行

随　笔

关于日本画家　药　堂
独语　俞平伯
记福慧双修图　瞿兑之
关于芗婴居士的紫幢轩诗　傅芸子
武者小路实笃印象记　以　斋
谈小品文　朱肇洛
近五年来所获之戏曲珍籍　傅惜华
平生的想念　麻振文
读书杂记　砺　堂
童年　真　夫
洋娃娃　雨　庵
晨　征　人

诗　歌
布谷　启　无
燕子（外三首）　雨　果
小　说
森林的寂寞　袁　犀
眼儿媚　识　因

给志于文学者
武者小路实笃作　罗伯健译
讲　座
日本中古文学　尤炳圻
青年艺文坛
小　说
两个多月的别墅生活　李也萍
平凡的故事　凡　人
随　笔
蚕　雁　深
不可泯灭的印痕　绿　逸
抑郁的心　晴　天
落花　青　阳
残　苔　米
诗　歌
沙滩集　柏　绿
微风　士　奇

编校后记

第1卷　第3期
1943年9月1日发行

画　报
周作人先生与武者小路实笃先生
在苦雨斋
古槐下的俞平伯先生

追悼岛崎藤村先生　本　社
汉文学的前途　药　堂
何其芳的散文之路　欧阳方明
关于破魔变文　傅芸子
回忆中的书　郭孚一
随　笔
古槐随笔　俞平伯
草堂诗余跋　谢刚主
佐藤太太　梅　娘
近五年来所获之戏曲珍籍　傅惜华
黎明之前尚在黎明之前　以　斋

伊势物语　钱稻孙译
九歌（诗九章）　君　介
小　说
猪的故事　袁　犀
夜祭　沙　里
他的徽章
Luigi Pirandells 作　毕树棠译
穷死　国木田独步作　钱端义译

人群（戏剧）　陈　绵
青年艺文坛
小　说
份子　齐同生
父亲　怡　如
诗　歌
孤儿语　沈　静
在那里　昭　敏

忆　凡　人
恋歌　帆　丁
随　笔
病中　旅　人
溪　边　王雁飞
闲话臭虫　鲁　风

读者之声
青年艺文坛征稿简则

第1卷　第4期
1943年10月1日发行

画　页
岛崎藤村先生遗影及其遗墨
北游来京的龙沐勋先生及其词翰

岛崎藤村先生　周作人
随　笔
北游一瞥　龙沐勋
说连厢　孙楷第
写在琵琶记之后　汝　舟
关于祭神迎会　药　堂
西山文札　鲍文蔚
谈八股文　五　知
橡子　吉村冬彦作　周丰一译
陶然亭漫写　仙　洲
回忆陀思妥也夫斯基
A.P.Milyukov作
田栋重译
童年（续）　真　夫
呓语（诗三首）　佩　心
小　说
蝉蜕　共　鸣
平凡的死　闻国新
浮云　萧　菱
他的徽章（续）
Luigi Pirandells作
毕树棠译

新书简介
通讯答问
青年艺文坛
小　说
张法善　艾　杲
三子妈的生意　炎
风波　婉　如
随　笔
黄花　王受庚
柚子　黄　叶
苔　陈超尘
秋　玲　子
记童年乐趣　柏　绿
诗　歌
给旧日的朋友　米　岚
人情　阎振寰

要目预告
编校后记
青年艺文坛征稿启事

第 1 卷　第 5 期
1943 年 11 月 1 日发行

画　页
废名先生赠呈苦雨翁的照片及对联
将近二百五十年祭的俳圣芭蕉画像及其真迹

说清真醉桃源词　平　伯
随　笔
苦口甘口　药　堂
忍寒居士自述　龙沐勋
祇园祭的回忆　傅芸子
忧郁之献　寒　流
童年（续完）　真　夫
城濠居　志贺直哉作　钱稻孙译

芭蕉杂话　荻原井泉水作　周丰一译
短句（诗）　沈宝基
西山文札（其二）　文　蔚
人群（第三段）　陈　绵
小　说
复仇　芸　苏
定计化缘　潘　水
白光　穆亚平
捉奸　Liugi Pirandello 作　毕树棠译
蜀简　思　嘉
青年艺文坛
戏　剧
湖上诗人　杨燕怀
小　说
堕落　湘　筠
鸡与鸭的悲喜剧　如　是
琳妹　白　宇
随　笔
两个死　蹈　危
忏悔录　若　加
红叶楼　鸿　影
秋之琐忆　天　佑
夕阳下　天　佑
溪水　刘　慈
厨师　白　宇
诗　歌
街头吟　刘肇霖
寂寞　乐静芳
努力　李经畬

编校后记

第 1 卷　第 6 期
1943 年 12 月 1 日发行

画　页
法国文豪巴尔札克之遗像及其手校稿
刘半农先生之遗像及其拓砚

侨秋荔亭读坚瓠集随笔　平　伯
如梦记　文泉子作　知　堂译述
小说琐记　王古鲁
日本两种中国化的料理　傅芸子

论陶渊明及其文艺　介　白
我的母亲（诗）　君　介
给亡妻（诗）　佩　心
画家与名士（论中国文人画的本质及其创作方法）　田　聪
评《沉渊》（林柯原著，三幕悲剧）　欧阳方明
东京随笔（夜访武者小路先生）　徐白林

小　说

宿命　共　鸣
某月记事　闻国新
定计化缘　潘　水

日本近古文学　尤炳圻
要目预告（二卷一期）

青年艺文坛

幻灭（小说）　冷　儒
我没说话（小说）　克　逊
月儿和虎子（小说）　羽　白
一个青年（小说）　余鲁人
穷学生的故事（小说）　邵锡彬
忏悔（小说）　静
超儿的眼睛（随笔）　范仲琏
访（随笔）　寒　蝉
吹着丝丝东风的早晨（随笔）李　昌
傍晚（随笔）　赵　敏
秋柳（随笔）　叶　克
盲（随笔）　张克盛
故乡（诗）　乌眉君
月夜（诗）　江　夫
母亲（诗）　任郁之
云堆里的星影（诗）　肖　金

编校后记
青年艺文坛征稿简章

第2卷　第1期
（新年特大号）
1944年1月1日发行

画　页

藤村作博士及其夫人在北京近影
钱稻孙先生在泉寿书藏中摄影

崖　〔日〕白川渥作　钱稻孙译
冶城随笔　纪　果庵
诗人的寂寞　郑　骞
如梦记　文泉子作　知　堂译
太平天国的文字（上）　谢五知
文艺杂谈　志智嘉
侨秋荔亭随笔　平　伯
谈柳词　斐　云
歧途　樋口一叶作　张我军译
唐朝的仕女画　姚　鉴
保罗（小说）　维　廉
乾隆时代之时调小曲　傅惜华
钟声（散文）　永井荷风作　魏敷训译
平凡的故事（诗）　沈宝基
壬生狂言　傅芸子
黑潮（小说）　雷　妍
平沙落雁　孙雨庵
印度寓言选　郭励之

日记抄　螺　君
九龙壁　毕基初
日本近古文学（续完）　尤炳圻
本志设置创作奖金启事

青年艺文坛

嫦娥　黄　叶
三年　雨　文
罪孽的一页　叙　文
箱子　畏　微
我的生命　寒　风
赛林娜　徬　徨
梦　晨　星
秋　刘　梅
石榴　静　惟
写给鹏弟　江　夫
人静时　西　垣
深秋　明　烨
忆故人　梦　松
都市的哀鸿　国　瑞

编校后记
青年艺文坛征稿简章

第2卷　第2期
1944年2月1日发行

画　页

傅沅叔先生七十岁小影及其手翰
柳田国男先生小影及其所著远野物语手稿

禅与诗　顾　随
如梦记　文泉子著　知　堂译
我们的《中国文学》　冈崎俊夫
奕斋记　赵荫棠
太平天国的文字　谢五知
关于德田秋声　张我军
寒夜偶记　谢刚主
乾隆时代之时调小曲　傅惜华
小说琐记之二　王古鲁
为文人申辩　A.A.Miln 作　吴文金译
云梦泽　励　之
北河沿日记　苏民生
黄胆病患者　沙　里
日本文学讲话　尤炳圻

青年艺文坛

叶萍　孤　星
燕都笺　寄　肖
故居　玉　笙
怀　冷　丁
伪与真　陈　辉
到城外去　段任辰
相别已是三年　明　辉
写给自己　苏　夫
小诗　任廷楷

第2卷　第3期
1943年3月1日发行

画　页

小泉八云肖像及其批注书上的笔迹
黄遵宪遗影遗墨及其日本杂事诗题叶

如梦记　　文泉子著　知　堂译
纪昀与道学　商鸿逵
续谈诗人的寂寞　郑　骞
勋章　　德田秋声作　以　斋译
穷之赏味　赵荫棠
乾隆时代之时调小曲　傅惜华
关于撒豆追傩　傅芸子
谈谈曹氏父子的文章　许世瑛
牧水纪行文二题
　　若山牧水作　王锡录译
记陀思妥也夫斯基
　Alexender Vanngel 著　常风重译
笠翁曲中对于文人之揶揄
　　王　岑
京保之间　寒　流
林珊　雷　研

青年艺文坛

坚硬的儿子　逸　生
可怜者　绿　苔
加薪　言遏迪
窃行　陆　维
梦　绿　逸
忆游鼋头著　思　游
扫墓　王　笙
孤儿　石　苏

第2卷　第4期

1944年4月1日发行

画　页

董授经先生近影及其手书词稿
永井潜博士近影及其近作和歌
如梦记　　文泉子著　知　堂译
谣曲《养老泉》韵调译　钱稻孙
散集　柳雨生
南方草木状　果　庵
中国古代笑话集　傅惜华
宋朝的花鸟画　姚　鉴
高濑舟　　森鸥外著　魏敷训译
倚声初集跋　刚　主
钉状元
　Wessel Hyattsmitller 著　熊正瑾译
记陀思妥也夫斯基
　Alexender Vanngel 著　常风重译
雨后　西　鲁
十个月间　黄　雨

青年艺文坛

挣扎　刘温和
敏姑　翱　翔
陨　雁　深
夜潮　上官珩
乡信　刘　慈
朝颜　音　麦
疏　孙　宠
葵花子　熙　文
谈茶　陶　莽
关于天桥　晋　一
灯　苏　夫
鸡鸣山旅行记　惠　珉
巽利桥　芳　草

第2卷　第5期
1944年5月1日发行

画　页
坪内逍遥博士肖像及其《塞山拾得图》
王静安先生遗像及遗墨

苏州的回忆　知　堂
述　酒　赵荫棠
拟如梦记　纪果庵
日记摘录　螺　君
橄榄树　黄　雨
杭州度岁记　炳　圻
中国古代笑话集　傅　瑞
康藏戏剧的本事　庚　年
满洲祀祖的巫歌　孙作云
如梦记（第六章）
文泉子著　知　堂译
小鸟曲
〔法〕无名氏著　鲍文蔚译
童话式之人生
〔日〕佐藤春夫著　周丰一译
诗　歌
诗三首　佩　心
无题五首　黄　雨

竹栅门
〔日〕国木田独步著　钱端义译
童心（第四第五两章）
〔瑞士〕巴都安著　南　星译

第2卷　第6期
1944年6月1日发行

画　页
俞平伯先生手书真定隆兴寺碑文摄影
北京阜成门外倒影寺观音

如梦记（第七章）
文泉子著　知　堂译述
保定纪行　澜沧子
关于《偷桃》《青衫》《霞笺》三种传奇　傅惜华
诗四首　林　城
谈骗术　赵荫棠
决绝（小说）　马纹君
寒天记（散文）　李道静
文艺的境界　介　白
写在洛神赋之后　许世瑛
谈綦　闻旭东
传说（诗）　宗　峨
说隐几　沈心芜
橄榄树（续完·散文）黄　雨
法国文学与女子　鲍文蔚
父与子
牙摩林斯基作　斐　其译
童心
查理·巴都安作　南　星译
日本近世的狂歌和川柳
尤炳圻
本志七、八月合刊预告

第2卷　第7、8期

1944年8月1日发行

画　页
明代版画书籍的艺术
如梦记（第八章）
文泉子著　知　堂译述
希腊的余光　知　堂
忆故园（并外二章）　杨之华
旅愁（诗八章）　徐白林
母亲　谢刚主
论法朗士　鲍文蔚
梅花墅传奇考　傅惜华
绿柏纸簿　黄　雨
阿富的贞操　王真夫译
星期六　吴文金译
沈园之春　闻国新
灯　李道静
文艺批评的科学性与艺术性
郭麟阁
燕京古刹纪游
苏民生　余士镇
万叶和歌的社会背景　王锡禄
灯光　张我军译
帕塞纽司爱情传奇选　张　溥译
我对于昭明选文的一点意见
许世瑛
命运　李宗陵译
童心（第六、七、八章）　南　星译
日本的近世小说　尤炳圻

第2卷　第9期

1944年9月1日发行

如梦记　文泉子著　知　堂译述
旧小说的歧途　文　楠
汉代的神仙画　姚　鉴
谈郭镂冰先生所作屈原集　赵荫棠
小乘经典与中国小说戏曲
许郭立诚
艺文杂志第二卷第十期要目预告
斗室微吟　文载道
贼与“贼书”　五　知
谭道学　简　概
日本近代的戏曲　尤炳圻
无形的伤
K.Kisfaldi著　熊洛生译
枝头鲜　荻原井泉水著　王锡禄译
童心（续）　巴都安著　南　星译
齐景珊（一）　黄　雨
母亲　寒　流
二月兰　哲　西

第2卷　第10期

1944年10月1日发行

希腊神话　周作人译
伊势习译　钱稻孙
新文艺应走的途径　许世瑛
论词衰于明曲衰于清　郑　骞
明代小说与子弟书　傅惜华
谈鬼文学　莵　公

我与中国　志智嘉
鱼玄机　森鸥外作　魏敷训译
古城与旅人（橄榄树之一章）
黄　雨
秋明录　苏民生
西山文札（其三）　文　蔚
就业记〔德〕H.Fallada 作大　文译
江南春　李今蘩
青鸟　哲　西
齐景珊（中篇小说）　黄　雨
调脂人
〔法〕J.K.Huysmans 作　沈宝基译

第 2 卷　第 11 期

1944 年 11 月 1 日发行

希腊神话（续）　周作人译
谈骈文　许世英
发与须　赵荫棠
日记摘抄　螺　君
寒山拾得　森鸥外作　方纪生译
永日小品　夏目漱石作　炳　圻译
本志第二卷第十二期内容预告
古城与旅人　黄　雨
珠岩石　熊洛生译
童心（续）　南　星译
一位严肃的诗人——维尼　鲍文蔚
小　说
夫妇　李道静
漩涡　严　冰
齐景珊（三）　黄　雨
内疚　冯寄肖
快哉庵　赵叔南

编校后记

第 2 卷　第 12 期

1944 年 12 月 1 日发行

希腊神话　周作人译
文艺鉴赏的两大问题
本纳特作　陈介白译
读赋偶得　许世瑛
刘秉忠的藏春乐府　郑　骞
校辑明人时曲札记　傅芸子
中国山水画的成立　茫　子
荛公随笔　五　知
篁轩杂记自序　纪果庵
文人与茶　商鸿逵
写作杂谈　朱肇洛
万叶生活　王锡禄
日本平民文学与中国　村上知行
观红叶　高滨虚子作　戎青松译
故宫词　文　珍
齐景珊（四续）　黄　雨
皮大衣
H.Richardson 作　熊正瑾译
阿姆斯丹城的水手
G.Apollinaire 作　沈宝基译
友人　徐　华
杂院的悲剧　赵　渗
艺文社与艺文杂志社

第3卷 第1、2期

1945年1月1日发行

文学史的教训 十堂

东山草堂的追忆 傅芸子

银茶匙 中勘助作 周丰一译

文鸟 夏目漱石作 仓石武四郎译

四十之年 灌生

游丝 沈宝基

尘言 简概

卫玠与王蒙 许世瑛

云与烟 茫子

西山文札 文蔚

谈沈默 丰岛与志雄作 魏敷训译

谈独居 考力作 介白译

一粒麦子 潘水

古城与旅人 黄雨

成府村 文珍

西山 白林

睡 青燕

小品两篇 水柳

赋得新年 李道静

拜年 徐知白

怀念一个友人 炳圻

元旦的一场小风波 张我军

头班狮子 佛威

猫 K.Capek作 齐仿昭译

石佛寺 闻国新

齐景珊（五续） 黄雨

谈《给一个青年诗人的十封信》 石樵

第3卷 第3期

1945年3月1日发行

周顗与王敦 许世瑛

丑女缘起与贤愚经金刚品 傅芸子

中国原始的宗教图象 茫子

朴园日记 朱朴

银茶匙 中勘助作 周丰一译

二老人 国木田独步作 张我军译

狗与人 R.N.R.Holst作 卢咏庄译

关于杜少卿 常风

近代小说觉书 长谷川宏

关于爆竹 傅仲涛

青年时代的一个回忆 莬公

过去新年的回忆 澜沧子

子女 李济青

长的祷告 边介

齐景珊（六续） 黄雨

第3卷 第4、5期

1945年5月1日发行

大乘的启蒙书 十堂

汉园入梦 柳雨生

中国文艺理论的演变 陈介白

秋夜月中罕见剧名考 叶德均

皇甫士安与三都赋序 许世瑛

王安石与白鸡 郑骞

一件撞车案 田山花袋作 张我军译

六朝的画传 茫子

杜丽
Valery Larbaud 作　沈宝基译
银茶匙　中勘助作　周丰一译
汴京与北京　傅芸子
近代芬兰文学　吴学义译
日本的中国文学研究癸丑记夏　苏民生
鸡　李树家
齐景珊（七续）　黄　雨
出城　萧　艾

230 民族文学

简　介

《民族文学》，月刊，一九四三年七月七日创刊于重庆，民族文学月刊社编辑，陈铨主编，重庆青年书店发行。一九四四年一月出至第一卷第五期终刊，共出五期。十六开本。

该刊是“战国策”派继《战国策》和《战国》副刊相继停刊后创办的，以提倡“民族文学运动”为宗旨。内容偏重文学评论和中外文学研究，兼顾文学创作。陈铨拼凑旧稿写成的代发刊词《民族文学运动》一文，宣称“民族文学运动，最大的使命就是要使中国四万万五千万人，感觉他们是一个特殊的政治集团”，强调借助民族文学运动“在现今战国时代达到光荣生存的目的”。陈铨发表的论文和他为“论坛”栏写的文艺短评，体现了这种观点和倾向。在对外国文学的研究和译介中，该刊特别重视法国古典主义戏剧理论与创作，对莫利哀、拉辛、高乃依等作了较系统的介绍。刊物所载创作主要是陈铨的短篇小说《花瓶》，短诗《饮歌》。前者是他的剧本《野玫瑰》的前身，后者是其另一剧本《无情女》的插曲之一。另外还刊载了他的独幕剧《自卫》。这些作品实际上是他的“民族文学运动”理论在创作上的具体表现。刊物的其他撰稿者还有孙大雨、吴达元、朱光潜、梁宗岱、袁昌英、沈从文、唐密等。

目　录

第 1 卷　第 1 期

1943 年 7 月 7 日出版

民族文学运动　编　者

论　坛

两种分法

琴与画

人生最大难关——钱与死

嫉妒的批评

文学家的学问

快慢问题

没有结构的戏剧

译莎剧《黎琊王》序　孙大雨

法国戏剧诗人高乃依　吴达元

花瓶　陈　铨

文学与语文（上）　朱光潜

鹊踏枝　梁宗岱

中西文学的世界性　唐　密

北望集序　朱自清

江上　冯　至

贝探审美的文艺论　费鉴照

找出路（新烛虚二）　沈从文

心理　Mansfield 作　林同端译

饮歌　陈　铨

咏蓝蝴蝶（四首）　金　慧

故事　王年芳

读《狂飚》(陈铨原著）　幸　郭

编辑漫谈

第 1 卷　第 2 期

1943 年 8 月 7 日出版

论　坛

第三国际正式解散

要大炮不要黄油

贪婪怯懦没有同情心

少壮的阶段

文化人

飞机大炮在后面

黑奴捏死了白种的女人

文学与语文（中）　朱光潜

莎士比亚的商籁　梁宗岱

法国喜剧诗人——莫利哀　吴达元

自卫（独幕剧）　陈　铨

智利地震　柯莱斯作　商章孙译

晚清女剧作家刘清韵　周曙山

麦耶尔牧师　卡罗萨作　姚可昆译

莎士比亚的故事　费鉴照

秋日　黎舒里

现代英国文学的背景

Fred B.Millett 作　柳无忌译

遥寄　孙大雨

编辑漫谈

第 1 卷　第 3 期

1943 年 9 月 7 日出版

五四运动与狂飚运动　编　者

论　坛

二十年前的错误

文化的改建——人生观的改建

恋爱崇高化

莎士比亚在中国

美国六十家

法人悲剧诗人拉辛　吴达元

哀梦影（诗）　陈　铨

巴蕾　毕　桥

莎士比亚的商籁　梁宗岱

文学与语文（下）　朱光潜

千草纯子　邓　骏

烈兴的爱美丽雅贾乐德悲剧　商章孙

丰山　吴冰心

记张荫麟先生　吴　晗

梦景　阎　童

编辑漫谈

第1卷　第4期

1943年12月出版

论　坛

中国文化的三条路线

无线电的发明

真理为人生

感情就是一切

绿鹅

批评与创作

戏剧深刻化　陈　铨

萦　杨静远

第三阶段的易卜生　唐　密

小菩萨　黎锦扬

巴雷的平等观念　吴瑞麟

征鸿　金启华

艺术与人生

〔英〕Roger Fry作　戴镏龄译

遥寄（诗）　孙大雨

林边老妪　乔叟作　方　重译

莎士比亚的商籁　梁宗岱

忏悔　莫泊桑作　吴达元译

勋章　依尚伦

腌莳萝　Mansfield作　林同端译

爱美丽雅贾乐德（续）　商章孙

编辑漫谈

第1卷　第5期

1944年1月出版

论　坛

以战止战

诗的时代

白墙壁上面写黑字

戏剧的技术

妄谈与空谈

扫除风花雪月

现代法国文学派别　袁昌英

小菩萨（续）　黎锦扬

作者与读者　朱光潜

车居央的教士

A.都　德作　吴达元译

哈孟雷特的解释　唐　密
征鸿　金启华
哀梦影（诗）　陈　铨
巴尔虎之夜（四幕剧）　依尚伦
译诗及新诗的格律　朱文振
爱美丽雅贾乐德（续）　商章孙
评蓝蝴蝶　季语谊
编辑漫淡

231 新 文 学

简 介

《新文学》，月刊，一九四三年七月十五日创刊于桂林，萧铁主编，“新文学杂志社”印行，发行人为汤继成，由桂林文化供应社经售。一九四四年五月十五日出至第一卷第四期终刊，共出四期。十六开本。

该刊创作与翻译并重，小说创作与译作在刊物中占突出地位，而其题材、风格又各不相同。沈从文的《摘星录》《看虹录》，陈瘦竹的《奇女行》《生日礼》，黎锦明的《新奥第赛》等，不追求社会重大题材，艺术上追求奇谲工细。李广田的《星和女人》，卞之琳的《巧笑记·观礼》，表现“式微士大夫的丑态”（一卷二期《编后记》），以讽刺幽默见称。蹇先艾的《沧桑》，青苗的《阳春别》，艾芜的《手》等，现实性和时代感较强。该刊第一卷第四期为“戏剧专号”，刊登了欧阳予倩的五幕剧《旧家》。刊物还选译了巴尔扎克、柴霍夫等西方古代著名小说家和现代派作家的作品。除上述者外，主要撰稿人还有朱自清、田汉、王西彦、施蛰存、姚雪垠、陈白尘等。

目　录

第1卷　第1期

（小说专号）

1943年7月15日出版

新奥第赛　黎锦明

大使夫人

约翰·根室作　施蛰存译

奇女行　陈瘦竹

一个自感惶惑的作家

高尔基作　李青崖译

订婚　沈维特

帽癖　Fay Kanin作　钱歌川译

看虹录　上官碧

笨人　沈从文

在磨坊　柴霍夫著　彭　慧译

手　艾　芜

母性　王西彦

勾卜塞克　巴尔扎克著　穆木天译

封面设计　郑克基

第1卷　第2期

（新年号）

1944年1月1日出版

鲁拜集（诗）

〔波斯〕莪　默著　孙毓棠译

真诗（诗论·新诗杂话之一）

朱自清

蒲伯与讽刺的艺术（诗论）

〔英〕G.K.查士瑞登著　柳无忌译

德国的小说（批评）

〔德〕霍夫曼斯塔尔著　冯　至译

谁请了你们来（小说）

〔瑞典〕E.T.彼得生著　李青崖译

婚礼进行曲（小说）

〔瑞典〕S.拉瑞列孚著　施蛰存译

大至急（小说）

〔英〕C.奥瓦德著　钱歌川译

摘星录（中篇小说）　沈从文

沧桑（小说）　蹇先艾

星和女人（小说）　李广田

巧笑记：观礼（小说）　卞之琳

阳春曲（小说）　青　苗

关于戎马恋（作品分析）　姚雪垠

猫的悲哀（童话·百兽图之一）

陈白尘

回忆高尔基（莫斯科艺术剧院史话之一）

〔苏〕N.丹钦柯著　焦菊隐译

诗选（十二首·本社文艺研究会会员作品）

回雁峰　何　嘉

无　题　流　沙

寄E.O.Neill　张大旗

给我（二首）　蒋　壎译

边城　草　千

枫叶　郑锦先

安息吧　萧　疏

遨游　陈适怀

听歌　洪　芳

牛　卜　桑
我底歌　方　彦
黄昏　吴　愚
编后记

第 1 卷　第 3 期
1944 年 2 月 1 日出版

中国作家画像（一、田汉）　新　波
展开有理论的戏剧运动　田　汉
莫斯科艺术剧院第一次国外巡回　〔俄〕丹钦柯著　焦菊隐译
小　说
银河西渡　黎锦明
康克雷刚的遗产　〔英〕C.Lever 作　钱歌川译
鬻儿记　徐仲年
两孤儿〔匈〕皮　洛著　施蛰存译
生日礼　陈瘦竹
勾卜塞克　〔法〕巴尔扎克著　穆木天译
随　笔
宋人演剧的讽刺性　沈从文
在东战线　〔德〕卡罗萨著　姚可昆译
编辑后记二则　编　者

第 1 卷　第 4 期
戏剧专号
1944 年 5 月 15 日出版

中国作家画像（二、欧阳予倩）　新　波
能否把圈子放得更大　予　倩
批评战线的重要　寿　昌
中国戏剧往那里走　培　良
旧家（五幕剧）　欧阳予倩
莫斯科艺术剧院第一次国外巡回　丹钦柯作　焦菊隐译
戏剧春秋　易　经
孔雀胆　迩　冬
喜相逢　莫　千
杏花春雨江南　孟　超

232 戏剧时代

简　介

《戏剧时代》，月刊，一九四三年十一月十一日创刊于重庆，中央青年剧社戏剧时代月刊编辑委员会编辑，编委会由洪深、吴祖光、马彦祥、焦菊隐、刘念渠组成，重庆文风书局印行，发行人为邹杰夫。一九四四年十月十日出至第一卷第六期终刊，共出六期。十六开本。

该刊是抗战后期国统区出版的有影响的戏剧刊物。发刊词《戏剧时代》说明创办的目的是“从事剧坛情势的报告，一般的及专门的问题之检讨”；并针对后者提出一些亟需讨论的“迫切的问题”，诸如“怎样建立正规的严肃的演剧风气及提高演剧的水准”，“怎样更广泛而深入的推进乡村演剧的工作”，“旧形式的运用、整理及新形式的追求”等。刊物重视战时大后方戏剧运动的研究。从创刊号起专辟“短论”栏，对剧运中有代表性的问题发表短评。这些短评和其他论文涉及到当时城市演剧“正规化”问题，戏剧界的团结问题，保障作家生活和戏剧演出的合法权益问题，利用地方戏宣传抗战问题，农村演剧问题，以及发现并培养戏剧新人的问题，等等。刊物还注重演剧理论和演剧技术的研究，发表了不少有关导演、演员、舞台装置和设计、表演技艺的论文和译著，对于提高演剧水平起了一定促进作用。该刊还辟有“剧坛动态”栏，刊载国内各地剧运消息；有些专门的剧讯、报告，侧重报道战时国外戏剧发展近况。此外，刊物还发表了少量剧本。主要撰稿人除编者外，尚有夏衍、张骏祥、李健吾、郁文哉、舒湮、陈白尘、郑君里等。

目　录

创刊号
1943 年 11 月 11 日出版

戏剧时代

短　论

踏入第七年　思
把握乡村演剧的艺术性　尼
票价问题与捐税　今
我们需要学习什么?　佳
团结·进步·励志　马彦祥
论正规化　夏　衍
重视青年剧社与青年剧社之自重　鲁觉吾
“现实”的限度　潘子农
舞台装置的节约　熊　知
编剧二论　洪　深译
剧务的职责　张骏祥
表演的舞台技术　陈鲤庭
演员行列
——一九四二至四三雾都重庆舞台上的演技观感　刘念渠
镀金（独幕剧）　曹　禺
半年来贵阳剧运报告　孙宇锵
锦城之夏　黄　玄
剧坛动态　记　者
编辑后记

第 1 卷　第 2 期
1944 年 1 月 1 日出版

悼张树藩同志　本社同人

短　论

雾季开端的重庆舞台　思
认清道路与多看几步　今
舞台正需要着新人　伊
向演出者呼吁　佳

坚持工作，争取工作!　刘念渠
导演与演员
〔苏〕Gorchakov 作　袁竹夫译
论如何导演业余演员
〔美〕Alexander Dean 作　洪　深译
装置设计的基本认识　焦菊隐
忘故一人（独幕剧）　寇嘉弼
喜相逢（四幕剧）　李健吾
春天的记忆（《飞花曲》代序）　冼　群
十个月里四次演出
——桂林剧坛一瞥　若　海
“历史剧”在成都　赵　伦
剧坛动态
桂林筹备“西南第一届戏剧展览会”
重庆筹备纪念第六届戏剧节
编辑后记

第1卷　第3期

1944年2月15日出版

短　论

演剧展览　思

民众的戏剧

苛求与宽容

发现新人　辛

中华民国卅三年戏剧节纪念特辑

复兴与求进　丁伯骝

准备戏剧复员　余上沅

我所希望于每年戏剧节的　郁文哉

尊重这个日子　陈白尘

工作，生活和节日　徐昌霖

不止于祝颂　夏　衍

艰辛的日子　舒　湮

战时中国的演剧　刘念渠

参战后的美国剧坛　孙晋三

战时英国皇家剧院的复兴　王云槐

苏联的戏剧

Solodovnikov 作　郁文哉译

为演剧征捐呼吁　马彦祥

表演是创造的艺术

Louis Calvert 作　王家齐译

灯光技术基础　马文藻

怎样利用地方戏做抗敌宣传　黄芝岗

写在《怎样利用地方戏做抗敌宣传》之后　洪　深

向祖国（独幕剧）　张石流

浪淘沙（《自由中国》第一部，六幕历史剧，连载）　舒　湮

剧坛动态

福建省临时参议会通过实施戏剧教育三项办法（永安通讯）

编辑后记

第1卷　第4、5期

1944年6月1日出版

短　论

争取共同的利益　金

保障生活，保障健康　思

请勿管窥蠡测　伊

业余的演出　辛

携起手来，更勇敢地前进！

——中华全国戏剧界抗敌协会三十三年戏剧节广播词

全国剧协

现代美国剧作家及其作品

R.华思讲　黄谷柳记

宣读及研讨剧本（导演术讲话）

〔苏〕Gorcharkov 作　袁竹夫译

论演技　刘念渠

舞台装饰·舞台装置·舞台设计

赵　越

建筑我们的剧场　张骏祥

一幅古画（独幕剧）　任　钧

少年游（三幕剧）　吴祖光

浪淘沙（《自由中国》第一部，六

幕历史剧，选载） 舒 湮
读《自由港》(蔡楚生原作）
明 劬
剧坛动态
编辑后记

第1卷 第6期

1944年10月11日出版

我们的战友又倒下了一人
——敬悼江村同志
本社同人

短 论

戏剧工作者公约 思
第七年的回顾 今
到前方去，到农村去 金
学校剧的道路 辛
导演的分析 张骏祥
近代欧洲舞台艺术底源流 郑君里
歌德与浮士德
薏迪丝·汉蜜顿作 叶大军译
地方剧演技溯原 马彦祥
浪淘沙（《自由中国》第一部，续完） 舒 湮
抗战第七年重庆演出剧目一览
记 者
最近上海的话剧 赵景深
赣州剧运报告 非 吾
剧坛动态
编辑后记
本刊第一卷总目

233 当代文艺

简 介

《当代文艺》，月刊，一九四四年一月一日创刊于桂林，熊佛西主编，桂林当代文艺社出版发行。同年五月六日第一卷第五、六期合刊出版后终刊，共出六期。十六开本。

《当代文艺》创办于抗战后期。当时大后方作家正在翘首盼望“胜利的曙光”。编者在创刊号《卷头语》中表示“誓以文艺报国——以文艺为武器，争取我们的胜利，完成我们建国的心理建设”。刊物采取创作与评论并重的方针。文艺评论重视现实文艺问题的研讨，比较突出的是发表了老舍等三十三人的《作家生活自述》，编刊了《划时代的西南第一届剧展》特辑。同时还对战后的文艺建设问题作了预示性探讨。其中田汉等二十一位作家的《战后中国文艺展望》较有代表性。该刊较广泛地联系和团结了国统区作家，而以革命进步作家为主。所载作品以小说和散文随笔最多，其次是诗歌。这些创作不同程度地反映了国统区人民盼望抗战胜利的意愿。此外，刊物还译介了少量外国作品。主要撰稿者有田汉、老舍、骆宾基、艾芜、荃麟、黄药眠、臧克家、王亚平、朱自清、柳亚子、姚雪垠、熊佛西、朱光潜、沈从文、赵清阁等。

目　录

第1卷　第1期

1944年1月1日出版

元旦献词　郭沫若

我所见的艺术与艺术家　丰子恺

小　说

小圈圈里的人物　茅　盾

大舅父的悲剧　艾　芜

当那幅油画诞生之前　骆宾基

红夜　端木蕻良

鹰　李广田

热情的书　黄药眠

馒头坪（长篇小说）（一）

〔美〕史坦恩培克作　胡仲持译

江左少年夏完淳传（传记）

柳亚子

散文·随笔

半仑村断想　胡　风

抗战戏剧第七年　田　汉

关于西南第一届戏剧展览会

欧阳予倩

山水人物印象记　熊佛西

诗

牛郎和织女　臧克家

太阳使半岛发香　彭燕郊

剧　本

桥（独幕剧）　赵清阁

第1卷　第2期

1944年2月1日出版

祝戏剧节　编　者

论　文

中国艺术的贡献及其趋向　徐悲鸿

爱国诗　朱自清

小　说

在厅子里　T.Storm著　巴　金译

春夜　姚雪垠

甘蔗园　艾　芜

绿魔　沈从文

大铜山的一夜　荃　麟

希望　田　涛

渣　司马文森

两乞丐　王西彦

祭献果　洪　道

馒头坪（二）

J.Steindeck著　胡仲持译

诗　歌

诗两首　鸥外鸥

散文·随笔

谈谦虚　朱光潜

音乐　王了一

我的祖母　柳无忌

报　告

我也得到了勋章

Frank Honey著　何家槐译

英雄的造型　孟　超

第1卷　第3期

1944年3月1日出版

为西洋读者翻译中国新文艺　编　者

论　文

送抗战的观光者——林语堂先生　田　汉

译诗　朱自清

文学和艺术的武断性　王了一

小　说

众生　靳　以

我的旅伴（中篇）　艾　芜

芬兰小姐　胡春冰

爱　蹇先艾

蛇　张　煌

馒头坪（三）　J.Steindeck 著　胡仲持译

散文·随笔

近感三则　宋云彬

他的每一个血轮都是逆转的　臧克家

写给母亲在天之灵　熊佛西

高尔基会见记　J.R.布洛赫作　希　哲译

诗　歌

重来（外一章）　黄药眠

戏剧节歌　田　汉

隆冬诗抄　臧克家

巨人　应光采

剧　本

康蒂妲（三幕剧）　肖伯纳著　陈瘦竹译

第1卷　第4期

1944年4月1日出版

关于战后文艺建设　编　者

论　文

战后中国文艺展望　田汉等廿一位

现实主义的求真精神　周钢鸣

小　说

谈紫色之夜　黄药眠

火线琐记（中篇）　〔苏〕F.Panferov 作　魏荒弩译

小驹子　田　涛

馒头坪（四）　J.Steindeck 作　胡仲持译

随　笔

二月四日的日记　田　汉

三月书简　骆宾基

作家生活自述（特辑）　老　舍等卅三位

诗　歌

给他们一条自由的路　臧克家

三面黑旗　任　钧

剧　本

康蒂妲（三幕剧）（续上期）　肖伯纳著　陈瘦竹译

第1卷　第5、6期

1944年5月6日出版

关于诗人节　编　者

划时代的西南第一届剧展　本刊特辑

论　文

现代田园诗　姚雪垠

论文艺批评的积极性与建设性　许　杰

小　说

江　艾　芜

网　韩北屏

杨万发　葛　琴

够了　屠格涅夫作　绿　原译

馒头坪（停刊一期）　史坦恩培克作　胡仲持译

随　笔

介绍一位现代的女诗人　柳亚子

母亲的话（一）　田　汉

一个活在梦里的心　凤　子

不息的琴声　熊佛西

诗　歌

婚歌与葬歌　袁水拍

火雾（长诗）　王亚平

剧　本

康蒂妲（三幕剧）（续完）　肖伯纳作　陈瘦竹译

234 微　波

简　介

《微波》，文学月刊，一九四四年八月在重庆创刊，重庆微波社编辑，编者为陈纪滢、田仲济、姚雪垠，由建中出版社、文信书局、文聿出版社发行。一九四五年二月出版第一卷第二期，改署微波社编辑兼发行，同期终刊，共出两期。十六开本。

该刊是抗战后期重庆出版的文学刊物。创刊时编者抱着“既不急功，也不愿先做庞大的计划”，“只想埋头做去”的态度，从事文艺园地的耕耘（创刊号《编后小记》）。从出版的两期看，创作重于评论。创作上散文、杂文和小说居多。茅盾、田仲济、绀弩、臧克家、碧野的散文杂文，姚雪垠、陈纪滢、陶雄的小说，多以现实生活为题材，表现了较强的时代感和踏实的作风。“微言”栏专载短小的杂文，针对当时社会或文艺的某些颓风加以针砭，活泼尖锐，较有特色。刊物发表评论文章较少，除以群侧重理论探讨的论文之外，主要是对国内外小说作品的评介，如程帆对徐圩的《鬼恋》的批评，臧云远对郁茹的新作《遥远的爱》的赞扬与推荐等。

目 录

第1卷 第1期
创刊号
1944年8月出版

思想·感觉·艺术创造 以群
小 说
伴侣 姚雪垠
蓝 蒂克
小母亲 〔印度〕祖德泰作 荒芜译
救急 袁水拍译
三年间（中篇连载） 姚雪垠
大鸽主（散文） 陈纪滢
微 言
贫血病 野
市侩主义 邮
书的销路 云
纪念会风气 谲

“无关”与“忘了” 茅盾
我若为王 绀弩
更夫 田仲济
诗
你不是孤独的 臧克家

鬼恋与人恋（书评）
——关于徐讦著《鬼恋》的题材与主题 程帆
屠格涅夫的《烟》（书评） 罗荪
文坛动向备忘录
编后小记

第1卷 第2期
1945年2月出版

小 说
霹雳 冰波
黑玫瑰 田涛
黄金潮 陈纪滢
坎坷 陶雄

磨房诗札（三篇） 史伍
散 文
回首四十年 臧克家
旧友 白燕
我们憧憬着未来的春天 碧野
悼鲁彦 张煌

鞭《鞭尸者》（杂文） 罕明
微 言
斥孤立主义 双人
请摘下眼镜 吴瑟
通俗化 欧朋
谨防复古 沁生
创作自由 张耳
为青年作家呼吁 陈余
由讽刺想起 司马相

身世的独白（书评）
——郁茹的《遥远的爱》的读后感 臧云远
文坛备忘录
校后杂记 编者

235 文艺春秋

简　介

《文艺春秋》，永祥印书馆主办的刊物，一九四四年十月十日创刊于上海，初为综合性文化不定期刊，名《文艺春秋丛刊》，由永祥印书馆编辑部编辑，发行人为陈安镇。《丛刊》每辑另题刊名，共出五辑，都为一卷。一九四五年九月一日第五辑出版时宣告休刊整顿，并“决定把本刊改为纯文艺月刊。月刊的名称就定为《文艺春秋》”（丛刊之五《编后》）。同年十二月十五日复刊，承接丛刊出版第二卷第一期，范泉主编。一九四九年四月十五日出至第八卷第三期停刊。前后共出四十四期，二十五开本。另外从一九四七年一月起曾编刊《文艺春秋副刊》，每月一期。同年三月出至第一卷第三期停刊。三十二开本。

《文艺春秋》丛刊阶段，内容包括文艺、历史、教育、出版，而以文艺为主。前四辑出版于上海沦陷时期，文艺方面有作家志、文艺史料、国内外文艺动态的报道，有日本和苏俄文学的翻译介绍。较多的是适应市民阅读的小说和戏剧创作，其中司徒宗、沈子复、范泉、司马文森的小说，顾仲彝、孔另境、东方曦的剧本，比较注重社会人生的描写，但思想倾向不甚显豁。丛刊第五辑于抗战胜利后出版，其作品、评论和“庆祝抗战胜利辑”，初步显示出改进刊物面貌的趋向。刊物正式改出文艺月刊后，成为国统区有影响的大型文艺刊物。文学评论上不断强调真实性与思想性，增强现实主义理论的探讨。从第三卷第一期起开设“文艺时论”栏，评论现实文艺问题，争取作家的民主权利。刊物广泛联系思想倾向与艺术倾向不尽相同的作家，刊载他们的作品，而以革命、进步的作家作品为主。这些作品程度不同地反映了国民党反动政权垮台前夜国统区的社会现实。主要作者有郭沫若、茅盾、任钧、钟敬文、魏金枝、王西彦、许杰、臧克家、艾芜、田汉、洪深、李健吾、何家槐、林焕平、陈烟桥、碧野、田涛、戴望舒、李白凤、黎烈文、沈子复、司徒宗、欧阳翠、S.Y、赵景深、顾仲彝、施蛰存等。刊物还注意介绍解放区文艺，刊登的解放区作家作品有刘白羽的小说，艾青的诗歌，吴伯萧等合写的报告《海上的遭遇》等。这个时期对外国文学的翻译介绍也相当广泛，涉及欧美、印度等十多个国家的著名作家作品，译介苏俄文学较多。此外，《文艺春秋副刊》是应读者要求编刊的，目的是“阐明中国和世界文艺活动的概况，并联络本刊和读者间的感情”（三卷六期《编后》）。

目　录

丛刊之一
两年
1944 年 10 月 10 日出版

封面装帧　钱君匋
文艺春秋（十九则）　编辑室
论魏史之诬　吕思勉
戏剧批评 ABC　鲁　思
人间　司马文森
野火花　顾仲彝
初恋　岛崎藤村作　范　泉译

本馆总发行所开幕两周年纪念辑

两年来的上海教育界　复旦教育系主任　陈科美
两年来的上海出版界　申报馆编辑　杨寿清
两年来上海歌台大事记　前《戏剧月刊》编者　郑过宜

两年（生活回顾特辑）

期望　司徒宗
平凡的生活　钱今昔
演剧生涯　路　珊
告别　林枧敌
两年诗话　程　芸
闲话两年　左　海

北极圈的故事　李　兰
凤还巢（三幕剧）　孔另境
新生　沈子复
贤伉俪　司徒宗
沈延国周书集释序　吕思勉
插页
　谈文艺作品（手迹）　赵景深
　托尔斯泰小说插图二幅　毕斯卡里夫·法伏斯基
林语堂的来去（文艺史料）
　（一）论月亮与臭虫　林语堂
　（二）“新辜鸿铭”　郭沫若
　（三）论“瞎缠三官经”的东西文化观　曹聚仁
　（四）林语堂在韶关　卢炯光
　（五）林语堂在桂林　华　年
　（六）林语堂在长沙　刘一行
纪念鲁迅先生逝世八周年　本　刊
鲁迅先生的晚年（特载）　范　泉
鲁迅藏书出售问题
　（一）鲁迅藏书有拟出售说　记　者
　（二）保全文物与重振文化　唐　弢
　（三）鲁迅藏书出售说　君　宜
　（四）启事　许广平
柳林（中篇连载·一）　A.勃拉克伍德作　吴志平译

编后
　（一）关于永祥印书馆
　（二）关于《两年》

丛刊之二

星花

1944年12月1日出版

封面装帧　钱君匋
文艺春秋（二十五则）　编辑室
谈出版文化　茅　盾
崔浩论　吕思勉
电影脚本ABC　鲁　思
迷雾　司徒宗
债　范　泉
插页
致西谛（手迹）　鲁　迅
野火花（三幕剧）　顾仲彝
白色的山脉　龙瑛宗
凋残　方之中
凤还巢　孔另境
苏行散记　宏　兮
雨巷（诗）　周文同
纪念契诃夫逝世四十年　本　刊
安东·普洛维契·契诃夫　沈子复
放逐　A.契诃夫作　郭　丰译
契诃夫逝世四十年纪念在苏联　萧廷义
契诃夫作品中译本编目　沈子复
契诃夫造像　P.班甫里诺夫
蔡孑民先生二三事　徐炎之
鲁迅传断片　小田岳夫作　范　泉译
柳林（中篇连载·二）　A.勃拉克伍德作　吴志平译
编后
（一）关于《星花》
（二）关于本期的文字

丛刊之三

春雷

1945年3月15日出版

封面装帧　钱君匋
文艺春秋（三十则）　编辑室
创作七篇
今年元旦（南泉默写之一）　欧阳山
五月　范　泉
荒河沿　戚雍父
一颗图章　司徒宗
妇人　征　农
落花篇　宏　兮
司马先生　沈子复

神明时代　郭沫若
记亡儿伟宝　方君逸
爱的时间　朱维基
散文·诗·速写
秋雪　金　雷
马场上　周文同
遥寄　吉　羊
梦　林　炎
幻灭　邵心真
蠹鱼自讼　程　芸
书简小集　丰子恺

（一）作者介绍
（二）谈“音乐解说”（手迹）
（三）致赵景深（手迹）
桂林作家的流亡　胡道静
莫斯科儿童剧场　莘　薤
论离骚　锡　金
论外戚及其他　希　孟
“重建通俗读物”　朱志泰
戏　剧
野火花　顾仲彝
风还巢　孔另境
风还巢插曲　钱君匋

论《红星佚史》非鲁迅所译　林　辰
鲁迅先生的上海生活　范　泉
柳林（中篇连载·三）
A.勃拉克伍德作　吴志平译

编后
（一）关于素描
（二）关于本期的文字
（三）答客问
（四）悼罗曼·罗兰

丛刊之四
朝雾
1945年6月1日出版

封面装帧　池　宁
剧　论
三十六种剧情的检讨　周贻白
朝鲜的戏剧运动　范　泉
《春秋怨》的主题和人物创造
孔另境
关于《红楼梦》的改编　方君逸
小　说
飞机　司徒宗
浮世绘　沈子复
火的故事　陆　沉
盲人　司马文森
散文·诗
夏侯杞　康了斋
北行随感　吴伽之
矛盾　锡　金
甘辛　邵心真
连丘病案　程　芸
戏　剧
衣冠禽兽（四幕剧）　顾仲彝
晚霞（三幕剧）　东方曦
关于鲁彦
鲁彦之死
遗墨　鲁　彦
通　讯
茅盾新作：霜叶红似二月花　田　玉
作家志
鲁迅先生的青年时代　范　泉
摆伦与哥德　朱维基
插　页
手迹（致施蛰存）　沈从文
朝雾（题解）　金　雷

编后　编　者

丛刊之五
黎明
1945年9月1日出版

封面装帧　池　宁

庆祝抗战胜利辑

黎明前奏
欧阳翠　金　雷　司徒宗
K　P　孔另境　顾仲彝
铁　茗　方君逸　周文同
吴伆之　沈子复　钱君匋
魏于潜　邵心真　胡道静
八年来的上海文艺工作者　范　泉
抗战八年（音乐舞蹈哑剧）　顾仲彝

论　著

电影蒙太奇论　鲁　思
武王伐纣平话与列国志传　周贻白
关于黑人文学　刘　宇

小　说

浪花　金　雷
喜讯　欧阳翠
家　袁　鹰
结婚　沈子复
米虫的故事　范　泉

散文·诗

胡髭　胡　琴
给——　欧阳翠
美丽的创痕　陆士源
枯鱼　锡　金
连丘病案　程　芸

戏　剧

红楼梦（人物·布景·序幕）　方君逸
衣冠禽兽（四幕剧）　顾仲彝
晚霞（三幕剧）　东方曦

通讯·报告及其他

马戏在苏联　苇　薤
台山游简　林　婴
谈《凤还巢》　孔另境、吴伆之

作家志

摆伦与哥德　朱维基

插页·题解

墨滴　郁达夫
黎明（题解）　林　炎

编后　编　者

第2卷　第1期
1945年12月15日出版

插　页

推荐（一）　王任叔
推荐（二）　胡愈之

小　说

奸细　沈子复
春天里的冬天　司徒宗
仇恨　欧阳翠
太平日子　袁　鹰
小母亲（中篇）　S　Y

散　文

古立道中　赵景深

蒙古草原 范 泉
无章篇 魏于潜
漏网 吴 天
浙皖丛山间 钱君匋
蛇 锡 金

诗 歌

诗二篇 朱维基
好花能有几时红（插曲） 顾仲彝

特 载

论古代文学 郭沫若
论周作人之流 公 讨

杂 文

介之推上绵山 于在春
怡春锦 赵景深

学习鲁迅·研究鲁迅

鲁迅魂 鹿地亘
论鲁迅的《呐喊》和《彷徨》 茅 盾
鲁迅杂文拾遗 柳 枝
鲁迅书简三十一通 寒 斋
一个印象 黎锦明

编后 编 者

第 2 卷　第 2 期
1946 年 1 月 15 日出版

插 页

遗书（一） 刘大白
遗书（二） 谢六逸

小 说

磨石下 林 炎
苦笑 沈子复
无花的泡沫 欧阳翠
工作 司徒宗
古城旧事 君 玉
马戏 胡仲持
小母亲（中篇） S Y

散文·诗

人的启示 魏金枝
影子 司马文森
致—— 芳 信
走向自由祖国 许幸之

论 文

摩罗诗说 锡 金
俄国文学中的爱国主题 葛一虹
华格臬的《屈烈斯丹》 朱维基

特 载

文明的悲剧 王西彦

关于莎士比亚

汤显祖与莎士比亚 赵景深
朱生豪和莎士比亚 宋清如

木 刻

耕耘 陈烟桥
收获 李 桦

第 2 卷　第 3 期
1946 年 2 月 15 日出版

插 页

谈鲈鱼 叶绍钧

恩爱夫妻　靳　以

小　说

同志　刘白羽
开荒篇　周而复
复员　林　红
善女人　欧阳翠
“希望”　司徒宗
未完成的创作　君　玉
天才
〔美〕W.沙洛扬作　施蛰存译
故国　〔英〕J.赛曼菲作　马　耳译

散　文

幻想的窗子　莫　洛
血花　林　炎

诗

吴满有　艾　青
思　莱芒托夫作　朱维基译
假威（中国寓言诗）　锡　金

论　文

艺术的使命与艺术家的任务　陈烟桥
文学批评的三个倾向
George Sprau 作　赵景深译

戏　剧

渔歌（四幕剧）　顾仲彝
幻想曲（独幕讽刺剧）　任　钧

杂　录

契诃夫作品中译本编目补遗
赵景深

木　刻

鲁迅像　陈烟桥
丰衣足食图　力　群
编后

第2卷　第4期

1946年3月15日出版

插　页

老弱残兵　老　舍
关于《春》　巴　金

小　说

海上的遭遇（集体作）
刘白羽　周而复
吴伯萧　金肇野
悲哀的微笑　钱今昔
变　汤钟琰
山沟里的故事　林　红
荣誉　欧阳翠
白马的夏天　胡仲持
第三代　林　炎
第六号囚笼（连载·一）　周贻白

散文·诗

关于梧桐　魏金枝
微语　莫　洛
重庆的讽刺诗　王亚平
夜莺和玫瑰　芦　春
诗两章　任　钧

论　文

西北文艺的进程　周而复
鲁迅怎样指导青年木刻家　陈烟桥

戏　剧

情人（独幕剧）　施蛰存
渔歌（四幕剧·二）　顾仲彝

木 刻

凯归 荒 烟
鲁迅与高尔基 陈烟桥

编后 编 者

第2卷 第5期
1946年5月15日出版

插 页

借书 冰 心
稿约 冰 莹

小 说

残月天 S Y
戒严的夜 司徒宗
负伤者 黎 嘉
往那里去 林 红
春雨 沈子复
一枚证章 康 子
第六号囚笼（连载·二） 周贻白

散 文

雁来红 林 林
祖父 欧阳翠
我的简历 任 钧
期待 林 炎

论 文

关于艺术的兴衰底问题 陈烟桥
明末曲家沈自晋 赵景深

报告·诗

巴黎在德国铁蹄下 舒 严
当那天来到的时候 任 钧

戏 剧

渔歌（四幕剧·三） 顾仲彝

木 刻

桂林街头 黄灿荣
赈济 刃 锋

编后 编 者

第2卷 第6期
1946年6月15日出版

插 页

遗简 夏丏尊
迎访 王统照

小 说

强渡 林 谷
寂寞的死 司徒宗
憎恨 欧阳翠
模范小学 林 红
残月天 S Y
第六号囚笼（连载·三） 周贻白

特 载

一个朋友的病和死 王西彦
夏丏尊先生与《爱的教育》 傅彬然

散文·诗

柚子树和雪 施蛰存
歌的海洋 莫 洛
孔珊卿 林 炎
中队的名字 向 青
人的考验 贺 宜

通讯·报告

重庆的老鼠　陈澄

巴黎在德国铁蹄下　舒严

论文

论艺术与物质基础　陈烟桥

戏剧

渔歌（四幕剧·四）　顾仲彝

漫画

重庆漫画（四帧）　丰子恺

编后　编者

第3卷　第1期

1946年7月15日出版

作战前的晚上（小说）　茅盾

文艺时论

文艺的新旧内容和形式　郭沫若

论资本主义烂熟期的文化艺术　湘渔

我们仍然需要战斗性的文艺　吴景崧

银盏坳（战地报告）　钟敬文

他要一颗纽扣（散文）　施蛰存

患得患失（思想散步之一）　魏金枝

病人（小说）　王西彦

文体风格和作家的环境思想性格及方法（论文）　林焕平

中国文艺工作者十四家对日感想

叶圣陶　许杰　魏金枝

夏衍　范泉　施蛰存

雪峰　孔另境　司徒宗

任钧　罗洪　郭绍虞

蒋天佐　葛一虹

前夜（小说）　朱雯

诗人与诗（诗话）　青勃

忆叶紫（作家记）　任钧

火灾（小说）　倪海曙

说谎者（散文）　莫洛

逃兵（小说）　许杰

记一个作家集会（杂记）　赵景深

铁花（长篇小说）　熊佛西

手迹·漫画·照相

初雪之夜（手迹）　田汉

卖稿（手迹）　洪深

重庆漫画（四帧）　丰子恺

写作中的茅盾先生

茅盾先生及其夫人

书简及原稿（手迹二帧）　茅盾

编后　编者

第3卷　第2期

1946年8月15日出版

O、E、索隐（杂感）　郭沫若

苹果树（小说）　茅盾

文艺时论

划时代的巨著是怎样产生的

用笔来揭发世纪末的罪孽

敲猪草的孩子（小说）　艾芜

好事近（剧本） 李健吾
自由何在（思想散步之二） 魏金枝
节日（小说） 骆宾基
人世百图（散文三章） 靳 以
文艺批判的本质（论文） 许 杰
六畜篇（诗） 任 钧
三个命运（散文） 施蛰存
东洞（战地报告） 钟敬文
红沙豹（小说） 周贻白
微贱的人（长篇小说） 王西彦
我歌唱你（诗） 胡 牧
我们的海（散文） 沉 樱
暴风（小说） 许天虹

哀悼和纪念

闻一多先生 赵景深
遥寄陶行知先生 安 娥

铁花（长篇小说） 熊佛西

手迹·漫画·相片

书简一角（手迹） 郭沫若
郭沫若先生近影（相片）
郭沫若先生与家属合影（相片）
桃太郎缴械（漫画） 丰子恺
受审途中的周作人（相片）

编后 编 者

第3卷 第3期

1946年9月15日出版

文艺与科学（论文） 郭沫若
文学与鬼（随感） 洪 深

文艺时论

关于作家自由的保障
暴露中国民族工业的危机

禁军教头王进（小说） 靳 以
人底道路（散文） 刘北汜
酒（小说） 庄瑞源
作家自己（思想散步之三） 魏金枝
宿营（小说） 许 杰
现实主义和作家的二重性（论文） 林焕平
苦网（小说） 鹰 子
微贱的人（长篇小说） 王西彦
栗和柿（散文） 施蛰存
母亲的话（散文） 田 汉
牛背脊（战地报告） 钟敬文
人民代表（小说） 司徒宗
好事近（剧本） 李健吾
铁花（长篇小说） 熊佛西

手迹·剧照·人像

书简一页（手迹） 洪 深
洪深先生与家属合影（相片）
战时洪深（相片）
洪深先生导演的《春寒》（剧照）
诗人冯玉祥先生出国（相片）
《文艺春秋》（手迹） 冯玉祥

编后 编 者

第3卷　第4期

1946年10月15日出版

谈苏联战时文艺作品　茅　盾
要是鲁迅先生还活着
萧　乾　刘西渭　臧克家
罗　洪　施蛰存　茅　盾
王西彦　沈子复　林焕平
田　汉　熊佛西　安　娥
魏金枝　周而复　任　钧

纪念鲁迅先生逝世十周年特辑

回忆鲁迅先生丧仪　孔另境
鲁迅与中国新木刻　陈烟桥
鲁迅的上海生活　小田岳夫
关于《鲁迅传》　范　泉
读鲁迅《古小说钩沉》　赵景深
鲁迅先生著作年表

虏居诗抄（诗六首）　戴望舒
伟大作品（思想散步之四）　魏金枝
多伦格尔的黄昏（小说）　李白凤
在酒店里（散文）　施蛰存
微贱的人（长篇小说）　王西彦
泥坑（小说）　欧坦生
桃花源和牛角湾（讲辞）　李霁野
我们的歌声（长诗）　白　薇
好事近（剧本）　李健吾
铁花（长篇小说）　熊佛西

遗像·画片

鲁迅先生生前最后一照（相片）
长眠了的鲁迅先生（画）　奥村博史
鲁迅先生画像　司徒乔
鲁迅先生的藏书（相片）
鲁迅先生殡殓之日（相片五帧）

编后　编　者

第3卷　第5期

1946年11月15日出版

记杜重远（人物记）　茅　盾
明抄本录鬼簿跋　郑振铎

文艺时论

扫荡文坛新风花雪月的趋向　李白凤
论诗歌大众化的现实意义　王亚平

坟亲（中篇小说）　魏金枝
新枚的故事（散文）　丰子恺
关于《李闯王》的写作　阿　英
辉煌的黎明（小说）　S　Y
捉（诗四首）　臧克家
记玛德里的书市（杂记）　戴望舒
友敌之间（小说）　晓　歌
牧师和他的仆人（诗）　陈伯吹
微贱的人（长篇小说）　王西彦
幽想录（小品）　钟敬文
教育家的相貌（小说）　林焕平
怜悯（散文）　韦　芜
好事近（剧本）　李健吾
兵士的歌曲（论文）　施蛰存
还乡记（诗）　杭约赫
铁花（长篇小说）　熊佛西

手迹·相片
录鬼簿跋原稿一页（手迹） 郑振铎
郑振铎先生近影（相片）
与巴金先生合影（相片）
在北平郑氏私邸前留影（相片）
在北平燕大天和厂留影（相片）

编后 编 者

第3卷 第6期
1946年12月15日出版

峨眉山下 郭沫若
重庆热（小说） 臧克家
文艺时论
从加强团结说到文协的任务 江 河
再来一次语文革命 林焕平
战争以外（小说） 王维镐
诗二章 戴望舒
红楼梦的人物创造 安 娥
风格论备忘（论稿） 钟敬文
微贱的人（长篇小说） 王西彦
控诉（散文） 韦 芜
前奔（小说） 罗 洪
委曲（散文） 小 青
祖国，我爱你（诗） 黄 水
坟亲（中篇小说） 魏金枝
一个善良的人（散文） 司徒宗
铁花（长篇小说） 熊佛西
手迹·相片
书简一页（手迹） 熊佛西
熊佛西先生近影（相片）
熊佛西先生夫妇合影（相片）
工作和游息（相片）
与田汉先生夫妇合影（相片）

编后 编 者

第4卷 第1期
1947年1月15日出版

一九四七年试笔
端木蕻良 李健吾 柳亚子
徐 迟 罗 洪 许 杰
王西彦
翻译专辑
论说文二·中篇小说一·短篇小说十一·传记小说一·诗歌三·
龙勃里亚侯爵
〔西班牙〕乌拿莫诺作 戴望舒译
倾国倾城的海伦
〔希腊〕荷 马作 徐 迟译
断片
〔日本〕岛崎藤村作 范 泉译
过去与将来
〔伊朗〕毕罗士作 韩罕明译
柏拉图的梦
〔瑞士〕海 斯作 天 行译
凯勒巴布
〔印度〕泰戈尔作 林 凡译
我不能死呀（中篇小说）
〔印度〕张 达作 丁 明译

小金公鸡的故事
〔苏俄〕普式庚作 陈伯吹译
变色龙
〔苏俄〕契诃夫作 鲍 群译
书 〔苏联〕高尔基作 费明君译
青春的歌
〔苏联〕里伯德夫作 杜丹乡译
为了爱
〔苏联〕罗曼诺夫作 任 钧译
左拉传（传记小说）
〔法国〕儒卫勒作 林如稷译
菊花
〔美国〕斯坦倍克作 克 兴译
胸甲
〔美国〕斯坦培克作 易 蓝译
教授底秘密
〔美国〕史密斯作 杨镇华译
战利品
〔美国〕茂 辛作 枧 敌译
读书偶译
〔英国〕蓬巴斯等作 洪 深译

三大长篇连载

琵琶行（剧本） 田 汉
我的文艺习作生活（传记）
熊佛西
微贱的人（长篇小说） 王西彦

手迹·相片·木刻

书简一页（手迹） 柳亚子
柳亚子先生近影（相片）
柳亚子·茅盾先生合影（相片）
北平街头：地摊·锯碗人（木刻）
刘 岘
北平街头：儿童·零食车（木刻）
刘 岘
编后 编 者

第4卷 第2期

1947年2月15日出版

安娜·卡列尼娜（论文） 端木蕻良
姜仰山的农舍（小说） 骆宾基
热带旧梦抄（散文） 黄 裳
“民主老头”（小说）
——磨不掉的影像之二
臧克家
创作和欣赏（论文） 许 杰
奥尼尔和他的《冰人》介绍 顾仲彝
顿困（小说） 王西彦

诗之页

小城睡了的时候 臧云远
拉莱耶山 林 林
夜底朗诵 罗 迦
十四行四首 杭约赫
健忘及其他 史卫斯
哀故乡 洛 雨
我缅想着未来 李白凤
媚香楼旧事（小说） S Y
海（散文） 郭 风
蜀道奇遇记（散文） 丰子恺
琵琶行（剧本，十八至二十八场）
田 汉

我的文艺习作生活（自传） 熊佛西
微贱的人（长篇小说） 王西彦
纪念普希金逝世一百十周年
关于普希金 范 泉
普希金与儿童文学 陈伯吹
普希金与沙皇的斗争 戈宝权
普希金年谱 牧 军
NO.DOG 先生生平纪事略（中篇小说） 林焕平
手迹·相片
《琵琶行》原稿一页 田 汉
田汉先生近影（相片）
田汉先生与熊佛西先生合影（相片）
普希金铜像（相片）

编后 编 者

第 4 卷 第 3 期

1947 年 3 月 15 日出版

时代的脉搏（卷头语） 范 泉
推荐新人问题笔谈会
S Y 孔另境 田 涛
吴 天 林淡秋 林焕平
施蛰存 徐调孚 徐 迟
郭绍虞 许 杰 靳 以
端木蕻良 赵景深 刘北汜
适 夷 钟敬文
一篇象样的作品（随感） 叶圣陶
放逐（小说） 陆冲岚
中间代（小说） 刘贝汶
南京之围（小说） 罗 高
她疯了（小说） 放 平
训导主任（小说） 欧坦生
晏石（小说） 周 壁
小莲香（小说） 滨 洛
黑夜（小说） 闵 子
收获（小说） 丁 声
玛丽·司徒亚特之死（小说） 钟离北
择婿（小说） 丁 易
诗 选
夜的街 石 风
花与剑 胡 牧
筑路工人 雷 峰
子夜 黄 水
阳光（散文） 丽 砂
希特勒与魔鬼（散文） 徐 燮
山国之歌（长诗） 杨 林
琵琶行（剧本） 田 汉
微贱的人（长篇小说） 王西彦
手迹·画像
书简一页（相片） 叶圣陶
叶圣陶先生近影（相片）
叶圣陶先生画像 辛 稻

编后 编 者

第 4 卷 第 4 期

1947 年 4 月 15 日出版

歌与诗（论文） （故）闻一多
拟客座谈录第八 施蛰存
伊尔的美神（小说） 黎烈文

我是怎样开始认识狄更斯的（介绍） 何家槐
雁歌（长歌） 白 薇
妈妈哭了（小说） 臧克家

诗之页

松花江 林 笛
雨意 千 帆
春之歌 许 剑
我歌唱呵我的车子和马 罗 迦

流亡图（小说） 田 涛
今日的巴尔干小国文学（介绍） 赵景深
手（小说） 丰 村
中央派来的（小说） 巴 波
杨花篇（小说） 刘盛亚
村思（散文） 郭 风
传奇（小说） 沈子复
后悔（散文） 韦 芜
微贱的人（长篇小说） 王西彦

手迹·画像

书简一页（手迹） 施蛰存
施蛰存先生近影（相片）
写作时的施蛰存先生（相片）

编后 编 者

第4卷 第5期

1947年5月15日出版

五四文艺节座谈会
孔另境 安 娥 范 泉
陈白尘 许 杰 适 夷
刘北汜 臧克家
创作和生活（论文） 端木蕻良
野性的黄河（小说） 青 苗
谈艺录（小品） 钟敬文
慈母心（剧本） 故耿济之

木刻艺术小辑

关于艺术家 陈烟桥
艺术的社会效用问题 李 桦
中国的木刻运动 刃 锋
木刻的内容和形式 刘 岘

愤怒（小说） 刘北汜
反嘲（诗） 何家槐
艳遇记（散文） 徐 迟
逃犯（小说） 田 涛
双坟记（散文） 刘盛亚
一行人马（小说） 朱 惠
冰河封冻期（中篇） 李白凤
阿Q正传解析（介绍） 徐 庄
微贱的人（长篇小说） 王西彦

手迹·相片·木刻

书简一页（手迹） 端木蕻良
端木蕻良先生近影（相片）
在塔什干（手迹） 茅 盾
茅盾先生归国留影（相片）
木刻四家（木刻）
陈烟桥 李 桦等

编后 编 者

第4卷 第6期
1947年6月15日出版

五四之日（散文） 王统照
从端午到中秋（中篇） 蒋牧良
献给本月廿三日诗人节
论马凡陀的山歌 杨文耕
中西论诗的比较研究 张一勇
近年来介绍的外国诗 邹 绛

塔莽戈（小说） 黎烈文
慈母心（剧本） （故）耿济之
诗之页
诗四首 洛 雨
河水解冻的时候 臧云远
氓 流 沙
小河 麦 紫
白帆 罗 迦

牢骚客（小说） 臧克家
婚姻（小说） 杨镇华
纪念高尔基逝世十一周年
高尔基回忆录 朱 惠
蜜莎（小说） 劫 余
高尔基书简 费明君

读《中国文学史纲》（批评） 李何林
微贱的人（长篇小说） 王西彦
手迹·相片
书简一页（手迹） 臧克家
臧克家先生近影（相片）
与诗人臧云远等合影（相片）
五四文艺节在上海（相片四帧）
编后 编 者

第5卷 第1期
1947年7月15日出版

被损害的白凤英（中篇） 碧 野
文艺工作者（中篇） 臧克家
三个戏（演出小记） 欧阳予倩
紫荆花开的时候（电影脚本）
端木蕻良
慈母心（四幕剧之三） 故耿济之
都市的忧郁（短篇） 艾 芜
婚事（短篇） 欧坦生
追怀济之 王统照
亮眼睛（散文） 丁 易
饥饿的日子 刘北汜
典型论
——文艺批评论之一 林焕平
仇恨 范 泉
记骆宾基 萧 白
寻梦者 王西彦
编后 编 者

第5卷 第2期
1947年8月15日出版

什么是九歌 （故）闻一多
胜利后法国现代戏剧 李健吾
对于古典文学的兴味 钟敬文

台湾高山族的传说文学　范　泉
绿猫（短篇）　汪曾祺
沉闷的灵魂（短篇）　许　杰
老人（短篇）　青　苗
荣报（短篇）　臧克家
贵戚（短篇）　阿　湛
义渡碑下（中篇）　碧　野
寻梦者（长篇）　王西彦
女体礼赞（散文诗）　施蛰存
抒情诗五首　洛　雨
森林·雨季·山头人（散文）　黄　裳
慈母心（四幕剧之四）　（故）耿济之
琵琶行（续完）　田　汉

高山族的舞蹈和音乐
听讲传说的孩子们
编后　编　者

第5卷　第3期

1947年9月15日出版

论文艺创作的深度（论文）　许　杰
论冈察洛夫（论文）　何家槐
石青嫂子（短篇）　艾　芜
两郎舅（短篇）　萧蔓若
恐惧（短篇）　田　涛
墙（短篇）　戴望舒
一把玻璃梳子（短篇）　牧　野
寻梦者（长篇）　王西彦
花束（散文）　莫　洛
忆悭公（散文）　慰　萱
诗　沈　明　康　定　吴　视　林英强　青　勃　申　奥　沙　鸥　陆吉平　金　尼
随波而去（电影脚本）　许幸之
最近的德国文学（报道）　赵景深
巨人·智慧（木刻）　黄永玉
女人岛及其他（木刻）　黄永玉
编后　编　者

第5卷　第4期

1947年10月15日出版

饥饿（散文）　陈翔鹤
疢（散文）　陈白尘
那天晚上（长诗）　穆木天
蜒蚰（短篇）　魏金枝
睡在棺材里的人（短篇）　臧克家
安禄山（短篇）　陈盛亚
母亲的恋歌（短篇）　吴　峤
在苦难中（短篇）　碧　野
只有一只手（短篇）　杨镇华
寻梦者（长篇）　王西彦
论思想性真实性艺术性（论文）　林焕平
论莱蒙托夫（论文）　何家槐
鲁迅与木刻版画（回忆）　刘　岘
托尔斯泰办学校（传记）　徐　迟
鲁迅像（木刻）　刃　锋
浦东行脚（照片）
编后　编　者

第 5 卷　第 5 期
1947 年 11 月 15 日出版

梅里美评传（论文）　黎烈文
哈萨克的叛徒（新疆维族小说）
张钧若
马宜浪（贵州苗人小说）　王鲁雨
沉醉（台湾土著小说）　欧坦生
寻梦者（长篇）　王西彦
新疆小记（附图五幅）
关于三篇边疆小说　范　泉
编后　编　者

第 5 卷　第 6 期
1947 年 12 月 15 日出版

最古的宝典（论文）　端木蕻良
论果戈里（论文）　何家槐译
视察（小说）　巴　波
激流中的泡沫（小说）　林　莽
报复（小说）　程造之
芳邻（小说）　李白凤
锄奸（小说）
〔苏〕西蒙诺夫作　荒　芜译
白鹡鸰（小说）
〔美〕斯坦培克作　易　蓝译
寻梦者（长篇）　王西彦
火，在黑夜燃烧（诗）　王　采
台湾戏剧小记（杂谈）　范　泉
四方图（木刻）　刃　锋
书边（三篇）　唐　湜等
编后　编　者

第 6 卷　第 1 期
1948 年 1 月 15 日出版

白痴（短篇）　巴　金
某氏手记抄（中篇・全）　王维镐
折翅鸟（短篇）　闵　子
浪迹天涯的女人（短篇）　放　平
二俑（散文）　施蛰存
我的幼年时代（长篇・一）　艾　芜
明天（短篇）　刘北汜
铁路桥（短篇）　朱　惠
寻梦者（长篇・七）　王西彦
马戏（散文）　范　泉
塔提雅纳・芮瓶（剧本・全）
李健吾

第 6 卷　第 2 期
1948 年 2 月 15 日出版

鼠世界（随笔）
——经历・知识・偏见……
变相自传的一页　洪　深
客气（短篇）　魏金枝
我的幼年时代（长篇・二）　艾　芜
渥班神父（短篇）
〔法〕梅里美作　黎烈文译
风下之国（中篇）　巴　人
生命在消蚀着（短篇）　罗　洪
一瓮银子（短篇）　释　加

寻梦者（长篇·完）　王西彦
抛弃（短篇）
〔蒙〕阿尔卑作　史天行译
编后

第 6 卷　第 3 期
1948 年 3 月 15 日出版

鸡鸭名家（短篇）　汪曾祺
墙头骑士（短篇）　碧　野
幻灭（短篇）　司徒宗
十八响（短篇）　欧坦生
说果戈理的《外套》（论文）
李广田
王洪顺进城（中篇·全）　巴　波
我的幼年时代（长篇·三）　艾　芜
欧洲剧坛漫步（报告）　赵景深
记许寿裳先生（悼词）　洛　雨

第 6 卷　第 4 期
1948 年 4 月 15 日出版

蔓荆草（手记）　王西彦
求雨（短篇）　田　涛
论黑人诗（论文）　荒　芜
魔（短篇）
A.托尔斯泰作　朱　雯译
Samuel Butler（介绍）　顾仲彝
盲目（短篇）
〔日〕岛木健作　萧　木译
鲁迅与狂飚社（史料）　林　辰
女乞丐（短篇）
M.高尔基作　郭　文译
杨云萍诗抄（诗二十首）　杨云萍
我的幼年时代（长篇·四）艾　芜
最近苏联的儿童戏剧（报道）
赵景深
编后

第 6 卷　第 5 期
1948 年 5 月 15 日出版

窗前随感（随笔）　黎烈文
懦夫（短篇）　司马蓝火
泪的哺养（短篇）　黄贤俊
在孩子们中间（短篇）　梦白骷
爱与死（中篇·全）
武者小路实笃作　林焕平译
离乡（散文）　蕾　嘉
读《城与年》（书评）　李何林
《爱与死》校后记（介绍）范　泉
我的幼年时代（长篇·五）艾　芜

第 6 卷　第 6 期
1948 年 6 月 15 日出版

惩戒室（传记）
〔俄〕薇娜·妃格念尔作　巴　金译
酒席上的谎话（小说）　阿　湛
赌徒别传（小说）　刘贝汶
鼠（小说）〔美〕赖　特作　荒　芜译
竹林（小说）　黄贤俊

沙漠上的死者（小说）　青　苗
幻想夫人（电影小说）　叶　尼
蔓荆草（手记）　王西彦
我的幼年时代（长篇·完）　艾　芜
编后

第 7 卷　第 1 期
1948 年 7 月 15 日出版

猪（小说）　艾　芜
眼泪是条河（小说）　刘国光
母亲的祝福（传记）　巴　金
人市（小说）　赵琳书
黄金桃（小说）　齐　明
向贵人看齐（喜剧）　李健吾
十月之夜（小说）　朱　惠
泼妇（小说）　田　涛
碧血丹心（脚本）　顾仲彝

第 7 卷　第 2 期
1948 年 8 月 15 日出版

论萨尔蒂珂夫（论文）　何家槐
福地（小说）　孙殿伟
格拉切夫斯基（传记）　巴　金
向贵人看齐（喜剧）　李健吾
《香烟老儿》（小说）　徐重人
蔓荆草（手记）　王西彦
五月榴花（报告）　萧云厂
猎虎者（小说）　刘贝汶
关于《小说》（论文）　杨润华
碧血丹心（脚本）　顾仲彝

第 7 卷　第 3 期
1948 年 9 月 15 日出版

论罗亭（论著）　王西彦
音诗的作家马思聪（介绍）　端木蕻良
惶恐（小说）　田　涛
向贵人看齐（喜剧）　李健吾
弯刀（小说）　单　复
通信（传记）　巴　金
名势篇（散文）　黎烈文
人头（小说）　李白凤
碧血丹心（脚本）　顾仲彝

第 7 卷　第 4 期
1948 年 10 月 15 日出版

和上海文艺界接触后（感想）　〔法〕善秉仁
花会（小说）　韩　萌
鹅仔（小说）　欧坦生
散文诗十章（散文）　王统照
爱梨（小说）　马荫隐
珍珠（小说）　〔美〕J·斯坦培克作　任以奇译
台湾的作家们（介绍）　林曙光
祖国（散文）　〔法〕E.梭维斯特作　黎烈文译
相思债（四幕悲剧脚本）　刘盛亚
编　后

第7卷　第5期

1948年11月15日出版

流浪人（小说）　艾　芜
柴霍甫和他的《可爱的人》（论文）　王西彦
梁姑（小说）　阿　湛
相思债（剧本）　刘盛亚
粮食（小说）　田　涛
论勃洛克（论文）　何家槐
珍珠（小说）　任以奇

第7卷　第6期

1948年12月15日出版

骑白马的人（小说）　张钧若
羿射十日的研究（论文）　端木蕻良
恩仇（札记）　洪　深
书话话诗（书话）　风　子
腐蚀（中篇）　蔡壬侯
日本文坛近事录（报道）　范　泉
梦里恩仇（电影剧本）　陈莑青
编后

第8卷　第1期

1949年1月10日出版

柳暗花明　邵力子
书红　若　思
展望　孔另境
作者·读者　叶圣陶
再"过年"　施蛰存
面对着新的现实　许　杰
狗矢浴　王统照
同盟绝食　巴　金
海　艾　芜
图腾柱崇拜　端木蕻良
音乐　范　泉
蜜月旅行　王西彦

第8卷　第2期

1949年3月15日出版

浮士德的路　巴　金
笋炒肉　魏金枝
饯行的席面上　许　杰
斯嘎纳赖勒　李健吾
诗的保卫战　唐　弢
蜜月旅行　王西彦

第8卷　第3期

1949年4月15日出版

银沙汗　齐　同
人的启示　冯之原
冬·缓的路　巴　金
《哈姆雷特》　顾仲彝
雪天　青　勃
蜜月旅行　王西彦

附：《文艺春秋副刊》目录

第 1 卷　第 1 期

1947 年 1 月出版

郁达夫回忆琐记　陈翔鹤
谈何其芳　黄伯思
周作人二三事　静　远
何其芳论周作人（补白）
普希金的家庭悲剧和死　戈宝权
关于郑定文　柯　灵
书话　晦　庵
在书堆里　夏侯宠
读《伦敦杂记》　夏奈蒂
路翎的《求爱》　晓　歌
漫谈美国文艺电影　伯　奋
文坛琐闻
书的消息
域外书市
编者的话

第 1 卷　第 2 期

1947 年 2 月出版

普希金和沙皇的斗争　戈宝权
李林先生纪念　黄　裳
郁达夫回忆琐记　陈翔鹤
悲多芬：一个巨人　林　抒
拉赫马尼诺夫断片　小　诃
书话　晦　庵
旧报新谈　方兰汝
怀《水星》　陈敬容
读《鲁迅书简》　李何林
《诗的艺术》　参　赏
书店　夏侯宠
关于文学家传记电影　伯　奋
一月影剧　梅　朵
书的消息
域外书市

第 1 卷　第 3 期

1947 年 3 月 15 日出版

追忆李尧林先生　静　远
雪峰的杂文　辛未艾
关于废名　黄伯思
由美归国的曹禺先生　蠡　芳
郁达夫回忆琐记　陈翔鹤
书的消息　记　者
普希金的小故事　戈宝权
契诃夫断片　林　抒
高尔基二三事　参　赏
巴尔札克和债主　夏奈蒂
书话　晦　庵
旧报新谈　方兰汝
域外书市　程　序
东欧影坛　茹　苓
一月影剧　梅　朵

236 高　原

简　介

《高原》，文艺月刊，一九四四年十一月一日创刊于西安，高原出版社编辑兼发行。从第二期起增署发行人李贻燕。一九四五年五月一日出至第三期休刊。抗战胜利后于一九四六年一月一日复刊，出版新一卷第一期。同年三月一日出至新一卷第三期终刊，前后共出六期。十六开本。

《高原》是抗战胜利前后在国统区西北文艺界有一定影响的刊物。创刊号《后记》指出：该刊为改变抗战后期西安文坛荒凉状况而从事“拓荒的工作”，表示要清除“高原”上的每一枝荆棘和每一颗沙粒，“要在‘高原’上培植出新嫩的蓓蕾，拓沙漠而成绿洲”。刊物以创作与评论并重，兼顾翻译，小说、诗歌在创作中占主要地位，戏剧、杂文次之。评论注重当时西北文艺界的现实问题和创作问题，并编有“郑伯奇先生文坛生活廿周年纪念特辑”。不论创作或评论均以当地青年作者和当时在西北的青年作者为主体。翻译介绍涉及英、法、俄、美、意、西班牙等国进步文学，以及苏联的社会主义文学。主要撰稿者有郑伯奇、孙艺秋、青苗、青勃、冷波、丰村、谷风、苏金伞、臧克家、王亚平、彭燕郊等。

目 录

创刊号
1944 年 11 月 1 日出版

今后文艺工作的方向——读“文协”第六届年会论文的感想 郑伯奇
硬骨头 姚雪垠
荒漠中的奇葩 迦 卜
这才是战争的道理 陈澄之
一个退伍的军人（短篇） 列躬射
渭河牧歌（中篇） 孙艺秋
感性的海（短篇） 余 莹
荒岗燕（短篇） 于煤村
买卖（短篇译著） 莫泊桑著 田 心译
土匪、黄鱼、汽车（旅行道讯） 岂 凡
月亮散记（散文） 黄金万
雪斐的野心（散文） 劳 莱
西北纸源的仓库 雨 村
真实之歌（杂文） 荒 芜
春风白发（诗歌） 臧克家
河上歌人（千行长诗） 东 明
我要生长（外两章） 山 莓
晚祷（诗歌） 予 风
如梦令 克 子
江城子·南歌子·虞美人 陈继平
《发微集》读后感（田仲济原著） 野 风
文人的悲剧 柳 茜
编后记 编 者

第 2 期
1944 年 12 月 1 日出版

郑伯奇先生文坛生活廿周年纪念特辑

争取今天 郭沫若
苦斗 孙艺秋
寿伯奇先生 臧克家
沙上足迹（文坛生活二十五年的回顾） 郑伯奇

论创作 青 苗
创作与学习 郑伯奇
卅年来戏剧翻译之比较 田 禽
树下 依风露
屠格涅夫散文诗 杜秉正译
荒漠的春天 Peari S.Buck 作 夏照滨译
悼阵亡者 ［美］Robert G.Inersoll 作 陈澄之译
阿斗 迦 卜
蓝色的湖——流传在西班牙民间的故事 岂 凡译
小柳莎（五百行） 孙艺秋
大地的旗（诗） 谷 风
西风颂（诗） 雪 莱著 溶 池译

散文四章　刘也悲　予　风　西　栗
随笔五题　何杞若
池鱼　晴　原
毕业　劳　来
我将何以人为（补白）　怒　江
编者之话　编　者

第 3 期
1945 年 5 月 1 日出版

流星
——《特鲁木旗的夜》的姊妹篇　青　苗
本刊忠诚的谢意
山城记（短篇创作）　吕　果
滥泥沟（短篇习作）　狄　火
逃（随笔）　文　载
朋友！我同你一样
——给×××兄　墨　丁
发的故事（短篇创作）　青　苗
红叶（诗）　苏金伞
年来中国文坛的检讨　于煤村
没有阳光的旅途　谷　风
本刊编辑部敬告投稿诸君启事
——半价酬售本期　高　原
重逢（中篇创作）　侍　薰
冬天和我的歌　赵青勃
期待　I.法佐夫著　公兰谷译
节孝坊（诗）　侍　薰
在顿河
〔苏〕M.肖洛霍夫作　薏　冰译
燕儿双飞（五幕六场悲剧）
冷　波
高原驼队（木刻）　沙清泉

新第 1 卷　第 1 期
1946 年 1 月 1 日出版

老人（创作小说）　青　苗
上海的“文艺复兴”
——记上海文协成立大会
王　坪
屠格涅夫论
〔苏〕瓦格拉夫斯基作　钱新哲译
野心的来客　N.霍桑作　君　军译
交流（长诗）　彭燕郊
神曲（The Divine Comedy）
但丁著　老　梅译
威廉　蒂　克
孙大少爷回来了（中篇连载）
丰　村
迎（诗辑）　苏金伞
《雷雨》与希腊悲剧精神　栾　星
家庭悲剧（创作小说）　荆有麟
元旦献词　宁克宁
画像（翻译小说）
〔苏〕拉甫列涅夫著　辛　野译
我爱　穆　歌
民间语言的仓库　拾　遗
世纪篇
——拟屠格涅夫《罗亭》
卜　宁

新诗创作的回忆
——《永远结不成的果实》
之一章 王亚平
《生活的恋歌》题记 孙艺秋
遥寄北方 蒂 克
金陵轮廓画
——作家书简 莽 夫
介绍《黎眉小姐》 李 门

新第1卷 第2期
1946年2月1日出版

贡献给西北文艺界的朋友 郑伯奇
金鱼 青 勃
梦幻曲（长篇连载） 孙艺秋
中国女剧作家论 田 禽
大卫·斯汶 N.霍桑作 君 军译
都会 白山子
孙大少爷回来了（续完） 丰 村
我的哲学（诗） 李岳南
燕山双飞（五幕六场悲剧）
（接第三期） 冷 波
编后

新第1卷 第3期
1946年3月1日出版

年之姐妹 N.霍桑作 君 军译
水草 蒂 克
旧岁终了读《祝福》 叶 丁
她的“盟友”走了 向 光
海上行 陈 沙
漂萍 蒂 克
鸟儿的歌声
〔丹麦〕汉 逊作 甄瑞麟译
燕儿双飞（五幕六场悲剧） 冷 波
山歌辑（诗辑） 苏 雷
亲爱的
杰姆·斯太夫作 安 蒂译
梦幻曲（长篇小说连载） 孙艺秋
献给一只燕子 蒂 克
编后话

237 文学新报

简 介

《文学新报》，半月刊，一九四四年十二月二十日创刊于重庆。文学新报社编辑兼发行，萧蔓若主编，发行人为汪啸凡。一九四五年九月十日出版第二卷第一期，扩大篇幅，改为月刊。同期终刊，共出七期。十六开本。

《文学新报》出版于抗战后期的国统区。《发刊词》强调“文学是战斗的武器”，反对“与抗战无关”的论调；认为文学工作者的责任“随着抗战的进展而加重”，表示愿将有限的力量“献给国家，献给人民”。该刊创作与译介并重，兼顾评论。文学创作以诗歌、小说为主。白帆、王亚平、邹绿芷、徐迟等人的诗，艾芜、周而复的短篇小说和萧蔓若的长篇选载等，反映了抗战胜利前夜国统区的沉闷空气和人民的困苦生活。刊物还注重介绍外国的革命进步文学。第一卷第三期编刊的“罗曼·罗兰逝世纪念特辑”，发表了郭沫若、茅盾、葛一虹、萧蔓若的纪念文章，并译介了他的《诉于世界的良心》。另外，苏联著名作家高尔基、A.托尔斯泰的生平与创作的翻译介绍，也在刊物上占有突出地位。该刊的理论批评，侧重于外国作家作品的评介，对国内文艺运动与作家作品的研究批评甚少。主要撰稿者除上述诸人外，尚有任钧、臧克家、戈宝权等。

目　录

创刊号
1944 年 12 月 20 日出版

发刊词
把文艺空气普及起来罢　茅　盾
作家的自尊　艾　丛
人民与历史
〔苏〕克尼波维支作　无　以译
锄地杂感　艾　芜
山的诅咒　黄贤俊
一歌十五典　臧克家
诗思点滴　任　钧
罗静（长篇《解冻》中之一章）　萧蔓若
北方（封面木刻）　刘铁华
文坛点滴
编后记

第 1 卷　第 2 期
1945 年 1 月 5 日出版

把窗子打开吧　其　蓁
想象与真实（评碧野的小说《乌兰不浪的夜祭》）　芦　蕻
伟大时代的追求者　萧蔓若
论艺与学的合流（庞薰琴画展观后感）　黄芝冈
孤独（诗）　莱蒙托夫作　张　俗译
叙小母亲　S　Y
政治舞台上的文人　文
狗颂　萧　香
砖窑（封面木刻）　梁永泰
编辑室

第 1 卷　第 3 期
1945 年 1 月 20 日出版

罗曼·罗兰逝世纪念特辑
宏大的轮船停泊到了安全的海港　郭沫若
拿出力量来　茅　盾
敬悼罗曼·罗兰　葛一虹
我们将更会战斗（悼罗曼·罗兰）　萧蔓若
关于《约翰·克里斯朵夫》的二三事　戈宝权
关于《约翰·克里斯朵夫》
N.雷柯夫作　朱　笄译
罗曼·罗兰的历史剧　松　子
罗曼·罗兰画像（封面）　新　波
罗曼·罗兰给西班牙人民政府的信　孟　引译
罗曼·罗兰小传

星　秦汝林
评《奴隶的花果》（碧野原著）　芦　蕻

文坛点滴
编辑室

第1卷　第4期
1945年2月5日出版

三个被遗弃的兵士（诗）　白　帆
这是冬天最后的一夜（诗）　王亚平
初恋　A.雅可布森作　无　以译
建成炼钢公司成立的一天　宋　霖
从《芸兰泪史》的还魂想起　沈　灵
搅乱历史的人　田仲济
大风（诗）　吴　视
诉于世界的良心
罗曼·罗兰作　任　钧译
童话　杨　征
文化景象（封面漫画）　余所亚
《文新》信箱　瞿耀波等
文坛点滴　编　者
编辑室　编　者

第1卷　第5期
1945年2月20日出版

论伟大的批评家柏林斯基
N.鲍格斯洛夫斯基作　葛一虹译
独夫　李　林
京胡（诗）　徐　迟
略论宋玉的帮闲　林　辰
苏鲁黑亚　巴甫林科作　章　其译
它（记某君一席谈）　罕　明
无声的喇叭吹出的曲子　靳　倩
文坛点滴

第1卷　第6期
1945年6月1日出版

在苦难里行进
A.托尔斯泰原著　曹靖华译
俄罗斯的力量
A.托尔斯泰作　庄寿慈译
书的价钱　金　近
果戈理论文学的语言　徐中玉
死后　莫泊桑作　汪亚梭译
凤凰山底冬天（诗）　邹绿芷
吃炭的道士与说书的教授　耿　庸
遭遇战　〔苏〕法延斯作　禾　辛译
风筝（外两章）　天　明
生命底跃动（诗）　江　笛
《文新》信箱　杜青城等
文坛点滴
编辑室

第2卷　第1期
1945年9月10日出版

写下第一篇作品以前的高尔基
茅　盾
人民是不朽的
M.高尔基作　戈宝权译
L.托尔斯泰与M.高尔基
V.O.K.S.作　庄寿慈译
诗人高尔基　任　钧
小　说
村选　周而复

挤兑记　艾芜
庸人传（长篇连载）　萧蔓若

遏止不住的感情
——为茅盾先生五十寿辰作
萧蔓若

诗

“衣冠禽兽”　黎音
无花　谷风
煤（外两章）　吴瞻

一塌糊涂（报告）　徐迟
两代（散文）　S Y

短论

色情文学的产生和它的灭亡
艾丛
还是思想第一　吴亦

238 希　望

简　介

《希望》，文学月刊，一九四五年一月创刊于重庆，希望社编辑出版，胡风主编。第一集出版四期，前三期由重庆五十年代出版社总发行，一九四五年十二月出版的第四期由三联书店重庆分店发行。刊物在重庆出版期间，每期另在上海印售。一九四六年五月四日迁至上海续出第二集第一期，并改由中国文化投资公司总发行，发行人为胡国城。同年十月十八日出至第二集第四期停刊，前后共出八期。十六开本。

该刊是“七月”派的重要刊物之一。创作与评论并重。文学创作以诗歌、杂文为主，小说次之。作品对抗战胜利前后国统区的黑暗现实给予暴露，表现了进步的现实主义倾向。其中杂文和部分短诗，触及政治时事，尤为尖锐泼辣。刊物还发表过解放区一些作家的作品，如孔厥的小说《郝二虎》《凤仙花》，邵子南的报告《李勇和他底地雷阵》和丘东平的书信，在当时国统区产生了积极影响。刊物发表的文学批评论文，对创作上的现实主义和其他倾向性问题，做过一些有益的探索。但是有些文章，如舒芜的《论主观》、胡风的《置身在为民主的斗争里面》等，曾在国统区文艺界引起过较长时间的争论。主要撰稿者有胡风、鲁藜、冀汸、绿原、邹荻帆、孙钿、胡征、丁易、方然、耿庸、路翎、贾植芳等。

目　录

第1集　第1期
1945年1月出版

置身在为民主的斗争里面　胡　风
箭头指向——　阿　垅

小　说

罗大斗底一生　路　翎
山村小事　马　琴
一个坦白人的自述　骆宾基
我乡　贯植芳
郝二虎　孔　厥
第二代（诗集）　鲁　藜
星的歌·时间·夜歌·河流·野火的歌·第二代·早·散步去了·春天的童话·友情·牧童的歌·海·雪·泥土
寒冷（诗集）　冀　汸
回来·寒冷·罪人不在这里·誓·有翅膀的·我不哭泣·七月底轨迹·圣徒们·宁静的夜里·听见了
他们的文化（短诗）　化　铁
无题（短诗）　绿　原
读罗兰《悲多汶传》（长诗）　人　仆
骆驼与星（长诗）　朱　健
论主观　舒　芜

杂　文

“能为中国用”　林慕沃
“夷狄之进于中国者”　葛　挽
耶苏闻道记　姚箕隐
宰相怎样“代表平民”的　但公说
我佩服“曾文正公”　宗珪父
“迷途之羔羊”返矣！　姚箕隐
“国家育才之至意”　竺夷之
“真”与“雅”　白君勺
不暇自笑的丑角　赵元申
“嗜痂”与“制痂”　孙　堪
“无捧而无不捧”　徐　舞

哲学与哲学家　许　无

书　评

《欧根·奥尼金》与《当代英雄》　冰　菱
《何为》与《克罗采长曲》　冰　菱
两层雾罩下的黑尔格　舒　芜
麦哲伦通过海峡
（R.A.Locderor 作彩色版画仿刻）　余所亚
《麦哲伦通过海峡》题解　胡　风
“骄”与“馁”　牟　尼
小启
编后记　胡　风

第1集　第2期
1945年5月出版

给希望　G.基茨作　怀　译
暴风雨岸然轰轰而至　化　铁
真实——苏联艺术的基础

V.吉尔波丁作　雨　林译

文艺的任务不仅在说明

莫洛索夫作　于　怀译

论苏联文学中的民族形式问题

A.顾尔希坦作　戈宝权译

破坏（诗集）　绿　原

破坏·虚伪的春天·游记·坚决·给化铁·给我底女人的嘱咐

论民主（时事诗集）　邹荻帆

论民主·给一个报纸编辑·彼得罗夫将军和孩子·德国俘虏·围攻希特勒

哈喽，胡子！（长诗）　公　木

海路历程（长诗）　胡　风

论诗四题　阿　垅

节奏片论

排列片论

小诗片论

灵感片论

论中庸　舒　芜

在光明以外（小说集）　贾植芳

剩余价值论

有“希望”的人们（小说集）

路　翎

感情教育

可怜的父亲

秋夜

瞎子

王老太婆和她底小猪

新奇的娱乐

杂　文

无常　牟　尼

略谈祀灶　牟　尼

“国字”的奥妙　桂未晚

王莽的训导方法　孙子野

读溥仪“逊位诏书”书后　龙亮之

设想与事实　龙亮之

国之本在家　魏仲奇

意志自由的苦笑　荒　陵

静侯解答　但公说

非“政治”的民意　竺夷之

沉默成功了什么　耿　庸

“致身”法钩沉　姚箕隐

“祖国”与“情郎”　龙亮之

文学的强奸　东　山

读史笔记三题　舒　芜

明太祖高皇帝的“革命”

效“儒效”

从“游龙戏凤”说到“妾不如偷”

评《一个人的烦恼》　石怀池

谈“色情文学”　冰　菱

法西斯国家的言论自由（木刻）

〔苏〕B.S.摩尔

编后记　胡　风

第1集　第3期

1945年8月出版

牢狱篇（诗集）　牧　青

火的想望·大地·我愿越过墙去

小　说

两个流浪汉　路　翎

悲歌　漠　青

机场上　刘北汜

思想建设与思想斗争的途径　舒　芜

内容的了解与形式的了解
——评杨晦：《曹禺论》（《青年文艺》第六期）　吕　荧

白衣女（诗集）　胡　征
石像·白衣女·清明节·挂灯的人·钟声·打水的

夜行曲（诗集）　鲁　藜
夜行曲·同志的枪·收获·迎接冬天

低云季（诗集）　朱　健
早晨·我开始写诗·问讯·雾·沉默·不知道

祭天（政治诗）　魏本仁

给诅咒者（长诗）　方　信

给天真的乐观主义者们（长诗）　绿　原

杂　文

引经据典　许　无

关于“立像与胸像”的两件事　石亦生

“公民”的捷径与歧路　吴　民

“拥护”古谊考　孙子野

“法于自然”　宗珏父

中国法西斯蒂党　孙无害

“你们以为那熏鱼的味道怎样？”　耿　庸

“民信”在哪里？　闵波斯

对话　方　然

不变　方　然

气死不告状　荒　陵

李勇和他底地雷阵（报告）　邵子南

书　评

评《人生对话》（余家菊原著）　舒　芜

理想主义的破灭与新生　钟　雨

市侩主义底路线　未　民

失业（木刻）　〔苏〕D.S.摩尔

紧急启事　本　社

编后记　胡　风

第1集　第4期
1945年12月出版

终点，又是一个起点（诗）　绿　原

风雪的晚上（诗）　鲁　藜

生命（诗）　冀　汸

胜利小景（小说集）　路　翎
中国胜利之夜
翻译家
英雄与美人
旅途

我们今天需要政治内容，不是技巧　阿　垅

释“战斗要求” 方 然

杂 文

青面圣人 郑建夫
今天的“狂人”和“莎乐美” 孙子野
史学的奥窍 但公说
译音 丁 易
好名二术 丁 易
我的怀乡 舒 芜

书 评

纪德底姿态 冰 菱
《淘金记》 冰 菱

乡镇散记 路 翎
写于不安的城 胡 风
内战的灾难（木刻） 玷牙西 失 名
编后记 胡 风

第 2 集　第 1 期
（总号第 5 期）
1946 年 5 月 4 日出版

织工队（封面） Kaethe Kollwitz
思想者（封里） Auguste Rodin
上海是一个海 胡 风
个人·历史与人民 舒 芜
反对邱吉尔（政治诗） 邹荻帆
人生与诗 阿 垅
　内容一论
　风格片论
　形象片论
　效果片论
王兴发夫妇（小说） 路 翎
私盐贩（小说） 演 汉
名匠陆明（小说） 平 旦
我们是愉快的（诗集） 孙 钿
　望远镜·我的月光曲·我们是愉快的
真实的生命（诗集） 鲁 藜
　真实的生命·生命在呼喊·草·素描
在星下面（诗集） 卫寄宇
　星·兵·意志·希望·同志·敌人
掘墓者 贾植芳
舞龙者 冰 菱

杂 文

乾隆皇帝圣虑发微 郑达夫
学生与政治 宗珪父
“政治杂感”杂感 竺夷之
忘悼 郭 畹

寒候鸟（民间小故事） 胡 田
张天师的同学和水鬼（湖北民间传说） 梅 志

关于珂勒惠支（一） Romain Rolland
关于珂勒惠支（二） Ferdinand Avenarius

遗嘱（断片） Auguste Rodin
从重庆寄来·从川北寄来
编后记 胡　风

第2集　第2期
（总号第6期）
1946年6月16日出版

三等列车（封面） H.Daumier
凑热闹的人们（封里） H.Daumier
在疯狂的时代里 胡　风

小　说

回家 萧　军
胆怯的人 扬　波
王炳全底道路 路　翎
凤仙花 孔　厥

关于思想与思想的人 舒　芜
　　论文的风格
　　过程与结论

杂　文

理性与革命与统一 竺夷之
邓肯女士与中国 郑达夫
太平景象 方　然
关于"发抖" 一　简
尊理性 宗珪父

沉闷期的断想 贾植芳

诗

悲愤的人们 绿　原
冬夜 鲁　藜
喜悦 牧　青
　　表·在一九四六年的恐怖中·默悼几个捕火者底死·爱花·喜悦
春天 扬　令
　　繁华的夜·这里有春天·万人大会
给德米特瑞·萧斯答柯维奇
　　〔美〕卡尔·桑德堡作　绿　原译

散　文

忆李邦梁 郭　畹
地狱中的塑像 唐　湜

评《蜗牛在荆棘上》（路翎原著）
　　冯亦代

论无耻主义（断片） 高尔基
关于H.杜美埃 所　亚
编后记 胡　风
更正 编　者
致读者（封底） 编　者
从鄂北寄来 D.
从重庆寄来 A.
从渝郊寄来 H.
从川南寄来 S.
从南京寄来 L.

第2集　第3期
（总号第7期）
1946年7月出版

野火（封面） 李　桦
东平照相（封里）

东平笔迹（封里）
碑（诗） 朱谷怀
一束信 东 平
东平小论 石怀池
忆东平 胡 风
一封信 蒋 弼
蒋弼一斑 胡 风
给石怀池 冀 汸
论“实事求是” 舒 芜
释“过程” 方 然
我的师傅（小说） 胡 田
挂黑牌的人家（小说） 刘黑枷
咦，美国！（诗） 绿 原
杂 文
“王气”的寒流 张 禹
雨夜谈龙 白君勺
关于几个女人的是是非非 郑达夫
谈“妇言” 孙子野
“两全”以外 张 禹
“刺激”与“和平” 方 然
略谈明思宗 张 禹

从重庆到南京 冰 菱
我憎恶 冰 菱
我的聪明 舒 芜

关于李桦 高 荒
编后记 胡 风
东平作品目录
《第七连》小引 胡 风
《东平短篇小说集》题记 胡 风

第2集 第4期

（总号第8期）

1946年10月18日出版

鲁迅先生和他底若干对手（封面） 孟 克
鲁迅先生照相（封里）
关于鲁迅精神的二三基点 胡 风
鲁迅的中国与鲁迅的道路 舒 芜
给胡风的六封信 鲁 迅
知识分子与法国的复生
R.盖诺德作 宗 玮·芦 蕻译
伊里亚·列宾及其作品
K.Chukovsky 作 何家槐译
秩序（长诗） 郑 思
复仇的哲学（长诗） 绿 原
平原集（小说集） 路 翎
平原
易学富和他底牛
张刘氏敬香记
人民化 家
论生存 方 然
小 说
理想主义者 贾植芳
黄河边上 言半默
结合 晋 驼

党史话 释 来
杂 文
“看”戏之类 方 然
说到“民主” 耿 庸

“女作家” 白君勺
请愿日记 方 然
国（诗） 牧 明
给 C.T.（诗） 邹荻帆
无花果（诗） 冀 汸
宝贵（诗） 圣 门
由于你，新中国在成长（鲁迅先生颂歌） 胡 风词 戈曲
编后记 胡 风

239 诗文学

简介

《诗文学》，不定期刊，一九四五年二月创刊于重庆，邱晓崧、魏荒弩主编，诗文学社出版，发行人为邱晓崧。共出两辑，分别题名《诗人与诗》《为了面包与自由》。第二辑出版于一九四五年五月。十六开本。

该刊是抗战后期诗文学社创办的诗歌刊物。诗文学社是一九四四年二月由昆明诗歌团体“枫社”改组成立的。同年七月其成员邱晓崧抵渝，经过半年多的筹备，在许多作家诗人的支持下创刊了《诗文学》。编者声明：《诗文学》“决没有同人之分，也没有宗派、门户之见，它是全国诗人们，诗歌工作者底公共园地”；又说：“为了受难中的祖国，我们得献出那一份热情，那一点血汗，为了反映艰苦抗战的最后阶段的可歌可泣的史迹，我们得坚持我们诗的岗位。”（第一辑《校后记》）刊物偏重创作，发表过一些有影响的诗作，如力扬的叙事长诗《射虎者及其家族续篇》，何其芳的抒情短诗《夜歌两首》，彭燕郊的长诗《土地母亲的话》等。编者还通过在文协工作的叶以群帮助，编发了一些延安诗稿，如艾青的《强盗与诗人及其他》，鲁藜的长诗《锻炼》等。该刊评论与翻译较少，王亚平的《论诗人思想感情的改造》，何其芳的《谈自己的诗》，彭燕郊的《论感动》，以及黎央译的《论叶赛宁及其诗》等，是较重要的论文。主要撰稿者除上述诸人外，尚有臧克家、李广田、袁水拍、曾卓等。

目　录

第 1 辑
诗人与诗
1945 年 2 月出版

生活、思想、语言（论文）　姚雪垠
论诗人思想情感的改造（论文）
王亚平
论当代英国诗人（论文）
Demetrios Capetanakis 作
袁水拍译
谈自己的诗　何其芳
强盗与诗人及其他（诗集）　艾　青
诗五首（诗集）　袁水拍
寄罗曼罗兰（诗集）　晦　晨
江湖小辑（诗集）　林　薇
市外・夜城　曾　卓
好寂寞的岸（外一首）　杜　谷
米哈依契（外一首）　张大旗
第一乐章　吕　剑
黄昏　V.Bryufen 作　邹狄帆译
我选择了那颗星　姚　奔
弃婴　邱晓崧
射虎者及其家族续篇（叙事诗）
力　扬
锻炼（叙事诗）　鲁　藜
诗人的声音（批评）
——论方敬的《雨景》和《声音》　李广田
读诗小记（批评）
——论曾卓的《门》　臧云远
诗坛消息（四则）　本　社
作家近况（一）（二）　本　社
校后记　编　者
封面设计　余所亚

第 2 辑
为了面包与自由
1945 年 5 月出版

论感动　彭燕郊
现代诗歌中的感性
Stedhen Spender 作　袁水拍译
论叶赛宁及其诗　黎　央
叶赛宁诗抄　黎　央译
诗六首　灰　马
路与碑（诗集）　宗　亮
诗四首（《裁员》《宝贝儿》《一个黄昏》《泪》）　臧克家
春的开始（诗集）　李　卉
山色及其他（诗集）　李广田
无题七篇　晦　晨
夜歌两首　何其芳
两极　林　薇
回来　黄药眠
飞跃的红旗　石　岚
ZERO HOUR　刘火子
重庆　张大旗
风雨天竺序曲　金克木
待质所　葛　珍
小屋　苏金伞

被围者　穆　旦
守望　任　健
圣经　吴仕贤
路的复活　邱晓崧
土地母亲的话　彭燕郊
空袭（无线电诗剧）
麦克·利希作　徐　迟节译
封面设计　廖冰兄

240 文　哨

简　介

《文哨》，文艺月刊，一九四五年五月四日创刊于重庆，叶以群编辑，重庆建国书店发行，发行人叶以群。同年十月一日出至第一卷第三期终刊，共出三期。十六开本。

该刊是抗战胜利前后在国统区出版的有影响的文艺刊物。创刊号以《我们的方向》为题发表的座谈会纪要，强调要配合“目前民主运动的需要”；号召作家“面向农村”，反映农村的生活和斗争。同期《编后杂记》也指出：新文艺应突破知识分子和小市民圈子，“扩大描写对象和读者范围”。刊物编辑采取创作、评论、翻译并重的方针。创作以小说、报告速写、诗歌为主，表现大后方人民的痛苦和民主要求，反映敌后抗日根据地和敌占区人民的斗争生活。理论批评方面，“短论”栏侧重探讨现实主义问题；有些短评触及到战时文艺与大众的关系；黄芝冈、以群谈花鼓戏、旧形式的论文，提出了“改造旧形式，确立新作风”的问题。“读者录”专栏是对新书的评介。所载翻译作品，多数是西欧各国的反法西斯文学。刊物还配合抗战现实，编辑过五个“纪念特辑”。主要撰稿者有郭沫若、茅盾、以群、吴组缃、艾芜、沙汀、刘白羽、华山、黄芝冈、徐迟等。

目　录

第 1 卷　第 1 期
（创刊特大号）
1945 年 5 月 4 日出版

我们的方向（《文哨》座谈）

短　评

向人民大众学习　郭沫若
笔的方向　夏　衍

近年来介绍的外国文学（论文）
——国际反法西斯文学的轮廓　茅　盾
论花鼓戏的演变（论文）　黄芝冈
改造旧传统，确立新作风（论文）　以　群

罗曼·罗兰纪念特辑

悼罗曼·罗兰　艾　青
记罗曼·罗兰
〔美〕L.普莱斯作　方　敬译
论罗曼·罗兰及其《约翰·克利斯朵夫》　N.莱可娃作　孙　纬译
罗曼·罗兰语录
录自傅雷译《约翰·克利斯朵夫》
守望莱茵河（上）
（Lillien Hulmann 作，三幕剧）
冯亦代译

诗

化雪夜　沙　鸥
这里的日子莫有亮　沙　鸥
雾中的默想（外二首）　费　雷
活下去　穆　旦

在掩蔽壕里
〔美〕恩尼·帕艾尔作　徐　迟译

小　说

江上行（上）　艾　芜
窝棚
——《姜步畏家史》之一章
骆宾基
警犬班长　周而复
长街　〔英〕白克兰作　荒　芜译
这样的“胜利”！（上）
〔苏〕爱伦堡作
徐　迟　袁水拍译
破击战（报告）
——井陉煤矿是怎样破坏的？
韦　明

速　写

讲租　向　颐
红太阳　普　寅
晓东街之夜　静　春

思想·技术（《文哨》书简）以　群

读书录

读书杂记　茅　盾
读《十年诗选》　吴组缃

编后杂记　编　者
罗曼·罗兰画像（封面插画）
〔法〕培纳·米勒莱

第1卷　第2期（倍大号）

1945年7月5日出版

论《战争与和平》
〔苏〕齐尔查宁诺夫作　孙沣译
新文艺运动史话
凫进文艺的新潮　郭沫若
一点回忆和感想　茅　盾
一个拟议　孙伏园

读与写（经验谈）　老　舍
欧战胜利纪念特辑之一
——战时法兰西文艺
战时法国文艺动态　焦菊隐
好邻居（小说）
〔法〕圣鲁芒作　杨韵荪译
《合作分子》（小说）
〔法〕台里尔作　孙　源译
搜查（独幕剧）
J.R.勃洛克作　李星可译
解放巴黎的目击
华克洛德作　李青崖译
被屠杀的幼女（外一首）焦菊隐译
在狱中
〔法〕若望·博兰作　孙　源译
集中营里的歌声（诗）　焦菊隐译
巴黎圣童贞女　儒芙作　焦菊隐译

春朝（小说）　沙　汀
崖下（散文）　刘北汜
江上行（下）　艾　芜
这样的"胜利"!（下）
〔苏〕爱伦堡作　徐　迟、水　拍译
欧战胜利纪念特辑之二
——战时苏联文艺
爱国战争时期的苏联文学
A.耶果林作　铁　弦译
苹果树
〔苏〕N.吉洪诺夫作　茅　盾译
坚持〔苏〕肖洛霍夫作　赵　洵译
母亲和女儿
A.托尔斯泰作　纪坚博译
守望莱茵河（三幕剧）（中）
Lillian Hellman 作　冯亦代译
读书录
读沙汀《淘金记》　卞之琳
《人民是不朽的》
（葛洛斯曼著　茅盾译）李广田
间谍.人民的力量（《文哨》书简）
以　群
编后杂记　编　者
法西斯治下的"言论自由"
（封面插画）　Kubrynikoy 作

第1卷　第3期

1945年10月1日出版

法兰西和自由
罗曼·罗兰最后遗作　孙　源译
抗日战争胜利纪念特辑
人民的愿望　以　群
新的时代，新的起点　以　群

战争给了我们什么？ 刘白羽
七道闪电、七个巨雷以后 徐迟
钟声和人声 袁水拍
牛角尖上的苍蝇 酒泉
上海之忆 艾明之

漫谈花鼓剧（论文） 黄芝冈

茅盾先生五十寿辰暨创作二十五周年纪念特辑

回顾 茅盾
略谈雁冰兄的文学工作 叶圣陶
雁冰先生印象记 吴组缃
感谢 沙汀
记我的一段文艺生活 艾芜
雁冰先生生活点滴 以群

选举（独幕剧） 尚丁
守望莱茵河（下）
〔美〕Lillian Hellman 作
冯亦代译

小说，速写创作特辑

朝会 靳以
替身 沙汀
破晓（上） 刘伯羽
死亡和诞生 碧野
出国 徐迟
一家人 萧琼
春装 金近
桐子 金为刚

布科耶莫夫
高尔基作 朱笄译
碉堡线上（报告） 华山
鸭子的故事 罗启
法国现代诗歌的动向
〔法〕杜安作 叶明译

诗辑

诗人和战争（小民族诗集）
袁水拍选译
老李 臧克家
新型 侯唯动
钟声 孙健秋
不安的夜 方敬
铁匠 胡荣谦
菩萨 林燕

编后杂记 编者
重建（封面插画） 李少言

241 文艺大众

简　介

《文艺大众》，月刊，一九四五年九月十五日创刊于北平，北平文艺大众社编辑兼发行。同年十二月十五日第四期起改为半月刊。一九四六年四月十五日出至第七期停刊。十六开本。同年十月五日复刊，出版“新生号”，改成四开小报型，仍为半月刊。一九四七年二月一日出至新五号终刊，前后共出十二期。

该刊是抗战胜利后北平进步文艺青年创办的小型文艺刊物。《发刊词》表示要在文艺战线上为“建设中国民众自己的生活，建设新中国”而贡献力量；强调文艺要与大众结合。创刊号《编者的话》又指出：“绝对打倒无病呻吟，风花雪月，脱离现实的写作。需要的是具有现实性的大众化作品。”第一至七期以发表创作为主，间有评论和译文。创作比较注重杂文，仅“有鲠在喉”栏就刊登杂文二十余篇。其次是小说和诗歌。这些作品针对日伪占领所造成的种种社会现象文艺现象而发，对清除日伪的影响起了一定作用。复刊后，评论和译文显著增多，主要是对国内外作家作品的评介和创作问题的探讨；文学创作相对减少。主要撰稿者有胡陀、萧斯金、李瑛、达人、李治夫、黎克简等。该刊发表或转载过臧克家、艾芜、周钢鸣、荃麟等的创作或论文，以及周建人、戈扬纪念鲁迅的文章。

目　录

第 1 期
1945 年 9 月 15 日出版

发刊词
文艺报道
远景、近景　元
北平出版界近况
有鲠在喉（杂文）
中国人请说中国话　达　人
水清了　达　人
摇身一变　白　水
忠心耿耿　生
识时务者为俊杰　生
小丑们的脸相　岳
诗
群鬼　成　文
给诗人　李治夫
我往前走　黑　觉
没有终止的议论后　石川啄木作　张又士译
记一个普通的孩子　萧斯金
散　文
鬼世界里的故事　李治夫
小　说
王二爷　澎　湃
劫后　咏　青
编者的话

第 2 期
1945 年 10 月 15 日出版

纪念鲁迅先生逝世九周年专页
纪念鲁迅先生　本　社
我底理解中的鲁迅先生　志
未发表过的鲁迅先生书信

新文艺试论（论文）　孙玉铮
淮上吟（报告长诗·特别转载）　臧克家
有鲠在喉（杂文）
回敬　余　民
文人相轻　丁　非
死猫吓死活老鼠　胡　仁
清帐　张　力

沦陷的滋味（诗）　南野丁
创　作
疤　成　文
怪客　维　雷
羊　咏　青

编者的话

第 3 期
1945 年 11 月 15 日出版

谈两个根本问题
论新文艺的性质（论文）　黎克简
月儿湾湾影儿长（资料）　郭　沛

有鲠在喉（杂文）
不可以原谅　余　民
尾巴还没有变好　周　灵
打倒新汉奸　黄　文
扫荡　齐　璐
严惩汉奸和战争罪犯　陈　文
秋天的太阳晒在胸前（散文）　俞力株
淮上吟（报告长诗·特别转载）　臧克家
雾（诗）　雷　妍
我们的进行曲　杨　竹
呈献——给我爱了的人们　萧斯金
创　作
他们解放了自己　胡　陀
表彰　何　风
种子　咏　青

编辑后话

第 4 期

1945 年 12 月 15 日出版

用中国人的话，写中国人的事（论文）
论反映（论文）　吕敬平
有鲠在喉（杂文五则）　戚　路等
有感于“优越感”（杂文）　齐　璐
“国土光复，此乃建国之良机”（杂文）　张洞光
一张旧的画片（随笔）　黑　角
未明诗抄（短诗）　姜千里
两个游荡的心（长诗）　萧斯金
坑边（创作）　咏　青
编辑后记

第 5 期

1946 年 1 月 15 日出版

恭贺新禧
说几句闲话（论文）　司空痴
作家不应脱离现实（论文）　邵　光
冬天，我们的北平（报告）　王　烽
对牛弹琴（论文）　黎克简
狱中琐记（诗）　翟尔梅
所谓“接收人心”（杂文）　向　谿
执事后各司其事（杂文）　何　风
滹沱河之水（长诗）　张　蓝
嫌恶（短诗）　黑　角
梁先生请我吃饭（小说）　成　文
只有杀死他们，我们才能活（小说）　胡　陀
胜利中的小故事（小说）　张守常
恶的因果（散文）　维　雷
编后记

第 6 期

1946 年 2 月 15 日出版

诸位同学如晤
谈“镜子”　孙玉铮
续“对牛弹琴”　黎克简
诗的情绪与格律　翟尔梅

"官"在中国　余　民
沉默的话　鸿　冷
游击队之插曲（诗）　姜　力
重庆人（诗）　臧克家
山，除夕，血浆及其他（诗）　李　瑛
我们怎样击退了敌人　张　文
房东的两位小姐　成　文
早晨（诗）　凌　冰

第7期
1946年4月15日出版

我们要言论出版自由
访　楚天碧
小伙子真叫棒　胡　陀
跟大伙在一起（诗）　一　个
谷老（转载）　何其芳
沉默的话之二　鸿　冷
守夜　翟尔梅
我们是劳动的一群（诗）　萧　坚
烟　华　文
矿工（诗）　李　瑛

新生号
1946年10月5日出版

略谈文艺通讯　黎克简
臧克家的《泥土的歌》　张守常
新生的话
路易斯·阿拉贡（文艺家介绍）
一封书信　左琴科作　L.F译
人生（诗）　周钢鸣
为世界和平奋斗
——记法国学术界和平工作大会
从秋天想起　苇　汀
远景近景
受刑者所唱的歌　阿拉贡
寻猎者
"摊公款"　门　外
森林　周　为
找那么一点东西　石　挥
业余剧团的导演　章文裕
一条新路径
——由讽刺剧的成功谈起　王　风
茶馆小调　长　工词　费　克曲

新2号
1946年11月1日出版

纪念鲁迅逝世十年

关于鲁迅回忆的断片　周建人
一把短刀的来历
高等日人的辩侵掠
一·二八的战争
关于鲁迅的病
我的伯父鲁迅　周　晔
鲁迅·闻一多断片　戈　扬
那日子也许不太远了　山　明
你是我们中间的　姜　力

纪念鲁迅
文艺青年要切实学习文艺 本 社
海滨别墅 斯塔玛托夫作
艰苦的道路 爱伦堡作 戈宝权译
命 冲
雨天 雪莱原作 郑 苹试译
推动北平戏剧运动
应当注意集体研究工作 郑天健
剧坛杂感 郭 沛
伊里亚·爱伦堡（文艺家介绍）
祖国颂（大众歌声） 何安东作曲

新3号

1946年11月20日出版

今天的诗 张岂之
壁报和油印期刊 黎克简
沈从文先生
谈写文章和编刊物
关于今天的诗（本刊编辑人日记）
分发 胡 陀
大坏蛋 艾 芜
一家人 胡 陀
万里长城
——写一个民间传说的故事 阿 贵
十五位读者对《海滨别墅》《一封书信》的意见 编辑部
怎样创造形象 荃 麟
夜底话 王爱丁
无题（新市侩颂） 张 蓝
编辑人语 A.托尔斯泰论戏剧文学 郭 征意述
剧作者·演员·观众 郭 沛
古怪歌（大众歌声） 宋 阳词曲

新4号

1946年12月11日出版

《小二黑结婚》中的语言
——并向君实君商讨 黎克简
我是上等兵（诗） 张 蓝
一个人的斗争 庄 砚
世界名著研究
《伊凡诺夫》研究
——契诃夫作品研究之一 张岂之
怎样创造形象（续） 荃 麟
编辑人语
锯木——破船——顽石 王 焚
什么是音乐？ 崔 牛
介绍崔牛
青春战斗曲 洛 辛词曲
行军曲 黄 杰作

新5号

1947年2月1日出版

鲁迅杂文的三个决定因素 欧阳凡海
俺就是没钱 玉 文

诗　辑

我们歌颂你，西南联大　戈　扬
西安门上的一只箭　行　者
下雨的街　姜　力
弹着月琴的歌手　东方大萼
冬天，寒冷的冬天　李云康
他走了　苏　夫
一件大事情（数板速写）　黄　伟
暗黑夜　曹　汀
一帆　莱众托夫

怎样创造形象
　形象描写的技术（续完）
　荃　麟
一支歌怎样才会流行下去
　周　山
编辑人语

242 新 群 众

简 介

《新群众》，综合性不定期刊，一九四五年十二月十日创刊，冀晋新群众社编辑，田间为该社社长，由冀晋新华书店发行。一九四六年十一月二十五日出至第三卷第一期终刊，共出十三期。十六开本。

该刊是晋察冀边区所属冀晋区创办的供给“一般干部和知识分子工作学习生活的修养读物”。新群众社以《论合法的衣裳》为题写的代发刊词，揭露抗战胜利后国民党窃夺人民胜利果实的阴谋，并阐明了办刊宗旨：“我们的杂志，既名《新群众》，我们就首先要维护人民法权，维护自己自由。为中国的和平、民主、团结、统一而斗争！”刊物内容包括时事、政治、军事、经济、文化，每期也发表文艺稿件。从一九四六年八月第二卷第一期起增辟“文艺”和“书报评介”栏，文艺内容增多，其中短小通俗的文艺创作占主要地位。刊物所载速写、通讯、报告，如罗烽的《哈南前线纪行》，方野明的《记冀晋子弟兵平汉线自卫反击》等，及时反映了人民解放战争的进程。戏剧主要是群众集体创作的街头剧、小歌剧和话剧，如马可的秧歌剧《夫妻识字》。这类作品以自卫战争和农民的生产生活为题材，比较适合群众演剧活动的需要。其他如短篇小说、诗歌、杂文等，也有较强的群众性和时代感。该刊发表的文艺批评文章不多。较为集中的是：“乡艺工作”（如改革旧形式、改造旧艺人等）的评论，有关群众创作的研究和新书评介。主要撰稿者除上述诸人外，有田间、孙犁、邵子南、林山、曼晴、玛金、葛文、洛灏、卧石等。

目　录

第1卷　第1期

1945年12月10日出版

论合法的衣裳（代发刊词）　本　社

短　论

一炉共冶　冷

说美国　间

驳斥何思源的造谣　姚尔觉

国民党统治下人民的呼声（民谣）　水　林辑

美国反动派的打算　东

控诉台前（速写）　玛　金

漫谈工作方式　苏应明　贾一血　田　间

开辟阳高工作报告　冀晋行署民政科

记毛泽东同志

几个断片　谢觉哉

三湾改编　谭　政

无比的理解力和创造力　莫　休

毛主席的实际精神　徐特立

人民村长张润槐　郭修真

戎冠秀（连环木刻）　娄　霜图　毕　桑诗

永不低头的芝角沟（报告）　洛　灏

杂话二则　水　林

介绍《人类征服自然》　〔苏〕M.伊林作　门　贻译

第1卷　第2期

（无出版时间，约1946年1月）

乡艺工作特辑

中心工作与乡艺　玛　金

略谈新解放区乡艺运动　徐辛雷　江　波

谈几种文教工作的结合　玛　金

冬学与培养工农通讯员　沈　重

“穷人乐方向”的新发展　田　间

乡艺工作者的几个思想问题——三专区乡艺座谈会内容之一部分　尹占春　陈　勃整理

晋绥三分区的旧艺人戏剧研究班　铁　克

改造说书　林　山

年画的内容与形式（转载）　王朝闻

附：延安美术工作者关于年画的讨论

陕甘宁边区乡艺活动实例　水　林辑

我们对今冬乡艺运动的几点意见（座谈记录）　林兆南　田　间等二十二人

漫谈工作方式（连载）　苏应明　贾一血　田　间

老崔转过湾来了（短篇小说）　葛　文

戎冠秀（连环木刻画·续一）　娄　霜木刻　毕　桑配诗

中央军（街头剧）　阜平二区高街剧团编　谷　惠记录

民间艺人诗歌
佃户王世新自述 张庆云记
苦尽甜来 张庆云作
奸阎军士兵穷象（阳曲民间歌曲）
张廉纪记
乡艺冬学拾零、其他 山 辑
八个剧团在武安公演《血泪仇》（消息）

第1卷 第3期
（无出版日期，约1946年1、2月间）

一个紧急的希望（冀晋文化界致重庆政治协商会议电）
真假改造 洛 灏
美军家书中的新四军和解放区
新华社
一个好榜样
——美军士兵不愿打八路军
新华社
兰州新关一八六号秘密监狱 李志贤
山西集中营
——日本太原工程队的罪恶
李 冲
漫谈工作方式
苏应明 贾一血 田 间
新解放区领导群众斗争里所看到的几个问题 林 漫
浑源发动群众的几种方式 陈 毅等
平常的晚餐 默 冰
葡萄（短篇小说） 徐辛雷
戎冠秀（连环木刻画）续三
娄 霜刻 毕 桑诗
刘春喜参加拨工（话剧）
曲阳范家庄村剧团
火柴 济 泽
补白：新冬至谚、民谣、其他

第1卷 第4期
1946年3月20日出版

这就是毛泽东
——中国共产党的领袖
I.爱波斯坦作 以 沛译

皖北“国大”代表选举实况
李完白
我写了几百张选举票 瑞 光
“猪仔议会”考

检查高街耕二余一 王刃、谷惠
三专区司法工作座谈会
孙 勃整理
司法工作典型范例 冀晋行署
灵寿的“集市测验”（群众教育的一种新方式） 樊德智
漫谈工作方式（讲座连载）
苏应明 贾一血 田 间
康血光（烈士传） 李意忽
母亲的侧影（散文） 胡振常

蓝边的碗（子弟兵的诗章） 洛　灏
戎冠秀（连环木刻画）
娄霜木刻　毕桑配诗
各种菜的播种期（补白）
各种菜种籽生活力（补白） 刘醒侬

第1卷　第5期
1946年4月15日出版

短论·杂感

评鬼把戏“兵农合一” 毕　桑
我们不再上当了 默　尔
娼妇的脂粉及其他 玛　金

英雄王秋芬和王秋芬运动
侯德章　张丹桂
二专区植棉经验 二专署
王村组织劳动力讨论
定北县生产委员会
雁北新解放区的士绅座谈会与中国问题研究班 舒　文
我所知道的阜平城厢剧团 尹占春
漫谈工作方式
苏应明　贾一血　田　间
乡村散记 葛　文
西行小札 林　漫
戎冠秀 娄　霜图·毕　桑诗
庄家庙 水　林
巨大的出版事业·苏联的报纸（简介）
忻城的民谣 罗歧山记录

第1卷　第6期
1946年4月20日出版

短论、杂感

对复兴日报之无耻造谣提出严重抗议 李力安
“情伪” 行　韦
我要拿出百分之百的力量 杜庆梅
誓死不服 康福山
妖怪见不得照妖镜 朱　贤
读《国民大会代表选举法》 奋　斗
大小汉奸 林　漫

苏联和平外交政策之回顾 门　耿
漫谈工作方式（连载）
苏应明　贾一血　田　间
怎样研究时事（连载） 陈　冷
短简 一　念
八路军解放了咱们的病和穷
马守文　马永福口述
王　刃整理
一夜同床话（子弟兵通讯） 高　翔
夸女婿（小歌剧.习作选刊）
李翠珍等
狱中创作抄 赤　子
关于《刘春喜参加拨工》 曼　晴

文献二篇

青年必须精通科学 斯大林
文化课本序 毛泽东

女赌棍（农村轶闻） 旷　野

第2卷　第1期
1946年8月1日出版

发扬韬奋同志的"生活精神"　默　然
韬奋同志事略　刻　舟
论当前的中国经济危机　许涤新
印度尼西亚人民共和国（国际知识）　石　虹
文　艺
柳树（诗）　田　间
赛马（诗）　田　间
寄东江纵队兄弟（诗）　章　敏

人民的军队　楚　江
过雪山　黄玉山
过草地　黄玉山
血和泪的控诉
　国民党特务的自白　转载昆明中国周报
　国民党士兵的控诉　拓　夫　石　基　俊　儒
编后

第2卷　第2期
1946年8月15日出版

反内战反特务运动
——追悼民主同盟三战士　默　然
起来，教训败家子（杂感）　一　念
金元外交　操　良
哀悼闻先生　田　间
社会大学（诗）　陶行知先生遗作
越南人民的独立运动　石　虹
美国的报纸　涟　漪
通讯报告
仇恨与控诉　巍
定县的优抗工作　赵文正
赵忠合作社　凌　风

我们的呼吁　冀晋新闻界
书报评介
一本通俗而有力的书
——由《平妖记》所引起的感触　卧　石
美国对华军事干涉备忘录　冀晋日报资料科

第2卷　第3期
1946年9月1日出版

深入献田运动　章　敏
应该仔细想一想　一　念
农村土地的几个问题　马辉之
东欧鲜北的土地改革　门　贻
欧洲共产党近况　远　方
一个伟大的德国人
——记德共领袖威廉·皮克　雷纳尔
读者园地
没有共产党没有我今天　张鸿儒

算清恶霸翟六成
周力建 刘 卜 康世雄
关于阜平优抗合作社 李克东
文 艺
李兆麟将军和他的儿子 佚 名
狗（小说） 林 漫
进城（又名《上张家口》） 田 间
减租谣 刻 舟
国民党军的画像（歌谣）
“雷达”是什么（信箱） 涟 漪
美国对华军事干涉备忘录（续完）
冀晋日报资料科
第2卷 第4期
1946年9月20日出版
战胜蒋介石的力量在那里？ 行 韦
“民不畏死”与“前仆后继”（随笔）
远 波
时论选粹
中美关系 徐懋庸
国民党对威州的血腥统治 李悦民
雁北新解放区发动群众的收获及
经验教训 田 坪
文 艺
张发子参军（小说） 野 明
烈士与大红花 史立成
老交情 柴 夫
爷爷回来了（短剧） 曼 晴
走出以后（纪事） 孙 犁
一年来蒋军反内战起义事迹
冀晋日报资料科
苏联点滴
文讯拾掇
《乡艺丛书》出版缘起
埋雷（封面木刻） 娄 霜
第2卷 第5期
1946年10月5日出版
短 论
一切为了前线 石 虹
文化的血债 玉
蒋管区的民主运动 雪 痕
新解放区发动群众的新经验
谷燕民
漫谈战士创作 方野明
破被（通讯） 王庆华
冀晋中学的拥军潮 淌 涌
灵山区磁窑合作社 席水林
死里逃生的东冶人民 马 骥
文 艺
巧袭（诗） 曼 晴
边界线上 陆 烽
《大斗》（书评） 玉 君
阳明堡的太阳出来了 辛 雷
木 刻
不上当 娄 霜

做军鞋（封面）　娄　霜

第2卷　第6期

1946年10月25日出版

纪念双十节与当前的任务　杨耕田

欢迎萧三丁玲等同志　玉

工作研究

半年来唐县领导方法的改进　安　愚等

记冀晋子弟兵平汉线自卫反击　野　明

随雷氏视查灾情记　江　波

“南霸天”　唐振华　周国全

文　艺

人民的诗歌（各地民歌辑）

誓辞（短诗）　卧　石

代州风光　辛　雷

败退（小说）　林　漫

北平怪现象　亚　夫

学生习作

上课下课　晨　光

“咱们比一比”　继　才

劳动是最光荣的　寿　君

《雪里埋》（书评）　玉　君

做慰问袋（封面木刻）　娄　霜

第3卷　第1期

1946年11月25日出版

毛主席的青年时代　萧　三

东冶区发动群众中的几个问题　马　杰

沛县游击运动的经验（苏北通讯）

冀晋区一年来的乡艺运动　曼　晴

目前冀晋地区的黑板报读报组和屋顶广播　马　杰

解放后的北城　宁　干

流血录（纪事）　邵子南

文　艺

暂别了，苏联　萧　三

哈南前线纪行　罗　烽

山仇水冤（诗）　卧　石

婚事　野　明

夫妻识字（秧歌剧）　马　可

编后

封面木刻　娄　霜

封面设计

243 文　联

简　介

《文联》，文艺不定期刊，一九四六年一月五日创刊，中外文艺联络社（简称“文联社”）编辑，茅盾、叶以群主编，上海永祥印书馆发行，发行人陈安镇。创刊时，“文联社”设在重庆，刊物在重庆编辑，在上海出版发行。当时茅盾尚在重庆，以群已在上海。不久，茅盾离渝赴沪。刊物出至第一卷第四、五期，“文联社”社址和刊物编辑地点并署重庆、上海两地。从同年四月十五日第一卷第六期起，社址和编辑处均移往上海。一九四六年六月十日出至第一卷第七期刊出启事，宣告停刊，共出七期。十六开本。

该刊是“文联社”的机关刊物。“文联社”的前身是中国文艺通讯社。一九四五年夏，由茅盾、以群等人倡议，在重庆正式成立“文联社”。其宗旨是在国内沟通报刊编者与作者的联系，并促进中外文艺交流。该刊创刊时，茅盾写的《发刊词》表示：它虽“带有同人杂志的性质”，但“这一小方的园地仍然是公开的”。其基本任务是：“报道国内外的文艺活动乃至一般文化活动的概况。”“介绍国内外出版的新书——主要是文艺的。”“发表同人对于当前文化—文艺运动，以及文化—文艺活动中各具体问题的意见。”另外“本刊亦将尽可能刊登短篇‘报告’，‘小说’，以及诗歌，杂文，漫画，木刻等等”。刊物编刊的实际内容，文艺动态报道和新书介绍甚少，理论批评和文艺创作较为突出。茅盾的论文《八年来文艺工作的成果及倾向》，着重总结了抗战文艺运动的经验。多数批评论文是从现实出发，阐述国统区文艺工作在方兴未艾的民主运动中的地位和作用，具有较强的指导意义。所载文艺创作，有飘林风反映冀南军民抗日斗争的报告《两百桶煤油》和力扬报道重庆民主运动的通讯《万人大游行》，有袁水拍、臧克家的政治讽刺诗，有徐迟、沙汀暴露国统区黑暗的小说，等等。在群众中产生了较大影响。另外，为保存“文艺史料”，还搜集并选登了一批鲁迅的书信。主要撰稿者除主编和上述诸人外，还有艾明之、刘白羽、冯亦代、余所亚、戈宝权等。

目 录

第 1 卷 第 1 期
（创刊号）
1946 年 1 月 5 日出版

发刊辞 茅 盾
八年来文艺工作的成果及倾向（论文） 茅 盾
谈木刻艺术（鲁迅书简） 鲁 迅
抗战戏剧的路子（论文） 萧 协
论《人民是不朽的》 林焕平
两百桶煤油（报告文学） 飘林风
关于《夜店》（剧评） 葛一虹
歌舞影片的新创作——介绍《金珠绣履》及其作者柴科夫斯基（电影介绍） 穆维芳
评《夜歌》（书评） 劳 辛
警防扒手（漫画） 余所亚
受难期的上海戏剧活动（报道） 荃 南
"文化城"动静（北平通讯） 徐 盈
"我们一切都复原了!"（重庆特写） 萧 琼
最近英国文艺活动（牛津通讯） 裘克安
美国文艺另讯（报道） 本 社
最近法国文艺另讯 孙 源辑译
文讯:重庆风——上海的"文艺复兴"——香港文化点滴 本 社
中华全国文艺协会上海分会成立宣言
上海文协分会向总会及全国文艺作家致敬电
我来介绍"文联社" 以 群
卖火（封面木刻） 王 琦
封面设计 余所亚

第 1 卷 第 2 期
1946 年 1 月 20 日出版

谈歌颂光明 茅 盾
"政治协商会议"声中争自由的热潮（重庆特约通讯） 力 扬
"政治协商会议"前夜的重庆文化界（重庆特约通讯） 艾 辰
关于鲁迅先生的初期作品和笔名（鲁迅书简） 鲁 迅
罗曼·罗兰逝世一周年（特译稿） 徐 迟
哭杨潮 夏 衍
怨（短篇小说） 徐 迟
美国化的林语堂 爱特蒙·威尔逊作 冯亦代译
大皮鞋（讽刺诗） 袁水拍
重庆人（讽刺诗） 臧克家
评《第一阶段的故事》（书评） 钳 耳
看了《夜店》（剧评） 张骏祥
看《离离草》后（剧评） 酒 泉

我们是这样"复员的"
——从重庆到贵阳　吕　恩
文化运动在香港（香港通讯）
黄　新
今日重庆的文化活动　本　社
美国文豪德莱赛逝世　本　社
木刻家王琦"衣冠不整"（小新闻）
黎　舫
中美之间（小新闻）　本　社
反正（漫画）　丁　聪
运输（封面木刻）　古　元
从何写起（讨论·通信）
以　群　陈　翔

第1卷　第3期
1946年2月5日出版

新民主运动中的文艺工作　以　群
关于"大众语"·知识青年及"保存现状者"（鲁迅书简）　鲁　迅
漫谈世界新文化的动向
——陈家康访问记　清　涟
"难同命不同"（重庆难民访问记）
艾明之
衣冠问题（重庆随笔之一）何其芳
抗战八年来的戏剧创作（一个统计资料）　田　进
上海，新文艺的复兴（书刊评介）
钱纳德
我们是这样"复员"的
——从贵阳到芷江　吕　恩
关于美国文学　徐　迟
美国文艺的趋向（纽约通讯）
杨　刚
中国民间文化人第一次出国
——"文协"欢送老舍、曹禺（重庆通讯）　黎　舫
呼号（小说）　沙　汀
昆明文化界给"政协"的建议（昆明通讯）　季　克
抬担架（木刻）　彦　涵
陪都一角（木刻）　王　琦
宣布停水以前（陪都风景木刻）
王　琦

第1卷　第4期
1946年2月25日出版

也是漫谈而已（论文）　茅　盾
"二·一〇"血案受伤代表
——郭沫若先生访问记力　扬
三种新的苏联抗战文艺作品（介绍）　戈宝权
谈版画·小品文及文氓"身边批评"家（鲁迅书简）　鲁　迅
中苏木刻艺术之交流　王　琦
赫尔利这老头子（讽刺诗）
袁水拍
闪烁和黯淡的生命（评介）
——《文坛》中的几篇小说
冯亦代
《泪和朝霞》（评介）　李广田

战时英国作家的创造
苏桑·伊尔次作　金　近译
北方的文化新城（张家口通讯）
熊　焰
南方"文化城"的文化气息（广州通讯）　茨　冈
我们是这样"复员"的
——从芷江到长沙　吕　恩
上海，文艺新军的结合　洛　田
万人大示威（报告）　力　扬
"保障"（漫画）　丁　聪
狼的"礼让"（漫画）　余所亚

第1卷　第5期
1946年3月25日出版

大众化的创作实践（论文）　雪　峰
人民的作家德莱赛　袁水拍
德莱赛临终前的伟大旅程　文　彦
关于书商·文人及"骂"（鲁迅书简）　鲁　迅
中国与英印木刻艺术之交流　王　琦
肖伯纳漫谈记（访问记）
〔英〕海登·哲志作　姚　奔译
话说另一个文坛——访周扬（北平通讯）　张大雷
武汉——文化的荒城（汉口通讯）
忆　南
解放以来的法国文坛（介绍）
〔法〕马尼埃作　孙　源译
外国作品在苏联　孙　沛
我们是这样"复员"的
——从长沙到汉口　吕　恩
评于逢的《冶炼》（书评）　渥　丹
饥饿（小说）　刘白羽
美国文讯　本　社
国内文艺短讯　孙　源
北平的出版活动（资料）　本　社
"不陈诉，谁知道你苦？"（漫画）
张文元

第1卷　第6期
1946年4月15日出版

兴文乡疫政即景
（茅盾文艺奖金首名得奖作）徐　疾
杂谈翻译　荒　芜
丘吉尔象赞（讽刺诗）　劳　荣
关于"文坛"和知识分子（鲁迅书简）　鲁　迅
中美木刻艺术之交流　王　琦
谈中国木刻　赛珍珠作　白　澄译
欢送鹿地亘先生　冯乃超
苏联作家的信
——给戈宝权　戈宝权辑
评宋霖的《滩》　渥　丹
记法国大画家毕加索
Simone Tery 作　胡品清译
法兰西的文艺奖金
Bjhn L.Rown 作　劳　荣译
北平的春天　刘白羽
战时东南文艺　周梦江

荒芜了的沃土（成都通讯） 艾明之
北平文讯 本　社
苏联文艺杂讯 孙　沣
法国文讯 孙　源
胜利图（漫画） 廖冰兄
生活（画） ［法］毕加索

第1卷　第7期
1946年6月10日出版

通俗诗歌的创作 袁水拍
悼凯绥·珂勒惠支 余所亚
我知道你没有死，哥哥！（诗）
杨　刚

文艺节特辑

今日文艺工作的方向 文协总会
新民主运动与新文化 茅　盾
培养对于人民的爱 艾　芜
举起笔来 陈白尘
斗争，前进！ 臧克家
行动起来！ 梅　林
互替的两船佚
（茅盾文艺奖金得奖作）
田　苗
春旱 艾明之
评《狂欢之夜》（书评） 冯亦代
评《反法西斯》（书评） 劳　辛
北方文苑悲欢图（北平通讯）
于　洛
北平“文协”分会成立记（北平通讯） 沈一帆
民主文化在恶劣环境中生长
（广州通讯） 茨　冈
国内文艺短讯 本　社
警民“打成一片”（漫画）
沈同衡
《文联》停刊启事

244 文艺复兴

简　介

《文艺复兴》，月刊，一九四六年一月十日创刊于上海，郑振铎、李健吾编辑，文艺复兴社发行，发行人先是钱家圭，后期改为刘哲民，上海出版公司总经售。一九四七年十一月一日出至第四卷第二期停刊，共出二十期。十六开本。一九四八年九月十日起，另出《中国文学研究号》上、中、下三册；下册出版于上海解放后的一九四九年八月五日，也是十六开本。

《文艺复兴》是抗战胜利后国统区创办较早、影响广泛的大型文艺刊物。当时国统区人民反对内战、争取和平民主的斗争方兴未艾。郑振铎写的《发刊词》阐述办刊宗旨说："抗战胜利，我们的'文艺复兴'开始了；……我们不仅要承继了五四运动以来未完成的工作，我们还应该更积极的努力于今后的文艺复兴的使命；我们不仅为了写作而写作，我们还觉得应该配合着整个新的中国的动向，为民主，绝大多数的民众而写作。"该刊采取创作、评论、翻译并重的编辑方针，广泛团结国统区作家，发表了一批有影响的小说、戏剧、诗歌和散文作品，如巴金的《第四病室》和《寒夜》，钱钟书的《围城》，李广田的《引力》，艾芜的《乡愁》等中长篇小说，曹禺的《桥》(未完)，杨绛的《风絮》，李健吾的《青春》，石华父的《抛锚》等多幕剧，以及王统照的长诗《白云洞》等。另外还刊载了解放区作家丁玲、陈明、逯斐合编的剧本《窑工》。作品多以现实生活为题材，表现出共同的现实主义创作倾向。评论和翻译以国外作家作品的译介和国内新书的评介为主，对文艺界现实问题的研究较少。该刊还编辑过一些特辑、专号，诸如"抗战八年死难作家纪念"特辑，鲁迅、闻一多、耿济之逝世纪念特辑等，在当时文艺界产生过较大影响。至于《中国文学研究号》三册，汇集了全国解放前后许多专家学者研究我国古典文学的重要成果，是继“五四”时期《小说月报》和三十年代《文学》编辑出版的“中国文学研究”专号之后，又一次有意义有价值的工作。主要撰稿者除上述诸人外，尚有郑振铎、茅盾、郭沫若、靳以、臧克家、沙汀、骆宾基、周而复、任钧、陈敬容、辛笛、李白凤、方敬、朱自清等。

目 录

第1卷 第1期
（创刊号）
1946年1月10日出版

发刊词 郑振铎
从文人的性情思想论到狷性的文人 郭绍虞
第四病室（长篇连载） 巴 金
祖国 俞铭传
刈禾女之歌 辛 笛
月夜之内外 辛 笛
一个够程度的人 茅 盾
ROMANESQUE 杨 绛
猫 钱钟书
三苏跳乐 王 忠
青春（五幕喜剧） 李健吾
现实与梦
——战时生活琐忆 方 敬
夜话 林 莽
清明前后（书评） 刘西渭
记上海文协成立大会 赵景深
附录一
“文协”上海分会成立宣言
附录二
致世界民主作家电
附录三
向总会及全国文艺作家致敬电

第1卷 第2期
（2月号）
1946年2月15日出版

黎明（封面） 米开朗皆罗
引力（长篇连载） 李广田
检查（补白） 马克思
小说作家的三个危机
凯士特勒作 焦菊隐译
太伟大的，都没有名字 杜运燮
游击队歌
号兵
林中鬼夜哭
被遗弃在路旁的死老总
无名英雄
一封平常的信 景 宋
围城（长篇连载） 钱钟书
街头散曲 任 钧
拾荒的孩子们
猴儿和人
歌女
变戏法的老头儿
晚宴 靳 以
三个小人物 师 陀
编余 健 吾
来客 许 杰
小学校的钟声 汪曾祺
旧戏新感 吴祖光
《烟草路》译后记 董秋斯
青春（五幕喜剧） 李健吾
夜歌（书评） 辛 笛

第 1 卷　第 3 期
（3·4 月号）
1946 年 4 月 1 日出版

黎明（封面）　米开朗皆罗
风絮（四幕悲剧）　杨　绛
黄鸟篇　郑振铎
自由（补白）　马克斯
诀别（补白）　马逢华
失业　巴尔札克
欣闻同学鲍文沛收编之喜　范　康
围城（长篇连载）　钱钟书
论荷马诗（补白）　布莱克
红木床　晓　歌
买屋卖屋　曹　卣
风格（补白）　哥　德
钟声　阿　湛
桥（剧本连载）　曹　禺
花城寺　唐　弢
雨后插曲　凤　子
引力（长篇连载）　李广田
编余　健　吾
三本书（书评）　刘西渭

第 1 卷　第 4 期
（5 月号）
1946 年 5 月 1 日出版

黎明（封面）　米开朗皆罗
迎“文艺节”　郑振铎
艺术（补白）　福楼拜
自我（补白）　福楼拜
莠草（补白）　福楼拜
观察（补白）　福楼拜
挂红（小说）　臧克家
复仇　汪曾祺
桥（剧本连载）　曹　禺
诗三首　方　敬
翻译的原则（补白）　泰特勒
我们歌唱苦难的岁月（外一章）　李白凤
语言（补白）　拉·布芮耶尔
引力（长篇连载）　李广田
编后　西　谛
动摇　罗　洪
株守　吴　岩
论艺术的兴盛与政治的自由　陈烟桥
曙前　刘北汜
原始的高歌　萧望卿
围城（长篇连载）　钱钟书
表现（补白）　拉·布芮耶尔
风絮（四幕悲剧）　杨　绛
了解（补白）　拉·布芮耶尔
文人相轻（补白）　拉·布芮耶尔
赞美（补白）　拉·布芮耶尔
《张居正大传》（书评）　叶圣陶

第 1 卷　第 5 期
（六月号）
1946 年 6 月 1 日出版

黎明（封面）　米开朗皆罗

为《诗人节》 李健吾
悼夏丏尊先生 郑振铎
高尔基的道路 林焕平
虹桥 沈从文
泥土 田涛
衣修午德的《紫罗兰姑娘》 卞之琳
关于《挂红》 臧克家
紫罗兰姑娘
克里思多卓.衣修午德作 卞之琳译
诗六首 叶华
自画象
指
雕
哑
兽
婴
雨季（外二章） 陈敬容
沉思者
烛火燃照之夜
桥（剧本连载） 曹禺
围城（长篇连载） 钱钟书
关于“抗战八年文艺检讨” 梅林
程登富和线铺姑娘底恋爱 路翎
库尔玛 望北
微笑 周而复
生命树 莫洛
生命树
珍珠与蚌
树
花草
风
静
引力（长篇连载） 李广田
山洪（书评） 余冠英

第1卷 第6期

（7月号）

1946年7月1日出版

黎明（封面） 米开朗皆罗
不朽的故事 郑振铎
抗战八年死难作家纪念
纪念我的哥哥 巴金
记贺孟斧 吴祖光
忆陆蠡 怀玖
忆崇群 靳以
追忆肖红 景宋
划破夜空的流星 凤子
忆保罗 欧阳山尊
记鲁彦 赵景深
记罗淑 李健吾
忆蒋弼 以群
再忆谢六逸先生 徐调孚
悼念王礼锡先生 葛一虹
悼许地山先生 郑振铎
苏大个子 沙汀
小虫 臧克家
老祖母 吕德申
鬼神世界 王忠
黎沙 青苗
围城（长篇连载） 钱钟书

诗四首 穆 旦
七七
先导
农民兵
森林之歌
愤怒的抒情诗 杜丹乡
伊达
［俄］伊凡·布宁作 李 林译
紫罗兰姑娘
克里思多阜·衣修午德作
卞之琳译
散文三试 靳 以
乌鸦 萧望卿
引力（长篇连载） 李广田
诗文评的发展（书评） 朱自清
编余 健 吾

第2卷 第1期
（8月号）
1946年8月1日出版

愤怒（封面） 米开朗皆罗
中国学术的大损失 朱自清
悼闻一多先生 熊佛西
敬悼闻一多先生
诗歌音乐工作者协会上海分会稿
寒夜（长篇连载） 巴 金
梦幻者 臧克家
小阳春 杨 绛
老实人 蹇先艾
可疑的人 骆宾基
白云洞（长诗） 王统照
手掌 辛 笛
疯人 方 敬
歌颂 柯 灵
L先生行状 谈 荣
围城（长篇连载） 钱钟书
抛锚（剧本连载） 石华父
引力（长篇连载） 李广田
三个中篇（书评） 刘西渭
编后 谛

第2卷 第2期
（9月号）
1946年9月1日出版

愤怒（封面） 米开朗皆罗
生存 靳 以
猪的战争 刘火子
桃林：几何画 薛理安
慧英 严 超
寒夜（长篇连载） 巴 金
从重庆带回来的问题 徐 迟
辽远的故事 唐 祈
歌手乌卜兰 索 开
三望岭 阿 湛
Wala 季羡林
欢送 李 蕤
围城（长篇连载） 钱钟书
抛锚（剧本连载） 石华父
引力（长篇连载） 李广田
丰村的气质（书评） 青 苗
编余 健

第2卷　第3期
（10月号）
1946年10月1日出版

愤怒（封面）　米开朗皆罗
鲁迅与王国维　郭沫若
阿Q问答　辛　笛
回忆片断　雪　峰
编后　谛
鲁迅——坚韧的民主文化的斗士　白　澄
鲁迅的杂文　李广田
鲁迅小说中的妇女问题　李广田
论大众化问题纪念鲁迅　蒋天佐
当鲁迅先生逝世的时候　靳　以
鲁迅全集补遗编后记　唐　弢
十周年祭　许广平
鲁迅先生逝世前后（文艺史料）　冯　电辑录
辛苦呵，我的祖国　杨　刚
寒夜（长篇连载）　巴　金
归来　沙　汀
痴　艾明之
马和放马的人　李白凤
小抒情画集　马逢华
　希望　季节
　沉默　幼小者
　废墟　火把
　花朵
《鲁迅传》（书评）　流　诏

第2卷　第4期
（11月号）
1946年11月1日版

愤怒（封面）　米开朗皆罗
山河怨（悲剧）　李健吾
莱蒙托夫特辑　戈宝权译
围城（长篇连载）　钱钟书
江奇峰上校　丰　村
被锁在土地上的人们　晓　歌
母子之间　普　寅
山本安太郎　范　泉
媒婆　紫　风
小河的旅行（外一首）　程鹤西
杀人　袁水拍
寒夜（长篇连载）　巴　金
混着血丝的记忆　冯　夷
——悼念闻一多先生
圈子以外的人物　白　炼
五个战时剧本（书评）　乐少文
　芳草天涯（夏　衍作）
　杏花春雨江南（于　伶作）
　风雪夜归人（吴祖光作）
　春寒（宋之的作）
　弄真成假（杨　绛作）

第2卷　第5期
（12月号）
1946年12月1日出版

愤怒（封面）　米开朗皆罗
小弟兄　臧克家

胜利　田　涛
感动（补白）　茹　拜
记忆（补白）　茹　拜
埋香　李拓之
诗（补白）　茹　拜
意象（补白）　茹　拜
现代作家（补白）　茹　拜
语言（补白）　茹　拜
虎口　吴　峤
芽子（补白）　茹　拜
作品与作者（补白）　茹　拜
寒夜（长篇连载）　巴　金
世界上有多少人在呼唤我的名字　杭约赫
我是农人的儿子（外二章）　青　勃
　巨人
　向我的牛说话
围城（长篇连载）　钱钟书
道德与智识与毁灭（补白）　梵乐希
思想危机（补白）　梵乐希
狗的悲哀　青　苗
谢　冯　放
山河怨（悲剧）　李健吾
《十年诗选》（书评）　劳　辛
悔辱　布洼楼

第2卷　第6期
（1月号）
1947年1月1日出版

愤怒（封面）　米开朗皆罗

普希金逝世一百十周年祭

普希金诗八章　戈宝权译
灵魂与感情（补白）　茹　拜
汉江上　李　加
倭刀的记忆　屈　观
昆明的天空　王　季
翻译（补白）　渥兹渥司
预约（补白）　渥兹渥司
假情假意（补白）　茹　拜
边远的故事　贾德卿
历史的深渊（补白）　梵乐希
小天王　问　天
对象（补白）　渥兹渥司
牢　黄　梅
诗是艺术（补白）　渥兹渥司
树　伊　洛
路（外三章）　方宇晨
诗的使命（补白）　渥兹渥司
山谷与海滩（外三章）　唐　湜
新家训（外一章）　史卫斯
演说风格（补白）　茹　拜
围城（长篇连载）　钱钟书
利害（补白）　茹　拜
因果（补白）　茹　拜
围城序　钱钟书
寒夜（长篇连载）　巴　金
祝他们幸福（独幕剧）　童　林
闯关（书评）　洪　钟
编余　健　吾

第 3 卷　第 1 期

1947 年 3 月 1 日出版

真理睡眠，妖异出世（封面）　高　讶
乡愁　艾　芜
沉落　刘北汜
四哥的遭遇　林焕平
坚定的风格（补白）　茹　拜
篱　刘树德
比喻（补白）　尚　佛
机会（补白）　尚　佛
九龙池畔　王　忠
军民合作　晋　宙
牛八科长的苦恼　山　风
桃生婶婶　谈　荣
一个平凡的故事　周　壁
疯　天　碧
为新人类而歌　陈敬容
窑工（“望乡台”畔）　丁　玲　陈　明　逯　斐
用和无用（补白）　茹　拜
谐和（补白）　茹　拜
我是无用的诗人（外一章）　李白凤
了解与想象（补白）　茹　拜
哑吧的歌　杜丹乡
单纯的信念　方　敬
还乡　荒　芜
《伍子胥》（书评）　唐　湜
诗丛和诗刊（书评）　刘西渭
悲观（补白）　尚　佛
编余　健

第 3 卷　第 2 期

1947 年 4 月 1 日出版

真理睡眠，妖异出世（封面）　高　讶
乡愁　艾　芜
暗流　向　一
蒙古马　高　放
流浪的以色列人　罗　高
段皮匠　桂舟人
成就与影响（补白）　尚　佛
“凤毛麟角”　臧克家
高家少爷回来了　丰　村
离婚　蒋牧良
出发　虹　人
孔雀（补白）　尚　佛
让我们来歌唱民主（外一首）　司马天健
窑工（“望乡台”畔）　丁　玲　陈　明　逯　斐
老鲁　汪曾祺
遥寄　宋　元
《滩》（书评）　杨西濛

第 3 卷　第 3 期

1947 年 5 月 1 日出版

真理睡眠，妖异出世（封面）　高　讶

耿济之先生遗稿　郑振铎辑
苏俄大百科全书序
苏俄小百科全书第二版序
如何利用苏俄小百科全书
耿济之先生与俄国文学　戈宝权
零星的说些　叶圣陶
忆耿济之先生　徐调孚
悼济之先生　周予同
记耿济之　赵景深
你闭上你的眼睛吧！　许杰
游动在桑乾河两岸　李白凤
黑天使的父母们　薛汕
《新法兰西杂志》与法国现代文学　盛澄华
现代德国文学的动向　季羡林
十月小阳春　曹未风
英国文坛的三变　萧乾
伟大卫国战争中的苏联文学　戈宝权
编后　西谛
万宝全书　〔英〕S.Maugham 作　金隄译
小野种　〔挪威〕O.Schisgall 作　刘前度译
法国画片　〔美〕W.Saroyan 著　张振楣译
陈葡萄酒　〔苏〕A.Sofronov 作　徐克刚译
失去了的星儿　〔瑞士〕H.Hesse 作　天行译
被遗忘了的灵魂（独幕剧）　〔犹太〕D.Pinsky 作　华铃译
思想（补白）　菇拜
几个旅行者（外一首）　鹤西
安命　郭风
给朋儿的信　啸

第3卷　第4期

1947年6月1日出版

真理睡眠，妖异出世（封面）　高讶

诗歌特辑

我走在故乡的土地上　阎栋材
我们又来了　萧谷
冬夜抄　申奥
炼钢　胡哨
桥　谷怀
访问　宋洪
东行杂吟　周东郊
春日北寄　胡待晓
归来　黎明
我回来了　罗迦
颂　李白凤
再也无心踱跡　华铃
早晨　穆歌
窗外　苏金伞
工作　麦紫
铁索桥　何家槐
招魂　麦浪
春天（外一章）　黄秀玲
没有歌（外一首）　田野
过程（外一首）　沙蕾

春歌（外一首） 方 敬
沉钟（外一首） 袁可嘉
农村小集 沙 鸥
一个婴儿的诞生 李搏程
肉搏（外一章） 臧克家
逻辑病者的春天 陈敬容
短歌二首 邹绿芷
苦难的中国，有明天（外二首） 青 勃
哀歌 马君玠
两种脚印 牧 野
编余 健
奇迹 刘白羽
绝交 宋 霖
贵畜篇 释 加
丰收 黎 筠
控诉 张秀亚
回想曲 阿 湛
“种种难” 罗 昔
平原的边缘 王佐良
一个贩烟土的女人 王 忠
《诗四十首》（书评） 唐 湜
《马凡陀的山歌》和臧克家的《宝贝儿》 劳 辛

第3卷 第5期
1947年7月1日出版

真理睡眠，妖异出世（封面） 高 讶

闻一多逝世周年特辑

神仙考 闻一多遗著
闻一多与《死水》 朱湘遗著
附录：朱湘致友人书
怀故友闻一多先生 顾一樵
海（一多先生回忆录） 臧克家
悼闻一多师 俞铭传
记诗人闻一多 马君玠
投暮 李拓之
黑夜的呼喊 刘北汜
地狱和恶梦（外两章） 任 钧
八月的白洋淀 周而复
下屯去 骆宾基
期待 时 易
字与思想（补白） 菇 拜
女客 吴 峤
编余 健
热流 石 胆
迷途 艾明之
没有露水的草 周蘼芜
沙汀的《困兽记》（书评） 芦 蕻

第3卷 第6期
1947年8月1日出版

真理睡眠，妖异出世（封面） 高 讶
K.西蒙诺夫访问记 茅 盾
教授之家 郑式谷
玉兰 望 北

蜡梅花开　田　涛
林二狗子　一　鼎
为倮罗而歌　李洪辛
上海的讽刺诗　田　地
月亮的船　郭　风
狂潮　罗　高
井上丰　范　泉
我的丈夫　司马蓝火
小二的生日　萧　金
阿宝和他的牛　菱　舟
桂花林里　肖望卿
小玲　刘　轩
两条小影子　问　天
花的献与　陈敏瑞
远方（外二章）　胡　牧
纠纷（独幕短剧）　艾　影
编余　谛
《紫罗兰姑娘》　唐　湜
《李有才板话》　杨文耕

第4卷　第1期

1947年9月1日出版

手（封面）　达文奇
中条山的梦（中篇连载）　冯　夷
《包法利夫人》的时代意义　李健吾
老太婆川　齐　明
为了分家的缘故　阿　湛
那个梳双辫的女人　车　虹
到大荒山去　林　冷
文坛追忆与当前问题　A.纪德著　盛澄华译
黑色的眼　纪　原
力量　黄　耘
越狱之什　栾　星
编余　健
我的青年时代（中篇连载）　艾　芜
想起在重庆的日子　丁往道
小天使　彭　慧
玛格丽特　唐　荪
路及其他　叶　金
桥　唐　弢
《星雨集》（书评）　唐　湜

第4卷　第2期

1947年11月1日出版

手（封面）　达文奇
鲁迅与中国古版画　郑振铎
鲁迅的游戏文章　许寿裳
编余　健
重订鲁迅译著书目　唐　弢拟订
鲁迅，你复活了　柯　原
我的青年时代（中篇连载）　艾　芜
白米饭好吃田难种　田　畦
白发娘　向　一
据说，这是太平的日子！　阎栋材
囚徒狂歌　李叶垠
谢　丽　砂
今年没有往年好　秋　同
雷（外一首）　张　崎

祭　鹤西
小河　穆歌
中条山的梦（中篇连载）　冯夷
故乡的车马　丁耶
编织的故事　靳以
路翎与他的《求爱》　唐湜

中国文学研究号（上）
1948年9月10日出版

屈原（封面）　陈洪绶
题辞　郑振铎
伏羲与葫芦　闻一多遗著
“好”与“妙”　朱自清
音质与诗词　高铭凯
魏晋时代的拟古与作伪　王瑶
谈吴声歌曲里的男女赠答　余冠英
元剧斟疑　严敦易
彭咸是谁　林庚
柳宗元黔之驴取材来源考　季羡林
词之起源与唐代政治　李嘉言
二隐及其词　黄贤俊
记侯正卿　冯沅君
秋涧文集中的元代曲家史料　隋树森
明代的文人集团　郭绍虞
呈献了血和生命的作家们（文艺史料）
——记十年来（1937—1947）死难的文艺家　莫洛

中国文学研究号（中）
1948年12月20日出版

屈原（封面）　陈洪绶
中国文艺思想史述略　林焕平
中国文学在德国　季羡林
评《中国文字的演变》　马叙伦
跋饮虹簃刊本林石逸兴　吴晓铃
《降魔变押座文》与《目连缘起》　关德栋
元剧斟疑（续完）　严敦易
定县秧歌　李效厂
说傀儡（中国剧史专题研究之一）　董每戡
略论金戣叔的诗作　韦坚
朱元璋的少年时代　吴晗
现存元人杂剧目录　徐调孚
附：现存元明之际无名氏杂剧目录

中国文学研究号（下）
1949年8月5日出版

屈原（封面）　陈洪绶
魏晋文人的隐逸思想
——中古文学史论之一　王瑶
唐诗昌盛原因的分析　张长弓
论词的特性和诗词的分界　怀玖
秋千在宋词里　于在春
陆放翁的家学渊源
——家庭盛弦诵，父子相师友　顾伟议

元曲杂考三则　冯沅君
续《元剧斟疑》　严敦易
宝文堂书目乐府类之整理与分析
　严敦易
南曲联套述例　赵景深
吴承恩与《西游记》　汪浚
鸳湖曲笺证
——吴昌时事辑　黄裳
清中叶中鲜文艺的交流
——吴兰雪与朝鲜金氏的文
墨缘　王统照
新文艺的脚印
——关于几位先行者的书话
　唐弢
论《妓女告状》
——平民文学杂论之一
　李效厂
傀儡戏考源
——《说傀儡》补说　董每戡
编后

245 文　章

简　介

《文章》，文化月刊，一九四六年一月十五日在上海创刊，上海文章社编辑出版，永祥印书馆发行。同年七月十五日出至第一卷第四期终刊，共出四期。二十四开本。

《文章》是抗战胜利后在上海创办较早的刊物。创刊号《编后》指出："本刊是以'文化综合性'为遵轨，以严肃的观点，用通俗的笔法，来尽推进文化运动的一点力量。"刊物以文学艺术为主，文艺创作与评论并重。创作除木刻、绘画、电影故事外，诗歌和小说所占比重较大。诗歌作者有郭沫若、田汉、任钧、端木蕻良、蔡楚生、于伶等；小说作者有魏金枝、艾芜、王西彦、吴岩等。还连载了李健吾的多幕剧《王德明》。这些诗人小说家的作品，不同程度地反映了抗战胜利前后国统区人民的生活。文艺评论侧重戏剧、音乐、美术、舞蹈等艺术理论的探讨，我国古代近代小说戏曲的研究，以及作家艺术家生平创作活动的记述。但是缺乏对现实文艺问题的评论。主要撰稿者有陈烟桥、赵景深、周贻白、夏衍、史东山、张骏祥、欧阳山尊等。

目　录

创刊号

1946年1月15日出版

木刻素描

扉页　章西崖
母亲　丁　聪
街头　王　琦
追求　李　桦

鲁迅怎样搜集木刻　陈烟桥
既是有（诗）　于　伶
上海文化运动之重振　蒋天佐
二刻拍案惊奇的来源和影响（上）　赵景深
一塌糊涂（小说）　徐　迟
萧友梅先生五年祭　鸿　倪
中国戏曲中之蒙古语　周贻白
关于安东·柴霍夫　亚力山大·德契作　张　挚译
整稿有感（诗）　朱维基
英茵——她的奋斗和死亡　叶　明
独乐乐（小说）　魏金枝
成年人的悲哀　凤　子
文化一月　编　者
文艺复兴期的演剧　张　路
上海的三次光复　胡朴安
靠紧一点（诗）　海　混
一个温和的提议　J.斯威夫脱作　林雪明译
五年（小说）　以　群
星加坡的文化（通讯）　胡　佗
烦恼　奎　兰作　顾均正译
郁达夫在星洲　黎　渔
谈"补品"　索　非
文化服务（慰问张天翼先生）编　者
一九四六年的美国影坛　许席珍
冬赈（第三帝国的旧话）　章　文译
苏沃罗夫　格黎高里也夫作　季　愚译
王德明（剧本）　李健吾
文人与文章　编　者
编后　编　者
封面设计　池　宁

第1卷　第2期

1946年3月1日出版

木刻素描

卖土制玩具（扉页）　西　崖
素描　丁　聪
爸爸买米归　荒　烟
俘虏营　罗清桢遗作
慰问　李　桦
无题　新　波

历史剧所感　夏　衍
委曲（小说）　艾　芜
大地颂（诗）　蔡楚生
罗曼·罗兰与高尔基　勃莱特堡作　治　平译

独酌（诗） 梅　涅
论文艺复兴期的绘画 陈烟桥
冰糖葫芦 景　宋
关于金批水浒传的辨正 周　参
海上的舞踊 王兆墀
写在十二月九日（朗诵诗）
端木蕻良
原子弹的制造经过及其幕后人
许席珍译
诗两首 挥　锄
悼鲁彦 周贻白
二刻拍案惊奇的来源和影响（下）
赵景深
克里莫夫与小托尔斯泰（补白）
铮
文化一月 编　者
萧邦与乔治桑 尹　之
雅与俗（补白） 高　戈
石榴花开的时候 范　泉
尖团音杂谈 严工上
没有米的天堂（长篇小说连载）
吴　岩
火树银花（观影杂记） 王　瑜
冼星海的创作道路及其功绩 李绿永
苏沃罗夫（二）
格黎高里也夫作　季　愚译
王德明（二）（剧本） 李健吾
关于英茵的奋斗和死亡（信箱）
王重华
编后 编　者
封面设计 池　宁

第1卷　第3期

1946年5月15日出版

木刻素描

农家（扉页） 朱鸣刚
川中农民 吴作人
战时的后方医院 陆　田
饥馑者 刘汝醴

文化一月 编　者
爱好文艺与研究文艺 陈　旭
夏丏尊先生的晚年 于在春
“活鱼”们的悲喜剧（诗） 任　钧
我对于当代中国音乐及乐剧的概念
阿父夏洛莫夫作
中共领袖生活的另一面 马　蒙

散文小品特辑

种树 魏金枝
火的启示 梅　涅
鱼 莫　洛
寄母亲 茅祖本

茅盾在香港 夏　枫
写在美术作家协会第一回展览会后
陈烟桥
海派周刊文坛内幕 怀　宛
柴霍夫为什么讨厌留声机 夏　衍
从三个臭皮匠说起 欧阳山尊
自由（小说） 沙　汀
信道（诗） 张　翥
闹剧与伤感剧的导演 张骏祥

曹操的性格　仲　良
喝彩与喝倒彩　陈比纲
银光片羽（观影杂记）　王　参
俄国舞蹈的历程　尹　之
无奇不有的上海参议员选举　村　翁
江南恋（电影故事）　赵　丹
《骆驼祥子》的英译本（补白）　铮
英国的电影音乐　赫伯克里福作　林轶今译
没有米的天堂（二）　吴　岩
王德明（剧本连载）　李健吾
萧伯纳的文字改革（补白）　铮
讽刺喜剧与闹剧（剧评）　张　路
苏联出版《世界电影艺术史》（补白）　铮
编后　编　者
封面设计　池　宁

第1卷　第4期
1946年7月15日出版

木刻素描
挑水（扉页）　佚　名
孩童　叶浅予
疏散　朱鸣刚
休息日　朱鸣刚
文化一月　编　者
螟蛉虫（科学小品）　周建人
募集夏丏尊先生纪念金启（文化服务）
一个历史的错误扩大了（时事讲话）　余伯约
画家顾恺之　挥　弦
爱情，死亡，牺牲及其他　威廉·萨罗扬作　董　文译
思想的驰骋（又一章）　王兆坪
戏剧导演简论　史东山
所谓活动房屋究竟是怎末一回事？　毛心一
未来的音乐奇迹　斯托考斯基作　学　光译
告读者（编后）　编　者
古蒙古语　喀　生
我在内地的生活　蒋天流
宵禁解除之夜　吴祖光
沙士比亚为什么成功？　林焕平
上海画坛一感　陈烟桥
一个女舞蹈家的自述　叶凯娣瑞娜·捷色作　莘　薤译
阴霾（小说）　王西彦
秧歌论
与欧阳山尊论秧歌　张古愚
致古愚先生一封信　欧阳山尊
乡居杂记残稿　白　沉
音乐家琐话　清　铮
好来坞的成就　李铸晋
两个展览会　悉　尼
石挥·蓝马对谈
剧场风景线（剧评）　悉　尼　张　路

艺术剧场重演《三姊妹》 辛　薤
王德明（剧本连载） 李健吾
苏沃洛夫（三）
格黎高里也夫作　季　愚译
写在《大堰河》的后面（诗）
穆　雷
银幕之前 枚　屋
三和楼席上作（诗）
郭沫若　田　汉
封面设计 池　宁

246 文坛月报

简 介

《文坛月报》，文学月刊，一九四六年一月二十日创刊于上海，联华图书公司编辑部编辑，魏金枝主编，丁英（丁景唐）参与编辑，联华图书公司出版，发行人为陆守伦。一九四六年五月十日出至第一卷第三期终刊，共出三期。二十四开本。

该刊是抗战胜利后上海创办较早的文艺刊物之一。陆守伦写的《创刊辞》表示要“为一切爱好文艺，从事文艺工作者而服务，当然不分宗派，不分门户，也不问作者的本来有无地位，惟当以其作品的能否补益于人类及国家为前提”。刊物偏重创作，小说占有突出地位。其次是散文、诗歌、戏剧。作品多以现实生活为题材，反映抗战胜利后国统区各阶层人民有增无已的痛苦和不幸。刊物还发表了一些解放区作家的作品。如刘白羽、林淡秋描写敌后游击区新人成长的小说，严文井的散文，以及姚时晓、荒煤等集体创作的五幕剧《粮食》等。编者说，这些作品“多与此时此地，有点异样，特为介绍，以广眼界”（一卷三期《编后》）。主要撰稿者除上述诸人外，有艾芜、魏金枝、路翎、蒋天佐、胡风、沙汀、函雨（王元化）等。

目 录

第1卷 第1期
（创刊特大号）
1946年1月20日出版

创刊辞 陆守伦
节日（小说） 越 薪
发亮了的土壤（小说） 刘白羽
舅爷爷（小说） 函 雨
人权（小说） 路 翎
生产的故事（小说） 方晓白
伤兵母亲（小说） 林淡秋
变形记（小说） 吴 岩
苏秦之死（小说） 魏金枝
落花时节（长篇连载） 艾 芜
读《清明前后》（评论） 夏丏尊
思想的散步（评论） 蒋天佐
厄运（诗） 萧 岱
关于《士敏土》 董秋斯
忆李劼人（散文） 刘大杰
灯（散文） 丁 英
死法（散文） 索 非
家（散文） 布 衣
重庆的诗歌与戏剧界（消息）
重庆文化出版界近况（通讯）
禾 田 洛 生
编后
扉页（木刻） 张乃鸿
题花图构 池 宁 张乃鸿
王骊眉 戎 戈

第1卷 第2期
1946年4月10日出版

访问（小说） 沙 汀
地道（小说） 周而复
小人心（小说） 程造之
风暴（小说） 杨 朔
俏皮的女人（小说） 路 翎
幼芽（小说） 艾明之
落花时节（长篇连载） 艾 芜
答文艺问题上的若干质疑（论文）
胡 风
为人民的与人民所爱的诗（论文）
袁水拍
英国文学中的战时倾向（论文）
W.B.Kaufman 作 王楚良译
好日子（诗） 胡 征
绯色的梦（独幕剧） 吴仞之
圣经（散文） 严文井
从《荷兰之家庭》想起（散文）
刘白羽
关不住了 魏金枝
聪明的皇帝（散文） 艾 芜
看玩把戏（散文） 闻 歌
编后
封面设计 池 宁
嘉陵江畔（封面木刻） 刃 锋
题花 池 宁 张乃鸿 戎 戈

第 1 卷　第 3 期
1946 年 5 月 10 日出版

死灰（小说）　魏金枝
大年夜（报告）　项　伊
幸福的人（小说）　路　翎
母与子（小说）　韦　明
冷老师的倔强（小说）　萧蔓若
边境夜宿（报告）　次　阳
粮食（五幕剧）　杨　文　姚时晓　荒　煤　张水华
罗曼·罗兰的生活与思想之路（作家研究）　戈宝权
附罗曼·罗兰中译书目　葆　荃
论艺术的价值与价格（论文）　蒋天佐
欢迎的期待（诗）　莫　洛
笑容（诗）　洛黎扬
短简（散文）　靳　以
命运·死（散文）　方　敬
买墨小记（散文）　舒　芜
伊洛瓦底江畔（散文）　万　仞
编后
建设（封面木刻）　葛　原
题花　池　宁　张乃鸩　戎　戈　葛　原　子　颐　鸣　声

247 人民文艺

简 介

《人民文艺》，半月刊，一九四六年一月二十五日在北平创刊，北平人民文艺社编辑兼发行。同年九月十日第六期改署中华全国文艺协会北平分会编辑。同期终刊，共出六期。十六开本。

《人民文艺》原是抗战胜利后北平出版的大型进步文艺刊物，最后成为全国文协北平分会会刊。在华北地区有一定影响。创刊号以“在胜利以后”为题刊出代创刊词，要求“每一个文艺写作者要倾诉出人民的声音，表达出人民对自由民主的愿望和意志，成为真正国民精神的代言人！”表示“我们愿意配合着其他的文化工作，以文艺的各种各样的形式与内容，表达人民生活的具体现象，为争取民主的实践而奋斗！”该刊创作与评论并重，通讯报告、散文随笔和诗歌在创作中占主要地位，来自全国各地的通讯报告反映了抗战胜利前后国统区人民的痛苦生活和日益兴起的民主运动，不少散文、诗歌直接表现了人民对和平民主的要求，文艺评论有对抗战八年文艺工作的总结性评述，更多的则着眼于文艺运动的现实问题，探讨“文艺与民主”的关系。主要撰稿者有茅盾、光未然、刘白羽、王亚平、臧克家、臧云远、周扬、以群、绿衣、曼谷等。

目　录

第 1 期
1946 年 1 月 25 日出版

在胜利以后——代创刊词　编　者
写与读　老　舍
文艺与民主　曼　谷
法兰西和自由　孙　源译
战争给了些什么　刘白羽
人民的愿望　以　群
破击战（报告文学）　韦　明
鲁迅先生　南宫侠
自由的预言（诗）　王亚平
狼　茅　盾
回到大的气派　朱自清译
在被污辱的土地上　卓　隼译
鲁迅先生　林　梅

第 2 期
1946 年 2 月 20 日出版

人性的艺术和奴性的艺术　光未然
为人民文艺而努力　胡　宇
旅途　路　翎
我们需要民主（诗）　王　采
生活之一页　茅　盾
游行（诗）　迭　肯
心的声音（诗）　特　宁
在满洲　康士坦丁芬著　王子野译
没有文化的城市（太原通讯）
友　伦
人民的城市（张家口通讯）
羽　山
乱人坑　杨　朔
信　田　家
三轮车夫日记　老　王
文坛简讯　编　者
电滚子　射　手
罪恶的渊薮（书评）　无　名
编后记　编　者

第 3 期
1946 年 3 月 15 日出版

人民文艺问题谈话
周　扬　周而复
席　零　光未然
马彦祥　舒　扬

短　评

文艺和政治　艾　青
作家的任务　简　壤

生活之一页　茅　盾
如何认识“地方剧”？　马彦祥
陈福庆——重庆小景之一　刘白羽
瀑布颂　王亚平
江边野哭人　张恨水
研究文学史方法论的商榷　谭丕谟
原来如此　戴　石

第 4 期

1946 年 4 月 20 日出版

新民主运动中的文艺工作　以　群
论今时今地的人民文艺　文仲衡
迎着新的时代　斯璜翦
农村诗及其发展方向　王亚平
壁报——重庆小景之二　刘白羽
大坏蛋　艾　芜
上海文艺新军的结合——上海通讯　洛　田
我将（诗）　邹荻帆
给拾饭粒的（诗）　杨　林
北平剧坛杂感　闻　天
怒吼　纪　新
一个学徒的日记　煜　子
生活之一页（完）　茅　盾
田汉先生谈戏剧运动　王少燕笔录
来　件
上海杂志界联谊会为抗议摧残言论、出版、发行自由声援重庆、西安、北平、广州被压迫同业宣言
北平市戏剧团体联合会宣言
中华全国文艺协会北平分会致总会贺电

第 5 期

1946 年 5 月 4 日出版

纪念第二届“五四”文艺节告全国文艺工作者
我控诉　端木蕻良
纪念第二届“五四”文艺节专刊
“五四”文学革命杂记　周　扬
胜利的确信　光未然
行动起来　梅　林
纪念“五四”的感想　林焕平
今日的文学革命　陈北鸥
给大众以高度的热　曼　谷
发扬新文学的战斗传统　程钧昌
正视现实　碧　野
转瞬又一年　徐　盈
诗歌需要民主的培养　臧云远
用文艺作为武器来争取民主的实现　马宗融
现在我们开始来检讨八年来的文艺工作的成果及倾向　茅　盾
荷花甸　孙　犁
给一个农家的孩子（诗）　臧克家
春天（诗）　穆　芷
有颜色的人　阿　默译
可耻的暴行　阿　凡
编辑后记　编　者
本刊启事
来件
为成立中国戏剧工作者协会告全国同志书

第 6 期

1946 年 9 月 10 日出版

铁锤旗子　臧云远

榆关那畔行　王余杞
也算作家　绿　衣
小二黑结婚　赵树理
略论文艺批评　林焕平
市侩颂　光未然
海燕歌　高尔基作　瞿秋白译
近代戏剧运动与剧场的革新　范启新
全世界最快乐的人
〔美〕艾尔伯特玛尔兹作　阿　默译
关于艾尔伯特·玛尔兹　阿　默
诗人节在上海　俞　晨
如此接收　绿　衣
锦州风　一　恒
作主　臧克家

248　中原、文艺杂志、希望、文哨　联合特刊

简　介

《联合特刊》，文艺半月刊，一九四六年一月创刊于重庆，中原社、文艺杂志社、希望社、文哨社编辑兼发行，三联书店重庆分店总经售。同年六月二十五日出至第一卷第六期终刊，共出六期。十六开本。

该刊是四个文艺杂志社联合出版的临时性特刊。抗战胜利后，聚集在重庆的作家纷纷复员，文艺刊物有的忙于迁移，有的被迫停刊，一度造成文艺界的冷落沉寂。为了改变这种局面，反映文艺界对抗战文艺总结检讨的成果，四社联合创办了这个刊物。创刊号发表的《关于联合特刊的出版》一文指出：四社“共同的战斗方向，即是民主主义与现实主义的方向”，刊物的“主要方针，就是：一、加强文艺战斗与政治战斗的配合；二、加强文艺运动上的思想斗争”。在创作上，“要求有短小精悍的，富于现实性的”作品。刊物汪重社会批评和文艺批评。它对当时发生的重大社会事件，都做出了及时反应。“短论”栏发表的杂文，针砭社会上或文艺界的颓风陋习，比较尖锐泼辣。郭沫若、茅盾、冯雪峰的文艺论文，对抗战文艺和当前文艺运动的问题做了重要论述，是理论批评上的重要收获。小说、诗歌、通讯报告等，以暴露讽刺国统区的黑暗为中心内容。刊物表现了较强的战斗性。主要撰稿者除上述诸人外，还有陈白尘、邵荃麟、艾芜、沙汀、路翎、何其芳、野谷等。

目　录

第1卷　第1期
1946年1月出版

中国作家致美国作家书
郭沫若　茅　盾等17人
重庆文艺界慰唁昆明教授学生电
郭沫若　茅　盾等26人
四杂志慰唁昆明教授学生电
中　原　文艺杂志
希　望　文　哨
短　论
历史的大转变　郭沫若
我说　老　舍
去私　叶圣陶
人民的忿火　艾　芜
走向更大的胜利　其　芳
论民主革命的文艺运动（上）
雪　峰
悲愤的生涯（小说）　路　翎
进步赞（诗）　郭沫若
飞鹰（诗）　玉　杲
刘贵娃（小说）　蒲　汀
妈妈和孩子
——纪念死者，激励生者
鲁　藜
顽固的石头（诗）　万泉溪
关于批评　荃　麟
评《芳草天涯》　何其芳
关于联合特刊的出版　编　者
文艺简讯

第1卷　第2期
1946年1月20日出版

陪都文艺界致政治协商会议会员书
陪都文化界人士对政治协商会议的意见
写于政治协商会议的前夕（短论）
茅　盾
“岂能让人”（短论）　陈白尘
关于废止出版法及其他（短论）
荃　麟
论民主革命的文艺运动（中）雪　峰
“我们不能这样下去呀！”（小说）
刘白羽
呼号（小说）　沙　汀
蟹（小说）　葛　琴
读了几首叶赛宁的译诗（诗）
亦　门
煤烟和鸟声（诗）　袁水拍
论闯将　耿　庸
讽刺与歌颂　王亚平
“大众化”那里去了？（读者投书）
李贤铭

第1卷　第3期
1946年2月20日出版

中原·希望·文艺杂志·文哨四杂

志社对较场口血案的意见
中原社　文艺杂志社
希望社　文　哨社
中华全国文艺协会总会致郭沫若先生的慰问信
重庆戏剧电影界的慰问信
田汉等 143 人
上海各界慰问电　夏　衍等
北平各界慰问电
中国民主同盟华北支部等

论　文

仍是漫谈而已　茅　盾
论民主革命的文艺运动（下）
雪　峰

诗

指望来年及其他　野　谷
新中国的梦想将要实现　何其芳
早晨 · 我唱出第一支歌　甄　铃
难得啊！这样的好日子　陈藜草

小　说

滩上　路　翎
"四斤半"　谭　虎

为较场口血案向全国同胞控诉（来件）　陪都各界庆祝政治协商会议成功大会筹备会
编后

第 1 卷　第 4 期
1946 年 3 月 30 日出版

一个时代的开始　白　尘
洪深被辱有感　艾　芜
理性与历史　何其芳

小说 · 童话

一个商人怎样喂饱了一群官吏
路　翎
金伕子李金山　温田丰
鲤鱼沱　野　谷
理想主义的青蛙　何剑薰

诗

乡村小集　许　伽
种子　牧　青
十二月　冯　永

杂文 · 书评

爵位 · 论语 · 鬼　徐　石
读史小感　赵荒陵
羡慕"宋襄公"　禹　良
骑士的堕马
——评姚雪垠著中篇小说《戎马恋》　龚　鸾
从"替身"感到的
——对沙汀小说的一二感想
季红木
《论民主革命的文艺运动》中的错字
雪　峰
校后补白　编　者

第 1 卷　第 5 期
1946 年 5 月 15 日出版

文艺与科学　郭沫若
响应再教育问题　沈起予

小说·散文

放火 黄葵
谁作的孽 定林
关于“帽子”的记忆 李洪辛
还乡的战士 齐明
猎（诗） 辛颖
遥望（诗） 费雷
梦话（诗） 文放
张家口报导
两个世界 草明
人民的街长孟庆荣 田雨
老百姓的勤务员 林莹
双头山和水泉沟（热河通讯） 刘白羽
书信（三种）
关于逆流和“早晨，我唱出第一支歌”
关于文哨，联合特刊和写作
关于作品内容
中华全国文艺协会总会纪念第二届五四文艺节告全国文艺工作者
中国戏剧工作者协会筹备会为筹备中国戏剧工作者协会告全国同志书
南通五团体为南通惨案告各界人士书
编后杂记

第1卷 第6期
1946年6月25日出版

致读者
创造新的民族形式参加民主斗争 郭沫若
和平·民主·建设阶段的文艺工作 茅盾

小说

求爱 路翎
兵工厂里 拓拔宜邦
疑问 劳洪
方老幺唧个过端阳 田苗
我们的乡村 野谷
夜半一只杜鹃在叫着（诗） 东方昧
岗与谷（诗） 梁工
释放西北大学被捕同学！ 林一鸣
给美国的赛珍珠女士 靳以
介绍茅盾先生的一篇讲演 渥丹
书信（三种）
西北大学学潮真象
怎样深入现实，改造自己
关于取稿标准和培养青年作家
编后
《萌芽杂志》征稿信
上海印象（来信摘抄）

249 白　山

简　介

《白山》，文艺月刊，一九四六年二月二十日创刊于安东，白山社编辑部编辑，安东建国书社出版发行。同年九月一日出至第六期因国民党军队大举进犯安东而停刊，前后共出六期。十六开本。

一九四五年“八·一五”日本投降后，我军迅速解放东北全境。《白山》是安东地区解放后出版的文艺刊物。刊物创刊时《卷头语》提出建设“新民主主义文化”，以肃清日寇长期占领所造成的“法西斯奴隶文化”的影响。刊物以文艺创作为主，兼顾评论。创作有雷加、华原、阿痴的小说，白刃、邢路、宋迟的诗歌，舒明的报告文学，田风的戏剧，黄为、影飞的杂文等。刊物还辟有“学生园地”栏，专门发表文学青年各种体裁的习作。这些作品多反映“法西斯在过去十四年内所给与我们的压迫、杀戮、灾害、痛苦、冤屈、仇恨……控诉日寇法西斯在东北所造成的罪恶”，“歌颂为争取与建设民主自由的英雄们，和他们所创造的奇迹”。（《卷头语》）文艺评论多为创作或演出的感想式文字，只有少数评论群众文艺运动的论文，如黄辅民的《开展文艺通讯运动》，少伯的《根据地农民剧片断》等。

目 录

创刊号
1946 年 2 月 20 日出版

卷头语
航海者（转载） 普希金
我们的家乡长白山（诗） 邢 路
高尔基告诉青年们（补白）
姊之家 雷 加
“中国人轧死的好!”（小小说） 阿 痴
朋友，你给我带来了“真理”! 宋 迟
先生，小姐，诗人 长 弓
说“拥护领袖” 黄 为
毛主席的话（补白）
海滨夜哨（诗） 白 刃
风雪之中 小 灰
郭沫若的话（补白）
梅姑的死 周丽亚
雨夜 断 弦
胖子 影 飞
阔别十年 李 万
大会（诗） 贺 加
最大的喜悦 费 薇
高尔基的话（补白）
张二哥 老 牛
凤凰山（丹山） 丹 山
“与日本人的谈话”（小小说） 阿 痴

学生园地

一封短信 萧 会
宽恕与复仇 明 矢
青年们觉悟罢! 周 敏

编后 编 者

第 2 期
1946 年 4 月 20 日出版

转 载

大后方八年来文化运动的检讨 田 汉 李公朴等

论 文

诗话 陈 陇
新典型的创造 石 光

杂 文

“八·一五” 老 牛
再见吧青岛 陈 曦
见闻小集 拙 农
谁的罪 石 天
白山读后感 影 飞

诗

安息吧勇士 郑凤信
庄河街头 刘 化
别了母亲 相 如
抓劳工 想
血债 黄辅民
失业 老 赵

创 作

琳病了 老 常

冷霜　成　良
一支三八式　雷　加

学生园地

献　洪　水
圣人　明　矢
李大娘　成　郎
穷伙伴　老　赶
学生与社会人　小　卒
希望　哥　尼
精神病患者的自白　狂　林
重庆风（文化消息）
编后

第 3 期

“五四”纪念专刊

1946 年 6 月 15 日出版

转　载

八年来文艺工作的成果及倾向　茅　盾
抗战八年来的戏剧创作　田　进
颂体育节　郭沫若
校场口　冯玉祥
开展文艺通讯运动　黄辅民
吃豆腐　北　江

诗　作

参军剪影　相　如
逃难曲　邢　路
雁　乘　凉
囚徒　华　原
颂民主联军　宋　迟
悼　孙宝祥
狱中片断抄　舒　明

创　作

有仇必报　雷　加
两个旧同事　金　刀

学生园地

（纪念五四运动专刊）

写在前面　陈　宣
献给青年朋友们　沙星烂
五四运动的感想　吴　彦
颂五四　骤　然
五四述感　曲来珍
五四运动感言　李云华
我与五四　善　夫
五四　小　王
加紧团结　史桂荣
五四运动感想　建国学校行政第二队
感想　李景琰
起来！东北青年　毅　君
五四感言　牟魁英
五四运动的意义　刘昌福
流浪的孩子　藏　限
从那天起挣断了坚固的锁链　刘长春
反对内战　李淑珍
我们要更坚固的筑起城堡　周孝敬
《气壮山河》给我的启示　渡　帆
过去和现在　李秀琴
故乡　杨　华

五四运动　滕英鸿
他们这样奴化我们　刘傅雯
从辽东文艺工作团的《气壮山河》说起　小王
昆明惨案特写（转载）　王季
编者的话
编后

第4期

（无出版日期）

高尔基与初学写作者（转载）
闲话正统　白刃
生活与创作　陈陇
平凡的几句话　忆珏
写吧，朋友！　宋迟
献给工人弟兄们　大股
创作
天会晴的　冬苇
节前　徐图
农民会长　金刀
李文顺　华原
狱中片断抄　舒明
学生园地
六个月的苦力　曙光
生产感想　雄峰
记忆里的一位先生　陶壁
一八四师的感想　郑世培
联合中学学生的募捐　王松桦
他们得了土地后（封皮木刻）　那逊

第5期

（无出版日期）

转载
毛泽东会见记　斯坦因
十勇士　少波
等着我　西蒙诺夫
列车　史起巴巧夫

五月的鲜花　雷加
一九三七年七月在国防最前线　邢路
歌颂七·七　一帆
诗
浑河之歌　郑文
献　群
歌颂毛泽东　臧群
狱中片断抄　舒明
创作
月亮圆又圆　华原
茶馆里　陆霁
谁逼得张吉周不能活？　金刀

我要报复（文艺通讯）　江村
根据地农民剧片断　少伯
川崎的罪恶　老刘

学生园地

东北青年　王奉璋
鸭绿江　黄恒斗
从海城到安东　弥　瀛
我演《回到祖国的怀抱》　李秀云

第 6 期

1946 年 9 月 1 日出版

批评与介绍

漫谈八股诗　逢　风
介绍瓦希列斯夫卡的《虹》　芜　野

谁做主人　蓝　非
关县长的泪　影　飞
幻想的破灭　陶　璧
胜利后的刹那　牧雪峰
八一五前后　石　光
狱中片断抄　舒　明
于家沟的春天　华　原
第一次战斗　陆　霁

八月诗辑

八一五　冰　生
安东，让我来歌唱你　风　原
离沈阳　朋　华
谁解放了东北　警　钟
你现在在那里　王兆鑫
寄　季　弟
守住我们的山岗　黎　明

妻离子散（四幕剧）　田　风

学生园地

我究竟犯了什么过　柳　乔
献　凡　步
惨痛的回忆　心　荣
胜利是属于人民的　仲洁心
两件事　桐　蔚
终有那么一天　田　森
八月六日　金　刀

250 鲁迅文艺

简 介

《鲁迅文艺》，月刊，一九四六年二月二十五日创刊于天津，鲁迅文艺社编辑兼发行，天津人间书店、知识书店总经售。同年三月二十五日第一卷第二期改为天津知识书店单独经售，同年六月一日出版的第一卷第三期又改为知识书店和北平北方书店总经售。同期终刊，前后共出三期。十六开本。

该刊以创作为主，兼顾评论。创刊之初，编者申明景仰鲁迅、继承鲁迅战斗传统的宗旨和态度："我们搬出了'鲁迅先生'做帽子，我们是想循着他的道路走向前去的。"（第一卷第一期《编校后记》）刊物所载何干之、臧云远、阿垅和日本作家鹿地亘的文艺论文，一方面阐发了鲁迅及其文学遗产的革命精神，另一方面喊出了"诗歌需要民主的培养"的呼声。文学创作偏重于诗歌和杂文。前两期的"野草"栏和第三期"诗歌特辑"里发表的作品，集中表现了刊物对黑暗现实的批判锋芒和民主要求。主要撰稿者有彭家寒、飘林风、鲁藜、冀汸、绿原、安娥、田间、王屋、艾征等。

目 录

第1卷 第1期
1946年2月25日出版

他们的文化（诗） 化 铁
八年来文艺工作的成果及倾向（转载） 茅 盾
诗歌需要民主的培养 臧云远
鲁迅魂 鹿地亘
和萧红在西安的日子 聂绀弩
吊萧红（诗） 戴望舒
盛世盛事 路希平
听众（木刻） 王 琦
农家（木刻） 古 元
重逢（木刻） 李 桦
鲁迅遗容（木刻） 杨大辛
两百桶煤油（报告文学） 飘林风
在苦难的海里（还乡杂记） 苏 夫
野 草
泥土 鲁 藜
河流 鲁 藜
回来 冀 汸
寒冷 冀 汸
听见了 冀 汸
别 冰
萤 绿 原
给我底女人的嘱咐 绿 原
给化铁 绿 原
卖糕 陈 辉
愤 王 屋
嘴 王 屋
给—— 纪 红
宿友人家 彭家寒
黑孩子 R.赖特作 刘允言译
手 铁霍诺夫作 奚溪译
创刊纪念征文 本 社
文化消息
编校后记

第1卷 第2期
1946年3月25日出版

致所谓“文人”（诗） 彭家寒
艺术性与政治性（转载） 画 室
关于鲁迅的遗族与遗产 何干之
从清算到检讨 阮幸生
抢运者（木刻） 西 厓
重建家园（木刻） 彦 涵
认字（木刻） 古 元
“铁棍艺术”概论 艾 征
论“整顿市容” 孟 驰
两种战争，两种情绪（书评） 浪淘沙
两人（独幕剧） 李伏娃
粮秣主任 鹿特丹
这样的战士 应奇生
野 草
罪恶的手榴弹 安 娥
赴敌 罪 犁
臭气，伤风的鼻子 关黑山

夜渡　张木阳
黑孩子　R.赖特作　允言译
上海杂志界联谊会致国民参政会电创刊纪念征文　本社
编校后记

第1卷　第3期
诗歌特辑
1946年6月1日出版

搜索残敌（木刻）　荒烟
鲁迅纪念歌（歌曲）　葛伊易作词
人民的文艺（在香港文化界欢迎晚会上的演讲）　茅盾
我们应坚持的目标与应放宽的尺度　金简

诗辑

"我是队长"　流哨
在牢狱里　王乃帆
县长替我种棉花　张铁夫
地主的家宅　田间
行军散歌　贺进
早晨　邓潼
我的成长　王屋
论诗　阿垅
二渡黄河　于静蛰
小孩子　汪达.瓦希列夫斯卡作　罗焚译
黑孩子　R.赖特作　允言译
编校后记

251 文艺杂志

简 介

《文艺杂志》，月刊，一九四六年三月一日创刊，“太行文联”编辑，高沐鸿主编，郑笃参与编务，太行新华日报馆出版，新华书店发行。一九四七年十二月一日出至第四卷第四期停刊，共出二十二期。十六开本。

《文艺杂志》是晋冀鲁豫解放区出版的大型文艺刊物。创办的宗旨是：一、反映解放区的现实斗争和群众的新生活新思想，推动新文艺运动。二、供给干部群众文艺读物和文艺活动材料。三、搜集保存八年抗战中太行区军民的斗争故事。四、培养、团结文艺工作者（创刊号《本刊编辑计划》）。刊物主要刊载文艺作品，评论和翻译甚少。所载杂文和通讯、速写、报告，迅速反映了太行军民的自卫战争和农民的翻身历程；小说、诗歌、通俗作品除表现现实生活外，还历史地反映了太行军民八年抗战的业绩。该刊创作面貌，前后略有变化。创刊初期强调“描写真人真事”，从第二卷第一期起转而提倡“通俗化”（二卷一期《本刊第二卷编辑方针》）。第三卷第一期以后更进一步强调作家“要向老百姓能听能读这个真正通俗的目标强攻猛进”，要求熟悉生活的县区干部、小学教师都来握笔写作（三卷一期《本刊今后的希望》）。这时刊物发表的多为快报、鼓词、秧歌剧、演唱材料、斗争故事等等，表现出更广泛的群众性和通俗化特色。主要撰稿者有高沐鸿、冈夫、袁勃、王春、阮章竞、柯岗、郑笃、曾克等。

目 录

第 1 卷　第 1 期
（创刊号）
1946 年 3 月 1 日出版

胜利和平凯歌　冈　夫
邢台市大斗胡同公　培　时
张大娘哭根生孩　叶　枫
谈创作新文艺　穆　之
解放“5000 发电厂”　曾　克
我要跟大家一起去报仇　袁　勃
新区知识界的思想问题　高沐鸿
访友　木　风
春节散记　于　凡
纺车旁边　王敏昭
减租减息　黎　光
过潮河　林
她永远记在我的心里　马丰年
拐子　佩　兰
编后记　编　者

第 1 卷　第 2 期
1946 年 4 月 1 日出版

人民大翻身颂　冈　夫
家　王敏昭
地板　赵树理
新生的矿山　叶　枫
“我们的胜利军”
太行军区警卫团一连集体创作
先锋剧团赵子岳帮助整理
芒　王　南
绸背心　赵正晶
土地的吵架　高沐鸿
旅途的一夜　金　羊
老婆来了　明　荃
剧作中碰到的问题　束　玉
新年归途记　觅　光
生活在十个字码里的人　安文一
打霸王鞭　毛茂春
小和家（集体创作）
介　云　风　朔　全　林
跟上恩人——共产党走　江　波
封面　寒　声画　吉　琳刻

第 1 卷　第 3 期
1946 年 5 月 1 日出版

我看到毛主席　鲁　藜
大后方的小故事　裴　克
炮　培　时
做晚饭的时候　维　廉
买桃　毓　明
你永远活在人民的心里　袁　勃
申秋子讲翻身　冈　夫
旅长马忠全同志　刘备耕
蒺藜草　王　南
熊掌子　黑　丁
母子俩　尚　枫
翻身后的第一代　罗　林
从日本回来的民兵　黎　光

介绍《改变旧作风》 易朗士
封面 兰

第1卷　第4期

1946年6月1日出版

七亘村之战 张香山
回地 木　风
栽树 王敏昭
下乡及其他 佛　初
让恨火更猛烈的烧吧 洪　荒
哭齐生我师 李俊成
土地的吵架（续） 高沐鸿
记敌区一夜 木　易
活埋 佚　名
义务看护队 光明剧团集体创作
递 舒天巩
课外活动之一页 庄　柯
对文艺杂志创刊号的意见 王　衡
编后记

第1卷　第5期

1946年7月1日出版

纪念与抗议 本　刊
“大毛子”“二毛子”合论 王　春
让大家都知道吧 庄　古
水萝卜的纠纷 刘宝荣
老杨 孙成文
东山王 毕未朽
故乡 毛茂春
劳动的回忆 张天林
情书 郑　笃
杏儿甜 赵正晶
郝老汉 尚　枫
没鼻没耳的人 程俊良
母亲的话 禹　明
送汤女 大　卫
仇恨 M.肖洛霍夫作 王敏昭译
封面 熊雪夫刻画
编后

第1卷　第6期

1946年8月1日出版

送粪 王云岑
助收 昌　言
赵凤英 小　空
新“北良村” 培　时
卖花红线的老太太 佩　蓝
恨 马紫笙
烛奸记 田　生
乡居生活 曾　克
黑熊 毕未朽
对新文艺问题的意见 洛　夫
诗与批评 天　明
醒悟 韦　岂
房东的转变 彦　夫
读《虹》后感 萧　风

第2卷　第1期

抗战胜利纪念专号

1946年9月1日出版

保卫黄烟洞片断　齐　语
英雄沟　郑　笃
约会　纪　英
上党自卫战见闻随记　陈　天
漳河牧歌传　高　咏遗作
一夜　刘稚林遗作
采野菜　伍　洲
妈·黑窝窝　大　卫
鞋　培　时
炮兵团在行进　朱　坡
盖板枪　秋　原
不屈　鹿特丹
瞎子和哑叭　束　玉
路之歌　冈　夫
复仇　刘秀峰
赵书记长　毕未朽
二月春风吹　王博习遗作
诉苦登记（封底木刻）　炜　克
封面插图　邹　雅
编后
本刊第二卷编辑方针

第2卷　第2期

1946年10月1日出版

鲁迅逝世十周年祭　山　仁
故乡的山水花草　王　南
第二家庭　克　锦
彰德之夜　高克东
孤军　秀　圃
来吧　紫　笙
桃莲　刘　江
网罗　毕未朽
姜四孩娘　憬　行
胜利专号征文续刊
　女射击手　曾　克
　夜课　马幸之
　谁战胜谁　吕　梁
“七七”的礼物　林十柴
　李家沟反维持记　袁　潮
随感二则　刘备耕
咱们一定能胜利（封底）
　吕　呐
封面木刻　李　红

第2卷　第3期

1946年11月1日出版

笔锋向前线　本　刊
胡强子　田　生
俺的身世　燕　云
由鬼变人　毓　明
青年党“裸体游行”　冈　夫
爱　曾　克
老太太　梅　村
一个人缴了一连人枪　罗　柑
精神狗皮膏　山　仁
翻身后的村庄　海　涛

战斗　高沐鸿
献田　李毓华
徐顺孩和十八个民兵　吕　班
爆炸　维　廉
桥　彦　夫
转盘机枪　李导民
阎顽区民谣一束　荣一农
李家沟反维持记　袁　潮
反对卖国歌（封底）　竹　簧
封面木刻

第2卷　第4期

1946年12月1日出版

蒋介石的把戏　山　仁
干涉苏联那一回和"调解"中国这一回　王　春
五兄弟　昌　言
心潮　王　南
组织起来　介　云等
酱　胡　奇
蝗军　幸　岂
耿宝林　苏　众
财神　延登琦
记在北大文艺研究室的谈话　高沐鸿
我病了以后　孔　更
窟窿岩　王　前
任毛小（歌子）　管　平

第2卷　第5期

1947年1月1日出版

敬献前方将士　本　刊
战地鳞爪　齐　语
大杨湖之战的英雄　马丰年
你们来得正好　胡　征
寄延安　鲁　藜
新仇旧恨　刘　江　赵正晶
文艺随笔　史纪言
六个与六百个　大　卫
记与荒煤同志等谈话并附加一点意见　高沐鸿
翻身日记　登　瀛等
燕赵秋野　柯　岗
失望　辅　恩
送别　迦　陵
麻糖　毛茂春
再一辈子也得革命　郝志坚
木刻　吉　林

第2卷　第6期

1947年2月1日出版

太行各界抗议美军兽行响应学生爱国运动前线英雄故事　炳　如等
猎人之母　柯　岗
一碗面　梅　村
交公粮　昌　言
小民兵　李　紫
当了席上宾　丁　曼等

逃难者　舒天巩
《烟草路》读后感　思　基
大鱼和水獭的勾结　金　羊
永远挂在我心上的肉　润　苍
剧话　佛　量
爸爸回来了　林十紫
本刊一年回顾
打断了胳膊还要求上火线　村　田等
暂别沁河　棘　木
英雄查巴也夫走遍了乌拉尔　朱子奇译
封面木刻　吉　林
封底木刻　炜　克

第3卷　第1期
1947年3月1日出版

本刊今后的希望
夫妻顶嘴　尔　荷
圈套　阮章竞
从傻二伟与白鼻子谈起　紫　笙
申海珠　冈　夫
老项头　史林碧
石头和脑袋　司马达
土金　林　湘
模范难民　郑　子
道蓬庵农村剧团的经验　璧　夫
女副村长　毛茂春
傻瓜　一　伟
忙牛夫妇　玉　田
“毛主席才是真救主”　燕　云
聋马保　刘晓晞

第3卷　第2期
1947年4月1日出版

“美牌”“蒋记”的天下　本　刊
打姬家山　郑　笃
保住咱们的产业（诗）　李众夫
送别（诗）　阮章竞
丁秋秋　小　溪
给毛主席拜年　寒　声
燃烧　胡　征
纺花（诗）　冈　夫
马瘰锅　田　生
丙更娘雪地送公粮　佩　蓝
不管他，那管你？（诗）　叶　枫
斗的故事　吕　梁
羊羔疯脾气　张碧生
仇恨　李　庄
写作杂记　高沐鸿
涉县春节文娱运动（通讯）　卜克江
一九四六年群众文娱创作评奖　卜克江

木　刻

美蒋商约友好协定　枫　川
不尽美货滚滚来　同
丁秋秋插图（二幅）　吉　林
送别插图（一幅）　同
给毛主席拜年插图（三幅）　枫　川
生产热潮（速写）　木　风
封面　木　风

补　白
一、毛主席给他孩子个二胡
二、民间乐曲介绍
三、民谣拾零
四、《山东文化》介绍

第 3 卷　第 3 期
1947 年 5 月 1 日出版

献给爱国自卫前线广大的英雄们
指导员我回来了　赵德新　曦　影
　　枫　川木刻
坐飞机　培　材
伤员转运站风景线　曹展方等
两个新来同志的故事　郑　笃
金不换　曹占芳
人民功臣李二狗　天　晓等
盼喜报　阮章竞
标语开花（木刻）
　　白　羊作和刻　李众夫画
演部队戏剧的演员问题　钱海洪
出击　小　空作　吉　林木刻
送信　刘晓晞
沈敏彦　巨　冰
死后仍在尽职（转载）
救火　曹　欣
天下穷人是一家　毛茂春
黄姥人纺花　冈　夫
反对大浪费
　　左权盲人宣传队二、四组编
一棵树　五　及
毛主席在民间　佩　蓝
翻了身的家　丁　季
十板（民间器乐曲介绍）
　　巴　山记谱
书信来往
编后记·民谣拾零

第 3 卷　第 4 期
1947 年 6 月 1 日出版

党参干　蔡公狄
在宜沟阻击战中　牛子孺
小牛（诗）　乞光海
误会　刘宝荣
占地　马丰年
访问“山东村”　张云溪
扫除障碍　曦　影
浇树　卓　民
诗　歌
好排长　大　卫
招待所墙壁上的诗句　李　紫
蒋家军　张万一
瞎白闹　四　成
随军散忆　郑　笃
死不起　林十柴
慰问袋　田　晴
快板·图书
一篮蛋　李众夫改编
保长（蒋占区民谣）　林　薇
不让吃现成　陈致和

临淇担架队缴枪记（木刻画）
郑白枫
插图与封面画　吉　林
地主的话　王　春
书信往来
本刊重要启事
新牛和他的羊群（诗）　张立云
平顺城街的贺功声
卓　民　效　武
夜校里的参军潮　王品滏
三个牛皮匠（剧）
曹欣作　石　岩配曲

第 3 卷　第 5 期

1947 年 7 月 1 日出版

我们就是来救你来了
焦培文　方家坡
三门婿上寿（鼓词）
武乡盲人宣传队口述
太行文联民艺部改编
刘德顺　马丰年
“我嫌你脏，你为了谁？”　刘　志
我要打回去　苏　众
炊事班长杨文彬　郑　笃
汤阴城见闻　朱　丹
诗歌·图画
行军诗　王克锦
铁匠的儿子　胡　征
张中羊和彩号　林
保卫毛主席去　李　红
防旱备荒　李众夫
消灭快速纵队（封面木刻）　关夫生

参战模范张忠详　培　俊
新式骡车　吉　祥
不过夜的结婚　洪　飞
俘虏诉苦　萧　茅
学剧的两点经验　涉县教育科振　华
立功（歌）　树　基
赵家厂歼灭战（鼓词）　崔　麟
张兰英的故事　高　泽
补白·书信往来·本刊启事·鸣谢·裕民印刷厂广告

第 3 卷　第 6 期

1947 年 8 月 1 日出版

不要结计，他们啥都好　范　直
我可见了共产党　李　红
张来发（快板）　清　凯
老还少　昌　言
恍悟（小说）　曾　克
夜宿　林十柴
火线二日　李　紫
“胜利”新村记　唐西民
空壕计　白瑞章
混世魔王的末日　卢耀武
突破上的恐怖　曹　欣
破路　田　生
别忘了以后多通信
长　荣　文　广等

四位英雄（快板） 琳　琅
故城翻身记（诗） 冈　夫
报功单（秧歌剧） 胡　奇作
一朵大红花开在他怀中（诗）
梅　村

第4卷　第1期

1947年9月1日出版

更进一步 本　刊
群众创作集锦 涉县文委会辑
翻身中的故事 王巨林　林华辑
邱二羊（鼓词） 内邱武委会孙治安
礼（诗） 刘宝荣
杨忠国和他的第三排 娄　藩
钢铁的力量与钢铁的意志 秀　圃
参战英雄郑月明
王亮之作　本刊编辑部改
好兄弟 曹　欣
火线小故事 傅晓铎
救房东
生产战线上
战胜灾荒 李　红
劳动在自己的土地上（诗） 刘艺亭
赛“黄忠”
内邱小杨庄小学教员　李敬维
舍猪救灾 毛茂春

火线写生（画） 赵枫川
“解开，这是我的儿子！” 晓　湖
不会吃饭的人（鼓词） 寒　声
给俺孩过生日 禹　明
战士作品散辑 李紫辑
东行漫记 郑　子
黄河渡头（歌） 田　晴
战斗生产（封面）
木风画　吉　林刻
插图三幅 瓌　林刻
编后记 编　者
书信来往
“作啥写啥” 本刊通联部
希望大量收集群众创作
本刊通联部

第4卷　第2期

（无出版日期）

农村广播
喇叭响在房顶上 王　元
大众黑板
街头上的快板 冯海金编　王得考辑
爱国自卫前线
孟村歼灭战（鼓词） 赵玉山
彩号的友人 李文珊
博爱战斗中的傅成组 彦　夫
康福荣和李发耀 林十柴
去掉这不光荣的绰号 张振荣
翻身运动中的故事
“万年穷”与“刮金板” 孙成文
访问翻身农民韩来锁 萧启明
把狗肏的挤出去（诗） 李　红
彻底反倒算（诗） 小　空

要把娼子斗得服服贴贴　叶　枫
看你还想变天不？　赵振国
看护员　五　及
我死也不能忘了八路军　史如壁
一口小猪　洪　钧
山沟里的岗哨　陈　弘
志愿　毛茂春
画与木刻
战地速写　枫川画　吉林刻
插图三幅　怀信刻
积极生产（封面）　吉林刻
生产战线上
谁是共产党？　王周南
卧地　禹　明
锄花（诗）　子　彧
背柴　觅　光
脱坯　孙清月　张文阁
部队文艺
立功模范宋百川（快板）　琳　琅
战士作品散辑　树　发等
文娱工作研究
武乡盲人的文艺认识　向　群
书信来往
一封宝贵的来信　孙　军
请大力反映土改运动　编辑部

第4卷　第3期

1947年11月1日出版

群众文艺
两首群众创作　子　彧辑
大众黑板上的快板　郝廷俊辑
翻身运动中的故事
牛和地主媳妇　正士弟
看看地主多狠心　刘永彬
把地主管制起来　冯海金　王虎林
小芝只棒打老公公　林　湘
花衣裳（诗）　小　空
熬出来了　高晓象　张惠春
孩子们的力量　孙爱思
春生和雪花　杨　柯
鼓　田　晴
大家坐天下啦（诗）　叶　枫
乡居散记　史　洪
恶霸地主王兆庭（快板）　李　峰　刘济民
解放战争前线与后方
张来红送彩号　贾炳智
我是民夫也是战士　鲁　生
天上地下不一般　刘志鹏
抢捷报（小速写）　王长群
“报告连长，全来了！”　林十柴
贺功　迦　陵
十四夜间（诗）　刘艺亭
拥爱故事
欢送南下同志（诗）　王志远
做慰问袋　丁　季
刺激　萧　茅
“比亲生儿子还亲哩！”　梅　村
生产运动中的故事
二锁家　史如壁

画与木刻

攻击（封面） 枫川画 吉 林刻

插图五幅 怀 林

书信来往

意见与希望 李文珊

文艺上如何查“克里空”？ 禹 明

工农干部对文艺的反映 郝世民

第4卷 第4期

1947年12月1日出版

战士作品

太谷独立团战斗故事（快板）

太谷独立团二连战士 王凤龙

解放战争前线与后方

刘老汉战场观儿立功 王隆田

杀敌英雄武和尚（坠子） 湘 东

俺街的参军热潮 丁 季

参战故事五则 陈 远

月下秋耕 郭学玉 赵荣祖

翻身运动中的故事

仇人不能当亲人（鼓词）

张富昌 李振华

老狗熊担囤 王长群

三堂会审 李 紫

挖防空洞功臣任秀莲 王昌隆

起林夫妻 王周南

翻身农民和地主 叶 枫

亩半园子 田 生

拥爱故事

在杨白村上 白 岭

过河（诗） 小 空

热爱伤兵如亲人 李文珊

画与木刻

真地主假农民（连环画）

冯海金词 黑大画

插图五幅 吉 林刻

冬季生产（封面） 寒 生制

批评与研究

对二卷三期上《献田》的意见

禹 明

对文章长短和通俗化的意见

孙成文

252 北方文化

简 介

《北方文化》，半月刊，一九四六年三月一日创刊于张家口，刊物设编委会由周扬、张如心、成仿吾、邓拓、萧军、萧三、艾青、何干之、刘皑风、沙可夫、吕骥、丁玲、冯宿海组成，成仿吾、张如心主编，第一卷第二期起增补杨献珍为编委，陈企霞参与编务，北方文化社发行。一九四六年八月十六日出至第二卷第六期终刊，共出十二期。十六开本。

该刊是抗战胜利后晋察冀解放区出版的综合性文化刊物。成仿吾写的《创刊的话》阐明刊物的宗旨是为“巩固国内和平”、实现“国内各方面的民主改革”而努力奋斗。内容有“时事评论与政治论文”，有经济、教育、历史等方面的“专门论述”和“经验介绍”，而“供给读者以文学与艺术的滋养品”，是刊物的主要内容之一。文艺创作在刊物中占有突出地位。萧三、定一、吴伯箫、欧阳凡海的通讯报告，艾青、厂民、朱子奇、蔡其矫的诗歌，康濯、丁克辛、杨朔、草明的小说，反映了解放区生活的新面貌。丁玲、萧军、王子野的时论、杂文，主要针对国民党的种种腐败现象加以揭露讽刺。该刊还编刊了“高尔基逝世纪念”专辑（第二卷第二期），对这位苏联著名作家的生平和创作做了翻译介绍。刊物在华北各解放区产生了较大影响。

目 录

第1卷 第1期

1946年3月1日出版

创刊的话 成仿吾

时 论

自掘坟墓 丁 玲

揭穿丑剧，制止逆流 吴伯箫

说“社会大学” 萧 军

宣传与说谎 王子野

讲 座

毛泽东的人生观 张如心

报告通讯

西线漫记 萧 三

“人圈” 厂 民

新张家口工人的文化生活 凌 元

大连市 罗 焚译

刘邦与项羽（研究） 何干之

灰败思想底根源一解（批评） 萧 军

人民的城（诗） 艾 青

我在霞村的时候（小说转载）丁 玲

原子炸弹诸问题 子 奇辑

第1卷 第2期

1946年3月16日出版

东北人谈东北

再话“东北问题” 萧 军

东北人民都“知道了” 林子明

东北来人谈 符克记

控诉 流 茹

关于中国工业化的若干问题 何干之

张市解放后的学校教育 刘皑风

初春（小说） 康 濯

通信报告

西线漫记（续） 萧 三

张市庆丰戏院的新面貌 何 迟 羽 山

苏联红军与中国农民 ［苏］搏依阔夫作 陆 风译

毛泽东的科学方法 张如心

民主建国进行曲（歌） 贺敬之词 李焕之曲

诗 辑

歌红军 萧 三

给母亲 章 煌

在草原上 朱子奇

把戏（杂感） 吴伯箫

论“爱国运动”（杂感） 王子野

原子生意 ［苏］雷克林作 张运堂 陆风合译

文化消息拾零（补白）

读者中来 权 争 朱 琴

苏联科学短讯

“螳臂挡车”（漫画） 蔡若虹

封面设计 张 仃

第1卷　第3期

1946年4月1日出版

毛泽东同志像（封面）　莫　朴
中苏关系之回顾　成仿吾
从外国法西斯看中国法西斯　又　常
灭顶之前（漫画）　丁　里
毛泽东的科学预见　张如心
十八匹战马（散文）　王　林
资本主义国家的所谓“计划经济”　瓦尔加作　王子野译
张市寒假教师讲习会追记　丁浩川
八路军和老百姓生死在一起（广播稿选）
“望乡台”畔（剧作）　丁　玲　逯　斐　陈　明
谈谈中国新文艺的性质（讨论）　欧阳凡海
救亡歌曲的成长　焕　之
诗　辑
没法为你们立一支墓碑　厂　民
欢送回乡军人　徐兴华
苏联妇女与苏联最高苏维埃选举　H.波波瓦作　朱允一译
想一想（歌曲）　白　韦词　李　尼曲
日寇口中的东北抗日联军（材料）　又　常译
读者中来　冰　岩

第1卷　第4期

1946年4月16日出版

土地改革与中国资本主义的发展　何干之
抗战中中国大后方土地关系的变化　科瓦列夫作　则　望译
新解放区农村改革一例　冯宿海
孔家庄纪事　吴伯箫
土地改革与民主　瓦尔加作　焦敏之译
春耕　马　达
读者中来
疑问与答复　王　清　何干之
毛泽东的作风　张如心
家乡（小说）　杨　朔
诗　集
寄张家口　红杨树
减租谣　胡　健　宋丕显记
八路军的文化生活（广播稿选）
张家口市选巡礼　大　可
战士（散文——外一篇）　纪　普
弹今吹古录之一章　萧　军
民意机关　王子野
“望乡台”畔（续完）　丁　玲　逯　斐　陈　明

第1卷　第5期

1946年5月1日出版

五四运动　毛泽东

中国青年要走自己的道路 成仿吾
“五四”回忆 于力
“五四”运动及其发展 何干之
李大钊与“五四” 李光灿

马克思诞生纪念

马克思略传 萧三译
马克思主义哲学诞生百年 王子野译
马克思是怎样学习的？ 葆荃译
马克思之为人 柯柏年
马克思、恩格斯论中国 智建中
马克思主义的新胜利 大可
解放了的“虎列拉”（小说）草明
我看见了真正的民主（报告） 欧阳凡海
新张家口的学生（通讯） 孟钺
华北联合大学的学习生活（通讯） 张少凡
解放后第一个“五一”节（征文）
张家口工人的参政 凌亢
新的工资制度和工人生活 胡华
工人自己的工人报 康濯

第1卷 第6期
1946年5月16日出版

青年学习问题 张如心
什么是五权宪法 盖隆
马克思主义与发展资本主义问题 何干之
苏联第四个五年计划
一天（小说） 丁克辛
张市失业职工的解救 胡华
关于秧歌运动 张庚
陕北秧歌 胡沙
新疆民族运动真象 沙龙
访问锡林郭勒盟 魏伯
对一个纳粹的公平审判 白苇洲译
晋察冀八路军的军中报纸 姚远方
晋察冀子弟兵的文艺活动（广播稿选）
边区妇女的文化学习 张忱
弟兄们姊妹们（散文） 柳杞
新的艺术运动在热河 赵熙
论俄国的伟大作曲家查伊阔夫斯基 杜矢甲译
读者中来
对《毛泽东故事选》的几点重要更正 萧三
我对解放区的认识与了解 陈小明

第2卷 第1期
（总第7期）
1946年6月1日出版

纪念教师节

教师——在晋察冀解放区 刘皑风
晋察冀的反奴化教育斗争 刘松涛
两种不同的教育 蓝公武
张家口教师座谈（纪录）
晋察冀边区小学教育剪影 吴云田
解放区教育建设的道路 董纯才

悼一个教育工作者——李树棻君 于 力
"天下无难事，只怕有心人!" 离 叟
从初小国语课本谈到国民党的"标准课本" 牢 寒
人民的教师 成 平
北方画页（民间剪纸） 古元介绍
毛主席浮雕像（封面） 王朝闻作 蔡其娇摄
人民歌颂毛泽东 贺敬之辑
从歌谣中看民心 严 辰
苏联的天然富源 达维多夫作 则 望译
美国的工资与罢工运动 福斯特作 舒 翰译
人民是正统（报告） 吴伯箫
读者中来
关于"土地改革"的问题与答复 黄 林 何干之
漫谈两面政策 杨 溢
补白
封面设计 夏 风

第 2 卷 第 2 期
（总第 8 期）
1946 年 6 月 16 日出版

高尔基逝世纪念
我怎样学习的 高尔基
关于高尔基
春日 克 夫译
A.托尔斯泰论高尔基
纪念瞿秋白同志殉难十一周年 萧 三
北方画页
收复区应时人种画像（漫画四幅） 阿 尔
慰问（木刻一幅） 彦 涵
平北"无人区"速写（三幅） 古 元
陕北说书人（速写一幅） 莫 作
热河的土地关系概况 李 锐
晋察冀边区妇女的参政 张 忱
八年来边区社会教育概述 项伯仁
边区乡村文艺运动略述 张文芳
介绍张市业余公学 丁浩川
尖兵剧社 赵 熙
碑 孙 犁
民主的城与反民主的城 白 桦
英国殖民地政策的检讨 罗 斯
哈尔滨的洋车工人 陆 风译
声援东北民主联军 杨之秋
记张市民众教育馆 雁 星
解放区文化教育消息
补白

第 2 卷 第 3 期
（总第 9 期）
"七一""七七"纪念特刊
1946 年 7 月 1 日出版

毛泽东的主张 斯坦因

毛泽东同志略传　萧　三
毛泽东论共产党的人标志
“俺们毛主席有办法”　秦兆阳
只因为有了毛泽东（口外民谣）
欢呼（诗）　艾　青
共产党人是老实人　恽子强
我所见到的中国共产党　蓝公武
纪念“七一”　于　力
抗战中军民关系的片断回忆　潘自力
北方画页
　狼牙山五壮士（连环木刻——四幅）　彦　涵作
战场上的共产党员　姚远方
生产战线上的八路军（广播稿选）
统一累进税在晋察冀的实施　李成瑞
晋察冀边区九年来的农业生产运动　刘奠基
八年来晋察冀怎样战胜了敌祸天灾　水　生
抗战时期边区教育建设　刘皑风
英勇奋斗的二十五年　胡　华
读者中来
　我对共产党八路军的认识　柏　赢
　向共产党致敬　王文奎
　八年的回忆　叶　生

第 2 卷　第 4 期
（总第 10 期）
1946 年 7 月 16 日出版

徒刑在边区是怎样执行的　王斐然
冀东报社在斗争牺牲中的成长　大　远
战场上的美术工作　徐　灵
北方画页
　丰收（壁画一幅）　古　元
　建设（壁画一幅）　夏　风
　战斗（壁画一幅）　彦　涵
目前边区社会教育简述　项柏仁
马（小说）　牢　寒
忆人民的音乐家——张寒晖　王　林
伊里亚.爱伦堡　Ivan Maisky 作　吴　楚译
在挪威的三个礼拜　［苏］基也夫作　成　实译
“大炮”刘安和他的战友们
　——八路军的武工队开辟工作故事之一　萧　逸
消灭敌人
　——一九四三年后官地战斗纪实　周　奋
“给战士做好棉鞋！”
　—— 一九四三年反“扫荡”纪实　林　宁
李成　方　纪
美国武装干涉中国内政实录（资料）

第2卷　第5期
（总第11期）
1946年8月1日出版

中国共产党中央委员会
为“七七”九周年纪念宣言（专载）
加强爱国主义的民族大团结　亦　军
胜利的信心召唤着我们　萧　三
人民的呼声　艾　虎
人们心里都想这么说　于　力
北方画页
闭幕之前（漫画四幅）　蔡若虹
纪念“八一”发扬人民军队的光辉传统　吴友文

长征纪事
老山界　定　一
我们怎样过的雪山和草地　潘自力
“五一”前夜　莫文骅
红军炊事员——老路　袁血卒

从一个战士看人民的军队　姚远方
胜芳保卫战追记　卓　特辑
来自江淮的歌声（民歌选辑）　企　霞　严　辰辑
街上（诗三首）　蔡其矫
红羊角（诗）　丹　辉
论发展生产力　胡　绳
田赋，粮食与内战　遂　民
国民党反动派在绞杀文化自由　毅　辑
吴满有　斯坦因著　魏　伯译
朱总司令像（木刻）　力　群作

第2卷　第6期
（总第12期）
1946年8月16日出版

晋察冀边区保护与发展民族工业暂行办法（专件）
张市的劳资合作与民族工业的发展　胡　华　吴小武
下花园发电厂的工厂管理　柳　荫
读者中来　何干之　马振中
张市合作社概况　张万连
国民党新外汇政策的实施恶果　凌　南
坚决反对侵略和出卖民族国家　蓝公武
苏维埃民主是民主最高形式　F.列伯德夫　M.哈拉莫夫
纪念人民教育家——陶行知先生　丁浩川
永恒的记忆　余　修
路（散文）　秦兆阳
草原上的歌声　魏　伯
记韩起祥说书　王　琳
华北联合大学的学生会　明　光
文化消息拾零
引“郎”入室　施　展作

253 清　　明

简　　介

《清明》，文艺月刊，一九四六年五月一日创刊于上海，吴祖光、丁聪主编，上海山河图书公司出版发行。同年十月十五日出至第四号终刊，共出四期。十六开本。

该刊是解放战争初期国统区出版的文艺综合性刊物。编者在创刊号刊载的《清明题记》中表明反对内战、争取自由和平的立场和态度，指出："我们有一个目标：就是我们是属于人民的。为时代呼喊，写人民的喜爱与愤怒。"题名《清明》是"在苦难中憧憬来日的光明和幸福"的意思。刊物以文学创作、美术、评论三者并重，编排活泼，图文并茂。文学创作偏重杂文、散文、诗歌和戏剧。其中抨击时弊的杂文和讽刺现实的诗歌、喜剧最有特色。美术作品包括木刻、雕塑、摄影、绘画等，在刊物中占有较大比重。作品多以我国西南少数民族的人物和风土人情为描绘对象，也有直接表现社会黑暗现象的作品。文艺评论有对戏剧、诗歌的批评文字，有关于美术、舞蹈的艺术论文。文学方面的主要撰稿者有郭沫若、夏衍、绀弩、凤子、吴祖光、陈白尘、袁水拍、邹绿芷、郁风等；美术作者有丁聪、叶浅予、王琦、张光宇、刘岘、李桦等。

目　录

创刊号

1946 年 5 月 1 日出版

印度献花舞（原色版·封面）　叶浅予
扉画（木刻）　章西厓
清明题记　编　者
论民主思想　邓初民
一二·一血洒昆明（木刻）　王　琦
飞来的臭虫　凤　子
时代的感动　刘友瑾
信丰的市场（木刻）　黄永裕
认识中国记得中国　林　坡
无名英雄像（雕塑）　刘开渠
拾穗　张石流作　草　之插图
即景生情的姑娘　沙　基著　懿译
川康旅行写生（素描）　叶浅予
二十六岁情诗　毕　明
《甲申记》（剧照）　苏北演出
关于李岩　郭沫若
古老的故事　袁水拍诗　小　丁插图
红霞的故事　吴祖强
钉子　袁水拍诗　小　丁插图
重庆附近一小镇（木刻）　王　琦
你的友情使我幸福（诗）　海　伦
论冰兄的漫画（附冰兄漫画六幅）　余所亚
青年托尔斯泰（附图三幅）　［美］西蒙斯作　冯亦代译
西康夷人素描四幅（原色版）　丁　聪
流亡（原色版）　张乐平
普特符金论电影排演　陈鲤庭译
等待着我吧（诗）　K.西蒙诺夫作　戈宝权译
一个边防军从服役的地方回来（诗）　M.伊萨科夫斯基作　戈宝权译
送鹿地荣归——附鹿地夫妇手扎　夏　衍
从《升官图》学习　陈波儿
升官图（剧本·序幕、第一幕）　陈白尘

第 2 号

1946 年 6 月 1 日出版

封面：西康打箭炉少妇（原色版）　吴作人
扉画（木刻）　荒　烟
插页：打箭炉人物四幅（原色版）　叶浅予
插页：女赐福图（原色版）　张光宇
插页：不平衡的平衡（原色版）　张乐平
民意在那里　非　燕
报人的自渎　紫　艾
第三种戏　赵　涵
从糠里榨出油来

郁风作　张正宇图
午夜断思录　黄若海
湖上杂记　柯　灵
中国舞蹈第一步　戴爱莲
舞蹈家戴爱莲　郭琴舫摄
思乡曲
桂戏哑子背疯
广西傜民之舞
新疆青春舞曲
四川嘉戎酒会
坎巴尔韩之舞
羌民端公驱鬼
西康巴安弦子
藏戏意珠天女
重庆舞会海报
西康倮倮情歌
高主任　张十方作　草　之插图
山地的五月　邹绿芷诗　张正宇图
给杜鹃　邹绿芷诗　张正宇图
南通血案（四幅）　张文元
重庆回来的人
张国亮作　张乐平插图
青年托尔斯泰（续）
〔美〕西蒙斯作　冯亦代译
记一个老人
贺孟斧遗作　方　菁插图
贺孟斧周年祭
寄向沙锅窑　陈白尘
寄贺先生　吕　恩
忆孟斧　张骏祥
悼念孟斧　黎　澍
幽幽的哭泣　秦　怡
一个永远活在大家心上的人
杨云慧
痛切的心情　赵慧深
记与孟斧师的关系　李恩杰
怀老贺　小　丁
他是不朽的　吴祖光
氤氲（第一章）
骆宾基作　小　丁插图
《升官图》在上海演出的
装置及服装设计（二幅）
丁　聪
升官图（剧本续完）　陈白尘

第 3 号

1946 年 7 月 16 日出版

封面：皮影戏人物（原色版）
扉画（木刻）　王　琦
插页：西游漫记五幅（原色版）
张光宇
插页：花街（原色版）　丁　聪
科学与政治　夏　衍
美国的悲剧　韦　彧
纯文艺的清风亮节　赵　涵
三种偏向　黄若海
十万人逃亡　王　戎
难民临时居所（木刻）　王　琦
素描八幅　王　琦
绝叫　绀　弩作　张光宇插图
自序《西游漫记》　张光宇

原子弹及其他　田　汉
纽约街头的山歌　袁水拍译
纽约书简　老　舍
大街（诗）　刘火子
去病草　凤　子
还乡速写（木刻）
候车·长途　刘　岘
有寄　靳　以
喀秋霞（诗）
M.伊萨科夫斯基作　戈宝权译
向应该死去的回忆挥手　吴　麓
回首可怜歌舞地（附图）　徐　迟
青年托尔斯泰（续）
〔美〕西蒙斯作　冯亦代译
活下去！必须活下去！　梅令宜
河畔（诗）　师　陀
不幸！它却是我的国家！（诗）
安　娥
外滩夜景　李　一作　沈同衡插图
断肠人在天涯　吴祖光
氤氲（续前·第二章）
骆宾基作　小　丁插图

第4号

1946年10月15日出版

封面：苗女（原色水彩）　庞薰琴
扉画：江头　王　琦
插页：风景三幅（原色水彩）
周令钊
龙里风景
摆夷女人
缅甸金塔
插页：中国的圣母与圣子（原色版画）　乌叔养
插页：戴爱莲像（原色水彩）
叶浅予
论戏剧工作者的思想改造　魏易诚
陶派诗　袁水拍
"上海小姐"论　史　铎
从灾难中像巨人一样崛起　郭沫若
附司徒乔画三幅
印度人物素描三幅　叶浅予
苗胞水彩三幅　庞薰琴
美丽的梦如何美化了丑恶的现实
茅　盾
氤氲（连载）　骆宾基
邻　臧克家作　张正宇插图
李桦水墨画三湘
鱼米之乡
油菜花
筑堡垒
学步
湘江之晨
鹭鹚舟
自然与人　郁　风作并插图
过去　布德
致生者，悼死者，怀生死不明者
绀　弩作　陆志庠插图
奔月　吴祖光作　张正宇插图
两性的人生　李紫来
窗前　吴祖强

随感录　王　戎
左手的教歌者（木刻）　朱鸣岗
豫灾一瞥（木刻）　金　浪
向南京前进
司马订作　叶浅予插图
青年托尔斯泰
〔美〕西蒙斯作　冯亦代译
致读者　吴祖光

254 热　潮

简　介

《热潮》，文化半月刊，一九四六年六月一日创刊于承德，热河文化界救国联合会主办，徐懋庸、方纪主编，刊物设编辑委员会，由主编和赵毅敏、施维民、安波等十八人组成，热潮社出版，发行人为徐懋庸，承德新华书店总经售。同年七月一日第一卷第三期出版后，因国民党挑起内战、我军准备撤出承德而停刊，共出三期。十六开本。

《热潮》是冀热辽解放区出版的综合性刊物。当时承德解放不久，文化界面临宣传党的政策，清除日本长期奴化教育影响的形势。《发刊词》指出："启发新民主主义思想，反映群众生活与群众斗争，介绍文化知识，促进热河建设事业。"在政治文化方面，刊物主要结合反对内战、争取和平的斗争发表时论短评，以普及党的历史知识，宣传新的文化思想。文艺方面以杂文为主，所载杂文多针对当时的社会问题和思想问题，进行讨论或批评，带有较强的政论性。刊物还发表了以抗日战争和战后生活为题材的少量小说、诗歌等。这些文艺作品都很短小、活泼、切实，大部分出于青年业余作者之手，少数是专业作者写的，较知名的作者有徐懋庸、方纪、施维民、周立波等。

目　录

创刊号
1946年6月1日出版

发刊词
内战为什么还在进行，怎样争取和平？　赵毅敏
“想不到……”　施维民
论“正统”　徐懋庸
由“穷”说到“富”　杨趾麟
热东的两个世界　武振纲
承德纪念“五四”文化活动总结　方　纪
我是怎样找到了真理的　张松庵
回头　王　韦
中国国际地位的升降　平　仲
哥哥参加自卫队　卢敏政
忽然想到　鲁迅原作　徐懋庸注
妈妈和孩子　黎　加

第1卷　第2期
1946年6月16日出版

蒋介石的新任务　徐懋庸
抗议国民党摧残文化暴行　纪
中国共产党
民主的好处　平　仲
我们要对学生负责　杜星桓
王恩远先生的教学方法　石　耀
坚持到底　施维民
地主财产是怎样得来的　徐懋庸
日本人民的力量　金东汉译
告反动派　顽　石
冀热辽人民亟待救济　许　珂
面子　平　仲
山城纪事　方　纪
张大奎的死　纪　涛
真凭实据　宗　一
承德观感　赤峰参观团
无线电传影　曹惠川
国际歌

第1卷　第3期
纪念“七一”、“七七”专号
1946年7月1日出版

庆祝“七一”纪念“七七”　本　社
中国共产党与抗日战争
中国共产党与热河
热河地狱变天堂　和谷岩
共产党与妇女　王　韦
张老太太　方　纪
共产党与热河农民　文　晋
共产党与教师　杨志清　韩宗荚　王恩远　陈延珊
谁叫朋友　平　凯
漫谈“正统”观念和政治思想　白凤桐
我走对了路　伯　侠
我们要哪一个领袖　高　兴
夜涉　周立波
介绍木匠佟锐的斗争诗歌　程　云
我要谈谈“共产”　仲个三
共产党给我幸福　徐执提

255 北方杂志

简 介

《北方杂志》，文化月刊，一九四六年六月十五日创刊于邯郸，晋冀鲁豫边区文联北方杂志社编辑，华北新华书店出版，华北新华书店与韬奋书店联合发行。同年八月十五日第一卷第三期起改署北方杂志编辑委员会编辑，荒煤主编，编委会由王春、朱穆之、任白戈、吕班、艾炎、范文澜、袁勃、荒煤、黑丁、张香山、冯诗云等十一人组成。一九四七年三月一日出版的第二卷第一、二期合刊，取消主编名义，仍由编委会编辑，改为华北新华书店单独发行。同期终刊，前后共出八期。十六开本。

《北方杂志》是“综合性的文化刊物”(《稿约》)。包括政论时评，群众运动的报道、短论，文化活动的经验介绍等。文艺创作和评论在刊物中占有很大比重。创作以报告文学最具特色。刊物每期辟有“报告”栏，作品多报道战后国内政局和人民自卫战争。一卷六期和二卷一、二期合刊又特设“前线报告集”栏，刊出作品十三篇。这些报告作品多数出自不知名的作者之手，专业作者有柯岗、张香山、鹿特丹，小说创作除战争题材之外，主要反映解放区人民的生产、生活和新人的成长，作者有葛洛、黑丁、曾克、思基等。表现战后人民的反战情绪，是诗歌、散文、杂文的基本内容，主要撰稿者是鲁藜、胡征、冈夫、邢肇野等。刊物的文艺评论，多是对农村剧运、群众歌谣的研究评介，清除农村封建文化影响的讨论等等。为纪念鲁迅逝世十周年和韬奋逝世二周年，刊物分别编刊了纪念特辑，对解放区人民和文艺作者产生了积极影响。

目 录

第1卷 第1期
创刊号
1946年6月15日出版

对目前时局的呼吁（来件）
全国文艺界协会边区分会
晋冀鲁豫边区文联
论 坛
在北方大学教职学员全体大会上的讲话 范文澜
“群众翻身，自唱自乐”（在边区文化工作者座谈会上关于农村剧团的发言） 穆 之
论中共工作人员 时敏行
关于文艺工作若干问题的商榷
陈荒煤
继续向封建文化夺取阵地 王 春
小 说
雇工 葛 洛
母子 黑 丁
诗
主席台 胡 征
火线诗叶 柯 岗
报 告
哄鬼 鲁 藜
孙喜访问记 束 玉
杂 文
论说民主与干民主 邢肇棠
“先生，天亮了没有？” 沪 生
笔锋 张香山
介绍：“不抗枪的队伍”（太岳阳城固隆村剧团介绍） 夏 青
工作经验
新洋片在农村 施 展等
怎样采集民间音乐 刘恒之
文 摘
我建议 郭沫若
谈延安木刻 茅 盾
羊枣先生之死 王 坪
重庆季候风 紫 风

民歌选辑（资料） 文联资料室
希望及其他 编 者
文化拾零
木刻：伤员登记 艾 炎
封面设计 陈 因

第1卷 第2期
1946年7月15日出版

寄语边区青年知识分子 杨秀峰
群众翻身诗歌集 解 华等
群众翻身诗歌座谈
孙定国 李哲人 冷 楚 袁 勃
小 说
织布机的响声 曾 克
对一个纳粹的公平审判
C.Ribss作 白苹洲译
诗 选
毛泽东颂 鲁 藜

声音　胡　征

通讯报告

神头之战　张香山

包围圈内　柯　岗

逃出天罗地网　霍赋庸

记一个农民参议员的发言　杨　俊

“俺还有个毛主席牌牌哩”　奇　之

杂　文

奴才的“出路”及其他　周　方

略论“国货”之类　王　南

文　摘

军统局内幕

戴笠之死　马叙伦

木刻：诉苦　计桂森

韬奋逝世二周年纪念特辑

韬奋先生传略

人民的韬奋　罗　青

流亡（韬奋遗著）

社语　编　者

第1卷　第3期

1946年8月15日出版

为纪念抗战胜利周年发起“边区抗战一日”的写作运动　边区文联、文协分会

遥祭李公朴先生　培　时　章　容

悼闻一多先生　荒　煤

办一个通俗杂志的经验　冯诗云

群运记录

记胡楼斗争　晋冀鲁豫各联合总会宣传部

群众心声纪实　永智三区农会

徐福琨的遭遇（报告）　苏　棣

奔腾的河流（小说）　鲁　藜

通　讯

左手救灾，右手造灾　哲　克

汛区人民的呼声　唐　薦

旧艺人的新生活（介绍）　夏　青

不要趁火打劫（杂文）　邢肇棠

诗与散文

小顺他娘　柯　岗

钟声　曾　克

马河夜曲　高　泽

青年经历

一个暴躁的肺病患者　芦　焰

丢脸的重庆　林十柴

学校生活

文庙的今昔　柳漢远

北大生活片断　志　钊

如此一年的收复区

如此接收　高　集

危险的台湾　黎　保

军粮逼人

不可原谅　高　集

奉命优待

民谣一束

社语　编　者

第 1 卷　第 4 期

1946 年 9 月 1 日出版

对于时局应有的认识　杨秀峰

美国“援华”政策与内战　罗　青

关于群众运动　叶为民

论赵树理的创作　周　扬

小　说

生长　思　基

重逢　迦　陵

通　讯

重庆仍呈战时状态　谢　篆译

徐州的灾难　白　帆

北平见闻琐记　羽　嘉

诗　歌

地主和长工的故事　冈　夫

张夺民谣　子　琦

七杆旗　孟光记

文摘：二十三天的停战令期满以后　邓初民

杂文：非常明白而又非常不明白的一堂会审　邢肇棠

介绍研究

暴露封建罪恶的民间歌谣　王乃堂

读者往来

“继续向封建文化夺取阵地”的读后感　田　定

向音乐工作者建议　吕　呐

我们的答复　编　者

歌唱解放区（歌）　王佩之

社语　编　者

封面设计　王曼恬

第 1 卷　第 5 期

1946 年 10 月 19 日出版

鲁迅先生逝世十周年纪念特辑

毛泽东论鲁迅

鲁迅与郭沫若　周恩来

学习鲁迅先生的硬骨头　范文澜

记鲁迅　史沫特莱

追念鲁迅先生　任白戈

空前的民族英雄　罗　青

要以行动来纪念鲁迅先生　荒　煤

伟大的安慰者　黑　丁

《狂人日记》的时代和艺术　胡　征

最后一次在北平的鲁迅　王锦第

真挚的人和真挚的情感　平　凡

迎接明天　邦　其

鲁迅和东北青年　林十柴

鲁迅斗争的一生（封面木刻）　邹　雅

谈解放区文艺　郭沫若等

掩护（小说）　曾　克

新婚（诗）　李方立

中原北上记（通讯）　吴　彬

新的孔村（报告）　鹿特丹

第一次见了人民子弟兵（报告）　安仲波等

用群众的力量记录群众的历史（短论）　刘备耕

社语　编　者
封面设计　王曼恬

第1卷　第6期
1946年12月19日出版

为粉碎蒋介石出卖祖国决心全面
分裂通电（来件）
向爱国自卫战争中的英雄们致敬
（特辑）　范文澜等
写兵　孙定国
前线报告集
纸坊阻击战　裴　光
打垮整三个师的主力
王剑青　靳以静
七百个敌人倒下了　罗　丰
坚守小左庄　段化南
六间房子　杨一年　久　田
守董庄的第二连　孔醒民
“四川马”　胡　奇
周庙登围的英雄们　方　萌
纺花车与枪（独幕剧）　胡　奇
秋天·乡村特写（散文）　鲁　藜
石榴花开（诗）　胡　征
高尔基街上的对话（翻译）
约翰·赫尔基作
慰劳（木刻）　罗工柳
保卫延安（歌）　荒　煤
编印新年对联的经验　谢芳春
《恐怖与无畏》（新书介绍）
鹿特丹
恩格斯的故事　柏　华
提倡联环画　唐平铸
年画的内容与形式　鲁
本刊第一卷总目录　编　者
社话　编　者

第2卷　第1、2期合刊
（总第7、8期）
1947年3月1日出版

木刻：翻身揭石板　杨　筠
封面设计　陈　因
论　坛
研究中国历史的钥匙　范文澜
蒋介石绞杀文化　光未然
人民的朗诵　孙定国
龙山文化与仰韶文化之分析
尹　达
前线报告集
追歼蒋军三一二团　张　瑛
骑在榴弹炮上　杜炳如
药包，手榴弹　张玉兴等
四英雄大战曹家垓　黎　木
东富春战斗中　菲　利
散　文
人民的爆发　高沐鸿
英雄传
孟兆义　葛　洛
新人　曾　克
介绍：读了《李家庄的变迁》

郭沫若

列宁逝世纪念

列宁的科学工作方法 克鲁普斯卡亚

列宁怎样做编辑工作 克鲁普斯卡亚

工作经验

谈民间艺人和雕塑 工 柳

军政大学的戏剧运动 张立云等

解放区经济繁荣的图景 梁维直

《无裆裤子》的文化（杂文） 思 基

雇佃座谈（报告） 林 沫

诗 选

幸亏共产党 乔 羽

大进军 芦 甸

马凡陀山歌选 马凡陀

通 讯

中国那里有民主自由 洪 飞

西沟见闻记 王巨林

文 摘

苏联文化新政策 米特尔

一位美国记者的赤区纵横谈 钟 行

抗战一日

大阳镇伪军的反正 伊 平

掩护 燕 云

翻身歌谣 宋祝勤记

劝妇纺（秧歌剧） 华 含

歌 选

英雄曲 冈 夫 刘恒之

拥军 李 悦 田 耘

256 萌　芽

简　介

《萌芽》，文艺月刊，一九四六年七月十五日创刊于重庆，中华全国文艺协会重庆分会编辑兼发行，重庆三联书店总经售。同年十一月十五日出至第一卷第四期终刊，共出四期。十六开本。

《萌芽》是中华全国文艺协会于一九四六年六月迁往上海后，由重庆分会创办的机关刊物。其前身是《中原、文艺杂志、希望、文哨联合特刊》。该刊《征稿信》指出："以文艺为中心，但旁及一般文化范围"；内容"以着重现实性与思想性为根本精神"。刊物辟有"短论"栏，发表短小的杂文，针砭社会上或文艺界的某些颓风，带有鲜明的倾向性。"通讯报告"栏刊载各地通讯，揭露国民党当局对进步文化的摧残。杂文和通讯在文学创作中占突出地位，其次是诗歌、小说和散文，内容也以讽刺暴露为主。另外还发表了邵子南、束为等反映解放区人民生活的小说。文艺评论和翻译偏重国内外作家作品的评介，也有对当时文艺创作问题的探讨，如吕荧、傅履冰等关于"客观主义"的讨论。主要撰稿者有郭沫若、茅盾、靳以、绀弩、力扬、丁易（鼎彝）、吕荧、沈启予、李兰、艾芜、沙汀等。

目 录

第 1 卷 第 1 期
1946 年 7 月 15 日出版

短 论
教育 君 培
“作家做官” 鼎 彝

还有待于辛勤的创造
——关于新文化建设底诸问题
罗克汀
艺术与政治 吕 荧
杜甫和我们的时代 冯 至
高尔基的小说 艾 芜
屠格涅夫及其作品
N.博哥斯洛夫斯基著 李兰译
催粮（小说） 沙 汀
诀窍（小说） 丁 易
春天（诗四首） 野 谷
兵士（诗四首） 方 敬
遥奠（散文） 陈翔鹤
忆 N.F 安宁斯基
高尔基著 孙 沛译
通讯·报告
成都琐记 宗 石
一二一以后的昆明 萧 刚
贵阳是一个文化僵城 H Y
高尔基纪念晚会速写 渥 丹
谈《简·爱》 绀 弩
读《腐蚀》 沈起予
关于研究鲁迅先生（书信来往）
荒 天 杨 柯
编后
《萌芽》征稿信

第 1 卷 第 2 期
1946 年 8 月 15 日出版

追悼闻一多李公朴先生特辑
哭闻一多先生 何其芳
时代的创伤 杜运燮
忆李公朴先生 力 扬
我永远忘不了李先生 袁铁羽

南京印象（上） 郭沫若
最后的微笑（小说） 江 犁
牛老娘娘拉毛驴（小说） 邵子南
放牛娃儿底歌（诗） 野 谷
战地二首（诗） 夏 天
摩登唐·吉珂德的一种手法 郭沫若
左拉怎样反对不义战争 林如稷
民众戏剧论（一）
罗曼·罗兰著 沈起予译
八月十日灯下所记（散文） 冯 至
上山 绀 弩
忆叶赛宁 高尔基著 孙 沛译
杂感两则 丁 易
艰深的堕落
说迂
《活路》一、二期读后（书评）
何家宁

革命的人生观（书评） 渥 丹
文化短讯
编后

第1卷 第3期
1946年9月15日出版

短 论

周作人的“知惭愧” 茅 盾
“浇之以水泥”云云 茅 盾

追悼行知先生

中国人民的教育道路 孙铭勋
创造性与幽默感 方与严

南京印象（中） 郭沫若
接收专员（小说） 力 扬
人世百图（二则） 靳 以
《日边随笔》序 李广田
悼一多（诗） 朱自清
凯旋门下（诗） 王亚平
生命对我有什么意义
杰克·伦敦著 徐 迟译
谈读书（每月一谈） 劳君乔
读报也是一门学问（自学讲话）
张友渔
民众戏剧论（二）
罗曼·罗兰著 沈起予译
诗人密克维支 李 兰

书 评

略评《人物杂志》 何家宁
《患难余生记》读后 渥 丹

什么是诗的语言及其他（书信）
黧 黑 编 者
编后

第1卷 第4期
1946年11月15日出版

短 论

书肆即景 孟 超
中国人的价格 杨 柯

关于“客观主义”的讨论
吕 荧 付履冰
红契（小说） 柬 为
我是从群山中来的（散文）
靳 以
南京印象（下） 郭沫若
罪犯（诗） 夏 天
仓库（诗） 齐 鸣
一个美国人在印度
J.威廉著 萧刚译
鲁迅与莽原社 林 辰
从一个香烟盒所想起的 王 崙
释“看” 方 然
民众戏剧论（三）
罗曼·罗兰著 沈起予译
谈苦闷（每月一谈） 劳君乔
哲学有什么用处（自学讲话）罗克汀
略评无名氏的小说 何家宁
高尔基论文学的任务（补白）
编后记

257 长　城

简　介

《长城》，文艺月刊，一九四六年七月二十日创刊于张家口，中华全国文艺协会张家口分会主办，长城社编辑委员会编辑，编委会由丁玲、丁里、艾青、江丰、沙可夫、康濯、萧三组成，程钧昌任助理编辑，张家口分会编辑出版部发行，新华书店晋察冀分店经售。同年八月二十日第一卷第二期出版后，受国民党挑起内战的影响而停刊，仅出二期。十六开本。

《长城》是晋察冀边区印行的大型文艺刊物。“刊物取名《长城》，是中国人民在和平、民主、独立的目标上团结起来，保护革命的胜利的意思。”（创刊号《编后记》）它以创作为主，兼顾评论、翻译（翻译内容很少）。编者在创刊时表示：“理论希望是从实践的过程中所体会到的规律和经验，这样才能指导实践。创作希望是通过艺术形象正确地反映了现实的作品，我们尤其欢迎真正大众化的作品。”（同上）刊物基本体现了这些要求。华山、康濯的小说，丁玲、王林的散文，田间的长诗，刘白羽、李雷的报告，萧三、何干之的杂文，从内容到形式都注意到适应群众的需要。文艺评论方面，艾青、水华的秧歌剧研究和对木刻的评介，较有特色。创刊号还转载了周扬的《论赵树理的创作》，目的是鼓励作家向赵树理学习，在晋察冀边区发挥了积极影响。

目　录

创刊号

1946 年 7 月 20 日出版

蒋家打手　毕　明
从美国希望中国发展玩具业说起　萧　三
“海燕”行　丁　玲
论赵树理的创作　周　扬
释新民主主义的文学　艾　青
《古元木刻选》序　艾　青
苏维埃文学的杰出作品　〔苏〕И.吉洪诺夫作　克夫译
鸡毛信　华　山
狐　谢挺宇
五月之夜　王　林
记李春林　李　雷
看见妈妈　贺敬之
木刻（两帧）　古　元
塑像（两座）　王朝闻
哈尔滨通讯　刘白羽
北平在烈日蒸腾下　洪右举
铁路工人之歌　萧　三词　焕　之曲
皇帝眼中的农民生活　徐懋庸
狗　秦兆阳
封面设计　江　丰
编后

第 1 卷　第 2 期

1946 年 8 月 20 日出版

保卫抗战胜利的果实　可　夫
历史的号召　欧阳凡海
胜利永远属于人民　于　力
把握战斗的主题　康　濯
下煤井　夏　风
民兵在战斗　刘梦天
赶车　田　间
论秧歌剧的创作和演出　艾　青
关于秧歌剧的几个问题　水　华
堡垒　康　濯
这伙人　柳　杞
老婆嘴退租　束　为
素描内蒙古　陈学昭
死蝎子活毒　王　林
英雄查巴也夫走遍了乌拉尔　A.阿列克山德罗夫遗作　朱子奇译
官场古今录　何干之

258 文艺丛刊

简 介

《文艺丛刊》，不定期刊，一九四六年九月二十日创刊于香港，中华全国文艺协会粤港分会编辑兼发行，编者为周钢鸣，星加坡新南洋出版社、香港新民主出版社总经售。同年十二月第二辑出版后终刊，共出二辑。二十四开本。

该刊是解放战争初期全国文协粤港分会在星加坡进步文艺界支持下创办的文艺刊物。编者表示："我们希望尽可能地使它充实，活泼，以至更迅速地反映现实；使它成为南中国新文艺运动的一面旗子。"（第二辑《告读者》）创作与评论基本体现了这些要求。创作方面杂文居多，如陈残云的《乱弹集》，楼栖的《反刍集》，徐中玉的《论古二题》等，有的直接揭露抗战胜利后国民党当局的倒行逆施，有的借古讽今，形式简短，内容尖锐泼辣。该刊所载诗歌、小说、短剧，都能做到"反映现实人民生活的真实内容"（第二辑《编后记》），黄宁婴的时事诗《民主短简》，金帆的长诗《农抗会长》，贾杰的短剧《蝗虫过境》等，是比较突出的作品。易巩根据鲁迅的《阿Q正传》改编的粤语说书《阿Q和小D打架》，是方言文学的初步尝试，在当地演出时受到群众欢迎。文艺评论除刊载作家作品的研究和纪念鲁迅逝世十周年的论文外，第二期还发表了文协分会研究部《关于文艺上的普及问题》的讨论提纲和周达（周钢鸣）《记录血帐》的论文，后者提倡清算日本侵略暴行、揭露美帝侵华的新暴行，主要撰稿者除上述诸人外，尚有胡仲持、黄药眠、胡明树、司马文森、于逢、洪遒等人。

目　录

第1辑
1946年9月20日出版

韦尔斯的《人权宣言》(世界文谈）　胡仲持
乱弹集（杂文）　陈残云
　中国人的权利
　白将军的“谦和”
反刍集（杂文）　楼　栖
　人狗之间
　从商与从政
　“生祠”和“九鼎”
悼周行兄　黄宁婴
悼严杰人　洪　道
论古二题　徐中玉
　奴才的作诗宗旨
　正统批评的着眼点

作家与作品

论闻一多的诗（读《死水》）　黄药眠
向马凡陀学习　洪　道
介绍《将军向后转》　周　达

队伍（诗）　金　帆
中国——一个插标的船（诗）　胡明树

小　说

清明　华　嘉
居心　司马文森
订婚　于　逢
天下第一富翁（寓言）　胡明树
蝗虫过境（短剧）　贾　杰

文艺通讯

港粤文协在广州的遭遇
周扬致美国文化界人士函
巴比塔（封面漫画）　〔德〕约瑟·莎尔

第2辑
1946年12月出版

告读者　文艺丛刊社

纪念鲁迅先生

鲁迅与王国维　郭沫若
唤出暴露文学来　洪　道
　——继承鲁迅先生的传统
鲁迅全集出世的回忆　胡仲持（宜闲）
论杂文　楼　栖
阿Q和小D打架（粤语说书）　易　巩改作
小团圆（小说）　陈残云
甘露乡的中秋（小说）　易　巩
鼓里的人（小说）　胡明树

文艺论坛

纪录血债　周　达
报告文学的新时期　郑　杰
爱伦堡谈美国作家（作家印象　K.S.楼支亨作　陈适怀译
人·诗人·诗和歌（论文）　吕　剑

诗与散文
民主短简（时事诗篇六首） 黄宁婴
农抗会长（长诗） 金　帆
没有眼泪的城市（散文） 黄药眠

关于文艺上的普及问题（讨论提纲）
文协研究部
介绍《民主元勋》 周　伟
菲岛华侨的文艺风（文化通讯）
止　水
重建家园（封面木刻） 彦　涵
编后记 钢　鸣

259 东北文化

简 介

《东北文化》，半月刊，一九四六年十月十日创刊于佳木斯，东北文化编辑委员会编辑，编委会由王季愚、白希清、任虹、吕骥、吴伯箫、姜君辰、张庚、张如心、张松如、塞克、严文井等十九人组成，佳木斯东北文化社出版，东北书店发行。同年十一月十日第一卷第三期始署张如心、萧军、姜君辰、塞克、吕骥主编。一九四七年二月二十五日出至第二卷第二期终刊，共出八期。十六开本。

该刊是解放战争时期东北解放区的文化综合性刊物。《发刊词》阐明“它的主要任务就是协助整个东北文化界，从政治上思想上启发广大的东北知识青年，知识分子以及一切文化工作者，提高他们的自觉性，鼓舞他们的革命热忱，与为人民服务而斗争的积极性创造性”。刊物内容包括“时事评论与政治论文”，“有关社会科学诸问题的通俗讲座及专门问题的论著”，“关于青年修养及学习方法”，以及“在实现民主改革中的生动事实和斗争经验”(《发刊词》)等。文艺创作在刊物中占有重要地位。刘白羽、陆地、陈祖武、金人、水华的通讯报告，或记述东北抗日战争和解放战争的进程，或反映煤矿工人的生活，或报道国统区人民的苦难，在该刊的创作中最有特色。马加、华山、高朗亭、林蓝的小说，多数以抗日战争为题材。塞克、李之华、关立人等创作的“翻身秧歌”、秧歌剧、歌舞剧，着重表现人民翻身的历程和翻身后的幸福生活。刊物发表诗歌较少，其中公木的叙事长诗较有影响。这些作品共同承担了“供给读者以文学与艺术的滋养品”(《发刊词》)的任务。该刊的理论批评，几乎都是音乐美术的研究评论，其主要作者是张庚、张望、吕骥、胥树人等。

目 录

第 1 卷　第 1 期
（创刊号）
1946 年 10 月 10 日出版

发刊词　本　社

双十纪念

双十感言　白希清
双十协定一周年　姜君辰

东北青年的道路（《社会观与人生观》一书的绪论）　张如心
论赵树理的创作　周　扬
新民主主义与共产主义（上）　张松如
“九一八”事变发生的根源（青年讲座）　智健中
三月杂记（插图一幅）　丁　玲
夜（长篇《滹沱河流域》的一章）　马　加
在抚顺煤矿的日子　陆　地
东北画页　东北画报社
赵尚志同志
　一、传略　白　和
　二、轶事　李延禄讲　山屋整理
乡村工作杂记（报告）　艾　森
老百姓翻身（歌曲）　田　风
东大学生在哈尔滨（通讯）　黄　耘　静　波
名词浅释　本社资料室

党派介绍

救国会　尚　毅
第三党　尚　毅

美国武装干涉中国内政实录（资料）　本社资料室
读者往来（答镜靖先生）　本社资料室
封面设计　朱　丹

第 1 卷　第 2 期
1946 年 10 月 25 日出版

纪念鲁迅先生逝世十周年　本　社
毛泽东的主张　〔美〕斯坦因作
我们的学风　张如心
新民主主义与共产主义（下）　张松如
拥护施政纲领歌　白　韦
翻身的孩子（四幕歌舞剧）　塞　克　婀　霞
东北画页　东北画报社
小二黑结婚（小说）　赵树理
倔强的心　B.拉甫莱涅夫作　严　蒙译
社会观与人生观诸问题（青年讲座）　张如心
下乡的感触　毛　星
周保中将军　刘白羽
新解放小诗　徐挺秀
名词浅释　本社资料室
国家社会党（党派介绍）　尚　毅

美国武装干涉中国内政实录（资料，续） 本社资料室
漫画一幅 沐 旦
东北新华广播电台冬季节目表
读者论坛
技术者必须和人民在一起 王一介
封面设计 朱 丹

第1卷 第3期
1946年11月10日出版

抗议美国武装干涉中国内政 白希清
纪念苏联十月革命
苏联是中国人民的好朋友 尚 毅
附：苏联红军解放东北形势图 成也竞
谈谈中苏友好同盟条约 陈先舟
苏联第四个五年计划
苏联是一个怎样的国家（青年讲座） 马 皓
（苏联问题第一讲）
东北画页（苏联十月革命二十九周年纪念专页） 东北画报社
窑洞阵地战 华 山
地边（敌后抗战小故事）
桂屯的沉默（乡村速写之三） 林 兰
减租会（木刻） 古 元
翻身的孩子（四幕歌舞剧，续完） 塞 克 婀 霞
第二次世界大战的发生及其性质 李昂节也夫作 高亚天译
联合国组织会员国概览（资料）关于原子弹问题 崇 实
美国军队快滚蛋（歌曲） 塞 克词 任 虹曲
名词浅释 本社资料室
民国以来大事月表（资料）
封面设计 朱 丹

第1卷 第4期
1946年11月30日出版

农民土地问题 张平之
我们究竟应该走什么道路？（上） 于毅夫
东大同学两个多月学习的初步总结 姜君辰
东北画页 东北画报社
青年讲座
“九一八”事变（上） 智健中
音乐在戏剧中的作用 张 庚
参加斗争会去（歌曲） 塞 克词 何士德曲
八面山中（报告） 陈祖武
地板（散文） 赵树理
我们在刁翎（通讯） 张水华
“收复”画幅（报道） 申 述
收复区应时人物画像（漫画四帧） 阿 尔
蒋管区素描 李丽莲

青年学生对农民土地问题的认识

东大同学热烈展开土地问题的学习 尚　毅　蒋祖寰

打场 石　阵

我底屯，我底家，我底感想 伯　烈

下乡以前 渠时路

中国民主同盟（党派介绍） 吕　桐

名词浅释 本社资料室

民国以来大事月表（资料，一续）

读者往来

关于《阿Q正传》答猛鹿先生 本社编辑部

第1卷　第5期

1946年12月15日出版

知识分子与劳动人民结合起来 张如心

我们究竟应该走什么道路？（下） 于毅夫

美国是一个什么样的国家 张松如

反内战小唱 阿　浓　吴　雪　止　怡词　邓止怡曲

中国民间音乐研究提纲 吕　骥

鲁迅先生与中国新兴木刻运动 张　望

红棉袄（小说） 林　兰

草地（报告） 蔡　前

东北画页 东北画报社

纪念“一二九”

反抗“正统”的情绪和追求真理的精神 朱　丹

“一二九”有感 偶　言

回忆“一二九”“一二一六” 松　兰

在蒋记统治下的沈阳 刘砥方

东北蒋管区的青年在转变中 金　人

青年讲座

“九一八”事变（下） 智健中

团结发展着的美国民主力量 吕　桐

名词浅释 本社资料室

齐把冤租要（四季游春调） 梁　璘

第1卷　第6期

1946年12月31日出版

蒋介石与袁世凯 白希清

新“启蒙运动”在东北 萧　军

关于中美商约若干问题的评述 邵　凯

青年讲座

苏联伟大力量的源泉是什么？ 马　皓

（苏联问题之二）

文艺底阶级性 吴伯箫

东北画页 东北画报社

解放区的新年画 张　望

雷老婆 高朗亭

夜渡 纪　普

卢德米娜（小说）
拉甫列涅夫作　严蒙译
活地狱的故事（报告）　荆　争
搜山（通讯）　谭荫溥
我们在刁翎（二）（通讯）
张水华等
妻离子散（秧歌剧）　胡　零
读《中国四大家族》（新书介绍）
黎　文
中华职业教育社（党派介绍）
尚　毅
读者往来
再谈《阿Q正传》
民国以来大事月表（资料，二续）

第2卷　第1期
（总第7号）
1947年2月1日出版

东北画页　东北画报社
毛泽东同志在陕甘宁边区文教大会上的讲话
在职教师的学习问题　董纯才
张家口寒假教师讲习会追记　丁浩川
一九七四年序曲（诗）　严文井
人民的欢乐　薛　雅
井冈山上（传记）　刘白羽
碉堡翻筋斗　钟月先
高三柱娶媳妇（小说）　林　兰
我们在刁翎（三）（通讯）　瞿　维
公审胡匪（画幅）　张　望
在乡下（青年习作）　胡　漪
苏联在和平与战争中做了些什么？
马　皓
青年学生课外读物介绍（目录）
东北行政委员会教委会编审委员会
介绍伊林和他的作品　陈企霞
乡村建设派（党派介绍）　吕　桐
东北人民自卫队队歌
天　兰词　潘　奇曲
《中国四大家族》名词浅释
本社资料室
读者往来
民国以来大事月表（三续）
封面设计　徐一支

第2卷　第2期
（总第8号）
1947年2月25日出版

东北画页　东北画报社
献给知识青年几点意见　陈先舟
战后国际形势　马　皓
英美在巴勒斯坦
列昂节也夫作　殷　俊译
国民党统治区经济崩溃的趋势
东　衣
在解放路上迈进的西格木农民
富振声
井冈山上（传记）　刘白羽
鸟枪的故事（长诗）　公　木

夜摸向阳店（抗战故事选之二）
吴士正
光荣灯（秧歌剧）
李之华作 罗 正 止 怡 配曲
“翻把”前后 吴一铿
略论民间文学 胥树人
桃源屯的翻身秧歌调 隽
翻身秧歌 关立人词 唐荣枚曲
在国民党的牢狱中 王尔明
读者往来
学自然科学的怎样联系群众
崇 实
《中国四大家族》名词浅释（续）
本社资料室
民国以来大事月表（四续）

260 呼　吸

简　介

《呼吸》，文艺双月刊，一九四六年十一月一日创刊于成都，方然主编，呼吸社发行，联营书店总经售。一九四七年三月一日出至第三期终刊，共出三期。十六开本。

该刊是解放战争时期“七月派”成员主办的文艺刊物，创作与评论并重。编者在《关于投稿》中声明：“我们要强烈的、新鲜的、特别是真实严肃的东西。凡是中庸主义的、没有凭据的乐观主义的、学院文章、圣徒嘴脸的、才子气的，一律拒绝。”该刊比较注重杂文、随笔、报告等“突击性的短文”，其内容多以社会批评与思想批评为主。诗歌、小说主要取材于抗战前后知识分子和农民的生活，反映他们对“东方法西斯”和国内反动派的愤怒反抗情绪，也讽刺和批评了某些文化人的弱点。另外还发表过解放区作家邵子南、孔厥的少量作品。文艺评论多为当代作家作品的评介，兼及文艺界某些倾向问题（如“客观主义”等）的批驳辩难。该刊主要成员不论在创作或评论上，比较强调“人生战斗”或“主观战斗”的要求，曾在文艺界引起争议。主要撰稿者有方然、舒芜、亦门（阿垅）、绿原、田间、冀汸、罗洛、萧荑等。

目　录

创刊号

1946 年 11 月 1 日出版

自画像（珂勒惠支）
生命在进行
论生存　方　然
更向前　舒　芜
说“方向”
辞“理想”
逃“集体”
斥说教者

诗　集

雾中的活物　绿　原
我们是怎样活着 · 动物园 · 雾
象征的成都市刺杀　曾心良
在悲痛里　罗　洛
珠　亦　门
五指开会歌　阿　三
“必胜信念”歌　阿　三

队伍从街上走过（小说）　方　梦
高利贷（小说）　路　翎
小人小事三相（小说）　冀　汸
噜哧鬼
大衣
请客
从罪恶到罪恶（记行）　化　铁
芝加哥（C.桑德堡）　邹荻帆
诗底定义（初型）试拟
C.桑德堡作　方　青译

作品与人

死鱼的鳞
——读《困兽记》两遍之后的若干印象　穆海青
读《色情的瘦马》　秋　隐
什么是“人生战斗”
——理解路翎的关键　舒　芜
我举笔（散文）　萧　萸
脚步（散文）　阿　垅

杂　文

胜利史补遗一则　因　陈
恨的哲学　庐　隶
死的说教　张一之
论态度之重要　孙　白
诗与八卦　房　南

一期小结　编　者

第 2 期

新年特大号

1947 年 1 月 1 日出版

街头暗杀（封面）　H.遮勒
论改造　黎　紫
文化风貌录　方　然
上海纪事（长诗）　冀　汸
女孩子和男孩子（小说）　路　翎
黔桂路上的传奇（小说）　方　迅
技巧否定论　阿　垅
技巧一论（关于诗底“形象化”）

技巧续论(关于诗底“音乐性”)
感觉与作家 朱 霞

诗

冬青集(诗集) 冀 汸
雪天·两极·暗夜底冻结
进化论·写在一九四六年十一
月十五日释“还政于民”·无题
两极(诗集) 牧 云
两极·北极星
沉默的诗(诗集) 野 萤
声音与狗·思想·历史的方向
星·磨炼·工作·告诉
奔生(诗集) 杨 弁
庄稼汉不得活·翻身的一天·
活吞我不下·拚下你死我活
人格二重奏(诗集) 罗 洛
给梦游病者·给“革命”市侩

父子俩(小说) 孔 厥
病(小说) 邵子南
七十二荒(小说) 萧 荑
颂圣法略说 舒 芜

作品与人

艺术的力 常 枫
灵魂的沐浴
主教的画像
马凡陀的山歌 吉 父
评《狂欢之夜》(徐迟原著)
霞 巴

为了豆腐(通信) 何 野
冰桶生活(随笔) 寄 南
淡淡的烟雾中(随笔) 鲁 兰

杂文

诛鬼 九 首
“正气”之类 刘在阳
神通与通神 刘在阳
略谈诗的来源及其枯竭 林禾子
天下为“公” 龚不韦
一种史料 舒 芜

一期小结 编 者
“成都文化”·巴结与巴结不上·关
于《呼吸》·美化·自由得多!
“英雄”的年代!·真正的发疯

第3期
1947年3月1日出版

被死所袭击的孩子(封面)
珂勒惠支
鼠(叙事长诗) 田 间
轭(长诗) 绿 原
略论“吵架”与“求爱” 阿 垅
“主观”与真实 方 然
蠢猪(小说) 路 翎

诗

请看两青年双簧搭挡演出 曾心艮
青年党党费问题 曾心艮
理想在开花 田 林
血杯 向 洋
誓 向 黎

所谓“孤独” 罗 洛
雨的世界 方 野

七月半（小说） 萧 萸
命运（小说） 向 一
在寒冷的上海（随笔） 杨 力
愤怒了的农民（报告） 弥 坚
一期小结·战斗！纯洁！

261 东北文艺

简　介

《东北文艺》，月刊，中华全国文艺协会东北总分会会刊，一九四六年十二月一日创刊于哈尔滨，东北文艺编委会编辑，东北文协出版部出版，东北书店发行。一九四八年一月一日出至第二卷第六期终刊，共出十二期。十六开本。

该刊是解放战争时期东北解放区有影响的文艺刊物，创作与评论并重，兼顾翻译介绍，诗歌、小说、报告文学在文艺创作中占有主要地位。作品多以东北人民解放战争为题材，有的反映了东北农民的翻身斗争，有的报道了城市解放后工人的生产和生活情景。戏剧创作形式多样，有秧歌剧、新歌剧、话剧、讽刺活报剧等，不少是群众集体创作。刊物发表的评论，偏重强调作家深入工农兵、与群众相结合。由于这时东北解放区聚集了一批音乐美术工作者，所以刊物也发表了一些艺术评论，内容涉及音乐、绘画、旧剧改造和秧歌剧的发展等。主要撰稿者有刘白羽、周洁夫、草明、陆地、公木、林耘、西虹、萧军、严文井、金人、华君武、吕骥、张望等。

目　录

创刊号
1946年12月1日出版

目前东北文艺运动我见　萧　军
记鲁迅十年祭和东北文协的诞生　冯　明
鲁迅忌辰在北平　草　明
孟祥英翻身（小说）　赵树理
拥爱小故事　先　名
第一批货　史从民
写不出怎么办　李则蓝
老赵头　方　青
渡河（散文）　晋　驼
早晨　陆　地
父亲（诗）　李　雷
国民党特务怎样毒害戏剧界　塞　克
他的情人（小说）　梭勃莱夫作　严　蒙译
三皇峁（诗）　公　木
老战士（小说）　周洁夫
万妲·华西莱芙斯卡亚（作家介绍）　金　人
只不过是爱情（中篇连载）　华西莱芙斯卡亚作　金　人译
买不动（秧歌剧）　鲁亚农
我们要高举鲁迅的战旗（歌）　塞　克词　张棣昌曲
封面设计及插画　铸　夫
保卫我们的土地（封面画）

第1卷　第2期
1947年1月1日出版

短　论
和群众结合起来　金　人
油画和“连环图画”　张　仃
谈目前的音乐创作　吕　骥
一个建议　禾
关于民谣　高　阳
讲　座
怎样写作　草　明
小　说
米二婶伸冤　魏　伯
土地和枪　荒　草
喜事　刘白羽
诗　歌
啊，哈尔滨　林　耘
白沟村　孙　滨
十二月翻身调　塞　声词　罗　正配曲
报　告
郭清典的溃灭　文　翰
散　文
年　白　朗
翻　译
达吉亚娜　V.斯密尔诺夫作　伊　真译
只不过是爱情（中篇连载）　华西莱芙斯卡亚作　金　人译

转　载

美国化的林语堂

爱蒙特·威尔逊作　冯亦代译

陕北剪纸（封面）

第1卷　第3期

1947年2月1日出版

悼念人民艺术家王大化同志　文　协

王大化同志略历

短　论

对新秧歌剧创作上的一点意见　丁　洪

谈年画　华君武

新演剧的道路　江　凝

改造旧剧的诸问题　东　川

小　说

徐福琨的遭遇　苏　棣

今天　草　明

家乡　陆　地

报　告

赵尚志团的组织者　周洁夫

读书杂感

《采薇》篇一解　萧　军

读《腐蚀》以后　林　铣

新书介绍

介绍《李家庄的变迁》　刘和民

诗　歌

苦难的历程　秦　丁

万人坑上开了花　谭　戎

悼王大化同志　舒　群

人民的胜利就要到来　林　耘

胜利年（封底）

集体作词　丁　鸣曲

翻　译

只不过是爱情（中篇连载）

华西莱芙斯卡亚作　金　人译

照片　拉甫列涅夫作　邵天任译

拥军花鼓（王大化同志剧照·封面）

第1卷　第4期

1947年3月1日出版

哈市春节新秧歌特辑

哈市第一次春节新秧歌总结　向　隅

培养群众艺术的胚胎　林　珏

在新秧歌里改造自己　陈　紫

新社会与新秧歌　汝　珍

我参加了新秧歌剧　张桂云

我认识了新秧歌　郑锡芬

“艺术还家”运动的开端　杨　蔚

新认识的扶植　雪　立

哈尔滨新音乐的成长　王一丁

人民艺术的胜利　颜一烟

新秧歌出现了新演员　张东川

卖国贼（秧歌）

铁道工厂工友集体作词

收割（秧歌剧）　胡　零

山坡夜语（小说）　恨　芝

《农民翻身小唱》读后感 东 川
蒋介石这家伙（诗） 孙 滨
三月里（歌） 杨蔚词 苏 扬曲
只不过是爱情（中篇连载）
华西莱夫斯卡亚作 金 人译
封面：翻身秧歌 朱 丹作
哈市新秧歌舞、剧照（封底及封里）

第1卷 第5期

1947年4月1日出版

短 论
下乡，下乡，尽量多一些人下乡
严文井
应该照顾一下孩子们 王 奇
读《国事痛》后的感想 缄 三
蜜蜂与蟞虫（儿童剧） 原 野
亲骨肉（秧歌剧）
集体创作 胡 零执笔
小 说
伤兵的母亲 纪云龙
星星 史从民
想起来了，8像个手铐 方俊玦
送俘虏（报告） 周洁夫
借水梢（拥爱小故事） 号 夫
诗 歌
儿子的安慰 阮金坚
重新发给咱一杆枪吧 林 耘
献上一朵胜利花
雪 立词 纯 仁曲
后代（M.台维莱夫） 严 蒙译
只不过是爱情（中篇连载）
华西莱夫斯卡亚作 金 人译
小战士（封面） 朱 丹

第1卷 第6期

1947年5月1日出版

新“五四”运动在东北 萧 军
大竞赛（秧歌剧）
杨 蔚 苏 扬 张 为集体创作
小 说
手 萧 红
古镇的愤怒 戴 夫
歪歪屯的春天 陈 隄
5号发电机（报告）
林 耘 史从民
通 讯
翻身工人的文化娱乐活动 程海洲
工人歌手董儒元 程海洲
诗 歌
五月之歌 林 耘
两个爸爸 谭 亿
杨文有新婚 印刷工友望 克
关于《手》 萧 军
穷人的八路（拥爱小故事） 号 夫
只不过是爱情（中篇连载）
华西莱夫斯卡亚作 金 人译
编后记

炼铁炉（封面木刻） 夏 风

第2卷 第1期
（总第7期）
1947年6月15日出版

高尔基的作品在中国 金 人

小 说

金戒指 立 波
一个乡长 谭 亿
不是想出来的故事 沫 南
“卖线”及其他（民间文学介绍） 林 蓝
小周和班副（报告） 西 虹
谈怎样读文学作品——以《阿Q正传》为例 刘和民
人民的英雄（歌剧） 张绍杰 冯 乙编剧 庄 映配曲

诗

英雄的纪念册 史松北
阿拉特·奥拉 毛 永
只不过是爱情（中篇连载七·完） 华西莱夫斯卡亚作 金 人译
文学有啥用处（文艺问答）
封面 张 仃

第2卷 第2期
（总第8期）
1947年7月15日出版

斯大林论民间艺术 玛克娜娃作 沈引之节译

小 说

进步的故事 戴 夫
钱 陆 地
夏红秋（上） 范 政

拥军碗（小型歌剧） 莎 蕻编剧 莎莱作曲

报 告

途中 中 耀
孤胆勇士 西 虹
一乡善人 爱 芝

《蓝桥》的主题思想 马 可

诗

铁树开花 锦 清
三斗恶霸张文恩 侯唯动
寿 孙 滨
斯琴格娃骑在马上 毛 永
什么样的文艺有出路？（文艺问答）
挖坏根，生产（封底木刻） 夏 风

第2卷 第3期
（总第9期）
1947年9月1日出版

小 说

在四平一间房子里 刘白羽
孙宾和群力屯 白 朗
催粮差 赵树理
夏红秋（下） 范 政

翻身工人的创作　草　明
《钢铁是怎样炼成的》
爱德曼作　刘宾雁译
他不想回去了（画记）　张　望
戏　剧
翻身戏（上）
通河县浓河区农民集体演出
张　冶记词
劳军鞋（秧歌剧）
白鸢、孙芋集体创作
褚　嘉执笔　刘珠玺　王　航配曲
诗
纪念爷爷　孙　滨
划船歌　杨　宇

天响晴了（报告）　史从民
站岗放哨（木刻窗花）　夏　风
劳动英雄得奖（木刻窗花）
夏　风

第 2 卷　第 4 期
（总第 10 期）
1947 年 10 月 1 日出版

纪念鲁迅先生逝世十一年辑
学习鲁迅精神　毛泽东
鲁迅像　高　梁
鲁迅先生与美术　张　望

关于《夏红秋》的意见　舒
关于语言的一点意见　石成玉
小　说
好兄弟　周洁夫
一瓶酒　谭　亿
东霸天的故事（上）　草　沙

边外之歌（诗）　放　平
代尾声（翻译小说）
西蒙诺夫作　磊　然译
戏　剧
农会为人民（秧歌剧）
李薰风写剧　王也人配曲
翻身戏（下）
通河县浓河区农民集体演出
张　冶记词

警戒线上（报告）　晓　梅
光荣参军·慰劳我们的军队（木刻窗花）　夏　风

第 2 卷　第 5 期
（总第 11 期）
1947 年 11 月 1 日出版

关于农民创作　严文井
自然法则　爱伦堡
小　说
棺材里的秘密　白　朗
除夕　荒　草
东霸天的故事（下）　草　沙
奇怪的故事
A.托尔斯泰作　金　人译

谈《夏红秋》 桦
透亮了（独幕喜剧）
冯金芳 鲁 汶

诗 歌

人人都说种盐好 公 木
十瓢水 前 人
伟大的列宁在斯大林身上活着
江布尔作 朱允一译
青年农民 雪 立词 鹰 航曲
反坦克英雄班 西 虹
卡达耶夫著小说《团队之子》
A.斯铁兼可作 何及人译
到部队去，到前线去！（作者通讯）
丁 洪 严文井
打鱼（木刻） 夏 风刻

第2卷 第6期
（总第12期）
1948年1月1日出版

评 论

论人物和歌颂——评《夏红秋》
草 明
令人怜悯的性格（读《古镇的愤怒》与《进步的故事》） 沙利清
谈《山坡夜语》 中 耀
群猴（一幕笑剧） 宋之的

小 说

崇高的信念 鲁 虹
网和地和鱼 马双翼
井 史从民
耿义华 凡 彬
战士的歌咏活动（通讯） 凤 官

诗 歌

六路解放大军 史松北
八路进了彰武县 杨依峰
地照到手 侯唯动
哭丈夫 李士勤
劝五更 哈大文工集体创作
列车长 史松北
手榴弹 田学先
全国大反攻 荒 草词 黄歌等曲

报 告

十一件衣服 晓 梅
爆炸勇士 唐 克
悬崖陡壁架重机 西 虹

译 文

瑞娜的功业（长篇《暴风雨》之一节） 爱伦堡作 周洁夫译
爱伦堡新著小说《暴风雨》
斯科里诺作 何及人译
列宁的故事选
柯龙诺夫作 亚 天
罗 焚译
《东北文艺》第二卷总目录

262 平原文艺

简　介

《平原文艺》，月刊，一九四七年一月一日创刊于鲁西张秋镇，“冀鲁豫边区文联”主办，平原文艺编委会编辑，王亚平主编，“冀鲁豫边区文联”出版，冀鲁豫书店发行。一九四七年十二月出至第二卷第六期停刊，共出十二期。十六开本。

《平原文艺》是创作与评论并重的大型文艺刊物。它与冀鲁豫边区文联创办的另一个刊物《新地》有明确的分工:《新地》是综合性的通俗半月刊,《平原文艺》则“偏重在提高的工作”（王亚平《一年的经历》，载二卷三期）。刊物发表的文艺创作，包括报告文学、小说、诗歌、戏剧，都及时反映了农村的土改、复查运动和军民的爱国自卫战争。内容比较丰富，形式比较活泼，其中报告文学尤为活跃。文艺评论的内容，主要是对群众戏剧运动、连队文艺工作、旧艺人改造等方面的经验总结、推广，以及创作知识的介绍等。不论创作或评论都显示出群众与专业作者结合的特点。刊物的主要撰稿者有王亚平、黑丁、徐光耀、邢立斌、柏桦、胡征、胡奇、鹿特丹、枫林、冯纪汉、金根、田兵等。

目　录

第 1 卷　第 1 期
1947 年 1 月 1 日出版

群众文艺座谈　枫　林整理
谈谈改造高潮　李春兰
半年来的民友剧社　田　欣
漫谈秧歌问题　下　丁
马　冯纪汉
上官村战斗故事
一、苟团长负伤了　唐平铸
二、王学志也来了　周新体
三、不让敌人跑一个　裴　光
四、枪把脖子压歪了　吴　象
五、挽救了四十六个重伤员　张　展
坚守张凤集的第八连　方　德
他骑着大洋马回来了　饶兴义
我们的参谋长　若　奇
毛主席像　王心印
孙李庄圆月　方　立
悼黄银民同志　田　兵
平原上　王亚平
拉犁歌　孙　洪
高粱地里　风　信
奴性　李　篁
杨进才　黄　河
蒋介石夜梦袁世凯　编剧　吕　艾　林　歌作曲　一　新
编后记　编　者

第 1 卷　第 2 期
1947 年 2 月 1 日出版

半年来的锻炼及其在文艺上的反映　陈斐琴
钢铁的意志　史　超
菩萨心肠　卢耀武
英雄马同华　方　德
史德明　王　君
龙固集战斗插话　李　峰　杨　维
从被解放到当英雄　沈　容
喜事　石　火
艺人沈冠英小传　罗　仑
袁老干和王小旦　张明权
河边草三章　王亚平
路
油灯
场园
弹唱小王五　刘衍洲
英雄李治五　胡　奇
铁牛的话　一　新
土地回家（墙头诗）
蒋介石的化学兵团　咏　力
项团长的情书　陈勇进
杂牌军官的编余下场　马丰年
包围圈外拾零　沈文倩
吕登科　作剧：王　云　作曲：黄伟学　席星瑞
封面设计　劳　郭

编后记　编　者

第 1 卷　第 3 期

1947 年 3 月 1 日出版

论赵树理的小说　茅　盾
戏剧写作上的几个问题　江　涛
部队歌剧创作过程中的几点经验　江　涛
战士的艺术问题　坚　白
桥　冯纪汉
在医院里　金　根
英雄的人
　陈凤西回来了　苏　众
　马副团长　杨　鸪　国　华
　帽子一样人不一样　吴　象
　悼郭福来同志　舒士成
钢铁的九旅　戈　金
回去打游击　李　放
不屈的人民　唐　浩
老寨主　方　立
平原上（续稿）　王亚平
巨野之战
　顽强的攻击　王　若
　主攻东门的第五连　孔　更
　一连发了财　法　生
　北关碉堡的占领　罗永年
土地改革中的小插曲　梅　信
平原猎人　鲁西良
打聊城的时候
　聊城桥畔第一功　田　兵
　我的感动　许柏亮
模范农家（三幕话剧）　胡　奇
把进攻的敌人坚决消灭尽　史　超词　吴　毅曲
古钟响出了新声　乐　歌
封面　劳　郭
编后记

第 1 卷　第 4 期

1947 年 4 月 1 日出版

文艺工作的光荣任务　本　社
土地改革诗辑
老一亩半家的悲歌　梅　信
回家　唐　浩
一个佃妇的诉苦　张海波
欢快与热爱　力　文

南征诗草　田　兵
　黄河畔老人话别
　雪夜起程
　冀鲁豫军歌
　月色茫茫入中原
　打了不能报销的仗
　四十里空炸进柘城
放羊孩　柏　桦
周玉章　徐光耀
朱辉同志之死　金　根
坚持游击战的英雄们
　人民功臣张恩　李　冰
　向朱明镜同志学习　李文轩

群众领袖管明云　李　冰
工作模范常乐进　杨泽江
郝鹏举　枫　林
年月变了　柏　桦
战地散记　苏　众
河边草（续稿）　王亚平
城墙砖
人的改变
秋千解放了
一只枪
关于文艺手法　李　篁
模范农家（第二幕）　胡　奇
编后记　编　者
封面　劳　郭

第1卷　第5期

1947年5月1日出版

小　说

伤脑筋　吴　象
小高的意志　马丰年
进情　邢立斌

工人作品

车云龙和铸字炉　小　尼
装订组长李有叙　杨占兰
两样生活　济　民
木刻员孙家行　黄庭忠
石印组长陈清学　杨占兰

报告特写

石明三的转变　李文波
工人之家　春　雷

诗　歌

大平原在翻身　毕群华
土地回家　牛子孺
南征诗草（续稿）　田　兵
平原上（续稿）　王亚平

介绍·报道

介绍战士的顺口溜　徐光耀
通讯报道写些什么　孔　庚整理

剧　作

模范农家（续完）　胡　奇

封面　劳　郭
编后记

第1卷　第6期

1947年6月1日出版

工作总结

冀鲁豫文联干部大会讨论问题的总结　李春兰
连队剧运一年来的小结　柏　华
军区政治部文工团一年来音乐工作总结　吴　毅

诗　歌

随军小诗　胡　征
找穷根挖苦根　王心印
张大娘的话　李中言
新牛和他的羊群　立　云

报告文学

指挥所　金　根
孙绍林　马丰年

妇女们的欢乐　翟　堃

小　说

诛奸记　鹿特丹
小俩口　艺　岚

批评·介绍

关于讨论戏剧的一封信　马秉毅
开展街头诗运动　夏　川
发掘我们边区的民间音乐　鄗　烈

歌曲·小调

我们都是你的亲儿郎　孙　洪
人民的骑士　正　端词　正明习作
封面　劳　郭
编后记

第2卷　第1期

报告文学

不按老样子开的会　枫　林
打虎将　杜　兵　绍　田　柏　桦执笔
一家人　梅　村
换防　默　生

小　说

换头记　柯　岗
买毛主席像　高　泽

诗　歌

明他娘　艺　岚
树林里　胡　征
翻了身的老农民　路　丁

通　讯

徐志一领导的拚命小组　芸　生
魏占梅偷奔战场　刘德义
愉快的战斗生活　江　华

短论·介绍

提倡文艺批评　袁　勃
介绍《恐惧与无畏》　林　翔
封面　劳　郭

第2卷　第2期
1947年8月出版

小　说

认识　曾　克
步兵爆炸手　葛　洛
董金德的路　鹿特丹

报告文学

考城地道战　刘　昭
分麦子　瑞　琦
元宝　子　君

诗　歌

山　卢　甸
星火小集　俚　伶
喜和喜家　雪　林
肉搏英雄赵保修　贾　萍

通　讯

河防蒋军的溃窜　裴　光
民兵刘山打汽车　韦　嘉
南乐四区的妇女翻身大会　任　普
修堤热潮的一角　君　谦

介　绍

艺人的创造和演唱　王亚平
盲艺人王吉星的歌唱　商　恺
编后记
封面　劳　郭

第2卷　第3期

1947年9月出版

一年的经历　王亚平

通讯报告

慰问伤员　黑　丁
跟着李治五前进　胡　奇
韩楼前刘庄阻击战　伟　雄等
黑夜游击　解　华　振　清
捉俘虏　路桂林

诗　歌

地主的眼睛　王亚平
复仇　栗　奇
农民的话　邢立斌
张保诉苦　王镜如

小　说

永生　张明权
星光照耀下的人们　柏　桦
鸡蛋的吵架　乔　羽

散文·歌曲

票夹　田牧军
复查，下狠手　李　隄
编后记
封面（冲过陇海路）　洛　姑

第2卷　第4期

1947年10月出版

作品的发现与表扬　王亚平
全面开始大反攻（坠子）　沈冠英

小　说

翻身　冯纪汉
坚持　张明权

通讯报告

铁面无私的人　黑　丁
贺功　柏　桦
白占英　沈文倩
杨拴何的家变了　邵大章
女恶霸　子　君
小鬼贾有林　孔　更
刘美　陈守明　郭雁南

诗　歌

报喜　培　蓝
黄河两岸　钟　华
找穷根　冀镇生
儿童教师——李修鲁　栗　奇
前进！弟兄们
史　超词　吴　毅曲

封面　劳　郭
编后记

第2卷　第5期

1947年11月出版

模范出版工作者——鲁迅　王　益

诗　歌

咱给地主分路线　王亚平
俺可放心啦　史林碧
摇篮歌　李　涌
光棍把身翻　张　光（录）
怎样写稿　佚　名
张兴润　乔鸿诚

心愿（小说）　高　泽

报告·散文

咱的仇报了　文　渺
两个老汉　宋　玳
记一个蒋军连长的自述　家　楞
炮声传来的时候　张明权
王长锁和他娘　拙　鸣

故事·通讯

土改故事　王青松
试探地主的心　董尚礼
查地主　王育三
有气节的张村长　玉　美

经验·介绍

群众艺术的道路　一中艺术部
宣传走群众路线的活样子　李　刚
“用自己的快板唱自己的英雄”　史　逸
道棚庵村剧团介绍　史荣保　郭振周

听捷报（封面）　劳　郭

第2卷　第6期
1947年12月出版

人民战胜了黄河　李　篁

小　说

黑妮子　邢立斌
参军　枫　林

诗　歌

蔡福印　王亚平
同志！我从地狱里爬出来啦　石　峰
身上挎包鼓腾腾　刘艺亭
游击英雄聂文英　许力平
访苦歌　王元寿

报　告

张建寅到了小郭炉　黑　丁
“同志，我耳朵不聋”　白　金
新郎参军　芦　舲

故事·通讯

保卫这几亩地　宋　玳
游击小组的故事　周　帆
小可和游击队　向　阳
张志坚　唐　浩　邵大章
庞寨的血恨　郭省五

编后记

263　文艺知识连丛

简　介

《文艺知识连丛》，不定期刊，一九四七年四月十五日创刊于上海，史伍、何传、郁天、冷火、青苗、秦牧编辑，雪风出版社在北平、上海同时发行。同年五月十五日第一集第二册起改署“文艺知识编委会”编辑。八月二十日出版的第一集第四册改为文学出版社出版，以潘世和的名义发行。同期终刊。该刊原拟每年出版一集十二册，实际仅出第一集四册，每册另题书名，分别为《喇叭》、《抚棺录》、《论普及》、《艾青论》，均为二十四开本。

该刊是文艺理论批评刊物，内容偏重国内外作家作品的研究和文艺知识的介绍。编者为帮助并提高文学青年的创作与鉴赏水平，特约国内知名作家艺术家以“答编者问”的形式介绍文艺创作经验。还设立“作家与作品”、“文学基础修养”、“文坛点将录”等专栏，用以评介国内外著名作家作品，或传授基本理论知识和创作技巧。刊物发表的文艺创作不多，但一般都有暴露和批判黑暗现实的特点。主要撰稿人除编者外，尚有张天翼、茅盾、臧克家、叶圣陶、李桦、魏金枝、何家槐、以群、骆宾基、钟敬文、苏金伞等

目　录

第一集之一
喇　　叭
1947 年 4 月 15 日出版

封面设计　沈同衡
谈丏翁的《长闲》（作品研究）　叶圣陶
作家与作品
巴尔干的高尔基——依斯德拉蒂　史　伍
山贼（小说）　依斯德拉蒂

不要冷淡了生活（时论）　以　群
创　作
忆居甫　巴　金
坦克车游行　苏金伞
喇叭　史　伍

答编者问（创作经验谈）　张天翼
一、根据你的经验，写小说通常是怎样开头怎样结尾的？
二、发现题材的时候，先有人物呢还是先有故事？
三、下笔长篇之前，是否拟有大纲？短篇呢？如果有，在写作过程中还有什么变动没有？
四、人名，地名是怎样取定的？还有，怎样配置脸谱，服饰，场合，人物等等？
五、写作之际，常常翻阅你的笔记簿吗？
基础修养
文学与人生（文学）　骆宾基
艺术家是怎样成功的（艺术）　李　桦
什么是综合的艺术（戏剧）　熊佛西

左拉和他的《萌芽》（世界文学名著讲话）　郁　天
人书杂谈
人书放谈　柏　图
罗曼罗兰在中国
两篇宣言
茨威格与他的未完成杰作
洪深（文坛点将录）　夏　黍
文林猎奇　胡　东
诗人的婚姻
快活的野猪巴尔扎克
读林淡秋的《雪》（新书评介）　何家槐
悼念我们中的一个
青冰遗像（照片）
青冰·文学批评·文艺知识　冷　火
青冰生活事略　郁　天

第一集之二
抚棺录
1947 年 5 月 15 日出版

封面设计　沈同衡
今年的“五四”文艺节（时论）　冷　火

作家研究

契诃夫论　何家槐译
我看雪峰的杂文和寓言　魏金枝
托尔斯泰看福楼拜　李健吾

答编者问八题（创作经验谈）
臧克家

创　作

抚棺录（杂文）　秦　牧
宝枪（诗）　史　伍

我写作小品文的经历　钟敬文

基础修养

杂谈青年与文艺（文学）　傅彬然
创作与灵感（艺术）　李　桦
高尔基论戏剧（戏剧）　莫　高

屠格涅夫和他的《父与子》（世界文学名著讲话）　郁　天

人书杂志

人书放谈　娄　塘
一、《浮士德》及其中译本
二、托尔斯泰的处女作
骆宾基（文坛点将录）　吕　风
文林猎奇　潘乐述
一、果戈里是怎样写作的
二、人性的天才——迦尔洵

读《腐蚀》（新书评介）　陈　岑
《阿里士多德先生》（新书评介）
叶至诚

习　作

苦农（小说）　杨汝模
作文堂上（速写）　红　叶

怎样阅读文艺作品（信箱）
华清生　编　者
新书推荐

第一集之三
论普及
1947年7月1日出版

封面设计　沈同衡
答编者问二题——关于苏联作家的生活及“苏联作家协会”如何帮助青年作家　茅　盾

作品研究

略谈北方的新型文艺　劳　辛
《李有才板话》座谈总结
燕京大学北极星社
论普及（专论）　蔡　仪
文艺物理小论（专论）　许　杰

作家研究

奥斯特洛夫斯基底力量的根源
［苏］S.Tregub作　洁然译
关于所谓契诃夫的绝望
R.林德作　张挚译
斯惠夫特　吴　岩
答编者问八题（关于散文写作）
叶圣陶　朱自清　唐　弢

创　作
忏悔（小说）莫泊桑作　丰陈宝译
头发（诗）　苏金伞

从文学是什么谈起（文学基础修养）
徐调孚
生活与创作（艺术基础修养）
李　桦
人书杂志
狮爪录（人书放谈三则）　林如稷
沈从文（文坛点将录）　砀　民
文林猎奇三则　即

古典主义（文艺思潮史话）　史　伍
习　作
我在风砂里走（散文）　熊瑞琪
春天底原野（诗）　童　婴

文艺的力量（信箱）
李定文　编　者
天才与文艺学习（信箱）
陈雪琴　编　者
新书巡礼　编　者
编后记　编　者

第一集之四
艾青论
1947 年 8 月 20 日出版

封面设计　沈同衡
答编者问八题（漫画创作经验谈）
张文元
作家研究
艾青论　劳　辛
杰克·伦敦　公　南译

老作家与新作家（专论）　冷　火
创　作
家（散文）　丰子恺
路　外一章（诗）　王卫星
惠特曼诗二首　伯　文译

答编者问十一题（木刻创作经验谈）
李　桦
人与书
马凡陀（文坛点将录）　怀骆李
新书推荐（一）　编　者
新书推荐（二）　编　者
浪漫主义（文艺思潮史话）　史　伍
基础修养
谈表现（文学）　徐调孚
艺术的社会价值（艺术）　李　桦
惊弓室断想（写作初步）　青　苗

迭更斯和他的《双城记》（世界文学名著讲话）　郁　天
习　作
查户口（小说）　张佳佩

文艺滥调（信箱）胡草潮　编　者
文艺基础之修养书箱（信箱）
张席人　编　者

264 诗创造

简介

《诗创造》，月刊，一九四七年七月创刊于上海，“诗创造社”编辑，编者为杭约赫（曹辛之）、林宏等，星群出版公司刊行。第一年出版十二辑，每辑另有题名。一九四八年七月第二年第一辑起改为“诗创造编委会”编辑，编委有林宏、康定、沈明、田地、方平、燧伯等。一九四八年十月第二年第四辑出版后被查禁，共出十六辑。三十二开本。

该刊最初由杭约赫、林宏等人集资创办。创刊号《编余小记》确定了争取“和平民主的实现”这一“大的目标”。在第一年编刊的十二辑中发表了一百五十多位作家的诗作和译作。诗作内容偏重反映战时的社会人生，表达民主和进步的要求，也有“抒写一己的爱恋、悒郁”的作品。其中“九叶”派诗人杭约赫、辛笛、陈敬容、唐祈、唐湜、袁可嘉等的作品较为突出，如陈敬容的《青春之歌》，唐祈的《严肃的时辰》，杭约赫的长诗《仇恨的埋葬》等。这段时间的译作中，西方现代派诗人如罗塞蒂、里尔克、爱侣雅等的作品占比重较大。刊物出版的第二年，诗创造社内部发生分化，杭约赫等“九叶”派诗人退出该社，另办《中国新诗》月刊，该刊编委会进行了改组。编者在《新的起点》一文中表示今后“要以最大的篇幅来刊登强烈地反映现实”的作品（第二年第一辑）。林宏、康定、邵燕祥等人的作品较有代表性。该刊前后发表的其他较突出的诗作有任钧的《悲剧的国度》和《洋场小唱》、马凡陀的《山歌》、李白凤的《饥饿的银河》、叶金的《黎明的企望》等。其他诗作者尚有臧克家、臧云远、苏金伞、徐迟等。

目 录

第1期

带路的人

1947年7月出版

蚕·外一首　春 勃
伪善者　杭约赫
摇篮曲　方 平
尸　臧克家
请问你呀大白米　红 啸
离开罢，那不可留恋的一切　康 定
我，和我的梆子　沈 明
无线电绞死春天　陈敬容
破草帽　苏金伞
带路的人　江天漠
笑　李抟程
哭的和笑的　郝天航
明天　黄 耘
交响音乐　方 平
小夜曲　金克木
我听着远远的号音　林 宏
歌女　王 驼
赠　茅隐农
报童　孔 柔
想起　穆 歌
我的歌　刘岚山
葬　金 军
笔的梦　韦 芜
傍晚来的客人　田 地
妈妈　臧云远
除夕　沙 鸥
月亮光　童晴岚
金字塔　于赓虞
黄昏　海 涅作　晓 帆译
钢琴练习　理尔克作　徐 迟译
小东西　卡 耐作　李白凤译
歌者　葛 雷作　杜秉正译
新诗话　方 敬
梵乐希论诗　唐 湜
苗人酬神舞　黄永玉
编余小记　编 者

第2期

丑角的世界

1947年8月出版

请看这世界　方 敬
照亮　臧克家
诗三章　辛 笛
丑角的世界　胡双城
动物寓言诗　杭约赫
吹　胡 牧
虹，我为什么爱你　黎先耀
你　浩 泓
沙漠　沈 明
司阍老人　屈游子
苦难的出生　胡 哨
色的诱惑　江晓静
马　圣 野
我还是我呀　欧文泉

不眠夜　吴　视
春天　蒋燧伯
向日葵　青　勃
剧场·舞台·演员　茅隐农
悲剧的国度　任　钧
鼓姬　康　定
小城杂咏　吴　越
节日　田　地
In A Saloon　苏　新
春天的声音　梅　子
潦患　陈敏端
拉纤　李抟程
曾经有过这样的一个梦　林　宏
树　姚　虹
断想　克　芒
我歌唱七月　单　稔
琴　萍　子
弟弟，灯　高加索
云　维　蓝
告白　海　涅作　李　嘉译
魏尔哈仑诗两首　戴望舒译
茀朗琪和乔尼　李水柏译
声音　平　纳作　黎　明译
孩子们的哭声　伊利莎白作　方　平译
勇于面对现实　许洁泯
骑者　卡　德
编余小记　编　者

第3期
骷髅舞
1947年9月出版

将军的祷告　陆吉平
无题二章　王多多
野店　江　风
风车和我的瞌睡　黄永玉
这儿是个……　任　钧
云朵　穆　歌
鸟与林子　唐　湜
黑手　李一痕
求职　圣　野
迎接自己的队伍　苏金伞
青春之歌　陈敬容
农妇的歌　刘岚山
桥　胡惠峰
致诗人　李白凤
奇怪的年龄　许　浒
蜘蛛　臧鸾坡
小城　公兰谷
江边三唱　索　开
荒园　叶　金
旅人　流　沙
骷髅舞　常　枫
祝福　余一木
粑粑　丁　力
火炕里的声音　朱　萍
夜祭　杨　琦
山乡佬　潘　冰
五个人的夜会　羊　翚

仇恨的埋葬　杭约赫
不贞之妇　洛尔加作　戴望舒译
诗两首　罗珊谛作　方　平译
译诗二首　戈宝权
我的祖国　莱蒙托夫作　李　嘉译
当我在树林里散步　狄青拉作　戈宝权译
学者　苏　瑞作　杜秉正译
一首小诗的研究　江　青
诗人与书　编　者
农家女　西　厓

第 4 期
饥饿的银河
1947 年 10 月出版

过夜　臧克家
夏日有感　方　敬
寂寞的礼拜堂　家　方
这不是一个噩梦　方　平
诗两首　陈敬容
圣者　唐　祈
短唱　茅隐农
海底儿子　童晴岚
无弦琴　屈游子
雷雨颂　程　边
小雨点　沈　明
你永远不孤独　林　宏
撒播　余一木
饥饿的银河　李白凤
日本货又来了　马凡陀
负伤以后　丁　耶
老牛　天　航
边缘　江　朗
风水树　胡　里
这年头　郑咸熙
民歌拔萃　高　寒辑
一个朕兆　李抟程
仇恨的埋葬（二）　杭约赫
我曾漫步　冯沅君译
叶赛宁诗四章　戈宝权译
霍思曼诗钞　周熙良
杜爱罗河谣　狄　戈作　戴望舒译
歌者　朗菲罗作　李岳南译
诗底粗犷美短论　劳　辛
诗人与书　编　者
浴　黄永玉

第 5 期
箭在弦上
1947 年 11 月出版

问候　羊　翚
心病　金克木
母亲的想念　臧云远
出轨　臧克家
最末的时辰　唐　祈
琴声　陈侣白
贝壳　金　津
夜街　叶　金
题照　力　坚
七品官　康　定

暗夜里　李放
华盖·古砚·教授　唐湜
流浪在都会里　田地
微光　方宇晨
箭在弦上　野曼
先知　李一痕
露天茶馆　蒋燧伯
夏云　胡惠峰
散歌　沈明
失望　程楚
民间情歌　高寒辑
仇恨的埋葬（三）　杭约赫
夕阳　海涅作　李嘉译
十四行　莎士比亚作　方平译
故乡　聂克拉索夫作　无以译
玛德里之雪　达薇曼作　袁水拍译
论感情　吴越
诗人与书　编者
编余小记　编者
麦田　V.格里勃尔

第6期
岁暮的祝福
1947年12月出版

有人向旷野去了　陈敬容
江边·和平女神　任钧
幻想曲　胡里
生死的站口　臧克家
诗三首　胡惠峰
水　方晔
预感　李白凤
果树园　穆歌
虫豸篇　李谷野
没有罪的　于漠
贼　康定
送信　羊翚
香港，让我轻轻地摇你入睡　金帆
写给湖的诗　刘昉
熔化掉寒冷　屈游子
失眠　叶金
自由　李抟程
音潮　江朗
生活诗抄　江水青
驼铃　塞草
海贝　周丽娟
办法颂　圣野
晚祷　以滔
今天　冬青
冬天来了　苏夫
自己的催眠　曹玄衣
岁暮的祝福　林棘丝
仇恨的埋葬（四）　杭约赫
流浪汉的歌　袁水拍译
战时情诗七章　爱吕亚作　戴望舒译
诗四章　普希金作　戈宝权译
和唐祈论诗　成辉
诗人与书　编者
编余小记　编者
归　失名

第7期

黎明的企望

1948年1月出版

迎春小唱　骆　沙
迎大钞　马凡陀
嘉陵江　方　敬
洋场短曲　任　钧
“夜吗!”　臧克家
严肃的时辰　唐　祈
冬夜　辛　笛
迎一九四八年　申　奥
夜歌　牧　人
街头篇　方　平
我在这城市中行走　陈敬容
罪恶的修补　丁　耶
快乐的人们　沈　明
无心的馈赠　方宇晨
无题　柳梦莺
醒来　金　津
初冬偶题　康　定
婴儿　臧云远
种子　李　放
心境　孙跃冬
岁晚　陈侣白
春天就在那边　胡　里
红灯　项　伊
谶词　林　凡
新山歌　费　雷
黎明的企望　叶　金
冬天　冷　人
智慧集　李白凤
冬夜　金　军
虹　唐　湜
前瞻　勃朗宁作　屠　岸译
诗两章　拉德生作　戈宝权译
戚朗的囚徒　拜　伦作　杜秉正译
读诗杂录　蒋天佐
英美近代六大意象派诗人　苏　新
编余小记　编　者
诗人与书　编　者
待渡　荒　烟

第8期

祝寿歌

1948年2月出版

祝寿歌　江　风
泉　孙跃冬
鸽·在公园中　陈敬容
乡音　臧克家
梦　蔚　天
乡和城　庄　涌
落叶的消息　金　坚
武汉小唱三章　程　铮
写给自己　吕亮耕
洋场小唱两章　任　钧
下雨天　田　地
西伯利亚的寒流　金　江
南风的消息　金　帆
烛　李持程
我不再唱那些歌了　林　宏

我的诗是忧郁的　吴越
迎接　胡冰
收租米　吴王
月夜抒唱　黄宗津
暴风怒啸的晚上　陈侣白
灯　倪嘉
动物诗三首　海滔
先知者　嘉丁
夜雨　陈敏端
依间　彭桂蕊
旅途　凌彦
码头夜什　紫墟
莱因河秋日谣　阿保里奈尔作　戴望舒译
死屋　罗威耳作　王统照译
村野铁匠　朗菲罗作　李岳南译
幻景　魏勒作　杜秉正译
到那儿去　洛生费尔特作　晓帆译
西风歌　雪莱作　方平译
诗的新生代　唐湜
编余小记　编者
诗人与书
觉醒了的天使　BALPINELLI

第9期
丰饶的平原
1938年3月出版

雪夜森林　唐祈
太阳　吴越
诗　寥水音
古梦　林凡
江南谣　高加索
悼　程铮
啊，我的恐怖期　江晓静
猫狗篇　朝谷
丰饶的平原　于曦
乡村小学教师　石池
堡垒　孙落
火　路苇
节孝坊　方雨渡
草场　孙培茵
地摊　蔚天
三代的轨迹　萧明
鸡斗　陈奔
无题　江天漠
秋收之后　迦尼
寒冷的村　野路
绿野仙踪　魏特理
荒地·水池　绿河
罚　胡成仁
路灯　江朗
池沼　慕容光
黄浦滩头　吴视
白水江哭了　柯南
村外小集　胡牧
更进一步　惠特曼作　屠岸译
巷上盛夏　杨云萍作　范泉译
《手掌集》　唐湜
编余小记　编者
诗人与书　编者

农妇　史可塞拉斯

第10期
美丽的敦河呵
1948年4月出版

持锄人　马克亨作　袁水拍译
当我还只廿一岁
霍思曼作　叶思风译
海洋的欢颂　海　涅作　李　嘉译
亚当一世　海　涅作　廖晓帆译
惠特曼诗抄　惠特曼作　费　雷译
我们两个　惠特曼作　屠　岸译
霜　陀马托夫斯基作　金　津译
少女的祈祷及其他
里尔克作　陈敬容译
狱中　魏　仑作　张君川译
诗人之死　莱蒙托夫作　余　振译
燃烧的诺顿　艾略忒作　唐　湜译
黑暗　拜　伦作　杜秉正译
四月九日　格来斯特作　天　海译
就义之歌　阿哈贡作　劳　荣译
诗二首　涅克拉索夫作　无　以译
船货　曼斯菲耳作　王统照译
美丽的敦河呵
彭　斯作　何克万译
星星·歌曲·容貌
桑德堡作　柳一株译
维纳丝与阿童尼
莎士比亚作　方　平译
内泊斯的少女　司各脱作　沙　金译

《四个四重奏》
史彭德作　岑鄂之译
近代英国诗一瞥
史彭德作　陈敬容译
编余小记　编　者
懒洋洋的日子　保罗·兰台克

第11期
灯市
1948年5月出版

穷的日子　宋凤蔚
台阶上　苏金伞
苍白　绿　河
越狱者　冯　先
航程短笺　吕　庄
山野　藜　路
春　徐　迟
走出了那座城　杨　琦
夜雨　阎栋材
这个风砂的城　阚　颖
等待　杨　铁
悲剧的生命　柯　原
灯花　陈雨门
旗帜　羊　翚
报牌　孙柏绿
湖边的启示　桑　田
灯市　陈侣白
脚印　地平线
黑色的国度　于　漠
夜记　狄　星

离开这里 蘅 果
古国寒夜 张若珺
我走来了 宋 洪
乐园鸟 沙 丁
行旅篇 凝 远
垃圾车 平 白
敲锣卖糖 露 音
贫穷 杨 铁
“废话” 打箭炉
惠特曼诗钞 费 雷
谈诗 张君川
读诗随笔二则 何畔成
编余小记 编 者
诗人与书 编 者
孩子们 漾 兮

第12期

严肃的星辰们

1948年6月出版

新诗戏剧化 袁可嘉
严肃的星辰们 唐 湜
真诚的声音 默 弓
和方敬谈诗 陈敬容
关于伊萨柯夫斯基 戈宝权
艾略忒论诗 沈 济
史彭德论奥登等诗人 李 旦
编余小记 编 者
《诗创造》1—12总目录
林中浴女 库斯多提耶夫

第2年 第1辑

第一声雷

1947年7月出版

新的起点 本 社
比比看 田 青
一年祭 江 风
我的损失 穆木天
山歌 马凡陀
两代之歌 劳 荣
第一声雷 梦 启
人，是向上的 臧克家
收获季 王 采
不倦的巨轮 任 钧
故乡 沈 明
愚蠢 康 定
报仇 李抟程
马和老兵 陈侣白
我要离开这里 张天芦
诗两首 孙耀冬
残废者与受难者 冯振乾
耕者的歌 陆鸣秋
她是哪个疯的 泥 苏
诗一首 太戈尔作 金克木译
仿民歌调 莫倍尔作 彭 慧译
收获 威尔支作 高 寒译
诗的形象短论 劳 辛
《灾难的岁月》 黄时枢
诗人与书
编余小记 编 者

第2年　第2辑
土地篇
1948年8月出版

忧郁　采风官
土地篇　苏蓬庐
病榻小唱　欧文泉
王老爹的坟　康　定
老王坡　张　方
血底围墙　马牧边
祝福　林　宏
警号　圣　野
向死登记　瓦　区
身份　丹　牧
没有技巧　青　勃
播种的日子　路　夫
贫穷者的歌　华　彦
悼念　康　定
我不会答复　穆　歌
晴天　邵燕祥
送葬　丁　钢
旷野　冬　青
受苦情　屠　丑
告别　史　悃
声音　向　前
农村谣　山　鹰
村妇吟　于　漠
赵家铺　彭桂蕊
疯狂的世界　蒋燧伯
我们这里　俞苍茫
生活　吴　逊
反叛　德莱塞作　胡惠峰译
勇士的告别　肯开尔作　歌　利译
悲伤　高罗杰兹基作　戈宝权译
论诗二题　钟　辛
人民喜见乐闻的诗　庄　稼
编余小记　编　者

第2年　第3辑
做个勇敢的人
1948年9月出版

招考广告　李　泊
杂感集　康　定
我是个罪犯　杨　琦
致阿珍　刘岚山
黄昏之歌　包白痕
二等兵　沈　明
致卡特琳娜　晏　明
我走在街上　闻　弓
家乡的讯息　钟　辛
呼吁篇　缪白苗
小二问答　朱　华
井　黎先耀
给残废者　史伊舜
那里来的?　洛　心
我们也是人　蒋燧伯
我的故乡及其他　裴多菲作　孙　用译
虽然夜间我走在黑暗的街头　涅克拉索夫作　无　以译
做个勇敢的人　库巴拉作　戈宝权译

谈两篇叙事诗　史　笃
读黎先耀的《夜路》　李致远
诗人与书　编　者

第 2 年　第 4 辑
愤怒的匕首
1948 年 10 月出版

末一次歌唱　陈侣白
看着田地躺到天边　吴　越
天坍的时候　袁　鹰
月夜　于　鳞
青岛印象　田　地
老太婆和一匹牲口　江　风
那里·这里　罗　泅
时代僵化症患者　振　乾
枪　丹　牧
愤怒的匕首　马丹边
手　夏　季
李无才快板　吴晨笳
黄泛民歌　扎　生
缴捐　崔　璨
仇敌及其他　修　士
我喝得烂醉　杨白郁
希腊的歌·为希腊而歌　劳　荣
沉默　玛斯托斯作　蒋　壎译
诗谈短抄　地平线
编余小记　编　者
诗人与书

265 胶东文艺

简 介

《胶东文艺》，半月刊，一九四七年九月十五日创刊，胶东文化协会主办，马少波主编，胶东新华书店出版发行。一九四八年一月十五日出至第一卷第八期停刊，共出八期。三十二开本。

《胶东文艺》的前身是文化综合性刊物《胶东大众》。以“胶东文化协会胶东文艺社”署名的《创刊的话》指出，《胶东文艺》的任务是：“鼓励创作，反映斗争，交流经验，推动组织，求得文艺界爱国民主大团结，通过集体努力，把新的文艺运动更深入的展开！”刊物以城乡知识分子和区村以上干部为对象，以刊载文艺创作为主，兼顾理论批评。文艺创作强调“贯彻大众化的文艺方针，忠实的反映和切合反帝反封建，民主爱国的革命实际斗争”（《本刊稿约》）。刊物发表的作品多以胶东人民的爱国自卫战争和土改复查运动为中心内容，形式上既有报告、杂文、新诗、小说，又有群众喜闻乐见的鼓词、板话、歌谣、童话、民间故事、急口令、谚语、秧歌剧、小调剧等，表现了短小活泼、注重普及的特点。在理论批评方面，比较突出的是对“板话”的提倡与讨论。刊物的主要撰稿者有马少波、陶钝、罗竹风、李根红、苏扬、葛洛、秋潮、黄韦、闻捷、柯蓝等。

目　录

创刊号
1947年9月15日出版

创刊的话　胶东文协胶东文艺社

杂　文

老贼临完的一步死棋　王一藩
豆虫、蚊子、蒋介石　苏　扬
牛角尖里找出路　崔　生

理　论

谈文艺问题　周　扬
——在晋察冀边区文艺座谈会上的发言不算杂文　那　沙

报　告

一条生命线　舒　适
初炼　陈　璧
铁花开灵山　李根红
肉坦克　黎　明
战友之间　李　恕
喜报　郑树春
时代的推动者　鞠绍品

鼓词·板话·诗

大反攻鼓词　司马文
拉紧"紧箍咒"　少　波
小毛驴要快快的走！　孝　枫
民伕队　戈　扬
山中·月下　田　间

童话·民间故事·歌谣

一匹小马　大　化
李闯王渡黄河　李文辛
活人臭（歌谣七首）　编　者辑
对联
谚语选

评介·书简

一本严正的书（评《最近苏联文艺界的思想斗争》）　塞　风
来信　凌　青　贾　霁　罗竹风　牟子敬　王大
走！插回去（木刻）　仲　初
贺功臣（歌曲）　洪　韵
消息　编　者
运输到前方（封面木刻）　范仲初

编后记　编　者

第1卷　第2期
1947年10月15日出版

杂　文

雾散太阳红　少　波
独夫　葛　洛
主人·奴才和"胜利"　华　天

报　告

王村岛的风浪　李根红
道头之东　沫　如
欢呼在前线　汀　冷　原　来
海崖上　贾　霁
苦干为前方　紫　丁
"月月夜夜"　鲁　特
泪与恨　秋　平
无边的愤怒，无边的爱！　牟　醒

诗

反攻小诗　李　实

“还乡”歌　宋花泉

浑身都是胆　扬　帆

故事·歌谣

崇祯皇帝上吊　苏　扬

蒋中正偷杏（急口令）　杨兆堂

打天下（民谣六首）

谚语（八则）

对联（四付）

剧·曲

蒋家兵　宋　深

暴风雨　赵　涛词曲

书　简

郭沫若（八月十日致丁玲信）·黄雨秋·彭泽

编后记

第1卷　第3期

1947年10月31日出版

纪念鲁迅先生

对于左翼作家联盟的意见　鲁　迅

鲁迅先生永垂不朽　郭沫若

小　说

牛　江　风

农公泊　少　波

报　告

沙粒的悲哀　单　伟

旧穷新欢　均　之

“金子”　孟　千

冤屈　剑　秋

故　事

布谷鸟的来历　张少山

拜年　闻　捷

尹鸡债　马　烽

诗

张大嫂分果实　大　芳

嫁个穷汉俺愿意　秋　潮

一个大姐　静　莹

歌谣（十一首）

民谚七则

对联三付

剧·曲

土地佬逃跑　冲　云

打场　牟　英曲　林　艺词

评介·木刻

赵树理的《福贵》　刘承宏

保卫翻身（封面窗花）　高志平

牛找到了主人　刘军旗刻

编后记

第1卷　第4期

1947年11月15日出版

理　论

文艺的战斗性和实际效果　少　波

友谊的批评　章路平

杂　文

“中国的希特勒”　罗竹风

死之将至　苏　扬
杂谈俘虏　葛　洛

小　说

庄户牛　陶　钝

报　告

陡山阻击战　李根红
夜袭店集镇　丛培诗
劫后的农村　孙兴德
老大爷的神话　李　枫
今日的石岛　董均伦
鬼话　潘　洋
群众是师傅　王　敏

板话·诗·歌谣

夫妻备战　均　之
快快备荒莫怠慢　徐永清
从前方来　左　平
摔坏了范汉杰　杨　烽
活捉老蒋（歌谣三首）

鼓词·曲

齐心杀蒋匪　秋　潮
打呀打天下　红　石词　孔健飞曲
报血仇　宫润身词曲
保卫青山和牛羊　新　涌词　肖　丁曲

书　简

开展板话运动　江　文
组织阅读“文艺”　孙兴德

木　刻

盘查　范仲初
大进军（封面）　范仲初

编后记

第1卷　第5期
1947年11月30日出版

理　论

论“素材就是杰作”　夏凌江
关于板话　黄　韦
军事采访几点意见　何其人

杂　文

袁世凯的皇帝梦　罗竹风

报　告

玉皇顶截击战　李根红
前方医疗队
韦　陀　苏　扬　秋　潮
鲁　杰　李福顺
嵩潜庄的青妇队　吉　亮
人民军队人民爱　张　琦

故　事

三个红色医疗员　夏　荣
人民的担架队　冲　云　初　民
辎重员　牟春高　李　季
修工事　单　伟
一床虎毯　剑　秋
讨好送了命　沫　如

板话·快板·歌谣

嵩潜庄　少　波
海阳支前歌　王　凡
前线快板

书　简

接受鲁迅先生的意见　本　社
大众与文艺（来信）　李福山等

木　刻
“孩子，好好保家！”（封面）　范仲初
“这个活儿我能干！”　范仲初
歌　曲
三大纪律歌

编后记

第 1 卷　第 6、7 期
新年号
1947 年 12 月 31 日出版

胜利的迎接一九四八年（封面木刻）　范仲初
新年致作者和读者　本　社
理　论
新年与文艺思想革命　马少波
文艺工作要彻底为解放战争服务　马加洛
论文学中的语言问题　罗竹风
关于战争期间的戏剧活动　虞　棘
试论板话朗诵和演唱　黄　韦
介绍板话报导　孔东平
通讯·报告
莱阳永远是属于人民的　冲　云等
岗山排　李根红
红石山阻击战散记　中　奕
英勇战斗的南海民兵　李少伯
弯路　邵肖山口述　鲁　杰整理
护士姜梅林　殷少洛
“打埋伏”　丘　闵
如此上海　普洛琴科作　徐　钧译
走火　隋　光
鼓词·板话·快板
都是蒋匪造的灾　均　之
天下农民是一家　秋　潮
王福善偷枪　栾少山
林天岁　姜守凯
剧
给毛主席拜年（秧歌剧）　宋　文　克　华
出民工（小调剧）　文　毅　刘　泽
失荆州（故事连载）　陶　钝
新年办军粮（木刻）　程　默
蜡烛的悲哀（漫画）　戈　盾
消息七则
歌　曲
翻身迎新年　胡德华
收复莱阳城　冲　云词　润　身曲
打到南京去　宋　雯
轧米　林　艺词　牟　英曲
阴天那有晴天长　定　华词　伯　平曲
书　简
战斗的鞭策　聂凤智
关于板话的定义　本　社
欢迎文艺稿件　本　社

编后记

第1卷　第8期
1948年1月15日出版

理　论
谈谈板话写作　黄　韦
报　告
大仇　温国华
血帐　剑　秋
新战士　曲仲奕
小英雄　王　阳
喂小驴　汪征雨
打回老家去　吕　亮
革命的文化小兵　萤　火
板话·歌谣·对联
贫雇农领导渡春荒　祝业兴
拾草争第一　王月樵
刘兰香　栾少山
回头　申均之
歌谣
对联
故　事
失荆州（连载一续）　陶　钝
粪变金　柯　蓝
年年防灾不怕灾　张　鲁　张　友
歌　曲
生产战斗　塞　风词　严　峻曲
备春荒　根　红　于　德
书　简
从头看到底　王仁风
找别人念了听　侯凤岗
同志也吃庄稼饭（封面木刻）　靳　涛

消息
编后记

266 中国作家

简 介

《中国作家》，文学月刊，一九四七年十月一日创刊于上海，中华全国文艺协会中国作家编辑委员会编辑，发行人舒舍予（老舍），开明书店总经售。一九四八年五月出至第一卷第三期终刊，共出三期。十六开本。另有文协编辑的“文协十周年暨文艺节纪念特刊”一辑，题名《五四谈文艺》，一九四八年五月四日出版，小三十二开本。

该刊是中华全国文艺协会的机关刊物。抗战胜利后，中华全国文艺界抗敌协会于一九四五年十月十日改名中华全国文艺协会。文艺协会仍沿用《抗战文艺》为会刊。一九四六年五月四日《抗战文艺》出至第十卷第六期终刊。同年六月，文艺协会由重庆迁往上海，并筹备创办本刊。刊物以创作与评论并重，创作注重小说和散文，评论偏重中国古代文艺的研究和创作技巧的探讨；第三期还编刊了“纪念许季茀先生”特辑。由于出版时间过短，刊物尚未形成自已的特色。主要撰稿者有郭沫若、巴金、唐弢、郑振铎、胡风、阿垅、蒋天佐、林淡秋、许杰、靳以、碧野等。

目　录

第 1 卷　第 1 期
1947 年 10 月 1 日出版

文学的历史动向　闻一多遗著
论严肃　朱自清
先从冲破气氛和惰性开始　胡　风
语言片论　阿　垅
浮士德简论　郭沫若
论古西域画　郑振铎
静夜的悲剧（散文）　巴　金
生命册上（散文）　唐　弢
儒者之泽深且远（散文）　辛未艾
你是谁（诗）　绿　原
暮（小说）　林淡秋
母女（小说）　靳　以
端午祭（小说）　苏　汎
姐姐（小说）　冯　辉

第 1 卷　第 2 期
1948 年 1 月出版

从《梦珂》到《夜》　雪　峰
安德烈·纪德　盛澄华
说纪德的《浪子回家》　李广田
谈文艺的意境和语言　蒋天佐
生日　沙　汀
竹节命　魏金枝
老煊　任　何
老周的作风　罗　洪
外祖父的天下　丁　耶
散文三题　方　敬
兰伽书简　黄　裳

第 1 卷　第 3 期
1948 年 5 月出版

中华全国文艺协会征求作品公告
论通俗　何　莱
批评与论战　冯　至

纪念许季茀先生

追思　台静农
许季茀先生纪念　李霁野
对于许寿裳先生的感谢与悼念　林　辰
病中的觉解　许　杰
归本　求　真
送草的乡人　路　翎
闪灼的星　碧　野
假日　雨　田
听柴科夫斯基悲怆交响曲后　邹荻帆
红枣　黄　挚

《五四谈文艺》
文协十周年暨文艺节纪念特刊
1948 年 5 月出版

我们的话
郑振铎　景　宋　熊佛西
杜守素　史东山　阳翰笙

靳　以　李健吾　吴组缃
李何林　初大告　戈宝权
许　杰　潘子农　徐　迟
唐　弢　陈鲤庭　臧克家
梅　林　应云卫　蒋天佐
吴　天　董每戡　沈同衡
凤　子　安　娥　陈敬容
海　尼　许幸之　一　文
任　钧　孔另境　沙　蕾
赵　丹　萧曼若　吉　罡
张十方　陈觉玄　高　植
劳　辛　李白凤　郑延谷
郑　造　黄宗英

风雨五四　田　汉
五四与科学　周建人
以《狂人日记》为起点　胡　风
谈文艺上的一二问题　史　笃
我看文运　林淡秋
剧人·剧坛·剧运　陈白尘
好莱坞究竟给了我们什么影响　梅　朵
翻译的价值　董秋斯
辟“为艺术而艺术”　何家槐
文艺节歌　马凡陀
征求作品公告　文　协

267 大众文艺丛刊

简 介

《大众文艺丛刊》，不定期刊，一九四八年三月一日创刊于香港，大众文艺丛刊社编辑兼发行。刊物每辑另有题名，前三辑封面除刊名、期数外，依次题为《文艺的新方向》、《人民与文艺》、《论文艺统一战线》。从一九四八年九月第四辑起，为应付反动派的邮检，始将刊名和期数移入内封，封面只标题名和著者，悉依书籍形式印行。第四辑题名《鲁迅的道路》，胡绳等著，文艺出版社出版；第五辑题名《怎样写诗》，玛耶阔夫斯基等著，诗学书屋出版；一九四九年三月出版第六辑，题名《新形势与文艺》，史笃、荃麟等著，艺术社刊行。同期终刊，共出六辑。二十四开本。

该刊是解放战争后期邵荃麟等一批旅港作家创办的有较大影响的文艺刊物。内容偏重理论批评。刊物对抗战文艺运动的成果和倾向作了初步检讨总结，并注重现实文艺运动的研究，包括对文艺界错误思潮的批判，对今后文艺方向的探讨等。由“本社同人”共同讨论、荃麟执笔写成的《对于当前文艺运动的意见》，较有代表性。刊物重视现代作家作品和创作问题的评论。较突出的有胡绳的鲁迅研究，乃超对解放区优秀作品的评介，以及对错误的创作倾向的批评等。刊物还译介了苏联的一些理论批评著作。文学创作在刊物中居次要地位，所载小说、诗歌和“真实的故事”，多为解放区作家和工农兵群众的作品。

目　录

第1辑
文艺的新方向
1948年3月1日出版

对于当前文艺运动的意见　本刊同人，荃　麟执笔
斥反动文艺　郭沫若
战斗诗歌的方向　冯乃超
再谈方言文学　茅　盾
论西欧文学的没落倾向　科尔瑙
共产主义、思想和艺术　加萨诺瓦
人民英雄刘志丹　董均伦
真假李板头　刘　石
林湖大队　适　夷
评路翎的短篇小说　胡　绳
评臧克家的《泥土的歌》　默　涵
评柯兰的《红旗呼拉拉飘》　黎　紫
略评沈从文的《熊公馆》　乃　超

实在的故事

西瓜老二　解　清
红枪女将李兰英　孙　明
不屈的人们　之　萌
强渡黄河　胡　征
好心肠的谢医生　华　嘉
觅汉林　艾　琴

参军（墙头诗选）　佚　名
栾金花（诗）　孙　敏
黑泥（诗）　福　林
眼泪往肚里落（诗）　乐　锋

第2辑
人民与文艺
1948年5月1日出版

“五四”二十九周年　夏　衍
文艺创作与主观　乔　木
略论文艺大众化　穆　文
朱光潜的怯懦与凶残　荃　麟
评姚雪垠的几本小说　胡　绳
评《我的两家房东》　冯乃超
我怎样飞向了自由的天地（散文）　丁　玲
结亲（小说）　葛　琴
苦难的童年（长诗）　丁　力
一个雷雨的夜里（小说）　马　烽
自己的故事（散文）　李　晦

实在的故事

毛泽东的故事　谢觉哉
王喜天的冤根　刘　五
一张新文书的起草　冠　洁
桌上的表　张　明
拉煤者　雪　枝

翻身花（诗）　杨　帆
坚壁（诗）　田　间
包袱（诗）　尔　明
翻身谣（诗）　范若愚
佃户话（诗）　解　华

第3辑
论文艺统一战线
1948年7月出版

文艺统一战线的几个问题　萧恺
坚持"脚踏实地"的战斗　吕荧
方言文学的创作　静闻
关于《对于当前文艺运动的意见》的讨论
　一、关于当前文艺运动的一点意见　以群
　二、论右倾及其他　陈闲
　三、来信摘录　编者
谈纪德　灵珠
从《白毛女》的演出看中国新歌剧的方向　冯乃超
有奶便是娘与干妈妈主义　绀弩
福贵（小说）　赵树理
反迫害进行曲（长诗）　马丁
音乐与人和人的关系（散文）　李晦

实在的故事

杨老板　Y P
渡淮河　卢耀武
记清华园外一个女人　惠
几个小故事　周纳
六月五日　佚名

迎亲（诗）　李立方
南方（诗）　禾草
将军，你惊讶吗？（诗）　禾草
参军（诗）　柯蓝
饥饿的人们（木刻）　野夫

鲁迅的道路
（胡绳等著）
第4辑
1948年9月出版

鲁迅思想发展的道路　胡绳
论马恩的文艺批评　荃麟
敬悼朱自清先生——并略论朱先生的为人与其文艺思想　同人
评《虾球传》第一、二部　周钢鸣
罗曼罗兰的《搏斗》——从个人主义到集体主义的道路　力夫
催粮差　赵树理
瞎老妈　洪林
在后方勤务站　健群
致家乡（长诗）　邹荻帆
小王五（长诗）　刘衍洲
我有好主意（诗）　宇金生
诉苦（诗）　白小保
短工（诗）　衡水
武池村农民的诗：　适安辑
　算盘子·找着根

实在的故事

征实　李平潮
检查哨　陆泉
一百二十九处伤　白艾
肥料事件　子般

鲁迅公园（照片四帧）
编后

怎样写诗

（马耶阔夫斯基等著）

第 5 辑
1948 年 12 月出版

展开对反动文化的斗争　A.法捷耶夫
论主观问题　荃　麟
论文艺的人民性和大众化　默　涵
现代主义及其克服　藏原惟人
评《万家灯火》　周而复
吕站长　王若望
李秀兰　洪　林
怎样写诗　V.马耶阔夫斯基
中国学生颂歌　邹荻帆
泪的故事　黄宁婴
主席台　何　征
进军　芦　甸

新形势与文艺

（史笃、荃麟等著）

第 6 辑
1949 年 3 月出版

新形势下文艺运动上的几个问题　荃　麟
文艺运动的现状及趋势　史　笃
新中国电影运动的前途与方针　于　伶
论社会主义的现实主义　A.塔拉辛可夫
萧军思想的分析　周立波
哈尔滨文化界批评萧军的思想　柳　晨
亩半园子　田　生
鼓　田　晴
从刀锋的缺口下来　葛　琴
寓言三则　张天翼
一九四九年在中国（诗）　绀　弩
老板及其他　马凡陀
编后

268 蚂蚁小集

简介

《蚂蚁小集》，文学不定期刊，一九四八年三月在成都创刊，华西大学、四川大学蚂蚁社编辑出版，编者有庄涌等。一九四九年三月二十日第六辑出版后迁往上海，于同年七月一日出版第七辑“解放号”，改由“上海蚂蚁社编辑委员会”编辑，上海书报联合发行所代售。同期终刊，前后共出七辑。十六开本。

《蚂蚁小集》是解放战争时期“七月派”成员创办的文学刊物。以丛刊的形式出版，每辑另有题名，分别为《许多都城震动了》、《预言》、《歌唱》、《中国的肺脏》、《迎着明天》、《歌颂中国》和《中国，你笑吧！》。内容兼顾创作与评论。创作以诗歌、小说和“生活报告”为主，其中诗歌数量最多，形式多样，有叙事长诗、抒情短诗、讽刺诗、街头诗等，鲁藜、绿原、冀汸、孙钿、罗洛等的作品较为突出。小说以路翎为代表。这些作品多数是对旧社会旧事物的暴露与诅咒，不同程度地表达了作家盼望解放的心声。刊物还载有解放区作家束为、少波、崔璇等的小说和田间的诗歌，表现了解放区人民的生活和斗争。文艺评论比较注重对现实问题和创作问题的评述，胡风、阿垅等人的论文较有代表性。

目 录

第 1 辑
许多都城震动了
1948 年 3 月出版

前记
敌与友　未 明
诗论二则　阿 垅
　形式片论
　形象再论
罪状（长诗）　冀 汸
诗
我爱星　左 弦
我笑着，走过　阿 辛
许多都城震动了
　尼格拉索夫作　屠 岸译
献　屏 帆

乖乖，上海！　化 铁
恶魔向我走来　尤 结
关于《忆江南》答李昌庆先生　吉 父
从《马丁·伊登》看个人主义　苗 山

第 2 辑
预言
1948 年 5 月出版

进攻去的那晚（诗）　孙 钿
十月之歌（诗）　圣 门
对于大众化的理解　冰 菱
诗论二则　阿 垅
　自由主义片论
　赏鉴片论
论单纯　方 白
预言（小说）　路 翎
人民和土地（小说）　文 凯
诗
站在这小小的山岗上，我望着　罗 洛
纪念三月十七日　戈 行
奴隶之歌　凌 恒

旅行（长诗）　何 地
不能忘记的（诗集）　苦 水
“祥和之气”及其价钱　高 丘
略谈“过瘾”　埃 恩
绅士底勇敢　孟 伯
曼陀罗花　奔 牛
纸花　哲 挚
前记

第 3 辑
歌唱
1948 年 8 月出版

论唯心论底方向（上）　方 然
歌唱罢（长诗）　孙 钿
悲怆乐章（诗集）　鲁 藜
老婆嘴退租（小说）　束 为

跟嫂嫂学习（小说） 少 波
泥土（小说） 路 翎

诗

将军和文化人 红 芦
写在一个大的城市里 罗 洛
在楼上 石 池
凯撒 绿 原

略论普及与提高 怀 潮
心理和地理的妙用 敬 缔
五四晚会散记 俞 坚

第4辑
中国的肺脏
1948年11月出版

中国的肺脏啊（长诗） 红 芦
生长（小说） 胡 田
信号（小说） 崔 璇
祖父（小说） 小 波
爱民大会（小说） 路 翎

诗

渔村小诗 孙 钿
柏树（节录） 田 间
悲愤的歌 冀 汸
在牢狱底门槛上 田 文
荒野底力量 绿 原

论艺术与政治 怀 潮
（一）论人民底自觉性
（二）论路翎的小说
蒋纯祖底胜利
——《财主底儿女们》读后 鲁 芋
断想 野 萤
斋公们底素菜 方 青
乡民代表喂饱了我们 周 芷
希望 梁 丰
五龙河上的风波 石 连
白毛女片断 阿 垅
编后

第5辑
迎着明天
1948年12月31日出版

迎着明天（长诗） 冀 汸

生活报告

危楼日记 冰 菱
冒烟的人们 范 康
花园洋房 梁 丰
“逃难”的人们 凌 恒
青骡子 野 萤
一条罪恶的绳 少 波

评茅盾底《腐蚀》兼论其创作道路 嘉 木
为了明天
——第七论文集《为了明天》
前记 胡 风

诗

我们欢呼 罗 飞

为什么离开敌人　罗　飞
一九四八年最后的一月　化　铁
呼唤胜利　牛　汉
报纸　红　芦

论生活二元论　舒　芜
编后

第 6 辑

歌颂中国

1949 年 3 月 20 日出版

一九四九年的中国歌颂（长诗）　绿　原
解放（长诗）　化　铁

诗

复活　牛　汉
新寓言　绿　原
喜悦　许　桦

屈辱（小说）　路　翎
哄鬼（小说）　鲁　藜
文化斗争与文艺实践　冰　菱
略论形式和内容　怀　潮

生活报告

危楼日记（续）　冰　菱
我底路　梁　丰
战争与和平　施　穆
余生的威风　菱　恒
红薯饭　梅　志
从江那边的来信　石　池

编后

第 7 辑

解放号

中国，你笑吧！

1949 年 7 月 1 日出版

中国，你笑吧！（长诗）　冀　汸

街头诗

贴在上海的
初　平　罗　飞　黎　果
贴在杭州的　冀　汸　亦　门

泡沫（小说）　路　翎
笔筒（小说）　司马蓝火
七老也变了（小说）　白　危

诗

贫农与酒　田　间
好冷呀　孙　钿

吃人的和被吃的理论　木　纳

报　告

五月九日至五月二十六　埃　恩
上海·杭州　施　穆
陶醉　凌　恒
危楼日记（续）　冰　菱

编后

269 文艺工作

简　介

《文艺工作》，文艺丛刊，一九四八年五月二十日创刊于上海，孙陵主编并兼发行人，上海文艺工作社出版，五洲书报社总经售。仅出一期。三十二开本。

编者在题为《献给读者》的发刊词中自称“这小刊物的前身，是《自由中国》”，从一九四七年春天就准备在沪复刊，请求登记，未获批准，于是“暂时以丛刊形式出版”。编者同时指出：“《文艺工作》这小刊物，顾名思义也只是在文艺岗位上作一点本分事而已。”该刊兼顾创作、理论批评和翻译。创作上辟有“创作小说”与“翻译小说”栏，“创作诗歌”与“翻译诗歌”栏，“散文”栏（兼登创作、翻译）和“杂文”栏等。理论批评设“文艺理论”、“文艺研究”、“文艺评论”三个栏目。主要撰稿者除主编外，有王统照、靳以、臧克家、姚雪垠、季羡林、汪曾祺、田涛等。

目　录

第1号

1948年5月20日出版

发刊辞

献给读者　本　社

文艺理论

论创作底动力　孙　陵

论创作底模仿　张君川

创作小说

三叶虫与剑兰花　汪曾祺

长夜　一文

离合　田　涛

翻译小说

在沙漠中心

〔法〕圣·狄舒贝里作　陈占元译

散　文

裁判所

〔英〕O.王尔德作　巴　金译

海棠花　季羡林

杂　文

一代不如一代　王统照

俑的复活　靳　以

翻译诗歌

卡尔·桑德堡诗抄　邹荻帆译

哥伦布　〔美〕J.米勒作　李岳南译

创作诗歌

征服　臧克家

岁暮草　流　沙

文艺研究

杜甫与李白的友谊　姚雪垠

文艺评论

《寒夜》（巴金原作）　康永年

编后记

编者的话　孙　陵

补白

哥德的晚年

托尔斯泰与二十八

独身的屠格涅夫

乔治·桑的男女观

拜伦的眼泪

270 小　说

简　介

《小说》，月刊，一九四八年七月一日创刊于香港，小说编委会编辑，编委有茅盾、巴人、葛琴、孟超、蒋牧良、周而复、以群、适夷等八人，由茅盾主编。小说月刊社发行，香港前进书局经售。自一九四九年一月一日第二卷第一期起改由生活·读书·新知香港联合发行所经售。第二卷第二期以后，编委增加张天翼、聂绀弩。一九四九年十月一日迁往上海，续出第三卷第一期。从这时起编委又增添赵树理、欧阳山，编务实际由靳以主持，并改由上海国光书局发行；第四卷第三期以后又改为上海商务印书馆发行。一九五二年一月二十日出版第六卷第五、六期合刊后停刊，共出三十六期。二十四开本。

该刊是小说创作与评论刊物，而“以作品为主体”（创刊号《编后记》)。《发刊词》阐述办刊的志愿、态度和立场说：“我们都是深信文艺应当为人民服务，而中国人民今天正在创造自己的历史，我们不敢妄自菲薄，决心在这伟大的战斗中尽我们应尽的力量。”刊物发表的都是革命进步作家的作品。在香港出版期间，作品以讽刺暴露国民党的反动统治为主要特色。同时在第二卷增辟“迎接新中国”栏，发表了一批理想小说，表达作家对新社会的渴望。这期间还刊登了一些解放区作家的作品。刊物迁上海出版后，其作品主要反映新中国成立初期上海和华东人民的生活与斗争，歌颂新人新事成为创作的主要倾向。另外，刊物在上述两个时期还开辟多种评论专栏，组织并刊载有关小说创作的新问题、新作品的评论（“小说座谈会”和“小说散步”栏)，有关中国作家或作品的研究（“作家论”和“作品批评”栏)，以及外国作家作品的介绍（“小说世界”栏)，等等。刊物的主要撰稿人除编者外，有巴金、冯雪峰、刘白羽、丁玲、周立波、许杰、魏金枝、草明、柯蓝、艾明之、艾芜、沙汀、立高、黄药眠等。

目　录

第 1 卷　第 1 期
1948 年 7 月 1 日出版

发刊词　编委会
惊蛰（短篇）　茅　盾
喜事（短篇）　西　戎
雷老婆（短篇）　高朗亭
选灾（短篇）　沙　汀
一个头家（短篇）　巴　人
老秀才（短篇）　蒋牧良
山村（短篇）　适　夷
涂家埠（回忆录）　郭沫若
白求恩大夫（长篇连载）　周而复
读《围城》（小说批评）　无　咎
编后记　编委会

第 1 卷　第 2 期
1948 年 8 月 1 日出版

流沙（回忆录）　郭沫若
龙头山下（中篇）　郁　茹
卫生组长（短篇）　葛　洛
火药筒（短篇）　臜服群
王长林（短篇）　谷　柳
骡夫丁大福（短篇）　葛　琴
蜡烛（短篇）
〔苏〕K.西蒙诺夫作　茅　盾译
小说散步
从《李有才板话》想起　孟　超
一个新的主题　适　夷
白求恩大夫（长篇连载）　周而复
"请客"的故事（报告）　萧　军
关于《北望园的春天》（小说批评）
胡　绳
介绍厄贲·斯顿著《生命的欲望》（小说介绍）　顾仲彝
金星骑士及其他（小说世界）
秦　似
控诉（来件）
法斯特作　关　山译
编后记　编委会

第 1 卷　第 3 期
1948 年 9 月 1 日出版

神泉（回忆录）　郭沫若
一个理想碰了壁（短篇）　茅　盾
在新加坡上岸（短篇）　绀　弩
路（短篇）　以　群
龙头山下（中篇）　郁　茹
农民老李（报告）
史特朗作　夏　衍译
摩德里岩（短篇）
〔苏〕A.龚察尔作　秦　似译
小说散步
"诗意"的破坏作用　巴　人
虚伪的幻象　适　夷
白求恩大夫（长篇连载）　周而复
读《引力》并论及其他（小说批评）
无　咎

旗手及其他（小说世界） 秦　似

第 1 卷　第 4 期
1948 年 10 月 1 日出版

论鲁迅的小说 茅　盾
一个榜样·一篇宣言
——追悼朱佩弦（自清）先生
钟敬文
老虎问题（寓言） 张天翼
挫折（《暴风骤雨》一章） 周立波
暮夜行（短篇） 艾　芜
教授夫妇（短篇） 葛　琴
咬脐（短篇） 适　夷
江上（短篇） 君　弱
“休息休息”（短篇） 蒋牧良
小说散步
现实主义与小说
［美］哈瓦斯·法斯特
中国旧小说的创作方法 迪　吉

白求恩大夫（长篇连载） 周而复
《南风》及其他（小说世界）
秦　似
编后记 编　委
鲁迅先生像（木刻） 荒　烟

第 1 卷　第 5 期
1948 年 11 月 1 日出版

朱自清先生的道路 李广田
崛起（短篇） 周立波
旅伴（短篇） 艾　芜
某村纪事（短篇） 施　重
浠水前线（回忆录） 冯乃超
沉舟记（报告） 亚　苏
仙岛（寓言） 翼　之
俄国人的性格（短篇）
A.托尔斯泰作　文　姗译
小说散步
朱光潜的“粗略” 孟　超
关于“实在故事” 迪　吉

白求恩大夫（长篇连载） 周而复
从泥土里生长出来的（小说批评）
黄药眠
从阿 Q 到福贵（小说人物研究）
默　涵
美国战争小说（小说世界）
秦　似等

第 1 卷　第 6 期
1948 年 12 月 1 日出版

天壤（中篇） 绀　弩
一天（短篇） 丁克辛
粮荒（短篇） 夏　孟
番娜（报告） 杜　埃
抢购（报告） 王诗如
小说散步
回顾 适　夷
历史的记录 娄　西

新现实主义时代　丁　素

白求恩大夫（长篇连载）　周而复
从《前进的客车》看史坦贝克（小说批判）　孟　超

小说世界

水手回家了　秦　似
欺骗性的寓言　土　根
浪费的眼泪　王　洋

《小说》第一卷总目录
编后记　编委会
人市（木刻）　漾　兮

第2卷　第1期
1949年1月1日出版

一个女人的悲剧（长篇）　艾　芜

幻想小说

春天（短篇）　茅　盾
贵宾（短篇）　葛　琴
方县长（短篇）　适　夷

在省政府里（短篇）　周而复
试炼（短篇）　以　群
挖了下去（短篇）　蒋牧良
搜查（短篇）　艾明之
混世魔王（寓言）　张天翼

小说散步

赞美新生　孟　超
表现城市与表现农村　孔　琳
两本英国小说（小说世界）　顾仲彝

小说世界

给纳克沙的信　西蒙诺夫等
拉宾短篇小说选　吴　虹

编后记　编委会
凯音和丰收（套色木刻）　黄永玉

第2卷　第2期
1949年2月1日出版

煤（短篇）　李　纳
翻身大爷（短篇）　丁　玲
井（短篇）　夏　阳
法布尔的家（报告）　杜　埃
猪语录（寓言）　张天翼

小说散步

康善仁之流　丁　素
读《流浪人》　巴　波

一个女人的悲剧（长篇）　艾　芜

时代剪影

“大懵仔”藏金记　海　兵
买小菜　吴似鸿

一九四八年小说创作鸟瞰　适　夷
评艾芜的《山野》（小说批评）　史　笃
文学与美国生活（小说批评）　〔苏〕安尼西莫夫
悼日丹诺夫　法捷耶夫等

小说世界

《我们孤独地死去》　吴　虹
《克莱莫夫选集》　若　云
《播州平野》　长　素

编后记　编委会
码头（木刻）　新　波

第2卷　第3期
1949年3月1日出版

悼绥拉菲莫维奇　适　夷
血缘（短篇）　刘白羽
果园（短篇）　丁　玲
血苗（短篇）　司马文森
一架机器的诞生（报告）　林　风
出发记（随笔）　胡　风
老虎问题续篇（寓言）　张天翼

小说散步

最好的作家　史　笃
似是而非　史　笃

一个女人的悲剧（长篇续完）　艾　芜
读了《煤》想到的（小说批评）　叶圣陶
一位德国作家底道路（作家研究）　T.莫蒂列娃作　谢庸译

小说世界

日本战犯文学的复活　蒲　剑
北朝鲜的人民文艺　蒲　剑

编后记　编委会
绥拉菲莫维奇像　新　波

第2卷　第4期
1949年4月1日出版

燕宿崖（长篇连载）　周而复
平常的故事（短篇）　周洁夫
渡口（短篇）　蒋牧良
春回即景（短篇）　卞之琳
故乡鬼话（短篇）　于　臧
八月十五日（短篇）　宫本百合子作　吴　虹译

小说散步

作家的生活　丁　素
关于印尼的小说　金　丁

送别绀弩　蒋天佐

时代剪影

信心　刘　进
胖先生　田　丁
斐定新著《初欢》　顾仲彝

小说世界

罗马尼亚文学的优秀传统　谢　庸
失去的乐园　容　之
桑德堡的第一本小说　刘　平

休息（素描）　陆志庠

第2卷 第5期
1949年5月1日出版

保卫世界和平和自由的圣殿 静 闻
鳝鱼（短篇） 雷 加 漾 兮图
霍去非（短篇） 柯 灵
春回即景（《山山水水》第一卷的两章） 卞之琳
黄金时代的德里（短篇） 〔印尼〕苏拉巴蒂作 金 丁译
燕宿崖（长篇连载） 周而复
记杜老先生（人物志） 黄药眠
小说散步
《青年近卫军》 蒙 田
法捷耶夫同志告诉了我些什么 丁 玲

霍华德·法斯特与美国（作家研究） 乌尔诺夫
小说世界
捷克人作家孚锡克 敏 三
享利昔·曼的新著 王 似

编后记 编委会
渔家（扉页） 方 菁

第2卷 第6期
1949年6月1日出版

铸物工场（短篇） 黑 炎作 漾 兮插图
我的师傅（短篇） 思 基
七十五根扁担（短篇） 谷 柳
从奴役到解放（报告） 常 英
燕宿崖（长篇连载） 周而复
论《虾球传》的创作道路（批评） 于 逢
时代剪影
告地状（活报） 司马文森
破灭 海 兵
祝全国文学艺术工作者代表大会 适 夷
小说世界
辛克莱的《赖尼·拍特的生活》 白 森
日本的劳动者文学 吴 虹

编后记 编委会
关于捐款的报告 本 刊
筑路（扉页画） 符罗飞

第3卷 第1期
1949年10月1日出版

保卫和平，保卫文化 周而复
略谈工人文艺运动 茅 盾
关于鲁迅和俄罗斯文学关系的研究 雪 峰

咱们的老高（短篇） 柯 蓝 米 谷插图

黑与白（短篇） 西虹 沈同衡插图
家庭小事（短篇） 鲁 藜
徒手的人们（短篇） 邵子南
我们是苏维埃人（短篇）
波列伏依作 周 纯译
燕宿崖（长篇连载） 周而复

时代剪影

智取顾家宅 粟天祥
渡江的一夕 侯干城
从黑夜到光明 田 涛

我在工厂里 草 明

小说散步

写什么 以 群
抓住“时代的剪影” 以 群

四部获得斯大林奖金一等奖的小说 金 强

小说世界

《各民族友谊》 冰 夷
普式庚的作品 江 良
奈克塞作品选集 冰 夷

编后记 编委会
熔炉工人（扉页） 潘世同

第3卷 第2期

1949年11月1日出版

谈苏联文艺 法捷耶夫
领班陆万古（短篇） 艾明之
火线下（短篇） 西 虹
芒种前后（短篇） 程造之
活路（短篇）
魏金枝 沈同衡插图
不朽的姓（短篇）
西蒙诺夫作 磊 然译

小说散步

怎样写 唐 弢
表现新事物 以 群

燕宿崖（长篇连载） 周而复

狂欢的一日

我走在行列里 靳 以
伟大的场面 王若望
十月八日在上海 刘北汜
我当了蒋该死以后 陈秉禄
狂欢 朱 绛
永不会淡忘的一日 韩 地
在震旦操场上 汤仲谋

苏联底历史小说
彼得洛夫作 李金波译
论《桑乾河上》 许 杰

小说世界

《夏伯阳》的印数 启 斋
匈牙利诗选 启 斋
美国的一部好小说 启 斋
《桑乾河上》在苏联 十 宜
新的高尔基全集 十 宜
拉箕施契夫选集 十 宜

编后记　编委会
跟着我们伟大的导师——鲁迅先生前进（扉页）　漾　兮

第3卷　第3期

1949年12月1日出版

永远前进（短篇）　刘白羽
老营长（短篇）
立　高　沈同衡插图
因为我也是工人（短篇）　姚雪垠
一瓶酒（短篇）
陶　钝　张文元插图
女工赵梅英（短篇）　路　翎
浮士德枪（短篇）
杨·德尔达作　水　夫译
时代剪影
小镇纪事　李金波
我们在欢闹　田　涛

他们搞通了（报告）　蔡杰栋
杜甫的家世与出身　冯　至
小说散步
读《江山村十日》　沈起予
魏金枝的《活路》　许　杰
对于《活路》的自白　魏金枝

老桑树底下的故事（长篇连载）
方　纪
小说世界
《李家庄变迁》的俄译　洪　光
列蒙托夫作品的印数　洪　光
《高山之歌》　十　宜
《自由之路》　十　宜
《全心全意》　榆　青

军民打成一片抢修浏河海塘（扉页）
顾炳鑫

第3卷第4期

1950年1月1日出版

论现实主义　吕　荧
婚事（短篇）　草　明
山地回忆（短篇）
孙　犁　徐甫堡插图
老红军回来了（短篇）　周洁夫
何开泉（短篇）　蒋牧良
我的幼年（短篇）
薇娜·妃格念尔作　巴　金译
沙基鲁比斯（散文）　巴　人
厂中纪事（散文）　菡　子
《高干大》座谈会
魏金枝　程造之　柯　灵
叶以群　靳　以　李健吾
许　杰　冯雪峰　周而复
小说散步
欧阳山的《高干大》　雪　峰
《原动力》读后　曰　木
关于会话语言　唐　弢

现代日本文学　R·金作　李金波译

老桑树底下的故事（长篇连载）

方 纪

小说世界

《爬山》 申 奥

三本关于苏联卫国战争的小说

申 奥

阿赛也夫的初次成名作 诸 春

人人敬爱毛主席（封面年画）

内蒙乌力吉图

大家参加合作社，发展农村经济（扉页） 可 扬

第3卷 第5期

1950年2月1日出版

功臣榜上第一名（短篇）

西 虹 徐甫堡插图

和韩起祥下乡（短篇） 柯 蓝

老梁家（短篇） 铸 夫

聋子老遐（短篇） 白 金

从奴隶到主人（报告） 姜维朴

司汤达研究（作家论）

巴尔扎克作 李健吾译

略谈创造典型性质（写作理论）

冯 放

关于萧红（散文） 骆宾基

《种谷记》座谈会

巴 金 唐 弢 程造之

李健吾 许 杰 冯雪峰

叶以群 周而复 黄 源 魏金枝

立高的《老营长》（小说散步）

许 杰

小说世界

奈克索及其作品 申 奥

民主斗士法斯特 申 奥

外国作家在苏联 申 奥

老桑树底下的故事（长篇连载）

方 纪

请购人民胜利折实公债（扉页）

秧歌舞（封面年画）

第3卷 第6期

1950年3月1日出版

戴奖章的人（短篇） 西 虹

纠纷（短篇） 艾明之

在敌人监狱里（短篇） 学 步

母女俩（散文） 丁克辛

司汤达研究（作家论）

巴尔札克作 李健吾译

创造与生活（写作理论） 冯 放

《江山村十日》笔谈

雪 峰 许 杰 李健吾

马丁·安德生·聂克索（作家介绍）

纽斯特洛耶夫作 孟 石译

聂克索八旬荣庆 屠 岸译

老桑树底下的故事（长篇连载）

方 纪

减租说理（木刻） 谷 虹

军民同乐（年画）

第4卷　第1期
1950年5月1日出版

饥荒（长篇连载）　老　舍
炮手（短篇）
——蒋管区生活实录　沙　汀
入党（短篇）　立　高
一个侦察员的故事（短篇）
维　西　沈同衡插图
洋蜡烛（短篇）　余允铭
只不过是开始（短篇）　戴　夫
滨海新纪事（短篇）
方　膺　加　坚插图
旗——读法捷耶夫的《青年近卫军》（小说批评）　吕　荧
巴尔扎克与现代（作家论）
李　兰译
小说世界
关于波列伏依　申　奥
巴甫仑柯及其作品　申　奥
英勇的斗争着的拉丁美洲作家
申　奥
封面设计　沈同衡
义务劳动（木刻）　杨　涵
福建造纸工厂的大蒸球（木刻）
力　辛

第4卷　第2期
1950年6月1日出版

开不败的花朵（中篇）　马　加
英雄回家（短篇）　黎　阳
抢粮（短篇）　刘德怀
高茂（短篇）　程溪林
血肉相亲（短篇）　铁　肩
贾双珍（短篇）　任大心
斯大林与文艺问题（论文）
A.叶高林作　水　夫译
描写成长和发展中的新人物（小说散步）　曰　木
饥荒（长篇连载）　老　舍
小说世界
安娜·塞尔吉丝　运　鸿
最近出版的苏联小说　申　奥
和地主算账（木刻）　彦　涵

第4卷　第3期
1950年10月1日出版

前进（短篇）　康　濯
白金秀（短篇）　鲁　藜
母亲和孩子（短篇）　韦　妥
开不败的花朵（中篇）　马　加
鲁迅对于中国文学遗产的态度和他所受中国文学的影响（作家研究）　王　瑶
大生产的回忆（散文）　萧也牧
饥荒（长篇连载）　老　舍
《奥得河之春》和《光明照遍大地》（小说介绍）　顾介希
为保卫世界和平而签名（木刻）
可　扬

第4卷 第4期

1950年11月1日出版

关于人物和性格的一点意见 雪 峰

竞赛（短篇） 艾明之

魏占山（短篇） 何 飞

酒后（短篇） 沙 汀

约卓爷爷在看（短篇） ［保］伐淑夫作 磊 然译

论《关连长》的现实性（小说批评） 魏金枝

保加利亚的人民作家伐淑夫（作家介绍） 叶 夫

琼岛战斗廿三天（报告） 戴 夫

开不败的花朵（中篇） 马 加

小说世界 周 青

柯尔纳楚克的新作《雪球林》

雷巴柯夫的小说《司机们》

札克鲁特金的《浮动的村子》

《死人仍旧是年青的》

饥荒（长篇连载） 老 舍

秣马厉兵（木刻） 张一山

第4卷 第5期

1950年12月1日出版

短 论

随感抄 雪 峰

我所见的“美国生活方式” 方令孺

“化愤怒为力量” 许 杰

我们的眼前有两个世界 唐 弢

接受全国文联神圣的号召 靳 以

文学家在为和平斗争中的地位（论文） 波列伏依作 磊 然译

珍贵的果实（中篇） 立 高

牛（短篇） 董伯超

木船记（短篇） 田 涛

张金老汉笑了（短篇） 周 正

我们已把不可能变为可能（散文） 魏金枝

也谈《关连长》（小说批评） 许 杰

饥荒（长篇连载） 老 舍

编后记 编委会

抗美援朝保家卫国（木刻） 加 坚

第4卷 第6期

1951年1月1日出版

寄给在朝鲜作战的人民志愿部队同志们 魏金枝 许 杰 郭绍虞 靳 以

小梅也参加了军干校（短篇） 靳 以

前进一步（短篇） 晋 驼

祖国的召唤（短篇） 周 熙

安琪丽卡（短篇） 朱柯维茨卡娅作 李 葳译

农村纪事（散文） 扬 波

快乐村（散文） 白　原
小说世界 周　青
《十字军》
《关于淑雅和舒拉的故事》
珍贵的果实（中篇） 立　高
饥荒（长篇连载） 老　舍
编后记 编委会
正义的声音在飞扬（木刻） 夏　夫

第5卷　第1期

1951年2月1日出版

奥斯威辛集中营的故事 巴　金
走向莫斯科 刘白羽
王老板（短篇） 许　杰
不能掉队（短篇） 维　西
事故（短篇） 苏　汎
史文良立功（短篇） 蔡杰栋
短　论
我将把什么献给祖国呢 菡　子
打背包和被背包压死 魏金枝
父亲的心（散文） 卢鸿基
本会会员一九五一年创作、研究计划 本　会
编后记

第5卷　第2期

1951年3月1日出版

慰问信两封 雪　峰
和韩起祥下乡（短篇） 柯　蓝
含渣0.00二（短篇） 逯　斐
年奖（短篇） 艾　明
翻身当主人（短篇） 羽　扬
新欢旧苦（短篇） 林　漫
论絛虫 高尔基作　曹葆华译
女兵高凤英（报告） 冯　岗
传递（散文） 晋　驼
从江上来的老人（散文） 金肇野
本会会员一九五一年创作研究计划 本　会

第5卷　第3期

1951年4月1日出版

实践与创作（论文） 谭　质
会师（短篇） 郑克西
抢救（短篇）
——长篇小说《战斗到明天》第十二、十三章 白　刃
伴工（短篇） 蒋涵秋
西沙滩（短篇） 李方立
钢铁的力量（四幕剧） 艾明之
控诉他
——一个造够了孽的刽子手（报告） 王西彦
在文艺思想上的一个原则分歧（文艺短评）
——谈对《关连长》的两篇批评 齐　谷

第5卷　第4期

1951年5月1日出版

延安十年（长篇连载）　柯　蓝
夏征（短篇）　白　危
我们怎样战斗（短篇）　张志民
金宝的娘（短篇）　罗　洪
岗位（短篇）　周　熙
钢铁的力量（四幕剧）　艾明之
马雅可夫斯基为和平而战斗（论文）
B·鲁里可夫作　赵瑞蕻
《库页岛的早晨》（小说介绍）
韦丛芜
评李尔重的《领导》（小说批评）
曰　木

第5卷　第5期

1951年6月1日出版

前进（短篇）　立　高
青年井（短篇）　申均之
今天明天（短篇）　刘艺亭
苦难到头见光明（短篇）　欧阳翠
双儿和苓苓（短篇）　莫西芬
娘儿俩（短篇）　潘芷汀
作家与生活（论文）
〔苏联〕M·古兹尼左夫作
曾大伟译
淹子崖（散文）　李健吾
谈徐光耀的《平原烈火》（小说批评）
竹可羽
延安十年（长篇连载）　柯　蓝

第5卷　第6期

1951年7月1日出版

上海红五月工人文学
创作竞赛得奖作品

草包生了机灵心（一等奖）　陈　澈
竞赛（二等奖）　沈　迹

《草包生了机灵心》读后　许　杰
读《竞赛》　魏金枝
红色的锦旗（短篇）　周　壁
乔迁记（短篇）　何　飞
嫁祸（短篇）　郑秀章
打井（短篇）　李方立
地主的心（短篇）　石　容
根歪树斜（短篇）　羽　扬
春旺和拴线（短篇）
——中篇《平山记》之一章
李根红
延安十年（长篇连载）　柯　蓝
作家的写作法（论文）
《苏联文学》编辑部辑　韦丛芜译
英雄的城市（散文）　傅滤吾
上山砍柴（速写）　苏　汎

第6卷　第1期

1951年8月1日出版

在日寇投降的时候（短篇）　立　高

昆仑山上（短篇） 郭亚林
白山黑水（短篇） 潘芷汀
巷战（短篇） 周洁夫
人力胜天（短篇） 田 涛
祖国的光荣（散文） 草 明
高尔基的道路（论文） 王西彦
延安十年（长篇连载） 柯 蓝
封面设计 思 同 镜 之

第 6 卷 第 2 期
1951 年 9 月 1 日出版

平凡的考验（短篇） 方 赝
范小伙（短篇） 何 牧
缴契（短篇） 扬 波
心事（短篇） 李丹人
警惕（短篇） 申均之
列宁和高尔基如何与颓废派文艺观点作斗争（论文）
牟雅斯尼科夫作
曹葆华 张 企译
董大妈（通讯） 伍 隼
延安十年（长篇连载） 柯 蓝

第 6 卷 第 3 期
1951 年 10 月 1 日出版

伟大而可爱的中国 编 者
和伙伴们分手的时候（短篇）
周 熙
小龙翻身了（短篇） 李根红
勇敢的骑士（短篇） 乌兰巴干
贝迪赫村（短篇）
〔保〕克隆·格利果洛夫作
诸 候译
我们的朝鲜房东（散文） 金 中
在朝鲜农村里（散文） 黄药眠
论文艺与现实之间的关系（论文）
竹可羽
从《药》看鲁迅创作的特色（论文）
王西彦
延安十年（长篇连载） 柯 蓝

批评与讨论

对《双儿和苓苓》的意见 梁 群
关于《打井》 范 力
评《红色的锦旗》 钱予辰

第 6 卷 第 4 期
1951 年 12 月 1 日出版

陈福仔修溪（短篇） 王克浪
母亲（短篇）
〔朝鲜〕韩凤植作 柳树人译
“我的名字不叫熊海连”（短篇）
叶学信
活在我们中间（短篇） 冯 运
在自己的土地上（短篇）
〔日〕山本又男作 刘 年译
不屈的心（短篇） 白苏林
草原上的集会（散文） 乌兰巴干
在南朝鲜（散文） 金 中
伊利亚·爱伦堡 周姬昌

读《白金国的爱素丹》(小说介绍)
李子云

批评与讨论

评《红色的锦旗》 刘果生
评李丹人的《心事》
汪福昌 顾孟平

第6卷 第5、6期

1952年1月20日出版

无坚不克(电影小说)
立 高 孟 君 羽 山
为幸福而斗争(中篇) 何 苦
论艺术与现实的关系(论文)
〔苏〕G.尼多希芬作 王 羣译
战友(短篇)
〔朝鲜〕金学铁作 孙振侠译
机车修好了(短篇) 周 熙
献礼(短篇) 潘芷汀
节约(短篇) 罗 洪
一位母亲(短篇)
〔保〕H·白诺朵夫作 宗 祥译
老汤(短篇) 张 紫
福地(短篇)
〔保〕凡·加朗作 诸 候译
编者的话 靳 以

271 文学战线

简 介

《文学战线》，月刊，一九四八年七月创刊于哈尔滨，文学战线杂志社编辑，周立波主编，东北书局发行。从一九四九年三月第二卷第一期起迁往沈阳出版，署“文学战线社”编辑。一九四九年七月出至第二卷第五期终刊，共出十一期。二十四开本。

该刊是根据一九四八年三月东北党的文艺工作者会议的决议创办的大型文学刊物。创作、评论和翻译三者并重，以“反映人民大众的斗争和生活”(《稿约》)为宗旨。文学创作偏重小说，也刊载过一些诗歌和鼓词。作品主要取材于东北解放战争、农村土改和城市经济恢复。刘白羽的小说《战火纷飞》和丁玲的长篇《太阳照在桑干河上》(部分章节)，是该刊发表的有影响的作品。二卷三期还编刊了“工人创作特辑”，反映东北工人的生活和斗争。文学评论以新书评介为主，推荐、表彰优秀创作和译著，批评错误的创作倾向。刊物还注重翻译介绍苏联文学，对促进我国文学创作起了一定作用。该刊在东北解放区产生过广泛影响。主要撰稿者除上述诸人外，还有周洁夫、丁玲、井岩盾、陶钝、白朗、李尔重、草明、马加、陈学昭、宋之的等。

目　录

创刊号
1948 年 7 月出版

火线上解放敌士兵（木刻）　古　元
反对美帝扶植日寇特辑
永远不能忘记　刘白羽
反对美帝扶植日本侵略者　周立波
论　文
评《一对黑溜溜的眼睛》　草　明
庄严的现实不容许歪曲
——评《网和地和鱼》　周立波
从戏剧到电影的《俄国问题》
伊　明
小　说
“火车头”又冒烟了　方　青
变化　周洁夫
在包围中　井岩盾
怕死鬼　华　山
一个生产小故事　朱　寨
诗
山羊坡　褚　嘉
枪杆诗（“枪杆词”和“顺口溜”）
商　烽汇辑
句句双　王庆章　周国君

平安无事的一天（翻译）
西蒙诺夫作　赵　洵译
西蒙诺夫小传（翻译）　赵　洵译
迫害（翻译）
卡泰耶夫作　白拓方译
文学往来

第 1 卷　第 2 期
1948 年 8 月 25 日出版

“八一五”致苏联作家信
丁　玲　白　朗　宋之的
周立波　金　人　马　加
陈学昭　草　明　舒　群
刘白羽　萧　军　严文井
罗　烽
评《无敌三勇士》　舒　群
小　说
战火纷飞　刘白羽
金永生　马　加

注意广大工农兵群众的文艺活动和要求　严文井
形式的构成主义小论
——演剧生活的自我批判
宋之的
南下归来　伍延秀
奔袭口前　戴　夫
诗　歌
咱们的连队　天　蓝
我们就这样走进自由的天地
李冰封

摩拉瓦河对岸的春天
冈察尔作　金　人译

读《母亲》　纪云龙
文学往来
部队需要怎样的文学作品　史　乾
关于出版文艺刊物的几项建议　潘　舒
孩子们要求读物　徐　徽
予新社会儿童一个献礼　读　者
目前文艺运动的我见　甦　旅
封面　张　停
后记

第 1 卷　第 3 期

1948 年 9 月 25 日出版

对萧军思想批判特辑
萧军思想的分析　周立波
从“萁豆悲”来看萧军的原则　马　加
就教于萧军先生　胥树人
我们要有明确的是非　安　危
小　说
太阳照在桑干河上　丁　玲
老程底自述　白　朗
舒队长　李尔重

在社会主义现实主义路程上的苏联文学
塔拉仙柯夫著　金　人译
神峪塔的居民　张　现
诗　歌
“为人民的铁路立功呀”　孙　滨
安东·你永远是人民的　巴　田

短篇鼓词　陶　钝
苏联作家回答英国作家的问题　叶藜编译
文学往来
我的意见　刘　绪
我对文学战线的希望　玲　筠
木刻　彦　涵
封面　华君武
后记

第 1 卷　第 4 期

1948 年 10 月 25 日出版

纪念鲁迅先生　本　社
小　说
民政助理老杜　魏　伯
恨绳　陈学昭
骨肉团圆　由　之
翻　译
黑人是那样的大撒谎家　克里克作　李则蓝译
斯大林格勒的剧院　米凯尔·洛库宁作　姚周杰译
国家与文学　A.卡拉干诺夫作　文　戎译

我的上级　王素孚

过封锁线　夏　葵
老管　海　枫
摆谱　侯相九口述　潘　青记录
沾绿豆　杨洪臣口述　高　枫记录
李秀娟卖豆腐（短篇鼓词）　陶　钝
老鼠段

诗　歌

向赵占魁学习　杨崇先
鹦鹉的故事　铸　夫
郑家屯和树　邵嘉陵
文学往来
　答复　井岩盾
　看了《怕死鬼的感觉》　留　意
封面　古　井画
为什么写这几篇小说　陈学昭

第1卷　第5、6期
1948年12月25日出版

我们在胜利高潮中前进　刘白羽
K·西蒙诺夫访问记　茅　盾

小说

组织妇女的能手　韶　华
死角　白　朗
孙大娘的新日月　董　速
一个普通的英雄　丁　洪
以心换心　白　刃
明天的英雄　爱　芝
农家姑娘（速写）　伍延秀
玛耶可夫斯基与革命　A.可洛思夫作　叶　藜译
斯大林警卫军的旗手　莫尔匡诺夫著　秋　江译

诗　选

团圆　杜　谈
一〇四〇号火车司机　孙　滨
渡河　李北开
拥护《中国土地法大纲》　侯唯动
担架队　史松北

小故事

臭大酱变成好大酱　张学成
地主和劳金的故事　王凤山
“这是邪门”　曹德保
种籽口袋不见了　侯相九
“该穷哥们歇几天啦”　侯相九
“越说越不来”　曹德保

鹤的故事　拉式珂夫作　邵天任译
读《绞索勒着脖子时的报告》后　刘　穆
文学往来
　是的！我们需要文艺理论　任　愫
　我对于文学的意见　孙　灼
　四平书店同志的来信　段句章
封面　沃　渣
介绍《国际家书》　侯唯动

第 2 卷　第 1 期
1949 年 3 月出版

记东方语言学校　丁　玲
小　说
路　雷　加
第七班　李尔重
成物不可损坏　马　加

关于文艺上的经验主义　胥树人
关于巴尔扎克和他的《伏德昂》　陈学昭
和列宁同志谈话（外两章）　马雅可夫斯基作　戈宝权译
高尔基与杜思退夫斯基　威雅里克作　文　戎译
诗
从南到北胜利在召唤　史松北
寄江南　谢挺宇
青年之页
家务事（独幕剧）　庸　伦
共产党来咱们就有活干了　李默然
地主招女胥　郭文宝

向着英雄的心　王素孚
克茂村建政工作散记　丁　坚
文学通讯　周洁夫
文艺动态　力　夫
编辑室
封面　刘　迅

第 2 卷　第 2 期
1949 年 4 月出版

论文艺批评　本　社
梭罗诃夫论　列兹内夫作　周立波译
培养文艺新军，鼓励文艺创作　蔡天心
小　说
一天　草　明
采伐　林　一
第七班（续）　李尔重

夜战大风庄（鼓词）　陈　明
青年作家在苏联（翻译）　文　戎译
甜瓜香（诗）　褚　嘉
赠（诗）　李春久
青年之页
自卫队长　胡　昭
家庭民主会议　陈广海
王明德的转变　辛　毅
读者来信　叶　屏
文艺动态
封面　刘　迅

第 2 卷　第 3 期
1949 年 5 月出版

工人创作特辑
我们的老赵　顿浩然
小艾丫　红　梁

"五一"歌　栾树吉
老王讲故事　赵国有
要老蒋的命　李树勋
识字　傅瑛琪

小　说

第七班（续完）　李尔重
雨来　管　桦

刘桂兰捉奸（剧本）　蓝　澄
陆桥　邵天任译
关于《民政助理老杜》（批评）　渤　涛
海上的血债　栾激泉

诗　歌

人民解放军军歌　天　蓝
夫妻双夺旗　戈振缨
王福祥　莽永彬
煤的歌　翟炳南
过年　一工人

旅顺口读后（书评）　艾　耶
文艺小组来信　沈阳机器一厂文艺小组
文艺动态　胡之丰
封面　刘　迅

第2卷　第4期

1949年6月出版

论普式庚的创作　胥树人

小　说

顾虑上当　董　速
靠山屯小学教员　张　节

捡字工人王兆祺（报告）　谢　树

诗

古城的春天　史松北
廉二嫂　谢力鸣
陈家大院　刘　岱　三　川合写

老来红做寿（大鼓）　安　波
工人们的顺口溜　海　滔

青年之页

心总不死　海　枫
赵护士与病室　南国滨
铁牛号　丹　波

评奥古洛夫镇　严　平
苏维埃美学底几个问题　刘仲平译
文艺动态　波　若
封面　刘　迅

第2卷　第5期

1949年7月出版

观察的角度　陆　地
苏维埃美学底几个问题（续）　罗森塔尔著　刘仲平译

小　说

共产党又要来了　苗　子
老主任　海　枫

赵　芝　中　耀
翻身战士萧凤岐（报告）　白　素
残废工人刘长庆（报告）　蓝　澄
董存瑞（大鼓）　石化玉
《哈泽·穆拉特》（书评）　谢挺宇
小心地主的坏心眼　王双也

诗　歌

普式庚诗五首　锡　金　曲秉诚译
野菜换个小毛驴（外一章）　扬　帆
前面便是他们久待的目标
　托尔马托夫斯基作　秋　江译
歌唱人民英雄梁士英　陈　旗

工人创作

工人代表侯明礼　静　波
老铁匠王志仁的一辈子　赵国有
机器的自述　赵长龄
歌颂劳动英雄号　朱敏生

文艺动态　北　雁
封面　刘　迅

272 群众文艺

简　介

《群众文艺》，月刊，一九四八年八月十五日创刊于延安，陕甘宁边区文化协会群众文艺编委会编辑，新华书店出版。一九四九年八月十五日第十一、十二期合刊出版后终刊，共出十二期。十六开本。

《群众文艺》是西北解放区有影响的文艺刊物。一九四八年四月，中共中央西北局召开陕甘宁边区文艺工作者座谈会，会上决定筹办全区性的文艺刊物。《群众文艺》便是按照这项决定创办的。创刊号以当时边区政府主席林伯渠给该刊编委会的复信作为代发刊词。复信指出：一、希望文艺工作者进一步参加并深入实际斗争，反映边区工农兵的生活，特别是革命战争中指战员的革命英雄主义；二、希望文艺界开展批评与自我批评，以“扩大和整肃文艺阵容，普及与提高文艺作品”；三、“耐心地坚持地团结和改造各种旧戏班和旧艺人”。该刊的创作与评论较好地体现了这些要求。在文艺创作上，迅速反映现实的报告文学和利用民间形式写作的秧歌剧、说唱文学（包括鼓词、书词、快板）占有主要地位。诗歌则偏重“战士诗”（枪杆诗）和“工厂诗”。这些创作所表现的内容，都是西北军民同心协力夺取革命胜利的历史进程。随着解放战争的进展和城市的解放，“工厂文艺”有所发展。该刊发表的“工厂诗”和“工厂报告”，反映了工人的翻身斗争和恢复生产、支援战争的情形。除创作外，刊物还注重理论批评，有关旧剧改革的讨论和倡导，群众戏剧活动的评论和总结，各种民间艺术形式的研究和介绍，在评论中所占比重最大，对秧歌剧和说唱文学的创作起了指导作用。评论与创作彼此呼应，紧密配合，形成该刊内容和形式大众化、通俗化的特点。刊物上集体创作、群众创作居多，较知名的撰稿者有杜鹏程、柯仲平、刘白羽、戈壁舟、王玉胡、苏一平、汶石、马健翎、钟纪明、张季纯、林山、韩起祥、齐统等。

目 录

创刊号

1948 年 8 月 15 日出版

致《群众文艺》编委会（代发刊词） 林伯渠
战士诗选集
西北人民解放军高岭部猛进社辑
《穷人恨》特辑
《穷人恨》本事 爱 民
《穷人恨》的时代和人物 林 山
《穷人恨》在新区的演出反映 钟纪明
写在《穷人恨》的前边 马健翎
文艺简讯
宿营（报告剧） 杜鹏程
何大庆八次立功（鼓词） 郭振忠
"民众剧团"前方通信 雷 烽等
编后记
对文艺工作的几点具体意见 钟 灵
歌曲
向蒋介石进军 左 星词曲
铁的队伍 高明正词 麦 苗曲

第 2 期

1948 年 9 月 15 日出版

大胆公开地批评
（苏联《文学报》社论） 竹 马译
列宁的外套
转载自《新洛阳报》副刊
绥德群众剧团改造工作底点滴经验 斯曼尼
群众剧团的《舞台前进报》（剧团生活） 张醒民
剧团工作底两个问题 张季纯
文艺简讯（一） 任 钧
通讯员王贤寿（诗） 刘 孚整理
一只枪（秧歌剧） 吴 坚
参军（诗） 程 萍
我们对《红布条》的几点意见 洛 生
战士诗歌六首 王世英等
前方报告
战斗英雄刘四虎 东社部四支队通讯
头等铁骨头王补厚 杜鹏程等
收麦时节 叶 浓
"我的仇还没有报呢!" 蓝 钰
文艺消息（二）
关于皮影戏 田益荣
过河（九旅南征记零） 胡代炜
歌曲两个 一 萍等

第 3 期

1948 年 10 月 15 日出版

对于左翼作家联盟的意见（专载） 鲁 迅

鲁迅的路　李敷仁
毛主席论鲁迅（语录）
我们要高举鲁迅的战旗
塞　克词　安　波曲
鲁迅著译六十种（资料）
战士诗三首　苏中河等
百子图（唱词）　张剑颖遗作
向张剑颖同志致哀（诗）　李卓然
九股山上逞英豪（报告文学）
王玉胡
加强文学的时间性与战斗性　刘白羽
夜渡泾河（诗）　马萧萧
反焰炉旁的一夜（工厂文艺）
褚　标
慰问词（书词）　韩起祥
宋金荣的歌（战士诗）
热爱（报告文学）
——王志英蒋区养伤记　霍春禄
歌唱英雄张满友（快板）
打骑兵（歌曲）
丽　辉词　路　友曲
西工第二团前方通信　元　方
平剧院概况　王一达
文艺信箱　张　耘　编委会
编者的话

第4期

1948年11月15日出版

野政关于整顿剧团·宣传队工作的意见（专载）
贺司令员对文化工作者的讲话
《群众文艺》座谈会记录
开展工厂文艺（短论）　林　山
李卓然同志在群众文艺座谈会上的讲话
日丹诺夫语录
录自《苏联文艺问题》
战地诗传单（文讯）　编　者
从高尔基看创作的自由与党性
布亚里克作　聂宏远译
高尔基作品的出版在苏联
高尔基生平概略　编　者
父子俩（小说）　乔连川
军队里边数第一（诗）
新区农民张世德
睡着的人——打宝鸡的一段插话
摘录自延大洛川分校《一纵参观记》
小主人（工厂文艺）　齐　统
红旗插上壶梯山（鼓词）　齐开章
一个人民战士的成长（报告）
程　堃
海定娃救干部（书词）　吴　坚
愤怒的歌唱（敌区讽刺歌）
战士诗三首　雷　隆等
怎样开展部队教歌工作　许节三
歌曲：
我们是突击队
王不凡词　李占山曲
互助立功好　失　名
《宿营》演出以后　张　宁
信箱：

《群众文艺》在前方的反映及其他 钟纪明
绥德分区文艺工作在开展中 斯曼尼
架云梯（封面木刻） 陈北希

第5期

1948年12月15日出版

关于部队戏剧方向的商榷 马寒冰
报告文学写作上的经验主义 斯坦
西社七团一营枪杆诗总结 西社宣传科
战士诗歌 刘本林等
战场一角（速写） 梁尚卿
曹老板（秧歌剧） 东村部战力宣传队编
军民一家（秧歌剧） 周军作剧 依群谱曲
英雄老范（报告） 杜鹏程 曹希康
"为天下穷人报仇" 赵大纲
学习了文件以后（学习笔记） 李正明
青年之歌（歌曲） 丁一词 麦苗曲
编后记
瓦子街战斗中的刘四虎（木刻） 杨青

第6期

1949年1月15日出版

有计划有步骤地进行旧剧改革工作 华北人民日报专论
诗三首 柯仲平
培养新平剧底导演与演员 王一达
王震将军给马健翎同志的一封信
英雄彭清云（诗） 晋骨
腰鼓——健康的民间艺术 苏一平
我对《红布条》的看法——对洛生同志几点意见的商榷 胡代炜
鲁迅不能替萧军打仗——关于萧军和他的《文化报》 陈沂
读《苏联文艺问题》 胡采
弹药手王万昌（诗） 陈征
蠍子（童话）——孩子们的仇恨 小武
一部机器的成长（工厂文艺） 褚标
复仇的火焰（报告） 叶周
带路的姑娘（小说） 考兹夫尼可夫作 文乃山译
扩大我们这民主自由的地方（歌曲） 增成词 张宁曲

第7期

1949年2月15日出版

我们的希望(《华北文艺》代发刊词)

斥反动文艺　郭沫若
延安光复颂（诗）　贾拓夫
支前诗抄（三首）　李　株
他在歌唱（诗）　仃　轲
“文营长”　乔连川
对《宿营》剧本的自我检讨　杜鹏程
音乐工作者李庆森同志病逝（消息）
冬天的树呀并没有死（诗）
——悼音乐工作者李庆森同志　戈壁舟
启明星（歌曲）　李庆森遗曲　戈壁舟词
战士诗歌（四首）　彭天才等
蒋美一家（独幕讽刺剧）　马寒冰
秦腔音乐演奏现实剧的两点意见　姚　玲
介绍《鱼腹山》（马健翎原著）　钟　灵
俄罗斯人物　A.托尔斯泰作　石　秋译
担架队长只身俘敌记　徐成湖
加紧春耕（木刻）（封面）　牛　耕
朱总司令的生活作风——摘录《人民将军的故事》

第8期

1949年3月15日出版

工人诗选（十一首）　齐　统辑
工人诗是怎样写出来的？　齐　统
不朽的英雄们（诗）　李　株
对《刘胡兰》剧作的点滴感想　驼　铃
汽灯的防风设备（舞台装置小常识）　川　静
《红娘子》排演总结　王一达
我怎样创造李信　刘长苓
《红娘子》的写作与演出　石　天
我在《红娘子》排演中的点滴心得　刘元彤
红土岗（秧歌剧）　苏一萍编剧　岳　松　关　键制曲
演剧方面的两个问题　凡　人
胡匪官场内幕（讽刺诗）　王子云
夜摸杨家寨子（报告）　刘乃山
学习九股山上的英雄们　李光余
华东、华北文艺工作点滴（通信）　程秀山
高山雪野运伤员（封面木刻）　李梓盛

第9期

1949年4月15日出版

对当前剧作主题、人物的意见　王玉胡
《对当前剧作主题，人物的意见》读后记　季　纯
关于《穷人恨》　胡　采
从小到大（工厂报告）　齐　统

我们不但做一个北平号（诗）
孙　风
剧团工作委员会成立（文艺消息）
牧童的血（小说）　小　武
四大英雄（鼓词）　孟广义
王玉山诉苦复仇（诗）　江　河
女共产党员刘胡兰（诗）　戈壁舟
如何开展文艺批评？　汶　石
带领我们的人　王　聪
好武器（快板活报剧）　桂俊哲等
野政关于剧团宣传队几个问题的指示
封面木刻　石　鲁

第 10 期
1949 年 5 月 15 日出版

文艺进城的思想准备　胡　采
学习技术与学习西洋的几个问题
吕　骥
蒋区民谣　碧　波记录
你是咱百姓的忠臣（诗）
杨鸿章
艺术、魔术及其它　张季纯
西工一团组织学习的经验
苏一萍
模范连长王金玉（报告）　虚　谷
工人诗四首　周培林辑
略谈《红娘子》　蔡国铭
创造角色的点滴意见　黎　静
宣誓（秧歌剧）
野政宣传队集体创作
谁是亲人？　苗　风
提琴弦的简便制造法
川　静　刘　烽
英雄刘四虎（木刻连环故事选登）
杨　青
连队文化棚（封面木刻）　李梓盛

第 11、12 期合刊
1949 年 8 月 15 日出版

我们的希望（祝文代大会胜利闭幕）
新华社社论
把我们的文艺工作提高一步
——陕甘宁边区文艺工作总结
柯仲平
将文艺工作向前推进一步
东北日报专论
一点差错（小说）　生　本
老水伕（小说）
〔苏〕考兹夫尼科夫作　王　微译
“康奶大”（长篇叙事诗）　朱　元
兄弟大团圆　康工弟
多亏了共产党　吕　喻
英雄李应般　钟纪明
西工一团的评功奖励　裴　然
下乡演戏杂记　张棣赓
“新洋片”经验介绍　石　鲁执笔
宜川大胜利（说书词）
韩起祥口编
郭拴背枪（说书词）　汶　石

一个演员的创造过程（演剧经验）
王化明
哀悼青年画家毛宁同志　程获希
劳军（秧歌剧）　屈映明
纪律演习（秧歌剧）
晋绥军区×纵队文工队集体创作
编完第一卷　编　者
陇海路工人迎接解放军（封面画）
陈伯希

273 文艺月报

简介

《文艺月报》，月刊，一九四八年十月十九日创刊于吉林市，吉林文艺协会主办，文艺月报社编辑，编委有天蓝（王名衡）、吴伯萧、李则蓝（又然）、林耶、高叶、蒋锡金、张松如（公木）、魏东明、梁再（从第二期起增加李林），吉林文协出版、东北书店吉林分店、光华书店、吉林书店发行（从第二期起改为东北书店吉林分店单独发行）。一九四九年六月一日出至第四期停刊，共出四期。十六开本。

该刊创作与评论并重，兼顾翻译。魏东明写的《发刊词》阐述刊物的宗旨说："《文艺月报》的创刊，是要为文艺青年开辟一片园地，栽植新的文艺花朵。"刊物的编辑"大致注意两个部分：主要的部分是发表文艺青年的比较成熟和充实的作品，第二部分是提供文艺读物，作为研究和观摩之助"（本刊《稿约》）。刊物登载的作品大多数是青年作者的创作，如阎石、夏葵、胡昭的诗，董速、萧枫、析坚的小说，徐书绅、石敬贤的速写报告，以及文学青年集体创作的秧歌剧、二人转、活报剧等。这些作品主要反映我军指战员在解放战争中的英雄业绩和解放区人民（尤其是农民）的生活斗争。刊物还以多种方式为文学青年提供学习、借鉴的读物：一是刊载国内知名作家的作品，如丁玲、师田手、马加的小说，侯唯动、天蓝的诗，晋驼的散文等。二是翻译介绍外国作家作品，尤其是俄国和苏联的作家作品。三是开展文学评论和研究，向读者推荐文学读物，灌输文学知识。魏东明对鲁迅的《阿Q正传》的评介，锡金对《伊索寓言》和普式庚的介绍，晓行对我国古代农民文学的研究，以及"论坛"栏针对文学创作问题发表的短评等，均属此类。刊物在当时青年读者中有一定影响，但由于出版时间过短，尚未培植出突出的新人新作。

目　录

创刊号
1948 年 10 月 19 日出版

发刊辞
拔大旗（小说）　丁　玲
大东（农民文学史料研究）　晓　野
读《阿 Q 正传》　魏东明
为了忘却的记念诠释　锡　金
鲁迅先生像（封面木刻）　孙常非
我所见的巴金的影响（报告）　白　火
文学、艺术与社会断想　伯林斯基作　吴伯箫译
艺术与行动：论列宁　罗曼罗兰作　佚　名译
解放后吉林的文艺活动（报告）　林　耶
论　坛
作家的业务　爱伦堡作　刘　群译
文学、语言、思想　恭　稷
读书偶感　共　鸣
提倡“记录文学”　锡　金
谈杂文　天　蔚

张景玉（记录）　韩　笑
血，唤醒了我们（报告）　徐书绅
赵家庄（长诗）　阎　石
教授（小说）　L.休士作　李则蓝译
农村杂记（散文）　赵　彝
妇女会（速写）　石敬贤
二流子转变（秧歌剧）　集体创作　王肯执笔
编后记

第 2 期
1948 年 12 月 10 日出版

马（小说）　马　加
斯维托夫父子（小说）　托非摩瓦作　郑　文译
乡间七日（散文）　胡　昭
为新民主主义思想原则而斗争（论文）　李　雷
书（散文）　高尔基作　曹葆华译
记马文超（散文）　赵云华
煤矿工人之歌（诗）　天　蓝
七月（周代农民文学史料）　晓　野
论　坛
文学与宣传　恭　稷
“眼高手低”　吴伯箫
再论“记录文学”　锡　金
刘芜存菁　天　蔚
漫谈“短小精悍”　斯　嘉
集体精神　则　蓝

“纯”艺术和不纯的动机（评论）　尼古拉耶夫作　莽大龄译
小丰满（长诗）　夏　葵
可是，眼泪就是上不来（记录）

刘廷贵述　李树谦记
基督第四次跌落在他的十字架下（小说）健尔麦南多作　李则蓝译
春天——祖国（诗）
普式庚等作　树　东译
诗　辑
伟大的战士　张　烈
棉袄　徐书绅
放哨的儿童　胡　昭
九月的乡村　曾　革

伊索寓言导论（论文）　锡　金
一只匣枪（外一首）　侯唯动
多拿点，心里也痛快（速写）
吴殿贵
《绞索勒着脖子时的报告》（书报介绍）　赵　彝
妞妞（小说）　晋　驼
编后记

第 3 期

1949 年 3 月 10 日出版

在锦州外围（报告）　朱　旗
疯　变（小说）　董　速
一只转动着的路码表；停下来了！（长诗）　史松北
关于"剥皮老爷"（民间故事介绍）
顾世学
伪满的民谣（民谣介绍）　张仁甫
斯塔哈诺夫工人作家们
爱·维真作　莽大龄译
这就是教育（散文）　孙邦达
伐檀和硕鼠（春秋农民文学史料）
晓　野
西伯利亚交响乐（电影剧本）
夏葵记
庆祝北平解放（封面画）　孙常非

第 4 期

1949 年 6 月 1 日出版

茨冈（长诗）
〔俄〕普式庚作　瞿秋白译
俄罗斯文学之父——普式庚（论文）
锡　金
发家（小说）　师田手
苦乐悲欢（诗歌）　张宝仁
二榜状元夸官（散文）　任　愫
一个乡村教师（小说）
莎罗莫延斯恰亚作　郑　文译
一篇拙劣的记录（散文）　晋　驼
生产支前模范周明远（小说）
析　坚
海滨之歌（诗歌）　乔　天
和杨司令最后相处的日子（抗战史料）　夏　葵
壕（小说）　萧　枫
八女投江（子弟书）　柏品忱
老英雄刘英源（大鼓）　柏品忱
西蒙诺夫的《祖国炊烟》（书报介绍）　孟　克

希望与建议（文艺往来）
一 砂 师震富
大军南下（秧歌剧）
纪 鹏 李 诚编剧
杨世超作曲
支援大军过长江（二人转）
李鹏荣
保卫世界和平（活报） 楚 彦
编后记

274 平　原

简　介

《平原》，文化半月刊，一九四八年十一月一日创刊于山东聊城，平原社编委会编辑，冀鲁豫新华书店发行。一九四九年三月一日迁往荷泽出版第七期。同年八月一日出至第十四期，因平原省成立，刊物准备迁移而休刊。一九四九年十一月三十日在新乡复刊，出版新一号，并改为文化月刊，由平原月刊编委会编辑，新华书店新乡分店发行。自一九五〇年五月三十一日第二卷第一期起，成为平原省文学艺术界联合会的机关刊物。一九五一年四月三十日出至第三卷第六期宣告“整顿内部，准备改版”，实际并未续出，同期终刊，前后共出三十二期。十六开本。

《平原》在聊城、荷泽出版期间，是华北解放区冀鲁豫地区主办的综合性刊物，内容包括政治、经济、教育、文艺等，其中文艺创作和评论占有较大比重。当时冀鲁豫地区面临土改后活跃农村经济、整顿并发展文化教育的任务。申云浦在发刊词《提高文化是当前的政治任务》中强调：“文化工作在当前的迫切任务，就是发动文化创作。”“开展并改造农村的文娱工作，首先就须供给以大量的剧本或样本及好的小说和诗歌。”刊物所载作品，有短小的报告、小说、诗歌、话剧，大量的则是适应农民需要的高调戏、说唱、故事、童谣等。这些作品多数反映了冀鲁豫农民恢复与发展生产、学习文化的热潮，也有少数反映战争和工人生活的。文艺批评主要是对旧戏审查、改革问题的讨论和群众文艺活动的评论。该刊在新乡复刊后，因平原省成立不久，刊物较少，内容最初偏重于政治、经济和一般文化工作。第二卷变为平原省文联机关志以后，文艺内容逐渐增多。这时的文艺创作除继续表现以往的主题外，较多地反映了抗美援朝斗争。文艺形式仍以群众喜闻乐见的地方戏、小演唱、快板、鼓词、民间故事、歌曲、连环画为主。文艺评论多为总结、介绍戏剧运动与群众文艺活动的经验。该刊文艺方面的主要撰稿者有李刚、王波云、李涌、李方立、王亚平、孟汉英、赵枫林、张芸生、沈冠英、吴云涛、翼珊等。

目　录

创刊号
1948 年 11 月 1 日出版

提高文化是当前的政治任务（代发刊词）　申云浦

小言论

态度暧昧就是立场不稳　骏　青
真的没有了地富吗　力
多用思想　镇

荣庄的调查研究工作怎样进行的　麓　泉
关于《儿童的文化教育》　孙　明
介绍《高干大》　李方立

文　艺

二元成亲　李　刚
号兵小铁轮　李　涌
张善银（诗）　刘衍洲
李大娘（诗）　波　云
李银荣生产　周靖民记

从《不叫强迫儿童入学》谈起　村　夫
教员马现申到了于家河洼小学　炳　一　村　夫

农业常识

轻便两用犁的研究　孟昭成
秋后植树造林　宋海艇
文化消息
庄户话
封面　劳　郭
发土地证（封底画）　邓　野

第 2 期
1948 年 11 月 16 日出版

小言论

端正政策不要忘了党的总路线总政策　骏　青
快呢？慢呢？　办

学文化的一些意见　郭绍汤

谈谈上冬学政治课的方法　孙　明
组织妇女生产　苏　纪

文　艺

疙瘩解开心里就亮了　方　立
号兵小铁轮　李　涌
张口疏水散记　郝明甫
秋耕好　吴力践
董秀云　葛汉元　王庆元
傅东全家备荒　孙知印

阎先伦的眼睛亮了　张　通
漫谈伤寒　剪　文

木　刻

发土地证前后　北　华
积肥　邓　野
乡选　宋书庵

封面　劳　郭

土造文具法
文化消息

第 3 期
1948 年 12 月 1 日出版

发展我区文艺工作的几个问题　王亚平
加强新旧年关的演唱活动　李　刚
今年我们怎样创作的新年画　劳　郭
剧本·说唱
高兰英（两幕三场话剧）　沈　雷
史耀宗转变　民间艺人　史耀宗　李德兴
老俩口缴公粮　波　云

从来稿中检查创作的思想性　金　锋
南锋教育界怎样整顿了纪律　毕英杰
一个深入动员学生的例子　南峰教育科
报告·散文
号兵小铁轮（续完）　李　涌
一筐梨的故事　鲁　涛
江永昌班　竹　眠

冬季几个疾病的预防法　剪　文
新大众版画工厂的成立　艺联通讯组
群众文艺问题的讨论（读者信箱）

木　刻
上冬学　邓　野
制造新农具　民间艺人　刘宗和

封面　劳　郭

第 4 期
1948 年 12 月 16 日出版

关于戏剧编演问题的研究　李　刚
对审查高调剧的几点意见　张明权
克服改革旧剧工作中的不正确认识　张国础
张锁买牛（说唱）　王亚平
劝夫归队（高调戏）　袁瑞章
高兰英（续）　沈　雷
钢板手边道孟　郭信民
庆祝新年　马长甫
读者信箱
旧剧改革问题　敬　五
我对于上演旧戏的一点意见　许凤锦

捷报（木刻）　刘志臻
争取一年左右根本打倒国民党反动政府（封底地图）　刘易士
封面（木刻）　宋书盫

第 5 期
1949 年 1 月 1 日出版

初步审查地方剧的几点体验　张国础

贯彻“文化教育为主”中的几个问题　孙　明
剧本·说唱
七斤月饼（剧本，附插曲）　黄跃静　沈默君编剧　梅　滨作曲
高兰英（剧，续完）　沈　雷
花船新歌（说唱）　王亚平
济南第一团　孟汉英
攻打徐州（坠子）　建院王卓如　张铭锡
儿歌　希　清
介绍《邪不压正》　邢立斌
加强对战斗胜利的宣传（来稿述评）　金　锋
漫画·木刻
粉碎美蒋和平阴谋——将革命进行到底（连环漫画）　吴　语
加紧学习　迎接胜利　苏沛习
碾米运粮支援前线（画）　民间艺人刘宗河
庆祝人民解放军的伟大胜利（画）　民间艺人郜怀林

庆祝胜利大会（封面画）　王柏华

第6期

1949年1月16日出版

审查说唱的几个问题　王亚平
邻居　赵枫林
龚复生同志　艺　丁
说　唱
梁世英舍身杀敌　孟汉英
模范军属康元祥　民间艺人集体创作　强广生、魏法杰执笔
翻身学生郝平然　张亦芹
于秀轩的家庭会　民间艺人集体创作　康　达执笔

应开展文艺批评　张芸生
对《傅东全家备荒》提一点意见　芸　生
测验袋　易　丁
积了肥买书　李　梅
读者信箱
关于旧剧打城隍的讨论　李晓村
调查组织农村剧团问题　杨三三

封面　劳　郭
封底　宋书盦

第7期

1949年3月1日出版

李秀真的故事　枫　林
坚持游击战争的女英雄——李秀　葛　力
烂牛肉（高调）　王辛酉

说　唱

大家都要加油干　印刷工人陈金海
老牛喝糊涂　李　刚
互助生产　张铭锡
三姊妹　申均之
打线蛋　周　山

对说唱《东北大军三路进关》的意见　一　友
战犯们的"和平"行动（漫画）　吴　语
封面　邓　野
封底　邓　野

第 8 期
1949 年 3 月 16 日出版

加强职业剧团的政治思想领导及业务改革　王亚平
行署颁发高调剧第一批准演节目的通令
贺功会上再团圆　张芸生
劝夫识字（河南梆子）　王昭生
未婚妻劝夫参军　沈冠英
他们在工房里　方　立
石印技术工人——陈金海　乐　兰
对二分区农村剧运提几点意见　晓　村
春节宣传活动中的几点体验　七地委宣传部
文艺工作近讯
在"和平"烟幕下（插画）　邓　野
封面　邓　野
封底　刘宗河

第 9 期
（未印出版日期）

审查平调戏看到的几个问题　张国础
军工赵国平　方　立
生产模范旗又悬在俺工房门口了　缝纫工人　孙锡庚　口讲　刘　林代写
前方后方一条心（歌剧）　文工团写作组集体讨论　芸　生　波　云执笔
庆功（坠子）　孟汉英
赵元贵转变　万　力
读《一个苏联飞机构造家的自述》　一　友
《麦锄三遍粒身圆》（农村流传故事）　农民张士令讲　晓　村记
下江南（童谣）　袁奇光

行署审查公布准予说唱鼓词节目
冀鲁豫文协奖励群众文艺作品
文艺工作近讯
封面　邓　野
封底　邓　野

第 10 期

1949 年 4 月 16 日出版

谈冬学转办民校　孙　明
我为啥不愿写小的东西　李　刚
我受了历史的骗　李修乎
紧张的突击　王剑英
我们的印刷质量提高了　孙　奇
工会为工人解决了困难　杨翼珊
杨小林　孟汉英
新纺车　沈冠英
叮咛　周　山
革命不怕担子重　郭信民
入团　第一中学二年级学生刘天申
黄河老人　张明权
前方后方一条心（全剧终）
芸　生　波　云
怎样指导小学生写字　青　云
看了民声剧社出演的《白毛女》以后　柳　溪
信箱

第 11 期

1949 年 5 月 1 日出版

观察和分析　一　友
怎样指导小学生作文　吴青云
小学低年级的作文教学　孙　明
三十架驮鞍　茂　云
爱护机器　孙传孝
妯娌俩
文工团集体讨论
吉　星　王　鹤执笔
做军鞋　波　云
童谣　（波）
比赛立功　孟汉英
请对《平原》再多提意见　本　社
农业生产舞　文工团研究室
《胜利花鼓》和《生产舞》观后感
李　刚
介绍《鼓风炉旁四十年》　晓　亮
文化消息
封面　邓　野
全国胜利在面前（歌曲）　云　华

第 12 期

1949 年 5 月 16 日出版

《流动旗》　丁　一　维　臣
采　吕　景　芳
牛　黄　兵
小学教师与小学课本　孙　明
娘俩在北平会面了　绿　帆
张洪兴立功（坠子）　吉　星
工人阶级新的劳动态度　星　斗
李秀真参观工厂　杨翼珊
妯娌俩（高调）
文工园写作组集体讨论
吉　星　王　鹤执笔
屋子里的秘密　王　风
读《传家宝》　展　民
公演中的两点体验　邵　群　董钜安

咱们工人有力量（歌曲）
马　可词
妇女生产小调（歌曲）
慎　平词　木　木曲
封面　邓　野

第 13 期
1949 年 6 月 1 日出版

张美姣挑水点种　友　君
除虫　波　云
夫妻挑水点花生　王燕飞
战胜旱灾　惠景林
场上　周　山
在工厂住了二十天　张芸生
杨万喜　排字工人高　露
印刷机和裁书刀　印刷工人王志森
参加全国妇代会散记
新华书店女工郭凤英
文山入团　晓　黎
黄河水手欢送东北大军的宣传活动
君　谦
人民的伟大创造　星　斗
盼闺女　袁奇光
立场　绿　帆
二十斤米　文工团写作组集体讨论
芸　生　波　云　刘超执笔
工人歌　刘宝光词　莎　蕻曲
冀鲁豫行政公署关于旧艺人的改造及农村剧运方向的指示
封面　邓　野

第 14 期
1949 年 8 月 1 日出版

李进元与陈秀花　文　渺
新旧社会两个样　芸　生
麻痹　史　逸
冀鲁豫新华书店的业余补习学校
郭云轩
昆山展开成人教育的第一步　王松亭
打虮蛹　清　滨　东　堂
一个忘本的故事　徐　集
交流经验，互相提高　一　友
《王秀鸾》导演的检讨　王书琴
我从排演《王秀鸾》中学习了什么？
陈　颙
我扮演顺卿的心情　程义明
拉犁　侯井天
豫北战役架设工作剪影　肖　风
关于农村剧社几个问题的解答（信箱）　文协剧委会
文艺消息
船夫曲　笑　新配词　云华记曲
封面　宋书盦

新 1 号
1949 年 11 月 30 日出版

关于美术工作中的几个问题　王柏华
新乡市初步进行旧剧改革工作的介绍　李继元
舅家　王　风

一个女工的自述
新乡成兴纱厂女工张素珍
苏联文学在中国 曹靖华
诗歌 鼓词
庆祝中华人民共和国成立鼓词
平原省曲艺改进会集体创作
王大娘合计渡荒 陈文轩
金粪筐子银纺车（民间故事）
王佃生
为亲人报仇 小 空
火车头 小 孔
六零炮 二旅六团二营机炮排三班
集体创作 训练参谋李子萍整理
老工人刘富 潘士杰
防汛护堤中的女英雄——黄锡华
君 谦
转变 吴云涛
谈《六〇炮》的创作
《平原战士》编辑部
介绍工人在文代大会上演出的节目
张 光
编者的话
封面 宋书盦

第1卷 第2期

1949年12月30日出版

开展年关文娱活动 越 平
民友剧社改造的过程及经验
张国础
团结 万 力
小二秃 姚元彬
诗歌 鼓词
浪子回头 享 邑
她是全村的生产旗 周 山
工厂诗 被服厂缝二部影 照
枪杆诗 艾 萍 海 波收集
李孟兰 张明权
拾娃娃 刘衍洲
马传尚 余绍允
借牛 王波云
审查旧剧应注意的几个问题 张春山
平原省文联文艺创作奖金条例
文艺消息
封面 宋书盦

第1卷 第3期

1950年1月31日出版

农村剧运中的几个问题 张国础
落花生 李方立
烟与棉——农村小记之一 枫 林
诗歌 鼓词
王明理借耧 李 刚
战士诗 军区文工团 李树春
状元姑娘 王波云
歌唱“七五七”机车 张芸生
小歌剧
军民拜年 张 真 誓 鸣 方 非
识字牌 刘 超

谈剧本创作的几个问题　光未然
莫保莲　杨翼珊
平原省文联文艺创作奖金条例
封面　宋书盦

第1卷　第4、5期合刊
1950年3月31日出版*

目前创作上的一些问题（转载）　茅　盾
考验　方　立
土地与媳妇　万　力
重逢记——农村小记之二　枫　林
李长海生产渡荒　吴云涛
生产自救的张大娘　文　渺
纠纷　芸　生
江秀荣　荷泽中学学生　王子英
医生和神婆　吴云涛
诗歌　鼓词
改造地主参加生产　沈冠英
曾广福　常　泊
渡荒快板
单县黄庄青宣　党宣合作
劝募公债　享　邑
歌唱张秀英　波　云
胜利年　吕建德
史秀花　卫一惠
积肥竞赛（剧本）
翼　珊　小　孔　李　刚集体创作

* 出版日期据该刊印发的《重要更正》改。

翼　珊　小　孔执笔
中苏友好万岁（剧本）　孟汉英
歌唱劳动英雄成百福（歌）
万苇舟曲　张芸生词
生产组曲（歌）叶　舟词　德　熙曲
封面
生产渡荒　抓紧春耕（连环画）
宋书盦
生产自救（封底）　刘保霖

第1卷　第6期
1950年4月30日出版

开展创作运动　更好的为生产建设服务　白　桦
和睦　周艳如
余粮（小演唱）　李方立　王波云
开展大生产
（一）修置农具
（二）积肥
（三）植树
（四）互助
（五）秧歌词
武陟县、沁阳县　群众创作
生产救灾唱词　东　洲
锄麦记——农村小记之三　枫　林
搞好生产（平原军区战士创作选辑）
搞好生产　梁大群
镢头诗·拉犁诗　王　斌
小扁担·小铁锹　申光昭
干活要经常　李鸣勋

团结互助·摇钱树
华　亭　曙　光
修堤　秦贯本
从春节群众文艺创作中看到的几个问题　李　刚
双喜临门（坠子）　沈冠英
开生产会（小演唱）　陈　谢等
互助（连环画）　宋书翕
收购土布（封底）　刘保林
热心教，努力学(翻沙素描之一)
王德斌
买地　郭一峰
大生产　炳　南词曲
送粪歌　仇克举　吕亦非词
写给通讯员的一封信　平原社

第2卷　第1期

1950年5月31日出版

新媳妇秀玲　李长俊
曹法贵
新乡市通丰面粉厂工人宋　彬
我的话　新乡机务段办事员于得江
新乡机务段十一台机车得奖记
机务段薛芳洲

工人快板

挑战
焦作煤矿一厂井下工人许瑞洛
担起建设的任务来
焦作煤矿二厂井下工人作
歌唱职工家属班　工人刘玉珍
焦作机器厂教员若　芸
毛主席象太阳
荷泽乾丰烟厂女工组集体编
徽　风执笔
咱们都是国家的主人翁
摘自工人墙报
老工人安荫轩（唱词）　张芸生
春天里的故事——农村小记之四
枫　林
对创作新说唱词的几点意见
金　铎
大生产（快板剧）
警四团三营九连学坤　章　年编
小柳橛　孙念青
爱护小铁橛　董　涛
读《战士创作选辑》后　守　果

歌　曲

团结起来劳动的弟兄
鸣　西作曲　原词见工人歌选
努力建设新中国
耕　民词　维　周曲
修堤乐
秦贯本词　林毓海　翟恒山曲
学问　李方立
双喜临门（坠子）　沈冠英

读者问答

……我想学写作，也觉得有些东西该写，但是提起笔来，又写不成，这要如何着手？
李　静问　史　逸答
听说文艺作品，可以不写真人真事，那是不是说作者可以随便编造？
马玉光问　一　友答

画　页
熔铁　章　捷
制造新农具　盛　林
"光荣别让他独占"
铁路工人快板　蓝　白画
学习新技术　泽　民
给各地文化机关团体的一封信
平原社
本刊征求通讯员启事

第2卷　第2期
（无出版日期）

保卫世界和平，开展和平签名运动
本　社
关于开展文艺创作运动的几点意见
张承先
展开文艺批评　一　友
傅耧　李长俊
保卫和平之歌　刘子亮
想心事（儿歌）　常　泊
种西瓜（儿歌）　素　云
从今年春节文艺工作谈起　林菁华
年画工作中关于旧形式的运用
蓝　白
好媳妇　叶　萌
生产谣　青　峰
交情　树　村
生产小诗　李素春
种棉花　周　山
蚰子麦　聊城县二区于庄刘鸿声
推江（应征剧本）
民友剧社集体改编
赵步颜　徐程波执笔
检查　梅　信
刘桂英打井（应征唱词）　孔德介
谷子王　文　渺
芍药红
荷泽中学五级一班唐鲁生　刘英杰
看安阳市端阳大社上的宣传画棚
黄　兵
歌　曲
保卫世界和平　霄　新词　云　华曲
战斗里成长　方　韧作曲
修河堤　李风琴词曲
生产曲
军区政治部文工团　刘剑飞

保卫和平（街头活报剧）
平原省文工团创作组集体创作万维周
赶会记　王　竹
读者问答
写歌词应注意那些地方，有写作方法专门书吗？
陆仁杰问　方　韧答
诗为啥要分行写？
王　仁问　黎　力答
关于文艺创作问题给小学、民校教师们的一封信
平原省政府文教厅文联
文艺消息

平原省文联征求剧本、说唱词启事

画　页

签名　马　丁
纪念“七一”、“七七”，生产建设新中国　刘志臻
浸种（木刻）　宋书盦
读报（年画）　钟志宏
玉梅转变　田崐峨
封面　宇　文

第 2 卷　第 3 期
（无出版日期）

把美国帝国主义赶出台湾、朝鲜去　本　社
造型艺术的表现方法　柏　华
还是互助好（应征话剧）　冀　路
芳芳　许　萍

诗歌 · 快报

签名　欣　炊
八亩滩的麦子好　星　斗
复堤快板
教员和学生　李树村
锄棉　荷泽中学学生刘慎修
劳动英雄才嫁他　刘　超
三件宝贝　陈印鑫
沙区风光　小　孔
演员怎样准备自己的角色　李钟丞
防汛模范王洪香　君　谦
新三娘训子（高调剧）
长垣县二区郑新庄农民高　海
刘桂英打井（续完）　孔德介
焦作矿区散记　文　远
介绍安阳县文化馆的五彩幻灯　黄　兵
秀英与婆婆　濮中学生朱士钧　杨玉华　王若冰等
和睦家庭（应征唱词）　孟汉英

歌　曲

打败侵略者　一　心词　苇　舟曲
抗旱打井　于　迅
防汛歌　丙　南
人民军快追赶张　钦词　孙自省曲
民主家庭　王青竹
劳模安荫轩帮我改稿　芸　生

读者问答

初学写作者应多读哪些作品？如何读法？　张文华问　万答
当前应该多写哪些内容的作品？学校生活是否可以写？教员学生应怎样去了解工农的生活？　王　坚问　力答

一桶油（剧本）　张春山
平原省政府文教厅、文联颁发文艺创作奖金条例

画　页

不许发动侵略战争（漫画）　书　盦
纪念“八一”，巩固国防　杨广远
航运　谢晓秋
修堤　王　珂

杀虫　马玉奇
文化学习　安阳市人民文化馆方克惠
疏水（连环画）　赵金升
封面　关扶武

第2卷　第4期
（无出版日期）

文艺工作者为继续开展和平签名运动而斗争　本社
检查和提高我省的戏曲改革工作　张国础
附：中央文化部成立戏曲改进委员会对旧剧改革提出重要意见
关于旧剧改革若干问题的讨论　牛星斗
目前新乡市的旧剧改革工作　傅以达
从旧剧上演中看到的几个问题　张世英
诗歌·快板
时事唱　王一鸣
生产新曲　周山
模范旗（民谣）　汲县纱厂子弟完小悔子
捶小麦（民谣）　申法舜
农家新诗　林县八区南景色村农民秦易
工人歌　安阳大和恒面粉公司李国裕
三八枪小唱　陈印鑫
儿歌三首
白棉纸　赵守先
小白鸡　吴金铭
交公粮　省立新师曹培章
模范大会　梁敏
点种　汲县一区狮豹头完小长青
秋季生产歌　安守仁
老秦易和他的快板　黄兵
新夫妻（应征剧本）　王子政
解疙瘩　王青竹
女学员朱玉珍　濮中学生张月贞　王若冰
喷雾器（应征唱词）　万力
歌曲
为和平民主而斗争　刘夫琴词　李风琴曲
锄草歌　村夫词曲
秋收　丙南词曲
对《写歌词应注意那些地方》的意见　平原　李良彬　牛明文
对歌词创作的几点意见　草云
夫妻　李长俊
新三上轿（高调历史剧）　民友剧社　集体改编　张春山　张永思执笔
读者问答
谈谈关于小说、戏剧中人物思想性的问题　立枬问　史逸答
收集材料应注意哪问题　江丽生问、一友答

读者来信
本刊聘请第一批通讯员名单
本刊五、六、七三个月来稿统计
《平原》征求三千基本订户启事
文艺消息
画 页
谁敢挑拨战争
石 生 张 红 艾 民
人民有力量击败美国侵略者 武 强
丰收 钟志宏
发家致富（年画） 郜怀林
压绿肥（木刻） 书 盦
保护牧畜（剪纸） 冯 稼
秋耕（封面） 木 聿

第2卷 第5期
1950年9月30日出版

庆祝中华人民共和国的周年诞辰
本 社
迎接全省文代大会 白 桦
把美术工作提高一步 王柏华
为迎接省文代大会给全省戏剧界的一封信 平原省戏剧工作者协会
闹嘴（应征唱词） 王燕飞 金守诚
诗歌·快板
两只落水狗 天 柏
比庄稼（顺嘴溜） 唐子雷
常妞得 姜 汎
民谣两首 刘慎修
李秀芳
寿张县张秋完小学生韩 云
战士诗 郑 训辑
打败侵略有力量
复员歌
秋天的农家 刘子亮

从各地戏剧工作汇报中看到的几个问题 张春山
如何提高新剧在群众中的威信
若 青
从看《莲花庵》谈起 傅以达
改造旧剧内容应兼顾形式 李钟函
步步登天 陈 隆
新记录 文 元
养鸡婆（大鼓调唱词）
梁山县后集完小袁瑞章
“我当过风水仙”
苏茂来口述 孟昭侠记
新夫妻（续完） 王子政
歌 曲
警告美帝国主义 东 升词曲
选种 李 慧词曲
团结的力量大无边 陈 谢

讨论写诗的一封信 王波云
团结改造盲艺人工作小结
博爱县文教科
八弟兄争功 靳绍辅
狠心的妈妈 高有亮
读者问答
过去有些不能上演的戏，今天又准上演了，这在旧剧改革工作上来说是不是开倒车？

石明问　戏剧科答
在目前新旧剧斗争过程中，我们领导上的态度是什么？
化南问　李刚答

平原省人民政府文教厅对目前高调剧上演节目的初步审查意见
文艺消息
平原省文联公布征文首次评奖结果启事
画　页
刘宝善（连环画）　宋书盦
和平签名（剪纸）　冯　稼
传播生产经验（年画）　赵金升
选种（封面）　后皓东

第2卷　第6期

1950年10月31日出版

题词
预祝平原省第一届文代大会成功　林菁华
对本省召开文代会的我见　高镇五
我的感想　袁　声
祝贺省文代大会的召开　平原日报社文化教育组
诗歌　快板
荣归　李有信
王向根和刘生亭　树　村　郑　训
欢迎复员军人快板　安阳市立第二完小
挑战　新乡机务段薛芳洲刘怀宝
打铁　栾学文
新童谣　刘继先
儿歌两首　宋士清　张生毅
婚姻谣　赵守先等
小俩口　周　山
收高粱　冀　路
船夫新曲　春　山
家庭会　李长俊
打野菜　长　青
父子俩　刘之亮
王门村政府　晓　村

献给文代会　田　兵
对文代大会的感想和希望　沈冠英
艺人翻身了　画工部怀林
迎接省文代会的开幕　星　斗
平原省文学艺术工作者代表大会筹备委员会第一次会议决议
开展群众性的戏剧活动　巩廓如
我怎样做导演工作　赵步颜
四个月来民众剧社的业务学习　周孝武
双拜年（秧歌剧）　张永顺
莫争功（小独幕剧）　孙景溪
银娥　安守仁
赵家坡　友　君
好儿妻（应征独唱）　刘鸿声
长新嫂　刘　超
赵技师转变了　延　长
介绍成兴纱厂的工人快板　马　莉辑

歌　曲
团结紧　张哲波记词　陈印鑫作曲
副业生产歌　万苇舟曲　孙学玉词
拥护婚姻法　霄　新词　云　华曲
我永远站在斗争的岗位上
尚郁亭词　刘　鹤曲

签名（快板剧）　村　夫
自由借贷　王青竹
卖盆　卫庆云
王秀娥之死（唱词）
艺人李得兴等
民间诗人李道德　张明权
诗歌来稿中的几个问题　波　云
介绍本期《平原》　白　桦
画　页
修机车　钟志宏
合作社（剪纸）　冯　稼
照片
庆祝国庆节（四帧）
柏年　原　超辑
提高农业生产技术（四帧）
盛国光等摄
封面　冯　稼

第3卷　第1期
1950年11月31日出版

抗美援朝保家卫国（笔谈）
林菁华　高镇五
袁　声　沈冠英　王玉琴
李　刚　星　斗　侯贵先
蒋金杯　王柏华　吕　艾
热烈的祝贺
我们当前的中心任务　白　桦
平原省文艺工作团给中华全国文学艺术界联合会的信
诗歌·快板
我们的保证　王　时
和平力量大如天
通丰面粉厂孔繁星
狗强盗的主意打错了
机务段工人老　周
你——帝国主义　老　渊
忘不了的仇恨　李　伟
侵略者打的什么鬼算盘　吴　信
我们希望和平建设好时光　星　火
人类的光荣　枫　林
决心参加志愿军　牛　云
美帝国主义，滚出去　魏荣贵
写给朱总司令　张　钦
狼和山羊（新童话诗）　叶　萌
新民歌　秦　易
烦你写封信寄到北京去　周　山
安全歌　焦作煤矿工人快板
平原省总工会马　莉辑
卖货郎　春　山

林县南景色新生剧团的创作和演出　黄　兵
警五团文娱活动小结　鲁　兵
盲艺人傅黑同志　王青竹

连队教歌的几点经验 陈印鑫
介绍道棚庵农村剧团 李继元
自由结婚（应征剧本） 万 力
照片 刘君伟
抗美援朝（街头剧）
杨翼珊 刘君伟 徐福臻
永远记着我们的仇恨 春 风
同仇记（坠子） 青 峰
歌 曲
前进中国志愿军
张 钦词 孙自省曲
我的这支枪 尚郁亭词 刘 鹤曲
大步向前进 张哲波词 陈印鑫曲
打死吃人的野兽
一 新词 苇 舟曲
侵略者的下场 鲁 兵 刘 一
我们的态度和决心 梅 信
干部之间 王 丰
读者问答
在农村中如何开展抗美援朝保家卫国的文艺活动
李志远问 史 逸答
怎样解决抗美援朝保家卫国的文艺活动中缺乏剧本、唱词、歌曲等困难 杨素华问 一 友答
为抗美援朝保家卫国给全省戏剧工作者的一封信
平原省文联戏剧协会
为开展抗美援朝保家卫国宣传工作给全省曲艺界的一封信
平原省文联曲协
为抗美援朝保家卫国给本社通讯员同志们的一封信 平原社
省文联召开抗美援朝保家卫国创作座谈会 逸
画 页
美帝走着日寇侵略的老路 后皓东
他将会碰得头破血流 邱 孝
警惕美帝国主义的侵略阴谋
李传佑
并肩作战打败美帝侵略者！
石光景
和平的保卫者 冯 稼
学文化 钟志宏

第 3 卷 第 2 期
1950 年 12 月 31 日出版

平原省第一届文学艺术工作者代表大会特刊
祝文代大会开幕 平原日报短论
进一步开展群众性的文艺活动
——祝首届文代大会胜利闭幕
平原日报短论
平原省第一届文代大会开幕词
白 桦
省委宣传部张部长在文代会上关于文艺工作任务与政策的报告
组织团结起来为开展全省文艺运动

而奋斗——平原省文艺工作总结 白 桦
关于部队文艺运动的报告
平原省文代大会部队代表团
省委宣传部张部长在省文代会闭幕时的讲话
推进和提高全省的群众文艺运动——文代会闭幕时的总结发言
大会主席团
代表发言
开展工人中的文艺活动 刘怡之
后郊农村剧团活动情况介绍
傅俊贤
民艺剧社编演现代剧的经过和体验
周孝武
我县盲艺人的改造 盲艺人崔德顺
谈谈幻灯与挂画 潘 艺
我进步了 鱼台代表谢元和
我要坚决为人民服务
民间画工陈金唐
幻灯制作法 徐国宝

对文代会的希望 郭一峰
老秦易在文代会上 黄 兵
战士诗人——李玉水
军区宣传部蔬 葱整理
李德兴和他的宣传组 黄 利
我要跟上革命走 燕 飞
对文代会的感想和希望——代表发言摘要
田 兵 李政平 王恕先 任本仁 褚连捷 傅 英 马履冰 王殿玉 郜怀林 金守诚 王汉华 黄儒秀 李玉水 沈冠英 李德兴 周云昆 侯贵先 于象前 范振生
诗歌·快板
翻身不忘本 秦 易
把毛主席的文艺方向带回厂去
庞玉林
说唱文代会 任德华
我的眼睛瞎了，心可没有瞎
春 山
曲艺代表谢元和 潘 艺

北山农村剧团 丙 南
辛堂村的大众黑板报 温 宣
安阳市文联筹委会半年工作小结
介绍农村小剧场 张永思
郸县戏剧工作者座谈会总结
记文艺创作座谈会 本社记者
省妇联召开妇女文艺工作者座谈会
嘉 勃
歌 曲
中国人民志愿军战歌
田 兵词 方 勒曲
起来！祖国的同胞们
青 萍词 王 瓒曲
打败美帝野心狼 慎 平曲

平原省文学艺术工作者第一届代表大会代表名单
文联委员会名单

文联委员会常务委员名单
大会通电
各地贺电
大会记事
赠送大会贺礼一展表
自由结婚（续） 万 力

画 页

照片（九幅）
祖传 宋书盦
玩火者自焚 杨广远
美帝致命的弱点
军区文工团美术组集体创作
打败侵略者 后皓东 邱 孝等
缴公粮
濮阳中学学生源忠 宝 聚等
焦矿剪影 曹文礼
封面 老 宋

第3卷 第3期

春节文娱特刊

1951年1月31日出版

广泛深入开展春节宣传活动
进一步掀起爱国主义的高潮 林菁华
继续贯彻“推陈出新”的方针提高
和加强我省的戏改工作 李 刚
带头的人 枫 林
打井记（唱词） 燕 飞

诗歌·快板

黄水谣 田 兵
站在保卫和平的最前线 汶 水
欢迎会 许云浓
出纱小唱 汲县华新纱厂
信心比天还要高 杨翼珊
秋屯 温县王村农民 吴富通
买牛迷 荷中周之卿 张维荣
冬耕 张文生
生产多了有力量 张大勋
全国人民一条心
民友剧社演员 王庆荣
白鸽谣 严 如
劝哥哥 申君相 李光庭
农村谣曲
张常台编 王青竹 高佐萍改
童谣 苗贵银
民主家庭（剧本）
林县南景色农村剧团集体讨论
秦 易 董俊卿合编
春华改嫁（唱词）
清丰西大街铁货铺金泰
国与家 黄友兰
抗美援朝保家卫国唱词 沈冠英

歌 曲

中朝人民心连心 张钦词 方 韧曲
过年欢 克 初词曲
我们用全部力量反抗侵略
霄 新词 方 华曲
缴公粮 刘 超词 小 流记曲
救邻救己（独幕剧） 岚 光

兄妹顶嘴（唱词） 孟 照
杨香打虎（古装小歌剧） 小 鸿
对《保卫和平》一剧的意见 北 方
民友剧社的时事宣传活动 雷 峰
自由结婚（续完） 万 力
画 页
侵略者的命运 邱 孝
劳军 冯 稼
年集 钟志宏

封面 老 宋

第 3 卷 第 4 期

1951 年 2 月 28 日出版

对全国戏曲工作会议几点主要精神的体会
——省文联戏曲部李刚部长在新乡市文代大会上的讲话摘要
模范夫妻（剧本）
濮阳专区文工团集体创作
不能入库（剧本） 李景荣
诗歌·快板
腰鼓快板 成兴纱厂工宣
元旦生产竞赛大胜利 李国裕
枪杆诗 战士马连城
春兰上学了 振 锋
李金玲小组生产竞赛快板
华新纱厂王裕纲
春节小唱 小 凡
诉苦快板 战士陈惠民
把悲伤化为力量 叶 萌
新年献礼 廖永民
儿童谣曲 李克胜 李克珍

读秦易的诗 张明权
评《民主家庭》 赵步颜
批判的接受遗产 王柏华
英雄回来了 树 村
仇恨 王 丰
桂元爱莲谈亲事（唱词）
李 刚 常 泊
兰英夸夫（唱词） 孟 照
歌 曲
运输员 方 生
我们要出去打 卞之琳词 仙丹曲
我送大哥到前方 穆玉瑄词 丁兵曲

小虎和小凤 刘良月
两条串沟 君 谦
欢送 安阳二中 魏立言
我看到了朝鲜舞 孟 照
《平原》三卷一期读后感 魏亚民
文艺消息
画 页
美军的士气 刘石生
自愿捐献物品，慰劳中朝将士！
刘宝林
难逃法网 竹 民
挑战 章 捷
美帝国主义者的道路 后皓东
封面

第3卷　第5期

1951年3月31日出版

谈谈抗美援朝保家卫国的戏曲创作　若　菁

关于一九五〇年文艺创作评奖的几点说明和希望　平原省文艺创作评奖委员会

诗歌　快板

给毛主席拜年　温县王村农民吴富运

唱南阳文化翻身　工农速成中学学生　段维中

二妮笑啦　张雪枫

美帝你不行　安阳后西岗村农民　李道德

挑战　耿宗文

文仲大娘　田　兵

过新年　申法顺

醋油挑　朱济民

歌唱郏县文艺座谈会　郏县艺人作

平原民歌　宏　农集

部队抗美援朝创作评奖总结　平原省军区政治部文化部

干克剑和李永功　张明权

买地　周　山

幻灯——美术工作的新阵地　王柏华

吃“鸡蛋”（剧本）　王　清　赵学诗　陈　悟

千里挑战（唱词）　霄　新

歌　曲

来了叫你回不去　张　钦词　鲁　敏曲

中朝人民战歌　鲁　煤词　胡学魁曲

夺红旗　悔　子

反倒算唱词　唐　居口述　一　展整理

老实头　宋悟民

批评与建议

对《平原》通联工作和处理稿件的几点意见　碧　波　仰　斋　青　巽　老　呆

对《平原》发表的歌曲的一点意见　李　慧

新年乐　董俊卿

对《保卫和平》一剧的意见的意见　平　人　艺　工

林县今年春节文娱活动

模范夫妻（续完）　濮阳专区文工团集体创作

文艺消息

画　页

快缴公粮　新乡区文工团黄德正

反对美帝重新武装日本　王世伟　宋光华

奋勇炸坦克　关扶武

军属最光荣　钟志宏

封面　冯　稼

第3卷　第6期

1951年4月30日出版

省文联为迎接“五一”号召全省文艺工作者展开爱国主义宣传教育活动
我们应全力进行爱国主义的宣传工作　本　社
全省文艺工作者团结起来　进一步普及深入抗美援朝的爱国运动　林菁华
诗歌　快板
宣誓　平原机器厂　任　白
歌唱劳模刘鸿庆　通丰面粉工厂　宋　彬
抗美援朝对口唱　王华文
工人福音　通丰面粉厂技术工人　孙纯贵
镇压反革命小诗　秦　易
老干家　荷泽兴和烟厂　夏　农
慰问中国人民志愿军　申　申
刘老汉表决心　荷中王玉亭　杨秀武
永不会忘记的血海深仇　长　青
保卫新时光　农民李勤原作　李长春代笔
胡大有互助组　聊中学生　贺泽高
见面就羞他　周　山
儿童谣曲　宋文生
隔山隔水寄朝鲜　北　方
提高产量（话剧）　平原省机器厂　侯克材
为了永久的幸福　小　印
示威的队伍万里长　傅静舟
仇（独幕话剧）　雁　非
歌　曲
进行，中朝健儿　明光星词　胡学魁曲
国防军，最光荣！　陈印鑫词曲
人民永远坐天下　张　炎词　艺　兵曲

母子俩　聊城分区报务员　彭振武
一个建议　张明权
通联工作的初步检讨　本社通联科
老秦易学文化　俊　卿
大快人心（速写）　李　荣
于克俭和李永功（续完）　张明权
一封挑战信　民间艺人申超凡
文艺消息
画　页
积极生产抗美援朝　方克惠
揭穿匪特的破坏阴谋　青委会　石景科
胜利不是他们的　后皓东
你见我的孩子来吗？　聊　中　安希武

封面　老　宋

275 文艺丛刊

简介

《文艺丛刊》，不定期刊，一九四八年十一月创刊，华东野战军政治部编印。一九四九年一月底，华东野战军整编为第三野战军，同年二月出版的第四期改署“中国人民解放军第三野战军政治部编印”。一九四九年十二月出至第八期终刊，共出八期。小三十二开本。

该刊是人民解放军内部出版的文艺刊物。创刊号《序言》说明创办的目的是为“表扬典型的创作，鼓励创作情绪，提供创作方法，大大地展开部队的创作运动，供应部队以更多更好的文艺材料”。刊物选载的多是“对内教育对外宣传上较有指导意义的文艺创作”。该刊发表的文艺作品偏重各种形式的剧本，诸如话剧、广场歌剧、腰鼓剧、新闻报道剧等，其次是枪杆诗、快板诗、曲艺作品等。作品内容主要是反映部队的战斗生活和军民的鱼水情谊，形式活泼通俗，多为干部战士集体创作。刊物还注重对军内文艺工作的指导和总结，经常发表部队首长对文艺工作的指示、政治部有关开展军内文艺活动的意见，以及先进单位组织群众文艺活动的经验。主要撰稿者有汪岁寒、王啸平、石汉等。

目　录

创刊号
1948 年 11 月出版

序言
买卖公平　西　蒙
插翅难飞
葛　焕　王　谦　徐　潮
吴　尧　孟明春集体创作
火线爱民　江岁寒　苏　伟　编剧
张　锐　丁维云　宋　珑
余　萍　吴海影　作曲

第 2 期
1948 年 12 月出版

枪杆诗　李偀民　姚征人
向南最光荣　魏　峨
李子刚　顾菊楼
战斗不忘爱民　啸　平

第 3 期
（经验专辑）
1948 年 12 月出版

关于今后文工团工作的任务（一九四八年二月十三日钟副主任在野政文工团干部会上的讲话）
战地巡回演唱工作　野政文工团
运动防御中的文艺活动
吕怀昆　朱　星整理
“队前演出”经验介绍　吴祖庚整理
我们下连开展群众性的文艺活动
四纵文工团
炮连快板小调活动
三五大队宣教股
在三连　星
我第一次“画向战争”“为兵服务”　程　冰
我第一次下部队参加文艺活动——拉洋片　李传弟
我怎样发动程志同志唱河南戏
郭　卓
新闻报导剧　汪岁寒整理
（附剧本:《掷弹筒手陆春发》）
“边走边打边学”工作介绍
野政文工团
鼓动号子
集体教歌
满场飞
拉洋片
一条标语
培养野战军文工团战斗化工作作风
陈　虹
编后

第 4 期
1949 年 2 月出版

一样爱护他（广场歌剧）　石　汉

红军的妈妈（独幕话剧）
宁　摩改编
兄弟情（广场歌剧）　岁　寒执笔
一万五千元（广场歌剧）　佐　平

第5期

1949年3月出版

换心（三幕话剧）　王啸平

第6期

1949年6月出版

唐主任在华野"文艺座谈会"上的讲话摘要
陈部长在华野"文艺座谈会"上的总结报告摘要
野政对今后文工团工作的决定
野政对文艺创作评奖条例的规定
野政宣传部对剧本歌曲创作之评奖初审目录
剧本评奖的综合意见　野政评奖小组
淮海战役的火线文艺工作
野政宣传部
火线文艺工作点滴经验介绍
一切缴获归公（剧本）　胡石言作

第7期

1949年5月出版

关于组织对外的晚会及演出节目通知　野政宣传部
戏　剧
有计划有步骤地进行旧剧改革工作
人民日报专论
对目前平剧运用和改造的几个意见
李碧岩作
平剧节目初步审定
野政文工三团
快碾胜利米　石　汉作
积极生产　虞　棘作
归队　胡野擒·吴志成·蓝　茜合作
歌　曲
我们是人民解放军
吴　强词　亚　威曲
铁路工人歌　萧　三词　吕　骥曲
编后

第8期

1949年12月出版

介绍华北野战军的兵演兵运动
华北抗敌剧社苏范同志报告
朱　星整理
战士创作
看看咱班长
二三五团三营七连战士
葛子方　宋　忠　汤合成作
王培凤　谢仁宏修改
刘金亮小组
二十四大队八连战士作
陈三百修改

部队文艺消息
漫谈改造旧形式　　晓　河作
腰鼓发展及渡江腰鼓剧介绍
野政文艺科创作研究组
渡江腰鼓剧　集体创作　凌竞亚执笔
野政举行给奖茶话会
模范炊事房
二十四军文工团创作组集体创作

276 华北文艺

简 介

《华北文艺》，月刊，一九四八年十二月十五日创刊于石家庄附近的冶河镇，华北文艺界协会编辑部编辑，欧阳山主编，编辑部成员有康濯、陈企霞、秦兆阳、王燎荧等，华北文艺社出版，华北新华书店发行。自一九四九年五月一日第四期起，迁往北平出版，改由新华书店发行。同年七月一日出至第六期终刊，共出六期。十六开本。

该刊是华北解放区出版的有影响的文艺刊物。一九四八年八月，晋察冀边区文联和晋冀鲁豫边区文联联合召开华北文艺工作者会议，决定两个边区文联合并，成立华北文艺界协会。不久便创办了《华北文艺》。刊物编辑部根据华北文艺工作者会议确定的"必须更多更好地反映人民解放战争，反映土地改革，反映生产建设"的任务，阐明办刊的四项宗旨：一、"表现人民胜利的信心"；二、"在质的、量的方面，更进一步开展普及工作"；三、"克服作品中宣传性和艺术性的薄弱"；四、"建立经常的文艺批评"（创刊号代发刊词《我们的希望》）。刊物的创作与评论基本体现了创刊宗旨。前三期在农村出版，报告速写、独幕剧、新歌剧占有突出地位。这些作品多以解放战争和农民的翻身斗争为题材，适应了中国革命迫近全国胜利的形势。刊物进城出版后，短篇小说和诗歌数量剧增，也出现一些优秀的长篇评书、鼓词，反映城市工人生活的创作有所增加，其中很多是工人自己写的歌谣、故事、散文和剧作。文艺评论比较集中于旧剧改革和民间艺术改造问题的探讨，对"工人文艺"的提倡和作家下厂锻炼的初步观感。这些评论对该刊的创作和华北地区文艺的发展产生了一定影响。主要撰稿人除编者外，尚有杨朔、王亚平、萧三、严辰、周巍峙、草明、贺敬之、胡可、董均伦、董彦夫等。

目　录

创刊号

1948 年 12 月 15 日出版

我们的希望（代发刊词）
提高政治水平、理论思想水平是文艺工作者最重要的任务　萧　三
走向胜利的第一连（中篇报告）　董彦夫
剧　作
露营（独幕话剧）　秦兆阳
归队（歌剧）　肖　汀　李　韵等
搂草鸡毛（诗）　贺敬之
短篇创作
家和日子旺　俞　林
光荣　孙　犁
王铁锛的日记　克　明、文　茂
借米还米　康　濯
研究·介绍·讨论
对改革农村戏剧几点建议　赵树理
读了《高干大》的两三点意见　胡　椒
谈民歌的“兴”　严　辰
谈部队歌剧的演员　钱海洪
歌　曲
要把歼灭仗来打　刘　行
纺线三唱　徐　明
封面设计　蔡若虹
有计划有步骤地进行旧剧改革工作（节录《人民日报》）
冀鲁豫民间艺术研究座谈会告同行同业书（节录）

第 2 期

1949 年 1 月 15 日出版

论“费厄泼赖”应该缓行（重载）　鲁　迅
多到工人中去、多多写工人　周巍峙
戏　剧
老黏买驴（歌剧）田　野、杨润身
望南山（歌剧）王健生、武宝光
改造民间艺术　王亚平
看了《民主青年进行曲》以后　李伯钊
短篇创作
毛主席的战士　叶　枫
火网下的一天　王　化　王　林
歪脖子兵　秦兆阳
歌　曲
太阳谣　金紫光、贺绿汀
劝张二发　刘文卿、孟　震
走向胜利的第一连（中篇报告连载）　董彦夫
鼓书队街头宣传（木刻）　程　曼

第 3 期

1949 年 2 月 15 日出版

红军回来了（独幕话剧）王燎荧
工人张飞虎（中篇小说）　康　濯

歌　曲
工会歌　李伯钊、孟　波
给受难的同胞报仇　贺敬之、周巍峙
坚决执行文艺为工农兵的方针　萧　三
诗　选
骑兵通讯员　高敏夫
战场传单（三首）　毕革飞
笔歌　田　间
一个希望（漫谈）　管舒予
读了新创作的旧剧
——《河伯娶妇》(短评)　胡丹佛
战场速写
舍命救老乡　禹　明
枣　林十柴
炮弹　江　风
走向胜利的第一连(中篇报告,续完)　董彦夫

第4期
1949年5月1日出版

新的文艺战线在形成中
——记茅盾先生关于全国文代筹委会的谈话　本　社
论文学的自由　〔苏〕塞　茨作　荒　芜译
戏　剧
没有开出的列车（独幕话剧）　夏　淳、于　夫
咱们的侦察员（四场话剧）　陈孟君、轻　影
钥匙在谁手里（独幕话剧）　羽　山、胡　可
讨论：
论人民剧场的工作方向　宋之的
谈旧剧改革　马彦祥
画页
人物速写　叶浅予
投豆选举　顾　群
清算　莫　朴
窗花二帧　秦兆阳
民主力量团结紧（歌曲）　张世威、杜　利
诗　辑
北上纪行　郭沫若
杨光宾修犁　王亚平
莫放手　张满弓
爷爷牵了头牛回来　严　辰
题画两首　吕　剑
工人创作选
纺织工人歌（歌曲）　刘宝光、丁　平
红旗歌　李作华
蒋该死哭五更　魏忠秀
铁的自述（故事）　王荣寿
完成革命　金毓春
新年歌谣　李广山
游行庆祝　石景山钢铁厂
水池回忆（散文）　关续文

文艺活动

石家庄文艺工作的几个问题 王 炜
记两个纺织厂的工人文艺活动 侯金镜
工人与歌谣 草 明
进工厂后几点感触 胡 可
冀鲁豫开展群众文艺工作

短篇创作

熔炉 杨 朔
阎铁梁 唐仁均
两兄弟 往 夫
夜摸吴家寨子 文乃山
小伯温 欧阳山
封面及扉页设计 秦兆阳

第 5 期
1949 年 6 月 1 日出版

工厂文艺工作的目的和做法——天津市三月来工厂文艺工作总结之一 周巍峙
论文学的倾向性 〔苏〕阿玛卓夫 荒 芜译
血染潍河（中篇） 董均伦
亲家（短篇） 康 濯
读《原动力》 王燎荧

研 究

语言要有生命·就要向人民学习 萧 殷
采集农民语言琐记 萧也牧
关于运用方言 曾昭耕
侯昭银杀敌救女记（鼓词） 李子虔
在暴风雨后的阳光里（杂记） 胡 风

诗 选

小妮 申均之
街头小景 田 晴
拥底支前 关 露
新文学写作的一些问题 俞平伯
随想所及 欧阳予倩
解放前后（工人剧作） 祈醒非等
资料：
一天 草 明
论今后文艺工作 周而复
中国人民解放军进军曲 田 厓
工人歌 刘宝光 沙 蕻
封面设计 秦兆阳

第 6 期
1949 年 7 月 1 日出版

祝中华全国文学艺术工作者代表大会 本 社
加强职工团结发展新文艺——天津三个月来工厂文艺工作总结之二 周巍峙
盲艺人韩起祥 林 山
王丕勤走南路（说书） 韩起祥
三勇士推破船（鼓词） 史若虚
毛泽东的战士（电影小说） 杜 烽 汪 洋
幸福（小说） 秦兆阳

桃树园（小说） 杨 朔
依靠口耳 叶圣陶
谈高尔基作品的两种最早的中译
戈宝权
老王的胜利（独幕两场话剧）
余 晓 何 苦
研 究
创作上的几个问题 艾 青
读了《半湾镰刀》等以后 钟敬文
关于战士诗 钟纪明
枪杆诗选 轻 影
工人欢喜什么 苗培时
建立与展开革命的文艺批评
王 炜
忆华南方言文艺先驱——龚明先生
欧阳山
毛主席胸像（雕塑） 王朝闻
民兵（雕塑） 王朝闻
军队向前进、生产长一寸（浮雕二帧）
滑田友
河上渡伤员（木刻） 李少言
丈地（木刻） 牛 文
文代大会电中共中央暨毛主席致敬
中华全国文学艺术工作者代表大会

57

中国现代文学期刊目录汇编（第六卷）

ZHONGGUO XIANDAI WENXUE QIKAN MULU HUIBIAN

唐沅 韩之友 封世辉
舒欣 孙庆升 顾盈丰 编

中国社会科学院
文学研究所 总纂

中国文学史资料全编

现代卷

知识产权出版社

内容提要

本书汇编了我国现代文学史上创刊于1915—1948年间的，有影响、有代表性的期刊目录276种（另有附录4种），其中绝大部分是文学期刊，也酌情选收了一部分与中国现代文学关系密切的综合性文化刊物。

责任编辑：马　岳　　**责任校对**：韩秀天
执行编辑：牛洁颖　　**责任出版**：卢运霞

图书在版编目（CIP）数据

中国现代文学期刊目录汇编 / 唐沅等　编．—北京：知识产权出版社，2010.3
（中国文学史资料全编·现代卷）
ISBN 978-7-80247-677-6
Ⅰ．① 中…　Ⅱ．① 唐…　Ⅲ．① 现代文学—期刊目录—中国
Ⅳ．① Z88：I206.6
中国版本图书馆 CIP 数据核字（2010）第 007847 号

中国文学史资料全编·现代卷
中国现代文学期刊目录汇编（第六卷）
唐　沅　韩之友　封世辉　舒　欣　孙庆升　顾盈丰　编

出版发行：知识产权出版社

社　址：北京市海淀区马甸南村1号　　邮　编：100088
网　址：http://www.ipph.cn　　邮　箱：bjb@cnipr.com
发行电话：010-82000860 转 8101/8102　　传　真：010-82005070/82000893
责编电话：010-82000860 转 8171　　责编邮箱：mayue@cnipr.com
印　刷：北京市凯鑫印刷有限公司　　经　销：新华书店及相关销售网点
开　本：720mm × 960mm　1/16　　印　张：303
版　次：2010年3月第一版　　印　次：2010年3月第一次印刷
字　数：4653千字　　定　价：616.00元（全七卷）

ISBN 978-7-80247-677-6 / Z · 454（2796）

总 目 录

第一卷

期刊目录汇编

1 新青年（青年杂志）…………3
2 每周评论…………………………52
3 新潮……………………………70
4 国民……………………………80
5 少年中国………………………88
6 解放与改造（改造）……111
7 曙光……………………………130
8 新社会…………………………137
9 人道……………………………144
10 小说月报……………………146
11 文学周报
（文学旬刊、文学）……297
12 戏剧…………………………374
13 诗……………………………382
14 学衡…………………………392
15 创造…………………………447
16 努力周报……………………454
17 读书杂志……………………472
18 歌谣周刊（歌谣）………476

第二卷

期刊目录汇编（续）

19 小说世界……………………574
19 附录一　民众文学………751
19 附录二　侦探号…………756
20 浅草…………………………758
21 弥洒…………………………762
22 创造周报……………………766
23 文艺周刊
（文艺旬刊）………………775
24 洪水（周刊、半月刊）…787
25 语丝…………………………799
26 现代评论……………………861
27 支那二月……………………934
28 猛进…………………………937
29 莽原（周刊、半月刊）…954
30 大江（季刊）………………971
31 甲寅（周刊）………………973

32 清华文艺……1001
33 狂飚……1007
34 创造月刊……1016
35 沉钟（半月刊）……1026
36 北新……1034
37 一般……1093
38 幻洲……1112
39 泰东……1127
40 真美善……1138
41 民间文艺……1165
42 太阳月刊……1169
43 未名……1174
44 文化批判……1179
45 现代小说……1183
附 五一特刊……1191
46 新月……1193
47 流沙……1217
48 我们……1221
49 畸形……1224
50 奔流……1227
51 开明……1234
52 山雨……1265
53 思想……1269
54 无轨列车……1272
55 大众文艺……1275
56 乐群……1282
57 大江（月刊）……1291
58 白华……1297
59 春潮……1299
60 熔炉……1304
61 朝花（周刊、旬刊）……1306
62 海风周报……1313

第三卷

期刊目录汇编（续）

63 金屋月刊……1318
64 红黑……1324
65 人间……1327
66 华严……1329
67 新流月报……1333
68 戏剧与文艺……1336
69 南国月刊……1342
70 引擎……1347
71 戏剧……1349
72 戏剧的园地……1355
73 南国周刊……1357
74 新文艺……1363
75 萌芽（新地）……1370
76 拓荒者……1377
77 艺术……1384
78 文艺讲座……1386
79 巴尔底山……1388
80 骆驼草……1391
81 沙仑……1397
82 前锋周报……1399
83 现代文学……1406
84 开展……1412
85 文艺月刊……1418
86 世界文化……1496
87 前锋月刊……1498
88 读书月刊……1505

89 当代文艺……………………1517
90 诗刊………………………………1524
91 文学生活……………………1528
92 文艺新闻……………………1530
93 青年界………………………1579
94 现代文学评论 ……………1679
95 前哨（文学导报）………1687
96 文艺杂志……………………1690
97 创作…………………………1694
98 新时代………………………1698
99 涛声…………………………1731
100 北斗………………………1756
101 十字街头…………………1761
102 文化评论…………………1763
103 絜茜 ………………………1766
104 矛盾………………………1769
105 文学………………………1781
106 现代………………………1783
107 文学月报…………………1827
108 文艺茶话…………………1832
109 论语………………………1845
110 小说月刊…………………1999
111 文化月报
（世界文化）………………2002
112 无名文艺…………………2005
113 新诗歌……………………2007
114 艺术新闻…………………2014
115 文学杂志…………………2017
116 文艺月报…………………2021
117 文学………………………2025

第四卷

期刊目录汇编（续）

118 文艺春秋…………………2080
119 戏…………………………2085
120 文艺………………………2088
121 文化列车…………………2091
122 文学季刊…………………2096
123 中国文学…………………2106
124 新诗歌……………………2114
125 春光………………………2116
126 诗歌月报…………………2121
127 人间世……………………2126
128 小说
（月刊、半月刊）………2153
129 文艺风景…………………2162
130 当代文学…………………2165
131 东流………………………2170
132 文学评论…………………2179
133 译文………………………2182
134 太白………………………2206
135 文学新地…………………2226
136 水星………………………2228
137 当代诗刊…………………2233
138 文饭小品…………………2236
139 新小说……………………2242
140 芒种………………………2247
141 文艺………………………2255
142 中学生文艺季刊 ………2276
143 杂文（质文）……………2291

144 创作……2300
145 宇宙风……2303
145 附 宇宙风·逸经·西风非常时期联合旬刊……2392
146 海燕……2397
147 夜莺……2400
148 诗歌生活……2404
149 逸经……2407
150 东方文艺……2446
151 文学丛报（人民文学）……2452
152 作家……2458
153 文季月刊……2463
154 文学界……2470
155 光明……2475
156 现实文学……2494
157 今代文艺……2497
158 中流……2501
159 诗歌杂志……2514
160 新诗……2520
161 电影戏剧……2527
162 小说家……2530
163 热风……2533
164 希望……2536
165 文丛……2539
166 文艺科学……2544
167 文学杂志……2547
168 戏剧时代……2559
169 中国文艺……2562
170 新演剧……2566
171 烽火（呐喊）……2571
172 七月……2578
173 抗战戏剧……2596
174 抗到底……2603
175 战地……2612
176 自由中国……2617
177 文艺阵地……2624
178 抗战文艺……2658
179 戏剧新闻……2686
180 文艺……2690
181 文艺突击……2698
182 文艺新潮……2702
183 鲁迅风……2714
184 文艺战线……2721
185 笔阵……2725
186 宇宙风乙刊……2737
187 戏剧岗位……2758
188 新中国文艺丛刊……2765

第五卷

期刊目录汇编（续）

189 西线文艺……2769
190 通俗文艺……2773
191 文艺新闻……2784
192 文学月报……2790
193 戏剧与文学……2799
194 中国文化……2802
195 黄河……2808
196 战国策（附《战国》副刊）……2828
197 大众文艺……2835

198 现代文艺……2841
199 野草……2857
200 新诗歌……2877
201 戏剧春秋……2880
202 文艺月报……2887
203 奔流文艺丛刊……2893
204 中国文艺……2897
205 五十年代……2899
206 华北文艺……2902
207 时代文学……2906
208 诗创作……2911
209 万象……2924
210 笔谈……2963
211 文艺生活……2970
212 文讯……3001
213 草叶……3021
214 谷雨……3024
215 奔流新集……3027
216 战时文艺……3030
217 文艺杂志……3035
218 文坛……3045
219 文学批评……3050
220 文学创作……3053
221 文艺先锋……3060
222 青年文艺……3097
223 人世间……3104
224 天下文章……3118
225 时与潮文艺……3128
226 风雨谈……3142
227 艺丛……3154
228 中原……3157
229 艺文杂志……3161
230 民族文学……3174
231 新文学……3178
232 戏剧时代……3181
233 当代文艺……3185
234 微波……3189
235 文艺春秋……3191
236 高原……3214
237 文学新报……3218
238 希望……3222
239 诗文学……3230
240 文哨……3233
241 文艺大众……3237
242 新群众……3243
243 文联……3250
244 文艺复兴……3255
245 文章……3269
246 文坛月报……3274
247 人民文艺……3277
248 中原、文艺杂志、希望、文哨 联合特刊……3281
249 白山……3285
250 鲁迅文艺……3290
251 文艺杂志……3293
252 北方文化……3304
253 清明……3311
254 热潮……3316
255 北方杂志……3318
256 萌芽……3324
257 长城……3327
258 文艺丛刊……3329

259　东北文化……………………3332
260　呼吸……………………………3338
261　东北文艺……………………3342
262　平原文艺……………………3349
263　文艺知识连丛………………3356
264　诗创造………………………3360
265　胶东文艺……………………3371
266　中国作家……………………3377
267　大众文艺丛刊………………3380
268　蚂蚁小集……………………3384
269　文艺工作……………………3388
270　小说…………………………3390
271　文学战线……………………3405
272　群众文艺……………………3412
273　文艺月报……………………3419
274　平原…………………………3423
275　文艺丛刊……………………3446
276　华北文艺……………………3450

第六卷

期刊作者索引

作者署名首字笔画检索表……3457
作者索引……………………………3477

第七卷

作者索引（续）……………………4137

期刊馆藏索引

期刊馆藏索引………………………4629
期刊基本情况一览表………………4801

第六卷

期刊作者索引

作者署名首字笔画检索表

——汉　字——

一　画

一
乙

二　画

〔一〕

二
十
厂
丁
七

〔丨〕

卜

〔丿〕

八
人
入
九
乃

〔㇇〕

刁
力
又
了
乜

三　画

〔一〕

三
干
于
工
士
土
下
大
万
兀
九
与
弋

〔丨〕

上
口
山

〔丿〕

亿
千
乞
川
彳
彡
义
夕
久
凡
勺
么
及

〔丶〕

广
亡
门
宀
之

〔㇇〕

尸
弓
卫
也
刃
小
飞
习
马
子
孑
幺

四　画

〔一〕

比
扎
支
艺
云
元

无
天
开
井
不
木
互
瓦
王
五
丏
车
丰
韦
友
太
犬
尤
戈
历
区
匹
巨

〔丨〕

止
少
中
冈
贝
见
日
曰

〔丿〕

仁
什
仃
化
仇
仍
刈
从
仌
今
介
仑
仓
公
兮
壬
手
毛
夭
午
牛
升
长
片
斤
反
乌
匀
勾
凶
丹
月
风
凤

〔丶〕

计
忆
卞
六
文
方
亢
火
为
心

〔フ〕

邓
劝
双
以
引
孔
幻
允
尺
夬
尹
办
丑
巴
卍
予
水
毋
书

五　画

〔一〕

打
艾
平
丙
正
玉
示
古
去
末
未
本
世
甘
东
厉
布
石
右
左
龙
可

〔丨〕

旧

〔一丨〕
协
巩
地
朽
朴
权
芃
芝
芗
吉
圭
老
考
西
亚
再
耳
共
〔一丿〕
列
夸
厌
有
灰
在
存
达
迈
戌
成
宁
它
永
必
半
〔𠃌〕
阡
加
弘
幼
驭
召
台
圣
丝
民
弗
皮
发
尼
司
边

六　画

〔一一〕
邦
邢
刑
动
式
戎
刍
尔
冬
丛
禾
矢
失
生
丘
白
乎
包
鸟
用
乐
〔丶〕
冯
让
训
记
讱
汀
汇
汉
氾
邝
礼
立
玄
市
兰
归
帅
北
叶
卢
占
卡
号
只
另
旦
目
且
田
由
申
甲
电
四
史
冉
〔丿〕
仕
代
仙
仪
仞
外
卯
印
令

百
而
页
死
〔一フ〕
托
执
扬
邨（见“村”）
毕
尧
过
匡
匠
至
夷
〔丨一〕
此
贞
〔丨丿〕
师
〔丨、〕
尘
尖
劣
光
〔丨フ〕
吁
屿
帆
则
刚
岁
岂
吕
网
同
因
团
曲
〔丿一〕
竹
先
廷
乔
年
朱
〔丿丨〕
传
伟
休
伍
伏
仲
任
价
伦
伧
仰
仿
伙
伊
伢
华
延
自
血
向
〔丿丿〕
行
后
舟
角
〔丿、〕
全
会
合
企
众
〔丿フ〕
兆
舛
刖
邬
旨
名
各
多
负
争
危
色
凫
旭
〔、一〕
刘
齐
充
妄
亦
交
衣
庄
庆
〔、丨〕
忙
惕
闭
问
〔、、〕
冲
次
冰
江
汎
池
汤
汝
汉
壮
宇
守
宅
安

关
羊
米
〔、フ〕
讽
讷
许
讯
祁
军
农
〔フ一〕
弛
那
异
导
尽
艮
〔フ丨〕
阮
阳
迅
〔フ丿〕
如
妃
好
〔フ、〕
观
欢
羽
牟
买
〔フフ〕
孙
驯
红
约
纪
纫
丞

七　画

〔一一〕
玛
形
弄
麦
寿
吞
戒
进
远
违
运
〔一丨〕
坎
均
坑
杜
材
村（邨）
杉
杞
杨
却
劫
豆
丽
克
贡
志
声
芙
芫
苇
芸
芾
芰
芷
芮
苌
花
芥
芬
苍
芳
芦
苏
芧
劳
赤
孝
杏
李
吾
严
巫
酉
甫
束
更
〔一丿〕
励
辰
豖
〔一、〕
忒
来
〔一フ〕
扶
抚
抑
抗
拟
抒
轩
连
求
〔丨一〕
步
卤
〔丨丨〕
邺
坚

〔丨フ〕
呐
听
吟
吻
吼
岐
时
旷
别
吴
呆
岗
岑
岚
园
里
〔ノ一〕
牠
钊
利
每
告
秀
我
〔ノ丨〕
体
何
佐
佑
攸
但
佃
佚
作
伯
伶
佣
低
佟
你
住
位
伴
佗
佛
伽
伲
邱
兵
〔ノノ〕
彻
彷
近
〔八丶〕
邻
佘
余
含
谷
孚
希
采
〔ノフ〕
狂
狄
饮
彤
邹
劬
系
角
奂
岛
〔丶一〕
言
亨
弃
辛
忘
应
庐
序
〔丶丨〕
怀
忧
忻
闲
间
闵
〔丶ノ〕
灼
〔丶丶〕
冻
况
冷
冶
汪
沅
沄
沐
沛
汰
沤
沙
沃
沂
沧
泛
没
汶
沪
沉
沈
沁
羌
兑
完
宋
宏
牢
〔丶フ〕
诃

〔一フ〕
拓
拔
拙
抱
拉
拂
招
转
欧
卧
〔丨一〕
歧
叔
齿
卓
虎
〔丨丨〕
贤
非
〔丨、〕
尚
〔丨フ〕
味
呵
呼
鸣
咏
呢
咖
呦
茉
苦
若
芨
茂
苹
苗
英
苓
苟
范
苔
茀
茗
茄
茅
昔
幸
杰
者
其
述
雨
〔一ノ〕
砀
郁
奈
奔
奇
奋
驱
飒
纬
纯
纱
纳
纵
纹
纽
纾

八画

〔一一〕
玮
环
玫
青
武
〔一丨〕
坪
坦
坤
林
枚
析
松
枫
杭
枕
耶
画
直
评
识
补
初
罕
启
良
〔フ一〕
张
即
灵
尾
君
〔フ丨〕
陆
际
阿
陈
〔フノ〕
妙
妤
邵
劭
忍
努
〔フ、〕
劲
邰
甬
〔フフ〕
孜

岫
岭
帕
明
畅
凯
岩
忠
昙
杲
昆
昌
易
罗
具
迪
国
固
果

〔ノ一〕

牧
钏
和
知
季
竺
迭
乖
垂
秉

〔ノ丨〕

佳
侍
侠
侣
侃
侨
佩
依
侔
的
帛
岳
岱
阜
迫

〔ノノ〕

征
往
彼
径
欣
所
质

〔ノ丶〕

郤
岔
舍
念
金
采
觅
受

〔ノフ〕

狗
朋
服
鱼
匐
迩
周

〔丶一〕

氓
放
於
刻
京
享
夜
育
庞
店
庚
废

〔丶丨〕

怯
性
怪
怡

〔丶ノ〕

炜
炎

〔丶丶〕

洗
净
沫
浅
法
沭
河
泣
沱
泥
沸
波
泼
泽
治
郑
单
宝
宗
定
宜
官
宛
实
宓
空
学
卷

〔丶フ〕

诗

荣
荧
革
查
某
迺
赵
剋
柬
〔一ノ〕
研
砂
耐
歪
厚
威
〔一フ〕
挺
拾
指
挥
铁
轻
鸥
皆
〔丨丨〕
临
〔丨、〕
省
〔丨フ〕
哑
树
故
胡
封
荆
勃
郝
南
茜
荑
荛
草
茧
莒
茱
荏
荇
荃
荀
茗
荒
茨
茫
荩
荫
茹
荔
药
荪
兹
巷
绍
经
孟
贯
承
函

九　画

〔一一〕
珂
珍
玲
珊
玻
春
契
贰
〔一丨〕
项
城
垤
垲
枯
柯
栋
相
柷
柏
栀
柳
柱
柿
诘
诚
话
诤
祈
郎
房
〔フ一〕
弢
弥
弨
居
屈
肃
建
〔フ丨〕
陋
陌
〔フノ〕
迦
〔フ、〕
参
〔フフ〕
孤
驼
绀
绂
练
细
织
终

哂
哈
映
昨
昭
贻
昫
虹
郢
勋
品
峇
是
星
冒
贵
畏
界
思
罘
幽

〔丿一〕

拜
种
秋
科
矩
钝
钟
钢
钦
钧
钮
部
复
香
看
怎
选
适
重

〔丿丨〕

修
俚
保
俭
信
俍
侯
俊
顺
段
皇
泉
追
禹
鬼

〔丿丿〕

待
徇
衍
律
须

〔丿丶〕

叙
剑
郗
俞
爰

〔丿㇇〕

独
狱
饶
胆
胜
觔
盈
勉
逄
逃

〔丶一〕

施
哀
亭
亮
音
彦
度
峦
庭
迹

〔丶丨〕

恺
恰
恪
恽
恨
闻
闽

〔丶丿〕

炳
炼
炽
炯
炮

〔丶丶〕

洁
洪
洒
浊
洞
洗
活
派
洵
洛
净
济
洋
浑
浓
将
前
首

养
觉
宣
宫
宪
客
突
穿
美
姜
娄
迷

〔丶フ〕

语
说
诵
祖
祝
衲
冠

〔フ一〕

既
郡
费
屋
屏
昼
退

〔フ丨〕

除
胥
眉

〔フノ〕

姚
娜
贺
怒

〔フ丶〕

勇
垒
柔

〔フフ〕

羿
绚
绛
绝
骆
逊

十　画

〔一一〕

艳
珠
珞
班
顽
耕
耘
敖
素
秦
泰
恝

〔一丨〕

埌
埃
桂
桓
桢
桐
桦
格
桃
核
根
栩
耿
都
真
索
袁
莽
莱
莲
莫
莳
莉
莠
莪
荷
荻
莘
莎
莞
荼
莹
莺
哥
聂
晋
恶
栗
贾
速
起
载
彧

〔一ノ〕

殊
顾
砺
破
烈
辱
夏
原
逐

〔一フ〕

振
损
挹
顿
致
哲（喆）
逝

〔丨一〕
鸬
柴
虔
〔丨丨〕
监
〔丨、〕
党
〔丨フ〕
哨
唤
峰
峻
晓
哔
眠
蚊
晁
晏
晕
恩
哭
〔ノ一〕
特
钰
钱
钳
铁
铃
铎
积
秧
秩
称
秘
缺
笔
笑
笒
造
乘
〔ノ丨〕
倩
倚
倒
倬
倪
倜
俯
倦
健
射
息
隼
隽（雋）
〔ノノ〕
徒
徐
殷
般
舫
〔ノ、〕
颂
豹
翁
爱
奚
〔ノフ〕
卿
狷
馀
留
桀
逢
鸰
〔、一〕
旅
效
郭
高
衷
离
旁
斋
栾
席
竞
唐
病
疾
〔、丨〕
悚
悟
悄
悍
悔
悯
悦
〔、ノ〕
烧
烟
〔、、〕
凌
凄
准
凉
涛
浦
酒
涟
涉
涓
浩
海
涂
浴
浮
涤
流
润
涧
浣
浪

涌
浚
瓶
朔
益
兼
家
宾
宰
容
窈
资
〔丶フ〕
诸
调
谅
谈
祥
朗
冢
冥
〔フ一〕
弱
展
〔フ丨〕
陵
陶
蚩
〔フ丿〕
姬
婳
娱
娟
娴
娓
娴
恕
〔フ丶〕
难
预
桑
通
〔フフ〕
骏
绣
绥
继

十一画

〔一一〕
球
理
琇
琅
焘
〔一丨〕
堵
培
堀
彬
梧
梢
梅
梓
梭
聊
乾
勒
壶
埜
菁
菱
莽
菽
菲
萌
萝
菌
菊
菏
萍
菀
萧
萨
菰
菡
萤
黄
焉
曹
基
梦
梵
逵
〔一丿〕
硕
殒
匏
聋
龚
盛
戚
爽
〔一丶〕
雪
〔一フ〕
捷
掬
掷
揶
探
掘
辅
掇
〔丨一〕
虚
〔丨丶〕
常
〔丨フ〕
唯
啸
晦
晚
野
趾

鄂
崔
崇
晨
曼（㬅）
婴
〔丿一〕
铜
铢
铭
铮
银
移
敏
笨
笛
笙
符
笠
第
梨
〔丿丨〕
偶
停
假
皑
皎
悠
〔丿丿〕
得
船
〔丿丶〕
欲
悉
〔丿フ〕
猗
猛
象
祭
逸
〔丶一〕
旋
翊
孰
商
率
章
竟
望
庶
庚
庸
康
鹿
麻
痕
〔丶丨〕
情
惜
悼
惘
惟
惊
阎
〔丶丿〕
焕
烽
〔丶丶〕
减
清
鸿
淇
淹
渐
淑
淌
混
淮
淦
渊
渔
淘
淳
淬
液
淡
深
涵
断
剪
盖
寇
寄
寂
密
窒
渠
梁
〔丶フ〕
谋
谌
谌
谓
谛
〔フ一〕
敢
尉
屠
逯
〔フ丨〕
隋
隅
隆
隐
堕
〔フ丿〕
婉
娜
〔フ丶〕
翌
〔フフ〕
骑
绩
绪

续
绮
绳
维
绶
绿
巢

十二　画

〔一一〕
琪
瑛
琳
琲
琢
琼
琛
琭
琴

〔一丨〕
博
堪
楮
棱
植
棍
联
颉
棘
鹂
敬
韩
朝
斯
彭
葑
葳
葛
董
葆
葩
葹
蒂
蒋
落
萱
葭
葵
喜
覃
粟
惠
森
辜
喆（见"哲"）
越
超
趚

〔一丿〕
雄
雁

〔一丶〕
雯

〔一フ〕
揭
提
雅
蛰
皙

〔丨一〕
紫

〔丨丨〕
斐
悲

〔丨丶〕
辉
棠

〔丨フ〕
喻
喀
嵋
晴
践
跛
鹃
最
量
晶
景
鼎
黑
遇
遗

〔丿一〕
铸
锋
锐
嵇
程
鹄
剩
筑
智

〔丿丨〕
傅
储
皓
集
焦
奥

〔丿丿〕
循
御
遁

〔丿丶〕
释
舒
畲
舜
番

〔丿フ〕
然
鲁

〔、一〕
斌
敦
童
赓
〔、丨〕
愦
愉
慨
阑
〔、丿〕
焜
焰
焱
〔、、〕
湛
湘
渤
湜
渺
温
渭
溅
滑
渡
游
滋
溉
渥
湄
翔
割
曾
尊
普
善
寒
富
寓
窘
粪
遒
道
遂
〔、フ〕
谟
谢
谦
祺
扉
〔フ一〕
弼
巽
遐
〔フ丨〕
疏
〔フ、〕
登
〔フフ〕
缄
缅
缉
缘
淼

十三画

〔一一〕
瑞
瑜
魂
韫
瑟
〔一丨〕
楠
楷
楞
楩
槐
榆
槎
楼
楣
椽
赖
靳
甄
献
蒯
鄢
勤
蓝
幕
蒨
蓟
蓬
蒲
蓉
蒙
楚
想
〔一丿〕
碍
碎
感
〔一、〕
雷
零
雾
〔一フ〕
颐
裘
熙
〔丨一〕
频
虞
〔丨丨〕
鉴（鑑）
〔丨フ〕
暗
睡
睢
畸
路
嗣
嵩

㬅（见“曼”）
罪
蜀
煦
照
愚
〔丿一〕
稚
错
锡
锦
筹
筠
筱
简
〔丿丨〕
傻（儍）
毁
皋
魁
〔丿丿〕
微
〔丿、〕
愈
遥
〔丿フ〕
腥
鹏
腾
解
颖
鲍
詹
〔、一〕
靖
鹁
韵
新
雍
意
廉
痴
〔、丨〕
慎
阙
〔、丿〕
煤
煜
〔、、〕
满
漠
滢
源
溪
溜
溢
溯
滨
溶
溟
慈
塞
寞
窦
〔、フ〕
谨
谬
福
褚
裼
〔フ一〕
辟
群
〔フフ〕
骝

十四 画

〔一〕
瑶
韬
静
碧
榴
榕
碬
兢
赫
酸
毂
歌
嘉
慕
蔓
蔷
蔡
蔺
蔽
蔼
蔚
蓼
綦
聚
翥
臧
霆
霁
撄
摘
誓
熙
〔丨〕
睿
裴
裳
睨
蝉
〔丿〕
锷
锵
鍼
毓
管
舞
[illegible]
疑

鲜

〔丶〕

端
辣
韶
彰
裹
豪
腐
廖
瘦
阚
潇
漆
漱
漫
漪
漳
滴
漾
演
漏
寨
赛
寥
谭
谲
褐
肇

〔フ〕

嫣
翟
翠
熊
缦
缩
缪
缫

十五　画

〔一〕

慧
增
槿
横
樱
橄
赭
醇
醉
飘
敷
蕙
蕃
蕊
蕴
鋆
磊
震
霉
撤

〔丨〕

睆
蝶
影
暴
罥
墨
题

〔丿〕

镇
镒（见“鉴”）
稽
稷
稻
稼
箴
篁
黎
僾（见“傻”）
牖
德
樊
獗
谙
滕
鲤

〔丶〕

颜
毅
褒
摩
憬
潜
澍
澎
澌
潮
潭
潦
潘
澜
澄
窳
翦
鹤
褴

〔フ〕

憨
慰
履
勰
豫
畿

十六　画

〔一〕

璞
璟
樵
樨
醒
翰
融
鄹
蕾

蘖
薛
薇
薏
薄
薜
燕
熹
磬
噩
霏
霍
操
臻

〔丨〕

冀
瞘
默

〔丿〕

镛
镜
镝
穆
赞
儒
翱
衡
雕
鲲

〔丶〕

辨
廪
磨
磨
憾
燃
凝
潞
激
澹
羲

〔フ〕

壁
彝（“彝”）

十七　画

〔一〕

璐
檀
鞠
藏
薰
藐
戴
磷
霜
霞
擢
翳

〔丨〕

壑
曙
螺
蹈
黜
豳

〔丿〕

穗
魏
篦
黛
徽
豁
斲

〔丶〕

襄
膺
糜
懦
濮
蹇

〔フ〕

擘
懋
翼
孺
骤

十八　画

〔一〕

鞭
藕
藩
瞢

〔丨〕

曜
瞻
蟠
瞿
鹭

〔丿〕

馥

〔丶〕

鹰
瀑
襟

〔フ〕

璧
彝（彝）

十九　画

〔一〕

𬞟
蘧
蘅
藻
麓
警
霭

〔丿〕

籀

〔フ〕

缵
蟥

二十画

〔一〕

蘩
馨

〔丨〕

巇
嚼
曦
耀
巍

〔丿〕

籍
鰲

〔丶〕

灌

〔フ〕

纕

二十一画

〔一〕

纕
蘊
露
蠢

〔丶〕

灏
夔

〔フ〕

蠡
羼

二十二画

懿
蘼

二十三画

癯

二十四画

鑫

二十五画

戇

——拉丁字母——

A
B
C
D
E
F
G
H
I
J
K
L
M
N
O
P
Q
R
S
T
U
V
W
X
Y
Z

——注音符号——

ㄍ
ㄔ
ㄗ
ㄧ

——其　他——

X
⊗

作者索引

——汉　字——

汉字署名次序排列的原则是：首字先以笔画简繁为序排列，次以起笔的“一”“丨”“丿”“丶”“乛”为序排列；

首字相同的，以字数由少到多为序排列，其中字数相同的，先以第二字笔画简繁为序排列，次以第二字起笔的“一”“丨”“丿”“丶”“乛”为序排列；

其余，依此类推。

各字的笔画数与起笔，均以新版《辞海》为准。

原刊署名中的异体字，如“邨”(村)、“埜”(野)、“堃”(坤)、“喆”(哲)、“悳”(德)、“曼”(曼)、“隽”(隽)、“儁”(俊)、“鑑”(鉴)等，均按正体字笔画与起笔排序。

一 画

一

19《小说世界》1：4

178《抗战文艺》3：4

一 厂

19《小说世界》3：13

一 工

141《文艺》1：4

一 士

84《开展》1，2，3

一 川

114《艺术新闻》4

一 个

241《文艺大众》7

一 凡

190《通俗文艺》21

一 勺

43《未名》2：9—12

一 之

98《新时代》2：1；

109《论语》42，43，47，52；

112《无名文艺》旬刊 1

一 切

51《开明》1：8，2：1，2：3，2：8；

一 夫

175《战地》1：6

178《抗战文艺》1：12

一 无

135《文学新地》1

一 友

274《平原》7，9，11，14，2：1，2：2，3：1

一 止

26《现代评论》7：158，8：197

一 中

109《论语》52，60

一 介

134《太白》1：7

一 公

11《文学周报》139，196；

25《语丝》19；

32《清华文艺》1：5

一 文

85《文艺月刊》战时特刊 2：11—12 战时特刊 4：2；

141《文艺》5：5，6：1

145《宇宙风》81，84，90，92，108，115；

165《文丛》2：2，2：3，2：4；2：6—7；

171《烽火（呐喊》17，20；

172《七月》3：1；

176《自由中国》新 1：4，新 1：5—6，新 2：1—2；

177《文艺阵地》2：11，3：2，3：6，6：6；

178《抗战文艺》1：6，5：1，8：1—2；

192《文学月报》1：6；

198《现代文艺》2：4；

212《文讯》9：3
217《文艺杂志》1：1，1：2，1：4，
1：6；
266《中国作家》纪念特刊
269《文艺工作》1
一　方
191《文艺新闻》2
一　心
177《文艺阵地》4：12
一　水
93《青年界》8：2
一　平
98《新时代》4：4—5；
183《鲁迅风》18，19
一　石
174《抗到底》8
一　龙
109《论语》34，
一　田
205《五十年代》1
一　宁
180《文艺》2：2；
191《文艺新闻》9—10
一　民
1《新青年》2：3；
109《论语》67
一　朴
113《新诗歌》2：2
一　因
145《宇宙风》7
一　回
130《当代文学》1：4
一　帆
109《论语》73；
249《白山》5
一　行
109《论语》129，134，135，137，
139，151，152，153，154，
155，156，157，158，159，
160，161
一　声
19《小说世界》13：21
一　苇
14《学衡》6
一　村
39《泰东》1：10
一　佛
198《现代文艺》4：3，4：4，4：5；
251《文艺杂志》3：1
一　岑
6《解放与改造》2：3，2：4，
2：16，3：2；
12《戏剧》2：3
一　针
2《每周评论》2，6
一　忱
51《开明》新7号
一　闲
199《野草》5：3
一　君
11《文学周报》221

一　青
85《文艺月刊》战时特刊：4：2
109《论语》75；
188《新中国文艺丛刊》2
一　林
55《大众文艺》1：2，1：4
一　松
26《现代评论》8：205
一　鸣
26《现代评论》7：173，
7：180；
145 附《宇宙风·逸经·西风非常时期联合旬刊》4
一　知
134《太白》1：9，1：10，2：1，
2：3，2：6，2：8，2：10；
149《逸经》22
一　欣
109《论语》6
一　念
242《新群众》1：6，2：2，2：3
一　氓
47《流沙》2，4，5，6
一　卒
195《黄河》3：2；
215《奔流新集》2
一　波
37《一般》2：3；
52《山雨》1：5；
185《笔阵》2，5
一　空
109《论语》12
一　郎
19《小说世界》10：6
一　砂
273《文艺月报》4
一　星
11《文学周报》12，56，57
一　钟
159《诗歌杂志》2，3
一　剑
75《萌芽》1：6
一　修
59《春潮》1：8
一　恒
247《人民文艺》1：6
一　恬
190《通俗文艺》42
一　前
25《语丝》4：30
一　觉
4《国民》1：3，1：4，2：1；
199《野草》新4
一　怒
141《文艺》3：2
一　格
92《文艺新闻》10
一　真
37《一般》1：4
一　峰
6《解放与改造》1：8；

26《现代评论》6：156；
28《猛进》14；
109《论语》123，128，165，167
一 航
19《小说世界》18：4
一 翁
19《小说世界》11：6
一 凌
212《文讯》7：1
一 萤
159《诗歌杂志》3
一 萍
93《青年界》6：5，11：4；
272《群众文艺》2
一 醉
109《论语》129
一 庸
127《人间世》35
一 清
109《论语》21，26，39
一 涵
16《努力周报》32，33；
26《现代评论》1：9，1：11，
1：12，1：13
一 鸿
1《新青年》季刊 1
一 粟
25《语丝》5：2；
36《北新》3：11；
40《真美善》6：4
一 雄
109《论语》84
一 鼎
244《文艺复兴》3：6
一 筒
238《希望》2：2
一 湖
2《每周评论》8，20，23；
6《解放与改造》3：1
一 新
262《平原文艺》1：1，1：2，
一 骚
36《北新》2：8
一 碧
93《青年界》8：2，8：3
8：4，8：5
一 榴
49《畸形》2；
53《思想》1：1；
55《大众文艺》2：3；
77《艺术》1：1；
109《论语》124，128，
130，131
一 嘤
217《文艺杂志》1：4
一 萼
10《小说月报》18：11；
25《语丝》108
一 寰
109《论语》50，60，67；

一　樵

10《小说月报》12：5，12：7，14：11；

11《文学周报》19

一定户

109《论语》151，153

145《宇宙风》72

一个新诗人

109《论语》113

一个初进大学的学生

109《论语》27

乙　己

84《开展》8

乙　中

142《中学生文艺季刊》1：2

乙　青

26《现代评论》5：123

乙　阁

4《国民》1：4

乙　烽

145《宇宙风》102

乙　裴

82《前锋周报》11

二　画

二　飞

187《戏剧岗位》1：5—6，2：2—3

二　水

196《战国策》2

二　古

2《每周评论》13

二　令

18《歌谣》2：14，2：38

二　流

47《流沙》5

二　稜

200《新诗歌》1

二　嘘

109《论语》22

二十八画生

1《新青年》3：2

十　还

117《文学》4：4

十　宜

270《小说》3：2，3：3

十　堂

226《风雨谈》15；

229《艺文杂志》3：1—2，3：4—5

厂　人

38《幻洲》1：6

厂　民

85《文艺月刊》战时特刊2：5，战时特刊2：7,战时特刊3：3—4；

106《现代》5：3；

117《文学》8：1，8：4；

126《诗歌月报》1：3，1：5；

127《人间世》30；

128《小说》17；

137《当代诗刊》创刊号，1：2，1：3—4；

140《芒种》7；

158《中流》1：5，1：9；
177《文艺阵地》2：3，2：6，2：9，3：5，4：3，4：4，4：12，6：5，6：6；
178《抗战文艺》1：4，2：9，3：4，4：5—6；
182《文艺新潮》2：3，2：4，2：6，2：7，2：9；
192《文学月报》2：4；
198《现代文艺》1：6，2：4，3：6，4：6；
202《文艺月报》6；
208《诗创作》5，8，10，11，13，14，16，17；
214《谷雨》创刊号，1：5；
217《文艺杂志》1：4，2：1，2：2，2：3；
222《青年文艺》4；
252《北方文化》1：1，1：3

厂　晶

10《小说月报》12：7，12：8

厂屯男士

109《论语》107

丁

109《论语》120，121，122；
144《创作》1：3

丁　一

272《群众文艺》5；
274《平原》12

丁　丁

39《泰东》1：3，1：4，1：6，1：8
89《当代文艺》1：5，1：6；
94《现代文学评论》1：1，1：3，2：1—2；
98《新时代》创刊号，2：1，3：5—6，5：2，6：1，7：1；
103《絜茜》创刊号；
109《论语》15；
137《当代诗刊》创始号；
221《文艺先锋》12：5；
226《风雨谈》9，12；

丁　力

109《论语》150；
264《诗创造》3；
267《大众文艺丛刊》2

丁　三

93《青年界》8：1，8：2，8：3，8：4，8：5，9：1，9：2，9：4，9：5，10：1，10：2，10：3，10：5，11：1，11：2，11：3，11：4，11：5

丁　仁

85《文艺月刊》3：3

丁　文

80《骆驼草》8，10

丁　平

276《华北文艺》4

丁　东

141《文艺》3：2；
142《中学生文艺季刊》1：2

丁　生

85《文艺月刊》11：1

丁　白
93《青年界》8：4，9：3
丁　冬
221《文艺先锋》12：1
丁　宁
109《论语》36；
142《中学生文艺季刊》3：2；
221《文艺先锋》10：5
丁　尼
187《戏剧岗位》1：2—3；
195《黄河》5，2：1，4：1
丁　行
178《抗战文艺》2：2，2：9
丁　声
235《文艺春秋》4：3
丁　苍
109《论语》11
丁　克
150《东方文艺》1：4；
178《抗战文艺》武汉特刊2
丁　邑
182《文艺新潮》1：10
丁　坚
271《文学战线》2：1
丁　里
178《抗战文艺》武汉特刊3；
181《文艺突击》新1：1；
205《五十年代》1：2，2：1；
252《北方文化》1：3
丁　武
80《骆驼草》1，3
丁　英
246《文坛月报》1：1
丁　耶
244《文艺复兴》4：2；
264《诗创造》4，7；
266《中国作家》1：2
丁　明
85《文艺月刊》战时特刊2：7；
177《文艺阵地》2：5；
201《戏剧春秋》1：6；
235《文艺春秋》4：1
丁　易
185《笔阵》6，新1：2，新2：1，
新2：2，新8；
187《戏剧岗位》2：2—3；
224《天下文章》2：4；
228《中原》1：3；
235《文艺春秋》4：3，5：1；
238《希望》1：4；
256《萌芽》1：1，1：2
丁　鸣
195《黄河》5：2；
261《东北文艺》1：3
丁　非
154《文学界》1：2，2：4；
155《光明》1：11，2：1；
241《文艺大众》2
丁　季
251《文艺杂志》3：3，4：3，4：4
丁　佩
141《文艺》3：5，3：6

丁　波

211《文艺生活》海外版 20

丁　泽

196《战国策》3，5，7，11

丁　孤

117《文学》7：3

丁　玲

10《小说月报》18：12，19：2，19：5，19：7，19：12，20：3，21：1，21：2，21：3，21：4，21：5，21：6，21：9，21：11，21：12，22：7，22：9；
60《熔炉》1：1；
64《红黑》1，2，3，5，6，7；
65《人间月刊》2；
88《读书月刊》2：4—5；
92《文艺新闻》13；
100《北斗》1：1，1：2，1：3，2：1，2：2，2：3—4；
106《现代》3：1；
107《文学月报》1：1，1：2，1：4；
111《文化月报》1：1；
115《文学杂志》1：3—4；
117《文学》1：3，1：4；
129《文艺风景》1：1；
153《文季月刊》1：4；
157《今代文艺》1：2；
172《七月》1：5，2：2，3：3，3：6，4：1，6：1—2，7：1—2；
175《战地》1：4；
176《自由中国》创刊号；
177《文艺阵地》2：4，2：7，7：1；
181《文艺突击》1：2；
184《文艺战线》1：4；
194《中国文化》1：3，3：1；
197《大众文艺》创刊号，1：2，1：5；
202《文艺月报》1，5，14；
204《中国文艺》1：1；
207《时代文学》1：3；
209《万象》3：6；
214《谷雨》创刊号，1：5；
223《人世间》复刊 2；
226《风雨谈》11；
244《文艺复兴》3：1，3：2；
252《北方文化》1：1，1：3，1：4；
257《长城》创刊号；
259《东北文化》1：1；
267《大众文艺丛刊》2；
270《小说》2：2，2：3，2：5；
271《文学战线》1：2，1：3，2：1；
273《文艺月报》创刊号

丁　钢

264《诗创造》2：2

丁　洪

261《东北文艺》1：3，2：5；
271《文学战线》1：5—6

丁　珰

155《光明》2：6；
195《黄河》3

丁　素

270《小说》1：6，2：2，2：4

丁　浪
201《戏剧春秋》2：1
丁　容
10《小说月报》13：7
丁　曼
251《文艺杂志》2：6
丁　深
109《论语》114
丁　谛
85《文艺月刊》6：5—6，7：5，9：2，10：2，11：1，战时特刊2；
127《人间世》30，42；
145《宇宙风》85，91，93，103，109，110，117—118，124；
182《文艺新潮》1：9；
183《鲁迅风》7，9，16；
186《宇宙风乙刊》7，26，32，42；
209《万象》1：1，1：2，1：7，1：8，1：9，1：10，1：11，1：12，2：1，2：2，2：3，2：4，2：5，2：6，2：7，2：8，2：9，2：10，2：11；
226《风雨谈》9，10，15，16，21
丁　雷
109《论语》91
丁　韬
141《文艺》1：1，1：3，1：4，1：5—6，2：1，2：2，2：3，2：4，3：1，3：3，4：2，4：3，4：4，4：5，4：6，5：4
丁　聪
109《论语》118，120；
199《野草》第8集；
209《万象》3：7；
210《笔谈》5，6，7
223《人世间》复刊1，复刊2，复刊3，复刊4，复刊5，复刊6，复刊7，复刊8—9；
228《中原》创刊号；
243《文联》1：2，1：4；
245《文章》创刊号，1：2；
253《清明》创刊号，2，3
丁　瓒
228《中原》1：4
丁文江
145《宇宙风》8
丁小二
190《通俗文艺》2，3，9，14
丁小曾
221《文艺先锋》10：2
丁云章
190《通俗文艺》45
丁太玄
109《论语》67，70，85
丁文江
6《解放与改造》3：4，3：5，3：6；
10《小说月报》17：号外下；
16《努力周报》2，43，44，48，49，54，55，56；
17《读书杂志》5；
26《现代评论》2：35；

127《人间世》38

丁文华

222《青年文艺》2

丁忆痕

93《青年界》12：1

丁白骝

85《文艺月刊》战时特刊4：3—4

丁西林

46《新月》3：1

丁光训

145《宇宙风》66

丁光宇

93《青年界》新2：5，新3：2，新3：4

丁休人

111《文化月报》1：1

丁仲欧

19《小说世界》10：5

丁克辛

189《西线文艺》1：4；
205《五十年代》创刊号，2：1；
252《北方文化》1：6；
270《小说》1：6，3：6

丁克美

195《黄河》4：3

丁秀山

93《青年界》8：2

丁伯駪

173《抗战戏剧》2：4—5

丁伯骝

85《文艺月刊》9：3；
108《文艺茶话》1：10；
185《笔阵》新1：3，新2：1；
187《戏剧岗位》1：4，1：5—6，2：2—3；
220《文学创作》2：1；
221《文艺先锋》1：4，2：3，2：5—6，3：3，3：4，3：6，4：1，4：2，4：5，5：1—2，5：4，6：1，7：1，7：3，8：5—6，9：1；
232《戏剧时代》1：3

丁辛之

211《文艺生活》穗新5

丁武杰

159《诗歌杂志》2，3

丁若高

191《文艺新闻》2，3

丁松成

93《青年界》8：5，9：3

丁垂远

85《文艺月刊》战时特刊2：11—12

丁往道

244《文艺复兴》4：1

丁树本

174《抗到底》23

丁秋野

113《新诗歌》2：4

丁洛明

31《甲寅》1：45

丁觉先

145《宇宙风》144，145

丁致中
57《大江》1：3
丁健行
209《万象》1：1，1：2，1：4
丁益智
51《开明》新2号
丁浩川
252《北方文化》1：3，2：2，2：6；
259《东北文化》2：1
丁家光
131《甲寅》1：28
丁炯培
11《文学周报》77，81
丁鸿文
191《文艺新闻》8
丁绪贤
18《歌谣》35
丁维云
275《文艺丛刊》创刊号
丁锐爪
75《萌芽》1：5；
76《拓荒者》4—5
丁道谦
98《新时代》4：6，5：4
丁锦心
112《无名文艺》月刊1：1
丁锦如
18《歌谣》48
丁福保
182《文艺新潮》2：1
丁肇清
18《歌谣》11
丁醒环
155《光明》2：8
七郎
109《论语》59
卜一
148《诗歌生活》1
卜丁
195《黄河》4：6
卜八
198《现代文艺》5：4
卜夕
191《文艺新闻》创刊号
卜宁
85《文艺月刊》战时特刊4：5—6
236《高原》新1：1
卜西
177《文艺阵地》2：11
卜同
124《新诗歌》创刊号
卜向
11《文学周报》21
卜束
93《青年界》3：5，新5：1；
109《论语》124，126，131，132，133，135，136，138，140，154；
223《人世间》复刊3
卜明
142《中学生文艺季刊》2：3

卜　桑
231《新文学》1：2
卜少夫
84《开展》6，7，8，9；
212《文讯》3：1，3：2，4：4—5
卜尧连
38《幻洲》2：1，2：8
卜克江
251《文艺杂志》3：2
卜秀娟
51《开明》2：26
卜英梵
36《北新》2：21，2：22，3：8，
3：11，3：12，4：8；
93《青年界》4：4
卜效廉
25《语丝》50，110；
38《幻洲》2：3
卜斯水
109《论语》94，99
卜蒙龙
51《开明》2：4
八六老翁
145《宇宙风》21
人　也
106《现代》3：3，3：5
人　仄
93《青年界》6：3
人　四
93《青年界》7：1
人　中
25《语丝》4：5；
26《现代评论》5：127
人　仆
238《希望》1：1
人　苇
122《文学季刊》2：2
人　岚
25《语丝》5：44，5：46
人　社
1《新青年》8：2
人　难
51《开明》2：21；
106《现代》3：3
人　琨
195《黄河》5：2
人　路
109《论语》48
人道文
180《文艺》1：5
人道楼主
99《涛声》1：28，1：31
人镜庐主人
41《民间文艺》1
入伍生
108《文艺茶话》1：2
九
109《论语》149
九　芝
11《文学周报》353；
59《春潮》1：3

九　如

142《中学生文艺季刊》1：4

九　首

260《呼吸》2

九　高

19《小说世界》11：4

九　皋

51《开明》2：11

乃　人

195《黄河》复刊4，复刊6

乃　气

36《北新》2：16

乃　仁

145《宇宙风》72，86，96，103

乃　立

36《北新》2：7

乃　任

186《宇宙风乙刊》4

乃　明

121《文化列车》7

乃　能

109《论语》92

乃　昆

109《论语》49，60

乃　琴

145《宇宙风》别册3

乃　超

55《大众文艺》2：3；

75《萌芽》1：2，1：3，1：6；

76《拓荒者》4—5；

79《巴尔底山》1：4；

178《抗战文艺》2：10，武汉特刊1，武汉特刊3；

217《文艺杂志》新1：1；

267《大众文艺丛刊》1

乃　蒙

145《宇宙风》22

乃　毅

145 附《宇宙风·逸经·西风非常时期联合旬刊》4，5，7

刁士衡

187《戏剧岗位》2：1

刁尔图

211《文艺生活》海外版2

刁汝钧

212《文讯》3：2，3：4，3：6，4：2—3

221《文艺先锋》7：1，7：3，8：1，8：2，8：3，8：4

刁知惑

45《现代小说》2：6

力

274《平原》创刊号

力　夫

47《流沙》5；

195《黄河》7；

199《野草》1：3；

267《大众文艺丛刊》4；

271《文学战线》2：1

力　戈

222《青年文艺》3

力　仁
109《论语》131
力　文
262《平原文艺》1∶4
力　扬
113《新诗歌》2∶2；
126《诗歌月报》2∶2；
172《七月》4∶3；
177《文艺阵地》1∶1，3∶5，7∶1；
178《抗战文艺》1∶5，4∶2，4∶5—6，文协成立七周年纪念特刊；
192《文学月报》1∶1，1∶3，2∶4，2∶5，3∶1；
208《诗创作》15；
211《文艺生活》3∶2，海外版7；
216《战时文艺》1∶6；
222《青年文艺》新1∶2；
225《时与潮文艺》2∶5；
228《中原》创刊号；
239《诗文学》1；
243《文联》1∶2，1∶4；
256《萌芽》1∶2，1∶3
力　竹
79《巴尔底山》1∶4，1∶5
力　次
75《萌芽》1∶5
力　军
223《人世间》复刊3，复刊8—9
力　坚
264《诗创造》5
力　辛
270《小说》4∶1
力　杰
109《论语》13
力　拓
99《涛声》2∶7
力　殷
93《青年界》8∶3
力　群
117《文学》7∶2，7∶4，7∶5，7∶6；
150《东方文艺》2∶1；
155《光明》3∶3；
162《小说家》1∶2；
171《烽火（呐喊）》8，10，11；
172《七月》1∶4，1∶5，1∶6，2∶1，2∶2，2∶3，2∶6，3∶2，3∶3，4∶3；
175《战地》1∶5；
177《文艺阵地》1∶2，1∶12，3∶7，4∶5；
178《抗战文艺》1∶7，4∶3—4；
184《文艺战线》1∶5，1∶6；
189《西线文艺》1∶1，1∶2；1∶3，1∶4，1∶5；
192《文学月报》2∶4；
197《大众文艺》创刊号，1∶6；
235《文艺春秋》2∶3；
252《北方文化》2∶5

力 衡
211《文艺生活》光复版 8
力欧符
109《论语》7，14，89，90，93
又 一
109《论语》105，108
又 之
51《开明》1：8
又 文
145 附《宇宙风·逸经·西风非常时期联合旬刊》5；
149《逸经》2，4，7
又 生
109《论语》147
又 常
252《北方文化》1：3
又 然
172《七月》6：1—2；
194《中国文化》3：1；
202《文艺月报》1，3，4，5，9，10，13，14；
208《诗创作》6，16；
214《谷雨》1：4，1：5
又 燃
99《涛声》2：27，2：28；
109《论语》14；
197《大众文艺》2：2
又乾乙月
145《宇宙风》60
了 了
25《语丝》110
了 之
92《文艺新闻》58
了 无
211《文艺生活》海外版 12
了 因
11《文学周报》305
了 依
93《青年界》8：5
了 娜
98《新时代》2：6，7：3
乜如乜
182《文艺新潮》1：2
三 画
三
109《论语》111
三 人
142《中学生文艺季刊》1：3
三 三
25《语丝》5：20
151《文学丛报》2
三 川
271《文学战线》2：4
三 无
6《解放与改造》3：5
三 公
141《文艺》1：4
三 月
11《文学周报》30
三 曲
119《戏》1，2

三　辛

25《语丝》111

三　余

109《论语》55，59，62，
65，72，81

三　弟

113《新诗歌》2：4

三　味

11《文学周报》204

三　郎

25《语丝》4：37；
37《一般》8：2；
117《文学》4：3，4：5；
134《太白》2：3；
145《宇宙风》26

三　昧

57《大江》1：1，1：2

三　星

19《小说世界》12：3

三　原

109《论语》146，147，150，154

三　恩

226《风雨谈》21

三　衔

109《论语》91

三　流

199《野草》新5号，第6号，新
7集

三　曼

109《论语》90

三　横

145《宇宙风》别册3

三十斤

109《论语》45，50，67

三湘半衲

149《逸经》15

干

26《现代评论》8：200；
117《文学》5：1

干　之

205《五十年代》创刊号，1：2，
1：3

干　戈

109《论语》76

干　因

85《文艺月刊》战时特刊5：1；
89《当代文艺》2：5
104《矛盾》发动号

干　青

117《文学》6：1，6：3，7：6

干　耶

182《文艺新潮》1：10

干　铁

99《涛声》2：38，2：40

于　海

92《文艺新闻》15，27

于　陵

84《开展》9

于　一

142《中学生文艺季刊》1：3

于　力
252《北方文化》1：5，2：1，2：3，2：5；
257《长城》1：2
于　凡
141《文艺》2：5—6；
251《文艺杂志》1：1
于　夫
276《华北文艺》4
于　丰
29《莽原》周刊8，周刊12
于　产
208《诗创作》17
于　秀
155《光明》3：1
于　伶
93《青年界》新1：1；
178《抗战文艺》7：4—5；
193《戏剧与文学》1：1，1：4；
201《戏剧春秋》1：6，2：4；
211《文艺生活》海外版9；
245《文章》创刊号；
267《大众文艺丛刊》6
于　怀
238《希望》1：2
于　君
199《野草》第6号
于　若
29《莽原》半月刊1：9，半月刊1：20
于　知
145《宇宙风》43
于　思
109《论语》38
于　闻
209《万象》4：3，4：7
于　洛
243《文联》1：7
于　海
92《文艺新闻》26
于　逢
158《中流》2：3，2：9；
177《文艺阵地》2：5；
211《文艺生活》光复版4，光复版8，穗新1；
258《文艺丛刊》1；
270《小说》2：6
于　敢
195《黄河》4：4
于　斌
145《宇宙风》103
于　瑜
145《宇宙风》21
于　漠
264《诗创造》6，11，2：2
于　藏
270《小说》2：4
于　意
177《文艺阵地》6：5
于　德
265《胶东文艺》1：8

于　潮
222《青年文艺》新 1：5；
228《中原》创刊号，1：3
于　曦
264《诗创造》9
于　鳞
264《诗创造》2：4
于山庵
142《中学生文艺季刊》3：2
于子忠
174《抗到底》3
于少炎
109《论语》54
于方简
172《七月》1：4
于文书
190《通俗文艺》34，38
于右任
85《文艺月刊》战时特刊 2：11—12；
98《新时代》2：1，7：1，7：2
于在方
93《青年界》10：5
于在春
26《现代评论》6：141；
40《真美善》4：4；
93《青年界》10：1，11：1，新 1：1，新 1：2，新 1：5，新 5：2，新 6：1；
235《文艺春秋》2：1；
244《文艺复兴》研究号下；
245《文章》1：3
于成泽
10《小说月报》17：4；
11《文学周报》210；
25《语丝》49；
26《现代评论》2：45，3：55，3：57
于向之
188《新中国文艺丛刊》4
于志恭
174《抗到底》18
于时传
221《文艺先锋》10：6
于时复
109《论语》153；
145《宇宙风》14
于定勋
19《小说世界》民众文学 5
于春泥
106《现代》3：3
于树德
6《解放与改造》4：4
于是青
136《水星》2：2
于秋士
127《人间世》37；
145《宇宙风》83
于炳然
145《宇宙风》22，24，26，34，38，40，42
于昶赓
19《小说世界》15：2，15：4，15：

5，15：6，15：9，15：14，
16：1

于陆华

159《诗歌杂志》2，3

于赓尧

58《白华》1：2

于赓虞

10《小说月报》16：11；
11《文学周报》302，305，315—
316，320，325，326，327；
29《莽原》半月刊1：14；
66《华严》1：1，1：2，1：3，1：
4，1：8；
85《文艺月刊》3：7，8：3；
93《青年界》2：1，3：4，5：1，
6：1，7：1，12：1；
212《文讯》6：6；
221《文艺先锋》4：3；
225《时与潮文艺》3：3，3：4，
3：5，4：1，4：2，4：3，
4：4；
264《诗创造》1

于道元

122《文学季刊》1：3

于道远

18《歌谣》2：21，2：22，2：25，
2：28，2：29，2：39，2：40

于道源

18《歌谣》2：24，2：26，2：27；
212《文讯》7：1

于简公

109《论语》31

于煤村

195《黄河》4：4，5：3—4；
236《高原》创刊号，3

于静蛰

250《鲁迅文艺》1：3

于稷生

93《青年界》11：3

于德纯

109《论语》29

于毅夫

210《笔谈》3；
259《东北文化》1：4，1：5

于鞠离

93《青年界》10：3

工　车

199《野草》5：4

工　爻（工爻逄）

109《论语》22，28，29；
145《宇宙风》2；
149《逸经》3，6，17，18，19，
21，27，28

工　柳

177《文艺阵地》2：5；
206《华北文艺》1：2；
255《北方》2：1—2

士　元

19《小说世界》17：3；
92《文艺新闻》10

士　夫
92《文艺新闻》8
士　仁
134《太白》1：8；
199《野草》2：1—2；
212《文讯》8：1，8：3
士　武
21《弥　洒》2，5
士　奇
93《青年界》新 2：5，新 3：1，新 3：2；
229《艺文杂志》1：2
士　晦
36《北新》2：9
士　璋
36《北新》4：9
士　德
226《风雨谈》6
士　骥
25《语丝》5：39，5：43
士　馨
40《真美善》5：3，5：4
土　人
10《小说月报》18：6；
24《洪水》半月刊 3：26，半月刊 3：28，半月刊 3：29
土　根
199《野草》复刊号，新 2 号；
270《小说》1：6
土　犀
177《文艺阵地》1：3
土立口
109《论语》114
土地老
23《狂飚》周刊 16
下　丁
262《平原文艺》1：1
下流人
38《幻洲》1：3，1：12，2：1
大　一
25《语丝》153
大　刀
109《论　语》25
大　士
109《论　语》119
大　山
109《论　语》32，33，35，43
大　卫
178《抗战文艺》10：4—5；
251《文艺杂志》1：5，2：1，2：5，3：4
大　木
109《论　语》119，140；
212《文讯》9：5
大　戈
92《青年界》9：2；
117《文学》5：1；
151《文学丛报》3
大　化
265《胶东文艺》创刊号
大　风
109《论语》105；

145《宇宙风》77

大　文

229《艺文杂志》2：10

大　心

82《前锋周报》6

大　石

143《杂文》3

大　可

252《北方文化》1：4，1：5

大　生

109《论语》62，66

大　白

1《新青年》9：1；

11《文学周报》183，184，201，206，209，234，261；

12《戏剧》1：1；

37《一般》1：2；

108《文艺茶话》2：9

大　主

36《北新》2：14

大　任

117《文学》8：1

大　刚

222《青年文艺》6

大　军

93《青年界》8：2，8：3，8：4，8：5，9：1，9：3

大　远

117《文学》9：1，9：2；

252《北方文化》2：4

大　芳

265《胶东文艺》1：3

大　我

19《小说世界》9：3

大　孚

25《语丝》149

大　闲

25《语丝》64，77，80，82，84，86

大　灾

109《论语》37

大　林

92《文艺新闻》55

大　杰

25《语丝》4：2，5：36；

36《北新》2：6，2：10，2：14

大　明

206《华北文艺》1：3

大　岳

109《论语》108

大　股

249《白山》4

大　炎

84《开展》8

大　郎

209《万象》2：7

大　弦

214《谷雨》1：2—3

大　春

38《幻洲》1：11

大　草

186《宇宙风乙刊》27

大　奎
145《宇宙风》11
大　勋
11《文学周报》86
大　泉
6《解放与改造》3：1，3：3，3：5，3：6，3：7，3：8，3：11，3：12，4：1，4：10
大　真
19《小说世界》3：4
大　顿
207《时代文学》1：4
大　铎
109《论语》37
大　海
221《文艺先锋》8：5—6
大　雪
80《骆驼草》17；
177《文艺阵地》文阵新辑之一：去国
大　野
190《通俗文艺》21，22，23，25，27，28
大　铨
32《清华文艺》1：2
大　琦
25《语丝》43；
29《莽原》半月刊1：12，半月刊1：22
大　琨
134《太白》1：4
大　悲
10《小说月报》15：8
12《戏剧》1：1，1：2，1：3，1：4，1：5，2：1，2：2，2：3，2：4
大　渭
109《论语》142，143
大　锜
25《语丝》49，113
大　新
36《北新》3：14
大　滢
109《论语》111，112，113
大　漠
172《七月》2：4；
177《文艺阵地》3：4
大　徵
127《人世间》18
大　壑
4《国民》1：2，1：3，1：4
大厂居士
109《逸经》4，7，17，18，19，20，21，22，23，24，33
大老豆腐
221《文艺先锋》13：2
大华烈士
109《论语》20，21，22，23，24，26，27，28，29，30，31，32，33，35，36，37，42，45，68，69，77，79，80，126；
127《人间世》2，3，4，5，10，

11，14，18，19，20，21，22，32，40；
149《逸经》1，2，3，4，5，6，7，8，9，10，11，12，13，14，15，16，17，18，19，20，21，22，23，24，25，26，27，28，29，30，31，33，34，35，36；
169《中国文艺》1：3
大名道人
25《语丝》20
万
26《现代评论》2：44，4：80，4：93，5：106，5：120；
106《现代》6：4；
109《论语》52
万　灭
11《文学周报》294
万　仞
246《文坛月报》1：3
万　孚
40《真美善》1：6
万　灵
186《宇宙风乙刊》4
万　岳
209《万象》3：4
万　秋
40《真美善》3：2，3：6，7：3
万　殊
203《奔流文艺丛刊》2
万　曼
10《小说月报》21：8，21：11；
11《文学周报》265，284，294，297，298，306，312，314，315，316，322，330，362，371；
23《文艺周刊》9；
40《真美善》5：2；
51《开明》2：4；
74《新文艺》1：5；
85《文艺月刊》3：2；
93《青年界》5：4，6：1，10：1；
97《创作》1：3；
106《现代》4：6；
223《人世间》复刊6
万　章
208《诗创作》1
万　紫
85《文艺月刊》4：3，4：5，5：5，6：2
万　晶
109《论语》14
145《宇宙风》28
万　蒙
109《论语》55
万　佣
99《涛声》2：38，2：41
万　歌
224《天下文章》3
万　蕾
36《北新》1：14，1：18，1：28，1：34，1：51—52
万元初
18《歌谣》37，58

万仁寿
221《文艺先锋》2：3
万心蕙
212《文讯》6：9
万甘文
145《宇宙风》78
万民一
109《论语》11
万年青
142《中学生文艺季刊》1：2
万灿文
18《歌谣》2：6
万良濬
10《小说月报》13：9
万启宇
141《文艺》1：2，1：4，1：5—6，2：2
万国安
87《前锋月刊》1：5，1：6，1：7；
104《矛盾》2：4
万迪鹤
25《语丝》5：18；
36《北新》3：16，3：24；
85《文艺月刊》战时特刊2：5，战时特刊2：9—10；
93《青年界》8：1；
106《现代》6：2；
117《文学》1：5，1：6，2：4，3：1，4：5，5：3，7：5，7：6；
122《文学季刊》1：2，1：3，2：2；
128《小说》15；
136《水星》1：2，1：4；
139《新小说》2：1；
144《创作》1：1；
147《夜莺》1：4；
152《作家》1：4，1：5；
178《抗战文艺》2：5，2：6，8：1—2；
192《文学月报》1：1，3：1
万泉溪
248《中原·文艺杂志·希望·文哨联合特刊》1：1
万冠群
18《歌谣》75
万振名
142《中学生文艺季刊》3：1
万竞天
212《文讯》6：8
万涤非
51《开明》2；4
万家宝
93《青年界》8：2；
117《文学》5：1
万湜思
151《文学丛报》3；
159《诗歌杂志》1，2，3；
192《文学月报》3：2—3；
198《现代文艺》3：2，3：5；
208《诗创作》8，18
万籁天
73《南国周刊》1：8；
85《文艺月刊》1：1；

97《创作》1∶1，1∶2；
170《新演剧》复刊号

兀　君

29《莽原》周刊3

尤　铭

108《文艺茶话》2∶8

与　龄

127《人间世》16

弋　人

145《宇宙风》85

弋　红

19《小说世界》6∶2

弋　灵

11《文学周报》347

上　沅

46《新月》4∶4

上　遂

29《莽原》周刊3，周刊15，周刊18，周　刊22，周刊23，半月刊1∶3

上官石

186《宇宙风乙刊》26

上官豸

211《文艺生活》光复版14

上官青

221《文艺先锋》11∶5

上官英

186《宇宙风乙刊》19

上官柳

85《文艺月刊》战时特刊：第11年4月号，战时特刊第11年5月号，战时特刊第11年7月号；
141《文艺》6∶1

上官俟

85《文艺月刊》战时特刊3∶12，战时特刊4∶3—4

上官珩

229《艺文杂志》2∶4

上官琼

226《风雨谈》7

上官筝

221《文艺先锋》13∶4

上官蓉

226《风雨谈》10

上官碧

109《论语》156；
145《宇宙风》37；
196《战国策》8；
231《新文学》1∶1

上官橘

160《新诗》1∶4，1∶5；
177《文艺阵地》2∶10

上官青云

221《文艺先锋》12∶5

上官瑜其

211《文艺生活》穗新6

口　天

38《幻洲》2∶4

口　沫

109《论语》95

口　爵

25《语丝》4∶20

山

181《文艺突击》新1：1；
242《新群众》1：2

山　人

38《幻洲》1：12

山　女

92《文艺新闻》13

山　木

26《现代评论》4：103，5：130，6：148，7：157，7：161，7：168，7：172，7：179

山　风

168《戏剧时代》1：2；
244《文艺复兴》3：1

山　仁

251《文艺杂志》2：2，2：3，2：4

山　水

52《山雨》1：6，1：8—9；
207《时代文学》1：4

山　石

117《文学》3：4

山　立

109《论语》123

山　民

203《奔流文艺丛刊》3

山　地

211《文艺生活》光复版6

山　羊

27《支那二月》1：2；
93《青年界》2：1

山　青

220《文学创作》2：1；
221《文艺先锋》5：3

山　雨

199《野草》4：1—2

山　叔

25《语丝》98，105，110，111，114，117，120，123，124，126，127，132，136，138，140，143，145，147，148

山　明

241《文艺大众》新2

山　宗

19《小说世界》1：13，2：1，5：11；
85《文艺月刊》1：3

山　屋

197《大众文艺》1：3；
259《东北文化》1：1

山　莓

172《七月》7：1—2；
236《高原》创刊号

山　尊

201《戏剧春秋》1：3

山　僧

109《论语》85，87

山　鹰

264《诗创造》2：2

山东人

109《论语》30，41

山里红

109《论语》103，105；

186《宇宙风乙刊》8，13

山上水手

51《开明》1：5

山风大郎

36《北新》4：13，4：18；

38《幻洲》1：6，1：9，1：12，2：3；

93《青年界》1：1，1：2，1：3，1：4，1：5，2：1，7：4

亿 万

2《每周评论》21

亿 珑

19《小说世界》5：3

千 冬

177《文艺阵地》6：1，6：2；

197《大众文艺》创刊号，1：3

千 帆

85《文艺月刊》10：1；

235《文艺春秋》4：4

千 里

100《北斗》2：1；

145《宇宙风》111

千家驹

199《野草》新4号；

223《人世间》2：1

乞光海

251《文艺杂志》3：4

川

106《现代》6：3

川 人

25《语丝》5：1

川 岛

25《语丝》1，4，5，7，10，13，17，20，30，31，32，42，45，54，55，61，62，66，68，70，75，79，85，95，100，4：4，4：22，4：29，4：49；

52《山雨》1：6；

167《文学杂志》3：5

川 针

32《清华文艺》1：3，不定期刊1，不定期刊3

川 孤

36《北新》2：7，2：10，2：14，2：18

川 崎

161《电影戏剧》1：2

川 静

272《群众文艺》8，10

川 麟

172《七月》4：3

川耗子

109《论语》29

彳 亍

98《新时代》2：2—3

109《论语》15

彡 庸

56《乐群》1：4

义 和

93《青年界》6：1

义 律

109《论语》20

义　禽
203《奔流文艺丛刊》6
夕　天
211《文艺生活》光复版 15
夕　公
191《文艺新闻》6
夕　阳
19《小说世界》16：17
久　田
255《北方杂志》1：6
凡
72《戏剧的园地》1：3，1：4；
109《论语》129；
155《光明》2：7，2：8，2：9，
2：10
凡　人
51《开明》1：11；
229《艺文杂志》1：2，1：3；
272《群众文艺》8
凡　鸟
99《涛声》1：11，1：18，1：29；
141《文艺》3：6，4：1，4：5，
4：6；
209《万象》3：1，3：2，3：3，3：
5，3：6，3：8
凡　声
121《文化列车》7
凡　步
249《白山》6
凡　作
190《通俗文艺》20
凡　罗
145《宇宙风》64
凡　季
85《文艺月刊》战时特刊 4：5—6
凡　朋
195《黄河》2：10，2：11—12，3：
2，4：2，4：3，4：4，4：5，
4：6
凡　鱼
109《论语》57，68，71，72，73，
76，79，80，81，83；
127《人间世》24；
145《宇宙风》2，6，7，8，14，
18，22；
凡　海
131《东流》创刊号，1：2；
134《太白》2：3；
143《杂文》2，3；
154《文学界》1：3，1：4；
172《七月》3：2，3：3，3：6；
177《文艺阵地》3：1
凡　容
133《译文》新 2：2，新 3：1；
158《中流》1：2，2：7，2：10；
162《小说家》1：1，1：2
凡　彬
261《东北文艺》2：6
凡　翙
178《抗战文艺》10：1
凡　隐
36《北新》3：11

凡　塞
195《黄河》2：1
勺　水
56《乐群》2：8，2：10，
2：11，半月刊4
么晓羽
159《诗歌杂志》2，3
及
109《论语》16
及　人
145《宇宙风》103
及　时
109《论语》110；
145《宇宙风》30
及　泉
26《现代评论》3：68
广　令
19《小说世界》2：8，5：1
广　平
108《文艺茶话》2：6
广　吾
109《论语》38
广　良
145《宇宙风》137，138，139，
140，146，147—148，149，
150，151，152
广　岳
109《论语》61
广　德
109《论语》23
广禾鹏
191《文艺新闻》15
亡　是
3《新潮》1：2
门　人
99《涛声》1：32
门　夫
39《泰东》1：9
门　外
241《文艺大众》新生号
门　贻
242《新群众》1：1，2：3
门　耿
242《新群众》1：6
门外汉
183《鲁迅风》17
门弟子
109《论语》83
宀　竹
39《泰东》1：5，1：6，1：7，
1：8，2：1
之
51《开明》1：5；
109《论语》122；
177《文艺阵地》5：1；
178《抗战文艺》4：2；
190《通俗文艺》1；
191《文艺新闻》4
之　一
212《文讯》6：1

之　子
151《文学丛报》6
之　文
175《战地》1：1
之　本
76《拓荒者》1，4—5
之　东
178《抗战文艺》1：7
之　光
93《青年界》6：4
之　乔
201《戏剧春秋》创刊号，1：2，
1：6；
220《文学创作》1：6
之　异
92《文艺新闻》8
之　汾
208《诗创作》7
之　英
19《小说世界》4：11
之　的
109《论语》50
之　萌
267《大众文艺丛刊》1
之　常
11《文学周报》35
之　槐
10《小说月报》13：5，13：10
之　操
127《人间世》32，40
尸　一
25《语丝》4：23
弓　长
25《语丝》5：7；
190《通俗文艺》17，18
弓　公
92《文艺新闻》6
弓马示
225《时与潮文艺》1：2，3：4
卫　中
71《戏剧》1：2
卫　金
1《新青年》季刊 4
卫　余
142《中学生文艺季刊》2：1
卫　康
142《中学生文艺季刊》1：3
卫友静
226《风雨谈》1，2，3，4，5
卫生甫
16《努力周报》28
卫礼贤
10《小说月报》17：号外下
卫来慈
209《万象》4：5
卫怀彬
183《鲁迅风》8
卫宝文
223《人世间》复刊 5
卫挺生
16《努力周报》17，22，26，27

卫萍菽

29《莽原》半月刊1：20

卫淑平

26《现代评论》5：129

卫深甫

26《现代评论》特别增刊第1号

卫寄宇

238《希望》2：1

卫景周

18《歌谣》11，周年纪念增刊

卫聚贤

46《新月》1：7，1：9；

183《鲁迅风》4，6

卫增本

142《中学生文艺季刊》1：1

也　仁

36《北新》2：9，2：11

也　且

109《论语》63；

149《逸经》3

也　东

51《开明》2：17

也　耶

198《现代文艺》2：4，4：2，4：5

也　零

36《北新》2：12

也　频

64《红黑》1，4

刃　锋

51《开明》新3；

212《文讯》7：4，8：4；

235《文艺春秋》2：5，4：5，5：4，5：6；

246《文坛月报》1：2

小

155《光明》2：11

小　丁

253《清明》创刊号，2，3

小　D

25《语丝》4：32；

183《鲁迅风》17

小　七

109《论语》118，119，120

小　Y

109《论语》20

小　三

88《读书月刊》3：1—2

184《文艺战线》1：4

小　山

181《文艺突击》新1：2；

197《大众文艺》创刊号，1：5

小　川

208《诗创作》8

小　王

249《白山》3

小　元

106《现代》6：1

小　廿

109《论语》34

小　友

142《中学生文艺季刊》1：4，2：2，2：4，3：1；

145《宇宙风》91

小　车

190《通俗文艺》20

小　忆

59《春潮》1∶6

小　心

121《文化列车》7

小　石

25《语丝》5∶26；
109《论语》169，171；
185《笔阵》8

小　艾

116《文艺月报》1∶1

小　田

127《人间世》34

小　白

36《北新》4∶10，4∶11，4∶12，4∶13

小　令

109《论语》126，128

小　汉

183《鲁迅风》16

小　尼

262《平原》1∶5

小　民

11《文学周报》93；
109《论语》149

小　灰

249《白山》创刊号

小　师

99《涛声》1∶28

小　竹

36《北新》4∶1—2

小　延

106《现代》2∶5

小　江

37《一般》5∶1

小　农

109《论语》100，106；
142《中学生文艺季刊》2∶3

小　羊

109《论语》41，56；
127《人间世》16

小　羽

142《中学生文艺季刊》3∶2

小　苇

109《论语》55

小　芦

84《开展》1

小　芩

142《中学生文艺季刊》1∶2

小　村（邨）

109《论语》126

小　巫

26《现代评论》4∶104；
211《文艺生活》海外版5

小　岑

142《中学生文艺季刊》1∶4

小　我

127《人间世》9

小　兵

93《青年界》新5∶3；

109《论语》7

小　伯

109《论语》125，126，129，130，131

小　诃

235《文艺春秋》副刊1：2

小　武

272《群众文艺》6，9

小　青

19《小说世界》5：2，5：4，5：6，5：8，5：10，6：6，6：7，6：8，6：11，7：12，9：1，12：7，侦探号；
191《文艺新闻》4；
235《文艺春秋》3：6

小　林

199《野草》第11集

小　松

19《小说世界》13：24

小　雨

68《戏剧与文艺》1：12

小　岩

109《论语》65

小　牧

145《宇宙风》7

小　斧

145《宇宙风》87

小　鱼

93《青年界》新3：4

小　河

40《真美善》2：4

小　波

19《小说世界》11：8，12：8；
92《文艺新闻》追悼号；
142《中学生文艺季刊》2：2，2：4；
268《蚂蚁小集》4

小　空

251《文艺杂志》1：6，3：3，4：2，4：3，4：4；
274《平原》新1

小　卒

249《白山》2

小　姑

109《论语》20

小　玲

109《论语》60；
209《万象》4：4

小　柳

10《小说月报》12：号外

小　畏

192《文学月报》2：1—2，2：3；
211《文艺生活》2：1，3：1，3：2；
223《人世间》1：5；
228《中原》1：3

小　品

109《论语》45

小　觋

93《青年界》新6：3

小　秋

199《野草》3：2

小 泉
195《黄河》复刊 1
小 俞
51《开明》新 2
小 美
221《文艺先锋》11：2
小 逊
195《黄河》复刊 1，复刊 2，复刊 4，复刊 6
小 莺
98《新时代》4：4—5
109《论语》71
小 校
149《逸经》31
小 圃
19《小说世界》4：11，4：12，4：13，5：1，5：2，6：4，8：2，8：3，8：7，9：2，11：10，13：1，13：16，13：23，13：24，14：1，14：2，14：6，14：7
小 铃
10《小说月报》20：9
小 航
6《解放与改造》4：2；
10《小说月报》13：1
小 梅
11《文学周报》320，321，325，329，330，331，332，337，338
小 菁
36《北新》2：5，2：8
小 萍
88《读书月刊》1：1，1：2
小 匏
117《文学》8：1
小 曼
46《新月》4：1
小 铭
29《莽原》周刊 5
小 猫
98《新时代》2：6
小 着
109《论语》100
小 涵
187《戏剧岗位》1：4，1：5—6；
220《文学创作》1：6
小 超
113《新诗歌》2：1
小 惠
25《语丝》121
小 森
11《文学周报》29
小 雅
7《曙光》1：2
小 童
170《新演剧》新 1：2
小 谢
19《小说世界》2：7，3：5，6：4，8：13
小 蓉
149《逸经》14，16，19，28

小　瑟
40《真美善》1：11，1：12，2：2
小　酩
29《莽原》周刊 13
小　鼠
19《论语》41
小　溪
19《小说世界》9：1，9：2，9：3，9：4，9：9，9：13，10：1；
251《文艺杂志》3：2
小　慧
158《中流》2：7
小　蕙
25《语丝》131，135，146；
29《莽原》半月刊 2：12；
109《论语》64
小　墨
142《中学生文艺季刊》1：1
小　璐
40《真美善》女作家专号
小　燕
38《幻洲》1：6
小　默
117《文学》2：1，2：2，2：4，3：1，3：2，3：3，3：4，3：5，3：6，4：1
133《译文》1：3；
134《太白》1：3，1：6，1：7，1：8，1：11，2：1
小东山
109《论语》113
小史公
109《论语》123
小诗人
109《论语》147，149
小党员
99《涛声》2：5
小海燕
211《文艺生活》海外版 7
小流氓
38《幻洲》1：11，2：2，2：5
小摩登
109《论语》20
飞
99《涛声》1：4；
109《论语》139
飞　生
88《读书月刊》3：5
飞　君
199《野草》4：1—2
飞　明
145《宇宙风》119—120，121
飞　鹏
195《黄河》复刊 2
飞　廉
113《新诗歌》2：1；
199《野草》新 3
飞来客
26《现代评论》2：32
习
221《文艺先锋》7：6

习　习
28《逸经》51，52，53
马
197《大众文艺》1∶2
马　二
109《论语》136
马　丁
267《大众文艺丛刊》3
马　马
79《巴尔底山》1∶4
马　云
145《宇宙风》84，88，91，94—95，98，110，122，124
马　风
37《一般》3∶3；
80《骆驼草》11，13
马　丹
109《论语》20
马　文
38《幻洲》1∶2
马　可
173《抗战戏剧》2∶1；
211《文艺生活》海外版 12；
242《新群众》3∶1；
261《东北文艺》2∶2；
274《平原》12
马　叶
210《笔谈》3
马　央
186《宇宙风乙刊》13，18
马　尔
217《文艺杂志》1∶6
马　宁
56《乐群》2∶9，2∶10，2∶11，2∶12，3∶13；
76《拓荒者》4—5；
211《文艺生活》光复版 2，3，9
马　加
177《文艺阵地》文阵新辑之一：去国
214《谷雨》1∶4，1∶6；
259《东北文化》1∶1；
270《小说》4∶2，4∶3，4∶4；
271《文学战线》1∶2，1∶3，2∶1；
273《文艺月报》2
马　耳
177《文艺阵地》2∶3，2∶4，2∶8，6∶5，6∶6；
178《抗战文艺》1∶4，1∶8，2∶4，武汉特刊 1；
182《文艺新潮》2∶1，2∶2；2∶5，2∶7，2∶9
185《笔阵》新 6；
191《文艺新闻》7；
192《文学月报》1∶4；
217《文艺杂志》1∶2，2∶1；
218《文坛》创刊号；
225《时与潮文艺》1∶1；
235《文艺春秋》2∶3
马　达
117《文学》5∶6，6∶4，6∶5，8∶3；

150《东方文艺》2：1；
155《光明》2：9；
172《七月》2：6，3：5；
175《战地》1：2；
177《文艺阵地》2：8；
181《文艺突击》1：4，新1：1，新1：2；
189《西线文艺》1：6；
197《大众文艺》2：1，2：3；
211《文艺生活》光复版6；
252《北方文化》1：4

马　华

208《诗创作》6

马　良

93《青年界》9：3；
104《矛盾》2：3

马　杰

242《新群众》3：1

马　奇

195《黄河》4：3

马　拉

182《文艺新潮》2：3，2：5，2：7

马　虎

36《北新》4：20

马　茵

128《小说》12

马　荒

117《文学》5：6；
133《译文》终刊号

马　城

113《新诗歌》2：1

马　峦

201《戏剧春秋》1：5

马　屏

211《文艺生活》穗新6

马　格

109《论语》166，169

马　桢

18《歌谣》34

马　原

175《战地》1：2

马　哲（喆）

53《思想》1：2；
211《文艺生活》穗新1，穗新2

马　特

26《现代评论》8：206，8：207，8：208，9：209

马　浮

14《学衡》25，58

马　骏

109《论语》21，58，69；
140《芒种》4；
151《文学丛报》3

马　野

145《宇宙风》38，58

马　烽

265《胶东文艺》1：3；
267《大众文艺丛刊》2

马　琴

122《文学季刊》1：2，1：3；
238《希望》1：1

马　皓

259《东北文化》1：3，1：6，2：1，2：2

马　瑜

197《大众文艺》2：3

马　蒙

245《文章》1：3

马　蜂

140《芒种》8；
155《光明》2：9；
173《抗战戏剧》2：2—3

马　廉

25《语丝》111

马　寥

93《青年界》10：5

马　凝

217《文艺杂志》1：6

马　麒

99《涛声》2：40

马　骥

242《新群众》2：5

马士瑛

24《洪水》半月刊 2：15

马千里

93《青年界》8：2

马凡陀

199《野草》第 10 集，野草新集：追悼；
211《文艺生活》光复版 11—12，海外版 14；
223《人世间》复刊 1，复刊 10；
255《北方》2：1—2；
264《诗创造》4，7，2：1；
266《中国作家》纪念特刊；
267《大众文艺丛刊》6

马千里

117《文学》5：1；
142《中学生文艺季刊》1：2

马子华

36《北新》3：6，3：13；
93《青年界》10：2，12：1；
106《现代》6：1；
109《论语》92；
128《小说》18；
149《逸经》32；
151《文学丛报》1，5；
155《光明》3：3；
157《今代文艺》1：2；
169《中国文艺》1：1；
177《文艺阵地》1：6，2：7；
192《文学月报》3：1

马飞廉

109《论语》55

马丰年

257《文艺杂志》1：1，2：5，3：4，3：5；
262《平原文艺》1：2，1：5，1：6

马云心

36《北新》1：34

马友楠

19《小说世界》5：11

马少波
265《胶东文艺》创刊号，1：2，1：3，1：4，1：5，1：6—7，1：8
马长甫
274《平原》4
马丹边
264《诗创造》2：4
马公越
44《文化批判》3，4，5
马文珍
32《清华文艺》不定期5；
81《沙仑》1：1；
85《文艺月刊》战时特刊2：8，战时特刊2：11—12，战时特刊3：1—2，战时特刊3：3—4；
104《矛盾》3：2；
141《文艺》2：4，3：1，3：3；
145《宇宙风》67，72，75，94—95，100，119—120，122，124，129，130，131，133，139，140，146；
160《新诗》1：6；
167《文学杂志》3：5；
174《抗到底》25；
186《宇宙风乙刊》5，6，7，8，12，13，15，16，17，18，21，22，23，24，25，26，28，31，32，33，35
马文殊
93《青年界》4：3
马文藻
232《戏剧时代》1：3
马心雪
142《中学生文艺季刊》3：1
马双翼
261《东北文艺》2：6
马书元
93《青年界》7：4
马玉铭
117《文学》2：6
马玉麟
41《民间文艺》9—10
马世泽
142《中学生文艺季刊》2：4
马东周
208《诗创作》18
马尔德
25《语丝》122
马立业
199《野草》4：1—2
马永祯
93《青年界》4：1，9：1，10：1
马永福
242《新群众》1：6
马礼和
19《小说世界》2：5
马民华
109《论语》116
马丝白
141《文艺》5：5

马西凡
109《论语》31
马有恒
51《开明》1：10
马成章
99《涛声》2：15，2：20
马夷初
209《万象》3：3
马仲殊
40《真美善》2：5，3：1，6：1；
88《读书月刊》2：1，2：4—5；
93《青年界》3：4，7：1，7：4，
8：1，9：1，10：1，11：1
马仲商
18《歌谣》27，37
马行芬
182《文艺新潮》2：2
马守文
242《新群众》1：6
马克三
109《论语》110，111，112
马伯援
1《新青年》8：1
马谷嘶
93《青年界》新2：3
马灿峰
142《中学生文艺季刊》3：2
马诒统
18《歌谣》2：35
马君武
1《新青年》2：2，2：3，2：4，
2：5
马君玠
145《宇宙风》132，133，134，
135—136，138，139，141，
142，143，144—145，149，
150，151；
167《文学杂志》3：2，3：3，
3：4，3：6；
244《文艺复兴》3：4，3：5
马君若
109《论语》81
马际融
117《文学》8：1；
142《中学生文艺季刊》1：1，1：2，
1：4
马纹君
229《艺文杂志》2：6
马其昶
31《甲寅》1：16
马幸之
251《文艺杂志》2：2
马若璞
177《文艺阵地》3：6，3：12，
4：3，4：6，4：7
马国亮
93《青年界》8：2，9：1；
98《新时代》3：1；
106《现代》3：5，4：6，6：1；
117《文学》5：1；
127《人间世》12；
128《小说》9；

139《新小说》1：1，1：2；
211《文艺生活》穗新1；
223《人世间》2：1，复刊1，复刊2，复刊3，复刊5

马昌民

16《努力周报》4

马忠流

84《开展》12

马鸣尘

141《文艺》1：1，1：2，1：3，1：4，2：1，2：2，2：3

马迪川

124《新诗歌》4

马秉毅

262《平原文艺》1：6

马牧边

264《诗创造》2：2

马宗元

84《开展》8

马宗伕

19《小说世界》17：1

马宗荣

212《文讯》创刊号，1：2，1：3，2：1，2：2，3：5

马宗融

85《文艺月刊》战时特刊第11年8月号；
93《青年界》8：2，10：1；
104《矛盾》3：1；
106《现代》6：4；
117《文学》2：3，2：5，3：1，3：2，3：3，3：5，4：1，4：2，4：5，4：6，5：1，6：3；
122《文学季刊》2：1；
133《译文》2：4，新2：1；
134《太白》1：1，1：2，1：3，1：4，1：5，1：8，1：9，1：11，1：12，2：1，2：3，2：4，2：7；
139《新小说》1：4；
151《文学丛报》1；
152《作家》1：4，1：5，2：1；
153《文季月刊》1：2；
178《抗战文艺》6：1，8：3，9：1—2，9：3—4，9：5—6，文协成立七周年并庆祝第一届文艺节纪念特刊；
212《文讯》7：1，7：2，7：3；
218《文坛》4；
221《文艺先锋》3：3，5：4；
228《中原》1：2；
247《人民文艺》5

马学良

212《文讯》8：6

马承坤（堃）

14《学衡》1，2，3，6，10

马贯亮

145《宇宙风》104

马树扎

41《民间文艺》9—10

马荫隐

211《文艺生活》穗新6

235《文艺春秋》7：4

马思聪

210《笔谈》5

马选坤

51《开明》1：8

马叙伦

31《甲寅》1：5；

244《文艺复兴》研究号中；

255《北方》1：2

马彦祥

46《新月》3：10；

51《开明》1：3；

71《戏剧》1：5，1：6；

83《现代文学》1：2

84《开展》8；

85《文艺月刊》2：5—6，2：10，2：11—12，3：8，3：10，3：11，3：12，6：1，6：2，7：3，8：1，8：2，战时特刊第11年10月号；

88《读书月刊》2：2；

92《文艺新闻》2，29；

94《现代文学评论》1：3，2：1—2，2：3—3：1；

97《创作》1：1，1：2；

98《新时代》2：1

104《矛盾》发动号，1：5—6，2：2，2：5；

106《现代》1：3；

119《戏》2；

141《文艺》3：4

155《光明》1：10，2：2，2：12；

168《戏剧时代》1：1；

173《抗战戏剧》1：4，1：5，2：4—5；

178《抗战文艺》1：10；

187《戏剧岗位》3：3—4；

201《戏剧春秋》1：3；

221《文艺先锋》2：2，3：3；

224《天下文章》2：1；

232《戏剧时代》创刊号，1：3，1：6；

247《人民文艺》3；

276《华北文艺》4

马炳群

145《宇宙风》102

马祖武

85《文艺月刊》战时特刊2：11—12

马晋羲

31《甲寅》1：1

马原民

109《论语》146

马振中

252《北方文化》2：6

马铃梆

117《文学》7：5，8：1，9：2

马笑侬

209《万象》2：9

马健翎

181《文艺突击》新1：2；

272《群众文艺》创刊号

马逢华
223《人世间》复刊 2；
244《文艺复兴》1：3，2：3
马家祥
195《黄河》2：2
马萧萧
25《语丝》5：17，5：21，5：22；
27《支那二月》1：1，1：4；
61《朝花》旬刊 1：6，旬刊 1：8；
272《群众文艺》3
马逸野
199《野草》新 2
马逸樵
36《北新》2：7
马彩英
109《论语》28
马寅初
1《新青年》7：3，7：4；
26《现代评论》1：12，2：28
马隅卿
18《歌谣》75
马蒂斯
128《小说》15
马博良
226《风雨谈》1，3，11，16
马葆炼
223《人世间》复刊 2
马甦夫
143《杂文》5—6；
148《诗歌生活》1
马紫笙
251《文艺杂志》1：6
马辉之
242《新群众》2：3
马鹃魂
19《小说世界》15：2，15：3，
16：21
马景星
92《文艺新闻》32
马程晖
150《东方文艺》1：1
马寒冰
272《群众文艺》5，7
马缉熙
38《幻洲》1：10
马瑚珍
212《文讯》4：4—5
马鹏云
37《一般》3：3
马静沉
11《文学周报》69；
20《浅草》1：1，1：2，1：3；
23《文艺周刊》1，11，12，15，25；
25《语丝》4：46，4：47
马碧波
93《青年界》6：2
马震百
109《论语》21，23，24，26
马鹤令
16《努力周报》68

马滫知
19《小说世界》4：13，5：12，9：2
马二先生
140《芒种》1，2，3，4，5，6，7，8，9—10
子 大
31《甲寅》1：43
子 才
195《黄河》复刊 5
子 久
177《文艺阵地》2：2
子 之
206《华北文艺》创刊号
子 曰
68《戏剧与文艺》1：10—11
子 冈
126《诗歌月报》1：3，1：5；
130《当代文学》1：1；
155《光明》1：8；
158《中流》2：7
子 升
4《国民》1：3，1：4；
28《挺进》6，9，11
子 仁
127《人间世》7，8，9
子 介
109《论语》40
子 月
84《开展》9—10
子 丹
117《文学》4：4；
142《中学生文艺季刊》3：1
子 长
19《小说世界》9：9
子 文
142《中学生文艺季刊》1：1
子 正
32《清华文艺》1：4
子 布
201《戏剧春秋》1：2
子 玄
187《戏剧岗位》2：1
子 民
79《巴尔底山》1：1
子 西
75《萌芽》1：6；
79《巴尔底山》1：5
子 权
93《青年界》9：2
子 行
51《开明》2：12
子 约
26《现代评论》4：85
子 戒
68《戏剧与文艺》1：3
子 伯
109《论语》115
子 言
109《论语》145
子 汶
10《小说月报》15：1

子　罕

109《论语》48

子　诒

85《文艺月刊》5：1，5：2

子　君

43《未名》1：6；

109《论语》48；

262《平原文艺》2：2，2：4

子　若

93《青年界》新5：1，新5：2

子　奇

200《新诗歌》2；

252《北方文化》1：1

子　明

18《歌谣》13；

19《小说世界》3：11；

225《时与潮文艺》5：2

子　岩

11《文学周报》100

子　季

46《新月》3：2

子　京

40《真美善》2：6

子　春

182《文艺新潮》2：9

子　恺

10《小说月报》18：3，18：7，18：11，19：10，20：2，20：11；

11《文学周报》172，173，175，176，181，182，184，185，240，242，243，256；

37《一般》1：2，1：4，4：1，6：1，6：4，6：9；

51《开明》1：4，1：12；

134《太白》1：12，2：2；

138《文饭小品》1：3；

144《创作》1：1；

145《宇宙风》2；

186《宇宙风乙刊》10

子　诠

106《现代》6：3

子　荣

25《语丝》12，15，17，19，36，38，48，49，50，57，152，153

子　苏

117《文学》3：5

子　勋

106《现代》3：5

子　贻

10《小说月报》15：4；

11《文学周报》75，76，91，99

子　钟

25《语丝》5：1；

51《开明》1：9

子　钦

37《一般》4：4；

134《太白》2：8

子　美

134《太白》1：11；

140《芒种》8

子　真

36《北新》4：17，4：19

子　彧
251《文艺杂志》4：2，4：3
子　振
109《论语》123
子　峰
93《青年界》10：5
子　铨
142《中学生文艺季刊》1：4
子　殷
267《大众文艺丛刊》4
子　涛
178《抗战文艺》10：1
子　展
99《涛声》1：9，1：12，1：15，1：18，1：31，2：18，2：31—32，2：33，2：35，2：40，2：41；
109《论语》16
子　骏
149《逸经》17
子　虚
99《涛声》2：6，2：10
子　野
37《一般》6：4
子　望
109《论语》60
子　渔
117《文学》4：3，4：6
子　涵
190《通俗文艺》44
子　琦
255《北方》1：4
子　琴
36《北新》4：20；
109《论语》6
子　雄
63《金屋》1：2
子　群
195《黄河》11
子　颐
246《文坛月报》1：3
子　榕
140《芒种》6
子　豪
85《文艺月刊》战时特刊2：1；
150《东方文艺》1：1
子　缨
10《小说月报》12：4
子　黎
45《现代小说》2：6
子　稼
134《太白》2：7
子　潜
46《新月》1：7
子　农
84《开展》2，3，8；
94《现代文学评论》2：1—2；
104《矛盾》1：3—4，1：5—6
孑　耕
10《小说月报》12：9
13《诗》1：3
孑　黎
39《泰东》2：1

幺　么
145《宇宙风》16，18，21，31，38，56
幺　里
221《文艺生活》光复版 8
四　画
比　木
109《论语》57
比　金
117《文学》2∶1
扎　生
264《诗创造》2∶4
支
109《论语》1，159，162
支　凡
25《语丝》4∶26
支　东
109《论语》135
艺
99《涛声》1∶3
艺　丁
274《平原》6
艺　五
127《人间世》40
艺　农
142《中学生文艺季刊》1∶2
艺　岚
262《平原文艺》1∶6，2∶1
艺　钟
36《北新》2∶9；
42《太阳月刊》3
云
19《小说世界》1∶11，2∶6，3∶3，8∶4；
26《现代评论》3∶64，3∶71，4∶88，5∶122，5∶130，6∶131，6∶132，6∶133，6∶139，6∶140，6∶142，6∶143，6∶145，6∶147，6∶148，6∶150，6∶155，7∶163，7∶181，8∶187，8∶188，8∶195，8∶197，8∶203；
93《青年界》8∶2；
98《新时代》2∶1；
117《文学》6∶6；
183《鲁迅风》14，16，17，19；
209《万象》1∶1；
234《微波》1∶1
云　山
36《北新》3∶7；
145《宇宙风》88，104
云　卫
173《抗战戏剧》1∶5
云　天
198《现代文艺》2∶4；
208《诗创作》10；
221《文艺先锋》13∶1
云　止
52《山雨》1∶3
云　心
28《猛进》18

云　石
19《小说世界》13：19
云　龙
93《青年界》8：4
云　生
93《青年界》1：2；
222《青年文艺》新1：3，新1：4
云　耳
109《论语》66
云　华
274《平原》11，14
云　壮
178《抗战文艺》1：5
云　冰
145《宇宙风》126
云　玖
186《宇宙风乙刊》43，47，48，49，50，52—53
云　远
143《杂文》2：1；
145《宇宙风》105
云　运
109《论语》13
云　芳
98《新时代》3：1
云　我
221《文艺先锋》13：1
云　岛
19《小说世界》6：9
云　青
159《诗歌杂志》2，3
云　林
125《春光》1：2
云　松
26《现代评论》5：119，7：171，8：189，8：198，8：200，8：202
云　姑
208《诗创作》16
云　树
85《文艺月刊》3：5—6
云　苏
85《文艺月刊》战时特刊1：8，战时特刊2：1，战时特刊2：11—12
云　客
26《现代评论》2：50
云　屏
88《读书月刊》2：3
云　根
19《小说世界》9：7，9：10
云　涛
92《文艺新闻》追悼号
云　浮
147《夜莺》1：1
151《文学丛报》6
云　彬
51《开明》新2号；
134《太白》1：3；
176《自由中国》新1：1；
199《野草》1：3，2：1—2，2：4，2：5—6，3：1，3：3—4，3：6，4：4—5，5：1，新2号，新5号，第10集，野草新集：

追悼；
211《文艺生活》光复版 17；
220《文学创作》2：5；
222《青年文艺》创刊号

云　菱

13《诗》1：3

云　梦

93《青年界》10：4

云　庵

25《语丝》4：49

云　翔

85《文艺月刊》战时特刊 2：11—12；
195《黄河》3：2

云　裳

10《小说月报》18：5；
11《文学周报》210，343；
36《北新》1：13，1：20，1：30，1：43—44；
85《文艺月刊》9：6；
98《新时代》1：4，1：6，2：2—3，2：4—5，2：6，3：1，3：2，3：3，4：6，5：4，5：6，6：2，7：1，7：2，7：3

云　影

102《文化评论》4

云　鹤

36《北新》2：17

云　樵

26《现代评论》6：138

云　壑

109《论语》16

云　翼

36《北新》2：7

云飞扬

186《宇宙风乙刊》8，14

云中君

138《文饭小品》1：1

元

2《每周评论》9；
26《现代评论》6：137；
109《论语》64；
241《文艺大众》1

元　川

51《开明》2：5

元　元

109《论语》143

元　方

272《群众文艺》3

元　立

195《黄河》2，7

元　庆

11《文学周报》274

元　宋

109《论语》11

元　枚

10《小说月报》13：11

元　钧

88《读书月刊》2：2

元　留

175《战地》1：1，1：3；
178《抗战文艺》2：2

元　甄
178《抗战文艺》5：1；
191《文艺新闻》8
元　熙
145《宇宙风》121
元　箎
51《开明》1：7
元　德
145《宇宙风》123
无　己
109《论语》81
无　天
25《语丝》95
无　文
26《现代评论》5：128，5：129
无　心
4《国民》1：1，1：2
无　以
185《笔阵》新1：4，新2，革新1；
228《中原》1：3；
237《文学新报》创刊号，1：4；
264《诗创造》5，10，2：3
无　可
109《论语》58
无　名
25《语丝》5：4，5：39；
26《现代评论》6：131；
31《甲寅》1：23，1：24；
36《北新》3：9，4：20；
85《文艺月刊》战时特刊：第11年4月号，第11年6月号；
109《论语》29；
177《文艺阵地》4：1；
183《鲁迅风》18；
247《人民文艺》2
无　华
180《文艺》3：3—4
无　如
28《猛进》11
无　寿
68《戏剧与文艺》1：2
无　极
109《论语》140
无　抗
25《语丝》122
无　我
1《新青年》7：6；
19《小说世界》2：9，3：1，3：5，3：8，4：1，4：3，4：4，5：1，5：5，6：4，9：1，9：3，12：4
109《论语》101
无　忌
96《文艺杂志》1：1，1：3
无　非
211《文艺生活》光复版3
无　明
10《小说月报》14：12；
109《论语》24
无　依
209《万象》3：7

无　朋
109《论语》26，27，35，73
无　咎
19《小说世界》10：10；
149《逸经》31；
203《奔流文艺丛刊》2；
270《小说》1：1，1：3
无　波
158《中流》1：11
无　垢
118《文艺春秋》1：1；
199《野草》4：6；
210《笔谈》2；
211《文艺生活》3：6
无　鬼
109《论语》173
无　病
127《人间世》22，37
无　疾
183《鲁迅风》17
无　斋
177《文艺阵地》5：1
无　恙
109《论语》146，154，157
无　梦
99《涛声》2：4
无　聊
19《小说世界》11：7，11：8
无　痕
25《语丝》5：10，5：29，5：42，
5：45
无　逸
11《文学周报》198
无名氏
25《语丝》4：34，
32《清华文艺》1：5
无泪者
109《论语》14
无聊人
38《幻洲》1：6
无名小卒
121《文化列车》12
无名英雄
174《抗到底》1
无愧我心
19《小说世界》6：2
天
187《戏剧岗位》2：1
天　一
18《歌谣》11
天　人
37《一般》8：1
天　三
122《文学季刊》2：1
天　王
99《涛声》1：20
天　云
145《宇宙风》99
天　月
10《小说月报》12：6
天　风
1《新青年》6：6

2《每周评论》20，28，29，30，31，33，36；
100《北斗》1：4；
117《文学》8：1；
190《通俗文艺》15

天　心

85《文艺月刊》3：3

天　予

186《宇宙风乙刊》46

天　古

184《文艺战线》1：5

天　功

25《语丝》5：40

天　石

10《小说月报》12：6

天　卢

36《北新》2：4

天　仙

32《清华文艺》不定期刊 1

天　用

11《文学周报》142，143，145，150

天　白

93《青年界》6：1；
85《文艺月刊》11：1

天　鸟

145《宇宙风》105

天　玄

92《文艺新闻》46

天　兰

155《光明》2：9；
259《东北文化》2：1

天　民

19《小说世界》1：13

天　西

109《论语》34

天　吏

199《野草》3：1

天　行

25《语丝》103，107，110，111，115，116，117，125，126，131，134，136，137，138，139，140，141，142，143，145，147，148，150，151，154，156，4：1，4：2，4：7，4：8，4：10，4：11，4：33，5：8；
26《现代评论》2：49，2：50；
37《一般》5：2，6：1；
43《未名》2：5，2：6，2：7，2：8，2：9—12；
80《驼骆草》5；
93《青年界》新 2：4；
109《论语》120，127，130，131，135；
122《文学季刊》1：3；
141《文艺》2：4；
221《文艺先锋》12：2，13：3；
235《文艺春秋》4：1；
244《文艺复兴》3：3

天　农

16《努力周报》2，40

天　问

93《青年界》新6∶4；

145《宇宙风》87，92

天　佐

180《文艺》1∶6，2∶2；

183《鲁迅风》17；

203《奔流文艺丛刊》2

天　佑

159《诗歌杂志》2，3；

229《艺文杂志》1∶5

天　良

25《语丝》93

天　青

195《黄河》5∶3—4

天　明

237《文学新报》1∶6；

251《文艺杂志》1∶6

天　岳

109《论语》141

天　侔

2《每周评论》22

天　命

209《万象》3∶2

天　怡

37《一般》2∶2

天　底

23《文艺周刊》8

天　放

6《解放与改造》3∶3

天　苏

158《中流》1∶4

天　南

221《文艺先锋》11∶3—4

天　星

93《青年界》新4∶1，新5∶1

天　虹

36《北新》4∶1—2；

117《文学》2∶5，5∶1，5∶5，6∶2，6∶4，6∶5，8∶3；

133《译文》1∶5，2∶4，2∶6，新1∶2，新1∶5，新1∶6，新2∶2，新2∶4，新2∶5，新3∶1，新3∶2，新3∶3，新3∶4；

165《文丛》2∶2

天　宪

141《文艺》4∶3，5∶1—2

天　晓

251《文艺杂志》3∶3

天　倪

28《猛进》18

天　隽（雋）

113《新诗歌》2∶1

天　笑

19《小说世界》1∶1，3∶2，11∶1，13∶1，13∶3，13∶10，13∶17

209《万象》4∶3，4∶4，4∶5；

221《文艺先锋》11∶3—4

天　航

264《诗创造》4

天　海

264《诗创造》10

天　涧

127《人间世》22

天　授

190《通俗文艺》45

天　虚

113《新诗歌》2：2;
120《文艺》1：1;
125《春光》1：2;
131《东流》3：2;
151《文学丛报》1，5;
159《诗歌杂志》1;
176《自由中国》1：2，1：3;
177《文艺阵地》1：2，1：7，3：1，3：5，4：2;
180《文艺》1：2

天　野

209《万象》1：4，1：8，1：9，1：10，2：2

天　婴

186《宇宙风乙刊》32

天　裔

98《新时代》103，3：3，4：1，4：2，5：4

天　游

19《小说世界》1：2，1：3，1：5，1：6，1：7，1：8，1：9，1：10，1：11，1：12，1：13，2：1，2：2，2：3，2：4，2：5，2：6，2：7，2：8，2：9，2：10，2：11，2：12，2：13，3：1，3：2，3：3，3：4，3：5，3：6，3：7，3：8，7：1，7：2，7：3，7：4，7：5，7：6，7：7，7：8，7：9，7：10，7：11，7：12，7：13，8：1，8：2，8：3，9：1，9：2，9：3，9：4，9：5，9：6，9：7，9：8，9：9，9：10，10：1，10：2，10：3，10：4，10：5，10：6，10：7，10：8，10：9，10：10，10：11，10：12，10：13，11：2，11：3，11：4，11：5，11：6，11：7，11：8，11：9，11：10，11：11，11：12，11：13，12：2，12：3，12：4，12：5，12：6，12：7，12：8，12：9，12：10，12：11，12：12，12：13，13：3，13：4，13：5，15：18，15：19，16：1，16：2，16：3，16：4，16：5，16：6，16：7，16：8，16：9，16：10，16：11，16：12，16：13，16：14，16：15，16：16，16：18，16：19，16：20，16：22，16：23，16：24，16：25，17：1，17：2，17：3，18：1;
226《风雨谈》9，10，11

天　蓝

172《七月》3：1，3：6，4：2，4：4;

177《文艺阵地》2：6，4：1；
181《文艺突击》1：4；
184《文艺战线》创刊号，1：3，1：4；
197《大众文艺》1：6，2：1；
200《新诗歌》2；
201《戏剧春秋》1：2，1：3；
204《中国文艺》1：1；
208《诗创作》10；
213《草叶》4；
214《谷雨》1：2—3；
271《文学战线》1：2，2：3；
273《文艺月报》2

天 锡

10《小说月报》14：12

天 猿

92《文艺新闻》3，4，5，9，15，19，23，24，30，42，44，60，战时特刊2，战时特刊6，战时特刊9

天 碧

212《文讯》8：4；
244《文艺复兴》3：1

天 蔚

211《文艺生活》海外版18—19；
273《文艺月报》创刊号，2

天 僧

109《论语》11

天 潮

113《新诗歌》2：1

天 镜

75《萌芽》1：4

天 鹰

142《中学生文艺季刊》1：3

天 籁

51《开明》1：3，1：4，2：11

天地人

186《宇宙风乙刊》15

天唯廉

145附《宇宙风·逸经·西风非常时期联合旬刊》5

天鹏三

92《文艺新闻》3

天虚我生

19《小说世界》3：1，侦探号

开

109《论语》14

开 元

85《文艺月刊》战时特刊2：6

开 仁

39《泰东》2：10

开 心

109《论语》56

开 田

36《北新》2：18

开 礼

221《文艺先锋》5：6

开 先

23《文艺周刊》30，45

开 庆

26《现代评论》4：102

开　时
75《萌芽》1：3，1：5；
100《北斗》1：2，1：4
开　明
25《语丝》1，2，3，4，5，6，7，9，10，11，12，13，14，15，16，17，18，19，20，21，24，25，26，28；
75《萌芽》1：4；
84《开展》1
开　洋
109《论语》4，7，9，10，12
开　垒
183《鲁迅风》11
开　泰
36《北新》3：7
开　脱
11《文学周报》345
开　渠
26《现代评论》5：110
开　琪
173《抗战戏剧》2：1，2：4—5
开　瑜
63《金屋》1：9—10
开　墅
186《宇宙风乙刊》18
井上蛙
98《新时代》2：1
井岩盾
200《新诗歌》6；
213《草叶》2，4；
271《文学战线》创刊号，1：4
井底之
109《论语》121；
223《人世间》复刊1
井上蛙次郎
51《开明》2：17
不　凡
99《涛声》1：23
不　文
25《语丝》5：11，5：15，5：23
不　平
1《新青年》6：6；
145《宇宙风》142，143，146；
183《鲁迅风》18
不　名
59《春潮》1：9；
145《宇宙风》99，101
不　齐
134《太白》1：8，1：9，1：10，1：11，1：12，2：2
不　肖
109《论语》43
不　佞
109《论语》122
不　明
215《奔流新集》2
不　知
99《涛声》2：2
不　舍
133《译文》新2：3

不　空
127《人间世》40
不　孤
145《宇宙风》18
不　留
23《文艺周刊》16，26，31，45，48，50
不　堂
100《北斗》2：1
不　遐
25《语丝》114
不　婴
32《清华文艺》1：5
不肖生
19《小说世界》2：6，3：1
不能名
109《论语》36
不署名
51《开明》2：26
不知名学生
109《论语》12
木
32《清华文艺》不定期刊2；
109《论语》32，129，146，150，151，154，165；
199《野草》1：3，1：4
木　儿
142《中学生文艺季刊》3：1
木　子
160《新诗》1：5
木　天
24《洪水》半月刊1：4，半月刊1：5，半月刊1：8，半月刊2：18；
25《语丝》2：41；
113《新诗歌》2：1，2：2
木　木
274《平原》12
木　公
36《北新》2：14，2：16；
209《万象》3：8；
211《文艺生活》2：5
木　风
251《文艺杂志》1：1，1：4，3：2，4：1
木　水
93《青年界》9：1
木　石
109《论语》72，73，79；
145《宇宙风》13
木　因
109《论语》82
木　农
115《文学杂志》1：3—4
木　衣
109《论语》35
木　欢
8《新社会》6
木　苍
228《中原》1：4
木　纳
268《蚂蚁小集》7

木　林
75《萌芽》1：6
木　枫
155《光明》1：11；
172《七月》5：2，5：4
木　易
92《文艺新闻》53；
251《文艺杂志》1：4
木　刻
143《杂文》1，2
木　郎
25《语丝》98
木　孤
93《青年界》7：5，8：2，9：1
木　荳
29《莽原》半月刊2：18—19
木　铃
26《现代评论》4：81
木　铎
51《开明》2：25
木　斋
140《芒种》7
木　野
36《北新》3：6
木　犀
208《诗创作》5
木　禽
173《抗战戏剧》2：4—5
木乃伊
137《当代诗刊》1：3—4
木以圭
159《诗歌杂志》2，3；
177《文艺阵地》3：7，4：7，4：9
木林森
109《论语》22，69，73
互　生
37《一般》1：2
瓦　区
264《诗创造》2：2
王　力
31《甲寅》1：35
王　大
197《大众文艺》1：5
王　山
113《新诗歌》2：2
王　门
15《光明》1：5；
216《战时文艺》1：4；
222《青年文艺》新1：4
王　之
187《戏剧岗位》1：4
王　凡
265《胶东文艺》1：5
王　刃
242《新群众》1：4，1：6
王　韦
254《热潮》创刊号，1：3；
206《华北文艺》1：2
王　云
262《平原文艺》1：2

王　元
172《七月》4：4，5：3；
177《文艺阵地》文阵新辑之一：去国；
251《文艺杂志》4：2
王　书
36《北新》4：12
王　化
197《文艺大众》1：4；
276《华北文艺》2
王　风
18《歌谣》75；
109《论语》77；
241《文艺大众》新生号；
274《平原》12，新1
王　予
109《论语》160；
226《风雨谈》11
王　平
107《文学月报》1：2
王　灭
127《人间世》7
王　式
109《论语》149
王　戎
223《人世间》复刊2；
253《清明》3，4
王　扬
177《文艺阵地》4：10
王　伦
101《十字街头》3
王　华
106《现代》5：1
王　似
270《小说》2：5
王　行
177《文艺阵地》1：11
王　安
209《万象》3：3
王　军
182《文艺新潮》1：3，1：6
王　阳
265《胶东文艺》1：8
王　则
221《文艺先锋》12：6
王　辰
51《开明》1：2
王　声
40《真美善》5：4
王　坟
36《北新》3：6；
40《真美善》3：5，3：6，4：1，4：2，4：3，4：5，4：6，5：1，5：2，5：4，5：5，6：1，6：4，6：5；
51《开明》1：2；
84《开展》4，5，9；
89《当代文艺》1：3，1：4，1：5，1：6，2：2，2：4，2：5；
93《青年界》2：4；
94《现代文学评论》2：1—2；
98《新时代》1：4，1：5，2：1，2：

2—3，3∶2，3∶3，3∶5—6

王　苏

25《语丝》5∶46；

46《新月》3∶4

王　还

225《时与潮文艺》3∶2，3∶5，4∶2

王　里

93《青年界》新4∶2

王　岑

229《艺文杂志》2∶3

王　冷

175《战地》1∶1

王　沉

98《新时代》4∶4—5，5∶1，5∶4，5∶5，5∶6，6∶2，7∶2，7∶3，7∶4

王　证

142《中学生文艺季刊》1∶2

王　良

92《文艺新闻》32

王　君

262《平原文艺》1∶2

王　玮

195《黄河》2∶7

王　玢

155《光明》1∶10；

225《时与潮文艺》5∶5

王　坪

173《抗战戏剧》1∶8；

183《鲁迅风》17，18；

211《文艺生活》光复版2；

219《文学批评》2；

236《高原》新1∶1；

255《北方》1∶1

王　林

252《北方文化》1∶3，2∶4；

257《长城》创刊号，1∶2；

276《华北文艺》2

王　枚

85《文艺月刊》7∶3

王　若

262《平原文艺》1∶3

王　者

199《野草》2∶3

王　奇

261《东北文艺》1∶5

王　拓

173《抗战戏剧》2∶2—3；

179《戏剧新闻》6

王　肯

273《文艺月报》创刊号

王　明

18《歌谣》2∶15，2∶19，2∶28

王　忠

167《文学杂志》2∶4；

244《文艺复兴》1∶1，1∶6，3∶1，3∶4

王　易

14《学衡》1，2，3，4，5，7，8，9，10，11，12，13，14，15，17，18，19，20，22，23，24，

25，26，27，28，29，30，31，34，36，38，39，40，41，42，43，44，45，46，48，49，50，51，52，53，54，55，56，57，58，73

王　采

141《文艺》6：3；
212《文讯》8：5，9：3；
235《文艺春秋》5：6；
247《人民文艺》2；
264《诗创造》2：1

王　季

244《文艺复兴》2：6；
249《白山》3

王　京

85《文艺月刊》11：1

王　炜

276《华北文艺》4，6

王　波

92《文艺新闻》27

王　宛

145《宇宙风》142

王　参

245《文章》1：3

王　驼

264《诗创造》1

王　珏

1《新青年》1：2；
15《创造》2：2

王　玲

221《文艺先锋》10：3

王　春

251《文艺杂志》1：5，2：4，3：4；
255《北方》1：1

王　枳

223《人世间》复刊8—9

王　荣

46《新月》3：1

王　政

93《青年界》5：3

王　南

85《文艺月刊》战时特刊5：1；
251《文艺杂志》1：2，1：3，2：2，2：4；
255《北方》1：2

王　轲

165《文丛》1：5

王　耑

186《宇宙风乙刊》45；
199《野草》新7集，第9集；
256《萌芽》1：4

王　骨

140《芒种》7

王　钧

11《文学周报》88，91

王　泉

79《巴尔底山》1：1

王　禹

159《诗歌杂志》2，3

王　俞

177《文艺阵地》3：8

王　恂
88《读书月刊》3：1—2
王　烽
241《文艺大众》5
王　洋
270《小说》1：6
王　前
251《文艺杂志》2：4
王　屋
250《鲁迅文艺》1：1，1：3
王　逊
159《诗歌杂志》2，3
王　莹
81《沙仑》1：1；
106《现代》3：1，3：4，4：6，
6：1；
138《文饭小品》1：2；
155《光明》2：12；
178《抗战文艺》2：4
王　铉
224《天下文章》1，3
王　健
92《文艺新闻》6
王　航
261《东北文艺》2：3
王　竞
32《清华文艺》1：4
王　益
262《平原文艺》2：5
王　涅
1《新青年》2：1
王　浩
14《学衡》1，2，3，4，5，6，7，
8，9，10，11，12，13，14，15，
16，17，18，20，21，22，24
王　海
187《戏剧岗位》1：2—3
王　绮
18《歌谣》36
王　彬
111《文化月报》1，2
王　敌
223《人世间》复刊5
王　敏
158《中流》1：3；
265《胶东文艺》1：4
王　笛
115《文学杂志》1：3—4
王　笙
229《艺文杂志》2：3
王　逸
173《抗战戏剧》1：4；
201《戏剧春秋》1：2，2：1；
211《文艺生活》3：6，光复版15，
海外版12
王　庸
14《学衡》11；
26《现代评论》3：56
王　康
212《文讯》9：2
王　清
252《北方文化》1：4

王　渊
209《万象》4：4
王　琳
93《青年界》8：2；
117《文学》5：1；
252《北方文化》2：6
王　琦
98《新时代》2：1；
177《文艺阵地》4：2，4：5；
211《文艺生活》海外版 8，海外版 12；
223《人世间》复刊 1，复刊 2，复刊 10；
242《文联》1：1，1：3，1：4，1：5，1：6；
245《文章》创刊号；
250《鲁迅文艺》1：1；
253《清明》创刊号，3，4
王　越
14《学衡》77
王　焚
241《文艺大众》新 4
王　晶
221《文艺先锋》12：6
王　铸
51《开明》1：9
王　锐
145 附《宇宙风·逸经·西风非常时期联合旬刊》7；
158《中流》1：7，1：8；
221《文艺先锋》2：2，5：6，8：2，9：1
王　然
133《译文》新 2：1
王　道
84《开展》1，2，3，6—7，8
王　谦
275《文艺丛刊》创刊号
王　祺
13《诗》2：1
王　翚
270《小说》6：5—6
王　瑜
245《文章》1：2
王　蓝
221《文艺先锋》3：5，4：4，5：4
王　照
31《甲寅》1：10
王　微
272《群众文艺》11—12
王　颖
127《人间世》30，34；
145《宇宙风》10
王　靖
10《小说月报》15：号外
王　煜
182《文艺新潮》1：7，2：3；
183《鲁迅风》19
王　溢
39《泰东》1：9
王　静
11《文学周报》14；

109《论语》41
王　瑶
167《文学杂志》3：5；
212《文讯》9：3；
244《文艺复兴》研究号上，研究号下；
270《小说》4：3
王　蓼
142《中学生文艺季刊》2：4
王　煦
36《北新》3：18
王　煜
142《中学生文艺季刊》1：1
王　荧
159《诗歌杂志》2，3
王　璜
155《光明》2：9，2：10
王　璋
31《甲寅》1：14
王　聪
272《群众文艺》9
王　震
272《群众文艺》6
王　黎
224《天下文章》1：6，2：4
王　徵
16《努力周报》2
王　鹤
51《开明》2：3；
274《平原》11，12
王　璠
198《现代文艺》4：1；
199《野草》3：1
王　远
149《逸经》8
王　霖
109《论语》171
王　镜
211《文艺生活》海外版副刊
王　衡
36《北新》1：36；
251《文艺杂志》1：4
王　燊
29《莽原》半月刊2：6，半月刊2：14，半月刊2：16，半月刊2：21—22
王　礁
155《光明》2：9
王　翼
82《前锋周报》42；
121《文化列车》5
王　滏
14《学衡》2，12，20，48
王　懿
211《文艺生活》光复版8
王一丁
261《东北文艺》1：4
王一介
259《东北文化》1：2
王一心
40《真美善》7：2，7：3；

85《文艺月刊》2：11—12，5：3；
89《当代文艺》1：6，2：3；
93《青年界》1：4，4：5，11：1，2：1；
98《新时代》3：2，3：3，3：5—6，4：1，4：4—5，5：3，5：4，5：6，6：1，6：2；
106《现代》4：1；
113《新诗歌》1：5；
123《中国文学》1：1，1：2；
125《春光》1：3；
126《诗歌月报》1：1，1：2，1：4，2：2；
141《文艺》1：2，1：3，2：1，2：4，4：1，4：2

王一平

141《文艺》1：3

王一达

272《群众文艺》3，6，8

王一苇

131《东流》2：1，2：2

王一沙

11《文学周报》104

王一鸣

51《开明》1：2

王一亭

109《论语》54

王一榴

55《大众文艺》2：3，2：4；
75《萌芽》1：4，1：5；
109《论语》124，125，126，127，128

王一藩

265《胶东文艺》创刊号

王二十

145《宇宙风》62

王十六

130《当代文学》1：4

王九思

109《论语》146

王乃光

187《戏剧岗位》2：2—3

王乃帆

250《鲁迅文艺》1：3

王乃叔

51《开明》2：24

王乃堂

255《北方》1：4

王了一

10《小说月报》20：2；
51《开明》新1号；
117《文学》3：5；
122《文学季刊》2：2；
167《文学杂志》1：2；
220《文学创作》3：1；
233《当代文艺》1：2，1：3

王三战

36《北新》4：20

王三庸

45《现代小说》2：5

王士良

19《小说世界》16：4

王士卿
93《青年界》新 5：3
王士瑷
142《中学生文艺季刊》1：4
王大中
158《中流》1：12，2：3
王大军
222《青年文艺》3
王大维
83《现代文学》1：3；
85《文艺月刊》9：2
王万育
209《万象》3：3
王乃福
18《歌谣》35
王个簃
149《逸经》14
王凡西
117《文学》8：3，8：4
王卫星
263《文艺知识连丛》1：4
王也人
261《东北文艺》2：4
王小山
109《论语》61，91
王小令
109《论语》124
王小廷
149《逸经》12
王小竹
209《万象》3：3
王小逸
209《万象》1：1，1：2，1：3，1：4，1：5，1：6，1：7，1：8，1：9，1：10，1：11，1：12，2：1，2：2，2：3，2：4
王小涵
187《戏剧岗位》2：1
王小隐
19《小说世界》12：4，12：5，12：8
王小维
11《文学周报》346
王小鲁
221《文艺先锋》10：3，10：5
王子云
109《论语》148；
272《群众文艺》8
王子禾
163《热风》1：2
王子出
109《论语》141
王子英
155《光明》战时号外 3
王子欣
25《语丝》68
王子野
247《人民文艺》2；
252《北方文化》1：1，1：2，1：3，1：4，1：5
王子程
173《抗战戏剧》2：1

王艺钟
42《太阳月刊》1
王云凡
106《现代》6：1
王云开
36《北新》4：17；
40《真美善》5：5，6：2；
141《文艺》2：1，2：2，2：3，
2：4
王云五
88《读书月刊》1：2
王云阶
141《文艺》5：4
王云岑
251《文艺杂志》1：6
王云波
221《文艺先锋》2：1
王云皑
98《新时代》1：5
王云槐
232《戏剧时代》1：3
王元亨
109《论语》13
王元寿
262《平原文艺》2：6
王元振
19《小说世界》14：10，15：7，
15：12
王无为
19《小说世界》12：10，12：11
王天一
51《开明》2：19
王天心
142《中学生文艺季刊》2：1，2：4
王天休
40《真美善》5：1；
74《新文艺》1：6
王天质
81《沙仑》1：1
王天基
117《文学》7：4；
172《七月》2：2，2：6
王天瑞
127《人间世》15
王夫基
117《文学》9：2
王不凡
272《群众文艺》4
王不留
109《论语》161
王不遐
25《语丝》112
王友声
36《北新》1：10
王巨川
93《青年界》新1：1
王巨林
251《文艺杂志》4：1；
255《北方》2：1—2
王少维
98《新时代》7：1，7：3，7：4

王少船

24《洪水》半月刊 3：34

王少游

98《新时代》2：1，4：4—5；

99《涛声》1：14，1：15

王中仁

209《万象》2：3

王中君

26《现代评论》2：27

王内合

85《文艺月刊》战时特刊第 11 年 4 月号

王日新

26《现代评论》2：51，4：102

王仁风

265《胶东文艺》1：8

王仁希

39《泰东》2：11

王化歧

51《开明》1：9

王化周

25《语丝》68

王化明

272《群众文艺》11—12

王今野

106《现代》3：5

王公辅

18《歌谣》75

王长群

251《文艺杂志》4：3，4：4

王斤役

127《人间世》4；

145《宇宙风》146；

149《逸经》13，35

王月波

43《未名》2：7

王月樵

265《胶东文艺》1：8

王凤山

271《文学战线》1：5—6

王凤龙

251《文艺杂志》4：4

王文川

93《青年界》8：2

117《文学》5：1

王文元

25《语丝》126，146；

26《现代评论》4：99

王文灿

18《歌谣》11

王文杰

85《文艺月刊》战时特刊 1：3，战时特刊 1：5

王文奎

252《北方文化》2：3

王文修

93《青年界》9：1

王文炳

31《甲寅》1：20

王文耕

142《中学生文艺季刊》2：1

王文彬

18《歌谣》81

王文瑞

19《小说世界》2：9

王文慧

117《文学》2：4，3：1，3：2，3：4

王及昌

159《诗歌杂志》3

王心一

222《青年文艺》4

王心印

262《平原文艺》1：1，1：6

王双也

271《文学战线》2：5

王以中

122《文学季刊》1：2

王以仁

10《小说月报》15：11，15：12，16：1，16：6，17：3，17：5，17：12；

11《文学周报》149，212，224，350；

22《创造周报》46；

23《文艺周刊》13，40，42，43，44；

24《洪水》半月刊：2：23—24，3：27；

88《读书月刊》2：4—5

王孔嘉

127《人间世》31，33，34，39，40，41，42

王允哲

85《文艺月刊》10：6

王巴芒

142《中学生文艺季刊》2：3

王书琴

274《平原》14

王平陵

11《文学周报》25；

73《南国周刊》1：9；

85《文艺月刊》3：7，3：8，3：9，3：11，3：12，5：1，5：2，5：5，7：2，7：3，7：4，7：5，7：6，8：1，8：9，9：1，9：2，9：6，10：1，10：2，10：3，10：4—5，10：6，11：2；战时特刊：创刊号，2，3，1：4，1：5，1：6，1：7，1：9，1：10，1：11，1：12，2：1，2：2，2：5，2：6，2：7，2：8，2：9—10，2：11—12，3：1—2，3：3—4，号外 1，3：5—6，3：7，3：8—9，3：10—11，3：12，4：1，4：5—6，第 11 年 5 月号，第 11 年 8 月号，第 11 年 10 月号，第 11 年 11 月号；

88《读书月刊》2：1；

94《现代文学评论》2：3，3：1；

104《矛盾》发动号，1：2，1：3—4，1：5—6，2：6；

108《文艺茶话》1：6；

109《论语》141，143，144，155，158，164，174；

141《文艺》5：4，5：5；
158《戏剧时代》1：1；
170《新演剧》复刊号；
173《抗战戏剧》1：5；
177《文艺阵地》2：9；
178《抗战文艺》1：6，2：2，3：9—10，7：1；
179《戏剧新闻》3；
221《文艺先锋》1：1，1：3，3：1，4：5，8：1，8：2，11：3—4；
224《天下文章》2

王正己

142《中学生文艺季刊》1：1

王正心

109《论语》93

王玉尧

98《新时代》4：4—5，5：4

王玉坚

19《小说世界》13：4，14：6

王玉胡

272《群众文艺》3，9

王玉章

93《青年界》7：1，8：1，9：1，10：1，11：1，12：1，新3：2；
212《文讯》4：1；
225《时与潮文艺》3：5

王玉蓉

209《万象》1：10

王古鲁

226《风雨谈》9；
229《艺文杂志》1：6，2：2

王未加

116《文艺月报》1：3

王世英

10《小说月报》12：7
272《群众文艺》2

王世玱

88《读书月刊》1：3—4

王世杰

25《语丝》109；
26《现代评论》1：1，1：2，1：4，1：9，1：12，1：21，1：25，1：26，2：29，2：40，2：46，3：54，第一周年增刊，3：57，3：61，3：68，3：70，3：75，4：81，4：91，第二周年增刊，6：151，6：152，7：165，8：205

王世瑛

11《文学周报》4，7，10，11

王布帆

186《宇宙风乙刊》42，47

王石逸

109《论语》79；
127《人间世》21

王右家

195《黄河》6

王龙章

16《努力周报》32，33

王禾辰

51《开明》1：2

王生海

142《中学生文艺季刊》2：4

王乐天
109《论语》111
王乐民
25《语丝》107
王乐行
142《中学生文艺季刊》3：2
王乐侃
12《戏剧》2：4
王尔华
209《万象》2：6，2：9
王尔明
259《东北文化》2：2
王汉倬
221《文艺先锋》3：6
王立学
174《抗到底》3
王兰生
51《开明》1：9
王宁初
149《逸经》29
王永仁
149《逸经》25
王永梭
221《文艺先锋》4：6，13：4
王永曦
199《野草》4：1—2
王礼锡
11《文学周报》306，348；
18《歌谣》22，23；
85《文艺月刊》战时特刊号外1；
88《读书月刊》1：3—4，2：1；
98《新时代》4：1；
102《文化评论》2—3；
108《文艺茶话》1：1；
177《文艺阵地》2：9，3：6，3：10；
178《抗战文艺》3：8，3：9—10，
4：3—4，4：5—6，5：4—5；
186《宇宙风乙刊》6；
218《文坛》7
王幼虞
10《小说月报》14：8
王圣扬
36《北新》2：14
王圣伟
117《文学》7：6
王式通
14《学衡》71；
85《文艺月刊》10：6
王式廓
181《文艺突击》新1：1；
184《文艺战线》1：3
王西彦
98《新时代》2：4—5；
117《文学》7：5，8：2，9：2；
123《中国文学》1：2；
152《作家》1：6；
154《文学界》1：4；
155《光明》2：1，2：4，2：6，
3：1；
158《中流》1：7，2：1，2：5，
2：6，2：9，2：10；
171《烽火（呐喊）》13；

172《七月》3：5；
175《战地》1：5；
176《自由中国》创刊号，新1：1；
177《文艺阵地》1：9，3：8，4：5；
178《抗战文艺》3：11，5：2—3；
182《文艺新潮》2：9；
192《文学月报》1：6；
198《现代文艺》1：1，1：3，
2：1，2：3，3：1，3：4；
211《文艺生活》2：1，2：5，3：4；
212《文讯》8：5，9：1，9：5；
217《文艺杂志》1：2，1：5，1：
6，2：1，2：2，2：3，2：5，
2：6，3：1；
219《文学批评》创刊号；
220《文学创作》2：1，2：2，2：4；
225《时与潮文艺》5：1；
231《新文学》1：1；
233《当代文艺》1：2；
235《文艺春秋》2：2，2：6，3：1，
3：2，3：3，3：4，3：5，3：
6，4：1，4：2，4：3，4：4，
4：5，4：6，5：1，5：2，5：
3，5：4，5：5，5：6，6：1，
6：2，6：4，6：6，7：2，7：
3，7：5，8：1，8：2，8：3；
245《文章》1：4；
270《小说》5：3，6：1，6：3

王西神

19《小说世界》6：13，7：3，7：
11，14：23，14：24

王西道

133《译文》新2：1

王西稔

85《文艺月刊》8：4，8：6；
151《文学丛报》3

王西徽

93《青年界》8：2；
117《文学》5：1

王西徵

10《小说月报》20：11

王亚平

85《文艺月刊》战时特刊3：8—9；
117《文学》8：1；
147《夜莺》1：4；
148《诗歌生活》1；
150《东方文艺》1：1，1：3，1：4；
151《文学丛报》4；
155《光明》1：3，战时号外3；
157《今代文艺》1：2；
159《诗歌杂志》1，2，3；
174《抗到底》8；
176《自由中国》新1：1，新1：4，
新2：1—2；
177《文艺阵地》1：1，1：3，1：
4，1：7，1：9，2：3，3：7，
7：1；
178《抗战文艺》2：1，5：6，文
协成立七周年并庆祝第一届
文艺节纪念特刊；
182《文艺新潮》2：7；
185《笔阵》新3，新5，新6；

192《文学月报》1：3；
195《黄河》6，2：11—12；
208《诗创作》3：4，6，8，10；
211《文艺生活》2：1，海外版20；
216《战时文艺》1：3，1：5；
217《文艺杂志》1：5，2：2；
219《文学批评》2；
220《文学创作》1：5，2：2；
221《文艺先锋》4：5；
222《青年文艺》新1：5；
224《天下文章》3，4，1：6，2：3；
225《时与潮文艺》3：2，3：6，5：1，5：5；
233《当代文艺》1：5—6；
235《文艺春秋》2：4，3：5；
236《高原》新1：1；
237《文学新报》1：4；
239《诗文学》1；
247《人民文艺》1，3，4；
248《中原·文艺杂志·希望·文哨联合特刊》1：2；
256《萌芽》1：3；
262《平原文艺》1：1，1：2，1：3，1：4，1：5，1：6，2：2，2：3，2：4，2：5，2：6；
274《平原》3，4，5，6，8；
276《华北文艺》2，4

王吉檀

109《论语》54

王权中

36《北新》2：22

王存杰

93《青年界》新5：2

王达夫

92《文艺新闻》35，44，53

王达富

109《论语》125

王有德

18《歌谣》75

王在民

186《宇宙风乙刊》36；
220《文学创作》2：2

王成组

10《小说月报》13：11

王成秋

93《青年界》9：3

王百晦

186《宇宙风乙刊》37

王托萨

221《文艺先锋》2：1

王执钟

133《译文》新1：4，新1：5

王光斗

38《幻洲》2：2

王光祈

1《新青年》6：4，7：5；
5《少年中国》1：2，1：3，1：4，1：6，1：7，1：8，1：11，2：1，2：2，2：4，2：5，2：7，2：11，3：2，3：7，3：9，4：1，4：2，4：3，4：4，4：5，4：6，4：7，4：8，4：9，4：

10，4：12

王光鼐

173《抗战戏剧》1：6—7

王则平

127《人间世》15

王竹溪

51《开明》2：5，2：6

王先献

51《开明》2：3，2：7，2：9，2：12，2：19，2：25

王年芳

230《民族文学》1：1

王伏雄

100《北斗》2：1

王传本

142《中学生文艺季刊》2：3

王仲鄂

145《宇宙风》63；

209《万象》1：9，1：10，1：11，2：1，2：9，2：10，2：12，3：10，3：12，号外

王任叔

10《小说月报》14：1，14：4，15：8，15：12，16：11；

11《文学周报》37，40，41，42，47，52，58，59，60，69，70，100，105，110，111，122，128，129，175，224，232，266，267，321，349；

36《北新》1：22，1：23，2：8；

37《一般》8：4；

38《幻洲》1：10；

45《现代小说》3：4；

52《山雨》1：2；

57《大江》1：2；

76《拓荒者》3；

93《青年界》5：1，9：1，9：5，10：1，11：1；

117《文学》6：1，7：2，9：1，9：2，9：4；

122《文学季刊》1：2；

125《春光》1：2；

127《人间世》13；

139《新小说》1：3，1：4；

141《文艺》2：1；

144《创作》1：3；

145《宇宙风》49；

147《夜莺》1：1，1：2；

150《东方文艺》1：2；

151《文学丛报》2，3，4，5，6；

154《文学界》1：1，1：2；

155《光明》1：8，2：6；

158《中流》1：7，2：6；

162《小说家》1：1，1：2；

177《文艺阵地》2：1；

182《文艺新潮》1：1；

223《人世间》复刊7，复刊8—9；

235《文艺春秋》2：1

王伊维

1《新青年》不定期刊4

王华甫

25《语丝》100

王延庆
19《小说世界》7：12
王延松
109《论语》54
王自元
93《青年界》7：1
王向辰
26《现代评论》2：50，3：64，3：71，3：77，4：83，4：103，5：107，5：112，5：120，7：160，7：161，7：163，7：169
王会吾
5《少年中国》1：4
王兆瑞
142《中学生文艺季刊》1：2；
155《光明》2：3
王兆塀
245《文章》1：2，1：4
王兆鑫
249《白山》6
王多多
264《诗创造》3
王庆元
274《平原》2
王庆华
242《新群众》2：5
王庆章
271《文学战线》创刊号
王忓摩
98《新时代》7：3
王次云
162《小说家》1：1
王冰之
109《论语》92
王冰洋
85《文艺月刊》战时特刊3：7；
178《抗战文艺》3：7，3：9—10，5：4—5
王汝龙
108《文艺茶话》1：10
王汝鑫
142《中学生文艺季刊》1：4
王宇春
24《洪水》半月刊2：22
王守川
209《万象》1：11
王守中
101《十字街头》3
王守贤
51《开明》2：1
王守衡
26《现代评论》7：177
王安民
59《春潮》1：5
王良仲
26《现代评论》4：82
王良雨
109《论语》25
王聿均
221《文艺先锋》12：5

王迅中
196《战国策》2，6
王迅流
211《文艺生活》穗新 5
王观华
93《青年界》9：1
王玕君
51《开明》2：4
王进珊
85《文艺月刊》战时特刊第 11 年 4 月号，战时特刊第 11 年 6 月号；
141《文艺》6：2，6：3；
221《文艺先锋》1：1，1：2，1：3，1：5，1：6，2：1，3：4，5：1—2，5：4，6：1，8：2；
187《戏剧岗位》3：1—2
王克让
142《中学生文艺季刊》1：1
王克浪
270《小说》6：4
王克维
23《文艺周刊》21，27，28
王克锦
251《文艺杂志》3：5
王志之
115《文学杂志》1：1，1：2
王志远
251《文艺杂志》4：3
王志超
195《黄河》2：3
王志森
274《平原》13
王志雄
14《学衡》36
王志瑞
93《青年界》8：2；
117《文学》5：1
王苇艇
24《洪水》半月刊 2：23—24
王芸生
212《文讯》6：1
王克洵
106《现代》3：4
王抚五
1《新青年》6：4
王抗夫
62《海风周报》16；
67《新流月报》3；
76《拓荒者》4—5
王求是
133《译文》新 2：1
王时润
31《甲寅》1：44，1：45
王时颖
211《文艺生活》光复版 17
王秃儿
149《逸经》9
王秀英
159《诗歌杂志》2，3
王利器
167《文学杂志》2：12

王佐才
11《文学周报》103，110，121；
13《诗》2：1；
26《现代评论》7：185，8：187，8：188；
36《北新》2：14，2：15，2：16，2：20；
40《真美善》5：3，5：5，6：1，6：6
王佐良
167《文学杂志》2：2
225《时与潮文艺》4：1；
244《文艺复兴》3：4
王佐菜
84《开展》6，7
王伯元
109《论语》54
王伯生
145《宇宙风》65
王伯秋
16《努力周报》2
王伯祥
10《小说月报》14：1，16：12；
11《文学周报》75，83，87，89，90，98，158，224；
16《努力周报》58，67；
37《一般》1：1；
46《新月》1：6；
93《青年界》8：2；
107《文学月报》2：1；
117《文学》1：1；
209《万象》3：3
王伯围
199《野草》2：1—2；
211《文艺生活》1：5
王伯衡
26《现代评论》第二周年增刊
王伴石
145《宇宙风》131
王佛崖
195《黄河》11；
216《战时文艺》1：3
王余杞
36《北新》2：6；
50《奔流》2：5
85《文艺月刊》战时特刊2：4，战时特刊4：2；
130《当代文学》1：1，1：2，1：3，1：4，1：5；
134《太白》1：3，2：9；
144《创作》1：1，1：3；
150《东方文艺》1：1，1：2，1：3，1：4；
155《光明》1：8；
177《文艺阵地》3：12；
178《抗战文艺》2：3，3：3，3：8；
185《笔阵》新2：1，新4，新5，新8；
199《野草》1：3；
247《人民文艺》1：6
王邻泗
45《现代小说》3：5—6

王希仁
26《现代评论》3∶71
王希曾
10《小说月报》14∶6，15∶2
王谷君
108《文艺茶话》2∶1，2∶6，2∶7
王犹睡
109《论语》16
王言一
145《宇宙风》24
王言实
209《万象》2∶2，2∶4
王应培
38《幻洲》1∶10
王辛酉
274《平原》7
王灿芝
127《人间世》28
王冶秋
178《抗战文艺》7∶4—5
王沙坪
195《黄河》6
王沁芳
108《文艺茶话》2∶8
王沉予
84《开展》1，3，4
王启怀
51《开明》2∶4，2∶6，2∶14，
2∶19
王启铭
178《抗战文艺》9∶5—6
王即絮
191《文艺新闻》4
王劲秋
93《青年界》8∶2，10∶2
王纯一
36《北新》3∶12
王环心
15《创造》2∶1
王青子
88《读书月刊》2∶2
王青竹
274《平原》2∶2，2∶3
王青松
262《平原文艺》2∶5
王奉璋
249《白山》5
王松亭
274《平原》14
王松桦
249《白山》4
王其生
109《论语》116
王若夫
195《黄河》复刊5
王若哲
159《诗歌杂志》2，3
王若望
267《大众文艺丛刊》5；
270《小说》3∶2
王茂材
51《开明》2∶16

王苓思
142《中学生文艺季刊》1：2
王雨桐
31《甲寅》1：32
王郁青
10《小说月报》15：8
王抱忠
145《宇宙风》29
王叔颖
85《文艺月刊》10：2
王歧同
51《开明》1：7
王卓如
274《平原》5
王虎林
251《文艺杂志》4：3
王味辛
46《新月》1：1
王明新
159《诗歌杂志》2，3
王忠英
109《论语》18，19
王昌隆
251《文艺杂志》4：4
王国华
46《新月》1：9
王国栋
18《歌谣》2：15，2：16，2：18，
2：20，2：22，2：25
王国铨
26《现代评论》4：104
王国维
1《新青年》3：5；
14《学衡》40，41，43，44，45，
46，47，49，53，57，58，60，
66
王国源
1《新青年》季刊2
王典章
14《学衡》56
王季和
18《歌谣》75
王季思
127《人间世》30
王季星
221《文艺先锋》11：1
王季高
26《现代评论》6：140；
196《战国策》17
王季愚
158《中流》2：4
王牧之
109《论语》95
王牧野
109《论语》159
王秉陈
93《青年界》9：1
王佩之
255《北方》1：4
王质玉
211《文艺生活》穗新3

王欣夫
149《逸经》10
王金相
93《青年界》11：2
王受庚
229《艺文杂志》1：4
王周南
85《文艺月刊》5：1，5：2，5：3，5：4，5：5；
251《文艺杂志》4：2，4：4
王育山
262《平原文艺》2：5
王怡庵
13《诗》2：1；
15《创造》1：1，1：3，2：1，2：2；
20《浅草》1：1，1：2，1：3，1：4；
23《文艺周刊》2，3，13，15，16，17，21，24，26，31，32，34，36，39，47
王泗原
212《文讯》6：9
王治生
85《文艺月刊》战时特刊3：1—2；
221《文艺先锋》6：2—3，6：4—5，6：6
王波云
274《平原》1：6，2：5
王泽声
93《青年界》6：1
王治心
93《青年界》新1：1，新2：2，新2：3，新2：4，新2：5，新3：1，新3：2，新4：2，新4：3，新4：4，新6：1；
王治谷
93《青年界》新4：5
王宝民
10《小说月报》14：5
王宗汉
18《歌谣》37，2：5
王宗炎
19《小说世界》16：16，18：2；
51《开明》新2
王宗城
25《语丝》5：21，5：33
王宠惠
16《努力周报》2；
149《逸经》25，27；
224《天下文章》2
王实明
19《小说世界》10：4，10：7
王实味
177《文艺阵地》6：4；
194《中国文化》2：6
王学文
53《思想》1：5；
194《中国文化》1：2
王学通
10《小说月报》14：4
王诗如
270《小说》1：6

王承志
93《青年界》8∶2；
117《文学》5∶1；
134《太白》2∶8
王承曾
106《现代》5∶4
王绍祖
159《诗歌杂志》2，3
王绍恭
51《开明》1∶2，1∶6，1∶8，1∶12
王绍清
85《文艺月刊》5∶4；
98《新时代》3∶5—6，4∶4—5；
106《现代》2∶6；
141《文艺》3∶2，3∶3，3∶4，3∶5
王经川
109《论语》76
王春江
172《七月》1∶4，4∶2；
177《文艺阵地》6∶3；
192《文学月报》1∶1，1∶4，2∶5
王春野（埜）
10《小说月报》19∶12
王春翠
99《涛声》1∶26，1∶27，1∶28，2∶1，2∶15，2∶22，2∶24，2∶25，2∶26；
140《芒种》1，2，3，4，5，7，8，9—10，2∶1
王树艺
223《人世间》复刊1
王树刚
216《战时文艺》1∶1，1∶2
王树芬
18《歌谣》2∶4
王树枬
31《甲寅》1∶28，1∶37
王树勋
40《真美善》5∶6，7∶3
王相祷
203《奔流文艺丛刊》6
王柏华
274《平原》5，2∶5，3∶4，3∶5，新1
王柏柱
221《文艺先锋》11∶1，11∶2，11∶3—4
王荣寿
276《华北文艺》4
王荣宝
14《学衡》43
王荣桂
10《小说月报》12∶5
王荣植
5《少年中国》2∶3，2∶5
王草芳
109《论语》74
王荫南
14《学衡》79

王荟生
31《甲寅》1：6
王荔枝
127《人间世》21
王南极
39《泰东》2：6，2：9
王省斋
19《小说世界》8：12，9：1，11：12，12：9，12：12
王昭生
274《平原》8
王昭乾
37《一般》9：2
王映霞
226《风雨谈》11
王虹霓
149《逸经》18
王贻谋
127《人间世》33
王品滏
251《文艺杂志》3：4
王显理
209《万象》3：6，4：1
王显漠
18《歌谣》36
王星华
29《莽原》周刊32
王星拱
1《新青年》4：4，5：6，6：1，7：1，7：5，8：3，9：3；
3《新潮》2：2，3：1；
5《少年中国》2：7；
16《努力周报》58；
26《现代评论》1：7，1：12，2：31，2：32，第二周年增刊
王思华
194《中国文化》2：6
王思玷
10《小说月报》12：9，13：11，14：2，14：5，14：12，15：7，15：8；
11《文学周报》99
王思曾
85《文艺月刊》6：4，6：5—6，8：1，9：3，9：4，10：4—5，战时特刊2：9—10，战时特刊3：5—6，战时特刊第11年4月号
王是敌
25《语丝》4：18
王秋心
23《文艺周刊》23，31
王选之
31《甲寅》1：29
王重民
149《逸经》13，14，16，17，18，19，23，27，30，31
王重华
245《文章》1：2
王重实
159《诗歌杂志》2，3

王复周
93《青年界》10：1
王钟英
109《论语》62
王钟麒
3《新潮》1：1
王钟瀚
209《万象》1：11，1：12，2：1，
2：5，2：6，2：8，2：10
王钟麟
3《新潮》2：1
王顺发
51《开明》2：3
王保之
109《论语》150
王信我
18《歌谣》39
王信常
109《论语》162
王衍铎
206《华北文艺》1：3
王叙九
109《论语》73
王剑三
10《小说月报》12：1，22：2；
11《文学周报》8，23，24，38；
13《诗》2：2；
209《万象》3：3
王剑青
255《北方杂志》1：6
王剑英
274《平原》10
王勉之
173《抗战戏剧》1：5；
195《黄河》4：1；
244《天下文章》2：1
王独清
5《少年中国》2：5，2：6，2：7；
15《创造》1：2，1：4，2：2；
22《创造周报》19，48；
24《洪水》半月刊1：12，半月刊
2：3，半月刊3：28，半月刊
3：30，半月刊3：31，半月刊
3：34，半月刊3：35；
25《语丝》34；
26《现代评论》3：35，5：133；
34《创造月刊》1：1，1：2，1：3，
1：4，1：7，1：8，1：9，1：
10，1：12，2：1，2：4，2：6；
48《我们》1：1；
55《大众文艺》2：3；
88《读书月刊》3：1—2；
92《文艺新闻》11，29；
117《文学》5：2，5：5；
125《春光》1：1，1：3；
126《诗歌月报》1：2；
144《创作》1：3；
150《东方文艺》1：2；
157《今代文艺》1：2
王彦华
109《论语》19

王彦曾
195《黄河》复刊 3
王亮之
251《文艺杂志》4：1
王恒智
31《甲寅》130
王恒蔚
51《开明》2：2
王闻涛
14《学衡》14
王洁予
34《创造月刊》2：5
王洁兰
98《新时代》1：4
王洁南
98《新时代》1：3
王洪涛
117《文学》8：1
王济川
18《歌谣》34
王济安
109《论语》107
王济远
128《小说》8
王宣化
87《前锋月刊》1：4，1：5；
93《青年界》1：4
王宣华
87《前锋月刊》1：3
王宪民
195《黄河》2：2
王宪煦
19《小说世界》12：13
王酋徵
109《论语》42
王祝康
109《论语》54
王祖云
98《新时代》1：4
王诵之
109《论语》21
王语今
177《文艺阵地》6：4；
187《戏剧岗位》3：1—2；
192《文学月报》1：1，1：2，1：3，1：4，1：5，1：6，2：1—2，2：3，2：4，2：5，2：6，3：2—3；
216《战时文艺》1：2；
218《文坛》3；
221《文艺先锋》2：1；
223《人世间》1：5
王冠青
85《文艺月刊》战时特刊 3，战时特刊 1：6
王屋山
190《通俗文艺》37
王柔坚
19《小说世界》3：12，4：8
王统照
1《新青年》2：4；
7《曙光》1：1，1：2，1：3，1：

4，1：5，1：6，2：1，2：2，2：3；
8《新社会》13；
10《小说月报》12：1，12：3，12：6，12：7，12：号外，13：2，13：6，13：7，13：8，13：9，13：11，13：12，14：1，14：2，14：3，14：5，14：6，14：7，14：9，15：1，15：2，15：3，15：4，15：11，15：12，15：号外，16：2，16：6，16：10，17：11，17：12，18：2，18：11，20：1；
11《文学周报》13，32，40，49，50，51，54，63，64，65，66，67，93，96，97，105，153，160，163，164，297；
12《戏剧》1：1，1：6；
13《诗》1：1，1：2，1：3，1：4，2：1，2：2；
19《小说世界》1：1；
85《文艺月刊》6：3；
93《青年界》1：3；
117《文学》1：1，1：3，1：4，1：6，2：1，2：4，3：3，5：1，5：2，5：3，5：4，5：5，5：6，6：1，6：2，6：5，7：1，7：2，7：5，8：1，8：4，8：5，9：1，9：2，9：3，9：4；
133《译文》2：5；
144《创作》1：3；
145《宇宙风》83；
151《文学丛报》5；
155《光明》1：2；
158《中流》2：5；
159《中国文艺》1：1；
171《烽火（呐喊）》呐喊：创刊号，2；烽火：创刊号，2，3，5，6，7，8，11，20；
212《文讯》8：1，8：2，9：3；
217《文艺杂志》3：2；
235《文艺春秋》2：6，4：6，5：1，7：4，8：1；
244《文艺复兴》2：1，研究号下；
264《诗创造》8，10；
269《文艺工作》1

王泰鹍

109《论语》162，163，169，170，175，177

王素孚

271《文学战线》1：4，2：1

王耕庄

28《猛进》32，33，35，36，37，38，39，40，41，42，43，45；
31《甲寅》1：37

王桓星

36《北新》4：9

王桐勋

142《中学生文艺季刊》2：3

王桐龄

14《学衡》30

王校元
93《青年界》新5：4
王祥孙
51《开明》1：2
王真夫
229《艺文杂志》2：7—8
王恭睦
18《歌谣》22
王晋鑫
10《小说月报》13：4
王振之
159《诗歌杂志》2，3
王振江
51《开明》1：5，2：8
王振宇
149《逸经》24，30
王振军
106《现代》5：3
王振英
36《北新》3：20—21
王振知
211《文艺生活》穗新2
王振钧
16《努力周报》4
王晓籁
109《论语》54
王恩远
254《热潮》1：3
王恩洋
14《学衡》17，23，26
王造时
46《新月》3：4，3：5—6，3：8，3：9，3：10，3：11，3：12
王特夫
93《青年界》8：2；
106《现代》6：2，6：3，6：4；
117《文学》5：1
王铁华
19《小说世界》16：6；
89《当代文艺》1：2，1：4
王铁笛
98《新时代》2：1
王健身
276《华北文艺》2
王爱丁
241《文艺大众》新3
王颂余
127《人间世》19，34，41
王效文
209《万象》1：2
王悔深
130《当代文学》1：4
王凌云
212《文讯》2：6
王浩祥
139《新小说》1：4
王海鸥
63《金屋》1：4
王润生
51《开明》1：11

王益年

25《语丝》22

王益论

128《小说》13；

145《宇宙风》151

王益抄

145《宇宙风》65

王家齐

85《文艺月刊》10：4—5，战时特刊1：8；

141《文艺》5：5；

168《戏剧时代》1：1；

170《新演剧》1：3；

187《戏剧岗位》2：2—3；

221《文艺先锋》7：2；

232《戏剧时代》1：3

王家棫

10《小说月报》22：5；

11《文学周报》324，331；

25《语丝》5：24；

36《北新》2：21；

40《真美善》3：3，3：5，4：5，5：3，6：2，6：6，7：1，7：2，7：3，季刊1：1；

85《文艺月刊》5：1，7：3；

93《青年界》1：4，4：1，4：3，4：5，12：1；

98《新时代》2：2—3，5：1，5：3；

104《矛盾》3：1；

128《小说》2，7，14；

139《新小说》1：3；

221《文艺先锋》1：6，6：4—5；

223《人世间》2：1；

225《时与潮文艺》4：3，5：1，5：5

王家誉

51《开明》1：2

王祥珩

18《歌谣》2：38，2：39

王陆一

98《新时代》7：1，7：2

王继华

209《万象》1：6

王继宣

98《新时代》1：6

王骊眉

246《文坛月报》1：1

王培义

33《狂飚》10

王培凤

275《文艺丛刊》8

王梓良

51《开明》2：21

王菁野

142《中学生文艺季刊》2：3

王菊潭

68《戏剧与文艺》1：6

王萍草

93《青年界》11：1，12：1；

117《文学》8：3；

157《今代文艺》1：2

王基乾
31《甲寅》1：36
王梦生
170《新演剧》新 1：3
王梦鸥
85《文艺月刊》8：1，8：2，9：3，9：5，9：6，10：3，战时特刊 2：4，战时特刊第 11 年 9 月号；
221《文艺先锋》2：4，4：4，10：2
王梦野
155《光明》3：1
王盛治
18《歌谣》51
王雪彦
221《文艺先锋》9：3—4；
222《青年文艺》5
王崇植
5《少年中国》2：3，3：9，3：12，4：3，4：5；
6《解放与改造》3：8；
26《现代评论》5：123
王啸平
275《文艺丛刊》5
王晨牧
85《文艺月刊》战时特刊第 11 年 7 月号；
177《文艺阵地》2：6，4：5；
198《现代文艺》1：6，2：2；
208《诗创作》1，5，9，10，14
王曼恬
255《北方》1：4，1：5
王铭心
109《论语》160，162
王银水
142《中学生文艺季刊》2：1
王敏昭
251《文艺杂志》1：1，1：2，1：4，1：5
王得考
251《文艺杂志》4：2
王逸厂
145 附《宇宙风·逸经·西风非常时期联合旬刊》7
王逸鹤
98《新时代》2：1，2：2—3
王庶几
109《论语》39
王庸工
1《新青年》1：1，2：2
王商一
93《青年界》10：1
王焕猷
18《歌谣》4，5，6，37，44，62，82
王焕镳
14《学衡》8，19
王鸿图
51《开明》1：1
王淑明
93《青年界》8：2；

106《现代》3：5，4：3，4：5，4：6，5：1，5：2，5：4；
117《文学》3：1，5：1；
122《文学季刊》1：2，1：3；
134《太白》2：6；
164《希望》1：1，1：2；
172《七月》2：1

王涵光

211《文艺生活》穗新2

王寄舟

117《文学》8：2，8：5；
172《七月》2：4；
177《文艺阵地》1：6

王隐农

212《文讯》4：6—7

王隆田

251《文艺杂志》4：4

王婉容

98《新时代》2：1；
125《春光》1：1

王维克

10《小说月报》22：1；
23《文艺周刊》30，33，34，38；
149《逸经》33

王维凯

109《论语》150

王维诚

212《文讯》6：10

王维镐

235《文艺春秋》3：6，6：1

王维翰

142《中学生文艺季刊》2：4

王维藻

19《小说世界》16：17

王植波

209《万象》1：8

王梓音

13《诗》1：5

王超敏

93《青年界》10：4；
154《文学界》1：4；
159《诗歌杂志》3

王敬轩

1《新青年》4：3

王博士

190《通俗文艺》5

王博习

158《中流》1：12；
159《诗歌杂志》3；
178《抗战文艺》4：5—6；
206《华北文艺》创刊号，
251《文艺杂志》2：1

王博学

190《通俗文艺》6

王朝闻

172《七月》4：3，6：1—2；
185《笔阵》新1：3；
190《通俗文艺》14；
242《新群众》1：2；
252《北方文化》2：1；
257《长城》创刊号；

276《华北文艺》6

王斯琴

171《烽火（呐喊）》11

王喜平

195《黄河》5

王森然

18《歌谣》82，87；

25《语丝》35，127；

26《现代评论》1：25，3：62；

28《猛进》19，20，52

王惠平

36《北新》3：1；

37《一般》9：1

王雁飞

229《艺文杂志》1：3

王辑唐

31《甲寅》1：37，1：38，1：39，1：40，1：41，1：43，1：44；

159《诗歌杂志》2，3

王紫萍

141《文艺》3：2

王斐然

252《北方文化》2：4

王悲蝉

98《新时代》3：2

王辉明

18《歌谣》28

王晴霓

7《曙光》1：1，1：2，1：5

王景岐

109《论语》6

王景明

186《宇宙风乙刊》55

王焦人

109《论语》120

王集丛

106《现代》6：2，6：3；

117《文学》5：1；

118《文艺春秋》1：7；

221《文艺先锋》4：6

王铸时

26《现代评论》7：181，8：206—208

王禽雪

1《新青年》6：1

王舜华

182《文艺新潮》1：11

王释因

220《文学创作》2：1

王鲁雨

85《文艺月刊》战时特刊4：5—6；

141《文艺》3：3；

198《现代文艺》6：2；

235《文艺春秋》5：5

王鲁彦

46《新月》1：2；

85《文艺月刊》3：7，3：8，3：11，5：2，5：5；

93《青年界》8：2；

104《矛盾》2：1，2：2，2：5，3：3—4；

117《文学》5：1

王敦庆
106《现代》5：6
王湘泉
109《论语》54
王曾雄
145《宇宙风》91
王道平
51《开明》2：24
王道成
109《论语》5
王道胜
141《文艺》1：2，1：3，1：4，1：5—6，2：1，2：2，2：5—6，3：1，4：2，4：6，5：3
王道源
55《大众文艺》2：4；
73《南国周刊》1：3；
85《文艺月刊》3：10
王裕凯
93《青年界》12：1
王遐文
119《戏》1；
209《万象》2：2
王缉和
142《中学生文艺季刊》1：2
王瑞华
108《文艺茶话》1：5
王瑞灵
31《甲寅》1：43
王瑞麟
68《戏剧与文艺》1：1，1：6，1：7，1：8—9；
173《抗战戏剧》1：2；
187《戏剧岗位》3：3—4
王韫白
98《新时代》4：6
王献芹
142《中学生文艺季刊》2：2
王楚良
182《文艺新潮》2：1；
246《文坛月报》1：2
王嗣顺
18《歌谣》72
王锡禄
229《艺文杂志》2：3，2：7—8，2：9，2：12
王锦南
19《小说世界》2：6，5：9
王锦第
255《北方》1：5
王鹏皋
109《论语》77；
145《宇宙风》7，8，23
王廉善
226《风雨谈》13
王慎民
26《现代评论》8：190
王慎明
26《现代评论》3：78，8：189
王愫维
26《现代评论》7：176

王福海
109《论语》89
王碧书
18《歌谣》3：5
王嘉德
127《人间世》38
王慕文
36《北新》2：24
王蔚清
93《青年界》7：2
王蔼芬
122《文学季刊》1：1
王蜷庐
19《小说世界》3：2
王瑾希
93《青年界》新 6：5
王慧珍
221《文艺先锋》8：3
王增鸿
18《歌谣》2
王燕姊
85《文艺月刊》战时特刊第 11 年 9 月号
王震之
155《光明》3：5；
168《戏剧时代》1：3；
197《大众文艺》2：3
王震寰
176《自由中国》新 2：1—2；
223《人世间》1：1
王德钧
31《甲寅》1：42
王德崇
68《戏剧与文艺》1：4
王德箴
85《文艺月刊》8：6，10：1
王德禄
93《青年界》10：4
王澄禄
93《青年界》10：4
王豫升
109《论语》96
王燕飞
274《平原》13
王醒侬
1《新青年》2：2
王儒臣
18《歌谣》87
王镜如
262《平原文艺》2：3
王镜清
93《青年界》8：2，9：1；
98《新时代》5：6，6：1
王燎荧
276《华北文艺》3，5
王肇鼎
18《歌谣》45
王彝常
18《歌谣》28
王翼之
41《民间文艺》1，2，3

王馥琴
25《语丝》115，122
王壁如
36《北新》3∶1
王霭芬
122《文学季刊》1∶2
王警众
93《青年界》10∶3
王警涛
11《文学周报》23；
19《小说世界》8∶6，8∶8
王瀚泉
109《论语》48
王赣愚
196附《战国》副刊15
王鑫麟
93《青年界》新6∶5
五　及
251《文艺杂志》3∶3，4∶2
五　达
92《文艺新闻》7，8
五　知
145《宇宙风》43；
149《逸经》1，3，4，12，17，21，27，28；
229《艺文杂志》1∶4，2∶9，2∶12
五　谋
88《读书月刊》1∶6
丏　尊
10《小说月报》12∶12，12∶号外；
11《文学周报》198，236；
37《一般》1∶1，1∶2，1∶3，1∶4，2∶1，2∶4，3∶2，4∶1，5∶2；
117《文学》1∶1，2∶1；
137《太白》2∶1
车　治
25《语丝》117
车　虹
221《文艺先锋》5∶1—2，5∶3；
244《文艺复兴》4∶1
车　祜
149《逸经》21
车瘦舟
185《笔阵》3，10，新2∶1，新2∶2；
190《通俗文艺》3，4，16
车耀午
108《文艺茶话》2∶10
丰　村
85《文艺月刊》战时特刊4∶5—6
177《文艺阵地》6∶3；
185《笔阵》11，12，新1∶3；
212《文讯》7∶3，8∶5；
216《战时文艺》1∶4，2∶1；
217《文艺杂志》2∶6；
220《文学创作》3∶2；
222《青年文艺》5；
223《人世间》复刊3；
224《天下文章》5；
225《时与潮文艺》1∶2，2∶4，2∶6，3∶5，5∶3；

235《文艺春秋》4：4；
236《高原》新1：1，新1：2；
244《文艺复兴》2：4，3：2

丰　林

212《文讯》6：1

丰　明

202《文艺月报》17

丰　原

178《抗战文艺》4：1；
192《文学月报》1：5

丰　瑜

100《北斗》1：4

丰之余

109《论语》25

丰子恺

10《小说月报》16：11，18：1，18：3，18：6，18：8，19：1，19：6，19：7，20：1，20：5，20：6，20：10，21：1，21：3；
19《小说世界》15：10；
37《一般》1：2，1：4，2：2，2：3，2：4，3：1，3：2，3：4，4：2，4：3，4：4，5：1，5：2，5：3，5：4，6：3，7：1，7：2，7：3，7：4，8：2，8：3，8：4，9：1，9：2，9：3；
51《开明》1：4，1：12，2：7，2：23；
57《大江》1：3；
83《现代文学》1：1；
85《文艺月刊》战时特刊1：12，战时特刊4：5—6，战时特刊5：1；
93《青年界》新6：2；
98《新时代》7：1；
106《现代》2：3，2：5；
109《论语》39，41，45，46，48，50，62，66，73，92，100，118，125，132，133，134，141，144，145，151，164；
117《文学》1：1，1：2，1：5，2：1，3：1，4：4，4：6，5：1，6：1；
122《文学季刊》1：1；
127《人间世》1，4，8，14，20，22，23；
134《太白》1：1，1：2，1：4，1：5，1：6，1：7，1：8，2：1，2：5，2：10；
139《新小说》1：3；
145《宇宙风》4，7，9，10，11，12，13，14，15，16，18，20，21，23，25，29，31，33，52，57，67，72，75；
145附《宇宙风·逸经·西风非常时期联合旬刊》3；
165《文丛》2：1，2：2，2：3；
171《烽火（呐喊）》17，18，19；
175《战地》1：4；
177《文艺阵地》1：1，1：2，1：3，1：4，1：7；

178《抗战文艺》1：2，1：8，2：4；
180《文艺》1：2；
182《文艺新潮》1：1，1：2，1：3，1：4—5，1：6，1：7，1：8，1：9，1：10，1：11；
183《鲁迅风》5；
186《宇宙风乙刊》创刊号，2，3，17，18，19，20，21，23，24，25，26，27，28，29，30，31，32，33；
195《黄河》复刊1，复刊2，复刊3，复刊4，复刊5，复刊6；
209《万象》3：1，3：2，3：3，3：7，3：11；
212《文讯》6：2；
233《当代文艺》1：1；
235《文艺春秋》丛刊3，2：6，3：1，3：2，3：5，4：2；
263《文艺知识连丛》1：4

丰陈宝

263《文艺知识连丛》1：3

丰裕年

131《东流》2：1

韦

46《新月》1：12

韦　上

109《论语》18

韦　长

99《涛声》2：42；
209《万象》4：7

韦　平

220《文学创作》2：2

韦　叶

180《文艺》2：6，3：1

韦　因

183《鲁迅风》7

韦　伟

215《奔流新集》1

韦　兴

10《小说月报》14：4

韦　芜

223《人世间》复刊6；
235《文艺春秋》3：5，3：6，4：4；
264《诗创造》1

韦　坚

244《文艺复兴》研究号中

韦　陀

265《胶东文艺》1：5

韦　林

93《青年界》8：2；
117《文学》5：1

韦　荽

177《文艺阵地》4：10；
178《抗战文艺》7：2—3；
270《小说》4：3

韦　明

85《文艺月刊》10：1；
240《文哨》1：1；
246《文坛月报》1：3；
247《人民文艺》1

韦　佩
145《宇宙风》90，93，100；
177《文艺阵地》4：4，4：8；
186《宇宙风乙刊》3，8；
188《新中国文艺丛刊》1；
207《时代文学》1：1
韦　茵
209《万象》号外
韦　彧
161《电影戏剧》1：1，1：2；
253《清明》3
韦　崇
173《抗战戏剧》2：2—3
韦　瑜
93《青年界》8：5，9：2，11：5
韦　颖
221《文艺先锋》5：3，7：6
韦　嘉
262《平原文艺》2：2
韦　璞
221《文艺先锋》5：1—2
韦大列
18《歌谣》62
韦飞女
36《北新》3：1
韦凤兮
109《论语》59
韦丛芜
29《莽原》周刊：6，15，16，19，22；半月刊：1：1，1：2，1：4，1：5，1：6，1：9，1：10，1：11，1：12，1：13，1：14，1：15，1：16，1：19，2：1，2：2，2：3，2：9，2：12，2：18—19；
36《北新》4：18；
43《未名》1：1，1：2，1：6，1：7，1：8—9，1：10—11，1：12，2：1，2：2，2：3，2：5，2：6，2：9—12；
83《现代文学》1：5；
85《文艺月刊》2：3，2：4，2：5—6，2：7，2：8，2：9，2：10，3：1；
94《现代文学评论》2：1—2；
270《小说》5：4，5：6
韦充栋
37《一般》4：1
韦系盾
85《文艺月刊》战时特刊2：5
韦君宜
178《抗战文艺》3：4；
202《文艺月报》10
韦启纶
105《宇宙风》1
韦昌英
211《文艺生活》1：1，1：2，1：3，1：6，2：6
韦春亩
155《光明》2：12；
161《电影戏剧》1：1；
168《戏剧时代》1：1

韦素园

25《语丝》26，27；

29《莽原》周刊：4，12，13，14，16，17，19；半月刊：1：2，1：3，1：4，1：9，1：10，1：14，1：16，1：18，1：20，2：3；

43《未名》1：1，1：6，1：7，1：10—11，2：2，2：7，2：9—12

韦晓萍

221《文艺先锋》9：3—4，9：5—6，10：1，11：2，11：3—4，11：5，11：6，12：1，12：3—4，12：5，12：6，13：1，13：4

韦维獄

109《论语》145，147

韦漱园

29《莽原》半月刊：1：21，1：22，2：1，2：6，2：7，2：8，2：9，2：11，2：12，2：13，2：15

友 竹

92《文艺新闻》37

友 伦

247《人民文艺》2

友 华

37《一般》2：3

友 如

127《人间世》18，21

友 忼

109《论语》8

友 君

274《平原》13

友 林

109《论语》115

友 松

36《北新》2：15；

50《奔流》2：5；

59《春潮》1：4，1：7，1：8，1：9

友 侨

145《宇宙风》36

友 佩

109《论语》84

友 皋

92《文艺新闻》38

友 梅

93《青年界》12：1

友 楠

19《小说世界》8：11

友 鄙

199《野草》第8集

友 德

209《万象》3：9

太 白

145《宇宙风》21

太 西

109《论语》32

太 朴

5《少年中国》2：11

太 炎

31《甲寅》1：39

太　郎
11《文学周报》52，62
太　诚
92《文艺新闻》45
太　索
209《万象》3：1，3：5
太　虚
14《学衡》32；
145《宇宙风》60，133，134，135—136，137，138，139，141，146；
221《文艺先锋》2：4
太　微
26《现代评论》6：132，6：135
太　璬
145《宇宙风》77
太　歌
109《论语》176
太上余生
2《每周评论》17
犬　儒
223《人世间》复刊 11—12
尤　结
268《蚂蚁小集》1
尤　莓
212《文讯》8：1
尤　崧
142《中学生文艺季刊》3：2
尤　淇
202《文艺月报》16；
尤　琪
192《文学月报》3：2—3
尤　兢
135《光明》2：3；
154《文学界》1：1；
155《光明》1：3，2：5，2：12，3：3，战时号外 1，战时号外 2；
161《电影戏剧》1：1，1：2；
168《戏剧时代》1：1；
173《抗战戏剧》1：4，1：6—7
尤其彬
93《青年界》8：1，8：2，8：5
尤佳生
117《文学》4：3
尤炳圻
145《宇宙风》25，29，32，36，45，70；
229《艺文杂志》1：1，1：2，1：6，2：1，2：2，2：6，2：7—8，2：9
尤酣隐
189《西线文艺》1：3
尤墨君
134《太白》2：5
戈
143《杂文》2
戈　匕
211《文化生活》光复版 10
戈　云
211《文艺生活》海外版 7

戈　旦
76《拓荒者》4—5
戈　矛
177《文艺阵地》7：1
戈　扬
211《文艺生活》穗新1；
241《文艺大众》新2，新5；
265《胶东文艺》创刊号
戈　行
268《蚂蚁小集》2
戈　忻
191《文艺新闻》9—10
戈　良
223《人世间》复刊2
戈　林
109《论语》25
戈　英
209《万象》3：4
戈　茅
176《自由中国》新1：1；
185《笔阵》新6，新6，新8；
192《文学月报》1：1，1：3；
208《诗创作》9，10，11；
219《文学批评》2；
223《人世间》1：4；
224《天下文章》2：3
戈　金
262《平原文艺》1：3
戈　盾
265《胶东文艺》1：6—7
戈　音
198《现代文艺》4：1
戈　斯
117《文学》3：6；
177《文艺阵地》4：1
戈　歌
85《文艺月刊》战时特刊2：11，
战时特刊2：12
戈公振
127《人间世》34
戈白瑛
109《论语》161
戈宝权
11《文学周报》338；
117《文学》7：2，8：6；
145《宇宙风》34，37；
177《文艺阵地》1：3，1：5，6：1，
7：1，7：4，文阵新辑之二：
哈罗尔德的旅行及其他；
178《抗战文艺》1：5，1：9，3：3，
4：2，4：3—4，10：4—5，
武汉特刊1，武汉特刊4；
191《文艺新闻》7；
192《文学月报》1：1，1：2，1：4，
1：5，2：4，2：5，3：1；
207《时代文学》1：3；
210《笔谈》1，2，3，6；
212《文讯》7：5，9：1；
218《文坛》6；
222《青年文艺》新1：2，新1：3，
新1：4，新1：6；

223《人世间》复刊 7；
228《中原》创刊号，1：4；
235《文艺春秋》4：2，副刊 1：1，
副刊 1：2，副刊 1：3；
237《文学新报》1：3，2：1；
238《希望》1：2；
241《文艺大众》新 2；
243《文联》1：4，1：6；
244《文艺复兴》2：4，2：6，3：3；
246《文坛月报》1：3；
253《清明》创刊号，3；
264《诗创造》3，4，6，7，12，2：
2，2：3；
266《中国作家》纪念特刊；
271《文学战线》2：1；
276《华北文艺》6

戈振缨

271《文学战线》2：3

戈漠风

145《宇宙风》104

戈壁舟

272《群众文艺》7，9

历　可

36《北新》3：24；
93《青年界》1：2

区　区

149《逸经》10

区伟乾

142《中学生文艺季刊》1：1；
145《宇宙风》105

区声白

1《新青年》5：2，6：1，9：4；
7《曙光》2：2

区劲风

109《论语》89，93

匹　梅

38《幻洲》1：11

巨　水

185《笔阵》8

巨　冰

251《文艺杂志》3：3

巨　炬

98《新时代》4：6

巨　响

211《文艺生活》光复版 16

巨　绿

1《新青年》季刊 2

巨　摩

92《文艺新闻》31

止　厂

149《逸经》2，3，7

止　兀

221《文艺先锋》6：6，8：3，10：5

止　戈

2《每周评论》4，9

止　水

12《戏剧》2：1，2：2，2：4；
25《语丝》29，87；
109《论语》52；
258《文艺丛刊》2

止　扬
143《杂文》3
止　鸣
195《黄河》3：1
止　怡
259《东北文化》1：5，2：2
止　斋
138《文饭小品》1：3
止　敬
107《文学月报》1：2
止　强
108《文艺茶话》1：9
少　夫
84《开展》6，7
少　少
2《每周评论》22
少　仙
25《语丝》152，4：23，4：35，4：42，4：45，4：48，5：2，5：3，5：6，5：7，5：8，5：25，5：26，5：27，5：29，5：30，5：33，5：42，5：45，5：46；
36《北新》3：7，4：10，4：23—24；
83《现代文学》1：1，1：5；
93《青年界》2：2，3：1；
141《文艺》1：4，3：3
少　全
25《语丝》45
少　问
106《现代》6：2
少　孙
141《文艺》3：2
少　村
109《论语》130
少　芹
19《小说世界》4：1，6：2，8：6，侦探号
少　轩
88《读书月刊》3：1—2
少　伯
249《白山》5
少　怀
34《创造月刊》2：3，2；4；
45《现代小说》3：4；
70《引擎》1；
75《萌芽》1：6；
88《读书月刊》1：1，1：2
少　英
19《小说世界》1：9
少　若
167《文学杂志》2：8，2：10
少　茀
151《文学丛报》1，4，5
少　波
249《白山》5；
265《胶东文艺》创刊号，1：2，1：3，1：4，1：5；
268《蚂蚁小集》3，5
少　宓
195《黄河》6

少　参
155《光明》2：5
少　珍
25《语丝》4：41；
36《北新》2：8
少　珊
25《语丝》134
少　南
36《北新》2：15，3：1
少　残
140《芒种》8，2：1
少　亮
28《猛进》20
少　候
29《莽原》半月刊 2：20
少　陵
145 附《宇宙风·逸经·西风非常时期联合旬刊》3
少　渔
113《新诗歌》2：1
少　斐
106《现代》3：6
少　遇
98《新时代》7：3，7：4
中
45《文艺月刊》9：2；
221《文艺先锋》3：5，3：6，4：3，4：4，4：5，4：6，7：2，7：3，7：6，8：3
中　天
25《语丝》5：52
中　五
109《论语》79，80，81，82
中　玉
85《文艺月刊》战时特刊 3：12
131《东流》1：2
中　生
145《宇宙风》37，70
中　关
109《论语》43
中　希
149《逸经》24
中　间
113《新诗歌》2：2
中　直
149《逸经》6
中　泽
177《文艺阵地》1：10
中　奕
265《胶东文艺》1：6—7
中　流
186《宇宙风乙刊》35，37
中　散
207《时代文学》1：4
中　道
11《文学周报》279
中　暇
10《小说月报》20：1
中　霞
202《文艺月报》12
中　耀
261《东北文艺》2：2，2：6；

271《文学战线》2∶5

中　灏

93《新青年》7∶1

中书君

46《新月》4∶4，4∶5，4∶6，4∶7；
127《人间世》29

中华君

46《新月》4∶3

中暇采

46《新月》2∶11

冈　夫

251《文艺杂志》1∶1，1∶2，1∶3，2∶1，2∶3，3∶1，3∶2，3∶3，3∶6；
255《北方》1∶4，2∶1—2

贝

109《论语》133，136，137，151，152，153，155，156，157，159

贝　木

115《文学杂志》1∶2；
130《当代文学》1∶3

贝　叶

106《现代》2∶4；
127《人间世》3，15，16，19，21，23，25；
129《文艺风景》1∶2；
130《文饭小品》7∶6

贝　皿

109《论语》176

贝　尼

191《文艺新闻》3

贝　芬

142《中学生文艺季刊》1∶2

贝　谷

145《宇宙风》102，107

贝　舸

145《宇宙风》105

贝　蒂

209《万象》3∶8

贝蒂加

191《文艺新闻》11

见

188《新中国文艺丛刊》3

见　深

59《春潮》1∶8

见　鹤

191《文艺新闻》4

日　山

25《语丝》5∶48

日　生

10《小说月报》19∶5

日　明

25《语丝》57

日　新

25《语丝》5∶7

曰　木

270《小说》3∶4，4∶2，5∶4

曰　归

24《洪水》半月刊3∶25，半月刊3∶26

仁

2《每周评论》1，2；

99《涛声》1：16，1：20，1：26；
109《论语》34，35，135

仁　华

127《人间世》29

仁　者

18《歌谣》2：38

仁　康

109《论语》32，35，53，54，55，81，82；
127《人间世》16

仁　德

142《中学生文艺季刊》3：1

什

188《新中国文艺丛刊》2

什　之

182《文艺新潮》2：8；
188《新中国文艺丛刊》2；
191《文艺新闻》7；
203《奔流文艺丛刊》1

仃　口

196《战国策》10

仃　轲

272《群众文艺》7

化

119《戏》1；
221《文艺先锋》5：4

化　石

128《小说》15

化　外

109《论语》140

化　身

109《论语》33

化　青

36《北新》3：22

化　南

84《开展》9

化　顽

109《论语》18

化　铁

238《希望》1：1，1：2；
250《鲁迅文艺》1：1；
260《呼吸》创刊号；
268《蚂蚁小集》1，5，6

化　鲁

11《文学周报》38，42，43，45，46，52，56，73，79，82，83，86，129，135，136，156，159，193；
37《一般》1：3，4：2，8：4；
117《文学》2：5

仇　山

177《文艺阵地》4：4，4：5；
186《宇宙风乙刊》41，43，46；
203《奔流文艺丛刊》1，3，6

仇　乱

38《幻洲》2：5

仇　朋

98《新时代》2：1

仇　晶

221《文艺先锋》12：1

仇华年

25《语丝》4：14

仇如山
177《文艺阵地》4：12
仇复欤
19《小说世界》16：24，16：25
仇继恒
109《论语》54
仍　生
25《语丝》130
刈　刺
25《语丝》5：41；
75《萌芽》1：5
从　文
26《现代评论》3：61，3：72，
3：73,3：74,3：75,5：105，
5：126，6：133；
65《人间月刊》2；
106《现代》3：3；
110《小说月刊》1：3；
167《文学杂志》1：3；
176《自由中国》新2：1—2；
190《通俗文艺》35
从　予
10《小说月报》15：8，15：12，
16：1，16：3，16：12；
11《文学周报》131，162；
37《一般》1：3，4：2，7：2；
145《宇宙风》68
从　众
190《通俗文艺》25
从　周
109《论语》7
从　洛
209《万象》3：11
从　狼
109《论语》16，18，51，53，56，
72，75
仌　弦
145《宇宙风》82，83，84，86，
90，93，94，95，102
今
232《戏剧时代》创刊号，1：2，
1：6
今　及
117《文学》8：1；
130《当代文学》1：4；
159《诗歌杂志》1，2，3
今　文
109《论语》61
今　可
98《新时代》5：4
今　刚
28《猛进》44，45，46，48，50，51
今　昔
180《文艺》2：2，2：5
今　非
25《语丝》4：16
今　是
186《宇宙风乙刊》41
今生叹
224《天下文章》1
介
31《甲寅》1：17，1：18，1：19，

1：20，1：21，1：24

介　夫

45《现代小说》3：4；
142《中学生文艺季刊》1：2

介　云

251《文艺杂志》1：2，2：4

介　六

36《北新》3：6

介　石

5《少年中国》4：2

介　白

229《艺文杂志》1：6，2：6，
3：1—2

介　如

11《文学周报》309；
25《语丝》91，4：35；
36《北新》2：8，2：9

介　寿

93《青年界》8：5

介　甫

109《论语》39

介　泉

26《现代评论》1：16

介　野

142《中学生文艺季刊》2：2

介　湄

39《泰东》2：8

介　愚

145《宇宙风》87，94—95，117—
118，126

介之堆

109《论语》112

仓　域

191《文艺新闻》11

仓　梯

109《论语》64

仓

109《论语》147

仓　禾

101《十字街头》1

仓　圣

109《论语》142，144，173

仓　夷

177《文艺阵地》3：4

仓　稊

109《论语》29

公

11《文学周报》102；
109《论语》5，148；
144《创作》1：2

公　丁

221《文艺先锋》5：3

公　木

19《小说世界》8：5；
40《真美善》5：5，5：6；
197《大众文艺》1：5，2：2；
200《新诗歌》1，2，4；
28《诗创作》8，16；
217《文艺杂志》2：4；
238《希望》1：2；
259《东北文化》2：2；

261《东北文艺》创刊号，2：5

公　讨

235《文艺春秋》2：1

公　吕

119《戏》1

公　华

109《论语》21

公　刘

199《野草》新5号，第6号，第7集，第8集，第9集，第11集，野草新集：追悼

公　汗

134《太白》1：1，1：3，1：5，1：11

公　宇

26《现代评论》3：68，3：69

公　苌

28《猛进》25，28，30

公　侠

36《北新》2：14，2：15，2：20，4：3

公　孟

221《文艺先锋》1：2，1：5

公　南

263《文艺知识连丛》1：4

公　盾

198《现代文艺》5：5；

208《诗创作》16，17

公　亮

109《论语》26

公　彦

12《戏剧》1：1

公　展

6《解放与改造》1：2，1：7，2：1，2：2，2：3

公　曼

211《文艺生活》光复版3

公　垂

27《支那二月》1：2

公　博

1《新青年》9：1

公　越

47《流沙》6；

155《光明》3：1

公　超

36《北新》2：7；

39《泰东》1：2，2：7，2：9，2：10；

46《新月》4：3，4：5；

167《文学杂志》1：2

公　谕

134《太白》1：9

公　策

19《小说世界》1：3

公　滔

149《逸经》12

公　愚

25《语丝》16

公　韬

211《文艺生活》光复版11—12，海外版1

公　毅
26《现代评论》2：32
公方苓
225《时与潮文艺》4：6
公兰谷
225《时与潮文艺》1：2，2：6；
236《高原》3；
264《诗创造》3
公西华
186《宇宙风乙刊》42，43
公羊寿
31《甲寅》1：8，1：28
公孙旻
126《诗歌月报》1：5
公孙敏
168《戏剧时代》1：3
公孙震
196《战国策》15—16；
196 附《战国》副刊：3，20
公孙赞
196 附《战国》副刊 5
公冶长
109《论语》4
兮
25《语丝》5：37
壬
26《现代评论》1：19，1：20，
1：21，1：22，1：23，1：24，
1：25，1：26，1：27，1：29，
1：31，1：32，1：33，1：34，
2：35，2：36，2：37，2：38，
2：40，2：42，2：43，2：44，
2：45，2：47，2：51，3：54，
3：55，3：56，3：57，3：70，
3：73，3：75，3：76，4：80，
4：83，4：90，4：91，4：99，
5：115，6：143，6：151
壬　侯
198《现代文艺》4：1
手
181《文艺突击》新 1：1
手　出
149《逸经》25
手宗仁
149《逸经》12
毛
109《论语》137
毛　义
1《新青年》3：3
毛　史
36《北新》4：20
毛　兰
216《战时文艺》1：2
毛　永
261《东北文艺》2：1，2：2
毛　坤
18《歌谣》55，89
毛　星
259《东北文化》1：2
毛　逵
93《青年界》新 4：4

毛　常

18《歌谣》1

毛　腾

104《矛盾》发动号，1：3—4

毛一波

25《语丝》95；

40《真美善》3：6，4：3，4：4，4：5，5：1，5：2，5：5，6：1；

52《山雨》1：2，1：8—9；

59《春潮》1：6；

85《文艺月刊》战时特刊4：3—4；

92《文艺新闻》4，9；

98《新时代》创刊号，1：2，1：3，1：4，1：5，2：1，2：2—3，2：4—5，3：1，4：6，5：1，5：6，6：2，7：3，7：4；

145《宇宙风》138；

185《笔阵》6，新2：1

毛一鹏

109《论语》54

毛乃庸

14《学衡》6，7，8，22，37

毛子水

3《新潮》1：5，2：1；

212《文讯》6：4

毛仁学

142《中学生文艺季刊》2：2

毛文昌

145《宇宙风》152

毛文钟

19《小说世界》1：1，1：3，1：5，1：7，1：9，1：11，2：8，2：10，2：11，2：12，2：13，3：1，3：2，3：4，3：5，3：6，3：7，3：8，3：9

毛文龄

89《当代文艺》1：3

毛文麟

34《创造月刊》2：2

毛心一

245《文章》1：4

毛尹若

24《洪水》半月刊3：28；

145附《宇宙风·逸经·西风非常时期联合旬刊》4，5，6；

149《逸经》25，29，30

毛乐道

93《青年界》7：1

毛如升

85《文艺月刊》4：6，6：5—6，7：5，9：2，9：3；

109《论语》55；

123《中国文学》1：1

毛志明

209《万象》1：3，1：4，1：5，1：9

毛含戈

93《青年界》4：5

毛茂春

251《文艺杂志》1：2，1：5，2：5，3：1，3：3，4：1，4：2

毛明道

118《文艺春秋》1：9—10

毛泽东

176《自由中国》1：2；

181《文艺突击》新1：1；

194《中国文化》创刊号；

242《新群众》1：6；

252《北方文化》1：5；

255《北方》1：5；

261《东北文艺》2：4；

272《群众文艺》3

毛秋白

89《当代文艺》1：2，1：4，1：6；

93《青年界》2：2，2：5；

123《中国文学》2：1

毛信翰

36《北新》1：16

毛家骐

212《文讯》2：4

毛翰哥

83《现代文学》1：4

毛懋猷

73《南国周刊》14；

88《读书月刊》1：2

夭

135《光明》2：8

午　炎

113《新诗歌》2：3

牛　文

119《戏》1；

276《华北文艺》6

牛　汉

268《蚂蚁小集》5，6

牛　步

76《拓荒者》4—5

牛　耕

272《群众文艺》7

牛　展

109《论语》17

牛　笛

199《野草》新2

牛子孺

251《文艺杂志》3：4；

262《平原文艺》1：5

牛马走

109《论语》48

牛荣升

26《现代评论》3：78，4：96，5：114，6：155

升

26《现代评论》6：155；

149《逸经》5

长

109《论语》149

长　之

220《文学创作》3：1；

225《时与潮文艺》3：1，3：2，3：3，3：4，3：5，3：6，4：1，4：2，4：3

长　工

241《文艺大众》新生号

长　弓
24《洪水》半月刊 2：14，半月刊 2：18；
26《现代评论》2：52；
249《白山》创刊号
长　友
25《语丝》143，153
长　戈
18《歌谣》2：4
长　风
24《洪水》半月刊 3：27；
25《语丝》143；
38《幻洲》1：8；
145《宇宙风》55；
159《诗歌杂志》3；
209《万象》2：1；
226《风雨谈》9，11，14，16
长　生
93《青年界》新 4：3
长　白
99《涛声》1：19
长　芒
85《文艺月刊》9：5
长　伙
199《野草》4：1—2；
211《文艺生活》1：6，3：3，3：4，3：5
长　江
145《宇宙风》56；
199《野草》4：1—2
长　庚
100《北斗》1：2，1：4，2：1；
128《小说》13，14；
134《太白》1：11，1：12
长　空
25《语丝》5：28；
92《文艺新闻》32
长　屈
85《文艺月刊》2：4
长　城
85《文艺月刊》战时特刊 5：1，战时特刊第 11 年 4 月号
长　荣
251《文艺杂志》3：6
长　虹
10《小说月报》15：1，17：8，17：9，17：10，17：11，18：2，18：4，18：5，18：7；
25《语丝》29；
28《猛进》20；
29《莽原》周刊：1，2，4，5，6，7，8，9，10，11，12，13，14，15，16，17，18，19，21，22，23，24，25，26，27，28，31；半月刊；1：5，1：11，1：13；
33《狂飚》不定期刊：1，2；周刊：1，2，3，4，5，6，7，8，9，10，11，12，14，15，17；
36《北新》1：4，1：5，1：8；
38《幻洲》1：2，1：3；
178《抗战文艺》3：3，3：5—6，

7：2—3，8：1—2，8：4；
195《黄河》2：5—6，2：8

长　恨

51《开明》1：8

长　素

270《小说》2：2

长　铗

84《开展》1

长　慧

29《莽原》半月刊：1：14，1：24，
2：7

长　默

109《论语》49

长　鞭

163《热风》1：1

长安水

85《文艺月刊》1：1

长海滨

208《诗创作》6，13

长毛同志

149《逸经》15，17

长谷川宏

229《艺文杂志》3：3

长泽规矩也

36《北新》1：11

片　云

149《逸经》25

片　林

51《开明》1：10

片　鳞

142《中学生文艺季刊》1：1，1：2

斤　风

106《现代》6：4

反　璞

26《现代评论》6：135

乌　大

85《文艺月刊》2：3

乌　尤

109《论语》51

乌　风

93《青年界》新5：3

乌　生

131《东流》1：5

乌　群

10《小说月报》12：8

乌眉君

229《艺文杂志》1：6

乌叔养

253《清明》4

乌力吉图

270《小说》3：4

乌兰巴干

270《小说》6：3，6：4

匀　之

52《山雨》1：6；
109《论语》24

匀　锐

10《小说月报》13：9

勾适生

173《抗战戏剧》2：2—3

凶诃德

99《涛声》1：30

丹 丁
209《万象》号外
丹 山
249《白山》创刊号
丹 五
145《宇宙风》别册3
丹 仁
100《北斗》2：1，2：2；
106《现代》2：3；
111《文化月报》2
丹 叶
145《宇宙风》88
丹 华
111《文化月报》2
丹 麦
117《文学》8：1
丹 君
92《文艺新闻》1：4
丹 林
145附《宇宙风·逸经·西风非常时期联合旬刊》3
丹 苹
209《万象》1：6，1：8，1：10
丹 牧
264《诗创造》2：2，2：4
丹 沸
179《戏剧新闻》4
丹 波
271《文学战线》2：4
丹 娜
124《新诗歌》创刊号
丹 流
85《文艺月刊》战时特刊2：3
丹 辉
172《七月》5：2；
252《北方文化》2：5
丹 微
145《宇宙风》114
丹 影
211《文艺生活》光复版16
月
19《小说世界》13：1；
106《现代》106
月 子
19《小说世界》13：4，13：7，14：1，14：10，14：12
月 如
36《北新》3：10
月 君
191《文艺新闻》创刊号
月 侣
19《小说世界》11：10，11：13，14：10，14：15，15：7，17：3，17：4
月 波
93《青年界》9：1
月 祺
118《文艺春秋》1：8
月 鲛
98《新时代》3：4
月 影
93《青年界》10：3

风
19《小说世界》1：1，1：3，1：5，1：9，1：11；
109《论语》52；
113《新诗歌》1：3；
117《文学》3：1，3：2，3：3，3：4，4：6；
146《海燕》1：1，1：2；
187《戏剧岗位》1：1
风　人
38《幻洲》2：7
风　子
127《人间世》3，4，6，8，11，12，13，14，21，23，24；
134《太白》1：1；
183《鲁迅风》2，4，9，13，15；
186《宇宙风乙刊》11，28；
212《文讯》9：5；
235《文艺春秋》7：6
风　汉
32《清华文艺》1：1，1：2，1：5
风　光
25《语丝》50，4：2；
118《文艺春秋》1：4，1：6
风　怀
169《中国文艺》1：1
风　苞
25《语丝》4：29
风　信
262《平原文艺》1：1
风　闻
25《语丝》155
风　素
92《文艺新闻》25
风　原
249《白山》6
风　涛
85《文艺月刊》战时特刊 5：1；
192《文学月报》1：2
风　朔
251《文艺杂志》1：2
风　斯
100《北斗》1：3；
107《文学月报》1：4
风　磨
117《文学》8：5
风尘侠客
149《逸经》8
风
99《涛声》1：2，1：15；
211《文艺先锋》3：1，3：2，3：3
风　子
93《青年界》新 1：1；
134《太白》1：2，2：5；
140《芒种》9—10；
145《宇宙风》112；
170《新演剧》复刊号；
210《笔谈》2；
221《文艺先锋》3：5；
223《人世间》1：1，1：5，复 1，复 2，复 3，复 5，复 6，复 8—9，

复 11—12；
224《天下文章》2：4；
225《时与潮文艺》5：3；
233《当代文艺》1：5—6；
244《文艺复兴》1：3，1：6；
245《文章》创刊号；
253《清明》创刊号，3

凤 云

11《文学周报》120

凤 田

24《洪水》半月刊 2：17；
28《猛进》43

凤 可

109《论语》61

凤 仪

149《逸经》29，30，31，32

凤 华

211《文艺生活》海外版 9

凤 纶

109《论语》110

凤 苞

36《北新》2：8

凤 侣

145 附《宇宙风·逸经·西风非常时期联合旬刊》2，7

凤 官

261《东北文艺》2：6

凤 城

39《泰东》1：2，1：6，1：9；
109《论语》2

凤 举

15《创造》1：4

凤 高

19《小说世界》14：6

凤 家

85《文艺月刊》战时特刊第 11 年 4 月号，第 11 年 6 月号，第 11 年 8 月号，第 11 年 9 月号；
221《文艺先锋》1：2，1：4，1：6，2：3；
225《时与潮文艺》1：1

计 开

219《文学批评》创刊号；
222《青年文艺》4

计 照

31《甲寅》1：38

计中原

93《青年界》新 1：1，新 2：2

计桂森

255《北方》1：2

忆 之

99《涛声》1：25

忆 云

109《论语》9

忆 君

84《开展》12

忆 明

224《天下文章》2：2

忆 珏

249《白山》4

忆　南

243《文联》1：5

忆　秋

19《小说世界》12：5，12：6，12：9，12：11，12：12

忆　津

198《现代文艺》1：2

忆　善

186《宇宙风乙刊》48，51

忆　澄

186《宇宙风乙刊》49，50

忆　融

186《宇宙风乙刊》12

忆云英

51《开明》1：4

忆兰生

19《小说世界》7：8

忆秋生

19《小说世界》2：7，2：8，2：10，2：11，2：12，2：13，3：1，3：3，3：4，3：7，3：10，4：5，4：6，4：7，4：8，4：9，4：10，4：12，5：1，5：2，5：4，5：5，5：6，5：7，5：8，5：9，5：10，5：11，5：12，5：13，6：1，6：2，6：3，6：4，6：5，6：6，6：7，6：8，6：9，6：10，6：11，6：12，7：1，7：2，7：3，7：4，8：12，11：8，11：9，11：11，12：1

卞　娜

141《文艺》4：5

卞之琳

40《新月》4：3，4：4，4：5，4：6；

85《文艺月刊》2：4，2：7，3：12，4：1，4：2；

90《诗刊》2，3，4；

97《创作》1：2；

98《新时代》3：1；

117《文学》2：5，3：3；

122《文学季刊》1：1，1：2，1：3，2：4；

127《人间世》5，6；

132《文学评论》1：1；

133《译文》2：1；

136《水星》1：2，1：4，1：5；

151《文学丛报》3；

153《文季月刊》1：1，1：2，1：4，2：1；

160《新诗》1：1，1：2，1：4，2：1，2：3—4；

167《文学杂志》1：1，1：3；

181《文艺突击》创刊号，1：3，1：4，新1：1，新1：2；

184《文艺战线》创刊号，1：2，1：3，1：4，1：5；

211《文艺生活》2：3；

226《风雨谈》1；

231《新文学》1：2；

240《文哨》1：2；

244《文艺复兴》1：5，1：6；

270《小说》2：4，2：5；
274《平原》3：4
卞之野
226《风雨谈》21
卞正之
134《太白》1：9
卞敬英
93《青年界》11：1
卞镐田
145《宇宙风》14，17，121
六　一
119《戏》2
六　几
6《解放与改造》3：7，3：12
六　士
109《论语》118
六　凡
109《论语》11，25
六　文
149《逸经》32
六　平
51《开明》1：2，1：4，1：6
六　弟
34《创造月刊》2：5；
70《引擎》1；
75《萌芽》1：5
六　和
72《戏剧的园地》1：1，1：2，1：4
六　珈
10《小说月报》12：6，12：8，
15：1
六　洲
19《小说世界》4：10
六　桥
19《小说世界》11：11，12：6
六　逸
11《文学周报》16，17，28，61，
62，63，69，70，71，104，123，
137，159；
25《语丝》5：29
六零六
12《戏剧》1：1
文
26《现代评论》1：4，2：34，2：38，
2：39，2：41，2：48，2：49，
2：51，2：52，3：53，3：58，
3：60，3：62，3：64，3：65，
3：66，3：67，3：68，3：69，
3：70，3：71，3：72，3：73，
3：74，3：75，3：76，3：77，
3：78，4：79，4：81，4：82，
4：83，4：85，4：86，4：87，
4：88，4：89，4：90，4：91，
4：92，4：94，4：95，4：96，
4：97，4：98，4：99，4：100，
4：101，4：102，4：104，4：105，
5：107，5：109，5：111，5：113，
5：114，5：116，5：117，5：118，
5：119，5：120，5：126，5：129，
6：136，6：138，6：139，6：141，
6：144，6：145，6：146，6：147，
6：148，6：149，6：150，6：151，

6：152,6：153,6：155,6：156,
7：158,7：159,7：163,7：164,
7：165,7：166,7：171,7：172,
7：173,7：174,7：175,7：176,
7：179,7：180,8：186,8：191,
8：192,8：194,8：196,8：199,
8：201,8：204,8：206—208;
63《金屋》1：5，1：6，
1：9—10；
85《文艺月刊》战时特刊2：11—12；
109《论语》121，139，147；
117《文学》6：2；
186《宇宙风乙刊》19，20；
190《通俗文艺》17，32；
210《笔谈》2，3，4，5，7；
237《文学新报》1：2

文 川

26《现代评论》4：95

文 山

19《小说世界》11：12

文 广

251《文艺杂志》3：6

文 已

199《野草》第8集

文 弓

187《戏剧岗位》3：5—6

文 子

106《现代》6：3

文 夫

25《语丝》4：23

文 井

190《通俗文艺》3

文 中

145《宇宙风》112

文 介

186《宇宙风乙刊》48

文 文

202《文艺月报》12

文 心

41《民间文艺》7；
209《万象》2：12

文 尹

111《文化月报》2

文 龙

198《现代文艺》1：1，1：2，1：3，
1：4

文 戎

271《文学战线》1：4，2：1，2：2

文 芝

207《时代文学》1：4

文 西

73《南国周刊》1：10

文 灰

149《逸经》25

文 贞

117《文学》3：3

文 光

16《努力周报》28，40

文 华

28《猛进》33，34；
211《文化生活》光复版18，海外

版 6

文 舟

85《文艺月刊》9：4

文 农

109《论语》60；

128《小说》3

文 如

117《文学》7：1

文 远

117《文学》8：1

文 苇

221《文艺先锋》11：1，11：3—4

文 励

109《论语》39

文 抄

207《时代文学》1：4

文 应

109《论语》152，153，155

文 辛

221《文艺先锋》10：2

文 穷

109《论语》172

文 君

100《北斗》2：2；

122《文学季刊》1：4

文 林

113《新诗歌》2：3

文 若

158《中流》1：11，2：6；

162《小说家》1：2；

177《文艺阵地》7：1；

178《抗战文艺》6：3，8：1—2，8：3；

192《文学月报》3：1；

199《野草》4：1—2，4：3，4：4—5

文 茂

276《华北文艺》创刊号

文 英

95《前哨》1：1

文 苓

209《万象》1：10，1：11

文 杰

198《现代文艺》4：5

文 直

210《笔谈》1，2

文 虎

1《新青年》季刊 2

文 凯

268《蚂蚁小集》2

文 侠

115《文学杂志》1：2；

124《新诗歌》2—3

文 放

248《中原·文艺杂志·希望·文哨联合特刊》1：5

文 珉

34《创造月刊》2：4

文 炎

19《小说世界》4：4

文 珊

270《小说》1：5

文　珍

145《宇宙风》142；

186《宇宙风乙刊》15；

229《艺文杂志》2：12

文　栋

145《宇宙风》72

文　昭

62《海风周报》12，13，14—15

文　幽

109《论语》12，60

文　俞

177《文艺阵地》1：10

文　彦

243《文联》1：5

文　炳

88《读书月刊》3：5

文　载

236《高原》3

文　晋

254《热潮》1：3

文　殊

130《当代文学》1：4；

170《新演剧》1：2，1：3，1：4；

201《戏剧春秋》2：2

文　晖

149《逸经》10

文　健

212《文讯》6：4

文　理

18《歌谣》3：13

文　彬

93《青年界》11：2，11：4，新2：2

文　萃

106《现代》3：6

文　基

10《小说月报》16：8，16：9，16：10，16：11，16：12

文　娄

198《现代文艺》2：6

文　铠

37《一般》1：2

文　铮

26《现代评论》6：156，7：159

文　琳

19《小说世界》9：11

文　超

174《抗到底》13—14

文　森

199《野草》2：5—6；

201《戏剧春秋》1：3

文　辉

25《语丝》4：18

文　渡

55《大众文艺》2：2

文　渺

262《平原文艺》2：5；

274《平原》14

文　楠

229《艺文杂志》2：9

文　魁
199《野草》第9集
文　静
211《文艺生活》穗新6
文　蔚
229《艺文杂志》1：5，2：10，3：1—2
文　毅
265《胶东文艺》1：6—7
文　翰
26《现代评论》5：127；
261《东北文艺》1：2
文　霞
117《文学》2：5
文　藻
25《语丝》148；
92《文艺新闻》60
文　瀚
145《宇宙风》105，110，115，124
文乃山
272《群众文艺》6，8；
276《华北文艺》4
文之流
211《文艺生活》光复版11—12
文子慧
24《洪水》半月刊1：10—11，半月刊2：18
文天倪
31《甲寅》1：13
文化震
10《小说月报》13：12
文本心
109《论语》37
文师杜
25《语丝》116
文仲衡
247《人民文艺》4
文仿公
109《论语》48
文亦亮
109《论语》129
文每公
109《论语》28
文怀沙
228《中原》2：2
文怀亮
106《现代》6：4
文启昌
93《青年界》新1：4
文启蛰
185《笔阵》新1：1
文治平
141《文艺》1：3，3：4，3：5，5：1—2
文学成
16《努力周报》4
文学家
99《涛声》1：29
文宗山
209《万象》1：3，1：5，1：8，1：11，1：12，2：1，2：3，2：5，2：7，3：3，号外

文屈轶

26《现代评论》3：67

文钞公

109《论语》96

文载道

145《宇宙风》100，103；

180《文艺》2：4，2：5；

182《文艺新潮》1：1；

183《鲁迅风》1，4，5，9，16；

186《宇宙风乙刊》20，24，27，29，32，37，51；

188《新中国文艺丛刊》1；

209《万象》1：7，2：8，2：9，2：11；

226《风雨谈》1，3，7，8，13，18；

229《艺文杂志》2：9

文益重

40《真美善》5：3

文林怀树

218《文坛》2，8

方

99《涛声》1：3；

117《文学》4：4，5：1；

190《通俗文艺》1，2，3

方　于

36《北新》3：11；

40《真美善》女作家专号；

85《文艺月刊》3：11，3：12，4：3，4：4，4：5，4：6，5：6，7：5，8：1，10：1，10：2，10：3，10：4—5

方　寸

28《猛进》沪案特刊1

方　之

122《文学季刊》1：3

方　文

36《北新》2：13，3：6；

53《思想》1：5；

75《萌芽》1：6

方　艾

93《青年界》7：4；

185《笔阵》新1：3，新2：1

方　平

212《文讯》9：5；

264《诗创造》1，2，3，4，5，7，8，10

方　白

174《抗到底》20；

178《抗战文艺》4：2；

212《文讯》8：6；

268《蚂蚁小集》2

方　立

262《平原文艺》1：1，1：3；

274《平原》2，8，9，1：4—5

方　汉

142《中学生文艺季刊》3：1

方　召

51《开明》2：4

方　西

106《现代》5：4；

117《文学》4：6，5：2，7：6；

137《当代诗刊》1：3—4

方　回
98《新时代》7：2；
167《文学杂志》3：6
方　任
209《万象》1：10
方　向
121《文化列车》5
方　冰
172《七月》5：2
方　兴
10《小说月报》13：9；
221《文艺先锋》12：5
方　安
85《文艺月刊》10：6；
109《论语》71
方　聿
92《文艺新闻》45
方　迅
260《呼吸》2
方　纪
197《大众文艺》2：1；
202《文艺月报》14；
214《谷雨》1：6；
223《人世间》复刊 8—9；
252《北方文化》2：4；
254《热潮》创刊号，1：2，1：3；
270《小说》3：3，3：4，3：5，3：6
方　辰
25《语丝》4：40
方　进
74《新文艺》1：6
方　远
211《文艺生活》光复版 16，光复版 18，海外版 18—19
方　均
139《新小说》1：4
方　邑
149《逸经》9
方　佛
57《开明》1：8
方　言
208《诗创作》8
方　序
122《文学季刊》2：3，2：4；
136《水星》2：3；
153《文季月刊》1：3；
165《文丛》1：2，2：3；
198《现代文艺》4：6，5：2，5：5
方　冶
98《新时代》7：1
方　宋
158《中流》2：10
方　君
203《奔流文艺丛刊》2
方　青
178《抗战文艺》10：2—3；
260《呼吸》创刊号；
261《东北文艺》创刊号；
268《蚂蚁小集》4；
271《文学战线》创刊号

方　英
92《文艺新闻》追悼号，21，22，24，25，42；
107《文学月报》1：3
方　卓
10《小说月报》14：3
方　非
117《文学》2：1
方　易
10《小说月报》13：12
方　明
85《文艺月刊》10：1
方　典
193《戏剧与文学》1：2
方　炎
224《天下文章》1：6
方　治
85《文艺月刊》战时特刊1：5，战时特刊1：11
方　肃
165《文丛》2：2
方　始
140《芒种》7
方　城
209《万象》3：1
方　重
46《新月》1：4，1：7；
225《时与潮文艺》2：1，2：3，3：4；
230《民族文学》1：4
方　信
238《希望》1：3
方　皇
182《文艺新潮》2：3
方　亮
14《学衡》48
方　彦
231《新文学》1：2
方　竑
14《学衡》39
方　前
36《北新》4：6
方　既
178《抗战文艺》10：2—3
方　珣
5《少年中国》1：7，1：11，4：1
方　晔
264《诗创造》6
方　乘
14《学衡》39
方　殷
85《文艺月刊》战时特刊2：4；
93《青年界》10：2；
142《中学生文艺季刊》1：2；
144《创作》1：3；
159《诗歌杂志》2，3；
177《文艺阵地》3：5，4：8；
178《抗战文艺》2：7，2：9，2：11—12，4：5—6，6：2；
192《文学月报》2：1—2；
208《诗创作》8，13；

223《人世间》1：5

方　浩

85《文艺月刊》战时特刊1：7；战时特刊1：8，战时特刊1：9，战时特刊1：11，战时特刊1：12

方　朔

221《文艺先锋》10：3，10：4，11：3—4，11：6，12：3—4，13：4

方　绥

131《东流》3：2；
181《文艺突击》1：2

方　域

167《文学杂志》3：2

方　彬

109《论语》138，147，151

方　菁

253《清明》2；
270《小说》2：5

方　萌

255《北方杂志》1：6

方　梦

260《呼吸》创刊号

方　野

260《呼吸》3

方　敬

98《新时代》5：6，6：2；
122《文学季刊》2：2，2：3，2：4；
136《水星》1：4，2：2；
145《宇宙风》128；
152《作家》1：6；
153《文季月刊》1：1，1：2，1：3，1：5；
160《新诗》1：4，2：1；
165《文丛》1：2；
167《文学杂志》2：12；
176《自由中国》新1：5—6，新2：1—2；
177《文艺阵地》3：10，4：10，6：2；
185《笔阵》4，新1：1；
198《现代文艺》5：6，6：3；
208《诗创作》8，16；
211《文艺生活》3：6，光复版5；
212《文讯》6：1，6：5，7：5，9：1；
217《文艺杂志》1：1，1：2，1：3，1：5，2：1，2：3，2：6，3：2；
220《文学创作》2：2；
222《青年文艺》新1：5，新1：6；
223《人世间》1：4，1：6，复刊5；
240《文哨》1：1，1：3；
244《文复艺兴》1：1，1：4，2：1，3：1，3：4；
246《文坛月报》1：3；
256《萌芽》1：1；
264《诗创造》1，2，4，7；
266《中国作家》1：2

方　紫

197《大众文艺》1：3

方　景
142《中学生文艺季刊》1：1
方　然
172《七月》5：2；
177《文艺阵地》4：11，6：5，文阵新辑之二：哈罗尔德的旅行及其他：
189《西线文艺》1：3；
192《文学月报》1：2，2：6；
208《诗创作》11，12，13，17
216《战时文艺》1：4，2：1；
217《文艺杂志》1：6，2：1，2：3，3：1；
222《青年文艺》创刊号，6，新1：1；
223《人世间》复刊8—9；
238《希望》1：3，1：4，2：2，2：3，2：4；
256《萌芽》1：4；
260《呼吸》创刊号，2，3；
268《蚂蚁小集》3
方　强
185《笔阵》新1：4
方　瑜
36《北新》3：24；
221《文艺先锋》11：3—4
方　蒙
212《文讯》9：2，9：4
方　稜
225《时与潮文艺》3：3，5：4
方　韵
85《文艺月刊》战时特刊第11年11月号
方　溯
85《文艺月刊》战时特刊第11年4月号
方　滨
224《天下文章》2，3，4，2：1
方　德
262《平原文艺》1：1，1：2
方　澍
1《新青年》1：4
方　燔
99《涛声》2：29
方　澡
85《文艺月刊》9：4
方　膺
270《小说》4：1，6：2
方　壁
10《小说月报》18：11，19：1；
11《文学周报》289，298
方人定
149《逸经》31
方于孚
106《现代》6：4
方土人
125《春光》1：1；
177《文艺阵地》6：2，6：3
方士人
147《夜莺》1：1，1：2，1：3

方大野
185《笔阵》新2
方与严
256《萌芽》1：3
方之夫
109《论语》173
方之中
85《文艺月刊》6：4，7：6，战时特刊1：4；
93《青年界》8：2；
104《矛盾》3：2；
117《文学》5：1；
121《文化列车》11；
128《小说》5，17；
134《太白》2：3，2：9；
140《芒种》1，3；
147《夜莺》1：1，1：2，1：3，1：4；
150《东方文艺》1：2；
151《文学丛报》2，4；
155《光明》2：7，战时号外4；
156《现实文学》1；
162《小说家》1：2；
163《热风》1：1；
171《烽火（呐喊）》7
235《文艺春秋》丛刊2
方卫华
145《宇宙风》46
方于浮
106《现代》6：4
方天白
93《青年界》2：3；
102《文化评论》4
方元民
26《现代评论》7：167
方元造
36《北新》3：15
方仁麟
21《弥洒》2，4，5
方文均
36《北新》2：9
方玉书
109《论语》99
方未艾
209《万象》2：5
方世立
14《学衡》50
方东美
5《少年中国》2：11
方令孺
14《学衡》2：2；
46《新月》3：3，4：1；
85《文艺月刊》3：10，4：1，7：1，7：6；
90《诗刊》1，3，4；
93《青年界》新3：2；
97《创作》1：3；
109《论语》100；
145《宇宙风》14，36；
160《新诗》1：4，1：6；
167《文学杂志》1：3；

178《抗战文艺》7：2—3；
223《人世间》复刊 13；
270《小说》4：5

方兰汝

235《文艺春秋》副刊 1：2，副刊 1：3

方光明

82《前锋周报》4，11

方光涛

117《文学》2：1

方光焘

5《少年中国》3：3；
10《小说月报》21：10，21：11，21：12；
11《文学周报》302；
15《创造》1：3，2：1；
22《创造周报》24；
34《创造月刊》1：5；
37《一般》1：3，1：4，2：1，2：2，2：3，2：4，3：1，3：2，3：3，3：4，4：1，5：1；
93《青年界》8：2；
100《北斗》2：1；
106《现代》1：5；
107《文学月报》1：2；
117《文学》1：5，2：3，4：6，5：1；
133《译文》2：5；
158《中流》创刊号

方传宗

25《语丝》129

方兆华

145《宇宙风》124

方守敦

14《学衡》17，23，24，28，48，49，51

方守彝

14《学衡》17，21，22，23，24，26，29

方宇晨

244《文艺复兴》2：6；
264《诗创造》5，7

方纪生

18《歌谣》2：30；
36《北新》2：23；
149《逸经》12，29；
229《艺文杂志》2：11

方芥生

100《北斗》1：3

方孝彻

14《学衡》23，26

方孝岳

1《新青年》3：2

方克勤

209《万象》3：8

方时旭

21《弥洒》3，4

方伯玉

171《烽火（呐喊）》15

方狄砂

93《青年界》新 1：5

方含章
121《文化列车》12
方应潮
195《黄河》4：1
方君逸
209《万象》2：7；
235《文艺春秋》丛刊3，丛刊4，
丛刊5
方君璧
34《创造月刊》1：8
方玮德
44《文化批判》4
46《新月》3：2，3：4，3：7，3：
12，4：1，4：2，4：4，4：5；
85《文艺月刊》2：2，3：10，3：
11，3：12，4：1，4：2，4：
3，6：2；
90《诗刊》1，2，3，4；
97《创作》1：1，1：2，1：3，1：4；
98《新时代》3：1；
126《诗歌月报》1：1，2：1
方雨渡
264《诗创造》9
方明飞
85《文艺月刊》10：6
方国瑜
212《文讯》6：3，6：7
方欣菴
37《一般》3：3，4：4
方炎武
36《北新》3：17，3：19
方宜孙
26《现代评论》3：70
方宗鳌
26《现代评论》5：106
方诗铭
212《文讯》6：4，6：6，6：8，
7：1，7：2，7：4，8：6；
228《中原》2：1
方秋苇
85《文艺月刊》战时特刊1：9
方修梅
51《开明》1：12
方俊珙
261《东北文艺》1：5
方洪浛
51《开明》1：5
方觉园
88《读书月刊》3：1—2，3：3
方振武
85《文艺月刊》战时特刊1：7
方晓白
191《文艺新闻》8；
193《戏剧与文学》1：3；
203《奔流文艺丛刊》1，6；
207《时代文学》1：1；
246《文坛月报》1：1
方逖生
26《现代评论》7：174
方家达
85《文艺月报》8：3，9：4，9：5，
9：6；

117《文学》7：3，8：1，8：6；
145《宇宙风》47，61；
167《文学杂志》1：4；
169《中国文艺》1：1，1：2；
171《烽火（呐喊）》12；
208《诗创作》3—4

方家坡

251《文艺杂志》3：5

方野明

242《新群众》2：5

方康直

141《文艺》1：1

方惇颐

212《文讯》3：5，4：6—7

方景尧

109《论语》161

方善徵

26《现代评论》1：6，3：65

方箇农

31《甲寅》1：43

方慧心

113《新诗歌》2：2；
142《中学生文艺季刊》1：2

方墨衣

109《论语》26

方镇华

19《小说世界》17：1

方德醇

19《小说世界》13：6

方霞光

149《逸经》36；
171《烽火（呐喊）》18

亢　亢

109《论语》160

亢　咏

109《论语》145，149，150，157，
158，175

亢　德

45《现代小说》2：6；
109《论语》23，24，26，27，28，
29，32，45，46，47，67，
69，79；
127《人间世》3，4，5，12；
138《文饭小品》1：4；
145《宇宙风》1，2，3，4，7，8，
12，15，25，26，28，31，38，
39，40，41，43，46，49，50，
51，67，70，80；
183《鲁迅风》7；
186《宇宙风乙刊》14，36，37，38

火　心

185《笔阵》11，14

火　石

177《文艺阵地》4：3；
207《时代文学》1：2

火　野

186《宇宙风乙刊》36，49

火雪明

89《当代文学》2：2，2：3，2：4，
2：5；
97《创作》1：4

火蒂士
211《文艺生活》海外版 20
为 平
155《光明》1：8
为 君
18《歌谣》4，12，22，23，35
为 和（龢）
155《光明》1：8
为 法
24《洪水》半月刊：1：1，1：2，1：3，1：4，1：6，1：7，1：8，1：12，1：13，2：15，2：16，2：19，2：21，周年增刊，3：26，3：27；
38《幻洲》1：3，1：5
为 客
26《现代评论》4：87
为 琳
26《现代评论》5：128，6：132，6：136，6：137
心
2《每周评论》32；
21《弥洒》1
心 一
172《七月》1：4
心 子
160《新诗》2：3—4
心 木
145《宇宙风》99，114
心 心
21《弥洒》2，3，4，5；
25《语丝》105
心 见
36《北新》1：33，3：1
心 玉
195《黄河》复刊 4
心 因
19《小说世界》16：10；
87《前锋月刊》1：1
心 光
47《流沙》1，2，3，5
心 竹
109《论语》69
心 如
37《一般》1：1，1：2，1：3，3：1，3：2，3：3
心 芬
127《人间世》31
心 吾
19《小说世界》14：8，14：9，14：11，14：15，14：18，15：13
心 谷
145《宇宙风》18
心 冷
19《小说世界》3：10；
68《戏剧与文艺》1：6
心 波
81《沙仑》1：1
心 荣
249《白山》6
心 晖
226《风雨谈》1

心　雪
93《青年界》9：5
心　符
116《文艺月报》1：3
心　感
25《语丝》4：17，4：20，4：23，4：24，4：25，4：26，4：27，4：28，4：43
心　镜
106《现代》6：4
心　镜
93《青年界》7：4；
118《文艺春秋》1：8
邓　丁
93《青年界》10：5
邓　生
1《新青年》9：3
邓　评
199《野草》1：3
邓　骏
230《民族文学》1：3
邓　野
203《奔流文艺丛刊》第5辑；
274《平原》创刊号，2，3，7，8，9，11，12，13
邓　银
199《野草》复刊号
邓　康
5《少年中国》4：7
邓　翊
14《学衡》41
邓　琳
29《莽原》半月刊2：7
邓　潼
250《鲁迅文艺》1：3
邓　翼
73《南国周刊》1：1
邓一通
203《奔流文艺丛刊》第6辑
邓之诚
14《学衡》79
邓子侪
18《歌谣》37
邓历耕
93《青年界》新4：2
邓止怡
259《东北文化》1：5
邓长耀
174《抗到底》9
邓文辉
18《歌谣》21，37，62，3：5
邓以蛰
26《现代评论》2：40，2：45，3：67，6：131
邓白林
109《论语》59，63，64
邓立文
127《人间世》42
邓必丰
195《黄河》8
邓幼明
134《太白》2：6

邓师许

212《文讯》4：2—3

邓光亮

211《文艺生活》海外版3—4

邓当世

133《译文》1：1，1：2，1：3，1：4，2：1

邓仲澥

5《少年中国》2：10，3：11

邓传璧

225《时与潮文艺》3：2

邓充闾

221《文艺先锋》11：6

邓均吾

15《创造》1：2，2：1，2：2；

22《创造周报》13

邓怀基

142《中学生文艺季刊》1：1

邓初民

16《努力周报》75；

253《清明》创刊号；

255《北方》1：4

邓述高

142《中学生文艺季刊》2：2，2：3；

邓季宣

59《春潮》1：5

邓秉钧

31《甲寅》1：23

邓侠文

208《诗创作》6

邓孟襄

31《甲寅》1：31

邓春兰

5《少年中国》1：4

邓春霖

18《歌谣》44

邓炳伦

18《歌谣》34，37

邓洪业

18《歌谣》8

邓铁忱

51《开明》2：2

邓益三

18《歌谣》11，14，2：1

邓涧云

85《文艺月刊》战时特刊：号外1

邓绥宁

221《文艺先锋》3：1

邓萃英

1《新青年》5：1，5：3

邓鸿业

18《歌谣》32

邓斌和（龢）

14《学衡》27，43

邓演存

10《小说月报》12：4，12：号外，14：1，14：2，14：3，14：5，14：6，14：9

邓镜寰

11《文学周报》80

邓赞标
31《甲寅》1：23
劝学所
18《歌谣》3，4
双
155《光明》3：2
双　人
234《微波》1：2
双　木
19《小说世界》8：4，8：5，8：8，8：9，9：2，9：8
双　双
19《小说世界》3：11，4：9，5：1，5：6，5：9，7：1，7：5，9：10，9：5，12：6
双　玉
145《宇宙风》82，86，93，99，108
双　江
109《论语》100
双　红
109《论语》103，105，106，109，110，113，136，139，169，170，172，173
双　明
1《新青年》8：1
双　莫
1《新青年》季刊2
双十节
145《宇宙风》51
以　人
131《东流》2：3，2：4
以　义
26《现代评论》7：176
以　太
182《文艺新潮》1：2，1：4—5
以　仁
24《洪水》半月刊1：5，半月刊2：13，半月刊2：18
以　民
109《论语》146，149
以　行
109《论语》38
以　明
106《现代》6：2
以　沛
242《新群众》1：4
以　斋
229《艺文杂志》1：2，1：3，2：3
以　谟
109《论语》131
以　滔
178《抗战文艺》10：1；
264《诗创造》6
以　群
141《文艺》5：5；
147《夜莺》1：2，1：3；
151《文学丛报》1；
158《中流》1：4，1：5，2：10；
162《小说家》1：1，1：2；
163《热风》1：1；
175《战地》1：5；
177《文艺阵地》1：1，1：2，文

阵新辑之二：哈罗尔德的旅行及其他，文阵新辑之三：纵横前后方；
178《抗战文艺》1：1，1：4，1：12，4：1，4：3—4，6：2，7：1，8：1—2，9：1—2，武汉特刊4，文协成立五周年纪念特刊，文协成立七周年并庆祝第一届文艺节纪念特刊；
180《文艺》1：3；
192《文学月报》1：4，2：3，3：1；
206《华北文艺》1：2；
207《时代文学》1：2，1：4；
210《笔谈》1，4；
217《文艺杂志》2：4，2：5，2：6；
220《文学创作》1：6；
221《文艺先锋》2：3，4：4；
222《青年文艺》5，新1：2，新1：4；
223《人世间》1：4；
224《天下文章》3，2：5—6；
225《时与潮文艺》1：1；
234《微波》1：1；
240《文哨》1：1，1：2，1：3；
243《文联》1：1，1：2，1：3；
244《文艺复兴》1：6；
245《文章》创刊号；
247《人民文艺》1，4；
263《文艺知识连丛》1：1；
267《大众文艺丛刊》3；
270《小说》1：3，2：1，3：1，3：2

以　德

85《文艺月刊》战时特刊2：2

引

109《论语》14；
190《通俗文艺》9

引　名

29《莽原》周刊6

孔　飞

159《诗歌杂志》2，3

孔　方

206《华北文艺》1：4

孔　生

11《文学月报》48

孔　休

225《时与潮文艺》3：1

孔　芥

19《小说世界》18：4

孔　更

251《文艺杂志》2：4；
262《平原文艺》1：3，1：5，2：4

孔　吼

109《论语》174

孔　炤

25《语丝》28，46

孔　柔

264《诗创造》1

孔　琳

270《小说》2：1

孔　常

10《小说月报》12：8，12：9

孔　厥
85《文艺月刊》战时特刊 3：3—4，战时特刊 5：1；
172《七月》4：4；
177《文艺阵地》6：1；
178《抗战文艺》10：4—5；
184《文艺战线》1：4，1：6；
211《文艺生活》海外版 13，海外版 17；
213《草叶》6；
223《人世间》1：5；
238《希望》1：1，2：2；
260《呼吸》2

孔　嘉
172《七月》5：4；
178《抗战文艺》7：2—3，7：6；
218《文坛》2

孔　藏
18《歌谣》2：4

孔一尘
155《光明》1：9

孔乙己
183《鲁迅风》17

孔少乙
84《开展》2

孔化南
51《开明》2：4

孔丙心
145《宇宙风》97

孔东平
265《胶东文艺》1：6—7

孔另境
155《光明》1：11；
186《宇宙风乙刊》27；
235《文艺春秋》丛刊 1，丛刊 2，丛刊 3，丛刊 4，丛刊 5，3：1，3：4，4：3，4：5，8：1；
266《中国作家》纪念特刊

孔四怀
224《天下文章》4

孔远之
145《宇宙风》70；
186《宇宙风乙刊》5

孔放之
159《诗歌杂志》2，3

孔罗荪
85《文艺月刊》战时特刊 3：3—4

孔昭铭
1《新青年》2：4，2：5

孔觉民
174《抗到底》8

孔健飞
265《胶东文艺》1：4

孔赐安
93《青年界》5：5，6：1，6：2，6：3，6：4，6：5，7：1，7：3，7：4，8：1，10：1

孔鲁芹
84《开展》8

孔嘉彰
9《人道》1

孔醒民
255《北方杂志》1：6
孔繁霱
6《解放与改造》4：8
孔襄我
6《解放与改造》1：6；
18《歌谣》11；
20《浅草》1：3；
23《文艺周刊》7，46，47
幻　影
19《小说世界》3：2
允　中
21《弥洒》1，5
允　言
250《鲁迅文艺》1：2，1：3
允　青
109《论语》10
允　武
174《抗到底》2，4
允　海
142《中学生文艺季刊》3：1，3：2
尺　棰
90《诗刊》2
尺　蠖
125《春光》1：1
夬　庵
1《新青年》7：2
尹　之
245《文章》1：2，1：3
尹　及
196《战国策》1，2，5，7，8，9，11
尹　达
194《中国文化》1：5，2：1，3：1；
255《北方》2：1—2
尹　休
172《七月》3：3
尹　伊
109《论语》37
尹　希
10《小说月报》20：2
尹　青
93《青年界》8：3，9：1，9：3；
142《中学生文艺季刊》1：4，2：1
尹　若
51《开明》1：9；
98《新时代》2：2—3
尹　庚
83《现代文学》1：6；
85《文艺月刊》1：5，2：2，2：5—6；
106《现代》2：5，3：1；
115《文学杂志》1：2；
120《文艺》1：1，1：2，1：3；
147《夜莺》1：4；
156《现实文学》1，2；
172《七月》2：5，3：4，3：6
尹　虹
142《中学生文艺季刊》1：3，1：4
尹　能
25《语丝》119

尹 宽
1《新青年》季刊 3，不定期刊 5
尹 穆
37《一般》2：2
尹子明
190《通俗文艺》38，39
尹玉铭
142《中学生文艺季刊》1：2
尹占春
242《新群众》1：2，1：5
尹乐南
142《中学生文艺季刊》1：3
尹吉三
93《青年界》新 3：5
尹贞淮
98《新时代》2：1
尹克虚
173《抗战戏剧》2：1
尹祖兴
145《宇宙风》109
尹桐阳
31《甲寅》1：14
尹雪曼
85《文艺月刊》9：1，10：3，战时特刊 4：1；
142《中学生文艺季刊》1：3，2：2，2：4，3：1，3：2；
109《论语》98；
178《抗战文艺》5：6；
211《文艺生活》3：5；
216《战时文艺》1：4；
217《文艺杂志》1：4；
221《文艺先锋》1：1，2：1，8：5—6，10：1
尹雪蔓
93《青年界》8：5
尹淑敏
18《歌谣》17
尹澄之
115《文学杂志》1：2；
116《文艺月报》1：1，1：2
办
274《平原》2
丑方迹
175《战地》1：4；
195《黄河》7
巴 丁
206《华北文艺》1：4
巴 人
85《文艺月刊》战时特刊 3，战时特刊 2：5；
113《新诗歌》2：1；
177《文艺阵地》3：1，3：10，3：11，4：1，4：2，4：3，4：4，4：5，4：6，4：7，4：10，5：1，5：2；
182《文艺新潮》1：4—5，2：1，2：7；
183《鲁迅风》2，3，5，6，8，9，10，13，16，17，18，19；
188《新中国文艺丛刊》1，3；
199《野草》新 7；

207《时代文学》1：1，1：2；
211《文艺生活》光复版 18，穗新 1，穗新 2，穗新 3，穗新 4；
235《文艺春秋》6：2；
270《小说》1：1，1：3，3：4

巴　山

251《文艺杂志》3：3

巴　夫

178《抗战文艺》2：10

巴　比

185《笔阵》10，新 1：1，新 1：5

巴　田

271《文学战线》1：3

巴　尔

92《文艺新闻》6，8，11，43

巴　宁

104《矛盾》1：5—6；
145《宇宙风》72

巴　克

39《泰东》2：9；
70《引擎》1

巴　林

89《当代文艺》2：5；
226《风雨谈》7

巴　金

10《小说月报》20：1，20：2，20：3，20：4，21：1，22：7，21：12，22：1，22：9，22：10，22：11，22：12；
37《一般》9：4；
46《新月》4：4；
51《开明》2：10；
83《现代文学》1：4，1：5；
85《文艺月刊》2：4，2：8，2：9，2：10，2：11—12，3：1，3：2，3：3，3：4，3：5—6；
93《青年界》11：1；
97《创作》1：2，1：3，1：4；
98《新时代》1：2，1：3，1：5，3：1，3：3，4：2；
106《现代》1：1，1：2，1：3，1：5，1：6，2：1，2：5，3：5，3：6，4：1；
107《文学月报》1：1；
117《文学》1：1，1：2，1：3，1：5，1：6，3：4，3：5，4：1，4：2，4：3；
122《文学季刊》2：2，2：3，2：4；
133《译文》2：2，2：3，2：4，2：5，2：6，新 1：1，新 1：4；
136《水星》1：1，1：3，1：4，1：6，2：1，2：2，2：3；
145《宇宙风》78，80，84，123，126，127，128，129；
152《作家》1：1，1：2，1：4，1：5，1：6，2：1，2：2；
153《文季月刊》1：1，1：2，1：3，1：4，1：5，1：6，2：1；
158《中流》创刊号，1：2，1：3，1：4，1：5，1：10，1：11，2：3，2：7，2：10；
165《文丛》1：1，1：2，1：3，1：

4，1：5，2：1，2：2，2：3，2：4，2：6—7；
171《烽火（呐喊）》呐喊：创刊号，2；烽火：创刊号，2，4，5，10，12，13，14，15，16，17，18，19，20；
176《自由中国》新1：1，新1：2，新1：3，新1：4，新1：5—6，新2：1—2；
178《抗战文艺》7：2—3，7：4—5，8：1—2，8：3，10：6；
180《文艺》1：1，1：2；
182《文艺新潮》1：1，1：6，1：7；
183《鲁迅风》10，16，17；
185《笔阵》新5；
186《宇宙风乙刊》创刊号；
198《现代文艺》2：2，4：1，4：2，4：5，6：1；
212《文讯》8：2；
216《战时文艺》1：2；
217《文艺杂志》1：1，1：2，1：3，1：5，新1：1；
223《人世间》2：1，复刊4；
225《时与潮文艺》3：6，4：5；
233《当代文艺》1：2；
235《文艺春秋》2：4，6：1，6：6，7：1，7：2，7：3，8：1，8：2，8：3；
244《文艺复兴》1：1，1：6，2：1，2：2，2：3，2：4，2：5，2：6；
263《文艺知识连丛》1：1；
266《中国作家》1：1；
269《文艺工作》1；
270《小说》3：4，3：5，5：1

巴　波

211《文艺生活》光复版14，海外版6；
223《人世间》复刊8—9，复刊11—12；
235《文艺春秋》4：4，5：6，6：3；
270《小说》2：2

巴　宙

145《宇宙风》100，112；
186《宇宙风乙刊》13，33，34，56

巴　淑

134《太白》1：12

巴　鸿

211《文艺生活》穗新1，穗新5

巴　群

93《青年界》新6：5

巴山雨

177《文艺阵地》3：5

巴鲁爵士

109《论语》142，146，147，148，150，163

（卍）盦

19《小说世界》6：6，6：8

予

109《论语》11，21，22，176；
131《东流》2：2，2：3

予　止
18《歌谣》52
予　风
236《高原》创刊号，2
予　且
145《宇宙风》36；
128《小说》1，2，3，4，5，6，7，8，9，10，11，12，13，14；
186《宇宙风乙刊》21，24，26，38，41，44，47；
209《万象》1：2，1：3，1：4，1：5，1：6，1：7，1：8，1：9，1：10，1：11，1：12，2：1，2：2，2：3，2：4，2：5，2：6，2：7，2：8，2：9，2：10，2：11，2：12；
226《风雨谈》1，2，3，4，6，10，15，16，18，19，20
予　矛
177《文艺阵地》2：3
予　同
10《小说月报》14：1，14：2，14：4；
37《一般》1：1
予　亦
145 附《宇宙风·逸经·西风非常时期联合旬刊》6，51，57，62
予　林
211《文艺生活》海外版 14
予　倩
71《戏剧》1：1，1：2，1：3，1：4，1：5，1：6，2：1，2：2，2：3—4，2：5；
231《新文学》1：4
予　高
209《万象》3：6
予　案
186《宇宙风乙刊》48，49，51
予　展
84《开展》2，3，4，5，9；
104《矛盾》发动号，1：2，1：3—4
水
117《文学》2：2，2：3，3：5，3：6，4：1，4：2，4：4，5：5，5：6，6：1，6：2，6：3
水　一
159《诗歌杂志》2，3
水　土
199《野草》4：1—2
水　王
51《开明》2：1
水　夫
270《小说》3：3，4：2
水　心
85《文艺月刊》9：5
水　由
109《论语》46
水　央
118《文艺春秋》1：2
水　生
252《北方文化》2：3

水　仙
10《小说月报》19：10；
51《开明》1：3，1：6，2：14，2：16，2：17
水　华
257《长城》1：2
水　轩
145《宇宙风》34
水　谷
39《泰东》2：1
水　弟
106《现代》3：4
水　角
187《戏剧岗位》1：4
水　青
221《文艺先锋》13：3
水　林
242《新群众》1：1，1：2，1：5
水　拍
177《文艺阵地》3：9；
240《文哨》1：2
水　味
199《野草》新7集，第8集，第9集，第10集，第11集
水　柳
229《艺文杂志》3：1—2
水　草
109《论语》54，59
水　蚁
155《光明》2：7
水　音
28《猛进》11，27，31，32，34，47，49，53
水　源
195《黄河》2：2
水　澄
68《戏剧与文艺》1：2
水天同
14《学衡》69
水兆熊
209《万象》2：4
水建彤
186《宇宙风乙刊》21
水建皋
186《宇宙风乙刊》17
水草平
185《笔阵》10，11
水沛冰
96《文艺杂志》1：4
毋　忘
2《每周评论》17
书　丹
19《小说世界》9：1，9：2，9：3
书　虫
225《时与潮文艺》3：4
书　尾
145《宇宙风》64，66
书　林
21《弥洒》1
书　城
221《文艺先锋》7：5，7：6

书　衡
31《甲寅》1：41
书呆（獃）子
19《小说世界》14：21
五　画
打箭炉
264《诗创造》11
艾　韦
200《新诗歌》3
艾　叶
37《一般》9：2；
51《开明》2：1，2：2
艾　生
174《抗到底》11
艾　禾
93《青年界》9：5
艾　丛
237《文学新报》创刊号，2：1
艾　麦
221《文艺先锋》12：5
艾　光
142《中学生文艺季刊》2：4
艾　江
221《文艺先锋》13：4
艾　辰
167《文学杂志》3：6；
243《文联》1：2
艾　芜
88《读书月刊》2：3；
93《青年界》5：3，12：1；
98《新时代》3：2，4：3，4：4—5；
106《现代》4：3；
107《文学月报》1：5—6；
114《艺术新闻》1；
115《文学杂志》1：3—4；
117《文学》1：1，1：5，3：1，3：2，4：1，4：6，5：4，6：4，6：6，7：1，7：6，8：5，9：1，9：3，9：4；
120《文艺》1：2，1：3；
122《文学季刊》1：4，2：4；
125《春光》1：2，1：3；
128《小说》19；
130《当代文学》1：5；
134《太白》2：1，2：4；
136《水星》1：3；
140《芒种》4；
144《创作》1：2；
154《文学界》1：3，1：4；
155《光明》1：11，战时号外2；
158《中流》创刊号，2：2，；
162《小说家》1：2；
165《文丛》1：1；
167《文学杂志》2：7；
171《烽火（呐喊）》5；
176《自由中国》新1：2，新1：3，新1：4，新1：5—6，新2：1—2；
177《文艺阵地》2：1，3：2，3：4，3：6，4：3；
178《抗战文艺》6：1，7：2—3，9：5—6；

180《文艺》2∶3；
191《文艺新闻》6；
192《文学月报》1∶5；
198《现代文艺》1∶4，2∶1；
199《野草》1∶4，2∶4；
207《时代文学》1∶2；
211《文艺生活》1∶1，1∶2，光复版3，光复版5，光复版7；
212《文讯》7∶5，8∶2，9∶1；
217《文艺杂志》1∶1，1∶3，2∶1，2∶2，2∶3，2∶4，2∶5，2∶6；
219《文学批评》创刊号；
220《文学创作》1∶1，1∶2，2∶1，2∶2，2∶3，2∶4，2∶5，3∶1；
222《青年文艺》创刊号，2，4，6，新1∶1，新1∶2，新1∶5；
223《人世间》1∶6；
224《天下文章》2∶5—6；
225《时与潮文艺》4∶4，4∶5，5∶4；
228《中原》2∶1；
231《新文学》1∶1；
233《当代文艺》1∶1，1∶2，1∶3，1∶5—6；
235《文艺春秋》3∶2，5∶1，5∶3，6∶1，6∶2，6∶3，6∶4，6∶5，6∶6，7∶1，7∶5，8∶1；
237《文学新报》创刊号，2∶1；
240《文哨》1∶1，1∶2，1∶3；
241《文艺大众》新3；
243《文联》1∶7；
244《文艺复兴》3∶1，3∶2，4∶1，4∶2；
245《文章》1∶2；
246《文坛月报》1∶1，1∶2；
247《人民文艺》4；
248《中原·文艺杂志·希望·文哨联合特刊》1∶1，1∶4；
256《萌芽》1∶1；
270《小说》1∶4，1∶5，2∶1，2∶2，2∶3

艾　君

216《战时文艺》2∶1

艾　青

85《文艺月刊》战时特刊1∶7；
106《现代》3∶1；
113《新诗歌》2∶3，2∶4；
125《春光》1∶1，1∶2，1∶3；
126《诗歌月报》1∶3，1∶4；
130《当代文学》1∶1；
158《中流》1∶12，2∶4；
160《新诗》1∶4，1∶5，1∶6，2∶2；
163《热风》1∶1；
172《七月》1，1∶2，1∶3，1∶5，1∶6，2∶1，2∶4，2∶6，3∶1，3∶2，3∶3，3∶4，3∶5，4∶1，4∶2，5∶3，5∶4，6∶1—2；
177《文艺阵地》1∶4，2∶7，3∶

3，3：4，4：10，6：1，6：4，7：1，7：2，7：4，文阵新辑之二：哈罗尔德的旅行及其他；
178《抗战文艺》1：6，1：9，6：3，6：4，7：1，7：2—3，8：1—2，8：3，8：4；
180《文艺》1：2；
192《文学月报》3：1；
194《中国文化》2：6；
198《现代文艺》1：1，1：2，1：3，2：1；
202《文艺月报》5，14；
208《诗创作》3—4，8，11；
211《文艺生活》光复版2；
213《草叶》3；
214《谷雨》1：2—3，1：6；
222《青年文艺》新1：1，新1：2，新1：4；
224《天下文章》1；
235《文艺春秋》2：3；
239《诗文学》1；
240《文哨》1：1；
247《人民文艺》3；
252《北方文化》1：1，2：3；
257《长城》创刊号，1：2；
276《华北文艺》6

艾　耶

271《文学战线》2：3

艾　虎

252《北方文化》2：5

艾　杲

229《艺文杂志》1：4

艾　明

222《青年文艺》5；
270《小说》5：2

艾　迪

223《人世间》复刊2，复刊3，复刊4，复刊5，复刊6，复刊7，复刊8—9，复刊10，复刊11—12

艾　征

250《鲁迅文艺》1：2

艾　卒

80《骆驼草》5

艾　炎

255《北方》1：1

艾　珂

85《文艺月刊》6：1，6：2

艾　药

178《抗战文艺》8：3

艾　秋

222《青年文艺》4

艾　真

142《中学生文艺季刊》1：3

艾　烛

93《青年界》新3：3，新3：4

艾　淦

163《热风》1：1

艾　娟

195《黄河》2：5—6

艾　绥
179《戏剧新闻》5；
187《戏剧岗位》2：1；
192《文学月报》2：1—2
艾　粪
155《光明》1：3
艾　烽
172《七月》6：4；
208《诗创作》3—4，5，14
艾　清
171《烽火（呐喊）》13
艾　淦
125《春光》1：3；
156《现实文学》1
艾　琦
123《中国文学》2：2
艾　琴
267《大众文艺丛刊》1
艾　森
259《东北文化》1：1
艾　谟
172《七月》6：4
艾　蓁
221《文艺先锋》12：3—4
艾　蒲
212《文讯》7：4
艾　漠
172《七月》6：3；
208《诗创作》6
艾　群
158《中流》1：3，1：5，1：7，
1：9
艾　影
244《文艺复兴》3：6
艾　霞
125《春光》1：1，1：2
艾　藜
38《幻洲》1：7，2：3
艾凤子
225《时与潮文艺》3：5
艾明之
240《文哨》1：3；
243《文联》1：3，1：6，1：7；
244《文艺复兴》2：3，3：5；
246《文坛月报》1：2；
270《小说》2：1，3：2，3：6，4：
4，5：3，5：4
艾治平
211《文艺生活》穗新2
艾迪纳
143《杂文》4
艾思奇
93《青年界》8：2；
117《文学》5：1；
125《春光》1：2，1：3；
134《太白》1：3，1：9，1：10；
151《文学丛报》1；
154《文学界》1：2；
155《光明》1：2；
175《战地》1：1，1：2；
176《自由中国》创刊号，1：2，
1：3；

180《文艺》1：1；
181《文艺突击》创刊号，新1：2；
184《文艺战线》创刊号，1：3；
194《中国文化》创刊号，1：2，1：3，1：4，1：5，1：6，2：1，2：2，2：3，2：4，2：5，3：2—3；
197《大众文艺》创刊号，1：2，1：5；
214《谷雨》1：5

艾昂甫

160《新诗》1：5，2：1

艾寒松

93《青年界》8：2；
117《文学》5：1

平

11《文学周报》106，109；
31《甲寅》1：23，1：25，1：28，1：32，1：34；
36《北新》1：6；
57《大江》1：2；
109《论语》114，130，147，149；
117《文学》5：3；
139《新小说》1：3，1：5，2：1；
221《文艺先锋》2：2

平　万

39《泰东》1：12；
42《太阳月刊》5，6；
76《拓荒者》3

平　川

88《读书月刊》1：6

平　凡

98《新时代》2：4—5；
109《论语》1，11，35；
198《现代文艺》4：2；
255《北方》1：5

平　之

145《宇宙风》30

平　女

109《论语》54

平　子

145《宇宙风》39，别册3；
177《文艺阵地》3：9，3：10

平　心

26《现代评论》第三周年增刊，8：188，8：191；
155《光明》2：1；
158《中流》1：5

平　平

2《每周评论》17；
26《现代评论》7：159；
36《北新》1：7

平　田

145《宇宙风》60

平　旦

238《希望》2：1

平　白

51《开明》2：14；
229《艺文杂志》1：1；
264《诗创造》11

平　仲

254《热潮》创刊号，1：2

平　江
108《文艺茶话》1：4
平　羽
172《七月》5：2
平　甫
18《歌谣》28
平　伯
10《小说月报》14：10，20：5；
11《文学周报》75，80，81，94，
103，172，187，208；
13《诗》1：3，2：1；
25《语丝》11，30，31，32，36，
39，50，54，63；
26《现代评论》1：24；
80《骆驼草》1，7，10，13，19，
20，23，25；
109《论语》13，17，32，153；
127《人间世》4，18，19，21，
38，39；
132《文学评论》2；
145《宇宙风》6，8；
167《文学杂志》1：3，1：4；
229《艺文杂志》1：5，1：6，2：1
平　君
145《宇宙风》102
平　林
141《文艺》5：3，5：4；
178《抗战文艺》1：2
平　凯
254《热潮》1：3
平　泉
209《万象》3：11，4：2
平　海
93《青年界》9：1
平　容
163《热风》1：2
平　陵
85《文艺月刊》1：1，1：2，战时
特刊1：8；
178《抗战文艺》1：3，4：1
平　蓉
163《热风》1：1，1：2
平　衡
186《宇宙风乙刊》18
平和子
18《歌谣》1，35，62
平野青
46《新月》2：6—7
平襟亚
209《万象》1：10
平林杏子
85《文艺月刊》6：1；
106《现代》4：4；
113《新诗歌》2：2；
125《春光》1：3；
126《诗歌月报》1：3，1：4；
137《当代诗刊》1：3—4；
151《文学丛报》5
丙
117《文学》3：6；
121《文化列车》1，3，4，5，7

丙　申

95《前哨》1：2；

117《文学》2：5，3：6

丙　生

10《小说月报》20：4；

117《文学》2：3，3：3

丙申生

117《文学》2：4

正

221《文艺先锋》4：5，4：6

正　文

137《当代诗刊》1：2

正　则

142《中学生文艺季刊》2：4

正　先

149《逸经》10

正　华

6《解放与改造》4：2

正　宇

109《论语》90

正　沧

84《开展》2

正　彧

109《论语》86，87

正　明

262《平原文艺》1：6

正　宗

38《幻洲》2：7；

85《文艺月刊》9：3

正　觉

82《前锋周报》17

正　祖

24《洪水》周年增刊

正　祥

4《国民》1：4

正　铭

19《小说世界》4：2，4：4，4：6，4：9

正　道

31《甲寅》1：38，1：40，1：43，1：45

正　瑞

262《平原文艺》1：6

正士弟

251《文艺杂志》4：3

玉

11《文学周报》35；

36《北新》2：8；

109《论语》132；

242《新群众》2：5，2：6

玉　文

241《文艺大众》新5

玉　田

251《文艺杂志》3：1

玉　生

174《抗到底》号外

玉　圭

133《译文》2：4

玉　成

84《开展》8

玉　华

10《小说月报》19：6

玉　李
127《人间世》27
玉　君
242《新群众》2：5，2：6
玉　拓
173《抗战戏剧》1：4
玉　杲
217《文艺杂志》新 1：2；
248《中原·文艺杂志·希望·文哨联合特刊》1：1
玉　京
139《新小说》1：5
玉　珏
1《新青年》1：2
玉　耑
109《论语》61
玉　虹
19《小说世界》4：5，4：7，5：1
玉　美
262《平原文艺》2：5
玉　峰
142《中学生文艺季刊》2：4，3：2
玉　诺
11《文学周报》12，21，22，23；
25《语丝》5：15；
80《骆驼草》6，12，13，16，21
玉　桑
131《东流》1：5
玉　笙
229《艺文杂志》2：2
玉　清
89《当代文艺》2：2
玉　深
37《一般》2：3
玉　微
10《小说月报》14：7，15：5，15：6，15：11，17：2
玉　薇
13《诗》2：1
玉　麟
25《语丝》56，116
示　吾
109《论语》36
古　一
177《文艺阵地》2：1
古　力
116《文艺月报》1：3
古　井
109《论语》143，147
古　元
172《七月》5：2；
181《文艺突击》新 1：2；
192《文学月报》2：3；
243《文联》1：2；
250《鲁迅文艺》1：1，1：2；
252《北方文化》2：1，2：2，2：4；
257《长城》创刊号；
259《东北文化》1：3；
271《文学战线》创刊号，1：4
古　月
63《金屋》1：7；

145《宇宙风》27

古 巴

98《新时代》7：1，7：2；
123《中国文学》1：3—4；
145《宇宙风》4，17；
209《万象》3：4

古 田

19《小说世界》9：6，10：2

古 冬

109《论语》48，61

古 直

109《论语》62

古 明

130《当代文学》1：4

古 柏

191《文艺新闻》8

古 虹

113《新诗歌》2：1

古 信

109《论语》56

古 律

109《论语》163，171，176

古 梦

118《文艺春秋》1：2，1：3，1：4，1：5，1：8，1：9—10

古 鲁

40《真美善》2：5，2：6

古马赤

177《文艺阵地》4：8

古有成

24《洪水》半月刊 3：25；
36《北新》4：3；
89《当代文艺》1：1，1：2，1：3，1：6，2：3

古建业

26《现代评论》4：90，4：91

古司博今

145《宇宙风》44

去 病

51《开明》2：4

末 底

109《论语》47

未 人

25《语丝》5：11

未 之

40《真美善》2：2，3：1

未 未

145《宇宙风》9

未 艾

24《洪水》半月刊 1：3；
197《大众文艺》1：3

未 民

238《希望》1：3

未 夷

225《时与潮文艺》1：3

未 名

10《小说月报》21：2；
29《莽原》半月刊 1：12；
134《太白》2：4，2：6，2：7，2：8，2：9，2：10，2：11

未 羊

145《宇宙风》63

未　农
37《一般》1：4
未　迅
183《鲁迅风》3
未　明
53《思想》1：2；
109《论语》52；
117《文学》3：1；
164《希望》1：2；
173《抗战戏剧》2：1；
268《蚂蚁小集》1
未　梅
92《文艺新闻》53
未　署
25《语丝》5：4
未　然
179《戏剧新闻》创刊号
本
75《萌芽》1：6
本　瞒
145《宇宙风》16，18
世
215《奔流新集》1，2
世　本
109《论语》13
世　安
25《语丝》4：37
世　纪
2《每周评论》10
世　弥
122《文学季刊》2：4；
133《译文》新1：2，新1：4，新1：6，终刊号
世　奎
142《中学生文艺季刊》1：4
世　晨
11《文学周报》3，6
世　骥
224《天下文章》5
世　骧
224《天下文章》5
甘　人
36《北新》1：47—48，1：49—50，2：1，2：4，2：13；
38《幻洲》2：6
甘　奴
152《作家》1：1
甘　草
109《论语》41
甘　茶
42《太阳月刊》6，7
甘　翁
149《逸经》13
甘　棠
172《七月》3：5，4：3
甘　馥
113《新诗歌》2：3
甘乃光
10《小说月报》14：6，14：12，15：4；
13《诗》2：2；
108《文艺茶话》1：3

甘为一
186《宇宙风乙刊》2
甘永扬
106《现代》5：5
甘永柏
10《小说月报》22：2；
55《大众文艺》2：4；
74《新文艺》1：6；
76《拓荒者》4—5；
98《新时代》5：5；
100《北斗》1：3；
104《矛盾》3：2；
109《论语》18，31，49，78；
126《诗歌月报》1：2；
127《人间世》7，13，19，32；
145《宇宙风》8，43，127，139，142；
149《逸经》10；
225《时与潮文艺》2：5，4：5
甘永福
138《文饭小品》1：1
甘师禹
66《华严》1：6
甘问天
190《通俗文艺》40，43
甘运衡
85《文艺月刊》8：4，战时特刊1：11，战时特刊1：12；
117《文学》4：4，8：1；
127《人间世》28；
130《当代文学》1：5；
141《文艺》2：1，2：2，2：3，2：4，2：5—6，3：1，3：3，3：4，5：3，5：4，6：2；
167《文学杂志》2：1，2：4，2：6，2：11，3：2；
171《烽火（呐喊）》18
甘雨纹
90《诗刊》4
甘祠森
109《论语》8
甘蛰仙
68《戏剧与文艺》1：7
甘登俊
18《歌谣》43
甘毓津
212《文讯》4：8—9
东
11《文学周报》21，262—263；
25《语丝》108；
109《论语》139，159，163；
242《新群众》1：1
东　人
207《时代文学》1：4
东　山
5《少年中国》2：2；
15《创造》1：1；
19《小说世界》4：6；
25《语丝》4：39，4：44，4：48，5：34；
39《泰东》2：11；
50《奔流》1：9；
59《春潮》1：7；

85《文艺月刊》1：3；
212《文讯》3：1；
238《希望》1：2
东　川
261《东北文艺》1：3，1：4
东　子
198《现代文艺》4：2
东　木
149《逸经》26
东　支
109《论语》136
东　方
134《太白》1：6，1：10，1：11，2：1，2：2，2：7，2：12
东　平
93《青年界》11：4，12：1；
99《涛声》1：31，1：32；
107《文学月刊》1：4；
122《文艺季刊》2：1，2：2，2：3；
128《小说》17，18；
130《当代文学》1：2；
131《东流》2：2；
136《水星》1：5，2：2，2：3；
143《杂文》2，4；
147《夜莺》1：1，1：2；
150《东方文艺》1：1；
151《文学丛报》1；
152《作家》1：3，2：1；
153《文季月刊》1：6；
155《光明》2：2，2：6，3：3，战时号外4；
156《现实文学》2；
162《小说家》1：1，1：2；
163《热风》1：1，1：2；
164《希望》1：1；
172《七月》1：2，1：3，1：6，2：1，2：3，2：4，3：1，3：2，3：3，5：2；
177《文艺阵地》2：2；
178《抗战文艺》武汉特刊3；
195《黄河》4；
238《希望》2：3
东　生
10《小说月报》20：6；
11《文学周报》363，377，352，356，358
东　亘
99《涛声》2：21
东　华
11《文学周报》169，182
东　衣
259《东北文化》2：2
东　声
85《文艺月刊》1：5，2：2，2：3，2：5—6，2：8，2：9，2：10，2：11—12，3：5—6，4：6
东　园
99《涛声》1：6
东　君
85《文艺月刊》战时特刊3：12
东　林
186《宇宙风乙刊》16

东　明
195《黄河》2：7，2：10；
236《高原》创刊号
东　斧
109《论语》58
东　郊
11《文学周报》116，117，197，249—250，254，256，258，259
东　菰
6《解放与改造》1：1，1：2，1：3，1：5，1：7，1：8，2：2，2：3，2：5，2：8，2：14，3：4，3：6；
11《文学周报》29；
46《新月》2：3
东　施
26《现代评论》8：189，8：193
东　峦
25《语丝》92
东　美
66《华严》1：3，1：4
东　洲
274《平原》1：6
东　屏
52《山雨》1：8—9
东　莱
11《文学周报》30，31
东　海
209《万象》1：2
东　陵
140《芒种》9—10
东　堂
274《平原》14
东　野
12《戏剧》1：3；
180《文艺》3：3—4；
182《文艺新潮》1：9
东　篱
144《创作》1：2
东方甲
151《文学丛报》4，5，6；
162《小说家》1：1
东方白
65《人间月刊》3
202《文艺月报》16
东方优
226《风雨谈》20
东方青
209《万象》4：1
东方味
248《中原·文艺杂志·希望·文哨联合特刊》1：6
东方明
203《奔流文艺丛刊》5
东方亮
207《时代文学》1：1，1：2
东方曦
93《青年界》新1：1；
183《鲁迅风》2，4，7，11，14，15；
186《宇宙风乙刊》20，28，32，51；
209《万象》3：2；
235《文艺春秋》丛刊4，丛刊5

东郭生
226《风雨谈》17，18
东方提司
99《涛声》1：30
东方大萼
241《文艺大众》新5
东方未明
117《文学》1：2，1：3，1：4，1：6
东方既白
88《读书月刊》1：1
东亚病夫
40《真美善》1：1，1：2，1：3；
145《宇宙风》1，2
东郭迪吉
199《野草》2：3，2：4，3：3—4，4：1—2，5：2，5：3，5：4，5：5，复刊号，新3号，第6号；
211《文艺生活》1：1
厉厂樵
195《黄河》2：11—12，5：2，5：3—4
厉天予
145《宇宙风》84
厉南溪
19《小说世界》3：7，3：8，3：9，3：10，3：11，3：12，6：1，6：12，7：2，7：4，8：9，12：2，12：3
厉歌天
185《笔阵》8，9，10，新1
布　衣
19《小说世界》13：22，13：23，13：24，13：25，15：9，15：10，15：11，15：18，15：19；
246《文坛月报》1：1
布　琴
202《文艺月报》11
布　德
142《中学生文艺季刊》2：3；
176《自由中国》新1：1；
198《现代文艺》2：2；
253《清明》4
石
98《新时代》2：1
石　三
195《黄河》3
石　夫
1《新青年》季刊3；
200《新诗歌》4
石　天
249《白山》2；
272《群众文艺》8
石　木
127《人间世》31
石　风
235《文艺春秋》4：3
石　文
145《宇宙风》41，42，别册1

石 火
93《青年界》新5：3；新6：5；
212《文讯》9：5；
262《平原文艺》1：2
石 心
50《奔流》2：4
石 予
19《小说世界》13：13，13：20
石 田
145《宇宙风》55，56
石 代
159《诗歌杂志》3
石 白
142《中学生文艺季刊》1：3
石 头
109《论语》82
石 汉
275《文艺丛刊》4，7
石 兰
36《北新》1：6
石 民
25《语丝》75，131，135，136，4：21，4：26，4：28，4：29，4：43，4：44，4：51，5：2，5：3，5：12，5：31，5：32，5：39，5：43，5：45；
29《莽原》周刊9，半月刊1：12，半月刊1：17，半月刊2：5；
36《北新》2：23，2：24，3：1，3：2，4：1—2，4：3，4：7，4：15；
50《奔流》1：6，1：8；
59《春潮》1：1，1：2，1：8，1：9；
80《骆驼草》10，11，17，19；
83《现代文学》1：2，1：4，1：6；
85《文艺月刊》2：9，2：10，2：11—12，3：5—6；
93《青年界》1：1，1：4，1：5，2：4，4：3，9：1，9：5；
127《人间世》4；
141《文艺》3：1，4：6；
160《新诗》2：1；
167《文学杂志》1：4；
186《宇宙风乙刊》43
石 发
199《野草》复刊号
石 光
249《白山》2，6
石 华
93《青年界》新4：3
石 后
154《文学界》1：4
石 江
85《文艺月刊》10：1，10：4—5，战时特刊创刊号，战时特刊2
石 池
264《诗创造》9；
268《蚂蚁小集》3，6
石 安
195《黄河》5：3—4

石　农
19《小说世界》4：4，4：12
石　阵
259《东北文化》1：4
石　声
56《乐群》半月刊2
石　轩
142《中学生文艺季刊》2：4
石　连
268《蚂蚁小集》4
石　岑
37《一般》1：1
石　岚
239《诗文学》2
石　呈
36《北新》2：17
石　君
20《浅草》1：1；
23《文艺周刊》1，5，16
石　灵
85《文艺月刊》8：5，8：6，11：2；
106《现代》5：2；
109《论语》26；
113《新诗歌》2：1；
117《文学》8：1；
144《创作》1：3；
159《诗歌杂志》3；
177《文艺阵地》3：1，4：6，4：7；
180《文艺》2：6；
182《文艺新潮》1：4—5，1：8，1：9，1：10，1：11，1：12；
183《鲁迅风》1，2，4，7，11，14，15，17；
186《宇宙风乙刊》21；
188《新中国文艺丛刊》3；
191《文艺新闻》7；
193《戏剧与文学》1：4；
203《奔流文艺丛刊》1，3
石　青
11《文学周报》150，151，152
石　英
11《文学周报》325；
53《思想》1：2，1：3，1：4，1：5；
75《萌芽》1：6
石　雨
122《文学季刊》1：2
石　果
159《诗歌杂志》2，3
石　岩
251《文艺杂志》3：4
石　岳
93《青年界》新6：3
石　炎
201《戏剧春秋》创刊号，2：2
石　泓
19《小说世界》6：4
石　挥
209《万象》3：1，3：2，3：4，3：5，4：7；
241《文艺大众》新生号

石　星
192《文学月报》2：4
石　虹
242《新群众》2：1，2：2，2：5
石　秋
202《文艺月报》17；
272《群众文艺》7
石　泉
36《北新》2：18
石　胆
113《新诗歌》2：1；
244《文艺复兴》3：5
石　峰
262《平原文艺》2：6
石　铎
146《海燕》1：2
石　容
270《小说》5：6
石　梅
209《万象》2：7
石　萌
95《前哨》1：4，1：6—7
石　基
242《新群众》2：1
石　勒
141《文艺》1：2，1：3
石　崩
95《前哨》1：5
石　庸
210《笔谈》7
石　琪
209《万象》3：2，3：6，3：8，3：12，4：1，4：4
石　越
209《万象》3：1，3：3
石　超
109《论语》102
石　甦
229《艺文杂志》2：3
石　嵚
109《论语》14
石　嵇
211《文艺生活》海外版 13
石　鲁
272《群众文艺》9，11—12
石　榆
92《文艺新闻》55；
147《夜莺》1：1；
159《诗歌杂志》2
石　碚
51《开明》新 5 号
石　滨
198《现代文艺》1：2，1：3，1：4
石　聪
93《青年界》11：1
石　潮
109《论语》27
石　璞
46《新月》4：7；
185《笔阵》新 1：3

石　樵
37《一般》4：2，9：3；
229《艺文杂志》3：1—2
石　蕾
206《华北文艺》1：4
石　衡
106《现代》3：5
石　霞
100《北斗》1：4
石　耀
254《热潮》1：2
石干（幹）贞
85《文艺月刊》战时特刊 1：6
石不烂
99《涛声》2：12，2：20，2：21，2：30；
109《论语》24；
134《太白》2：10；
140《芒种》6
石化玉
271《文学战线》2：5
石心照
106《现代》3：6
石邦书
223《人世间》复刊 5
石成玉
261《东北文艺》2：4
石华父
244《文艺复兴》2：1，2：2
石兆春
24《洪水》半月刊 3：33
石兆原
122《文学季刊》1：2
石兆棠
24《洪水》3：33
石亦生
238《希望》1：3
石苇秋
85《文艺月刊》战时特刊第 11 年 7 月号
石克士
31《甲寅》1：2，1：17，1：27
石怀池
217《文艺杂志》新 1：3；
238《希望》1：2，2：3
石沉海
石林光
85《文艺月刊》战时特刊 2：11—12
石佩卿
209《万象》2：9，2：10，2：11，2：12，3：1
石练硕
55《大众文艺》2：4
石厚生
34《创造月刊》1：11；
44《文化批判》3，4；
48《我们》1：1
石厚辰
93《青年界》9：1
石亮耕
160《新诗》2：2

石梅邻
209《万象》1：1
石啸冲
212《文讯》8：4
石敢当
145《宇宙风》14，21
石敬贤
273《文艺月报》创刊号
石塘青
154《文学界》1：4
石碧厂
19《小说世界》2：9
石川荒渠
45《现代小说》3：5—6
石予布衣
19《小说世界》13：13
石滨知行
39《泰东》2：6
右
109《论语》151
右　人
51《开明》1：2
右　任
85《文艺月刊》战时特刊：第 11 年4月号
右　拉
25《语丝》102，141，147，149，151，152
右　家
178《抗战文艺》2：6
右　谦
104《矛盾》1：2
左　干
202《文艺月报》16
左　山
19《小说世界》11：2
左　平
73《南国周刊》1：8；
93《青年界》8：4，9：4；
265《胶东文艺》1：4
左　立
155《光明》2：6，3：4
左　冰
142《中学生文艺季刊》2：4，3：1
左　军
173《抗战戏剧》1：8
左　严
109《论语》28，31
左　兵
150《东方文艺》104；
155《光明》2：6，2：7，2：8
左　武
174《抗到底》1，6
左　明
39《泰东》1：10；
68《戏剧与文艺》1：3；
69《南国月刊》1：1；
73《南国周刊》1：1，1：2，1：3，1：4；
81《沙仑》1：1；
85《文艺月刊》5：4；

114《艺术新闻》3；
115《文学杂志》1：3—4；
123《中国文学》1：3—4

左　弦

268《蚂蚁小集》1

左　星

272《群众文艺》创刊号

左　海

235《文艺春秋》丛刊 1

左　晨

104《矛盾》发动号 1：2

左干（幹）臣

11《文学周报》340，341；
93《青年界》8：1，10：1

左大璋

40《真美善》女作家专号

左天锡

11《文学周报》286，287；
69《南国月刊》1：1；
73《南国周刊》14

左成信

195《黄河》2：3

左衣梦

151《文学丛报》3

左寿昌

39《泰东》2：3，2：8，2：9

左念恒

19《小说世界》1：1，1：5，1：8

左学训

5《少年中国》1：1，1：2，1：5，1：6，1：7，4：7

左洛伊

199《野草》4：3

左浴兰

35《沉钟》19，22，26，27，28，29，30，31，32，33，34

左继光

145《宇宙风》128

左舜生

5《少年中国》1：2，1：8，1：11，3：2，4：2，4：3

左漱心

123《中国文学》1：6；
126《诗歌月报》2：1，2：2

左琴琳娜

124《新诗歌》创刊号，2—3，4

龙　乙

147《夜莺》1：2，1：4；
156《现实文学》1

龙　开

73《南国周刊》16

龙　夫

99《涛声》1：4；
185《笔阵》新 1：4，新 4

龙　凤

109《论语》73，74

龙　生

85《文艺月刊》战时特刊 2：3，战时特刊 2：5，战时特刊 2：6；
93《青年界》新 3：3，新 4：1

龙　朱

40《真美善》6：1

龙　辰

51《开明》新4号

龙　吟

19《小说世界》侦探号

龙　秀

44《文化批判》4

龙　驹

145《宇宙风》70

龙　泉

93《青年界》3：1

龙　桑

190《通俗文艺》5，6，9，19，20，21，22，23，25，26，27，28，30，31

龙　衮

145《宇宙风》128

龙　梭

145《宇宙风》88

龙延壩

176《自由中国》新1：2

龙兆佛

19《小说世界》7：3

龙贡公

134《太白》1：1，1：4，2：6；
147《夜莺》1：1，1：4

龙沐勋

226《风雨谈》2，7；
229《艺文杂志》1：4，1：5

龙杰吾

142《中学生文艺季刊》2：3

龙佛照

36《北新》1：11

龙贤关

173《抗战戏剧》1：6—7

龙泽厚

31《甲寅》1：18

龙亮之

238《希望》1：2

龙冠海

26《现代评论》4：97；
36《北新》3：19；
59《春潮》1：4，1：5

龙啸寒

187《戏剧岗位》1：4

龙瑛宗

235《文艺春秋》丛刊2

龙植三

14《学衡》9

龙舒甲

141《文艺》1：5—6

龙榆生

117《文学》2：6

龙游丘

19《小说世界》6：1，6：5，6：6，7：3，7：8，7：12，7：13，8：1，8：3，民众文学2

龙虎山人

183《鲁迅风》17

龙峨精灵

127《人间世》38

可　人
2《每周评论》32
124《新诗歌》4
可　夫
36《北新》2：8；
257《长城》1：2
可　玉
74《新文艺》1：6
可　尔
38《幻洲》2：5
可　立
36《北新》2：13
可　扬
270《小说》3：4，4：3
可　华
104《矛盾》3：3—4
可　青
109《论语》84，87
可　期
145《宇宙风》130，131，132，133，134，135—136，137，138，139，146，147—148，150
旧　燕
221《文艺先锋》10：1，11：2，11：3—4，11：5，11：6，12：2，12：3—4，12：5，12：6，13：1，13：4
旧闻记者
109《论语》119，121，122
归　庵
51《开明》新 5
帅　翔
221《文艺先锋》5：1—2
帅雨菴
145《宇宙风》105
北
109《论语》78；
143《杂文》3
北　风
10《小说月报》22：3，22：10；
51《开明》2：1
北　斗
25《语丝》4：31，4：38，4：39，4：40，4：41，4：42，4：46，4：48
北　芒
85《文艺月刊》战时特刊第 11 年 9 月号；
150《东方文艺》1：1，1：2，1：3，1：4，2：1；
157《今代文艺》1：1
北　华
274《平原》2
北　冰
195《黄河》2：8
北　江
249《白山》3
北　辰
109《论语》137，142，143，147
北　易
145《宇宙风》113

北　鸥
85《文艺月刊》战时特刊 2：1；
116《文艺月报》1：3；
131《东流》1：6，3：1；
143《杂文》2，3，4，5—6，2：1，2：2；
148《诗歌生活》2；
155《光明》1：9；
176《自由中国》创刊号，1：2，1：3；
178《抗战文艺》1：11，4：1；
180《文艺》1：4；
195《黄河》2：8
北　野
93《青年界》新 2：5
北　铭
149《逸经》30
北　望
203《奔流文艺丛刊》3，4；
215《奔流新集》1
北　雁
191《文艺新闻》4；
271《文学战线》2：5
北　鲁
26《现代评论》5：127
北　瑟
160《新诗》2：3—4
北　麓
217《文艺杂志》新 1：3
北京—友人
145《宇宙风》49
北京—读者
51《开明》1：8
北平某大学生
109《论语》81
叶
109《论语》129；
187《戏剧岗位》1：4
叶　丁
236《高原》新 1：3
叶　子
112《无名文艺》旬刊 1；
141《文艺》1：2；
187《戏剧岗位》1：2—3；
221《文艺先锋》4：3
叶　夫
270《小说》4：4
叶　冈
223《人世间》复刊 6，复刊 13
叶　风
209《万象》3：8
叶　兮
211《文艺生活》穗新 5
叶　生
252《北方文化》2：3
叶　尼
193《戏剧与文学》1：2；
203《奔流文艺丛刊》1；
235《文艺春秋》6：6
叶　列
142《中学生文艺季刊》2：2

叶　华

244《文艺复兴》1：5

叶　舟

188《新中国文艺丛刊》1

叶　克

197《大众文艺》2：1；

229《艺文杂志》1：6

叶　吟

101《十字街头》3

叶　秀

100《北斗》2：1

叶　沉

55《大众文艺》2：3，2：4，2：5—6；

76《拓荒者》2；

77《艺术》1：1；

81《沙仑》1：1；

92《文艺新闻》12；

100《北斗》1：4，2：3—4

叶　君

18《歌谣》2：18

叶　迟

221《文艺先锋》12：6

叶　青

93《青年界》8：2；

106《现代》6：3；

117《文学》5：1；

142《中学生文艺季刊》1：3

叶　枝

226《风雨谈》16

叶　枫

206《华北文艺》创刊号；

251《文艺杂志》1：1，1：2，3：2，4：2，4：3，4：4；

276《华北文艺》2

叶　茉

180《文艺》3：1，3：2

叶　拉

177《文艺阵地》3：10，4：11

叶　明

207《时代文学》1：4；

210《笔谈》4；

240《文哨》1：3；

245《文章》创刊号

叶　金

85《文艺月刊》战时特刊3：5—6；

109《论语》122；

145《宇宙风》92，98，102，103，104，105，106，112，122，129，131，133，134，135—136；

177《文艺阵地》5：1；

195《黄河》3：1，4：1；

198《现代文艺》4：6，5：2；

209《万象》1：1，1：2，1：4，1：5，1：6，1：7，1：8；

221《文艺先锋》3：1，3：4；

244《文艺复兴》4：1；

264《诗创造》3，5，6，7

叶　周

109《论语》130；

272《群众文艺》6

叶 弦
209《万象》3：7，3：11，4：6
叶 矩
51《开明》2：3
叶 浓
272《群众文艺》2
叶 屏
271《文学战线》2：2
叶 素
133《译文》新2：1，新2：2，新2：4；
177《文艺阵地》3：10，4：2，4：10，4：11，4：12，5：1；
182《文艺新潮》2：1，2：2，2：4，2：5；
203《奔流文艺丛刊》1
叶 原
138《文饭小品》1：5
叶 倩
145《宇宙风》别册1
叶 烨
211《文艺生活》海外版1
叶 流
113《新诗歌》1：5，2：1，2：2；
124《新诗歌》4
叶 菲
124《新诗歌》创刊号
叶 渊
1《新青年》4：5
叶 绿
93《青年界》新6：4
叶 琪
130《当代文学》1：5
叶 瑛
14《学衡》33
叶 琨
109《论语》33
叶 梭
209《万象》2：11
叶 蒂
161《电影戏剧》1：2
叶 紫
106《现代》4：2；
112《无名文艺》月刊1：1；
117《文学》4：1；
120《文艺》1：1；
128《小说》11，15；
130《当代文学》1：3；
152《作家》1：4，2：1；
154《文学界》1：2，1：3；
175《战地》1：5
叶 焜
109《论语》30
叶 蓁
31《甲寅》1：10，1：16
叶 频
159《诗歌杂志》1
叶 新
99《涛声》2：8
叶 韵
211《文艺生活》海外版3—4

叶　群
183《鲁迅风》4
叶　棒
19《小说世界》8：10
叶　蕊
113《新诗歌》1：5；
135《文学新地》1
叶　澜
198《现代文艺》4：6
叶　麐
3《新潮》2：3
叶　藜
271《文学战线》1：3，1：5—6
叶　露
195《黄河》5：2
叶大军
232《戏剧时代》1：6
叶子科
18《歌谣》2：9
叶元龙
26《现代评论》1：15，7：162，
7：163；
212《文讯》3：1
叶元珪
93《青年界》7：5
叶介树
117《文学》1：4
叶风虎
28《猛进》沪案特刊3
叶文彦
93《青年界》10：2
叶文律
131《东流》3：2
叶为名
255《北方》1：4
叶公超
46《新月》1：1，1：7，1：8，1：
9，1：10，1：11，1：12，2：
1，2：2，2：3，4：1，4：6；
167《文学杂志》1：1
叶以群
178《抗战文艺》7：2—3；
270《小说》3：4，3：5
叶玉森
14《学衡》21，24，29，30，31，33
叶正亚
25《语丝》124，152
叶正唐
36《北新》1：16
叶可根
117《文学》8：2；
159《诗歌杂志》2，3
叶北岭
211《文艺生活》穗新2
叶印生
51《开明》2：24
叶立平
177《文艺阵地》3：3
叶永蓁
85《文艺月刊》4：6，6：5—6，
战时特刊2：5，战时特刊2：6；
104《矛盾》2：4，2：6，3：1，

3：2；
106《现代》3：3，4：1；
123《中国文学》1：2，1：5，2：2；
127《人间世》9，10，13；
145《宇宙风》30，35

叶圣陶

10《小说月报》12：3，12：4，12：号外，15：1，16：7；
11《文学周报》5，9，26，82；
16《努力周报》62，66；
51《开明》新6号；
74《新文艺》1：2；
91《文学生活》1；
93《青年界》8：2，新4：5，新5：4；
100《北斗》1：1，2：1；
106《现代》2：1；
107《文学月报》1：2；
117《文学》5：1，9：4；
134《太白》1：1；
139《新小说》1：1，2：1；
144《创作》1：1；
145《宇宙风》32；
152《作家》1：4，2：2；
171《烽火（呐喊）》3；
177《文艺阵地》1：1；
178《抗战文艺》1：12，9：5—6，10：1，10：4—5，10：6；
209《万象》3：3；
212《文讯》7：5，9：3；
216《战时文艺》1：1，1：3；
222《青年文艺》2；
235《文艺春秋》3：1，4：3，8：1；
240《文哨》1：3；
244《文艺复兴》1：4，3：3；
248《中原·文艺杂志·希望·文哨联合特刊》1：1；
263《文艺知识连丛》1：1，1：3；
270《小说》2：3；
276《华北文艺》6

叶在荣

38《幻洲》1：7

叶至诚

263《文艺知识连丛》1：2

叶仲寅

187《戏剧岗位》1：4，1：5—6，2：1，2：2—3，2：4—6

叶向晨

85《文艺月刊》10：2

叶企范

106《现代》5：5

叶汝琏

167《文学杂志》2：4

叶苍岑

25《语丝》5：3，5：48；
36《北新》3：8，3：13，3：20—21，4：12，4：13；
83《现代文学》1：6；
85《文艺月刊》8：4，8：6，9：1，9：3，9：6；
93《青年界》7：5；
167《文学杂志》3：1

叶苍苓
46《新月》4∶2
叶克强
18《歌谣》2∶3，2∶12
叶丽荪
19《小说世界》3∶11，5∶12
叶时修
145《宇宙风》81，82
叶作舟
93《青年界》8∶2；
117《文学》5∶1
叶作林
186《宇宙风乙刊》9，17，20，21，22
叶伯平
19《小说世界》4∶12
叶伯和
10《小说月报》15∶7；
13《诗》2∶1
叶含章
26《现代评论》2∶48，2∶50，3∶60
叶启芳
10《小说月报》13∶10，21∶11，22∶5，22∶7；
117《文学》2∶3
叶灵风
24《洪水》半月刊∶1∶2，1∶4，1∶5，1∶8，1∶12，2∶13，2∶15，2∶16，2∶17，2∶18，2∶19，2∶20，2∶21，2∶22，周年增刊；
34《创造月刊》1∶2；
38《幻洲》1∶1，1∶2，1∶4，1∶6，1∶7，1∶8，1∶9，1∶10，1∶11，1∶12，2∶1，2∶2，2∶3，2∶5，2∶6；
45《现代小说》1∶1，1∶2，1∶3，1∶4，1∶5，2∶1，2∶4，3∶1，3∶2，3∶3，3∶4；
87《前锋月刊》1∶5；
93《青年界》8∶2，12∶1；
94《现代文学评论》1∶1，1∶2，2∶1—2；
106《现代》2∶1，2∶2，2∶3，3∶2，3∶5，4∶2，4∶4，5∶6；
109《论语》92，96；
128《小说》4；
169《中国文艺》1∶1
叶君健
225《时与潮文艺》3∶4
叶劲风
19《小说世界》1∶1，1∶2，1∶3，1∶4，1∶5，1∶6，1∶7，1∶8，1∶9，1∶10，1∶12，1∶13，2∶1，2∶2，2∶4，3∶3，3∶5，3∶10，3∶11，3∶12，3∶13，4∶1，4∶7，4∶8，4∶9，4∶10，4∶11，5∶1，5∶2，5∶3，5∶4，5∶5，5∶6，5∶7，5∶8，5∶9，5∶10，5∶13，6∶1，6∶6，6∶7，7∶3，7∶4，7∶5，7∶6，

7：9，7：10，8：1，8：4，8：6，8：8，11：1，12：13

叶玫珍

209《万象》2：4

叶林娜

192《文学月报》2：5

叶奋放

142《中学生文艺季刊》2：3

叶些杀

128《小说》8

叶卓如

142《中学生文艺季刊》1：2，1：3，2：1，3：1

叶昂龙

93《青年界》新5：3

叶知秋

178《抗战文艺》7：4—5；
218《文坛》3，6，2：1

叶金培

142《中学生文艺季刊》2：3

叶宗泰

15《创造》2：2

叶浅予

128《小说》11；
199《野草》2：1—2；
245《文章》1：4；
253《清明》创刊号，2，4；
276《华北文艺》4

叶学信

270《小说》6：4

叶建高

145《宇宙风》26

叶绍林

145《宇宙风》109；
186《宇宙风乙刊》24，26

叶绍钧

3《新潮》1：1，1：2，1：3，1：4，1：5，2：1，2：2，2：3，2：4，2：5，3：1；
10《小说月报》12：1，12：2，12：3，12：7，12：12，13：1，13：3，13：7，14：1，14：2，14：3，14：4，14：5，14：8，14：9，14：10，15：1，15：2，15：11，15：12，16：1，16：3，17：2，17：3，17：9，18：1；
11《文学周报》18，69，70，72，150，364—368；
12《戏剧》1：5；
13《诗》1：1，1：2，1：4；
37《一般》9：2；
92《文艺新闻》29；
209《万象》3：1；
212《文讯》7：3；
235《文艺春秋》2：3

叶荫宇

145《宇宙风》107

叶荫林

109《论语》172

叶显祐

98《新时代》3：2

叶思风

264《诗创造》10

叶秋原

40《真美善》4：1，4：6，6：1；
82《前锋周报》8，9，10；
87《前锋月刊》1：1，1：6；
123《中国文学》1：1；
127《人间世》9，19；
138《文饭小品》1：1；
221《文艺先锋》3：1

叶剑英

200《新诗歌》4

叶独宰

147《夜莺》1：2

叶奕德

93《青年界》新4：5

叶眉瑾

198《现代文艺》5：4

叶恭练

145《宇宙风》8

叶恭绰

14《学衡》70，71，74；
145《宇宙风》58；
149《逸经》1，3

叶破浪

51《开明》1：5，1：8

叶健行

26《现代评论》7：182

叶烟作

24《洪水》半月刊1：8

叶凌秋

209《万象》4：2

叶润皋

29《莽原》半月刊2：17

叶家声

51《开明》1：4

叶菲洛

85《文艺月刊》6：2；
127《人间世》18；
185《笔阵》3

叶梦雨

226《风雨谈》3，8，12

叶常青

85《文艺月刊》6：1

叶得贞

84《开展》9

叶得浴

198《现代文艺》4：5

叶焕章

109《论语》54

叶鸿章

51《开明》1：6，2：6

叶鼎洛

11《文学周报》213—214；
24《洪水》半月刊：2：15，3：28；
38《北新》3：17；
40《真美善》2：3，4：1，4：4，
5：4，6：4；
45《现代小说》1：3；
55《大众文艺》1：1，1：2，1：3；
57《大江》1：1，1：2，1：3；

63《金屋》1：2；
85《文艺月刊》3：8，8：3；
93《青年界》2：1，3：5，4：5，5：1，6：1，7：1，10：1，12：1，新4：1，新4：2，新4：3，新4：4，新4：5，新5：1，新5：2，新5：3，新5：4，新5：5，新6：1；
97《创作》1：1，1：2；
98《新时代》4：2，4：6，5：1；
104《矛盾》3：1；
106《现代》6：4；
195《黄河》2，3，4，8，11，2：1，2：5—6，2：7，2：10，4：1，4：6，5：1，5：2

叶鼎彝

185《笔阵》3，6

叶善枝

13《诗》1：4，1：5

叶疏影

19《小说世界》15：18，15：19，15：25

叶楚伧

19《小说世界》13：10，13：11，13：12；
85《文艺月刊》战时特刊2：4，战时特刊3：3—4

叶颖林

145《宇宙风》69，147—148，150，152

叶新民

1《新青年》3：3

叶新钱

116《文艺月报》1：2；
159《诗歌杂志》2，3

叶歌天

185《笔阵》7

叶蔬影

19《小说世界》16：3，16：21

叶德均

11《文学周报》313，338，348；
18《歌谣》3：3，3：7，3：10；
51《开明》1：8；
83《现代文学》1：3；
93《青年界》2：4，2：5，5：3，6：4，9：4，12：1，新3：1；
209《万象》2：5，2：10；
226《风雨谈》9，10，14；
229《艺文杂志》3：4—5

叶德均

149《逸经》33，34

叶德浴

198《现代文艺》5：1

叶德辉

31《甲寅》1：41

叶德裕

109《论语》117

叶霖生

85《文艺月刊》7：6

叶镜铭

18《歌谣》2：15，2：17，2：20，

2：27，3：8

叶蠖生

194《中国文化》2：6，3：1，3：2—3

叶籁士

93《青年界》8：2；
117《文学》2：5；
134《太白》1：3，1：6；
192《文学月报》2：4

卢　凡

109《论语》30，31

卢　天

120《文艺》1：2；
126《诗歌月报》1：3，1：4

卢　云

198《现代文艺》4：1

卢　苇

221《文艺先锋》10：1

卢　明

178《抗战文艺》10：6

卢　罗

10《小说月报》22：12

卢　弩

221《文艺先锋》11：1

卢　春

93《青年界》新1：4，新2：1，新2：2，新2：3，新2：4，新2：5，新3：2，新3：3，新3：5

卢　荪

141《文艺》4：4；
142《中学生文艺季刊》3：1

卢　显

98《新时代》2：1

卢　前

118《文艺春秋》1：9—10

卢　逊

145《宇宙风》142，143，146

卢　钰

211《文艺生活》穗新1，穗新2

卢　涝

88《读书月刊》2：3

卢　淦

187《戏剧岗位》3：3—4

卢　堂

99《涛声》2：8

卢　森

117《文学》8：1；
145《宇宙风》108，117—118

卢　静

223《人世间》1：2

卢　黎

212《文讯》6：5

卢　璘

99《涛声》2：4

卢　蠡

136《水星》1：2

卢于道

93《青年界》1：4；
212《文讯》9：4

卢飞白

145《宇宙风》109

卢子青
25《语丝》154
卢方聿
92《文艺新闻》48，50
卢心斋
36《北新》3：20—21
卢世延
40《真美善》6：2，6：3，6：5
卢世侯
40《真美善》3：1；
209《万象》2：7
卢成林
18《歌谣》2：24
卢自杰
11《文学周报》123
卢寿枬
127《人间世》35
卢求恋
36《北新》2：3
卢矛居
198《现代文艺》1：1
卢咏庄
229《艺文杂志》3：3
卢思义
209《万象》2：10
卢思化
159《诗歌杂志》3
卢绍龙
93《青年界》10：4
卢绍稷
93《青年界》新1：1
卢玲摩
160《新诗》2：1
卢剑长
98《新时代》4：2，4：3，4：4—5
卢剑岑
98《新时代》2：2—3
卢剑波
11《文学周报》328；
52《山雨》1：7；
98《新时代》创刊号，1：2，1：5，1：6，2：1，2：2—3，2：4—5，3：1，3：2，4：1，4：6，6：1，7：2；
145《宇宙风》130，131，135—136；
185《笔阵》新4，新7；
208《诗创作》17
卢铢百
19《小说世界》6：2
卢炯光
235《文艺春秋》丛刊1
卢哲之
221《文艺先锋》12：5，13：1，13：2
卢爱兹
84《开展》6—7，12
卢梦殊
40《真美善》1：11；
85《文艺月刊》战时特刊2：5，2：8
卢野夫
18《歌谣》3：9

卢敏政
254《热潮》创刊号
卢逸范
19《小说世界》4：5
卢鸿荃
172《七月》5：4
卢鸿基
172《七月》4：2，4：3，4：4，5：2，6：3；
177《文艺阵地》2：2，6：2；
178《抗战文艺》3：9—10，5：2—3，7：2—3，9：3—4，10：2—3，文协成立七周年并庆祝第一届文艺节纪念特刊；
198《现代文艺》5：4；
270《小说》5：1
卢逮曾
18《歌谣》19，62，2：2；
174《抗到底》16
卢葆华
128《小说》3，4，9
卢森堡
39《泰东》2：2，2：6，2：12；
89《当代文艺》2：1，2：2；
126《诗歌月报》1：1
卢景楷
10《小说月报》14：6
卢渭增
93《青年界》6：1，8：2，8：3
卢锡熹
226《风雨谈》6
卢福祥
145《宇宙风》109
卢愿三
19《小说世界》10：4
卢冀野
10《小说月报》16：7；
12《戏剧》2：1；
85《文艺月刊》7：1，战时特刊1：10，战时特刊1：11，战时特刊2：3；
93《青年界》7：1，8：1，9：1，10：1；
117《文学》5：1；
195《黄河》1，2，3，4，5，6；
209《万象》3：3；
212《文讯》1：2，2：5
卢耀武
251《文艺杂志》3：6；
262《平原文艺》1：2；
267《大众文艺丛刊》3
占　元
217《文艺杂志》1：1
卡　气
76《拓荒者》2
卡　伦
209《万象》1：10
卡洛尔
128《小说》2
号　夫
261《东北文艺》1：5，1：6

号兵
121《文化列车》4
号雨生
127《人间世》2
只
99《涛声》1：16，1：20
只眼
2《每周评论》1，2，3，4，5，6，
7，8，9，10，11，12，13，14，
15，16，17，18，19，20，21，
22，23，24，25
另境
44《文化批判》4，5；
106《现代》6：1；
138《文饭小品》1：4
旦如
11《文学周报》66
目寒
29《莽原》周刊6
目迷生
36《北新》2：18
且介
134《太白》2：1
且如
27《支那二月》1：1，1：2，1：4
且庵
145《宇宙风》81
田丁
270《小说》2：4
田夫
56《乐群》2：8
田风
145《宇宙风》116；
158《中流》1：9，2：1，2：10；
249《白山》6；
259《东北文化》1：1
田文
268《蚂蚁小集》4
田心
236《高原》创刊号
田玉
235《文艺春秋》丛刊4
田田
160《新诗》2：3—4
田史
93《青年界》10：2
田生
190《通俗文艺》16；
251《文艺杂志》1：6，2：3，3：
2，3：6，4：4；
267《大众文艺丛刊》6
田汀
195《黄河》5：3—4
田宁
205《五十年代》创刊号
田民
197《大众文艺》1：2
田尼
226《风雨谈》8，11
田汉
5《少年中国》1：1，1：2，1：3，
1：4，1：8，1：12，2：2，2：

5，2：6，2：7，2：10，2：12，3：4，3：5，3：9，3：10，3：11，3：12，4：1，4：2，4：3，4：4，4：5，4：6，4：7
11《文学周报》7；
15《创造》1：1，1：2；
22《创造周报》23；
26《现代评论》2：30；
38《幻洲》2：2；
69《南国月刊》1：1，1：2，1：3，1：4，1：5—6，2：1，2：2，2：3，2：4；
73《南国周刊》1，2，3，5，6，7，8，9，10，11，12，15，16；
85《文艺月刊》战时特刊1：5，1：8，1：9；
92《文艺新闻》47，53；
93《青年界》12：1，新2：5；
100《北斗》2：3—4；
107《文学月报》1：1，1：2，1：3，1：4；
119《戏》1；
161《电影戏剧》1：1；
168《戏剧时代》1：1，1：2；
170《新演剧》新1：3；
173《抗战戏剧》创刊号，1：2，1：3，1：4，1：5，2：4—5；
176《自由中国》创刊号；
178《抗战文艺》5：2—3，5：4—5，7：1；
179《戏剧新闻》5；
191《文艺新闻》11；
199《野草》2：5—6，4：1—2，4：6，5：2；
200《新诗歌》4；
201《戏剧春秋》创刊号，1：2，1：3，1：4，1：5，1：6，2：2，2：3，2：4；
208《诗创作》6；
209《万象》3：4；
210《笔谈》7；
211《文艺生活》1：3，1：5，2：2，2：3，2：4，2：5，2：6，光复版2，光复版5；
220《文学创作》1：1，1：2，1：3，1：4，1：5，1：6，2：3，2：5；
223《人世间》1：1，1：2，1：3，1：4，1：5，1：6；
227《艺丛》1：2；
231《新文学》1：3；
233《当代文艺》1：1，1：3，1：4，1：5—6；
235《文艺春秋》3：1，3：3，3：4，4：1，4：2，4：3，5：2；
245《文章》1：4；
247《人民文艺》4；
248《中原·文艺杂志·希望·文哨联合特刊》1：3；
249《白山》2；
253《清明》3；
266《中国作家》纪念特刊

田　地
212《文讯》8：5；
244《文艺复兴》3：6；
264《诗创造》1，2，5，8，2：4
田　曲
220《文学创作》2：3
田　庄
178《抗战文艺》2：1；
198《现代文艺》4：3
田　军
146《海燕》1：1，1：2；
152《作家》1：5，2：2；
158《中流》1：5，1：6，1：12，2：9，2：10；
172《七月》2，1：1，1：4
田　进
243《文联》1：3；
249《白山》3
田　村
106《现代》3：2
田　芜
228《中原》2：2
田　兵
262《平原文艺》1：1，1：3，1：4，1：5
田　言
10《小说月报》20：6；
27《支那二月》1：1
田　间
36《北新》1：3；
113《新诗歌》2：1，2：2，2：3，2：4；
124《新诗歌》4；
147《夜莺》1：4；
151《文学丛报》1，2，6；
156《现实文学》1，2；
158《中流》1：2，1：5，1：6；
159《诗歌杂志》1，3；
163《热风》1：1；
171《烽火（呐喊）》3，11，13，14，15；
172《七月》1：3，1：4，1：6，2：1，2：2，2：4，2：6，3：1，4：1，5：2，5：4，6：1—2，7：1—2；
177《文艺阵地》1：4，1：5，2：7；
178《抗战文艺》1：7；
184《文艺战线》创刊号；
197《大众文艺》1：6；
205《五十年代》创刊号，1：2；
206《华北文艺》1：3；
208《诗创作》3—4，5，11，12；
242《新群众》1：1，1：2，1：3，1：4，1：5，1：6，2：1，2：2，2：3；
250《鲁迅文艺》1：3；
257《长城》1：2；
260《呼吸》3；
265《胶东文艺》创刊号；
267《大众文艺丛刊》2；
268《蚂蚁小集》4，7；
276《华北文艺》3

田　沃
195《黄河》复刊5
田　尾
226《风雨谈》1，3
田　青
145《宇宙风》23，27
177《文艺阵地》4：8；
182《文艺新潮》1：11，2：5，2：6；
183《鲁迅风》19；
188《新中国文艺丛刊》3；
191《文艺新闻》4；
193《戏剧与文学》1：3；
195《黄河》4：1；
203《奔流文艺丛刊》1，4；
215《莽流新集》1；
264《诗创造》2：1
田　杰
18《歌谣》37
田　坪
242《新群众》2：4
田　林
260《呼吸》3
田　苗
209《万象》3：6；
243《文联》1：7；
248《中原·文艺杂志·希望·文哨联合特刊》1：6
田　雨
36《北新》2：7；
248《中原·文艺杂志·希望·文哨联合特刊》1：5
田　坤（堃）
176《自由中国》新1：4
田　厓
276《华北文艺》5
田　奇
172《七月》3：4
田　欣
262《平原文艺》1：1
田　定
255《北方》1：4
田　茜
85《文艺月刊》战时特刊3：8—9，3：10—11
田　耘
255《北方》2：1—2
田　起
181《文艺突击》1：4
田　涛
85《文艺月刊》战时特刊2：9—10，战时特刊 3：8—9，战时特刊3：12，战时特刊第11年6月号；
117《文学》7：4，8：2；
122《文学季刊》2：4；
153《文季月刊》1：6；
154《文学界》1：3；
155《光明》2：5，2：10；
158《中流》2：6；
165《文丛》1：2，2：3；
175《战地》1：6；
176《自由中国》1：3，新1：1，新1：2，新1：5—6；

177《文艺阵地》4：1，4：7；
178《抗战文艺》1：5，2：5，5：6；
195《黄河》2：5—6；
198《现代文艺》1：5，2：3，3：2，3：5；
211《文艺生活》2：1，2：3；
212《文讯》8：5；
217《文艺杂志》2：6；
218《文坛》创刊号；
220《文学创作》1：5，2：3；
221《文艺先锋》2：5—6，4：1；
224《天下文章》4；
225《时与潮文艺》2：4，3：1；
233《当代文艺》1：2，1：4；
234《微波》1：2；
235《文艺春秋》4：3，4：4，4：5，5：3，6：4，7：1，7：3，7：5；
244《文艺复兴》1：5，2：5，3：6；
269《文艺工作》1；
270《小说》3：1，3：3，4：5，6：1

田　家

247《人民文艺》2

田　菲

156《现实文学》1，2；
159《诗歌杂志》2，3

田　萧

226《风雨谈》8

田　鸷

36《北新》4：8

田　野

158《中流》2：7；
211《文艺先锋》5：4；
244《文艺复兴》3：4；
276《华北文艺》2

田　畦

244《文艺复兴》4：2

田　堃

176《自由中国》新1：4

田　烽

221《文艺先锋》12：5，12：6，13：4

田　植

109《论语》157

田　棣

229《艺文杂志》1：4

田　森

249《白山》6

田　晴

251《文艺杂志》4：1，3：4，4：3；
267《大众文艺丛刊》6；
276《华北文艺》5

田　畴

85《文艺月刊》4：6，5：1，5：3，5：4，9：2，9：6；
167《文学杂志》2：5

田　禽

85《文艺月刊》战时特刊2：8，战时特刊 3：10—11，战时特刊5：1,战时特刊第11年10月号；
93《青年界》新3：2，新4：1，

新4：4，新5：4，新5：5；
141《文艺》5：1—2；
187《戏剧岗位》3：1—2；
221《文艺先锋》8：5—6，9：3—4，11：6，13：1；
224《天下文章》4；
236《高原》2，新1：2

田　鲁

170《新演剧》1：2，1：3，1：4；
182《文艺新潮》2：1；
187《戏剧岗位》1：5—6，3：3—4；
221《文艺先锋》1：6

田　零

205《五十年代》1：3

田　璁

229《艺文杂志》1：6

田　蕙

145《宇宙风》78，79

田　稼

195《黄河》4

田　燕

198《现代文艺》4：1

田　篱

141《文艺》4：6；
225《时与潮文艺》1：3

田一文

145《宇宙风》101，103；
178《抗战文艺》10：4—5

田子贞

127《人间世》23，35

田子坛

93《青年界》10：1，10：2

田无灾

145《宇宙风》30；
117《文学》9：1

田文杰

109《论语》168

田方绥

155《光明》2：7；
166《文艺科学》1

田心荣

159《诗歌杂志》1

田心洁

198《现代文艺》3：5

田丕郁

142《中学生文艺季刊》2：2

田仲济

177《文艺阵地》6：4；
211《文艺生活》2：3；
212《文讯》8：1，9：2，9：5；
221《文艺先锋》2：2；
223《人世间》复刊6，复刊8—9；
224《天下文章》2：3，2：4；
234《微波》1：1；
237《文学新报》1：4

田时丰

159《诗歌杂志》2，3

田园丁

66《华严》1：3，1：4

田君亮

212《文讯》3：2

田其源
109《论语》54
田秉祥
37《一般》1：2
田牧军
262《平原文艺》2：3
田学先
261《东北文艺》2：6
田恩霈
195《黄河》2：3
田晓天
10《小说月报》14：5
田益荣
272《群众文艺》2
田菊裳
93《青年界》9：1
田景祥
140《芒种》7
田舜华
51《开明》1：3
田湘灵
37《一般》2：2
田楚侨
22《创造周报》47
由 之
104《矛盾》1：3—4；
271《文学战线》1：4
由稚吾
10《小说月报》21：12；
45《现代小说》3：3；
85《文艺月刊》6：4，7：4；
94《现代文学评论》2：1—2；
97《创作》1：1；
106《现代》5：5；
110《小说月刊》1：1，1：4；
128《小说》12；
133《译文》2：3
申 公
199《野草》新4号，新5号，新7集，新11集
申 吉
209《万象》3：3，3：11
申 寿
85《文艺月刊》9：5，10：2
申 述
259《东北文化》1：4
申 哥
190《通俗文艺》16
申 奥
211《文艺生活》海外版13；
223《人世间》复刊13；
235《文艺春秋》5：3；
244《文艺复兴》3：4；
264《诗创造》7；
270《小说》3：4，3：5，4：1，4：2
申又庋
109《论语》142
申云浦
274《平原》创刊号
申东造
42《太阳月刊》5

申在组
199《野草》新 3
申均之
265《胶东文艺》1：8；
270《小说》5：5，6：2；
274《平原》7；
276《华北文艺》5
甲 乙
109《论语》34；
223《人世间》复刊 10
甲 辰
10《小说月报》19：3，19：4，19：8，19：9，19：10，19：11；
26《现代评论》第二周年增刊，5：123，第三周年增刊；
46《新月》1：9，3：1；
64《红黑》6，7，8；
85《文艺月刊》2：5—6，2：7，2：10，3：5—6；
97《创作》1：2；
110《小说月刊》1：3
电 光
40《真美善》3：3，4：1
四 四
85《文艺月刊》2：5—6；
97《创作》1：1，1：3
四 成
251《文艺杂志》3：4
四 名
115《文学杂志》1：3—4
四 明
89《当代文艺》2：2
四明洞主人
41《民间文艺》11—12
四川内江县绅民
109《论语》43
史 五
207《时代文学》1：1
史 左
141《文艺》1：1，1：3
史 东
209《万象》1：10，1：12，2：1，2：3，2：6，2：7
史 达
11《文学周报》276—277
史 迁
177《文艺阵地》3：5
史 伍
211《文艺生活》2：2；
234《微波》1：2；
263《文艺知识连丛》1：1，1：2，1：3，1：4
史 行
93《青年界》新 6：2；
197《大众文艺》2：3；
199《野草》1：5
史 坚
199《野草》第 11 集
史 鸠
221《文艺先锋》3：2

史　英

92《文艺新闻》47

史　郁

109《论语》164；

209《万象》4：6

史　轮

104《矛盾》2：4；

159《诗歌杂志》1，2，3；

172《七月》5：2；

208《诗创作》14

史　凯

11《文学周报》115

史　朋

211《文艺生活》光复版18，海外版2

史　放

185《笔阵》新6

史　茵

195《黄河》11

史　笃

177《文艺阵地》4：6，4：12；

182《文艺新潮》2：2，2：6，2：7；

188《新中国文艺丛刊》2；

191《文艺新闻》2；

203《奔流文艺丛刊》3；

264《诗创造》2：3；

266《中国作家》纪念特刊；

267《大众文艺丛刊》6；

270《小说》2：2，2：3

史　复

199《野草》复刊号，第10集，第11集

史　洪

251《文艺杂志》4：3

史　哲

145《宇宙风》97，116

史　徒

177《文艺阵地》1：7

史　锋

253《清明》4

史　悒

264《诗创造》2：2

史　萍

172《七月》2：1

史　乾

271《文学战线》1：2

史　跃

182《文艺新潮》2：3

史　逸

262《平原文艺》2：5；

274《平原》14，2：1

史　痕

85《文艺月刊》9：3，10：3，战时特刊2：5，战时特刊2：11—12，战时特刊3：7，战时特刊4：3—4

史　越

19《小说世界》3：2，4：1，5：10

史　超

262《平原文艺》1：2，1：3，2：4

史　策

93《青年界》8：5，9：1，9：3

史　筠

172《七月》1：4

史　意

182《文艺新潮》2：6

史　嫔

209《万象》2：9

史德（悳）

37《一般》3：3，3：4

史　潮

217《文艺杂志》新1：1，新1：2

史　樵

148《诗歌生活》1

史　螺

172《七月》5：2

史大木

145《宇宙风》150

史卫斯

85《文艺月刊》4：5，5：1，5：6，6：1，7：4；

110《小说月刊》1：2，1：3，1：4；

126《诗歌月报》1：3，1：5，2：2；

160《新诗》1：3，1：5，1：6，2：1，2：3—4；

167《文学杂志》1：4；

209《万象》2：3；

235《文艺春秋》4：2；

244《文艺复兴》2：6

史子芬

10《小说月报》14：3

史天行

141《文艺》3：1；

221《文艺先锋》13：1；

235《文艺春秋》6：2

史从民

261《东北文艺》创刊号，1：5，1：6，2：3，2：6

史凤云

198《现代文艺》4：2

史文成

74《新文艺》2：2

史东山

161《电影戏剧》1：1；

173《抗战戏剧》创刊号；

187《戏剧岗位》3：3—4；

201《戏剧春秋》1：3；

224《天下文章》2：1；

245《文章》1：4；

266《中国作家》纪念特刊

史立成

242《新群众》2：4

史光夏

142《中学生文艺季刊》2：1

史任远

199《野草》2：1—2；

210《笔谈》5，6

史伊舜

264《诗创造》2：3

史如璧

251《文艺杂志》4：2，4：3

史好俭

93《青年界》9：4

史纪才
215《奔流新集》2
史纪言
251《文艺杂志》2：5
史纪法
19《小说世界》16：4
史志元
3《新潮》1：3
史步昌
133《译文》1：1
史伯允
24《洪水》半月刊2：21，2：23—24
史余昌
209《万象》3：2，3：5
史应钦
93《青年界》1：1，1：2，1：3，1：4，1：5，2：1，2：2，2：3，2：4，2：5
史林碧
251《文艺杂志》3：1；
262《平原文艺》2：5
史松北
261《东北文艺》2：1，2：6；
271《文学战线》1：5—6，2：1，2：4；
273《文艺月报》3
史若虚
276《华北文艺》6
史国纲
93《青年界》8：2；
117《文学》5：1；
224《天下文章》2：2
史征军
143《杂文》5—6
史俊宣
36《北新》4：8
史济行
19《小说世界》18：3；
40《真美善》2：5；
51《开明》2：13；
63《金屋》1：11；
80《骆驼草》12
史念海
212《文讯》6：1
史绍芳
18《歌谣》10，11，29
史荣保
262《平原文艺》2：5
史美钧
93《青年界》9：4
史桂荣
249《白山》3
史铁儿
95《前哨》1：3，1：4，1：5；
105《文学》1：1
史继墨
51《开明》2：5
史晓青
88《读书月刊》1：3—4，2：1，2：4—5
史蒂华
226《风雨谈》6

史紫枕
141《文艺》2：3，2：4，3：3，3：6，4：1，4：4
史量才
109《论语》54
史黎雯
1《新青年》季刊2
史耀宗
274《平原》3
冉　辛
155《光明》2：3
冉　复
92《文艺新闻》35
冉伯羊
225《时与潮文艺》2：3
冉洮曲
117《文学》8：1，9：2；
172《七月》1：4
冉崇实
10《小说月报》18：6
仕　庚
109《论语》20
代　石
143《杂文》5—6，2：1，2：2；
150《东方文艺》1：1，1：2，1：4
代　代
207《时代文学》1：2
代　林
180《文艺》1：5
代　残
25《语丝》5：14，5：16
代　萝
142《中学生文艺季刊》1：4
仙　洲
229《艺文杂志》1：4
仙　鹤
46《新月》1：4
仪　湖
2《每周评论》17
仞　生
25《语丝》147
外　行
68《戏剧与文艺》1：6
卯
181《文艺突击》1：4
卯　丁
109《论语》60
卯　酉
134《太白》2：1
卯　金
106《现实》6：4
印　全
93《青年界》4：5
印　荃
108《文艺茶话》2：1
印　堂
133《译文》新1：1
印维廉
224《天下文章》2
令　吾
209《万象》2：4

令　钊

223《人世间》复刊11—12，复刊13

令狐厚

199《野草》1：4，1：5，2：1—2，2：5—6，3：3—4，3：6，4：6

令狐原

209《万象》4：5，4：7

令狐令得

177《文艺阵地》4：5，4：7，4：12，5：1；

198《现代文艺》4：5，5：1，5：4，5：5；

221《文艺先锋》1：1，1：6，2：1，2：4，2：5—6，3：2，3：4

令狐令德

85《文艺月刊》战时特刊第11年4月号

刍　尼

74《新文艺》1：1

尔

109《论语》4，5

尔　人

109《论语》28

尔　平

109《论语》30

尔　忘

25《语丝》114；

26《现代评论》5：125

尔　明

267《大众文艺丛刊》2

尔　荷

251《文艺杂志》3：1

冬

102《文化评论》4；

221《文艺先锋》2：2，2：5—6，3：1，3：2，3：3，3：4，3：6，4：3，4：4，5：1—2，5：3，5：5，7：1，7：4

冬　生

85《文艺月刊》7：3

冬　华

100《北斗》1：2，1：3

冬　村

142《中学生文艺季刊》2：1

冬　苇

249《白山》4

冬　芬

10《小说月报》12：1，12：3，12：8，12：10，12：号外，13：4，13：5，13：7，13：8，13：11，14：2；

25《语丝》4：7，4：16，4：23，4：43，4：47，5：1，5：2，5：4，5：5，5：11，5：13，5：24，5：29；

93《青年界》3：2；

132《文学评论》1：2

冬　青

199《野草》3：3—4；

211《文艺生活》海外版14；

264《诗创造》6，2：2

冬　采

45《现代小说》2：6

冬　炎

109《论语》24，29，35，39

冬　春

109《论语》116

冬　罡

177《文艺阵地》文阵新辑之一：去国

冬　野

102《文化评论》4

冬烘君

99《涛声》1：35

丛　芜

25《语丝》4：32；

29《莽原》周刊 2，周刊 2：18—19，半月刊 2：20，半月刊 2：21—22，半月刊 2：23—24；

43《未名》1：7

丛　苇

109《论语》95，97

丛　坤（堃）

36《北新》4：12

丛　喧

107《文学月报》1：3

丛培诗

265《胶东文艺》1：4

禾

199《野草》2：1—2；

261《东北文艺》1：2

禾　子

106《现代》6：3；

109《论语》84，87；

149《逸经》18，19，20，21；

195《黄河》5：3—4

禾　止

46《新月》3：1

禾　风

145《宇宙风》117—118；

198《现代文艺》2：6

禾　玉

28《猛进》4

禾　田

246《文坛月报》1：1

禾　言

180《文艺》3：3—4

禾　辛

237《文学新报》1：6

禾　金

106《现代》4：6，5：4；

128《小说》9，15，17，19；

160《新诗》1：3，1：4，1：5，1：6，2：2，2：3—4

禾　波

185《笔阵》新 3；

224《天下文章》4

禾　草

216《战时文艺》1：4；

267《大众文艺丛刊》3

禾　康

176《自由中国》新 1：2；

207《时代文艺》1：4；
210《笔谈》4

矢　光

88《读书月刊》3：5

矢　勤

221《文艺先锋》2：4

失　民

109《论语》63，67，75，77；
145《宇宙风》11，12，13，15，16，17，18

失　名

13《诗》1：1，1：5；
38《幻洲》2：4；
47《流沙》3；
51《开明》1：4，1：8，1：9，2：4；
109《论语》17，21，39；
117《文学》3：1；
145《宇宙风》19；
238《希望》1：4

失神子

44《文化批判》1

生

241《文艺大众》1

生　元

92《文艺新闻》58

生　本

272《群众文艺》11—12

丘　山

217《文艺杂志》新1：3

丘　冈

199《野草》新5号

丘　闵

265《胶东文艺》1：6—7

丘　垤

185《笔阵》新1：1，新1：2，新1：5

丘　峻

145《宇宙风》90，94，95，97，103，111，144，145

丘　琴

192《文学月报》1：1；
208《诗创作》11

丘玉麟

25《语丝》62，65，74，80，113，135，141

丘东平

106《现代》5：5；
120《文艺》1：2；
125《春光》1：1，1：2；
151《文学丛报》3

丘永泉

134《太白》2：6

丘在人

18《歌谣》1

丘秉刚

109《论语》37

丘南圣

154《文学界》1：4

丘剑庐

19《小说世界》6：4，民众文学5

丘润章

36《北新》3：17

丘悼兰
19《小说世界》1：7，3：3，7：1，7：2，7：3，7：4，7：5，7：6，7：7，7：8，7：9，7：10，7：11，7：13，8：1，8：2
丘景尼
37《一般》3：4
丘韵铎
24《洪水》半月刊 2：16，半月刊 2：18
49《畸形》2
丘曙光
36《北新》4：3
白
26《现代评论》6：134；
37《一般》4：3；
109《论语》118，119，120，121，122
白 一
26《现代评论》8：206—208
白 丁
64《红黑》7，8；
93《青年界》8：2；
117《文学》5：1；
142《中学生文艺季刊》1：3；
211《文艺生活》光复版 18
白 了
199《野草》新 5 号
白 刃
249《白山》创刊号，4；
270《小说》5：3；
271《文学战线》1：5—6
白 也
220《文学创作》2：2
白 韦
92《文艺新闻》59；
252《北方文化》1：3；
259《东北文化》1：2
白 云
11《文学周报》353；
140《芒种》7；
145《宇宙风》62，66；
186《宇宙风乙刊》46
白 木
25《语丝》4：10，4：15，4：28，4：29
白 屯
155《光明》2：12
白 戈
125《春光》1：2
白 兮
98《新时代》3：3，3：4，4：1，4：2，4：4—5，5：4，7：1，7：2；
112《无名文艺》月刊 1：1；
113《新诗歌》1：6—7，2：1；
134《太白》2：4；
163《热风》1：2
白 凤
209《万象》1：1，1：2，1：4，1：5，1：8，1：9，1：10

白　文

122《文学季刊》2：2，2：4；

209《万象》3：4，3：6

白　火

273《文艺月报》创刊号

白　水

109《论语》98，125；

143《杂文》3；

241《文艺大众》1

白　玉

40《真美善》7：2

白　艾

267《大众文艺丛刊》4

白　石

25《语丝》4：35；

36《北新》4：15；

44《文化批判》4；

52《山雨》1：5，1：6；

61《朝花》周刊 18；

88《读书月刊》1：6，2：1；

140《芒种》4；

198《现代文艺》1：5

白　平

158《中流》1：7，2：3；

163《热风》1：1，1：2

白　叶

51《开明》2：5

白　尔

221《文艺先锋》5：1—2

白　鸟

198《现代文艺》4：2

白　汀

209《万象》3：12

白　宁

46《新月》4：5

白　圭

96《文艺杂志》1：1，1：2

白　芒

221《文艺先锋》11：2，11：5，12：1，12：6

白　巩

209《万象》2：2

白　帆

237《文学新报》1：4；

255《北方》1：4

白　舌

101《十字街头》3

白　华

6《解放与改造》1：7，2：1，2：6，2：14

白　危

172《七月》4：1；

183《鲁迅风》13；

268《蚂蚁小集》7；

270《小说》5：4

白　冰

38《幻洲》1：7

白　宇

229《艺文杂志》1：5

白　羊

251《文艺杂志》3：3

白　尘
117《文学》2：2，4：5，5：1，5：2，6：6，7：1，7：2，8：2，8：3，8：4，8：5，9：2；
122《文学季刊》1：4，2：3；
134《太白》2：5，2：11；
144《创作》1：1，1：2，1：3；
151《文学丛报》3，6；
152《作家》1：4，1：5，2：1，2：2；
153《文季月刊》1：3，1：6；
158《中流》1：2；
161《电影戏剧》1：2；
192《文学月报》1：5；
218《文坛》创刊号；
221《文艺先锋》1：6；
248《中原·文艺杂志·希望·文哨联合特刊》1：4
白　羽
159《诗歌杂志》2，3
白　扬
32《清华文艺》不定期2，不定期4，不定期5；
113《新诗歌》2：3；
155《光明》2：12；
168《戏剧时代》1：1
白　苇
92《文艺新闻》49，53；
100《北斗》2：3—4
白　花
99《涛声》1：34
白　苏
206《华北文艺》1：3
白　克
85《文艺月刊》战时特刊5：1；
155《光明》2：12；
173《抗战戏剧》1：4，2：2—3；
177《文艺阵地》3：9；
195《黄河》2，7；
223《人世间》2：1
白　辛
198《现代文艺》2：1
白　沙
85《文艺月刊》战时特刊第 11 年11月号；
150《东方文艺》1：3；
168《戏剧时代》1：3
白　沉
209《万象》2：11；
211《文艺生活》海外版 14，海外版 16；
245《文章》1：4
白　纹
211《文艺生活》海外版 14
白　玫
117《文学》3：3；
139《新小说》2：1
白坤（堃）
141《文艺》4：3
白　青
222《青年文艺》2

白　林
25《语丝》117；
201《戏剧春秋》1：4
白　苹
109《论语》78
白　英
142《中学生文艺季刊》1：4；
195《黄河》2：5—6
白　苓
190《通俗文艺》2
白　苧
46《新月》4：3
白　茅
193《戏剧与文学》1：4
白　雨
142《中学生文艺季刊》2：3
白　鸢
261《东北文艺》2：3
白　明
120《文艺》1：1；
180《文艺》3：3—4；
188《新中国文艺丛刊》1；
199《野草》野草新集：论肚子
白　易
185《笔阵》14
白　岭
251《文艺杂志》4：4
白　岩
198《现代文艺》6：2；
217《文艺杂志》新1：2
白　和
122《文学季刊》2：4；
259《东北文化》1：1
白　非
185《笔阵》6
白　采
10《小说月报》15：2，15：3，
15：9；
11《文学周报》102，123；
22《创造周报》28，35，39；
37《一般》1：1，1：3，1：4，2：
1，2：2
白　金
262《平原文艺》2：6；
270《小说》3：5
白　炎
93《青年界》8：1；
159《诗歌杂志》2，3
白　波
29《莽原》周刊8，周刊22
白　弢
92《文艺新闻》40，46，47
白　珊
73《南国周刊》1：2
白　茵
109《论语》105
白　荇
93《青年界》10：5
白　威
51《开明》1：12

白　星
20《浅草》1：1，1：2，1：3，1：4；
23《文艺周刊》1，7，国庆日增刊
白　虹
33《狂飚》周刊8
白　秋
180《文艺》3：3—4
白　剑
127《人间世》37
白　蚀
180《文艺》1：6
白　音
170《新演剧》1：1，1：2，1：3，1：4；
227《艺丛》1：1
白　炫
209《万象》2：11
白　炼
244《文艺复兴》2：4
白　屋
182《文艺新潮》1：2；
183《鲁迅风》11
白　素
271《文学战线》2：5
白　桦
84《开展》10—11；
104《矛盾》3：2；
110《小说月刊》1：3；
123《中国文学》2：1；
212《文讯》6：10；
222《青年文艺》2；
228《中原》2：2；
252《北方文化》2：2；
274《平原》1：6，2：5，2：6，3：2，3：1
白　桃
170《新演剧》复刊号
白　莽
36《北新》4：18；
50《奔流》2：4，2：5；
75《萌芽》1：1，1：3，1：4，1：5；
79《巴尔底山》1：1，1：5
白　莱
29《莽原》半月刊1：10，半月刊1：11；
106《现代》4：6；
125《春光》1：3；
131《东流》1：6，2：4
140《芒种》4；
143《杂文》2
白　莎
85《文艺月刊》战时特刊第11年10月号；
172《七月》6：3；
208《诗创作》6，10，12
白　莀
209《万象》1：9
白　莹
124《新诗歌》4；
159《诗歌杂志》1，2，3
白　荻
113《新诗歌》2：1

白　夏
195《黄河》5：1，5：2
白　原
208《诗创作》14；
213《草叶》2，3；
270《小说》4：6
白　晓
197《大众文艺》2：2
白　晖
10《小说月报》19：4；
25《语丝》61；
32《清华文艺》不定期刊2
白　特
113《新诗歌》1：5，2：1
白　凉
18《歌谣》36
白　涛
103《洁茜》创刊号；
106《现代》6：3；
131《东流》1：5；
134《太白》1：1；
169《中国文艺》1：2
白　浪
25《语丝》5：6；
93《青年界》12：1；
154《文学界》1：3
白　朗
85《文艺月刊》战时特刊3：5—6；
109《论语》78；
154《文学界》1：3，1：4；
155《光明》1：7，1：10；
158《中流》1：8，1：11，2：1，2：9，2：10；
175《战地》1：1；
176《自由中国》创刊号；
178《抗战文艺》3：5—6，4：1，4：3—4，4：5—6，5：2—3；
192《文学月报》1：1；
202《文艺月报》15；
214《谷雨》1：4；
261《东北文艺》1：2，2：3，2：5；
271《文学战线》1：2，1：3，1：5—6
白　梅
207《时代文学》1：3
白　梓
195《黄河》4：3
白　菲
113《新诗歌》2：1
白　莱
145《宇宙风》70
白　梵
109《论语》123，131
白　雪
85《文艺月刊》战时特刊2：2
白　婴
140《芒种》9—10；
142《中学生文艺季刊》1：3
白　衔
226《风雨谈》4
白　痕
216《战时文艺》1：5

白　堤
208《诗创作》16
白　瑛
145《宇宙风》107，114
白　棣
25《语丝》5：30
白　森
270《小说》2：6
白　雯
186《宇宙风乙刊》22
白　雁
99《涛声》2：23，2：39
白　黑
109《论语》90，95
白　焦
39《泰东》1：5，1：11，1：12
白　斌
45《现代小说》3：5—6；
55《大众文艺》2：4
白　湄
182《文艺新潮》1：7，1：10
白　寒
92《文艺新闻》17
白　榆
228《中原》1：4
白　葵
109《论语》14，25
白　蒲
26《现代评论》1：11，2：44，7：160
白　楚
166《文艺科学》1
白　戡
195《黄河》6，11，2：10
白　滔
133《译文》2：6
白　嘉
159《诗歌杂志》3；
171《烽火（呐喊）》17，18；
177《文艺阵地》1：4
白　薻
198《现代文艺》2：5，2：6
白　熊
128《小说》7，11
白　樱
226《风雨谈》15，16
白　蕉
85《文艺月刊》8：4；
98《新时代》7：3；
118《文艺春秋》1：5，1：8，1：9—10；
149《逸经》1，36
白　鹤
177《文艺阵地》2：11，3：1，3：2，3：11；
188《新中国文艺丛刊》3
白　澄
159《诗歌杂志》2，3；
178《抗战文艺》1：5，3：8；
181《文艺突击》新1：2；
189《西线文艺》1：3，1：5；
192《文学月报》1：6，2：4；
199《野草》1：4，4：3；

243《文联》1：6；
244《文艺复兴》2：3
白　蘋
211《文艺生活》光复版4
白　燕
152《作家》1：2；
178《抗战文艺》9：1—2；
234《微波》1：2
白　薇
10《小说周报》17：7；
25《语丝》4：12；
36《北新》3：1，3：10；
40《真美善》女作家专号；
45《现代小说》3：1；
50《奔流》1：1，1：2，1：4，1：5，1：6，1：7，1：8，1：9，1：10，2：2，2：3，2：4；
91《文学生活》1；
93《青年界》1：1，新2：1，新2：5，新3：2，新6：3，新6：5；
100《北斗》1：1，1：2，1：3，1：4，2：1，2：3—4；
106《现代》2：1；
107《文学月报》1：1；
117《文学》1：2，1：3；
130《当代文学》1：3；
134《太白》2：2；
151《文学丛报》1，5；
155《光明》1：12；
158《中流》2：2，2：3；
175《战地》1：5；
182《文艺新潮》2：2；
195《黄河》3；
235《文艺春秋》3：4，4：4
白　璐
128《小说》5
白　曙
113《新诗歌》1：4，1：5，2：1，2：2，2：4；
147《夜莺》1：1，1：3；
151《文艺丛报》1；
156《现实文学》1；
165《文丛》2：6—7；
171《烽火（呐喊）》13，20；
182《文艺新潮》1：2，1：4—5，1：9，1：11；
183《鲁迅风》4，8；
191《文艺新闻》2；
193《戏剧与文学》1：1；
203《奔流文艺丛刊》4
白　鹭
145《宇宙风》127
白　壁
74《新文艺》1：4
白一痕
142《中学生文艺季刊》1：3
白山子
236《高原》新1：2
白小保
267《大众文艺丛刊》4
白小潞
57《大江》1：1

白云飞
36《北新》3：20—21
白凤桐
254《热潮》1：3
白忆菲
93《青年界》11：2，11：3，11：4
白玉薇
209《万象》3：4
白甲午
109《论语》177
白兰地
140《芒种》5
白永新
109《论语》175
白扬煦
18《歌谣》20
白羽遐
98《新时代》4：4—5
白寿彝
212《文讯》6：10，7：1，7：3
白苏林
270《小说》6：4
白坚离
199《野草》第9集
白希清
259《东北文化》1：1，1：3，1：6
白序之
10《小说月报》14：9
白启云
36《北新》3：20—21
白启明
18《歌谣》4，14，21，34，44，47，53，56，59，62，周年纪念增刊；
41《民间文艺》1，2，3，4，5，6，7
白启荣
36《北新》3：21，4：16
白君勺
238《希望》1：1，2：3，2：4
白苹洲
252《北方文化》1：6；
255《北方》1：2
白若白
179《戏剧新闻》5
白拓方
271《文学战线》创刊号
白季仲
209《万象》3：3，3：7，3：9
白经天
18《歌谣》37，38
白相人
99《涛声》1：35
白勉哉
25《语丝》4：40
白觉悟
109《论语》149，156
白晓光
116《文艺月报》1：1；
155《光明》3：4；
159《诗歌杂志》2，3；

181《文艺突击》1：3；
184《文艺战线》1：3
白常春
195《黄河》8
白道珩
190《通俗文艺》28
白瑞章
251《文艺杂志》3：6
白静划
142《中学生文艺季刊》2：2
白德仁
198《现代文艺》2：3
白澍田
19《小说世界》14：15，15：21，15：22，15：25，16：3，16：5，16：6，16：7，16：8，16：11，16：16，16：19，16：20，16：24，16：25，17：2，17：4，18：1，18：2，18：3
白头书生
28《猛进》17
白鹿彝水
25《语丝》81，94，98
白鹿麟水
38《幻洲》1：9
乎　卢
109《论语》67
包　时
104《矛盾》2：5；
221《文艺先锋》2：5—6，4：2
包　罗
209《万象》1：1
包天笑
19《小说世界》13：3，13：5，13：10；
209《万象》1：2，1：4，1：7；
226《风雨谈》1，2，3，4，7，8
包世杰
1《新青年》7：5
包可体
119《戏》2
包可华
128《小说》9
包白痕
264《诗创造》2：3
包光悟
195《黄河》12
包沈潜
93《青年界》新6：2
包罗多
10《小说月报》20：1；
40《真美善》2：3
包起权
85《文艺月刊》9：3，9：4，10：4—5，战时特刊3：3—4
包笑青
51《开明》1：10
包乾元
85《文艺月刊》10：4—5；
109《论语》49，50

包雄泉
93《青年界》9：1，10：1，11：1
鸟　田
39《泰东》1：11
鸟　言
52《山雨》1：3，1：4
用　宏
19《小说世界》6：8，7：2，8：7
乐　山
19《小说世界》6：10；
23《文艺周刊》35，37，38；
209《万象》3：4
乐　天
145《宇宙风》104
乐　夫
195《黄河》4：1
乐　兰
274《平原》8
乐　芝
55《大众文艺》1：1，1：2，1：4，1：5，1：6
乐　行
142《中学生文艺季刊》3：2
乐　贲
92《文艺新闻》38，39
乐　敬
262《平原文艺》1：3
乐　雯
133《译文》1：2
乐　锋
267《大众文艺丛刊》1
乐　游
139《新小说》1：3，1：4，1：5，2：1；
155《光明》战时号外2
乐　群
93《青年界》新2：3
乐天宇
194《中国文化》3：1
乐少文
212《文讯》7：6；
244《文艺复兴》2：4
乐白令
109《论语》103
乐均士
18《歌谣》60，75
乐芳斋
209《万象》4：4
乐易年
209《万象》2：8
乐彩澄
68《戏剧与文艺》1：8—9
乐嗣炳
84《开展》10：11；
89《当代文艺》1：4；
93《青年界》8：2；
106《现代》6：3；
117《文学》2：6，5：1；
134《太白》1：1，1：2，2：1
乐鹏举
24《洪水》半月刊3：35，半月刊3：36

乐静芳

229《艺文杂志》4：6

冯　乙

261《东北文艺》2：1

冯　六

19《小说世界》3：1，3：2，3：3，4：4，4：5，4：6，4：7，4：8，4：9，4：11，5：1，5：8，6：1，6：2，6：3，6：4，6：5，6：6，6：7，6：8，6：9，6：10，6：11，6：12，6：13，7：1，7：2，7：3，7：4，7：5，7：6，7：7，7：8，7：9，8：1，8：2，8：3，8：4，8：5，8：6，8：7，8：8，8：9，8：10，9：1，9：2，9：3，9：4，9：5，9：6，9：7，9：10，9：11，9：12，9：13，10：1，10：2，10：3，10：4，12：1，12：2，12：3，12：4，12：5，12：6，12：7，12：8，12：9，12：10，12：11，12：12，12：13，13：6，13：7，13：8

冯　节

149《逸经》21

冯　平

209《万象》1：6，1：8，1：9，2：5

冯　田

224《天下文章》1

冯　电

244《文艺复兴》2：3

冯　永

248《中原·文艺杂志·希望·文哨联合特刊》1：4

冯　夷

117《文学》2：5；

159《诗歌杂志》2，3；

172《七月》3：1；

178《抗战文艺》10：4—5；

244《文艺复兴》2：4，4：1，4：2

冯　至

15《创造》2：1；

20《浅草》1：3，1：4；

23《文学周刊》10，12，18，19，26，29，30，31，35，37，38，44，45，46；

35《沉钟》1，2，4，5，6，8，9，10，12，特刊，13，14，15，18，21，31，32，34；

80《骆驼草》6，11，12，15；

85《文艺月刊》战时特刊：第11年6月号；

117《文学》8：1；

133《译文》新3：3；

160《新诗》1：3，1：5；

167《文学杂志》1：3，2：1，2：3，2：4，2：6，2：12，3：2，3：3，3：5，3：6；

177《文艺阵地》文阵新辑之二：哈罗尔德的旅行及其他；

196《战国策》17；
212《文讯》8：2，8：3，8：4，8：5，9：1，9：3，9：5；
230《民族文学》1：1；
231《新文学》1：2；
256《萌芽》1：1，1：2；
266《中国作家》1：3；
270《小说》3：3

冯　先

264《诗创造》11

冯　延

177《文艺阵地》5：1

冯　运

270《小说》6：4

冯　岗

270《小说》5：2

冯　忌

84《开展》9；
104《矛盾》2：1

冯　奇

190《通俗文艺》28

冯　明

261《东北文艺》创刊号

冯　牧

198《现代文艺》6：2；
200《新诗歌》6；
202《文艺月报》11

冯　放

244《文艺复兴》2：5；
270《小说》3：5，3：6

冯　轶

195《黄河》4：3

冯　珧

25《语丝》4：32，4：44

冯　莲

109《论语》87

冯　悟

119《戏》2

冯　虚

10《小说月报》12：7，12：11，13：1

冯　梁

18《歌谣》10

冯　棣

145《宇宙风》21

冯　辉

266《中国作家》1：1

冯　铿

55《大众文艺》2：5—6；
76《拓荒者》2，4—5；
95《前哨》1：1

冯　烽

104《矛盾》2：5，3：2

冯　德

51《开明》1：12

冯　璘

10《小说月报》15：5，16：5

冯　蘅

209《万象》1：1，1：2，1：3，1：4，1：5，1：6，1：7，1：8，1：9，1：10，1：11，2：1，2：

7，2：8，2：9，2：10，2：11

冯乃超

24《洪水》半月刊 2：20；
34《创造月刊》1：1，1：4，1：5，1：6，1：8，1：11，1：12，2：1，2：2，2：3，2：4，2：6；
44《文化批判》1，2，3，4，5；
45《现代小说》3：1，3：3，3：4，3：5—6；
45 附《五一特刊》；
49《畸形》2；
53《思想》1：1，1：2，1：3，1：4；
55《大众文艺》2：2，2：3，2：4，2：5—6；
76《拓荒者》1，2；
77《艺术》1：1；
78《文艺讲座》1；
81《沙仑》1：1；
86《世界文化》创刊号；
141《文艺》5：3；
172《七月》2：1，3：3；
175《战地》1：1；
178《抗战文艺》1：7，7：1，7：6，文协成立五周年纪念特刊，文协成立七周年并庆祝第一届文艺节纪念特刊；
192《文学月报》2：5；
211《文艺生活》光复版 13，光复版 14，海外版 3—4；
243《文联》1：6；
267《大众文艺丛刊》1，2，3；
270《小说》1：5

冯三昧

25《语丝》53；
52《山雨》1：5，1：6；
57《大江》1：1，1：2

冯大麟

212《文讯》6：5

冯之原

235《文艺春秋》8：3

冯子中

51《开明》2：1

冯友兰

3《新潮》3：1，3：2；
26《现代评论》1：23，2：43，3：60，3：67，4：93，第二周年增刊，6：135；
167《文学杂志》3：5；
196 附《战国》副刊 16

冯文侠

115《文学杂志》1：2，1：3—4；
116《文艺月报》1：1，1：2

冯文炳

13《诗》2：2；
16《努力周报》23，26，44，46，59，60，65，71，73，75；
20《浅草》1：3；
23《文艺周刊》9；
25《语丝》14，18，38，50，52，53，73，76；
26《现代评论》1：10，1：17；
28《猛进》4；

29《莽原》周刊 3；
36《北新》2：8

冯玉祥

85《文艺月刊》战时特刊 1：7，战时特刊 3：12，战时特刊 4：1；
141《文艺》5：4；
145《宇宙风》49，50，51，52，53，54，55，56，57，58，59，67，68，69，70，71，72，73，75，76，78，79，80，81，82；
149《逸经》5，6，10，29，30；
174《抗到底》1，2，4，5，6，7，8，9，11，12，13—14，17，18，19，20，21—22，24，26，号外；
176《自由中国》创刊号；
178《抗战文艺》4：3—4，8：4；
195《黄河》2；
208《诗创作》5；
211《文艺生活》1：4；
235《文艺春秋》3：3；
249《白山》3

冯白桦

123《中国文学》1：5

冯白鲁

85《文艺月刊》战时特刊：创刊号，3，1：4；
145《宇宙风》117—118，127

冯汉元

99《涛声》1：30

冯西冷

10《小说月报》15：8；
13《诗》2：1，2：2

冯夷君

93《青年界》9：5

冯仲足

172《七月》2

冯自由

149《逸经》1，2，3，4，5，6，7，8，9，10，11，12，13，14，15，16，17，18，19，20，21，22，23，24，25，26，27，28，29，30，31，32，33，34，35，36

冯亦代

178《抗战文艺》9：1—2；
222《青年文艺》新 1：2；
223《人世间》复刊 4，复刊 5，复刊 6，复刊 7，复刊 8—9，复刊 11—12，复刊 13；
228《中原》创刊号，1：2，1：3，2：2；
238《希望》2：2；
240《文哨》1：1，1：2，1：3；
243《文联》1：2，1：4，1：7；
253《清明》创刊号，2，3，4；
261《东北文艺》1：2

冯宅君

19《小说世界》8：1

冯纪汉

262《平原文艺》1：1，1：3，2：4

冯沅君
18《歌谣》2：19；
46《新月》1：7；
127《人间世》36；
145《宇宙风》13，27，28，46，72，73，75，100；
149《逸经》28；
186《宇宙风乙刊》创刊号；
212《文讯》6：5，8：2，9：4；
221《文艺先锋》1：4，9：1；
226《风雨谈》11；
228《中原》1：2；
244《文艺复兴》研究号上，研究号下；
264《诗创造》4
冯君培
35《沉钟》7
冯明之
145《宇宙风》142
冯鸣鹤
19《小说世界》6：1
冯国英
71《戏剧》2：3—4
冯和仪
109《论语》67，70；
145《宇宙风》1，2，5，6，8，12，19，28，别册1；
149《逸经》7；
186《宇宙风乙刊》7，9，28，31，32，36，37，40，44，47，54；
226《风雨谈》1
冯和侃
225《时与潮文艺》1：1，4：3
冯金芳
261《东北文艺》2：5
冯金明
142《中学生文艺季刊》2：2
冯冽漂
51《开明》1：4
冯法禩
223《人世间》复刊11—12
冯诗云
255《北方》1：3
冯承钧
14《学衡》73
冯树人
109《论语》149
冯荫椿
174《抗到底》24
冯厚生
10《小说月报》22：3
冯省三
11《文学周报》132，133，134，135
冯勉之
168《戏剧时代》1：2
冯宪章
39《泰东》1：11；
42《太阳月刊》1，3，5，7；
53《思想》1：1；
58《白华》1：1；
62《海风周报》9，17；
76《拓荒者》1，2，3，4—5；

78《文艺讲座》1

冯振乾

93《青年界》8：5，9：1，9：4，11：3；
142《中学生文艺季刊》1：4，3：2；
195《黄河》9，10；
221《文艺先锋》1：2，1：4；
264《诗创造》2：1，2：4

冯海金

251《文艺杂志》4：2，4：3，4：4

冯润璋

39《泰东》2：6，2：7，2：8，2：9，2：10，2：11，2：12；
55《大众文艺》2：4，2：5—6；
76《拓荒者》4—5

冯家勋

18《歌谣》16，37

冯雪冰

57《大江》1：3

冯雪峰

13《诗》1：2，1：3，1：4
177《文艺阵地》5：2；
178《抗战文艺》3：9—10
270《小说》3：4，3：5

冯逸樵

36《北新》2：7

冯焕章

185《笔阵》新5

冯寄肖

229《艺文杂志》2：11

冯宿海

205《五十年代》1：3；
252《北方文化》1：4

冯维钧

1《新青年》3：6

冯道光

41《民间文艺》11，12

冯富康

18《歌谣》46

冯遥忠

93《青年界》新5：1，新5：2

冯慕濂

85《文艺月刊》8：4；
140《芒种》5

冯霁虹

19《小说世界》12：4，12：8，12：11

冯慰慈

18《歌谣》3：8

冯馥君

122《文学季刊》1：4

让 之

109《论语》127，128

训

27《支那二月》1：1

记者K

109《论语》1

讱 生

10《小说月报》18：9；
11《文学周报》77，78，87，88，89，93，96，100，101

汀 石

106《现代》5：1

汀 冷

265《胶东文艺》1：2

汇 稿

149《逸经》7

汉

73《南国周刊》1：2，1：4，1：8；

109《论语》43

汉 夫

93《青年界》11：1

汉 亚

117《文学》8：1

汉 年

24《洪水》周年增刊；

38《幻洲》1：1，1：2，1：3，1：4，1：6，1：7，1：8，1：9，2：1，2：2，2：3，2：4，2：5，2：6，2：7，2：8；

45《现代小说》3：4

汉 华

27《支那二月》1：1

汉 声

195《黄河》11

汉 君

50《奔流》1：3

汉 奇

63《金屋》1：5，1：6，1：8

汉 明

109《论语》82

汉 忠

109《论语》80

汉 波

12《戏剧》2：2

汉 南

149《逸经》29

汉 胄

57《大江》1：3

汉 俊

1《新青年》8：1，8：2，8：4，9：1；

10《小说月报》12：11

汉 悊

44《文化批判》2

汉 斯

19《小说世界》13：18

99《涛声》1：1

汉 濯

145《宇宙风》106，109

汜 罗

149《逸经》28

邝 九

109《论语》60；

127《人间世》18，21，25，32

邝光沫

39《泰东》2：12

邝荣舟

221《文艺先锋》7：4

礼

109《论语》137

礼　恪
19《小说世界》8：7，10：10
礼　逊
48《我们》1：1
礼　锡
108《文艺茶话》1：3
礼长林
177《文艺阵地》6：2，6：4，6：5；
217《文艺杂志》1：4
立　人
109《论语》59；
190《通俗文艺》14；
212《文讯》8：1
立　山
195《黄河》复刊1，复刊5
立　之
25《语丝》4：48
立　云
262《平原文艺》1：6
立　方
177《文艺阵地》7：3；
208《诗创作》8，13，18
立　平
109《论语》13
立　本
109《论语》96
立　西
109《论语》155
立　青
92《文艺新闻》52，53
立　波
117《文学》6：6，7：2；
134《太白》2：8；
139《新小说》1：5；
154《文学界》1：1，1：2，1：3；
155《光明》1：1，1：2，1：6，2：2，2：10，战时号外1；
164《希望》1：1；
175《战地》1：2，1：3；
178《抗战文艺》2：9，武汉特刊2；
180《文艺》1：2，2：5；
194《中国文化》1：5；
197《大众文艺》1：6；
202《文艺月报》14；
204《中国文艺》1：1；
213《草叶》1，2；
214《谷雨》1：4；
217《文艺杂志》2：3；
261《东北文艺》2：1
立　岩
109《论语》150
立　屏
158《中流》1：7，2：7
立　高
270《小说》3：3，4：1，4：5，4：6，5：5，6：1，6：5—6
立　德
106《现代》6：4
立　霖
93《青年界》新6：1

玄
11《文学周报》9，36，42，43，44，47，51，84；
28《猛进》1；
109《论语》14，17；
177《文艺阵地》1：9，1：10，1：12，2：2，2：3；
210《笔谈》1，2，4，5，6
玄 弋
182《文艺新潮》2：5
玄 玄
80《骆驼草》17，20
玄 同
1《新青年》6：3；
25《语丝》2，54
玄 伯
28《猛进》35
玄 明
106《现代》1：1，1：2，1：3，1：6，3：2，3：5
玄 畅
127《人间世》6
玄 庐
1《新青年》8：4，8：6，9：1，9：5
玄 珠
10《小说月报》14：1，14：6
11《文学周报》1，2，4，7，33，52，56，57，89，90，119，120，121，123，127，130，161，163，164，165，166，210，245—246，288，293，309，315—316，319，322，326，336，337；
37《一般》4：1；
177《文艺阵地》1：1，1：2，1：3，1：4，1：8；
210《笔谈》4
玄 殊
145《宇宙风》80
玄 晏
138《文饭小品》1：1，1：6
玄 兹
142《中学生文艺季刊》1：4
玄 堂
215《奔流新集》2
玄 瑛
10《小说月报》13：11
玄 厨
149《逸经》6
玄 裳
186《宇宙风乙刊》31，34，41，45，46，50，52—53；
212《文讯》4：8—9
玄鼎青
142《中学生文艺季刊》2：4
市 薪
51《开明》1：8
兰
117《文学》2：4，3：1，3：2，3：3；
210《笔谈》5；
251《文艺杂志》1：3

兰　子
209《万象》3：11，3：12，4：1，4：3
兰　生
134《太白》2：4
兰　西
221《文艺先锋》10：4
兰　羊
155《光明》2：12
兰　如
127《人间世》18，19
兰　坚
145 附《宇宙风・逸经・西风非常时期联合特刊》7
兰　枫
155《光明》2：12
兰　城
93《青年界》8：1，8：2，8：3，8：4，8：5，9：1，9：2，9：3，9：4，9：5，10：1，10：2，10：3，10：4，10：5，11：1，11：2，12：1
兰　畦
19《小说世界》2：1
兰　苹
155《光明》2：12
兰烂生
10《小说月报》14：4
兰蕙概
142《中学生文艺季刊》1：2，1：3，1：4
兰馥心
201《戏剧春秋》1：2
宁
106《现代》6：4；
109《论语》43；
143《杂文》1
宁　千
242《新群众》3：1
宁　五
93《青年界》10：3
宁　文
109《论语》129
宁　英
10《小说月报》22：8
宁　是
37《一般》9：1
宁　淑
18《歌谣》57
宁　摩
275《文艺丛刊》4
宁玉彬
18《歌谣》33
宁克宁
236《高原》新 1：1
它　日
92《文艺新闻》30
它　音
101《十字街头》1
永
16《努力周报》10，13，19，42，50，59

永　玉
212《文讯》7：5
永　乐
149《逸经》6，7
永　宁
109《论语》71
永　成
25《语丝》4：28
永　钊
1《新青年》季刊1
永　言
145《宇宙风》101，103
永　坤
25《语丝》4：31；
80《骆驼草》9
永　信
196《战国策》9
永　居
149《逸经》25
永　研
93《青年界》1：2
永　炭
18《歌谣》2：24
永　修
155《光明》1：3
永　泉
93《青年界》新3：1
永　敩
109《论语》16
永　勤
109《论语》6
永翱（翾）
115《文学杂志》1：2
永　麟
85《文艺月刊》战时特刊2
必　兴
97《创作》1：1
必　时
171《烽火（呐喊）》2
半　一
109《论语》60
半　同
180《文艺》2：6
半　农
25《语丝》17，49，85，121，131，135，146；
28《猛进》36，43；
109《论语》10，13，28，29，30，32，37，38，43，44；
118《文艺春秋》1：4
半　林
115《文学杂志》1：2，1：3—4
半　梅
12《戏剧》1：2，1：3，1：5，1：6；
109《论语》44
半　琴
199《野草》新7集，第9集
阡　陌
149《逸经》8
加　因
199《野草》1：3，4：1—2，4：4—5

加　坚
270《小说》4：5
弘　贤
109《论语》171
弘　絮
209《万象》3：4
幼
155《光明》2：10
幼　生
209《万象》2：10
幼　春
46《新月》2：8
幼　南
11《文学周报》24
幼　萌
145《宇宙风》96，119—120
幼　葭
38《幻洲》1：9；
51《开明》2：14；
98《新时代》3：5—6
幻　椿
46《新月》2：9
幼　潜
145《宇宙风》77
幼衷予影
12《戏剧》1：5
驭　聪
25《语丝》108
召
26《现代评论》1：5，1：23，2：28，2：30，2：37，2：38，2：40，2：41，2：42，2：43，2：44，2：46，2：48，2：49，2：50，2：51，3：53，3：54，3：55，3：56，3：59，3：64，3：66，3：67，3：70，3：74，3：75，3：77，4：79，4：81，4：82，4：83，4：84，4：87，4：88，4：90，4：95，4：97，4：101，4：102，4：104，5：110，5：111，5：112，5：115，5：116，5：117，5：118，5：121，5：123，5：124，5：125，5：126，5：127，5：128，6：133，6：134，6：135，6：136，6：137，7：161，7：167，7：168，7：170，7：172，7：184，8：193，8：194
召　言
109《论语》39
召　亭
26《现代评论》1：4，1：9，1：11，7：159，7：166，7：173
召　棠
109《论语》38
台　生
40《真美善》2：6，3：2，3：5
台静农
10《小说月报》17：号外上；
18《歌谣》85，87，88，91，92，97，2：16；
25《语丝》10；

29《莽原》半月刊：2：1，2：3，2：4，2：6，2：7，2：10，2：11，2：14，2：16，2：20，2：23—24；
43《未名》1：1，1：3，1：4；
93《青年界》新6：2；
178《抗战文艺》2：8，3：5—6，3：7，4：2，9：3—4；
266《中国作家》1：3

圣

36《北新》2：20，2：22，3：6，3：9

圣门

199《野草》4：1—2；
228《中原》1：3；
238《希望》2：4；
268《蚂蚁小集》2

圣木

178《抗战文艺》9：3—4

圣旦

85《文艺月刊》6：1，6：4，8：3；
106《现代》4：5；
134《太白》1：4；
140《芒种》3；
155《光明》1：8

圣西

227《艺丛》1：2

圣时

221《文艺先锋》12：1

圣泉

145《宇宙风》8

圣徒

145《宇宙风》22，37，38，39，40

圣悦

42《太阳月刊》3

圣陶

10《小说月报》14：5；
11《文学周报》5，39，75，81，84，86，87，174，176，177，178，179，180，192，197，200，203，218，224，228，251，380；
37《一般》1：1，1：2，1：4，3：3；
51《开明》新2；
106《现代》1：5；
117《文学》1：1，6：1，7：1，7：4，9：1，9：2；
134《太白》1：2，1：3，1：7；
152《作家》2：1；
153《文季月刊》1：2；
155《光明》1：4；
158《中流》1：2

圣野

264《诗创造》2，3，6，2：2

圣渎

131《东流》3：1

圣减

145《宇宙风》125

圣遥

109《论语》87

圣臧

145《宇宙风》138

丝　环

19《小说世界》12：3，15：15

民

19《小说世界》8：3；

31《甲寅》1：13，1：16，1：17

109《论语》177；

210《笔谈》2

民　生

190《通俗文艺》13，14

民　治

24《洪水》半月刊1：10—11，半月刊2：16；

28《猛进》35

民　养

36《北新》2：13，2：16

民　健

221《文艺先锋》10：3

弗　之

145《宇宙风》119—120，122，123

弗　贝

191《文艺新闻》6

弗　明

191《文艺新闻》11

弗　翔

195《黄河》5：3—4

皮　氏

180《文艺》1：6

皮　西

46《新月》2：1

皮仲篪

185《笔阵》新1，新2

皮钧陶

142《中学生文艺季刊》1：2

皮皓白

26《现代评论》1：11，特别增刊1，3：58，3：74，第二周年增刊

发

26《现代评论》8：202

尼

71《戏剧》1：4；

168《戏剧时代》1：2；

232《戏剧时代》创刊号

尼　一

71《戏剧》1：5

尼　真

51《开明》1：1

尼　基

98《新时代》4：6

尼　庸

27《支那二月》1：3

尼　斯

191《文艺新闻》2

司　君

11《文学周报》333—334；

40《真美善》4：3

司　徒

222《青年文艺》4

司马久

109《论语》143

司马今

100《北斗》2：1，2：2，2：3—4

司马文

265《胶东文艺》创刊号

司马讦

109《论语》118，119，120；

253《清明》4

司马圣

186《宇宙风乙刊》5，6，14，15，16

司马达

206《华北文艺》1：4；

251《文艺杂志》3：1

司马相

234《微波》1：2

司马倩

209《万象》3：1，4：5，4：7

司马焦

106《现代》3：4

司牛光

99《涛声》2：11

司半同

93《青年界》10：1，10：2

司若芬

109《论语》162

司图今

109《论语》17

司空谷

195《黄河》复刊1

司空痂

241《文艺大众》5

司省之

11《文学周报》34

司徒丹

145《宇宙风》70

司徒乔

25《语丝》4：12，4：13；

235《文艺春秋》3：4

司徒谷

106《现代》5：6；

129《文艺风景》1：2

司徒京

109《论语》100，105

司徒宗

177《文艺阵地》1：8，1：10，2：5；

182《文艺新潮》1：3，1：6，2：3，2：8，2：9；

183《鲁迅风》4，12；

188《新中国文艺丛刊》3；

209《万象》4：5；

212《文讯》9：3；

235《文艺春秋》丛刊1，丛刊2，丛刊3，丛刊4，丛刊5，2：1，2：2，2：3，2：5，2：6，3：1，3：3，3：6，6：3

司徒琴

209《万象》2：4

司马飞骊

85《文艺月刊》9：11，11：1

司马子彬

145《宇宙风》110

司马天健

244《文艺复兴》3：2

司马天籁

212《文讯》7：6

司马文森

171《烽火（呐喊）》16；

176《自由中国》新1：1；

177《文艺阵地》1：7，2：7，3：1，3：2，3：3，3：4，3：5，3：6，3：9，3：10，3：11，3：12，4：1，4：4，4：5，4：9；

180《文艺》1：5；

185《笔阵》新7；

198《现代文艺》1：4，3：2；

199《野草》1：2，1：4，1：6，4：1—2，复刊号；

201《戏剧春秋》创刊号；

203《奔流文艺丛刊》2；

208《诗创作》3—4；

211《文艺生活》1：1，1：2，1：3，1：4，1：5，1：6，2：1，2：2，2：3，2：4，2：5，2：6，3：1，3：2，3：3，光复版1，光复版2，光复版3，光复版5，光复版8，光复版14，光复版15，光复版16，光复版17，海外版1，海外版3—4，海外版7，海外版10—11，海外版14，海外版15，海外版16，海外版17，海外版18—19，海外版20，穗新1，穗新2，穗新3，穗新4，穗新5，穗新6，海外版副刊1，海外版副刊2，海外版副刊；

219《文学批评》2；

220《文学创作》1：4，2：5，3：2；

222《青年文艺》3；

223《人世间》1：2；

224《天下文章》2，5；

227《艺丛》1：2；

233《当代文艺》1：2；

235《文艺春秋》丛刊1，丛刊4，2：2；

258《文艺丛刊》1；

270《小说》2：3，2：6

司马英才

224《天下文章》2：2

司马梵霖

223《人世间》复刊13

司马蓝火

235《文艺春秋》6：5；

244《文艺复兴》3：6；

268《蚂蚁小集》7

司马无忌

217《文艺杂志》3：2

司徒凤仪

149《逸经》29，33，34，35，36

司徒匪娜

195《黄河》4：3，4：4

边　介

229《艺文杂志》3：3

边　城

141《文艺》4：1

边　恒
18《歌谣》34

六　画

邦　式
4《国民》1：4
邦　其
255《北方》1：5
邦　杰
19《小说世界》2：6
邦　彦
109《论语》23
邢　堵
145《宇宙风》125
邢　超
92《文艺新闻》5，14
邢　琮
14《学衡》43
邢　路
249《白山》创刊号，3，5
邢子述
31《甲寅》1：21
邢禾丽
209《万象》1：9，1：11，2：3，2：11
邢立斌
93《青年界》12：1；
204《中国文艺》1：1；
213《草叶》2；
214《谷雨》1：5；
262《平原文艺》1：5，2：3，2：6；
274《平原》5
邢光祖
186《宇宙风乙刊》44，45；
221《文艺先锋》6：6
邢国华
142《中学生文艺季刊》2：1
邢桐华
131《东流》1：6；
143《杂文》4，5—6，2：1，2：2；
148《诗歌生活》1，2；
176《自由中国》1：2，1：3
邢楚均
167《文学杂志》2：6，2：10
邢鹏举
46《新月》2：8，2：9，2：10，3：3
邢肇棠
255《北方》1：1，1：3，1：4
刑　颠
25《语丝》149
刑天舞
199《野草》6
动　轩
109《论语》11
式　之
10《小说月报》13：2；
31《甲寅》1：44；
109《论语》16
式　岑
10《小说月报》13：11
式　微
10《小说月报》21：7，21：11，

22：1，22：2，22：10；
25《语丝》5：10，5：18，5：20，5：21，5：22，5：23，5：24，5：25，5：35，5：37，5：46，5：49；
36《北新》3：20—21；
61《朝花》周刊17，周刊18，周刊20，旬刊1：12

戎 一

79《巴尔底山》1：5

戎 戈

246《文坛月报》1：1，1：2，1：3

戎 我

109《论语》50

戎之桐

25《语丝》89

戎青松

229《艺文杂志》2：12

协

191《文艺新闻》2

巩 子

62《海风周报》17

巩 直

98《新时代》7：4

巩思文

85《文艺月刊》6：5—6，9：1

巩廓如

274《平原》2：6

地 山

11《文学周报》27；
31《甲寅》1：40，1：41

地平线

264《诗创造》11，2：4

杇 木

209《万象》3：9

杇 骨

39《泰东》1：5

朴 一

115《文学杂志》1：1

朴 夫

142《中学生文艺季刊》1：2

朴 生

12《戏剧》2：3

朴 园

10《小说月报》13：11，14：7，22：11；
108《文艺茶话》1：8

朴 庐

85《文艺月刊》战时特刊2，战时特刊3，战时特刊1：4

朴 庵

25《语丝》155

朴 碌

25《语丝》5：33

权

144《创作》1：2；
178《抗战文艺》3：3；
221《文艺先锋》3：6

权 争

252《北方文化》1：2

权天谷

98《新时代》5：1，7：4

权载之
109《论语》10
芄 生
106《现代》6∶1
芝
99《涛声》1∶31；
109《论语》148，151；
178《抗战文艺》3∶4，3∶9—10，3∶12
芝 冈
99《涛声》2∶1，2∶3，2∶4，2∶5，2∶20，2∶22，2∶23，2∶31—32，2∶6，2∶7，2∶35
芝 君
51《开明》2∶4；
109《论语》161
芝 青
114《新诗歌》1∶3
芝 岩
19《小说世界》3∶4，5∶10
芝 庵
145《宇宙风》74
芝 葳
37《一般》6∶1
芗 叔
11《文学周报》359
芗 楠
40《真美善》4∶3
吉
109《论语》130，137，159，161
吉 厂
19《小说世界》4∶13
吉 丁
145《宇宙风》37
吉 人
26《现代评论》3∶60；
109《论语》86，134；
133《译文》2∶1；
149《逸经》6；
196《战国策》1，2，9，11，14
吉 力
182《文艺新潮》1∶1，1∶2；
183《鲁迅风》1，3，5，6，10，14；
188《新中国文艺丛刊》1
吉 士
88《读书月刊》2∶3
吉 子
142《中学生文艺季刊》1∶2；
187《戏剧岗位》1∶4
吉 中
174《抗到底》23
吉 父
260《呼吸》2；
268《蚂蚁小集》1
吉 龙
84《开展》4
吉 平
99《涛声》2∶37
吉 申
209《万象》3∶6

吉　光
134《太白》2：7；
140《芒种》8
吉　羊
235《文艺春秋》丛刊3
吉　告
109《论语》111
吉　启
93《青年界》8：1，8：2，8：3，
8：5
吉　林
251《文艺杂志》2：5，2：6，3：
2，3：3，3：4，4：1，4：2，
4：3
吉　星
99《涛声》1：31，1：33，2：5；
274《平原》11，12
吉　亮
265《胶东文艺》1：5
吉　罡
178《抗战文艺》4：5—6；
266《中国作家》纪念特刊
吉　祥
251《文艺杂志》3：5
吉　萝
123《中国文学》1：5
吉　庸
109《论语》157
吉　琳
251《文艺杂志》1：2
吉卜西
117《文学》2：2
圭　本
75《萌芽》1：5
圭　梵
134《太白》1：12，2：3，2：10
老　丁
142《中学生文艺季刊》1：1
老　儿
191《文艺新闻》11
老　Y
109《论语》117
老　三
109《论语》94
老　于
109《论语》47
老　万
16《努力周报》67
老　马
115《文学杂志》1：1
老　乡
226《风雨谈》20
老　王
247《人民文艺》2
老　木
207《时代文艺》1：3
老　戈
134《太白》1：5
老　牛
249《白山》创刊号，2

老　丹
145《宇宙风》150
老　生
52《山雨》1：1，1：4，1：5
老　白
85《文艺月刊》8：4
老　宁
181《文艺突击》新1：1
老　芝
109《论语》118，119，120，121，122
老　老
109《论语》21
老　西
109《论语》29，30
老　达
131《东流》2：1
老　尧
36《北新》2：21，2：22
老　吁
127《人间世》15
老　朱
109《论语》79
老　伍
109《论语》82
老　任
93《青年界》6：2；
106《现代》5：5
老　华
109《论语》65
老　向
85《文艺月刊》战时特刊1：8，战时特刊1：10，战时特刊2：2，战时特刊2：3，战时特刊2：6，战时特刊2：9—10，战时特刊第11年7月号；
109《论语》18，27，28，30，31，32，34，35，36，40，41，44，47，49，51，53，54，59，62，65，73，75，78，79，91，125，142，151，154，157，163；
127《人间世》2，5，6，10，14，18，19，21，27，32，34；
141《文艺》5：4，5：5；
145《宇宙风》1，3，4，5，7，8，9，12，15，19，20，24，26，34，35，38，43，46，51，52，53，54，68，69，71，78，79，92，93，100，109，111，112，127，131，139，140，141，143，149；
145附《宇宙风·逸经·西风非常时期联合旬刊》3；
149《逸经》2，24；
174《抗到底》1，2，3，4，5，6，7，8，9，10，11，12，13—14，15，16，17，18，19，20，21—22，23，24，25，26；
178《抗战文艺》1：7，1：10，2：8，7：4—5；
179《戏剧新闻》8—9；

186《宇宙风乙刊》4，5，23，25，41；
195《黄河》1，5，6，8，9，10，11，12，2：10，复刊 2；
221《文艺先锋》11：2，12：6

老　刘

249《白山》5

老　农

109《论语》47

老　苇

92《文艺新闻》53

老　杆

109《论语》36，41，47，48，51，52，65

老　李

109《论语》110；
185《笔阵》5

老　谷

190《通俗文艺》4

老　汪

11《文学周报》333—334

老　沙

172《七月》1

老　表

109《论语》18

老　虎

190《通俗文艺》21

老　侉

38《幻洲》2：4

老　舍

10《小说月报》17：8，17：9，17：10，17：11，17：12，18：3，18：4，18：5，18：6，18：7，18：8，18：10，18：11，20：5，20：6，20：7，20：8，20：9，20：10，20：11，20：12，22：1，22：2，22：3，22：4；
85《文艺月刊》3：7，3：9，3：11，4：1，4：4，5：1，11：1，战时特刊 1：5，战时特刊 1：7，战时特刊 1：9，战时特刊 1：12，战时特刊 2：1，战时特刊 2：2，战时特刊 2：3，战时特刊 2：11—12，战时特刊 3：8—9，战时特刊 3：10—11，战时特刊 3：12，战时特刊 4：1，战时特刊 4：3—4，战时特刊 5：1，战时特刊第 11 年 4 月号，战时特刊第 11 年 6 月号；
93《青年界》3：3，5：1，5：2，8：2，10：1，11：1，12：1；
104《矛盾》2：2，2：5；
106《现代》1：5，1：6，2：1，2：2，2：3，2：4，2：5，2：6，5：1，5：5，6：1；
109《论语》4，6，7，8，9，11，12，14，16，21，23，24，25，27，29，30，32，35，38，44，45，46，48，49，50，51，52，53，54，55，56，57，58，59，60，62，63，64，65，66，67，69，70，71，72，73，74，91，

98，99，100，101，102，103，104，105，106，107，108，109，111，112，114，115；
117《文学》1：4，1：5，2：1，2：4，3：2，3：4，4：1，4：5，5：1，5：4，7：1，7：4，8：2，9：1；
122《文学季刊》1：1；
127《人间世》7，11，17，24，26，41；
128《小说》4；
132《文学评论》1：2；
134《太白》1：7；
136《水星》1：4，2：1；
138《文饭小品》1：3；
139《新小说》1：3；
141《文艺》5：4；
145《宇宙风》1，2，3，4，5，6，7，8，13，19，22，23，24，25，26，27，28，29，30，31，32，33，34，35，36，37，38，39，40，41，42，43，44，45，46，47，48，49，50，51，53，60，67，68，73，77，100，102，119—120，129，141；
145 附《宇宙风·逸经·西风非常时期联合旬刊》2；
149《逸经》11，13；
158《中流》创刊号；
167《文学杂志》1：1，1：3；
170《新演剧》新 1：3，复刊号；
172《七月》4：1；
173《抗战戏剧》2：1；
174《抗到底》1，2，4，5，6，7，8，9，10，11，12，13—14，15，16，17，18，19，21—22，23，25；
176《自由中国》创刊号，1：2；
177《文艺阵地》1：1，1：3，2：9；
178《抗战文艺》1：1，1：3，1：12，2：3，2：6，2：7，3：1，4：1，4：2，4：3—4，4：5—6，6：1，6：2，6：3，7：1，7：2—3，7：6，8：1—2，8：3，8：4，9：3—4，9：5—6，10：1，10：4—5，10：6，文协成立五周年纪念特刊，文协成立七周年并庆祝第一届文艺节纪念特刊；
179《戏剧新闻》8—9；
180《文艺》1：4，2：1；
184《文艺战线》1：6；
185《笔阵》新 3，新 5；
186《宇宙风乙刊》2，9，21；
191《文艺新闻》11；
192《文学月报》3：2—3；
195《黄河》2；
201《戏剧春秋》1：3；
217《文艺杂志》1：1，1：2；
218《文坛》创刊号，2，6，7，2：1；
220《文学创作》1：1，1：6；
221《文艺先锋》1：4，2：3，3：

4，4：1，4：2，4：3，4：4，4：5，4：6，6：1；
223《人世间》2：1；
224《天下文章》1，2；
225《时与潮文艺》1：1；
233《当代文艺》1：4；
235《文艺春秋》2：4；
240《文哨》1：2；
247《人民文艺》1；
248《中原·文艺杂志·希望·文哨联合特刊》1：1；
253《清明》3；
270《小说》4：1，4：2，4：3，4：4，4：5，4：6

老　卒

109《论语》21

老　柏

127《人间世》13，21

老　赵

249《白山》2

老　赶

249《白山》2

老　拜

41《民间文艺》1

老　彦

109《论语》101

老　总

18《歌谣》33，69，72；
145《宇宙风》17

老　桐

19《小说世界》3：11

老　秦

36《北新》2：22

老　彬

68《戏剧与文艺》1：3

老　梅

186《宇宙风乙刊》33；
236《高原》新1：1

老　黄

109《论语》48，51，53，60，65，69，71，105；
127《人间世》27

老　雪

221《文艺先锋》12：1，12：6

老　常

249《白山》2

老　敢

109《论语》23

老　集

211《文艺生活》光复版18

老　鉴（鑑）

109《论语》19

老　谭

190《通俗文艺》19

老　震

145《宇宙风》83，87；
186《宇宙风乙刊》24

老　德

25《语丝》4：20

老　髯

209《万象》1：9

老　鹰
159《诗歌杂志》2，3
老　饕
109《论语》133
老头子
109《论语》90
老迟生
177《文艺阵地》3：4，4：12
老学究
145《宇宙风》19，20
老前辈
99《涛声》2：1
老病夫
38《幻洲》2：5
考　夫
142《中学生文艺季刊》2：2
西
11《文学周报》4，9，36；
26《现代评论》2：41；
182《文艺新潮》1：10
西　凡
93《青年界》9：3
西　门
19《小说世界》6：11
西　子
51《开明》1：10；
88《读书月刊》2：1
西　云
19《小说世界》1：8，3：4，5：4，5：12，5：13，8：2，9：1，9：2，9：3，9：6，9：11
西　禾
40《真美善》4：6
西　圣
172《七月》1：5
西　戎
270《小说》1：1
西　村
158《中流》2：1
西　报
186《宇宙风乙刊》20，21
西　伯
25《语丝》4：22
西　邱
142《中学生文艺季刊》2：1
西　冷
85《文艺月刊》战时特刊：3，1：6，1：8，1：10，2：3，2：11—12，3：1—2，3：8—9
西　林
26《现代评论》1：1，1：2，1：3，1：13，1：16，1：20，2：38，2：51，第一周年增刊，3：66，4：79，4：92，4：104，第二周年增刊，7：161，7：164，7：172，7：175；
109《论语》113；
195《黄河》8
西　岑
161《电影戏剧》1：1；
168《戏剧时代》1：1

西　厓
212《文讯》7：6；
250《鲁迅文艺》1：2；
264《诗创造》3
西　岩
26《现代评论》4：101，5：111，5：125
西　征
26《现代评论》5：130
西　垣
229《艺文杂志》2：1
西　玲
177《文艺阵地》2：11
西　奈
37《一般》4：1
西　虹
261《东北文艺》2：1，2：2，2：5，2：6；
270《小说》3：1，3：2，3：5，3：6
西　思
109《论语》79
西　皇
134《太白》1：12
西　神
19《小说世界》2：1，2：8，2：9，3：1，3：5，4：1，4：3，4：10，5：1，5：5，5：8，5：12，6：3，6：13，7：1，7：5，7：11，9：10，10：2，11：2，11：9，11：3
西　屏
25《语丝》4：17；
52《山雨》1：4
西　桐
51《开明》2：13
西　栗
236《高原》2
西　滇
177《文艺阵地》2：7，3：7，3：12，4：9
西　曼（曼）
5《少年中国》1：9
西　崖
245《文章》1：2
西　庵
182《文艺新潮》1：9
西　谛
10《小说月报》14：1，14：2，14：3，14：4，14：5，14：7，14：8，14：9，14：12，15：3，15：4，15：5，15：6，15：10，15：11，15：12，16：1，16：3，16：4，16：6，16：7，16：8，16：9，16：10，17：1，17：2，17：3，17：4，17：号外上，17：号外下，18：1，18：2，18：3，18：4，18：5，18：6，18：7，18：8，18：9，18：10，18：11，18：12，19：3，19：4，19：5，19：6，19：7，19：8，19：9，19：10，19：11，

19：12，20：1，20：2，20：3，20：4，20：5，20：6，20：7，20：8，20：9，20：10，20：11，20：12，21：1，21：2，21：3，21：4，21：5，21：6，21：7，21：8，21：9，21：10，21：11，21：12，22：1，22：2，22：3，22：4，22：5，22：6，22：7；
11《文学周报》1，2，3，4，5，9，10，19，24，25，29，36，37，38，39，40，42，44，46，47，48，49，50，51，52，55，56，57，59，64，72，73，75，76，77，78，79，80，81，82，83，84，85，86，87，88，97，100，101，113，136，137，155，156，157，158，159，160，161，163，164，172，173，176，179，180，181，182，185，189，196，197，199，205，206，218，219，222，224，227，234，236，240，241，242，243，244，249—250，251，252，253，254，255，257，258，262—263，266，268，269，270，271，272，273，274，275，278，279，280，281，299，353，355，357；
13《诗》1：1，2：2；
25《语丝》39，94；
37《一般》1：2，1：3；
100《北斗》1：1，2：3—4；
117《文学》2：1，2：6，3：4，3：5，3：6；
122《文学季刊》1：2；
132《文学评论》1：1，1：2；
136《水星》1：1，1：2；
244《文艺复兴》1：4，3：3

西　蒂

195《黄河》5：2，5：3—4

西　鲁

229《艺文杂志》2：4

西　渭

145《宇宙风》48，52；
209《万象》3：12

西　蒙

275《文艺丛刊》创刊号

西　微

117《文学》3：4

西　源

11《文学周报》353，363

西　滢

10《小说月报》14：10；
26《现代评论》1：1，1：2，1：3，1：9，1：10，1：11，1：13，1：16，1：18，1：21，1：22，1：23，1：24，1：25，1：26，2：27，2：28，2：29，2：30，2：35，2：36，2：37，2：38，2：40，2：42，2：43，2：45，2：46，2：47，2：48，2：49，2：50，2：51，2：52，2：53，

2：54，3：55，第一周年增刊，3：56，3：57，3：58，3：59，3：60，3：62，3：63，3：64，3：65，3：66，3：67，3：68，3：69，3：70，3：71，3：72，3：73，3：74，3：75，3：76，3：77，3：78，4：81，第二周年增刊，5：108，5：109，5：110，5：111，5：112，5：113，5：114，5：115，5：116，5：117，5：118，5：119，5：120，5：122，5：123，6：139，6：140，7：165，7：166，7：167，7：169，7：172，7：174，7：175，7：183，第三周年增刊，7：185，8：186，8：191；
46《新月》1：1，1：2，1：3，1：4，1：5，1：9，1：12，2：1，2：2，2：4，2：8；
167《文学杂志》1：1

西　溟

85《文艺月刊》战时特刊3：3—4

西　谿

6《解放与改造》3：1，3：4，4：1

西贝子

109《论语》81

西雷琴

182《文艺新潮》1：3，1：4—5

西华壮士

149《逸经》7

西巫瘦铁

19《小说世界》2：11，4：10，4：11，5：1，5：2，6：3，6：9，7：2，7：5，7：7，7：8，7：9，7：10，7：13，8：1，8：10，10：7，12：4，12：7，12：8，12：9

西摩老人

19《小说世界》8：9，8：11

亚　丁

154《文学界》1：3

亚　力

174《抗到底》6，8

亚　士

20《浅草》1：3；
23《文艺周刊》24

亚　凡

155《光明》1：10；
173《抗战戏剧》2：4—5

亚　子

36《北新》3：1；
107《文学月报》1：3；
108《文艺茶话》1：3；
195《黄河》4：2；
199《野草》4：4—5，4：6，5：1；
201《戏剧春秋》2：4；
210《笔谈》7

亚　天

261《东北文艺》2：6

亚　夫

242《新群众》2：6

亚　平
88《读书月刊》2：1；
113《新诗歌》2：1；
124《新诗歌》创刊号，2：3，4
亚　立
25《语丝》149
亚　伍
125《人间世》25
亚　华
59《春潮》1：9
亚　农
93《青年界》11：1
亚　红
211《文艺生活》海外版18—19
亚　克
140《芒种》5；
177《文艺阵地》6：6；
192《文学月报》1：1，1：3，2：5，2：6；
228《中原》1：2
亚　苏
181《文艺突击》1：4；
270《小说》1：5
亚　秀
111《文化月报》2
亚　沅
98《新时代》2：1
亚　弟
211《文艺生活》光复版16
亚　灵
38《幻洲》1：1，1：2，1：3，1：4，1：6，1：8，1：9，2：2，2：3，2：4；
45《现代小说》3：6
亚　青
36《北新》1：25
亚　英
109《论语》32
亚　轮
104《矛盾》3：3—4
亚　明
88《读书月刊》1：1
亚　侠
29《莽原》周刊17
亚　威
275《文艺丛刊》7
亚　娃
209《万象》2：10
亚　特
142《中学生文艺季刊》1：3
亚　航
195《黄河》4：5
亚　萌
195《黄河》4：2
亚　萍
93《青年界》新3：3，新3：5，新5：1
亚　鲁
62《海风周报》2
亚　魂
1《新青年》9：2；
109《论语》49

亚　影
173《抗战戏剧》2：2—3
亚　德
221《文艺先锋》1：4
再　生
63《金屋》1：6，1：7，1：8，1：9—10，1：11，1：12；
224《天下文章》2：1
再　华
42《太阳月刊》5
耳　耶
134《太白》1：2，1：3，1：4；
146《海燕》1：2；
156《现实文学》1；
163《热风》1：1；
172《七月》1：5，1：6，2：1；
199《野草》1：5，1：6，2：1—2，3：2，3：3—4，3：6，第10集，野草新集：论肚子
耳　悚
1《新青年》不定期5
共　天
36《北新》3：14，4：20
共　鸣
229《艺文杂志》1：1，1：4，1：6；
273《文艺月报》创刊号
列　子
79《巴尔底山》1：4
列　夫
138《文饭小品》1：5
列　车
183《鲁迅风》15；
186《宇宙风乙刊》16，20，22，26，27，51；
203《奔流文艺丛刊》1，2
列　民
26《拓荒者》2
列　斯
150《东方文艺》1：3；
155《光明》1：4，1：5
列　翁
145《宇宙风》79
列表者
57《大江》1：1，1：2
列躬射
150《东方文艺》1：1，1：2，1：4
157《今代文艺》1：1；
178《抗战文艺》8：4，9：1—2；
195《黄河》4：5；
217《文艺杂志》2：4；
221《文艺先锋》5：3；
224《天下文章》1：6；
225《时与潮文艺》1：2，2：1，2：5，4：1；
236《高原》创刊号
夸　父
183《鲁迅风》19
厌　人
109《论语》97
厌　夫
11《文学周报》51

有　壬
26《现代评论》1：12，1：13，2：17，2：45
有　纯
10《小说月报》14：4
有　若
109《论语》85
有　秋
142《中学生文艺季刊》1：4
有　恒
36《北新》1：37，1：43—44；
51《开明》1：5；
185《笔阵》12
有　础
203《奔流文艺丛刊》2
有　熊
35《沉钟》1，2，4，5
有　麟
29《莽原》周刊：1，3，4，9，11，14，15，21，24，28
有名氏
25《语丝》5：12
灰　马
98《新时代》5：4；
128《小说》6，8，13，18；
160《新诗》2：2；
208《诗创作》5；
239《诗文学》2
灰　灵
41《民间文艺》9，10
在　东
31《甲寅》1：44，1：45
在　划
187《戏剧岗位》1：5—6，3：3—4
在　青
206《华北文艺》1：4
在　易
117《华北文艺》3：4
在　新
145《宇宙风》21
存　仁
145附《宇宙风·逸经·西风非常时期联合旬刊》5
存　英
71《戏剧》2：3—4
存　绕
1《新青年》9：4，9：5，9：6
存疑斋主
224《天下文章》1
达
19《小说世界》5：10；
68《戏剧与文艺》1：2，1：4，1：5，1：6，1：7，1：8—9，1：12；
109《论语》4，67，144，145，146，147，148，149，150，151，152，153，154，155，156，157，158，159，160，161，162，163，164，165，166，167，168，169，170，171，172，173，174，175，176，177；

191《文艺新闻》9—10

达　一

109《论语》25

达　七

99《涛声》2：27，2：28

达　人

241《文艺大众》1

达　夫

15《创造》1：1；
24《洪水》半月刊3：27，半月刊3：28，半月刊3：29；
25《语丝》4：25，4：30，4：36，4：52；
34《创造月刊》1：1；
36《北新》2：19；
50《奔流》1：4，1：6，1：7，1：9；
55《大众文艺》1：1，1：2，1：3，1：4，1：5，1：6；
58《白华》1：1；
92《文艺新闻》43；
109《论语》7；
145《宇宙风》2

达　仁

39《泰东》1：10；
45《现代小说》1：5

达　化

85《文艺月刊》战时特刊2：3

达　史

208《诗创作》15

达　尼

200《新诗歌》4

达　年

145《宇宙风》85

达　观

19《小说世界》1：9，1：10，2：1，2：2，2：3，2：4，2：9，3：4，3：5，4：1，4：3，6：1，6：9，7：1，7：2，7：11，8：5，8：13，9：1

达　明

195《黄河》6，8

达　昌

93《青年界》12：1

达　哉

19《小说世界》14：2

达　秋

158《中流》1：7

达　祖

109《论语》120，142，143

达　皋

218《文坛》2

达　摩

93《青年界》11：5

达　藻

122《文学季刊》1：2

迈　斯

199《野草》2：1—2，3：3—4，新3号，新4号，第9集，第10集

戍　生

116《文艺月报》1：3

成　君
142《中学生文艺季刊》2：1，2：3，2：4，3：1，3：2
成
26《现代评论》6：140；
211《文艺先锋》4：5
成　一
142《中学生文艺季刊》1：3，2：3
成　己
209《万象》3：4
成　文
241《文艺大众》1，2，5，6
成　心
155《光明》2：12
成　平
252《北方文化》2：1
成　朴
11《文学周报》292，296
成　达
37《一般》1：4
成　均
29《莽原》13；
33《狂飚》不定期刊 1
成　良
249《白山》2
成　君
114《艺术新闻》2，4
成　泽
99《涛声》1：27
成　实
252《北方文化》2：4
成　禺
149《逸经》31
成　郎
249《白山》2
成　素
32《清华文艺》1：1
成　辉
264《诗创造》6
成　嵩
75《萌芽》1：6
成之胄
109《论语》118，122
成小泉
6《解放与改造》3：9
成也竞
259《东北文化》1：3
成文英
75《萌芽》1：1，1：4，1：5，1：6；
76《拓荒者》2
成仿吾
11《文学周报》125，127；
15《创造》1：1，1：2，1：3，1：4，2：1，2：2；
22《创造周报》1，2，4，5，6，8，9，11，13，14，17，18，21，23，26，27，28，30，34，41，43，45，47，48，50，51，52；
24《洪水》半月刊：1：3，1：5，1：6，2：18，3：25，3：26，3：30；
26《现代评论》2：48；

34《创造月刊》1：1，1：3，1：4，1：9，1：10；
44《文化批判》1，2；
175《战地》1：2；
176《自由中国》创刊号；
183《鲁迅风》3；
184《文艺战线》创刊号；
194《中国文化》1：6；
205《五十年代》创刊号；
252《北方文化》1：1，1：3，1：5

成其志

141《文艺》1：5—6，2：5—6，3：2，3：3

成舍我

1《新青年》9：2

成绍宗

13《诗》2：2；
24《洪水》周年增刊；
45《现代小说》3：2，3：3，3：4；
93《青年界》5：5，6：1，6：2，6：3，6：4，6：5，7：1，7：2，7：4，7：5，8：1，8：4，8：5，9：2，9：5，10：1，10：2，10：3，10：4，10：5

成孟雪

40《真美善》5：4，5：5，6：3

成洛腊

145《宇宙风》129

成秉钧

145《宇宙风》108

成惕轩

221《文艺先锋》2：4，2：5—6，5：5，10：1

百　川

87《前锋月刊》1：2

百　子

109《论语》28

百　云

195《黄河》复刊5

百　年

26《现代评论》1：22

百　合

51《开明》1：1；
96《文艺杂志》1：4

百　里

6《解放与改造》3：1，3：3，3：4，3：6，3：8，3：9，3：10，3：11，3：12，4：1，4：2，4：3，4：5；
10《小说月报》12：3，12：4；
16《努力周报》15

百　灵

113《新诗歌》1：3，1：4；
115《文学杂志》1：1；
159《诗歌杂志》2

百　俞

19《小说世界》1：1，1：2，1：3，1：5，1：7，2：1，5：2，5：10

百　谅

159《诗歌杂志》2，3

百　橹
109《论语》20
百愁生
19《小说世界》17：1
百零一忍斋主
149《逸经》23
而
151《文学丛报》1
而　已
134《太白》2：3，2：4，2：9；
140《芒种》4
而　化
11《文学周报》296，305，322
而　实
145《宇宙风》54
页　三
211《文艺生活》穗新5
死　灰
39《泰东》1：9
托我斯泰
11《文学周报》333—334
执　无
26《现代评论》5：107，6：132，6：133，6：136，7：164
扬
117《文学》5：1，5：2，5：4，5：5
扬　禾
208《诗创作》9；
217《文艺杂志》1：4，1：5
扬　令
238《希望》2：2
扬　帆
85《文艺月刊》11：1；
149《逸经》21，25；
265《胶东文艺》1：2；
271《文学战线》2：5
扬　灵
195《黄河》4：6
扬　波
172《七月》5：3；
185《笔阵》12，13，新2：1；
190《通俗文艺》2，4；
238《希望》2：2；
270《小说》4：6，6：2
扬　起
210《笔谈》7
扬　滔
178《抗战文艺》9：5—6
扬士博
172《七月》1：5
扬文耕
235《文艺春秋》4：6
扬平建
201《戏剧春秋》1：6
扬宪益
225《时与潮文艺》3：1
毕　木
195《黄河》复刊3
毕　公
158《中流》1：4，1：6

毕　军
203《奔流文艺丛刊》5，6
毕　明
253《清明》创刊号；
257《长城》创刊号
毕　郊
191《文艺新闻》8，11
毕　容
182《文艺新潮》2：3，2：4
毕　桑
242《新群众》1：1，1：2，1：3，
1：4，1：5
毕　崧
230《民族文学》1：3
毕　铭
134《太白》1：8
毕　湖
109《论语》73
毕　端
192《文学月报》2：4，3：1
毕　壁
51《开明》1：5
毕　露
141《文艺》1：4
毕云程
1《新青年》2：1，2：2，2：3，2：
4，2：5；
93《青年界》8：2；
117《文学》5：1
毕未朽
251《文艺杂志》1：5，1：6，2：
1，2：2
毕立志
109《论语》163
毕任庸
93《青年界》9：5；
149《逸经》22，33
毕奂午
122《文学季刊》1：4，2：3；
136《水星》1：3，2：2；
153《文季月刊》1：1，1：2，2：1
毕青予
136《水星》2：1
毕英杰
274《平原》3
毕树棠
32《清华文艺》不定期4；
36《北新》2：9；
46《新月》2：3；
85《文艺月刊》9：3，9：4，10：1；
106《现代》5：6；
109《论语》56，59，60，66，92，
100，105；
117《文学》5：1，5：2，5：3，5：
4，6：1，7：1，9：1；
122《文学季刊》1：1，1：2，1：
3，1：4，2：1，2：2，2：3；
127《人间世》18，21，22，24，30；
138《文饭小品》1：3；
145《宇宙风》3，4，5，8，10，
12，13，17，20，27，34，41，
44，74，75；

149《逸经》25；
186《宇宙风乙刊》3，5，6，8，10，11，17，22，25，26，50；
229《艺文杂志》1：1，1：3，1：4，1：5

毕革飞

276《华北文艺》3

毕修勺

133《译文》2：4；
221《文艺先锋》13：2

毕桓武

10《小说月报》22：1，22：2；
59《春潮》1：9

毕倚虹

19《小说世界》1：2，2：8，2：12

毕庶敏

10《小说月报》12：号外

毕基初

167《文学杂志》2：2，2：5，2：6，2：11，3：1，3：2，3：4；
229《艺文杂志》2：1

毕群华

262《平原文艺》1：5

尧　伯

39《泰东》1：9

过　客

19《小说世界》18：3，18：4

过长授

227《艺丛》1：1

匡　扶

109《论语》158，159，161

匡　庐

100《北斗》2：1

匡　沙

183《鲁迅风》16；
209《万象》3：3，3：5，3：6，3：10，4：5，4：7

匡　直

68《戏剧与文艺》1：8—9，1：10—11

匡　哉

117《文学》3：2

匡　僧

2《每周评论》17；
6《解放与改造》1：6

匡互生

37《一般》1：1

匡亚明

88《读书月刊》1：1，1：2，2：1，2：3；
92《文艺新闻》5，24

匡润之

19《小说世界》12：3

匠　伯

25《语丝》4：18，4：39

至

80《骆驼草》2，3，4，9

至　诚

109《论语》102，106

夷

85《文艺月刊》战时特刊3：5—6

夷　白

140《芒种》4，7

夷　弥

209《万象》3：5，4：5

夷　罟

25《语丝》73

此　生

109《论语》21；

210《笔谈》3

贞　北

31《甲寅》1：39

贞　柏

59《春潮》1：8

师　山

145《宇宙风》90，91，93，101，
122，125，129，132，133，
138，139，142，143

师　古

92《文艺新闻》追悼号

师　竹

82《前锋周报》25

师　鸠

40《真美善》2：6，3：2，3：4，
3：6，4：1，4：2，4：3，4：
4，4：5，4：6，5：1，5：2，
5：3

师　陀

209《万象》3：1，3：2，3：3，3：
4，3：5，3：6，3：7，3：8，
3：10，3：11，3：12，4：1，
4：2，4：3，4：4，4：5，4：
6，4：7；

244《文艺复兴》1：2；

253《清明》3

师　郑

30《甲寅》1：40

师田手

159《诗歌杂志》2，3

177《文艺阵地》3：8；

178《抗战文艺》2：7；

181《文艺突击》新1：1；

194《中国文化》1：2；

197《大众文艺》创刊号，1：6；

202《文艺月报》14；

273《文艺月报》4

师雨苍

145《宇宙风》92

师复君

1《新青年》3：5

师震富

273《文艺月报》4

尘

19《小说世界》13：4，13：13

尘　无

155《光明》3：4；

161《电影戏剧》1：1，1：2

尘　庆

37《一般》4：2

尘　般

185《笔阵》新1：2

尘　梦

19《小说世界》1：6，1：12，2：2，

3：3，3：6，9：4，9：6，10：4，10：6，10：7，10：8，10：10，10：12，10：13，11：2，11：3，11：5，11：6，11：7，11：8，13：2，13：8，13：15

尖　石

182《文艺新潮》1：4—5

劣　者

28《猛进》33；

29《莽原》周刊：14，15，20，22，27，28，31，32

光

26《现代评论》1：6，1：17，1：20，1：23，2：27，2：28，2：29，2：30；

37《一般》2：3；

109《论语》40

光　一

26《现代评论》1：2，1：6，1：7，1：8，1：9，1：10，1：11，1：13

光　人

28《猛进》27；

36《北新》3：9，3：10，3：11，3：12，3：15，4：1—2，4：11，4：14，4：15

光　子

191《文艺新闻》创刊号，2，3，4；

221《文艺生活》光复版 4

光　升

1《新青年》2：6

光　旦

46《新月》2：1，2：4，2：9

光　仪

25《语丝》5：14，5：17

光　丝

51《开明》1：8

光　亚

149《逸经》16

光　迈

109《论语》64

光　华

88《读书月刊》1：5，2：1；

142《中学生文艺季刊》2：3

光　军

32《清华文艺》1：5

光　宇

109《论语》34

光　焘

155《光明》2：7

光　赤

24《洪水》半月刊 1：8，半月刊 2：15，半月刊 2：16；

28《猛进》38；

38《幻洲》1：8

光　典

7《曙光》1：3；

10《小说月报》12：8

光　明

82《前锋周报》10；

142《中学生文艺季刊》2：4

光　宜
109《论语》14
光　复
145《宇宙风》109
光　亮
1《新青年》9：6
光　涛
84《开展》2，3
光　焘
37《一般》1：2；
63《金屋》1：9—10
光　琪
109《论语》27，46
光　落
36《北新》3：1，4：6
光　慈
76《拓荒者》1
光　霁
19《小说世界》8：2
光未然
155《光明》1：12，3：5；
170《新演剧》复刊号；
173《抗战戏剧》创刊号；
192《文学月报》1：5，2：3，3：1；
201《戏剧春秋》1：3；
247《人民文艺》2，3，5，1：6；
255《北方》2：1—2；
274《平原》1：3
吁
109《论语》121，122
屿　禾
38《幻洲》1：9
帆　丁
229《艺文杂志》1：3
则　民
24《洪水》半月刊 2：23—24
则　望
252《北方文化》1：4，2：1
则　蓝
273《文艺月报》2
刚
18《歌谣》7，8，9，15
刚　文
145《宇宙风》73
刚　主
229《艺文杂志》2：4
刚　良
199《野草》新 7 集
刚果伦
45《现代小说》3：3
岁　寒
275《文艺丛刊》4
岂
80《骆驼草》13；
109《论语》59
岂　凡
10《小说月报》20：10；
11《文学周报》353；
37《一般》4：1，4：2，4：4，5：2，6：1，6：2，6：3，7：1，7：2，7：3，8：1，8：2，8：

3，8：4，9：1，9：3，9：4；
51《开明》1：1，1：6，2：1，2：4；
63《金屋》1：9—10，1：11，1：12；
74《新文艺》1：3；
109《论语》1，2，4，5，8，15，16，18；
134《太白》2：1；
236《高原》创刊号，2

岂 风

92《文艺新闻》42

岂 叨

43《未名》2：9—12

岂 弟

141《文艺》2：4

岂 青

109《论语》39

岂 明

25《语丝》50，51，53，54，55，56，58，61，63，64，65，67，68，69，70，71，72，73，74，75，76，78，79，80，81，82，83，84，85，86，87，88，89，90，91，92，93，94，95，96，98，99，100，102，103，104，105，106，107，108，109，110，111，112，113，114，115，116，117，118，119，120，121，122，123，124，125，126，127，128，129，131，132，133，134，135，136，137，138，139，140，141，144，147，148，149，150，151，154，4：2，4：5，4：6，4：8，4：9，4：11，4：16，4：24，4：25，4：28，4：29，4：33，4：38，4：41，5：11；
35《沉钟》18；
36《北新》1：10，2：5，2：9，2：10，2：14，2：21；
43《未名》1：7，2：9—12；
51《开明》2：9；
80《骆驼草》1，2，3，4，5，6，7，8，9，10，12，15，16，19，20，21，23，24，26；
93《青年界》1：1；
127《人间世》4，5，9，10；
130《当代文学》1：1

岂 哉

145《宇宙风》45，46，51，52，53，54

岂 弱

109《论语》90

岂 匏

212《文讯》2：5

岂 深

99《涛声》2：13；
221《文艺先锋》2：4，3：5

吕 风

263《文艺知识连丛》1：2

吕 文

142《中学生文艺季刊》2：2

吕 艾

262《平原文艺》1：1；

274《平原》3：1

吕　东

117《文学》8：1

吕　令

6《解放与改造》1：7

吕　光

189《西线文艺》1：4

吕　庄

264《诗创造》11

吕　李

63《金屋》1：11

吕　呐

251《文艺杂志》2：2；

255《北方》1：4

吕　果

236《高原》3

吕　荧

172《七月》6：1—2，6：3，6：4，7：1—2；

178《抗战文艺》9：3—4，9：5—6，10：1，10：4—5；

192《文学月报》2：5；

208《诗创作》9；

212《文讯》7：5，8：2；

217《文艺杂志》新1：1，新1：3；

238《希望》1：3；

256《萌芽》1：1，1：4；

267《大众文艺丛刊》3；

270《小说》3：4，4：1

吕　星

217《文艺杂志》2：6

吕　复

170《新演剧》新1：2；

173《抗战戏剧》1：4，1：5，1：6—7，2：1，2：2—3

吕　修

23《文艺周刊》43—44

吕　剑

178《抗战文艺》4：5—6；

199《野草》新2号，新3号；

211《文艺生活》光复版2，光复版3，光复版13；

239《诗文学》1；

258《文艺丛刊》2；

276《华北文艺》4

吕　庠

85《文艺月刊》战时特刊2：11—12

吕　彦

180《文艺》2：4

吕　亮

265《胶东文艺》1：8

吕　班

251《文艺杂志》2：3

吕　桐

259《东北文化》1：4，1：5，2：1

吕　桁

44《文化批判》5

吕　恩

243《文联》1：2，1：3，1：4，1：5；

253《清明》2

吕　宾

109《论语》125，170

吕　梅

199《野草》5∶5

吕　逸

36《北新》2∶10；

50《奔流》2∶2

吕　梁

211《文艺生活》光复版4；

251《文艺杂志》2∶2，3∶2

吕　箬

26《现代评论》4∶89，4∶90，4∶92，4∶94，4∶96

吕　澂

1《新青年》6∶1

吕　霖

187《戏剧岗位》3∶5—6

吕　黛

177《文艺阵地》3∶1

吕　藻

98《新时代》7∶4

吕　骥

155《光明》1∶5，2∶2；

161《电影戏剧》1∶2，1∶3；

175《战地》1∶1；

176《自由中国》创刊号；

200《新诗歌》3；

259《东北文化》1∶5；

261《东北文艺》1∶2；

272《群众文艺》10；

275《文艺丛刊》7

吕一鸣

20《浅草》1∶4；

23《文艺周刊》20，22，27，47

吕山吾

19《小说世界》9∶7

吕天石

85《文艺月刊》8∶1，8∶2

吕长春

40《真美善》4∶4

吕方邑

145《宇宙风》19，30，116，143

吕甘心

25《语丝》5∶10

吕去疾

141《文艺》2∶1

吕平度

99《涛声》2∶9

吕白华

93《青年界》新1∶1，新1∶2，新2∶3，新2∶4，新3∶1，新6∶1；

195《黄河》复刊4，复刊6；

226《风雨谈》3，5

吕永坤

18《歌谣》13，33

吕仰山

36《北新》1∶31；

59《春潮》1∶9

吕克玉

152《作家》1∶6

吕克石

180《文艺》2：3

吕克孝

19《小说世界》13：7

吕伯攸

19《小说世界》14：1，14：2，14：5，14：6，14：11，14：12，14：16，14：19，14：23，14：24，14：25，15：4，15：5，15：6，15：7，15：8，15：9，15：10，15：11，15：12，15：13，15：14，15：15，15：16，15：17，15：19，15：20，15：22，15：23，15：24，16：3，16：5，16：8，16：10，16：11，16：12，16：19，16：21，17：1，17：2，17：3，17：4，18：1，18：4；

209《万象》1：7，1：9，1：11，1：12，2：2，2：3，2：4，2：5，2：6，2：7，2：9，2：10，2：12，3：6，号外

吕雨纹

85《文艺月刊》2：11—12

吕叔湘

51《开明》新1，新6；

93《青年界》9：1

吕明甫

109《论语》73

吕佩英

209《万象》2：9

吕宝德

85《文艺月刊》9：2

吕实名

186《宇宙风乙刊》16

吕绍光

93《青年界》4：5，5：2，5：4，6：1，8：4，8：5，10：2，12：1；

98《新时代》6：1；

109《论语》16；

113《新诗歌》2：2；

123《中国文学》1：5；

126《诗歌月报》1：1，1：2，1：3，1：4，1：5，2：1，2：2；

131《东流》1：6；

137《当代诗刊》创始号

吕思勉

145《宇宙风》100；

186《宇宙风乙刊》21，23，24，39，40；

235《文艺春秋》丛刊1，丛刊2

吕迥晨

93《青年界》8：1，9：1

吕亮耕

85《文艺月刊》10：1；

141《文艺》6：1；

145《宇宙风》127；

160《新诗》2：1；

165《文丛》1：5，2：4；

171《烽火（呐喊）》19；

176《自由中国》新1：2，新1：3，新2：1—2；

208《诗创作》9；
212《文讯》4：4—5；
217《文艺杂志》1：3，1：6；
264《诗创造》8
吕美荪
31《甲寅》1：43
吕振群
10《小说月报》14：9
吕斯百
85《文艺月刊》8：3；
221《文艺先锋》3：3
吕敬平
241《文艺大众》4
吕瑞甫
19《小说世界》17：1
吕碧成
40《真美善》女作家专号
吕漪汶
52《山雨》1：3，1：4，1：6，1：7，1：8—9
吕村（邨）
93《青年界》8：4
吕鉴平
93《青年界》8：2；
117《文学》5：1
吕德甲
244《文艺复兴》1：6
吕德润
142《中学生文艺季刊》2：2
吕翰芳
93《青年界》11：3
吕霞先
195《黄河》3：2，4：1
吕燮文
142《中学生文艺季刊》3：2
吕翼仁
186《宇宙风乙刊》21，23
网珠生
209《万象》1：1，1：4，1：5，1：7，1：8，1：9，2：10
同
31《甲寅》1：26，1：29；
109《论语》2，145；
209《万象》1：10；
221《文艺先锋》2：2，4：1，8：3；
251《文艺杂志》3：2
同 力
25《语丝》31
同 风
175《战地》1：5
同 心
25《语丝》12
同 生
191《文艺新闻》11
同 光
37《一般》2：1
同 休
93《青年界》7：3
同 伯
25《语丝》147，4：29
同 昭
145《宇宙风》80

同　济
196《战国策》5
同　耕
93《青年界》新 4：3，新 4：4，新 4：5
同　麟
106《现代》5：4
因　心
19《小说世界》13：22；
109《语丝》26
因　明
2《每周评论》19；
145《宇宙风》34，65
因　是
147《夜莺》1：2
因　蓀
178《抗战文艺》9：5—6；
208《诗创作》10，17；
260《呼吸》创刊号
因　倪
163《热风》1：2
团　丁
99《涛声》2：14
曲　子
134《太白》1：1
曲　元
109《论语》31
曲　他
159《诗歌杂志》3
曲　秋
10《小说月报》17：6
曲　芊
145《宇宙风》91
曲云臯（皋）
18《歌谣》31
曲同丰
31《甲寅》1：3
曲仲奕
265《胶东文艺》1：8
曲江春
109《论语》88，89
曲江韬
177《文艺阵地》4：11
曲来珍
249《白山》3
曲秉诚
271《文学战线》2：5
曲继臯
25《语丝》137；
212《文讯》5：1
曲喜昭
93《青年界》11：3
曲滢生
93《青年界》12：1
曲殿元
26《现代评论》2：42，2：49，3：54，3：55，4：90，5：115，5：119
曲斋老人
109《论语》21，22，24，26，32，33，35，38，42，44

竹
221《文艺先锋》3：2
竹　马
272《群众文艺》2
竹　友
113《新诗歌》2：1
竹　田
195《黄河》11
竹　同
93《青年界》7：3
竹　舟
85《文艺月刊》战时特刊1：11；
115《文学杂志》1：2；
130《当代文学》1：3
竹　如
212《文讯》6：3，6：4
竹　青
99《涛声》2：4
竹　坡
45《现代小说》3：4，3：5—6
竹　依
37《一般》6：3，6：4
竹　居
36《北新》4：4
竹　衍
142《中学生文艺季刊》2：2
竹　宣
2《每周评论》22
竹　眠
274《平原》3
竹　溪
88《读书月刊》2：6
竹　影
20《浅草》1：3；
23《文艺周刊》2，3，4，8，11，12，13；
40《真美善》5：1
竹　簧
251《文艺杂志》2：3
竹人寸
109《论语》4
竹云龙
93《青年界》新1：1，新1：2，新1：3，新1：4，新1：5，新2：3，新5：2，新5：3
竹内好
226《风雨谈》11
竹可羽
217《文艺杂志》新1：1；
270《小说》5：5，6：3
竹秉衡
142《中学生文艺季刊》3：2
先
109《论语》31；
117《文学》7：2；
155《光明》2：8
先　之
37《一般》8：1，9：3
先　名
261《东北文艺》创刊号

先　安
37《一般》3：2，3：3
先　进
145《宇宙风》106
先　河
155《光明》1：5
先　银
190《通俗文艺》30，31
先　愚
24《洪水》半月刊2：6
廷　秀
109《论语》22
廷　堡
109《论语》42
廷　蔚
29《莽原》半月刊2：3
乔
178《抗战文艺》9：3—4；
197《大众文艺》1：4
乔　丁
85《文艺月刊》战时特刊2：11—12，战时特刊5：1
乔　力
195《黄河》10
乔　天
273《文艺月报》4
乔　木
140《芒种》7；
145《宇宙风》45；
155《光明》1：6；
164《希望》1：1，1：2；
181《文艺突击》新1：1；
194《中国文化》创刊号；
210《笔谈》5；
267《大众文艺丛刊》2
乔　生
36《北新》4：21—22；
106《现代》6：4
乔　年
26《现代评论》2：39
乔　羽
255《北方》2：1—2；
262《平原文艺》2：3
乔　治
109《论语》28
乔　诚
135《文学新地》1
乔　峰
29《莽原》周刊27
乔一苏
147《夜莺》1：2；
170《新演剧》1：1
乔友忠
14《学衡》74
乔延龄
195《黄河》2：4
乔志高
145《宇宙风》22，24，29，37，47，57，67，69；
186《宇宙风乙刊》9，16
乔连川
272《群众文艺》4，7

乔汶荃
170《新演剧》新1：2
乔鸿诚
262《平原文艺》2：5
乔曾劬
10《小说月报》13：1，13：2，13：3，13：4，13：5
乔新之
109《论语》145
年
109《论语》146，149，160，177；
190《通俗文艺》9
朱 夕
85《文艺月刊》战时特刊2：8
朱 元
272《群众文艺》11—12
朱 歹
92《文艺新闻》追悼号
朱 仁
222《青年文艺》3
朱 今
134《太白》1：6，1：8，1：11，2：6，2：11；
140《芒种》6
朱 丹
251《文艺杂志》3：5；
259《东北文化》1：1，1：2，1：3，1：5；
261《东北文艺》1：4，1：5
朱 凤
174《抗到底》20
朱 叶
93《青年界》10：5
朱 立
162《小说家》1：2
朱 朴
145《宇宙风》51，62，67；
186《宇宙风乙刊》创刊号；
229《艺文杂志》3：3
朱 华
36《北新》2：3；
264《诗创造》2：3
朱 旭
36《北新》2：17
朱 负
160《新诗》1：4，1：5
朱 衣
226《风雨谈》6
朱 声
172《七月》4：2
朱 克
173《抗战戏剧》1：4
朱 还
14《学衡》41，45
朱 希
199《野草》3：6
朱 纬
209《万象》1：8
朱 坡
251《文艺杂志》2：1
朱 英
88《读书月刊》1：1

朱　轮
202《文艺月报》16
朱　贤
242《新群众》1：6
朱　昊
224《天下文章》2
朱　沫
85《文艺月刊》8：4
朱　波
177《文艺阵地》4：11
朱　经
1《新青年》5：2；
3《新潮》5：2
朱　玲
211《文艺生活》穗新5
朱　星
275《文艺丛刊》3，8
朱　复
10《小说月报》21：5；
14《学衡》27
朱　侯
191《文艺新闻》5
朱　洪
3《新潮》2：3
朱　洋
127《人间世》38
朱　绛
175《战地》1：6；
270《小说》3：2
朱　哲
93《青年界》10：4
朱　笄
222《青年文艺》新1：5；
237《文学新报》1：3；
240《文哨》1：3
朱　健
238《希望》1：1，1：3
朱　涛
36《北新》1：18
朱　珴
19《小说世界》12：8
朱　萸
177《文艺阵地》5：1；
182《文艺新潮》2：7，2：8；
193《戏剧与文学》1：1，1：3
朱　萍
264《诗创造》3
朱　菅
85《文艺月刊》11：1；
106《现代》5：2，5：4
朱　梵
209《万象》3：1，3：2，3：3，3：4，3：5，3：6，3：7，4：3，4：4，4：5，4：6
朱　琐
11《文学周报》110
朱　梅
85《文艺月刊》8：1；
93《青年界》9：2，10：3，10：4，11：1，11：2，11：3，11：4，11：5，新1：4；
141《文艺》3：6

朱 偰

26《现代评论》4：84；

85《文艺月刊》战时特刊2：11—12；

210《笔谈》2

朱 琴

252《北方文化》1：2

朱 惠

235《文艺春秋》4：5，4：6，6：1，7：1

朱 雯

40《真美善》3：6；

85《文艺月刊》7：6；

93《青年界》9：1，10：5，11：1，12：1，新6：1；

104《矛盾》2：2，3：2，3：3—4；

106《现代》2：2，5：6；

136《水星》2：2，2：3；

138《文饭小品》1：2；

145《宇宙风》77，100；

169《中国文艺》1：1；

171《烽火（呐喊）》17；

182《文艺新潮》1：1，1：7，1：8，1：9；

186《宇宙风乙刊》3，4，5，6，7，8，9，10，11，12，13，14，26；

235《文艺春秋》3：1，6：4

朱 紫

160《新诗》2：2

朱 舒

93《青年界》8：5

朱 湘

10《小说月报》13：1，13：2，13：7，13：8，13：10，13：10，13：12，15：9，15：10，15：12，16：1，16：4，16：10，16：12，17：1，17：2，17：3，17：5，17：6，17：7，17：9，7：12，17：号外上，17：号外下；

11《文学周报》144，285，290，298，313，320，335，336，345，347，350；

24《洪水》半月刊3：27；

25《语丝》19；

28《猛进》23；

32《清华文艺》1：5；不定期刊3，不定期刊4，不定期刊5；

51《开明》2：4；

65《人间月刊》3；

74《新文艺》1：3；

83《现代文学》1：3；

90《诗刊》1，4；

93《青年界》2：4，2：5，3：2，3：3，3：4，3：5，4：1，4：2，4：3，4：5，5：1，5：2，8：1，8：3，8：5；

94《现代文学评论》1：1，2：1—2；

96《文艺杂志》1：2，1：4；

106《现代》1：4，4：3；

117《文学》1：1，1：4，1：5，2：1；

123《中国文学》1：3—4；

126《诗歌月报》1：1，1：2，1：4，1：5，2：1；
127《人间世》3，4，5，7，11，13，15，18，28，31，32，38；
141《文艺》2：1，2：4，2：5—6；
226《风雨谈》1；
244《文艺复兴》3：5

朱　渺
51《开明》1：11

朱　弼
85《文艺月刊》10：6

朱　溪
65《人间月刊》1，3；
85《文艺月刊》5：1，10：1；
122《文学季刊》1：1

朱　墉
1《新青年》5：6

朱　旗
273《文艺月报》3

朱　寨
213《草叶》1，3；
271《文学战线》创刊号

朱　慧
147《夜莺》1：2，1：4

朱　德
197《大众文艺》1：5；
200《新诗歌》4

朱　颜
167《文学杂志》1：4

朱　璟
100《北斗》1：1

朱　儒
223《人世间》复刊1

朱　凝
172《七月》5：2

朱　霞
25《语丝》4：5，4：6，4：7，4：8；
260《呼吸》2

朱　露
99《涛声》2：12，2：13，2：14

朱一苇
104《矛盾》2：4

朱一声
51《开明》1：4

朱一明
109《论语》164

朱一鹗
4《国民》1：2，1：3

朱人鹤
85《文艺月刊》10：4—5

朱大心
82《前锋周报》2，5，6，7

朱大枬（楠）
26《现代评论》3：72；
29《莽原》周刊13，14，15，16，17，19，20，21，22，23，24，25，28，29，30，32；
36《北新》1：5

朱大旃
26《现代评论》2：33

朱上仁
56《乐群》2：8，2：9

朱之常
11《文学周报》5，6，7，8，9，34
朱子方
212《文讯》6：8
朱子伯
98《新时代》7：4
朱子奇
197《大众文艺》2：2；
200《新诗歌》3，4，5，6；
251《文艺杂志》2：6；
252《北方文化》1：2；
257《长城》1：2
朱子惠
19《小说世界》5：11
朱云谦
51《开明》1：5
朱云影
40《真美善》4：2，4：3，4：6，5：3；
74《新文艺》2：1，2：2；
83《现代文学》1：3；
106《现代》3：1；
224《天下文章》4
朱木发
211《文艺生活》海外版副刊
朱介凡
167《文学杂志》2：8，2：9，3：2，3：6
朱介民
88《读书月刊》1：5，2：2
朱公垂
15《创造》2：2
朱今明
173《抗战戏剧》1：2，1：3
朱凤蔚
209《万象》1：7，1：8，4：3
朱文仁
109《论语》148
朱文振
85《文艺月刊》6：4，8：3，8：4，8：5，9：2，11：2；
230《民族文学》1：5
朱文舆
190《通俗文艺》28
朱心木
31《甲寅》1：8；
145 附《宇宙风·逸经·西风非常时期联合旬刊》4，6
朱双云
170《新演剧》新1：3；
224《天下文章》2：1
朱以书
13《诗》1：5；
68《戏剧与文艺》1：6
朱允一
252《北方文化》1：3；
261《东北文艺》2：5
朱书诚
127《人间世》39
朱玉珂
93《青年界》8：2，9：4

朱玉柱
18《歌谣》34
朱去紫
190《通俗文艺》30
朱世龙
16《努力周报》74
朱东润
46《新月》2：9；
145《宇宙风》100，139；
167《文学杂志》1：4；
186《宇宙风乙刊》13，26
朱白华
109《论语》83
朱立光
109《论语》156
朱立堂
109《论语》163
朱立庵
93《青年界》11：3
朱永培
93《青年界》新5：5
朱民威
85《文艺月刊》战时特刊：1：7，1：9，1：10
朱司晨
98《新时代》2：1；
109《论语》10
朱朴庐
19《小说世界》13：25；
51《开明》1：4
朱亚南
93《青年界》10：5
朱有畇
1《新青年》5：4
朱有瓛
212《文讯》4：6—7
朱在留
93《青年界》9：4
朱如一
1《新青年》3：2
朱扬善
51《开明》2：22
朱夷吾
51《开明》2：1，2：6
朱光森
141《文艺》2：5—6
朱光潜
6《解放与改造》4：3；
18《歌谣》2：2，2：26；
37《一般》8：4；
51《开明》新7；
117《文学》8：1；
122《文学季刊》1：2，1：3；
127《人间世》1，15；
160《新诗》1：2，1：3，1：5，2：2；
167《文学杂志》1：1，2：1，2：2，2：3，2：6，2；8，2：10，3：1，3：2，3：4，3：5；
196《战国策》7；
220《文学创作》1：5，3：1；

221《文艺先锋》7：1；
225《时与潮文艺》1：3，3：1，3：5；
230《民族文学》1：1，1：2，1：3，1：5；
233《当代文艺》1：2

朱则东

24《洪水》半月刊2：14

朱乔森

212《文讯》9：3

朱仲伟

19《小说世界》7：1

朱仲琴

1《新青年》8：5；
26《现代评论》4：79；
93《青年界》10：2，11：5

朱仲璟

92《文艺新闻》19

朱自清

3《新潮》2：3，3：1；
5《少年中国》3：6；
10《小说月报》12：7，12；8，13：1，13：3，13：4，13：6，13：9，14：3，14：6，16：7；
11《文学周报》26，27，34，36，116，326，345；
13《诗》1：1，1：2，1：3，1：4；
14《学衡》73；
18《歌谣》3：1；
37《一般》4：4；
51《开明》2：16，新5，新6；
115《文学杂志》1：2；
117《文学》1：1，1：4，2：6；
134《太白》1：5；
167《文学杂志》2：1，2：5；
178《抗战文艺》9：5—6，10：2—3，10：4—5；
185《笔阵》新2；
209《万象》3：7；
212《文讯》7：5，8：5；
219《文学批评》2；
220《文学创作》1：4，2：2；
223《人世间》1：2；
225《时与潮文艺》1：3，5：1；
230《民族文学》1：1；
231《新文学》1：2；
233《当代文艺》1：2，1：3；
244《文艺复兴》1：6，2：1，研究号上；
247《人民文艺》1；
256《萌芽》1：3；
263《文艺知识连丛》1：3；
266《中国作家》1：1

朱企霞

36《北新》1：45—46，4：23—24；
93《青年界》9：1，9：5，10：1；
100《新诗》2：3—4

朱旭光

23《文艺周刊》6

朱亦赤

51《开明》1：11

朱庆疆
40《真美善》5：3，6：1
朱冰轮
98《新时代》4：6，5：1
朱迅鸠
106《现代》3：5
朱寿百
106《现代》1：2
朱志泰
235《文艺春秋》丛刊3
朱克邦
18《歌谣》2：14
朱孝庄
109《论语》40
朱吾石
189《西线文艺》1：3
朱我农
1《新青年》5：2
朱希圣
55《大众文艺》2：3
朱希祖
1《新青年》6：4，6：6，7：3，
9：5；
16《努力周报》24，25，30
朱谷怀
238《希望》2：3
朱应鹏
87《前锋月刊》1：2
朱间云
19《小说世界》16：24
朱沄沁
29《莽原》周刊13
朱君允
141《文艺》6：3；
167《文学杂志》2：11；
225《时与潮文艺》5：3
朱君庸
19《小说世界》2：8
朱枕新
13《诗》2：2
朱枕薪
10《小说月报》14：5，14：7，
14：9
朱英明
149《逸经》3
朱英新
149《逸经》3
朱英诞
160《新诗》2：1，2：2
朱其绿
93《青年界》新4：1
朱雨尊
40《真美善》6：5
朱奇平
159《诗歌杂志》2，3；
189《西线文艺》1：5
朱鸣冈
177《文艺阵地》3：12；
198《现代文艺》4：1，4：6；
245《文章》1：3，1：4；
253《清明》4

朱季安

19《小说世界》5：12

朱秉国

37《一般》2：1

朱佩弦

11《文学周报》174；

37《一般》3：3；

109《论语》15；

122《文学季刊》1：2；

167《文学杂志》1：2；

209《万象》3：3

朱佩棻

209《万象》3：1

朱泽原

159《诗歌杂志》2，3

朱宝贤

145《宇宙风》28

朱宝昌

212《文讯》7：4

朱宗彬

51《开明》2：4，2：13

朱宙平

177《文艺阵地》4：7

朱学安

36《北新》1：7

朱居易

51《开明》2：3

朱孟实

37《一般》1：3，1：4，2：3，3：1，3：2；

51《开明》2：18；

209《万象》3：3

朱绍文

145《宇宙风》2

朱绍农

1《新青年》5：2；

16《努力周报》2，55；

26《现代评论》1：15

朱春驹

149《逸经》3，4，12，15

朱城碧

203《奔流文艺丛刊》4

朱荫龙

220《文学创作》3：2

朱南人

98《新时代》2：1

朱厚锟

212《文讯》4：1，4：4—5，4：10—12

朱畏轩

10《小说月报》13：10；

11《文学周报》62，63

朱秋雯

19《小说世界》16：23

朱复钧

98《新时代》2：2—3

朱复璿

108《文艺茶话》2：7

朱信学

171《烽火（呐喊）》14

朱剑芒

98《新时代》7：4

朱剑珊
85《文艺月刊》战时特刊 2：11—12
朱炳煦
93《青年界》新 2：1，新 2：2，新 2：3，新 2：4，新 2：5，新 3：1，新 3：2，新 3：3，新 3：4，新 3：5，新 4：1
朱祖谋
14《学衡》30，53，55，57，58
朱烈轲
175《战地》1：6
朱振之
51《开明》1：8
朱振霄
19《小说世界》13：19，13：22，14：13，14：16，15：8，15：24，16：2，16：12
朱鸳雏
209《万象》2：11
朱烟影
51《开明》2：2；
93《青年界》9：1；
145《宇宙风》10
朱海衣
108《文艺茶话》2：1
朱海垣
51《开明》1：3
朱家骅
26《现代评论》2：43
朱谊存
99《涛声》1：15
朱通九
93《青年界》7：1，8：1，9：1
朱理惺
109《论语》123；
212《文讯》8：4；
221《文艺先锋》10：6，11：3—4，12：5
朱彬元
26《现代评论》1：18
朱菉园
128《小说》16
朱野蘋
159《诗歌杂志》2，3
朱曼予
109《论语》115
朱曼华
93《青年界》12：1；
155《光明》3：1
朱敏生
271《文学战线》2：5
朱敏章
26《现代评论》3：64
朱得森
31《甲寅》1：4
朱逸农
145 附《宇宙风·逸经·西风非常时期联合旬刊》4
朱鸿寿
10《小说月报》14：11
朱鸿禧
98《新时代》4：4—5

朱淑贞

18《歌谣》2：17

朱淑勤

211《文艺生活》海外版副刊

朱谋先

109《论语》54

朱维之

93《青年界》新1：1，新2：5，新3：1，新3：5，新6：2

朱维基

19《小说世界》3：10；

63《金屋》1：1，1：6，1：7，1：11，1：12；

69《南国月刊》1：4；

93《青年界》新1：1；

177《文艺阵地》5：2；

182《文艺新潮》2：1，2：2，2：3，2：5，2：6，2：7，2：8，2：9；

193《戏剧与文学》1：1，1：2；

208《诗创作》7，15；

212《文讯》6：4；

235《文艺春秋》丛刊3，丛刊4，丛刊5，2：1，2：2，2：3；

245《文章》创刊号

朱超然

51《开明》1：11

朱联晋

36《北新》3：22

朱紫盦

19《小说世界》7：7，16：10

朱景舒

19《小说世界》7：10

朱渭深

51《开明》1：5；

93《青年界》9：1，10：1，11：1，12：1

朱普怡

37《一般》7：4

朱曾汶

209《万象》1：8

朱寒修

209《万象》2：11

朱谦之

8《新社会》16，19；

145《宇宙风》142；

212《文讯》4：4—5

朱楚祺

40《真美善》5：3

朱鉴堂

18《歌谣》11，19，30，37

朱锦江

11《文学周报》350；

221《文艺先锋》3：5

朱慊之

92《文艺新闻》10

朱静辰

221《文艺先锋》3：4

朱瘦桐

19《小说世界》13：19，15：2；

149《逸经》21

朱肇洛
226《风雨谈》1，8；
229《艺文杂志》1：1，1：2，2：12
朱德孚
93《青年界》9：5
朱德君
195《黄河》2：3
朱德煌
99《涛声》2：27
朱適孝
18《歌谣》62
朱赞华
51《开明》2：2
朱镜我
34《创造月刊》2：6；
44《文化批判》1，2，3，4，5；
45《现代小说》3：1；
53《思想》1：1，1：2；
75《文艺讲座》1
朱镜宙
5《少年中国》2：7
朱穆之
206《华北文艺》1：3
朱衡彬
213《草叶》5
朱義胄
4《国民》1：1
朱曙光
74《新文艺》1：4
朱穰丞
72《戏剧的园地》1：3
朱张静芳
19《小说世界》13：8
传　语
190《通俗文艺》26
伟　士
58《白华》1：3
伟　弟
98《新时代》3：3
伟　杰
93《青年界》新4：1，新4：3
伟　南
38《幻洲》2：6
伟　咸
223《人世间》复刊8—9
伟　倜
159《诗歌杂志》2
伟　卿
93《青年界》新5：4
伟　陵
128《小说》5
伟　森
36《北新》2：23，4：12，4：19
伟　雄
262《平原文艺》2：3
休
143《杂文》4
休　士
116《文艺月报》1：3；
126《诗歌月报》1：1
休　基
113《新诗歌》2：2

伍　戈

211《文艺生活》海外版 7

伍　月

197《大众文艺》1：4

伍　禾

125《春光》1：3；
137《当代诗刊》1：3—4；
141《文艺》5：3；
178《抗战文艺》2：5，9：3—4，10：1；
208《诗创作》1，2，6，15，17；
211《文艺生活》1：1，1：2，1：3，1：5，2：5；
212《文讯》6：6；
219《文学批评》2；
220《文学创作》2：3，3：1；
221《文艺先锋》2：1

伍　辛

177《文艺阵地》6：6；
178《抗战文艺》9：1—2；
208《诗创作》12，14，15

伍　明

109《论语》171

伍　昉

120《文艺》1：1

伍　实

117《文学》1：1，1：2，1：4，3：3，3：4，3：6

伍　洲

251《文艺杂志》2：1

伍　隼

270《小说》6：2

伍　臬

209《万象》3：10，3：11

伍　超

222《青年文艺》2

伍　狱

109《论语》115

伍介石

10《小说月报》14：2

伍玉英

19《小说世界》15：5

伍石天

117《文学》8：1

伍光建

19《小说世界》13：14，13：15，13：16，13：17，13：18，13：19，13：20，13：21，13：22，13：23，13：24，13：25，14：1，14：2，14：3，14：4，14：5，14：6，14：7，14：8，14：9，14：10，14：11，14：12，14：13，14：14，14：16，14：17，14：18，14：20，14：21，14：22，14：23，14：24，14：25；
117《文学》3：1

伍延秀

271《文学战线》1：2，1：5—6

伍纯武

39《泰东》1：10

伍叔傥

10《小说月报》17：号外上

伍非百

26《现代评论》2：44

伍畅霖

36《北新》4：5

伍受真

26《现代评论》7：182

伍学耘

145《宇宙风》109

伍承祖

149《逸经》36

伍剑禅

31《甲寅》1：5

伍家宥

18《歌谣》79

伍棠棣

208《诗创作》6

伍蠡甫

93《青年界》8：2；

104《矛盾》3：3—4；

106《现代》5：6，6：2，6：4；

117《文学》2：3，2：5，3：1，5：1；

151《文学丛报》6；

212《文讯》6：3；

221《文艺先锋》3：6

伏

36《北新》1：2

伏　尸

25《语丝》5：4

伏　刃

36《北新》4：4

伏　龙

149《逸经》1

伏　园

11《文学周报》233；

25《语丝》1，12，52；

108《文艺茶话》2：2

伏　鸿

18《歌谣》2：4

伏　路

104《矛盾》2：4

仲

26《现代评论》1：18，7：184，8：187；

210《笔谈》1

仲　子

19《小说世界》6：8；

109《论语》60；

117《文学》3：1；

149《逸经》28

仲　云

10《小说月报》14：9，15：1，15：4，15：8，16：5，16：6，16：7，20：1，21：4；

11《文学周报》57，58，59，60，61，64，68，72，97，99，100，104，111，112，114，115，119，120，123，125，128，129，134，138，155，156，178，183，184，188，192，193，200，209，216，

217，219，220，222，223，244，251，252，253，255，256

仲　夫

222《青年文艺》6

仲　午

212《文讯》1：2

仲　方

177《文艺阵地》1：1，1：4

仲　可

19《小说世界》6：5，6：6，6：8，6：12，6：13，7：3，7：4，7：5，7：6，7：7，7：8，7：9，7：10，7：11，7：12，8：3，8：5，8：6，8：8，8：9，11：8

仲　平

25《语丝》31；

33《狂飚》周刊：1，5，7，8，11，13，14，15，17

仲　禾

40《真美善》5：6，6：1

仲　尼

99《涛声》1：27

仲　民

39《泰东》1：5，1：6

仲　年

85《文艺月刊》战时特刊：第11年4月号，第11年5月号，第11年6月号

仲　齐

19《小说世界》5：2

仲　约

141《文艺》1：3

仲　芳

26《现代评论》3：76

仲　苏

5《少年中国》1：8

仲　言

10《小说月报》14：1；

109《论语》115

仲　良

245《文章》1：3

仲　初

265《胶东文艺》创刊号

仲　英

109《论语》115

仲　武

1《新青年》季刊4

仲　瓯

18《歌谣》91

仲　贤

12《戏剧》1：2，1：3，1：5，1：6，2：1，2：3

仲　鸣

108《文艺茶话》1：4，2：2

仲　明

11《文学周报》156

仲　和

19《小说世界》10：5

仲　侃

103《絜茜》创刊号

仲　实
194《中国文化》1：6，2：1，2：2
仲　咸
212《文讯》6：4
仲　持
10《小说月报》12：2，15：号外；
11《文学周报》52，209；
37《一般》1：2，3：4；
117《文学》4：6，5：1，5：2，5：3，5：4，5：5，5：6，6：1，6：3，6：4，6：5；
134《太白》1：1
仲　侯
11《文学周报》115；
18《歌谣》2：31，2：32
仲　起
10《小说月报》14：8，14：12
仲　殊
24《洪水》半月刊3：30，半月刊3：36；
25《语丝》149；
40《真美善》3：1
仲　陶
19《小说世界》9：9，11：3
仲　逵
28《猛进》33，50，53
仲　赉
93《青年界》新3：3，新3：4，新5：4
仲　常
26《现代评论》7：185，7：192，8：193
仲　鄂
109《论语》37
仲　崔
99《涛声》1：2
仲　寅
187《戏剧岗位》1：4，1：5—6，2：1
仲　密
1《新青年》6：2，6：4，8：5；
2《每周评论》4，5，7，8，10，11，13，17，25，28，31；
3《新潮》1：5；
10《小说月报》13：3，13：4，13：6；
16《努力周报》20；
18《歌谣》16
仲　绳
140《芒种》9—10
仲　超
109《论语》66
仲　越
39《泰东》1：11
仲　雯
93《青年界》5：5；
102《文化评论》1，2—3，4
仲　瑚
26《现代评论》1：21；
28《猛进》10，11，12，13，沪案特刊2

仲　揆
26《现代评论》1：7，2：37，2：45，3：78，4：94，7：173，8：192
仲　彝
40《真美善》3：1
仲个三
254《热潮》1：3
仲兆槐
11《文学周报》350；
19《小说世界》16：5，16：6，16：10，17：2
仲洁心
249《白山》6
仲可徐珂
19《小说世界》6：5，6：6，6：8，6：12，6：13，7：5，7：7，7：8，7：9，7：12，8：5，8：8，8：9
任
144《创作》1：3；
210《笔谈》5
任　厂
36《北新》1：36，1：49—50；
38《幻洲》1：10，1：11
任　人
159《诗歌杂志》1，3
任　夫
42《太阳月刊》4
任　公
31《甲寅》1：42
任　可
109《论语》41
任　由
142《中学生文艺季刊》1：2
任　生
177《文艺阵地》3：2；
198《现代文艺》1：6；
222《青年文艺》6
任　汉
145《宇宙风》126
任　达
172《七月》1：4，2：3，3：4
任　光
201《戏剧春秋》1：3
任　旭
18《歌谣》29
任　军
85《文艺月刊》战时特刊2：1，战时特刊2：2；战时特刊2：4，战时特刊2：6
任　农
87《前锋月刊》1：7
任　讷
8《新社会》4
任　劳
155《光明》2：11；
190《通俗文艺》2
任　何
117《文学》7：3；
203《奔流文艺丛刊》3；
223《人世间》复刊5；

266《中国作家》1：2

任 阿

93《青年界》10：5

任 叔

10《小说月报》14：12；
52《山雨》1：1，1：3，1：4，1：6，1：7；
57《大江》1：2；
163《热风》1：2

任 侠

85《文艺月刊》5：6

任 波

38《幻洲》1：7

任 奎

145《宇宙风》108

任 虹

259《东北文化》1：3

任 重

11《文学周报》78，89；
177《文艺阵地》2：11，3：8，3：11；
211《文艺生活》2：5

任 钘

3《新潮》1：5

任 钧

85《文艺月刊》战时特刊4：1，战时特刊4：2，战时特刊第11年8月号，战时特刊第11年9月号，战时特刊第11年11月号；
93《青年界》10：5，12：1，新1：3；
150《东方文艺》1：2，1：3，1：4；
151《文学丛报》1；
154《青年界》1：2，1：3，1：4；
155《光明》1：1，1：2，1：3，1：7，2：3，2：4，2：11，战时号外1；
157《今代文艺》1：3；
170《新演剧》新1：3；
177《文艺阵地》1：6，1：7，1：8，1：10，2：2，2：4，2：7，2：10；
178《抗战文艺》1：12，2：10，3：5—6，4：3—4，6：4，7：4—5，9：1—2，武汉特刊2，文协成立七周年并庆祝第一届文艺节纪念特刊；
185《笔阵》2；
187《戏剧岗位》1：1；
192《文学月报》1：6；
195《黄河》复刊2；
208《诗创作》12；
212《文讯》9：3；
216《战时文艺》1：5，2：1；
217《文艺杂志》1：2，2：2；
218《文坛》2；
220《文学创作》1：1，1：4，2：1；
221《文艺先锋》1：2，2：2，6：2—3，7：5，9：3—4；
224《天下文章》1，5；
225《时与潮文艺》3：4，4：5；
232《戏剧时代》1：4—5；

233《当代文艺》1:4;
235《文艺春秋》2:3,2:4,2:5,3:1,3:2,3:4,4:1;
237《文学新报》创刊号,1:4,2:1;
244《文艺复兴》1:2,3:5;
245《文章》1:3;
264《诗创造》2,3,6,7,8,2:1;
266《中国作家》纪念特刊;
272《群众文艺》2

任　健

211《文艺生活》光复版8;
239《诗文学》2

任　浩

145《宇宙风》20

任　曼

145附《宇宙风·逸经·西风非常时期联合旬刊》1

任　铿

149《逸经》14

任　普

262《平原文艺》2:2

任　愫

271《文学战线》1:5—6;
273《文艺月报》4

任　鼐

127《人间世》41;
149《逸经》2,8,25,29

任　鲤

134《太白》2:9

任　潮

127《人间世》41

任于人

119《戏》2

任大心

270《小说》4:2

任天马

145《宇宙风》55;
155《光明》2:12

任中敏

149《逸经》5;
220《文学创作》2:2

任以奇

235《文艺春秋》7:4,7:5

任右民

1《新青年》7:5

任白戈

93《青年界》8:2;
99《涛声》2:40;
117《文学》2:1;
125《春光》1:2,1:3;
134《太白》1:2,2:1,2:3;
143《杂文》3,4,2:1,2:2;
155《光明》战时号外4;
168《戏剧时代》1:1;
255《北方》1:5

任白涛

10《小说月报》15:10,16:1;
85《文艺月刊》7:4,战时特刊:号外1;
92《文艺新闻》30;

93《青年界》2：5，3：1，4：2，4：3，6：1，7：1，7：2，7：3，7：4，7：5，8：1，8：2，8：3，8：4，9：3，新 6：2；
106《现代》6：2；
140《芒种》8；
212《文讯》9：2，9：4

任达泉

85《文艺月刊》10：6；
162《小说家》1：2

任廷楷

229《艺文杂志》2：2

任守谦

149《逸经》4

任君嵋

19《小说世界》2：12

任纬彝

145《宇宙风》106

任郁之

229《艺文杂志》1：6

任叔永

16《努力周报》28；
186《宇宙风乙刊》12

任卓宣

1《新青年》季刊 4，不定期刊 2，不定期刊 4，不定期刊 5

任质斌

98《新时代》1：6

任星星

142《中学生文艺季刊》2：1

任俊达

109《论语》148

任致嵘

149《逸经》35；
187《戏剧岗位》1：5—6

任继愈

212《文讯》6：3

任铭善

51《开明》1：6

任鸿隽

1《新青年》5：2，6：3，7：1，7：5；
26《现代评论》2：39，5：107，5：110，6：144；
31《甲寅》1：15；
46《新月》4：1

任维之

19《小说世界》8：6

任渭长

19《小说世界》16：3，16：5

任弼时

1《新青年》不定期刊：1

价　夫

195《黄河》2：5—6

伦

109《论语》122；
190《通俗文艺》1，4，5，8

伦　光

199《野草》2：1—2

伦　文

19《小说世界》14：20

伧 叟

10《小说月报》12：3，12：4

仰 则

195《黄河》6

仰 曹

168《戏剧时代》1：1

仿 吾

15《创造》1：3；

24《洪水》周刊1，半月刊1：7，半月刊2：13，半月刊2：28，半月刊3：33，半月刊3：34，半月刊3：36；

47《流沙》2

仿 溪

23《文艺周刊》33

伙 火

149《逸经》26

伊

187《戏剧岗位》1：1，1：2—3；

232《戏剧时代》1：2，1：4—5

伊 人

93《青年界》新5：5；

183《鲁迅风》6；

227《艺丛》1：1，1：2

伊 川

99《涛声》1：35

伊 凡

11《文学周报》231；

98《新时代》4：2；

108《文艺茶话》1：1，1：2

伊 平

255《北方》2：1—2

伊 尼

93《青年界》9：1

伊 州

61《朝花》旬刊1：7

伊 那

55《大众文艺》2：5—6

伊 伯

191《文艺新闻》3

伊 甸

175《战地》1：3，1：4

伊 林

53《思想》1：2

伊 明

271《文学战线》创刊号

伊 波

109《论语》135，137，138，140，141，143

伊 思

187《戏剧岗位》1：1

伊 洛

244《文艺复兴》2：6

伊 真

4《国民》2：1；

261《东北文艺》1：2

伊 凉

19《小说世界》3：8

伊 消

106《现代》2：4

伊　雯
85《文艺月刊》战时特刊5：1
伊　蒙
145《宇宙风》79
伊　横
143《杂文》1
伊固峻
142《中学生文艺季刊》2：1
伊黎里克
195《黄河》2：8
佴　仃
128《小说》19；
144《创作》1：2
华
26《现代评论》6：135，6：137，6：151，6：152，7：157，7：162，7：164，7：171，7：172，7：176，7：177，7：178，7：179，7：182，7：183；
92《文艺新闻》18，39；
117《文学》2：3，3：1；3：3，3：4；
210《笔谈》3，4，5，7
华　厂
93《青年界》10：1
华　丁
197《大众文艺》1：6
华　山
178《抗战文艺》6：2；
240《文哨》1：3；
257《长城》创刊号；
259《东北文化》1：3；
271《文学战线》创刊号
华　子
159《诗歌杂志》2，3；
226《风雨谈》1
华　开
10《小说月报》14：6；
19《小说世界》6：1，7：13
华　天
265《胶东文艺》1：2
华　五
85《文艺月刊》8：3；
109《论语》87，93；
145《宇宙风》7，8，9，11，12，15，16，17，35，43，49
华　文
241《文艺大众》7
华　汉
34《创造月刊》1：12，2：4，2：6；
40《真美善》4：1，4：2；
45《现代小说》3：4；
47《流沙》1，2，3，4，5；
55《大众文艺》2：4，2：5—6；
67《新流月报》3；
76《拓荒者》3，4—5；
78《文艺讲座》1；
92《文艺新闻》53
华　民
47《流沙》5：6
华　芍
29《莽原》半月刊2：23—24

华　年
145《宇宙风》152；
235《文艺春秋》丛刊 1
华　华
108《文艺茶话》2：1
华　江
199《野草》5：4
华　兴
87《前锋月刊》1：1
华　声
26《现代评论》6：131，6：134，6：151，7：161
华　含
255《北方》2：1—2
华　沙
158《中流》创刊号，1：4；
159《诗歌杂志》2，3
华　君
142《中学生文艺季刊》2：1
华　林
1《新青年》5：2，不定期刊 1；
5《少年中国》2：4；
11《文学周报》79；
25《语丝》132；
85《文艺月刊》战时特刊：创刊号，3，1：4，2：6，2：7，2：8，3：3—4，3：7，第 11 年 6 月号；
98《新时代》创刊号，1：2，1：3，2：1，2：2—3；
108《文艺茶话》1：1，1：2，1：5，1：8，1：9，2：2，2：3，2：4，2：5，2：6，2：8，2：10
华　明
109《论语》177
华　实
36《北新》4：9；
179《戏剧新闻》6
华　彦
264《诗创造》2：2
华　恺
88《读书月刊》3：6；
92《文艺新闻》49
华　夏
93《青年界》新 1：4，新 2：1；
199《野草》4：1—2
华　原
249《白山》3，4，5，6
华　铃
180《文艺》1：3，1：4，1：6，2：1，2：3，2：4，2：5，2：6，3：2，3：3—4；
182《文艺新潮》1：10，1：12；
193《戏剧与文学》1：3；
223《人世间》2：1；
244《文艺复兴》3：3，3：4
华　烨
14《学衡》7
华　容
212《文讯》6：2，6：3，6：4，6：6
华　囯
134《太白》1：2

华　清
19《小说世界》民众文学 3
22《创造周报》46；
106《现代》6：3
华　羚
179《戏剧新闻》7
华　琪
107《文学月报》1：1
华　萼
191《文艺新闻》9—10
华　蒂
88《读书月刊》3：1—2，3：3，3：4，3：5；
92《文艺新闻》32，39，43；
100《北斗》2：1，2：3—4；
107《文学月报》1：3，1：5—6；
120《文艺》1：3
华　焯
14《学衡》1，24，41，43
华　瑞
45《现代小说》3：1
华　魂
16《努力周报》57
华　雷
223《人世间》2：1
华　频
92《文艺新闻》53
华　龄
99《涛声》2：3，2：6，2：16，2：17，2：23，2：28，2：31—32，2：39
华　新
106《现代》6：2
华　源
106《现代》6：2
华　嘉
142《中学生文艺季刊》1：3；
177《文艺阵地》2：6，2：12，3：3；
198《现代文艺》6：2；
199《野草》创刊号，1：5，3：6，4：4—5；
201《戏剧春秋》创刊号，1：2；
211《文艺生活》2：2，3：1，光复版 3，光复版 13，海外版 5，海外版 12，穗新 1；
222《青年文艺》新 1：6；
223《人世间》1：6；
258《文艺丛刊》1；
267《大众文艺丛刊》1
华　漪
110《小说月刊》1：4
华士奇
134《太白》1：1
华公亮
93《青年界》10：4
华石峰
207《时代文学》1：1
华成璐
209《万象》3：10，4：4
华亦君
225《时与潮文艺》3：6

华汝成

93《青年界》7：1，8：1

华约瑟

25《语丝》156

华君武

145附《宇宙风·逸经·西风非常时期联合旬刊》3，4，5，7；

261《东北文艺》1：3；

271《文学战线》1：3

华秀霞

37《一般》6：1，6：4，7：2

华希理

42《太阳月刊》4，5；

62《海风周报》16

华坤林

93《青年界》11：1

华林一

85《文艺月刊》4：1，4：2，5：1

华明轩

93《青年界》11：2

华尚文

139《新小说》1：1，1：3，1：4，1：5，2：1

华秉丞

11《文学周报》62

华念暾

56《乐群》3：13

华泽之

11《文学周报》338

华美英

190《通俗文艺》21，22

华桂馨

14《学衡》4

华清生

263《文艺知识连丛》1：2

华道一

134《太白》1：8，1：11

华韫辉

19《小说世界》16：4

华芰次郎

51《开明》2：1

延

190《通俗文艺》7

延 X

109《论语》90

延 年

190《通俗文艺》11，12，18，21，45

延 松

19《小说世界》8：13

延 龄

6《解放与改造》1：8，2：2，2：6，2：10，2：11，2：13，2：14，2：15，3：6，3：7，3：8；

10《小说月报》15：9；

13《诗》1：4

延 龄

149《逸经》29，30

延 爵

85《文艺月刊》战时特刊2：6

延登琦

251《文艺杂志》2：4

自　在
145《宇宙风》139，140，141，147—148，152；
145 附《宇宙风·逸经·西风非常时期联合旬刊》2，4，5，6，7；
149《逸经》2，3，5，7
自　成
29《莽原》半月刊 1：6
自　我
19《小说世界》12：1；
51《开明》2：2，2：4；
109《论语》23；
149《逸经》12
自　昭
32《清华文艺》1：1，1：2
自　觉
29《莽原》周刊 12
自　家
25《语丝》4：24
自　得
26《现代评论》4：99，4：101，4：104
自　清
10《小说月报》19：10；
25《语丝》72；
37《一般》1：2，4：3，6：4
自　琢
142《中学生文艺季刊》3：1
自　然
207《时代文学》1：2
自讼酌
109《论语》25
自在长者
149《逸经》5
自署檗黄者
26《现代评论》2：47
血　干
66《华严》1：7，1：8
血　因
109《论语》43，62；
127《人间世》16；
145《宇宙风》67
血　呢
25《语丝》4：47
向　一
195《黄河》复刊 6；
244《文艺复兴》3：2，4：2；
260《呼吸》3
向　云
177《文艺阵地》4：11
向　五
109《论语》70
向　达
14《学衡》13，16，20，32，50，54，59；
212《文讯》6：4，9：5
向　光
236《高原》新 1：3
向　旭
211《文艺生活》穗新 1

向　阳
92《文艺新闻》57，58；
262《平原文艺》2：6
向　辰
25《语丝》41
向　青
93《青年界》10：2；
177《文艺阵地》2：11，3：8，4：5；
235《文艺春秋》2：6
向　林
155《光明》2：12
向　茄
107《文学月报》1：3
向　明
210《笔谈》6
向　荣
109《论语》85；
125《春光》1：3
向　洋
260《呼吸》3
向　前
222《青年文艺》6；
265《诗创造》2：2
向　烽
225《时与潮文艺》1：2
向　隅
19《小说世界》11：11，11：12，11：13
197《大众文艺》1：3，1：5，2：1；
261《东北文艺》1：4
向　葵
211《文艺生活》光复版4；
217《文艺杂志》新1：1
向　楚
14《学衡》15
向　颐
240《文哨》1：1
向　愚
174《抗到底》2
向　意
186《宇宙风乙刊》16
向　溪
241《文艺大众》5
向　群
251《文艺杂志》4：2
向　黎
260《呼吸》3
向　曦
121《文化列车》1
向日葵
140《芒种》1
向长清
85《文艺月刊》8：5，9：2；
171《烽火（呐喊）》20；
186《宇宙风乙刊》46，48
向同维
93《青年界》新6：2
向林冰
177《文艺阵地》2：3；
178《抗战文艺》1：3，4：5—6；
192《文学月报》1：2

向迪琮

14《学衡》11，12，15，27，36

向绍轩

31《甲寅》1：7

向觉明

93《青年界》8：2；
117《文学》2：6，5：1；
122《文学季刊》1：1

向培良

10《小说月报》18：1，18：2，18：3，18：4，18：5，20：2，20：6，22：3；
29《莽原》周刊5，半月刊1：1，半月刊1：2；半月刊1：4；
36《北新》4：7，4：13；
45《现代小说》2：3，3：1；
83《现代文学》1：3；
85《文艺月刊》10：4—5；
93《青年界》11：1，12：1，新2：5，新3：1，新3：3，新3：4，新3：5，新6：2；
94《现代文学评论》1：2；
104《矛盾》发动号，1：5—6，2：1，2：6，3：1；
169《中国文艺》1：1，1：2；
187《戏剧岗位》2：2—3；
221《文艺先锋》10：2，12：3—4，12：5，12：6

向鸿儒

36《北新》4：18

向擎予

5《少年中国》2：2

行

109《论语》127，128，131，133，159，160，161；
147《夜莺》1：2；
190《通俗文艺》2

行　之

36《北新》2：24；
52《山雨》1：1；
109《论语》110

行　云

11《文学周报》94，95，131

行　韦

242《新群众》1：6，2：4

行　朴

59《春潮》1：7

行　夷

207《时代文学》1：1

行　余

10《小说月报》18：1

行　者

241《文艺大众》新5

行　叔

5《少年中国》4：10

行　泽

40《真美善》1：10，1：11

行　侯

4《国民》2：3

行　素

109《论语》27，58

行　健
24《洪水》半月刊1：7；
36《北新》4：1—2
行　敦
142《中学生文艺季刊》3：2
行　路
93《青年界》10：4
行　简
19《小说世界》2：3，2：5，2：11，3：9
后　主
112《无名文艺》月刊1：1
后　圣
25《语丝》137
后　觉
10《小说月报》16：9
后　凋
19《小说世界》4：10
后　彫
19《小说世界》4：9
舟
208《诗创作》1，2，5，6，7，8，10
舟　子
36《北新》3：8，3：16，3：18，4：5
角　庐
19《小说世界》5：12
全　山
212《文讯》1：3
全　平
15《创造》2：2；
22《创造周报》13，16，22，48；
24《洪水》周刊1，半月刊1：1，半月刊1：2，半月刊1：4，半月刊1：5，半月刊1：7，半月刊1：8，半月刊1：12，半月刊1：13，半月刊2：14，半月刊2：15，半月刊2：16，半月刊2：17，半月刊2：18，半月刊2：19，半月刊2：23—24，周年增刊；
38《幻洲》1：1，1：2，1：4，1：5，1：6，1：8，2：8；
45《现代小说》2：5
全　农
11《文学周报》342
全　林
251《文艺杂志》1：2
全　衡
134《太白》2：1，2：2，2：4
全增嘏
46《新月》3：3，3：7，3：10；
93《青年界》6：3；
109《论语》1，2，3，4，5，7，8，11，12，14，19，21，51，86，142；
127《人间世》1；
145《宇宙风》8
会　心
109《论语》138，144

会　赤
44《文化批判》5
会　悟
56《乐群》1：6
会　涛
109《论语》95，97，99，102
合　力
190《通俗文艺》17，27
合　楚
149《逸经》32
企　元
109《论语》171
企　程
192《文学月报》2：1—2，2：4
企　霞
25《语丝》82，4：31；
36《北新》3：5；
50《奔流》2：1；
115《文学杂志》1：3—4；
252《北方文化》2：5
众
109《论语》87，88，89
众　芳
25《语丝》136
兆　以
25《语丝》5：13，5：14
兆　华
55《大众文艺》2：4；
109《论语》95，97
兆　名
19《小说世界》5：5
兆　汝
36《北新》1：35
兆　钧
109《论语》110，111，115
兆　铭
159《诗歌杂志》3
兆　雄
145《宇宙风》9，10，12
兆　翔
140《芒种》3，6，2：1
兆　鹏
127《人间世》30
兆淇魏
11《文学周报》271
舛　千
191《文艺新闻》8
舛木人
177《文艺阵地》2：12
刖　夫
145《宇宙风》54
邬　孚
140《芒种》3
邬　曦
186《宇宙风乙刊》16，18
邬志豪
109《论语》54
邬孟辉
36《北新》2：10，3：16；
39《泰东》1：4，2：3，2：6，2：9；
53《思想》1：2，1：3；
70《引擎》1；

88《读书月刊》1：3—4；
93《青年界》10：3
邬基沪
130《当代文学》1：3
旨　言
36《北新》2：5
名
221《文艺先锋》7：2
名　一
92《文艺新闻》56
名　凯
131《东流》1：3—4
名　竺
85《文艺月刊》6：2
名　骥
57《大江》1：2
名内具
109《论语》20
名　英
85《文艺月刊》9：3
多　已
108《文艺茶话》1：10
多　闻
109《论语》46；
134《太白》2：1，2：7
多　嘴
109《论语》96
多事之秋
109《论语》25，28
负
25《语丝》73
负　仓
31《甲寅》1：28
负　生
10《小说月报》12：12；
25《语丝》152
负括弧
109《论语》85，89，90
争　波
82《前锋周报》3，4，5，6，7，8，9，10，11，12，13，14，15，16，17，18，19，20，21，22，23，24，25，26；
87《前锋月刊》1：1，1：2，1：3，1：4，1：5；
94《现代文学评论》2：3，3：1
危　岩
195《黄河》9
危月燕
209《万象》2：4，号外
色不空
109《论语》63
龟　公
140《芒种》1
龟　痴
142《中学生文艺季刊》1：1
旭　之
36《北新》4：17
旭　日
142《中学生文艺季刊》1：2
旭　生
28《猛进》24

旭　东
93《青年界》11：4
旭　初
36《北新》1：26
刘　卜
242《新群众》2：3
刘　子
149《逸经》14
刘　飞
106《现代》3：4，5：5，6：1
刘　元
85《文艺月刊》战时特刊 1：12
刘　五
267《大众文艺丛刊》2
刘　化
249《白山》2
刘　仑
211《文艺生活》光复版 4，光复版 5
刘　心
98《新时代》6：2，7：4；
141《文艺》2：5—6
刘　石
267《大众文艺丛刊》1
刘　平
28《猛进》32；
270《小说》2：4
刘　四
93《青年界》2：2
刘　卯
55《大众文艺》2：4，2：5—6
刘　江
68《戏剧与文艺》1：1；
251《文艺杂志》2：2，2：5
刘　年
270《小说》6：4
刘　伟
211《文艺生活》海外版副刊
刘　行
276《华北文艺》创刊号
刘　宇
40《真美善》7：3；
46《新月》2：9，2：11；
63《金屋》1：11；
85《文艺月刊》1：5；
93《青年界》7：5，8：1，9：1，10：1；
97《创作》1：2；
106《现代》3：5；
110《小说月刊》1：1；
235《文艺春秋》丛刊 5
刘　异
31《甲寅》1：6，1：27
刘　迅
271《文学战线》2：1，2：2，2：3，2：4，2：5
刘　进
270《小说》2：4
刘　连
198《现代文学》4：2
刘　轩
244《文艺复兴》3：6

刘　杞
195《黄河》2：1
刘　芳
145《宇宙风》26
刘　志
251《文艺杂志》3：5
刘　岘
117《文学》6：2，7：1，7：3，7：4，8：2，8：3，8：6，9：2；
134《太白》1：2，1：4，1：5，1：6，1：7，1：8，1：10，2：1；
155《光明》2：10，2：11，3：1；
223《人世间》复刊11—12，复刊13；
235《文艺春秋》4：1，4：5，5：4；
253《清明》3
刘　钊
211《文艺生活》穗新5
刘　乎
272《群众文艺》2
刘　宏
19《小说世界》民众文学9，民众文学10
刘　劲
181《文艺突击》1：4
刘　纲
10《小说月报》12：8，13：3，13：10，13：11
刘　林
182《文艺新潮》1：12；
274《平原》9
刘　枝
10《小说月报》18：7，19：6；
11《文学周报》286—287，308；
18《歌谣》41，42，54，62；
93《青年界》1：3
刘　枢
51《开明》2：13
刘　英
7《曙光》2：3
刘　奇
28《猛进》7；
93《青年界》7：1
刘　非
113《新诗歌》2：2
刘　明
11《文学周报》264；
134《太白》1：1，1：5；
199《野草》4：4—5，4：6
刘　昉
264《诗创造》6
刘　岱
271《文学战线》2：4
刘　欣
140《芒种》5
刘　诚
158《中流》2：10
刘　泽
265《胶东文艺》1：6—7
刘　郎
209《万象》2：11

刘　春
194《中国文化》1：5
刘　政
11《文学周报》98
刘　昭
262《平原文艺》2：2
刘　复
1《新青年》7：5，8：2，9：4；
10《小说月报》12：11；
11《文学周报》108，117；
13《诗》1：1；
18《歌谣》25，48，51，83；
25《语丝》16，20，28，46，61，63，64，66，67，68，69，70，74，75，76，77，78，79，81，82，83，84，85，87，88，89，91，93，94，96，97，99，100，105，106，107，109，113，115，116，118，120，121，123，124，125，127，129，132，134，136，137，138，139，140，141，142，144，145，147，151，153，156，4：3，4：5，4：9，5：29；
29《莽原》半月刊1：23，半月刊2：2，半月刊2：5，半月刊2：11，半月刊2：17；
36《北新》2：3；
109《论语》10，42；
117《文学》2：6
刘　狮
93《青年界》11：3，11：4，11：5；
104《矛盾》2：2
刘　剑
195《黄河》2：2，2：3
刘　真
182《文艺新潮》1：7，1：8，1：9
刘　钰
51《开明》2：4
刘　流
113《新诗歌》1：6—7，2：1
刘　涧
173《抗战戏剧》2：2—3
刘　浪
98《新时代》2：1，3：2
刘　朗
211《文艺生活》海外版2
刘　梅
229《艺文杂志》2：1
刘　虚
25《语丝》5：52
刘　晨
109《论语》141
刘　曼
93《青年界》1：2；
94《现代文学评论》2：1—2
刘　笠
199《野草》4：4—5
刘　烽
272《群众文艺》10
刘　淳
221《文艺先锋》5：5

刘　绪

271《文学战线》1：3

刘　琦

221《文艺先锋》6：1

刘　堪

14《学衡》38，39

刘　越

36《北新》4：4

刘　超

274《平原》13

刘　琴

145《宇宙风》11

刘　雁

209《万象》3：9，4：1

刘　黑

199《野草》2：1—2

刘　御

197《大众文艺》1：5，1：6，2：1，2：2；

200《新诗歌》1，2，3

刘　谦

221《文艺先锋》5：1—2

刘　强

210《笔谈》2

刘　蓥

85《文艺月刊》9：4

刘　慈

229《艺文杂志》1：5，2：4

刘　嗣

221《文艺先锋》12：3—4

刘　群

273《文艺月报》创刊号

刘　鹨

186《宇宙风乙刊》20，22，56

刘　箴

31《甲寅》1：22

刘　璞

14《学衡》11，24，32，41，44，46，54，55，57

刘　穆

10《小说月报》20：1，20：4，20：7，20：11，21：3；

11《文学周报》364—368，370，372，373，377；

36《北新》2：6，2：13，2：17，3：1，3：7，3：12，3：13，3：17，3：24，4：1—2，4：14；

50《奔流》2：4；

59《春潮》1：8；

271《文学战线》1：5—6

刘　燮

127《人间世》8，16

刘　馨

109《论语》11

刘　巍

85《文艺月刊》10：4—5；

141《文艺》5：1—2；

173《抗战戏剧》创刊号，1：6—7

刘　露

173《抗战戏剧》1：2

刘一士

85《文艺月刊》9：2

刘一行

235《文艺春秋》丛刊1

刘一钊

18《歌谣》62

刘一鸣

19《小说世界》17：4

刘一梦

10《小说月报》18：7；
29《莽原》半月刊2：17，半月刊2：21—22；
36《北新》2：9；
42《太阳月刊》1，2，3，5

刘士穆

85《文艺月刊》5：6；
127《人间世》24

刘大白

10《小说月报》17：号外上；
11《文学周报》173，174，181，190，200，201，231，344，372；
25《语丝》74；
37《一般》1：4；
57《大江》1：1，1：3；
84《开展》10—11；
108《文艺茶话》2：9；
235《文艺春秋》2：2

刘大杰

10《小说月报》18：1；
25《语丝》25，91；
26《现代评论》1：23，1：26，2：44，3：58，3：78，4：80；
36《北新》1：38，1：39—40，2：2，2：5，3：13，4：1—2；
46《新月》3：2，4：2；
83《现代文学》1：3；
85《文艺月刊》3：5—6；
89《当代文艺》1：5；
93《青年界》1：1，1：3，3：3，3：4，3：5，4：1，4：2，4：3，7：1，8：2，新1：1；
94《现代文学评论》1：3；
98《新时代》4：1；
109《论语》40，50；
117《文学》5：1；
118《文艺春秋》1：8，1：9—10；
127《人间世》1，3，5，7，13，31，41；
138《文饭小品》1：1，1：2；
145《宇宙风》3，5，6，11，16，25，30，32，33，37，38，98，100；
186《宇宙风乙刊》3；
246《文坛月报》1：1

刘大绅

186《宇宙风乙刊》20，21，22，23，24，31，38，41，43

刘大钧

26《现代评论》2：36，2：37，2：40，2：41，第二周年增刊；
109《论语》25；
127《人间世》4

刘万章

18《歌谣》2：8，2：34，3：11；
19《小说世界》16：10；
37《一般》8：2；
41《民间文艺》4；
93《青年界》9：1，11：1，12：1

刘山蕙

122《文学季刊》1：2

刘小杰

140《芒种》6

刘小翠

19《小说世界》2：10

刘小蕙

109《论语》42，43，52，53，63，69；
127《人间世》17；
145《宇宙风》10，19，47；
186《宇宙风乙刊》34，37

刘也悲

236《高原》2

刘子兼

145《宇宙风》114

刘子隆

195《黄河》8

刘开荣

64《红黑》6

刘开渠

26《现代评论》4：89，4：95，5：120，6：136，6：146，7：159，8：186，8：187；
65《人间月刊》1；
223《人世间》复刊4；
253《清明》创刊号

刘天申

274《平原》10

刘元彤

272《群众文艺》8

刘云生

1《新青年》8：1

刘云卿

93《青年界》8：2

刘艺亭

251《文艺杂志》4：1，4：3；
262《平原文艺》2：6；
270《小说》5：5

刘友瑾

253《清明》创刊号

刘中和

221《文艺先锋》7：4

刘贝汶

167《文学杂志》2：3，2：9，3：4；
235《文艺春秋》4：3，6：6，7：2

刘仁静

1《新青年》不定期刊5；
5《少年中国》2：9，4：7

刘长苓

272《群众文艺》8

刘长春

249《白山》3

刘公任

46《新月》2：11

刘公默

149《逸经》35

刘凤生

6《解放与改造》4：2

刘文贞

133《译文》2：5；
225《时与潮文艺》3：4

刘文岛

6《解放与改造》3：9，4：7，4：9，4：10

刘文林

18《歌谣》16；
127《人间世》35

刘文显

28《猛进》14，15

刘文卿

276《华北文艺》2

刘文清

31《甲寅》1：28

刘六如

23《文艺周刊》17

刘火子

165《文丛》2：6—7；
171《烽火（呐喊）》14，19；
207《时代文学》1：3；
208《诗创作》16；
239《诗文学》2；
244《文艺复兴》2：2；
253《清明》3

刘允言

250《鲁迅文艺》1：1

刘以炎

10《小说月报》13：11

刘以鬯

221《文艺先锋》7：3

刘正江

5《少年中国》1：2

刘正经

4《国民》1：2

刘本文

39《泰东》2：12

刘本林

272《群众文艺》5

刘世昌

18《歌谣》3，4

刘北汜

93《青年界》新3：1；
145《宇宙风》129；
178《抗战文艺》8：3，8：4，10：2—3；
212《文讯》7：5，9：3，9：5；
217《文艺杂志》1：2，1：4，2：1，2：3，2：5，2：6，新1：2；
225《时与潮文艺》5：3；
235《文艺春秋》3：3，4：3，4：5，5：1，6：1；
238《希望》1：3；
240《文哨》1：2；
244《文艺复兴》1：4，3：1，3：5；
270《小说》3：2

刘北茂

127《人间世》17

刘白羽

85《文艺月刊》9：1；
117《文学》6：3，7：1，7：3，8：2，9：1，9：4；
138《文饭小品》1：3；
152《作家》2：1；
153《文季月刊》1：5，2：1；
155《光明》3：1；
158《中流》1：7，1：10，1：11，2：1，2：4，2：6，2：9，2：10；
165《文丛》1：1，2：3，2：4；
171《烽火（呐喊）》创刊号，8；
172《七月》1，1：1，2：3；
176《自由中国》创刊号；
177《文艺阵地》1：2，1：7，1：11，3：1，3：10，6：3，7：2；
178《抗战文艺》1：9，1：10，4：3—4；
180《文艺》1：1，1：3，1：4；
181《文艺突击》创刊号，1：4；
182《文艺新潮》2：2；
184《文艺战线》创刊号，1：2，1：3，1：6；
192《文学月报》3：1；
194《中国文化》1：6，3：1；
197《大众文艺》创刊号，1：3；
202《文艺月报》5，14，15；
207《时代文学》1：2；
211《文艺生活》光复版9，光复版10；
214《谷雨》1：2—3，1：5；
217《文艺杂志》新1：1；
222《青年文艺》3；
228《中原》2：2；
235《文艺春秋》2：3，2：4；
240《文哨》1：3；
243《文联》1：5，1：6；
244《文艺复兴》3：4；
246《文坛月报》1：1，1：2；
247《人民文艺》1，3，4；
248《中原·文艺杂志·希望·文哨联合特刊》1：2，1：5；
257《长城》创刊号；
259《东北文化》1：2，2：1，2：2；
261《东北文艺》1：2，2：3；
270《小说》2：3，3：3，5：1；
271《文学战线》创刊号，1：2，1：5—6；
272《群众文艺》3

刘半农

1《新青年》4：4，4：5，4：6，5：1，5：2，5：3，5：5，5：6，6：1，6：6，7：2，9：1；
18《歌谣》23，24；
25《语丝》73；
36《北新》4：1—2；
109《论语》25，26，55；
122《文学季刊》1：2；
127《人间世》1，5，6，9，13，16，17，23，24；
145《宇宙风》17

刘半侬
1《新青年》2：2，2：3，2：4，2：5，2：6，3：2，3：3，3：4，3：5，3：6，4：1，4：2，4：3
刘汉清
24《洪水》半月刊 2：23—24
刘永安
10《小说月报》14：11
刘永言
39《泰东》2：6
刘永济
14《学衡》5，9，10，11，15，16，17，20，22，25，28，29，31，36，38，39，40，41，43，45，46，48，49，56，57，65，68，71，77
刘永彬
251《文艺杂志》4：3
刘圣斌
225《时与潮文艺》5：1
刘西渭
51《开明》新 2；
122《文学季刊》2：3；
145《宇宙风》61；
153《文季月刊》1：1，1：4；
167《文学杂志》1：2；
209《万象》3：4；
212《文讯》9：3；
235《文艺春秋》3：4；
244《文艺复兴》1：1，1：3，2：1，3：1
刘亚子
36《北新》4：1—2
刘亚洛
172《七月》6：1—2；
181《文艺突击》创刊号，1：3，新 1：1；
184《文艺战线》1：6；
197《大众文艺》创刊号
刘亚盛
207《时代文学》1：1
刘芃如
145《宇宙风》146
刘列先
225《时与潮文艺》2：3
刘在阳
260《呼吸》2
刘达人
51《开明》2：4
刘达九
18《歌谣》周年纪念增刊
刘成山
18《歌谣》11，28
刘成禺
149《逸经》5，6，7，8，9，10，11，12，13，14，15，16，17，18，19，20，21，22，23，24，25，26，27，28，29，30，31，32，33，34
刘成彧
145《宇宙风》99，109

刘百阁

85《文艺月刊》战时特刊 1：9

刘贞利

101《十字街头》1

刘师仪

10《小说月报》14：4，14：9

刘师培

4《国民》1：1

刘光一

3《新潮》3：2；

26《现代评论》1：14，2：34

刘同葆

186《宇宙风乙刊》27

刘先礼

68《戏剧与文艺》1：6

刘先隼

10《小说月报》13：7

刘廷芳

25《语丝》18，19，20，22；

85《文艺月刊》2：5—6，2：11—12；

117《文学》1：1，1：4；

122《文学季刊》1：1，1：2

刘廷贵

211《文艺生活》海外版 15；

273《文艺月报》2

刘廷蔚

10《小说月报》14：2

刘廷藩

10《小说月报》13：6

刘仲平

271《文学战线》2：4，2：5

刘仲明

26《现代评论》7：174

刘任萍

127《人间世》17；

130《当代文学》1：4

刘传中

109《论语》18

刘仿玲

106《现代》6：1

刘延年

190《通俗文艺》20，26，41

刘延勃

93《青年界》新 4：2，新 4：4，刘 6：5

刘延陵

1《新青年》3：6，4：1；

10《小说月报》14：3，14：6，14：7，14：11，15：号外，16：11，21：4，21：6；

11《文学周报》16，17，18，19，68，87，188，195，212；

13《诗》1：1，1：2，1：3，1：4，1：5；

85《文艺月刊》5：1，10：3；

98《新时代》7：3；

117《文学》2：3，8：2，8：3

刘伊凡

18《歌谣》29，37，3：5

刘兆熊

18《歌谣》37，38

刘庆文
127《人间世》7
刘庆丰
51《开明》1：8
刘汝醴
245《文章》1：3
刘汲古
195《黄河》12
刘导鸿
186《宇宙风》49
刘如水
109《论语》15
刘欢曾
109《论语》27
刘阶平
127《人间世》36，40
刘弄潮
26《现代评论》4：92
刘寿征
170《新演剧》1：3，新1：1
刘运权
38《幻洲》1：5
刘运琪
221《文艺先锋》7：1
刘扬米
109《论语》79
刘丽南
18《歌谣》49，62
刘志伟
195《黄河》复刊4
刘志清
86《世界文化》创刊号
刘志鹏
251《文艺杂志》4：3
刘志臻
274《平原》4
刘声绎
18《歌谣》37，38，55
刘苏民
221《文艺先锋》5：1—2
刘孝存
31《甲寅》1：11
刘肖红
51《开明》2：2
刘肖愚
25《语丝》150
刘呐鸥
65《人间月刊》1；
74《新文艺》1：1，1：2，1：4；
104《矛盾》2：1，2：3；
106《现代》1：4，2：1，6：1；
129《文艺风景》1：1
刘岚山
212《文讯》8：4；
216《战时文艺》1：1；
264《诗创造》1，3，2：3
刘秀峰
251《文艺杂志》2：1
刘秀萱
93《青年界》7：1

刘伯明

5《少年中国》2：11；

14《学衡》1，2，3，5，6，10，16

刘伯奎

145《宇宙风》132，135—136

刘谷孙

212《文讯》2：3

刘际勖

106《现代》5：2

刘纯宽

142《中学生文艺季刊》3：1

刘纳夫

221《文艺先锋》9：5—6

刘松涛

158《中流》2：4；

252《北方文化》2：1

刘英士

5《少年中国》3：10；

46《新月》2：1，2：3，2：4，2：10，3：1，4：2；

109《论语》73；

224《天下文章》1：6

刘其蕃

209《万象》2：7

刘杰敖

46《新月》2：12

刘述扬

19《小说世界》9：2

刘奇峰

149《逸经》9，14

刘郁樱

145 附《宇宙风·逸经·西风非常时期联合旬刊》3

刘欧波

19《小说世界》12：13

刘叔琴

37《一般》3：2，3：3，3：4，4：2，6：1，8：3

刘叔雅

1《新青年》1：3，1：4，1：5，1：6，2：2，2：3，4：2，5：2，5：6，6：2

刘虎如

10《小说月报》14：11；

11《文学周报》78，103，104，111

刘尚达

68《戏剧与文艺》1：2，1：4，1：6

刘忠俊

19《小说世界》6：8

刘昌福

249《白山》3

刘易士

274《平原》4

刘果生

270《小说》6：4

刘国光

235《文艺春秋》7：1

刘国钧

5《少年中国》1：11，2：1，2：11，3：5，3：6，3：12，4：6；

26《现代评论》7：165，7：178；

51《开明》2：4

刘国藩

4《国民》1：4

刘和民

261《东北文艺》1：3，2：1

刘和图

142《中学生文艺季刊》1：2

刘秉三

142《中学生文艺季刊》1：2

刘秉麟

1《新青年》6：5，7：6；

3《新潮》1：3，1：4；

31《甲寅》1：18；

85《文艺月刊》战时特刊2：11—12

刘佩韦

186《宇宙风乙刊》33

刘念渠

85《文艺月刊》战时特刊1：6，战时特刊2：2，战时特刊4：1，战时特刊10：4—5；

141《文艺》4：4，4：6，5：1—2，5：4，5：5；

172《七月》4：3；

173《抗战戏剧》1：2，1：3；

179《戏剧新闻》2，7；

185《笔阵》4；

187《戏剧岗位》1：1，1：2—3，3：1—2，3：3—4；

216《战时文艺》1：5；

221《文艺先锋》1：2，4：2，9：2，9：3—4；

223《人世间》复刊1；

225《时与潮文艺》1：1，2：3，2：4，2：5，3：5，3：6，4：5，5：4；

232《戏剧时代》创刊号，1：2，1：3，1：4—5

刘朋克

88《读书月刊》2：4—5

刘备耕

206《华北文艺》1：3；

251《文艺杂志》1：3，2：2；

255《北方》1：5

刘泮溪

223《人世间》复刊8—9

刘法成

85《文艺月刊》战时特刊2：11—12

刘泗英

14《学衡》17，42

刘治熙

26《现代评论》2：42，2：49

刘学稷

142《中学生文艺季刊》2：2

刘宝光

274《平原》13；

276《华北文艺》4，5

刘宝荣

251《文艺杂志》1：5，3：4，4：1

刘宗和

274《平原》3

刘宗怡

174《抗到底》19

刘宗河

274《平原》5，8

刘宗殷

195《黄河》3，4

刘实君

134《太白》1：8

刘诚鲁

142《中学生文艺季刊》2：2

刘孤虹

109《论语》21

刘建庵

177《文艺阵地》4：9

刘绍白

18《歌谣》11，33

刘绍先

10《小说月报》14：1；
24《洪水》周年增刊，半月刊2：17；
108《文艺茶话》2：5

刘绍苍

66《华严》1：4，1：5，1：6，1：7

刘绍禹

145《宇宙风》18

刘绍桢

212《文讯》2：6

刘经菴

10《小说月报》17：号外上；
18《歌谣》30，60，62，2：33，3：8

刘孟痴

190《通俗文艺》9，10，11，12，19，20，22

刘承安

93《青年界》7：1，8：5

刘承宏

265《胶东文艺》1：3

刘承笃

211《文艺生活》光复版13

刘春和

127《人间世》40

刘树德

244《文艺复兴》3：1

刘荣昌

177《文艺阵地》1：4

刘荣恩

167《文学杂志》2：10

刘政同

11《文学周报》98

刘南陔

26《现代评论》7：169

刘厚滋

149《逸经》6；
186《宇宙风乙刊》36

刘厚醇

221《文艺先锋》5：3，5：6，7：4；
225《时与潮文艺》2：5

刘厚镕

12《戏剧》2：4

刘咸震

221《文艺先锋》12：1

刘映元

155《光明》2：2；
159《诗歌杂志》3；

177《文艺阵地》6：3

刘盼遂

14《学衡》49，64

刘勋（勳）章

104《矛盾》3：1

刘思训

93《青年界》10：3，10：4，10：5，11：1，11：2，11：3，11：4

刘显奎

18《歌谣》10，37

刘冠剑

98《新时代》2：1

刘拜农

1《新青年》季刊 2

刘钟祥

142《中学生文艺季刊》2：1

刘秋星

85《文艺月刊》9：1

刘选经

141《文艺》3：3

刘重光

18《歌谣》3

刘重修

18《歌谣》11；

43《未名》2：4

刘重德

221《文艺先锋》4：3

刘复礼

14《学衡》56

刘保全

145《宇宙风》40

刘衍洲

262《平原文艺》1：2；

267《大众文艺丛刊》4；

274《平原》创刊号

刘剑侯

19《小说世界》8：1，8：6，11：5，12：5，民众文学 6

刘剑横

39《泰东》1：12，2：1，2：2，2：4，2：7，2：8，2：9，2：10，2：12；

53《思想》1：5

刘恒之

255《北方》1：1，2：1—2

刘恨非

98《新时代》5：1

刘洁萍

145《宇宙风》85

刘济民

251《文艺杂志》4：3

刘济群

117《文学》3：1

刘洛芷

221《文艺先锋》7：5

刘美田

142《中学生文艺季刊》1：3

刘前度

186《宇宙风乙刊》10；

244《文艺复兴》3：3

刘觉我

10《小说月报》14：11

刘祖春

184《文艺战线》创刊号

刘祖洞

106《现代》3：4

刘祖思

109《论语》13

刘祖澄

84《开展》4，6—7，8，9；

104《矛盾》发动号，1：2，1：3—4，2：1，2：6

刘既漂

51《开明》1：4；

59《春潮》1：2

刘珠玺

261《东北文艺》2：3

刘桂舲

25《语丝》96

刘桂儒

186《宇宙风乙刊》52—53，55，56

刘莹姿

106《现代》4：3

刘莽稻

10《小说月报》14：6

刘真如

10《小说月报》14：8

18《歌谣》22，28，37，2：1

刘砥方

259《东北文化》1：5

刘振兴

160《新诗》1：4，1：6

刘振典

160《新诗》2：1，2：2，2：3—4；

208《诗创作》10；

221《文艺先锋》2：5—6

刘振美

187《戏剧岗位》1：5—6

刘振家

149《逸经》9

刘晓冬

93《青年界》6：2

刘晓浦

25《语丝》109

刘晓晞

251《文艺杂志》3：1，3：3

刘恩溥

12《戏剧》2：4

刘铁华

185《笔阵》新8，革新1；

221《文艺先锋》4：5；

237《文学新报》创刊号

刘秧开

19《小说世界》民众文学7；

145《宇宙风》11

刘倍民

109《论语》47

刘竞夫

1《新青年》3：3

刘悟西

51《开明》2：26

刘离明

14《学衡》30

刘海粟

22《创造周报》35，36；
46《新月》1：4；
98《新时代》7：1；
109《论语》5，51

刘宾雁

261《东北文艺》2：3

刘继菴

18《歌谣》46

刘培风

19《小说世界》1：3，1：4，1：5，1：7，1：8，1：13，2：12

刘培亭

159《诗歌杂志》2，3

刘梦天

257《长城》1：2

刘梦平

36《北新》3：24

刘梦华

211《文艺生活》光复版 15

刘梦苇

10《小说月报》17：8；
15《创造》2：1；
26《现代评论》3：70，3：74，4：80；
29《莽原》周刊 13，周刊 21

刘梦秋

145《宇宙风》94—95，144—145，152

刘盛亚

122《文学季刊》2：1；
133《译文》新 2：6；
185《笔阵》6，13，新 1：4；
211《文艺生活》海外版 3—4；
223《人世间》复刊 11—12；
235《文艺春秋》4：4，4：5，5：4，7：4，7：5

刘盛安

109《论语》128

刘挢藜

17《读书杂志》11，13，14，15，16

刘野农

149《逸经》6

刘皑风

252《北方文化》1：2，2：1，2：3

刘逸民

51《开明》2：12

刘离明

14《学衡》30

刘淞平

93《青年界》新 4：4

刘淦芝

32《清华文艺》1：4

刘鸿生

109《论语》54

刘鸿钧

106《现代》6：3

刘鸿儒

117《文学》7：2，7：4；
142《中学生文艺季刊》1：4，2：2

刘维夫

145《宇宙风》42

刘绶松

186《宇宙风乙刊》25，26

刘朝阳

36《北新》3：5；

212《文讯》4：8—9

刘朝选

18《歌谣》29，37，52

刘森伯

159《诗歌杂志》2，3

刘揆同

88《读书月刊》3：4，3：1—2

刘雯卿

73《南国周刊》1：1

刘斐章

155《光明》3：3

刘辉英

117《文学》3：1

刘黑枷

198《现代文艺》6：1，6：2；

221《文艺先锋》13：4；

228《中原》1：3；

238《希望》2：3

刘黑家

220《文学创作》2：3

刘策奇

18《歌谣》1，14，25，37，39，54，57，60，74，77，79，81，82，85；

29《莽原》周刊28

刘傅雯

249《白山》3

刘温和

229《艺文杂志》2：4

刘渡黄

186《宇宙风乙刊》18，20，23，24，26，34，36

刘尊棋

224《天下文章》1：6

刘奠基

252《北方文化》2：3

刘道玄

25《语丝》113，119，125

刘善尹

18《歌谣》25

刘善泽

14《学衡》12，54，60

刘登青

18《歌谣》75

刘犟旻

145《宇宙风》115

刘瑞三

212《文讯》6：10

刘锡五

76《拓荒者》4—5

刘锡公

112《无名文艺》月刊1：1

刘锡愈

25《语丝》77

刘筱云

210《笔谈》7

刘稚林

251《文艺杂志》2：1

刘慎德

5《少年中国》3：6

刘源炳

209《万象》4：1

刘静沅

187《戏剧岗位》1：1，1：2—3；
221《文艺先锋》10：4

刘静君

7《曙光》1：3，1：5，2：2

刘碧溪

13《诗》2：2

刘兢珍

159《诗歌杂志》2，3

刘毓奇

149《逸经》35

刘舞心

40《真美善》女作家专号，3：2

刘肇霖

229《艺文杂志》1：5

刘蕃草

92《文艺新闻》36

刘蕴明

145《宇宙风》86

刘影缟

106《现代》5：3

刘德义

262《平原文艺》2：1

刘德怀

270《小说》4：2

刘潜初

11《文学周报》269

刘鹤鸣

85《文艺月刊》9：2

刘醒民

18《歌谣》23，47

刘醒侬

242《新群众》1：4

刘醒群

145《宇宙风》113，141；
186《宇宙风乙刊》19

刘衡如

5《少年中国》2：2，3：2

刘燧元

10《小说月报》14：6，15：1

刘薰宇

37《一般》3：3，9：1

刘穗九

98《新时代》5：5，5：6

刘蘅静

12《戏剧》2：3

刘耀黎

6《解放与改进》3：1

刘露茜

98《新时代》5：6

刘麟生

6《解放与改进》3：2，3：5；
14《学衡》10，13，15；
93《青年界》7：1，9：1，10：1，
12：1

齐　一

109《论语》55，94

齐　人

195《黄河》2：5—6

齐　凡

210《笔谈》6

齐　平

104《矛盾》3：2

齐　生

133《译文》新1：1；

140《芒种》2：1；

151《文学丛报》4

齐　民

153《文季月刊》1：1

齐　达

155《光明》2：9

齐　光

99《涛声》1：4

齐　同

117《文学》6：3，6：5，7：2，8：3，8：4；

152《作家》1：5；

153《文季月刊》1：3，1：6；

165《文丛》1：3；

171《烽火（呐喊）》19；

177《文艺阵地》1：4，1：10，1：12，2：3；

235《文艺春秋》8：3

齐　庄

212《文讯》3：3

齐　泮

19《小说世界》12：10

齐　谷

270《小说》5：3

齐　鸣

256《萌芽》1：4

齐　明

177《文艺阵地》3：1；

183《鲁迅风》8；

188《新中国文艺丛刊》1；

198《现代文艺》4：2，5：4；

235《文艺春秋》7：1；

244《文艺复兴》4：1；

248《中原·文艺杂志·希望·文哨联合特刊》1：5

齐　南

24《洪水》半月刊2：14

齐　衍

88《读书月刊》1：6

齐　炯

155《光明》3：3

齐　语

251《文艺杂志》2：1，2：5

齐　统

272《群众文艺》4，8，9

齐　敫

85《文艺月刊》战时特刊2：2

齐　踪

198《现代文艺》6：3

齐　辩

195《黄河》2：10

齐　璐

241《文艺大众》3，4

齐开章
272《群众文艺》4
齐乐观
195《黄河》2：2
齐礼华
18《歌谣》3：5
齐同生
229《艺文杂志》1：3
齐仿昭
229《艺文杂志》3：1—2
齐物论
146《海燕》1：1
齐闻韶
211《文艺生活》穗新 1，穗新 3
齐淑容
18《歌谣》62
齐雅千
19《小说世界》民众文学 8
齐鲁山
173《抗战戏剧》1：8；
179《戏剧新闻》3，5
齐筱岚
93《青年界》10：3；
142《中学生文艺季刊》3：2
齐燕铭
194《中国文化》1：2
齐东野人
109《论语》84，86
充 耳
134《太白》2：11
妄 人
209《万象》3：11
妄 生
109《论语》70
亦 人
131《东流》2：4；
199《野草》第 6 号
亦 凡
109《论语》141，144，146，147，151，155，158；
145《宇宙风》69
亦 门
217《文艺杂志》新 1：3；
248《中原·文艺杂志·希望·文哨联合特刊》1：2；
260《呼吸》创刊号；
268《蚂蚁小集》7
亦 五
145《宇宙风》101；
174《抗到底》15，18，21—22；
178《抗战文艺》6：3，8：3；
212《文讯》6：8；
225《时与潮文艺》3：1，4：2
亦 文
93《青年界》新 3：4
亦 乐
37《一般》1：4，2：1，2：2
亦 光
25《语丝》4：12；
143《杂文》4

亦　华

68《戏剧与文艺》1：4

亦　庄

26《现代评论》1：13

亦　军

252《北方文化》2：5

亦　农

1《新青年》季刊 1

亦　还

75《萌芽》1：1，1：2

亦　我

33《狂飚》周刊 7

亦　余

75《萌芽》1：2

亦　鸣

195《黄河》11

亦　明

201《戏剧春秋》1：6

亦　波

36《北新》2：15，2：16，2：19

亦　栩

36《北新》4：8

亦　庸

191《文艺新闻》11

亦　棣

201《戏剧春秋》1：6

亦　曾

198《现代文艺》3：3，3：4

交

211《文艺生活》海外版副刊

衣

25《语丝》106，127；

108《文艺茶话》1：1

衣　万

145《宇宙风》116，117—118

衣　青

93《青年界》10：1

衣　萍

18《歌谣》75；

25《语丝》1，5，8，10，13，29，31，36，37，45，47，54，58，60，64，66，80，86，96，100，113，121，123，126，133，134，136，138，139，4：1，4：3，4：4，4：5，4：6，4：8，4：10，4：13，4：16，4：20，4：40，5：1，5：3，5：5，5：6，5：9，5：27，5：30；

29《莽原》周刊 4；

36《北新》1：21，1：43—44，1：47—48，4：1—2，4：21—22，4：23—24；

57《大江》1：3；

83《现代文学》1：1；

92《文艺新闻》38；

93《青年界》1：1；

108《文艺茶话》1：1，1：2，1：3；

109《论语》1，2，4，10；

118《文艺春秋》1：2，1：5，1：6，1：7，1：8，1：9—10

衣梨
98《新时代》6：2
衣替
32《清华文艺》不定期刊：3
衣寒
178《抗战文艺》5：1，5：2—3；
192《文学月报》2：1—2
庄夫
55《大众文艺》1：1
庄文
61《朝花》旬刊1：9
庄古
251《文艺杂志》1：5
庄申
221《文艺先锋》12：5
庄生
109《论语》23；
207《时代文学》1：1
庄言
172《七月》4：4，5：1；
189《西线文艺》1：3，1：4，1：5
庄君
106《现代》6：2
庄杰
31《甲寅》1：3
庄柯
251《文艺杂志》1：4
庄栋
177《文艺阵地》3：5
庄砚
241《文艺大众》新4
庄映
261《东北文艺》2：1
庄重
117《文学》8：1，8：4
133《译文》新1：3，新1：4，新1：5，新1：6，新3：2
庄俞
19《小说世界》1：1，4：4
庄哲喆
41《民间文艺》5
庄涌
85《文艺月刊》战时特刊：2：11—12；
172《七月》3：2，3：3，3：5，4：1，4：2；
177《文艺阵地》1：6；
264《诗创造》8
庄谦
31《甲寅》1：32
庄雷
117《文学》6：5
庄错
127《人间世》9，10
庄静
209《万象》3：9
庄稼
264《诗创造》2：2
庄義
14《学衡》27，29，30，31
庄濡
209《万象》2：8

庄　艟
198《现代文艺》2：6
庄一鸣
109《论语》171，173，174，175，176
庄心在
39《泰东》1：6；
40《真美善》7：1；
104《矛盾》2：1，2：2，2：5，3：1；
123《中国文学》1：1，1：3—4
庄汀依
24《洪水》半月刊：3：34；
36《北新》1：37，1：47—48
庄西村
127《人间世》22
庄仲钦
109《论语》161
庄寿慈
176《自由中国》新1：3；
198《现代文艺》2：6，3：2；
199《野草》1：2，1：5，2：1—2，2：3，2：5—6，3：1，4：3，5：1，5：3，5：5；
201《戏剧春秋》2：1；
208《诗创作》2，5，7，8；
211《文艺生活》1：4；
227《艺丛》1：1；
237《文学新报》1：6，2：1
庄进辉
142《中学生文艺季刊》2：1
庄近姝
109《论语》34
庄启东
106《现代》4：5，6：1，6：2，6：4；
113《新诗歌》2：2；
125《春光》1：3；
126《诗歌月报》1：1，1：2，1：4，2：1；
139《新小说》1：4；
147《夜莺》1：1；
151《文学丛报》2；
192《文学月报》3：1；
208《诗创作》8；
214《谷雨》创刊号
庄若安
106《现代》2：3
庄泽宣
26《现代评论》1：6，3：74，第三周年增刊；
31《甲寅》1：25；
145《宇宙风》69，70，78，85，96，125，132，134，139，140，141，142，143；
186《宇宙风乙刊》创刊号，4，9
庄诚榛
72《戏剧的园地》1：3
庄建章
19《小说世界》14：13
庄祝理
150《东方文艺》1：2

庄损衣

226《风雨谈》1，4，5，9

庄弱夷

40《真美善》5：2

庄晴光

84《开展》8

庄瑞源

85《文艺月刊》战时特刊：第 11 年 8 月号；
145《宇宙风》76，78，83；
165《文丛》2：4；
177《文艺阵地》3：3；
178《抗战文艺》3：11；
182《文艺新潮》2：9；
186《宇宙风乙刊》8；
198《现代文艺》3：6；
228《中原》1：4；
235《文艺春秋》3：3

庄静观

203《奔流文艺丛刊》4

庄翠影

98《新时代》2：1

庄蕴宽

31《甲寅》1：2

庄德树

51《开明》1：7

庆　云

36《北新》3：9

庆　平

109《论语》75，83

庆　生

111《文化月报》1：1

庆　朋

145《宇宙风》86

庆　钧

177《文艺阵地》2：12

庆　脚

221《文艺先锋》5：3

忙　蜂

109《论语》107，108，109，111，112，115

惕

117《文学》6：1，6：4，6：6

惕　生

172《七月》1：2

惕　若

117《文学》2：1，2：2，2：3，2：4，3：1，3：2，3：3，3：4，3：5，3：6，4：5，5：3

惕　逸

93《青年界》8：3

闭梦萍

195《黄河》11

问　天

244《文艺复兴》2：6，3：6

问　心

145《宇宙风》116，126

问　劬

187《戏剧岗位》1：1

问　秋

98《新时代》3：2，3：5—6，4：1

问　津
112《无名文艺》月刊1：1
问　笔
85《文艺月刊》6：5—6；
109《论语》36，53，56，59，70，72，74，79；
145《宇宙风》4，6，8，14，20，21，23，27，31，43，54，57，58；
185《笔阵》1，7
问　涓
197《大众文艺》1：3，1：6
问　鹃
56《乐群》1：5，2：7；
83《现代文学》1：5；
88《读书月刊》1：3—4，1：6，2：1，2：4—5，3：1—2
108《文艺茶话》1：4
冲
241《文艺大众》新2
冲　云
265《胶东文艺》1：3，1：5，1：6—7
冲　州
148《诗歌生活》2
冲　霄
93《青年界》9：1
次　公
31《甲寅》1：36，1：39
次　风
109《论语》97
次　阳
246《文坛月报》1：3
次　非
145《宇宙风》23
次　郎
106《现代》4：3
次　恺
186《宇宙风乙刊》10
次　敏
36《北新》4：10
冰
11《文学周报》19，39，40，53，54，63，65；
19《小说世界》1：1；
71《戏剧》1：3；
221《文艺先锋》7：5；
250《鲁迅文艺》1：1
冰　川
25《语丝》112，125，144，145，149，152；
51《开明》1：5
冰　山
117《文学》3：4；
125《春光》1：1；
211《文艺生活》海外版3—4，海外版12
冰　子
109《论语》117；
141《文艺》1：5—6
冰　天
39《泰东》2：1；

131《东流》1：3—4

冰　夫

222《青年文艺》3

冰　心

10《小说月报》12：1，12：4，12：7, 12：11, 13：1, 13：4, 13：6, 13：9, 13：10, 14：1, 14：4, 14：11, 15：3, 15：6, 15：7, 15：9, 15：10, 17：1, 21：1；
25《语丝》32；
36《北新》1：36；
40《真美善》女作家专号；
46《新月》2：6—7, 3：11；
93《青年界》2：3，9：1，10：1；
100《北斗》1：1，1：2；
117《文学》2：1，3：1；
122《文学季刊》1：1，1：3；
136《水星》1：6；
145《宇宙风》18；
153《文季月刊》1：2；
209《万象》3：8；
218《文坛》3；
226《风雨谈》11；
235《文艺春秋》2：5

冰　生

249《白山》6

冰　兄

253《清明》创刊号

冰　夷

142《中学生文艺季刊》1：3；
270《小说》3：1

冰　血

12《戏剧》1：3，1：4，1：5；
45《现代小说》2：4

冰　如

38《幻洲》1：5

冰　庐

39《泰东》1：5；
47《流沙》5；
49《畸形》1；
55《大众文艺》2：3，2：4

冰　若

109《论语》15

冰　岩

252《北方文化》1：3

冰　波

199《野草》复刊号；
220《文学创作》2：2；
234《微波》1：2

冰　弦

1《新青年》5：3，6：2

冰　玲

142《中学生文艺季刊》1：3

冰　厚

109《论语》44

冰　庭

177《文艺阵地》6：3

冰　莹

10《小说月报》22：11，22：12；
85《文艺月刊》战时特刊1：3，战时特刊2：9—10,战时特刊3：

1—2，战时特刊 3：3—4，战时特刊 3：8—9；
88《读书月刊》2：3，3：1—2，3：5；
93《青年界》9：5，12：1；
106《现代》5：4；
107《文学月报》1：1；
109《论语》1，11；
117《文学》1：4；
127《人间世》22；
138《文饭小品》1：4；
145《宇宙风》24，61，69，71，75，81，133；
158《中流》1：7，2：2；
169《中国文艺》1：3；
174《抗到底》1；
176《自由中国》1：2；
178《抗战文艺》2：5，4：1；
195《黄河》1，2，3，4，7，8，9，10，11，2：1，2：2，2：3，2：4，2：5—6，2：7，2：8，2：9，2：10，3：1，3：2，4：1，4：2，4：5；
235《文艺春秋》2：5

冰　峰

178《抗战文艺》10：2—3

冰　菱

238《希望》1：1，1：2，1：4，2：1，2：3；
268《蚂蚁小集》2，5，6，7

冰　禅

25《语丝》5：37

江

68《戏剧与文艺》1：5；
117《文学》3：4，4：2；
190《通俗文艺》1，3，4，5，13，14，15，16，18

江　凡

202《文艺月报》16

江　丰

172《七月》5：2；
177《文艺阵地》2：3，2：4；
184《文艺战线》1：6；
257《长城》创刊号

江　夫

229《艺文杂志》1：6，2：1

江　天

182《文艺新潮》2：4；
188《新中国文艺丛刊》4

江　风

85《文艺月刊》战时特刊 5：1；
113《新诗歌》2：1；
221《文艺先锋》10：3，10：4；
264《诗创造》3，8，2：1，2：4；
265《胶东文艺》1：3；
276《华北文艺》3

江　文

265《胶东文艺》1：4

江　水

155《光明》3：2

江　左

106《现代》3：2

江 石

19《小说世界》16：8，16：25，17：1，17：2，17：3，17：4

江 东

202《文艺月报》8，10，12，16

江 布

214《谷雨》1：4

江 记

175《战地》1：2

江 曲

125《春光》1：3

江 伦

190《通俗文艺》6

江 华

262《平原文艺》2：1

江 冲

130《当代文学》1：5

江 农

177《文艺阵地》2：6，2：12

江 羽

158《中流》2：10

江 村

85《文艺月刊》战时特刊4：3—4，战时特刊5：1，战时特刊第11年4月号；

192《文学月报》2：6；

224《天下文章》2，2：1；

249《白山》5

江 芷

108《文艺茶话》1：2

江 怀

208《诗创作》2

江 良

109《论语》128；

270《小说》3：1

江 矣

145《宇宙风》94—95，104，108，117—118

江 青

264《诗创造》3

江 枫

98《新时代》4：3

江 英

221《文艺先锋》2：3

江 炎

159《诗歌杂志》2，3

江 河

235《文艺春秋》3：6；

272《群众文艺》9

江 泓

226《风雨谈》7

江 波

242《新群众》1：2，2：6；

251《文艺杂志》1：2

江 荫

64《红黑》5

江 南

211《文艺生活》海外版：9

江 思

10《小说月报》20：12；

25《语丝》5：18；

45《现代小说》3：4；
54《无轨列车》4；
74《新文艺》1：2，1：3，2：2；
98《新时代》5：5；
106《现代》1：1，1：2，1：3

江　俊

93《青年界》8：1，9：4

江　洪

199《野草》野草新集：追悼

江　荻

225《时与潮文艺》5：3

江　索

99《涛声》2：5

江　振

221《文艺先锋》11：3—4，12：1

江　离

93《青年界》7：5

江　涛

85《文艺月刊》战时特刊2：5，2：7；
262《平原文艺》1：3

江　浩

224《天下文章》2：4

江　海

195《黄河》复刊2

江　救

85《文艺月刊》战时特刊1：7；
175《战地》1：5

江　朗

195《黄河》复刊2；
223《人世间》1：5；
264《诗创造》4，6，9

江　梅

25《语丝》5：8

江　萍

206《华北文艺》1：3

江　笛

237《文学新报》1：6

江　犁

256《萌芽》1：2

江　烽

117《文学》6：6；
150《东方文艺》2：1；
172《七月》2：4，3：2

江　渚

198《现代文艺》4：2

江　游

121《文化列车》6

江　蒨

93《青年界》新6：1

江　蒿

159《诗歌杂志》3

江　蓠

159《诗歌杂志》2，3；
208《诗创作》8

江　篱

216《战时文艺》1：2

江　凝

261《东北文艺》1：3

江　藜

113《新诗歌》2：1

江一华

109《论语》165

江人度
4《国民》1：4
江天漠
264《诗创造》1，9
江天蔚
93《青年界》8：2；
99《涛声》2：37，2：39，2：42，
2：45；
117《文学》5：1；
140《芒种》4，5，6，8
江月仙
209《万象》1：4
江文定
19《小说世界》14：15
江亢虎
31《甲寅》1：2，1：26，1：38；
98《新时代》6：1，6：2，7：1，
7：2
江水青
223《人世间》复刊8—9；
264《诗创造》6
江未川
195《黄河》4：4
江东山
145《宇宙风》23；
149《逸经》26
江东去
109《论语》158
江生纪
36《北新》3：21
江冬老
18《歌谣》28
江永洛
93《青年界》新6：4
江圣逵
52《山雨》1：1，1：2，1：3
江百老
26《现代评论》4：99
江同王
109《论语》68
江安流
224《天下文章》4
江红蕉
19《小说世界》2：8，2：10，13：
5，14：1，14：8，14：9，14：
14，14：15，15：1，15：5，
16：20，17：2
江纪生
36《北新》3：20—21
江进之
127《人间世》10
江克灼
93《青年界》8：4，9：4
131《东流》1：6
江伯玉
36《北新》4：17
江奔涛
191《文艺新闻》11
江叔良
99《涛声》2：17，2：19，2：22，
2：23，2：29，2：34

江昌绪

25《语丝》5：1；
39《泰东》2：7，2：9；
59《春潮》105；
98《新时代》5：3，5：4

江季子

109《论语》64，73，74

江绍原

3《新潮》1：5，2：2，2：3，2：4，2：5，3：1，3：2；
10《小说月报》15：1；
11《文学周报》330，338，357，361，369；
18《歌谣》2：2；
25《语丝》3，6，7，9，14，18，33，38，53，97，98，99，100，101，102，105，107，109，110，111，113，116，117，120，121，128，130，145，148，155，156，4：1，4：2，5：29；
26《现代评论》1：10，1：17，1：24，2：30；
28《猛进》24；
36《北新》2：6，3：10；
37《一般》3：4，6：4，7：3，7：4，8：2；
51《开明》1：8，2：1；
57《大江》1：3；
59《春潮》1：4，1：5，1：7，1：9；
83《现代文学》1：3；
99《涛声》2：6

江树峰

145《宇宙风》87，94—95，104

江栋良

209《万象》1：2，2：6，2：7，2：10，2：11

江显之

19《小说世界》2：11，4：1，4：2，4：4，4：5，4：8，4：10，5：5，5：6，5：7，5：8，5：9，5：10，5：11，5：12，5：13，6：1，6：5，7：10，7：11，7：12，7：13，8：1，12：13

江界俗

40《真美善》6：6

江炼百

10《小说月报》18：9

江珠英

109《论语》154

江晓静

264《诗创造》2，9

江兼霞

85《文艺月刊》战时特刊：第11年10月号；
106《现代》3：5，5：1，5：4，5：6

江家河

109《论语》136

江菊林

168《戏剧时代》1：1，1：2

江辅偕

19《小说世界》13：22，14：5，

15：23

江雪楣

106《现代》4：1

江康黎

85《文艺月刊》战时特刊1：9

江渐离

183《鲁迅风》1

江寄萍

109《论语》20，26，30，32，39，43，49，51，60，63，68，75，78；
127《人间世》3，8，37，41；
138《文饭小品》1：6

江隆基

205《五十年代》1：2

江超西

186《宇宙风乙刊》36

江暑生

26《现代评论》1：24

江鼎伊

18《歌谣》95

江道履

186《宇宙风乙刊》43

江嘉炎

36《北新》2：13；
40《真美善》2：6

江枫小隐

123《中国文学》1：5

汛　潮

142《中学生文艺季刊》3：2

池

85《文艺月刊》战时特刊3：7

池　宁

235《文艺春秋》丛刊4，丛刊5；
245《文章》创刊号，1：2，1：3，1：4；
246《文坛月报》1：1，1：2，1：3

池　萍

43《未名》1：2

池步洲

88《读书月刊》2：1

池振超

98《新时代》2：1

池梦洲

109《论语》54

汤　中

31《甲寅》1：4

汤　公

31《甲寅》1：40

汤　松

31《甲寅》1：17

汤　英

36《北新》3：20—21，4：9

汤　鸣

180《文艺》2：1

汤　美

157《今代文艺》1：2

汤　轺

142《中学生文艺季刊》1：2

汤　彬

94《现代文学评论》1：1，2：1—2

汤 铭

11《文学周报》283，321

汤一雯

174《抗到底》7，13—14，20

汤公鲁

88《读书月刊》8：2

汤尔和

1《新青年》4：5；

16《努力周报》2

汤用彤

14《学衡》12，17，19，24，26，30，39，75

汤匡瀛

51《开明》2：25；

98《新时代》4：4—5，5：3

汤仲谋

142《中学生文艺季刊》2：4；

270《小说》3：2

汤合成

275《文艺丛刊》8

汤冰若

82《前锋周报》17，18，19，20

汤苍园

26《现代评论》2：38

汤范若

180《文艺》3：3—4

汤相伊

177《文艺阵地》4：1

汤钟琰

235《文艺春秋》2：4

汤仲瑶

25《语丝》42，46，49

汤炳荣

18《歌谣》2

汤济沧

31《甲寅》1：4

汤雪华

209《万象》2：1，2：5，2：6，2：7，号外

汤铭新

141《文艺》2：5—6，3：3

汤琪真

18《歌谣》55

汤湫琳

55《大众文艺》2：3

汤增敭

19《小说世界》13：20，15：1，15：25；

39《泰东》1：3，1：5，2：5；

40《真美善》4：2；

83《现代文学》1：1，1：3；

84《开展》6—7；

89《当代文艺》1：1，1：2，1：3，1：4，1：5，1：6；

94《现代文学评论》1：1；

98《新时代》1：2；

104《矛盾》2：1

汤德明

19《小说世界》14：18

汤澄波

10《小说月报》13：10，15：4，

15：11
汤鹤逸
10《小说月报》18：2；
85《文艺月刊》战时特刊2：11—12
汤擎民
145《宇宙风》92
汤懋芳
23《文艺周刊》2
汝 龙
176《自由中国》新2：1—2；
178《抗战文艺》5：4—5；
198《现代文艺》6：1
222《青年文艺》5
汝 成
186《宇宙风乙刊》36
汝 舟
229《艺文杂志》1：4
汝 卓
11《文学周报》20，24，38
汝 非
1《新青年》1：2，1：4
汝 尚
172《七月》2：2，2：4
汝 珍
261《东北文艺》1：4
汝 愚
2《每周评论》18，19
汶 重
172《七月》6：1—2
壮 一
92《文艺新闻》12，43
壮 芸
20《浅草》1：2，1：3
壮 学
26《现代评论》2：41
壮 草
222《青年文艺》5
宇 之
93《青年界》11：3
宇 飞
155《光明》1：7，2：5
宇 文
26《现代评论》2：38，2：40，2：46，2：51，3：56，3：59，3：76，4：93，4：94，4：96，5：116，6：149
宇 众
10《小说月报》13：5
宇 庐
26《现代评论》4：93；
39《泰东》1：9
宇 君
140《芒种》1，2
宇 昂
155《光明》2：4
宇 菲
211《文艺生活》光复版5
宇文节
182《文艺新潮》1：1，1：2，2：1
宇金生
267《大众文艺丛刊》4

守　一
19《小说世界》1：3，1：6，1：10，1：12，民众文学1，民众文学2，民众文学5，民众文学6，民众文学7，民众文学8，民众文学9，民众文学10；
177《文艺阵地》2：9
守　义
11《文学周报》201
守　中
11《文学周报》183
守　文
11《文学周报》207，232
守　仪
127《人间世》3
守　训
19《小说世界》5：8，5：9
守　廷
11《文学周报》21，22
守　庄
11《文学周报》234，259；
25《语丝》62，75，79，84，91，92；
221《文艺先锋》12：2
守　拙
5《少年中国》1：11
守　果
274《平原》2：1
守　素
209《万象》4：2
守　常
2《每周评论》9，12，29，30，31，35；
3《新潮》2：2；
6《解放与改造》2：2
守　章
55《大众文艺》1：5
守　静
19《小说世界》14：25
宅　桴
37《一般》1：3
安
109《论语》147，150
安　人
36《北新》3：23
安　之
37《一般》8：1，8：2，9：3，9：4
安　戈
209《万象》3：3
安　文
63《金屋》1：12
安　风
142《中学生文艺季刊》3：1，3：2
安　平
25《语丝》4：18；
36《北新》3：17，4：8；
47《流沙》6；
51《开明》1：9
安　龙
141《文艺》6：3

安　民
142《中学生文艺季刊》1：1
安　华
10《小说月报》20：10；
54《无轨列车》1，3，4；
74《新文艺》1：4，1：6；
106《现代》1：4，1：5，1：6；
129《文艺风景》1：1
安　危
189《西线文艺》1：5；
271《文学战线》1：3
安　安
185《笔阵》新2：2
安　农
90《诗刊》3
安　林
178《抗战文艺》1：6；
189《西线文艺》1：1，1：2
安　迪
145《宇宙风》66
安　命
19《小说世界》13：16
安　波
211《文艺生活》海外版20；
271《文学战线》2：4；
272《群众文艺》3
安　弥
198《现代文艺》6：3
安　思
36《北新》3：19
安　适
197《大众文艺》2：1
安　娜
143《杂文》5—6；
210《笔谈》1
安　娥
85《文艺月刊》战时特刊1：10，战时特刊1：11，战时特刊2：2，战时特刊3：1—2，战时特刊3：3—4，战时特刊3：12，战时特刊4：3—4，战时特刊5：1；
106《现代》5：5；
117《文学》1：6；
120《文艺》1：2；
141《文艺》5：5；
150《东方文艺》1：4；
155《光明》2：2，2：11；
170《新演剧》复刊号；
174《抗到底》10；
178《抗战文艺》1：8，2：1，2：4，2：9，4：1，4：3—4，4：5—6，6：2；
179《戏剧新闻》2；
187《戏剧岗位》3：5—6；
199《野草》4：3；
201《戏剧春秋》2：4；
208《诗创作》10；
211《文艺生活》3：5，3：6；
216《战时文艺》1：5，2：1；
220《文学创作》1：4；

227《艺丛》1：2；
235《文艺春秋》3：2，3：4，3：6，4：5；
250《鲁迅文艺》1：2；
253《清明》3；
266《中国作家》纪念特刊

安　蒂

236《高原》新1：3

安　愚

19《小说世界》民众文学9；
242《新群众》2：6

安　塞

197《大众文艺》1：6；
208《诗创作》1

安　簃

106《现代》1：1，1：3；
138《文饭小品》1：5

安山叔

25《语丝》102

安文一

251《文艺杂志》1：2

安文倬

51《开明》1：3

安仲波

255《北方》1：5

安狂夫

93《青年界》7：1；
142《中学生文艺季刊》1：4

安烈生

223《人世间》2：1

安得伦

99《涛声》2：29

安淇生

24《洪水》半月刊1：6,半月刊1：8，半月刊2：17

安慕陶

51《开明》2：1

关　山

270《小说》1：2

关　良

10《小说月报》14：6；
22《创造周报》38

关　纾

45《现代小说》2：3

关　铭

183《鲁迅风》1，8

关　健

272《群众文艺》8

关　露

113《新诗歌》2：3，2：4；
150《东方文艺》1：3；
154《文学界》1：4；
155《光明》1：2，1：6，1：10，3：1；
177《文艺阵地》4：1，5：1；
182《文艺新潮》1：12，2：2；
276《华北文艺》5

关山月

209《万象》3：7

关夫生

251《文艺杂志》3：5

关立人
259《东北文化》2：2
关立根
87《前锋月刊》1：2
关永吉
226《风雨谈》5
关存英
71《戏剧》2：1，2：2
关芷洲
149《逸经》3
关陈礼
51《开明》2：4
关家成
211《文艺生活》海外版副刊
关炯之
109《论语》54
关续文
276《华北文艺》4
关黑山
250《鲁迅文艺》1：2
关德栋
244《文艺复兴》研究号中
羊
88《读书月刊》2：6
羊 山
143《杂文》2：2
羊 石
191《文艺新闻》9—10
羊 皮
145《宇宙风》98，99，101
羊 角
149《逸经》21
羊 枣
134《太白》1：3，1：10，2：2，2：7，2：11；
155《光明》1：7
羊 质
109《论语》65
羊 翚
264《诗创造》3，5，6，11
羊先生
109《论语》42
米 田
182《文艺新潮》1：1，1：2
米 西
36《北新》3：9
米 华
45《现代小说》3：5—6
米 军
208《诗创作》8；
211《文艺生活》光复版16
米 芙
166《文艺科学》1
米 岚
229《艺文杂志》1：4
米 谷
199《野草》第11集；
270《小说》3：1
米 依
109《论语》39

米西一
26《现代评论》6：152，7：164
米考伯
109《论语》120
米星如
10《小说月报》19：12；
19《小说世界》11：8，11：10
讽　谁
68《戏剧与文艺》1：2
讷　厂
209《万象》3：2，3：3，3：5，
3：6
讷　言
209《万象》3：6
讷　维
177《文艺阵地》1：6，1：12，3：
4，3：11，3：12；
199《野草》3：1
许　久
160《新诗》1：5，1：6，2：3—4
许　飞
186《宇宙风乙刊》49，55，56
许　无
238《希望》1：1，1：3
许　可
109《论语》33；
195《黄河》复刊1，复刊5
许　生
172《七月》1：1
许　行
109《论语》64
许　多
142《中学生文艺季刊》1：2
许　伽
248《中原·文艺杂志·希望·文
哨联合特刊》1：4
许　杰
10《小说月报》14：3，14：6，15：
2，15：8，16：1，16：2，16：
3，16：6，16：12，17：9，
18：2，18：3，18：6，18：8，
19：3；
11《文学周报》227，229，230，
256，258，278，288，290，
297，350；
24《洪水》半月刊1：9，半月刊
2：16，半月刊3：27，半月
刊3：33；
36《北新》1：31；
45《现代小说》3：4；
55《大众文艺》1：3，2：3，2：
5—6；
75《萌芽》1：4；
88《读书月刊》1：3—4，1：6；
93《青年界》1：1，12：1，新3：1；
117《文学》3：1，3：2，4：4，5：
1，5：3，6：6，7：4，8：3；
134《太白》1：1，1：2，2：2；
144《创作》1：3；
151《文学丛报》1；
155《光明》1：2，1：6；
177《文艺阵地》1：3；

198《现代文艺》3：1；
212《文讯》7：5，9：3；
233《当代文艺》1：5—6；
235《文艺春秋》3：1，3：2，3：3，4：1，4：2，4：3，4：5，5：2，5：3，8：1，8：2；
244《文艺复兴》1：2，3：3；
263《文艺知识连丛》1：3；
266《中国作家》1：3，纪念特刊；
270《小说》3：2，3：3，3：4，3：5，3：6，4：5，4：6，5：1，5：6

许　鸣

195《黄河》2：3

许　明

82《前锋周报》38

许　牧

141《文艺》6：1

许　珂

254《热潮》1：2

许　剑

235《文艺春秋》4：4

许　浒

264《诗创造》3

许　桦

268《蚂蚁小集》6

许　都

115《文学杂志》1：3—4

许　翅

211《文艺生活》光复版4

许　峨

76《拓荒者》3

许　斋

26《现代评论》1：9，1：13；
28《猛进》1，3，6，8，9，12，13，14，23，25，51

许　虚

98《新时代》3：5—6，4：1，4：2

许　晴

155《光明》3：3，3：4

许　遐

117《文学》3：2；
133《译文》1：1，1：2

许　瑾

93《青年界》8：1，8：3，8：5，9：1，9：4，9：5，10：1，10：3，11：2，12：1；
142《中学生文艺季刊》1：3

许　衡

180《文艺》3：1

许　羲

170《新演剧》复刊号

许　霞

50《奔流》1：7

许　藩

140《芒种》9—10

许一白

223《人世间》2：1

许力平

262《平原文艺》2：6

许乃妙

211《文艺生活》海外版副刊1

许大远

177《文艺阵地》7：3

许久菴

51《开明》2：2

许广平

117《文学》8：2；
133《译文》新2：5；
218《文坛》创刊号；
226《风雨谈》11；
235《文艺春秋》丛刊1；
244《文艺复兴》2：3

许广武

4《国民》1：3

许之乔

170《新演剧》新1：1，新1：2；
201《戏剧春秋》1：2；
211《文艺生活》1：4，2：4；
223《人世间》1：2

许云樵

19《小说世界》8：12；
134《太白》2：8；
212《文讯》7：3

许元启

1《新青年》7：6

许天虹

25《语丝》4：51；
128《小说》16；
133《译文》2：5，新1：3，新2：1；
198《现代文艺》1：1，1：4，2：1，2：5，3：1，4：2，5：1；
217《文艺杂志》1：1，2：2；
235《文艺春秋》3：2

许凤锦

274《平原》4

许文杰

10《小说月报》17：号外下

许文锵

6《解放与改造》2：11

许公陵

186《宇宙风乙刊》44

许节三

272《群众文艺》4

许世英

98《新时代》7：4；
109《论语》54；
229《艺文杂志》2：11

许世瑛

229《艺文杂志》2：3，2：6，2：7—8，2：10，2：12，3：1—2，3：3，3：4—5

许仕廉

26《现代评论》3：66，3：68，3：69，4：83，5：107

许印滴

198《现代文艺》1：3

许白雁

99《涛声》1：9，1：18，1：31，2：4，2：12，2：14，2：19，2：27，2：30，2：35，2：38，2：40，2：43

许永年
51《开明》2：6
许地山
8《新社会》8，10，11，12，14，15，16，17，18，19；
9《人道》1；
10《小说月报》12：1，12：4，12：7，16：7，17：号外下，19：11，19：12，22：1；
12《戏剧》2：3；
68《戏剧与文艺》1：2；
117《文学》4：1，4：2；
178《抗战文艺》4：1；
226《风雨谈》9
许光迪
10《小说月报》12：4，12：8
许竹贞
18《歌谣》42，43，49
许次襄
64《红黑》6，7
许兴凯
36《北新》3：17
许寿治
89《当代文艺》2：5
许寿裳
186《宇宙风乙刊》27；
218《文坛》2：1；
223《人世间》复刊4，复刊5，复刊6，复刊7，复刊10；
244《文艺复兴》4：2
许志仁
109《论语》160
许志行
10《小说月报》15：5，17：6；
93《青年界》新1：1
许孝炎
16《努力周报》4；
18《歌谣》21，37，3：5
许时行
18《歌谣》4
许秀湖
11《文学周报》59，64
许伴山
19《小说世界》14：11，14：14，14：25
许君可
26《现代评论》6：132
许君远
26《现代评论》1：19，2：38，3：57，4：86，4：101，5：115，6：134，6：143，6：144；
46《新月》1：7；
224《天下文章》2：2
许幸之
24《洪水》半月刊3：25，半月刊3：29；
34《创造月刊》1：7，1：8；
55《大众文艺》2：3；
77《艺术》1：1；
78《文艺讲座》1；
81《沙仑》1：1；

106《现代》4：5，5：4；
107《文学月报》1：2；
113《新诗歌》2：2；
117《文学》5：5；
119《戏》2；
125《春光》1：1，1：2，1：3；
126《诗歌月报》1：2；
130《当代文学》1：1；
148《诗歌生活》1；
150《东方文艺》1：1，1：2；
151《文学丛报》2；
155《光明》1：10，2：10，2：12，3：2；
157《今代文艺》1：1；
161《电影戏剧》1：1；
168《戏剧时代》1：1；
188《新中国文艺丛刊》3；
199《野草》4：4—5；
206《华北文艺》创刊号；
208《诗创作》10；
211《文艺生活》2：4，3：6；
212《文讯》9：4；
217《文艺杂志》2：3；
227《艺丛》1：1；
235《文艺春秋》2：2，5：3；
266《中国作家》纪念特刊

许昂若

11《文学周报》26，27

许季木

226《风雨谈》6，7，8，11，13，15，16，17，18，19

许季明

141《文艺》2：1，2：2，2：3，2：4，2：5—6，3：1，4：2

许念兹

209《万象》2：10

许念曾

10《小说月报》22：8

许绍棨

85《文艺月刊》7：2

许孟时

51《开明》1：3

许承先

190《通俗文艺》39

许契痴

109《论语》20

许柏亮

262《平原文艺》1：3

许厚基

41《民间文艺》2

许钦文

10《小说月报》17：10；
11《文学周报》344
25《语丝》109，118，41，4：9，5：1；
29《莽原》周刊8；
36《北新》1：39—40，2：2，2：6；
37《一般》9：2；
43《未名》1：5；
50《奔流》1：4；
51《开明》2：23；
74《新文艺》1：6；

83《现代文学》1：1；
88《读书月刊》2：4—5；
93《青年界》1：1，7：1，7：4，8：1，9：1，10：1，10：4，12：1，新2：5，新3：1，新3：2，新3：3，新4：1，新4：5，新5：3，新6：2，新6：5；
94《现代文学评论》1：3，2：1—2；
98《新时代》5：3，6：1，7：1；
106《现代》3：6，5：3；
109《论语》79，105，136，137，138，140，141，144，147，148，149，150，151，153，155，159，161，162，167，168，169，170，171，172，173，174，176；
117《文学》5：1；
122《文学季刊》2：4；
127《人间世》17，24，28，33；
134《太白》1：7；
139《新小说》1：5；
145《宇宙风》3，10，13，19，20，64，68，96，100，119—120，129，134，141，142，143，144—145，146，151；
149《逸经》1，6，8，10，14，16，18，23，29，32；
158《中流》1：4，1：5，1：6，1：7，1：8，1：11，1：12，2：5；
169《中国文艺》1：2，1：3；
182《文艺新潮》1：1，1：4—5，1：6，1：8；
186《宇宙风乙刊》3，11，15，24，25，26，28，31，32，35，36，37，39，42，45，46，47，48，52—53，54，55

许修林

131《东流》3：2；
166《文艺科学》1

许洁泯

264《诗创造》2

许美丽

141《文艺》4：5，4：6

许美埙

10《小说月报》13：6；
56《乐群》半月刊3

许祖翼

109《论语》25

许素任

167《文学杂志》3：3

许桐华

109《论语》75

许逖甫

111《文化月报》2

许席珍

104《矛盾》3：2；
245《文章》创刊号，1：2

许宴儒

145《宇宙风》102

许涤新

242《新群众》2：1

许啸天
51《开明》2：24
许鸿磐
19《小说世界》1：9，1：10，1：13，2：3
许绮禅
40《真美善》5：2，5：6，7：1；
98《新时代》2：1；
108《文艺茶话》1：8，2：5
许晶石
136《水星》1：5
许景宋
145《宇宙风》50；
186《宇宙风乙刊》29
许敦谷
10《小说月报》12：3，14：6，15：1
许廑文
19《小说世界》1：2，2：6，5：12，8：12，9：2
许跻青
26《现代评论》4：104，5：113
许稚人
211《文艺生活》光复版3
许誉寯
13《诗》1：4
许瘦鹤
19《小说世界》4：13
许震寰
11《文学周报》18
许德佑
104《矛盾》1：5—6
117《文学》5：5
许德明
41《民间文艺》9—10
许德珩
4《国民》1：1，1：2，1：3，1：4，2：1；
5《少年中国》1：3，2：3，3：10
许翰飞
209《万象》1：12，2：1，2：2，2：3，2：4，2：5，2：6，2：7，2：8，2：9，2：12
许寰儒
186《宇宙风乙刊》5
许黛心
51《开明》1：8，1：11
许郭立诚
229《艺文杂志》2：9
讯因棠
175《战地》1：6
祁东海
93《青年界》8：3
祁细俄
197《大众文艺》1：6
军　右
214《谷雨》1：6
军　茄
216《战时文艺》1：3
农
191《文艺新闻》11

农　人

25《语丝》93，104，119，133，140，144；

36《北新》1：24

农　山

145《宇宙风》83

农　韧

109《论语》171

农耀煌

145《宇宙风》112

弛

147《夜莺》1：2；

190《通俗文艺》1，18

那　沙

265《胶东文艺》创刊号

那　逖

249《白山》4

那简叔

145《宇宙风》24

那韵冰

93《青年界》8：4，8：5，9：4，11：5；

142《中学生文艺季刊》2：4

异

121《文化列车》3

异　之

37《一般》2：3

导　之

5《少年中国》4：10

尽　平

24《洪水》半月刊2：22

艮　泯

109《论语》73

阮　夫

113《新诗歌》2：1；

143《杂文》4

阮　咸

207《时代文学》1：1

阮　竽

136《水星》2：2

阮子蔚

46《新月》3：9

阮有秋

4《国民》2：2；

10《小说月报》13：4

阮如虹

36《北新》3：24

阮秀峰

221《文艺先锋》12：1

阮幸生

250《鲁迅文艺》1：2

阮金坚

261《东北文艺》1：5

阮章竞

251《文艺杂志》3：1，3：2，3：3

阮毅成

19《小说世界》13：22，13：23

阳　光

142《中学生文艺季刊》2：4，3：2；

188《新中国文艺丛刊》1；

209《万象》3：10

阳　春
98《新时代》4：2，4：3
阳　秋
117《文学》2：4
阳　堤
195《黄河》5：3—4
阳太阳
208《诗创作》1，2，3—4，8，12
阳羽军
211《文艺生活》海外版 2
阳翰笙
161《电影戏剧》1：3；
168《戏剧时代》1：1，1：2，1：3；
170《新演剧》新 1：3；
173《抗战戏剧》创刊号，1：2，1：3，1：4，1：5；
176《自由中国》1：3；
178《抗战文艺》7：1，7：6，8：1—2，8：3，文协成立五周年纪念特刊；
201《戏剧春秋》1：3，1：6；
221《文艺先锋》5：1—2；
228《中原》2：1；
266《中国作家》纪念特刊
迅　之
109《论语》98
迅　鸠
10《小说月报》22：6；
74《新文艺》1：5，1：6；
93《青年界》5：1，新 1：4；
226《风雨谈》17
迅　雨
209《万象》3：11
迅　泉
10《小说月报》14：12；
11《文学周报》66
迅　速
145《宇宙风》117—118
迅　雷
39《泰东》1：9；
42《太阳月刊》2，3，4；
48《我们》1：1；
145《宇宙风》93
如
212《文讯》6：6
如　一
134《太白》2：1
如　凡
109《论语》106
如　升
127《人间世》26
如　生
70《引擎》1
如　松
26《现代评论》5：116，5：130
如　苗
10《小说月报》14：10
如　荣
19《小说世界》6：3
如　是
229《艺文杂志》1：5

如　音
10《小说月报》14：9
如　病
25《语丝》127
如　粒
25《语丝》37
如　琳
36《北新》3：16；
71《戏剧》1：1，1：2，1：3，1：4，2：1，2：3—4，2：5，2：6
如　愚
109《论语》40，41，42，43，44，45，47，49，50，53，57，59，63，64，65，66，67；
127《人间世》3
如　鹏
131《东流》1：5
如　稷
23《文艺周刊》国庆日增刊
如是闲
109《论语》29
妃　白
11《文学周报》3，15
好　士
145《宇宙风》46
好　动
93《青年界》11：2
好事者
109《论语》86
观　云
10《小说月报》18：7；
37《一般》74
观　今
109《论语》105，109，110，116
观　场
12《戏剧》1：2，2：1，2：2，2：3，2：4
观　和
93《青年界》10：4
观　海
149《逸经》5
观　楼
109《论语》8
观　澜
117《文学》7：2
欢　章
159《诗歌杂志》2，3
羽
191《文艺新闻》2
羽　山
247《人民文艺》2；
252《北方文化》1：2；
270《小说》6：5—6；
276《华北文艺》4
羽　飞
85《文艺月刊》战时特刊4：2
羽　田
172《七月》3：2，3：5
羽　白
19《小说世界》6：8，10：2；
229《艺文杂志》1：6

羽　必

26《现代评论》4：86

羽　扬

270《小说》5：2，5：6

羽　冰

52《山雨》1：6；

55《大众文艺》1：5

羽　军

177《文艺阵地》4：12

羽　农

34《创造月刊》1：12

羽　卒

180《文艺》3：1；

191《文艺新闻》3，5，7，9—10；

193《戏剧与文学》1：2

羽　翎

109《论语》68

羽　嘉

255《北方》1：4

羽衣客

25《语丝》4：47

牟　尼

117《文学》2：5；

134《太白》1：11，2：1，2：2，2：4，2：6；

140《芒种》6；

238《希望》1：1，1：2

牟　英

265《胶东文艺》1：3，1：6—7

牟　殊

58《白华》1：1

牟　醒

265《胶东文艺》1：2

牟万宗

25《语丝》87

牟子敬

265《胶东文艺》创刊号

牟中离

109《论语》65

牟永锡

37《一般》8：2

牟宗三

221《文艺先锋》11：5

牟春高

265《胶东文艺》1：5

牟鸿彝

93《青年界》7：1，7：3，9：2，9：3，9：4，9：5，10：1，10：2，10：3，10：5，11：1，11：2，11：3，11：4，11：5，12：1，新1：2，新1：4，新6：1，新6：2，新6：3，新6：4

牟魁英

249《白山》3

牟震西

16《努力周报》18

买荫庭

212《文讯》6：3，6：4，6：6，7：2

孙　风

272《群众文艺》9

孙　文

149《逸经》17

孙　六

40《真美善》2：2

孙　白

260《呼吸》创刊号

孙　用

10《小说月报》22：6，22：9，22：10，22：11；

50《奔流》1：9，2：1，2：3，2：5；

93《青年界》8：2；

104《矛盾》3：3—4；

106《现代》2：4；

117《文学》2：5，4：1，5：1；

133《译文》1：3，1：6，2：1，2：2，2：3，2：4，2：6，终刊号，新1：1，新1：2，新1：3，新1：5，新1：6，新2：1，新2：2，新2：3，新2：4，新2：5，新2：6，新3：1，新3：2，新3：4；

134《太白》1：7，1：12；

151《文学丛报》1；

165《文丛》2：3，2：6—7；

169《中国文艺》1：2；

171《烽火（呐喊）》17；

177《文艺阵地》4：1，4：7；

198《现代文艺》6：2；

208《诗创作》7，8；

211《文艺生活》1：6，2：4；

212《文讯》9：5；

217《文艺杂志》1：1，1：2，3：3；

264《诗创造》2：3

孙　代

226《风雨谈》6

孙　芋

261《东北文艺》2：3

孙　伟

58《白华》1：2；

76《拓荒者》4—5

孙　军

251《文艺杂志》4：2

孙　芳

26《现代评论》7：184

孙　灼

271《文学战线》1：5—6

孙　沛

222《青年文艺》新1：2，新1：3，新1：5；

240《文哨》1：2；

243《文联》1：5，1：6；

256《萌芽》1：1，1：2

孙　纬

240《文哨》1：1

孙　杰

201《戏剧春秋》1：6

孙　奇

274《平原》10

孙　明

267《大众文艺丛刊》1；

274《平原》创刊号，2，5，10，11，12

孙　享

93《青年界》11：5

孙　怡

185《笔阵》新1：5

孙　炎

31《甲寅》1：35

孙　泱

129《文艺风景》1：1

孙　宠

229《艺文杂志》2：4

孙　郎

88《读书月刊》1：1

孙　荃

43《未名》1：3

孙　勃

242《新群众》1：4

孙　星

195《黄河》4：5

孙　思

209《万象》1：6，1：7

孙　科

98《新时代》7：1

孙　洪

145《宇宙风》103，106，113；

262《平原文艺》1：1，1：6

孙　钿

148《诗歌生活》2；

171《烽火（呐喊）》9，11，19；

172《七月》1：6，3：2，3：4，4：3，6：1—2，6：4；

178《抗战文艺》3：3，3：5—6；

211《文艺生活》1：4；

238《希望》2：1；

268《蚂蚁小集》2，3，4，7

孙　陵

145《宇宙风》131，137，138；

155《光明》1：10，1：11，1：12，2：3，2：4，2：5，2：6，2：7，2：8，2：9，2：11，3：2，3：4，3：5；

158《中流》1：9，1：11，2：2；

171《烽火（呐喊）》14；

172《七月》1：2；

176《自由中国》创刊号，1：3，新1：1，新1：2，新1：3，新1：4，新1：5—6，新2：1—2；

198《现代文艺》1：2，1：3；

269《文艺工作》1

孙　晦

182《文艺新潮》2：1

孙　野

221《文艺先锋》3：1

孙　敏

88《读书月刊》3：5；

267《大众文艺丛刊》1

孙　望

85《文艺月刊》战时特刊：第11年6月号；

93《青年界》6：1；

136《水星》1：3；

208《诗创作》12；

221《文艺先锋》1：2，1：3，12：6

孙　博
113《新诗歌》1：5
孙　堪
238《希望》1：1
孙　落
264《诗创造》9
孙　犁
205《五十年代》创刊号，1：2；
242《新群众》2：4；
247《人民文艺》5；
252《北方文化》2：2；
270《小说》3：4；
276《华北文艺》创刊号
孙　斌
1《新青年》2：5
孙　混
149《逸经》12
孙　戡
93《青年界》新6：3
孙　碌
18《歌谣》41
孙　虞
25《语丝》5：2
孙　慎
211《文艺生活》光复版2
孙　源
178《抗战文艺》10：2—3；
210《笔谈》4；
223《人世间》复刊10；
240《文哨》1：2，1：3；
243《文联》1：1，1：5，1：6；
247《人民文艺》1
孙　滨
178《抗战文艺》5：4—5，6：3；
192《文学月报》2：1—2；
208《诗创作》8；
216《战时文艺》2：2；
261《东北文艺》1：2，1：4，2：2，2：3；
271《文学战线》1：3，1：5—6
孙　熙
109《论语》8
孙　樟
209《万象》3：4
孙　敷
109《论语》121
孙　德
142《中学生文艺季刊》1：3
孙　潜
174《抗到底》26；
178《抗战文艺》9：5—6
孙　蹇
10《小说月报》13：12；
13《诗》2：2
孙　翼
195《黄河》复刊4
孙几伊
6《解放与改造》3：5；
12《戏剧》2：3
孙了红
209《万象》1：1，1：3，1：11，1：12，2：1，2：2，2：3，2：

4，2：5，2：6，2：7，2：9，2：10，2：11，2：12，3：2
孙三同
93《青年界》6：5，8：3
孙大雨
46《新月》3：10；
90《诗刊》1，2，3，4；
127《人间世》15；
145《宇宙风》8；
160《新诗》1：3；
230《民族文学》1：1，1：2，1：4
孙大悲
51《开明》1：8
孙万年
18《歌谣》62
孙子野
238《希望》1：2，1：3，1：4，2：3
孙子鹄
131《东流》1：2
孙子潜
26《现代评论》3：58
孙元良
18《歌谣》10，62
孙无害
238《希望》1：3
孙艺秋
93《青年界》9：5；
177《文艺阵地》4：6；
178《抗战文艺》6：2；
195《黄河》5，10，11；
208《诗创作》9，11，13，14，17；
211《文艺生活》光复版8；
216《战时文艺》1：6；
236《高原》创刊号，2，新1：1，新1：2，新1：3
孙止强
98《新时代》4：1；
108《文艺茶话》2：1，2：5
孙少仙
18《歌谣》10，11，27，40，43，57，58，3：5
孙少荆
1《新青年》5：6
孙仁谦
93《青年界》新4：5
孙文椿
19《小说世界》14：15
孙玉铮
241《文艺大众》2，6
孙本文
18《歌谣》2，35
孙乐洵
93《青年界》10：4
孙邦达
273《文艺月报》3
孙有莱
18《歌谣》2：1，2：13，2：14，3：5，3：8
孙成文
251《文艺杂志》1：5，4：2，4：4

孙百刚
37《一般》7；1，8：4，9：2，9：3
孙百急
26《现代评论》3：73，4：87，4：93，4：94，4：95，4：96
孙至诚
18《歌谣》4；
31《甲寅》1：11，1：13，1：21
孙师郑
31《甲寅》1：9，1：14，1：15，1：17，1：18，1：20，1：21，1：23，1：30
孙师香
31《甲寅》1：13
孙师毅
92《文艺新闻》4，5，34，42；
119《戏》1；
139《新小说》1：1；
161《电影戏剧》1：1，1：2
孙光庭
31《甲寅》1：36，1：40
孙光祖
36《北新》4：1—2
孙传孝
274《平原》11
孙传铭
10《小说月报》20：12
孙伏卢
16《努力周报》7
孙伏园
1《新青年》7：4，8：1；
3《新潮》2：3，2：4，2：5，3：1；
10《小说月报》12：1，12：6；
18《歌谣》75；
104《矛盾》2：5；
108《文艺茶话》2：2；
109《论语》9，32；
127《人间世》33；
145《宇宙风》8，30，38，51，90；
178《抗战文艺》7：4—5，7：6，10：4—5，文协成立七周年并庆祝第一届文艺节纪念特刊；
195《黄河》2，3，9，10，12，2：11—12，复刊3；
218《文坛》2；
225《时与潮文艺》1：2，4：6；
240《文哨》1：2
孙仲起
117《文学》8：1
孙任生
109《论语》25
孙自一
25《语丝》81
孙衣我
11《文学周报》270，285
孙次舟
225《时与潮文艺》4：3
孙兴德
265《胶东文艺》1：4
孙宇锵
232《戏剧时代》创刊号

孙守拙

10《小说月报》13：5

孙阳光

195《黄河》2：10

孙克宽

93《青年界》8：2；

117《文学》5：1

孙坚白

224《天下文章》2：5—6

孙作云

229《艺文杂志》2：5

孙作民

19《小说世界》1：8，2：2，2：3

孙伯謇

26《现代评论》3：66

孙仰乔

109《论语》54

孙杰人

209《万象》号外

孙雨庵

229《艺文杂志》2：1

孙鸣琪

1《新青年》3：4

孙岫人

37《一般》9：2

孙昆泉

11《文学周报》300，310

孙国梁

159《诗歌杂志》2，3

孙国璋

1《新青年》4：4，5：2

孙知印

274《平原》2

孙佳讯

40《真美善》4：4，4：5，6：6，7：1，7：2，7：3；

51《开明》2：23；

83《现代文学》1：1；

85《文艺月刊》4：5，5：2，6：1，6：2，8：1；

93《青年界》1：4，2：1，3：2，4：1，4：3，4：4，6：1，7：1，8：2，12：1；

98《新时代》1：5，2：2—3，2：4—5，3：2，3：3，3：4，3：5—6，5：4，5：5，5：6；

126《诗歌月报》1：1，1：2，1：5，2：1

孙侠夫

56《乐群》半月刊2

孙沫萍

51《开明》2：12

孙治安

251《文艺杂志》4：1

孙宝祥

249《白山》3

孙宝墀

26《现代评论》1：16，2：27，2：28，2：29，2：37，8：192，8：198

孙定国

255《北方》1：2，1：6，2：1—2

孙学洵
11《文学周报》338
孙绍裘
26《现代评论》4：97
孙珊馨
104《矛盾》2：3
孙春苔
108《文艺茶话》1：3
孙春霆
10《小说月报》19：5；
74《新文艺》1：2，2：1
孙柏绿
195《黄河》复刊1；
264《诗创造》11
孙贻棫
4《国民》1：4
孙钟奇
155《光明》2：1
孙秋舫
109《论语》44
孙俍工
10《小说月报》16：10，16：11；
11《文学周报》103；
83《现代文学》1：4；
85《文艺月刊》3：7；
87《前锋月刊》1：7；
89《当代文艺》1：1，1：2，1：3，1：4；
93《青年界》1：1，2：1，8：2；
94《现代文学评论》1：1，1：2，1：3，2：1—2；
117《文学》5：1；
123《中国文学》1：3—4，2：1
孙剑冰
197《大众文艺》创刊号；
200《新诗歌》4，6
孙施谊
178《抗战文艺》6：1
孙恺安
98《新时代》2：1
孙洪伊
98《新时代》5：6
孙济侬
89《当代文艺》1：4
孙洵侯
46《新月》4：4；
85《文艺月刊》4：2，4：3，4：5；
109《论语》68；
127《人间世》26，33
孙祖基
11《文学周报》11；
209《万象》1：2
孙桂云
145《宇宙风》17
孙起孟
93《青年界》8：2，新3：4；
117《文学》5：1
孙晋三
85《文艺月刊》战时特刊第11年8月号；
212《文讯》7：3，7：6，8：1，8：3；

225《时与潮文艺》1：1，2：2，4：3，5：1，5：2，5：3，5：4；
232《戏剧时代》1：3
孙晋武
174《抗到底》9，11
孙振侠
270《小说》6：5—6
孙健秋
240《文哨》1：3
孙爱思
251《文艺杂志》4：3
孙席珍
10《小说月报》20：10，21：1；
11《文学周报》329，332，336，343，344，349，358；
36《北新》2：16，2：19，2：21，3：4，3：5，3：8，3：23，4：11；
37《一般》9：2；
40《真美善》女作家专号，3：2，3：6，4：1；
45《现代小说》3：4；
83《现代文学》1：6；
92《文艺新闻》37；
93《青年界》1：4，5：4，6：1，7：4，8：1，9：1，10：1；
94《现代文学评论》1：1，1：2；
115《文学杂志》1：1
孙竞思
74《新文艺》1：2
孙家新
85《文艺月刊》战时特刊第11年8月号；
225《时与潮文艺》2：2，2：6，5：4
孙继堂
195《黄河》2：2
孙培茵
264《诗创造》9
孙雪苇
151《文学丛报》4，6；
156《现实文学》2
孙梦人
93《青年界》8：5
孙梦笔
221《文艺先锋》12：6
孙梦雷
10《小说月报》12：11，14：4；
11《文学周报》31
孙常非
273《文学月报》创刊号，3
孙跃冬
178《抗战文艺》8：1—2；
198《现代文艺》5：5；
264《诗创造》7，8
孙曼君
19《小说世界》4：5，4：6
孙铭传
11《文学周报》67，80
孙铭勋
256《萌芽》1：3
孙清月
251《文艺杂志》4：2

孙寅郊
19《小说世界》17：3
孙斯鸣
109《论语》16
孙越舫
142《中学生文艺季刊》2：4
孙揆百
18《歌谣》2：3
孙晶旸
98《现代文学评论》1：2
孙景章
12《戏剧》2：1
孙景路
209《万象》1：4，2：9；
孙翔仲
109《论语》54
孙道升
221《文艺先锋》5：6
孙富人
26《现代评论》4：92
孙瑞时
141《文艺》2：4
孙楷第
167《文学杂志》3：6；
229《艺文杂志》1：4
孙勤难
109《论语》123
孙锡庚
274《平原》9
孙福熙
3《新潮》2：3，3：1；
10《小说月报》20：1，20：2，20：3，20：4，20：11，21：8；
11《文学周报》262—263；
25《语丝》24，64，78；
36《北新》1：1，1：2，1：4，1：5，1：9，1：15，1：20，1：21，1：26；
37《一般》1：1，2：1；
51《开明》1：4；
59《春潮》1：1；
85《文艺月刊》3：11，4：1；
92《文艺新闻》20，35，40；
98《新时代》3：1，5：4；
108《文艺茶话》1：1，1：2，1：4，1：5，1：6，1：8，1：10，2：1，2：2，2：3，2：4，2：5，2：6，2：7，2：10；
109《论语》2，9，95，101，105；
128《小说》4，11；
149《逸经》4；
220《文学创作》1：1
孙殿伟
235《文艺春秋》7：2
孙蓼仙
93《青年界》新3：4，新5：2
孙毓坦
31《甲寅》1：31
孙毓珍
209《万象》2：3，2：9，号外
孙毓棠
46《新月》4：4，4：6；

85《文艺月刊》4：1，4：3，4：6，5：2，5：3；
122《文学季刊》1：1；
136《水星》1：5；
145《宇宙风》4，45；
160《新诗》2：1；
165《文丛》1：5；
167《文学杂志》1：4，3：1；
182《文艺新潮》1：1，1：2；
196《战国策》17；
231《新文学》1：2

孙德铨

127《人间世》14

孙德谦

14《学衡》11，23，24，25，26，27，30，39

孙默岑

106《现代》3：2

孙燮堂

84《开展》12

孙耀东

185《笔阵》13

孙耀冬

264《诗创造》2：1

驯 羊

145《宇宙风》21

红

215《奔流新集》1

红 石

52《山雨》1：1，1：2，1：4，1：6，1：7，1：8—9；
141《文艺》2：1，2：2；
265《胶东文艺》1：4

红 叶

99《涛声》2—29；
263《文艺知识连丛》1：2

红 舟

13《诗》1：4

红 红

19《小说世界》民众文学 3

红 豆

149《逸经》11

红 芦

268《蚂蚁小集》3，4，5

红 苹

221《文艺先锋》10：4，10：5，10：6，11：1，11：5

红 英

109《论语》68；
155《光明》战时号外 6

红 树

145 附《宇宙风·逸经·西风非常时期联合旬刊》5

红 海

177《文艺阵地》1：5

红 啸

264《诗创造》1

红 絮

195《黄河》3：1

红 雏

19《小说世界》18：3，18：4；
40《真美善》女作家专号

红 粮
172《七月》3
红 粱
271《文学战线》2：3
红 蕤
209《万象》1：6，1：12
红 蕉
19《小说世界》11：1，11：5，13：5，14：8，14：9，14：14，15：5，16：20
红 薇
195《黄河》12
红杨树
252《北方文化》1：4
红楼内史
207《时代文学》1：1，1：3
红黑旧人
85《文艺月刊》3：3
约 钦
149《逸经》27
约 翰
38《幻洲》2：7
纪
254《热潮》1：2
纪 元
39《泰东》1：11；
106《现代》4：2
纪 平
195《黄河》复刊1，复刊2，复刊3，复刊4；
221《文艺先锋》13：1
纪 生
229《艺文杂志》1：1
纪 旬
106《现代》6：4
纪 红
250《鲁迅文艺》1：1
纪 秀
47《流沙》3
纪 英
251《文艺杂志》2：1
纪 叟
211《文艺生活》海外版14
纪 音
109《论语》87
纪 原
244《文艺复兴》4：1
纪 氧
207《时代文学》1：4
纪 涛
254《热潮》1：2
纪 普
252《北方文化》1：4；
259《东北文化》1：6
纪 蒲
186《宇宙风乙刊》38
纪 鹏
273《文艺月报》4
纪 新
247《人民文艺》4
纪 漪
174《抗到底》10

纪　德
225《时与潮文艺》5：4
纪　燕
224《天下文章》5
纪子仙
9《青年界》新 1：1
纪子培
221《文艺先锋》6：6
纪云龙
261《东北文艺》1：5；
271《文学战线》1：2
纪玄冰
212《文讯》9：4
纪坚博
189《西线文艺》1：4；
197《大众文艺》1：2；
240《文哨》1：2
纪怀玖
193《戏剧与文学》1：2
纪果轩
117《文学》8：1
纪果庵
226《风雨谈》1，3，5，9，10，12，13，15，16，18，20；
229《艺文杂志》2：1，2：5，2：12
纪承之
85《文艺月刊》7：6
纪乘之
85《文艺月刊》战时特刊：第 11—年第 11 月号；
132《文学评论》1：2
纫　秋
10《小说月报》17：1
丞　彦
142《中学生文艺季刊》2：2
七　画
玛　金
99《涛声》2：9；
242《新群众》1：1，1：2，1：5
玛利亚
99《涛声》2：1，2：3，2：7，2：9
形　天
122《文学季刊》1：2；
134《太白》1：1，1：5；
210《笔谈》1，2，3，4，5，6
弄　潮
26《现代评论》4：88，4：89
麦
191《文艺新闻》创刊号，2
麦　芒
93《青年界》新 5：1
麦　里
195《黄河》2：1；
216《战时文艺》1：4
麦　青
198《现代文艺》1：1；
208《诗创作》2，10，17；
211《文艺生活》海外版 9；
222《青年文艺》创刊号，2，4，6
麦　林
92《文艺新闻》58，59

麦　耶
226《风雨谈》8，13
麦　苗
272《群众文艺》创刊号，5
麦　浪
142《中学生文艺季刊》1：3；
210《笔谈》1；
244《文艺复兴》3：4
麦　逊
123《中国文学》1：1，1：2
麦　紫
235《文艺春秋》4：6；
244《文艺复兴》3：4
麦大非
201《戏剧春秋》1：4
麦伊惠
128《小说》月刊：1
麦汝璧
182《文艺新潮》1：11
麦玛纳
128《小说》月刊：3，4，5
麦克昂
34《创造月刊》1：8，1：9，1：10，1：11；
44《文化批判》3；
77《艺术》1：1；
78《文艺讲座》1
麦佐卿
51《开明》1：4
麦若鹏
93《青年界》11：4；
142《中学生文艺季刊》2：1，2：4，3：2
麦耶夫
94《现代文学评论》1：1
麦高文
149《逸经》33
麦朝枢
149《逸经》6
寿　丁
10《小说月报》20：11，21：1，21：4
寿　凡
6《解放与改造》1：2，1：3，1：4，2：3，2：4
寿　子
25《语丝》4：10，4：21
寿　生
18《歌谣》2：2，2：6，2：9，2：13，2：17，2：21，2：27，2：23，2：38，3：9
寿　芝
142《中学生文艺季刊》1：1
寿　君
242《新群众》2：6
寿　昌
39《泰东》2：11；
73《南国周刊》16；
143《杂文》2；
231《新文学》1：4
寿　春
221《文艺先锋》5：1—2

寿　垣
29《莽原》半月刊：1：15，1：16
寿　南
109《论语》90
寿　清
93《青年界》9：2，9：3，9：4，9：5，10：1，10：2，10：3，10：4，11：1，11：2，11：3，11：4，11：5，12：1
寿　椿
5《少年中国》3：10；
36《北新》4：7，4：8
寿　熹
120《文艺》1：1
寿明斋
25《语丝》54；
36《北新》1：4，1：20
吞　吐
145《宇宙风》20，22，31
戒
68《戏剧与文艺》1：1，1：2
进　以
93《青年界》11：5
远
19《小说世界》3：13；
117《文学》2：2，2：6，4：3
远　方
242《新群众》2：3
远　志
19《小说世界》12：1
远　近
142《中学生文艺季刊》1：2，2：3，2：4
远　征
33《狂飙》周刊6；
142《中学生文艺季刊》2：4，3：1；
208《诗创作》3：4
远　波
242《新群众》2：4
远　高
109《论语》17
远　斋
4《国民》1：4
远　唱
195《黄河》9
远　野
117《文学》9：2
远　斐
85《文艺月刊》战时特刊3：12
远千里
142《中学生文艺季刊》2：2，2：3，2：4，3：2
远中逊
24《洪水》半月刊3：30
违　忌
39《泰东》1：10；
92《文艺新闻》58，59
运　平
193《戏剧与文学》1：4
运　鸿
270《小说》4：2

运　衡
141《文艺》3：6
坎　人
56《乐群》1
坎　轲
25《语丝》4：39
均
109《论语》7
均　之
265《胶东文艺》1：3，1：4，1：6—7
均　风
25《语丝》5：10，5：17
均　正
11《文学周报》127，253，258，259，260，262—263，267
均　式
37《一般》5：1
均　华
88《读书月刊》2：6
均　吾
185《笔阵》1
均　培
23《文艺周刊》21，22
均　量
11《文学周报》298
均　麟
109《论语》63
坑　生
183《鲁迅风》2，8，9
杜
36《北新》1：16
杜　山
170《新演剧》新1：1，新1：2，复刊号；
201《戏剧春秋》2：3；
223《人世间》1：1
杜　之
109《论语》51
杜　石
93《青年界》3：3
杜　划
223《人世间》复刊13
杜　宇
25《语丝》5：4，5：26，5：28
杜　芳
40《真美善》2：5，3：3
杜　更
199《野草》5：4
杜　吟
159《诗歌杂志》3
杜　谷
85《文艺月刊》战时特刊第11年7月号；
172《七月》7：1—2；
178《抗战文艺》7：1，9：3—4；
222《青年文艺》4；
223《人世间》1：2；
239《诗文学》1
杜　利
276《华北文艺》4

杜　兵
262《平原文艺》2：1
杜　良
223《人世间》2：1
杜　林
92《文艺新闻》28
杜　若
25《语丝》44，48，49；
93《青年界》3：5，5：4；
145《宇宙风》91
杜　波
195《黄河》2：7
杜　孟
223《人世间》2：1
杜　奏
140《芒种》5
杜　荃
34《创造月刊》2：1
杜　宣
131《东流》3：1；
143《杂文》1，3；
150《东方文艺》1：3；
199《野草》3：1；
201《戏剧春秋》创刊号，1：2，1：3，1：4，1：5，1：6；
211《文艺生活》光复版9；
223《人世间》1：4
杜　秦
151《文学丛报》3
杜　埃
177《文艺阵地》1：2，2：2，2：4，2：7，3：1，3：2，4：5，4：6；
199《野草》野草新集《论肚子》；
211《文艺生活》光复版16，光复版17，海外版2，海外版8，海外版10—11，海外版17，穗新1，穗新3；
270《小说》1：6，2：2
杜　谈
99《涛声》2：25，2：35，2：43，2：44；
113《新诗歌》2：1
杜　陵
131《东流》1：2
杜　基
93《青年界》10：1
杜　庶
195《黄河》2
杜　庸
36《北新》4：18；
51《开明》1：5，1：12
杜　烽
276《华北文艺》6
杜　渐
158《中流》2：6，2：9
杜　维
37《一般》1：4
杜　琦
158《中流》1：7
杜　鹂
36《北新》1：14，1：19

杜　辎
199《野草》2：1—2
杜　鹃
93《青年界》6：1，6：3，7：4；
207《时代文学》1：4
杜　微
125《春光》1：3；
223《人世间》1：5
杜　撰
51《开明》1：8
杜　衡
10《小说月报》19：5，19：6，21：9；
11《文学周报》298，305，333—334；
37《一般》5：1，6：3；
54《无轨列车》2，6，8；
60《熔炉》1：1；
74《新文艺》1：2，1：3，2：1；
83《现代文学》1：4，1：5；
85《文艺月刊》8：2；
92《文艺新闻》53；
93《青年界》8：2；
100《北斗》2：3—4；
106《现代》1：1，1：2，1：4，1：5，2：1，2：2，2：4，3：1，3：2，3：4，4：1，4：6，5：1，5：2，5：3，5：4，5：5，5：6，6：1；
117《文学》1：1，5：1；
119《戏》2；
121《文化列车》8；
122《文学季刊》1：2；
125《春光》1：1，1：3；
129《文艺风景》1：1；
138《文饭小品》1：1；
145《宇宙风》67，68；
157《今代文艺》1：1；
160《新诗》1：1，1：6；
167《文学杂志》1：4
杜力夫
42《太阳月刊》5
杜少仙
19《小说世界》18：4
杜化南
18《歌谣》37
杜丹乡
235《文艺春秋》4：1；
244《文艺复兴》1：6，3：1
杜月笙
109《论语》54
杜可鲁
202《文艺月报》10
杜占真
28《猛进》41
杜矢甲
197《大众文艺》2：1；
252《北方文化》1：6
杜吉仁
26《现代评论》4：84
杜亚光
117《文学》8：1

杜亚泉
37《一般》2：2，3：3
杜光埙
36《北新》4：7
杜同力
18《歌谣》37
杜庆梅
242《新群众》1：6
杜守素
212《文讯》7：6，8：4，9：4；
228《中原》2：1；
266《中国作家》纪念特刊
杜如玉
109《论语》128
杜丽娘
99《涛声》2：7
杜远迟
19《小说世界》8：13
杜运燮
145《宇宙风》129；
244《文艺复兴》1：2；
256《萌芽》1：2
杜呈祥
221《文艺先锋》7：4
杜伯壎
212《文讯》2：4
杜青城
237《文学新报》1：6
杜林村
110《小说月刊》1：1
杜松培
109《论语》155
杜国庠
1《新青年》7：1
杜秉正
236《高原》2；
264《诗创造》1，3，7，8，10
杜学文
98《新时代》7：3
杜定友
145《宇宙风》134
杜宓耳
93《青年界》2：1
杜承恩
104《矛盾》3：3—4
杜春葆
51《开明》1：5
杜星桓
254《热潮》1：2
杜俊东
51《开明》2：2
杜炳如
255《北方》2：1—2
杜突荒
93《青年界》7：2
杜硕庶
53《思想》1：4
杜高汉
187《戏剧岗位》1：4
杜遗民
98《新时代》7：2

杜普牢
121《文化列车》9
杜鹏程
272《群众文艺》创刊号，2，5，7
杜韵泉
18《歌谣》2：34
杜醇酒
98《新时代》1：5
杜德机
134《太白》2：2，2：12
杜衡之
85《文艺月刊》战时特刊3：5—6，战时特刊3：10，战时特刊3：11，战时特刊5：1
杜耀年
109《论语》150
材
182《文艺新潮》1：1
村（邨）
19《小说世界》6：7；
221《文艺先锋》2：2；
234《微波》1：1
村（邨）人
85《文艺月刊》3：12；
92《文艺新闻》追悼号
村　夫
274《平原》创刊号
村　方
216《战时文艺》1：6
村　田
251《文艺杂志》2：6
村　生
26《现代评论》7：158
村　羊
149《逸经》16
村　翁
245《文章》1：3
村学士
19《小说世界》15：8
村上知行
229《艺文杂志》2：12
杉　尊
75《萌芽》1：4，1：6；
79《巴尔底山》1：2—3，1：4
杞　人
109《论语》46
杞　玄
142《中学生文艺季刊》1：3
杞　民
25《语丝》141
杨
109《论语》147
杨　力
260《呼吸》3
杨　凡
98《新时代》4：4—5，5：3，5：4
杨　子
145《宇宙风·逸经·西风非常时期联合旬刊》4
杨　云
113《新诗歌》2：2

杨　中
51《开明》1∶12
杨　匀
165《文丛》1∶5
杨　凤
19《小说世界》16∶4，16∶10
杨　文
223《人世间》复刊4；
246《文坛月报》1∶3
杨　节
127《人间世》12
杨　禾
172《七月》6∶4
杨　训
31《甲寅》1∶34
杨　必
209《万象》4∶6
杨　弁
260《呼吸》2
杨　帆
85《文艺月刊》8∶4，9∶4；
193《戏剧与文学》1∶1；
267《大众文艺丛刊》2
杨　刚
106《现代》4∶2；
120《文艺》1∶1；
122《文学季刊》2∶2，2∶3；
135《文学新地》1；
167《文学杂志》1∶4；
203《奔流文艺丛刊》3；
207《时代文学》1∶1；
210《笔谈》1；
220《文学创作》1∶3；
228《中原》创刊号，1∶3，1∶4；
243《文联》1∶3，1∶7；
244《文艺复兴》2∶3
杨　竹
241《文艺大众》3
杨　任
143《杂文》3，4，2∶2；
148《诗歌生活》1，2
杨　伊
211《文艺生活》2∶2；
227《艺丛》1∶1
杨　华
249《白山》3
杨　行
93《青年界》新6∶4；
191《文艺新闻》5
杨　宇
261《东北文艺》2∶3
杨　纪
145《宇宙风》68
杨　伯
182《文艺新潮》2∶4
杨　彤
145《宇宙风》92，117—118
杨　灵
195《黄河》4∶5
杨　纾
93《青年界》新6∶5

杨　青
272《群众文艺》5，10
杨　林
235《文艺春秋》4：3
247《人民文艺》4
杨　枝
185《笔阵》新2：1
杨　松
181《文艺突击》新1：2；
194《中国文化》1：3，1：5，2：1，2：2，2：5
杨　枫
187《戏剧岗位》1：5—6；
202《文艺月报》6
杨　劼
18《歌谣》12，37，56
杨　杰
93《青年界》新5：3，新5：4，新6：1，新6：2；
224《天下文章》5，2：2
杨　非
93《青年界》9：3，9：4，9：5，10：1，10：4，10：5，11：1，11：2，12：1
杨　明
197《大众文艺》1：4，2：2；
199《野草》2：5—6；
211《文艺生活》海外版副刊2
杨　征
237《文学新报》1：4
杨　庚
180《文艺》3：2
杨　波
92《文艺新闻》39；
177《文艺阵地》4：4；
185《笔阵》8，新1：5
杨　驿
36《北新》2：24
杨　柯
251《文艺杂志》4：3；
256《萌芽》1：1，1：4
杨　柳
109《论语》26
杨　俊
255《北方》1：2
杨　恺
109《论语》136，137，138，139，140，142，143，144，145，146，147，148，149，150，151，152，153，154，156，157，158，160，162，163，164，165，166，167，168，169，170，171，172，174，175，176，177
杨　恬
175《战地》1：4
杨　洪
198《现代文艺》1：1，1：2，1：5，1：6，2：2，2：3，2：4，2：5，3：3

杨　绛
244《文艺复兴》1：1，1：3，1：4，2：1
杨　素
155《光明》2：7
杨　桦
226《风雨谈》1，20
杨　格
100《北斗》2：1
杨　鸪
262《平原文艺》1：3
杨　哲
130《当代文学》1：3
杨　铁
264《诗创造》11
杨　浭
167《文学杂志》2：5
杨　浩
25《语丝》5：43，5：44
杨　海
109《论语》164
杨　朔
155《光明》战时号外：3，4，5，6；
171《烽火（呐喊）》14，15，20；
175《战地》1：1，1：4；
176《自由中国》创刊号，1：2，1：3；
177《文艺阵地》1：11，2：4，3：4；
178《抗战文艺》4：3—4；
192《文学月报》1：2；
205《五十年代》1：2，1：3；
246《文坛月报》1：2；
247《人民文艺》2；
252《北方文化》1：4；
276《华北文艺》4，6
杨　宽
14《学衡》79
杨　琏
141《文艺》1：1
杨　梅
109《论语》148，150，155
杨　晦
35《沉钟》1，2，4，8，9，10，12，特刊，13，16，17，19，20，25，26，27，29，30，31；
51《开明》新2；
80《骆驼草》22；
106《现代》6：1；
133《译文》新1：6；
212《文讯》8：2，8：5，9：3；
222《青年文艺》新1：4，新1：6
杨　跃
142《中学生文艺季刊》2：1
杨　曼
209《万象》1：11，1：12，2：1，2：4
杨　铨
14《学衡》23，28；
16《努力周报》53，54；
127《人间世》6，7，8，11，23
杨　笛
221《文艺先锋》11：3—4

杨　烽
265《胶东文艺》1：4
杨　涵
270《小说》4：1
杨　维
262《平原文艺》1：2
杨　琦
264《诗创造》3，11，2：3
杨　棣
182《文艺新潮》1：11，1：12，2：4
杨　斐
159《诗歌杂志》2，3
杨　骚
25《语丝》4：13，4：14，4：36，4：37，4：39，4：40，4：41，4：43，4：45，4：50，5：13，5：28，5：29，5：30，5：32，5：33，5：48，5：52；
36《北新》2：19，2：24，3：1，3：6，4：1—2，4：6；
50《奔流》1：1，1：3，1：4，1：5，1：7，1：8，2：1，2：4，2：5；
58《春潮》1：7；
83《现代文学》1：3，1：4，1：6；
93《青年界》1：1，12：1；
100《北斗》2：1；
107《文学月报》1：4；
113《新诗歌》1：1，1：3，2：4；
114《艺术新闻》1；
117《文学》3：3，7：1，7：5，8：1；
124《新诗歌》4；
127《人间世》18，19；
128《小说》半月刊：16；
134《太白》1：10，2：11；
143《杂文》2：2；
144《创作》1：3；
147《夜莺》1：2；
150《东方文艺》1：3，1：4，2：1；
151《文学丛报》2，4；
154《文学界》1：1，1：2，1：3；
155《光明》1：1，1：2，1：3，1：10，2：2，2：4，2：5；
157《今代文艺》1：1，1：2，1：3；
164《希望》1：1；
170《新演剧》复刊号
178《抗战文艺》3：12，4：1，4：5—6，5：6，7：2—3，7：4—5；
192《文学月报》2：5
杨　槐
190《通俗文艺》7；
224《天下文章》2：4，2：5—6
杨　稜
198《现代文艺》5：3
杨　筠
255《北方》2：1—2
杨　靖
85《文艺月刊》1：1，1：2
杨　溢
252《北方文化》2：1

杨　静
198《现代文艺》6：2
杨　蔚
261《东北文艺》1：4，1：6
杨　樱
128《小说》半月刊：19；
140《芒种》3，4，5，6
杨　震
56《乐群》2：8
杨　潮
120《文艺》1：2，1：3；
125《春光》1：2；
135《文学新地》1
杨　禧
25《语丝》90，106
杨　耀
142《中学生文艺季刊》2：1
杨一之
109《论语》22
杨一民
131《东流》1：6
杨一年
255《北方杂志》1：6
杨丁白
195《黄河》4
杨人楩
36《北新》2：16，3：7，4：12，
4：19，4：21—22；
93《青年界》1：1，2：3，2：4，
2：5，3：1，3：4，4：5，7：1
杨力行
145《宇宙风》66
杨三三
274《平原》6
杨于陵
199《野草》1：3
杨士杰
202《文艺月报》16
杨大辛
250《鲁迅文艺》1：1
杨大荒
103《絜茜》创刊号
杨大原
25《语丝》107
杨大庸
145《宇宙风》48
杨大渭
109《论语》142
杨之水
221《文艺先锋》11：3—4
杨之华
226《风雨谈》3，8；
229《艺文杂志》2：7—8
杨之春
109《论语》142，155
杨之秋
252《北方文化》2：2
杨卫玉
93《青年界》新6：4
杨小仲
19《小说世界》1：9，1：10，2：

1，2：6，2：12，2：13，3：1，3：7，3：9，4：1，4：2，4：4，4：9，4：13，5：1，5：10，5：13，6：2，7：4，7：5，8：1，10：12，11：2，12：7，12：12，14：1，15：1，15：3，15：8，15：15，15：21，15：22

杨小惠

51《开明》1：9

杨子戒

68《戏剧与文艺》1：1，1：2

杨子江

109《论语》102

杨子远

149《逸经》19

杨云竹

26《现代评论》8：186

杨云琏

172《七月》5：2；

208《诗创作》6

杨云萍

235《文艺春秋》6：4

杨云慧

85《文艺月刊》战时特刊2：8；

223《人世间》复刊4，复刊11—12；

253《清明》2

杨天问

127《人间世》6

杨不平

19《小说世界》7：3

杨友群

127《人间世》23

杨太护

224《天下文章》2

杨中伟

18《歌谣》56

杨公达

85《文艺月刊》战时特刊1：9；

87《前锋月刊》1：6

杨公直

221《文艺先锋》13：1

杨壬人

143《杂文》1

杨忆慈

142《中学生文艺季刊》1：3

杨文生

195《黄河》4：1

杨文质

51《开明》1：4

杨文耕

244《文艺复兴》3：6

杨文谊

26《现代评论》3：58

杨心因

19《小说世界》16：10

杨心如

93《青年界》9：1

杨予英

106《现代》4：6

杨丙辰

28《猛进》7，14，15，16，17，

44，46；
29《莽原》半月刊：3，10，11，15，2：3，2：8，2：18—19；
35《沉钟》5，11；
43《未名》1：8—9；
85《文艺月刊》4：2，5：1，8：2，9：3，9：5；
117《文学》3：2；
122《文学季刊》1：1，2：1；
132《文学评论》1：1，1：2；
226《风雨谈》10

杨正宗

24《洪水》1：8，1：12，2：19；
38《幻洲》1：6；
45《现代小说》2：5

杨正儒

109《论语》164

杨世海

19《小说世界》2：6，2：9

杨世超

273《文艺月报》4

杨世清

18《歌谣》13，14，48，周年纪念增刊

杨世骥

85《文艺月刊》5：2，5：4；
104《矛盾》2：4；
106《现代》4：3；
167《文学杂志》1：3；
220《文学创作》2：3

杨东莼

36《北新》2：9，4：21—22；
93《青年界》1：1，8：2，新1：3，新1：4，2：1，2：3，2：5，6：2，8：1，9：1，10：1；
117《文学》5：1

杨石僧

51《开明》1：7

杨申生

186《宇宙风乙刊》38，39，40，41，49，50，51，52—53，54

杨占兰

262《平原文艺》1：5

杨令德

25《语丝》150；
195《黄河》8

杨白郁

264《诗创造》2：4

杨立达

145《宇宙风》123

杨立贤

26《现代评论》2：34

杨立逵

224《天下文章》5

杨必立

51《开明》1：11

杨幼炯

26《现代评论》3：63，5：105，5：106，5：108，5：117

杨圣木

223《人世间》复刊4

杨民威
82《前锋周报》24;
87《前锋月刊》1：1，1：2
杨芝轩
31《甲寅》1：22
杨吉甫
136《水星》1：5
杨西濛
244《文艺复兴》3：2
杨亚宁
177《文艺阵地》6：3;
199《野草》3：3—4
杨达昌
221《文艺先锋》5：4
杨成志
41《民间文艺》3;
84《开展》10—11
杨成能
14《学衡》27，50，52
杨而慨
44《文化批判》3
杨邨人
见下“杨村（邨）人”
杨光政
226《风雨谈》1
杨光骏
108《文艺茶话》2：7
杨光焘
11《文学周报》132
杨同芳
226《风雨谈》13
杨则明
18《歌谣》1，36
杨乔霜
104《矛盾》3：3—4
杨任桐
19《小说世界》12：5
杨向奎
18《歌谣》2：3，2：6，2：28
杨兆堂
265《胶东文艺》1：2
杨亦曾
1《新青年》6：2;
4《国民》1：2，1：3
杨亦尊
4《国民》2：1
杨庆祥
18《歌谣》37
杨庆瑞
109《论语》74
杨次道
37《一般》6：3
杨汝泉
149《逸经》36
杨汝梅
31《甲寅》1：3
杨汝楫
26《现代评论》3：56
杨汝模
263《文艺知识连丛》1：2
杨异凡
25《语丝》129，140

杨如珍
19《小说世界》7：11
杨观澜
113《新诗歌》2：4
杨寿清
235《文艺春秋》丛刊：1
杨村（邨）人
42《太阳月刊》1，2，3，4，7；
45《现代小说》3：2，3：4；
55《大众文艺》2：3；
62《海风周报》3，17；
67《新流月报》4；
76《拓荒者》1；
81《沙仑》1：1；
85《文艺月刊》4：1；
104《矛盾》2：1，2：4，2：5，3：1；
106《现代》2：4，3：4，3：5，4：1，4：3，5：1，5：2，6：1；
121《文化列车》3，8，9，11，12；
123《中国文学》1：6；
128《小说》14；
139《新小说》1：2；
141《文艺》2：5—6
杨村彬
85《文艺月刊》战时特刊3：1—2；
168《戏剧时代》1：2；
177《文艺阵地》3：7；
187《戏剧岗位》2：2—3
杨克敬
212《文讯》3：5
杨志刚
209《万象》2：11，3：2
杨志清
254《热潮》1：3
杨志静
82《前锋周报》3
杨志粹
106《现代》4：3；
158《中流》1：11
杨芳洁
85《文艺月刊》战时特刊：第11年8月号，第11年9月号，第11年10月号；
172《七月》4：2，5：2
杨杏佛
127《人间世》15，41
杨连科
4《国民》2：3
杨秀峰
255《北方》1：2，1：4
杨秀涛
108《文艺茶话》1：7
杨伯珊
83《现代文学》1：5
杨伯箴
205《五十年代》1：2
杨近远
109《论语》101，103，104，106，108，109
杨辛人
11《文学周报》98，107，114

杨怀信
93《青年界》10：3
杨忧天
36《北新》3：2，3：5；
93《青年界》1：2，3：2
杨启哲
116《文艺月报》1：3
杨良丰
109《论语》148
杨即墨
51《开明》2：5
杨君远
19《小说世界》7：12
杨劼弦
26《现代评论》4：98
杨其森
93《青年界》8：4
杨雨稜
198《现代文艺》4：3；
217《文艺杂志》1：6
杨奇姿
209《万象》1：4
杨叔和
19《小说世界》18：1
杨叔葆
31《甲寅》1：23
杨贤江
5《少年中国》2：10，3：2
杨明斋
1《新青年》8：2
杨明辉
12《戏剧》1：5
杨昌济
1《新青年》2：4，2：5，5：3；
4《国民》1：1
杨昌龄
14《学衡》39，49
杨昌溪
36《北新》4：13，4：19；
51《开明》2：1，2：2，2：4；
83《现代文学》1：1，1：3，1：4，1：5，1：6；
85《文艺月刊》2：1，3：7，3：8，3：10，3：11，3：12，4：1，4：2，5：1，5：2，5：5，5：6；
87《前锋月刊》1：7；
88《读书月刊》1：1，1：2，1：3—4；
92《文艺新闻》5；
93《青年界》1：1，1：2，1：3，1：4，1：5；
94《现代文学评论》1：1，1：2，1：3，2：1—2，2：3，3：1；
98《新时代》创刊号，1：5，2：1，3：1，3：2，3：3，3：4，7：1，7：2，7：3，7：4；
103《絜茜》创刊号；
104《矛盾》1：5—6
杨易让
93《青年界》11：5

杨季康

46《新月》4：7；

167《文学杂志》1：1

杨秉武

93《青年界》新6：1，新6：2

杨依峰

261《东北文艺》2：6

杨服诚

93《青年界》2：3

杨周翰

225《时与潮文艺》2：6，4：1

杨泽江

262《平原文艺》1：4

杨宝三

1《新青年》7：1；

18《歌谣》3

杨宝森

209《万象》3：4

杨宝煌

109《论语》156

杨宗稷

31《甲寅》1：20

杨宗翰

31《甲寅》1：17；

32《清华文艺》1：1

杨定襄

31《甲寅》1：4，1：6，1：9

杨实夫

98《新时代》2：1

杨实君

138《文饭小品》1：5

杨诗豪

159《诗歌杂志》2，3

杨建中

85《文艺月刊》战时特刊2：11—12

杨春生

174《抗到底》2

杨春农

19《小说世界》16：1

杨春芳

141《文艺》1：5—6，2：2，2：3，3：2

杨契光

117《文学》2：5

杨树达

31《甲寅》1：40

杨树汶

19《小说世界》7：10

杨荫深

25《语丝》62；

45《现代小说》1：6，2：4；

88《读书月刊》1：1；

93《青年界》2：3，7：1，7：2，7：3，7：4，7：5，8：2，8：3，8：4，8：5，9：1，9：2，9：3，9：4，9：5，10：1，10：2，10：3，10：4，10：5，11：1，新3：2；

98《新时代》4：4—5；

104《矛盾》2：3，3：1；

209《万象》1：9

杨荫浏
228《中原》2：2
杨柳风
221《文艺先锋》12：6
杨柳青
180《文艺》3：3—4
杨峙庵
36《北新》2：14
杨思仲
194《中国文化》2：3
杨思培
109《论语》22
杨钟健
1《新青年》8：1；
3《新潮》1：5，2：2；
5《少年中国》3：4，3：11，4：7；
18《歌谣》44；
68《戏剧与文艺》1：7；
212《文讯》7：1，7：2，7：6，8：3，8：6
杨复冬
209《万象》2：6，号外
杨适生
225《时与潮文艺》2：4
杨重熙
1《新青年》8：1；
18《歌谣》21
杨保义
226《风雨谈》13
杨剑华
226《风雨谈》11
杨彦岐
145《宇宙风》84，87；
145 附《宇宙风·逸经·西风非常时期联合旬刊》6；
186《宇宙风乙刊》3，6，12，21，28，44，51，52—53
杨彦劬
10《小说月报》18：4，21：1；
37《一般》7：1；
104《矛盾》3：1；
123《中国文学》1：5
杨彦敏
37《一般》3：4
杨洪臣
271《文学战线》1：4
杨洪普
174《抗到底》8
杨洛曼
99《涛声》1：36
杨洛冕
99《涛声》1：35
杨宪益
212《文讯》6：9；
225《时与潮文艺》2：3，3：1
杨绚霄
226《风雨谈》10，13，16
杨耕田
242《新群众》2：6
杨素贞
145《宇宙风》122

杨素宜
145《宇宙风》125
杨真如
209《万象》2：5，2：6，2：7
杨晋雄
93《青年界》8：4，8：5，9：1，9：2，9：4，9：5，10：1，10：2，10：3，10：4，10：5，11：1，11：2，11：3，11：4，11：5，12：1
杨晋豪
25《语丝》5：3，5：14，2：10；
40《真美善》6：1；
51《开明》2：3，2：9；
76《拓荒者》4—5；
93《青年界》2：1，6：1，6：3，6：4，7：2，8：1，8：2，8：3，8：4，8：5，9：1，9：2，9：3，9：4，9：5，10：1，10：2，10：3，10：4，10：5，11：1，11：2，11：3，11：4，11：5，12：1；
118《文艺春秋》1：7
杨起因
88《读书月刊》2：1
杨砺成
142《中学生文艺季刊》1：2
杨振声
3《新潮》1：3，1：4，2：5，3：1，3：2；
26《现代评论》1：8，1：23，第一周年增刊，3：57，3：65，3：68，4：99，4：102，第二周年增刊，5：117，5：124，5：125，6：150，7：184；
46《新月》4：1；
167《文学杂志》1：1，2：1，3：5；
212《文讯》9：3
杨振麟
177《文艺阵地》6：3
杨哲文
155《光明》2：7，2：8
杨晓峰
142《中学生文艺季刊》2：2
杨铁夫
212《文讯》4：2—3
杨积帆
183《鲁迅风》19
杨效春
5《少年中国》2：8，3：5，3：6，3：9，4：7，4：8，4：10；
6《解放与改造》2：7，2：15，2：16
杨浩然
37《一般》4：3
杨浴泉
36《北新》3：22，3：23
杨润生
10《小说月报》22：3
杨润华
235《文艺春秋》7：2

杨润身

276《华北文艺》2

杨家眉

39《泰东》1：12

杨琇珍

209《万象》1：7，2：1，2：8，2：12

杨雪竹

25《语丝》33

杨雪薪

142《中学生文艺季刊》3：1

杨崇先

271《文学战线》1：4

杨崇德

177《文艺阵地》1：10，3：2

杨趾麟

254《热潮》创刊号

杨曼萍

220《文学创作》2：1

杨鸿杰

10《小说月报》14：3，14：4

杨鸿钧

25《语丝》120

杨鸿烈

16《努力周报》37

31《甲寅》1：12

杨鸿章

272《群众文艺》10

杨鸿楷

26《现代评论》4：104

杨维铨

178《抗战文艺》3：9—10

杨敬慈

10《小说月报》14：6

杨葆昌

14《学衡》39，68

杨紫美

19《小说世界》15：7

杨晶华

26《现代评论》3：60

杨遇夫

26《现代评论》5：106

杨赓陶

1《新青年》7：6

杨善同

145《宇宙风》66

杨登纲

25《语丝》117

杨锡光

51《开明》1：5

杨锡畴

19《小说世界》3：12

杨廉坤

198《现代文艺》2：6

杨韵荪

240《文哨》1：2

杨新玉

18《歌谣》75

杨溥荃

18《歌谣》5，14

杨福渭
98《新时代》4：4—5
杨群奋
221《文艺先锋》5：1—2，5：3，5：4，5：5，6：2—3，6：6，7：2，7：3，12：6
杨静远
230《民族文学》1：4，
杨静岑
51《开明》1：2
杨赫文
226《风雨谈》10
杨赫坤
14《学衡》5，9，13，15，16，18
杨嘉昌
142《中学生文艺季刊》2：4
杨慕人
38《幻洲》2：2
杨蔚秋
177《文艺阵地》1：9
杨霁云
93《青年界》8：2；
99《涛声》1：33，1：34，2：18，2：19，2：21，2：23，2：29，2：31—32，2：39，2：46；
117《文学》5：1；
140《芒种》2；
149《逸经》12，19
杨熙时
26《现代评论》4：92，7：184，8：192
杨毓溥
40《真美善》4：2
杨端六
26《现代评论》1：10，1：11，2：33，2：35，2：39，特别增刊1，第一周年增刊，4：100，第二周年增刊，6：140，6：143，6：146，6：148，6：149，6：153，7：170，7：179，第三周年增刊，8：188，8：194，8：198，8：202
杨肇嫌
26《现代评论》2：39
杨璇璋
209《万象》1：3
杨慧修
12《戏剧》2：2
杨增荦
14《学衡》5，6，9，13，24
杨震川
109《论语》133，135
杨镇华
88《读书月刊》1：3—4
235《文艺春秋》4：1，4：6，5：4
杨镇畿
185《笔阵》新2：2
杨黎明
226《风雨谈》14
杨德君
109《论语》159

杨德恩
36《北新》1：33
杨德莽
142《中学生文艺季刊》1：3
杨德瑞
18《歌谣》43，47，56，74
杨德槱
195《黄河》2：2，2：8，2：10
杨德麟
101《十字街头》3
杨潮声
1《新青年》6：4
杨履中
127《人间世》41
杨履武
212《文讯》4：4—5
杨燕怀
229《杂文杂志》1：5
杨镜清
135《文学新地》1
杨翼珊
274《平原》10，12
杨藻章
25《语丝》5：3，5：50；
51《开明》1：10，2：11；
106《现代》3：3，3：4，3：5
杨袁昌英
10《小说月报》16：3；
26《现代评论》1：9，第一周年增刊，第二周年增刊，5：108
却 果
145《宇宙风》别册3
劫 余
235《文艺春秋》4：6
劫 雄
51《开明》2：18
豆 三
145《宇宙风》54
丽
128《小说》7
丽 山
195《黄河》2：2
丽 天
154《文学界》1：4
丽 尼
92《文艺新闻》5；
98《新时代》创刊号，1：2，3：3；
117《文学》2：4，3：1，4：1，5：1；
122《文学季刊》1：1，1：2，1：3，1：4，2：1，2：2，2：3，2：4；
128《小说》3，4，5，6，7，8，9，10，11，12，13，14，16，17，18，19；
133《译文》终刊号，新1：1，新1：4，新2：6，新3：3；
136《水星》1：1，2：2；
137《当代诗刊》1：2；
138《文饭小品》1：1；
144《创作》1：1，1：3；

146《海燕》1：2；
147《夜莺》1：2；
151《文学丛报》1，2；
152《作家》1：1，1：2，1：3，1：4，1：6，2：1；
153《文季月刊》1：1，1：2，1：3，1：5；
154《文学界》1：1，1：2；
165《文丛》1：1，1：2，1：4，2：6—7；
170《新演剧》新1：3；
172《七月》1；
211《文艺生活》2：5；
225《时与潮文艺》4：6

丽　丝

88《读书月刊》2：4—5

丽　冰

195《黄河》2：11—12

丽　芷

109《论语》145

丽　芳

109《论语》81

丽　沙

141《文艺》4：3

丽　砂

208《诗创作》12；
223《人世间》1：5，复刊3；
235《文艺春秋》4：3；
244《文艺复兴》4：2

丽　莲

178《抗战文艺》2：9

丽　莎

174《抗到底》11

丽　维

209《万象》1：4

丽　辉

272《群众文艺》3

克

109《论语》129，150，152；
133《译文》新3：4；
143《杂文》1；
176《自由中国》1：2；
210《笔谈》4

克　丁

191《文艺新闻》9—10

克　士

50《奔流》1：1，1：2；
106《现代》3：3；
127《人世间》5；
134《太白》1：1，1：3，1：4，1：5，1：6，1：7，1：8，1：9，1：11，1：12，2：1，2：2，2：4，2：5，2：7，2：9，2：10，2：11，2：12

克　川

85《文艺月刊》1：3

克　之

142《中学生文艺季刊》2：3

克　已

120《文艺》1：3

克　子

236《高原》创刊号

克　夫
133《译文》新1：2，新1：4，新1：5，新1：6，新2：1，新2：3，新2：6，新3：1，新3：2，新3：3，新3：4；
147《夜莺》1：4；
171《烽火（呐喊）》7；
172《七月》2：2；
176《自由中国》1：2；
184《文艺战线》创刊号，1：2，1：4；
194《中国文化》1：4；
205《五十年代》创刊号；
252《北方文化》2：2；
257《长城》创刊号
克　木
180《文艺》3：1，3：2
克　仁
106《现代》1：6
克　水
1《新青年》6：5
克　予
142《中学生文艺季刊》3：2
克　生
62《海风周报》17
克　芒
264《诗创造》2
克　刚
175《战地》1：2
克　华
265《胶东文艺》1：6—7
克　兴
34《创造月刊》2：2，2：3，2：5；
47《流沙》5；
53《思想》1：2
235《文艺春秋》4：1
克　阿
163《热　风》1：1
克　林
131《东流》1：6
克　非
85《文艺月刊》战时特刊：2：4，2：7，2：8，3：5—6，3：8—9，3：10—11
92《文艺新闻》18
克　典
48《我们》1：3
克　明
276《华北文艺》创刊号
克　和
109《论语》42，82
克　标
37《一般》1：2；
63《金屋》1：2，1：4；1：9—10，1：11
克　修
45《现代小说》3：1
克　俭
45《现代小说》3：3
克　洛
151《文学丛报》5

克　逊

229《艺文杂志》1：6

克　家

127《人世间》40；

225《时与潮文艺》3：6

克　诺

109《论语》138，144

克　屑

23《文艺周刊》17

克　萍

212《文讯》7：1

克　掺

127《人世间》20

克　敏

109《论语》26

克　笙

203《奔流文艺丛刊》5

克　锋

155《光明》2：8；

217《文艺杂志》1：6，2：2；

222《青年文艺》5

克　雷

93《青年界》6：5，7：1

克　锦

251《文艺杂志》2：2

克文从

19《小说世界》2：10

贡

144《创作》1：3

贡　蕙

68《戏剧与文艺》1：6

贡少芹

19《小说世界》5：3，5：4，5：13，8：3，11：11

志

26《现代评论》7：162；

36《北新》4：9；

241《文艺大众》2

志　于

39《泰东》1：1

志　元

92《文艺新闻》7

志　仁

23《文艺周刊》15

志　公

6《解放与改造》3：3

志　为

142《中学生文艺季刊》1：2

志　民

109《论语》38

志　贞

26《现代评论》7：160

志　伊

11《文学周报》202

171《烽火〈呐喊〉》14

志　华

39《泰东》1：12；

79《巴尔底山》1：1；

149《逸经》3

志　行

10《小说月报》18：8，19：11，19：12

志　农
53《思想》1∶5
志　如
26《现代评论》3∶61，4∶98
志　坚
93《青年界》6∶1，6∶2；
106《现代》6∶3，6∶4；
145《宇宙风》65，67
志　钊
255《北方》1∶3
志　希
2《每周评论》2；
3《新潮》1∶1，1∶5，2∶1，2∶2，2∶4；
16《努力周报》46；
26《现代评论》6∶153，6∶155，7∶163
志　良
19《小说世界》9∶2
志　君
25《语丝》124
志　明
109《论语》75
志　凯
36《北新》1∶41—42
志　拯
2《每周评论》19
志　点
10《小说月报》14∶7
志　峋
142《中学生文艺季刊》1∶2
志　俊（儁）
10《小说月报》16∶1；
11《文学周报》224，236，242，252；
25《语丝》109，129，132；
36《北新》3∶1
志　海
19《小说世界》14∶1
志　敏
93《青年界》11∶5
志　鸿
186《宇宙风乙刊》2
志　雯
84《开展》8
志　喻
149《逸经》28
志　儁
见上“志俊（儁）”
志　摩
6《解放与改造》3∶10；
10《小说月报》17∶10；
11《文学周报》140；
16《努力周报》44；
26《现代评论》1∶2，1∶6，3∶56；
46《新月》2∶1，2∶3；
63《金屋》1∶9—10；
90《诗刊》2；
109《论语》39，40，42，43
志　穆
186《宇宙风乙刊》50

志智嘉

229《艺文杂志》2：1，2：10

声

36《北新》4：21—22

声　中

109《论语》165

芙

113《新诗歌》2：2

芙　兰

223《人世间》复刊6

芙　英

88《读书月刊》2：4—5，2：6

芙　影

117《文学》1：4

芜　军

171《烽火（呐喊）》16，19

芜　鸣

178《抗战文艺》9：3—4；

195《黄河》复刊5，复刊6

芜　青

109《论语》101

芜　野

249《白山》6

芜　榛

199《野草》第6号

苇　汀

241《文艺大众》新生号

苇　君

147《夜莺》1：2

苇　杭

141《文艺》6：3

苇　贤

159《诗歌杂志》3

芸

172《七月》5：2

芸　子

19《小说世界》14：2，14：7

芸　夫

39《泰东》1：9

芸　生

109《文学月报》1：4；

262《平原文艺》2：1；

274《平原》6，9，10，13，14

芸　芸

85《文艺月刊》3：4

芸　苏

229《艺文杂志》1：5

芸　皋

99《涛声》1：10

芾　甘

24《洪水》半月刊2：15，半月刊2：16；

145《宇宙风》131

芾　帆

109《论语》150

芾　浪

50《奔流》2：2；

61《朝花》旬刊1：6；

97《创作》1：4

芰　薰

155《光明》2：6

芷

195《黄河》1，复刊3，复刊6

芷　子

25《语丝》5：5

芷　茵

180《文艺》3：3—4

芮　生

34《创造月刊》2：6；

70《引擎》1

芮　麟

88《读书月刊》1：6

芮中占

208《诗创作》11

芮和师

142《中学生文艺季刊》1：3

苌　楚

180《文艺》1：6

花　羽

109《论语》135

花　贤

152《作家》1：3

花　童

117《文学》7：6

芥　子

85《文艺月刊》1：4

芬

117《文学》2：4

芬　心

134《太白》1：12

芬　平

191《文艺新闻》8

芬　君

117《文学》2：3，2：5，3：2，4：1；

133《译文》1：1，1：2，1：3，1：4，1：5，2：6；

159《诗歌杂志》2，3

芬　夏

178《抗战文艺》9：5—6

苍　云

85《文艺月刊》战时特刊2：6

苍　生

109《论语》4，81

苍　民

93《青年界》新2：2

苍　回

209《万象》4：1

苍　苕

140《芒种》2：1

苍　剑

92《文艺新闻》50，51，52

芳

109《论语》148；

211《文艺生活》1：3；

211《文艺先锋》5：4

芳　芸

93《青年界》新5：4

芳　谷

11《文学周报》122

芳　序

109《论语》131，133，140

芳　孤

39《泰东》1：1，1：2，1：8，1：9，1：10，1：12，2：2

芳　草

25《语丝》4：11，4：13，4：15，4：21，4：26；

36《北新》2：8，3：3；

93《青年界》1：1，1：5，2：3；

94《现代文学评论》2：3，3：1；

229《艺文杂志》2：4

芳　信

13《诗》2：1；

182《文艺新潮》2：5；

193《戏剧与文学》1：1；

235《文艺春秋》2：2

芳　洲

19《小说世界》14：17，16：11，18：1；

109《论语》61；

134《太白》1：9，1：11

芳　趴

226《风雨谈》10

芳　群

203《奔流文艺丛刊》3，6

芦　韦

85《文艺月刊》42

芦　衣

199《野草》新5号

芦　冰

192《文学月报》3：1

芦　苇

142《中学生文艺季刊》1：4

芦　甸

216《战时文艺》1：4，1：5；

255《北方》2：1—2；

262《平原文艺》2：2，2：6；

267《大众文艺丛刊》5

芦　春

93《青年界》新4：1，新4：2，新4：3，新4：4；

235《文艺春秋》2：4

芦　荻

208《诗创作》8，17；

211《文艺生活》1：4，海外版14；

217《文艺杂志》1：2，1：3；

220《文学创作》1：2；

222《青年文艺》5

芦　舲

262《平原文艺》2：6

芦　焚

100《北斗》2：1；

106《现代》3：3，4：2，5：1；

107《文学月报》1：1；

109《论语》52，70；

117《文学》4：2，4：4，5：2，6：1，6：3，6：4，6：6，7：1；

120《文艺》1：3；

122《文学季刊》1：2，1：3，1：4，2：1，2：2，2：4；

125《春光》1：2；

130《当代文学》1：2，1：4；

134《太白》1：9，2：11；

136《水星》1：1，1：2，1：5，2：2，2：3；
138《文饭小品》1：2；
144《创作》1：1；
145《宇宙风》80，86；
152《作家》1：2，2：1；
153《文季月刊》1：1，1：2，1：6，2：1；
157《今代文艺》1：1；
158《中流》1：5，2：1，2：2；
165《文丛》1：1，1：2，1：3，1：4，2：3；
171《烽火（呐喊）》创刊号，5，10；
209《万象》3：1，3：2，3：3，3：5，4：7；
217《文艺杂志》1：1，1：4，1：5，2：3

芦　焰

255《北方》1：3

芦　樵

142《中学生文学季刊》1：1

芦　蕻

217《文艺杂志》新1：3；
228《中原》2：2；
237《文学新报》1：2，1：3；
238《希望》2：4；
244《文艺复兴》3：5

芦茅居

158《中流》1：10

芦葆华

108《文艺茶话》2：7

苏

26《现代评论》1：25，3：65；
31《甲寅》1：14，1：15，1：16；
221《文艺先锋》7：1

苏　凡

170《新演剧》复刊号；
187《戏剧岗位》3：3—4

苏　子

209《万象》4：6

苏（甦）天

131《东流》3：2

苏　夫

229《艺文杂志》2：2，2：4；
241《文艺大众》新5；
250《鲁迅文艺》1：1；
264《诗创造》6

苏　丹

134《太白》1：6；
221《文艺先锋》10：3

苏　凤

224《天下文章》4

苏　文

195《黄河》11

苏　生

109《论语》7

苏　兰

202《文艺月报》6

苏　民

133《译文》新3：4；
172《七月》2：6，3：3，5：1

苏　芃

202《文艺月报》16

苏　达

191《文艺新闻》8

苏　扬

261《东北文艺》1：4，1：6；
265《胶东文艺》创刊号，1：2，1：4，1：5

苏　光

221《文艺先锋》3：5，3：6，4：1

苏　伟

275《文艺丛刊》创刊号

苏　伍

106《现代》4：2；
125《春光》1：1

苏　众

251《文艺杂志》2：4，3：5；
262《平原文艺》1：3，1：4

苏　汎

212《文讯》8：5；
221《文艺先锋》7：1；
266《中国作家》1：1；
270《小说》5：1，5：6

苏　红

198《现代文艺》1：2

苏　纪

274《平原》2

苏　苏

109《论语》114，115，116，117

苏　汶

54《无轨电车》4，7；
74《新文艺》2：1；
106《现代》1：1，1：3，1：6，2：1，2：2，2：3，2：5，3：4，4：1，4：2，5：1，5：3，5：4，5：6，6：1

苏　沂

98《新时代》2：1

苏　灵

32《前锋周报》20，21；
87《前锋月刊》1：3；
89《当代文艺》1：3；
94《现代文学评论》1：2，1：3，2：1—2；
104《矛盾》3：2，3：3—4；
179《戏剧新闻》7；
195《黄河》2：5—6

苏　青

145《宇宙风》41；
180《文艺》3：3—4；
226《风雨谈》1，2，3，4，5，6，9，10，11，20

苏　欧

36《北新》2：9

苏　范

275《文艺丛刊》8

苏　明

155《光明》1：2；
221《文艺先锋》2：3，2：4，2：5—6，3：1，7：6

苏　侨

24《洪水》半月刊2：17；
38《幻洲》1：10

苏　岳
145《宇宙风》80，81，82，83，84
苏　欣
117《文学》3：1
苏　怡
211《文艺生活》穗新2；
224《天下文章》2：4
苏　郎
25《语丝》138
苏　茹
145《宇宙风》40，56，58，61，67
苏　拯
36《北新》3：18
苏　俗
106《现代》4：4，4：6；
113《新诗歌》2：2
苏　洛
85《文艺月刊》战时特刊4：1；
106《现代》6：1
苏　桥
217《文艺杂志》1：3，2：5
苏　础
89《当代文艺》1：6
苏　凌
198《现代文艺》5：3
苏　梅
19《小说世界》1：3；
40《真美善》女作家专号
苏　菲
1《新青年》6：4；
104《矛盾》2：2，3：2；
106《现代》3：6，5：2；
109《论语》18，57；
123《中国文学》1：2，2：2
苏　勘
31《甲寅》1：36
苏　梦
108《文艺茶话》2：6，2：7，2：10
苏　野
151《文学丛报》6
苏　棣
255《北方》1：3；
261《东北文艺》1：3
苏　葳
209《万象》4：2
苏　雯
221《文艺先锋》13：4
苏　湘
142《中学生文艺季刊》2：2
苏　戡
31《甲寅》1：37，1：38，1：39，
1：41，1：42，1：44
苏　雷
236《高原》新1：3
苏　群
206《华北文艺》1：4
苏　新
264《诗创造》2，7
苏　静
209《万象》4：4
苏　辈
117《文学》3：1

苏　蕾
88《读书月刊》2：3
苏　薇
85《文艺月刊》11：2
苏　彝
221《文艺先锋》12：1
苏　麟
145《宇宙风》131
苏一平
272《群众文艺》6
苏一峰
6《解放与改造》1：6，2：4
苏一萍
272《群众文艺》8，10
苏子涵
18《歌谣》2：15，2：21，3：11；
174《抗到底》4，10，12，15，16，17，18，20，23；
185《笔阵》新1，新7；
190《通俗文艺》1，3，4，5，7，10，17，26，27，41，42
苏艺林
93《青年界》9：3
苏无忌
30《甲寅》1：38
苏中河
272《群众文艺》3
苏东风
200《新诗歌》3
苏石甫
18《歌谣》51
苏甲荣
5《少年中国》1：4，1：10，2：2，2：5，2：8，3：2
苏信贞
10《小说月报》16：10，17：11
苏白诗
109《论语》20
苏民生
229《艺文杂志》2：2，2：7—8，2：10，2：4—5
苏尼亚
55《大众文艺》2：5—6；
69《南国月刊》2：1，2：3
苏芗雨
26《现代评论》5：121
苏则林
145《宇宙风》110，119—120
苏仲苏
22《创造周报》37
苏仲湘
109《论语》157
苏仰如
18《歌谣》37；
36《北新》2：6
苏兆龙
11《文学周报》143，260；
19《小说世界》13：17，13：18，17：3，17：4，18：4
苏兆骥
11《文学周报》57，147

苏兆骧

19《小说世界》13：5，13：6，13：9，13：10，13：16，13：24，13：25，14：2，14：4，14：7，14：14，14：22，14：23，15：13，16：11，17：1，17：2

苏汝梅

26《现代评论》3：58

苏寿彭

85《文艺月刊》3：5—6；
110《小说月报》1：1

苏芹荪

85《文艺月刊》1：5，3：7，3：12，4：1，4：2，4：3，4：5，4：6，5：2，5：5，6：3，6：5—6，10：4—5；
104《矛盾》1：3—4，2：6；
123《中国文学》1：1，1：2

苏芳洲

19《小说世界》14：17

苏希洵

31《甲寅》1：11

苏应明

242《新群众》1：1，1：2，1：3，1：4，1：5，1：6

苏沛刁

274《平原》5

苏金伞

117《文学》7：5；
160《新诗》1：6；
172《七月》1：2；
177《文艺阵地》6：4；
178《抗战文艺》10：4—5；
208《诗创作》9，10，13，17；
211《文艺生活》3：2；
217《文艺杂志》新1：2；
222《青年文艺》5，6；
224《天下文章》2：5—6；
236《高原》3，新1：1；
239《新文学》2；
244《文艺复兴》3：4；
263《文艺知识连丛》1：1，1：3；
264《诗创造》1，3，11

苏宗苏

11《文学周报》73

苏宗武

10《小说月报》14：6，15：2；
11《文学周报》72

苏绍业

142《中学生文艺季刊》1：1

苏契夫

131《东流》1：2，1：3—4，2：2

苏指松

98《新时代》2：1

苏思凡

145《宇宙风》142，143，146，147—148，149，150，151

苏觉先

24《洪水》半月刊3：28

苏振寰

93《青年界》9：1

苏爱吾
28《猛进》17
苏读余
36《北新》3：18；
83《现代文学》1：1
苏雪林
85《文艺月刊》5：1，6：3，10：3，战时特刊第11年4月号；
93《青年界》5：2，6：2，6：5，7：1，11：3，12：1，新1：2，新1：3，新6：1；
106《现代》3：3，4：3，5：5；
117《文学》3：2，3：3，5：2，5：5；
127《人间世》14，15，17；
134《太白》1：8；
141《文艺》2：2，3：1，3：5，3：6，4：1，4：3，4：5，6：2，6：3；
145《宇宙风》13，30，33，36，141；
186《宇宙风乙刊》32；
220《文学创作》2：2；
221《文艺先锋》2：2，2：5—6，9：3—4，9：5—6，11：6；
226《风雨谈》11
苏跃云
19《小说世界》7：1
苏曼殊
1《新青年》2：3，2：4；
138《文饭小品》1：3
苏章枚
109《论语》27
苏章梅
85《文艺月刊》5：6
苏绯华
38《幻洲》1：2
苏葆桢
85《文艺月刊》战时特刊第11年4月号
苏曾祥
186《宇宙风乙刊》23
苏蓬庐
264《诗创造》2：2
苏雷声
36《北新》3：24
苏锦元
93《青年界》6：5，7：5
苏满园
195《黄河》4：6
苏嘉年
209《万象》3：1
苏熊瑞
1《新青年》9：2
苏鹤田
24《洪水》半月刊2：21
芋　主
128《小说》6
劳　人
11《文学周报》30，31；
183《鲁迅风》16

劳　夫
177《文艺阵地》3：4
劳　心
139《新小说》1：4；
140《芒种》2：1，4：8
劳　生
120《文艺》1：3
劳　劳
151《文学丛报》4
劳　里
92《文艺新闻》54
劳　辛
140《芒种》9—10；
212《文讯》7：5，9：2；
243《文联》1：1，1：7；
244《文艺复兴》2：5，3：4；
263《文艺知识连丛》1：3，1：4；
264《诗创造》4，2：1；
266《中国作家》纪念特刊
劳　来
236《高原》2
劳　朋
70《引擎》1
劳　荣
117《文学》8：3，9：1；
159《诗歌杂志》3；
162《小说家》1：1；
212《文讯》8：4，8：6，9：4，9：5；
243《文联》1：6；
264《诗创造》10，2：1，2：4
劳　洪
248《中原·文艺杂志·希望·文哨联合特刊》1：6
劳　神
209《万象》3：6，3：8，4：1，4：7
劳　莱
236《高原》创刊号
劳　赶
147《夜莺》1：2
劳　难
177《文艺阵地》1：9，5：1；
210《笔谈》6
劳　郭
262《平原文艺》1：2，1：3，1：4，1：5，1：6，2：1，2：2，2：4，2：5
274《平原》创刊号，2，3，6
劳　曼
133《译文》新2：4，新2：6，新3：3，新3：4；
161《电影戏剧》1：2
劳　新
36《北新》2：11
劳贞一
212《文讯》5：1，6：9，6：10，7：1，7：4
劳伯脱
36《北新》1：30
劳君乔
256《萌芽》1：3，1：4

赤
1《新青年》9：6；
2《每周评论》2，6，7，11，16，17，18，20，28，29，30，31，32，35，36
赤　子
2《每周评论》8；
10《小说月报》13：11；
109《论语》39，40；
242《新群众》1：6
赤　心
39《泰东》1：9
赤　耳
85《文艺月刊》战时特刊3：10—11
赤　坪
29《莽原》半月刊1：12
赤　波
11《文学周报》56
赤　话
10《小说月报》14：3，14：12
赤　城
10《小说月报》14：5
赤　笑
6《解放与改造》3：6
孝　予
25《语丝》97
孝　枫
265《胶东文艺》创刊号
孝　若
109《论语》45；
109《论语》66；
145《宇宙风》35
孝　隐
210《笔谈》7
杏　子
142《中学生文艺季刊》1：2，3：2；
155《光明》2：6
杏　芬
85《文艺月刊》战时特刊4：2
杏　佛
26《现代评论》6：138，6：142；
109《论语》17
杏公虑
85《文艺月刊》9：1
李　一
209《万象》1：4；
253《清明》3
李　二
127《人世间》13
李　万
249《白山》创刊号
李　门
199《野草》新2号；
211《文艺生活》海外版12；
236《高原》新1：1
李　云
168《戏剧时代》1：2
李　元
31《甲寅》1：31；
36《北新》2：3
李　太
101《十字街头》1，2

李　化
221《文艺先锋》5∶3
李　丹
85《文艺月刊》4∶3，5∶1，7∶5
李　文
98《新时代》4∶6；
107《文学月报》1∶3
李　方
109《论语》94
李　允
55《大众文艺》2∶5—6
李　平
1《新青年》1∶2，1∶3，2∶2，2∶3，2∶5；
146《夜莺》1∶1；
195《黄河》复刊 6
李　卉
239《诗文学》2
李　可
10《小说月报》19∶8；
223《人世间》复刊 13
李　卡
211《文艺生活》光复版 3
李　旦
264《诗创造》12
李　史
191《文艺新闻》2
李　代
85《文艺月刊》战时特刊 1∶9；
174《抗到底》2，16；
177《文艺阵地》3∶9
李　甘
159《诗歌杂志》2，3
李　立
172《七月》1∶2
李　兰
55《大众文艺》2∶5—6；
155《光明》1∶2，1∶3，1∶4，1∶9，1∶10，1∶11，1∶12，2∶1，2∶2，2∶3，2∶4，2∶5，2∶6；
218《文坛》4；
235《文艺春秋》丛刊 1；
256《萌芽》1∶1，1∶3；
270《小说》4∶1
李　加
244《文艺复兴》2∶6
李　圣
11《文学周报》191
李　皮
109《论语》84
李　尼
252《北方文化》1∶3
李　朴
159《诗歌杂志》3
李　达
1《新青年》8∶5，8∶6，9∶1，9∶2，9∶3，9∶6；
5《少年中国》2∶11；
10《小说月报》12∶4，12∶6，12∶8；
92《文艺新闻》44

李　刚

262《平原文艺》2：5；

274《平原》创刊号，3，4，7，10，11，1：6，2：5，3：3

李　因

98《新时代》4：3

李　乔

158《中流》2：1；

172《七月》3：4；

175《战地》1：3，1：4；

177《文艺阵地》1：9，1：12，2：8，4：7；

178《抗战文艺》1：10

李　伦

145《宇宙风》90

李　华

99《涛声》2：3，2：9；

221《文艺先锋》5：1—2

李　行

114《艺术新闻》3

李　旭

109《论语》24；

195《黄河》3，11

李　庄

189《西线文艺》1：1，1：3；

206《华北文艺》创刊号；

251《文艺杂志》3：2

李　冲

242《新群众》1：3

李　冰

19《小说世界》9：4，11：9；

262《平原文艺》1：4

李　祁

46《新月》2：3，2：5；

127《人间世》15，22

李　军

1《新青年》2：2

李　羽

199《野草》5：5

李　红

251《文艺杂志》2：2，3：5，3：6，4：1，4：2

李　寿

85《文艺月刊》战时特刊2：11—12

李　丽

145《宇宙风》76

李　芩

159《诗歌杂志》2，3

李　芬

199《野草》第10集

李　甫

145《宇宙风》119—120

李　轩

163《热风》1：1

李　坚

207《时代文学》1：4

李　肖

134《太白》2：3

李　吟

109《论语》105

李　秀

106《现代》4：5

李　彤
26《现代评论》4：98
李　快
159《诗歌杂志》2，3
李　君
92《文艺新闻》36
李　劲
98《新时代》7：1；
140《芒种》9—10
李　纳
270《小说》2：2
李　林
172《七月》2：4；
237《文学新报》1：5；
244《文艺复兴》1：6
李　枫
265《胶东文艺》1：4
李　苦
15《创造》1：3
李　若
225《时与潮文艺》4：1
李　杰
1《新青年》3：3
李　奇
145《宇宙风》69；
199《野草》新7集
李　拔
185《笔阵》新7
李　明
192《文学月报》2：1—2
李　昆（崑）
1《新青年》7：6
李　昌
229《艺文杂志》1：6
李　昂
190《通俗文艺》1，2，5，7，8，13，23；
203《奔流文艺丛刊》3，5，6
李　季
1《新青年》8：3，8：5，8：6，季刊3，不定期刊3；
99《涛声》2：13；
265《胶东文艺》1：5
李　佳
14《学衡》7
李　鱼
221《文艺先锋》13：3
李　炙
199《野草》5：1
李　放
195《黄河》复刊6；
262《平原文艺》1：31；
264《诗创造》5，7
李　泊
264《诗创造》2：3
李　泽
109《论语》150
李　实
265《胶东文艺》1：2
李　诚
5《少年中国》1：10；

273《文艺月报》4

李 详

14《学衡》22；

212《文讯》4：10—11—12

李 祈

46《新月》2：2

李 玲

186《宇宙风乙刊》2

李 标

145《宇宙风》100，103，110，112，125

李 茵

75《萌芽》1：6

李 威

185《笔阵》新4，新5

李 虹

106《现代》4：2

李 畏

224《天下文章》2：1

李 思

209《万象》1：12

李 信

142《中学生文艺季刊》1：4

李 俊

16《努力周报》4

李 剑

145《宇宙风》42

李 洪

145《宇宙风》39

李 洛

55《大众文艺》2：4

李 济

99《涛声》2：2

李 贺

173《抗战戏剧》1：4

李 珩

106《现代》6：2

李 素

85《文艺月刊》2：11—12，3：3；

100《北斗》1：1；

109《论语》69；

122《文学季刊》1：1，1：2，1：3；

145《宇宙风》18，62，别册1

李 泰

198《现代文艺》2：3

李 株

272《群众文艺》7，8

李 桦

117《文学》5：5，6：3；

128《小说》14；

150《东方文艺》2：1；

172《七月》1，3，1：2，1：4，1：5，2：2，3：1；

177《文艺阵地》1：9，6：4；

178《抗战文艺》1：8；

212《文讯》7：1，7：3；

219《文学批评》2；

227《艺丛》1：2；

235《文艺春秋》2：2，4：5；

238《希望》2：3；

245《文章》创刊号，1：2；

250《鲁迅文艺》1：1；

263《文艺知识连丛》1：1，1：2，
1：3，1：4

李　晓

191《文艺新闻》9—10

李　峰

251《文艺杂志》4：3

李　筧

209《万象》4：2

李　航

189《西线文艺》1：3；
211《文艺生活》光复版 6

李　悦

255《北方》2：1—2

李　涌

262《平原文艺》2：5；
274《平原》创刊号，2，3

李　恕

265《胶东文艺》创刊号

李　通

11《文学周报》357

李　梅

195《黄河》4：3；
274《平原》6

李　葳

177《文艺阵地》6：5，7：3；
178《抗战文艺》5：2—3；
185《笔阵》革新 1；
192《文学月报》1：1，2：1—2；
198《现代文艺》4：5，4：6，5：1；
208《诗创作》7，9，12，13，15；
211《文艺生活》2：1，2：2，2：6；
212《文讯》8：6；
216《战时文艺》1：3，1：4，2：
1，2：2；
217《文艺杂志》1：2；
221《文艺先锋》2：2，2：4；
222《青年文艺》4，6；
224《天下文章》2：4；
225《时与潮文艺》1：3，2：2，2：
5，3：1；
270《小说》4：6

李　晦

267《大众文艺丛刊》2，3

李　铭

149《逸经》9

李　敏

93《青年界》11：3；
221《文艺先锋》6：2—3

李　笠

14《学衡》21

李　梨

112《无名文艺》旬刊创刊号

李　猛

87《前锋月刊》1：1

李　渠

195《黄河》9，2：10

李　隄

262《平原文艺》2：3

李　绩

149《逸经》9，24

李　维

221《文艺先锋》5：4

李　瑛

167《文学杂志》2：2，2：8，2：11，3：6；

241《文艺大众》6，7

李　琳

207《时代文学》1：4

李　超

142《中学生文学季刊》3：2

李　翘

14《学衡》26，58

李　紫

251《文艺杂志》2：6，3：4，3：6，4：1，4：4

李　辉

117《文学》5：1

李　晴

110《小说月刊》1：2

李　锐

252《北方文化》2：2

李　锋

262《平原文艺》1：2

李　然

98《新时代》7：3；

127《人世间》21，23；

190《通俗文艺》42，43

李　赓

14《学衡》24，25，26

李　雷

153《文季月刊》1：5；

158《中流》2：4，2：10；

159《诗歌杂志》1，2，3；

175《战地》1：6；

177《文艺阵地》4：9，6：4；

178《抗战文艺》4：5—6；

181《文艺突击》新1：1；

192《文学月报》1：2；

197《大众文艺》2：2；

198《现代文艺》3：4，4：5，6：1；

200《新诗歌》4，6；

202《文艺月报》1；

208《诗创作》8，9，13；

214《谷雨》1：4；

223《人世间》1：5；

257《长城》创刊号；

261《东北文艺》创刊号；

273《文艺月报》2

李　路

219《文学批评》创刊号

李　魁

122《文学季刊》2：4

李　微

85《文艺月刊》7：4；

106《现代》5：2；

117《文学》8：1；

123《中国文学》1：3—4

126《诗歌月报》1：1，1：2，1：3，2：1；

140《芒种》4；

145附《宇宙风·逸经·西风非常时期联合旬刊》1；

158《中流》2：1；

166《文艺科学》1

李　愈

45《现代小说》3：5—6

李　鹏

211《文艺生活》海外版副刊

李　新

63《金屋》1：2

李　韵

276《华北文艺》创刊号

李　榫

85《文艺月刊》战时特刊 1：7

李　嘉

177《文艺阵地》6：6，文阵新辑之二：哈罗尔德的旅行及其他；

187《戏剧岗位》3：1—2，3：3—4；

192《文学月报》2：3，3：2—3；

195《黄河》11；

201《戏剧春秋》2：3；

208《诗创作》11；

216《战时文艺》1：1；

218《文坛》3，2：1；

222《青年文艺》新 1：6；

223《人世间》复刊 1，复刊 2，复刊 3；

224《天下文章》4；

264《诗创造》2，3，5，10

李　熙

177《文艺阵地》2：12；

183《鲁迅风》15

李　槃

159《诗歌杂志》2，3

李　璜

5《少年中国》1：1，1：5，1：6，1：10，2：3，2：4，2：6，2：10，2：12，3：1，3：2，3：3，3：4，3：6，3：7，3：10，3：12，4：1，4：2，4：4，4：7，4：10

李　慧

85《文艺月刊》战时特刊第 11 年 8 月号；

219《文学批评》创刊号，2

李　蕤

158《中流》1：5，1：10；

175《战地》1：3；

178《抗战文艺》5：4—5；

195《黄河》10；

211《文艺生活》光复版 6；

244《文艺复兴》2：2

李　蕊

93《青年界》10：3

李　磊

155《光明》2：5；

159《诗歌杂志》1，3

李　影

142《中学生文艺季刊》2：3

李　篁

262《平原文艺》1：1，1：4，2：6

李　皜

18《歌谣》14

李　磐

44《文化批判》1

李　澄

88《读书月刊》2：1，2：2

李　璞

18《歌谣》77

李　橶

139《新小说》2：1

李　薇

216《战时文艺》1：3，1：4，1：5，1：6，2：1，2：2

李　霖

45《现代小说》2：1，2：4

李　穆

1《新青年》1：5

李　凝

209《万象》1：7

李　濂

30《甲寅》1：11；

66《华严》1：5

李　霜

186《宇宙风乙刊》17

李　儵

85《文艺月刊》4：5；

99《涛声》1：2，1：3，1：4，1：5，1：6，1：7，1：8，1：9，1：10，1：11，1：11，1：12，1：13，1：14，1：15，1：16，1：17，1：18，1：20，1：21，1：22，1：23，1：24，1：25，1：26，1：28，1：32，1：33，1：35，2：1，2：3，2：5，2：6，2：8，2：9，2：10，2：13，2：19，2：20，2：21，2：22，2：25，2：26，2：27，2：31—32，2：33，2：34，2：35，2：36，2：38，2：39，2：41，2：42，2：43，2：45，2：46；

109《论语》112；

127《人间世》20，35；

140《芒种》1，4，6，8，9—10；

145《宇宙风》8

李　翼

114《艺术新闻》1

李　瓘

19《小说世界》12：9

李　露

127《人间世》29

李　夔

126《现代》3：2

李一风

170《新演剧》新1：3

李一心

88《读书月刊》3：5

李一生

18《歌谣》2：3

李一它

39《泰东》1：10，2：2；

48《我们》1：1，1：2

李一冰

74《新文艺》1：6；

80《骆驼草》21；

85《文艺月刊》3：2，3：3；

106《现代》1：1，3：3

李一氓
47《流沙》1，3；
53《思想》1：3，1：4；
76《拓荒者》1：4—5
李一非
179《戏剧新闻》8—9
李一痕
141《文艺》6：1；
221《文艺先锋》5：3；
264《诗创造》3，5
李卜五
18《歌谣》19
李人厚
141《文艺》3：3
李　冰
92《文艺新闻》29
李乃人
186《宇宙风乙刊》29
李力安
242《新群众》1：6
李又然
99《涛声》2：17，2：21，2：24，2：30，2：38，2：42，2：45；
106《现代》3：4；
109《论语》19；
197《大众文艺》创刊号，1：2；
214《谷雨》1：6；
222《青年文艺》新1：1
李又曦
127《人世间》6，13，38
145《宇宙风》26
李三元
6《解放与改造》3：9，3：10，4：5，4：9，4：10
李三郎
85《文艺月刊》7：4，8：1，11：1，战时特刊创刊号；
124《新诗歌》4；
134《太白》2：5；
159《诗歌杂志》1，3
李士勤
261《东北文艺》2：6
李大同
221《文艺先锋》5：1—2
李大钊
1《新青年》2：1，3：2，4：4，4：5，5：3，5：5，6：2，6：5，6：6，7：2，7：6，8：4；
2《每周评论》3；
3《新潮》1：2，2：2；
4《国民》1：2，2：1；
5《少年中国》1：2，1：3，1：4，2：2，2：7，3：11；
16《努力周报》2
李大朋
98《新时代》7：4
李大魁
1《新青年》1：3
李大寰
85《文艺月刊》战时特刊2：11—12
李万立
213《草叶》5

李万君
209《万象》3：4
李万居
85《文艺月刊》1：1，1：4，9：2，10：1
李万鹤
106《现代》5：6；
138《文饭小品》1：5
李广山
276《华北文艺》4
李广田
46《新月》4：6；
51《开明》新7；
122《文学季刊》1：2，1：3，1：4，2：2，2：4；
132《文学评论》1：1；
136《水星》1：1，1：2，1：3，1：4，1：6，2：1，2：2，2：3；
138《文饭小品》1：1，1：4；
153《文季月刊》1：2，1：5，1：6，2：1；
158《中流》1：2；
160《新诗》1：4；
165《文丛》1：1，1：2，1：3，1：4，1：5；
167《文学杂志》2：11，3：5；
185《笔阵》2，4，新1：2；
192《文学月报》2：3；
198《现代文艺》5：5；
212《文讯》6：3，8：2，8：4，8：5，9：5；
217《文艺杂志》1：3，1：5，2：2，2：4；
220《文学创作》1：2，2：4；
222《青年文艺》新1：6；
223《人世间》1：1；
225《时与潮文艺》4：4；
231《新文学》1：2；
233《当代文艺》1：1；
235《文艺春秋》6：3；
239《诗文学》1，2；
240《文哨》1：2；
243《文联》1：4；
244《文艺复兴》1：2，1：3，1：4，1：5，1：6，2：1，2：2，2：3；
256《萌芽》1：3；
266《中国作家》1：2；
270《小说》1：5
李之华
209《万象》2：8；
259《东北文化》2：2
李之实
93《青年界》新5：4
李之常
10《小说月报》13：6，13：7；
11《文学周报》2，11，12，14，15，20，46，47；
13《诗》1：4
李之谟
109《论语》121，123，124，125，126，127，128，129，130，

131，132，134，135，139，
140，141，142，144，145，
146，148，149，150，151，
152，153，154，155，158，
164，165，166，168，169，
172，175，176

李之零

99《涛声》2：31—32，2：38，
2：40

李已凡

109《论语》123

李也正

134《太白》2：6

李也萍

229《艺文杂志》1：2

李小山

123《中国文学》2：1

李小炎

109《论语》68

李小峰

18《歌谣》75；
36《北新》1：37，1：39—40

李小缘

5《少年中国》2：3

李子云

270《小说》6：4

李子虔

276《华北文艺》5

李子温

93《青年界》10：4，11：3；
109《论语》87

李云华

249《白山》3

李云英

69《南国周刊》9，12，14

李元伯

109《论语》105

李元获

208《诗创作》16

李元康

241《大众文艺》新5

李无文

55《大众文艺》2：2，2：3，2：4

李天刚

109《论语》22

李天济

187《戏剧岗位》3：5—6；
224《天下文章》4

李开中

11《文学周报》8

李开先

10《小说月报》13：3，13：8；
20《浅草》1：1，1：2，1：3，1：4；
23《文艺周报》2，4，5，6，9，
10，11，18，21，32

李太别

211《文艺生活》海外版5

李少白

10《小说月报》14：3

李少伯

265《胶东文艺》1：6—7

李少言
240《文哨》1：3；
270《华北文艺》6
李少穆
1《新青年》7：6，8：2
李中言
262《平原文艺》1：6
李中迪
142《中学生文艺季刊》2：1，3：2
李中勃
209《万象》3：9
李今鰲
229《艺文杂志》2：10
李介丞
149《逸经》35
李公朴
249《白山》2
李公超
51《开明》1：8
李长之
18《歌谣》2：6，2：12，2：36；
46《新月》4：7；
85《文艺月刊》4：6，5：1，8：4，9：3，11：1，11：2，战时特刊3：1—2，战时特刊第11年6月号；
93《青年界》新1：4，9：1，9：3，10：1，12：1；
106《现代》3：4，4：6，5：3，5：6，6：1；
109《论语》25，30，32，36，48；
122《文学季刊》1：1，1：2；
127《人间世》10，14；
129《文艺风景》1：2；
132《文学评论》1：1，1：2；
138《文饭小品》1：6；
145《宇宙风》16，42，65，67，91；
167《文学杂志》2：4，2：11；
169《中国文艺》1：3；
195《黄河》复刊3；
212《文讯》8：3，9：3；
221《文艺先锋》1：4，5：3；
224《天下文章》4；
225《时与潮文艺》1：1，2：1，3：3，4：1，5：1，5：4，5：5
李长春
109《论语》149
李长夏
107《文学月报》1：5—6
李长俊
274《平原》2：1，2：2，2：6
李公朴
93《青年界》8：2；
117《文学》5：1
李丹人
270《小说》6：2
李文仲
159《诗歌杂志》2，3
李文轩
262《平原文艺》1：4
李文钊
208《诗创作》1

李文辛
265《胶东文艺》创刊号
李文杰
159《诗歌杂志》2，3
李文灿
93《青年界》新 1：4，新 2：1，
新 2：2，新 2：4
李文尚
93《青年界》新 4：4
李文波
262《平原文艺》1：5
李文珊
251《文艺杂志》4：2，4：3，4；4
李文圃
51《开明》2：7
李文萃
145《宇宙风》97，105
李文望
160《新诗》1：5
李文辉
93《青年界》9：4
李文瀛
122《文学季刊》1：1
李方立
200《新诗歌》6；
255《北方》1：5；
270《小说》5：3，5：6；
274《平原》创刊号，1：6，2：1
李心艮
19《小说世界》3：1，3：11，4：
6，6：4
李心若
106《现代》2：6，3：4，4：1，4：
5，5：4，5：5；
132《文学评论》1：1，1：2；
160《新诗》1：6，2：3—4
李书田
212《文讯》2：5
李平潮
267《大众文艺丛刊》4
李丙炎
18《歌谣》21，24，26；
106《现代》6：4
李正明
272《群众文艺》5
李正冠
155《光明》3：4
李正躬
134《太白》1：5，1：7，1：8
李玉芝
209《万象》3：4
李玉瑶
10《小说月报》14：6
李去非
174《抗到底》6，7，8
李未农
37《一般》1：1
李东旭
24《洪水》半月刊 3：36
李石岑
37《一般》1：2，2：1，3：3

李石明
54《无轨列车》6
李石锋
171《烽火（呐喊）》19；
177《文艺阵地》1：4，4：4，6：4；
199《野草》创刊号；
218《文坛》7；
220《文学创作》1：4
李左凡
211《文艺生活》光复版18
李可染
85《文艺月刊》战时特刊：3：1—2，3：3—4；
172《七月》4：3，5：3；
177《文艺阵地》2：3，2：4，2：6，2：7，3：11
李可铭
109《论语》77
李北开
271《文学战线》1：5—6
李北流
176《自由中国》新1：4
李叶垠
195《黄河》复刊3；
244《文艺复兴》4：2
李叶根
221《文艺先锋》13：1
李占山
272《群众文艺》4
李占荃
223《人世间》2：1
李田意
85《文艺月刊》9：6；
225《时与潮文艺》2：1
李四杰
1《新青年》7：3；
4《国民》1：3；
18《歌谣》2，2：4
李史翼
55《大众文艺》2：5—6
李刊文
114《艺术新闻》4
李尔重
211《文艺生活》穗新5；
271《文学战线》1：3，2：1，2：2，2：3
李生玉
142《中学生文艺季刊》1：2
李白凤
85《文艺月刊》战时特刊第11年7月号；
141《文艺》5：5；
160《新诗》1：3，1：4，1：5，1：6，2：1，2：2，2：3—4；
168《戏剧时代》1：3；
212《文讯》7：4；
220《文学创作》2：1；
221《文艺先锋》1：6；
223《人世间》复刊1，复刊5；
235《文艺春秋》3：4，3：5，4：2，4：5，5：6，7：3；
244《文艺复兴》1：4，2：3，3：

1，3：3，3：4；
264《诗创造》1，3，4，6，7；
266《中国作家》纪念特刊

李白华

34《创造月刊》1：6；
85《文艺月刊》战时特刊 2：11—12

李白英

34《创造月刊》2：5；
36《北新》3：20—21；
50《奔流》2：4；
59《春潮》1：7；
88《读书月刊》2：2，2：3；
92《文艺新闻》8

李白炎

85《文艺月刊》8：6

李白裕

62《海风周报》3

李汉辉

139《新小说》1：5

李立中

109《论语》21

李立方

267《大众文艺丛刊》3

李玄伯

26《现代评论》1：3；
28《猛进》3，4，7，8，9，10，11，12，16，18，19，20，22，23，24，25，28，29，31，36，38，40，41，42，43，44，47，50，52

李永生

212《文讯》6：1

李永运

209《万象》3：12，4：3

李永佞

18《歌谣》2：19，2：29

李召南

109《论语》74

李召贻

18《歌谣》75

李圣华

10《小说月报》14：8

李圣悦

11《文学周报》292

李民治

26《现代评论》1：25

李朴园

51《开明》1：4，9：6；
85《文艺月刊》9：6，10：4—5，战时特刊 2，战时特刊 3；
98《新时代》7：1；
141《文艺》5：1—2，6：2，6：3；
170《新演剧》1：1；
195《黄河》9，2：1，2：7，2：8，2：9，2：10，2：11—12，3：1，4：1，4：2，复刊 1，复刊 3，复刊 4，复刊 5

李权时

1《新青年》3：4；
93《青年界》9：1，10：1

李吉人
226《风雨谈》1
李西崖
123《中国文学》2∶1
李西溟
93《青年界》新 3∶3，新 4∶2，新 4∶5，新 5∶5
李亚红
211《文艺生活》海外版 18—19
李有义
149《逸经》10
李有行
108《文艺茶话》1∶4，1∶5，1∶6
李在谦
18《歌谣》3
李达可
155《光明》1∶9
李成瑞
252《北方文化》2∶3
李成璋
142《中学生文艺季刊》2∶1，2∶2
李百功
209《万象》1∶7，1∶9，2∶1，2∶2，2∶3，2∶5
李执中
88《读书月刊》2∶6
李尘帆
93《青年界》7∶1
李光田
51《开明》1∶4
李光余
272《群众文艺》8
李光灿
252《北方文艺》1∶5
李则刚
88《读书月刊》2∶1；
94《现代文学评论》1∶3；
98《新时代》创刊号；
103《絜茜》创刊号；
134《太白》1∶10
李则蓝
261《东北文艺》创刊号；
271《文学战线》1∶4；
273《文艺月报》创刊号，2
李同愈
10《小说月报》22∶1；
25《语丝》5∶50；
36《北新》3∶20—21，4∶11，4∶23—24；
85《文艺月刊》5∶6；
104《矛盾》2∶6；
106《现代》4∶1；
127《人间世》19；
145《宇宙风》73；
177《文艺阵地》1∶7；
226《风雨谈》9
李竹子
108《文艺茶话》1∶10
李廷黻
186《宇宙风乙刊》16

李传弟

275《文艺丛刊》3

李传禧

18《歌谣》2：6

李伟涛

145《宇宙风》97，98；

171《烽火（呐喊）》14，17

李伟森

36《北新》2：14，4：5

李伏娃

250《鲁迅文艺》1：2

李仲揆

26《现代评论》第一周年增刊

李仰之

109《论语》105

李仰弼

221《文艺先锋》11：2，12：1

李伊凉

19《小说世界》4：1，4：3，4：6，4：13，5：1，5：3，6：1，6：11

李华飞

148《诗歌生活》1，2；

155《光明》2：6，2：10；

159《诗歌杂志》3；

178《抗战文艺》4：1；

195《黄河》复刊4，复刊6

李华祥

109《论语》89

李华卿

93《青年界》8：2；

106《现代》6：2，6：4；

117《文学》5：1

李延朗

93《青年界》9：4

李延禄

197《大众文艺》1：6；

259《东北文艺》1：1

李自珍

145《宇宙风》140

李自钧

94《现代文学评论》2：3，3：1

李全佳

145《宇宙风》139

李众夫

251《文艺杂志》3：2，3：3，3：4，3：5

李名园

18《歌谣》33

李旭丹

128《小说》1，2

李亦民

1《新青年》1：1，1：2，1：3，1：4，1：5，1：6，2：2，2：3，2：4

李亦源

51《开明》2：9

李庆华

221《文艺先锋》5：6

李庆行

187《戏剧岗位》1：5—6

李庆芳

16《努力周报》4

李庆森

272《群众文艺》7

李问贫

19《小说世界》15：11，15：12

李次九

1《新青年》6：2

李次山

1《新青年》3：1，7：6

李次民

108《文艺茶话》2：1

李冰岛

88《读书月刊》2：1，2：3，3：1—2

李冰封

271《文学战线》1：2

李冰禅

36《北新》2：12

李守中

182《文艺新潮》1：8

李守常

1《新青年》7：5，9：3，9：6；
75《萌芽》1：5

李守章

25《语丝》5：27；
38《幻洲》2：8；
50《奔流》2：3；
55《大众文艺》1：1；
117《文学》1：4

李安宅

18《歌谣》2：27

李安和

18《歌谣》37，62

李兴华

93《青年界》10：3；
141《文艺》4：1；
159《诗歌杂志》3

李导民

251《文艺杂志》2：3

李麦麦

109《论语》20

李寿先

32《清华文艺》1：1，1：2

李寿彭

18《歌谣》28

李寿雍

26《现代评论》1：3

李均之

109《论语》18

李丽水

85《文艺月刊》战时特刊第11年10月号；
187《戏剧岗位》3：1—2

李丽华

209《万象》2：9

李丽思

51《开明》2：3，2：7；
74《新文艺》1：3

李丽莲

259《东北文化》1：4

李克己
142《中学生文艺季刊》1：4
李克东
242《新群众》2：3
李克荣
109《论语》164
李志汉
109《论语》117
李志纯
221《文艺先锋》8：3，8：4，8：5—6，12：2
李志贤
242《新群众》1：3
李志耕
223《人世间》复刊7
李志微
109《论语》61
李志新
149《逸经》32
李芾甘
11《文学周报》49；
24《洪水》半月刊2：15；
37《一般》4：3
李花朝
222《青年文艺》4
李苏菲
104《矛盾》2：4，2：5；
109《论语》18；
123《中国文学》1：2，1：3—4，1：6，2：1，2：2；
136《水星》2：3；
141《文艺》2：2，2：5—6，3：1
李芳华
18《歌谣》3，4
李芳远
93《青年界》10：1
李芳树
19《小说世界》14：10
李芳灿
18《歌谣》29
李杏邨
145《宇宙风》109
李束丝
216《战时文艺》1：1，1：4；
217《文艺杂志》3：2
李励文
151《文学丛报》2，4，5，6；
177《文艺阵地》3：7，3：8
李励志
36《北新》2：8
李辰冬
46《新月》4：5，4：6，4：7；
66《华严》1：7，1：8；
68《戏剧与文艺》1：10—11；
85《文艺月刊》战时特刊第11年9月号；
122《文学季刊》1：4；
155《光明》2：10，3：1，3：3；
221《文艺先锋》1：4，2：2，2：3，2：4，3：1，3：3，3：4，3：5，4：2，5：1—2

李夹人
160《新诗》2：3—4
李抟程
244《文艺复兴》3：4；
264《诗创造》1，2，4，6，8，2：1
李步青
19《小说世界》17：3；
31《甲寅》1：6
李步唐
88《读书月刊》1：6，2：3
李时建
191《文艺新闻》3
李连萃
98《新时代》1：4，1：5
李坚磨
85《文艺月刊》2：5—6，2：8，2：9，5：3，6：2，7：6
李秀云
249《白山》5
李秀琴
249《白山》3
李何林
83《现代文学》1：1；
228《中原》2：1；
235《文艺春秋》4：6，6：5，副刊1：2；
266《中国作家》纪念特刊
李佚民
275《文艺丛刊》2
李作华
276《华北文艺》4
李作宾
11《文学周报》332
李伯钊
194《中国文化》3：2—3；
276《华北文艺》2，3
李伯昌
24《洪水》半月刊1：3
李伯琦
149《逸经》33
李谷野
264《诗创造》6
李希达
142《中学生文艺季刊》3：2
178《抗战文艺》2：11—12，3：5—6
李希贤
19《小说世界》17：3
李言志
109《论语》142
李亨嘉
1《新青年》3：3
李应林
149《逸经》1，9，10
李完白
242《新群众》1：4
李词傭
98《新时代》5：1
李初梨
34《创造月刊》1：6，2：1，2：5，2：6；
44《文化批判》1，2，3，4；

48《我们》1∶2；
53《思想》1∶1，1∶2
李良广
109《论语》46，71
李良太
109《论语》17，19
李纯青
149《宇宙风》141；
212《文讯》9∶4
李青云
109《论语》47，48
李青谷
10《小说月报》22∶12；
108《文艺茶话》1∶5
李青周
18《歌谣》35
李青岩
11《文学周报》208
李青崖（厓）
10《小说月报》14∶1，14∶2，14∶6，15∶2，15∶7，15∶8，16∶7，20∶8，21∶5，21∶7，22∶4，22∶11；
11《文学周报》198，230，301，302，313，340—341，354，356；
26《现代评论》3∶77，4∶84；
36《北新》3∶2，3∶12，4∶7；
40《真美善》6∶3；
46《新月》3∶11，3∶12，4∶1，4∶2；
59《春潮》1∶5；
63《金屋》1∶12；
74《新文艺》1∶4；
83《现代文学》1∶1；
85《文艺月刊》1∶4，1∶5，2∶1，2∶3，2∶5—6，2∶7，2∶9，2∶11—12，3∶3，3∶4，4∶5，6∶2，6∶3，6∶4，6∶5—6，7∶5；
87《前锋月刊》1∶4，1∶7；
93《青年界》1∶3，2∶5，8∶2；
98《新时代》2∶1；
104《矛盾》3∶1，3∶2；
106《现代》1∶2；
108《文艺茶话》1∶5，1∶6；
109《论语》1，5，6，8，15，79，86，118，120；
117《文学》5∶1；
123《中国文学》1∶3—4；
127《人间世》1，11，30；
149《逸经》16；
169《中国文艺》1∶1，1∶2；
178《抗战文艺》9∶3—4；
212《文讯》6∶6；
231《新文学》1∶1，1∶2；
240《文哨》1∶2
李青铜
212《文讯》6∶5
李劼人
5《少年中国》1∶1，2∶4，3∶10，4∶3，4∶4，4∶5，4∶6，4∶7，4∶9；

10《小说月报》13：8，13：12，15：号外，16：1，16：5，16：7，17：6，17：7；
11《文学周报》169，190，191，200，216，256；
36《北新》2：4；
178《抗战文艺》9：1—2，9：3—4，9：5—6；
185《笔阵》革新1

李劼夫

19《小说世界》2：2，2：4

李若川

131《东流》2：4；
165《文丛》2：2，2：3；
171《烽火（呐喊）》15

李若佘

31《甲寅》1：39

李茂生

11《文学周报》115

李茂斋

7《曙光》2：3

李英才

195《黄河》2：8

李述先

2《每周评论》6

李拓之

244《文艺复兴》2：5，3：5

李叔同

212《文讯》4：4—5

李叔豪

189《西线文艺》1：4

李卓然

272《群众文艺》3

李贤铭

248《中原·文艺杂志·希望·文哨联合特刊》1：2

李非白

221《文艺先锋》11：1

李尚贤

73《南国周刊》1：6

李尚智

203《奔流文艺丛刊》6

李昌金

24《洪水》半月刊3：31

李易水

100《北斗》1：1，1：4

李罗昔

221《文艺先锋》7：4

李国极

85《文艺月刊》11：1

李国青

195《黄河》2：5—6

李国欣

145《宇宙风》61，63

李国钦

145《宇宙风》60，117—118，125

李果青

34《创造月刊》1：11

李季谷

149《逸经》5，21

李季超

142《中学生文艺季刊》3：2

李秉仁

93《青年界》新 2：4

李秉钧

224《天下文章》5，2：2

李侠文

145《宇宙风》72，103

李岳南

85《文艺月刊》10：3，战时特刊 3：7，战时特刊 3：12，战时特刊 4：1，战时特刊 5：1；

158《中流》2：2，2：6；

198《现代文艺》3：1，3：6，4：1；

211《文艺生活》海外版：17；

212《文讯》6：2；

221《文艺先锋》9：3—4，10：1；

224《天下文章》1：6；

236《高原》新 1：2；

264《诗创造》4，8；

269《文艺工作》1

李岳瑞

14《学衡》70

李念群

228《中原》1：3

李金发

10《小说月报》16：10，16：11，17：1，17：2，17：6，18：1，18：2，22：1，22：5；

11《文学周报》192，193，194，198，207，208，211，216，217，225，241，265，337；

25《语丝》41，50；

51《开明》2：8；

74《新文艺》1：2；

85《文艺月刊》4：3，5：1，6：1，6：3，6：4，7：2，7：4，8：6；

87《前锋月刊》1：2，1：3，1：4，1：5，1：6；

104《矛盾》2：5，3：1；

106《现代》2：1，2：3，3：4，4：4，6：1；

109《论语》90；

126《诗歌月报》2：1；

127《人间世》13，15，16，18，22，30；

138《文饭小品》1：3；

141《文艺》2：1；

145《宇宙风》16，108；

186《宇宙风乙刊》33，43；

221《文艺先锋》2：3

李金殴

104《矛盾》3：1

李金波

270《小说》3：2，3：3，3：4

李采连

145《宇宙风》47

李夜歌

93《青年界》8：2

李育中

171《烽火（呐喊）》19；

177《文艺阵地》1：1，1：4，1：10，2：8，3：9，3：10；

199《野草》1：3；

208《诗创作》1，18；
211《文艺生活》3：5，光复版3，光复版4；
219《文学批评》创刊号

李怡星

109《论语》6

李法章

31《甲寅》1：17

李泽彰

1《新青年》7：6；
4《国民》2：1，2：2

李治夫

241《文艺大众》1

李治平

151《文学丛报》1

李宝仁

30《甲寅》1：21

李宝忱

109《论语》45

李宝泉

85《文艺月刊》10：2，10：3，战时特刊第11年4月号，战时特刊第11年8月号；
104《矛盾》2：1，2：2；
108《文艺茶话》1：3，1：7，1：8，1：9，2：5；
109《论语》3，20；
123《中国文学》1：5；
128《小说》4，9；
149《逸经》29，31，36

李宝琛

11《文学周报》345

李宝梁

13《诗》2：1

李宗义

209《万象》3：4

李宗文

39《泰东》1：9；
155《光明》1：2

李宗吾

109《论语》33，34；
186《宇宙风乙刊》27，28，29，30，33，34，36，38，39，41，43，48

李宗武

10《小说月报》14：8，14：10；
25《语丝》101，107，110，4：21，4：29，4：43；
36《北新》3：1，3：5；
37《一般》2：3，5：3，6：4，7：2；
109《论语》32

李宗杰

195《黄河》2：2

李宗奋

93《青年界》6：3

李宗绍

193《戏剧与文学》1：1

李宗陵

229《艺文杂志》2：7—8

李宗善
209《万象》3：8，4：2，4：5
李宗藻
223《人世间》复刊4
李定一
19《小说世界》2：13
李定文
263《文艺知识连丛》1：3
李试万
142《中学生文艺季刊》1：3
李建华
45《现代小说》2：5
李建新
25《语丝》5：6，5：7，5：8，5：31；
36《北新》2：12，2：13，4：10，4：12；
93《青年界》5：3，5：4，8：1；
98《新时代》5：2，5：3，5：5，5：6，6：1，6：2
李绍华
190《通俗文艺》17
李绍忠
142《中学生文艺季刊》1：1
李经畲
229《艺文杂志》1：5
李孟平
104《矛盾》1：2
李承谷
11《文学周报》78
李春久
271《文学战线》2：2
李春兰
262《平原文艺》1：1，1：6
李春舫
85《文艺月刊》战时特刊创刊号；
93《青年界》新1：4，新1：5，新3：5；
168《戏剧时代》1：1，1：2；
173《抗战戏剧》2：4—5；
185《笔阵》新7；
195《黄河》2：10；
216《战时文艺》1：3，1：5，2：2
李春森
82《前锋周报》2
李春潮
148《诗歌生活》2
李春霖
225《时与潮文艺》1：1，2：6，3：1，5：3
李相士
93《青年界》9：8，11：3
李相敬
159《诗歌杂志》2，3
李树人
82《前锋周报》38
李树化
85《文艺月刊》2：9
李树勋
271《文学战线》2：3

李树峻
4《国民》2：2；
7《曙光》1：1
李树家
229《艺文杂志》3：4—5
李树谦
211《文艺生活》海外版 15；
273《文艺月报》2
李荆石
25《语丝》130
李南桌
176《自由中国》1：3；
177《文艺阵地》1：1，1：6，1：8，1：10，1：12，2：1
李荐农
36《北新》1：17
李荣晃
149《逸经》9
李荣章
51《开明》2：1；
55《大众文艺》2：4
李厚棠
51《开明》1：4
李威廉
184《文艺战线》1：2
李威深
106《现代》5：4；
122《文学季刊》2：4；
136《水星》1：3，1：5，1：6，2：1，2：2
李拱宸
134《太白》1：9
李贻训
93《青年界》新 5：1，新 6：5
李星可
175《战地》1：6；
240《文哨》1：2
李思纯
5《少年中国》1：6，1：12，2：3，2：4，2：6，2：10，2：12，3：1；
6《解放与改造》4：7；
14《学衡》9，13，14，15，16，19，21，22，24，26，28，37，39，42，43，46，47，49，50，52，53，54，55，56，58，60，65，66；
31《甲寅》1：19
李思诚
26《现代评论》4：97
李幽影
1《新青年》7：6
李秋波
142《中学生文艺季刊》3：2
李钟亟
274《平原》2：5
李修孚
274《平原》10
李信之
186《宇宙风乙刊》55；
209《万象》1：8，1：10，1：12，

2：5，2：6，2：7，2：9，2：10，4：1，4：3
李俊民
92《文艺新闻》38
李俊成
251《文艺杂志》1：4
李顺亮
25《语丝》93
李剑华
24《洪水》半月刊1：8，半月刊2：20，半月刊3：27
李剑农
1《新青年》5：4；
16《努力周报》11，12
李剑菁
104《矛盾》3：3—4
李炳焕
117《文学》5：1；
93《青年界》8：2
李洪辛
199《野草》2：3；
244《文艺复兴》3：6；
248《中原·文艺杂志·希望·文哨联合特刊》1：5
李洛夫
221《文艺先锋》12：1
李洛克
177《文艺阵地》1：8，2：8
李济青
229《艺文杂志》3：3
李济明
19《小说世界》10：1，10：8，10：13
李济深
176《自由中国》新1：2
李觉魂
51《开明》1：12
李诵邺
11《文学周报》305
李祚辉
31《甲寅》1：8
李冠方
127《人间世》30
李冠礼
109《论语》15
李耕砚
26《现代评论》3：67
李素伯
117《文学》8：1
李素英
18《歌谣》2：2；
117《文学》2：6
李秦英
18《歌谣》3：3
李桢韦
74《新文艺》1：2
李根红
265《胶东文艺》创刊号，1：2，1：4，1：5，1：6—7；
270《小说》5：6，6：3

李根源
31《甲寅》1：43
李晋华
74《新文艺》1：3
李烈钧
174《抗到底》2
李振东
26《现代评论》6：134；
36《北新》2：12；
68《戏剧与文艺》1：4
李振华
18《歌谣》37；
251《文艺杂志》4：4
李致远
264《诗创造》2：3
李致敔
36《北新》2：8
李哲人
255《北方》1：2
李晓云
20《浅草》1：2
李晓邨
274《平原》6
李晓舫
93《青年界》新1：2
李恩杰
253《清明》2
李铁声
34《创造月刊》2：2，2：3；
44《文化批判》1，2，3，4，5；
53《思想》1：1，1：2，1：3，1：4
李铁郎
62《海风周报》4
李健吾
11《文学周报》103，310，330；
25《语丝》151；
26《现代评论》6：137；
32《清华文艺》1：5，不定期1，不定期2，不定期4，不定期5；
37《一般》3：3，4：4；
74《新文艺》1：1；
80《骆驼草》25；
93《青年界》新1：1；
106《现代》3：1，3：2，3：3，3：4，4：1，5：5；
117《文学》1：5，2：1，2：4，3：1，4：1，4：3，4：5，5：1，6：1，7：1，9：1，9：4；
122《文学季刊》1：1，1：3，1：4，2：1，2：3，2：4；
129《文艺风景》1：2；
134《太白》1：3，1：6；
136《水星》1：1，1：2，1：3，1：4，1：6，2：1，2：2；
145《宇宙风》84—85，88，93，100；
153《文季月刊》1：1；
160《新诗》1：3，1：5；
167《文学杂志》1：1，1：3，2：1，2：2，2：3；
176《自由中国》新2：1—2；
183《鲁迅风》14；

193《戏剧与文学》1∶3，1∶4；
209《万象》2∶6，2∶7，2∶8，2∶9，2∶10，3∶9，3∶10，4∶5；
212《文讯》7∶5，9∶1；
217《文艺杂志》1∶1，1∶2，1∶3，1∶4；
223《人世间》复刊10；
232《戏剧时代》1∶2；
235《文艺春秋》3∶2，3∶3，3∶4，3∶5，4∶1，5∶2，6∶1，7∶1，7∶2，7∶3，8∶2；
244《文艺复兴》1∶1，1∶2，1∶5，1∶6，2∶4，2∶5，4∶1；
245《文章》创刊号，1∶2，1∶3，1∶4；
263《文艺知识连丛》1∶2；
266《中国作家》纪念特刊；
270《小说》3∶4，3∶5，3∶6，5∶5

李健新

93《青年界》3∶1

李健勤

221《文艺先锋》10∶5

李息苓

209《万象》2∶12

李留心

109《论语》110

李逢时

18《歌谣》2，29，62

李爻厂

244《文艺复兴》研究号中，研究号下

李竞西

127《人间世》23

李竞河

26《现代评论》2∶50

李悦民

242《新群众》2∶4

李海清

190《通俗文艺》28

李涤尘

21《弥洒》1

李流萤

25《语丝》156

李润庆

186《宇宙风乙刊》19

李润章

5《少年中国》3∶1

李润湖

177《文艺阵地》1∶8

李家瑞

18《歌谣》2∶11，2∶25，2∶28，3∶4；
122《文学季刊》1∶2，1∶4；
127《人间世》31，36，39

李家楷

142《中学生文艺季刊》2∶1

李家骥

93《青年界》新3∶1，新6∶2，新6∶4；
116《文艺月报》1∶2

李祥麟

209《万象》2∶12

李恕堂
174《抗到底》8
李继忠
145《宇宙风》84
李继璇
140《芒种》7
李梓盛
272《群众文艺》8，10
李悊苏
6《解放与改造》3：11
李唯建
93《青年界》9：1，10：1；
117《文学》5：6；
127《人间世》42
李唯健
98《新时代》5：4
李啸仓
195《黄河》复刊5
李勖刚
10《小说月报》14：1，16：1，
16：5
李曼岑
18《歌谣》42
李曼青
36《北新》1：25，2：12；
39《泰东》1：5；
100《北斗》2：1
李曼罗
166《文艺科学》1
李得贤
212《文讯》6：5，6：7
李笛晨
29《莽原》半月刊1：12
李逸山
45《现代小说》2：2
李逸飞
141《文艺》5：5
李象贤
130《当代文学》1：5
李象镜
142《中学生文艺季刊》1：1
李翊灼
14《学衡》76
李康田
122《文学季刊》1：3
李康佛
88《读书月刊》3：5；
96《文艺杂志》1：4
李惟宁
18《歌谣》37，46
李惟果
18《学衡》39，41
李惟建
46《新月》1：3，1：7，1：8，1：
9，3：5—6；
90《诗刊》1
李焕之
252《北方文化》1：2
李清泉
184《文艺战线》1：5；
189《西线文艺》1：2；
197《大众文艺》1：3

李鸿梁
10《小说月报》13：1
李淇源
174《抗到底》10
李淑良
25《语丝》14，15，35
李淑英
109《论语》105
李淑珍
249《白山》3
李淳风
207《时代文学》1：3
李淡虹
155《光明》2：12
李涵秋
19《小说世界》1：2，1：3，1：7，12：8，12：9，12：10，12：11，13：1，14：16
李密林
178《抗战文艺》2：10
李寅恭
1《新青年》3：4，3：5，3：6
李尉元
63《金屋》1：1
李维甘
223《人世间》2：1
李维统
142《中学生文艺季刊》1：1
李绿永
245《文章》1：2
李散碧
98《新时代》3：5—6，4：1，6：1
李敬远
46《新月》4：3
李敬维
251《文艺杂志》4：1
李葭荣
19《小说世界》13：20
李惠莲
98《新时代》2：1
李紫来
253《清明》4
李辉英
85《文艺月刊》战时特刊 2：9—10，战时特刊号外 1，战时特刊第11 年 5 月号；
93《青年界》4：5，5：4，8：2，9：1，9：2，9：3，9：4，9：5，10：1，10：3，11：3，12：1；
98《新时代》4：3，7：1；
100《北斗》2：1；
107《文学月报》1：5—6；
110《小说月刊》1：4；
114《艺术新闻》2；
117《文学》2：1，7：3，8：4；
120《文艺》1：3；
121《文化列车》10；
125《春光》1：1，1：3；
128《小说》9，15；
130《当代文学》1：3；
134《太白》1：1，1：8，1：10，

2：1，2：7；
139《新小说》1：3；
140《芒种》1，2，3，4，5，7，9—10；
144《创作》1：3；
151《文学丛报》4；
154《文学界》1：4；
155《光明》1：5，1：7，2：2，3：1，3：5；
158《中流》1：6；
173《抗战戏剧》1：6—7；
175《战地》1：3；
176《自由中国》1：2，1：3，新1：1；
177《文艺阵地》1：12；
178《抗战文艺》1：6，3：5—6，4：1，4：3—4，5：6；
180《文艺》1：3；
183《鲁迅风》15；
188《新中国文艺丛刊》1；
192《文学月报》1：5；
195《黄河》4：5；
217《文艺杂志》2：3；
227《艺丛》1：1

李辉群

93《青年界》7：1，新1：1

李景汉

26《现代评论》3：62，3：66，3：71，3：76，4：80，4：92，4：94，4：103，第二周年增刊

李景阳

11《文学周报》199

李景坤（堃）

14《学衡》73，74

李景荣

274《平原》3：4

李景琰

249《白山》3

李遇安

25《语丝》3，6，27，67，112；
29《莽原》周刊：2，5，8，10，19，22，23；半月刊1：18

李铸晋

245《文章》1：4

李短农

109《论语》105，106，108，110，114

李储文

223《人世间》复刊3

李鲁子

221《文艺先锋》13：1

李鲁航

7《曙光》1：2

李渺世

10《小说月报》15：2，16：5

李渭滨

28《猛进》12

李翔梧

24《洪水》半月刊2：23—24；
26《现代评论》1：12；
28《猛进》28

李曾荣
106《现代》5∶4
李普年
31《甲寅》1∶36
李道静
226《风雨谈》2；
229《艺文杂志》2∶6，2∶7—8，
2∶11，3∶1—2
李瑞轩
37《一般》1∶4
李瑞吟
142《中学生文艺季刊》1∶2
李蓁非
85《文艺月刊》11∶2；
93《青年界》11∶2
李蓓芸
23《文艺周刊》19
李楚材
93《青年界》新1∶4
李雾城
117《文学》9∶1；
128《小说》1；
141《文艺》1∶4
李稚农
85《文艺月刊》10∶4—5
李稚甫
212《文讯》3∶4
李稚青
155《光明》1∶6
李锦轩
82《前锋周报》2，3
李锡余
1《新青年》4∶2
李鹏年
110《小说月刊》1∶4
李鹏荣
273《文艺月报》4
李鹏翔
98《新时代》5∶4；
134《太白》2∶4
李靖华
29《莽原》半月刊2∶6
李韵如
158《中流》1∶12
李意忽
242《新群众》1∶4
李廉俊
207《时代文学》1∶3
李痴郎
18《歌谣》39
李慎言
93《青年界》12∶1
李煜沄
5《少年中国》2∶7
李满红
198《现代文艺》5∶2，5∶3；
208《诗创作》6，12，13；
217《文艺杂志》1∶3，2∶4
李满桂
68《戏剧与文艺》2∶1—2；
117《文学》2∶6

李源荪
208《诗创作》17，18
李溶华
136《水星》1：2，1：3，1：6；
151《文学丛报》1，2，4；
162《小说家》1：1，1：2
李福山
265《胶东文艺》1：5
李福顺
265《胶东文艺》1：5
李静君
7《曙光》1：2
李静庵
36《北新》3：16
李碧岩
275《文艺丛刊》7
李暇勋
93《青年界》8：5
李嘉吉
117《文学》2：6
李嘉言
122《文学季刊》1：2；
244《文艺复兴》研究号上
李嘉璧
145《宇宙风》66；
186《宇宙风乙刊》24，35，55
李慕白
221《文艺先锋》7：4
李蔚初
221《文艺先锋》1：3，2：4，3：4
李霁初
6《解放与改造》2：6
李霁野
29《莽原》周刊：7，17，21；半月刊：1：1，1：2，1：5，1：19，2：1，2：2，2：4，2：6，2：7，2：8，2：9，2：11，2：12，2：13，2：14，2：15；
36《北新》2：6；
43《未名》1：1，1：2，1：3，1：4，1：5，1：6，1：7，1：8—9，1：10—11，1：12，2：1，2：2，2：3，2：4，2：5，2：6，2：8，2：9—12；
153《文季月刊》1：4，1：5，2：1；
165《文丛》1：1，1：2；
225《时与潮文艺》3：1，3：3；
226《风雨谈》11，12，13；
235《文艺春秋》3：4；
266《中国作家》1：3
李毓华
251《文艺杂志》2：3
李毓镛
93《青年界》新1：1，新1：3，新1：4，新1：5，新2：1，新2：2，新2：4，新3：1，新3：3，新3：4，新3：5，新4：4，新4：5，新5：1，新5：2，新5：3，新5：4，新6：1，新6：2，新6：3，新6：4；
145《宇宙风》127；

186《宇宙风乙刊》46
李翠珍
242《新群众》1：6
李翠华
87《前锋月刊》1：2，1：3，1：5
李增园
141《文艺》5：1—2
李增援
173《抗战戏剧》1：4，2：2—3
李敷仁
272《群众文艺》3
李影心
106《现代》4：5；
167《文学杂志》1：3，2：4
李德兴
274《平原》3
李德芳
145《宇宙风》127；
212《文讯》5：1
李德标
25《语丝》122，123
李德然
18《歌谣》2：40
李德谟
75《萌芽》1：5；
79《巴尔底山》1：1
李鹤鸣
6《解放与改造》1：3
李鹤龄
5《少年中国》2：3
李翰周
26《现代评论》5：115
李默然
271《文学战线》2：1
李镜池
145《宇宙风》122，123
李赞华
40《真美善》4：3；
103《絜茜》创刊号；
142《现代文学评论》1：1，1：2，
1：3，2：1—2，2：3，3：1
李儒勉
5《少年中国》4：7
李衡阳
174《抗到底》3
李澹村
19《小说世界》10：9
李澹洛
145《宇宙风》39，40
李濂堂
31《甲寅》1：16
李濂镗
1《新青年》3：2；
31《甲寅》1：20
李薰风
261《东北文艺》2：4
李翼之
82《前锋周报》7，8，9，12，13，
14，15，16，22
李蟾桂
223《人世间》复刊6

李曦晨
43《未名》2：9—12；
106《现代》1：5
李耀仙
225《时与潮文艺》3：5
李耀平
111《文化月报》1：1
李耀春
88《读书月刊》1：2，1：3—4
李张绍南
1《新青年》2：6，3：4，3：6
吾 邱
212《文讯》6：10
吾 言
26《现代评论》8：190
吾 庐
46《新月》3：7
严 平
271《文学战线》2：4
严 冰
229《艺文杂志》2：11
严 华
209《万象》1：2
严 辰
252《北方文化》2：1，2：5；
276《华北文艺》创刊号，4
严 明
141《文艺》1：3；
179《戏剧新闻》3
张 肃
82《前锋周报》42
严 复
85《文艺月刊》10：6
严 恭
85《文艺月刊》战时特刊2；
141《文艺》3：3；
170《新演剧》1：3；
173《抗战戏剧》2：1，2：2—3；
201《戏剧春秋》创刊号
严 晋
142《中学生文艺季刊》1：4
严 峻
265《胶东文艺》1：8
严 陵
38《幻洲》1：11
严 聃
209《万象》1：10
严 象
84《开展》6—7
严 鸿
130《当代文学》1：3
严 淮
45《现代小说》3：3
严 超
244《文艺复兴》2：2
严 翔
106《现代》5：2
严 蒙
259《东北文化》1：2，1：6；
261《东北文艺》创刊号，1：5
严干君
149《逸经》23

严工上
245《文章》1：2
严大椿
85《文艺月刊》8：4，9：3；
93《青年界》新1：2，新1：4，新1：5，新2：3，新2：4，新3：1；
104《矛盾》2：3，3：3—4；
117《文学》8：5；
180《文艺》2：5
严大椿
85《文艺月刊》4：4，4：5，5：1，5：3，6：2，6：5—6，7：1，8：2
严小章
208《诗创作》6
严元章
40《真美善》7：2；
79《巴尔底山》1：2—3
严中平
11《文学周报》350
严文井
153《文季月刊》115；
177《文艺阵地》6：2；
181《文艺突击》1：2，1：3，新1：1；
184《文艺战线》创刊号，1：2，1：6；
188《新中国文艺丛刊》3；
189《西线文艺》1：1；
197《大众文艺》2：2；
202《文艺月报》14；
204《中国文艺》1：1；
213《草叶》1，2，5；
214《谷雨》1：5；
228《中原》1：2；
246《文坛月报》1：2；
259《东北文化》2：1；
261《东北文艺》1：5，2：5；
272《群众文艺》1：2
严文庄
138《文饭小品》1：5；
160《新诗》1：1，1：2，1：6
严文蔚
225《时与潮文艺》4：4
严艾和
93《青年界》8：5
严刚中
11《文学周报》61
严光汉
25《语丝》5：14
严仲华
109《论语》69
严芙孙
19《小说世界》1：2，2：4，2：7，10：2，10：3，10：6，10：8，10：11，10：12，12：10，侦探号
严苍漪
51《开明》2：3
严良才
22《创造周报》29，30；

24《洪水》半月刊1：2，半月刊1：8，周年增刊；
38《幻洲》1：12，2：1，2：4，2：6，2：7；
45《现代小说》1：1，1：2，2：2

严杰人

177《文艺阵地》6：3，6：4；
192《文学月报》2：6；
198《现代文艺》1：6，2：3，3：3，5：5，6：1；
199《野草》1：4，3：5，5：3；
208《诗创作》2，5，8，16；
211《文艺生活》2：5，光复版1，光复版8；
220《文学创作》2：1；
223《人世间》1：4；
224《天下文章》5

严知行

93《青年界》新5：1

严秉淳

186《宇宙风乙刊》23

严品藻

98《新时代》5：5，6：1

严秋尘

127《人世间》19，27，31

严修信

98《新时代》4：6

严济宽

134《太白》1：11，2：6，2：11；
145《宇宙风》111；
158《中流》1：8

严觉林

209《万象》3：4

严既澄

10《小说月报》14：1，14：10，15：1，15：10，15：12，16：1，17：号外下；
11《文学周报》82，84，96，117，119；
126《诗歌月报》1：2；
127《人世间》38；
145《宇宙风》78；
177《文艺阵地》2：5

严振开

85《文艺月报》战时特刊2：11—12；
141《文艺》1：1，1：2，1：3，1：4，1：5—6，2：1，2：2，2：3，3：1，3：2，4：2，4：5，5：4

严振乾

36《北新》4：21—22

严清霞

209《万象》4：4

严鸿瑶

221《文艺先锋》12：3—4

严雅惠

19《小说世界》2：13，3：4，3：9，3：10，4：1，6：4，8：7，10：9

严智钟

1《新青年》7：4

严敦易

10《小说月报》13：12，14：11，

15：2，15：9，15：11，16：1，16：2，16：6；

11《文学周报》62，68，86，101，109，112，122，125，138，139，140，145，146，147，148，157；

93《新青年》新1：1；

106《现代》1：4，1：5；

117《文学》5：1，5：2，5：3，7：6；

244《文艺复兴》研究号上，研究号中，研究号下

严媿盦

19《小说月报》8：9

严慎予

11《文学周报》19

严懋德

209《万象》2：4，2：7，2：11

严岩俨

109《论语》117

巫

26《现代评论》5：105

巫　蓬

171《烽火（呐喊）》3

巫汉林

19《小说世界》7：6

酉　辛

199《野草》5：1

酉　昔

109《论语》41

酉　微

10《小说月报》21：5

甫

210《笔谈》1

甫　堡

212《文讯》7：2

束　人

191《文艺新闻》11

束　为

256《萌芽》1：4；

257《长城》1：2；

268《蚂蚁小集》3

束　玉

251《文艺杂志》1：2，2：1；

255《北方》1：1

束　成

191《文艺新闻》6

束　负

109《论语》41

束　胥

177《文艺阵地》4：7；

182《文艺新潮》1：10，1：12，2：1，2：2，2：3，2：4，2：5，2：7

束　萌

117《文学》3：1

束依人

209《万象》1：11

更　之

36《北新》1：8

更　夫

140《芒种》5；

195《黄河》4：1

更 生
19《小说世界》1：7；
127《人间世》22；
177《文艺阵地》2：8；
195《黄河》2：11—12
更 易
92《文艺新闻》27
励 之
229《艺文杂志》2：2
励 平
31《甲寅》1：38
励 吾
25《语丝》91，110
励天予
186《宇宙风乙刊》20，36，52—53
辰 夫
145《宇宙风》150
辰 白
99《涛声》1：17
辰 江
25《语丝》137
辰 伯
122《文学季刊》1：2
豕 亥
104《矛盾》1：3—4
忒 生
109《论语》22
来 红
11《文学周报》3
来 复
210《笔谈》1
扶 苍
98《新时代》3：1
扶 助
53《思想》1：2
抚 松
127《人世间》36，42
抑 风
197《大众文艺》创刊号，1：2；
200《新诗歌》3
抑 扬
109《论语》43
抗 存
93《青年界》11：4
拟 庄
201《戏剧春秋》1：5
抒 实
109《论语》24
抒 真
25《语丝》94
轩
32《清华文艺》不定期4，不定期5
连 山
177《文艺阵地》2：1
连 西
51《开明》2：19
连 光
98《新时代》1：5
连 柱
75《萌芽》1：1，1：2，1：3，1：4；
178《抗战文艺》10：1

连　琐
117《文学》2：5
连啸鸥
211《文艺生活》海外版副刊 1
连筱痂
25《语丝》137
求　思
212《文讯》9：2
求　索
186《宇宙风乙刊》2
求　真
266《中国作家》1：3
求　野
212《文讯》8：1
求庇生
209《万象》3：10，3：11，3：12
求幸福斋主
19《小说世界》1：1，1：3，4：5，4：8，4：10，4：12，5：1，5：4，5：7，6：1，6：10，6：13，7：1，8：1，10：1，10：10，11：7，侦探号，13：14，13：15，14：2
步　洲
10《小说月报》14：7
步　揆
109《论语》86
卤
46《新月》3：8
邨　君
84《开展》5
坚
99《涛声》1：33
坚　卫
182《文艺新潮》2：3，2：5
坚　白
109《论语》163；
193《戏剧与文学》1：2；
262《平原文艺》1：3
坚　芳
19《小说世界》3：10，侦探号
坚　铭
28《猛进》9
坚　磨
85《文艺月刊》3：5—6，4：6，5：1
呐　鸥
29《莽原》半月刊 2：23—24；
54《无轨列车》1，2，3，4，5，7；
60《熔炉》1：1
听　雨
10《小说月报》14：5
听　鹂
226《风雨谈》4
听　涛
26《语丝》119
听雨生
19《小说世界》9：2
听梧桐雨生
108《文艺茶话》1：2
吟　丁
98《新时代》6：2

吟　秋

19《小说世界》1∶11，5∶3，6∶7

吻　月

25《语丝》96

吻　心

142《中学生文艺季刊》1∶1

吻　雪

209《万象》3∶1

吼

124《新诗歌》4

岐　隐

209《万象》3∶6

时

109《论语》150

时　中

6《解放与改造》2∶16

时　仪

19《小说世界》9∶1

时　任

143《杂文》1

时　甫

104《矛盾》1∶2，1∶3—4；

145《宇宙风》68，142，143

时　鸣

142《中学生文艺季刊》1∶4；

155《光明》3∶1

时　易

244《文艺复兴》3∶5

时　珖

144《创作》1∶1

时　复

186《宇宙风乙刊》创刊号

时　修

145《宇宙风》128

时　信

142《中学生文艺季刊》2∶2，2∶4，3∶2

时　觉

119《戏》1

时　荷

19《小说世界》6∶2

时　晓

177《文艺阵地》6∶1

时　黄

183《鲁迅风》16

时　繁

182《文艺新潮》1∶10

时宥人

145《宇宙风》129

时敏行

255《北方》1∶1

时间有恒

98《新时代》4∶1

旷　夫

136《水星》1∶6

旷　野

242《新群众》1∶6

别　士

25《语丝》108，116

别　宥

145《宇宙风》140

吴　山
10《小说月报》15：5；
19《小说世界》7：4，7：5，7：6，7：7，7：8，7：9，7：10，7：11，8：2，8：4，8：5，10：1，10：4，10：5，10：6，10：7，10：8，10：9，10：10，10：11，10：12，11：1，11：2，11：11，12：1
吴　广
221《文艺先锋》13：1，13：2
吴　天
131《东流》2：1，2：4；
143《杂文》2；
168《戏剧时代》1：2；
182《文艺新潮》1：10，1：12，2：2；
193《戏剧与文学》1：1；
201《戏剧春秋》1：6；
203《奔流文艺丛刊》4；
223《人世间》复刊7；
224《天下文章》2：2；
235《文艺春秋》2：1，4：3；
266《中国作家》纪念特刊
吴　王
264《诗创造》8
吴　风
171《烽火（呐喊）》16；
208《诗创作》16
吴　永
18《歌谣》2：6，2：18，2：37
吴　民
238《希望》1：3
吴　尧
275《文艺丛刊》创刊号
吴　光
109《论语》117
吴　同
109《论语》120
吴　亦
185《笔阵》新2：1；
237《文学新报》2：1
吴　冰
182《文艺新潮》2：3；
183《鲁迅风》15，19
吴　江
39《泰东》2：5
吴　那
38《幻洲》1：11
吴　远
109《论语》128
吴　苇
93《青年界》12：1
吴　芾
186《宇宙风乙刊》31，38，39，40
吴　芬
25《语丝》150
吴　坚
272《群众文艺》2，4
吴　角
182《文艺新潮》2：4

吴 汶
93《青年界》5：5；
106《现代》3：5，5：1，5：5；
126《诗歌月报》2：1
吴 灵
190《通俗文艺》34
吴 青
142《中学生文艺季刊》1：4
吴 若
141《文艺》4：4，4：5
吴 英
180《文艺》2：1
吴 明
147《夜莺》1：4；
199《野草》3：2
吴 岩
180《文艺》1：4，2：5；
193《戏剧与文学》1：2；
203《奔流文艺丛刊》1，3，6；
244《文艺复兴》1：4；
245《文章》1：2，1：3；
246《文坛月报》1：1；
263《文艺知识连丛》1：3
吴 佩
221《文艺先锋》10：3，10：4，11：3—4
吴 放
109《论语》124
吴 泽
159《诗歌杂志》2，3
吴 宓
14《学衡》1，2，3，4，6，7，8，9，11，12，13，14，15，16，19，22，23，28，29，30，32，37，38，39，41，42，43，46，48，49，53，54，55，56，58，59，62，63，64，66，70，71，72，73，74，78；
32《清华文艺》1：3；
127《人间世》15，42；
145《宇宙风》8，12；
196《战国策》《战国》副刊2
吴 视
235《文艺春秋》5：3；
237《文学新报》1：4；
264《诗创造》2，9
吴 玲
173《抗战戏剧》1：3
吴 蒹
209《万象》3：11
吴 茗
225《时与潮文艺》5：2
吴 思
25《语丝》146
吴 虹
270《小说》2：1，2：2，2：4，2：6
吴 峤
235《文艺春秋》5：4；
244《文艺复兴》2：5，3：5

吴 彦
249《白山》3
吴 语
274《平原》5，7
吴 费
199《野草》5：5；
211《文艺生活》海外版13
吴 娜
209《万象》3：10
吴 逊
264《诗创造》2：2
吴 桢
1《新青年》9：3
吴 健
44《文化批判》4；
172《七月》1：4
吴 涛
58《白华》1：3
吴 涓
209《万象》2：6
吴 恕
111《文化月报》创刊号，2
吴 彬
255《北方》1：5
吴 梅
1《新青年》3：5；
4《国民》1：2；
14《学衡》32，33；
145《宇宙风》2；
186《宇宙风乙刊》19；
212《文讯》2：1
吴 著
14《学衡》9
吴 雪
259《东北文化》1：5
吴 晗
51《开明》新1号；
117《文学》2：6；
122《文学季刊》1：1，1：2；
230《民族文学》1：3；
244《文艺复兴》研究号中
吴 象
262《平原文艺》1：1，1：3，1：5
吴 康
3《新潮》1：2，1：5，2：2，2：3，2：4，2：5，3：1；
31《甲寅》1：17，1：24
吴 琪
221《文艺先锋》13：2
吴 瑛
180《文艺》2：6
吴 琦
85《文艺月刊》8：4
吴 越
109《论语》127；
212《文讯》9：5；
221《文艺先锋》6：4—5；
223《人世间》复刊5；
264《诗创造》2，5，8，9，2：4
吴 雁
145《宇宙风》75

吴　舒
223《人世间》2：1
吴　强
275《文艺丛刊》7
吴　谦
209《万象》3：6
吴　瑟
234《微波》1：2
吴　勤
1《新青年》1：3
吴　蒙
117《文学》9：3；
158《中流》1：3
吴　楚
85《文艺月刊》战时特刊 4：5—6；
252《北方文化》2：4
吴　虞
1《新青年》2：5，2：6，3：1，3：2，3：3，3：4，3：5，6：6；
17《读书杂志》5
吴　愚
231《新文学》1：2
吴　榕
209《万象》2：1
吴　蔷
177《文艺阵地》1：8，1：11，3：11，3：12，4：1；
178《抗战文艺》2：1，2：6
吴　蓼
109《论语》143，154
吴　韶
85《文艺月刊》10：2
吴　瑾
180《文艺》2：5
吴　毅
262《平原文艺》1：3，1：6，2：4
吴　镝
199《野草》5：4
吴　默
159《诗歌杂志》2，3
吴　瞻
237《文学新报》2：1
吴　麓
223《人世间》复刊 1，复刊 13；
253《清明》3
吴一立
211《文艺生活》光复版 8
吴一庐
85《文艺月刊》战时特刊 2：11—12
吴一铿
259《东北文化》2：2
吴乃立
44《文化批判》4
吴力践
274《平原》2
吴士正
259《东北文化》2：2
吴士昌
43《未名》2：8
吴大任
155《光明》1：8

吴大琨

93《青年界》新 1：1；

134《太白》1：9

吴大焜

108《文艺茶话》2：5

吴山青

209《万象》4：7

吴广略

85《文艺月刊》6：3，7：2；

98《新时代》2：1，4：2，4：3，
5：1，5：3，6：1，6：2；

108《文艺茶话》2：10

吴广德

186《宇宙风乙刊》56

吴之月

201《戏剧春秋》1：6

吴之方

109《论语》166

吴之英

14《学衡》11

吴之信

159《诗歌杂志》1

吴之椿

26《现代评论》1：22；

167《文学杂志》2：1；

224《天下文章》2

吴小武

142《中学生文艺季刊》1：1，3：1；

252《北方文化》2：6

吴云心

109《论语》35

吴云田

252《北方文化》2：1

吴元韶

25《语丝》4：32

吴无痕

57《大江》1：1，1：3

吴天平

187《戏剧岗位》2：4—5—6

吴天保

170《新演剧》新 1：3

吴天籁

106《现代》4：2，4：3；

126《诗歌月报》1：5

吴友文

252《北方文化》2：5

吴少坡

19《小说世界》14：17

吴中钦

98《新时代》2：2—3，2：4—5，
5：4

吴仁祺

18《歌谣》37

吴月钉

51《开明》1：9，1：10，1：12，
2：3，2：9，2：10，2：18

吴文金

229《艺文杂志》2：2，2：7—8

吴文珊

46《新月》4：1；

63《金屋》1：9—10

吴文祺

10《小说月报》14：3；
11《文学周报》23，25，28；
93《青年界》8：2；
117《文学》2：6，5：1；
122《文学季刊》1：1

吴文藻

30《大江》1：2

吴心斋

109《论语》54

吴心影

38《幻洲》2：4

吴正民

93《青年界》新4：2

吴玉章

194《中国文化》创刊号，1：2，1：3，1：4

吴本琼

24《洪水》半月刊2：23—24

吴世昌

18《歌谣》2：4，2：10，3：2；
46《新月》3：8，3：9，4：3，4：4，4：6；
109《论语》44；
122《文学季刊》1：1；
212《文讯》7：4

吴世故

109《论语》177

吴石桥

19《小说世界》7：5

吴龙术

149《逸经》6

吴且冈

36《北新》3：12，4：7；
83《现代文学》1：5；
93《青年界》4：1

吴且岗

10《小说月报》21：7

吴田伧

19《小说世界》5：5，8：8

吴仕贤

239《诗文学》2

吴仪芬

209《万象》2：4

吴仞之

209《万象》2：9，3：4；
235《文艺春秋》丛刊4，丛刊5；
246《文坛月报》1：2

吴白露

98《新时代》2：1，3：1

吴立模

10《小说月报》14：8；
11《文学周报》95，99，110，295；
18《歌谣》51，53；
84《开展》10—11

吴永刚

93《青年界》8：2，8：3；
161《电影戏剧》1：2

吴召堂

51《开明》2：9

吴达元
193《戏剧与文学》1：3；
225《时与潮文艺》3：1，3：2，
5：5；
230《民族文学》1：1，1：2，1：3，
1：4，1：5
吴成钧
51《开明》1：4，1：8
吴光庆
18《歌谣》75
吴光复
93《青年界》8：4；
145《宇宙风》98，102，104，107，
108，111，112，113，115，116，
126，129，133，135—136，
141，146
吴光韶
14《学衡》69；
36《北新》2：10
吴同宾
109《论语》144，148，149，150，
160；
167《文学杂志》2：4
吴廷璆
46《新月》4：3
吴伟石
51《开明》2：22
吴似鸿
69《南国月刊》1：2，1：4，1：
5—6；
270《小说》2：2
吴华君
209《万象》4：6
吴延锐
106《现代》3：5
吴行余
31《甲寅》1：41
吴兆修
93《青年界》新5：1
吴兆钺
19《小说世界》13：22
吴冰心
145《宇宙风》103；
230《民族文学》1：3
吴江帆
191《文艺新闻》9—10
吴江冷
10《小说月报》12：12；
21《弥洒》6
吴汎声
109《论语》19
吴守中
10《小说月报》13：5
吴兴华
93《青年界》9：2；
160《新诗》2：1，2：2，2：3—4；
186《宇宙风乙刊》35，48，49
吴观成
138《文饭小品》1：1
吴观蠡
209《万象》2：9，2：10，2：11，
2：12

吴羽白
19《小说世界》7：2
吴纪民
41《民间文艺》9—10
吴寿彭
123《中国文学》1：5，1：6，2：1，2：2
吴克刚
158《中流》1：5
吴克修
74《新文艺》1：1
吴克勤
19《小说世界》14：10，14：17，15：1，15：7，15：9，15：14，16：4；
209《万象》1：6，2：1，2：12
吴志平
235《文艺春秋》丛刊1，丛刊2，丛刊3
吴志成
275《文艺丛刊》7
吴芳吉
14《学衡》3，4，21，26，28，31，34，40，41，42，43，44，45，46，48，49，50，51，52，53，54，57，59，62，63，66，67，70，74
吴束几
25《语丝》5：17
吴轩丞
19《小说世界》5：1
吴连吉
93《青年界》11：5
吴作人
73《南国周刊》1：3；
85《文艺月刊》8：5，8：6，9：1，战时特刊第11年8月号；
201《戏剧春秋》1：3；
245《文章》1：3；
253《清明》2
吴伯箫
26《现代评论》5：135；
80《骆驼草》18；
127《人间世》10；
136《水星》1：1，1：5；
172《七月》4：4；
177《文艺阵地》7：2，文阵新辑之二：哈罗尔德的旅行及其他；
178《抗战文艺》3：2，3：5—6，3：7，4：2，6：2，7：1，8：3，10：1；
181《文艺突击》新1：1，新1：2；
184《文艺战线》1：4；
197《大众文艺》1：2，1：6；
202《文艺月报》9，13；
208《诗创作》8；
209《万象》3：5，3：7，3：9，4：6；
211《文艺生活》海外版18—19；
214《谷雨》创刊号，1：4；
222《青年文艺》4；
226《风雨谈》9，16；

235《文艺春秋》2：4；
252《北方文化》1：1，1：2，1：4，2：1；
259《东北文化》1：6；
273《文艺月报》创刊号，2

吴伴云

36《北新》3：20—21；
85《文艺月刊》5：4，6：1，7：4，9：3；
89《当代文艺》1：6；
139《新小说》2：1

吴希马

109《论语》129

吴怀瑾

209《万象》2：1

吴沅璞

177《文艺阵地》4：8

吴宏黎

93《青年界》7：4

吴灵万

145《宇宙风》127，131，138，140，147—148；
186《宇宙风乙刊》48，49

吴灵园

19《小说世界》14：3，14：14，14：16，14：18，14：19，14：20

吴君冷

98《新时代》6：2

吴阿长

190《通俗文艺》44

吴纳百

93《青年界》7：1，7：4

吴坤（堃）仁

99《涛声》2：12

吴玙飞

155《光明》1：9

吴青云

274《平原》11

吴青芜

134《太白》1：9

吴直九

109《论语》123，125，134

吴其昌

14《学衡》22；
31《甲寅》1：42；
141《文艺》3：1

吴其敏

39《泰东》1：5，1：6

吴郁文

18《歌谣》54

吴奔星

106《现代》5：3，5：4；
160《新诗》1：2，1：6；
208《诗创作》10；
221《文艺先锋》4：3

吴卧冰

117《文学》7：6

吴卓运

19《小说世界》15：11

吴凯文

36《北新》1：18

吴易生
226《风雨谈》3，12
吴和起
190《通俗文艺》32，36
吴征铸
212《文讯》3：5
吴沼越
186《宇宙风乙刊》22
吴泽霖
212《文讯》5：1
吴宗慈
149《逸经》29，34，36
吴学义
229《艺文杂志》3：4—5
吴组缃
93《青年界》8：2；
116《文艺月报》1：1；
117《文学》1：5，2：4，3：1，3：6，5：1，5：4；
122《文学季刊》1：1，1：2，1：3；
134《太白》1：4，1：8，2：4；
39《新小说》1：3；
158《中流》1：5；
172《七月》2：5，3：1；
174《抗到底》7；
178《抗战文艺》6：4，7：1，7：2—3，8：1—2；
180《文艺》1：2；
212《文讯》9：3；
223《人世间》复刊2；
225《时与潮文艺》4：3；
240《文哨》1：1，1：3；
266《中国作家》纪念特刊
吴绍彦
180《文艺》2：4，2：5
吴经熊
127《人间世》16，32；
145《宇宙风》131；
186《宇宙风乙刊》20，22，23，24，25，26，27，28，29，30，31，32，33，35，36，37，38，40
吴孟侠
51《开明》1：8
吴贯中
55《大众文艺》2：2
吴贯忠
55《大众文艺》2：1
吴承仕
31《甲寅》1：3
吴承达
88《读书月刊》2：1
吴春迟
117《文学》1：6
吴契宁
31《甲寅》1：4
吴荆屋
195《黄河》4：4
吴荔村（邨）
19《小说世界》9：6
吴研因
93《青年界》8：2；
117《文学》5：1

吴品今
6《解放与改造》3：11，3：12，4：1
吴显仁
19《小说世界》13：25
吴星汉
93《青年界》11：4
吴星如
63《金屋》1：1
吴秋山
93《青年界》新 3：4，新 4：3，新 4：5；
127《人间世》8，13
吴秋枫
55《大众文艺》2：4
吴秋虹
155《光明》3：2
吴复原
85《文艺月刊》9：4
吴宝纯
93《青年界》新 3：3，新 3：5
吴俊升
5《少年中国》4：10；
13《诗》1：5
吴俊林
99《涛声》1：34
吴剑雄
109《论语》43
吴炳文
8《新社会》7
吴炳庆
93《青年界》8：4；
142《中学生文艺季刊》2：1
吴洛芷
98《新时代》2：6，3：2，3：5—6，5：1，7：1
吴祖光
109《论语》118，120；
178《抗战文艺》4：5—6；
199《野草》5：2；
209《万象》3：7；
223《人世间》复刊 2，复刊 3；
225《时与潮文艺》5：3；
232《戏剧时代》1：4—5；
244《文艺复兴》1：2，1：6；
245《文章》1：4；
253《清明》2，3，4
吴祖沅
31《甲寅》1：25
吴祖庚
275《文艺丛刊》3
吴祖强
253《清明》创刊号，4
吴统续
6《解放与改造》3：9，4：1
吴珠英
209《万象》2：4
吴荻舟
227《艺丛》1：2
吴恭亨
14《学衡》10；

31《甲寅》1：9，1：19

吴起贤

209《万象》2：3

吴夏伯

149《逸经》12，23

吴振芝

85《文艺月刊》8：5

吴振珠

26《现代评论》5：115

吴振铎

18《歌谣》8

吴致平

190《通俗文艺》37

吴致觉

10《小说月报》14：2

吴晓邦

201《戏剧春秋》创刊号，1：2

吴晓铃

18《歌谣》2：40，3：7，3：9；
244《文艺复兴》研究号中

吴恩溥

19《小说世界》8：3

吴铁声

40《真美善》1：8；
51《开明》1：6；
145《宇宙风》135，136，137，138，139；
186《宇宙风乙刊》14，15，19，26，27，30，31，32

吴铁城

98《新时代》3：3

吴铎文

142《中学生文艺季刊》2：1，2：4

吴奚如

120《文艺》1：2；
176《自由中国》1：2；
180《文艺》1：4

吴奚真

224《天下文章》4；
225《时与潮文艺》1：1

吴家明

106《现代》4：4

吴家驹

109《论语》11

吴家盛

19《小说世界》16：18，16：21；
106《现代》6：3；
128《小说》2

吴家镇

14《学衡》16

吴浦飒

149《逸经》27

吴海影

275《文艺丛刊》创刊号

吴祥凤

1《新青年》4：3

吴朗西

122《文学季刊》1：2；
128《小说》16

吴继熊

6《解放与改造》4：6

吴弱男

1《新青年》4：6，5：3；

5《少年中国》1：4，1：8

吴彬卿

51《开明》1：5

吴乾就

212《文讯》6：3，6：5，6：6

吴雪心

117《文学》8：1

吴辅仁

38《幻洲》1：12

吴晨笳

264《诗创造》2：4

吴曼公

149《逸经》21

吴逸农

98《新时代》2：1

吴堃仁

见上“吴坤（堃）仁”

吴清友

93《青年界》8：2；

117《文学》5：1

吴清晓

98《新时代》2：1

吴鸿举

25《语丝》98

吴涵真

145《宇宙风》85，102，106，122，131，133，137

吴寄钧

93《青年界》新6：4

吴绮园

209《万象》2：3

吴绮缘

19《小说世界》7：9

吴琼珍

142《中学生文艺季刊》2：1

吴琼荪

93《青年界》新5：2

吴敬文

63《金屋》1：1

吴敬轩

25《语丝》44

吴敬恒

1《新青年》3：3，4：2，4：3，4：5，5：2，5：5，9：3；

4《国民》1：1；

31《甲寅》1：1

吴葆光

1《新青年》3：5

吴惠风

85《文艺月刊》6：1；

106《现代》2：6，3：2；

123《中国文学》1：1，1：2，1：5，2：2；

126《诗歌月报》1：2

吴雅川

19《小说世界》9：1

吴紫金

93《青年界》11：5；

109《论语》58；

145《宇宙风》149

吴景岩
98《新时代》2：1
吴景荣
225《时与潮文艺》1：2，2：1，2：2，3：1
吴景崧
93《青年界》12：1，新1：1；
235《文艺春秋》3：1
吴景琛
19《小说世界》4：8
吴景超
3《新潮》1：5；
46《新月》1：10，3：3
吴鼎第
98《新时代》5：5，6：1
吴智湘
142《中学生文艺季刊》1：2，1：4
吴鲁芹
221《文艺先锋》7：5，8：1，8：4，9：1，12：6
吴湖帆
149《逸经》32
吴游龙
142《中学生文艺季刊》2：1
吴曾兰
1《新青年》3：4
吴寒花
141《文艺》4：1
吴道骥
137《当代诗刊》1：2，1：3—4
吴瑞年
93《青年界》新1：1
吴瑞麟
230《民族文学》1：4
吴楣新
221《文艺先锋》2：2
吴蓬尊
25《语丝》118
吴蒲若
108《文艺茶话》2：7
吴频迦
109《论语》161，162，163
吴稚平
118《文艺春秋》1：9—10
吴稚晖
1《新青年》2：2，2：3，9：2；
26《现代评论》1：14，2：27，2：30，2：31，2：33，第一周年增刊，3：62，3：64；
109《论语》6；
117《文学》3：3；
127《人间世》10；
145《宇宙风》140
吴愈岚
93《青年界》8：2；
117《文学》5：1
吴韵清
19《小说世界》3：13，4：4，4：6，4：12，9：8，9：10，10：1，10：11

吴辟疆
109《论语》84
吴殿贵
273《文艺月报》2
吴慕风
141《文艺》5：4
吴慕沂
159《诗歌杂志》2，3
吴熙祖
224《天下文章》2，3，4，5，1：6，2：2，2：4，2：5—6
吴漱予
85《文艺月刊》10：1；战时特刊：创刊号，2，3，1：4，1：5，1：6，1：8，1：9，1：11，2：4，2：5；
109《论语》119
吴漱奂
85《文艺月报》战时特刊1：8
吴缦云
89《当代文艺》2：5
吴增涛
18《歌谣》3：5
吴黎平
75《萌芽》1：5
吴潜英
142《中学生文艺季刊》1：1
吴霖生
18《歌谣》28，62
吴默健
175《战地》1：1，1：2，1：3，1：4
吴衡之
19《小说世界》18：2，18：3
吴曙天
40《真美善》女作家专号
吴燮臣
19《小说世界》2：13
吴瞿安
4《国民》1：1；
10《小说月报》17：号外下
吴馥欣
145《宇宙风》85
吴藻溪
18《歌谣》2：20
吴耀南
44《文化批判》5
吴魏沁兰
19《小说世界》4：5，4：12
呆
19《小说世界》5：1，5：2，5：3，5：5，5：7，5：9，5：10，5：11，6：3，6：8
呆　丁
85《文艺月刊》战时特刊1：12
呆　人
36《北新》1：26
呆　鸟
109《论语》99
呆　氓
109《论语》92

岗　雷
221《文艺先锋》5：5
岑　砧
211《文艺生活》海外版10—11
岑　梅
36《北新》3：16，4：21—22
岑　穆
199《野草》新5号
岑时甫
145《宇宙风》132，133
岑家梧
212《文讯》2：3，3：4，3：5，4：1，4：4—5，5：1
岑鄂之
264《诗创造》10
岑麒祥
10《小说月报》16：8；
26《现代评论》8：198
岑麟琪
11《文学周报》120
岚　力
93《青年界》新2：3
岚　生
99《涛声》1：11
园　丁
51《开明》2：4，2：13，2：14
园桥生
109《论语》35
里　人
121《文化列车》5
里　戈
195《黄河》2：8
里　火
172《七月》2：4
里　予
43《未名》1：3，1：4，1：5；
142《中学生文艺季刊》1：3
里　正
116《文艺月报》1：1，1：2，1：3
里　玉
149《逸经》22
里　尼
121《文化列车》4
里　陈
159《诗歌杂志》2，3
它　河
92《文艺新闻》50
钊　民
88《读书月刊》3：1—2
利　民
10《小说月报》13：6
利　贞
142《中学生文艺季刊》2：1
利　冰
109《论语》75
每　戡
36《北新》2：14；
70《引擎》1；
121《文化列车》10
告　水
142《中学生文艺季刊》3：1

秀

2《每周评论》23；
176《自由中国》1：2

秀　山

109《论语》44

秀　夫

221《文艺先锋》11：3—4

秀　水

25《语丝》4：1；
109《论语》140

秀　丽

19《小说世界》2：11

秀　芙

221《文艺先锋》1：3，1：4

秀　芳

93《青年界》10：2

秀　沅

143《杂文》3，4，5—6；
192《文学月报》1：5

秀　岩

122《文学季刊》1：2

秀　侠

120《文艺》1：1，1：2，1：3；
125《春光》1：1

秀　珊

99《涛声》1：11

秀　峰

19《小说世界》2：8，3：7

秀　圃

251《文艺杂志》2：2，4：1

秀　梅

98《新时代》7：1

我

131《东流》1：3—4，1：5

我　农

16《努力周报》10

我　坚

79《巴尔底山》1：5

我　我

93《青年界》9：1

我　闻

109《论语》118

我　痴

32《清华文艺》1：3，1：4

体　澄

141《文艺》3：5

何　干

109《论语》13，18；
134《太白》1：12；
146《海燕》1：1，1：2

何　亏

131《东流》1：5，1：6，3：1

何　之

109《论语》24；
221《文艺先锋》12：3—4，12：5

何　飞

270《小说》4：4，5：6

何　尤

18《歌谣》周年纪念增刊

何　中

212《文讯》7：4

何　仑
36《北新》2：23
何　勿
131《东流》2：1，3：1，3：2；
159《诗歌杂志》1
何　风
241《文艺大众》3，5
何　夕
109《论语》124
何　方
151《文学丛报》3；
159《诗歌杂志》2，3
何　为
182《文艺新潮》1：8，1：9，1：10，2：7，2：8；
191《文艺新闻》2；
203《奔流文艺丛刊》1
何　心
94《现代文学评论》2：1—2；
98《新时代》4：1，6：1；
103《絜茜》创刊号；
226《风雨谈》13
何　以
185《笔阵》新1：1，新1：2，新1：4
何　平
10《小说月报》22：11；
221《文艺先锋》13：2
何　可
145《宇宙风》72
何　乐
127《人间世》13
何　加
141《文艺》4：2
何　地
268《蚂蚁小集》2
何　达
117《文学》1：5
何　年
142《中学生文艺季刊》2：4
何　华
164《希望》1：2
何　名
109《论语》71，73；
221《文艺先锋》11：2，13：3
何　如
25《语丝》5：26；
40《真美善》4：4；
51《开明》1：2，2：4，2：14；
109《论语》25
何　阳
198《现代文艺》5：4，5：6，6：2，6：3
何　志
25《语丝》4：21
何　芜
180《文艺》1：3
何　辰
40《真美善》3：3
何　连
170《新演剧》新1：2，新1：3

何　求
145《宇宙风》80
何　时
109《论语》81
何　希
145《宇宙风》124
何　言
140《芒种》5
何　忧
109《论语》59
何　况
85《文艺月刊》5：3，9：1
何　迟
252《北方文化》1：2
何　苦
270《小说》6：5—6；
276《华北文艺》6
何　若
145 附《宇宙风·逸经·西风非常时期联合旬刊》1；
185《笔阵》新 1；
226《风雨谈》12，13，15，16，20
何　英
117《文学》5：1
何　非
107《文学月报》1：5—6
何　尚
109《论语》80
何　明
101《十字街头》2，3，4
何　典
100《北斗》1：2；
158《中流》1：3，1：4，1：7；
210《笔谈》1
何　凯
209《万象》2：2，2：8，2：11，4：6，4：7
何　牧
270《小说》6：2
何　欣
225《时与潮文艺》4：6，5：2
何　征
267《大众文艺丛刊》5
何　奏
117《文学》8：5
何　树
109《论语》49
何　封
133《译文》新 1：5；
146《海燕》1：1，1：2；
151《文学丛报》6；
172《七月》2：4
何　茵
173《抗战戏剧》1：4
何　畏
15《创造》1：1，1：3，1：4；
22《创造周报》11，12；
24《洪水》半月刊：1：6，2：16，3：30；
34《创造月刊》1：3；
184《文艺战线》1：2

何　适
93《青年界》9：5；
145《宇宙风》63
何　恬
40《真美善》3：4
何　洛
205《五十年代》创刊号
何　济
36《北新》1：2
何　珮
98《新时代》1：2
何　莱
266《中国作家》1：3
何　莎
145《宇宙风》107，108，116，122
何　逢
145《宇宙风》75；
225《时与潮文艺》3：1，3：5
何　凌
195《黄河》复刊4
何　流
221《文艺先锋》13：4
何　家
199《野草》4：4—5
何　容
85《文艺月刊》战时特刊：2：3，2：8，3：7，3：10—11，4：2，4：3—4，第11年7月号；
109《论语》13，14，25，26，29，32，35，38，40，49，57，62，70，105，106，127；
127《人间世》3，11；
145《宇宙风》1，2，8，9，14，19，20，24，26，32，36，100，119—120，121，126，127，129，133，134，139；
174《抗到底》1，4，5，6，7，8，9，10，11，12，13—14，15，16，17，18，19，20，23，24，25，26，号外；
178《抗战文艺》1：4，2：11—12，6：2，7：6，8：3，9：3—4；
186《宇宙风乙刊》3；
218《文坛》4，6；
221《文艺先锋》2：2；
225《时与潮文艺》2：3
何　桑
202《文艺月报》14
何　菲
116《文艺月报》1：1，1：2；
131《东流》1：5
何　基
212《文讯》3：2，4：6—7
何　野
260《呼吸》2
何　康
25《语丝》6
何　惧
32《前锋周报》25；
51《开明》1：12
何　堪
109《论语》89

何　植

145《宇宙风》99

何　雯

14《学衡》26，27

何　鲁

198《现代文艺》3：4

何　谦

117《文学》2：6

何　路

202《文艺月报》12

何　键

109《论语》5

何　鹏

109《论语》88；

127《人间世》38；

142《中学生文艺季刊》2：4；

145《宇宙风》11，41，43；

149《逸经》31；

177《文艺阵地》5：1；

178《抗战文艺》4：5—6；

179《戏剧新闻》3；

182《文艺新潮》2：2；

186《宇宙风乙刊》20，21；

192《文学月报》1：4

何　煌

199《野草》5：3

何　满

209《万象》1：7

何　骞

198《现代文艺》5·5

何　瑭

18《歌谣》10

何　嘉

98《新时代》1：6，3：5—6，6：2；

121《文化列车》11；

208《诗创作》2；

220《文学创作》1：2；

231《新文学》1：2

何　毅

142《中学生文艺季刊》3：2

何　燕

10《小说月报》18：7

何　霖

211《文艺生活》光复版 6

何　冀

221《文艺先锋》3：6

何　凝

151《文学丛报》6；

152《作家》1：1；

156《现实文学》2

何　稗

51《开明》1：8

何　籁

117《文学》4：1

何一公

32《清华文艺》1：4

何一鸿

159《诗歌杂志》3

何干之

176《自由中国》创刊号；

194《中国文化》1：4；

205《五十年代》创刊号，1：2，1：3，2：1；
250《鲁迅文艺》1：2；
252《北方文化》1：1，1：2，1：4，1：5，1：6，2：1，2：6；
257《长城》1：2

何士德

259《东北文化》1：4

何大白

34《创造月刊》2：1；
49《畸形》2；
55《大众文艺》2：3；
100《北斗》2：3—4

何及人

261《东北文艺》2：5，2：6

何之昭

223《人世间》复刊 8—9

何小旭

11《文学周报》259，260

何小皎

144《创作》1：3

何子芳

89《当代文艺》2：3

何子恒

71《戏剧》2：2

何子聪

46《新月》3：9；
108《文艺茶话》2：3，2：4

何天爵

1《新青年》3：1

何友恪

225《时与潮文艺》2：6

何太痴

19《小说世界》2：9，2：10

何少川

100《北斗》2：1

何见鹤

180《文艺》1：6，2：3

何日刚

221《文艺先锋》9：1

何日章

51《开明》2：4

何今亮

7《曙光》1：4

何公超

36《北新》3：22，4：1—2，4：3，4：4，4：5，4：6；
39《泰东》2：4，2：5，2：6，2：7；
59《春潮》1：7，1：9；
85《文艺月刊》3：2；
93《青年界》3：2

何丹仁

100《北斗》1：3；
107《文学月报》1：5—6

何凤元

98《新时代》2：1

何文介

145《宇宙风》100，119—120，123；
186《宇宙风乙刊》18，30，31，39，44，45，46，47，48，49，50，52—53，55，56

何文焯
142《中学生文艺季刊》2：2，2：4
何方渊
226《风雨谈》5，7
何心冷
19《小说世界》4：1，4：9，8：13；
23《文艺周刊》14
何以庄
18《歌谣》36
何古莱
178《抗战文艺》10：2—3
何本秀
145《宇宙风》64
何世明
128《小说》6
何世侠
1《新青年》2：1
何世玲
25《语丝》140；
14《学衡》28
何汉章
211《文艺生活》海外版8
何礼传
145《宇宙风》127；
220《文学创作》2：1
何永佶
196《战国策》1，2，3，4，5，6，8，10，11，12，13，14
何圭人
117《文学》7：5；
140《芒种》6；
155《光明》2：8；
169《中国文艺》1：1
何有新
155《光明》1：9，2：9
何同和
51《开明》1：4
何先槎
1《新青年》3：2
何仲英
109《论语》102
何仲逸
209《万象》2：10
何如见
41《民间文艺》4
何安东
241《文艺大众》新2
何杞若
236《高原》2
何克万
264《诗创造》10
何志清
190《通俗文艺》36
何芳洲
109《论语》46，49，50，51，55，58，60，65，91，103，105，130，131，132，135，136，137，138，141，144，147，149，152，153，155，166，167，173，177；
127《人间世》11，29，31；
134《太白》1：7；

145《宇宙风》35

何孝怡

36《北新》3：18，3：19，4：7

何振通

51《开明》2：24

何作蕃

145《宇宙风》46

何谷天

113《新诗歌》1：1；
117《文学》1：3，1：4；
120《文艺》1：1，1：2；
122《文学季刊》1：2，1：3；
134《太白》1：6

何宏图

11《文学周报》61，75

何劭忞

14《学衡》64

何若愚

109《论语》123，124，125，126

何其人

265《胶东文艺》1：5

何其芳

85《文艺月刊》3：7，3：9，3：12，4：1，4：2，4：5；
98《新时代》4：1，4：2，4：3，4：4—5，4：6，5：1；
106《现代》1：6；
122《文学季刊》1：3，2：1，2：2，2：4；
136《水星》1：1，1：2，1：3，1：4，1：5，2：1，2：2，2：3；
153《文季月刊》1：1，1：2，1：3，2：1；
158《中流》1：4；
160《新诗》1：1，1：4；
165《文丛》1：1，1：4；
167《文学杂志》1：2，1：4；
177《文艺阵地》2：3，4：7；
181《文艺突击》1：3，1：4；
184《文艺战线》创刊号，1：2，1：5，1：6；
192《文学月报》2：1—2；
194《中国文化》创刊号，1：5；
197《大众文艺》1：4；
198《现代文艺》2：1；
202《文艺月报》1，4；
204《中国文艺》1：1；
208《诗创作》8；
211《文艺生活》1：6，光复版7；
213《草叶》1，4，6；
214《谷雨》创刊号，1：5；
222《青年文艺》新1：3；
224《天下文章》3；
239《诗文学》1，2；
241《文艺大众》7；
243《文联》1：3；
248《中原·文艺杂志·希望·文哨联合特刊》1：1，1：3，1：4；
256《萌芽》1：2

何其苦

127《人间世》42

何其若
127《人间世》33
何其宽
19《小说世界》4：6，5：2，7：2，8：11，民众文学 4，民众文学 6，民众文学 7，民众文学 8
何味辛
11《文学周报》124，125，126，127，128，129
何易华
208《诗创作》6
何易明
85《文艺月刊》8：5
何迪琮
14《学衡》10
何国梁
142《中学生文艺季刊》2：3
何采菽
36《北新》1：28
何治伟
145《宇宙风》147—148
何治安
85《文艺月刊》战时特刊第 11 年 7 月号；
221《文艺先锋》11：1，11：6
何定生
11《文学周报》270
何定龠
19《小说世界》9：3
何学正
211《文艺生活》光复版 18
何学初
19《小说世界》2：12
何诗孙
10《小说月报》11：7
何绍轩
14《学衡》29
何拯民
108《文艺茶话》1：9，2：2
何品珪
36《北新》1：51—52
何思枢
16《努力周报》4
何思敬
120《文艺》1：3；
194《中国文化》创刊号
何思源
3《新潮》1：4，2：1，2：4，2：5，3：1，3：2
何香凝
145《宇宙风》44，47，51
何剑熏
117《文学》7：4；
152《作家》1：4；
155《光明》2：5；
172《七月》5：3；
178《抗战文艺》9：5—6；
220《文学创作》2：3；
248《平原·文艺杂志·希望·文哨联合特刊》1：4
何炳松
10《小说月报》16：7，20：1；

88《读书月刊》2：2

何济翔

195《黄河》2：1

何浑介

145《宇宙风》24；

186《宇宙风乙刊》12

何勇仁

149《逸经》4

何辱谦

203《奔流文艺丛刊》1

何晓英

93《青年界》9：2

何晔成

264《诗创造》11

何爱华

174《抗到底》号外

何衷孝

109《论语》54

何涅江

180《文艺》1：2

何浩若

30《大江》1：1，1：2

何海安

221《文艺先锋》10：4

何海鸣

19《小说世界》1：9，1：12，2：1，2：10，2：12，2：13，3：1，4：5，4：8，4：10，4：12，5：1，5：4，5：7，6：1，6：10，6：13，7：1，13：1，13：8，13：9，13：14，13：15，13：22，14：1，14：2，14：5

何家干

109《论语》11，13，17

何家宁

256《萌芽》1：2，1：3，1：4

何家述

85《文艺月刊》战时特刊2：11—12

何家泌

212《文讯》2：5，3：4

何家柱

142《中学生文艺季刊》1：1

何家炳

127《人间世》24

何家槐

10《小说月报》21：10，22：9；

44《文化批判》4；

46《新月》2：10，2：12，3：7，3：9，3：11，4：1，4：2；

63《金屋》1：12；

85《文艺月刊》2：1，2：5—6，2：9，2：11—12，3：4，3：10，4：2，战时特刊：5：1；

93《青年界》1：4，2：4，3：5，5：1，7：1，7：5，8：2，9：2，12：1，新2：1，新3：1，新3：3，新4：4，新4：5，新6：1，新6：2，新6：3；

94《现代文学评论》2：1—2；

98《新时代》3：5—6，4：1，5：3；

106《现代》2：4，4：3，4：5；

117《文学》1：2，2：1，2：2，5：

1，8：2，8：6；
120《文艺》1：1；
121《文化列车》10；
125《春光》1：1；
134《太白》2：5；
135《光明》1：2；
136《水星》1：1；
139《新小说》1：1；
144《创作》1：3；
154《文学界》1：1；
155《光明》1：1，1：2，1：3，1：5，2：3，3：1，战时号外4；
164《希望》1：1；
175《战地》1：6；
178《抗战文艺》1：6；
183《鲁迅风》5，14；
199《野草》1：3，2：4，2：5—6，3：2，4：6，5：1，5：3，5：4；
207《时代文学》1：3；
208《诗创作》5；
211《文艺生活》1：1，1：2，1：3，1：5，1：6，2：1，2：3，2：6，3：4，光复版1，光复版2，光复版4，光复版5；
212《文讯》8：2，8：3，9：5；
220《文学创作》1：4，2：4；
222《青年文艺》3；
223《人世间》1：4；
227《艺丛》1：1；
233《当代文艺》1：2；
235《文艺春秋》4：4，4：5，5：3，5：4，5：6，7：2，7：5；
238《希望》2：4；
244《文艺复兴》3：4；
263《文艺知识连丛》1：1，1：2；
266《中国作家》纪念特刊

何家德

195《黄河》11

何培心

6《解放与改造》2：6

何菊文

38《幻洲》1：10

何章陸

106《现代》3：5
109《论语》15，20，43

何鸿泉

40《真美善》4：6

何植三

10《小说月报》16：6；
13《诗》1：5，2：1，2：2；
16《努力周报》23；
18《歌谣》27，29，36，57，79，80，2：17，周年纪念增刊；
26《现代评论》2：42；
27《支那二月》1：3；
93《青年界》5：1，6：1，8：1，9：1，12：1

何葭水

209《万象》4：4

何揆一

104《矛盾》2：3，2：4

何晴波

98《新时代》3：4，4：4—5，5：4；
160《新诗》1：5

何鲁之

5《少年中国》2：4，2：6，2：12，4：8

何善恒

19《小说世界》3：2

何谦生

1《新青年》9：4

何瑞珊

142《中学生文艺季刊》3：2

何瑞瑶

145《宇宙风》94—95，96，109，110，113，114，117—118，131，134，135—136，137，143，144—145，150
186《宇宙风乙刊》49，50，51，52—53，54，55，56

何瑞耀

51《开明》1：1

何简斋

10《小说月报》11：7，11：8

何源来

1《新青年》3：4

何毓昌

19《小说世界》2：13

何漂灵

98《新时代》2：1

何慧心

10《小说月报》13：12

何慧青

149《逸经》12，13，14，15，16，21，24，31，32，33，34，35，36

何德兰

18《歌谣》62

何德明

85《文艺月刊》4：6，5：2，5：4，5：5，5：6，6：1，6：3，7：1，7：3，7：4，7：6，8：6；
89《当代文艺》2：4；
93《青年界》2：4，4：1，4：3，4：5，5：1，5：2，7：2，8：5，10：1，11：1，12：1；
94《现代文学评论》2：3，3：1；
98《新时代》2：1，2：2—3，4：1，4：3，4：6，5：1，5：4，5：5，5：6，6：1，7：1；
104《矛盾》1：3—4，2：2，2：4；
117《文学》1：1；
108《文艺茶话》2：2，2：6；
110《小说月刊》1：2，1：3；
123《中国文学》1：1，1：3—4；
126《诗歌月报》1：1，1：2，2：1，2：2；
141《文艺》2：4，2：5—6，3：1，3：3，3：6

何穆尔

226《风雨谈》8

何霭人

10《小说月报》13：1；

25《语丝》138

何竞业

11《文学周报》303

佐 平

275《文艺丛刊》4

佐 行

209《万象》3：1

佐 思

203《奔流文艺丛刊》5；

215《奔流新集》1，2

佐 临

209《万象》3：4

佐木华

45《现代小说》3：1，3：2，3：4

佑 身

145《宇宙风》10

佑 其

85《文艺月刊》10：3

佑 嘉

38《幻洲》2：4

攸 然

145《宇宙风》122，124

但 萍

209《万象》2：9

但 蒙

109《论语》145

但公说

238《希望》1：1，1：2，1：4

但潮痕

36《北新》3：8；

4《真美善》6：6

佚 名

2《每周评论》19，33；

5《少年中国》3：5；

11《文学周报》35，121；

24《洪水》半月刊：2：16；

36《北新》1：16；

88《读书月刊》2：2，2：3；

93《青年界》6：5；

106《现代》4：4；

113《新诗歌》2：1；

131《东流》3：1；

171《烽火（呐喊）》6；

177《文艺阵地》1：1，1：2；

178《抗战文艺》1：8；

182《文艺新潮》1：9；

211《文艺生活》光复版18；

227《艺众》1：2；

235《文艺春秋》丛刊5；

242《新群众》2：3；

245《文章》1：4；

251《文艺杂志》1：4；

267《大众文艺丛刊》1，3；

273《文艺月报》创刊号

作 人

25《语丝》5，11，12，16，17，22，34；

36《沉钟》23；

108《文艺茶话》2：2

作 业

209《万象》2：11

作　舟
109《论语》166
作　宜
206《华北文艺》创刊号
伯
109《论语》90
伯　一
38《幻洲》2∶8
伯　厂
19《小说世界》6∶11
伯　上
109《论语》78，80，82，87，93，94，96，103；
145《宇宙风》25，43；
226《风雨谈》6，7
伯　川
58《白华》1∶1，1∶2，1∶3；
62《海风周报》4；
67《新流月报》1
伯　卫
10《小说月报》11∶10
伯　子
79《新文艺》1∶1；
211《文艺生活》光复版 14；海外版 10—11
伯　韦
206《华北文艺》1∶2
伯　文
263《文艺知识连丛》1∶4
伯　平
79《巴尔底山》1∶2—3；
265《胶东文艺》1∶6—7
伯　石
142《中学生文艺季刊》2∶4；
145《宇宙风》151；
221《文艺先锋》1∶6，2∶1，6∶6，7∶5，12∶1，13∶3
伯　代
149《逸经》33
伯　乐
109《论语》126
伯　玄
19《小说世界》4∶1
伯　宁
19《小说世界》15∶23
伯　达
103《絜茜》创刊号；
194《中国文化》2∶1，2∶6
伯　因
92《文艺新闻》15
伯　年
57《大江》1∶1
伯　羽
226《风雨谈》2，3
伯　劳
32《清华文艺》1∶2
伯　严
10《小说月报》11∶10
伯　轩
28《猛进》5
伯　吹
186《宇宙风乙刊》9

伯　雨

109《论语》39

伯　奋

235《文艺春秋》副刊 1：1，副刊 1：2

伯　奇

5《少年中国》1：11；

15《创造》1：3；

92《文艺新闻》17

伯　欧

143《杂文》3

伯　明

109《论语》90，92，93，94

伯　侠

254《热潮》1：3

伯　鸥

93《青年界》9：1

伯　思

209《万象》3：11

伯　秋

16《努力周报》4

伯　香

6《解放与改造》2：11

伯　钧

73《南国周刊》16

伯　修

67《新流月报》2；

207《时代文学》1：3

伯　烈

259《东北文化》1：4

伯　晖

159《诗歌杂志》1

伯　祥

10《小说月报》14：6

伯　琳

36《北新》3：20—21

伯　符

45《现代小说》3：2，3：5—6

伯　超

217《文艺杂志》2：5；

222《青年文艺》3

伯　隽（儁）

6《解放与改造》4：10

伯　淳

25《语丝》129

伯　琴

25《语丝》5：43

伯　韩

93《青年界》8：2；

117《文学》3：5，5：1；

134《太白》1：8，2：1，2：5，2：7，2：11；

199《野草》1：2，1：6，新 7 集

伯　源

93《青年界》新 5：1，新 5：3

伯　箫

194《中国文化》2：4，2：5

伯　颜

10《小说月报》12：6

伯　嬴

37《一般》4：4

伶　人

93《青年界》9∶2

佣

25《语丝》4∶43，4∶47

低　高

93《青年界》9∶5

低眉人

209《万象》1∶4

低　能

92《文艺新闻》25

低能儿寄南

28《猛进》50

佟　王

109《论语》9

佟　五

109《论语》23

佟　倩

85《文艺月刊》8∶4，11∶1

佟天真

142《中学生文艺季刊》1∶4

佟少棠

19《小说世界》9∶3

佟晶心

18《歌谣》2∶20，2∶37，2∶40，
3∶3，3∶6，3∶8；

168《戏剧时代》1∶1

你　超

149《逸经》30

住

2《每周评论》17

位　忒

117《文学》7∶2；

172《七月》1∶6

伴　君

10《小说月报》15∶1

伴　耕

10《小说月报》11∶3

伴　雪

209《万象》3∶2

佗　陵

174《抗到底》16，17，18，19，
21—22

佛

109《论语》37，40；

187《戏剧岗位》2∶1

佛　西

68《戏剧与文艺》1∶12

佛　初

251《文艺杂志》1∶4

佛　威

229《艺文杂志》3∶1—2

佛　海

1《新青年》9∶5；

6《解放与改造》2∶7，2∶10

佛　郎

92《文艺新闻》24

佛　朗

134《太白》1∶1，1∶4，2∶5

佛　量

251《文艺杂志》2∶6

佛　雏
109《论语》119，120
佛　痴
19《小说世界》12：1
伽
92《文艺新闻》58
仾
11《文学周报》29
邱　仲
14《学衡》45
邱　拔
134《太白》2：11
邱　波
106《现代》6：1
邱　乾
159《诗歌杂志》1，2，3
邱　楠
98《新时代》5：6
邱　貉
146《海燕》1：2
邱　霞
140《芒种》2：1
邱子澄
19《小说世界》1：1
邱文蒢
19《小说世界》4：10
邱文藻
11《文学周报》348
邱西陵
195《黄河》12
邱仲广
85《文艺月刊》1：2，1：3
邱竹师
46《新月》2：10
邱英儒
36《北新》2：5
邱洛英
209《万象》2：11
邱晓崧
239《诗文学》1，2
邱逢甲
14《学衡》5，6
邱堉柏
31《甲寅》1：28
邱悼兰
19《小说世界》5：9，5：10，5：13，6：1，6：2
邱淑贞
19《小说世界》2：12
邱维鸿
51《开明》1：2
邱韵铎
34《创造月刊》2：5；
38《幻洲》1：4；
45《现代小说》3：2；
55《大众文艺》2：1，2：2，2：3，2：5—6；
76《拓荒者》2；
77《艺术》1：1；
81《沙仑》1：1；
88《读书月刊》1：1，1：3—4

兵　予
38《幻洲》1：7
兵　兵
99《涛声》2：26
彻　之
221《文艺先锋》7：2
彷　徨
142《中学生文艺季刊》1：3；
229《艺文杂志》2：1
近　凡
195《黄河》5：1
近　清
109《论语》104
近　藤
11《文学周刊》167
邻
109《论语》137
邻　江
207《时代文学》1：2，1：4
余　茶
171《烽火（呐喊）》6，10
余一甫
171《烽火（呐喊）》15，16
余立平
98《新时代》1：2，1：6，2：1
余有德
221《文艺先锋》10：5
余仲英
85《文艺月刊》战时特刊 3：8—9
余坤珊
212《文讯》2：4，3：1
余　一
117《文学》4：1；
122《文学季刊》1：1，2：1，2：2；
134《太白》1：1，1：2，1：4，1：5，1：8，1：9；
136《水星》1：1；
171《烽火（呐喊）》呐喊：2
余　七
122《文学季刊》1：1，2：4
余　三
122《文学季刊》1：2
余　干
199《野草》3：5
余　子
26《现代评论》6：142，6：145
余　开
84《开展》8，9；
104《矛盾》发动号
余　五
122《文学季刊》1：2
余　仁
192《文学月报》2：1—2
余　仑
186《宇宙风乙刊》7
余　生
26《现代评论》7：122；
160《新诗》2：2
余　民
241《文艺大众》2，3，6
余　全
211《文艺生活》光复版 15

余　异

130《当代文学》1：1，1：2

余　杞

85《文艺月刊》战时特刊 2：9—10，战时特刊 3：3—4；

117《文学》2：5

余　岚

210《笔谈》5；

223《人世间》复刊 10，复刊 11—12

余　园

93《青年界》7：3，8：1

余　芫

209《万象》3：1，3：2，3：3，3：5，3：10

余　林

211《文艺生活》光复版 2

余　珊

89《当代文艺》1：4

余　玲

221《文艺先锋》10：1

余　柳

186《宇宙风乙刊》10

余　拯

226《风雨谈》7，10

余　修

155《光明》2：9，2：4，3：4；

197《大众文艺》1：2，1：3；

214《谷雨》1：6；

252《北方文化》2：6

余　莹

236《高原》创刊号

余　振

264《诗创造》10

余　晓

211《文艺生活》海外版 20；

276《华北文艺》6

余　航

98《新时代》4：4—5

余　能

10《小说月报》21：12

余　萍

275《文艺丛刊》创刊号

余　寅

145《宇宙风》62

余　寄

109《论语》64

余　维

190《通俗文艺》21

余　琦

159《诗歌杂志》3

余　鲁

221《文艺先锋》11：2，12：2

余　遐

145《宇宙风》121

余　震

159《诗歌杂志》3

余　曜

25《语丝》4：27

余一木

264《诗创造》3，4

余人凤

221《文艺先锋》10：5，11：1，

11：5

余九爷

134《太白》2：4

余士根

199《野草》5：3，第10集

余大义

109《论语》160

余大绹

225《时与潮文艺》5：2

余上沅

26《现代评论》6：142；

46《新月》1：1，1：3，1：8，1：9，3：5—6，4：3；

68《戏剧与文艺》1：1，1：4，1：5，1：8—9，1：10—11，1：12；

85《文艺月刊》9：1，10：4—5，战时特刊2：3，战时特刊第11年7月号；

109《论语》125；

141《文艺》5：1—2；

168《戏剧时代》1：1；

170《新演剧》复刊号；

173《抗战戏剧》1：6—7；

179《戏剧新闻》6，8—9；

221《文艺先锋》4：2，10：2，11：5；

232《戏剧时代》1：3

余之伴

109《论语》12

余也漱

209《万象》4：7

余小可

145《宇宙风》79；

186《宇宙风乙刊》14

余子长

19《小说世界》4：4，4：5，5：7

余云义

36《北新》3：12

余元濬

1《新青年》3：3

余天勤

109《论语》175

余公铎

109《论语》168，170，171

余公敢

221《文艺先锋》12：3—4

余长河

149《逸经》31

余文生

135《文学新地》1

余文伟

25《语丝》112

余文明

190《通俗文艺》32

余允铭

270《小说》4：1

余永林

221《文艺先锋》13：3

余未名

199《野草》3：5

余世鹏

11《文学周报》349；

110《小说月刊》1：3

余白叶

150《东方文艺》2：1

余地行

186《宇宙风乙刊》23

余在春

152《作家》1：2

余成望

88《读书月刊》1：6

余师龙

221《文艺先锋》10：2

余兆文

109《论语》166

余寿山

127《人间世》36

余寿康

93《青年界》新4：5

余克稷

179《戏剧新闻》7，8—9

余伯约

245《文章》1：4

余雨才

51《开明》2：3

余牧秋

127《人间世》28，34

余季美

40《真美善》女作家专号

余所亚

178《抗战文艺》10：1，10：2—3；

199《野草》2：3，2：4，3：3—4，3：5，4：3，第9集；

208《诗创作》1，2，3—4；

211《文艺生活》1：2，1：3，1：4，

217《文艺杂志》新1：1；

222《青年文艺》6，新1：3，新1：5；

224《天下文章》2：5—6；

237《文学新报》1：4；

238《希望》1：1；

239《诗文学》1；

243《文联》1：1，1：4，1：7；

253《清明》创刊号

余宗范

195《黄河》11

余定义

119《戏》1

余空我

19《小说世界》3：10

余南秋

93《青年界》9：1

余冠英

122《文学季刊》1：3；

167《文学杂志》2：9，3：5；

212《文讯》9：3；

244《文艺复兴》1：5，研究号上

余载海

31《甲寅》1：23

余哲文

209《万象》1：2

余健谈

149《逸经》21

余健萍
149《逸经》31
余爱渌
209《万象》1:10, 1:11, 1:12, 2:2, 2:3, 2:5, 2:6, 2:7, 2:8, 2:11, 3:1, 3:4
余家菊
5《少年中国》1:6, 2:1, 2:3, 3:2, 3:5, 3:6, 3:11, 4:2, 4:3, 4:4, 4:5, 4:7, 4:8, 4:9, 4:10;
224《天下文章》2:2
余祥森
10《小说月报》14:1, 16:4, 20:8;
11《文学周报》72, 73, 74, 76, 77
余菲莪
111《文化月报》1:1
余爽仁
85《文艺月刊》战时特刊3:1—2
余得胜
109《论语》19
余康龄
19《小说世界》11:11, 11:12, 11:13, 12:3, 12:4, 12:5, 12:8, 12:10, 12:12
余惟一
16《努力周报》74;
23《文艺周刊》10
余惠明
142《中学生文艺季刊》2:3
余鲁人
229《艺文杂志》1:6
余道生
109《论语》168
余惺夫
199《野草》1:6
余富夏
18《歌谣》1, 37
余楠秋
46《新月》3:1, 3:5—6, 3:8, 3:9, 4:1;
88《读书月刊》2:1;
89《当代文艺》1:5;
93《青年界》1:1, 2:2, 8:2, 10:1;
117《文学》5:1;
212《文讯》7:3
余虞廷
10《小说月报》14:7
余源庆
93《青年界》新1:1
余嘉锡
31《甲寅》1:43
余慕陶
55《大众文艺》2:3, 2:4;
88《读书月刊》2:4—5, 2:6;
92《文艺新闻》14, 23, 24;
98《新时代》3:5—6, 4:1;
108《读书杂记》1:1;
123《中国文学》2:1, 2:2

余裴山
3《新潮》1：3，1：5
余蕴清
145《宇宙风》140
余影祖
109《论语》30
余壕君
98《新时代》2：1
余戴海
32《清华文艺》1：3，1：4
余人可诒
208《诗创作》10
余则永煦
19《小说世界》民众文学 8
含　戈
52《山雨》1：4
含　沙
134《太白》2：5
含　青
209《万象》3：8
含　星
10《小说月报》16：2，16：12，
18：5
含　凉
19《小说世界》13：4，13：5，
13：7；
209《万象》4：2，4：3；
226《风雨谈》19
含　章
121《文化列车》1，2，3，6，10
含　源
19《小说世界》11：9
含凉生
19《小说世界》16：9，16：10，
16：14
谷
117《文学》2：2，2：6
谷　丁
85《文艺月刊》战时特刊 3：12，
战时特刊 4：1
谷　人
134《太白》1：6；
143《杂文》1；
159《诗歌杂志》2，3；
209《万象》4：4
谷　风
117《文学》2：5；
195《黄河》11；
208《诗创作》14，16，17；
221《文艺先锋》12：1；
236《高原》2，3；
237《文学新报》2：1
谷　兰
207《时代文学》1：4
谷　平
150《东方文艺》2：1
谷　华
221《文艺先锋》12：2
谷　远
117《文学》2：6

谷　村
85《文艺月刊》战时特刊 2：7，战时特刊 3：1—2
谷　芳
19《小说世界》1：7，1：9，1：12，2：1，2：3，2：5，2：8，2：11，2：12，5：2，5：7，5：11
谷　怀
244《文艺复兴》3：4
谷　君
51《开明》1：12
谷　英
85《文艺月刊》9：3
谷　非
36《北新》4：23—24；
83《现代文学》1：3，1：4；
100《北斗》2：1；
107《文学月报》1：5—6；
117《文学》1：2；
120《文艺》1：1
谷　鸣
199《野草》新 4 号
谷　明
85《文艺月刊》战时特刊 3：7，战时特刊 4：2，战时特刊 4：3—4
谷　怡
209《万象》4：6
谷　城
99《涛声》1：19
谷　柳
177《文艺阵地》2：3；
211《文艺生活》海外版 9；
270《小说》1：2，2：6
谷　荫
76《拓荒者》4—5；
79《巴尔底山》1：2—3，1：5；
86《世界文化》创刊号
谷　虹
198《现代文艺》4：1，4：2，4：3，4：6，5：3，5：6；
270《小说》3：6
谷　音
47《流沙》4
谷　埃
198《现代文艺》5：1
谷　莺
98《新时代》4：2
谷　般
170《新演剧》1：1
谷　移
109《论语》115
谷　琦
127《人间世》26
谷　斯
49《畸形》2
谷　惠
242《新群众》1：2，1：4
谷　寒
191《文艺新闻》创刊号，6
谷万川
25《语丝》52，79，117；
42《太阳月刊》6；

115《文学杂志》1：1

谷木田

140《芒种》2：1

谷凤田

11《文学周报》77，93；

24《洪水》半月刊 1：4，半月刊 1：10—11；

28《猛进》37，40，41，42，43，45，46，47，48，49；

93《青年界》9：1，10：1，11：1，12：1

谷文邦

142《中学生文艺季刊》1：4

谷文谟

142《中学生文艺季刊》1：2

谷雨茵

85《文艺月刊》战时特刊第 11 年 7 月号

谷春帆

196《战国策》《战国》副刊 18

谷剑尘

37《一般》2：1；

82《前锋周报》44—46；

85《文艺月刊》8：3，10：4—5；

87《前锋月刊》1：4；

98《新时代》2：4—5，2：6，3：5—6；

104《矛盾》1：5—6，3：2；

168《戏剧时代》1：1；

221《文艺先锋》5：5，7：5，10：5，11：3—4

谷健之

18《歌谣》31

谷家儒

14《学衡》39，54

谷斯范

85《文艺月刊》8：2；

155《光明》2：2；

162《小说家》1：1，1：2；

176《自由中国》新 1：1；

180《文艺》1：3，1：4；

198《现代文艺》1：3，2：3；

211《文艺生活》光复版 4；

224《天下文章》2：3

谷源瑞

18《歌谣》4，31，53，54

谷源增

28《猛进》8

谷燕民

242《新群众》2：5

孚

10《小说月报》15：8，15：11，15：12

希

210《笔谈》6

希　白

145《宇宙风》11

希　圣

36《北新》2：11，3：16；

37《一般》5：4，6：3，7：1，8：1

希　同

142《中学生文艺季刊》2：1

希　华
10《小说月报》15：9
希　良
11《文学周报》257
希　和
10《小说月报》14：11，15：4，15：5
希　孟
10《小说月报》15：号外；
85《文艺月刊》战时特刊1：10；
235《文艺春秋》丛刊3
希　金
216《战时文艺》1：3
希　侃
174《抗到底》17
希　真
10《小说月报》13：1，13：2，13：6，13：8，13：9
希　哲
233《当代文艺》1：3
希　清
274《平原》5
希　博
36《北新》2：12
希尔特
117《文学》4：1
希尔登
186《宇宙风乙刊》29
采
37《一般》6：2
采　石
25《语丝》4：41；
26《现代评论》6：137
采　芬
25《语丝》5：21
采　真
25《语丝》49，68，71，77，85，90，109，115；
26《现代评论》5：109
狂　生
28《猛进》19
狂　丝
141《文艺》4：3
狂　林
249《白山》2
狂　歌
39《泰东》1：7，1：8，1：9
狄　火
212《文讯》6：10；
236《高原》3
狄　克
89《当代文艺》1：1
狄　迺
85《文艺月刊》战时特刊1：9—10
狄　適
85《文艺月刊》战时特刊2：1，2：3
狄　星
264《诗创造》11
狄　耕
155《光明》2：1；
172《七月》1：6；

177《文艺阵地》6：5
狄　敌
140《芒种》5
狄　谟
117《文学》1：5，1：6；
209《万象》2：7，3：9
狄　漠
117《文学》7：1
狄　福
117《文学》2：1，4：1
狄　静
209《万象》4：3
狄更生
82《前锋周报》7
狄海天
109《论语》100，107，109
饮　水
37《一般》7：2，7：3
饮　辛
109《论语》14，17，19，20，
23，26
彤　孙
109《论语》58
彤　管
209《时代文学》1：3
邹　枋
89《当代文艺》1：4，1：5，1：6，
2：1；
93《青年界》2：2
邹　诩
1《新青年》6：6
邹　绛
177《文艺阵地》文阵新辑之二：
哈罗尔德的旅行及其他；
199《野草》5：3；
208《诗创作》14；
235《文艺春秋》4：6
邹　萧
74《新文艺》1：2
邹　啸
93《青年界》5：2，5：3，5：4，
6：1；
117《文学》3：1；
145《宇宙风》108；
182《文艺新潮》1：12；
183《鲁迅风》16；
186《宇宙风乙刊》4，7，10，21；
188《新中国文艺丛刊》1
邹　雅
251《文艺杂志》2：1；
255《北方》1：5
邹　谦
11《文学周报》36
邹　鲁
109《论语》16
邹　箫
93《青年界》3：1
邹士英
11《文学周报》343
邹长庚
11《文学周报》361

邹文学
93《青年界》6：4，7：4，7：5
邹立民
93《青年界》新5：1
邹成熙
24《洪水》半月刊2：23—24
邹如鹤
99《涛声》1：10
邹克儒
19《小说世界》6：1，6：6，6：7
邹里葩
208《诗创作》17
邹卓立
14《学衡》12
邹昆（崑）仑（崙）
109《论语》32
邹尚录
158《中流》2：2
邹征骥
19《小说世界》3：12
邹树文
14《学衡》19
邹待清
149《逸经》14，16，20
邹洛文
104《矛盾》2：1，2：3，2：4
邹荻帆
117《文学》8：1；
141《文艺》4：1，5：5，6：1；
158《中流》2：8；
165《文丛》2：1，2：2，2：4，2：6—7；
171《烽火（呐喊）》11，14，16，18；
172《七月》1：1，2：6，3：1，5：3；
176《自由中国》新1：2，新1：3；
177《文艺阵地》1：7，1：8，1：9，2：2，4：12，5：1，7：3；
178《抗战文艺》5：4—5；
182《文艺新潮》2：8；
185《笔阵》新6；
192《文学月报》2：6；
198《现代文艺》2：1，2：4，2：5，3：3，4：4，4：5，6：3；
208《诗创作》6；
211《文艺生活》1：3，2：2，2：6，海外版10—11；
216《战时文艺》1：3；
217《文艺杂志》1：3，2：1，2：3；
224《天下文章》1，2；
225《时与潮文艺》1：2；
238《希望》1：2，2：1，2：4；
239《诗文学》1；
247《人民文艺》4；
260《呼吸》创刊号；
266《中国作家》1：3；
267《大众文艺丛刊》4，5；
269《文艺工作》1
邹得春
174《抗到底》3
邹绿芷
158《中流》1：9，2：5；

176《自由中国》新 2：1—2；
177《文艺阵地》4：9，6：3，6：5；
185《笔阵》新 5；
198《现代文艺》2：1，2：6，3：2，3：3，3：4，3：5，3：6，5：4；
208《诗创作》10，12，13，14，16，17，18；
211《文艺生活》1：6，2：2，2：3，3：1；
217《文艺杂志》1：6，3：3；
223《人世间》1：6；
228《中原》1：3；
237《文学新报》1：6；
244《文艺复兴》3：4；
253《清明》2

邹德高

16《努力周报》46，67

劬　髯

7《曙光》1：4

系　之

186《宇宙风乙刊》15

系　子

11《文学周报》362

角

117《文学》6：2，6：3，6：4

奂　采

141《文艺》1：3，1：4，1：5—6，2：2

奂　茜

137《当代诗刊》创始号

奂　彩

141《文艺》2：4

岛　古

25《语丝》5：18

岛　民

149《逸经》11

岛　西

112《无名文艺》旬刊 2，月刊 1：1

岛　原

109《论语》84

言　午

109《论语》172

言　文

145《宇宙风》125

言　伯

109《论语》109

言　返

11《文学周报》297，310

言　言

99《涛声》2：41

言　武

172《七月》2：3

言　茄

221《文艺先锋》11：1

言　真

109《论语》132

言　信

109《论语》95，99，102

言　善

25《语丝》149

言半默
238《希望》2：4
言遏迪
229《艺文杂志》2：3
言燕堂
109《论语》168，173
亨　斌
88《读书月刊》1：5
弃　材
19《小说世界》1：5
辛
85《文艺月刊》战时特刊3：8—9；
155《光明》2：8；
182《文艺新潮》1：10；
191《文艺新闻》5；
215《奔流新集》1；
232《戏剧时代》1：3，1：4—5，1：6
辛　丁
221《文艺先锋》10：3
辛　人
93《青年界》8：2；
117《文学》5：1，7：4；
131《东流》2：2，2：3；
134《太白》1：7；
140《芒种》3；
143《杂文》1，2，3，4；
147《夜莺》1：1，1：2；
150《东方文艺》1：1；
155《光明》战时号外3；
156《现实文学》2；
172《七月》1：3，1：4，1：6，2：5，2：6，3：1，3：3，3：4，3：5
辛　之
109《论语》130
辛　云
39《泰东》1：4，1：5，1：6；
127《人间世》21
辛　木
25《语丝》5：27，5：44
辛　予
104《矛盾》1：2，1：5—6；
106《现代》4：3；
179《戏剧新闻》8—9
辛　平
182《文艺新潮》1：11
辛　丙
221《文艺先锋》2：4
辛　未
36《北新》3：20—21
辛　石
177《文艺阵地》4：11，5：1
辛　代
176《自由中国》新2：1—2
辛　尔
106《现代》6：1；
134《太白》1：3，1：5；
139《新小说》1：5
辛　白
2《每周评论》29，30

辛 民
75《萌芽》1：3；
85《文艺月刊》战时特刊3：8—9
辛 夷
11《文学周报》360；
133《译文》新3：4；
211《文艺生活》2：5，3：3
辛 华
142《中学生文艺季刊》2：2；
160《新诗》2：3—4
辛 自
199《野草》2：3
辛 亥
110《小说月刊》1：1
辛 克
172《七月》4：2
辛 劳
117《文学》8：1；
134《太白》2：3；
144《创作》1：3；
151《文学丛报》6；
155《光明》2：7，战时号外6；
158《中流》2：1；
159《诗歌杂志》3；
162《小说家》1：1，1：2；
163《热风》1：1，1：2；
178《抗战文艺》武汉特刊3；
180《文艺》1：5；
182《文艺新潮》2：1；
191《文艺新闻》2；
198《现代文艺》1：2；
203《奔流文艺丛刊》1，2；
208《诗创作》6，10
辛 沃
109《论语》156，157，159，162，164，165，166，167，168，171，172，173，175，176，177
言 青
210《笔谈》4
辛 质
174《抗到底》11
辛 波
159《诗歌杂志》2，3
辛 郭
230《民族文学》1：1
辛 野
236《高原》新1：1
辛 笛
136《水星》1：5；
160《新诗》2：1，2：2，2：3—4；
223《人世间》复刊2；
244《文艺复兴》1：1，1：2，2：1，2：3；
264《诗创造》2，7
辛 茹
142《中学生文艺季刊》1：4
辛 倖
221《文艺先锋》12：6
辛 颖
248《中原·文艺杂志·希望·文哨联合特刊》1：5

辛　勤
211《文艺生活》3：2
辛　雷
109《论语》87；
242《新群众》2：5，2：6
辛　慕
187《戏剧岗位》1：1
辛　阚
221《文艺先锋》5：5
辛　稻
235《文艺春秋》4：3
辛　毅
271《文学战线》2：2
辛　燕
195《黄河》4：1
辛子辛
85《文艺月刊》战时特刊4：2
辛未艾
235《文艺春秋》副刊1：3；
266《中国作家》1：1
辛汉文
155《光明》2：12；
201《戏剧春秋》1：3
辛祖歆
99《涛声》2：24，2：26
辛桂荣
112《无名文艺》月刊：1：1
忘　名
92《文艺新闻》22
忘　我
109《论语》123
应　人
93《青年界》8：2；
117《文学》5：1
应　飞
71《戏剧》2：6
应　为
177《文艺阵地》3：12；
182《文艺新潮》2：2；
191《文艺新闻》8
应　怀
212《文讯》7：6
应　清
178《抗战文艺》1：10，2：2，2：3，3：1，3：2，3：5—6
应　瑛
40《真美善》7：1
应　樑
99《涛声》2：8
应寸照
109《论语》174；
226《风雨谈》6，8，11
应小鬘
209《万象》2：5
应云卫
119《戏》1；
155《光明》2：12；
161《电影戏剧》1：1；
168《戏剧时代》1：1，1：3；
170《新演剧》复刊号；
187《戏剧岗位》3：3—4；
266《中国作家》纪念特刊

应功九
93《青年界》新 3：1，新 5：5
应成一
93《青年界》新 1：1
应光采
178《抗战文艺》9：5—6；
233《当代文艺》1：3
应似鸿
99《涛声》2：30，2：31—32；
117《文学》8：1
应远涛
209《万象》2：9，3：3
应奇生
250《鲁迅文艺》1：2
应服群
180《文艺》1：4，2：3；
183《鲁迅风》7，18；
188《新中国文艺丛刊》2，3；
191《文艺新闻》7；
203《奔流文艺丛刊》4
应复群
180《文艺》2：2
应彬之
180《文艺》1：6
应悱村
109《论语》119，120，122，124，125，130，132，141
庐
11《文学周报》123
庐　隶
260《呼吸》创刊号
庐　隐
9《人道》1；
10《小说月报》12：2，12：6，12：7，12：8，12：11，12：12，13：6，13：10，13：12，14：1，14：6，14：10，14：12，15：4，15：5，15：6，16：1，16：5，16：6，16：10，16：12，17：10，17：11，17：12，18：1，18：2，19：12，20：1，22：5，22：6，22：7，22：8，22：9，22：11，22：12；
11《文学周报》6，9，10，13，29，30，47，48，49，50，52，55，68，128；
40《真美善》女作家专号；
46《新月》3：5—6；
66《华严》1：1，1：2，1：3，1：4，1：5，1：6，1：7，1：8；
127《人间世》4
庐世延
10《小说月报》22：3
庐福庠
145《宇宙风》82，84，88，94—95
序　平
26《现代评论》5：125
序　阶
221《文艺先锋》11：3—4
序　理
93《青年界》新 4：4

怀
238《希望》1：2
怀　三
209《万象》3：11，3：12，4：7
怀　今
145《宇宙风》61，64，81；
186《宇宙风乙刊》8
怀　玖
244《文艺复兴》1：6，研究号下
怀　沙
210《笔谈》6，7
怀　林
251《文艺杂志》4：3
怀　英
28《猛进》29；
85《文艺月刊》战时特刊第11年5月号
怀　宛
245《文章》1：3
怀　信
251《文艺杂志》4：2
怀　婴
191《文艺新闻》11
怀　湘
199《野草》新7集，第9集，野草新集（追悼）
怀　瑾
40《真美善》3：4，6：2，6：5；
51《开明》1：10
怀　潮
268《蚂蚁小集》3，4，6
怀　霜
185《笔阵》3
怀骆李
263《文艺知识连丛》1：4
忧　余
145《宇宙风》85
忻启介
47《流沙》4
闲　人
38《幻洲》2：5；
109《论语》23；
149《逸经》14，15，25，26，29，32，33
闲　闲
26《现代评论》2：43
闲　斋
127《人间世》3，4，5，6，18，19，29，35，36，37，39
闲　堂
109《论语》112，114；
149《逸经》32
闲（闲）情
68《戏剧与文艺》1：3
间
242《新群众》1：1
闵　子
151《文学丛报》3；
235《文艺春秋》4：3，6：1
闵　仁
178《抗战文艺》武汉特刊1

闵　予
61《朝花》周刊 4，周刊 5，旬刊 1：4，旬刊 1：5，旬刊 1：11
闵　金
202《文艺月报》13
闵　敏
145《宇宙风》32；
211《文艺生活》穗新 6
闵凤超
93《青年界》9：1
闵尔昌
14《学衡》73
闵波斯
238《希望》1：3
灼　石
213《草叶》6；
224《天下文章》1：6
冻花（蒻）
11《文学周报》120
况周颐
14《学衡》24，27，30，31
冷
149《逸经》19；
242《新群众》1：1
冷　丁
229《艺文杂志》2：2
冷　人
264《诗创造》7
冷　韦
191《文艺新闻》9—10
冷　火
178《抗战文艺》10：1，10：2—3；
198《现代文艺》5：5；
219《文学批评》创刊号，2；
263《文艺知识连丛》1：1，1：2，1：4
冷　水
49《畸形》1
冷　西
46《新月》2：1
冷　血
19《小说世界》13：2
冷　观
93《青年界》新 1：1
冷　村
148《诗歌生活》2
冷　抄
109《论语》129，136
冷　君
32《清华文艺》不定期 3
冷　枫
145《宇宙风》99
冷　昂
199《野草》新 4 号
冷　波
85《文艺月刊》5：5，7：5；
104《矛盾》2：3；
119《戏》1；
195《黄河》5，6，10，11，12，2：1，2：2，2：3，2：9，2：10，2：11—12，4：1，4：2，4：

3，4：4；
236《高原》3，新1：2，新1：3
冷　玲
15《创造》1：4；
20《浅草》1：2，1：3；
23《文艺周刊》国庆日增刊，28
冷　眼
2《每周评论》17；
11《文学周报》346；
51《开明》1：2，1：4，1：5，2：3；
109《论语》33，34，43，67，
78，83
冷　巢
19《小说世界》15：13
冷　落
40《真美善》7：2，7：3
冷　楚
255《北方》1：2
冷　嘘
65《人间月刊》3
冷　儒
229《艺文杂志》1：6
冶　秋
178《抗战文艺》6：4，7：6，8：
4，9：1—2；
192《文学月报》2：3；
228《中原》1：2，2：2
汪　东
4《国民》1：1，1：2，1：3
汪　北
75《萌芽》1：6
汪　巩
201《戏剧春秋》创刊号；
211《文艺生活》光复版18；
223《人世间》复刊3，复刊11—
12，复刊13；
227《艺丛》1：1
汪　伟
127《人间世》14
汪　华
15《文学季刊》2：2；
144《创作》1：2
汪　明
211《文艺生活》穗新3
汪　波
18《歌谣》12
汪　茫
216《战时文艺》1：5
汪　洋
117《文学》7：1，7：5，8：5；
221《文艺先锋》9：3—4，10：1；
276《华北文艺》6
汪　涛
159《诗歌杂志》1
汪　润
189《西线文艺》1：3
汪　浚
244《文艺复兴》研究号下
汪　道
221《文艺先锋》5：6
汪　霆
209《万象》1：6，1：7，1：10，

2：4，号外

汪　震

26《现代评论》5：112；

93《青年界》12：1

汪一勺

19《小说世界》6：2

汪一虹

84《开展》12

汪子美

85《文艺月刊》2：11—12；

199《野草》1：4；

221《文艺先锋》1：3，3：1

汪元起

18《歌谣》12

汪中明

1《新青年》2：4

汪今龙

31《甲寅》1：5

汪长禄

2《每周评论》35

汪六滨

134《太白》2：11

汪立奇

93《青年界》11：1

汪承泉

93《青年界》新 2：3，新 3：3，新 5：3

汪亚尘

108《文艺茶话》1：1，1：2，1：3，1：4，1：5，1：6，2：3，2：8

汪亚梭

237《文学新报》1：6

汪有声

142《中学生文艺季刊》2：1

汪达之

201《戏剧春秋》1：3

汪扬时

36《北新》2：13

汪岁寒

275《文艺丛刊》创刊号，3

汪廷松

31《甲寅》1：35

汪仲贤

10《小说月报》17：号外下；

11《文学周报》4；

12《戏剧》1：1，1：2，1：4，1：5，1：6，2：1，2：3

汪伊真

2《每周评论》9

汪延高

10《小说月报》15：8

汪兆铭

14《学衡》25

汪旭初

85《文艺月刊》9：2

汪仲琼

192《文学月报》1：5

汪宇平

224《天下文章》1

汪远涵

134《太白》1：4

汪运周

186《宇宙风乙刊》55

汪丽玲

209《万象》3：9

汪志青

108《文艺茶话》2：9

汪芸馨

19《小说世界》1：11

汪吟龙

31《甲寅》1：36；

32《清华文艺》1：2

汪沚江

19《小说世界》4：8

汪宏声

145《宇宙风》18

汪启疆

1《新青年》3：1

汪松年

195《黄河》4：1

汪茂遂

24《洪水》半月刊1：3

汪叔潜

1《新青年》1：1，2：1

汪忠天

98《新时代》4：4—5，5：4

汪迪民

93《青年界》10：1

汪国垣

14《学衡》1，2，6，7，8，10，45，50；

31《甲寅》1：5，1：6，1：7，1：8，1：9

汪征雨

265《胶东文艺》1：8

汪金门

155《光明》1：10

汪金波

51《开明》1：8

汪宝瑄

24《洪水》半月刊2：23—24；

36《北新》1：32

汪宗衍

41《民间文艺》2，7

汪栋良

139《新小说》1：5

汪荣宝

31《甲寅》1：5，1：7，1：32

汪艮之

93《青年界》10：5，11：1，11：2，11：3

汪复炎

31《甲寅》1：7

汪剑余

19《小说世界》10：1，10：8，11：4，11：10，11：11，11：12，12：2，12：8，12：9，18：2

汪剑嵩

19《小说世界》7：5

汪炳焜

98《新时代》5：6；

108《文艺茶话》2：3，2：4

汪洪法
106《现代》6：2
汪矜琴
141《文艺》1：4
汪振垓
109《论语》145
汪晓光
84《开展》9
汪倜然
10《小说月报》19：5，21：1；
36《北新》2：11；
40《真美善》3：3，3：6，6：1；
51《开明》2：2；
87《前锋月刊》1：2，1：4，1：5，1：6，1：7；
88《读书月刊》1：1，1：2，1：3—4，1：5，2：2；
93《青年界》9：1，11：1；
94《现代文学评论》1：1，1：2，1：3，2：1—2，2：3，3：1；
104《矛盾》2：5；
109《论语》32，33，102；
145《宇宙风》47
汪颂鲁
5《少年中国》3：1
汪凌汉
18《歌谣》28，62
汪家曾
32《清华文艺》1：2
汪家瑜
117《文学》3：1
汪培元
142《中学生文艺季刊》2：2
汪雪湄
104《矛盾》2：3；
106《现代》5：3；
112《无名文艺》月刊1：1；
117《文学》1：6，4：2
汪虚若
117《文学》5：1；
93《青年界》8：2；
140《芒种》3，7
汪曼欣
108《文艺茶话》2：2
汪铭竹
85《文艺月刊》3：2，7：3；
221《文艺先锋》1：5
汪敬熙
3《新潮》1：1，1：2，1：4，2：2，2：3，2：4，2：5，3：2；
10《小说月报》13：12；
26《现代评论》1：23，1：24，2：29，2：31；
93《青年界》7：1
汪曾祺
167《文学杂志》2：4，2：5，2：10，3：6；
212《文讯》7：5；
223《人世间》复刊7；
235《文艺春秋》5：2，6：3；
244《文艺复兴》1：2，1：4，3：2；
269《文艺工作》1

汪莫基

5《少年中国》4：8

汪锡鹏

34《创造月刊》2：2，2：6；
45《现代小说》3：3；
74《新文艺》1：2；
85《文艺月刊》3：8，3：12，4：2，4：5，6：3，6：4，6：5—6，7：2，8：2，9：6；
106《现代》1：6

汪福昌

270《小说》6：4

汪辟疆

85《文艺月刊》4：2，8：1，8：2，10：1，10：6，战时特刊第11年4月号，战时特刊第11年5月号

汪静之

1《新青年》9：6；
3《新潮》3：1；
10《小说月报》13：1，13：2，14：4，18：1，18：2，19：4；
11《文学周报》212，213—214，215，219，225，245—246，247—248，249—250，265，266，267，268，289，297，302，312，342，359；
13《诗》1：1，1：2，1：3，1：4；
23《文艺周刊》34；
24《洪水》半月刊1：10—11；
25《语丝》62，63，78，111，4：52，5：1；
27《支那二月》1：1，1：2；
57《大江》1：1，1：2；
93《青年界》2：4，8：2，12：1；
117《文学》5：1；
123《中国文学》2：2

汪蔚云

36《北新》2：15

汪蔚明

36《北新》3：4，3：20—21

汪聚泰

88《读书月刊》1：5

汪漫铎

85《文艺月刊》10：2；
98《新时代》3：1，3：4；
104《矛盾》2：6；
123《中国文学》1：1；
187《戏剧岗位》1：4，2：2—3；
201《戏剧春秋》1：6

汪精卫

26《现代评论》1：15；
140《芒种》9—10

汪德昭

19《小说世界》4：12

汪德余

186《宇宙风乙刊》23

汪德耀

23《文艺周刊》2

汪霞菴

109《论语》91

汪懋祖

1《新青年》5：1；

14《学衡》4，22
汪馥泉
10《小说月报》15：12，115：号外，16：1，17：号外上，17：号外下；
11《文学周报》378；
25《语丝》4：52，5：16，5：17，5：18，5：28，5：32，5：41；
36《北新》3：4，3：8，3：12，4：1—2，4：6，4：8，4：15；
57《大江》1：1，1：2，1：3；
74《新文艺》1：1；
83《现代文学》1：1，1：3；
84《开展》10—11；
85《文艺月刊》3：4，3：10，6：4，7：1，7：2；
92《文艺新闻》1；
93《青年界》1：5，2：4，2：5，3：1，4：4，5：1，6：3，7：1，8：2，9：1，10：2，10：3，10：4，11：1，11：2，11：3，11：4，11：5，12：1；
104《矛盾》3：2；
106《现代》6：3；
117《文学》5：1；
123《中国文学》2：1；
169《中国文艺》1：1
汪藻香
149《逸经》9
沅
176《自由中国》创刊号，1：2
沅 君
25《语丝》6，10，22，23，42，54，60，86，101；
28《猛进》32；
29《莽原》周刊16；
93《青年界》12：1；
127《人间世》12；
145《宇宙风》74，77；
177《文艺阵地》1：6；
186《宇宙风乙刊》2，4
沅伯豁
26《现代评论》3：70
沄 沁
28《狂飚》周刊11；
29《莽原》周刊26
沐 旦
259《东北文化》1：2
沐 华
226《风雨谈》11
沐 洪
28《狂飚》周刊：4，6，7，14
沐 鸿
28《狂飚》周刊：2，9，10，11
沐赓祚
27《支那二月》1：1
沛
26《现代评论》4：85，4：86，4：88，5：111，6：142，6：143，6：146，6：147，6：148，6：150，7：157，7：177

沛　阳
92《文艺新闻》39
沛　嘉
89《当代文艺》2：3
沛　霖
103《絜茜》创刊号
汰　陈
109《论语》52
沤
32《清华文艺》1：5
沙　丁
93《青年界》8：2；
117《文学》5：1；
264《诗创造》11
沙　飞
162《小说家》1：2
沙　龙
252《北方文化》1：6
沙　白
93《青年界》4：3，6：1
沙　乐
109《论语》116
沙　玄
134《太白》1：5，1：8，2：3，2：7
沙　汀
98《新时代》3：3，3：6，4：1，5：2，5：5，6：1；
107《文学月报》1：4，1：5—6；
109《论语》22；
117《文学》1：1，1：2，3：6，4：6，5：6，6：1，7：1，9：1；
125《春光》1：3；
140《芒种》3；
144《创作》1：1；
154《文学界》1：1，1：3；
155《光明》1：1，1：2，1：7，1：11，2：11；
162《小说家》1：2；
164《希望》1：1；
165《文丛》1：1；
172《七月》5：4；
177《文艺阵地》1：5，6：1，7：2，7：3，文阵新辑之三：纵横前后方；
178《抗战文艺》6：1，6：4，7：1，7：2—3；
181《文艺突击》1：2，1：3；
184《文艺战线》创刊号，1：2，1：5；
189《西线文艺》1：3；
192《文学月报》1：4，2：3；
193《戏剧与文学》1：2；
194《中国文化》创刊号；
197《大众文艺》2：2；
211《文艺生活》2：6，3：5，光复版7，光复版14；
212《文讯》8：2；
217《文艺杂志》1：1，1：3，3：1，3：2，3：3，新1：1；
218《文坛》5；
220《文学创作》1：5；

222《青年文艺》新 1：1，新 1：2，新 1：3，新 1：4，新 1：5，新 1：6；
223《人世间》2：1，复刊 1，复刊 5；
224《天下文章》2：3，2：5—6；
225《时与潮文艺》3：6；
227《艺丛》1：2；
228《中原》2：2；
240《文哨》1：2，1：3；
243《文联》1：3；
244《文艺复兴》1：6，2：3；
245《文章》1：3；
246《文坛月报》1：2；
248《中原·文艺杂志·希望·文哨联合特刊》1：2；
256《萌芽》1：1；
266《中国作家》1：2；
270《小说》1：1，4：1，4：4

沙　宁

209《万象》2：6

沙　扬

178《抗战文艺》10：4—5

沙　里

229《艺文杂志》1：3，2：2

沙　狄

183《鲁迅风》11，14，16

沙　坪

173《抗战戏剧》2：1；
195《黄河》3，4；
216《战时文艺》1：1，1：2，1：3，1：4，1：5，1：6，2：1，2：2；
225《时与潮文艺》4：3

沙　味

109《论语》118

沙　金

212《文讯》8：5；
264《诗创造》10

沙　河

195《黄河》4；
216《战时文艺》1：1

沙　驼

120《文艺》1：3

沙　草

19《小说世界》2：7

沙　茫

195《黄河》4

沙　鸥

168《戏剧时代》1：1；
211《文艺生活》海外版 5；
235《文艺春秋》5：3；
240《文哨》1：1；
244《文艺复兴》3：4
264《诗创造》1

沙　旅

191《文艺新闻》创刊号，5，6

沙　凌

195《黄河》4：2

沙　海

155《光明》2：4

沙　浪

145《宇宙风》65

沙　梅
85《文艺月刊》战时特刊3：8—9，战时特刊3：12,战时特刊5：1；
155《光明》1：11；
175《战地》1：6；
190《通俗文艺》27
沙　菲
85《文艺月刊》战时特刊3：7
沙　基
93《青年界》11：3
沙　雁
85《文艺月刊》9：3，10：1，10：3，10：4—5；战时特刊：创刊号，2，3，1：5，1：6，1：7，1：8，1：9，1：10，1：11，1：12，2：1，2：2，2：3，2：6，2：7，2：8，2：9—10，2：11—12，3：1—2，3：3—4，号外1，3：5—6，3：7，3：8—9，3：10—11，3：12，4：1，4：2，4：3—4，4：5—6，5：1；
121《文化列车》8；
141《文艺》5：4；
174《抗到底》11，19，25；
178《抗战文艺》1：8，3：2，4：1；
179《戏剧新闻》创刊号；
195《黄河》4，12，2：7，2：10
沙　量
109《论语》11
沙　蒙
177《文艺阵地》7：2；
201《戏剧春秋》创刊号，2：1，2：2；
223《人世间》1：1，1：3
沙　雷
212《文讯》6：6
沙　漠
42《文艺新闻》52，58
沙　蕾
98《新时代》3：3，3：5—6，4：4—5，4：6，5：2，5：4，5：5，6：1；
108《文艺茶话》2：1，2：5；
117《文学》8：5；
141《文艺》2：2，4：6，6：1；
178《抗战文艺》10：6；
209《万象》1：1；
212《文讯》6：2，6：5；
244《文艺复兴》3：4；
266《中国作家》纪念特刊
沙　鲸
197《大众文艺》1：3
沙上旅
145《宇宙风》55，57，59
沙可夫
172《七月》2：3；
175《战地》1：3；
205《十年代》创刊号，1：2，1：3，2：1
沙尔丹
128《小说月报》2

沙克柔
199《野草》5：1
沙利清
261《东北文艺》2：6
沙学浚
196《战国策》《战国》副刊 12；
212《文讯》2：4
沙星烂
249《白山》3
沙娓娟
98《新时代》6：1
沙清泉
155《光明》3：1；
236《高原》3
沙锐军
195《黄河》10
沃 若
36《北新》2：5
沃 查
172《七月》1：1，1：2，2：1，2：5，4：1
沃 圃
127《人间世》37；
134《太白》2：7
沃 流
211《文艺生活》光复版 9
沃 渣
150《东方文艺》2：1；
181《文艺突击》新 1：1；
184《文艺战线》1：2，1：3，1：4；
189《西线文艺》1：6；
191《文艺新闻》4；
205《五十年代》1：2；
271《文学战线》1：5—6
沃 敷
126《诗歌月报》1：5
沂 民
140《芒种》6
沂 孙
19《小说世界》18：1
沧 一
145《宇宙风》69；
209《万象》3：7，3：9，3：10，3：11，3：12，4：1，4：2，4：3，4：4，4：5，4：6
沧 生
26《现代评论》5：105，5：118，6：135
沧 浪
209《万象》3：2；
220《文学创作》3：1
沧 徽
142《中学生文艺季刊》1：1
泛 工
93《青年界》新 6：2
没 人
145《宇宙风》12，13，14，15
没 名
25《语丝》4：36
汶 石
272《群众文艺》9，11—12

汶　龙
109《论语》88
沪　生
146《海燕》1：1，1：2；
255《北方》1：1
沅
64《红黑》1；
80《骆驼草》19，22，23；
92《文艺新闻》37
沅　弓
225《时与潮文艺》4：6
沅　汀
117《文学》3：1
沅　沙
187《戏剧岗位》3：3—4
沅　思
142《中学生文艺季刊》1：1，1：2
沅　樱
83《现代文学》1：1；
97《创作》1：1，1：3；
117《文学》2：1，2：2；
122《文学季刊》1：1；
145《宇宙风》13；
221《文艺先锋》3：4；
226《风雨谈》11；
235《文艺春秋》3：2
沅　默
64《红黑》1，2，4，6，7，8；
177《文艺阵地》1：12
沈　凤
226《风雨谈》2，3，4，5，8
沈　石
218《文坛》7
沈　玄
58《白华》1：1
沈　伟
1《新青年》1：4
沈　伦
127《人间世》34
沈　行
221《文艺先锋》9：1，9：3—4
沈　均
141《文艺》6：2
沈　光
145《宇宙风》94—95
沈　余
10《小说月报》18：8，18：10，
19：6，19：7，20：7
沈　沧
85《文艺月刊》8：6；
106《现代》6：3；
134《太白》2：6
沈　灵
224《天下文章》4；
237《文学新报》1：4
沈　英
189《西线文艺》1：2
沈　明
235《文艺春秋》5：3；
264《诗创造》1，2，4，5，7，2：
1，2：3

沈　鸣

51《开明》新1号

沈　昌

5《少年中国》4：7

沈　怡

5《少年中国》2：7，3：2，3：4，3：6，3：8，3：9，3：11，4：6，4：11，4：12；

26《现代评论》4：85，4：86，4：87，4：93，4：102

沈　思

88《读书月刊》2：1，2：45；

127《人间世》19

沈　重

242《新群众》1：2

沈　迹

270《小说》5：6

沈　洛

160《新诗》1：4，2：3—4

沈　济

264《诗创造》12

沈　颃

99《涛声》2：29

沈　浩

45《现代小说》3：2

沈　海

36《北新》2：14，2：24，3：1

沈　浮

221《文艺先锋》4：2；

224《天下文章》1，2：1

沈　容

262《平原文艺》1：2

沈　铭

93《青年界》新4：3，新4：4

沈　乾

182《文艺新潮》2：6

沈　鸿

11《文学周报》157，160，164

沈　深

221《文艺先锋》12：3—4

沈　着

136《水星》2：3

沈　阖

209《万象》2：9

沈　琴

109《论语》57

沈　寂

209《万象》3：3，3：4，3：6，3：8，3：11，4：1；

223《人世间》复刊8—9

沈　絮

142《中学生文艺季刊》1：4

沈　雷

274《平原》3，4，5

沈　煜

209《万象》3：8

沈　静

229《艺文杂志》1：3

沈　樱

10《小说月报》22：4，22：12；

36《北新》3：15，4：12；

106《现代》1：4

沈　毅

209《万象》2：3

沈　潜

109《论语》100，104

沈　默

36《北新》3：9，3：13；
40《真美善》5：6；
93《青年界》9：3；
106《现代》6：4；
141《文艺》1：1，1：2，1：3，1：4，1：5—6，5：5

沈　穆

195《黄河》11，3：1，3：2，4：1

沈　骥

145《宇宙风》10

沈一元

92《文艺新闻》6

沈一帆

243《女联》1：7

沈一沉

34《创造月刊》2：6

沈万伞

109《论语》115

沈小瑟

40《真美善》2：4

沈小霞

209《万象》1：1

沈子仁

51《开明》2：1

沈小良

75《萌芽》1：1，1：3，1：6

沈子复

93《青年界》新1：1；
211《文艺生活》光复版11—12；
235《文艺春秋》丛刊1，丛刊2，丛刊3，丛刊4，丛刊5，2：1，2：2，2：5，3：4，4：4

沈云鹤

98《新时代》3：4

沈天鹤

209《万象》1：5

沈从文

10《小说月报》19：1，20：2，20：9，20：10，20：11，20：12，21：1，21：2，21：3，21：4，21：6，21：7，21：9，21：12，22：8，22：10；
25《语丝》33；
26《现代评论》2：38，2：45，3：69，3：76，第二周年增刊，7：165；
46《新月》1：1，1：2，1：3，1：4，1：5，1：6，1：7，1：8，1：9，1：11，1：12，2：1，2：3，2：5，2：6—7，2：12，3：1，3：2，3：8，3：10，4：3，4：5，4：6；
60《熔炉》1：1；
64《红黑》1，2，3，4，5，6，8；
65《人间月刊》1；

83《现代文学》1：1，1：6；
85《文艺月刊》1：1，1：3，1：4，1：5，2：1，2：2，2：4，2：5—6，2：7，2：8，2：9，3：2，3：4，3：5—6；
88《读书月刊》1：1；
93《青年界》3：4，8：1；
97《创作》1：1，1：2，1：3，1：4；
98《新时代》1：3，3：1，3：2，3：3，3：4，3：5—6；
100《北斗》1：3；
106《现代》1：3，1：5，2：3，3：5；
109《论语》120，121，129，130，160，162，163；
110《小说月刊》1：2，1：3；
117《文学》2：1，2：4，3：1，5：1，5：2；
122《文学季刊》2：4；
127《人间世》7；
129《文艺风景》1：2；
136《水星》1：1，1：2，1：3，1：4，1：6，2：1，2：2，2：3；
145《宇宙风》32，139；
153《文季月刊》1：2，1：6；
165《文丛》1：4；
167《文学杂志》1：1，1：2，2：1，2：4，2：6，3：4；
196《战国策》1，2，3，5，9，10，13，《战国》副刊 11；
209《万象》4：5；
220《文学创作》1：1，1：2，1：4，1：5，2：2，2：4；
221《文艺先锋》1：2，2：1；
223《人世间》1：1，1：3；
225《时与潮文艺》3：3，4：1，5：4，5：5；
230《民族文学》1：1；
231《新文学》1：1，1：2，1：3；
233《当代文艺》1：2；
235《文艺春秋》丛刊 4；
241《文艺大众》新 3；
244《文艺复兴》1：5

沈手夫

109《论语》89

沈凤威

226《风雨谈》16

沈双吉

88《读书月刊》3：5

沈文倩

262《平原文艺》1：2，2：4

沈心芜

229《艺文杂志》2：6

沈引之

261《东北文艺》2：2

沈尹默

1《新青年》4：1，4：2，4：3，4：4，5：1，5：2，5：6，6：4，6：6，7：2；
127《人间世》1；
183《鲁迅风》14；
209《万象》3：2

沈本权
37《一般》1：1
沈东海
209《万象》1：1，1：2，1：3，1：4，1：5，2：10
沈田莘
109《论语》54
沈甲辰
136《水星》1：4
沈汉云
93《青年界》新2：3
沈玄英
10《小说月报》19：8
沈永椿
145《宇宙风》121
沈圣时
85《文艺月刊》6：2，6：3，7：4；
95《青年界》8：2，8：4，9：5；
106《现代》4：5，5：2，5：4，5：6；
126《诗歌月报》1：2，1：4，1：5；
134《太白》2：3；
141《文艺》2：4；
144《创作》1：2
沈西山
198《现代文艺》6：2
沈西苓
119《戏》1；
161《电影戏剧》1：1；
155《光明》2：12；
170《新演剧》1：1，1：3；
173《抗战戏剧》创刊号，1：4
沈有乾
30《大江》1：1；
46《新月》3：2，3：5—6，3：7；
109《论语》2，8，13，16，25，37，44，49，79，123，124，128，133，147，150；
145《宇宙风》3，5，7，8，10，12，13，15，17，21，22，23，30，38，43
沈百英
51《开明》1：4，1：8，2：19；
93《青年界》8：2，新1：4；
117《文学》5：1
沈同衡
243《文联》1：7；
253《清明》3；
263《文艺知识连丛》1：1，1：2，1：3，1：4；
266《中国作家》纪念特刊；
270《小说》3：1，3：2，3：3，4：1
沈因明
99《涛声》2：44
沈自在
171《烽火（呐喊）》3
沈企元
109《论语》155
沈旭春
160《新诗》1：4

沈冰血
12《戏剧》1：1，1：2，1：3
沈安贫
18《歌谣》65
沈麦生
36《北新》3：8
沈丽午
186《宇宙风乙刊》26
沈丽维
209《万象》2：3
沈志远
93《青年界》8：2；
117《文学》5：1
沈志坚
10《小说月报》16：9
沈芷若
93《青年界》10：1，10：2
沈来秋
10《小说月报》22：5；
40《真美善》6：1，6：2，6：4；
196《战国策》11，15—16；
221《文艺先锋》2：5—6
沈时宜
25《语丝》92
沈体兰
51《开明》新 7
沈启无
127《人间世》2，6，13，15，21，31；
136《水星》1：4；
138《文饭小品》1：5；
226《风雨谈》1，2，3，5，6
沈启无
138《文饭小品》1：1，1：2
沈启东
51《开明》1：8
沈孜研
28《猛进》21，23，26，30，31，36，37，40，41，42，46，49
沈松泉
10《小说月报》12：8，12：11，13：1；
11《文学周报》13，14；
38《幻洲》2：3
沈若仙
98《新时代》5：4
沈其繁
143《杂文》1
沈叔之
51《开明》2：22
沈果哉
19《小说世界》8：8
沈秉廉
37《一般》9：2
沈金祥
51《开明》1：8
沈侬非
58《白华》1：1，1：2
沈性仁
1《新青年》5：6，6：1，6：3，7：5，8：1，9：2；
3《新潮》1：3，2：2；

10《小说月报》13：5，13：10，13：12，15：号外，18：1
沈泽民
1《新青年》9：1；
5《少年中国》2：12，3：2；
10《小说月报》12：1，12：2，12：5，12：6，12：10，12：12，12：号外，13：1，13：2，13：3，13：4，13：5，13：10，13：11，14：2，14：3，14：4，14：8，15：1，15：2，15：3，15：号外，16：3；
12《戏剧》1：1
沈宝细
109《论语》159
沈宝钧
51《开明》1：12，2：3
沈宝基
160《新诗》1：5；
226《风雨谈》14；
229《艺文杂志》1：5，2：1，2：10，2：12，3：1—2，3：4—5
沈宗畸
31《甲寅》1：42
沈诚斋
51《开明》1：4
沈承灿
109《论语》115；
145《宇宙风》83，97；
186《宇宙风乙刊》15，17，20，21，22，23，24，26，27，36
沈珊多
109《论语》92
沈奏彬
51《开明》1：9
沈春鸿
142《中学生文艺季刊》1：1
沈思岐
6《解放与改造》2：12
沈钧儒
31《甲寅》1：3
沈禹钟
19《小说世界》1：3，1：9，1：10，2：3，2：9，2：11，3：11，3：1，3：2，3：4，3：6，3：8，4：13，8：8，13：9，13：11，13：15；
209《万象》1：3
沈剑影
19《小说世界》14：2，14：10，14：14，14：17，16：4，17：2
沈音明
42《太阳月刊》7
沈炳魁
19《小说世界》3：10
沈美镇
25《语丝》4：9；
36《北新》1：33，1：41—42
沈祖年
141《文艺》4：5
沈祖牟
46《新月》2：11，3：11，4：2；

85《文艺月刊》4：3；
90《诗刊》1，2，4

沈冠英

262《平原文艺》2：4；
274《平原》8，10，2：1，2：6，3：3

沈班闻

93《青年界》6：2

沈桢泉

98《新时代》1：5

沈遒璋

51《开明》1：8

沈起予

34《创造月刊》1：10，2：1，2：3，2：6；
45《现代小说》3：4，3：5—6；
55《大众文艺》2：4，2：5—6；
76《拓荒者》4—5；
81《沙仑》1：1；
85《文艺月刊》战时特刊2：3；
91《文学生活》1；
92《文艺新闻》53；
93《青年界》8：2；
100《北斗》1：1，1：2，1：3，1：4，2：1，2：3—4；
106《现代》6：4；
117《文学》1：1，3：1，3：3，3：5，4：2，4：5，5：1，5：4，6：2，7：1，7：3，7：6，8：2；
133《译文》2：2，2：3，2：4，2：6；
134《太白》1：3，1：4，1：5，1：8，1：9，1：10，2：2，2：3，2：10；
135《光明》1：1，2：3；
151《文学丛报》1，2，5，6；
154《文学界》1：1；
155《光明》1：1，1：2，1：6，1：8，1：9，战时号外1，战时号外2，战时号外5，战时号外6；
169《中国文艺》1：2；
177《文艺阵地》6：2，6：3，6：4；
178《抗战文艺》2：7，7：4—5，9：5—6，10：6；
192《文学月报》2：5
248《中原·文艺杂志·希望·文哨联合特刊》1：5；
256《萌芽》1：1，1：2，1：3，1：4；
270《小说》3：3

沈振麟

195《黄河》11，3：2

沈恩孚

31《甲寅》1：3；
209《万象》2：9

沈钰毅

1《新青年》6：6；
18《歌谣》35

沈兼士

1《新青年》4：2，5：3，5：4，5：6，6：6，7：2，8：6；

18《歌谣》1，44，48，62，周年纪念增刊；
127《人间世》2

沈家乔

215《奔流新集》1

沈家骏

24《洪水》半月刊1：7

沈家骧

19《小说世界》13：18，13：24，14：4，14：5，14：8，14：9

沈宰白

24《洪水》半月刊2：19；
25《语丝》102，112

沈逸千

173《抗战戏剧》1：2

沈翊鹍

209《万象》1：10，2：2，2：5，2：6，2：7，2：8，3：7，4：2，4：3

沈鸿渊

209《万象》1：12，2：3

沈绮雨

100《北斗》1：4

沈维特

221《文艺先锋》3：2；
231《新文学》1：1

沈维葭

85《文艺月刊》4：2；
98《新时代》2：2—3

沈斑纹

209《万象》1：8

沈葆心

195《黄河》2：2

沈雁冰

1《新青年》9：2，9：3，9：4，9：5；
6《解放与改造》3：4；
10《小说月报》12：1，12：2，12：3，12：4，12：5，12：6，12：7，12：8，12：9，12：10，12：11，12：12，12：号外，13：1，13：2，13：3，13：4，13：5，13：6，13：7，13：8，13：9，13：10，13：11，13：12，14：1，14：2，14：3，14：4，14：5，14：6，14：7，14：9，14：10，14：11，14：12，15：1，15：2，15：3，15：4，15：5，15：6，15：8，15：9，15：号外，16：1，16：3，16：6，17：3，17：号外·下；
11《文学周报》5，81，82，93，95，96，116，172，173，174，175，176，177，180，181，182，185，186，190，191，192，194，195，196，199，201，204，234；
13《诗》1：1；
19《小说世界》1：1，1：3

沈联芳

109《论语》54

沈紫曼

98《新时代》1：2，1：3，1：4，

1：5，1：6，2：1，2：2—3，2：4—5，3：1，3：2，3：3，3：4，3：5—6，4：1；
104《矛盾》1：2，1：3—4；
110《小说月刊》1：3，1：4

沈渭源

142《中学生文艺季刊》2：2，2：4

沈翔云

209《万象》2：8

沈曾植

14《学衡》41

沈善坚

51《开明》2：13，2：17，2：21，2：23；
88《读书月刊》2：2

沈寒流

127《人间世》38；
149《逸经》21

沈瑜庆

85《文艺月刊》10：6

沈嗣唐

93《青年界》新3：5

沈雏鹤

19《小说世界》4：5

沈慎乃

1《新青年》2：1

沈蔚德

221《文艺先锋》4：2，10：2

沈毓刚

209《万象》1：8，3：5

沈端先

10《小说月报》19：3；
25《语丝》5：37；
45《现代小说》2：6，3：3，3：4；
55《大众文艺》2：3，2：4，2：5—6；
57《大江》1：2，1：3；
62《海风周报》5；
67《新流月报》1，2，3，4；
74《新文艺》1：2；
75《萌芽》1：2，1：3；
76《拓荒者》1，2，3，4—5；
78《文艺讲座》1；
81《沙仑》1：1；
83《现代文学》1：1；
100《北斗》2：1，2：3—4；
106《现代》3：6；
107《文学月报》1：2，1：3，1：4，1：5—6

沈瘦狂

109《论语》47

沈震寰

11《文学周报》64

沈镇衍

172《七月》1：5

沈默君

274《平原》5

沈澡脩

7《曙光》2：2

沈镣之

93《青年界》2：5

沈懋德
5《少年中国》3：2；
16《努力周报》72
沈蘅仲
109《论语》49，54
沈藻墀
1《新青年》3：5
沈霭美
209《万象》2：3
沁
149《逸经》14，20
沁　生
234《微波》1：2
沁　兰
19《小说世界》4：1，5：9，6：3
沁　民
25《语丝》81
沁　吾
85《文艺月刊》战时特刊2：11—12
羌　笛
109《论语》14，17，19
兑
182《文艺新潮》1：10
完
109《论语》77
宋　元
244《文艺复兴》3：2
宋　本
145《宇宙风》107
宋　介
6《解放与改造》2：2；
7《曙光》1：1，1：2，1：3，1：4，1：5，1：6，2：1，2：2，2：3；
8《新社会》5，15，18；
9《人道》1
宋　文
265《胶东文艺》1：6—7
宋　芝
211《文艺生活》光复版7，光复版11—12，光复版14，光复版18，海外版8，海外版14，海外版15，穗新3；海外版副刊：2，3，4
宋　扬
203《奔流文艺丛刊》1，4
宋　安
93《青年界》8：2；
117《文学》5：1
宋　阳
107《文学月报》1：1，1：3
241《大众文艺》新3
宋　迟
249《白山》创刊号，3，4
宋　郁
145《宇宙风》114
宋　忠
275《文艺丛刊》8
宋　诗
92《文艺新闻》31，32
宋　珑
275《文艺丛刊》创刊号

宋　玳

208《诗创作》13；

262《平原文艺》2：5，2：6

宋　洪

244《文艺复兴》3：4；

264《诗创造》11

宋　耘

141《文艺》6：1；

221《文艺先锋》12：1，12：5

宋　姬

186《宇宙风乙刊》11

宋　铨

211《文艺生活》穗新 4

宋　廉

19《小说世界》8：2

宋　深

265《胶东文艺》1：2

宋　越

117《文学》5：6

宋　雯

265《胶东文艺》1：6—7

宋　霖

237《文学新报》1：4；

244《文艺复兴》3：4

宋一痕

141《文艺》2：4

宋士衍

32《清华文艺》1：5

宋大勋

18《歌谣》21

宋千金

199《野草》新 7 集

宋之的

85《文艺月刊》战时特刊 1：5；

115《文学杂志》1：1，1：2，1：3—4；

125《春光》1：1；

130《当代文学》1：1；

151《文学丛报》2，6；

155《光明》1：4，1：7，1：10，2：2，2：8，3：1；

156《现实文学》1，2；

158《中流》创刊号，1：2，1：6，1：10，2：1；

170《新演剧》1：1，1：2，1：3，新 1：1，复刊号；

172《七月》1：6，3：3，3：4，4：1，5：2；

173《抗战戏剧》创刊号；

177《文艺阵地》6：2；

178《抗战文艺》1：8，1：10，1：12，2：5，2：7，3：1，3：2，6：1，6：2，7：1，文协成立五周年纪念特刊；

179《戏剧新闻》7，8—9；

187《戏剧岗位》3：3—4；

192《文学月报》1：2，3：1；

201《戏剧春秋》创刊号，1：6；

222《青年文艺》新 1：5，新 1：6；

224《天下文章》1：6；

261《东北文艺》2：6；

271《文学战线》1：2；
276《华北文艺》4
宋之琪
109《论语》113
宋小勋
18《歌谣》43
宋云彬
1《新青年》6：1；
93《青年界》12：1；
127《人间世》39，42；
149《逸经》20，34；
178《抗战文艺》4：3—4；
199《野草》创刊号，1：2，1：4，
2：3，3：6，复刊号；
201《戏剧春秋》1：2，2：4；
208《诗创作》6；
211《文艺生活》1：2，光复版 17；
220《文学创作》1：1，1：4；
223《人世间》1：6；
233《当代文艺》1：3
宋凤蔚
264《诗创造》11
宋以忠
145《宇宙风》18，40，66
宋孔显
93《青年界》7：5，9：1，9：4，
10：1
宋书庵
274《平原》2，4，6，14
宋丕显
252《北方文化》1：4
宋汉濯
85《文艺月刊》9：2；
145《宇宙风》89，91，94—95，
96，102，104，110，131
宋永年
93《青年界》9：2
宋邦荣
134《太白》2：4
宋成志
93《青年界》3：2，9：1，10：1，
11：1，12：1
宋匡我
109《论语》107
宋迁今
199《野草》第 6 号
宋庆龄
109《论语》18；
145《宇宙风》50
宋庆疆
40《真美善》5：4
宋聿修
174《抗到底》号外
宋如一
1《新青年》3：4
宋花泉
265《胶东文艺》1：2
宋肖虎
221《文艺先锋》5：3
宋佛心
18《歌谣》52

宋国柱

93《青年界》11：5

宋征般

221《文艺先锋》11：3—4，12：3—4，12：5，12：6，13：1，13：2，13：3

宋泽民

32《清华文艺》1：2，1：5

宋建邦

18《歌谣》62

宋春舫

1《新青年》5：4，7：2；

3《新潮》1：2；

11《文学周报》10；

12《戏剧》1：5；

28《猛进》5，6，14；

93《青年界》9：1，10：1；

109《论语》12，14，32，44，56，91，100；

127《人间世》8，13，16，25，27，33，38，40；

145《宇宙风》6，13，16，19，26，42，48，62；

149《逸经》8

宋皆凡

85《文艺月刊》8：12

宋贵衡

51《开明》2：4

宋炳林

221《文艺先锋》8：3

宋美龄

145 附《宇宙风·逸经·西风非常时期联合旬刊》3

宋祝勤

255《北方》2：1—2

宋太生

141《文艺》1：5—6

宋桂煌

51《开明》1：4

宋振寰

4《国民》1：2

宋悌芬

145《宇宙风》74；

186《宇宙风乙刊》26

宋浩然

141《文艺》1：1

宋海如

11《文学周报》100

宋海艇

274《平原》创刊号

宋雪亭

141《文艺》1：4，1：5—6，5：3

宋清山

85《文艺月刊》10：2

宋清如

85《文艺月刊》4：4，5：2；

106《现代》2：5，3：6，4：6；

137《当代诗刊》1：2；

235《文艺春秋》2：2

宋清和

85《文艺月刊》7：4

宋梁楷
85《文艺月刊》5：2
宋维欧
93《青年界》新 6：2
宋维基
137《当代诗刊》创始号
宋琴心
36《北新》2：9，2：14，2：18，
2：19；
66《华严》1：4；
85《文艺月刊》5：1；
98《新时代》5：4；
112《无名文艺》月刊 1：1；
141《文艺》4：4，4：5，4：6
宋斐如
145《宇宙风》141；
174《抗到底》1，6
宋鲁卿
99《涛声》1：9；
宋寒衣
113《新诗歌》2：2；
126《诗歌月报》1：1；
148《诗歌生活》2；
159《诗歌杂志》3
宋瑞南
93《青年界》新 5：5
宋嗣恂
85《文艺月刊》8：4，9：2，11：
2，战时特刊 1：9
宋谦之
1《新青年》9：3
宋微般
221《文艺先锋》10：6
宋慕法
145《宇宙风》123，130
宋裴如
36《北新》3：16
宋毅贞
109《论语》18
宋衡心
85《文艺月刊》5：4，6：1，6：2；
104《矛盾》2：1，2：3，2：6，
3：1；
123《中国文学》1：1，1：2；
137《当代诗刊》1：3—4；
141《文艺》3：2，4：1，4：2，4：
4，4：5，4：6
宏
19《小说世界》7：13；
85《文艺月刊》战时特刊 2：11—12
宏之
145《宇宙风》80，87，101
宏兮
235《文艺春秋》丛刊 2，丛刊 3
宏文
51《开明》2：5
宏芬
25《语丝》4：38，4：49
宏园
11《文学周报》126
宏徒
10《小说月报》18：1，18：2，18：

3，18：4，18：5，18：6，18：8，18：9，21：7；
11《文学周报》262—263，352，359，372；
117《文学》1：1；
212《文讯》1：2

宏　毅

145《宇宙风》53，57

牢　寒

172《七月》6：1—2；
252《北方文化》2：1，2：4

诃　坍

198《现代文艺》2：3

评　公

145《宇宙风》10

评　梅

25《语丝》104，116，123；
66《华严》1：1，1：2，1：3

识　因

229《艺文杂志》1：2

补　拙

10《小说月报》20：4，20：9，21：1，21：4
37《一般》7：4

补　庵

109《论语》36

补　碎

10《小说月报》14：9

补白子

80《骆驼草》21，23

补血针

98《新文艺》1：1

初　子

109《论语》114

初　平

268《蚂蚁小集》7

初　民

265《胶东文艺》1：5

初　夏

109《论语》49

初　梨

44《文化批判》5

初　霞

209《万象》1：1

初大告

266《中国作家》纪念特刊

罕　因

109《论语》22，107

罕　君

56《乐群》2：7

罕　明

199《野草》2：5—6；
234《微波》1：2；
237《文学新报》1：5

罕　默

199《野草》3：6，4：1—2

启

80《骆驼草》13

启　三

36《北新》2：1，2：9，3：23；
52《山雨》1：1，1：2

启　无
80《骆驼草》6;
138《文饭小品》1：4
229《艺文杂志》1：2
启　予
98《新时代》7：4
启　扬
126《诗歌月报》2：1，2：2
启　修
145《宇宙风》122
启　俊
108《文艺茶话》1：9
启　斋
270《小说》3：2
启　蒂
93《青年界》6：5，8：3
启　煦
26《现代评论》5：124，5：126;
49《畸形》1
启　霖
192《文学月报》3：2—3
启蒙生
11《文学周报》358
良　友
177《文艺阵地》4：3
良　川
52《山雨》1：5
良　太
109《论语》15
良　心
109《论语》79
良　纯
127《人间世》35
良　弼
93《青年界》11：4
张
147《夜莺》1：2
张　力
241《大众文艺》2
张　久
25《语丝》63，65，71，80
张　弓
177《文艺阵地》2：8
张　凡
198《现代文艺》4：3;
211《文艺生活》海外版 20;
224《天下文章》2：3
张　元
111《文化月报》1：1
张　天
136《水星》1：5，1：6，2：1;
139《新小说》1：4
张　友
265《胶东文艺》1：8
张　中
31《甲寅》1：8，1：16
张　仃
202《文艺月报》8;
252《北方文化》1：2;
261《东北文艺》1：2，2：1;
271《文学战线》1：2

张　介
25《语丝》4：6；
221《文艺先锋》13：2
张　凤
37《一般》2：2，3：3
98《新时代》4：1；
99《涛声》2：17；
108《文艺茶话》1：3；
140《芒种》4
张　文
241《文艺大众》6
张　方
264《诗创造》2：2
张　为
261《东北文艺》1：6
张　节
271《文学战线》2：4
张　平
19《小说世界》5：13；
94《现代文学评论》1：3
张　正
209《万象》2：10
张　本
195《黄河》2：9
张　可
177《文艺阵地》2：8
张　四
109《论语》6
张　汉
142《中学生文艺季刊》2：2
张　立
209《万象》2：1
张　玄
127《人间世》37；
145《宇宙风》19
张　兰
209《万象》1：12
张　宁
272《群众文艺》4，6
张　民
85《文艺月刊》战时特刊 2：11—12
张　戎
206《华北文艺》1：2
张　耳
234《微波》1：2
张　成
109《论语》27
张　扬
209《万象》2：11；
221《文艺先锋》5：6
张　匡
51《开明》1：8
张　光
262《平原文艺》2：5
张　帆
18《歌谣》2：14，2：16，2：22，2：28，2：30，2：35，3：8；
142《中学生文艺季刊》2：3；
195《黄河》10；
220《文学创作》2：3

张　早
201《戏剧春秋》创刊号
张　庆
149《逸经》28
张　宇
187《戏剧岗位》2：2—3
张　弛
147《夜莺》1：1；
190《通俗文艺》3
张　阳
221《文艺先锋》11：1，12：1
张　企
270《小说》6：2
张　冰
59《春潮》1：4
张　羽
209《万象》2：6；
227《艺丛》1：2
张　远
165《文丛》2：1
张　芳
159《诗歌杂志》2，3
张　赤
1《新青年》6：5；
5《少年中国》2：3
张　吟
159《诗歌杂志》2，3
张　彻
174《抗到底》26；
195《黄河》4：1；
216《战时文艺》1：2；
221《文艺先锋》7：1，8：5—6
张　忱
252《北方文化》1：6，2：2
张　冶
261《东北文艺》2：3，2：4
张　良
190《通俗文艺》27
张　君
106《现代》6：1；
160《新诗》2：3—4
张　现
181《文艺突击》1：2；
271《文学战线》1：3
张　青
221《文艺先锋》10：3，10：4，
10：6，11：2
张　林
19《小说世界》侦探号
张　苹
18《歌谣》11，37，62，77
张　英
115《文学杂志》2：3
张　招
135《文学新地》1
张　歧
23《文艺周刊》27；
142《中学生文艺季刊》2：2
张　明
267《大众文艺丛刊》2
张　昊
221《文艺先锋》7：4

张　易
133《译文》新 1：5
张　质
180《文艺》3：1，3：2
张　周
85《文艺月刊》战时特刊号外 1；
178《抗战文艺》4：3—4
张　庚
117《文学》5：6；
127《人间世》38；
134《太白》2：11；
135《光明》2：3；
154《文学界》1：1，1：2，1：3；
155《光明》1：1，1：3，1：5，1：6，2：2，2：12，战时号外 4；
61《电影戏剧》1：1，1：3；
164《希望》1：2；
168《戏剧时代》1：1；
170《新演剧》1：1；
172《七月》2：2；
173《抗战戏剧》1：6—7，1：8，2：1；
194《中国文化》1：4，3：2—3；
197《大众文艺》2：3；
201《戏剧春秋》1：4；
224《天下文章》3；
252《北方文化》1：6；
259《东北文化》1：4
张　弦
93《青年界》3：3，新 4：5；
118《文艺春秋》1：2，1：4；
128《小说》10
张　孤
31《甲寅》1：4
张　春
221《文艺先锋》10：3
张　革
18《歌谣刊》3
张　星
104《矛盾》发动号
张　昱
195《黄河》11，2：8
张　钢
183《鲁迅风》10，13
张　复
87《前锋月刊》1：1
张　俗
237《文学新报》1：2
张　皇
68《戏剧与文艺》1：7，1：8—9；
127《人间世》27
张　禹
238《希望》2：3
张　瓴
106《现代》5：3；
116《文艺月报》1：1，1：3
张　音
8《新社会》6
张　洵
145 附《宇宙风·逸经·西风非常时期联合旬刊》5

张　觉
31《甲寅》1：43；
51《开明》1：5
张　宪
186《宇宙风乙刊》12，14，15，17
张　客
173《抗战戏剧》1：6—7，2：4—5；
175《战地》1：2；
180《文艺》1：2；
201《戏剧春秋》1：3，1：5，1：6；
211《文艺生活》1：3，3：5
张　耘
1《新青年》6：3；
272《群众文艺》3
张　素
221《文艺先锋》8：5—6，10：5，
10：6；
224《天下文章》1
张　荷
25《语丝》50
张　晋
8《新社会》1，2，4，5；
11《文学周报》1
张　烈
273《文艺月报》2
张　挚
245《文章》创刊号；
263《文艺知识连丛》1：3
张　健
93《青年界》2：4，6：1，7：3，
8：1，9：1；
225《时与潮文艺》1：1，1：2，
3：5
张　展
262《平原文艺》1：1
张　娴
40《真美善》女作家专号
张　通
274《平原》2
张　骏
45《现代小说》3：2
张　继
3《新潮》2：2
张　琸
159《诗歌杂志》2，3
张　理
121《文化列车》6
张　培
88《读书月刊》2：1
张　萍
141《文艺》4：4
张　萧
159《诗歌杂志》2，3
张　黄
1《新青年》6：3
张　崎
244《文艺复兴》4：2
张　铣
14《学衡》3
张　敏
39《泰东》2：12

张　望
37《一般》3：3，3：4，4：1，4：2，4：3；
117《文学》7：2，8：4；
183《鲁迅风》14；
192《文学月报》1：3；
223《人世间》复刊1；
259《东北文化》1：5，1：6，2：1；
261《东北文艺》2：3，2：4
张　焌
31《甲寅》1：20
张　鸿
170《新演剧》复刊号
张　宿
51《开明》2：4
张　瑛
255《北方》2：1—2
张　琦
265《胶东文艺》1：5
张　琮
18《歌谣》18
张　敬
33《狂飚》周刊8
张　萱
127《人间世》2
张　森
5《少年中国》1：7
张　紫
93《青年界》新3：1；
270《小说》6：5—6
张　锐
275《文艺丛刊》创刊号
张　锋
208《诗创作》14
张　筑
199《野草》5：4
张　傥
51《开明》2：4
张　堡
109《论语》51
张　鲁
265《胶东文艺》1：8
张　焱
109《论语》99
张　瑗
73《南国周刊》14
张　墒
19《小说世界》16：14
张　蓝
241《大众文艺》5，新3，新4
张　蓓
200《新诗歌》2
张　路
245《文章》创刊号，1：3，1：4
张　颔
225《时与潮文艺》5：4
张　煌
176《自由中国》新2：1—2；
177《文艺阵地》4：11；
178《抗战文艺》7：6；
185《笔阵》新1；

191《文艺新闻》8;
192《文学月报》2：6;
208《诗创作》1，3—4，9;
220《文学创作》1：3，2：2;
221《文艺先锋》5：6，6：1，6：2—3;
233《当代文艺》1：3;
234《微波》1：2

张　溥

229《艺文杂志》2：7—8

张　源

11《文学周报》324，327，329

张　螽

245《文章》1：3

张　璋

93《青年界》11：2

张　慧

117《文学》3：3，4：3，5：6，6：1，6：4;
127《人间世》15;
134《太白》1：8，1：9，2：5，2：8，2：9;
150《东方文艺》2：1;
155《光明》2：7，2：8;
172《七月》1：3，3：1;
177《文艺阵地》2：11;
191《文艺新闻》9—10

张　嘈

46《新月》2：7

张　影

134《太白》1：8，1：10

张　毅

209《万象》3：12

张　憬

209《万象》1：2，1：4

张　潜

93《青年界》8：4，8：5，9：1，9：3

张　潮

172《七月》5：4;
213《草叶》3，5;
214《谷雨》1：4

张　慰

109《论语》129

张　鹤

10《小说月报》14：3

张　憨

18《歌谣》75

张　默

199《野草》4：3

张　桎

167《文学杂志》3：3

张　曙

99《涛声》2：29

张　簧

221《文艺先锋》4：3

张　襄

145《宇宙风》121

张　藤

172《七月》2：3

张　曦

31《甲寅》1：30

张　露

141《文艺》3：6

张一山

270《小说》4：4

张一凡

93《青年界》5：5，6：5，7：1，9：1；

94《现代文学评论》2：1—2

张一之

260《呼吸》创刊号

张一正

85《文艺月刊》战时特刊 3：3—4

张一勇

235《文艺春秋》4：6

张一萍

99《涛声》2：17；

141《文艺》3：5

张一麐

145《宇宙风》2，77，78，82，122

张十方

85《文艺月刊》战时特刊 1：10，战时特刊 3：10—11，战时特刊 4：5—6，战时特刊第 11 年 8 月号；

145《宇宙风》127，131；

172《七月》2：5；

195《黄河》复刊 1，复刊 3，复刊 4，复刊 6；

199《野草》3：5，4：1—2；

221《文艺先锋》1：1；

225《时与潮文艺》4：2，5：1，5：5；

253《清明》2；

266《中国作家》纪念特刊

张人权

10《小说月报》14：8；

186《宇宙风乙刊》35

张人俊

45《现代小说》3：3

张九如

31《甲寅》1：40

张乃鸩

246《文坛月报》1：1，1：2，1：3

张力乔

97《创作》1：2

张又君

98《新时代》2：1，4：2

张士令

274《平原》9

张士良

93《青年界》9：1

张大文

55《大众文艺》2：5—6

张大帆

212《文讯》6：7

张大复

127《人间世》7

张大雷

243《文联》1：5

张大旗

141《文艺》6：1；

160《新诗》2：1；

208《诗创作》12；
221《文艺先锋》1：5；
231《新文学》1：2；
239《诗文学》1，2

张大麟

132《文学评论》1：1

张万一

251《文艺杂志》3：4

张万连

252《北方文化》2：6

张万里

225《时与潮文艺》1：1

张广生

274《平原》6

张之维

19《小说世界》6：12

张小怿

14《宇宙风》108；
186《宇宙风乙刊》34

张小波

19《小说世界》8：9，8：11，12：10，12：11

张飞虹

92《文艺新闻》6

张飞瀑

44《文化批判》5

张子三

24《洪水》半月刊 1：6，半月刊 11：8；
45《现代小说》1：6

张子金

19《小说世界》18：4

张子倬

10《小说月报》14：3；
51《开明》1：10，1：11

张子诲

19《小说世界》16：19

张云乔

128《小说月刊》2

张云溪

251《文艺杂志》3：4

张元长

85《文艺月刊》10：6

张元文

31《甲寅》1：26

张元亨

18《歌谣》19，31

张元松

172《七月》4：3，4：4，5：2

张元群

31《甲寅》1：42；
85《文艺月刊》战时特刊 2：11—12

张天一

11《文学周报》124；
51《开明》1：4

张天存

18《歌谣》2：4，2：26

张天芦

264《诗创造》2：1

张天林

251《文艺杂志》1：5

张天泽

93《青年界》8：2；

117《文学》5：1

张天授

18《歌谣》2：21，2：39；

106《现代》6：4；

190《通俗文艺》45

张天虚

169《中国文艺》1：1；

178《抗战文艺》1：8

张天绶

185《笔阵》新1：1

张天璞

145《宇宙风》122

张天翼

10《小说月报》22：10；

50《奔流》1：10；

75《萌芽》1：1，1：2，1：5；

91《文学生活》1；

92《文艺新闻》23；

93《青年界》1：5，8：2；

100《北斗》1：3，1：4，2：1，2：3—4；

106《现代》1：1，1：3，2：1，2：3，2：6，3：1，3：2，3：3，3：4，3：5，3：6，4：1，4：2，4：3，4：4，4：5，5：1，5：4；

107《文学月报》1：2，1：4；

115《文学杂志》1：2；

117《文学》1：1，1：3，1：4，2：2，2：4，3：5，3：6，4：1，5：1，5：3，6：1，6：2，6：4；

122《文学季刊》1：2，1：3，1：4，2：1，2：4；

123《中国文学》1：1；

125《春光》1：2；

129《文艺风景》1：1；

136《水星》1：2，1：4；

138《文饭小品》1：1，1：2；

139《新小说》1：1，1：2；

144《创作》1：2；

147《夜莺》1：3；

150《东方文艺》1：2；

152《作家》1：2，1：6；

153《文季月刊》1：1，1：2，1：4；

156《现实文学》1；

158《中流》创刊号，1：5，2：4，2：5，2：8，2：10；

162《小说家》1：1，1：2；

165《文丛》1：1，1：3；

176《自由中国》新1：1；

177《文艺阵地》1：1，2：2，5：1，6：1；

178《抗战文艺》7：4—5，7：6；

180《文艺》1：1；

192《文学月报》1：6；

198《现代文艺》2：1，2：2；

211《文艺生活》海外版7；

217《文艺杂志》1：1，1：2，1：3，1：4，1：5，1：6，2：1，2：2，2：3，2：4，2：5，2：6；

218《文坛》5；
219《文学批评》创刊号；
220《文学创作》1：3；
222《青年文艺》4；
263《文艺知识连丛》1：1；
267《大众文艺丛刊》6；
270《小说》1：4，2：1，2：2，2：3

张木阳

250《鲁迅文艺》1：2

张五卓

145《宇宙风》28

张友仁

10《小说月报》13：8，17：号外上；
26《现代评论》2：49；
51《开明》1：5

张友松

10《小说月报》16：8，16：9，17：10；
36《北新》2：18，2：19；
59《春潮》1：1，1：2，1：3，1：8；
93《青年界》4：3，6：1，6：2，6：3，6：4，6：5，7：1，7：2，7：3，7：5，8：1，8：3，8：5，9：1，9：4，10：1，10：2，10：4，11：1，11：2，11：3，11：5，12：1

张友鸾

10《小说月报》17：号外下；
15《创造》1：4；
25《语丝》10

张友渔

256《萌芽》1：3

张友栋

14《学衡》70

张友慈

199《野草》创刊号

张少山

265《胶东文艺》1：3

张少凡

252《北方文化》1：5

张中平

51《开明》2：18

张中玄

123《小说月刊》1

张中实

145《宇宙风》54

张仁甫

273《文艺月报》3

张公平

175《战地》1：6

张公谖

223《人世间》2：1

张殳士

241《文艺大众》1

张殳华

51《开明》1：7

张长之

221《文艺先锋》7：6

张长弓

244《文艺复兴》研究号下

张长蘅

8《新社会》3

张丹桂

242《新群众》1：5

张月超

85《文艺月刊》6：5—6；

98《新时代》3：5—6；

123《中国文学》1：2

张月镰

1《新青年》5：5

张文元

85《文艺月刊》战时特刊1：7；

109《论语》100，104，105；

174《抗到底》5；

223《人世间》复刊7；

243《文联》1：5；

253《清明》2；

263《文艺知识连丛》1：4；

270《小说》3：3

张文正

134《太白》1：6

张文成

18《歌谣》33

张文华

51《开明》1：8

张文环

143《杂文》1

张文芳

252《北方文化》2：2

张文昌

10《小说月报》13：10

张文和

51《开明》1：12

张文实

94《现代文学评论》2：1—2

张文阁

251《文艺杂志》4：2

张文亮

25《语丝》5：18；

36《北新》3：7

张文博

109《论语》79

张文澍

14《学衡》1，2

张文麟

93《青年界》10：4；

142《中学生文艺季刊》1：1，1：2，1：3，1：4，2：1，2：2，2：3，3：1；

159《诗歌杂志》1，2，3

张亢宗

93《青年界》9：5

张为纲

18《歌谣》2：29，2：30，2：31，3：1，3：7

张为骐

26《现代评论》7：165，7：180

张心舟

141《文艺》4：3；

160《新诗》1：6

张心鹃

209《万象》1：4，1：6，1：7，1：

8，1：9，1：10，2：3，2：4，2：7，2：10

张双红

98《新时代》4：1

张水华

246《文坛月报》1：3；

259《东北文化》1：4，1：6

张水淇

10《小说月报》18：4；

37《一般》1：4，2：1，2：2，2：3，2：4；

85《文艺月刊》9：6

张书绅

18《歌谣》45

张书箴

4《国民》1：1

张书麟

93《青年界》新5：2

张功元

109《论语》88

张功良

87《前锋月刊》1：7

张平之

259《东北文化》1：4

张平江

108《文艺茶话》1：3

张平群

85《文艺月刊》战时特刊第11年5月号

张丙生

31《甲寅》1：45

张正宇

253《清明》2，4

张正灵

93《青年界》6：2，7：3，7：4

张正藩

12《戏剧》2：3

张玉兴

255《北方》2：1—2

张玉侠

159《诗歌杂志》2，3

张玉德

151《文学丛报》1；

51《开明》2：3

张古愚

245《文章》1：4

张末士

19《小说世界》7：9

张本德

174《抗到底》3

张本元

36《北新》1：29

张世文

109《论语》73

张世威

276《华北文艺》4

张世禄

212《文讯》2：3，4：6—7，4：10—11—12；

225《时与潮文艺》3：6

张世德

272《群众文艺》4

张东川
261《东北文艺》1：4
张东民
1《新青年》9：4
张东荪
4《国民》1：2；
6《解放与改造》3：1
张石川
209《万象》4：3
张石流
221《文艺先锋》1：4；
232《戏剧时代》1：3；
253《清明》创刊号
张右直
31《甲寅》1：37
张左企
93《青年界》7：3，9：1
张北禾
173《抗战戏剧》1：5
张叶舟
145《宇宙风》79，81，83，86，89，90，91，98，99，101，106，111，112，117—118；
180《文艺》2：2；
186《宇宙风乙刊》3；
226《风雨谈》2，4，7，11，14，16
张目寒
28《猛进》35，46；
29《莽原》周刊2
张甲府
25《语丝》35；
174《抗到底》1；
176《自由中国》创刊号，1：2
张四维
18《歌谣》5，10，11，27，37，40，58，81，3：5，周年纪念增刊
张尔田
14《学衡》23，24，26，27，28，33，39，40，43，45，49，52，54，56，57，58，60，64，66，71，74，79
张尔华
109《论语》28
张尔慈
212《文讯》6：8
张禾草（艸）
85《文艺月刊》7：3，7：4，8：3，9：5，战时特刊3：7
张白山
176《自由中国》新1：5—6；
192《文学月报》3：1；
225《时与潮文艺》3：4
张白宇
109《论语》91
张乐平
253《清明》创刊号，2
张汇文
26《现代评论》6：133
张汉农
19《小说世界》8：4

张汉林
11《文学周报》60
张汉辅
85《文艺月刊》1：2
张礼千
212《文讯》7：2
张立云
251《文艺杂志》3：4；
255《北方》2：1—2
张立德
179《戏剧新闻》4
张兰萍
109《论语》54
张永立
212《文讯》2：2
张永年
116《文艺月报》1：1
张永言
1《新青年》1：4，1：6
张永祯
85《文艺月刊》9：5
张永桢
172《七月》3：5
张永善
18《歌谣》31，62
张永禄
215《奔流新集》2
张加洛
265《胶东文艺》1：6—7
张圣才
11《文学周报》115
张民权
26《现代评论》2：47
张邦桢
182《文艺新潮》1：9
张吉如
109《论语》54
张吉宣
209《万象》2：2
张西曼
93《青年界》10：1；
49《逸经》23，33
张庆和
11《文学周报》41
张在民
117《文学》6：4；
199《野草》创刊号
张达夫
18《歌谣》11
张达升
145《宇宙风》45
张尧峰
134《太白》1：6
张贞敏
31《甲寅》1：33
张光人
93《青年界》1：1，1：3
张光宇
177《文艺阵地》6：1，6：2；
212《文讯》6：1；
223《人世间》复刊1，复刊2；
253《清明》2，3

张岂之
241《文艺大众》新 3，新 4
张同光
25《语丝》67
张因凡
142《中学生文艺季刊》3：1
张竹君
19《小说世界》7：5，7：8
张光祺
18《歌谣周刊》3：8
张廷铮
93《青年界》3：5，6：2；
98《新时代》5：2；
104《矛盾》2：5
张廷灏
10《小说月报》13：10
张半黻
98《新时代》2：1
张传普
85《文艺月刊》8：4，9：1
张仲述
18《歌谣》3
张仲实
93《青年界》8：2；
117《文学》5：1；
134《太白》1：11，1：12，2：1，2：3；
194《中国文化》2：3，2：5，3：2—3；
197《大众文艺》1：4
张自疑
127《人间世》6
张行天
36《北新》3：8；
53《思想》1：5
张全恭
98《新时代》3：4；
117《文学》2：6
张会川
117《文学》7：2，8：1；
159《诗歌杂志》3
张企留
21《弥洒》1，3
张企程
161《电影戏剧》1：2
张兆瑾
41《民间文艺》11—12
张兆璋
126《诗歌月报》2：1
张名彦
106《现代》6：4
张旭人
109《论语》54
张亦芹
274《平原》6
张庆云
242《新群众》1：2
张庆滔
93《青年界》新 4：1
张庆璋
176《自由中国》1：3

张庆霖
19《小说世界》2：5，侦探号
张场脩
26《现代评论》2：46
张问天
104《矛盾》发动号
张问心
19《小说世界》7：13
张次溪
93《青年界》12：1
张汝钊
127《人间世》20
张守白
13《诗》1：5
张守常
241《文艺大众》5，新生号
张安人
18《歌谣》60，62，82
张安治
85《文艺月刊》10：1；
211《文艺生活》1：4
张兴文
208《诗创造》12
张讷盦
19《小说世界》12：12
张聿光
85《文艺月刊》7：3
张如心
252《北方文化》1：1，1：2，1：3，1：4，1：6；
259《东北文化》1：1，1：2，1：5
张寿林
18《歌谣》3：6，3：8；
68《戏剧与文艺》1：3；
195《黄河》复刊1，复刊2
张寿朋
1《新青年》5：6
张寿镛
1《新青年》6：1
张进基
109《论语》21
张进德
172《抗战戏剧》1：2
张运池
51《开明》1：10，2：2，2：4
张运时
40《真美善》7：3
张运堂
252《北方文化》1：2
张克成
37《一般》1：3
张克伦
195《黄河》2：10
张克明
92《文艺新闻》30
张克标
10《小说月报》17：2，17：12，20：1，20：3，20：4，20：5，21：2，21：3，21：7，21：8，21：9，22：8
张克盛
229《艺文杂志》1：6

张克楷
51《开明》1：2
张克勤
209《万象》1：12，2：5
张志平
93《青年界》10：2
张志民
270《小说》5：4
张志超
14《学衡》45
张志澄
19《小说世界》14：24
张芸生
274《平原》6，8，13，2：1
张芷华
82《前锋周报》39，42；
26《现代评论》7：161
张芳玉
93《青年界》7：2，8：3，8：4，9：4，11：3
张护兰
1《新青年》3：3
张吻冰
84《开展》6—7
张迪虚
10《小说月报》18：12
张秀中
36《北新》1：7；
206《华北文艺》1：2，1：3，1：4
张秀兰
113《新诗歌》2：4
张秀亚
244《文艺复兴》3：4
张秀岭
93《青年界》11：1
张我军
10《小说月报》21：6；
25《语丝》5：28；
36《北新》3：10，3：16；
116《文艺月报》1：2；
226《风雨谈》11；
229《艺文杂志》1：1，2：1，2：2，2：7—8，3：1—2，3：3，3：4—5
张佐文
36《北新》2：24，3：4，3：9，4：16，4：18
张佐华
51《开明》2：21，2：23，2：25
张攸来
108《文艺茶话》2：3
张伯根
26《现代评论》1：22
张伯符
22《创造周报》36，38
张伯箴
36《北新》1：12；
88《读书月刊》2：6，3：4；
212《文讯》2：4
张佛千
93《青年界》10：1；
195《黄河》1

张佛言
186《宇宙风乙刊》49，50
张近芳
13《诗》1：4
张近溦
23《文艺周刊》8
张余德
18《歌谣》2：1
张含清
174《抗到底》1，4，6
张孚先
18《歌谣周刊》18
张希柽
167《文学杂志》2：5
张应彪
10《小说月报》14：1
张怀素
142《中学生文艺季刊》2：3
张冻麦
19《小说世界》17：2，17：3
张沛霖
109《论语》28，56，72，76，77，80；
127《人间世》16，20，25；
145《宇宙风》45，46，47；
149《逸经》12，26；
186《宇宙风乙刊》10
张宏熹
93《青年界》8：4
张究天
109《论语》137
张君川
212《文讯》3：3，3：4，3：6，4：1，4：10—11—12，7：6；
225《时与潮文艺》2：5；
264《诗创造》10，11；
269《文艺工作》1
张君俊
93《青年界》7：1
张阿良
101《十字街头》2
张武亮
142《中学生文艺季刊》2：2
张松如
175《战地》1：2；
259《东北文化》1：1，1：2，1：5
张松甫
115《文学杂志》1：3—4
张松涛
19《小说世界》4：7，6：12，8：6，8：7，8：8，侦探号
张松菴
254《热潮》创刊号
张枕绿
19《小说世界》2：7，2：9，3：5，3：10，3：12，4：2，4：4，4：5，4：11，5：2，5：12，12：3，13：2，13：4，13：6，14：11，14：15，14：16，15：14，16：12
张直觉
11《文学周报》337；

36《北新》3：15；
59《春潮》1：7
张直舆
209《万象》1：6，1：8，1：10，1：11，1：12
张若名
221《文艺先锋》12：2
张若谷
10《小说月报》17：1，17：2，17：3，17：4，17：5，17：6，17：7，17：8，17：9，17：10，17：11，18：1；
11《文学周报》188，195，203，207，224，228；
25《语丝》58；
40《真美善》2：4，2：5，2：6，3：1，3：3，3：4，4：1；
46《新月》4：1；
85《文艺月刊》战时特刊：第11年1月号，第11年5月号战时特刊；
89《当代文艺》2：5；
98《新时代》1：2，1：3，2：1，3：5—6，6：1
张若英
150《东方文艺》2：1；
155《光明》1：4，1：7，1：12；
157《今代文艺》1：3
张若茗
221《文艺先锋》9：1，9：2
张若珺
264《诗创造》11
张英白
116《文艺月报》1：1，1：2
张英超
128《小说月报》5
张茗生
39《泰东》1：7
张杰三
174《抗到底》3
张其平
99《涛声》1：33
张其昀
14《学衡》5，41
张其春
212《文讯》6：4；
221《文艺先锋》7：2，8：5—6，9：2，9：3—4
张其琛
36《北新》1：33
张雨帆
98《新时代》5：2
张雨鹃
142《中学生文艺季刊》2：1
张郁廉
175《战地》1：5；
177《文艺阵地》1：1；
178《抗战文艺》3：12；
192《文学月报》2：5
张拙如
209《万象》2：2，2：4

张贤筱
109《论语》149，151
张非怯
22《创造周报》29
张尚之
198《现代文艺》5：6，6：1；
224《天下文章》2：2
张味苹
19《小说世界》15：16，16：22
张鸣春
85《文艺月刊》4：2，4：5，4：6，5：1，5：3，5：4，5：5，5：6，6：1，6：2，6：3；
110《小说月刊》1：1，1：2；
121《文化列车》11
张鸣琦
26《现代评论》4：87，4：88；
68《戏剧与文艺》1：1，1：2，1：3，1：4，1：6，1：10—11；
130《当代文学》1：3；
168《戏剧时代》1：1；
229《艺文杂志》1：1
张明仁
155《光明》2：4
张明仕
127《人间世》39
张明权
262《平原文艺》1：2，2：3，2：4，2：5；
274《平原》4，10，3：4，3：5，3：6
张明养
93《青年界》8：2；
117《文学》5：1；
134《太白》2：4
张昌炘
26《现代评论》2：38
张罗天
143《杂文》2：1，5—6；
150《东方文艺》1：1
张国仁
145《宇宙风》114
张国威
18《歌谣》5，37
张国亮
253《清明》2
张国炽
173《抗战戏剧》2：2—3
张国晖
88《读书月刊》1：6
张国础
274《平原》4，5，9
张国焘
1《新青年》季刊2
张知子
36《北新》3：20—21
张知言
26《现代评论》6：148
张季平
82《前锋周报》7，11，12，13，14，15，16，21，23，24，25，26；
94《现代文学评论》1：1，1：2

张季纯
115《文学杂志》1：2；
155《光明》3：4；
168《戏剧时代》1：3；
170《新演剧》1：3，复刊号；
177《文艺阵地》2：1；
187《戏剧岗位》1：2—3，1：4，2：1；
189《西线文艺》1：2；
224《天下文章》2：1；
272《群众文艺》2，10
张秉铎
178《抗战文艺》6：1
张佳佩
263《文艺知识连丛》1：4
张佩宜
85《文艺月刊》战时特刊2：11—12
张岱年
46《新月》4：5
张欣歌
18《歌谣周刊》3：9
张舍我
19《小说世界》1：2，1：7，1：8，2：2，2：5，3：6，4：1，17：3，18：1
张金石
84《开展》2
张泽丰
149《逸经》15
张泽枋
141《文艺》1：1
张泽厚
19《小说世界》13：25，15：15；
39《泰东》2：3；
88《读书月刊》1：3—4，3：1—2，3：5；
92《文艺新闻》31，35，44；
155《光明》1：8
张治忠
85《文艺月刊》战时特刊2：5
张宝仁
273《文艺月报》4
张宝聚
51《开明》1：9
张宗植
36《北新》4：15；
92《文艺新闻》12
张定钊
25《语丝》100
张定璜
15《创造》1：4；
25《语丝》4，6，15，21，23，34，59，71；
26《现代评论》1：7，1：8，1：14，1：18；
28《猛进》1，4，12，16；
29《莽原》半月刊：1：7—8，1：19，1：20，1：21，1：22，1：23，1：24；
35《沉钟》3，6
张学成
271《文学战线》1：5—6

张学武
24《洪水》半月刊 2：21
张居本
18《歌谣》2：3，2：12，2：13，
2：14
张建猷
137《当代诗刊》1：3—4
张绍杰
261《东北文艺》2：1
张孟昭
145《宇宙风》63
张孟闻
25《语丝》4：17
张承先
274《平原》2：2
张承珍
127《人间世》40
张承道
51《开明》2：25，2：26
张春山
274《平原》2：3，2：5
张春风
145《宇宙风》132，140，142，143，
144—145，151
张春桥
113《新诗歌》2：2；
122《文学季刊》1：4；
134《太白》1：8，2：9；
144《创作》1：1；
150《东方文艺》1：3；
154《文学界》1：3；
156《现实文学》2；
157《今代文艺》1：1；
158《中流》2：10；
162《小说家》1：1；
175《战地》1：1；
178《抗战文艺》1：5；
205《五十年代》创刊号
张契渠
195《黄河》11，复刊 4；
221《文艺先锋》10：1，11：3—4；
223《人世间》复刊 3
张茜莲
221《文艺先锋》10：6
张茵海
159《诗歌杂志》3
张荫麟
14《学衡》21，39，40，42，44，
49，56，58，61，62，64，66，
67，69，70，74；
32《清华文艺》1：2
张厚载
1《新青年》4：6，5：4；
3《新潮》1：4
张威廉
10《小说月报》20：10，20：12；
221《文艺先锋》10：4，11：6，
12：1
张拾遗
13《诗》1：4，1：5，2：1
张显元
26《现代评论》4：90

张星舫
137《当代诗刊》1：3—4
张思义
109《论语》148
张秋人
1《新青年》季刊 2
张秋虫
19《小说世界》17：1，17：2；
209《万象》2：2，号外
张秋樵
160《新诗》2：3—4
张钦佩
11《文学周报》356；
36《北新》3：23
张钧若
235《文艺春秋》5：5，7：6
张香山
51《开明》2：19；
131《东流》2：1，2：2，2：3，2：4，3：1；
134《太白》2：6；
140《芒种》9—10；
143《杂文》1，2，3，2：1，2：2；
150《东方文艺》1：1，1：2，1：3，2：1；
152《作家》1：4，1：6；
154《文学界》1：3；
206《华北文艺》1：3；
251《文艺杂志》1：4；
255《北方》1：1，1：2
张保哲
109《论语》148
张剑颖
272《群众文艺》3
张剑魂
195《黄河》3
张恨水
85《文艺月刊》战时特刊 2：9—10，战时特刊 2：11—12；
141《文艺》6：1；
178《抗战文艺》3：11，7：4—5；
209《万象》1：1，1：2，1：3，1：4，1：5，1：6，1：7，1：8，1：9，1：10，1：11，1：12，2：1，2：2，2：3，2：4，2：5，2：6，2：7，2：8，2：9，2：10，2：11，2：12，3：1，3：2，3：3，3：4，3：5，3：6，3：7，3：8；
247《人民文艺》3
张闻天
5《少年中国》3：2，4：4，4：7，4：11，4：12；
10《小说月报》12：号外，13：2，14：7，14：8，14：12，15：4，15：5，15：6，15：7，15：9，15：10，15：11，15：12，16：5；
22《创造周报》25
张闻哲
88《读书月刊》2：1

张洪岛
221《文艺先锋》3：1
张洞光
241《文艺大众》4
张洛蒂
141《文艺》4：1
张总宛
142《中学生文艺季刊》2：2
张觉民
29《莽原》周刊3
张觉任
37《一般》1：4
张宫廉
145《宇宙风》11
张客公
31《甲寅》1：9
张说实
39《泰东》2：7
张祖荫
1《新青年》4：3
张祖基
18《歌谣》43，57
张祝龄
109《逸经》8
张屏翰
19《小说世界》18：2
张桂云
261《东北文艺》1：4
张真如
26《现代评论》1：10
张真淑
209《万象》1：11
张莲君
209《万象》2：3
张荻寒
19《小说世界》16：24
张莘权
209《万象》3：3
张载人
85《文艺月刊》8：3；
108《文艺茶话》1：8；
198《现代文艺》6：2
张殊明
211《文艺生活》光复版13，光复版14，光复版16，海外版2，海外版5
张原松
172《七月》6：1—2
张厚絜
6《解放与改造》4：9
张振亚
117《文学》8：2；
158《中流》创刊号，1：14；
178《抗战文艺》4：5—6；
181《文艺突击》1：4；
184《文艺战线》1：2，1：3
张振声
209《万象》1：9，2：2，2：6，2：8，2：10
张振荣
251《文艺杂志》4：2

张振乾
159《诗歌杂志》1，2，3
张振铎
108《文艺茶话》2：4
张振楣
186《宇宙风乙刊》14，31，40；
244《文艺复兴》3：3
张振翱
18《歌谣》28
张峻松
145 附《宇宙风·逸经·西风非常时期联合旬刊》6；
149《逸经》3
张晓天
10《小说月报》15：11，16：11
张晓岑
134《太白》1：11
张晓峰
134《太白》1：6
张晓槐
88《读书月刊》2：1，2：2
张眠月
11《文学周报》328，360；
130《当代文学》1：5
张思骏
41《民间文艺》9—10
张特立
1《新青年》不定期刊 2
张铁夫
197《大众文艺》2：2；
200《新诗歌》6；
213《草叶》4，6；
250《鲁迅文艺》1：3
张铁弦
10《小说月报》22：3，22：8
张健帆
93《青年界》新 1：2；
209《万象》1：1
张健甫
219《文学批评》创刊号，2
张颂华
51《开明》2：18
张航庐
92《文艺新闻》12
张爱玲
209《万象》3：2，3：3，3：5，3：7，3：8，3：9，3：10，3：11，3：12
张奚若
26《现代评论》1：15，1：17，1：22，1：26，2：28，第二周年增刊，5：113，5：114，5：118，5：121，5：122，5：123，6：152，7：160；
28《猛进》6，13
张逢汉
25《语丝》5：26；
50《奔流》2：3
张效良
51《开明》1：9
张效敏
31《甲寅》1：25

张高峰
195《黄河》2：9
张竞生
37《一般》1：3
张席人
263《文艺知识连丛》1：4
张浩瀑
108《文艺茶话》2：4；
109《论语》30
张海平
195《黄河》复刊5，复刊6
张海波
262《平原文艺》1：4
张润卿
45《现代小说》2：1
张润燕
195《黄河》复刊2
张家乾
88《读书月刊》2：1
张家辅
16《努力周报》63；
24《洪水》半月刊2：21；周年增刊
张家谋
85《文艺月刊》战时特刊第11年9月号
张家耀
98《新时代》2：1，2：2—3，3：1，3：3
张资平
15《创造》1：1，1：2，1：3，1：4，2：1，2：2；
22《创造周报》9，10，49；
24《洪水》半月刊：1：4，1：5，1：10—11，2：14；
26《现代评论》2：35，3：65，第二周年增刊；
34《创造月刊》1：1，1：2，1：3，1：5，1：6，1：8，1：10，2：1；
49《畸形》2；
55《大众文艺》2：1；
56《乐群》月刊1：1，月刊1：2，月刊1：3，月刊1：5，月刊1：6，月刊2：7，月刊2：8，月刊2：9，月刊2：10，月刊2：11，月刊2：12，半月刊1，半月刊2，半月刊3；
89《当代文艺》1：1，1：2，1：3，1：4，1：5，1：6；
94《现代文学评论》1：1，1：2，1：3，2：1—2，2：3，3：1；
98《新时代》4：3，5：1；
99《涛声》1：23；
103《絜茜》创刊号；
104《矛盾》2：1；
106《现代》3：2；
123《中国文学》1：3—4，2：2
张资珙
26《现代评论》3：71
张谅辅
33《狂飙》周刊11
张骏祥
167《文学杂志》1：4；

187《戏剧岗位》2：4—5—6；
193《戏剧与文学》1：1；
209《万象》3：7；
218《文坛》8；
221《文艺先锋》1：2，1：3，3：1，5：4；
232《戏剧时代》创刊号，1：4—5，1：6；
243《文联》1：2，1：3；
245《文章》1：3；
253《清明》2

张继之

109《论语》54

张继贞

93《青年界》10：2

张继纯

63《戏剧与文艺》1：3，1：4，1：5，1：7，1：8—9，1：10—11，2：1—2

张理夫

88《读书月刊》1：3—4

张梅奇

58《白华》1：3

张梓生

10《小说月报》21：5

张乾昌

41《民间文艺》3

张菱翂

109《论语》86

张萍川

67《新流月报》1

张萍桥

131《奔流》2：2

张曹衣

109《论语》31

张梦九

5《少年中国》2：6，3：7，4：11

张梦尼

85《文艺月刊》10：3

张梦麟

10《小说月报》21：1；
106《现代》5：6；
138《文饭小品》1：2；
155《光明》2：2

张雪玲

162《小说家》1：1

张常人

85《文艺月刊》战时特刊1：5

张啸林

109《论语》54

张跃渊

19《小说世界》14：22

张崧年

1《新青年》3：2，5：4，6：3，7：1，7：2，7：3，8：2，8：3，8：4，9：3，9：6；
3《新潮》1：2，1：4；
5《少年中国》1：4；
25《语丝》46；
26《现代评论》2：33；
31《甲寅》1：16，1：17，1：19，1：23

张崇文

106《现代》4：6

张铭敔

222《青年文艺》4

张铭锜

93《青年界》10：3

张铭锡

274《平原》5，7

张银涛

149《逸经》36

张象恭

145附《宇宙风·逸经·西风非常时期联合旬刊》6

张逸之

19《小说世界》16：10

张逸非

51《开明》2：14，2：19

张维德

109《论语》60

张清水

18《歌谣》2：19

张鸿朋

93《青年界》新4：4

张鸿儒

18《歌谣》41，42；

242《新群众》2：3

张鸿瑞

18《歌谣》41，42

张维桢

26《现代评论》7：172，7：177

张维祺

10《小说月报》13：5，14：2，14：12，15：5，15：7；

11《文学周报》101；

57《大江》1：2

张维琪

11《文学周报》102，123，127

张琳铮

99《涛声》2：8

张植顺

187《戏剧岗位》2：2—3

张棣昌

261《东北文艺》创刊号

张棣赓

272《群众文艺》11—12

张联沛

36《北新》2：11

张葆真

141《文艺》1：5—6

张惠良

141《文艺》1：1，4：4；

221《文艺先锋》5：5

张惠宜

208《诗创作》12

张惠春

251《文艺杂志》4：3

张惠剑

19《小说世界》14：24

张雄飞

99《涛声》2：44

张雄武
117《文学》3：3
张景阁
93《青年界》10：4
张舒培
141《文艺》4：3
张焕文
123《中国文学》1：2
张渺津
39《泰东》2：8
张渭泾
13《诗》2：2
张寒晖
68《戏剧与文艺》1：6
张道藩
63《金屋》1：1，1：7；
85《文艺月刊》5：3，6：5—6，8：4，8：6，10：4—5，战时特刊 2：4，战时特刊第 11 年 10 月号；
141《文艺》6：3；
173《抗战戏剧》1：4；
179《戏剧新闻》创刊号，8—9；
221《文艺先锋》1：1，1：5，1：6，10：2，11：2，12：5
张普寿
159《诗歌杂志》3
张富昌
251《文艺杂志》4：4
张谦安
149《逸经》23，24
张禄如
117《文学》2：3；
133《译文》1：2，1：3，1：6
张缓图
19《小说世界》11：10，11：11，11：12，11：13，12：3，12：4，12：7
张椿年
1《新青年》9：5
张蓝朴
68《戏剧与文艺》1：8—9
张蓉初
93《青年界》12：1
张感明
117《文学》4：2
张煦侯
31《甲寅》1：32
张稚庐
10《小说月报》22：1；
94《现代文学评论》1：2，1：3
张锡辰
18《歌谣》75
张锦钊
209《万象》1：5，1：6
张微灵
128《小说》12
张遥青
51《开明》1：2
张鹏一
14《学衡》4，8，17

张歆海

26《现代评论》1∶4

张韵清

51《开明》2∶24

张新熵

36《北新》3∶1

张廉纪

242《新群众》1∶2

张满弓

276《华北文艺》4

张谨之

85《文艺月刊》10∶1，10∶2

张殿清

93《青年界》新 4∶5

张静平

134《太白》1∶10，1∶11，1∶12，2∶2

张静伦

221《文艺先锋》11∶2

张静庐

178《抗战文艺》7∶2—3；

218《文坛》创刊号，4；

224《天下文章》2，5

张碧生

251《文艺杂志》3∶2

张碧润

19《小说世界》15∶18

张碧梧

19《小说世界》1∶6，1∶7，1∶12，2∶2，2∶4，2∶6，2∶7，2∶8，3∶1，3∶6，3∶9，3∶10，3∶12，4∶1，4∶2，4∶4，4∶10，4∶12，5∶1，5∶2，5∶3，5∶5，5∶7，5∶9，7∶1，7∶9，7∶13，8∶1，8∶2，8∶3，8∶4，8∶5，8∶6，8∶7，8∶8，8∶9，8∶10，8∶12，8∶13，9∶1，9∶2，9∶4，9∶6，9∶9，10∶10，11∶1，11∶11，11∶12，13∶11，13∶15，13∶20，13∶21，13∶22，13∶23，14∶3，14∶4，14∶9，14∶23，14∶24，15∶2，15∶7，15∶9，15∶13，15∶20，16∶1，16∶5，16∶7，16∶8，16∶11，16∶12，16∶16，16∶23，16∶24，侦探号

张嘉谋

85《文艺月刊》战时特刊：第 11 年 4 月号，第 11 年 9 月号；

225《时与潮文艺》1∶1

张嘉铸

46《新月》1∶3，1∶11

张聚麟

195《黄河》7

张霁虹

31《甲寅》1∶41

张睿明

84《开展》12

张瘦鹤

93《青年界》8∶3，10∶2

张漾兮

172《七月》5∶4；

185《笔阵》新 4，革新 1

张粹中

155《光明》1：11

张璇铭

40《真美善》6：4

张慧观

40《真美善》2：4

张慧灵

73《南国周刊》1：9

张慧剑

19《小说世界》15：6，15：10，15：11，15：19，15：20，15：21，15：22，16：2，16：5，16：7，16：9，16：11，16：12，16：13，16：17，16：22，16：23，16：24，16：25，17：4

张慧琴

209《万象》2：11

张敷荣

14《学衡》39

张震旦

51《开明》2：26；

212《文讯》6：2，6：3，6：5，6：7，6：8

张震涛

18《歌谣》12

张震寰

142《中学生文艺季刊》3：2

张德成

179《戏剧新闻》8—9

张德昌

46《新月》4：6

张德溥

145《宇宙风》121，109

张毅汉

19《小说世界》1：8

张鹤令

142《中学生文艺季刊》2：1

张鹤群

10《小说月报》14：2，14：3，14：4，14：5；

13《诗》2：1，2：2；

127《人间世》36

张慰华

19《小说世界》13：19；

25《语丝》89

张慰慈

1《新青年》7：2，7：3，7：6，8：1，8：4，8：6；

6《解放与改造》3：5；

16《努力周报》2，3；

26《现代评论》2：33，第二周年增刊，6：143

张履祥

159《诗歌杂志》2，3

张樵子

109《论语》162

张醒民

272《群众文艺》2

张醒吾

18《歌谣》35

张薇之

216《战时文艺》2：2

张默生

145《宇宙风》100；

174《抗到底》18；

186《宇宙风乙刊》30，54，55，56

张默僧

186《宇宙风乙刊》39

张镜予

26《现代评论》5：115

张镜轩

10《小说月报》12：11

张镜潭

225《时与潮文艺》2：4，3：4

张穆堂

19《小说世界》12：9

张赞勋

18《歌谣》11，13

张懋森

93《青年界》11：1，11：5，12：1，新2：1，新2：3，新3：5

张翼枢

31《甲寅》1：35

张耀南

10《小说月报》14：8，15：2，15：7，15：8，15：10；

11《文学周报》142；

24《洪水》半月刊2：21；

141《文艺》4：3

张耀卿

19《小说世界》7：1

张耀翔

1《新青年》5：6；

93《青年界》新2：4，新4：1

张露薇

85《文艺月刊》5：3，5：4，5：5，5：6，6：1，6：2，6：4；

104《矛盾》3：1；

106《现代》5：2，6：1；

109《论语》39；

115《文学杂志》1：1；

117《文学》2：4

张麟武

18《歌谣》75

即

263《文艺知识连丛》1：3

灵 凤

24《洪水》半月刊：1：5，1：6，1：7；

38《幻洲》1：1，1：2，1：3，1：4，1：5，1：10，1：11，2：1，2：4，2：6；

45《现代小说》1：6，3：5—6

灵 丝

109《论语》91

灵 光

10《小说月报》12：号外；

22《创造周报》3，8，10

灵 均

25《语丝》42

灵 声

45《现代小说》五一特刊

灵　芬
19《小说世界》1：6，1：11，3：3
灵　和
127《人间世》33
灵　修
138《文饭小品》1：5
灵　泉
32《清华文艺》1：4
灵　珠
223《人世间》1：5；
267《大众文艺丛刊》3
灵　原
212《文讯》6：9
灵　犀
109《论语》13；
140《芒种》7，8；
209《万象》3：6
尾　生
99《涛声》2：6
尾　灵
149《逸经》5
君
99《涛声》1：16，1：17，1：18；
112《无名文艺》月刊1：1
君　川
93《青年界》4：3；
212《文讯》4：10—11—12
君　之
42《中学生文艺季刊》1：2
君　井
109《论语》28
君　友
182《文艺新潮》1：6
君　介
229《艺文杂志》1：1，1：3，1：6
君　壬
37《一般》7：3，8：1
君　水
55《大众文艺》2：4
君　劢
6《解放与改造》1：2，1：4，1：5，1：6，2：3，2：4，2：8，2：9，2：11，2：12，2：14，3：1，3：4，3：6，3：7，3：9，3：10，3：11，3：12，4：1，4：2，4：5，4：6；
16《努力周报》8，50，51
君　平
145《宇宙风》66
君　玉
235《文艺春秋》2：2，2：3
君　左
3《新潮》1：4；
6《解放与改造》3：1；
10《小说月报》17：号外下
君　田
221《文艺先锋》11：3—4
君　朴
221《文艺先锋》9：5—6
君　西
203《奔流文艺丛刊》6

君　达

19《小说世界》10：6

君　迈

51《开明》1：7

君　乔

55《大众文艺》1：3

君　行

93《青年界》5：1，5：3，5：4，6：2，6：5，7：2，8：2，8：5，9：4，9：5，11：3

君　羊

36《北新》3：20—21，4：10

君　军

236《高原》新1：1，新1：2，新1：3

君　评

66《华严》1：1

君　匋

51《开明》1：12；
177《文艺阵地》5：1

君　怡

26《现代评论》6：131

君　宜

235《文艺春秋》丛刊1

君　实

85《文艺月刊》5：1，5：2；
93《青年界》12：1；
106《现代评论》6：2，6：3，6：4

君　练

59《春潮》1：6

君　南

19《小说世界》16：13，16：22

君　勉

18《歌谣》2：9；
40《真美善》5：2

君　彦

10《小说月报》15·号外

君　度

85《文艺月刊》8：5；
158《中流》1：8

君　亮

85《文艺月刊》8：3

君　素

38《幻洲》1：8

君　格

20《浅草》1：4

君　哲

19《小说世界》1：10，8：12

君　健

36《北新》3：22，3：23，4：9

君　席

155《光明》2：10

君　淦

34《创造月刊》2：1；
44《文化批判》4

君　浩

31《甲寅》1：42，1：43

君　弱

167《文学杂志》3：1；
270《小说》1：4

君　培
20《浅草》1：3；
23《文艺周刊》46；
35《沉钟》9；
256《萌芽》1：1
君　乾
221《文艺先锋》11：6
君　曼
145《宇宙风》44
君　望
25《语丝》4：19
君　隐
25《语丝》5：32
君　锐
56《乐群》2：7
君　寒
31《甲寅》1：41，1：44
君　博
191《文艺新闻》2，4，6，7；
209《万象》2：7
君　翘
211《文艺生活》光复版 10
君　谦
262《平原文艺》2：2；
274《平原》13
君　蔷
136《水星》1：1
君　韶
25《语丝》40
陆
25《语丝》4：21
陆　风
252《北方文化》1：2，2：2
陆　平
109《论语》57
陆　石
202《文艺月报》14
陆　田
85《文艺月报》战时特刊 2：8；
177《文艺阵地》4：2，4：4，4：6；
192《文学月报》2：6；
212《文讯》7：2；
245《文章》1：3
陆　用
122《文学季刊》1：2
陆　地
211《文艺生活》穗新 5；
214《谷雨》1：4；
259《东北文化》1：1；
261《东北文艺》创刊号，1：3，2：2；
271《文学战线》2：5
陆　旭
109《论语》52；
134《太白》1：5
陆　丽
98《新时代》4：3
陆　克
183《鲁迅风》15，17
陆　沉
51《开明》2：25；
98《新时代》2：1；

195《黄河》11；
235《文艺春秋》丛刊4
陆 诒
85《文艺新闻》战时特刊6
陆 坪
117《文学》8：5
陆 荆
200《新诗歌》1，3
陆 垚
46《新月》1：8，2：8
陆 泉
267《大众文艺丛刊》4
陆 钧
142《中学生文艺季刊》1：2，2：2，2：4
陆 俊
31《甲寅》1：19
陆 洋
209《万象》2：10
陆 莹
202《文艺月报》16
陆 离
158《中流》1：5
陆 浮
187《戏剧岗位》1：5—6
陆 骏
109《论语》92
陆 敏
165《文丛》1：1
陆 惭
138《文饭小品》1：4
陆 烽
242《新群众》2：5
陆 维
229《艺文杂志》2：3
陆 蒂
209《万象》1：7，2：3
陆 湘
98《新时代》1：5
陆 痳
203《奔流文艺丛刊》2；
207《时代文学》1：1
陆 微
93《青年界》新6：4
陆 霁
249《白山》5，6
陆 綦
159《诗歌杂志》2，3
陆 擎
170《新演剧》1：3，1：4，复刊号；
211《文艺生活》光复版16，海外版6
陆 襄
109《论语》132
陆 巍
221《文艺先锋》10：5
陆 鑫
122《文学季刊》2：4；
133《译文》1：5；
145《宇宙风》79，84，88，91，100；
152《作家》1：4；
153《文季月刊》1：2，1：3，1：

4，1∶6，2∶1；
158《中流》创刊号；
165《文丛》1∶1，1∶3；
171《烽火（呐喊）》4，8
陆一远
56《乐群》3∶13
陆人骥
93《青年界》新1∶1
陆士良
51《开明》1∶8
陆士源
235《文艺春秋》丛刊5
陆才甫
2《每周评论》22
陆上之
93《青年界》8∶2
陆凡夫
31《甲寅》1∶13
陆之上
106《现代》5∶6
陆小曼
46《新月》1∶2，1∶3；
226《风雨谈》11
陆少懿
122《文学季刊》2∶4；
133《译文》新1∶5，新1∶6；
153《文季月刊》1∶1，1∶2，1∶4
陆仁寿
93《青年界》8∶1；
221《文艺先锋》7；6，9∶2
陆公大
127《人间世》34，42
陆丹林
93《青年界》新6∶1；
128《小说》3；
145《宇宙风》57，59，63，64，67，133，135—136，137，141；
145附《宇宙风·逸经·西风非常时期联合旬刊》1，2，4，6，7；
149《逸经》1，2，6，13，15，17，18，22，23，25，27，29，31，33，34，35，36；
186《宇宙风乙刊》3，11；
195《黄河》1，2，3，6，复刊4，复刊6；
221《文艺先锋》3∶6，4∶4
陆以正
209《万象》2∶4
陆印全
85《文艺月刊》8∶3，战时特刊11∶2；
98《新时代》6∶2；
104《矛盾》2∶2；
108《文艺茶话》2∶4，2∶6，2∶7，2∶10；
123《中国文学》1∶1，1∶2，1∶3—4；
126《诗歌月报》1∶1，1∶2，1∶3，1∶4，1∶5
陆印泉
85《文艺月刊》战时特刊：1∶5，

1：6，2：11—12，3：1—2，3：3—4，3：7；
104《矛盾》3：1；
126《诗歌月报》2：1；
195《黄河》3：1，4：1；
216《战时文艺》1：6；
221《文艺先锋》2：1

陆立之

83《现代文学》1：2，1：4

陆兰勋

85《文艺月刊》9：1

陆吉平

235《文艺春秋》5：3；
264《诗创造》3

陆贞明

40《真美善》5：6

陆传籍

212《文讯》2：3，4：6—7；
224《天下文章》4

陆仲陶

51《开明》1：1

陆衣言

93《青年界》8：2；
117《文学》5：1

陆冲岚

235《文艺春秋》4：3

陆守伦

246《文坛月报》1：1

陆守怀

142《中学生文艺季刊》1：1

陆志韦

5《少年中国》2：11；
110《小说月刊》1：4；
160《新诗》1：5；
167《文学杂志》1：2，1：3，2：4，2：6，2：9

陆志庠

85《文艺月刊》战时特刊：1：10，1：11，1：12，2：4；
128《小说》7；
253《清明》4；
270《小说》2：4

陆鸣秋

109《论语》16，17；
264《诗创造》2：1

陆侃如

10《小说月报》17：号外·上，19：9；
11《文学周报》68，276—277，344；
17《读书杂志》2，4，17；
18《歌谣》2：28；
23《文艺周刊》36；
46《新月》1：5；
127《人间世》10，36；
145《宇宙风》41，79；
212《文讯》8：3；
221《文艺先锋》1：4，3：2，3：5，8：1；
228《中原》创刊号，1：2

陆含淑

117《文学》3：3

陆尚功
10《小说月报》13：1
陆明悔
12《戏剧》1：3，2：2，2：4
陆昌龄
26《现代评论》7：183，7：184，7：185
陆迪炎
93《青年界》新3：4
陆质君
145《宇宙风》46
陆定一
24《洪水》半月刊：2：20，2：23—24，周年增刊；
37《一般》1：3；
177《文艺阵地》1：1，1：8
陆春霖
106《现代》4：3
陆秋人
10《小说月报》17：1
陆保康
88《读书月刊》2：2
陆律西
19《小说世界》2：9，3：4，3：6，3：12，5：7，5：11，7：2，7：6，12：5
陆独步
109《论语》40
陆祖鼎
14《学衡》44
陆扆扬
212《文讯》6：6
陆原豪
222《青年文艺》5
陆特英
142《中学生文艺季刊》2：2，3：2
陆海平
26《现代评论》3：77
陆海防
26《现代评论》2：41
陆海空
142《中学生文艺季刊》1：2
陆曼影
108《文艺茶话》2：8
陆象贤
142《中学生文艺季刊》1：2
陆隐我
109《论语》91，94
陆维钊
14《学衡》46，50；
138《文饭小品》1：1
陆维特
198《现代文艺》4：1
陆森年
145《宇宙风》81
陆晶清
85《文艺月刊》战时特刊：号外1，3：10—11；
178《抗战文艺》4：3—4；
223《人世间》复刊1

陆鼎揆
6《解放与改造》3：9；
31《甲寅》1：17
陆鲁一
84《开展》5；
89《当代文艺》1：6
陆绿曦
115《文学杂志》1：2，1：3—4
陆筱丹
145 附《宇宙风·逸经·西风非常时期联合旬刊》3，4
陆新球
134《太白》1：12
陆豫初
36《北新》3：1，3：4，3：20—21
陆懋德
14《学衡》41，43，55
际 亨
39《泰东》1：7
际 安
2《每周评论》19
阿 Q
183《鲁迅风》17
阿 二
101《十字街头》1，3
阿 三
260《呼吸》创刊号
阿 凡
247《人民文艺》5
阿 友
19《小说世界》7：6
阿 历
32《清华文艺》1：5
阿 四
92《文艺新闻》57
阿 仁
177《文艺阵地》3：2
阿 毛
75《萌芽》1：5
阿 风
195《黄河》复刊 1
阿 文
109《论语》23；
189《戏剧岗位》3：5—6
阿 艾
139《新小说》2：1
阿 四
135《文学新地》1
阿 尔
252《北方文化》2：2；
259《东北文化》1：4
阿 白
132《文学评论》1：1
阿 礼
109《论语》148
阿 兰
195《黄河》复刊 4
阿 宁
177《文艺阵地》2：1
阿 芝
109《论语》8

阿　兴
145《宇宙风》106
阿　惕
93《青年界》新 6：2
阿　米
190《通俗文艺》34，36
阿　扬
212《文讯》7：1
阿　农
190《通俗文艺》4，5，6，7，8，11，13，16
阿　寿
149《逸经》10
阿　花
109《论语》47，67
阿　苏
85《文艺月刊》7：6；
127《人间世》22，28，33，38，42；
149《逸经》5，34
阿　呆
25《语丝》5：9
阿　忧
109《论语》26
阿　辛
268《蚂蚁小集》1
阿　灿
99《涛声》1：8，1：20
阿　垅
223《人世间》复刊 11—12；
238《希望》1：1，1：2，1：4，2：1；
250《鲁迅文艺》1：3；
260《呼吸》创刊号，2，3；
266《中国作家》1：1；
268《蚂蚁小集》1，2，4
阿　英
93《青年界》6：1，8：1，8：2，8：3，8：4，8：5，9：5，10：1，10：2，10：3，10：4，10：5，11：2，11：3，11：4，11：5，12：1；
100《北斗》2：2；
106《现代》4：4；
109《论语》47，58；
117《文学》5：2，5：3，5：5，7：4；
127《人间世》1，3，6，7，9，13，19，20，27，32；
129《文艺风景》1：1，1：2；
134《太白》2：4，2：5，2：8，2：10；
138《文饭小品》1：1，1：3，1：4，1：6；
139《新小说》1：1，1：3；
168《戏剧时代》1：1，1：2；
169《中国文艺》1：3；
235《文艺春秋》3：5
阿　刺
183《鲁迅风》3
阿　非
143《杂文》2：1

阿　茅
40《真美善》3：6，4：1
阿　明
109《论语》32
阿　弥
19《小说世界》9：8
阿　南
199《野草》3：1
阿　茨
186《宇宙风乙刊》43；
226《风雨谈》2，10
阿　厘
93《青年界》新 5：5
阿　贵
241《文艺大众》新 3
阿　骨
39《泰东》2：11
阿　根
92《文艺新闻》51
阿　流
113《新诗歌》2：1
阿　浓
259《东北文化》1：5
阿　娣
199《野草》新 7 集
阿　难
109《论语》104；
145《宇宙风》39，别册 3
阿　菱
109《论语》67
阿　累
158《中流》1：5；
163《热风》1：1
阿　符
109《论语》25，46，47，49，
67，71
阿　添
93《青年界》6：4
阿　絜
19《小说世界》13：22
阿　森
39《泰东》2：5；
140《芒种》7
阿　紫
109《论语》26
阿　湛
209《万象》3：2，3：8，4：2；
223《人世间》复刊 8—9；
235《文艺春秋》5：2，6：6，7：5；
244《文艺复兴》1：3，2：2，3：4，
4：1
阿　瑜
4《国民》2：3
阿　蒙
109《论语》21；
158《中流》1：10
阿　静
99《涛声》2：45
阿　痴
249《白山》创刊号

阿　默
247《人民文艺》5，1：6
阿　器
109《论语》40
阿　穆
145《宇宙风》别册3；
149《逸经》18
阿　瀚
109《论语》87
阿　骥
109《论语》59，99；
145《宇宙风》40，69，128，129，130，134，135—136，140
阿　囊
25《语丝》91，146，4：18；
93《青年界》11：4；
109《论语》4
阿龙头
55《大众文艺》2：4，2：5—6
阿金生
225《时与潮文艺》1：1
陈
187《戏剧岗位》1：2—3
陈　九
177《文艺阵地》1：9，4：2；
181《文艺突击》新1：2
陈　力
18《歌谣》3：7
陈　才
199《野草》2：5—6；
212《文讯》3：6；
221《文艺先锋》6：2—3
陈　云
109《论语》161
陈　天
251《文艺杂志》2：1
陈　仁
109《论语》143
陈　仑
221《文艺先锋》7：4
陈　文
28《猛进》22；
109《论语》11；
241《文艺大众》3
陈　方
167《文学杂志》3：3，3：6
陈　节
117《文学》2：3；
133《译文》终刊号；
146《海燕》1：1
陈　龙
197《大众文艺》2：1
陈　生
5《少年中国》3：11
陈　白
92《文艺新闻》12
陈　兰
145《宇宙风》16
陈　弘
251《文艺杂志》4：2
陈　丝
142《中学生文艺季刊》1：4

陈　式
51《开明》1：12
陈　芝
51《开明》1：11
陈　因
57《大江》1：2；
199《野草》新2号；
255《北方》1：1，2：1—2
陈　乔
134《太白》2：11
陈　华
74《新文艺》1：2
陈　权
173《抗战戏剧》2：2—3
陈　再
206《华北文艺》1：2
陈　列
209《万象》2：2，2：9，2：10
陈　尘
226《风雨谈》14
陈　刚
189《西线文艺》1：2，1：5
陈　伟
209《万象》2：7
陈　旭
224《天下文章》3；
245《文章》1：3
陈　亦
202《文艺月报》10；
208《诗创作》7
陈　冰
197《大众文艺》2：2
陈　阵
145《宇宙风》122，123，124
陈　如
122《文学季刊》2：2；
138《文饭小品》1：4
陈　远
251《文艺杂志》4：4
陈　均
115《文学杂志》1：2
陈　极
34《创造月刊》2：1，2：3
陈　芹
25《语丝》100
陈　芳
34《创造月刊》2：4；
122《文学季刊》2：3；
142《中学生文艺季刊》2：1；
151《文学丛报》3；
152《作家》2：1
陈　时
160《新诗》1：4，2：1，2：2，2：3—4；
208《诗创作》10
陈　伯
93《青年界》2：12
陈　岑
263《文艺知识连丛》1：2
陈　余
234《微波》1：2

陈　彤
221《文艺先锋》12：2，12：3—4
陈　言
142《中学生文艺季刊》1：3；
211《文艺生活》海外版 15，海外版 16
陈　闲
199《野草》新 3 号；
211《文艺生活》1：4，2：1，光复版 15，海外版 6，海外版 7，海外版 8；
267《大众文艺丛刊》3
陈　冷
242《新群众》1：6
陈　沙
236《高原》新 1：3
陈　沂
272《群众文艺》6
陈　迟
221《文艺先锋》12：1
陈　陇
206《华北文艺》1：4；
249《白山》2，4
陈　林
195《黄河》4：4
陈　奔
264《诗创造》9
陈　拔
31《甲寅》1：15，1：34，1：39
陈　岐
39《泰东》2：11
陈　明
177《文艺阵地》2：8；
244《文艺复兴》3：1，3：2；
252《北方文化》1：3，1：4；
271《文学战线》2：2
陈　凯
16《努力周报》4
陈　岩
142《中学生文艺季刊》2：1
陈　季
109《论语》108，111；
145《宇宙风》69，74
陈　征
272《群众文艺》6
陈　欣
153《文季月刊》1：5
陈　泮
88《读书月刊》1：6
陈　实
211《文艺生活》海外版 14
陈　参
93《青年界》2：1
陈　垣
10《小说月报》17：号外下；
25《语丝》53；
31《甲寅》1：17
陈　珍
221《文艺先锋》12：5
陈　柱
14《学衡》12，17，56；
93《青年界》11：4；

149《逸经》4，10
陈　勃
242《新群众》1：2
陈　虹
275《文艺丛刊》3
陈　是
209《万象》2：1
陈　思
99《涛声》1：1，1：3，1：4，1：5，1：6，1：7，1：8，1：9，1：10，1：11，1：12，1：13，1：14，1：15，1：16，1：17，1：18，1：19，1：20，1：21，1：22，1：23，1：24，1：25，1：26，1：27，1：28，1：30，1：32，1：33，1：35，1：36，2：1，2：2，2：5，2：6，2：7，2：8，2：9，2：13，2：20，2：21，2：22，2：23，2：24，2：26，2：30；
140《芒种》1，2，3，8
陈　钧
10《小说月报》13：10；
14《学衡》9，18，22，25，28，34，43，60
陈　复
19《小说世界》3：13，4：5
陈　香
151《文学丛报》5
陈　适
36《北新》3：20—21；
93《青年界》5：1，7：1，7：3，7：5，8：1，9：1，10：1，12：1；
127《人间世》14，32；
202《文艺月报》5，7
陈　衍
10《小说月报》17：号外下
陈　亭
39《泰东》1：7
陈　弈
85《文艺月报》8：5；
121《文化列车》1，12
陈　奕
141《文艺》2：5—6
陈　洪
85《文艺月刊》10：4—5
陈　洛
76《拓荒者》4—5
陈　惕
225《时与潮文艺》5：2
陈　鸿
10《小说月报》19：4
陈　淑
46《新月》1：9，1：10，1：11，2：5
陈　寂
14《学衡》17，18，21，22，24，25，26，27，33，36，37，39，40，42，43，44，45，56；
21《弥洒》6
陈　谓
151《文学丛报》2；

170《新演剧》新 1：1

陈　宣

249《白山》3

陈　冥

133《译文》新 2：1

陈　陟

145《宇宙风》39

陈　素

151《文学丛报》5

陈　原

192《文学月报》1：6；
199《野草》2：5—6，新 2 号；
208《诗创作》7，8，12；
211《文艺生活》1：1，1：6，光复版 1，光复版 2；
227《艺丛》1：1

陈　振

109《论语》122

陈　晖

109《论语》31

陈　訔

142《中学生文艺季刊》1：1

陈　恩

99《涛声》2：6

陈　涛

14《学衡》3，6；
45 附《五一特刊》；
73《南国周刊》7，9，10，11，12，13，16；

陈　涓

10《小说月报》22：1

陈　浮

182《文艺新潮》1：1；
183《鲁迅风》8，19；
186《宇宙风乙刊》14，15

陈　宽

10《小说月报》14：5

陈　桑

224《天下文章》2：4

陈　骏

180《文艺》2：2；
183《鲁迅风》13

陈　乾

37《一般》3：3

陈　逵

35《沉钟》25

陈　铨

14《学衡》39，48，49，54，57；
46《新月》1：9；
109《论语》9，98，100，103，104，105，113，134；
141《文艺》4：3；
196《战国策》1，3，4，6，7，8，9，12，13，14，15—16，17；附《战国》副刊：3，6，9，21，24，25，31；
221《文艺先锋》2：3；
230《民族文学》1：1，1：2，1：3，1：4，1：5

陈　彩

109《论语》139，162，163

陈　望
212《文讯》8：1
陈　庶
199《野草》1：4
陈　情
93《青年界》新4：1，新4：3
陈　谓
175《战地》1：1；
178《抗战文艺》武汉特刊2
陈　隄
261《东北文艺》1：6
陈　绵
1《新青年》7：5；
109《论语》91，95；
155《光明》1：6；
161《电影戏剧》1：1；
229《艺文杂志》1：1，1：3，1：5
陈　琪
53《思想》1：3
陈　瑛
211《文艺生活》穗新6
陈　琳
85《文艺月刊》8：6，11：1；
117《文学》6：5，7：3，8：1，8：5，9：1；
150《东方文艺》1：4；
157《今代文艺》1：2，1：3；
199《野草》新5号
陈　琦
212《文讯》8：3，9：2
陈　琴
106《现代》2：4
陈　颉
125《春光》1：1
陈　敬
6《解放与改造》2：11
陈　落
189《西线文艺》1：1，1：2；
198《现代文艺》1：4
陈　萱
6《解放与改造》4：5
陈　超
31《甲寅》1：25，1：35
陈　雅
211《文艺生活》光复版14，光复版18，海外版副刊4
陈　紫
261《东北文艺》1：4
陈　辉
108《文艺茶话》2：5；
229《艺文杂志》2：2；
250《鲁迅文艺》1：1
陈　程
211《文艺生活》穗新3，海外版14，海外版15，海外版17
陈　湖
117《文学》8：1
陈　翔
243《文联》1：2
陈　善
25《语丝》134

陈　弼
109《论语》31
陈　强
130《当代文艺》1：2
陈　蓝
145《宇宙风》别册1；
158《中流》1：2
陈　畸
198《现代文艺》2：2；
207《时代文学》1：3；
161《电影戏剧》1：1
陈　遥
93《青年界》新6：4
陈　源
26《现代评论》5：119
陈　蝦
1《新青年》1：1，1：2，1：3，1：4，1：5，1：6，2：1，2：2，2：3，2：6，3：5；
10《小说月报》15：2，15：3，15：7，15：9，16：1，16：2
陈　嘉
145《宇宙风》80，82，86，88，94—95
陈　霁
109《论语》96，99
陈　箸
10《小说月报》14：10，16：2，17：10
陈　旗
271《文学战线》2：5
陈　荦
127《人间世》29
陈　蕃
210《笔谈》1
陈　震
11《文学周报》56，57，61
陈　颙
274《平原》14
陈　毅
109《论语》117；
158《中流》1：3，1：5，1：6，1：8，2：1，2：2，2：4；
186《宇宙风乙刊》33，35，40，42，47，48，49，55，56；
242《新群众》1：3
陈　澈
270《小说》5：6
陈　鹤
51《开明》1：6，1：8，1：11，1：12，2：2，2：4，2：10，2：11
陈　澄
187《戏剧岗位》2：2—3；
235《文艺春秋》2：6
陈　衡
26《现代评论》4：82
陈　薰
10《小说月报》11：1
陈　壁
265《胶东文艺》创刊号
陈　镈
10《小说月报》15：1，15：4

陈　曦

249《白山》2

陈　露

85《文艺月报》战时特刊第 11 年 7 月号

陈　鑫

145《宇宙风》82

陈一明

182《文艺新潮》1：9，1：10，2：4；

191《文艺新闻》6，8，9—10

陈一燕

62《海风周报》6—7，8

陈七嘉

119《戏》1

陈九皋

51《开明》2：13，2：24，2：25，2：26

陈乃文

209《万象》2：2，2：9

陈乃英

145 附《宇宙风·逸经·西风非常时期联合旬刊》4

陈乃乾

10《小说月报》16：1；

11《文学周报》276—277

陈乃棠

13《诗》1：3，1：4，1：5

陈又村

211《文艺生活》光复版 10

陈又琴

19《小说世界》1：12

陈三立

10《小说月报》11：1；

14《学衡》19，71，73，74；

31《甲寅》1：39

陈三百

275《文艺丛刊》8

陈三寿

51《开明》2：2，2：9，2：16，2：17

陈于德

19《小说世界》3：1，6：8

陈士毅

228《中原》1：2

陈大齐

1《新青年》4：5，5：6，6：1，6：4，6：6

陈大宇

209《万象》4：4

陈大悲

7《曙光》2：3；

10《小说月报》12：号外；

11《文学周报》16；

12《戏剧》1：1，1：3，1：5，1：6，2：1，2：2，2：3，2：4；

19《小说世界》15：1，15：2，15：3，15：4，15：5，15：6，15：7，15：8，15：9，15：10，16：2；

93《青年界》8：2；

117《文学》5：1

陈万里
10《小说月报》15：5；
127《人间世》17，27，41
陈与龄
147《逸经》33
陆上之
117《文学》5：1
陈凡人
51《开明》2：2
陈勺水
56《乐群》1：1，1：2，1：3，1：4，1：5，1：6，1：7，2：9，2：12，3：13，半月刊：3
陈广海
271《文学战线》2：2
陈宀竹
39《泰东》1：3，1：5；
40《真美善》5：4，5：6，6：1，6：6，7：1，7：2；
59《春潮》1：2
陈之佛
37《一般》5：3，6：2，8：3
85《文艺月刊》4：1，4：2，9：1，战时特刊4：1，战时特刊4：2；
93《青年界》2：5；
221《文艺先锋》11：5
陈之泰
36《北新》4：21—22
陈之超
106《现代》4：2
陈小乙
106《现代》6：4
陈小明
252《北方文化》1：6
陈小航
10《小说月报》13：5，14：1
陈小豪
31《甲寅》1：8，1：22，1：35
陈小翠
145《宇宙风》62；
209《万象》2：9
陈子林
126《诗歌月报》1：5
陈子诚
1《新青年》7：2
陈子秋
199《野草》创刊号；
208《诗创作》2
陈子展
11《文学周报》310；
73《南国周报》4，5，6，7，9，11，12，16；
83《现代文学》1：6；
93《青年界》2：2，3：4，4：4，8：2，9：1，10：1，11：1，12：1；
94《现代文学评论》2：3—3：1；
99《涛声》2：14，2：15；
106《现代》6：2，6：3；
109《论语》78，79，93，118，119，129，132，141，144，145，

146，147，150，152，154，155，156；
117《文学》1：1，3：2，5：1；
127《人间世》1，2，3，4，7，9，10，12，13，14，16，17，18，19，20，23，24，28，38，39；
134《太白》1：1，1：2，1：3，1：4，1：5，1：6，1：8，1：12，2：4，2：7，2：8，2：12；
139《新小说》1：2，1：5；
140《芒种》2，3，4，8，9—10；
145《宇宙风》8，18，19，34，44，128；
149《逸经》3，4，7，16；
135《光明》1：2；
158《中流》创刊号，1：2，1：3，1：4，1：5，1：6；
164《希望》1：1；
169《中国文艺》1：1

陈子野

25《语丝》5：3

陈子鹄

131《东流》1：2，1：5，1：6，2：1，2：2；
143《杂文》2；
148《诗歌生活》1

陈子彝

209《万象》1：2

陈比纲

245《文章》1：3

陈云从

127《人间世》35，36，40；
154《文学界》1：3

陈云帆

106《现代》2：1

陈云阶

18《歌谣》11

陈云青

26《现代评论》3：73

陈云鹏

106《现代》5：6

陈云影

160《新诗》1：5，2：2

陈元芳

19《小说世界》民众文学3

陈元燮

109《论语》124

陈无我

10《小说月报》13：11
11《文学周报》61

陈无咎

31《甲寅》1：24

陈卉明

11《文学周报》139，150

陈卉铭

10《小说月报》14：4；
11《文学周报》72；
13《诗》1：4

陈卉懋

6《解放与改造》2：3，2：12

陈五郎

109《论语》32

陈友琴

6《解放与改造》1：5，2：5，2：11；
93《青年界》4：3，4：4，4：5，5：4，6：2，6：3，6：4，6：5，7：1，7：3，7：4，8：1，8：2，8：3，8：5，9：1，9：2，9：5，10：1，11：1，12：1，新1：3，新1：5，新2：2，新3：1；
127《人间世》28；
140《芒种》2；
145《宇宙风》100；
149《逸经》19；
151《文学丛报》2；
186《宇宙风乙刊》12，19，24，29，42，45

陈少云

19《小说世界》7：7

陈少翔

128《小说》1，2

陈中凡

4《国民》1：4；
99《涛声》2：4，2：7

陈中舫

10《小说月报》

陈仁安

190《通俗文艺》33

陈化奇

109《论语》9

陈介白

229《艺文杂志》2：12，3：4—5

陈介录

149《逸经》25

陈公度

19《小说世界》13：18，13：22，13：23

陈公博

1《新青年》9：2，9：3，9：5；
108《文艺茶话》1：3；
145《宇宙风》52，53；
226《风雨谈》17

陈长蘅

26《现代评论》7：168

陈丹崖

1《新青年》2：6

陈凤山

155《光明》3：5

陈文子

109《论语》97

陈文华

18《歌谣》6

陈文钊

94《现代文学评论》2：1—2

陈文俊

106《现代》3：4

陈文统

145《宇宙风》143

陈文澜

149《逸经》13

陈方之
26《现代评论》4：83；
186《宇宙风乙刊》30
陈亢摩
112《无名文艺》旬刊创刊号
陈心因
19《小说世界》16：1
陈心纯
85《文艺月刊》1：4，9：6
陈以鸿
109《论语》156，173
陈以德
85《文艺月刊》8：6，10：3，10：6，战时特刊1：5；
93《青年界》10：4，11：1，12：1；
98《新时代》4：4—5，5：3，6：2，7：1，7：4；
134《太白》2：2
陈幻侬
69《南国月刊》1：2
陈予展
123《中国文学》1：6
陈节坚
221《文艺先锋》4：4
陈正亮
197《大众文艺》1：4
陈正道
35《萌芽》1：2，1：4，1：6；
76《拓荒者》4—5；
79《巴尔底山》1：2—3，1：5
陈正谟
16《努力周报》56
陈玉荣
33《狂飙》周刊2
陈去病
10《小说月报》11：3
陈世材
224《天下文章》2
陈世骧
160《新诗》2：2
陈东升
195《黄河》复刊6；
221《文艺先锋》13：4
陈东林
145《宇宙风》102；
186《宇宙风乙刊》18，19，21，52—53，55
陈东原
26《现代评论》1：8，2：46；
31《甲寅》1：6
陈石孚
30《大江》1：1
陈石遗
19《小说世界》2：7
陈石湘
167《文学杂志》3：1
陈北希
272《群众文艺》4
陈北鸥
116《文艺月报》1：1，1：2；
143《杂文》2：1；

247《人民文艺》5

陈占元

133《译文》1：6，2：5，终刊号，新1：1，新1：2，新1：5，新2：1，新3：2；
145《宇宙风》138，151，152；
152《作家》2：1；
153《文季月刊》1：1；
158《中流》2：5，2：6；
160《新诗》1：3；
167《文学杂志》2：4，2：7；
176《自由中国》新2：1—2；
198《现代文艺》3：1，3：2，3：3，3：4，3：5，3：6；
208《诗创作》8；
211《文艺生活》1：4，2：1；
269《文艺工作》1

陈申传

85《文艺月刊》1：2

陈四民

25《语丝》5：20

陈仙泉

25《语丝》4：7

陈令庄

19《小说世界》14：20

陈尔康

36《北新》2：20，2：23，3：1

陈白尘

10《小说月报》22：3，22：4；
93《青年界》12：1；
104《矛盾》3：2；
106《现代》4：5；
117《文学》1：3，3：1，9：3；
122《文学季刊》1：3；
158《中流》2：10；
162《小说家》1：1，1：2；
170《新演剧》1：1，新1：2；
173《抗战戏剧》1：6—7，1：8；
177《文艺阵地》1：6，1：7；
178《抗战文艺》1：7，4：5—6，10：4—5，10：6；
187《戏剧岗位》2：2—3，3：3—4；
201《戏剧春秋》1：3，1：6；
212《文讯》8：5；
220《文学创作》1：6；
221《文艺先锋》10：2；
222《青年文艺》新1：3，新1：6；
224《天下文章》4，2：1；
231《新文学》1：2；
232《戏剧时代》1：3；
235《文艺春秋》4：5，5：4；
243《文联》1：7；
248《中原·文艺杂志·希望·文哨联合特刊》1：2；
253《清明》创刊号，2；
266《中国作家》纪念特刊

陈白秋

113《新诗歌》1：6—7

陈训慈

14《学衡》6

陈礼江

187《戏剧岗位》1：2—3

陈礼逊

48《我们》1：2

陈立夫

179《戏剧新闻》8—9

陈立斋

102《文化评论》2—3

陈立渭

98《新时代》3：3

陈永倞

221《文艺先锋》10：4

陈永联

98《新时代》5：4

陈永翱

115《文学杂志》1：1，1：3—4；

116《文艺月报》1：2

陈幼嘉

93《青年界》9：2，9：5

陈圣任

1《新青年》2：1

陈机峰

142《中学生文艺季刊》1：2，1：3，3：1

陈西滢

225《时与潮文艺》2：3

陈存仁

109《论语》8

陈达人

108《文艺茶话》1：8，1：9，2：1；

131《东流》2：1，2：2，2：3，2：4，3：1

陈达仁

131《东流》1：5

陈达材

1《新青年》5：5；

3《新潮》1：3，1：4，2：1；

16《努力周报》18

陈达来

148《诗歌生活》1

陈达敏

211《文艺生活》海外版10—11

陈成远

211《文艺生活》光复版1

陈达哉

19《小说世界》14：2

陈百年

26《现代评论》1：14

陈执中

72《七月》5：4

陈尧圣

104《矛盾》2：4

陈此生

109《论语》21；

199《野草》1：6，复刊号；

210《笔谈》1，2，3，4

陈光尧

25《语丝》141，5：30，5：41，5：49，5：50；

36《北新》2：12，2：22；

109《论语》29，34

陈光垚

25《语丝》140，145

陈光焘
14《学衡》70
陈竹影
10《小说月报》14：8；
20《浅草》1：1
陈先舟
259《东北文化》1：3，2：2
陈廷宪
104《矛盾》3：1
陈廷缵
109《论语》100，103
陈乔年
1《新青年》不定期1
陈年达
41《民间文艺》8
陈伟美
145《宇宙风》92，107
陈休白
11《文学周报》149
陈仲凡
88《读书月刊》1：6
陈仲益
26《现代评论》1：17，1：27
陈仲康
85《文艺月刊》4：3
陈仲骞
149《逸经》17
陈仲篪
149《逸经》7
陈仰高
88《读书月刊》1：5
陈华珍
1《新青年》3：3
陈延年
93《青年界》8：4
陈延杰
10《小说月报》17：5，17：号外上；
14《学衡》14，15
陈延珊
254《热潮》1：3
陈延章
92《文艺新闻》53
陈延瓒
109《论语》115，117
陈自能
18《歌谣》37，46
陈企霞
99《涛声》2：37；
112《无名文艺》旬刊创刊号，旬刊2，月刊1：1；
117《文学》3：1；
122《文学季刊》1：4；
147《夜莺》1：4；
153《文季月刊》2：1；
202《文艺月报》3，5；
214《谷雨》1：4，1：5；
259《东北文化》2：1
陈兆彬
18《歌谣》37，38
陈兆畴
3《新潮》1：4

陈齐星
51《开明》1：2
陈衣范
172《七月》4：1
陈庄生
109《论语》23
陈庆荣
36《北新》3：11
陈庆雄
11《文学周报》375，379；
36《北新》3：11，3：18
陈江帆
106《现代》3：3，3：5，4：2，4：6，6：1；
129《文艺风景》1：1；
132《文学评论》1：1；
138《文饭小品》1：6；
160《新诗》1：1，1：4，1：5，1：6，2：1，2：2，2：3—4；
陈汝惠
93《青年界》11：1；
98《新时代》5：6
陈守仁
209《万象》1：6
陈守明
262《平原文艺》2：4
陈守梅
108《文艺茶话》1：3，1：8；
137《当代诗刊》1：3—4
陈守愚
31《甲寅》1：40
陈安仁
212《文讯》4：4—5
陈安伯
109《论语》54
陈如旧
211《文艺生活》光复版6
陈纪业
93《青年界》10：1
陈纪莹
85《文艺月刊》战时特刊3：1—2，战时特刊第11年7月号
陈纪滢
221《文艺先锋》2：4，4：3；
234《微波》1：1，1：2
陈寿南
109《论语》141，147
陈运通
177《文艺阵地》3：12
陈克山
36《北新》4：12，4：19
陈克之
142《中学生文艺季刊》1：4
陈志坚
173《抗战戏剧》2：2—3
陈志良
212《文讯》5：1
陈志英
25《语丝》145
陈芳兰
85《文艺月刊》11：1

陈劳薪

36《北新》2：11

陈孝迈

109《论语》167，174

陈孝祚

109《论语》114，115

陈时和

209《万象》4：2，4：3

陈男青

109《论语》7，8

陈佐芬

98《新时代》6：1

陈但一

25《语丝》81，87

陈作纪

7《曙光》2：1

陈伯达

134《太白》2：1，2：4，2：12；
176《自由中国》创刊号，1：2；
183《鲁迅风》3；
184《文艺战线》1：3；
192《文学月报》2：6；
194《中国文化》创刊号，1：5，2：2，2：3，2：4

陈伯年

29《莽原》6

陈伯吹

10《小说月报》21：4，22：1；
36《北新》3：8，3：14，3：19；
93《青年界》新1：1，新1：2，2：2，2：3，7：1，10：1，11：1，12：1；
106《现代》3：1，3：2，3：5；
145《宇宙风》139；
235《文艺春秋》3：5，4：1，4：2

陈伯希

272《群众文艺》11—12

陈伯君

108《文艺茶话》2：9；
109《论语》26

陈伯肫

31《甲寅》1：14

陈含淑

117《文学》3：2

陈希汉

106《现代》5：5

陈希孟

98《新时代》5：4，7：1

陈希夏

18《歌谣》11

陈希然

127《人间世》25

陈序叔

108《文艺茶话》2：6，2：7

陈怀青

93《青年界》8：1，8：4

陈闵慧

14《学衡》52

陈灿升

93《青年界》新4：3

陈诒先

186《宇宙风乙刊》24，25，27，

29，35；
226《风雨谈》7
陈启天
5《少年中国》1：12，2：1，2：2，3：2，3：4，3：6，3：9，4：6，4：7，4：9
陈启文
128《小说月刊》14，17，18；
141《文艺》6：1
陈启选
145《宇宙风》21
陈启修
1《新青年》6：5；
26《现代评论》2：45，特别增刊第1号；
28《猛进》34
陈启新
142《中学生文艺季刊》1：3，2：4
陈灵谷
93《青年界》7：2，7：5，9：3；
134《太白》1：7
陈灵犀
93《青年界》10：1，12：1，新1：2；
209《万象》1：1，1：4，1：8，1：9，1：10
陈君冶
98《新时代》1：5；
106《现代》3：4，4：5；
125《春光》1：1，1：2，1：3；
143《杂文》1；
150《东方文艺》1：2；
陈君宪
104《矛盾》2：3，2：4
陈君清
11《文学周报》262—263
陈君涵
106《现代》4：5；
120《文艺》1：2；
125《春光》1：1，1：2，1：3；
130《当代文学》1：2，1：5；
140《芒种》7；
143《杂文》2；
150《东方文艺》1：2；
155《光明》2：5；
192《文学月报》2：6
陈君葆
211《文艺生活》穗新1；
223《人世间》复刊：10
陈阿腻
19《小说世界》15：6
陈青士
209《万象》2：2
陈坤（堃）良
51《开明》1：12
陈垃圾
221《文艺先锋》12：1
陈林东
145《宇宙风》86，89，90，93，98
陈林率
96《文艺杂志》1：3

陈直夫
62《海风周报》11
陈范予
145《宇宙风》129；
176《自由中国》新2：1—2
陈其一
36《北新》1：26
陈其田
9《人道》1
陈其兴
98《新时代》2：1
陈其言
109《论语》53
陈其鹿
1《新青年》2：6
陈达義
178《抗战文艺》6：4
陈雨门
106《现代》4：6；
117《文学》8：1，8：4，8：6，9：2；
136《水星》2：3；
137《当代诗刊》1：2，1：3—4；
160《新诗》1：4；
195《黄河》5，11，4：3；
264《诗创造》11
陈岩萍
55《大众文艺》2：5—6
陈抱一
36《北新》3：14；
37《一般》9：2；
87《前锋月刊》1：1，1：2，1：3，1：6；
108《文艺茶话》1：1
陈卓猷
179《戏剧新闻》5
陈叔华
109《论语》73，77，78，79；
127《人间世》28，29，37；
145《宇宙风》5，8，9
陈叔扉
10《小说月报》14：4，22：9
陈尚友
24《洪水》半月刊：1：1，1：2，1：3，2：16；
26《现代评论》1：9
陈尚藩
93《青年界》新1：1
陈明丁
36《北新》4：19
陈明中
30《北新》1：15；
130《当代文学》1：5；
154《文学界》1：1；
173《抗战戏剧》1：8
陈明哲
45《现代小说》2：1，2：4
陈忠德
93《青年界》新6：1
陈昌华
127《人间世》12

陈昌标
13《诗》1：5
陈国忠
108《文艺茶话》2：10
陈国钧
212《文讯》5：1
陈国宾
93《青年界》新4：4
陈国琚
127《人间世》20，24，27，29
陈国榘
4《国民》2：3；
6《解放与改造》4：10；
16《努力周报》19
陈国衡
19《小说世界》3：12，8：2，10：4，10：6，侦探号
陈果夫
98《新时代》7：1
陈竺同
122《文学季刊》2：3；
134《太白》1：3；
陈竺同
201《戏剧春秋》2：3
陈秉俭
93《青年界》9：2
陈秉禄
270《小说》3：2
陈侠夫
218《文坛》2：1
陈侣白
264《诗创造》5，7，8，11，2：1，2：4
陈岳生
51《开明》新6
陈征祎
88《读书月刊》1：6
陈征鸿
19《小说世界》16：13，17：2
陈质夫
116《文化月报》1：1
陈乳婴
137《当代诗刊》创刊号
陈念淑
117《文学》1：2
陈念棣
127《人间世》20
陈金海
274《平原》7
陈迩冬
199《野草》2：3；
208《诗创作》8，11，14；
217《文艺杂志》3：3；
223《人世间》1：1
陈炜谟
10《小说月报》13：12；
21《浅草》1：1，1：2，1：3，1：4；
35《沉钟》1，3，4，6，8，9，10，11，12，特刊
陈波儿
253《清明》创刊号

陈泽川

51《开明》1：3

陈泽枢

173《抗战戏剧》2：2—3

陈泽思

26《现代评论》3：75

陈治安

26《现代评论》3：77，5：122

陈治策

68《戏剧与文艺》1：1，1：2，1：4，1：8—9，1：10—11，1：12，2：1—2；

85《文艺月刊》10：4—5；

141《文艺》5：1—2；

168《戏剧时代》1：1；

170《新演剧》复刊号；

179《戏剧新闻》6；

187《戏剧岗位》1：1，1：2—3，1：5—6，3：1—2；

212《文讯》6：5，6：7；

221《文艺先锋》2：5—6，4：2，5：5，8：2

陈宝琛

14《学衡》20；

85《文艺月刊》10：6

陈宝锷

4《国民》1：1，1：2，1：3；

5《少年中国》1：4；

26《现代评论》3：73，4：82，4：91，第二周年增刊，5：111

陈宗番

31《甲寅》1：7

陈宗濂

85《文艺月刊》3：12

陈定才

36《北新》4：20

陈定宏

51《开明》2：6

陈定周

51《开明》2：4

陈定深

83《现代文学》1：1

陈定浦

51《开明》2：6

陈宜之

182《文艺新潮》1：2，1：3

陈宛若

209《万象》3：3

陈学佳

19《小说世界》1：5

陈学昭

11《文学周报》292，297；

181《文艺突击》1：2；

184《文艺战线》创刊号；

257《长城》1：2；

271《文学战线》1：2，1：4，2：1

陈学乾

13《诗》1：2，1：3，1：4

陈建民

10《小说月报》22：1

陈建英
93《青年界》9：1
陈建明
10《小说月报》14：10
陈建雷
1《新青年》7：5；
10《小说月报》14：3，22：1
陈视泽
19《小说世界》民众文学 10
陈始园
209《万象》1：7
陈练青
127《人间世》13，14；
145《宇宙风》35
陈绍勋
51《开明》1：2
陈绍禹
172《七月》2：5
陈绍渊
104《矛盾》2：3；
120《文艺》1：1
陈绍舜
31《甲寅》1：24
陈绍曾
51《开明》1：4，1：6，1：10
陈孟君
276《华北文艺》4
陈孟颂
109《论语》144
陈孟端
40《真美善》1：7，2：4
陈承荫
20《浅草》1：3；
23《文艺周报》26，39，42，47，48；
108《文艺茶话》1：2，2：5，2：10
陈珍千
93《青年界》7：1
陈柏心
85《文艺月刊》7：4
陈柱尊
93《青年界》8：1，9：1，10：1，12：1；
98《新时代》7：3，7：4；
145《宇宙风》76；
226《风雨谈》7
陈南士
13《诗》1：1，1：2，1：5，2：1，2：2
陈南耀
69《创造月刊》1：1
陈荒煤
255《北方》1：1
陈荩青
235《文艺春秋》7：6
陈茹玄
14《学衡》6
陈荣光
142《中学生文艺季刊》2：4
陈残云
137《当代诗刊》1：3—4；
177《文艺阵地》2：4，2：10，3：3，4：2，4：8；

185《笔阵》新 2；
208《诗创作》13；
211《文艺生活》1：4，光复版 1，光复版 2，光复版 5，光复版 7，光复版 9，光复版 14，海外版 2，海外版 3—4，海外版 8，海外版 13，穗新 1；
258《文艺丛刊》1，2

陈砚侠

106《现代》5：5；
122《文学季刊》1：4

陈耐冲

88《读书月刊》1：3—4

陈威伯

18《歌谣》46

陈贵修

222《青年文艺》6

陈贵兼

228《中原》1：3

陈思伊

225《时与潮文艺》3：4，4：6

陈思苓

167《文学杂志》3：2；
212《文讯》9：2

陈思岳

97《创作》1：3

陈秋子

219《文学批评》创刊号

陈秋帆

211《文艺生活》1：3

陈科美

235《文艺春秋》丛刊 1

陈钟凡

4《国民》1：1，1：2，1：3；
88《读书月刊》1：2，2：1

陈钟宜

187《戏剧岗位》2：2—3

陈钟浩

85《文艺月刊》战时特刊 1：9；
224《天下文章》2：2

陈适五

214《谷雨》1：4

陈适怀

177《文艺阵地》3：3；
189《西线文艺》1：3；
208《诗创作》1，5，7，10；
211《文艺生活》2：1；
231《新文学》1：2；
258《文艺丛刊》2

陈信盦

19《小说世界》5：9，12：6

陈泉新

223《人世间》2：1

陈衍章

145《宇宙风》126

陈剑轮

149《逸经》6

陈剑横

40《真美善》4：4

陈炼青

127《人间世》20，28，31，36

陈独秀
1《新青年》1：1，1：2，1：3，1：4，1：5，1：6，2：1，2：2，2：3，2：4，2：5，2：6，3：1，3：2，3：3，3：4，3：5，3：6，4：2，4：3，4：4，4：5，4：6，5：1，5：2，5：3，5：5，5：6，6：1，6：2，6：4，7：1，7：2，7：3，7：4，7：5，7：6，8：1，8：2，8：3，8：4，8：6，9：3，9：4，9：5，9：6，不定期1，不定期2，不定期3，季刊1，季刊2，季刊3，季刊4；
7《曙光》2：2；
16《努力周报》18；
145《宇宙风》49，51，52，53；
186《宇宙风乙刊》4
陈勉予
88《读书月刊》1：5
陈亮吾
51《开明》1：8
陈恨我
1《新青年》2：1
陈炳华
18《歌谣》12
陈炳炎
109《论语》54
陈炳翰
98《新时代》3：1
陈洪绶
244《文艺复兴》研究号上，研究号中，研究号下
陈洪绶
19《小说世界》16：8
陈洛梦
19《小说世界》9：8
陈济川
93《青年界》3：2
陈济云
19《小说世界》民众文学9，民众文学10
陈济芸
19《小说世界》6：12，9：2
陈养锋
145《宇宙锋》131，150；
195《黄河》11
陈觉玄
212《文讯》8：4，9：4；
266《中国作家》纪念特刊
陈宪和
98《新时代》4：4—5；
117《文学》9：1，9：2；
119《戏》1
陈宪泗
117《文学》8：5
陈宪章
51《开明》1：8
陈祖文
142《中学生文艺季刊》1：1
陈祖武
259《东北文化》1：4

陈退思
19《小说世界》民众文学 8
陈勇进
262《平原文艺》1：2
陈素瑶
93《青年界》9：2
陈校方
11《文学周报》102，112
陈真伯
6《解放与改造》2：3
陈晋遐
40《真美善》7：1
陈莞枢
31《甲寅》1：11，1：15，1：20，1：28
陈顾远
18《歌谣》44
陈振国
149《逸经》33
陈致和
251《文艺杂志》3：4
陈致道
106《现代》4：6，5：1
陈晓南
85《文艺月刊》战时特刊创刊号，战时特刊 1：5，战时特刊 2：2，战时特刊 2：3，战时特刊 3：1—2，战时特刊 4：2，战时特刊第 11 年 8 月号
陈眠竹
36《北新》2：23；
39《泰东》1：6
陈倚琴
36《北新》2：6
陈健夫
85《文艺月刊》战时特刊 1：4
陈铁生
1《新青年》6：2
陈铁光
88《读书月刊》2：1
陈铁吾
142《中学生文艺季刊》2：1
陈笑峰
100《北斗》1：2，1：4
陈颂华
109《论语》133
陈爱先
36《北新》2：6
陈爱灵
118《文艺春秋》1：5
陈逖克
11《文学周报》10，11，12
陈高佣
92《文学新闻》49，53
陈烟帆
226《风雨谈》6，8，11
陈烟桥
117《文学》6：5，7：3，7：5，7：6，8：2，8：4，8：5，9：1，9：2；
150《东方文艺》2：1；
155《光明》1：12；

162《小说家》1：1；
163《热风》1：1，1：2；
171《烽火（呐喊）》2，10；
172《七月》2；
177《文艺阵地》2：12，5：2；
192《文学月报》1：2，2：4；
199《野草》5：5；
203《奔流文艺丛刊》1；
211《文艺生活》海外版 15；
217《文艺杂志》2：2，3：2；
235《文艺春秋》2：2，2：3，2：4，2：5，2：6，3：4，4：5；
244《文艺复兴》1：4；
245《文章》创刊号，1：2，1：3，1：4

陈涛伯

14《学衡》13

陈益寿

36《北新》2：9

陈兼善

6《解放与改造》4：2，4：4；
37《一般》1：3

陈家志

93《青年界》10：1

陈家康

238《希望》2：4

陈家蔼

3《新潮》1：1，1：5

陈家麟

10《小说月报》11：3，11：4，11：5；
122《文学季刊》2：3

陈宰钧

26《现代评论》3：68；
31《甲寅》1：29

陈祥茂

134《太白》1：12

陈被玉

109《论语》149

陈陶遗

31《甲寅》1：12；
109《论语》116；
145《宇宙风》2

陈继日

10《小说月报》11：10

陈继平

236《高原》创刊号

陈培录

149《逸经》21

陈梅魂

145《宇宙风·逸经·西风非常时期联合旬刊》4，7

陈梦荻

141《文艺》5：1—2

陈梦家

18《歌谣》3：12；
46《新月》2：8，2：11．2：12，3：2，3：3，3：4，3：7，3：9，3：11，3：12，4：1，4：4，4：5，4：6，4：7；
65《人间月刊》3；
85《文艺月刊》2：2，2：5—6，2：

11—12，4：2，4：6，5：1，6：4，9：1；
90《诗刊》1，2，3，4；
97《创作》1：1，1：2，1：3，1：4；
98《新时代》3：1；
110《小说月刊》1：4；
123《中国文学》1：1，1：2；
126《诗歌月报》1：1，1：4；
160《新诗》1：2，1：6；
212《文讯》6：9

陈梦韶

39《泰东》1：11

陈雪民

202《文艺月报》16

陈雪帆

10《小说月报》20：3，20：5，20：6，20：8，20：9，21：8；
39《泰东》1：7

陈雪屏

196《战国策》15—16

陈雪清

40《真美善》5：3，5：4，5：6，6：1；
63《金屋》1：7

陈雪琴

263《文艺知识连丛》1：3

陈唯实

194《中国文化》3：1

陈啸空

37《一般》9：2；
93《青年界》10：3，10：4，10：5，11：1，11：2，11：3，11：4，12：1

陈啸高

177《文艺阵地》3：10

陈跃东

142《中学生文艺季刊》2：4

陈逸如

40《真美善》2：6

陈翊林

46《新月》3：1

陈章淮

211《文艺生活》海外版副刊 2

陈望绅

36《北新》2：11

陈望道

1《新青年》6：1，8：5，8：6，9：1；
10《小说月报》12：号外，15：4，15：5，15：6，15：9，15：12；
11《文学周报》132；
36《北新》2：7；
57《大江》1：1，1：2；
89《当代文艺》1：3；
92《文艺新闻》29，44；
93《青年界》8：2；
100《北斗》23—4；
106《现代》6：3；
108《文艺茶话》2：9；
117《文学》1：1，3：2，5：1；
133《译文》终刊号；
134《太白》1：1，1：3，1：8，

1：9；
182《文艺新潮》2：1；
228《中原》1：2

陈铭枢

174《抗到底》7，9

陈敏芳

221《文艺先锋》10：4，13：3

陈敏端

244《文艺复兴》3：6；
264《诗创造》2，8

陈康白

93《青年界》8：2；
117《文学》5：1

陈堃良

见上“陈坤（堃）良”

陈清华

85《文艺月刊》5：6；
98《新时代》3：5—6；
104《盾》3：2；
106《现代》3：6，4：3

陈清晨

36《北新》4：1—2，4：3，4：4，4：12，4：13，4：23—24；
93《青年界》1：1，1：3，1：4，2：3，2：4，3：3，3：4，3：5，4：1，4：2，4：3，5：1，5：2，5：3，5：4，5：5，6：1，6：2，6：3，6：4，6：5，7：1，7：2，7：3，7：4，7：5，8：1，8：2，8：3，8：4，8：5，9：1，9：2，9：3，9：4，9：5，10：1，10：2，10：3，10：4，10：5，11：1，11：2，11：3，11：4，11：5，12：1

陈鸿仪

40《真美善》6：4

陈鸿佑

212《文讯》3：2

陈淑君

115《文学杂志》1：2

陈寅恪

14《学衡》20，60，64，71，74，79

陈隆吉

149《逸经》24

陈维章

51《开明》2：2

陈绵书

109《论语》149

陈绿畴

211《文艺生活》穗新3

陈琢如

211《文艺生活》海外版1

陈琴庐

19《小说世界》13：2，13：3，13：18，13：20，13：21，13：24，14：2，14：9，14：11，14：15，14：16，14：20，15：11，15：12，15：16，16：9，16：12

陈敬容

122《文学季刊》2：3，2：4；
153《文季月刊》1：4；
185《笔阵》2；

211《文艺生活》海外版 10—11；
212《文讯》6：5，6：6，6：7，6：8，6：10，7：5，8：4；
223《人世间》复刊 1，复刊 4，复刊 5；
235《文艺春秋》副刊 1：2；
244《文艺复兴》1：5，3：1，3：4；
264《诗创造》1，3，4，6，7，8，10，12；
266《中国作家》纪念特刊

陈敬第

14《学衡》49

陈朝爵

31《甲寅》1：13，1：14，1：40

陈斯白

13《诗》1：5

陈惠龄

109《论语》170

陈超尘

229《艺文杂志》1：4

陈揆英

117《文学》7：5

陈蛰固

145《宇宙风》32

陈斐琴

262《平原文艺》1：2

陈裴尘

19《小说世界》5：11

陈景和

51《开明》2：10

陈鼎忠

31《甲寅》1：14，1：19

陈筑山

6《解放与改造》3：12

陈御月

10《现代》1：1，1：2，1：6

陈舒风

172《七月》1：1

陈鲁一

92《文艺新闻》25

陈湘清

51《开明》1：8

陈涌涛

93《青年界》11：4

陈翔冰

24《洪水》半月刊 2：16；
25《语丝》156；
36《北新》1：41—42；
50《奔流》1：5，1：7，1：8，2：3；
98《新时代》创刊号，1：4，2：6；
117《文学》3：1

陈翔泳

109《论语》12

陈翔鹤

12《戏剧》1：6；
20《浅草》1：1，1：2，1：3，1：4；
23《文艺周刊》9，13，26，27，29，33，35，37，41，42；
35《沉钟》2，4，5，10，12，13，

14，15，16，18，21，22，24，26，27，28，29，30，32，33，34；
93《青年界》新1：4；
106《现代》3：6；
177《文艺阵地》3：12；
185《笔阵》2，5，8，13，新3，革新1；
211《文艺生活》光复版5；
217《文艺杂志》1：4；
228《中原》2：2；
235《文艺春秋》5：4，副刊1：1，副刊1：2，副刊1：3；
256《萌芽》1：1

陈曾寿
14《学衡》57，58，73；
40《真美善》6：2

陈普扬
98《新时代》3：5—6，4：6

陈寒玉
19《小说世界》8：1，8：2，9：4，9：6，9：10，9：12，10：1，10：3，10：5，11：1，11：9，11：11，12：6，12：10，15：4，15：5，15：6，15：7

陈寓人
26《现代评论》4：92

陈道丰
191《文艺新闻》6

陈道希
19《小说世界》14：12，14：14，14：21，15：19，15：20，15：24，15：25，16：1，16：25；
25《语丝》4：9；
37《一般》5：4，6：4

陈道宏
93《青年界》9：4

陈道良
145《宇宙风》110，128

陈道彦
36《北新》2：13

陈禅茂
134《太白》1：12

陈裕青
10《小说月报》12：8

陈遐锦
40《真美善》1：9

陈登元
37《一般》5：4，6：3，7：1，7：4，8：2，8：3，9：4

陈登皞
26《现代评论》3：69，6：146，6：148，6：151，7：173，7：176，7：180

陈端华
25《语丝》116

陈端志
93《青年界》8：2；
117《文学》5：1

陈端霞
93《青年界》新5：1

陈瑜清
145《宇宙风》133
陈聘之
18《歌谣》75
陈献荣
149《逸经》27
陈勤士
109《论语》54
陈蓬心
1《新青年》2：3
陈莒狗
117《文学》8：6
陈楚云
154《文学界》1：1
陈楚淮
46《新月》1：5，1：6，1：10，1：11，1：12，2：10，2：12，3：1
陈零生
19《小说世界》13：21
陈嗣音
141《文艺》1：2，1：4
陈锡庭
109《论语》54
陈锡襄
84《开展》10—11
陈锦波
155《光明》1：11
陈锦涛
16《努力周报》21
陈锦煌
19《小说世界》11：1
陈筠仙
31《甲寅》1：41
陈腥脓
18《歌谣》22，36，37
陈溥霖
18《歌谣》51
陈数旬
106《现代》6：2
陈福楚
145《宇宙风》11
陈福熙
85《文艺月刊》5：6，6：2，6：5—6，7：2；
93《青年界》11：1；
98《新时代》4：4—5，5：3，5：5，5：6；
104《矛盾》2：6；
118《文艺春秋》1：9—10；
120《文艺》1：3；
123《中国文学》1：6，2：1；
141《文艺》4：4
陈静鹤
108《文艺茶话》2：6
陈碧英
141《文艺》1：1
陈碧茵
141《文艺》1：5—6
陈碧笙
196《战国策》7，14

陈嘉会
149《逸经》25
陈嘉异
31《甲寅》1∶40
陈嘉霭
33《新潮》1∶3，1∶5
陈慕洁
18《歌谣》2∶1，2∶13，2∶21
陈蔗青
109《论语》54
陈毓泰
40《真美善》3∶5；
71《戏剧》1∶6；
98《新时代》7∶1
陈遯叟
109《论语》92
陈瘦石
52《山雨》1∶1；
85《文艺月刊》5∶2，5∶4，5∶5，6∶2
陈瘦竹
85《文艺月刊》4∶2，4∶5，4∶6，5∶1，5∶2，5∶3，5∶4，5∶5，6∶3，6∶5—6，7∶2，7∶6，8∶1，8∶2，战时特刊2∶3，战时特刊2∶9—10，战时特刊2∶4—5，战时特刊2∶6；
97《创作》1∶4；
117《文学》2∶2；
127《人间世》34；
178《抗战文艺》2∶10；
212《文讯》6∶1，6∶2；
220《文学创作》2∶4；
221《文艺先锋》2∶5—6，3∶5，5∶3，7∶1，9∶5—6，10∶2，12∶3—4，12∶5，12∶6；
225《时与潮文艺》1∶1，1∶3，2∶2，3∶3，3∶6，4∶2，4∶3，5∶2，5∶5；
231《新文学》1∶1，1∶3；
223《当代文艺》1∶3，1∶4，1∶5—6
陈端志
117《文学》5∶1
陈漫天
211《文艺生活》光复版14
陈漫哉
46《新月》2∶9
陈寥士
149《逸经》17，20，21，30
陈肇基
93《青年界》9∶1
陈肇燊
7《曙光》2∶2
陈增华
209《万象》2∶6
陈增善
88《读书月刊》3∶3；
118《文艺春秋》1∶6，
陈醉云
11《文学周报》132，133；
25《语丝》4∶1；

36《北新》1：19，1：22，1：29，
1：34，1：51—52；
59《春潮》1：1；
85《文艺月刊》2：7，2：11—12，
3：2；
93《青年界》2：2，7：3，8：1，
9：1，11：1，12：1；
108《文艺茶话》1：8，1：10

陈霆锐

6《解放与改造》3：10

陈蝶衣

209《万象》1：2，1：3，1：4，
1：5，1：6，1：7，2：1，2：
2，2：3，2：4，2：5，2：6，
2：7

陈蝶野

209《万象》1：3

陈影玲

39《泰东》1：8

陈墨侠

145《宇宙风》70

陈稼源

187《戏剧岗位》1：5—6

陈德明

36《北新》2：12

陈德珩

38《幻洲》2：1

陈德基

31《甲寅》1：32，1：34

陈德徵

21《弥洒》1，3

陈鲤庭

85《文艺月刊》1：2；
187《戏剧岗位》3：1—2；
195《黄河》2，3，5；
221《文艺先锋》3：5；
224《天下文章》2：1；
232《戏剧时代》创刊号；
253《清明》创刊号；
266《中国作家》纪念特刊

陈澄之

195《黄河》11，12，2：8；
224《天下文章》5；
236《高原》创刊号，2

陈遵妫

212《文讯》2：4，3：1，3：3，
3：5

陈鹤峰

209《万象》3：4

陈豫源

141《文艺》5：1—2；
177《文艺阵地》3：8；
187《戏剧岗位》3：1—2

陈樾山

168《戏剧时代》1：1

陈醒钟

109《论语》86

陈翰仪

11《文学周报》349

陈翰笙

26《现代评论》3：53，3：55，3：
56，3：58，3：68，4：100，

第二周年增刊
陈薇芬
63《金屋》1：9—10
陈燕崖
209《万象》1：6
陈霖光
97《创作》1：3
陈穆如
89《当代文艺》1：1，1：2，1：3，1：4，1：5，1：6，2：1，2：2，2：3；
94《现代文艺评论》1：1；
98《新时代》5：4
陈衡君
145《宇宙风》56
陈衡恪
14《学衡》14，19，20，21，24，27
陈衡哲
1《新青年》5：3，5：4，6：5，8：1，8：2；
10《小说月报》15：10；
16《努力周报》1，2，73；
26《现代评论》2：39，第一周年增刊，第二周年增刊，6：133，6：142；
100《北斗》1：1，2：1；
107《文学月报》1：4；
145《宇宙风》67，68，69，71；
224《天下文章》5；
226《风雨谈》11
陈凝秋
85《文艺月刊》3：7；
104《矛盾》1：5—6，2：1，2：2；
115《文学杂志》1：3—4；
144《创作》1：2；
151《文学丛报》1，3；
155《光明》1：7；
170《新演剧》1：1
陈澹然
14《学衡》24；
19《小说世界》14：14，14：15
陈濂观
37《一般》5：4
陈黻宸
14《学衡》45
陈獄生
19《小说世界》1：8
陈燮柽
89《当代文艺》1：5
陈懋治
1《新青年》6：6
陈藜草
178《抗战文艺》10：2—3；
248《中原·文艺杂志·希望·文哨联合特刊》1：3
陈馥润
109《论语》21
陈璧如
98《新时代》2：1
陈彝荪
88《读书月刊》2：1，2：2，2：3，

2：4—5，3：1—2

陈耀枢

210《笔谈》3

陈麟瑞

217《文艺杂志》2：1，2：2，2：3；
225《时与潮文艺》3：1

陈蠹园

109《论语》165，166

陈钱爱琛

1《新青年》2：6

妙　哉

183《鲁迅风》14

妙　悟

109《论语》139，140

妙　语

109《论语》177

妤　雯

36《北新》2：16

邵　夫

84《开展》6—7

邵　仙

141《文艺》4：1

邵　光

241《文艺大众》5

邵　华

85《文艺月刊》战时特刊 1：9

邵　宇

177《文艺阵地》4：3，4：5

邵　芙

85《文艺月刊》6：5—6

邵　凯

259《东北文化》1：6

邵　欣

131《东流》1：5，2：1，2：3

邵　森

14《学衡》37，38，44

邵　群

274《平原》12

邵　薇

85《文艺月刊》战时特刊 4：1

邵力子

141《文艺》5：4；
224《天下文章》2；
235《文艺春秋》8：1

邵士荫

51《开明》2：5，2：6，2：8

邵大章

262《平原文艺》2：4，2：6

邵子南

158《中流》1：12，2：3，2：9；
165《文丛》2：2；
178《抗战文艺》2：11—12；
208《诗创作》10；
238《希望》1：3；
242《新群众》3：1；
256《萌芽》1：2；
260《呼吸》2；
270《小说》3：1

邵天任

261《东北文艺》1：3；
271《文学战线》1：5—6，2：3

邵天降
88《读书月刊》2：2
邵文伯
18《歌谣》36
邵心真
235《文艺春秋》丛刊3，丛刊4，丛刊5
邵西镐
142《中学生文艺季刊》1：3，3：1
邵冰如
36《北新》1：24
邵如馨
109《论语》6
邵苐一
89《当代文艺》1：6，2：1，2：3，2：4，2：5
邵肖山
265《胶东文艺》1：6—7
邵伯周
93《青年界》新5：4
邵灵芬
117《文学》7：5，8：5
邵纯熙
18《歌谣》12，13，15，36，周年纪念增刊，2：1，2：13，2：14
邵秉钧
51《开明》2：24
邵宗汉
36《北新》3：20—21；
40《真美善》3：6，4：3，4：4，4：5，5：1，5：2，5：3，5：4，6：1；
93《青年界》8：2；
117《文学》5：1
邵星娥
98《新时代》3：2，3：5—6
邵洵美
26《现代评论》7：158；
40《真美善》女作家专号，3：5，3：6，4：1，4：2，4：4，6：3；
46《新月》3：8；
63《金屋》1：1，1：3，1：4，1：12；
90《诗刊》1，2，3，4；
100《北斗》2：1；
106《现代》5：6；
109《论语》2，11，49，83，84，85，86，87，88，89，91，93，94，95，96，97，98，99，100，101，102，103，104，105，106，107，108，109，111，112，113，115，117，123，124，125，132，141，142，143，145，146，147，148，149，150，151，152，153，154，155，156，157，158，159，160，161，162，163，164，165，173；
127《人间世》9；
169《中国文艺》1：1
邵诵熙
18《歌谣》12，36

邵祖平
14《学衡》1，2，3，4，5，6，7，8，9，10，11，12，13，14，15，16，17，18，20，21，22，23，24，25，27，28，29，30，31，33，34，36，37，38，74；
31《甲寅》1：10
邵冠华
10《小说月报》21：4，21：6，22：1，22：2；
74《新文艺》1：3；
83《现代文学》1：1，1：3；
85《文艺月刊》战时特刊3：12；
89《当代文学》1：1，1：2，1：3，2：2；
93《青年界》4：3，7：2；
98《现代文学评论》1：1，1：2，1：3，2：1—2；
98《新时代》1：4，3：4，3：5—6，4：1，4：2，4：6，5：3，5：4，6：2；
104《矛盾》3：1，3：2；
109《论语》78；
110《小说月刊》1：3，1：4；
123《中国文学》2：2；
126《诗歌月报》1：1，2：2；
137《当代诗刊》创始号，1：3—4；
141《文艺》1：2，1：3，1：4，1：5—6，2：1，2：2，3：3，4：5，4：6；
160《新诗》1：6；
178《抗战文艺》1：11；
212《文讯》6：4
邵冠祥
93《青年界》9：1；
117《文学》8：3；
159《诗歌杂志》1，2，3
邵荃麟
178《抗战文艺》10：4—5；
227《艺丛》1：1
邵振青
4《国民》1：1
邵铁军
93《青年界》新5：3
邵梦兰
118《文艺春秋》1：1
邵爽秋
6《解放与改造》1：5
邵常垲
93《青年界》10：1
邵象伊
19《小说世界》7：11
邵鼎勋
85《文艺月刊》10：1
邵道南
142《中学生文艺季刊》1：4
邵瑞彭
31《甲寅》1：19，1：21
邵锡彬
229《艺文杂志》1：6
邵嘉陵
271《文学战线》1：4

邵燕祥

264《诗创造》2：2

邵霖生

51《开明》2：10，2：11

劭

109《论语》66，67

忍 士

117《文学》9：1

努 生

46《新月》3：7，3：8，3：10

劲 人

155《光明》1：11

劲 风

19《小说世界》1：1，1：4，1：9，1：12，1：13，2：1，2：5，2：8，2：9，2：11，2：13，3：1，3：4，3：5，3：6，3：7，3：8，3：9，4：1，4：9，4：11，4：13，5：1，5：4，5：6，5：7，5：10，6：1，6：4，6：6，7：8，7：12，8：1，9：1，9：5，9：8，10：1，10：7，10：9，10：11，11：1，12：1，12：2，12：1，12：2，12：3，14：4，12：5，12：7，12：13；

85《文艺月刊》战时特刊第 11 年 11 月号

劲 生

55《大众文艺》2：3

劲 吾

221《文艺先锋》5：3，5：4

劲 草

172《七月》1：5

劲 悍

88《读书月刊》1：6

邰光典

10《小说月报》13：2

邰爽秋

5《少年中国》3：2

甬 人

142《中学生文艺季刊》1：4

孜 琴

145《宇宙风》60

孜 研

28《猛进》19

驱 鼍

71《戏剧》1：1

飒 伍

51《开明》2：8，2：9

纬 行

40《真美善》5：3，5：5

纬 森

25《语丝》4：17，4：18

纯

26《现代评论》3：74，3：77，3：78，4：80，4：81，4：82，4：83，4：84，4：87，4：89，4：92，4：95，4：96，4：97，4：98，4：99，4：100，4：101，4：103，4：104，5：107，5：111，5：115，5：117，5：118，5：120，5：122，5：123，5：

124，6：131，6：132，6：139，6：143，6：155，7：158，7：166，7：169，7：171，7：175，7：178，7：180，8：192，8：199，9：209；
68《戏剧与文艺》1：7；
221《文艺先锋》5：3，5：5

纯　上

199《野草》5：1

纯　仁

261《东北文艺》1：5

纯　任

212《文讯》1：3

纯　庵

109《论语》81

纯　清

191《文艺新闻》9—10

纱　雨

131《东流》创刊号，1：2，1：3—4，1：5；1：6；
157《今代文艺》1：1

纳　克

177《文艺阵地》4：10

纳　纳

199《野草》第6号

纳　忠

51《开明》1：8

纳　维

177《文艺阵地》·2：2，4：12，5：1；
199《野草》新5号

纳　雍

214《谷雨》1：2—3

纳云楼主

109《论语》4

纵　园

6《解放与改造》1：1，1：2，1：4，1：7，1：8，2：2

纹　迴

25《语丝》126，147

纽　斯

85《文艺月刊》战时特刊号外1

纾　易

226《风雨谈》17

纾　胤

185《笔阵》14，新1：1，新1：2

八　画

玮　璐

85《文艺月刊》6：4，7：4；
123《中国文学》1：1，1：6；
214《谷雨》1：2—3

环

11《文学周报》96

玫

19《小说世界》6：12

玫　友

24《洪水》半月刊1：7

玫　玫

61《朝花》周刊3，周刊14

青

19《小说世界》1：3，民众文学8；
188《新中国文艺丛刊》2

青　山
32《清华文艺》1：4；
145 附《宇宙风·逸经·西风非常时期联合旬刊》5
青　凡
145《宇宙风》75，76，78
青　子
88《读书月刊》3：6；
92《文艺新闻》25；
93《青年界》2：1
青　云
274《平原》10
青　冈
110《小说》1：2
青　见
25《语丝》4：24，4：30，4：33，4：37，5：41，5：42；
40《真美善》6：4
青　仓
221《文艺先锋》5：5
青　石
145《宇宙风》别册 3
青　田
109《论语》41
青　尔
29《莽原》周刊 32
青　鸟
106《现代》6：1
青　主
10《小说月报》22：1，22：2
青　曲
29《莽原》周刊 26；
44《未名》1：5
青　帆
93《青年界》1：3
青　冰
198《现代文艺》3：4；
212《文讯》9：2；
219《文学批评》2
青　民
24《洪水》半月刊 2：23—24，3：30；
25《语丝》107
青　阳
229《艺文杂志》1：2
青　谷
36《北新》3：7
青　青
51《开明》1：4；
195《黄河》4：6
青　松
16《努力周报》10，11，12，56，66；
46《新月》3：1
青　苗
145《宇宙风》128；
158《中流》2：8；
172《七月》4：1，4：4，6：1—2，6：3；
189《西线文艺》1：4，1：6；
192《文学月报》2：4；
198《现代文艺》2：6，3：1，3：

4，5：6；
211《文艺生活》3：1；
212《文讯》9：1；
216《战时文艺》1：6，2：2；
217《文艺杂志》3：3；
222《青年文艺》创刊号，6；
223《人世间》复刊11—12；
224《天下文章》5；
225《时与潮文艺》2：3，3：1，
4：2；
231《新文学》1：2；
235《文艺春秋》4：5，5：2，6：6；
236《高原》2，3，新1：1；
244《文艺复兴》1：6，2：2，2：5；
263《文艺知识连丛》1：4

青 岩（巖）

19《小说世界》11：11

青 侣

128《小说》半月刊8

青 服

55《大众文艺》2：2

青 柳

18《歌谣周刊》20

青 草

23《文艺周刊》30

青 峦

93《青年界》新4：4，新5：3

青 萍

38《幻洲》1：12；
92《文艺新闻》9，公演特刊；
171《烽火（呐喊）》15

青 勃

212《文讯》9：3；
235《文艺春秋》3：1，5：3，8：3；
236《高原》新1：2；
244《文艺复兴》2：5，3：4；
264《诗创造》1，2，2：2

青 崖

46《新月》3：5—6；
109《论语》1，4，7，10，21，26，
89，90，101，102，118，119，
120，121，122；
169《中国文艺》1：1

青 铜

212《文讯》6：1

青 塔

109《论语》96

青 蒂

93《青年界》新3：2

青 萄

99《涛声》1：7

青 蕊

124《新诗歌》4

青 燕

229《艺文杂志》3：1—2

青沙丈

191《文艺新闻》11

青岛同志

149《逸经》19

武

109《论语》131，135，159，160

武　子

113《新诗歌》1：6—7

武　石

199《野草》2：5—6

武　达

117《文学》1：1

武　杰

29《莽原》半月刊1：10

武　岩

109《论语》105

武　陵

85《文艺月刊》4：6

武　乾

221《文艺先锋》12：1

武　蒂

113《新诗歌》2：1

武　薇

113《新诗歌》2：3

武三多

32《清华文艺》1：2

武酉山

118《文艺春秋》1：5，1：8；

226《风雨谈》16

武宝光

276《华北文艺》2

武思茂

10《小说月报》21：10，22：8；

51《开明》2：26

武振刚

254《热潮》创刊号

武堉干

26《现代评论》7：157

武新宇

33《狂飚》周刊11

坪

195《黄河》4；

211《文艺生活》光复版2

坦

31《甲寅》1：34

坦　父

26《现代评论》5：130

坦　克

103《絜茜》创刊号；

209《万象》3：11，4：2，4：5，4：6

坤（堃）灵

26《现代评论》2：49

林

19《小说世界》民众文学9；

26《现代评论》4：103；

32《清华文艺》不定期4；

73《南国周刊》1：2；

131《东流》2：4；

251《文艺杂志》1：1，3：5

林　一

114《艺术新闻》1，3；

271《文学战线》2：2

林　丁

85《文艺月刊》11：2，战时特刊9：4；

99《涛声》2：35；

117《文学》8：1；
136《水星》1：3；
145《宇宙风》41，44，62；
160《新诗》1：2，1：4

林　乃

109《论语》78，79，80，81，82，83，85，86，92，96，98，99，100，102，105，107

林　三

19《小说世界》9：12；
145《宇宙风》121，122，129

林　山

159《诗歌杂志》2，3；
181《文艺突击》创刊号，1：3，新1：2；
199《野草》1：4，2：1—2；
208《诗创作》5；
211《文艺生活》1：5，海外版20，穗新2；
242《新群众》1：2；
272《群众文艺》创刊号，4；
276《华北文艺》6

林　凡

223《人世间》复刊10；
235《文艺春秋》4：1；
264《诗创造》7，9

林　川

211《文艺生活》光复版11—12，光复版14，海外版2

林　夕

145《宇宙风》111

林　艺

265《胶东文艺》1：3，1：6—7

林　云

190《通俗文艺》31

林　木

194《中国文化》1：2

林　丰

185《笔阵》新1：3；
210《笔谈》1

林　中

211《文艺生活》海外版6

林　风

208《诗创作》17；
270《小说》2：3

林　火

159《诗歌杂志》2，3

林　玉

51《开明》1：4，1：5，1：6，2：8

林　叶

178《抗战文艺》9：5—6；
217《文艺杂志》新1：1

林　尔

217《文艺杂志》3：2

林　生

16《努力周报》15

林　丘

211《文艺生活》海外版副刊1

林　白

182《文艺新潮》1：3

林　兰

36《北新》1：36，1：41—42，1：

43—44；
259《东北文化》1：3，1：5，2：1

林　宁

252《北方文化》2：4

林　加

106《现代》4：1

林　西

104《矛盾》3：3—4

林　光

149《逸经》12

林　帆

199《野草》4：1—2

林　伍

170《新演剧》新1：3

林　华

251《文艺杂志》4：1

林　阳

222《青年文艺》新1：4

林　羽

85《文艺月刊》战时特刊3：8—9，战时特刊4：3—4

林　孖

10《小说月报》15：1

林　红

235《文艺春秋》2：3，2：4，2：5，2：6

林　玖

122《文学季刊》1：4

林　麦

130《当代文学》1：4

林　声

85《文艺月刊》战时特刊1：9

林　花

199《野草》新2号

林　芬

93《青年界》7：2；
186《宇宙风乙刊》7，9，14，17，18

林　芳

93《青年界》6：4

林　村

92《文艺新闻》40

林　辰

84《开展》2，6—7，8，9；
104《矛盾》发动号，3：2；
177《文艺阵地》6：5；
178《抗战文艺》7：6，8：1—2，8：3，9：3—4，9：5—6；
199《野草》3：2；
212《文讯》1：3，9；1，9：5；
218《文坛》4，5，7，8，2：1；
228《中原》2：2；
235《文艺春秋》丛刊3，6：4；
237《文学新报》1：5；
256《萌芽》1：4；
266《中国作家》1：3

林　抒

235《文艺春秋》副刊1：2，副刊1：3

林　岚

195《黄河》4：1，4：2，4：3，4：

5，4：6，5：1，5：3—4

林　谷

85《文艺月刊》战时特刊号外 1，战时特刊 3：10—11；
198《现代文艺》5：2；
235《文艺春秋》2：6

林　间

172《七月》2：1；
192《文学月报》2：1—2

林　冷

244《文艺复兴》4：1

林　沙

223《人世间》1：4

林　宏

264《诗创作》1，2，4，8，2：2

林　忍

104《矛盾》1：2

林　纾

2《每周评论》15；
14《学衡》70；
19《小说世界》1：1，1：2，1：3，1：5，1：6，1：7，1：9，1：11，1：13，2：1，2：3，2：8，2：10，2：11，2：12，2：13，3：1，3：2，3：3，3：4，3：5，3：6，3：7，3：8，3：9，3：19；
85《文艺月刊》10：6

林　青

199《野草》1：3，1：6，4：6，5：1，5：2

林　坤（埅）

199《野草》新 3 号

林　坡

253《清明》创刊号

林　林

75《芽萌》1：2；
130《当代文学》1：5；
131《东流》1：5，1：6，2：2，3：1；
143《杂文》2，3，4，5—6，2：1，2：2；
145《宇宙风》104，105；
148《诗歌生活》1，2；
150《东方文艺》1：2；
151《文学丛报》4；
154《文学界》1：1；
155《光明》1：7，2：9，3：1，3：5，战时号外 2，战时号外 6；
157《今代文艺》1：1，1：3；
159《诗歌杂志》1，3；
164《希望》1：1；
176《自由中国》新 2：1—2；
177《文艺阵地》1：1；
180《文艺》1：4；
199《野草》创刊号，1：2，2：1—2，第 8 集；
207《时代文学》1：3；
211《文艺生活》光复版 6，光复版 10，光复版 14，光复版 15；海外版 2，海外版 3—4，海外版 6，海外版 9，海外版 10—

11，海外版 12，海外版 13，海外版 14，海外版 16；穗新 4；
235《文艺春秋》2：5，4：2

林　枝

45《现代小说》3：5—6；
94《现代文学评论》1：1

林　耶

273《文艺月报》创刊号

林　取

198《现代文艺》5：2，5：3，5：6，6：3

林　苹

110《小说月刊》1：2

林　英

88《读书月刊》2：4—5；
109《论语》159

林　雨

120《文艺》1：2

林　拓

88《读书月刊》2：3

林　拂

226《风雨谈》4

林　易

88《读书月刊》2：3

林　果

172《七月》4：3；
177《文艺阵地》4：10

林　采

192《文学月报》1：6；
208《诗创作》10

林　庚

18《歌谣》2：11，2：12；
85《文艺月刊》4：6，5：1，5：4；
93《青年界》8：2；
106《现代》3：2，4：4，4：6，5：1，5：3，5：6，6：1；
109《论语》32，39，49，91，105，108；
110《小说》1：3，1：4；
117《文学》2：1，3：1；
122《文学季刊》1：1，1：2；
123《中国文学》1：3—4，1：5，1：6；
126《诗歌月报》1：3，2：1；
129《文艺风景》1：1，1：2；
132《文学评论》1：1，1：2；
136《水星》1：1，1：6；
138《文饭小品》1：1，1：2，1：5；
145《宇宙风》25，43，130；
159《诗歌杂志》2，3；
160《新诗》1：1，1：2，1：3，1：4，1：6，2：1
167《文学杂志》1：3，2：2，2：7，2：9，2：10，2：12，3：3，3：4，3：5；
169《中国文艺》1：1；
221《文艺先锋》1：1，1：2，1：3，1：5，2：1；
244《文艺复兴》研究号上

林　炎

235《文艺春秋》丛刊 3，丛刊 5，2：

2，2：3，2：4，2：5，2：6

林　沫

213《草叶》2；

255《北方》2：1—2

林　珏

158《中流》1：10，1：12，2：4，2：9；

171《烽火（呐喊）》10；

180《文艺》2：2；

182《文艺新潮》1：6，2：1，2：4；

191《文艺新闻》7；

193《戏剧与文学》1：1；

203《奔流文艺丛刊》2；

261《东北文艺》1：4

林　玲

145《宇宙风》74，83，87，107；

177《文艺阵地》3：9

林　城

229《艺文杂志》2：6

林　柯

223《人世间》复刊6；

225《时与潮文艺》5：2

林　南

45《现代小说》3：3，3：5—6

林　荣

51《开明》2：5

林　幽

11《文学周报》112；

25《语丝》4：29；

36《北新》2：18，2：23；

109《论语》3，6，12，15，20，56，82；

127《人间世》11，13，24，25，29，36；

145《宇宙风》8，70，83

林　瓴

116《文艺月报》1：2

林　活

145《宇宙风》147—148

林　垦

186《宇宙风乙刊》14

林　娜

122《文学季刊》2：3，2：4；

128《小说》19；

145《宇宙风》71；

152《作家》1：2；

154《文学界》1：2，1：3；

155《光明》1：4，1：7，1：9，2：3；

157《今代文艺》1：3；

169《中国文艺》1：3；

170《新演剧》1：3

林　耘

261《东北文艺》1：2，1：3，1：5，1：6

林　埙

109《论语》10

林　莽

92《文艺新闻》11；

209《万象》3：8，3：11，4：2，4：5，4：6；

235《文艺春秋》5：6；

244《文艺复兴》1：1

林　莹

248《中原·文艺杂志·希望·文哨联合特刊》1：5

林　原

159《诗歌杂志》2，3；

199《野草》1：6

林　损

1《新青年》4：4；

14《学衡》45，46，47，48，49，50，51，52，53，54，55，57

林　峨

223《人世间》1：3

林　铃

131《东流》创刊号

林　涧

195《黄河》4：2

林　绥

177《文艺阵地》4：11；

182《文艺新潮》2：9

林　萍

221《文艺先锋》5：3

林　菲

122《文学季刊》2：1；

182《文艺新潮》1：4—5，1：6

林　野

85《文艺月刊》8：5；

126《诗歌月报》1：1，1：2，1：3，1：4，1：5，2：2；

189《西线文艺》1：1，1：4

林　啸

208《诗创作》9

林　晨

104《矛盾》1：5—6

林　婴

235《文艺春秋》从刊5

林　铣

261《东北文艺》1：3

林　笳

195《黄河》3：2

林　笛

235《文艺春秋》4：4

林　逸

92《文艺新闻》34，35

林　率

32《清华文艺》不定期1，不定期5；

96《文艺杂志》1：1；

160《新诗》1：5

林　堃

见前“林坤（堃）”。

林　清

195《黄河》复刊5

林　淙

155《光明》1：6

林　琪

107《文学月报》1：5—6；

114《艺术新闻》2；

120《文艺》1：2；

180《文艺》1：6

林　琦

225《时与潮文艺》2：5

林 蒂

143《杂文》4；

148《诗歌生活》1，2；

150《东方文艺》1：2；

151《文学丛报》3；

159《诗歌杂志》2

林 紫

222《青年文艺》2

林 稍

172《七月》3：1

林 湘

251《文艺杂志》3：1，4：3

林 翔

262《平原文艺》2：1

林 榆

211《文艺生活》光复版 9

林 蓝

221《文艺先锋》3：6，4：5，5：1—2，5：6；

261《东北文艺》2：1

林 蒲

160《新诗》2：3—4；

167《文学杂志》2：5，2：8；

176《自由中国》新 1：5—6；

198《现代文艺》5：2；

212《文讯》3：3

林 零

211《文艺生活》光复版 18

林 路

93《青年界》12：1；

141《文艺》5：4

林 煦

117《文学》4：2

林 韵

211《文艺生活》海外版 20

林 榕

226《风雨谈》1，5，7

林 歌

262《平原文艺》1：1

林 熙

159《诗歌杂志》1，3

林 豪

98《新时代》5：4

林 漫

242《新群众》1：3，1：5，1：6，2：3，2：6；

270《小说》5：2

林 潜

104《矛盾》1：5—6

林 樾

11《文学周报》360，361

林 薇

141《文艺》4：2；

239《诗文学》1，2；

251《文学杂志》3：4

林 燕

240《文哨》1：3

林 镛

224《天下文章》1

林 憾

11《文学周报》109；

25《语丝》65，69，100；

26《现代评论》1∶21；
50《奔流》1∶10；
55《大众文艺》1∶6；
127《人间世》15；
145《宇宙风》50

林　邃

19《小说世界》3∶8；
51《开明》1∶1

林　翼

140《芒种》4；
227《艺丛》1∶2

林一鸣

248《中原·文艺杂志·希望·文哨联合特刊》1∶6

林一修

159《诗歌杂志》2，3

林一鹏

195《黄河》2∶4

林二重

39《泰东》2∶1

林十柴

251《文艺杂志》2∶2，2∶6，3∶4，3∶6，4∶2，4∶3；
255《北方》1∶3，1∶5；
276《华北文艺》3

林大春

10《小说月报》22∶9

林大闾

31《甲寅》1∶3，1∶10

林山腴

149《逸经》2

林千叶

201《戏剧春秋》1∶3

林久都

26《现代评论》3∶54

林之东

145《宇宙风》52

林之叶

159《诗歌杂志》2，3

林之材

182《文艺新潮》1∶1

林之棠

16《努力周报》4

林子明

252《北方文化》1∶2

林之能

109《论语》7

林无双

159《宇宙风》70，72，101

林木瓜

113《新诗歌》1∶1

林友兰

145《宇宙风》141

林少吾

48《我们》1∶1，1∶2，1∶3

林从周

19《小说世界》3∶8

林今明

197《大众文艺》创刊号

林今疑

94《现代文学评论》1∶1，1∶2

林长民
16《努力周报》13，14
林风眠
51《开明》1：4；
98《新时代》7：1
林凤藻
224《天下文章》5
林文亮
99《涛声》1：7，1：18
林文铮
26《现代评论》8：201，8：202；
85《文艺月刊》2：5—6；
108《文艺茶话》1：3
林文渊
13《诗》2：2
林予展
104《矛盾》2：1，2：2，2：3，2：4，2：5，2：6
林玉叶
134《太白》1：9，2：7，2：12
林玉堂
1《新青年》4：2，4：4；
18《歌谣》55，周年纪念增刊，84，85，89；
26《现代评论》1：5；
28《猛进》5；
109《论语》73
林玉福
18《歌谣》2：38
林东平
99《涛声》2：13
林禾子
260《呼吸》2
林乐义
109《论语》113，116
林汉达
11《文学周报》309；
36《北新》3：4，4：8；
93《青年界》新1：1
林达祖
109《论语》85，106，109，110，111，112，113，114，115，116，117
林光迈
109《论语》47，60
林刚白
85《文艺月刊》战时特刊2：6
林同济
196《战国策》1，3，4，5，6，12，13，14，17；
196附《战国》副刊：1，4，7，17，19，27，28，29，30；
221《文艺先锋》2：3
林同端
230《民族文学》1：1，1：4
林乔年
26《现代评论》2：47，2：48，3：53
林仲平
26《现代评论》7：178
林伦彦
227《艺丛》1：1，1：2

林仰峥

210《笔谈》5

林仰静

199《野草》1∶6

林伊乐

197《大众文艺》2∶1，2∶2

林伊惠

145《宇宙风》131

林后修

39《泰东》2∶3

林众可

118《文艺春秋》1∶2，1∶3，1∶4

林兆南

242《新群众》1∶2

林名均

127《人间世》22

林名钧

149《逸经》33

林守仁

55《大众文艺》2∶4

林守庄

10《小说月报》17∶11，18∶4，19∶2；

11《文学周报》278；

25《语丝》86，117

林兴基

145《宇宙风》128

林如斯

109《论语》59；

145《宇宙风》50，58，71，73，87，98，100，104，141；

186《宇宙风乙刊》54

林如稷

20《浅草》1∶1，1∶2，1∶3，1∶4；

23《文艺周刊》7，8，11，13，16，20，26，33，34，39；

35《沉钟》13，14，15，16，17，19，20，21，22，23，24，25，26，28，29，30，31，32；

80《骆驼草》16；

211《文艺生活》光复版 10；

235《文艺春秋》4∶1；

256《萌芽》1∶2；

263《文艺知识连丛》1∶3

林运元

187《戏剧岗位》2∶2—3

林村述

25《语丝》24

林克林

150《东方文艺》1∶3

林志鸿

174《抗到底》3

林孝本

187《戏剧岗位》2∶2—3

林秀清

177《文艺阵地》文阵新辑之一：去国

林伯修

42《太阳》5，6，7；

48《我们》1∶1，1∶2，1∶3；

62《海风周报》1，2，3，4，5，

6—7，10，11，12，14—15，17；
67《新流月报》3

林伯渠

272《群众文艺》创刊号

林希隽

98《新时代》4：4—5；
106《现代》5：2，5：3，5：5，6：1；
121《文化列车》9，12

林应冰

51《开明》1：8

林冷秋

162《小说家》1：1；
198《现代文艺》1：2

林沃栽

145《宇宙风》146，149，150，152

林良桐

196《战国策》15—16

林灵光

22《创造周报》6

林灵修

128《小说》8

林英建

126《诗歌月报》2：1

林英强

85《文艺月刊》6：4；
98《新时代》2：4—5，5：3，5：4，5：6，6：2，7：4；
104《矛盾》2：5，3：1；
106《现代》4：3；
123《中国文学》2：1，2：2；
126《诗歌月报》2：2；
141《文艺》3：3，3：5，4：2，4：5，6：2，6：3；
160《新诗》2：2；
182《文艺新潮》1：9，1：10，1：12；
235《文艺春秋》5：3

林雨今

211《文艺生活》海外版5，海外版10—11

林奄方

31《甲寅》1：9

林尚达

111《文化月报》1：1

林咏泉

221《文艺先锋》1：2，1：5

林国蘅

209《万象》3：1

林育人

93《青年界》新6：4

林庚白

88《读书月刊》3：5；
98《新时代》4：1；
118《文艺春秋》1：1，1：2，1：4，1：9—10；
155《光明》1：12

林庚侯

109《论语》54

林泳泉

85《文艺月刊》战时特刊第11年5

月号

林治南

31《甲寅》1：30

林实权

40《真美善》女作家专号

林学衡

14《学衡》6，9，19

林房一

48《我们》创刊号

林参天

183《鲁迅风》16

林绍良

134《太白》1：6

林孟昭

226《风雨谈》20

林树森

209《万象》3：4

林柳杞

211《文艺生活》光复版 10

林柷敔

93《青年界》新 6：1；

235《文艺春秋》丛刊 1

林草甬

198《现代文艺》5：6

林草坪

88《读书月刊》2：1，2：2，2：6

林荫森

93《青年界》11：4

林拱枢

209《万象》3：5

林轶今

245《文章》1：3

林思进

14《学衡》19，20，29，34，40，41，42，43，44，48，49；

31《甲寅》1：44

林科棠

19《小说世界》3：4

林钟秀

109《论语》107

林适文

36《北新》4：21—22；

91《文学生活》1

林适存

85《文艺月刊》战时特刊 1：7，战时特刊 1：10；

123《中国文学》1：2，1：5，1：6，2：1，2：2；

141《文艺》1：1，2：1，2：2，2：3

林俪琴

106《现代》4：3

林俊千

209《万象》1：1，1：2，1：3，1：4，1：5

林俊德

108《文艺茶话》1：9

林亮曾

19《小说世界》13：25，16：1

林觉夫

211《文艺生活》3：2；

219《文学批评》创刊号，2

林宪章

19《小说世界》3：5

林语堂

18《歌谣》89；
25《语丝》3，11，23，31，48，52，54，63，66，72，76，4：11，5：30，5：36，5：37，5：41；
28《猛进》16，42；
29《莽原》半月刊1：1；
36《北新》3：12，3：18，3：23；
50《奔流》1：3，1：4；
59《春潮》1：3；
88《读书月刊》1：6；
109《论语》2，13，35；
127《人间世》1，2，12，16，19，26，27，29，40；
138《文饭小品》1：1，1：3，1：6；
145《宇宙风》8，11，15，16，22，30，32，43，57，73，74，100，112，113，115，126，132，133，134，135—136，137，138，141，142，143，146，147—148，149，150，151；
149《逸经》1，14；
186《宇宙风乙刊》15，17；
195《黄河》2；
224《天下文章》2：4；
226《风雨谈》12；
235《文艺春秋》丛刊1

林冠英

4《国民》1：4

林绛欣

127《人间世》36

林素斐

69《南国月刊》1：2

林振述

51《开明》1：8

林振德

19《小说世界》12：8

林兼绶

109《论语》38

林培志

117《文学》2：6

林培声

18《歌谣》2：14

林培庐

18《歌谣》2：8，2：35，2：39；
25《语丝》143

林梓春

19《小说世界》3：7

林菁华

274《平原》2：2，2：6，3：3，3：6

林彬彬

211《文艺生活》穗新6

林梦幻

40《真美善》4：4；
98《新时代》5：4

林雪香

51《开明》1：2，1：9，1：11，2：

11，2：18

林悠如

93《青年界》9：1

林翊重

145《宇宙风》131

林焕平

93《青年界》8：2；
117《文学》5：1；
131《东流》1：3—4；
140《芒种》1，2，2：1；
143《杂文》2，2：2；
145《宇宙风》137；
148《诗歌生活》1；
177《文艺阵地》1：3，1：10，2：4，2：6，2：12，4：10；
178《抗战文艺》10：4—5；
185《笔阵》4；
192《文学月报》1：6，2：1—2；
207《时代文学》1：1；
208《诗创作》10；
210《笔谈》2，3，4，5，6，7；
211《文艺生活》3：3，光复版16，海外版10—11，穗新1；
223《人世间》1：5；
224《天下文章》5；
235《文艺春秋》3：1，3：3，3：4，3：5，3：6，4：2，4：3，5：1，5：4，6：5；
243《文联》1：1；
244《文艺复兴》1：5，3：1，研究号中；
245《文章》1：4；
247《人民文艺》5，1：6

林淡秋

117《文学》6：1；
154《文学界》1：1，1：2；
157《今代文艺》1：2；
164《希望》1：1，1：2；
182《文艺新潮》2：1，2：8；
188《新中国文艺丛刊》1，4；
193《戏剧与文学》1：1；
203《奔流文艺丛刊》2，6；
207《时代文学》1：1；
215《奔流新集》2；
235《文艺春秋》4：3；
246《文坛月报》1：1；
266《中国作家》1：1，纪念特刊

林琴南

2《每周评论》12；
19《小说世界》1：13，5：1，9：1，9：2，9：3，9：4，9：5，9：6，9：7，9：8，9：9，9：10，9：11，9：12，9：13，12：9，12：10，12：13

林棘丝

264《诗创造》6

林斯陶

8《新社会》4；
127《人间世》12

林惠元

36《北新》3：10

林惠民
51《开明》2：18
林鼎如
174《抗到底》3
林寒流
141《文艺》2：5—6
林瑞精
101《十字街头》1
林微音
24《洪水》半月刊3：30，半月刊3：31；
25《语丝》5：35，5：39，5：41，5：49，5：52；
40《真美善》3：2，3：4；
46《新月》4：6，4：7；
54《无轨列车》3；
55《大众文艺》1：1；
83《现代文学》1：3；
85《文艺月刊》6：5—6，7：6；
104《矛盾》2：5，3：2，3：3—4；
106《现代》4：1，4：3，5：2，5：6，6：1；
109《论语》92，156；
123《中国文学》1：3—4；
129《文艺风景》1：1；
139《新小说》1：1；
141《文艺》4：6
林慕沃
238《希望》1：1
林蔚春
138《文饭小品》1：6
林毓多
142《中学生文艺季刊》1：2
林疑今
74《新文艺》1：3，1：4，1：5；
92《文艺新闻》45；
93《青年界》4：2，4：4；
98《新时代》2：4—5；
109《论语》27，40，47，71；
123《中国文学》1：2；
127《人间世》2，4，8，11，12，25，26；
145《宇宙风》79，81；
186《宇宙风乙刊》9，10，11；
225《时与潮文艺》2：2，3：2
林醉陶
18《歌谣》11
林蕴清
74《新文艺》1：3
林履彬
19《小说世界》2：1，2：10，2：12，3：6，3：7，3：9，3：10，4：1，4：2，4：3，5：1，6：9，6：10，6：11，6：12，7：1，7：3，7：4
林薇音
90《诗刊》2
林憾庐
145《宇宙风》100；
145附《宇宙风·逸经·西风非常时期联合旬刊》1，2，3，4；
183《鲁迅风》7；

186《宇宙风乙刊》5

林豳风

159《诗歌杂志》1

林曙光

235《文艺春秋》7：4

林徽因

85《文艺月刊》7：6；
160《新诗》1：3，1：4，2：1；
167《文学杂志》1：1，1：2，1：3，1：4，2：12

林徽音

46《新月》3：9；
85《文艺月刊》2：8；
90《诗刊》3；
100《北斗》1：1；
160《新诗》1：3

林懿珍

211《文艺生活》海外版副刊

枚　屋

245《文章》1：4

析　坚

273《文艺月报》4

松

26《现代评论》1：1，1：4，1：15，1：16，1：17，1：18，1：20，1：25，1：26，2：30，2：33，2：35，2：36，2：37，2：38，2：39，2：41，2：47，2：51，2：52，3：57，3：60，3：61，3：64，3：65，4：81，4：82，4：91，4：92，4：93，4：94，4：97，4：98，4：100，4：102，5：106，5：108，5：109，6：138，6：150，6：153，6：155，7：159，7：182，8：191，8：197，8：198，8：199；
36《北新》2：14，2：15，2：16；
143《杂文》4

松　之

38《幻洲》1：10

松　子

26《现代评论》3：53，3：63，4：79，4：82，4：87，4：90，4：94，4：95，4：96，4：101，4：102，4：103，4：104，5：106，5：120，5：124，5：127，6：138，6：139，6：140，6：145，6：147，6：152，6：154，6：156，7：157，7：160，7：162，7：164，7：166，7：168，7：170，7：174，7：175，7：177，7：178，7：183，7：185，7：186，8：189，8：193，8：195，8：197，8：200，8：203，8：204，8：205；
93《青年界》1：1，4：2，5：1，5：3，5：4，5：5；
108《文艺茶话》1：7；
237《文艺新报》1：3

松　风

173《抗战戏剧》2：2—3

松 心

26《现代评论》5：127

松 兰

259《东北文化》1：5

松 岑

31《甲寅》1：45

松 庐

19《小说世界》3：6，5：2，6：7

松 根

98《新时代》6：2

松 斋

36《北新》1：10；

209《万象》3：9

松 烟

36《北新》1：20

松 涛

6《解放与改造》2：4；

19《小说世界》8：13

松 柏

51《开明》2：18

松 雪

191《文艺新闻》8

松 溪

19《小说世界》3：9

松 盦

19《小说世界》18：1

枫

150《东方文艺》1：1

枫 川

251《文艺杂志》3：2，3：3，4：2，4：3

枫 子

93《青年界》9：5，10：1

枫 江

19《小说世界》9：1

枫 岚

195《黄河》复刊3，复刊5；

221《文艺先锋》12：2，13：2

枫 园

145《宇宙风》149，150；

145附《宇宙风·逸经·西风非常时期联合旬刊》5

枫 林

192《文学月报》1：5；

198《现代文艺》5：5；

208《诗创作》5，6；

262《平原文艺》1：1，1：4，2：1，2：6；

274《平原》7，1：3，1：4—5，1：6，2：1，3：1，3：3

枫 湖

16《努力周报》63

杭约赫

235《文艺春秋》3：5，4：2；

244《文艺复兴》2：5；

264《诗创造》1，2，3，4，5，6

杭辛斋

19《小说世界》16：7

杭炎甫

19《小说世界》16：3

枕 江

6《解放与改造》2：7，2：9，2：

10，2∶11，2∶12，2∶13，2∶15，2∶16

枕　星

141《文艺》3∶6

枕　流

155《光明》2∶4

枕　绿

149《逸经》9

枕流生

85《文艺月刊》8∶4

耶　子

195《黄河》4∶5

耶　夫

74《新文艺》1∶6，2∶1

耶　戈

149《逸经》25；

211《文艺生活》光复版 11—12，穗新 1，穗新 3，穗新 5

耶　灵

107《文学月报》1∶4

耶　林

100《北斗》1∶4；

107《文学月报》1∶5—6

耶　草

93《青年界》12∶1，新 3∶1；

98《新时代》6∶1；

121《文化列车》12；

150《东方文艺》1∶3，1∶4；

157《今代文艺》1∶1，1∶3；

178《抗战文艺》9∶1—2；

195《黄河》4∶1，4∶2

耶　莫

85《文艺月刊》战时特刊第 11 年 5 月号

耶　菲

142《中学生文艺季刊》1∶2，1∶3，1∶4，2∶2

画　室

10《小说月报》20∶8；

25《语丝》5∶14；

27《支那二月》1∶4；

29《莽原》半月刊 1∶1，半月刊 2∶1，半月刊 2∶5，半月刊 2∶23—24；

39《泰东》2∶1；

54《无轨列车》1，2，5；

55《大众文艺》2∶4；

61《朝花》1∶1，1∶7，1∶8；

70《引擎》1；

178《抗战文艺》10∶1；

199《野草》新 4 号；

217《文艺杂志》新 1∶1；

221《文艺先锋》4∶1；

250《鲁迅文艺》1∶2

画蛇堂

145《宇宙风》28

直

109《论语》130，146，148；

117《文学》3∶4；

210《笔谈》3

直　入

134《太白》2∶3，2∶5，2∶7，2∶12；

215《奔流新集》1
直　九
109《论语》128，142
直　夫
209《万象》4：4
直　民
10《小说月报》12：6，13：8
直　声
122《文学季刊》1：4
直　哉
109《论语》59
直　点
84《开展》6—7
直斋老人
109《论语》177
荣　子
142《中学生文艺季刊》2：3
茉　莉
40《真美善》4：4
苦　丁
195《黄河》4：4
苦　菜
139《新小说》2：1
苦　人
66《华严》1：3；
128《小说月报》16
苦　力
116《文艺月报》1：3
苦　手
146《海燕》1：2
若　水
11《文学周报》350；
80《骆驼草》8；
117《文学》2：2；
268《蚂蚁小集》2
若
142《中学生文艺季刊》1：1
若　川
131《东流》3：1
若　凡
177《文艺阵地》3：11
若　飞
142《中学生文艺季刊》2：3
若　云
221《文艺先锋》2：5—6；
270《小说》2：2
若　木
121《文化列车》3，4；
183《鲁迅风》5
若　水
93《青年界》12：1；
109《论语》48；
117《文学》2：2，4：4；
118《文艺春秋》1：9—10；
133《译文》1：3
若　石
142《中学生文艺季刊》2：1
若　生
134《太白》1：10
若　兰
61《朝花》周刊19

若　加

229《艺文杂志》1：5

若　安

217《文艺杂志》1：5

若　吉

195《黄河》5：3—4

若　冰

56《乐群》1：2

若　何

109《论语》48，54，55，57

若　伽

27《支那二月》1：1，1：2

若　谷

11《文学周报》234，241；

40《真美善》女作家专号，3：2，
　3：6

若　狂

25《语丝》4：36，4：39，4：42；

36《北新》4：1—2

若　沁

62《海风周报》9，10，11，12，13；

76《拓荒者》1，3

若　君

53《思想》1：5

若　青

274《平原》2：5，3：5

若　耶

109《论语》111

若　英

76《拓荒者》1，2；

161《电影戏剧》1：2，1：3

若　昔

145《宇宙风》79

若　奇

262《平原文艺》1：1

若　南

177《文艺阵地》1：4

若　思

88《读书月刊》2：1；

209《万象》3：1，3：3，3：10，
　3：11，4：3，4：5，4：6；

235《文艺春秋》8：1

若　真

58《白华》1：2

若　笑

109《论语》11

若　海

109《论语》28，45；

232《戏剧时代》1：2

若　宾

36《北新》3：8，3：13，3：14，
　4：5

若　菴

109《论语》146，148，149，152，
　153，158

若　虚

76《拓荒者》1

若　望

172《七月》6：1—2；

200《新诗歌》1

若　潚

93《青年界》新4：2

若　渠
10《小说月报》21：1；
63《金屋》1：9—10
若　森
142《中学生文艺季刊》1：3，3：1，3：2
若　斯
25《语丝》5：39；
36《北新》3：18，3：19，3：22，3：23，4：3；
85《文艺月刊》3：5—6；
178《抗战文艺》9：5—6；
228《中原》创刊号
若　寒
223《人世间》复刊5，复刊6，复刊7，复刊8—9，复刊10，复刊11—12，复刊13
若　童
177《文艺阵地》3：4
若　瑟
25《现代评论》6：141
若　愚
2《每周评论》1，4，10，11，13，18，21，24；
19《小说世界》1：9；
145《宇宙风》99
若　薇
82《前锋周报》37
茇
31《甲寅》1：19，1：20，1：22，1：23，1：24，1：34
茂　云
274《平原》11
茂　生
93《青年界》新5：3
茂　名
31《甲寅》1：35
茂　青
145《宇宙风》23
茂　修
109《论语》57，63，65，70，73，76，77，78，84，100
茂　颖
145附《宇宙风·逸经·西风非常时期联合旬刊》5
苹
109《论语》34；
127《人间世》35；
145《宇宙风》4，5，11，14，15，21，26，35
苹　子
109《论语》9，11
苹　生
116《文艺月报》1：2
苗　子
128《小说》2，6，7，8；
271《文学战线》2：5
苗　山
268《蚂蚁小集》1
苗　风
272《群众文艺》10

苗 埼

182《文艺新潮》1：1，1：3，1：8；

183《鲁迅风》12，13；

203《奔流文艺丛刊》4；

209《万象》1：2，1：7

苗延年

18《歌谣》62

苗爱丽

209《万象》1：3

苗培时

276《华北文艺》6

英

106《现代》6：4；

109《论语》114，147；

145《宇宙风》54

英 人

142《中学生文艺季刊》2：3

英 士

46《新月》2：2

英 子

26《现代评论》5：128；

88《读书月刊》2：3；

122《文学季刊》2：4；

128《小说》2；

136《水星》1：5；

138《文饭小品》1：2，1：5；

195《黄河》11

英 弟

109《论语》57，60；

127《人间世》33；

145《宇宙风》38

英 英

148《诗歌生活》2；

159《诗歌杂志》1，2，3

英 浪

177《文艺阵地》1：10

英 梵

36《北新》2：16；

50《奔流》1：9

英 熊

93《青年界》9：2

英 蝶

98《新时代》7：4

英之叶

183《鲁迅风》19

英冰若

109《论语》12，13，16，18，24

苓 薯

123《中国文学》1：6

苟 尼

142《中学生文艺季刊》1：3

范 力

270《小说》6：3

范 石

106《现代》4：1

范 孙

31《甲寅》1：37，1：40

范 苏

185《笔阵》新2：2

范 里

195《黄河》8

范　直

251《文艺杂志》3：6

范　放

109《论语》14，18，93，

145《宇宙风》41；

149《逸经》29

范　净

85《文艺月刊》7：4

范　祎

14《学衡》29

范　政

159《诗歌杂志》2，3；

201《戏剧春秋》1：4；

261《东北文艺》2：2，2：3

范　泉

93《青年界》新 1：1，新 1：2，新 6：1；

155《光明》1：11；

209《万象》3：5，3：9，3：10；

212《文讯》7：5；

235《文艺春秋》丛刊 1，丛刊 2，丛刊 3，丛刊 4，丛刊 5，2：1，3：1，3：4，4：1，4：2，4：3，4：5，5：1，5：2，5：5，5：6，6：1，6：5，7：6，8：1；

244《文艺复兴》2：4，3：6；

245《文章》1：2；

264《诗创造》9

范　通

209《万象》4：6

范　敏

93《青年界》新 5：3，新 6：2，新 6：3，新 6：5

范　康

244《文艺复兴》1：3；

268《蚂蚁小集》5

范　淹

198《现代文艺》2：5

范　嵘

195《黄河》5：1

范　澍

26《现代评论》8：187

范文澜

194《中国文化》1：3，2：2，2：3；

255《北方》1：1，1：5，1：6，2：1—2

范从新

187《戏剧岗位》1：2—3

范正绂

109《论语》154，169

范世勤

36《北新》4：19

范存忠

85《文艺月刊》4：1，6：3，8：3；

225《时与潮文艺》1：1，2：1，2：3

范争波

94《现代文学评论》1：1，2：1—2

范仲初

265《胶东文艺》创刊号，1：4，1：5，1：6—7

范仲琏

229《艺文杂志》1：6

范兴福

51《开明》2：6

范寿康

26《现代评论》1：26；

37《一般》1：1

范启新

247《人民文艺》1：6

范君博

10《小说月报》11：4；

209《万象》2：3，2：4，2：5，2：11，号外

范若愚

269《大众文艺丛刊》2

范苑声

36《北新》2：5

范佩萸

19《小说世界》2：2

范岱青

18《歌谣》2：19

范育士

31《甲寅》1：5

范治禹

19《小说世界》3：6，3：7

范显扬

43《未名》2：5，2：6，2：7，2：8，2：9—12

范香谷

19《小说世界》11：3

范烟桥

19《小说世界》1：8，11：7，13：11，13：13，14：3，14：5，14：6，14：8，16：12，16：13，16：14，16：18，16：25，17：2，17：3，侦探号；

209《万象》1：1，1：2，1：3，1：6；

221《文艺先锋》12：3—4

范菊高

19《小说世界》16：6

范唯荅

19《小说世界》3：10，侦探号

范鸿劬

10《小说月报》12：6

范皕晦

149《逸经》30

范煜遂

7《曙光》1：1，1：2，1：3

范缩公

109《论语》69

范蔼初

109《论语》145

苕　米

229《艺文杂志》1：2

茀　之

99《涛声》2：28

茀　君

10《小说月报》20：1；

145《宇宙风》别册1

弟　侯

36《北新》1：29

弟　浪

97《创作》1：4

茗　狂

19《小说世界》1：1，1：6，1：9，1：12，2：1，2：4，3：1，3：3，3：4，3：9，4：2，4：11，4：13，5：1，5：2，5：4，5：7，5：10，6：1，6：3，6：7，6：8，8：11，9：10，9：13，10：1，12：5，12：8，13：19，18：2

茹　莱

88《读书月刊》2：3

茅　芭

159《诗歌杂志》2

茅　盈

106《现代》5：2

茅　盾

10《小说月报》18：9，18：10，19：1，19：2，19：3，19：6，19：7，19：8，19：9，19：10，19：11，20：6，20：7；

11《文学周报》302，370；

51《开明》新1号，新4号；

57《大江》1：3；

85《文艺月刊》战时特刊1：8；

92《文艺新闻》53；

99《涛声》2：33；

100《北方》2：1，2：2；

106《现代》1：2，1：3，1：4，1：5，2：1，2：4，3：1，3：3，3：5；

107《文学月报》1：1，1：2，1：3，1：5—6；

109《论语》13；

111《文化月报》1：1；

115《文学杂志》1：3—4；

116《文艺月报》1：2；

117《文学》1：1，1：2，1：3，1：5，1：6，3：2，3：4，4：1，5：4，5：6，6：1，6：6，7：1，7：4，7：5，7：6，8：1，8：2，9：1，9：2，9：3；

133《译文》1：1，1：4，新1：1，新2：1，新2：5，新2：6，新3：3，新3：4；

136《水星》1：3；

139《新小说》2：1；

143《杂文》3；

145《宇宙风》68；

151《文丛》1：5；

152《作家》1：1，1：5；

153《文季月刊》1：5；

154《文学界》1：1，1：2，1：3；

155《光明》1：1，1：5；

158《中流》创刊号，1：2，1：3，1：5，1：8，1：9，1：11，1：12，2：4，2：8，2：9，2：10；

163《热风》1：2；

171《烽火（呐喊）》创刊号（呐喊），

2（呐喊），创刊号，3，12，13，14，15，18；
176《自由中国》创刊号；
177《文艺阵地》1：1，1：2，1：3，1：4，1：5，1：6，1：7，1：8，1：9，1：10，1：11，1：12，2：1，2：2，2：4，2：5，2：6，2：7，2：9，3：10，6：1，6：2，6：3，6：5，7：1，7：2，7：3，7：4，文阵新辑之一：去国，文阵新辑之三：纵横前后方；
178《抗战文艺》1：4，2：1，7：2—3，8：4，9：1—2，9：3—4，10：1，10：2—3，10：4—5，10：6，文协成立五周 年纪念特刊，文协成立七周年并庆祝第一届文艺节纪念特刊；
180《文艺》1：4，3：1；
182《文艺新潮》2：8；
183《鲁迅风》4；
185《笔阵》新6，新7，新8；
187《戏剧岗位》3：5—6；
192《文学月报》2：1—2，3：1；
194《中国文化》1：4，1：5，2：1；
197《大众文艺》1：5，1：6，2：1，2：2；
199《野草》2：3，4：3，4：6，5：2，第8集；
201《戏剧春秋》1：2，1：3，2：1，2：4；
207《时代文学》1：2；
208《诗创作》15；
210《笔谈》1，2，3，4，5，6，7；
211《文艺生活》光复版4，光复版10，海外版1，海外版3—4，海外版9，海外版副刊3；
212《文讯》6：2，7：3，7：5；
215《奔流新集》2；
217《文艺杂志》1：5，2：1，2：5，新1：3；
220《文学创作》1：1，1：2，1：3，1：4，2：3，2：4，3：1；
221《文艺先锋》2：2，2：4，3：2，3：3，3：4，3：5，3：6，4：1，4：3，4：5，5：1—2，5：3，5：4，5：5，5：6
222《青年文艺》创刊号，2，新1：1，新1：2，新1：3，新1：5，新1：6；
223《人世间》1：1，1：4，复刊2，复刊4，复刊7，复刊10；
224《天下文章》1，3，4，2：2，2：3，2：4，2：5—6；
225《时与潮文艺》3：5，5：1
226《风雨谈》2；
228《中原》创刊号，1：2，1：4；
233《当代文艺》1：1；
234《微波》1：1；
235《文艺春秋》丛刊2，2：1，3：1，3：2，3：4，3：5，4：5；
237《文学新报》创刊号，1：3，

2：1；
240《文哨》1：1，1：2，1：3；
243《文联》1：1，1：2，1：4，1：7；
244《文艺复兴》1：1，3：6；
247《人民文艺》1，2，3，4，5；
248《中原·文艺杂志·希望·文哨联合特刊》1：1，1：2，1：3，1：6；
249《白山》3；
250《鲁迅文艺》1：1，1：3；
253《清明》4；
255《北方》1：1；
256《萌芽》1：3；
262《平原文艺》1：3；
263《文艺知识连丛》1：3；
267《大众文艺丛刊》1；
270《小说》1：1，1：2，1：3，1：4，2：1，3：1；
271《文学战线》1：5—6；
274《平原》1：4—5；
276《华北文艺》4

茅于榕

109《论语》22

茅以思

46《新月》2：11

茅含露

40《真美善》6：4

茅祖本

245《文章》1：3

茅隐农

264《诗创作》1，2，4

茅锦泉

93《青年界》9：3；
142《中学生文艺季刊》1：2

昔　凡

209《万象》3：5

昔　黎

66《华严》1：8

昔　瘦

221《文艺先锋》10：6

幸

109《论语》151

幸　之

155《光明》2：11

幸　岂

251《文艺杂志》1：6，2：4

杰

109《论语》17，19，134

杰　克

33《狂飙》周刊7

者　羽

197《大众文艺》2：2；
200《新诗歌》2

者　馥

109《论语》98

者美轮

212《文讯》7：2

其　无

80《骆驼草》4

其　介
150《东方文艺》1∶3
其　华
186《宇宙风乙刊》19
其　芳
248《中原·文艺杂志·希望·文哨联合特刊》1∶1
其　吾
68《戏剧与文艺》1∶6
其　谁
109《论语》20
其　蓁
237《文学新报》1∶2
其　源
19《小说世界》12∶1
述
109《论语》127
雨
106《现代》6∶3
雨　人
93《青年界》2∶2
雨　仓
149《逸经》23
雨　公
149《逸经》9
雨　文
229《艺文杂志》2∶1
雨　田
133《译文》新1∶5，新2∶1，新2∶2，新2∶3，新3∶2，新3∶3；
145《宇宙风》79；
165《文丛》2∶1；
171《烽火（呐喊）》18；
198《现代文艺》2∶1，4∶1，4∶3，5∶1，5∶2，5∶4；
217《文艺杂志》1∶5；
266《中国作家》1∶3
雨　生
186《宇宙风乙刊》22
雨　苍
37《一般》5∶3，6∶1
雨　村
25《语丝》30，105；
236《高原》创刊号
雨　辰
104《矛盾》2∶1
雨　谷
11《文学周报》351，353
雨　初
134《太白》1∶1
雨　林
238《希望》1∶2
雨　若
187《戏剧岗位》2∶4—5—6
雨　果
229《艺文杂志》1∶2
雨　沫
112《无名文艺》旬刊2
雨　宗
195《黄河》5∶3—4
雨　春
25《语丝》120

雨　树
199《野草》第6号
雨　晨
33《狂飙》不定期1
雨　庵
229《艺文杂志》1：2
雨　渊
117《文学》2：6
雨　棠
19《小说世界》7：6，8：4，8：5
雨　路
141《文艺》2：3
雨　群
99《涛声》1：1
雨　鲸
177《文艺阵地》7：4
砀　民
263《文艺知识连丛》1：3
砀　叔
85《文艺月刊》战时特刊2：5；
185《笔阵》10，新2：2
郁　一
23《文艺周刊》10
郁　之
10《小说月报》17：1
郁　天
172《七月》5：2；
198《现代文艺》3：5；
211《文艺生活》2：4；
219《文学批评》2；
263《文艺知识连丛》1：1，1：2，
1：4
郁　风
177《文艺阵地》1：11，4：11；
211《文艺生活》2：2；
227《艺丛》1：1；
253《清明》2，4
郁　文
119《戏》2
郁　生
19《小说世界》1：10；
109《论语》17
郁　伊
155《光明》3：2
郁　华
209《万象》4：3
郁　茹
177《文艺阵地》文阵新辑之三：
纵横前后方；
222《青年文艺》新1：1
270《小说》1：2，1：3
郁　琪
106《现代》5：2
郁　舒
142《中学生文艺季刊》3：1
郁　影
145《宇宙风》36，44，56，65，
81，106，112
郁　藏
195《黄河》1
郁　嶷
31《甲寅》1：6，1：11，1：22，

1：44

郁长雷

98《新时代》7：3

郁文哉

232《戏剧时代》1：3

郁可夫

36《北新》2：8

郁再生

88《读书月刊》3：3

郁达夫

10《小说月报》18：8，18：12；

11《文学周报》15，283，286—287；

15《创造》1：1，1：2，1：3，1：4，2：1，2：2；

22《创造周报》3，6，7，8，10，14，15，16，19，20，21，24，46；

24《洪水》半月刊1：8，半月刊2：13，半月刊3：26，半月刊3：27，半月刊3：29，半月刊3：30，半月刊3：31，半月刊3：32；

25《语丝》4：1，4：3，4：18，4：33；

26《现代评论》1：1，1：2，1：3，1：4，1：26，2：46，2：47，4：90；

34《创造月刊》1：1，1：2，1：3，1：4，1：5，1：6，1：7；

36《北新》1：45—46，1：51—52，2：1，2：2，2：3，2：4，2：5，2：6，2：7，2：8，2：10，2：11，2：12，2：13，2：14，2：15，2：16，2：17，2：18，2：24，3：1，3：2，3：3，3：4，3：6，3：7，3：10，3：13，3：14，4：1—2，4：9，4：12，4：13，4：17；

37《一般》4：1；

46《新月》4：1；

50《奔流》1：2，1：3，1：9，2：1，2：5；

51《开明》2：12；

52《山雨》1：1；

55《大众文艺》1：1，2：4，2：5—6；

58《白华》1：2；

88《读书月刊》1：3—4，3：5；

92《文艺新闻》29，41；

93《青年界》1：1，1：2，1：3，2：1，2：3，3：3，3：4，3：5，4：1，4：2，8：2，10：1，12：1；

94《现代文学评论》2：3，3：1；

98《新时代》4：1，4：2，4：4—5，7：1；

100《北斗》1：4，2：1；

106《现代》1：2，1：4，1：5，2：1，2：2，3：1，3：3，6：1，6：2；

108《文艺茶话》1：4；

109《论语》1，3，8，10，17，25，55，56，58，63，73，83，84，85，86，87，88，89，90，95，

100;
115《文学杂志》1：2;
117《文学》1：1, 1：2, 2：1, 4：1, 5：1, 5：2, 5：5, 6：1, 7：5;
125《春光》1：3;
127《人间世》1, 3, 5, 7, 11, 14, 15, 16, 17, 18, 19, 20, 21, 23, 26, 28, 31;
129《文艺风景》1：1;
130《当代文学》1：3;
134《太白》1：8;
138《文饭小品》1：2, 1：3;
139《新小说》1：1, 1：2, 1：4;
141《文艺》5：4, 5：5;
144《创作》1：1;
145《宇宙风》1, 2, 8, 9, 11, 13, 14, 15, 16, 18, 20, 22, 25, 33, 70;
149《逸经》9;
171《烽火（呐喊）》17;
176《自由中国》1：2, 1：3;
177《文艺阵地》2：9;
178《抗战文艺》1：2, 1：4, 1：12, 4：2;
183《鲁迅风》9;
186《宇宙风乙刊》创刊号, 9, 11, 12;
235《文艺春秋》丛刊5

郁晦光

134《太白》2：7

郁懿新

40《真美善》3：3

奈　古

109《论语》124

奔　牛

268《蚂蚁小集》2

奇　工

39《泰东》1：7, 1：8

奇　之

255《北方》1：2

奇　玉

113《新诗歌》1：1, 1：2

奇　汉

159《诗歌杂志》3

奇　呆

19《小说世界》7：6, 7：11, 8：13, 9：1, 12：2

奇　峰

209《万象》3：5

奋　斗

242《新群众》1：6

拓　厂

159《诗歌杂志》2, 3

拓　夫

211《文艺生活》海外版12;
242《新群众》2：1

拔　毛

11《文学周报》339

拙　夫

99《涛声》1：7;
120《文艺》1：1

抽　生
36《北新》4：15
抽　农
249《白山》2
抽　鸣
262《平原文艺》2：5
抽　亭
51《开明》1：10
抱　一
109《论语》48
拉司基
186《宇宙风乙刊》48
拂
40《真美善》4：3，4：5
拂　霞
93《青年界》1：4
招　贵
56《乐群》3：13
招麦汉
199《野草》新4号；
211《文艺生活》光复版15
招勉之
11《文学周报》327；
25《语丝》4：3，4：8，4：21，4：25，4：40；
29《莽原》周刊：23，24，25，26，27，28，30，31；
36《北新》2：9；
85《文艺月刊》5：2；
93《青年界》1：5，9：1，10：1；
98《新时代》5：5；
104《矛盾》3：2
招桂熙
36《北新》1：25，1：34
招醒民
145《宇宙风》123
转　蓬
40《真美善》6：4，7：3
欧　之
188《新中国文艺丛刊》3
欧　公
93《青年界》11：4
欧　朋
234《微波》1：2
欧　查
134《太白》2：2
欧　奥
85《文艺月刊》战时特刊1：7，2：1
欧　震
145《宇宙风》50
欧文泉
264《诗创造》2，2：2
欧东谷
19《小说世界》3：4，3：5，4：6，4：12，5：2，5：8，7：1，9：2；
109《论语》45
欧外欧
106《现代》3：5
欧百衡
212《文讯》4：4—5

欧阳山

93《青年界》12：1；
117《文学》2：4，3：1，3：5，4：2，4：3，5：1，5：5，6：2，6：6，7：2，8：4，8：5；
120《文艺》1：1；
122《文学季刊》1：3，2：2；
128《小说》3，15；
134《太白》2：1，2：8，2：10，2：12；
144《创作》1：1，1：2；
146《海燕》1：2；
147《夜莺》1：2，1：4；
151《文学丛报》6；
152《作家》1：1，1：2，1：5；
153《文季月刊》1：2；
155《光明》2：3，3：1；
156《现实文学》1；
158《中流》1：2；
162《小说家》1：1，1：2；
172《七月》1：2，4：1，5：4；
174《抗到底》25；
177《文艺阵地》1：8，1：10，1：11，1：12，2：3，2：4，3：8；
178《抗战文艺》3：9—10，4：1，4：3—4，6：1，6：4，7：1；
192《文学月报》1：1，1：4，2：4，2：5；
194《中国文化》3：2—3；
202《文艺月报》14；
217《文艺杂志》新1：2；
235《文艺春秋》丛刊3；
276《华北文艺》4，6

欧阳兰

10《小说月报》14：8，16：10；
28《猛进》15

欧阳成

226《风雨谈》1，2

欧阳克

117《文学》8：1

欧阳彤

226《风雨谈》15

欧阳青

51《开明》2：18

欧阳信

55《大众文艺》2：4；
125《春光》1：1

欧阳度

221《文艺先锋》5：3

欧阳炯

85《文艺月刊》8：5

欧阳健

177《文艺阵地》2：10

欧阳萝

211《文艺生活》光复版3

欧阳萍

139《新小说》1：4

欧阳竞

186《宇宙风乙刊》37

欧阳渐

31《甲寅》1：7

欧阳瑛
209《万象》2：1，2：9，3：3，3：11
欧阳滏
39《泰东》2：6
欧阳翥
11《文学周报》22
欧阳翠
93《青年界》新1：2；
235《文艺春秋》丛刊5，2：1，2：2，2：3，2：4，2：5，2：6；
270《小说》5：5
欧阳翰
91《文学生活》1
欧佐起
55《大众文艺》2：4
欧坦生
235《文艺春秋》3：4，4：3，5：1，5：5，6：3，7：4
欧家齐
208《诗创作》18
欧露罗
130《当代文学》1：4
欧阳山尊
117《文学》5：1；
119《戏》1；
173《抗战戏剧》2：2—3；
244《文艺复兴》1：6；
245《文章》1：3，1：4
欧阳凡海
97《青年界》8：2；
117《文学》7：6，9：1，9：2；
131《东流》1：3—4，1：5，2：1；
134《太白》2：8；
150《东方文艺》1：1，1：2，1：3，2：1；
157《今代文艺》1：2；
172《七月》1：4，2：3，2：4，3：1，3：4，3：5，4：3，4：4，5：3，5：4；
177《文艺阵地》2：9，3：1，3：4，3：5，4：1，4：8，4：11，4：12，5：2，6：5；
180《文艺》1：2；
185《笔阵》新5，新6，新7，新8；
187《戏剧岗位》3：5—6；
198《现代文艺》1：3，1：6，2：1；
199《野草》4：6；
208《诗创作》6；
211《文艺生活》1：4，2：2，2：4，3：6；
218《文坛》2：1；
220《文学创作》1：4；
224《天下文章》5；
241《文艺大众》新5；
252《北方文化》1：3，1：5；
257《长城》1：2
欧阳飞云
149《逸经》24，32，35
欧阳飞莺
209《万象》2：10

欧阳文辅
155《光明》2：11；
159《诗歌杂志》2，3
欧阳方明
229《艺文杂志》1：3，1：6
欧阳予倩
1《新青年》5：4；
3《新潮》1：2；
10《小说月报》17：号外下；
12《戏剧》1：1，1：2，1；3，1：5，1：6；
26《现代评论》第二周年增刊；
46《新月》1：4；
69《南国周刊》1：1；
71《戏剧》1：1，1：2，1：3，1：4，1：6，2：1，2：3—4，2：5，2：6；
85《文艺月刊》6：5—6，7：2，7：3，7：4，7：5，10：4—5；
104《矛盾》1：5—6；
106《现代》2：1；
114《艺术新闻》4；
119《戏》1；
151《文学丛报》2；
155《光明》2：12；
161《电影戏剧》1：1，1：2；
168《戏剧时代》1：1，1：2；
169《中国文艺》1：3；
170《新演剧》1：1；
173《抗战戏剧》1：2，1：4，1：5；
201《戏剧春秋》创刊号，1：2，1：3，1：5，2：4；
211《文艺生活》1：2，1：4，3：1，光复 版1，海外版9；
220《文学创作》1：1，1：2，1：4，1：6，2：5；
223《人世间》复刊2；
231《新文学》1：4；
233《当代文艺》1：1；
235《文艺春秋》5：1；
276《华北文艺》5
欧阳邦华
18《歌谣》75
欧阳执无
26《现代评论》7：159
欧阳乔治
223《人世间》复刊6
欧阳华汉
24《洪水》半月刊2：16
欧阳红缨
173《抗战戏剧》1：2
欧阳丽娜
159《诗歌杂志》2
欧阳冠玉
185《笔阵》3；
221《文艺先锋》4：1
欧阳竞文
51《开明》1：1
欧阳梓川
85《文艺月刊》战时特刊创刊号，战时特刊3，战时特刊2：11—12

欧阳镜容

122《文学季刊》1：2，1：3；

136《水星》1：2，1：3，1：4，1：5

卧

26《现代评论》8：205

卧 子

85《文艺月刊》1：1

卧 石

242《新群众》2：2，2：6，3：1

卧 白

26《现代评论》8：196

卧 佛

4《国民》1：1

歧 隐

209《万象》3：9

叔 云

109《论语》171

叔 文

106《现代》3：3；

122《文学季刊》1：1；

153《文季月刊》2：1

叔 平

26《现代评论》6：144

叔 永

16《努力周报》23，24，35，36，43，53，62，72；

17《读书杂志》9；

26《现代评论》5：119，5：129，6：132，7：164，7：168

叔 华

10《小说月报》20：4；

26《现代评论》1：5，1：15，1：20，2：34，2：48；第一周年增刊，3：70，3：72，4：79，第二周年增刊，5：121，6：138，6：139，6：145，6：146；

46《新月》2：4，2：6—7

叔 庄

36《北新》1：11

叔 农

18《歌谣》43

叔 红

209《万象》3：12

叔 异

19《小说世界》13：16

叔 明

71《戏剧》2：34

叔 夜

217《文艺杂志》3：2；

221《文艺先锋》7：2

叔 海

31《甲寅》1：36

叔 辅

25《语丝》151

叔 琴

37《一般》1：1，5：1

叔 寒

115《文学杂志》1：3—4

叔 豪

93《青年界》11：1

叔　衡

10《小说月报》12：号外；

16《努力周报》13，29

叔　懋

40《真美善》4：4

叔　蘅

63《金屋》1：6，1：12

叔　麟

134《太白》1：6

齿　苓

109《论语》84

卓　子

209《万象》3：2

卓　玉

142《中学生文艺季刊》1：4

卓　尔

117《文学》7：2，8：5

卓　民

251《文艺杂志》3：4

卓　如

127《人间世》41

卓　呆

19《小说世界》1：1，1：2，1：3，1：4，1：5，1：6，1：7，1：8，1：9，1：10，1：11，1：12，1：13，2：1，2：2，2：4，2：6，2：13，3：1，3：2，3：3，3：4，3：6，3：7，3：11，3：13，4：1，4：2，4：3，4：4，4：5，4：6，4：7，4：8，4：9，4：10，4：11，4：12，4：13，5：1，5：2，5：3，5：4，5：5，5：6，5：7，5：8，5：9，5：10，5：11，5：12，5：13，6：1，6：4，6：11，8：6，8：9，11：1，12：2，12：10，12：11，13：1，13：3，13：4，13：5，13：6，13：7，13：8，13：9，13：10，13：11，13：12，13：13，13：14，13：15，13：16，18：3，侦探号

卓　治

11《文学周报》273，274，279，280，281；

36《北新》1：23；

61《朝花》周刊10，周刊20

卓　特

252《北方文化》2：5

卓　隼

247《人民文艺》1

卓　循

18《歌谣》2：10

卓　鲁

1《新青年》3：5

卓　愚

149《逸经》21

卓　勋

28《猛进》41，43

卓　端

99《涛声》2：36

卓戈白
143《杂文》1；
166《文艺科学》1
卓公题
149《逸经》9
卓砚斋
36《北新》1：18
卓剑舟
104《矛盾》2：3
虎　生
25《语丝》4：14，4：46
贤　宁
216《战时文艺》1：6
贤　鉴
109《论语》19
非　厂
143《杂文》1，4，2：1，2：2
非　人
209《万象》2：12
非　子
109《论语》85
非　文
51《开明》2：4
非　心
29《莽原》周刊3
非　予
195《黄河》2：8
非　白
115《文学杂志》1：2；
221《文艺先锋》12：2
非　兆
117《文学》2：4；
122《文学季刊》1：2
非　吾
232《戏剧时代》1：6
非　我
4《国民》1：2
非　伶
142《中学生文艺季刊》3：2
非　英
36《北新》3：3
非　非
145《宇宙风》76
非　命
80《骆驼草》13
非　骨
209《万象》3：1
非　绯
93《青年界》6：1
非　斯
142《中学生文艺季刊》2：1
非　聪
142《中学生文艺季刊》2：3
非　燕
253《清明》2
非　默
109《论语》6
尚
19《小说世界》13：4；
191《文艺新闻》创刊号

尚丁

240《文哨》1：3

尚文

188《新中国文艺丛刊》2

尚严

18《歌谣》77，78，80

尚枫

251《文艺杂志》1：3，1：5

尚拔

28《猛进》35

尚波

221《文艺先锋》10：6

尚实

211《文艺生活》穗新3

尚树

109《论语》166

尚钺

26《现代评论》1：26；

28《猛进》26，30，37；

29《莽原》周刊：4，6，8，10，12，14，18，19，20，21，22，23，24，26，27，30，31；

33《狂飚》周刊：1，2，4，5，7，8，10，12，14，15，16，17；不定期刊：1；

178《抗战文艺》5：1；

192《文学月报》1：3；

199《野草》3：2

尚庵

210《笔谈》1，2，3

尚毅

259《东北文化》1：1，1：2，1：3，1：4，1：6

尚乃谦

149《逸经》3

尚形声

33《狂飚》周刊17

味之

109《论语》21

味回

127《人间世》36

味辛

11《文学周报》124

味青

191《文艺新闻》5

味茗

117《文学》2：3，3：1，4：1；

133《译文》1：1，1：2

味荔

158《中流》1：2，1：3，1：4

味真

40《真美善》7：2，7：3，季刊1：1，季刊1：2

味橄

109《论语》118，125，132，144，155；

127《人间世》29；

138《文饭小品》1：5；

145《宇宙风》14，18，114，119—120，141；

149《逸经》11，35；

221《文艺先锋》2：2，3：1，3：3
呵　嚄
61《朝花》旬刊1：4
呼　呼
141《文艺》1：1
呼汝枚
109《论语》120，122
呜
195《黄河》复刊2
呜　九
19《小说世界》3：5，3：8，8：6
呜　冈
195《黄河》9，11
呜　声
246《文坛月报》1：3
呜　珂
10《小说月报》14：11
呜　秋
109《论语》18，19，42，50
呜　唐
10《小说月报》14：2，14：3
呜　着
36《北新》1：10；
51《开明》2：3
呜　琦
68《戏剧与文艺》1：3，1：7，1：8—9，1：10—11
咏　力
262《平原文艺》1：2
咏　青
141《文艺》5：5；
241《文艺大众》1，2，3，4
咏　琼
11《文学周报》63
呢　喃
109《论语》86
咖　啡
36《北新》3：23
呦　呦
99《涛声》2：28
岫　云
26《现代评论》1：25
岭　梅
209《万象》3：4
帕米尔
159《诗歌杂志》2，3
帕索士
92《文艺新闻》14
明
18《歌谣》2：11；
109《论语》88，89，93；
117《文学》2：3，3：6，4：5，5：2，6：5；
149《逸经》1；
177《文艺阵地》2：4；
191《文艺新闻》创刊号，5，11；
209《万象》3：4；
210《笔谈》1，2，3，4，5，6；
221《文艺先锋》2：2，3：2，3：3，3：4，3：5，4：4，4：6，5：1—2，5：3，5：4，5：6，7：2，7：3，7：6

明　久
180《文艺》2：4
明　凡
174《抗到底》12；
178《抗战文艺》3：8
明　之
147《夜莺》1：4；
191《文艺新闻》5
明　月
212《文讯》6：6，6：7
明　心
10《小说月报》12：号外，15：号外；
25《语丝》5：31
明　水
212《文讯》4：8—9
明　石
37《一般》1：3，2：3，2：4
明　申
73《南国周刊》1：1
明　矢
249《白山》创刊号，2
明　生
2《每周评论》12，14，15，17，19，20，23，25，31，32，33，34；
26《现代评论》1：20，2：24，5：121，5，126，7：158
明　令
159《诗歌杂志》2，3
明　圣
109《论语》88，89，97，98，99
明　权
6《解放与改造》2：7，2：9，2：10，2：11，2：12，2：13，2：14
明　光
252《北方文化》2：6
明　华
104《矛盾》3：3—4
明　阳
191《文艺新闻》11
明　远
109《论语》59
明　甫
210《笔谈》6
明　时
106《现代》6：3
明　劬
232《戏剧时代》1：4—5
明　弟
113《新诗歌》2：3，2：4
明　君
92《文艺新闻》20
明　若
40《真美善》5：1；
59《春潮》1：7；
128《小说》1：4
明　英
10《小说世界》12：1
明　明
2《每周评论》5，6，9，10，11，12，13；
211《文艺生活》2：5

明　树
148《诗歌生活》2；
208《诗创作》7
明　荃
251《文艺杂志》1：2
明　昭
85《文艺月刊》战时特刊5：1
明　星
2《每周评论》30
明　恒
93《青年界》新2：3
明　清
212《文讯》4：8—9
明　珠
93《青年界》新3：3
明　哲
154《文学界》1：4
明　高
73《南国周刊》1：8
明　悔
12《戏剧》1：1，1：2，1：5，1：6
明　焘
19《小说世界》8：6
明　堂
109《论语》163
明　森
117《文学》9：1；
133《译文》新1：3
明　辉
223《人世间》2：1；
229《艺文杂志》2：1，2：2
明　瑟
101《十字街头》2
明　漪
109《论语》80，81；
151《文学丛报》6
明　慧
1《新青年》7：3
明　霞
93《青年界》新2：2
明　彝
26《现代评论》5：128
畅　霖
36《北新》3：17
凯
109《论语》1，2，3，4，5，6，11
凯　士
10《小说月报》13：1
凯　丰
176《自由中国》1：3
凯　沙
195《黄河》4：5
凯　明
25《语丝》29，31，33，36，38，39，41，42，45
凯　旋
109《论语》123
岩巖野
25《语丝》4：47；
55《大众文艺》1：4；
61《朝花》周刊1，周刊7，周刊15，旬刊1：5

忠　英
109《论语》17
忠　郎
51《开明》1：7
昙　华
45《现代小说》2：1
杲　讯
158《中流》1：5
昆　一
113《新诗歌》2：1
昆　水
51《开明》2：7
昆　阴
142《中学生文艺季刊》2：4
昆　鱼
113《新诗歌》2：1
昌　平
51《开明》1：4，1：8
昌　言
251《文艺杂志》1：6，2：4，2：6，3：6
昌　英
10《小说月报》14：9，14：12
昌　标
61《朝花》周刊13，周刊15
昌　派
25《语丝》4：34
昌　祥
221《文艺先锋》5：3
昌　喻
272《群众文艺》11—12
昌　群
117《文学》1：3
昌怀昆
275《文艺丛刊》3
昌烈卿
19《小说世界》7：10
易
92《文艺新闻》4
易　丁
274《平原》6
易　士
134《太白》2：12
易　凡
211《文艺生活》光复版9
易　戈
209《万象》1：12，2：5
易　丹
177《文艺阵地》3：7
易　风
145《宇宙风》94—95，96，97，98，99，101，102，103，104，105，106，107，108，109，110，111，112，113，114，115，119—120，121，122，126
易　文
143《杂文》2
易　古
223《人世间》1：5
易　生
152《作家》1：3

易　弗

187《戏剧岗位》1：4

易　华

122《文学季刊》2：2

易　名

145《宇宙风》66

易　安

26《现代评论》4：81；

186《宇宙风乙刊》43

易　巩

178《抗战文艺》8：1—2；

198《现代文艺》6：1；

211《文艺生活》3：6，光复版3，光复版4，光复版7；

217《文艺杂志》1：4，1：5，1：6，2：4，3：1；

222《青年文艺》5；

258《文艺丛刊》2

易　因

202《文艺月报》6

易　甫

122《文学季刊》1：1

易　林

93《青年界》新3：1，新3：3；

182《文艺新潮》2：4；

191《文艺新闻》8

易　若

134《太白》2：10

易　明

1《新青年》3：5；

85《文艺月刊》8：5，8：6，9：5

易　炜

85《文艺月刊》6：4

易　河

152《作家》1：6；

171《烽火（呐喊）》17；

177《文艺阵地》1：5

易　经

231《新文学》1：4

易　峻

14《学衡》79

易　徒

141《文艺》1：5—6

易　庸

173《抗战戏剧》1：2，1：3，1：4，1：5；

199《野草》4：3，新3号；

201《戏剧春秋》1：2，1：3，2：3

易　康

82《前锋周报》14；

87《前锋月刊》1：1，1：2，1：3，1：4；

94《现代文学评论》1：2

易　释

25《语丝》113，152，155

易　翔

145《宇宙风》124

易　蓝

235《文艺春秋》4：1，5：6

易　新

98《新时代》5：2

易　嘉
100《北斗》1：4，2：2，2：3—4；
106《现代》1：1，1：6；
107《文学月报》1：3
易　蕾
168《戏剧时代》1：1；
173《抗战戏剧》2：1
易　默
180《文艺》2：1，2：2，2：3，2：4，2：5，2：6，3：1，3：2
易乙玄
1《新青年》5：2
易大德
31《甲寅》1：22
易不慈
98《新时代》1：5，4：6
易水寒
195《黄河》3
易白沙
1《新青年》1：2，1：5，1：6，2：1，5：1
易克嶷
4《国民》1：1
易君左
85《文艺月刊》战时特刊创刊号，战时特刊2：11—12，战时特刊3：1—2，战时特刊3：3—4；
95《青年界》12：1；
145《宇宙风》77；
221《文艺先锋》2：4，3：2，3：3，3：4，3：6，4：6
易弃楞
145《宇宙风》别册3
易宗夔
1《新青年》5：4
易秋声
18《歌谣》89
易秋霜
71《戏剧》1：1
易健盦
71《戏剧》1：2
易高超
221《文艺先锋》12：1
易家钺
4《国民》1：4，2：3；
5《少年中国》1：1，1：2，1：3，1：5，1：6，1：7，1：8，1：10；
6《解放与改造》4：5；
10《小说月报》12：4，12：11，17：4
易朗士
251《文艺杂志》1：3
易椿年
98《新时代》5：5；
104《矛盾》2：6，3：1；
136《水星》1：3
易微尘
31《甲寅》1：24
易新成
98《新时代》2：1；
106《现代》3：2

易漱瑜
5《少年中国》1：8
罗门
109《论语》63；
117《文学》3：1
罗飞
268《蚂蚁小集》5，7
罗比
170《新演剧》1：4
罗天
143《杂文》4
罗夫
197《大众文艺》2：2；
200《新诗歌》1，4，6
罗丰
255《北方杂志》1：6
罗冈
172《七月》6：4；
199《野草》5：1；
208《诗创作》6，9
罗仑
262《平原文艺》1：2
罗凤
92《文艺新闻》31，53
罗文
209《万象》1：10，1：12，2：1，2：3
罗平
189《西线文艺》1：3
罗正
259《东北文化》2：2；
261《东北文艺》1：2
罗石
92《文艺新闻》33；
93《青年界》5：1
罗田
145《宇宙风》60
罗白
159《诗歌杂志》2，3
罗丝
109《论语》11
罗西
45《现代小说》2：2；
50《东流》2：4；
94《现代文学评论》2：3，3：1；
98《新时代》3：1
罗亚
51《开明》2：4
罗迈
194《中国文化》1：4
罗江
10《小说月报》20：10；
56《乐群》1：3，半月刊4
罗迅
189《西线文艺》1：3，1：6
罗村
212《文讯》6：2
罗苇
82《前锋周报》39
罗苡
216《战时文艺》2：2

罗　伽

127《人间世》29，30；

137《当代诗刊》创始号，1：2，1：3—4；

139《新小说》1：5

罗　忨

99《涛声》2：5，2：23

罗　启

240《文哨》1：3

罗　忍

1《新青年》季刊3

罗　青

255《北方》1：2，1：4，1：5

罗　林

206《华北文艺》1：4；

251《文艺杂志》1：3

罗　英

211《文艺生活》海外版20

罗　昔

180《文艺》1：5，1：6，2：2，3：1；

182《文艺新潮》1：9；

186《宇宙风乙刊》15；

221《文艺先锋》5：1—2；

244《文艺复兴》3：4

罗　明

11《文学周报》138；

93《青年界》新2：5；

226《风雨谈》3，4，5，6，7，9，12，13，14，15

罗　非

92《文艺新闻》13

罗　易

6《解放与改造》3：1；

32《清华文艺》不定期1

罗　罗

32《清华文艺》不定期5

罗　泅

264《诗创造》2：4

罗　姗

36《北新》4：21—22；

104《矛盾》2：2

罗　迦

235《文艺春秋》4：2，4：4，4：6；

244《文艺复兴》3：4

罗　珈

121《文化列车》5

罗　荪

85《文艺月刊》战时特刊3：3—4；

175《战地》1：1；

176《自由中国》新1：1；

178《抗战文艺》1：9，1：11，2：7，2：11—12，4：1，4：3—4，4：5—6，5：1，5：2—3，5：4—5，6：1，6：4，7：1，9：1—2；

179《戏剧新闻》创刊号；

192《文学月报》1：1，1：2，1：3，1：4，1：5，1：6，2：1—2，2：3，2：4，2：5，2：6，3：1，3：2—3；

211《文艺生活》2：4；

221《文艺先锋》3：2；
224《天下文章》3；
234《微波》1：1

罗 昱

18《歌谣》2：38，3：7

罗 思

181《文艺突击》新1：2；
184《文艺战线》1：5

罗 复

73《南国周刊》15，16；
99《涛声》2：37；
127《人间世》11

罗 衍

211《文艺生活》光复版5

罗 亭

143《杂文》2

罗 洪

40《真美善》6：1，6：5，6：6；
85《文艺月刊》6：3；
89《当代文艺》1：4，1：5，1：6，2：1；
93《青年界》新1：1，新6：1；
104《矛盾》1：3—4，2：6；
106《现代》4：6，6：1；
117《文学》7：2，8：6；
123《中国文学》1：6；
128《小说》11，17；
138《文饭小品》1：2；
145《宇宙风》83，87，88，93，100；
158《中流》2：6；
169《中国文艺》1：3；
171《烽火（呐喊）》20；
177《文艺阵地》1：8，4：8；
182《文艺新潮》1：1，1：2，1：3，1：4—5，1：6，1：7，1：8，2：2；
183《鲁迅风》11；
186《宇宙风乙刊》2，25；
209《万象》2：11，2：12，3：1，3：2，3：3，3：4，3：5，3：6，3：7，3：8，3：9，3：10，3：11，3：12，4：1，4：2，4：3，4：4，4：5，4：6；
223《人世间》复刊10；
225《时与潮文艺》5：5；
235《文艺春秋》3：1，3：4，3：6，4：1，6：2；
244《文艺复兴》1：4；
266《中国作家》1：2；
270《小说》5：4，6：5—6

罗 洛

260《呼吸》创刊号，2，3
268《蚂蚁小集》2，3

罗 美

1《文学周报》360

罗 娜

141《文艺》4：3

罗 根

85《文艺月刊》战时特刊第11年5月号；
221《文艺先锋》1：4

罗　玺

109《论语》43

罗　高

176《自由中国》新1：4；
199《野草》2：5—6；
235《文艺春秋》4：3；
244《文艺复兴》3：2，3：6

罗　浮

109《论语》125，126，127，129，133；
116《文艺月报》1：1，1：2；
195《黄河》4：5

罗　邕

149《逸经》20

罗　培

109《论语》123

罗　探（华籍波兰人）

19《小说月报》15：11，15：12，15：13，15：14，15：15，15：16，15：17，15：18，15：19，15：21，15：22，15：23

罗　得

88《读书月刊》2：2，3：1—2

罗　庸

18《歌谣》2：7

罗　烽

85《文艺月刊》战时特刊：3，5，6；
93《青年界》12：1；
117《文学》7：5；
146《海燕》1：1，1：2；
147《夜莺》1：1；
150《东方文艺》2：1；
152《作家》1：1，1：5；
154《文学界》1：2，1：3，1：4；
155《光明》1：2，1：4，1：5，1：7，1：9，1：12；
156《现实文学》1，2；
157《今代文艺》1：3；
158《中流》创刊号，1：2，1：8，1：9，1：11，2：3；
164《希望》1：1；
175《战地》1：1，1：2，1：3，1：4，1：5，1：6；
176《自由中国》创刊号，新1：1，新1：3，新2：1—2；
177《文艺阵地》6：5；
178《抗战文艺》1：12，3：9—10，4：5—6，6：1；
192《文学月报》1：2，2：1—2，2：5；
202《文艺月报》6，7，14；
214《谷雨》1：2—3；
242《新群众》3：1；
271《文学战线》1：2

罗　淑

152《作家》1：6；
153《文季月刊》1：4；
158《中流》1：2；
165《文丛》2：6—7

罗　绮

195《黄河》5：3—4

罗　塔
109《论语》120
罗　梵
250《鲁迅文艺》1：3；
252《北方文化》1：1；
261《东北文艺》2：6
罗　楞
19《小说世界》11：4
罗　溥
36《北新》2：8
罗　睽
136《水星》1：2；
185《笔阵》新 1：5
罗　赛
54《无轨列车》8
罗　翟
37《一般》6：4，8：4，9：1
罗　澜
48《我们》1：1，1：2，1：3
罗　薏
209《万象》2：5，2：7，2：8
罗工柳
255《北方杂志》1：6
罗大刚
85《文艺月刊》3：9，3：10，3：11；
167《文学杂志》2：5，2：7，2：9，2：12，3：1
罗元亮
19《小说世界》5：7，6：3
罗元恺
5《少年中国》1：11
罗元燮
19《小说世界》3：1
罗天问
104《矛盾》2：4，2：5
罗文千
16《努力周报》2
罗书肆
221《文艺先锋》2：5—6；
225《时与潮文艺》2：2，4：4，5：1
罗正纬
16《努力周报》4
罗玉君
90《青年界》新 1：2，新 1：3，新 2：1，新 2：3，新 3：2，新 3：3，新 3：4，新 5：5
罗世勋
221《文艺先锋》10：4，11：3—4
罗世照
109《论语》170，171，172
罗世嶷
5《少年中国》2：5
罗石君
35《沉钟》1，3，4，5，6，8，11
罗尔纲
134《太白》1：8
罗兰子
221《文艺先锋》10：4，10：6

罗永年

262《平原文艺》1：3

罗永培

185《笔阵》新2

罗式刚

18《歌谣》2：10

罗亚伟

177《文艺阵地》2：3

罗成基

93《青年界》11：4

罗竹风

265《胶东文艺》创刊号，1：4，1：5，1：6—7

罗仲愚

149《逸经》26

罗任公

26《现代评论》5：126

罗齐南

26《现代评论》3：72

罗衣寒

172《七月》1：2；

178《抗战文艺》2：11—12，4：2，武汉特刊1

罗汝兰

25《语丝》122

罗运贤

14《学衡》39

罗村柑

251《文艺杂志》2：3

罗克汀

256《萌芽》1：1，1：4

罗克典

48《我们》1：2

罗吟圃

29《莽原》半月刊1：19，半月刊2：6；

38《幻洲》1：11

罗伯建

229《艺文杂志》1：2

罗希贤

212《文讯》4：8—9

罗青留

10《小说月报》13：10；

13《诗》2：2；

20《浅草》1：1，1：2，1：3；

23《文艺周刊》12

罗歧山

242《新群众》1：5

罗卓英

145《宇宙风》119—120

罗鸣凤

155《光明》2：12

罗迪光

11《文学周报》5

罗国杰

1《新青年》9：2

罗佩宜

1《新青年》2：2

罗念生

83《现代文学》1：1，1：2；

85《文艺月刊》战时特刊第11年9月号，战时特刊第11年11月号；

93《青年界》1：3，1：4，2：1，2：2，2：4，4：1，6：5，新5：1；
96《文艺杂志》1：2，1：3，1：4；
109《论语》55，62，74，79，89，146；
127《人间世》16；
141《文艺》3：1；
145《宇宙风》2，12，13，19，20，27，29，32，41，43，45，68，131；
160《新诗》1：1，1：4，2：2；
185《笔阵》2，新1：1，革新1；
186《宇宙风乙刊》23

罗念远

131《东流》2：1

罗学珪

212《文讯》4：10—11—12

罗学濂

85《文艺月刊》战时特刊第11年8月号

罗迦南

82《前锋周报》41

罗织昌

142《中学生文艺季刊》3：2

罗香林

18《歌谣》2：7；
149《逸经》23

罗重民

26《现代评论》7：167，7：169，7：177，7：182，8：190，8：197

罗保吾

187《戏剧岗位》1：5—6

罗根泽

85《文艺月刊》9：4；
93《青年界》8：1，9：1，10：1，12：1；
134《太白》2：11；
212《文讯》4：1；
221《文艺先锋》4：4，4：5，6：4—5，8：3，11：5

罗莫辰

122《文学季刊》2：4；
136《水星》2：2；
138《文饭小品》1：3；
153《文季月刊》1：3；
160《新诗》1：1，1：4，1：5，2：1，2：2，2：3—4

罗晓魂

103《絜茜》创刊号

罗铁鹰

85《文艺月刊》战时特刊5：1

罗家伦

1《新青年》4：1，4：6；
3《新潮》1：1，1：2，1：3，1：4，1：5，2：1，2：2，2：3，2：4，2：5，3：2；
4《国民》2：2；
26《现代评论》1：17，1：19，1：20；
98《新时代》7：1；
109《论语》16

罗家琅
12《中学生文艺季刊》1：2
罗家模
221《文艺先锋》13：4
罗能康
31《甲寅》1：33
罗骏声
14《学衡》22
罗梦石
141《文艺》6：1
罗梦华
85《文艺月刊》8：2
罗常培
18《歌谣》2：8
罗曼士
148《诗歌生活》2
罗曼思
46《新月》2：5；
68《戏剧与文艺》1：7
罗皑风
45《现代小说》1：3，1：4，1：6，2：3
罗皑岚
11《文学周报》336，338；
26《现代评论》5：128；
32《清华文艺》1：5；不定期刊：3，4，5；
36《北新》2：19；
93《青年界》7：1，8：1；
96《文艺杂志》1：2，1：3，1：4；
109《论语》85，96；
141《文艺》3：1，3：3，3：6；
145《宇宙风》28，32；
158《中流》创刊号
罗清桢
117《文学》3：3，4：3，6：1，6：3，6：5，7：2，7：6，8：3，8：5；
134《太白》2：6，2：7，2：10，2：12；
141《文艺》1：4，2：4；
172《七月》3：2；
177《文艺阵地》1：2，1：3，1：7，1：10，2：4，2：10，3：1，3：2，3：3，3：11；
199《野草》5：5；
245《文章》1：2
罗寄梅
221《文艺先锋》11：5
罗隆基
46《新月》1：8，1：9，1：10，2：1，2：2，2：5，2：6—7，2：8，2：12，3：1，3：2，3：3，3：5—6，3：7，3：8，3：10，3：11，3：12
罗维尔
128《小说》2
罗琼宇
149《逸经》11
罗敬亭
145《宇宙风》90，91，94—95，96

罗黑芷

10《小说月报》16：7，17：3，17：4，17：5，17：6，17：8，19：1；

11《文学周报》204，211，217，219，232，236，247—248，252，256，257，272，301，305，336；

74《新文艺》1：1；

85《文艺月刊》2：4；

108《文艺茶话》1：5

罗黑鹰

142《中学生文艺季刊》1：4，2：1

罗敦伟

4《国民》2：3；

31《甲寅》1：5；

118《文艺春秋》1：3，1：7

罗裕庭

201《戏剧春秋》创刊号

罗登义

212《文讯》2：3，2：4，3：2，3：3，3：4，4：10—11—12

罗颖之

221《文艺先锋》11：1

罗靖华

145《宇宙风》32，44，48，60；

174《抗到底》4；

186《宇宙风乙刊》28

罗塞尔

225《时与潮文艺》5：4

罗慕华

68《戏剧与文艺》1：1，1：3；

85《文艺月刊》4：6，5：1，6：2，8：6，9：6；

90《诗刊》2；

130《当代文学》1：2

罗稷南

155《光明》2：4；

177《文艺阵地》2：5；

188《新中国文艺丛刊》2

罗懋德

11《文学周报》307

具　谷

145《宇宙风》96

迪　可

38《幻洲》1：1，1：2，1：4，1：9，1：12，2：1，2：2，2：6

迪　生

56《乐群》半月刊2，月刊1：4

迪　民

109《论语》64

迪　吉

199《野草》新2号，新7集；

211《文艺生活》1：4；

270《小说》1：4，1：5

国　华

262《平原文艺》1：3

国　旭

109《论语》58

国　贤

19《小说世界》3：4，3：5，3：6，3：7，5：1

国　忠

109《论语》18

国　药
1《新青年》6：1
国　亮
223《人世间》2：1
国　庠
26《现代评论》1：4
国　梅
142《中学生文艺季刊》1：3
国　章
10《小说月报》14：11
国　雄
198《现代文艺》1：3
国　瑞
229《艺文杂志》2：1
国　梁
109《论语》53
国　衡
19《小说世界》10：3，10：5，10：7，10：8，10：9
国　馨
195《黄河》1
国学生
109《论语》25
固
117《文学》4：5
固　子
18《歌谣》3：9
固　林
155《光明》2：7，2：8，3：3；
172《七月》3：6
固　新
109《论语》29；
果
146《海燕》1：1
果　厂
209《万象》2：12
果　子
195《黄河》2：5—6，3：1
果　军
195《黄河》6，7
果　却
145《宇宙风》31
果　轩
109《论语》105；
117《文学》7：5；
127《人间世》39；
145《宇宙风》19，63
果　庵
226《风雨谈》14；
229《艺文杂志》2：4
果尽言
25《语丝》115
牧
219《文学批评》创刊号
牧　丁
185《笔阵》9，新2；
195《黄河》2：10；
216《战时文艺》1：1，1：3
牧　人
221《文艺先锋》12：2，13：2，13：3；

264《诗创造》7

牧　之

92《文艺新闻》10；

119《戏》1，2

牧　子

221《文艺先锋》5：4

牧　云

260《呼吸》2

牧　今

226《风雨谈》16

牧　心

155《光明》2：3

牧　生

191《文艺新闻》2

牧　军

235《文艺春秋》4：2

牧　声

148《诗歌生活》2

牧　青

238《希望》1：3，2：2；

248《中原·文艺杂志·希望·文哨联合特刊》1：4

牧　英

36《北新》3：19

牧　明

238《希望》2：4

牧　野

178《抗战文艺》10：2—3；

212《文讯》9：3；

221《文艺先锋》2：5—6，12：1；

235《文艺春秋》5：3；

244《文艺复兴》3：4

牧　童

93《青年界》7：1

牧　滹

195《黄河》2：7

牧雪峰

249《白山》6

钊　影

19《小说世界》18：1

和

18《歌谣》2：27；

26《现代评论》2：48，3：62

和　生

18《歌谣》2：28

和　名

106《现代》6：4

和　柳

212《文讯》6：9

和　钧

31《甲寅》1：42

和谷岩

254《热潮》1：3

和培元

194《中国文化》1：6，3：2—3

和集弘

145《宇宙风》104

知

155《光明》2：11

知　之

51《开明》1：7

知　止
209《万象》1：9
知　本
223《人世间》复刊10
知　非
1《新青年》6：1；
2《每周评论》22，33；
109《论语》108
知　委
190《通俗文艺》1，2，4，7，8，10，11，12，13，14，15，16，17
知　耻
1《新青年》7：6，8：1，8：2
知　诸
94《现代文学评论》2：1—2
知　堂
18《歌谣》2：29；
109《论语》91，95，96，100，102，112，116；
127《人间世》18，19，21，27，31，38；
136《水星》1：2，1：4，1：6；
138《文饭小品》1：3，1：4，1：5；
145《宇宙风》1，2，3，4，5，6，8，9，10，11，12，13，14，15，16，17，18，19，20，21，22，23，24，25，26，27，28，29，30，31，32，33，37，38，39，41，42，43，44，45，48，55，67，74，75，77；
145附《宇宙风·逸经·西风非常时期联合旬刊》2；
167《文学杂志》1：1，1：2，1：3；
186《宇宙风乙刊》8，10；
226《风雨谈》9，11，21；
229《艺文杂志》1：6，2：1，2：2，2：3，2：4，2：5，2：6，2：7—8，2：9
季
180《文艺》2：4；
221《文艺先锋》5：3
季　子
1《新青年》不定期刊4；
109《论语》119；
113《新诗歌》2：2
季　水
109《论语》139
季　尺
36《北新》4：14
季　平
199《野草》1：2
季　龙
192《文学月报》3：2—3
季　兰
142《中学生文艺季刊》1：2，1：3，1：4
季　达
19《小说世界》12：11
季　异
29《莽原》半月刊2：3，半月刊2：4

季 克

243《文联》1：3

季 芳

28《猛进》16

季 辰

109《论语》6

季 里

159《诗歌杂志》1，2，3

季 谷

25《语丝》104，106，110

季 弟

249《白山》6

季 纯

173《抗战戏剧》1：2；
197《大众文艺》1：5；
272《群众文艺》9

季 叔

11《文学周报》350；
51《开明》2：10，2：12

季 明

109《论语》6，128，129，134，135，136，137，138，140，141，144，148，149，153，155，159，162，165，169；
117《文学》4：2

季 肃

40《真美善》7：1，7：3，季刊1：1，季刊1：2

季 思

127《人间世》22

季 修

209《万象》4：4

季 素

142《中学生文艺季刊》2：2，2：3

季 栩

223《人世间》复刊13

季 莺

98《新时代》4：3

季 辂

93《青年界》8：4

季 陶

1《新青年》7：5

季 黄

209《万象》3：1，3：2，3：3，3：7

季 痕

19《小说世界》8：1

季 琳

175《战地》1：3；
180《文艺》1：2

季 遐

25《语丝》120

季 愚

155《光明》2：10，2：11；
245《文章》创刊号，1：2，1：4

季 廉

25《语丝》4：3，4：12

季 默

109《论语》38，39，40，41，43，44，45，54，58

季　露
109《论语》2
季红木
248《中原·文艺杂志·希望·文哨联合特刊》1：4
季克仁
106《现代》1：4
季志仁
10《小说月报》15：9，20：11；
20《浅草》1：3；
23《文艺周刊》12，14，17，47，49
季甫芳
209《万象》1：10
季君勉
93《青年界》新3：1，新3：2，新3：3，新5：1
季茂青
198《现代文艺》1：2
季诚性
85《文艺月刊》7：6；
98《新时代》5：3，7：1，7：2，7：4
季居勉
93《青年界》新4：3
季春涛
26《现代评论》1：14
季语谊
230《民族文学》1：5
季诵廉
19《小说世界》民众文学7
季紫剑
179《戏剧新闻》2
季羡林
85《文艺月刊》5：3；
106《现代》5：6；
115《文学杂志》2：1，3：4；
117《文学》3：4；
122《文学季刊》1：1，1：2；
132《文学评论》1：1，1：2；
212《文讯》7：4；
244《文艺复兴》2：2，3：3，研究号上、中；
269《文艺工作》1
季寒筠
145《宇宙风》69
季蔚初
221《文艺先锋》1：4
季镇淮
212《文讯》6：8
季毅生
109《论语》54
季赞育
10《小说月报》16：9
竺　冈
68《戏剧与文艺》1：6
竺　君
117《文学》2：5
竺　眼
93《青年界》7：3；
98《新时代》5：6

竺　磊

186《宇宙风乙刊》41，49

竺可桢

26《现代评论》5：120

竺夷之

238《希望》1：1，1：2，2：1，2：2

迭　名

92《文艺新闻》40

迭　肯

247《人民文艺》2

乖　乖

25《语丝》5：44

垂　云

36《北新》1：11

秉　公

149《逸经》17

秉　丞

10《小说月报》18：7；

11《文学周报》129，240，241，253，260

秉　钧

142《中学生文艺季刊》1：2

秉　壁

25《语丝》86，4：4

佳

232《戏剧时代》创刊号，1：2

佳　玉

142《中学生文艺季刊》1：2

佳　讯

40《真美善》4：6

佳　冰

158《中流》2：7

佳　军

142《中学生文艺季刊》2：3

佳　玲

40《真美善》4：1

侍　鸥

10《小说月报》13：7，13：8

侍　桁

10《小说月报》19：8，20：4，21：4；

25《语丝》4：8，4：14，4：16，4：19，4：20，4：22，4：25，4：26，4：29，4：47，4：48，4：50，5：2，5：6，5：7，5：22，5：23，5：33，5：35，5：38，5：42，5：46，5：47，5：49；

26《现代评论》6：147；

36《北新》2：15，2：16，2：19，2：20，2：21，2：22，3：1，3：13，4：1—2，4：4，4：5，4：11，4：15，4：23—24；

50《奔流》1：2，1：4，1：5，1：7，1：8，1：9，1：10，2：1，2：3；

59《春潮》1：2，1：3，1：8；

75《萌芽》1：3，1：4，1：5；

85《文艺月刊》3：1，3：2，3：3，3：4，3：5—6，3：8，3：9，3：11，3：12，4：1，4：3，4：6，5：1，6：1，6：2，6：3，

战时特刊 4：2；
91《文学生活》1；
93《青年界》新 3：2；
104《矛盾》2：4；
106《现代》2：3，3：5，4：1，4：4，4：6，5：2，5：3；
121《文化列车》8，10；
123《中国文学》1：3—4；
126《诗歌月报》2：1；
132《文学评论》1：1；
157《今代文艺》1：2；
178《抗战文艺》1：7，9：1—2，9：3—4；
221《文艺先锋》3：3
侍 薰
236《高原》3
侠 义
145《宇宙风》89，92，97，98，130
侠 文
186《宇宙风乙刊》13
侠 龙
19《小说世界》8：11
侠 如
98《新时代》5：4
侠 疯
109《论语》97
侠 隐
13《诗》13
侠名氏
1《新青年》3：3
侣 伦
36《北新》3：20—21，4：7；
211《文艺生活》海外版 8
侣 黄
145《宇宙风》76
侣 琴
6《解放与改造》2：2，2：5，2：6，2：12
侃 子
142《中学生文艺季刊》1：3
侃 如
145《宇宙风》8
侨 梦
19《小说世界》16：12
佩 韦
10《小说月报》13：10，13：11，13：12，14：4；
101《十字街头》1，3；
199《野草》1：6，3：1，3：3—4，新 7 集
佩 文
108《文艺茶话》2：10
佩 心
229《艺文杂志》1：4，1：6，2：5
佩 兰
251《文艺杂志》1：1
佩 贞
222《青年文艺》3
佩 冰
88《读书月刊》1：2

佩　韦

11《文学周报》51

佩　英

11《文学周报》353；

109《论语》64

佩　欣

110《小说月刊》1∶3

佩　弦

10《小说月报》15∶1，18∶2，18∶7，18∶12，20∶6；

11《文学周报》94，166，179，180，194，200，224，236，253；

13《诗》1∶4；

25《语丝》48，54，154，4∶36；

32《清华文艺》1∶5；

37《一般》1∶2，2∶2；

109《论语》36；

117《文学》1∶4，6∶2，8∶1；

127《人间世》16；

136《水星》1∶4；

145《宇宙风》6；

178《抗战文艺》7∶4—5；

221《文艺先锋》2∶5—6

佩　秋

117《文学》1∶3；

133《译文》新1∶1

佩　竽

11《文学周报》44，49，54，56

佩　蓝

251《文艺杂志》1∶6，3∶2，3∶3

佩　蘅

10《小说月报》13∶2，13∶8，15∶号外

依　凡

120《文艺》1∶1；

125《春光》1∶2；

199《野草》2∶1—2，1∶6

依　依

38《幻洲》1∶11；

109《论语》67，71

依　基

142《中学生文艺季刊》1∶2

依　琴

247《人民文艺》1∶6

依　群

272《群众文艺》5

依　霞

114《艺术新闻》3

依风露

225《时与潮文艺》2∶6；

236《高原》2

依尚伦

230《民族文学》1∶4，1∶5

侔　人

106《现代》5∶6

侔　天

111《文化月报》1∶1

的　也

190《通俗文艺》34，38

的　平

109《论语》101，104

帛　公

145《宇宙风》82

岳

241《文艺大众》1

岳　军

195《黄河》4

岳　庐

5《少年中国》1∶10

岳　林

110《小说月刊》1∶3

岳　松

272《群众文艺》8

岳　柏

56《乐群》3∶13

岳　南

85《文艺月刊》战时特刊 5∶1;

190《通俗文艺》6，9，10，11，17，18，19，20，21，22，23，33

岳　昭

180《文艺》1∶6，2∶3;

188《新中国文艺丛刊》2;

191《文艺新闻》7;

193《戏剧与文学》1∶1

岳　真

64《红黑》2;

216《战时文艺》2∶1;

224《天下文章》2∶4

岳　浪

159《诗歌杂志》3

岳　野

211《文艺生活》海外版 16

岳　焕

10《小说月报》17∶8

岳　清

190《通俗文艺》37

岳　隐

221《先锋先锋》12∶5

岳　博

109《论语》104

岳　瑟

177《文艺阵地》4∶11

岳　路

224《天下文章》3

岳凤高

19《小说世界》14∶8;

88《读书月刊》1∶5

岳尚增

19《小说世界》2∶13

岳绍三

51《开明》2∶5

岳砚春

163《热风》1∶2

岱

188《新中国文艺丛刊》4;

191《文艺新闻》2

岱　丝

195《黄河》3

岱　西

196《战国策》1，4，17;

196 附《战国》副刊 26

岱 青

18《歌谣》2:39

阜 东

85《文艺月刊》战时特刊 2:3;
130《当代文学》1:5;
134《太白》1:12;
145《宇宙风》43，45，73

阜 东

174《抗到底》1，4，11

阜 亘

99《涛声》2:26

阜 邑

10《小说月报》14:10

迫 迁

127《人间世》6，9，10

征 人

229《艺文杂志》1:2

征 夫

143《杂文》4;
145《诗歌生活》1

征 帆

141《文艺》2:4，3:1，4:3，4:5
211《文艺生活》海外版 8

征 华

137《当代诗刊》创始号;
177《文艺阵地》4:12

征 安

145《宇宙风》135—136

征 军

148《诗歌生活》1;
150《东方文艺》1:1，1:2;
157《今代文艺》1:3;
159《诗歌杂志》3;
171《烽火（呐喊）》15;
177《文艺阵地》2:8，3:1;
208《诗创作》8，11，16;
211《文艺生活》光复版 3

征 农

76《拓荒者》1;
117《文学》1:2, 3:2, 3:6, 7:1, 7:3;
120《文艺》1:1，1:2，1:3;
125《春光》1:1;
130《当代文学》1:2;
134《太白》1:1，1:2，1:8，2:8;
140《芒 种》4;
144《创作》1:1;
152《作家》1:2，1:5，2:1;
154《文学界》1:3;
158《中流》1:2;
235《文艺春秋》丛刊 3

征 君

116《文艺月报》1:1

征 骅

85《文艺月刊》10:3;
93《青年界》8:3;
127《人间世》33;
137《当代诗刊》1:2，1:3—4;
182《文艺新潮》1:11, 1:12, 2:3, 2:8

征　堂
212《文讯》3：6
征　庸
174《抗到底》10；
195《黄河》2：5—6
征　蓬
26《现代评论》4：84，4：91，5：121，6：137，7：166，7：170，8：187；
144《创作》1：3
往　夫
276《华北文艺》4
彼　治
225《时与潮文艺》4：5
彼　得
195《黄河》12；
209《万象》3：5
径　草
19《小说世界》15：17
欣　欣
32《清华文艺》1：4，1：5
所　亚
199《野草》5：5，第6号；
238《希望》2：2
所　北
108《文艺茶话》1：9，2：3，2：6
质
31《甲寅》1：13，1：14，1：25，1：26，1：27，1：29，1：30，1：31
质　厂
6《解放与改造》3：6
质　之
109《论语》97
质　心
2《每周评论》1
郤　婴
142《中学生文艺季刊》2：2
忿　奋
93《青年界》新6：4
忿　忿
26《现代评论》6：154
舍
2《每周评论》16，20；
109《论语》7，10
舍　人
106《现代》4：1；
128《小说》月刊17
舍　利
142《中学生文艺季刊》2：4
舍　我
2《每周评论》22；
6《解放与改造》1：7
念
109《论语》43
念　人
32《清华文艺》1：5；
212《文讯》7：2
念　之
191《文艺新闻》2，3，5

念　予
25《语丝》117
念　生
11《文学周报》313，317，340—341，374；
32《清华文艺》1：1；不定期刊：2，3，5；
51《开明》2：4；
96《文艺杂志》1：1，1：3；
127《人间世》18
念　仲
109《论语》32
念　伊
174《抗到底》23
念　叔
106《现代》6：1
念　珍
209《万象》2：12
念　兹
195《黄河》1，2：7，4：4
念　祖
109《论语》81，89；
145《宇宙风》别册3
念　倩
209《万象》3：5
念　雅
199《野草》第9集
念　新
109《论语》156，157，158，159，161，167
念　慈
93《青年界》11：2
念　熙
174《抗到底》6
念　璀
142《中学生文艺季刊》2：2
金
2《每周评论》8；
32《清华文艺》1：5；
187《戏剧岗位》1：1；
232《戏剧时代》1：4—5，1：6
金　十
51《开明》2：16，2：22；
88《读书月刊》1：5，2：1
金　丁
98《新时代》2：2—3，3：1，3：5—6；
106《现代》2：5，3：6；
107《文学月报》1：1；
114《艺术新闻》4；
115《文学杂志》1：3—4；
116《文艺月报》1：1；
125《春光》1：2；
130《当代文学》1：1；
155《光明》3：2，3：5；战时号外：5，6；
157《今代文艺》1：1；
177《文艺阵地》2：1；
199《野草》新5号；
211《文艺生活》光复版4，海外版13；

270《小说》2：4，2：5

金　刀

190《通俗文艺》26；
249《白山》3，4，5，6

金　人

32《清华文艺》不定期 3，不定期 5；
85《文艺月刊》战时特刊创刊号；
96《文艺杂志》1：3；
133《译文》2：3，2：4，新 1：2，新 1：6，新 2：1，新 2：3，新 2：5，新 3：3，新 3：4；
139《新小说》2：1；
155《光明》战时号外 2；
182《文艺新潮》1：1，1：2，1：4—5，1：6，1：7；
183《鲁迅风》6，16；
188《新中国文艺丛刊》1；
203《奔流文艺丛刊》2，5，6；
259《东北文化》1：5；
261《东北文艺》创刊号，1：2，1：3，1：4，1：5，1：6，2：1，2：5；
271《文学战线》1：2，1：3

金　工

25《语丝》2：24；
73《南国周刊》1：9

金　山

209《万象》3：4

金　马

109《论语》161，173；
149《逸经》15

金　天

221《文艺先锋》11：1，12：1

金　戈

109《论语》86，88，112；
173《抗战戏剧》1：4

金　中

270《小说》6：3，6：4

金　牛

38《幻洲》1：2，1：3，1：4，1：5，1：6

金　风

159《诗歌杂志》2，3；
199《野草》新 2 号

金　匀

155《光明》1：11

金　爪

209《万象》1：9，2：2

金　文

109《论语》172

金　心

142《中学生文艺季刊》3：1

金　冰

179《戏剧新闻》创刊号

金　布

217《文艺杂志》3：1

金　叶

85《文艺月刊》9：5；
93《青年界》10：2，11：1，11：2，12：1；
134《太白》1：8，2：7；

142《中学生文艺季刊》2：2

金　生

205《五十年代》1：2，2：1

金　伞

106《现代》5：2

金　永

31《甲寅》1：35

金　发

11《文学周报》253，258；
26《现代评论》6：156，7：157，第三周年增刊；
36《北新》1：28；
85《文艺月刊》8：4；
109《论语》88，92；
134《太白》1：6；
209《万象》1：12

金　台

159《诗歌杂志》2，3

金　尼

235《文艺春秋》5：3

金　芒

210《笔谈》6

金　吉

182《文艺新潮》1：12

金　帆

211《文艺生活》光复版5，光复版11—12，海外版8，海外版12；
258《文艺丛刊》1，2；
264《诗创造》6，8

金　刚

145《宇宙风》63；
244《天下文章》2：4；
106《现代》5：2

金　江

264《诗创造》8

金　池

136《水星》1：5

金　羊

251《文艺杂志》1：2，2：6

金　军

264《诗创造》1，7

金　异

217《文艺杂志》新1：3

金　芸

142《中学生文艺季刊》2：1；
158《中流》2：10

金　劳

98《新时代》5：3，5：4，6：2

金　甫

13《诗》1：3；
140《芒种》8

金　坚

113《新诗歌》2：2；
264《诗创造》8

金　近

223《人世间》复刊：4，复刊6，复刊10；
237《文学新报》1：6；
240《文哨》1：3；
243《文联》1：4

金　谷

85《文艺月刊》战时特刊1：7；

138《文饭小品》1：1；
209《万象》1：12
金　岛
11《文学周报》291
金　灿
6《解放与改造》4：9，4：10
金　武
93《青年界》新 6：1
金　枝
11《文学周报》61；
36《北新》4：16；
61《朝花》旬刊 1：9；
75《萌　芽》1：1，1：5
金　枚
185《笔阵》新 1：3，新 2：1
金　若
140《芒种》7，8；
169《中国文艺》1：2
金　明
145《宇宙风》85，91；
182《文艺新闻》2：6；
219《文学批评》创刊号
金　易
142《中学生文艺季刊》2：4，3：2
金　果
199《野草》5：2
金　佩
85《文艺月刊》战时特刊 2：11—12
金　宠
51《开明》1：6，1：11，2：6
金　弢
109《论语》72，76，77，84，
87，90；
145《宇宙风》34
金　珏
209《万象》2：9
金　城
36《北新》3：24；
93《青年界》8：1，9：1，12：1
金　带
36《北新》2：14
金　重
145《宇宙风》72
金　恪
209《万象》4：1，4：2
金　炳
221《文艺先锋》7：2
金　洪
55《大众文艺》1：6；
98《新时代》1：3
金　津
264《诗创造》5，7，10
金　琤
209《万象》2：12
金　桥
61《朝花》旬刊：1：10，1：12
金　根
262《平原文艺》1：3，1：4，1：6
金　铎
177《文艺阵地》3：12；
274《平原》2：1

金　竞

170《新演剧》新1∶3

金　烙

209《万象》2∶8

金　涛

93《青年界》10∶1，10∶2

金　浪

195《黄河》4；

253《清明》4

金　容

145《宇宙风》19

金　朗

195《黄河》7

金　堂

187《戏剧岗位》1∶2—3；

191《文艺新闻》5

金　逸

85《文艺月刊》9∶6

金　渚

209《万象》2∶10

金　梁

145《宇宙风》63；

149《逸经》10，15

金　强

270《小说》3∶1

金　隄

167《文学杂志》2∶6，3∶1，3∶3；

244《文艺复兴》3∶3

金　粟

41《民间文艺》1，2，11—12

金　锋

274《平原》3，5

金　锐

158《中流》1∶8

金　童

149《逸经》21，26

金　雷

235《文艺春秋》丛刊3，丛刊4，丛刊5

金　鉴

4《国民》2∶3；

144《创作》1∶1

金　简

250《鲁迅文艺》1∶3

金　魁

10《小说月报》21∶6；

122《文学季刊》2∶2；

153《文学月刊》1∶5，1∶6

金　源

28《猛进》26

金　槊

176《自由中国》新1∶1，新1∶2

金　慧

230《民族文学》1∶1

金　翼

85《文艺月刊》7∶6；

149《逸经》30

金　鑫

109《论语》62

金太璞

92《文艺新闻》12，15，18

金天翩

31《甲寅》1：44

金五楼

109《论语》146

金仁体

139《新小说》2：1

金公亮

93《青年界》7：1，8：1，9：1，10：1，12：1

金月波

221《文艺先锋》3：4，4：4

金为刚

240《文哨》1：3

金平森

18《歌谣》36

金正华

93《青年界》10：3

金东汉

254《热潮》1：2

金石声

56《乐群》1：1

金生水

177《文艺阵地》6：3

金汉虚

145《宇宙风》97

金兰裕

40《真美善》2：2

金民天

88《读书月刊》3：4，3：5

金在镕

177《文艺阵地》1：9

金仲华

93《青年界》8：2；

117《文学》5：1；

224《天下文章》2：2

金仲芸

28《猛进》31；

29《莽原》周刊：13，16，18，24，26，29，31

金光楣

40《真美善》女作家专号

金兆荣

18《歌谣》2：20

金兆梓

11《文学周报》100；

117《文学》1：1

金兆銮

31《甲寅》1：10

金宇塔

45《现代小说》2：6

金克木

106《现代》3：1，3：6，4：1，5：5，6：1；

109《论语》75，83，86；

129《文艺风景》1：2；

138《文饭小品》1：2，1：3，1：6；

160《新诗》1：1，1：2，1：3；

167《文学杂志》2：6，2：11；

178《抗战文艺》2：3，7：4—5；

212《文讯》7：5，9：3；

239《诗文学》2；

264《诗创造》1，5，2：1

金秀心
211《文艺生活》光复版6
金体乾
31《甲寅》1：4，1：8
金启华
145《宇宙风》88，89，91，94—95，97，98，104，105，107，111，116，126，127，133，141，143，144—145，147—148；
186《宇宙风乙刊》40；
221《文艺先锋》12：5，12：6，13：1；
225《时与潮文艺》3：1；
230《民族文学》1：4，1：5
金枫江
19《小说世界》5：13，6：5，6：9，6：13，7：2，7：4，7：10，8：4，8：7，8：12，11：4
金苑莹
116《文艺月报》1：2
金叔琢
98《新时代》3：4，5：4，5：5
金叔琴
209《万象》1：10，1：12，2：7，3：12
金贤法
93《青年界》新5：1
金凯荷
98《新时代》创刊号，1：2，1：3，1：5，2：2—3，2：4—5，2：6，3：1，3：4，5：4，6：2
金昌南
51《开明》1：9
金国宝
88《读书月刊》2：1
金侣琴
6《解放与改造》1：1；
109《论语》54
金岳霖
3《新潮》3：2
金受仲
109《论语》3
金性尧
93《青年界》10：5；
155《光明》3：5，战时号外4
金宗武
26《现代评论》4：88
金律声
221《文艺先锋》2：3
金钟芸
25《语丝》4：3
金钦若
93《青年界》9：3，9：5，10：1
金炳麟
51《开明》2：4
金咨甫
36《北新》1：26
金祖培
51《开明》2：10
金素雯
209《万象》3：4

金素兮
104《矛盾》1：2
金桂荪
19《小说世界》1：2
金起元
145《宇宙风》65
金逢孙
198《现代文艺》3：1
金润泉
109《论语》54
金桑戈
142《中学生文艺季刊》1：1
金培真
19《小说世界》11：8
金曼辉
125《春光》1：1；
126《诗歌月报》1：3，1：4，1：5，2：1，2：2；
130《当代文学》1：5；
140《芒种》2：1；
184《文艺战线》1：4
金维善
195《黄河》复刊3
金维新
155《光明》战时号外4
金紫光
276《华北文艺》2
金舜因
109《论语》173
金瑞昌
93《青年界》7：2
金韵之
179《戏剧新闻》6
金满成
10《小说月报》16：1，16：4，16：11，21：1；
11《文学周报》207，238，239，378，380；
18《歌谣》75；
29《莽原》半月刊1：7—8；
38《幻洲》1：12；
45《现代小说》1：6，2：3，3：1；
85《文艺月刊》1：1，1：2，1：3，1：5，2：1，2：2，2：3，战时特刊2：2，战时特刊2：3，战时特刊2：9—10；
98《新时代》1：2；
104《矛盾》3：2，3：3—4；
123《中国文学》2：2；
178《抗战文艺》6：3
金溟如
11《文学周报》111
金溟若
10《小说月报》19：11，21：3；
11《文学周报》108；
25《语丝》5：34；
36《北新》3：7；
37《一般》7：2，7：4；
50《奔流》1：4，1：5，1：9，1：10；
93《青年界》4：1，12：1

金毓春
276《华北文艺》4
金肇野
205《五十年代》1：3；
235《文艺春秋》2：4；
270《小说》5：2
金德初
140《芒种》8
金德嘉
25《语丝》4：21
金默生
197《大众文艺》2：2
采
87《前锋月刊》1：3
采石
61《朝花》周刊：1，2，3，5，6，9
采吕
274《平原》12
采苹
223《人世间》2：1
采真
25《语丝》49，68，71，77，90
采风官
264《诗创造》2：2
觅光
251《文艺杂志》1：2，4：2
受天
46《新月》2：11，3：2
受因
195《黄河》4：2
受年
109《论语》21，26，32
受仲
109《论语》58，86；
127《人间世》26，28，36，37
受箴
192《文学月报》2：4
狗屁
25《语丝》114
朋
26《现代评论》6：140，6：141，
6：146，6：151
朋华
249《白山》6
朋其
28《猛进》38，39，40；
29《莽原》周刊：32；半月刊：
1：10，1：16；
33《狂飚》周刊：1，13，15，
16，17；
104《矛盾》2：4，2：5，3：1
朋淇
89《当代文艺》1：2
服初
46《新月》3：7
服媚
25《语丝》133
服群
182《文艺新潮》2：3；
193《戏剧与文学》1：3

57

中国现代文学期刊目录汇编（第七卷）

ZHONGGUO XIANDAI WENXUE QIKAN MULU HUIBIAN

唐沅 韩之友 封世辉
舒欣 孙庆升 顾盈丰 编

中国社会科学院
文学研究所 总纂

中国文学史资料全编

现代卷

知识产权出版社

内容提要

本书汇编了我国现代文学史上创刊于1915—1948年间的，有影响、有代表性的期刊目录276种（另有附录4种），其中绝大部分是文学期刊，也酌情选收了一部分与中国现代文学关系密切的综合性文化刊物。

责任编辑：马　岳　　**责任校对**：韩秀天
执行编辑：牛洁颖　　**责任出版**：卢运霞

图书在版编目（CIP）数据

中国现代文学期刊目录汇编／唐沅等　编．—北京：知识产权出版社，2010.3
（中国文学史资料全编·现代卷）
ISBN 978-7-80247-677-6
Ⅰ．①中…　Ⅱ．①唐…　Ⅲ．①现代文学—期刊目录—中国
Ⅳ．①Z88：I206.6

中国版本图书馆CIP数据核字（2010）第007847号

中国文学史资料全编·现代卷

中国现代文学期刊目录汇编（第七卷）

唐　沅　韩之友　封世辉　舒　欣　孙庆升　顾盈丰　编

出版发行：知识产权出版社

社　址：北京市海淀区马甸南村1号	邮　编：100088
网　址：http://www.ipph.cn	邮　箱：bjb@cnipr.com
发行电话：010-82000860转8101/8102	传　真：010-82005070/82000893
责编电话：010-82000860转8171	责编邮箱：mayue@cnipr.com
印　刷：北京市凯鑫印刷有限公司	经　销：新华书店及相关销售网点
开　本：720mm×960mm　1/16	印　张：303
版　次：2010年3月第一版	印　次：2010年3月第一次印刷
字　数：4653千字	定　价：616.00元（全七卷）

ISBN 978-7-80247-677-6/Z·454（2796）

总 目 录

第一卷

期刊目录汇编

1 新青年（青年杂志）………3
2 每周评论……………………52
3 新潮…………………………70
4 国民…………………………80
5 少年中国……………………88
6 解放与改造（改造）……111
7 曙光…………………………130
8 新社会………………………137
9 人道…………………………144
10 小说月报…………………146
11 文学周报
（文学旬刊、文学）……297
12 戏剧………………………374
13 诗…………………………382
14 学衡………………………392
15 创造………………………447
16 努力周报…………………454
17 读书杂志…………………472
18 歌谣周刊（歌谣）………476

第二卷

期刊目录汇编（续）

19 小说世界…………………574
19 附录一　民众文学………751
19 附录二　侦探号…………756
20 浅草………………………758
21 弥洒………………………762
22 创造周报…………………766
23 文艺周刊
（文艺旬刊）……………775
24 洪水（周刊、半月刊）…787
25 语丝………………………799
26 现代评论…………………861
27 支那二月…………………934
28 猛进………………………937
29 莽原（周刊、半月刊）…954
30 大江（季刊）……………971
31 甲寅（周刊）……………973

32 清华文艺……1001
33 狂飚……1007
34 创造月刊……1016
35 沉钟（半月刊）……1026
36 北新……1034
37 一般……1093
38 幻洲……1112
39 泰东……1127
40 真美善……1138
41 民间文艺……1165
42 太阳月刊……1169
43 未名……1174
44 文化批判……1179
45 现代小说……1183
附 五一特刊……1191
46 新月……1193
47 流沙……1217
48 我们……1221
49 畸形……1224
50 奔流……1227
51 开明……1234
52 山雨……1265
53 思想……1269
54 无轨列车……1272
55 大众文艺……1275
56 乐群……1282
57 大江（月刊）……1291
58 白华……1297
59 春潮……1299
60 熔炉……1304
61 朝花（周刊、旬刊）……1306
62 海风周报……1313

第三卷

期刊目录汇编（续）

63 金屋月刊……1318
64 红黑……1324
65 人间……1327
66 华严……1329
67 新流月报……1333
68 戏剧与文艺……1336
69 南国月刊……1342
70 引擎……1347
71 戏剧……1349
72 戏剧的园地……1355
73 南国周刊……1357
74 新文艺……1363
75 萌芽（新地）……1370
76 拓荒者……1377
77 艺术……1384
78 文艺讲座……1386
79 巴尔底山……1388
80 骆驼草……1391
81 沙仑……1397
82 前锋周报……1399
83 现代文学……1406
84 开展……1412
85 文艺月刊……1418
86 世界文化……1496
87 前锋月刊……1498
88 读书月刊……1505

89 当代文艺……1517
90 诗刊……1524
91 文学生活……1528
92 文艺新闻……1530
93 青年界……1579
94 现代文学评论……1679
95 前哨（文学导报）……1687
96 文艺杂志……1690
97 创作……1694
98 新时代……1698
99 涛声……1731
100 北斗……1756
101 十字街头……1761
102 文化评论……1763
103 絜茜……1766
104 矛盾……1769
105 文学……1781
106 现代……1783
107 文学月报……1827
108 文艺茶话……1832
109 论语……1845
110 小说月刊……1999
111 文化月报
（世界文化）……2002
112 无名文艺……2005
113 新诗歌……2007
114 艺术新闻……2014
115 文学杂志……2017
116 文艺月报……2021
117 文学……2025

第四卷

期刊目录汇编（续）

118 文艺春秋……2080
119 戏……2085
120 文艺……2088
121 文化列车……2091
122 文学季刊……2096
123 中国文学……2106
124 新诗歌……2114
125 春光……2116
126 诗歌月报……2121
127 人间世……2126
128 小说
（月刊、半月刊）……2153
129 文艺风景……2162
130 当代文学……2165
131 东流……2170
132 文学评论……2179
133 译文……2182
134 太白……2206
135 文学新地……2226
136 水星……2228
137 当代诗刊……2233
138 文饭小品……2236
139 新小说……2242
140 芒种……2247
141 文艺……2255
142 中学生文艺季刊……2276
143 杂文（质文）……2291

144 创作……2300
145 宇宙风……2303
145 附 宇宙风·逸经·西风非常时期联合旬刊……2392
146 海燕……2397
147 夜莺……2400
148 诗歌生活……2404
149 逸经……2407
150 东方文艺……2446
151 文学丛报（人民文学）……2452
152 作家……2458
153 文季月刊……2463
154 文学界……2470
155 光明……2475
156 现实文学……2494
157 今代文艺……2497
158 中流……2501
159 诗歌杂志……2514
160 新诗……2520
161 电影戏剧……2527
162 小说家……2530
163 热风……2533
164 希望……2536
165 文丛……2539
166 文艺科学……2544
167 文学杂志……2547
168 戏剧时代……2559
169 中国文艺……2562
170 新演剧……2566
171 烽火（呐喊）……2571
172 七月……2578
173 抗战戏剧……2596
174 抗到底……2603
175 战地……2612
176 自由中国……2617
177 文艺阵地……2624
178 抗战文艺……2658
179 戏剧新闻……2686
180 文艺……2690
181 文艺突击……2698
182 文艺新潮……2702
183 鲁迅风……2714
184 文艺战线……2721
185 笔阵……2725
186 宇宙风乙刊……2737
187 戏剧岗位……2758
188 新中国文艺丛刊……2765

第五卷

期刊目录汇编（续）

189 西线文艺……2769
190 通俗文艺……2773
191 文艺新闻……2784
192 文学月报……2790
193 戏剧与文学……2799
194 中国文化……2802
195 黄河……2808
196 战国策（附《战国》副刊）……2828
197 大众文艺……2835

198 现代文艺……2841
199 野草……2857
200 新诗歌……2877
201 戏剧春秋……2880
202 文艺月报……2887
203 奔流文艺丛刊……2893
204 中国文艺……2897
205 五十年代……2899
206 华北文艺……2902
207 时代文学……2906
208 诗创作……2911
209 万象……2924
210 笔谈……2963
211 文艺生活……2970
212 文讯……3001
213 草叶……3021
214 谷雨……3024
215 奔流新集……3027
216 战时文艺……3030
217 文艺杂志……3035
218 文坛……3045
219 文学批评……3050
220 文学创作……3053
221 文艺先锋……3060
222 青年文艺……3097
223 人世间……3104
224 天下文章……3118
225 时与潮文艺……3128
226 风雨谈……3142
227 艺丛……3154
228 中原……3157
229 艺文杂志……3161
230 民族文学……3174
231 新文学……3178
232 戏剧时代……3181
233 当代文艺……3185
234 微波……3189
235 文艺春秋……3191
236 高原……3214
237 文学新报……3218
238 希望……3222
239 诗文学……3230
240 文哨……3233
241 文艺大众……3237
242 新群众……3243
243 文联……3250
244 文艺复兴……3255
245 文章……3269
246 文坛月报……3274
247 人民文艺……3277
248 中原、文艺杂志、希望、文哨 联合特刊……3281
249 白山……3285
250 鲁迅文艺……3290
251 文艺杂志……3293
252 北方文化……3304
253 清明……3311
254 热潮……3316
255 北方杂志……3318
256 萌芽……3324
257 长城……3327
258 文艺丛刊……3329

259 东北文化……………………3332
260 呼吸……………………………3338
261 东北文艺……………………3342
262 平原文艺……………………3349
263 文艺知识连丛 …………3356
264 诗创造………………………3360
265 胶东文艺……………………3371
266 中国作家……………………3377
267 大众文艺丛刊 …………3380
268 蚂蚁小集……………………3384
269 文艺工作……………………3388
270 小说…………………………3390
271 文学战线……………………3405
272 群众文艺……………………3412
273 文艺月报……………………3419
274 平原…………………………3423
275 文艺丛刊……………………3446
276 华北文艺……………………3450

第六卷

期刊作者索引

作者署名首字笔画检索表 ····3457
作者索引…………………………3477

第七卷

作者索引（续）………………4137

期刊馆藏索引

期刊馆藏索引……………………4629
期刊基本情况一览表…………4801

第七卷

作者索引（续）

鱼
109《论语》12
鱼 羊
85《文艺月刊》战时特刊 3：5—6；
124《新诗歌》4
鱼 常
11《文学周报》125，129，130；
25《语丝》4：19
匋
51《开明》1：8
匋 画
25《语丝》5：36
迩 冬
231《新文学》1：4
迩 沧
145《宇宙风》106
周 山
274《平原》7，10，13，2：2，2：6，3：5，3：6
周 艺
93《青年界》新 2：5
周 无
5《少年中国》1：1，1：2，1：5，1：6，1：8，1：10，2：4，3：1
周 仁
109《论语》89
周 文
85《文艺月刊》战时特刊 2：8，战时特刊 3：1—2；
93《青年界》12：1；，
117《文学》3：6，4：1，4：4，5：3，5：6，6：1；
122《文学季刊》2：3；
144《创作》1：1；
146《海燕》1：2；
147《夜莺》1：1，1：2，1：3；
151《文学丛报》1，5；
152《作家》1：1，2：1；
153《文季月刊》1：1；
156《现实文学》2；
158《中流》1：5，2：6；
162《小说家》1：2；
171《烽火（呐喊）》创刊号，5，8；
172《七月》2：3，2：5，3：4；
177《文艺阵地》1：1，1：2，1：4，1：6，1：9，1：10，1：12，2：8，2：10，2：11，2：12，3：6；
178《抗战文艺》2：1，2：8，3：8，4：1；
182《文艺新潮》2：3，2：4；
185《笔阵》1，5，12；
194《中国文化》2：3，2：4；

197《大众文艺》创刊号，1：2，1：4，1：5，1：6；
202《文艺月报》1；
220《文学创作》1：2

周　方

31《甲寅》1：19；
255《北方》1：2

周　为

85《文艺月刊》战时特刊第11年4月号
198《现代文艺》4：1；
199《野草》1：3，4：4—5；
208《诗创作》1，9；
241《文艺大众》新生号

周　正

270《小说》4：5

周　田

18《歌谣》37

周　由

221《文艺先锋》13：1

周　达

211《文艺生活》海外版1，海外版2；
258《文艺丛刊》1，2

周　成

186《宇宙风乙刊》15，24

周　扬

117《文学》3：6，4：1，4：3，4：4，6：1，6：4；
133《译文》2：2；
154《文学界》1：1，1：3；
155《光明》1：1，1：2，2：8，战时号外1；
164《希望》1：1；
175《战地》1：1，1：2；
176《自由中国》创刊号，1：2；
181《文艺突击》1：2；
184《文艺战线》创刊号，1：2，1：6；
194《中国文化》创刊号，1：3；
202《文艺月报》14；
204《中国文艺》1：1；
214《谷雨》创刊号，1：5；
247《人民文艺》3，5；
255《北方》1：4；
257《长城》创刊号；
258《文艺丛刊》1；
259《东北文化》1：1；
265《胶东文艺》创刊号

周　尧

85《文艺月刊》战时特刊3：10—11；
93《青年界》6：5；
98《新时代》5：5，5：6

周　帆

262《平原文艺》2：6

周　伟

258《文艺丛刊》2

周　华

223《人世间》复刊11—12

周　行

159《诗歌杂志》1，2，3；
172《七月》2：2，4：4，5：1；
177《文艺阵地》1：1，1：5，1：6；
180《文艺》1：1；

192《文学月报》1：6；
208《诗创作》2；
211《文艺生活》1：1，1：5，2：4，3：1，3：3；
217《文艺杂志》2：3，2：4，2：5，2：6，3：1，3：3；
222《青年文艺》3，4，5；
223《人世间》1：3

周　多

118《文艺春秋》1：4；
141《文艺》4：4，4：6；
177《文艺阵地》3：4

周　军

272《群众文艺》5

周　芷

268《蚂蚁小集》4

周　村（邨）

142《中学生文艺季刊》1：2

周　邵

109《论语》52，58，96；
127《人间世》35；
138《文饭小品》1：6；
145《宇宙风》8

周　劭

109《论语》30，46，64，70，73，78，81，82；
127《人间世》5，27，30，40

周　冷

177《文艺阵地》2：3

周　汶

120《文艺》1：2

周　灵

241《大众文艺》3

周　纯

270《小说》3：1

周　纳

267《大众文艺丛刊》3

周　青

270《小说》4：4，4：6

周　莹

12《戏剧》2：2

周　奋

252《北方文化》2：4

周　明

16《努力周报》7：3；
93《青年界》6：3

周　易

93《青年界》11：5

周　波

159《诗歌杂志》3

周　详

199《野草》4：4—5

周　参

245《文章》1：2

周　孟

199《野草》1：5

周　俭

93《青年界》9：2，11：4

周　信

209《万象》3：4

周　俊

190《通俗文艺》35

周　彦
106《现代》1：4；
173《抗战戏剧》创刊号；
187《戏剧岗位》2：4—6，3：3—4；
221《文艺先锋》9：5—6；
224《天下文章》3，4，5，1：6
周　宣
85《文艺月刊》战时特刊3：10—11
周　津
198《现代文艺》2：4
周　祐
1《新青年》6：2
周　晔
241《文艺大众》新2
周　筧
117《文学》2：3，2：5，3：2
周　容
37《一般》8：4
周　谊
155《光明》2：1
周　逴
164《希望》1：1
周　敏
109《论语》143；
199《野草》3：1；
249《白山》创刊号
周　铮
209《万象》1：5，1：10，1：12，2：12
周　章
40《真美善》4：2，4：3，4：4，4：5，4：6
周　焕
195《黄河》4：1
周　渊
145《宇宙风》14
周　谖
186《宇宙风乙刊》4
周　隐
44《文化批判》4，5
周　琪
182《文艺新潮》1：8
周　游
150《东方文艺》1：3
周　颖
134《太白》1：11，2：2
周　新
109《论语》66，70，84，93；
145《宇宙风》58，61，62，64，119—120；
186《宇宙风乙刊》2，4，5，6，8，9，30
周　煌
119《戏》2
周　熙
177《文艺阵地》4：9；
187《戏剧岗位》1：2—3；
189《西线文艺》1：1；
270《小说》4：6，5：4，6：3，6：5—6
周　璇
209《万象》1：2

周　黎
134《太白》2：8
周　樵
85《文艺月刊》1：2
周　翰
223《人世间》1：1
周　默
211《文艺生活》海外版 9
周　璧
235《文艺春秋》4：3；
244《文艺复兴》3：1；
270《小说》5：6
周　麟
160《新诗》1：4；
186《宇宙风乙刊》48
周一行
109《论语》124，125，126，131，
132，137
周一萍
93《青年界》6：1
周一鸿
127《人间世》37
周力建
242《新群众》2：3
周又中
221《文艺先锋》12：1
周久荣
10《小说月报》21：8
周上熏
117《文学》3：3
周之齐
109《论语》142
周之铨
142《中学生文艺季刊》1：2
周子亚
40《真美善》6：6；
127《人间世》33
周子同
93《青年界》新 5：4
周子辉
226《风雨谈》5
周云亭
51《开明》2：4
周无碍
89《当代文艺》2：4，2：5
周天保
85《文艺月刊》战时特刊 3：7
周天籁
51《开明》2：4
周开庆
26《现代评论》4：100，6：131，
6：148，8：192
周开幕
18《歌谣》35
周木斋
93《青年界》8：2，12：1；
99《涛声》1：15，1：17，1：19，
1：21，1：28，1：32，1：34，
2：1，2：4，2：7，2：12，2：
14，2：16，2：21，2：23，2：
30，2：31—32，2：35，2：36，
2：42，2：46；
117《文学》3：6，4：1，4：2，4：
4，5：1，7：1，7：4，7：6；

127《人间世》3；
134《太白》1：1，1：2，1：3，1：5，1：7，1：8，1：10，1：11，2：1，2：4，2：5，2：6，2：8，2：9，2：12；
140《芒种》1，3，5，2：1；
145《宇宙风》87，92，94—95，100；
152《作家》1：5，1：6，2：1；
154《文学界》1：1；
155《光明》1：6；
164《希望》1：1；
169《中国文艺》1：1；
177《文艺阵地》5：2；
182《文艺新潮》2：1；
186《宇宙风乙刊》20，22，25，38，41

周丰一

18《歌谣》2：24，3：10；
229《艺文杂志》1：1，1：4，1：5，2：5，3：1—2，3：3，3：4—5

周太玄

5《少年中国》2：5，2：9，3：1，3：4，3：7，4：1，4：4，4：5，4：9，4：10，4：12

周中道

221《文艺先锋》10：3

周壬林

127《人间世》42

周长宪

4《国民》1：1，1：4，2：2，2：3

周氏子

25《语丝》4：14

周文同

235《文艺春秋》丛刊2，丛刊3，丛刊5

周文林

93《青年界》9：2

周文熙

209《万象》2：11

周以谟

109《论语》127，133

周予同

11《文学周报》233，276—277；
37《一般》1：2，3：1；
51《开明》1：8；
92《文艺新闻》29；
93《青年界》8：2，新5：4；
100《北斗》2：1；
117《文学》5：1；
244《文艺复兴》3：3

周为群

37《一般》1：2，1：3，1：4，2：3，3：1

周正仪

177《文艺阵地》2：10，4：3，4：6；
211《文艺生活》3：2

周正权

14《学衡》8，11，16，19，25

周玉洁

51《开明》1：11

周东郊
244《文艺复兴》3：4
周尔杰
145《宇宙风》71
周令钊
223《人世间》复刊 7，复刊 11—12；
253《清明》4
周务耕
211《文艺生活》2：2
周白月
134《太白》1：8；
150《东方文艺》1：3；
163《热风》1：1
周白鸿
85《文艺月刊》5：3，5：6，8：5；
137《当代诗刊》1：2，1：3—4
周白棣
51《开明》2：5
周乐三
56《乐群》1：1
周乐山
11《文学周报》120，206，238，283，293，304，326，327，340—341，342，372；
23《文艺周刊》12，22，27，31，32，33，34，36，39；
37《一般》4：1；
51《开明》2：4；
83《现代文学》1：3；
88《读书月刊》2：4—5；
93《青年界》2：3，2：4，2：5；
94《现代文学评论》1：1，2：1—2，2：3，3：1；
98《新时代》4：2，5：3；
108《文艺茶话》1：2，2：10
周立波
254《热潮》1：3；
267《大众文艺丛刊》6；
270《小说》1：4，1：5；
271《文学战线》创刊号，1：2，1：3，2：2
周永明
93《青年界》新 3：3，新 3：4
周必大
23《文艺周刊》18，34
周幼农
85《文艺月刊》9：5
周召南
145《宇宙风》99
周召钦
99《涛声》2：18，2：19，2：20
周幼海
226《风雨谈》10，11，17
周民英
202《文艺月报》16
周邦式
4《国民》1：1，1：2
周邦霖
93《青年界》9：2
周而复
85《文艺月刊》9：5，战时特刊 3：12；

117《文学》8：1；
145《宇宙风》65；
150《东方文艺》1：3；
151《文学丛报》1，2，4，6；
159《诗歌杂志》1，3；
162《小说家》1：1，1：2；
172《七月》4：3，5：4；
177《文艺阵地》2：9，3：11；
178《抗战文艺》5：2—3，10：2—3；
181《文艺突击》创刊号，1：4，新1：2；
184《文艺战线》创刊号；
191《文艺新闻》4；
199《野草》新4号，第8集，第9集；
205《五十年代》1：3；
211《文艺生活》3：6；光复版3，光复版4，光复版10，光复版11—12，光复版13；海外版8，海外版9，穗新2；
214《谷雨》1：6；
217《文艺杂志》新1：2；
225《时与潮文艺》5：3；
228《中原》2：2；
235《文艺春秋》2：3，2：4，3：4；
237《文学新报》2：1；
240《文哨》1：1；
244《文艺复兴》1：5，3：5；
246《文坛月报》1：2；
247《人民文艺》3；
267《大众文艺丛刊》5；
270《小说》1：1，1：2，1：3，1：4，1：5，1：6，2：1，2：4，2：5，2：6，3：1，3：2，3：4，3：5；
276《华北文艺》5

周达甫

18《歌谣》2：15

周匡民

104《矛盾》发动号

周光午

32《清华文艺》1：3

周光先

106《现代》6：4

周光煦

5《少年中国》4：6，4：8

周光熙

36《北新》2：12

周竹才

221《文艺先锋》5：6

周传勤

51《开明》1：8

周仲敏

18《歌谣》3：5

周仿溪

10《小说月报》14：3，14：4，14：8，15：2，15：7，15：8，15：9，15：12，16：7，17：1

周伊朗

106《现代》3：1

周自有

39《泰东》1：4，1：5

周全平
15《创造》2：2；
34《创造月刊》1：2；
45《现代小说》3：2，3：3；
55《大众文艺》2：4
周名琯
26《现代评论》6：134
周亦陶
19《小说世界》4：10
周守良
93《青年界》12：1
周兴文
18《歌谣》35
周如瑾
51《开明》1：4
周寿农
19《小说世界》4：3，11：11
周进之
118《文艺春秋》1：9—10
周丽亚
249《白山》创刊号
周丽娟
264《诗创造》6
周志伊
10《小说月报》12：12，13：5，14：6
周孝敬
249《白山》3
周孝铨
18《歌谣》2：22，2：32，2：34
周扶宣
159《诗歌杂志》2，3
周步明
221《文艺先锋》4：6
周岑鹿
93《青年界》7：1，7：4，8：1，10：1，10：2，10：3，10：4，10：5
周作人
1《新青年》4：1，4：2，4：3，4：4，4：5，5：1，5：3，5：4，5：5，5：6，6：1，6：2，6：3，6：4，6：6，7：1，7：2，7：3，7：5，8：2，8：3，8：4，8：5，8：6，9：4，9：5；
3《新潮》2：1，2：5，3：1；
5《少年中国》1：8，2：11；
10《小说月报》12：1，12：4，12：5，12：8，12：9，12：10，12：11，12：号外，13：2，13：4，13：11，14：1，14：11，15：8，15：12，16：1；
11《文学周报》13，286—287，291；
12《戏剧》2：3；
13《诗》1：1，1：2，1：3，1：4，1：5，2：1；
16《努力周报》37；
18《歌谣》4，6，10，12，20，21，31，33，34，48，93，2：3，3：1，周年纪念周刊；
25《语丝》3，4，5，8，9，10，

13，18，27，30，32，34，35，37，42，44，48，51，52，54，55，59，60，77，82，89，90，94，105，108，114，123，4：3，4：5；
28《猛进》10；
36《北新》2：6，4：1—2，3：17；
46《新月》4：1，4：5；
51《开明》1：5；
92《文艺新闻》32；
93《青年界》3：4，4：2，5：1，5：2，5：3，5：4，5：5，6：1，6：2，6：3，8：1，9：1，9：3，10：1，10：2，10：3，10：4，11：1，11：2，11：3，11：4，11：5，12：1；
106《现代》1：5，2：6，4：1；
108《文艺茶话》2：2；
127《人间世》1；
138《文饭小品》1：1
149《逸经》3，5，25，30；
226《风雨谈》4，7，16；
229《艺文杂志》1：1，1：4，2：10，2：11，2：12

周伯勋

39《泰东》2：11

周伯堂

51《开明》2：1，2：10

周伯涵

19《小说世界》18：2；
25《语丝》5：37，5：49；
83《现代文学》1：2；
87《前锋月刊》1：5，1：7

周伯棣

37《一般》3：2

周佛海

1《新青年》8：5，9：1，9：2，9：6，季刊2，季刊3；
6《解放与改造》1：7，2：1，2：4，2：6；
26《现代评论》2：30，7：166

周谷城

93《青年界》7：1，10：1；
109《论语》25，32，38，40，49，132

周亨统

93《青年界》新5：2

周应潮

93《青年界》10：5

周怀求

85《文艺月刊》5：3，5：4，5：5；
122《文学季刊》2：3

周冷秋

134《太白》2：8

周宏业

6《解放与改造》3：12

周良风

85《文艺月刊》6：5—6，7：3

周良斌

145《宇宙风》42

周灵均

25《语丝》81；

26《现代评论》2∶51；
34《创造月刊》1∶6；
42《太阳月刊》1
周君实
173《抗战戏剧》1∶2
周杰人
28《猛进》41
周雨青
19《小说世界》3∶8
周奋之
211《文艺生活》穗新4，穗新6
周歧隐
209《万象》2∶5
周味山
145 附《宇宙风·逸经·西风非常时期联合旬刊》1
周鸣岗
51《开明》新2号
周凯华
220《文学创作》1∶4
周岸登
14《学衡》3，4，7，10，11，12，14，15，17
周国华
88《读书月刊》3∶6
周国全
242《新群众》2∶6
周国君
271《文学战线》创刊号
周国秉
109《论语》89
周国治
51《开明》2∶5
周国维
23《文艺周刊》21
周季素
142《中学生文艺季刊》3∶1
周秉清
31《甲寅》1∶22
周性初
93《青年界》新1∶4，新2∶1，新2∶2，新2∶3，新2∶4，新2∶5，新3∶1，新3∶3，新4∶1，新4∶2，新4∶5，新5∶1，新5∶2，新5∶3，新5∶4，新5∶5，新6∶1，新6∶2，新6∶3，新6∶4，新6∶5
周宝泉
141《文艺》5∶5；
177《文艺阵地》2∶10
周宝珧
212《文讯》6∶6，6∶8
周宗颐
40《真美善》4∶5
周定一
142《中学生文艺季刊》1∶1
周学普
12《戏剧》1∶6；
117《文学月刊》8∶5；
133《译文》新1∶1，新2∶4，新2∶5；

152《作家》1：1，1：2，1：4；
198《现代文艺》1：2；
208《诗创作》7

周学溥

12《戏剧》1：1

周学藩

51《开明》2：4

周建人

1《新青年》6：4，7：5，8：2，8：5，9：5；
10《小说月报》12：5，12：9，12：号外，13：7，15：号外，18：6；
25《语丝》4：6，4：7，4：11，4：13；
26《现代评论》1：22；
29《莽原》周刊：4，7，11；
36《北新》2：6，4：1—2，4：8，4：9，4：10；
37《一般》1：1，1：3，2：3；
93《青年界》1：3，1：5，8：2，新3：1；
117《文学》5：1；
241《文艺大众》新2号；
245《文章》1：4；
266《中国作家》纪念特刊

周建候

12《戏剧》2：1，2：2

周绍仪

36《北新》4：19；
55《大众文艺》2：4

周绍贤

109《论语》146

周孟人

109《论语》36

周承周

145《宇宙风》56

周承统

51《开明》1：5

周承慧

40《真美善》4：1，4：2，4：6

周春雷

137《当代诗刊》1：3—4

周柏芬

41《民间文艺》8

周柳门

116《文艺月报》1：2

周树柏

109《论语》120

周贻白

93《青年界》12：1，新3：1；
209《万象》1：1，1：8；
235《文艺春秋》丛刊4，丛刊5，2：4，2：5，2：6，3：2
245《文章》创刊号，1：2

周星襄

92《文艺新闻》53

周思杰

109《论语》139

周钟岐

26《现代评论》6：162

周钟歧

26《现代评论》6：134，6：139，7：162，7：184

周钢鸣

134《太白》2：9；
154《文学界》1：1；
155《光明》1：8，2：1；
177《文艺阵地》4：4，4：9，5：1；
180《文艺》1：1，1：2；
199《野草》1：3；
201《戏剧春秋》2：4；
207《时代文学》1：2；
208《诗创作》11，15；
211《文艺生活》1：1，1：3，3：1，光复版3，光复版5，海外版1，海外版2，海外版8，海外版副刊1；
220《文学创作》2：1；
223《人世间》1：2，1：5，1：6；
227《艺丛》1：2；
233《当代文艺》1：4；
241《文艺大众》新生号；
267《大众文艺连刊》4

周香民

19《小说世界》1：6，1：10，1：13，2：2，2：4，2：6，2：7，3：3，3：11，4：3，5：3，5：6，5：9，5：10，5：12，5：13，6：1，6：2

周重颐

56《乐群》2：12

周信之

209《万象》2：10，3：10

周信芳

209《万象》3：4

周候松

145《宇宙风》122，133

周剑云

209《万象》4：3

周炳根

211《文艺生活》海外版副刊

周炳琳

4《国民》2：1，2：2；
5《少年中国》1：4

周炼霞

209《万象》1：1，1：3，1：7，1：10，1：11，2：4，2：6，2：10，号外

周洁夫

261《东北文艺》创刊号，1：3，1：5，2：4，2：6；
270《小说》2：4，3：4，6：1；
271《文学战线》创刊号，2：1

周祚生

104《矛盾》2：3

周骄子

46《新月》3：7

周艳如

274《平原》1：6

周泰京

23《文艺周刊》38，46，49

周起应

10《小说月报》22：3；
38《幻洲》2：1；

45《现代小说》3∶4；
83《现代文学》1∶6；
93《青年界》1∶5；
94《现代文学评论》2∶1—2；
106《现代》1∶6，3∶1，4∶1；
107《文学月报》1∶1，1∶2

周振甫

142《中学生文艺季刊》2∶2；
209《万象》3∶3

周哲吾

85《文艺月刊》战时特刊2∶11—12

周恩来

255《北方》1∶5

周偶然

109《论语》125

周颂久

10《小说月报》18∶9

周阆风

85《文艺月刊》7∶6

周海婴

172《七月》3

周姬昌

270《小说》6∶4

周骏章

85《文艺月刊》战时特刊第11年4月号；
145《宇宙风》42，55，63；
212《文讯》6∶7，6∶10

周继善

82《前锋周报》12

周培林

272《群众文艺》10

周梦白

209《万象》2∶7，2∶8

周梦江

243《文联》1∶6

周雪林

142《中学生文艺季刊》2∶4

周辅仁

11《文学周报》43

周啸东

51《开明》1∶7

周敏仲

18《歌谣》32，45，46，62

周得名

13《诗》2∶1

周得寿

10《小说月报》13∶11；
13《诗》1∶4，1∶5，2∶1，2∶2；
23《文艺周报》25

周逸文

211《文艺生活》海外版副刊

周逸农

39《泰东》1∶7

周逸候

19《小说世界》9∶2，6∶13

周涯夫

85《文艺月刊》1∶2

周绳光

18《歌谣》35

周维屏
31《甲寅》1：10
周维善
85《文艺月刊》战时特刊2：11—12
周绶章
145《宇宙风》141，147—148；
221《文艺先锋》7：5；
225《时与潮文艺》3：3
周敬盦
19《小说世界》15：3
周越然
10《小说月报》14：9，22：5，22：6，22：7；
134《太白》1：1，1：2，1：4，1：8；
186《宇宙风乙刊》40；
226《风雨谈》1，3，16，18，19，20，21
周斐成
93《青年界》10：1
周雯裁
51《开明》1：5
周紫英
36《北新》2：2
周鼎培
41《民间文艺》8
周湘萍
25《语丝》108，114
周裕之
100《北斗》1：3
周瑞文
93《青年界》6：1，6：3
周楞伽
93《青年界》5：1，7：1，8：1，8：2，9：1，10：1，11：1，11：5，12：1；
123《中国文学》1：3—4，2：2；
140《芒种》4；
141《文艺》2：1；
144《创作》1：1，1：2；
158《中流》1：5，1：12，2：4，2：5；
163《热风》1：2；
169《中国文艺》1：7；
188《新中国文艺丛刊》1；
209《万象》1：1，1：4
周勤彬
224《天下文章》5
周辑瑞
19《小说世界》5：1
周鉴之
24《洪水》半月刊：2：22
周煦良
11《文学周报》298；
160《新诗》1：1，1：2，1：3，1：4，1：5，1：6，2：1，2：2，2：3—4；
167《文学杂志》1：1，1：2；
185《笔阵》5；
264《诗创造》4

周筠荫
85《文艺月刊》战时特刊2：11—12
周微士
109《论语》132，141
周靖民
274《平原》创刊号
周韵华
51《开明》2：21
周新体
262《平原文艺》1：1
周碧初
108《文艺茶话》2：1
周静生
40《真美善》7：1
周嘉祚
51《开明》2：4
周慕颐
109《论语》142
周毓英
24《洪水》半月刊1：10—11，半月刊2：13，半月刊2：16，半月刊2：19，半月刊2：23—24，半月刊周年增刊，半月刊3：25；
38《幻洲》1：2，1：3，1：4；
56《乐群》1：1，1：4，2：7，2：8，2：12，3：13；半月刊：1，2，3；
93《青年界》5：4；
94《现代文学评论》1：2；
138《文饭小品》1：4
周瘦鹃
19《小说世界》16：13，16：15，16：16，17：1，17：2；
209《万象》1：1，1：2
周肇基
142《中学生文艺季刊》1：3
周醉平
136《语丝》136
178《抗战文艺》4：5—6
周震中
142《中学生文艺季刊》1：3
周黎菴
109《论语》97；
145《宇宙风》32，79，82，100；
186《宇宙风乙刊》创刊号，4，6，8，11，16，17，18，20，21，22，25，27，46，51，56；
226《风雨谈》1
周鲠生
26《现代评论》1：1，1：2，1：3，1：6，1：7，1：13，1：20，1：22，1：24，2：27，2：28，2：31，2：45，特别增刊第1号，3：55，第一周年增刊，3：59，4：95，第二周年增刊，5：111，7：181，第三周年增刊，8：199，8：200，9：209；
99《涛声》2：36，2：37，2：38；
145《宇宙风》8
周镜之
104《矛盾》3：2

周镜泉
225《时与潮文艺》4：3
周赞襄
22《创造周报》12
周曙山
93《青年界》8：2；
117《文学》5：1；
230《民族文学》1：2
周燮煊
14《学衡》7
周霭华
186《宇宙风乙刊》55
周巍峙
155《光明》2：1；
205《五十年代》1：2；
211《文艺生活》海外版 20；
276《华北文艺》2，3，5，6
周蘼芜
244《文艺复兴》3：5
珉
47《流沙》1，2，3，4，5，6
放
109《论语》6
放 人
41《民间文艺》7
放 平
235《文艺春秋》4：3，6：1；
261《东北文艺》2：4
放 任
186《宇宙风乙刊》5
放 涛
109《论语》115
放 湖
106《现代》4：1
放 勋
85《文艺月刊》战时特刊第 11 年 11 月号
於 恭
145《宇宙风》31
於 陵
199《野草》2：1—2
於 菟
18《歌谣》2：34，2：35，2：38
刻 舟
242《新群》2：1，2：3
京
199《野草》1：3
京 布
199《野草》3：5
京兆布衣
25《语丝》149
享 耳
109《论语》28
享邑璋
109《论语》101
夜 仆
199《野草》4：1—2
夜未央
85《文艺月刊》战时特刊 3：5—6
育
109《论语》138

育　六

98《新时代》6：2

育　楠

174《抗到底》25

育　熙

25《语丝》4：16；

26《现代评论》5：125，6：131，6：137，7：181，7：183，8：192，9：193，8：195，8：205

庞　冰

85《文艺月刊》战时特刊创刊号

庞　俊

14《学衡》16，17，19，20，21，22，23，24，25，26，27，28，29，30，31，33，34，36，37，38，39，40，42，43，44，45，46，48，49，50，51，52，53，55，58，70，73

庞子高

93《青年界》新3：4，新4：3

庞天籁

4《国民》1：3

庞执中

40《真美善》5：5

庞柏子

19《小说世界》15：14

庞啸龙

209《万象》1：1，1：2，1：3，1：4，1：5，1：6，1：7，1：8，1：9，1：10，1：11，1：12，2：1，2：2，2：3，2：4，2：5，2：6，2：7，2：8，2：9，2：10，2：12

庞悌勋

123《中国文学》1：5

庞薰琴（琹）

93《青年界》3：1；

104《矛盾》2：1，2：2；

108《文艺茶话》1：3；

118《文艺春秋》1：4；

128《小说》6，8；

253《清明》4

店小二

38《幻洲》2：8

庚

117《文学》4：4，4：5

庚　白

36《北新》2：3；

96《文艺杂志》1：3；

108《文艺茶话》1：3，1：4；

118《文艺春秋》1：3，1：4

庚　言

2《每周评论》15

废　人

84《开展》6—7

废　名

10《小说月报》19：1，19：2；

25《语丝》89，93，98，105，121，122，124，125，127，128，129，130，131，132，133，134，135，136，151，4：9，4：10，4：12，4：15，4：19，4：44，4：

49，4：50；
36《北新》2：8，3：1，4：1—2；
46《新月》4：5，4：6，4：7；
80《骆驼草》1，2，3，4，6，7，9，11，14，15，16，17，18，19，20，22，26；
93《青年界》1：4，2：2；
106《现代》1：5，2：5；
122《文学季刊》1：1；
127《人间世》1，2，13，15，26；
136《水星》1：2，1：4；
145《宇宙风》19，28，32，37；
160《新诗》1：3，1：4，1：6，2：1，2：3—4；
167《文学杂志》1：1，1：2，1：3，1：4，2：1，2：2，2：3，2：4，2：6，2：7，2：8，2：9，2：10，2：11，2：12，3：1，3：2，3：3，3：4，3：5，3：6；
226《风雨谈》4，14

废　然

25《语丝》27

怯　怯

209《万象》3：10

性　仁

16《努力周报》68，69，70；
26《现代评论》3：53

性　天

11《文学周报》2，3，4，18

性　海

51《开明》2：3

怪　力

109《论语》1，2，3

怡

26《现代评论》5：127；
145《宇宙风》34

怡　农

149《逸经》28

怡　如

229《艺文杂志》1：3

怡　君

191《文艺新闻》11

怡　星

109《论语》14

怡　庵

23《文艺周刊》国庆日增刊，13，20，21

怡　然

19《小说世界》12：10

炜　克

251《文艺杂志》2：1，2：6

炜　谟

23《文艺周刊》41

炎

145《宇宙风》113

炎　伯

150《东方文艺》1：1

炎　君

84《开展》2

炎　宗

145《宇宙风》99

炎　德

40《真美善》5：2

冼凤楼

19《小说世界》12：2

冼玉清

145《宇宙风》122，129，130，135—136，138，139，141，142，143，144—145，147—148，151

冼星海

85《文艺月刊》战时特刊1：5，1：6；
155《光明》3：4；
173《抗战戏剧》2：4—5；
174《抗到底》11；
184《文艺战线》1：5；
194《中国文化》创刊号

净　子

85《文艺月刊》2：7；
100《北斗》1：2；
145《宇宙风》83，84

净　尘

99《涛声》1：2

净　泉

177《文艺阵地》1：11

沫

74《新文艺》1：2，1：3

沫　云

1《新青年》季刊4

沫　如

265《胶东文艺》1：2，1：5

沫　沙

222《青年文艺》3

沫　若

15《创造》1：3；
24《洪水》周刊1：1，周刊1：2，周刊1：3，周刊1：4，周刊1：5，周刊1：7，周刊1：8，周刊1：9，周刊1：10—11，周刊2：14，周刊2：16，周刊2：20

沫　南

261《东北文艺》2：1

沫　萍

51《开明》1：1

浅　原

49《畸形》1

浅　影

142《中学生文艺季刊》1：3

浅野嫣痕

51《开明》2：4

法

80《骆驼草》18，21，25

法　生

262《平原文艺》1：3

法　那

199《野草》2：5—6

法　周

145《宇宙风》119—120

法　朗

87《前锋月刊》1：7

沭逆风
106《现代》6：3
河　汉
209《万象》4：7；
221《文艺先锋》11：1，12：1，13：3
河　民
190《通俗文艺》23，25，31，39
河　若
199《野草》新4号
河　清
117《文学》4：4
泣　寒
39《泰东》2：3
泣　零
34《创造月刊》2：3；
67《新流月报》4
沱　波
93《青年界》新6：2，新6：3
泥　苏
264《诗创造》2：1
泥　莲
226《风雨谈》2
沸　声
29《莽原》半月刊1：18；
33《狂飙》周刊：3，6，10，12，15
沸　螗
56《乐群》半月刊1
波
117《文学》3：6，4：1，4：2，6：4，6：5；
191《文艺新闻》4；
195《黄河》3；
274《平原》11
波　儿
173《抗战戏剧》创刊号
波　云
11《文学周刊》73；
274《平原》创刊号，3，9，10，11，13
波　皮
38《幻洲》1：1，1：2，1：3，1：7，1：8，2：1，2：2
波　奴
141《文艺》6：1，6：2
波　西
66《华严》1：1，1：4，1：6，1：8
波　若
271《文学战线》2：4
波　罗
109《论语》18
波　哀
135《文学新地》1
波　音
145《宇宙风》39
波　洪
145《宇宙风》43，47
波　菜
68《戏剧与文艺》1：2
波　影
19《小说世界》16：4

泼皮男士

38《幻洲》1：4，1：6，1：9，1：12，2：3；2：6，2：7，2：8

泽

109《论语》145

泽　夫

209《万象》3：11；
226《风雨谈》5

泽　川

25《语丝》4：42

泽　丰

149《逸经》24

泽　永

128《小说》12；
142《中学生文艺季刊》1：1，1：3

泽　民

10《小说月报》12：号外，13：8，13：12，15：号外；
11《文学周报》79，105，205

泽　明

82《前锋周报》1，9

泽　珍

19《小说世界》1：6，1：13，5：12

泽　宣

145《宇宙风》135—136，138

治

109《论语》147

治　平

245《文章》1：2

治　策

12《戏剧》2：4；
68《戏剧与文艺》1：1，1：2，1：3，1：4，1：7，1：8—9，1：12

治　熙

26《现代评论》1：10

治变离

85《文艺月刊》战时特刊1：1

郑　子

251《文艺杂志》3：1，4：1

郑　五

109《论语》114

郑　文

249《白山》5；
273《文艺月报》2，4

郑　迈

51《开明》1：5，1：9

郑　安

109《论语》26

郑　军

222《青年文艺》4

郑　伯

36《北新》4：6

郑　言

19《小说世界》3：1

郑　陆

127《人间世》4

郑　芊

241《文艺大众》新2

郑　杰

258《文艺丛刊》2

郑　鸣

211《文艺生活》光复版15

郑　波

98《新时代》2：1

郑　昱

93《青年界》10：4

郑　思

192《文学月报》1：5；
208《诗创作》1，2，3—4，6，13，17；
211《文艺生活》1：1，2：3；
223《人世间》1：1；
238《希望》2：4

郑　笃

251《文艺杂志》1：5，2：1，3：2，3：3，3：4，3：5

郑　重

73《南国周刊》1：3，1：4；
106《现代》4：3，4：5

郑　洛

108《文艺茶话》1：9

郑　怒

211《文艺生活》1：4

郑　容

228《中原》1：3

郑　造

199《野草》4：3，4：4—5，5：1；
266《中国作家》纪念特刊

郑　敏

98《新时代》6：2

郑　康

172《七月》6：1—2

郑　琬

31《甲寅》1：27，1：34

郑　扉

222《青年文艺》6

郑　照

149《逸经》4

郑　慎

51《开明》2：4

郑　骞

229《艺文杂志》2：1，2：3，2：10，2：12，3：4—5

郑　震

93《青年界》8：1，9：1；
94《现代文学评论》1：2，1：3，2：1—2，2：3，3：1；
199《野草》新3号

郑　毅

193《戏剧与文学》1：3

郑　镛

89《当代文艺》2：2；
99《涛声》1：20；
212《文讯》3：1

郑　燮

109《论语》18

郑　藩

93《青年界》新1：2，新1：3

郑　蠡

51《开明》2：4

郑干（幹）持

155《光明》2：9

郑千里

71《戏剧》2：5；

73《南国周刊》1：5

郑川原

93《青年界》新 2：2，加 2：3，新 2：4，新 2：5；

212《文讯》6：7

郑子江

19《小说世界》1：7，1：12

郑子瑜

145 附《宇宙风·逸经·西风非常时期联合旬刊》4；

149《逸经》20

郑元瑞

26《现代评论》2：44；

195《黄河》4

郑天健

241《文艺大众》新 2

郑开文

85《文艺月刊》战时特刊 2：11—12

郑韦之

1《新青年》季刊 2

郑友松

142《中学生文艺季刊》2：3

郑凤信

249《白山》2

郑文南

11《文学周报》100

郑文然

127《人间世》23

郑文蔚

82《前锋周报》37，38，39，40

郑心南

10《小说月报》18：9，21：1

郑以纯

186《宇宙风乙刊》28

郑孔昭

51《开明》2：4

郑正秋

128《小说》1

郑世培

249《白山》4

郑业建

93《青年界》11：2，新 3：1

郑白枫

251《文艺杂志》3：4

郑式谷

244《文艺复兴》3：6

郑西谷

93《青年界》7：3

郑西谛

134《太白》1：1

郑达夫

238《希望》2：1，2：2，2：3

郑过宜

209《万象》1：1；

235《文艺春秋》丛刊 1

郑贞文

31《甲寅》1：18；

182《文艺新潮》1：3

郑师许
19《小说世界》18∶4；
25《语丝》5∶35；
93《青年界》7∶1，8∶1，9∶1，10∶1；
98《新时代》5∶2，7∶1；
106《现代》6∶2，6∶3；
149《逸经》3；
212《文讯》3∶5，3∶6
郑同志
149《逸经》1，2
郑则性
36《北新》4∶6
郑延谷
266《中国作家》纪念特刊
郑行巽
87《前锋月刊》1∶1，1∶3，1∶4
郑合成
174《抗到底》9，15，24
郑兆元
141《文艺》1∶1
郑阳和
4《国民》1∶4
郑丽痕
98《新时代》创刊号，1∶3，1∶6
郑克西
270《小说》5∶3
郑克基
231《新文学》1∶1
郑孝观
18《歌谣》71，75，93
郑肖葭
104《矛盾》1∶3—4
郑秀章
270《小说》5∶6
郑伯奇
5《少年中国》1∶8，1∶11，1∶12，2∶1，2∶6，3∶2，3∶11；
15《创造》1∶3，2∶2；
22《创造周报》31，33，34，35，39；
24《洪水》半月刊3∶32，半月刊3∶33，半月刊3∶34；
34《创造月刊》1∶7，1∶8，1∶9，1∶10，1∶11，1∶12，2∶1，2∶4，2∶5，2∶6；
55《大众文艺》2∶2，2∶3，2∶5—6；
76《拓荒者》4—5；
77《艺术》1∶1；
85《文艺月刊》战时特刊3∶3—4；
88《读书月刊》3∶1—2；
92《文艺新闻》29，30，53，战时特刊9；战时特刊10；
93《青年界》8∶2；
100《北斗》2∶1；
106《现代》2∶4，3∶2，3∶4，4∶1，6∶3；
117《文学》5∶1，7∶2，7∶5；
119《戏》1；
125《春光》1∶1，1∶2；
134《太白》2∶1；
138《文饭小品》1∶1，1∶6；

139《新小说》1：5，2：1；
150《东方文艺》1：2，1：4；
152《作家》1：2，1：4，2：2；
154《文学界》1：2；
155《光明》1：2，2：8，2：12，战时号外1，战时特刊号外2，战时特刊号外3；
157《今代文艺》1：1；
158《中流》创刊号，1：5；
168《戏剧时代》1：1，1：2；
178《抗战文艺》4：1，6：3；
218《文坛》创刊号，2，3，4，5，2：1；
228《中原》1：2；
236《高原》创刊号，2，新1：2

郑伯恭

137《当代诗刊》1：3—4

郑伯康

149《逸经》10

郑余霖

174《抗到底》3

郑沙梅

93《青年界》8：4

郑宏述

51《开明》2：1，2：4

郑灵犀

209《万象》1：5

郑君平

19《小说世界》4：7；
139《新小说》2：1

郑君里

119《戏》1；
173《抗战戏剧》1：5；
177《文艺阵地》7：4；
187《戏剧岗位》3：3—4，3：5—6；
223《人世间》复刊8—9；
224《天下文章》4，2：1，2：2；
232《戏剧时代》1：6

郑君牧

209《万象》2：5

郑青士

85《文艺月刊》战时特刊1：6，战时特刊1：8，战时特刊1：10，战时特刊1：11，战时特刊1：12，战时特刊2：11—12；
179《戏剧新闻》3

郑枢俊

145《宇宙风》117—118

郑若谷

46《新月》3：4

郑卓群

36《北新》4：15

郑贤宗

1《新青年》8：3；
6《解放与改造》2：16

郑味经

73《南国周刊》1：6

郑忠铬

109《论语》113

郑知权

85《文艺月刊》战时特刊3：10—11

郑秉珊

221《文艺先锋》13：1；

226《风雨谈》6

郑佳列

24《洪水》半月刊 3：35

郑侨生

195《黄河》2：1，2：2，2：3，2：8

郑佩昂

1《新青年》3：5

郑金东

142《中学生文艺季刊》1：2

郑放翁

46《新月》2：12

郑庚伯

137《当代诗刊》1：3—4

郑泗水

25《语丝》156

郑定文

209《万象》4：1，4：3，4：6

郑建夫

238《希望》1：4

郑树春

265《胶东文艺》创刊号

郑政谋

18《歌谣》2：13

郑荣河

142《中学生文艺季刊》2：2

郑咸熙

264《诗创造》4

郑临川

221《文艺先锋》2：2，3：5，4：6，5：3，5：4，5：5，5：6，6：2—3，6：6，7：4，8：4，8：5—6，9：1，9：3—4，9：5—6，10：6，11：2，11：3—4，12：1，12：3—4，12：5，12：6，13：1，13：2，13：4

郑思虔

51《开明》1：12

郑适我

145《宇宙风》57，66，71

郑重民

11《文学周报》25

郑重知

212《文讯》9：2

郑律成

197《大众文艺》2：2

郑剑西

195《黄河》5

郑独步

40《真美善》7：1

郑胆韩

195《黄河》2：10

郑素明

145《宇宙风》130

郑莲如

141《文艺》4：4，4：6

郑振夏

16《努力周报》4

郑振铎

1《新青年》8：2，8：3；

6《解放与改造》3：4，3：11；

7《曙光》1：6，2：3；

8《新社会》1，2，3，4，5，7，8，9，10，11，12，13，14，15，17，18，19；

9《人道》1；

10《小说月报》12：1，12：2，12：3，12：4，12：6，12：7，12：号外，13：1，13：2，13：3，13：4，13：5，13：6，13：7，13：8，13：10，13：11，13：12，14：1，14：2，14：3，14：4，14：5，14：6，14：7，14：8，14：9，14：10，14：11，15：1，15：2，15：3，15：4，15：5，15：6，15：7，15：9，15：10，15：11，15：12，15：号外，16：1，16：2，16：3，16：4，16：5，16：11，16：12，17：1，17：2，17：3，17：4，17：5，17：6，17：7，17：8，17：9，17：10，17：11，17：12，17：号外上，17：号外下，18：1，18：11，20：1，20：2，20：3，20：4，20：5，20：9，20：10，20：11，20：12，21：1，21：4，22：7，22：8；

11《文学周报》12，33，44，45，81，82，85，92，93，94，95，96，155，231，262—263，271，351，362，364—368，376，378，379；

12《戏剧》1：2，1：3；

13《诗》1：2，1：3，1：4，1：5；

37《一般》2：3；

46《新月》4：7；

51《开明》新1号，新7号；

93《青年界》1：1，5：2，8：2，新1—2；

104《矛盾》1：2；

115《文学杂志》1：2；

117《文学》1：1，1：2，1：4，2：1，2：6，4：5，5：1，7：1，7：5；

122《文学季刊》1：1，1：4；

133《译文》2：3；

134《太白》2：4；

136《水星》1：1；

157《今代文艺》1：1；

158《中流》1：4，1：5，2：10；

171《烽火（呐喊）》2（呐喊），7，9；

177《文艺阵地》2：1；

212《文讯》7：3，9：3；

223《人世间》复刊3，复刊8—9；

235《文艺春秋》3：5；

244《文艺复兴》1：1，1：3，1：4，1：5，1：6，3：3，4：2，研究号上；

266《中国作家》1：1，纪念特刊

郑家弘

85《文艺月刊》8：2，8：4，9：5，

11：1
郑家瑗
93《青年界》新2：3
郑宾于
18《歌谣》11，14，15，29，57，91
郑容熙
142《中学生文艺季刊》1：1
郑继成
149《逸经》7
郑菊华
56《乐群》2：12
郑曼吟
51《开明》1：8
郑笛华
198《现代文艺》2：6；
208《诗创作》2
郑逸梅
209《万象》1：2，1：4，1：5，1：6，1：7，1：8，1：9，1：10，1：11，1：12，2：1，2：2，2：3，2：4，2：6，2：7，2：8，2：9，2：10，3：1，3：2，3：3，3：5，3：6，3：7，3：8，3：9，3：10，3：11，3：12，4：1，4：2，4：3，4：4，4：6，4：7，号外
郑康伯
85《文艺月刊》8：6，10：6；
117《文学》3：4；
134《太白》1：8；
137《当代诗刊》创刊号，1：2；
141《文艺》4：4；
145《宇宙风》64
郑淑生
134《太白》1：4
郑淑珂
93《青年界》10：2
郑绿影
19《小说世界》16：8，16：16，16：18，16：20，16：21，16：25，17：1，18：1，18：2，18：3
郑敬之
212《文讯》9：3
郑朝宗
127《人间世》35；
221《文艺先锋》5：1—2
郑超麟
1《新青年》季刊：3，4；不定期刊：1，2，3，4，5
郑善林
93《青年界》10：5；
142《中学生文艺季刊》2：3；
149《逸经》23
郑道明
106《现代》5：2；
141《文艺》2：1
郑道传
221《文艺先锋》5：3
郑遂平
2《每周评论》15
郑瑞梅
93《青年界》7：1

郑稚存
85《文艺月刊》5：6，6：1
郑稚如
19《小说世界》7：7，8：12，9：1
郑锡芬
261《东北文艺》1：4
郑锦先
231《新文学》1：2
郑慎齐
93《青年界》10：1，10：2，10：3，10：5
郑慎斋
93《青年界》8：1
郑福熙
221《文艺先锋》1：5
郑醉玉
19《小说世界》8：12，12：10
郑影子
98《新时代》3：5—6
郑德能
41《民间文艺》9—10
郑鹤声
14《学衡》33，34，35，36
郑鹤翔
24《洪水》半月刊2：16
郑潜初
196《战国策》15—16
郑阙古
31《甲寅》1：20，1：29，1：35
郑缵晖
145《宇宙风》127，131，132，137，138，149
单　云
109《论语》27
单　伟
265《胶东文艺》1：3，1：5
单　郤
136《水星》1：3；
165《文丛》1：3，1：4
单　复
212《文讯》9：1；
235《文艺春秋》7：3
单　稔
264《诗创造》2
单洪义
18《歌谣》35
宝　心
99《涛声》2：10
宝　权
210《笔谈》5
宝　林
199《野草》第6号
宝　康
19《小说世界》9：5，10：12，10：13，11：2，12：12
宝　琴
19《小说世界》13：22，13：24，13：25，14：1
宝　筱
145《宇宙风》100，116，117—118
宝　谦
226《风雨谈》20

宗　一
6《解放与改造》2：1；
254《热潮》1：2
宗　人
146《海燕》1：2；
156《现实文学》1；
158《中流》1：7
宗　飞
193《戏剧与文学》1：4
宗　仍
221《文艺先锋》10：4
宗　文
92《文艺新闻》21，23
宗　石
256《萌芽》1：1
宗　汉
87《前锋月刊》1：7
宗　曲
175《阵地》1：4
宗　采
106《现代》5：3
宗　玮
172《七月》6：3；
201《戏剧春秋》1：5；
208《诗创作》15；
211《文艺生活》2：2；
222《青年文艺》5；
238《希望》2：4
宗　典
145《宇宙风》26，41；
223《人世间》复刊13
宗　参
84《开展》1
宗　珏
183《鲁迅风》3，4，9
宗　玲
195《黄河》3，6
宗　威
14《学衡》73
宗　俞
85《文艺月刊》8：2
宗　亮
239《诗文学》2
宗　泰
51《开明》1：5
宗　峨
229《艺文杂志》2：6
宗　祥
270《小说》6：5—6
宗　姬
186《宇宙风乙刊》12
宗　廉
112《无名文艺》月刊1：1，旬刊2
宗　淹
16《努力周报》3，5，6，7，9，
14，19，28，42，47，67
宗　植
106《现代》5：5；
116《文艺月报》1：1，1：2；
132《文学评论》1：1；
138《文饭小品》1：1

宗　越

212《文讯》9：4

宗　鼎

85《文艺月刊》3：12

宗　龄

195《黄河》5

宗　融

117《文学》4：4, 5：1, 5：2, 5：6, 6：1, 6：2, 6：5, 6：6

宗　耀

18《歌谣》13

宗之槐

5《少年中国》1：1，1：2，1：4，1：5

宗丕风

18《歌谣》2：6，2：20，2：25，2：29，2：33，2：35，2：37，2：40，3：2，3：7

宗心仄

221《文艺先锋》12：6

宗白华

5《少年中国》1：2，1：3，1：4，1：6，1：8，2：4，2：5，2：7，2：9，3：8，4：2；

85《文艺月刊》4：1，7：6，8：2，战时特刊第11年5月号；

90《诗刊》2，4；

117《文学》5：1，8：1；

123《中国文学》1：1；

126《诗歌月报》2：1，2：2；

168《戏剧时代》1：3；

225《时与潮文艺》1：1

宗树男

26《现代评论》3：53，4：83

宗珪父

238《希望》1：1，1：3，2：1，2：2

宗锡钧

18《歌谣》4

定　一

38《幻洲》1：11；

117《文学》9：3；

145《宇宙风》111；

252《北方文化》2：5

定　生

37《一般》8：2，8：4，9：2

定　华

265《胶东文艺》1：6—7

定　林

248《中原·文艺杂志·希望·文哨联合特刊》1：5

定　南

99《涛声》1：16

定　鲁

25《语丝》4：29

定云才

178《抗战文艺》1：7

定治中

93《青年界》6：5

宜　之

182《文艺新潮》1：7

宜　夫

134《太白》1：9

宜　生

127《人间世》8，9，10；

145《宇宙风》24；

177《文艺阵地》1：4

宜　闲

98《新时代》6：2；

117《文学》5：6，6：1，6：3，6：4，6：5；

183《鲁迅风》8，9，10，11，12，13，14，15，16，17；

199《野草》5：2，5：4，5：5，复刊号，新5号，新7集；

208《诗创作》17；

211《文艺生活》3：4；光复版4，光复版5，光复版17

宜　庐

109《论语》82

宜　夏

207《时代文学》1：4

宜　兹

182《文艺新潮》1：4—5

官冰灵

98《新时代》2：1；

177《文艺阵地》2：4

宛　人

145《宇宙风》10，11，12，15，17

宛　尔

34《创造月刊》2：4；

77《艺术》1：1

宛　约

26《现代评论》8：197

宛　序

209《万象》4：4，4：6

宛　青

145《宇宙风》别册1

宛　宛

183《鲁迅风》10，14；

186《宇宙风乙刊》46；

209《万象》3：8，3：10，3：11，3：12

宛敏女子

18《歌谣》28

实

26《现代评论》6：151，6：152，1：154，7：158，7：159，7：160，7：161，7：163，7：166，7：176，7：181，7：183，7：185，8：186，8：187，8：189，8：193，8：197，8：200，8：205；

117《文学》3：3，4：1

实　甫

194《中国文化》1：6

实　君

19《小说世界》15：13，15：14，15：17

实　味

26《现代评论》6：148，6：149，6：150，6：151，6：152；

34《创造月刊》2：6；

214《谷雨》1：4

实　茵

19《小说世界》2：9

实　秋

46《新月》1：10，2：8

实　斋

226《风雨谈》2，3，4，5，6，7，8，9，10，11，12，13，14，15，16

实　微

46《新月》2：8

宓充臧

31《甲寅》1：24

宓汝卓

10《小说月报》20：6；

11《文学周报》42，43，44

宓君伏

127《人间世》41

宓契尔

209《万象》3：9

空

109《论语》38

空　我

19《小说世界》12：11

空　茑

155《光明》2：4

学　元

19《小说世界》3：13

学　宁

109《论语》114

学　光

245《文章》1：4

学　园

211《文艺生活》光复版 18

学　步

270《小说》3：6

学　究

108《论语》43

学　易

92《文艺新闻》4，10；

100《北斗》2：1

学　昭

11《文学周报》271，272，273，274，279，280，281；

23《文艺周刊》6，13，22，23，24，25，28，30，31，32，33，34，39，40，45，48，50；

25《语丝》55，60，80，104，124，130；

36《北新》1：1，1：3，1：9，1：11，1：12，1：20，1：25，1：28；

40《真美善》3：4，女作家专号

学　莹

19《小说世界》11：1，11：13，12：4，12：7

学　敏

19《小说世界》12：2

学　庸

224《天下文章》3

学　斌

10《小说月报》14：9

学　愚
109《论语》14
学　毅
224《天下文章》2：4
学　澄
155《光明》2：4
学　濂
25《语丝》5：20；
75《萌芽》1：2，1：4
学少年
109《论语》44
卷　深
142《中学生文艺季刊》1：1
诗　奴
98《新时代》2：1
诗　灵
40《真美善》5：5，6：2；
94《现代文学评论》2：1—2；
97《创作》1：2，1：3
诗　荃
36《北新》2：14，2：22
诗　羔
209《万象》3：1，3：6；
226《风雨谈》6
诗　庵
108《文艺茶话》2：4
诗　谦
109《论语》21
诗　蠹
51《开明》2：4
诘　由
37《一般》9：1
诚　吾
3《新潮》1：3
诚　斌
145《宇宙风》124
话　线
49《畸形》2
诤
72《戏剧的园地》1：4
祈醒非
276《华北文艺》5
郎　奈
109《论语》37
郎　损
10《小说月报》12：2，12：4，12：7，12：8，13：1，13：8；
11《文学周报》29，30，31，33，50
郎人苇
128《小说》16
郎世俊
18《歌谣》2：7
郎鲁逊
85《文艺月刊》6：2，7：5，战时特刊3，1：5；
93《青年界》8：2；
108《文艺茶话》1：4，1：5，1：7，1：10，2：2，2：6，2：8，2：10；
117《文学》5：1

郎擎宵

18《歌谣》26

房　龙

186《宇宙风乙刊》20

房　南

260《呼吸》创刊号

房　敏

209《万象》4：5

房　密

25《语丝》149，150

房师俊

93《青年界》7：1，9：2

弢　厂

31《甲寅》1：41

弢　夫

19《小说世界》3：12

弢　庵

31《甲寅》1：36，1：42

弥　沙

185《笔阵》新4，新5，新6，新7

弥　坚

260《呼吸》3

弥　瀛

249《白山》5

弨　伯

19《小说世界》4：2

居　伏

224《天下文章》2：4

居　甫

208《诗创作》8

居　英

115《文学杂志》1：1

居滋善

93《青年界》新4：3

屈　文

55《大众文艺》2：4，2：5—6

屈　观

244《文艺复兴》2：6

屈　声

190《通俗文艺》42

屈　武

25《语丝》42

屈　轶

117《文学》5：5，7：1，7：2，7：3，7：4，7：5，7：6，8：1，9：1，9：2；

122《文学季刊》2：4；

134《太白》2：10；

144《创作》1：1，1：2，1：3；

147《夜莺》1：3；

155《光明》1：3，1：12，2：2；

157《今代文艺》1：3；

180《文艺》2：2

屈　盈

190《通俗文艺》38

屈　楚

212《文讯》6：2；

224《天下文章》4，1：6，2：4

屈　蝠

85《文艺月刊》战时特刊2：7

屈尹杰
109《论语》12
屈曲文
153《文季月刊》1：5
屈希原
109《论语》177
屈映光
109《论语》54
屈映明
272《群众文艺》11—12
屈桂庭
149《逸经》29
屈维它
1《新青年》季刊：1，2；不定期刊：3，5
屈游子
264《诗创造》2，4，6
屈翼鹏
18《歌谣》2：21
肃
209《万象》3：6
建　人
25《语丝》4：4，4：22，5：1，5：2，5：3，5：9，5：10，5：20；
27《支那二月》1：2；
36《北新》1：27；
145《宇宙风》50
建　中
10《小说月报》14：8
建　平
43《未名》1：10—11，1：12
建　功
18《歌谣》92，94，95；
25《语丝》83；
28《猛进》22
建　地
115《文学杂志》1：1
建　华
149《逸经》5，8，16
建　行
38《幻洲》1：12
建　英
54《无轨列车》6
建　南
10《小说月报》22：1，22：3，22：4，22：7，22：8；
24《洪水》半月刊2：21；
42《太阳月刊》2，3，4；
58《白华》1：1；
62《海风周报》4，13；
76《拓荒者》1，2，4—5；
93《青年界》1：5；
100《北斗》2：1
建　梁
19《小说世界》7：7
建　庵
199《野草》新4号
陋室主人
109《论语》140
陌　生
109《论语》38

迦

236《高原》2

迦卜

236《高原》创刊号

迦尼

264《诗创造》9

迦辛

25《语丝》5：51；

36《北新》3：10

迦陵

56《乐群》半月刊2；

251《文艺杂志》2：5，4：3；

255《北方》1：4

参赏

235《文艺春秋》副刊1：2，副刊1：3

孤凤

34《创造月刊》2：3；

44《文化批判》4，5；

47《流沙》5；

53《思想》2；

70《引擎》1

孤西

85《文艺月刊》7：6

孤帆

113《新诗歌》1：6—7

孤芳

186《宇宙风乙刊》3，18，20

孤星

229《艺文杂志》2：2

孤独

142《中学生文艺季刊》2：1

孤桐

31《甲寅》1：1，1：2，1：3，1：4，1：5，1：6，1：7，1：8，1：9，1：10，1：11，1：12，1：13，1：14，1：15，1：16，1：17，1：18，1：19，1：20，1：21，1：22，1：23，1：24，1：25，1：26，1：27，1：28，1：29，1：30，1：31，1：32，1：33，1：34，1：35，1：36，1：37，1：38，1：39，1：40，1：41，1：42，1：43，1：44，1：45

孤峰

39《泰东》2：5

孤特

32《清华文艺》1：2

孤崖

99《涛声》1：2

孤鸿

4《国民》1：1；

109《论语》16，19

孤雁

36《北新》4：18

孤鹏

109《论语》25

孤鹰

85《文艺月刊》战时特刊4：2

孤竹君

109《论语》88

孤独旦

178《抗战文艺》7：6

驼　铃

272《群众文艺》8

绀　弩

85《文艺月刊》1：4；

117《文学》4：6；

130《当代文学》1：1，1：4；

147《夜莺》1：4；

158《中流》1：3；

162《小说家》1：1，1：2；

163《热风》1：1；

165《文丛》1：3；

172《七月》1：1，1：2，2：6，3：1，3：2，4：3，5：1，5：3；

176《自由中国》新1：1；

177《文艺阵地》2：6；

199《野草》创刊号，1：3，1：4，1：5，1：6，2：1—2，2：3，3：2，3：3—4，4：1—2，4：3，5：1，复刊号，新2号，新3号，新4号，新5号，第8集，第9集，第10集，第11集，野草新集（论肚子），野草新集（追悼）；

207《时代文学》1：3；

211《文艺生活》1：3，光复版1，光复版3，穗新2，穗新4；

217《文艺杂志》新1：1，新1：2；

222《青年文艺》创刊号；

234《微波》1：1；

253《清明》3，4；

256《萌芽》1：1，1：2；

267《大众文艺丛刊》3，6；

270《小说》1：3，1：6

绂　生

19《小说世界》4：9

练　白

93《青年界》5：2，8：1

练　颀

75《萌芽》1：4

练归章

93《青年界》新1：1

细

19《小说世界》14：17

细　言

198《现代文艺》2：1，2：2，2：3

织　云

134《太白》2：7

终　一

25《语丝》5：38；

36《北新》4：14；

85《文艺月刊》2：5—6，2：7，2：8，2：9；

145《宇宙风》135—136，137

绍　川

42《太阳月刊》3，4

绍　文

25《语丝》4：20；

40《真美善》2：2

绍　孔

142《中学生文艺季刊》1：1

绍　田

262《平原文艺》2：1

绍　光

182《文艺新潮》1：7，1：9

绍　轩

141《文艺》4：4，4：6，5：3，6：2，6：3

绍　良

93《青年界》新2：5

绍　明

75《萌芽》1：5

绍　钧

85《开展》9

绍　宗

24《洪水》半月刊2：2，半月刊周年增刊；
38《幻洲》1：1，1：5，1：7，1：8；
45《现代小说》2：5；
49《畸形》1

绍　原

25《语丝》1，5，42，43，108，112，119，125；
36《北新》2：4，3：22

绍　虞

6《解放与改造》2：9，2：10，2：11，2：12，2：13，2：14，2：15，2：16；
11《文学周报》2；
18《歌谣》12；
39《泰东》1：1，1：2，1：3，1：4，1：5，1：6

经　田

109《论语》170，171

经　立

25《语丝》139，4：15，4：41，5：28，5：50；
36《北新》3：6

经　农

16《努力周报》64

经　彦

186《宇宙风乙刊》19

经　庵

25《语丝》130；
109《论语》79

孟

143《杂文》1，2；
190《通俗文艺》8

孟　千

265《胶东文艺》1：3

孟　飞

145《宇宙风》58

孟　子

109《论语》24

孟　引

172《七月》6：1—2；
185《笔阵》4，12，13，14，新1：1，新1，新3，新4，新8；
190《通俗文艺》25，28；
224《天下文章》1：6；
237《文学新报》1：3

孟　平
221《文艺先锋》5：4
孟　东
39《泰东》2：8
孟　石
270《小说》3：6
孟　田
211《文艺生活》3：3；
223《人世间》1：3
孟　光
255《北方》1：4
孟　各
85《文艺月刊》战时特刊3：5—6
孟　祁
127《人间世》12
孟　驰
250《鲁迅文艺》1：2
孟　辛
177《文艺阵地》4：10，4：11
孟　克
93《青年界》8：2；
117《文学》5：1；
125《春光》1：2；
131《东流》3：1；
143《杂文》2，3，4，5—6，2：1，2：2；
221《文艺先锋》9：5—6，10：1，11：6；
238《希望》2：4；
273《文艺月刊》4
孟　伯
268《蚂蚁小集》2
孟　伽
141《文艺》4：4
孟　谷
85《文艺月刊》战时特刊2：3
孟　言
10《小说月报》8：6
孟　君
270《小说》6：5—6
孟　林
117《文学》5：3，5：4，5：5；
199《野草》4：1—2
孟　枏
159《诗歌杂志》2，3
孟　英
159《诗歌杂志》1，2，3
孟　拙
145《宇宙风》32，别册1
孟　明
1《新青年》1：4，1：5，1：6
孟　昌
199《野草》创刊号，1：2，2：4，2：5—6，3：1，3：2，3：3—4，3：5，4：1—2，4：6，5：4；
201《戏剧春秋》2：2；
211《文艺生活》1：3；
227《艺丛》1：1
孟　岩
109《论语》89，91

孟　和

16《努力周报》41，65，70；
25《语丝》34；
26《现代评论》2：29，4：95，5：105，5：109，5：114，5：117，5：119，6：133，7：163，8：187

孟　侠

40《真美善》1：9

孟　斧

170《新演剧》1：2

孟　波

276《华北文艺》3

孟　宗

125《春光》1：3；
126《诗歌月报》1：1，1：2，1：3，1：4，1：5，2：1，2：2

孟　实

26《现代评论》8：194，8：195；
37《一般》1：1，1：2，2：3，2：4，4：2，4：3；
109《论语》94，101；
122《文学季刊》2：2；
158《中流》2：6；
167《文学杂志》1：1，1：3，1：4

孟　恢

216《战时文艺》1：3

孟　闻

52《山雨》1：1，1：5，1：6

孟　真

1《新青年》6：6，7：2；
3《新潮》1：1，1：2，1：3

孟　起

109《论语》83；
140《芒种》7；
145《宇宙风》23

孟　殊

157《今代文艺》1：2

孟　哲

211《文艺生活》3：5；
221《文艺先锋》5：6

孟　晖

39《泰东》1：6，1：7，1：9，1：11；
88《读书月刊》1：1；
149《逸经》9

孟　特

113《新诗歌》2：1

孟　钺

252《北方文化》1：5

孟　奚

181《文艺突击》创刊号；
206《华北文艺》1：3

孟　容

209《万象》2：5

孟　浪

199《野草》新4号

孟　陶

131《东流》2：4；
143《杂文》1

孟　雪

93《青年界》7：3，8：4

孟　惕
68《戏剧与文艺》1：8—9
孟　琨
51《开明》新4
孟　斯
36《北新》3：6；
51《开明》1：4
孟　森
18《歌谣》2：10
孟　超
24《洪水》半月刊3：30；
38《幻洲》2：7；
42《太阳月刊》1，2，3，5，7；
48《我们》1：2；
55《大众文艺》2：3，2：4，2：5—6；
70《引擎》1；
75《拓荒者》2，3，4—5；
117《文学》7：1；
134《太白》2：12；
185《笔阵》新2，新8；
199《野草》创刊号，1：2，1：3，1：4，2：1—2，2：3，2：4，2：5—6，3：1，3：2，3：3—4，3：5，3：6，4：1—2，4：3，4：6，5：1，5：5，新2号，新3号，新5号，第6号，新7集，第8集，第9集，第10集，第11集，野草新集（论肚子）；
201《戏剧春秋》创刊号；
208《诗创作》2，6；
211《文艺生活》1：1，1：2，1：3，1：6，3：4，光复版17，海外版9；
212《文讯》6：3；
220《文学创作》1：5；
223《人世间》复刊10；
227《艺丛》1：1，1：2；
231《新文学》1：4；
233《当代文艺》1：2；
256《萌芽》1：4；
270《小说》1：2，1：5，1：6，2：1
孟　雄
10《小说月报》14：3；
19《小说世界》6：2
孟　雷
93《青年界》11：2，11：3
孟　嘉
218《文坛》6
孟　震
276《华北文艺》2
孟十还
117《文学》5：1；
133《译文》1：3，1：4，1：5，1：6，2：1，2：2，2：3，2：4，2：6，新1：1，新1：2，新1：4，新2：1，新2：4，新2：5，新2：6，新3：1，新3：3；
134《太白》1：5，2：3，2：6，2：7，2：8，2：9，2：10，2：

11，2：12；
146《海燕》1：2；
152《作家》1：1，1：2，1：3，1：4，1：5，1：6，2：1，2：2；
153《文季月刊》1：1；
158《中流》2：2；
171《烽火（呐喊）》7；
208《诗创作》9；
217《文艺杂志》1：3，1：4，1：6，2：1，2：4，2：5

孟士孙

167《文学杂志》2：5

孟广义

272《群众文艺》9

孟夫子

99《涛声》2：1

孟公威

154《文学界》1：2

孟长川

197《大众文艺》1：4

孟文材

159《诗歌杂志》2，3

孟忆菊

19《小说世界》15：5

孟忆武

109《论语》138，139

孟世杰

25《论语》111

孟汉英

274《平原》5，6，9，10，11

孟边城

141《文艺》4：2

孟丝萑

172《七月》4：2；
198《现代文艺》2：6

孟式钧

93《青年界》8：2；
117《文学》5：1；
130《当代文学》1：2，1：5；
131《东流》1：5，2：1，2：2；
142《杂文》1，2，3，4

孟寿椿

3《新潮》2：5；
4《国民》1：1，1：4，2：2；
5《少年中国》1：2，1：3，3：5，3：11；
93《青年界》1：3

孟克之

225《时与潮文艺》2：3

孟言信

109《论语》97，101

孟启予

199《野草》新5号

孟明春

275《文艺丛刊》创刊号

孟述祖

127《人间世》38

孟诗根

25《语丝》4：2；
26《现代评论》7：161

孟勋（勳）瑞
31《甲寅》1：44
孟昭成
274《平原》创刊号
孟宪明
145《宇宙风》10
孟宪章
212《文讯》8：1
孟起因
133《译文》新3：4
孟晓东
159《诗歌杂志》2
孟浦云
136《水星》2：3
孟基厚
51《开明》1：8
孟逸民
141《文艺》2：3
孟植德
18《歌谣》2：8
孟斯根
109《论语》4，5，7，11，19，23，51；
110《小说月刊》1：1，1：2；
127《人间世》14，18
孟粹夫
142《中学生文艺季刊》1：1
贯　一
19《小说世界》5：5，5：10，9：13，10：13，11：14：11：12
36《北新》2：2
承　周
209《万象》3：11
承　原
93《青年界》新6：4
承　恩
117《文学》2：5
函　雨
246《文坛月报》1：1

九　画

珂　云
109《论语》107
珂　田
182《文艺新潮》1：3，1：4—5；
209《万象》3：5，3：7，3：9，3：12
珂　雪
109《论语》9，10，20，28，31，41，43，51，52
珍
109《论语》23；
139《新小说》1：3
珍　成
221《文艺先锋》11：3—4
珍　华
51《开明》2：10
珍　颖
112《无名文艺》旬刊2
玲
24《洪水》半月刊1：10—11；
176《自由中国》创刊号

玲　子

229《艺文杂志》1：4

玲　生

109《论语》52

玲　君

106《现代》5：1，5：4；
138《文饭小品》1：4；
160《新诗》1：1，1：2，1：4，1：5，1：6，2：3—4

玲　玲

88《读书月刊》2：4—5；
211《文艺生活》海外版 8

玲　琳

45《现代小说》1：5

玲　筠

271《文学战线》1：3

珊

73《南国周刊》1：1；
92《文艺新闻》22；
221《文艺先锋》2：5—6，3：6，5：5，5：6，7：1

珊　梵

37《一般》1：1，2：2

珊　葆

224《天下文章》2：4

玻仆区

109《论语》101，111

春

11《文学周报》11；
46《新月》1：1，1：12，2：1，2：2；
191《文艺新闻》创刊号

春　子

145《宇宙风》115

春　风

109《论语》95，98，102，106；
145《宇宙风》13，14，17，19，28，37，49，57，62，64，66，73；
149《逸经》24；
161《电影戏剧》1：2；
175《战地》1：6

春　台

25《语丝》32，36，53，54，55，58，60，63

春　芝

28《猛进》51；
66《华严》1：3

春　光

142《中学生文艺季刊》1：4

春　冰

71《戏剧》1：1，1：2，1：3，1：4，1：5，1：6，2：1，2：2，2：3—4，2：5，2：6

春　江

192《文学月报》3：1

春　芷

92《文艺新闻》34

春　来

211《文艺先锋》11：5

春　良

109《论语》139

春　迟
113《新诗歌》2∶3
春　妩
37《一般》7∶2
春　苔
10《小说月报》21∶7;
36《北新》1∶2，1∶13，1∶14，1∶19，1∶20;
59《春潮》1∶3;
108《文艺茶话》1∶3，1∶9，2∶2
春　明
68《戏剧与文艺》1∶6
春　驹
149《逸经》34
春　柳
106《现代》6∶4
春　树
56《乐群》2∶11
春　草
211《文艺生活》光复版 15，海外版 2
春　秋
109《论语》83;
183《鲁迅风》3
春　铃
221《文艺先锋》6∶1
春　香
109《论语》83，104
春　卷
98《新时代》7∶3
春　神
32《清华文艺》不定期 5
春　桥
163《热风》1∶1，1∶2
春　晖
36《北新》2∶7，2∶9，3∶1
春　息
92《文艺新闻》13
春　梦
19《小说世界》3∶6，3∶13，13∶5
春　野
19《小说世界》12∶2;
88《读书月刊》2∶4—5
春　森
142《中学生文艺季刊》3∶2
春　雷
51《开明》2∶4;
133《译文》新 1∶3，新 1∶5，新 2∶1，新 2∶2;
134《太白》2∶9;
262《平原文艺》1∶5
春　楼
25《语丝》5∶6
春　翠
99《涛声》1∶13
春　默
142《中学生文艺季刊》2∶3，3∶1
契　芝
25《语丝》5∶48
契　若
198《现代文艺》1∶5;

222《青年文艺》2，3，5，6
契　萌
162《小说家》1：1，1：2；
177《文艺阵地》1：3，3：7
契可妻
38《幻洲》2：2，2：5，2：8
契可亲
36《北新》2：14
贰　鬓
220《文学创作》1：4，1：5
项　伊
246《文坛月报》1：3；
264《诗创造》7
项　军
159《诗歌杂志》3
项　黎
228《中原》创刊号，1：3
项伯仁
252《北方文化》2：2，2：4
项纯黻
51《开明》1：12
项定荣
26《现代评论》5：118
项经川
134《太白》2：2，2：11
项章甫
128《小说》2
项瑞芙
98《新时代》5：4
城　父
84《开展》3
垤
185《笔阵》新2：1
垲　明
25《语丝》44，46，47
枯　枝
19《小说世界》3：11
柯　可
160《新诗》1：4，2：3—4
柯　兰
265《胶东文艺》1：8
柯　西
66《华严》1：5
柯　灵
106《现代》6：1；
134《太白》1：8，1：10，2：5，
2：12；
139《新小说》1：2，1：3，1：4，
1：5，2：1；
145《宇宙风》73，82，97，100；
150《东方文艺》1：1，1：3；
155《光明》1：3，3：1；
161《电影戏剧》1：1；
170《新演剧》1：1；
183《鲁迅风》1，5，9，14；
186《宇宙风乙刊》27，51；
188《新中国文艺丛刊》1；
203《奔流文艺丛刊》1，3；
209《万象》3：3；
235《文艺春秋》副刊1：1；
244《文艺复兴》2：1；
253《清明》2；

270《小说》2：5，3：4

柯　岗

251《文艺杂志》2：5，2：6；
255《北方》1：1，1：2，1：3；
262《平原文艺》2：1

柯　朋

174《抗到底》4

柯　庚

123《中国文艺》1：2

柯　南

34《创造月刊》2：6；
264《诗创造》9

柯　幽

25《语丝》21

柯　原

244《文艺复兴》4：2；
264《诗创造》11

柯　涟

76《拓荒者》2，3

柯　隆

19《小说世界》8：4

柯　琴

106《现代》3：2；
107《文学月报》1：5—6

柯　蓝

197《大众文艺》1：6，2：1；
267《大众文艺丛刊》3；
270《小说》3：1，3：5，5：2，5：4，5：5，5：6，6：1，6：2，6：3

柯尔达

92《文艺新闻》22，23；
107《文学月报》1：3

柯仲平

24《洪水》半月刊2：13，半月刊2：17，半月刊2：19，半月刊2：23—24；
29《莽原》半月刊1：6；
51《开明》1：2；
172《七月》2：3；
175《战地》1：3；
181《文艺突击》创刊号，1：2，新1：2；
184《文艺战线》创刊号，1：2，1：5；
194《中国文化》1：4；
200《新诗歌》4；
272《群众文艺》6，11—12

柯庆施

1《新青年》8：3

柯柏年

252《北方文化》1：5

柯蓬洲

87《前锋月刊》1：1

栋　文

11《文学周报》115，116，127

相　如

249《白山》2，3

相　棱

198《现代文艺》3：3，3：5

枧　敔

186《宇宙风乙刊》48，50，55，56；
209《万象》3：3，3：8；
235《文艺春秋》4：1

柏　山

172《七月》2，3，1：1，1：2，1：5，2：2，3：5，3：6，4：2，4：4，6：4；
178《抗战文艺》武汉特刊 1

柏　尔

109《论语》66

柏　生

109《论语》18

柏　华

56《乐群》半月刊 1，半月刊 2；
255《北方杂志》1：6；
274《平原》2：3

柏　舟

195《黄河》6

柏　杨

109《论语》66，86

柏　园

263《文艺知识连丛》1：1

柏　容

186《宇宙风乙刊》4

柏　桦

262《平原文艺》1：4，1：6，2：1，2：3，2：4

柏　梯

221《文艺先锋》4：3

柏　绿

229《艺文杂志》1：2，1：4

柏　森

85《文艺月刊》战时特刊 2：7；
125《春光》1：2

柏　寒

199《野草》2：1—2；
211《文艺生活》光复版 17

柏　樟

221《文艺先锋》10：6，11：2，11：5，11：6

柏　影

139《新小说》1：5

柏　薰

39《泰东》2：11

柏　羸

252《北方文化》2：3

柏兴播

98《新时代》7：1

柏宗圣

109《论语》70

柏品忱

273《文艺月报》4

柏梁南

99《涛声》2：31—32

栀　子

126《诗歌月报》2：2

柳

11《文学周报》262—263；
109《论语》72

柳　云
145 附《宇宙风·逸经·西风非常时期联合旬刊》4；
149《逸经》6，11，19，36
柳　支
99《涛声》2：9，2：19，2：28
柳　月
10《小说月报》22：3
柳　风
145 附《宇宙风·逸经·西风非常时期联合旬刊》3；
177《文艺阵地》6：3；
222《青年文艺》6
柳　丝
88《读书月刊》3：1—2；
92《文艺新闻》6，15
柳　西
195《黄河》5：2
柳　乔
249《白山》6
柳　村（邨）
85《文艺月刊》7：1；
145《宇宙风》116
柳　杞
252《北方文化》1：6；
257《长城》1：2
柳　园
109《论语》127，128，131
柳　青
142《中学生文艺季刊》2：3；
153《文季月刊》1：6；
172《七月》5：4；
177《文艺阵地》6：4；文阵新辑之三：纵横前后方；
181《文艺突击》1：2，1：3，1：4；
184《文艺战线》1：3；
197《大众文艺》创刊号，2：2；
203《奔流文艺丛刊》5；
214《谷雨》创刊号，1：5；
223《人世间》1：6
柳　林
164《希望》1：2；
172《七月》2：4；
175《战地》1：5，1：6；
177《文艺阵地》1：8，1：9，3：6；
181《文艺突击》1：4
柳　枝
209《万象》3：11，3：12，4：5，4：7；
235《文艺春秋》2：1
柳　明
221《文艺先锋》3：4
柳　固
84《开展》10—11；
85《文艺月刊》2：11—12
柳　建
10《小说月报》14：3，15：2；
209《万象》4：7
柳　茜
236《高原》创刊号
柳　荫
252《北方文化》2：6

柳　苏

145《宇宙风》51

186《宇宙风乙刊》10

柳　倩

99《涛声》2：40；

106《现代》4：5；

113《新诗歌》1：1，1：5，1：6—7，2：1，2：2；

117《文学》7：4，8：1；

125《春光》1：3；

126《诗歌月报》1：1，1：2，1：4；

144《创作》1：2；

150《东方文艺》1：3，1：4，2：1；

151《文学丛报》1；

154《文学界》1：4；

157《今代文艺》1：1，1：2；

158《中流》2：9；

159《诗歌杂志》1，3；

177《文艺阵地》6：3；

178《抗战文艺》文协成立七周年并庆祝第一届文艺节纪念特刊；

185《笔阵》新3；

198《现代文艺》2：4，2：5；

224《天下文章》2：3

柳　涛

211《文艺生活》3：5；

227《艺丛》1：1；

228《中原》创刊号

柳　流

121《文化列车》8

柳　晨

267《大众文艺丛刊》6

柳　淘

115《文学杂志》1：2

柳　绵

145《宇宙风》85

柳　雯

109《论语》6

柳　舒

175《战地》1：1

柳　湜

93《青年界》8：2；

117《文学》5：1；

134《太白》1：1，1：2，1：8；

140《芒种》7

柳　溪

274《平原》10

柳　絮

51《开明》1：5；

109《论语》98；

145《宇宙风》19

柳一株

264《诗创造》10

柳乃夫

106《现代》3：3；

109《论语》28，31

柳大经

134《太白》1：11

柳上惠

118《文艺春秋》1：2

柳无忌
19《小说世界》16：5，16：6；
25《语丝》109，131，132，135，140，5：45；
85《文艺月刊》6：5—6，9：1，9：6，10：1，战时特刊第11年11月号；
93《青年界》5：2；
96《文艺杂志》1：2，1：3，1：4；
141《文艺》3：3；
182《文艺新潮》2：9；
210《笔谈》7；
212《文讯》7：1；
220《文学创作》1：4，2：5；
221《文艺先锋》2：5—6；
225《时与潮文艺》1：2，1：3，2：6，4：1；
228《中原》创刊号，1：4；
230《民族文学》1：2；
231《新文学》1：2；
233《当代文艺》1：2
柳无垢
93《青年界》5：1，10：2；
96《文艺杂志》1：4；
177《文艺阵地》4：9；
195《黄河》2：5—6；
207《时代文学》1：2；
210《笔谈》2，3，4；
225《时与潮文艺》2：5
柳无非
85《文艺月刊》6：5—6
柳亚子
19《小说世界》13：19，18：3；
25《语丝》101，108，109，112；
88《读书月刊》3：1—2；
92《文艺新闻》53；
93《青年界》8：2，新3：1；
96《文艺杂志》1：2；
98《新时代》3：2，3：4，4：1，7：1；
108《文艺茶话》1：2，1：3，1：4；
117《文学》5：1；
118《文艺春秋》1：1，1：2，1：3；
145《宇宙风》2；
149《逸经》1，12；
178《抗战文艺》10：4—5，10：6；
186《宇宙风乙刊》42，43，44；
195《黄河》2，12；
199《野草》5：3，5：4，5：5，复刊号；
201《戏剧春秋》2：4；
210《笔谈》1，2，3，4，5，6，7；
211《文艺生活》3：4；
220《文学创作》1：1，1：2，1：3，1：4，1：5，2：1，2：2，2：3，2：4，2：5，3：1，3：2；
233《当代文艺》1：1，1：5—6；
235《文艺春秋》4：1
柳存仁
145《宇宙风》100，121，122，124，126；
182《文艺新潮》2：1；

186《宇宙风乙刊》20，21，22，24，26，27，29，30，32，33，34，36，39，42，50，52—53

柳屺生

36《北新》3：18

柳竹人

104《矛盾》1：2

柳兴西

109《论语》92；
149《逸经》33

柳杞生

36《北新》3：18

柳村任

127《人间世》15

柳克述

24《洪水》半月刊2：14；半月刊2：16

柳岛生

53《思想》1：1

柳诒徵

14《学衡》1，2，3，4，5，6，7，8，9，10，11，12，13，14，16，17，18，21，22，23，24，25，26，27，28，29，30，33，34，36，37，39，40，42，43，44，45，46，47，48，49，50，51，52，53，54，56，57，58，61，62，63，64，67，70，72，73，75

柳雨生

226《风雨谈》1，2，6，7，8，9，11，15，16，17，18，19，21；
229《艺文杂志》2：4，3：4—5

柳金眉

109《论语》88

柳宜冰

145《宇宙风》36

柳始华

145《宇宙风》70

柳钟文

11《文学周报》5

柳树人

270《小说》6：4

柳倩影

93《青年界》新5：5

柳能姑

38《幻洲》2：8

柳梅影

37《一般》9：4

柳梦莺

127《人间世》33；
264《诗创造》7

柳野青

13《诗》2：2

柳锡五

38《幻洲》2：5，2：8

柳漠远

255《北方》1：3

柳虞慧

223《人世间》复刊11—12

柳静文

36《北新》4：16

柊碧茵
98《新时代》6：1，6：2
柳暮霞
140《芒种》3
柳叶长青
176《自由中国》新1：1
柱 常
49《畸形》1；
177《文艺阵地》4：4，4：8
柿 生
149《逸经》16，34
树
109《论语》139，145
树 三
109《论语》17；
140《芒种》6
树 文
93《青年界》10：5
树 东
273《文艺月报》2
树 发
251《文艺杂志》4：2
树 荆
145《宇宙风》110
树 基
251《文艺杂志》3：5
树 棠
186《宇宙风乙刊》4，5
树 榛
212《文讯》6：6
树 德
10《小说月报》14：8
树 藏
223《人世间》1：4
故 剑
11《文学周报》333—334
故 隐
109《论语》65
胡 广
199《野草》第8集，第9集
胡 马
145《宇宙风》72
胡 天
85《文艺月刊》7：2
胡 仁
241《文艺大众》2
胡 丰
122《文学季刊》2：3
胡 介
85《文艺月刊》4：6
胡 风
93《青年界》9：1；
117《文学》4：1，4：2，4：3，4：4，4：5，4：6，6：1，6：2，6：3，8：2；
133《译文》1：4，2：1，2：2，2：3，新1：1，新1：2，新1：4，新2：1，新2：3，新2：4，新2：5，新3：1；
134《太白》1：12，2：2；
144《创作》1：3；

146《海燕》1：1，1：2；
147《夜莺》1：3，1：4；
151《文学丛报》2，3，6；
152《作家》1：1，1：2；
156《现实文学》1，2；
158《中流》1：2，1：3，1：5，1：6，1：10，2：3，2：10；
162《小说家》1：1，1：2；
163《热风》1：2；
170《新演剧》复刊号；
171《烽火（呐喊）》2；
172《七月》1，2，3，1：1，1：2，1：3，1：5，1：6，2：1，2：3，2：4，3：1，3：3，3：4，3：6，4：1，4：2，4：3，5：1，5：2，5：3，5：4，6：1—2，6：4；
178《抗战文艺》2：4，3：7，7：2—3，9：3—4，9：5—6，10：6；
180《文艺》1：2；
183《鲁迅风》10；
192《文学月报》3：1；
199《野草》2：5—6，3：1，4：1—2，4：4—5；
201《戏剧春秋》1：3，2：1，2：4；
208《诗创作》14，15；
210《笔谈》1，2，3，4，7；
211《文艺生活》海外版 20；
217《文艺杂志》2：2，新1：3；
218《文坛》2；
220《文学创作》1：1，1：2，1：4，1：6；
222《青年文艺》创刊号，2，5；
223《人世间》1：1，复刊7；
228《中原》2：1；
233《当代文艺》1：1；
238《希望》1：1，1：2，1：3，1：4，2：1，2：2，2：3，2：4；
246《文坛月报》1：2；
266《中国作家》1：1，纪念特刊；
268《蚂蚁小集》5；
270《小说》2：3；
276《华北文艺》5

胡　文

10《小说月报》13：10，14：8

胡　为

209《万象》3：4

胡　丑

90《诗刊》4

胡　正

199《野草》新4号

胡　东

263《文艺知识连丛》1：1

胡　可

276《华北文艺》4

胡　卢

128《小说》5；
145《宇宙风》6

胡　田

238《希望》2：1，2：3；
268《蚂蚁小集》4

胡　兰
134《太白》1：2
胡　考
85《文艺月刊》战时特刊 1：5，4：2，4：5—6；
141《文艺》5：4；
172《七月》6：1—2；
175《战地》1：1，1：2；
177《文艺阵地》6：5；
180《文艺》1：2；
184《文艺战线》创刊号，1：2，1：3；
209《万象》3：6；
210《笔谈》4，6，7
胡　曲
195《黄河》复刊 5
胡　华
252《北方文化》1：5，1：6，2：3，2：6
胡　次
183《鲁迅风》14
胡　冰
264《诗创造》8
胡　宇
247《人民文艺》2
胡　导
209《万象》3：4
胡　收
221《文艺先锋》10：1
胡　苏
157《今代文艺》1：1，1：2，1：3
胡　来
174《抗到底》25
胡　助
5《少年中国》2：4，3：5
胡　里
264《诗创造》4，6，7
胡　佛
131《东流》2：1
胡　岚
180《文艺》1：3；
183《鲁迅风》18，19
胡　佗
245《文章》创刊号
胡　彤
198《现代文艺》2：4
胡　沙
252《北方文化》1：6
胡　陀
241《文艺大众》3，5，7，新 3
胡　枫
113《新诗歌》2：3；
134《太白》1：7
胡　奇
251《文艺杂志》2：4，3：6；
262《平原文艺》1：2，1：3，1：4，1：5，2：3；
255《北方杂志》1：6
胡　拓
176《自由中国》新 2：1—2；
198《现代文艺》6：1；
208《诗创作》5，6，10，17，18

胡　拉

109《论语》78

胡　牧

93《青年界》新 5：5；

195《黄河》复刊 4；

221《文艺先锋》11：2，11：3—4，11：5，12：1；

235《文艺春秋》3：2，4：3；

244《文艺复兴》3：6；

264《诗创造》2，9

胡　佳

127《人间世》39

胡　征

178《抗战文艺》10：4—5；

192《文学月报》2：6；

200《新诗歌》2，6；

217《文艺杂志》2：4，2：5；

238《希望》1：3；

246《文坛月报》1：2；

251《文艺杂志》2：5，3：2，3：5；

255《北方》1：1，1：2，1：5，1：6；

262《平原文艺》1：6，2：1；

267《大众文艺丛刊》1

胡　采

189《西线文艺》1：1，1：2，1：4，1：5，1：6；

272《群众文艺》6，9，10

胡　底

113《新诗歌》2：2

胡　适

1《新青年》2：1，2：2，2：4，2：5，2：6，3：1，3：2，3：3，3：4，3：5，3：6，4：1，4：2，4：3，4：4，4：5，4：6，5：1，5：2，5：3，5：4，5：5，5：6，6：2，6：3，6：4，6：5，6：6，7：1，7：3，7：5，8：1，8：2，8：3，8：5，9：2，9：3，9：4，9：6；

2《每周评论》31，34，35，36，37；

3《新潮》1：2，1：4，2：2，2：3；

5《少年中国》1：4；

6《解放与改造》1：1；

10《小说月报》18：1，20：1，20：9；

13《诗》1：2；

16《努力周报》2，4，9，10，12，18，19，24，34，36，38，39，49，53，60，61，64，65，66，75；

17《读书杂志》2，3，6，8，17，18；

18《歌谣》28，75，2：1，3：1；

25《语丝》2，91，5：9；

26《现代评论》1：1，1：4，1：6，1：7，1：14，1：15，2：39，2：42，2：44，2：46，2：49，第一周年增刊，4：83，4：91，4：92，5：119，5：127，6：140，6：141，6：145，6：149，6：156，7：165，第三周年增刊；

28《猛进》4，12；

36《北新》1：47—48；
41《民间文艺》1；
46《新月》1：1，1：2，1：3，1：5，1：6，1：9，1：10，1：11，2：2，2：4，2：6—7，2：8，2：10，3：1，3：3，3：4，3：5—6，3：7，3：9，3：10，4：1，4：4；
88《读书月刊》1：2；
90《诗刊》4；
93《青年界》1：4；
99《涛声》2：31—32；
109《论语》7；
127《人间世》2，3；
141《文艺》3：1；
145《宇宙风》2；
167《文学杂志》1：1

胡　恒

36《北新》3：23

胡　洛

128《小说》13；
148《诗歌生活》2

胡　觉

2《每周评论》4，5

胡　昭

271《文学战线》2：2；
273《文艺月报》2

胡　垦

199《野草》5：5

胡　致

4《国民》1：3，1：4

胡　虑

109《论语》142

胡　哨

93《青年界》9：3；
244《文艺复兴》3：4；
264《诗创造》2

胡　特

186《宇宙风乙刊》15

胡　健

252《北方文化》1：4

胡　海

145《宇宙风》84

胡　涂

109《论语》62

胡　展

51《开明》2：4

胡　桑

51《开明》2：22

胡　理

215《奔流新集》1

胡　萍

85《文艺月刊》10：3；
119《戏》2；
128《小说》5，10；
168《戏剧时代》1：1

胡　捷

224《天下文章》3

胡　铭

99《涛声》1：13，1：14，1：15，1：16，1：17，1：18，1：19，1：20，1：22，1：23，1：24，

1：25，1：36；
149《逸经》26；
155《光明》1：8
胡潇潇
19《小说世界》14：17
胡 绳
93《青年界》8：2；
117《文学》5：1；
122《文学季刊》2：2；
133《译文》新1：3；
134《太白》1：12；
140《芒种》4，6，2：1；
173《抗战戏剧》创刊号；
192《文学月报》3：1；
199《野草》新4号，新5号，第6号；
252《北方文化》2：5；
267《大众文艺丛刊》1，2，4；
270《小说》1：2
胡 绪
134《太白》2：4
胡 琴
235《文艺春秋》丛刊5
胡 椒
276《华北文艺》创刊号
胡 悲
145附《宇宙风·逸经·西风非常时期联合旬刊》2，3；
209《万象》3：3，3：5，3：6，3：7，3：8，3：11
胡 鼎
106《现代》6：4
胡 然
36《北新》1：3
胡 蛮
194《中国文化》创刊号，1：3，1：4，2：1，2：3，2：5，3：2—3；
197《大众文艺》1：5，2：1，2：2
胡 湃
98《新时代》7：4
胡 游
117《文学》9：2
胡 楣
107《文学月报》1：5—6；
113《新诗歌》1：6—7，2：1，2：2，2：4；
120《文艺》1：3
胡 蓉
142《中学生文艺季刊》2：3
胡 零
259《东北文化》1：6；
261《东北文艺》1：4，1：5
胡 蜂
141《文艺》6：1
胡 筠
109《论语》39
胡 静
199《野草》2：1—2
胡 嘉
93《青年界》新1：3，新1：4，

新1：5，新2：1，新2：2，新2：4，新2：5，新3：1，新3：3，新6：2；
145《宇宙风》25，82；
149《逸经》21；
186《宇宙风乙刊》5，10

胡　绳

210《笔谈》6

胡　漪

259《东北文化》2：1

胡　徵

14《学衡》60

胡　毅

12《戏剧》2：2；
30《大江》1：2；
46《新月》3：12

胡　燕

109《论语》111

胡　骥

117《文学》8：1；
145《宇宙风》133

胡一川

177《文艺阵地》1：12

胡一文

190《通俗文艺》40

胡一平

10《小说月报》21：12

胡一贯

221《文艺先锋》2：4，4：4，8：1，8：3

胡又陵

190《通俗文艺》35

胡三葆

226《风雨谈》16

胡士先

109《论语》45

胡士莹

14《学衡》46，49，51，53

胡大森

29《莽原》半月刊2：18—19，半月刊2：20

胡山源

21《弥洒》1，2，3，4，5，6；
46《新月》3：10；
93《青年界》8：1，9：1，10：1，11：1，新1：1，新1：3，新1：4，新3：1，新3：2，新3：3，新3：4，新3：5，新4：1，新4：2，新4：3，新4：4，新4：5，新5：2，新5：3，新5：4，新6：2，新6：3，新6：4；
209《万象》1：1，1：2，1：3，1：4，1：5，1：6，1：7，1：8，1：9，1：10，1：11，1：12，2：1，2：2，2：3，2：4，2：5，2：6，2：7，2：8，2：9，号外

胡川如

36《北新》2：12

胡之丰

271《文学战线》2：3

胡之方

190《通俗文艺》4，5，6，7，8，9，10，11，12，13，14，15，16

胡也频

10《小说月报》18：7，19：10，20：2，20：3；

26《现代评论》4：100，4：103，5：107，5：114，5：115，5：116，5：122，5：137，6：142，6：143，6：147，7：157，7：162，7：170，7：178，7：179，7：180，7：181，7：182，8：188，8：189，8：190，8：199；

52《山雨》1：1；

60《熔炉》1：1；

64《红黑》1，2，3，4，7；

65《人间月刊》1，2，3；

95《前哨》1：1

胡子贻

11《文学周报》83，84，85，86，88，89，90

胡云翼

10《小说月报》16：12，17：12；

26《现代评论》3：54；

36《北新》1：35，1：38，1：39—40，1：41—42，1：47—48，1：51—52，2：3，2：10；

93《青年界》4：4

胡元轼

14《学衡》9

胡天月

1《新青年》5：5；

10《小说月报》11：11，12：5，12：10；

11《文学周报》2，22

胡天乐

85《文艺月刊》4：3

胡开瑜

24《洪水》半月刊2：16，半月刊2：21；

39《泰东》2：4，2：5，2：6，2：8；

52《山雨》1：1，1：5

胡不归

46《新月》1：7，2：11，3：3

胡友棠

149《逸经》20，22

胡少海

149《逸经》10

胡今虚

98《新时代》5：4

胡父传

37《一般》9：1

胡丹冰

19《小说世界》11：13，12：4

胡丹佛

276《华北文艺》3

胡丹流

209《万象》1：5，2：7

胡凤纶

109《论语》58

胡文玉
18《歌谣》75
胡文炜
19《小说世界》6：1，6：2，6：4，6：5，6：9，7：1，7：6，7：7，8：7，10：5，10：10，10：11，10：12，10：13，11：2，11：5，11：6，11：8，11：9，11：10，12：3，民众文学 2，民众文学 7，民众文学 8
胡文豹
14《学衡》59
胡文简
145 附《宇宙风·逸经·西风非常时期联合旬刊》7
胡双城
264《诗创造》2
胡以平
141《文艺》1：5—6
胡以鲁
1《新青年》3：3
胡水波
153《文艺月刊》8：1
胡术五
93《青年界》12：1
胡石言
275《文艺丛刊》6
胡可章
10《小说月报》18：9
胡代炜
272《群众文艺》2，6
胡仪曾
149《逸经》2，4，11
胡白涛
127《人间世》15
胡让之
46《新月》3：12；
109《论语》125
胡汉华
85《文艺月刊》战时特刊 1：6
胡兰畦
172《七月》3，1：2
胡幼番
18《歌谣》37，38
胡朴安
19《小说世界》13：1，13：5，13：6，13：21，14：6；
209《万象》2：2；
212《文讯》3：5，4：4—5；
245《文章》创刊号
胡亚光
19《小说世界》3：7，6：11，14：13，14：21，14：23；
109《论语》116
胡亚蒙
51《开明》2：7
胡成之
208《诗创作》3—4
胡成仁
221《文艺先锋》10：4，11：1，13：2
264《诗创造》9

胡百昌

18《歌谣》50

胡光炜

16《努力周报》4

胡同光

19《小说世界》15：5；
109《论语》32

胡同同

109《论语》

胡曲园

93《青年界》新 1：1，新 1：4，新 3：1

胡先骕

6《解放与改造》2：15；
14《学衡》1，2，3，4，5，6，7，8，9，10，11，12，13，14，15，16，18，19，20，21，22，25，27，28，29，30，31，33，34，36，37，38，39，41，43，44，48，49，50，51，53，56，57，58，66；
31《甲寅》1：14

胡廷玉

25《语丝》70

胡竹青

159《诗歌杂志》2，3

胡仲达

142《中学生文艺季刊》2：2

胡仲持

45《现代小说》2：3；
51《开明》2：26；
93《青年界》8：2；
87《前锋月刊》1：4，1：5，1：6，1：7；
117《文学》1：5，2：5，4：1，4：5，5：1，8：1；
169《中国文艺》1：1；
211《文艺生活》2：5，光复版 8，光复版 13，光复版 15，海外版 6，海外版 8，海外版 9，海外版 10—11，海外版 12；
217《文艺杂志》2：6，3：1；
220《文学创作》2：4，2：5，3：1；
222《青年文艺》3；
223《人世间》1：4；
225《时与潮文艺》1：2，2：2；
227《艺丛》1：1，1：2；
233《当代文艺》1：1，1：2，1：3，1：4，1：5—6；
235《文艺春秋》2：2，2：4；
258《文艺丛刊》1，2

胡伊凡

128《小说》17

胡行之

36《北新》4：6；
57《大江》1：3；
88《读书月刊》2：4—5；
93《青年界》9：1，10：1，11：1，12：1；
106《现代》6：4；
109《论语》109；
145《宇宙风》26；

149《逸经》7，31；

胡危舟

208《诗创作》2，3—4，5，6，13，14，15，16，17，18；
220《文学创作》1：2；
223《人世间》1：1

胡亥子

145《宇宙风》99

胡庆钧

186《宇宙风乙刊》9

胡守德

142《中学生文艺季刊》1：1

胡如川

36《北新》3：2，4：3

胡远濬

14《学衡》27

胡远公

186《宇宙风乙刊》46，47，55

胡运恭

186《宇宙风乙刊》20

胡志仁

109《论语》54

胡杏芬

85《文艺月刊》战时特刊3：3—4

胡步川

14《学衡》59，64

胡体乾

212《文讯》5：1

胡伯玄

11《文学周报》121

胡伯宽

19《小说世界》7：6，10：8，11：11，12：2，12：6，12：9，12：12

胡伯恳

10《小说月报》16：4

胡序昭

211《文艺生活》海外版1

胡怀深

93《青年界》12：1；
108《文艺茶话》2：10；
123《中国文学》2：2；
141《文艺》2：1

胡怀琛

10《小说月报》12：5；
19《小说世界》2：3，3：1，8：2，8：3，8：5，8：6，12：5，12：13，13：1，13：2，13：4，13：12，13：13，13：17，13：18，13：24，14：7，14：9，14：20，14：22，15：6，15：16，16：13，16：14，16：15，16：17，16：21，16：22，16：23，16：24，16：25，17：1，18：1，18：4；
37《一般》8：2，9：1；
98《新时代》5：2，6：1；
149《逸经》1，4，9，11，17，21，26，29，33；
186《宇宙风乙刊》36

胡沛平
19《小说世界》14：17
胡沧波
19《小说世界》2：11
胡启文
85《文艺月刊》8：4
胡良山
109《论语》168
胡良成
19《小说世界》15：2
胡其萍
134《太白》1：8
胡其藻
117《文学》6：6；
134《太白》2：3，2：4；
144《创作》1：1，1：2
胡雨荷
186《宇宙风乙刊》52，53，55，56
胡叔磊
127《人间世》30
胡咏荷
226《风雨谈》9
胡明华
159《诗歌杂志》2，3
胡明树
125《春光》1：1；
131《东流》3：1；
151《文学丛刊》4；
166《文艺科学》1；
172《七月》5：3；
177《文艺阵地》4：11，6：4；
199《野草》1：5，3：5，4：4—5，5：3，新2号，新3号；
208《诗创作》1，5，8；
211《文艺生活》光复版4，光复版5，光复版8；
217《文艺杂志》3：2，3：3；
219《文学批评》创刊号，2；
220《文学创作》2：5；
222《青年文艺》5；
258《文艺丛刊》1，2
胡国志
123《中国文学》1：3—4
胡国治
51《开明》1：5
胡国亭
141《文艺》2：2
胡依凡
106《现代》6：4
胡金人
109《论语》142；
226《风雨谈》3
胡念风
221《文艺先锋》10：4，10：5
胡采薇
19《小说世界》民众文学10
胡诚之
18《歌谣》62
胡孟平
24《洪水》半月刊2：13
胡绍轩
85《文艺月刊》战时特刊1：10，战

时特刊 2：8，战时特刊 2：9—10，战时特刊 2：11—12；
141《文艺》1：1，1：2，1：3，1：4，1：5—6，2：1，2：2，2：4，2：5—6，3：1，3：2，3：3，3：4，3：6，4：1，4：2，4：3，4：4，4：5，4：6，5：1—2，5：4，5：5，6：1；
174《抗到底》19；
178《抗战文艺》1：11，3：2，3：3

胡珂雪

109《论语》8，14

胡珍铎

51《开明》1：10；
109《论语》31

胡春冰

71《戏剧》2：6；
85《文艺月刊》2：11—12，5：1，10：4—5；
92《文艺新闻》27；
104《矛盾》1：5—6，2：4，2：5；
141《文艺》3：2；
233《当代文艺》1：3

胡契宁

31《甲寅》1：1

胡柯夫

10《小说月报》14：11

胡南生

93《青年界》10：4，10：5，11：2

胡草潮

263《文艺知识连丛》1：4

胡荣谦

240《文哨》1：3

胡耐安

93《青年界》12：1

胡品清

243《文联》1：6

胡思平

174《抗到底》5

胡思永

16《努力周报》7，15，28，60

胡思聪

2《每周评论》36

胡秋原

10《小说月报》21：1；
25《语丝》5：34；
37《一般》9：2；
83《现代文学》1：1；
85《文艺月刊》战时特刊 1：9，战时特刊 2：3，战时特刊 2：4；
88《读书月刊》3：5；
92《文艺新闻》51；
102《文化评论》1，2—3；
106《现代》2：2，3：2；
117《文学》1：1；
178《抗战文艺》1：7，4：1，4：3—4；
224《天下文章》2：2

胡适之

1《新青年》5：6；
11《文学周报》254；
16《努力周报》75；

18《歌谣》62；
26《现代评论》6：143；
99《涛声》1：32

胡竿之

134《太白》1：1

胡待晓

244《文艺复兴》3：4

胡徇道

109《论语》17，18，21，23，24，26，28，29，30，31，33，35，64

胡庭芳

29《莽原》半月刊2：2，半月刊2：5

胡养恒

26《现代评论》7：175

胡宪生

19《小说世界》1：12，1：13，2：1，2：2，2：3，2：4，2：5，2：6，2：7，2：8，2：9，2：11，2：12，2：13，3：1，3：3，3：4，3：5，3：6，3：7，3：8，3：10，3：11，3：12，3：13，4：1，4：2，4：3

胡祖树

18《歌谣》5，11，43

胡祖植

18《歌谣》43

胡祖望

18《歌谣》50

胡冠英

16《努力周报》15

胡桂孙

26《现代评论》3：75

胡根天

10《小说月报》12：号外

胡鸪鸪

98《新时代》3：2

胡晋接

1《新青年》3：3

胡载球

117《文学》3：3

胡振常

242《新群众》1：4

胡哲谋

1《新青年》3：3；
10《小说月报》15：1，15：2，15：4，15：5，15：6，15：7；
19《小说世界》13：17

胡铁岩

26《现代评论》8：191

胡倾白

20《浅草》1：1，1：2；
23《文艺周刊》1，20

胡逢辰

109《论语》28，30，31，34，63，98

胡浩川

11《文学周报》100，359；
93《青年界》4：4；
118《文艺春秋》1：3，1：8

胡家萍

98《新时代》7：4

胡梯维

209《万象》1：1

胡堇人

17《读书杂志》11

胡梦华

10《小说月报》15：号外，17：3，17：10，17：号外·下

胡雪玉

98《新时代》2：2—3

胡野擒

275《文艺丛刊》7

胡崇轩

28《猛进》10

胡庶华

26《现代评论》6：147，7：162，7：168，7：178；

85《文艺月刊》战时特刊2：11—12

胡寄尘

19《小说世界》1：1，1：2，1：3，1：4，1：5，1：6，1：7，1：8，1：10，1：11，1：12，1：13，2：1，2：2，2：4，2：5，2：7，2：8，2：9，2：11，2：13，3：3，3：4，3：6，3：7，3：8，3：9，3：10，3：11，4：1，4：2，4：3，4：4，4：7，4：11，4：12，4：13，5：1，5：3，5：4，5：5，5：8，6：1，6：3，6：5，6：7，6：9，6：11，7：3，7：4，7：9，8：1，8：2，8：4，8：5，8：12，9：1，9：2，9：3，9：5，9：11，10：1，10：2，10：3，10：7，10：9，10：11，10：12，11：1，11：2，11：3，11：4，11：5，11：6，11：8，11：10，12：3，12：4，12：6，12：8，12：9，12：11，13：1，13：2，13：3，13：4，13：5，13：6，13：7，13：8，13：9，13：10，13：11，13：12，13：13，13：14，13：15，13：20，13：21，13：25，14：1，14：3，14：13，14：16，14：18，14：19，14：23，15：1，15：2，15：3，15：4，15：11，15：12，15：17，15：18，15：21，15：22，16：1，16：2，16：3，16：6，16：9，16：11，16：14，16：19，16：22，16：23，16：24，16：25，17：1，17：3，18：2，18：3；民众文学：1，2，3，4，5，6，7，8，9，10；

99《涛声》2：17；

149《逸经》30

胡寄南

26《现代评论》1：13

胡绳祖

117《文学》4：2

胡维时
76《拓荒者》3
胡维梓
209《万象》2：8
胡琴子
85《文艺月刊》5：6，6：2，10：1
胡敬复
31《甲寅》1：5
胡惠峰
264《诗创造》3，5，6，2：2
胡越中
99《涛声》2：22，2：26
胡雅贞
209《万象》1：5
胡紫宕
221《文艺先锋》11：5
胡紫岩
141《文艺》6：3
221《文艺先锋》10：3
胡景磻
1《新青年》5：6
胡鼎昌
109《论语》113
24《洪水》半月刊2：23—24；
41《民间文艺》6，11—12
胡善权
26《现代评论》2：38
胡善恒
1《新青年》3：5；
6《解放与改造》4：1；
26《现代评论》2：33；
31《甲寅》1：1
胡道彦
19《小说世界》13：9
胡道静
19《小说世界》15：1，16：10，17：2，18：2，18：3；
235《文艺春秋》丛刊3，丛刊5
胡絜若
20《浅草》1：2，1：3；
23《文艺周刊》10
胡瑜如
51《开明》1：12
胡勤业
26《现代评论》1：7
胡蜀英
5《少年中国》3：10
胡愈之
10《小说月报》14：1，15：号外，16：4，16：9，17：1，17：2，17：4，21：4；
11《文学周报》96，243，284，292；
37《一般》1：3，2：1，3：3；
92《文艺新闻》29，31，32；
100《北斗》2：1；
133《译文》2：3；
134《太白》1：1；
172《七月》1；
199《野草》1：4；
235《文艺春秋》2：1
胡谪凡
19《小说世界》14：23，15：8，

15：10，15：16，15：17，15：18，16：12，17：3，18：1

胡静美

19《小说世界》13：12，13：21，16：4，16：18

胡静屏

40《真美善》5：5；

98《新时代》3：4

胡肇封

141《文艺》4：1

胡嫣红

19《小说世界》13：8，13：10，13：23，14：3，15：1，16：21；

40《真美善》3：3

胡瑾衣

177《文艺阵地》3：6

胡霄狱

39《泰东》2：10

胡稷咸

14《学衡》23，24，40，75

胡德华

265《胶东文艺》1：6—7

胡澄源

209《万象》2：12

胡憨珠

209《万象》4：2

胡簪云

51《开明》2：21

封　斗

203《奔流文艺丛刊》1

封　余

50《奔流》1：6；

57《大江》1：2

封石樵

127《中学生文艺季刊》3：1

封禾子

85《文艺月刊》10：1，10：3，10：6，战时特刊3，战时特刊1：9，战时特刊1：10，战时特刊1：12，战时特刊2：11—12，战时特刊4：3—4；

93《青年界》9：1，9：4，10：2，10：5，11：1，11：3，11：4，12：1；

178《抗战文艺》1：10

荆　风

199《野草》复刊号

荆　争

259《东北文化》1：6

荆　蕴

63《金屋》1：6

荆有麟

29《莽原》周刊6，周刊7；

85《文艺月刊》战时特刊：第11年4月号，第11年6月号；

108《文艺茶话》2：6，2：10；

109《论语》24；

172《七月》5：2；

174《抗到底》21—22，25，26；

176《自由中国》新2：1—2；

177《文艺阵地》3：2，4：2，5：1；

178《抗战文艺》4：3—4，7：6，8：1—2，文协成立七周年并庆祝第一届文艺节纪念特刊；
185《笔阵》新7；
192《文学月报》3：2—3；
211《文艺生活》1：4，1：5，2：1，2：3，2：6；
218《文坛》4；
236《高原》新1：1

荆祥鼎

109《论语》27

荆绳铮

18《歌谣周刊》37

荆棘心

215《奔流新集》1

荆嗣佑

31《甲寅》1：43

勃

143《杂文》4

勃　生

143《杂文》2，2：1

郝　明

209《万象》3：4

郝万晶

85《文艺月刊》战时特刊2：11—12

郝天航

264《诗创造》1

郝世民

251《文艺杂志》4：3

郝廷俊

251《文艺杂志》4：3

郝志坚

251《文艺杂志》2：5

郝明甫

274《平原》2

郝笃祜

10《小说月报》15：8

郝培年

36《北新》2：6

郝景盛

26《现代评论》3：61

郝瑞恒

18《歌谣》2：13

郝毅民

145《宇宙风》85，93

南

99《涛声》1：16；
117《文学》3：1，3：5

南　山

93《青年界》9：5；
134《太白》1：4，1：10，2：5，2：6，2：7；
223《人世间》复刊4

南　父

134《太白》2：7，2：9

南　风

37《一般》1：3；
109《论语》122；
212《文讯》3：3

南　史

186《宇宙风乙刊》34，35，36，37，38，39

南　生
25《语丝》5：25；
40《真美善》4：5；
63《金屋》1：8；
93《青年界》5：3，5：4
南　村
19《小说世界》16：8，16：25
南　芷
195《黄河》3，7，8，10，11，2：10
南　冷
149《逸经》32
南　君
211《文艺生活》海外版14
南　枝
183《鲁迅风》16
南　陔
6《解放与改造》1：1，1：5，1：6，1：8，2：6；
26《现代评论》6：141，6：143，6：147，6：150，6：153，6：154，7：162，7：171，7：183
南　荒
198《现代文艺》1：5，1：6
南　星
106《现代》3：6，5：4，6：1；
122《文学季刊》1：3，2：1，2：2，2：4；
136《水星》1：1，1：2，1：3，1：6，2：1，2：3；
138《文饭小品》1：1，1：5；
160《新诗》1：1，1：2，1：3，1：4，1：5，1：6，2：1，2：2，2：3—4；
226《风雨谈》1，2，7，8，11，15；
229《艺文杂志》2：5，2：6，2：7—8，2：9，2：11
南　冠
29《莽原》半月刊1：20；
35《沉钟》7
南　桥
127《新时代》16；
145《宇宙风》61
南　桌
177《文艺阵地》1：3，1：5
南　婴
209《万象》3：10
南　碧
45《现代小说》2：1
南　遮
93《青年界》8：5，9：1
南　摩
19《小说世界》8：1
南国滨
271《文学战线》2：4
南宫侠
247《人民文艺》1
南宫离
147《夜莺》1：2，1：3
南宫熹
199《野草》4：6

南野丁

241《文艺大众》2

南无合十

109《论语》32，37

南宫东郭

198《现代文艺》4：1

南海冯六

94《现代文学评论》2：3，3：1

南摩老人

19《小说世界》7：1，7：2，8：10，8：12，8：13

南方斯文生

38《幻洲》2：2

茜　北

208《诗创作》7

茜　林

124《新诗歌》4

茜　苹

145《宇宙风》94—95

茜　茜

39《泰东》1：3

茜　濛

177《文艺阵地》2：12；

182《文艺新潮》1：6；

183《鲁迅风》4

荑　填

142《中学生文艺季刊》1：4

莵　公

229《艺文杂志》2：10，3：3

草　人

149《逸经》5

草　千

231《新文学》1：2

草　之

253《清明》创刊号，2

草　木

145《宇宙风》140

草　平

190《通俗文艺》3，6

草　沙

261《东北文艺》2：4，2：5

草　甬

142《中学生文艺季刊》3：1，3：2

草　明

93《青年界》5：5；

117《文学》3：1，7：6；

120《文艺》1：2；

134《太白》1：1，1：5；

152《作家》1：1，1：3；

153《文季月刊》1：1；

155《光明》3：4；

156《现实文学》1；

162《小说家》1：1，1：2；

172《七月》1：3，1：6；

174《抗到底》26；

177《文艺阵地》1：2，2：3，2：6，2：12，6：1；

178《抗战文艺》3：9—10，3：12，4：1，5：4—5，7：2—3；

192《文学月报》1：3，2：5；

202《文艺月报》5；

211《文艺生活》海外版 14，海外

版 15；
222《青年文艺》6；
248《中原·文艺杂志·希望·文哨联合特刊》1：5；
252《北方文化》1：5；
261《东北文艺》创刊号，1：2，1：3，2：3，2：6；
270《小说》3：1，3：4，6：1；
271《文学战线》创刊号，1：2，2：2；
276《华北文艺》4，5

草 孚

141《文艺》2：5—6

草 草

109《论语》39

草 莽

211《文艺生活》海外版 1

草 莱

85《文艺月刊》10：4—5，战时特刊 3，战时特刊 1：5，战时特刊 1：8，战时特刊 1：9，战时特刊 1：12，战时特刊 3：5—6，战时特刊 4：2

草 琴

19《小说世界》8：10

草川未雨

124《新诗歌》4

草帝大狮太郎

109《论语》8

茧

19《小说世界》15：15

茧 厂

209《万象》3：10，4：2

茧 予

209《万象》3：3，3：5，3：8，3：9，3：10，4：2，4：3

茧 翁

19《小说世界》12：9，13：15

莒 明

178《抗战文艺》8：1—2

茉 英

137《当代诗刊》1：3—4

荏 曹

149《逸经》25

荇 之

195《黄河》8

荇 纯

93《青年界》7：3，9：3，10：2，10：4

荇 采

198《现代文艺》2：6

荃 里

221《文艺先锋》12：6

荃 南

243《文联》1：1

荃 麟

151《文学丛报》6；
153《文季月刊》1：6；
156《现实文学》2；
158《中流》1：10；
165《文丛》2：1；
173《抗战戏剧》2：4—5；

176《自由中国》新 1∶3，新 1∶5—6；
178《抗战文艺》10∶2—3；
180《文艺》1∶2；
183《鲁迅风》17；
198《现代文艺》1∶1，1∶3，1∶5；
199《野草》2∶4，2∶5—6，3∶3—4，4∶1—2，5∶4，5∶5，第 6 号；
201《戏剧春秋》1∶6，2∶4；
211《文艺生活》1∶1，1∶4，1∶5；光复版 11—12，光复版 13，光复版 16，海外版 5，海外版 15；
217《文艺杂志》新 1∶1，新 1∶3；
219《文学批评》2；
220《文学创作》2∶2；
222《青年文艺》创刊号，2，3，6，新 1∶1，新 1∶3；
233《当代文艺》1∶2；
241《文艺大众》新 3，新 4；
248《中原·文艺杂志·希望·文哨联合特刊》1∶1，1∶2；
267《大众文艺丛刊》1，2，4，5，6

荀 寰

199《野草》新 5 号；
211《文艺生活》光复版 11—12

茗

142《中学生文艺季刊》1∶1

茗 泉

109《论语》26

荒 干

216《战时文艺》2∶2

荒 天

256《萌芽》1∶1

荒 田

203《奔流文艺丛刊》1

荒 生

10《小说月报》15∶2

荒 芜

145《宇宙风》127，128；
177《文艺阵地》7∶4，文阵新辑之一∶去国，文阵新辑之三∶纵横前后方；
195《黄河》复刊 2；
217《文艺杂志》3∶2；
224《天下文章》2∶2；
225《时与潮文艺》2∶5；
234《微波》1∶1；
235《文艺春秋》5∶6，6∶4，6∶6；
236《高原》创刊号；
240《文哨》1∶1；
243《文联》1∶6；
244《文艺复兴》3∶1；
276《华北文艺》4，5

荒 沙

206《华北文艺》1∶4

荒 牧

182《文艺新潮》2∶4，2∶6；
191《文艺新闻》8；
203《奔流文艺丛刊》1，6

荒　弩
208《诗创作》3—4；
211《文艺生活》2：1
荒　草
185《笔阵》4，6；
261《东北文艺》1：2，2：5，2：6
荒　烟
177《文艺阵地》4：8，4：11；
198《现代文艺》1：2；
207《时代文学》1：1，1：3；
235《文艺春秋》2：4；
245《文章》1：2；
250《鲁迅文艺》1：3；
253《清明》2；
264《诗创造》7；
270《小说》1：4
荒　陵
238《希望》1：2，1：3
荒　野
50《奔流》1：5
荒　渠
55《大众文艺》2：5—6；
92《文艺新闻》28
荒　煤
117《文学》9：1；
122《文学季刊》1：3，2：3；
128《小说》4，6，10，11，15，19；
136《水星》1：3；
146《海燕》1：1；
152《作家》1：1，1：3，1：4，1：6；
153《文季月刊》1：1，1：2，1：5；
154《文学界》1：1，1：2，1：3；
155《光明》2：1，2：10；
162《小说家》1：2；
165《文丛》1：1；
173《抗战戏剧》1：2，1：4；
177《文艺阵地》7：2；
178《抗战文艺》4：3—4，6：2；
181《文艺突击》创刊号；
184《文艺战线》创刊号，1：5；
194《中国文化》1：2，1：5；
197《大众文艺》1：2，1：4，2：2；
202《文艺月报》1；
204《中国文艺》1：1；
211《文艺生活》2：6；
213《草叶》1，2；
246《文坛月报》1：3；
255《北方》1：1，1：2，1：3，1：4，1：5
茨　冈
243《文联》1：4，1：7
茨　茵
85《文艺月报》10：3
茨　荪
25《语丝》79，90，91，92，95，118，119
茫　子
229《艺文杂志》2：12，3：1—2，3：3，3：4—5
荩　蔬
40《真美善》3：3，3：4，3：6

荫
23《文艺周刊》45；
187《戏剧岗位》1：4
荫　厂
212《文讯》4：2—3
荫　乔
109《论语》86，111
荫　辰
109《论语》114
荫　林
109《论语》173；
190《通俗文艺》37
荫　松
26《现代评论》1：8，1：10，1：12，1：14
荫　荃
85《文艺月刊》战时特刊3：10—11
荫　祥
137《当代诗刊》创始号
荫　槐
51《开明》1：10，1：11，2：4
荫　墀
145《宇宙风》72
荫　薇
40《真美善》6：1
茹　纯
133《译文》1：1
茹　苓
235《文艺春秋》副刊1：3
茹　郁
224《天下文章》2：3
茹　雯
199《野草》1：5，2：1—2，2：3，2：4，2：5—6，3：2，3：3—4，4：1—2
荔　支
127《人间世》34
药　匣
36《北新》2：11
药　眠
24《洪水》半月刊3：32，半月刊3：35；
47《流沙》3，5；
49《畸形》1；
180《文艺》1：4
药　堂
226《风雨谈》1，3，5，8；
229《艺文杂志》1：2，1：3，1：4，1：5
荪
178《抗战文艺》3：1，3：3，3：5—6，3：7，3：8，3：9—10，3：11，3：12，4：2，4：3—4，4：5—6
荪　波
46《新月》4：6，4：7
荪　荃
132《文学评论》1：1，1：2
兹　九
134《太白》2：2
兹　非
32《清华文艺》1：5

巷　花
109《论语》84
荣　达
109《论语》130
荣　甫
25《语丝》141
荣　春
19《小说世界》14：13
荣　珠
155《光明》2：10
荣　鼎
10《小说月报》12：8
荣　滋
145《宇宙风》128，129
荣　福
36《北新》4：9，4：10，4：11
荣一农
251《文艺杂志》2：3
荣葭生
51《开明》2：4
荧　心
109《论语》62
革　心
221《文艺先锋》12：1
革　初
11《文学周报》41
查　义
82《前锋周报》16
查　克
85《文艺月刊》战时特刊 3：8—9
查　谦
5《少年中国》1：7，1：11
查士元
11《文学周报》369；
13《诗》2：2；
19《小说世界》15：7，15：9，15：10，15：11，15：14，15：16，15：17，15：18，15：19，15：20，16：14，16：18，17：3；
36《北新》3：19；
46《新月》6，1：12，2：2，2：10
查士骥
11《文学周报》141，369；
20《浅草》1：3；
23《文艺周刊》8，11，20，25，28，29，32，33；
36《北新》3：8，3：11；
40《真美善》5：3，5：6；
104《矛盾》2：1，2：3
查抒望
142《中学生文艺季刊》1：2
查钊忠
1《新青年》6：1
查定世
26《现代评论》7：158
查理斯
89《当代文艺》1：6，2：2，2：3
查猛济
109《论语》25，28
查鲁士
210《笔谈》3

某人

109《论语》22，32

迺人

145《宇宙风》106

迺仁

186《宇宙风乙刊》14，49

迺骅

24《洪水》半月刊2：16

迺斌

142《中学生文艺季刊》1：4

迺蒙

145《宇宙风》105，108，112

赵开

19《小说世界》1：8，1：10，1：12，2：2，2：4，2：5，2：6，2：7，2：9，2：10

赵丙

24《洪水》半月刊3：11

赵冈

186《宇宙风乙刊》34，35，36

赵丹

245《文章》1：3；
266《中国作家》纪念特刊

赵宁

198《现代文艺》5：1，5：6，6：1；
211《文艺生活》2：3；
224《天下文章》4

赵华

140《芒种》9—10

赵自

213《草叶》1，5

赵伦

232《戏剧时代》1：2

赵克

197《大众文艺》1：2

赵芳

109《论语》139

赵邻

145附《宇宙风·逸经·西风非常时期联合旬刊》6

赵冷

10《小说月报》21：7；
37《一般》5：4；
42《太阳月刊》4，5

赵沨

85《文艺月刊》战时特刊3：8—9

赵良

109《论语》61

赵孜

84《开展》9

赵枫

251《文艺杂志》4：1

赵明

170《新演剧》新1：1新1：2；
173《抗战戏剧》2：1；
201《戏剧春秋》创刊号，2：3

赵洵

240《文哨》1：2；
271《文学战线》创刊号

赵桔

160《新诗》2：1

赵　真
88《读书月刊》1：6
赵　铎
93《青年界》9：4
赵　晖
199《野草》3：3—4
赵　涛
265《胶东文艺》1：2
赵　容
10《小说月报》14：11
赵　娴
98《新时代》1：4
赵　敏
229《艺文杂志》1：6
赵　康
21《弥洒》2，3，4
赵　淦
31《甲寅》1：36
赵　渗
229《艺文杂志》2：12
赵　涵
212《文讯》8：1；
253《清明》2，3
赵　续
98《新时代》2：2—3，3：2，3：4
赵　越
85《文艺月刊》10：4—5，战时特刊2：5；
173《抗战戏剧》2：1，2：2—3；
187《戏剧岗位》1：5—6；
232《戏剧时代》1：4—5；
赵　锋
197《大众文艺》2：1；
200《新诗歌》1；
208《诗创作》2
赵　蒨
85《文艺月刊》战时特刊5：1
赵　熙
14《学衡》13，15，17，18，19，20，21，22，25，29，41，42，43，44，46；
252《北方文化》1：6，2：2
赵　敻
51《开明》2：22
赵　漫
68《戏剧与文艺》1：10—11
赵　震
109《论语》143
赵　鹤
181《文艺突击》创刊号，1：3
赵　豫
191《文艺新闻》创刊号
赵　彝
273《文艺月报》创刊号，2
赵一萤
159《诗歌杂志》3
赵一莹
159《诗歌杂志》2，3
赵又清
218《文坛》2：1
赵士奇
93《青年界》新2：4

赵大纲
272《群众文艺》5
赵大鹏
109《论语》127
赵万里
10《小说月报》19：3；
14《学衡》46，49；
18《歌谣》2：28；
117《文学》2：6
赵万壁
4《国民》1：2
赵之璧
209《万象》1：9
赵　子
40《真美善》5：1
赵云华
273《文艺月报》2
赵云起
109《论语》34
赵元申
238《希望》1：1
赵元任
18《歌谣》2：15，2：20；
109《论语》8；
145《宇宙风》107
赵丰阅
109《论语》63
赵友培
221《文艺先锋》1：2，5：4，7：4，10：3，11：1，12：1，13：2，13：3
赵友梅
221《文艺先锋》5：3
赵太侔
224《天下文章》2：1
赵少侯
26《现代评论》2：41，3：61，3：69；
29《莽原》半月刊 7—8，半月刊18，半月刊2：8；
46《新月》4：3；
85《文艺月刊》5：1，5：2，5：5，6：4，7：1，7：2，8：2；
145《宇宙风》12
赵仁铸
1《新青年》8：2
赵长生
93《青年界》新2：2，新3：1
赵长龄
271《文学战线》2：5
赵风喈
26《现代评论》7：170
赵文正
242《新群众》2：2
赵正晶
251《文艺杂志》1：2，1：5，2：5
赵玉山
251《文艺杂志》4：2
赵世炎
1《新青年》季刊3
赵世铭
36《北新》4：7

赵四宣
93《青年界》新 3：2
赵代铭
155《光明》3：2
赵令仪
134《太白》2：5；
186《宇宙风乙刊》50，52—53，54，55；
211《文艺生活》2：2
赵令芹
199《野草》2：1—2
赵尔谦
145《宇宙风》70，76
赵汉光
51《开明》2：10
赵汉涅
38《幻洲》1：5
赵幼龙
26《现代评论》2：31
赵邦杰
15《创造》1：3，1：4
赵邦镂
119《戏》1
赵权机
141《文艺》2：1
赵芝君
109《论语》76，110，111，112，113，115
赵而昌
226《风雨谈》9，13，14，15，18，20
赵扬庭
85《文艺月刊》战时特刊 2：11—12
赵光荣
11《文学周报》7，8，9，10，11，12，13，17，18，23，25，30
赵光涛
84《开展》1；
104《矛盾》发动号，1：3—4
赵传礼
142《中学生文艺季刊》2：2
赵仲谦
117《文学》2：5
赵仲群
159《诗歌杂志》2，3
赵华煦
25《语丝》128
赵自强
145《宇宙风》140
赵全章
195《黄河》2：9
赵池萍
29《莽原》半月刊 2：17
赵守攻
206《华北文艺》1：4
赵如珪
127《人间世》18，19
赵如琳
71《戏剧》1：6，2：2，2：6；
177《文艺阵地》2：12；
221《文艺先锋》5：1—2

赵纪彬

212《文讯》7：6

赵克豪

104《矛盾》2：6

赵声阅

109《论语》30，34，35，58，59，60

赵芥天

93《青年界》9：3

赵赤羽

19《小说世界》3：2，18：1

赵步颜

274《平原》3：4

赵吟秋

10《小说月报》14：9；

19《小说世界》5：7，5：9，5：13，6：1，6：3，8：1，8：10，9：1，9：7，13：5，13：6，13：7，13：16，13：17，14：19，14：25，17：4

赵秀蓉

195《黄河》2：1

赵作鹏

142《中学生文艺季刊》2：4，3：2

赵伯阳

85《文艺月刊》战时特刊4：3—4

赵伯颜

34《创造月刊》1：3，1：8，1：12，2：2；

74《新文艺》1：3

赵邻芳

186《宇宙风乙刊》51

赵完保

155《光明》3：5

赵启雍

36《北新》3：14

赵君启

198《现代文艺》2：5，4：1

赵君豪

85《文艺月刊》战时特刊3

赵青勃

236《高原》3

赵林少

19《小说世界》16：20

赵枫川

251《文艺杂志》4：1

赵枫林

274《平原》6

赵英才

93《青年界》9：1，10：1

赵茗狂

19《小说世界》1：2，2：3，13：4，15：10，18：2

赵叔南

229《艺文杂志》2：11

赵昆元

85《文艺月刊》战时特刊2：11—12

赵易林

93《青年界》新1：4，新1：5，新2：1，新2：3，新2：4，新2：5，新3：1，新3：2，新3：

3，新3：4，新3：5，新4：2，新5：2，新5：3，新5：4，新5：5，新6：1，新6：2，新6：3，新6：4

赵国有

271《文学战线》2：3，2：5

赵征权

93《青年界》6：2；

108《文艺茶话》1：10，2：3，2：4

赵宗邦

18《歌谣》40

赵郎安

31《甲寅》1：5

赵孟飞

145《宇宙风》92，96

赵承易

3《新潮》2：3

赵玲瑜

106《现代》6：1

赵珊菲

85《文艺月刊》1：4

赵树理

211《文艺生活》海外版16；

247《人民文艺》1：6；

251《文艺杂志》1：2；

259《东北文化》1：2，1：4；

261《东北文艺》创刊号，2：3；

267《大众文艺丛刊》3，4；

276《华北文艺》创刊号

赵荒陵

248《中原·文艺杂志·希望·文哨联合特刊》1：4

赵荫森

11《文学周报》79

赵荫棠

11《文学周报》77；

66《华严》1：2，1：4，1：6；

229《艺文杂志》2：2，2：3，2：5，2：6，2：9，2：11

赵荣珂

85《文艺月刊》战时特刊2：11—12

赵荣祖

251《文艺杂志》4：4

赵荣鼎

10《小说月报》13：4

赵南遮

93《青年界》8：2，8：3

赵钟路

18《歌谣》34

赵保光

10《小说月报》14：6

赵俊生

93《青年界》11：5

赵彦方

186《宇宙风乙刊》49

赵炳权

19《小说世界》8：12

赵炳林

93《青年界》新4：1，新5：1，新6：5

赵炳麟

14《学衡》39

赵祖欣

2《每周评论》9

赵祖康

21《弥洒》1

赵祖慰

93《青年界》12：1

赵振英

142《中学生文艺季刊》1：2

赵振国

251《文艺杂志》4：2

赵钲权

40《真美善》7：1，7：2

赵铁肩

127《人间世》38

赵笑天

117《文学》8：1

赵海谈

206《华北文艺》1：2

赵家璧

10《小说月报》18：10；
93《青年界》8：2；
104《矛盾》2：3；
106《现代》2：5，3：1，3：5，3：6，4：1，5：1，5：2，5：3，5：4，5：5，5：6；
117《文学》5：1，5：2，7：2，8：3，9：3；
122《文学季刊》1：2，2：3；
129《文艺风景》1：1；
133《译文》2：1，新2：6；
138《文饭小品》1：2；
139《新小说》1：1；
145《宇宙风》32；
151《文学丛报》2；
152《作家》2：1；
153《文季月刊》1：1，1：3；
158《中流》1：5，2：10；
171《烽火（呐喊）》6；
182《文艺新潮》1：3；
198《现代文艺》4：1；
221《文艺先锋》2：4

赵祥瑗

14《学衡》33

赵萝蕤

160《新诗》1：2，1：5，2

赵萏亭

148《诗歌生活》2

赵捷民

145《宇宙风》107，113；
145附《宇宙风·逸经·西风非常时期联合旬刊》5；
186《宇宙风乙刊》21

赵崇实

5《少年中国》4：2

赵崇鼎

5《少年中国》4：5

赵曼娜

195《黄河》2：1

赵铭彝

38《幻洲》1：5；
83《现代文学》1：5；
92《文艺新闻》4，5，53；

104《矛盾》1：5—6；
170《新演剧》复刊号；
179《戏剧新闻》6，8—9；
218《文坛》3；
224《天下文章》2：1
赵敏求
122《文学季刊》1：2；
145《宇宙风》6
赵望云
85《文艺月刊》战时特刊 1：11；
174《抗到底》1，5，6，7，8，9，10，11；
178《抗战文艺》1：5；
185《笔阵》新 1
赵庸夫
149《逸经》34
赵焕亭
209《万象》号外
赵焕�
18《歌谣》3：12
赵悔深
98《新时代》6：2
赵清阁
85《文艺月刊》10：4—5，战时特刊 1：12，战时特刊第 11 年 6 月号,战时特刊第 11 年 7 月号；
93《青年界》新 1：4，新 1：5；
141《文艺》3：1，3：2，3：5，5：4，5：5；
195《黄河》11，复刊 3，复刊 6；
220《文学创作》1：6；
221《文艺先锋》1：1，2：3，2：5—6，3：4，9：2，10：2；
223《人世间》复刊 4；
233《当代文艺》1：1
赵淳如
19《小说世界》4：7
赵寄萍
18《歌谣》10
赵琳书
235《文艺春秋》7：1
赵紫宸
6《解放与改造》1：4，1：6；
149《逸经》16
赵景云
21《弥洒》1，5，6
赵景深
10《小说月报》14：7，14：10，15：4，15：7，16：5，16：8，16：9，17：1，17：4，17：6，17：8，17：10，18：4，18：5，18：7，18：8，18：10，18：12，19：1，19：2，19：3，19：4，19：5，19：6，19：7，19：8，19：9，19：10，19：11，19：12，20：1，20：2，20：3，20：4，20：5，20：6，20：7，20：8，20：9，20：10，20：11，20：12，21：1，21：2，21：3，21：4，21：5，21：6，21：7，21：8，21：9，21：10，21：11，21：12，22：1，22：

2，22：3，22：4，22：5，22：6，22：7，22：8，22：9，22：10，22：11，22：12；
11《文学周报》54，68，72，77，87，101，104，106，109，111，112，113，114，116，118，119，120，123，181，186，190，200，208，210，213—214，219，220，222，227，228，229，230，237，238，261，262—263，266，278，283，284，286—287，288，289，290，295，296，297，299，301，302，303，311，314，321，326，327，329，330，331，332，333—334，335，337，339，340—341，343，344，346，350，352，354，355，356，362，363，364—368，369，371，372，373，376，377，378，380；
13《诗》2：1；
18《歌谣》2：19，3：2；
20《浅草》1：1，1：2，1：3；
23《文艺周刊》1，5，11，12，18，19，21，22，46；
25《语丝》105，126，5：30，5：34，5：35；
36《北新》1：10，1：13，1：15，1：23，1：24，1：25，1：27，1：28，1：32，1：36，1：39—40，1：51—52，2：2，2：8，2：9，2：14，2：19，2：20，3：1，3：5，3：12，3：19，3：24；
37《一般》1：2，2：4，3：1，3：2，3：3，4：1，9：2；
40《真美善》2：6，3：2，3：6，4：1，4：2，6：1；
46《新月》4：1；
50《奔流》1：7；
51《开明》1：1，1：8，2：8，2：12；
57《大江》1：1，1：2；
59《春潮》1：6；
60《熔炉》1：1；
63《金屋》1：2；
74《新文艺》1：6；
83《现代文学》1：1，1：2，1：3，1：4，1：6；
84《开展》10—11；
87《前锋月刊》1：7；
88《读书月刊》1：1，1：3—4，1：6，2：1，2：4—5，3：1—2；
89《当代文艺》1：1，1：2，1：3，1：4，2：1；
91《文学生活》1；
92《文艺新闻》9，17，23；
93《青年界》1：3，2：3，3：1，3：3，3：4，3：5，4：1，4：2，4：3，4：4，4：5，5：1，5：2，5：3，6：1，6：2，6：3，6：4，7：4，8：2，8：4，8：5，9：1，9：3，9：4，10：2，新1：1，新1：2，新1：3，新2：1，新2：2，

新3：4，新4：2，新5：1，新5：3，新5：4；
94《现代文学评论》1：1，1：2，1：3，2：1—2，2：3，3：1；
98《新时代》1：6，2：1，3：5—6，4：3，5：2，5：4，6：1；
100《北斗》2：1；
103《絜茜》创刊号；
104《矛盾》1：2；
106《现代》1：4，1：5，3：2，4：1，4：3，5：4，5：6，6：2，6：3；
108《文艺茶话》2：9；
109《论语》58，91，118，125，130，132，141，168；
117《文学》2：6，3：1，5：1，5：5，5：1，7：1，8：4；
123《中国文学》1：1，1：2，2：1，2：2；
126《诗歌月报》1：2，1：4，2：2；
127《人间世》2，5，9，10，15，21，22，28，30，34，39；
137《当代诗刊》1：2；
138《文饭小品》1：2；
139《新小说》2：1；
141《文艺》2：1，3：1；
145《宇宙风》8，32，43，59，77；
149《逸经》3，17，36；
157《今代文艺》1：1；
169《中国文艺》1：1；
180《文艺》2：4；
182《文艺新潮》1：2，1：7；
186《宇宙风乙刊》22，23，27，28，29，33，41，43，52—53；
193《戏剧与文学》1：1；
195《黄河》复刊3，复刊5；
209《万象》1：1，1：3，1：5；
221《文艺先锋》9：1；
223《人世间》复刊7；
232《戏剧时代》1：6；
235《文艺春秋》丛刊1，2：1，2：2，2：3，2：5，3：1，3：2，3：4，4：3，4：4，5：3，6：3，6：4；
244《文艺复兴》1：1，1：6，3：3，研究号下；
245《文章》创刊号，1：2

赵景源

93《青年界》8：2；
117《文学》5：1

赵赓麟

18《歌谣》11

赵尊复

36《北新》2：8

赵瑞生

36《北新》1：7

赵瑞蕻

270《小说》5：4

赵瑞霟

212《文讯》7：4；
225《时与潮文艺》1：2，1：3，2：3，2：4，2：5，2：6，4：3

赵聘侯

109《论语》54

赵颐年

137《当代诗刊》1：3—4

赵鄗生

2《每周评论》7

赵新之

38《幻洲》2：3

赵慈孙

51《开明》1：7

赵蔚青

198《现代文艺》4：4；
207《时代文学》1：4；
208《诗创作》7；
225《时与潮文艺》4：1

赵熙章

10《小说月报》14：12

赵毅敏

254《热潮》创刊号

赵慧深

40《真美善》女作家专号；
93《青年界》4：2，4：3，8：4，10：3；
155《光明》2：12；
168《戏剧时代》1：1；
253《清明》2

赵德新

251《文艺杂志》3：3

赵潜夫

109《论语》31

剋　武

109《论语》113

柬笑民

221《文艺先锋》11：5

研　因

5《少年中国》4：10

研　德

139《新小说》1：1

砂　砾

206《华北文艺》1：4

耐　岩

142《中学生文艺季刊》1：1

耐　庵

109《论语》39

耐　寒

51《开明》1：4，1：12

耐　飚

145《宇宙风》109

歪　玉

74《新文艺》1：2

厚黑教主

109《论语》111

威

210《笔谈》3

威　地

113《新诗歌》1：6—7

威　特

37《一般》2：2

挺

99《涛声》1：16，1：18，1：20，2：1

挺　公

99《涛声》1∶22，1∶23，1∶24

挺　生

93《青年界》1∶1

挺　岫

10《小说月报》20∶11；

99《涛声》1∶1，1∶4，1∶15，1∶16，1∶26，1∶30，1∶35，1∶36，2∶1，2∶2，2∶7，2∶11，2∶13，2∶20，2∶22，2∶31—32

拾　贝

110《小说月刊》17

拾　风

198《现代文艺》3∶6

拾　仟

93《青年界》10∶4

拾　名

93《青年界》4∶2，4∶3，4∶5，5∶4，6∶1，8∶5，9∶1，9∶5，12∶1；

98《新时代》3∶3，4∶1，4∶2，4∶3，4∶4—5，4∶6，5∶1，5∶2，5∶3，5∶4，5∶5，5∶6，6∶1，6∶2，7∶1，7∶2，7∶3，7∶4

拾　闻

26《现代评论》5∶120

拾　遗

236《高原》新1∶1

拾　鼓

85《文艺月刊》1∶1，1∶2

指　严

19《小说世界》1∶7，2∶7，3∶1，3∶4，4∶1，4∶6，10∶3，10∶13，侦探号

指　南

75《萌芽》1∶6

挥　弦

245《文章》1∶4

挥　锄

245《文章》1∶2

轶　凡

51《开明》1∶11

轶　名

149《逸经》5

轶　明

209《万象》3∶7，3∶8

轶　群

88《读书月刊》2∶1；

142《中学生文艺季刊》1∶1

轻　影

276《华北文艺》4，6

鸥

143《杂文》3

鸥　子

19《小说世界》12∶5

鸥　弟

75《萌芽》1∶6

鸥外鸥

98《新时代》1∶5，2∶4—5，3∶

1，3：2，3：3，3：5—6，5：4，5：5；
199《野草》5：2；
208《诗创作》12，14；
233《当代文艺》1：2

鸥外·鸥

104《矛盾》2：3，2：5；
141《文艺》5：1——2，5：3

皆平

1《新青年》9：2

临秋

100《北斗》1：4

省三

109《论语》83；
127《人间世》25

省吾

58《白华》1：2

哑口

109《论语》72，74，80

哑水

25《语丝》154

哑农

108《文艺茶话》1：2

哑茶

70《引擎》1

哂友前

109《论语》86，99

哈

16《努力周报》28

哈哈

51《开明》1：9

哈特

141《文艺》4：2

映波

10《小说月报》21：1，21：2，21：3；
11《文学周报》364，386；
109《论语》31

映亭

19《小说世界》4：3

映涧

93《青年界》新5：5

映琏

187《戏剧岗位》2：4—5—6

昨今

149《逸经》9

昭

73《南国周刊》1：8

昭民

25《语丝》138，142

昭和

99《涛声》1：28，1：33，1：34

昭敏

229《艺文杂志》1：3

昭得

106《现代》4：4

昭斯

19《小说世界》10：4

贻

109《论语》87；
127《人间世》42

贻　非
109《论语》61
贻　珍
123《中国文学》1：1
贻　德
225《时与潮文艺》5：1，5：2，
5：3
昀　白
8《新社会》4
虹
109《论语》11；
178《抗战文艺》3：1，3：11；
190《通俗文艺》35，36
虹　人
244《文艺复兴》3：2
虹　儿
38《幻洲》1：8
虹　飞
93《青年界》7：5；
159《诗歌杂志》3；
217《文艺杂志》1：3
虹　贯
55《大众文艺》2：2；
75《萌芽》1：6
郢
11《文学周报》104，122，131，
132，135，136，137，138，140，
143，153，155，160，161，162，
165，166
郢　生
11《文学周报》172，182，183，195；
37《一般》1：1，1：3；
57《大江》1：3；
93《青年界》1：1
勋
109《论语》140
品
85《文艺月刊》9：4
品　今
6《解放与改造》1：5，1：6，1：
7，2：7，3：1，4：2，4：6
品　品
180《文艺》3：3—4；
209《万象》3：7，4：1
品　青
18《歌谣》2：5；
25《语丝》8，25，51，54，106，109；
28《猛进》21
品　法
93《青年界》8：3
品　澂
11《文学周报》7
咎
109《论语》41
是　我
145《宇宙风》3，6
星
109《论语》77，86，88；
145《宇宙风》11；
275《文艺丛刊》3
星　斗
274《平原》12，13，2：6

星　玉
195《黄河》10
星　田
202《文艺月报》10
星　灼
109《论语》87，95
星　河
24《洪水》半月刊 3：34
星　客
196《战国策》5，8，10，12
星　海
85《文艺月刊》战时特刊 1：8；战时特刊 1：11，战时特刊 3：3—4；
181《文艺突击》新 1：2
星　球
134《太白》2：5
星　斐
211《文艺生活》光复版 5
星　虚
92《文艺新闻》27
星　寒
51《开明》1：3
星　裴
211《文艺生活》光复版 8
星　漪
187《戏剧岗位》2：4—5—6
星　德
173《抗战戏剧》1：3
冒　襄
186《宇宙风乙刊》14
冒维城
51《开明》1：8
贵　兼
2《每周评论》15
畏　之
36《北新》4：10
畏　徽
229《艺文杂志》2：1
界　俗
98《新时代》2：6
思
99《涛声》1：2，1：21；
187《戏剧岗位》1：1，1：2—3；
232《戏剧时代》创刊号，1：2，1：3，1：4—5，1：6
思　之
210《笔谈》6，7
思　永
16《努力周报》29；
130《当代文艺》1：5
思　扬
95《前哨》1：4
思　年
109《论语》48
思　齐
149《逸经》31；
196《战国策》6
思　同
270《小说》6：1
思　严
19《小说世界》2：2

思　还
10《小说月报》15：5
思　林
142《中学生文艺季刊》1：3
思　苓
178《抗战文艺》3：11；
185《笔阵》4
思　茅
93《青年界》10：3
思　若
109《论语》98
思　明
95《前哨》1：4；
106《现代》3：2；
155《光明》1：9
思　果
109《论语》148
思　洁
195《黄河》复刊 2
思　基
251《文艺杂志》2：6；
255《北方》1：4，2：1—2；
270《小说》2：6
思　游
229《艺文杂志》2：3
思　蜀
127《人间世》34
思　嘉
229《艺文杂志》1：5
思　慕
133《译文》新 3：3；
158《中流》创刊号，1：3，1：6，1：8，1：9，1：10；
174《抗到底》4，6，10；
177《文艺阵地》1：2，1：4，1：5，1：6，1：7，1：9，1：11；
199《野草》新 2 号
思　德
75《萌芽》1：5，1：6
罘　月
140《芒种》5
幽
109《论语》10，8
幽　人
19《小说世界》7：10
幽　石
25《语丝》15
幽　谷
149《逸经》7，9，17，32，33，34
幽　素
209《万象》3：1，3：3，3：5，3：6，3：7，3：8，3：9，3：11，3：12，4：1，4：2，4：3，4：4，4：5，4：6，4：7
幽　曼
109《论语》16
拜　言
36《北新》3：4，3：13
种　付
38《幻洲》2：4
种　因
109《论语》85，87，88，90，92，

93，100，101，104，105；
145《宇宙风》17

秋

16《努力周报》4；
19《小说世界》11：13，12：3，12：4，12：8；
102《文化评论》4

秋 士

25《语丝》107；
79《巴尔底山》1：5；
209《万象》3：10，3：12，4：1，4：2，4：3，4：4

秋 山

19《小说世界》13：8，13：17，13：19，13：20，13：21，13：23，14：4，14：5，14：7，14：8，14：11，14：13，14：15，14：18，14：19，15：2，15：11，15：12，15：13，15：15，15：20，15：22，15：25，16：2，16：14，16：21，16：24，17：2，17：3，17：4，18：1，18：2，18：4

秋 子

93《青年界》10：1；
109《论语》26；
159《诗歌杂志》2；
208《诗创作》7，16

秋 云

199《野草》第6号；
211《文艺生活》海外版18—19，穗新1，穗新3

秋 风

19《小说世界》6：5，6：9；
88《读书月刊》2：6

秋 水

142《中学生文艺季刊》1：2

秋 心

46《新月》4：3，4：4，4：5；
80《骆驼草》3，7，8，11，17，21，24，26；
98《新时代》3：4；
92《文艺新闻》18；
155《光明》2：3

秋 节

92《文艺新闻》31

秋 平

265《胶东文艺》1：2

秋 田

145《宇宙风》114，128，129，135—136，140

秋 生

25《语丝》155

秋 白

8《新社会》5

秋 芝

209《万象》1：10

秋 帆

199《野草》1：2，2：1—2；
211《文艺生活》2：3

秋 同

244《文艺复兴》4：2

秋　华

36《北新》1：25

秋　江

172《七月》4：1；

271《文学战线》1：5—6，2：5

秋　宇

123《中国文学》1：2

秋　农

109《论语》17

秋　声

46《新月》2：9，3：2

秋　远

197《大众文艺》1：4；

206《华北文艺》创刊号

秋　芸

10《小说月报》16：11

秋　芳

29《莽原》半月刊1：9；

209《万象》2：8

秋　赤

182《文艺新潮》1：2，1：3，1：6，1：7

秋　枫

56《乐群》2：12；

75《萌芽》1：6；

76《拓荒者》4—5

秋　雨

186《宇宙风乙刊》7

秋　明

122《文学季刊》2：3

秋　刹

56《乐群》半月刊3

秋　柽

145《宇宙风》61

秋　星

151《文学丛报》1

秋　莲

55《大众文艺》1：2，1：3，1：4，1：5，1：6

秋　原

36《北新》2：22，3：15，4：1—2，4：4，4：12；

37《一般》9：3；

102《文化评论》2—3，4；

251《文艺杂志》2：1

秋　翁

209《万象》1：1，1：2，1：3，1：4，1：5，1：6，1：7，1：8，1：9，1：10，1：11，1：12，2：1，2：2，2：3，2：7，2：9，2：10，2：11，3：1，3：2，4：3

秋　涛

85《文艺月刊》1：2，3：12，4：1，4：4，4：5，4：6，10：3，10：4—5，战时特刊创刊号，战时特刊3，战时特刊1：8，战时特刊2：3；

104《矛盾》1：3—4；

173《抗战戏剧》1：4；

178《抗战文艺》1：5

秋　萍
23《文艺周刊》33；
88《读书月刊》2：4—5；
221《文艺先锋》10：4，10：5，
10：6，11：1，12：2
秋　雪
19《小说世界》18：3
秋　隐
260《呼吸》创刊号
秋　琪
190《通俗文艺》26
秋　雁
154《文学界》1：4
秋　悲
99《涛声》2：37，2：43，2：45；
106《现代》3：2；
116《文艺月报》1：3
秋　魂
36《北新》3：23
秋　塘
145《宇宙风》32
秋　蒲
142《中学生文艺季刊》1：2
秋　雯
19《小说世界》16：15
秋　零
221《文艺先锋》11：3—4，11：5，
12：1，13：2
秋　滢
19《小说世界》13：20
秋　蝉
192《文学月报》3：1
秋　蓼
19《小说世界》13：4
秋　影
173《抗战戏剧》1：6—7
秋　潮
265《胶东文艺》1：3，1：4，1：
5，1：6—7
秋　蘧
149《逸经》21
秋宗章
127《人间世》33；
149《逸经》12，13，29
秋景明
65《人间月刊》1，2，3
科　一
124《新诗歌》2—3
科　德
111《文化月报》2
科新信
209《万象》3：7
矩
6《解放与改造》3：4
钝　丁
109《论语》14
钝　德
109《论语》67
钟
109《论语》139

钟　云
36《北新》1：2
钟　无
199《野草》5：2，5：4
钟　汉
109《论语》99
钟　华
262《平原文艺》2：4
钟　行
255《北方》2：1—2
钟　吾
29《莽原》周刊4
钟　员
36《北新》2：4；
44《文化批判》5
钟　辛
211《文艺生活》光复版8；
221《文艺先锋》5：4；
264《诗创造》2：2，2：3
钟　灵
172《七月》2：3；
177《文艺阵地》4：12；
272《群众文艺》创刊号，7
钟　武
25《语丝》110
钟　雨
238《希望》1：3
钟　依
145《宇宙风》82
钟　夜
172《七月》6：3
钟　衍
51《开明》新2号
钟　亮
51《开明》2：19
钟　音
98《新时代》6：2
钟　美
165《文丛》2：3；
198《现代文艺》6：1
钟　棫
145《宇宙风》20，31，35
钟　铎
159《诗歌杂志》3
钟　流
103《絜茜》创刊号
钟　隐
24《洪水》半月刊1：7，半月刊2：13
钟　瑄
172《七月》4：3
钟　瑞
18《歌谣》54
钟　歆
13《学衡》1
钟　毓
37《一般》2：3
钟　曦
93《青年界》新6：3
钟子岩
37《一般》5：2

钟天心

85《文艺月刊》1：5，2：1，2：4

钟天培

88《读书月刊》1：5

钟开民

145《宇宙风》15

钟开莱

109《论语》54，60，71；

127《人间世》5，8；

223《人世间》1：2

钟中立

25《语丝》5：26

钟月先

259《东北文化》2：1

钟文玉

98《新时代》1：3

钟文苓

209《万象》1：12，2：2，2：4，3：1，3：6，

钟心如

66《华严》1：8

钟玉成

212《文讯》4：1

钟石韦

139《新小说》1：5

钟廷秀

51《开明》1：5

钟传缨

98《新时代》4：6

钟纪明

202《文艺月报》16；

272《群众文艺》创刊号，4，11—12；

276《华北文艺》6

钟贡勋

36《北新》2：11

钟作猶

127《人间世》19，32

钟国仍

109《论语》19

钟肃仪

145《宇宙风》37

钟宪民

10《小说月报》19：7，19：8，19：9；

11《文学周报》294，307，319；

85《文艺月刊》1：1，1：2，1：3，1：4，1：5，2：1，2：2，2：3，2：4，2：5—6，2：7，2：8，2：9，2：10，3：2，3：4，3：7，3：8，4：1，4：2，4：3，4：4，4：5，5：3，5：4，9：3，9：4，战时特刊2：1，战时特刊2：3，战时特刊3：8—9；

104《矛盾》2：1，2：2，2：3，2：4，2：5，2：6，3：1，3：3—4；

128《小说》10；

221《文艺先锋》3：1，3：6；

225《时与潮文艺》2：2

钟烈镎

145《宇宙风》43

钟倚梅

85《文艺月刊》战时特刊1：10

钟凌茹

18《歌谣》2：4，2：24

钟离北

235《文艺春秋》4：3

钟望阳

180《文艺》1：6，2：2；
182《文艺新潮》1：6，2：3；
183《鲁迅风》7，19；
188《新中国文艺丛刊》3；
191《文艺新闻》创刊号，3，7；
193《戏剧与文学》1：2；
203《奔流文艺丛刊》3；
215《奔流新集》2

钟望望

180《文艺》1：6

钟焕邦

212《文讯》6：3，6：4，6：9，7：1，7：2，7：4，8：3

钟敬文

10《小说月报》17：号外下；
11《文学周报》255，268，269，283，285，287，307，314，318，329，339，343，344，345，346，347，348，349；
18《歌谣》67，68，70，71，72，74，77，78，79，80，81，83，85，90，91，96；
25《语丝》23，37，39，5：47；
36《北新》1：24，1：38，1：51—52，3：1；
37《一般》1：4，2：4，3：2，3：3，3：4，4：1，6：3，7：2，9：2，9：3；
40《真美善》4：3；
51《开明》2：11；
52《山雨》1：6，1：7，1：8—9；
57《大江》1：2，1：3；
84《开展》10—11；
93《青年界》2：1，4：1，4：2，5：1，5：5，6：1，9：2，10：1；
106《现代》2：6；
108《文艺茶话》2：1，2：9；
208《诗创作》3—4，5，8；
211《文艺生活》穗新4；
212《文讯》7：1；
235《文艺春秋》3：1，3：2，3：3，3：5，3：6，4：3，4：5，5：2；
263《文艺知识连丛》1：2；
270《小说》1：4；
276《华北文艺》6

钟道泉

141《文艺》2：3

钟慧霞

131《东流》2：4

钢　鸣

211《文艺生活》光复版14；
258《文艺丛刊》2

钦　子

37《一般》1：1，1：4，2：2

钦　文

10《小说月报》15：3，15：7，

17：5；
25《语丝》88，98，103，116，120，155，4：11，4：13，4：19，4：23，4：29，4：31；
29《莽原》周刊4，周刊22，半月刊1：6，半月刊1：13，半月刊2：4，半月刊2：9；
36《北新》1：47—48，1：49—50，2：6，2：13，2：15，3：1；
37《一般》4：1，5：2；
92《文艺新闻》24；
109《论语》76，84，92，100，104；
117《文学》8：5；
127《人间世》39，41，42；
134《太白》2：9；
145《宇宙风》1，4，5，6，7，8，9，10，12，27，35，40，44，45，46，66，69，71，72，73，74，75，76，77，92，143，152；
153《文季月刊》2：1；
177《文艺阵地》2：11，3：1，4：5；
183《鲁迅风》17；
186《宇宙风乙刊》7；
198《现代文艺》1：5

钦　珮

51《开明》1：6，1：10

钦汉章

109《论语》83

钧

221《文艺先锋》7：5

钧　石

24《洪水》半月刊2：15；
38《幻洲》1：8

钧　初

68《戏剧与文艺》1：2

钮因棠

174《抗到底》13—14

郜怀林

274《平原》5

郜瘦婴

163《热风》1：1

复

181《文艺突击》1：4，新1：1

复　三

11《文学周报》349

复　之

145《宇宙风》130

复　古

109《论语》123

复　生

117《文学》3：3

复　君

109《论语》123，126

复　基

209《万象》1：1，1：2，1：3，1：5，1：7，1：11

复星寿

19《小说世界》民众文学5

香　山

131《东流》3：1，3：2；
140《芒种》9—10；

212《文讯》4：8—9
香　谷
39《泰东》1：1，1：2，1：4，1：5，1：12，2：2，2：4
香　其
221《文艺先锋》5：5
香　圃
19《小说世界》5：8
看　地
109《论语》6
看月老人
118《文艺春秋》1：4
怎生得
99《涛声》2：17
选众妙
19《小说世界》16：11，16：12
适
2《每周评论》1，6，7，18，19，20，28，29，31，32，33，34，36；
16《努力周报》1，2，3，4，5，7，8，9，10，11，12，13，14，15，16，17，18，20，21，22，23，25，27，28，29，30，31，33，35，38，39，40，41，42，43，45，46，47，50，52，53；
36《北新》4：20；
88《读书杂志》1，2，4，7；
92《文艺新闻》17
适　之
25《语丝》31；
26《现代评论》1：21；
46《新月》1：7，1：11
适　夷
10《小说月报》21：4，22：9；
25《语丝》5：39；
37《一般》3：4；
38《幻洲》2：8；
45《现代小说》3：4，3：5—6；
61《朝花》周刊17，旬刊1：5；
62《海风周报》12，14—15；
75《萌芽》1：3；
76《拓荒者》3，4—5；
83《现代文学》1：4；
85《文艺月刊》战时特刊1：8，战时特刊1：12；
88《读书月刊》2：4—5，3：3；
92《文艺新闻》10，12，13，14，15，19，20，21，22，25，26，公演特刊，30，32，33，43，48，53；
93《青年界》2：1，2：3，2：4，2：5；
100《北斗》1：2，2：1；
106《现代》1：1，2：6，3：1，3：2；
107《文学月报》1：3，1：4，1：5—6；
111《文化月报》1：1，2；
117《文学》1：1；
172《七月》2：1，3：3；
177《文艺阵地》1：1，1：4，1：5，2：1，2：7，2：8，2：9，

2：10，2：11，2：12，3：1，3：2，3：3，3：4，3：5，3：6，3：7，3：8，3：9，3：10，3：11，3：12，4：1，4：2，4：3，4：4，4：5，4：6，4：7，4：8，4：9，4：10，4：11，4：12，5：1，5：2；
178《抗战文艺》1：1，1：7，1：10，1：11，2：3，2：6，5：4—5；
182《文艺新闻》1：4—5，2：1，2：2，2：3，2：4，2：5，2：6，2：7；
188《新中国文艺丛刊》2；
191《文艺新闻》7；
199《野草》第8集，第9集；
210《笔谈》5，6，7；
211《文艺生活》海外版1，海外版12；
215《奔流新集》1；
223《人世间》复刊3；
235《文艺春秋》4：3，4：5；
267《大众文艺丛刊》1；
270《小说》1：1，1：2，1：3，1：4，1：6，2：1，2：2，2：3，2：6

适 安

267《大众文艺丛刊》4

适 怀

189《西线文艺》1：5

适 越

177《文艺阵地》2：6，2：8

重

37《一般》9：4；
191《文艺新闻》2

重 九

18《歌谣》60

重 千

93《青年界》新4：1

重 马

212《文讯》7：6

重 世

31《甲寅》1：27

重 民

26《现代评论》7：171

重 光

99《涛声》1：9，1：22，1：23，1：25

重 村

141《文艺》1：3

重 哑

109《论语》52

重 熹

99《涛声》1：27

修 人

5《少年中国》1：11，2：3；
11《文学周报》33；
13《诗》1：4；
16《努力周报》15；
27《支那二月》1：1，1：2，1：4

修　士
264《诗创造》2：4
修　勺
10《小说月报》18：4；
37《一般》1：3；
133《译文》2：6，新 1：3
修　文
140《芒种》2：1
修　奇
151《文学丛报》4
修　虹
195《黄河》4：6
修　梅
57《大江》1：1
修　善
25《语丝》4：22，4：28
修古藩
35《沉钟》19，20，21，23，24，25，
26，27，28，29，31，32，34
俚　伶
262《平原文艺》2：2
保
191《文艺新闻》4
保　尔
11《文学周报》374；
74《新文艺》1：2，1：5；
79《巴尔底山》1：2—3；
218《文坛》2
保　罗
92《文艺新闻》53，54；
173《抗战戏剧》创刊号，2：4—5；
185《笔阵》12
保　青
163《热风》1：1
俭　朴
51《开明》2：19，2：25
信
11《文学周报》24；
109《论语》60
信　公
26《现代评论》6：136
信　风
109《论语》90
信　翰
37《一般》1：3
佷　工
10《小说月报》12：11，13：5，
13：6，13：10，13：12，14：
3，14：5，14：9，14：10，15：
8，16：12，17：4；
89《当代文艺》1：5；
94《现代文学评论》1：3，2：1—2
侯　风
178《抗战文艺》3：4；
193《戏剧与文学》1：2
侯　朴
25《语丝》5：50；
36《北新》4：7，4：10，4：14；
85《文艺月刊》1：3，2：4，2：
5—6，2：8，2：9，4：4
侯　枫
85《文艺月刊》战时特刊 3：3—4，

战时特刊号外1，战时特刊3：5—6，战时特刊3：8—9；
150《东方文艺》1：3；
157《今代文艺》1：1，1：3
173《抗战戏剧》2：4—5；
179《戏剧新闻》创刊号

侯　柯

161《电影戏剧》1：1

侯　信

212《文讯》4：10—11—12

侯　寅

51《开明》2：25

侯　傭

109《论语》48

侯　毅

109《论语》28

侯干城

270《小说》3：1

侯井天

274《平原》14

侯凤岗

265《胶东文艺》1：8

侯石年

25《语丝》122

侯齐贤

25《语丝》84

侯外庐

199《野草》第9集；
228《中原》2：1

侯汝华

85《文艺月刊》4：2，4：6，6：1，7：3，8：2；
98《新时代》1：6，2：2—3，5：2，5：4，5：6，6：1，6：2，7：4；
104《矛盾》2：2，3：1；
106《现代》2：4，3：2，4：2；
123《中国文学》1：6；
126《诗歌月报》1：3，1：5；
128《小说》14；
139《新小说》1：4，2：1；
141《文艺》4：6；
160《新诗》1：1，1：4，1：6，2：1，2：3—4；

侯述彤

31《甲寅》1：21

侯鸣皋

85《文艺月刊》10：4—5，11：1

侯佩尹

10《小说月报》14：12；
26《现代评论》4：82；
83《现代文学》1：5；
85《文艺月刊》3：7，3：9，3：10，3：11，4：1，4：4，4：5，5：1，5：3，5：4，6：1，8：2；
93《青年界》1：3；
108《文艺茶话》1：2；
123《中国文艺》1：5

侯金保

181《文艺突击》新1：2

侯金镜

276《华北文艺》4

侯绍裘
12《戏剧》2：2
侯相九
271《文学战线》1：4，1：5—6
侯宽昭
41《民间文艺》9—10
侯家静
93《青年界》12：1
侯唯动
93《青年界》9：5；
172《七月》2：4；
175《战地》1：5；
208《诗创作》16，17，18；
211《文艺生活》穗新6；
240《文哨》1：3；
261《东北文艺》2：2，2：6；
271《文学战线》1：5—6；
273《文艺月报》2
侯唯勋
93《青年界》9：3
侯漱艳
159《诗歌杂志》2，3
侯镇庭
85《文艺月刊》11：1
侯德章
242《新群众》1：5
侯德修
142《中学生文艺季刊》2：3，2：4
侯樵仲
19《小说世界》4：3，4：6，8：12
俊 夫
88《读书月刊》1：1
俊 仁
10《小说月报》15：号外
俊 伯
182《文艺新潮》1：10
俊 青
149《逸经》33
俊 若
142《中学生文艺季刊》3：2
俊 珊
225《时与潮文艺》4：4
俊 闻
45《现代小说》3：5—6；
106《现代》2：2，5：3，6：1
俊 德
93《青年界》8：5；
113《新诗歌》1：4
俊 儒
242《新群众》2：1
顺
117《文学》4：2
顺 风
25《语丝》26，75
顺 民
109《论语》18，37；
138《文饭小品》1：6
段 片
109《论语》50
段 澜
7《曙光》1：2，1：4，1：6

段　落
110《小说月刊》1：3
段干青
150《东方文艺》2：1；
155《光明》2：11；
177《文艺阵地》4：4，4：6，4：7
段士荣
18《歌谣》35
段广焕
106《现代》3：2
段子燮
5《少年中国》2：4
段化南
255《北方杂志》1：6
段公爽
85《文艺月刊》10：4—5
段平佑
93《青年界》3：4
段可情
10《小说月报》22：9；
24《洪水》半月刊3：27；
34《创造月刊》1：4，1：7，1：8，1：9，1：10，2：1，2：2，2：3，2：4，2：5，2：6；
45《现代小说》3：4；
55《大众文艺》2：1，2：5—6；
76《拓荒者》3，4—5；
83《现代文学》1：6；
85《文艺月刊》4：6，5：1，5：2，5：3，5：4，7：3，9：6；
94《现代文艺评论》1：1，1：3，2：1—2；
123《中国文学》1：1，1：2，1：3—4；
129《文艺风景》1：2；
139《新小说》1：2；
141《文艺》2：1
段白莼
10《小说月报》20：12，21：4，21：6，22：3，22：4；
94《现代文学评论》2：1—2
段句章
271《文学战线》1：5—6
段式健
145《宇宙风》36
段任辰
229《艺文杂志》2：2
段次颜
18《歌谣》48
段位忒
106《现代》5：4
段若青
85《文艺月刊》战时特刊第11年4月号；
217《文艺杂志》1：6；
221《文艺先锋》2：1
段茂淇
7《曙光》1：1
段叔泉
7《曙光》2：1
段念兹
195《黄河》2，2：4，4：1

段家骧
18《歌谣》47
段梦晖
84《开展》3，4
段庵旋
11《文学周报》361；
25《语丝》133
段喜谷
19《小说世界》3：3
段超人
93《青年界》11：1，12：1
段祺瑞
31《甲寅》1：18，1：31，1：33
段翰荪
18《歌谣》88
段耀林
93《青年界》9：1，10：1
皇甫盛
255《时与潮文艺》2：4
皇父一
109《论语》151，152，154，158，159，166
泉
209《万象》3：3，3：4
泉 安
37《一般》9：2
追
51《开明》新3
禹 平
221《文艺先锋》11：3—4
禹 玄
36《北新》2：10
禹 良
248《中原·文艺杂志·希望·文哨联合特刊》1：4
禹 明
251《文艺杂志》1；5，4：1，4：2，4：3，4：4；
276《华北文艺》3
禹 钟
19《小说世界》1：13，2：1，2：10，3：3，3：9，4：11，4：13，5：1，5：2，5：6，5：9，5：11，5：13，6：1，6：7，6：8，7：1，7：7，7：10，7：11，7：12，8：1，8：2，8：3，8：7，8：10，10：6，10：11，10：13，11：1，11：5，11：8，12：7，12：9
禹 亭
36《北新》2：13
禹 鼎
199《野草》2：3
鬼 人
109《论语》176
鬼 邻
79《巴尔底山》1：1，1：2—3，1：4
待 晴
171《烽火（呐喊）》9

待向篱
85《文艺月刊》战时特刊3：8—9
徇 道
109《论语》13，19，24
衍 华
93《青年界》10：5
衍 如
99《涛声》2：31—32
律
109《论语》137，138
律 白
2《每周评论》19
律 西
19《小说世界》2：8
律 宣
209《万象》1：12
律 藻
109《论语》122
须 弥
109《论语》119，120，122
须 旅
85《文艺月刊》11：2；
178《抗战文艺》3：2
须白石
85《文艺月刊》9：3；
109《论语》45；
139《新小说》1：4，2：1
须养才
142《中学生文艺季刊》1：2，2：3，3：1
叙 文
229《艺文杂志》2：1
剑
11《文学周报》3；
84《开展》2；
190《通俗文艺》8
剑 三
7《曙光》2：1；
10《小说月报》13：9；
11《文学周报》7，28，12，43，48，58
剑 云
195《黄河》4
剑 仇
109《论语》41，45
剑 公
26《现代评论》2：42
剑 文
195《黄河》2：7
剑 心
19《小说世界》9：1，民众文学9；
51《开明》1：3，1：5
剑 予
51《开明》2：22，2：23，2：25
剑 民
88《读书月刊》1：2
剑 芒
25《语丝》5：18
剑 先
145《宇宙风》89；
183《鲁迅风》6，10

剑　华
40《真美善》2：1
剑　冰
113《新诗歌》1：4；
131《东流》创刊号，1：5，2：4；
197《大众文艺》2：2；
208《诗创作》2，8
剑　运
38《幻洲》1：11
剑　余
39《泰东》1：5
剑　庐
19《小说世界》7：1，民众文学1，民众文学2，民众文学4
剑　君
109《论语》22；
117《文学》6：4
剑　鸣
216《战时文艺》1：1
剑　波
38《幻洲》1：7，1：8，1：9；
51《开明》2：17；
145《宇宙风》130；
198《现代文艺》5：5
剑　虹
145《宇宙风》150
剑　秋
265《胶东文艺》1：3，1：5，1：8
剑　侯
51《开明》1：9
剑　脩
4《国民》1：3，1：4；
26《现代评论》4：81，4：101
剑　萍
84《开展》1，3，4，5，6—7
剑　超
53《思想》1：4
剑　舒
19《小说世界》侦探号
剑　魂
195《黄河》4
剑　影
19《小说世界》11：9，11：10，11：11，11：13，12：1，12：3，12：4，12：6，12：9，12：13，14：2，14：10，14：14，16：4
剑　霜
226《风雨谈》21
剑　瞻
109《论语》154
郗秉昌
18《歌谣》75
俞　夷
180《文艺》2：1，2：2，2：3，2：5，3：2，3：3—4；
191《文艺新闻》6
俞　坚
268《蚂蚁小集》3
俞　林
276《华北文艺》创刊号

俞　明
218《文坛》2：1；
222《青年文艺》3
俞　易
198《现代文艺》1：3，2：1
俞　荻
180《文艺》1：4，1：5，2：6；
182《文艺新潮》1：4—5，1：7，1：8，2：9；
191《文艺新闻》5
俞　彬
91《文学生活》1
俞　晨
247《人民文艺》1：6
俞　逸
31《甲寅》1：39
俞　棘
172《七月》2：2，2：5；
198《现代文艺》4：4
俞　提
209《万象》3：9
俞　辉
209《万象》1：10
俞　遥
106《现代》3：5
俞　煌
154《文学界》1：4
俞　磬
198《现代文艺》1：6，2：4
俞人生
99《涛声》2：39
俞力株
241《文艺大众》3
俞士镇
14《学衡》73；
229《艺文杂志》2：7—8
俞千芳
19《小说世界》8：10
俞大纲
90《诗刊》1，2，3
俞大絪
85《文艺月刊》5：1，6：3，战时特刊第11年8月号；
225《时与潮文艺》1：1，2：4，3：3，3：6，4：4，5：3
俞之柏
14《学衡》19
俞艺香
46《新月》1：6；
85《文艺》5：6
俞天游
19《小说世界》15：18；15：19，18：1
俞云阶
177《文艺阵地》1：11
俞元咏
109《论语》176，177；
145《宇宙风》112
俞友清
109《论语》11，152；
127《人间世》32；
134《太白》1：7；

149《逸经》5，17，22

俞少堂

51《开明》1：8

俞长源

40《真美善》3：1

俞文元

10《小说月报》12：12

俞文卿

51《开明》2：10

俞亢咏

209《万象》1：4

俞尔康

93《青年界》新2：1，新3：2，新3：3，新3：4，新4：3

俞平伯

1《新青年》4：5，6：3，7：2，8：3，8：4，8：5，9：1；

3《新潮》1：2，1：3，1：4，1：5，2：1，2：2，2：3，2：4，3：1；

4《国民》2：1；

10《小说月报》13：7，13：8，14：2，14：3，14：4，14：5，14：6，14：8，14：10，16：1，17：号外上，18：8，18：11，19：1，19：2，19：4，20：2；

11《文学周报》19，26，27，33，37，42，60，72，92，93，100，135，136，152；

13《诗》1：1，1：2，1：3，1：4，2：1，2：2；

25《语丝》9，35；

26《现代评论》1：9；

46《新月》3：9，4：3；

109《论语》10，25，33，53，57，79，118，119，125，127，130，131，132，134，136，137，144，145，146，148，155，160，161，163；

117《文学》1：1，2：6；

127《人间世》2，10，11，17，24，29；

138《文饭小品》1：3；

149《逸经》1，9；

167《文学杂志》3：3，3：5；

209《万象》3：10；

229《艺文杂志》1：1，1：2，1：3；

276《华北文艺》5

俞灰马

98《新时代》2：1

俞同奎

26《现代评论》2：32

俞曲园

109《论语》155

俞传锐

160《新诗》2：3—4

俞自强

149《逸经》27

俞汝宪

52《山雨》1：6

俞安身

37《一般》2：4

俞异君
142《中学生文艺季刊》1：3，2：4
俞志远
117《文学》8：2
俞苍茫
264《诗创造》2：2
俞佐传
109《论语》54，57
俞良洪
209《万象》1：11，1：12，2：1，2：3，2：5，2：6，2：10，4：2，4：4，4：6
俞若冰
19《小说世界》14：15，15：4
俞念远
56《乐群》半月刊1；
122《文学季刊》2：3
俞绍麟
36《北新》2：5
俞珍华
51《开明》2：8
俞茗泉
93《青年界》4：2
俞昭明
209《万象》2：4，2：11，号外
俞剑华
40《真美善》2：2，2：3
俞炽臣
19《小说世界》7：9
俞觉菴
19《小说世界》8：9
俞陛云
19《小说世界》16：7
俞颂华
1《新青年》3：1，3：3
俞梅初
12《戏剧》1：4
俞铭传
167《文学杂志》2：2，2：3，2：12；
244《文艺复兴》1：1，3：5
俞康德
127《人间世》16
俞鸿模
131《东流》2：1，2：2
俞鸿谟
145《宇宙风》25
俞斯瑾
51《开明》2：25
俞景瑞
19《小说世界》8：8
俞敦培
19《小说世界》13：20，13：21
俞锡南
186《宇宙风乙刊》20
俞滨起
145《宇宙风》108
俞慕古
29《小说世界》5：10，8：8，9：7，9：9，9：12，10：2，10：12，10：13，11：3
俞慧殊
1《新青年》4：3

俞牖云

40《真美善》1：8，1：9

俞钱云辉

18《歌谣》15

爰　言

186《宇宙风乙刊》创刊号

独

117《文学》5：2，5：5

独　及

196《战国策》附《战国》副刊8

独　夫

25《语丝》4：46；

74《新文艺》2：1；

109《论语》37，44

独　奇

127《人间世》35，40，41

独　笑

10《小说世界》11：2

独　逸

11《文学周报》249—250；

36《北新》1：18；

37《一般》1：3

独　清

47《流沙》1，4；

49《畸形》1；

92《文艺新闻》21

独　悲

36《北新》4：9

独茧生

19《小说世界》14：20，14：22，15：8，15：9，15：16

狱　夫

195《黄河》5

饶　恕

221《文艺先锋》12：1

饶　焰

211《文艺生活》光复版13

饶　影

119《戏》2

饶了一

10《小说月报》13：4

饶百迎

11《文学周报》300

饶兴义

262《平原文艺》1：1

饶余威

185《笔阵》7

饶孟侃

10《小说月报》17：5；

26《现代评论》4：86，6：143；

46《新月》1：2，1：4，1：5，1：6，1：7，1：8，1：12，2：5，2：6—7，2：9，2：12，3：1，4：1；

90《诗刊》1，3，4；

93《青年界》5：2

饶荣春

19《小说世界》13：19，13：22，14：8，14：9，14：12，14：13，14：16，15：2，15：8，15：14

饶超华
24《洪水》半月刊3：29；
29《莽原》半月刊1：23，半月刊2：13，半月刊2：14，半月刊2：15，半月刊2：16，半月刊2：17；
43《未名》1：3，1：4，1：7；
45《现代小说》1：4
饶强生
26《现代评论》2：52
饶疏泰
3《新潮》3：2
饶楚瑜
125《春光》1：3
饶震飞
185《笔阵》新1
胆 石
177《文艺阵地》4：6，4：11
胜 华
24《洪水》半月刊2：19
胜 寒
195《黄河》3
勈 子
33《狂飚》周刊16
盈
191《文艺新闻》4
盈 昂
25《语丝》4：26，4：37，4：48；
85《文艺月刊》1：5，2：1，3：7；
97《创作》1：1
勉 士
25《语丝》5：16，5：18，5：25
勉 之
88《读书月刊》1：2，2：1，2：6，3：1—2，3：4；
99《涛声》1：35
勉 予
39《泰东》1：9
勉 君
32《清华文艺》1：1，1：2，1：5
勉 咨
109《论语》4
勉 旃
26《现代评论》1：3
勉 斋
221《文艺先锋》10：3，10：4，11：1，11：2，11：3—4
逐 山
209《万象》3：10
逃亡者
36《北新》3：14
逃难者
99《涛声》2：41
施 讷
10《小说月报》14：8
施 旸
208《诗创作》10
施 佛
219《文学批评》2
施 君
106《现代》6：1

施 杰

209《万象》1：11，1：12，2：1，2：3，2：8

施 果

209《万象》3：7

施 重

270《小说》1：5

施 实

190《通俗文艺》11

施 贻

185《笔阵》新 4，新 2：1

施 谊

155《光明》1：2，1：5，1：8，2：1，2：4，2：5

施 展

252《北方文化》2：6；

255《北方》1：1

施 梅

191《文艺新闻》3

施 章

10《小说月报》17：号外上；

13《诗》1：5；

85《文艺月刊》7：1

施 鼎

93《青年界》6：5

施 焰

179《戏剧新闻》8—9

施 畸

31《甲寅》1：14，1：15，1：16

施 稔

198《现代文艺》2：6，3：2，3：3，3：4，3：5，3：6

施 穆

268《蚂蚁小集》6，7

施子琴

51《开明》1：9，2：4

施天侔

212《文讯》6：9

施不便

99《涛声》2：22

施少素

37《一般》6：2

施见三

1《新青年》9：2

施仁秀

142《中学生文艺季刊》2：1

施月明

93《青年界》新 4：4

施巴克

159《诗歌杂志》2，3；

166《文艺科学》1

施文范

85《文艺月刊》战时特刊 3：7

施文锦

19《小说世界》16：6，16：10

施存统

3《新潮》2：2；

7《曙光》1：2，2：3；

57《大江》1：3

施成裕

19《小说世界》16：2，16：3

施仲言

85《文艺月刊》11：1，11：2

施仿亮

125《春光》1：1

施华洛

95《前哨》1：8

施江淹

11《文学周报》169，171

施克余

109《论语》140

施狄斯

128《小说》1

施言佳

109《论语》10

施宏告

122《文学季刊》2：3

施若霖

182《文艺新潮》2：6

施弥德

128《小说》2

施孟胥

93《青年界》4：2，新 5：2

施绍文

85《文艺月刊》战时特刊 2：11—2，战时特刊 10：2

施威克

19《小说世界》7：11

施济美

209《万象》1：10，1：11，2：3，2：6，2：9，2：11，3：1，3：3，3：5，3：7，3：10，号外

施笔斧

25《语丝》5：11

施乘风

199《野草》4：4—5

施陶文

1《新青年》季刊 2

施寄寒

68《戏剧与文艺》1：4；

73《南国周刊》1：4；

173《抗战戏剧》2：4—5

施维民

254《热潮》创刊号

施维明

254《热潮》1：2

施颍洲

171《烽火（呐喊）》17

施蛰存

10《小说月报》19：1，21：6，21：9，21：10，21：11，21：2，22：7，22：8，22：9；

11《文学周报》100，223，308，317；

26《现代评论》6：141，6：148；

45《现代小说》3：1，3：2；

54《无轨列车》4，5；

74《新文艺》1：1，1：3，1：4，1：5，2：1，2：2；

85《文艺月刊》2：10，2：11—12；

92《文艺新闻》44；

93《青年界》2：2，8：2，9：1，10：1；

99《涛声》2：46；
104《矛盾》2：3，3：3—4；
106《现代》1：1，1：2，1：5，2：1，2：2，3：1，3：2，3：5，4：1，4：3，5：2，5：3，5：5，5：6；
109《论语》91，119，120，142，147，155；
117《文学》5：1；
127《人间世》15，26；
128《小说》5；
129《文艺风景》1：1，1：2；
138《文饭小品》1：1，1：2，1：3，1：4，1：5，1：6；
139《新小说》1：1；
145《宇宙风》10，13，15，24，28，32，33，39，48，53，60，70，71，72，117—118，124；
145 附《宇宙风·逸经·西风非常时期联合旬刊》4；
160《新诗》1：5，2：1，2：2；
167《文学杂志》1：2；
169《中国文艺》1：2；
209《万象》3：5，3：6，3：7，4：6；
212《文讯》9：1；
221《文艺先锋》1：3；
231《新文学》1：1，1：2，1：3；
235《文艺春秋》2：3，2：4，2：6，3：1，3：2，3：3，3：4，3：5，4：3，4：4，5：2，6：1，8：1

施善余

109《论语》84，90

施魂影

109《论语》109，111，113，116

施楚卿

84《开展》10—11

施嘉蜜

104《矛盾》3：2

施醒狮

19《小说世界》15：5

哀　兮

28《猛进》25

哀　灵

149《逸经》13

亭　长

183《鲁迅风》4

亭　亭

99《涛声》1：8；
109《论语》52

亮

19《小说世界》7：1；
106《现代》6：1；
210《笔谈》2

亮　曾

19《小说世界》16：7

音　麦

229《艺文杂志》2：4

音　奇

10《小说月报》14：9

音　鹃
198《现代文艺》2：4
彦　夫
251《文艺杂志》1：6，2：3，4：2
彦　英
39《泰东》2：10
彦　祥
25《语丝》5：47；
71《戏剧》1：3，1：5；
92《文艺新闻》10；
97《创作》1：3
彦　培
109《论语》43
彦　涵
178《抗战文艺》7：1；
222《青年文艺》新1：4；
243《文联》1：3；
250《鲁迅文艺》1：2；
252《北方文化》2：2，2：3，2：4；
258《文艺丛刊》2；
270《小说》4：2；
271《文学战线》1：3
度曲郎
207《时代文学》1：1，1：2
峦　相
93《青年界》新4：5
庭丁钞
99《涛声》1：34
迹　余
50《奔流》2：2；
75《萌芽》1：1
恺
109《论语》132，133，134；
117《文学》4：3
恺　良
25《语丝》4：34
恺　悌
145《宇宙风》121
恰　星
109《论语》18
恪
117《文学》6：2
恽　震
5《少年中国》1：5，1：12，2：7，2：9，2：10，2：12，3：5，3：6，3：9，3：11，3：12，4：10，4：11；
6《解放与改造》2：7，3：1
恽子强
252《北方文化》2：3
恽代英
1《新青年》3：1，3：5；
5《少年中国》1：10，1：11，1：12，2：1，2：3，2：5，2：7，2：9，2：12，3：5，3：11，4：3，4：7，4：9；
6《解放与改造》2：15，2：16
恨　木
19《小说世界》17：1
恨　予
209《万象》3：3

恨　石

127《人间世》15

恨　芝

261《东北文艺》1：4

闻　弓

264《诗创造》2：3

闻　天

10《小说月报》15：号外；

15《创造》1：4；

247《人民文艺》4

闻　玄

145 附《宇宙风·逸经·西风非常时期联合旬刊》5

闻　问

134《太白》1：10，1：11，2：2，2：3，2：8，2：10

闻　青

226《风雨谈》2

闻　杰

195《黄河》复刊 3

闻　诚

19《小说世界》8：1

闻　宥

18《歌谣》2：12

闻　诚

19《小说世界》7：3，7：10，10：2，10：9

闻　莺

141《文艺》1：3

闻　涛

38《幻洲》2：4

闻　梵

85《文艺月刊》8：6

闻　捷

265《胶东文艺》1：3

闻　歌

177《文艺阵地》4：8；

182《文艺新潮》2：5；

203《奔流文艺丛刊》1，2，5；

208《诗创作》8；

215《奔流新集》2；

246《文坛月报》1：2

闻　毅

219《文学批评》2

闻　穗

85《文艺月刊》5：5，5：6，6：2；

98《新时代》3：5—6，4：2，4：6；

109《论语》113

闻一多

10《小说月报》16：3；

11《文学周报》99；

15《创造》1：4，2：1；

22《创造周报》4，5；

26《现代评论》2：29，2：30，2：31，2：33，2：41，6：155；

30《大江》1：1，1：2；

46《新月》1：1，1：2，1：3，1：4，1：6，1：7，2：9，3：5—6；

90《诗刊》1；

93《青年界》5，2；

167《文学杂志》2：3，2：5，2：7，3：4；

224《天下文章》2：4；
225《时与潮文艺》2：3；
228《中原》2：2；
235《文艺春秋》4：4，5：2；
244《文艺复兴》3：5，研究号上；
266《中国作家》1：1

闻兰亭

109《论语》54

闻吕鹤

10《小说月报》21：7

闻旭东

229《艺文杂志》2：6

闻惕生

149《逸经》15

闻国新

25《语丝》125；
117《文学》7：4，7：6；
130《当代文学》1：4；
134《太白》1：5，1：7，1：9，2：6；
229《艺文杂志》1：1，1：4，1：6，2：7—8，3：1—2

闻钧天

32《清华文艺》1：3

闻家驷

49《新月》1：1，1：8；
122《文学季刊》1：4；
167《文学杂志》2：11

闻野鹤

19《小说世界》13：1，13：3，13：6，13：7，13：8，13：9，14：2，14：18，14：21，14：25，15：5，16：8，18：4

闽侯七十二叟

106《现代》6：2

炳

155《光明》1：3

炳　一

274《平原》创刊号

炳　父

28《猛进》4，7，12，19，26，53

炳　文

7《曙光》2：2；
26《现代评论》1：6；
109《论语》73

炳　如

251《文艺杂志》2：6

炳　圻

229《艺文杂志》2：5，2：11，3：1—2

炳　著

155《光明》1：3

炼　虹

221《文艺先锋》11：1，13：1

炼　霞

209《万象》2：7

炽　虹

139《新小说》1；5

炯　之

167《文学杂志》1：4

炯　子

207《时代文学》1：3

炮　灰
103《论语》108
洁
109《论语》41
洁　人
98《新时代》5：4
洁　白
150《东方文艺》1：2
洁　予
56《乐群》2；7
洁　荪
85《文艺月刊》6：2
洁　泯
177《文艺阵地》6：3；
208《诗创作》5
洁　梅
39《泰东》1：11，2：4，2：5，2：7；
70《引擎》1
洁　然
263《文艺知识连丛》1：3
洁　孺
177《文艺阵地》3：8；
219《文学批评》2
洪
155《光明》1：12
洪　干
85《文艺月刊》战时特刊4：3—4
洪　飞
251《文艺杂志》3：5；
255《北方》2：1—2
洪　丹
10《小说月报》13：12
洪　水
249《白山》2
洪　本
224《天下文章》2：4
洪　叶
113《新诗歌》2：3；
125《春光》1：3
洪　轨
195《黄河》4：1
洪　光
270《小说》3：3
洪　芳
231《新文学》1：2
洪　林
267《大众文艺丛刊》4，5
洪　放
211《文艺生活》海外版8
洪　波
180《文艺》2：6；
182《文艺新潮》2：2，2：4；
193《戏剧与文学》1：1，1：3；
203《奔流文艺丛刊》2，4；
207《时代文学》1：4
洪　绂
196《战国策》6
洪　荒
199《野草》2：4；
206《华北文艺》1：3；
251《文艺杂志》1：4

洪　钟

185《笔阵》新 1：5，新 2，新 8，革新 1；
211《文艺生活》光复版 10；
244《文艺复兴》2：6

洪　钧

251《文艺杂志》4：2

洪　涛

44《文化批判》4；
142《中学生文艺季刊》1：4；
159《诗歌杂志》2，3；
177《文艺阵地》2：12；
195《黄河》4：1；
216《战时文艺》1：1，1：2，1：3，1：4，1：5，2：1

洪　流

172《七月》5：3；
189《西线文艺》1：3，1：4；
222《青年文艺》2

洪　深

14《学衡》45；
69《南国月刊》2：2；
85《文艺月刊》7：1，8：1，8：5，8：6，11：1，战时特刊 1：5；
92《文艺新闻》30；
93《青年界》3：3，12：1，新 2：4，新 2：5；
104《矛盾》1：5—6，2：5；
106《现代》4：2，4：3，4：4，4：5；
107《文学月报》1：1，1：2，1：3，1：4，1：5—6；
109《论语》13；
117《文学》2：1，2：2，2：3，2：4，2：6，4：1，4：5，6：3，7：1；
119《戏》1，2；
122《文学季刊》1：3；
134《太白》1：1，1：4，1：5，1：8，2：6；
139《新小说》1：2；
155《光明》1：1，1：2，1：3，1：5，1：6，2：3；
161《电影戏剧》1：2；
168《戏剧时代》1：1，1：3；
169《中国文艺》1：2，1：3；
173《抗战戏剧》创刊号，2：1，2：4—5；
178《抗战文艺》7：2—3；
179《戏剧新闻》创刊号，4；
192《文学月报》3：1；
201《戏剧春秋》1：3，1：5，2：1，2：2，2：3；
212《文讯》7：6，9：1；
220《文学创作》2：3；
221《文艺先锋》4：2，10：2；
225《时与潮文艺》4：2，4：4；
232《戏剧时代》创刊号，1：2，1：3；
235《文艺春秋》3：1，3：3，4：1，6：2，7：6

洪 焕

174《抗到底》号外

洪 敢

92《文艺新闻》17

洪 畴

56《乐群》1：1，1：3，半月刊4

洪 道

148《诗歌生活》1，2；

150《东方文艺》1：3；

151《文学丛报》1；

154《文学界》1：2；

155《光明》1：9，3：3；

159《诗歌杂志》3；

175《战地》1：2，1：5；

178《抗战文艺》1：12；

180《文艺》1：1；

199《野草》新2号；

208《诗创作》9；

211《文艺生活》光复版2，光复版3，光复版9，海外版5，穗新1；

223《人世间》复刊8—9；

233《当代文艺》1：2；

258《文艺丛刊》1，2

洪 瑞

117《文学》3：1

洪 韵

265《胶东文艺》创刊号

洪 源

221《文艺先锋》13：4

洪 滔

141《文艺》3：5，3：6

洪 熙

16《努力周报》27

洪 櫄

25《语丝》118，148

洪 摩

145《宇宙风》42

洪 蕾

199《野草》5：4

洪 露

178《抗战文艺》2：9

洪一鹤

88《读书月刊》3：4

洪文佩

108《文艺茶话》2：5，2：8

洪文瀚

186《宇宙风乙刊》31

洪为法

15《创造》1：2，1：3，2：1，2：2；

22《创造周报》4，33，40，41，42；

24《洪水》半月刊1：24，半月刊2：20；

38《幻洲》2：5，2：7；

85《文艺月刊》1：1，1：2；

93《青年界》4：5，5：1，5：2，5：3，5：4，5：5，6：1，6：4，6：5，7：1，7：2，7：4，8：1，8：3，9：1，10：1，10：4，11：1，12：1

洪为济

131《东流》2：2，3：1；

143《杂文》2；

150《东方文艺》1：3；
157《今代文艺》1：3

洪正伦

84《开展》1：6—7

洪去火

109《论语》130

洪右举

257《长城》创刊号

洪北平

11《文学周报》332，335

洪白苹

10《小说月报》12：6，12：8，13：1

洪永济

51《开明》1：8

洪沛三

19《小说世界》6：10

洪灵菲

42《太阳月刊》5，6；
45《现代小说》3：1，3：4，五一特刊；
48《我们》1：1，1：2，1：3；
55《大众文艺》2：4；
62《海风周报》14—15；
67《新流月报》1，2，3；
76《拓荒者》1，2，3，4—5；
78《文艺讲座》1；
104《矛盾》1：3—4

洪茂青

98《新时代》2：1

洪郁芝

85《文艺月刊》8：6

洪明汶

93《青年界》新4：3

洪秉夫

142《中学生文艺季刊》2：2

洪学琛

24《洪水》半月刊3：31，半月刊3：32；
38《幻洲》2：8

洪思齐

196《战国策》3，4，5，7

洪思济

196《战国策》10

洪济生

223《人世间》2：1

洪素野

85《文艺月刊》2：8，6：1，7：1；
220《文学创作》2：3

洪振周

19《小说世界》12：3

洪毅然

185《笔阵》新1

洪衡石

24《洪水》半月刊1：2

洪懋熙

51《开明》2：24

洒　洁

51《开明》2：21

浊　人

127《人间世》37

洞中人
109《论语》73
洗　马
199《野草》新5号
洗　云
51《开明》1：6
洗　尘
208《诗创作》12
洗　群
85《文艺月刊》10：4—5；
141《文艺》3：4；
172《七月》1：3，1：5；
173《抗战戏剧》2：2—3，2：4—5；
187《戏剧岗位》1：2—3；
201《戏剧春秋》1：5；
221《文艺先锋》7：2；
232《戏剧时代》1：2
洗德琇
141《文艺》4：1
活　人
145 附《宇宙风·逸经·西风非常时期联合旬刊》7
活　川
23《文艺周刊》9
派　蕃
221《文艺先锋》12：5，12：6，13：4
洵　美
63《金屋》1：1，1：2，1：3，1：5，1：7，1：8，1：9—10，1：11；
109《论语》10，12，16，90，177
洵侯孙
90《诗刊》2
洛
117《文学》4：6；
191《文艺新闻》5
洛　凡
177《文艺阵地》4：3；
191《文艺新闻》6
洛　子
113《新诗歌》2：1
洛　夫
99《涛生》2：42，2：44；
251《文艺杂志》1：6
洛　丰
206《华北文艺》1：2
洛　文
111《文化月报》1：1
洛　心
264《诗创造》2：3
洛　生
10《小说月报》20：12，21：1，21：2；
74《新文艺》2：1，2：2；
87《前锋月刊》1：3；
106《现代》6：4；
246《文坛月报》1：1；
272《群众文艺》2
洛　田
243《文联》1：4；
247《人民文艺》4

洛　兰
178《抗战文艺》3：7
洛　扬
50《奔流》2：5；
75《萌芽》1：1，1：2，1：3，1：5；
92《文艺新闻》58；
95《前哨》1：6—7；
105《文学》1：1；
106《现代》2：3；
111《文化月报》创刊号，2
洛　军
178《抗战文艺》武汉特刊 4
洛　妇
140《芒种》5
洛　芷
98《新时代》4：6，5：4，5：6；
221《文艺先锋》8：3
洛　甫
194《中国文化》1：2
洛　辛
241《文艺大众》新 4
洛　孚
40《真美善》4：6
洛　青
165《文丛》2：1
洛　雨
203《奔流文艺丛刊》2，3；
235《文艺春秋》4：2，4：6，5：2，6：3
洛　依
106《现代》2：5
洛　姑
262《平原文艺》2：3
洛　珈
195《黄河》4：4
洛　思
199《野草》新 2 号
洛　翁
19《小说世界》10：13
洛　卿
25《语丝》142，153，4：10，4：14；
52《山雨》1：6
洛　梦
19《小说世界》9：1，9：2，9：3，9：4，9：5
洛　黎
145《宇宙风》别册 3
洛　灏
242《新群众》1：1，1：3，1：4
洛无涯
19《小说世界》2：5
洛蚀文
180《文艺》1：3，2：1，2：2；
182《文艺新潮》1：12；
188《新中国文艺丛刊》1，3
洛黎扬
246《文坛月报》1：3
净　寒
173《抗战戏剧》1：8
济
8《新社会》1，2，13，14

济 之
6《解放与改造》3：2，3：4，4：2；
7《曙光》2：1，2：2；
8《新社会》14；
10《小说月报》12：2，12：号外，13：5，13：9，15：号外，19：1，19：12；
12《戏剧》1：6；
109《论语》65；
117《文学》5：6，7：5
济 世
118《文艺春秋》1：3
济 生
145《宇宙风》63
济 民
10《小说月报》15：2；
129《文艺风景》1：1；
262《平原文艺》1：5
济 芸
19《小说世界》9：1，9：5，10：5，11：1，11：4，11：7
济 泽
242《新群众》1：3
济 澂
10《小说月报》13：9
洋道人
109《论语》101
浑 人
118《文艺春秋》1：9—10
浑 介
145《宇宙风》22，31，32；
186《宇宙风乙刊》创刊号，3，8
浑 沌
10《小说月报》14：7，16：5，17：11，19：4，19：7；
20《浅草》1：3；
21《弥洒》6
浑 家
109《论语》73，76，80；
145《宇宙风》5，7，8，13，17
浓 浊
74《新文艺》1：4，2：2
将 离
183《鲁迅风》5
前 人
221《文艺先锋》10：6，12：1
前 卫
116《文艺月报》1：3
前 羽
134《太白》2：5
前 锋
26《现代评论》7：161，7：175，7：176，8：186
前 辙
140《芒种》5
前 进
145《宇宙风》31
首 认
24《洪水》半月刊 3：35
养 志
207《时代文学》1：3

养　明
36《北新》2：6
养　素
31《甲寅》1：43
养　愚
39《泰东》1：5，1：6
养　慎
38《幻洲》1：1
觉
11《文学周报》262—263；
219《文学批评》创刊号
觉　人
68《戏剧与文艺》1：4
觉　之
46《新月》3：4；
59《春潮》1：4，1：5，1：6
觉　夫
199《野草》2：3
觉　奴
1《新青年》不定期刊4
觉　先
221《文艺先锋》11：1，12：1
觉　农
37《一般》2：1
觉　庐
109《论语》58
觉　君
158《中流》2：2，2：3，2：5，2：8，2：10
觉　明
10《小说月报》20：1，20：10
觉　是
145《宇宙风》98
觉　敷
37《一般》3：1，3：4，5：2
宣
85《文艺月刊》1：2；
143《杂文》1
宣　颖
31《甲寅》1：10，1：15，1：16
宣　德
109《论语》16
宣心照
203《奔流文艺丛刊》6
宣建人
145《宇宙风》127；
221《文艺先锋》8：1，8：4，9：5—6，11：3—4
宣谛之
174《抗到底》13—14
宫　草
160《新诗》1：4
宫润身
265《胶东文艺》1：4
宪　民
85《文艺月刊》战时特刊3：12，战时特刊4：3—4
宪　章
53《思想》1：2；
75《萌芽》1：4；
76《拓荒者》2

客　人
127《人间世》39
客　天
145《宇宙风》6，9
客　产
113《新诗歌》2：1
客　堂
109《论语》176
客　朝
85《文艺月刊》战时特刊 1：5
突　如
95《前哨》1：6—7；
111《文化月报》创刊号
突　薇
115《文学杂志》1：2，1：3—4
穿山甲
106《现代》6：3
美
109《论语》162
美　人
109《论语》162，164
美　子
10《小说月报》13：2
美　罗
199《野草》新 2 号
美　埙
76《拓荒者》1
美　蒂
88《读书月刊》3：1—2，3：4
美　新
223《人世间》复刊 1
美　懿
182《文艺新潮》1：2
美月宫主
149《逸经》21
姜　力
241《文艺大众》6，新 2，新 5
姜　今
221《文艺先锋》10：3，13：3
姜　华
29《莽原》周刊 8，周刊 29；
40《真美善》3：3；
93《青年界》6：4
姜　宏
51《开明》2：6，2：13；
55《大众文艺》2：5—6
姜　芷
113《新诗歌》2：1
姜　采
199《野草》5：1
姜　珂
134《太白》2：9
姜　舲
98《新时代》5：4
姜　超
26《现代评论》3：59
姜　琦
6《解放与改造》2：5
姜千里
241《文艺大众》4
姜公伟
85《文艺月刊》战时特刊 2：6；

179《戏剧新闻》6，8—9

姜丹书

209《万象》3：7

姜书丹

11《文学周报》303

姜书阁

25《语丝》4：52；

36《北新》3：11

姜庆湘

212《文讯》7：6

姜汝波

142《中学生文艺季刊》2：1

姜守凯

265《胶东文艺》1：6—7

姜君辰

259《东北文化》1：1，1：4

姜耶德

209《万象》1：6

姜贤弼

109《论语》46，49

姜忠奎

14《学衡》43，45，52，60

姜侠魂

109《论语》159

姜亮夫

45《现代文学》1：5；

93《青年界》1：3，4：2，4：3，4：4，4：5，5：3，5：4，6：3，6：4，7：1，7：5，8：1，9：2，10：1，10：2，10：3，10：4，10：5，新2：5，新3：1

姜桂农

177《文艺阵地》2：6

姜晓峰

109《论语》173

姜梦元

174《抗到底》3

姜景苕

11《文学周报》167，168，197

姜维朴

270《小说》3：5

姜敬舆

73《南国周刊》6，13

85《文艺月刊》1：1

姜毓彭

36《北新》2：7

姜瘦萍

88《读书月刊》2：4—5

姜缦郎

97《创作》1：3

姜蕴刚

40《真美善》6：1，6：2

姜德贞

93《青年界》11：4，12：1

姜馥森

149《逸经》13，25，31

娄　木

211《文艺生活》光复版 1，海外版16

娄　生

31《甲寅》1：39

娄 西

270《小说》1：6

娄 塘

263《文艺知识连丛》1：2

娄 霜

242《新群众》1：1，1：2，1：3，1：4，1：5，2：4，2：5，2：6，3：1

娄 藩

251《文艺杂志》4：1

娄子匡

11《文学周报》349；

18《歌谣》2：27，3：7；

84《开展》2，3，6—7，10—11；

93《青年界》2：1；

212《文讯》4：2—3，5：1

娄放飞

117《文学》5：4

迷 云

74《新文艺》1：1，1：2，1：6

迷 羊

149《逸经》14

语

109《论语》1，2，3，4，5，6，7，8，9，10，11，12，13，14，15

语 冰

109《论语》60

语 堂

25《语丝》30，31，55，57，59，68，74，4：12，4：13，4：15，4：18，4：24，4：27，4：28，4：33，4：38，4：41，4：42，5：28；

36《北新》2：9，4：22；

50《奔流》1：1，1：6，2：1，2：2；

59《春潮》1：4；

61《朝花》周刊10；

109《论语》1，2，3，4，5，6，8，9，10，12，13，15，16，17，19，20，21，22，24，27，28，30，31，32，33，34，36，37，38，39，40，41，42，43，44，45，46，47，48，50，51，52，53，54，55，56，57，58，59，60，62，63，64，65，67，69，72，73，75，78，79，103；

117《文学》2：4；

127《人间世》4，5，6，7，8，9，10，11，12，13，14，16，22，23，24，28，30，32；

145《宇宙风》1，2，3，4，5，6，7，8，9，10，11，12，13，14，18，24，25，31，37，49，57，70；

186《宇宙风乙刊》10

说 斋

209《万象》3：2，3：6，4：5

说 难

10《小说月报》12：7

诵

11《文学周报》134

诵　之
109《论语》24
诵　廉
19《小说世界》民众文学 10
诵　虞
10《小说月报》15：2，15：4；
11《文学周报》118，119，126
祖　文
177《文艺阵地》2：9；
217《文艺杂志》2：5
祖　正
25《语丝》43，70，71，74，75，81，84，95，97，99，101，102，103，104，105，106，109，120，121，139，140，141，144，145，148，150，153；
80《骆驼草》2，3，4，10，21，22，23，24，25
祖　尧
109《论语》162
祖　诒
85《文艺月刊》8：5
祖　贤
19《小说世界》12：1
祖　堂
19《小说世界》6：8
祖　澄
84《开展》1，2，3，12
祖庆年
221《文艺先锋》5：5
祝　良
19《小说世界》14：1，14：4
祝　钰
93《青年界》新 2：4
祝　敔
180《文艺》2：3，2：4，2：5，3：1，3：3—4
祝见山
98《新时代》4：4—5，5：6
祝业兴
265《胶东文艺》1：8
祝企英
120《文艺》1：2
祝秀华
36《北新》3：6
祝秀侠
10《小说月报》20：4，21：5；
11《文学周报》374；
39《泰东》2：9；
42《太阳月刊》6；
45《现代小说》3：3；
55《大众文艺》2：3，2：4；
62《海风周报》5，6—7，9，11，17；
67《新流月报》1，2，4；
76《拓荒者》1，2；
77《艺术》1：1；
81《沙仑》1：1；
89《当代文艺》1：3，1：4，1：5；
107《文学月报》1：5—6；
125《春光》1：3；
128《小说》8，16；

144《创作》1：1，1：2；
155《光明》3：2；
177《文艺阵地》1：4
祝沈江
10《小说月报》22：2
祝枕江
6《解放与改造》1：3
祝明三
28《猛进》45
祝修麐
109《论语》156
祝剑欧
93《青年界》12：1
祝逢辰
18《歌谣》75
祝鸿逵
142《中学生文艺季刊》2：4
祝绿萍
187《戏剧岗位》2：1
衲
109《论语》36
冠
109《论语》32，33
冠 山
142《中学生文艺季刊》2：4，3：1，3：2
冠 青
85《文艺月刊》战时特刊2：11—2
冠 荒
145《宇宙风》111，129，130，130增刊，131，135—136，139，140，141，142
冠 洁
267《大众文艺丛刊》2
冠 海
32《清华文艺》1：1，不定期2，不定期3，不定期4；
96《文艺杂志》1：3
冠 冕
109《论语》46
冠峨子
177《文艺阵地》文阵新辑之二：哈罗尔德的旅行及其他
既 北
127《人间世》14，19
既 激
183《鲁迅风》2，6，9
既 澄
11《文学周报》74，76，77，89，91，99，126，127；
117《文学》2：1，2：2；
145《宇宙风》11
郡
25《语丝》105
费 凡
210《笔谈》2
费 民
229《艺文杂志》1：1
费 华
59《春潮》1：5
费 克
241《文艺大众》新生号

费　劳
37《一般》1：1，1：4
费　雷
240《文哨》1：1；
248《中原·文艺杂志·希望·文哨联合特刊》1：5；
264《诗创造》7，10，11
费　稽
209《万象》2：9
费　薇
106《现代》3：1；
249《白山》创刊号
费力夫
152《作家》1：2
费成武
85《文艺月刊》战时特刊第11年4月号
费师洪
31《甲寅》1：35
费企申
109《论语》42
费孝通
196《战国策》9，12；
212《文讯》7：4
费明君
235《文艺春秋》4：1，4：6
费觉天
4《国民》2：2，2：3；
6《解放与改造》3：6，3：10
费怒春
141《文艺》3：4
费桂芳
93《青年界》8：1，8：2，8：3，8：4，8：5，9：1
费哲民
1《新青年》8：1
费培杰
212《文讯》4：1，4：4—5
费觉天
4《国民》2：1
费鉴照
46《新月》1：6，1：7，2：6—7，2：11，3：1，4：4；
85《文艺月刊》2：1，2：2，2：5—6，2：10，3：7，4：5，5：1，5：3，5：5，5：6，6：4，7：4，7：5；
230《民族文学》1：1，1：2
费锡胤
51《开明》1：4
费慎祥
93《青年界》9：1
屋间沿
151《文学丛报》1
屏　帆
268《蚂蚁小集》1
屏　嫣
19《小说世界》2：1，2：12，4：12，7：3
屏　溪
109《论语》157

昼　白
54《无轨列车》8
退　丁
19《小说世界》4：11
退　山
109《论语》133
退　之
88《读书月刊》1：1
退　尔
72《戏剧的园地》1：1，1：2
退　翁
19《小说世界》13：13，13：20，13：25，16：6，16：24，16：25，17：3，17：4，18：2，18：3，18：4；
149《逸经》34
退　堂
226《风雨谈》20
除　盲
131《东流》3：1
胥
109《论语》137；
182《文艺新潮》1：11
胥树人
259《东北文化》2：2；
271《文学战线》1：3，2：1，2：4
胥哲夫
155《光明》1：10
眉　山
51《开明》1：4
姚　平
201《戏剧春秋》1：2
姚　可
109《论语》143
姚　伊
186《宇宙风乙刊》45
姚　华
14《学衡》40，41，42，48，52，54，58，62，63，67
姚　宇
145《宇宙风》105
姚　克
133《译文》新1：1，新1：3，新1：5，新2：4，新2：5，新3：1，新3：2；
147《夜莺》1：4；
158《中流》创刊号，1：4，1：5，1：7，1：9，2：2，2：7；
168《戏剧时代》1：1；
203《奔流文艺丛刊》1；
209《万象》3：4
姚　苡
145《宇宙风》55，59，60，63，66，92，117—118；
172《七月》4：1；
186《宇宙风乙刊》26，45，46
姚　枬
106《现代》5：6；
145《宇宙风》35；
212《文讯》7：2

姚　牧

221《文艺先锋》13：4

姚　奔

176《自由中国》新2：1—2；

177《文艺阵地》7：1；

185《笔阵》新6；

198《现代文艺》2：3，3：2，3：5，4：2，4：4，5：2；

208《诗创作》6；

216《战时文艺》1：3，1：4，2：1，2：2；

217《文艺杂志》1：1，1：2，1：4，2：5；

224《天下文章》2；

239《诗文学》1；

243《文联》1：5

姚　玲

272《群众文艺》7

姚　虹

264《诗创造》2

姚　珞

195《黄河》2：11—12，4：1，5：1，5：2，5：3—4

姚　振

25《语丝》4：21

姚　隼

198《现代文艺》1：4，1：6，3：2，4：6

姚　敏

145《宇宙风》96

姚　烽

172《七月》1：3

姚　琪

117《文学》5：1

姚　舒

117《文学》3：1

姚　翔

199《野草》5：3

姚　鉴

145《宇宙风》25；

229《艺文杂志》2：1，2：4，2：9

姚　颖

109《论语》6，7，11，14，15，16，17，18，19，20，22，23，24，26，27，28，29，30，31，32，34，35，36，37，38，39，40，41，42，43，44，45，46，48，49，51，54，56，60，62，100；

127《人间世》6，8；

145《宇宙风》1，2，5，13，22，29

姚　慕

117《文学》6：2，6：4

姚　震

31《甲寅》1：44

姚广滨

134《太白》1：11

姚广夔

19《小说世界》16：13

姚云帆

85《文艺月刊》9：2

姚友鸿
93《青年界》新 2：3
姚少沧
173《抗战戏剧》2：1
姚方仁
10《小说月报》19：12；
11《文学周报》339
姚方瀛
224《天下文章》2：4
姚石子
19《小说世界》13：9
姚可昆
133《译文》新 3：1；
230《民族文学》1：2；
231《新文学》1：3
姚尔觉
242《新群众》1：1
姚立之
36《北新》3：12
姚永璞
14《学衡》40
姚亚影
141《文艺》3：6；
221《文艺先锋》10：2
姚同樾
93《青年界》11：1
姚自若
25《语丝》83
姚行义
221《文艺先锋》11：3—4
姚名达
93《青年界》8：2；
117《文学》5：1
姚远方
252《北方文化》1：6，2：3，2：5
姚杉尊
74《新文艺》2：1，2：2
姚苏凤
109《论语》141
姚时晓
155《光明》1：6；
168《戏剧时代》1：1；
204《中国文艺》1：1；
246《文坛月报》1：3
姚宏文
36《北新》3：7
姚非厂
93《青年界》8：2；
117《文学》5：1；
129《文艺风景》1：2
姚忠德
142《中学生文艺季刊》1：1
姚国桢
41《民间文艺》9—10
姚征人
275《文艺丛刊》2
姚金风
111《文化月报》2
姚周杰
271《文学战线》1：4

姚宝贤

106《现代》6：4；

123《中国文学》2：1

姚宗贤

12《戏剧》2：1

姚孟宽

1《新青年》1：6

姚思慕

133《译文》新3：1，新3：2

姚钟化

98《新时代》2：1

姚勉我

109《论语》89

姚莘农

149《逸经》18；

161《电影戏剧》1：1，1：2

姚效先

19《小说世界》4：2

姚家垠

85《文艺月刊》战时特刊1：12，战时特刊2：1；

141《文艺》5：5

姚雪垠

93《青年界》8：2；

117《文学》5：1；

122《文学季刊》2：4；

139《新小说》2：1；

140《芒种》3，5，6，8，9—10；

153《文季月刊》1：5；

155《光明》1：12，2：5，2：7，2：9，3：1，3：3；

176《自由中国》1：2，新1：1；

177《文艺阵地》1：3；

178《抗战文艺》1：2，1：5，2：5，4：2，5：1，7：4—5，8：4，9：1—2，文协成立五周年纪念特刊；

180《文艺》1：4；

191《文艺新闻》3，4，5，6，7；

192《文学月报》3：2—3；

195《黄河》2：9，2：10；

211《文艺生活》3：2；

212《文讯》7：2；

216《战时文艺》1：3，1：4；

217《文艺杂志》2：2；

221《文艺先锋》2：2，2：3，2：4，4：1；

224《天下文章》2：3；

225《时与潮文艺》2：1，2：2，2：3；

231《新文学》1：2；

233《当代文艺》1：2，1：5—6；

234《微波》1：1；

236《高原》创刊号；

239《诗文学》1；

264《文艺工作》1；

270《小说》3：3

姚雪痕

109《论语》52，61

姚逸韵

93《青年界》10：1；

104《矛盾》2：3，2：4，2：5；

108《文艺茶话》2：6，2：7

姚寄人

1《新青年》5：5

姚散生

145《宇宙风》88，89，102；
186《宇宙风乙刊》15；
198《现代文艺》2：5；
208《诗创作》1

姚景瑜

195《黄河》5：3—4

姚赓夔

19《小说世界》14：22，15：24，16：1

姚蓬子

60《熔炉》1：1；
170《新演剧》复刊号；
178《抗战文艺》3：2，5：2—3；
192《文学月报》1：2；
221《文艺先锋》1：1

姚锡钧

14《学衡》14，15，18

姚慎机

108《文艺茶话》2：3

姚鹓雏

19《小说世界》2：1

姚慕达

140《芒种》4

姚慕怡

93《青年界》7：4

姚毓璆

93《青年界》11：4

姚箕隐

238《希望》1：1，1：2

姚肇第

209《万象》1：2

姚薇元

212《文讯》创刊号，4：8—9，5：1

娜

209《万象》3：2

娜　拉

155《光明》2：12

贺

36《北新》3：20—21

贺　仇

93《青年界》11：1

贺　加

249《白山》创刊号

贺　进

250《鲁迅文艺》1：3

贺　若

180《文艺》1：6

贺　凯

115《文学杂志》1：3—4

贺　依

177《文艺阵地》4：4，4：6，5：1；
180《文艺》2：3，2：5；
182《文艺新潮》1：10，1：11，2：1，2：2；
191《文艺新闻》创刊号，7

贺　宜

235《文艺春秋》2：6

贺　修
217《文艺杂志》1：2
贺　菲
75《萌芽》1：4，1：6
贺　霖
223《人世间》复刊10
贺　麟
14《学衡》39，49，64；
32《清华文艺》1：1；
196《战国策》3，17
贺一亡
112《无名文艺》月刊1：1
贺一青
193《戏剧与文学》1：3，1：4；
203《奔流文艺丛刊》2
贺义昭
108《文艺茶话》1：7
贺少林
117《文学》3：3
贺少穆
51《开明》1：4
贺玉波
11《文学周报》312；
37《一般》8：3，9：2；
51《开明》1：7，1：8，1：11，1：12，2：1，2：6；
74《新文艺》1：5；
85《文艺月刊》5：4，6：2；
88《读书月刊》1：3—4，1：5，1：6，2：3，2：4—5，3：1—2；
93《青年界》1：3，6：1，6：4，7：1，7：4，7：5，8：4，9：1，9：2，9：5，10：1，10：2，10：3，10：4，10：5，11：2，11：3，11：5，12：1，新3：4，新6：1，新6：2，新6：3，新6：4，新6：5；
94《现代文学评论》1：3，2：3，3：1
贺有年
31《甲寅》1：16
贺扬灵
25《语丝》55；
26《现代评论》2：47；
88《读书月刊》2：1
贺自昭
11《文学周报》81，93，102
贺次君
149《逸经》9
贺经海
18《歌谣》43
贺昌群
10《小说月报》20：1，22：5；
11《文学周报》258，259，276—277，326，331；
25《语丝》132；
37《一般》4：2；
93《青年界》8：2；
117《文学》2：6，5：1；
122《文学季刊》1：1；
145《宇宙风》25；
209《万象》3：3

祝孟斧
68《戏剧与文艺》2：1—2；
85《文艺月刊》10：4—5；
154《文学界》1：1；
170《新演剧》1：1；
178《抗战文艺》4：5—6；
187《戏剧岗位》3：1—2，3：3—4，3：5—6；
227《艺丛》1：1；
253《清明》2
贺炳铨
109《论语》44
贺家俊
51《开明》2：1，2：18，2：24
贺鸿绍
18《歌谣》37
贺绿汀
85《文艺月刊》战时特刊2：11—12；
176《自由中国》1：2；
178《抗战文艺》1：8；
190《通俗文艺》27；
276《华北文艺》2
贺敬之
197《大众文艺》2：2；
204《中国文艺》1：1；
208《诗创作》2；
213《草叶》1，3，6；
252《北方文化》1：2，2：1；
257《长城》创刊号；
276《华北文艺》创刊号，3
怒　平
195《黄河》复刊1
怒　江
195《黄河》8；
236《高原》2
勇　公
191《文艺新闻》9—10
勇　为
93《青年界》10：5
勇　余
134《太白》1：10
垒
209《万象》3：2，3：3，3：5
垒　汀
189《西线文艺》1：1，1：6
柔　石
25《语丝》5：7，5：14，5：15，5：16，5：18；
36《北新》4：9；
50《奔流》1：5，1：6，1：8，1：10，2：1，2：3，2：4，2：5；
55《文艺大众》1：4，2：4；
59《春潮》1：8；
61《朝花》周刊：1，2，3，4，6，9，10，12，16，17，18，19；旬刊1：1，旬刊1：2，旬刊1：3，旬刊1：5，旬刊1：6，旬刊1：7，旬刊1：8，旬刊1：10，旬刊1：11；
75《萌芽》1：1，1：2，1：3，1：4；
95《前哨》1：1

柔 予

74《新文艺》1：6

羿 矢

183《鲁迅风》12，15

羿 沙

187《戏剧岗位》2：4—6

绚

36《北新》3：10

绛 秋

127《人间世》9

绛 燕

85《文艺月刊》7：2，8：1，8：2，8：3，8：6，10：1，10：2，11：1，战时特刊第11年7月号

绝 一

68《戏剧与文艺》1：1

骆 力

144《创作》1：1

骆 方

122《文学季刊》2：1；

136《水星》1：1；

140《芒种》8；

151《文学丛报》3，4；

152《作家》1：3；

171《烽火（呐喊）》16；

172《七月》1：2；

175《战地》1：3；

181《文艺突击》新1：2；

184《文艺战线》创刊号，1：2，1：3，1：6；

194《中国文化》1：2

骆 北

209《万象》2：12，3：7，3：11

骆 沙

264《诗创造》7

骆 驼

38《幻洲》1：2，1：3，1：4，1：6，1：7，1：11，2：1，2：2，2：3，2：4，2：5，2：6；

124《新诗歌》4

骆 耕

222《青年文艺》5

骆 赦

198《现代文艺》4：4

骆 清

106《现代》6：2

骆 漠

198《现代文艺》2：3

骆文华

140《芒种》4；

142《中学生文艺季刊》1：2

骆文宏

85《文艺月刊》战时特刊2：3，2：4

骆启荣

3《新潮》1：5

骆英豪

75《萌芽》1：6

骆驼生

150《东方文艺》2：1；

159《诗歌杂志》2，3

骆美玉

145《宇宙风》125

骆美轮

26《现代评论》5：124

骆宾基

165《文丛》2：6—7

171《烽火（呐喊》2，3，4，6，7，12，13，18，19，20；

176《自由中国》新1：2，新1：3，新1：4，新1：5—6；

177《文艺阵地》1：3，1：6，1：11，2：5，2：6，2：7，2：8，2：9，2：12，4：4，5：1，5：2；

178《抗战文艺》9：3—4，9：5—6，10：4—5；

183《鲁迅风》2，14；

198《现代文艺》1：2；

203《奔流文艺丛刊》4；

210《笔谈》4，5，6，7；

211《文艺生活》1：3；

212《文讯》6：3；

217《文艺杂志》新1：1，新1：2，新1：3；

220《文学创作》2：4，3：2；

222《青年文艺》2，4，5，新1：2，新1：3；

223《人世间》1：1，1：2，1：3，1：4，复刊1；

224《天下文章》2；

225《时与潮文艺》4：3；

233《当代文艺》1：1，1：4；

235《文艺春秋》3：2，4：2；

238《希望》1：1；

240《文哨》1：1；

244《文艺复兴》2：1，3：5；

253《清明》3，4；

263《文艺知识连丛》1：1；

270《小说》3：5

骆颖叔

99《涛生》2：25

骆镜秋

141《文艺》1：4

逊　之

68《戏剧与文艺》1：6

十　画

艳　江

88《读书月刊》1：3—4

珠　莹

93《青年界》10：5

珞　瑟

128《小说》6

班　公

226《风雨谈》3，5，10，19

顽

19《小说世界》1：2，1：6

顽　石

254《热潮》1：2

顽　仙

109《论语》9

顽仙君

109《论语》9

耕　者

125《春光》1：3

耕 埂
142《中学生文艺季刊》2∶3
耘 砂
85《文艺月刊》3∶12
敖
117《文学》4∶4
敖 者
134《太白》2∶5
素
11《文学周报》35；
191《文艺新闻》3
素 人
92《文艺新闻》29；
209《万象》4∶3
素 川
36《北新》3∶3
素 元
26《语丝》5∶7
素 兰
19《小说世界》14∶7
素 华
220《文学创作》1∶1，1∶2，1∶4，2∶1
素 因
93《青年界》8∶2，8∶3
素 农
137《当代诗刊》创始号
素 如
10《小说月报》17∶1
素 坚
25《语丝》96
素 伯
108《文艺茶话》1∶9
素 园
25《语丝》15，4∶23；
29《莽原》周刊 1
素 我
11《文学周报》110
素 武
209《万象》4∶4
素 英
19《小说世界》6∶12
素 秉
26《现代评论》1∶2
素 珊
145《宇宙风》135—136，149，151，152
素 丝
11《文学周报》359
素 衷
97《创作》1∶2，1∶3
素 常
40《真美善》5∶1
素 野
85《文艺月刊》2∶1，6∶5—6
素 雅
94《现代文学评论》2∶1—2
素 痴
14《学衡》67
秦 丁
261《东北文艺》1∶3

秦　女
93《青年界》2：1
秦　文
157《今代文艺》1：2
秦　火
158《中流》2：4
秦　白
85《文艺月刊》6：1，6：3，6：5—6
秦　似
199《野草》1：2，1：3，1：4，1：6，2：1—2，2：3，2：4，2：5—6，3：1，3：2，3：3—4，3：5，3：6，4：1—2，4：6，5：1，5：2，5：3，5：4，复刊号，新2号，新3号，新4号，第6号，新7集，第8集，第9集，第10集，第11集，野草新集（论肚子）；
201《戏剧春秋》1：5；
208《诗创作》16；
211《文艺生活》1：3，1：5，光复版8；
220《文学创作》2：3；
227《艺丛》1：1；
270《小说》1：2，1：3，1：4，1：5，1：6
秦　甫
140《芒种》5
秦　汶
157《今代文艺》1：2
秦　陇
221《文艺先锋》8：1
秦　乎
198《现代文艺》2：6
秦　英
98《新时代》6：2
秦　图
36《北新》1：16
秦　牧
199《野草》复刊号，新2号，新3号，新5号，第6号，第10集，野草新集（追悼）；
211《文艺生活》海外版13，穗新4；
219《文学批评》创刊号；
223《人世间》复刊10；
225《时与潮文艺》1：3，2：5；
263《文艺知识连丛》1：2
秦　怡
253《清明》2
秦　威
176《自由中国》1：3；
178《抗战文艺》5：1；
185《笔阵》新2
秦　炳
155《光明》1：2
秦　觉
10《小说月报》21：8，22：1，22：9
秦　烽
198《现代文艺》4：5

秦　鉴

26《现代评论》1：9

秦　臻

109《论语》91，100，106

秦　黛

211《文艺生活》海外版 15

秦元邦

88《读书月刊》3：3

秦文彦

88《读书月刊》1：5

秦末帝

38《幻洲》2：8

秦邦宪

24《洪水》半月刊 2：22

秦亚光

19《小说世界》9：1，9：2，9：3，9：4，9：5，9：6，9：7，9：8，9：9

秦光银

145《宇宙风》92，102，103，109，117—118，129；

174《抗到底》25

秦仲三

142《中学生文艺季刊》3：2

秦兆阳

184《文艺战线》1：4；

205《五十年代》创刊号；

252《北方文化》2：3，2：6；

257《长城》创刊号；

276《华北文艺》创刊号，2，4，5，6

秦汝林

237《文学新报》1：3

秦孝思

212《文讯》5：1

秦国木

32《清华文艺》不定期 3，不定期 4

秦佩珩

145《宇宙风》141，143，144—145，147—148，150；

186《宇宙风乙刊》46，51

秦宝鑫

12《戏剧》1：6

秦宗尧

11《文学周报》224，227

秦绍基

119《戏》1

秦树声

31《甲寅》1：21

秦炳著

117《文学》7：2

秦宣天

117《文学》1：5

秦泰来

209《万象》3：7

秦倩英

123《中国文学》1：3—4，1：6；

126《诗歌月报》2：1

秦涤清

85《文艺月刊》10：6

秦瘦鸥

226《风雨谈》1，2，3，4，7，

8，10

秦蕴芬

212《文讯》4：6—7，4：8—9

秦翰才

19《小说世界》2：10

泰　迺

151《文学丛报》5

泰山老人

109《论语》95

恕　絜

182《文艺新潮》1：4—5

埌　良

38《幻洲》1：9

埃　弥

214《谷雨》1：4

埃　恩

268《蚂蚁小集》2，7

埃及人

33《狂飙》周刊16

桂

195《黄河》复刊5

桂　山

10《小说月报》18：5，18：9，18：10；

64《红黑》1

桂　芳

180《文艺》2：5；

182《文艺新潮》1：11，2：1；

183《鲁迅风》5，16；

188《新中国文艺丛刊》1

桂　赤

14《学衡》14

桂　裕

10《小说月报》16：1

桂未晚

238《希望》1：2

桂舟人

244《文艺复兴》3：2

桂如芳

183《鲁迅风》1

桂宗尧

51《开明》1：7

桂俊哲

272《群众文艺》9

桓　行

145《宇宙风》41

桢　干

145《宇宙风·逸经·西风非常时期联合旬刊》7

桐

31《甲寅》1：21

桐　生

177《文艺阵地》6：2

桐　华

25《语丝》5：12；

33《现代文学》1：1；

143《杂文》3，4，5—6

桐　孙

26《现代评论》6：155

桐　荫

36《北新》3：8

桐　蔚
249《白山》6
桦
261《东北文艺》2：5
桦　霈
221《文艺先锋》4：6
格　收
147《夜莺》1：2
格　林
159《诗歌杂志》2，3
格罗斯
134《太白》1：3
桃　叶
155《光明》1：5
核
26《现代评论》8：191
根　天
10《小说月报》12：号外
根　红
265《胶东文艺》1：8
根　室
186《宇宙风乙刊》20，21
栩　影
145《宇宙风》69，74，132，140
耿　夫
142《中学生文艺季刊》3：1；
201《戏剧春秋》2：3
耿　丹
1《新青年》7：1
耿　匡
4《国民》2：1；
7《曙光》1：2，1：3，1：4，2：1；
8《新社会》1，2，3，4，5，6，8，9，10，11，12
耿　耿
221《文艺先锋》11：5
耿　庸
199《野草》新2号；
237《文学新报》1：6；
238《希望》1：2，1：3，2：4；
248《中原·文艺杂志·希望·文哨联合特刊》1：2
耿式之
10《小说月报》12：5，12：6，12：8，12：12，13：1，13：2，13：3，13：4，13：5，13：6，16：4，16：6；
11《文学周报》31，33，45，57
耿孝先
195《黄河》12
耿亭州
93《青年界》8：2
耿济之
6《解放与改造》2：12；
8《新社会》6，9；
10《小说月报》12：1，12：3，12：4，12：5，12：7，12：8，13：1，13：2，13：3，13：4，13：8，13：9，14：1，14：2，14：3，14：4，14：5，14：6，14：7，14：8，14：9，14：10，14：11，15：1，15：4，15：7，15：

9，15：10，15：11，16：4，16：5，16：6，16：7，16：12，20：1，20：4，22：1；
11《文学周报》333—334，354，364—368；
117《文学》1：2，1：4，1：5，1：6，5：1，6：2，6：3，7：1，7：2，8：1；
133《译文》2：5，终刊号，新1：1，新2：1，新2：2；
185《笔阵》革新1；
209《万象》号外；
235《文艺春秋》4：5，4：6，5：1，5：2

耿星华

175《战地》1：4

耿勉之

10《小说月报》13：3，14：1

都鲁宾

109《论语》54

都额雅纳

127《人间世》30，31，39

真

36《北新》3：6，3：10；
109《论语》36；
112《无名文艺》月刊1：1；
155《光明》2：9；
221《文艺先锋》3：5，5：6

真　人

25《语丝》4：8

真　夫

229《艺文杂志》1：2，1：4，1：5

真　吾

25《语丝》5：4，5：5，5：10，5：18；
50《奔流》2：2；
61《朝花》1：2，1：3，1：4，1：5，1：6，1：7（以上旬刊）11，13，14，15，16，18，20（以上周刊）

真　君

145《宇宙风》25

真　原

226《风雨谈》3

真　常

10《小说月报》12：2，12：6，12：7，12：9，12：11

索　开

208《诗创作》8；
216《战时文艺》1：4，2：2；
223《人世间》1：6；
244《文艺复兴》2：2；
264《诗创造》3

索　以

23《文艺周刊》43；
59《春潮》1：4

索　耳

203《奔流文艺丛刊》1

袁　冰

117《文学》5：1

索 林

125《春光》1：1

索 非

11《文学周报》80，285，291，295，296，303；

122《文学季刊》2：2；

145《宇宙风》78；

158《中流》1：6；

182《文艺新潮》1：1，1：4—5，1：6，1：7，2：1；

186《宇宙风乙刊》2，4，6，12，17；

245《文章》创刊号；

246《文坛月报》1：1

索 实

85《文艺月刊》战时特刊 3：5—6，战时特刊 3：8—9，战时特刊 3：12

索 郎

37《一般》8：4，9：1，9：3

索 原

25《语丝》5：33；

134《太白》2：11

索 然

25《语丝》5：4

袁 机

221《文艺先锋》10：6

袁 危

221《文艺先锋》10：4，10：6

袁 冰

93《青年界》8：2

袁 声

274《平原》2：6

袁 武

209《万象》4：1，4：2，4：3，4：5，4：6

袁 明

203《奔流文艺丛刊》2

袁 昌

85《文艺月刊》9：3，9：5

袁 勃

124《新诗歌》创刊号，2—3，4

150《东方文艺》1：4；

159《诗歌杂志》1，2，3；

172《七月》3：1；

178《抗战文艺》4：5—6；

192《文学月报》1：6；

206《华北文艺》创刊号，1：4；

224《天下文章》3；

251《文艺杂志》1：1，1：3；

255《北方》1：2；

262《平原文艺》2：1

袁 俊

85《文艺月刊》战时特刊第 11 年 4 月号，战时特刊第 11 年 5 月号；

209《万象》3：4；

217《文艺杂志》1：4，1：5，1：6；

223《人世间》1：2，1：3，1：4；

225《时与潮文艺》3：1，3：2，3：5，3：6

袁 殊

95《文艺新闻》1，7，12，13，18，

23，30，公演特刊，35，43，46，47，48，53，57；
98《新时代》2：1；
99《涛声》1：24；
100《北斗》2：1；
104《矛盾》1：5—6
袁　烙
177《文艺阵地》2：6；
197《大众文艺》1：4
袁　哲
212《文讯》2：1，2：2，2：5，2：6
袁　琦
40《真美善》4：5，4：6，5：2；
98《新时代》2：2—3，2：6，3：1
袁　道
199《野草》2：1—2，2：3，2：4，2：5—6，3：5
袁　弼
5《少年中国》2：7
袁　犀
229《艺文杂志》1：2，1：3
袁　静
211《文艺生活》海外版 13
袁　潮
251《文艺杂志》2：2，2：3
袁　鹰
223《人世间》复刊 6；
235《文艺春秋》丛刊 5，2：1；
264《诗创造》2：4
袁八郎
109《论语》92
袁干君
85《文艺月刊》10：1
袁大韶
51《开明》2：4，2：5
袁子和
24《洪水》半月刊 1：7
袁中道
11《文学周报》274
68《戏剧与文艺》1：2
袁同光
140《芒种》5
袁文彰
36《北新》4：1，4：2，4：3，4：4，4：5，4：10，4：11，4：14，4：18，4：19，4：20；
88《读书月刊》2：1
袁水拍
177《文艺阵地》1：12，2：1，2：5，2：11，3：2，3：9，5：2，6：1，6：2，6：3，文阵新辑之 2；哈罗尔德的旅行及其他；
182《文艺新潮》2：7；
191《文艺新闻》6；
192《文学月报》3：1；
199《野草》复刊号；
203《奔流文艺丛刊》6；
208《诗创作》5，10；
210《笔谈》1，7；
211《文艺生活》光复版 8；

212《文讯》7：5；
222《青年文艺》新1：1，新1：2，新1：3，新1：6；
223《人世间》复刊3，复刊4，复刊5，复刊13；
228《中原》1：3，1：4；
233《当代文艺》1：5—6；
234《微波》1：1；
239《诗文学》1，2；
240《文哨》1：1，1：3；
243《文联》1：2，1：4，1：5，1：7；
244《文艺复兴》2：4；
246《文坛月报》1：2；
248《中原·文艺杂志·希望·文哨联合特刊》1：2；
253《清明》创刊号，3，4；
264《诗创造》2，5，6，10

袁公为

212《文讯》3：6，4：2—3

袁正罡

207《时代文学》1：4

袁可嘉

167《文学杂志》2：2，2：3，2：6，2：7，2：10，2：11，2：12，3：1，3：2，3：4，3：6；
223《人世间》复刊7；
244《文艺复兴》3：4；
264《诗创造》12

袁丛美

141《文艺》3：1，3：2，3：5

袁竹夫

232《戏剧时代》1：2，1：45

袁血卒

252《北方文化》2：5

袁同礼

3《新潮》3：2；
14《学衡》26

袁尘影

142《中学生文艺季刊》1：4

袁郁如

85《文艺月刊》战时特刊2：11—12；
190《通俗文艺》30

袁奇光

274《平原》9，13

袁昌英

10《小说月报》22：10；
26《现代评论》第二周年增刊，7：160，7：171，7：173，7：174，7：176，7：179，第三周年增刊，8：199，8：200，8：201，8：202，8：203，9：209；
40《真美善》女作家专号；
85《文艺月刊》2：1，7：1，7：4，10：4—5；
106《现代》5：6；
122《文学季刊》1：3；
141《文艺》1：5—6，4：1；
145《宇宙风》42，71；
186《宇宙风乙刊》28；
226《风雨谈》11；
230《民族文学》1：5

袁国平
188《新中国文艺丛刊》1
袁牧之
72《戏剧的园地》1：1，1：2，1：3，1：4；
85《文艺月刊》2：2，2：3，2：7，2：8，2：9，2：11；
98《新时代》创刊号，1：2，1：3，1：4，1：5，3：1，3：2，3：3；
104《矛盾》1：2，1：5—6，2：1，2：2，2：5，3：2；
106《现代》2：3；
119《戏》1；
128《小说》1，4，14，15，16，17，18；
155《光明》2：12；
168《戏剧时代》1：1；
179《戏剧新闻》4；
209《万象》号外
袁锡瑀
6《解放与改造》2：5
袁岳龄
212《文讯》2：2，3：4，4：1
袁沛霖
209《万象》1：5
袁学易
85《文艺月刊》1：2
袁诗吟
93《青年界》11：1
袁复礼
18《歌谣》82
袁洪铭
18《歌谣》2：10
袁振英
1《新青年》4：6，8：4；
39《泰东》1：7，1：8，2：2，2：3，2：4；
127《人间世》27，34
袁铁羽
256《萌芽》1：2
袁海安
109《论语》163
袁家骅
15《创造》1：3；
18《歌谣》2：7；
22《创造周报》44；
24《洪水》半月刊1：10—11，半月刊3：25
袁家海
26《现代评论》6：137
袁敏事
98《新时代》2：4—5，2：6
袁望诸
93《青年界》12：1
袁道平
221《文艺先锋》12：5，13：4
袁敦甫
198《现代文艺》4：1
袁雅华
221《文艺先锋》10：6
袁瑞章
274《平原》4

袁嗣令
145《宇宙风》89，90，114
袁韬明
142《中学生文艺季刊》3：1
袁嘉华
36《北新》1：39—40，1：43—44；
83《现代文学》1：6；
93《青年界》8：1
莽　夫
236《高原》新1：1
莽　汉
109《论语》60
莽　曙
159《诗歌杂志》3
莽永彬
271《文学战线》2：3
莱　茜
145《宇宙风》129
莱　蒂
55《大众文艺》1：3，1：4，1：5，1：6；
126《诗歌月报》1：5
莱众托夫
241《文艺大众》新5
莲　士
16《努力周报》21
莲　笙
145《宇宙风》55
莫
191《文艺新闻》5；
252《北方文化》2：2
莫　千
231《新文学》1：4
莫　子
40《真美善》5：5
莫　云
149《逸经》5
莫　亢
26《现代评论》3：60，3：63，3：66，3：116
莫　石
127《人间世》33；
145《宇宙风》3，6，13；
145附《宇宙风·逸经·西风非常时期联合旬刊》2
莫　平
193《戏剧与文学》1：1，1：2
莫　朴
252《北方文化》1：3；
276《华北文艺》4
莫　回
142《中学生文艺季刊》3：1
莫　休
242《新群众》1：1
莫　名
109《论语》61；
145《宇宙风》5；
209《万象》3：5，3：7，3：12
莫　问
186《宇宙风乙刊》33
莫　如
1《新青年》7：6

莫　辰
46《新月》4：5；
122《文学季刊》1：4；
128《小说》16
莫　孚
122《文学季刊》1：4；
128《小说》18
莫　灵
75《萌芽》1：5
莫　明
109《论语》95，96，97；
140《芒种》7
莫　佳
108《文艺茶话》1：3
莫　荣
198《现代文艺》1：3，1：4，1：5，2：5
莫　思
161《电影戏剧》1：1
莫　洛
182《文艺新闻》1：8，1：9；
185《笔阵》新1：5；
198《现代文艺》4：3，5：5；
208《诗创作》12；
215《奔流新集》1；
235《文艺春秋》2：3，2：4，2：6，3：1，5：3；
244《文艺复兴》1：5，研究号上；
245《文章》1：3；
246《文坛月报》1：3
莫　美
54《无轨列车》4
莫　索
11《文学周报》321，325；
51《开明》1：2，1：3，1：6
莫　高
263《文艺知识连丛》1：2
莫　野
135《文学新地》1
莫　等
1《新青年》5：6
莫一钧
109《论语》96；
127《人间世》22，23，30；
134《太白》1：5，1：6，2：9
莫文华
152《作家》2：1
莫文骅
252《北方文艺》2：5
莫伆山
109《论语》59
莫西芬
270《小说》5：5
莫企痕
40《真美善》6：2
莫名奇
109《论语》118，120，121，122，125
莫纪彭
145《宇宙风》139，141，151，152

莫芙卿
1《新青年》2：3，3：1
莫丽斯
98《新时代》3：4
莫芷痕
51《开明》2：23
莫若水
134《太白》2：8，2：12
莫秉志
19《小说世界》9：1
莫宗文
190《通俗文艺》45
莫柄权
209《万象》1：7
莫维齐
186《宇宙风乙刊》34
莫羡人
51《开明》1：3，1：8，1：12
莫餐英
19《小说世界》15：1，15：18，16：9
莫耀南
18《歌谣》10，11，26
莳 人
131《东流》2：3
莳 甘
186《宇宙风乙刊》21
莳 萝
180《文艺》1：6，3：3—4
莳竹农
19《小说世界》7：1，7：8，8：11，9：3，9：4，9：8，9：13，10：7，10：8，10：9，11：4
莉 冰
109《论语》70
莉 莉
93《青年界》新5：1；
131《东流》2：4
莠 茵
32《清华文艺》不定期刊1
莪 伽
92《文艺新闻》58；
106《现代》1：5，4：5，5：2；
160《新诗》1：3
莪 伽
100《北斗》2：3—4
荷
36《北新》2：6
荷 子
178《抗战文艺》10：1；
199《野草》2：1—2；
208《诗创作》3—4；
211《文艺生活》1：6；光复版1，光复版3
荷 拂
39《泰东》1：12；
40《真美善》3：1；
59《春潮》1：4
荷 郎
36《北新》2：6
荷 雀
186《宇宙风乙刊》6

荷　裳
113《新诗歌》2：1
荻　风
141《文艺》1：4
荻　帆
85《文艺月刊》8：1；
93《青年界》6：4，7：3，7：4，7：5；
141《文艺》2：2
荻　舟
227《艺丛》1：1
荻　秋
224《天下文章》1：6，2：4
荻　荻
46《新月》3：7
荻　崖
226《风雨谈》2，3
莘　田
41《民间文艺》3
莘　薤
235《文艺春秋》丛刊3，丛刊5；
245《文章》1：4
莎
47《流沙》6
莎　士
145《宇宙风》46
莎　子
20《浅草》1：4；
23《文艺周刊》6，14，43，44；
35《沉钟》2；
85《文艺月刊》10：2；
93《青年界》6：5
莎　非
16《努力周报》43
莎　莱
261《东北文艺》2：2；
莎　菲
26《现代评论》5：106，6：141
莎　寨
165《文丛》1：5；
178《抗战文艺》5：1，5：6；
181《文艺突击》1：4
莎　蕻
217《文艺杂志》2：4；
261《东北文艺》2：2；
274《平原》13；
276《华北文艺》5
莞　尔
76《拓荒者》2
恭　稷
273《文艺月报》创刊号，2
恭拱贡
109《论语》168
莹
176《自由中国》创刊号
莹　光
142《中学生文艺季刊》3：1，3：2
莹　倩
96《新时代》7：4
莹　朗
195《黄河》7

莺　子
93《青年界》新4：3
莺　喃
141《文艺》3：3，3：5
哥　夫
109《论语》34
哥　尼
249《白山》2
哥　梁
191《文艺新闻》7
聂　琦
36《北新》1：36
聂　提
198《现代文艺》1：4
聂凤智
265《胶东文艺》1：6—7
聂光地
65《人间月刊》2
聂宏远
272《群众文艺》4
聂其杰
14《学衡》52
聂绀弩
85《文艺月刊》1：3；
93《青年界》8：2；
97《创作》1：1，1：2；
109《论语》18；
110《小说月刊》1：3；
117《文学》5：1；
120《文艺》1：2；
140《芒种》4，6；
151《文学丛报》1，3，4；
156《现实文学》1，2；
162《小说家》1：1，1：2；
172《七月》2：1；
180《文艺》1：2；
198《现代文艺》1：5；
201《戏剧春秋》创刊号，1：2；
250《鲁迅文艺》1：1
聂崇恭
109《论语》17
聂增龄
93《青年界》6：5
晋
193《戏剧与文学》1：4
晋　一
229《艺文杂志》2：4
晋　三
85《文艺月刊》战时特刊第11年5月号
晋　芳
10《小说月报》13：10
晋　宙
244《文艺复兴》3：1
晋　驼
202《文艺月报》6，9，16；
238《希望》2：4；
261《东北文艺》创刊号；
270《小说》4：6，5：2；
273《文艺月报》2，4
晋　骨
272《群众文艺》6

晋　豪
25《语丝》5：36；
51《开明》1：1，2：3；
140《芒种》7
恶　英
26《现代评论》4：86
栗　奇
262《平原文艺》2：3，2：4
栗玉铉
19《小说世界》2：13
贾　午
18《歌谣》23，62；
174《抗到底》4，7，13—14，15，
23，24，25，26；
224《天下文章》1，2：2；
225《时与潮文艺》1：1
贾　芝
160《新诗》1：5，2：3—4；
167《文学杂志》1：4；
177《文艺阵地》7：4；
184《文艺战线》1：5；
194《中国文化》1：2；
200《新诗歌》6；
202《文艺月报》11；
214《谷雨》1：6
贾　克
197《大众文艺》2：1，2：2；
211《文艺生活》海外版 20
贾　杰
258《文艺丛刊》1
贾　茗
145《宇宙风》34
贾　涌
199《野草》5：3
贾　萍
262《平原文艺》2：2
贾　霁
211《文艺生活》海外版 20；
265《胶东文艺》创刊号，1：2
贾　嘉
184《文艺战线》1：3
贾一血
242《新群众》1：1，1：2，1：3，
1：4，1：5，1：6
贾天慈
149《逸经》24，34
贾文献
187《戏剧岗位》1：2—3
贾玉刚
98《新时代》3：2
贾世成
160《新诗》2：3—4
贾处谦
167《文学杂志》1：4
贾光涛
167《文学杂志》2：5
贾兆明
209《万象》3：7，3：8
贾拓夫
272《群众文艺》7

贾宗周
26《现代评论》2∶28
贾炳智
251《文艺杂志》4∶3
贾祖璋
37《一般》5∶4;
93《青年界》12∶1;
117《文学》7∶4;
134《太白》1∶1,1∶3,1∶4,1∶5,1∶6,1∶8,1∶10,2∶2,2∶7,2∶8,2∶9,2∶12
贾笑谊
145《宇宙风》151
贾颂铭
36《北新》2∶8
贾帷英
159《诗歌杂志》2,3
贾植芳
172《七月》2∶5,3∶6,4∶1,4∶3,5∶1;
178《抗战文艺》9∶3—4;
238《希望》1∶1,1∶2,2∶1,2∶2,2∶4
贾德卿
244《文艺复兴》2∶6
速　记
109《论语》88,89
速　陟
145《宇宙风》38
起　八
19《小说世界》6∶2,7∶3,7∶9,8∶7,9∶1
起　予
100《北斗》2∶2;
155《光明》1∶5
起　应
36《北新》3∶3;
56《乐群》2∶9;
92《文艺新闻》31;
100《北斗》2∶3—4;
117《文学》1∶3
起　明
1《新青年》6∶4,6∶5;
25《语丝》142,143,144,145,146
起　孟
99《涛声》2∶43,2∶44,2∶45
起　常
10《小说月报》13∶11
起　鍪
127《人间世》40
起　潮
76《拓荒者》3
载　生
109《论语》46,47
彧　黍
85《文艺月刊》战时特刊2∶6
殊
92《文艺新闻》14
殊　漪
145《宇宙风》44
殊令琦
158《中流》创刊号

顾
23《文艺周刊》15
顾　飞
209《万象》2：10
顾　元
199《野草》3：3—4
顾　文
117《文学》2：6
顾　尼
208《诗创作》5
顾　权
93《青年界》新4：5，新5：1，新5：2，新5：3，新5：4，新5：5，新6：1，新6：2，新6：3，新6：4，新6：5
顾　名
4《国民》1：2
顾　庆
15《创造》2：2
顾　园
20《浅草》1：3
顾　良
18《歌谣》2：15，2：21，2：26，2：32，2：33，2：37，2：39；
145《宇宙风》27，50，52，53，62，63，64，65，66
顾　实
16《努力周报》65
顾　珏
142《中学生文艺季刊》1：4
顾　封
117《文学》4：4
顾　野
98《涛声》2：28
顾　提
154《文学界》1：4
顾　随
14《学衡》70；
18《歌谣》2：30；
20《浅草》1：4；
23《文艺周刊》27，45，47；
93《青年界》12：1；
229《艺文杂志》2：2
顾　愁
142《中学生文艺季刊》2：2
顾　群
276《华北文艺》4
顾　澄
31《甲寅》1：9
顾　燧
92《青年界》8：2；
117《文学》5：1
顾一樵
10《小说月报》14：3，15：11；
11《文学周报》189，198，245—246；30《大江》1：1，1：2；
46《新月》4：2，4：3；
141《文艺》6：2；
170《新演剧》复刊号；
187《戏剧岗位》1：5—6；
218《文坛》4；

220《文学创作》1：1，1：2，1：3；
221《文艺先锋》9：3—4，9：5—6；
223《人世间》复刊1；
244《文艺复兴》3：5

顾了然

93《青年界》11：1

顾三庐

18《歌谣》36

顾万方

109《论语》125，126，128

顾小廉

94《现代文学评论》2：1—2

顾也鲁

209《万象》1：5

顾介希

270《小说》4：3

顾仁铸

24《洪水》半月刊1：4，半月刊2：17；
26《现代评论》3：73

顾凤城

39《泰东》1：7；
47《流沙》4；
55《大众文艺》2：5—6；
93《青年界》5：2，8：1，9：1，10：1；
100《北斗》2：3—4

顾文山

18《歌谣》4

顾文苹

4《国民》2：1

顾世学

273《文艺月报》3

顾仞千

88《读书月刊》1：3—4

顾立雅

14《学衡》79

顾训贤

19《小说世界》4：1

顾亚铨

93《青年界》新2：4

顾匡岩

149《逸经》32

顾伟仪

244《文艺复兴》研究号下

顾仲起

10《小说月报》14：7，14：9，15：1，18：11；
11《文学周报》308，327；
39《泰东》1：10；
42《太阳》4；
58《白华》1：3

顾仲彝（彛）

10《小说月报》22：6；
19《小说世界》11：5，11：6，11：7，11：8，11：9；
40《真美善》3：1，3：3，3：4，3：6，4：1，4：2，5：1；
46《新月》1：2，1：4，1：6，1：8，1：10，2：2，2：3，2：6—7，4：1，4：4，4：7；
71《戏剧》1：5，2：1，2：2；

85《文艺月刊》1：3，2：1，2：4，3：1，3：2，3：3，3：4，3：5—6，3：7，3：8，3：9，3：10，3：11，3：12，5：5，5：6，7：1，7：6，9：1，10：4—5；
89《当代文艺》1：4，1：5；
93《青年界》8：2，9：1；
98《新时代》1：3，1：4，2：1；
104《矛盾》1：3—4，1：5—6，2：3，2：5，3：3—4；
106《现代》5：5，5：6，6：3；
109《论语》93，124，125，132，135，142，144，149；
117《文学》2：3，3：1，5：1；
119《戏》1；
141《文艺》2：1；
169《中国文艺》1：1；
211《文艺生活》海外版9，海外版10—11；
212《文讯》7：3；
235《文艺春秋》丛刊1，丛刊2，丛刊3，丛刊4，丛刊5，2：1，2：3，2：4，2：5，2：6，4：2，6：4，7：1，7：2，7：3，8：3；
270《小说》1：2，2：1，2：4

顾兆鸿

18《歌谣》26，35，37，38，43

顾兆熊

1《新青年》6：5；
2《每周评论》22

顾寿白

10《小说月报》18：9

顾均正

10《小说月报》14：4，14：11，15：7，16：1，16：4，16：8，16：9，17：1，17：2，17：3，17：5，17：6，17：7，17：8，17：9，17：11，19：10；
11《文学周报》105，106，107，108，129，143，145，171，186，188，251，299，306，311，318，333—334；
51《开明》1：8，2：1，2：26，新5号，新6号；
88《读书月刊》2：1；
93《青年界》8：2；
117《文学》2：1；
134《太白》1：1，1：2，1：4，1：6，1：7，1：11，1：12，2：3，2：6，2：8，2：11；
145《宇宙风》8；
182《文艺新潮》1：1；
209《万象》3：3；
245《文章》创刊号

顾苍生

145《宇宙风》8

顾克刚

1《新青年》2：5，3：5

顾志鋐

19《小说世界》17：1；
40《真美善》女作家专号

顾来苏

36《北新》2：13，3：20

顾伴云

93《青年界》10：3

顾佛影

19《小说世界》2：7，4：13，5：2

顾启源

186《宇宙风乙刊》16，17

顾启藩

66《华严》1：4

顾君义

93《青年界》8：2；

117《文学》5：1

顾君谊

4《国民》1：1

顾青虹

212《文讯》4：8—9

顾青海

122《文学季刊》1：2

顾明道

19《小说世界》3：5，4：10，4：12，5：3，6：12，11：1；

209《万象》1：1，1：3，1：8，号外

顾和声

134《太白》2：2

顾服媚

40《真美善》1：3

顾泽培

23《文艺周刊》37，39，40，44，48，49，50

顾宝隋

18《歌谣》31

顾诗灵

11《文学周报》309；

97《创作》1：2，1：4；

99《涛声》1：3，1：4，1：5，1：6

顾诚吾

3《新潮》1：2，1：4，2：4，2：5，

顾建中

26《现代评论》4：89，5：123

顾建龙

18《歌谣》2：33

顾孟平

270《小说》6：4

顾孟余

1《新青年》7：4

顾珊生

142《中学生文艺季刊》2：4

顾昂若

26《现代评论》2：44

顾保琛

51《开明》2：4

顾俊若

142《中学生文艺季刊》1：3，1：4

顾爱余

51《开明》1：12

顾炳鑫

270《小说》3：3

顾海青

122《文学季刊》1：3

顾绥之

209《万象》3：4

顾菊楼

275《文艺丛刊》2

顾雪我

93《青年界》8：1，8：2

顾雪蕺

106《现代》4：5

顾翊群

4《国民》1：2，1：4

顾淑型

36《北新》2：4

顾绶昌

35《沉钟》23；

122《文学季刊》2：4；

185《笔阵》1

顾维钧

224《天下文章》3

顾颉刚

3《新潮》1：4；

10《小说月报》14：1，14：3，14：4，14：5，14：11，15：1；

11《文学周报》71，74，78，90，93，187，188，276—277，337；

13《诗》1：2，1：4；

16《努力周报》59；

17《读书杂志》9，11，12，14，15，16，17；

18《歌谣》39，50，52，56，58，61，64，65，66，67，68，69，70，71，72，73，74，75，76，77，78，79，80，83，84，86，88，90，91，92，93，94，95，96，97，2：3，2：10，2：23，3：1；

25《语丝》2，6，11，19，31，40，54，74；

26《现代评论》1：10，1：19，1：20，1：21，1：23，1：24，3：63，3：75，3：76，3：77，4：82，第二年周刊；

40《民间文艺》11，12；

51《开明》新1号；

84《开展》10，11；

93《青年界》9：1，10：1；

117《文学》1：1，2：1，2：6；

122《文学季刊》1：1；

145《宇宙风》8；

178《抗战文艺》2：8；

183《鲁迅风》11；

212《文讯》6：1，6：2，6：6，6：7，6：8，6：9

顾彭年

10《小说月报》14：7，14：11，14：12，15：4，15：9，15：10

顾敦鍒

21《弥洒》2，3，4，5，6

顾湘群

4《国民》1：1

顾谦吉

32《清华文艺》1：3；

14《学衡》39

顾谦吾
14《学衡》41
顾福清
18《小说世界》6:2
顾震亚
92《文艺新闻》20
顾德明
142《中学生文艺季刊》3:2
顾德隆
10《小说月报》16:2,17:1,17:2,17:4
11《文学周报》151,168,170
顾馨一
109《论语》54
顾麟生
51《开明》1:10
砺　成
98《新时代》4:4—5,5:5;
142《中学生文艺季刊》1:1
砺　堂
229《艺文杂志》1:2
破　屏
98《涛声》1:7,1:10
烈
142《中学生文艺季刊》3:2
烈　文
86《世界文化》创刊号;
158《中流》创刊号,1:2,1:3
辱　谦
215《奔流新集》2
夏　一
93《新青年》11:2
夏　川
262《平原文艺》1:6
夏　云
19《小说世界》15:2,15:6,16:2,16:7,18:2
夏　天
256《萌芽》1:2,1:4
夏　夫
270《小说》4:6
夏　日
208《诗创作》10
夏　风
172《七月》5:3;
184《文艺战线》1:5;
194《中国文化》创刊号;
252《北方文化》2:1,2:4;
257《长城》1:2;
261《东北文艺》1:6,2:2,2:3,2:4,2:5
夏　方
180《文艺》3:2
夏　白
224《天下文章》2:1
夏　光
85《文艺月刊》战时特刊2:6
夏　农
36《北新》2:19
夏　阳
92《文艺新闻》21;

197《大众文艺》2∶1；
223《人世间》复刊4，复刊5；
270《小说》2∶2

夏　时

19《小说世界》2∶4，2∶7，2∶10，4∶1；
134《太白》1∶11

夏　伯

109《论语》71，128，131，132，137，147，165，166，167，168，170；
117《文学》9∶2；
157《今代文艺》1∶3；
175《战地》1∶2

夏　青

255《北方》1∶1，1∶3

夏　雨

221《文艺先锋》13∶1，13∶4

夏　枫

245《文章》1∶3

夏　明

142《中学生文艺季刊》1∶3，1∶4；
177《文艺阵地》4∶3；
209《万象》3∶2

夏　知

106《现代》6∶3

夏　季

264《诗创造》2∶4

夏　孟

270《小说》1∶6

夏　荣

265《胶东文艺》1∶5

夏　衍

117《文学》6∶2，6∶4，9∶4；
154《文学界》1∶1；
155《光明》1∶1，1∶4，2∶1，2∶2，3∶3；
176《自由中国》1∶2；
177《文艺阵地》1∶11，4∶3；
180《文艺》1∶4；
191《文艺新闻》6；
199《野草》创刊号，1∶2，1∶5，3∶6，5∶1，复刊号，新3号，新5号，第6号，新7集，第8集，第9集，第11集，野草新集（论肚子）；
201《戏剧春秋》创刊号，1∶2，1∶3，2∶2；
207《时代文学》1∶4；
211《文艺生活》2∶2，3∶3，光复版3，光复版5，光复版17，光复版18，海外版2，海外版3—4，海外版6；
218《文坛》7；
224《天下文章》1，2∶1；
232《戏剧时代》创刊号，1∶3；
235《文艺春秋》3∶1；
240《文哨》1∶1；
243《文联》1∶2；
245《文章》1∶2，1∶3；
248《中原·文艺杂志·希望·文

哨联合特刊》1：3；
253《清明》创刊号，3；
267《大众文艺丛刊》2；
270《小说》1：3

夏　莱

85《文艺月刊》1：2，6：3，6：5—6，7：5；
104《矛盾》2：2，2：4，2：6；
128《小说》4，11

夏　莹

140《芒种》7

夏　淳

276《华北文艺》4

夏　琪

198《现代文艺》1：1，1：2，1：6，2：2

夏　葵

271《文学战线》1：4；
273《文艺月报》2，3，4

夏　黍

263《文艺知识连丛》1：1

夏　楚

145《宇宙风》12

夏　溪

221《文艺先锋》12：1

夏　煦

142《中学生文艺季刊》3：1

夏　蕨

221《文艺先锋》12：3—4，13：4

夏　蕾

171《烽火（呐喊）》4；
194《中国文化》1：5；
208《诗创作》8；
213《草叶》1

夏　霞

209《万象》2：2，2：3，2：4，2：5，3：7

夏一栗

85《文艺月刊》11：2；
98《新时代》7：4；
142《中学生文艺季刊》1：4；
145《宇宙风》87，97

夏士贡

19《小说世界》2：10

夏之震

51《开明》2：5

夏艺圃

108《文艺茶话》1：7，1：9；
149《逸经》20

夏元瑮

6《解放与改造》3：8，4：5，4：8；
31《甲寅》1：3

夏天民

19《小说世界》1：9，民众文学7，民众文学8

夏丏尊

10《小说月报》17：5，18：9；
11《文学周报》278；
37《一般》3：1，5：1，5：2；
51《开明》1：10，2：14，新2号；
92《文艺新闻》29；
93《青年界》8：2；

108《文艺茶话》2：9；
117《文学》5：1，7：6；
134《太白》1：1，1：2，2：2；
145《宇宙风》25；
155《光明》1：2；
186《宇宙风乙刊》9；
209《万象》3：3
235《文艺春秋》2：6；
246《文坛月报》1：1

夏仁麟

93《青年界》6：2，7：5

夏凤铎

145《宇宙风》113

夏云英

146《诗歌生活》2

夏芗圃

18《歌谣》11，13，18，62

夏吉子

134《太白》1：11

夏延棫

41《民间文艺》6，11，12

夏华青

19《小说世界》附刊民众文学：2，3，6，9，10

夏伯训

24《洪水》半月刊1：12

夏沉吟

109《论语》14

夏征农

117《文学》5：1

夏斧心

37《一般》7：1，7：2，7：3；
68《戏剧与文艺》1：10—11；
122《文学季刊》1：1

夏炎德

104《矛盾》3：2；
221《文艺先锋》3：3，3：4，3：5，4：5

夏奈蒂

235《文艺春秋》副刊1：1，副刊1：3

夏宗复

51《开明》2：4

夏孟刚

19《小说世界》6：4，7：12，9：5

夏承法

37《一般》3：2，5：1，5：3

夏承焘

117《文学》2：6

夏侯宠

235《文艺春秋》副刊1：1，副刊1：2

夏素以

59《春潮》1：5

夏莱蒂

36《北新》3：18，4：13；
37《一般》4：1；
40《真美善》1：7；
55《大众文艺》1：1，1：2，2：1；
93《青年界》1：4，3：3

夏索以

59《春潮》1∶1，1∶5，1∶6

夏振黄

134《太白》1∶8

夏病梅

19《小说世界》15∶19，15∶20，15∶21，15∶23，15∶24，15∶25，16∶1，17∶3

夏凌江

265《胶东文艺》1∶5

夏崇璞

14《学衡》9，14，20，30

夏康农

59《春潮》1∶2，1∶3，1∶6，1∶9；
212《文讯》8∶6；
223《人世间》复刊2，复刊7

夏培静

225《时与潮文艺》4∶1

夏野士

175《战地》1∶5；
201《戏剧春秋》1∶2

夏淡人

19《小说世界》1∶4

夏葵如

25《语丝》12，16，56

夏敬观

14《学衡》30，31，33

夏道璋

1《新青年》6∶4

夏登全

195《黄河》3

夏瑞民

88《读书月刊》1∶5

夏韫玉

10《小说月报》18∶9

夏慈力

127《人间世》25

夏照滨

142《中学生文艺季刊》1∶1，2∶1；
178《抗战文艺》5∶6；
187《戏剧岗位》1∶5—6，2∶2—3；
195《黄河》7，11，4∶1；
236《高原》2

夏侯未胤

182《文艺新潮》1∶12；
183《鲁迅风》14，15

原　幻

221《文艺先锋》10∶3

原　江

158《中流》1∶10，2∶1

原　来

265《胶东文艺》1∶2

原　松

172《七月》7∶1—2

原　荣

211《文艺生活》海外版9

原　野

261《东北文艺》1∶5

原石民

25《语丝》149

原景信

195《黄河》4∶1

逐　鸦
26《莽原》周刊 19
振
181《文艺突击》1：4，新 1：1
振　飞
25《语丝》4：36，4：44，5：28；
142《中学生文艺季刊》1：3
振　文
145《宇宙风》117—118
振　亚
10《小说月报》12：号外
振　扬
36《北新》2：18，2：21，2：24
振　光
10《小说月报》14：12
振　先
142《中学生文艺季刊》1：3
振　华
251《文艺杂志》3：5
振　声
26《现代评论》第三周年增刊
振　甫
142《中学生文艺季刊》2：1
振　青
36《北新》4：17，4：19；
47《流沙》4，5，6
振　周
10《小说月报》14：10
振　闻
145《宇宙风》89；
183《鲁迅风》6，19；
191《文艺新闻》11
振　铎
6《解放与改造》3：4；
8《新社会》6；
10《小说月报》12：1，12：3，12：6，13：7，16：7；
11《文学周报》7，38，63，88，98
振　清
36《北新》4：17，4：19；
39《泰东》2：10；
262《平原文艺》2：3
振　球
38《幻洲》2：7
损
11《文学周报》37，38，39，40
挹
109《论语》15
顿又杰
93《青年界》新 5：4
顿浩然
271《文学战线》2：3
致　千
115《文学杂志》1：1
致　平
75《萌芽》1：3，1：4，1：5，1：6；
79《巴尔底山》1：1
致　远
145《宇宙风》53
致　嵘
174《抗到底》1

哲
16《努力周报》24，52
哲　厂
197《黄河》9，11
哲（喆）之
115《文学杂志》1：1
哲　云
51《开明》1：1
哲　夫
11《文学周报》293
哲　（喆）生
37《一般》5：4，6：1，6：2，6：3
哲　西
229《艺文杂志》2：9，2：10
哲　刚
28《猛进》29
哲　克
225《北方》1：3
哲　甫
38《幻洲》1：10
哲　挚
268《蚂蚁小集》2
哲　卿
19《小说世界》1：5
哲　谆
155《光明》1：3
哲　盦
19《小说世界》16：13，16：18，17：4
逝　波
38《幻洲》2：5，2：6
鸬鹚子
57《大江》1：3
柴　夫
242《新群众》2：4
柴　扉
221《文艺先锋》8：2
柴达木
93《青年界》10：3
柴庆翔
221《文艺先锋》12：5
柴雨霞
93《青年界》6：4，8：1
柴树铎
36《北新》1：10
柴绍武
36《北新》2：10，2：11
虔　初
109《论语》24
虔南县政府
145《宇宙风》87
监　扣
109《论语》55
监梦九
18《歌谣》11
党庆松
187《戏剧岗位》1：4
党家斌
16《努力周报》15；
18《歌谣》15，43；
20《浅草》1：1，1：2

哨　夫
115《文学杂志》1：2
哨　兵
85《文艺月刊》战时特刊3：1—2
哨　赵
84《开展》6，7
唤　明
117《文学》7：6
峰
25《语丝》5：1，5：2；
188《新中国文艺丛刊》1，4
峰　毅
115《文学杂志》1：3—4
峻　浚
145《宇宙风》128
晓
108《文艺茶话》1：10；
210《笔谈》7
晓　川
36《北新》3：4
晓　云
85《文艺月刊》1：1
晓　天
10《小说月报》15：2，15：6，15：7，16：1，16：12；
25《语丝》115，119；
51《开明》1：11，2：1，2：2，2：3
晓　丹
125《春光》1：2
晓　风
10《小说月报》12：1，12：12；
36《北新》1：43—44，1：45—46，1：49—50，1：51—52
晓　白
93《青年界》10：4
晓　亚
85《文艺月刊》战时特刊4：5—6
晓　芒
209《万象》3：10，4：2，4：5；
223《人世间》复刊2
晓　光
59《春潮》1：6
晓　帆
264《诗创造》1，8
晓　村
74《新文艺》1：2；
274《平原》8，9
晓　芬
93《青年界》8：1，8：2，8：3，8：4，8：5，9：1，9：2
晓　岑
117《文学》5：1，6：4，8：6；
133《译文》新2：3；
158《中流》1：12
晓　岚
19《小说世界》4：9；
142《中学生文艺季刊》1：3
晓　角
158《中流》创刊号，1：3，1：4；
183《鲁迅风》17，18；

209《万象》4：7

晓　松

25《语丝》156

晓　雨

143《质文》5—6

晓　岩

25《语丝》112

晓　河

275《文艺丛刊》8

晓　奏

180《文艺》2：4，3：3—4

晓　南

85《文艺月刊》战时特刊号外1

晓　茫

209《万象》4：6

晓　音

180《文艺》1：4

晓　亮

274《平原》11

晓　真

25《语丝》4：31

晓　梅

261《东北文艺》2：4，2：6

晓　萍

85《文艺月刊》5：4，5：5，5：6，7：1；

211《文艺先锋》11：6

晓　梦

25《语丝》122

晓　野

273《文艺月报》创刊号，2，3

晓　湖

224《天下文章》4；

251《文艺杂志》4：1

晓　渡

141《文艺》3：6

晓　筠

145《宇宙风》别册1

晓　雾

142《中学生文艺季刊》2：3

晓　歌

203《奔流文艺丛刊》4；

209《万象》3：1，3：3，3：4，3：6，3：7，3：9，3：12，4：3，4：4，4：6；

235《文艺春秋》3：5，副刊1：1；

244《文艺复兴》1：3，2：4

晓　黎

274《平原》13

晔

1《新青年》2：5

眠　雪

39《泰东》1：4，1：5，1：7

蚊　川

39《泰东》2：1

晁　朴

167《文学杂志》3：1

晏　冲

199《野草》2：4，5：2；

227《艺丛》1：2

晏　明

208《诗创作》5，17；

264《诗创造》2：3
晏　始
11《文学周报》189；
37《一般》1：1
晏　敖
95《前哨》1：6—7
晏民新
98《新时代》2：4—5
晏玛太
149《逸经》26
晏禹九
85《文艺月刊》3：7
晕　僧
93《青年界》10：4
恩
109《论语》38
哭　厂
19《小说世界》1：1
特　宁
247《人民文艺》2
特　伟
178《抗战文艺》文协成立五周年纪念特刊；
182《文艺新潮》2：8；
199《野草》新7集；
227《艺丛》1：1
钰　生
196《战国策》附《战国》副刊18
钱　江
147《夜莺》1：4
钱　青
118《文艺春秋》1：9—10
钱坤（堃）
180《文艺》2：3
钱　理
14《学衡》73
钱　煦
88《读书月刊》1：1
钱　澄
18《歌谣》2：22
钱　毅
226《风雨谈》10
钱　翰
47《流沙》6
钱一苇
85《文艺月刊》8：4，9：4，9：5；
93《青年界》8：2；
159《诗歌杂志》2，3
钱九威
46《新月》3：2，3：4
钱士青
186《宇宙风乙刊》25，32，47
钱小伯
51《开明》2：1
钱小柏
92《文艺新闻》12；
93《青年界》9：1；
133《太白》1：7，1：8，2：10
钱子岳
63《金屋》1：3

钱子衿
123《中国文学》2：1
钱子矜
93《青年界》8：2；
117《文学》5：1
钱子雄
209《万象》4：7
钱天启
127《人间世》6
钱天起
93《青年界》12：1；
127《人间世》8
钱无咎
19《小说世界》12：9，12：10，12：13
钱仁康
109《论语》13，14，15，18，24，27，28，31，33，38，40，45，46，49，60，79；
127《人间世》9；
149《逸经》1，16
钱今昔
145《宇宙风》78，89，92，107；
180《文艺》2：4，2：5，2：6；
186《宇宙风乙刊》10；
209《万象》1：2，1：4，1：8，号外；
235《文艺春秋》丛刊1，2：4
钱公侠
10《小说月报》21：8，22：5；
36《北新》4：15；
59《春潮》1：1，1：2，1：3；
186《宇宙风乙刊》45；
226《风雨谈》2，5，19
钱文珍
106《现代》3：5
钱文晋
36《北新》2：11
钱予辰
270《小说》6：3
钱可训
109《论语》72
钱玄同
1《新青年》2：6，3：1，3：3，3：4，3：5，3：6，4：1，4：2，4：3，4：4，4：5，4：6，5：1，5：2，5：3，5：4，5：5，5：6，6：1，6：2，6：6，7：3；
17《读书杂志》10，12；
18《歌谣》周年纪念增刊；
25《语丝》1，4，8，20，22，23，25，33，34，57，59
钱台生
40《真美善》4：2；
161《电影戏剧》1：1
钱亚新
155《光明》3：3；
212《文讯》3：5
钱芝君
93《青年界》5：5；
118《文艺春秋》1：8

钱名山
209《万象》2：4，2：10
钱江春
10《小说月报》14：1；
21《弥洒》1，2，3，5，6
钱江涛
93《青年界》新 5：1
钱好用
38《幻洲》2：2
钱志顺
109《论语》31
钱杏邨
10《小说月报》19：1，19：3，19：5，19：6，19：8，19：9，19：11，19：12；
11《文学周报》259；
24《洪水》周年增刊，3：28；
39《泰东》1：6，1：9，2：2，2：4，2：5，2：6；
42《太阳月刊》1，2，3，4，5，6，7；
45《现代小说》3：2，3：3，3：4；
48《我们》1：1，1：2，1：3；
49《畸形》2；
55《大众文艺》2：4，2：5—6；
58《白华》1：1，1：2；
62《海风周报》1，2，3，4，5，6—7，9，10，14—15，17；
67《新流月报》2，3，4；
69《南国周刊》16；
76《拓荒者》1，2，3，4—5；
78《文艺讲座》1；
81《沙仑》1；
100《北斗》2：1；
106《现代》4：1
钱佐元
74《新文艺》1：3
钱君匋
10《小说月报》19：10；
11《文学周报》285，288，291，294，297，302，308，318，350；
37《一般》9：2；
51《开明》1：12；
59《春潮》1：4；
85《文艺月刊》2：1；
93《青年界》5：2，5：4，6：1，7：1，7：2，7：3，7：4，7：5，8：1，8：2，8：3，8：4，8：5，9：1，9：2，9：3，9：4，9：5，10：1，10：2，10：3，10：4，10：5，11：1，11：2，11：3，11：5，12：1；
98《新时代》1：6，2：1；
106《现代》5：3；
109《论语》57；
126《诗歌月报》1：2，1：5；
127《人间世》15；
145《宇宙风》70，71；
160《新诗》1：6；
165《文丛》2：1，2：2，2：4；
171《烽火（呐喊）》13，15，16；
177《文艺阵地》1：3；

217《文艺杂志》2∶1，2∶2，2∶3，2∶4；
235《文艺春秋》丛刊1，丛刊2，丛刊3，丛刊5，2∶1

钱君淦

93《青年界》新4∶5

钱坤（堃）新

14《学衡》15

钱纳德

243《文联》1∶3

钱国成

40《真美善》4∶5；
108《文艺茶话》2∶7；
117《文学》3∶3

钱国光

36《北新》4∶20

钱味辛

19《小说世界》5∶10

钱明健

221《文艺先锋》10∶6，13∶2

钱泽夫

106《现代》6∶2

钱泽民

25《语丝》4∶7

钱春晧

85《文艺月刊》7∶3

钱南扬

84《开展》10—11；
93《青年界》7∶1，10∶1，12∶1，新3∶1

钱畊莘

108《文艺茶话》1∶3，2∶5

钱钟书

51《开明》新1号；
167《文学杂志》1∶1，1∶4；
244《文艺复兴》1∶1，1∶2，1∶3，1∶4，1∶5，1∶6，2∶1，2∶2，2∶4，2∶5，2∶6

钱重六

51《开明》1∶8

钱恂春

104《矛盾》1∶3—4

钱洪翔

93《青年界》7∶1

钱起八

19《小说世界》2∶10，2∶11，2∶12，2∶13，3∶1，3∶2，3∶3，3∶4，3∶5，3∶6，3∶8，3∶9，3∶10，3∶13，4∶4，6∶1，6∶2，6∶4，6∶5，6∶7，6∶9，6∶11，6∶12，7∶1，7∶2，7∶4，7∶6，8∶4，8∶7，8∶8，8∶9，8∶10，8∶11，11∶5

钱晓云

85《文艺月刊》战时特刊2∶1

钱颂平

93《青年界》11∶1

钱唐郜

19《小说世界》2∶8，4∶1

钱海洪

251《文艺杂志》3∶3；

276《华北文艺》创刊号

钱能欣

224《天下文章》1：6

钱萍倩

19《小说世界》14：10

钱基博

14《学衡》56；

31《甲寅》1：20，1：26，1：32，1：33，1：34，1：35，1：36；

32《清华文艺》1：3

钱啸秋

19《小说世界》15：23；

102《文化评论》4

钱鸿缙

188《新中国文艺丛刊》4

钱维骧

31《甲寅》1：19

钱琴甫

25《语丝》80

钱萼孙

14《学衡》52

钱斯行

109《论语》74

钱惠荷

98《新时代》5：4，6：2；

106《现代》4：2；

122《文学季刊》1：2；

126《诗歌月报》1：3，1：4，1：5

钱景雪

145《宇宙风》64

钱鹅湖

11《文学周报》33

钱释云

19《小说世界》13：14

钱寒玉

51《开明》1：4

钱翙湘

51《开明》1：8

钱献之

160《新诗》1：1

钱新哲

178《抗战文艺》10：4—5；

185《笔阵》新8，革新1；

225《时与潮文艺》2：5，4：5，4：6，5：1，5：2，5：3；

236《高原》新1：1

钱蔚华

24《洪水》半月刊1：5，半月刊1：9，半月刊2：23—24

钱歌川

11《文学周报》369，371，375；

36《北新》4：3，4：5，4：9，4：10，4：16，4：23—24；

37《一般》7：2；

83《现代文学》1：1，1：2，1：3；

93《青年界》1：1，1：2，1：3，1：4，1：5，2：4，3：1，3：2，3：3，3：5，4：1，6：4，6：5，7：1，7：2，7：3，7：4，7：5，8：1，8：2，8：4，9：1，9：2，9：5，10：1，10：3；

94《现代文学评论》1：2，2：1—2；
106《现代》3：4，5：6；
109《论语》152；
117《文学》5：1；
126《诗歌月报》1：5；
145《宇宙风》8，25；
186《宇宙风乙刊》5，12，18，22；
220《文学创作》1：1；
225《时与潮文艺》3：3；
231《新文学》1：1，1：2，1：3

钱端义

229《艺文杂志》1：3，2：5

钱端升

26《现代评论》2：52，5：113，5：122，6：138，6：139，6：141，6：146，6：151，6：153，7：157，8：199；
31《甲寅》1：28

钱肇基

18《歌谣》90，93，94，96，97

钱稻孙

10《小说月报》12：9；
14《学衡》39，72；
229《艺文杂志》1：1，1：3，1：5，2：1，2：4，2：10

钱蕙荷

85《文艺月刊》9：6

钱履周

31《甲寅》1：42

钱鑫鑫

36《北新》3：4，4：1—2，4：6

钳　耳

224《天下文章》4；
243《文联》1：2

铁　川

113《新诗歌》1：5

铁　马

38《幻洲》1：12；
198《现代文艺》4：2

铁　夫

88《读书月刊》1：2；
195《黄河》2；
200《新诗歌》1；
203《奔流文艺丛刊》5；
224《天下文章》3

铁　牛

155《光明》1：8

铁　风

195《黄河》5：2

铁　史

149《逸经》23

铁　生

149《逸经》22，25，26；
210《笔谈》1，2，3，4，5，6；
211《文艺生活》3：4，3：5；
226《风雨谈》8

铁　民

1《新青年》7：6；
25《语丝》5：9，5：15；
118《文艺春秋》1：2，1：3；
108《文艺茶话》1：10

铁　华
177《文艺阵地》3：6，4：5；
185《笔阵》新6，新7
铁　声
47《流沙》4
铁　克
242《新群众》1：2
铁　冷
177《文艺阵地》3：10
铁　岩
26《现代评论》6：155
铁　忠
88《读书月刊》3：4
铁　肩
270《小说》4：2
铁　英
221《文艺先锋》10：3，10：4
铁　郎
98《涛声》2：1，2：7，2：8，2：9；
93《文艺新闻》10，14，18
铁　弦
88《读书月刊》2：6；
113《新诗歌》1：6—7；
133《译文》新3：2，新3：3；
155《光明》战时特刊·号外6；
175《战地》1：5；
176《自由中国》创刊号，新1：1，
新1：5—6；
177《文艺阵地》4：8，7：4；
178《抗战文艺》2：4，4：5—6；
192《文学月报》1：1，1：3，1：
5，1：6，2：1—2，2：3，2：
5，3：1，3：2—3；
198《现代文艺》4：5，5：6；
216《战时文艺》1：2；
240《文哨》1：2
铁　柱
109《论语》69
铁　昂
88《读书月刊》3：6
铁　逊
29《莽原》半月刊2：11
铁　耕
172《七月》5：2；
206《华北文艺》1：4
铁　崖
19《小说世界》8：6
铁　婴
182《文艺新潮》1：6
铁　庵
127《人间世》32
铁　掌
211《文艺生活》光复版14
铁　寒
109《论语》32，33
铁　樵
19《小说世界》2：1，3：1
铁　鞭
121《文化列车》1，2
铁血克
109《论语》7

铁血克夫斯基
109《论语》8
铃　凤
84《开展》4，6—7；
104《矛盾》发动号
铎
185《笔阵》新1：3，新1：4，新1：5，新2：2
铎　夫
209《万象》4：2
积　微
31《甲寅》1：45
秧景明
36《北新》3：5
秩　彝
6《解放与改造》4：8，4：9
称　逸
93《青年界》新5：2
称　愚
38《幻洲》2：7
秘　生
38《幻洲》2：4
缺　名
145《宇宙风》65
笔　木
140《芒种》6
笔　公
26《现代评论》6：138；
68《戏剧与文艺》1：6
笔　克
179《戏剧新闻》3
笑
109《论语》60；
149《逸经》7
笑　山
27《支那二月》1：3
笑　凡
109《论语》7
笑　天
145《宇宙风》34，124
笑　石
149《逸经》23
笑　仙
19《小说世界》12：1
笑　芸
93《青年界》7：4
笑　吾
19《小说世界》12：1
笑　话
109《论语》27
笑　答
109《论语》163
笑　涡
88《读书月刊》2：3
笑　斌
93《青年界》9：2
笑　新
274《平原》14
笒　尼
85《文艺月刊》1：3
造
11《文学周报》10

造　化
109《论语》100
造　时
46《新月》4：2
乘　兴
93《青年界》新1：3；
195《黄河》4：2
乘　岳
127《人间世》19
乘　凉
249《白山》3
倩　之
221《文艺先锋》7：4
倩　红
76《拓荒者》3，4—5
倩　洪
40《真美善》2：6
倩　谁
32《清华文艺》1：5
倩　霞
75《萌芽》1：5，1：6
倚　云
109《论语》125，126；
149《逸经》25
倚　红
19《小说世界》13：12
209《万象》3：3
倚　虹
209《万象》3：6
倚　重
109《论语》36
倒　霉
11《文学周报》353
倬
19《小说世界》3：2
倬　云
25《语丝》4：26
倪　平
152《作家》1：3；
157《今代文艺》1：2；
172《七月》2：5，3：6；
175《战地》1：1，1：6
倪　明
199《野草》5：2；
208《诗创作》8
倪　嘉
264《诗创作》8
倪大从
110《小说月刊》1：2
倪习之
221《文艺先锋》6：4—5
倪文亚
13《诗》2：2
倪文宙
5《少年中国》4：7；
37《一般》2：4；
93《青年界》8：2；
117《文学》5：1
倪孝先
85《文艺月刊》7：2
倪锡英
93《青年界》7：1，8：1

倪受民

149《逸经》8，14，17，24，26，33

倪受乾

172《七月》2：3，3：5；

175《战地》1：3

倪宝元

109《论语》153

倪贻德

11《文学周报》62，63，67；

15《创造》2：2；

22《创造周报》14，31，32，37，38，39，40，43，44，50，51；

24《洪水》周刊1，半月刊1：3，半月刊1：6，半月刊1：8，半月刊2：16，半月刊3：26，半月刊3：31；

25《语丝》4：26，4：52；

34《创造月刊》1：7；

36《北新》3：2，3：12，4：1—2；

45《现代小说》3：3

63《金屋》1：2，1：3，1：4；

85《文艺月刊》3：11；

87《前锋月刊》1：4，1：7；

93《青年界》1：1，1：2，1：3，1：4，1：5，2：1，2：2，2：3，2：4，2：5，3：1，3：4，4：2，4：3，4：5，5：1，6：1，6：3，6：2，6：5，7：1，7：2，7：3，7：4，7：5，8：1，8：2，8：3，8：5，9：1，9：2，9：3，9：4，9：5，10：1，10：2，10：3，10：4，10：5，11：1，11：2，12：1；

104《矛盾》2：2；

106《现代》6：1；

118《文艺春秋》1：4；

128《小说》18；

169《中国文艺》1：1

倪炯声

26《现代评论》5：122；

85《文艺月刊》8：6

倪祖坤（堃）

195《黄河》4：4

倪涉萍

109《论语》100，116

倪海曙

235《文艺春秋》3：1

倪朔尔

207《时代文学》1：1

倪懋芬

24《洪水》半月刊2：14；

41《民间文艺》6，11—12

倜　然

87《前锋月刊》1：1

俯　拾

151《文学丛报》2

倦　渔

85《文艺月刊》1：4

健

244《文艺复兴》2：2，3：1，3：4，3：5，4：1，4：2

健　飞
36《北新》1：11
健　功
28《猛进》27
健　仪
186《宇宙风乙刊》15
健　地
115《文学杂志》1：3—4
健　先
171《烽火（呐喊）》5
健　帆
93《青年界》新1：1；
140《芒种》3
健　华
19《小说世界》2：6
健　攻
28《猛进》44，48，50
健　吾
244《文艺复兴》1：2，1：3，1：6，2：6
健　耶
75《萌芽》1：6
健　萍
85《文艺月刊》8：5
健　鹏
13《诗》1：1
健　雄
211《文艺生活》海外版3—4，海外版副刊1
健　群
267《大众文艺丛刊》4
射　手
247《人民文艺》2
息
117《文学》8：5，9：2
息　梦
183《鲁迅风》5，7，12
息　影
85《文艺月刊》2：5—6
隼
117《文学》3：5，4：5，4：6，5：2，5：3，5：4
隽
259《东北文化》2：2
隽　冬
40《真美善》7：3
徒　然
109《论语》7
徐　力
142《中学生文艺季刊》2：2
徐　子
85《文艺月刊》1：1，2：1，2：2，2：3
徐　匀
25《语丝》4：34；
36《北新》1：21，1：35
徐　石
248《中原·文艺杂志·希望·文哨联合特刊》1：4
徐　讦
85《文艺月刊》5：5；
93《青年界》新6：1；

98《新时代》4∶1，4∶2，4∶3，4∶4—5，5∶3，5∶6，6∶1；
106《现代》4∶2，5∶3；
109《论语》26，27，29，30，32，33，34，35，38，39，44，49，54，65，75，79，91，126，142；
117《文学》3∶1；
127《人间世》1，2，3，4，5，6，7，8，9，11，12，13，15，16，18，19，21，23，28，29，30，31，32，34；
138《文饭小品》1∶2；
145《宇宙风》4，8，29，32，33，37，38，43，44，80；
183《宇迅风》11；
186《宇宙风乙刊》3，4，5，6，7，10，16，20，25，33，34，35，40；
220《文学创作》1∶2；
225《时与潮文艺》1∶1，1∶2，1∶3，3∶2

徐　永

209《万象》3∶3

徐　达

209《万象》2∶11

徐　夷

195《黄河》7，9，12

徐　华

229《艺文杂志》2∶12

徐　行

146《海燕》1∶2；
151《文学丛报》1

徐　庄

235《文艺春秋》4∶5

徐　村

178《抗战文艺》10∶2—3

徐　芳

18《歌谣》2∶1，2∶7，2∶10，2∶13，2∶14，2∶17，2∶19，2∶20，2∶27，2∶28，3∶1，3∶13；
122《文学季刊》1∶1；
127《人间世》24；
145《宇宙风》65

徐　励

158《中流》1∶12

徐　步

25《语丝》142；
154《文学界》1∶1；
173《抗战戏剧》1∶2

徐　位

10《小说月报》22∶8

徐　余

209《万象》1∶11，1∶12，2；4，2∶8

徐　沐

208《诗创作》10

徐　灵

208《诗创作》1；
252《北方文化》2∶4

徐　迟

104《矛盾》2∶5，3∶1，3∶2，3∶3—4；

106《现代》4：2，4：6，5：1，5：6；
129《文艺风景》1：1；
138《文饭小品》1：2，1：4；
139《新小说》1：3；
145《宇宙风》48，53，54，57，59，63，66；
160《新诗》1：1，1：2，1：3，1：4，1：5，1：6，2：3—4；
167《文学杂志》1：3；
169《中国文艺》1：1，1：3；
177《文艺阵地》6：1，7：2，文阵新辑之1：去国
178《抗战文艺》6：2，7：2—3，8：4，10：4—5，文协成立七周年并庆祝第一届文艺节纪念特刊；
199《野草》1：3；
208《诗创作》9，10，11；
212《文讯》8：5；
222《青年文艺》新1：1，新1：5；
223《人世间》复刊1，复刊4，复刊5，复刊7，复刊8—9，复刊10；
225《时与潮文艺》1：1；
227《艺丛》1：1，1：2；
228《中原》创刊号，1：2，1：4；
235《文艺春秋》4：1，4：3，4：5，5：4；
237《文学新报》1：5，2：1；
239《诗文学》2；
240《文哨》1：1，1：2，1：3；
243《文联》1：2，1：3；
244《文艺复兴》2：2；
245《文章》创刊号；
253《清明》3；
256《萌芽》1：3；
264《诗创造》1：11；
266《中国作家》纪念特刊

徐坤（堃）

93《青年界》新6：3

徐　英

14《学衡》71；
109《论语》63

徐　杰

62《海风周报》13；
81《沙仑》1：1

徐　其

175《战地》1：2

徐　奔

115《文学杂志》1：3—4

徐　明

172《七月》5：4；
206《华北文艺》1：2；
208《诗创作》10；
276《华北文艺》创刊号

徐　图

249《白山》4

徐　佳

98《新时代》5：4

徐　珂

19《小说世界》6：5，6：6，6：8，

6：12，6：13，7：2，7：3，7：4，7：5，7：7，7：8，7：9，7：12，8：5，8：8，8：9

徐 奎

11《文学周报》89

徐 勋

19《小说世界》13：18

徐 钧

265《胶东文艺》1：6—7

徐 盈

85《文艺月刊》战时特刊2：9—10；
107《文艺月报》1：1，1：2；
109《文学月报》1：3，1：5—6；
130《当代文学》1：1，1：4；
167《文学杂志》2：1，2：5，2：9，3：3，3：4，3：5，3：6；
172《七月》3：5，5：1；
177《文艺阵地》1：6，6：2，6：6；
178《抗战文艺》1：9，1：11，2：11—12，3：1，7：2—3，8：1—2，8：4，9：1—2，武汉特刊2；
192《文学月报》1：2；
210《笔谈》6；
211《文艺生活》1：6；
212《文讯》7：3，7：4，8：1，8：2；
216《战时文艺》2：1；
220《文学创作》3：2；
221《文艺先锋》2：2，4：6；
224《天下文章》1，5，2：4；
225《时与潮文艺》1：3，2：1，3：4，4：3；
228《中原》创刊号；
243《文联》1：1；
247《人民文艺》5

徐 彦

149《逸经》23，24，25，27，28

徐 闻

218《文坛》5

徐 莹

51《开明》2：3

徐 疾

209《万象》1：3；
243《文联》1：6

徐 野

182《文艺新潮》2：3，2：6

徐 曼

199《野草》4：6，5：2，5：3

徐 翊

186《宇宙风乙刊》54；
209《万象》2：9，2：10，2：11，3：1，3：7，3：9，3：11，4：3，4：7

徐 淦

109《论语》124

徐 瑛

85《读书月刊》33
93《青年界》新5：3

徐 铸

145《宇宙风》83

徐 锋

142《中学生文艺季刊》1：2

徐 程

142《中学生文艺季刊》1：2，1：4

徐 集

274《平原》14

徐 谟

26《现代评论》1：5，一周年增刊

徐 楷

117《文学》8：1

徐 雉

10《小说月报》13：4，13：6，13：8，13：9，13：11，14：2，14：4，14：7，14：10，15：5；

11《文学周报》62，66；

13《诗》2：1，2：2；

45《现代小说》2：4；

88《读书月刊》1：2

徐 靖

186《宇宙风乙刊》20

徐 韬

157《今代文艺》1：3；

170《新演剧》新1：1

徐 歌

178《抗战文艺》10：1；

223《人世间》复刊1

徐 舞

238《希望》1：1

徐 颜

93《青年界》新3：4

徐 毅

209《万象》1：5

徐 潮

275《文艺丛刊》创刊号

徐 儒

212《文讯》6：6

徐 燃

198《现代文艺》5：4

徐 激

198《现代文艺》3：6，4：4

徐 徽

271《文学战线》1：2

徐 燮

235《文艺春秋》4：3

徐一士

145《宇宙风》73；

149《逸经》2，4，6，7，8，9，10，11，12，13，14，15，16，17，18，20，21，22，25，28，30，32，35；

226《风雨谈》17，19，21

徐一支

259《东北文化》2：1

徐一帆

209《万象》1：9

徐一余

19《小说世界》8：9

徐一波

19《小说世界》15：7，16：1

徐一新

181《文艺突击》新1：1

徐三思

145《宇宙风》100

徐工美

93《青年界》8：2；

117《文学》5：1

徐子蓉

209《万象》3：4

徐云生

122《文学季刊》1：4，2：1

徐元度

10《小说月报》18：7，18：12，19：5，19：9，19：10；

11《文学周报》273，274，279，280，281；

25《语丝》148，150

徐无鬼

109《论语》91，132，160

徐天厂

93《青年界》7：2，7：3；

117《文学》8：1

徐天白

98《新时代》2：6，3：3，3：5—6，5：1；

110《小说月刊》1：1

徐天闵

14《学衡》7，31

徐天武

93《青年界》9：1，11：3；

142《中学生文艺季刊》1：2

徐天龛

93《青年界》6：5

徐天垒

209《万象》2：10，2：11

徐开墅

186《宇宙风乙刊》20，22

徐少雄

93《青年界》新6：3

徐中玉

85《文艺月刊》9：4，战时特刊2：4；

109《论语》58，98，99；

127《人间世》37；

145《宇宙风》39，59；

149《逸经》9，15，17；

155《光明》1：4，2：6，3：1，3：2；

172《七月》3：3，3：4；

174《抗到底》10，13—14，21—22；

178《抗战文艺》1：10，2：3，2：11—12，3：2，4：1，4：3—4；

211《文艺生活》光复版6；

212《文讯》7：6，8：3，8：4，8：6，9：2；

221《文艺先锋》1：6，2：3，2：5—6；

237《文学新报》1：6；

258《文艺丛刊》1

徐中年

85《文艺月刊》7：5

徐中舒

11《文学周报》276—277；

37《一般》2：3，3：1

徐日洪

145《宇宙风》20

徐公仁

19《小说世界》5：8

徐公美

168《戏剧时代》1：1

徐长统

1《新青年》3：4

徐丹歌

21《浅草》1：4；
23《文艺周刊》31

徐凤吾

93《青年界》11：2

徐凤爱

51《开明》2：23

徐文台

26《现代评论》2：52，3：62，4：80

徐文成

51《开明》1：4

徐文杰

109《论语》157

徐文郁

19《小说世界》4：7

徐文珊

22《歌谣》2：12；
221《文艺先锋》4：1，6：1

徐文彩

142《中学生文艺季刊》2：4

徐文雄

44《文化批判》5

徐文滢

209《万象》1：6，1：8，1：9，2：5

徐心芹

85《文艺月刊》7：3，7：5，8：6；
109《论语》12；
128《小说》

徐心吾

19《小说世界》14：8，14：9，14：11，14：18，14：19，14：20，15：20，15：22，17：2

徐允武

98《新时代》2：1

徐书坤

273《文艺月报》创刊号，2

徐书荣

92《文艺新闻》53

徐书珊

108《文艺茶话》1：6

徐玉诺

10《小说月报》12：9，13：3，13：6，14：1，14：5，14：6，14：7，14：8，14：9，14：11，14：12，15：1，15：10，15：11；
11《文学周报》9，31，32，35，49，52，55，81，82，85，100，145；
13《诗》1：1，1：2，1：3，1：4，1：5，2：1，2：2；
18《歌谣》91；
23《文艺周刊》2；
25《语丝》139，5：3；

66《华严》1：8

徐世乔

109《论语》11

徐世治

123《中国文学》2：1

徐北辰

85《文艺月刊》10：1；
145《宇宙风》26；
149《逸经》31

徐申之

190《通俗文艺》38，43

徐白林

229《艺文杂志》1：1，1：6，2：7—8

徐立民

109《论语》54

徐半梅

12《戏剧》1：1，1：2，1：3，1：4，1：5，2：1，2：2

徐永平

85《文艺月刊》战时特刊2：1

徐永清

265《胶东文艺》1：4

徐礼容

186《宇宙风乙刊》11

徐弘道

19《小说世界》17：2

徐幼鋑

89《当代文艺》1：2，1：5

徐式庄

109《论语》32，49

134《太白》2：5，2：7

徐西庚

19《小说世界》7：4

徐有鬼

109《论语》125

徐百美

98《涛声》2：29，2：37

徐成湖

272《群众文艺》7

徐执提

254《热潮》1：3

徐光国

174《抗到底》3

徐光钰

93《青年界》6：1

徐光熙

18《歌谣》79

徐光霄

142《中学生文艺季刊》1：1，1：3，1：4

徐光摩

93《青年界》10：2，10：4，11：2，11：4，新4：1，新4：2，新4：5；
98《新时代》7：2，7：3，7：4；
109《论语》116

徐光燊

209《万象》4：5

徐光耀

262《平原文艺》1：4，1：5

徐则林
19《小说世界》15：17
徐则陵
14《学衡》1
徐则敏
109《论语》43，44，45
徐则骧
118《文艺春秋》1：1
徐传霖
10《小说月报》17：号外下
徐仲可
19《小说世界》7：3，7：4，7：8，7：12，7：13，8：8，8：9，8：10，8：11，8：12，9：1，9：2，9：3，9：4，9：8，11：4，11：5，11：8，11：10，11：12，12：3，12：7，12：8，12：9，12：10，12：11，13：17，13：18，13：20，13：21，13：22
徐仲年
85《文艺月刊》4：1，4：2，7：5，8：1，8：2，8：3，8：6，10：4—5，10：6，战时特刊2：2，战时特刊2：5，战时特刊2：6；
93《青年界》9：1，10：2，11：5，12：1；
98《新时代》5：4；
108《文艺茶话》1：1，1：2，1：3，1：4，1：5，1：6，1：7，1：8，1：9，1：10，2：1，2：2，2：3，2：4，2：5，2：6，2：8，2：9，2：10；
109《论语》118，119，120，121，122，123，125，126，127，128，129，130，131，141，144，165，168，169；
123《中国文学》1：1；
126《诗歌月报》1：1，1：2，1：4，2：1；
178《抗战文艺》3：5—6；
195《黄河》1，复刊1，复刊2；
221《文艺先锋》1：1，1：5，13：1，13：2，13：3，13：4；
225《时与潮文艺》1：1，1：2，1：3，2：1，4：2，4：5；
231《新文学》1：3
徐仲珂
19《小说世界》8：9，8：10
徐任夫
67《新流月报》4
徐旭生
25《语丝》4；
88《读书月刊》4；
174《抗到底》9；
178《抗战文艺》2：2
徐旭庭
98《光明》1：3
徐名模
209《万象》2：10，2：12
徐名骥
10《小说月报》14：11；
11《文学周报》105，106，107，108；

19《小说世界》2：4

徐汝璞

19《小说世界》16：4

徐问松

109《论语》154

徐守一

19《小说世界》17：4

徐羽冰

57《大江》1：3

徐羽冰

57《大江》1：3

徐兴华

57《大江》1：3；

252《北方文化》1：3

徐玚本

25《语丝》99

徐寿山

51《开明》2：24

徐远之

145《宇宙风》64，93

徐远元

85《文艺月刊》10：4—5

徐远芳

142《中学生文艺季刊》2：1

徐克刚

221《文艺先锋》5：3，7：6；

244《文艺复兴》3：3

徐克家

24《洪水》半月刊3：35

徐克培

98《新时代》创刊号，1：2

徐贡真

85《文艺月刊·战时特刊》2：11—12

徐志南

109《论语》169

徐志敏

142《中学生文艺季刊》1：2

徐志摩

6《解放与改造》3：8；

10《小说月报》14：5，14：7，14：9，14：10，14：11，14：12，15：1，15：2，15：3，15：4，15：6，15：8，15：9，15：10，16：2，16：3，22：1，22：4，21：11，22：12；

11《文学周报》82，94，123；

15《创造》2：1；

16《努力周报》33，34，39，40，41，45，48，49，51，52，53，58，59，75；

22《创造周报》4；

23《文艺周刊》7；

25《语丝》3，17；

26《现代评论》1：7，1：14，1：18，2：30，2：36，2：38，2：39，2：51，第一周年增刊，6：144，6：145，第三周年增刊；

31《甲寅》1：42；

46《新月》1：1，1：2，1：3，1：4，1：10，1：11，1：12，2：8，2：9，2：10，2：12，3：1，3：2，3：4，3：8，3：9，3：

10，3：11，4：1；
63《金屋》1：2；
90《诗刊》1，2，3，4；
100《北斗》1：1；
109《论语》38，93；
127《人间世》1

徐志麟

51《开明》2：3；
139《新小说》1：5；
145《宇宙风·逸经·西风非常时期联合旬刊》6

徐苏灵

45《现代小说》2：5；
87《前锋月刊》1：4，1：5；
104《矛盾》1：3—4，2：1，2：2，2：5，2：6；
110《小说月刊》4，18；
225《时与潮文艺》1：1

徐甫堡

270《小说》3：4，3：5

徐步青

221《文艺先锋》5：6，7：5，8：4

徐伯华

109《论语》144

徐伯纯

51《开明》1：1

徐佛苏

31《甲寅》1：37

徐应昶

93《青年界》8：2；
117《文学》5：1

徐辛雷

242《新群众》1：2，1：3

徐怀沙

161《电影戏剧》1：1

徐冷玉

36《北新》2：8

徐冷波

19《小说世界》3：7，5：3，5：6，9：1

徐君梅

104《矛盾》302

徐其湘

8《新社会》14

徐转蓬

46《新月》3：9，3：12，4：6，4：7；
85《文艺月刊》3：11，4：2，4：4，4：6，5：1，5：2，5：5，5：6，6：1，6：3，7：3，战时特刊4：5—6；
93《青年界》3：2，3：5，5：1；
98《新时代》5：5；
104《矛盾》2：4；
106《现代》4：4，5：1，5：5，6：1；
123《中国文学》1：5，2：1；
126《诗歌月报》2：1；
157《今代文艺》1：1；
178《抗战文艺》9：3—4；
221《文艺先锋》3：3；
225《时与潮文艺》2：6

徐卓呆

19《小说世界》6：1，13：3，13：4，13：5，13：6，13：7，13：8，13：9，13：10，13：11，13：12，13：13，13：14，13：15，13：16，15：25；

209《万象》1：1，1：2，1：3，1：4，1：5，1：6，1：7，1：8，1：9，1：10，1：11，1：12，2：2

徐尚安

51《开明》1：6

徐畅荣

93《青年界》新6：4

徐昌霖

177《文艺阵地》7：4；

187《戏剧岗位》1：1，2：4—5—6，3：1—2，3：3—4，3：5—6；

216《战时文艺》1：5；

218《文坛》2：1；

220《文学创作》2：2；

221《文艺先锋》4：2；

224《天下文章》2，3，4，2：1，2：3，2：4；

232《戏剧时代》1：3

徐国桢

19《小说世界》16：15

徐国馨

137《当代诗刊》1：3—4；

195《黄河》2：9

徐知白

229《艺文杂志》3：1—2

徐秀球

52《山雨》1：2

徐秉钺

51《开明》1：8，2：1

徐佩韦

117《文学》5：6

徐金涛

93《青年界》新1：1，新1：3

徐炎之

235《文艺春秋》丛刊2

徐泽予

145《宇宙风》125

徐宝山

19《小说世界》6：5，12：4，12：5，12：8，12：10

徐宝君

19《小说世界》13：20，13：25，14：1

徐宝谦

8《新社会》4，5，6

徐宝璜

4《国民》1：3；

16《努力周报》2；

28《猛进》6

徐定邦

88《读书月刊》2：2

徐宗衍

18《歌谣》12，36

徐实君
11《文学周报》313；
19《小说世界》14：4，14：5，14：13，14：22，15：10，15：13，15：14，15：20，16：6，16：7，16：11，16：12，16：15，16：16，16：21，17：2，17：3，17：4
徐学文
93《青年界》7：2
徐诚侠
145《宇宙风》108
徐诚斌
145《宇宙风》100，123，132，133，134，137，138；
186《宇宙风乙刊》32，41，42，52—53
徐孤雁
106《现代》6：4
徐绍先
221《文艺先锋》5：6
徐绍烈
24《洪水》半月刊 1：2
徐绍彝
212《文讯》1：2
徐孟安
19《小说世界》17：2；
51《开明》2：2
徐春霖
221《文艺先锋》11：1，11：2，11：3—4
徐树敏
18《歌谣》3：12
徐树墉
31《甲寅》1：37
徐荫祥
98《新时代》7：4；
106《现代》4：3
徐南云
175《战地》1：4
徐挺秀
259《东北文化》1：2
徐显士
46《新月》3：2
徐秋雁
89《当代文艺》2：5
徐重人
235《文艺春秋》7：2
徐泉影
98《新时代》3：5—6，4：4—5，5：2，5：4
徐炳昶
10《小说月报》13：1，13：2，13：3，13：4，13：5；
28《猛进》2，3，4，5，7，8，9，10，11，12，13，15，17，18，19，20，21，22，24，25，26，27，28，30，31，32，44，45，52，沪案特刊 1
徐彦之
3《新潮》1：1，1：2，1：4，2：2；
5《少年中国》1：2

徐洗尘
208《诗创作》12
徐活萤
24《洪水》半月刊2：18；
45《现代小说》1：4，1：5，1：6
徐美埙
67《新流月报》4
徐美雅
93《青年界》9：1
徐祖正
15《创造》1：4；
24《洪水》半月刊2：23—24；
25《语丝》54，76，102；
29《莽原》半月刊2：10；
34《创造月刊》1：4；
145《宇宙风》26，32
徐班东
126《诗歌月报》1：3
徐特立
194《中国文化》2：4；
210《笔谈》5；
242《新群众》1：1
徐桢立
14《学衡》23，24，25，26，31，33，36，37，38，39，41，42，44
徐哲身
19《小说世界》1：12，1：13，2：1，2：2，2：3，2：5，3：9，4：12，5：6，12：11
徐爱蝶
10《小说月报》13：11
徐般夫
62《海风周报》17
徐高阮
223《人世间》复刊3
徐海德
223《人世间》2：1
徐朔方
167《文学杂志》2：12
徐家昌
167《文学杂志》3：2
徐家骥
51《开明》1：8
徐家骧
18《歌谣》3
徐调孚
10《小说月报》14：3，14：9，15：4，15：8，16：4，16：6，16：8，16：9，18：1，18：2，18：3，18：4，18：5，18：8，18：10，18：11，18：12，21：1；
11《文学周报》136，157，164，186，299，351，364—368；
36《北新》1：27；
37《一般》4：1；
83《现代文学》1：4；
93《青年界》8：2，10：1；
100《北斗》2：1；
117《文学》5：1，6：5；
145《宇宙风》8，32；
235《文艺春秋》4：3；
244《文艺复兴》1：6，3：3，研

究号中；
263《文艺知识连丛》1：3，1：4
徐继尧
149《逸经》8
徐培仁
109《论语》24
徐培德
10《小说月报》14：9；
11《文学周报》30
徐彬彬
149《逸经》1，3，4
徐梗生
108《文艺茶话》1：3
徐硕儒
19《小说世界》6：13
徐崇寿
145《宇宙风》20
徐晚苹
209《万象》2：1，2：2，2：3
徐曼华
10《小说月报》14：11
徐笠云
19《小说世界》16：18
徐寄庼
109《论语》54
徐宿雨
51《开明》1：10
徐尉南
11《文学周报》201，203，204，205，207，208，218，229，235；
134《太白》1：12
徐婉贞
51《开明》1：12
徐绪昌
109《论语》3
徐绪典
186《宇宙风乙刊》52—53
徐绮公
145《宇宙风》88
徐敬仔
36《北新》3：23；
109《论语》49
徐葆冰
57《大江》1：3
徐葆炎
24《洪水》半月刊3：26；
57《大江》1：3；
63《金屋》1：8
徐葆洪
36《北新》1：21
徐森元
142《中学生文艺季刊》2：3
徐棠慧
209《万象》2：9
徐悲鸿
46《新月》1：1，1：6；
85《文艺月刊》2：1，3：7，7：3，战时特刊创刊号；
108《文艺茶话》1：3；
109《论语》5；
145《宇宙风》71，72；
220《文学创作》1：2，2：1；

233《当代文艺》1：2
徐悲禅
56《乐群》1：6
徐景元
127《人间世》9
徐景贤
46《新月》1：7，1：8
徐敦甫
46《新月》1：9
徐湘之
142《中学生文艺季刊》1：4
徐善行
10《小说月报》15：1
徐善诚
19《小说世界》9：8
徐善湖
19《小说世界》8：3
徐美欧
106《现代》3：5
徐雷国
186《宇宙风乙刊》16；
209《万象》2：2
徐楚园
85《文艺月刊》8：6
徐睡麟
63《金屋》1：9—10
徐筱汀
145《宇宙风》139，140，141；
212《文讯》6：8，6：9
徐廉垣
18《歌谣》19
徐慎岭
93《青年界》7：4
徐满琅
51《开明》1：9
徐碧波
19《小说世界》5：9；
209《万象》3：12
徐碧晖
36《北新》4：14；
85《文艺月刊》7：6；
109《论语》39，46，48，49，65；
127《人间世》10
徐嘉瑞
10《小说月报》17：号外上；
11《文学周报》199，200，247—248；
93《青年界》2：5，3：1，7：1，7：4，8：1，8：4，新3：1，新3：5，新5：1；
212《文讯》4：2—3；
228《中原》2：2
徐蔚南
10《小说月报》13：1，13：2，13：4，15：号外，16：10，17：6，17：8；
11《文学周报》92，185，295，299；
37《一般》2：2；
40《真善美》2：2，2：3，2：4，3：2，3：3，3：4，3：5，3：6，6：3，女作家专号；
63《金屋》1：1；
87《前锋月刊》1：7；

93《青年界》8：1，10：1，11：1，新3：1，新6：1；
106《现代》6：2；
108《文艺茶话》2：9；
109《论语》91，118，121，123，125，132，141，142，155，174；
134《太白》1：12；
149《逸经》8，8，26；
221《文艺先锋》3：2，3：5，3：6，4：1，4：4，4：5，5：1—2

徐慧棠

209《万象》3：9

徐飘萍

145《宇宙风》127

徐震堮

14《学衡》18，21，23，27，34，44，45，46，49，50，51，73，74

徐鉴泉

141《文艺》1：2，1：3，

徐鹤林

25《语丝》4：6，4：15，4：16，4：31

徐霞村

10《小说月报》18：6，18：8，18：11，19：8，19：9，19：10，19：11，20：7，20：11，20：12，21：1，22：2；
11《文学周报》264，268，271，279，280，281，286—287，296，298，315，316，320，333—334，362，371，372，373；
25《语丝》4：6；
36《北新》1：28，1：29，1：30，1：32，1：34，2：15，3：11，3：17；
51《开明》1：3；
46《现代文学》1：2，1：3，1：6；
54《无轨列车》1，2，8；
59《春潮》1：8；
60《熔炉》1：1；
74《新文艺》1：1，1：2，1：3，1：4，1：6，2：1；
85《文艺月刊》3：9，3：10，4：3，5：1，5：2，9：6，战时特刊 4：2；战时特刊第 11 年 5 月号；
88《读书月刊》1：2；
93《青年界》1：1，3：4，4：1，4：5，6：3，8：2；
98《新时代》5：4；
106《现代》3：1，4：1，5：1，5：6；
117《文学》5：1；
122《文学季刊》1：2，2：1，2：3；
129《文艺风景》1：1，1：2；
132《文学评论》1：1；
145《宇宙风》13，19；
153《文季月刊》1：4；
221《文艺先锋》1：1

徐懋庸

97《青年界》8：2；
109《论语》42，94；

117《文学》1：5，1：6，2：3，2：4，5：1，6：5，7：1，7：2；
125《春光》1：3；
127《人间世》1，2，3，4，5，6，7；
133《译文》2：2，2：3；
134《太白》1：1，1：2，1：5，1：6，1：9，1：11，2：1，2：4；
140《芒种》1：1，1：2，1：3，1：4，1：5，1：6，2：1，2：9—10；
143《杂文》4；
144《创作》1：1；
151《文学丛报》2；
154《文学界》1：1，1：2；
155《光明》1：1，1：4；
157《今代文艺》1：2，1：3；
164《希望》1：1，1：2；
206《华北文艺》1：3；
242《新群众》2：4；
254《热潮》创刊号，1：2；
257《长城》创刊号

徐璞汝

19《小说世界》16：4

徐澹仙

19《小说世界》9：12

殷

178《抗战文艺》3：7

殷　干

92《文艺新闻》22

殷　夫

76《拓荒者》1，2，3，4—5；
95《前哨》1：1

殷　扬

155《光明》2：12；
164《希望》1：2；
168《戏剧时代》1：1，1：2；
170《新演剧》1：1

殷　汛

179《戏剧新闻》5

殷　宇

209《万象》4：1

殷　序

200《新时歌》4

殷　君

183《鲁迅风》13

殷　奇

10《小说月报》13：11

殷　炎

122《文学季刊》2：2

殷　参

172《七月》5：4；
174《抗到底》24；
197《大众文艺》1：6；
203《奔流文艺丛刊》6

殷　俊

259《东北文化》2：2

殷　钺

16《努力周报》4

殷　强

142《中学生文艺季刊》2：4

殷　勤

141《文艺》4：3，4：5，4：6，5：3

殷　滔

93《青年界》新6：3

殷　霞

142《中学生文艺季刊》2：1

殷大钧

51《开明》1：7

殷之鼎

93《青年界》新2：1

殷天南

85《文艺月刊》战时特刊2：11—12

殷少洛

265《胶东文艺》1：6—7

殷忆琴

150《东方文艺》1：2

殷尔逊

34《创造月刊》2：5

殷成志

107《文艺月报》1：2

殷自泰

31《甲寅》1：39

殷守无

209《万象》2：5

殷作桢

45《现代小说》3：5—6；

88《读书月刊》2：4—5，2：6，3：1—2；

123《中国文学》1：3—4，1：5，1：6，2：1，2：2

殷佩斯

19《小说世界》9：3；

93《青年界》8：2；

117《文学》5：1

殷晓岑

85《文艺月刊》1：1

殷乘兴

93《青年界》新1：2；

195《黄河》2：5—6，2：9

殷梦萍

98《新时代》2：1

殷琴忆

93《青年界》9：4

殷潜之

197《大众文艺》1：2，1：3

殷履安

18《歌谣》75

殷　若

109《论语》15

舫

117《文学》5：1，5：2

颂　华

6《解放与改造》1：2，1：4，1：5，2：2，2：4，2：5，2：8，2：9，2：10，2：13，2：15

颂　羔

37《一般》7：1

颂　磐

149《逸经》24

豹　隐

56《乐群》半月刊4

翁　儿
182《文艺新闻》2：4
翁　翔
155《光明》3：2
翁大草
85《文艺月刊》战时特刊第11年9月号；
221《文艺先锋》2：4
翁北溟
195《黄河》2：2
翁达藻
104《矛盾》2：4；
106《现代》3：4，3：6
翁同书
93《青年界》8：2；
117《文学》5：1
翁兴庆
142《中学生文艺季刊》1：2
翁克康
127《人间世》29，37
翁叔恒
51《开明》1：8
翁国梁
18《歌谣》3：6；
36《北新》2：10
翁定翔
93《青年界》7：2
翁春雪
149《逸经》36
翁偶虹
223《人世间》复刊3
翁寅初
109《论语》54
翁毅夫
92《文艺新闻》5：1
爱
51《开明》1：7
爱　石
93《青年界》10：4
爱　古
85《文艺月刊》10：1
爱　而
92《文艺新闻》27
爱　兰
185《笔阵》新8
爱　民
272《群众文艺》创刊号
爱　芝
261《东北文艺》2：2；
271《文学战线》1：5—6
爱　光
38《幻洲》2：8；
44《文化批判》5
爱　吾
18《小说世界》6：7，7：4，8：9
爱　弟
11《文学周报》320；
36《北新》2：5，2：9
爱　侬
36《北新》3：9
爱　南
88《读书月刊》2：4—5

爱　昂
108《文艺茶话》1：10
爱　获
145《宇宙风》128
爱　真
1《新青年》5：6
爱　涛
25《语丝》5：1，5：2，5：3，5：4
爱　梅
190《通俗文艺》39；
209《万象》1：3，1：5，3：3，3：5，3：9
爱　堤
23《文艺周刊》22
爱　博
19《小说世界》8：10，9：2，9：11，12：3
爱名生
32《清华文艺》1：5
爱读者
1《新青年》3：5
爱管闲事
25《语丝》63
奚　白
109《论语》74
奚　华
193《戏剧与文学》1：3
奚　行
55《大众文艺》2：5—6；
94《现代文学评论》1：2，1：3，2：1—2
奚　如
93《青年界》8：2；
117《文学》5：1；
122《文学季刊》2：1，2：4；
128《小说》8，10，12，15，17，19；
134《太白》2：2，2：3；
144《创作》1：1；
146《海燕》1：1，1：2；
147《夜莺》1：1，1：2，1：3，1：4；
151《文学丛报》1，3，4，5，6；
152《作家》1：1，1：4；
153《文季月刊》1：3；
156《现实文学》1，2；
162《小说家》1：1，1：2；
172《七月》1：5，2：2，2：5，3：1，3：3；
176《自由中国》创刊号；
177《文艺阵地》4：2；
178《抗战文艺》武汉特刊1；
180《文艺》1：2；
214《谷雨》1：4
奚　若
26《现代评论》1：19，1：20，1：21
奚　普
208《诗创作》8
奚　溪
250《鲁迅文艺》1：1
奚青了
108《文艺茶话》2：10

奚定怀
172《七月》2：3
奚祖威
93《青年界》新 5：3
奚振经
19《小说世界》7：13
卿
99《涛声》1：33
狷
25《语丝》4：31
余 生
265《胶东文艺》1：8
留 子
96《文艺杂志》1：2
留 久
19《小说世界》12：1
留 予
89《当代文艺》1：6，2：1，2：2；
104《矛盾》3：2
留 夷
186《宇宙风乙刊》56
留 芳
98《新时代》3：4，3：5—6
留 君
185《笔阵》13，14
留 流
85《文艺月刊》8：4
留 意
271《文学战线》1：4
桀 人
140《芒种》4，8
桀 九
19《小说世界》6：1
桀 犬
106《现代》4：5，5：1，5：2，
6：1
逢
211《文艺生活》海外版 18—19
逢 风
249《白山》6
逢 乐
149《逸经》11
逢 汉
25《语丝》5：3
逢 春
93《青年界》7：5，8：4
逢 美
142《中学生文艺季刊》1：2；
177《文艺阵地》7：2，7：3；
189《西线文艺》1：4，1：6；
200《新诗歌》6；
208《诗创作》12，13，17
鸰 莺
108《文艺茶话》2：6
旅 人
229《艺文杂志》1：3；
209《万象》3：1，3：3，3：5，3：
6，3：7
旅 冈
131《电影戏剧》1：1，1：2；
154《文学界》1：1；
170《新演剧》1：3；

183《鲁迅风》14，15
旅　隼
99《涛声》2：46；
134《太白》2：4；
140《芒种》4
旅　翁
36《北新》1：7，1：8
效　厂
178《抗战文艺》3：5—6；
228《中原》2：2
效　勾
51《开明》2：23，2：25
效　武
251《文艺杂志》3：4
效　贤
109《论语》174
效　春
5《少年中国》4：3
效　洵
10《小说月报》17：10；
33《狂飙》周刊8，周刊16；
38《幻洲》2：2；
45《现代小说》1：1，1：3，2：2，2：4
效　廉
25《语丝》72
效　痴
29《莽原》周刊16
郭　力
145《宇宙风》113
郭　丰
235《文艺春秋》丛刊2
郭　风
193《戏剧与文学》1：2；
198《现代文艺》1：4，1：5，1：6，2：3，2：4，2：6，3：1，3：2，3：3，3：5，3：6，4：3，4：6，5：1，5：4，5：6，6：2，6：3；
208《诗创作》2；
220《文学创作》3：1；
223《人世间》复刊11—12；
225《时与潮文艺》4：5；
235《文艺春秋》4：2，4：4；
244《文艺复兴》3：3，3：6
郭　文
235《文艺春秋》6：4
郭　贞
98《新时代》4：3，4：4—5
郭　延
18《学衡》10，11，12，15，19，27
郭　阳
119《戏》2
郭　麦
85《文艺月刊》9：3
郭　苏
159《诗歌杂志》2，3
郭　奇
209《万象》2：2
郭　卓
275《文艺丛刊》3

郭　明

109《论语》9，10，13，16，150，164；

145《宇宙风》92

郭　固

140《芒种》4

郭　征

241《大众文艺》新3

郭　朋

145《宇宙风》110；

186《宇宙风乙刊》35，50；

209《万象》1：12，2：1

郭　牧

117《文学》6：3；

146《海燕》1：2

郭　沛

241《文艺大众》3，新2，新3

郭　矩

188《新中国文艺丛刊》1

郭　莱

223《人世间》2：1

郭　真

36《北新》2：22，2：24，3：15，3：18，3：19；

37《一般》7：1，8：1

郭　铁

143《杂文》2：1

郭　瑛

141《文艺》4：2

郭　肆

98《新时代》7：4

郭　龄

195《黄河》2：9

郭　畹

238《希望》2：1，2：2

郭　鋆

109《论语》169

郭　蠡

51《开明》1：9

郭一岑

36《北新》3：19

郭人骥

93《青年界》8：1

郭士浩

167《文学杂志》2：8，3：1

郭大力

59《春潮》1：4

郭大雄

93《青年界》7：1

郭大痴

14《学衡》49

郭凡今

18《歌谣》3，13

郭广才

51《开明》2：1

郭小川

177《文艺阵地》4：11；

197《大众文艺》1：5，2：2；

200《新诗歌》3；

202《文艺月报》7；

208《诗创作》17

郭子坚
36《北新》4：1—2
郭子雄
46《新月》3：3，4：1；
63《金屋》1：1，1：3，1：4，1：5；
85《文艺月刊》8：3，8：6；
109《论语》77，78；
145《宇宙风》10，11，13，63；
149《逸经》3，11
郭云轩
274《平原》14
郭云奇
10《小说月报》14：8
郭云浦
93《青年界》8：4
郭丰民
93《青年界》新3：4
郭仁林
1《新青年》5：1
郭凤英
274《平原》13
郭文宝
271《文学战线》2：1
郭文珍
14《学衡》56
郭文骥
45《现代小说》2：1，2：4，2：6，3：2
郭予雄
85《文艺月刊》6：4
郭世绂
145《宇宙风》70
郭世崇
196《战国策》11
郭世镛
221《文艺先锋》5：1—2
郭兰馨
19《小说世界》15：4，16：1，16：6，16：7，16：16，16：20，17：2
郭尼迪
85《文艺月刊》战时特刊第11年4月号，第11年6月号，第11年8月号，第11年11月号；
182《文艺新潮》1：6，2：2；
208《诗创作》17；
221《文艺先锋》1：3，1：6，3：4；
224《天下文章》1：6；
225《时与潮文艺》2：1，2：3
郭亚林
270《小说》6：1
郭有守
46《新月》1：3；
63《金屋》1：1，1：2，1：3，1：5；
85《文艺月刊》5：1
郭成爽
19《小说世界》18：1，18：2
郭师仪
98《新时代》2：1，3：5—6，5：2，5：4，6：2

郭仲权

145《宇宙风》137

郭全和

25《语丝》82

郭兆儒

117《文学》8：4

郭兆凯

93《青年界》新5：2

郭守义

195《黄河》复刊5

郭安仁

98《新时代》创刊号，2：1，2：2—3

郭军旗

265《胶东文艺》1：3

郭收发

145《宇宙风》35

郭励之

229《艺文杂志》2：1

郭步陶

93《青年界》7：1，8：1，9：1，10：1，11：1，12：1

郭伯恭

140《芒种》6

郭旷夫

195《黄河》4：1

郭乎一

229《艺文杂志》1：3

郭启铭

98《新时代》6：1

郭纯才

159《诗歌杂志》3

郭易光

172《七月》3：6

郭季田

140《芒种》5，6；

163《热风》1：2

郭秉文

14《学衡》26

郭昌鹤

40《真美善》女作家专号；

122《文学季刊》1：1，1：2

郭佳玲

40《真美善》女作家专号

郭岱西

196《战国策》15—16

郭侣桐

40《真美善》6：5；

99《涛声》2：6，2：8

郭彦汪

211《文艺生活》海外版7

郭沫若

5《少年中国》1：9，2：6，2：9；

10《小说月报》14：1；

11《文学周报》125，131；

15《创造》1：1，1：2，1：3，1：4，2：1，2：2；

22《创造周报》1，2，3，4，5，7，8，9，10，11，12，13，14，15，16，17，18，19，21，22，23，24，25，26，27，28，29，30，

31，32，33，34，36，37，38，39，41，42，44，45，47，52；
24《洪水》半月刊 1：12，半月刊 2：18，周年增刊；
26《现代评论》1：8，1：16；
34《创造月刊》1：1，1：2，1：3，1：4，1：6；
45《现代小说》3：1，3：2；
51《开明》新 1 号；
55《大众文艺》2：3，2：4；
76《拓荒者》2，4—5；
85《文艺月刊》战时特刊 2：1；
106《现代》2：1，4：1，4：2，4：3，4：6；
117《文学》5：1，5：3，6：2，8：1，8：2；
131《东流》2：1，2：2，2：3，2：4，3：1，3：2；
139《新小说》1：5；
143《杂文》2，3，4，5—6，2：1，2：2；
145《宇宙风》20，21，22，23，24，25，26，27，28，29，30，31，32，33，34，35，47，104，105；
145 附《宇宙风·逸经·西风非常时期联合旬刊》1；
150《东方文艺》1：1，1：3，1：4；
151《文学丛报》1，2，4；
154《文学界》1：1，1：2，1：4；
155《光明》1：2，1：5，1：9，1：10，1：12，2：2，2：5，3：1，3：5，战时号外 1，战时号外 2，战时号外 3；
157《今代文艺》1：3；
158《中流》1：10；
159《诗歌生活》1；
164《希望》1：1；
167《中国文艺》1：2，1：3；
171《烽火（呐喊）》17；
176《自由中国》创刊号，1：1，1：2，新 1：1；
178《抗战文艺》6：3，6：4，7：1，7：6，8：3，9：3—4，10：1，10：4—5，10：6，文协成立五周年纪念特刊，文协成立七周年并庆祝第一届文艺节纪念特刊；
180《文艺》1：4；
185《笔阵》新 3，新 4；
186《宇宙风乙刊》2；
192《文学月报》1：2，2：1—2，2：5；
194《中国文化》2：1；
199《野草》3：6，4：3，5：3，新 7 集，第 8 集，第 9 集；
200《新诗歌》4；
201《戏剧春秋》1：3，1：5，1：6，2：2，2：3，2：4；
208《诗创作》3—4，8，16；
210《笔谈》2；
211《文艺生活》1：2，3：4；光复版 1，光复版 2，光复版 7；

海外版1，海外版2，海外版5，海外版6，海外版9，海外版16；海外版副刊2；
212《文讯》7：3，7：5；
217《文艺杂志》新1：1；
218《文坛》创刊号，2：1；
220《文学创作》1：4，1：6；
222《青年文艺》新1：6；
223《人世间》1：1，复刊2，复刊5，复刊7，复刊10；
224《天下文章》2：1，2：4；
227《艺丛》1：1；
228《中原》创刊号，1：2，1：3，1：4，2：1，2：2；
223《当代文艺》1：1；
235《文艺春秋》丛刊1，丛刊3，2：1，3：1，3：2，3：3，3：6；
236《高原》2；
237《文学新报》1：3；
240《文哨》1：1，1：2；
244《文艺复兴》2：3；
245《文章》1：4；
248《中原·文艺杂志·希望·文哨联合特刊》1：1，1：5，1：6；
249《白山》3；
253《清明》创刊号，4；
255《北方》1：1，1：5，2：1—2；
256《萌芽》1：2，1：3，1：4；
258《文艺丛刊》2；
265《胶东文艺》1：2，1：3；
266《中国作家》1：1；
267《大众文艺丛刊》1；
270《小说》1：1，1：2，1：3；
272《群众文艺》7；
276《华北文艺》4

郭学玉

251《文艺杂志》4：4

郭建英

74《新文艺》1：1，1：6，2：1，2：2；
93《青年界》8：2；
104《矛盾》2：5；
106《现代》5：4；
117《文学》5：1；
128《小说》4，13；
129《文艺风景》1：1；
139《新小说》1：4

郭绍汤

274《平原》2

郭绍虞

3《新潮》2：1，2：4；
10《小说月报》12：2，12：3，12：4，12：号外，13：3，13：6，17：号外，19：1，20：1，20：2，20：4；
11《文学周报》23，38，300；
13《诗》1：1，1：2，1：4；
18《歌谣》79，96；
51《开明》新1号；
117《文学》1：2，2：6；
167《文学杂志》1：2；
182《文艺新潮》1：10，1：11；

209《万象》3∶11；
212《文讯》8∶3，9∶3；
235《文艺春秋》3∶1，4∶3；
244《文艺复兴》1∶1，研究号上；
270《小说》4∶6

郭栋材

209《万象》1∶5，1∶6，1∶7，1∶9，1∶10

郭树权

145《宇宙风》152

郭树勋

26《现代评论》1∶18

郭省五

262《平原文艺》2∶6

郭种桑

109《论语》59

郭笃士

41《民间文艺》4

郭信民

274《平原》4，10

郭须静

3《新潮》1∶5

郭荞西

109《论语》36，48；
117《文学》6∶4

郭振忠

272《群众文艺》创刊号

郭振周

262《平原文艺》2∶5

郭挹清

134《太白》1∶7；
140《芒种》2

郭偌风

124《新诗歌》创刊号，2—3，4

郭倬莹

18《学衡》72，74

郭修真

242《新群众》1∶1

郭竟天

212《文讯》6∶8

郭理同

13《诗》2∶1

郭梦鸥

226《风雨谈》3，8，9

郭挪叶

18《歌谣》2∶5

郭曼波

155《光明》3∶2

郭崇厚

108《文艺茶话》1∶3

郭银田

221《文艺先锋》6∶4—5，8∶4，12∶6，13∶2

郭敏之

209《万象》1∶6，1∶8

郭惜黔

1《新青年》6∶6

郭惟麟

109《论语》108，109，110，116，117

郭续茵

145《宇宙风》102

郭琴舫

253《清明》2

郭雁南

262《平原文艺》2：4

郭超凡

94《现代文学评论》2：1—2

郭斌佳

69《南国月刊》1：1

郭斌龢

14《学衡》48，55，69，76，77，79

郭弼昌

208《诗创作》6；

211《文艺生活》1：3

郭弼藩

3《新潮》1：5

郭瑞年

93《青年界》新 3：5，新 4：1，新 4：3

郭廉波

36《北新》2：23

郭源新

117《文学》1：1，1：3，1：6，2：1，2：4，2：6，3：1，3：5，4：3，9：3；

122《文学季刊》1：2，2：4；

155《光明》1：6；

171《烽火（呐喊）》创刊号（《呐喊》），2（《呐喊》）

马静之

106《现代》6：2，6：3

郭嘉桂

85《文艺月刊》战时特刊2：7，3：7；

177《文艺阵地》4：12

郭慕涛

109《论语》19

郭慕鸿

145《宇宙风》65，80，81，90，101，102，104，111，112，115；

186《宇宙风乙刊》34

郭漫贞

155《光明》3：2

郭箴一

128《小说》4

郭德勋

18《歌谣》11

郭德浩

155《光明》3：5

郭毅钦

109《论语》54

郭镜秋

145《宇宙风》68

郭馨天

185《笔阵》9

郭瀞华

18《歌谣》43

郭麟阁

18《歌谣》2：18；

229《艺文杂志》2：7—8

高　于

195《黄河》4

高　山
85《文艺月刊》10：4—5；
109《论语》13
高　凡
186《宇宙风乙刊》7
高　飞
51《开明》2：8；
55《大众文艺》2：3，2：4
高　元
3《新潮》1：4，2：2
高　天
195《黄河》2，3，10；
199《野草》新5；
268《诗创作》10，12
高　戈
245《文章》1：2
高　风
18《歌谣》5；
189《西线文艺》1：2
高　文
203《奔流文艺丛刊》3
高　亢
109《论语》94
高　平
134《太白》2：10，2：11；
142《中学生文艺季刊》3：2
高　丘
193《戏剧与文学》1：3；
268《蚂蚁小集》2
高　兰
85《文艺月刊》战时特刊4：1；
170《新演剧》新1：3；
175《战地》1：3；
178《抗战文艺》2：2，3：4；
192《文学月报》1：1，1：5；
211《文艺生活》3：4；
221《文艺先锋》3：6；
224《天下文章》2：5—6；
225《时与潮文艺》3：4，4：1，4：6
高　地
110《小说月报》1：2，1：3，1：4；
221《文艺先锋》1：4
高　达
36《北新》3：17，3：18；
74《新文艺》1：3
高　迈
225《时与潮文艺》4：5
高　而
134《太白》2：1
高　扬
92《文艺新闻》12；
150《东方文艺》1：3
高　兴
254《热潮》1：3
高　民
85《文艺月刊》3：4
高　宇
221《文艺先锋》8：4
高　讶
244《文艺复兴》3：1，3：2

高　阮

226《风雨谈》6

高　阳

175《战地》1：4；

181《文艺突击》新1：2；

189《西线文线》1：2，1：6；

197《大众文艺》创刊号，1：3，1：6；

202《文艺月报》6，12，14，16，17；

261《东北文艺》1：2

高　欢

51《开明》2：1

高　岗

177《文艺阵地》3：7，4：2，4：4，4：5，4：9，4：10，4：12，5：1；

182《文艺新潮》2：5，2：8；

198《现代文艺》1：1，1：2，1：3，1：4，1：5，3：1，3：4；

208《诗创作》3—4，5，12，14，17；

211《文艺生活》3：5；

219《文学批评》创刊号

高　岑

209《万象》3：6，3：7，3：8，3：12，4：3，4：7

高　岚

25《语丝》4：24

高　亨

32《清华文艺》1：2

高　沅

80《骆驼草》17

高　沃

217《文艺杂志》3：2

高　汶

159《诗歌杂志》2，3

高　咏

145《宇宙风》85，91，102

高　纷

117《文学》4：2

高　枫

271《文学战线》1：4

高　卓

6《解放与改造》4：8；

37《一般》1：3

高　咏

172《七月》5：2；

176《自由中国》新2：1—2；

178《抗战文艺》8：4；

195《黄河》11，2：11—12；

198《现代文艺》1：6，2：5；

206《华北文艺》1：3，1：4；

216《战时文艺》1：1；

218《文坛》8；

251《文艺杂志》2：1

高　明

11《文学周报》339；

25《语丝》4：10；4：35；

85《文艺月刊》3：1；

88《读书月刊》2：1，2：2；

92《文艺新闻》7，10，12；

94《现代文学评论》2：1—2，2：3，3：1；

98《新时代》7：3；
104《矛盾》2：6；
106《现代》1：2，1：4，1：5，1：6，2：3，2：4，3：1，3：6，4：2，4：3，4：5，4：6，5：3，5：4；
129《文艺风景》1：2；
138《文饭小品》1：6；
167《中国文艺》1：1，1：2
高 放
211《文艺生活》11—12；
223《人世间》复刊2；
244《文艺复兴》3：2
高 泽
251《文艺杂志》3：5；
255《北方》1：3；
262《平原文艺》2：1，2：5
高 标
142《中学生文艺季刊》1：4，3：1
高 柏
217《文艺杂志》新1：3
高 荒
125《春光》1：3；
158《中流》1：2；
172《七月》1；
210《笔谈》1，4；
238《希望》2：3
高 阜
109《论语》114
高 原
159《诗歌杂志》1，3；
202《文艺月报》8，13，15；
225《时与潮文艺》3：1
高 特
36《北新》2：13
高 朗
221《文艺先锋》5：4
高 梧
10《小说月报》11：3
高 菊
19《小说月报》3：2，3：4
高 铦
1《新青年》7：3，8：1，8：6，9：4，9：5
高 商
26《现代评论》4：86
高 凉
177《文艺阵地》1：10
高 植
11《文学周报》361；
46《新月》2：11，3：10，4：4，4：7；
51《开明》1：10；
85《文艺月刊》2：5—6，2：7，2：10，3：5—6，3：10，5：1，6：1，9：3；
97《创作》1：1，1：2，1：3；
98《新时代》1：6，2：2—3，2：4—5，3：5—6；
100《北斗》1：4；
109《论语》32，124，125，126，128，129，130，132，133，135，

137，141，142，144，155；
110《小说月刊》1：1，1：2，1：3；
121《文化列车》8；
123《中国文学》1：1，1：2，1：3—4，2：1；
126《诗歌月报》2：1；
132《文学评论》1：1；
178《抗战文艺》2：11—12；
221《文艺先锋》1：1，1：2，2：3，7：5，11：6；
266《中国作家》纪念特刊

高　集

255《北方》1：3

高　鲁

51《开明》2：4；
197《大众文艺》1：3；
221《文艺先锋》10：6

高　象

199《野草》1：4

高　翔

109《论语》147；
242《新群众》1：6

高　滋

10《小说月报》14：9，14：10

高　寒

117《文学》8：1，8：3，9：1；
178《抗战文艺》2：1；
211《文艺生活》2：1；
212《文讯》6：5，6：9，8：5；
220《文学创作》1：1；
264《诗创造》4，5，2：1

高　滔

10《小说月报》22：2，22：5，22：10；
29《莽原》半月刊2：13，半月刊2：15，半月刊2：20，半月刊2：21—22，半月刊2：23—24；
36《北新》4：3；
66《华严》1：1；
93《青年界》8：2；
117《文学》2：6，5：1；
122《文学季刊》2：1，2：2，2：3，2：4

高　梁

261《东北文艺》2：4

高　塞

109《论语》117；
145《宇宙风》141；
155《光明》2：1；
185《笔阵》4，6

高　歌

10《小说月报》12：9，13：9，15：1，18：7；
29《莽原》半月刊1：15，半月刊1：17；
33《狂飙》周刊3，周刊4，周刊6，周刊7，周刊8，周刊9，周刊15，周刊16，不定期刊1

高　潮

164《希望》1：2；
182《文艺新潮》1：4—5

高　疆

127《人间世》8

高　露
274《平原》13
高一凌
167《文学杂志》1：4
高一涵
1《新青年》1：1，1：2，1：3，1：4，1：5，1：6，2：1，2：5，4：1，4：3，5：4，5：6，6：1，6：3，6：4，6：5，7：1，7：2，7：3，7：5，7：6，8：6，9：2，9：5；
16《努力周报》2，3，6，34，36，37，39；
26《现代评论》1：2，1：5，1：10，2：44，3：53，3：56，3：60，3：64，3：65，3：71，3：77，第二周年增刊，6：146
高二凤
199《野草》4：1—2；
211《文艺生活》1：5
高九香
51《开明》1：1，1：4
高乃同
195《黄河》2，3
高士其
181《文艺突击》新1：1；
211《文艺生活》光复版5
高才佐
51《开明》2：4
高川奈
117《文学》4：4
高之分
182《文艺新潮》2：7
高小曼
93《青年界》6：3
高子里
117《文学》8：6
高子荪
134《太白》1：2
高云树
110《小说月刊》1：1
高云雁
98《新时代》5：5，5：6
高友群
199《野草》2：4，3：1，4：1—2
高凤池
145《宇宙风》66
高文熙
93《青年界》9：5
高末新
51《开明》2：5
高世华
20《浅草》1：3；
23《文艺周刊》2，15，17，18，19，22
高平叔
224《天下文章》3
高龙生
85《文艺月刊》战时特刊2：3，2：4；
174《抗到底》6
高乐宜
10《小说月报》17：9

高永吉

145《宇宙风》102

高加索

264《诗创造》2，9

高亚天

259《东北文化》1：3

高亚伟

18《歌谣》2：3，2：7，2：19，2：27

高地植

178《抗战文艺》6：3；

192《文学月报》2：1—2

高达观

19《小说世界》1：5，1：7，1：12，3：6

高成均

29《莽原》周刊：6，9，12，17，18，21；半月刊：1：2，1：14

高吐真

124《新诗歌》2—3

高廷发

135《文学新地》1

高乔平

36《北新》3：13

高仲和

31《甲寅》1：10

高仰愈

10《小说月报》13：5，13：10

高华甫

93《青年界》10：5

高自牧

98《新时代》4：1

高自卑

107《文艺月报》1：3

高兴伟

8《新社会》19

高安福

18《歌谣》2：5

高寿人

51《开明》1：4

高志平

265《胶东文艺》1：3

高志庸

51《开明》1：4

高克东

251《文艺杂志》2：2

高克毅

145《宇宙风》46

高吹万

209《万象》2：9

高希圣

36《北新》3：14，3：18，3：19；

39《泰东》2：5，2：7，2：8，2：11，2：12

高希望

37《一般》7：4

高沐鸿

251《文艺杂志》1：1，1：2，1：4，2：3，2：4，2：5，3：2；

255《北方》2：1—2

高启沃

98《新时代》5：5

高君宇
1《新青年》7：6
高君箴
10《小说月报》14：5，15：2，15：3，15：10，16：1，16：2，16：3，16：4，16：5，16：6，20：11
高若冰
145《宇宙风》142
高尚德
3《新潮》2：3
高昌南
85《文艺月刊》7：2，7：3，7：6
高明正
272《群众文艺》创刊号
高季琳
51《开明》1：4
高佩琅
85《文艺月刊》9：1，9：2
高建华
40《真美善》4：4
高承元
212《文讯》2：3
高承言
145《宇宙风》98
高城生
26《现代评论》4：100
高剑父
108《文艺茶话》2：1；
117《文学》9：1
高觉敷
117《文学》3：2
高语罕
1《新青年》1：5，1：6，7：6；
145《宇宙风》54，55，61
高素明
224《天下文章》2
高素素
1《新青年》3：3
高根发
51《开明》1：12
高真常
10《小说月报》15：2
高振清
47《流沙》1，3；
88《读书月刊》1：3—4，2：2
高晓象
251《文艺杂志》4：3
高逢申
93《青年界》10：3
高逢泰
18《歌谣》8
高朗亭
259《东北文化》1：6；
270《小说》1：1
高梦濂
23《文艺周刊》3，4
高硎石
1《新青年》3：3
高铭凯
244《文艺复兴》研究号上

高敏夫
276《华北文艺》3
高逸安
141《文艺》5：1—2
高淑贞
36《北新》2：10
高淑英
162《小说家》1：2
高缉光
142《中学生文艺季刊》2：1
高殿森
212《文讯》7：1；
225《时与潮文艺》2：2
高镇五
274《平原》2：6
衷若霞
145《宇宙风》21；
155《光明》2：11
离　尘
26《现代评论》4：89
离　叟
252《北方文化》2：1
旁
117《文学》5：2
旁　观
149《逸经》22
斋　寒
109《论语》115
栾　星
195《黄河》5：1；
236《高原》新1：1；
244《文艺复兴》4：1
栾少山
265《胶东文艺》1：6—7，1：8
栾树吉
271《文学战线》2：3
栾潋泉
271《文学战线》2：3
席　之
85《文艺月刊》战时特刊号外1
席　勒
162《小说家》1：2
席　勤
85《文艺月刊》11：2
席　零
247《人民文艺》3
席水林
242《新群众》2：5
席吉庆
93《青年界》10：5
席星瑞
262《平原文艺》1：2
席涤尘
89《当代文艺》1：5，1：6，2：4；
94《现代文学评论》1：1，1：2
席徵庸
195《黄河》11，2：9
竞　仁
6《解放与改造》4：4
竞　文
40《真美善》3：3，3：4，3：6

竞　生

38《幻洲》1：8

竞　白

37《一般》2：4

唐　仁

47《流沙》2，4，5，6

唐　凤

158《中流》2：9，2：10

唐　父

26《现代评论》5：130

唐　兰

31《甲寅》1：23，1：31，1：33，1：40

唐　圣

221《文艺先锋》13：3

唐　夷

145《宇宙风》41

唐　乔

194《中国文化》2：4

唐　祁

212《文讯》6：6

唐　那

212《文讯》6：5

唐　孙

26《现代评论》5：129

唐　克

134《太白》2：1；

261《东北文艺》2：6

唐　劳

36《北新》1：3，1：11，1：17

唐　苏

222《青年文艺》新1：5

唐　均

23《文艺周刊》19

唐　园

31《甲寅》1：24

唐　诃

159《诗歌杂志》2，3；

199《野草》1：6

唐　陀

195《黄河》2：1

唐　纳

131《电影戏剧》1：1，1：3；

173《抗战戏剧》2：4—5

唐　苕

186《宇宙风乙刊》7

唐　明

155《光明》2：9

唐　鱼

223《人世间》1：1

唐　祈

223《人世间》复刊11—12；

244《文艺复兴》2：2；

264《诗创造》4，5，7，9

唐　弢

117《文学》7：1，8：5；

127《人间世》18，19；

133《译文》新2：3，新2：6，新3：2；

134《太白》2：1，2：2，2：4，2：6，2：7，2：8，2：9，2：10，

2：12；
144《创作》1：2；
145《宇宙风》100；
147《夜莺》1：1；
152《作家》1：4，1：5，1：6，2：1，2：2；
154《文学界》1：3；
156《现实文学》1；
158《中流》创刊号，1：2，1：3，1：5，1：6，1：7，1：8，1：9，1：12，2：1，2：4，2：6，2：7，2：10；
164《希望》1：1；
171《烽火（呐喊）》11；
177《文艺阵地》5：1，5：2；
183《鲁迅风》1；
186《宇宙风乙刊》13，14，16，22，27，51；
198《现代文艺》1：1，2：1，3：2；
209《万象》2：9，2：10；
212《文讯》7：5；
223《人世间》复刊7；
235《文艺春秋》8：2；
244《文艺复兴》1：3，2：3，4：1，4：2，研究号下；
263《文艺知识连丛》1：3；
266《中国作家》1：1；纪念特刊
270《小说》3：2，3：4，3：5，4：5

唐　珊

121《文化列车》9

唐　荪

244《文艺复兴》4：1

唐　俟

1《新青年》4：5，5：1，5：2，5：3，5：4，5：5，6：1，6：2，6：3，6：4，6：5，6：6；
3《新潮》2：5；
10《小说月报》12：10；
122《文学季刊》1：1，1：3

唐　济

122《文学季刊》1：3

唐　晋

209《万象》2：9

唐　起

158《中流》2：8

唐　钺

10《小说月报》13：10，17：号外上；
16《努力周报》55，56，57，59，72；
26《现代评论》2：32

唐　涛

18《歌谣》2：3，2：21

唐　浩

262《平原文艺》1：3，1：4，2：6

唐　海

211《文艺生活》光复版17；
233《人世间》复刊3，复刊6

唐　骏

217《文艺杂志》1：4

唐　晴

99《涛声》2：39，2：41，2：42；
106《现代》3：5；

140《芒种》3

唐　涵

223《人世间》复刊1，复刊6，复刊10

唐　密

196《战国策》4，附：《战国》副刊26；

230《民族文学》1：1，1：4，1：5

唐　谔

235《文艺春秋》丛刊1

唐　琊

210《笔谈》1，3；

224《天下文章》4

唐　然

208《诗创作》10

唐　湜

212《文讯》8：3；

235《文艺春秋》5：6；

238《希望》2：2；

244《文艺复兴》2：6，3：1，3：4，3：6，4：1，4：2；

264《诗创造》1，3，5，7，8，9，10，12

唐　漠

211《文艺生活》光复版15

唐　蔫

255《北方》1：3

唐　虞

150《东方文艺》1：1

唐一钧

109《论语》153

唐乃圻

195《黄河》12

唐大园

14《学衡》29；

31《甲寅》1：26，1：39，1：43

唐大郎

209《万象》1：7

唐才常

149《逸经》22

唐山人

109《论语》70，76；

145《宇宙风》1

唐小圃

19《小说世界》6：5，6：10，7：1，7：7，8：5，9：1，9：3，9：4，9：5，9：6，9：7，9：8，9：9，9：10，9：11，9：12，9：13，10：1，10：2，10：3，10：4，10：5，10：6，10：7，10：8，10：9，10：10，10：11，10：12，10：13，11：1，11：2，11：3，11：4，11：5，11：6，11：7，11：12，11：13，12：4，12：5，12：7，12：11，13：2，13：9，13：10，13：11，13：12，13：13，13：14，13：15，13：16，13：23，13：24，13：25，14：2，14：4，14：6，14：7，14：12，14：13，14：15，14：21，14：22，14：25，15：1，15：3，15：4，

15：8，15：9，15：12，15：13，15：14，15：16，15：17，15：18，15：21，15：22，15：23，15：24，15：25，16：3，16：5，16：6，16：7，16：8，16：9，16：11，16：15，16：16，16：17，16：18，16：19，16：20，16：22，16：24，16：25，17：1，17：2，17：3，18：1，18：2，18：3

唐仁均

276《华北文艺》4

唐文治

186《宇宙风乙刊》23

唐玉虬

145《宇宙风·逸经·西风非常时期联合旬刊》5，6，7

唐平铸

255《北方杂志》1：6；

262《平原文化》1：1

唐田玺

19《小说世界》16：19

唐汉森

15《创造周报》49，50

唐幼峰

212《文讯》5：1

唐西民

251《文艺杂志》3：6

唐圭璋

85《文艺月刊》6：4

唐有王

26《现代评论》1：5，1：7，1：8，1：11，1：21，1：24，1：51，2：28，2：30，2：39，2：41，2：44，增刊1，2：47，2：48，2：49，2：50，2：52，3：57，3：58，3：66，3：67，3：69，3：72，3：77，4：81，4：84，4：88，4：97，4：98，5：110，5：112，5：120，5：121，5：128，6：138，6：142

88《涛声》2：20

唐伟之

186《宇宙风乙刊》41

唐仲陶

19《小说世界》8：5，9：11，12：1，12：4

唐仲涵

85《文艺月刊》战时特刊2：11—12

唐旭之

93《青年界》5：4，5：5，6：1，6：3，7：4，8：3，8：4，10：1，11：1，12：1；

106《现代》4：6；

178《抗战文艺》9：5—6；

217《文艺杂志》新1：1

唐庆增

31《甲寅》1：34，1：38

唐守谦

10《小说月报》14：6，15：2

唐运剑
38《幻洲》1：4
唐克明
93《青年界》6：3，7：2，7：3
唐来东
19《小说世界》5：6
唐伯尧
117《文学》4：4；
134《太白》1：4；
唐余园
93《青年界》8：2，9：1
唐希贤
19《小说世界》10：1，11：8，11：9，12：1，12：2，12：5
唐启宇
5《少年中国》1：7
唐若青
145《宇宙风》101
唐英伟
98《新时代》7：3；
128《小说》12；
144《创作》1：1，1：3
唐松园
6《解放与改造》2：2
唐其罗
172《七月》1：4
唐贤龙
85《文艺月刊》战时特刊 2：11—12
唐鸣时
19《小说世界》3：9；
21《弥洒》1，2，3，4，5，6
唐迪文
195《黄河》3：2
唐迪风
14《学衡》76
唐性天
11《文学周报》4
唐炎中
186《宇宙风乙刊》19
唐学泳
85《文艺月刊》9：5
唐绍华
85《文艺月刊》9：5，10：2，战时特刊 1：2，战时特刊 2：6，战时特刊 2：11—12，战时特刊第 11 年 10 月号；
187《戏剧岗位》1：4；
221《文艺先锋》1：6，4：2
唐柯三
212《文讯》6：5，6：9
唐荣枚
259《东北文化》2：2
唐钦若
109《论语》65
唐振华
242《新群众》2：6
唐振常
19《小说世界》3：11
唐铁风
31《甲寅》1：10，1：19，1：33
唐健燕
145《宇宙风》63

唐病愁

19《小说世界》5：10

唐得源

32《清华文艺》1：5

唐康痿

109《论语》76

唐景云

168《戏剧时代》1：1

唐槐秋

71《戏剧》2：1；

73《南国周刊》1：6，1：8；

104《矛盾》2：4，2：5，3：1；

123《中国文学》1：2，1：3—4，1：5，1：6；

131《电影戏剧》1：1；

155《光明》2：12；

168《戏剧时代》1：1；

179《戏剧新闻》4

唐锡光

11《文学周报》303；

51《开明》2：5，2：6

唐锡如

46《新月》3：2；

75《萌芽》1：6；

85《文艺月刊》4：4，6：5—6；

106《现代》3：3，5：1，5：6；

109《论语》21，22，24，26

唐锦云

85《文艺月刊》11：1；

168《戏剧时代》1：3

唐静宜

19《小说世界》9：1，9：6，14：10，14：17

唐蕴玉

149《逸经》13

唐德义

195《黄河》2：2

唐擘黄

26《现代评论》1：16，2：28，2：45，2：48，一周年增刊，二周年增刊

唐燮如

19《小说世界》10：1，10：2，10：3，10：4，12：13

病　夫

40《真美善》1：1，1：2，1：3，1：4，1：5，1：6，1：7，1：8，1：9，1：10，1：11，1：12，2：1，2：2，2：3，2：4，2：5，2：6，女作家专号，3：1，3：2，3：3，3：4，3：5，3：6，4：1，4：2，4：3，4：4，4：5，4：6，5：1，5：2，5：3，5：4，5：5，5：6，6：1，6：2，6：3，6：4

病　火

25《语丝》127，130

病　驾

109《论语》11

病　梅

19《小说世界》16：6

疾 公
36《北新》4：21—22
疾 风
85《文艺月刊》战时特刊1：8；
196《战国策》10
疾 首
209《万象》3：4
悚 凝
36《北新》2：1，2：2，2：3，2：4，2：6，2：7
悟 悟
93《青年界》新4：3
悟 真
24《洪水》半月刊2：17
悄 吟
117《文学》4：6；
134《太白》1：12，2：10；
153《文季月刊》1：2，1：3；
158《中流》创刊号；
165《文丛》1：1
悍 膂
134《太白》1：12，2：1
悔
1《新青年》4：6
悔 初
19《小说世界》2：3，2：11，7：3
悔 晦
10《小说月报》11：1
悯 仁
26《现代评论》8：205
悦 英
93《青年界》10：5
烧 斧
84《开展》6，7
烟 友
109《论语》35
烟 桥
19《小说世界》1：5，1：12，2：5，2：6，3：2，3：10，3：13，4：5，4：6，4：7，5：6，5：10，5：11，7：3，7：6，7：13，9：3，10：4，10：5，10：7，10：8，11：1，11：3，11：9，11：12，12：3，12：6，13：3，13：9，13：11，13：13，14：9，16：11，16：12，16：13，16：17，16：18，16：25，17：1；
162《小说家》1：2；
209《万象》4：3
烟 影
51《开明》2：4，2：22
凌
142《中学生文艺季刊》2：1
凌 之
157《今代文艺》1：2
凌 元
252《北方文化》1：1
凌 云
106《现代》6：4；
145《宇宙风》85，96，128

179《戏剧新闻》6

凌　风

242《新群众》2：2

凌　亢

252《北方文化》1：5

凌　代

109《论语》132

凌　夷

92《文艺新闻》追悼号

凌　冰

106《现代》3：4，3：5，3：6，4：2，5：3；

191《文化新闻》创刊号；

241《文艺大众》6

凌　志

109《论语》160

凌　坚

88《读书月刊》2：4—5；

92《文艺新闻》36，37；

93《青年界》2：3

凌　君

119《戏》2

凌　青

175《战地》1：3；

265《胶东文艺》创刊号

凌　英

85《文艺月刊》1：5

凌　岱

87《前锋月刊》1：3

凌　南

252《北方文化》2：6

凌　恒

268《蚂蚁小集》2，5，7

凌　彦

264《诗创造》8

凌　洛

113《新诗歌》2：1

凌　美

88《读书月刊》3：1—2，3：3，3：4，3：5

凌　获

142《中学生文艺季刊》2：2

凌　晨

209《万象》1：2

凌　铁

95《前哨》1：6—7

凌　梅

88《读书月刊》1：1，1：2，2：4—5，2：6

凌　虚

142《中学生文艺季刊》3：2

凌　霄

25《语丝》119

凌　鹤

81《沙仑》1：1；

85《文艺月刊》战时特刊1：7；

92《文艺新闻》60；

134《太白》2：8；

135《光明》2：3；

143《质文》4；

144《创作》1：2；

154《文学界》1：1；

155《光明》1：3，1：5，2：6，2：12；
161《电影戏剧》1：1，1：2，1：3；
168《戏剧时代》1：1，1：3；
170《新演剧》1：1；
173《抗战戏剧》1：4，1：5，1：6—7，2：1，2：2—3；
175《战地》1：3；
178《抗战文艺》1：12；
180《文艺》1：1；
187《戏剧岗位》3：3—4，3：5—6

凌　霜

1《新青年》3：4，4：5，6：2，6：5，8：2，9：6；
18《歌谣》1

凌之尼

31《甲寅》1：17

凌乃仙

19《小说世界》2：13

凌云鹏

53《思想》1：3，1：4

凌元祥

93《青年界》11：2

凌有光

224《天下文章》2：4

凌仲辛

109《论语》54

凌孝隐

221《文艺先锋》7：5

凌叔华

26《现代评论》三周年增刊；8：193，8：194，8：195，8：196；
46《新月》1：2，1：12，2：1，2：2，2：3，3：1；
85《文艺月刊》2：3，8：4；
93《青年界》12：1；
100《北斗》1：2；
122《文学季刊》1：2；
141《文艺》2：2；
153《文季月刊》1：1；
167《文学杂志》1：4；
225《时与潮文艺》1：3；
226《风雨谈》11

凌昌言

106《现代》1：1，1：3，5：6

凌宛英

19《小说世界》16：17

凌竞亚

275《文艺丛刊》8

凌梦痕

23《文艺周刊》38

凌景埏

93《青年界》新1：1

凌露深

19《小说世界》9：8

凌霄汉阁

226《风雨谈》16，17，18，19

凄　冷

109《论语》94

准　囚

145《宇宙风》别册3

凉　泳

109《论语》22

凉　堡

142《中学生文艺季刊》2∶1

涛

109《论语》36

涛　声

32《清华文艺》1∶2；

134《太白》2∶4

涛　每

32《清华文艺》1∶1，1∶2，1∶3，1∶4，1∶5，不定期5

涛　姐

145《宇宙风》75

涛　涛

121《文化列车》9

浦

109《论语》149

浦　风

150《东方文艺》1∶1，1∶2，2∶1

浦　洱

85《文艺月刊》9∶5

浦江清

14《学衡》57；

46《新月》4∶4；

51《开明》新1；

167《文学杂志》3∶5

浦薛凤

30《大江》1∶1

酒　泉

177《文艺阵地》7∶2；

210《笔谈》7；

240《文哨》1∶3；

243《文联》1∶2

酒　徒

139《新小说》2∶1

酒　囊

21《语丝》4∶25

涟　涟

117《文学》3∶1，3∶4

涟　清

122《文学季刊》1∶3，1∶4

涟　湖

109《论语》17

涟　漪

145《宇宙风》112；

242《新群众》2∶2，2∶3

涟　潮

109《论语》15

涉　崔

109《论语》157，158

涓　之

106《现代》6∶4

涓　涓

92《文艺新闻》26，47

浩

26《现代评论》7∶157；

38《幻洲》2∶5，2∶7

浩　川

88《读书月刊》1∶3—4，1∶5

浩　文

26《现代评论》5∶126；

46《新月》3：8，3：10，3：12；
63《金屋》1：1，1：3，1：4，1：5，1：6，1：8，1：9—10，1：11，1：12；
98《新时代》1：2

浩　波

209《万象》3：2

浩　泓

264《诗创造》2

浩　徐

26《现代评论》3：73，4：82，4：91，4：92，4：93，4：95，4：99，4：101，4：102，5：105，5：106，5：107，5：109，5：110，5：111，5：129，6：140，6：156

浩　然

40《真美善》4：3；
46《新月》2：6—7

海

92《文艺新闻》26；
99《涛声》2：31—32

海　山

208《诗创作》12，13，16

海　戈

85《文艺月刊》战时特刊4：3—4
109《论语》17，24，25，27，28，31，33，35，36，37，40，42，45，48，49，51，52，53，59，63，64，65，71，73，75，77，78，79，80，122，123，126，127，128，129，130，131，132，133，134，135，136，137，138，139，140，141，142，143，144，146，148，149，150，151，152，154，155，156，157，160，161，162，163，164，165，166，167，168，170，171，172，173，174，175，176；
127《人间世》3，4，5，10，12，14，16，17，26，34，38，40；
145《宇宙风》2，8，11，16，45，48，93，130；
149《逸经》6，11；
174《抗到底》17，24；
186《宇宙风乙刊》6；
195《黄河》复刊5

海　公

145《宇宙风》83，84

海　风

109《论语》124，139，140，141，144，145，146，148，150，156，159，163，169

海　生

209《万象》3：4

海　兰

29《莽原》半月刊2：6

海　尼

266《中国作家》纪念特刊

海　帆

28《猛进》4

海　伦
253《清明》创刊号
海　华
19《小说世界》13：18
海　防
39《泰东》1：6，1：7
海　观
178《抗战文艺》10：2—3；
228《中原》2：1
海　辰
92《文艺新闻》5
海　岑
145《宇宙风》116，117—118，
119—120，126；
183《鲁迅风》2，8，10，12，14，
15，16
海　兵
211《文艺生活》海外版 6，海外版
9，海外版 14；
270《小说》2：2，2：6
海　枫
271《文学战线》1：4，2：4，2：5
海　若
109《论语》4
海　底
36《北新》3：23
海　沫
92《文艺新闻》40，41，42，43；
195《黄河》4：6
海　鸥
209《万象》3：5
海　派
195《黄河》4：6
海　客
203《奔流文艺丛刊》4，6；
215《奔流新集》2
海　语
208《诗创作》12
海　莱
151《文学丛报》4
海　峰
10《小说月报》12：7；
11《文学周报》31
海　涛
251《文艺杂志》2：3
海　流
141《文艺》3：3
海　陵
197《大众文艺》1：4
海　萍
175《黄河》1
海　晶
10《小说月报》12：11
海　湜
245《文章》创刊号
海　稜
177《文艺阵地》3：11；
200《新诗歌》2
海　滔
264《诗创造》8；
271《文学战线》2：4

海　影
124《新诗歌》2—3
海　燕
210《笔谈》7；
216《战时文艺》1∶6
海　镜
10《小说月报》12∶6，12∶7，12∶8，12∶12，13∶7，16∶12
海　濛
211《文艺生活》海外版 3—4
涂怀莹
221《文艺先锋》12∶5
涂逊修
186《宇宙风乙刊》20
涂景元
1《新青年》9∶2；
127《人间世》12；
149《逸经》3
涂鼎华
18《歌谣》2∶8
涂翔宇
141《文艺》6∶2，6∶3
浴
109《论语》116
浴　波
142《中学生文艺季刊》2∶4
浮　生
209《万象》2∶11
浮　沫
34《创造月刊》2∶3
浮　鸥
56《乐群》2∶12
浮　思
51《开明》2∶3，2∶5，2∶6
浮　萍
134《太白》1∶9
涤　尘
19《小说世界》8∶7；
98《新时代》2∶6，4∶1
涤　非
85《文艺月刊》战时特刊第 11 年 9 月号
流
32《清华文艺》1∶2；
113《新诗歌》1∶2，1∶3，1∶4
流　丹
212《文讯》6∶1，6∶4
流　火
221《文艺先锋》3∶2
流　水
51《开明》2∶19；
113《新诗歌》1∶5；
123《中国文学》2∶1
流　石
88《读书月刊》1∶5
流　矢
131《东流》创刊号 1∶2，1∶3—4，1∶5；
143《杂文》2
流　冰
113《新诗歌》1∶6—7，2∶2；

124《新诗歌》4；
126《诗歌月报》1：1
流　沙
35《沉钟》3，5；
216《战时文艺》1：6；
221《文艺先锋》5：3，5：4，7：6，9：2，10：1，11：3—4，11：5，12：3—4，12：6；
231《新文学》1：2；
235《文艺春秋》4：6；
264《诗创造》3；
269《文艺工作》1
流　诏
244《文艺复兴》2：3
流　枫
206《华北文艺》1：3
流　金
175《战地》1：5；
177《文艺阵地》1：7；
195《黄河》4：3，4：5，5：1，5：2；
212《文讯》9：2；
223《人世间》复刊1，复刊3，复刊5，复刊11—12；
225《时与潮文艺》5：1
流　波
198《现代文艺》2：2
流　星
92《文艺新闻》26
流　哨
250《鲁迅文艺》1：3
流　海
117《文学》9：1
流　萤
208《诗创作》1
流　茄
252《北方文化》1：2
流　鸿
36《北新》2：24
流　焚
206《华北文艺》创刊号
流浪者
25《语丝》4：23
润
28《猛进》4
润　余
10《小说月报》15：号外
润　苍
251《文艺杂志》2：6
润　身
265《胶东文艺》1：6—7
润　章
26《现代评论》1：3，1：6；
28《猛进》2，3，6，7，8，9，17，24，34，37，49，50，52，沪案特刊1
润　塘
93《青年界》新4：4
涧　苹
19《小说世界》10：4
浣　生
178《抗战文艺》2：10

浣　尘
10《小说月报》14：9
浣　花
207《时代文学》1：4
浪　人
25《语丝》4：49；
38《幻洲》2：6
浪　山
11《文学周报》314
浪　飞
211《文艺生活》海外版副刊 2
浪　白
26《拓荒者》4—5
浪　波
207《时代文学》1：3
浪　萍
109《论语》84，88，96，98
浪　淘
217《文艺杂志》2：3
浪淘沙
250《鲁迅文艺》1：2
涌
109《论语》28
浚　生
109《论语》46
浚　泊
113《新诗歌》2：3
瓶　公
98《涛声》1：17，1：18，1：19，1：20
朔
117《文学》3：6；
209《万象》3：1；
221《文艺先锋》7：3
朔　元
25《语丝》4：47
朔　水
12《戏剧》2：3
朔　正
134《太白》2：1
益　夏
36《北新》2：6
益砂克
26《现代评论》4：96
兼　士
28《猛进》24，26
兼　生
6《解放与改造》1：6
家
221《文艺先锋》2：5—6
家　方
264《诗创造》4
家　禾
145《宇宙风》26
家　修
59《春潮》1：3，1：4，1：5，1：6，1：8
家　桂
142《中学生文艺季刊》2：3
家　莱
52《山雨》1：6

家　钺
6《解放与改造》3：3
家　祥
108《文艺茶话》1：10
家　骏
93《青年界》6：5
家　萍
98《新时代》7：4
家　棫
25《语丝》4：20，4：30，4：34；
36《北新》2：14
家　楞
262《平原文艺》2：5
家　雁
122《文学季刊》1：1
家　斌
16《努力周报》28；
18《歌谣》16，18，19，23
家　禄
223《人世间》2：1
家　骥
36《北新》2：18
家　骧
19《小说世界》14：8，14：9
宾　阳
186《宇宙风乙刊》56
宾　芬
10《小说月报》21：1，21：2，21：3，21：4，21：5，21：6，21：7，21：8，21：9，21：10，21：11，21：12，22：1，22：2，22：3，22：4，22：5，22：6，22：7，22：9，22：10
宾　弦
211《文艺生活》海外版 1
宾　虹
18《小说世界》1：9，2：1，2：2
宾　客
226《风雨谈》20
宰　木
36《北新》1：49—50，1：51—52，2：1，2：2，2：3，2：4，2：5，2：6，2：7，2：8，2：9，2：10，2：11；
38《幻洲》2：2，2：4，2：5
宰　予
109《论语》1，3，24
宰　平
6《解放与改造》4：5
容
174《抗到底》15，16，17，18；
188《新中国文艺丛刊》3
容　之
270《小说》2：4
容　我
18《小说世界》4：3
容　君
142《中学生文艺季刊》1：2
容　纳
188《新中国文艺丛刊》3；
193《戏剧与文学》1：1

容　庚
18《歌谣》96
容　城
161《电影戏剧》1：2
容　斋
19《小说世界》10：6，10：7，10：10，10：11，10：12，10：13，11：2，11：3，11：4，11：6
容　熙
142《中学生文艺季刊》1：3
容　默
171《烽火（呐喊）》19
容希白
18《歌谣》75
容紫燕
207《时代文学》1：3
容肇祖
18《歌谣》52，2：3，2：7，2：10，2：14，2：31，2：35，2：38；
41《民间文艺》1，2，6，7，11—12；
93《青年界》12：1；
145《宇宙风》122
窈　窈
24《洪水》半月刊2：22
资　平
11《文学周报》34；
22《创造周报》20；
47《流沙》5；
56《乐群》半月刊4；
103《絜茜》1：1
资　生
149《逸经》28
资　迟
18《歌谣》2：29
资耀华
26《现代评论》8：203，9：209
诸　子
1《新青年》6：1
诸　春
270《小说》3：4
诸　侯
117《文学》2：3；
133《译文》1：5；
225《时与潮文艺》2：5；
270《小说》6：3，6：5—6
诸　智
55《大众文艺》2：4
诸古力
142《中学生文艺季刊》2：2，2：3，3：1
诸宗元
14《学衡》45，57
诸葛灵
199《野草》3：6
诸葛鼪
140《芒种》2
诸鹏飞
19《小说世界》10：3，11：9，11：12，12：11
诸葛乃俍
117《文学》3：3

诸葛井田
85《文艺月刊》10：3
诸葛景文
195《黄河》5：1
调 孚
10《小说月报》14：4, 15：4, 15：6, 15：7, 16：1, 16：12, 18：3, 18：4, 18：5, 18：6, 18：7, 18：8, 18：9, 18：10, 18：11, 18：12;
11《文学周报》101, 102, 103, 125, 135, 137, 156, 166, 167, 174, 251, 252, 254, 255, 265;
37《一般》1：1, 1：2, 1：3, 1：4;
117《文学》7：4
谅 堪
109《论语》9
谈
145《宇宙风》46
谈 虎
145《宇宙风》94—95
谈 宜
117《文学》5：6
谈 荣
244《文艺复兴》2：1, 3：1
谈 谈
109《论语》115
祥 余
19《小说世界》6：8
祥 掘
11《文学周报》83
祥 森
11《文学周报》78
朗 林
178《抗战文艺》10：4—5
朗 其
93《青年界》6：2
朗 波
109《论语》75, 78
朗 琴
225《时与潮文艺》4：3
冢 寒
40《真美善》7：3
冥 灵
40《真美善》5：1
冥 昭
29《莽原》周刊1
冥 冥
2《每周评论》11;
24《洪水》半月刊1：5;
127《人间世》6, 7;
冥 路
131《东流》1：2
弱
11《文学周报》62;
51《开明》2：5
弱 水
40《真美善》7：2
弱 民
145《宇宙风》13
弱 苇
11《文学周报》225;

47《流沙》4；
49《畸形》1
弱　者
25《语丝》44
弱　萍
34《创造月刊》2：6
弱　樱（缨）
117《文学》3：1
展
109《论语》130
展　之
140《芒种》5
展　也
99《涛声》1：17
展　民
274《平原》12
展　农
93《青年界》12：1，11：5
展　如
93《青年界》8：4
展　青
36《北新》3：13
展　和
10《小说月报》15：号外
展　览
145《宇宙风》26，37，41，42，别册 3
展　虹
173《抗战戏剧》2：2—3
展　模
36《北新》1：12
展　潮
206《华北文艺》创刊号
陵
192《文学月报》3：2—3
陶　也
195《黄河》2：2
陶　文
53《思想》1：3
陶　父
37《一般》4：4
陶　因
16《努力周报》36，37，38
陶　华
175《战地》1：4
陶　冰
221《文艺先锋》11：3—4
陶　里
141《文艺》1：2，1：3，1：4，1：5—6，2：1，2：3，4：4
陶　极
160《新诗》1：4
陶　冶
209《万象》1：1，1：2，1：3，1：5，1：6，1：7，1：8，1：9，1：11，1：12，2：3，2：10
陶　诒
92《文艺新闻》战时特刊 18
陶　画
25《语丝》5：51
陶　金
211《文艺生活》穗新 1

陶　炜
18《歌谣》2∶38
陶　钝
265《胶东文艺》1∶4，1∶6—7，1∶8；
270《小说》3∶3；
271《文学战线》1∶3，1∶4
陶　秦
209《万象》1∶1，1∶2，1∶3，1∶4，1∶5，1∶6，1∶7，1∶9，1∶10，1∶11，2∶6，2∶9；
226《风雨谈》3，7
陶　钰
109《论语》74，82，83
陶　莽
229《艺文杂志》2∶4
陶　雄
85《文艺月刊》8∶5，10∶4—5，战时特刊2∶11—12，战时特刊第11年7月号；
143《杂文》4；
172《七月》1∶6，2∶2，3∶1，4∶2；
177《文艺阵地》3∶3；
178《抗战文艺》2∶7，3∶7；
185《笔阵》1，3，11，新2，新3，新5；
216《战时文艺》1∶1；
221《文艺先锋》2∶1，6∶2—3，10∶2，10∶3，10∶5；
222《青年文艺》新1∶5；
228《中原》1∶3；
234《微波》1∶2
陶　然
25《语丝》123；
36《北新》3∶20—21；
40《真美善》4∶4；
109《论语》32；
117《文学》2∶4；
159《诗歌杂志》2，3
陶　涛
98《新时代》4∶6；
112《无名文艺》月刊1∶1
陶　镛
31《甲寅》1∶11
陶　静
165《文丛》2∶1
陶　鼎
141《文艺》1∶2
陶　模
18《歌谣》75
陶　壁
249《白山》4，6
陶一芬
40《真美善》7∶2
陶元庆
143《杂文》2∶2
182《文艺新潮》1∶1
陶元珍
18《歌谣》3∶13
陶云生
141《文艺》5∶3

陶云逵
196《战国策》13，《战国》副刊 23
陶中全
209《万象》1：11
陶今也
195《黄河》10，2：11—12，3：2，4：2，4：3，4：6，5：2
陶亢德
93《青年界》8：2，12：1；
109《论语》49；
117《文学》5：1；
145《宇宙风》43，46，100；
145 附《宇宙风·逸经·西风非常时期联合旬刊》1，2，3；
149《逸经》11；
195《黄河》3；
226《风雨谈》1，7，8，9
陶世杰
14《学衡》10
陶老鹤
21《弥洒》4，5
陶在东
109《论语》77；
186《宇宙风乙刊》21，22，23，24，25，26，28，29，31，32，33，34，37，38，39，42，43，44，46，47，49，56
陶在京
145《宇宙风》21
陶在湄
221《文艺先锋》9：2，10：5
陶光汉
36《北新》2：8，2：19
陶行知
16《努力周报》2；
99《涛声》2：1；
242《新群众》2：2
陶丽丝
98《新时代》4：3
陶希圣
59《春潮》1：2，1：3
陶冶公
218《文坛》2：1
陶其情
24《洪水》半月刊 1：9，半月刊 2：14
陶明志
93《青年界》新 3：1
陶知行
134《太白》1：4
陶定国
108《文艺茶话》2：1
陶孟和
1《新青年》7：4；
16《努力周报》2；
26《现代评论》1：12，1：16，1：19，1：23，1：25，2：32，2：37，2：43，一周年增刊，3：61，3：63，3：73，4：80，4：86，4：93，4：97，4：101，二周年增刊，5：125，5：129，6：135

陶映霞
85《文艺月刊》8：1
陶星仲
117《文学》3：1
陶畏巨
1《新青年》季刊2
陶秋英
85《文艺月刊》10：6；
93《青年界》4：2，7：1，9：1，11：1，12：1
陶祖曜
149《逸经》24
陶栗星
207《时代文学》1：1
陶荻崖
226《风雨谈》9
陶哲盦
11《文学周报》290，306；
19《小说世界》15：4，15：7，15：19，16：1，16：6，16：7，16：13，17：4
陶铁梅
12《戏剧》2：3，2：4
陶涤亚
141《文艺》3：2，4：2，4：5
陶陶然
142《中学生文艺季刊》1：3，1：4，2：4
陶雪峰
10《小说月报》12：6
陶晶孙
15《创造》1：2，1：3，1：4；
24《洪水》半月刊1：6；半月刊2：16，半月刊周年增刊，半月刊3：34，半月刊3：35；
34《创造月刊》1：7，2：1；
38《幻洲》1：3；
55《大众文艺》2：1，2：2，2：3，2：4；
56《乐群》1：2，1：3，1：4，1：5，1：6，2：7，2：8，2：9；
77《艺术》1：1；
81《沙仑》1：1；
88《读书月刊》3：5；
100《北斗》1：4，2：1，2：3—4；
107《文学月报》1：2；
119《戏》1；
226《风雨谈》9
陶新桔
109《论语》154
陶颉之
109《论语》117
陶履恭
1《新青年》2：5，2：6，3：1，3：2，3：6，4：1，4：2，4：3，4：4，4：5，4：6，5：1，5：2，5：3，5：4，5：5，5：6，6：1，7：1，7：2，8：1，8：2
蚩　氓
109《论语》22

姬　明
155《光明》2∶1
姬　妮
186《宇宙风乙刊》20，21，32，33，35，44
姗
109《论语》96
娱　梅
141《文艺》2∶5—6
娟
94《现代文学评论》1∶1
娟　儿
182《文艺新潮》1∶11
娟　华
186《宇宙风乙刊》26
娟　如
56《乐群》1∶5，1∶6
娴
109《论语》25
娓　娟
98《新时代》5∶6
婀　霞
259《东北文化》1∶2，1∶3
恕　人
18《歌谣》33
恕　芷
79《巴尔底山》1∶2—3
难
109《论语》11
难　明
25《语丝》5∶12，5∶13；
43《未名》2∶6；
80《骆驼草》5
难　知
109《论语》29；
138《文饭小品》1∶5
预
117《文学》4∶1
预　凡
109《论语》24
桑　田
264《诗创造》11
桑　榆
145《宇宙风》67，68，70，72
桑西蒙
149《逸经》35
桑红痣
223《人世间》1∶4
桑洛卿
25《语丝》51；
37《一般》9∶3
通
31《甲寅》1∶17，1∶22，1∶24，1∶25，1∶26，1∶27，1∶28，1∶29，1∶30，1∶31；
109《论语》7；
199《野草》1∶3
骏　青
274《平原》创刊号，2
绣
114《艺术新闻》1，2

绥　曼
107《文艺月报》1：3
继　才
242《新群众》2：6
继　先
221《文艺先锋》5：4
继　声
142《中学生文艺季刊》2：4
继　郇
36《北新》3：4；
37《一般》8：1
十一画
球
117《文学》3：1
球　笙
85《文艺月刊》5：2，5：4
理
215《奔流新集》2
理　白
10《小说月报》12：5，12：11
理寒石
109《论语》11
琇　佩
141《文艺》2：4
琅　琳
36《北新》2：22
焘　之
29《莽原》周刊20
堵述初
145《宇宙风》105，108，116；
186《宇宙风乙刊》2，26，29，39，45；
195《黄河》4，7，8，11，2：3；
221《文艺先锋》1：4，4：3
培
19《小说世界》1：2，1：3，1：4，1：6，1：7，1：8，1：9，1：10，1：11，1：12，1：13，2：1，2：2，2：4，2：6，2：10，6：6，8：6，12：12；
109《论语》27，29；
221《文艺先锋》2：5—6，5：1—2，5：5
培　元
36《北新》3：3
培　仁
25《语丝》5：42
培　庐
51《开明》1：8
培　材
251《文艺杂志》3：3
培　时
251《文艺杂志》1：1，1：3，1：6，2：1；
255《北方》1：3
培　良
25《语丝》74；
29《莽原》周刊：1，17，19，30；半月刊：1：16；
33《狂飚》1，3，5，6，8，9，10，12，13，14，15，16，17，不定期刊1；

97《创作》1：4；
231《新文学》1：4

培　俊

251《文艺杂志》3：5

培　蓝

262《平原文艺》2：4

培　镇

265《胶东文艺》1：8

培　德

93《青年界》新 6：1，新 6：2，新 6：4

堀　尾

209《万象》3：9

彬

36《北新》3：9

彬　如

142《中学生文艺季刊》2：3

彬　芷

100《北斗》2：1，2：2，2：3—4

彬　彬

4《国民》1：1

梧

109《论语》38

梧　一

175《战地》1：4

梧　生

109《论语》105

梢　龄

177《文艺阵地》1：11

梅

109《论语》15，16，26，143；
164《希望》1：1；
221《文艺先锋》3：4，4：3

梅　丁

128《小说》14

梅　川

10《小说月报》20：1，22：12；
25《语丝》155，4：13，5：9，5：15，5：21，5：22；
49《畸形》1；
50《奔流》1：2，1：3，1：6，1：9，2：5；
55《大众文艺》2：5—6；
61《朝花》周刊：1，2，3，4，5，6，8，10，11，12，13，18；旬刊：1：1，1：4，1：8，1：9，1：10，1：12

梅　子

36《北新》3：8；
37《一般》8：1；
51《开明》1：1，2：2；
264《诗创造》2

梅　父

37《一般》2：1

梅　归

36《北新》1：18

梅　生

11《文学周报》59

梅　乐

46《新月》1：3

梅　讯

149《逸经》32

梅　华

145《宇宙风》143；

149《逸经》24

梅　行

177《文艺阵地》6：1；

178《抗战文艺》6：2；

184《文艺战线》1：6；

192《文学月报》3：2—3；

197《大众文艺》1：3，1：4

梅　朵

145《宇宙风》58，68；

186《宇宙风乙刊》4，18，19，21，23；

212《文讯》7：6，8：3；

235《文艺春秋》副刊1：2，副刊1：3；

266《中国作家》纪念特刊

梅　庄

134《太白》1：10；

140《芒种》6

梅　孙

95《前哨》1：1

梅　志

172《七月》2：6；

222《青年文艺》2，3；

223《人世间》复刊7；

238《希望》2：1；

268《蚂蚁小集》6

梅　村

251《文艺杂志》2：3，2：6，3：6，4：3；

262《平原文艺》2：1

梅　励

93《青年界》新5：3，新6：1

梅　谷

11《文学周报》275

梅　君

93《青年界》新2：3

梅　林

85《文艺月刊》战时特刊2：6，战时特刊号外1，战时特刊第11年4月号；

113《新诗歌》2：2；

172《七月》2：1；

176《自由中国》新2：1—2；

178《抗战文艺》2：3，2：6，2：7，3：4，4：1，4：3—4，5：2—3，6：1，7：2—3，8：1—2，9：1—2，10：6，文协成立五周年纪念特刊，文协成立七周年并庆祝第一届文艺节纪念特刊；

210《笔谈》2；

211《文艺生活》1：3，1：4，3：4；

216《战时文艺》1：2；

218《文坛》5，6，7；

224《天下文章》2；

225《时与潮文艺》1：1，1：2；

243《文联》1：7；

244《文艺复兴》1：5；

247《人民文艺》5；

266《中国作家》纪念特刊

梅　英
85《文艺月刊》战时特刊 3：3—4；
178《抗战文艺》5：2—3；
190《通俗文艺》28
梅　雨
148《诗歌生活》1；
150《东方文艺》1：2，1：4；
151《文学丛报》2；
154《文学界》1：1，1：2，1：3；
155《光明》1：2，1：7；
157《今代文艺》1：1，1：3；
164《希望》1：1，1：2；
199《野草》2：5—6
梅　侣
109《论语》101
梅　岩
187《戏剧岗位》1：5—6
梅　思
99《涛声》2：29
梅　信
262《平原文艺》1：3，1：4
梅　泉
31《甲寅》1：44
梅　美
93《青年界》11：2，11：3，11：4，12：1
梅　隽
36《北新》4：21—22
梅　益
188《新中国文艺丛刊》1
梅　陵
117《文学》6：6
梅　娘
229《艺文杂志》1：1，1：3
梅　笙
85《文艺月刊·战时特刊》2：8
梅　痕
89《当代文艺》1：1，1：4，1：5；
93《青年界》2：4；
94《现代文学评论》1：1，1：2，1：3，2：1—2；
123《中国文学》2：1
梅　堪
173《抗战戏剧》2：4—5
梅　湜
245《文章》1：2，1：3
梅　絮
142《中学生文艺季刊》2：3
梅　楷
141《文艺》1：2
梅　蓝
182《文艺新潮》2：8
梅　滨
274《平原》5
梅　魂
85《文艺月刊》9：2，10：1；
226《风雨谈》10
梅　僧
4《国民》1：1，1：2
梅　薇
209《万象》1：6

梅　霞
209《万象》1：4
梅　馨
221《文艺先锋》3：4
梅　露
25《语丝》143，148
梅玉龙
24《洪水》半月刊1：12
梅令宜
253《清明》3
梅幼云
145《宇宙风》149，151
梅荣迪
14《学衡》1，2，4，8，14；
16《努力周报》7
梅华文
145《宇宙风》49，62
梅守仁
209《万象》3：1，3：3
梅汝璈
46《新月》4：2
梅安娜
98《新时代》2：1
梅坚冷
145《宇宙风》106
梅君达
141《文艺》5：1—2
梅夜白
198《现代文艺》5：1，5：3
梅孤峰
62《海风周报》17
梅绍农
24《洪水》半月刊3：32；
38《幻洲》1：9，2：2；
梅南岭
19《小说世界》2：12，2：13，4：3
梅耐冬
98《新时代》4：4—5
梅贻宝
109《论语》93
梅思平
8《新社会》18
梅祖芬
8《新社会》17；
16《努力周报》4
梅莎丽
174《抗到底》26
梅健鹰
221《文艺先锋》1：4，1：6，2：1，3：2，3：3，3：4，4：1，4：4，4：6
梅朗珂
193《戏剧与文学》1：3；
203《奔流文艺丛刊》5
梅龚彬
102《文化评论》1，2—3，4
梅鸿英
51《开明》2：22
梅瑞林
221《文艺先锋》11：3—4
梅焕藻
145《宇宙风》65

梅鹤唊
36《北新》1：26
梅影盦主
19《小说世界》12：5
梓
98《涛声》2：40；
143《杂文》4
梓　人
24《洪水》半月刊1：10—11，半月刊2：19
梓川
85《文艺月刊》战时特刊3：1—2，3：12
梓　艺
39《泰东》1：1，1：2，1：3，1：4，1：5，1：6
梓　年
25《语丝》115；
36《北新》2：2；
192《文学月报》2：5
梓　园
209《万象》2：12，3：5，3：8
梓　愈
109《论语》127
梭　甫
117《文学》2：5
聊　止
68《戏剧与文艺》1：6
乾　章
109《论语》75
乾　符
109《论语》115
勒　生
10《小说月报》13：1，13：4
壶　天
93《青年界》新5：1
莑　常
36《北新》4：20
菁　天
85《文艺月刊》4：3
菁　苗
221《文艺先锋》8：4
菱　舟
85《文艺月刊》战时特刊4：5—6；
185《笔阵》新1：2；
198《现代文艺》4：4，4：5，5：2；
217《文艺杂志》3：3；
244《文艺复兴》3：6
菱　恒
268《蚂蚁小集》6
菱湖生
11《文学周报》78
莽大龄
273《文艺月报》2，3
菽
36《北新》2：6，2：9
菽　园
109《论语》68；
127《人间世》29，41；
145《宇宙风》103

菽　桦
23《文艺周刊》42
菲　戈
131《东流》1：6，3：1；
143《杂文》2；
150《东方文艺》1：4；
166《文艺科学》1
菲　北
208《诗创作》1，6，14
菲　尼
142《中学生文艺》1：3
菲　里
142《中学生文艺季刊》1：1，2：1
菲　明
145《宇宙风》115
菲　利
255《北方》2：1—2
菲　洛
93《青年界》6：5，8：1；
178《抗战文艺》2：7；
185《笔阵》5，新1：1，新1：4，
新1：5，新2：1
菲　莪
92《文艺新闻》45，46
菲　菲
149《逸经》3
菲　落
185《笔阵》6，7
萌
191《文艺新闻》3
萝　吉
123《中国文学》1：5
萝　英
142《中学生文艺季刊》2：2
萝　莎
89《当代文艺》2：1
萝　蕤
85《文艺月刊》4：4
萝松窗
207《时代文学》1：2
菌
26《现代评论》6：139；
66《华严》1：4
菊　子
73《南国周刊》1：3
菊　父
38《幻洲》2：5
菊　生
57《大江》1：1，1：2
菊　华
79《巴尔底山》1：2—3
菊　农
9《人道》1；
30《大江》1：2；
36《北新》1：6，1：10，1：13，
1：24；
46《新月》2：4；
66《华严》1：2，1：3
菊　高
19《小说世界》2：3，2：4，2：7

菊　隐
142《中学生文艺季刊》1：1
菊　谿
109《论语》125，128，129，131
菏　生
174《抗到底》19，20
萍
109《论语》26
萍　人
39《泰东》1：8
萍　子
264《诗创造》2
萍　友
183《鲁迅风》16
萍　水
38《幻洲》1：4
萍　心
24《洪水》半月刊2：21
萍　末
186《宇宙风乙刊》6
萍　生
112《无名文艺》旬刊创刊号；
142《中学生文艺季刊》3：1
萍　江
25《语丝》4：7
萍　草
98《新时代》5：3，6：1
萍　倩
19《小说世界》14：10
萍　萍
109《论语》95
萍　踪（蹤）
127《人间世》39
萍　霞
25《语丝》7，8
菀　尔
34《创造月刊》2：3；
44《文化批判》4；
53《思想》1：2；
55《大众文艺》2：2，2：3，2：5—6；
70《引擎》1；
81《沙仑》1：1
萧　丁
265《胶东文艺》1：4
萧　三
95《前哨》1：3；
177《文艺阵地》5：2；
181《文艺突击》新1：1，新1：2；
184《文艺战线》1：5；
194《中国文化》创刊号，1：2，1：6，2：1，2：6，3：1；
197《大众文艺》创刊号，1：4，1：5，1：6，2：1，2：2；
200《新诗歌》1，2，4；
214《谷雨》1：4，1：6；
242《新群众》3：1；
252《北方文化》1：1，1：2，1：5，1：6，2：2，2：3，2：5；
257《长城》创刊号；
275《文艺丛刊》7；
276《东北文艺》创刊号，3

萧　兀
149《逸经》22，32
萧　无
158《中流》2：10；
171《烽火（呐喊）》9；
175《战地》1：6；
178《抗战文艺》1：7
萧　夭
198《现代文艺》1：5，2：2
萧　木
235《文艺春秋》6：4
萧　戈
202《文艺月报》8
萧　化
199《野草》新5号，第6号，新7集，第8集
萧　今
109《论语》106
萧　风
85《文艺月刊》战时特刊4：3—4；
167《文学杂志》2：6，2：7；
251《文艺杂志》1：6；
274《平原》14
萧　平
197《大众文艺》1：5，2：1
萧　艾
229《艺文杂志》3：4—5
萧　石
92《文艺新闻》13，15，22
萧　白
235《文艺春秋》5：1
萧　汀
276《华北文艺》创刊号
萧　宁
179《戏剧新闻》7
萧　协
243《文联》1：1
萧　刚
256《萌芽》1：1，1：4
萧　仲
85《文艺月刊》战时特刊2：2
萧　舟
142《中学生文艺季刊》1：1
萧　会
249《白山》创刊号
萧　汗
187《戏剧岗位》1：2—3
萧　宇
93《青年界》11：4
萧　军
117《文学》5：4；
122《文学季刊》2：4；
134《太白》2：3；
139《新小说》1：4；
152《作家》1：1，1：2，1：3，1：4，1：5，1：6，2：1，2：2；
153《文季月刊》1：1，1：6；
158《中流》创刊号，2：4；
162《小说家》1：2；
172《七月》1，2，3，1：1，1：2，1：3，1：4，1：5，1：6，2：2，2：6，4：1，4：4；

178《抗战文艺》10：2—3；
183《鲁迅风》15；
185《笔阵》1，5，8，9，12，新1：1；
191《文艺新闻》3，5；
194《中国文化》2：6；
202《文艺月报》1，2，4，7，8，11，12，14，15，16，17；
214《谷雨》1：5；
238《希望》2：2；
252《北方文化》1：1，1：2，1：4；
259《东北文化》1：6；
261《东北文艺》创刊号，1：3，1：6；
270《小说》1：2；
271《文学战线》1：2

萧　迅

140《芒种》7

萧　红

146《海燕》1：1，1：2；
152《作家》1：1，1：2，1：6，2：1；
153《文季月刊》1：5；
158《中流》1：2；1：5，2：1，2：10；
172《七月》1，2，3，1：1，1：2，1：4，1：5，2：1，2：6，3：2，3：3；
177《文艺阵地》1：2，2：8，4：1；
183《鲁迅风》12，18，19；
202《文学月报》15；
207《时代文学》1：2，1：4；
223《人世间》1：3；
261《东北文艺》1：6

萧　孙

216《战时文艺》2：2

萧　声

159《诗歌杂志》3；
173《抗战戏剧》2：4—5

萧　坚

241《文艺大众》7

萧　沅

167《文学杂志》2：4，2：7，3：3

萧　谷

244《文艺复兴》3：4

萧　宋

226《风雨谈》3

萧　纯

10《小说月报》14：4

萧　林

178《抗战文艺》2：9；
211《文艺生活》光复版17

萧　枫

189《西线文艺》1：1，1：5，1：6；
221《文艺先锋》5：6；
273《文艺月报》4

萧　苓

209《万象》3：3

萧　茅

251《文艺杂志》3：5，4：3

萧　雨

172《七月》1：4

萧　明

264《诗创造》9

萧　牧

40《真美善》3：1，3：2，4：1，4：2，6：1，6：5

萧　岱

180《文艺》1：6，2：2，2：4，2：6；

188《新中国文艺丛刊》2；

246《文坛月报》1：1

萧　金

229《艺文杂志》1：6；

244《文艺复兴》3：6

萧　斧

145《宇宙风》79；

177《文艺阵地》6：6

萧　波

174《抗到底》5

萧　肃

181《文艺突击》新1：1

萧　参

106《现代》3：6

萧　珊

145《宇宙风》131

萧　城

209《万象》2：10

萧　星

176《自由中国》新1：2

萧　思

10《小说月报》14：6，15：1

萧　香

237《文学新报》1：2

萧　哀

37《一般》6：4，7：1

萧　恺

267《大众文艺丛刊》3

萧　洒

93《青年界》2：1

萧　屏

221《文艺先锋》9：3—4，9：5—6，10：1，11：6，12：6

萧　资

223《人世间》1：1

萧　铁

220《文学创作》1：2；

231《新文学》1：2，1：3

萧　殷

276《华北文艺》5

萧　离

195《黄河》2：3，4：1

萧　旄

183《鲁迅风》8

萧　菱

229《艺文杂志》1：4

萧　萸

172《七月》2：4，5：3，7：1—2；

178《抗战文艺》2：10；

260《呼吸》创刊号，2，3

萧　萧

163《热风》1：2

萧　乾
93《青年界》8：2；
117《文学》5：1；
122《文学季刊》1：2，2：4；
133《译文》新1：4，新1：6，新2：3；
136《水星》1：1，1：2，1：4，1：6，2：3；
145《宇宙风》96；
152《作家》1：1，1：3，1：4，2：1；
153《文季月刊》1：1，1：2；
158《中流》1：4，1：5，2：7，2：10；
165《文丛》1：1，1：2，1：3，1：4，1：5，2：4；
167《文学杂志》1：2，2：1；
171《烽火（呐喊）》创刊号（《呐喊》），2（《呐喊》），17；
177《文艺阵地》1：4；
180《文艺》1：1；
183《鲁迅风》4；
211《文艺生活》海外版12，海外版16；
212《文讯》7：1；
223《人世间》复刊7；
235《文艺春秋》3：4；
244《文艺复兴》3：3
萧　晨
109《论语》32
萧　野
195《黄河》4：3，4：6
萧　啸
94《现代文学评论》2：3，3：1
萧　逸
252《北方文化》2：4
萧　痕
227《艺丛》1：2
萧　涵
177《文艺阵地》4：10
萧　琼
240《文哨》1：3；
243《文联》1：1
萧　森
85《文艺月刊》战时特刊3：7；
216《战时文艺》1：2；
221《文艺先锋》13：2
萧　葭
82《前锋周报》20，23，24，26，37
萧　雯
140《芒种》1：3，2：1；
145《宇宙风》65
萧　然
186《宇宙风乙刊》50
萧　蛮
46《新月》3：10
萧　湘
98《新时代》5：2
萧　湄
224《天下文章》4

萧　寒
209《万象》4：4
萧　疏
231《新文学》1：2
萧　蓉
98《新时代》5：2
萧　愚
25《语丝》4：23；
50《奔流》1：4
萧　鹏
109《论语》89
萧　群
209《万象》3：10
萧　赛
167《文学杂志》2：5
萧　聪
107《文学月报》1：1
萧　澄
1《新青年》7：5
萧　燕
36《北新》3：23；
89《当代文艺》2：1；
92《文艺新闻》12
萧　穆
85《文艺月刊》战时特刊3：10—11
萧　鲲
93《青年界》新4：1，新4：2
萧一山
16《努力周报》48，60；
149《逸经》21
萧也牧
270《小说》4：3；
276《华北文艺》5
萧子升
28《猛进》10，15，沪案特刊1，20，21，23，26，27，28，30，45，47，48
萧子暲
1《新青年》不定期刊2
萧天麟
93《青年界》8：5
萧云厂
235《文艺春秋》7：2
萧云飞
209《万象》1：6
萧友秦
111《文化月报》(《世界文化》)1：1
萧友梅
26《现代评论》6：151
萧今度
163《热风》1：2；
199《野草》1：2，1：5，2：1—2，3：2，3：3—4，3：5，3：6，4：3，新4号
萧文捷
142《中学生文艺季刊》2：4
萧石君
46《新月》2：1；
85《文艺月刊》1：1，1：2，1：3；
104《矛盾》1：5—6；
117《文学》3：1

萧而化
93《青年界》4：2；
174《抗到底》9；
175《战地》1：4；
177《文艺阵地》1：1，1：3，1：4
萧有乾
109《论语》57；
145《宇宙风》66，69
萧廷义
235《文艺春秋》丛刊2
萧传文
93《青年界》11：5
萧向荣
194《中国文化》1：4；
197《大众文艺》1：5
萧亦五
220《文学创作》1：6
萧汝霖
1《新青年》1：5
萧杞材
19《小说世界》2：10
萧丽卿
98《新时代》2：1，4：4—5，5：5，5：6，6：1，6：2
萧作霖
123《中国文学》1：3—4，1：5，2：2
萧启明
251《文艺杂志》4：2
萧纯锦
14《学衡》1，2，5
萧青山
19《小说世界》6：8
萧叔纳
109《论语》133，135，159
萧征人
211《文艺生活》海外版副刊
萧治梁
141《文艺》1：1，1：2，1：3，1：4，2：3
萧绍禹
109《论语》116
萧承慎
8《歌谣》16
萧荒原
221《文艺先锋》11：1
萧树模
221《文艺先锋》5：1—2，10：5
萧贻待
51《开明》2：11
萧俊贤
85《文艺月刊》2：3
萧保璜
25《语丝》24
萧保德
36《北新》3：14
萧炳贤
25《语丝》114，116
萧爱梅
158《中流》1：6；
197《大众文艺》创刊号；
202《文艺月报》16；

208《诗创作》15

萧逢蔚

18《歌谣》5

萧涤非

14《学衡》70

萧朗晁

26《现代评论》7：166

萧曼若

85《文艺月刊》战时特刊 2：4；
147《夜莺》1：4；
151《文学丛报》3；
266《中国作家》纪念特刊

萧崇素

73《南国周刊》1：3，1：4；
179《戏剧新闻》8—9

萧秾昙

98《新时代》1：3

萧敏庆

18《歌谣》2：4，2：25

萧敏颂

106《现代》4：5；
207《时代文学》1：2，1：3，1：4

萧望卿

167《文学杂志》2：2，3：6；
244《文艺复兴》1：4，1：6，3：6

萧淑讷

142《中学生文艺季刊》2：2

萧斯金

241《文艺大众》1，3，4

萧楚女

5《少年中国》4：12

萧廉勤

38《幻洲》1：10

萧蔓若

177《文艺阵地》1：9，1：11，2：7，6：4；
178《抗战文艺》3：12，10：4—5，文协成立七周年并庆祝第一届文艺节纪念特刊；
185《笔阵》2，4，5，6，7，8，10，新 1：1，新 1：2，新 1：4，新 2：1，新 4 期；
211《文艺生活》3：4，光复版 10，光复版 13；
212《文讯》8：1；
222《青年文艺》新 1：6；
225《时与潮文艺》5：3；
228《中原》创刊号；
235《文艺春秋》5：3；
237《文学新报》创刊号，1：2，1：3，1：4，1：6，2：1；
246《文坛月报》1：3

萧棣父

18《歌谣》43

萧毅武

174《抗到底》11

萧熹光

221《文艺先锋》5：1—2

萨一佛

198《现代文艺》6：1；
199《野草》新 4 号

萨士武
21《弥洒》6
萨孟武
5《少年中国》4：10
荪　蒲
186《宇宙风乙刊》10
菡　子
270《小说》3：4，5：1
菡　亭
131《东流》3：2；
133《译文》新2：6；
148《诗歌生活》1，2
萤
98《新时代》1：2，1：3，1：4，
1：5，1：6，2：1
萤　火
265《胶东文艺》1：8
萤　光
127《人间世》19
黄
197《大众文艺》2：2
黄　九
25《语丝》4：42，4：51
黄　山
93《青年界》4：2，4：3，4：5，
5：1，5：2，5：3，5：4，5：
5，6：1，6：2，6：3，6：4，
6：5，7：1，7：2，7：3，7：
4，7：5，8：1，8：2，8：3，
8：4，8：5，9：1，9：2，9：
3，9：4，9：5，10：1，10：2，
10：3，10：4，10：5，11：1，
11：2，11：3，11：4，11：5，
12：1
黄　凡
177《文艺阵地》2：6，2：11，2：
12，3：8，3：9，3：10，3：11
黄　义
127《人间世》28；
209《万象》2：1
黄　弓
199《野草》3：3—4
黄　韦
265《胶东文艺》1：5，1：6—7，
1：8
黄　云
208《诗创作》10
黄　中
10《小说月报》16：2，17：11；
63《金屋》1：3；
89《当代文艺》1：1
黄　今
211《文艺生活》1：2
黄　匀
109《论语》135
黄　文
18《歌谣》29；
241《文艺大众》3
黄　为
249《白山》创刊号
黄　水
235《文艺春秋》3：6，4：3

黄　节

14《学衡》26，27，30，31，33，39，40，41，42，43，44，45，46，51，52，53，54，55，56，57，58，60，61，69，70，71，76；

25《语丝》5：1；

149《逸经》8

黄　丙

64《红黑》5；

65《人间月刊》3

黄　石

36《北新》3：6，3：24，4：6，4：11，4：13，4：16，4：18；

51《开明》2：21；

84《开展》10—11；

93《青年界》1：2，2：2，2：3，9：1；

145《宇宙风》2

黄　龙

40《真美善》4：3

黄　叶

19《小说世界》13：12，13：13，13：17，13：22，13：23，14：3，14：6，14：8，14：9，14：11，14：12，14：13，14：14，14：15，14：18，14：19，14：20，14：23，15：1，15：2，15：3，15：5，15：6，15：9，15：10，15：15，15：20，17：1，17：2；

113《新诗歌》1：4；

229《艺文杂志》1：4，2：1

黄　禾

216《战时文艺》1：5，1：6

黄　玄

5《少年中国》1：5，1：9，2：10；

232《戏剧时代》创刊号

黄　民

97《创作》1：4

黄　地

177《文艺阵地》7：3

黄　西

65《人间月刊》3

黄　朴

18《歌谣》16，29，33，37，45，周年纪念增刊，54，58

黄　达

95《前哨》1：8

黄　尧

212《文讯》3：3

黄　伟

109《论语》14；

241《文艺大众》新5

黄　华

106《现代》6：3；

118《文艺春秋》1：4；

181《文艺突击》1：2

黄　旬

201《戏剧春秋》创刊号

黄　兴

19《小说世界》16：8

黄　异

109《论语》13

黄　阳

211《文艺生活》7，光复版 4，光复版 6，光复版 11—12，穗新 6

黄　芝

81《沙仑》1：1

黄　连

209《万象》2：12，3：2，4：1；

226《风雨谈》6，8，10，16

黄　坚

18《歌谣》43

黄　虬

89《当代文艺》2：5

黄　岚

83《现代文学》1：2

黄　兵

274《平原》12

黄　孚

140《芒种》6

黄　沙

109《论语》29，31；

178《抗战文艺》4：5—6

黄　宋

127《人间月刊》23

黄　英

85《文艺月刊》2：1；

93《青年界》2：1，2：4，3：1，4：5

黄　茅

211《文艺生活》2：5

黄　坡

143《杂文》4

黄　林

252《北方文化》2：1

黄　杰

109《论语》41；

241《文艺大众》新 4

黄　雨

229《艺文杂志》2：4，2：5，2：6，2：7—8，2：9，2：10，2：11，2：12，3：1—2，3：3，3：4—5

黄　明

25《语丝》63；

172《七月》1：5

黄　侃

4《国民》1：1，1：2，1：3，1：4；

31《甲寅》1：11

黄　欣

18《歌谣》1

黄　昏

109《论语》48

黄　庚

19《小说世界》14：9

黄　河

137《当代诗刊》1：2；

159《诗歌杂志》2，3；

262《平原文艺》1：1

黄　泮

159《诗歌杂志》2，3

黄　治

173《抗战戏剧》创刊号

黄　隶

131《东流》3：2

黄　茫

155《光明》2：12

黄　虹

145《宇宙风》123

黄　钟

121《文化列车》2；

133《译文》终刊号

黄　钢

178《抗战文艺》6：2；

184《文艺战线》1：4；

192《文学月报》3：2—3；

194《中国文化》2：3，2：4；

197《大众文艺》1：4，1：5

黄　复

31《甲寅》1：4，1：10，1：39

黄　侯

155《光明》2：3

黄　俞

154《文学界》1：3

黄　帝

85《文艺月刊》9：5

黄　恺

51《开明》2：13

黄　既

159《诗歌杂志》2，3；

172《七月》2：1，3：2，4：2，5：3，7：1—2；

202《文艺月报》2，5，6，14；

214《谷雨》1：4

黄　耘

244《文艺复兴》4：1；

259《东北文化》1：1；

264《诗创造》1

黄　素

69《南国月刊》1：2，1：3，1：4，1：5—6，2：2，2：3；

73《南国周刊》4，5，8，9，11，12，13，14，15，16

黄　挚

266《中国作家》1：3

黄　峰

154《文学界》1：1，1：2，1：3，1：4；

182《文艺新潮》1：12，2：3；

183《鲁迅风》6，7，8，16，17，18；

188《新中国文艺丛刊》1，2；

191《文艺新闻》7；

193《戏剧与文学》1：1

黄　梅

93《青年界》10：1；

244《文艺复兴》2：6

黄　曼

51《开明》2：26

黄　鼎

131《东流》2：1；

171《烽火（呐喊）》14，15，16

黄　啸

221《文艺先锋》7：4，7：5

黄　铭
222《青年文艺》6
黄　绳
177《文艺阵地》2：6，2：7，2：10，2：11，2：12，3：1，3：2，3：3，3：6，3：9，3：11，4：3，4：4，4：6，4：11；
192《文学月报》1：3；
208《诗创作》15，16；
211《文艺生活》3：4，海外版 14，穗新 1
黄　维
159《诗歌杂志》2，3
黄　琦
209《万象》1：8
黄　葵
206《华北文艺》1：3；
248《中原·文艺杂志·希望·文哨联合特刊》1：5
黄　棘
75《萌芽》1：4；
134《太白》1：3，2：12
黄　遗
222《青年文艺》6
黄　鲁
93《青年界》10：3；
142《中学生文艺季刊》3：1；
159《诗歌杂志》3；
192《文学月报》2：1—2
黄　渡
99《涛声》1：4
黄　溉
211《文艺生活》穗新 2
黄　强
198《现代文艺》1：2
黄　照
122《文学季刊》2：2；
142《中学生文艺季刊》3：2
黄　新
243《文联》1：2
黄　慊
106《现代》6：1
黄　源
85《文艺月刊》战时特刊 1：6；
117《文学》1：1，1：2，1：3，1：4，2：2，2：3，3：1，3：3；
122《文学季刊》1：1，2：1；
133《译文》新 2：3，新 2：6；
152《作家》1：1；
153《文季月刊》1：6；
171《烽火（呐喊）》创刊号，2，3，7，14；
270《小说》3：5
黄　梁
40《真美善》5：1
黄　歌
261《东北文艺》2：6
黄　裳
209《万象》3：6，3：10，3：12，4：1，4：5，4：6；
235《文艺春秋》4：2，5：2，副刊 1：2；

244《文艺复兴》研究号下；
266《中国作家》1：2

黄　墅

191《文艺新闻》11；
223《人世间》2：1

黄　蝇

223《人世间》1：3，1：4

黄　慧

145《宇宙风》25

黄　醒

11《文学周报》301

黄　彝

117《文学》2：5

黄　翼

93《青年界》5：2

黄　胡

109《论语》45

黄　霭

5《少年中国》1：4

黄　巍

141《文艺》3：1

黄一心

78《新时代》7：4

黄一鸥

149《逸经》30

黄大姊

177《文艺阵地》3：7

黄大琳

34《南国月刊》1：4

黄人岚

36《北新》4：4，4：5

黄乃秋

14《学衡》38

黄力谦

149《逸经》8，26

黄小鲁

98《新时代》3：4

黄也白

209《万象》2：10，2：12

黄天鹏

88《读书月刊》1：3—4，1：5，1：6，2：1，2：2，2：3；
92《文艺新闻》11，12，30

黄元直

14《学衡》4，19

黄少芹

19《小说世界》8：5

黄日葵

4《国民》1：2，1：3，2：1，2：2，2：3；
5《少年中国》1：1，1：4，1：10，1：12，2：2，3：6

黄日新

39《泰东》2：3；
70《引擎》1

黄介石

1《新青年》6：1

黄公度

140《芒种》9—10

黄公渚

149《逸经》16

黄月轩
109《论语》54
黄文旺
211《文艺生活》海外版副刊
黄文俞
177《文艺阵地》6：3
黄文锦
209《万象》1：11
黄玉山
242《新群众》2：1
黄正名
19《小说世界》2：13
黄正铭
10《小说月报》15：4；
19《小说世界》3：4，3：8，3：10，4：1，8：7
黄本淮
98《新时代》6：1
黄业初
15《创造》1：2
黄叶树
138《文饭小品》1：3
黄白虹
226《风雨谈》7
黄主心
21《弥洒》4，5
黄汉烈
195《黄河》4：3；
黄汉清
82《前锋周报》39
黄汉瑞
11《文学周报》286—287
黄宁婴
177《文艺阵地》2：12；
199《野草》新5号，第6号，新7集；
208《诗创作》6，9；
211《文艺生活》1：5，光复版1，光复版9，光复版11—12，光复版16，海外版13；
258《文艺丛刊》1，2；
267《大众文艺丛刊》5
黄永玉
211《文化生活》海外版17；
212《文讯》7：4，8：2；
223《人世间》复刊8—9；
235《文艺春秋》5：3；
264《诗创造》1，3，4；
270《小说》2：1
黄永昌
19《小说世界》8：7
黄永棠
19《小说世界》14：18
黄永裕
253《清明》创刊号
黄幼军
109《论语》75，76，79
黄幼雄
51《开明》新1号
黄吉甫
149《逸经》35

黄吉瑞

212《文讯》4：10—11—12

黄芝冈

93《青年界》8：2；
117《文学》5：1；
140《芒种》5，6，7，8；
158《中流》1：3，1：4，1：6，1：8，1：11；
134《太白》1：2，2：3，2：5，2：6，2：12；
178《抗战文艺》2：10，6：1，6：2，7：1，7：4—5，9：5—6，10：2—3，10：4—5，文协成立七周年并庆祝第一届文艺节纪念特刊；
201《戏剧春秋》1：2，1：3；
218《文坛》2：1；
221《文艺先锋》2：5—6，6：1，6：4—5，10：2，11：5；
232《戏剧时代》1：3；
237《文学新报》1：2；
240《文哨》1：1，1：3

黄芝岗

109《论语》118，120，121；
155《光明》2：5；
170《新演剧》复刊号

黄芝葳

107《文学月报》1：5—6

黄列娜

37《一般》4：1

黄百药

87《前锋月刊》1：7

黄宪仁

149《逸经》16

黄光第

145《宇宙风》85，91，99

黄刚懿

149《逸经》8，14

黄伟学

262《平原文艺》1：2

黄伟强

109《论语》114；
171《烽火（呐喊）》18，19

黄仲苏

5《少年中国》1：2，1：3，1：4，1：8，1：10，2：10，3：3，4：1，4：9，4：10，4：11，4：12；
10《小说月报》21：7，21：8；
22《创造周报》35，36，38，39；
117《文学》5：2

黄仲琴

143《宇宙风》122，124

黄华节

134《太白》1：10，2：2，2：3，2：6，2：9，2：10

黄华沛

155《光明》1：6

黄自平

36《北新》3：15

黄自虹

109《论语》14

黄齐生
26《现代评论》7：180
黄亦夫
211《文艺生活》海外版 3—4
黄交润
109《论语》54
黄衣青
93《青年界》11：1，12：1，新 1：3，新 1：5
黄庆元
211《文艺生活》光复版 8
黄忏华
19《小说世界》4：13
黄汝翼
25《语丝》141
黄守堡
221《文艺先锋》2：2
黄纤华
5《少年中国》1：5
黄约翰
149《逸经》11
黄寿海
51《开明》1：5
黄远生
99《涛声》1：21
黄远庸
99《涛声》1：22
黄运初
10《小说月报》10：10，16：1，16：5，22：3；
11《文学周报》81，114，121，123，140，142，306，308；
23《文艺周刊》42；
25《语丝》82，94
黄克欧
142《中学生文艺季刊》2：1，3：1
黄克智
109《论语》165，169
黄志诚
195《黄河》11
黄志清
190《通俗文艺》37
黄志霄
98《新时代》2：1
黄芜茵
224《天下文章》3
黄芸文
36《北新》2：4；
127《人间世》15，28，31；
黄时雨
98《新时代》3：5—6
黄时枢
264《诗创造》2：1
黄秀珍
19《小说世界》2：9
黄秀玲
244《文艺复兴》3：4
黄伯飞
145《宇宙风》101，114
黄伯思
235《文艺春秋》副刊 1：1，副刊 1：3

黄伯钧
69《南国周刊》1：10
黄何畏
89《当代文艺》2：3，2：4，
黄作霖
68《戏剧与文艺》2：1—2
黄谷云
120《文艺》1：3
黄谷柳
199《野草》新2号，新3号；
211《文艺生活》光复版13，光复版15；
232《戏剧时代》1：4—5
黄谷穗
56《乐群》2：10；
106《现代》6：4
黄希纯
11《文学周报》57，61
黄奂若
89《当代文艺》1：6
黄庐隐
127《人间世》1
黄灿荣
235《文艺春秋》2：5
黄灼耀
212《文讯》5：1
黄沃琅
36《北新》2：5
黄诏年
37《一般》4：3，4：4，5：1，5：2，5：3，5：4，6：1，6：2，6：3，6：4，7：1，7：2，7：3，7：4，8：1，8：2，8：3，8：4，9：3
黄灵圣
117《文学》8：1；
142《中学生文艺季刊》2：1，2：2，2：4，3：1
黄陆平
109《论语》54
黄际春
127《人间世》29
黄际遇
31《甲寅》1：13
黄林玉
51《开明》2：1
黄若耶
109《论语》109，115，116；
145《宇宙风》66
黄若海
201《戏剧春秋》1：6；
221《文艺生活》穗新5；
253《清明》2，3
黄苗子
110《小说月刊》3，4，5；
145《宇宙风》18
黄英瑞
199《野草》3：6
黄雨秋
192《文学月报》2：6，3：2—3；
265《胶东文艺》1：2

黄转陶
109《论语》173
黄贤俊
177《文艺阵地》7：1，文阵新辑之3：纵横前后方；
178《抗战文艺》8：4；
212《文讯》9：3；
217《文艺杂志》3：1；
222《青年文艺》新1：1，新1：2；
223《人世间》复刊10；
235《文艺春秋》6：5，6：6；
237《文学新报》创刊号；
244《文艺复兴》研究号上
黄非我
36《北新》2：10
黄尚恭
158《中流》2：1
黄明忠
93《青年界》11：4
黄昌元
25《语丝》106，112
黄国芳
220《文学创作》2：3
黄国俊
217《文艺杂志》新1：3
黄牧业
149《逸经》22
黄佩蓉
159《诗歌杂志》2，3
黄金万
236《高原》创刊号
黄金瑞
106《现代》2：4
黄念贻
109《论语》32
黄育宇
177《文艺阵地》2：10
黄炎培
16《努力周报》4；
109《论语》51；
145《宇宙风》2，122，123；
149《逸经》36
黄浅原
62《海风周报》2
黄河清
85《文艺月刊》10：1；
178《抗战文艺》3：9—10
黄河流
211《文艺生活》海外版7
黄泣零
39《泰东》2：4
黄泞霙
85《文艺月刊》9：1
黄泞霣
140《芒种》2：1
黄泽浦
138《文饭小品》1：1
黄宗英
209《万象》2：9；
266《中国作家》纪念特刊
黄宗津
93《青年界》新3：4，新4：1，

新 4：3，新 4：5；
264《诗创造》8
黄宗熙
209《万象》1：12
黄宗湖
41《民间文艺》9—10
黄建中
4《国民》1：1，1：2，1：3，1：4；
14《学衡》51，54
黄驾白
10《小说月报》13：10，14：1，14：3
黄绍云
51《开明》1：7
黄绍年
36《北新》1：34
黄绍谷
4《国民》2：1；
18《歌谣》2，29
黄树辉
117《文学》3：1
黄柳谷
178《抗战文艺》10：6
黄荣灿
177《文艺阵地》4：3
黄药眠
34《创造月刊》1：12，2：4；
47《流沙》1，2；
48《我们》1：3；
177《文艺阵地》2：11；
178《抗战文艺》2：3，2：11—12，3：2，3：9—10，5：1；
191《文艺新闻》9—10；
199《野草》1：2，1：6，4：4—5；
201《戏剧春秋》1：2；
208《诗创作》1，5，7，12，15，18；
211《文艺生活》1：4，3：1，3：4，3：6，光复版 1，光复版 2，光复版 3，光复版 4，光复版 6，光复版 7，光复版 9，光复版 14；海外版 7，海外版 12；穗新 1，穗新 3；
217《文艺杂志》3：1，3：3；
220《文学创作》2：5，3：2；
233《当代文艺》1：1，1：3，1：4；
239《诗文学》2；
258《文艺丛刊》1，2；
270《小说》1：5，2：5，6：3
黄厚生
10《小说月报》13：1，13：4
黄竖琴
159《诗歌杂志》3
黄秋农
85《文艺月刊》战时特刊 1：7
黄复生
145《宇宙风》10
黄俊贤
51《开明》1：5，2：4；
93《青年界》8：4，8：5
黄庭忠
262《平原文艺》1：5

黄恒斗

249《白山》5

黄恒德

109《论语》146

黄洁如

10《小说月报》13：7

黄洪滔

141《文艺》4：3

黄觉民

93《青年界》8：2；

117《文学》5：1

黄宪章

224《天下文章》3

黄养辉

85《文艺月刊》战时特刊第11年5月号

黄祖耀

110《小说月刊》1

黄耘农

186《宇宙风乙刊》7

黄桦沛

172《七月》5：1

黄桦霈

85《文艺月刊》战时特刊2：11—12，战时特刊4：1，战时特刊5：1；

177《文艺阵地》4：10；

187《戏剧岗位》1：5—6；

220《文学创作》2：1；

221《文艺先锋》3：4，4：3，5：4

黄莺儿

145《宇宙风》53

黄振武

23《文艺周刊》10，23

黄振祥

106《现代》5：1

黄振珠

40《真美善》3：5

黄海洪

155《光明》2：1

黄流沙

145《宇宙风》125

黄家昆

31《甲寅》1：23

黄家骐

145《宇宙风》80，90

黄宾虹

19《小说世界》3：10，4：1；

118《文艺春秋》1：6

黄递之

16《努力周报》71

黄继文

18《歌谣》30

黄萧红

155《光明》1：10

黄萍荪

10《小说月报》22：6；

85《文艺月刊》6：4

黄黄山

109《论语》102

黄辅民

249《白山》2，3

黄曼卿

225《时与潮文艺》1：2

黄野芸

199《野草》创刊号，1：4

黄野清

36《北新》2：24

黄跃静

274《平原》5

黄镜泉

145《宇宙风》89

黄假我

221《文艺先锋》11：3—4

黄焕钧

209《万象》2：8

黄逸英

145《宇宙风》115

黄淑瑛

93《青年界》10：2

黄淡隆

221《文艺先锋》5：1—2

黄涵秋

51《开明》1：12

黄维荣

52《山雨》1：8—9

黄维翰

31《甲寅》1：12

黄朝仪

149《逸经》9

黄景柏

11《文学周报》97，98

黄景桓

209《万象》2：3

黄锄日

18《歌谣》21

黄鲁珍

149《逸经》21，28，36

黄道开

85《文艺月刊》战时特刊2：11—12

黄曾樾

221《文艺先锋》13：4

黄楚狂

19《小说世界》9：11

黄嵩圃

145《宇宙风》122

黄照熹

93《青年界》6：2；

137《当代诗刊》1：3—4

黄鹏基

28《猛进》34，36；

29《莽原》周刊：10，18，20，24，25，28，30，31，32；半月刊：1：2

黄新梦

209《万象》1：12

黄新聪

211《文艺生活》海外版副刊

黄慎之

15《创造》2：1

黄源洛
93《青年界》4：3
黄嘉历
93《青年界》新 4：2
黄嘉音
109《论语》36，37，46，50，56，73；
127《人间世》12，15，17，21，23，25；
145《宇宙风》8，12，15，20，66；
145 附《宇宙风·逸经·西风非常时期联合旬刊》1，2，3，4，5；
186《宇宙风乙刊》5
黄嘉谟
54《无轨列车》2；
104《矛盾》2：3
黄嘉德
109《论语》31，36，41，43，50，51，52，56；
127《人间世》8，15，16，17，19，21，22，25，35，36，37，40；
145《宇宙风》1，3，4，5，6，7，8，9，10，11，13，14，15，16，17，18，19，21，22，24，27，28，29，30，31，32，33，34，35，36，37，38，39，40；
145 附《宇宙风·逸经·西风非常时期联合旬刊》1，2，3，7
黄慕缙
172《七月》1：1
黄舞莺
172《七月》5：1；
192《文学月报》2：1—2；
224《天下文章》1
黄肇年
46《新月》2：2，2：6—7
黄肇昌
195《黄河》1
黄翠平
224《天下文章》3
黄震遐
40《真美善》4：2，6：5；
87《前锋月刊》1：2，1：5，1：6，1：7；
104《矛盾》1：3—4，2：1，2：3，3：2
黄影呆
209《万象》号外
黄镇藩
14《学衡》26
黄懋谦
14《学衡》19
黄霜华
19《小说世界》8：10
黄警顽
98《新时代》7：4
黄警阩
36《北新》4：20
黄珠老人
145《宇宙风》151

焉 于
134《太白》1：1
焉异云
149《逸经》10
曹 三
109《论语》81，83
曹 白
158《中流》1：5，1：7，1：8，1：11，2：2；
172《七月》1，2，3，1：1，1：2，1：3，1：6，2：2，2：4，3：1，3：2，3：4，3：5，4：1，4：2，4：3，4：4，5：1，5：3，6：4
曹 汀
241《文艺大众》新5
曹 刍
5《少年中国》4：7
曹 民
199《野草》第9集
曹 邦
195《黄河》4：6
曹 华
199《野草》4：1—2；
201《戏剧春秋》1：5
曹 吾
201《戏剧春秋》2：1
曹 卣
176《自由中国》新1：3；
178《抗战文艺》9：3—4；
196《战国策》2；
198《现代文艺》2：6，4：3；
244《文艺复兴》1：3
曹 英
106《现代》3：6
曹 欣
251《文艺杂志》3：3，3：4，3：6，4：1
曹 禺
85《文艺月刊》战时特刊2：3；
122《文学季刊》1：3；
143《杂文》2；
153《文季月刊》1：1，1：2，1：3，1：4；
165《文丛》1：2，1：3，1：4，1：5；
232《戏剧时代》创刊号；
244《文艺复兴》1：3，1：4，1：5
曹 亮
221《文艺先锋》6：2—3
曹 觉
109《论语》30
曹 原
226《风雨谈》14
曹 热
199《野草》3：6
曹 倛
145《宇宙风》128，137，138
曹 萍
209《万象》2：6
曹 琪
145《宇宙风》135—136

曹　谦
11《文学周报》155
曹　随
26《现代评论》4：83，4：84
曹　湖
73《南国周刊》1：4
曹九龄
113《新诗歌》2：2
曹天风
183《鲁迅风》2
曹元杰
10《小说月报》14：12，15：9；
16《努力周报》23
曹少痴
19《小说世界》4：13
曹介初
149《逸经》5，6，9
曹公叶
84《开展》10—11
曹文钟
51《开明》1：4
曹末风
131《水星》1：1；
244《文艺复兴》3：3
曹正铭
19《小说世界》6：4
曹世森
13《诗》2：2；
21《弥洒》4
曹石清
24《洪水》半月刊2：20
曹占芳
251《文艺杂志》3：3
曹玄衣
264《诗创造》6
曹民父
19《小说世界》13：6
曹达钧
209《万象》2：3，2：4，2：5，2：6，2：7
曹仲芳
19《小说世界》7：9
曹仲锡
108《文艺茶话》2：1
曹宇君
93《青年界》8：2；
117《文学》5：1
曹伯韩
199《野草》1：4，1：5
曹廷斌
25《语丝》5：6
曹希文
96《文艺杂志》1：4
曹希康
272《群众文艺》5
曹冷巢
19《小说世界》14：14
曹尚沂
199《野草》3：5
曹昌麟
19《小说世界》13：21

曹国卿
18《歌谣》23，37，53，54
曹鸣奇
25《语丝》61
曹诚英
16《努力周报》15；
108《文艺茶话》1：2
曹典球
31《甲寅》1：10
曹经沅
14《学衡》8
曹孟贞
31《甲寅》1：18
曹孟其
31《甲寅》1：20，1：22，1：23，1：24，1：25，1：26，1：27，1：28，1：29，1：31，1：32，1：33，1：34，1：35，1：45
曹贵新
21《弥洒》1，2，3，4，6
曹钧石
24《洪水》半月刊：1：7，1：10—11，2：13，2：16
曹剑萍
84《开展》2，5，6，7，8，9
曹胜之
18《歌谣》6，7，21
曹养吾
93《青年界》8：2；
117《文学》5：1
曹觉寺
108《文艺茶话》2：5
曹祖彬
51《开明》2：4
曹泰来
85《文艺月刊》7：2，7：4，8：1，9：2；
104《矛盾》3：1
曹获秋
175《战地》1：5
曹晓风
36《北新》3：20—21
曹家珠
226《风雨谈》17，21
曹家澍
31《甲寅》1：45
曹展方
251《文艺杂志》3：3
曹梦鱼
19《小说世界》8：3
曹雪松
39《泰东》2：1；
98《新时代》5：5；
103《絜茜》创刊号
曹惇颐
12《戏剧》2：3
曹鸿昭
85《文艺月刊》6：5—6，9：6，10：1
曹梁厦
19《小说世界》6：1，6：2，6：3，

6：4，6：5，6：6，6：7，6：8，6：9，6：10，6：11，6：13

曹绶卿

25《语丝》141，142

曹葆华

46《新月》3：10，3：12，4：2，4：3；
85《文艺月刊》4：1，4：2，4：3，4：5，4：6，5：1，5：2，5：5，5：6，6：3，6：4，7：1，7：2，7：3，7：6；
90《诗刊》2，3；
96《文艺杂志》1：2；
115《文学杂志》1：2；
122《文学季刊》2：1，2：2，2：3，2：4；
136《水星》2：1，2：2，2：3；
153《文季月刊》1：1，1：2，1：3，1：5；
160《新诗》1：1，1：2，1：4，1：5；
165《文丛》1：1；
167《文学杂志》1：3；
172《七月》7：1—2；
177《文艺阵地》3：3，4：1，4：2，4：4，4：8，4：9，7：3；
178《抗战文艺》3：9—10；
185《笔阵》1，7，8；
189《西线文艺》1：3，1：4；
194《中国文化》1：2；
199《大众文艺》创刊号，1：2，1：5；
201《戏剧春秋》1：3，1：5；
202《文艺月报》6，14，15，16；
204《中国文艺》1：1；
208《诗创作》5，10；
214《谷雨》1：2—3，1：5，1：6；
217《文艺杂志》新1：2；
270《小说》5：2，6：2；
273《文艺月报》2

曹温玺

19《小说世界》2：7，2：8，2：9，2：11，3：2，4：1，5：4，5：5，5：6，5：11，5：12，6：5，6：7，6：9

曹惠川

254《热潮》1：2

曹靖华

1《新青年》季刊2；
7《曙光》1：4；
10《小说月报》17：7；
11《文学周报》235；
29《莽原》半月刊1：13，半月刊1：19；
43《未名》1：1，2：7；
75《萌芽》1：2；
111《文化月报》1：1；
117《文学》1：1，1：4；
133《译文》新2：1，新2：3，新2：4，新2：5，新2：6，新3：1，新3：4；
152《作家》2：2；

156《现实文学》2；
172《七月》2：5；
178《抗战文艺》6：3，6：4，7：1，7：2—3，7：4—5；
183《鲁迅风》13；
192《文学月报》2：5；
207《时代文学》1：4；
212《文讯》8：2；
222《青年文艺》新1：4；
225《时与潮文艺》3：2，3：3，4：1；
237《文学新报》1：6；
274《平原》新1

曹靖南

93《青年界》6：1；
126《诗歌月报》1：1

曹锡珍

221《文艺先锋》9：2

曹源松

212《文讯》2：3，2：4，2：5，2：6

曹慕管

14《学衡》32；
25《语丝》101

曹聚仁

11《文学周报》226，237；
25《语丝》143；
85《文艺月刊》3：1；
93《青年界》2：2，8：2，9：1，12：1；
99《涛声》1：1，1：2，1：3，1：13，1：14，1：15，1：17，1：19，1：20，1：21，1：23，1：24，1：25，1：26，1：27，1：28，1：29，1：30，1：31，1：32，1：33，1：34，2：2，2：3，2：4，2：10，2：12，2：13，2：18，2：20，2：21，2：22，2：24，2：25，2：27，2：29，2：31—32，2：33，2：34，2：35，2：39，2：40，2：41，2：43，2：44，2：45，2：46；
106《现代》6：3；
109《论语》30，91，107，110，112，114；
114《艺术新闻》1；
117《文学》5：1，5：3；
127《人间世》2，5，8，10，11，14，16；
134《太白》1：1，1：2，1：4，1：7，1：8，1：9，1：11，2：3，2：10；
139《新小说》1：1，1：2，1：3，1：4；
140《芒种》1，2，3，4，6，7，8；
144《创作》1：1；
169《中国文艺》1：1；
199《野草》1：4；
226《风雨谈》9；
235《文艺春秋》丛刊1

曹墅居

149《逸经》4，5，7，10，11

曹蕴灵
19《小说世界》11：8
曹镇华
159《诗歌杂志》3
曹德保
271《文学战线》1：5—6
曹德庸
25《语丝》151
曹澄波
109《论语》105
基
191《文艺新闻》2；
221《文艺先锋》5：5，5：6
基 相
25《语丝》76；
46《新月》2：5
梦 天
63《戏剧与文艺》1：6
梦 云
225《时与潮文艺》2：4，2：5
梦 韦
13《诗》2：2
梦 平
85《文艺月刊》10：1
梦 石
121《文化列车》12；
141《文艺》4：2，4：5
梦 仙
19《小说世界》3：5
梦 白
198《现代文艺》3：4
梦 印
10《小说月报》22：1
梦 兰
10《小说月报》14：11
梦 圣
93《青年界》1：5
梦 乔
19《小说世界》18：2
梦 华
85《文艺月刊》6：2，6：4
梦 舟
54《无轨列车》6
梦 芬
142《中学生文艺季刊》2：3
梦 芳
19《小说世界》5：7
梦 谷
109《论语》47，63，64，68，69，71，72，74；
127《人间世》25
梦 启
264《诗创造》2：1
梦 松
229《艺文杂志》2：1
梦 非
4《国民》1：1，1：2
梦 侨
10《小说世界》15：23，15：24，15：25，16：16，18：4
梦 侬
19《小说世界》民众文学10

梦　鸥

85《文艺月刊》7：3，战时特刊3：1—2；

221《文艺先锋》1：3，11：3—4

梦　虹

141《文艺》3：6；

159《诗歌杂志》2，3

梦　回

143《杂文》5—6；

168《戏剧时代》1：1；

189《西线文艺》1：1

梦　闻

145《宇宙风》51

梦　娜

93《青年界》2：3

梦　殊

85《文艺月刊》战时特刊2：11—12

梦　家

85《文艺月刊》4：4

梦　狼

28《猛进》25

梦　萍

51《开明》1：12；

109《论语》76；

159《诗歌杂志》1，3

梦　梅

25《语丝》4：44；

142《中学生文艺季刊》3：2

梦　梦

99《涛声》2：4

梦　笔

221《文艺先锋》12：2

梦　雄

7《曙光》2：2

梦　湖

55《大众文艺》2：4

梦　雷

10《小说月报》12：7，12：8，14：10，15：1；

11《文学周报》23

梦　源

145《宇宙风》94—95

梦　韶

19《小说世界》3：8

梦　熊

19《小说世界》3：5

梦　麐

3《新潮》2：2

梦　麟

6《解放与改造》1：5

梦白骷

235《文艺春秋》6：5

梵乐希

160《新诗》2：2

逵

109《论语》44

硕　君

36《北新》4：17

殒　星

109《论语》14

鲍　庵

31《甲寅》1：44

聋道人

99《涛声》1：33，1：36

龚　尔

117《文学》3：1

龚　参

170《新演剧》新1：2，新1：3

龚　炯

209《万象》1：6

龚　珏

36《北新》1：12；
59《春潮》1：1，1：3

龚　彬

36《北新》2：21，2：24，3：1，3：3，3：5，3：7，3：15，3：16；
102《文化评论》2—3

龚　鸾

248《中原·文艺杂志·希望·文哨联合特刊》1：4

龚　雄

185《笔阵》新1：1

龚　蒙

221《文艺先锋》4：2

龚川琦

154《文学界》1：1

龚无怨

109《论语》167

龚不韦

260《呼吸》2

龚书炽

145《宇宙风》142

龚仪宣

187《戏剧岗位》1：2—3

龚冰如

55《大众文艺》2：1

龚冰庐

24《洪水》半月刊3：29；
34《创造月刊》1：11，1：12，2：1，2：2，2：3，2：4，2：5，2：6；
42《太阳》6；
44《文化批判》2，3，4；
47《流沙》1，2，3，4；
49《畸形》2；
53《思想》1：1，1：2；
55《大众文艺》2：3，2：4，2：5—6；
75《萌芽》1：4；
76《拓荒者》2，3，4—5；
77《艺术》1：1；
81《沙仑》1：1

龚冰麋

31《甲寅》1：32

龚张斧

31《甲寅》1：12，1：15，1：19

龚明道

145《宇宙风》91，92

龚树揆

51《开明》2：25；
106《现代》2：4；

88《读书月刊》1：6；
109《论语》54
龚持平
226《风雨谈》4
龚钦榆
23《文艺周刊》35
龚家珍
36《北新》2：2，2：3，2：5，2：6
龚啸岚
141《文艺》6：3；
170《新演剧》新1：3；
179《戏剧新闻》3，5；
221《文艺先锋》7：3
龚寅斗
19《小说世界》18：3
龚赓荪
109《论语》132
龚楚书
19《小说世界》4：1
龚登朝
10《小说月报》14：4
龚福春
24《洪水》半月刊3：33
龚慕兰
109《论语》153
龚湫沧
12《戏剧》2：1，2：2，2：3，2：4
龚德柏
224《天下文章》1，4，2：2
盛
221《文艺先锋》5：1—2
盛　成
149《逸经》2，15，18；
109《论语》76，77，78，79，80，81，82，83，84，93，97，98，99，100；
136《水星》1：3；
141《文艺》5：5；
145《宇宙风》5，8，11，12
盛　年
199《野草》4：3，4：4—5
盛　和
11《小说月报》14：12
盛　俊
26《现代评论》特别增刊1
盛　舜
211《文艺生活》海外版8
盛马良
85《文艺月刊》8：6；
112《无名文艺》旬刊创刊号；
113《新诗歌》1：5；
145《宇宙风》66
盛公木
140《芒种》3
盛此公
19《小说世界》14：2，14：3，14：4
盛此君
85《文艺月刊》5：1；
104《矛盾》2：2
盛兆熊
1《新青年》4：5

盛寿萱
140《芒种》2：1
盛志贤
98《新时代》5：5
盛彤笙
51《开明》1：4
盛泽雷
87《前锋月刊》1：7
盛诚桂
51《开明》2：4
盛持平
221《文艺先锋》5：4
盛继元
18《歌谣》62
盛维元
18《歌谣》11
盛焕明
98《新时代》2：1；
93《青年界》12：1；
117《文学》2：4，5：5，6：4，7：1，8：6
盛琴仙
209《万象》1：4，1：5；
226《风雨谈》16
盛澄华
168《文学杂志》2：8；
223《人世间》复刊10；
225《时与潮文艺》1：1，1：3，2：1，4：5，4：6，5：4，5：5；
244《文艺复兴》3：3，4：1；
266《中国作家》1：2
盛醒吾
51《开明》2：26
戚　萍
141《文艺》1：5—6
戚　路
241《文艺大众》4
戚凌云
51《开明》1：1
戚维翰
25《语丝》5：6，5：47；
35《泰东》1：5，1：7；
36《北新》2：23，3：16，4：12；
38《幻洲》1：10
戚雍父
235《文艺春秋》丛刊3
戚墨缘
93《青年界》9：3
爽　仁
130《当代文学》1：3
爽　啁
106《现代》3：5
雪
11《文学周报》152；
19《小说世界》14：7；
26《现代评论》1：2，1：3，1：5，1：6，1：7，1：15，1：16，1：18，1：19，2：28，2：31，2：32，2：33，2：45，2：47，2：50，3：59，3：61，3：63，3：64，3：65，3：68，3：72，4：84，4：85，4：94，5：108；

36《北新》1：45—46；
47《流沙》4；
98《新时代》3：4

雪　山

159《诗歌杂志》2，3

雪　门

109《论语》67

雪　韦

158《中流》1：6，2：5，2：6，2：8；
163《热风》1：1，1：2；
164《希望》1：2；
172《七月》2：3，6：1—2；
197《大众文艺》创刊号，1：2，1：3，1：4，1：5，2：1

雪　六

93《青年界》2：1

雪　白

51《开明》2：24

雪　立

261《东北文艺》1：4，1：5，2：5

雪　加

197《大众文艺》1：2

雪　亚

108《文艺茶话》1：4，1：8

雪　因

145《宇宙风》别册1

雪　光

113《新诗歌》1：1

雪　伦

109《论语》137，139，142；
145《宇宙风》147—148，151，152；
192《文学月报》1：3

雪　华

59《无轨列车》4；
149《逸经》25，26，27；
209《万象》2：12

雪　冰

142《中学生文艺季刊》3：1

雪　苇

149《逸经》28；
151《文学丛报》3，5；
158《中流》1：4；
202《文艺月报》5，6，9，16，17

雪　村

146《诗歌生活》2

雪　庐

145《宇宙风》73

雪　君

11《文学周报》333—334

雪　林

19《小说世界》17：2，17：4，18：1；
25《语丝》29，30，42，43，44；
26《现代评论》8：204，8：205，8：206—208；
36《北新》1：45—46，2：12，2：13；
40《真美善》女作家专号；
46《新月》2：2，2：3；
93《青年界》5：2；
262《平原文艺》2：2

雪　枝
39《泰东》1：8；
267《大众文艺丛刊》2
雪　松
39《泰东》1：2，1：3，1：4，1：5；
177《文艺阵地》3：9
雪　明
25《语丝》4：28
雪　夜
108《文艺茶话》1：2，1：3
雪　炎
106《现代》3：2
雪　弥
209《万象》3：6
雪　珍
126《诗歌月报》1：2
雪　亭
141《文艺》3：1
雪　莹
29《莽原》半月刊2：18—19
雪　峰
10《小说月报》19：10，21：2；
27《支那二月》1：1；
36《北新》4：17，4：18；
50《奔流》2：4，2：5；
61《朝花》旬刊1：11；
74《新文艺》2：1；
75《萌芽》1：1，1：2，1：3，1：5；
78《文艺讲座》1；
92《文艺新闻》40；
178《抗战文艺》9：3—4，9：5—6；
212《文讯》7：5；
217《文艺杂志》新1：1，新1：2；
222《青年文艺》新1：3；
223《人世间》复刊3，复刊4，复刊5，复刊6，复刊10，复刊11—12，复刊13；
235《文艺春秋》3：1；
243《文联》1：5；
244《文艺复兴》2：3；
248《中原·文艺杂志·希望·前哨联合特刊》1：1，1：2，1：3，1：4；
266《中国作家》1：2；
270《小说》3：1，3：4，3：6，4：4，4：5，5：2
雪　容
190《通俗文艺》43
雪　梅
45《现代小说》3：5—6
雪　萍
182《文艺新潮》1：11
雪　萤
93《青年界》新5：1
雪　雪
145《宇宙风》62
雪　野
115《文学杂志》1：3—4
雪　笙
115《文学杂志》1：3—4
雪　痕
145《宇宙风》86，91；

242《新群众》2：5
雪　清
63《金屋》1：9—10
雪　舒
221《文艺先锋》12：3—4
雪　湄
112《无名文艺》旬刊创刊号，旬刊2
雪　艇
26《现代评论》1：8，1：14，3：67，3：69，4：99，5：110，5：111，5：112
雪　楣
177《文艺阵地》2：5，3：5
雪　裳
40《真美善》5：1，5：4
雪　樵
85《文艺月刊》7：2，7：4
雪芙堡
113《新诗歌》2：4
雪里姑
36《北新》1：18
捷　三
211《文艺生活》光复版 1，光复版2
掬　尘
210《笔谈》4
掷
51《开明》1：5
掷　戈
141《文艺》2：4
探　马
177《文艺阵地》1：4
探　薇
109《论语》149
掘　根
11《文学周报》353
辅　仁
26《现代评论》5：127，7：167，7：169
辅　恩
251《文艺杂志》2：5
辅　偕
19《小说世界》13：19，14：22
悊　荪
6《解放与改造》3：7，3：9
虚　士
226《风雨谈》8
虚　生
17《读书杂志》2；
25《语丝》10，13；
28《猛进》1，2，3，5，6，7，8，9，10，11，12，13，14，17，18，19，20，21，22，23，25，28，29，30，32，33，34，37，39，44，46，47，48，49，50，51，52，53，沪案特刊2，沪案特刊3；
109《论语》31；
174《抗到底》13—14，17，20
虚　白
10《小说月报》19：7；

40《真美善》1：1，1：2，1：3，1：4，1：5，1：6，1：7，1：8，1：9，1：10，1：11，1：12，2：1，2：2，2：3，2：4，2：5，2：6，3：1，3：2，3：3，3：4，3：5，3：6，4：1，4：2，4：3，4：4，4：5，4：6，5：1，5：2，5：3，5：4，5：5，5：6，6：1，6：2，6：3，6：4，6：5，6：6，7：1，7：2，7：3，新1：1，新1：2；
63《金屋》1：6；
145《宇宙风》2，3，4

虚　地

109《论语》68

虚　舟

5《少年中国》4：2，4：3，4：5

虚　余

149《逸经》5

虚　怀

209《万象》3：9，3：12，4：2

虚　谷

272《群众文艺》10

虚　怡

93《青年界》10：2

虚　景

101《十字街头》1

常

2《每周评论》16，17，18，19，22，23，24，28

常　工

122《文学季刊》2：1

常　风

46《新月》4：6；
51《开明》新4号；
167《文学杂志》1：1，1：2，1：3，1：4，2：1，2：3，2：4，3：1，3：2，3：3，3：4；
229《艺文杂志》1：1，2：3，2：4，3：3

常　玉

63《金屋》1：2

常　白

160《新诗》1：6，2：1，2：2，2：3—4

常　式

59《春潮》1：1

常　青

85《文艺月刊》5：6；
104《矛盾》2：3

常　枫

221《文艺先锋》11：6，12：2；
260《呼吸》2；
264《诗创造》3

常　英

270《小说》2：6

常　峰

36《北新》1：35—36

常　健

11《文学周报》296，297

常　棻
182《文艺新潮》1：12
常　琛
221《文艺先锋》10：5，13：3
常　惠
1《新青年》5：2；
16《努力周报》27；
18《歌谣》1，2，3，4，5，8，11，17，18，42，43，47，48，62，75，周年纪念增刊；
29《莽原》半月刊1：7—8
常　惺
14《学衡》23
常乃德
1《新青年》2：4，2：6，3：1，3：2，3：3；
4《国民》1：3，2：1，2：2，2：3；
16《努力周报》7
常乃慰
167《文学杂志》3：4
常书林
21《弥洒》3
常书鸿
36《北新》1：32；
85《文艺月刊》7：5；
108《文艺茶话》2：4，2：8
常任侠
85《文艺月刊》3：7，3：8，4：3，4：6，5：3，5：4，6：2，6：4，7：6，8：1，9：3，10：3，10：4—5，战时特刊1：11，战时特刊2：11—12，战时特刊3：1—2，战时特刊第11年5月号，战时特刊第11年7月号，战时特刊第11年11月号；
168《戏剧时代》1：1，1：3；
173《抗战戏剧》2：1；
178《抗战文艺》2：1，3：12，7：4—5；
179《戏剧新闻》4；
201《戏剧春秋》1：3；
221《文艺先锋》2：1
常连陛
142《中学生文艺季刊》1：1
常君实
145《宇宙风》141
常春培
159《诗歌杂志》2，3
常海臣
109《论语》89
常雅宾
159《诗歌杂志》2，3
常燕生
26《现代评论》4：90，4：91；
109《论语》54
唯　公
149《逸经》15
唯　平
93《青年界》新6：4
唯　刚
2《每周评论》7

唯　我
109《论语》60，140
唯　明
85《文艺月刊》战时特刊：2：8，3：8—9，3：12，4：5—6，第11年4月号，第11年5月号，第11年6月号，第11年7月号，第11年11月号；
106《现代》6：3，6：4
唯　建
46《新月》3：8
唯　楚
208《诗创作》8
啸
244《文艺复兴》3：3
啸　一
92《文艺新闻》60
啸　风
221《文艺先锋》11：5
啸　平
275《文艺丛刊》2
啸　伊
56《乐群》1：5
啸　庐
19《小说世界》1：1，侦探号
啸　高
117《文学》7：2，7：5
啸　笙
19《小说世界》16：4
啸　影
51《开明》1：8
啸　霞
32《清华文艺》1：2，1：5；
96《文艺杂志》1：1，1：2，1：3，1：4
晦
28《猛进》27；
35《沉钟》13，14，15，16，17，18，19，22，23，24，25
晦　光
134《太白》1：12
晦　明
28《猛进》38
晦　鸣
28《猛进》29，33，46
晦　闻
10《小说月报》11：1；
31《甲寅》1：37
晦　庵
209《万象》4：5，4：7；
235《文艺春秋》副刊1：1，副刊1：2，副刊1：3
晦　晨
177《文艺阵地》7：4；
208《诗创作》10；
211《文艺生活》2：4；
239《诗文学》1，2
晚　农
109《论语》24
晚　笳
158《中流》1：7

晚　秝
109《论语》47
晚　霞
38《幻洲》2∶8
野
1《新青年》7∶6；
234《微波》1∶1
野　丁
195《黄河》复刊6
野（埜）人
25《语丝》4∶2，4∶4，4∶6；
108《论语》84；
145《宇宙风》97
野　马
207《时代文学》1∶1
野　天
150《东方文艺》2∶1
野　夫
117《文学》5∶5，8∶2；
134《太白》2∶11；
172《七月》2，1∶4，2∶2，2∶5；
198《现代文艺》1∶3，1∶6，2∶1，2∶4，2∶6；
212《文讯》7∶2；
267《大众文艺丛刊》3
野　风
159《诗歌杂志》2，3；
236《高原》创刊号
野　囚
25《语丝》4∶44，5∶1；
43《未名》2∶9—12
野　火
99《涛声》2∶36；
113《新诗歌》2∶3；
149《逸经》27
野　尧
117《文学月刊》3∶5
野　华
134《太白》2∶3
野　如
25《语丝》5∶40，5∶50
野　村
199《野草》2∶5—6，3∶2；
211《文艺生活》1∶5，光复版9
野　谷
248《中原·文艺杂志·希望·文哨联合特刊》1∶3，1∶4，1∶6；
256《萌芽》1∶1，1∶2
野　应
92《文艺新闻》58
野　青
29《莽原》周刊11
野　枝
10《小说月报》13∶5
野　明
242《新群众》2∶4，2∶6，3∶1
野　叟
145《宇宙风》19
野　客
203《奔流文艺丛刊》2
野　草
180《文艺》1∶5，2∶6

野（埜）容
134《太白》1：1
野　萍
23《文艺周刊》9，10
野　萤
260《呼吸》2；
268《蚂蚁小集》4，5
野　曼
264《诗创造》5
野　庵
118《文艺春秋》1：9—10
野　渠
25《语丝》4：43，4：44，4：47，4：49，4：50，5：4，5：5，5：6，5：7，5：8，5：9，5：10，5：11，5：12，5：13，5：14，5：15，5：16，5：17，5：18，5：20；
88《读书月刊》1：1；
177《文艺阵地》1：5；
194《中国文化》2：6
野　雁
93《青年界》8：5
野　蓟
211《文艺生活》光复版 14
野　蓟
206《华北文艺》创刊号
野　葵
5《少年中国》3：6
野　路
264《诗创造》9
野　黎
178《抗战文艺》5：1
野　鹤
19《小说世界》13：16，13：17，13：18，13：19，13：20，13：23，12：24，14：18，15：5，16：7，18：4；
149《逸经》26
野　蘖
122《文学季刊》2：1；
136《水星》1：5；
178《抗战文艺》5：2—3；
181《文艺突击》创刊号，1：2；
183《鲁迅风》15；
184《文艺战线》创刊号，1：2，1：3，1：4，1：6；
194《中国文化》创刊号
趾　青
10《小说月报》14：7
鄂　子
127《人间世》9
鄂　鸦
85《文艺月刊》9：2；
171《烽火（呐喊）》9，12；
177《文艺阵地》3：3
崔　牛
241《文艺大众》新 4
崔　生
265《胶东文艺》创刊号
崔　克
199《野草》3：3—4

崔　迷

149《逸经》24

崔　嵬

155《光明》3：3；

205《五十年代》2：1

崔　璇

268《蚂蚁小集》4

崔　璀

195《黄河》复刊6

崔　璨

264《诗创造》2：4

崔　麟

251《文艺杂志》3：5

崔万秋

7《曙光》2：3；

40《真美善》1：7，1：8，1：9，1：11，女作家专号，3：4，3：5，4：1，4：2，4：3，4：4，4：5，4：6，5：2，6：1，6：5，新1：1，新1：2；

74《新文艺》1：4，1：5；

85《文艺月刊》8：1；

93《青年界》1：5；

94《现代文学评论》2：1—2；

98《新时代》创刊号，1：2，1：4，2：1，2：2—3，2：4—5，2：6，3：1，3：2，3：3，3：5—6，4：3，4：4—5，5：1；

104《矛盾》2：1，2：2；

110《小说月刊》4，6，7；

119《戏》2；

145《宇宙风》26；

178《抗战文艺》3：12，武汉特刊1

崔小立

13《诗》2：1

崔小休

186《宇宙风乙刊》31

崔之梁

19《小说世界》7：3

崔立柱

93《青年界》10：2，11：2，11：5

崔钟秀

14《学衡》56

崔盈科

51《开明》2：6，2：16

崔真如

18《歌谣》22

崔真吾

10《小说月报》14：6；

13《诗》1：4，2：1；

18《歌谣》15，36

崔振化

18《歌谣》13，30

崔致勋

127《人间世》42

崔徙之

18《歌谣》62

崔维炳

10《小说月报》14：12；

109《论语》111

崔德珍

174《抗到底》10

崔樵笙
11《文学周报》69
崇　林
109《论语》55
崇　实
259《东北文化》1：3，2：2
崇　素
85《文艺月刊》1：1
崇　基
195《中国文化》1：2，2：4，2：6
崇　群
25《语丝》5：8，5：9，5：10，5：23，5：25；
59《春潮》1：4，1：9
崇拜王敬轩者
1《新青年》4：6
晨
36《北新》4：21—22；
109《论语》18
晨　心
106《现代》5：1
晨　光
51《开明》2：24；
242《新群众》2：6
晨　归
172《七月》3：5
晨　鸡
26《现代评论》1：9，2：36
晨　牧
177《文艺阵地》3：2
晨　星
25《语丝》150，151，152；
229《艺文杂志》2：1
晨　钟
4《国民》1：3
晨　曦
6《解放与改造》1：4，3：4
曼
38《幻洲》1：5，1：9；
117《文学》3：2，3：4
曼　之
131《东流》创刊号
曼　云
142《中学生文艺季刊》1：4
曼　尼
51《开明》2：18
曼　因
109《论语》47；
130《当代文学》1：1，1：4，1：5
曼　华
24《洪水》半月刊3：31；
55《大众文艺》1：6，2：5—6
曼　冰
85《文艺月刊》战时特刊3：12
曼　如
87《前锋月刊》1：1，1：6；
145《宇宙风》66
曼　甫
183《鲁迅风》13
曼　谷
93《青年界》新3：1；

130《当代文学》1：1；
131《东流》1：6；
178《抗战文艺》10：2—3，10：4—5，10：6；
247《人民文艺》1，5

曼　青

109《论语》111

曼　定

140《芒种》7

曼　茵

137《当代诗刊》1：3—4；
140《芒种》5

曼　洛

195《黄河》2：5—6，4：1

曼　娜

209《万象》1：12

曼　倩

172《七月》1：4

曼　硕

197《大众文艺》1：4

曼　曼

51《开明》2：24；
76《拓荒者》4—5；
131《东流》2：1，2：3

曼　斯

223《人世间》1：3

曼　辉

195《黄河》2：2

曼　晴

113《新诗歌》2：2；
124《新诗歌》创刊号，2—3，4；
206《华北文艺》创刊号；
242《新群众》1：6，2：4，2：5，3：1

曼　影

51《开明》1：3

曼　鹤

109《论语》41，45，46

婴　子

198《现代文艺》2：2；
208《诗创作》1，2，5

婴　行

37《一般》5：2

铜　丸

39《泰东》1：9

铜　君

25《语丝》5：5，5：17，5：18；
61《朝花》周刊9，周刊10

铢　庵

127《人间世》20，27，41；
145《宇宙风》3，13，19，20，21，22，23，24，26，27，29，31

铭

109《论语》90；
117《文学》2：3；
191《文艺新闻》7

铭　之

85《文艺月刊》1：3，1：4，2：1，3：3，战时特刊第11年11月号

铭　五

143《杂文》4

铭　心
109《论语》160，164，168，171，173，174，177
铭　竹
85《文艺月刊》1：3，1：4
铭　明
191《文艺新闻》创刊号
铭　泉
109《论语》90
铭　深
113《新诗歌》1：1
铭　彝
73《南国周刊》1：2，1：3，1：4；
114《艺术新闻》3，4；
224《天下文章》2
铮
245《文章》1：2，1：3
银　波
221《文艺先锋》11：2，13：1
银　翼
209《万象》1：8，1：9
银丕振
51《开明》1：8
移　谟
180《文艺》3：1
移　模
180《文艺》2：5，3：2
敏
31《甲寅》1：22；
97《创作》1：3；
98《新时代》4：2
敏　三
270《小说》2：5
敏　子
106《现代》6：3，6：4；
160《新诗》2：1，2：3—4
敏　芝
19《小说世界》9：1，9：2，9：3，9：4，9：5，9：6，9：7，9：8，9：9，9：10，10：1，10：2，10：3，10：4，10：5，10：6，10：7，10：8，10：9，10：10，10：11，10：12，10：13，11：2，11：3，11：4，11：5，11：6，11：7，11：8，11：9
敏　求
195《黄河》6
敏　岂
68《戏剧与文艺》1：8—9
敏　修
142《中学生文艺季刊》1：1，1：4
敏　恪
145《宇宙风》99
敏　唏
38《幻洲》1：8
敏　健
110《小说月刊》19
笨　伯
6《解放与改造》3：1，3：2，3：3，3：4
笛　苗
223《人世间》复刊3，复刊6

笛　南
221《文艺先锋》7：4
笙
114《艺术新闻》2，7
符　号
39《泰东》2：1
符　生
40《真美善》5：6
符　克
252《北方文化》1：2
符　弭
182《文艺新潮》1：10
符　浩
220《文学创作》1：3，2：2
符　符
51《开明》2：2，2：4
符　蒂
109《论语》4，6，15，18，25，26
符一叶
99《涛声》2：37；
140《芒种》9—10，2：1
符公望
199《野草》复刊号，新2号
符竹因
93《青年界》8：2；
117《文学》5：1
符竹英
10《小说月报》19：4；
11《文学周报》261，264；
36《北新》2：5；
51《开明》2：4；
57《大江》1：2
符罗飞
177《文艺阵地》2：12，3：2；
211《文艺生活》海外版14；
270《小说》2：6
符金生
177《文艺阵地》1：5
笠　子
109《论语》21
笠　云
19《小说世界》15：19
笠　生
40《真美善》6：6
第　芳
221《文艺先锋》10：6
第十九尊
109《论语》16
梨　子
50《奔流》1：10；
61《朝花》周刊14
偶
11《文学周报》30
偶　见
134《太白》1：12
偶　至
63《戏剧与文艺》1：6
偶　言
259《东北文化》1：5
偶　若
12《戏剧》2：2

偶　影
80《骆驼草》24
停　云
175《战地》1：4
假　韦
195《黄河》复刊1
皑　岚
24《洪水》半月刊2：19；
96《文艺杂志》1：1
皎　云
85《文艺月刊》2：9；3：1
皎　然
117《文学》2：5
悠　我
1《新青年》8：1
悠　悠
19《小说世界》4：11
悠　颖
159《诗歌杂志》1，2，3
得　一
10《小说月报》14：10；
11《文学周报》182，188
得　子
51《开明》1：1
得　中
40《芒种》9—10，2：1
得　文
11《文学周报》218
得　心
109《论语》87，97
得　哉
109《论语》25
得　零
134《太白》2：12
船　之
160《新诗》2：2
欲　论
109《论语》84
欲　樵
25《语丝》4：39
欲　擒
33《狂飚》不定期刊1
悉　尼
245《文章》1：4
猗　园
209《万象》3：1，3：6
猛
143《杂文》3；
178《抗战文艺》3：3，3：5—6，3：8
猛　克
85《文艺月刊》战时特刊2：3；
99《涛声》2：6，2：10，2：31—32，2：34，2：44；
143《杂文》1
猛　猛
85《文艺月刊》战时特刊号外1
象　山
26《现代评论》4：85，4：87，8：196

象德
186《宇宙风乙刊》2
祭心
51《开明》1：7，1：9
逸
11《文学周报》147；
23《南国周刊》1：2；
109《论语》60；
182《文艺新潮》1：11；
212《文讯》创刊号
逸川
109《论语》78
逸之
209《万象》3：1
逸云
141《文艺》4：4
逸夫
92《文艺新闻》43
逸予
39《泰东》1：9
逸平
211《文艺生活》海外版副刊2
逸生
32《清华文艺》不定期刊3；
229《艺文杂志》2：3
逸仙
142《中学生文艺季刊》1：4
逸民
141《文艺》1：1，1：2，1：3，1：4，1：5—6，3：1
逸名
99《涛声》2：29，2：34；
109《论语》82
逸庆
218《文坛》5
逸衣
109《论语》87
逸园
68《戏剧与文艺》1：6
逸非
51《开明》2：8，2：13
逸明
172《七月》2：2；
195《黄河》7
逸鸥
25《语丝》5：31
逸珠
85《文艺月刊》11：1
逸耕
38《幻洲》2：8
逸峰
109《论语》132
逸菲
40《真美善》5：3
逸清
209《万象》3：6
逸塘
31《甲寅》1：36，1：38，1：39，1：41，1：42，1：43，1：45
逸儒
149《逸经》18，25

旋　毛
117《文学》8：1
翊　重
145《宇宙风》134，139，147—148
孰　诺
215《奔流新集》1
商　一
93《青年界》9：1
商　寿
160《新诗》1：1
商　恺
262《平原文艺》2：2
商　霆
122《文学季刊》1：1
商承祖
85《文艺月刊》8：5
商章孙
85《文艺月刊》8：1，8：3，战时特刊第11年5月号，战时特刊第11年6月号，战时特刊第11年8月号；
221《文艺先锋》4：1，5：1—2；
225《时与潮文艺》1：1，2：3，2：4；
230《民族文学》1：2，1：3，1：4，1：5
商鸿逵
127《人间世》17，27，29，32，36；
145《宇宙风》2，8，31；
229《艺文杂志》2：3，2：12
商烽汇
271《文学战线》创刊号
率　真
19《小说世界》2：12
章　千
207《时代文学》1：3
章　文
245《文章》创刊号
章　用
31《甲寅》1：20
章　仲
19《小说世界》5：12
章　华
31《甲寅》1：10，1：11，1：12
章　郊
167《文学杂志》1：4
章　况
211《文艺生活》光复版4
章　其
237《文学新报》1：5
章　杰
209《万象》3：4
章　依
10《小说月报》22：1；
25《语丝》4：46，5：31，5：43，5：45；
33《现代文学》1：6；
36《北新》3：19；
74《新文艺》1：3，1：6
章　泯
131《电影戏剧》1：1；

135《光明》2：3；
154《文学界》1：1；
155《光明》1：3，1：7，1：8，1：9，1：12，2：12；
168《戏剧时代》1：1，1：3；
170《新演剧》1：1，1：2，1：3，1：4，新1：1，新1：2，新1：3，复刊号；
173《抗战戏剧》1：6—7；
177《文艺阵地》6：2，6：3；
178《抗战文艺》4：5—6；
179《戏剧新闻》7；
187《戏剧岗位》1：2—3；
201《戏剧春秋》1：3，2：1，2：2，2：4；
207《时代文学》1：2，1：4；
211《文艺生活》光复版7；
223《人世间》1：1，1：2，1：3；
224《天下文章》2：1

章　勃

26《现代评论》4：88

章　钧

109《论语》153

章　恒

222《青年文艺》新1：6

章　祥

75《萌芽》1：5

章　桢

212《文讯》2：2，3：4

章　钺

183《鲁迅风》17

章　容

255《北方》1：3

章　菁

203《奔流文艺丛刊》5

章　婴

187《戏剧岗位》3：5—6

章　敏

242《新群众》2：1，2：3

章　煌

252《北方文化》1：2

章　静

222《青年文艺》新1：6

章　熊

19《小说世界》13：20

章　默

151《文学丛报》5

章一华

93《青年界》新6：1

章人农

118《文艺春秋》1：5

章乃焕

98《新时代》2：2—3；
182《文艺新潮》1：4—5

章乃器

145《宇宙风》49

章士钊

1《新青年》3：2；
6《解放与改造》3：5；
31《甲寅》1：4，1：5，1：6，1：36，1：37，1：38，1：39，1：40，1：41，1：42，1：43，1：

44，1：45

章士骥

26《现代评论》2：43

章文龙

176《自由中国》1：3

章文敏

149《逸经》22

章文裕

241《文艺大众》新生号

章太炎

19《小说世界》13：19

章石承

40《真美善》6：5；

51《开明》1：7，2：4，2：19；

98《新时代》1：5，3：5—6，4：1，5：5，5：6；

137《当代诗刊》创刊号

章丕淦

104《矛盾》发动号

章西厓

253《清明》创刊号

章西崖

245《文章》创刊号

章达生

25《语丝》4：38

章臣瑜

18《歌谣》28，37，62

章廷谦

5《少年中国》2：7

章廷骥

18《歌谣》36；

25《语丝》5：16，5：24

章衣萍

59《春潮》1：7；

88《读书月刊》1：6，2：1；

92《文艺新闻》4；

98《新时代》1：4，1：5，3：1，4：1；

118《文艺春秋》1：1，1：2，1：3，1：4，1：8

章壮和

142《中学生文艺季刊》2：1

章扬新

155《光明》2：12

章克标

37《一般》2：1，3：1，3：2，3：4，4：1，4：3，5：1，5：3，5：4，6：1，6：4，7：3，8：2，8：4，9：2；

63《金屋》1：1，1：2，1：3，1：4，1：5，1：6，1：7，1：8，1：12；

74《新文艺》1：4，1：5；

89《当代文艺》1：2；

93《青年界》7：1；

104《矛盾》3：1；

106《现代》4：4；

109《论语》8，9，10，18，25，26，27，91，100，103，105，108；

226《风雨谈》4，5

章克掺

127《人间世》15

章何紫

211《文艺生活》穗新6

章伯雨

106《现代》4:5;

109《论语》15,18,20,53;

118《文艺春秋》1:4,1:5,1:7,1:8,1:9—10;

127《人间世》23;

134《太白》1:11;

145《宇宙风》26,38,48

章苑斅

36《北新》2:4

章昌平

51《开明》2:2

章育才

93《青年界》新2:1,新2:2

章育青

209《万象》1:6,1:7,1:10,2:1,2:12

章实斋

4《国民》1:1,1:2,1:3,1:4

章秋水

225《时与潮文艺》4:4

章炳麟

4《国民》1:1,1:2,1:3,1:4;

31《甲寅》1:40,1:42,1:43

章炼锋

200《新诗歌》6;

213《草叶》4

章洪熙

16《努力周报》15,34;

18《歌谣》周年纪念增刊

章祖燮

209《万象》2:2,4:2,4:5

章铁民

11《文学周报》359;

20《浅草》1:1;

23《文艺周刊》24;

25《语丝》5:2;

33《现代文学》1:1;

36《北新》3:19;

57《大江》1:1;

93《青年界》2:4;

104《矛盾》3:2—4;

108《文艺茶话》1:1;

118《文艺春秋》1:1,1:2,1:3;

123《中国文学》1:2,2:2

章铁昭

123《中国文学》1:1,1:2

章铎声

93《青年界》新1:1

章积和

1《新青年》7:6,8:1

章梅魂

19《小说世界》2:8,2:10,2:11,2:12,3:1,3:3,3:4,3:5,3:6,3:12,4:1,4:2,4:3,4:4,4:5,4:6,4:7,4:8,4:10,4:11,4:12,4:13

章雪村

117《文学》9:4;

209《万象》3：3

章崇义

36《北新》3：24

章焕文

11《文学周报》170，171，211

章渊若

26《现代评论》特别增刊 1,6：150；
93《青年界》8：1

章剑雄

41《民间文艺》1

章瑞元

44《文化批判》5

章靳以

93《青年界》8：2；
117《文学》5：1

章路平

265《胶东文艺》1：4

章锡琛

11《文学周报》132，133，134，135，136，138，140，141，304；
26《现代评论》1：22，2：30；
29《莽原》周刊 4，周刊 7，周刊 11；
51《开明》2：19，新 4 号；
93《青年界》新 1：1；
152《作家》2：2；
212《文讯》7：3

章演存

16《努力周报》55

章警秋

26《现代评论》2：40

竟 容

122《文学季刊》1：2

望 月

186《宇宙风乙刊》51，52—53；
209《万象》1：6

望 水

109《论语》7，53；
127《人间世》12；
158《中流》2：8

望 北

244《文艺复兴》1：5，3：6

望 江

85《文艺月刊》战时特刊第 11 年 5 月号

望 克

261《东北文艺》1：6

望 沧

196《战国策》《战国》副刊 9，《战国》副刊 22

望 舒

207《时代文学》1：1

望 道

11《文学周报》192；
98《涛声》1：18

望 峰

52《山雨》1：4

望 骞

19《小说世界》9：13

望月轩

19《小说世界》6：6

庶
26《现代评论》7：166
庶 人
145《宇宙风》97
庶 几
134《太白》2：1
庶 华
178《抗战文艺》10：4—5
庶 谦
93《青年界》8：2；
117《文学》5：1
庚 年
229《艺文杂志》2：5
庚 竹
88《读书月刊》3：1—2
庚 麓
4《国民》1：1，1：4
庸
109《论语》103，131，151，154，155，158，159
庸 伦
271《文学战线》2：1
庸 众
147《夜莺》1：1
庸 吾
209《万象》2：8，2：9，2：10
庸 伯
19《小说世界》8：3，8：8
庸 受
18《歌谣》11，33
康
109《论语》132，133；
191《文艺新闻》5；
199《野草》2：1—2
康 子
235《文艺春秋》2：5
康 屯
186《宇宙风乙刊》52—53
康 生
98《新时代》5：4
康 民
226《风雨谈》3，7，8，10
康 达
274《平原》6
康 农
59《春潮》1：4
康 伯
93《青年界》9：2
康 明
210《笔谈》7
康 定
212《文讯》9：3；
222《青年文艺》新1：3；
235《文艺春秋》5：3；
264《诗创造》1，2，5，6，7，2：1，2：2，2：3
康 驹
98《新时代》2：2—3，2：4—5；
141《文艺》1：1，1：2，1：3，1：4，1：5—6，2：3，2：5—6，3：3，4：3

康　荪

183《鲁迅风》3，7，13

康　昭

25《语丝》93

康　笳

209《万象》1：9

康　琴

209《万象》2：2

康　棣

193《戏剧与文学》1：1

康　雄

117《文学》8：4

康　普

1《新青年》2：5

康　靖

92《文艺新闻》43，44

康　濯

184《文艺战线》1：4；

205《五十年代》2：1；

211《文艺生活》海外版 17；

252《北方文化》1：2，1：5；

257《长城》1：2；

270《小说》4：3；

276《华北文艺》创刊号，3，5

康了斋

209《万象》3：9，4：1，4：2；

235《文艺春秋》丛刊 4

康工弟

272《群众文化》11—12

康心口

18《歌谣》1

康正平

209《万象》4：1

康世雄

242《新群众》2：3

康白珊

69《南国月刊》1：2，1：3，1：4，1：5—6

康白情

1《新青年》8：1；

3《新潮》1：2，1：3，1：4，1：5，2：1，2：2，2：3，2：5；

5《少年中国》1：2，1：3，1：4，1：5，1：6，1：8，1：11，1：12，2：3，2：7，2：12，3：2，3：3，3：4，3：9，3：11，3：12；

13《诗》2：1；

14《学衡》73

康永年

269《文艺工作》1

康有为

14《学衡》73

康寿康

18《歌谣》22，62

康园栋

93《青年界》10：5

康选宜

149《逸经》21，29

康悌露

209《万象》4：4，4：6

康嗣群

11《文学周报》349；

25《语丝》4：27，4：31，4：34；
33《现代文学》1：6；
36《北新》3：9；
88《读书月刊》1：5；
93《青年界》2：2，2：5，3：1，4：1，4：3，4：5，6：1，8：2；
106《现代》3：2，4：1，4：3；
110《小说月刊》18；
117《文学》5：1；
122《文学季刊》1：2；
126《诗歌月报》1：2；
138《文饭小品》1：1，1：2，1：4；
139《新小说》1：3；
165《文丛》1：3

康福山

242《新群众》1：6

鹿　子

47《流沙》4

鹿　鸣

51《开明》2：13

鹿地亘

163《热风》1：2

鹿思泰

185《笔阵》新8

鹿特丹

250《鲁迅文艺》1：2；
251《文艺杂志》2：1；
255《北方》1：5，1：6；
262《平原文艺》1：6，2：2

鹿笃花桐

18《歌谣》62

麻振文

229《艺文杂志》1：1，1：2

痕　影

142《中学生文艺季刊》2：1

情　监

57《大江》1：3

惜　分

117《文学》3：1；
126《诗歌月报》2：2

惜　芳

51《开明》1：10

惜　蕙

106《现代》2：2，2：6

悼　兰

19《小说世界》5：9，6：4，7：1

惘　然

51《开明》2：19

惟　一

19《小说世界》民众文学1，民众文学2，民众文学3，民众文学4

惟　之

85《文艺月刊》1：3

惟　元

191《文艺新闻》3

惟　生

85《文艺月刊》1：3，1：4，5：6；
104《矛盾》3：3—4

唯　明

85《文艺月刊》4：2

惊　百

172《七月》1：1

阎　石
273《文艺月报》创刊号
阎　英
142《中学生文艺季刊》2：3
阎　琦
51《开明》1：11，1：12
阎　童
230《民族文学》1：3
阎一士
6《解放与改造》4：4
阎一生
6《解放与改造》4：3
阎文彦
51《开明》1：7，1：11
阎心铭
51《开明》1：2
阎东魁
19《小说世界》4：5
阎幼甫
18《歌谣》2：1，2：7
阎孝慈
93《青年界》新5：4
阎折梧
73《南国周刊》1：7，1：8；
85《文艺月刊》5：1
阎沁铭
11《文学周报》324
阎栋材
195《黄河》复刊6；
244《文艺复兴》3：4，4：2；
264《诗创造》11
阎重楼
139《新小说》1：5
阎振寰
229《艺文杂志》1：4
阎哲吾
85《文艺月刊》7：2，8：5，9：2，10：4—5，战时特刊1：4，战时特刊1：5，战时特刊3：10—11；
104《矛盾》1：5—6，2：6；
179《戏剧新闻》6；
187《戏剧岗位》1：2—3，2：1，2：4—5—6；
221《文艺先锋》7：6，8：1，8：2，9：3—4，9：5—6，10：1
阎梧华
6《解放与改造》4：6
阎寒子
149《逸经》22
阎新生
159《诗歌杂志》2，3
焕　之
252《北方文化》1：3；
257《长城》创刊号
焕　平
113《新诗歌》1：3；
131《东流》创刊号，1：2，1：3—4；
134《太白》1：10；
143《杂文》3；
159《诗歌杂志》1，3
焕　乎
10《小说月报》18：4

焕斗
10《小说月报》13：12
焕甫
172《七月》3，1：1
焕明
218《文坛》2：1
焕南
194《中国文化》2：5
焕章
195《黄河》2：3
烽柱
85《文艺月刊》1：4
减追云
143《杂文》5—6
清
26《现代评论》3：61；
109《论语》4，151；
117《文学》4：4，5：6；
195《黄河》2：2
清水
11《文学周报》340—341，361；
18《歌谣》2：17，2：28，2：37；
51《开明》2：2，2：4，2：6，2：7，2：9，2：10；
93《青年界》8：2，10：1，11：1；
109《论语》93，95，98，102，103
清心
93《青年界》6：4，6：5，7：5，8：1，8：3
清平
18《歌谣》37
清永
51《开明》2：3
清夷
109《论语》32，33，45
清尘
19《小说世界》12：5，12：6
清如
106《现代》3：1
清苹
92《文艺新闻》8
清苑
19《小说世界》侦探号
清波
142《中学生文艺季刊》1：1；
216《战时文艺》1：2
清凯
251《文艺杂志》3：6
清泉
189《西线文艺》1：3
清桢
117《文学》6：2，8：6
清涟
243《文联》1：3
清晨
36《北新》4：11，4：15，4：19
清铮
245《文章》1：4
清然
109《论语》50
清滨
212《文讯》2：5，3：3，3：6；

274《平原》14

清　澄

38《幻洲》1：5

清　霜

50《奔流》1：9

清　瘫

19《小说世界》14：1

清道夫

121《文化列车》9，10，11

鸿

221《文艺先锋》5：6

鸿　声

11《文学周报》5，6，52

鸿　冷

241《文艺大众》6，7

鸿　杰

11《文学周报》61，65，66

鸿　鸣

211《文艺生活》海外版 3—4

鸿　钧

41《民间文艺》8

鸿　俊

38《幻洲》1：10

鸿　倪

245《文章》创刊号

鸿　宸

109《论语》101

鸿　雪

142《中学生文艺季刊》2：3

鸿　鼎

99《涛声》2：12

鸿　鹄

127《人间世》25

鸿　蒙

209《万象》3：1，3：2，3：3，3：4，3：5，3：6，3：7，3：8，3：10，3：11，3：12

鸿　模

131《东流》1：2，3：2；

150《东方文艺》1：4

鸿　影

229《艺文杂志》1：5

鸿　儒

38《幻洲》1：10

淇　园

38《幻洲》2：5

淹

16《努力周报》30

渐　良

149《逸经》22

渐　离

212《文讯》9：3

淑　玉

19《小说世界》2：10

淑　兰

38《幻洲》1：12

淑　芝

92《文艺新闻》49

淑　贞

93《青年界》9：1

淑　芬

98《新时代》4：1

淑　明
122《文学季刊》1：1；
134《太白》2：2；
140《芒种》6
淑　章
23《文艺周刊》25；
36《北新》1：5；
74《新文艺》1：6
淌　涌
242《新群众》2：5
混　沌
23《文艺周刊》8，36
淮　海
209《万象》3：11，4：1
淮山逸民
1《新青年》3：1
淮阴钓叟
1《新青年》2：3，2：4，2：5
淮海楼词客
19《小说世界》13：3，13：6
淦女士
15《创造》2：2；
22《创造周报》45，46，49
渊
19《小说世界》9：8，10：1
渊　若
19《小说世界》12：4
渊　泉
1《新青年》6：5；
2《每周评论》17；
6《解放与改造》1：7
渔
117《文学》4：6，5：5
渔　汀
29《莽原》周刊20
渔　村
2《每周评论》17，18
渔　翁
109《论语》36
淘　着
202《文艺月报》7
淳　风
221《文艺先锋》13：4；
223《人世间》复刊5
淬　伯
109《论语》15，21
液　白
137《当代诗刊》1：3—4
淡　文
142《中学生文艺季刊》1：4，3：1
淡　仙
19《小说世界》12：2
淡　秋
36《北新》4：21—22
淡　淡
93《青年界》新4：2，新6：4，
新6：5
淡　然
109《论语》76
淡星点
221《文艺先锋》13：1

深
16《努力周报》74
深　甫
16《努力周报》22
深　思
207《时代文学》1：3
深　渊
216《战时文艺》1：2
深吟枯脑
45《现代小说》3：4
涵
16《努力周报》23，24，26，30，31，33，34，35，36，37，47，49，51，52，53，54，55，56，57，59，60，61，63，64，66，71，72，73，74，75；
26《现代评论》1：1，1：3，1：7，2：48，2：50，3：55，3：62，3：69，3：74；
187《戏剧岗位》2：1
涵　庐
2《每周评论》4，5，6，10，15，17，20，21，22，24，26，27，29，30，31，32，33，34，35，36，37；
26《现代评论》4：82，4：89，4：94，4：98，4：100，5：108，7：181
涵　秋
19《小说世界》1：1，1：4，1：6，1：8，1：13，2：1，2：2，2：3，2：4，3：2，3：13，5：7，5：11，10：1
涵　虚
145《宇宙风》129，130
断　弦
249《白山》创刊号
剪　文
274《平原》2，3
盖　隆
252《北方文化》1：6
寇嘉弼
187《戏剧岗位》1：2—3，1：5—6；
232《戏剧时代》1：2
寄
2《每周评论》32；
19《小说世界》7：8，7：13
寄　凡
142《中学生文艺季刊》1：4
寄　公
26《现代评论》5：123，5：126，5：127
寄　生
2《每周评论》3
寄　玄
189《西线文艺》1：1
寄　舟
177《文艺阵地》1：4
寄　尘
19《小说世界》1：1，2：1，2：2，2：5，4：11，5：13，6：7，6：11，7：6，7：7，7：8，7：13，

8：4, 8：8, 8：11, 11：6, 13：5, 13：9, 13：14, 13：24, 13：25, 14：4, 16：9, 16：15, 16：20，18：1，民众文学 3，民众文学 4，民众文学 10

寄　苍
145《宇宙风》143

寄　南
260《呼吸》2

寄　虹
182《文艺新潮》1：11

寄　语
154《文学界》1：4

寄　萍
109《论语》48

寄　萧
229《艺文杂志》2：2

寄　傲
186《宇宙风乙刊》42

寄　蜉
26《现代评论》1：18，2：34

寄　踪
198《现代文艺》5：6

寂　弘
19《小说世界》6：1，6：6

寂　寞
221《文艺先锋》11：5

密　友
146《宇宙风》46

密　林
222《青年文艺》4

密尔诺
186《宇宙风乙刊》47

窒　暗
25《语丝》4：41，4：43

渠　门
36《北新》1：9

渠时路
259《东北文化》1：4

梁　工
248《中原·文艺杂志·希望·文哨联合特刊》1：6

梁　云
138《文饭小品》1：2

梁　元
145《宇宙风》149

梁　丰
268《蚂蚁小集》4，5，6

梁　文
221《文艺先锋》12：3—4，13：1

梁　平
86《世界文化》创刊号

梁　龙
31《甲寅》1：2

梁　丙
177《文艺阵地》4：10

梁　弘
209《万象》4：6

梁　式
25《语丝》4：30

梁　州
10《小说月报》18：7

梁　材
88《读书月刊》1：6
梁　灿
209《万象》2：6，2：11，3：2，3：4
梁　直
225《时与潮文艺》4：1，4：2，4：6
梁　衍
18《歌谣》38
梁　彦
184《文艺战线》1：3
梁　桐
159《诗歌杂志》2，3
梁　健
149《逸经》30
梁　萍
209《万象》4：4
梁　琛
223《人世间》复刊2，复刊3，复刊4，复刊5，复刊6，复刊8—9，复刊10
梁　惠
159《诗歌杂志》3；
166《文艺科学》1
梁　鹄
187《戏剧岗位》2：4—5—6
梁　群
270《小说》6：3
梁　嘉
227《艺丛》1：1
梁　筌
223《人世间》复刊11—12
梁　蕙
131《东流》3：2
梁　镇
46《新月》2：9，3：9，4：1，4：2；
85《文艺月刊》4：1；
90《诗刊》1，3，4
梁　璘
259《东北文化》1：5
梁　燕
93《青年界》9：1
梁乙真
93《青年界》7：1，8：1，9：1，10：1，11：1，12：1；
221《文艺先锋》3：2
梁大肃
31《甲寅》1：10
梁云松
26《现代评论》1：15，2：42，3：70，6：153，8：200，8：201
梁开明
187《戏剧岗位》1：5—6
梁从云
26《现代评论》5：115
梁夊强
145《宇宙风》100，103，142
梁公约
14《学衡》6，7，8，11，75
梁公毅
26《现代评论》2：37

梁允恭
226《风雨谈》20，21
梁玉清
18《歌谣》52
梁东汉
145《宇宙风》129
梁白波
85《文艺月刊》战时特刊2：9—10；
223《人世间》复刊4，复刊5，复刊6
梁乐山
127《人间世》34
梁乐音
209《万象》4：3
梁立文
109《论语》158
梁永泰
177《文艺阵地》2：6，3：1，3：4，3：8，3：10，4：9，4：12，5：1；
222《青年文艺》新1：6；
237《文艺新报》1：2
梁永福
51《开明》1：1
梁圣洁
93《青年界》9：5
梁竹三
51《开明》2：22，2：26
梁存仁
10《小说月报》12：12
梁任公
6《解放与改造》3：17
梁华兰
1《新青年》3：1
梁自强
34《创造月刊》2：1
梁企善
145《宇宙风》96，127
梁冰如
19《小说世界》16：4
梁志刚
38《幻洲》1：8
梁杏如
19《小说世界》3：5
梁钊韬
212《文讯》5：1，6：1
梁作友
109《论语》151
梁希杰
10《小说月报》18：9；
11《文学周报》307；
24《洪水》半月刊3：36
梁启超
2《每周评论》1；
6《解放与改造》3：1，3：2，3：3，3：4，3：5，3：6，3：7，3：10，3：11，3：12，4：1，4：3，4：4，4：6，4：7，4：8，4：9；
10《小说月报》17：号外上；
14《学衡》42，59；
16《努力周报》61，62；

17《读书杂志》9;
32《清华文艺》1∶1，1∶2;
99《涛声》2∶25

梁君筠

145《宇宙风》84—85，86

梁纯夫

224《天下文章》4∶5，1∶6，2∶2

梁瓯第

212《文讯》3∶2，3∶3，4∶2—3，5∶1

梁叔莹

29《莽原》周刊29

梁尚卿

272《群众文艺》5

梁明致

26《现代评论》3∶56，3∶65，3∶71，3∶74，4∶85，4∶89，4∶98，4∶104，5∶107，5∶118，7∶168，7∶171

梁国常

18《歌谣》3

梁国璋

201《戏剧春秋》2∶1

梁和钧

2《每周评论》16

梁秉三

36《北新》2∶2，2∶5，2∶9，2∶10，2∶14，2∶17

梁宗岱

10《小说月报》13∶1，13∶3，13∶5，13∶6，13∶8，13∶12，14∶1，14∶3，14∶4，14∶7，14∶9，15∶1，15∶6，16∶1，16∶2，16∶3，20∶1，22∶1;
11《文学周报》36，84;
36《北新》2∶7;
85《文艺月刊》战时特刊2∶11—12;
90《诗刊》2，3;
117《文学》1∶1，3∶3，3∶6，4∶1，4∶2;
122《文学季刊》1∶2;
127《人间世》13，14，15，17，19，21，26，27;
136《水星》1∶5;
138《文饭小品》1∶4;
145《宇宙风》36，144—145，146，147—148，149，150，151，152;
160《新诗》1∶3，1∶5;
167《文学杂志》1∶2，2∶7;
178《抗战文艺》6∶1;
186《宇宙风乙刊》22;
196《战国策》《战国》副刊25;
221《文艺先锋》3∶2，3∶3，3∶4，3∶5;
225《时与潮文艺》4∶4，5∶5;
230《民族文学》1∶1，1∶2，1∶3，1∶4

梁实秋

10《小说月报》14∶11;
15《创造》1∶4;
18《歌谣》2∶9;
22《创造周报》9，12，13，15，

32，42；
26《现代评论》6：141；
30《大江》1：1，1：2；
34《创造月刊》1：3，1：4；
46《新月》1：1，1：2，1：4，1：8，1：9，1：11，2：3，2：5，2：6—7，2：9，2：10，2：11，2：12，3：3，3：4，3：10，3：11，4：1，4：5；
68《戏剧与文艺》1：3，1：5；
85《文艺月刊》3：7，5：1，5：5，7：1，10：4—5；
90《诗刊》1；
106《现代》5：6；
109《论语》92，151，153，1：56，162；
167《文学杂志》1：2；
168《戏剧时代》3；
195《黄河》复刊2，复刊3，复刊4，复刊5；
225《时与潮文艺》5：4

梁绍文

1《新青年》8：1；
18《歌谣》1，37

梁指南

10《小说月报》16：9；
11《文学周报》153，154，326，332；
25《语丝》4：30，4：31，4：32，4：33，4：34，4：35；
36《北新》2：14

梁秋水

109《论语》154

梁钦魁

18《歌谣》34

梁俊青

10《小说月报》14：4；
11《文学周报》76，121，122，126，129，133，148，174，189

梁缍武

25《语丝》141

梁素愚

51《开明》1：3

梁格庐

109《论语》81

梁振文

18《歌谣》75

梁振东

109《论语》21

梁家义

31《甲寅》1：25，1：27，1：28，1：30，1：37

梁昆林

18《歌谣》62

梁得所

87《前锋月刊》1：7；
98《新时代》1：6，2：2—3；
109《论语》17，18，94；
128《小说》1，3

梁惜芳

51《开明》2：6，2：24；
88《读书月刊》2：3；

98《新时代》2：1
梁炯云
145《宇宙风》110
梁绳祎
10《小说月报》17：号外下
梁维直
255《北方》2：1—2
梁惠仁
109《论语》146
梁遇春
11《文学周报》343；
25《语丝》121，128，146，150，156，5：5，5：6，5：12，5：15，5：31，5：35，5：38，5：41；
36《北新》3：1，3：4，3：11，3：14，4：1—2；
46《新月》1：9，2：3，2：7，2：8；
50《奔流》1：10，2：2，2：3；
83《现代文学》1：1，1：2，1：6；
85《文艺月刊》6：5—6；
93《青年界》1：1，2：1，3：1；
106《现代》2：4
梁敬钊
14《学衡》69
梁敬錞
31《甲寅》1：1，1：5，1：40，1：41，1：44，1：45
梁寒操
149《逸经》1，15
梁嗣鸿
51《开明》1：8
梁槐崇
41《民间文艺》9—10
梁漱溟
1《新青年》6：4；
2《每周评论》22；
3《新潮》1：5；
5《少年中国》2：7；
16《努力周报》2；
31《甲寅》1：3，1：15；
46《新月》3：1
梁鋆立
26《现代评论》7：182，7：184，7：185，7：186，8：191，8：196
梁澣薇
145《宇宙风》128
梁耀南
37《一般》9：2
谋
2《每周评论》5
谌　陶
11《文学周报》1
谌
142《中学生文艺季刊》1：2
谓　川
99《涛声》1：18
谛
244《文艺复兴》2：1，2：3，3：6
谛　山
92《文艺新闻》16
敢
26《现代评论》6：148，6：149

敢　言
111《文化月报》1：1
尉代一
28《猛进》11，19
尉迟青
211《文艺生活》光复版11—12
屠　丁
211《文艺生活》光复版5
屠　门
109《论语》39
屠　丑
264《诗创造》2：2
屠　扶
177《文艺阵地》5：2
屠　国
209《万象》1：5
屠　岸
264《诗创造》7，9，10；
268《蚂蚁小集》1；
270《小说》3：6
屠　隆
127《人间世》4
屠广圻
173《抗战戏剧》1：6—7，1：8
屠兆祥
195《黄河》11
屠师慈
145《宇宙风》125
屠仰慈
99《涛声》2：42；
145《宇宙风》58，66，101，104，
123；
186《宇宙风乙刊》5，7
屠孝实
5《少年中国》2：7
屠念慈
93《青年界》10：3
逯　斐
182《文艺新潮》2：6，2：7，2：8，2：9；
202《文艺月报》11；
244《文艺复兴》3：1，3：2；
252《北方文化》1：3，1：4；
270《小说》5：2
隋　光
265《胶东文艺》1：6—7
隋　窑
186《宇宙风乙刊》54
隋树森
93《青年界》11：1；
145《宇宙风》134，143，146，149，150；
186《宇宙风乙刊》2；
212《文讯》7：2；
244《文艺复兴》研究号上
隋育楠
93《青年界》8：1
隋洛文
100《北斗》1：1，1：2，1：3
隋树森
85《文艺月刊》战时特刊4：5—6

隅　阳
85《文艺月刊》战时特刊号外 1
隆宗赟
39《泰东》2：12
隐
11《文学周报》3，10
隐　夫
197《大众文艺》2：1；
200《新诗歌》1，2，3
隐　公
205《五十年代》2：1
隐　名
109《论语》28
隐　尘
2《每周评论》17；
142《中学生文艺季刊》3：1
隐　娘
145《宇宙风》17
隐　琴
226《风雨谈》11
隐　溪
149《逸经》12
隐　滨
19《小说世界》10：1，10：3，10：5，11：3，11：5
隐　馥
113《新诗歌》1：4
堕落诗人
109《论语》141
婉
18《歌谣》3：11，3：12
婉　如
229《艺文杂志》1：4
娜　嬛
40《真美善》女作家专号
翌　仪
117《文学》2：6
骑　虎
109《论语》13
绩　荪
19《小说世界》12：8
绪　民
82《前锋周报》22
绪　君
145《宇宙风》70，74，131，140，143；
186《宇宙风乙刊》3，5，7，13，21，23，25，31，35，45，47，48，52—53，55
续　新
40《真美善》女作家专号
绮
117《文学》5：4
绮　儿
93《青年界》12：1
绮　山
26《现代评论》6：145
绮　吾
19《小说世界》5：10
绮　君
134《太白》1：2

绮　雨

133《译文》2：1；

155《光明》2：5，战时号外 1，战时号外 2，战时号外 3，战时号外 4

绮　萍

133《译文》新 3：2

绮　琴

10《小说月报》12：6

绮　浒

40《真美善》女作家专号

绮　影

107《文学月报》1：4，1：5—6

绳

117《文学》4：3

绳　武

175《战地》1：2

维

109《论语》129

维　山

177《文艺阵地》5：1；

178《抗战文艺》9：5—6，10：1；

182《文艺新潮》2：9；

198《现代文艺》1：1，1：3

维　夫

145《宇宙风》102

维　文

85《读书月刊》1：1，1：2，1：3—4

维　正

145《宇宙风》82

维　生

109《论语》38

维　汉

85《文艺月刊》战时特刊 2：11—12

维　民

159《诗歌杂志》2

维　西

270《小说》4：1，5：1

维　臣

274《平原》12

维　邨

166《文艺科学》1

维　华

93《青年界》9：3；

143《杂文》3

维　多

147《夜莺》1：3

维　克

23《文艺周刊》41；

127《人间世》42

维　时

93《青年界》9：1

维　明

104《矛盾》1：2，1：3—4

维　凯

85《文艺月刊》战时特刊 4：1

维　和

93《青年界》8：1

维　持

65《文艺月刊》战时特刊 2：10—11

维　音
211《文艺生活》海外版 9
维　特
85《文艺月刊》6∶3，6∶5—6，7∶2，7∶3，7∶5，战时特刊 2∶3；
168《戏剧时代》1∶1，1∶2，1∶3；
173《抗战戏剧》1∶8
维　基
49《现代小说》1∶5
维　替
37《前锋月刊》1∶2
维　善
88《读书月刊》2∶2
维　祺
13《诗》1∶3，1∶4
维　蓝
264《诗创造》2
维　雷
241《文艺大众》2，5
维　廉
229《艺文杂志》2∶1；
251《文艺杂志》1∶3，2∶3
维　嘉
109《论语》112，116；
173《抗战戏剧》1∶4
维　藻
51《开明》2∶6
维　馨
18《歌谣》2∶19
绶　百
37《一般》1∶4，3∶2，3∶3，6∶4
绶　松
145《宇宙风》130
绿
27《支那二月》1∶2
绿　匀
40《真美善》6∶4
绿　玉
19《小说世界》11∶10
绿　田
221《文艺先锋》13∶3，13∶4
绿　帆
274《平原》12，13
绿　衣
247《人民文艺》1∶6
绿　芷
19《小说世界》7∶4
绿　岑
19《小说世界》3∶3
绿　苗
195《黄河》复刊 6
绿　英
145《宇宙风》19
绿　苕
229《艺文杂志》2∶3
绿　明
182《文艺新潮》1∶4—5
绿　河
264《诗创造》9，11
绿　茵
142《中学生文艺季刊》2∶2

绿　莎
46《新月》2：8
绿　原
176《自由中国》新1：5—6，新2：1—2；
178《抗战文艺》9：3—4，9：5—6；
198《现代文艺》5：2，6：1；
208《诗创作》6，9，10；
211《文艺生活》光复版1，光复版5；
224《天下文章》2：2，2：3；
233《当代文艺》1：5—6；
238《希望》1：1，1：2，1：3，1：4，2：2，2：3，2：4；
250《鲁迅文艺》1：1；
260《呼吸》创刊号，3；
266《中国作家》1：1；
268《蚂蚁小集》3，4，6
绿　萍
209《万象》3：6
绿　野
145《宇宙风》83
绿　逸
229《艺文杂志》1：2，2：3
绿　寒
109《论语》21
绿　雏
19《小说世界》18：3，18：4
绿　意
112《无名文艺》月刊1：1
绿　漪
25《语丝》4：2，4：3；
36《北新》1：49—50，2：1，2：3，2：5，2：6，2：14，2：15，2：16，2：17，2：18，2：20，2：21，3：1；
40《真美善》女作家专号，3：5；
88《读书月刊》2：3；
209《万象》2：11
绿　蝴
98《新时代》1：5
绿　影
19《小说世界》18：2，18：3
绿　蕾
178《抗战文艺》10：2—3
绿　薇
141《文艺》3：6
绿　藤
36《北新》3：1，3：3
绿　藻
11《文学周报》168
绿　籐
36《北新》3：4
绿满野
221《文艺先锋》13：1，13：4
巢　人
40《真美善》1：6，1：7
巢尚文
51《开明》1：11，2：26
巢章甫
149《逸经》25

十二画

琪

139《新小说》1：3；

209《万象》3：10

琪　瑶

40《真美善》4：5

瑛

53《思想》1：3，1：5

琳　琅

251《文艺杂志》3：6，4：2

琳　娜

113《新诗歌》2：1

琳　琴

142《中学生文艺季刊》3：1

琳　慕

142《中学生文艺季刊》1：1

琲　琲

35《沉钟》3：5

琢　之

93《青年界》10：1

琼　宇

186《宇宙风乙刊》25

琼　奴

19《小说世界》2：11

琼　圭

19《小说世界》8：9

琛

199《野草》1：3，1：4

琛　甫

26《现代评论》7：183

琭　琭

25《语丝》141

琴

37《一般》4：1；

109《论语》42；

223《人世间》2：1

琴　川

25《语丝》4：24，4：25，4：39，4：48；

50《奔流》1：1；

61《朝花》周刊1

琴　夫

92《文艺新闻》17

琴　南

185《笔阵》新2

琴　舫

109《论语》97，98

琴　海

39《泰东》2：4，2：5，2：6，2：7，2：8，2：9

琴　歌

145《宇宙风》65

琴　慧

14《学衡》78

琴　韵

85《文艺月刊》战时特刊1：5

博

36《北新》2：20

博　文

131《东流》创刊号

博　古
172《七月》2：5
博　董
11《文学周报》305，307，311，317，318，322，324，325，326，329，333—334，340—341，345，347；
36《北新》1：22
堪　芙
55《大众文艺》2：2
楮　冠
25《语丝》4：7；
36《北新》1：45—46，1：47—48，1：51—52
棱（稜）岩
36《北新》3：22
植
2《每周评论》3，13
植　三
10《小说月报》14：10
植　山
178《抗战文艺》1：11
植　之
145《宇宙风》51
植　田
178《抗战文艺》2：5
植　初
26《现代评论》1：25
棍　夫
180《文艺》1：5
联　抗
178《抗战文艺》1：8
联　真
51《开明》2：17
颉　刚
10《小说月报》14：1，14：2，14：3，14：4，14：5，14：7，14：8，14：10，14：11，14：12，15：3，15：4，15：5，15：6，15：11，16：5；
25《语丝》31，37；
117《文学》1：1
棘　木
251《文艺杂志》2：6
棘　心
226《风雨谈》8
鹂　驹
227《艺丛》1：1
敬　文
11《文学周报》211；
18《歌谣》92，118；
36《北新》1：32，1：33，1：35，1：36，1：37；
108《文艺茶话》2：4；
211《文艺生活》2：3
敬　云
195《黄河》5：3—4
敬　五
274《平原》4
敬　宇
212《文讯》4：10—11—12
敬　远
46《新月》2：5，2：6—7

敬　松
109《论语》165，166，167
敬　伽
39《泰东》1：5
敬　缔
268《蚂蚁小集》3
敬　舆
73《南国周刊》13
敬　薇
221《文艺先锋》10：6
敬隐渔
10《小说月报》16：1，16：7，17：1，17：2，17：3；
11《文学周报》178；
15《创造》2：2；
22《创造周报》16，20，43，51，52；
24《洪水》半月刊2：17
韩　地
270《小说》3：2
韩　异
222《青年文艺》新1：4
韩　辛
221《文艺先锋》11：3—4
韩　君
115《文艺杂志》1：3—4
韩　非
209《万象》1：3
韩　泽
99《涛声》1：20，1：21，1：22，1：23，1：24，1：25，1：27，1：28，1：31，1：32，1：33，1：35，2：1，2：2，2：3，2：4，2：5，2：6，2：7，2：8，2：9，2：11，2：13，2：14，2：18，2：22，10：28
韩　孤
209《万象》3：1
韩　起
120《文艺》1：2；
130《当代文学》1：3
韩　笑
273《文艺月报》创刊号
韩　康
207《时代文学》1：3
韩　萌
211《文艺生活》穗新2；
235《文艺春秋》7：4
韩　滔
140《芒种》1，2，3，8
韩　塞
205《五十年代》创刊号
韩　薰
18《歌谣》16
韩一青
195《黄河》1
韩仁煦
93《青年界》新4：5，新5：2
韩世清
18《歌谣》41，42
韩北屏
141《文艺》5：4；
160《新诗》1：4，1：6；

177《文艺阵地》1：8，1：9，3：3，3：4；
199《野草》创刊号，3：2，3：5，5：3，5：5；
208《诗创作》1，5，6，8，11；
211《文艺生活》1：4，1：6，2：5，光复版2，光复版6，穗新1；
227《艺丛》1：1，1：2；
233《当代文艺》1：5—6

韩永信

51《开明》1：8

韩廷让

68《戏剧与文艺》1：6

韩克温

18《歌谣》37

韩权信

26《现代评论》3：63；
51《开明》1：1

韩华恺

88《读书月刊》3：3，3：5

韩罕明

212《文讯》9：5；
235《文艺春秋》4：1

韩补青

16《努力周报》4

韩君格

22《浅草》1：2，1：3，1：4；
23《文艺周刊》2

韩武公

99《涛声》2：43

韩林明

211《文艺生活》穗新1

韩尚义

177《文艺阵地》4：7，4：8

韩金城

18《歌谣》75

韩侍桁

85《文艺月刊》战时特刊4：2，战时特刊4：3—4；
106《现代》3：3；
129《文艺风暴》1：2；
157《今代文艺》1：1；
178《抗战文艺》9：5—6；
217《文艺杂志》3：1

韩宗炎

254《热潮》1：3

韩定公

99《涛声》1：33

韩诗农

93《青年界》9：3；
142《中学生文艺季刊》1：2，1：4

韩奎章

40《真美善》3：3

韩剑琴

195《黄河》9，10，11，2：1，2：3

韩冠雄

109《论语》43

韩荷生

221《文艺先锋》13：2

韩起祥

272《群众文艺》3，11—12；

276《华北文艺》6
韩效审
142《中学生文艺季刊》1：3
韩悠韩
195《黄河》9
韩湘眉
46《新月》4：1
韩慕孙
109《论语》1，2，3，7
韩鲜仙
19《小说世界》4：1
韩穗轩
145《宇宙风》124
朝　云
109《论语》66，69
朝　水
134《太白》1：8，1：9，1：10，2：6
朝　谷
264《诗创造》9
朝　英
145《宇宙风》19
朝　宗
145《宇宙风》4；
186《宇宙风乙刊》2
朝　闻
190《通俗文艺》4，5，6，7，8
朝　露
36《北新》3：15
朝　霞
142《中学生文艺季刊》1：3
斯　人
149《逸经》18，31
斯　立
218《文坛》7
斯　永
65《人间》3；
89《当代文艺》1：4，1：6，2：1
斯　远
198《现代文艺》1：6，2：1
斯　坦
272《群众文艺》5
斯　亮
145《宇宙风》84，90，98
斯　根
109《论语》53
斯　庸
199《野草》2：5—6，4：3，新5号；
227《艺丛》1：2
斯　提
11《文学周报》14，18，19，20
斯　蒙
198《现代文艺》5：4；
211《文艺生活》穗新5
斯　嘉
273《文艺月报》2
斯　曛
24《洪水》半月刊2：22；
188《新中国文艺丛刊》4；
203《奔流文艺丛刊》3
斯文生
25《语丝》142，145，147，148，

150，151，154，156

斯尔鑫

221《文艺先锋》10：4，12：1

斯曼尼

272《群众文艺》2，4

斯璜翦

247《人民文艺》4

斯文公子

36《幻洲》2：7

彭　古

92《文艺新闻》19

彭　列

116《文艺月报》1：3

彭　华

85《文艺月刊》战时特刊3：1—2

彭　岛

150《东方文艺》1：2

彭　英

109《论语》54；
140《芒种》9—10

彭　直

19《小说世界》民众文学8

彭　泊

159《诗歌杂志》3

彭　泽

265《胶东文艺》1：2

彭　玲

174《抗到底》5：7

彭　禹

31《甲寅》1：6

彭　举

14《学衡》77

彭　逮

209《万象》3：4

彭　康

34《创造月刊》1：12，2：4；
44《文化批判》1，2，3，4，5；
45附《五一特刊》；
47《流沙》4；
53《思想》1：1，1：3，1：4

彭　斯

209《万象》4：2

彭　雄

116《文艺月报》1：3

彭　斐

221《文艺先锋》11：3—4

彭　慧

85《文艺月刊》战时特刊3：12，战时特刊4：3，4；
117《文学》8：1，9：2；
176《自由中国》新1：2；
177《文艺阵地》2：4，2：9，4：3；
178《抗战文艺》1：9，2：4，3：4；
192《文学月报》1：4；
211《文艺生活》2：4，3：2，3：6，光复版5；
212《文讯》7：1，7：2，7：4，9：1；
217《文艺杂志》2：3；
222《青年文艺》3，5；
223《人世间》1：5，1：6；

227《艺丛》1：2；
231《新文学》1：1；
244《文艺复兴》4：1；
264《诗创造》2：1

彭　震

145《宇宙风》87，96，97，98；
186《宇宙风乙刊》6

彭　澎

159《诗歌杂志》3

彭　毅

31《甲寅》1：7

彭　澍

85《文艺月刊》战时特刊3：1—2，战时特刊3：5—6；
146《诗歌生活》2；
150《东方文艺》2：1；
159《诗歌杂志》2

彭一湖

1《新青年》7：1，7：4；
6《解放与改造》3：3，3：6

彭子蕴

108《文艺茶话》2：1，2：2，2：3，2：4，2：5，2：6，2：7；
117《文学》8：1；
137《当代诗刊》1：2

彭天才

272《群众文艺》7

彭巴雷

128《小说》2

彭生荃

127《人间世》2

彭永柏

195《黄河》2：5—6

彭永康

51《开明》1：8

彭成斌

93《青年界》10：2

彭成慧

93《青年界》9：3；
98《新时代》1：3，1：5，2：4—5，3：5—6，5：3；
104《矛盾》1：3—4，3：1，3：3—4

彭光华

142《中学生文艺季刊》1：4

彭廷镛

18《歌谣》10，37

彭华士

195《黄河》1，12

彭行才

223《人世间》2：1

彭芳草（艸）

39《当代文艺》1：3；
102《文化评论》4

彭彤彬

106《现代》1：4

彭补拙

10《小说月报》20：1，20：6，20：11，20：12

彭若谷

127《人间世》15

彭述之

1《新青年》季刊4

彭国栋

31《甲寅》1：31，1：35

彭学沛

26《现代评论》3：67，3：72，3：75，3：77，3：79，3：80，3：84，3：87，3：88，3：89，3：96，第二周年增刊，6：138，6：139，6：140，6：144，6：145，6：149，6：150，6：153，6：154，7：158，7：159，7：163，第二周年增刊，8：198，8：204，8：206—208

彭学海

109《论语》120，125，129，132，133，134，138，139，141，142，143，148，155，158，166，167，173，174

彭荣桢

108《文艺茶话》1：1

彭思成

109《论语》84，94

彭保钦

19《小说世界》8：1，8：2，8：4，8：5，8：10，8：13，9：1，9：5

彭剑堂

149《逸经》10

彭养先

149《逸经》1

彭桂萼

93《青年界》9：3；
175《战地》1：6

彭桂蕊

177《文艺阵地》4：6；
264《诗创造》8，2：2

彭浩徐

26《现代评论》3：62，4：86

彭家寒

250《鲁迅文艺》1：1，1：2

彭家煌

10《小说月报》18：6，19：1，20：1；
11《文学周报》260，267，283，286—287，304，319，340—341；
19《小说世界》15：19；
36《北新》3：11，3：15，3：24；
38《幻洲》2：3；
39《当代文艺》1：1；
74《新文艺》1：3；
84《开展》5；
99《涛声》2：33，2：34，2：36，2：37；
104《矛盾》2：3，2：6；
106《现代》2：6，3：4，4：1

彭基相

16《努力周报》63；
25《语丝》68，76，109；
26《现代评论》6：136，7：167；
28《猛进》14，23，28，43，48，49；
46《新月》1：6，1：7，1：8，1：9，1：10，1：12，2：2，3：5—6

彭雪珍
123《中国文学》1∶6
彭啸殊
1《新青年》6∶3
彭望荃
127《人间世》4，31
彭隆生
212《文讯》6∶5
彭景林
31《甲寅》1∶32
彭道真
36《北新》4∶18
彭新琪
93《青年界》新4∶4
彭殿选
142《中学生文艺季刊》2∶2
彭粹中
31《甲寅》1∶38，1∶42
彭毓炯
150《东方文艺》1∶4；
157《今代文艺》1∶3
彭德尊
1《新青年》1∶1
彭燕郊
172《七月》4∶3，6∶1—2，6∶4，7∶1—2；
176《自由中国》新1∶4；
178《抗战文艺》10∶1；
198《现代文艺》1∶3，1∶4，1∶5，2∶6，3∶1，3∶2，3∶3，3∶5，3∶6，5∶1，5∶3，5∶5，6∶2；
199《野草》3∶3—4，4∶6，5∶1；
208《诗创作》2，3—4，5，8；
211《文艺生活》1∶2，2∶4，3∶4；
217《文艺杂志》2∶4，新1∶1；
222《青年文艺》6；
223《人世间》1∶4；
224《天下文章》1，1∶6；
227《艺丛》1∶2；
233《当代文艺》1∶1；
236《高原》新1∶1；
239《诗文学》2
彭霞园
19《小说世界》18∶4
葑　菲
209《万象》3∶1
葳　于
199《野草》5∶1，5∶3
葛
46《新月》2∶2
葛　力
274《平原》7∶9
葛　兮
198《现代文艺》4∶3，5∶2，5∶3；
208《诗创作》2
葛　文
36《北新》2∶10；
242《新群众》1∶2，1∶5
葛　民
200《新时歌》3

葛　乔
92《文艺新闻》47；
93《青年界》8：2；
117《文学》5：1
葛　芷
221《文艺先锋》10：4
葛　君
191《文艺新闻》6
葛　珍
239《诗文学》2
葛　茅
35《沉钟》5，8，10
葛　洛
255《北方》1：1，2：1—2；
262《平原文艺》2：2；
265《胶东文艺》1：2，1：4；
270《小说》1：2
葛　原
246《文坛月报》1：3
葛　挽
238《希望》1：1
葛　恩
93《青年界》新1：1，新3：2
葛　陵
177《文艺阵地》6：4；
192《文学月报》3：2—3；
194《中国文化》1：3；
197《大众文艺》1：4；
204《中国文艺》1：1；
213《草叶》3，5
葛　焕
275《文艺丛刊》创刊号
葛　琴
100《北斗》2：2；
147《夜莺》1：4；
153《文季月刊》1：1，1：4；
158《中流》1：2，2：8；
165《文丛》1：3；
172《七月》2：2；
178《抗战文艺》9：3—4，10：1；
198《现代文艺》1：1，1：5；
199《野草》3：2，4：1—2；
211《文艺生活》1：2，1：4，2：4，海外版7；
217《文艺杂志》新1：2；
219《文学批评》创刊号；
222《青年文艺》创刊号，2；
233《当代文艺》1：5—6；
248《中原·文艺杂志·希望·文哨联合特刊》1：2；
267《大众文艺丛刊》2，6；
270《小说》1：2，1：4，2：1
葛　滕
141《文艺》1：5—6
葛　藤
51《开明》2：19，2：22
葛一虹
85《文艺月刊》战时特刊2：8；
155《光明》2：8；
161《电影戏剧》1：3；
170《新演剧》1：1，1：2，1：3，

1：4，新 1：1，新 1：3，复刊号；
177《文艺阵地》3：10，6：1；
178《抗战文艺》7：1，文协成立七周年并庆祝第一届文艺节纪念特刊；
179《戏剧新闻》6；
192《文学月报》1：2，1：3，1：6，2：1—2，2：3，2：5，3：1；
201《戏剧春秋》1：3；
207《时代文学》1：2，1：3；
208《诗创作》3—4；
221《文艺先锋》4：6，6：1；
222《青年文艺》新 1：5；
225《时与潮文艺》1：1；
235《文艺春秋》2：2，3：1；
237《文学新报》1：3，1：5；
243《文联》1：1；
244《文艺复兴》1：6

葛子方

275《文艺丛刊》8

葛子香

209《万象》2：1

葛天氏

123《中国文学》2：1

葛中东

209《万象》3：6

葛汉元

274《平原》2

葛正权

93《青年界》10：1

葛世雄

51《开明》1：8

葛有华

10《小说月报》13：10，14：4，15：9；
11《文学周报》105，240，254，330；
13《诗》1：5，2：2；
36《北新》1：10

葛尧信

36《北新》2：5

葛伊易

250《鲁迅文艺》1：3

葛安甫

109《论语》54

葛克信

25《语丝》105；
93《青年界》新 1：1

葛丽莎

170《新演剧》新 1：3

葛何德

50《奔流》1：2，1：6

葛孚英

18《歌谣》3：1

葛贤宁

93《青年界》1：4，3：2，9：2，12：1

葛佩琦

195《黄河》5：6

葛承训

6《解放与改造》2：16

葛祖兰

46《新月》3：10

葛莫美

54《无轨列车》5，7

70《引擎》1；

74《新文艺》1：4

葛培林

93《青年界》11：2

葛曼菲

40《真美善》6：6，7：2

葛葆桢

117《文学》5：5，7：1，7：4，8：1，8：3，8：5

葛雷夫

93《青年界》4：2

葛毓桂

18《歌谣》19

董

25《语丝》82

董　戈

238《希望》2：4

董　文

245《文章》1：4

董　龙

100《北斗》1：1

董　圻

207《时代文学》1：4

董　逨

271《文学战线》1：5—6，2：4；

273《文艺月报》3

董　端

221《文艺先锋》4：1

董　凝

18《歌谣》2：12

董大闲

221《文艺先锋》7：4

董天野

209《万象》1：4，1：5，1：6，1：7，1：8，1：9，1：10，1：11，1：12，2：1，2：2，2：3，2：4，2：5，2：6，2：7，2：8，2：9，2：10，2：11，2：12，3：1，号外

董云飞

209《万象》1：7

董长卿

149《逸经》23

董文渊

93《青年界》11：1；

195《黄河》3

董世祚

31《甲寅》1：29

董必武

200《新诗歌》4；

210《笔谈》5

董有信

140《芒种》2：1

董任坚

46《新月》3：1

董旭初

209《万象》1：6

董阳方
99《新时代》创刊号；
72《戏剧的园地》1：1
董均伦
265《胶东文艺》1：4；
267《大众文艺丛刊》1；
276《华北文艺》5
董时进
26《现代评论》2：47；
31《甲寅》1：14，1：15，1：37，1：38，1：42
董作宾
17《读书杂志》7；
18《歌谣》32，49，50，55，56，59，63，64，67，70，75，77，88，3：2；
26《现代评论》4：85；
41《民间文艺》1，2，3，4，5，6，7，8；
109《论语》16，17，18；
149《逸经》22，30
董伯超
270《小说》4：5
董每戡
85《文艺月刊》战时特刊4：1；
98《新时代》4：1；
108《文艺茶话》1：4；
121《文化列车》5，8，9，10，11；
170《新演剧》新1：1，复刊号；
173《抗战戏剧》2：2—3，2：4—5；
179《戏剧新闻》创刊号，2；
182《文艺新潮》1：4—5；
187《戏剧岗位》1：2—3，2：2—3；
195《黄河》4：5，复刊4；
212《文讯》2：2，2：4，2：5，2：6，2：8—9，4：10—11—12，6：7，6：8，6：9，6：10，7：3；
220《文学创作》2：1；
221《文艺先锋》3：6，4：5，12：3—4，12：6，13：1，13：2；
244《文艺复兴》研究号中，研究号下；
266《中国作家》纪念特刊
董亨久
31《甲寅》1：39
董启俊
51《开明》1：10，1：12；
117《文学》2：6
董纯才
252《北方文化》2：1；
259《东北文化》2：1；
董尚礼
262《平原文艺》2：5
董昌元
25《语丝》108
董绍明
25《语丝》58，73；
92《文艺新闻》26
董承显
14《学衡》39；
32《清华文艺》不定期刊5

董星南
51《开明》1：1，1：2
董钜安
274《平原》12
董秋芳
10《小说月报》13：4；
16《努力周报》4；
25《语丝》82，88，121；
36《北新》2：5；
93《青年界》7：1，10：1，11：1，12：1；
130《当代文学》1：1；
132《文学评论》1：1，1：2
董秋斯
93《青年界》新3：1；
212《文讯》9：1；
244《文艺复兴》1：2；
246《文坛月报》1：1；
266《中国作家》纪念特刊
董彦夫
276《华北文艺》创刊号，2，3
董彦唐
28《猛进》47
董祚楷
221《文艺先锋》3：4
董家荣
19《小说世界》17：2
董家滢
10《小说月报》18：6，18：11；
19《小说世界》16：13
董家溁
19《小说世界》16：13，16：16，16：20，16：22，16：23，17：2，18：1，18：4
董基价
28《猛进》14
董雪帆
31《甲寅》1：38
董维键
31《甲寅》1：9
董鼎山
223《人世间》复刊8—9
董新珉
173《抗战戏剧》2：1；
179《戏剧新闻》2，5
董镇藩
14《学衡》19
葆　华
46《新月》3：7，3：8
葆　国
51《开明》2：3
葆　初
81《沙仑》1：1
葆　荃
206《华北文艺》1：2；
222《青年文艺》新1：2；
246《文坛月报》1：3；
252《北方文化》1：5
葩　古
93《青年界》5：5，8：1，8：3，9：1，10：1

蒓茵

19《小说世界》8：13

蒓蕑

10《小说月报》13：4；

37《一般》2：3

蒂

99《涛声》1：14；

109《论语》6，9

蒂克

185《笔阵》新 8；

195《黄河》10，2：3，2：11—12，复刊 6；

198《现代文艺》5：1；

221《文艺先锋》1：4；

224《天下文章》3，2：4，2：5—6；

234《微波》1：1；

236《高原》新 1：1，新 1：3

蒋明

195《黄河》2

蒋凯

182《文艺新潮》1：10

蒋实

195《黄河》9

蒋沓

142《中学生文艺季刊》1：4

蒋萌

221《文艺先锋》8：4

蒋锐

211《文艺生活》穗新 1

蒋敦

221《文艺先锋》5：3

蒋弼

117《文学》3：1；

130《当代文学》1：5；

175《战地》1：6；

178《抗战文艺》6：2，6：3；

206《华北文艺》创刊号，1：2，1：3；

238《希望》2：3

蒋路

178《抗战文艺》10：1，10：2—3，10：4—5；

217《文艺杂志》新 1：1；

222《青年文艺》3

蒋壎

208《诗创作》14；

231《新文学》1：2；

264《诗创造》2：4

蒋彝

186《宇宙风乙刊》28，32，40

蒋山青

84《开展》4；

104《矛盾》发动号，1：3—4，2：1，2：6；

141《文艺》3：2，3：3，4：2，4：3，4：6，5：1—2，5：3，5：4，5：5；

221《文艺先锋》5：6

蒋万柱

142《中学生文艺季刊》3：2

蒋大椿

31《甲寅》1：35

蒋天佐

158《中流》2：10；

182《文艺新潮》1：12；

188《新中国文艺丛刊》1，2；

193《戏剧与文学》1：1，1：3；

203《奔流文艺丛刊》1；

211《文艺生活》海外版 10—11；

212《文讯》8：3；

223《人世间》复刊 4；

235《文艺春秋》3：1；

244《文艺复兴》2：3；

245《文章》创刊号；

246《文坛月报》1：1，1：3；

264《诗创造》7；

266《中国作家》1：2，纪念特刊；

270《小说》2：4

蒋天流

245《文章》1：4

蒋木春

19《小说世界》3：4，3：5，3：6，3：7，3：8，3：9，3：10

蒋中正

85《文艺月刊》9：5

蒋化鲲

145《宇宙风》86，101，106；

209《万象》1：6

蒋文瑞

51《开明》2：24

蒋方震

6《解放与改造》3：2，3：3，3：7，3：9，4：3，4：4，4：5，4：6

蒋玉英

108《文艺茶话》2：7

蒋正辰

109《论语》87

蒋本沂

88《读书月刊》3：5，3：6；

125《春光》1：3

蒋本臻

109《论语》54

蒋东岑

123《中国文学》1：5

蒋用宏

10《小说月报》15：8；

19《小说世界》4：7，4：8，4：9，4：11，4：13，5：1，6：4，6：6，6：9，6：13，7：1，7：3，7：7，7：12，7：13，8：2，8：4，8：8，9：1，9：8，9：13，11：1，11：8，11：9，11：10，12：10，12：12

蒋用虹

19《小说世界》5：3

蒋用寰

19《小说世界》12：12；

98《新时代》4：2，7：1

蒋白芙

85《文艺月刊》战时特刊 2：7

蒋必舞

177《文艺阵地》1：5，1：11，1：12，2：2，2：8

蒋有林
85《文艺月刊》9：4；
117《文学》8：1；
137《当代诗刊》创刊号，1：3—4
蒋百里
6《解放与改造》3：6，4：10；
10《小说月报》12：7；
12《戏剧》2：2
蒋尧瑾
187《戏剧岗位》2：2—3
蒋贞金
31《甲寅》1：17
蒋光赤
1《新青年》季刊2，季刊4，不定期刊1，不定期刊3，不定期刊4，不定期刊5；
11《文学周报》141，232；
18《猛进》29，32，47，52；
34《创造月刊》1：2，1：3，1：4，1：7，1：8
蒋光慈
28《猛进》28；
34《创造月刊》1：2，1：3，1：4，1：8，1：9，1：10；
42《太阳月刊》1，2，3，6，7；
48《我们》1：2；
62《海风周报》4，5，6—7，8，9；
67《新流月报》1，2，3，4；
76《拓荒者》1，2，3，4—5；
78《文艺讲座》1
蒋廷黻
26《现代评论》3：65；
145《宇宙风》34；
196《战国策》15—16
蒋竹庄
19《小说世界》16：5，16：8，18：1，18：2
蒋兆和
73《南国周刊》1：3
蒋旭东
127《人间世》38
蒋冰之
222《青年文艺》2
蒋寿世
170《新演剧》新1：3
蒋寿禧
51《开明》1：12
蒋克明
221《文艺先锋》12：5
蒋伯屏
93《青年界》新6：5
蒋怀青
125《春光》1：3
蒋沅英
85《文艺月刊》战时特刊1：4
蒋启藩
93《青年界》新5：3，新6：1，新6：5
蒋虎侠
98《新时代》2：1

蒋牧良

106《现代》4：1，5：2；
117《文学》3：2，5：1，6：3；
122《文学季刊》1：3，1：4，2：1，2：2；
125《春光》1：3；
155《光明》2：8；
153《文季月刊》1：1，1：4，2：1；
156《现实文学》1；
158《中流》1：5，1：7，2：1，2：7，2：10；
162《小说家》1：1，1：2；
165《文丛》1：4；
199《野草》野草新集：追悼；
211《文艺生活》光复版 11—12，光复版 16，光复版 18，海外版 5，海外版 7，海外版副刊 4；
217《文艺杂志》2：2；
220《文学创作》3：2；
235《文艺春秋》4：6；
244《文艺复兴》3：2；
270《小说》1：1，1：4，2：1，2：4，3：4

蒋侠僧

1《新青年》季刊 3

蒋学楷

39《泰东》1：9；
40《真美善》6：5

蒋建白

93《青年界》8：2；
117《文学》5：1

蒋孟洁

19《小说世界》14：2，14：4

蒋春木

12《戏剧》1：5；
19《小说世界》3：11，3：12，3：13，4：1，4：2，4：3，4：4，4：5，4：6，4：7，4：8，4：10，4：11，4：12，4：13，11：8，11：9

蒋星煜

221《文艺先锋》1：5，1：6，6：6，11：3—4

蒋星德

221《文艺先锋》1：5，12：3—4

蒋思钿

117《文学》1：6，3：2

蒋钟泽

11《文学周报》102

蒋复璁

11《文学周报》11

蒋笃生

85《文艺月刊》战时特刊 2：11—12

蒋祖襄

259《东北文化》1：4

蒋炳贤

225《时与潮文艺》4：1

蒋屏风

93《青年界》9：1

蒋桂芳

18《歌谣》34

蒋培邦
198《现代文艺》1：5
蒋啸青
195《黄河》4：1
蒋望宪
19《小说世界》5：3
蒋鸿礼
134《太白》1：4
蒋涵秋
270《小说》5：3
蒋维乔
19《小说世界》4：2，16：5，16：8，17：4，18：1，18：2；
93《青年界》新1：1，新6：2；
186《宇宙风乙刊》23，24，25
蒋维儒
36《北新》2：12
蒋朝淮
211《文艺生活》2：2
蒋智由
4《国民》1：3
蒋智泉
109《论语》176
蒋寒雁
19《小说世界》5：7
蒋瑞藻
19《小说世界》14：1，14：2，14：3，14：4，14：5，14：6，14：8，14：9，14：11，14：13，14：14，14：16，14：18，14：20，14：21，14：22，14：23，14：25，15：1，15：3，15：4，15：6，15：7，15：8，15：9，15：10，15：12，15：13，15：14，15：15，15：16，15：17，15：21，15：25，16：1，16：2，16：3，16：5，16：7，16：9，16：12，16：16，16：18，16：20，17：4
蒋虏川
24《洪水》半月刊1：3
蒋锡昌
5《少年中国》4：7
蒋锡金
141《文艺》3：3，5：1—2
蒋慎吾
145附《宇宙风·逸经·西风非常时期联合旬刊》7；
149《逸经》26，35
蒋鉴章
26《现代评论》3：53
蒋鹤寿
19《小说世界》5：6，6：8
蒋镜清
38《幻洲》1：7
蒋燧伯
264《诗创造》2，5，2：2，2：3
蒋翼振
93《青年界》5：4，9：1，10：1
蒋彝潜
36《北新》2：1，2：4

落　生
101《十字街头》1
落　叶
37《一般》8：1；
88《读书月刊》2：1
落　英
102《文化评论》1
落　曙
36《北新》3：3
落　繁
177《文艺阵地》1：5；
212《文讯》7：3
落华生
10《小说月报》12：4，12：5，12：7，13：2，13：4，13：5，13：6，13：8，14：4，14：5，14：11，15：2，15：3，15：5，15：6，17：5，17：9，17：10，18：2，19：11，22：1，22：6；
117《文学》1：4，1：5，2：1，3：1；
134《太白》1：6，1：9；
145《宇宙风》100；
226《风雨谈》10，11，12，13
落伍少年
25《语丝》4：42
落落居士
109《论语》157
萱
109《论语》34
萱　城
19《小说世界》8：6
葭　水
209《万象》4：5，4：7
葵竹屏
19《小说月报》5：11
喜　光
221《文艺先锋》5：4
喜　林
195《黄河》复刊4
喜　重
99《涛声》1：22
覃　兮
155《光明》3：4
覃　翰
41《民间文艺》4，7
覃子章
145《宇宙风》84，
覃子豪
85《文艺月刊》战时特刊1：11，战时特刊2：7，战时特刊2：8，战时特刊 3：3—4，战时特刊3：8—9，战时特刊3：10—11，战时特刊5：1；
148《诗歌生活》1，2；
150《东方文艺》1：1，1：2，1：3，1：4；
155《光明》2：10；
159《诗歌杂志》3；
176《自由中国》1：3；
178《抗战文艺》1：7，1：11，2：1
覃寿野（埜）
14《学衡》6，8，73，74

粟天祥
270《小说》3∶1
惠
31《甲寅》1∶13，1∶16，1∶18，1∶19，1∶22，1∶23，1∶24；
109《论语》140；
117《文学》2∶4，3∶2，3∶4；
267《大众文艺丛刊》3
惠 之
11《文学周报》183；
32《清华文艺》1∶2，1∶4
惠 生
19《小说世界》14∶8，17∶3，17∶4
惠 芳
92《文艺新闻》36
惠 林
108《文艺茶话》2∶2
惠 宜
208《诗创作》17
惠 珉
229《艺文杂志》2∶4
惠 泉
177《文艺阵地》3∶11
惠 敏
80《驼驼草》6，8，9
惠 龄
109《论语》168，169，171，176
惠月仙
112《无名文艺》旬刊2
惠留芳
98《新时代》2∶1，2∶2—3，2∶4—5，2∶6，3∶1，3∶2，3∶4，3∶5—6，4∶1，4∶2，4∶3，4∶4—5
惠景林
274《平原》13
森
66《华严》1∶3；
109《论语》139
森 干
88《读书月刊》1∶2，1∶3—4，1∶6
森 林
19《小说世界》9∶10
森 堡
48《我们》1∶3；
62《海风周报》10，11，17；
76《拓荒者》1，2，4—5；
88《读书月刊》3∶1—2，3∶3，3∶4；
89《当代文艺》1∶2，2∶2，2∶3，2∶4；
100《北斗》2∶3—4；
106《现代》3∶3，3∶6，4∶3，4∶4；
107《文学月报》1∶3；
113《新诗歌》1∶2，1∶3，1∶4，1∶6—7；
120《文艺》1∶2

森 滔
209《万象》2：2
辛 怀
125《春光》1：3
辛鸿铭
226《风雨谈》12
喆（哲）之
115《文学杂志》1：1
越 丁
134《太白》2：9
越 人
145《宇宙风》146
越 川
88《读书月刊》3：4
越 山
134《太白》2：3，2：5
越 中
109《论语》144
越 声
77《艺术》1：1
越 邻
145《宇宙风》67，68
越 荃
76《拓荒者》3
越 薪
177《文艺阵地》3：7；
188《新中国文艺丛刊》4；
203《奔流文艺丛刊》1，4；
246《文坛月报》1：1
超
92《文艺新闻》4，5
超 人
109《论语》75
超 冶
109《论语》31，72
超 构
223《人世间》复刊1，复刊2，复刊3，复刊4
超 杰
19《小说世界》5：4，5：5
超 明
173《抗战戏剧》2：4—5
超 然
6《解放与改造》2：1；
145附《宇宙风·逸经·西风非常时期联合旬刊》3
超然空空
6《解放与改造》1：2
魋 夫
208《诗创作》1，7；
211《文艺生活》1：6，2：6，光复版1；
223《人世间》1：4
魋 旅
271《文学战线》1：2
雄 三
142《中学生文艺季刊》3：1
雄 风
141《文艺》3：2；
145《宇宙风》56
雄 泽
95《前哨》1：6—7

雄 剑

28《猛进》33，37，38，41

雄 峰

249《白山》4

雁

109《论语》55，60；

191《文艺新闻》5

雁 白

128《小说》14

雁 冰

1《新青年》8：2，8：3，8：6，9：1，9：6；

5《少年中国》2：11；

6《解放与改造》1：4，1：6，1：7，1：8，2：1，2：4，2：7，2：8，2：9，2：11，2：13，2：14，2：15，3：1；

10《小说月报》12：1，12：3，12：4，12：5，12：6，13：1，13：8，13：9，13：11，13：2，15：10，15：号外；

11《文学周报》7，45，48，55，70，72，73，74，75，76，77，85，86，88，89，91，100，101，103，105，109，121，122，133，136，137，143，155，174，251；

12《戏剧》1：4；

13《诗》2：2；

16《努力周报》57

雁 阵

28《猛进》26

雁 芦

32《清华文艺》1：4

雁 非

274《平原》3：6

雁 星

252《北方文化》2：2

雁 深

229《艺文杂志》1：2，2：4

雯

102《文化评论》2—3，4

雯 莲

224《天下文章》1

揭 谛

109《论语》53，60

提 撕

142《中学生文艺季刊》1：4

提倬云

142《中学生文艺季刊》2：2

雅 尔

191《文艺新闻》5

雅 尼

85《文艺月刊》战时特刊3：12

雅 兴

212《文讯》3：2

雅 惠

19《小说世界》4：2，4：4，4：6，4：9

蛰 宁

158《中流》1：8，2：1，2：2，2：3，2：7，2：9

蛰　存
11《文学周报》227
蛰　虫
51《开明》1：3
蛰　钟
36《北新》3：10
皙　弱
109《论语》53
紫　丁
265《胶东文艺》1：2
紫　天
85《文艺月刊》8：3，9：1，9：6
紫　冈
36《北新》2：4
紫　风
199《野草》复刊号，新5号；
211《文艺生活》光复版6；
244《文艺复兴》2：4；
255《北方》1：1
紫　艾
253《清明》2
紫　邨
109《论语》173，175
紫　扬
159《诗歌杂志》3；
160《新诗》2：1；
紫　华
141《文艺》2：3
紫　岑
109《论语》50
紫　忱
141《文艺》4：6
紫　纹
142《中学生文艺季刊》1：3，2：3
紫　枫
149《逸经》26
紫　明
219《文学批评》2；
221《文艺先锋》10：5
紫　秋
143《杂文》2：2，3，4；
146《诗歌生活》2；
177《文艺阵地》3：6，4：10；
202《文艺月报》3
紫　烟
208《诗创作》10
紫　萍
109《论语》15
紫　虚
221《文艺先锋》5：4
紫　曼
40《真美善》4：5；
110《小说月刊》1：1，1：2，1：4
紫　笙
155《光明》1：8，2：4；
251《文艺杂志》2：2，3：1
紫　超
159《诗歌杂志》2，3
紫　棠
113《新诗歌》1：6—7

紫　晴
199《野草》4：4—5
紫　圈
109《论语》85
紫　微
10《小说月报》22：6
紫　墟
141《文艺》3：5，3：6，4：6；
176《自由中国》新2：1—2；
178《抗战文艺》1：8，2：2；
264《诗创造》8
紫　蔷
25《语丝》147，149，150，152
紫　震
109《论语》105
紫　薇
19《小说世界》11：13；
85《文艺月刊》3：12
紫　燕
10《小说二报》20：12；
63《金屋》1：7
紫　翼
145《宇宙风》127，134，137；
195《黄河》2，7，2：5—6
紫伯祥
40《真美善》5：6
紫薇花偶
19《小说世界》14：24
斐
19《小说世界》14：6；
99《涛声》2：35；
109《论语》65
斐　儿
19《小说世界》16：18；
51《开明》2：9；
127《人间世》12，23，33；
139《新小说》2：1；
142《中学生文艺季刊》2：2；
163《热风》1：1；
171《烽火（呐喊）》16
斐　子
117《文学》2：5
斐　云
229《艺文杂志》2：1
斐　成
10《小说月报》15：号外
斐　扬
98《新时代》1：3
斐　如
109《论语》54
斐　玛
198《现代文艺》5：2
斐　其
229《艺文杂志》2：6
斐　英
93《青年界》新6：4
斐　琴
131《东流》创刊号，1：3—4，1：5，2：1，2：2，2：3，2：4，3：1；
150《东方文艺》1：4

斐 然
109《论语》16;
221《文艺先锋》5：1—2，6：1
斐云卿
109《论语》54
斐可勤
19《小说世界》16：3
斐庆彪
3《新潮》1：3
悲 天
19《小说世界》12：2，12：3
悲 禅
56《乐群》1：2，1：3
辉
32《清华文艺》不定期刊1
辉 星
18《歌谣》14，37
辉 暹
1《新青年》1：6
棠 生
93《青年界》9：3
棠 臣
46《新月》4：3
喻 新
191《文艺新闻》8
喻元庆
51《开明》2：13
喻中泽
177《文艺阵地》3：8
喻兆明
145《宇宙风》115
喀 生
245《文章》1：4
嵋
141《新文艺》1：8
晴 川
89《当代文艺》1：3
晴 天
109《论语》32;
229《艺文杂志》1：2
晴 光
40《真美善》6：2，7：2;
109《论语》19
晴 江
141《文艺》3：5
晴 初
81《沙仑》1：1
晴 原
223《人世间》复刊1;
236《高原》2
晴 嵋
25《语丝》5：27，5：31，5：36，
5：41，5：44;
34《创造月刊》2：5
晴 霓
7《曙光》1：3，1：4，2：2，2：3
践 明
175《战地》1：4
跛 子
185《笔阵》4
鹃 鹃
109《论语》170，174，175

最　风
85《文艺月刊》8：5
量
117《文学》4：3
量　才
127《人间世》24
晶　孙
55《大众文艺》2：4
晶　萍
66《华严》1：5，1：6
晶　雪
59《春潮》1：6
晶　清
25《语丝》112，116，121；
36《北新》1：23；
66《华严》1：1；
174《抗到底》24，25
景
109《论语》144
景　云
24《洪水》半月刊 2：16，半月刊 2：20，半月刊 2：26
景　仁
93《青年界》11：5
景　公
109《论语》40
景　行
109《论语》145，149，150，170
景　汤
209《万象》3：1，3：2
景　阳
223《人世间》复刊 2
景　杨
109《论语》90
景　苏
41《民间文艺》7
景　芳
274《平原》12
景　宋
25《语丝》4：52；
29《莽原》周刊 5，周刊 9，周刊 11，周刊 12，周刊 13，周刊 15，周刊 21，周刊 24；
152《作家》2：2；
158《中流》1：5，1：9，1：11；
163《热风》1：1；
171《烽火（呐喊）》7；
177《文艺阵地》2：1，3：1，4：1，5：2；
178《抗战文艺》6：4；
180《文艺》2：2；
182《文艺新潮》2：1；
183《鲁迅风》1，5，10，18，19；
188《新中国文艺丛刊》1，3；
191《文艺新闻》3；
215《奔流新集》1，2；
218《文坛》3；
223《人世间》复刊 3，复刊 10；
244《文艺复兴》1：2，1：6；
245《文章》1：2；
266《中国作家》纪念特刊

景　林
174《抗到底》11
景　苕
11《文学周报》209
景　明
186《宇宙风乙刊》55
景　怡
145《宇宙风》87，97，105；
186《宇宙风乙刊》12；
209《万象》4：1，4：3
景　炎
115《文学杂志》1：3—4
景　星
92《文艺新闻》9，10，29，43，45，53
景　珩
178《抗战文艺》武汉特刊 3
景　深
10《小说月报》18：6，18：8；
11《文学周报》244，275，278，357
37《一般》1：2；
40《真美善》3：5；
104《矛盾》1：3—4
景　新
51《开明》2：5
景　廉
10《小说月报》19：1
景　慕
109《论语》38
景　瀛
21《弥洒》2
景昌极
14《学衡》3，5，6，8，10，13，18，20，25，29，31，33，35，38，47，54，57，58，62，63，67，69，75，78
景瑞石
51《开明》1：12；
98《新时代》1：3，1：4，1：5
鼎
19《小说世界》7：9；
117《文学》6：3
鼎　洛
55《大众文艺》1：5，1：6
鼎　堂
145《宇宙风》1，2，4，5，6
鼎　彝
256《萌芽》1：1
鼎　鑫
93《青年界》1：5
黑　丁
85《文艺月刊》战时特刊 3，战时特刊 8，战时特刊 9；
93《青年界》12：1；
117《文学》7：4，8：6；
121《文化列车》8，9，10，11；
134《太白》2：2；
144《创作》1：1；
152《作家》1：3；
154《文学界》1：3；
155《光明》1：7，2：9；
158《中流》1：11；

176《自由中国》1：3，新1：1；
177《文艺阵地》1：4，1：12，2：2，4：3；
178《抗战文艺》1：6，5：2—3；
192《文学月报》1：1；
198《现代文艺》2：2；
211《文艺生活》海外版2，海外版20，穗新4；
214《谷雨》1：2—3，1：4；
251《文艺杂志》1：3；
255《北方》1：1，1：5；
262《平原文艺》2：3，2：4，2：6

黑　大

251《文艺杂志》4：4

黑　天

155《光明》3：4

黑　手

110《小说月刊》1：3

黑　毛

109《论语》31

黑　水

186《宇宙风乙刊》22

黑　白

109《论语》87；
207《时代文学》1：2

黑　角

241《文艺大众》4，5

黑　君

85《文艺月刊》3：5—6

黑　图

223《人世间》复刊1

黑　斧

93《青年界》新2：3，新2：5

黑　炎

10《小说月报》22：10，22：11，22：12；
138《文饭小品》1：4；
270《小说》2：6

黑　妮

85《文艺月刊》5：6，6：1；
106《现代》5：2

黑　觉

241《文艺大众》1

黑　雪

117《文学》3：4

黑　婴

85《文艺月刊》4：5，5：1，5：2，5：3，6：2，6：5—6，7：4，8：1，9：1；
93《青年界》5：1，8：1，9：1，10：1，10：4，11：1，12：1；
98《新时代》5：1，5：2，5：3，5：4，5：6，6：1；
104《矛盾》2：4，3：1；
106《现代》5：3；
112《无名文艺》月刊1：1；
117《文学》1：1，3：1；
123《中国文学》1：1，1：2，1：3—4，1：5，1：6，2：1；
126《诗歌月报》1：1；
128《小说》月刊10，月刊13，月刊15；

131《电影戏剧》1∶2;
134《太白》1∶8，1∶10;
141《文艺》1∶4，1∶5—6
黑　黑
98《新时代》5∶2
黑　雷
211《文艺生活》光复版16
黑　鹰
209《万象》4∶1
黑里风
145《宇宙风》105，114
黑千山头
25《语丝》5∶49
遇　公
134《太白》1∶5
遇　安
25《语丝》24
遗　生
2《每周评论》17，19
铸　夫
261《东北文艺》创刊号;
270《小说》3∶5;
271《文学战线》1∶4
锋
178《抗战文艺》3∶5—6
锐
221《文艺先锋》8∶3
锐　甫
142《中学生文艺季刊》1∶4
嵇　鹤
19《小说世界》12∶10，12∶11
嵇文甫
174《抗到底》8
嵇希宗
85《文艺月刊》7∶5
嵇联晋
93《青年界》2∶5，7∶2，8∶1，
11∶2
程　云
254《热潮》1∶3
程　方
52《山雨》1∶2
程　生
2《每周评论》8，14，16，23
程　边
264《诗创造》4
程　帆
234《微波》1∶1
程　冰
275《文艺丛刊》3
程　远
178《抗战文艺》8∶3，9∶1—2;
220《文学创作》2∶1
程　芸
235《文艺春秋》丛刊1，丛刊3，
丛刊4，丛刊5
程　坤（堃）
272《群众文艺》4
程　序
235《文艺春秋》副刊1∶3;
11《文学周报》134

程　洵
93《青年界》新 3：5，新 5：4
程　逢
146《诗歌生活》2
程　萍
272《群众文艺》2
程　菀
11《文学周报》134
程　雪
93《青年界》7：2
程　曼
276《华北文艺》2
程　铮
93《青年界》9：3；
98《文艺月刊》战时特刊 3：5—6，战时特刊第 11 年 5 月号；
141《文艺》6：1；
182《文艺新潮》2：5；
221《文艺先锋》1：2，4：4，4：6，5：6，6：1，6：4—5，8：1，8：4，9：5—6，10：3，12：1，12：3—4；
224《天下文章》1：6；
264《诗创造》8，9
程　笙
109《论语》86
程　铉
18《歌谣》2：14
程　楚
264《诗创造》5
程　漠
173《抗战戏剧》1：6—7
程　憬
16《努力周报》15；
13《诗》1：1，1：3
程　默
265《胶东文艺》1：6—7
程一戎
98《文艺月刊》7：2；
110《小说月刊》1：1，1：2，1：3，1：4
程一剑
18《歌谣》13，2：3
程大溟
177《文艺阵地》3：5
程千帆
85《文艺月刊》7：6，9：1；
93《青年界》7：2
程义明
274《平原》14
程小青
19《小说世界》1：4，2：1，3：2，3：8，4：1，4：9，5：1，5：13，6：1，6：3，7：1，7：6，7：8，7：10，7：13，8：1，8：2，9：6，9：7，9：11，10：10，11：1，11：4，11：12，11：13，12：1，12：6，12：12，12：13，13：7，13：19，14：8，14：23，15：15，15：16，15：17，15：21，16：2，

16：3；
209《万象》1：1，1：2，1：3，1：4，1：5，1：6，1：7，1：8，1：9，1：10，1：11，1：12，2：1，2：2，2：3，2：4，2：5，2：6，2：7，2：8，2：9，2：10，2：11，2：12，3：1，3：2，3：8，号外

程天后

98《新时代》1：3；
99《涛声》1：18；

程天琪

109《论语》119

程中行

31《甲寅》1：21

程少怀

10《小说月报》19：7；
11《文学周报》304，319，321；
34《创造月刊》2：5；
195《黄河》2

程心芬

109《论语》49；
149《逸经》11，12

程代新

10《小说月报》13：8

程永修

209《万象》1：1，1：2，1：3，1：5，1：8，1：10，3：1

程师蔼

1《新青年》2：1，3：1

程朱溪

178《抗战文艺》3：2

程仿尚

51《开明》1：12

程兆翔

93《青年界》8：2；
117《文学》8：1；
155《光明》1：9，2：4；
158《中流》1：10

程志霄

209《万象》2：1，2：5，2：7，3：2，3：6，4：1

程步高

173《抗战戏剧》2：1

程时熚

14《学衡》24

程秀山

272《群众文艺》8

程应春

40《真美善》3：3

程应钧

109《论语》169，170，175

程宏济

85《文艺月刊》9：3

程启槃

36《北新》3：2

程君哲

19《小说世界》3：9

程育英

209《万象》1：8，1：11，2：2，2：9，2：12

程学鹏
149《逸经》10
程宗泗
1《新青年》2：3
程南秋
195《黄河》3
程思青
109《论语》147
程钧昌
247《人民文艺》5
程俊良
251《文艺杂志》1：5
程俊英
14《学衡》12
程宪剑
13《诗》2：2
程荻希
272《群众文艺》11—12
程造之
235《文艺春秋》5：6；
246《文坛月报》1：2；
270《小说》3：2，3：4，3：5
程康定
222《青年文艺》4
程海洲
181《文艺突击》新1：1；
261《东北文艺》1：6
程祥荣
37《一般》6：2
程振基
1《新青年》2：6，3：6，7：1，7：6；
6《解放与改造》1：3，3：2；
16《努力周报》4
程健健
145《宇宙风》74
程颂万
14《学衡》42
程绶百
37《一般》3：3
程景颐
84《开展》5，8，9
程鼎兴
93《青年界》11：1，12：1
程鼎新
90《诗刊》3
程鼎鑫
36《北新》4：21—22；
46《新月》3：11，3：12，4：2；
90《诗刊》4；
93《青年界》1：1，1：3，1：5
程铸新
6《解放与改造》3：2
程鲁丁
51《开明》1：11，2：11，2：12
程裕清
3《新潮》1：5
程嗣廷
18《歌谣》2
程嗣清
19《小说世界》7：13

程筱冰
18《歌谣》2：25，2：30，2：40
程靖宇
109《论语》26，124，145；
145《宇宙风》77；
186《宇宙风乙刊》16
程溪林
270《小说》4：2
程碧水
88《读书月刊》1：6
程碧冰
85《文艺月刊》6：4；
98《新时代》2：4—5
程演生
1《新青年》2：6
程鹤西
10《小说月报》21：8；
85《文艺月刊》4：4；
127《人间世》1；
138《文饭小品》1：2；
160《新诗》1：5，2：2；
167《文学杂志》1：1，1：2，3：2；
244《文艺复兴》2：4
程慰宜
209《万象》1：10
程薇刚
51《开明》2：1
程蕙生
18《歌谣》75
程藩荪
180《文艺》2：3
鹄 君
41《民间文艺》3
剩（賸）生
52《山雨》1：3，1：6
筑山醉翁
6《解放与改造》1：1，2：1，2：3
智
27《支那二月》1：3；
125《春光》1：3
智 轩
19《小说世界》1：2，1：3，1：11，1：13，2：2，3：1，3：12，4：4，4：8，4：13，5：1，6：2
智 苏
6《解放与改造》3：10
智 钟
149《逸经》25
智 珠
109《论语》68，73
智建中
252《北方文化》1：5；
259《东北文化》1：1，1：4，1：5
智德民
142《中学生文艺季刊》2：1
傅 正
18《歌谣》37
傅 平
106《现代》2：6；
159《诗歌杂志》2，3

傅　沉

113《新诗歌》2：2

傅　奕

98《涛声》2：7

傅　素

51《开明》2：14

傅　岩

6《解放与改造》3：7，4：7

傅　铜

6《解放与改造》3：2

傅　普

85《文艺月刊》战时特刊2

傅　瑞

229《艺文杂志》2：5

傅　雷

19《小说世界》15：4；

36《北新》1：13，1：14，1：16，1：24，1：29，1：30；

85《文艺月刊》3：8，3：10，5：4；

104《矛盾》1：5—6；

118《文艺春秋》1：6，1：7

傅　薪

145《宇宙风》79

傅云子

19《小说世界》14：1，14：2，14：3，14：7

傅书迈

25《语丝》27，51

傅心一

170《新演剧》新1：3

傅以达

274《平原》2：5

傅正符

93《青年界》1：5

傅东华

10《小说月报》14：4，15：3，15：4，15：8，16：1，16：2，16：3，16：5，16：6，16：7，16：8，16：10，16：11，16：12，17：1，17：2，17：3，17：5，17：8，17：12，18：2，18：3，18：4，18：6，18：8，20：2，20：3，20：7，21：7，21：11，22：1；

11《文学周报》55，100，115，117，119，210，221，264，266，267，268，269，270，272，275，285，289，291，302，313，314，315—316，317，346，355，374，376；

51《开明》2：4；

83《现代文学》1：6；

89《当代文艺》1：1，1：2；

93《青年界》4：1，4：2，4：3，4：4，4：5，8：1，8：2；

106《现代》2：3，2：5，3：1；

117《文学》1：1，1：5，2：1，2：3，3：1，3：3，3：5，3：6，4：1，4：5，5：1，7：1，7：5，8：5，9：1；

127《人间世》1；

133《译文》1：2，1：6，2：3，2：5；
134《太白》1：1；
139《新小说》1：2；
155《光明》1：2；
169《中国文艺》1：1，1：2，1：3

傅仲涛

46《新月》4：5；
122《文学季刊》1：3；
145《宇宙风》25，34，38，39，65；
229《艺文杂志》3：3

傅冰然

37《一般》8：4，9：2

傅羽人

51《开明》1：4

傅红蓼

40《真美善》6：6，7：1，7：3；
56《乐群》3：13

傅志螽

18《歌谣》2：22，2：24，2：27

傅克兴

53《思想》1：1

傅芸子

229《艺文杂志》1：1，1：2，1：3，1：5，1：6，2：1，2：3，2：12，3：1—2，3：3，3：4—5

傅冻蒟

11《文学周报》7

傅君瀚

93《青年界》新6：1，新6：2，新6：3，新6：5

傅其钊

209《万象》2：5

傅松鹤

209《万象》1：3，1：4，1：5

傅抱石

85《文艺月刊》8：4，9：1，9：5，10：2，10：4—5；
221《文艺先锋》11：3—4

傅尚杲

85《文艺月刊》3：7，3：8，4：6，5：6，8：5，9：3，9：5，9：6；
93《青年界》8：2；
98《新时代》4：1，5：4；
108《文艺茶话》1：10，2：10；
126《诗歌月报》1：3

傅庚生

167《文学杂志》2：3，2：8

傅孟真

109《论语》65

傅承谟

174《抗到底》9

傅种孙

26《现代评论》2：36，2：37

傅彦长

1《新青年》6：3；
11《文学周报》194，255，258；
40《真美善》女作家专号，4：1；
87《前锋月刊》1：2；
109《论语》96；
138《文饭小品》1：3

傅举丰

14《学衡》68，69

傅举乎
186《宇宙风乙刊》35，47
傅桂馨
1《新青年》3：1
傅振元
93《青年界》11：2，12：1
傅振伦
18《歌谣》33，5：7，68，84，87，89；
149《逸经》27
傅晓铎
251《文艺杂志》4：1
傅铁师
75《萌芽》1：6
傅逸生
106《现代》6：2
傅润华
40《真美善》5：1，5：2，5：3，6：2
傅彬然
178《抗战文艺》10：1；
235《文艺春秋》2：6；
263《文艺知识连丛》1：2
傅惜华
18《歌谣》3：3；
93《青年界》12：1；
149《逸经》20；
229《艺文杂志》1：1，1：2，1：3，2：1，2：2，2：3，2：4，2：6，2：7—8，2：10
傅瑛琪
271《文学战线》2：3
傅朝臣
8《歌谣》5
傅斯年
1《新青年》4：1，4：2，4：4，5：4；
3《新潮》1：1，1：2，1：3，1：4，1：5，2：1，2：2，2：3
傅斯稜
16《努力周报》4
傅筑夫
212《文讯》6：8
傅滤吾
270《小说》5：6
傅履冰
256《萌芽》1：4
储 祎
31《甲寅》1：41；
93《青年界》6：1，6：2，6：3，6：4，6：5，7：1，9：1
储元熹
36《北新》4：6；
85《文艺月刊》3：10
储玉坤
93《青年界》新1：1，新1：2，新1：3，新1：4
储安平
36《北新》2：13；
40《真美善》5：3，6：6，7：1，7：3；
46《新月》3：7，3：8，3：12，4：1，4：7；
85《文艺月刊》3：11，4：4，4：

5，5：1，5：3，5：5—6，7：1，8：5；
97《创作》1：2；
109《论语》14
储皖峰
93《青年界》10：1，12：1
皓
26《现代评论》1：1，1：2，1：3，1：4，1：5，1：6，1：7，1：18，1：21，1：22，1：23，1：24，1：26，2：27，2：28，2：30，2：32，2：34，2：35，2：43，2：45，2：46，2：47，2：48，2：49，2：50，2：51，2：52，3：53，3：54，3：55，3：57，3：59，3：61，3：63，3：69，3：70，3：75，3：76，4：80，4：87，4：88，4：89，4：90，4：93，4：96，4：97，4：102，4：104，5：105，5：106，5：110，5：111，5：112，5：115，5：117，5：119，5：121，5：122，5：123，5：124，5：126，5：128，5：129，5：130，6：152，6：153，6：154，6：156，7：157，7：160，7：162，7：164，7：165，7：168，7：169，7：170，7：171，7：172，7：173，7：174，7：179
皓　白
26《现代评论》1：8，1：10，1：11，1：12，1：13，1：14，1：17，5：113，5：116，5：125，6：132，6：156，7：163，7：167
皓　龄
127《人间世》34
集　成
190《通俗文艺》34，35，36；
191《文艺新闻》8
集　霜
40《真美善》6：1
焦　凤
93《青年界》8：2；
117《文学》5：1；
134《太白》1：6
焦　尾
36《北新》4：11；
93《青年界》1：5，3：3，4：1
焦　明
199《野草》1：5
焦　超
209《万象》1：2
焦士亨
18《歌谣》17，32，37，62
焦心河
184《文艺战线》1：6；
189《西线文艺》1：4，1：5，1：6
焦尹孚
22《创造周报》48；
24《洪水》半月刊1：7，半月刊1：19，半月刊1：10—11；
26《现代评论》3：55，3：68；

45《现代小说》2：3

焦尼生

99《涛声》1：34

焦星鹤

184《文艺战线》创刊号

焦菊隐

10《小说月报》15：4，15：7，16：7，16：9，17：3；
11《文学周报》124，130，170，189，190，315—316；
26《现代评论》2：39，3：55；
66《华严》1：1，1：2；
178《抗战文艺》10：2—3；
201《戏剧春秋》创刊号，2：1；
208《诗创造》3—4，5，6，7，8；
211《文艺生活》1：2，2：3；
221《文艺先锋》4：2；
225《时与潮文艺》1：2，1：3，2：5，5：3；
231《新文学》1：2，1：3，1：4；
232《戏剧时代》1：2；
240《文哨》1：2；
244《文艺复兴》1：2

焦培文

251《文艺杂志》3：5

焦敏之

155《光明》2：6；
252《北方文化》1：4

焦毓英

18《歌谣》18，19

焦毓瑛

18《歌谣》44

奥　尼

134《太白》1：2

循　初

5《少年中国》3：4

御　风

122《文学季刊》1：1

遁　公

26《现代评论》6：150，6：154，6：156，7：157

释　子

109《论语》119

释　加

235《文艺春秋》6：2；
244《文艺复兴》3：4

释　禾

238《希望》2：4

释巨赞

220《文学创作》1：4

释红叶

99《涛声》2：27

舒　大

18《歌谣》14

舒　凡

209《万象》3：3

舒　月

106《现代》1：6

舒　文

221《文艺先锋》7：3；
242《新群众》1：5

舒　央

200《新诗歌》3

舒　宁

185《笔阵》7

舒　夷

37《一般》8：3；

58《白华》1：3；

62《海风周报》4：11

舒　扬

247《人民文艺》3

舒　严

235《文艺春秋》2：5，2：6

舒　芜

178《抗战文艺》9：3—4，9：5—6；

228《中原》1：3；

238《希望》1：1，1：2，1：3，1：4，2：1，2：2，2：3，2：4；

246《文坛月报》1：3；

260《呼吸》创刊号，2；

268《蚂蚁小集》5

舒　芸

93《青年界》10：1

舒　若

109《论语》109

舒　非

85《文艺月刊》战时特刊2；

161《电影戏剧》1：3；

170《新演剧》1：1，1：2，1：3，1：4，新1：2；

173《抗战戏剧》1：4；

175《战地》1：3；

201《戏剧春秋》创刊号，2：2

舒　明

249《白山》3，4，5，6

舒　昂

180《文艺》1：5，2：2，3：1

舒　岱

180《文艺》2：1

舒　适

265《胶东文艺》创刊号

舒　亮

209《万象》3：6

舒　健

99《涛声》2：31—32

舒　凌

198《现代文艺》4：2，4：3

舒　培

117《文学》8：1

舒　啸

19《小说世界》8：6；

145《宇宙风》168

舒　敏

159《诗歌杂志》3

舒　湮

85《文艺月刊》战时特刊1：10；

109《论语》121，132；

119《戏》2；

145《宇宙风》79，109；

173《抗战戏剧》1：5；

182《文艺新潮》1：2；

183《鲁迅风》14；

186《宇宙风乙刊》6；

188《新中国文艺丛刊》1；
201《戏剧春秋》1：6；
221《文艺先锋》4：2；
232《戏剧时代》1：3，1：4—5，1：6

舒　强

170《新演剧》新1：2；
173《抗战戏剧》1：4；
175《战地》1：5

舒　群

93《青年界》11：5；
145《宇宙风》60；
117《文学》6：5，7：1，7：3，8：5，8：6，9：4；
150《东方文艺》2：1；
152《作家》2：1；
154《文学界》1：1，1：2，1：3，1：4；
155《光明》1：1，1：2，1：4，1：7，1：11，1：12；
157《今代文艺》1：1，1：3；
158《中流》创刊号，1：2，1：6，1：9，1：10；
159《诗歌杂志》3；
164《希望》1：1，1：2；
175《战地》1：2，1：3，1：4，1：5；
177《文艺阵地》3：7，6：4；
178《抗战文艺》1：5，1：11，2：8，武汉特刊2；
180《文艺》1：2；
192《文学月报》1：1；
211《文艺生活》光复版8；
214《谷雨》1：2—3；
261《东北文艺》1：3，2：4；
271《文学战线》1：2

舒　模

201《戏剧春秋》1：4

舒　翰

252《北方文化》2：1

舒　霞

193《戏剧与文学》1：4

舒士成

262《平原文艺》1：3

舒大桢

18《歌谣》11，38

舒天玑

251《文艺杂志》1：4，2：6

舒木禄

159《诗歌杂志》2，3

舒丹鹤

18《歌谣》30，42

舒再生

134《太白》1：4

舒庆春

10《小说月报》17：7

舒君亮

209《万象》3：10，3：11，3：12

舒舍予

85《文艺月刊》战时特刊2：11—12；
178《抗战文艺》1：12

舒泽青

18《歌谣》42

舒宗侨

93《青年界》6∶3，6∶4

舒梅弓

93《青年界》11∶3

舒楷文

26《现代评论》2∶52

舒新城

1《新青年》2∶1；

5《少年中国》4∶8；

6《解放与改造》2∶1；

25《语丝》37；

36《北新》2∶2

舒蔚青

141《文艺》4∶4，4∶5，5∶1—2；

187《戏剧岗位》1∶2—3

畲 直

209《万象》3∶11

舜 生

5《少年中国》4∶10

舜 芳

38《幻洲》2∶7

舜 琴

123《中国文学》1∶5

番 子

143《杂文》4

番 草

98《新时代》5∶2，5∶3，5∶4，5∶5，6∶1，6∶2；

113《新诗歌》2∶2；

120《文艺》1∶3；

124《新诗歌》4；

125《春光》1∶2，1∶3；

126《诗歌月报》1∶3，2∶1；

130《当代文学》1∶1；

150《东方文艺》1∶1，1∶2；

157《今代文艺》1∶1，1∶2；

160《新诗》1∶6；

164《希望》1∶1

然 而

109《论语》22

鲁

10《小说月报》18∶12；

11《文学周报》50，168；

255《北方杂志》1∶6

鲁 丁

221《文艺先锋》3∶4，3∶6，4∶6，5∶1—2，5∶4，5∶6

鲁 人

169《文学杂志》3∶3；

195《黄河》4∶2；

205《五十年代》创刊号，1∶2

鲁 山

212《文讯》8∶1

鲁 马

159《诗歌杂志》3

鲁 夫

51《开明》2∶1；

177《文艺阵地》2∶5，2∶11，3∶2

鲁 戈

113《新诗歌》2∶1；

126《诗歌月报》1∶5；

159《诗歌杂志》2，3

鲁　风
221《文艺先锋》13：1，13：4；
229《艺文杂志》1：3
鲁　本
51《开明》2：1
鲁　生
251《文艺杂志》4：3
鲁　史
121《文化列车》8
鲁　白
109《论语》3
鲁　冬
173《抗战戏剧》1：8
鲁　兰
260《呼吸》2
鲁　芋
268《蚂蚁小集》4
鲁　达
109《论语》143
鲁　安
4《国民》2：3
鲁　迅
1《新青年》4：5，5：5，6：1，6：2，6：3，6：4，6：5，7：2，7：3，7：4，7：5，8：1，8：4，9：1，9：3，9：4；
3《新潮》1：5，2：1；
10《小说月报》12：7，12：8，12：9，12：10，12：11，12：12，12：号外：13：1，13：9，13：12，14：1，14：3，14：4，15：5，16：1，19：1，20：1；
11《文学周报》17，297；
12《戏剧》2：4；
18《歌谣》87；
24《洪水》3：30；
25《语丝》1，2，3，4，5，7，9，10，11，12，13，15，16，17，18，22，25，26，29，31，32，35，36，37，38，45，49，50，52，54，56，57，58，60，62，64，65，69，72，74，75，79，81，82，83，87，89，90，92，99，104，106，107，108，112，113，114，118，137，138，142，143，144，146，147，148，151，152，153，154，155，156，4：1，4：2，4：3，4：4，4：5，4：7，4：11，4：14，4：16，4：17，4：18，4：19，4：22，4：31，4：33，4：34，4：40，5：2，5：8，5：22，5：24，5：45；
28《猛进》3，5，30，39，44；
29《莽原》周刊：1，2，3，4，5，7，8，9，10，11，12，14，16，19，20，28，32；半月刊：1：1，1：2，1：3，1：4，1：5，1：6，1：7—8，1：9，1：10，1：11，1：12，1：13，1：14，1：15，1：16，1：17，1：18，1：19，1：21，1：22，1：23，1：24，2：1，2：2，2：3，2：

4, 2 : 8, 2 : 9, 2 : 10, 2 : 12, 2 : 13, 2 : 15, 2 : 18—19, 2 : 21—22;

36《北新》1 : 17, 1 : 21, 1 : 39—40, 1 : 41—42, 1 : 43—44, 1 : 45—46, 1 : 47—48, 1 : 49—50, 1 : 51—52, 2 : 1, 2 : 2, 2 : 3, 2 : 4, 2 : 5, 2 : 6, 2 : 7, 2 : 8, 2 : 9, 2 : 10, 2 : 11, 2 : 12, 2 : 13, 2 : 14, 2 : 15, 2 : 16, 2 : 17, 2 : 18, 2 : 19, 2 : 20, 2 : 21; 2 : 22, 2 : 23, 3 : 1, 3 : 4, 3 : 5, 4 : 1—2;

43《末名》2 : 8;

50《奔流》1 : 1, 1 : 2, 1 : 3, 1 : 4, 1 : 5, 1 : 6, 1 : 7, 1 : 8, 1 : 10, 2 : 1, 2 : 2, 2 : 3, 2 : 4, 2 : 5;

51《开明》2 : 24;

55《大众文艺》1 : 1, 1 : 2, 1 : 3, 1 : 4, 1 : 5, 1 : 6, 2 : 3;

57《大江》1 : 1, 1 : 2;

59《春潮》1 : 3, 1 : 6, 1 : 7, 1 : 8, 1 : 9;

61《朝花》月刊 : 4, 6, 8, 11, 12, 14, 17; 旬刊 : 1 : 3, 1 : 10;

75《萌芽》1 : 1, 1 : 2, 1 : 3, 1 : 4, 1 : 5, 1 : 6;

78《文艺讲座》1;

86《世界文化》创刊号;

92《文艺新闻》6, 14, 20, 21, 29;

93《青年界》6 : 3, 9 : 2, 12 : 1, 新 6 : 4, 新 6 : 5;

99《涛声》2 : 31—32, 2 : 33, 2 : 38;

100《北斗》2 : 1, 2 : 2;

106《现代》2 : 1, 2 : 6, 3 : 1, 3 : 5, 3 : 6, 4 : 1, 4 : 5;

107《文学月报》1 : 1, 1 : 3, 1 : 4, 1 : 5—6;

109《论语》8, 12, 19, 25;

111《文化月报》1 : 1;

113《新诗歌》2 : 4;

115《文学杂志》1 : 1, 1 : 2;

117《文学》1 : 1, 1 : 2, 1 : 3, 3 : 4, 4 : 2, 4 : 3, 5 : 1;

131《东流》2 : 3;

133《译文》1 : 4, 1 : 6, 2 : 1, 2 : 2, 2 : 6, 终刊号, 新 1 : 1, 新 1 : 2, 新 1 : 3, 新 2 : 2;

135《文学新地》1;

139《新小说》1 : 3;

140《芒种》1, 6, 2 : 1;

143《杂文》2, 3;

145《宇宙风》50;

146《海燕》1 : 1, 1 : 2;

147《夜莺》1 : 3, 1 : 4;

151《文学丛报》1, 2, 3, 4;

152《作家》1 : 1, 1 : 2, 1 : 5, 2 : 1;

154《文学界》1 : 2;

156《现实文学》1;

158《中流》创刊号, 1 : 2, 1 : 3,

1：4，1：5，1：7；
162《小说家》1：1；
163《热风》1：2；
177《文艺阵地》1：1；
180《文艺》1：1；
182《文艺新潮》1：1，1：2，1：3，2：1；
186《宇宙风乙刊》创刊号；
192《文学月报》2：1—2；
199《野草》第6号；
215《奔流新集》2；
217《文艺杂志》新1：2；
218《文坛》创刊号；
235《文艺春秋》丛刊2；
238《希望》2：4；
243《文联》1：1，1：2，1：3，1：4，1：5，1：6；
254《热潮》创刊号；
265《胶东文艺》1：3；
272《群众文艺》3；
276《华北文艺》2

鲁　克

85《文艺月刊》10：1；
179《戏剧新闻》7

鲁　迅

93《青年界》新5：5

鲁　卣

228《中原》1：4

鲁　汶

261《东北文艺》2：5

鲁　君

221《文艺先锋》12：1

鲁　杰

265《胶东文艺》1：5，1：6—7

鲁　岳

177《文艺阵地》4：8

鲁　侗

10《小说月报》13：10

鲁　郎

142《中学生文艺季刊》1：4

鲁　莽

221《文艺先锋》9：1

鲁　思

221《文艺先锋》10：2；
235《文艺春秋》丛刊1，丛刊2，丛刊5

鲁　虹

261《东北文艺》2：6

鲁　钝

141《文艺》7：3

鲁　彦

10《小说月报》15：10，15：11，16：3，16：4，17：3，17：8，18：1，18：7，18：9，18：10，19：1，20：11，21：1，21：2，21：12，22：1，22：4，22：8，22：9；
11《文学周报》119；
25《语丝》45，46，47，92，96，118，5：38；
29《莽原》周刊6，周刊7，周刊8；

33《狂飚》周刊：3，5，12，13，16；
36《北新》1：47—48；
37《一般》4：2；
46《新月》3：5—6；
85《文艺月刊》1：3，2：5—6，2：8，3：12，4：1，4：3，4：4，4：5，4：6，5：3，5：4，战时特刊2：1；
93《青年界》4：5，5：3；
117《文学》1：3，1：4，1：5，1：6，2：1，2：2，2：4，2：5，3：1，3：3，4：4，4：6，6：1，6：2，6：3，6：6，9：1；
122《文学季刊》1：3；
125《春光》1：1，1：2；
133《译文》新1：6；
152《作家》1：2，1：3；
153《文季月刊》1：1，1：2，1：3，1：4，1：5，1：6，2：1；
158《中流》创刊号，1：4，1：5；
165《文丛》1：1，1：2；
171《烽火（呐喊）》6；
176《自由中国》新2：1—2；
178《抗战文艺》1：2，1：3；
198《现代文艺》5：2；
217《文艺杂志》1：1，1：2，1：3，1：4；
218《文坛》创刊号；
220《文学创作》1：1；
235《文艺春秋》丛刊4

鲁　逊

2《每周评论》19

鲁　莽

93《青年界》新6：2

鲁　莎

172《七月》6：4，7：1—2；
208《诗创作》12

鲁　特

265《胶东文艺》1：2

鲁　涛

274《平原》3

鲁　陵

199《野草》复刊号；
210《笔谈》5

鲁　深

117《文学》8：1

鲁　琳

185《笔阵》新1

鲁　煤

274《平原》3：5

鲁　韬

195《黄河》复刊6

鲁　黎

155《光明》2：5；
178《抗战文艺》1：2，1：5

鲁　衡

85《文艺月刊》2：11—12

鲁　藜

172《七月》4：4，7：1—2；
178《抗战文艺》10：4—5；
181《文艺突击》1：4；

189《西线文艺》1：2；
192《文学月报》2：1—2；
200《新诗歌》3；
217《文艺杂志》2：4，新1：2；
238《希望》1：1，1：3，1：4，2：1，2：2；
239《诗文学》1；
248《中原·文艺杂志·希望·文哨联合特刊》1：1；
250《鲁迅文艺》1：1；
251《文艺杂志》1：3，2：5；
255《北方杂志》1：1，1：2，1：3，1：6；
268《蚂蚁小集》3，6；
270《小说》3：1，4：3

鲁二生

178《抗战文艺》9：5—6

鲁大英

226《风雨谈》14，16

鲁之翰

84《开展》8；
85《文艺月刊》战时特刊2：5，战时特刊3：12

鲁子久

19《小说世界》8：8

鲁子惠

212《文讯》7：1，7：3，7：6，8：6

鲁少飞

22《创造周报》52；
110《小说月刊》9

鲁左山

19《小说世界》10：7

鲁白雁

195《黄河》11

鲁亚夫

206《华北文艺》1：4

鲁亚农

261《东北文艺》创刊号

鲁西良

158《中流》1：8，2：5；
262《平原文艺》1：3

鲁至道

56《乐群》2：1—2，3：13

鲁声涛

211《文艺生活》光复版9

鲁报应

25《语丝》5：49

鲁觉吾

221《文艺先锋》3：4，4：2，4：3；
224《天下文章》2：1；
232《戏剧时代》创刊号

鲁继曾

26《现代评论》2：38

鲁冀良

190《通俗文艺》30，32，39

鲁澹隈

93《青年界》9：1

斌

149《逸经》8

斌　人

195《黄河》2：3，2：9，4：2

斌　存
109《论语》19
敦　夫
62《海风周报》1
敦　文
19《小说世界》4：4，5：3，5：7
敦　庆
49《畸形》1；
55《大众文艺》2：4
敦　易
10《小说月报》13：11，15：9；
11《文学周报》130，148，193，196
敦　复
180《文艺》2：5，2：6
敦瑞堂
93《青年界》新4：4
敦甲老人
25《语丝》111，113
童　志
143《杂文》4；
147《夜莺》1：2
童　林
221《文艺先锋》10：2；
244《文艺复兴》2：6
童　婴
263《文艺知识连丛》1：3
童　铸
39《泰东》1：9
童　嶲
196《战国策》8
童长庆
142《中学生文艺季刊》2：2
童介存
141《文艺》2：4
童寿苓
209《万象》3：4
童芷苓
209《万象》3：4
童咏梅
134《太白》2：4
童君乐
19《小说世界》14：11，14：12，14：18，14：22，14：25，15：1，15：8，15：21，15：24，15：25，16：1
童锡祜
109《论语》2
童经立
36《北新》2：11
童哲夫
211《文艺生活》光复版9
童润之
88《读书月刊》2：3
童晴岚
171《烽火（呐喊）》18；
177《文艺阵地》3：6；
198《现代文艺》6：3；
208《诗创作》3—4；
217《文艺杂志》新1：2；
264《诗创造》1，4

童蒙正

26《现代评论》3：74，3：78，4：81，4：85

赓 年

109《论语》36，47

赓 虞

66《华严》1：7，1：8

愤 世

25《语丝》5：1

愉 农

109《论语》113，114，115

慨 悯

84《开展》5，8

阑 因

61《朝花》周刊 8，周刊 13

阑 静

226《风雨谈》6

焜

37《一般》3：1

焰 羽

205《五十年代》1：2

焰 浦

18《歌谣》2：10，2：19，2：22，2：33，2：35

焱

229《艺文杂志》1：4

湛 如

99《涛声》1：9，1：10

湘 东

251《文艺杂志》4：4

湘 如

109《论语》73，85

湘 灵

36《北新》3：1，3：12；

209《万象》3：8，3：9，3：11，3：12，4：2，4：3，4：5

湘 君

19《小说世界》7：9；

26《现代评论》3：57

湘 妹

19《小说世界》7：1

湘 洪

199《野草》1：3，1：6，2：1—2

湘 渔

133《译文》新 3：2；

235《文艺春秋》3：1

湘 清

51《开明》2：4，2：5

湘 楼

25《语丝》4：19，4：46

湘 影

98《新时代》1：3，1：4

湘 筠

229《艺文杂志》1：5

湘 潮

109《论语》7；

176《自由中国》创刊号，1：2，1：3

湘 蘅

31《甲寅》1：37

渤 涛

271《文学战线》2：3

湜　汨
142《中学生文艺季刊》2：1
渺　世
10《小说月报》13：11，14：2，14：3，14：4，14：8，4：12，15：5，15：6，15：7，15：8，15：11，17：11，18：3，18：5
渺　沙
197《大众文艺》创刊号，1：3
温　凡
209《万象》2：12，3：3，3：9，3：12
温　甫
40《真美善》5：4，6：2
温　涛
117《文学》6：4；
144《创作》1：3；
208《诗创作》14，15，16，17；
211《文艺生活》光复版15；
227《艺丛》1：1
温　流
113《新诗歌》2：1；
154《文学界》1：3；
159《诗歌杂志》1，3
温　雯
221《文艺先锋》10：1，12：3—4
温　馨
202《文艺月报》10
温一如
149《逸经》12
温丹铭
149《逸经》28
温玉书
51《开明》1：9
温功义
117《文学》7：3；
177《文艺阵地》1：10，3：2
温田丰
248《中原·文艺杂志·希望·文哨联合特刊》1：4
温伟南
98《新时代》3：5—6，5：1
温仲良
36《北新》1：10；
温志良
98《新时代》2：1，2：2—3，2：4—5，3：1，3：4，4：1，4：4—5，5：3，5：4，6：2
温寿链
18《歌谣》28
温步颐
51《开明》1：8
温国华
265《胶东文艺》1：8
温宗尧
1《新青年》2：1；
109《论语》6
温树培
117《文学》8：1，8：5
温剑风
184《文艺战线》1：5；

189《西线文艺》1：4

温济泽

194《中国文化》2：2

温梓川

98《新时代》3：5—6，4：4—5，5：1，5：3，5：4，5：5，6：1，7：3

温崇祯

18《歌谣》2：24

温淑慧

145《宇宙风》128

温联璧

85《文艺月刊》9：1

温源宁

93《青年界》2：2；

145《宇宙风》8；

149《逸经》8，14，17，21，24，26，33

渭 川

19《小说月报》14：8

渭 华

29《莽原》半月刊 1：17

溅 皮

120《文艺》1：3；

125《春光》1：2；

126《诗歌月报》1：1；

146《诗歌生活》2；

151《文学丛报》1，3；

159《诗歌杂志》1；

溅 波

75《萌芽》1：5；

159《诗歌杂志》3；

177《文艺阵地》2：10；

182《文艺新闻》2：7

滑田友

276《华北文艺》6

渡 帆

249《白山》3

游 子

186《宇宙风乙刊》创刊号

游 龙

109《论语》107

游 生

88《读书月刊》2：4—5

游 丝

93《青年界》8：4

游 鱼

93《青年界》新 3：4

游 波

142《中学生文艺季刊》2：1

游 俊

98《新时代》7：2

游 客

109《论语》131，133

游 泓

145《宇宙风》104，106

游 游

51《开明》2：2

游国恩

17《读书杂志》18；

23《文艺周刊》13，14，15，16，17，19，20，22，23，48，49，50；

51《开明》新1号；
167《文学杂志》2：3，2：12
游於默
145《宇宙风》10
滋 润
190《通俗文艺》6
溉 澄
145《宇宙风》30
渥 丹
159《诗歌杂志》2，3；
191《文艺新闻》11；
243《文联》1：5，1：6；
248《中原·文艺杂志·希望·文哨联合特刊》1：6；
256《萌芽》1：1，1：2，1：3；
湄
51《开明》1：2
湄南柳子
40《真美善》3：5
翔 光
93《青年界》9：1
翔 甫
142《中学生文艺季刊》1：2
翔 男
25《语丝》107
翔 鹤
23《文艺周刊》38
割 紫
26《现代评论》5：110
曾 朴
14《学衡》36，37，38，39；
40《真美善》季刊1：1，季刊1：2；
226《风雨谈》3
曾 成
25《语丝》4：37
曾 伟
218《文坛》7
曾 克
176《自由中国》新1：1；
177《文艺阵地》1：12，4：2；
178《抗战文艺》5：1；
192《文学月报》1：1，1：5；
251《文艺杂志》1：1，1：6，2：2，2：3，3：6；
255《北方》1：2，1：3，1：5，2：1—2；
262《平原文艺》2：2
曾 卓
178《抗战文艺》10：4—5；
192《文学月报》1：3，3：1；
198《现代文艺》2：2，4：4，5：1；
208《诗创作》6；
211《文艺生活》2：2，2：5，2：6，3：3，3：5，光复版2；
217《文艺杂志》1：5；
224《天下文章》1，2：3，2：4，2：5—6；
239《诗文学》1
曾 迭
109《论语》83，84，86，91，107，109，110，111，112，113，114，115，116，117

曾　成
92《文艺新闻》12
曾　革
273《文艺月报》2
曾　珞
109《论语》174，176
曾　涛
221《文艺先锋》12：1，12：6，13：2
曾　恙
109《论语》49
曾　铮
40《真美善》7：2
曾　禄
221《文艺先锋》7：4
曾　琦
5《少年中国》1：1，1：3，1：7，1：11，1：12，2：1，2：3，2：4，2：5，2：7，3：1，3：7，4：10，4：11；
28《猛进》29
曾　鼎
43《思想》1：5
曾　熙
142《中学生文艺季刊》2：3
曾　毅
1《新青年》3：2
曾　璐
109《论语》148
曾一鹗
99《涛声》2：13，2：15
曾一橹
46《新月》1：7
曾乃（迺）敦
98《新时代》2：1；
173《抗战戏剧》1：6—7
曾乃登
99《涛声》2：16
曾士先
31《甲寅》1：41
曾大伟
270《小说》5：5
曾广勋
11《文学周报》49
曾广钧
14《学衡》30，32，33，35
曾广铭
98《新时代》2：2—3
曾习经
14《学衡》58
曾子敬
207《时代文学》1：3；
210《笔谈》7
曾艺波
85《文艺月刊》战时特刊4：5—6
曾友葭
141《文艺》5：3
曾今可
25《语丝》5：45；
98《新时代》创刊号，1：2，1：3，1：4，1：5，1：6，2：1，2：2—3，2：4—5，2：6，3：1，

3：2，3：3，3：4，3：5—6，4：1，4：2，4：3，4：4—5，4：6，5：1，5：4，5：6，6：2，7：1，7：2，7：3，7：4；
110《小说》1：3；
108《文化茶话》1：2，1：4，1：6，1：10；
109《论语》5，126，128，129，131，132，134，136，139，141，142，144，149，151，152，155，156，158，160，170，172；
121《文化列车》11；
141《文艺》1：2，1：3，1：4，1：5—6，2：2，2：4，2：5—6，3：1；
145《宇宙风》93

曾文饶

127《人间世》13

曾文强

209《万象》2：2，2：4，2：10

曾文虞

31《甲寅》1：31

曾心艮

260《呼吸》3

曾心良

260《呼吸》创刊号

曾平澜

56《乐群》2：12；
103《絜茜》创刊号

曾亚萍

108《文艺茶话》1：8，1：10，2：4

曾仲鸣

10《小说月报》21：10；
98《新时代》4：1；
108《文艺茶话》1：1，1：2，1：3，1：4，1：8，1：9，2：3；
127《人间世》15

曾兆鸿

225《时与潮文艺》2：5

曾庆冠

142《中学生文艺季刊》2：1

曾纪桐

26《现代评论》8：191

曾纪焜

109《论语》147

曾志超

211《文艺生活》海外版副刊

曾运乾

14《学衡》77

曾沙汀

106《现代》3：4

曾纯雪

56《乐群》2：9

曾垂鑫

220《文学创作》1：5

曾孟鸣

1《新青年》2：6

曾孤鸿

109《论语》59

曾昭抡
145《宇宙风》130，131，132，133，134；
196《战国策》12；
199《野草》第10集
曾昭耕
276《华北文艺》5
曾剑云
19《小说世界》14：8，14：14
曾宪敏
93《青年界》11：4
曾泰莱
85《文艺月刊》6：5—6
曾原明
192《文学月报》2：6
曾晓春
51《开明》2：4
曾虚生
93《青年界》12：1
曾虚白
63《金屋》1：3，1：4，1：5
曾敏之
177《文艺阵地》4：5，4：6；
211《文艺生活》2：5
曾献中
85《文艺月刊》7：4
曾献声
92《文艺新闻》28
曾鉴泉
25《语丝》119
曾蜀鹃
98《新时代》2：4—5
曾儒风
199《野草》5：4
曾魔苧
142《中学生文艺季刊》1：3
尊
109《论语》1：2
尊 文
36《北新》4：20
尊 寒
158《中流》1：8；
198《现代文艺》1：1
尊 疑
149《逸经》28
普 之
117《文学》6：2
普 天
85《文艺月刊》战时特刊2：11—12
普 生
10《小说月报》12：6
普 耳
197《大众文艺》2：2
普 春
93《青年界》10：1
普 济
45《现代小说》3：5—6
普 寅
240《文哨》1：1；
244《文艺复兴》2：4

普　新
92《文艺新闻》战时特刊13
善　夫
249《白山》3
善　行
10《小说月报》14：12
善　余
109《论语》84
善　言
38《幻洲》1：10
善　根
2《每周评论》4，8
善　悟
25《语丝》14
善秉仁
235《文艺春秋》7：4
寒
71《戏剧》1：3；
178《抗战文艺》3：5—6，4：3—4；
188《新中国文艺丛刊》3
寒　风
229《艺文杂志》2：1
寒　玉
19《小说世界》8：3，9：3，9：5，9：6，9：7，9：8，9：10，9：12，10：1，10：3，10：5，10：6，10：8，10：9，11：1，11：3，12：2，12：4，12：5，12：6，12：7，12：8，12：9，12：11，12：12，12：13，13：2，13：11，13：13，13：14，13：16，13：20，15：4，15：5，15：6，15：7，17：3，民众文学6
寒　生
100《北斗》1：1，1：4，2：1，2：3—4；
251《文艺杂志》4：4
寒　光
36《北新》2：10；
88《读书月刊》3：1—2；
109《论语》33
寒　夙
39《泰东》2：2
寒　衣
113《新诗歌》1：2，2：1；
寒　江
176《自由中国》新1：2
寒　声
251《文艺杂志》1：2，3：2，4：1
寒　花
141《文艺》1：1，3：3
寒　芳
39《泰东》2：2
寒　谷
117《文学》7：6；
165《文丛》1：2
寒　若
145《宇宙风·逸经·西风非常时期联合旬刊》2
寒　松
145《宇宙风》36

寒 波
177《文艺阵地》2：11，3：9，3：11，4：1，4：12，5：1；
182《文艺新潮》2：4；
191《文艺新闻》5；
192《文学月报》1：3；
198《现代文艺》2：1，2：5；
211《文艺生活》1：3，2：1，2：6，3：2
寒 玲
195《黄河》2：7
寒 枫
189《西线文艺》1：5
寒 星
2《每周评论》30，31；
3《新潮》2：1
寒 秋
43《未名》2：7—12；
109《论语》86，89
寒 香
19《小说世界》9：13，10：1，10：2
寒 泉
145《宇宙风》85
寒 峰
109《论语》71；
131《电影戏剧》1：2；
139《新小说》1：5；
155《光明》1：2
寒 烟
51《开明》2：22，2：23
寒 斋
235《文艺春秋》2：1
寒 流
51《开明》1：12；
109《论语》126，127，130，132，134，142；
229《艺文杂志》1：5，2：3，2：9
寒 梅
189《西线文艺》1：5
寒 琪
92《文艺新闻》51，56；
107《文学月报》1：4
寒 雁
19《小说世界》5：8
寒 雯
113《新诗歌》1：3
寒 蝉
109《论语》139；
229《艺文杂志》1：6
寒 毅
85《文艺月刊》9：5；
158《中流》1：7
寒 操
149《逸经》24
富 伦
221《文艺先锋》12：6
富 竣
195《黄河》复刊3，5
富贵同
109《论语》8

富振声
259《东北文化》2：2
富士山尖一
51《开明》2：17
寓 庸
31《甲寅》1：44
窘 羊
109《论语》76；
127《人间世》5，14，24
粪 翁
209《万象》2：7，3：12
道 干
109《论语》34
道
92《文艺新闻》25
道 乐
93《青年界》新5：1
道 希
19《小说世界》15：23；16：1，
16：15
道 明
11《文学周报》81
道 始
18《歌谣》15
道 静
19《小说世界》13：2；
122《文学季刊》2：3
遂
31《甲寅》1：32
遂 民
252《北方文化》2：5
谟
109《论语》82，129，173
谢 仪
19《小说世界》12：3
谢 华
194《中国文化》2：4
谢 兴
68《戏剧与文艺》1：6，1：7
谢 安
51《开明》2：4
谢 声
56《乐群》1：1，1：5，1：6，2：
7，2，3，4
谢 芬
133《译文》1：6
谢 洪
1《新青年》1：6，2：2
谢 树
271《文学战线》2：4
谢 狱
172《七月》6：4；
198《现代文艺》4：4
谢 益
82《前锋周报》41
谢 庸
93《青年界》1：1；
270《小说》2：3，2：4
谢 康
10《小说月报》17：号外下，22：1；
15《创造》1：2；
40《真美善》3：2，3：5，4：1，

4：2；
51《开明》1：8；
83《现代文学》1：4；
85《文艺月刊》2：3

谢　曼

39《泰东》2：6

谢　逸

117《文学》5：1

谢　鸿

1《新青年》1：3

谢　琪

18《歌谣》39

谢　落

40《真美善》3：5

谢　紫

109《论语》120

谢　簃

255《北方》1：4

谢力鸣

271《文学战线》2：4

谢又怡

92《文艺新闻》32

谢子美

18《歌谣》2：35

谢云声

109《论语》35，44；
149《逸经》26

谢云翼

106《现代》5：6

谢元范

26《现代评论》3：62，3：76

谢无量

1《新青年》1：3，1：4；
10《小说月报》17：号外下

谢开模

142《中学生文艺季刊》2：3

谢友棋

51《开明》1：3

谢五知

229《艺文杂志》2：1，2：2

谢仁宏

275《文艺丛刊》8

谢六逸

10《小说月报》13：1，13：2，13：3，13：5，13：6，13：7，13：11，14：11，14：12，15：号外，18：1，18：2，18：4，18：5，18：6，18：8，18：9，18：11，18：12，19：1，19：2，20：1，20：2，20：7；
11《文学周报》32，100，147，157，158，176，182，187，190，224，284，342，351，352，355，364—368；
57《大江》1：1，1：2；
83《现代文学》1：2，1：3，1：4，1：5；
85《文艺月刊》3：9；
88《读书月刊》2：1；
93《青年界》1：1，1：2，1：3，3：4，6：2，7：1，8：1，8：2；
94《现代文学评论》1：1，1：2；

106《现代》6：3；
117《文学》1：3，3：3，4：5；
127《人间世》3，5；
132《太白》1：1；
139《新小说》1：2；
145《宇宙风》2，8，25；
212《文讯》创刊号，2：1，3：1，5：1；
235《文艺春秋》2：2

谢文炳

32《清华文艺》1：2，不定期4；
46《新月》1：8；
185《笔阵》新1：4；
221《文艺先锋》1：1

谢文适

225《时与潮文艺》5：5

谢文通

212《文讯》4：2—3，4：4—5，4：8—9；
225《时与潮文艺》3：1，4：6

谢文锦

1《新青年》不定期刊1

谢文耀

106《现代》5：3

谢方中

109《论语》164

谢未泯

145《宇宙风》94—95

谢世豪

7《曙光》1：3

谢东平

195《黄河》1，2：10

谢再善

195《黄河》4：2

谢有开

88《读书月刊》2：4—5

谢达明

106《现代》2：2

谢刚主

149《逸经》1；
229《艺文杂志》1：3，2：2，2：7—8

谢廷宇

15《作家》1：6；
85《文艺月刊》5：2，5：4，6：2，7：1

谢行晖

26《现代评论》1：18

谢庆尧

145《宇宙风》117—118；
225《时与潮文艺》2：1，2：2

谢冰心

92《文艺新闻》40

谢冰季

10《小说月报》22：4；
46《新月》2：4，3：2，3：9；
64《红黑》8；
85《文艺月刊》2：8

谢冰莹

85《文艺月刊》战时特刊3：3—4；
88《读书月刊》1：6，2：6；

93《青年界》7：1，新3：2，新6：2；
109《论语》27；
127《人间世》20，21，24，27，28；
145《宇宙风》3，4，14，15，16，17，37，43，49，50，52，67，82，100，125，别册1；
145附《宇宙风·逸经·西风非常时期联合旬刊》4；
149《逸经》4，22；
186《宇宙风乙刊》3，5，8，20；
190《通俗文艺》15；
195《黄河》1，2，3，4，5，6，7，8，9，10，11，12，2：1，2：4，2：8，2：9，2：10，2：11—12，复刊1，复刊2，复刊3，复刊4，复刊5，复刊6；
216《战时文艺》1：1，1：2；
220《文学创作》3：1；
221《文艺先锋》1：2，1：4，3：2，3：3，11：3—4，12：6；
226《风雨谈》11

谢宇衡

221《文艺先锋》13：3

谢守恒

85《文艺月刊》战时特刊1：8；
174《抗到底》7

谢安国

51《开明》2：5

谢兴尧

127《人间世》13，20，27；
145《宇宙风》19；
149《逸经》1，2，3，5，9，15，17，22

谢农山

142《中学生文艺季刊》1：3

谢寿康

63《金屋》1：3；
85《文艺月刊》6：1，7：5，7：6；
104《矛盾》1：5—6

谢志功

109《论语》155

谢志笃

5《少年中国》1：11

谢志恭

221《文艺先锋》11：1

谢芳春

255《北方杂志》1：6

谢扶雅

71《戏剧》1：1

谢位鼎

10《小说月报》15：2，15：5，16：12；
11《文学周报》347

谢宏徒

10《小说月报》22：7；
57《大江》1：1，1：2；
89《当代文艺》1：1，1：3；
92《文艺新闻》12

谢阿狗

109《论语》99

谢茂传

11《文学周报》48，50

谢卧子
85《文艺月刊》1：1
谢明山
36《北新》2：6
谢国屏
93《青年界》新5：3，新6：1
谢宗陶
14《学衡》62
谢承平
26《现代评论》4：103
谢诗君
97《创作》1：3
谢扊翔
18《歌谣》2：21
谢荣向
209《万象》3：11
谢南光
224《天下文章》1
谢挺宇
85《文艺月刊》5：5，7：4；
117《文学》5：5，6：3，7：1，8：3；
150《东方文艺》1：4，2：1；
171《烽火（呐喊）》创刊号；
172《七月》2：6；
176《自由中国》1：3；
177《文艺阵地》文阵新辑之一：去国；
202《文艺月报》6；
206《华北文艺》1：3；
257《长城》创刊号；
271《文学战线》2：1，2：5
谢星朗
12《戏》2：3
谢修人
41《民间文艺》9—10
谢修敔
41《民间文艺》9—10
谢保康
127《人间世》19
谢剑文
37《一般》9：3
谢闻玄
186《宇宙风乙刊》9，11，15
谢炳炎
46《新月》1：4
谢觉哉
242《新群众》1：1；
267《大众文艺丛刊》2
谢独逸
85《文艺月刊》战时特刊2：11—12
谢颂羔
19《小说世界》11：8，11：10
谢悯生
127《人间世》39，42
谢润声
195《黄河》复刊6
谢家玉
93《青年界》9：1，12：1
谢焉凌
109《论语》92
谢晨光
37《一般》5：3；

38《幻洲》1：11，1：12，2：5；
45《现代小说》1：4，2：2；
94《现代文学评论》2：3，3：1
谢逸华
199《野草》4：1—2
谢舶善
147《夜莺》1：2
谢婉莹
209《万象》3：7
谢维耀
19《小说世界》13：20，13：21
谢斯宾
58《白华》1：1
谢舞霞
18《歌谣》50
谢循初
5《少年中国》4：2，4：3，4：11；
93《青年界》新2：4
谢善继
93《青年界》9：1；
123《中国文学》2：2
谢楚桢
6《解放与改造》3：3，3：4
谢路易
11《文学周报》63
谢韵心
68《戏剧与文艺》1：1，1：10—11
谢福生
98《新时代》6：1
谢绿岑
19《小说世界》12：2
谢趣生
185《笔阵》新3
谢影心
25《语丝》5：26
谢凝野
26《现代评论》7：160
谢李香宾
26《现代评论》3：65
谦
19《小说世界》13：19
谦　弟
51《开明》2：13，2：14；
98《新时代》1：4，1：5，1：6，5：5；
134《太白》2：4
谦　若
85《文艺月刊》9：4，10：1
谦　益
93《青年界》新1：4
祺
109《论语》34
祺　南
127《人间世》10
扉
109《论语》29
弼　时
1《新青年》季刊4
巽　木
182《文艺新潮》1：9
巽　观
19《小说世界》2：10

遐　观

101《十字街头》3

疏　林

93《青年界》11：2

登　瀛

251《文艺杂志》2：5

缄　三

261《东北文艺》1：5

缅甸华

11《文学周报》118

缉

2《每周评论》6

缉　斋

1《新青年》5：6

缘　藏

19《小说世界》7：4

森　焱

195《黄河》1，2，4

十三画

瑞　民

88《读书月刊》2：2，2：3，3：4，3：5

瑞　光

242《新群众》1：4

瑞　华

25《语丝》95

瑞　贤

51《开明》1：7

瑞　琳

93《青年界》9：4

瑞　琦

262《平原文艺》2：2

瑞　锴

145《宇宙风》109，110

瑞　鑫

109《论语》87，88

瑜　启

200《新诗歌》1

瑜　珍

93《青年界》8：3

瑜　坤

36《北新》3：13；

39《泰东》1：11

魂　影

19《小说世界》12：5，12：7，12：11，民众文学4

韫　松

11《文学周报》353

瑟　若

85《文艺月刊》10：6，11：1

楠　祥

98《新时代》4：4—5

楠莱晏

40《真美善》6：3

楷　人

117《文学》7：5

楞　人

145《宇宙风》62

楞　定

51《开明》2：13

梗
99《涛声》1：12，1：21
槐　轩
226《风雨谈》21
榆　青
270《小说》3：3
槎　人
209《万象》3：12
槎　农
209《万象》2：11
楼　风
177《文艺阵地》7：1，7：2，7：3
楼　栖
198《现代文艺》4：5；
199《野草》1：5，3：5，4：1—2，复刊号；
208《诗创作》6，9；
211《文艺生活》光复版1，光复版6，海外版16，海外版17；
258《文艺丛刊》1，2
楼观泽
108《文艺茶话》2：1，2：2
楼建南
15《创造》2：2；
45《现代小说》1：1；
楼适夷
178《抗战文艺》4：1；
211《文艺生活》海外版10—11
楼桐孙
224《天下文章》3
楣
35《沉钟》1
橡　叶
209《万象》3：8
赖一哥
142《中学生文艺季刊》1：2
赖子英
145《宇宙风》128
赖少其
85《文艺月刊》战时特刊1：7，战时特刊1：8，战时特刊2：1；
172《七月》3：3；
177《文艺阵地》3：2
赖伏鸿
18《歌谣》29，46
赖新生
36《北新》2：13
靳　以
10《小说月报》21：3，21：9，21：12；
46《新月》3：3，4：7；
85《文艺月刊》2：11—12，3：1，3：2，3：7，3：8，3：10，4：1，4：3，5：1；
106《现代》1：6，2：5，3：1，3：4，4：2，4：3；
177《文学》1：6，2：1，2：4，3：1，3：4，5：4，6：1，6：5，9：4；
122《文学季刊》1：1，1：2，1：3，1：4，2：1，2：2，2：3；

128《小说》13，17；
134《太白》1：3，1：4，1：7；
136《水星》1：1，1：2，1：3，1：4，1：5，1：6，2：1，2：2；
138《文饭小品》1：1；
139《新小说》2：1；
145《宇宙风》85；
152《作家》1：1，1：2，1：4，1：5，2：1；
153《文季月刊》1：1，1：3，2：1；
158《中流》创刊号，1：3，1：5，1：10，1：11，2：8，2：10；
165《文丛》1：1，1：2，1：3，1：4，1：5，2：1，2：2，2：3，2：4，2：6—7；
171《烽火（呐喊）》呐喊：创刊号，2；烽火：2，3，5，6，7，10，13，14，17，18，20；
176《自由中国》新1：1，新2：1—2；
178《抗战文艺》3：1，7：2—3，10：1，10：4—5；
182《文艺新潮》1：1；
186《宇宙风乙刊》创刊号；
198《现代文艺》2：5，4：2，4：3，4：5，5：3，5：4，6：1；
211《文艺生活》2：2；
217《文艺杂志》1：1，1：3，1：5，2：2，新1：1；
222《青年文艺》新1：5；
223《人世间》复刊6，复刊11—12；
225《时与潮文艺》4：3，5：1，5：2；
233《当代文艺》1：3；
235《文艺春秋》2：3，3：2，3：3，4：3；
240《文哨》1：3；
244《文艺复兴》1：2，1：6，2：2，2：3，4：2；
246《文坛月报》1：3；
248《中原·文艺杂志·希望·文哨联合特刊》1：6；
253《清明》3；
256《萌芽》1：3，1：4；
266《中国作家》1：1，纪念特刊；
269《文艺工作》1；
270《小说》3：2，3：4，4：5，4：6，6：5—6

靳　倩

237《文学新报》1：5

靳　涛

265《胶东文艺》1：8

靳　溪

195《黄河》4：6

靳　麟

19《小说世界》民众文学4，民众文学5，民众文学7，民众文学10

靳以静

255《北方杂志》1：6

靳锦叶

195《黄河》4：4

甄　铃
248《中原·文艺杂志·希望·文哨联合特刊》1：3
甄瑞麟
236《高原》新 1：3
献　三
109《论语》60
献　书
6《解放与改造》1：8，2：3，2：4，2：5，2：10，2：12，2：13，2：14
献　青
142《中学生文艺季刊》1：2
献　曝
6《解放与改造》3：1
蒯斯曛
36《北新》4：17；
89《当代文艺》1：4；
92《文艺新闻》1，2，5，8，9，10，11，12，13，15，17，18，19，20
鄢　烈
262《平原文艺》1：6
鄢祥禔
4《国民》2：3
勤
106《现代》6：1
蓝　子
25《语丝》128；
98《新时代》2：2—3
蓝　天
221《文艺先锋》10：3，10：4，12：1，12：3—4，13：3
蓝　平
92《文艺新闻》3
蓝　叶
23《文艺周刊》国庆日增刊；
221《文艺先锋》10：6
蓝　兰
209《万象》2：9
蓝　凫
209《万象》1：6，1：8，1：9
蓝　冰
212《文讯》6：1，6：5
蓝　青
221《文艺先锋》5：6
蓝　明
211《文艺生活》光复版 17
蓝　非
249《白山》6
蓝　泯
211《文艺生活》海外版 6
蓝　洋
168《戏剧时代》1：1
蓝　茜
275《文艺丛刊》7
蓝　钰
272《群众文艺》2
蓝　烟
180《文艺》1：3，2：4，2：6，3：3—4；

193《戏剧与文学》1：1，1：3；
209《万象》4：7

蓝　锵

18《歌谣》75

蓝　澄

271《文学战线》2：3，2：5

蓝　鹰

201《戏剧春秋》2：1

蓝　露

218《文坛》5

蓝天净

221《文艺先锋》7：6

蓝公武

4《国民》1：1；
6《解放与改造》3：3，3：5，3：6，3：11，3：12，4：6；
252《北方文化》2：1，2：3，2：6

蓝公彦

6《解放与改造》3：4

蓝孕欧

18《歌谣》11，14，37，39

蓝志先

1《新青年》6：4

蓝萍心

109《论语》56；
127《人间世》19，22，28

蓝梦九

18《歌谣》10，12

蓝淑华

212《文讯》2：4

蓝路森

18《歌谣》38

蓝踪萍

145《宇宙风》87，88，90，94—95，97，108，111，116，119—120，121，125，127，133，134，139，140

蓝馥心

201《戏剧春秋》2：3

蓝璧金

220《文学创作》2：3

幕　史

93《青年界》12：1

蒨　芸

23《文艺周刊》26

蒨　苇

145《宇宙风》86

蒨　莳

10《小说月报》13：12

蒨　想

99《涛声》1：7

蓟　子

25《语丝》5：22

蓬

178《抗战文艺》3：1，3：3，3：4，3：5—6，3：7，3：8，3：9—10，3：11，4：2

蓬　子

10《小说月报》22：5，2：11；
11《文学周报》338；
25《语丝》87，89；

29《莽原》半月刊 1：16，半月刊 1：21，半月刊 1：23；
35《沉钟》7，8，11；
38《幻洲》1：11，2：3；
50《奔流》1：8，2：5；
54《无轨列车》5，6，8；
60《熔炉》1：1；
64《红黑》5；
65《人间月刊》1，2；
74《新文艺》2：2；
75《萌芽》1：1，1：2，1：4，1：5；
85《文艺月刊》战时特刊 2：3，战时特刊第 11 年第 4 月号；
88《读书月刊》1：1；
91《文学生活》1；
92《文艺新闻》28，53；
93《青年界》2：1；
100《北斗》1：1，1：2，1：4，2：1；
107《文学月报》1：1，1：2；
157《今代文艺》1：2；
178《抗战文艺》1：6，1：8，1：11，2：5，2：7，2：9，4：2，4：3—4，5：4—5，5：6，6：1，6：2，6：3，6：4，7：1，7：2—3，7：4—5，7：6，8：1—2；
192《文学月报》2：5；
217《文艺杂志》1：2；
218《文坛》创刊号，4

蓬　白

113《新诗歌》2：1；

蓬　壶

19《小说世界》5：12

蓬麦哲

155《光明》3：5；
172《七月》1：4

蒲

117《文学》2：3，5：6，6：2；
211《文艺生活》光复版 15

蒲　子

106《现代》5：1

蒲　风

113《新诗歌》1：1，1：2，1：5，1：6—7，2：1，2：2，2：4；
117《文学》7：4，8：2；
124《新诗歌》创刊号，2—3，4；
126《诗歌月报》1：1；
130《当代文学》1：4；
131《东流》1：3—4，1：6；
148《诗歌生活》1，2；
155《光明》1：4，1：11；
157《今代文艺》1：3；
159《诗歌杂志》1，2，3；
177《文艺阵地》3：9；
180《文艺》1：1

蒲　火

206《华北文艺》1：2

蒲　水

11《文学周报》353

蒲　布
195《黄河》5
蒲　汀
223《人世间》复刊 13；
248《中原·文艺杂志·希望·文哨联合特刊》1：1
蒲　牢
10《小说月报》21：8，21：9，21：10；
117《文学》2：1，3：6；
158《中流》1：7
蒲　君
11《文学周报》162；
88《读书月刊》2：3
蒲　岩
85《文艺月刊》战时特刊 5：1
蒲　剑
270《小说》2：3
蒲　哲
71《戏剧》2：5
蒲　梢
10《小说月报》15：4，20：1，20：2；
11《文学周报》128，155；
33《现代文学》1：2
蒲　粲
127《人间世》19
蒲公英
99《涛声》2：19；
175《战地》1：1
蒲白英
12《戏剧》1：2，1：4，1：5，1：6，2：2，2：3
蒲伯英
12《戏剧》2：1
蒲梅龄
207《时代文学》1：1
蓉
209《万象》3：4，3：6
蓉　芳
109《论语》174
蓉　圃
167《文学杂志》3：3
蒙　天
219《文学批评》创刊号，2
蒙　田
270《小说》2：5
蒙　生
10《小说月报》20：5，20：7，20：10，21：1
蒙　苍
25《语丝》5：20
蒙　沙
133《译文》2：6，新 2：6
蒙　胧
219《文学批评》2
蒙　葵
138《文饭小品》1：2
蒙文通
14《学衡》79；
31《甲寅》1：21

楚　云

36《北新》3：20—21；

195《黄河》4，5，7，2：5—6

楚　丘

117《文学》7：1

楚　伦

19《小说世界》13：11

楚　江

195《黄河》2：9；

242《新群众》2：1

楚　阳

158《中流》2：3

楚　材

221《文艺先锋》5：6

楚　男

92《文艺新闻》22

楚　狂

11《文学周报》224，310；

25《语丝》4：25，4：30，4：36；

38《幻洲》1：5，2：7；

55《大众文艺》1：1；

99《涛声》1：21，1：22，1：23，1：24，1：25，1：29，1：30，1：31，1：32，1：35，1：36，2：1，2：4，2：5，2：10，2：20，2：21，2：35

楚　英

145《宇宙风》142，143，147—148，149，150

楚　鸣

24《洪水》半月刊 2：17

楚　茨

23《文艺周刊》1，8，29，30，35，39，40

楚　音

110《小说月报》10

楚　彦

273《文艺月报》4

楚　客

133《译文》新 3：1

楚　湘

85《文艺月刊》战时特刊第 11 年 8 月号；

221《文艺先锋》2：1，2：4

楚　强

109《论语》62

楚　楚

109《论语》37

楚　僧

4《国民》1：3，1：4

楚　骥

211《文艺生活》海外版 15

楚天碧

241《文艺大众》7

楚怀南

211《文艺生活》海外版 10—11

楚图南

212《文讯》6：6

楚振元

106《现代》6：1

楚狂老人

99《涛声》1：23，1：25，1：26，

1：27，1：34，2：2，2：8；
109《论语》36，38
想
249《白山》2
碍 哥
109《论语》14
碎 玉
19《小说世界》4：1，4：3，4：6
感 生
109《论语》149
感 沁
93《青年界》8：2
雷
109《论语》92
雷 弓
181《文艺突击》新 1：2；
197《大众文艺》1：3
雷 子
93《青年界》10：5
雷 天
211《文艺生活》光复版 13；
215《奔流新集》1
雷 夫
181《文艺突击》新 1：2
雷 加
172《七月》6：1—2，6：4；
177《文艺阵地》3：8，4：7；
181《文艺突击》新 1：1，新 1：2；
184《文艺战线》1：5；
189《西线文艺》1：1，1：2；
190《通俗文艺》12；
192《文学月报》2：1—2，2：6；
197《大众文艺》1：5，1：6；
202《文艺月报》4；
207《时代文学》1：3；
214《谷雨》1：2—3
224《天下文章》2；
249《白山》创刊号，2，3，5；
270《小说》2：5；
271《文学战线》2：1
雷 宁
155《光明》1：9，2：11
雷 迅
109《论语》64；
145《宇宙风》26
雷 妍
167《文学杂志》3：6；
229《艺文杂志》2：1；
241《文艺大众》3
雷 研
229《艺文杂志》2：3
雷 点
199《野草》新 2 号，新 3 号
雷 峰
235《文艺春秋》4：3
雷 隼
142《中学生文艺季刊》3：2
雷 诺
145《宇宙风》别册 3
雷 盛
82《前锋周报》10

雷　烽
272《群众文艺》创刊号
雷　隆
272《群众文艺》4
雷　焱
209《万象》4：2，4：4，4：5
雷　熙
26《现代评论》3：69
雷　蒙
172《七月》5：2
雷　蕾
208《诗创作》3：4；
211《文艺生活》1：3，1：5，2：6
雷丹林
92《文艺新闻》51
雷石榆
85《文艺月刊》战时特刊3：5—6，战时特刊3：10—11，战时特刊4：2，战时特刊5：1；
93《青年界》9：5；
147《夜莺》1：2，1：3，1：4；
148《诗歌杂志》1，2，3；
150《东方文艺》1：2，1：3，1：4，2：1；
159《诗歌杂志》3；
163《热风》1：1；
176《自由中国》新1：1；
177《文艺阵地》3：4；
178《抗战文艺》3：5—6，3：11；
182《文艺新闻》2：6；
185《笔阵》新1；
189《西线文艺》1：1；
216《战时文艺》1：4，1：6，2：1，2：2
雷白韦
90《诗刊》3
雷丹林
92《文艺新闻》50
雷百违
36《北新》2：22；3：4，3：16
雷成初
109《论语》147
雷秀岚
226《风雨谈》14
雷初步
149《逸经》30
雷雨前
131《东流》2：1；
148《诗歌杂志》1
雷鸣蛰
106《现代》6：4
雷金波
26《现代评论》5：112
雷金流
212《文讯》5：1
雷泽光
212《文讯》6：5
雷承道
98《新时代》3：4
雷晋笙
10《小说月报》15：号外；
11《文学周报》128，129

雷真原
226《风雨谈》4，7
雷海灵
85《文艺月刊》9：5
雷海宗
196《战国策》6，11，15—16；
《战国》副刊：2，10，13，14
雷润梅
19《小说世界》4：6
雷紫英
142《中学生文艺季刊》3：2
雷溅波
177《文艺阵地》3：11
雷甄野
142《中学生文艺季刊》1：1
雷磐默
85《文艺月刊》9：4，10：2
零　之
25《语丝》4：24
零　零
207《时代文学》1：3
雾　丁
93《青年界》新3：4，新3：5
颐　荪
93《青年界》8：5
裘　痴
38《幻洲》1：1
裘　鹏
98《新时代》3：5—6，4：1
裘克安
243《文联》1：1
裘尚中
41《民间文艺》9—10
裘柱常
24《洪水》半月刊1：4，半月刊1：8，半月刊2：15；半月刊2：20，半月刊2：23—24；
38《幻洲》2：1；
50《奔流》1：3，1：7；
57《大江》1：1；
61《朝花》周刊7；
104《矛盾》发动号
裘敏芗
209《万象》2：11
裘敏斋
209《万象》2：10
裘维琳
19《小说世界》2：5，8：3
熙
36《北新》1：6，1：16；
109《论语》6；
135《光明》2：7
熙　明
145《宇宙风》115
频　仍
32《清华文艺》不定期刊5
频　迦
109《论语》173
虞
114《艺术新闻》3
虞　人
93《青年界》新2：4；

177《文艺阵地》3：1
虞　文
195《黄河》4：1
虞　迅
202《文艺月报》7
虞　廷
10《小说月报》14：6，14：8
虞　孙
25《语丝》5：3，5：15，5：17，5：23；
61《朝花》旬刊 1：2
虞　起
198《现代文艺》1：3
虞　棘
265《胶东文艺》1：6—7；
275《文艺丛刊》7
虞　集
140《芒种》8
虞　湘
93《青年界》9：4
虞　裳
6《解放与改造》1：2，1：3，1：6
虞　愚
212《文讯》3：3
虞介蕃
19《小说世界》7：2，7：8，9：6
虞杏村
1《新青年》7：3
虞岫云
89《当代文艺》1：5；
90《诗刊》4；
94《现代文学评论》1：1，1：2；
98《新时代》创刊号，1：2，1：3，1：4，1：5，1：6，2：2—3，2：4—5，5：4；
103《絜茜》1：1
虞和富
145《宇宙风》10
虞挺英
223《人世间》复刊 11—12
虞钟湜
88《读书月刊》2：1
虞恰卿
109《论语》54
鉴　芳
25《语丝》96
鉴　泉
24《洪水》半月刊 2：22，半月刊 3：34；
52《山雨》1：4，1：7
鉴　赏
51《开明》1：2
暗　天
11《文学周报》318
睡　畅
149《逸经》18
睢　子
142《中学生文艺季刊》1：2
畸　士
118《文艺春秋》1：1
路
11《文学周报》94

路　一

159《诗歌杂志》2，3

路　丁

117《文学》5：6；
146《海燕》1：2；
153《文季月刊》1：2；
156《现实文学》1；
172《七月》2：2；
195《黄河》6，2：1，2：5—6，2：7，2：8，2：9，2：10，3：1，3：2，4：1；
262《平原文艺》2：1

路　凡

198《现代文艺》4：6，5：3

路　夫

264《诗创造》2：2

路　友

272《群众文艺》3

路　厄

127《人间世》39

路　风

201《戏剧春秋》1：5

路　生

36《北新》4：15

路　西

109《论语》68

路　苇

264《诗创造》9

路　易

11《文学周报》29，37，56，61，66，67，83，86，88，171；
12《戏剧》2：3

路　金

221《文艺先锋》1：3

路　庚

206《华北文艺》1：3

路　迦

182《文艺新潮》1：8

路　珊

235《文艺春秋》丛刊1

路　茜

85《文艺月刊》6：1，6：3

路　野

172《七月》1：1

路　翎

172《七月》5：3，6：3，6：4，7：1—2；
178《抗战文艺》9：5—6，10：4—5；
217《文艺杂志》新1：3；
220《文学创作》3：1；
223《人世间》复刊 8—9，复刊 11—12；
238《希望》1：1，1：2，1：3，1：4，2：1，2：2，2：4；
244《文艺复兴》1：5；
246《文坛月报》1：1，1：2，1：3；
247《人民文艺》2；
248《中原·文艺杂志·希望·文哨联合特刊》1：1，1：3，1：4，1：6；
260《呼吸》创刊号，2，3；
266《中国作家》1：3；

268《蚂蚁小集》2，3，4，6，7；
270《小说》3：3
路　滴
159《诗歌杂志》3
路　德
222《青年文艺》5
路传欣
93《青年界》新 6：1
路汝悌
7《曙光》1：1
路寿南
93《青年界》6：5
路希平
250《鲁迅文艺》1：1
路易士
93《青年界》8：4，9：1，9：4，12：1；
106《现代》5：1，5：5；
141《文艺》2：3，2：4，2：5—6，5：4；
157《今代文艺》1：1，1：3；
160《新诗》1：1，1：2，1：3，1：4，1：5，1：6，2：1，2：2，2：3—4；
167《文学杂志》1：4；
182《文艺新潮》1：6，1：7；
226《风雨谈》1，10，14，15，20
路金添
93《青年界》新 2：1
路荣起
145《宇宙风》127
路荣超
208《诗创作》17
路桂林
262《平原文艺》2：3
嗣　銮
127《人间世》12
嵩　山
25《语丝》59
嵩　甫
111《文化月报》(《世界文化》) 1：1，1：2
罪　犂
250《鲁迅文艺》1：2
蜀　人
145《宇宙风》23
蜀　冈
36《北新》4：20
蜀　青
180《文艺》2：3，2：5，2：6，3：1
蜀　雨
142《中学生文艺季刊》3：2
蜀　宾
117《文学》2：1
蜀　僧
109《论语》28，34
煦
155《光明》2：7
照　成
109《论语》17

照　顾
51《开明》1∶11
照　熹
51《开明》2∶1
愚
145《宇宙风》46
愚　夫
92《文艺新闻》31
愚　公
5《少年中国》4∶2，4∶6；
6《解放与改造》3∶1；
51《开明》2∶4；
145《宇宙风》别册3；
186《宇宙风乙刊》54
愚　民
51《开明》2∶23
愚工繂
55《大众文艺》2∶5—6
稚　人
198《现代文艺》3∶6；
212《文讯》3∶6，4∶6—7
稚　山
93《青年界》6∶3
稚　云
11《文学周报》80；
221《文艺先锋》13∶2
稚　吾
36《北新》4∶4；
55《大众文艺》2∶4；
109《论语》54，56
稚　英
143《杂文》3
稚　晖
26《现代评论》1∶2，1∶4，1∶8，
6∶138；
28《猛进》10，32
稚　望
11《文学周报》249—250；
36《北新》1∶10
稚　鹿
51《开明》2∶4
错
109《论语》8
锡
109《论语》4，8，123
锡　五
44《文化批判》2；
79《巴尔底山》1∶4
锡　光
51《开明》2∶2
锡　师
109《论语》31
锡　如
47《流沙》6
锡　金
85《文艺月刊》战时特刊1∶12；
127《人间世》18，26，29，33，
40；
137《当代诗刊》创始号，1∶2，1∶
3—4；
141《文艺》2∶1，4∶4，5∶3；

155《光明》1：3；
175《战地》1：1；
177《文艺阵地》1：2，2：1，2：2，2：4，2：5，2：7，3：10，4：2，4：7，4：8，4：9，5：1，6：5；
178《抗战文艺》1：3，1：8，1：11，2：7；
182《文艺新潮》1：6，1：7，1：9，1：10，1：11，2：1，2：2，2：4，2：6；
183《鲁迅风》4，6，12，14，16，18，19；
188《新中国文艺丛刊》1，3，4；
191《文艺新闻》创刊号，4，7；
193《戏剧与文学》1：1，1：4；
203《奔流文艺丛刊》1；
208《诗创作》6；
211《文艺生活》海外版 15；
215《奔流新集》1；
235《文艺春秋》丛刊 3，丛刊 4，丛刊 5，2：2，2：3；
271《文学战线》2：5；
273《文艺月报》创刊号，2，4

锡　琪

109《论语》115

锡　滨

98《新时代》5：4

锡　襄

18《歌谣》94

锦　帆

142《中学生文艺季刊》3：1

锦　江

11《文学周报》265

锦　如

109《论语》36

锦　轩

82《前锋周报》1，4，5，6，8，9，10，11，13，15，17，18，19，20，21，22，23，26

锦　明

10《小说月报》18：7，18：11，19：4；
11《文学周报》278；
36《北新》3：1，3：8，3：10；
37《一般》3：1

锦　清

261《东北文艺》2：2

锦　遐

40《真美善》1：9

筹

36《北新》1：16

筠　心

219《文学批评》2

筠　屏

211《文艺生活》海外版 13

筱　云

58《白华》1：3

筱　延

122《文学季刊》1：4；
153《文季月刊》1：5

筱　伊
149《逸经》17
筱　伯
127《人间世》30
筱　波
19《小说世界》13：5
筱　秋
31《甲寅》1：40
筱　莹
113《新诗歌》2：1
筱　逗
36《北新》3：18
筱　舫
145《宇宙风》56
筱　瑛
26《现代评论》6：140
筱　盦
19《小说世界》14：15
简　兮
25《语丝》105
简　公
109《论语》32
简　正
51《开明》新3号；
209《万象》3：5
简　戎
159《诗歌杂志》2，3
简　明
93《青年界》新4：4
简　桃
213《草叶》5
简　概
229《艺文杂志》2：9，3：1—2
简　壤
247《人民文艺》3
简又文
25《语丝》56，67；
109《论语》30，31，33，35，36，37；
127《人间世》1，2，3，4，5，8，9，10，11，13，14，15，16，31，40；
145《宇宙风》107；
149《逸经》1，2，4，5，6，7，9，10，11，12，13，14，15，17，19，20，22，23，24，25，26，27，28，29，30，32，33；
178《抗战文艺》4：1
简慕瑜
12《戏剧》1：6
傻　俪
145《宇宙风》30
毁　堂
182《文艺新潮》2：1，2：3；
188《新中国文艺丛刊》4；
191《文艺新闻》2，3，4，5，11
毁　尊
38《幻洲》2：7
皃　公
108《文艺茶话》2：2，2：7
魁　芜
174《抗到底》6

微
85《文艺月刊》7：6；
109《论语》65；
143《杂文》3；
221《文艺先锋》10：1
微　丁
205《五十年代》2：1
微　风
274《平原》2：1
微　尘
76《拓荒者》1
微　远
51《开明》新5
微　明
39《一般》9：3；
134《太白》1：6；
177《文艺阵地》1：1，1：2，1：4
微　波
134《太白》1：10
微　音
45《现代小说》1：5
微　霉
25《语丝》5：9
微　霞
40《真美善》6：4
愈　之
10《小说月报》12：2，14：2，14：9，15：8，18：12；
11《文学周报》19，39，40，75，76，85，91，100，122，175，187，197，223，225；
37《一般》3：1，8：4，9：4；
199《野草》3：1，3：5；
210《笔谈》4
愈　心
51《开明》1：3
愈　胜
190《通俗文艺》6
愈　清
145《宇宙风》127
愈淡如
51《开明》1：3
遥　于
93《青年界》新4：5，新5：1
腥　脓
18《歌谣》7
鹏　举
36《北新》1：26
腾　固
10《小说月报》16：1，16：5，16：7，17:1，17：7，17：8，17：9，17：号外上
腾沁华
10《小说月报》19：6
解　人
108《文艺茶话》2：3，2：7
解　方
145《宇宙风》131
解　民
25《语丝》140
解　华
255《北方》1：2；

262《平原文艺》2：3；
267《大众文艺丛刊》2
解　纷
195《黄河》2
解　隶
199《野草》第6号
解　清
267《大众文艺丛刊》1
解焕基
109《论语》166，176
颖
109《论语》9，11，13，14；
145《宇宙风》129
颖　子
59《春潮》1：4
颖　夫
127《人间世》17
颖　文
52《山雨》1：1，1：2，1：3，1：7
颖　生
109《论语》99，101
颖　灿
142《中学生文艺季刊》1：2，1：3，2：2，2：3
颖　炯
93《青年界》11：5
颖　息
211《文艺生活》光复版9
鲍　介
177《文艺阵地》3：12，4：1
鲍　风
39《泰东》2：1
鲍　雨
136《水星》2：1；
137《当代诗刊》1：3—4；
170《新演剧》新1：2；
178《抗战文艺》1：9
180《文艺》3：2；
182《文艺新潮》2：9；
221《文艺先锋》11：5
鲍　清
36《北新》1：26，2：8
鲍　鼎
14《学衡》44，46
鲍　群
235《文艺春秋》4：1
鲍文希
93《青年界》新1：1
鲍文蔚
85《文艺月刊》3：8，4：2，6：1；
229《艺文杂志》1：4，2：5，2：6，2：7—8，2：11
鲍世故
109《论语》21，22，24，26，32，33，35，38
鲍志惠
10《小说月报》15：号外
鲍成旺
19《小说世界》13：10，13：14，13：18

鲍秉铨
109《论语》169
鲍莘锄
209《万象》2：11，3：9，4：1，4：3
鲍振声
221《文艺先锋》11：1，11：3—4，12：1
鲍维湘
84《开展》10—11
鲍鹤群
183《鲁迅风》19
鲍霭如
209《万象》3：8
詹 詹
18《歌谣》3：5
詹 濬
142《中学生文艺季刊》1：2
詹幼馨
142《中学生文艺季刊》3：1
詹安泰
212《文讯》4：1，4：2—3
詹纯丰
51《开明》1：12
詹涤清
51《开明》1：8
詹容清
145《宇宙风》131
靖
16《努力周报》65
靖 华
85《文艺月刊》战时特刊3：10—11；
109《论语》48；
117《文学》3：1；
133《译文》新1：1；
177《文艺阵地》4：7，6：1，6：4；
192《文学月报》2：5；
211《文艺生活》2：2；光复版5，光复版6；
217《文艺杂志》1：1，1：2，1：3，1：4，2：1
鹏 溪
178《抗战文艺》9：1—2
韵
24《洪水》周年增刊
韵 心
68《戏剧与文艺》1：3；
130《当代文学》1：2；
170《新演剧》1：4
韵 石
28《猛进》8
韵 声
149《逸经》10
韵 英
44《文化批判》5
韵 波
206《华北文艺》1：3
韵 铎
24《洪水》周年增刊；
38《幻洲》1：6；
47《流沙》1，3；

49《畸形》1；
55《大众文艺》2：3，4：5—6；
70《引擎》1
韵　海
183《鲁迅风》15
韵　笙
29《莽原》周刊 5
韵　绿
19《小说世界》3：11，3：12
韵　蒨
212《文讯》7：4
韵　裳
12《戏剧》2：4
新
117《文学》3：4；
215《奔流新集》2；
221《文艺先锋》2：5—6，3：1，3：2，3：3，3：4，3：5，4：3，4：6
新　川
36《北新》2：14
新　心
74《新文艺》1：6
新　民
40《真美善》1：2
新　矛
198《现代文艺》1：4
新　光
4《国民》2：3
新　农
92《文艺新闻》53
新　克
141《文艺》5：4
新　园
140《芒种》3
新　兵
109《论语》88
新　苗
109《论语》64；
195《黄河》复刊 6
新　凯
1《新青年》9：5，9：6
新　物
109《论语》89
新　波
113《新诗歌》2：1；
131《东流》2：1，2：4，3：1；
134《太白》1：3；
140《芒种》6；
150《东方文艺》2：1；
157《诗歌杂志》1；
162《小说家》1：1；
163《热风》1：2；
165《文丛》2：1；
176《自由中国》新 1：1；
177《文艺阵地》2：9，3：6，3：8，3：9，4：10；
199《野草》1：2，5：5，新 2 号，第 9 集；
210《笔谈》7；
211《文艺生活》海外版 13；
227《艺丛》1：1；

231《新文学》1：3，1：4；
237《文学新报》1：3；
245《文章》1：2；
270《小说》2：2，2：3

新　城

6《解放与改造》2：8；
26《现代评论》3：61

新　觉

145《宇宙风》127

新　莽

158《中流》1：11，2：4，2：5，2：8

新　斋

109《论语》40，43

新　凉

221《文艺先锋》11：1

新　涌

265《胶东文艺》1：4

新　球

134《太白》2：4

新　野

130《当代文学》1：5

新　铭

93《青年界》10：1

雍　也

25《语丝》19

雍　夫

131《东流》创刊号，1：2，1：5，2：4

雍　文

11《文学周报》156

雍　熹

221《文艺先锋》6：4—5

意　之

36《北新》2：15

意　平

36《北新》4：16

意　波

51《开明》2：3

廉　泉

14《学衡》24，25，28，31，33

廉子真

202《文艺月报》16

廉琵劳

38《幻洲》2：2，2：3

痴　云

10《小说月报》13：11

痴　灵

19《小说世界》1：11

慎　之

221《文艺先锋》6：4—5

慎　夫

169《中国文艺》1：1

慎　平

274《平原》12

慎　先

85《文艺月刊》2：11—12，3：3；
99《涛声》1：8，2：4，2：9；
125《春光》1：2

慎　吾

11《文学周报》47

慎抱
10《小说月报》15：9
慎愚
221《文艺先锋》12：2
慎微之
19《小说世界》8：11
阙文
141《文艺》4：1
阙名
46《新月》2：8
阙仲瑶
51《开明》1：4
煤
51《开明》1：2
煜子
247《人民文艺》4
煜铭
93《青年界》新4：4
满红
36《北新》2：12，2：19，3：20—21，4：17
满涛
180《文艺》1：5，1：6，2：1，2：3，3：3—4；
188《新中国文艺丛刊》2，4；
191《文艺新闻》创刊号，2
满洲遗民
109《论语》66
漠华
13《诗》1：3，1：4；
27《支那二月》1：2
漠芽
197《大众文艺》2：2
漠青
224《天下文章》2：5—6；
238《希望》1：3
漠驼
109《论语》97
滢
26《现代评论》5：121
源
109《论语》31；
117《文学》2：6，6：3；
191《文艺新闻》2
源西
110《小说月刊》1：2，1：3
源新
177《文艺阵地》5：1；
183《鲁迅风》4，5，6，7，8，9，10，11，12；
188《新中国文艺丛刊》1
源源
19《小说世界》12：1
溪
25《语丝》5：28；
92《文艺新闻》17；
145《宇宙风》87
溪浈
1《新青年》季刊1
溜子
10《小说月报》22：1；
36《北新》4：16；

96《文艺杂志》1：3，1：4；
109《论语》60
溜　萤
79《巴尔底山》1：2—3
溢
25《语丝》4：13
溯　源
38《幻洲》2：7
滨　沙
88《读书月刊》1：1
滨　洛
235《文艺春秋》4：3
溶　池
236《高原》2
溶　炉
79《巴尔底山》1：1
溟
143《杂文》1
溟　若
11《文学周报》114，120，122，123；
70《引擎》1
慈　僧
26《现代评论》4：80
慈　谿
11《文学周报》97
塞
185《笔阵》13
塞　风
265《胶东文艺》创刊号，1：8
塞　声
261《东北文艺》1：2
塞　克
172《七月》2：6；
175《战地》1：4；
178《抗战文艺》武汉特刊3，武汉特刊4；
181《文艺突击》新1：1，新1：2；
197《大众文艺》创刊号，1：2；
200《新诗歌》2；
259《东北文化》1：2，1：3，1：4；
261《东北文艺》创刊号；
272《群众文艺》3
塞　草
264《诗创造》6
窦　之
142《中学生文艺季刊》1：2
窦　彬
19《小说世界》15：23
窦　斌
51《开明》2：6
窦隐夫
135《文学新地》1；
155《光明》战时特刊号外4
窦培恩
51《开明》1：3
谨　隅
142《中学生文艺季刊》3：1
谬　谬
117《文学》9：1
福
215《奔流新集》1

福　山
109《论语》47
福　长
97《创作》1：4
福　同
6《解放与改造》2：11，2：15，2：16
福　林
267《大众文艺丛刊》1
福　星
199《野草》3：3—4
福　渭
99《涛声》1：31
福　煦
109《论语》8
褚　平
145《宇宙风》150
褚　标
272《群众文艺》3，6
褚　嘉
261《东北文艺》2：3；
271《文学战线》创刊号，2：2
褚东郊
10《小说月报》15：10，17：3，17：号外上；
11《文学周报》185，196，201，207
褚民意
28《猛进》22
褚同福
51《开明》2：4
褚问鹃
93《青年界》5：1；
98《新时代》4：1，5：1，5：2；
221《文艺先锋》5：6
褚保时
10《小说月刊》14：7，14：9，15：9
褚葆卫
1《新青年》2：5
褚雅鸣
117《文学》4：5
禓云琏
172《七月》6：1—2
辟　支
99《涛声》2：46
辟　玉
11《文学周报》159
群
28《猛进》14；
31《甲寅》1：29，1：30，1：31，1：32，1：33；
85《文艺月刊》2：1，2：2；
149《逸经》21；
178《抗战文艺》3：11；
221《文艺先锋》7：5；
249《白山》5
骝
221《文艺先锋》2：5—6，3：1

十四画

瑶
202《文艺月报》10
韬　公
26《现代评论》7：163

静
229《艺文杂志》1：6
静　川
133《译文》1：4；
217《文艺杂志》1：5
静　之
24《洪水》半月刊1：1
静　子
130《当代文学》1：2；
141《文艺》2：4
静　公
226《风雨谈》5
静　文
41《民间文艺》5
静　贞
25《语丝》30
静　因
11《文学周报》351，355，357
静　伧
221《文艺先锋》6：1
静　华
106《现代》2：6
静　安
93《青年界》2：1
静　农
10《小说月报》15：8；
25《语丝》41；
29《莽原》周刊3，周刊10，半月刊1：4，半月刊1：5，半月刊1：18，半月刊1：20，半月刊2：2；
43《未名》2：5，2：6
静　观
10《小说月报》12：号外；
11《文学周报》2；
109《论语》6：4
静　远
235《文艺春秋》副刊1：1，副刊1：3
静轩（主人）
19《小说世界》1：4，1：8，1：10，1：11，1：13，2：2，2：8，2：9，2：12，2：13，3：1，3：4，3：5，3：7，3：10，4：8
静　我
159《诗歌杂志》2，3
静　闲
19《小说世界》11：13
静　沅
187《戏剧岗位》1：2—3，2：2—3
静　沉
40《真美善》5：1，5：2
静　君
41《民间文艺》7，9—10，11—12；
108《文艺茶话》2：9；
211《文艺生活》光复版5
静　枝
51《开明》1：4
静　明
117《文学》1：1
静　波
19《小说世界》11：6，11：7，11：10；

259《东北文化》1∶1;
271《文学战线》2∶5
静 春
240《文哨》1∶1
静 思
36《北新》1∶13
静 闻
11《文学周报》207，234，247—248，249—250;
36《北新》1∶19，1∶47—48，1∶51—52;
41《民间文艺》1，2，3，5，6，8，9—10，11—12;
198《现代文艺》3∶5;
199《野草》3∶5，第8集;
208《诗创作》7，10，13，15;
211《文艺生活》1∶2，光复版17，海外版2，海外版6，海外版9，海外版10—11;
219《文学批评》2;
222《青年文艺》5;
267《大众文艺丛刊》3;
270《小说》2∶5
静 恒
26《现代评论》4∶96
静 莹
265《胶东文艺》1∶3
静 峰
36《北新》3∶4
静 斋
36《北新》1∶17
静 娴
109《论语》32
静 虚
178《抗战文艺》10∶4—5
静 惟
229《艺文杂志》2∶1
静 渊
25《语丝》119
静 涵
104《矛盾》2∶3;
145《宇宙风》151
静 影
19《小说世界》1∶1，1∶2，1∶4，1∶5，1∶7，1∶8，1∶11，1∶13，3∶4，3∶6，3∶12，4∶1，4∶12

碧
109《论语》55
碧 三
52《山雨》1∶5
碧 夫
174《抗到底》18，19
碧 云
88《读书月刊》3∶1—2;
106《现代》6∶2
碧 严
221《文艺先锋》12∶1
碧 君
145《宇宙风》75;
186《宇宙风乙刊》3，6，9，11，19，20，28

碧　青
201《戏剧春秋》1：5
静　波
272《群众文艺》10
碧　珊
199《野草》3：1，4：1—2
碧　茵
93《青年界》7：1；
141《文艺》2：4，3：1，3：6，5：3；
172《七月》3：6
碧　星
98《新时代》4：3
碧　泉
155《光明》1：11，2：12
碧　晖
109《论语》40
碧　涛
222《青年文艺》5
碧　野
117《文学》9：1；
141《文艺》5：4；
155《光明》2：2，3：4；
159《诗歌杂志》2，3；
164《希望》1：2；
165《文丛》2：1；
177《烽火（呐喊）》11；
175《战地》1：2；
176《自由中国》创刊号，1：3，新1：1；
177《文艺阵地》1：3，2：9，2：11，3：11，4：5，7：4；
178《抗战文艺》1：4，2：8，5：6，7：4—5，9：3—4，10：6；
185《笔阵》新6；
192《文学月报》1：4，3：2—3；
195《黄河》2：2，2：7，3：1，复刊1，复刊2；
198《现代文艺》2：5，3：3；
203《奔流文艺丛刊》5；
211《文艺生活》2：1，光复版6；
212《文讯》7：3，7：4，7：5，8：5；
216《战时文艺》1：1，1：6，2：1；
218《文坛》创刊号；
220《文学创作》3：1，3：2；
223《人世间》复刊6
224《天下文章》2：4；
225《时与潮文艺》2：3，2：6，4：1，4：6；
234《微波》1：2；
235《文艺春秋》5：1，5：2，5：4，6：3；
240《文哨》1：3；
247《人民文艺》5；
266《中国作家》1：3
碧　辉
109《论语》55，58
碧　遥
106《现代》6：2；
134《太白》2：2

碧　漪
19《小说世界》16：19，16：20，16：23，18：1
碧梧桐馆
19《小说世界》侦探号
榴
77《艺术》1：1；
109《论语》52
榴　花
141《文艺》3：5
榕　客
19《小说世界》9：5，9：7
瑕
109《论语》1，4，5，6，7，9，10，11
兢　之
93《青年界》12：1；
177《文艺阵地》1：7
赫　公
175《战地》1：2
赫　生
109《论语》118
赫　戏
151《文学丛报》4；
159《诗歌杂志》2，3；
166《文艺科学》1
赫　林
76《拓荒者》3；
79《巴尔底山》1：4
赫　非
155《光明》3：5
赫　然
191《文艺新闻》6
酸　狼
26《现代评论》2：52
彀　人
37《一般》5：2，6：1，8：1，9：3
歌　川
109《论语》36；
138《文饭小品》1：2
歌　利
264《诗创造》2：2
歌　萍
221《文艺先锋》13：1
嘉
109《论语》24
嘉　丁
264《诗创造》8
嘉　木
268《蚂蚁小集》5
嘉　生
34《创造月刊》2：1，2：2，2：3；
75《萌芽》1：4；
177《文艺阵地》6：1
嘉　白
18《歌谣》61
嘉　辛
25《语丝》4：49
嘉　音
109《论语》63；
145《宇宙风》20，22；
145 附《宇宙风·逸经·西风非常

时期联合旬刊》4，7
嘉　桂
85《文艺月刊》战时特刊2：5，战时特刊3：5—6，战时特刊3：10—11，
嘉　既
109《论语》106
嘉　哲
177《文艺阵地》1：4
嘉　谟
54《无轨列车》6；
109《论语》73
嘉　漪
216《战时文艺》1：6
嘉　德
145《宇宙风》20，22；
179《戏剧新闻》3
慕　之
10《小说月报》12：1
慕　云
170《新演剧》新1：1
慕　文
36《北新》2：10；
151《文学丛报》4
慕　石
19《小说世界》2：3，11：9
慕　旦
117《文学》8：1
慕　白
155《光明》2：6
慕　张
93《青年界》9：1
慕　青
170《新演剧》1：1，1：2，1：3，1：4
慕　松
93《青年界》新4：3
慕　南
109《论语》63，69，83，105，106，107，108，110，113，127，130，132，136
慕　晖
134《太白》1：4，2：2
慕　唐
221《文艺先锋》9：3—4
慕　容
145《宇宙风》46
慕　悫
209《万象》3：9，3：12，4：2
慕　庸
212《文讯》7：2
慕　琨
189《西线文艺》1：4
慕　萱
93《青年界》10：4，10：5，11：1，11：2，11：3，11：4，1：5
慕　楼
1《新青年》5：3
慕　管
6《解放与改造》1：3

慕　燕
209《万象》3：9
慕　霞
110《小说月刊》10
慕开虞
109《论语》48
慕文俊
145《宇宙风》94—95
慕容光
264《诗创造》9
慕容婕
209《万象》2：6
蔓　君
46《新月》2：6—7
蔓　锄
195《黄河》2：8
蔷　薇
63《金屋》1：9—10
蔡　九
199《野草》新4号
蔡　凡
209《万象》4：4
蔡　云
221《文艺先锋》9：5—6
蔡　仪
35《沉钟》19，25；
212《文讯》9：2；
228《中原》创刊号，1：2，2：2；
263《文艺知识连丛》1：3
蔡　英
85《文艺月刊》10：3
蔡　俭
199《野草》新2号
蔡　彦
221《文艺先锋》7：3
蔡　恒
221《文艺先锋》10：6
蔡　前
213《草叶》6；
259《东北文化》1：5
蔡　堡
18《歌谣》1
蔡　寒
31《甲寅》1：23
蔡　震
28《猛进》沪案特刊1
蔡　磊
211《文艺生活》2：1
蔡　骧
221《文艺先锋》7：4，11：3—4
蔡一木
84《开展》10—11
蔡士德
128《小说》1
蔡孑民
1《新青年》3：6；
37《一般》1：4；
127《人间世》10
蔡天心
165《文丛》1：5；
185《笔阵》3；
271《文学战线》2：2

蔡元培
1《新青年》3：1，3：3，4：5，5：1，5：5，7：5，8：1；
2《每周评论》1；
3《新潮》1：1，1：2，1：4，2：4；
4《国民》1：1；
5《少年中国》1：7，3：7；
16《努力周报》2，39；
25《语丝》92；
31《甲寅》1：1；
93《青年界》6：3，10：9；
109《论语》12；
127《人间世》1，2，3，42；
145《宇宙风》2，29，55，56；
151《文学丛报》4
蔡壬侠
109《论语》132
蔡壬侯
145《宇宙风》87；
186《宇宙风乙刊》17；
199《野草》5：4，5：5，新4号；
235《文艺春秋》7：6
蔡月牧
185《笔阵》新6；
208《诗创作》12，13；
216《战时文艺》1：3
蔡公狄
251《文艺杂志》3：4
蔡文斐
19《小说世界》6：12
蔡文镛
31《甲寅》1：29
蔡心箝
19《小说世界》9：4
蔡可权
14《学衡》5，24
蔡尔文
51《开明》1：12
蔡仪亨
171《烽火（呐喊）》10
蔡夷白
209《万象》3：9
蔡如霖
145《宇宙风》73
蔡肖民
109《论语》168
蔡希陶
117《文学》1：1，3：1，3：5，8：4；
134《太白》1：5，1：6，1：7，1：8，1：9，1：10，1：12
蔡若虹
117《文学》9：3；
171《烽火（呐喊）》创刊号，4，8，12；
177《文艺阵地》2：7；
189《西线文艺》1：5；
252《北方文化》1：2，2：5；
276《华北文艺》创刊号
蔡其矫
252《北方文化》2：1，2：5

蔡雨村

145《宇宙风》40

蔡杰栋

270《小说》3：3，5：1

蔡国铭

272《群众文艺》10

蔡秉枢

19《小说世界》4：9

蔡和森

1《新青年》9：4

蔡金声

142《中学生文艺季刊》2：4

蔡念慈

19《小说世界》9：2

蔡受百

19《小说世界》8：4

蔡南冠

35《沉钟》30，33

蔡剑飞

93《青年界》新2：2，新2：5，新3：2，新3：4，新4：3，新5：5，新6：5

蔡亲孔

211《文艺生活》海外版副刊

蔡语村

182《文艺新潮》1：12

蔡振华

93《青年界》新4：4；

145附《宇宙风·逸经·西风非常时期联合旬刊》4

蔡振寰

93《青年界》6：5，7：1，10：1，11：1，12：1

蔡健志

221《文艺先锋》12：6

蔡卺贤

18《歌谣》6

蔡继琨

182《文艺新潮》1：3

蔡笠民

93《青年界》9：2

蔡萼生

145《宇宙风》54；

186《宇宙风乙刊》19，25

蔡景丰

159《诗歌杂志》2，3

蔡瑞保

209《万象》2：12

蔡楚生

161《电影戏剧》1：2，1：3；

201《戏剧春秋》2：4；

217《文艺杂志》3：3，新1：3；

245《文章》1：2

蔡湫莹

98《新时代》5：4

蔡慕晖

134《太白》1：12

蔡德成

25《语丝》124

蔡缵先

51《开明》1：8

蔺　生
19《小说世界》4：3
蔽　芾
145《宇宙风》20
蔼　一
80《骆驼草》25
蔼　若
109《论语》55
蔼　庐
6《解放与改造》1：4，1：5，1：16
蔼　骞
145《宇宙风》81
蔚　川
142《中学生文艺季刊》1：3
蔚　子
199《野草》1：2，1：4，2：5—6
蔚　天
40《真美善》5：5；
221《文艺先锋》12：5；
264《诗创造》8，9
蔚　文
18《歌谣》4
蔚　枫
149《逸经》31
蔚　明
133《译文》新3：3
蔚　真
10《小说月报》19：11
蔚　萍
145《宇宙风》105
蔚　蓝
109《论语》14
蔚　蕻
211《文艺生活》光复版5
蔚　霞
195《黄河》复刊6
蔚　麟
28《猛进》31
蓼　南
10《小说月报》16：7，17：6
綦　雯
26《现代评论》2：43
聚　义
121《文化列车》9
聚　仁
80《骆驼草》9；
99《涛声》1：2，1：4，1：6，1：7，1：8，1：9，1：11，1：12，1：13，1：16，1：17，1：18，1：19，1：20，1：21，1：22，1：24，1：27，1：32，1：35，2：1，2：4，2：5，2：6，2：7，2：8，2：9，2：12，2：14，2：16，2：17，2：18，2：19，2：20，2：22，1：23，2：26，2：27，2：28，2：29，2：45；
127《人间世》6；
140《芒种》2：1
翥　絮
93《青年界》7：2，7：5

臧　群
249《白山》5
臧云远
85《文艺月刊》战时特刊 1：11；
93《青年界》新 2：4
143《杂文》2：1；
148《诗歌生活》2；
154《文学界》1：3；
176《自由中国》创刊号 1：2，1：3；
178《抗战文艺》4：5—6，5：4—5，文协成立七周年并庆祝第一届文艺节纪念特刊；
180《文艺》1：4；
181《文艺突击》1：3；
192《文学月报》1：3，3：1；
208《诗创作》10；
211《文艺生活》光复版 17；
216《战时文艺》1：6，2：1；
218《文坛》5；
224《天下文章》2：3；
225《时与潮文艺》2：6；
234《微波》1：2；
235《文艺春秋》4：2，4：6；
239《诗文学》1；
247《人民文艺》5，1：6；
250《鲁迅文艺》1：1；
264《诗创造》1，5，7
臧玉淦
26《现代评论》2：29
臧玉海
1《新青年》7：3；
18《歌谣》11，13，23，62
臧亦遽
26《现代评论》6：154
臧克家
46《新月》4：5，4：7；
85《文艺月刊》3：3，3：5—6，3：9，3：10，3：12，4：1，4：2，4：3，4：5，5：1，5：6，战时特刊 1：10，战时特刊 3：5—6，战时特刊 3：8—9；
93《青年界》9：1，10：1，11：1，12：1，新 2：4，新 6：1；
98《新时代》4：2，4：4—5，5：1，5：4；
106《现代》2：2；
110《小说月刊》1：3；
117《文学》1：1，1：4，2：1，3：1，4：1，4：5，4：6，5：2，6：5，7：1，7：2，7：4，7：5，8：1，8：2，8：4，8：6，9：1，9：2；
122《文学季刊》1：1，1：2，1：4，2：4；
127《人间世》15，16，19，24，27，32，34，37，40；
132《文学评论》1：2；
134《太白》1：5，1：9，1：11，1：12，2：1，2：3，2：5；
136《水星》1：1，1：2，1：6；
137《当代诗刊》1：2；
141《文艺》5：4；

144《创作》1：1，1：3；
145《宇宙风》54，56，67；
145 附《宇宙风·逸经·西风非常时期联合旬刊》2；
151《文学丛报》1；
152《作家》2：2；
155《光明》1：4，1：5，1：7，1：9，1：11，1：12，2：1，2：5，2：8，3：1，战时特刊号外 1，战时特刊号外 3，战时特刊号外 5；
157《今代文艺》创刊号；
158《中流》1：6，1：8，2：1，2：5；
159《诗歌杂志》3；
175《战地》1：5；
176《自由中国》1：2，1：3，新 1：1；
177《文艺阵地》2：1，3：8，3：12，4：1，4：10，7：3，7：4；
178《抗战文艺》1：8，4：2，6：2，8：1—2，8：3，10：6，文协成立五周年纪念特刊，文协成立七周年并庆祝第一届文艺节纪念特刊；
180《文艺》1：3；
195《黄河》2：8；
198《现代文艺》2：1，2：2；
203《奔流文艺丛刊》5；
208《诗创作》12，13，14；
211《文艺生活》2：3，海外版 10—11；
212《文讯》7：1，8：2；
216《战时文艺》1：1，1：2；
217《文艺杂志》1：6，2：4；
218《文坛》创刊号，8，2：1；
220《文学创作》1：2，1：4，2：5，3：1；
221《文艺先锋》2：2，3：1；
222《青年文艺》3，新 1：1，新 1：3，新 1：6；
223《人世间》复刊 1，复刊 2，复刊 4，复刊 7；
224《天下文章》4，2：4，2：5—6；
225《时与潮文艺》1：1，2：1，2：2，2：3，2：5，3：3，3：4，3：6，4：1，4：2，4：4，5：2；
233《当代文艺》1：1，1：3，1：4；
234《微波》1：1，1：2；
235《文艺春秋》3：4，3：5，3：6，4：2，4：4，4：5，4：6，5：1，5：2，5：4；
236《高原》创刊号，2；
237《文学新报》创刊号；
239《诗文学》2；
240《文哨》1：3；
241《文艺大众》2，3，6；
243《文联》1：2，1：7；
244《文艺复兴》1：4，1：5，1：6，2：1，2：5，3：2，3：4，3：5；
247《人民文艺》5，1：6；
253《清明》4；

263《文艺知识连丛》1：2；
264《诗创造》1，2，4，5，6，7，8，2：1；
266《中国作家》纪念特刊；
269《文艺工作》1
臧鸾坡
264《诗创造》3
臧慕莲
109《论语》146
霆
28《猛进》2，8，39，45
霆声
24《洪水》半月刊1：1，1：2，1：3，1：5，2：14，2：15，2：18，2：19，2：20；
75《萌芽》1：5
79《巴尔底山》1：5
霁仁
149《逸经》23
霁红
19《小说世界》12：2，12：3，12：6，12：7，12：10
霁原
43《未名》2：9—12
霁野
25《语丝》28；
29《莽原》周刊1，周刊4，周刊11；半月刊2：5，半月刊2：18—19，半月刊2：20，半月刊2：21—22，半月刊2：23—24；
43《未名》1：6，2：3
撄宁
4《国民》1：3，1：4
摘梅
171《烽火（呐喊）》6
誓清
10《小说月报》13：1
熙文
229《艺文杂志》2：4
睿心
195《黄河》3：1
裴力
159《诗歌杂志》2，3
裴士
209《万象》3：9
裴山
2《每周评论》17
裴华
38《幻洲》1：1
裴光
255《北方杂志》1：6；
262《平原文艺》1：1，2：2
裴克
251《文艺杂志》1：3
裴然
221《文艺先锋》7：3；
272《群众文艺》11—12
裴裴
199《野草》新4号
裴文中
212《文讯》8：6

裴庆彪
3《新潮》1：3
裴念时
93《青年界》新 6：2
裴复恒
26《现代评论》1：17，1：23，2：33，2：38，2：39，2：41，2：46，周年增刊
裳　石
51《开明》1：8
裳　吉
88《读书月刊》2：2
皖　睇
127《人间世》37
蝉　声
118《文艺春秋》1：2，1：7
锷　予
24《洪水》半月刊 2：23—24；
25《语丝》4：46；
36《北新》3：6
锵　锵
32《清华文艺》1：5
铖　之
109《论语》69
毓　子
199《野草》1：3
毓　明
251《文艺杂志》1：3，2：3
毓　溥
40《真美善》3：2
管　平
251《文艺杂志》2：4
管　桦
271《文学战线》2：3
管　理
82《前锋周报》19
管本荞
145《宇宙风》99，102，112
管竹村
51《开明》1：4
管君翔
85《文艺月刊》战时特刊 2：7，战时特刊第 11 年 5 月号
管泽聚
159《诗歌杂志》3
管栋材
51《开明》1：10，2：2
管思九
109《论语》15
管彦文
82《前锋周报》37
管容德
11《文学周报》144，145，146，148；
36《北新》1：35
管维霖
142《中学生文艺季刊》3：2
管舒予
276《华北文艺》3
舞　天
36《北新》3：20—21

倏　然

99《涛声》1：9

疑　今

25《语丝》4：50，4：52；
62《海风周报》13；
109《论语》56

疑古玄同

25《语丝》40，85，102；
28《猛进》26，52；
127《人间世》3

鲜鱼羊

117《文学》4：4；
143《杂文》5—6；
174《抗到底》11

端

26《现代评论》6：144，6：145，6：146，6：147，6：167，7：185，8：188，8：189，8：190，8：192

端　之

142《中学生文艺》2：3

端　六

26《现代评论》4：93

端　先

25《语丝》5：29；
37《一般》3：1，3：3，4：4；
92《文艺新闻》53

端木琦

221《文艺先锋》4：6

端本衍

145《宇宙风》86

端木文瑞

177《文艺阵地》6：6

端木蕻良

85《文艺月刊》战时特刊2：9—10；
117《文学》7：2，7：5，8：2，9：1，9：2；
141《文艺》6：1，6：3；
152《作家》2：1；
158《中流》1：5，1：7，1：8，1：10，2：1，2：3，2：5，2：7，2：8，2：9；
165《文丛》1：1，1：4，1：5；
171《烽火（呐喊）》创刊号，2；
172《七月》1，2，3，1：1，1：2，1：3，1：4，1：5，2：1，2：6，3：2，3：3；
176《自由中国》1：3；
177《文艺阵地》1：10，5：2；
178《抗战文艺》1：11，2：7，2：9；
182《文艺新潮》1：9；
191《文艺新闻》3；
201《戏剧春秋》2：4；
207《时代文学》1：1，1：2，1：3，1：4；
208《诗创作》16；
209《万象》4：5；
211《文艺生活》光复版6，海外版10—11，海外版18—19；
212《文讯》9：1；
217《文艺杂志》2：1，2：2，2：3，2：4，2：5，2：6，3：1；

220《文学创作》1：1，1：2，1：3，1：4，1：6，2：1，2：2，2：3，2：4，2：5；
222《青年文艺》创刊号；
223《人世间》1：3，1：6；
224《天下文章》1：6；
225《时与潮文艺》1：2；
227《艺丛》1：1；
233《当代文艺》1：1
235《文艺春秋》4：1，4：2，4：3，4：5，5：1，5：6，7：3，7：6，8：1；
245《文章》1：2；
247《人民文艺》5

端木露西

221《文艺先锋》2：1，3：1，3：6

辣 辣

177《文艺阵地》2：9；
195《黄河》2：7

韶 光

150《东方文艺》2：1

韶 华

271《文学战线》1：5—6

韶 蓁

141《文艺》3：6

彰

36《北新》2：3，2：21，4：20，4：21—22，4：23—24

裹 征

191《文艺新闻》11

豪

36《北新》4：20

腐 化

38《幻洲》2：4

廖 非

79《巴尔底山》1：2—3

廖人旦

109《论语》14，25，34，51，57；
127《人间世》30

廖元斌

195《黄河》7

廖冰兄

223《人世间》复刊6；
239《诗文学》2；
243《文联》1：6

廖芷初

195《黄河》复刊6

廖伯坦

198《现代文艺》4：3，6：1

廖英鸣

155《光明》1：11

廖国芳

19《小说世界》13：21

廖炳辉

198《现代文艺》2：3；
208《诗创作》1

廖晓帆

264《诗创造》10

廖铁军

145《宇宙风》106

廖竞天

31《甲寅》1：32

廖浩龄

109《论语》59

廖焕彦

142《中学生文艺季刊》3：1

廖皓龄

127《人间世》23，28，36

廖增益

209《万象》3：10

廖摩挲

75《南国周刊》1：5

廖翰庠

63《戏剧与文艺》1：12；

80《骆驼草》15

廖苹菴

149《逸经》7

瘦　人

92《文艺新闻》53

瘦　石

52《山雨》1：5，1：6，1：7

瘦　民

115《文学杂志》1：3—4

瘦　竹

85《文艺月刊》战时特刊3：3—4

瘦　柏

11《文学周报》361

瘦　莲

25《语丝》4：6

阚　泽

134《太白》2：12

阚　颖

264《诗创造》11

阚西文

145《宇宙风》86，87，88，89；

186《宇宙风乙刊》20，22

潇　雨

40《真美善》5：3

漆　林

177《文艺阵地》1：6

漆丽天

190《通俗文艺》22，23

漆圻笙

36《北新》4：8，4：11

漆季钊

93《青年界》2：1

漆树芬

24《洪水》半月刊1：7，半月刊1：8，半月刊1：9

漆琪生

36《北新》4：11，4：14，4：17，4：21—22；

93《青年界》1：1，1：2，8：1，8：2；

106《现代》6：2，6：3；

117《文学》5：1

漆琪笙

36《北新》4：12

漆黑一团

25《语丝》147

漱　心

126《诗歌月报》1：3，1：4

漱　予
85《文艺月刊》战时特刊创刊号
漱　园
29《莽原》半月刊1：24
漱　霞
19《小说世界》13：23
漫　灰
134《太白》2：3
漫　铎
97《创作》1：1，1：2，1：3，1：4；
98《新时代》3：1
漫　礁
123《中国文学》2：2
漪
36《北新》2：6
漪　湖
19《小说世界》13：1，13：2
漪　嘉
158《中流》2：10
漳州三郎
109《论语》34
滴　翠
19《小说世界》12：1
漾　兮
185《笔阵》新1：5；
211《文艺生活》海外版7；
264《诗创造》11；
270《小说》1：6，2：5，2：6，
3：2
漾　鸥
109《论语》27
演　汉
238《希望》2：1
演　存
11《文学周报》33，46
演　弦
221《文艺先锋》10：2
漏　禹
217《文艺杂志》3：1
寨　东
142《中学生文艺季刊》2：4
赛　君
128《小说》11
赛季常
109《论语》91
寥　莪
198《现代文艺》2：2，3：4，3：6
寥水音
264《诗创造》9
寥南冠
25《语丝》113
谭　亿
261《东北文艺》1：6，2：1，2：4
谭　地
209《万象》3：3
谭　戎
261《东北文艺》1：3
谭　吐
185《笔阵》新2：1；
190《通俗文艺》41，42，43，44
谭　弛
190《通俗文艺》12

谭　灵

93《青年界》8：1，8：3，11：3；

127《人间世》15

谭　虎

248《中原·文艺杂志·希望·文哨联合特刊》1：3

谭　质

270《小说》5：3

谭　政

242《新群众》1：1

谭　原

185《笔阵》新7

谭　雯

209《万象》2：8，2：12；

226《风雨谈》10，11，12，14，15

谭　鲁

127《人间世》20

谭　槐

11《文学周报》57，58，60

谭　澄

18《歌谣》43

谭　毅

14《学衡》25

谭子豪

157《今代文艺》1：1

谭天民

212《文讯》1：2

谭云山

57《大江》1：1，1：2

谭正壁

10《小说月报》14：10；

93《青年界》8：1，8：2，8：3，8：5，10：1，12：1；

209《万象》1：3，1：6，1：7，1：12，2：8，2：9，2：10，2：11；

226《风雨谈》1，2，3，4，5，7，16

谭丕谟

212《文讯》6：2，9：4；

247《人民文艺》3

谭秀勋

19《小说世界》5：12

谭英梅

142《中学生文艺季刊》1：1

谭林通

147《夜莺》1：1

谭抱月

19《小说世界》6：2，9：1

谭鸣谦

4《新潮》1：1，1：2，1：4，1：5，2：3

谭彼岸

145《宇宙风》119—120，123，125，143，147—148，152；

186《宇宙风乙刊》56

谭春岩

88《读书月刊》2：2，2：4—5，2：6

谭荫溥

259《东北文化》1：6

谭惟翰

128《小说》2；

145《宇宙风》102，112；

151《文学丛报》1；

226《风雨谈》1，2，3，4，6，7，8，
12，13，14，15，18，19，20

谭敬敷

98《新时代》4：2

谭斌斌

149《逸经》12

谭道华

19《小说世界》9：4

谭勤余

93《青年界》8：2；
117《文学》5：1

谭熙鸿

28《猛进》53

谭新民

85《文艺月刊》战时特刊 1：12

谭嘘云

149《逸经》32

谭镇译

51《开明》1：1

谭镇祥

51《开明》1：1

谭耀宗

145《宇宙风》103，107，114

谲

234《微波》1：1

禤之甫

10《小说月报》12：12

肇 世

185《笔阵》新 1：2

肇 野

155《光明》3：4，3：5

肇 龄

104《矛盾》1：2

肇 颖

66《华严》1：3

嫣 子

98《新时代》2：1

嫣 红

98《新时代》2：2—3

翟坤（堃）

262《平原文艺》1：6

翟 放

221《文艺先锋》11：3—4，11：5

翟 翊

192《文学月报》1：5

翟尔梅

109《论语》146；
241《文艺大众》5，6，7

翟永坤

25《语丝》4：11，4：22，4：32，
4：33，5：25；
36《北新》2：6，2：13，2：20；
85《文艺月刊》6：5—6，7：6；
93《青年界》5：4，7：3，7：4，8：
2，9：1，9：3，10：1，11：1

翟秀峰

19《小说世界》2：3，2：4；
24《洪水》半月刊 1：9，半月刊 1：
10—11

翟宗沛

85《文艺月刊》战时特刊第 11 年 9
月号；

195《黄河》5

翟咏徽

207《时代文学》1：1，1：3

翟炳南

271《文学战线》2：3

翟象谦

127《人间世》16

翟锡琛

224《天下文章》1：6

翟韶武

28《猛进》9

翟毅夫

30《大江》1：1

翠　眉

118《文艺春秋》1：5，1：6，1：7

翠　屏

223《人世间》2：1

翠　娜

149《逸经》13

熊

109《论语》18

熊　飞

173《抗战戏剧》1：2

熊　吉

145《宇宙风》96，115

熊　冰

14《学衡》8，12，54

熊　英

93《青年界》8：5，9：4

熊　明

25《语丝》124

熊　知

232《戏剧时代》创刊号

熊　庚

93《青年界》新3：2，新4：2，新5：2

熊　梦

31《甲寅》1：18

熊　辉

155《光明》2：7；

201《戏剧春秋》1：3

熊　锐

24《洪水》半月刊2：23—24

熊　焰

243《文联》1：4

熊　熔

182《文艺新潮》1：2，1：3

熊　瑾

93《青年界》9：1

熊十力

26《现代评论》1：5

熊大佐

68《戏剧与文艺》1：6

熊子蕾

85《文艺月刊》10：2

熊天厄

18《歌谣》16

熊天祉

18《歌谣》1

熊云阶

211《文艺生活》穗新2

熊正钧

85《文艺月刊》战时特刊 2：11—12；
195《黄河》9

熊正理

6《解放与改造》2：3

熊正瑾

46《新月》2：11；
68《戏剧与文艺》1：12；
229《艺文杂志》2：4，2：12

熊务民

85《文艺月刊》战时特刊 2：5；
141《文艺》5：4，5：5

熊永先

26《现代评论》6：144

熊式一

10《小说月报》21：10，22：1，22：2，22：3，22：4，22：5，22：6，22：11，22：12；
46《新月》3：11，3：12；
98《新时代》7：4；
106《现代》2：5；
145《宇宙风》100，115，117—118，119—120；
186《宇宙风乙刊》56

熊仲笙

11《文学周报》88

熊纪白

85《文艺月刊》7：5

熊纪明

109《论语》73

熊寿农

141《文艺》1：3，1：4，2：4，6：1

熊佛西

10《小说月报》19：7，21：11，22：1；
11《文学周报》220，221，222，223；
12《戏剧》2：4；
26《现代评论》5：130；
68《戏剧与文艺》1：1，1：2，1：3，1：5，1：6，1：7，1：8—9，1：12，2：1—2；
85《文艺月刊》10：4—5；
104《矛盾》1：5—6；
130《当代文学》1：2；
141《文艺》4：2；
187《戏剧岗位》1：1，1：2—3，1：4，1：5—6，2：1，2：2—3，2：4—5—6，3：1—2，3：3—4；
201《戏剧春秋》1：6；
211《文艺生活》1：4，1：5，1：6；
212《文讯》8：6；
220《文学创作》1：1，1：2，1：3，1：4，1：5，1：6，2：1，2：2，2：3，2：4，2：5，3：1；
221《文艺先锋》7：4；
224《天下文章》2：1；
227《艺丛》1：2；
233《当代文艺》1：1，1：2，1：3，1：4，1：5—6；
235《文艺春秋》3：1，3：2，3：3，3：4，3：5，3：6，4：1，

4：2；
244《文艺复兴》2：1；
263《文艺知识连丛》1：1；
266《中国作家》纪念特刊
熊岳兰
201《戏剧春秋》1：3
熊适逸
10《小说月报》20：3，20：4，20：5，20：6
熊保丰
26《现代评论》5：128；
31《甲寅》1：22
熊洛生
229《艺文杂志》2：9，2：11
熊振云
19《小说世界》9：5
熊海平
18《歌谣》2：26，3：1
熊家风
85《文艺月刊》8：3
熊家璧
14《学衡》5，8，15，20
熊宴秋
18《歌谣》37，57，62
熊雪夫
251《文艺杂志》1：5
熊铭青
212《文讯》3：4，4：2—3
熊瑞琪
263《文艺知识连丛》1：3
熊碧洛
221《文艺先锋》4：1，4：6，8：5—6，13：3
熊慧僧
142《中学生文艺季刊》2：2
缦　头
127《人间世》15
缩　飞
10《小说月报》12：6
缪　仙
109《论语》105
缪　雨
198《现代文艺》6：3
缪　钺
14《学衡》59，69，70，73，74；
31《甲寅》1：26，1：44；
167《文学杂志》2：12
缪　梅
109《论语》172，175，176
缪　篆
14《学衡》19
缪天华
127《人间世》40
缪天瑞
51《开明》1：6，1：8，1：12；
93《青年界》3：2，3：3，4：1，4：2，4：3，4：4，5：1，5：3，5：5，7：1
缪凤林
11《文学周报》22；
14《学衡》2，3，4，7，8，10，

11，14，15，16，19，21，23，
25，26，28，32，35，37，46，
60，67；
109《论语》10
缪白苗
264《诗创造》2：3
缪金源
6《解放与改造》2：7；
9《人道》1
缪崇群
10《小说月报》21：11；
33《现代文学》1：2，1：3，1：5；
35《沉钟》15，16；
36《北新》2：16，2：18，4：13，
4：14，4：21—22，4：23—24；
50《奔流》2：1；
59《春潮》1：7；
85《文艺月刊》1：1，1：2，1：3，
1：4，2：1，2：3，2：5—6，
3：2，3：5—6，4：3，5：5，
6：1，战时特刊第11年9月号；
93《青年界》3：2；
106《现代》4：6；
141《文艺》6：2；
145《宇宙风》85，94—95，100，
103，104，119—120，121，
122，130，135—136；
157《今代文艺》1：1；
165《文丛》2：6—7；
195《黄河》4：5；
198《现代文艺》4：5，5：2，5：
3，5：5，6：2；
212《文讯》2：6；
217《文艺杂志》1：1，1：3，1：
6，2：1
缪瑞声
109《论语》148
缫人
209《万象》3：8，3：10，3：11，
3：12
十五画
慧
19《小说世界》13：15；
109《论语》177；
219《文学批评》创刊号
慧子
37《一般》9：4
慧中
100《北斗》2：3—4
慧心
19《小说世界》2：5，2：7，2：8，
3：7
慧光
38《幻洲》1：11
慧因
108《文艺茶话》2：2
慧先
93《青年界》11：2，11：4，12：1；
106《现代》6：2，6：3，6：4
慧和
134《太白》1：9，1：10，2：6，
2：7，2：8，2：9，2：10，2：

11，2：12

慧　星

109《论语》139，140，141，143，
144，145，146，147，148，
149，151，152，153，156

慧　剑

19《小说世界》8：1，15：18；
40《真美善》1：10

慧　屋

141《文艺》3：6

慧　珠

171《烽火（呐喊）》9

慧　娟

109《论语》62

慧　敏

93《青年界》12：1

慧　影

98《新时代》1：2

慧　霞

150《东方文艺》1：1

增　成

272《群众文艺》6

增　荣

195《黄河》2：2

增　援

172《七月》2：4

增　敭

40《真美善》4：1

增　麟

36《北新》3：5；
37《一般》8：1

槿　庐

21《弥洒》1，4

横

117《文学》6：4，6：5，6：6

樱　子

93《青年界》11：4

樱　华

75《萌芽》1：6

樱　岛

38《幻洲》1：2，1：3，1：5

樱　姊

109《论语》43

樱　樱

88《读书月刊》1：1

樱　影

55《大众文艺》2：4，2：5—6；
81《沙仑》1：1

橄榄生

19《小说世界》13：16，14：19，14：
20，14：21，14：22，15：25

赭

1《新青年》9：6

醇　士

31《甲寅》1：38，1：42

醇　酒

93《青年界》7：4

醉　云

11《文学周报》226

醉　夫

109《论语》87

醉　平
38《幻洲》2：7
飘　放
186《宇宙风乙刊》56
飘　蓬
37《一般》6：2，6：3，6：4
飘林风
243《文联》1：1；
250《鲁迅文艺》1：1
敷　德
11《文学周报》25
蕙
31《甲寅》1：14，1：20，1：21；
117《文学》3：1
蕙　叶
10《小说月报》21：6，22：1，
22：2
蕙　宜
145 附《宇宙风·逸经·西风非常时期联合旬刊》2
蕙　宣
145 附《宇宙风·逸经·西风非常时期联合旬刊》1
蕙　漪
88《读书月刊》1：1
蕃　草
106《现代》4：4
蕊　珠
93《青年界》11：3，11：4，11：5，12：1
蕴　三
142《中学生文艺季刊》1：4
蕴　玉
209《万象》3：9
蕴　芳
142《中学生文艺季刊》3：1
蕴　是
10《小说月报》14：1
蕴　哲
209《万象》3：4
蕴　雪
93《青年界》8：2，8：3
蕴　巢
2《每周评论》17，19
蕴　瑞
108《文艺茶话》2：8
鋆　钊
24《洪水》半月刊 2：23—24
磊
109《论语》53
磊　生
189《西线文艺》1：2
磊　然
261《东北文艺》2：4；
270《小说》3：2，4：4，4：5
震　遐
51《开明》2：2
震　霆
109《论语》59
震　寰
93《青年界》11：3

震　瀛
1《新青年》3：5，6：2，8：3，8：4，8：5，8：6；
127《人间世》18，28，38，42
霉　江
29《莽原》周刊20
撒　丁
109《论语》39
晥　睇
127《人间世》26；
159《诗歌杂志》3
蝶　衣
209《万象》1：2，1：3，1：4，1：10，1：12，2：8
蝶　媒
109《论语》105；
145《宇宙风》32
影
19《小说世界》1：3；
36《北新》2：24
影　飞
249《白山》创刊号，2，6
影　子
221《文艺先锋》3：5
影　心
195《黄河》复刊1
影　忆
11《文学周报》353
影　帆
93《青年界》新6：4
影　芦
56《乐群》3：13
影　质
190《通俗文艺》41
影　痕
216《战时文艺》1：3
暴　生
25《语丝》5：13
羂　索
25《语丝》4：49，4：51
墨　丁
236《高原》3
墨　巴
141《文艺》5：1—2
墨　只
178《抗战文艺》10：2—3
墨　邨
93《青年界》8：5
墨　农
145《宇宙风》65
墨　芷
201《戏剧春秋》1：6
墨　希
51《开明》1：10
墨　沙
117《文学》2：2，3：1，5：1，5：6，6：3；
130《当代文学》1：1
墨　晞
51《开明》2：21

墨　逸
85《文艺月刊》5：1；
98《新时代》7：2，7：3，7：4；
121《文化列车》12
墨　涯
55《大众文艺》1：5
墨　紫
93《青年界》11：5
墨　翟
11《文学周报》338，362
题　桥
198《现代文艺》1：4
镇
274《平原》创刊号
镇　华
145《宇宙风》46
镇　淦
142《中学生文艺季刊》1：2
镇　锵
216《战时文艺》1：1
稽联晋
93《青年界》1：4，2：3，2：4，3：1，6：2，6：3，6：4，6：5
稷
35《沉钟》17
稻　子
79《巴尔底山》1：5
稻　心
21《弥洒》6
稻　花
109《论语》67
稼　夫
19《小说世界》6：12，7：1；
159《诗歌杂志》2，3
稼　辛
221《文艺先锋》3：2
箴　一
88《读书月刊》1：5
篁
195《黄河》8
黎
144《创作》1：2；
211《文艺生活》光复版14
黎　丁
145《宇宙风》128，138
黎　夫
109《论语》4；
125《春光》1：1，1：3
黎　木
255《北方》2：1—2
黎　仁
106《现代》6：2
黎　文
259《东北文化》1：6
黎　平
76《拓荒者》2
黎　央
198《现代文艺》5：6；
208《诗创作》16，18；
217《文艺杂志》2：6；
239《诗文学》2

黎　民

109《论语》97

黎　加

254《热潮》创刊号

黎　耳

185《笔阵》8

黎　达

177《文艺阵地》1：7

黎　光

193《戏剧与文学》1：1；

251《文艺杂志》1：1，1：3

黎　帆

197《大众文艺》2：1；

200《新诗歌》2

黎　冰

183《鲁迅风》18

黎　阳

270《小说》4：2

黎　君

209《万象》4：4

黎　昌

186《宇宙风乙刊》46

黎　果

268《蚂蚁小集》7

黎　明

178《抗战文艺》10：2—3；

221《文艺先锋》1：3；

244《文艺复兴》3：4；

249《白山》6；

264《诗创造》2；

265《胶东文艺》创刊号

黎　放

179《戏剧新闻》4；

191《文艺新闻》4

黎　保

255《北方》1：3

黎　音

237《文学新报》2：1

黎　彦

171《烽火（呐喊）》20

黎　舫

211《文艺生活》海外版 8；

243《文联》1：2，1：3

黎　野

221《文艺先锋》12：1

黎　崎

182《文艺新潮》1：11

黎　庵

109《论语》54；

145《宇宙风》13，15，19，21，23，26，50，59，73；

145 附《宇宙风·逸经·西风非常时期联合旬刊》4

黎　渔

245《文章》创刊号

黎　禄

199《野草》1：3

黎　紫

260《呼吸》2；

267《大众文艺丛刊》1

黎　棠

211《文艺生活》光复版 15，光复

版 16
黎　斌
88《读书月刊》3：6
黎　路
264《诗创造》11
黎　筠
244《文艺复兴》3：4
黎　静
272《群众文艺》10
黎　嘉
93《青年界》新 1：2，新 3：2，新 5：1；
195《黄河》8；
221《文艺先锋》13：4；
235《文艺春秋》2：5
黎　璎
209《万象》1：1，2：3，2：10
黎　澍
253《清明》2
黎　霍
100《北斗》2：3—4
黎　璐
177《文艺阵地》6：6；
192《文学月报》1：3；
214《谷雨》1：6
黎元炎
109《论语》142
黎公耀
149《逸经》19，23
黎心明
190《通俗文艺》39
黎正甫
212《文讯》3：6
黎民兴
98《新时代》1：5，2：1
黎扬帆
221《文艺先锋》11：3—4
黎光明
41《民间文艺》5
黎光耀
211《文艺生活》海外版 7
黎先耀
198《现代文艺》5：5；
212《文讯》8：3，8：4，8：6；
264《诗创造》2，2：3
黎克简
241《文艺大众》3，5，6，新生号，新 3，新 4
黎作梁
36《北新》2：10
黎君亮
10《小说月报》18：8，19：10；
38《幻洲》2：7；
51《开明》1：7；
104《矛盾》2：5；
106《现代》4：1，4：4，5：5；
121《文化列车》7；
182《文艺新潮》2：3，2：8
黎叔翊
10《小说月报》21：4
黎昌卓
40《真美善》6：1

黎国雄
207《时代文学》1：4
黎学贤
98《新时代》2：2—3，2：4—5，5：1，5：2，5：3；
104《矛盾》2：4；
123《中国文学》1：5
黎荫久
19《小说世界》6：13
黎柏岱
209《万象》4：3
黎秋萍
19《小说世界》14：8，14：12，14：21，14：22，16：17
黎养迁
14《学衡》26
黎前光
142《中学生文艺季刊》3：1
黎觉奔
173《抗战戏剧》2：1；
177《文艺阵地》2：3
黎宪初
85《文艺月刊》7：6
黎烈文
10《小说月报》18：9，18：10，22：7；
11《文学周报》275，278，284，285，286—287，298，299，312，379；
19《小说世界》15：24，15：25，16：8；
37《一般》4：1，5：3，5：4，6：1，6：2；
93《青年界》2：2，9：1；
106《现代》2：5；
117《文学》2：3，3：1，6：1，9：1；
122《文学季刊》1：4，2：1；
133《译文》1：1，1：2，1：3，1：4，1：5，1：6，2：1，2：2，终刊号，新1：1，新1：2，新1：3，新1：4，新1：6，新2：5；
134《太白》1：3，1：6，1：8；
145《宇宙风》74，126；
146《海燕》1：2；
151《文学丛报》4；
152《作家》1：1，1：3；
153《文季月刊》1：1，1：2；
158《中流》1：2，1：5，1：9，1：10；
165《文丛》2：2；
171《烽火（呐喊）》创刊号（呐喊），2（呐喊），4；
176《自由中国》新1：1；
177《文艺阵地》2：3；
183《鲁迅风》9；
198《现代文艺》1：2，1：3，1：4，1：5，1：6，2：1，2：2，2：3，2：4，2：5，2：6；
212《文讯》9：1；
217《文艺杂志》3：1；
235《文艺春秋》4：4，4：6，5：5，

6：2，6：5，7：3，7：4

黎晞紫

130《当代文学》1：4

黎敏子

208《诗创作》16

黎焚薰

177《文艺阵地》3：7，3：12，6：4；
198《现代文艺》2：5，5：1，5：2，6：3；
199《野草》5：4；
208《诗创作》1，8；
217《文艺杂志》2：5；
221《文艺先锋》6：4—5；
223《人世间》1：3

黎舒里

230《民族文学》1：2

黎瑞焜

19《小说世界》8：2

黎献男

109《论语》14

黎锦扬

230《民族文学》1：4，1：5

黎锦明

10《小说月报》16：3，20：6；
11《文学周报》239，242，243，244，262—263，264，283，289，301，335，349；
24《洪水》半月刊1：12，半月刊2：23—24，周年增刊，半月刊3：28；
25《语丝》125；
29《莽原》周刊5；
36《北新》1：3，1：4，1：9，1：14，1：39—40，1：40—42；
37《一般》2：4，4：1；
50《奔流》1：5；
83《现代文学》1：2；
85《文艺月刊》3：11，5：2，5：3，5：4，5：5，5：6，6：5—6，7：1，7：6；
89《当代文艺》1：3；
93《青年界》1：3，2：5，4：1，4：2，4：5，5：1，5：3，5：4，5：5，7：1，7：3，7：4，8：1，8：2，8：5，9：1，9：4，10：1，10：5，11：1，11：2，11：5，12：1，新2：1，新2：2，新3：1，新3：2，新3：3，新3：5，新4：3，新5：2，新6：3；
98《新时代》5：1；
104《矛盾》2：3，2：5，3：3—4；
106《现代》3：3，4：1，4：2，4：4，4：6，5：1，5：3，5：5，6：1；
117《文学》5：1；
125《春光》1：2；
138《文饭小品》1：1，1：5；
157《今代文艺》1：1；
169《中国文艺》1：3；
177《文艺阵地》2：7，3：4，3：9；
217《文艺杂志》1：6；

231《新文学》1∶1，1∶3；
235《文艺春秋》2∶1
黎锦熙
18《歌谣》周年纪念增刊；
25《语丝》4∶52；
122《文学季刊》1∶1，1∶3；
127《人间世》14，15
牖 云
40《真美善》2∶1
牖 文
195《黄河》11
德
26《现代评论》6∶153，7∶158，7∶164，7∶172，7∶177，8∶193，8∶194，8∶195，8∶203；
109《论语》64，66，67；
121《文化列车》1，2；
210《笔谈》5
德 光
32《清华文艺》不定期4
德 甫
98《新时代》7∶4
德 佑
92《文艺新闻》47
德 诚
25《语丝》96
德 荣
33《狂飚》周刊11，周刊12
德 炳
209《万象》4∶1，4∶2
德 晖
19《小说世界》4∶2
德 思
36《北新》2∶5
德 浴
109《论语》113
德 娟
94《现代文学评论》1∶1，1∶2，1∶3
德 渊
19《小说世界》10∶7
德 辉
19《小说世界》4∶6，5∶1，5∶4，5∶7
德 黎
93《青年界》9∶3
德 徵
21《弥洒》1，3，4，5，6
德 瞻
145《宇宙风》75，89，90，103
德 懿
11《文学周报》245—246
樊 山
31《甲寅》1∶42
樊 弘
26《现代评论》2∶42，5∶124，6∶134，6∶136，第三周年增刊
樊 康
177《文艺阵地》1∶7，2∶7
樊 鹏
195《黄河》2∶7，2∶8，2∶9

樊　缜
11《文学周报》338，348，370；
109《论语》54；
127《人间世》17；
134《太白》1：4，1：7，1：11，2：9，2：10
樊　畿
93《青年界》7：5，8：1
樊　壥
93《青年界》7：2
樊仲云
10《小说月报》14：10，15：4，15：6，15：10，16：1，16：9，16：10，17：1，17：2，17：3，17：4，17：5，18：1，20：1；
11《文学周报》102，103，104，106，108，109，110，113，119，290，291，294，295，364—368；
93《青年界》8：2；
98《新时代》2：4—5；
109《论语》12；
117《文学》5：1
樊仲德
63《金屋》1：2
樊秀林
145《宇宙风》别册 1
樊青年
92《文艺新闻》47
樊德智
242《新群众》1：4
獭　龙
84《开展》6—7；
104《矛盾》发动号
馆　堂
145《宇宙风》71
滕　固
7《曙光》2：2，2：3；
11《文学周报》20，27，35，45；
15《创造》1：3，1：4，2：1；
22《创造周报》25，26，27，29，40；
26《现代评论》6：155；
37《一般》3：2，4：1；
58《大江》1：3；
63《金屋》1：1，1：2；
83《现代文学》1：2
滕　刚
38《幻洲》1：1，1：2，1：5，1：8，1：10，2：1，2：7；
63《金屋》1：3，1：4，1：8，1：9—10；
85《文艺月刊》1：1，1：2，1：3，1：4，3：2，7：1；
123《中国文学》1：1，1：2；
127《人间世》42
滕小燕
24《洪水》半月刊 1：6，半月刊 1：8
滕中宣
93《青年界》11：5
滕白也
118《文艺春秋》1：5

滕沁华
10《小说月报》19：6；
11《文学周报》306，310，314，
321，326，348
滕若渠
7《曙光》2：3；
12《戏剧》1：1，1：2
滕英鸿
249《白山》3
滕孟雄
19《小说世界》5：1，5：10
鲤 庭
131《电影戏剧》1：2；
195《黄河》6
颜 如
11《文学周报》297
颜 洁
226《风雨谈》20
颜 歆
10《小说月报》22：3，22：12
颜一烟
173《抗战戏剧》2：1；
202《文艺月报》15；
261《东北文艺》1：4
颜亚生
221《文艺先锋》7：2
颜鹿鸣
51《开明》2：3
颜虚心
26《现代评论》3：66
颜斐周
1《新青年》不定期刊 5
颜景云
19《小说世界》3：7，8：11
颜樱生
186《宇宙风乙刊》26
颜黎明
25《语丝》28
颜翰彤
224《天下文章》3
毅
2《每周评论》23；
11《文学周报》117；
28《猛进》11；
142《中学生文艺季刊》1：2；
211《文艺生活》1：3；
252《北方文化》2：5
毅 夫
28《猛进》2，3，4，5，9，21；
92《文艺新闻》43，53
毅 忱
221《文艺先锋》13：3
毅 君
249《白山》3
毅 纯
11《文学周报》356，361
毅 深
93《青年界》10：2
毅 盦
109《论语》6，12

褒
40《真美善》3：6
摩
46《新月》2：1，2：2
摩 耶
45《现代小说》3：1
摩 诃
109《论语》170
摩 南
34《创造月刊》1：4
摩 顿
92《文艺新闻》15
摩 挲
73《南国周刊》13
摩 斯
88《读书月刊》1：5
摩托生
51《开明》2：11
憬 之
223《人世间》1：4
憬 行
251《文艺杂志》2：2
潜
37《一般》5：2
潜 龙
6《解放与改造》1：8
潜 羽
209《万象》3：2，3：7，4：1
潜 初
41《民间文艺》5
潜 修
99《涛声》2：37
澍 生
1《新青年》1：6
澎 岛
115《文学杂志》1：3—4；
130《当代文学》1：3，1：5；
151《文学丛报》3；
158《中流》1：8，1：12，2：10
澎 波
224《天下文章》2：2
澎 湃
241《文艺大众》1
澎荣滋
142《中学生文艺季刊》2：3
澌 水
85《文艺月刊》战时特刊1：5
潮
37《一般》2：4
潮 如
45《现代小说》3：4
潮 珍
109《论语》56
潮 啸
195《黄河》5：2
潭亮晖
177《文艺阵地》2：9
潦 西
75《萌芽》1：1
潘
28《猛进》29

潘 仁
198《现代文艺》1：4，1：5，2：3，2：5，3：3，3：6
潘 水
117《文学》6：6，7：2；
229《艺文杂志》1：5，1：6，3：1—2
潘 四
13《诗》1：1
潘 尔
142《中学生文艺季刊》3：1
潘 式
14《学衡》76
潘 训
10《小说月报》13：7，14：8，15：10；
13《诗》1：3，2：1，2：2；
27《支那二月》1：3；
61《朝花》周刊 11
潘 冰
264《诗创造》3
潘 青
271《文学战线》1：4
潘 垌
212《文讯》4：8—9
潘 奇
259《东北文化》2：1
潘 岩
109《论语》17
潘 庚
223《人世间》复刊 6
潘 泯
140《芒种》9—10
潘 恂
99《涛声》2：42
潘 洋
265《胶东文艺》1：4
潘 凌
198《现代文艺》4：3
潘 菽
36《北新》2：1，2：2，2：4，2：6，2：7，2：8，2：12，3：8；
93《青年界》7：1，10：1，11：1
潘 舒
271《文学战线》1：2
潘 赞
1《新青年》1：4，1：5
潘 凝
185《笔阵》新 1；
212《文讯》8：5，9：5；
223《人世间》复刊 5，复刊 13
潘力山
1《新青年》7：1；
10《小说月报》17：号外上，17：号外下
潘乃常
85《文艺月刊》9：6
潘乃斌
142《中学生文艺季刊》1：2，1：3
潘大道
16《努力周报》23；
31《甲寅》1：2，1：12

潘之汀
213《草叶》4，6
潘小乎
127《人间世》28
潘小漫
36《北新》2：18
潘子农
84《开展》1，4，5，6，7，9；
85《文艺月刊》7：4，7：5，战时特刊第11年10月号；
98《新时代》1：4，2：1；
104《矛盾》发动号，1：2，1：3—4，1：5—6，2：1，2：2，2：3，2：5，2：6，3：1，3：2；
125《春光》1：3；
128《小说》6，7，12，14；
170《新演剧》复刊号；
178《抗战文艺》7：6；
179《戏剧新闻》6；
185《笔阵》新8；
187《戏剧岗位》3：1—2；
218《文坛》创刊号，2，3，6，2：1；
221《文艺先锋》4：2；
223《人世间》复刊4
224《天下文章》2：1；
232《戏剧时代》创刊号；
266《中国作家》纪念特刊
潘介泉
3《新潮》2：2
潘公展
1《新青年》6：6；
85《文艺月刊》战时特刊3：12；
98《新时代》2：1，5：5
潘予且
19《小说世界》3：10
潘玉良
118《文艺春秋》1：2
潘世同
270《小说》3：1
潘世宪
210《笔谈》1
潘丙心
98《新时代》5：6
潘布桑
211《文艺生活》穗新6
潘东屏
98《新时代》2：1
潘乐述
263《文艺知识连丛》1：2
潘汉年
25《语丝》35；
38《幻洲》1：1，1：2，1：4，1：6，1：7，1：8，1：9，1：10，2：1，2：2，2：6，2：7，2：8；
45《现代小说》1：1，1：2，1：3，3：1；
55《大众文艺》2：4；
76《拓荒者》2，3
潘达仁
25《语丝》4：8；
36《北新》2：11

潘光旦
30《大江》1∶2；
46《新月》1∶2，1∶3，1∶6，1∶7，1∶9，1∶10，1∶11，3∶2，3∶5—6，3∶9，4∶1，4∶2；
93《青年界》8∶2；
109《论语》2，6，13；
127《人间世》2，3，29，30
潘光旭
209《万象》号外
潘光回
117《文学》5∶1
潘自力
252《北方文化》2∶3，2∶5
潘如澍
36《北新》2∶10
潘寿康
109《论语》131
潘韧秋
5《少年中国》1∶4
潘芷汀
270《小说》5∶5，6∶1，6∶5—6
潘怀素
34《创造月刊》1∶11
潘际坰
223《人世间》复刊8—9
潘明秋
44《文化批判》5
潘昌武
18《歌谣》35
潘垂统
3《新潮》3∶1；
10《小说月报》12∶1，12∶11，15∶2，18∶4，18∶6；
11《文学周报》121，122，152，153，154，156
潘孟博
109《论语》69
潘绍亮
97《创作》1∶1
潘柱人
98《新时代》7∶2，7∶3
潘修桐
11《文学周报》339；
24《洪水》半月刊1∶9；
36《北新》2∶7，2∶9，2∶10，3∶1，3∶14，3∶16，3∶21—22；
40《真美善》5∶3；
98《新时代》2∶2—3，2∶4—5，2∶6，3∶1，3∶2，3∶4，4∶3；
106《现代》5∶1
潘信昌
18《歌谣》3∶5
潘炳坤
109《论语》150
潘祖襄
142《中学生文艺季刊》1∶2；
221《文艺先锋》5∶3
潘素卿
89《当代文艺》1∶4，2∶2，2∶4

潘振亚
93《青年界》8：2；
117《文学》5：1
潘振武
13《诗》2：2
潘哲人
109《论语》54
潘益谟
141《文艺》3：1
潘家洵
3《新潮》1：3，1：5，2：1，2：2，2：3，2：4，2：5；
10《小说月报》14：2，14：5，14：8，19：3，19：4，19：5，20：10，20：11，20：12，22：9，22：10，22：12；
212《文讯》4：1，4：4—5，4：10—11—12；
221《文艺先锋》2：3；
225《时与潮文艺》2：1
潘家祥
98《新时代》3：5—6
潘梓年
18《歌谣》37；
25《语丝》90，110，122；
36《北新》1：32，1：41—42，2：9；
85《文艺月刊》战时特刊1：9；
100《北斗》2：3—4；
170《新演剧》复刊号；
176《自由中国》1：2，1：3；
177《文艺阵地》3：3；
180《文艺》1：4；
192《文学月报》1：2
潘紫池
18《歌谣》11，33
潘景让
4《国民》2：2
潘傅霖
18《歌谣》75；
23《文艺周刊》4，8，20
潘渭年
36《北新》3：17
潘尊行
46《新月》2：2
潘楚基
25《语丝》4：37；
93《青年界》4：1
潘漠华
10《小说月报》13：7；
13《诗》1：3
潘静远
186《宇宙风乙刊》4
潘赞化
1《新青年》2：3
潘耀惠
93《青年界》新4：2
澜沧子
229《艺文杂志》2：6，3：3
澄
11《文学周报》79，118，
23《文艺周刊》23

澄 之

195《黄河》2：1，2：3

澄 江

18《歌谣》2：35

澄 宇

82《前锋周刊》14

澄 如

209《万象》3：2，3：6，4：5

澄 清

117《文学》1：1，1：5，5：6；

122《文学季刊》2：4

寐 君

99《涛声》1：1，1：2，1：3，1：4，1：5，1：7，1：15，1：17，1：26，1：30，2：6，2：31—32，2：33；

109《论语》17，26

翦太史

109《论语》120

翦伯赞

51《开明》新1号；

199《野草》第8集，第10集；

223《人世间》复刊4，复刊5；

228《中原》1：2，1：4，2：1

鹤

26《现代评论》1：4；

109《论语》53；

149《逸经》27；

191《文艺新闻》创刊号

鹤 仍

145《宇宙风》50

鹤 西

10《小说月报》19：4，19：6，19：7，19：10，22：3；

35《沉钟》26；

36《北新》2：1，2：8；

80《骆驼草》3，8，21；

136《水星》1：1，1：2，1：4；

167《文学杂志》1：4；

244《文艺复兴》3：3，4：2

鹤 年

109《论语》18

鹤 君

40《真美善》3：4，3：6，4：1，4：2，4：3，4：4，4：5，4：6，5：1，5：2，5：3，5：4，5：6，6：1，6：4，6：5

鹤 鸣

109《论语》49

鹤 宾

109《论语》151

鹤 逸

221《文艺先锋》12：1

鹤 巢

19《小说世界》17：2，17：3

鹤 群

10《小说月报》14：11，15：6

鹤 瑶

223《人世间》2：1

鹤 徵

10《小说月报》12：号外

鹤　镇

223《人世间》2：1

襤　衫

127《人间世》13，23，24

憨　儿

51《开明》1：9

憨　子

38《幻洲》1：10，2：1，2：4，2：6

慰

16《努力周报》8，14，27，33

慰　华

25《语丝》129

慰　萱

235《文艺春秋》5：3

慰　慈

2《每州评论》28，29，30，31，34；
16《努力周报》8，9，10，12，19，21，29，31，32，34，35，36，37，38，40，43，45，52，63，64，66，68，69；
26《现代评论》2：35，2：36；
228《中原》2：1

履　彬

19《小说世界》3：1，3：9，5：2，5：3，5：4，5：5，5：6，6：7，6：11，6：12，7：2，7：8，7：11

履　箴

109《论语》125，126，128

勰　庐

149《逸经》17，33，35

豫

190《通俗文学》3，4，5，8

豫　堂

37《一般》4：3，8：3

畿　褒

98《新时代》7：2

十六画

璞

182《文艺新潮》1：11

璟　珊

151《文学丛报》6

樵

26《现代评论》8：205

樵　子

61《朝花》周刊 9，周刊 19

樨　玉

120《文艺》1：1

醒　无

178《抗战文艺》2：1

醒　汉

141《文艺》4：1

醒　侬

40《真美善》3：5

翰

19《小说世界》2：11，4：8；
26《现代评论》3：55，3：56，3：57，3：58，3：59，3：60，3：61，3：62，3：63，3：65，3：66，3：67，3：68，3：69，3：70，3：71，3：72，3：73，3：76，3：77，3：78，4：79，4：

82，4：83，4：84，4：86，4：87，4：89，4：91，4：92，4：93，4：94，4：95，4：96，4：97，4：98，4：99，4：100，4：101，4：103，4：105，4：106，4：108，5：109，5：111，5：112，5：113；
109《论语》144

翰　才
19《小说世界》8：4

翰　飞
186《宇宙风乙刊》54

翰　芗
2《每周评论》19

翰　苓
10《小说月报》14：10

翰　哥
24《洪水》半月刊2：21；
26《现代评论》2：51；
37《一般》3：4

翰　笙
168《戏剧时代》1：1；
179《戏剧新闻》4

翰　蜚
109《论语》176

融　成
36《北新》3：8

融　融
109《论语》17

鄹人之子
99《涛声》1：28，1：29，1：30

蕾　洪
88《读书月刊》2：2，2：4—5

蕾　嘉
113《新诗歌》1：6—7，2：1，2：2，2：3，2：4；
235《文艺春秋》6：5

蕻
178《抗战文艺》3：1

薛　卫
106《现代》3：6

薛　汕
211《文艺生活》1：4；
244《文艺复兴》3：3

薛　良
227《艺丛》1：1

薛　英
11《文学周报》324，329

薛　脩
127《人间世》7，8，13

薛　雅
259《东北文化》2：1

薛　愚
169《中国文艺》1：1

薛　蕙
129《文艺风景》1：1

薛大仁
24《洪水》半月刊3：25

薛大惜
165《文丛》1：3

薛文蔚
36《北新》4：9

薛玉军
195《黄河》复刊5
薛志诚
209《万象》3：4
薛吟松
127《人间世》19
薛伯贤
39《泰东》1：4
薛君乎
142《中学生文艺季刊》1：3
薛妤捷
186《宇宙风乙刊》25
薛国治
51《开明》1：12
薛恒云
159《诗歌杂志》2，3
薛甡生
221《文艺先锋》11：5，12：3—4
薛理安
244《文艺复兴》2：2
薛培元
26《现代评论》4：98，4：99，第三周年增刊
薛鸿猷
11《文学周报》21，23
薛琪瑛
1《新青年》1：2，1：3，1：4，1：6，2：2
薛期吾
142《中学生文艺季刊》1：4，2：3，2：4，3：1
薛蔚川
142《中学生文艺季刊》1：4
薛澄清
127《人间世》18
薛燕南
109《论语》160，168，174
薇　娜
19《小说世界》17：4
薇　娟
146《诗歌生活》1
薇　琪
142《中学生文艺季刊》1：3
薇　薇
36《北新》1：18
薏　水
85《文艺月刊》战时特刊第11年第11月号
薏　冰
142《中学生文艺季刊》1：1，3：1；
192《文学月报》3：1；
195《黄河》5：1；
208《诗创作》11；
236《高原》3
薄　适
209《万象》3：10
薄天潮
113《新诗歌》1：6—7
薛德焴
93《青年界》9：1
燕　人
195《黄河》复刊1

燕 士

149《逸经》11

燕 子

92《文艺新闻》53

燕 云

251《文艺杂志》2：3，3：1；

255《北方》2：1—2

燕 生

25《语丝》116；

29《莽原》周刊：2, 4, 6, 7, 15, 18；

33《狂飚》不定期 1

燕 丘

117《文学》8：1；

137《当代诗刊》1：3—4

燕 吉

145《宇宙风》107

燕 辛

36《北新》2：6

燕 青

207《时代文学》1：2

燕 南

85《文艺月刊》战时特刊 2：11—12；

109《论语》162，162，163，164，167，176；

190《通俗文艺》31，33，40

燕 戢

209《万象》3：1，3：3

燕 堂

28《猛进》11，17，18；

109《论语》165

燕 崖

225《时与潮文艺》5：1

燕 屠

109《论语》45

燕 歌

159《诗歌杂志》2，3；

199《野草》创刊号

燕 燕

25《语丝》133，142，143；

40《真美善》5：1

燕义权

221《文艺先锋》2：5—6

燕世昌

142《中学生文艺季刊》2：4

燕召亭

26《现代评论》6：155，6：156；

28《猛进》31

燕志俊（儁、㑺）

10《小说月报》15：2, 15：6, 15：7, 15：12, 16：5, 16：6, 16：7, 16：10，16：11，17：1，17：11；

11《文学周报》171，211，229，230, 231, 232, 234, 238, 239, 241, 244, 256, 257, 261, 268, 278，305，338；

25《语丝》148；

29《莽原》周刊 17；

36《北新》3：6；

37《一般》2：4，3：1；

51《开明》1：9，2：3

燕志假

51《开明》2：4

燕雨生

85《文艺月刊》战时特刊4：2；
221《文艺先锋》4：3

燕树堂

26《现代评论》1：1，1：3，1：6，1：19，2：26，2：27，2：30，2：36，2：41，2：43，临时增刊1，2：52，3：62，3：72，3：78，4：85，4：96，4：99，4：100，第二周年增刊，5：109，5：120，6：136，7：167，7：169，第三周年增刊

燕雪雯

209《万象》1：9

燕曼人

109《论语》90，94；
145《宇宙风》9，10，11，12，13，14，15，16，17，18，20，21，22，24，28

熹　重

99《涛声》1：24

熹　微

142《中学生文艺季刊》2：3

磬　声

85《文艺月刊》4：5，4：6，5：1

噩　君

25《语丝》4：45

霏

146《海燕》1：1

霍　如

224《天下文章》3

霍　亭

182《文艺新潮》2：8；
203《奔流文艺丛刊》2；
207《时代文学》1：1

霍　然

209《万象》3：1

霍　薇

208《诗创作》13

霍为德

26《现代评论》3：56，4：97

霍世休

117《文学》2：6

霍屿禾

45《现代小说》2：5

霍克桑

130《当代文学》1：2，1：3

霍春禄

272《群众文艺》3

霍俪白

6《解放与改造》3：4

霍赋庸

255《北方》1：2

霍璧奇

41《民间文艺》9—10

操　良

242《新群众》2：2

臻

117《文学》1：5

冀 仿
217《文艺杂志》2：5
冀 汸
172《七月》5：1，6：3，7：1—2；
198《现代文艺》4：6；
211《文艺生活》1：5；
222《青年文艺》3；
238《希望》1：1，1：4，2：3，2：4；
250《鲁迅文艺》1：1；
260《呼吸》创刊号，2；
268《蚂蚁小集》1，4，5，7
冀 春
159《诗歌杂志》3
冀 野
12《戏剧》1：5
冀桂馥
26《现代评论》3：77
冀镇生
262《平原文艺》2：4
嘐 人
209《万象》3：5
默
37《一般》1：3
默 丁
109《论语》124；
195《黄河》11
默 之
37《一般》1：1，1：2，1：4；
89《当代文艺》1：3；
94《现代文学评论》1：1
默 弓
223《人世间》复刊11—12；
264《诗创造》12
默 生
122《文学季刊》1：3；
128《小说》3，4，11，12，13，15，19；
262《平原文艺》2：1
默 尔
242《新群众》1：5
默 冰
242《新群众》1：3
默 声
20《浅草》1：1，1：2，1：4；
23《文艺周刊》11，16，19
默 坚
183《鲁迅风》3，14，15
默 君
206《华北文艺》1：4
默 涵
194《中国文化》1：3，2：2，2：6；
197《大众文艺》1：2，1：3，1：4，1：5，1：6；
199《野草》新4号，新5号，第6号，新7集，第8集，第10集，野草新集（论肚子）；
211《文艺生活》光复版15，光复版17，海外版10—11；
267《大众文艺丛刊》1，5；
270《小说》1：5

默　然
127《人间世》19，30；
145 附《宇宙风·逸经·西风非常时期联合旬刊》6；
242《新群众》2∶1，2∶2
默　僧
145《宇宙风》35，62，78；
186《宇宙风乙刊》创刊号，22，23，26，32
默　穆
142《中学生文艺季刊》1∶3
镛　舒
113《新诗歌》2∶2
镜
109《论语》25
镜　之
270《小说》6∶1
镜　如
10《小说月报》14∶10；
25《语丝》4∶2；
109《论语》21；
145《宇宙风·逸经·西风非常时期联合特刊》6，7
镜　我
34《创造月刊》2∶5；
47《流沙》4
镜　铭
25《语丝》4∶41；
26《现代评论》5∶126
镜　涵
109《论语》12
镜　蓉
25《语丝》4∶28，5∶10
镝　铦
142《中学生文艺季刊》2∶3
穆　之
109《论语》20；
251《文艺杂志》1∶1；
255《北方》1∶1
穆　天
195《黄河》7，3∶1；
穆　文
195《黄河》2∶1；
267《大众文艺丛刊》2
穆　旦
167《文学杂志》2∶2，2∶3，2∶4，2∶8，2∶9，2∶10，2∶12；
176《自由中国》新2∶1—2；
222《青年文艺》新1∶3；
239《诗文学》2；
240《文哨》1∶1；
244《文艺复兴》1∶6
穆　宁
117《文学》3∶5
穆　羽
195《黄河》复刊3
穆　如
75《萌芽》1∶4
穆　芷
221《文艺先锋》5∶3；
247《人民文艺》5

穆　陀
109《论语》32，38，39，40，42
穆　青
213《草叶》2
穆　明
98《新时代》5：3，5：4
穆　契
170《新演剧》1：1
穆　素
222《青年文艺》新1：3
穆　莎
223《人世间》复刊6
穆　哥
154《文学界》1：1
穆　铃
138《文饭小品》1：4
穆　悠
145《宇宙风》52，62
穆　然
101《十字街头》2
穆　雷
245《文章》1：4
穆　褉
151《文学丛报》3
穆　静
121《文化列车》12
穆　歌
212《文讯》9：3；
236《高原》新1：1；
244《文艺复兴》3：4，4：2；
264《诗创造》1，3，6，2：2
穆　毅
189《西线文艺》1：2，1：3
穆　穆
226《风雨谈》6
穆一龙
209《万象》1：6，1：7，1：10，2：1，2：9
穆义清
187《戏剧岗位》1：2—3
穆天树
36《北新》4：12
穆天澍
182《文艺新潮》1：4—5
穆木天
15《创造》1：3；
24《洪水》半月刊1：10—11；
25《语丝》13，34；
34《创造月刊》1：1，1：2，1：4，1：5，1：6，1：7，1：8，1：9，1：10；
35《沉钟》33；
38《幻洲》1：10；
55《大众文艺》2：4，2：5—6；
85《文艺月刊》战时特刊1：7，战时特刊1：11，战时特刊4：1，战时特刊5：1；
88《读书月刊》2：4—5，2：6；
91《文学生活》1；
93《青年界》3：4，9：1，10：1；
94《现代文学评论》1：1；
100《北斗》1：2，1：4，2：1；

106《现代》3：2，4：2，4：4，4：5，4：6，5：1，5：2，5：3，5：4；
107《文学月报》1：3，1：5—6；
113《新诗歌》1：1，1：2，2：2；
116《文艺月报》1：1；
117《文学》3：1，8：1；
125《春光》1：2，1：3；
128《小说》2；
139《新小说》1：2；
141《文艺》5：4，6：1；
150《东方文艺》1：3
155《光明》1：4，1：7，战时号外2；
173《抗战戏剧》创刊号；
174《抗到底》5；
175《战地》1：3；
177《文艺阵地》2：8，3：5，3：7，4：1，4：3；
178《抗战文艺》1：1，1：6，2：2，3：1；
180《文艺》1：2，1：5；
192《文学月报》1：4，2：3；
198《现代文艺》2：3；
208《诗创作》1，3—4，6，7，11；
211《文艺生活》1：4，3：1，3：3，3：4，3：5，光复版6；
212《文讯》7：2，7：6，9：1，9：3；
217《文艺杂志》2：1，2：2，2：4，2：6；
219《文学批评》2；
220《文学创作》1：1，1：2；
222《青年文艺》创刊号；
223《人世间》1：4，1：6；
227《艺丛》1：2；
231《新文学》1：1，1：3；
235《文艺春秋》5：4；
264《诗创造》2：1

穆亚平

229《艺文杂志》1：1，1：5

穆时英

10《小说月报》22：1；
74《新文艺》1：6，2：1，2：2；
85《文艺月刊》3：9，3：12，8：1，8：4，8：5；
93《青年界》1：3，2：4；
106《现代》1：1，1：2，1：4，2：1，2：4，2：6，3：1，3：2，3：3，4：1，4：5，5：1，5：6，6：1；
119《戏》1；
128《小说》8，18；
145《宇宙风》51，60，61；
169《中国文艺》1：2

穆罗茶

10《小说月报》20：1，20：2，20：3；
40《真美善》2：2，3：5，3：6，4：2；
63《金屋》1：3，1：12；
72《新文艺》1：4；

87《前锋月刊》1：4，1：6
穆罗荣
11《文学周报》231，237，245—246，257
穆春芳
159《诗歌杂志》2，3
穆海青
260《呼吸》创刊号
穆维芳
170《新演剧》1：2；
243《文联》1：1
穆敬熙
3《新潮》3：1
穆曾森
109《论语》103
穆湘玥
145《宇宙风》2
赞 之
142《中学生文艺季刊》1：1
赞 月
49《畸形》2
儒 勉
5《少年中国》4：3
儒 海
36《北新》4：1—2
翱 翔
109《论语》52；
127《人间世》35；
145《宇宙风》17，121；
145 附《宇宙风·逸经·西风非常时期联合旬刊》6；
229《艺文杂志》2：4
衡
117《文学》5：3
衡 水
267《大众文艺丛刊》4
衡 哲
16《努力周报》12，15，30，32，42，58，63，66，72；
17《读书杂志》10；
26《现代评论》5：117
衡 雪
142《中学生文艺季刊》3：2
雕 菰
138《文饭小品》1：1，1：2，1：3，1：6
雕洪祥
109《论语》90
鲲
6《解放与改造》2：13
鲲 一
113《新诗歌》2：1
辨
109《论语》5
辨 微
183《鲁迅风》1，2，11，13，15，16，18；
188《新中国文艺丛刊》1；
191《文艺新闻》11；
203《奔流文艺丛刊》1
辨 徽
183《鲁迅风》9

廪　生
96《文艺杂志》1：1
廪　僧
96《文艺杂志》1：3
磨刀人
190《通俗文艺》12，13，14，15，16，17，18，19，20，21，22，23，33，44，45
磨
221《文艺先锋》7：2
憾　庐
109《论语》66；
127《人间世》12，14，16，20，23，27，29，41；
145《宇宙风》27，30，37，40，41，42，43，44，45，48，49，50，51，52，55，58，59，60，61，63，65，66，70，71，73，77，78，79，80，81，82，83，86，88，89，90，91，93，108，110，116，117—118，119—120，121，122，123，125，127，128，129，131，138，140；
145 附《宇宙风·逸经·西风非常时期联合旬刊》5，6；
149《逸经》2，4，25，31；
171《烽火（呐喊）》19；
186《宇宙风乙刊》创刊号，2
憾　庸
36《北新》2：7
燃　水
92《文艺新闻》7，8
凝　远
264《诗创造》11
凝　香
173《抗战戏剧》2：1
凝　秋
39《泰东》1：3，1：4，1：5，1：6，1：7，1：8；
69《南国月刊》1：1；
114《艺术新闻》3；
130《当代文学》1：1
潞　生
99《涛声》1：28
激　厉
93《青年界》2：1；
94《现代文学评论》2：3，3：1
激　宁
99《涛声》2：19，2：23，2：26
澹　庐
6《解放与改造》2：6，3：3
澹　溪
19《小说世界》10：4
澹果孙
11《文学周报》361，374；
109《论语》8
澹台灭闇
199《野草》3：3—4，4：1—2
羲　之
155《光明》2：1

襕毓柩

212《文讯》5：1

壁　龙

195《黄河》复刊3

彝（彝）

73《南国周刊》1：2

彝（彝）铭氏

1《新青年》6：2

十七画

璐　丝

113《新诗歌》2：4

檀仁梅

212《文讯》3：6，4：1，4：6—7

鞠　馨

51《开明》1：8

鞠孝铭

145《宇宙风》134，138

鞠绍品

265《胶东文艺》创刊号

鞠振海

18《歌谣》2：14

藏　云

122《文学季刊》1：2

藏　限

249《白山》3

藏　晖

16《努力周报》43；

149《逸经》21

薰　宇

37《一般》1：1，1：2，1：3，1：4，2：2，2：3，2：4，3：2，3：4，4：2，4：4，5：1，5：3，6：2，6：4，7：2，7：4，8：3，9：3；

134《太白》1：1，1：3，1：4，1：7，1：8，2：1

藐　江

127《人间世》21

藐　庐

109《论语》114

藐　然

127《人间世》7

戴　夫

211《文艺生活》穗新1，穗新2，穗新3，穗新4，穗新6；

261《东北文艺》1：6，2：2；

270《小说》4：1，4：4；

271《文学战线》1：2

戴　石

247《人民文艺》3

戴　肃

198《现代文艺》2：4

戴　涯

104《矛盾》2：6；

168《戏剧时代》1：1；

195《黄河》2：1

戴　琼

25《语丝》4：15

戴　富

85《文艺月刊》战时特刊3：12；

178《抗战文艺》4：2

戴　狱
4《国民》1：2
戴万叶
48《我们》1：1，1：2，1：3
戴友荪
149《逸经》17，20，21，22，26，28，30，33
戴文赛
212《文讯》3：1，3：2，3：4，6：4，6：5
戴平万
55《大众文艺》2：4；
62《海风》1，4，8；
67《新流月报》2，3；
76《拓荒者》1，2；
93《青年界》9：5；
129《文艺风景》1：2；
139《新小说》1：3；
150《东方文艺》1：1；
154《文学界》1：2，1：3；
155《光明》1：1；
157《今代文艺》1：3；
164《希望》1：2
戴占奎
85《文艺月刊》8：1，8：4
戴尔卿
224《天下文章》1
戴主一
1《新青年》5：1
戴光甫
19《小说世界》15：1
戴光圃
19《小说世界》15：11，15：17，16：1，16：25
戴竹村
159《诗歌杂志》2，3
戴传贤
109《论语》7
戴行轺
11《文学周报》322；
39《泰东》1：5；
89《当代文艺》2：5
戴行韶
36《北新》3：2
戴安澜
145《宇宙风》130
戴时杰
76《拓荒者》4—5
戴时雄
85《文艺月刊》战时特刊2：11—12
戴何勿
131《东流》2：4；
146《诗歌生活》2
戴伯晖
76《拓荒者》4—5
戴岺岺
109《论语》98，99
戴季陶
1《新青年》9：1
戴叔周
100《北斗》2：3—4

戴泽锟

98《新时代》5：6；

145《宇宙风》2：6

戴学桢

149《逸经》12

戴南冠

43《未名》2：9—12；

64《红黑》4；

68《戏剧与文艺》1：5

戴修骏

28《猛进》沪案特刊3

戴圃青

180《文艺》2：2，2：3

戴般若

18《歌谣》11

戴爱莲

253《清明》2

戴菊农

10《小说月报》18：7；

11《文学周报》310；

36《北新》1：30，1：31，1：32，1：47—48

戴望舒

10《小说月报》19：7，19：8，20：12，21：6，21：12，22：1，22：2，22：10；

11《文学周报》300，310，326，337，343，372；

29《莽原》半月刊2：20；

33《现代文学》1：4，1：5；

40《真美善》1：8；

43《未名》1：2，1：4，1：5，1：8—9，2：1，2：2；

54《无轨列车》1，4，5，7，8；

60《熔炉》1；

63《金屋》1：7；

64《红黑》2；

74《新文艺》1：1，1：2，1：3，1：4，1：5，1：6，2：1；

85《文艺月刊》2：11—12，3：1，3：5—6，4：1，4：3；

92《文艺新闻》53；

93《青年界》2：5；

100《北斗》1：2，2：1；

104《矛盾》2：5；

106《现代》1：1，1：2，1：3，1：4，1：5，1：6，2：1，3：1，3：2，3：3，3：4，3：5，3：6，4：2，4：3，4：4，5：3，6：1；

129《文艺风景》1：1，1：2；

138《文饭小品》1：1，1：2，1：3，1：4，1：5，1：6；

145《宇宙风》39，40，41，42，43，44，45，62；

160《新诗》1：1，1：2，1：3，1：4，1：6，2：1；

167《文学杂志》1：1；

177《文艺阵地》2：9，文阵新辑之二：哈罗尔德的旅行及其他；

212《文讯》8：2；

223《人世间》复刊3，复刊7；

235《文艺春秋》3：4，3：5，3：6，4：1，5：3；
250《鲁迅文艺》1；1；
264《诗创造》2，3，4，6，8

戴景素

19《小说世界》14：25

戴跃复

145《宇宙风》64

戴维铸

209《万象》1：9

戴敦复

109《论语》101；
180《文艺》3：3—4

戴敦智

29《莽原》周刊25，半月刊3，半月刊14，半月刊17，半月刊20，半月刊2：5

戴慕周

145《宇宙风》107

戴蔚茹

109《论语》32

戴静山

93《青年界》4：4

戴滚环

221《文艺先锋》13：4

戴镏龄

85《文艺月刊》战时特刊第11年6月号；
167《文学杂志》2：2；
221《文艺先锋》7：1；
225《时与潮文艺》1：1，1：2，2：1，5：5；
230《民族文学》1：4

礴夫

142《中学生文艺季刊》2：2

霜华

10《小说月报》18：6，19：4，21：4，22：1；
11《文学周报》314

霜瘦

109《论语》59

霞巴

260《呼吸》2

霞村

10《小说月报》18：8，20：6；
218《文坛》创刊号

擢秀

109《论语》66

翳蒲

10《小说月报》14：10

鏊

182《文艺新潮》1：10

曙山

109《论语》11，13，29，30，32，34，41，47，49，55，56，57，67，82，85，91；
140《芒种》1，3；
149《逸经》34；
186《宇宙风乙刊》33，35，36，40，47，54

曙天

25《语丝》39；

36《北新》2∶1；
108《文艺茶话》1∶2
曙　云
119《戏》2；
145《宇宙风》106，125
曙　光
26《现代评论》1∶2，1∶6；
109《论语》15；
145《宇宙风》103；
249《白山》4
曙　青
12《戏剧》2∶4
曙　遥
109《论语》80
曙　霞
92《文艺新闻》5
螺　君
229《文艺杂志》2∶1，2∶5，2∶11
螺屋主人
19《小说世界》13∶1，13∶2，13∶3，13∶4，13∶5，13∶6，13∶8，13∶13，13∶18，14∶19，14∶21，15∶1，15∶20
蹈　危
229《艺文杂志》1∶5
黜　邪
26《现代评论》1∶7
幽　南
109《论语》108
穗
1《新青年》1∶4
穗　青
177《文艺阵地》4∶2，4∶3
魏　卫
190《通俗文艺》33，40，41
魏　守
145《宇宙风》32
魏　伯
147《夜莺》1∶3；
156《现实文学》2；
177《文艺阵地》2∶9，2∶12，4∶11，6∶5；
178《抗战文艺》2∶8，3∶2，6∶1，6∶4；
184《文艺战线》1∶6；
189《西线文艺》1∶1，1∶2，1∶3，1∶6；
192《文学月报》2∶6；
197《大众文艺》创刊号，1∶3，1∶6；
198《现代文艺》1∶6；
208《诗创作》7；
214《谷雨》1∶2—3；
224《天下文章》1；
252《北方文化》1∶6，2∶5，2∶6；
261《东北文艺》1∶2；
271《文学战线》1∶4
魏　林
85《文艺月刊》战时特刊2∶2
魏　岳
174《抗到底》号外

魏　放
217《文艺杂志》2：5
魏　弦
134《太白》1：10
魏　晋
131《东流》创刊号，1：2，1：3—4，1：5，2：1，2：2，2：3，2：4，3：1，3：2；
143《杂文》2：2；
145《宇宙风》80；
148《诗歌生活》2；
150《东方文艺》1：2，1：3，1：4，2：1；
157《今代文艺》1：3；
159《诗歌杂志》2，3；
191《文艺新闻》3，4
魏　峨
275《文艺丛刊》2
魏　谋
209《万象》1：8，1：10，1：11，2：2，2：3
魏　琴
1《新青年》不定期刊1
魏　蟠
143《杂文》1，3，5—6
魏　巍
208《诗创作》12，13，14
魏于潜
235《文艺春秋》丛刊5，2：1
魏友非
51《开明》2：4
魏友琴
11《文学周报》329
魏中川
149《逸经》22，35
魏中天
25《语丝》5：23，5：25，5：40，5：51；
98《新时代》5：5，7：4；
138《文饭小品》1：5；
140《芒种》2：1
魏风冈
19《小说世界》16：9，16：11
魏风江
19《小说世界》15：25，16：9，16：11
魏心苏
104《矛盾》2：6
魏以新
10《小说月报》22：6；
98《新时代》2：2—3，3：1
魏玉黄
18《歌谣》11
魏本仁
238《希望》1：3
魏东明
155《光明》1：10，2：3；
158《中流》1：7，1：9；
164《希望》1：1；
173《抗战戏剧》1：2；
202《文艺月报》6；
273《文艺月报》创刊号

魏永德

109《论语》27

魏西和

93《青年界》6：1

魏而寿

109《论语》114

魏仲民

39《泰东》1：6

魏仲奇

238《希望》1：2

魏兆铭

117《文学》8：1；

145《宇宙风》23，87，89，92，96，99，102，132，138、141，150；

145 附《宇宙风·逸经·西风非常时期联合旬刊》1；

186《宇宙风乙刊》50

魏如晦

186《宇宙风乙刊》29，31，42，44，46，47，48，49，51，52—53，54；

209《万象》1：1，1：2，1：3，1：4，1：5，1：6，1：7，2：10

魏苇君

93《青年界》9：4

魏克特

62《海风周报》1，2，4

魏时珍

5《少年中国》3：4，3：9，3：12

魏时萍

127《人间世》40

魏怀芳

31《甲寅》1：30

魏希文

94《现代文学评论》2：1—2

魏易诚

253《清明》4

魏忠秀

276《华北文艺》4

魏鸣歧

108《文艺茶话》2：10

魏金枝

10《小说月报》15：12；

13《诗》1：4；

27《支那二月》1：2，1：3，1：4；

29《莽原》半月刊 12；

50《奔流》2：2；

91《文学生活》1；

93《青年界》1：2，10：1，12：1，新 1：1，新 6：3；

100《北斗》2：1，2：3—4；

106《现代》1：1，1：3，4：1，4：2，5：2，5：3，6：3；

125《春光》1：1；

138《文饭小品》1：3；

140《芒种》3，8；

154《文学界》1：3；

155《光明》1：5；

157《今代文艺》1：2；

169《中国文艺》1：1，1：2，1：3；

183《鲁迅风》14；

188《新中国文艺丛刊》3；

212《文讯》9：3，9：5；
235《文艺春秋》2：2，2：4，3：1，3：2，3：3，3：4，3：5，3：6，5：4，6：2，8：2；
245《文章》创刊号，1：3；
246《文坛月报》1：1，1：2，1：3；
263《文艺知识连丛》1：2；
266《中国作家》1：2；
270《小说》3：2，3：3，3：4，3：5，4：4，4：5，4：6，5：1，5：6

魏京伯

183《鲁迅风》16

魏法杰

274《平原》6

魏建功

18《歌谣》41，51，65，66，72，86，2：5，3：1，3：12，周年纪念增刊；
28《猛进》25；
36《北新》1：33；
117《文学》2：6

魏建猷

149《逸经》10

魏孟克

85《文艺月刊》战时特刊 1：11，战时特刊 4：1；
133《译文》新 2：4；
134《杂文》2：1；
172《七月》2：5，4：3

魏荒弩

208《诗创作》8，13，16；
211《文艺生活》2：1，2：5；
233《当代文艺》1：4

魏南潜

127《人间世》6

魏复乾

149《逸经》19，24，34

魏特理

264《诗创造》9

魏宸组

31《甲寅》1：16

魏猛克

99《涛声》2：43；
106《现代》4：4；
109《论语》19；
125《春光》1：3；
131《东流》1：5；
133《译文》2：5；
175《战地》1：5，1：6；
178《抗战文艺》2：6，2：7，3：2

魏绪民

82《前锋周报》26，41，42

魏维慈

141《文艺》2：5—6，3：5

魏维熊

19《小说世界》16：25，17：2

魏敦夫

62《海风周报》13

魏楚卿

209《万象》1：1，1：7

魏频伽

145《宇宙风》152

魏照风

130《当代文学》1：4

魏嗣銮

5《少年中国》1：1，1：2，1：3，1：5，1：6，1：7，2：1，2：2，2：4，2：9，2：10，3：7，3：12，4：6

魏韵蓁

141《文艺》2：1，2：3，2：4，3：1，3：3，3：4，4：1

魏慎先

140《芒种》4，9—10

魏精忠

93《青年界》6：4；

145《宇宙风》94—95，101，103，105，106；

158《中流》1：7；

159《诗歌杂志》2，3；

185《笔阵》9，新2

魏肇基

37《一般》3：2，4：1，4：2，4：4，5：1，5：2，5：4，6：1，6：2，7：2，7：3

魏敷训

229《艺文杂志》2：1，2：4，2：10，3：1—2

魏摩茜

104《矛盾》2：6

魏戴月

173《抗战戏剧》2：1

篦 斋

223《人世间》复刊7，复刊10

黛

180《文艺》3：3—4

黛 西

109《论语》25，34

黛 君

209《万象》3：8

黛 珍

93《青年界》12：1

黛 痴

98《新时代》2：1

徽州人

10《小说月报》15：5

豁 谷

186《宇宙风乙刊》31

斵 冰

36《北新》3：4；

145《宇宙风》35

斵 厓

10《小说月报》13：9

襄 华

82《前锋周报》11，12，13，18，21，22，23，24，25

膺 中

18《歌谣》2：12

膺 固

195《黄河》4

膺　庸
157《今代文艺》1：1
膺服群
270《小说》1：2
糜一勺
88《读书月刊》3：3
糜文焕
88《读书月刊》1：3—4，2：1，3：1—2；3：6；
98《新时代》3：1
糜春炜
131《东流》1：2
糜春晖
143《杂文》1
懦　夫
92《文艺新闻》58
懦弱的嫁后女子
19《小说世界》10：2
濮　厂
127《人间世》37
濮　澄
155《光明》2：10
濮伯欣
149《逸经》17
濮益生
145 附《宇宙风·逸经·西风非常时期联合旬刊》6
蹇先艾
10《小说月报》16：1，16：3，18：5，18：6，18：7，19：4，20：5；
25《语丝》46；
26《现代评论》2：46，3：59，3：64，4：86，6：144；
36《北新》1：55—56；
85《文艺月刊》3：10，3：11，4：3，5：1；
93《青年界》8：2；
104《矛盾》2：5；
106《现代》5：1，6：1；
117《文学》3：3，3：6，4：3，5：1，6：5，7：3，8：4；
122《文学季刊》1：1，1：3，2：2，2：3；
136《水星》1：1，1：3，1：5，2：1，2：3；
152《作家》1：6；
153《文季月刊》1：3，1：6；
156《现代文学》1：4；
158《中流》1：3；
167《文学杂志》1：3；
171《烽火（呐喊）》19；
198《现代文艺》2：3，2：4，3：3；
212《文讯》6：2；
217《文艺杂志》1：2，1：5；
220《文学创作》2：1，2：4；
231《新文学》1：2；
233《当代文艺》1：3；
244《文艺复兴》2：1
擘　黄
16《努力周报》75；
26《现代评论》1：4，1：20，1：25，2：27，2：31，2：35，2：

41, 2:43, 3:54, 3:59, 3:64, 4:80, 4:97, 4:99, 5:105, 5; 108, 5:114, 5:117, 5:124

懋

19《小说世界》13:22

懋 天

212《文讯》创刊号, 1:3, 3:1,

懋 文

185《笔阵》12

懋 林

26《现代评论》4:84, 4:88

懋 庸

113《新诗歌》2:4;

157《今代文艺》1:3

懋 琳

10《小说月报》18:8;

26《现代评论》第二周年增刊, 7:168, 7:169, 7:170, 7:171, 7:172, 7:173, 7:174, 7:175, 7:176, 7:177, 7:178, 7:179, 7:180, 7:181, 7:182, 7:183, 8:187, 8:188, 8:189, 8:190, 8:191, 8:192, 8:193, 8:194, 8:196, 8:197, 8:198, 8:199

懋 德

96《文艺杂志》1:3

翼

10《小说月报》15:12, 16:11;

191《文艺新闻》创刊号

翼 之

82《前锋周报》5;

87《前锋月刊》1:2;

270《小说》1:5

翼 子

177《文艺阵地》4:12

翼 而

225《时与潮文艺》3:1, 3:3, 4:2

翼 臣

37《一般》2:2

翼 虎

145《宇宙风》103

孺 心

127《人间世》30;

145《宇宙风》87, 112, 别册3

孺子牛

211《文艺生活》光复版18, 海外版1

骤 然

249《白山》3

十八画

鞭 影

40《真美善》4:1

藕 丹

18《歌谣》91, 92

藩耀瑛

93《青年界》新5:3

瞀

149《逸经》24

曜　山

66《华严》1：8

曜　宾

182《文艺新潮》1：11

瞻

109《论语》177

瞻　昊

19《小说世界》10：5

瞻　浩

25《语丝》5：14

蟠

143《杂文》3，4

瞿　民

149《逸经》26

瞿　钰

109《论语》56，68

瞿　维

259《东北文化》2：1

瞿　然

25《语丝》5：2；
36《北新》2：24；
74《新文艺》2：2

瞿　鄗

109《论语》163，165，176

瞿云梅

14《学衡》44

瞿方梅

14《学衡》40，42，43，44，45，55，57，58

瞿世英

6《解放与改造》4：5；
7《曙光》1：6，2：2；
8《新社会》1，2，3，4，5，6，8，9，10，12，13，14，15，16，19；
9《人道》1；
10《小说月报》12：1，12：5，12：7，13：2，13：3，13：8，13：9，15：3；
12《戏剧》1：6

瞿白音

170《新演剧》创刊号；
201《戏剧春秋》创刊号，1：3，2：2，2：3；
211《文艺生活》光复版 18，海外版 2，海外版 3—4，海外版 14

瞿兰农

145《宇宙风》40

瞿秀峰

127《人间世》13

瞿兑之

149《逸经》2，11，12，14，15；
226《风雨谈》1，16，17；
229《艺文杂志》1：2

瞿秋白

1《新青年》季刊 1，季刊 2，季刊 3，季刊 4，不定期刊 1，不定期刊 2，不定期刊 3，不定期刊 4，不定期刊 5；
6《解放与改造》2：5，3：2，3：5，3：6，3：7，4：1，4：8；
7《曙光》1：4，1：6；
8《新社会》1，2，3，4，6，7，8，

9，13，15，16，17，18，19；
9《人道》1；
10《小说月报》12：号外，14：11，15：1，15：6；
11《文学周报》84，85，92，97；
149《逸经》25，26，27；
183《鲁迅风》14；
247《人民文艺》1：6；
273《文艺月报》4

瞿宣颖

4《国民》1：3；
14《学衡》71；
31《甲寅》1：2，1：6，1：7

瞿菊农

66《华严》1：1，1：5

瞿景白

1《新青年》季刊2

瞿耀波

237《文学新报》1：4

鹭 影

20《浅草》1：2

馥

11《文学周报》54；
36《北新》3：6，3：7；
57《大江》1：1，1：2，1：3

馥 心

201《文艺春秋》1：4

馥 泉

10《小说月报》13：9；
11《文学周报》53，54，55，60；
13《诗》1：3；
57《大江》1：1；
93《青年界》12：1

馥 清

10《小说月报》13：10

鹰 子

235《文艺春秋》3：3

鹰 隼

182《文艺新潮》1：6；
207《时代文学》1：3

鹰 航

261《东北文艺》2：5

鹰 眼

146《诗歌生活》1，2

鹰 潭

181《文击突击》1：4；
184《文艺战线》1：3

瀑 岩

85《文艺月刊》战时特刊3：5—6

襟 涤

16《努力周报》16

襟 霞

209《万象》1：1，1：2，1：4，1：6，1：10，1：11

璧

25《语丝》105

璧 人

93《青年界》9：2，9：4

璧 儿

11《文学周报》356，358

璧 夫

251《文艺杂志》3：1

壁　臣
51《开明》1：6
壁　树
149《逸经》16
彝
46《新月》2：2
十九画
蘋　州
93《青年界》6：5
蘧　庐
99《涛声》2：24
蘅
26《现代评论》2：46
蘅　果
264《诗创造》11
蘅　魂
13《诗》1：5
藻　孙
145《宇宙风》33
藻　萍
185《笔阵》11，13，14
藻　雪
39《泰东》1：2，1：5，1：8，1：9，1：10，1：11，2：12，2：1，2：2，2：3，2：10；
58《白华》1：1
麓　泉
274《平原》创刊号
警　民
37《一般》3：2
警　钟
249《白山》6
警　笛
99《涛声》1：10，1：13
霭
51《开明》1：12
霭　人
11《文学周报》112
霭　骞
145《宇宙风》80
霭　穆
145《宇宙风》33
籀　斋
40《真美善》1：1，1：3，1：4，1：7，1：8，1：9
缵　晖
145《宇宙风》91，110，111，113
骥
106《现代》6：3；
117《文学》3：6，4：3
二十画
蘩　蕗
40《真美善》4：1，4：2
馨　远
31《逸经》32
巇　涛
75《萌芽》1：6
嚼　辛
23《文艺周刊》国庆日增刊
曦　若
189《西线文艺》1：6

曦　晨
46《新月》4：7；
106《现代》1：6；
122《文学季刊》1：1
曦　影
251《文艺杂志》3：3，3：4
耀　五
109《论语》177；
149《逸经》16
耀　年
109《论语》142
耀　仲
40《真美善》1：12，3：3，3：5，3：6
耀　琏
63《戏剧与文艺》1：7
巍
242《新群众》2：2
籍　忠
190《通俗文艺》18
黧　黑
256《萌芽》1：3
灌　生
229《艺文杂志》3：1—2
灌　婴
46《新月》4：5；
85《文艺月刊》战时特刊2：11—12
缥　蘅
31《甲寅》1：36，1：39，1：41，1：42，1：43，1：45

二十一画

瓖　林
251《文艺杂志》4：1
蕴　䔖
36《北新》2：11
露
3《北新》3：20—21，3：22
露　石
130《当代文学》1：5
露　丝
40《真美善》女作家专号
露　西
113《新诗歌》1：2
露　存
19《小说世界》15：17
露　苡
209《万象》1：4，1：5，1：8
露　沙
145《宇宙风》115
露　冷
141《文艺》3：6
露　明
10《小说月报》18：5，19：7；
11《文学周报》262—263，324，343，346；
22《创造周报》45；
36《北新》1：19；
37《一般》3：4；
74《新文艺》1：6
露　秋
195《黄河》5：2

露　音

264《诗创造》11

露　珠

115《文学杂志》1：3—4

露　莎

25《语丝》4：41

露　蒂

151《文学丛报》4

露　醒

138《文饭小品》1：1

露　凝

39《泰东》1：8

蠢

63《戏剧与文艺》1：7，1：8—9

蠢　才

11《文学周报》3，4，90，92，93，94，95，141，146

蠢　然

108《文艺茶话》1：10

灏

186《宇宙风乙刊》12

夔　厂

109《论语》35

蠡　芳

235《文艺春秋》副刊1：3

羼　提

19《小说世界》6：5

二十二画

懿

253《清明》创刊号

蘼　芜

159《诗歌杂志》1

二十三画

癯　蝯

19《小说世界》1：1，1：7，1：10，3：13，9：2

二十四画

鑫　龄

11《文学周报》90

二十五画

戆　生

99《涛声》1：6，1：8，1：9

戆　降

19《小说世界》民众文学10

——拉丁字母——

A

51《开明》2：23，2：25；
187《戏剧岗位》1：2—3；
238《希望》2：2

A　A

37《一般》8：4；
51《开明》1：7，1：9，1：10，2：3，2：7，2：10，2：13

A·A·folo

51《开明》2：13，2：19

A·B

16《努力周报》68，69，70；
63《金屋》1：2，1：3，1：5，1：6，1：11

ABC

57《大江》1：1，1：2，1：3

ABC 生
131《东流》1：3—4
A·D
25《语丝》4：19
AIZ
92《文艺新闻》38
A.M.
208《诗创作》12，16，17
An Nun
55《大众文艺》1：4
ANON
57《大江》1：2
A S
172《七月》5：4
A·Totstog
93《青年界》3：2
AYG 女士
5《少年中国》1：6
B 生
57《大江》1：2
B B
51《开明》2：3
Beibei Fanji
159《诗歌杂志》2
Bianzi
159《诗歌杂志》2
B·Kao
109《论语》152
BY——
29《莽原》半月刊1：9
C
11《文学周报》20，36；
16《努力周报》41；
19《小说世界》5：1，12：11；
29《莽原》周刊26，半月刊2：14，
半月刊2：16；
43《未名》2：8；
109《论语》41
CBA
109《论语》14
C C
19《小说世界》3：1，3：4，3：5，
3：7，5：5，5：6，5：8
C·F
10《小说月报》14：4，14：8，15：
号外；
11《文学周报》109，110；
13《诗》1：4，2：1；
23《文艺周刊》50；
222《青年文艺》5
C·F·P
51《开明》2：17
CGS
19《小说世界》13：18
C·H
10《小说月报》14：7；
11《文学周报》107；
29《莽原》周刊2；
39《泰东》1：1
CHL
10《小说月报》14：11

C·J

9《人道》1

C·K

10《小说月报》15：3；

11《文学周报》172；

18《歌谣》71

C L

19《小说世界》5：6；

38《幻洲》2：5

C M

10《小说月报》14：12，15：4，17：号外上

C N

19《小说世界》14：17

C·P

10《小说月报》13：11；

11《文学周报》32，33，34，35，37，38，40，49，53，54，96，98；

63《金屋》1：7

C·S生

1《新青年》7：6；

6《解放与改造》1：8

C·S

10《小说月报》13：5；

93《青年界》1：4

C·T

1《新青年》9：6；

19《小说世界》6：13，12：号外；

24《洪水》半月刊1：12

C·Y

19《小说世界》14：17；

25《语丝》112

C Z

9《人道》1；

10《小说月报》12：号外

D

238《希望》2：2

December

38《幻洲》2：27

D F

171《烽火（呐喊）》20

D·S

6《解放与改造》4：3；

26《现代评论》3：56

Dung Gan

159《诗歌杂志》2

D·Z

19《幻洲》2：7

Dzang Zang Wu

19《小说世界》7：9

E C

10《小说月报》16：2

Edith Z

19《小说世界》5：8

E·D·Johnson

19《小说世界》3：3

EHRL·H·LERF

109《论语》104

E L

223《人世间》复刊1，复刊2

E R

196《战国策》《战国》副刊7

F
80《骆驼草》10
F　生
57《大江》1：2
F·C
39《泰东》1：1
FCS
16《努力周报》74
F　G
57《大江》1：1
F　L
36《北新》1：11
F　S
29《莽原》半月刊 2：5
G
37《一般》1：4
G　线
29《莽原》半月刊 1：17
G·Y
109《论语》90
H
10《小说月报》14：7；
11《文学周报》114，129，133，139，163，165，166；
16《努力周报》9，21；
51《开明》新 4；
102《文化评论》2—3；
238《希望》2：2
H·C
16《努力周报》61；
32《清华文艺》1：3；
79《巴尔底山》1：1
H·F
29《莽原》周刊 7
H·G·Libro
51《开明》2：2
H·H
38《幻洲》2：8
H·L
145《宇宙风》47
H·M
1《新青年》8：4
H　Y
256《萌芽》1：1
I　H
16《努力周报》20，33，38，49
I·I·Au—nun
36《北新》2：22，3：15
Ivan
76《拓荒者》4—5
J.F.
29《莽原》半月刊 2：33—34
J·H
16《努力周报》26，35
J·H·C
1《新青年》3：3
J　K
101《十字街头》1，2；
107《文学月报》1：2
J·R·S
18《小说世界》4：11

K
51《开明》2：23，2：24，2：25，2：26；
109《论语》2
K 君
118《文艺春秋》1：7，1：8
K 女士
88《读书月刊》1：3—4
K.073
211《文艺生活》海外版副刊
K·C
16《努力周报》62，72
KDK
145《宇宙风》46
K·F
70《引擎》1；
75《萌芽》1：6
K·H
11《文学周报》65，66，67，77；
122《文学季刊》1：2，1：3
K·K
155《光明》战时特刊·号外 3，战时特刊·号外 5
K·K·K
109《论语》1
K·H
11《文学周报》68
K N
32《清华文艺》1：1，1：2，1：3，1：4
K P
235《文艺春秋》丛刊 5
K S
3《新潮》2：1；
37《一般》3：4，4：1；
57《大江》1：1；
63《金屋》1：6，1：7；
224《天下文章》2：5—6
K·T
24《洪水》半月刊 1：1，半月刊 1：7；
117《文学》6：2，6：3
K.W.
28《猛进》8
L
43《未名》2：4；
47《流沙》3，4，5，6；
199《野草》新 2 号；
238《希望》2：2
L·C
19《小说世界》5：5；
24《洪水》半月刊 2：23—24
LCK
98《新时代》3：5—6，4：1
L D
199《野草》新 5 号
L F
24《洪水》半月刊 1：3；
92《文艺新闻》46
L F
241《文艺大众》新生号

L·M
38《幻洲》2：5，2：7
L·P
10《小说月报》14：10
L·S
25《语丝》9，11；
61《朝花》周刊2，周刊3，周刊1：4，周刊1：5，周刊1：6，周刊1：7，周刊1：8；
79《巴尔底山》1：2—3；
95《前哨》1：1；
101《十字街头》3
LSH
149《逸经》23
L·T
24《洪水》半月刊1：2，半月刊1：4
L·Y
38《幻洲》1：6；
92《文艺新闻》58
L.休士
172《七月》3：4
M
10《小说月报》15：3，15：12；
11《文学周报》53；
109《论语》2
M·C
45《现代小说》3：1
M D
10《小说月报》17：6，18：3，18：6，18：11，18：12，19：4，20：1，20：2，20：3，20：4；
74《新文艺》1：2
M F
37《一般》4：1
M·K
99《涛声》1：28
M·L
4《国民》2：3
M Magnien
145《宇宙风》52
M·N
100《北斗》2：3—4
M R
5《少年中国》1：4，2：2
M·T
11《文学周报》56；
36《北新》2：17；
85《文艺月刊》3：8
MTW
16《努力周报》4，6，8，13
Nathaniei Peffev
145《宇宙风》50
N·C
34《创造月刊》2：3，2：5；
47《流沙》4，6；
75《萌芽》1：5；
77《艺术》1：1；
79《巴尔底山》1：1
N·T
25《语丝》4：47

O
16《努力周报》58
O　V
145《宇宙风》50
P
11《文学周报》108，109，110，113，114；
118《文艺春秋》1：4
Paui Clan dei
145《宇宙风》50
P·C
40《真美善》2：5
Petofi Boldin
51《开明》1：4，1：9
P·K
75《萌芽》1：2
P·H
28《猛进》6
P·L
85《文艺月刊》3：8
P　S
11《文学周报》130，134
P　T
11《文学周报》33
P　V
11《文学周报》58
Q
16《努力周报》8，19，20，21，22，30，31，38，44，45，47；
18《歌谣》46
Q　S
178《抗战文艺》4：1
Q　V
16《努力周报》7
R
45《现代小说》3：1
R　M
11《文学周报》31
R·T
16《努力周报》8，9，32，44，45；
34《创造月刊》2：4；
74《新文艺》1：5
S
11《文学周报》49，95；
16《努力周报》32；
68《戏剧与文艺》1：10—11；
238《希望》2：2
S　生
57《大江》1：2
Salvat
63《金屋》1：4
S　C
7《曙光》2：2；
16《努力周报》70；
185《笔阵》新6
S·de Rochefoucduid
145《宇宙风》52
S　E
23《文艺周刊》16
S·F
1《新青年》6：2；

10《小说月报》19：6；
25《语丝》4：19；
29《莽原》半月刊2：21—22；
36《北新》2：24，3：1；
37《一般》9：1；
43《未名》1：1；
54《无轨列车》3，4；
57《大江》1：1

S H

177《文艺阵地》4：7

Siujen

27《支那二月》1：4

S·J

29《莽原》半月刊2：18—19，半月刊2：20；
143《杂文》2，3

SJ 生

143《杂文》3

S K

127《人间世》11

S·L

39《泰东》1：1

S·L·P

109《论语》8，13

S M

117《文学》5：4，6：3，6：4，7：1，9：4；
171《烽火（呐喊）》13；
172《七月》2：5，2：6，3：2，3：3，3：4，3：6，4：2，4：3，4：4，5：1，5：3，5：4，6：1—2，6：3；
176《自由中国》新1：5—6，新2：1—2；
178《抗战文艺》2：4，2：5；
198《现代文艺》4：1，4：4，5：1，5：3，5：4；
199《野草》3：5；
208《诗创作》3—4，5，6，9，10；
211《文艺生活》1：5，2：6；
222《青年文艺》2；
223《人世间》复刊11—12；
224《天下文章》1：6

Smakin

101《十字街头》2，3

S P

39《泰东》2：5；
85《文艺月刊》战时特刊4：2；
216《战时文艺》1：3，1：6，2：2

S R

4《国民》2：3

S S

16《努力周报》71；
19《小说世界》侦探号；
23《文艺周刊》9；
109《论语》122，125，128，157；
207《时代文学》1：1

S T

4《国民》2：2；
19《小说世界》5：2

S Y

177《文艺阵地》1：6，1：9，1：

10，1：11，2：2，2：3，2：5，2：6，2：8，2：10，3：1，3：2，3：3，3：4，3：5，3：6，4：5，6：3，6：4；
178《抗战文艺》8：1—2；
185《笔阵》2，新2：1，新2，新3，新5，新6；
187《戏剧岗位》1：1；
198《现代文艺》2：1，2：3；
211《文艺生活》2：1，2：6，光复版9；
220《文学创作》1：2，2：1；
224《天下文章》1，2，4，2：3，2：5—6；
225《时与潮文艺》2：1，2：6，5：1；
235《文艺春秋》2：1，2：2，2：5，2：6，3：5，4：2，4：3；
237《文学新报》1：2，2：1

SZ 生

6《解放与改造》3：3

T

16《努力周报》32；
68《戏剧与文艺》1：10—11

T A

211《文艺生活》光复版16

T C

165《文丛》2：4

TC 生

2《每周评论》9

T·C·I

1《新青年》7：6

T·F·C

1《新青年》4：4，6：3，7：1，7：11

T.H.

117《文学》6：6

T·K

19《小说世界》9：13；
145《宇宙风》50

T·L

38《幻洲》1：7；
100《北斗》1：1

T·M

36《北新》1：37，1：38，1：39—40，3：10

T·M·Cheg

1《新青年》2：3，2：5

Tomg I；n

38《幻洲》2：8

T·S

1《新青年》7：4；
16《努力周报》23；
171《烽火（呐喊）》14

T·T

38《泰东》1：8

TTY

85《文艺月刊》8：5

T W

80《骆驼草》1：5

T·W 女士

38《幻洲》1：10

T Y

221《文艺先锋》12：1

U·B

19《小说世界》9：12

V 生

11《文学周报》312

V C

19《小说世界》11：10

V G

11《文学周报》125；

13《诗》1：1

V J

145《宇宙风》47

V·L

11《文学周报》16，23；

13《诗》1：5

V·P

11《文学周报》79，173

V T

92《文艺新闻》32

V·V

13《诗》1：3

W

16《努力周报》68；

29《莽原》半月刊2：4，半月刊2：10；

38《幻洲》1：3；

177《文艺阵地》2：1

W 生

11《文学周报》185

W 莉

182《文艺新潮》1：11

W. C.

40《真美善》3：1

W·G·T

16《努力周报》20

W H

134《太白》2：4，2：5

Winn

182《文艺新潮》1：4—5

WPK

7《曙光》2：1，2：2，2：3

WS 女士

23《文艺周刊》35

W·T

11《文学周报》65

WTK

19《小说世界》4：2

W·U·B

25《语丝》4：29

W Y

36《北新》3：8，3：9，3：13

Xiatian

159《诗歌杂志》3

XYZ

11《文学周报》190，378

XY 生

57《大江》1：1，1：2，1：3

Y

16《努力周报》32，69，70

19《小说世界》1：1，1：2，1：3，

1：4，1：6，1：8，1：9，1：10，1：11，1：12，2：1，2：3，2：5，2：8，2：11；
21《弥洒》4；
25《语丝》4：17

YANG

88《读书月刊》2：6

YCS

7《曙光》1：4

Y·H

25《语丝》87，123

Y·H·Tsin

58《白华》1：3

Y·I

29《莽原》半月刊 2：7

Y·J

16《努力周报》32，68

Y·L

19《小说世界》1：1，1：4，1：6

Y·M

26《现代评论》1：2

Y P

267《大众文艺丛刊》3

Y R

16《努力周报》10

Y S

25《语丝》4：10

Y Y

37《一般》9：1

Y Z

1《新青年》5：6；
19《小说世界》1：2

Z

11《文学周报》157

Z·E

39《泰东》1：5

ZEN

45 附《五一特刊》1；
55《大众文艺》2：3

Zero

93《青年界》3：1，3：2，3：3，3：4，3：5

Z Y

55《大众文艺》2：2

——注音符号——

ㄍㄨㄜㄗㄣ

1《新青年》9：3

ㄔㄦㄘ

32《清华文艺》1：1

ㄗㄧㄥㄨㄣ

11《文学周报》211

ㄧ·ㄨ

25《语丝》53

——其　他——

××小伙计

109《论语》3

⊗

109《论语》40

期刊馆藏索引

1　新青年（青年杂志）

（月刊、季刊、不定期刊）

总藏：青年杂志　1卷（1—6期）（月刊）

新青年　2—9卷（每卷6期）（月刊）

新1—4期（季刊）

新新1—5期（不定期刊）

各馆馆藏：

（一）原　本

1—9卷　北京图书馆

北京大学图书馆

中国革命博物馆资料室

1—9卷5期

北京师范大学图书馆

1—8卷　南京图书馆

1—8卷2期

广西省第一图书馆

1—7卷　首都图书馆

上海科技图书馆

安徽省图书馆

重庆市图书馆

1—4卷　大连市图书馆

1—3卷　中国人民大学图书馆

1—2卷　江西省图书馆

广东省中山图书馆

2卷3—6期

福建省图书馆

3卷3—6期

广东省中山图书馆

4—9卷　广东省中山图书馆

4—6卷　江西省图书馆

6卷3期　中国人民大学图书馆

6卷5—6期

云南大学图书馆

7卷5—6期

江西省图书馆

7卷6期　中国人民大学图书馆

8卷1—4期，6期

重庆市图书馆

8卷1—3期，5—6期

安徽省图书馆

8卷5期　首都图书馆

9卷　首都图书馆

重庆市图书馆

9卷2、4、5期

广西省第一图书馆

9卷2期　云南大学图书馆

9卷6期　安徽省图书馆

新1—4期

北京图书馆

新1、2、4期

北京大学图书馆

湖南省中山图书馆

新1—2期

云南省图书馆

新1、3期

厦门大学图书馆

新2期　重庆大学图书馆

新新1—5期

北京图书馆

中国革命博物馆资料室

新新 1、2、4 期

四川省图书馆

新新 1、3 期

北京大学图书馆

新新 1、4、5 期

湖南省中山图书馆

新新 1、5 期

重庆市图书馆

新新 1 期

南京大学图书馆

（二）影　印　本

1—9 卷　北京图书馆

中国科学院图书馆

北京大学图书馆

清华大学图书馆

中国社会科学院

历史所资料室

中国社会科学院

世界史所资料室

中共中央马克思恩格斯

列宁斯大林著作编

译局图书馆

中共中央党校图书馆

南开大学图书馆

山东省图书馆

山东大学图书馆

甘肃省图书馆

辽宁省图书馆

吉林大学图书馆

东北师范大学图书馆

上海市图书馆

上海交通大学图书馆

华东师范大学图书馆

南京大学图书馆

浙江省图书馆

浙江大学图书馆

湖北省图书馆

武汉图书馆

武汉大学图书馆

湖南省中山图书馆

四川省图书馆

四川大学图书馆

贵州省图书馆

云南省图书馆

厦门大学图书馆

新 1—4 期

北京图书馆

中国科学院图书馆

北京大学图书馆

清华大学图书馆

北京师范大学图书馆

中国社会科学院

世界史所资料室

南开大学图书馆

山东省图书馆

山东大学图书馆

辽宁省图书馆

大连市图书馆

吉林大学图书馆

东北师范大学图书馆

上海图书馆

上海交通大学图书馆
华东师范大学图书馆
浙江省图书馆
浙江大学图书馆
湖北省图书馆
武汉图书馆
武汉大学图书馆
四川省图书馆
贵州省图书馆
广东省中山图书馆

新新 1—5 期
北京图书馆
中国科学院图书馆
北京大学图书馆
清华大学图书馆
中国社会科学院
世界史所资料室
山东省图书馆
山东大学图书馆
贵州省图书馆
辽宁省图书馆
大连市图书馆
吉林大学图书馆
东北师范大学图书馆
上海图书馆
上海交通大学图书馆
浙江省图书馆
浙江大学图书馆
湖北省图书馆
武汉图书馆
广东省中山图书馆
武汉大学图书馆

2 每周评论

总藏：1—37 期

各馆馆藏：

1—37 期
北京图书馆
清华大学图书馆
北京大学图书馆
中国社会科学院
世界史所资料室
中国革命博物馆资料室
南开大学图书馆
山东大学图书馆
甘肃省图书馆
东北师范大学图书馆
上海图书馆
湖北省图书馆
上海交通大学图书馆
浙江省图书馆
浙江大学图书馆
湖南省中山图书馆
云南省图书馆
厦门大学图书馆
广东省中山图书馆
中山大学图书馆

（以上系原本。此外本刊在一九五四年十二月曾由人民出版社影印，许多单位还另藏有影印本。）

3 新 潮

总藏： 1—3 卷 2 期（1、2 卷每卷 5 期）

各馆馆藏：

1—3 卷 2 期
中国人民大学图书馆
北京大学图书馆
清华大学图书馆
北京师范大学图书馆
中国社会科学院世界史所资料室
辽宁大学图书馆
上海科技图书馆
华东师范大学图书馆
南京图书馆
浙江省图书馆
武汉大学图书馆
四川图书馆
重庆图书馆
云南省图书馆
中共中央马克思恩格斯列宁斯大林著作编译局图书馆

1—3 卷 1 期
北京图书馆
上海图书馆

1—2 卷 中国科学院图书馆
中国作家协会上海分会图书馆

1—2 卷 4 期
吉林大学图书馆

1 卷 南开大学图书馆
厦门大学图书馆

1 卷 1—4 期
东北师范大学图书馆

1 卷 1、2、4、5 期
湖南省中山图书馆

1 卷 1、3、4、5 期
甘肃省图书馆
安徽省图书馆

1 卷 1 期
扬州师范学院图书馆

1 卷 2、4 期
山东大学图书馆

1 卷 3 期
广东省中山图书馆

1 卷 4、5 期
山东省图书馆

2 卷 安徽省图书馆

2 卷 1、4 期
东北师范大学图书馆

2 卷 1、5 期
甘肃省图书馆

2 卷 2—5 期
湖南省中山图书馆
厦门大学图书馆

2 卷 3 期
扬州师范学院图书馆

2 卷 5 期
广东省中山图书馆

3 卷 1—2 期
首都图书馆
南开大学图书馆

甘肃省图书馆
湖南省中山图书馆
厦门大学图书馆
广东省中山图书馆

4 国 民

总藏：1—24 期
各馆馆藏：
1—2 卷 4 期
北京师范大学图书馆
1 卷 1—4 期
北京图书馆
上海图书馆
1 卷 1—3 期
清华大学图书馆
1 卷 1、3、4 期
北京大学图书馆
1 卷 2、3 期
南京图书馆
重庆市图书馆
1 卷 2 期 中国社会科学院世界史所资料室
1 卷 3 期
湖南省中山图书馆
2 卷 1—4 期
北京大学图书馆
2 卷 1—3 期
上海图书馆
2 卷 1、2 期
南京图书馆
重庆市图书馆
2 卷 1 期 清华大学图书馆
中共中央马克思恩格斯列宁斯大林著作编译局图书馆
上海图书馆
四川省图书馆

5 少年中国

总藏：1—4 卷（每卷 12 期）
各馆馆藏：
1—4 卷 中共中央马克思恩格斯列宁斯大林著作编译局图书馆
南开大学图书馆
上海图书馆
南京大学图书馆
1—3 卷 中国作家协会上海分会图书馆
1—3 卷 11 期
北京大学图书馆
1—2 卷 安徽省图书馆
重庆市图书馆
厦门大学图书馆
中山大学图书馆
1 卷 中国人民大学图书馆
华东师范大学图书馆
广东省中山图书馆
1 卷 1—11 期
复旦大学图书馆

1卷1—9期，11—12期
　　贵州省图书馆
1卷1—2期，4—5期，7—12期
　　四川省图书馆
1卷1、10期，3—7期
　　四川大学图书馆
1卷3、6、8、9期
　　北京大学图书馆
1卷1、3、8、9期
　　中国社会科学院
　　　世界史所资料室
1卷2、3、4、9期
　　湖北省图书馆
1卷4—12期
　　北京图书馆
　　湖南省中山图书馆
1卷4—6期
　　陕西省图书馆
1卷4期　南京图书馆
1卷8、9期
　　武汉图书馆
　　广西省第一图书馆
2—3卷　复旦大学
2卷　北京图书馆
　　四川省图书馆
2卷1—7期，9—12期
　　湖南省中山图书馆
2卷1—6期，8—11期
　　华东师范大学图书馆
2卷1—6期，8期
　　广东省中山图书馆
2卷1—3期，6、7、9期
　　四川大学图书馆
2卷1期
　　吉林大学图书馆
2卷3、4期
　　贵州省图书馆
2卷4、8、11期
　　武汉图书馆
2卷4期
　　山东省图书馆
2卷5—7期，10—12期
　　中国人民大学图书馆
2卷6、12期
　　陕西省图书馆
2卷7—12期
　　中国社会科学院
　　　世界史所资料室
2卷8、11期
　　清华大学图书馆
　　南京图书馆
3卷1—8期，10—12期
　　中山大学图书馆
3卷1—6期，8期
　　湖南省中山图书馆
3卷1—5期，10期
　　中国社会科学院
　　　世界史所资料室
3卷1—4期，6—12期
　　四川省图书馆
3卷1、2期，6—8期，10、11期
　　贵州省图书馆

3 卷 1、2、8 期
　　武汉图书馆
3 卷 1、4、7 期
　　重庆市图书馆
3 卷 1 期　南京图书馆
3 卷 2 期，6—11 期
　　厦门大学图书馆
3 卷 3、5、6、10 期
　　四川大学图书馆
3 卷 8—12 期
　　陕西省图书馆
3 卷 10 期
　　清华大学图书馆
4 卷　　四川省图书馆
　　中山大学图书馆
4 卷 1—6，8—9，12 期
　　复旦大学图书馆
4 卷 1—5，8—10，12 期
　　北京大学图书馆
4 卷 2—4，9，11 期
　　四川大学图书馆
4 卷 2、7 期
　　湖南省中山图书馆
4 卷 2 期　重庆市图书馆
4 卷 6、7、12 期
　　福建省图书馆
4 卷 10、12 期
　　武汉图书馆
周年纪念册
　　北京图书馆
（以上为原本。此外本刊一九八〇年曾由人民出版社影印，许多单位还另藏有影印本。）

6　改造（解放与改造）
（半月刊、月刊）

总藏： 半月刊（解放与改造）1—2 卷（1 卷 8 期，2 卷 16 期）月刊（改造）3—4 卷（每卷 12 期）

各馆馆藏：
1—4 卷 10 期
　　北京图书馆
　　中国人民大学图书馆
　　北京师范大学图书馆
　　中共中央马克思恩格斯列宁斯大林著作编译局图书馆
　　上海图书馆
　　复旦大学图书馆
　　云南省图书馆
1—3 卷 10 期
　　南京大学图书馆
1—2 卷　辽宁省图书馆
1—2 卷 15 期
　　北京大学图书馆
　　吉林大学图书馆
　　四川大学图书馆
1—2 卷 13 期
　　东北师范大学图书馆
1 卷　　华东师范大学图书馆

1卷1、2期，5—8期
　　四川省图书馆
1卷1、2期，5—7期
　　中国社会科学院
　　　世界史所资料室
1卷2、3、5、6期
　　南开大学图书馆
1卷3、5—8期
　　广东省中山图书馆
1卷3、5、6期
　　贵州省图书馆
1卷4—8期
　　山东大学图书馆
1卷5—8期
　　首都图书馆
　　湖南省中山图书馆
　　重庆市图书馆
1卷6期 陕西省图书馆
2—4卷 清华大学图书馆
2—3卷1期
　　中国社会科学院
　　　世界史所资料室
2卷 湖南省中山图书馆
　　厦门大学图书馆
　　广东省中山图书馆
2卷1—8，11—16期
　　山东大学图书馆
2卷1—6，10—13，15期
　　重庆市图书馆
2卷1—5，7—15期
　　四川省图书馆
2卷1—5期
　　陕西省图书馆
2卷2—9期
　　上海科技图书馆
2卷2—7期
　　贵州省图书馆
2卷2、9期
　　甘肃省图书馆
2卷3、10、12、13、16期
　　南开大学图书馆
2卷9—16期
　　山东省图书馆
2卷9、11—16期
　　上海图书馆
2卷11—13期
　　上海交通大学图书馆
2卷11期
　　华东师范大学图书馆
3—4卷 中山大学图书馆
3—4卷10期
　　北京大学图书馆
　　华东师范大学图书馆
　　湖南省中山图书馆
　　四川省图书馆
　　广东省中山图书馆
3卷 厦门大学图书馆
3卷1—7期
　　云南大学图书馆
3卷1—6，8—11期
　　山东省图书馆
3卷1—6期

中国科学院图书馆
首都图书馆
3卷1—5，7—11期
中国作家协会
上海分会图书馆
3卷1—4，6—10，12期
四川大学图书馆
3卷1、2、8、4—6期
南开大学图书馆
3卷1、2、4、6、10期
湖北省图书馆
3卷1期
贵州省图书馆
3卷2—4期
东北师范大学图书馆
3卷4、8、12期
广西省第一图书馆
3卷5—8期
重庆市图书馆
3卷6期 辽宁省图书馆
3卷7—12期
南京图书馆
4卷 中国社会科学院
世界史所资料室
4卷1—10期
吉林大学图书馆
南京大学图书馆
重庆市图书馆
4卷1—5，7—11期
四川大学图书馆
4卷1，6期
贵州省图书馆
4卷2、3，7期
陕西省图书馆
4卷3，7期
南开大学图书馆
4卷6，7期
东北师范大学图书馆
广西省第一图书馆
4卷7期 山东省图书馆
4卷9期 首都图书馆
湖北省图书馆
4卷10期
云南大学图书馆

7 曙 光

总藏：1—2卷3期（第1卷出6期）

各馆馆藏：

（一）原 本

1—2卷3期
山东省图书馆
南京大学图书馆
1卷1—5期
北京大学图书馆
1卷1，2，4—6期
吉林大学图书馆
1卷2—5期
四川省图书馆
1卷2—4期
上海图书馆
1卷2，6期

中共中央马克思恩格斯
列宁斯大林著作编
译局图书馆
1卷3期 浙江省图书馆
中国作家协会上海分会
图书馆
1卷4期 广东省中山图书馆
1卷5期 南京图书馆
厦门大学图书馆
1卷6期 北京图书馆
2卷1—3期
北京大学图书馆
2卷1，3期
清华大学图书馆

（二）抄　本

2卷2期 中共中央马克思恩格斯
列宁斯大林著作编
译局图书馆
南京图书馆
广东省中山图书馆

8　新　社　会

总藏：1—19期
各馆馆藏：
1—18期 北京大学图书馆
1—6，8—18期
中共中央马克思恩格斯
列宁斯大林著作编
译局图书馆
8—9，11，16，17期
四川省图书馆
19期　重庆市图书馆

9　人　道

总藏：1期
各馆馆藏：
1　北京大学图书馆
中共中央马克思恩格斯
列宁斯大林著作编
译局图书馆

10　小说月报

总藏：1—22卷（每12期）
12卷号外，15卷号外，17卷号外
各馆馆藏（从第12卷起）：
12—22卷
北京图书馆
辽宁省图书馆
吉林大学图书馆
复旦大学图书馆
北京大学图书馆
南京图书馆
扬州师范学院图书馆
中国作家协会
上海分会图书馆
12—18卷
清华大学图书馆
12—15卷

东北师范大学图书馆
12卷　上海图书馆
12卷1—6，8—12期
广东省中山图书馆
12卷1—6，9期
中山大学图书馆
12卷1—5，7—12期
南开大学图书馆
12卷1，2，4—12期
山东省图书馆
12卷1，2，4—11期
云南省图书馆
12卷1，3，5—10，12期
安徽省图书馆
12卷1，3，6—12期
湖南省中山图书馆
12卷3，6期
武汉图书馆
12卷4，10期
四川大学图书馆
12卷4期
云南大学图书馆
12卷7—12期
中国科学院图书馆
13—22卷
中山大学图书馆
13—15卷
广东省中山图书馆
13卷　山东省图书馆
武汉图书馆
13卷1—10，12期
上海图书馆
13卷1—5，7—12期
厦门大学图书馆
13卷1，3，4，6，7，9—12期
安徽省图书馆
13卷2—5，8—10期
南开大学图书馆
13卷3，6，7，10—12期
湖南省中山图书馆
13卷4，5期
云南大学图书馆
13卷7—12期
中国科学院图书馆
13卷12期
福建省图书馆
14—22卷
上海图书馆
14卷　云南省图书馆
厦门大学图书馆
14卷1—9，12期
安徽省图书馆
14卷1—6，8—12期
湖南省中山图书馆
14卷1—5，7—12期
南开大学图书馆
14卷1—4，6—12期
山东省图书馆
14卷1期
贵州省图书馆
14卷4期
武汉图书馆

14卷5，7—12期
中国科学院图书馆
14卷6，12期
福建省图书馆
14卷8，9期
中国社会科学院
世界史所资料室
15—22卷
南开大学图书馆
山东省图书馆
15—18卷11期
湖南省中山图书馆
15卷1—9，11，12期
中国社会科学院
世界史所资料室
15卷1—6期
中国科学院图书馆
15卷1—5，7—12期
厦门大学图书馆
15卷1—3，5—12期
中国人民大学图书馆
15卷1，3，4，6—10，12期
安徽省图书馆
15卷3，4，6—12期
云南省图书馆
15卷6期
武汉图书馆
15卷7—12期
中共中央党校图书馆
15卷11期
福建省图书馆

16—22卷
中国人民大学图书馆
16—18卷
厦门大学图书馆
16—17卷
中共中央党校图书馆
16卷 武汉图书馆
16卷1—10，12期
东北师范大学图书馆
16卷1—8期
山东大学图书馆
16卷1—7，9期
云南省图书馆
16卷1—6，8，9，11，12期
广东省中山图书馆
16卷1，3—9期
中国社会科学院
世界史所资料室
16卷1期
广西省第一图书馆
16卷3—12期
首都图书馆
16卷5，9期
福建省图书馆
16卷9—12期
中国科学院图书馆
16卷9期
贵州省图书馆
17—22卷
中国社会科学院
世界史所资料室

东北师范大学图书馆
17—20 卷
中国科学院图书馆
首都图书馆
17 卷　山东大学图书馆
17 卷 1—4，6—9 期
云南省图书馆
17 卷 1，3—8，11 期
广东省中山图书馆
17 卷 3 期
广西省第一图书馆
17 卷 5，8 期
云南大学图书馆
17 卷 8 期
武汉大学图书馆
18 卷　广东省中山图书馆
18 卷 1—3，5—9，11，12 期
云南省图书馆
18 卷 1，4，7，8 期
安徽省图书馆
18 卷 3 期
四川大学图书馆
18 卷 5—12 期
山东大学图书馆
18 卷 5，10，11 期
云南大学图书馆
18 卷 5 期
广西省第一图书馆
18 卷 6—8，10—12 期
福建省图书馆
19—22 卷
福建省图书馆
19 卷　安徽省图书馆
云南省图书馆
19 卷 1—4，9—12 期
山东大学图书馆
19 卷 1—3，5，8—10 期
广东中山大学图书馆
19 卷 1，3—5，7—10，12 期
湖南省中山图书馆
19 卷 2—12 期
厦门大学图书馆
19 卷 3，8
江西省图书馆
云南大学图书馆
19 卷 6，9，12 期
四川大学图书馆
19 卷 7—12 期
武汉大学图书馆
19 卷 9 期
武汉图书馆
20—22 卷
湖南省中山图书馆
厦门大学图书馆
20 卷 1，3—12 期
安徽省图书馆
20 卷 2—12 期
广东省中山图书馆
20 卷 2—8，10 期
武汉图书馆
20 卷 2—4，7—9 期
山东大学图书馆

20卷4，12期
广西省第一图书馆
20卷5—8，9—12期
云南省图书馆
20卷5—8，12期
四川大学图书馆
20卷6，12期
清华大学图书馆
20卷8期
江西省图书馆
20卷9—11期
四川大学图书馆
21—22卷
山东大学图书馆
21卷 安徽省图书馆
武汉图书馆
云南省图书馆
21卷1—6期
清华大学图书馆
武汉大学图书馆
21卷1—3，5—12期
广东省中山图书馆
21卷2—12期
中国科学院图书馆
首都图书馆
21卷2—5，7—12期
贵州省图书馆
21卷2—5期
兰州大学图书馆
21卷2，8—12期
广西省第一图书馆
21卷5期
江西省图书馆
22卷1—8，11，12期
贵州省图书馆
22卷1—6，8，9期
中国科学院图书馆
22卷1—4，6—9，12期
安徽省图书馆
22卷1—3，6，7，10—12期
广东省中山图书馆
22卷1，4期
四川大学图书馆
22卷2—12期
武汉大学图书馆
22卷2—4，6，11—12期
武汉图书馆
22卷6—12期
云南省图书馆
12卷号外
甘肃省图书馆
东北师范大学图书馆
四川省图书馆
南京大学图书馆
扬州师范学院图书馆
15卷号外
甘肃省图书馆
东北师范大学图书馆
上海图书馆
扬州师范学院图书馆
湖南省中山图书馆
四川省图书馆

17卷号外

中国人民大学图书馆

北京大学图书馆

山东省图书馆

扬州师范学院图书馆

甘肃省图书馆

东北师范大学图书馆

湖南省中山图书馆

四川省图书馆

（以上为原本，此外本刊一九八一年四月由书目文献出版社开始影印，许多单位还另藏有影印本。）

11 文学周报

（文学旬刊、文学）

总藏： 文学旬刊：1—80期

文学：81—171期

文学周报：172—250期，

4—9卷5期

（4—8卷各25期）

各馆馆藏：

1—171期

北京图书馆

清华大学图书馆

51，127—133，172—250

上海图书馆

69，71，78—81，86—79，120—123，203—224，226—229期

北京大学图书馆

157—250期

广东省中山图书馆

172—250期

四川省图书馆

中山大学图书馆

172—223期

中共中央马克思恩格斯列宁斯大林著作编译局图书馆

172—189期

东北师范大学图书馆

173—176，194—196，198—201，203，204，213—227，250期

南京图书馆

198—223期

中国人民大学图书馆

205，206，208，210，213—228，237—239，241—246，249，250期

南京大学图书馆

4—8卷 清华大学图书馆

中共中央马克思恩格斯列宁斯大林著作编译局图书馆

复旦大学图书馆

4—7卷6期

浙江省图书馆

4—6卷 甘肃省图书馆

吉林大学图书馆

四川省图书馆

4—5卷 北京大学图书馆

4—7卷 上海图书馆

北京师范学院图书馆

4卷　北京图书馆
东北师范大学图书馆
湖北省图书馆
武汉图书馆
4卷1，4，25期
广东省中山图书馆
4卷1，7—10，12—24期
中山大学图书馆
4卷1，7，8，10，12，13，15，17，21—23期
重庆市图书馆
4卷6，8，9，11，—13，15—25期
厦门大学图书馆
4卷7—10，21—25期
南京图书馆
4卷9—22，24，25期
南京大学图书馆
5—6卷3期
中国人民大学图书馆
5卷1—9，14—25期
重庆市图书馆
5卷1—8，22期
中山大学图书馆
5卷1—5，14—17，22，23，25期
南京图书馆
5卷1—4，10—13，18—25期
厦门大学图书馆
5卷1—4，18—25期
东北师范大学图书馆
5卷1期
中国科学院图书馆
5卷4—16，19，20期
湖北省图书馆
5卷5—9，14—17期
福建省图书馆
5卷12期
南开大学图书馆
6—7卷6期
安徽省图书馆
6卷　南京大学图书馆
6卷1—24期
吉林师范大学图书馆
6卷1—21期
重庆市图书馆
6卷1—12期
北京图书馆
6卷1—10期
安徽省图书馆
6卷1—5，10—17，22—25期
厦门大学图书馆
6卷2—4，6—13，15—25期
中国科学院图书馆
6卷8，9，18—21期
北京大学图书馆
6卷18，19，21—22，24，25期
湖北省图书馆
6卷25期
广东省中山图书馆
7—9卷5期
北京大学图书馆
7卷1—24期
北京图书馆

7卷1—21期
厦门大学图书馆
7卷1—9，13—21期
四川省图书馆
7卷1—4，10—17期
吉林大学图书馆
7卷1，2，8—18，20—24期
湖北省图书馆
7卷4，6—11，13—22期
中山大学图书馆
7卷5—17期
重庆市图书馆
7卷13，17期
东北师范大学图书馆
8卷　浙江省图书馆
8卷1—13，19—25期
厦门大学图书馆
8卷1—12，19—25期
四川省图书馆
8卷1—6，10—13期
湖北省图书馆
8卷1—5，7，8，10，19—24期
南京大学图书馆
8卷1—5，7，9—25期
重庆市图书馆
8卷3—9，19—24期
中国科学院图书馆
8卷4—9，11—13，19，21—23，25期　中山大学图书馆
8卷7，9，10，19—25期
安徽省图书馆
8卷14—18期
吉林大学图书馆
广东省中山图书馆
8卷20—25期
福建省图书馆
9卷1，3—5期
中山大学图书馆
9卷2，3，5期
南京大学图书馆

12　戏　　剧

总藏：1—2卷4期（第1卷出6期）
各馆馆藏：
1卷　清华图书馆
上海图书馆
四川省图书馆
1卷1—5期
北京图书馆
1卷1，5期
北京大学图书馆
吉林大学图书馆
1卷2—4期
厦门大学图书馆
1卷3，5期
中国作家协会
上海分会图书馆
1卷4，6期
复旦大学图书馆
1卷4期
首都图书馆

2卷1—4期
北京大学图书馆
吉林大学图书馆
2卷1，3期
北京图书馆
2卷2—4期
清华大学图书馆
2卷2，3期
复旦大学图书馆
2卷3期 南京图书馆
2卷4期 首都图书馆

13 诗

总藏：1—2卷2期（第1卷出5期）
各馆馆藏：
1—2卷2期
北京大学图书馆
清华大学图书馆
上海图书馆
上海科技图书馆
南京图书馆
1—2卷1期
中国作家协会
上海分会图书馆
1卷1—4期
中国人民大学图书馆
1卷1—3，5期
厦门大学图书馆
1卷1，2，4，5期
浙江省图书馆
1卷1，2期
山东省图书馆
四川省图书馆
1卷1，3，4期
扬州师范学院图书馆
1卷1期 吉林大学图书馆
1卷3—5期
广东省中山图书馆
2卷1，2期
厦门大学图书馆
四川省图书馆
2卷1期 浙江省图书馆
广东省中山图书馆

14 学 衡

总藏：1—79期
各馆馆藏：
1—79期 北京图书馆
北京大学图书馆
中国人民大学图书馆
清华大学图书馆
北京师范大学图书馆
兰州大学图书馆
大连市图书馆
吉林大学图书馆
上海图书馆
中国作家协会
上海分会图书馆
华东师范大学图书馆
武汉大学图书馆

湖南省中山图书馆
四川省图书馆
1—78 期
中国社会科学院
世界史所资料室
1—77 期
南京大学图书馆
扬州师范学院图书馆
1—76 期 南京图书馆
1—72 期 复旦大学图书馆
1—70，73—75 期
四川大学图书馆
1—78 期 上海科技大学图书馆
1—53，55，61，62，66，68—74，77 期
重庆市图书馆
1—50 期 山东大学图书馆
1—39，42—59，61—62 期
安徽省图书馆
1—36，41—78 期
浙江省图书馆
1—24，26—33，39—52，54—56，61 期
中共中央马克思恩格斯列宁斯大林著作编译局图书馆
1—20，22—35，37—57，65，73，75 期
广西省第一图书馆
1—19，21，23—70，72，78 期
厦门大学图书馆
1—15 期
中国科学院图书馆
1—9，11—13，15—79 期
广东省中山图书馆
1—7，9—21，34，35，37，41—45，56，58—64，67，70—76 期
云南省图书馆
1，2，63，66，68 期
甘肃省图书馆
1，7，10，11，13—15，20，22，23，26，27，31，33，35，41，43，45，47，50 期
东北师范大学图书馆
1，14，16，17，19—24，39—69 期
山东省图书馆
3—5，7—10，28，51—58 期
武汉图书馆
10，48，49，58，65，77，78 期
云南大学图书馆
13—35，37—40，42，44—46，51，55—57 期
南开大学图书馆
13—24，43—54 期
浙江大学图书馆
13—23 期
首都图书馆
16，28，35，36，46，62，63，65—69，71，72 期
湖北省图书馆
17 期
贵州省图书馆
59—61 期
辽宁省图书馆
59，71 期
陕西省图书馆

61，74 期

福建省图书馆

15 创造（季刊）

总藏：1—2 卷 2 期（第 1 卷出 4 期）

各馆馆藏：

1—2 卷 2 期

北京图书馆

中国科学院图书馆

中国人民大学图书馆

北京大学图书馆

清华大学图书馆

北京师范大学图书馆

首都图书馆

中国社会科学院

近代史所资料室

甘肃省图书馆

吉林大学图书馆

东北师范大学图书馆

上海图书馆

中国作家协会

上海分会图书馆

上海科技图书馆

复旦大学图书馆

南京大学图书馆

四川省图书馆

重庆市图书馆

广东省中山图书馆

1 卷 1—4 期

浙江省图书馆

1 卷 1，2，4 期

扬州师范学院图书馆

1 卷 2—4 期

湖北省图书馆

1 卷 4 期

中国社会科学院

世界史所资料室

1 卷 3，4 期

南开大学图书馆

1 卷 3 期 湖南省图书馆

2 卷 1，2 期

华东师范大学图书馆

扬州师范学院图书馆

2 卷 1 期 南开大学图书馆

湖北省图书馆

湖南省中山图书馆

2 卷 2 期 中国社会科学院

世界史所资料室

武汉图书馆

16 努力周报

总藏：1—75 期

各馆馆藏：

1—75 期 北京图书馆

上海图书馆

四川省图书馆

1—70，72—73，75 期

华东师范大学图书馆

1—56 期 大连市图书馆

2，3 期 清华大学图书馆

27—75 期
北京大学图书馆
27—52 期
复旦大学图书馆

17　读书杂志

总藏： 1—18 期
1—18 期　北京图书馆
上海图书馆
四川省图书馆
3—10 期　北京图书馆
3—9 期　复旦大学图书馆

18　歌谣（周刊）

总藏： 1—3 卷 13 期，增刊 1 期（第 1 卷 97 期，第 2 卷 40 期）
各馆馆藏：
1—3 卷 13 期，增刊
北京大学图书馆
1—2 卷　北京图书馆
北京师范大学图书馆
吉林大学图书馆
重庆市图书馆
1 卷 1—64，66—97 期
中国科学院图书馆
1 卷 1—8，10—20，25—95 期
上海科技图书馆
1 卷 2—71 期
山东大学图书馆
1 卷 2，3，25，27—32，37，38，40，47，57，71 期
吉林师范大学图书馆
1 卷 2，25，26，29，38，47 期
武汉大学图书馆
1 卷 3，25—32，38，41，47，57，71 期　湖北省图书馆
1 卷 9，10，41，43，47，49—96 期　1 卷 49—96 期
清华大学图书馆
中国作家协会
上海分会图书馆
1 卷 73—96 期
山东省图书馆
辽宁省图书馆
上海图书馆
2—3 卷 10 期
上海图书馆
2 卷　清华大学图书馆
上海科技图书馆
2 卷 1—19，32，34—40 期
吉林师范大学图书馆
2 卷 1，2，4—16，19—24，26—34，36—40 期
湖南省中山图书馆
2 卷 1，3—10，12—14，16—22，24—40 期
复旦大学图书馆
2 卷 2—5，9，11—13 期
武汉大学图书馆
2 卷 2—5，23，25—26，28，30—

32，35，36，39 期
华东师范大学图书馆
2 卷 10，13，19，23—29，32，33，36，37 期
四川大学图书馆
2 卷 13—21 期
广东省中山图书馆
3 卷 1—10，12—13 期
北京图书馆
3 卷 1—4，6—10，
湖南省中山图书馆
3 卷 1—4 期
东北师范大学图书馆
3 卷 1，2—13 期
四川大学图书馆
3 卷 1，3—10 期
北京师范大学图书馆
3 卷 8 期 陕西省图书馆
周年纪念增刊
北京图书馆
吉林大学图书馆
东北师范大学图书馆
重庆市图书馆
（以上系原本。另外此刊一九六二年十二月由上海文艺出版社影印，许多单位还另藏有影印本。）

19 小说世界
（周刊、季刊）

总藏：周刊 1—16 卷（第 1—12 卷各 13 期，第 13—16 卷各 25 期）
季刊 17—18 卷（各 4 期）

各馆馆藏：
1—18 卷
北京图书馆
北京师范学院图书馆
中国人民大学图书馆
1—17 卷 上海图书馆
1—17 卷 3 期
清华大学图书馆
上海科技图书馆
1—16 卷 中山大学图书馆
1—15 卷 首都图书馆
甘肃省图书馆
1—14 卷 24 期
重庆市图书馆
1—13 卷 吉林大学图书馆
1—12 卷 北京大学图书馆
北京师范大学图书馆
东北师范大学图书馆
南京大学图书馆
1—10 卷 南京图书馆
1—9 卷 中国作家协会上海分会图书馆
厦门大学图书馆
1—6 卷 扬州师范学院图书馆
1 卷 1—7，9，10，12，13 期
安徽省图书馆
1 卷 1，2，4—12 期
四川省图书馆
1 卷 1，2，5—12 期

湖南省中山图书馆
1卷1，3，4，8，10，11，13期
广东省中山图书馆
1卷4，11—13期
武汉图书馆
1卷5期 山东省图书馆
1卷6期 复旦大学图书馆
1卷8期 华东师范大学图书馆
1卷11期
福建省图书馆
2—4卷 复旦大学图书馆
2卷1—4，7—9，13期
安徽省图书馆
2卷1，2，4—10，12期
湖南省中山图书馆
2卷2—7，9—13期
四川省图书馆
2卷2，3，5—10，12—13期
武汉图书馆
2卷2，4期
山东省图书馆
2卷3，4，9期
广东省中山图书馆
3—5卷 四川省图书馆
3卷1—4，8，9期
湖南省中山图书馆
3卷2—4，6，8，11，13期
安徽省图书馆
3卷2，3，6，7，9，12期
武汉图书馆
3卷8期 山东省图书馆
4卷 广东省中山图书馆
4卷1，2，7，9，10，12，13期
武汉图书馆
4卷1，3—5，10，12期
湖南省中山图书馆
4卷4，5期
山东省图书馆
4卷5，9，11—13期
安徽省图书馆
5卷 湖南省中山图书馆
5卷1，3，5，6，8，10，12，13，18期 广东省中山图书馆
5卷1，3期
山东省图书馆
5卷3，5，6，8，10，13期
安徽省图书馆
6卷1—11，13期
四川省图书馆
6卷1，5，7，10，13期
湖南省中山图书馆
6卷2，10，13期
安徽省图书馆
6卷4，13期
山东省图书馆
6卷5，13期
武汉大学图书馆
7卷1—11，13期
四川省图书馆
7卷1期 安徽省图书馆
7卷2，3，6—13期
湖南省中山图书馆

7卷6—8期
山东省图书馆
7卷8期 江西省图书馆
7卷10期
武汉图书馆
8卷1—8，10—13期
四川省图书馆
8卷1，3—6，8—11，13期
湖南省中山图书馆
8卷1，11期
广东省中山图书馆
8卷3—5，7，10期
山东省图书馆
8卷8期 安徽省图书馆
8卷13期
陕西省图书馆
9卷 四川省图书馆
9卷1—3，7—8，10，13期
华东师范大学图书馆
9卷1，3—8，11期
湖南省中山图书馆
9卷4，7—9期
山东省图书馆
9卷4，11期
安徽省图书馆
9卷5，9期
江西省图书馆
9卷6，7，12期
广东省中山图书馆
9卷7，8期
武汉图书馆
10—11卷
华东师范大学图书馆
10卷1—5，7—13期
厦门大学图书馆
10卷1—5，7，8，10—13期
四川省图书馆
10卷1期
安徽省图书馆
10卷3，4，6，12期
山东省图书馆
10卷4，5，9—11期
湖南省图书馆
11—17卷2期
厦门大学图书馆
11—12卷
四川省图书馆
11卷1—4，6—9，11，12期
湖南省中山图书馆
11卷1，2，4—11，13期
南京图书馆
11卷4期
山东省图书馆
12卷1—11，13期
南京图书馆
12卷1—3，5—9期
湖南省图书馆
12卷1期
山东省图书馆
12卷2期
华东师范大学图书馆
12卷13期

安徽省图书馆
13卷1—15，17—24期
四川省图书馆
13卷1—3，5—10，12—15期
南京大学图书馆
13卷1，3—5，10—25期
北京大学图书馆
13卷1，4—9，11—14，17，19，21，22，23期
南京图书馆
13卷2，10—13，17，19，21，22期
湖南省中山图书馆
14—16卷23期
南京大学图书馆
14卷1—11，13—25期
南京图书馆
14卷1，2，5—8，17—19期
北京大学图书馆
14卷2—24期
四川省图书馆
14卷8期
山东省图书馆
14卷9，13，24期
湖南省中山图书馆
14卷15，17，18期
吉林大学图书馆
14卷20，22，24，25期
武汉图书馆
14卷24，25期
安徽省图书馆
15卷1—16期
北京师范大学图书馆
15卷1—13，15—24期
北京大学图书馆
15卷1—13，20—25期
四川大学图书馆
15卷1—12，14—25期
四川省图书馆
15卷1—10期
东北师范大学图书馆
15卷1—7，9—14，16—20，22—25期
重庆市图书馆
15卷11，14，19—25期
南京图书馆
15卷13期
湖南省中山图书馆
15卷17期
安徽省图书馆
15卷18，25期
吉林大学图书馆
16—17卷1期
北京大学图书馆
16卷1—8，13—24期
北京师范大学图书馆
16卷1—7，9，11，15—17，19，21，23期
四川省图书馆
16卷1—6，8—15，17—25期
重庆市图书馆
16卷5期
南京图书馆
安徽省图书馆

16卷7期 武汉图书馆

16卷15—18，22期

吉林大学图书馆

16卷17期

湖南省中山图书馆

17卷　南京图书馆

17卷2—4期

北京师范大学图书馆

17卷4期

四川省图书馆

重庆市图书馆

18卷　清华大学图书馆

上海科技图书馆

18卷1，3期

上海图书馆

18卷2，4期

东北师范大学图书馆

18卷3，4期

北京大学图书馆

18卷2期

武汉图书馆

附录：小说世界附刊

（一）民众文学

总藏：1—18，20，22，24，29，35，36

各馆馆藏：

1—18，20，22，24，29，35，36期

上海图书馆

1—10期 北京图书馆

（二）童　话

总藏：6，10，11期

各馆馆藏：

6，10，11期

上海图书馆

（三）侦探专号

总藏：1期

各馆馆藏：

1期　甘肃省图书馆

北京师范学院图书馆

上海图书馆（残本）

20　浅　草

总藏：1—4期

各馆馆藏：

1—4期　北京大学图书馆

北京师范学院图书馆

上海科技图书馆

1期　首都图书馆

2—4期　吉林大学图书馆

中国作家协会

上海分会图书馆

2期　四川省图书馆

4期　中国人民大学图书馆

21　弥　洒

总藏：1—6期

各馆馆藏：

1—6期　上海图书馆

1—4 期　首都图书馆
中国作家协会
上海分会图书馆
1，3，4 期
北京大学图书馆
1 期　吉林大学图书馆

22　创造周报

总藏：1—52 期
各馆馆藏：
1—52 期　北京图书馆
中国科学院图书馆
中国人民大学图书馆
北京大学图书馆
清华大学图书馆
北京师范大学图书馆
首都图书馆
中国社会科学院
近代史所图书馆
中国社会科学院
世界史所图书馆
中共中央马克思恩格斯
列宁斯大林著作编
译局图书馆
南开大学图书馆
山东大学图书馆
甘肃省图书馆
吉林大学图书馆
上海图书馆
上海科技图书馆
复旦大学图书馆
华东师范大学图书馆
中国作家协会
上海分会图书馆
南京大学图书馆
安徽省图书馆
浙江省图书馆
湖北省图书馆
四川省图书馆
重庆市图书馆
四川大学图书馆
广东省中山图书馆
1—29，31—50 期
湖南省中山图书馆
1—26，28—35，37—40，45—52 期
东北师范大学图书馆
1—26 期　武汉图书馆
云南省图书馆
扬州师范学院图书馆
（再版本）
27—52 期
南京图书馆

23　文艺周刊
（文艺旬刊）

总藏：文艺旬刊（《民国日报》副刊）1—20 期
文艺周刊 21—51 期
各馆馆藏：
1—20 期　见《民国电报》副刊，此

刊一九八一年已由人民出版社影印，许多单位藏有，馆藏从略。

21—51 期
吉林大学图书馆

21，22，36—44 期
中国社会科学院世界史所资料室

25—29 期
中国社会科学院文学所资料室

30—51 期
上海图书馆

33，34 期
南开大学图书馆

36—39，42，44 期
中共中央马克思恩格斯列宁斯大林著作编译局图书馆

50 期　湖南省中山图书馆

24 洪　水
（周刊、半月刊）

总藏： 周刊 1 期
半月刊 1—3 卷 36 期（每卷 12 期，各卷期号连续），周年纪念号

各馆馆藏：

（一）周　刊

1 期　北京大学图书馆

（二）半月刊

1—（3 卷）36 期
浙江省图书馆

1—2 卷（24 期）
吉林大学图书馆
上海图书馆
扬州师范学院图书馆
湖北省图书馆
中共中央马克思恩格斯列宁斯大林著作编译局图书馆

1—（2 卷）21 期
大连市图书馆

1—（2 卷）14 期
中国作家协会上海分会图书馆

1—（2 卷）13 期
清华大学图书馆

1 卷（1—12 期）
北京图书馆
中国科学院图书馆
北京大学图书馆
北京师范大学图书馆
中共中央马克思恩格斯列宁斯大林著作编译局图书馆
上海科技图书馆
复旦大学图书馆
辽宁省图书馆
南京大学图书馆
安徽省图书馆

四川省图书馆
四川大学图书馆
广东省中山图书馆
1 卷 1—3，5—12 期
厦门大学图书馆
1 卷 1，3，6，10—12 期
湖南省中山图书馆
1 卷 3，6—8 期
中山大学图书馆
1 卷 4，5，7 期
中国社会科学院
世界史所资料室
1 卷 4，5，9 期
重庆市图书馆
1 卷 6，9 期
华东师范大学图书馆
（2 卷）13—15，17—24 期
中山大学图书馆
（2 卷）13，14，16，22 期
湖南省中山图书馆
（2 卷）13，14 期
厦门大学图书馆
（2 卷）14，15，17，19—21 期
福建省图书馆
（2 卷）17，21 期
四川省图书馆
（2 卷）18—22
重庆市图书馆
（2 卷）18，23，24 期
北京大学图书馆
（2 卷）22 期
中国社会科学院
世界史所资料室
（3 卷）25—30 期
清华大学图书馆
（3 卷）25，26，28—34 期
北京大学图书馆
（3 卷）25，27，28，35 期
中山大学图书馆
（3 卷）25 期
上海科技图书馆
（3 卷）26，27，29，30 期
四川省图书馆
（3 卷）26 期
广东省中山图书馆
（3 卷）28，31，32 期
湖北省图书馆
（3 卷）29，32，35，36 期
上海图书馆
（3 卷）29，31 期
扬州师范学院图书馆
（3 卷）30 期
厦门大学图书馆
（3 卷）25—31，34—36 期
中国作家协会
上海分会图书馆
（3 卷）33，35 期
中国人民大学图书馆
（3 卷）34 期
中国社会科学院
世界史所资料室
周年增刊

北京大学图书馆
吉林大学图书馆
浙江省图书馆
四川省图书馆

25 语 丝

总藏： 1—156 期，4—5 卷（每卷52 期）

各馆馆藏：

1—156 期
北京图书馆
中国科学院图书馆
北京大学图书馆
清华大学图书馆
北京师范大学图书馆
中共中央马克思恩格斯列宁斯大林著作编译局图书馆
山东省图书馆
甘肃省图书馆
吉林大学图书馆
上海图书馆
中国作家协会上海分会图书馆
上海科技图书馆
复旦大学图书馆
扬州师范学院图书馆
湖南省中山图书馆
四川省图书馆
厦门大学图书馆
广东省中山图书馆

1—153 期
首都图书馆

1—104，106，107，111，112，114，115，117—156 期
重庆市图书馆

1—100，102—153，155，106 期
浙江省图书馆

1—80，86—89，92，102—106，113，121—156 期
湖北省图书馆

1—80 期 安徽省图书馆

1—40，121—140 期
广西省第一图书馆

1，2，4—14，19，27—47，49，50，82—110，115，118—136，144—147，149，151—153 期
中国社会科学院世界史所资料室

2—5，106—120，122，124，134，135，143，144，147，148，153 期
东北师范大学图书馆

20—79 期
武汉图书馆

21—80 期
山东大学图书馆

21—40，61—120，114—156 期
南京图书馆

21—40，100，102，105，109 期
云南省图书馆

26，27，81—120 期

大连市图书馆
41—60，70，81—100，121—141，146，147 期
南京大学图书馆
41—60 期
陕西省图书馆
41—49，51—53 期
福建省图书馆
82—105 期
四川大学图书馆
4—5 卷 北京大学图书馆
清华大学图书馆
北京师范大学图书馆
上海图书馆
4—5 卷 51 期
上海科技图书馆
4 卷 中国科学院图书馆
中共中央马克思恩格斯列宁斯大林著作编译局图书馆
中国作家协会上海分会图书馆
吉林大学图书馆
复旦大学图书馆
扬州师范学院图书馆
浙江省图书馆
湖南省图书馆
4 卷 1—51 期
重庆市图书馆
4 卷 1—33，35，39，42，44，45，48，49，52 期
四川省图书馆
4 卷 1—19，21—32，34，35，38，40，47 期
四川大学图书馆
4 卷 1—15，18，21—49 期
北京图书馆
4 卷 1，3，5—12，14—40，43，45，50 期
湖南省中山图书馆
4 卷 1，3，8，19，25，27，49，
安徽省图书馆
4 卷 2—12，14—28，30—37，39，40，50 期
南京大学图书馆
4 卷 2，3 期
福建省图书馆
4 卷 2，16，20，34，49 期
重庆市图书馆
4 卷 3，4，6，8，11，13，14，17，18，29，37—39，50，51 期
东北师范大学图书馆
4 卷 4—51 期
甘肃省图书馆
4 卷 4，9，14，15，18，21，24，33—39 期
中国社会科学院世界史所资料室
4 卷 8—52 期
厦门大学图书馆
4 卷 15，30 期
贵州省图书馆

4卷28期

陕西省图书馆

4卷38期

广西省第一图书馆

5卷1—50期

厦门大学图书馆

5卷1—41，43—45，47—50期

中国作家协会

上海分会图书馆

5卷1—40，46期

湖南省中山图书馆

5卷1—40期

武汉大学图书馆

5卷1—33，35—40，43—46期

浙江省图书馆

5卷1—30，34，40—52期

北京图书馆

5卷1—18，25，26，28，29，35，46—49，51期

重庆市图书馆

5卷1—18期

甘肃省图书馆

5卷 1—16，18，19，21，22，24—26，28—31，34—37，41，43—49期

南京大学图书馆

5卷1—11，18—52期

复旦大学图书馆

5卷1，2，4，7—12，14，17—25，29，30，32—35，41，42，45—48期

湖北省图书馆

5卷2，11，16，19，21，24，25，27，29，30，32，35，36，39，40，44，48期

东北师范大学图书馆

5卷2，31，40期

安徽省图书馆

5卷3—26，35—48期

山东大学图书馆

5卷5，17，13，43，44，46期

中国科学院图书馆

5卷7—12，14—26，30，32—34，36，37，39，40，42，43，46，49，51期

四川省图书馆

5卷12，18期

中国社会科学院

世界史所资料室

5卷14期

南开大学图书馆

南京图书馆

5卷16，17期

陕西省图书馆

5卷16，18—20，25期

扬州师范学院图书馆

5卷16，23，24期

武汉图书馆

5卷20—25，27—44期

吉林大学图书馆

5卷28期

广西省第一图书馆

26 现代评论

总藏：1—9 卷 209 期（1—8 卷各 26 期，9 卷 1 期，各卷期号连接），增刊 3 期。

各馆馆藏：

1—9 卷 209 期
北京图书馆
上海图书馆
南京大学图书馆
湖南省图书馆
四川省图书馆
福建省图书馆

1—8 卷（208 期）
清华大学图书馆
华东师范大学图书馆

1—7 卷（182 期）
浙江省图书馆

1—7 卷 181 期
厦门大学图书馆

1—5 卷（130 期）
北京大学图书馆
云南大学图书馆
中山大学图书馆

1—3 卷（78 期）
吉林大学图书馆
重庆市图书馆

1—3 卷 76 期
中共中央马克思恩格斯列宁斯大林著作编译局图书馆

1—3 卷 75 期
中国社会科学院世界史所资料室

1—3 卷 64 期
复旦大学图书馆

1—2 卷（62 期）
山东大学图书馆
中国作家协会上海分会图书馆
南京图书馆

1 卷（1—26 期）
武汉大学图书馆
广西省第一图书馆

1 卷 1，3，5—26 期
中国科学院图书馆

1 卷 6，7，9—12 期
湖北省图书馆

1 卷 11—16，19—21 期
中国人民大学图书馆

1 卷 14—26 期
武汉图书馆

2—3 卷（27—78 期）
中国人民大学图书馆

2 卷（27—52 期）
北京师范大学图书馆

2 卷 27，29—34，36—46 期
中国科学院图书馆

2 卷 27，31—52 期
武汉大学图书馆

2 卷 41，49，50 期
湖北省图书馆

2卷28—52期
甘肃省图书馆
2卷47—52期
大连市图书馆
2卷48，49期
陕西省图书馆
3—9卷209期
武汉大学图书馆
3—4卷99期
辽宁省图书馆
3卷53—76，78期
山东大学图书馆
3卷53—67，69—71，73—78期
南京图书馆
3卷53—55，57—61，72，73，75期
湖北省图书馆
3卷53，55，56期
中国科学院图书馆
3卷53，59，61—63期
中国作家协会
上海分会图书馆
4—9卷209期
复旦大学图书馆
4—6卷（79—156期）
山东大学图书馆
4卷（79—104期）
中国科学院图书馆
北京师范大学图书馆
4卷79—99，101—104期
重庆市图书馆
4卷81—90，92—104期
中共中央马克思恩格斯
列宁斯大林著作编
译局图书馆
4卷85—101期
中国社会科学院
世界史所资料室
4卷85—88期
吉林大学图书馆
4卷85，87，89，90，92，100，
102期 南京图书馆
4卷94——104期
中国人民大学图书馆
4卷94—96，103，104期
湖北省图书馆
5—9卷209期
重庆市图书馆
5—7卷（105—182期）
广西省第一图书馆
5卷（105—130期）
中共中央马克思恩格斯
列宁斯大林著作编
译局图书馆
湖北省图书馆
5卷106—130期
中国人民大学图书馆
5卷106，108—110，116，121，
124，125，128—130期
南京图书馆
5卷130期
北京师范大学图书馆
6—7卷（131—182期）

中国社会科学院
世界史所资料室
6卷（131—156期）
中国科学院图书馆
6卷 131—138，143—149，151—156期　北京大学图书馆
6卷 131—137，142—151，154—156期　中共中央马克思恩格斯列宁斯大林著作编译局图书馆
6卷 131—137，144—152期
广东省中山图书馆
6卷 131—135，138，140，144—152期　南京图书馆
6卷 133—140，142，144—146，148—156期
中国作家协会
上海分会图书馆
6卷 132—135，137期
北京师范大学图书馆
6卷 131，133，134期
湖北省图书馆
6卷 146，156期
中国人民大学图书馆
7—9卷 209期
北京大学图书馆
7—8卷（157—208期）
四川大学图书馆
7—8卷 203期
云南大学图书馆
7卷 157—180期
中共中央马克思恩格斯
列宁斯大林著作编
译局图书馆
7卷 157，159—182期
广东省中山图书馆
7卷 157，159—164期
中国人民大学图书馆
7卷 157，159—160，171—176，178—182期
南京图书馆
7卷 160期
中国科学院图书馆
7卷 157—169，171，173，175—177期　中国作家协会
上海分会图书馆
8—9卷 209期
北京师范大学图书馆
吉林大学图书馆
厦门大学图书馆
8卷（183—208期）
南京图书馆
广东省中山图书馆
8卷 186，188，190，193—200，203，204，208期
广西省第一图书馆
8卷 193—204期
中国人民大学图书馆
9卷 209
广西省第一图书馆
第1周年增刊
北京大学图书馆

清华大学图书馆
中国社会科学院
世界史所图书馆
陕西省图书馆
上海图书馆
四川省图书馆
重庆市图书馆
山东大学图书馆
第2周年增刊
北京大学图书馆
清华大学图书馆
中国社会科学院
世界史所资料室
南开大学图书馆
山东大学图书馆
东北师范大学图书馆
上海图书馆
湖北省图书馆
四川省图书馆
重庆市图书馆
广东省中山图书馆
第3周年增刊
北京大学图书馆
清华大学图书馆
中国社会科学院
世界史所资料室
上海图书馆
四川省图书馆
重庆市图书馆
四川大学图书馆
山东大学图书馆
广东省中山图书馆

27　支那二月

总藏：1卷1—4期
各馆馆藏：
1卷1—4期
北京图书馆（缩影胶卷）
中共中央马克思恩格斯列宁斯大林著作编译局（原本）

28　猛　进

总藏：1—53期，沪案特刊1—3号
各馆馆藏：
1—53期　重庆市图书馆
1—47期　北京大学图书馆
1—30期　上海科技图书馆
1—20，36期
东北师范大学图书馆
1—13期
南京大学图书馆
1，20，35，36，44—46，48—51期
四川省图书馆
9—15，23期
上海图书馆
沪案特刊1—3
北京大学图书馆

29 莽　原
（周刊、半月刊）

总藏：周刊1—32
半月刊1—2卷（每卷24期）
各馆馆藏：
（一）周　刊
1—32期　北京图书馆
中国科学院图书馆
北京大学图书馆
首都图书馆
中共中央马克思恩格斯列宁斯大林著作编译局图书馆
1—12期　东北师范大学图书馆
1—6，24，28—30，32期
复旦大学图书馆
12—24期
中国作家协会上海分会图书馆
14期　大连市图书馆
20—32期
南京大学图书馆
（二）半月刊
1—2卷　北京图书馆
中国人民大学图书馆
北京大学图书馆
首都图书馆
吉林大学图书馆
华东师范大学图书馆
湖北省图书馆
1—2卷15期
南开大学图书馆
1卷　上海图书馆
四川图书馆
1卷1—21期
南京图书馆
1卷1—12期
北京师范大学图书馆
1卷1，3—24期
复旦大学图书馆
1卷1，4，7—10，12—14，16，18，19，21，24期
中国作家协会上海分会图书馆
1卷3，6—13，17—22，24期
山东省图书馆
1卷4，5，9期
甘肃省图书馆
1卷7，8，13—24期
云南省图书馆
1卷15，16期
重庆市图书馆
2卷　东北师范大学图书馆
2卷1—14，16，17，20—24期
云南省图书馆
2卷1—7，9—24期
复旦大学图书馆
2卷1—4，6—24期
中国人民大学图书馆
2卷1，3，5，10，12—24期
中国作家协会

上海分会图书馆

2卷1，3—7，9—14，18期

四川省图书馆

2卷1，4—6，9—11期

上海图书馆

2卷7，8，14，15，18，19，23，24期　南京图书馆

30　大江（季刊）

总藏：1卷1—2期

各馆馆藏：

1卷1—2期

北京大学图书馆

吉林大学图书馆

中山大学图书馆

1卷1期　北京图书馆

清华大学图书馆

中国作家协会

上海分会图书馆

31　甲寅（周刊）

总藏：1—45期

各馆馆藏：

1—45期　中国科学院图书馆

中国人民大学图书馆

北京大学图书馆

北京师范大学图书馆

中国社会科学院

世界史所资料室

中共中央马克思恩格斯

列宁斯大林著作编

译局图书馆

兰州大学图书馆

大连市图书馆

吉林大学图书馆

南京大学图书馆

浙江省图书馆

四川省图书馆

1—44期　北京图书馆

上海图书馆

南京图书馆

1—39期　华东师范大学图书馆

1—35，37—45期

清华大学图书馆

1—35，41，43—45期

重庆市图书馆

1—35期

复旦大学图书馆

中国作家协会

上海分会图书馆

扬州师范学院图书馆

广东省中山图书馆

1—34，37—40，42—45期

安徽省图书馆

1—34期　上海科技图书馆

1—29期　湖南省中山图书馆

1—28，31—39，41—45

云南省图书馆

1—27，29—35，38，40—41，43，44期　山东省图书馆

1—21 期
南开大学图书馆
1—5，7，8，10，11，13，20，23—44 期　四川大学图书馆
2—7，12—13，17—23，25，27—35 期　武汉图书馆
2，3，11—19，40 期
首都图书馆
6—45 期　山东大学图书馆
11—45 期
中山大学图书馆
11，12，14，16，17 期
吉林师范大学图书馆
19 期　广西省第一图书馆

32　清华文艺
（月刊、不定期刊）

总藏： 月刊　1 卷 1—5 期
不定期刊　新 1—5 期
各馆馆藏：
1 卷 1—5 期
北京图书馆
1 卷 1—4 期
北京大学图书馆
北京师范大学图书馆
1 卷 1—3 期
上海图书馆
1 卷 1，2，4 期
中共中央马克思恩格斯列宁斯大林著作编译局图书馆
1 卷 1，2 期
清华大学图书馆
1 卷 1 期　南京图书馆
1 卷 4 期　广东省中山图书馆
新 1—5 期
北京大学图书馆
中共中央马克思恩格斯列宁斯大林著作编译局图书馆
新 3，4 期
南京图书馆
新 5 期　四川省图书馆

33　狂　飚
（不定期刊、周刊）

总藏： 不定期刊　1—2 期
周刊　1—17 期
各馆馆藏：
（一）不定期刊
1 期　北京大学图书馆
中国作家协会上海分会图书馆
四川省图书馆
2 期　北京图书馆
（二）周　刊
1—17 期　北京图书馆
清华大学图书馆
中山大学图书馆
1—10 期

中国人民大学图书馆
1，2，4，6—11，13，14 期
重庆市图书馆
1，2，17 期
上海图书馆
2，5—8，10，11，13，14 期
北京大学图书馆
8 期 辽宁省图书馆
17 期 厦门大学图书馆

34 创造月刊

总藏：1—2 卷 6 期（第 1 卷出 12 期）
各馆馆藏：
1—2 卷 6 期
中国科学院图书馆
中国人民大学图书馆
1—2 卷 5 期
北京大学图书馆
北京师范大学图书馆
1—2 卷 4 期
吉林大学图书馆
上海科技图书馆
1 卷 清华大学图书馆
中共中央马克思恩格斯列宁斯大林著作编译局图书馆
四川省图书馆
中国作家协会上海分会图书馆
1 卷 1—10，12 期
浙江省图书馆
1 卷 1—8，12 期
上海图书馆
1 卷 1—7，12 期
湖北省图书馆
1 卷 1—6 期
中国社会科学院世界史所资料室
扬州师范学院图书馆（汇刊本）
广东省中山图书馆
1 卷 1—5，7，9，12 期
北京图书馆
1 卷 1—4 期
四川大学图书馆
1 卷 1，3—5 期
重庆市图书馆
1 卷 1，3，5，10 期
武汉图书馆
1 卷 1，3，11，12 期
南京图书馆
1 卷 3，8，9 期
南京大学图书馆
1 卷 3 期 东北师范大学图书馆
1 卷 6，8—11 期
复旦大学图书馆
1 卷 6 期
湖南省中山图书馆
2 卷 1—6 期
华东师范大学图书馆
扬州师范学院图书馆

2卷1，2，4，5期
中共中央马克思恩格斯列宁斯大林著作编译局图书馆
2卷1，4，5期
北京图书馆
2卷1期
湖北省图书馆
2卷2—5期
清华大学图书馆
浙江省图书馆
2卷2，5，6期
四川省图书馆
2卷2期
安徽省图书馆
2卷3—5期
四川大学图书馆
2卷3期
甘肃省图书馆
上海图书馆
重庆市图书馆
2卷4期 中国作家协会上海分会图书馆
南京图书馆

35 沉 钟

总藏：1—34期，特刊1期
各馆馆藏：
1—34期 北京大学图书馆
1—12期 上海科技图书馆
中山大学图书馆
1—10，20—27期
上海图书馆
1—6期 南开大学图书馆
复旦大学图书馆
中国作家协会上海分会图书馆
8—9期 广东省中山图书馆
13—32期
中国社会科学院世界史所资料室
13—15，17—32期
厦门大学图书馆
19—30期
北京图书馆
26期 四川大学图书馆
特刊 北京大学图书馆
上海图书馆
上海科技图书馆

36 北 新
（周刊、半月刊）

总藏：周刊 1卷（出52期）
半月刊 2—4卷（每卷24期）
各馆馆藏：
1—4卷 上海图书馆
中国作家协会上海分会图书馆
1—4卷22期
清华大学图书馆

1卷1—34，36—52期
四川省图书馆
1卷1—27，32，35—42，45—52期
北京大学图书馆
1卷1—26，37—52期
北京师范大学图书馆
1卷1—26，41—52期
东北师范大学图书馆
1卷1—22，24—27，29—33，35—52期　复旦大学图书馆
1卷1—20，35—52期
四川省图书馆
1卷1—13，16，17，19，20，34期
广东省中山图书馆
1卷1—13期
中国科学院图书馆
1卷1—12期
中共中央马克思恩格斯列宁斯大林著作编译局图书馆
1卷1—4，7，8，11—15，20—22，24—28，31—33，35，37—40，51，52期　重庆市图书馆
1卷1，12，17，20，36，37，39，40—52期
云南省图书馆
1卷10，17—21，31—33，41，42期
安徽省图书馆
1卷32—52期
浙江省图书馆
2—4卷　北京大学图书馆
2—4卷22期
北京图书馆
吉林大学图书馆
2—4卷20期
东北师范大学图书馆
2—3卷　复旦大学图书馆
广东省中山图书馆
2—3卷12期
华东师范大学图书馆
2卷　北京师范大学图书馆
四川省图书馆
2卷1—23期
安徽省图书馆
2卷1—12，14—24期
甘肃省图书馆
2卷1—12，21—23期
中山大学图书馆
2卷1—7，9—14，16—20，23，24期　湖北省图书馆
2卷1—6，13—24期
南京图书馆
2卷1—6，15，18—20，22—23期
湖南省图书馆
2卷1—5，7—12，18—22，24期
广东省中山图书馆
2卷1，3—6，9—13，15—24期
福建省图书馆
2卷1，3期
云南省图书馆
2卷2—24期
山东大学图书馆

2卷2，5，9，10，19—24期
中国人民大学图书馆
2卷3，9—24期
重庆市图书馆
2卷4—13，15，17，18，20—22期
四川大学图书馆
2卷6，8期
广西省第一图书馆
2卷13—24期
南京大学图书馆
2卷18期
陕西省图书馆
2卷22期
武汉图书馆
3—4卷　甘肃省图书馆
南京大学图书馆
3卷1—15期
四川大学图书馆
3卷1—14，16—24期
北京师范大学图书馆
3卷1—14，16—18，24期
湖南省中山图书馆
3卷1—12，17—20，22—24期
福建省图书馆
3卷1—9，12—24期
厦门大学图书馆
3卷1—8，10，12—17，19—21，23，24期
四川省图书馆
3卷1—6，8，10—14，17，19期
南京图书馆
3卷1，6，7，24期
扬州师范学院图书馆
3卷1，8，11—22期
安徽省图书馆
3卷1，3—7，9—12，14—22期
湖北省图书馆
3卷1，17—19，20—24期
山东大学图书馆
3卷1，19，22，23期
广东省中山图书馆
3卷7，13—24期
中山大学图书馆
3卷8—19，22—24期
重庆市图书馆
3卷8期　广西省第一图书馆
3卷13期
甘肃省图书馆
3卷18期
山东省图书馆
4卷　北京师范大学图书馆
安徽省图书馆
福建省图书馆
厦门大学图书馆
4卷1—15，21—22期
复旦大学图书馆
4卷1—5，7—8，10—15，17—24期
广东省中山图书馆
4卷1—4，6，8—15，17，19，20期
四川省图书馆
4卷1—3，7—19期
浙江省图书馆

4卷1，2，14，17—24期
中山大学图书馆
4卷1，2期
云南省图书馆
4卷3，4，6，7，9，10，12，15，16，18期
湖南省中山图书馆
4卷3，5—11，13，14，16，18，19期　湖北省图书馆
4卷5，7，9，18，19，21—24期
重庆市图书馆

37　一　般

总藏：1—9卷（每卷4期）
各馆馆藏：
1—9卷　中国科学院图书馆
中国人民大学图书馆
北京大学图书馆
清华大学图书馆
甘肃省图书馆
吉林大学图书馆
上海图书馆
复旦大学图书馆
中国作家协会上海分会图书馆
南京大学图书馆
浙江省图书馆
1—8卷　北京图书馆
福建省图书馆
1—6卷　华东师范大学图书馆
1—6卷3期
四川省图书馆
1—5卷　南京图书馆
1—5卷2期
中国社会科学院世界史所资料室
1—4卷　中山大学图书馆
1—2卷　重庆市图书馆
1—2卷3期
首都图书馆
1—2卷1期
广东省中山图书馆
1卷　安徽省图书馆
云南省图书馆
1卷1期　武汉图书馆
厦门大学图书馆
广西省第一图书馆
1卷2期　中共中央马克思恩格斯列宁斯大林著作编译局图书馆
云南大学图书馆
1卷3期　湖南省中山图书馆
2—9卷　中共中央马克思恩格斯列宁斯大林著作编译局图书馆
2—3卷　厦门大学图书馆
2卷1，2，4期
云南大学图书馆
2卷1期　广西省第一图书馆
2卷2期　湖南省中山图书馆
2卷3，4期

云南省图书馆
3卷　　安徽省图书馆
3卷1，2期
广东省中山图书馆
3卷1期
云南省图书馆
广西省中山图书馆
3卷2—4期
重庆市图书馆
3卷2，3期
湖南省中山图书馆
4—9卷1期
重庆市图书馆
4卷1，2，4期
厦门大学图书馆
广西省第一图书馆
4卷1，4期
云南省图书馆
4卷1期
广东省中山图书馆
4卷2，4期
山东省图书馆
湖南省中山图书馆
5—9卷　厦门大学图书馆
5—6卷　云南省图书馆
5卷　　广东省中山图书馆
5卷1，2，4期
中山大学图书馆
5卷1，3，4期
广西省第一图书馆
5卷1，3期
山东省图书馆
5卷3，4期
湖南省中山图书馆
6—9卷　中山大学图书馆
6卷1，3期
湖南省中山图书馆
四川省图书馆
6卷1，3，4期
广东省中山图书馆
7—8卷　首都图书馆
7—8卷3期
广西省第一图书馆
7卷1，3，4期
四川省图书馆
7卷2—4期
武汉图书馆
湖南省中山图书馆
7卷4期　中国社会科学院
世界史所资料室
广东省中山图书馆
8—9卷　华东师范大学图书馆
8卷　　武汉图书馆
四川省图书馆
8卷3期　湖南省中山图书馆
9卷1，2，4期
广西省第一图书馆
9卷1，3期
四川省图书馆
9卷3，4期
湖南省图书馆

38 幻 洲

总藏:1—2 卷 8 期(第 1 卷出 12 期)

各馆馆藏:

1—2 卷 8 期
中国人民大学图书馆
北京师范大学图书馆
中共中央马克思恩格斯列宁斯大林著作编译局图书馆
上海图书馆
复旦大学图书馆
中国作家协会上海分会图书馆

1—2 卷 7 期
华东师范大学图书馆

1 卷 吉林大学图书馆

1 卷 1—8，9—12 期
北京图书馆

1 卷 1，6—8 期
北京大学图书馆

1 卷 3，4 期
四川省图书馆

1 卷 5—9 期
中国科学院图书馆

1 卷 5，7—12 期
扬州师范学院图书馆

1 卷 7—12 期
上海科技图书馆

1 卷 12 期
广东省中山图书馆

2 卷 1—6 期
上海科技图书馆

2 卷 1，2 期
中国科学院图书馆

2 卷 2，4，6—8 期
北京大学图书馆

2 卷 5，6 期
扬州师范学院图书馆

39 泰 东

总藏：1—2 卷（每卷 12 期）

各馆馆藏：

1—2 卷 上海图书馆
中国作家协会上海分会图书馆
华东师范大学图书馆
安徽省图书馆

1 卷 中国科学院图书馆

1 卷 1—10，12 期
北京大学图书馆

1 卷 1—5 期
重庆市图书馆

1 卷 1，3 期
复旦大学图书馆

1 卷 1，9，12 期
湖南省中山图书馆

1 卷 3，4，9，10 期
四川省图书馆

1 卷 3 期
南京图书馆

1卷4，6，7期
吉林大学图书馆
2卷　清华大学图书馆
四川省图书馆
2卷1，3，4，7—11期
北京大学图书馆
2卷2—7，9，11期
吉林大学图书馆
2卷2，7—12期
湖南省中山图书馆
2卷8期　甘肃省图书馆
复旦大学图书馆
2卷9期　广东省中山图书馆
2卷11期
四川大学图书馆

40　真　美　善

（半月刊、月刊、季刊）

总藏：半月刊　1卷（出12期）
月刊　2—7卷3期（2—6卷各6期）增刊1期
季刊　新1卷1—2期

各馆馆藏：

1—7卷3期
中国人民大学图书馆
中国作家协会
上海分会图书馆
上海图书馆
1—7卷2期
辽宁省图书馆
1—5卷5期
吉林大学图书馆
1—4卷　北京大学图书馆
南京大学图书馆
1卷1—6，9—12期
山东大学图书馆
1卷1—6期
北京图书馆
武汉大学图书馆
1卷1，2，8期
福建省图书馆
1卷1，2期
南开大学图书馆
华东师范大学图书馆
1卷7—12期
复旦大学图书馆
1卷9，10期
南京图书馆
1卷11期
广东省中山图书馆
增刊“女作家号”
上海图书馆
中国作家协会
上海分会图书馆
北京大学图书馆
清华大学图书馆
重庆市图书馆
2—5卷　山东大学图书馆
2卷　清华大学图书馆
2卷1—3期
武汉大学图书馆

2卷1，4，6期
湖北省图书馆
2卷2期 福建省图书馆
3卷 北京图书馆
3卷1—5期
复旦大学图书馆
3卷1—3期
武汉大学图书馆
福建省图书馆
3卷1，2，6期
华东师范大学图书馆
3卷1，2期
广东省中山图书馆
3卷2，3期
南京图书馆
3卷4，5期
四川省图书馆
4—5卷1期
复旦大学图书馆
4卷 华东师范大学图书馆
4卷1，4—6期
湖北省图书馆
4卷1期 重庆市图书馆
4卷5期 南京图书馆
5卷1—3，5—6期
北京大学图书馆
5卷1—3，6期
湖北省图书馆
5卷1，2，4—6期
华东师范大学图书馆
5卷1，3—6期
南京大学图书馆
5卷1期
复旦大学图书馆
安徽省图书馆
5卷4—6期
武汉大学图书馆
5卷5，6期
福建省图书馆
5卷5期 南京图书馆
6—7卷3期
北京大学图书馆
福建省图书馆
6—7卷1期
吉林大学图书馆
6卷 重庆市图书馆
6卷1—3，5，6期
山东大学图书馆
6卷1，2，5，6期
南京大学图书馆
6卷1，2期
武汉图书馆
6卷1，3，4期
南京图书馆
6卷1期 安徽省图书馆
6卷4—6期
复旦大学图书馆
武汉大学图书馆
7卷1—3期
武汉大学图书馆
7卷1，2期
华东师范大学图书馆

7 卷 1，3 期
南京图书馆
7 卷 1 期 吉林大学图书馆
7 卷 3 期 清华大学图书馆
新 1 卷 1—2 期
中国人民大学图书馆
北京大学图书馆
清华大学图书馆
中国社会科学院
世界史所资料室
辽宁省图书馆
上海图书馆
中国作家协会
上海分会图书馆
重庆市图书馆
新 1 卷 2 期
山东大学图书馆

41 民间文艺

总藏：1—12 期
各馆馆藏：
1—12 期
北京图书馆
北京大学图书馆
清华大学图书馆
浙江省图书馆
1—6，7—12 期
中山大学图书馆
9，10 期
陕西省图书馆

42 太阳月刊

总藏：1—7 期
各馆馆藏：
1—7 期 上海科技图书馆
华东师范大学图书馆
1—6 期 中山大学图书馆
1—5 期 浙江省图书馆
1—3 期 北京图书馆
1 期 湖北省图书馆
2—4 期 复旦大学图书馆
2，3，6，7 期
四川省图书馆
2 期 清华大学图书馆
3 期 吉林大学图书馆
4 期 广东省中山图书馆
5，6 期 厦门大学图书馆
6 期 北京大学图书馆
（以上系原本。此外本刊在一九六一年四月由上海文艺出版社影印，许多单位还另藏有影印本。）

43 未 名

总藏：1—2 卷（每卷 12 期）
各馆馆藏：
1—2 卷 北京大学图书馆
上海图书馆
复旦大学图书馆
中国作家协会
上海分会图书馆

浙江省图书馆

1—2 卷 8 期

北京图书馆

1 卷　清华大学图书馆

1 卷 1，3，6，7 期

南京图书馆

1 卷 6—9，11，12 期

湖北省图书馆

1 卷 6，8—12 期

四川省图书馆

1 卷 9 期　中国人民大学图书馆

2 卷　中山大学图书馆

2 卷 1—8 期

中国人民大学图书馆

四川省图书馆

2 卷 1—5，7 期

湖北省图书馆

2 卷 3—7 期

吉林大学图书馆

2 卷 4 期　安徽省图书馆

2 卷 6 期　扬州师范学院图书馆

44　文化批判（文化）（月　刊）

总藏：文化批判（月刊）：1—4 期

文化（月刊）5 期

各馆馆藏：

1—4 期　中国科学院图书馆

北京师范大学图书馆

中国社会科学院

世界史所资料室

吉林大学图书馆

东北师范大学图书馆

上海图书馆

浙江省图书馆

中山大学图书馆

1 期　南京大学图书馆

2—4 期　北京大学图书馆

3，4 期　安徽省图书馆

3，5 期　四川省图书馆

3 期　北京图书馆

复旦大学图书馆

4 期　湖南省中山图书馆

（以上系原本。此外本刊一九五九年由上海文艺出版社影印，许多单位还另藏有影印本。）

45　现代小说

总藏：1—3 卷（每卷 6 期）

各馆馆藏：

1—3 卷　中国人民大学图书馆

吉林大学图书馆

上海图书馆

华东师范大学图书馆

中国作家协会

上海分会图书馆

1—3 卷 4 期

中国科学院图书馆

北京师范大学图书馆

四川省图书馆

1—3卷3期
北京大学图书馆
1—2卷 浙江省图书馆
扬州师范学院图书馆
武汉图书馆
1卷 南开大学图书馆
1卷2—6期
北京图书馆
1卷2，4—6期
厦门大学图书馆
1卷3期 福建省图书馆
2卷2—5期
厦门大学图书馆
2卷2期 安徽省图书馆
2卷3—6期
北京图书馆
2卷3—4期
福建省图书馆
2卷6期 重庆市图书馆
广东省中山图书馆
3卷1—4期
辽宁省图书馆
重庆市图书馆
3卷1—3期
南京大学图书馆
厦门大学图书馆
3卷1，2，4期
扬州师范学院图书馆
3卷1，4期
安徽省图书馆
3卷1期 广东省中山图书馆
3卷2，3期
中山大学图书馆
3卷2期 中国社会科学院
世界史所资料室
3卷4期 北京图书馆
3卷5，6期
浙江省图书馆

45 附　录
五一特刊

（《现代小说》、《文艺讲座》、《拓荒者》、《萌芽》（月刊）、《新文艺》、《社会科学讲座》、《新思潮》、《环球旬刊》、《巴尔底山 》、《南国月刊》、《艺术》《月刊》、《大众文艺》、《新妇女杂志》联合纪念五一特刊）

总藏：1期

各馆馆藏：

1期 上海图书馆
中国作家协会
上海分会图书馆

（以上系原本。另外此刊一九六〇年三月由上海文艺出版社影印，许多单位还藏有影印本。）

46 新月（月刊）

总藏：1—4卷7期（1—3卷各12期）

各馆馆藏：

1—4卷7期

北京图书馆
中国人民大学图书馆
北京大学图书馆
清华大学图书馆
北京师范大学图书馆
中国社会科学院
世界史所资料室
中国作家协会
上海分会图书馆
吉林大学图书馆
上海图书馆
华东师范大学图书馆
广东省中山图书馆
1—4 卷 6 期
辽宁省图书馆
1—3 卷 10 期
湖南省中山图书馆
1—2 卷　东北师范大学图书馆
四川省图书馆
1 卷　中国科学院图书馆
山东省图书馆
浙江省图书馆
重庆市图书馆
福建省图书馆
1 卷 1—9，12 期
中国社会科学院
近代史所资料室
1 卷 1—8 期
厦门大学图书馆
1 卷 1—6 期
南京大学图书馆
1 卷 1—5，7—12 期
南开大学图书馆
1 卷 1，2 期
山东大学图书馆
1 卷 1，3，5，6，8 期
湖北省图书馆
1 卷 3，7 期
四川大学图书馆
1 卷 4，7，8 期
陕西省图书馆
1 卷 5，6 期
南京图书馆
1 卷 5 期　扬州师范学院图书馆
1 卷 7—9 期
安徽省图书馆
2 卷 1—10，12 期
中国科学院图书馆
1 卷 1—5，7—12 期
山东省图书馆
1 卷 1—5，9，11，12 期
厦门大学图书馆
2 卷 1—5，10 期
扬州师范学院图书馆
2 卷 1—4 期
南京大学图书馆
2 卷 1，2，4—9，11，12 期
重庆市图书馆
2 卷 1，2 期
山东大学图书馆
2 卷 1，3—7，9—12 期
福建省图书馆

2卷2—5，8，10期
南京图书馆
2卷2，4，7，11期
南开大学图书馆
2卷3期 四川大学图书馆
2卷2，6，7，9—12期
浙江省图书馆
2卷4期 湖北省图书馆
2卷6—8期
武汉图书馆
2卷6，7，9期
首都图书馆
2卷8期 安徽省图书馆
3—4卷7期
中国科学院图书馆
南开大学图书馆
浙江省图书馆
3卷1—11期
山东省图书馆
3卷1—4，7，10—11期
四川省图书馆
3卷1，2，5，6，8，11，12期
重庆市图书馆
3卷1，2，5，6期
厦门大学图书馆
3卷1，3—6，9—10期
山东大学图书馆
3卷1，3，6，8—12期
扬州师范学院图书馆
3卷2—9，11，12期
东北师范大学图书馆
3卷2—6，8—12期
安徽省图书馆
3卷2，3，5—10，12期
南京图书馆
3卷10—12期
南开大学图书馆
3卷3，10期
甘肃省图书馆
3卷4期 南京大学图书馆
3卷10期
福建省图书馆
4卷1—7期
山东大学图书馆
东北师范大学图书馆
4卷1—4，6期
南京图书馆
4卷1—4，7期
重庆市图书馆
4卷1，2，4期
四川省图书馆
4卷1，3，4，6期
扬州师范学院图书馆
4卷2—4，6—7期
湖南省中山图书馆
4卷2期 首都图书馆
4卷3，6，7期
厦门大学图书馆
4卷3期 山东省图书馆
陕西省图书馆
4卷4—6期
福建省图书馆

47　流　　沙

总藏：1—6 期

各馆馆藏：

1—5 期　吉林大学图书馆
1—4 期　北京图书馆
2—6 期　中共中央马克思恩格斯列宁斯大林著作编译局图书馆
2—5 期　四川省图书馆
3 期　复旦大学图书馆
4 期　南京大学图书馆
2，5 期　北京大学图书馆

（以上系原本。另外本刊一九六一年三月由上海文艺出版社影印，许多单位还另藏有影印本。）

48　我们（月刊）

总藏：1—3 期

各馆馆藏：

1—3 期　中国作家协会上海分会图书馆
　　　　四川省图书馆
1，2 期　吉林大学图书馆
　　　　华东师范大学图书馆
　　　　中山大学图书馆
1 期　上海图书馆
2，3 期　北京大学图书馆
3 期　厦门大学图书馆

（以上系原本。另外此刊一九六三年二月由上海文艺出版社影印，许多单位还另藏有影印本。）

49　畸　　形

总藏：1—2 期

各馆馆藏：

1—2 期　北京大学图书馆
　　　　中国作家协会上海分会图书馆

（以上系原本。另外本刊一九六三年由上海文艺出版社影印，许多单位还另藏有影印本。）

50　奔　　流

总藏：1—2 卷 5 期（第 1 卷出 10 期）

各馆馆藏：

1—2 卷 5 期
　　　　北京图书馆
　　　　中国科学院图书馆
　　　　中国人民大学图书馆
　　　　北京大学图书馆
　　　　北京师范大学图书馆
　　　　首都图书馆
　　　　中共中央马克思恩格斯列宁斯大林著作编译局图书馆
　　　　吉林大学图书馆
　　　　上海图书馆
　　　　中国作家协会

上海分会图书馆
湖北省图书馆
1卷 吉林大学图书馆
重庆市图书馆
1卷1—9期
山东省图书馆
1卷1—3，6，7期
四川省图书馆
1卷1，2，7—10期
中山大学图书馆
1卷1，2，7—9期
陕西省图书馆
1卷2—5期
四川大学图书馆
1卷2，3期
福建省图书馆
1卷3期 甘肃省图书馆
广东省中山图书馆
1卷4，6，9期
湖南省中山图书馆
1卷6，8、9，10期
扬州师范学院图书馆
1卷6，9，10期
南京图书馆
1卷7—10期
清华大学图书馆
2卷1—3，5期
中山大学图书馆
2卷1，2期
四川大学图书馆
2卷1，4，5期
东北师范大学图书馆
2卷1期 四川省图书馆
2卷2期 陕西省图书馆
湖南省中山图书馆
重庆市图书馆
2卷3，4期
南京图书馆
2卷4，5期
山东省图书馆

51 开 明

（月刊、周刊、不定期刊）

总藏：月刊：1卷（总1—12期）
周刊：2卷（总13—38期）
不定期刊：复1—7期（总39—45期）

各馆馆藏：

1卷 北京大学图书馆
上海图书馆
南京图书馆
四川省图书馆
1卷3期 四川大学图书馆
1卷8—10期
浙江省图书馆
1卷12期
甘肃省图书馆
2卷1—3，5—7，10—13，17—19，21—26期
北京大学图书馆
2卷2，3，5期

上海图书馆
2卷2期　南京大学图书馆
2卷2，18，20，22期
南京图书馆
2卷4，7，13，17，20，22期
重庆市图书馆
2卷4，8—26期
上海图书馆
2卷4期　吉林大学图书馆
安徽省图书馆
四川省图书馆
2卷12，18，21，22，24—26期
北京图书馆
2卷13—26期
厦门大学图书馆
复1—7期
上海图书馆
广东省中山图书馆
复1—6期
贵州省图书馆
复1，3，4期
南京大学图书馆
安徽省图书馆
四川大学图书馆
复1期　北京大学图书馆
重庆市图书馆
复2—4期
广西省第一图书馆
复3，4期
湖南省中山图书馆
复5，7期
清华大学图书馆
复6期　四川省图书馆

52　山　雨

总藏：1—9期
各馆馆藏：
1—9期　中山大学图书馆
中国作家协会
上海分会图书馆
1—7期　上海图书馆
1—5期　中国科学院图书馆
1期　复旦大学图书馆
2期　陕西省图书馆
重庆市图书馆

53　思　想

总藏：1—5期
各馆馆藏：
1—5期　北京师范大学图书馆
上海图书馆
中山大学图书馆
1—4期　复旦大学图书馆
1—3期　北京大学图书馆
1，3期　四川省图书馆
2—4期　四川大学图书馆
3，4期　中共中央马克思恩格斯
列宁斯大林著作编
译局图书馆
3期　吉林大学图书馆

4，5 期　湖北省图书馆

（以上系原本。另外本刊一九六一年一月由上海文艺出版社影印，许多单位还另藏有影印本。）

54　无轨列车

总藏：1—8 期

各馆馆藏：

1—8 期　中国人民大学图书馆
　　北京大学图书馆
　　吉林大学图书馆
　　华东师范大学图书馆
　　扬州师范学院图书馆
1，3—6 期
　　复旦大学图书馆
1 期　南京图书馆
3 期　中国作家协会
　　上海分会图书馆

55　大众文艺（月刊）

总藏：1—2 卷（每卷 6 期，第 2 卷第 1 期又署第 1 卷第 7 期）

各馆馆藏：

1—2 卷 4 期
　　中国人民大学图书馆
　　浙江省图书馆
1—2 卷 2 期
　　清华大学图书馆
1 卷　上海图书馆
　　北京大学图书馆
　　四川省图书馆
　　南京大学图书馆
1 卷 1—5 期
　　中国科学院图书馆
　　中山大学图书馆
1 卷 1—4 期
　　吉林大学图书馆
1 卷 1，2，4—6 期
　　北京师范大学图书馆
1 卷 1，2，6 期
　　武汉图书馆
1 卷 1，4—6 期
　　北京图书馆
1 卷 1，4，6 期
　　湖北省图书馆
1 卷 1，5 期
　　重庆市图书馆
1 卷 4，5 期
　　安徽省图书馆
1 卷 5 期　广东省中山图书馆
2 卷　北京师范大学图书馆
　　重庆市图书馆
2 卷 1—4 期
　　四川省图书馆
　　北京图书馆
2 卷 1—3 期
　　湖北省图书馆
2 卷 1，3—6 期
　　吉林大学图书馆
2 卷 1，3，4 期

上海图书馆
2卷1期 武汉图书馆
湖南省中山图书馆
2卷2—4期
安徽省图书馆
2卷2，4期
北京大学图书馆
2卷3期 复旦大学图书馆
广东省中山图书馆
2卷5，6期
厦门大学图书馆
（以上系原本。另外此刊一九六一年五月由上海文艺出版社影印，许多单位还另藏有影印本。）

56 乐 群
（半月刊、月刊）

总藏：半月刊 1—4期
月刊 新1—3卷13期（新1卷1—6期，新2卷7—12期，新3卷13期）
各馆馆藏：
1—4期 北京大学图书馆
清华大学图书馆
华东师范大学图书馆
湖北省图书馆
四川省图书馆
重庆市图书馆
厦门大学图书馆
1，2，4期
中国作家协会
上海分会图书馆
1，2期 广东省中山图书馆
新1—3卷13期
北京大学图书馆
四川省图书馆
新1卷（1—6期）
北京图书馆
中国人民大学图书馆
北京师范大学图书馆
中国作家协会
上海分会图书馆
中国社会科学院
世界史所图书馆
吉林大学图书馆
上海图书馆
重庆市图书馆
新1卷1—5期
南开大学图书馆
新1卷1—4，6期
湖北省图书馆
新1卷1期
安徽省图书馆
新1卷2期
复旦大学图书馆
新1卷3—5期
武汉图书馆
新1卷4，5期
广东省中山图书馆
新1卷5期
四川大学图书馆

新2卷（7—12期）
清华大学图书馆
新2卷7—11期
南开大学图书馆
新2卷7—10，12期
重庆市图书馆
新2卷7—9，11，12期
中国人民大学图书馆
新2卷7，8期
北京师范大学图书馆
新2卷7期
北京图书馆
安徽省图书馆
四川大学图书馆
新2卷8—12期
吉林大学图书馆
新2卷8，9，11，12期
广东省中山图书馆
新2卷9，10，12期
湖北省图书馆
新2卷7，8，10，12期
中国作家协会
上海分会图书馆
新2卷12期
复旦大学图书馆
上海图书馆
新3卷13期
重庆市图书馆
吉林大学图书馆

57　大江（月刊）

总藏：1—3期
各馆馆藏：
1—3期　清华大学图书馆
中国作家协会
上海分会图书馆
上海图书馆
四川省图书馆
1，2期　中国科学院图书馆
中山大学图书馆
1期　北京大学图书馆
扬州师范学院图书馆
2，3期　南京大学图书馆
重庆市图书馆
3期　吉林大学图书馆

58　白华（半月刊）

总藏：1卷1—3期
各馆馆藏：
1卷1—3期
北京大学图书馆
1卷1，2期
吉林大学图书馆
中国作家协会
上海分会图书馆
四川省图书馆
1卷2，3期
上海图书馆
1卷2期　重庆市图书馆

59 春　潮

总藏：1 卷 1—9 期

各馆馆藏：

1 卷 1—9 期
北京图书馆
中国科学院图书馆
北京大学图书馆
吉林大学图书馆
上海图书馆
上海科技图书馆
中国作家协会
上海分会图书馆
福建省图书馆
中山大学图书馆

1 卷 1—8 期
浙江省图书馆

1 卷 1—7 期
重庆市图书馆

1 卷 1—6 期
清华大学图书馆

1 卷 1—5，9 期
湖北省图书馆

1 卷 1—3，5，7，8 期
四川省图书馆

1 卷 1 期　湖南省中山图书馆
四川大学图书馆
厦门大学图书馆

1 卷 2，6—9 期
广东省中山图书馆

1 卷 3，7 期
东北师范大学图书馆

1 卷 6—9 期
中共中央马克思恩格斯
列宁斯大林著作编
译局图书馆

60 熔　炉

总藏：1 期

各馆馆藏：

1 期　上海图书馆
中国作家协会
上海分会图书馆
首都图书馆
四川省图书馆（残本）

61 朝　花
（周刊、旬刊）

总藏：周刊　1—20 期
旬刊　新 1—12 期

各馆馆藏：

1—20 期　北京图书馆
上海图书馆
上海科技图书馆
中国作家协会
上海分会图书馆
南京大学图书馆
四川大学图书馆

新 1—12 期
北京图书馆

北京师范大学图书馆
中共中央马克思恩格斯列宁斯大林著作编译局图书馆
山东大学图书馆
吉林大学图书馆
上海图书馆
上海科技图书馆
复旦大学图书馆
中国作家协会上海分会图书馆
南京大学图书馆
扬州师范学院图书馆
湖南省中山图书馆

62　海风周报

总藏：1—17 期
各馆馆藏：
1—17 期　北京图书馆
中国科学院图书馆
北京大学图书馆
吉林大学图书馆
华东师范大学图书馆
浙江省图书馆
四川省图书馆
1—16 期
清华大学图书馆
北京师范大学图书馆
1—5 期　上海图书馆
（以上系原本。另外此刊一九五九年由上海文艺出版社影印，许多单位还另藏有影印本。）

63　金　　屋

总藏：第 1 卷（12 期）
各馆馆藏：
1 卷　清华大学图书馆
中国作家协会上海分会图书馆
福建省图书馆
1 卷 1—9 期
北京图书馆
1 卷 1—5 期
北京大学图书馆
湖北省图书馆
中山大学图书馆
1 卷 1 期　吉林大学图书馆
1 卷 2 期　广东省中山图书馆
1 卷 6 期　上海图书馆

64　红　　黑

总藏：1—8 期
各馆馆藏：
1—8 期　清华大学图书馆
1—7 期　中山大学图书馆
1—5，7，8 期
中国作家协会上海分会图书馆
1，2，4 期

北京大学图书馆
1期　复旦大学图书馆
扬州师范学院图书馆
2—4，6期
湖北省图书馆
2期　北京图书馆
吉林大学图书馆
3期　东北师范大学图书馆
4—8期　四川省图书馆
4期　南京大学图书馆

65　人间月刊

总藏：1—3期
各馆馆藏：
1—3期　中国作家协会
上海分会图书馆
1期　北京大学图书馆

66　华　严

总藏：1卷1—8期
各馆馆藏：
1卷1—7期
吉林大学图书馆
1卷1—6期
北京图书馆
1卷1—5期
北京大学图书馆
1卷8期　南京大学图书馆

67　新流月报

总藏：1—4期
各馆馆藏：
1—4期　北京大学图书馆
安徽省图书馆
四川省图书馆
1—3期　北京师范大学图书馆
1卷2，4期
重庆市图书馆
1，3期　湖北省图书馆
1，4期　上海图书馆
1期　湖南省中山图书馆
厦门大学图书馆
（以上系原本。另外此刊一九五九年十月由上海文艺出版社影印，许多单位还另藏有影印本。）

68　戏剧与文艺

总藏：1—2卷2期（第1卷出12期）
各馆馆藏：
1—2卷2期
北京大学图书馆
1卷　清华大学图书馆
吉林大学图书馆
1卷1—11期
北京图书馆
1卷1—7期
厦门大学图书馆
1卷1—4，10—12期

上海图书馆
1卷1，3，12期
中国作家协会
上海分会图书馆
1卷2，3，7—12期
中国人民大学图书馆
1卷2期 贵州省图书馆
1卷4期 南京图书馆
1卷5，7，10，11期
东北师范大学图书馆
1卷5，12期
四川省图书馆
1卷6，7期
中国社会科学院
世界史所资料室
2卷1，2期
中国人民大学图书馆

69 南国（月刊）

总藏：1—2卷4期（第1卷出1—4，5、6合期）
各馆馆藏：
1—2卷4期
北京大学图书馆
辽宁省图书馆
清华大学图书馆
上海图书馆
中国作家协会
上海分会图书馆
1—2卷2期
吉林大学图书馆
1—2卷1期
中山大学图书馆
1卷 中国人民大学图书馆
湖南省中山图书馆
重庆市图书馆
厦门大学图书馆
1卷1—4期
南京大学图书馆
1卷1，3期
扬州师范学院图书馆
1卷1，4期
复旦大学图书馆
1卷1期 中国科学院图书馆
1卷2—6期
北京图书馆
湖北省图书馆
四川省图书馆
1卷2期 重庆市图书馆
1卷3期 南京图书馆
2卷1—3期
南京大学图书馆
2卷1—2期
复旦大学图书馆
湖北省图书馆
四川省图书馆
2卷1期 南京图书馆
安徽省图书馆
重庆市图书馆
2卷3期 北京图书馆

70 引 擎

总藏： 1期

各馆馆藏：

1期 北京图书馆

上海图书馆

湖北省图书馆

（以上系原本。另外此刊一九六一年一月由上海文艺出版社影印，许多单位还另藏有影印本。）

71 戏剧（双月刊）

总藏： 1—2卷（每卷6期）

各馆馆藏：

1—2卷 中国作家协会上海分会图书馆

南京大学图书馆

1卷 北京大学图书馆

1卷1—4，6期

北京图书馆

1卷2—4期

吉林大学图书馆

1卷2，3，5，6期

复旦大学图书馆

1卷4，5期

厦门大学图书馆

1卷5，6期

上海图书馆

1卷6期 东北师范大学图书馆

2卷 四川省图书馆

2卷1，2期

复旦大学图书馆

2卷1，3，4期

吉林大学图书馆

2卷2—6期

北京图书馆

北京大学图书馆

2卷2期 厦门大学图书馆

2卷5，6期

上海图书馆

72 戏剧的园地

总藏： 1—4期

各馆馆藏：

1—4期 北京大学图书馆

73 南国周刊

总藏： 1—16期

各馆馆藏：

1—16期 上海图书馆

中国作家协会上海分会图书馆

中国科学院图书馆

吉林大学图书馆

1—11期 北京图书馆

1—7，12期

安徽省图书馆

1—8期 厦门大学图书馆

中共中央马克思恩格斯

列宁斯大林著作编
译局图书馆
1—5，7—11 期
北京大学图书馆
1—5，7，11，16 期
四川大学图书馆
1—3 期　广东省中山图书馆
4 期　大连市图书馆
11 期　南京大学图书馆
上海戏剧学院图书馆

74 新　文　艺

总藏：1—2 卷 2 期（第 1 卷出 6 期）
各馆馆藏：
1—2 卷 2 期
北京图书馆
中国科学院图书馆
中国人民大学图书馆
清华大学图书馆
中国作家协会
上海分会图书馆
重庆市图书馆
1—2 卷 1 期
北京大学图书馆
复旦大学图书馆
扬州师范学院图书馆
1 卷　北京师范大学图书馆
浙江省图书馆
1 卷 1—5 期
华东师范大学图书馆
福建省图书馆
1 卷 1，3，4，6 期
上海图书馆
1 卷 1 期　安徽省图书馆
1 卷 2—4，6 期
四川省图书馆
1 卷 2 期　湖北省图书馆
1 卷 6 期　吉林大学图书馆
南京大学图书馆
2 卷 1，2 期
四川省图书馆
厦门大学图书馆
2 卷 1 期　中国社会科学院
世界史所资料室
南开大学图书馆
甘肃省图书馆
上海图书馆
湖北省图书馆
福建省图书馆
广东省中山图书馆

75　萌芽（新地）

总藏：萌芽　1—5 期
新地　6 期
各馆馆藏：
1—6 期　重庆市图书馆
1—5 期　北京图书馆
中国科学院图书馆
中国人民大学图书馆
北京大学图书馆

北京师范大学图书馆
中国社会科学院
世界史所资料室
辽宁省图书馆
吉林大学图书馆
东北师范大学图书馆
上海科技图书馆
华东师范大学图书馆
安徽省图书馆
浙江省图书馆
四川省图书馆
厦门大学图书馆

1卷1—4期
清华大学图书馆
上海图书馆
南京大学图书馆
广东省图书馆

1卷1—3期
中共中央马克思恩格斯列宁斯大林著作编译局图书馆
复旦大学图书馆
南京图书馆

1卷4，5期
南开大学图书馆

1卷4期 广西省第一图书馆

（以上系原本。另外此刊一九五九年十一月由上海文艺出版社影印，许多单位还另藏有影印本。）

76 拓 荒 者

总藏：1卷1—5期（第1卷4、5期合刊，一部分名“拓荒者”，一部分改名“海燕”）

各馆馆藏：

1卷1—5期
北京图书馆
北京大学图书馆
北京师范大学图书馆
辽宁省图书馆
吉林大学图书馆
上海科技图书馆
中国作家协会上海分会图书馆
华东师范大学图书馆
浙江省图书馆

1卷1—3期
南京大学图书馆

1卷1，2，4，5期
重庆市图书馆

1卷1，2期
中国科学院图书馆
中共中央马克思恩格斯列宁斯大林著作编译局图书馆
上海图书馆
复旦大学图书馆
湖北省图书馆

1卷1，3—5期
中国人民大学图书馆

广东省中山图书馆
1卷1期 中国社会科学院
世界史所资料室
山东省图书馆
山东大学图书馆
扬州师范学院图书馆
1卷2—5期
四川省图书馆
1卷3期 安徽省图书馆
（以上系原本。另外此刊一九六〇年四月由上海文艺出版社影印，许多单位还另藏有影印本。）

77 艺　术

总藏：1卷1期
各馆馆藏：
1卷1期 北京大学图书馆
吉林大学图书馆
东北师范大学图书馆
上海图书馆
武汉图书馆
四川省图书馆
重庆市图书馆
（以上系原本，另外此刊一九五九年由上海文艺出版社影印，许多单位还另藏有影印本。）

78 文艺讲座

总藏：1期
各馆馆藏：
1期 北京大学图书馆
上海图书馆
中国作家协会
上海分会图书馆
吉林师范大学图书馆
（以上系原本。另外此刊一九五九年十月由上海文艺出版社影印，许多单位还另藏有影印本。）

79 巴尔底山

总藏：1卷1—5期
各馆馆藏：
1卷1—5期
北京大学图书馆
上海图书馆
中国作家协会
上海分会图书馆
1卷2，3期
中国社会科学院
世界史所资料室
（以上系原本。另外此刊一九五九年五月由上海文艺出版社影印，许多单位还另藏有影印本。）

80 骆　驼　草

总藏：1—26期
各馆馆藏：
1—26期 北京大学图书馆

清华大学图书馆
吉林大学图书馆
上海科技图书馆
中国作家协会
上海分会图书馆
湖南省图书馆
广东省中山图书馆
2—26 期 中国人民大学图书馆

81 沙 仑

总藏：1 卷 1 期
各馆馆藏：
1 卷 1 期 北京大学图书馆
上海图书馆
中国作家协会
上海分会图书馆
（以上系原本。另外此刊一九五九年由上海文艺出版社影印，许多单位还另藏有影印本。）

82 前锋周报

总藏：1—26，37—46 期
各馆馆藏：
1—26 期 中国社会科学院
世界史所资料室
北京图书馆
37—43 期
北京大学图书馆
44—46 期
上海图书馆

83 现代文学

总藏：1 卷 1—6 期
各馆馆藏：
1 卷 1—6 期
北京图书馆
中国科学院图书馆
中国人民大学图书馆
北京大学图书馆
清华大学图书馆
中国作家协会
上海分会图书馆
复旦大学图书馆
厦门大学图书馆
1 卷 1—4 期
扬州师范学院图书馆
1 卷 1—3 期
首都图书馆
1 卷 1，5，6 期
南京大学图书馆
1 卷 1 期 浙江省图书馆
1 卷 2—6 期
北京师范大学图书馆
1 卷 2，4 期
四川省图书馆
四川大学图书馆
1 卷 2，5 期
吉林大学图书馆
安徽省图书馆

1卷3，5期

吉林师范大学图书馆

1卷3，6期

上海图书馆

1卷4，5期

广东省中山图书馆

84 开　　展

总藏：1—12期

各馆馆藏：

1—5，8，10，11期

上海图书馆

1—3，5—7，8—9，12期

上海师范学院图书馆

10，11期

重庆市图书馆

北京图书馆

1，3，5期

中国作家协会

上海分会图书馆

4期　南京大学图书馆

1—5期　中国科学院图书馆

85 文艺月刊

总藏：文艺月刊1—11卷2期（1卷5期，2、3卷各12期，4—10卷各6期）文艺月刊·战时特刊新1—5卷1期（1—3卷各12期，4卷6期）11年4—11月号

文艺月刊·战时特刊·号外1期

各馆馆藏：

1—11卷2期

北京图书馆

北京大学图书馆

1—10卷　北京师范大学图书馆

1—10卷5期，11卷1期

中国作家协会

上海分会图书馆

1—7卷，8卷1，3—6期，9卷，10卷1—3，6期，11卷1，4期

清华大学图书馆

1—7卷，8卷4期，9卷，10卷1，2，4，5期，11卷1期

中国科学院图书馆

1卷1—3期，5卷5期

扬州师范学院图书馆

1卷1，2期，2—11卷1期

中国社会科学院

世界史所资料室

1卷1，2，4，5期；2卷1—3，5，6，8—12期；3卷8，10期；4卷2，3期；5卷1，2，4期；6卷4期；7卷4期；8卷2期；10卷，11卷1期

中国人民大学图书馆

1卷3，5期；2卷4—6，10期；3卷1，2，5，7，8，10—12期；4卷1，3，4期；7卷3—6期

中共中央马克思恩格斯
列宁斯大林著
作编译局图书馆
2卷1—4，7—9，11期；3卷1，4—6，10，12期；4卷1期，5卷1期；6卷2期；7卷1，2，6期；8卷1，2期；9卷3期；10卷1—3期；11卷2期
上海图书馆
新1—2卷，3卷7—11期，4—5卷1期11年4—8，11月号号外
北京图书馆
新1卷；2卷6—10期；3卷1，2，5，6期；4卷5，6期，号外
北京大学图书馆
新1卷1—10，12期；2卷1—4，6—12期；3卷1—9，12期；4—5卷1期，11年4，5，7，10，11月号
南京图书馆
新1卷4，5，9，11，12期；2卷1—5，7，11，12期；3卷3，4，7—12期；4卷1—4期；5卷1期，号外　中国社会科学院
世界史所资料室
新2卷5期；3卷10，11期
南京大学图书馆

86　世界文化

总藏：1期

各馆馆藏：

1期　北京大学图书馆
上海图书馆
中国作家协会
上海分会图书馆

（以上系原本。另外此刊一九五九年十一月由上海文艺出版社影印，许多单位还另藏有影印本。）

87　前锋月刊

总藏：1卷1—7期

各馆馆藏：

1卷1—7期
中国人民大学图书馆
1卷1，2期
中国作家协会
上海分会图书馆
1卷1，7期
上海图书馆
1卷4期　扬州师范学院图书馆
1卷1期　清华大学图书馆
1卷1—3，5—7期
中国社会科学院
世界史所资料室
1卷1—7期
北京师范学院图书馆
北京大学图书馆
1卷1—3，5—7期
北京图书馆
1卷1—7期
北京师范学院图书馆

88　读书月刊

总藏：1—3卷（每卷6期）

各馆馆藏：

1—3卷　吉林大学图书馆
　　复旦大学图书馆
1—3卷5期
　　北京图书馆
　　扬州师范学院图书馆
1—3卷4期
　　上海交通大学图书馆
　　福建省图书馆
1—3卷3期
　　云南省图书馆
1—3卷2期
　　东北师范大学图书馆
1—2卷　清华大学图书馆
　　四川省图书馆
　　中国人民大学图书馆
1—2卷3期
　　中国科学院图书馆
1卷　北京大学图书馆
　　北京师范大学图书馆
　　安徽省图书馆
　　浙江省图书馆
　　重庆市图书馆
　　广东省中山图书馆
1卷1，2，5期
　　上海科技图书馆
1卷1，2期
　　湖南省图书馆
　　湖北省图书馆
1卷1，3—6期
　　上海图书馆
1卷5，6期
　　厦门大学图书馆
2—3卷2期
　　厦门大学图书馆
2卷1—5期
　　中国社会科学院
　　　世界史所资料室
　　上海图书馆
2卷1，2期
　　湖北省图书馆
2卷1，4—6期
　　重庆市图书馆
　　广东省中山图书馆
2卷6期　安徽省图书馆
2卷1期　山东大学图书馆
　　湖南省图书馆
2卷2—6期
　　浙江省图书馆
2卷2期　武汉图书馆
2卷3期　上海科技图书馆
2卷6期　陕西省图书馆
　　四川大学图书馆
　　贵州省图书馆
3卷　北京大学图书馆
　　上海图书馆
　　浙江省图书馆
3卷1—3期
　　中国社会科学院

世界史所资料室
3卷1，2期
重庆市图书馆
3卷3—5期
湖北省图书馆
3卷3期 四川省图书馆
3卷4期 陕西省图书馆
安徽省图书馆
3卷6期 广东省中山图书馆

89 当代文艺

总藏：1—2卷5期（第1卷出6期）
各馆馆藏：
1—2卷5期
北京图书馆
北京大学图书馆
清华大学图书馆
中国社会科学院
世界史所资料室
上海图书馆
1—2卷4期
北京师范大学图书馆
1卷 复旦大学图书馆
南京大学图书馆
1卷1期 重庆市图书馆
1卷2—4期
四川省图书馆
1卷2期 扬州师范学院图书馆
1卷3，6期
广东省中山图书馆
1卷4，5期
中国作家协会
上海分会图书馆
2卷1，2期
四川省图书馆
重庆市图书馆
福建省图书馆
2卷1期 贵州省图书馆
2卷1，5期
复旦大学图书馆
2卷2—4期
广东省中山图书馆
2卷2期
吉林大学图书馆
2卷2，4期
中国作家协会
上海分会图书馆

90 诗 刊

总藏：1—4期
各馆馆藏：
1—4期 北京图书馆
北京大学图书馆
清华大学图书馆
北京师范大学图书馆
中国社会科学院
世界史所资料室
吉林大学图书馆
中国作家协会
上海分会图书馆

扬州师范学院图书馆
1，2，4 期
复旦大学图书馆
1，2 期 中国科学院图书馆
1 期 上海图书馆
广东省中山图书馆

91 文学生活

总藏：1 期
各馆馆藏：
1 期 北京大学
中国社会科学院
世界史所资料室
上海图书馆
中国作家协会
上海分会图书馆
湖北省图书馆
四川省图书馆

92 文艺新闻

总藏：1—60 期；
战时特刊：烽火 1，2，5，6，8—13 期
各馆馆藏：
1—60 期 上海图书馆
中国作家协会
上海分会图书馆
1—26 期 北京大学图书馆
1—21 期 北京图书馆
5—36，38—44，46—49，51 期
大连市图书馆
特刊 1，2，5，6，8—13 期
上海图书馆
中国作家协会
上海分会图书馆
（以上系原本，另外此刊及其特刊一九六〇年三月由上海文艺出版社影印，许多单位还另藏有此刊及其特刊的影印本。）

93 青 年 界

总藏：1—12 卷 1 期（1—11 卷每卷 5 期）
新 1—6 卷（每卷 5 期）
各馆馆藏：
1—12 卷 1 期
北京图书馆
中国科学院图书馆
北京大学图书馆
中国社会科学院
世界史所资料室
上海图书馆
复旦大学图书馆
1—11 卷 3 期
中国作家协会
上海分会图书馆
1—3 卷 重庆市图书馆
1—3 卷 4 期
中山大学图书馆

1—3 卷 3 期
山东大学图书馆
1—3 卷 2 期
吉林大学图书馆
1—2 卷　华东师范大学图书馆
安徽省图书馆
广东省中山图书馆
1—2 卷 1 期
厦门大学图书馆
1—2 卷 2 期
四川省图书馆
1 卷　清华大学图书馆
南京图书馆
南京大学图书馆
福建省图书馆
1 卷 1—4 期
四川大学图书馆
1 卷 1，2 期
中国人民大学图书馆
1 卷 1，3，4 期
浙江省图书馆
湖南省中山图书馆
1 卷 1，3 期
东北师范大学图书馆
1 卷 1 期　湖北省图书馆
1 卷 2，4，5 期
武汉大学图书馆
1 卷 4，5 期
山东省图书馆
2—3 卷　中国人民大学图书馆
浙江省图书馆
湖南省中山图书馆
2 卷 1，2，4，5 期
南京大学图书馆
2 卷 1，4 期
清华大学图书馆
2 卷 1 期　扬州师范学院图书馆
2 卷 2—5 期
福建省图书馆
2 卷 2 期　广西省第一图书馆
2 卷 3 期　南京图书馆
3—12 卷 1 期
南京大学图书馆
3 卷 1—4 期
福建省图书馆
3 卷 1 期　四川省图书馆
4—12 卷 1 期
吉林大学图书馆
4 卷 1—4 期
山东大学图书馆
厦门大学图书馆
4 卷 1，4，5 期
湖南省中山图书馆
4 卷 1 期　福建省图书馆
4 卷 2—4 期
浙江省图书馆
4 卷 4，5 期
安徽省图书馆
4 卷 4 期　贵州省图书馆
4 卷 5 期　四川省图书馆
5—12 卷 1 期
中国人民大学图书馆

5—10 卷 华东师范大学图书馆
5 卷 四川省图书馆
5 卷 1—4 期
重庆市图书馆
厦门大学图书馆
5 卷 1—3 期
浙江省图书馆
5 卷 1，3—5 期
安徽省图书馆
5 卷 2，3，5 期
贵州省图书馆
5 卷 2，5 期
广东省中山图书馆
5 卷 2 期 湖北省图书馆
6—7 卷 厦门大学图书馆
6—7 卷 4 期
浙江省图书馆
6 卷 安徽省图书馆
6 卷 1—4 期
湖南省中山图书馆
6 卷 1—3，5 期
四川省图书馆
6 卷 1—3 期
清华大学图书馆
6 卷 1 期 扬州师范学院图书馆
6 卷 2—5 期
重庆市图书馆
6 卷 2—4 期
甘肃省图书馆
6 卷 2 期 广东省中山图书馆
6 卷 4 期 山东省图书馆

7—12 卷 1 期
重庆市图书馆
7—8 卷 山东大学图书馆
7 卷 1—4 期
清华大学图书馆
7 卷 1，2，4，5 期
安徽省图书馆
7 卷 1，2，5 期
广东省中山图书馆
7 卷 1，3，5 期
湖南省中山图书馆
7 卷 1，5 期
福建省图书馆
7 卷 2—5 期
山东省图书馆
7 卷 2，5 期
四川省图书馆
7 卷 2 期 贵州省图书馆
扬州师范学院图书馆
7 卷 4 期 武汉大学图书馆
8—12 卷 1 期
安徽省图书馆
8—11 卷 广东省中山图书馆
浙江省图书馆
8—10 卷 清华大学图书馆
8—9 卷 3 期
福建省图书馆
8 卷 山东省图书馆
8 卷 1—5 期
扬州师范学院图书馆
8 卷 1—3，5 期

湖南省中山图书馆

8卷1，4期

四川省图书馆

8卷3，4期

贵州省图书馆

8卷3期 陕西省图书馆

9—12卷1期

湖南省中山图书馆

9卷 东北师范大学图书馆

9卷1，2，4期

甘肃省图书馆

9卷1，2，5期

扬州师范学院图书馆

9卷1期 四川大学图书馆

9卷2，3，5期

四川省图书馆

9卷4期 山东省图书馆

10卷1，3—5期

四川省图书馆

10卷1期

贵州省图书馆

10卷2，5期

福建省图书馆

10卷3—5期

东北师范大学图书馆

10卷3，4期

武汉大学图书馆

10卷5期

山东省图书馆

甘肃省图书馆

11—12卷1期

福建省图书馆

11卷2，3，5期

山东省图书馆

11卷2期

四川省图书馆

扬州师范学院图书馆

12卷1期

甘肃省图书馆

四川大学图书馆

新1—6卷

上海图书馆

新1—5卷

中山大学图书馆

新1—4卷

北京图书馆

新1—2卷4期

北京大学图书馆

新1—2卷3期

湖南省中山图书馆

新1—2卷1期

南京图书馆

新1卷 中国人民大学图书馆

复旦大学图书馆

重庆市图书馆

新1卷1—3期

吉林大学图书馆

新1卷1，2，4期

安徽省图书馆

新1卷3期

四川省图书馆

广东省中山图书馆

新2卷1，2，4期
中国人民大学图书馆
新2卷1，3—5期
重庆市图书馆
新2卷1，3，5期
安徽省图书馆
新1卷1，3期
中国作家协会
上海分会图书馆
新1卷1期
扬州师范学院图书馆
新2卷2期
湖北省图书馆
新2卷4，5期
广西省第一图书馆
广东省中山图书馆
新2卷4期
辽宁省图书馆
新3卷　湖南省中山图书馆
新3卷1，2期
重庆市图书馆
新3卷1期
安徽省图书馆
新3卷2—5期
北京大学图书馆
新3卷2期
吉林大学图书馆
广西省第一图书馆
新3卷3，4期
广东省中山图书馆
新3卷4，5期
甘肃省图书馆
新4—6卷4期
安徽省图书馆
新4—6卷3期
北京大学图书馆
新4—5卷4期
重庆市图书馆
新4卷1，2期
贵州省图书馆
新4卷1，3，4期
甘肃省图书馆
新4卷1，3—5期
湖南省中山图书馆
新4卷2，3，5期
南京大学图书馆
新4卷2，5期
扬州师范学院图书馆
新4卷3期
吉林大学图书馆
新4卷4期
东北师范大学图书馆
新4卷5期
中国作家协会
上海分会图书馆
新5—6卷
中国作家协会
上海分会图书馆
新5卷1—3，5期
甘肃省图书馆
新5卷1期
湖北省图书馆

新5卷2，3期

湖南省中山图书馆

新5卷3—5期

南京图书馆

厦门大学图书馆

新5卷3期

四川大学图书馆

新6卷　湖南省中山图书馆

厦门大学图书馆

新6卷1—3期

四川省图书馆

新6卷1，4期

甘肃省图书馆

新6卷1期

扬州师范学院图书馆

新6卷3，4期

南京图书馆

新6卷3期

广东省中山图书馆

94　现代文学评论

总藏：1—3卷1期（第1卷出4期，第2卷出3期，第1卷第4期即第2卷第1·2期合刊，第2卷第2期与第3卷第9期合刊）

各馆馆藏：

1—3卷1期

中国人民大学图书馆

北京大学图书馆

辽宁省图书馆

浙江省图书馆

重庆市图书馆

中国作家协会上海分会图书馆

1—2卷2期（1卷）

上海图书馆

南开大学图书馆

东北师范大学图书馆

1卷1—3期

北京图书馆

复旦大学图书馆

重庆市图书馆

吉林大学图书馆

1卷1期　广东省中山图书馆

安徽省图书馆

扬州师范学院图书馆

1卷4期（2卷1、2期合刊）

广东省中山图书馆

厦门大学图书馆

1卷2、3期

中国社会科学院世界史所资料室

四川省图书馆

厦门大学图书馆

1卷3期　山东省图书馆

2—3卷1期（1卷4期—3卷1期）

清华大学图书馆

福建省图书馆

2卷3期、3卷1期合刊

四川省图书馆

95 文学导报（前哨）

总藏： 前　　哨　1期
　　文学导报　2—8期
各馆馆藏：
1卷1—8期
　　上海图书馆
　　中国作家协会
　　　上海分会图书馆
1卷2，8期
　　中国社会科学院
　　　世界史所资料室
（以上系原本。另外此刊一九五九年一月由上海文艺出版社影印，许多单位还另藏有影印本。）

96 文艺杂志

总藏： 1卷1—4期
各馆馆藏：
1卷1—4期
　　北京大学图书馆
　　清华大学图书馆
　　上海图书馆
　　中国作家协会
　　　上海分会图书馆
1卷1—3期
　　北京图书馆
1卷1期　湖北省图书馆
　　湖南省中山图书馆
　　四川市图书馆
1卷2—4期
　　复旦大学图书馆

97 创作月刊

总藏： 1卷1—4期
各馆馆藏：
1卷1—4期
　　中国人民大学图书馆
　　北京大学图书馆
　　中国社会科学院
　　　世界史所资料室
　　中国作家协会
　　　上海分会图书馆
1卷1，2期
　　上海图书馆
1卷1，3，4期
　　复旦大学图书馆
　　吉林大学图书馆
1卷3期　四川省图书馆
　　重庆市图书馆

98 新　时　代

总藏： 1—7卷4期（1—6卷各6期）
各馆馆藏：
1—2卷　北京图书馆
　　上海图书馆
1—2卷3期
　　清华大学图书馆
1卷　　浙江省图书馆

1卷1期 中国人民大学图书馆
吉林大学图书馆
湖南省中山图书馆
厦门大学图书馆
1卷2，6期
四川省图书馆
广东省中山图书馆
1卷3，4，6期
中国作家协会
上海分会图书馆
2—6卷 北京大学图书馆
2卷 扬州师范学院图书馆
2卷1期 陕西省图书馆
2卷2，3期
中共中央马克思恩格斯
列宁斯大林著作编
译局图书馆
2卷6期 中国作家协会
上海分会图书馆
四川省图书馆
3卷1—4期
重庆市图书馆
3卷3，5，6期
上海图书馆
4卷1，2，4，6期
上海图书馆
4卷1，2，4期
广东省中山图书馆
4卷1期 重庆市图书馆
4卷6期 南京大学图书馆
四川省图书馆
4卷3，6期
中国作家协会
上海分会图书馆
5—6卷2期
上海图书馆
5卷3，5，6期
四川省图书馆
5卷3期 中国作家协会
上海分会图书馆
5卷6期 四川省图书馆
6卷2期 中国作家协会
上海分会图书馆
南京大学图书馆
7卷1—4期
复旦大学图书馆
7卷1—3期
厦门大学图书馆
7卷1，2，4期
南京大学图书馆
四川大学图书馆
7卷2，3期
中国作家协会
上海分会图书馆
7卷2—4期
上海图书馆
7卷3，4期
北京大学图书馆

99 涛声（周刊）

总藏：1卷2—30，32—36期

2卷1—46期

各馆馆藏：

1卷2—30，32—36期

北京大学图书馆

2卷1—43期

厦门大学图书馆

2卷1—25，31，33，34，37—46期

北京大学图书馆

2卷1—25期

北京师范大学图书馆

上海图书馆

复旦大学图书馆

2卷1—24，26，46期

吉林大学图书馆

100　北斗（月刊）

总藏：1—2卷（每卷4期）

各馆馆藏：

1—2卷　北京图书馆

北京大学图书馆

清华大学图书馆

中国社会科学院

世界史所资料室

吉林大学图书馆

上海图书馆

上海科技图书馆

复旦大学图书馆

华东师范大学图书馆

中国作家协会

上海分会图书馆

浙江省图书馆

1卷　广东省中山图书馆

中山大学图书馆

1卷1—3期

四川省图书馆

1卷1，2期

山东省图书馆

1卷1期　辽宁省图书馆

湖南省中山图书馆

1卷3期　武汉图书馆

1卷4期　重庆市图书馆

2卷1期　山东省图书馆

2卷1，3，4期

广东省中山图书馆

2卷2—4期

厦门大学图书馆

四川省图书馆

（以上系原本，另外此刊一九五九年由上海文艺出版社影印，许多单位还另藏有影印本。）

101　十字街头（双周刊）

总藏：1—3期

各馆馆藏：

1—3期　上海图书馆

中国作家协会

上海分会图书馆

（以上系原本。另外此刊一九五九年五月由上海文艺出版社影印，许多单位还另藏有影印本。）

102 文化评论

总藏：1—4 期

各馆馆藏：

1—3 期 中国社会科学院世界史所资料室

1 期 中国科学院图书馆

2—4 期 上海图书馆

4 期 北京大学图书馆

103 洁 茜

总藏：1—2 期

各馆馆藏：

1—2 期 北京大学图书馆
吉林大学图书馆
中国作家协会上海分会图书馆
四川省图书馆

1 期 重庆市图书馆

104 矛 盾

总藏：1—3 卷 4 期（1、2 卷各 6 期）

各馆馆藏：

1—3 卷 4 期
北京图书馆
北京大学图书馆
吉林大学图书馆

1 卷 中国人民大学图书馆
江西省图书馆

1 卷 1，2 期
四川省图书馆

1 卷 1，3—6 期
中国作家协会上海分会图书馆

1 卷 3—6 期
安徽省图书馆

1 卷 3—4 期
东北师范大学图书馆

1 卷 5，6 期
复旦大学图书馆
扬州师范学院图书馆

2—3 卷 4 期
清华大学图书馆
山东大学图书馆
上海图书馆
中国作家协会上海分会图书馆
扬州师范学院图书馆
重庆市图书馆

2 卷 1—3，5，6 期
南京图书馆

2 卷 1，2，5，6 期
南京图书馆

2 卷 2，5 期
陕西省图书馆
湖南省中山图书馆

2 卷 2，5，6 期
安徽省图书馆

2 卷 3，6 期
南开大学图书馆

2卷3期 山东省图书馆
2卷4—6期
中国人民大学图书馆
2卷4，6期
四川省图书馆
2卷6期 广东省图书馆
3卷1—4期
南开大学图书馆
南京大学图书馆
湖南省中山图书馆
3卷1，2期
山东省图书馆
复旦大学图书馆
3卷1，3，4期
中国社会科学院
世界史所资料室
3卷2，4期
中国人民大学图书馆
陕西省图书馆
3卷3，4期
四川省图书馆
中山大学图书馆

105　文学（半月刊）

总藏：1卷1期
各馆馆藏：
上海图书馆
中国作家协会
上海分会图书馆
（此刊一九五七年由上海文艺出版社影印。）

106　现　　代

总藏：1—6卷4期
各馆馆藏：
中国人民大学图书馆
北京图书馆
北京大学图书馆
北京师范大学图书馆
中共中央马克思恩格斯
列宁斯大林著作编
译局图书馆
南开大学图书馆
上海图书馆
上海科技图书馆
复旦大学图书馆
1—6卷3期
中国作家协会
上海分会图书馆
南京图书馆
安徽省图书馆
武汉图书馆
1—6卷1期
中国科学院图书馆
浙江省图书馆
1—5卷　吉林大学图书馆
1—4卷　中国社会科学院
世界史所资料室
山东大学图书馆
四川省图书馆

1—4 卷 1 期
福建省图书馆
1—3 卷　广东省中山图书馆
1—2 卷　首都图书馆
厦门大学图书馆
1—2 卷 4 期
湖北省图书馆
1 卷　东北师范大学图书馆
1 卷 1—5 期
辽宁省图书馆
1 卷 1 期 陕西省图书馆
扬州师范学院图书馆
1 卷 2—6 期
重庆市图书馆
1 卷 2，3，5，6 期
中国社会科学院
历史所资料室
1 卷 2，3 期
湖南省图书馆
1 卷 6 期 山东省图书馆
2—6 卷 3 期
重庆市图书馆
2—6 卷 1 期
中国社会科学院
历史所资料室
2—5 卷　清华大学图书馆
扬州师范学院图书馆
2 卷　武汉大学图书馆
2 卷 3—6 期
吉林师范大学图书馆
2 卷 3，5 期
陕西省图书馆
2 卷 3 期 广西省第一图书馆
2 卷 6 期 湖南省中山图书馆
3—6 卷 1 期
东北师范大学图书馆
3 卷　湖南省中山图书馆
3 卷 1，6 期
云南大学图书馆
3 卷 2—6 期
湖北省图书馆
3 卷 3—6 期
厦门大学图书馆
3 卷 5，6 期
陕西省图书馆
3 卷 6 期 江西省图书馆
4—6 卷 3 期
湖北省图书馆
4 卷　贵州省图书馆
4 卷 1—4 期
陕西省图书馆
4 卷 1—3，5，6 期
广东省中山图书馆
4 卷 1，4—6 期
厦门大学图书馆
4 卷 1 期 广西省第一图书馆
4 卷 3—6 期
湖南省中山图书馆
四川大学图书馆
4 卷 4 期 山东省图书馆
4 卷 5 期 江西省图书馆
5—6 卷 2 期

广东省中山图书馆
5 卷　湖南省中山图书馆
厦门大学图书馆
5 卷 1—3，6 期
四川省图书馆
5 卷 1 期　四川大学图书馆
5 卷 2 期　陕西省图书馆
5 卷 4，5 期
陕西省图书馆
5 卷 5 期　山东省图书馆
5 卷 6 期　首都图书馆
6 卷 1—3 期
首都图书馆
武汉大学图书馆
福建省图书馆
6 卷 1，2，4 期
吉林大学图书馆
6 卷 1，3 期
扬州师范学院图书馆
6 卷 2，3 期
厦门大学图书馆
6 卷 3 期　湖南省图书馆
四川省图书馆

107　文学月报

总藏：1 卷 1—6 期
各馆馆藏：
1 卷 1—6 期
北京图书馆
中国科学院图书馆
中国人民大学图书馆
北京大学图书馆
清华大学图书馆
北京师范大学图书馆
中国社会科学院
世界史所资料室
吉林大学图书馆
上海图书馆
上海科技图书馆
复旦大学图书馆
华东师范大学图书馆
南京图书馆
贵州省图书馆
广东省中山图书馆
中山大学图书馆
1 卷 1—4 期
兰州大学图书馆
1 卷 1—3，5，6 期
四川省图书馆
1 卷 1，2 期
湖北省图书馆
武汉图书馆
厦门大学图书馆
1 卷 1，3—6 期
湖南省中山图书馆
1 卷 4—6 期
辽宁省图书馆
东北师范大学图书馆
1 卷 4 期　陕西省图书馆
（以上系原本。另外此刊一九五九年由上海文艺出版社影印，许多单位还另藏有影印本。）

108　文艺茶话

总藏：1—2卷（每卷10期）

各馆馆藏：

1—2卷　北京大学图书馆

中国作家协会

上海分会图书馆

1卷1—6期

复旦大学图书馆

1卷3，4期

上海图书馆

1卷2期　中国科学院图书馆

中国社会科学院

世界史所资料室

1卷7—10期

福建省图书馆

2卷　上海图书馆

2卷1—9期

北京图书馆

2卷1，2期

福建省图书馆

2卷4，5，7期

南京图书馆

2卷4期　重庆市图书馆

2卷9期　中国社会科学院

世界史所资料室

2卷10期

湖南省中山图书馆

109　论　语

总藏：1—177期

各馆馆藏：

1—177期

中国人民大学图书馆

上海图书馆

吉林大学图书馆

1—175期

重庆市图书馆

1—116，118—158，160—177期

中国作家协会

上海分会图书馆

1—108，110—163，171—173，175期

北京图书馆

1—97，105—113，116，118—176期

华东师范大学图书馆

扬州师范学院图书馆

1—74，76，78，80，107，111，112，115，117，118—141，143，151，155期；1—73，75—77，79—90，92—105，107—112，114—166，169，171，172，174，175期

湖南省中山图书馆

1—50，52，54—56，58，61，62，64，68，70，71，74，77，78，82，83，85，86，89，99，103，107，118—176期

广东省中山图书馆

1—57，59—117，132，135，136，138，140，142—165，167，172—

174 期　四川省图书馆

1—47，54，60—62，64，67，70—107，109—117，120—147，149—154，156，157，162—166，168，172 期　湖北省图书馆

1—48，50—54，56—59，61—63，65，66，68—72，75—78，92，104，118—167，172，173，175，177 期

武汉图书馆

1—46，48，50—54，57—70，72，73，75—78，80—100，102—150，157，158，160—175，177 期

复旦大学图书馆

1—40，52，53，58—60，64，66，73，76，77，79—117，119，121，125 期　中国社会科学院

世界史所资料室

1—40，156—158 期

辽宁省图书馆

1—31，33—72，76，77，80，81，83，85—89，91—100，112，114，115，118，121，125—131，133—141，143—147，150—164，167—171 期　甘肃省图书馆

1—28，118—121 期

吉林师范大学图书馆

1—27，49—73，75—111，133—116，118—175 期

南京大学图书馆

1—24，139，171 期

云南大学图书馆

1—17，20，23，26，28—30，32，34，36—49，51—85，87，89—93，95，96，100，105，107，111，119，120，136，139—173，175 期

南京大学图书馆

1—14，17—115，118—162，164—166 期　北京大学图书馆

1—13，15—21，23—28，30—38，40—47，50—76，78—116，125，128，130，154—156，158—160，162 期　厦门大学图书馆

1—11，13—39，56—80，130，131，135—137，148—150，152—155，160—162，164，167，171，173 期

福建省图书馆

1—9，11—19，21—23，25，28，32—34，36，38—45，48—51，54，55，57—61，63—65，67，69，70，72—78，80—85，87—90，92，94，94—104，143—152，154，156，164，167 期

四川大学图书馆

1—76，78—80，89，118—177 期

上海科技图书馆

1—12，34，37—40，43，47，48，51—56，58，59，66—76，78—90，93—98，100，118，121，128，130，132，140—142，144—157，159—160，163，168 期

山东大学图书馆

1，3，5，6，8，11，13—28、31，

35，37—48，51，53—58，70—76，80—83，87，89，92，95—97，99，105—107，109，110，115，116，118—142期

安徽省图书馆

7，38，46，50—53，55，56，59，69，80，81，83—84，95，102，118—134，136—155，157—164，166期 南开大学图书馆

13—96，118—164期

清华大学图书馆

4，5，7—9，12，15，118—153期

中国科学院图书馆

14—36，41，45，48，50，54—69，72—74，76—78，81，83—87，93，112，125—139，148，151—154，157，159，160，163，165，166，170期 陕西省图书馆

23—97期

大连市图书馆

26，27，32—35，49，81，83—91，94—109，111，112，125—127，129—143，145，146，148—154，173，174期

武汉大学图书馆

32—60，62，65，66，69，70，74，75，77—94，96—102，120—166期

北京师范大学图书馆

32—43，50—78，80—83，86—103，105—111，113—115期

首都图书馆

42，55，84，86，95，101，102，104、107，109，112，114，116，117，136，139，144，151，160，163，170期

江西省图书馆

48—54，61—64，66—72，128，130，163期

贵州省图书馆

118—140，142—177期

山东大学图书馆

144—175期

广西省第一图书馆

155，157—160，163，165，166期

浙江大学图书馆

110　小说月刊

总藏：1卷1—4期

各馆馆藏：

1卷1—4期

北京大学图书馆

福建省图书馆

1卷1，2，4期

上海图书馆

1卷1，2期

南京大学图书馆

1卷2期

中国作家协会

上海分会图书馆

广东省中山图书馆

111 文化月报（世界文化）

总藏：文化月报 1卷1期
世界文化 1卷2期

各馆馆藏：

1卷1期
北京图书馆
北京大学图书馆
四川省图书馆
广东省中山图书馆
上海图书馆
中国作家协会
上海分会图书馆

1卷2期 上海图书馆
中国作家协会
上海分会图书馆

（以上系原本。另外此刊一九五八年由上海文艺出版社影印，许多单位还另藏有影印本。）

112 无名文艺
（旬刊、月刊）

总藏：旬刊 1卷1—2期
月刊 1卷1期

各馆馆藏：

旬 刊

1卷1—2期
北京图书馆
北京大学图书馆
南京大学图书馆

月 刊

1卷1期
北京大学图书馆
上海图书馆
中国作家协会
上海分会图书馆
浙江省图书馆

113 新 诗 歌
（旬刊、半月刊、月刊）

总藏：旬 刊 1卷1—4期
半月刊 1卷5—7期
月 刊 2卷1—4期

各馆馆藏：

1卷1—4期
上海图书馆（原本）
北京师范大学图书馆（复印本）

1卷5—7期
中国作家协会上海分会图书馆（原本）
北京师范大学图书馆（复印本）

1卷6，7期
上海图书馆（原本）

2卷1—4期
上海图书馆（原本）
北京师范大学图书馆（原本及复印本）

2卷1—2期

中国科学院图书馆（原本）
中国作家协会上海分会图书馆（原本）
湖南省中山图书馆（原本）
2卷1期 北京图书馆（原本）
北京大学图书馆（原本）
2卷2期 浙江省图书馆

114 艺术新闻（周刊）

总藏：1—4期
各馆馆藏：
1—4期 北京大学图书馆

115 文学杂志

总藏：1卷1—4期
各馆馆藏：
1卷1—4期
北京大学图书馆
中国社会科学院世界史所资料室
吉林大学图书馆
浙江省图书馆
1卷1，2期
北京图书馆
1卷1期 清华大学图书馆
1卷2—4期
中国作家协会上海分会图书馆
（以上系原本。另外此刊一九五九年十一月由上海文艺出版社影印，许多单位还另藏有影印本。）

116 文艺月报

总藏：1卷1—3期
各馆馆藏：
1卷1—3期
北京图书馆
中国社会科学院世界史所资料室
中山大学图书馆
1卷1，3期
北京大学图书馆
1卷1期 重庆市图书馆
1卷2期 复旦大学图书馆
1卷3期 厦门大学图书馆

117 文 学

总藏：1—9卷4期（1—8卷各6期）
各馆馆藏：
1—9卷4期
北京师范大学图书馆
山东大学图书馆
上海图书馆
中国作家协会上海分会图书馆
上海科技图书馆
华东师范大学图书馆
扬州师范学院图书馆

广东省中山图书馆
1—9 卷 3 期
辽宁省图书馆
复旦大学图书馆
1—9 卷 2 期
北京图书馆
中国科学院图书馆
中国人民大学图书馆
首都图书馆
中国社会科学院
近代史所资料室
吉林大学图书馆
湖南省图书馆
重庆市图书馆
贵州省图书馆
1—9 卷 1 期
北京大学图书馆
中国社会科学院
世界史所资料室
1—8 卷　中山大学图书馆
1—7 卷　南开大学图书馆
东北师范大学图书馆
安徽省图书馆
浙江省图书馆
武汉大学图书馆
1—6 卷　甘肃省图书馆
南京大学图书馆
福建省图书馆
1—5 卷　广西省第一图书馆
1—3 卷　南京图书馆
1—2 卷　中国社会科学院
历史所资料室
1 卷　云南大学图书馆
1 卷 1，2，4—6 期
四川省图书馆
1 卷 1，4，6 期
兰州大学图书馆
1 卷 2—6 期
武汉大学图书馆
1 卷 3—6 期
厦门大学图书馆
1 卷 3，4 期
山东省图书馆
1 卷 4，5 期
陕西省图书馆
1 卷 5 期　云南省图书馆
2—7 卷 4 期
四川省图书馆
2—3 卷　云南省图书馆
2 卷　陕西省图书馆
2 卷 1—4，6 期
山东省图书馆
厦门大学图书馆
2 卷 1，3—6 期
四川大学图书馆
2 卷 2—3，5—6 期
武汉图书馆
2 卷 2，4，6 期
兰州大学图书馆
2 卷 4—6 期
云南大学图书馆
3—7 卷 4 期

厦门大学图书馆
3—6 卷　清华大学图书馆
四川大学图书馆
3—4 卷 3 期
兰州大学图书馆
3 卷　武汉图书馆
云南大学图书馆
3 卷 1，2，4—6 期
湖北省图书馆
3 卷 2，3，5 期
陕西省图书馆
4—8 卷　湖北省图书馆
4 卷 1—3，5，6 期
南京图书馆
4 卷 1，3—6 期
云南省图书馆
4 卷 2—6 期
武汉图书馆
4 卷 3—6 期
陕西省图书馆
5—7 卷　南京图书馆
5 卷　浙江大学图书馆
云南省图书馆
云南大学图书馆
5 卷 2，4，6 期
武汉图书馆
5 卷 3 期 兰州大学图书馆
5 卷 2，5，6 期
陕西省图书馆
6 卷 1，2，4，5 期
陕西省图书馆
6 卷 2，4 期
武汉图书馆
6 卷 2 期 山东省图书馆
6 卷 3，5 期
云南省图书馆
6 卷 3，6 期
广西省第一图书馆
7 卷　云南省图书馆
云南大学图书馆
7 卷 1—4，6 期
福建省图书馆
7 卷 1—3，4，6 期
四川大学图书馆
7 卷 1，4—6 期
山东省图书馆
7 卷 1，5 期
武汉图书馆
7 卷 2，3，5 期
广西省第一图书馆
7 卷 5 期 南京大学图书馆
8 卷　厦门大学图书馆
8 卷 1，2，4—6 期
福建省图书馆
8 卷 1，2，6 期
南京大学图书馆
8 卷 1，3—6 期
安徽省图书馆
8 卷 1，4—6 期
南京大学图书馆
8 卷 2—6 期
山东省图书馆

浙江省图书馆
8卷2—4，6期
南开大学图书馆
8卷2—3，5期
武汉图书馆
8卷2，5期
云南省图书馆
8卷3—6期
东北师范大学图书馆
8卷4期 陕西省图书馆
9卷1—4期
福建省图书馆
9卷1—3期
四川省图书馆
9卷1，2，4期
陕西省图书馆
中山图书馆
9卷1，2期
浙江省图书馆
9卷1期 南开大学图书馆
9卷2期 云南省图书馆
9卷3期 南京图书馆

118 文艺春秋

总藏：1卷1—10期
各馆馆藏：
1卷1—10期
中国科学院图书馆
中国社会科学院
世界史所资料室
广东省中山图书馆
中山大学图书馆
1卷1—7期
北京师范大学图书馆
1卷1，2，4—8期
北京大学图书馆
1卷6，9，10期
上海图书馆
1卷6期 安徽省图书馆

119 戏（月刊）

总藏：1—2期
各馆馆藏：
1—2期 北京图书馆
北京大学图书馆
上海图书馆
1期 安徽省图书馆
2期 四川省图书馆

120 文 艺

总藏：1—3期
各馆馆藏：
1—3期 中国人民大学图书馆
北京大学图书馆
清华大学图书馆
吉林大学图书馆
上海图书馆
复旦大学图书馆
湖北省图书馆

1卷1，2期
北京图书馆
中国作家协会
上海分会图书馆
南京图书馆
1卷1，3期
安徽省图书馆
1卷2，3期
中国社会科学院
世界史所资料室
1卷2期 武汉图书馆
1卷3期 扬州师范学院图书馆

121 文化列车（五日刊）

总藏：1—12期
各馆馆藏：
1—12期 北京图书馆
北京大学图书馆
4期 上海图书馆

122 文学季刊

总藏：1—2卷（每卷4期）
各馆馆藏：
1—2卷 北京图书馆
中国科学院图书馆
中国人民大学图书馆
北京大学图书馆
北京师范大学图书馆
中国社会科学院
世界史所资料室
辽宁省图书馆
吉林大学图书馆
上海图书馆
复旦大学图书馆
中国作家协会
上海分会图书馆
南京大学图书馆
扬州师范学院图书馆
浙江省图书馆
武汉大学图书馆
重庆市图书馆
云南大学图书馆
1—2卷3期
山东省图书馆
上海科技图书馆
湖南省中山图书馆
厦门大学图书馆
1—2卷2期
清华大学图书馆
首都图书馆
湖北省图书馆
1卷 中山大学图书馆
1卷1—3期
南开大学图书馆
甘肃省图书馆
东北师范大学图书馆
四川省图书馆
广东省中山图书馆
1卷1，3，4期
南京图书馆

1卷1，4期
武汉图书馆
1卷3，4期
福建省图书馆
2卷　四川省图书馆
2卷1，2，4期
广东省中山图书馆
2卷1，3，4期
南开大学图书馆
2卷1期　贵州省图书馆

123　中国文学

总藏：1—2卷2期（第1卷出6期）
各馆馆藏：
1—2卷2期
清华大学图书馆
1—2卷1期
北京图书馆
1卷　广东省中山图书馆
1卷1—5期
中国作家协会
上海分会图书馆
1卷1，2，6期
武汉图书馆
1卷2—6期
湖南省中山图书馆
中国社会科学院
世界史所资料室
1卷2—5期
北京大学图书馆
1卷2期　南京图书馆
1卷3—6期
上海图书馆
1卷5期　厦门大学图书馆
1卷6期　重庆市图书馆
2卷1，2期
北京大学图书馆
上海图书馆
2卷1期　中国社会科学院
世界史所资料室
浙江省图书馆
南京图书馆

124　春　光

总藏：1卷1—3期
各馆馆藏：
1卷1—3期
北京图书馆
北京大学图书馆
中国人民大学图书馆
中国社会科学院
世界史所资料室
山东大学图书馆
陕西省图书馆
吉林大学图书馆
中国作家协会
上海分会图书馆
华东师范大学图书馆
重庆市图书馆
1卷1，2期

复旦大学图书馆
安徽省图书馆
1卷1期 上海图书馆
1卷3期 清华大学图书馆
四川省图书馆

125 新 诗 歌

总藏：1—4期
各馆馆藏：
1—4期 北京大学图书馆
1，4期 北京图书馆
2，3期 中国作家协会
上海分会图书馆

126 诗歌月报

总藏：1—2卷2期（第1卷出5期）
各馆馆藏：
1—2卷2期
吉林大学图书馆
中国作家协会
上海分会图书馆
1—2卷1期
安徽省图书馆
1卷 北京图书馆
北京大学图书馆
1卷1期 武汉图书馆
广东省中山图书馆
1卷2—5期
中国社会科学院
世界史所资料室
1卷5期 上海图书馆
2卷1期 武汉图书馆
2卷2期 湖北省图书馆
广东省中山图书馆

127 人 间 世

总藏：1—42期
各馆馆藏：
1—42期 中国科学院图书馆
中国人民大学图书馆
北京大学图书馆
北京师范大学图书馆
中国社会科学院
世界史所资料室
中共中央马克思恩格斯
列宁斯大林著作编
译局图书馆
南开大学图书馆
山东大学图书馆
辽宁省图书馆
吉林大学图书馆
东北师范大学图书馆
上海图书馆
中国作家协会
上海分会图书馆
上海科技图书馆
复旦大学图书馆
华东师范大学图书馆
南京图书馆

扬州师范学院图书馆
安徽省图书馆
湖北省图书馆
重庆市图书馆
广东省中山图书馆
中山大学图书馆
1—39 期 北京图书馆
1—27，29—30，33，34，36，39，41 期 四川省图书馆
1—24，26—30，34—37 期
浙江省图书馆
1—24 期 清华大学图书馆
1—14，17，18，20，22—42 期
山东省图书馆
1—12，14—32，34，36—42 期
云南大学图书馆
1—7，9—15，18，24，28，33，35—38 期
武汉图书馆
1，4，8 期
甘肃省图书馆
1，9，13—26，28—42 期
首都图书馆
2—42 期 福建省图书馆
2—24，26，27，31—39，42 期
湖南省中山图书馆
2，4，6，8，11，12，14，15，17—42 期 陕西省图书馆
3—7，9—32，34—42 期
厦门大学图书馆
5，9，13 期
广西省第一图书馆
5，14，27，36，40 期
四川大学图书馆

128 小 说

总藏：1—19 期

各馆馆藏：

1—19 期 北京图书馆
北京大学图书馆
中国作家协会上海分会图书馆
1—18 期 华东师范大学图书馆
1—8，11，15，16，18 期
重庆市图书馆
1—7，9，11，13—19 期
中山大学图书馆
1，4—10，12—14，16—19 期
上海图书馆
1，2，3—13，15，17，18 期
吉林大学图书馆
1，2 期 安徽省图书馆
中国社会科学院世界史所资料室
湖北省图书馆
四川省图书馆
1，2，10，16 期
广东省中山图书馆
1 期 湖南省中山图书馆
2 期 厦门大学图书馆
3—14 期 南京图书馆

3—6，8，13，15—17，19 期
上海科技图书馆
6，10，12—14 期
武汉图书馆
9，12 期 南开大学图书馆

129 文艺风景

总藏：1 卷 1—2 期
各馆馆藏：
1 卷 1—2 期
北京图书馆
人民文学出版社资料室
中国社会科学院世界史所资料室
中国人民大学图书馆
北京大学图书馆
清华大学图书馆
吉林大学图书馆
扬州师范学院图书馆
湖南省中山图书馆
四川省图书馆
重庆市图书馆
厦门大学图书馆
广东省中山图书馆
1 卷 1 期 安徽省图书馆
1 卷 2 期 南京图书馆
陕西省图书馆
中国作家协会上海分会图书馆
中山大学图书馆

130 当代文学

总藏：1 卷 1—5 期
各馆馆藏：
1 卷 1—5 期
北京图书馆
中国科学院图书馆
北京大学图书馆
清华大学图书馆
北京师范大学图书馆
华东师范大学图书馆
中国作家协会上海分会图书馆
浙江省图书馆
1 卷 1—4 期
中国社会科学院世界史所资料室
重庆市图书馆
1 卷 1—3 期
扬州师范学院图书馆
1 卷 1，3—5 期
上海图书馆

131 东 流

总藏：1 卷 1—6 期
2 卷 1—4 期
3 卷 1—2 期
各馆馆藏：

1卷1—6期
北京图书馆
北京大学图书馆
中国作家协会
上海分会图书馆
1卷1，2，6期
广东省中山图书馆
1卷1，3—6期
中国社会科学院
世界史所资料室
1卷5期 上海图书馆
1卷6期 复旦大学图书馆
2卷1期 南京图书馆
2卷1，3，4期
中国作家协会
上海分会图书馆
2卷1期 南京图书馆
2卷2，4期
北京图书馆
2卷3，4期
复旦大学图书馆
2卷3期 四川省图书馆
2卷4期 北京大学图书馆
3卷1，2期
复旦大学图书馆

132 文学评论

总藏：1卷1—2期
各馆馆藏：
1卷1—2期
北京图书馆
北京大学图书馆
清华大学图书馆
中国社会科学院
世界史所资料室
中国作家协会
上海分会图书馆
中山大学图书馆
1卷1期 复旦大学图书馆
1卷2期 吉林大学图书馆

133 译 文

总藏：1卷1—6期
2卷1—7期（第7期又名“终刊号”）
新1—3卷4期（新1、2卷各6期）
各馆馆藏：
1—2卷7期
北京大学图书馆
首都图书馆
中国社会科学院
世界史所资料室
山东大学图书馆
甘肃省图书馆
东北师范大学图书馆
中国作家协会
上海分会图书馆
复旦大学图书馆
安徽省图书馆

四川省图书馆
1—2卷6期
北京图书馆
中国科学院图书馆
中国人民大学图书馆
北京师范大学图书馆
辽宁省图书馆
吉林大学图书馆
扬州师范学院图书馆
湖北省图书馆
1卷　南开大学图书馆
上海图书馆
浙江省图书馆
重庆市图书馆
云南省图书馆
1卷1—3，6期
陕西省图书馆
1卷1，2期
湖南省中山图书馆
1卷1，4—6期
南京图书馆
1卷1期　武汉图书馆
2卷1，7期
重庆市图书馆
2卷1—3，6期
陕西省图书馆
2卷1—3期
南京图书馆
2卷1期　武汉图书馆
2卷2，3期
湖南省中山图书馆
2卷2，5，6期
上海图书馆
2卷4，5期
广东省中山图书馆
2卷6期　贵州省图书馆
新1—3卷4期
北京图书馆
中国科学院图书馆
中国人民大学图书馆
北京大学图书馆
北京师范大学图书馆
山东大学图书馆
吉林大学图书馆
复旦大学图书馆
中国作家协会
上海分会图书馆
安徽省图书馆
扬州师范学院图书馆
湖北省图书馆
四川省图书馆
广东省中山图书馆
新1—3卷3期
辽宁省图书馆
新1—2卷
中国社会科学院
世界史所资料室
东北师范大学图书馆
浙江省图书馆
重庆市图书馆
云南大学图书馆
新1—2卷5期

首都图书馆
新 1 卷　上海图书馆
新 1 卷 1，2 期
广西省第一图书馆
新 1 卷 1，5 期
陕西省图书馆
新 1 卷 2，3，5 期
南京图书馆
新 1 卷 2，5 期
南开大学图书馆
新 1 卷 6 期
武汉图书馆
新 2 卷 1，5 期
云南省图书馆
新 2 卷 2 期
陕西省图书馆
新 2 卷 3，4，6 期
上海图书馆
新 2 卷 3 期
南开大学图书馆
新 2 卷 5 期
南京图书馆
新 3 卷 1—4 期
首都图书馆
上海图书馆
南京图书馆
新 3 卷 1，2，4 期
云南省图书馆
新 3 卷 1，3，4 期
重庆市图书馆
新 3 卷 1，3 期
厦门大学图书馆
新 3 卷 1 期
南开大学图书馆
新 3 卷 2，3 期
湖南省中山图书馆
新 3 卷 2 期
四川大学图书馆
新 3 卷 4 期
山东省图书馆
陕西省图书馆

134　太　白

总藏：1—2 卷（每卷 12 期）
各馆馆藏：
1—2 卷　北京图书馆
中国科学院图书馆
中国人民大学图书馆
北京大学图书馆
北京师范大学图书馆
首都图书馆
中国社会科学院
世界史所资料室
中共中央马克思恩格斯
列宁斯大林著作编
译局图书馆
南开大学图书馆
山东大学图书馆
山东省图书馆
甘肃省图书馆
辽宁省图书馆

吉林大学图书馆
东北师范大学图书馆
上海图书馆
上海科技图书馆
复旦大学图书馆
华东师范大学图书馆
中国作家协会
上海分会图书馆
南京图书馆
南京大学图书馆
安徽省图书馆
扬州师范学院图书馆
武汉大学图书馆
四川省图书馆
重庆市图书馆
中山大学图书馆

135　文学新地

总藏：1期（“创刊号”）
各馆馆藏：
1期　上海图书馆
中国作家协会
上海分会图书馆
（此刊一九五九年十一月由上海文艺出版社影印，许多单位还另藏有影印本）

136　水　　星

总藏：1—2卷3期（第1卷出6期）
各馆馆藏：
1—2卷3期
北京图书馆
清华大学图书馆
中国社会科学院
世界史所资料室
山东大学图书馆
辽宁省图书馆
吉林大学图书馆
东北师范大学图书馆
中国作家协会
上海分会图书馆
复旦大学图书馆
1—2卷2期
中国科学院图书馆
1—2卷1期
浙江省图书馆
1卷　北京大学图书馆
北京师范大学图书馆
上海科技图书馆
中山大学图书馆
1卷1—5期
扬州师范学院图书馆
1卷1—4期
首都图书馆
1卷1，2，5，6期
四川大学图书馆
1卷1，2期
南京大学图书馆
1卷1，3，5，6期
四川省图书馆

1 卷 1，3，5 期
上海图书馆
1 卷 5 期 安徽省图书馆
2 卷 1，3 期
北京大学图书馆
四川省图书馆
2 卷 1 期 安徽省图书馆
扬州师范学院图书馆
四川大学图书馆
广东省中山图书馆
2 卷 2，3 期
上海图书馆
2 卷 2 期 甘肃省图书馆

137 当代诗刊

总藏： 1 卷 1—4 期
各馆馆藏：
1 卷 1—4 期
中国作家协会
上海分会图书馆
1 卷 1，2 期
湖北省图书馆
1 卷 1 期 南京大学图书馆
1 卷 2 期 北京大学图书馆
1 卷 3，4 期
上海图书馆

138 文饭小品

总藏： 1—6 期
各馆馆藏：
1—6 期 北京图书馆
中国人民大学图书馆
北京大学图书馆
清华大学图书馆
北京师范大学图书馆
中国社会科学院
世界史所资料室
山东大学图书馆
辽宁省图书馆
上海图书馆
中国作家协会
上海分会图书馆
复旦大学图书馆
华东师范大学图书馆
安徽省图书馆
浙江省图书馆
四川省图书馆
中山大学图书馆
1—5 期 扬州师范学院图书馆
1—3，5 期
重庆市图书馆
1，2 期 山东省图书馆
1，5，6 期
吉林大学图书馆
1 期 甘肃省图书馆
武汉图书馆
4，5 期 广东省中山图书馆
5，6 期 陕西省图书馆
6 期 南京图书馆

139 新 小 说

总藏：1—2卷1期（第1卷出5期）

各馆馆藏：

1—2卷1期
中国人民大学图书馆
清华大学图书馆
北京大学图书馆
中国作家协会
上海分会图书馆

1卷 上海图书馆
北京师范大学图书馆
吉林大学图书馆
复旦大学图书馆
四川省图书馆

1卷1，3—5期
北京图书馆

1卷1，3，4，5期
南京图书馆

1卷5期 广东省中山图书馆

2卷1期 浙江省图书馆

140 芒 种

总藏：1—2卷1期（第1卷出10期）

各馆馆藏：

1—2卷1期
北京图书馆
北京大学图书馆
北京师范大学图书馆
中共中央马克思恩格斯
列宁斯大林著作编
译局图书馆
中国作家协会
上海分会图书馆
复旦大学图书馆

1卷 中国科学院图书馆
中国人民大学图书馆
中山大学图书馆

1卷1—8期
东北师范大学图书馆

1卷1—6期
华东师范大学图书馆

1卷1，2，4，6—8期
上海图书馆

1卷2—4期
扬州师范学院图书馆

1卷2，3，5期
广东省中山图书馆

1卷3，6期
湖南省中山图书馆

1卷9，10期
重庆市图书馆

2卷1期 上海图书馆
扬州师范学院图书馆

141 文 艺

总藏：1—6卷3期（1—5卷各6期）

各馆馆藏：

1卷2—6期

2卷

3卷3，4期
4卷2—5期
5卷3，4期
中国作家协会
上海分会图书馆
2卷5，6期，
3卷4期，
4卷1，3，5，6期
5卷1，2，4，5期
6卷1—3期
上海图书馆
2卷1—4，6期
4卷
5卷1—3期
湖北省图书馆
1卷
2卷5，6期
3卷1—5期
4卷 北京大学图书馆
1—2卷
3卷1，3—5期
4卷 清华大学图书馆
1卷2，3期；2卷5，6期；3卷，
4卷1—4，6期
6卷2期 北京图书馆

142 中学生文艺季刊

总藏：1—3卷2期（1、2卷各4期）

各馆馆藏：

1—2卷 北京图书馆
中国社会科学院
世界史所资料室
浙江省图书馆
1卷 华东师范大学图书馆
中国作家协会
上海分会图书馆
南京图书馆
1卷1，2，4期
武汉图书馆
1卷2—4期
上海图书馆
四川图书馆
1卷3，4期
吉林大学图书馆
2卷 北京大学图书馆
2卷1，3，4期
广东省中山图书馆
2卷1，3期
湖南省中山图书馆
2卷2期 中国作家协会
上海分会图书馆
3卷1，2期
北京大学图书馆
中国作家协会
上海分会图书馆
3卷1期 陕西省图书馆
武汉图书馆
3卷2期 南京图书馆
贵州图书馆

143　质文（杂文）

总藏：杂文1卷1—3期

质文1卷4—6期

2卷1—2期

各馆馆藏：

1—2卷2期

北京大学图书馆

北京师范大学图书馆

吉林大学图书馆

上海图书馆

中国作家协会

上海分会图书馆

1卷2，3期

中国社会科学院

世界史所资料室

1卷3期　复旦大学图书馆

四川省图书馆

1卷4—6期

北京图书馆

1卷4期　南京图书馆

1卷5，6期

湖南省图书馆

2卷1，2期

北京图书馆

四川省图书馆

2卷2期　广东省图书馆

（以上系原本。另外此刊一九六三年六月曾由上海文艺出版社影印，许多单位还另藏有影印本。）

144　创　　作

总藏：1卷1—3期

各馆馆藏：

1卷1—3期

中国人民大学图书馆

北京大学图书馆

清华大学图书馆

北京师范大学图书馆

中国社会科学院

世界史所资料室

吉林大学图书馆

上海科技大学图书馆

复旦大学图书馆

扬州师范学院图书馆

中国作家协会

上海分会图书馆

1卷1，2期

北京图书馆

南开大学图书馆

上海图书馆

1卷1期　甘肃省图书馆

安徽省图书馆

武汉图书馆

四川省图书馆

1卷2，3期

重庆市图书馆

广东省中山图书馆

1卷2期　南京图书馆

145 宇 宙 风

总藏：1—152 期

各馆馆藏：

1—88，90，92，96—100，102，103，105—111，113—140，143—151 期　重庆市图书馆

1—86，88，89，97，99，106，107，110，113，131，133，134，137，141，142，144—146，149—152 期

上海图书馆

1—70，72，78，81，96，97，121—127，137，139，141—146，149，151—152 期

广东省中山图书馆

1—69，72—74，100，107，108，117—127，134—136，139—142，144—150，152 期

中国作家协会
上海分会图书馆

1—69，78，109，110，114—149，152 期　中国社会科学院
世界史所资料室

1—67，80—82，84，87，89，115，121—126，128—131，134—136，141，142，144—146，152 期

上海科技图书馆

1—67 期　辽宁省图书馆

1—66，140 期

南开大学图书馆

1—64 期　东北师范大学图书馆

1—61，67，70—74，78，100 期

吉林大学图书馆

1—60，63，65—91，93—98，108，109，111，113，114，137，146—148，150，151 期

四川省图书馆

1—49，51，52，54—129，132，133，135—137，140—152 期

中山大学图书馆

1—48，144—148，152 期

山东大学图书馆

1—46，49，51，53，54，57—59，61—101，103—108，110—152 期

南京图书馆

1—45，47，49—51，55，80—87，133，141，150 期

浙江省图书馆

1—45，97，113，119，120，128，144—149，151，152 期

北京大学图书馆

1—42 期　北京图书馆

1—40，42—45，49—55，59，60，63—73，75，76，78，79，81，85，91—98，104—109，115，116，122，128—137，142，144—152 期

湖南省中山图书馆

1—38，40—46，58，59，61，62，65，66，68，70，72，75，78—92，94，96—98，101，103，105—109，113—116，130，133—140，146—152 期　南京大学图书馆

1—34，41 期

扬州师范学院图书馆

1—31，33—78，87—109，113—127，129—139 期

中国人民大学图书馆

1—31 期 北京师范大学图书馆

1—26，29，30，33，34，36—46，48—50，52—55，61，64，66，75，91，92，113，114，116，131，137，149—151 期

安徽省图书馆

1—16，22，23，29，31，32，34，39，41—43，150 期

首都图书馆

1—15，17—71，74—78，103，104，106—109，113，114，128—131，142—146，150，152 期

厦门大学图书馆

1—10，12—18，20—24，28—43，45—49，59，141，150 期

武汉图书馆

1—3，5，8，10，14，20，23，26，30，35，39，42，80—90，105，107，135，136，138，140，146 期

湖北省图书馆

1，3—19，67，96，97，108，109，111，113—115，132，133，141，144，152 期

云南大学图书馆

1—5，12—18，20，22—25，27—38，41—44，51 期

中国科学院图书馆

2—8，31—45 期

中国社会科学院

历史所资料室

8—10，12，14，18，19，21—23，40，46，88，119，120，128，130，132—140，144，145，147—152 期

甘肃省图书馆

10，21，28，32，34—37，50—55，68—70，85，103，106，108，130，132，133，137，147—152 期

陕西省图书馆

18，21，32，42，38—50，52—55，70，75—79，83—90，92—99，101—104，107，108，113，114，121—126，132，137，142 期

江西省图书馆

19—25，31—36，52—54 期

山东省图书馆

19，20，22—25，27—44，51，62—67，128—130，142，144—146 期

福建省图书馆

22—31 期

大连市图书馆

68，70—76，78，79，81，82，86，96，97，103，107，109—111，113，115—120，122，123，129，140，143—151 期

贵州省图书馆

115，132—137，139，150—152 期

广西省第一图书馆

145 附 录
宇宙风、逸经、西风非常时期联合旬刊

总藏： 1—7 期

各馆馆藏：

1—7 期 吉林大学图书馆
上海图书馆
3—7 期 北京图书馆
4 期 湖南省中山图书馆
7 期 四川省图书馆

146 海 燕

总藏： 1—2 期

各馆馆藏：

1—2 期 中国科学院图书馆
中国人民大学图书馆
吉林大学图书馆
复旦大学图书馆
中国作家协会上海分会图书馆
华东师范大学图书馆
安徽省图书馆
扬州师范学院图书馆
武汉图书馆
北京图书馆
北京大学图书馆
广东省中山图书馆

147 夜莺（月刊）

总藏： 1 卷 1—4 期

各馆馆藏：

1 卷 1—4 期
华东师范大学图书馆
湖南省中山图书馆
北京大学图书馆
中国作家协会上海分会图书馆

1 卷 1—3 期
吉林大学图书馆
上海科技图书馆

1 卷 1 期 陕西省图书馆
南京图书馆

1 卷 3 期 湖北省图书馆
四川省图书馆

148 诗歌生活

总藏： 1—2 期

各馆馆藏：

1—2 期 北京大学图书馆
1 期 复旦大学图书馆
2 期 北京图书馆
中国作家协会上海分会图书馆
四川省图书馆
重庆市图书馆

149 逸　　经

总藏：1—36 期

各馆馆藏：

1—36 期　中国科学院图书馆
　　中国人民大学图书馆
　　中国社会科学院
　　　世界史所资料室
　　上海图书馆
　　上海科技图书馆
　　中国作家协会
　　　上海分会图书馆
　　山东大学图书馆
　　兰州大学图书馆
　　吉林大学图书馆
　　厦门大学图书馆
　　四川省图书馆
　　重庆市图书馆

1—35 期　中国社会科学院
　　　历史所资料室
　　中共中央马克思恩格斯
　　　列宁斯大林著作编
　　　译局图书馆
　　吉林师范大学图书馆
　　安徽省图书馆

1—34 期　清华大学图书馆
　　南开大学图书馆
　　四川大学图书馆

1—30，32—36 期
　　广东省中山图书馆

1—29，31 期
　　首都图书馆

1—26，28—36 期
　　北京图书馆

1—24，26—28，30 期
　　云南省图书馆

1—22，24—35 期
　　山东省图书馆

1—17，19，21，23，24 期
　　湖南省中山图书馆

1—16，18，20—24，29—36 期
　　扬州师范学院图书馆

1—16，24，26—30，32—34 期
　　陕西省图书馆

1—17，20—34 期
　　北京大学图书馆

1—12，25—35 期
　　武汉图书馆

1—10，12—34
　　南京大学图书馆

1—8，12—14，17，23，25，28，30—32，35，36 期
　　南京图书馆

1—8，18，21—36 期
　　福建省图书馆

1—6，10，20，25 期
　　浙江省图书馆

1—3，15，17，23 期
　　江西省图书馆

1，5—13，16—32 期
　　广西省第一图书馆

2，12—15，25—34 期

浙江大学图书馆
3—22 期 大连市图书馆
13，15，18—21，24，26，27，30 期
复旦大学图书馆
15，16 期
武汉大学图书馆
21—27，29—35 期
华东师范大学图书馆
21，30 期
甘肃省图书馆
33 期 贵州省图书馆

150 东方文艺

总藏：1—2 卷 1 期（第 1 卷出 6 期）
各馆馆藏：
1—2 卷 1 期
中国作家协会
上海分会图书馆
1 卷 1—4 期
北京图书馆
北京大学图书馆
北京师范大学图书馆
中国社会科学院
世界史所资料室
1 卷 1—3 期
上海图书馆
1 卷 1—2 期
吉林大学图书馆
1 卷 2，3，6 期
四川省图书馆
1 卷 3 期 中国科学院图书馆
湖南省中山图书馆
重庆市图书馆
1 卷 4 期 中国人民大学图书馆
2 卷 1 期 北京图书馆
北京大学图书馆
上海图书馆

151 文学丛报（人民文学）

总藏：文学丛报 1—5 期
人民文学 新 1 期
各馆馆藏：
1—5 期 北京大学图书馆
清华大学图书馆
吉林大学图书馆
上海科技图书馆
上海图书馆
中国作家协会
上海分会图书馆
1—4 期 中山大学图书馆
1—3 期 安徽大学图书馆
1，2，4 期
北京图书馆
1，4 期 广东省中山图书馆
1 期 湖南省中山图书馆
4 期 中共中央马克思恩格斯
列宁斯大林著作编
译局图书馆
辽宁省图书馆
5 期 复旦大学图书馆

新1期　北京大学图书馆
　　　　中国作家协会
　　　　　上海分会图书馆

152　作　　家

总藏：1—2卷2期(第1卷出6期)
各馆馆藏：
1—2卷2期
　　　　北京图书馆
　　　　中国科学院图书馆
　　　　中国人民大学图书馆
　　　　北京大学图书馆
　　　　北京师范大学图书馆
　　　　中国社会科学院
　　　　　世界史所资料室
　　　　南开大学图书馆
　　　　山东大学图书馆
　　　　吉林大学图书馆
　　　　上海科技图书馆
　　　　复旦大学图书馆
　　　　中国作家协会
　　　　　上海分会图书馆
　　　　扬州师范学院图书馆
　　　　四川省图书馆
　　　　中山大学图书馆
1—2卷1期
　　　　安徽省图书馆
1卷　　清华大学图书馆
　　　　重庆市图书馆
1卷1，2，5，6期
　　　　广东省中山图书馆
1卷1，3—6期
　　　　上海图书馆
1卷1，4，6期
　　　　武汉图书馆
　　　　湖南省中山图书馆
1卷1期　湖北省图书馆
1卷2—4期
　　　　贵州省图书馆
1卷3期　辽宁省图书馆
1卷5，6期
　　　　云南大学图书馆
1卷1，2期
　　　　山东省图书馆
　　　　上海图书馆
　　　　湖南省中山图书馆
　　　　云南大学图书馆
2卷1期　武汉大学图书馆
　　　　四川大学图书馆
　　　　贵州省图书馆
　　　　广东省中山图书馆
2卷2期　重庆市图书馆
　　　　广西省第一图书馆

153　文季月刊

总藏：1—2卷1期(第1卷出6期)
各馆馆藏：
1—2卷1期
　　　　北京图书馆
　　　　中国科学院图书馆

中国人民大学图书馆
北京大学图书馆
中国社会科学院
世界史所资料室
南开大学图书馆
甘肃省图书馆
辽宁省图书馆
吉林大学图书馆
东北师范大学图书馆
上海图书馆
上海科技图书馆
复旦大学图书馆
华东师范大学图书馆
中国作家协会
上海分会图书馆
武汉大学图书馆
四川省图书馆
重庆市图书馆

1 卷　清华大学图书馆
北京师范大学图书馆
山东大学图书馆
安徽省图书馆
中山大学图书馆

1 卷 1—3，5，6 期
湖北省图书馆

1 卷 1—3，5 期
广东省中山图书馆

1 卷 5，6 期
浙江省图书馆

1 卷 1 期　山东大学图书馆

1 卷 5 期　湖南省中山图书馆

154　文　学　界

总藏：1 卷 1—4 期

各馆馆藏：

1 卷 1—4 期
北京图书馆
清华大学图书馆
中国社会科学院
世界史所资料室
山东大学图书馆
吉林大学图书馆
上海图书馆
中国作家协会
上海分会图书馆
复旦大学图书馆
华东师范大学图书馆

1 卷 1—3 期
中国科学院图书馆
四川省图书馆
中山大学图书馆

1 卷 1，3，4 期
北京大学图书馆

1 卷 1 期　广东省中山图书馆

1 卷 4 期　南京图书馆
湖南省中山图书馆
贵州省图书馆

（以上系原本。另外此刊一九六二年十一月由上海文艺出版社影印，许多单位还另藏有影印本。）

155 光　　明

总藏： 1—3卷5期（1、2卷各12期）
战时号外1—6期
附刊1期

各馆馆藏：

1—3卷5期
中国人民大学图书馆
中国科学院图书馆
北京师范大学图书馆
中国社会科学院
世界史所资料室
上海图书馆
上海科技图书馆
复旦大学图书馆
中国作家协会
上海分会图书馆
安徽省图书馆

1—3卷4期
中山大学图书馆

1—2卷　甘肃省图书馆
东北师范大学图书馆

1卷　四川省图书馆

1卷1—10，12期
重庆市图书馆

1卷1，3—6期
北京图书馆

1卷2—12期
北京大学图书馆

1卷2，3，5，7—11期
湖南省中山图书馆

1卷2，3，8，9期
武汉图书馆

1卷2，4—5，7—12期
贵州省图书馆

1卷2，5—7，11—12期
南开大学图书馆

1卷2，6—8，10期
扬州师范学院图书馆

1卷2，8，12期
广东省中山图书馆

1卷2期　南京大学图书馆
厦门大学图书馆

1卷3，4，7，11，12期
南京图书馆

1卷3，12期
首都图书馆

1卷5，7，12期
浙江省图书馆

1卷6，12期
湖北省图书馆

2—3卷3期
北京大学图书馆

2卷　浙江省图书馆
福建省图书馆

2卷1—6，8—12期
重庆市图书馆

2卷1—6期
北京图书馆

2卷1—5，7—12期
四川省图书馆

2卷1，2，4，6—12期

湖北省图书馆
2卷1，3—11期
湖南省中山图书馆
2卷2，3，12期
四川大学图书馆
2卷2，5—8，11期
贵州省图书馆
2卷4，5期
南京图书馆
2卷4，9期
广东省中山图书馆
2卷4期 武汉图书馆
2卷7期 厦门大学图书馆
2卷8期 陕西省图书馆
2卷9期 山东省图书馆
2卷10期
大连市图书馆
2卷4，5，8—12期
扬州师范学院图书馆
3卷1—5期
四川省图书馆
3卷1—3，5期
湖北省图书馆
3卷1—3期
重庆市图书馆
3卷1，2，4期
甘肃省图书馆
3卷1期 贵州省图书馆
3卷2期 东北师范大学图书馆
3卷3期 首都图书馆
四川大学图书馆
3卷4，5期
陕西省图书馆
福建省图书馆
3卷5期
湖南省中山图书馆
号外1—6期
上海图书馆
号外1—5期
中国社会科学院
近代史所资料室
附刊 上海图书馆
中国作家协会
上海分会图书馆

156 现实文学

总藏：1—2期

各馆馆藏：

1—2期 北京图书馆
中国人民大学图书馆
北京大学图书馆
辽宁省图书馆
吉林大学图书馆
中国作家协会
上海分会图书馆
复旦大学图书馆
华东师范大学图书馆
扬州师范学院图书馆
1期 贵州省图书馆
吉林师范大学图书馆

157　今代文艺

总藏：1—3 期

各馆馆藏：

1—3 期　北京图书馆
中国科学院图书馆
中国人民大学图书馆
吉林大学图书馆
上海科技图书馆
中国作家协会
上海分会图书馆
扬州师范学院图书馆
中山大学图书馆

1，2 期　北京大学图书馆

2，3 期　上海图书馆
复旦大学图书馆

2 期　南开大学图书馆
南京图书馆

158　中　　流

总藏：1—2 卷 10 期（第 1 卷出 12 期）

各馆馆藏：

1—2 卷 10 期
北京图书馆
中国社会科学院
世界史所资料室
山东大学图书馆
辽宁省图书馆
东北师范大学图书馆
上海科技图书馆
中国作家协会
上海分会图书馆
复旦大学图书馆
扬州师范学院图书馆

1—2 卷 9 期
中国人民大学图书馆
北京大学图书馆
北京师范大学图书馆
安徽省图书馆
中山大学图书馆

1—2 卷 7 期
吉林大学图书馆
上海图书馆

1 卷　浙江图书馆
贵州省图书馆

1 卷 1—3，8，10，12 期
中国科学院图书馆

1 卷 1，2，4—9，11，12 期
四川省图书馆

1 卷 1，3 期
湖北省图书馆

1 卷 1，4，5，7，8 期
武汉图书馆

1 卷 1，4，6，8，10，12 期
重庆市图书馆

1 卷 1，6—10 期
湖南省中山图书馆

1 卷 1，8 期
南京图书馆

1 卷 2 期　武汉大学图书馆

1卷3，4，6，7，9—11期
厦门大学图书馆
1卷5期 中共中央马克思恩格斯列宁斯大林著作编译局图书馆
1卷5，6，8，12期
广东省中山图书馆
1卷6期 山东省图书馆
1卷7期 清华大学图书馆
1卷9，10期
四川大学图书馆
1卷9期 甘肃省图书馆
2卷1—10期
四川省图书馆
2卷1—6，8期
厦门大学图书馆
2卷1，6，8期
武汉图书馆
2卷1期
中国科学院图书馆
首都图书馆
2卷2—6期
湖南省中山图书馆
2卷2，7期
重庆市图书馆
2卷3—5期
湖北省图书馆
2卷3期
武汉大学图书馆
2卷4，7—10期
广东省中山图书馆

159　诗歌杂志

总藏：1—3期

各馆馆藏：

1—3期　北京图书馆
北京大学图书馆
华东师范大学图书馆
1，2期　吉林大学图书馆
湖北省图书馆

160　新　诗

总藏：1—2卷4期（第1卷出6期）

各馆馆藏：

1—2卷4期
扬州师范学院图书馆
吉林大学图书馆
华东师范大学图书馆
北京大学图书馆
1—2卷2期
武汉大学图书馆
1卷　北京图书馆
清华大学图书馆
中国社会科学院世界史所资料室
南开大学图书馆
上海图书馆
1卷1—5期
复旦大学图书馆
1卷1，2期
云南大学图书馆

1卷2—6期
中国作家协会
上海分会图书馆
1卷3期 浙江省图书馆
1卷4，5期
四川省图书馆
2卷1—4期
复旦大学图书馆
2卷2期 中国作家协会
上海分会图书馆
四川省图书馆
2卷3，4期
安徽省图书馆

161 电影戏剧

总藏：1卷1—3期
各馆馆藏：
1卷1—3期
中国作家协会
上海分会图书馆
1卷1—2期
上海图书馆
吉林大学图书馆
北京大学图书馆
1卷2期 广东省中山图书馆

162 小 说 家

总藏：1卷1—2期
各馆馆藏：
1卷1—2期
中国科学院图书馆
北京大学图书馆
吉林大学图书馆
复旦大学图书馆
扬州师范学院图书馆
四川图书馆
广东省图书馆
中国作家协会
上海分会图书馆
1卷1期 北京图书馆
上海图书馆
中山大学图书馆

163 热风（月刊）

总藏：1卷1—2期
各馆馆藏：
1卷1—2期
北京图书馆
上海图书馆
中国作家协会
上海分会图书馆
1卷1期 北京大学图书馆
中国社会科学院
世界史所资料室
上海科技图书馆

164 希望（半月刊）

总藏：1卷1—2期

各馆馆藏：

1卷1—2期
北京图书馆
中国人民大学图书馆
北京大学图书馆
吉林大学图书馆
中国作家协会
上海分会图书馆
扬州师范学院图书馆
四川省图书馆

1卷1期 上海图书馆
复旦大学图书馆
广东省中山图书馆

165 文 丛
（半月刊、月刊）

总藏： 半月刊1卷（1—6期）
月 刊2卷（1—6期）

各馆馆藏：

1卷1—6期
四川图书馆
重庆图书馆
中山大学图书馆

1卷1—5期
北京图书馆
中国科学院图书馆
中国人民大学图书馆
北京师范大学图书馆
山东大学图书馆
南开大学图书馆
甘肃省图书馆
辽宁省图书馆
吉林大学图书馆
上海图书馆
中国作家协会
上海分会图书馆
上海科技图书馆
复旦大学图书馆
华东师范大学图书馆
扬州师范学院图书馆
安徽省图书馆
浙江省图书馆

1卷1—4期
北京大学图书馆

1卷1，3—5期
湖南省中山图书馆

1卷2—5期
南京图书馆

1卷2，5期
广东省中山图书馆

1卷4期 中国社会科学院
世界史所资料室

1卷5期 武汉图书馆

2卷1—6期
北京图书馆
上海图书馆
中国作家协会
上海分会图书馆
复旦大学图书馆
华东师范大学图书馆
扬州师范学院图书馆

四川省图书馆
重庆市图书馆
辽宁省图书馆
吉林大学图书馆
2卷1—4期
南开大学图书馆
2卷1，3期
广东省中山图书馆
中山大学图书馆
2卷2期 南京图书馆
2卷3期 湖南省中山图书馆

166 文艺科学

总藏：1期
各馆馆藏：
1期 北京图书馆
北京大学图书馆
复旦大学图书馆
中国作家协会
上海分会图书馆

167 文学杂志

总藏：1卷1—4期
2卷1—12期
3卷1—6期
各馆馆藏：
1—3卷6期
中国人民大学图书馆
中国作家协会
上海分会图书馆
甘肃省图书馆
扬州师范学院图书馆
湖南省中山图书馆
广东省中山图书馆
1—3卷4期
重庆市图书馆
1—2卷 上海图书馆
复旦大学图书馆
四川省图书馆
1—2卷10期
吉林大学图书馆
1—2卷6期
中国科学院图书馆
武汉大学图书馆
1卷 北京图书馆
山东省图书馆
浙江省图书馆
湖北省图书馆
重庆市图书馆
1卷1—3期
北京大学图书馆
北京师范大学图书馆
安徽省图书馆
重庆市图书馆
贵州省图书馆
福建省图书馆
中山大学图书馆
1卷1，2，4期
中国社会科学院
世界史所资料室

1 卷 1，2 期
南京大学图书馆
1 卷 1，3，4 期
南京图书馆
1 卷 1 期 华东师范大学图书馆
1 卷 2，3 期
清华大学图书馆
1 卷 3 期 江西省图书馆
2—3 卷 6 期
北京师范大学图书馆
华东师范大学图书馆
2—3 卷 5 期
广西省第一图书馆
中山大学图书馆
2—3 卷 4 期
安徽省图书馆
贵州省图书馆
2—3 卷 3 期
中国社会科学院
世界史所资料室
南京大学图书馆
2 卷 浙江省图书馆
江西省图书馆
2 卷 1—8，11—12 期
四川大学图书馆
2 卷 1—7，10 期
武汉图书馆
2 卷 1—6，8，10—12 期
清华大学图书馆
2 卷 1—4，7—12 期
厦门大学图书馆

2 卷 1—4 期
东北师范大学图书馆
2 卷 1，3—12 期
南开大学图书馆
2 卷 1 期 福建省图书馆
2 卷 2，3，6 期
辽宁省图书馆
2 卷 4—12 期
北京大学图书馆
2 卷 4—6 期
浙江省图书馆
2 卷 6—12 期
北京图书馆
2 卷 8，9，11，12 期
山东大学图书馆
3 卷 1—6 期
北京大学图书馆
吉林大学图书馆
厦门大学图书馆
3 卷 1—5 期
清华大学图书馆
四川大学图书馆
3 卷 1—4，6 期
复旦大学图书馆
浙江大学图书馆
3 卷 1—3，5 期
南开大学图书馆
3 卷 1，2，4—6 期
四川省图书馆
3 卷 1，2，6 期
上海图书馆

3 卷 1 期 中国科学院图书馆
3 卷 5 期 武汉大学图书馆

168 戏剧时代

总藏： 1 卷 1—3 期
各馆馆藏：
1 卷 1—3 期
中国人民大学图书馆
辽宁省图书馆
吉林大学图书馆
上海图书馆
复旦大学图书馆
中国作家协会
上海分会图书馆
四川省图书馆
1 卷 1—2 期
北京图书馆
北京大学图书馆
华东师范大学图书馆
湖北省图书馆
1 卷 1 期 重庆市图书馆
广东省中山图书馆
扬州师范学院图书馆
1 卷 2 期 武汉大学图书馆
贵州省图书馆
厦门大学图书馆

169 中国文艺

总藏： 1 卷 1—3 期
各馆馆藏：
1 卷 1—3 期
中国人民大学图书馆
吉林大学图书馆
复旦大学图书馆
扬州师范学院图书馆
1 卷 1—2 期
北京图书馆
北京大学图书馆
上海图书馆
湖北省图书馆
武汉大学图书馆
1 卷 1，3 期
四川省图书馆
1 卷 1 期 广东省中山图书馆
1 卷 2，3 期
清华大学图书馆
安徽省图书馆
1 卷 2 期
湖南省中山图书馆
重庆市图书馆
中山大学图书馆

170 新 演 剧

总藏： 1 卷 1—4 期；
新 1 卷 1—3 期
复 1 期
各馆馆藏：
1 卷 1—5 期
上海图书馆

1 卷 1—4 期
北京图书馆
1 卷 1—3 期
北京大学图书馆
浙江省图书馆
1 卷 2 期
四川省图书馆
1 卷 3 期
中国作家协会
上海分会图书馆
重庆市图书馆
广东省中山图书馆
新 1 卷 1—3 期
北京图书馆
中国作家协会
上海分会图书馆
重庆市图书馆
新 1 卷 1，2 期
上海图书馆
四川省图书馆
南京图书馆
福建省图书馆
新 1 卷 2，3 期
广西省第一图书馆
复 1 期　北京图书馆
吉林大学图书馆
上海图书馆
中国作家协会
上海分会图书馆
四川省图书馆
重庆市图书馆

广东省中山图书馆
江西省图书馆

171　烽火（呐喊）（周刊、旬刊）

总藏： 周刊 1—12 期（第 1、2 期原名《呐喊》）
旬刊 13—20 期

各馆馆藏：
1—19 期　四川省图书馆
1—16 期　重庆市图书馆
1—14，16，17，20 期
北京图书馆
1—12 期　华东师范大学图书馆
山东师范大学图书馆
福建省图书馆
中国作家协会
上海分会图书馆
1—11 期　中国人民大学图书馆
1—5 期　中国科学院图书馆
1—3，5，6，11—17 期
吉林大学图书馆
1，2，5，6，8—10 期
南京图书馆
5，10，13—15，17—19 期
北京大学图书馆
（以上为原版收藏情况。本刊已于一九八三年二月由上海书店影印，许多单位有收藏。）

172　七　月
（周刊、半月刊、月刊）

总藏：周刊 1—3 期
半月刊 1—3 集（每集 6 期）
月刊 4—7 集 1、2 期合刊
（4—6 集每集 4 期）

各馆馆藏：

1—3 期（周刊），
1—3 集
4 集 1—4 期
5 集 1—3 期
6 集 1—4 期
7 集 1、2 期
中国作家协会
上海分会图书馆

1—3 集，
4 集 1—3 期
5—6 集
7 集 1，2 期
上海图书馆

1 集 1，4 期
2 集 1—6 期
3 集 2，3 期
4—5 集
6 集 1—3 期
北京大学图书馆

1 集 1，2，5，6 期
2 集 1—6 期
3 集 1，2，4，5，6 期
4—6 集
7 集 1，2 期
山东师范大学图书馆

173　抗战戏剧

总藏：1 卷 1—8 期，2 卷 1—5 期

各馆馆藏：

1—2 卷 5 期
上海图书馆
四川省图书馆

1—2 卷 2、3 合期
山东师范大学图书馆

1—2 卷 1 期
吉林大学图书馆

1 卷 1—8 期
中国科学院图书馆
南京大学图书馆
浙江省图书馆

1 卷 1—7 期
福建省图书馆

2 卷 1—5 期
北京图书馆
南京图书馆
中国作家协会
上海分会图书馆
中山大学图书馆

2 卷 1—3 期
北京大学图书馆

174 抗到底

总藏：1—26期，讨汪特刊

各馆馆藏：

1—26期 北京图书馆

1—11，13—26期
南京图书馆

1—7，13，14，26期
中山大学图书馆

1，2，4，7，15，18期
中国社会科学院
世界史研究所资料室

2—10，12—15，19，24—26期
重庆市图书馆

2，4，6—10，25期
厦门大学图书馆

3，5—9，12，26期
湖南省中山图书馆

3，5，10，26，
讨汪特刊
（号外）
四川省图书馆

175 战地

总藏：1卷1—6期

各馆馆藏：

1卷1—6期
北京图书馆
上海图书馆
北京师范大学图书馆
山东师范大学图书馆
吉林大学图书馆
南京图书馆
四川省图书馆
重庆市图书馆

1卷1—5期
四川大学图书馆
上海科技图书馆

176 自由中国

总藏：1卷1—3期，
新1卷1—6期
新2卷1、2合期

各馆馆藏：

1卷1—3期
南开大学图书馆
复旦大学图书馆
山东师范大学图书馆
四川省图书馆
中山大学图书馆

1卷1—2期
北京大学图书馆
吉林大学图书馆
福建省图书馆

新1—新2卷2期
北京图书馆
中国科学院图书馆
四川省图书馆
厦门大学图书馆
广西省第一图书馆

新1卷1—6期

吉林大学图书馆

新1卷1—4期

中山大学图书馆

新1卷1—3，5，6期

南京图书馆

新1卷1，2期

山东师范大学图书馆

新1卷2—6期

南京大学图书馆

新2卷1、2合期

清华大学图书馆

上海图书馆

重庆市图书馆

四川大学图书馆

福建省图书馆

山东师范大学图书馆

177　文艺阵地

（半月刊、月刊、丛刊）

总藏： 半月刊1—4卷（每卷12期）

月刊6—7卷4期（第6卷6期）

丛刊5卷1，2期（《水火之间》、《论鲁迅》）《文阵新辑》（《去国》、《哈罗尔德的旅行及其他》、《纵横前后方》）

各馆馆藏：

1—7卷4期，《文阵新辑》3辑

上海图书馆

1—4卷

6—7卷4期

吉林大学图书馆

1—4卷

7卷3，4期

上海科技图书馆

1—2卷，3卷1—6，9—12，4卷1—7，6：1，2，6期

南京大学图书馆

1—2卷，3卷1—6，8，11，12期

4卷1—6，8，11，12期，6：1—3，5，6期7：1—4期

云南省图书馆

1卷，2卷3期，3卷1—9，12期

4卷1—4，6—8期，6：3—6期

广西省第一图书馆

1卷1—11期，2—5卷2期，6卷1—3期，7：1—4期

中山大学图书馆

1卷1—9，11，12期

2卷2—10，12期

3卷1—6，11，12期，4卷2—7期

云南大学图书馆

1卷1—9，12期，2卷2—5，7，9，11，12期，3卷1，3—12期，4卷1—7期，6卷1—6期，7卷1—4期

北京图书馆

1卷1—6，10期，2卷1，6，9—12期，3卷2，4—7，9，11期，4卷1—8期，6卷1，3—5期，7卷2，4期　复旦大学图书馆

1 卷 1—6 期，2 卷 11 期，3 卷 1—3，6，11 期，4 卷 7，8 期

湖南省中山图书馆

1 卷 1—3，5—7 期，2 卷 4，9—12 期，3 卷 1，4—6，11，12 期，4 卷 1—6 期，6 卷 2—6 期，7 卷 4 期

清华大学图书馆

1 卷 1—4 期，2 卷 1—3，7，9，12 期，3 卷 6，8 期，4 卷 1，3，5，7 期，6—7 卷 4 期

重庆市图书馆

1 卷 1，3，5，6 期，2—4 卷 7 期，6—7 卷 4 期

四川省图书馆

1 卷 1—5，7，8，10—12 期，2 卷 1，2，4，5，7—12 期，3 卷 1，3，4，6—8 期，4 卷 1—5，7，8 期，6 卷 1，3，4，5 期，7 卷 1—4 期，《文阵新辑》1，3

山东师范大学图书馆

1 卷 1，2，5，6，12 期，2 卷 2—6，9—12 期，3 卷 6 期，4 卷 3，6 期，6 卷 1，3—6 期，7 卷 1—4 期

中国科学院图书馆

1 卷 7，9—12 期，2 卷 1，3—12 期，3 卷 1—4，7—12 期，4 卷 1—11 期

中国社会科学院世界史研究所资料室

1 卷 1，2，6 期，2 卷 2，4，10 期，3 卷 2，4—6，8 期，4 卷 2—6 期，6 卷 1—6，7 期 6 卷 1，2，4 期

四川大学图书馆

1 卷 1—3 期，2 卷 4，10—12 期，3 卷 1—9 期，4 卷 1，2，4，7，8 期

江西省图书馆

178　抗战文艺

（三日刊、周刊、半月刊、月刊）

总藏： 三日刊 1 卷 1—4 期

周刊 1 卷 5—3 卷 12 期（前 3 卷每卷 12 期）

半月刊 4 卷 1—5 卷 6 期（每卷 6 期）

月刊 6 卷 1—10 卷 6 期（其中 6 卷出 4 期，7 卷出 6 期，8 卷出 4 期，9 卷出 6 期，10 卷实际出 4 期）

武汉特刊 1—4 期

文协成立五周年、七周年纪念特刊各 1 期

各馆馆藏：

1—3 卷，4 卷 1，2，5，6 期，5—8 卷，9 卷 1，2，5，6 期，10 卷 1—3，6 期　北京图书馆

1—2 卷，3 卷 1，2，9—12 期，4—5 卷 3 期，6—10 卷 1 期

中国人民大学图书馆

1—2 卷，3 卷 1—8，11 期，4 卷 1—4 期，5—6 卷 3 期，7—9 卷，10 卷 1—3，6 期

重庆市图书馆

1卷，2卷1—6，8，10—12期，3卷5—8期，4—5卷3期，6卷2—4期，7—10卷3期

复旦大学图书馆

1卷1—9期，2卷1，4期，6卷1期，8卷1，2，4期，10卷2，3期

湖南省中山图书馆

1卷1—4期，3卷9—11期，4卷1，3—6期，6卷，7卷2，3期，9卷1，2期，10卷6期，武汉特刊1，2

中山大学图书馆

1卷1，3，5，6，9期，2卷1，6，7期，3卷3，11期，4卷3—6期，5卷2—5期，6卷，7卷3—6期，8—9卷，10卷1，3，6期

四川省图书馆

1卷1—6，11期，2卷1—4期，4卷2期，6卷2—4期，7卷1—6期，8卷1—4期，9卷1—6期，10卷1—3，6期

中国作家协会

上海分会图书馆

1卷5期，2卷1，2，4，5期，3卷11期，4卷5，6期，7卷2—4，6期，9卷1—6期，10卷1—3，6期，武汉特刊1

上海图书馆

1卷2—6，8—12期，2卷1—3，5—6，8—12期，3卷1，4，5，7，9—12期，4卷1期，6卷1，4期，7卷1，4—6期，8卷1—3期

9卷1，2，5，6期

吉林大学图书馆

1卷2，3，10—12期，2卷1，3，5，7—9，11，12期，3卷1，3—8期，6卷3，4期，7卷1期，8卷1，2，4期，10卷2，3期

厦门大学图书馆

1卷6—12期，2—9卷

清华大学图书馆

1卷11期，2卷2，3，9—12期，3卷2—4，8期，4卷2，5，6期，5卷1期，6卷2—4期，7卷1—3，6期，8—10卷3期

云南省图书馆

2卷9—12期，3—6卷8卷1—3期，9—10卷3期

南京大学图书馆

3卷2—12期，4卷1，3，4期，5卷1—5期，6卷1，3，4期，7卷，9卷3—6期，10卷1

南京图书馆

3卷3—12期，4—5卷5期，6—7卷5期，8卷1—3期，9卷1，2期，10卷2，3，6期

广西省第一图书馆

179　戏剧新闻

总藏：1—9期

各馆馆藏：

1—9期　北京图书馆

6期　　南京图书馆

180　文　艺

（旬刊、半月刊）

总藏：旬刊1卷1—2期
半月刊1卷3期—3卷3、4合期（1、2卷每卷6期）

各馆馆藏：

1—3卷3、4合期
中国社会科学院
世界史研究所资料室

1—2卷　华东师范大学图书馆

1卷　　北京大学图书馆

1卷1，2，4，6期
2卷1，2期　北京图书馆

1卷1，3—6期，2卷1—6期
山东师范大学图书馆

1卷1，3—6期，2卷1，3，4，6期
山东大学图书馆

1卷1期，2卷1期，3卷2期
上海图书馆

1卷3—5期，2卷1—5期，3卷1，2期　　复旦大学图书馆

1卷3，6期，2卷6期，3卷3，4期，合刊
中国科学院图书馆

1卷3—6期，2卷1—3期
清华大学图书馆

2卷1期，3卷1—4期
中山大学图书馆

181　文艺突击

（半月刊、月刊）

总藏：半月刊1卷1—3期
月刊1卷4期，新1卷1，2期（第1卷出4期）

各馆馆藏：

1卷1—4期，新1卷1，2期
北京图书馆
中央革命博物馆资料室

新1卷1期
南京大学图书馆

182　文艺新潮

总藏：1卷1—12期
2卷1—9期

各馆馆藏：

1—2卷9期
中国社会科学院
世界史研究所资料室

1—2卷2期
贵州省图书馆

1卷，2卷1—6，8期
北京图书馆

1卷，2卷1—7，9期
中国作家协会
上海分会图书馆

1卷，2卷1—6期
山东师范大学图书馆

1卷2，6，7，9—12期，2卷1，2，

4期　　复旦大学图书馆
1卷2，7—9，11，12期，2卷1，2期　　南京图书馆
1卷7—9，11，12期，2卷1，2，4—8期　四川省图书馆
1卷12期，2卷1，4，6，7期
　　吉林大学图书馆
1卷10—12期，2卷1—6，8期
　　广西省第一图书馆
2卷9期　厦门大学图书馆
2卷2—8期
　　江西省图书馆

183　鲁　迅　风
（周刊、半月刊）

总藏：周刊1—14期
　　半月刊15—19期
各馆馆藏：
1—19期　北京图书馆
　　上海图书馆
　　山东师范大学图书馆
　　中国作家协会
　　　上海分会图书馆
　　北京大学图书馆
　　东北师范大学图书馆
　　复旦大学图书馆
1—17期　中国社会科学院
　　　世界史研究所资料室
2，3，7—9，12—18期
　　四川省图书馆

（以上系原版收藏情况。本刊已于一九八二年一月由上海书店影印，许多单位有收藏。）

184　文艺战线

总藏：1卷1—6期
各馆馆藏：
1卷1—6期
　　北京大学图书馆
　　四川省图书馆
　　贵州省图书馆
　　广西省第一图书馆
1卷1—5期
　　中国作家协会
　　　上海分会图书馆
　　山东师范大学图书馆
1卷1—4期
　　重庆市图书馆
1卷1—3期
　　上海图书馆
1卷1—3，5，6期
　　中山大学图书馆
1卷1，2，5，6期
　　北京图书馆
　　云南省图书馆
1卷1，4，5期
　　吉林大学图书馆
　　复旦大学图书馆

185 笔　阵

总藏： 1—14 期
新 1 卷 1—5 期，新 2 卷 1，2 期新 1—8 期
革新第 1 号《顾平》

各馆馆藏：

1—14 期
新 1—3，5，6，8 期
北京图书馆

3，7—11 期，新 1 卷 1—5 期，新 2 卷 1—2 期，新 1—8 期，革新 1 期
四川省图书馆

12—14 期，新 1 卷 1—2 期，新 1—3，6 期　上海图书馆

1—13 期
吉林大学图书馆

1—2 期　南京大学图书馆

12 期
新 2，3，7 期，革新 1 期
重庆市图书馆

新 1，2，5，8 期
南京图书馆

新 3—7 期，革新 1 期
山东师范大学图书馆

新 3，8 期
复旦大学图书馆

革新 1 期
贵州省图书馆

186　宇宙风乙刊
（半月刊、月刊、半月刊）

总藏： 半月刊 1—19 期
月刊 20—27 期
半月刊 28—56 期

各馆馆藏：

1—56 期　中国科学院图书馆
中国人民大学图书馆
上海图书馆
中国作家协会上海分会图书馆
上海科技图书馆

1—55 期　中国社会科学院世界史研究所资料室
山东师范大学图书馆

1—50 期　中山大学图书馆

1—19 期　北京图书馆

2—10，12，15，20，21，23—25 期
清华大学图书馆

1，2，4—31，36，39，40，42，44，46，48—50 期
南京图书馆

6，7，11，13—17，20，24，28，31，36，50，51，54 期
南京大学图书馆

2，14，18，20，22—24，26，27，29，52，53 期
江西省图书馆

1—11，13—34，36，42，50—53，56 期　四川省图书馆

2，5，7，9，12，13，15，16，18—28，34，40，50，52 期

重庆市图书馆

5—14，16—19，21—25，27，28，50—52 期

贵州省图书馆

187　戏剧岗位

总藏：1—3 卷（每卷 6 期）

各馆馆藏：

1—3 卷　北京图书馆

南京图书馆

中国作家协会上海分会图书馆

1 卷 2—6 期，2 卷，3 卷 3，4 期

上海图书馆

1 卷 2—6 期，2—3 卷

南京大学图书馆

1 卷 2—6 期，2 卷 4—6 期，3 卷 1，5—6 期　江西省图书馆

1 卷 2—6 期，2 卷

湖北省图书馆

1 卷 2—6 期，2 卷 1，4—6 期，3 卷

四川省图书馆

1 卷 2—6 期，3 卷 3，4 期

广东省中山图书馆

1 卷 2，3 期，2 卷

浙江图书馆

1 卷 2，3 期，3 卷 3—6 期

安徽省图书馆

1 卷 5，6 期，2 卷，3 卷 5—6 期

吉林大学图书馆

2 卷，3 卷 1，2 期

复旦大学图书馆

188　新中国文艺丛刊

总藏：1—4 辑

各馆馆藏：

1—4 辑　上海师院图书馆

1—3 辑　上海图书馆

2，3 辑　四川省图书馆

189　西线文艺

总藏：1 卷 1—6 期

各馆馆藏：

1 卷 1—6 期

北京图书馆

1 卷 1，3—6 期

四川省图书馆

1 卷 1，3 期

陕西省图书馆

1 卷 4—6 期

南京图书馆

1 卷 4，5 期

南京大学

1 卷 1 期

上海图书馆

190 通俗文艺
（五日刊、旬刊）

总藏： 五日刊 1—40 期
旬刊 41—45 期
各馆馆藏：
1—3，5，6，8，10，12，13，15，17—19，21—23，25—28，30—45 期　北京图书馆
5，12，13，16，22—25，28—32，35，37—39，44，45 期
陕西省图书馆
1—7，9—23，25—28，30，32，33，35，36，38，40，41，43—45 期　南京图书馆
11—17，19，20，22—28 期
上海图书馆

191 文艺新闻
（周刊、半月刊）

总藏： 周刊 1—4 期
半月刊 5—11 期
各馆馆藏：
1—11 期　北京图书馆
5—11 期　中国社会科学院
世界史研究所资料室
中山大学图书馆
中国作家协会
上海分会图书馆
5—7，9—11 期
四川省图书馆
5—7 期　复旦大学
5，6 期　江西省图书馆
6，7 期　吉林大学图书馆
山东师范大学图书馆
7 期　上海图书馆
四川大学图书馆
8，11 期　东北师范大学图书馆

192 文学月报

总藏： 1 卷 1 期—3 卷 2、3 期合刊
（前两卷每卷 6 期）
各馆馆藏：
1—3 卷 2、3 期
中国科学院图书馆
北京大学图书馆
四川省图书馆
中国作家协会
上海分会图书馆
1 卷
2 卷 1—3，5，6 期，3 卷 1—3 期
山东师范大学图书馆
1 卷
2 卷 4，5 期，3 卷 1 期
广西省第一图书馆
1 卷 1，3，4 期，2 卷 1，2，4，6 期，3 卷 1—3 期
云南大学图书馆
1 卷 1 期，2—3 卷 2、3 期合刊
吉林大学图书馆

1—2 卷 5 期
贵州省图书馆
1 卷　北京图书馆
1 卷，2 卷 1，2 期
华东师范大学图书馆
1 卷，2 卷 4，6 期
中山大学图书馆
1 卷 1，2，5，6 期，2 卷 1—5 期
复旦大学图书馆
1 卷 1，3—6 期，2 卷 1—5 期
重庆市图书馆
1 卷 1，4，6 期，2 卷 1—5 期
江西省图书馆
1 卷 2—5 期，3 卷 1—3 期
清华大学图书馆
1 卷 2—5 期，2 卷 1，2 期，3 卷 1 期　南京图书馆
1 卷 3，4 期，2 卷 1，2，5 期，3 卷 1 期　上海图书馆
1 卷 3 期，2 卷 1，2 期，3 卷 1—3 期
湖南省中山图书馆
1 卷 6 期，3 卷 1—3 期
福建省图书馆

193　戏剧与文学

总藏：1 卷 1—4 期
各馆馆藏：
1 卷 1—4 期
北京图书馆
中国科学院图书馆
吉林大学图书馆
东北师范大学图书馆
上海图书馆
南京图书馆
华东师范大学图书馆
1 卷 1，2 期
重庆市图书馆
安徽省图书馆
1 卷 1，4 期
四川省图书馆
1 卷 1 期　贵州省图书馆
广东省中山图书馆
1 卷 2—4 期
浙江图书馆
1 卷 4 期　南京大学图书馆

194　中国文化

总藏：1 卷 1 期—3 卷 2、3 期合刊（前两卷每卷 6 期）
各馆馆藏：
1—2 卷 4 期
重庆市图书馆
1 卷 1，2 期
上海图书馆
吉林大学图书馆
1 卷 1，2 期，2 卷 1—5 期
复旦大学图书馆
1 卷 1，3 期，2 卷 4，5 期
北京图书馆
1 卷 6 期　中山大学图书馆

2卷1—5期
中国科学院图书馆
（以上系原本。此外，本刊有影印本，许多单位有收藏。）

195 黄 河

总藏：1—5卷3、4期合刊（1、2卷每卷12期；3卷出3期；4卷出6期）
复刊1—6期
各馆馆藏：
1—3卷2期，4卷1，3—5期，5卷1—4期，复刊1—6期
北京图书馆
1—3卷2期，4卷1—6期，5卷1—4期，复刊1—6期
山东师范大学图书馆
1卷1—7，9—12期，2卷1—10期，3卷1，3期，4卷1，5，6期，5卷1—4期，复刊1，2，5期
中国科学院图书馆
1卷1，2，5—7，9—12期，2卷1—7，9—12期，4卷1，3—5期，5卷3，4期，复刊1—6期
四川省图书馆
1—4卷 清华大学图书馆
1卷2—6，8，9，12期，2卷1—3，5—12期，3卷1—2期，4卷1，2期 陕西省图书馆
1卷2—5，10，11期，2卷1—10期，4卷2，5期，5卷1，2期
上海图书馆
1卷1—7，9—12期，2卷1，2期，3卷2期，复刊2—5期
吉林大学图书馆
1卷1—4期，2卷1，5—10期，3卷1，2期，4卷1期，5卷1期，复刊1—4期
四川大学图书馆
1卷2，6，8，11，12期，2卷1—8，10期，3卷2期
南京图书馆
1卷3—7，9—12期，2卷1—6，8，9，11，12期，4卷2，5期，复刊3期 甘肃省图书馆
2卷1—4，7期，4卷1—2期，复刊1，2，6期
中国作家协会
上海分会图书馆
2卷1，3—6，8期，复刊1—5期
重庆市图书馆

196 战 国 策
（半月刊、月刊）

总藏：半月刊1—15、16期合刊
月刊17期
各馆馆藏：
1—17期 清华大学图书馆
四川省图书馆
1—12期 云南大学图书馆

1—10 期 北京图书馆
1—3，5，7—12，14，17 期
南京大学图书馆
1—3，5，9—11 期
南京图书馆
2—4 期 上海图书馆
2—3，5—7 期
湖北省图书馆
2，15，16 期
四川大学图书馆
3，4，6 期
甘肃省图书馆
4，6—8，10—17 期
吉林大学图书馆
5，10 期 重庆市图书馆
13—17 期 复旦大学图书馆
9 期 山东师范大学图书馆

197 大众文艺

总藏：1 卷 1—6 期；2 卷 1—3 期
各馆馆藏：
1 卷 1 期 北京图书馆

198 现代文艺

总藏：1 卷—6 卷 3 期（前 5 卷每卷 6 期）
各馆馆藏：
1—6 卷 3 期
北京图书馆
中国作家协会
上海分会图书馆
1—4 卷期，5 卷 1，2，4—6 期，6 卷 1—3 期
上海图书馆
1—2 卷，3 卷 3 期，4—6 卷 3 期
复旦大学图书馆
1 卷，2 卷 3—6 期，3 卷 1，2，4—6 期，4 卷 2—6 期，5 卷 1，5 期
江西省图书馆
1 卷，2 卷 2，3，5，6 期，3 卷 1，3—6 期，4—5 卷 5 期
云南大学图书馆
1 卷 1，3—6 期，2 卷 3，5，6 期，3 卷 6 期，4 卷 2，3 期，5 卷 1，4，5 期，6 卷 2 期
南京大学图书馆
1 卷 1，3 期，2 卷 6 期，3 卷 1，3，5 期，4 卷 1，2，4—6 期，5—6 卷 3 期 南京图书馆
1 卷 2—6 期，2 卷 1，2，5，6 期，3 卷，4 卷 2—6 期，5 卷 1，2，5，6 期，6 卷 1—3 期
四川省图书馆
1 卷 2，3，6 期，2—3 卷，4 卷 1，2，4—6 期，5 卷 1 期，6 卷 1—3 期
福建省图书馆
1 卷 4 期，2 卷 3 期，3 卷 5，6 期，4—5 卷 5 期
清华大学图书馆
1 卷 4 期，2 卷 3，4，6 期，3 卷 1，

3，5，6期，4卷4，5期，5卷1—3，5，6期，6卷2，3期

重庆市图书馆

1卷5期，3卷6期，4卷3—5期，5卷1期 湖南省中山图书馆

1卷，2卷1，2，4—6期，3卷1—5期，4卷，5卷1—3，5，6期，6卷1，2期

吉林大学图书馆

2卷1，3，4期，3卷5，6期，4—6卷3期 安徽省图书馆

2卷6期，3卷1—3，5，6期，4卷1，2，5，6期，5卷1，2，4—6期，6卷1—3期

山东师范大学图书馆

199 野 草

（月刊、不定期刊、丛刊）

总藏： 月刊1—5卷5期（前4卷每卷6期）

不定期刊新1—4期

丛刊新5—11期（每期另设刊名）

"野草新集"2辑（每辑另有刊名）

各馆馆藏：

1—4卷

5卷1—5期，新1—3期

上海图书馆

2卷3，4期，3—4卷，5卷1—5期，新1—7，10期

中国作家协会

上海分会图书馆

1卷1—5期，2卷1期，3卷1，3，4期，4—5卷5期，新1，11期

北京图书馆

1卷1，2，5期，2—5卷5期

吉林大学图书馆

1卷1，2，6期，2—4卷，5卷1—3，5期 山东师范大学图书馆

1卷1，4期，2卷3—6期，3卷3，5，6期，4卷1—5期，5卷1—5期，新3期

四川省图书馆

1卷3期，2卷4—6期，3卷1，2期，4卷1—3，6期，5卷1—4期

重庆市图书馆

1卷4，5期，2卷3—6期，3卷1，3—6期，4卷1—5期，5卷1—5期

中国科学院图书馆

1卷5期，2卷1—3期，3卷1，3—5期，4卷1，2期，5卷1，2期

江西省图书馆

2卷3期，3卷1，3—5期，4卷1，2期，5卷1—3，5期，新1期

复旦大学图书馆

2卷4—6期，3—5卷5期

贵州省图书馆

2卷5，6期，3卷1，2期，5卷1，3，5期 湖南省中山图书馆

新7，11期
清华大学图书馆

201　戏剧春秋

总藏：1卷1期—2卷4期（1卷出6期）
各馆馆藏：
1—2卷4期
北京图书馆
1卷1—5期，2卷1，2，4期
吉林大学图书馆
1卷1，2，6期，2卷2期
广西省第一图书馆
1卷1，2期，2卷1—4期
南京图书馆
1卷1期，2卷1—3期
江西省图书馆
1卷2，3期，2卷3期
湖南省中山图书馆
1卷5，6期，2卷2—4期
北京大学图书馆
1卷5期，2卷1，2，4期
重庆市图书馆
1卷5期，2卷2期
复旦大学图书馆
1卷5期，2卷3期
贵州省图书馆
1卷1，3，5，6期
四川省图书馆
2卷1—4期
南京大学图书馆
四川大学图书馆

202　文艺月报

总藏：1—17期
各馆馆藏：
1—17期　中国社会科学院文学研究所资料室

203　奔流文艺丛刊

总藏：1—6期
各馆馆藏：
1—6期　中国作家协会上海分会图书馆
吉林大学图书馆

204　中国文艺

总藏：1期
各馆馆藏：
1期　中央革命博物馆资料室

205　五十年代

总藏：1卷1期—2卷1期（1卷出3期）
各馆馆藏：
1卷1—3期，2卷1期
南京图书馆

206　华北文艺

总藏：1卷1—4期
各馆馆藏：
1卷1—4期
中国人民大学图书馆

207　时代文学

总藏：1卷1—4期
各馆馆藏：
1卷1—4期
上海图书馆
上海科技图书馆
中国作家协会
上海分会图书馆
1卷1—3期
北京图书馆
1卷4期　山东师范大学图书馆

208　诗　创　作

总藏：1—19期
1—19期　重庆市图书馆
中国作家协会
上海分会图书馆
1—18期　北京图书馆
5—17期　中国人民大学图书馆
3—17，19期
上海图书馆
3，4，6—10，15—18期
山东师范大学图书馆
3，4，7—11，13，15—18期
北京大学图书馆
6，8—18期
吉林大学图书馆
8—19期　复旦大学图书馆
8，9，11，15期
南京图书馆
3，4，7，9，18期
南京大学图书馆
6，7，12，14—18期
武汉图书馆
1—6，8—13，15—17期
贵州省图书馆
1，8，9，11，16期
福建省图书馆
1—10，12，13，16期
厦门大学图书馆

209　万　　象

总藏：1—4年7期（前三年每年12期）号外1
各馆馆藏：
1—4年8期，号外
北京图书馆
1—4年8期
云南大学图书馆
1—4年7期号外
中国人民大学图书馆
1—4年7期

中国作家协会

上海分会图书馆

北京师范大学图书馆

吉林大学图书馆

上海科技图书馆

复旦大学图书馆

南京图书馆

1—4年6期，号外

上海图书馆

山东师范大学图书馆

1—3年，4年3，5期

武汉图书馆

1—3年　山东大学图书馆

1年3，6，7期，2年5—8期，3年7期，4年3，5期

安徽省图书馆

1年3期，2年1—4，9期，3年9期，4年1，5，6期

北京大学图书馆

210　笔　　谈

总藏：1—7期

各馆馆藏：

1—7期　北京图书馆

1—4期　山东大学图书馆

1—3期　上海科技图书馆

1—2期　上海图书馆

5期　　南京图书馆

7期　　重庆市图书馆

（以上系原版收藏情况。本刊已于一九八一年十月由上海书店影印，许多单位有收藏。）

211　文艺生活

总藏：1—3卷（每卷6期）

光复版1—18期

海外版1—20期（另出副刊6期）

穗新1—6期

各馆馆藏：

1—3卷，光复版1—9期，11—15期，穗新1—6期

北京图书馆

1—3卷，光复版1—18期，海外版37，38期，副刊2期

中国作家协会

上海分会图书馆

1—3卷，光复版10—12期

四川省图书馆

1—3卷，光复版2，4，8—12期

重庆市图书馆

1—3卷，光复版1—12期，海外版1，6，7，18，19期

广西省第一图书馆

1—3卷5，光复版15期

北京大学图书馆

1—3卷　贵州省图书馆

1卷2，6期，2卷2，4，5期，3卷1，3期，海外版2—5，7，10，13期　上海图书馆

1 卷 1—4 期，2 卷 1—4，6 期，3 卷 1—4，6 期，光复版 1—6 期

华东师范大学图书馆

1 卷 1，2，4—6 期，2—3 卷

中国科学院图书馆

1 卷 1，2，5 期，2 卷 3 期，3 卷 2，4，6 期，光复版 2—5 期

南京图书馆

1 卷 1，4，5 期，2 卷 2—5 期，3 卷 1—3 期，光复版 1—4，6，8，15 期，海外版 1—7，9—12 期

复旦大学图书馆

1 卷 2—6 期，2—3 卷，光复版 1—5，7—12，16，17 期，海外版 1—7，9—14，17—19 期

中山大学图书馆

1 卷 2，4—6 期，2 卷 1—4 期，3 卷 1—5 期，海外版 1—8 期

吉林大学图书馆

1 卷 2，5，6 期，2 卷 1—4，6 期

南京大学图书馆

1 卷 1，4 期，2 卷 1—3，6 期，3 卷 1，2，6 期

清华大学图书馆

1 卷 2—4，6 期，2 卷 2，3 期，3 卷 2 期

福建省图书馆

1 卷 4，5 期，2 卷 2，3，6 期，3 卷 3—5 期，光复版 1，3，10，11 期

广东省中山图书馆

1 卷 3—6 期，2 卷 1—3，5，6 期，3 卷 2—6 期

江西省图书馆

1 卷 4，5 期

2 卷 1—3，6 期

云南大学图书馆

212 文 讯

总藏：1—5 卷 1 期（第 1 卷出 3 期，第 2、3 卷各出 6 期，第 4 卷出 12 期）

6 卷 1—10（即新 1—10 号）

7—9 卷 5（第 7、8 卷各出 6 期）

各馆馆藏：

1 卷 1—3 期，7—9 卷 5 期

北京图书馆

1 卷 1—3 期，2—3 卷 5 期，4 卷 1—7，10—12 期，5 卷 1 期，6 卷 1—4 期，7 卷 1—6 期，8 卷 1—6 期，9 卷 1—5 期

南京图书馆

1 卷 3 期，2 卷 1—6 期，4 卷 4，5，11，12 期，6 卷 1—4，6，9，10 期，7—9 卷 5 期

上海图书馆

1 卷 3 期

2 卷 2—4，6 期，3 卷 1—6 期，4 卷 4—7 期，5 卷 1 期，6 卷 1—3 期，7 卷 1—6 期，8 卷 4，5 期，9 卷 3 期

复旦大学图书馆

2 卷 1—6 期，3 卷 2—6 期，4 卷 1

期，6卷1—10期，7卷1—6期，8卷2—5期，9卷3，4期

四川省图书馆

1卷1—3期，2卷1—6期，3卷2—6期，4卷1，4—9期

厦门大学图书馆

1卷1—3期，6卷3—7，9，10期，7卷1—6期，8卷1—6期，9卷1—5期　中山大学图书馆

1卷1，2期，2卷1—6期，3卷2—5期，4卷2—7期，5卷1期，6卷1—5，10期

贵州省图书馆

1卷1期，2卷3，4期，3卷1期，5卷1期，7卷1—3，6期，8卷2，3，5，6期

南京大学图书馆

2卷1—5期，3卷2—5期，6卷1—5，7，9，10期

湖北省图书馆

2卷1，2，4—6期，5卷1期，7—9卷4期

北京大学图书馆

2卷3期，6卷1—9期，9卷3期

吉林大学图书馆

3卷1，4卷8，9期，5卷1期，6卷9，10期，7卷3期，8卷4，5期，9卷2—5期

四川大学图书馆

3卷2、5，6期，4卷2—5期，5卷1期，6卷1，2，4，6，7，9期，7卷1—4，6期，8卷1—3，5期，9卷1—4期

广东省中山图书馆

4卷2，3期，5卷1期，6卷1—10期，7卷1—6期，8卷2—6期，9卷1—4期

重庆市图书馆

4卷2，3期，7卷3期，8卷1，2，6期，9卷2—5期

浙江图书馆

6卷1—10期

中国人民大学图书馆

6卷1—9期，7—9卷5期

中国科学院图书馆

6卷1—4，6，9期，7—8卷，9卷1—3，5期

山东师范大学图书馆

214　谷　雨

总藏：1卷1—6期

各馆馆藏：

1卷1—6期

中央革命博物馆资料室

215　奔流新集

总藏：1—2期

各馆馆藏：

1—2期　中国作家协会上海分会图书馆

216　战时文艺
（半月刊、月刊）

总藏：半月刊1卷1—2期
月　刊1卷3期—2卷2期
（1卷出6期）
各馆馆藏：
1卷1—6期，2卷1—2期
北京大学图书馆
四川省图书馆
1卷1—6期，2卷1期
吉林大学图书馆
1卷1，3—5期；2卷1—2期
北京图书馆
1卷1—4期，2卷2期
上海图书馆
1卷2—5期，2卷1期
四川大学图书馆
1卷2，3期；2卷2期
复旦大学图书馆
1卷2期　重庆市图书馆
1卷3，4期
广东省中山图书馆

217　文艺杂志

总藏：1卷1—3卷3期（前二卷每卷6期）
新1卷1—3期
各馆馆藏：
1—3卷3期，新1卷1—3期
中国人民大学图书馆
1—3卷3期；新1卷1，2期
北京师范大学图书馆
1—3卷3期，新1卷2，3期
四川省图书馆
1—3卷3期
中国科学院图书馆
重庆市图书馆
广东省中山图书馆
中山大学图书馆
1—2卷　北京图书馆
北京大学图书馆
辽宁省图书馆
吉林大学图书馆
1卷；2卷4期；3卷3期
上海图书馆
1卷；2卷1，4，6期；3卷1，2期；新1卷1—3期
中国作家协会
上海分会图书馆
1卷；2卷1—4，6期；3卷2，3期
贵州省图书馆
1卷；2卷2—6期；3卷1，2期；新1卷1—3期
云南省图书馆
1卷2—5期；2卷1，4，6期；3卷3期；新1卷1—3期
南京图书馆
1卷2，5期；2卷1，4—6期；3卷1—3期
甘肃省图书馆

1卷3，4，6期；2卷3—6期；3卷1，2期；新1卷2期

四川大学图书馆

1卷3，4期；2卷1期

江西省图书馆

1卷3期，2卷1期，3卷3期

湖南省中山图书馆

1卷5期，2卷6期，3卷3期

安徽省图书馆

218 文 坛

总藏：1—2卷1期（第1卷为8期）

各馆馆藏：

1卷7期，2卷1期

北京图书馆

2卷1期 上海图书馆

复旦大学图书馆

南京图书馆

四川图书馆

重庆市图书馆

甘肃省图书馆

219 文学批评

总藏：1—2期

各馆馆藏：

1—2期 北京图书馆

中国人民大学图书馆

山东师范大学图书馆

吉林大学图书馆

复旦大学图书馆

南京图书馆

四川省图书馆

重庆市图书馆

广东省中山图书馆

中山大学图书馆

1期 清华大学图书馆

上海图书馆

广西省第一图书馆

2期 湖南省中山图书馆

厦门大学图书馆

220 文学创作

总藏：1卷—3卷2期（第1卷6期，第2卷5期）

各馆馆藏：

1—3卷2期

中国作家协会

上海分会图书馆

北京图书馆

山东师范大学图书馆

贵州省图书馆

吉林大学图书馆

复旦大学图书馆

四川省图书馆

1—2卷5期

北京师范大学图书馆

1卷1—6期

2卷1，3，4期；3卷1—2期

重庆市图书馆

1卷1—3，5，6期；2卷1—5期；3卷1—2期

广西省第一图书馆

1卷1，2，4，6期；2卷1，2，4，5期；3卷1期

中山大学图书馆

1卷2—5期，2卷4期，3卷1期

四川大学图书馆

1卷2—4期；2卷1，2，5期；3卷1—2期

甘肃省图书馆

1卷4，6期；2卷2，3期；3卷1—2期

北京大学图书馆

1卷4，5期；2卷2期

广东省中山图书馆

1卷5，6期；2卷4，5期；3卷1期

湖南省中山图书馆

1卷2，4，5期

南京图书馆

1卷5期，2卷1期

陕西省图书馆

云南大学图书馆

221　文艺先锋（半月刊、月刊）

总藏： 半月刊1卷1—6期

月　刊2卷—13卷4（2—12卷每卷6期）

各馆馆藏：

1—13卷3期

北京图书馆

1卷1—6期；2卷1，3，5，6期；3卷1—6期；4卷1，2，4，6期；5卷3，4期；6卷1，6期；7卷2—4期；8卷5，6期；9卷1—6期；10卷1—3期；11卷2—4期；12卷2—6期；13卷1—3期

上海图书馆

1—7卷，9卷3—6期

中国作家协会上海分会图书馆

1卷；2卷2，3期；4卷2期；5卷1，2，5期；7卷1，5期；9卷2，5，6期；11卷1期；12卷1期；13卷1—4期

山东师范大学图书馆

222　青年文艺

总藏： 1—6期，新1卷1—6期

各馆馆藏：

1—6期

新1卷1—6期

北京图书馆

北京大学图书馆

上海图书馆

1—5期，新1卷1—6期

吉林大学图书馆

重庆市图书馆

1—3期，新1卷1—6期

中国作家协会

上海分会图书馆

山东师范大学图书馆

1—6期　中国科学院图书馆

1—4期　广西省第一图书馆

1，2，4，6期；新1卷6期

四川大学图书馆

1，3—6期；新1卷2，6期

复旦大学图书馆

2—6期；新1卷4，6期

南京图书馆

2—4，6期；新1卷1期

中山大学图书馆

2，4，6期；新1卷1—6期

四川省图书馆

4，5期；新1卷3，4，6期

甘肃省图书馆

2—5期　厦门大学图书馆

新1卷3，5，6期

云南大学图书馆

223　人　世　间

总藏：1卷1—6，2卷1（革新号）；复刊1—14（1—6期为复刊第1卷；7—12期为复刊第2卷；13、14期为复刊第3卷）

各馆馆藏：

1—2卷1期，复刊1—3卷2期

上海图书馆

1卷1—4期，2卷1期，复刊1—3卷2期　山东师范大学图书馆

1卷1，2，3—6期；2卷1期；复刊1卷1—6期

复刊2卷5，6期

复刊3卷1期

重庆市图书馆

1卷1，3—5期

复刊1卷

复刊2卷2—6期

复刊3卷1，2期

四川省图书馆

1卷1，3—6期；2卷1期；复刊1卷2—6期；复刊2卷1期

甘肃省图书馆

1卷1—6期，2卷1期

中国社会科学院世界史研究所资料室

1卷1—6期

北京师范大学图书馆

中国作家协会上海分会图书馆

1卷1—5期

北京图书馆

1卷1—4期，复刊1卷，复刊2卷2—4期

南京图书馆

1卷1—3，6期

云南大学图书馆

1卷1，2，3—6期；复刊1卷；复刊2卷2—4期

广西省第一图书馆

1卷1，3—6期；2卷1期

贵州省图书馆

1卷2—6期，2卷1期，复刊2卷

中山大学图书馆

1卷2—5期；复刊1卷1—3期；复刊2卷1，5，6期

清华大学图书馆

1卷2—4，6期；复刊1卷；复刊2卷

复旦大学图书馆

1卷5期；复刊1卷1，4，5期；复刊2卷4期

山东省图书馆

1卷6期，复刊1卷

南开大学图书馆

复刊1—3卷2

华东师范大学图书馆

复刊1—3卷1

吉林大学图书馆

复刊1—2卷

北京大学图书馆

复刊1—2卷3期；复刊2卷5，6期；复刊3卷1

中国人民大学图书馆

复刊1卷1，2，4—6期；复刊2卷2—4期

东北师范大学图书馆

复刊1卷1—5期

山东大学图书馆

224 天下文章

总藏：1—2卷（每卷6期）

各馆馆藏：

1—2卷 北京图书馆

中国人民大学图书馆

南京图书馆

上海科技图书馆

四川省图书馆

重庆市图书馆

陕西省图书馆

山东师范大学图书馆

1—2卷5期

中国作家协会

上海分会图书馆

1—2卷2期

贵州省图书馆

1卷，2卷2—4期

中国科学院图书馆

1卷；2卷1，3—6期

四川大学图书馆

1卷1，3，5，6期；2卷3—6期

南京大学图书馆

1卷1，6期；2卷3，5，6期

吉林大学图书馆

1卷3—6期；2卷5，6期

清华大学图书馆

1卷

北京大学图书馆

北京师范大学图书馆

1卷1，3，5期

甘肃省图书馆

1卷2—4期

南开大学图书馆

江西省图书馆

1卷2，3，5，6期

复旦大学图书馆
2卷1—3，5，6期
广东省中山图书馆
2卷3，5，6期
武汉图书馆

225　时与潮文艺
（双月刊、月刊）

总藏：双月刊1卷1—3期
月　刊2—5卷5（2至4卷每卷6期）
各馆馆藏：
1卷1—3期，2—5卷5期
北京图书馆
上海图书馆
南京图书馆
中国作家协会
上海分会图书馆
1卷1—3期，2—5卷4期
四川省图书馆
1卷1—3期，2—4卷1期
中国科学院图书馆
1卷1—3期；2—3卷4卷2，4—6期；5卷1期
北京师范大学图书馆
1卷1—3期；2—3卷；4卷1—4期；5卷1—4期
上海科技图书馆
1卷1—3期；2—3卷；4卷1，3，4，6期；5卷2—5期
贵州省图书馆
1卷1—3期；2卷；3卷3—6期；4卷；5卷1，3，4期
山东师范大学图书馆
1—2卷；3卷2—6期；4—5卷3期
甘肃省图书馆
1—2卷；3卷1，3—6期；4—5卷4期
复旦大学图书馆
1卷1—3期；2卷2—4期；3卷2，6期；4卷；5卷2期
武汉大学图书馆
1卷1—3期；2卷1，2，4，6期；3—4卷；5卷1，2，4，5期
重庆市图书馆
1卷1，2期；2卷3，5，6期；3卷1—3，5，6期；4卷；5卷3期
南开大学图书馆
1卷1，2期；2卷1，2期；3卷2—6期；4卷1，2期；5卷1，4期
云南大学图书馆
1卷3期，2—5卷3期
南京大学图书馆
1卷3期；2卷6期；3卷3，6期；4卷1—3，6期
湖北省图书馆
1卷1，3期；2卷2，3，5期；4卷5，6期
四川大学图书馆
1卷2，3期；2卷2—6期；3卷1期
江西省图书馆
1卷1期；2卷3期；3卷5期；4

卷4，6期

吉林大学图书馆

1卷1期；2卷1—4，6期

湖南省中山图书馆

1卷3期；3卷1，6期；

4卷1—5期

安徽省图书馆

226 风 雨 谈

总藏：1—21期

各馆馆藏：

1—21期 中国作家协会

上海分会图书馆

中国人民大学图书馆

上海科技图书馆

华东师范大学图书馆

1—19期 上海图书馆

1—17期 吉林大学图书馆

1—16，21期

北京图书馆

1—15期 北京师范大学图书馆

1—14，16—21期

南京图书馆

1—9，11，14—16期

浙江图书馆

1，2，4—21期

复旦大学图书馆

1—14，16，20期

北京大学图书馆

2—4，18期

南京大学图书馆

4，10，13期

武汉图书馆

5，6，10，16期

安徽省图书馆

17—21期

中国科学院图书馆

227 艺 丛

总藏：1卷1—2期

各馆馆藏：

1卷1—2期

北京图书馆

中国科学院图书馆

中国人民大学图书馆

清华大学图书馆

山东师范大学图书馆

吉林大学图书馆

中国作家协会

上海分会图书馆

复旦大学图书馆

南京图书馆

四川省图书馆

重庆市图书馆

1卷1期

上海科技图书馆

四川大学图书馆

1卷2期

北京大学图书馆

贵州省图书馆

228 中　原

总藏：1—2 卷 2 期（1 卷出 4 期）

各馆馆藏：

1—2 卷 2 期

中国人民大学图书馆

山东师范大学图书馆

复旦大学图书馆

中国作家协会

上海分会图书馆

南京图书馆

四川省图书馆

辽宁省图书馆

云南省图书馆

1—2 卷 1 期

北京图书馆

中国科学院图书馆

南京大学图书馆

1 卷 1，2，4 期；2 卷 1，2 期

重庆市图书馆

1 卷 1，2，4 期；2 卷 1 期

云南大学图书馆

1 卷 2 期，2 卷 1 期

四川大学图书馆

1 卷 4 期，2 卷 1 期

武汉大学图书馆

1 卷 1—4 期

吉林大学图书馆

1 卷 1—3 期

清华大学图书馆

广西省第一图书馆

广东省中山图书馆

1 卷 1，2，4 期

湖北省图书馆

1 卷 1，2，4 期；2 卷 1，2 期

贵州省图书馆

1 卷 1，2 期

中山大学图书馆

1 卷 1，3，4 期

甘肃省图书馆

229　艺文杂志

总藏：1—3 卷 4、5 期合刊（第 1 卷出 6 期；第 2 卷出 12 期）

各馆馆藏：

1 卷 1—5 期；2 卷 1—9，11，12 期；3 卷 1—5 合期

北京图书馆

1 卷 6 期；2 卷 1，10 期

北京大学图书馆

1 卷，2 卷 1—10 期

上海图书馆

2 卷 3—8 期

中国作家协会

上海分会图书馆

230　民族文学

总藏：1 卷 1—5 期

各馆馆藏：

1 卷 1—5 期

北京图书馆
1卷1—3，5期
山东师范大学图书馆
1卷1，3，4期
上海图书馆

231 新 文 学

总藏：1卷1—4期
各馆馆藏：
1卷1—4期
中国作家协会
上海分会图书馆
北京图书馆
四川省图书馆
1卷1—3期
山东师范大学图书馆
复旦大学图书馆
1卷1，3，4期
重庆市图书馆
1卷1，4期
广东省中山图书馆
1卷2—4期
甘肃省图书馆
广西省第一图书馆
1卷2期
安徽省图书馆
1卷3期
南京图书馆
1卷4期
浙江图书馆

232 戏剧时代

总藏：1卷1—6期
各馆馆藏：
1卷1—6期
北京图书馆
南京图书馆
四川省图书馆
重庆市图书馆
1卷1—3，6期
贵州省图书馆
1卷1—3期
北京大学图书馆
1卷1，4—6期
甘肃省图书馆
1卷1期 广西省第一图书馆
1卷2，4—6期
四川大学图书馆
1卷2，6期
南京大学图书馆

233 当代文艺

总藏：1卷1—6期
各馆馆藏：
1卷1—6期
北京图书馆
北京大学图书馆
北京师范大学图书馆
山东师范大学图书馆
吉林大学图书馆

上海图书馆
中国作家协会
上海分会图书馆
复旦大学图书馆
贵州省图书馆
1卷1期 南京图书馆
1卷2—6期
浙江图书馆
四川省图书馆
重庆市图书馆
1卷2期
武汉图书馆
1卷4—6期
安徽省图书馆
江西省图书馆
1卷5，6期
四川大学图书馆

234 微　波

总藏：1卷1—2期

各馆馆藏：

1卷1—2期
北京图书馆
甘肃省图书馆
吉林大学图书馆
复旦大学图书馆
1卷1期
四川省图书馆
重庆市图书馆
山东师范大学图书馆

235 文艺春秋
（丛刊、月刊）

总藏：丛刊1—5期（即第1卷）；
月刊2—8卷3期(第2至7卷每卷6期）
副刊1卷1—3期

各馆馆藏：

1—8卷3期
上海图书馆
中国科学院图书馆
中国人民大学图书馆
北京师范大学图书馆
山东师范大学图书馆
吉林大学图书馆
上海科技图书馆
1—8卷1，3期
南开大学图书馆
1卷1—3期；2—7卷；8卷1，3期
山东大学图书馆
1卷1，2期；2卷1，2，4—6期；3卷4—6期；4—8卷3期
中山大学图书馆
1卷2期；2卷6期；3—7卷4期；8卷1，2期
南京大学图书馆
2—8卷3期
复旦大学图书馆
2—7卷4期，8卷1—3期
北京图书馆
2卷1—6期；3卷3—6期；4卷1，

2，4—6 期；5 卷 1，3，6 期；6 卷 1，2，4—6 期；7 卷 1—5 期；8 卷 1，2 期

浙江图书馆

2 卷 1—6 期；3 卷 1，3，5，6 期；4—8 卷 3 期

广西省第一图书馆

2 卷 1—5 期；3 卷 1，4—6 期；4 卷 1—5 期；5—7 卷 4 期；8 卷 1，2 期

南京图书馆

2 卷 1—5 期；3 卷 1，3—6 期；4—8 卷 3 期

重庆市图书馆

2 卷 1，2，4—6 期；3 卷 1，4—6 期；4—5 卷 4 期；6—7 卷 4 期

清华大学图书馆

2 卷 1，5 期；3 卷 1，5 期；4 卷 1，2，5，6 期；5 卷 3—5 期；6 卷 1，2，4—6 期；7 卷 1—4 期；8 卷 1，2 期

武汉图书馆

2 卷 1 期；3 卷 1 期；4 卷 1—3 期；5 卷 2 期；6 卷 3—6 期；7 卷 1—4 期；8 卷 1，2 期

广东省中山图书馆

2 卷 2，4，6 期；3 卷 1，2，5，6 期；4 卷 1—3，6 期；5 卷 2—4 期；6 卷 1，2，4，6 期；7 卷 1，2，5 期；8 卷 1 期

四川省图书馆

2 卷 3，4 期；3 卷 1，4，6 期；4 卷 1，3—6 期；5 卷 1—4，6 期；6 卷 1，2，4—6 期；7—8 卷 3 期

湖南省中山图书馆

2 卷 3 期；3 卷 4，5 期；4 卷 2—4 期；5 卷 1—6 期；6 卷 2，3 期；7 卷 1，3—5 期；8 卷 1—3 期

安徽省图书馆

4 卷 1，2，4—6 期；5 卷 1—3，5 期；6—7 卷 5 期

厦门大学图书馆

5—7 卷 5 期

中国社会科学院
世界史研究所资料室

5 卷 1，3，5，6 期；6 卷 1，4—6 期；7 卷 2，3 期

甘肃省图书馆

5 卷 4，6 期；6 卷 3—6 期；7 卷 2，5，6 期；8 卷 1 期

四川大学图书馆

1 卷 1—5 期，8 卷 1 期

北京大学图书馆

副刊 1 卷 1—3 期

北京图书馆
中国人民大学图书馆
北京师范大学图书馆
山东师范大学图书馆
吉林大学图书馆
上海图书馆
复旦大学图书馆
安徽省图书馆

副刊 1 卷 1，2 期

重庆市图书馆

副刊 1 卷 1，3 期

广西省第一图书馆
副刊 1 卷 1 期
浙江图书馆
四川省图书馆
福建省图书馆
副刊 1 卷 2，3 期
北京大学图书馆
副刊 1 卷 2 期
甘肃省图书馆

236　高　原

总藏：1 卷 1—3 期；新 1 卷 1—3 期
各馆馆藏：
1 卷 1—3 期，新 1 卷 1—3 期
上海作协资料室
1 卷 1—3 期
山东师范大学图书馆
甘肃省图书馆
陕西省图书馆
1 卷 1 期 北京图书馆
复旦大学图书馆
1 卷 2 期 四川省图书馆
四川大学图书馆
1 卷 3 期 南京图书馆

237　文学新报

总藏：1—2 卷 1 期（第 1 卷出 6 期）
各馆馆藏：
1—2 卷 1 期
北京图书馆
上海图书馆
吉林大学图书馆
南京大学图书馆
1 卷 1—4 期，2 卷 1 期
重庆市图书馆
1 卷 1—3，6 期，2 卷 1 期
上海作协资料室
1 卷 1，2，4 期
2 卷 1 期 四川大学图书馆
1 卷 1，6 期，2 卷 1 期
中国人民大学图书馆
1 卷 1，2，4，5 期
四川省图书馆
2 卷 1 期 复旦大学图书馆
南京图书馆

238　希　望

总藏：1—2 集（每集 4 期）
各馆馆藏：
1—2 集　中国作家协会
上海分会图书馆
北京师范大学图书馆
北京图书馆

239　诗　文　学

总藏：1—2 期
各馆馆藏：
1—2 期　北京图书馆

中国作家协会
上海分会图书馆
山东师范大学图书馆
四川省图书馆
重庆市图书馆
四川大学图书馆
1期 清华大学图书馆
吉林大学图书馆
2期 北京大学图书馆
复旦大学图书馆
南京图书馆
广东省中山图书馆

240 文 哨

总藏：1卷1—3期
各馆馆藏：
1卷1—3期
北京图书馆
北京大学图书馆
山东师范大学图书馆
吉林大学图书馆
复旦大学图书馆
中国作家协会
上海分会图书馆
南京图书馆
南京大学图书馆
重庆市图书馆
云南大学图书馆
1卷1，2期
中国科学院图书馆
山东省图书馆
四川省图书馆
1卷1期 湖北省图书馆
贵州省图书馆
广东省中山图书馆
1卷2，3期
陕西省图书馆
1卷2期 上海图书馆
四川大学图书馆

241 文艺大众
（月刊、半月刊）

总藏：月 刊1—3期
半月刊4—7期，新1—5期
各馆馆藏：
1—7期，新1—4期
北京大学图书馆
1—7期，新1，2，5期
北京图书馆
1—7期 南京大学图书馆

242 新 群 众

总藏：1—3卷1期（1、2卷每卷6期）
各馆馆藏：
1卷1，3—6期
2—3卷1期
南京图书馆
1卷1期，2—3卷1期

中国社会科学院
世界史研究所资料室
1卷2—6期；2卷1—3，5，6期；
3卷1期 北京图书馆
1卷2—5期；2卷1，5期
东北师范大学图书馆
1卷4，5期
北京大学图书馆
2卷6期 重庆市图书馆

243 文 联

总藏：1卷1—7期
各馆馆藏：
1卷1—7期
北京图书馆
中国科学院图书馆
中国人民大学图书馆
山东省图书馆
山东师范大学图书馆
辽宁省图书馆
吉林大学图书馆
东北师范大学图书馆
中国作家协会
上海分会图书馆
华东师范大学图书馆
1卷1—6期
山东大学图书馆
上海图书馆
1卷1—5期
复旦大学图书馆
1卷1—4，7期
安徽省图书馆
1卷1，2，5期
湖南省中山图书馆
1卷1，3—5，7期
广西省第一图书馆
1卷1，3期
重庆市图书馆
1卷1期 北京大学图书馆
南京图书馆
1卷3—7期
浙江图书馆
1卷3—4期
厦门大学图书馆
1卷4—6期
广东省中山图书馆
1卷4，6，7期
四川省图书馆
1卷5期 中山大学图书馆

244 文艺复兴

总藏：1—4卷2期（前3卷每卷6期）
“中国文学研究号”3册
各馆馆藏：
1—4卷2期
上海图书馆
上海科技图书馆
中国人民大学图书馆
北京师范大学图书馆

山东大学图书馆
山东师范大学图书馆
吉林大学图书馆
东北师范大学图书馆
复旦大学图书馆
华东师范大学图书馆
南京大学图书馆
辽宁省图书馆
安徽省图书馆
湖北省图书馆
1—3 卷 6 期
北京图书馆
1—3 卷 5 期
厦门大学图书馆
1—2 卷 6 期
武汉图书馆
1—2 卷 5 期
中国科学院图书馆
山东省图书馆
中国社会科学院
历史研究所资料室
1 卷 1—5 期; 2—3 卷 1 期; 4 卷 1, 2 期　　浙江图书馆
1 卷 1, 3—6 期; 2 卷 1, 3—6 期; 3 卷 1—3, 5 期; 4 卷 2 期
四川省图书馆
1 卷 1, 3—6 期; 2 卷 1—6 期; 3 卷 1—3, 5 期; 4 卷 2 期
重庆市图书馆
1 卷 1 期; 2 卷 4—6 期; 3 卷 1—4 期; 4 卷 1 期
广东省中山图书馆
1 卷 3—6 期, 2—4 卷 2 期
清华大学图书馆
1 卷 3, 4 期; 3 卷 1—5 期; 4 卷 2 期　　四川大学图书馆
1 卷 4 期; 2—3 卷 5 期; 4 卷 1, 2 期　　广西省第一图书馆
1 卷 5, 6 期; 2 卷 1—4, 6 期; 3 卷 1, 5, 6 期
甘肃省图书馆
1 卷 5, 6 期; 3 卷 1, 5, 6 期; 4 卷 2 期　　中山大学图书馆
2 卷 1, 2, 4—6 期; 3—4 卷 2 期
北京大学图书馆
2 卷 1, 6 期; 3 卷 1, 2, 4, 5 期; 4 卷 1, 2 期
浙江大学图书馆
2 卷 1 期; 3 卷 1, 4, 5 期; 4 卷 1, 2 期　　兰州大学图书馆
2 卷 5, 6 期; 3 卷 1—3, 5, 6 期; 4 卷 1, 2 期
南开大学图书馆
“中国文学研究号”上、中、下
北京图书馆
中国科学院图书馆
中国社会科学院
历史研究所资料室
山东省图书馆
山东师范大学图书馆
东北师范大学图书馆
上海图书馆

上海科技图书馆
安徽省图书馆
浙江图书馆
湖北省图书馆
“中国文学研究号”上
武汉图书馆
湖南省中山图书馆
福建省图书馆
“中国文学研究号”上、下
广西省第一图书馆
“中国文学研究号”下
兰州大学图书馆

245 文　章

总藏：1 卷 1—4 期
各馆馆藏：
1 卷 1—4 期
北京图书馆
上海图书馆
中国作家协会
上海分会图书馆
南京图书馆
中国人民大学图书馆
南开大学图书馆
山东大学图书馆
吉林大学图书馆
东北师范大学图书馆
上海科技图书馆
复旦大学图书馆
华东师范大学图书馆
四川省图书馆
1 卷 1，3 期
安徽省图书馆
武汉图书馆
中山大学图书馆
1 卷 1 期　山东省图书馆
浙江图书馆
福建省图书馆
1 卷 2—4 期
广西省第一图书馆
1 卷 3，4 期
重庆市图书馆
1 卷 4 期　北京大学图书馆
四川大学图书馆
广东省中山图书馆

246 文坛月报

总藏：1 卷 1—3 期
各馆馆藏：
1 卷 1—3 期
南京图书馆
北京图书馆
北京大学图书馆
北京师范大学图书馆
山东大学图书馆
吉林大学图书馆
上海图书馆
中国作家协会
上海分会图书馆
1 卷 1，2 期

陕西省图书馆
1 卷 3 期　中国人民大学图书馆
浙江图书馆
武汉图书馆
四川省图书馆
1 卷 1 期　复旦大学图书馆
福建省图书馆
1 卷 2，3 期
安徽省图书馆
湖南省中山图书馆
1 卷 2 期　广西省第一图书馆
1 卷 3 期　重庆市图书馆
四川大学图书馆

247　人民文艺

总藏： 1—6 期
各馆馆藏：
1—6 期　北京大学图书馆
辽宁省图书馆
1—5 期　中国人民大学图书馆
吉林大学图书馆
1—4 期　中国作家协会
上海分会图书馆
1，2，4，5 期
中国科学院图书馆
2—5 期　北京师范大学图书馆
1，2 期　北京图书馆
1，3，5 期
广西省第一图书馆
3，4，5 期
四川省图书馆
3 期　上海图书馆
山东师范大学图书馆
复旦大学图书馆
厦门大学图书馆
4，5 期　首都图书馆
4 期　重庆市图书馆

248　中原、文艺杂志
希望、文哨联合特刊

总藏： 1 卷 1—6 期
各馆馆藏：
1 卷 1—6 期
北京图书馆
北京大学图书馆
山东师范大学图书馆
广西省第一图书馆
1 卷 1—4 期
南京图书馆
1 卷 1—3，5 期
重庆市图书馆
1 卷 1，3，4 期
广东省中山图书馆
1 卷 1 期　南开大学图书馆
1 卷 2，3，6 期
四川省图书馆
1 卷 3，4，6 期
贵州省图书馆
1 卷 4 期　陕西省图书馆

249　白　山

总藏：1—6 期

各馆馆藏：

1—6 期　辽宁省图书馆

北京图书馆

1 期　东北师范大学图书馆

3 期　山东大学图书馆

4 期　北京大学图书馆

5 期　吉林大学图书馆

武汉图书馆

250　鲁迅文艺

总藏：1 卷 1—3 期

各馆馆藏：

1 卷 1—3 期

南京图书馆

北京图书馆

北京大学图书馆

北京师范大学图书馆

南开大学图书馆

甘肃省图书馆

1 卷 2 期

辽宁省图书馆

吉林大学图书馆

复旦大学图书馆

1 卷 3 期

上海图书馆

四川省图书馆

251　文艺杂志

总藏：1—4 卷 4 期（前 3 卷每卷 6 期）

各馆馆藏：

1—3 卷 6 期

北京图书馆

1 卷 1，2，4 期；2—4 卷 4 期

中国人民大学图书馆

1 卷 1—5 期；2 卷 1，2，6 期；3 卷 5 期

重庆市图书馆

1 卷 1 期；2 卷 3，4 期

北京大学图书馆

1 卷 2—6 期；2 卷 1—3，5 期

山东大学图书馆

1 卷 2，6 期；2 卷 1，3，6 期；3 卷 1 期；4 卷 1，2 期

吉林大学图书馆

1 卷 5，6 期；2 卷 1—5 期；3 卷 6 期；4 卷 1—3 期

辽宁省图书馆

1 卷 6 期；2 卷 1，2，5 期；3 卷 3—5 期；4 卷 2 期

安徽省图书馆

2 卷 2 期，4 卷 3 期

首都图书馆

252　北方文化

总藏：1—2 卷 6 期（第 1 卷出 6 期）

各馆馆藏：

1—2卷6期
北京图书馆
中共中央党校图书馆
吉林大学图书馆
东北师范大学图书馆

1—2卷1期
清华大学图书馆

1卷1—6期；2卷1，2，4—6期
中国社会科学院
世界史研究所资料室

1卷1—4期，2卷1—5期
中国人民大学图书馆

1卷1—5期；2卷1，2期
北京大学图书馆

1卷1—4，6期；2卷1期
北京师范大学图书馆

1卷1—3期；2卷1，4期
山东师范大学图书馆

1卷1，2，4期；2卷6期
中国科学院图书馆

1卷2，4期，2卷2—6期
重庆市图书馆

1卷2—4期，2卷1期
山东大学图书馆
上海图书馆

1卷1—3期
甘肃省图书馆
四川省图书馆

1卷1，3期
复旦大学图书馆

1卷2—4期
南开大学图书馆
广西省第一图书馆

1卷4期 辽宁省图书馆

253 清 明

总藏：1—4期

各馆馆藏：

1—4期 北京图书馆
中国科学院图书馆
中国人民大学图书馆
北京师范大学图书馆
南开大学图书馆
山东大学图书馆
吉林大学图书馆
东北师范大学图书馆
上海科技图书馆
中国作家协会
上海分会图书馆
复旦大学图书馆
华东师范大学图书馆
浙江图书馆
湖南省中山图书馆

1，2，4期
广东省中山图书馆
上海图书馆

1，3期 清华大学图书馆
重庆市图书馆

1期 四川省图书馆

2—4期 南京大学图书馆

2，3期　南京图书馆
2期　　首都图书馆
3期　　北京大学图书馆

254　热　潮

总藏：1卷1—3期
各馆馆藏：
1卷1—3期
　　北京图书馆
　　辽宁省图书馆

255　北方杂志

总藏：1—2卷2期（第1卷出6期）
各馆馆藏：
1—2卷2期
　　北京图书馆
　　中共中央党校图书馆
1卷1—5期；2卷1，2期；合刊
　　中国人民大学图书馆
1卷　北京大学图书馆
　　山东省图书馆
1卷1—4，6期
　　山东大学图书馆
1卷2，4，5期
　　上海图书馆
1卷2，3，6期
　　浙江图书馆
1卷2期　中国社会科学院
　　世界史研究所资料室

1卷3期　山东师范大学图书馆
1卷4期　辽宁省图书馆

256　萌　芽

总藏：1卷1—4期
各馆馆藏：
1卷1—4期
　　北京图书馆
　　北京大学图书馆
　　清华大学图书馆
　　北京师范大学图书馆
　　山东师范大学图书馆
　　吉林大学图书馆
　　上海图书馆
　　中国作家协会
　　　上海分会图书馆
　　四川省图书馆
　　重庆市图书馆
1卷1—3期
　　南京图书馆
　　贵州省图书馆
　　广西省第一图书馆
1卷1，3期
　　辽宁省图书馆
1卷1期
　　山东省图书馆

257　长　城

总藏：1卷1—2期

各馆馆藏：

1卷1—2期
北京图书馆
中国科学院图书馆

258 文艺丛刊

总藏： 1—2期

各馆馆藏：

1—2期 北京图书馆
中国作家协会
上海分会图书馆
山东师范大学图书馆
广西省第一图书馆

1期 复旦大学图书馆
四川省图书馆

2期 厦门大学图书馆

259 东北文化

总藏： 1—2卷2期（第1卷出6期）

各馆馆藏：

1—2卷2期
辽宁省图书馆
吉林大学图书馆
东北师范大学图书馆
中共中央马克思恩格斯列宁斯大林著作编译局图书馆

1卷，2卷2期
中国人民大学图书馆

1卷1，2，4，6期
北京大学图书馆

1卷1期 上海图书馆
湖北省图书馆

260 呼 吸

总藏： 1—3期

各馆馆藏：

1—3期 中国作家协会
上海分会图书馆

1期 北京师范大学图书馆

2，3期 山东师范大学图书馆

261 东北文艺

总藏： 1—2卷（每卷出6期）

各馆馆藏：

1—2卷 辽宁省图书馆
吉林大学图书馆
东北师范大学图书馆

1卷1期，2卷2期
北京大学图书馆

1卷6期，2卷2期
北京图书馆

1卷1期 上海图书馆

2卷4期 首都图书馆

262 平原文艺

总藏： 1—2卷（每卷出6期）

各馆馆藏：

1—2 卷　中国人民大学图书馆

1 卷 1，2，5，6 期

2 卷 2—6 期

山东大学图书馆

2 卷 5 期　首都图书馆

263　文艺知识连丛

总藏：1 集 1—4 期

各馆馆藏：

1 集 1—4 期

北京图书馆

北京大学图书馆

山东师范大学图书馆

四川省图书馆

广东省中山图书馆

中山大学图书馆

1 集 1—3 期

中国科学院图书馆

1 集 1，2，4 期

南京图书馆

1 集 1 期　武汉图书馆

1 集 2 期

清华大学图书馆

1 集 3 期

吉林大学图书馆

浙江图书馆

重庆市图书馆

1 集 4 期

安徽省图书馆

264　诗　创　造

总藏：1—2 年 4 期（第 1 年出 12 期）

各馆馆藏：

1—2 年 4 期

北京图书馆

中国作家协会

上海分会图书馆

1 年　山东师范大学图书馆

复旦大学图书馆

1 年 1—11 期

清华大学图书馆

1 年 1—10 期

中国人民大学图书馆

1 年 1—5 期，7—10，12 期

上海图书馆

1 年 1，2，4，8，9，11 期

南京大学图书馆

1 年 2，4—12 期；2 年 2，3 期

武汉图书馆

1 年 3，4，7，9 期；2 年 1，2 期

甘肃省图书馆

1 年 5，6，9—11 期；2 年 3 期

吉林大学图书馆

1 年 9—12 期，2 年 1—4 期

浙江大学图书馆

1 年 1，4—6 期

广西省第一图书馆

1 年 1，4，7，8 期

北京大学图书馆

1 年 4，11 期

辽宁省图书馆

1年12期

南京图书馆

2年2，4期

安徽省图书馆

265　胶东文艺

总藏：1卷1—8期

各馆馆藏：

1卷1—8期

北京图书馆

1卷1—4期

山东师范大学图书馆

1卷4—8期

中国人民大学图书馆

辽宁省图书馆

1卷4—5期

山东大学图书馆

1卷5—8期

北京大学图书馆

吉林大学图书馆

广东省中山图书馆

1卷5期　东北师范大学图书馆

四川省图书馆

266　中国作家

总藏：1卷1—3期

各馆馆藏：

1卷1—3期

北京图书馆

中国人民大学图书馆

北京大学图书馆

清华大学图书馆

北京师范大学图书馆

中国社会科学院

世界史研究所资料室

山东省图书馆

山东大学图书馆

山东师范大学图书馆

甘肃省图书馆

辽宁省图书馆

吉林大学图书馆

东北师范大学图书馆

上海图书馆

复旦大学图书馆

华东师范大学图书馆

南京图书馆

安徽省图书馆

浙江图书馆

江西省图书馆

武汉图书馆

湖南省中山图书馆

四川省图书馆

重庆市图书馆

四川大学图书馆

广西省第一图书馆

广东省中山图书馆

中山大学图书馆

1卷1，2期

首都图书馆

1卷1期 南京大学图书馆
福建省图书馆
1卷2，3期
浙江大学图书馆
1卷3期 湖北省图书馆
武汉大学图书馆
贵州省图书馆

267 大众文艺丛刊

总藏：1—6期
各馆馆藏：
1—3期 北京大学图书馆
复旦大学图书馆
1，2，4期
山东师范大学图书馆
1，2期 甘肃省图书馆
1，3期 吉林大学图书馆
1期 清华大学图书馆
上海图书馆
南京图书馆
四川省图书馆
2期 北京图书馆
4—6期 上海师范学院图书馆
（按本刊第四至六辑当年是以书籍的形式出版的，现在国内许多图书馆仍按一般图书编目收藏。）

268 蚂蚁小集

总藏：1—7期
各馆馆藏：
1，2，6，7期（成都版）
上海图书馆
2—7期（成都版）
山东师范大学图书馆
1，2，4，5，7期（天津版）
中国作家协会上海分会图书馆

269 文艺工作

总藏：1期
各馆馆藏：
1期 北京图书馆
北京大学图书馆
山东师范大学图书馆
甘肃省图书馆
上海图书馆
中国作家协会上海分会图书馆
复旦大学图书馆
南京大学图书馆
武汉图书馆
重庆市图书馆
广西省第一图书馆
中山大学图书馆

270 小 说

总藏：1—6卷（每卷6期）
各馆馆藏：

1—2 卷　吉林大学图书馆
1—2 卷 1 期
　　　　广西省第一图书馆
1 卷 1，2，4—6 期；2 卷 2，4，6 期　　清华大学图书馆
1 卷 1，3，5，6 期；2 卷 2，4，5 期　　中山大学图书馆
1 卷 5，6 期；2 卷 2，4，5 期
　　　　上海图书馆
1 卷 2，3 期
　　　　重庆市图书馆
　　　　广东省中山图书馆
2 卷　　辽宁省图书馆
　　　　中国人民大学图书馆
2 卷 1—4，6 期
　　　　东北师范大学图书馆
2 卷 1 期　武汉图书馆
2 卷 3，4 期
　　　　北京大学图书馆
3—6 卷 2 期
　　　　中国作家协会
　　　　　上海分会图书馆
3 卷，4 卷 2—6 卷 6 期
　　　　山东师范大学图书馆
（按本刊第三至六卷是建国以后出版的，上述各馆和其他一些图书馆多有收藏，这里姑从略。）

271　文学战线

总藏： 1—2 卷 5 期（第 1 卷出 6 期）

各馆馆藏：
1—2 卷 5 期
　　　　北京图书馆
　　　　中国科学院图书馆
　　　　清华大学图书馆
　　　　山东师范大学图书馆
　　　　辽宁省图书馆
　　　　东北师范大学图书馆
1 卷，2 卷 1，4，5 期
　　　　南开大学图书馆
1 卷 1—3，5，6 期
2 卷 1，2 期
　　　　南京大学图书馆
1 卷 1—3，5，6 期；2 卷 1—5 期
　　　　安徽省图书馆
1 卷 1，5，6 期；2 卷 1，3—5 期
　　　　山东大学图书馆
1 卷 1，2 期；2 卷 1，3—5 期
　　　　中国作家协会
　　　　　上海分会图书馆
1 卷 1 期，2 卷 1—4 期
　　　　吉林大学图书馆
1 卷 2，3 期；2 卷 1—4 期
　　　　重庆市图书馆
1 卷 3，5，6 期；2 卷 2，5 期
　　　　中国社会科学院
　　　　　世界史研究所资料室
1 卷 1 期，2 卷 3 期
　　　　复旦大学图书馆
1 卷 2 期　广东省中山图书馆
1 卷 3 期　甘肃省图书馆

1卷4期 北京大学图书馆
2卷1期 四川省图书馆

272 群众文艺

总藏：1—12期
各馆馆藏：
1，3—12期
山东师范大学图书馆
上海科技图书馆
1—9期 北京图书馆
1—3，6，8—10期
吉林大学图书馆
1，2，4期
山东大学图书馆
2—10期 重庆市图书馆
5，6，9—12期
四川省图书馆
6期 安徽省图书馆
7，8，11，12期
甘肃省图书馆

273 文艺月报

总藏：1—4期
各馆馆藏：
1—4期 北京大学图书馆
中国人民大学图书馆
辽宁省图书馆
吉林大学图书馆
东北师范大学图书馆
1—3期 北京图书馆
2，3期 清华大学图书馆
中国社会科学院
世界史研究所资料室
2期 安徽省图书馆
3，4期 南京大学图书馆
3期 重庆市图书馆
4期 四川省图书馆

274 平 原

总藏：1—14期
各馆馆藏：
1—4，6—14期
中国人民大学图书馆
1—7，9—14期
吉林大学图书馆
1—12期 山东大学图书馆
1—4，11，13，14期
北京图书馆
1，4，6—13期
东北师范大学图书馆
2—14期 清华大学图书馆
2—6期 重庆市图书馆
3—14期 中国科学院图书馆
7—14期 辽宁省图书馆
12期 中共中央马克思恩格斯
列宁斯大林著作编
译局图书馆
13期 北京大学图书馆
（按本刊第14期出版后，因平原省

成立，迁往新乡，改出月刊，卷期另起，出刊时间已在全国解放以后，本书不再收录。）

275　文艺丛刊

总藏：1—8 期

各馆馆藏：

1—8 期　中国人民大学图书馆

1，3—5 期

上海图书馆

1，3，4 期

北京图书馆

276　华北文艺

总藏：1—6 期

各馆馆藏：

1—6 期　北京图书馆

中国人民大学图书馆

北京大学图书馆

清华大学图书馆

首都图书馆

山东师范大学图书馆

南开大学图书馆

吉林大学图书馆

1—4，6 期

山东大学图书馆

1—4 期　中国社会科学院

世界史研究所资料室

1—3 期　中国科学院图书馆

1，2，4—6 期

辽宁省图书馆

1，4 期　广东省中山图书馆

1 期　上海图书馆

4—6 期　重庆市图书馆

5—6 期　东北师范大学图书馆

5 期　厦门大学图书馆

期刊基本情况一览表

编号	刊名	刊期	出刊起止时间	出刊卷期	出刊地点	编辑者	出版发行者	备注
1	新青年 （青年杂志）	月刊 季刊 不定期刊	1915.9.5—1922.7.1 1923.6.15—1924.12.20 1925.5.22—1926.7.25	1—9： 1—4 1—5 （63）	北京 上海 广州	陈独秀等	上海广益书社印行； 广州平民书社印行； 广州新青年社印行	第一卷名为《青年杂志》，第二卷起更名《新青年》。从第八卷起成为上海共产主义小组刊物，不久成为中国共产党机关刊物。第四至七卷曾实行编辑集议制和轮流主编制。
2	每周评论	周刊	1918.12.22—1919.8.31	1—36（36）	北京	陈独秀；胡适	每周评论社印行	第37期仅留一页残校样
3	新潮	月刊	1919.1.1—1923.3.1	1—3：2 （12）	北京	傅斯年；罗家伦；周作人	北京大学出版部印行	
4	国民	月刊	1919.1.10—1921.5	1—2：4 （8）	北京	国民杂志社（黄建中，周长宪；孟守椿；周炳林，常乃德，黄日葵）	国民杂志社印行	
5	少学中国	月刊	1919.7.15—1924.5	1—4： （48）	北京	少年中国编委会（李大钊，康白情；苏甲荣；左舜生；恽震；黄仲苏）	上海中华书局印行； 上海亚东图书馆印行	少年中国学会机关刊物
6	解放与改造 （改造）	半月刊 月刊	1919.9.1—1920.8.15 1920.9.15—1922.6.15	1—2： 3—4：10 （46）	北京	张东荪，俞颂华； 梁启超，蒋百里	解放与改造杂志社印行； 上海中华书局印行	北京新学会会刊。从第三卷起更刊名、编者、出版发行者。
7	曙光	月刊	1919.11.1—1921.7	1—2：3 （9）	北京	曙光杂志社（宋介，王统照等）	曙光杂志社印行	
8	新社会	旬刊	1919.11.1—1920.5.1	1—19 （19）	北京	新社会杂志社（瞿秋白、郑振铎等）	北京社会实进社出版发行	北京社会实进社刊物
9	人道	旬刊	1920.8.15	1（1）	北京	郑振铎主编，许地山副主编	北京社会实进社出版发行	《新社会》续刊

续表

编号	刊　名	刊　期	出刊起止时间	出刊卷期	出刊地点	编　辑　者	出版发行者	备　　注
10	小说月报	月　刊	1921.1.10—1931.12.10	12—22：号外3（135）	上海	沈雁冰；郑振铎（有一段由叶绍钧代）	上海商务印书馆	商务印书馆刊物，1910.8.29创刊。初为鸳鸯蝴蝶派所控制，1921年1月沈雁冰主编并全面革新后为文学研究会所掌握。
11	文学周报（文学旬刊、文学）	周　刊	1921.5.1—1929.12.22	1—9：5（380）	上海	郑振铎、沈雁冰；谢六逸；赵景深等	时事新报社出版发行；开明书店出版发行；远东图书公司出版发行	文学研究会刊物，初名《文学旬刊》，81期起更名《文学》，上海《时事新报》文艺副刊之一，172期起更名《文学周报》并独立出版发行
12	戏　剧	月　刊	1921.5.31—1922.4.30	1—2：4（10）	上海	民众戏剧社	中华书局印行	民众戏剧社机关刊物
13	诗	月　刊	1922.1.15—1923.5.15	1—2：2（7）	上海	中国新诗社，文学研究会（刘延陵、朱自清、俞平伯、叶绍钧）	中华书局印行	第一卷四、五两期署“文学研究会”编辑发行，其余均署“中国新诗社”编辑发行。实际本无“中国新诗社”这一组织。
14	学　衡	月　刊	1922.1—1933.7	1—79（79）	南京	吴宓主编；吴宓主编缪凤林副主编	中华书局出版	全刊各期出版时间只署年、月
15	创　造（季刊）	季　刊	1922.5.1—1924.2	1—2：2（6）	上海	创造社（郁达夫、郭沫若、成仿吾等）	泰东书局印行	创造社刊物
16	努力周报	周　刊	1922.5.7—1923.10.31	1—75增刊1（76）	北京	胡适（一度由高一涵代编）	努力周报社出版发行	

续表

编号	刊名	刊期	出刊起止时间	出刊卷期	出刊地点	编辑者	出版发行者	备注
17	读书杂志	月刊	1922.9.3—1924.2.22	1—18（18）	北京	胡适	努力周报社出版发行；读书杂志社出版发行	原为《努力周报》附刊，后独立
18	歌谣周刊（歌谣）	周刊	1922.12.17—1925.6 1936.4.4—1937.6.26	1 : 1—97.增1 2—4 : 1（152）	北京	北京大学歌谣研究会（常惠，顾颉刚，魏建功，董作宾；徐芳，李素英；徐芳）	北京大学出版部出版，初随《北京大学日刊》发送，后单独发行	北京大学文学院国学研究所歌谣研究会会刊，1—49 期名为《歌谣》
19	小说世界	周刊 季刊	1923.1.10—1927.12.16 1928.3—1929.12	1—16 : 17—18 :（264）	上海	叶劲风；胡寄尘	商务印书馆出版发行	鸳鸯蝴蝶派刊物，有附刊《民众文学》《童话》《闺阁词选》《侦探号》附《民众文学》《侦探号》
20	浅草	季刊	1923.3.25—1925.5.25	1—4（4）	上海	林如稷	泰东书局发行	浅草社刊物
21	弥酒	月刊	1923.3—1923.8	1—6（6）	上海	弥洒社（胡山源、钱江春、陈德征）	古今图书公司发行	弥洒社刊物
22	创造周报	周刊	1923.5.13—1924.5.19	1—52（52）	上海	创造社（成仿吾、郭沫若、郁达夫等）	泰东图书局出版发行	创造社刊物
23	文艺周刊（文艺旬刊）	旬刊 周刊	1923.7.5—1924.9.16	1—51，增刊1（52）	上海	王怡庵	民国日报社印行	浅草社刊物，原名《文艺旬刊》，为《民国日报》副刊乙种之一，从21期起独立并更名《文艺周刊》
24	洪水	周刊 半月刊	1924.8.20 1924.9.1—1927.12.15	1 1—3 : 6，增刊1（38）	上海 广州	洪水周刊社 周全平；郁达夫	泰东书局印行 光华书局印行；创造社出版部印行	创造社刊物

续表

编号	刊名	刊期	出刊起止时间	出刊卷期	出刊地点	编辑者	出版发行者	备注
25	语丝	周刊	1924.11.17—1930.3.10	1—156 4—5：(260)	北京 上海	语丝社(孙伏园；鲁迅；柔石；李小峰)	北京大学新潮社出版，北京北新书局印行；上海北新书局出版发行	语丝社刊物
26	现代评论	周刊	1924.12.13—1928.12.29	1—209，增刊3(212)	北京	现代评论社(陈源、徐志摩等)	北京大学出版部印行；上海现代评论社印行	“现代评论派”刊物
27	支那二月	月刊	1925.2.28—1925.5	1—4(4)	上海	湖畔诗社(应修人)	湖畔诗社出版发行	湖畔诗社刊物
28	猛进	周刊	1925.3.6—1926.3.19	1—53(53)	北京	猛进社(徐炳昶、李宗桐)	猛进社出版	北京大学师生自办刊物
29	莽原	周刊 半月刊	1925.4.24—1925.11.27 1926.1.10—1927.12.25	1—32 1—2：(80)	北京	鲁迅　未名社编辑部(鲁迅、韦素园)	京报馆刊行未名社印行	未名社刊物
30	大江(季刊)	季刊	1925.7.15—1925.11.15	1—2(2)	上海	上海大江社(何浩若、梁实秋等)	泰东图书局发行	
31	甲寅(周刊)	周刊	1925.7.18—1927.3.15	1—45 (45)	北京 天津	章士钊	甲寅周刊社出版发行	
32	清华文艺	月刊 不定期刊	1925.9—1925.12 1926.6.25 1927.9.15—1927.12.23	1—4 1 1—5(9)	北京	陈铨等	清华周刊经理部印行	清华大学刊物，原为《清华周刊》文艺副刊
33	狂飙	不定期刊 周刊	1925.12； 1928.9.21 1926.10.10—1927.1.30	1：2 1—17(19)	北京 上海 上海	狂飙社(高长虹等)	狂飙社刊行；狂飙社出版部刊行光华书店出版发行	狂飙社刊物
34	创造月刊	月刊	1926.3.16—1929.1.10	1—2：6 (18)	上海	创造社(郁达夫，成仿吾，王独清；创造社文学部，创造社文艺部)	创造社出版部出版发行	创造社刊物

续表

编号	刊　名	刊　期	出刊起止时间	出刊卷期	出刊地点	编　辑　者	出版发行者	备　注
35	沉　钟	半月刊	1926.8.11—1932.2.18	1—34，特刊1（35）	北京	沉钟社（冯至，陈炜谟等）	北新书局出版发行	沉钟社刊物
36	北　新	周　刊 半月刊	1926.8.21—1927.10.16 1927.11.1—1930.12.1	1—52 2—4：（124）	上海	北新书局（孙福熙；潘梓年，石民等）	北新书局出版发行	上海北新书局刊物
37	一　般	月　刊	1926.9.5—1929.12.5	1—9：（36）	上海	夏丏尊，方光焘	开明书店发行	上海立达学会会刊
38	幻　洲	半月刊	1926.10.1—1928.1.16	1—2：8（20）	上海	叶灵凤，潘汉年	创造社出版，先后由创造社与光华书局发行	
39	泰　东	月　刊	1927.9.1—1928.9.1	1—2：（24）	上海	泰东书店（范香谷）	泰东书店出版发行	泰东书店刊物
40	真美善	半月刊 月　刊 季　刊	1927.11.1—1928.4.16 1928.5.16—1931.1.16 1931.4—1937.7	1：增刊1 2—7：3 1—2（54）	上海	真美善杂志编辑所（曾朴，曾虚白）	真美善书店出版发行	
41	民间文艺	周　刊	1927.11.1—1928.1.10	1—12（12）	广州	董作宾，静君	中山大学出版部出版发行	国立第一中山大学语言历史研究所刊物
42	太阳月刊	月　刊	1928.1.1—1928.7.1	1—7（7）	上海	太阳社（蒋光慈）	春野书店出版发行	太阳社刊物
43	未　名	半月刊	1928.1.10—1930.4.30	1—2：（24）	北平	未名社编辑部（李霁野等）	未名社出版部印行	未名社刊物
44	文化批判（文化）	月　刊	1928.1.15—1928.5	1—5（5）	上海	丁悊	创造社出版部出版发行	创造社刊物第5期更名《文化》
45	现代小说	月　刊	1928.1—1930.3	1—3：（18）	上海	叶灵凤，潘汉年	现代书局发行	
附	五一特刊		1930.5.1	1（1）	上海	《现代小说》等十三种刊物联编	《现代小说》等十三种刊物分别发行	《现代小说》等十三种刊物联合特刊

续表

编号	刊名	刊期	出刊起止时间	出刊卷期	出刊地点	编辑者	出版发行者	备注
46	新月	月刊	1928.3.10—1933.6.1	1—4：7（43）	上海	新月社（徐志摩，闻一多，潘光旦，梁实秋等）	上海新月书店出版发行；北平新月书店出版发行	新月社刊物
47	流沙	半月刊	1928.3.15—1928.5.30	1—6（6）	上海	创造社	创造社出版发行	创造社刊物
48	我们	月刊	1928.5.20—1928.8.20	1—3（3）	上海	我们社	我们社出版，晓山书店发行	我们社刊物
49	畸形	半月刊	1928.5.30—1928.6.15	1—2（2）	上海	畸形编辑部（潘汉年）	现代书局出版发行	
50	奔流	月刊	1928.6.20—1929.10.20	1—2：5（15）	上海	鲁迅，郁达夫	上海北新书局	
51	开明	月刊 双月刊	1928.7.10—1932.12.1 1947.7—1948.7	1—2：26 新1—7（45）	上海	开明书店编译所（索非）	开明书店出版发行，杜海生为发行人	开明书店刊物
52	山雨	半月刊	1928.8.16—1928.12.16	1—9（9）	上海	王任叔，李匀之	山雨出版社出版发行	
53	思想	月刊	1928.8.25—1929	1—5（5）	上海	思想出版社	思想出版社出版，创造社发行	创造社刊物
54	无轨列车	半月刊	1928.9.10—1928.12.25	1—8（8）	上海	刘呐鸥	上海第一线书店发行	
55	大众文艺	月刊	1928.9.20—1930.6.1	1—2：（12）	上海	郁达夫，夏莱蒂；大众文艺社（陶晶孙、龚冰庐）	现代书局发行	从第二卷第三期起成为中国左翼作家联盟机关刊物
56	乐群	半月刊 月刊	1928.10.1—1928.11.15 1929.1.1—1930.3.1	1—4 1—3：1（17）	上海	乐群半月刊编委会张资平；乐群月刊编委会（张资平，陈勺水，周毓英，洪涛，悲禅）	乐群书店发行	
57	大江（月刊）	月刊	1928.10.15—1928.12.15	1—3（3）	上海	大江月刊社（陈望道、汪馥泉）	大江书铺出版发行	
58	白华	半月刊	1928.10.16—1928.12.25	1—3（3）	上海	白华社（钱杏邨，郁达夫）	白华社发行	

续表

编号	刊名	刊期	出刊起止时间	出刊卷期	出刊地点	编辑者	出版发行者	备注
59	春潮	月刊	1928.11.15—1929.9.15	1—9（9）	上海	夏康农，张友松	春潮书局出版发行	
60	熔炉	月刊	1928.12.1	1（1）	上海	徐霞村	复旦书店出版发行	
61	朝花	周刊 旬刊	1928.12.6—1929.5.16 1929.6.1—1929.9.21	1—20 1—12（32）	上海	鲁迅，柔石	朝花社出版，上海合记教育用品社发行	
62	海风周报	周刊	1929.1.1—1929	1—17（17）	上海	海风周报社（蒋光慈、钱杏邨）	泰东书局出版发行	太阳社刊物
63	金屋	月刊	1929.1.1—1930.9	1：（12）	上海	邵洵美，章克标	金屋书店出版、发行	
64	红黑	月刊	1929.1.10—1929.8.10	1—8（8）	上海	胡也频、沈从文、丁玲	红黑出版社出版发行	
65	人间	月刊	1929.1.20—1929.3.10	1—3（3）	上海	沈从文	上海人间书屋出版发行	第4期仅见目录预告，未见原刊。附第4期目录预告。
66	华严	月刊	1929.1.20—1929.8.20	1—8（8）	北平	黄庐隐、于赓虞	北平华严书店出版发行	
67	新流月报	月刊	1929.3.1—1930.1.10	1—5（5）	上海	蒋光慈；新流月报社	现代书局出版发行	太阳社刊物，第5期即《拓荒者》第1期
68	戏剧与文艺月	月刊	1929.5.1—1930.12.1	1—2：2（14）	北平	熊佛西；熊佛西，张鸣琦	北平文化学社发行	
69	南国月刊	月刊	1929.5.1—1930.7.20	1—2：4（10）	上海	田汉	上海现代书局出版发行	南国社刊物
70	引擎	月刊	1929.5.15	1（1）	上海	引擎社	引擎社出版发行	
71	戏剧	月刊	1929.5.25—1931.6	1—2：（12）	广州 上海	欧阳予倩，胡春冰	广东戏剧研究所出版发行；上海神州国光社出版发行	广东戏剧研究所机关刊物
72	戏剧的园地	半月刊	1929.7.16—1929.9.1	1—4（4）	上海	辛酉剧社爱美的剧团	辛酉剧社爱美的剧团出版	

续表

编号	刊名	刊期	出刊起止时间	出刊卷期	出刊地点	编辑者	出版发行者	备注
73	南国周刊	周刊	1929.8—1930.6.1	1—16（16）	上海	左明，赵铭彝	现代书局出版发行	南国社刊物
74	新文艺	月刊	1929.9.15—1930.4.15	1—2：2（8）	上海	新文艺月刊社；现代文化社	水沫书店杂志部出版发行	《1883—1949 全国中文期刊目录》作 1940 年复刊，误
75	萌芽（新地）	月刊	1930.1.1—1930.6.1	1—6（6）	上海	萌芽月刊社（鲁迅主编，冯雪峰、柔石、魏金枝助编）	光华书局出版发行	从第 3 期起成为中国左翼作家联盟机关刊物。第五期更名《新地》
76	拓荒者（海燕）	月刊	1930.1.10—1930.5.1	1—5（5）	上海	蒋光慈	拓荒者月刊社发行，现代书局经售	第 1 期即《新流月报》第 5 期。第 4、5 期合刊号另有一部分更名《海燕》。从第 3 期起成为中国左翼作家联盟机关刊物
77	艺术	月刊	1930.3.16	1（1）	上海	沈端先	上海北新书局出版发行	艺术剧社刊物
78	文艺讲座	不定期刊	1930.4.10	1（1）	上海	冯乃超	神州国光社出版发行	
79	巴尔底山	旬刊	1930.4.11—1930.5.20	1—5（5）	上海	巴尔底山社（鲁迅；朱境我，李一氓）	巴尔底山出版社出版发行	
80	骆驼草	周刊	1930.5.12—1930.12.3	1—26（26）	北平	骆驼草旬刊社（周作人）	（原刊缺署）	
81	沙仑	月刊	1930.6.16	1（1）	上海	沈端先	上海北新书局出版发行	艺术剧社刊物
82	前锋周报	周刊	1930.6.22—1931.5.31	1—46（46）	上海	前锋社	光明出版部发行	
83	现代文学	月刊	1930.7.16—1930.12.16	1—6（6）	上海	北新书局（赵景深）	上海北新书局出版发行	北新书局刊物
84	开展	月刊	1930.8.8—1930.11.15	1—12（12）	南京	曹剑萍	南京开展书店出版发行	

续表

编号	刊 名	刊 期	出刊起止时间	出刊卷期	出刊地点	编 辑 者	出版发行者	备 注
85	文艺月刊	月 刊	1930.8.15—1937.8.1 1930.10.21—1941.11 （战时特刊）	1—12：2 1—11年11月号号外1（126）	南京 汉口 重庆	中国文艺社（王平陵）；徐仲年等	中国文艺社出版发行	1937年底迁汉口，改出《文艺月刊·战时特刊》1：1—5期，1938.8迁重庆。1941年所出《文艺月刊·战时特刊》不再排卷期号，改为"11年×月号"
86	世界文化	月 刊	1930.9.10	1（1）	上海	世界文化月刊社	世界文化月刊社出版发行	
87	前锋月刊	月 刊	1930.10.10—1931.4.10	1—7（7）	上海	前锋月刊社（朱应鹏、傅彦长等）	现代书局出版发行	
88	读书月刊	月 刊	1930.11.1—1933.10.20	1—3：（18）	上海	顾凤城	光华书局发行	
89	当代文艺	月 刊	1931.1.15—1931.11.15	1—2：5（11）	上海	陈穆如	神州国光社印行	
90	诗 刊	季 刊	1931.1.20—1931.7.30	1—4（4）	上海	徐志摩、邵洵美等	上海新月书店刊行	
91	文学生活	月 刊	1931.3.1	1（1）	上海	文学生活社（姚蓬子）	上海联华书店发行	
92	文艺新闻	周 刊	1931.3.16—1932.6.20	1—60，增刊2特刊13（75）	上海	文艺新闻社（袁殊、袁牧之、楼适夷、冯雪峰）		附战时特刊《烽火》
93	青年界	月 刊	1931.3.10—1937.7 1946.1.10—1949.1	1—12：1新 1—6：（86）	上海	李小峰、石民、赵景深等	北新书局出版发行	
94	现代文学评论	月 刊	1931.4.10—1931.10.20	1—3：1（7）	上海	李赞华	现代书局发行	
95	前 哨 文学导报	月 刊 半月刊	1931.4.15 1931.8.5—1931.11.5	1 2—8（8）	上海	前哨编辑委员会（鲁迅、冯雪峰）；冯雪峰、楼适夷	湖风书店出版发行（文学导报）	中国左翼作家联盟机关刊物，第1期《前哨》未署出版发行者，从第2期起更名《文学导报》。

续表

编号	刊名	刊期	出刊起止时间	出刊卷期	出刊地点	编辑者	出版发行者	备注
96	文艺杂志	季刊	1931.4—1932.9	1—4（4）	上海	柳亚子（罗念生、陈林率、罗皑岚、柳无忌）	上海文艺杂志社出版发行；（1—3期）开华书局出版发行（4期）	
97	创作	月刊	1931.5.1—1931.8.1	1—4（4）	南京	汪漫铎	提拔书店出版发行	
98	新时代	月刊	1931.8.1—1934.2.1 1937.1.1—1937.4.1	1—6：2 7：1—4 （36）	上海	曾今可	新时代书局出版发行	
99	涛声	周刊	1931.8.15—1933.11.25	1—2：（82）	上海	上海听涛社编，曹聚仁主编	上海群众图书公司发行	“一·二八”沪淞战争后曾停刊九个月。附附刊《曼陀罗》
100	北斗	月刊	1931.9.20—1932.7.20	1—2：4（8）	上海	丁玲主编，姚蓬子、沈起予助编	湖风书店出版发行	中国左翼作家联盟机关刊物
101	十字街头	旬刊 旬刊	1931.12.11—1931.12.25 1932.1.5	1—2 3（3）	上海	鲁迅主编，冯雪峰助编		中国左翼作家联盟机关刊物，不署出版发行者，第3期改为旬刊，实际全刊为不定期刊
102	文化评论	旬刊	1931.12.25—1932.4.20	1—4（4）	上海	胡秋原	文化评论社出版，神州国光社代售	
103	絜茜	月刊	1932.1.15—1932.9.15	1—2（2）	上海	张资平，JJ	乐群图书公司发行	
104	矛盾	月刊	1932.4.20—1934.6.1	1—3：4（16）	南京 上海	矛盾出版社（潘孑农；潘孑农、汪锡鹏，徐苏灵）	矛盾出版社发行部印行	
105	文学	半月刊	1932.4.25	1（1）	上海	（原刊未署编者）	上海文学社出版，上海出版合作社代售	中国左翼作家联盟机关刊物，不署编辑者

续表

编号	刊名	刊期	出刊起止时间	出刊卷期	出刊地点	编辑者	出版发行者	备注
106	现代	月刊	1932.5.1—1935.5.1	1—6：4（34）	上海	施蛰存；施蛰存，杜衡；汪馥泉	现代书局出版发行	现代书局刊物，出版6卷1期后休刊四个月
107	文学月报	月刊	1932.6.10—1932.12.15	1—6（6）	上海	文学月报社（姚蓬子；周起应）	光华书局发行	中国左翼作家联盟机关刊物
108	文艺茶话	月刊	1932.8.15—1934.5.1	1—2：（20）	上海	章衣萍，徐仲年，华林；徐仲年，孙福熙	文艺茶话月刊社出版发行；嘤嘤书屋出版发行	
109	论语	半月刊	1932.9.16—1937.8.1 1946.12.1—1949.5.16	1—117 118—177（177）	上海	林语堂；陶亢德；郁达夫，邵洵美；邵洵美	上海时代书店出版，中国美术刊行社、时代图书公司发行	
110	小说月刊	月刊	1932.10.15—1933.1.15	1—4（4）	杭州	沈从文、林庚、高植等	杭州苍山书店	
111	文化月报 世界文化	月刊 月刊	1932.11.15 1933.1.15	1 2（2）	上海	陈宋夫 徐介石	上海文化月报社出版发行，世界文化社出版发行	中国左翼文化总同盟机关刊物，第二期更名为《世界文化》
112	无名文艺	旬刊 月刊	1933.2.5—1933.2.15 1933.6.1	1—2 1（3）	上海	叶紫 叶紫，陈企霞	无名文艺社出版发行，现代书局代售	
113	新诗歌	旬刊 半月刊 月刊	1933.2.11—1933.4.5 1934.1.5—1934.3.5 1934.6.1—1934.12.1	1：1—4 1：5—7 2：1—4（15）	上海	中国诗歌社	中国诗歌会出版。各书局、大学代售；生活书局等发售；现代书局与上海杂志公司发行	中国诗歌会机关刊物
114	艺术新闻	周刊	1933.2.17—1933.3.11	1—4（4）	上海	上海艺术新闻社（复芦江）	上海艺术新闻社出版发行	中国左翼文化总同盟机关刊物
115	文学杂志	月刊	1933.4.15—1933.7.31	1—4（4）	北平	文学杂志社（王志之，万谷川，潘训、陆万美等）	北平西北书局发行	北方左翼作家联盟机关刊物

续表

编号	刊　名	刊　期	出刊起止时间	出刊卷期	出刊地点	编　辑　者	出版发行者	备　注
116	文艺月报	月　刊	1933.6.1—1933.11.1	1—3（3）	北平	北平文艺月报社（张盘石，陈北鸥）	北平立达书局发行	北方左翼作家联盟机关刊物
117	文　学	月　刊	1933.7.1—1937.11.10	1—9：4（58）	上海	上海文学社；傅东华，郑振铎（黄源）；王统照	生活书店出版发行	
118	文艺春秋	月　刊	1933.7.1—1934.6.1	1—10（10）	上海	章衣萍，章衣萍，徐则骧	文艺春秋社发行	
119	戏	月　刊	1933.9.16—1933.10	1—2（2）	上海	袁牧之	上海中外书店发行	
120	文　艺	月　刊	1933.10.15—1933.12.15	1—3（3）	上海	现代文艺研究社（周文、刘丹）	上海华通书局发行	
121	文化列车	五日刊	1933.12.1—1934.3.25	1—12（12）	上海	文化列车社（方含章、陈栾）	上海文化列车社出版发行	
122	文学季刊	季　刊	1934.1.1—1935.12.16	1—2：（8）	北平	郑振铎、章靳以	北平立达书局出版发行；文学季刊社出版，上海生活书店总经售	
123	中国文学	月　刊	1934.2.1—1934.8.1	1—2：2（8）	南京；上海	中国文学编辑会；萧作霖，陆印泉；萧作霖、赵景深等二人	流露社出版。南京读者书店与上海现代书局发行；上海现代书局发行；上海文化书店发行；上海文化书局发行	1934 年 6 月迁上海
124	新诗歌	月　刊	1934.（2）—1934.（5）	1—4（4）	北平	中国诗歌会河北分会	中国诗歌会河北分会	中国诗歌会河北分会机关刊物
125	春　光	月　刊	1934.3.1—1934.5.1	1—3（3）	上海	庄启东、陈君冶	上海春光书店出版发行	
126	诗歌月报	月　刊	1934.4.1—1934.11.1	1—2：2（8）	上海	上海诗歌月刊社	上海诗歌月刊社出版，流露社发行，上海现代书局与南京读者书店总代售	

续表

编号	刊名	刊期	出刊起止时间	出刊卷期	出刊地点	编辑者	出版发行者	备注
127	人间世	半月刊	1934.4.5—1935.12.20	1—42（42）	上海	林语堂主编，陶亢德、徐訏编辑	上海良友图书公司出版发行	
128	小说	月刊 半月刊	1934.5—1934.6 1934.7.1—1935.3.1	1—2 3—19（19）	上海	梁得所主编，包可华、丽尼、黄苗子编辑	大众出版社发行	从第3期起改为半月刊
129	文艺风景	月刊	1934.6.1—1934.7.1	1—2（2）	上海	施蛰存	光华书店出版发行	
130	当代文学	月刊	1934.7.1—1934.11.1	1—5（5）	天津	当代文学社（王余杞）	天津书局发行	北方左翼作家联盟机关刊物
131	东流	月刊	1934.8.1—1934.11.15	1—3：2（14）	东京	东京东流文艺月刊社（林焕平；陈达人）	东京东流文艺月刊社（上海杂志公司经售；上海新钟书局经售；上海群众杂志公司经售）	中国左翼作家联盟东京分盟机关刊物
132	文学评论	双月刊	1934.8.1—1934.10.1	1—2（2）	北平	李长之，杨丙辰	北平立达书局发行	
133	译文	月刊	1934.9.16—1935.9.16 1936.3.16—1936.6.16	1—2： 新1—3：4（28）	上海	黄源	上海译文社出版；生活书店发行	
134	太白	半月刊	1934.9.20—1935.9.5	1—2：（24）	上海	陈望道	生活书店出版发行	
135	文学新地	月刊	1934.9.25	1（1）	上海	文学新地社		中国左翼作家联盟机关刊物，不署出版发行者
136	水星	月刊	1934.10.10—1935.6.10	1—2：3（9）	北平	卞之琳、巴金、沈从文等	北平文华书局发行	
137	当代诗刊	月刊	1935.1.1—1935.5.1	1—4（4）	上海	征骅、罗伽、钖金、厂民	上海群众杂志公司发行	
138	文饭小品	月刊	1935.2.5—1935.7.31	1—6（6）	上海	康嗣群	脉望社出版部出版，上海杂志公司发行，施蛰存为发行人	

续表

编号	刊名	刊期	出刊起止时间	出刊卷期	出刊地点	编辑者	出版发行者	备注
139	新小说	月刊	1935.2.15—1935.7.15	1—2：1（6）	上海	郑君平（郑伯奇）	良友图书有限公司印行	
140	芒种	半月刊	1935.3.5—1935—10.5	1—2：1˙（11）	上海	徐懋庸、曹聚仁	上海群众杂志公司发行；上海北新书局发行	
141	文艺	月刊	1935.3.15—1937.9.15 1938.5.15—1938.？ 1947.7.1—1938.3.15	1—5：3 5：4—6 6：1—3 （33）	武汉	胡绍轩；胡绍辑，魏韵蓁；胡绍轩	轮底文艺社出版，武昌新生命书房发行；武汉文艺社出版，华中图书公司发行	
142	中学生文艺季刊	季刊	1935.3.31—1937.6.30	1—3：2（10）	上海	夏丏尊、叶绍钧、金仲华等	开明书店出版发行	
143	杂文（质文）	月刊	1935.5.15—1936.11.10	1—2：2（8）	东京	杜宣；邢同华（勃生）	东京杂文杂志社出版、发行；东京质质文社出版，中国图书杂志公司经售	中国左翼作家联盟东京分盟所办刊物，1卷4期起更名《质文》
144	创作	月刊	1935.7.15—1935.9.15	1—3（3）	上海	李辉英、汪森	上海薰风出版社出版发行	
145	宇宙风	月刊	1935.9.16—1947.8.10	1—152（152）	上海 广州 香港 桂林 重庆 广州	林语堂主编（一度由林憾庐代编）	宇宙风社出版发行（先后以陶亢德、林翊重、林伊磐为发行人）	附《宇宙风·别册》
附	宇宙风·逸经·西风非常时期联合旬刊	旬刊	1937.8.30—1937.10.30	1—7	上海	宇宙风、逸经、西风三刊联编	三种刊物分别出版发行	

续表

编号	刊名	刊期	出刊起止时间	出刊卷期	出刊地点	编辑者	出版发行者	备注
146	海燕	月刊	1936.1.20—1936.2.20	1—2（2）	上海	“史青文”（聂绀弩、胡风、吴奚如等）	海燕文艺社出版，曹聚仁为发行人	
147	夜莺	月刊	1936.3.5—1936.6.15	1—4（4）	上海	方之中主编，谢船著助编	夜莺社出版。陈晓云为发行人。上海群众杂志公司总经售；上海新钟书店总经售	
148	诗歌生活	月刊	1936.3.5—1936.10.20	1 2（2）	青岛 上海	诗歌生活社	诗歌生活社发行。上海群众杂志公司总经售；联合出版社经售	
149	逸经	半月刊	1936.3.5—1937.8.20	1—36（36）	上海	谢兴尧；陆丹林	人间书屋经售	
150	东方文艺	月刊	1936.3.25—1936.10.25	1—2：1（7）	上海	侯枫	东方文艺社发行，侯枫兼发行人，新钟书局经售	
151	文学丛报（人民文学）	月刊	1936.4.1—1936.9.20	1—6（6）	上海	王元亨，马子华，肖今度（聂绀弩）	文学丛报社发行，童天润为发行人	第6期改名《人民文学》
152	作家	月刊	1936.4.15—1936.11.15	1—2：2（8）	上海	孟十还	作家月刊社发行，袁玉麟为发行人，上海杂志公司总经售	
153	文季月刊	月刊	1936.6.1—1936.12.1	1—2：1（7）	上海	靳以，巴金	文季月刊社出版发行，上海良友图书公司总经售	
154	文学界	月刊	1936.6.5—1936.9.10	1—4（4）	上海	“周渊”（戴平万）	文学界月刊社出版发行，光明书局、天马书局代发行	“周渊”为虚拟人名
155	光明	半月刊	1936.6.10—1937.8.10 1937.9.1—1937.10.19	1—3：5战时特刊1—6战时特刊号外1（36）	上海	洪深、沈起予	光明半月刊社出版发行，洪深为发行人	实际由沈起予、李兰编辑。

续表

编号	刊名	刊期	出刊起止时间	出刊卷期	出刊地点	编辑者	出版发行者	备注
156	现实文学	半月刊	1936.7.1—1937.8.1	1—2（2）	上海	尹庚，白曙（胡风、张天翼、欧阳山、草明）	现实文学社出版，中国图书杂志公司经售	
157	今代文艺	月刊	1936.7.20—1936.9.20	1—3（3）	上海	侯枫，王萍草，金容	今代文艺社出版，今代书店发行	
158	中流	半月刊	1936.9.5—1937.8.5	1—2：10（22）	上海	黎烈文	中流社出版，上海杂志公司发行	
159	诗歌杂志	不定期刊	1936.10.1—1937.5	1—3（3）	上海	联合诗歌杂志社	联合诗歌杂志社出版发行。上海联合出版社经售；上海生活书店经售	
160	新诗	月刊	1936.10.10—1937.7.10	1—2：4（10）	上海	卞之琳，孙大雨，梁宗岱，冯至，戴望舒	新诗社刊行。宇宙风社总经售；上海杂志公司经售	
161	电影戏剧	月刊	1936.10.10—1936.12.1	1—3（3）	上海	凌鹤	上海新中华图书公司发行	
162	小说家	月刊	1936.10.15—1936.12.1	1—2（2）	上海	欧阳山	小说家月刊社出版，上海杂志公司经售	
163	热风	月刊	1937.1.1—1937.3.1	1—2（2）	上海	热风月刊社	热风月刊社出版、发行，上海群力杂志公司经售	
164	希望	半月刊	1937.3.10—1937.3.25	1—2（2）	上海	徐懋庸，王淑明；王淑明	上海图书杂志公司出版、发行	第 3 期印出后未及发行即被查禁
165	文从	月刊 半月刊	1937.3.20—1937.7.15 1938.5.20—1939.1	1：1—5 2：1—6 （11）	上海	靳以、巴金	上海文化生活出版社出版发行	文季社主办

续表

编号	刊名	刊期	出刊起止时间	出刊卷期	出刊地点	编辑者	出版发行者	备注
166	文艺科学	月刊	1937.4.10	1（1）	日本东京	文艺科学编委会	文艺科学编委会出版、“慕容”发行	第2期编好并作了预告，但未能刊行。
167	文学杂志	月刊	1937.5.1—1937.8.1 1947.6.1—1948.11	1：1—4 2—3：6 （22）	北平	朱光潜	上海商务印书馆出版，上海及各埠商务印书馆发行	本刊编辑设在北平，在上海印行
168	戏剧时代	月刊	1937.5.16—1937.8.1	1—3（3）	上海	欧阳予倩、马彦祥	上海戏剧时代出版社出版，上海杂志公司总经售	
169	中国文艺	月刊	1937.5.15—1937.7.15	1—3（3）	上海	中国文艺月刊编委会	中国文艺月刊社出版，上海杂志有限公司经售	
170	新演剧	半月刊	1937.6.5—1937.7.20 1938.5.5—1938.6.10 1940.6.10	1：1—4 新1—3 复1（8）	上海 武汉	章泯，葛一虹	上海一般书店出版发行；海燕出版社出版，读书生活出版社发行	
171	烽火（呐喊）	周刊 旬刊	1931.8.22—1931.8.29 1931.9.2—1931.11.21 1938.5.1—1938.10.11	呐喊1—2 烽火1—12 烽火13—20 （22）	上海 广州	茅盾，巴金	文学社、文季社、中流社、译文社联合出版发行	
172	七月	周刊 半月刊 月刊	1937.9.11—1937.9.25 1937.10.16—1938.7.16 1939.7—1941.9	1—3 1—3：6 4—7：2 （35）	上海 汉口 重庆	胡风	费慎祥为发行人 汉口上海杂志公司 重庆华中图书公司	
173	抗战戏剧	半月刊	1937.11.16—1938.7.25	1—2：5 （13）	汉口	田汉、马彦祥	汉口华中图书公司发行（唐性天为发行人）	

续表

编号	刊名	刊期	出刊起止时间	出刊卷期	出刊地点	编辑者	出版发行者	备注
174	抗到底	半月刊	1938.1.1—1939.11.20	1—26 特刊 1（27）	武汉 重庆	老向（王向辰）、何容	三户书店出版，发行人为君文、王向辰等	
175	战　地	半月刊	1938.3.20—1938.6.5	1：1—6（6）	汉口	丁玲、舒群	汉口战地社发行	
176	自由中国	月　刊	1938.4.1—1938.6.20 1940.11.1—1942.5.1	1：1—3 新 1—2：2 （11）	汉口 桂林	孙陵、臧云远	自由中国社发行（阎云溪、韦永成等为发行人）	
177	文艺阵地	半月刊 月　刊 丛　刊	1938.4.16—1940.4.16 1941.1.10—1942.11.20 1940.7—1940.8 1943.11—1944.3	1—4：12 6—7：4 5：1—2 文阵新辑 1—3（63）	广州 重庆	茅盾、楼适夷、罗荪等	生活书店出版发行	
178	抗战文艺	三日刊 周　刊 半月刊 月　刊 特　刊	1938.5.4—1938.5.14 1938.5.21—1939.3.1 1939.4.10—1940.2.20 1940.3.30—1946.5.4	1：1—4 1：5— 3：12 4：1— 5：6 6：1— 10：6 武汉特刊 1—4 纪念特刊 1—2（80）	汉口、 重庆	抗战文艺编委会	抗战文艺出版部发行	中华全国文艺界抗敌协会会报。本刊第 10 卷第 4、5 期合刊编好后，未及发行。

续表

编号	刊名	刊期	出刊起止时间	出刊卷期	出刊地点	编辑者	出版发行者	备注
179	戏剧新闻	周刊	1938.5.15—1939.1.10	1—9（9）	汉口	戏剧新闻编辑部	戏剧新闻发行部	中华全国戏剧界抗敌协会会报
180	文艺	旬刊 半月刊	1938.6.5— 1938.7.25—1939.6.10	1：1—2 1：3— 3：4（16）	上海	文艺社	文艺社发行	
181	文艺突击	半月刊 月刊	1938.10.16—1938.11.16 1939.2.1—1939.6.25	1：1—3 1：4—新 1：2（6）	延安	文艺突击社	陕甘宁边区文化协会发行	中华全国文艺界抗敌协会延安分会会刊
182	文艺新潮	月刊	1938.10.16—1940.6.10	1—2：8 （20）	上海	宇文节、林之材、锡金等	万叶书店出版发行	“孤岛”刊物
183	鲁迅风	周刊	1939.1.11—1939.5.20 1939.6.5—1939.9.5	1—14 15—19（19）	上海	文载道、石灵	中国文化服务社等发行	“孤岛”刊物
184	文艺战线	月刊	1939.2.16—1940.2.16	1：1—6 （6）	桂林	周扬	桂林生活书店发行（夏衍为发行人）	本刊在延安编辑
185	笔阵	半月刊	1939.2.16—1939.11.25 1940.4.1—1940.11.11 1941.11—1943.4 1944.5.5	1—14 新1：1— 新2：2 新1—8 革新第1号 （30）	成都	陈翔鹤、顾绶昌、萧军；叶圣陶、牧野	全国文协成都分会发行	中华全国文艺界抗敌协会成都分会会刊
186	宇宙风乙刊	半月刊 月刊 半月刊	1939.3.1—12.16 1940.1.1—8.1 1940.9.1—1941.12.1	1—19 20—27 28—56 （56）	上海	林语堂、陶亢德、林憾庐	宇宙风社发行（陶亢德为发行人）	“孤岛”刊物

续表

编号	刊名	刊期	出刊起止时间	出刊卷期	出刊地点	编辑者	出版发行者	备注
187	戏剧岗位	月刊	1939.4.15—1942.5	1—3：6（18）	重庆	熊佛西	华中图书公司发行（唐性天为发行人）	
188	新中国文艺丛刊	不定期刊	1939.5.1—1940.2	1—4（4）	上海	新中国文艺社（陈望道）	美商好华图书公司发行	“孤岛”刊物
189	西线文艺	月刊	1939.8.10—1940.1.10	1：1—6（6）	山西宜川	西线文艺社	民族革命出版社出版，西线文艺社发行	
190	通俗文艺	五日刊 旬刊	1939.8.25—1940.5.20 1940.6.10—1940.7.20	1—40 41—45（45）	成都	中华全国文艺界抗敌协会暨成都分会		
191	文艺新闻	周刊 半月刊	1939.10.1—10.26 1939.11.26—1940.2.15	1—4 5—11（11）	上海	蒋策（锡金）、戴平万、黄峰等	文艺新闻社出版	“孤岛”刊物
192	文学月报	月刊	1940.1.15—1941.12.10	1—3：3（15）	重庆	文学月报社（罗荪）	读书生活出版社发行	
193	戏剧与文学	月刊	1940.1.25—1940.6.20	1：1—4（4）	上海	戏剧与文学社（于伶、戴平万）	戏剧与文学社出版，国民书店发行	“孤岛”刊物
194	中国文化	月刊	1940.2.15—1941.8.20	1—3：3（15）	延安	陕甘宁边区文协中国文化社	中国文化社出版，新华书店发行	
195	黄河	月刊	1940.2.30—1944.4 1948.3—1948.8.15	1—5：4 复刊1—6（43）	西安	谢冰莹、厉厂樵	新中国文化出版社出版发行	
196	战国策	半月刊 月刊	1940.4.1—1941.1.1 1941.7.20	1—16 17（17）	昆明	战国策社（陈铨等）	战国策社发行	
附	《战国》副刊	周刊	1941.12.3—1942.7.1	1—31（31）	重庆	云南大学政治系战国编辑部	重庆《大公报》出版发行	

续表

编号	刊　名	刊　期	出刊起止时间	出刊卷期	出刊地点	编　辑　者	出版发行者	备　注
197	大众文艺	月　刊	1940.4.15—1940.12.25	1—2：3（9）	延安	大众文艺社（周文）	延安文抗分会出版发行	中华全国文艺界抗敌协会延安分会会刊
198	现代文艺	月　刊	1940.4.25—1942.12.25	1—6：3（33）	福建永安	改进出版社；靳以	改进出版社发行；发行人黎烈文	
199	野　草	月　刊 不定期刊	1940.8.20—1943.6.1 1946.10.1—1948.8.20 1949	1—5：5 新 1—11 野草新辑 1—2（42）	桂林、香港	夏衍、孟超、秦似等	发行人陆凤祥、方溪等；科学书店总经售	
200	新诗歌	月　刊	1940.9.1—1941.5.20	1—6（6）	延安	战歌社、山脉文学社；延安新诗歌会	战歌社、山脉文学社出版；延安新诗歌会出版	延安新诗歌会会刊
201	戏剧春秋	月　刊	1940.11.1—1942.10.30	1—2：4（10）	桂林	田汉	戏剧春秋社出版发行。	
202	文艺月报	月　刊	1941.1.1—1942.9.1	1—17（17）	延安	延安文艺月会（舒群、萧军等）	延安文艺月会出版发行	
203	奔流文艺丛　刊	不定期刊	1941.1.15—1941.7	1—6（6）	上海	奔流文艺丛刊社（林淡秋等）	上海文国服务社总经售	“孤岛”刊物
204	中国文艺	月　刊	1941.2.25	1（1）	延安	延安文抗分会	延安文抗分会发行	解放区刊物
205	五十年代	月　刊	1941.5.1—1942.4	1—2：1（4）		何干之、沙可夫	五十年代社出版，晋察冀日报社、新华书店晋察冀分店发行	解放区刊物
206	华北文艺	月　刊	1941.5.1—1941.8.1	1：1—4（4）		晋察冀华北文艺社	晋察冀新华书店发行	解放区刊物

续表

编号	刊名	刊期	出刊起止时间	出刊卷期	出刊地点	编辑者	出版发行者	备注
207	时代文学	月刊	1941.6.1—1941.9.1	1：1—4（4）	香港	周鲸文、端木蕻良	时代批评社发行	
208	诗创作	月刊	1941.6.15—1943.5	1—18（18）	桂林	胡危舟、阳太阳	诗创作月刊社发行	
209	万象	月刊	1941.7.1—1945.6.1	1—4：7 号外（44）	上海	陈蝶衣、柯灵	万象书屋出版，中央书店发行（平襟亚为发行人）	沦陷区刊物
210	笔谈	半月刊	1941.9.1	1—7（7）	香港	茅盾	香港笔谈社发行，星群书店总经售	
211	文艺生活	月刊	1941.9.15—1943.7.15 1946.1.1—1948.1 1948.2—1949.12 1950.2.1—1950.7	1—3：6 光复版 1—18 海外版 1—20 另出副刊 1—6 穗新 1—6 （68）	桂林 广州 香港 广州	司马文森、陈残云等	文献出版社、文艺生活社等出版	
212	文讯	月刊	1941.10.10—1944.7.16 1946.1—1948.12.5	1—5：1 6—9：5 （55）	贵阳 重庆 苏州 上海	谢六逸；顾颉刚、白寿彝	文通书局发行（华问渠为发行人）	
213	草叶	双月刊	1941.11.1—1942.9.15	1—6（6）	延安	延安鲁艺草叶社	草叶社出版发行	
214	谷雨	双月刊	1941.11.15—1942.8.15	1：1—6（6）	延安	延安文抗分会（艾青、萧军、舒群等）	延安新华书店发行	

续表

编号	刊　名	刊　期	出刊起止时间	出刊卷期	出刊地点	编　辑　者	出版发行者	备　注
215	奔流新集	丛　刊	1941.11.19—1941.12.5	1—2（2）	上海	奔流社（锡金、适夷、满涛等）	奔流社印行	“孤岛”刊物
216	战时文艺	半月刊	1941.11.20—12.15 1942.2.1—1943.2.1	1：1—2 1：3—2：2 （8）	成都	沙坪	普益图书馆发行（冯月樵为发行人）	
217	文艺杂志	月　刊	1942.1.15—1944.3.1	1—3：3 新1：1—3 （18）	桂林、重庆	王鲁彦、端木蕻良，荃麟	文艺杂志社出版，发行人为覃英	
218	文　坛	半月刊	1942.3.20—1943.4.30	1—2：1 （9）	重庆	徐霞村、姚蓬子、老舍、赵铭彝	作家书屋出版发行	
219	文学批评	月　刊	1942.9.1—1943.3	1—2（2）	桂林	王郁天	大地图书公司总经售；史蒂安为发行人	
220	文学创作	月　刊	1942.9.15—1944.6	1—3：2 （13）	桂林	熊佛西、萧铁	文学批评社发行（蒋本菁为发行人）	
221	文艺先锋	半月刊 月　刊	1942.10.10—12.25 1943.1.20—1948.10	1：1—6 2—13：4 （76）	重庆 南京	王进珊；徐霞村、李辰冬；赵友培；徐文珊	文艺先锋社印行；张道藩为发行人	1946年8月第9卷第6期后，本刊正式标明为国民党中央文化运动委员会的刊物
222	青年文艺	月　刊	1942.10.10—1944.7.10 1944.4.1—1945.2.15	1：1—6 新1：1—6 （12）	桂林、重庆	葛琴；荃麟、葛琴	桂林白虹书店出版发行；重庆青年文艺社出版	
223	人世间	月　刊	1942.10.15—1944.5 1947.3.20—1948.8	1—2：1 复刊1—13 （20）	桂林、上海	封凤子、周钢鸣、马国亮	人世间社出版，发行人为丁君匋	

续表

编号	刊名	刊期	出刊起止时间	出刊卷期	出刊地点	编辑者	出版发行者	备注
224	天下文章	月刊	1943.3.10—1945.6	1—2：6（12）	重庆	吴熙祖、周彦、徐昌霖	天下文章社出版；戴行遥为发行人	
225	时与潮文艺	双月刊 月刊	1943.3.15—1946.5.15	1—5：5（26）	重庆	孙晋三	时与潮社出版发行	
226	风雨谈	月刊	1943.4—1945.8	1—21（21）	上海	风雨谈社（柳雨生）	风雨谈社、文汇书报社等发行	沦陷区刊物
227	艺丛	月刊	1943.5—1943.7	1—2（2）	桂林	孟超	桂林集美书店发行（鲁乃戈为发行人）	
228	中原	月刊	1943.6—1945.10	1—2：2（6）	重庆	郭沫若	群益出版社发行	
229	艺文杂志	月刊	1943.7.1—1945.5.1	1—3：5（23）	北平	艺文杂志编辑部	艺文杂志社出版；新民印书馆发行	
230	民族文学	月刊	1943.7.7—1944.1	1：1—5（5）	重庆	陈铨	青年书店发行	
231	新文学	月刊	1943.7.15—1944.5.15	1—4（4）	桂林	萧铁	新文学杂志社印行	
232	戏剧时代	月刊	1943.11.11—1944.10.10	1：1—6（6）	重庆	洪深、吴祖光等	文风书局印行	
233	当代文艺	月刊	1944.1.1—1944.5.6	1：1—6（6）	桂林	熊佛西	当代文艺社出纸	
234	微波	月刊	1944.8—1945.2	1—2（2）	重庆	微波社	建中出版社、微波社等发行	
235	文艺春秋	丛刊 月刊	1944.10.10—1945.9.1 1945.12—1949.4.15	1—5 2—8：3（44）	上海	永祥印书馆编辑部；范泉	永祥印书馆出版（陈安镇为发行人）	
附	文艺春秋副刊		1947.1—1947.3	1：1—3（3）	上海	范泉	永祥印书馆出版	

续表

编号	刊　名	刊　期	出刊起止时间	出刊卷期	出刊地点	编　辑　者	出版发行者	备　注
236	高　原	月　刊	1944.11.1—1945.5.1 1946.1.1—1946.3.1	1—3 新 1：1—3 （6）	西安	高原出版社	高原出版社发行（李贻燕为发行人）	
237	文学新报	半月刊	1944.12.20—1945.9.10	1—2：1 （7）	重庆	萧蔓若	文学新报社发行（汪啸凡为发行人）	
238	希　望	月　刊	1945.1—1946.10	1—2：4 （8）	重庆、上海	胡风	希望社出版；重庆五十年代出版社	
239	诗文学	丛　刊	19452—1945.5	1—2（2）	重庆	邱晓崧、魏荒弩	诗文学社出版发行（邱晓崧为发行人）	
240	文　哨	月　刊	1945.5.4—1945.10.1	1：1—3（3）	重庆	叶以群	重庆建国书店发行	
241	文艺大众	月　刊 半月刊	1945.9.15—1946.4.15 1946.10.5—1947.2.1	1—7 新 1—5 （12）	北平	文艺大众社	文艺大众社发行	
242	新群众	不定期刊	1945.12.10—1946.11.25	1—3：1 （13）		晋冀新群众社	晋冀新华书店发行	解放区刊物
243	文　联	不定期刊	1946.1.5—1946.6.10	1：1—7 （7）	重庆、上海	茅盾、叶以群	永祥印书馆出版发行	
244	文艺复兴	月　刊 丛　刊	1946.1.10—1947.11.1 1948.9.10—1949.8.5	1—4：2 中国文学研究号上、中、下（23）	上海	郑振铎、李健吾	文艺复兴社发行（钱家圭为发行人）	
245	文　章	月　刊	1946.1.15—1946.7.15	1—4（4）	上海	文章社（吴天）	永祥印书馆发行	

续表

编号	刊名	刊期	出刊起止时间	出刊卷期	出刊地点	编辑者	出版发行者	备注
246	文坛月报	月刊	1946.1.20—1946.5.10	1：1—3（3）	上海	魏金枝	联华图书公司出版；陆守伦为发行人	
247	人民文艺	月刊	1946.1.25—1946.9.10	1—6（6）	北平	人民文艺社	人民文艺社发行	本刊最后一期改为中华全国文艺协会北平分会会刊
248	中原、文艺杂志、希望、文哨联合特刊	月刊	1946.1—1946.6	1：1—6（6）	重庆	中原社、文艺杂志社、希望社、文哨社	四社联合发行	
249	白山	月刊	1946.2.20—1946.9.1	1—6（6）	安东	白山社编辑部	安东建国书社出版发行	解放区刊物
250	鲁迅文艺	月刊	1946.2.25—1946.6.1	1：1—3（3）	天津	鲁迅文艺月刊社	鲁迅文艺月刊社发行	
251	文艺杂志	月刊	1946.3.1—1947.12.1	1—4：4（22）		太行文联	太行新华日报馆出版，新华书店发行	解放区刊物
252	北方文化	半月刊	1946.3.1—1946.8.20	1—2：6（12）	张家口	成仿吾、张如心	北方文化社发行	解放区刊物
253	清明	月刊	1946.5.1—1946.10.15	1：1—4（4）	上海	吴祖光、丁聪	山河图书公司出版发行	
254	热潮	半月刊	1946.6.1—1946.7.1	1：1—3（3）	承德	徐懋庸、方纪	热潮社出版，新华书店发行	解放区刊物
255	北方杂志	月刊	1946.6.15—1947.3.1	1—2：2（8）	邯郸	荒煤	华北新华书店、韬奋书店发行	解放区刊物
256	萌芽	月刊	1946.7.15—11.15	1：1—4（4）	重庆	中华全国文艺协会重庆分会	中华全国文艺协会重庆分会发行	
257	长城	月刊	1946.7.20—1946.8.20	1：1—2（2）	张家口	丁玲等	全国文协张家口分会出版发行	解放区刊物

续表

编号	刊名	刊期	出刊起止时间	出刊卷期	出刊地点	编辑者	出版发行者	备注
258	文艺丛刊	不定期刊	1946.9.20—1946.12	1—2（2）	香港	中华全国文艺协会粤港分会（周钢鸣等）	香港新民主出版社总经售	
259	东北文化	半月刊	1946.10.10—1947.2.25	1—2：2（8）	佳木斯	张如心、萧军、塞克、吕骥等	东北文化社出版；东北书店发行	解放区刊物
260	呼吸	双月刊	1946.11.1—1947.3.1	1—3（3）	成都	方然	呼吸社发行	
261	东北文艺	月刊	1946.12.1—1948.1.1	1—2：6（12）	哈尔滨	东北文艺编委会	东北文协出版部出版；东北书店发行	中华全国文艺协会东北总分会会刊
262	平原文艺	月刊	1947.1.1—1947.12	1—2：6（12）	张秋	王亚平	冀鲁豫文联出版；冀鲁豫书店发行	解放区刊物
263	文艺知识连丛	不定期刊	1947.4.15—8.20	1：1—4（4）	上海	史伍、秦牧等	雪风出版社发行	
264	诗创造	月刊	1947.7—1948.10	1—2：4（16）	上海	诗创造社	星群出版公司出版	
265	胶东文艺	半月刊	1947.9.15—1948.1.15	1：1—8（8）		马少波	胶东新华书店出版发行	解放区刊物
266	中国作家	月刊	1947.10.1—1948.5	1：1—3（3）文协十周年特刊（1）	上海	中国作家编委会	开明书店出版发行（舒舍予为发行人）	中华全国文艺协会会报
267	大众文艺	不定期刊	1948.3.1—1949.3	1—6（6）	香港	大众文艺丛刊社	香港生活书店总经售	
268	蚂蚁小集	丛刊	1948.3—1949.3 1949.7.1	1—6 7（7）	成都 上海	华西大学、四川大学蚂蚁社；上海蚂蚁社编委会	华大、川大蚂蚁社发行；上海书报联合发行所代售	

续表

编号	刊名	刊期	出刊起止时间	出刊卷期	出刊地点	编辑者	出版发行者	备注
269	文艺工作	丛刊	1948.5.20	1（1）	上海	孙陵	文艺工作社出版；发行人为孙陵	
270	小说	月刊	1948.7.1—1949.6.1 1949.10.1—1952.1.20	1—2：6 3—6：6 （36）	香港 上海	茅盾、巴人、靳以等	小说月刊社发行；上海国光书店、商务印书馆发行	
271	文学战线	月刊	1948.7—1949.7	1—2：5 （11）	哈尔滨 沈阳	文学战线社	东北书店发行	解放区刊物
272	群众文艺	月刊	1948.8.15—1949.8.15	1—12（12）	延安	群众文艺编委会	新华书店出版发行	解放区刊物
273	文艺月报	月刊	1948.10.19—1949.6.1	1—4（4）	吉林	天蓝、吴伯箫等	吉林文艺协会出版；东北书店吉林分店发行	解放区刊物
274	平原	半月刊 月刊	1948.11.1—1949.8.1 1949.11.3—1951	1—14 1—3：6 （32）	聊城 菏泽 新乡	平原编委会	冀鲁豫新华书店发行；新华书店新乡分店发行	解放区刊物
275	文艺丛刊	丛刊	1948.11—1949.12	1—8（8）		华东野战军政治部	华东野战军政治部出版	解放区刊物
276	华北文艺	月刊	1948.12.15—1949.7.1	1—6（6）	冶河 北平	华北文艺界协会编辑部	华北新华书店、新华书店发行	解放区刊物

说明：（一）“出刊卷期”一栏内右下角（　）内的数字，是该刊总计出版的期数；

（二）“出刊地点”、“编辑者”、“出版发行者”各栏内，情况先后有变的，用“；”隔开；

（三）“编辑者”与“出版发行者”栏按原刊标示的情况填写，其中（　）内的内容，是本书编者考证出的内容。

《中国文学史资料全编·现代卷》总目

1 冰心研究资料 范伯群 编
2 沙汀研究资料 黄曼君 马光裕 编
3 王西彦研究资料 艾以 等编
4 草明研究资料 余仁凯编
5 葛琴研究资料 张伟 马莉 邹勤南 编
6 荒煤研究资料 严平 编
7 绿原研究资料 张如法 编
8 李季研究资料 赵明 王文金 李小为 编
9 郑伯奇研究资料 王延晞 王利 编
10 张恨水研究资料 张占国 魏守忠 编
11 欧阳予倩研究资料 苏关鑫 编
12 王统照研究资料 冯光廉 刘增人 编
13 宋之的研究资料 宋时 编
14 师陀研究资料 刘增杰 编
15 徐懋庸研究资料 王韦 编
16 唐弢研究资料 傅小北 杨幼生 编
17 丁西林研究资料 孙庆升 编
18 夏衍研究资料 会林 陈坚 绍武 编
19 罗淑研究资料 艾以 等编
20 罗洪研究资料 艾以 等编
21 舒群研究资料 董兴泉 编
22 蒋光慈研究资料 方铭 编
23 王鲁彦研究资料 曾华鹏 蒋明玳 编
24 路翎研究资料 杨 义 等编
25 郁达夫研究资料 王自立 陈子善 编
26 刘大白研究资料 萧斌如 编
27 李克异研究资料 李士非 等编

28	林纾研究资料	薛绥之　张俊才　编
29	赵树理研究资料	黄修己　编
30	叶紫研究资料	叶雪芬　编
31	冯文炳研究资料	陈振国　编
32	叶圣陶研究资料	刘增人　冯光廉　编
33	臧克家研究资料	冯光廉　刘增人　编
34	李广田研究资料	李岫　编
35	钱钟书 杨绛研究资料集	田蕙兰　马光裕　陈珂玉　编
36	郭沫若研究资料	王训诏　等编
37	俞平伯研究资料	孙玉蓉　编
38	六十年来鲁迅研究论文选	李宗英　张梦阳　编
39	茅盾研究资料	孙中田　查国华　编
40	王礼锡研究资料	潘颂德　编
41	周立波研究资料	李华盛　胡光凡　编
42	胡适研究资料	陈金淦　编
43	张天翼研究资料	沈承宽　黄侯兴　吴福辉　编
44	巴金研究资料	李存光　编
45	阳翰笙研究资料	潘光武　编
46	“两个口号”论争资料选编	中国社会科学院文学研究所现代文学研究室　编
47	“革命文学”论争资料选编	中国社会科学院文学研究所现代文学研究室　编
48	创造社资料	饶鸿競　等编
49	文学研究会资料	苏兴良　等编
50	鸳鸯蝴蝶派文学资料	芮和师　等编
51	左联回忆录	中国社会科学院文学研究所《左联回忆录》编辑组编
52	中国现代文学总书目·散文卷	俞元桂　等编
53	中国现代文学总书目·诗歌卷	刘福春　徐丽松　编
54	中国现代文学总书目·小说卷	甘振虎　等编
55	中国现代文学总书目·戏剧卷	萧凌　邵华　编

56	中国现代文学总书目·翻译文学卷	贾植芳　等编
57	中国现代文学期刊目录汇编	唐沅　等编
58	抗日战争时期延安及各抗日民主根据地文学运动资料	刘增杰　等编
59	老舍研究资料	曾广灿　吴怀斌　编
60	文学的“民族形式”讨论资料	徐廼翔　编
61	陈大悲研究资料	韩日新　编
62	刘半农研究资料	鲍晶　编
63	曹禺研究资料	田本相　胡叔和　编
64	成仿吾研究资料	史若平　编
65	戴平万研究	饶芃子　黄仲文　编
66	丁玲研究资料	袁良骏　编
67	冯乃超研究资料	李伟江　编
68	柯仲平研究资料	刘锦满　王琳　编
69	李辉英研究资料	马蹄疾　编
70	梁山丁研究资料	陈隄　等编
71	马烽 西戎研究资料	高捷　等编
72	邵子南研究资料	陈厚诚　编
73	沈从文研究资料	邵华强　编
74	司马文森研究资料	杨益群　司马小莘　陈乃刚　编
75	闻一多研究资料	许毓峰　等编
76	萧乾研究资料	鲍霁　等编
77	徐志摩研究资料	邵华强　编
78	袁水拍研究资料	韩丽梅　编
79	周瘦鹃研究资料	王智毅　编
80	苏区文艺运动资料	汪木兰　邓家琪　编
81	文艺大众化问题讨论资料	文振庭　编